Gädtke · Johlen · Wenzel · Hanne · Kaiser · Koch · Plum
BauO NRW
Kommentar

Online-Service

Über folgenden Download-Link haben Sie Zugriff

- auf die jeweils aktuelle Fassung wichtiger Vorschriften und Texte, die zum Zeitpunkt der Drucklegung noch nicht verfügbar waren oder aus Platzgründen nicht in die Buchausgabe aufgenommen werden konnten (u.a. VV BauO NRW, VV TB NRW) sowie
- ggf. auf Erläuterungen zu den von Änderungen betroffenen Inhalten:

http://download.wolterskluwer.de

Ihr Freischaltcode (oben auf der Seite »Freischaltcode einlösen« anklicken):

WK6AFNREM

Gädtke · Johlen · Wenzel · Hanne · Kaiser · Koch · Plum

BauO NRW

Kommentar

begründet von

Dipl.-Ing. Horst Gädtke (†)

bearbeitet von

Dr. Markus Johlen, Fachanwalt für Verwaltungsrecht
Dipl.-Verwaltungswirt Gerhard Wenzel
Dipl.-Verwaltungswirt Wolfgang Hanne
Dipl.-Ing. Karl-Olaf Kaiser
Dipl.-Verwaltungswirt Stefan Koch, Fachanwalt für Verwaltungsrecht
Dipl.-Ing. Andreas Plum

unter Mitarbeit von

Dipl.-Ing. Mechtild Bökamp-Gerdemann

13. Auflage

Werner Verlag 2019

Zitiervorschlag: Gädtke/Bearbeiter, BauO NRW, 13. Aufl., § 1 Rn. 1

Bibliografische Information der Deutschen Nationalbibliothek

Die Deutsche Bibliothek verzeichnet diese Publikation in der Deutschen Nationalbibliografie; detaillierte bibliografische Daten sind im Internet über http://dnb.d-nb.de abrufbar.

ISBN 978-3-8041-1844-7

www.wolterskluwer.de

Alle Rechte vorbehalten.
© 2019 Wolters Kluwer Deutschland GmbH, Luxemburger Straße 449, 50939 Köln.

Das Werk einschließlich aller seiner Teile ist urheberrechtlich geschützt. Jede Verwertung außerhalb der engen Grenzen des Urheberrechtsgesetzes ist ohne Zustimmung des Verlages unzulässig und strafbar. Das gilt insbesondere für Vervielfältigungen, Übersetzungen, Mikroverfilmungen und die Einspeicherung und Verarbeitung in elektronischen Systemen.

Verlag und Autoren übernehmen keine Haftung für inhaltliche oder drucktechnische Fehler.

Umschlagkonzeption: Martina Busch, Grafikdesign, Homburg-Kirrberg
Satz: Innodata Inc., Noida, Indien
Druck und Weiterverarbeitung: Williams Lea Tag GmbH, München

Gedruckt auf säurefreiem, alterungsbeständigem und chlorfreiem Papier.

Vorwort

Am 12.07.2018 hat der Landtag das Gesetz zur Modernisierung des Bauordnungsrechts in Nordrhein-Westfalen – BauModG NRW beschlossen. Für die vorherige Novelle (BauO NRW 2016) war nach dem politischen Farbenwechsel in Düsseldorf mit dem Moratorium vom 21.12.2017 ein Aufschub für weitere 12 Monate beschlossen worden, der bis auf die Regelungen bzgl. des Bauproduktenrechts maßgeblich war. Die BauO NRW 2016 hätte eigentlich teilweise – §§ 3, 17–25, 86 Abs. 11, 87 – 6 Monate und die übrigen Vorschriften 12 Monate nach deren Verkündung in Kraft treten sollen. Nur § 51 (Stellplätze) sollte erst zum 01.01.2019 wirksam werden. Mit der Überarbeitung der BauO NRW 2016 sollen insbesondere das Bauordnungsrecht vereinfacht, die Baukosten reduziert, die Verfahren beschleunigt und der Wohnungsbau gefördert werden. Ein weiteres Leitmotiv war die weitgehende Anpassung an die Musterbauordnung (MBO) und in der Folge die Annäherung an die anderen Landesbauordnungen im Sinne einer länderübergreifenden Harmonisierung dieses wichtigen Teilbereichs des öffentlichen Baurechts.

Die ab dem 01.01.2019 – einige Vorschriften galten bereits ab dem 04.08.2018 – wirksame BauO NRW 2018 wird im Ergebnis – neben einer veränderten Nummerierung der Paragraphen – insbesondere von folgenden Änderungen geprägt:
- Zahlreiche Vorschriften wurden durch den Wegfall behördlicher Entscheidungen im Einzelfall vereinfacht (z. B. § 34 Abs. 1 BauO NRW 2018).
- Auch im Abstandsflächenrecht (§ 6 BauO NRW 2018) findet sich eine stärkere Orientierung an die MBO und in der Folge eine Angleichung des Abstandsflächenrechts an die Regelungen in den anderen Bundesländern.
- Durch die Reduzierung der Abstandsflächentiefen (§ 6 Abs. 5 BauO NRW) und die Möglichkeit der Errichtung von Ersatzbauten an gleicher Stelle trotz Unterschreitung der erforderlichen Abstandsflächen wird eine bauliche Verdichtung gefördert (§ 6 Abs. 12 BauO NRW 2018).
- Die Differenzierung zwischen außenliegenden und innenliegenden Treppenräumen wurde aus Gründen der »Vereinfachung und zur besseren Verständlichkeit« aufgegeben (§ 35 BauO NRW 2018).
- Die zusammenfassende Regelung der Anforderungen an die Barrierefreiheit (§ 49 BauO NRW) zur Gewährleistung sozialer Standards unter gleichzeitiger weitgehender Einführung der maßgeblichen technischen Regelwerke (DIN 18040 – 1 und 2) ist ein Kernstück der aktuellen Novelle. Neu eingeführt wurde in § 9a BauPrüfVO ein Barrierefrei-Konzept (ab 01.01.2020).
- Die Forderung nach Barrierefreiheit wird durch weitere Erleichterungen – z.B. für den nachträglichen Anbau von Aufzügen (§ 6 Abs. 9 BauO NRW 2018) bzw. Einbau von Treppenliften (§ 34 Abs. 5 BauO NRW 2018) – ergänzt. Damit reagiert der Gesetzgeber auch auf die fortschreitende Alterung der Gesellschaft (siehe hierzu auch § 47 Abs. 5 BauO NRW 2018).
- Die Vorschriften für vorbeugenden Brandschutz wurden an die MBO angeglichen und im Hinblick auf den Einsatz des nachwachsenden Baustoffes Holz ausgeweitet (§ 26 Abs. 3 BauO NRW).

Vorwort

- Die Neuregelung der Vorschriften für Bauprodukte und Bauarten (§§ 17–25 BauO NRW 2018) war bereits seit 06/2017 gültig. Diese stehen im engen Zusammenhang mit dem europäischen Bauproduktenrecht, dass mit dem vollständigen Inkrafttreten der Bauproduktenverordnung am 01.07.2013 eine unmittelbare Rechtskraft auch in Deutschland bekommen hat.
- Mit der Neuregelung der Vorschriften über Kfz-Stellplätze, Fahrradabstellplätze und Stellplatzablösungsbeträge ist die Einführung einer umfassenden kommunalen Satzungsbefugnis verbunden (§ 48 BauO NRW 2018). Damit ist in diesem Themenfeld eine größere Autonomie der Gemeinden möglich.
- Durch die Einführung eines eigenen Abweichungstatbestandes (§ 69 Abs. 1 BauO NRW 2018) soll die Schaffung von Wohnraum gefördert werden.
- Der Katalog genehmigungsfreier Bauvorhaben (§ 62 BauO NRW 2018) wurde ausgeweitet.
- Die Genehmigungsbedürftigkeit der Beseitigung von Anlagen ist entfallen und wurde durch eine nur noch ausnahmsweise erforderliche Anzeigepflicht ersetzt (§ 62 Abs. 3 BauO NRW 2018).
- Die Genehmigungsfreistellung wurde – wie schon in der Novelle zuvor – beibehalten und hinsichtlich ihres Anwendungsbereichs erweitert, aber hinsichtlich ihrer materiellen Voraussetzungen verschärft (§ 63 BauO NRW 2018).
- Das vereinfachte wurde zum einfachen Verfahren und ist mit seinem reduzierten Prüfprogramm nach wie vor das Regelverfahren (§ 64 BauO NRW 2018). Nunmehr sind hier auch beantragte Abweichungen i.S.d. § 69 BauO NRW 2018 zu prüfen.
- Die Neuregelung der Vorprüfung von Bauanträgen bzw. Bauvoranfragen und die Einführung einer fingierten Rücknahme sollen insgesamt das Genehmigungsverfahren beschleunigen (§ 71 Abs. 1 BauO NRW 2018).
- Für die einzelnen bauaufsichtlichen Eingriffsmaßnahmen wurden analog zur MBO eigene Ermächtigungsgrundlagen eingeführt (§§ 80–82 BauO NRW 2018). Nun gelten auch bauaufsichtliche Maßnahmen für die Rechtsnachfolgerin bzw. den Rechtsnachfolger (§ 58 Abs. 3 BauO NRW 2018). Damit ist diese Unsicherheit geklärt.
- Für den Erlass technischer Baubestimmungen (= Verwaltungsvorschrift Technische Baubestimmungen – VV TB) wurde eine eigene Ermächtigungsgrundlage geschaffen, der für alle am Bau Beteiligten eine erhebliche Bedeutung innewohnt.

In der Folge wurden bereits einige Rechtsverordnungen und Verwaltungsvorschriften begleitend geändert bzw. angepasst, z.B. die BauPrüfVO (veröffentlich am 17.12.2018). Die VV TB liegt ebenso zwischenzeitlich vor (07.12.2018). Auch die SBauVO vom 02.12.2016 befindet sich noch in einem Anpassungsprozess. Ebenso wurde die Schulbaurichtlinie mit Datum vom 16.05.2019 geändert. Die Verwaltungsvorschriften werden noch entbehrt, allerdings gibt es Handlungsempfehlungen (Stand Januar 2019) als Übergangslösung. Ferner fehlt bisher die Rechtsverordnung zu § 48 Abs. 2 BauO NRW 2018 zur Zahl der notwendigen Stellplätze usw. Aufgrund diverser und nicht nur redaktioneller Unzulänglichkeiten ist im Übrigen auch mit einer baldigen Korrektur der Landesbauordnung insgesamt zu rechnen.

Ob die vom Gesetzgeber ausgelobten Ziele der Novelle greifen, müssen die Praxis bzw. entsprechende Wirkungsanalysen in der Zukunft zeigen. Fragen bleiben, z.B. zur referenziellen Baugenehmigung (§ 66 BauO NRW 2018). Auch dieses neue Instrument steht im Zeichen der Verfahrensliberalisierung und soll die präventive Einbindung der Bauaufsicht zurückdrängen. Kritisch ist dieser Ansatz sicherlich bei dem Wegfall der Bündelungsfunktion der entfallenden Abbruchgenehmigung (§ 63 Abs. 3 BauO NRW 2018) zu sehen. Die am Bau Beteiligten werden durch diese Maßnahmen der Deregulierung in ihrer Verantwortung zukünftig mehr beansprucht. Die verwaltungspolizeiliche Aufgabe der Bauaufsicht bleibt aber dabei unberührt (§ 60 Abs. 2 BauO NRW 2018).

Diese geänderte bzw. neue Landesbauordnung dokumentiert den überall zu beobachtenden steten Wandel des öffentlichen Baurechts, die zunehmende Bedeutung der europäischen Rechtsnormen für die am Bau Beteiligten und wird nachfolgend – unter Berücksichtigung der bis zum 01.06.2019 aktuellen Rechtsprechung und Literatur – umfassend kommentiert.

Dem Lesefluss und Umfang des Werkes geschuldet ist im Text jeweils vereinfachend zumeist das generische Maskulinum genutzt. Gemeint ist stets sowohl die weibliche als auch die männliche Form.

Die Verfasser bedanken sich beim Verlag Wolters Kluwer für das Vertrauen. Insbesondere den Projektverantwortlichen des Kommentars gilt der Dank des Autorenteams, hier Frau Rechtsanwältin Bettina Walter und Frau Pia Klammer.

August 2019

Die Verfasser

Inhaltsverzeichnis

Vorwort V
Abkürzungsverzeichnis XIII
Literaturverzeichnis XXIII

Bauordnung für das Land Nordrhein-Westfalen (Landesbauordnung 2018 – BauO NRW 2018)

Erster Teil Allgemeine Vorschriften 1
Vor §§ 1–3 1
§ 1 Anwendungsbereich 2
§ 2 Begriffe 63
§ 3 Allgemeine Anforderungen 168

Zweiter Teil Das Grundstück und seine Bebauung 205
Vor §§ 4–8 205
§ 4 Bebauung der Grundstücke mit Gebäuden 206
§ 5 Zugänge und Zufahrten auf den Grundstücken 244
§ 6 Abstandsflächen 254
§ 7 Teilung von Grundstücken 438
§ 8 Nicht überbaute Flächen der bebauten Grundstücke, Kinderspielplätze 461

Dritter Teil Bauliche Anlagen 482
Vor §§ 9–16 483

Erster Abschnitt Gestaltung 484
§ 9 Gestaltung 484
§ 10 Anlagen der Außenwerbung, Warenautomaten 501

Zweiter Abschnitt Allgemeine Anforderungen an die Bauausführung 559
§ 11 Baustelle 559
§ 12 Standsicherheit 568
§ 13 Schutz gegen schädliche Einflüsse 579
§ 14 Brandschutz 592
§ 15 Wärme-, Schall- Erschütterungsschutz 606
§ 16 Verkehrssicherheit 624

Dritter Abschnitt Bauarten und Bauprodukte 629
§ 17 Bauarten 629

Inhaltsverzeichnis

§ 18	Allgemeine Anforderungen für die Verwendung von Bauprodukten	654
§ 19	Anforderungen für die Verwendung von CE-gekennzeichneten Bauprodukten	666
§ 20	Verwendbarkeitsnachweise	696
§ 21	Allgemeins bauaufsichtliche Zulassung	703
§ 22	Allgemeines bauaufsichtliches Prüfzeugnis	715
§ 23	Nachweis der Verwendbarkeit von Bauprodukten im Einzelfall	721
§ 24	Übereinstimmungsbestätigung und -erklärung, Zertifizierung	726
§ 25	Prüf-, Zertifizierungs- und Überwachungsstellen	747

Vierter Abschnitt Brandverhalten von Baustoffen und Bauteilen, Wände, Decken, Dächer ... 752

Vor §§ 26–32		752
§ 26	Allgemeine Anforderungen an das Brandverhalten von Baustoffen und Bauteilen	753
§ 27	Tragende Wände, Stützen	763
§ 28	Außenwände	770
§ 29	Trennwände	776
§ 30	Brandwände	788
§ 31	Decken	812
§ 32	Dächer	819

Fünfter Abschnitt Rettungswege, Treppen, Öffnungen, Umwehrungen ... 834

§ 33	Erster und Zweiter Rettungsweg	834
§ 34	Treppen	851
§ 35	Notwendige Treppenräume, Ausgänge	861
§ 36	Notwendige Flure, offene Gänge	876
§ 37	Fenster, Türen, sonstige Öffnungen	889
§ 38	Umwehrungen	897

Sechster Abschnitt Technische Gebäudeausrüstung ... 903

Vor §§ 39–45		903
§ 39	Aufzüge	905
§ 40	Leitungsanlagen, Installationsschächte und -kanäle	917
§ 41	Lüftungsanlagen	923
§ 42	Feuerungsanlagen, sonstige Anlagen zur Wärmeerzeugung, Brennstoffversorgung	931
§ 43	Sanitäre Anlagen, Wasserzähler	943
§ 44	Aufbewahrung fester Abfallstoffe	948
§ 45	Blitzschutzanlagen	952

Siebenter Abschnitt Nutzungsbedingte Anforderungen ... 955
§ 46   Aufenthaltsräume. ... 955
§ 47   Wohnungen ... 961
        Anhang Wohnungs- und Teileigentum. ... 972
§ 48   Stellplätze, Garagen und Fahrradabstellplätze ... 995
§ 49   Barrierefreies Bauen ... 1032
§ 50   Sonderbauten ... 1041
§ 51   Behelfsbauten und untergeordnete Gebäude ... 1077

Vierter Teil Die am Bau Beteiligten ... 1081
Vor §§ 52–56. ... 1081
§ 52   Grundpflichten ... 1082
§ 53   Bauherrschaft ... 1089
§ 54   Entwurfsverfassende ... 1103
§ 55   Unternehmen ... 1116
§ 56   Bauleitende ... 1126

Fünfter Teil Bauaufsichtsbehörden, Verfahren ... 1134
Erster Abschnitt Bauaufsichtsbehörden ... 1135
Vor §§ 57–59. ... 1135
§ 57   Aufbau und Zuständigkeit der Bauaufsichtsbehörden ... 1136
§ 58   Aufgaben und Befugnisse der Bauaufsichtsbehörden ... 1146
§ 59   Bestehende Anlagen ... 1199

Zweiter Abschnitt Genehmigungspflicht, Genehmigungsfreiheit ... 1212
Vor §§ 60–63 ... 1212
§ 60   Grundsatz. ... 1217
§ 61   Vorrang anderer Gestattungsverfahren ... 1223
§ 62   Genehmigungsfreie Bauvorhaben, Beseitigung von Anlagen ... 1235
§ 63   Genehmigungsfreistellung ... 1301

Dritter Abschnitt Genehmigungsverfahren ... 1334
§ 64   Einfaches Baugenehmigungsverfahren ... 1334
§ 65   Baugenehmigungsverfahren ... 1352
§ 66   Typengenehmigung, referenzielle Baugenehmigung ... 1354
§ 67   Bauvorlageberechtigung ... 1365
§ 68   Bautechnische Nachweise ... 1384
§ 69   Abweichungen ... 1393
§ 70   Bauantrag, Bauvorlagen ... 1417
§ 71   Behandlung des Bauantrags ... 1466

Inhaltsverzeichnis

§ 72	Beteiligung der Angrenzer und der Öffentlichkeit	1507
§ 73	Ersetzen des gemeindlichen Einvernehmens	1583
§ 74	Baugenehmigung, Baubeginn	1592
§ 75	Geltungsdauer der Baugenehmigung	1675
§ 76	Teilbaugenehmigung	1683
§ 77	Vorbescheid	1689
§ 78	Genehmigung Fliegender Bauten	1712
§ 79	Bauaufsichtliche Zustimmung	1721

Vierter Abschnitt Bauaufsichtliche Maßnahmen 1730

Vor §§ 80–82		1730
§ 80	Verbot unrechtmäßig gekennzeichneter Bauprodukte	1730
§ 81	Einstellung von Arbeiten	1731
§ 82	Beseitigung von Anlagen, Nutzungsuntersagung	1738

Fünfter Abschnitt Bauüberwachung 1745

| § 83 | Bauüberwachung | 1745 |
| § 84 | Bauzustandsbesichtigung, Aufnahme der Nutzung | 1760 |

Sechster Abschnitt Baulasten 1779

| § 85 | Baulasten, Baulastenverzeichnis | 1779 |

Sechster Teil Ordnungswidrigkeiten, Rechtsvorschriften, Übergangs- und Schlussvorschriften 1815

Vor §§ 86–91		1815
§ 86	Ordnungswidrigkeiten	1816
§ 87	Rechtsverordnungen	1841
§ 88	Technische Baubestimmungen	1853
§ 89	Örtliche Bauvorschriften	1926
§ 90	Übergangsvorschriften	1951
§ 91	Berichtspflicht	1952

Stichwortverzeichnis 1953

Abkürzungsverzeichnis

a.A.	anderer Auffassung
a.a.O.	am angegebenen Ort
aaRdT	allgemein anerkannte Regeln der Technik
Abb.	Abbildung
AbfG	Abfallgesetz
aBG	allgemeine Bauartgenehmigung
AbgrabG	Abgrabungsgesetz
ABl.	Amtsblatt
ABl. EG	Amtsblatt der Europäischen Gemeinschaften
abP	allgemein bauaufsichtliches Prüfzeugnis
Abs.	Absatz
abZ	allgemein bauaufsichtliche Zulassung
AEG	Allgemeines Eisenbahngesetz
AEUV	Vertrag über die Arbeitsweise der europäischen Union
a.F.	alte Fassung
AG VwGO	Gesetz zur Ausführung der Verwaltungsgerichtsordnung
Anm.	Anmerkung(en)
ArbSchG	Arbeitsschutzgesetz
ArbStättV	Arbeitsstättenverordnung
ARGEBAU	Bauministerkonferenz – Konferenz der für Städtebau, Bau- und Wohnungswesen zuständigen Minister und Senatoren der Länder
Art.	Artikel
ASR	Arbeitsstätten-Richtlinien
AtomG	Atomgesetz
Aufl.	Auflage
AVCP	Assessment and Verification of Constancy of Performance/ Bewertung und Überprüfung der Leistungsbeständigkeit
AVerwGebO NRW	Allgemeine Verwaltungsgebührenordnung NRW
BAM	Bundesanstalt für Materialforschung und -prüfung
BAnz	Bundesanzeiger
BArbBl.	Bundesarbeitsblatt
BASchulR	Bauaufsichtliche Richtlinien für Schulen
BauGB	Baugesetzbuch
BauGB-MaßnahmenG	Maßnahmengesetz zum Baugesetzbuch
BauKaG NRW	Baukammerngesetz Nordrhein-Westfalen
BauNVO	Baunutzungsverordnung
BauO Bln	Bauordnung für Berlin
BauO LSA	Bauordnung für Sachsen-Anhalt
BauO NW/NRW	Bauordnung für das Land Nordrhein-Westfalen
BauPAVO NRW	Verordnung über bauordnungsrechtliche Regelungen für Bauprodukte und Bauarten
BauPG	Bauproduktengesetz
BauPG-PÜZ – Anerkennungsverordnung	Verordnung über die Anerkennung als Prüf-, Überwachungs- und Zertifizierungsstelle

XIII

Abkürzungsverzeichnis

BauPGHeizkesselV	Verordnung über das Inverkehrbringen von Heizkesseln und Geräten nach dem Bauproduktengesetz
BauPR	(Europäische) Bauproduktenrichtlinie
BauPrüfVO	Verordnung über bautechnische Prüfungen
BauR	Baurecht, Zeitschrift
BauROG	Bau- und Raumordnungsgesetz 1998
BaustellV	Verordnung über Sicherheit und Gesundheitsschutz auf Baustellen
BauVorlVO	Bauvorlagenverordnung
BayBO	Bayerische Bauordnung
BayObLG	Bayerisches Oberstes Landesgericht
BayVBl	Bayerische Verwaltungsblätter
BayVerfGH	Bayerischer Verfassungsgerichtshof
BayVGH	Bayerischer Verwaltungsgerichtshof
BB	Der Betriebsberater, Zeitschrift
BBauBl.	Bundesbaublatt, Zeitschrift
BbauG	Bundesbaugesetz
BbergG	Bundesberggesetz
Bbg	Brandenburg
BBodSchG	Gesetz zum Schutz vor schädlichen Bodenveränderungen und zur Sanierung von Altlasten
Bd.	Band
BDSG	Bundesdatenschutzgesetz
Bek.	Bekanntmachung
BekanntmVO	Bekanntmachungsverordnung
ber.	berichtigt
BestG NRW	Bestattungsgesetz
BetrSichV	Betriebssicherheitsverordnung
BeVO	Beherbergungsstättenverordnung
BewG	Bewertungsgesetz
BFH	Bundesfinanzhof
BGB	Bürgerliches Gesetzbuch
BGBl.	Bundesgesetzblatt
BGH	Bundesgerichtshof
BGHZ	Sammlung von Entscheidungen des Bundesgerichtshofs in Zivilsachen
BGV	Berufsgenossenschaftliche Vorschriften für Sicherheit und Gesundheit bei der Arbeit
BImSchG	Bundes – Immissionsschutzgesetz
BImSchV	Verordnung zur Durchführung des Bundes – Immissionsschutzgesetzes
Bln	Berlin
BK	Brandschutzklasse
BKleingG	Bundeskleingartengesetz
BMBau	Bundesminister für Raumordnung, Bauwesen und Städtebau
BNatSchG	Bundesnaturschutzgesetz
BO	Bauordnung
BOStrab	Straßenbahn- Bau- und Betriebsordnung
BR-Drucks.	Drucksache des Bundesrates

Abkürzungsverzeichnis

BremLBO	Bremische Landesbauordnung
BRL	Bauregellisten
BRS	Baurechtssammlung
BSHG	Bundessozialhilfegesetz
BStBl.	Bundessteuerblatt
BT-Drucks.	Drucksache des Deutschen Bundestages
BVerfG	Bundesverfassungsgericht
BVerfGE	Sammlung von Entscheidungen des Bundesverfassungsgerichts
BVerwG	Bundesverwaltungsgericht
BVerwGE	Sammlung von Entscheidungen des Bundesverwaltungsgerichts
B-W	Baden-Württemberg
BWaldG	Bundeswaldgesetz
bzw.	beziehungsweise
CEN	Comité Européen de Normalisation/Europäisches Komitee für Normung
CENELEC	Comité Européen de Normalisation Electrotechnique/Europäisches Komitee für elektrotechnische Normung
ChemG	Chemikaliengesetz
ChemVerbotsV	Chemikalien-Verbotsverordnung
CUAP	Common Understanding of Assessment
CW VO	Camping- und Wochenendplatzverordnung
DAB	Deutsches Architektenblatt
DB	Der Betrieb, Zeitschrift
DDR	Deutsche Demokratische Republik
ders.	derselbe
DIBt	Deutsches Institut für Bautechnik
DIBt-Abkommen	Abkommen über das Deutsche Institut für Bautechnik
DIBt-ÜtVO	DIBt-Übertragungsverordnung
DIN	Deutsches Institut für Normung
DÖV	Die Öffentliche Verwaltung, Zeitschrift
Drucks.	Drucksache
DSchG	Denkmalschutzgesetz (NRW)
DSG NRW	Datenschutzgesetz Nordrhein-Westfalen
DVBl	Deutsches Verwaltungsblatt
DVGW	Deutsche Vereinigung des Gas- und Wasserfaches
DVO	Durchführungsverordnung
DVO BauGB	Verordnung zur Durchführung des Baugesetzbuchs
DWW	Deutsche Wohnungswirtschaft, Zeitschrift
EAD	European Assessment Document/Europäisches Bewertungsdokument
EAG Bau	Europarechtsanpassungsgesetz Bau
EBO	Eisenbahn-Bau- und Betriebsordnung
EG-BGB	Einführungsgesetz zum Bürgerlichen Gesetzbuch
EildStNW	Eildienst des Städtetages Nordrhein-Westfalen
EltBauVO	Verordnung über den Bau von Betriebsräumen für elektrische Anlagen

XV

Abkürzungsverzeichnis

EMVG	Gesetz über die elektromagnetische Verträglichkeit von Geräten
EnEG	Energieeinsparungsgesetz
EnEV	Energieeinsparverordnung
EnEV-ÜVO	Verordnung zur Umsetzung der Energieeinsparverordnung
EnWG	Energiewirtschaftsgesetz
EOTA	European Organisation for Technical Assessment/Europäische Organisation für technische Bewertungen
Erl.	Erlass
ETA	European Technical Assessment/Europäisch Technische Bewertung
ETAG	European Technical Approval Guideline/Leitlinie zur Erteilung von Europäischen Zulassungen
ETB	Europäisch Technische Bewertung
ETSI	European Telecommunications Standards Institute /Europäische Institut für Telekommunikationsnormen
EuG	Gericht der Europäischen Union
EuGH	Europäischer Gerichtshof
EUV	Vertrag über die europäische Union
evtl.	eventuell
EWR	Europäischer Wirtschaftsraum
f./ff.	folgende/fortfolgende
FCKW	Fluorchlorkohlenwasserstoff
FeuVO NRW	Feuerungsverordnung
FlBauR	Richtlinie über den Bau und Betrieb Fliegender Bauten
FlBauVV	Verwaltungsvorschriften über Ausführungsgenehmigungen für Fliegende Bauten und deren Gebrauchsabnahme
FlurbG	Flurbereinigungsgesetz
Forum	Zeitschrift des Bundes der Öffentlich bestellten Vermessungsingenieure e.V.
FSHG	Gesetz über den Feuerschutz und die Hilfeleistung
FStrG	Bundesfernstraßengesetz
G	Gesetz
GarVO	Garagenverordnung
GastBauVO	Gaststättenbauverordnung
GastG	Gaststättengesetz
GBO	Grundbuchordnung
g.d.	geändert durch
GebG NRW	Gebührengesetz für das Land Nordrhein-Westfalen
GefStoffV	Gefahrstoffverordnung
Gem. RdErl	Gemeinsamer Runderlass
GenTG	Gentechnikgesetz
GewArch	Gewerbearchiv, Zeitschrift
GewO	Gewerbeordnung
GFZ	Geschossflächenzahl
GG	Grundgesetz für die Bundesrepublik Deutschland
GmS-OGB	Gemeinsamer Senat der obersten Gerichtshöfe des Bundes
GO	Gemeindeordnung

Abkürzungsverzeichnis

GPSG	Geräte- und Produktsicherheitsgesetz
GRZ	Grundflächenzahl
GS	Gesetzsammlung
GSGV	Verordnung zur Durchführung des Gerätesicherheitsgesetzes
GVBl.	Gesetz- und Verordnungsblatt
GVG	Gerichtsverfassungsgesetz
GV. NRW.	Gesetz- und Verordnungsblatt für das Land Nordrhein-Westfalen
Hamb. OVG	Hamburgisches Oberverwaltungsgericht
HAVO	Verordnung über Anforderungen an Hersteller von Bauprodukten und Anwender von Bauarten
HbauO	Hamburgische Bauordnung
HBauStatG	Hochbaustatistikgesetz
HBO	Hessische Bauordnung
HeimG	Heimgesetz
HeimMindBauV	Heimmindestbauverordnung
HeizkostenV	Verordnung über Heizkostenabrechnung
Hess. VGH	Hessischer Verwaltungsgerichtshof
HOAI	Honorarordnung für Architekten und Ingenieure
HochhVO	Hochhausverordnung
i.d.F.d.B.	in der Fassung der Bekanntmachung
IfBt	Institut für Bautechnik
IFG NRW	Informationsfreiheitsgesetz Nordrhein-Westfalen
ILS	Institut für Landes- und Stadtentwicklungsforschung Nordrhein-Westfalen
IndBauR	Industriebaurichtlinie
IngG	Ingenieurgesetz Nordrhein Westfalen
Inv-WoBaulG	Investitionserleichterungs- und Wohnbaulandgesetz
i.d.R.	in der Regel
i.S.	im Sinne
i.V.m.	in Verbindung mit
JMBl. NRW.	Justizministerialblatt für das Land Nordrhein-Westfalen
JuS	Juristische Schulung, Zeitschrift
KAG	Kommunalabgabengesetz
KG	Kammergericht
Kfz	Kraftfahrzeug
KhBauVO	Krankenhausbauverordnung
KrO	Kreisordnung für das Land Nordrhein-Westfalen
KrW-/AbfG	Kreislaufwirtschafts- und Abfallgesetz
KÜO	Kehr- und Überprüfungsverordnung
kW	Kilowatt
LabfG	Landesabfallgesetz
LasthandhabV	Lastenhandhabungsverordnung
LBauO/LBO	Landesbauordnung
LBauO M-V	Landesbauordnung Mecklenburg-Vorpommern

Abkürzungsverzeichnis

LBauO Rh-Pf	Landesbauordnung Rheinland-Pfalz
LBG	Landesbeamtengesetz
LBO B-W	Landesbauordnung Baden-Württemberg
LBodSchG	Gesetz zur Ausführung und Ergänzung des Bundes-Bodenschutzgesetzes in Nordrhein-Westfalen
LBO Saar	Bauordnung für das Saarland
LBO Schl-H	Landesbauordnung Schleswig-Holstein
LE	Leistungserklärung/Declearance of performance (DoP)
LEPro	Landesentwicklungsprogramm
LFoG	Forstgesetz für das Land Nordrhein-Westfalen
LG	Landgericht/Landschaftsgesetz
LImschG	Landes-Immissionsschutzgesetz
Lkw	Lastkraftwagen
LMBG	Lebensmittel- und Bedarfsgegenständegesetz
LOG NRW	Gesetz über die Organisation der Landesverwaltung
LPlG	Landesplanungsgesetz
LT-Drucks.	Landtagsdrucksache
LuftVG	Luftverkehrsgesetz
LVerf NRW	Verfassung für das Land Nordrhein-Westfalen
LWG	Landeswassergesetz
LZG	Landeszustellungsgesetz für das Land Nordrhein-Westfalen
MBl. NRW.	Ministerialblatt für das Land Nordrhein-Westfalen
MBO	Musterbauordnung für die Länder der Bundesrepublik
MDR	Monatsschrift für Deutsches Recht
MHKBG NRW	Ministerium für Heimat, Kommunales, Bau und Gleichstellung des Landes Nordrhein-Westfalen
MI	Mischgebiet
MK	Kerngebiet
M-V	Mecklenburg-Vorpommern
MLAR	Muster-Leitungsanlagenrichtlinie
NachbG NRW	Nachbarrechtsgesetz Nordrhein-Westfalen
NANDO	New Approach Notified and Designated Organisation/Notifizierte und akkreditierte Institutionen des Neuen Konzepts
NB	Notified Bodies/Notifzierte Stellen
NBauO	Niedersächsische Bauordnung
Nds. OVG	Niedersächsisches Oberverwaltungsgericht
NdsRpfl.	Niedersächsische Rechtspflege
NdsVBl.	Niedersächsische Verwaltungsblätter
n.F.	neue Fassung
NJW	Neue Juristische Wochenschrift
NN	Normalnull
NuR	Natur und Recht, Zeitschrift
n.v.	nicht veröffentlicht
NVwZ	Neue Zeitschrift für Verwaltungsrecht
NVwZ-RR	Neue Zeitschrift für Verwaltungsrecht-Rechtsprechungsreport
NW, NRW	Nordrhein-Westfalen
NWVBl.	Nordrhein-Westfälische Verwaltungsblätter

Abkürzungsverzeichnis

OBG	Ordnungsbehördengesetz
ÖBVI	Öffentlich bestellter Vermessungsingenieur
OIB	Österreichisches Institut für Bautechnik
OLG	Oberlandesgericht
ÖPNV	öffentlicher Personennahverkehr
OVG	Oberverwaltungsgericht
OVG Bbg	Oberverwaltungsgericht für das Land Brandenburg
OVG Bln	Oberverwaltungsgericht für das Land Berlin
OVG Bln-Bbg	Oberverwaltungsgericht Berlin-Brandenburg
OVG Bremen	Oberverwaltungsgericht für die Freie Hansestadt Bremen
OVGE	Sammlung von Entscheidungen der Oberverwaltungsgerichte Lüneburg und Münster
OVG Lüneburg	Oberverwaltungsgericht für die Länder Niedersachsen und Schleswig- Holstein
OVG LSA	Oberverwaltungsgericht für das Land Sachsen-Anhalt
OVG M-V	Oberverwaltungsgericht für das Land Mecklenburg-Vorpommern
OVG NRW	Oberverwaltungsgericht für das Land Nordrhein-Westfalen
OVG Rh-Pf	Oberverwaltungsgericht für das Land Rheinland-Pfalz
OVG Saar	Oberverwaltungsgericht für das Saarland
OVG Schl-H	Oberverwaltungsgericht für das Land Schleswig-Holstein
OWiG	Ordnungswidrigkeitengesetz
PbefG	Personenbeförderungsgesetz
PCB	Polychlorierte Biphenyle
PCP	Pentachlorphenol
Pkw	Personenkraftwagen
PlanzV 90	Planzeichenverordnung 1990
POG NRW	Polizeiorganisationsgesetz
PolG NRW	Polizeigesetz des Landes Nordrhein-Westfalen
PrALR	Preußisches Allgemeines Landrecht
PrEBO	Preußische Einheitsbauordnung für Städte
PrOVG	Preußisches Oberverwaltungsgericht
PrOVGE	Sammlung von Entscheidungen des Preußischen Oberverwaltungsgerichts
PrüfVO NRW	Verordnung über die Prüfung technischer Anlagen und wiederkehrende Prüfungen von Sonderbauten
PrVBl.	Preußisches Verwaltungsblatt
PÜZÜVO	Verordnung über die Anerkennung als Prüf-, Überwachungs- oder Zertifizierungsstelle und über das Übereinstimmungszeichen
RdErl.	Runderlass
Rdn.	Randnummer
RegE	Regierungsentwurf
RegBl.	Regierungsblatt für Württemberg-Baden
RG	Reichsgericht
RGaO	Reichsgaragenordnung
RGBl.	Reichsgesetzblatt

Abkürzungsverzeichnis

RGSt	Sammlung von Entscheidungen des Reichsgerichts in Strafsachen
RGZ	Sammlung von Entscheidungen des Reichsgerichts in Zivilsachen
Rh-Pf	Rheinland-Pfalz
Rn.	Randnummer
RöV	Röntgenverordnung
ROG	Raumordnungsgesetz
s.	siehe
S.	Seite
SächsBO	Sächsische Bauordnung
Sächs. OVG	Sächsisches Oberverwaltungsgericht
SBauVO	Verordnung über Bau und Betrieb von Sonderbauten
SchallschutzV	Schallschutzverordnung
SchfG	Schornsteinfegergesetz
Schl-H	Schleswig-Holstein
SchulBauR	Schulbaurichtlinie
SeilbG NRW	Gesetz über die Seilbahnen in Nordrhein-Westfalen
SGB	Sozialgesetzbuch
SGV. NRW.	Sammlung des bereinigten Gesetz- und Verordnungsblattes für das Land Nordrhein-Westfalen
SMBl. NRW.	Sammlung des bereinigten Ministerialblattes für das Land Nordrhein-Westfalen
SprengG	Sprengstoffgesetz
StBauFG	Städtebauförderungsgesetz
StGB	Strafgesetzbuch
StPO	Strafprozessordnung
StrlschV	Strahlenschutzverordnung
StrWG NRW	Straßen- und Wegegesetz des Landes Nordrhein-Westfalen
StVG	Straßenverkehrsgesetz
StVO	Straßenverkehrsordnung
SV-VO	Verordnung über staatlich anerkannte Sachverständige nach der Landesbauordnung
TAB	Technical Assessment Body/Technische Bewertungsstelle
TA Lärm	Technische Anleitung zum Schutz gegen Lärm
TA Luft	Technische Anleitung zur Reinhaltung der Luft
TFaVO	Verordnung über technische Bühnen- und Studio-Fachkräfte
ThürBO	Thüringer Bauordnung
Thür. OVG	Thüringer Oberverwaltungsgericht
TKG	Telekommunikationsgesetz
TPrüfVO	Technische Prüfverordnung
TRA	Technische Regeln für Aufzüge
TRbF	Technische Regeln für brennbare Flüssigkeiten
TRD	Technische Regeln für Dampfkessel
TRGI	Technische Regeln für Gasinstallationen
ÜH	Übereinstimmungserklärung durch Hersteller

Abkürzungsverzeichnis

ÜHP	Übereinstimmungserklärung nach vorheriger Prüfung durch eine bauaufsichtlich anerkannte Prüfstelle
ÜTVO	Verordnung über die Überwachung von Tätigkeiten mit Bauprodukten und Bauarten
ÜZ	Übereinstimmungserklärung nach vorheriger Zertifizierung durch eine bauaufsichtlich anerkannte Zertifizierungsstelle
UIG	Umweltinformationsgesetz
UPR	Umwelt- und Planungsrecht, Zeitschrift
usw.	und so weiter
UVPG	Gesetz über die Umweltverträglichkeitsprüfung
UVPG NW	Gesetz über die Umweltverträglichkeitsprüfung im Lande Nordrhein-Westfalen
UVV	Unfallverhütungsvorschriften der Berufsgenossenschaften
UWG	Gesetz gegen den unlauteren Wettbewerb
v.	vom
V	Verordnung (Abkürzung im Bundesrecht)
VawS	Verordnung über Anlagen zum Umgang mit wassergefährdenden Stoffen und über Fachbetriebe
vBG	vorhabenbezogene Bauartgenehmigung
VBlBW	Verwaltungsblätter für Baden-Württemberg
VDE	Verband der Elektrotechnik, Elektronik, Informationstechnik
VDI	Verein Deutscher Ingenieure
VerfGH NRW	Verfassungsgerichtshof Nordrhein-Westfalen
VermKatG NRW	Vermessungs- und Katastergesetz
VersR	Versicherungsrecht, Zeitschrift
VerwArch	Verwaltungsarchiv, Zeitschrift
VerwGebO	Verwaltungsgebührenordnung
VerwRspr.	Verwaltungsrechtsprechung, Entscheidungssammlung
VG	Verwaltungsgericht
VGH B-W	Verwaltungsgerichtshof für das Land Baden-Württemberg
VGHE	Sammlung von Entscheidungen des Bayerischen Verwaltungsgerichtshofes
vgl.	vergleiche
VkBl.	Verkehrsblatt
VkVO	Verkaufsstättenverordnung
VO	Verordnung (Abkürzung im Landesrecht NRW)
VOB	Vergabe- und Vertragsordnung für Bauleistungen
Vorb.	Vorbemerkung
VR	Verwaltungsrundschau, Zeitschrift
VStättVO	Versammlungsstättenverordnung
VV	Verwaltungsvorschrift
VV BauO NRW	Verwaltungsvorschrift zur Landesbauordnung NRW
VV BauPrüfVO	Verwaltungsvorschrift zur Verordnung über bautechnische Prüfungen
VV TB NRW	Verwaltungsvorschrift Technische Baubestimmungen für das Land Nordrhein-Westfalen
VwGO	Verwaltungsgerichtsordnung
VwR	Verwaltungsrundschau, Zeitschrift

Abkürzungsverzeichnis

VwVfG	Verwaltungsverfahrensgesetz
VwVfG. NRW.	Verwaltungsverfahrensgesetz für das Land Nordrhein-Westfalen
VwVG	Verwaltungs-Vollstreckungsgesetz
VwVG NRW	Verwaltungsvollstreckungsgesetz für das Land Nordrhein-Westfalen
VwZG	Verwaltungszustellungsgesetz
WaffG	Waffengesetz
WasBauPVO	Verordnung zur Feststellung der wasserrechtlichen Eignung von Bauprodukten und Bauarten durch Nachweise nach der Landesbauordnung
WaStrG	Bundeswasserstraßengesetz
WE	Wohnungseinheit
WEG	Wohnungseigentumsgesetz
WertV	Wertermittlungsverordnung
WFB	Wohnungsbauförderungsbestimmungen Nordrhein-Westfalen
WHG	Wasserhaushaltsgesetz
WKRS	Rechtsprechung auf www.wolterskluwer-online.de
WoBauErlG	Wohnungsbau-Erleichterungsgesetz
II. WoBauG	Zweites Wohnungsbaugesetz
WoBindG	Wohnungsbindungsgesetz
WoG	Wohnungsgesetz
WoFG	Wohnraumförderungsgesetz
WoFlV	Wohnflächenverordnung
WPK	Werkseigene Produktionskontrolle
WRV	Verfassung des Deutschen Reiches – Weimarer Verfassung
WSG	Wohnsiedlungsgesetz
WuM	Wohnungswirtschaft und Mietrecht, Zeitschrift
z.B.	zum Beispiel
z.g.d.	zuletzt geändert durch
ZfBR	Zeitschrift für deutsches und internationales Bau- und Vergaberecht
ZfW	Zeitschrift für Wasserrecht
ZiE	Zustimmung in Einzelfall
ZMR	Zeitschrift für Miet- und Raumrecht
ZPO	Zivilprozessordnung
ZUR	Zeitschrift für Umweltrecht
ZustVO ArbtG	Verordnung zur Regelung von Zuständigkeiten auf dem Gebiet des Arbeits- und technischen Gefahrenschutzes
ZustVOtU	Verordnung zur Regelung von Zuständigkeiten auf dem Gebiet des technischen Umweltschutzes
ZustVU	Zuständigkeitsverordnung Umweltschutz

Literaturverzeichnis

Allgeier/Rickenberg	Die Bauordnung für Hessen, Kommentar, 9. Auflage 2012
Baltz/Fischer	Preußisches Baupolizeirecht, 6. Auflage, Nachdruck 1954
Battis/Krautzberger/Löhr	Baugesetzbuch, Kommentar, 13. Auflage 2016
Boeddinghaus	Baunutzungsverordnung, Kommentar, 5. Auflage 2005
Boeddinghaus/Hahn/Schulte/Radeisen	Bauordnung für das Land Nordrhein-Westfalen, Kommentar, Loseblattwerk
Böckenförde/Temme/Krebs	Musterbauordnung, 6. Auflage 1999
Brandt/Domgörgen	Handbuch Verwaltungsverfahren und Verwaltungsprozess, 4. Auflage 2018
Buntenbroich/Voß	Bauordnung Nordrhein-Westfalen, Kommentar, Loseblattwerk
Czychowski/Reinhardt	Wasserhaushaltsgesetz, 12. Auflage 2019
Ernst/Zinkahn/Bielenberg/Krautzberger	Baugesetzbuch, Kommentar, Loseblattwerk
Engelhardt/App/Schlatmann	Verwaltungs-Vollstreckungsgesetz, Verwaltungszustellungsgesetz, Kommentar, 11. Auflage 2017
Fickert/Fieseler	Baunutzungsverordnung, Kommentar, 13. Auflage 2018
Finkelnburg/Ortloff/Kment	Öffentliches Baurecht, Band I Bauplanungsrecht, 7. Auflage 2017
Finkelnburg/Ortloff/Otto	Band II Bauordnungsrecht, Nachbarschutz, Rechtsschutz, 7. Auflage 2018
Gädtke/Czepuck/Johlen/Plietz/Wenzel	BauO NRW Kommentar, 12. Auflage 2011
Göhler	Gesetz über Ordnungswidrigkeiten, Kommentar, 17. Auflage 2017
Große-Suchsdorf	Niedersächsische Bauordnung, Kommentar, 9. Auflage 2013
Hahn/Schulte	Öffentlich-rechtliches Baunachbarrecht, 1998
Hanne	Das öffentliche Baurecht in der Praxis, 1. Auflage 2017
Honert/Rüttgers/Sanden	Landeswassergesetz Nordrhein-Westfalen, 4. Auflage 1996
Hoppe/Bönker/Grotefels	Öffentliches Baurecht, 4. Auflage 2010
Jäde	Musterbauordnung (MBO 2002), 2003
Jäde	Musterbauordnung (MBO 2012), 2. Auflage 2013
Jäde/Dirnberger	Baugesetzbuch – Baunutzungsverordnung, Kommentar, 9. Auflage 2018
Jeromin	Kommentar zur Landesbauordnung Rheinland-Pfalz, 4. Auflage 2016
Klingsohr/Messerer/Bachmeier	Vorbeugender baulicher Brandschutz, 8. Auflage 2012
Knaup/Stange	Kommentar zur Baunutzungsverordnung, 8. Auflage 1997

Literaturverzeichnis

Kodal	Straßenrecht, 7. Auflage 2010
König/Roeser/Stock	Baunutzungsverordnung, 3. Auflage 2014
Kopp/Ramsauer	Verwaltungsverfahrensgesetz, Kommentar, 18. Auflage 2017
Kopp/Schenke	Verwaltungsgerichtsordnung, Kommentar, 24. Auflage 2018
Krautzberger/Söfker	Baugesetzbuch mit ergänzenden Vorschriften, 15. Auflage 2018
Locher	Das private Baurecht, 7. Auflage 2005
Maurer	Allgemeines Verwaltungsrecht, 15. Auflage 2004
Memmesheimer/Upmeier/Schönstein	Denkmalrecht Nordrhein-Westfalen, 2. Auflage 1989
Rabe/Pauli/Wenzel	Bau- und Planungsrecht, 7. Auflage 2014
Rasch/Schaetzell	Hessische Bauordnung, Loseblatt
Reichel/Schulte	Handbuch Bauordnungsrecht, 2004
Scheerbarth	Das Allgemeine Bauordnungsrecht, 2. Auflage 1966
Schlichter/Stich/Driehaus/Paetow	Berliner Kommentar zum Baugesetzbuch, Loseblatt
Schlotterbeck/Hager/Busch/Gammerl	Landesbauordnung für Baden-Württemberg und LBOAVO, Kommentar, 7. Auflage 2011
Schulte	Rechtsgüterschutz durch Bauordnungsrecht, Schriften zum öffentlichen Baurecht, Band 404, 1982
Simon/Busse	Bayerische Bauordnung, Loseblatt
Springborn	Die Bauproduktenverordnung und ihre Bedeutung für das Inverkehrbringen und die Verwendung von Bauprodukten in: Mauerwerk-Kalender 2015 (Hrsg. Jäger, W.), S. 733–766
Stürzer/Koch/Hopfensperger/Sterns-Kohlbeck/Sterns/Ziegelmayer	Praxishandbuch Wohnungseigentum, 5. Auflage 2016
Upmeier/Brandenburg	Neues Baugesetzbuch 2006, 7. Auflage 2007
von Bernstorff/Kiehne/Molitor	Bauprodukte, 1998
Voß/Buntenbroich	Das neue Baurecht in der Praxis, 2. Auflage 2007
Weirich/Ivo	Grundstücksrecht, 4. Auflage 2015
Weirich	Grundstücksrecht, 2. Auflage 1996
Wenzel	Baulasten in der Praxis, 3. Auflage 2016
Werner/Pastor/Müller	Baurecht von A–Z, 7. Auflage 2000
Werning	Der Bausatz, das unbekannte Wesen in Bauprodukte Aktuell Ausgabe 01/2019
Wilke/Dageförde/Knuth/Meyer/Broy-Bülow	Bauordnung für Berlin, Kommentar, 6. Auflage 2008
Winter	Produktzulassungsrecht – Neues aus der Rechtsprechung und Praxis in FeuerTRUTZ Magazin, S. 58–59 Ausgabe 06/2014

Bauordnung für das Land Nordrhein-Westfalen (Landesbauordnung 2018 – BauO NRW 2018)

Erster Teil Allgemeine Vorschriften

Vor §§ 1–3

Die BauO NRW gliedert sich vom Grundsatz her in **zwei** große **Themenkomplexe**, die ihrerseits wieder nach Teilen und Abschnitten geordnet sind, nämlich die **materiellen Vorschriften** der §§ 4–56 und die **Verfahrensvorschriften** der §§ 57–91. Diese Grobaufteilung der Gesetzesmaterie, die nicht immer lückenlos durchgehalten wird, wie einige in den materiellen Themenkomplex eingestreute verfahrensrechtliche Bestimmungen belegen (vgl. z.B. § 7 Abs. 2–4 BauO NRW, § 10 Abs. 6 BauO NRW, einzelne Absätze der §§ 17–25 BauO NRW), lässt sich allerdings so dem § 1 BauO NRW vorangestellten Inhaltsverzeichnis nicht unmittelbar entnehmen. Die allgemeinen Vorschriften des ersten Teils mit den **§§ 1–3** BauO NRW eröffnen, diesen beiden Themenkomplexen vorangestellt, den Gesetzestext. Sämtliche Landesbauordnungen folgen hierbei in Aufbau und Inhalt der MBO. 1

Die §§ 1–3 BauO NRW können keinem der beiden Themenkomplexe zugeordnet werden, da sie sowohl materiell-rechtliche als auch verfahrensrechtliche Regelungen enthalten. Sie sind vielmehr die **zentralen Vorschriften** des Bauordnungsrechts schlechthin. Als solche lenken sie nämlich nicht nur die Handhabung der einzelnen Vorschriften der BauO NRW selbst, sondern weisen darüber hinaus erhebliche **Bedeutung für die untergesetzlichen Vorschriften** auf. So greifen z.B. die Vorschriften der Sonderbauverordnungen erst, wenn das Bauordnungsrecht nach Maßgabe des § 1 BauO NRW überhaupt **Anwendung** findet. Begriffsbestimmungen wie z.B. die der Garage nach § 2. Abs. 8 Satz 2 BauO NRW, sind unmittelbarer **Anknüpfungspunkt** verschiedener Sonderbauverordnungen, so wie etwa für die Garagenverordnung. An der **bauordnungsrechtlichen Generalklausel** des § 3 Abs. 1 Satz 1 BauO NRW orientieren sich auch die materiellen Anforderungen des untergesetzlichen Regelwerks. 2

Die Vorschriften der §§ 1–3 BauO NRW entfalten auch **Bedeutung für andere Rechtsvorschriften**, die auf einzelne Bestimmungen der Landesbauordnung Bezug nehmen, wie beispielsweise § 2 Abs. 2 DSchG oder § 30 Abs. 1 Nr. 4 LNatSchG NRW (vgl. § 2 Rdn. 26 und 32). Dies sind keineswegs nur landesrechtliche Vorschriften, sondern auch das Bundesrecht. Beispielsweise verweisen § 18 BauNVO in den Fassungen von 1962, 1968 und 1977 sowie § 20 Abs. 1 BauNVO 1990 hinsichtlich der Begriffsbestimmung des Vollgeschosses auf das Landesrecht. Zwischen dem Bauordnungsrecht einerseits und dem Straßen-, Wasser-, Landschafts- und Denkmalrecht andererseits ergeben sich zahlreiche, zum Teil komplizierte Berührungen und Überschneidungen, die ihre Ursache in der Rechtskonstruktion des jeweiligen Anwendungsbereichs und in den Verweisungen oder sogar Rückverweisungen einzelner 3

§ 1 Anwendungsbereich

Vorschriften finden. Es ist deshalb unabdingbar, sich eingehend mit den Eingangsvorschriften der BauO NRW zu befassen, um bei der Rechtsanwendung **sachgerechte Ergebnisse** erzielen zu können.

§ 1 Anwendungsbereich

(1) Dieses Gesetz gilt für bauliche Anlagen und Bauprodukte. Es gilt auch für Grundstücke sowie für andere Anlagen und Einrichtungen, an die in diesem Gesetz oder in Vorschriften aufgrund dieses Gesetzes Anforderungen gestellt werden.

(2) Dieses Gesetz gilt nicht für
1. Anlagen des öffentlichen Verkehrs einschließlich Zubehör, Nebenanlagen und Nebenbetrieben, ausgenommen Gebäude,
2. Anlagen, die der Bergaufsicht unterliegen, ausgenommen Gebäude,
3. Leitungen, die der öffentlichen Versorgung mit Wasser, Gas, Elektrizität, Wärme, der öffentlichen Abwasserentsorgung oder der Telekommunikation dienen,
4. Rohrleitungen, die dem Ferntransport von Stoffen dienen,
5. Kräne und Krananlagen sowie
6. Messestände in Messe- und Ausstellungsgebäuden.

Übersicht		Rdn.
0	Änderungen gegenüber der BauO NRW 2000	01
1	Allgemeines	1
1.1	Gesetzgebungskompetenz, MBO, BauO NRW und »Baufreiheit«	1
1.2	Aufgabenbereich der Bauaufsicht, Abgrenzung zum Privatrecht	10
2	Zu Abs. 1 – Anwendungsbereich	23
2.1	Sachlicher, räumlicher und zeitlicher Anwendungsbereich	23
2.1.1	Bauliche Anlagen und Bauprodukte	27
2.1.2	Grundstücke	29
2.1.3	Andere Anlagen und Einrichtungen	42
2.2	Geltung der materiellen Anforderungen	44
3	Zu Abs. 2 – Ausnahmen vom Anwendungsbereich	47
3.1	Anlagen des öffentlichen Verkehrs (Nr. 1)	49
3.1.1	Bauplanungs- und Fachplanungsrecht im Verhältnis zur BauO NRW	53
3.1.2	Öffentliche Straßen, Wege und Plätze	61
3.1.3	Öffentliche Eisenbahnen und Magnetschwebebahnen	81
3.1.4	Öffentliche Straßenbahnen und ähnliche Bahnen, Busse, Taxen	101
3.1.5	Öffentliche Wasserstraßen	111
3.1.6	Öffentliche Flugplätze	124
3.1.7	Zubehör, Nebenanlagen, Nebenbetriebe, Gebäude	133
3.2	Anlagen, die der Bergaufsicht unterliegen (Nr. 2)	140
3.3	Leitungen für die öffentliche Ver- und Entsorgung (Nr. 3)	150
3.3.1	Wasser-, Gas-, Elektrizitäts- und Wärmeversorgung	158
3.3.2	Abwasserbeseitigung	177
3.3.3	Telekommunikation	183
3.4	Rohrleitungen für den Ferntransport von Stoffen (Nr. 4)	185
3.5	Kräne und Krananlagen (Nr. 5)	189
3.6	Messestände in Messe- und Ausstellungsgebäuden (Nr. 6)	194

Anwendungsbereich § 1

0 Änderungen gegenüber der BauO NRW 2000

Die BauO NRW 2018 hat § 1 BauO NRW an die MBO 2002 (z.g.d. Beschluss der Bauministerkonferenz vom 13.05.2016) angepasst und im Vergleich zur BauO NRW 2000 in Abs. 2 einige Änderungen vorgenommen. 01

In **Nr. 3** wurde der **überholte Begriff des »Fernmeldewesens«**, der noch aus dem Vorgängerrecht, dem Telegraphenwegegesetz und dem Gesetz zur Vereinfachung des Planverfahrens für Fernmeldelinien stammte, **durch den Begriff der »Telekommunikation« ersetzt**. Auch ist **der letzte Halbsatz entfallen**, nach welchem die Vorschriften der BauO NRW nicht auf die Masten, Unterstützungen sowie unterirdischen Anlagen und Einrichtungen des Fernmeldewesens bzw. der Telekommunikation anzuwenden sind. So wurde der bisher bestehende Widerspruch zur Regelung über die Genehmigungsfreiheit derartiger Anlagen in § 65 Abs. 1 Nr. 9a und 10 BauO NRW 2000 (jetzt § 62 Abs. 1 Nr. 4 Buchstabe b und Nr. 5 Buchstabe c BauO NRW 2018) beseitigt (vgl. die Begründung in LT-Drucks. 17/2166 S. 93). 02

In **Nr. 4** wurde der **überflüssige Zusatz »einschließlich ihrer unterirdischen Anlagen und Einrichtungen« gestrichen**, da solche Anlagen ohnehin den in Nr. 4 genannten Rohrleitungen, die dem Ferntransport von Stoffen dienen, unterfallen. 03

Die Regelung des **Nr. 5** wurde neben den genannten Kränen um den Begriff der **»Krananlagen« ergänzt**, zudem wurde **in Nr. 6 »Messestände in Messe- und Ausstellungsgebäuden« neu aufgenommen**. Letzteres dient jedoch lediglich der Klarstellung, da es sich bei solchen Messeständen ohnehin nicht um bauliche Anlagen, sondern um Einrichtungsgegenstände handelt (vgl. die Begründung in LT-Drucks. 17/2166 S. 94). 04

1 Allgemeines

1.1 Gesetzgebungskompetenz, MBO, BauO NRW und »Baufreiheit«

Seit dem Rechtsgutachten des Bundesverfassungsgerichts vom 16.06.1954 – 1 PBvV 2/52, BVerfGE 3, 407 = NJW 1954, 1474 ist geklärt, dass dem **Bund** verfassungsrechtlich **keine umfassende Gesetzgebungskompetenz für das gesamte Baurecht** zusteht (s.a. Hoppe/Bönker/Grotefels, S. 18 ff., Rn. 4–15 sowie die kritische Würdigung dieser Rechtsauslegung bei Schulte, S. 61 ff.). Unter den Voraussetzungen des Art. 72 Abs. 2 GG hatte der Bund nach der im Jahre 1954 geltenden Fassung des Art. 74 Nr. 18 GG die konkurrierende Zuständigkeit für die Regelung des Grundstücksverkehrs, des **Bodenrechts**, des landwirtschaftlichen Pachtwesens, des **Wohnungswesens** und des Siedlungs- und Heimstättenwesens. Daneben bestanden zum damaligen Zeitpunkt im Bereich der konkurrierenden Gesetzgebung noch zahlreiche, **nicht speziell baurechtliche Gesetzgebungszuständigkeiten des Bundes, die baurechtliche Regelungen als Annexregelungen** ermöglichten. 1

Der Bund machte von seiner Gesetzgebungskompetenz für das **Bodenrecht** mit dem **BBauG** und mehreren Rechtsverordnungen nahezu umfassend Gebrauch. Seine ebenfalls auf Art. 74 Nr. 18 GG beruhende **Gesetzgebungszuständigkeit für das** 2

§ 1 Anwendungsbereich

Wohnungswesen, die ihn auch befugt hätte, bauordnungsrechtliche Vorschriften für Wohngebäude zu erlassen, nutzte er nie umfassend. Ausschlaggebend hierfür war die **Bad Dürkheimer Vereinbarung** vom 21.01.1955. Der Bund verzichtete hierdurch auf seine Gesetzgebungskompetenz, solange die **Länder** das **Bauaufsichtsrecht möglichst einheitlich und umfassend regeln.** Die Länder schufen mit der **Musterbauordnung – MBO –** und deren Fortschreibungen (s.a. Böckenförde/Temme/Krebs, Einführung S. VII–XVIII) die **Grundlage für die Landesbauordnungen** (vgl. Scheerbarth, S. 112 ff.), so dass es aufgrund Art. 72 Abs. 2 GG an den notwendigen Voraussetzungen für eine bundesrechtliche Regelung fehlte (vgl. Schmehl, Die erneuerte Erforderlichkeitsklausel in Art. 72 Abs. 2 GG, DÖV 1996, S. 724 ff.).

3 Die **BauO NW 1995** folgte weitgehend der MBO 1993; allerdings wurden die mit der BauO NW 1984 übernommenen »liberaleren« Vorschriften des Vorgängerrechts beibehalten und eine gewisse Rechtsbereinigung angestrebt (vgl. LT-Drucks. 11/7153, S. 135 ff.). Die im Wesentlichen bestehende Einheitlichkeit des materiellen Bauordnungsrechts im Bundesgebiet wurde hierdurch nicht gefährdet; im Gegenteil: bei einer Reihe von Vorschriften wurden die Formulierungen weitestgehend der MBO angepasst (z.B. bei den §§ 20–28 oder bei § 65 BauO NW 1995). Die Neuordnung der Verfahrensvorschriften durch die BauO NW 1995 und andere Landesbauordnungen führte zu einer unübersichtlichen Vielfalt der Regelungen in den Bundesländern.

4 Die **BauO NRW 2000** übernahm die Neuregelungen der MBO 1997. Auch wurde das Verfahrensrecht fortentwickelt. Der Gesetzgeber wertete das einfache Genehmigungsverfahren, vergleichbar dem bayerischen Bauordnungsrecht, durch Einbeziehung »kleiner« Sonderbauten zum Regelverfahren auf. Überhaupt zeigte die jüngere Entwicklung des Bauordnungsrechts, dass die verschiedenen Bauordnungen zwar hinsichtlich des Verfahrensrechts von der MBO 1993 bzw. 1997 abwichen, untereinander aber wiederum manche Gemeinsamkeiten aufwiesen. Diese Entwicklung führte zur MBO 2002, die unterschiedliche Reformansätze aufgriff und das Verfahrensrecht neu strukturierte, um wieder ihre Vorbildfunktion erlangen zu können.

5 Aus dem Eigentumsrecht des Art. 14 GG wird das **materielle, subjektive Recht zum Bauen,** die »**Baufreiheit**« abgeleitet (s. Hoppe/Bönker/Grotefels, S. 29 ff.; BGH, Urt. v. 25.01.1973 – III ZR 256/68, BauR 1973, 104 = NJW 1973, 616 und Urt. v. 05.05.2011 – III ZR 305/09, NVwZ 2011, 1150), die nie uneingeschränkt bestanden hat (vgl. Finkelnburg/Ortloff, Bd. II S. 130 ff.). Sie ist nur insoweit gewährleistet, als nicht die Einschränkungen des Art. 14 Abs. 2 GG (Sozialpflichtigkeit des Eigentums) i.V.m. Art. 14 Abs. 1 Satz 2 GG greifen. Das sind vor allem die Bestimmungen des Bau- und Baunebenrechts. Nur insoweit besteht die Freiheit zum Bauen (BVerwG, Urt. v. 28.06.1955 – I C 146/53, BVerwGE 2, 172 = BBauBl 1955, 583 = BRS 4 VB 2, S. 222; vgl. Hoppe/Bönker/Grotefels, S. 29 ff.). Aus der Baufreiheit folgt das subjektiv-öffentliche Recht auf Erteilung einer Baugenehmigung für ein baurechtlich zulässiges Bauvorhaben sowie der Bestandsschutz für bauliche Anlagen, die im Einklang mit dem materiellen Baurecht errichtet wurden oder, sofern sie bei der Errichtung baurechtswidrig waren, in einem späteren, nicht unerheblichen

Zeitraum dem materiellen Baurecht entsprochen haben (zum Bestandsschutz vgl. § 74 Rdn. 166–201). Hieraus ergibt sich ferner, dass die **Baufreiheit nur durch eine Rechtsvorschrift eingeschränkt werden darf.**

Die Landesbau**ordnung** ist trotz ihrer insofern irreführenden Bezeichnung ein **Gesetz**. Neben der BauO NRW als Gesetz und gestützt auf deren Verordnungsermächtigungen, insbesondere in § 87 BauO NRW, sind **Rechtsverordnungen** ergangen, die auf Mustervorschriften der ARGEBAU basieren. Sie sollen das Gesetz vor allem hinsichtlich detaillierter Vorschriften über Sonderbauten (§ 50 Abs. 1 Satz 1 BauO NRW – Anlagen und Räume besonderer Art oder Nutzung) entlasten und bieten die Möglichkeit, das Recht dem technischen Wandel schneller anzupassen, weil nicht bei jeder Änderung ein Gesetzgebungsverfahren durchzuführen ist. Die **Rechtsverordnungen** lassen sich vereinfachend **zwei Gruppen** zuordnen: 6
- Verordnungen zum **Verfahrensrecht**, wie z.B. die SV-VO und die BauPrüfVO,
- Verordnungen zum **materiellen Recht**, wie z.B. die SBauVO.

Bedeutung kommt neben den aufgrund der BauO NRW erlassenen Rechtsverordnungen den **örtlichen Bauvorschriften** zu (s. § 89 BauO NRW, § 48 Abs. 3 Satz 2 BauO NRW). Sie werden von der Gemeinde als **Satzung** erlassen und geben ihr die Möglichkeit, durch eigenes Ortsbaurecht den **örtlichen Verhältnissen** Rechnung zu tragen. Der Satzungserlass fällt in den eigenen Wirkungskreis der Gemeinde (Art. 28 GG), setzt jedoch die genaue Beachtung der **gesetzlichen Ermächtigungsgrundlage** voraus. 7

Verwaltungsvorschriften zur BauO NRW sind zur Wahrung des **einheitlichen Gesetzesvollzugs** notwendig. Verwaltungsvorschriften der obersten Bauaufsichtsbehörde zur Ausführung der BauO NRW binden als **allgemeine Weisung** nach § 9 Abs. 2 Buchstabe a OBG die nachgeordneten Behörden, nicht jedoch den Bürger, ebenfalls nicht die Gerichte. Sie entfalten aber mittelbar aufgrund des Gleichbehandlungsgrundsatzes nach Art. 3 GG über eine entsprechende Verwaltungspraxis rechtliche Wirkungen. Eine Besonderheit gilt hinsichtlich der durch die BauPrüfVO amtlich bekannt gemachten **Antragsvordrucke** zum Verfahren. Hier entfaltet die Verwaltungsvorschrift in Ausführung einer Rechtsverordnung ausnahmsweise Rechtswirkungen für den Bürger (vgl. § 70 Rdn. 47). 8

Technische Baubestimmungen spielen neben den Rechtsvorschriften im Baurecht eine wichtige Rolle, indem sie diese ergänzen. Die allgemeinen Anforderungen der §§ 12–16 BauO NRW, darüber hinaus auch viele materielle Einzelbestimmungen, enthalten **unbestimmte Rechtsbegriffe**, die nur unter Heranziehung Technischer Baubestimmungen sinnvoll ausgelegt werden können. Technische Baubestimmungen sind im Hinblick auf die durch die materielle Grundnorm des § 3 Abs. 1 Satz 1 BauO NRW geschützten Belange, insbesondere Leben, Gesundheit oder die natürlichen Lebensgrundlagen, gemäß § 3 Abs. 2 Satz 1 BauO NRW zu beachten, soweit sie den Status von **allgemein anerkannten Regeln der Technik** besitzen. Weiter sind die aufgrund einer **bauaufsichtlichen Einführung** gemäß § 3 Abs. 2 Satz 3 BauO NRW bekannt gemachten Technischen Baubestimmungen zu beachten (vgl. § 3 Rdn. 94–99). 9

§ 1 Anwendungsbereich

1.2 Aufgabenbereich der Bauaufsicht, Abgrenzung zum Privatrecht

10 Die BauO NRW beinhaltet das frühere Baupolizeirecht (ohne das Bauplanungsrecht), das nach 1945 als Folge der »Entpolizeilichung« in Bauaufsichts- bzw. Bauordnungsrecht umbenannt wurde. Das **Bauordnungsrecht** regelt die **Ausführung baulicher Anlagen auf dem Grundstück** und die ordnungsrechtlichen **Vorgaben** für die **Anordnung, Errichtung, Änderung, Nutzung, Nutzungsänderung** und **Instandhaltung** sowie für den **Abbruch von baulichen Anlagen** und **sonstigen Anlagen und Einrichtungen** im Sinne des § 1 Abs. 1 Satz 2 BauO NRW. Die bauordnungsrechtlichen Vorschriften enthalten **materiell-rechtliche Anforderungen**, die aus Gründen der öffentlichen Sicherheit oder Ordnung an die baulichen Anlagen, an die Grundstücke sowie an bestimmte sonstige Anlagen und Einrichtungen, die nicht unter den Begriff der baulichen Anlagen fallen, gestellt werden müssen. Die Vorschriften sollen ferner die **sozialbedingten Mindesterfordernisse** an Baugestaltung und Bauausführung sicherstellen. Schließlich regelt die BauO NRW das **bauaufsichtliche Verfahren**, die **behördlichen Zuständigkeiten**, die **Pflichten der am Bau Beteiligten** und **sonstige öffentlich-rechtlich zu erfassende, regelungsbedürftige Sachfragen** unter dem **Grundgedanken** der allgemeinen **Ordnung des Baugeschehens**.

11 Das **Bauordnungsrecht** ist als ein wichtiges **Spezialgebiet des Rechts der technischen Gefahrenabwehr** anzusehen (s. § 58 Abs. 1 Satz 1 BauO NRW). Als **sondergesetzlich geregelte Materie** geht die **BauO NRW als spezielle Rechtsgrundlage** dem OBG als generelle Rechtsgrundlage für die Gefahrenabwehr vor (s. § 1 Abs. 2 OBG und Nr. 1.2 VV OBG). Allerdings bleibt das **OBG subsidiär** anwendbar, was insbesondere für § 15 OBG (Verhältnismäßigkeitsgrundsatz), §§ 17–19 OBG (Ordnungspflicht), § 21 OBG (Wahl der Mittel) und § 24 OBG (Verweisung auf bestimmte Befugnisse im PolG NRW) gilt. Auch die Regelung des **Weisungsrechts der Aufsichtsbehörden** in § 9 OBG weist in der Praxis Bedeutung auf.

12 Die **Zielsetzung des Bauordnungsrechts** wurde bereits mit der **MBO 1960** gegenüber dem ursprünglich gegebenen polizeilichen Ansatz des früheren preußischen Baupolizeirechts wesentlich **erweitert**. Die »Allgemeine Einführung in die Musterbauordnung« bemerkt hierzu (Schriftenreihe des Bundesministers für Wohnungsbau, Bd. 17 S. 23):

13 *»Die Aufgaben der Bauaufsicht bei der Errichtung, Änderung, Nutzung und dem Abbruch baulicher Anlagen lassen sich in folgende Gruppen einteilen:*
1) Abwehr von Gefahren für die öffentliche Sicherheit und Ordnung sowie die Verhinderung unzumutbarer Belästigungen,
2) Sozial- und Wohlfahrtsaufgaben,
3) Baugestaltung,
4) Vollzug der städtebaulichen Planung,
5) Vollzug von Anforderungen, die auf Grund anderer Rechtsvorschriften an bauliche Anlagen gestellt werden, soweit hierfür nicht andere Behörden zuständig sind.«

14 Diese Aufgabenstruktur besteht vom Grundsatz her auch heute noch. Hinzugetreten sind **weitere Sozial- und Wohlfahrtsaufgaben**. Damit hat der **polizeiliche**

Aufgabenkern des Bauordnungsrechts weiter **an Bedeutung eingebüßt** (vgl. Schulte, S. 27 ff.).

Die **Gefahrenabwehr** umfasst die Gewährleistung der öffentlichen Sicherheit und Ordnung in Bezug auf das Bauen sowie auf Nutzung und Unterhaltung baulicher Anlagen und der bebauten Grundstücke, wie dies § 3 Abs. 1 Satz 1 BauO NRW als **materielle Grundnorm** (Generalklausel) für das Bauen zum Ausdruck bringt. Zur **Gefahrenabwehr im engeren Sinne** rechnen insbesondere die allgemeinen Vorschriften über **Standsicherheit** (§ 12 BauO NRW), **Schutz gegen schädliche Einflüsse** (§ 13 BauO NRW), **Brandschutz** (§ 14 BauO NRW), **Wärme-, Schall- und Erschütterungsschutz** (§ 15 BauO NRW) und **Verkehrssicherheit** (§ 16 BauO NRW). Es liegt im Zuge der Zeit, nicht zuletzt als Folge der Verwaltungsrechtsprechung, dass die Gefahrenschwelle weiter absinkt und die ordnungsrechtlich relevanten Gefahren bereits eintreten, wo früher noch »polizeilich« nicht zu beachtende Belästigungen gesehen wurden. 15

Neben der Gefahrenabwehr im engeren Sinne traten bereits seit langer Zeit **Sozial- und Wohlfahrtsaufgaben** hinzu (s.a. die Formulierung in § 58 Abs. 1 Satz 1 BauO NRW »gelten als solche der Gefahrenabwehr«). Dies ist auch eine Folge der **Sozialstaatsklausel** des GG. Ihren Niederschlag fanden diese Aspekte in § 8 Abs. 1 BauO NRW (Begrünung der nicht überbauten Fläche), § 8 Abs. 2 BauO NRW (Kinderspielflächen), §§ 43 Abs. 1, 46–47 BauO NRW (sanitäre Anlagen, Aufenthaltsräume, Wohnungen), § 48 (Stellplätze und Garagen sowie Fahrradabstellplätze) und § 54 BauO NRW (barrierefreies Bauen). 16

Aufgaben der **Baugestaltung** nehmen die Bauaufsichtsbehörden wahr, wenn sie verhindern, dass die Bauten selbst wegen Vernachlässigung oder Missachtung der allgemein anerkannten handwerklichen und gestalterischen Regeln verunstaltet wirken (§ 9 Abs. 1 BauO NRW) oder die Bauten ihrerseits das Straßen-, Orts- oder Landschaftsbild verunstalten (§ 9 Abs. 2 BauO NRW). Eine Rechtsgrundlage für das Einschreiten gegen verunstaltende Werbung bietet § 10 BauO NRW. Nach § 89 BauO NRW können die Gemeinden örtliche Bauvorschriften als **Satzung** erlassen. 17

Der **Vollzug der städtebaulichen Planung** umfasst die Beurteilung der bauplanungsrechtlichen Zulässigkeit eines bestimmten Vorhabens nach den §§ 29–38 BauGB. Diese Prüfung rechnet zum Bauordnungsrecht und obliegt im Rahmen der verschiedenen bauaufsichtlichen Zulassungsverfahren den Bauaufsichtsbehörden (zum Verhältnis von Bauplanungs- und Bauordnungsrecht vgl. § 71 Rdn. 22 ff.). 18

Der **Vollzug baurechtlicher Vorschriften in anderen Gesetzen** rechnet ebenfalls zu den Aufgaben der Bauaufsicht, soweit nicht die Zuständigkeit einer anderen Behörde ausdrücklich bestimmt ist (vgl. § 74 Rdn. 131–161). Die Zahl der Gesetze, in denen an die Errichtung, die Änderung, die Nutzung und den Abbruch baulicher Anlagen Anforderungen gestellt werden, ist beklagenswert groß. Hinsichtlich des Verhältnisses der bauaufsichtlichen Genehmigungsverfahren zu anderen gesetzlich geregelten Genehmigungsverfahren gilt vorbehaltlich einer besonderen Regelung (s. §§ 60, 61 Abs. 1 BauO NRW und die dort zitierten Vorschriften) der Grundsatz, dass die nach 19 diesen anderen Gesetzen erforderlichen Verfahren unberührt bleiben, also neben dem Baugenehmigungsverfahren durchzuführen sind (vgl. § 74 Rdn. 244– 249).

20 Das Bauordnungsrecht lässt das **private Baurecht**, zu dem auch das NachbarG NRW zählt, **unberührt** (vgl. Locher, S. 1 ff.; s.a. § 49 Abs. 2 NachbG NRW). Die Baugenehmigung setzt nach § 74 Abs. 1 BauO NRW die Feststellung voraus, dass **öffentlich-rechtliche Vorschriften** nicht entgegenstehen; § 74 Abs. 4 BauO NRW bestimmt aber ausdrücklich, dass die Baugenehmigung unbeschadet privater Rechte Dritter ergeht (vgl. § 74 Rdn. 250–253). Das **Privatrecht** ist deshalb im bauaufsichtlichen Verfahren **kein Prüfungsmaßstab** (BVerwG, Beschl. v. 20.06.1996 – 4 B 106/96, juris; OVG NRW, Beschl. v. 12.02.1976 – X B 820/75, BRS 30 Nr. 150).

21 Das **private Baurecht**, vor allem das BGB, regelt die **privaten Rechtsbeziehungen** der am Bau Beteiligten. Diese dürfen nicht mit den öffentlich-rechtlichen Pflichten der am Bau Beteiligten (§§ 52–56 BauO NRW) verwechselt werden. Auch enthält das private Baurecht, vor allem das NachbG NRW, Vorschriften über Bauteile an der gemeinsamen Grundstücksgrenze (Überbau, Nachbarwand, Grenzwand, Schornstein, Dachtraufe, Bodenerhöhung, Einfriedung) sowie über Grenzabstände für Gebäude und Pflanzen, die unbeschadet der öffentlich-rechtlichen Vorschriften zu beachten sind. Hinzu kommen die Regelungen des § 24 NachbG NRW zum Hammerschlags- und Leiterrecht, ohne die Bau- und Instandsetzungsarbeiten wesentlich erschwert würden.

22 **Öffentliches** und **privates Baurecht** sind insoweit **verknüpft**, als eine Verletzung öffentlich-rechtlicher Vorschriften die privatrechtliche Sachmängelhaftung aus Vertrag oder Schadensersatzansprüche nach § 823 BGB (öffentliches Baurecht als Schutzgesetz) auslösen kann. Auch bei Abwehransprüchen nach § 1004 BGB zeigt sich diese besondere Verbindung, da diese nicht gegen rechtmäßige Bauvorhaben geltend gemacht werden können.

2 Zu Abs. 1 – Anwendungsbereich

2.1 Sachlicher, räumlicher und zeitlicher Anwendungsbereich

23 Abs. 1 grenzt den **sachlichen Anwendungsbereich** des Bauordnungsrechts ein, indem er die Gegenstände bezeichnet, für die es überhaupt gilt: **bauliche Anlagen, Bauprodukte, Grundstücke** sowie **andere Anlagen und Einrichtungen, an die das Bauordnungsrecht Anforderungen stellt**. Die sachliche Anwendbarkeit des Gesetzes besteht sowohl in materiell-rechtlicher als auch in verfahrensrechtlicher Hinsicht. Abs. 2 nennt die **Ausnahmen vom Anwendungsbereich** und führt – verbunden mit Rückausnahmen für Gebäude – zahlreiche Anlagen auf, die nach der generellen Abgrenzung des Abs. 1 ansonsten unter die BauO NRW fallen würden. Der Anwendungsausschluss des Abs. 2 ist allerdings nicht abschließend, ohne dass die Vorschrift dies zum Ausdruck bringt. Daneben enthält nämlich § 10 Abs. 6 BauO NRW für bestimmte Werbeanlagen, Werbemittel und Anschläge sowie Auslagen und Dekorationen eine weitere **Ausnahme vom Anwendungsbereich** der BauO NRW, die infolge ihrer versteckten Anordnung im Gesetzestext und des fehlenden Hinweises in Abs. 2 leicht übersehen werden kann (vgl. § 10 Rdn. 176–182).

Der **räumliche Anwendungsbereich** der BauO NRW deckt sich mit dem Landesgebiet. Auch Missionsgebäude nach dem Diplomaten- und Konsularrecht auf dem Gebiet des Landes Nordrhein-Westfalen unterliegen grundsätzlich dem Anwendungsbereich der BauO NRW. Es bestehen jedoch im Hinblick auf das Übereinkommen über diplomatische Beziehungen vom 18.04.1961 (BGBl. II 1964, S. 958) und das Übereinkommen über konsularische Beziehungen vom 24.04.1963 (BGBl. II 1969, S. 1586) verfahrensrechtliche Besonderheiten (hierzu s. Grams/Pitschas, Bindung ausländischer Staaten bei der Grundstücksnutzung an das öffentliche [Bau-] Recht, ZfBR 1996, S. 75 ff.). 24

Der **zeitliche Anwendungsbereich** der BauO NRW 2018 beginnt gemäß Art. 2 Abs. 2 Satz 1 des Gesetzes zur Modernisierung des Bauordnungsrechts in Nordrhein-Westfalen vom 21.07.2018 – Baurechtsmodernisierungsgesetz (BauModG NRW, GV. NRW. S. 411) mit dem **Zeitpunkt des Inkrafttretens am 01.01.2019** (mit Ausnahme der in Art. 2 Abs. 1 genannten Vorschriften, welche bereits ab dem Tag nach Verkündung vom 21.08.2018 gelten) und reicht bis zu einem in der Zukunft liegenden, derzeit noch nicht bekannten Aufhebungszeitpunkt. Vom neuen Recht der BauO NRW 2018 erfasst werden grundsätzlich nur Vorhaben, die erstmals am Tage des Inkrafttretens genehmigt worden sind. Aufgrund des Bestandsschutzes (hierzu vgl. § 74 Rdn. 166–201) kann in bestehende, rechtmäßige bauliche Anlagen nur nach Maßgabe des § 59 BauO NRW eingegriffen werden (vgl. § 59). 25

Den **gleichen Anwendungsbereich** wie § 1 BauO NRW haben unter sachlichen, räumlichen und zeitlichen Aspekten auch alle **Rechtsvorschriften** (**Rechtsverordnungen** und **Satzungen**), die **aufgrund** einer in **der BauO NRW 2018** enthaltenen Ermächtigung (s. insbesondere §§ 87 und 89 BauO NRW) noch erlassen werden, soweit sich nicht aus ihrem Inhalt weitere Einschränkungen des Anwendungsbereichs ergeben. Untergesetzliche Rechtsvorschriften aufgrund älterer Fassungen der Landesbauordnung (BauO NW 1962, 1970 und 1984) haben insoweit ihre Geltung verloren, als der Gesetzgeber mit der BauO NW 1995 und der BauO NRW 2000 den Anwendungsbereich durch Erweiterung der Ausnahmetatbestände nach Abs. 2 enger gefasst hat. 26

2.1.1 Bauliche Anlagen und Bauprodukte

Das Bauordnungsrecht gilt nach § 1 Abs. 1 Satz 1 BauO NRW für **bauliche Anlagen. Der Anlagenbegriff** findet im gesamten **Bau-, Umwelt- und Technikrecht** mit jeweils anderem Inhalt Anwendung (vgl. § 2 Rdn. 4–12). Der **Begriff der baulichen Anlage** reicht weiter als der Gebäudebegriff und ist für das Bauordnungsrecht in § 2 Abs. 1 BauO NRW definiert (vgl. § 2 Rdn. 34–62). Es sind nicht nur die »**echten**« baulichen Anlagen gemäß § 2 Abs. 1 Satz 1 und 2 BauO NRW gemeint, sondern auch die »**fiktiven**« baulichen Anlagen gemäß § 2 Abs. 1 Satz 3 BauO NRW (vgl. § 2 Rdn. 63–110). Erfasst sind alle baulichen Anlagen über und unter der Erde ohne Rücksicht auf Umfang, Bauart, Nutzungsart oder Zweckbestimmung (private oder öffentliche Bauten), Standort, Eigentums- oder Besitzverhältnisse der Anlagen (vgl. Simon/Busse, Art. 1, Rn.17). 27

§ 1 Anwendungsbereich

28 Das Bauordnungsrecht gilt nach § 1 Abs. 1 Satz 1 BauO NRW auch für **Bauprodukte**. Mit der BauO NW 1995 wurde die Richtlinie 89/106/EWG des Rates vom 21.12.1988 (ABl. EG Nr. L 40 vom 11.02.1989, S. 12) hinsichtlich der **Verwendung von Bauprodukten** in Landesrecht umgesetzt. Der **landesrechtliche Begriff** des Bauproduktes nach § 2 Abs. 11 BauO NRW ist inhaltlich **deckungsgleich** mit dem **unionsrechtlichen Begriff** nach Art. 2 Nr. 1 der Verordnung (EU) Nr. 305/2011 (EU-Bauproduktenverordnung). Die Verordnung regelt das **Inverkehrbringen von** und den **freien Warenverkehr mit Bauprodukten** (vgl. § 2 Rdn. 332–348 sowie die Vorbemerkungen zu §§ 17–25). Der Anwendungsbereich des Bauordnungsrechts ist auf bauliche Anlagen, Grundstücke bzw. andere Anlagen und Einrichtungen ausgerichtet, die normalerweise **ortsgebunden** sind. Auch Bauprodukte werden durch ihre Verwendung in baulichen Anlagen nach ihrem Einbau zu Teilen derselben und damit ortsgebunden. Es besteht jedoch die **Besonderheit**, dass Bauprodukte bereits im **Herstellungsprozess** nicht nur unter Gesichtspunkten des Inverkehrbringens und des freien Warenverkehrs, sondern auch unter **Gesichtspunkten ihrer späteren Verwendbarkeit in baulichen Anlagen** überwacht werden müssen.

2.1.2 Grundstücke

29 Das Bauordnungsrecht gilt nach § 1 Abs. 1 Satz 2 BauO NRW auch für »**Grundstücke**«. Nicht eindeutig ist, ob der zweite Halbsatz mit den Worten »an die in diesem Gesetz oder in Vorschriften aufgrund dieses Gesetzes Anforderungen gestellt werden« sich nur auf andere Anlagen und Einrichtungen oder auch auf Grundstücke bezieht. Es kann die Auffassung vertreten werden, dass das hinter dem Begriff »Grundstücke« folgende »sowie« distanzierend gemeint ist und sich deshalb der nachfolgende Halbsatz nur auf den Begriff andere Anlagen und Einrichtungen bezieht (so Wilke/Dageförde/Knuth/Meyer, zu § 1 Rn. 7). Schlüssiger erscheint das Argument, dass bei einer unbeschränkten Anwendbarkeit des Grundstücksbegriffs die Einbeziehung in Satz 1 nahegelegen hätte (so Boeddinghaus/Hahn/Schulte, § 1 Rn. 4). Hierfür spricht auch, dass das Bauordnungsrecht keinerlei Anforderungen an unbebaute Grundstücke enthält. **Bauordnungsrechtliche Anforderungen an Grundstücke** finden sich vorrangig in den das Bauplanungsrecht ergänzenden §§ 4–8 BauO NRW, daneben auch an anderen Stellen im Gesetz, wie z.B. in § 32 Abs. 2 BauO NRW. Bei **Änderungen der Grundstücksgrenzen** und bei **Grundstücksteilungen** können sich Folgen für die Abstände und Abstandsflächen ergeben. **Grundstücksteilungen** von bebauten Grundstücken setzen nach § 7 BauO NRW eine **bauordnungsrechtliche Teilungsgenehmigung** voraus. Schließlich können die Grundstückseigentümer gemäß § 85 Abs. 1 BauO NRW zu ihrem **Grundstück** öffentlich-rechtliche Verpflichtungen in der Form der **Baulast** übernehmen.

30 Da eine **Legaldefinition des Grundstücks** in der BauO NRW **fehlt**, können Zweifel darüber aufkommen, in welchem Sinne der Begriff zu verstehen ist:
- im **grundbuchrechtlichen Sinne** (§§ 2 und 3 GBO),
- im **wirtschaftlichen Sinne** (§§ 2 und 70 BewG),
- im **bauplanungsrechtlichen Sinne** oder etwa davon losgelöst,
- in einem durch Auslegung zu ermittelnden bauordnungsrechtlichen Sinne?

Für die Beantwortung dieser Frage ist von Bedeutung, dass viele Vorschriften der BauO NRW nicht nur allgemein auf das Grundstück, sondern darüber hinaus auf die **Grundstücksgrenze** abstellen. Beispielsweise kommt es bei der Übernahme der Abstandsfläche durch Baulast nach § 6 Abs. 2 Satz 3 BauO NRW auf den **genauen Verlauf der Grundstücksgrenze** an, um die Baulastfläche zentimetergenau feststellen zu können. Derartige Anforderungen sind nur erfüllbar, wenn ein Grundstücksbegriff Anwendung findet, der auf das **Liegenschaftskataster als vermessungstechnische Grundlage** abstellt. Diesen **Genauigkeitsanspruch** erfüllt nur der **Grundstücksbegriff im grundbuchrechtlichen Sinne**, da einerseits § 2 Abs. 2 GBO an das Liegenschaftskataster ausdrücklich anknüpft und andererseits § 11 Abs. 8 Satz 1 VermKatG NRW das Liegenschaftskataster als das amtliche Verzeichnis der Grundstücke im Sinne des § 2 Abs. 2 GBO bezeichnet. Auf den zivilrechtlichen Grundstücksbegriff kann als **Ausgangspunkt** nicht verzichtet werden, weil bei einer **natürlichen Betrachtung** – unter Einbeziehung baurechtlicher und wirtschaftlicher Erwägungen – **Rechtsunsicherheit** eintreten würde. 31

Ein **Grundstück im Sinne des bürgerlichen Rechts** ist ein räumlich abgegrenzter Teil der Erdoberfläche, der im Bestandsverzeichnis des Grundbuchblatts unter **einer** Nummer eingetragen ist, ohne Rücksicht darauf, wie es genutzt wird und ob es eine wirtschaftliche Einheit mit anderen Grundstücken bildet (vgl. § 4 Rdn. 60–72). Das **Buchgrundstück** besteht aus einem oder mehreren Flurstücken, deren Bezeichnung, Lage und Größe dem **Liegenschaftskataster** entnommen wird (BGH, Beschl. v. 19.12.1967 – V BLw 24/67, BGHZ 49, 145 = NJW 1968, 791; OVG NRW, Urt. v. 03.10.1968 – X A 989/67, BRS 20 Nr. 39; BVerwG, Urt. v. 16.04.1971 – IV C 82.69, BVerwGE 38, 35 = BRS 37 Nr. 178; OLG Hamm, Urt. v. 12.05.2000 – 12 U 39/00, BauR 2000, 1527; Hamb. OVG, Beschl. v. 09.04.2010 – 2 Bs 49/10, BauR 2010, 1191; vgl. Weirich/Ivo, Rn. 42–44). Nach § 11 Abs. 1 Satz 1 VermKatG NRW enthält das **Liegenschaftskataster** die Liegenschaften, das sind die **Flurstücke** und die **Gebäude** (s.a. § 8 der Durchführungsverordnung zum VermKatG NRW vom 25.10.2006, GV. NRW. S. 462). Das Liegenschaftskataster erfasst im Gegensatz zum Grundbuch **alle** Liegenschaften im Landesgebiet, ist also **flächendeckend**; anders ausgedrückt setzt sich das Landesgebiet lückenlos aus Flurstücken zusammen. Gemäß § 11 Abs. 2 Satz 1 VermKatG NRW ist ein **Flurstück** ein begrenzter Teil der Erdoberfläche, der im Liegenschaftskataster unter einer besonderen Bezeichnung geführt wird. Somit kann **ein** Grundstück im Rechtssinne zwar aus mehreren Flurstücken zusammengesetzt sein, nicht jedoch ein Flurstück aus mehreren Grundstücken im Rechtssinne bestehen. Für die Ermittlung des Grundstücks im Rechtssinne kommt es nur auf den unter **einer** Nummer im Bestandsverzeichnis erfassten Flurstücksbestand an. Es reicht nicht aus, allein die Flurkarte heranzuziehen, um die Grundstücke im Rechtssinne feststellen zu können, da diese lediglich den Flurstücksbestand darstellt, jedoch keinen Aufschluss darüber bietet, ob Flurstücke für sich allein oder zusammen mit anderen Flurstücken ein Grundstück bilden. Dieser Sachverhalt kann nur durch **Einsichtnahme in das Grundbuch** ermittelt werden. 32

§ 1 Anwendungsbereich

Eintragungen im Grundbuch

33 Amtsgericht Altdorf **Grundbuch von** Kleinscheid **Blatt** 1412 **Bestandsverzeichnis**

lfd. Nr. der Grundstücke	bisherige lfd. Nr. der Grundstücke	Bezeichnung der Grundstücke und der mit dem Eigentum verbundenen Rechte				Größe		
		Gemarkung	Karte Flur Flurstück		Liegenschaftsbuch	Wirtschaftsart und Lage	ha a qm	
		a	b		c/d	e		
1	2	3					4	
1	–	Auenfeld	18	23	*	Freifläche	3	10
		Auenfeld	18	24	*	Hof- u. Gebäudefläche Bachweg 3	5	31
2		Auenfeld	18	25	*	Hof- u. Gebäudefläche Bachweg 5	6	12

* Angabe nur, wenn das Liegenschaftsbuch nicht auf das Grundbuch Bezug nimmt

Liegenschaftskataster – Flurkarte

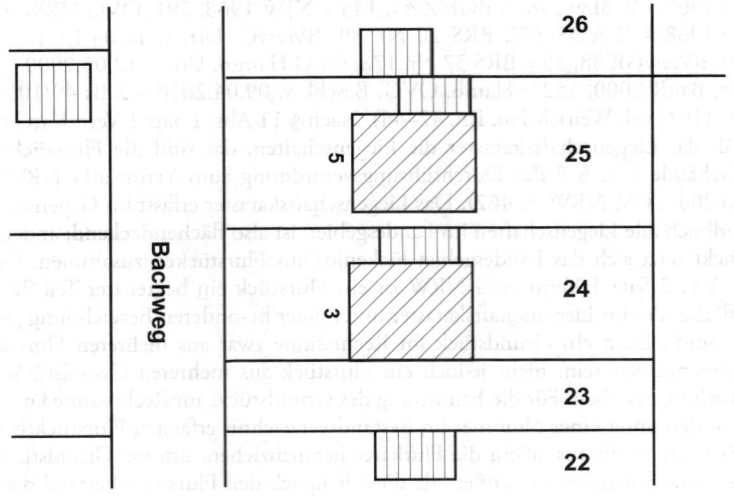

Abb. 1.1 Zusammenspiel von Grundbuch und Liegenschaftskataster
Die im Bestandsverzeichnis des Grundbuchs unter der laufenden Nummer 1 eingetragenen beiden Flurstücke 23 und 24 – Bachweg 3 – bilden ein einheitliches Grundstück im Rechtssinne. Ein weiteres Grundstück im Rechtssinne bildet das unter der laufenden Nummer 2 eingetragene Flurstück 25 – Bachweg 5.

Gemäß § 3 Abs. 1 GBO erhält jedes **Grundstück im Grundbuch** eine **besondere** 34
Stelle (Grundbuchblatt). Jedoch können nach § 3 Abs. 2 GBO die Grundstücke des
Bundes, der Länder, der Gemeinden und anderer Kommunalverbände, der Kirchen,
Klöster und Schulen, der Wasserläufe, die öffentlichen Wege sowie die öffentlichen
Bahnanlagen im Grundbuch **buchungsfrei** bleiben. Statt der Eintragung im Grundbuch, die – soweit vorhanden – immer maßgeblich ist, genügt zur ausreichenden
Individualisierung der buchungsfreien Grundstücke die **Eintragung unter einer
Bestandsnummer im Bestandsblatt des Liegenschaftsbuchs**. Die buchungsfreie
Belassung öffentlicher Grundstücke hat an Bedeutung eingebüßt, da zunehmend
öffentliche Flächen, die nicht mehr für öffentliche Zwecke benötigt werden, veräußert werden.

Das Grundstück im Rechtssinne ist zu unterscheiden vom **Grundstück im wirt-** 35
schaftlichen Sinne. Nach § 70 des BewG i.d.F.d.B. vom 01.02.1991 (BGBl. I S. 230),
z.g.d.G. vom 04.11.2016 (BGBl. I S. 2464) bildet jede **wirtschaftliche Einheit des
Grundvermögens** ein **Grundstück im Sinne des BewG**. Was als wirtschaftliche Einheit zu gelten hat, ist gemäß § 2 Abs. 1 Satz 2 BewG nach den Anschauungen des
Verkehrs zu entscheiden. Diesen Grundstücksbegriff legt die Rechtsprechung nur
ausnahmsweise zugrunde, wenn dies erschließungs- bzw. abgabenrechtlich oder
aus besonderen bauplanungsrechtlichen Erwägungen geboten ist (BVerwG, Urt. v.
20.06.1973 – IV C 62.71, BVerwGE 42, 269 = BauR 1973, 243 = BRS 37 Nr. 173,
Urt. v. 24.02.2010 – 9 C 1/09, BVerwGE 136, 126 und Beschl. v. 21.12.2015 – 9 B
46/15, NVwZ-RR 2016, 438 und OVG NRW, Urt. v. 24.06.2008 – 15 A 4328/05,
juris zum Erschließungsbeitragsrecht; BayVerfGH, Beschl. v. 07.02.1985 – Vf. 22-
VII/83, NVwZ 1986, 117; OVG M-V, Beschl. v. 20.11.2003 – 1 M 180/03, DÖV
2004, 259 und OVG NRW, Beschl. v. 22.03.2005 – 15 A 300/05, UPR 2005, 315
zum kommunalen Abgabenrecht; BVerwG, Beschl. v. 19.05.1995 – 4 B 107/95,
Buchholz 406.11 § 35 BauGB Nr. 310 zur Anrechnung von Pachtland eines landwirtschaftlichen Betriebs bei der Beurteilung der Privilegierung; vgl. auch Schlichter/
Stich/Driehaus/Paetow, zu § 131 Rn. 3–7 und zu § 200 Rn. 9–10). Da das Bauordnungsrecht einen hohen Genauigkeitsgrad voraussetzt, ist der **Grundstücksbegriff
im wirtschaftlichen Sinne zu konturenlos**, um Verwendung finden zu können (so
Boeddinghaus/Hahn/Schulte, zu § 1 Rn. 9).

Im **Bauplanungsrecht** ist das Grundstück durchgängig Anknüpfungspunkt zahl- 36
reicher Einzelvorschriften, so beispielsweise in § 14, § 19, § 24, § 45, § 80, § 144,
§ 163, § 172, § 175, § 189 oder § 192 BauGB, um nur einige Bestimmungen
aufzuzählen. Nach § 200 Abs. 1 BauGB sind die für Grundstücke geltenden Vorschriften auch entsprechend auf Grundstücksteile anzuwenden. Eine Legaldefinition des Grundstücks enthält das BauGB nicht, da es den Begriff unterschiedlich
versteht (so Battis/Krautzberger/Löhr, zu § 200 Rn. 1 f. und Jäde/Dirnberger/
Weiss, zu § 200 Rn. 1). Grundsätzlich ist vom **Buchgrundstück** auszugehen, es sei
denn, dass diese **Maßgeblichkeit im Einzelfall widerlegbar** ist (BVerwG, Urt. v.
06.11.1968 – IV C 47.68, BRS 20 Nr. 38; Beschl. v. 05.12.1968 – IV B 191.68,
BRS 20 Nr. 95 = DVBl 1969, 276; Urt. v. 26.06.1970 – IV C 73.68, BRS 23
Nr. 45; Urt. v. 03.03.1972 – IV C 4.69, BRS 25 Nr. 39; Urt. v. 14.12.1973 – IV

C 48.72, BVerwGE 44, 250 = BRS 27 Nr. 82;Urt. v. 09.04.1976 – IV C 75.74, BauR 1976, 259 = BRS 30 Nr. 82 und Urt. v. 21.12.2011 – 4 C 13/10, BVerwGE 141, 302).

37 **Ausnahmen** vom Buchgrundstücksbegriff sind für das **Bauplanungsrecht** allerdings nur dort vertretbar, wo bei Verwendung des grundbuchrechtlichen Begriffs die Gefahr bestünde, dass der **Sinn einer bestimmten bau- oder bodenrechtlichen Regelung handgreiflich verfehlt** würde (BVerwG, Urt. v. 19.09.2002 – 4 C 13/01, BVerwGE 117, 50). Die Abweichung vom Buchgrundstücksbegriff kann im Einzelfall sogar **geboten** sein, um zu verhindern, dass die Zielsetzung des Bebauungsplans unterlaufen wird (BVerwG, Beschl. v. 30.11.2000 – 4 BN 57.00, BRS 63 Nr. 94 = ZfBR 2001, 421). Der **bauplanungsrechtliche Grundstücksbegriff** ist **eigenständiger Natur** und auch **durch landesrechtliche Baulasten nicht veränderbar** (BVerwG, Urt. v. 07.12.2000 – 4 C 3/00, BauR 2001, 914). Wird bei der Anwendung bauplanungsrechtlicher Vorschriften eine Abweichung vom Buchgrundstücksbegriff erforderlich, weil z.B. ein Teil des Grundstücks im Außenbereich liegt (s. Abb. 1.2), so kann sich dennoch auf dieser Teilfläche eine bauliche Anlage befinden, wie z.B. eine Versickerungsmulde für das Regenwasser oder eine unterirdische Kleinkläranlage, die zwar nicht optisch in Erscheinung tritt, aber dennoch bauordnungsrechtliche Belange berührt. In einem solchen Fall ist der bauplanungsrechtliche mit dem bauordnungsrechtlichen Grundstücksbegriff nicht deckungsgleich. Daraus folgt, dass der **bauplanungsrechtliche Grundstücksbegriff für die Anwendung des Bauordnungsrechts im Einzelfall** ebenso **ungeeignet** sein kann, wie der wirtschaftliche Grundstücksbegriff.

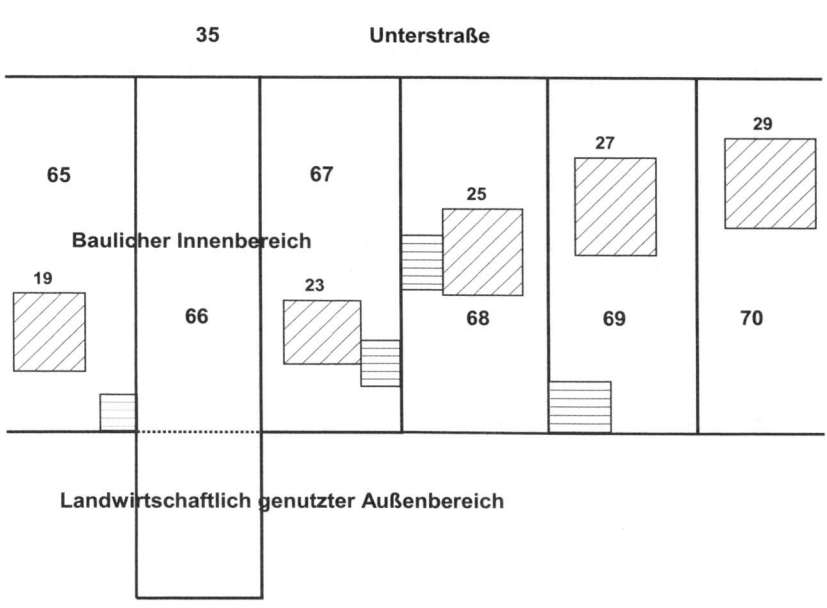

Abb. 1.2 Abweichung vom Buchgrundstücksbegriff im Bauplanungsrecht
Für die Ermittlung des Innenbereichs im Sinne des § 34 Abs. 1 BauGB kommt es nicht immer auf die Buchgrundstücksgrenzen an, da ungewöhnlich große oder tiefe Grundstücke teilweise im Außenbereich liegen können. Das Grundstück im bauplanungsrechtlichen Sinne (Baugrundstück) weicht dann vom Buchgrundstück ab. Im Beispiel reicht das noch unbebaute Baugrundstück **Flurstück 66** nur bis zu der punktierten Linie; der Rest des Flurstücks liegt bereits im Außenbereich (vgl. Rdn. 36–37).

Vom Grundstücksbegriff ist im Bauplanungsrecht der **Begriff der maßgebenden Grundstücksfläche im Sinne der §§ 19–21 BauNVO** zu unterscheiden, der benötigt wird, um das Maß der baulichen Nutzung berechnen zu können. Maßgebende Grundstücksfläche ist gemäß § 19 Abs. 3 Satz 1 BauNVO die Fläche des Baugrundstücks, die im Bauland und hinter der im Bebauungsplan festgesetzten Straßenbegrenzungslinie liegt (s. Abbildung 1.3). Fehlt im Bebauungsplan eine Straßenbegrenzungslinie, so ist gemäß § 19 Abs. 3 Satz 2 BauNVO die Fläche maßgebend, die hinter der tatsächlichen Straßenbegrenzungslinie liegt oder die als maßgebend für die Ermittlung der zulässigen Grundfläche festgesetzt ist (vgl. Boeddinghaus, zu § 19 Rn. 6 ff. sowie Fickert/Fieseler, zu § 19 Rn. 8 und König/Roeser/Stock, zu § 19 Rn. 17).

§ 1 Anwendungsbereich

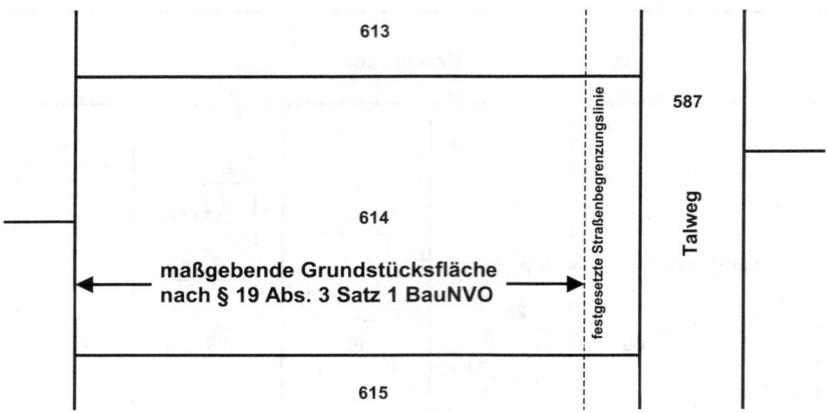

Abb. 1.3 Maßgebende Grundstücksfläche nach § 19 Abs. 3 Satz 1 BauNVO
Als Grundlage für die Ermittlung des zulässigen Maßes der baulichen Nutzung ist von der Gesamtfläche des Buchgrundstücks (Flurstück 614) die Fläche zwischen der festgesetzten Straßenbegrenzungslinie und der vorderen Grundstücksgrenze abzuziehen.

39 Das Bauplanungsrecht kennt neben dem Grundstücksbegriff den **Begriff »Baugrundstück«**, so z.B. in § 9 Abs. 1 Nr. 3 und § 32 BauGB sowie § 19 Abs. 2 und 3 BauNVO, ohne aber diesen Begriff in bauplanungsrechtlicher Hinsicht näher zu bestimmen; dabei verwendet ihn die Vorschrift des § 19 Abs. 3 BauNVO sogar weiter eingrenzend mit Bezug auf das **Bauland**. In den zitierten Vorschriften wird der Begriff als eine **Fläche** verstanden, **auf der bauliche Nutzungen realisiert werden sollen** und an die deshalb bestimmte planungsrechtliche Anforderungen gestellt werden (so Jäde/Dirnberger/Weiss, zu § 200 Rn. 5). Sowohl die Regelung in § 9 Abs. 1 Nr. 3 BauGB zur Festsetzungsbefugnis für Größe, Breite und Tiefe von Baugrundstücken, als auch die Anrechnungsregel von Grundstücksflächen zur Bestimmung des Baugrundstücks in § 19 Abs. 3 BauNVO verdeutlichen, dass das Bauplanungsrecht sich hier ersichtlich vom Grundstücksbegriff im Sinne des bürgerlichen Rechts löst. So kann z.B. durch Festsetzung nach § 9 Abs. 1 Nr. 3 BauGB eine Mindestgröße des Baugrundstücks festgesetzt sein, die es zum Zwecke der Bebauung erforderlich machen kann, mehrere kleinere Buchgrundstücke zusammenzufassen. Die Vorschrift des § 19 Abs. 3 BauNVO verlangt die nicht im Bauland liegenden Flächen bei der Ermittlung der maßgebenden Grundstücksfläche ebenso abzuziehen wie die künftigen Verkehrsflächenanteile (vgl. Boeddinghaus, zu § 19 Rn. 8; Fickert/Fieseler, zu § 19 Rn. 6; Knaup/Stange, zu § 19 Rn. 16).

40 Eine an das Bauplanungsrecht anknüpfende **bauordnungsrechtliche Definition des Begriffs »Baugrundstück«**, wie sie § 2 Abs. 1 BauO NW 1970 enthielt (*»Baugrundstücke sind Grundstücke, die nach den öffentlich-rechtlichen Vorschriften mit Gebäuden bebaubar oder bebaut sind«*), wurde schon nicht mehr in die BauO NW 1984 übernommen, da dieser Begriff für das Bauordnungsrecht **wenig hilfreich** war

(vgl. § 2 Rdn. 2). Die sich auf Grundstücke beziehenden Vorschriften stellen Anforderungen unabhängig davon, ob die Grundstücke nach öffentlich-rechtlichen Vorschriften, insbesondere nach dem Bauplanungsrecht, bebaubar sind oder nicht (so Große-Suchsdorf, zu § 4 Rn. 3 und Wilke/Dageförde/Knuth/Meyer, zu § 1 Rn. 8). Die bauordnungsrechtlichen Vorschriften beziehen sich vielmehr auf ein konkretes Grundstück, das bereits bebaut ist oder bebaut werden soll und auf dem bauordnungsrechtliche Belange zu wahren sind. Deshalb definiert § 2 Abs. 12 Satz 1 NBauO den Begriff »Baugrundstück« eigenständig als »*Grundstück im Sinne des Bürgerlichen Rechts, auf dem eine Baumaßnahme durchgeführt wird oder auf dem sich eine bauliche Anlage befindet*«. In § 1 BauO NRW und in zahlreichen Einzelvorschriften verwendet das Gesetz nur noch den Begriff »Grundstück«. Dennoch findet sich an anderer Stelle der engere Begriff »Baugrundstück«, so z.B. in § 13 Satz 2 BauO NRW, ohne dass damit einengend nur bauplanungsrechtliche Grundstücke im bauplanungsrechtlichen Sinne erfasst werden sollen. Die Wortwahl ist zwar unglücklich, weil das Gesetz ansonsten – wenn auch, wie z.B. in § 8 Abs. 1 Satz 1 BauO NRW mit Adjektiven (»bebautes« Grundstück) – den Begriff »Grundstück« benutzt, aber auf das bebaute bzw. zu bebauende Grundstück zielt, was sich unschwer aus dem jeweiligen Regelungszusammenhang der angeführten Vorschriften ergibt.

Zusammenfassend ergibt sich: Wenn die BauO NRW ohne nähere **Begriffsbestimmung vom Grundstück** spricht, ist vom **Grundstück im Sinne des bürgerlichen Rechts** auszugehen (so auch Jeromin, zu § 1 Rn. 6). Eine Heranziehung des Grundstücksbegriffs im wirtschaftlichen Sinne scheidet aus, da dann die Vereinigungsbaulast als öffentlich-rechtliche Sicherung im Sinne des § 4 Abs. 2 BauO NRW keinen Sinn machen würde (s. Boeddinghaus/Hahn/Schulte, zu § 1 Rn. 9 und Wilke/Dageförde/Knuth/Meyer, zu § 1 Rn. 9). Der **Begriff des Grundstücks** kann in seiner **bauordnungsrechtlichen Anwendung** in seltenen Einzelfällen – ähnlich der bauplanungsrechtlichen Anwendung (vgl. Rdn. 36) – **offen für Modifikationen** sein, die aufgrund von spezifisch bauordnungsrechtlichen Erwägungen geboten sind. So bilden z.B. auf einem Grundbuchblatt unter einer Nummer des Bestandsverzeichnisses stehende **Flurstücke, die durch eine Straße getrennt sind, kein Grundstück im bauordnungsrechtlichen Sinne**, selbst wenn sie wirtschaftlich einheitlich genutzt werden, da der für das Bauordnungsrecht wichtige **räumliche Zusammenhang** fehlt. Insofern stellt das Aneinandergrenzen der Flurstücke **für das Bauordnungsrecht** – anders als im Planungsrecht – ein **entscheidendes Kriterium** dar (vgl. § 4 Rdn. 77 und 81). Inwieweit ein **buchungsfreies Grundstück** (vgl. Rdn. 34) auch eines im bauordnungsrechtlichen Sinne ist, kann im Einzelfall zweifelhaft sein und muss dann unter bauordnungsrechtlichen Aspekten, insbesondere unter Berücksichtigung der §§ 4–8 BauO NRW, geklärt werden.

2.1.3 Andere Anlagen und Einrichtungen

Die BauO NRW findet wegen des Sachzusammenhangs aus Gründen der Gefahrenabwehr und Gestaltung auch auf **andere Anlagen und Einrichtungen** Anwendung, die nicht selbst bauliche Anlagen im Sinne der Begriffsbestimmung des § 2 Abs. 1 BauO NRW sind, für die aber in der BauO NRW oder in Vorschriften aufgrund der BauO NRW (Rechtsverordnungen und Satzungen aufgrund der §§ 87 und 89 BauO NRW) Anforderungen formuliert sind. Sie müssen in der BauO NRW oder in einer aufgrund der BauO NRW erlassenen Rechtsverordnung oder Satzung ausdrücklich genannt sein. Bei den »anderen Anlagen und Einrichtungen« muss es sich um **selbständige Gegenstände** handeln, die **keine baulichen Anlagen** oder **keine Teile baulicher Anlagen** sind, da sie sonst dem Begriff der baulichen Anlage unterfallen würden (s. Allgeier/Rickenberg, S. 90, Anmerkung 1.1). So sind z.b. Abwassergruben, Kinderspielflächen oder Stellplätze bauliche Anlagen. Fest in Gebäude eingebaute Anlagen, wie z.b. Aufzüge oder haustechnische Anlagen, sind als Teile baulicher Anlagen zu werten; sie unterfallen ohnehin dem Begriff des Bauprodukts. Hieraus wird deutlich, dass es sich bei »anderen Anlagen und Einrichtungen« um einen **Auffangtatbestand** handelt, der nur **selten eingreift**, weil fast immer der Begriff der baulichen Anlage oder der des Bauprodukts erfüllt ist. »**Andere Anlagen**« sind beispielsweise **Hecken als Einfriedung**, wenn eine Satzung nach § 89 Abs. 1 Nr. 5 BauO NRW gestalterische Anforderungen enthält (vgl. § 89 Rdn. 61) oder **Werbeanlagen in Form von Beschriftungen und Bemalungen** (§ 10 Abs. 1 Satz 2 BauO NRW) und **Warenautomaten** (OVG NRW, Urt. v. 10.02.1966 – VII A 421/65, BRS 17 Nr. 99; OVG NRW, Beschl. v. 04.06.2007 – 7 B 573/07, juris). Warenautomaten, die an einer Hauswand befestigt sind, rechnen ebenfalls dazu (OVG NRW, Urt. v. 10.02.1966 – VII A 421/65, BRS 17 Nr. 99). Zu den »**Einrichtungen**« gehören z.B. **Ausschmückungen** (§ 33 Abs. 5 und 6 SBauVO).

43 Zur **Vermeidung eines Zirkelschlusses** können im Zusammenhang mit »anderen Anlagen und Einrichtungen« nur solche »**Anforderungen**« gemeint sein, die **speziell** und **detailliert auf bestimmte** »**andere** (als bauliche) **Anlagen und Einrichtungen**« **bezogen** sind, nicht aber schlechthin die »allgemeinen Anforderungen« des § 3 BauO NRW (vgl. § 3 Rdn. 14). Die allgemeinen Anforderungen können allerdings zu beachten sein, wenn wegen spezieller Anforderungen das Bauordnungsrecht gemäß § 1 Abs. 1 BauO NRW überhaupt für »andere Anlagen und Einrichtungen« gilt.

2.2 Geltung der materiellen Anforderungen

44 Die **materiellen Anforderungen gelten** im Rahmen des zuvor beschriebenen Anwendungsbereichs **unabhängig davon, ob** das **Vorhaben genehmigungsbedürftig** ist oder nicht (§§ 60–63 und 87 Abs. 2 Nr. 1 BauO NRW). Dieser schon stets geltende **Grundsatz** findet sich in § **60 Abs. 2 BauO NRW** formuliert: danach entbindet die Genehmigungsfreiheit nicht von der Verpflichtung zur Einhaltung der Anforderungen, die durch öffentlich-rechtliche Vorschriften an Anlagen gestellt werden, und lässt die bauaufsichtlichen Eingriffsbefugnisse unberührt. Gemäß § **52 BauO NRW** sind bei der Errichtung, Änderung, Nutzungsänderung und der Beseitigung **aller Anlagen** die öffentlich-rechtlichen Vorschriften einzuhalten. Es besteht eine Vergleichbarkeit mit dem Zulässigkeitsrecht für Vorhaben nach den §§ 29–37 BauGB. Seit der Neufassung des § 29 BauGB durch das BauROG sind die materiellen Anforderungen des Bauplanungsrechts unabhängig von einem landesrechtlichen Genehmigungserfordernis anzuwenden (vgl. Jäde/Dirnberger/Weiss, zu § 29 Rn. 1).

Schließlich ist es für die Anwendung der BauO NRW und der auf sie gestützten 45
Vorschriften **gleichgültig, welche Behörde** für die Erteilung einer erforderlichen Genehmigung **zuständig** ist. Wird z.b. für eine Industrieanlage eine immissionsschutzrechtliche Genehmigung nach § 4 oder § 16 Abs. 1 BImSchG erforderlich, die gemäß § 61 Abs. 1 Nr. 8 BauO NRW die Baugenehmigung einschließt, so muss die für diese immissionsschutzrechtliche Genehmigung zuständige Behörde neben den immissionsschutzrechtlichen Vorschriften auch die materiellen Vorschriften der BauO NRW beachten.

Die materiellen Vorschriften der BauO NRW sind ferner in gleicher Weise auf **private** 46
wie auf **öffentliche Vorhaben** anzuwenden. Auch der Bund, die Länder, die Gemeinden und Gemeindeverbände sowie Körperschaften, Anstalten und Stiftungen des öffentlichen Rechts haben bei der Ausführung öffentlicher Bauvorhaben die materiellen bauordnungsrechtlichen Vorschriften uneingeschränkt zu beachten, selbst wenn sie verfahrensrechtlich durch § 79 BauO NRW privilegiert sind.

3 Zu Abs. 2 – Ausnahmen vom Anwendungsbereich

Die **BauO NRW 2000** gilt nach Abs. 2 **nicht** für bestimmte Anlagen, die selbst 47
den Begriff der baulichen Anlage erfüllen und deshalb nach Abs. 1 eigentlich vom Anwendungsbereich erfasst würden. Der allen Ausnahmen gemeinsame **Grund für den Anwendungsausschluss** liegt in der hinreichenden **speziellen gesetzlichen Regelung** dieser Vorhaben auch unter **Gefahrenabwehrgesichtspunkten**. Die Ausnahmen vom Anwendungsbereich in § 1 Abs. 2 BauO NRW sind, vergleichbar dem Fachplanungsprivileg des § 38 BauGB, als **Kollisionsnorm** zwischen Bauordnungsrecht und Fachplanungsrecht zu verstehen; jedenfalls gilt dies in Bezug auf Anlagen, die einer Planfeststellung oder Plangenehmigung zugänglich sind (zum Fachplanungsprivileg als Kollisionsregelung vgl. Ernst/Zinkahn/Bielenberg/Krautzberger, zu § 38 Rn. 9–20). Die Ausnahmen vom Anwendungsbereich des Bauordnungsrechts bewirken damit auch eine für die Praxis wichtige Klarstellung, da Bundesrecht generell dem Landesrecht und damit auch der Landesbauordnung vorgeht (Art. 31 GG) oder spezielle landesrechtliche Regelungen die Landesbauordnung nach dem Grundsatz, dass das speziellere das generelle Gesetz verdrängt, zurücktreten lassen. Ansonsten bezweckt die Vorschrift schlicht die **Vermeidung von Doppelregelungen** und **Doppelprüfungen**, die das fachgesetzliche Zulassungsverfahren nur unnötig belasten würden.

Die Ausnahme der in Abs. 2 aufgeführten Anlagen vom Anwendungsbereich der 48
BauO NRW hat zur Folge, dass **weder** das **materielle noch** das **formelle Bauordnungsrecht** anwendbar ist (das allgemeine Sicherheitsrecht bleibt hiervon unberührt). Dieser Grundsatz gilt allerdings nicht absolut, da die in Nr. 1 und Nr. 2 enthaltenen **Rückausnahmen für Gebäude** den Ausnahmeumfang insoweit nicht unerheblich einschränken, als hinsichtlich der Gebäude das **materielle** Bauordnungsrecht **zu beachten** bleibt. Ob dann für diese Gebäude **verfahrensrechtlich** die BauO NRW gilt, **richtet sich nach** den jeweiligen **fachgesetzlichen Vorschriften**. Während z.B. die bundesfernstraßenrechtliche Planfeststellung auch hinsichtlich der Gebäude

§ 1   Anwendungsbereich

Konzentrationswirkung entfaltet, lässt die luftverkehrsrechtliche Planfeststellung die Pflicht zur Einholung der Baugenehmigung für Gebäude unberührt.

3.1 Anlagen des öffentlichen Verkehrs (Nr. 1)

49 Die mit Abstand bedeutendste Ausnahme vom Anwendungsbereich enthält aufgrund der Vielzahl fachgesetzlicher Vorschriften die Nr. 1. Danach sind öffentliche Verkehrsanlagen »einschließlich Zubehör, Nebenanlagen und Nebenbetriebe« von der Geltung der BauO NRW ausgenommen. Der zusammenfassende Begriff »öffentliche Verkehrsanlagen« umfasst alle Arten von Verkehrsanlagen, nicht nur Straßenanlagen, sondern auch Gleiskörper oder Spuranlagen des schienengebundenen bzw. spurgeführten Verkehrs, Wasserstraßen und Flugplätze, soweit sie überhaupt dem öffentlichen Verkehr zu dienen bestimmt sind. Es ist dabei nicht erforderlich, dass der Bund, das Land oder eine kommunale Gebietskörperschaft als Bauherr oder Betreiber auftritt, da auch öffentliche Verkehrsanlagen in Privatregie gebaut und betrieben werden können (vgl. Reidt/Stickler, Das Fernstraßenbauprivatfinanzierungsgesetz und der Baukonzessionsvertrag – das »Pilotprojekt« der Warnow-Querung in Rostock, BauR 1997, S. 241 ff.). Auch im kommunalen Bereich erlauben die bauplanungsrechtlichen Vorschriften über Erschließungs- bzw. Durchführungsverträge die Herstellung von öffentlichen Erschließungsanlagen durch Private (§§ 11, 12 BauGB).

50 Eine öffentliche Verkehrsanlage liegt vor, wenn sie nach ihrer durch das Fachrecht festgelegten Zweckbestimmung (Widmung) grundsätzlich von jedermann benutzbar ist. Im Straßenrecht wird die Zweckbestimmung durch förmliche Widmung (§ 2 Abs. 1 FStrG, § 6 Abs. 1 StrWG NRW) festgelegt, die in der Regel durch eine öffentlich bekannt zu machende Widmungsverfügung erfolgt (vgl. Kodal, S. 298). Für die anderen öffentlichen Verkehrsanlagen bestehen hiervon abweichende Regelungen. Voraussetzung der straßenrechtlichen Widmung ist grundsätzlich, dass die der Verkehrsanlage dienenden Grundstücke im Eigentum des Baulastträgers stehen (vgl. z.B. § 2 Abs. 2 FStrG und § 6 Abs. 5 StrWG NRW). Außer den Fahrbahnen, Gehwegen und Grünstreifen einer Straße kann auch ein Parkplatz für den allgemeinen Besucherverkehr, z.B. eines Stadtzentrums oder einer Naherholungsanlage, straßenrechtlich gewidmet sein. Ein im Bebauungsplan als öffentliche Verkehrsfläche festgesetzter Parkplatz (Park + Ride-Anlage), der auch als Messeparkplatz zugunsten einer Messegesellschaft gewidmet werden soll, unterfällt als Anlage des öffentlichen Verkehrs nicht dem sachlichen Geltungsbereich der BauO NRW (OVG NRW, Beschl. v. 19.08.2002 – 10 B 1321/02, juris). Fehlt es jedoch an der für eine Einordnung als öffentliche Verkehrsfläche erforderlichen Bebauungsplanfestsetzung, so unterliegt auch eine tatsächlich als öffentlicher Parkplatz genutzte, jedoch nicht gewidmete Stellplatzanlage dem Bauordnungsrecht (OVG M-V, Beschl. v. 24.02.2005 – 3 M 185/04, BauR 2005, 1889 = BRS 69 Nr. 167). Die Größe der Anlage spielt für die Einordnung als öffentlicher Parkplatz oder private Stellplatzanlage keine Rolle. Selbst eine große Stellplatzanlage für ein Fußballstadion kann dem Bauordnungsrecht unterliegen (s. die Fallgestaltung im Beschluss des OVG NRW vom 15.11.2005 – 7 B 1823/05, BRS 69 Nr. 168).

Die öffentliche Verkehrsanlage verliert ihre Eigenschaft durch »**Entwidmung**« (Einziehung oder Abstufung bei klassifizierten Straßen, vgl. § 2 Abs. 4–6 FStrG und §§ 7 und 8 StrWG NRW) gemäß dem jeweiligen Fachgesetz oder, wenn das jeweilige Fachgesetz das Rechtsinstitut der Widmung nicht kennt, durch für jedermann erkennbare **dauernde Außerdienststellung**. Der Fachplanungsträger kann eine solche Außerdienststellung nur durch **eindeutige** und **bekannt gemachte Erklärung (Freigabeerklärung)**, die für jedermann klare Verhältnisse schafft, herbeiführen; die Gemeinde hat aufgrund ihrer Planungshoheit Anspruch darauf, dass der Fachplanungsträger seine in Bezug auf die Verkehrsanlage beabsichtigten Dispositionen in einer **eindeutigen hoheitlichen Willensäußerung** möglichst frühzeitig und umfassend offen legt (BVerwG, Urt. v. 16.12.1988 – 4 C 48/86, NVwZ 1989, 655 zum Verhältnis von Bauleitplanung und Fachplanung). Die Entwidmung bzw. Freigabeerklärung ist eine **Allgemeinverfügung** im Sinne des § 35 Satz 2 VwVfG (BVerwG, Urt. v. 27.11.1996 – 11 A 2.96, NVwZ 1997, 920; OVG LSA, Beschl. v. 14.03.2012 – 1 L 123/11, NVwZ-RR 2012, 511). Die Anforderungen an eine Freigabeerklärung können im Einzelfall geringer sein, wenn es nur noch darum geht, eine bereits eingetretene tatsächliche Entwicklung nachzuvollziehen (OVG NRW, Urt. v. 27.04.1998 – 7 A 3814/96, BauR 1999, 365 = BRS 60 Nr. 153). **Nach der Entwidmung** bzw. **Freigabeerklärung** einer öffentlichen Verkehrsanlage ist die **BauO NRW wieder anwendbar** (vgl. Wilke/Dageförde/Knuth/Meyer, zu § 1 Rn. 19).

51

Für **private Verkehrsanlagen** gilt die BauO NRW uneingeschränkt, da die Ausnahme des Abs. 2 nur auf die Zweckbestimmung »öffentlich« abstellt. Das äußere **Erscheinungsbild** einer Verkehrsanlage ist allein für sich **kein Indiz für die öffentliche Zweckbestimmung**. Auf privaten Verkehrsanlagen findet häufig, vor allem, wenn es sich um Pkw-Stellplatzanlagen zu Einzelhandelsbetrieben handelt, faktisch ein öffentlicher Verkehr statt, da durch vom Betreiber angebrachte Schilder kenntlich gemacht wird, dass die Vorschriften der StVO gelten sollen. Eine solche **Beschilderung ersetzt** jedoch **nicht die straßenrechtliche Widmung**. Zu **privaten** Verkehrsanlagen rechnen insbesondere die durch Baulast gesicherten **Zufahrten** von öffentlichen Verkehrsflächen zu den Grundstücken (vgl. § 4 Rdn. 41–48), die **privaten Parkplätze**, die **Gemeinschaftsstellplätze oder -garagen** und die **privaten Tief- oder Hochgaragen**. Ferner rechnen hierzu die **Anschlussbahnen** und **Anschlussgleise**, die den Verkehr eines einzelnen Unternehmens oder einer bestimmten Anzahl von Unternehmen von und zu Eisenbahnen des öffentlichen Verkehrs vermitteln.

52

3.1.1 Bauplanungs- und Fachplanungsrecht im Verhältnis zur BauO NRW

Die BauO NRW regelt selbst nicht, welche Verkehrsanlagen dem öffentlichen Verkehr dienen. Sie stellt – ohne dies ausdrücklich zum Ausdruck zu bringen – auf das **BauGB** und die entsprechenden **Fachgesetze** ab. Die Herstellung der **örtlichen Verkehrsanlagen** als **Erschließungsanlagen** richtet sich nach den Vorgaben des **BauGB**. Für die Aufstellung der Bebauungspläne und die Realisierung der Erschließung sind die **Gemeinden** zuständig. Bei den in den Fachgesetzen geregelten öffentlichen Verkehrsanlagen handelt es sich überwiegend um solche **überörtlicher Art**, die der **Aufsicht besonderer Fachbehörden** unterliegen und die grundsätzlich nur aufgrund eines

53

§ 1 Anwendungsbereich

Planfeststellungs- oder Plangenehmigungsverfahrens angelegt werden dürfen, soweit nicht ein **planfeststellungsersetzender Bebauungsplan** vorliegt (vgl. hierzu Ronellenfitsch, Das Zusammentreffen von qualifizierten Straßenbauplänen [isolierten Bebauungsplänen] mit Fachplanungen, DVBl 1998, S. 653 ff. und OVG NRW, Urt. v. 10.08.2000 – 7a D 162/98.NE, BauR 2001, 202 = BRS 63 Nr. 22; Nds. OVG, Urt. v. 25.11.2009 – 1 KN 141/07, BauR 2010, 876). In seltenen Fällen besonderer Bedeutung für das Allgemeinwohl besteht daneben noch die Möglichkeit zur anlagenbezogenen Fachplanung durch Gesetz, der sog. **Legalplanung** (vgl. hierzu Blümel, Fachplanung durch Bundesgesetz [Legalplanung], DVBl 1997, S. 205 ff. und BVerfG, Beschl. v. 17.07.1996 – 2 BvF 2/93, DÖV 1997, 117), wie sie der Bund beispielsweise mit dem Gesetz über den Bau der Südumfahrung Stendal der Eisenbahnstrecke Berlin-Oebisfelde vom 29.10.1993 (BGBl. I S. 1906) ausgeübt hat.

54 Im **Bebauungsplanverfahren** ist die Planung gemäß § 1 Abs. 4 BauGB den Zielen der Raumordnung anzupassen; nach § 1 Abs. 6 und 7 BauGB sind die öffentlichen und privaten Belange einschließlich der umweltschützenden Belange in der Abwägung zu berücksichtigen. Die **Erschließung** ist gemäß § 123 Abs. 1 BauGB **Aufgabe der Gemeinde**, soweit sie nicht nach anderen gesetzlichen Vorschriften oder öffentlich-rechtlichen Verpflichtungen einem anderen obliegt. Die Herstellung neuer Erschließungsanlagen im Sinne des § 127 Abs. 2 BauGB setzt grundsätzlich gemäß § 125 Abs. 1 BauGB einen **Bebauungsplan** voraus. Liegt ein Bebauungsplan nicht vor, so dürfen gemäß § 125 Abs. 2 BauGB die Erschließungsanlagen nur hergestellt werden, wenn sie den in § 1 Abs. 4–7 BauGB bezeichneten Anforderungen entsprechen.

55 Im **Planfeststellungsverfahren** sind die von dem Vorhaben berührten öffentlichen und privaten Belange einschließlich der Umweltverträglichkeit im Rahmen der Abwägung zu berücksichtigen. An Stelle der Planfeststellung kann eine **Plangenehmigung** erteilt werden, wenn Rechte anderer nicht oder nicht wesentlich beeinträchtigt werden oder die Betroffenen sich mit der Inanspruchnahme ihres Eigentums oder eines anderen Rechts schriftlich einverstanden erklärt haben und mit den Trägern öffentlicher Belange, deren Aufgabenbereich berührt wird, das Benehmen hergestellt worden ist. Der Planfeststellungsbeschluss und die Plangenehmigung entfalten gemäß § 75 Abs. 1 VwVfG. NRW. i.V.m. § 74 Abs. 6 Satz 2 VwVfG. NRW. **Konzentrationswirkung**, soweit das jeweilige Fachplanungsrecht hierzu keine Sonderregelungen trifft. Die Konzentrationswirkung hat zur Folge, dass neben der fachgesetzlichen Entscheidung keine weiteren behördlichen Entscheidungen, insbesondere keine öffentlich-rechtlichen Genehmigungen, Verleihungen, Erlaubnisse, Bewilligungen, Zustimmungen oder sonstigen Planfeststellungen erforderlich sind.

56 Nur wegen der **umfassenden Prüfungspflicht des öffentlichen Rechts** im Bebauungsplanaufstellungsverfahren und im Planfeststellungs- bzw. Plangenehmigungsverfahren oder im Gesetzgebungsverfahren bei der Legalplanung, welche auch die **Aspekte der öffentlichen Sicherheit und Ordnung** einschließt, ist die Ausnahme vom Anwendungsbereich der BauO NRW überhaupt gerechtfertigt. Insoweit besteht eine Vergleichbarkeit mit § 38 BauGB, der das **Fachplanungsrecht** gegenüber den Vorschriften über die Zulässigkeit von Vorhaben (§§ 29–37 BauGB) **privilegiert**, w

Planfeststellungs- oder Plangenehmigungsverfahren auch die städtebaulichen Belange zu prüfen sind (vgl. Battis/Krautzberger/Löhr, zu § 38 Rn. 10 und Ernst/Zinkahn/Bielenberg/Krautzberger, zu § 38 Rn. 83–90).

Die in § 1 Abs. 2 Nr. 1 BauO NRW aufgeführten **öffentlichen Verkehrsanlagen sind** **57** **dem Anwendungsbereich nicht völlig entzogen**, vielmehr tritt das Bauordnungsrecht nur insoweit zurück, als das im Bereich einer Verkehrsanlage zuzulassende **Vorhaben** den **erschließungsrechtlichen Bestimmungen** bzw. den **verkehrsanlagenrechtlichen Spezialvorschriften unterworfen** ist. Nach § 9 Abs. 1 Nr. 11 und 21 BauGB können für die Erschließungsanlagen unterschiedliche Festsetzungen getroffen werden, von denen nur nach Maßgabe des § 125 Abs. 3 BauGB abgewichen werden darf. Weiterhin regelt das jeweilige Fachplanungsrecht, was **Gegenstand der Planfeststellung** oder der **Plangenehmigung** sein kann; dies sind im Falle fachgesetzlicher Regelungen nur die **dem öffentlichen Verkehr dienenden Anlagen**.

Infolge der **Beschränkung des Fachplanungsrechts auf öffentliche Verkehrsanlagen** **58** ist eine **Planfeststellung verkehrsfremder Anlagen** ebenso **ausgeschlossen**, wie ein bauaufsichtliches Verfahren für verkehrsfremde Anlagen entgegen dem Planfeststellungszweck vor der Entwidmung (vgl. Rdn. 51). So ist es einem Fachplanungsträger verwehrt, unter Umgehung der Planungshoheit der Gemeinde für Verkehrszwecke nicht mehr benötigte Grundstücksflächen in der Form zu vermarkten, dass er Interessenten veranlasst, einen Vorbescheid für ein Vorhaben zu beantragen und hierzu lediglich eine bedingte Freigabeerklärung für den Fall der positiven Bescheidung genau dieses Vorhabens gegenüber der Bauaufsichtsbehörde und der Gemeinde abgibt (BVerwG, Beschl. v. 27.04.1998 – 4 B 33/98, BRS 60 Nr. 155 = NVwZ-RR 1998, 542 zur Unzulässigkeit eines Vorbescheids für eine Tankstelle auf einem Güterbahnhofsgelände und Hess. VGH, Urt. v. 29.04.1997 – 4 UE 1349/92, BRS 59 Nr. 153 = ZfBR 1998, 163 zur Unzulässigkeit eines Vorbescheids für einen Lebensmittelmarkt auf einem Rangierbahnhofsgelände; OVG NRW, Urt. v. 27.04.1998 – 7 A 3818/96, BauR 1999, 383 = BRS 60 Nr. 165 zu einem bahnfremden Schrottplatz; BayVGH, Urt. v. 24.07 2014 – 2 B 14.896, BauR 2015, 85 zur Unzulässigkeit eines Bürogebäudes auf einem Bahngelände). Über eine solche Voranfrage kann nur dann entschieden werden, wenn eine Einziehungsverfügung (»Entwidmung«)oder eine **uneingeschränkte** Freigabeerklärung die Sperre des § 38 BauGB für die Anwendbarkeit der §§ 29–37 BauGB und damit für die Bauleitplanung der Gemeinde beseitigt.

Von der Frage der Entwidmung einzelner Flächen für verkehrsfremde Nutzungen zu **59** trennen ist die Frage der **eingeschränkten Anwendbarkeit des Fachplanungsrechts auf Vorhaben, die keinem verkehrlichen Zwecken dienen, dem Zweck der Verkehrsanlage aber auch nicht zuwiderlaufen**. Dient ein solches Vorhaben im Bereich einer öffentlichen Verkehrsanlage keinen spezialgesetzlich normierten und damit planfeststellungsfähigen Zwecken, so unterliegt es weiterhin dem Regime des Bauordnungsrechts (OVG NRW, Urt. v. 06.10.1988 – 4 A 2966/86, NVwZ 1989, 576 zu einer Spielhalle im Bahnhofsgebäude und Urt. v. 03.07.1997 – 11 A 1566/94, BRS 59 Nr. 134 zu einer Werbetafel für Fremdwerbung an einer Eisenbahnbrücke; Nds. OVG, Urt. v. 31.05.1996 – 6 L 3564/93, BauR 1997, 101 = BRS 58 Nr. 198 und BayVGH,

§ 1 Anwendungsbereich

Urt. v. 20.10.1998 – 20 A 98.40022, BauR 1999, 162 = BRS 60 Nr. 199 = UPR 1999, 76 zu Läden in Bahnhofsgebäuden mit einem über den Reisebedarf hinausgehenden Sortiment; OVG Saar, Urt. v. 24.09.2002 – 2 R 12/01, BRS 65 Nr. 155 zu zwei Plakatanschlagtafeln auf einem Bahngelände; BayVGH, Urt. v. 01.07.2009 – 2 BV 08.2465, BRS 74 Nr. 158 und Urt. v. 09.12.2010 – 2 B 09.1500, BauR 2011, 801 über eine Werbewechselanlage auf einem Bahngelände).

60 **Bauliche Anlagen** sowie **andere Anlagen und Einrichtungen ohne spezielle verkehrliche Funktion** im Bereich von nach § 9 Abs. 1 Nr. 11 und 21 BauGB festgesetzten Flächen oder im Bereich von planfestgestellten Verkehrsanlagen, insbesondere auf den dem Straßenverkehr dienenden Verkehrsflächen, **unterliegen** infolge der bauplanungsrechtlichen bzw. fachgesetzlichen Beschränkungen nach wie vor dem **Bauordnungsrecht**. So bedarf z.B. die zeitlich beschränkte Einrichtung einer **Außengastronomie auf Platz- oder Gehwegflächen** neben der **gaststättenrechtlichen Erlaubnis** und der **straßenrechtlichen Sondernutzungserlaubnis** auch der **Baugenehmigung**. Auf öffentlichen Verkehrsflächen dauerhaft angebrachte bauliche Anlagen bzw. andere Anlagen und Einrichtungen ohne verkehrliche Funktion, wie z.b. Werbeanlagen oder Warenautomaten, findet das Bauordnungsrecht Anwendung. Bei baulichen Anlagen, die den Gebäudebegriff erfüllen, greift ohnehin die **Rückausnahme für Gebäude**. Deshalb ist es für die Geltung des **materiellen** Bauordnungsrechts unerheblich, ob es sich um ein Gebäude ohne verkehrliche Funktion (z.B. Zeitschriftenkiosk oder Trinkhalle) oder um eines mit verkehrlicher Funktion (z.B. Überdachung eines U-Bahn-Eingangs, Fahrgastunterstand an einer Bushaltestelle oder Raststätte an einer Bundesautobahn) handelt. Die **Unterscheidung** nach der Funktion in Abhängigkeit von der Zweckbestimmung der öffentlichen Verkehrsanlage besitzt lediglich **verfahrensrechtliche Bedeutung**.

3.1.2 Öffentliche Straßen, Wege und Plätze

61 Das **Straßenrecht** ist eines der **ältesten Rechtsgebiete** überhaupt und war ursprünglich Landesrecht, wie sich eindrucksvoll aus § 69 des Landesstraßengesetzes vom 28.11.1961 (GV. NRW. S. 305) ergibt; die Bestimmung nennt insgesamt 20 aufgehobene Vorschriften, die teilweise bis ins Jahr 1554 zurückreichen. Erst ab 1933 trat das Reich infolge des Reichsautobahnbaus als Gesetzgeber für das Straßenrecht auf. Unter Außerachtlassung der durch die Reichsverfassung gezogenen Grenzen für die Gesetzgebung ergingen das Gesetz über die einstweilige Neuregelung des Straßenwesens und der Straßenverwaltung vom 26.03.1934 (RGBl. I S. 243), die Durchführungsverordnung zu diesem Gesetz vom 07.12.1934 (RGBl. I S. 1237), die Verordnung über die Straßenverzeichnisse vom 27.09.1935 (RGBl. I S. 1193) und das Reichsautobahngesetz vom 29.05.1941 (RGBl. I S. 313) einschließlich Durchführungsverordnung vom 29.05.1941 (RGBl. I S. 315). Mit dem Inkrafttreten des Grundgesetzes erlangte der Bund nach Art. 74 Nr. 22 GG die konkurrierende Gesetzgebungsbefugnis nur für »den Bau und die Unterhaltung der Landstraßen für den Fernverkehr«, von der er mit dem **Bundesfernstraßengesetz** vom 06.08.1953 (BGBl. I S. 903) Gebrauch machte. Die Gesetzgebungsbefugnis für alle anderen Straßen, die keine Landstraßen für den Fernverkehr sind, steht nicht dem Bund, sondern den Ländern zu. Art. 90 GG a.F.

bestimmte ferner, dass der **Bund Eigentümer** der bisherigen Reichsautobahnen und Reichsstraßen ist (s. hierzu das Gesetz über die vermögensrechtlichen Verhältnisse der Bundesautobahnen und sonstigen Bundesstraßen des Fernverkehrs vom 02.03.1951, BGBl. I S. 157) und dass die **Verwaltung** dieser Straßen **durch die Länder** oder die nach Landesrecht zuständigen Selbstverwaltungskörperschaften im Auftrag des Bundes erfolgt. Nach Art. 90 GG n.F – g. d. Art. 1 GGÄndG vom 20.07.2017 – bleibt der Bund Eigentümer der Bundesautobahnen und sonstigen Bundesstraßen des Fernverkehrs, wobei das Eigentum unveräußerlich ist. Weiterhin wird (nur) **bzgl. der Bundesautobahnen** das bestehende System der Bundesauftragsverwaltung nach Art. 90 Abs. 2 GG a.F. in das System der **Bundesverwaltung** überführt. Gemäß der Übergangsvorschrift des Art. 143e GG soll diese Umwandlung spätestens bis zum 31.12.2020 abgeschlossen sein.

Die dem **öffentlichen Straßenverkehr** dienenden Verkehrsanlagen können für die Benutzung durch Kraftfahrzeuge, Fahrräder und Fußgänger oder für nur einzelne Benutzergruppen, also nur für Kraftfahrzeuge, nur für Fahrräder oder nur für Fußgänger bestimmt sein. Vom Umfang her am größten ist der in der Verantwortung der Kommunen liegende Anteil des Straßennetzes, der dem **örtlichen Straßenverkehr** dient. Hierbei handelt es sich um die kommunalen Straßen, Wege und Plätze, die als **Erschließungsanlagen** nach den Bestimmungen des **BauGB** aufgrund der **Festsetzungen** der Bebauungspläne über die **örtlichen Verkehrsflächen** nach § 9 Abs. 1 Nr. 11 und 21 BauGB hergestellt werden. 62

Die sogenannten »**klassifizierten**« Straßen, die vorrangig dem **überörtlichen Straßenverkehr** dienen und im Bereich der **Ortsdurchfahrten** auch **Erschließungsfunktionen** übernehmen (zum Begriff Ortsdurchfahrt s. BVerwG, Urt. v. 03.04.1981 – 4 C 41.77, DÖV 1981, 762; Urt. v. 18.03.1983 – 4 C 10.80, DÖV 1983, 682 und Beschl. v. 28.05.1997 – 4 B 91/97, NVwZ 1998, 172; OVG Bln-Bbg, Urt. v. 13.03.2014 – OVG 1 B 4.13, NVwZ-RR 2014, 675), sind im **FStrG** und im **StrWG NRW** geregelt. Das StrWG NRW gilt auch für die **nicht klassifizierten Straßen** (**Gemeindestraßen** und **sonstige öffentliche Straßen**). Für **Bau** und **Unterhaltung** dieser **örtlichen Verkehrsflächen** ergeben sich die bauplanungs-, erschließungs- und straßenrechtlichen Vorschriften aus dem BauGB und dem StrWG NRW. 63

Der **Begriff der öffentlichen Straße** ist **bundesfernstraßenrechtlich** in den §§ 1 und 2 FStrG definiert. Nach § 1 Abs. 2 FStrG gliedern sich die **Bundesstraßen des Fernverkehrs** in die **Bundesautobahnen** (ohne Ortsdurchfahrten) und die **Bundesstraßen mit den Ortsdurchfahrten**. Für die Bundesautobahnen und die Bundesstraßen außerhalb der zur Erschließung der anliegenden Grundstücke bestimmten Teile der Ortsdurchfahrten bestehen gemäß § 9 Abs. 1 FStrG **gesetzliche Anbauverbotszonen** (40 m bzw. 20 m) und gemäß § 9 Abs. 2 FStrG **gesetzliche Anbaubeschränkungszonen** (100 m bzw. 40 m), die jeweils vom äußeren Rand der befestigten Fahrbahn aus zu messen sind. Von diesen Beschränkungen des Anbaus kann unter den Voraussetzungen des § 9 Abs. 8 FStrG **im Einzelfall** eine **Ausnahme** zugelassen werden (vgl. BVerwG, Urt. v. 04.04.1975 – IV C 55.74, DVBl 1976, 106 und Urt. v. 21.09.2006 – 4 C 9/05, BVerwGE 126, 349). 64

§ 1 Anwendungsbereich

65 Zu den **Bundesfernstraßen** gehören gemäß § 1 Abs. 4 FStrG folgende **Bestandteile**:
– der **Straßenkörper** (Straßengrund, Straßenunterbau, Straßendecke, Brücken, Tunnel, Durchlässe, Dämme, Gräben, Entwässerungsanlagen, Böschungen, Stützmauern, Lärmschutzanlagen, Trenn-, Seiten-, Rand- und Sicherheitsstreifen),
– der **Luftraum** über dem Straßenkörper,
– das **Zubehör** (Verkehrszeichen, Verkehrseinrichtungen und -anlagen aller Art, die der Sicherheit oder Leichtigkeit des Straßenverkehrs oder dem Schutz der Anlieger dienen, und die Bepflanzung),
– **Einrichtungen** zur Erhebung von **Maut** und zur Kontrolle der Mautpflicht,
– die **Nebenanlagen** (Straßenmeistereien, Gerätehöfe, Lager, Lagerplätze, Entnahmestellen, Hilfsbetriebe und -einrichtungen) und
– die **Nebenbetriebe an den Bundesautobahnen** im Sinne des § 15 Abs. 1 FStrG (z.B. Tankstellen, Parkplätze, Werkstätten, Verlade- und Umschlaganlagen, Raststätten).

66 Die **Anbauverbots- und Anbaubeschränkungszonen** nach § 9 FStrG, die **Schutzwaldungen** nach § 10 FStrG und die **Schutzmaßnahmen** nach § 11 FStrG auf Grundstücken an Bundesfernstraßen sind, wie sich aus der abschließenden Aufzählung des § 1 Abs. 4 FStrG ergibt, **keine Bestandteile** der Bundesfernstraßen.

67 Die **Straßenbaulast** umfasst nach § 3 Abs. 1 Satz 1 FStrG alle mit dem Bau und der Unterhaltung der Bundesfernstraßen zusammenhängenden Aufgaben. Gemäß § 5 Abs. 1 FStrG ist der **Bund grundsätzlich Träger der Straßenbaulast für die Bundesfernstraßen**, soweit keine anderen gesetzlichen Vorschriften oder öffentlich-rechtlichen Verpflichtungen bestehen. Nach § 5 Abs. 2 FStrG sind die **Gemeinden mit mehr als 80 000 Einwohnern** Träger der Straßenbaulast für die **Ortsdurchfahrten** im Zuge von Bundesfernstraßen; Gemeinden mit mehr als 50 000, aber weniger als 80 000 Einwohnern können gemäß § 5 Abs. 2a FStrG die Straßenbaulast für die Ortsdurchfahrten übernehmen. Allen übrigen Gemeinden obliegt gemäß § 5 Abs. 3 FStrG die Straßenbaulast für die Gehwege und Parkplätze in den Ortsdurchfahrten der Bundesfernstraßen.

68 Die gesetzliche Rechtfertigung für den Neu- oder Ausbau von **Bundesfernstraßen** ergibt sich aus dem **Bedarfsplan** nach dem **Gesetz über den Ausbau der Bundesfernstraßen – Fernstraßenausbaugesetz** i.d.F.d.B. vom 20.01.2005 (BGBl. I S. 201), z.g.d.G. vom 23.12.2016 (BGBl. I S. 3354), der als gesetzgeberische Entscheidung für den Bedarf in die Abwägung im Rahmen der Planfeststellung eingeht (BVerwG, Urt. v. 18.06.1997 – 4 C 3.95, NVwZ-RR 1998, 292). Die Bedarfsplanung erfährt ihre konkrete Umsetzung in einem **zweistufigen Planungsverfahren**, der Linienbestimmung und der sich daran anschließenden Planfeststellung.

69 Die **Linienbestimmung** gemäß § 16 FStrG entfällt nur beim Neubau von Ortsumgehungen; bei ihrer Bestimmung sind die von dem Vorhaben berührten öffentlichen Belange einschließlich der Umweltverträglichkeit und des Ergebnisses des Raumordnungsverfahrens in der Abwägung zu berücksichtigen. Bundesfernstraßen dürfen gemäß § 17 Abs. 1 Satz 1FStrG und § 74 Abs. 6 VwVfG nur gebaut oder geändert werden, wenn zuvor eine **Planfeststellung** oder in Fällen von unwesentlicher Bedeutung eine **Plangenehmigung** erfolgt ist. Die Planfeststellung und die

Plangenehmigung entfalten beide **Konzentrationswirkung** (vgl. Rdn. 55), da das FStrG keine Einschränkungen enthält. Die der Sicherheit und Leichtigkeit des Verkehrs dienenden Anlagen an Bundesfernstraßen, wie Polizeistationen, Einrichtungen der Unfallhilfe, Hubschrauberlandeplätze und Zollanlagen, können gemäß § 17f FStrG in die Planfeststellung einbezogen werden, wenn sie eine unmittelbare Zufahrt haben. **Bebauungspläne** nach § 9 BauGB können gemäß § 17b Abs. 2 S. 1 FStrG die **Planfeststellung ersetzen** (zu den Anforderungen an einen solchen Bebauungsplan vgl. BVerwG, Beschl. v. 22.03.1999 – 4 BN 27.98, BRS 62 Nr. 5 = ZfBR 1999, 348 und BayVGH, Urt. v. 24.05.2005 – 8 N 04.3217, BayVBl 2007, 564). Im Falle **notwendiger Ergänzungen** oder **Abweichungen von den Festsetzungen des Bebauungsplans** ist gemäß § 17b Abs. 2 S. 2 FStrG insoweit die **Planfeststellung zusätzlich** durchzuführen.

Der **Träger der Straßenbaulast** hat gemäß § 4 Satz 1 FStrG dafür **einzustehen,** 70 dass der **Bau allen Anforderungen an die Sicherheit und Ordnung genügt.** Diese **straßenrechtliche Generalklausel** entspricht der bauordnungsrechtlichen Generalklausel des § 3 Abs. 1 Satz 1 BauO NRW und gilt für alle Bestandteile einer Bundesfernstraße, also auch für die Gebäude als Nebenanlagen oder Nebenbetriebe, die der Rückausnahme des § 1 Abs. 2 Nr. 1 BauO NRW unterliegen. Materiellrechtlich werden die unbestimmten Rechtsbegriffe »Sicherheit« und »Ordnung« durch die Regelungen des Bauordnungsrechts ausgefüllt (vgl. BVerwG, Beschl. v. 21.02.1997 – 4 VR 13.96, NVwZ-RR 1997, 344 zu den Wirkungen einer Lärmschutzwand an einem Autobahnzubringer, wobei das Gericht zur Beurteilung der Auswirkungen auch die landesrechtlichen Abstandsvorschriften heranzieht), soweit keine straßenrechtlichen Bestimmungen, wie z.B. »Technische Vorschriften« oder »Richtlinien« der Forschungsgesellschaft für das Straßenwesen, bestehen (vgl. Kodal, S. 1257 Rn. 36.1 f.). Das Erfordernis zur Heranziehung bauordnungsrechtlicher Vorschriften gilt in besonderem Maße für Gebäude, die zu den nicht-typischen Bauten der Straßenbauverwaltung rechnen (so Kodal, S. 1258 Rn. 36.3). Gemäß § 4 Satz 2 FStrG bedarf es keiner behördlichen Genehmigungen, Erlaubnisse und Abnahmen durch andere als die Straßenbaubehörden. Für **Baudenkmäler** gilt dies gemäß § 4 Satz 3 FStrG nur, soweit ein Planfeststellungsverfahren durchgeführt worden ist.

Die **verfahrensrechtliche Privilegierung** stellt im Hinblick auf das Bauordnungs- 71 recht eine Sperre dar, um zu erreichen, dass bei der Realisierung der Straßenbauten, insbesondere auch von für verkehrliche Zwecke benötigte Gebäude, keine bauordnungsrechtlichen Verfahrensvorschriften greifen (vgl. Kodal, S. 1258 Rn. 36.4). Die Privilegierung erfasst alle Abschnitte von Bundesfernstraßen, auch die Ortsdurchfahrten, für die nach Maßgabe des § 5 Abs. 2, 2a und 3 FStrG bestimmten Gemeinden die Straßenbaulast obliegt. Die **Straßenbaulastträger** unterliegen gemäß § 20 FStrG im Hinblick auf die Erfüllung ihrer Aufgaben der **Überwachung** durch die **Straßenaufsicht,** die von den Ländern ausgeübt wird.

Auch das **Landesstraßenrecht** enthält in § 2 StrWG NRW eine **Begriffsbestimmung** 72 **der öffentlichen Straße.** Nach § 2 Abs. 1 StrWG NRW sind öffentliche Straßen die

§ 1 Anwendungsbereich

dem öffentlichen Verkehr gewidmeten Straßen, Wege und Plätze. Die öffentlichen Straßen werden gemäß § 3 Abs. 1 StrWG NRW eingeteilt in
- **Landesstraßen und Radschnellverbindungen des Landes,**
- **Kreisstraßen,**
- **Gemeindestraßen,**
- **sonstige öffentliche Straßen.**

73 Die **Gemeindestraßen** werden nach § 3 Abs. 4 StrWG NRW nochmals unterteilt in
- Straßen, bei denen die **Belange des Verkehrs** überwiegen (**Hauptverkehrsstraßen, Zubringerstraßen u.a.**),
- Straßen, bei denen die **Belange der Erschließung** der anliegenden Grundstücke überwiegen (**Anliegerstraßen, verkehrsberuhigte Bereiche, Fußgängerbereiche u.a.**),
- alle **sonstige für den öffentlichen Verkehr gewidmete Straßen.**

74 Ähnlich dem Bundesrecht bestimmt § 2 Abs. 2 StrWG NRW, dass der **Straßenkörper**, der **Luftraum über dem Straßenkörper**, das **Zubehör** und die **Nebenanlagen** zur öffentlichen Straße gehören. Das Landesstraßenrecht kennt – anders als das Bundesfernstraßenrecht – **keine Nebenbetriebe**. Die Anbaubeschränkungszonen nach § 25 StrWG NRW, die **Schutzmaßnahmen** nach § 30 StrWG NRW und der **Schutzwald** nach § 31 StrWG NRW sind **keine Bestandteile** der öffentlichen Straßen.

75 Nur die **Landes- und Kreisstraßen** weisen gemäß § 3 Abs. 2 und 3 StrWG NRW **überörtliche Verkehrsbedeutung** auf und verfügen gemäß § 5 StrWG NRW über **Ortsdurchfahrten** zur Erschließung anliegender Grundstücke. Außerhalb der Ortsdurchfahrten bestehen für Landes- und Kreisstraßen gemäß § 25 Abs. 1 StrWG NRW **gesetzliche Anbaubeschränkungszonen** (40 m), die vom äußeren Rand der für den Kraftfahrzeugverkehr bestimmten Fahrbahn aus gemessen werden und in denen die Errichtung, die erhebliche Änderung und die Nutzungsänderung baulicher Anlagen der **Zustimmung** der Straßenbaubehörde bedürfen. Anbauverbotszonen kennt das StrWG NRW dagegen nicht (mehr). Für bestimmte **Gemeindestraßen** außerhalb der geschlossenen Ortslage können die Gemeinden **durch Satzung** gemäß § 25 Abs. 6 StrWG NRW bestimmen, dass sie vom Anbau und von Zufahrten zu Bauanlagen freizuhalten sind.

76 Die **Straßenbaulast** obliegt gemäß § 43 Abs. 1 StrWG NRW dem **Land** für die **Landesstraßen** und dem **Kreis** oder der **kreisfreien Stadt** für die **Kreisstraßen**. Träger der Straßenbaulast für die **Ortsdurchfahrten** von Landesstraßen und Kreisstraßen sind gemäß § 44 Abs. 1 StrWG NRW die **Gemeinden mit mehr als 80 000 Einwohnern**; gemäß § 44 Abs. 3 StrWG NRW können Gemeinden mit mehr als 50 000, aber weniger als 80 000 Einwohnern die Straßenbaulast für die Ortsdurchfahrten übernehmen. Die Straßenbaulast für die **Gemeindestraßen** obliegt gemäß § 47 Abs. 1 StrWG NRW den **Gemeinden**. Der jeweilige Träger der Straßenbaulast soll gemäß § 11 Abs. 1 StrWG NRW das **Eigentum** an den der Straße dienenden Grundstücken erwerben. Sonstige öffentliche Straßen können als **Eigentümerstraßen** und -wege im Privateigentum stehen (s. § 3 Abs. 4 Satz 2 Nr. 3 und Abs. 5 StrWG NRW); gemäß § 50 Abs. 1 StrWG NRW wird der Träger der Straßenbaulast sodann in der Widmungsverfügung bestimmt.

Die gesetzliche Rechtfertigung für den Neu- oder Ausbau von **Landesstraßen** ergibt 77
sich aus dem **Bedarfsplan** nach dem **Landesstraßenausbaugesetz** i.d.F.d.B. vom
20.04.1993 (GV. NRW. S. 297), z.g.d.G. vom 12.12.2006 (GV. NRW. 2007 S. 92).
Die Planung ist für die Straßengruppen unterschiedlich geregelt. Für die **Landes-
und Kreisstraßen** sowie für die **Gemeindestraßen mit überwiegend verkehrlicher
Funktion** (Hauptverkehrsstraßen und Zubringerstraßen) bestehen ein **zweistufiges
Planungsverfahren**, die Linienabstimmung und die anschließende Planfeststellung. Bereits bei der **Linienabstimmung** erfolgt gemäß § 37 Abs. 2 StrWG NRW
eine Beteiligung der Träger öffentlicher Belange und der Bürger sowie eine Prüfung
der Umweltverträglichkeit. Die Linienabstimmung entfällt nur beim Neubau von
Ortsumgehungen.

Landesstraßen und Kreisstraßen sowie Radschnellverbindungen des Landes und Ge- 78
meindestraßen, sofern für letztere eine Umweltverträglichkeitsprüfung durchzuführen
ist, dürfen gemäß § 38 Abs. 1 StrWG NRW und § 74 Abs. 6 VwVfG. NRW. nur
gebaut oder geändert werden, wenn zuvor eine **Planfeststellung** oder in Fällen von
unwesentlicher Bedeutung eine **Plangenehmigung** erfolgt ist. Die der Sicherheit und
Leichtigkeit des Verkehrs dienenden Anlagen an Landes- und Kreisstraßen, wie Polizeistationen, Einrichtungen der Unfallhilfe und der Verkehrsüberwachung, können
gemäß § 38 Abs. 6 StrWG NRW in die Planfeststellung oder Plangenehmigung einbezogen werden, sofern diese Anlagen eine unmittelbare Zufahrt zu diesen Straßen
haben. Bau oder Änderung von **Gemeindestraßen im Außenbereich** im Sinne des
§ 35 BauGB **und von Radschnellverbindungen des Landes**, für die keine Umweltverträglichkeitsprüfung durchzuführen ist, können nach § 38 Abs. 5 StrWG NRW
ebenfalls im Wege der Planfeststellung oder Plangenehmigung zugelassen werden.
Bebauungspläne nach § 9 BauGB können nach § 38 Abs. 4 StrWG NRW die **Planfeststellung ersetzen; notwendige Ergänzungen** oder **Abweichungen von den Bebauungsplanfestsetzungen** erfordern eine **ergänzende Planfeststellung**.

Das Straßenrecht (FStrG und StrWG NRW) regelt ebenfalls den **Gemeingebrauch**, 79
den **Sondergebrauch** und die **Sondernutzung** (vgl. hierzu § 10 Rdn. 54–61). Eine
über den Gemeingebrauch hinausgehende Sondernutzung, wie z.B. das Aufstellen von
Tischen und Stühlen für eine Außengastronomie oder das Errichten einer Werbeanlage auf einer Straßenfläche, bedarf der Erlaubnis der Straßenbaubehörde. Durch
Satzung der Gemeinde können gemäß § 8 Abs. 1 Satz 4 FStrG und § 19 StrWG
NRW bestimmte Sondernutzungen in den Ortsdurchfahrten und in den Gemeindestraßen von der Erlaubnispflicht befreit werden. Das Straßenrecht wird ergänzt durch
das **Straßenverkehrsgesetz** und die **Straßenverkehrsordnung**, die weitere Vorschriften
zum Schutz des Straßenverkehrs vor Beeinträchtigungen durch bauliche Anlagen und
Werbeanlagen enthalten (vgl. § 10 Rdn. 72–75). Diese Regeln sind nicht abschließend (BVerwG, Urt. v. 13.12.1967 – IV C 146.65, BRS 18 Nr. 94), so dass **daneben
§ 16 BauO NRW anwendbar** bleibt.

Nach § 9a Abs. 2 Satz 1 StrWG NRW sind Straßen so herzustellen und zu unterhalten, 80
dass sie den **Erfordernissen der Sicherheit und Ordnung** genügen. Gemäß § 9a Abs. 2
Satz 2 StrWG NRW bedarf es, **ausgenommen** für **Gebäude**, keiner behördlichen

§ 1 Anwendungsbereich

Genehmigung, Zustimmung, Anzeige, Erlaubnis, Überwachung und Abnahme, wenn die baulichen Anlagen zur Erfüllung der Straßenbaulast unter verantwortlicher Leitung einer Straßenbaubehörde erstellt werden; für Gemeinden gilt dies nach § 9a Abs. 2 Satz 3 StrWG NRW nur, wenn diese selbst untere Bauaufsichtsbehörde sind. § 9a Abs. 3 StrWG NRW ermächtigt die Straßenbaubehörde, bestimmte Aufgaben, die ihr anstelle der Bauaufsichtsbehörde nach Abs. 2 obliegen, nach den bauordnungsrechtlichen Vorschriften auf Sachverständige zu übertragen. Diese Bestimmungen sind § 4 FStrG nachgebildet (vgl. insoweit Rdn. 70; s.a. Kodal, S. 1423 f. Rn. 4 und 5.1). Gegenüber § 4 FStrG gilt jedoch die Besonderheit, dass **Gebäude von der Verfahrensprivilegierung ausgenommen** sind, so dass für diese die **Verfahrensvorschriften der BauO NRW** greifen, vorausgesetzt, es findet keine Planfeststellung oder Plangenehmigung Anwendung, die infolge der Konzentrationswirkung ein Baugenehmigungsverfahren entbehrlich macht (vgl. § 61 Abs. 2 BauO NRW).

3.1.3 Öffentliche Eisenbahnen und Magnetschwebebahnen

81   Der **Begriff** »Eisenbahn« ist nur unter Berücksichtigung der **historischen Entwicklung** der **Bahnsysteme** verständlich (vgl. Ronellenfitsch, Privatisierung und Regulierung des Eisenbahnwesens, DÖV 1996, S. 1028). Zu unterscheiden ist zwischen **Eisenbahnen**, **Straßenbahnen** und den **nach ihrer Bau- und Betriebsweise ähnlichen Bahnen**, **Bergbahnen** sowie **Magnetschwebebahnen** und sonstigen **Bahnen besonderer Bauart**. Für die schienengebundenen oder spurgeführten Bahnen gelten jeweils **unterschiedliche Vorschriften**, selbst wenn die einzelnen Strecken in einem Verkehrsverbundgebiet liegen, dem gleichen Nahverkehrszweck dienen und mit einheitlichem Tarifsystem ausgestattet sind, wie dies bei den beiden großen Verkehrsverbünden der Fall ist. In beiden Verbundgebieten wurden **neue Formen der Schienenbahnen** (**Stadtschnellbahnen** und **Stadtbahnen**) in Betrieb genommen, wie z.B. das Stadtbahnsystem Köln/Bonn, in dem sowohl Straßenbahn- als auch Eisenbahnstrecken zu einem einheitlichen Netz zusammengefasst wurden, so dass Mischformen entstanden, welche die rechtliche Zuordnung erschweren. Die fortschreitende Privatisierung ehemals staatlicher Eisenbahnen trägt dazu bei, dass die **Rechtslage unübersichtlich** geworden ist (vgl. Wegener, Bahnprivatisierung und Eisenbahnverkehrsverwaltung, DÖV 1996, S. 305).

82   Ab 1835 entwickelte sich ein **Eisenbahnnetz** privater Eisenbahngesellschaften auf der Grundlage von **Gesetzen** der **Länder des Reiches**, z.B. dem **Preußischen Gesetz über die Eisenbahn-Unternehmungen** vom 03.11.1838 (GS Nr. 35). Um die **technische Einheit im Eisenbahnwesen** sicherzustellen, einigten sich die Staaten Mitteleuropas 1882 auf ein internationales Eisenbahnübereinkommen, zu dessen Umsetzung später die **Eisenbahn-Bau- und Betriebsordnung** vom 04.11.1904 (RGBl. I S. 387) erging. Ab 1870 wurden die privaten Eisenbahngesellschaften durch die Länder verstaatlicht, schließlich 1920 aufgrund eines Staatsvertrags zu den **Reichseisenbahnen** zusammengefasst und mit Gesetz vom 30.08.1924 (RGBl. II S. 272) in die **Deutsche Reichsbahngesellschaft** (DRG) umgewandelt. Nach dem II. Weltkrieg ging die DRG in den Staatsbahnen der beiden deutschen Teilstaaten auf (**Deutsche Bundesbahn** und **Deutsche Reichsbahn**). Der **Bund** erließ erstmals mit dem **Allgemeinen**

Eisenbahngesetz (AEG) vom 29.03. 1951 (BGBl. I S. 225), dem **Bundesbahngesetz** vom 13.12.1951 (BGBl. I S. 955) und der **Eisenbahn-Bau- und Betriebsordnung (EBO)** vom 08.05.1967 (BGBl. II S. 1563) neue Rechtsgrundlagen.

Die heutige **Trennung der Rechtsbereiche** des schienen- bzw. spurgeführten Verkehrs geht auf die unterschiedlichen **technischen Ansätze des Bahnbaus** zurück. Die ersten **Eisenbahnen** dienten dem **überörtlichen Güter- und Personenverkehr** und waren auf **eigenen Trassen** über Land geführt. Dagegen dienten die ersten **Straßenbahnen** innerhalb der Städte dem **Personennahverkehr** und benutzten den bereits **vorhandenen öffentlichen Straßenraum**. Hinzu trat ein Unterschied in der Eigentumsfrage: die **Eisenbahnen** befanden sich nach Abschluss des Netzaufbaus mit Ausnahme weniger Privatbahnstrecken im **Staatsbesitz**, die **Straßenbahnen und** die nach ihrer Bau- und Betriebsweise **ähnlichen Bahnen** (Hoch- und Untergrundbahnen, Schwebebahnen) befanden sich im **Kommunalbesitz**. Aus diesen unterschiedlichen Ansätzen ergaben sich zwangsläufig **unterschiedliche technische Lösungen**, die ihren Niederschlag später im **Eisenbahnrecht** und im **Personenbeförderungsrecht** fanden. Das Reich und später der Bund hatten dabei nicht zuletzt infolge der Eigentumsverhältnisse ein Interesse daran, das Eisenbahnrecht mit Privilegien auszustatten, um die Interessen der Reichsbahn (Bundesbahn) gegenüber den Kommunen und anderen Trägern öffentlicher Belange durchsetzen zu können. Aufgrund dieser Privilegien und ausgestattet mit eigener Polizeihoheit (Bahnpolizei) erklärt es sich, dass die Staatseisenbahn sich auch noch lange Zeit nach Gründung der Deutschen Bundesbahn als »Staat im Staat« verstand.

83

In der Folge der Wiedervereinigung wurden mit dem **Eisenbahnneuordnungsgesetz** vom 27.12.1993 (BGBl. I S. 2378) die beiden Sondervermögen zu einem einheitlichen Bundeseisenbahnvermögen zusammengefasst (Art. 1 § 1) und die Teile, die zur Erbringung von Eisenbahnverkehrsleistungen und zum Betreiben der Eisenbahninfrastruktur notwendig sind, in die Deutsche Bahn AG ausgegliedert (Art. 2 § 1). Bei der von der Deutschen Bahn AG unterhaltenen Eisenbahninfrastruktur handelt es sich also nur um das **bundeseigene** Schienennetz. Daneben bestehen aber auch Schienennetze **nichtbundeseigener** Eisenbahnen. Aus dem regelmäßig die Gemeindegrenzen überschreitenden Verkehr ergibt sich die Eigenschaft der Eisenbahn als **überörtliches Verkehrsmittel** (BVerwG, Beschl. v. 31.10.2000 – 11 VR 12.00, BauR 2001, 928 = BRS 63 Nr. 35 und Hess. VGH, Urt. v. 12.06.2012 – 2 C 165/11.T, juris). Auch die Stadtschnellbahnen (S-Bahnen), die größtenteils parallel zu den Fernbahnstrecken verlaufen, dienen dem überörtlichen Personenverkehr, da ihnen eine städteverbindende Funktion zukommt, die über das hinausgeht, was § 4 Abs. 2 PBefG noch als Personenbeförderung im Orts- oder Nachbarschaftsbereich ansieht.

84

Die wesentliche Rechtsgrundlage für den **Bau** und **Betrieb** von **Eisenbahnanlagen** bildet das **AEG**. Die Anforderungen des AEG werden konkretisiert durch die
– **Eisenbahn-Bau- und Betriebsordnung** – **EBO** vom 08.05.1967 (BGBl. II S. 1563), z.g.d.V. vom 26.07.2017 (BGBl. I S. 3054).
– **Eisenbahn-Bau- und Betriebsordnung für Schmalspurbahnen** – **ESBO** vom 25.02.1972 (BGBl. I S. 269), z.g.d.V. vom 31.08.2015 (BGBl. I S. 1474).

85

§ 1 Anwendungsbereich

86 **Eisenbahnen** im Sinne des § 2 Abs. 1 AEG sind **öffentliche Einrichtungen** oder **privatrechtlich organisierte Unternehmen**, die **Eisenbahnverkehrsdienste** erbringen (Eisenbahnverkehrsunternehmen) oder eine **Eisenbahninfrastruktur** betreiben (Eisenbahninfrastrukturunternehmen). Das Eisenbahnrecht gilt gemäß § 1 Abs. 2 AEG für Eisenbahnen, nicht jedoch für andere Schienenbahnen wie Magnetschwebebahnen, Straßenbahnen und der nach ihrer Bau- oder Betriebsweise ähnlichen Bahnen, Bergbahnen und der sonstigen Bahnen besonderer Bauart. Eisenbahnen dienen gemäß § 3 Abs. 1 AEG dem öffentlichen Verkehr, wenn sie als

87 1. Eisenbahnverkehrsunternehmen gewerbs- oder geschäftsmäßig betrieben werden und jedermann sie nach ihrer Zweckbestimmung zur **Personen-** oder **Güterbeförderung** benutzen kann (öffentliche Eisenbahnverkehrsunternehmen),

88 2. Eisenbahninfrastrukturunternehmen Zugang zu ihrer Eisenbahninfrastruktur gewähren müssen (öffentliche Eisenbahninfrastrukturunternehmen),

89 3. Betreiber der Schienenwege Zugang zu ihren Schienenwegen gewähren müssen (öffentliche Betreiber der Schienenwege).

90 Bei den insoweit nicht erfassten Eisenbahnen und Werksbahnen handelt es sich nach § 3 Abs. 2 AEG um **nichtöffentliche** Eisenbahnen.

91 Die gesetzliche Rechtfertigung für den Neu- oder Ausbau der Bundesschienenwege ergibt sich aus dem **Bedarfsplan** nach dem **Bundesschienenwegeausbaugesetz** vom 15.11.1993 (BGBl. I S. 1874). Das **eisenbahnrechtliche Planungsverfahren** ist **in zwei Schritte** unterteilt. Das Betreiben einer Eisenbahninfrastruktur bedarf nach § 6 AEG einer **Genehmigung des Eisenbahnunternehmens** (**Unternehmensgenehmigung**). Die Genehmigung ist gemäß § 6g Abs. 1 AEG zu widerrufen, wenn das Unternehmen nicht die in §§ 6a–6e AEG festgelegten Anforderungen erfüllt. Der **Bau** und die **Änderung von Eisenbahnbetriebsanlagen** bedürfen der **Planfeststellung** oder der **Plangenehmigung**, die beide **Konzentrationswirkung** entfalten. Planfeststellungsersetzende Bebauungspläne kennt das Eisenbahnrecht nicht. Die **Betriebsanlagen** der Eisenbahn umfassen die Schienenwege von Eisenbahnen einschließlich der für den Betrieb notwendigen Anlagen, wie Bahnstromfernleitungen und Funkstationen (zu letzteren vgl. § 62 Rdn. 71). Der Begriff »Betriebsanlagen« ist weit auszulegen und umfasst alle Anlagen zur Abwicklung des »äußeren Eisenbahndienstes«, wie Bahnhofshallen, Fahrkartenverkaufsstellen, Gepäck- und Güterabfertigungsanlagen, Parkplätze an Bahnhöfen, Lagerplätze und die dem Güterumschlag und Ladeverkehr dienenden Flächen einschließlich Zufahrtswege (BVerwG, Urt. v. 29.08.1961 – I C 167.59, DVBl 1962, 178 und Urt. v. 16.12.1988, – 4 C 48/86, NVwZ 1989, 655; OVG NRW, Urt. v. 18.02.2013 – 13 A 474/11, DVBl 2013, 663; s.a. Steenhoff, Planfeststellung für Betriebsanlagen von Eisenbahnen, DVBl 1996, S. 1236). Die für die **Eigenschaft** einer Betriebsanlage vorausgesetzte **Eisenbahnbetriebsbezogenheit** fehlt bei Anlagen, die einem privatwirtschaftlichen Unternehmen dienen, das weder Eisenbahnverkehrsdienste erbringt noch eine Eisenbahninfrastruktur betreibt (OVG NRW, Beschl. v. 04.02.2010 – 8 B 1652/09. AK, NVwZ-RR 2010, 475 zur Lagerhalle nebst Umschlagsplatz für gebrauchten Gleisschotter und Betonschwellen).

Anders als im Straßenrecht, das die Widmung durch besonderen Verwaltungsakt vor- 92
sieht, ist die **Widmung im Eisenbahnrecht** nicht klar geregelt. Sie ergibt sich aus
einer **Kombination von rechtlichem Planfeststellungsbeschluss und tatsächlicher
Indienstnahme nach aufsichtsbehördlicher Abnahme** der Betriebsanlagen der Eisenbahn (vgl. Lahr, Die eisenbahnrechtliche Widmung, UPR 1998, S. 182). Soll eine
Bahnanlage künftig nach dem Willen der Bahn »bahnfremden« Nutzungen offen stehen, so kann eine solche »**Entwidmung**«, sofern dafür kein Planfeststellungsverfahren
erfolgt, nur durch **eindeutige** und **bekannt gemachte Erklärung der Bahn** geschehen,
die für jedermann klare Verhältnisse schafft (BVerwG, Urt. v. 16.12.1988 – 4 C 48/86,
BRS 49 Nr. 3 = NVwZ 1989, 655; OVG Saar, Urt. v. 10.01.2017– 2 A 142/15,
juris). Die Entwidmung ist ausgeschlossen, solange die Betriebsanlagen ihre Funktion
beibehalten; **zuständig** für die Entwidmung ist das **Eisenbahn-Bundesamt** (BVerwG,
Urt. v. 27.11.1996 – 11 A 2.96, DÖV 1997, 508 = UPR 1997, 150). Mit dem Dritten Gesetz zur Änderung eisenbahnrechtlicher Vorschriften vom 27.04.2005 (BGBl. I
S. 1138) hat der Gesetzgeber einen neuen § 23 »**Freistellung von Bahnbetriebszwecken**« in das AEG eingefügt, um unter Berücksichtigung der Rechtsprechung das
Verhältnis von eisenbahnrechtlicher Fachplanung und kommunaler Bauleitplanung
klarer zu regeln und insbesondere der **Gemeinde** in Form eines **Antragsrechts** die
Klärung zu ermöglichen, wann eine nicht mehr für Bahnzwecke genutzte Fläche wieder ihrer kommunalen Planungshoheit unterliegt (vgl. hierzu Schmitt, Das Ende der
eisenbahnrechtlichen Widmung, UPR 2005, S. 427 ff.).

Soweit die **sachliche** und **zeitliche Reichweite der eisenbahnrechtlichen Planfest-** 93
stellung geht, können Betriebsanlagen der Eisenbahn weder einem bauaufsichtlichen
Genehmigungsverfahren unterworfen werden, noch können bauaufsichtliche Eingriffsmaßnahmen auf sie Zugriff nehmen (BVerwG, Beschl. v. 13.10.1994 – 7 VR
10.94, DÖV 1995, 198 = NVwZ 1995, 379; OVG NRW, Beschl. v. 09.09.1994 – 11
B 1447/94, BauR 1995, 371 = BRS 56 Nr. 135; Nds. OVG, Urt. v. 31.05.1996 – 6
L 3564/93, BauR 1997, 101 = BRS 58 Nr. 198). Für eine bahnfremde Nutzung auf
planfestgestelltem Gelände kann **vor dem Verlust der Zweckbestimmung** der Fläche
als Bahnanlage auch **kein Vorbescheid** erteilt werden, wenn die Gemeinde nicht in
der Lage ist, ihre Planungshoheit in Bezug auf das zur Beurteilung gestellte Vorhaben
wahrzunehmen. Dies schließt die Erteilung eines Vorbescheides unter dem Vorbehalt
aus, dass das Vorhaben bebauungsrechtlich zulässig ist, wenn das Grundstück als
Bahngelände entwidmet ist (BVerwG, Beschl. v. 27.04.1998 – 4 B 33.98, BRS 60
Nr. 155).

Nach § 4 Abs. 3 AEG sind die **Eisenbahnen und Halter von Eisenbahnfahrzeugen** 94
verpflichtet, ihren Betrieb sicher zu führen, an Maßnahmen des Brandschutzes und
der Technischen Hilfeleistung mitzuwirken und die **Eisenbahninfrastruktur sicher zu
bauen** und **in betriebssicherem Zustand** zu halten. **Bauliche Anforderungen** an die
regelspurigen Eisenbahnen des öffentlichen Verkehrs ergeben sich aus der **EBO** (vgl.
Rdn. 85). Nach § 2 Abs. 1 EBO müssen **Bahnanlagen** und Fahrzeuge so beschaffen
sein, dass sie den Anforderungen der **Sicherheit und Ordnung** genügen; diese Anforderungen gelten als erfüllt, wenn sie den Vorschriften der EBO und **anerkannten
Regeln der Technik** entsprechen. Die EBO enthält bauliche Anforderungen **an die**

§ 1 Anwendungsbereich

Bahnstrecken (Trassierung, Oberbau, Regelquerschnitt, Kreuzungen, Bahnsteige, Rampen), trifft jedoch **keine Regelungen über Gebäude**. Die **eisenbahnrechtliche Generalklausel** des § 2 EBO entspricht in ihrem Wesensgehalt der bauaufsichtlichen Generalklausel des § 3 Abs. 1 Satz 1 BauO NRW. Materiell-rechtlich werden die allgemeinen Anforderungen des § 2 EBO in Bezug auf Gebäude in Ermangelung spezieller eisenbahnrechtlicher Vorschriften durch die Anforderungen des Bauordnungsrechts ausgefüllt.

95   Ein **Verfahrensprivileg** enthält § 4 Abs. 6 AEG. Nach dieser mit Gesetz vom 11.02.1998 (BGBl. I S. 342) gefassten Vorschrift obliegen dem **Eisenbahn-Bundesamt – EBA –** im Hinblick auf Errichtung, Änderung, Unterhaltung und Betrieb der Betriebsanlagen und der Fahrzeuge von Eisenbahnen des Bundes die **Erteilung von Baufreigaben, Zulassungen und Genehmigungen sowie die Abnahmen, Prüfungen und Überwachungen** aufgrund anderer Gesetze und Verordnungen. Das aufgrund des Gesetzes über die Eisenbahnverkehrsverwaltung des Bundes vom 27.12.1993 (BGBl. I S. 2378, 2394) als selbständige Bundesoberbehörde errichtete EBA ist nicht nur zuständige Planfeststellungs- bzw. Plangenehmigungsbehörde, sondern auch für die **Ausübung der Eisenbahnaufsicht** zuständig. Auf **Gebäude als Betriebsanlagen** der Eisenbahn finden daher die bauordnungsrechtlichen **Verfahrens**vorschriften keine Anwendung.

96   Den Eisenbahnen vergleichbar sind spurgeführte überörtliche Verkehrsmittel. Zur Regelung der **Magnetschwebetechnologie** erließ der Bund das
 – Gesetz über den Bau und Betrieb von **Versuchsanlagen zur Erprobung von Techniken für den spurgeführten Verkehr** vom 29.01.1976 (BGBl. I S. 241), z.g.d.V. vom 31.08.2015 (BGBl. I S. 1474) und das
 – **Allgemeine Magnetschwebebahngesetz** vom 19.07.1996 (BGBl. I S. 1019), z.g.d.G. vom 18.07.2016 (BGBl. I S. 1666).

97   Die Rechtslage bezüglich Planung und Bauaufsicht entspricht der des AEG (vgl. Rdn. 91).

98   Der noch auf die »**Nicht-Bundeseisenbahnen**« des öffentlichen Verkehrs erstreckte **Anwendungsbereich** des Landeseisenbahngesetzes wird **durch Bundesrecht verdrängt** (OVG Rh-Pf, Urt. v. 02.03.2001 – 1 A 11447/00, DVBl 2001, 1301). Mit Art. 1 des Gesetzes zur Bereinigung des Eisenbahnrechts vom 13.02.2007 (GV. NRW. S. 107) wurde daher das **Landeseisenbahngesetz** vom 05.02.1957 (GV. NRW. S. 11) **aufgehoben**. Die dem Land nach dem AEG verbliebenen Zuständigkeiten regelt die **Eisenbahnzuständigkeitsverordnung** vom 21.11.2006 (GV. NRW. 2007, S. 105).

99   Der **Bau** und **Betrieb** von **Grubenbahnen** als Betriebsanlagen im Sinne des § 2 Abs. 1 Nr. 3 BBergG, die überwiegend einer der in den § 2 Abs. 1 Nr. 1 oder 2 BBergG bezeichneten Tätigkeiten dienen, richtet sich nach den **bergrechtlichen Vorschriften**. Nach § 2 Abs. 4 BBergG gilt das Bergrecht dagegen **nicht** für das Verladen, Befördern und Abladen von Bodenschätzen, Nebengestein und sonstigen Massen im Sinne des § 2 Abs. 1 Nr. 1 BBergG im Schienenverkehr der Eisenbahnen des öffentlichen Verkehrs.

100   Für den **Bau** und **Betrieb** von **Seilbahnen** und **Zahnradbahnen** des öffentlichen Verkehrs ist das **Gesetz über die Seilbahnen in Nordrhein-Westfalen – SeilbG NRW** vom

16.12.2003 (GV. NRW. S. 774), z.g.d.G. vom 20.05.2014 (GV. NRW. S. 294) maßgebend. Der **Bau** dieser Bahnen bedarf gemäß § 3 SeilbG NRW der **Planfeststellung** oder **Plangenehmigung**. Gemäß § 3 Abs. 2 Satz 1 SeilbG NRW ersetzen **Bebauungspläne** nach § 9 BauGB die Planfeststellung. Ferner bedürfen Bau und Betrieb einer Seilbahn oder Zahnradbahn gemäß § 4 Abs. 1 SeilbG NRW der Genehmigung der **Aufsichtsbehörde**, das ist gemäß § 18 Abs. 1 SeilbG NRW die **Bezirksregierung**, in deren Bereich die Bahn liegt. Als Besonderheit regelt § 8 SeilbG NRW **Baubeschränkungen** und **Schutzmaßnahmen**; nach Abs. 1 dürfen bauliche Anlagen **längs der Trasse** nicht errichtet oder geändert werden, wenn dadurch die **Betriebssicherheit** der Bahn **beeinträchtigt** wird.

3.1.4 Öffentliche Straßenbahnen und ähnliche Bahnen, Busse, Taxen

Ab 1881 erhielten fast alle größeren Städte **Straßenbahnen**. Neben den die öffentlichen Straßen benutzenden Straßenbahnen entstanden auch unabhängig geführte städtische Bahnsysteme, wie die Wuppertaler Schwebebahn, aber auch in die Außenbezirke führende Überlandstraßenbahnen auf eigenem Bahnkörper. Der Ausbau der Straßenbahnnetze nahm einen ungeahnten Aufschwung, so dass mit dem **Gesetz über die Beförderung von Personen zu Lande** vom 04.12.1934 (RGBl. I S. 705) eine **reichseinheitliche Rechtsgrundlage** erging. Der **Bund** ersetzte mit dem **Personenbeförderungsgesetz – PBefG** vom 21.03.1961 (BGBl. I S. 1513) die reichsrechtlichen Bestimmungen. 101

Das **Personenbeförderungsrecht** erfasst schwerpunktmäßig die **entgeltliche** oder **geschäftsmäßige Beförderung von Personen** mit Verkehrsmitteln, welche die öffentlichen Straßen mitbenutzen, wie Straßenbahnen, Oberleitungsomnibusse (Obusse) und Kraftfahrzeuge (Busse, Taxen). Die Anforderungen des PBefG werden konkretisiert durch die 102
– **Straßenbahn-Bau- und Betriebsordnung – BOStrab** vom 22.12.1987 (BGBl. I S. 2648), z.g.d.V. vom 16.12.2016(BGBl. I S. 2938).

Der **Begriff der öffentlichen Straßenbahnen** nach § 4 Abs. 1 PBefG umfasst Schienenbahnen, die den Verkehrsraum öffentlicher Straßen benutzen und sich mit ihren baulichen und betrieblichen Einrichtungen sowie in ihrer Betriebsweise der Eigenart des Straßenverkehrs anpassen oder einen besonderen Bahnkörper haben und in der Betriebsweise den vorgenannten Bahnen gleichen oder ähneln und ausschließlich oder überwiegend der Beförderung von Personen **im Orts- oder Nachbarschaftsbereich** dienen. Als Straßenbahnen **gelten** gemäß § 4 Abs. 2 PBefG auch **Hoch-, Untergrund- und Schwebebahnen** oder ähnliche Bahnen besonderer Bauart, die **ausschließlich oder überwiegend der Beförderung** von Personen im Orts- oder Nachbarschaftsbereich dienen und nicht Bergbahnen oder Seilbahnen sind (für letztere besteht eine Landeszuständigkeit, vgl. Rdn. 100). **Obusse** sind nach § 4 Abs. 3 PBefG **elektrisch angetriebene, nicht an Schienen gebundene Straßenfahrzeuge**, die ihre Antriebsenergie einer **Fahrleitung** entnehmen. 103

Die **Ausbaumaßnahmen des öffentlichen Personennahverkehrs** sind in **ÖPNV-Infrastrukturplänen** des Landes bzw. der Zweckverbände nach den §§ 7 und 8 des Gesetzes 104

§ 1 Anwendungsbereich

über den öffentlichen Personennahverkehr in Nordrhein-Westfalen – ÖPNVG NRW vom 07.03.1995 (GV. NRW. S. 196), z.g.d.G. vom 15.12.2016(GV. NRW. S. 1157), vorzubereiten. Das personenbeförderungsrechtliche **Planungsverfahren** für **spurgebundene Straßenbahnen und Obusse** ist in **zwei Schritte** aufgeteilt (hierzu s. OVG NRW, Beschl. v. 01.09.1997 – 20 B 713/95.AK, UPR 1998, 196). Die Planung der **nicht spurgebundenen** Kraftfahrzeuge ist dagegen **einstufig** angelegt. Für Straßenbahnen, Obusse, Kraftfahrzeuge im Linienverkehr und im Gelegenheitsverkehr besteht nach § 2 PBefG eine personenbeförderungsrechtliche **Genehmigungspflicht** im Sinne einer »**Unternehmergenehmigung**« (so Gaentzsch, Baugesetzbuch – BauGB, Kommentar, 1991, zu § 38 Rn. 14). Der Bau von **Betriebsanlagen der Straßenbahnen** erfordert **zusätzlich** gemäß § 28 PBefG die **Planfeststellung** oder **Plangenehmigung**. Gemäß § 41 PBefG finden die Vorschriften über die Planfeststellung und Plangenehmigung auch Anwendung auf die **Bau- und Betriebsanlagen für den Obusverkehr**. Die Planfeststellung bzw. Plangenehmigung nach dem PBefG entfaltet ihre **Konzentrationswirkung** nur hinsichtlich der Betriebsanlagen.

105 Was unter **Betriebsanlagen** zu verstehen ist, ergibt sich aus § 1 Abs. 4 BOStrab, der den **Betriebsbegriff** definiert: »Betrieb ist die Gesamtheit aller Maßnahmen, die der Personenbeförderung dienen, einschließlich der Ausbildung der Betriebsbediensteten und der Instandhaltung der Betriebsanlagen und Fahrzeuge«. Hierunter fallen neben der Strecke mit dem Bahnkörper, den Brücken, Stützmauern, Tunneln, Fahrstromversorgungsanlagen, Sicherheitseinrichtungen und Haltestellen auch die Betriebshöfe; zu den Betriebsanlagen rechnen ferner die Betriebsgebäude, wie z.B. Fahrgastunterstände, Abfertigungsgebäude, Unterwerke für die Bahnstromeinspeisung, Stellwerke und Wartungshallen.

106 **Bebauungspläne** nach § 9 BauGB können gemäß § 28 Abs. 3 Satz 1 PBefG die **Planfeststellung** und die **Plangenehmigung ersetzen** (hierzu s. VGH B-W, Beschl. v. 21.07.2000 – 5 S 1254/00, NVwZ-RR 2001, 411). Im Falle **notwendiger Ergänzungen** oder **Abweichungen von den Festsetzungen des Bebauungsplans** ist gemäß § 28 Abs. 3 Satz 2 PBefG **insoweit** die **Planfeststellung** zusätzlich durchzuführen. Da Bebauungspläne auf die **Festsetzungsmöglichkeiten** nach § 9 BauGB **beschränkt** sind, bedarf es hinsichtlich der nicht durch diese Festsetzungsmöglichkeiten erfassten Teile der Betriebsanlagen regelmäßig einer **ergänzenden** Planfeststellung (vgl. Schrödter, Baugesetzbuch, Kommentar, 5. Aufl. 1992, zu § 38 Rn. 22).

107 Der **Unternehmer** ist gemäß § 36 Abs. 1 PBefG **verpflichtet**, die ihm genehmigten **Betriebsanlagen** für Straßenbahnen (und Obusse, vgl. § 41 Abs. 1 PBefG) zu bauen und während der Geltungsdauer der Genehmigung den öffentlichen Verkehrsinteressen und **dem Stand der Technik entsprechend zu unterhalten**. Die **Betriebsanlagen** müssen gemäß § 3 Abs. 1 Satz 1 BOStrab so gebaut sein, dass ihr **verkehrsüblicher Betrieb niemanden schädigt oder mehr als unvermeidbar gefährdet oder behindert**. Diese **personenbeförderungsrechtliche Generalklausel**, die durch die materiellen Anforderungen des § 3 Abs. 1 Satz 2 und Abs. 3–6 BOStrab ergänzt wird, entspricht in ihrem Wesensgehalt der bauaufsichtlichen Generalklausel des § 3 Abs. 1 Satz 1 BauO NRW. Das **Bauordnungsrecht** der Länder **bleibt** gemäß § 1 Abs. 1 Satz 2 BOStrab

unberührt. Materiell-rechtlich werden deshalb die allgemeinen Anforderungen des § 3 BOStrab in Bezug auf Gebäude erst durch die Regelungen des Bauordnungsrechts ausgefüllt, soweit keine personenbeförderungsrechtlichen Anforderungen an die Betriebsanlagen nach den §§ 15–32 BOStrab als speziellere Regelungen vorgehen.

Die §§ 60–62 BOStrab enthalten **Verfahrensvorschriften für den Bau von Betriebsanlagen**, die neben den Vorschriften über die Planfeststellung und Plangenehmigung gelten. Nach § 60 Abs. 1 BOStrab darf mit dem Bau von Betriebsanlagen, die nach § 62 Abs. 1 BOStrab einer Inbetriebnahmegenehmigung bedürfen, erst begonnen werden, wenn die **Prüfung der Bauunterlagen durch die Technische Aufsichtsbehörde** ergeben hat, dass die Vorschriften der BOStrab beachtet sind. Bei diesen Bauunterlagen handelt es sich nicht notwendigerweise um die Unterlagen für die Planfeststellung, sondern um weitergehende Pläne und Berechnungen, die den Konstruktionszeichnungen und bautechnischen Nachweisen nach Bauordnungsrecht vergleichbar sind. Die Technische Aufsichtsbehörde erteilt gemäß § 60 Abs. 3 BOStrab über das Ergebnis der Prüfung einen **Zustimmungsbescheid**, sofern eine Planfeststellung wegen § 28 Abs. 2 oder 3 PBefG unterblieben oder die Prüfung nicht bereits im Rahmen der Planfeststellung erfolgt ist. Der Bau der Betriebsanlagen und Fahrzeuge unterliegt gemäß § 61 BOStrab der **Aufsicht** (Überwachung) durch die Technische Aufsichtsbehörde. Gemäß § 62 BOStrab dürfen die Betriebsanlagen erst nach der Genehmigung durch die Technische Aufsichtsbehörde in Betrieb genommen werden. Diese **verfahrensrechtlichen Vorschriften** schließen es aus, dass auf die betrieblichen Zwecken dienenden **Gebäude** die bauordnungsrechtlichen **Verfahrens**vorschriften Anwendung finden. 108

Für den Bau von Anlagen für **nicht spurgebundene Kraftfahrzeuge im Linienverkehr** (§§ 42 und 43 PBefG) oder im **Gelegenheitsverkehr** (§ 46 PBefG) ermöglicht das Personenbeförderungsrecht **keine Planfeststellung oder Plangenehmigung**, da es davon ausgeht, dass die öffentlichen Straßen im Rahmen des Gemeingebrauchs von diesen Kraftfahrzeugen mitbenutzt werden. Die für diese Zwecke innerhalb des öffentlichen Straßenraums benötigten Anlagen, wie z.B. **Haltestellen für Kraftfahrzeuge im Linienverkehr, Taxenstände** oder **Sonderspuren für Busse und Taxen**, werden nach den Bestimmungen des Straßenrechts und des Straßenverkehrsrechts angelegt und unterhalten. Die Straßenverkehrsbehörde ordnet gemäß § 45 Abs. 3 StVO das Aufstellen der Verkehrszeichen 224, 229, 245 bzw. das Anbringen der Markierung 299 an. Die so gekennzeichneten Anlagen bleiben trotz der straßenverkehrsrechtlichen Beschränkungen Bestandteil der öffentlichen Verkehrsfläche (so Kodal, S. 285 Rn. 24). Die **Fahrgastunterstände des Omnibusverkehrs** unterliegen als **Gebäude** zwar dem materiellen Bauordnungsrecht, sind jedoch gemäß § 62 Abs. 1 Nr. 1 Buchstabe e BauO NRW vom Baugenehmigungsverfahren freigestellt. Über den Umfang eines Fahrgast**unterstandes** hinausgehende Hochbauten, wie z.B. **Omnibusbahnhöfe in Form von Abfertigungsgebäuden**, unterliegen dem **Baugenehmigungsverfahren**. 109

Da das Personenbeförderungsrecht für die nicht spurgebundenen Kraftfahrzeuge im Linien- oder Gelegenheitsverkehr keine Planfeststellung oder Plangenehmigung zulässt, besteht für **Betriebsanlagen** des **Omnibusverkehrs außerhalb** des **öffentlichen** 110

§ 1   Anwendungsbereich

Straßenraums, insbesondere für die **Omnibusbetriebshöfe**, eine **unklare Rechtssituation**. Nach § 1 Abs. 2 Nr. 1 BauO NRW handelt es sich um **Nebenanlagen** öffentlicher Verkehrsanlagen, auf die das Bauordnungsrecht keine Anwendung findet. Da die **Rückausnahme nur** die **Gebäude** erfasst und nur diese dem **Baugenehmigungsverfahren** unterwirft, sind die sonstigen baulichen Anlagen der Omnibusbetriebshöfe, die selbst keine Gebäude darstellen, wie z.b. die befestigten Abstellflächen oder die nicht überdachten Untersuchungsgruben, vom Anwendungsbereich der BauO NRW ausgeschlossen. Dass diese sonstigen baulichen Anlagen im Baugenehmigungsverfahren für die Betriebsgebäude in der Praxis einfach in den Bauvorlagen mitbeantragt werden, ist auf das Interesse der Antragsteller zurückzuführen, mit der Baugenehmigung die Einhaltung der Anforderungen des öffentlichen Baurechts bescheinigt zu bekommen.

3.1.5 Öffentliche Wasserstraßen

111   Lange vor dem planmäßigen Ausbau von Straßen und Eisenbahnen wurden schiffbare Gewässer als Wasserstraßen für den Transport von Gütern und Personen genutzt. Mit dem **Preußischen Wassergesetz** vom 07.04.1913 (GS. S. 53) erfolgte eine Zusammenfassung der bis dahin zersplitterten Rechtsmaterie. Nur wenige Jahre später kam 1921 in Erfüllung des Art. 97 Abs. 1 WRV der **Staatsvertrag betreffend den Übergang der Wasserstraßen von den Ländern auf das Reich** zustande (Gesetz vom 29.07.1921, RGBl. S. 961), dessen Anlage A das **Verzeichnis der Reichswasserstraßen** enthielt. Die Reichswasserstraßen (See- und Binnenwasserstraßen) wurden aufgrund von § 1 Abs. 1 des Gesetzes über die vermögensrechtlichen Verhältnisse der Bundeswasserstraßen vom 21.05.1951 (BGBl. I S. 352) in Bundeseigentum überführt. Das Gesetz zur Reinhaltung der Bundeswasserstraßen vom 17.08.1960 (BGBl. II S. 2125) wurde vom BVerfG mit Urt. v. 30.10.1962 (2 BvF 2/60, BVerfGE 15, 1) für nichtig erklärt, weil es sich entgegen Art. 74 Nr. 21 GG nicht nur auf Verkehrsangelegenheiten bezog. Mit dem **Bundeswasserstraßengesetz – WaStrG** vom 02.04.1968 (BGBl. II S. 173) erfolgte dann eine Neuregelung.

112   Die **Bundeswasserstraßen** dienen dem **überörtlichen Verkehr**. Daneben bestehen auch weitere, **nicht im Bundeseigentum** befindliche, **dem allgemeinen Verkehr dienende Wasserstraßen**, deren Rechtsgrundlagen sich nicht aus dem WaStrG, sondern aus dem allgemeinen Wasserrecht (WHG, LWG) ergeben. **Bundeswasserstraßen** sind gemäß § 1 Abs. 1 WaStrG sowohl die **Binnenwasserstraßen** als auch die Seewasserstraßen. Die dem allgemeinen Verkehr dienenden Binnenwasserstraßen des Bundes ergeben sich aus der **Anlage 1 zu § 1 Abs. 1 Nr. 1 WaStrG** (zum Begriff der Binnenwasserstraße s. OVG Bln-Bbg, Urt. v. 17.09.2015 – OVG 1 B 48.14, NVwZ-RR 2016, 36). Sie sind nach der **Anlage 1 zu § 2 Abs. 1 Nr. 1 LWG** zugleich auch **Gewässer erster Ordnung**. Die jeweiligen **Endpunkte der Bundeswasserstraßen innerhalb des Landesgebiets** ergeben sich aus der Anlage 1 zu § 1 Abs. 1 Nr. 1 WaStrG. Gemäß § 1 Abs. 1 WaStrG gehören zu den Bundeswasserstraßen auch alle **Gewässerteile**, die
– mit der Bundeswasserstraße in ihrem Erscheinungsbild als **natürliche Einheit** anzusehen sind,
– mit der Bundeswasserstraße durch einen **Wasserzufluss oder -abfluss** in **Verbindung** stehen,

- einen **Schiffsverkehr** mit der Bundeswasserstraße zulassen **und**
- im Eigentum des Bundes stehen.

Fehlt nur eines dieser vier **Merkmale**, so handelt es sich nicht um einen Teil einer Bundeswasserstraße. Es kann sich aber sehr wohl um eine dem **allgemeinen Verkehr dienende Wasserstraße** und damit um eine öffentliche Verkehrsanlage im Sinne des § 1 Abs. 2 Nr. 1 BauO NRW handeln, z.b. bei einem Gewässerteil, der die ersten drei Merkmale erfüllt, aber nicht im Eigentum des Bundes, sondern **im Eigentum des Landes oder einer Gemeinde** steht. Zu den Bundeswasserstraßen gehören gemäß § 1 Abs. 4 WaStrG 113

- die **bundeseigenen Schifffahrtsanlagen**, besonders Schleusen, Schiffshebewerke, Wehre, Schutz-, Liege- und Bauhäfen sowie bundeseigene Talsperren, Speicherbecken und andere Speisungs- und Entlastungsanlagen
- die ihrer Unterhaltung dienenden bundeseigenen Ufergrundstücke, Bauhöfe und Werkstätten,
- bundeseigene Einrichtungen oder Gewässerteile, die der Erhaltung oder Wiederherstellung der Durchgängigkeit bei Stauanlagen, die von der Wasserstraßen- und Schifffahrtsverwaltung des Bundes errichtet oder betrieben werden, dienen.

Natürlich entstandene oder künstlich herbeigeführte **Erweiterungen**, die dadurch zustande kamen, dass Landflächen an einer Bundeswasserstraße zum Gewässer und in das Gewässerbett der Bundeswasserstraße für **dauernd einbezogen** wurden, sind nach § 3 WaStrG **Teil der Bundeswasserstraße**; das Eigentum wächst dem Bund zu. 114

Ähnlich der bundesfernstraßenrechtlichen Anbaubeschränkungszone, kennt auch das Wasserstraßenrecht einen besonderen **Genehmigungsvorbehalt für bauliche und sonstige Maßnahmen im Bereich von Bundeswasserstraßen**. Gemäß § 31 Abs. 1 WaStrG bedürfen die Errichtung, die Veränderung und der Betrieb von Anlagen in, über oder unter einer Bundeswasserstraße oder an ihrem Ufer einer **strom- und schifffahrtspolizeilichen Genehmigung des Wasserstraßen- und Schifffahrtsamtes**, wenn durch die beabsichtigte Maßnahme eine Beeinträchtigung des für die Schifffahrt erforderlichen Zustandes der Bundeswasserstraße oder der Sicherheit und Leichtigkeit des Verkehrs zu erwarten ist. 115

Die **Unterhaltung**, der **Ausbau** und der **Neubau** der **Bundeswasserstraßen** sowie der **Betrieb der bundeseigenen Schifffahrtsanlagen** sind gemäß § 7 Abs. 1 und § 12 Abs. 1 WaStrG Hoheitsaufgaben des Bundes. Anders als für die Bundesfernstraßen werden die Unterhaltungs- und Bauaufgaben nicht durch die Länder im Auftrag des Bundes, sondern unmittelbar durch den Bund selbst wahrgenommen. Nach Art. 87 Abs. 1 GG i.V.m. Art. 89 Abs. 2 Satz 1 GG verwaltet der Bund die Bundeswasserstraßen durch eigene Behörden – die **Wasser- und Schifffahrtsverwaltung**. 116

Die **Unterhaltung** umfasst gemäß § 8 Abs. 1 Satz 1 WaStrG die Erhaltung eines **ordnungsgemäßen Zustandes für den Wasserabfluss** und die **Erhaltung der Schiffbarkeit**. Zur Unterhaltung gehören nach § 8 Abs. 2 Satz 1 WaStrG besonders die Räumung, die Freihaltung, der Schutz und die Pflege des Gewässerbettes mit seinen Ufern; nach § 8 Abs. 4 WaStrG gehören hierzu auch Arbeiten zur Beseitigung 117

Johlen 39

§ 1 Anwendungsbereich

oder Verhütung von Schäden an Ufergrundstücken, die durch die Schifffahrt entstanden sind oder entstehen können, soweit die Schäden den Bestand der Ufergrundstücke gefährden. Die Anlieger haben das Bepflanzen der Ufer nach § 11 Abs. 2 WaStrG zu dulden, soweit es für die Unterhaltung der Bundeswasserstraße erforderlich ist. Sie können darüber hinaus auch durch Verfügung der Wasser- und Schifffahrtsverwaltung zu bestimmten Bewirtschaftungsarten verpflichtet werden. Unter dem **Ausbau** versteht § 12 Abs. 2 Satz 1 WaStrG **Maßnahmen zur wesentlichen Umgestaltung** einer Bundeswasserstraße, einer Kreuzung mit einer Bundeswasserstraße, eines oder beider Ufer, die über die Unterhaltung hinausgehen und die Bundeswasserstraße als Verkehrsweg betreffen. Gemäß § 12 Abs. 2 Satz 2 WaStrG gelten für die **Beseitigung** einer Bundeswasserstraße die Vorschriften über den Ausbau entsprechend.

118 Das **Planungsverfahren für** den **Ausbau** und **Neubau** von Bundeswasserstraßen ist **zweistufig** und dem Bundesfernstraßenrecht nachgebildet. Gemäß § 13 Abs. 1 WaStrG ist die **Linienführung** der Bundeswasserstraße vom Bundesverkehrsminister im Einvernehmen mit der zuständigen Landesbehörde zu bestimmen. Gemäß § 14 WaStrG bedarf der Ausbau oder der Neubau von Bundeswasserstraßen der **Planfeststellung** bzw. **Plangenehmigung** durch die Wasser- und Schifffahrtsdirektion. Im Verfahren sind die von dem Vorhaben berührten öffentlichen und privaten Belange einschließlich der Umweltverträglichkeit im Rahmen der Abwägung zu berücksichtigen. Die Planfeststellung und die Plangenehmigung entfalten **Konzentrationswirkung**, da das WaStrG keine Einschränkungen enthält. Planfeststellungsersetzende Bebauungspläne kennt das WaStrG nicht. Das Verhältnis zur Bauleitplanung regelt § 13 Abs. 3 WaStrG insoweit, als ein **Vorrang der wasserstraßenrechtlichen Planung vor der Ortsplanung** besteht.

119 Die **Bundeswasserstraßen bedürfen**, anders als die öffentlichen Straßen, Wege und Plätze, **keiner förmlichen Widmung**. Die §§ 5 und 6 WaStrG regeln vielmehr unmittelbar das **Befahren mit Wasserfahrzeugen** und den **Gemeingebrauch**. Bestandsänderungen von Bundeswasserstraßen im Sinne der straßenrechtlichen Auf- und Abstufungen erfordern gemäß § 2 WaStrG eine Vereinbarung zwischen dem Bund, dem Land und dem bisherigen oder dem künftigen Eigentümer. Den **Übergang** im Rechtssinne bewirkt dann ein **Bundesgesetz** oder im Falle von Gewässern oder Gewässerstrecken mit nur örtlicher Bedeutung eine **Rechtsverordnung** des Bundesverkehrsministers.

120 Die Wasser- und Schifffahrtsverwaltung des Bundes ist gemäß § 48 Satz 1 WaStrG dafür verantwortlich, dass die **bundeseigenen Schifffahrtsanlagen** und **Schifffahrtszeichen** sowie die **bundeseigenen wasserbaulichen Anlagen** allen **Anforderungen der Sicherheit und Ordnung** genügen. Diese wasserstraßenrechtliche Generalklausel entspricht der bauordnungsrechtlichen Generalklausel des § 3 Abs. 1 Satz 1 BauO NRW. Materiell-rechtlich werden die unbestimmten Rechtsbegriffe »Sicherheit« und »Ordnung« in Bezug auf die der Rückausnahme des § 1 Abs. 2 Nr. 1 BauO NRW unterworfenen Gebäude durch das Bauordnungsrecht ausgefüllt, da das Wasserstraßenrecht insoweit keine speziellen Anforderungen enthält. Nach § 48 Satz 2 WaStrG bedarf es

keiner behördlichen Genehmigungen, Erlaubnisse und Abnahmen. Diese **verfahrensrechtliche Privilegierung** bewirkt, dass die für Gebäude geltenden bauordnungsrechtlichen **Verfahrens**vorschriften nicht zum Zuge kommen und allein die Wasser- und Schifffahrtsverwaltung für die Einhaltung der materiellen Anforderungen des Bauordnungsrechts an **Gebäude** verantwortlich ist.

Neben den Bundeswasserstraßen sind Anlagen des öffentlichen Verkehrs nach § 1 Abs. 2 Nr. 1 BauO NRW auch die in der Anlage 1 zu § 2 Abs. 1 Nr. 1 LWG aufgeführten **Gewässer erster Ordnung, soweit** sie überhaupt als dem allgemeinen Verkehr dienende Wasserstraßen **schiffbar** sind (s. hierzu § 118 Abs. 1 LWG). Die Gewässer erster Ordnung stehen gemäß § 3 Abs. 1 LWG im **Eigentum des Landes**, soweit es sich nicht um Bundeswasserstraßen handelt. Wie das WaStrG enthält auch das LWG einen **Genehmigungsvorbehalt**. Gemäß § **22 Abs. 1 LWG** i.V.m. § 36 WHG bedürfen die Errichtung, wesentliche Veränderung oder Beseitigung von Anlagen in, an, über oder unter oberirdischen Gewässern einer **wasserrechtlichen Genehmigung**, soweit nicht in einem anderen Erlaubnis- oder Zulassungsverfahren die wasserrechtlichen Belange geprüft werden. 121

Die Herstellung, Beseitigung oder wesentliche Umgestaltung eines Gewässers, das keine Bundeswasserstraße ist, für Zwecke der Schifffahrt bedarf nach § 68 WHG der **Planfeststellung** bzw. **Plangenehmigung**. Die Planfeststellung und die Plangenehmigung entfalten **Konzentrationswirkung** (vgl. Czychowski/Reinhardt, zu § 68 Rn. 2). Wird mit der Planfeststellung oder der Plangenehmigung ein der Rückausnahme nach § 1 Abs. 2 Nr. 1 BauO NRW unterworfenes Gebäude als Betriebsanlage der Wasserstraße zugelassen, so hat die zuständige Wasserbehörde auch die Einhaltung der baurechtlichen Vorschriften gemäß § 110 Abs. 1 LWG zu prüfen. Planfeststellungsersetzende Bebauungspläne kennt auch das WHG nicht. Die nicht-bundeseigenen **Wasserstraßen bedürfen** wie die Bundeswasserstraßen **keiner förmlichen Widmung**. Die §§ 25 und 26 WHG i.V.m. §§ 17–31 LWG und den zu § 118 LWG ergangenen ordnungsbehördlichen Verordnungen regeln unmittelbar die Benutzung oberirdischer Gewässer und das **Befahren mit Wasserfahrzeugen**. 122

Die Pflicht zur Unterhaltung fließender Gewässer erster Ordnung als Schifffahrtswege, soweit sie nicht im Bundeseigentum stehen, obliegt gemäß § 62 LWG i.V.m. § 40 WHG dem Land. Die **Gewässeraufsicht** hat gemäß § 93 Abs. 1 i.V.m. § 115 LWG als Sonderordnungsbehörde darüber zu wachen, dass diese Gewässer den **Anforderungen des Wasserrechts und des Ordnungsrechts** genügen. Nach § 93 Abs. 2 Satz 1 LWG gehören zur **Gewässeraufsicht** in Bezug auf die von der Rückausnahme des § 1 Abs. 2 Nr. 1 BauO NRW erfassten Gebäude der nicht-bundeseigenen Wasserstraßen auch die **Bauüberwachung** und die **Bauzustandsbesichtigungen** nach den bauordnungsrechtlichen Vorschriften. Aufgrund § 110 Abs. 1 und § 93 Abs. 2 Satz 1 LWG ist sichergestellt, dass die bauordnungsrechtlichen Anforderungen an **Gebäude** als Bestandteil der nicht-bundeseigenen Wasserstraße uneingeschränkt Beachtung finden. Die **verfahrensrechtliche Privilegierung** bewirkt, dass die Wasserbehörden allein für die Einhaltung des materiellen Bauordnungsrechts verantwortlich sind. 123

3.1.6 Öffentliche Flugplätze

124 Die Benutzung des Luftraums ist im Gegensatz zu den anderen öffentlichen Verkehrsarten noch relativ jung. **Luftverkehrsanlagen** dienen schon von der Natur der Sache her dem **überörtlichen Verkehr**. Die ausschließliche Gesetzgebungsbefugnis nach Art. 73 Abs. 1 Nr. 6 GG hat der Bund mit dem **Luftverkehrsgesetz** (**LuftVG**) umfassend genutzt. Das geltende Recht geht zurück auf das Luftverkehrsgesetz vom 01.08.1922 (RGBl. I S. 681). Das Gesetz von 1922 regelte in seinen §§ 7–10 eine Genehmigungspflicht für Flughäfen, enthielt jedoch hierzu noch keine detaillierten Vorgaben. Erst die Verordnung über Luftverkehr vom 21.08.1936 (RGBl. I S. 659) brachte die heute noch geltende Unterteilung der Flugplätze in Flughäfen, Landeplätze und Segelfluggelände mit daran anknüpfenden materiellen Anforderungen und verfahrensrechtlichen Bestimmungen. Später folgte mit dem Luftaufsichtsgesetz vom 01.02.1939 (RGBl. I S. 131) eine Regelung der Befugnisse der Luftfahrtbehörden. Der Bund passte mit dem Gesetz über das Luftfahrt-Bundesamt vom 30.11.1954 (BGBl. I S. 354) und dem Gesetz zur Änderung des Luftverkehrsgesetzes vom 05.12.1958 (BGBl. I S. 899) die Bestimmungen an das Raumordnungs-, Bau- und sonstige Fachplanungsrecht an und führte die Planfeststellung für Flughäfen und Landeplätze mit eingeschränkter Konzentrationswirkung ein.

125 Das LuftVG regelt in seinem 1. Abschnitt den Luftverkehr und dort in den §§ 6–19d die **Flugplätze**. Anders als das Bundesfernstraßenrecht, das den Begriff der öffentlichen Straße definiert, kennt das LuftVG **keine Begriffsbestimmung der öffentlichen Luftverkehrsanlage**. Das LuftVG regelt vielmehr sowohl den öffentlichen als auch den privaten Luftverkehr. Dies wird bereits deutlich, wenn man die Legaldefinition des **Luftfahrzeugs** in § 1 Abs. 2 LuftVG betrachtet: danach gehören hierzu nicht nur Flugzeuge, Drehflügler, Luftschiffe, Segelflugzeuge und Motorsegler, sondern auch Frei- und Fesselballone, Rettungsfallschirme, Flugmodelle und Luftsportgeräte sowie sonstige für die Benutzung des Luftraums bestimmte Geräte, sofern sie in Höhen von mehr als 30 Metern über Grund oder Wasser betrieben werden können. Da alle Luftfahrzeuge zwangsläufig zu Beginn oder Ende einer Benutzung des Luftraumes Bodenkontakt aufweisen, bedarf es einer genaueren Betrachtung, um die erdgebundenen Luftverkehrsanlagen, die dem Anwendungsbereich des Bauordnungsrechts als öffentliche Verkehrsanlagen entzogen sind, ermitteln zu können.

126 Unter dem **Begriff** »Flugplatz« versteht § 6 Abs. 1 Satz 1 LuftVG **Flughäfen, Landeplätze** und **Segelfluggelände**, die nur mit **luftverkehrsrechtlicher Genehmigung** angelegt oder betrieben werden dürfen. Über die erforderliche luftverkehrsrechtliche Genehmigung hinaus bedürfen **Flughäfen** sowie **Landeplätze mit beschränktem Bauschutzbereich** nach § 17 **LuftVG** gemäß § 8 Abs. 1 LuftVG der **Planfeststellung** oder gemäß § 74 Abs. 6 VwVfG (unter Beachtung des § 8 Abs. 2 i.V.m. § 9 LuftVG) der **Plangenehmigung**. Nach § 25 Abs. 1 LuftVG dürfen Luftfahrzeuge außerhalb der für sie genehmigten Flugplätze nur starten und landen, wenn hierzu eine luftfahrtbehördliche Erlaubnis erteilt ist. Eine solche ist nach § 25 Abs. 2 LuftVG insbesondere nicht erforderlich, wenn der Ort der Landung infolge der Eigenschaften des Luftfahrzeugs nicht vorausbestimmbar ist. Hieraus folgt, dass Start- und Landeplätze für

Frei- und Fesselballone, Rettungsfallschirme und Luftsportgeräte sowie sonstige für die Benutzung des Luftraums bestimmte Geräte keine Flugplätze sein müssen. Auch **Flugmodellplätze** sind **keine Flugplätze** im Sinne des § 6 Abs. 1 LuftVG (BVerwG, Urt. v. 10.05.1985, 4 C 36.82, BRS 44 Nr. 229; Nds. OVG, Urt. v. 16.02.1995 – 1 L 6044/92, BRS 57 Nr. 182; OVG NRW, Beschl. v. 27.04.1999 – 10 B 687/99, BauR 1999, 1444 = BRS 62 Nr. 163).

Allein aus dieser Eingrenzung des Begriffs »Flugplatz« wird noch nicht hinreichend klar, ob die entsprechende Anlage dem öffentlichen oder privaten Verkehr dient. Mangels einer luftverkehrsrechtlichen Regelung wird man zwangsläufig auf andere verkehrsrechtliche Bestimmungen hilfsweise zurückgreifen müssen. Ähnlich dem Straßen- oder Eisenbahnrecht ist auf die **allgemeine Benutzbarkeit** des Flugplatzes im Sinne des § 6 Abs. 3 LuftVG abzustellen. **Landeplätze für einen begrenzten Benutzerkreis**, wie z.B. der Landeplatz auf dem Firmengelände eines Luftfahrzeugherstellers, der lediglich dem Transport von Flugzeugteilen zwischen seinen verschiedenen Werken dient, der Hubschrauberlandeplatz einer Polizeieinheit oder **militärisch genutzte Flugplätze**, die nicht allgemein benutzt werden dürfen, sind daher **keine öffentlichen Verkehrsanlagen**. Für aus der militärischen Trägerschaft entlassene Militärflugplätze besteht mit § 8 Abs. 5 LuftVG insoweit eine verfahrensrechtliche Privilegierung, als der Umnutzung für zivile Zwecke in Form der Änderungsgenehmigung nach § 6 Abs. 4 Satz 2 LuftVG keine Planfeststellung nach § 8 LuftVG nachfolgt (BVerwG, Urt. v. 13.12.2007 – 4 C 9/06, BVerwGE 130, 83). 127

Die luftverkehrsrechtliche **Planfeststellung** entfaltet **keine umfassende Konzentrationswirkung**. § 75 Abs. 1 VwVfG gilt gemäß § 9 Abs. 1 LuftVG nicht für Entscheidungen des Bundesministeriums für Verkehr und digitale Infrastruktur nach § 27d Abs. 1 und 4 LuftVG und Entscheidungen der Baugenehmigungsbehörden aufgrund des Baurechts. Der in diesem Rechtssatz enthaltene Begriff »Baurecht« kann zu Missverständnissen Anlass bieten, da gemäß § 8 Abs. 4 Satz 1 LuftVG auch die **bauplanungsrechtliche Zulässigkeit von Hochbauten** auf dem Flugplatzgelände **Gegenstand der Planfeststellung sein kann**. Unter »Hochbauten« im luftverkehrsrechtlichen Sinne sind nicht nur Gebäude, sondern alle sich über das Flughafengelände erhebenden baulichen Anlagen zu verstehen, die in irgendeiner Weise Belange der Flugsicherheit berühren können, wie z.B. Mauern, Zäune, Masten oder Signalträger. Da § 1 Abs. 2 Nr. 1 BauO NRW die Anwendbarkeit des Bauordnungsrechts nur für Gebäude anordnet und damit bauliche Anlagen allein dem Regime des Luftverkehrsrechts überlässt, ergibt sich für die nicht von der Planfeststellung erfassten Hochbauten, die selbst **keine** Gebäude sind, dass für sie ein Baugenehmigungsverfahren nicht durchgeführt werden kann. Der für die Genehmigung eines Flughafens festgelegte Plan ist maßgebend für den **Bauschutzbereich** nach § 12 LuftVG, der nicht nur die Schutzflächen außerhalb des eigentlichen Flughafengeländes, sondern auch die Schutzflächen auf dem Flughafen selbst erfasst. Für bauliche Anlagen, die dem Anwendungsbereich der BauO NRW entzogen sind, ordnet aber § 12 Abs. 2 Satz 4 LuftVG ein **luftverkehrsrechtliches Genehmigungsverfahren** unter ausschließlich luftverkehrssicherheitsrechtlichen Erwägungen an. Dieses Verfahren findet auch Anwendung auf nach Bauordnungsrecht freigestellte Vorhaben außerhalb des Flughafengeländes. Darüber 128

§ 1 Anwendungsbereich

hinaus darf die Bauaufsichtsbehörde die Errichtung von Bauwerken auf den Start- und Landeflächen und den Sicherheitsflächen (auf dem Flughafengelände) sowie im Bauschutzbereich (außerhalb des Flughafengeländes) gemäß § 12 Abs. 2 Satz 1 LuftVG nur mit Zustimmung der Luftverkehrsbehörde genehmigen. Weitere Baubeschränkungen bestehen gemäß § 18a LuftVG außerhalb der Flugplätze im Bereich von Flugsicherungseinrichtungen (s. hierzu die Allgemeine Verwaltungsvorschrift zur Kennzeichnung von Luftfahrthindernissen vom 02.09.2004, BAnz Nr. 168 S. 19937). Im Übrigen ist auf die **Baubeschränkungen** durch das **Gesetz zum Schutz gegen Fluglärm** in den **Lärmschutzbereichen** für **Verkehrsflughäfen** mit Linienverkehr und für **militärische Flugplätze** hinzuweisen (vgl. § 15 Rdn. 60).

129 Konzentriert die **Planfeststellung** auch das **Bauplanungsrecht** für »Hochbauten«, so bleibt im Baugenehmigungsverfahren für Gebäude nur die **isolierte Prüfung des Bauordnungsrechts**, da auch das »Baunebenrecht« vom Planfeststellungsbeschluss erfasst wird. Lässt die **Planfeststellung** dagegen das **Bauplanungsrecht** für »Hochbauten« unberührt, erfasst das **Prüfprogramm** sowohl das **Bauordnungsrecht** als auch das **Bauplanungsrecht**. Dabei sind **Konflikte vorprogrammiert**, da der Neubau oder die wesentliche Erweiterung von Abfertigungsgebäuden Auswirkungen auf die Kapazität des Flughafens haben kann, was die Frage der Erforderlichkeit eines luftverkehrsrechtlichen Planfeststellungsverfahrens aufwirft. Dies wird nur in gravierenden Fällen gegeben sein, da die Beseitigung eines in der Abfertigungskapazität eines vorhandenen Flughafens aufgetretenen Engpasses durch einen Erweiterungsbau regelmäßig noch kein Planfeststellungs- oder Plangenehmigungsverfahren erfordert (BVerwG, Beschl. v. 11.01.2001 – 11 VR 16.00, NVwZ 2001, 566 = UPR 2001, 228; OVG NRW, Beschl. v. 30.04.2004 – 20 B 1470/03, NVwZ 2005, 716 und OVG Bln-Bbg, Urt. v. 18.09.2014 – OVG 6 A 15.14, juris). Zur Abgrenzung von Luftverkehrs- und Baurecht hat die Rechtsprechung (BVerwG, Urt. v. 20.07.1990 – 4 C 30.87, DVBl 1990, 1179) folgenden **Prüfungsansatz** entwickelt:

130 *»Soweit das LuftVG als das einschlägige Fachplanungsgesetz eine Regelungskompetenz für sich in Anspruch nimmt, bleibt die Beurteilung der bebauungsrechtlichen Zulässigkeit eines beabsichtigten Vorhabens. im Sinne des § 29 Satz 1 BauGB gemäß § 38 Satz 1 BauGB dem spezifischen Entscheidungsverfahren des Luftverkehrsrechts überlassen. Die Bauaufsichtsbehörde hat aber in folgender Weise gemäß § 9 Abs. 1 LuftVG über einen Antrag auf Genehmigung eines Vorhabens im Sinne des § 29 Satz 1 BauGB auch dann zu entscheiden, wenn das Vorhaben einen Bezug zu einem Flughafen oder Landeplatz im Sinne des § 8 Abs. 1 LuftVG besitzt:*

Sie hat in eigener Verantwortung zunächst zu prüfen, ob mit dem beabsichtigten Vorhaben eine Änderung oder Erweiterung von unwesentlicher Bedeutung im Sinne des § 74 Abs. 7 Satz 1 VwVfG eintritt. Hält die Bauaufsichtsbehörde die Änderung oder Erweiterung für unwesentlich, so hat sie dennoch die Planfeststellungsbehörde zu beteiligen. Hierzu genügt aber ein verwaltungsinternes Verfahren. § 74 Abs. 7 VwVfG verlangt nicht, dass die Entscheidung der Planfeststellungsbehörde in der Form eines Verwaltungsaktes ergeht. Hält die Bauaufsichtsbehörde die Änderung oder Erweiterung für wesentlich, so hat sie ihr Verfahren durch Ablehnung des Bauantrags zu beenden.«

Weiter gilt (BVerwG, Urt. v. 26.09.2001 – 9 A 3/01, NVwZ 2002, 346 = UPR 2002, 73):

»Wird für Hochbauten auf einem Flughafengelände eine Baugenehmigung beantragt, so darf die Entscheidung, ob das Vorhaben planfeststellungsbedürftig ist, in einem verwaltungsinternen Zwischenverfahren getroffen werden. Die Entscheidung der Planfeststellungsbehörde, von einer Planfeststellung abzusehen, ergeht in diesem Fall nicht als Verwaltungsakt. Dritte, die geltend machen wollen, das Vorhaben hätte nur im Wege einer Planfeststellung zugelassen werden dürfen, trifft insoweit keine Anfechtungslast.

Mit einer gegen eine Baugenehmigung für Flughafenhochbauten gerichteten Anfechtungsklage können Drittbetroffene rügen, die planerische Abwägung ihrer dem Vorhaben entgegenstehenden Belange sei ihnen rechtswidrig vorenthalten worden, indem an Stelle des an sich gebotenen Planfeststellungsverfahrens nur ein Baugenehmigungsverfahren durchgeführt worden sei. Daneben ist für eine Klage, mit der die Luftaufsicht zu einem Einschreiten gegen das Bauvorhaben verpflichtet werden soll, kein Rechtsschutzinteresse gegeben.«

3.1.7 Zubehör, Nebenanlagen, Nebenbetriebe, Gebäude

Zubehör, Nebenanlagen und Nebenbetriebe sind insgesamt aus dem Geltungsbereich der BauO NRW **ausgenommen**. Eine **Definition** dieser **Begriffe** ist nur in den **straßenrechtlichen Vorschriften** erfolgt und fehlt ansonsten im Fachplanungsrecht. Die Begriffe »Zubehör« und »Nebenanlagen« sind schwer voneinander abzugrenzen. Allgemein versteht man unter Zubehör Einrichtungen, die zur Funktion der öffentlichen Verkehrsanlagen betrieblich benötigt werden und die der verkehrsgerechten Ausstattung aus Gründen der Sicherheit und Leichtigkeit des öffentlichen Verkehrs dienen. Obwohl es sich hierbei weitgehend sowohl nach dem Sprachgebrauch als auch nach der Legaldefinition des § 2 Abs. 2 BauO NRW um bauliche Anlagen handelt, ist es nicht erforderlich, diese Anlagen dem materiellen Bauordnungsrecht zu unterwerfen.

Das **Zubehör** von Straßen ist in § 1 Abs. 4 Nr. 3 FStrG und § 2 Abs. 2 Nr. 3 StrWG NRW definiert. Danach rechnen hierzu die amtlichen Verkehrszeichen, die Verkehrseinrichtungen und –anlagen aller Art, die der Sicherheit oder Leichtigkeit des Straßenverkehrs oder dem Schutze der Anlieger dienen, und die Bepflanzung. Unter die Verkehrszeichen fallen die Gefahrzeichen, Vorschriftenzeichen und Richtzeichen nach § 39 StVO. Unter die Verkehrseinrichtungen und –anlagen nach § 43 StVO fallen die Schranken, Sperrpfosten, Absperrgeräte sowie Leiteinrichtungen, die bis auf Leitpfosten, Leitschwellen und Leitborde rot-weiß gestreift sind. Auch die Schutz- und Leitplanken, Blendschutzzäune, Wildschutzzäune, Schutzzäune gegen Steinschlag oder Schneeverwehungen sowie Orientierungs- bzw. Stationierungszeichen und Beleuchtungseinrichtungen fallen unter § 43 StVO. Bei Wasserstraßen sind Verkehrszeichen am Ufer, bei Eisenbahnanlagen und Flugplätzen sind Signalanlagen beispielhaft zu nennen.

Unter **Nebenanlagen** sind nur Anlagen zu verstehen, die im Hinblick auf den primär verfolgten Nutzungszweck der öffentlichen Verkehrsanlage eine untergeordnete

§ 1 Anwendungsbereich

Funktion haben. Nicht zu den Nebenanlagen rechnen die konstruktiven Bestandteile der »Haupt-Verkehrsanlagen«, wie Böschungen, Stützmauern, Brücken, Tunnel, Dämme und Geländeeinschnitte. Nebenanlagen von Straßen sind die in § 1 Abs. 4 Nr. 4 FStrG und § 2 Abs. 2 Nr. 4 StrWG NRW aufgeführten Straßenmeistereien, Gerätehöfe, Lager, Lagerplätze, Entnahmestellen, Hilfsbetriebe und Hilfseinrichtungen. Die Aufzählung ist nicht abschließend (vgl. Kodal, S. 290 Rn. 32; zu den Anlagen der Verkehrsüberwachung, der Unfallhilfe und des Zolls, s. § 17f FStrG). Als Nebenanlagen zu Eisenbahnen, Straßenbahnen, Wasserstraßen und Flughäfen können Betriebshöfe, Wartungshallen oder Kraftstoff- und Ersatzteillager genannt werden.

136 Der Begriff »**Nebenbetriebe**« zielt auf solche, die unmittelbar den Belangen der Verkehrsteilnehmer der öffentlichen Verkehrsanlage dienen und die daher für deren Zweckerfüllung unverzichtbar sind. Bei dem Begriff handelt es sich eigentlich um eine **Besonderheit des Bundesfernstraßenrechts** (vgl. Kodal, S. 292 Rn. 33). Die Nebenbetriebe von Bundesfernstraßen sind gemäß § 15 Abs. 1 FStrG solche, die den Belangen der Verkehrsteilnehmer der Bundesautobahn dienen und eine unmittelbare Zufahrt zu dieser haben, wie z.B. Tankstellen und Raststätten. Ein Nebenbetrieb liegt auch dann vor, wenn dieser privatrechtlich betrieben wird (so Allgeier/Rickenberg, S. 92 Anmerkung 1.2.1). Nebenbetriebe zu Wasserstraßen können auch die Betankungsanlagen für Motorschiffe sein. Keine Nebenbetriebe sind solche, die zwar räumlich mit der öffentlichen Verkehrsanlage in Verbindung stehen, aber verkehrsfremden Zwecken dienen, wie z.B. Anlagen zur Schrottverwertung auf einer Ladestraße der Bahn (BVerwG, Urt. v. 07.06.1977 – I C 21.75, DÖV 1978, 49).

137 Dem Anwendungsbereich der BauO NRW konnten die **verkehrlichen Zwecken dienenden Gebäude aufgrund möglicher Gefahren** generell **nicht entzogen** werden (zum Begriff des Gebäudes vgl. § 2 Rdn. 114–135). Diese baulichen Anlagen können keine materiell-rechtliche Sonderstellung beanspruchen, da es sich in der Regel um bauliche Anlagen, deren Nutzung mit erhöhter Brandgefahr verbunden ist, handelt (§ 50 Abs. 2 Nr. 17 BauO NRW), so dass kein einfaches Genehmigungsverfahren nach § 64 Abs. 1 BauO NRW in Betracht kommt. Die Feststellungen der unabhängigen Sachverständigenkommission zur Untersuchung des **Brandes im Düsseldorfer Flughafen** machen unmissverständlich deutlich, dass Abfertigungsgebäude von Flughäfen und Bahnhöfen umfassender bauaufsichtlicher Prüfung bedürfen (vgl. Amtl. Begründung, LT-Drucks. 12/3738 S. 88). Diese »**großen**« **Sonderbauten** müssen deshalb den materiellen Anforderungen, insbesondere denen an den baulichen Brandschutz, in vollem Umfang genügen.

138 Die verkehrlichen Zwecken dienenden Gebäude unterfallen in formeller Hinsicht einem bauordnungsrechtlichen Genehmigungserfordernis, soweit nicht im Rahmen eines Planfeststellungs- oder Plangenehmigungsverfahrens die bauordnungsrechtliche Prüfung stattfindet und die **Baugenehmigung von dem Planfeststellungsbeschluss bzw. der Plangenehmigung** gemäß § 63 Abs. 2 BauO NRW aufgrund der Konzentrationswirkung **mit erfasst** wird (vgl. Rdn. 55) oder aber das jeweilige Fachplanungsrecht eine abweichend von der BauO NRW geregelte **verfahrensrechtliche Sonderbehandlung durch die Fachbehörde** anstelle der Bauaufsichtsbehörde

beinhaltet (vgl. Rdn. 1). Die **verfahrensrechtliche Behandlung** von Gebäuden lässt sich nur dem jeweiligen **Fachplanungsrecht** entnehmen. Hierzu wird verwiesen für **Gebäude als Bestandteil**
- von **Bundesfernstraßen** auf Rdn. 70,
- von **Landes-, Kreis- oder Gemeindestraßen** auf Rdn. 80,
- von **Eisenbahnen und sonstigen Bahnen** auf Rdn. 95, 96 und 99,
- von **Straßenbahnen, Bahnen ähnlicher Bauart** und **Bussen** auf Rdn. 108–110,
- von **Bundeswasserstraßen** auf Rdn. 120,
- von **nicht-bundeseigenen Wasserstraßen** auf Rdn. 123,
- von **Flugplätzen** auf Rdn. 129.

Enthält das Fachplanungsrecht **spezialgesetzliche Anforderungen an Gebäude**, so sind diese ebenso zu berücksichtigen wie die Anforderungen des Bauordnungsrechts. In Ausnahmefällen kann es dabei vorkommen, dass sich die **spezialgesetzlichen** und die **bauordnungsrechtlichen** Anforderungen **widersprechen**. Soweit es sich dabei um Anforderungen an die innere Gebäudekonzeption handelt, z.B. im Hinblick auf die Rettungswegführung, die Brandabschnittsbildung oder die Ausgestaltung der haustechnischen Anlagen, lassen sich diese Probleme regelmäßig unter Zuhilfenahme des § 50 BauO NRW lösen. Denn diese für Sonderbauten geltende Vorschrift ermöglicht die Gewährung von **Erleichterungen im Einzelfall**, soweit es der Einhaltung von (bauordnungsrechtlichen) Vorschriften wegen der besonderen Art oder Nutzung des Gebäudes nicht bedarf, eine Anwendungsvoraussetzung, die in den meisten Fällen gegeben sein dürfte. Lässt sich dennoch ein derartiger Vorschriftenkonflikt nicht über § 50 BauO NRW ausräumen, so sind die **kollidierenden öffentlichen Interessen** im **Planfeststellungs-** oder im **Plangenehmigungsverfahren gegeneinander abzuwägen** (BVerwG, Urt. v. 16.01.1968 – I A 1.67, DÖV 1968, 653 = DVBl 1968, 749). 139

3.2 Anlagen, die der Bergaufsicht unterliegen (Nr. 2)

Bis zur bundesrechtlichen Neuregelung des Bergrechts durch das **Bundesberggesetz – BBergG** war diese Rechtsmaterie außerordentlich zersplittert. Mit dem BBergG wurden 5 reichs- bzw. bundesrechtliche Vorschriften sowie weitere 99 landesrechtliche Vorschriften aufgehoben (vgl. § 176 BBergG). Umfang und Aufgaben der **Bergaufsicht** ergeben sich aus den §§ 69–74 BBergG. Nach Art. 1 § 5 des Gesetzes zur Straffung der Behördenstruktur in Nordrhein-Westfalen vom 12.12.2006 (GV. NRW. S. 622) obliegt die **Bergaufsicht** der Bezirksregierung Arnsberg. Der Begriff »**Anlagen**« in Nr. 2 umfasst nur solche, die der Bergaufsicht unterliegen. Für **Gebäude**, die zwar dem Bergbau dienen, jedoch **nicht der Bergaufsicht unterliegen**, wie z.B. ein Bergbaumuseum in einem ehemaligen Zechengebäude, gilt allein das Baurecht. 140

Die **Bergaufsicht** erstreckt sich gemäß § 69 Abs. 1 BBergG auf das **Aufsuchen, Gewinnen** und **Aufbereiten** von **bergfreien und grundeigenen Bodenschätzen** und die **Wiedernutzbarmachung der Oberfläche** im Sinne des § 2 Abs. 1 BBergG sowie die **Untersuchung, die Errichtung** und der **Betrieb von Untergrundspeichern** im Sinne des § 2 Abs. 2 BBergG. Sie **beginnt** mit dem Zeitpunkt der Verpflichtung zur **Anzeige** nach § 50 Abs. 1 BBergG und **endet** gemäß § 69 Abs. 2 BBergG nach der 141

§ 1 Anwendungsbereich

Durchführung der **Abschlussbetriebsplanung** oder entsprechenden Anordnungen der zuständigen Behörde zu dem Zeitpunkt, in dem nach allgemeiner Erfahrung nicht mehr damit zu rechnen ist, dass durch den Betrieb Gefahren für Leben und Gesundheit Dritter, für andere Bergbautreibende und für Lagerstätten, deren Schutz im öffentlichen Interesse liegt, oder gemeinschädliche Einwirkungen eintreten werden (zur teilweisen Einstellung von Bergbaubetrieben s. BVerwG, Urt. v. 09.11.1995 – 4 C 25.94, DVBl 1996, 259).

142 Die bergrechtliche **Unterscheidung** von **grundeigenen** und **bergfreien** Bodenschätzen berücksichtigt die Regelungen des § 905 BGB, der das **Recht des Eigentümers** eines Grundstücks auf den **Raum über der Oberfläche** und auf den **Erdkörper unter der Oberfläche** erstreckt, andererseits aber ausschließt, dass der Eigentümer Einwirkungen verbieten kann, die in solcher Höhe (Luftfahrt) oder Tiefe (Bergbau) vorgenommen werden, dass er an der Ausschließung am Eigentum kein Interesse haben kann. Um hier rechtliche Klarheit zu schaffen, regelt § 3 Abs. 2 BBergG, dass sich das **Eigentum** an einem Grundstück **nicht auf die bergfreien Bodenschätze** erstreckt. Die **bergfreien** Bodenschätze zählt § **3 Abs. 3 BBergG** auf. Die dem Bergrecht unterworfenen **grundeigenen** Bodenschätze sind § **3 Abs. 4 Nr. 1 BBergG** zu entnehmen; für dort nicht aufgeführte grundeigene Bodenschätze bleibt Raum für landesrechtliche Vorschriften.

143 Das Land hat mit dem **Abgrabungsgesetz – AbgrabG** Vorschriften über die Gewinnung der **nicht vom BBergG erfassten grundeigenen Bodenschätze** erlassen. Nach § 1 Abs. 2 AbgrabG sind insbesondere Kies, Sand, Ton, Lehm, Kalkstein, Dolomit, sonstige Gesteine, Moorschlamm und Torf Bodenschätze im Sinne des Abgrabungsrechts. Nach § 1 Abs. 3 AbgrabG werden Abgrabungen, die der Aufsicht der Bergbehörde unterliegen, sowie **Abgrabungen geringen Umfangs für den Eigenbedarf eines land- oder forstwirtschaftlichen Betriebes** durch das Gesetz nicht berührt. Im Verhältnis zwischen Bergrecht und Abgrabungsrecht ist die **Besonderheit** zu beachten, dass die **untertägige Aufsuchung** und **Gewinnung** der nicht von § 3 Abs. 4 Nr. 1 BBergG erfassten grundeigenen Bodenschätze gemäß § 3 Abs. 4 Nr. 2 BBergG wiederum dem Bergrecht unterfallen. Daher gilt das Abgrabungsgesetz nur für die **oberirdische** Gewinnung dieser Bodenschätze. **Abgrabungen** im Sinne des Abgrabungsgesetzes **unterliegen nicht der Bergaufsicht**, so dass der Anwendungsausschluss des § 1 Abs. 2 Nr. 2 BauO NRW nicht greift. Diese Abgrabungen werden gemäß § 8 AbgrabG von der **Kreisordnungsbehörde** zugelassen. Die **Abgrabungsgenehmigung** entfaltet **Konzentrationswirkung**, da sie neben anderen Gestattungen gemäß § 7 Abs. 3 AbgrabG auch die **Baugenehmigung** einschließt.

144 Das **bergrechtliche Verfahren** ist vom Grundsatz her **zweigeteilt**. Der **erste Verfahrensschritt** dient der **Erlangung einer Bergbauberechtigung** überhaupt. Diese Berechtigung darf gemäß § 6 BBergG nur natürlichen und juristischen Personen und Personenhandelsgesellschaften erteilt werden. Daran schließt sich der **zweite Verfahrensschritt** an, der die Einrichtung, Durchführung und Beendigung des Bergbaubetriebs und damit die eigentliche **Betriebsabwicklung** zum Gegenstand hat.

145 Das **Aufsuchen** von **bergfreien** Bodenschätzen bedarf der **Erlaubnis** nach § 7 BBergG für ein bestimmtes **Erlaubnisfeld**, das **Gewinnen** bedarf der **Bewilligung** nach § 8

Johlen

BBergG für ein bestimmtes **Bewilligungsfeld** (zum Umfang dieses Rechts s. BGH, Urt. v. 23.11.2000 – III ZR 342/99, BauR 2001, 1086). Wer Bodenschätze, die dem Bergrecht unterliegen, aufsuchen und gewinnen will, muss das **Bergwerkseigentum** nach den Bestimmungen der §§ 6–23 BBergG für ein bestimmtes **Bergwerksfeld** erlangen. Die Verleihung des Bergwerkseigentums ist nur zulässig, wenn der Antragsteller auch Inhaber einer Bewilligung für dieses Feld ist. Gemäß § 9 Abs. 1 BBergG gewährt das Bergwerkseigentum unter anderem das **ausschließliche Recht** in einem Bewilligungsfeld, die in der Bewilligung bezeichneten bergfreien Bodenschätze aufzusuchen, zu gewinnen und das Eigentum an diesen Bodenschätzen zu erwerben sowie die hierfür erforderlichen **Betriebsanlagen** und **Betriebseinrichtungen** zu errichten und zu **betreiben**. Die Vereinigung des Bergwerkseigentums mit einem **Grundstück** ist gemäß § 9 Abs. 2 BBergG **unzulässig**. Handelt es sich um **grundeigene** Bodenschätze tritt gemäß § 34 BBergG das **Grundstück**, auf das sich das Grundeigentum bezieht, **an die Stelle des** Erlaubnisfeldes, des Bewilligungs**feldes** und des Bergwerks**feldes**.

Die **bergrechtliche Vorhabenzulassung** erfolgt im **Betriebsplanverfahren**. Aufsuchungs-, Gewinnungs- und Aufbereitungsbetriebe dürfen gemäß § 51 Abs. 1 BBergG nur aufgrund zugelassener Betriebspläne errichtet, geführt und eingestellt werden. Von dieser Betriebsplanpflicht befreit sind gemäß § 51 Abs. 2 BBergG nur Aufsuchungsbetriebe, die weder Vertiefungen in der Oberfläche anlegen noch Verfahren unter Anwendung maschineller Kraft, Arbeiten unter Tage oder mit explosionsgefährlichen oder zum Sprengen bestimmten explosionsfähigen Stoffen durchführen. Gemäß § 51 Abs. 3 BBergG kann die Bergbehörde Betriebe von geringer Gefährlichkeit und Bedeutung auf Antrag von der Betriebsplanpflicht befreien. Für die Errichtung und Führung eines Betriebes sind nach § 52 Abs. 1 BBergG **Hauptbetriebspläne** aufzustellen, die in der Regel einen Zeitraum von bis zu zwei Jahren erfassen. Die Bergbehörde kann gemäß § 52 Abs. 2 BBergG verlangen, dass für einen bestimmten längeren, nach den Umständen bemessenen Zeitraum **Rahmenbetriebspläne** (zu deren Charakter vgl. BVerwG, Urt. v. 02.11.1995 – 4 C 14.94, DVBl 1996, 253 und Urt. v. 15.12.2006 – 7 C 6/06, BVerwGE 127, 272) und für bestimmte Teile des Betriebes oder für bestimmte Vorhaben **Sonderbetriebspläne** aufgestellt werden. Für die Einstellung des Betriebs ist ein **Abschlussbetriebsplan** erforderlich.

146

Bei der Betriebsplan**zulassung** durch die Bergbehörde handelt es sich um eine **gebundene Kontrollerlaubnis**, da bei Erfüllung der in § 55 BBergG genannten Voraussetzungen Rechtsanspruch auf Erteilung der Zulassung besteht. Die **bergrechtliche Zulassung schließt** jedoch, anders als die immissionsschutzrechtliche Genehmigung, **die Baugenehmigung für** die der Rückausnahme nach § 1 Abs. 2 Nr. 2 BauO NRW unterliegenden **Gebäude nicht mit ein**, da ihr insoweit **keine Konzentrationswirkung** zukommt, weil die bei der Betriebsplanzulassung zu prüfenden Voraussetzungen bestimmte Anforderungen des öffentlichen Baurechts, wie z.B. die bauordnungsrechtlichen Abstandsvorschriften, unberührt lassen (BVerwG, Urt. v. 04.07.1986 – 4 C 31.84, DVBl 1986, 1273 im Anschluss an OVG NRW, Urt. v. 20.09.1983 – 7 A 2628/78, Städte- und Gemeinderat 1984, 77; vgl. auch Ortloff, Inhalt und Bindungswirkungen der Baugenehmigung, NJW 1987, S. 1665 ff.). Das **bergrechtliche** und

147

§ 1   Anwendungsbereich

das **bauaufsichtliche Verfahren** sind daher **nebeneinander durchzuführen**. Dabei erfolgt die Prüfung des Bauplanungsrechts bereits im bergrechtlichen Verfahren (Hess. VGH, Urt. v. 12.09.2000 – 2 UE 924/99, NVwZ-RR 2001, 300). Der **bauordnungsrechtliche Prüfumfang** ist durch die vorausgegangene **Betriebsplanzulassung** insoweit **eingeschränkt**, als die vom Betriebsplan erfassten Prüfgegenstände keiner erneuten bauaufsichtlichen Prüfung zugänglich sind. Der Bauaufsichtsbehörde fehlt im Hinblick auf den Regelungsgegenstand der Betriebsplanzulassung die **Sachentscheidungskompetenz**, da es die gebotene Bestimmtheit der gesetzlichen Zuständigkeitsordnung ausschließt, dass verschiedene Behörden zur verbindlichen Regelung einer Frage nebeneinander zuständig sind (so BVerwG, Urt. v. 04.07.1986 – 4 C 31.84, DVBl 1986, 1273). Das gilt auch hinsichtlich des Immissionsschutzes. Der Betriebsplan muss nämlich nach § 55 Abs. 1 Satz 1 Nr. 3 BBergG die erforderliche Vorsorge gegen Gefahren für Leben und Gesundheit Dritter auch außerhalb des Betriebs treffen, so dass bereits im bergrechtlichen Verfahren – auch unter Berücksichtigung des § 4 Abs. 2 Satz 1 BImSchG – die immissionsschutzrechtlichen Vorschriften mitzuprüfen sind (BVerwG, Urt. v. 13.12.1991 – 7 C 25.90, DVBl 1992, 569).

148 Für **umweltrelevante Bergbauvorhaben** ordnet § 52 Abs. 2a BBergG die Zulassung des Rahmenbetriebsplanes im Planfeststellungsverfahren nach Maßgabe der §§ 57a und 57b BBergG an. Diese Zulassungsentscheidung ist eine an § 55 BBergG gebundene Kontrollerlaubnis im Gewande einer **Planfeststellung**, die um die **Umweltverträglichkeitsprüfung** angereichert wurde (vgl. Gaentzsch, Rechtliche Fragen des Abbaus von Kies und Sand, NVwZ 1998, S. 889 und Hoppe/Spoerr, Raumordnungs- und Bauplanungsrecht in der bergrechtlichen Planfeststellung, UPR 1999, S. 7 ff.). Wird im Planfeststellungsverfahren über **Gebäude** entschieden, die der Rückausnahme des § 1 Abs. 2 Nr. 2 BauO NRW unterliegen, so ist die **Baugenehmigung von der Planfeststellung eingeschlossen** (vgl. Gaentzsch, zu § 38 Rn. 17).

149 Zu den von der Rückausnahme des § 1 Abs. 2 Nr. 2 BauO NRW erfassten **Gebäuden, die allein noch dem Bauordnungsrecht unterliegen**, können nach dem Sachzusammenhang **nur die oberirdischen Gebäude** rechnen; das sind solche, die im Wesentlichen über der Geländeoberfläche liegen. Die der Bergaufsicht unterliegenden unterirdischen Gebäude (»Grubengebäude«) werden nämlich im bergrechtlichen Verfahren umfassend geprüft, so dass keine öffentlich-rechtlichen Belange unberücksichtigt bleiben (ebenso Boeddinghaus/Hahn/Schulte, zu § 1 Rn. 23 ff.). Andere Bauordnungen bringen dieses Ergebnis klarer zum Ausdruck, indem sie die Rückausnahme auf oberirdische Gebäude (§ 1 Abs. 2 Nr. 3 LBO B-W, § 1 Abs. 2 Nr. 3 HBO) begrenzen. Das Bergrecht enthält in § 12 und Anhang 2 der Allgemeinen Bundesbergverordnung – ABBergV vom 23.10.1995 (BGBl. I S. 1466), z.g.d.V. vom 18.10.2017 (BGBl. I S. 3584), für die oberirdischen Gebäude (»Tagesanlagen«) **materielle Anforderungen**, die das Bauordnungsrecht insoweit verdrängen.

3.3 Leitungen für die öffentliche Ver- und Entsorgung (Nr. 3)

150 Bei dieser bereits mit der BauO NW 1984 eingeführten Vorschrift ging der Gesetzgeber davon aus, dass es sich bei Rohrleitungen nicht um bauliche Anlagen handelt,

weil ihre Verlegung nicht eine »in das Gebiet der Ausübung des Bauhandwerks fallende Tätigkeit unter Beachtung der allgemein anerkannten Regeln der Technik« darstelle. Diese Aussage ist nicht gerechtfertigt, weil der Rohrleitungsbau im Hinblick auf Sicherheitsaspekte eine technisch anspruchsvolle Ausführung erfordert und ein anerkannter und geregelter Handwerksberuf ist. Angesichts der mitunter gegebenen erheblichen Dimensionen von Kanälen, Wasser- und Fernwärmeleitungen mit ihren Verzweigungs- und Schachtbauwerken kann nicht bestritten werden, dass es sich hierbei um bauliche Anlagen handelt. Eine Rechtfertigung für den Anwendungsausschluss ergibt sich vielmehr allein aus den **spezialgesetzlichen Vorschriften**.

Nr. 3 nimmt **drei Gruppen von Leitungen** vom Anwendungsbereich aus: 151
- **Leitungen**, die der **öffentlichen Versorgung** mit **Wasser, Gas, Elektrizität** und **Wärme** dienen,
- **Leitungen**, die der **öffentlichen Abwasserentsorgung** dienen,
- **Leitungen**, die der **Telekommunikation** dienen.

Gemeinsames **Merkmal** der beiden ersten Leitungsgruppen ist, dass sie **der öffentlichen Ver-** oder **Entsorgung** dienen, wobei das Merkmal »öffentlich« sich nicht danach richtet, ob die **Ver-** oder **Entsorgung der Allgemeinheit** dient. Diese Voraussetzung ist erfüllt, wenn die Eigentümer der an einer derartigen Leitungstrasse liegenden Grundstücke das Recht haben, unter Beachtung der allgemeinen **Anschluss- und Benutzungsbedingungen** an die Leitung anschließen zu dürfen. Dies gilt erst recht, wenn ein öffentlich-rechtlicher **Anschluss- und Benutzungszwang** besteht. Das **Merkmal** »öffentlich« ist für die **dritte Leitungsgruppe nicht ausdrücklich gefordert**. Im Ergebnis handelt es sich hierbei aber auch um Leitungen der öffentlichen Versorgung, da § 68 Abs. 1 TKG die unentgeltliche Benutzung der Verkehrswege auf die **öffentlichen** Zwecken dienenden Telekommunikationslinien beschränkt. 152

Für bestimmte Leitungen können Probleme hinsichtlich der Einordnung auftreten, da der Gesetzgeber es unterlassen hat, den Anwendungsausschluss an die spezialgesetzlichen Begriffe anzupassen. Das Wasserrecht verwendet nicht den Begriff »Abwasserleitung«, sondern den der Kanalisation. Auch enthalten Nr. 3 und 4 **Überschneidungen**, da Leitungen sowohl der **öffentlichen Versorgung** als auch dem **Ferntransport von Stoffen** dienen können. So wird z.B. **Erdgas** über **Pipelines** von den Erdgasfeldern der Nordsee nach Nordrhein-Westfalen und **Trinkwasser** von den Trinkwassertalsperren über **Fern**wasserleitungen zu den Versorgungsbereichen transportiert. In diesem Zusammenhang ist darauf hinzuweisen, dass der in Nr. 4 verwendete Begriff »**Ferntransport**« zu Missverständnissen führen kann. Leitungen zur öffentlichen Versorgung mit Wärme bezeichnet § 9 GO NRW als Einrichtungen zur Versorgung mit »**Fernwärme**«, obwohl schon wegen des Wärmeverlustes der Transport des erhitzten Wassers nur über relativ kurze Distanzen erfolgen kann. Andererseits weisen manche der sog. »Produktenleitungen«, die dem Ferntransport wassergefährdender Stoffe zwischen Chemiebetrieben dienen, nur kurze Streckenlängen auf; es kommt sogar vor, dass die entsprechende Leitung noch nicht einmal eine Gemeindegrenze überschreitet, weil die entsprechenden Betriebe innerhalb einer Stadt liegen. Schließlich bleibt die Einordnung von Leitungen zur Elektrizitätsversorgung unklar. Elektrizität wird von den 153

Kraftwerken über Hochspannungsfreileitungen zu den Umspannwerken geleitet, von denen erst die Verteilung über das Versorgungsnetz erfolgt. Das wirft die Frage auf, ob diese Hochspannungsfreileitungen überhaupt noch zum Versorgungsnetz rechnen oder aber **Fern**leitungen darstellen, für die jedoch Nr. 4 nicht herangezogen werden kann, weil Elektrizität kein »Stoff« ist.

154 Auf die **unterirdische** oder **oberirdische Leitungsführung** kommt es nicht an (so auch Jeromin, zu § 1 Rn. 19), auch nicht darauf, ob die Leitung im Bereich **öffentlicher** Grundstücke liegt. Die Leitungen sind vom Geltungsbereich der BauO NRW auch ausgenommen, wenn sie über **private** Grundstücke verlaufen, was regelmäßig bei den Versorgungsleitungen der Fall ist, weil sie bis zu einem Übergabepunkt auf dem Grundstück bzw. innerhalb des Gebäudes öffentlich sind. Darüber hinaus nutzen die Ver- und Entsorgungsunternehmen aber auch relativ häufig private Grundstücke für die Leitungsführung. Die **bauplanungsrechtliche Einordnung** des Leitungsverlaufs zum beplanten Bereich, zum Innen- oder Außenbereich ist für die Frage des Anwendungsausschlusses vom Bauordnungsrecht ebenfalls **ohne Bedeutung**. Die Gemeinde kann gemäß § 9 Abs. 1 Nr. 13 BauGB aus städtebaulichen Gründen die Führung von Versorgungsleitungen im Bebauungsplan festsetzen. Die Verlegung von unter- oder oberirdischen Leitungen im **Außenbereich** gilt nach § 30 Abs. 2 Nr. 1 LNatSchG NRW i.V.m. § 14 BNatSchG in der Regel dann nicht als **Eingriff** in Natur und Landschaft, wenn die Verlegung im Baukörper von Straßen und befestigten Wegen erfolgt, soweit dabei angrenzende Bäume nicht erheblich beschädigt werden; im Umkehrschluss bedeutet dies, dass eine Verlegung in anderer Art und Weise als entsprechender Eingriff zu klassifizieren ist. Da kein bauaufsichtliches Verfahren Anwendung findet, bedarf die Leitungsverlegung im Außenbereich der Durchführung eines Verfahrens nach § 33 Abs. 2 LNatSchG NRW i.V.m. § 17 Abs. 3 BNatSchG, falls nicht ein spezialgesetzliches Verfahren greift, das diese Prüfung einschließt.

155 Aus der Verwendung des Begriffs »**Leitung**« ergibt sich eine Begrenzung des Anwendungsausschlusses auf **Rohre** und **Kabel** zur Fortleitung der von Nr. 3 erfassten Stoffe bzw. von Energie oder Nachrichten, so dass die Anordnung einer **Rückausnahme für Gebäude nicht erforderlich** war. Daher folgt aus der Verwendung des Begriffs »Leitung«, dass **Gebäude** zur Aufnahme technischer Anlagen **als Teil der Versorgungs- oder Entsorgungsanlage** dem Bauordnungsrecht unterliegen (vgl. Boeddinghaus/Hahn/Schulte, zu § 1 Rn. 26). Für einen weitergehenden Anwendungsausschluss hätte nämlich nicht der Begriff »Leitung«, sondern der Begriff »Anlage« Verwendung finden müssen. Der **Anlagenbegriff** erfasst nach den fachgesetzlichen Bestimmungen jeweils **sämtliche Bestandteile der öffentlichen Ver- oder Entsorgungsanlage**; vgl. § 3 Nr. 15 EnWG (Energieanlagen), § 40 LWG (Wasserversorgungsanlagen), § 46 Abs. 1 LWG (Abwasseranlagen) und § 3 Nr. 23 TKG (Telekommunikationsanlagen), somit also auch bauliche Anlagen und Gebäude.

156 Da § 1 Abs. 2 Nr. 3 BauO NRW nur den engen Leitungsbegriff verwendet, ergibt sich die Frage, welche Bestandteile einer Ver- oder Entsorgungsanlage überhaupt vom Anwendungsausschluss erfasst sind: sind es nur die eigentlichen Rohre und Kabel oder weitergehend auch die zugehörigen technischen Anlagen und Einrichtungen,

die für den ordnungsgemäßen Betrieb unverzichtbar sind? Im Verlauf **oberirdischer Versorgungsleitungen** sind häufig weitere Anlagen und Einrichtungen erforderlich, wie z.b. Installationskästen und -schränke, Transformatoren, Schalter, Regler, Zähler, Pumpen oder Oberflurhydranten. Da ausdrücklich nur die **Leitungen** ausgenommen sind, verbleiben alle übrigen Anlagen und Einrichtungen, die **keine unmittelbaren Leitungsbestandteile** sind, wie auch zu deren Schutz errichtete **Gebäude** im Anwendungsbereich der BauO NRW. Diese Anlagen und Einrichtungen sind jedoch gemäß § 62 Abs. 1 Satz 1 Nr. 4 Buchstabe b BauO NRW **verfahrensfrei**, wobei sich der in dieser Vorschrift enthaltene Zusatz »bis zu 20 m² Grundfläche und 5 m Höhe« auf Gebäude bezieht, weil er an die Aufzählung »Transformatoren, Schalt-, Regler- oder Pump**stationen«** anschließt.

Im Verlauf **unterirdischer Versorgungsleitungen und Abwasserleitungen** sind regelmäßig Schachtbauwerke, Verzweigungen, Absperrungen, Schieber und Druckbehälter eingebaut.. In § 1 Abs. 2 Nr. 3 BauO NRW 2000 war der Anwendungsausschluss auf den Leitungen zugeordnete **Masten, Unterstützungen sowie unterirdischen Anlagen und Einrichtungen** ausgedehnt. Dieser Zusatz wurde in der BauO NRW 2018 jedoch mit der Begründung **gestrichen**, den Widerspruch zu § 62 Abs. 1 Satz 1 Nr. 4 Buchstabe b und Nr. 5 Buchstabe c BauO NRW – wonach solche Anlagen zwar verfahrensfrei sind, jedoch dem Regelungswerk der BauO NRW unterfallen – beseitigen zu wollen (vgl. LT-Drucks. 17/2166 S. 93). Daher sind solche unterirdischen Anlagen und Einrichtungen nach Neufassung der Vorschrift nun ausdrücklich nicht mehr vom Anwendungsausschluss umfasst. 157

3.3.1 Wasser-, Gas-, Elektrizitäts- und Wärmeversorgung

Spezialgesetzliche Anforderungen an die **Versorgung mit Wasser** und an die jeweils zugehörigen **technischen Ver-** bzw. **Entsorgungsanlagen** enthalten neben dem **WHG** und dem **LWG** die 158
- **Verordnung über Allgemeine Bedingungen für die Versorgung mit Wasser – AVBWasserV** vom 20.06.1980 (BGBl. I S. 750), z.g.d.V. vom 11.12.2014 (BGBl. I S. 2010) und die
- **Trinkwasserverordnung – TrinkwV** vom 21.05.2001 (BGBl. I S. 959), z.g.d.V. vom 03.01.2018 (BGBl. I S. 99).

Der Begriff »**Wasserversorgung**« ist nicht auf **Trinkwasser** beschränkt und erfasst auch **Brauchwasser**, das öffentlich bereitgestellt wird. Nach der **Legaldefinition des (alten)** § 48 Abs. 1 Satz 1 LWG umfasst die **öffentliche Wasserversorgung** »Anlagen für die Versorgung mit Trink- oder Brauchwasser, die dem allgemeinen Gebrauch dienen«. Dagegen dient z.B. die Wasserleitung eines Industrieunternehmens von einem Fluss zum Betriebsgelände, auch wenn die Leitungsführung über lange Strecken erfolgt, nur privaten Zwecken. Wasserleitungen für die private Versorgung sind jedoch gemäß § 62 Abs. 1 Satz 1 Nr. 4 Buchstabe c BauO NRW verfahrensfrei. Die Ausnahme vom Anwendungsbereich erfasst nur die **öffentlichen** Wasser**leitungen** bis zum **Übergabepunkt auf dem Grundstück**, der in der Regel von dem innerhalb der Gebäude angeordneten Hauptabsperrhahn gebildet wird (vgl. § 10 Abs. 1 und 3 AVBWasserV). 159

§ 1 Anwendungsbereich

Ab dem Übergabepunkt unterliegen die Wasserleitungen dann innerhalb des Grundstücks bzw. des Gebäudes – neben den wasserrechtlichen Vorgaben – den Bestimmungen des Bauordnungsrechts (vgl. auch § 84 Rdn. 56 ff.).

160 Die **öffentliche Trinkwasserversorgung** bildet die **Regel**. Eine öffentliche Trinkwasserversorgung im Sinne des § 40 LWG liegt vor, wenn ein Wasserförderungs-, Aufbereitungs- und Verteilersystem nicht nur der eigenen privaten oder betrieblichen Versorgung des Unternehmens dient, sondern das Wasser darüber hinaus Dritten zum Zwecke der Versorgung zur Verfügung gestellt wird; auf die Betriebsgröße, die Rechtsform des Unternehmens, auf die Größe oder Bedeutung des Versorgungsgebietes kommt es dabei ebenso wenig an wie auf die Rechtsform der Belieferung (so Honert/Rüttgers/Sanden, zu § 47 S. 146 Anm. 1).

161 Hieraus folgt, dass auch die **nichtgemeindlichen** Wasserbeschaffungsverbände und Wassergenossenschaften, die nicht selten nur zur Versorgung einzelner Ortslagen gebildet wurden, öffentliche Wasserversorgungsleitungen betreiben. Dies gilt selbst dann, wenn die gesamte Anlage nur aus einem Wasserbehälter und einer Leitung zur Versorgung besteht.

162 **Bau** und **Betrieb** von **Anlagen für die öffentliche Wasserversorgung** richten sich nach § 40 LWG i.V.m. §§ 8 ff. TrinkwV. Diese Vorschriften bestimmen, dass öffentliche Wasserversorgungsanlagen mindestens nach den **allgemein anerkannten Regeln der Technik** zu errichten und zu betreiben sind; die Aufbereitungsanlagen müssen darüber hinaus sogar dem Stand der Technik entsprechen. Allgemein anerkannte Regeln der Technik sind die vom zuständigen Ministerium durch Bekanntmachung im Ministerialblatt eingeführten technischen Bestimmungen für den Bau, den Betrieb und die Unterhaltung von Wasserversorgungsanlagen. Für die Aufbereitungsanlagen enthalten die §§ 41 und 42 LWG – zusätzlich zu den Erlaubnis- bzw. Bewilligungsvorschriften der §§ 8 ff. WHG für die Wasserförderung – weitere Anzeige- und Selbstüberwachungspflichten. Die Errichtung und Änderung der Wasserversorgungs**leitungen** bedürfen dagegen keines präventiven wasserrechtlichen Verfahrens. Jedoch besteht nach § 40 Abs. 2 Satz 2 LWG die Pflicht des Betreibers zur Beschäftigung qualifizierten Personals und nach § 40 Abs. 3 LWG zur Anpassung vorhandener Leitungsanlagen an geänderte technische Regeln. Nach § 13 **TrinkwV** besteht bei der Inbetriebnahme oder wesentlichen Änderung von Wasserversorgungsanlagen eine **Anzeigepflicht** gegenüber den Gesundheitsämtern. Weitere technische Anforderungen enthalten das ProdSG und die **BetrSichV**.

163 Spezialgesetzliche Anforderungen an die Versorgung mit **Elektrizität** und **Gas** bzw. an die **technischen Anlagen** enthalten das **EnWG** sowie die als
– Art. 1 der Verordnung zum Erlass von Regelungen für die Grundversorgung von Haushaltskunden und die Ersatzversorgung im Energiebereich bekannt gemachte **Stromgrundversorgungsverordnung – StromGVV** vom 26.10.2006 (BGBl. I S. 2391),
– Art. 1 der Verordnung zum Erlass von Regelungen des Netzanschlusses von Letztverbrauchern in Niederspannung und Niederdruck bekannt gemachte **Niederspannungsanschlussverordnung – NAV** vom 01.11.2006 (BGBl. I S. 2477),

– Art. 2 der Verordnung zum Erlass von Regelungen für die Grundversorgung von Haushaltskunden und die Ersatzversorgung im Energiebereich bekannt gemachte **Gasgrundversorgungsverordnung – GasGVV** vom 26.10.2006 (BGBl. I S. 2391, 2396),
– Art. 2 der Verordnung zum Erlass von Regelungen des Netzanschlusses von Letztverbrauchern in Niederspannung und Niederdruck bekannt gemachte **Niederdruckanschlussverordnung – NDAV** vom 1.11.2006 (BGBl. I S. 2477, 2485).

Als **Energie** sind gemäß § 3 Nr. 14 EnWG **Elektrizität** und **Gas** anzusehen, soweit sie zur **leitungsgebundenen** Energieversorgung verwendet werden; diese Begriffsbestimmung erfasst nicht die leitungsgebundene Wärmeversorgung (Fernwärme). Die Versorgungsleitungen für Elektrizität und Gas sind öffentlich. Zwischen der öffentlichen Leitung und der Innenleitung des Gebäudes oder des Grundstücks liegt der **Netzanschluss**, der durch den Netzbetreiber hergestellt wird (§§ 5, 6 NAV und NDAV); die Netzanschlüsse gehören zu den **Betriebsanlagen** des Netzbetreibers (§ 8 Abs. 1 Satz 1 NAV und NDAV) und sind daher Teil des öffentlichen Netzes. **Energieleitungen** für die **nicht-öffentliche Versorgung**, z.B. die Leitungen innerhalb eines großen Industrieunternehmens wie auch die Leitungen zwischen verschiedenen Verbrauchsstellen auf einem Grundstück, sind einschließlich ihrer Masten und Unterstützungen nach § 62 Abs. 1 Satz 1 Nr. 5 Buchstabe c BauO NRW **verfahrensfrei**. Die Gemeinden haben gemäß § 46 EnWG die öffentlichen **Verkehrswege** für die Verlegung und den Betrieb von Energieleitungen, einschließlich Fernwirkleitungen zur Netzsteuerung und Zubehör, zur unmittelbaren Versorgung von Letztverbrauchern im Gemeindegebiet diskriminierungsfrei **durch Vertrag zur Verfügung zu stellen** und erhalten hierfür gemäß § 48 EnWG Konzessionsabgaben von den Versorgungsunternehmen. Nach den §§ 17 und 18 EnWG haben die Energieversorgungsunternehmen eine **allgemeine Anschluss- und Versorgungspflicht**.

164

Energieanlagen sind gemäß § 3 Nr. 15 EnWG Anlagen zur Erzeugung, Speicherung, Fortleitung oder Abgabe von Energie, soweit sie nicht lediglich der Übertragung von Signalen dienen, einschließlich der Verteileranlagen der Letztverbraucher sowie bei der Gasversorgung auch die letzte Absperreinrichtung vor der Verbrauchsanlage. Die **Anforderungen** an Energieanlagen ergeben sich aus § 49 EnWG. § 49 Abs. 1 EnWG verlangt die **Gewährleistung** der technischen Sicherheit und die **Beachtung** der allgemein anerkannten Regeln der Technik. Die Einhaltung der allgemein anerkannten Regeln der Technik wird nach § 49 Abs. 2 EnWG **vermutet**, wenn bei Anlagen zur Erzeugung, Fortleitung und Abgabe von Elektrizität und Gas die technischen **Regeln** des Verbandes der Elektrotechnik Elektronik Informationstechnik e.V. und der Deutschen Vereinigung des Gas- und Wasserfaches e.V. eingehalten worden sind.

165

Die **Aufnahme des Betriebs** eines **Energieversorgungsnetzes** bedarf gemäß § 4 Abs. 1 EnWG einer **Genehmigung** durch die nach Landesrecht zuständige Behörde. Energieversorgungsunternehmen, die Haushaltskunden beliefern, müssen Aufnahme und Beendigung der Tätigkeit sowie Firmenänderungen der **Bundesnetzagentur** für Elektrizität, Gas, Telekommunikation, Post und Eisenbahnen gemäß § 5 EnWG anzeigen, die unter anderem die technische Leistungsfähigkeit und Zuverlässigkeit überwacht

166

§ 1 Anwendungsbereich

und gegebenenfalls die Ausübung der Tätigkeit untersagen kann. Gemäß § 43 Abs. 1 Satz 1 EnWG bedürfen

167 1. **Hochspannungsfreileitungen**, ausgenommen Bahnstromfernleitungen, mit einer Nennspannung von 110 Kilovolt oder mehr,

168 2. **Gasversorgungsleitungen** mit einem Durchmesser von mehr als 300 Millimeter,

169 3. Hochspannungsleitungen, die zur Netzanbindung von Windenergieanlagen auf See im Sinne des § 3 Nummer 49 des Erneuerbare-Energien-Gesetzes im Küstenmeer als Seekabel und landeinwärts als Freileitung oder Erdkabel bis zu dem technisch und wirtschaftlich günstigsten Verknüpfungspunkt des nächsten Übertragungs- oder Verteilernetzes verlegt werden sollen,

170 4. grenzüberschreitende Gleichstrom-Hochspannungsleitungen, die nicht unter Nummer 3 fallen und die im Küstenmeer als Seekabel verlegt werden sollen, sowie deren Fortführung landeinwärts als Freileitung oder Erdkabel bis zu dem technisch und wirtschaftlich günstigsten Verknüpfungspunkt des nächsten Übertragungs- oder Verteilernetzes sowie

171 5. Hochspannungsleitungen nach § 2 Abs. 5 und 6 des Bundesbedarfsplangesetzes der **Planfeststellung**. **Fernleitungen der Bahnstromversorgung**, die als Betriebsanlagen der Eisenbahnen vom Eisenbahnrecht erfasst werden, unterliegen der Planfeststellung bzw. Plangenehmigung gemäß § 18 AEG (vgl. Rdn. 91).

172 Für alle übrigen Energieanlagen – das sind solche, die von § 43 Abs. 1 Satz 1 EnWG nicht erfasst werden – ist ein energiewirtschaftliches Planfeststellungs- oder Plangenehmigungsverfahren **nicht** erforderlich. Sie können unter Beachtung der allgemeinen Anforderungen des § 49 EnWG von den Energieversorgungsunternehmen in eigener Verantwortung verlegt oder geändert werden, wenn hierüber mit den Grundstückseigentümern eine Einigung erzielt wurde. In der Regel werden die Leitungen jedoch innerhalb der **öffentlichen Verkehrswege** liegen, so dass dann eine Abstimmung mit der örtlich zuständigen Straßenbaubehörde unter straßenrechtlichen Gesichtspunkten erfolgt (vgl. Rdn. 176). Bei der – seltenen – Führung über private Grundstücke im Bereich der Bebauungspläne oder im baulichen Innenbereich im Sinne des § 34 BauGB entfällt die Mitwirkung von Bau- oder Verkehrsbehörden. Da das Bauordnungsrecht die Energieleitungen für die öffentliche Versorgung vom Anwendungsbereich ausnimmt, verbleibt als **Auffangverfahren** im Falle der Verlegung einer Leitung im **Außenbereich** im Sinne des § 35 BauGB damit nur die **landschaftsrechtliche Eingriffsregelung** nach den §§ 30–34 LNatSchG NRW (vgl. Rdn. 154).

173 Nicht vom Bauordnungsrecht ausgenommen sind jedoch geschlossene Verteilernetze i.S.d. § 110 Abs. 2 EnWG, da diese nicht der öffentlichen Versorgung dienen, weil es aufgrund des Ausschlusses der Anwendung des § 18 EnWG keine allgemeine Anschlusspflicht gibt (so Boeddinghaus/Hahn/Schulte, § 1 Rn. 29b). Bei solchen geschlossenen Verteilernetzen handelt es sich um Energieversorgungsnetze, mit denen Energie zum Zwecke der Ermöglichung der Versorgung von Kunden in einem geografisch begrenzten Industrie- oder Gewerbegebiet oder einem Gebiet verteilt wird, in dem Leistungen gemeinsam genutzt werden. Entweder müssen dabei die Tätigkeiten oder Produktionsverfahren der Anschlussnutzer dieses Netzes aus konkreten technischen oder sicherheitstechnischen Gründen verknüpft sein oder es muss mit dem

Netz in erster Linie Energie an den Netzeigentümer oder -betreiber oder an mit diesen verbundene Unternehmen verteilt werden. Die Qualifizierung als geschlossenes Verteilernetz hängt dabei von einer entsprechenden Einstufung der Regulierungsbehörde ab, welche nur erfolgt, wenn keine Letztverbraucher, die Energie für den Eigenverbrauch im Haushalt kaufen, über das Netz versorgt werden oder nur eine geringe Zahl von solchen Letztverbrauchern, wenn diese ein Beschäftigungsverhältnis oder eine vergleichbare Beziehung zum Eigentümer oder Betreiber des Netzes unterhalten.

Für Leitungen zur Versorgung mit **Wärme** (Fernwärmeleitungen) bestehen keine energiewirtschaftlichen Anforderungen, da das EnWG eigentümlicherweise nur die Elektrizitäts- und Gasversorgung regelt (vgl. Rdn. 164). Zu beachten ist aber die aufgrund des Gesetzes zur Regelung des Rechts der Allgemeinen Geschäftsbedingungen erlassene 174

– **Verordnung über Allgemeine Bedingungen für die Versorgung mit Fernwärme** – **AVBFernwärmeV** vom 20.06.1980 (BGBl. I S. 742), z.g.d.G. vom 25.07.2013 (BGBl. I S. 2722).

Die Gemeinde kann bei öffentlichem Bedürfnis für **Einrichtungen zur Versorgung mit Fernwärme** gemäß § 9 GO NRW einen **Anschluss- und Benutzungszwang** durch **Satzung** begründen (BVerwG, Urt. v. 28.04.2004 – 8 C 13.03, BauR 2005, 684; Urt. v. 06.04.2005 – 8 CN 1.03, UPR 2005, 350; Urt. v. 25.01.2006 – 8 C 13.05, DVBl 2006, 781 und Urt. v. 08.09.2016 – 10 CN 1/15, BVerwGE 156, 102). Die Ausnahme vom Anwendungsbereich erfasst nur **öffentliche Fernwärmeleitungen**, die von einem Heizkraftwerk, das selbst den immissionsschutzrechtlichen Vorschriften unterliegt, zu den Versorgungsstellen führen. Die öffentliche Leitung endet in einer **Übergabestation** (vgl. § 10 Abs. 1 und 4 AVBFernwärmeV). Unterhalten Industriebetriebe Leitungen zur umliegenden Bebauung, um Prozesswärme aus der Produktion sinnvoll zu nutzen, z.B. zur Belieferung eines Freibades mit Warmwasser, fehlt es an dem für den Anwendungsausschluss wichtigen Merkmal der »öffentlichen« Versorgung (vgl. Rdn. 151). Keine öffentliche, sondern eine **private Wärmeversorgung** liegt auch vor, wenn für mehrere Wohngebäude ein **Blockheizkraftwerk** betrieben wird. Derartige **private Wärmeleitungen** unterliegen dem Bauordnungsrecht, sind jedoch gemäß § 62 Abs. 1 Satz 1 Nr. 2 BauO NRW als Leitungen im Sinne des § 40 Abs. 1 BauO NRW und somit als Anlagen der technischen Gebäudeausrüstung **verfahrensfrei**. 175

Das Verlegen von **Fernwärmeleitungen in öffentlichen Straßen** richtet sich gemäß § 8 Abs. 10 FStrG und § 23 Abs. 1 StrWG NRW **nach bürgerlichem Recht**, wenn der Gemeingebrauch nicht beeinträchtigt wird. Nach § 23 Abs. 5 StrWG NRW gelten, soweit keine vertragliche Regelung besteht, die Vorschriften des § 18 Abs. 3 und 4 StrWG NRW entsprechend. Danach ist das Versorgungsunternehmen unter anderem verpflichtet, die Leitungsanlagen nach den **anerkannten Regeln der Technik** zu errichten und zu unterhalten. Die Durchführung der **Arbeiten an der Straße** zur Verlegung der Fernwärmeleitung bedarf der **Zustimmung der Straßenbaubehörde**; insofern besteht eine **präventive Kontrolle**. Für über **private Grundstücke** geführte Fernwärmeleitungen gilt dies nur, wenn die Grundstücke im **Außenbereich** liegen, 176

§ 1 Anwendungsbereich

da dann die **landschaftsrechtliche Eingriffsregelung** zu beachten ist (vgl. Rdn. 154). Für über Privatgrundstücke geführte Fernwärmeleitungen, die dem **beplanten Bereich** oder dem **Innenbereich** zuzuordnen sind, fehlt in Ermangelung von Rechtsgrundlagen eine präventive Kontrolle. Geht im konkreten Einzelfall eine **Gefahr** für die öffentliche Sicherheit oder Ordnung von einer Fernwärmeleitung aus, so treffen die **Ordnungsbehörden** gemäß § 1 Abs. 2 OBG die erforderlichen Maßnahmen, da gesetzliche Vorschriften für Fernwärmeleitungen fehlen und aufgrund § 1 Abs. 2 Nr. 3 BauO NRW das Bauordnungsrecht ausdrücklich keine Anwendung findet.

3.3.2 Abwasserbeseitigung

177 Spezialgesetzliche Anforderungen an die **Abwasserbeseitigung** und an die jeweils zugehörigen **technischen Ver-** bzw. **Entsorgungsanlagen** enthalten neben dem **WHG** und dem **LWG** folgende Vorschriften:
- die **Abwasserverordnung** i.d.F.d.B. vom 17.06.2004 (BGBl. I S. 1108, 2625), z.g.d.V. vom 22.08.2018 (BGBl. I S. 1327),
- die **Kommunalabwasserverordnung** vom 30.09.1997 (GV. NRW. S. 372), z.g.d.G. vom 08.07.2016 (GV. NRW. S. 559),
- die **Selbstüberwachungsverordnung kommunal** vom 25.05.2004 (GV. NRW. S. 332), z.g.d.V. vom 29.12.2017(GV. NRW. 2018 S. 37).

178 Der Begriff »**Abwasserbeseitigung**« umfasst gemäß § 54 Abs. 2 WHG das Sammeln, Fortleiten, Behandeln, Einleiten, Versickern, Verregnen und Verrieseln von Abwasser sowie das Entwässern von Klärschlamm im Zusammenhang mit der Abwasserbeseitigung. Nach der **Legaldefinition des § 54 Abs. 1 WHG** umfasst »**Abwasser**«
- sowohl das durch häuslichen, gewerblichen, landwirtschaftlichen oder sonstigen Gebrauch in seinen Eigenschaften veränderte Wasser und das bei Trockenwetter damit zusammen abfließende Wasser (**Schmutzwasser**) als auch
- das von Niederschlägen aus dem Bereich von bebauten oder befestigten Flächen abfließende und gesammelte Wasser (**Niederschlagswasser**).

179 Der Begriff »**Abwasseranlagen**« umfasst Anlagen, die von den Gemeinden zu betreiben sind, um das auf ihrem Gebiet anfallende Abwasser zu beseitigen; das sind im Wesentlichen die **Kanalisationsnetze** mit den **Kläranlagen**. Die Abwasserbeseitigungspflicht obliegt der Gemeinde, soweit nicht nach Maßgabe der Bestimmungen des LWG oder eines für verbindlich erklärten Abwasserbeseitigungsplans andere zur Abwasserbeseitigung hierzu verpflichtet sind. Die Verpflichtung zur Schaffung einer Kanalisation ist durch das LWG für nahezu sämtliche bebauten Bereiche vorgeschrieben; gemäß § 4 Abs. 1 Kommunalabwasserverordnung waren Gebiete mit bis zu 10 000 Einwohnerwerten (1 Einwohnerwert = organisch-biologisch abbaubare Belastung mit einem biochemischen Sauerstoffbedarf in 5 Tagen [BSB 5] von 60 g Sauerstoff pro Tag) bis zum 31.12.2005 mit einer Kanalisation auszustatten.

180 Bei den von den **Gemeinden** oder von **anderen Trägern** betriebenen **Abwasserleitungen (Kanälen)** handelt es sich um umfangreiche **Teile von Abwasseranlagen**. Die Ausnahme vom Anwendungsbereich erfasst nur die **öffentlichen** Abwasserleitungen, die dem Sammeln und Fortleiten des Abwassers in den Vorfluter oder zur

Abwasserbehandlungsanlage dienen. Abwasserleitungen, die betrieben werden, um Niederschlagswasser nach Maßgabe des § 44 Abs. 1 LWG i.V.m. § 55 Abs. 2 WHG von einem bebauten Grundstück in ein Gewässer einzuleiten, sind nicht öffentlich, sondern privat. Private Abwasserleitungen sind gemäß § 62 Abs. 1 Satz 1 Nr. 2 Bau NRW als Leitungen im Sinne des § 40 Abs. 1 BauO NRW und somit als Anlagen der technischen Gebäudeausrüstung **verfahrensfrei**. Die **Hausanschlussleitungen** vom Gebäude bis zum öffentlichen Kanal sind **keine öffentlichen**, sondern **private** Abwasserleitungen. Einzelheiten hierzu ergeben sich aus den gemeindlichen **Satzungen** über die Entwässerung der Grundstücke und deren Anschluss an die öffentliche Abwasseranlage.

Für **Bau** und **Betrieb** von öffentlichen **Abwasseranlagen** ist § 56 LWG i.V.m. § 60 WHG einschlägig. Nach § 60 Abs. 1 Satz 2 WHG sind Abwasseranlagen nach den **allgemein anerkannten Regeln der Technik** zu errichten und zu betreiben. Allgemein anerkannte Regeln der Technik sind gemäß § 56 Abs. 1 LWG auch die vom zuständigen Ministerium durch Bekanntmachung im Ministerialblatt eingeführten technischen Bestimmungen für den Bau, den Betrieb und die Unterhaltung von Abwasseranlagen. Nach § 56 Abs. 2 Satz 5 LWG erfordern Betrieb und Unterhaltung von Abwasser**behandlungsanlagen** die Beschäftigung qualifizierten Personals. **181**

Die Planung zur Errichtung oder wesentlichen Veränderung sowie der Betrieb von **Kanalisationsnetzen** für die **öffentliche** Abwasserbeseitigung sind nach § 57 Abs. 1 LWG **anzeigepflichtig**; die **Anzeigpflicht** besteht ferner für **Kanalisationsnetze** für die **private** Abwasserbeseitigung von befestigten Flächen, die größer als drei Hektar sind (hierzu vgl. Honert/Rüttgers/Sanden, S. 226 ff. Anm. 2). Bau, Betrieb und wesentliche Änderung einer **Abwasserbehandlungsanlage**, die nicht unter § 60 Abs. 3 WHG fallen, bedürfen gemäß § 57 Abs. 2 LWG der **wasserrechtlichen Genehmigung**, soweit nicht die Verordnung über die Freistellung von Abwasserbehandlungsanlagen von der Genehmigungspflicht vom 20.02.1992 (GV. NRW. S. 100) greift. Die **wasserrechtliche Genehmigung** einer Abwasserbehandlungsanlage **schließt** gemäß § 61 Abs. 1 Satz 1 Nr. 2 BauO NRW die **Baugenehmigung ein**. Zustand, Unterhaltung und Betrieb von Abwasseranlagen unterliegen gemäß § 59 LWG i.V.m. § 61 WHG der **Selbstüberwachung** durch den Betreiber nach Maßgabe der Selbstüberwachungsverordnung Kanal. **182**

3.3.3 Telekommunikation

Für Leitungen, die der **Telekommunikation dienen**, gilt nunmehr das **Telekommunikationsgesetz – TKG..** Unter Leitungen, die der Telekommunikation dienen, werden Leitungen gefasst, die das TKG als **Telekommunikationslinien** bezeichnet. Das TKG hat das Vorgängerrecht abgelöst und damit auch das bislang geltende **Planfeststellungsverfahren abgeschafft**. Nach § 68 TKG ist der Bund befugt, Verkehrswege für die öffentlichen Zwecken dienenden Telekommunikationslinien unentgeltlich zu benutzen; der Bund überträgt dieses Recht auf Lizenznehmer im Rahmen der Lizenzverteilung (§ 69 TKG). **Telekommunikationslinien** sind nach § 3 Nr. 26 TKG unter- und oberirdisch geführte **Telekommunikationskabelanlagen** einschließlich **183** ihrer zugehörigen Schalt- und Verzweigungseinrichtungen, Masten und Unterstützungen, Kabelschächte und Kabelkanalrohre sowie weitere technische Einrichtungen, die für das Erbringen von öffentlich zugänglichen Telekommunikationsdiensten erforderlich sind. Die Ausnahme vom Anwendungsbereich erfasst die Telekommunikationskabelanlage bis zum **Übergabepunkt auf dem Grundstück**, der in der Regel von dem innerhalb der Gebäude angeordneten **Hausanschlusskasten** gebildet wird.

184 **Telekommunikationslinien** sind gemäß § 68 Abs. 2 TKG so zu **errichten** und zu **unterhalten**, dass sie den Anforderungen der Sicherheit und Ordnung sowie den **anerkannten Regeln der Technik** genügen. Die Verlegung neuer und die Änderung vorhandener Telekommunikationslinien bedürfen gemäß § 68 Abs. 3 TKG der Zustimmung der Träger der Wegebaulast; bei der Verlegung oberirdischer Leitungen sind die Interessen der Wegebaulastträger, des Betreibers und die städtebaulichen Belange abzuwägen. Ist der Wegebaulastträger selbst Betreiber, so ist die Zustimmung gemäß § 68 Abs. 4 TKG von einer unabhängigen Verwaltungseinheit zu erteilen. Für über Privatgrundstücke geführte Telekommunikationsleitungen fehlt eine spezialgesetzliche Verfahrensregelung, so dass ähnliche Probleme wie bei Leitungen für die Wärmeversorgung auftreten (vgl. Rdn. 176).

3.4 Rohrleitungen für den Ferntransport von Stoffen (Nr. 4)

185 Der Anwendungsausschluss nach Nr. 4 unterscheidet sich auf den ersten Blick nicht recht von dem nach Nr. 3, da auch Versorgungsleitungen für Wasser oder Gas über weite Strecken verlaufen, z.B. die Fernwasserleitungen oder Gaspipelines, und es sich bei Wasser und Gas ebenfalls um Stoffe handelt (vgl. Rdn. 153). Die Vorschrift ist deshalb nicht ohne weiteres verständlich und ist zusammen mit dem Wasserrecht zu betrachten. Mit dem sog. »**Pipeline-Gesetz**« vom 08.08.1964 (BGBl. I S. 611) wurden die §§ 19a–19f in das WHG (alte Fassung) eingefügt, um Gewässer vor Gefahren schützen zu können, die sich möglicherweise aus dem Transport wassergefährdender Stoffe in Rohrleitungen ergeben können. **Wassergefährdende Stoffe** sind nach § 62 Abs. 3 WHG feste, flüssige und gasförmige Stoffe, die geeignet sind, dauernd oder in einem nicht nur unerheblichen Ausmaß nachteilige Veränderungen der Wasserbeschaffenheit herbeizuführen. Die Ermächtigung des § 19a Abs. 2 Nr. 2 WHG (a.F., jetzt § 62 Abs. 4 WHG) zur Bestimmung anderer flüssiger oder gasförmiger Stoffe, die geeignet sind, Gewässer zu verunreinigen oder sonst nachteilig zu verändern, hat die Bundesregierung genutzt durch den Erlass der
– **Verordnung über Rohrfernleitungsanlagen** vom 27.09.2002 (BGBl. I S. 3777), z.g.d.G. vom 20.07.2017 (BGBl. I S. 2808).

186 Der **Begriff** »**Ferntransport**« lässt sich nur unter Berücksichtigung der **wasserrechtlichen Bestimmungen** sinnvoll einordnen. Hierunter ist nicht eine dem Fernstraßenrecht vergleichbare Funktion zu verstehen. Es ist auch nicht erforderlich, dass die Leitungen Gemeindegrenzen überwinden, um von einem Ferntransport im Sinne der Nr. 4 ausgehen zu können. Der Begriff hat nämlich in diesem Zusammenhang keine planungsrechtliche, sondern ausschließlich wasserrechtliche Bedeutung.

Daraus folgt, dass unter **Rohrleitungen für den Ferntransport von Stoffen im Sinne** 187
des **§ 1 Abs. 2 Nr.** 4 **BauO NRW** neben Erdöl- und Gaspipelines auch andere **Produktenleitungen** erfasst sind, die dem **WHG** unterliegen. Es reicht somit bereits aus, wenn Leitungen zwischen verschiedenen Industriebetrieben verlaufen, um Stoffe von einem Werk zum anderen zu transportieren, wie dies in industriellen Ballungsräumen häufig der Fall ist (vgl. Rdn. 153). Kein Ferntransport liegt dagegen vor, wenn die Leitungen lediglich innerhalb eines Werksgeländes verschiedene Anlagen verbinden (so auch Große-Suchsdorf, zu § 1 Rn. 22). Die dem Ferntransport dienenden Leitungen reichen von der **Kopfstation** bis zur **Endstation**, auch wenn diese auf einem Werksgelände liegen (vgl. Engert, Das Zweite Gesetz zur Änderung des Wasserhaushaltsgesetzes [Pipelinegesetz], DVBl 1965, S. 6 ff.).

Errichtung und Betrieb von **Rohrfernleitungsanlagen** unterliegen einer umfassen- 188
den **spezialgesetzlichen Kontrolle**, die den Ausschluss vom Anwendungsbereich der BauO NRW rechtfertigt. Die **Verordnung über Rohrfernleitungsanlagen** enthält **technische Anforderungen** an Rohrleitungsanlagen zum Befördern wassergefährdender Stoffe. Sie sieht darüber hinaus eine **Prüfung und Überwachung durch Sachverständige** vor.

3.5 Kräne und Krananlagen (Nr. 5)

Kräne und Krananlagen fallen unter das **ProdSG** und die **BetrSichV**. Nach der Legal- 189
definition des § 2 Abs. 2 GPSG, dem Vorgängergesetz des ProdSG, waren **technische Arbeitsmittel** verwendungsfertige Arbeitseinrichtungen, die bestimmungsgemäß ausschließlich bei der Arbeit verwendet werden, deren Zubehörteile sowie Schutzausrüstungen, die nicht Teil einer Arbeitseinrichtung sind, und Teile von technischen Arbeitsmitteln, wenn sie in einer Rechtsverordnung nach § 3 Abs. 1 oder 2 GPSG (jetzt § 8 ProdSG) erfasst sind. Der Begriff »technische Arbeitsmittel« wurde aus Gründen der Rechtsklarheit aufgegeben und durch den Begriff »Produkte« ersetzt, welcher jedoch alle Produkte erfasst, die bisher als technische Arbeitsmittel oder Verbraucherprodukte bezeichnet waren (vgl. BT-Drucks. 17/6276, S. 41). Produkte im Sinne des ProdSG sind demnach gemäß § 2 Nr. 22 ProdSG Waren, Stoffe oder Zubereitungen, die durch einen Fertigungsprozess hergestellt worden sind. Hierunter fallen unter anderem Werkzeuge, Arbeitsgeräte, Arbeits- und Kraftmaschinen, **Hebe- und Fördereinrichtungen** sowie Beförderungsmittel. Produkte, die einer oder mehreren Rechtsverordnungen nach § 8 Abs. 1 ProdSG unterliegen, dürfen gemäß § 3 Abs. 1 ProdSG nur auf dem Markt gebracht werden, wenn sie die darin vorgesehenen Anforderungen erfüllen und die Sicherheit und Gesundheit von Personen und sonstige in den Rechtsverordnungen nach § 8 Abs. 1 ProdSG aufgeführte Rechtsgüter bei bestimmungsgemäßer oder vorhersehbarer Verwendung nicht gefährden. Soweit keine Anforderungen in Rechtsverordnungen bestehen, müssen Produkte den allgemein anerkannten Regeln der Technik sowie den Arbeitsschutz- und Unfallverhütungsvorschriften entsprechen. Die Einhaltung der Anforderungen des ProdSG wird von den Bezirksregierungen und den Berufsgenossenschaften überwacht. Kräne und Krananlagen konnten daher vom Anwendungsbereich der BauO NRW ausgenommen werden.

§ 1 Anwendungsbereich

190 **Kräne und Krananlagen** unterfallen **als Maschinen** den Vorschriften der
– **Maschinenverordnung** (9. ProdSV) vom 12.05.1993 (BGBl. I S. 704), z.g.d.G. vom 08.11.2011 (BGBl. I S. 1278).

191 Nach § 2 Nr. 2 Buchstabe a der 9. GSGV ist eine Maschine im Sinne der Verordnung auch eine »mit einem anderen Antriebssystem als der unmittelbar eingesetzten menschlichen oder tierischen Kraft ausgestattete oder dafür vorgesehene Gesamtheit miteinander verbundener Teile oder Vorrichtungen, von denen mindestens eines bzw. eine beweglich ist und die für eine bestimmte Anwendung zusammengefügt sind«. Nach dieser Begriffsbestimmung rechnen auch die Anlagen, auf denen ein Kran begrenzt beweglich ist, zur Maschine (so z.B. die aus Schienen, Schwellen und Sicherheitseinrichtungen gebildete Gleisanlage eines Baustellenkrans).

192 Soweit Kräne und Krananlagen auf befestigten Lagerplätzen oder in Werkhallen auf im Untergrund befestigten Schienen eingebaut werden, lagern diese Schienen auf tragenden Bauteilen (Einzelfundamente, Fundamentbalken, Decken, Konsolen). Diese **tragenden Bauteile** bilden dann lediglich die **Unterstützung der maschinenrechtlich erfassten Schienenanlage**, sind **Teil der baulichen Anlage** und müssen deshalb die Anforderungen des Bauordnungsrechts an die Standsicherheit und den baulichen Brandschutz erfüllen.

193 So sind von dem Anwendungsausschluss nach Nr. 5 bspw. Kranbahnträger, auf denen Kranbahnen laufen, nicht erfasst, da sie der Aussteifung der baulichen Anlage dienen und somit bauseitig zu bemessen sind (LT-Drucks. 17/2166, S. 93). Dabei ist es unerheblich, ob sie ebenerdig verlegt sind, auf einer eigenen Tragkonstruktion ruhen oder mit einem Gebäude konstruktiv verbunden sind; sie sind nicht vom Geltungsbereich der BauO NRW ausgenommen (vgl. Voß/Buntenbroich, zu § 1 Rn. 35).

3.6 Messestände in Messe- und Ausstellungsgebäuden (Nr. 6)

194 Nach der mit der BauO NRW 2018 **neu eingefügten Nr. 6** sind nun auch **Messestände in Messe- und Ausstellungsgebäuden** ausdrücklich vom Anwendungsbereich der BauO NRW ausgeschlossen. **Messestände**, die in Gebäuden auf **genehmigten Messe-und Ausstellungsgeländen** errichtet werden, galten schon bisher nicht als bauliche Anlagen, sondern als **Einrichtungsgegenstände**. Die Neuregelung hat insoweit **lediglich klarstellenden Charakter** und beendet die letzte Unsicherheit, ob Messestände als selbständige bauliche Anlagen anzusehen sind. Im Ergebnis bedeutet dies, dass statt des Bauordnungsrechts das **allgemeine Sicherheitsrecht** auf Messestände **anwendbar** ist, so dass sich die Sicherheitsbehörden zwar im Rahmen der Amtshilfe der Fachkenntnis der unteren Bauaufsichtsbehörden bedienen können, im Außenverhältnis jedoch für die von ihnen getroffenen Entscheidungen verantwortlich bleiben (LT-Drucks. 17/2166, S. 94). Für die **Sicherheit der Messestände** als Einrichtungsgegenstände sind die **Messeveranstalter und Aussteller verantwortlich** (vgl. Simon/Busse, zu § 1 Rn. 141).

§ 2 Begriffe

(1) Bauliche Anlagen sind mit dem Erdboden verbundene, aus Bauprodukten hergestellte Anlagen. Eine Verbindung mit dem Boden besteht auch dann, wenn die Anlage durch eigene Schwere auf dem Boden ruht oder auf ortsfesten Bahnen begrenzt beweglich ist oder wenn die Anlage nach ihrem Verwendungszweck dazu bestimmt ist, überwiegend ortsfest benutzt zu werden.

Bauliche Anlagen sind auch
1. Aufschüttungen und Abgrabungen,
2. Lagerplätze, Abstellplätze und Ausstellungsplätze,
3. Sport- und Spielflächen,
4. Campingplätze, Wochenendplätze und Zeltplätze,
5. Stellplätze für Kraftfahrzeuge und Fahrradabstellplätze,
6. Gerüste und
7. Hilfseinrichtungen zur statischen Sicherung von Bauzuständen.

Anlagen sind bauliche Anlagen und sonstige Anlagen und Einrichtungen im Sinne des § 1 Absatz 1 Satz 2.

(2) Gebäude sind selbständig benutzbare, überdeckte bauliche Anlagen, die von Menschen betreten werden können und geeignet oder bestimmt sind, dem Schutz von Menschen, Tieren oder Sachen zu dienen.

(3) Gebäude werden in folgende Gebäudeklassen eingeteilt:
1. Gebäudeklasse 1:
   a) freistehende Gebäude mit einer Höhe bis zu 7 m und nicht mehr als zwei Nutzungseinheiten von insgesamt nicht mehr als 400 m² und
   b) freistehende land- oder forstwirtschaftlich genutzte Gebäude und Gebäude vergleichbarer Nutzung,
2. Gebäudeklasse 2:
   Gebäude mit einer Höhe bis zu 7 m und nicht mehr als zwei Nutzungseinheiten von insgesamt nicht mehr als 400 m²,
3. Gebäudeklasse 3:
   sonstige Gebäude mit einer Höhe bis zu 7 m,
4. Gebäudeklasse 4:
   Gebäude mit einer Höhe bis zu 13 m und Nutzungseinheiten mit jeweils nicht mehr als 400 m² sowie
5. Gebäudeklasse 5:
   sonstige Gebäude einschließlich unterirdischer Gebäude.

Höhe im Sinne des Satzes 1 ist das Maß der Fußbodenoberkante des höchstgelegenen Geschosses, in dem ein Aufenthaltsraum möglich ist, über der Geländeoberfläche im Mittel. Die Grundflächen der Nutzungseinheiten im Sinne dieses Gesetzes sind die Brutto-Grundflächen. Bei der Berechnung der Brutto-Grundflächen nach Satz 1 bleiben Flächen in Kellergeschossen außer Betracht.

§ 2 Begriffe

(4) Geländeoberfläche ist die Fläche, die sich aus der Baugenehmigung oder den Festsetzungen des Bebauungsplans ergibt, im Übrigen die natürliche Geländeoberfläche.

(5) Geschosse sind oberirdische Geschosse, wenn ihre Deckenoberkanten im Mittel mehr als 1,60 m über die Geländeoberfläche hinausragen, im Übrigen sind sie Kellergeschosse. Hohlräume zwischen der obersten Decke und der Bedachung, in denen Aufenthaltsräume nicht möglich sind, sind keine Geschosse.

(6) Vollgeschosse sind oberirdische Geschosse, die eine lichte Höhe von mindestens 2,30 m haben. Ein Geschoss ist nur dann ein Vollgeschoss, wenn es die in Satz 1 genannte Höhe über mehr als drei Viertel der Grundfläche des darunterliegenden Geschosses hat.

(7) Aufenthaltsräume sind Räume, die zum nicht nur vorübergehenden Aufenthalt von Menschen bestimmt oder geeignet sind.

(8) Stellplätze sind Flächen, die dem Abstellen von Kraftfahrzeugen und Fahrrädern außerhalb der öffentlichen Verkehrsflächen dienen. Garagen sind Gebäude oder Gebäudeteile zum Abstellen von Kraftfahrzeugen und/oder Fahrrädern. Ausstellungs-, Verkaufs-, Werk- und Lagerräume für Kraftfahrzeuge sind keine Stellplätze oder Garagen.

(9) Feuerstätten sind in oder an Gebäuden ortsfest benutzte Anlagen oder Einrichtungen, die dazu bestimmt sind, durch Verbrennung Wärme zu erzeugen.

(10) Barrierefrei sind bauliche Anlagen, soweit sie für alle Menschen, insbesondere für Menschen mit Behinderungen, in der allgemein üblichen Weise, ohne besondere Erschwernis und grundsätzlich ohne fremde Hilfe auffindbar, zugänglich und nutzbar sind.

(11) Bauprodukte sind
1. Produkte, Baustoffe, Bauteile und Anlagen sowie Bausätze gemäß Artikel 2 Nummer 2 der Verordnung (EU) Nr. 305/2011 des Europäischen Parlaments und des Rates vom 9. März 2011 zur Festlegung harmonisierter Bedingungen für die Vermarktung von Bauprodukten und zur Aufhebung der Richtlinie 89/106/EWG des Rates (ABl. L 88 vom 4.4.2011, S. 5, L 103 vom 12.4.2013, S. 10, L 92 vom 8.4.2015, S. 118), die zuletzt durch Verordnung (EU) Nr. 574/2014 (ABl. L 159 vom 28.5.2014, S. 41) geändert worden ist, die hergestellt werden, um dauerhaft in bauliche Anlagen eingebaut zu werden und
2. aus Produkten, Baustoffen, Bauteilen sowie Bausätzen gemäß Artikel 2 Nummer 2 der Verordnung (EU) Nr. 305/2011 vorgefertigte Anlagen, die hergestellt werden, um mit dem Erdboden verbunden zu werden

und deren Verwendung sich auf die Anforderungen nach § 3 Absatz 1 Satz 1 auswirken kann.

(12) Bauart ist das Zusammenfügen von Bauprodukten zu baulichen Anlagen oder Teilen von baulichen Anlagen.

Übersicht

		Rdn.
0	**Änderungen gegenüber der BauO NRW 2000**	01
1	**Allgemeines**	1
2	**Zu Abs. 1 – Bauliche Anlagen**	4
2.1	Bauliche Anlagen im Baurecht	4
2.2	Bauliche Anlagen im Bauplanungsrecht	13
2.3	Bauliche Anlagen im sonstigen öffentlichen Recht	21
	2.3.1 Bauliche Anlagen im Straßenrecht	22
	2.3.2 Bauliche Anlagen im Denkmalrecht	26
	2.3.3 Bauliche Anlagen im Naturschutz- und Landschaftsrecht	30
2.4	Bauliche Anlagen im Bauordnungsrecht	34
	2.4.1 Zu Abs. 1 Satz 1	35
	2.4.2 Zu Abs. 1 Satz 2	51
	2.4.3 Zu Abs. 1 Satz 3	63
	2.4.3.1 Nr. 1 – Aufschüttungen und Abgrabungen	64
	2.4.3.2 Nr. 2 – Lager-, Abstell- und Ausstellungsplätze	73
	2.4.3.3 Nr. 3 – Sport- und Spielflächen	77
	2.4.3.4 Nr. 4 – Campingplätze, Wochenendplätze und Zeltplätze	89
	2.4.3.5 Nr. 5 – Stellplätze für Kraftfahrzeuge und Fahrradabstellplätze	98
	2.4.3.6 Nr. 6 – Gerüste	104
	2.4.3.7 Nr. 7 – Hilfseinrichtungen zur statischen Sicherung von Bauzuständen	109
	2.4.4 Zu Abs. 1 Satz 4	111
3	**Zu Abs. 2 – Gebäude**	114
3.1	Der Gebäudebegriff im Baurecht	114
3.2	Das Gebäude im Bauordnungsrecht	118
3.3	Das Gebäude im Bauplanungsrecht	136
	3.3.1 Gebäudeteile	139
	3.3.2 Einzelhäuser, Doppelhäuser, Hausgruppen	146
3.4	Wohngebäude	164
3.5	Nebengebäude	174
4	**Zu Abs. 3 – Gebäudeklassen**	177
4.1	Allgemeines	177
4.2	Die Gebäudeklassen im Einzelnen	185
	4.2.1 Gebäudeklasse 1	185
	4.2.2 Gebäudeklasse 2	194
	4.2.3 Gebäudeklasse 3	195
	4.2.4 Gebäudeklasse 4	196
	4.2.5 Gebäudeklasse 5	197
4.3	Höhenberechnung der Gebäude	199
4.4	Flächenberechnung der Nutzungseinheiten	208
5	**Zu Abs. 4 – Geländeoberfläche**	209
5.1	Bauplanungsrechtliche Regelungen	210
5.2	Bauordnungsrechtliche Vorgaben	223
6	**Zu Abs. 5 – Geschosse**	228
6.1	Geschossbegriff	228
6.2	Oberirdische Geschosse, Kellergeschosse, Hohlräume	236
7	**Zu Abs. 6 – Vollgeschosse**	251
7.1	Erforderlichkeit der landesrechtlichen Begriffsbestimmung	252

§ 2 Begriffe

	7.2 Die Bemessungsregel im Bauplanungsrecht	264
	7.3 Das Vollgeschoss	271
	7.3.1 Höhe des Geschosses	273
	7.3.2 Bemessung der Grundfläche	277
8	Zu Abs. 7 – Aufenthaltsräume	289
9	Zu Abs. 8 – Stellplätze und Garagen	307
10	Zu Abs. 9 – Feuerstätten	326
11	Zu Abs. 10 – Barrierefreiheit	329
12	Zu Abs. 11 – Bauprodukte	332
13	Zu Abs. 12 – Bauarten	349

0 Änderungen gegenüber der BauO NRW 2000

01 Die **BauO NRW 2018** hat § 2 BauO NRW 2000 mit zahlreichen **Änderungen** und **Ergänzungen** übernommen:

02 In **Abs. 1 Satz 3** wurden einzelne der aufgezählten fiktiven baulichen Anlagen begrifflich ergänzt oder in der Reihenfolge geändert. Unter **Nr. 3** werden nun **Sport und Spielflächen** (vormals Nr. 4, vgl. Rdn. 77–88) geführt. Die neue **Nr. 4** bilden nun **Campingplätze, Wochenendplätze und Zeltplätze** anstelle von »Camping- und Wochenendplätzen« (vormals Nr. 3). Der Zusatz »Zeltplätze« trägt der geänderten »Camping und Wochenendplatzverordnung – CW VO« vom 24. März 2011, zuletzt geändert durch Art. 5 der Verordnung vom 24. November 2014, Rechnung, da diese auch für Zeltplätze gilt (vgl. Rdn. 89–97). Die geänderte. **Nr. 5** wurde hinter dem Wort **Stellplätze** um den Zusatz »**für Kraftfahrzeuge und Fahrradabstellplätze**« ergänzt (vgl. Rdn. 98–103).

03 In **Abs. 1 Satz 4** wurde eine Legaldefinition von »**Anlagen**« aufgenommen (vgl. Rdn. 111–113). Bediente sich die BauO NRW 2000 bisher an mehreren Stellen der Wendung »bauliche Anlagen und sonstigen Anlagen und Einrichtungen im Sinne des § 1 Abs. 1 Satz 2«, soll die gesetzliche Bestimmung des (Ober-) Begriffs »Anlagen« den Sprachgebrauch innerhalb der BauO NRW 2018 vereinheitlichen und straffen.

04 In **Abs. 3 Satz 1** werden **Gebäudeklassen** definiert. Gliederte die BauO NRW 2000 Gebäude noch in Gebäude geringer oder mittlerer Höhe sowie Hochhäuser, bedient sich die BauO NRW nun der Klassifizierung in 5 Gebäudeklassen (vgl. Rdn. 177–198). Hochhäuser fallen nicht unter eine der Gebäudeklassen. Ihre Legaldefinition wurde in § 50 Abs. 2 Nr. 1 übernommen (vgl. Rdn. 178 und § 50 Rdn. 23–26). Die Einteilung in Gebäudeklassen dient als systematische Grundlage für Brandschutzkonzepte.

05 In **Abs. 3 Satz 2** wurde eine **einheitliche Maßgröße** für die Abgrenzung der Gebäude nach ihrer **Höhe** eingeführt (vgl. Rdn. 199–207).

06 In **Abs. 3 Satz 3** wurde eine Definition der **Grundfläche der Nutzungseinheiten** aufgenommen (vgl. Rdn. 208).

07 In **Abs. 5 Satz 1** wurde eine ergänzende Begriffsbestimmung des **Kellergeschosses** in Abgrenzung zum **oberirdischen Geschoss** (vormals Abs. 6 »Geschosses über der Geländeoberfläche«) definiert (vgl. Rdn. 249).

In **Abs. 6** wurde die neu gestaltete Definition des Begriffs **Vollgeschoss** verschoben (vormals Abs. 5). Der in der bisherigen BauO NRW 2000 noch gängige Begriff des Staffelgeschosses entfällt künftig (vgl. Rdn. 263).

08

Abs. 8 »**Stellplätze**« wird vollständig an die MBO angepasst und um **Fahrräder** ergänzt (vgl. Rdn. 307–324). Daneben enthält **Abs. 8** Satz 3 nun eine Legaldefinition, was **nicht** als **Stellplatz oder Garage** gilt (vgl. Rdn. 325).

09

In **Abs. 9** werden **Feuerstätten** nun in der BauO NRW definiert. Der Begriff wird auch der Definition der Feuerungsanlage in § 42 zu Grunde gelegt (vgl. Rdn. 326–328 und die Erläuterungen zu § 42).

010

In **Abs. 10** wurde eine Definition des Begriffs **Barrierefreiheit** aufgenommen (vgl. Rdn. 329–331).

011

In **Abs. 11** wurde der Begriff »**Bauprodukt**« in Anpassung an das europäische Bauproduktenrecht (Verordnung (EU) Nr. 305/2011) neu definiert und um den Begriff **Bausatz** ergänzt (vgl. § 1 Rdn. 28, die Vorbemerkungen zu §§ 17bis 25 und unter Rdn. 332–348).

012

In **Abs. 12** findet sich nun die Definition des Begriffs »**Bauart**«(vormals Abs. 10). Der Begriff ist seit der BauO NRW 1995 gesetzlich definiert, da weder die Bauproduktenrichtlinie noch die Verordnung (EU) Nr. 305/2011 Bauarten umfassen, solche aber Regelungsgegenstand des Bauordnungsrechts in § 17 BauO NRW sind (vgl. Rdn. 349–356 und Anmerkungen zu § 17).

013

1 Allgemeines

Die Vorschrift enthält **Legaldefinitionen** der Begriffe, die in der Landesbauordnung häufig vorkommen. Diese **Begriffe gelten** mit den festgelegten Inhalten für alle Vorschriften der **BauO NRW** und für die aufgrund der BauO NRW erlassenen **Rechtsverordnungen**, **örtlichen Bauvorschriften** und **Verwaltungsvorschriften**. Weitere Begriffe sind in einzelnen Paragraphen definiert: z.B. **Abstandsflächen** (§ 6 Abs. 1), **Werbeanlagen** (§ 10 Abs. 1), **Vorbescheid** (§ 77 Abs. 1) oder **Baulast** (§ 85 Abs. 1). Begriffe aus Rechtsverordnungen werden vereinzelt wiederum in der BauO NRW verwendet.

1

Die BauO NRW 2018 verzichtet, wie schon die BauO NRW 2000, die BauO NRW 1995 und die BauO NRW 1984, auf eine Legaldefinition der Begriffe »Baugrundstück« und »Bauarbeiten«, obwohl diese Begriffe Bestandteil bauaufsichtlicher Regelungen sind. So findet sich bspw.in §§ 13, 15 Abs. 2, 3 BauO NRW der Begriff **Baugrundstück** (zu diesem Begriff vgl. § 1 Rdn. 40) und in § 11 Abs. 2 BauO NRW der Begriff **Bauarbeiten** (zu diesem Begriff vgl. § 11 Rdn. 27). Trotzdem wurde kein Erfordernis gesehen, diese Begriffe bauordnungsrechtlich zu definieren, da Vollzugsprobleme nicht aufgetreten sind. Wenn auch eine Begriffsbestimmung des Baugrundstücks fehlt, so muss doch beachtet werden, dass die Landesbauordnung für **Grundstücke** gilt, die bebaut oder bebaubar sind oder die bebaut werden sollen (vgl. § 1 Rdn. 29–41) und an die Anforderungen gestellt werden (vgl. z.B. § 4 Abs. 2, § 6 Abs. 2, § 7 Abs. 1und § 85 Abs. 1 BauO NRW).

2

3 Die Definition der **Geländeoberfläche** wurde erstmalig in die BauO NW 1984 aufgenommen. Die Geländeoberfläche hat als Bezugsebene im Bauordnungsrecht einen wichtigen Stellenwert. Die bauordnungsrechtlichen Anforderungen knüpfen an ihre Lage im Verhältnis zum Gebäude, zu den Geschossen oder zu den Außenwandabschlüssen an (vgl. Rdn. 209 ff. und § 8 Rdn. 76–88).

2 Zu Abs. 1 – Bauliche Anlagen

2.1 Bauliche Anlagen im Baurecht

4 Das **frühere Baupolizeirecht** verwendete noch nicht den Ausdruck »bauliche Anlagen«, sondern sprach von **Bebauung** (§ 1 Abs. 4 Preußisches Fluchtliniengesetz, 1875), von **Bauten** (Art. 9 Hessisches Gesetz die allgemeine Bauordnung betreffend, 1881) oder von **Bauwerken** (§ 18 Braunschweigische Landesbauordnung, 1899; § 1 der Bauordnung für die Stadt Bremen und das Landgebiet, 1906). Die bremische Bauordnung umschrieb aber bereits das Bauwerk mit »jeder baulichen Anlage, einschließlich Einfriedungen auf, über oder unter dem Erdboden, ohne Rücksicht auf das verwendete Material«. Die 1919 veröffentlichte Preußische Einheitsbauordnung für Städte erwähnt in ihrem § 1 A »alle neuen baulichen Anlagen über und unter der Erde«. In bauplanungsrechtlich umfassender Weise verwendete § 3 der Verordnung über die Regelung der Bebauung (1936) die »bauliche Anlage«. Danach ergangene reichsrechtliche Vorschriften, wie z.B. § 1 der Verordnung über Baugestaltung (1936) oder § 1 Abs. 2 der Reichsgaragenordnung (1939), bedienten sich ebenfalls dieses Begriffs, der sowohl in das BBauG 1960 als auch in die MBO 1960 Eingang fand.

5 Dem Begriff »**bauliche Anlage**« kommt im gesamten Bereich des Bau- und Planungsrechts eine zentrale Bedeutung zu. Verschiedene Rechtsvorschriften benutzen diesen Begriff, so z.B. das BauGB und die BauNVO (s. Rdn. 13–15), das LNatSchG NRW (§ 30 Abs. 1 Nr. 4, § 52 Abs. 2 Nr. 1), das LWG NRW (§ 31 Abs. 5 Nr. 3, § 93 Abs. 2, § 110 Abs. 1), das FStrG (§ 9 Abs. 1, 2, 5 und 5a), das StrWG NRW (§ 25 Abs. 1 und 4), das BImSchG (§ 42 Abs. 1 und 2) und das DSchG (§ 2 Abs. 2 und 3). Eine ausdrückliche **Legaldefinition** enthält jedoch **nur das Bauordnungsrecht**, ohne dass diese für alle übrigen Rechtsbereiche Geltung beanspruchen kann. Denn der Begriff wird in der jeweiligen Rechtsvorschrift unter speziellen fachspezifischen Gesichtspunkten benutzt, so dass es in Grenzfällen – und diese sind nicht selten Gegenstand verwaltungsgerichtlicher Streitverfahren – auf die **Unterschiede im Begriffsinhalt** ankommt. Dies gilt auch im Verhältnis des Bauordnungsrechts der Länder untereinander, da die Begriffsbestimmungen des jeweiligen § 2 aller sechzehn Landesbauordnungen in Einzelheiten der Formulierung von § 2 MBO leicht abweichen. Daher kann die Rechtsprechung in den einzelnen Bundesländern nicht unbesehen übertragen werden (vgl. Nds. OVG, Urt. v. 16.02.1995 – 1 L 6044/92, BauR 1995, 667 = BRS 57 Nr. 182 = NVwZ-RR 1995, 556 zur Auslegung des § 2 Abs. 1 Satz 2 Nr. 13 NBauO, einer Vorschrift, die die BauO NRW so nicht kennt).

6 Neben dem engeren Begriff »bauliche Anlage« verwendet das Bauordnungsrecht auch den **weiteren** Begriff »**Anlage**«. So schreibt § 1 Abs. 1 S. 2 BauO NRW die Geltung des Bauordnungsrechts auch für **andere Anlagen und Einrichtungen** vor, an

die bauordnungsrechtliche Anforderungen gestellt werden (vgl. § 1 Rdn. 42 und 43). Das BImSchG und das LImSchG verwenden einen weitgefassten Anlagenbegriff. Die Legaldefinition des § 3 Abs. 5 BImSchG, die gemäß § 2 LImSchG auch für das Landesrecht gilt, erfasst

1. Betriebsstätten und ortsfeste Einrichtungen, 7
2. Maschinen, Geräte und sonstige ortsveränderliche technische Einrichtungen sowie Fahrzeuge, soweit sie nicht der Vorschrift des § 38 BImSchG unterliegen, und 8
3. Grundstücke, auf denen Stoffe gelagert oder abgelagert oder Arbeiten durchgeführt werden, die Emissionen verursachen können, ausgenommen öffentliche Verkehrswege. 9

Dieser Anlagenbegriff unterscheidet sich von dem bauordnungsrechtlichen Begriff der **anderen** Anlage aufgrund der **speziellen Zielrichtung** des Immissionsschutzrechts (vgl. Ziegler, Zum Anlagenbegriff nach dem Bundes-Immissionsschutzgesetz, UPR 1986, S. 170 ff.). Der **immissionsschutzrechtliche Anlagenbegriff** gewinnt für das Baugeschehen zunehmend an Bedeutung, da zahlreiche aufgrund des BImSchG erlassene Rechtsverordnungen die Regelungsdichte des Immissionsschutzrechts ständig erhöhen. Diese Regelungen gelten nach § 22 BImSchG nicht nur für nach BImSchG genehmigungsbedürftige Anlagen, sondern auch für nicht genehmigungsbedürftige Anlagen, soweit sie in dessen Anwendungsbereich fallen (Hess. VGH, Beschl. v. 11.03.1993 – 3 TH 768/92, BauR 1993, 329 = BRS 55 Nr. 185 zu Mobil- und Richtfunksendemasten; Hamb. OVG, Beschl. v. 17.11.2011 – 2 Bs 177/11, juris zu Feuerungsanlagen). Daraus ergeben sich vielfältige Überschneidungen. So unterliegen z.B. Feuerungsanlagen oder Sportanlagen sowohl dem Bauordnungs- als auch dem Immissionsschutzrecht. Beide Rechtsbereiche enthalten materielle Anforderungen, die erfüllt sein müssen, um eine solche Anlage errichten und betreiben zu können. Baustellenlärm wird ebenfalls von § 22 BImSchG erfasst. 10

Der **wasserrechtliche Anlagenbegriff** ist für die Bautätigkeit schon immer von Bedeutung gewesen, da die geordnete Beseitigung von Schmutz- und Niederschlagswasser sowie die Bereitstellung von Trink- und Löschwasser zu den Erschließungsvoraussetzungen gehören. Das WHG und das LWG NRW ergänzen einander und treffen Regelungen über das Recht der oberirdischen Gewässer und des Grundwassers. Die Benutzung der Gewässer erfasst alle in § 9 WHG aufgeführten Tatbestände und bedarf gemäß § 8 WHG der Erlaubnis oder der Bewilligung nach §§ 10 ff. WHG. Ein Erlaubniszwang besteht insbesondere für Anlagen zum Einleiten von Abwasser oder Niederschlagswasser in oberirdische Gewässer oder in das Grundwasser. Die dem Anwendungsbereich der Landesbauordnung entzogenen Leitungen, die der Abwasserbeseitigung dienen, sowie die Rohrleitungen zum Ferntransport von Stoffen (Produktenleitungen) unterliegen den wasserrechtlichen Vorschriften der §§ 54–56, 60 und §§ 62, 63 WHG. Die Errichtung, wesentliche Veränderung oder Beseitigung von Anlagen in, an, über und unter Gewässern bedarf nach § 22 Abs. 1 LWG i.V.m. § 36 WHG der Genehmigung. 11

Für das materielle und formelle Bauordnungsrecht ist die **Legaldefinition des Begriffs »bauliche Anlage«** unverzichtbar, da zahlreiche Einzelvorschriften hieran anknüpfen. 12

§ 2 Begriffe

Insbesondere die materielle Grundnorm des § 3 BauO NRW und die allgemeinen Vorschriften über die Bauausführung (vgl. §§ 11–16 BauO NRW) stellen Anforderungen an bauliche Anlagen. Auch das Abstandsrecht (§ 6 Abs. 3 BauO NRW), das Stellplatzrecht (§ 48 BauO NRW), die Vorschriften über besondere Anforderungen und Erleichterungen (§ 50 BauO NRW) sowie über bauliche Maßnahmen für besondere Personengruppen (§ 49 BauO NRW) nehmen auf den Begriff der baulichen Anlage Bezug. Nach § 1 Abs. 1 Satz 1 BauO NRW gilt die Landesbauordnung für alle baulichen Anlagen (vgl. § 1 Rdn. 23 ff.), nach § 60 Abs. 1 BauO NRW bedürfen die Errichtung, die Änderung, die Nutzungsänderung und der Abbruch baulicher Anlagen der Baugenehmigung, soweit in den §§ 62, 63, 78 und 79 BauO NRW nichts anderes bestimmt ist. Die landesrechtliche Definition ist für das Bauplanungsrecht ebenfalls von Bedeutung, da beide Rechtsbereiche eng aufeinander abgestimmt sind.

2.2 Bauliche Anlagen im Bauplanungsrecht

13   Nach § 29 Abs. 1 BauGB gelten die §§ 30–37 BauGB für **Vorhaben**, die die **Errichtung**, **Änderung** oder **Nutzungsänderung** (vgl. § 3 Rdn. 25, 30 und 111–116) von **baulichen Anlagen** zum Inhalt haben, unabhängig davon, ob sie einer bauaufsichtlichen Genehmigung bedürfen. Durch das BauROG wurde das **materielle Bauplanungsrecht vom Verfahrensrecht der BauO NRW abgekoppelt**, so dass dessen Anwendbarkeit ausschließlich von der **städtebaulichen Qualität** des bodenrechtlichen Vorgangs abhängt.

14   Der in § 29 Abs. 1 BauGB enthaltene **Begriff der baulichen Anlage** ist **nicht völlig deckungsgleich mit der bauordnungsrechtlichen Legaldefinition**, weil nicht unterstellt werden kann, dass der Landesgesetzgeber bei seiner Begriffsbestimmung auch planungsrechtliche Überlegungen einbezogen hat (BVerwG, Beschl. v. 30.01.1968 – IV B 223.66, BRS 20 Nr. 127; OVG NRW, Urt. v. 08.07.2013 – 10 A 662/12, juris). Das Zulässigkeitsrecht für Vorhaben verwendet den Begriff der baulichen Anlage deshalb in **bauplanungsrechtlich eigenständiger** Weise, allerdings unter **Rückgriff auf Elemente der bauordnungsrechtlichen Legaldefinition** (BVerwG, Urt. v. 10.12.1971 – IV C 33, 34, 35.69, BauR 1972, 100 = BRS 24 Nr. 149 = DÖV 1972, 496 = DVBl 1972, 221). Praxisrelevant werden die Unterschiede im Begriffsinhalt jedoch nur in seltenen Grenzfällen. Die **Begriffe decken sich** nämlich **für die häufigsten Anwendungsfälle**.

15   Das Bauplanungsrecht gebraucht den Begriff »bauliche Anlage« z.B. in § 9 Abs. 3, § 14 Abs. 1, § 29 Abs. 1, § 32, § 35 Abs. 5, § 37 Abs. 1, § 51 Abs. 1, § 59 Abs. 8, § 60, § 123 Abs. 2, § 172 Abs. 1, § 176 Abs. 1 **BauGB** sowie in § 1 Abs. 7, 9 und 10, § 15, § 16 Abs. 3, 4 und 5, § 18 Abs. 1 und 2, § 19 Abs. 2 und 4, § 20 Abs. 4, § 21 Abs. 2, 3 und 4, § 23 Abs. 5 **BauNVO**. Im Rahmen des Zulässigkeitsrechts für Vorhaben bestimmt § 29 Abs. 1 BauGB jedoch **nicht**, dass bauliche Anlagen im Sinne der jeweiligen Landesbauordnungen gemeint sind. Der bauplanungsrechtliche Begriff muss daher bei der Beurteilung der Zulässigkeit von Vorhaben für sich unter Berücksichtigung des Zusammenhangs ausgelegt werden, in dem er steht. Unter den Begriff der **baulichen Anlage im Sinne des § 29 Abs. 1 BauGB** fallen alle Anlagen,

wenn sie **im weitesten Sinn etwas Gebautes** darstellen, das heißt, in einer auf Dauer gedachten Weise künstlich mit dem Erdboden verbunden werden und infolgedessen die in § 1 BauGB genannten öffentlichen und privaten Belange in einer Weise berühren können, die geeignet ist, das Bedürfnis nach einer ihre Zulässigkeit regelnden Bebauungsplanung herbeizuführen (so grundlegend BVerwG, Urt. v. 31.08.1973 – IV C 33.71, BVerwGE 44, 59 = BauR 1973, 366 = BRS 27 Nr. 122 = DÖV 1974, 200 = DVBl 1974, 236). Hierbei ist die **Funktion** der baulichen Anlage zu berücksichtigen (BVerwG, Urt. v. 01.11.1974 – IV C 13.73, BauR 1975, 108 = BRS 28 Nr. 89 = DÖV 1975, 685 = DVBl 1975, 497). Ob eine Anlage geeignet ist, das Bedürfnis nach einer ihre Zulässigkeit regelnden verbindlichen Bauleitplanung hervorzurufen, ist auf der Grundlage einer das einzelne Objekt **verallgemeinernden Betrachtungsweise** zu beantworten. Es ist danach zu fragen, ob die zu beurteilende Anlage eine **städtebaulich relevante Entwicklung** einleiten kann. Eine städtebauliche Relevanz der einzelnen Anlage ist anzunehmen, wenn sie gerade in ihrer gedachten Häufung das **Bedürfnis nach** einer ihre Zulässigkeit regelnden verbindlichen **Bauleitplanung** hervorruft (BVerwG, Urt. v. 30.08.2012 – 4 C 1/11, BVerwGE 144, 82).

Daraus folgt, dass bauliche Anlagen im Sinne des Bauplanungsrechts z.B. sein können: 16
- **Einfriedungen** (BVerwG, Beschl. v. 31.10.1969 – IV B 131.69, BRS 22 Nr. 89; OVG Bln-Bbg, Urt. v. 21.12.2016 – 6 B 82.15, juris),
- **Erdwälle zum Tragen von Lärmschutzwänden** (OVG Lüneburg, Urt. v. 29.09.1988 – 1 A 75/87, BRS 48 Nr. 164),
- **befestigte Lagerplätze** (BVerwG, Urt. v. 21.01.1977 – IV C 28.75, BRS 32 Nr. 92 und VGH B-W, Urt. v. 19.12.1984 – 8 S 2036/84, BRS 44 Nr. 226),
- **Schwimmbecken** (OVG NRW, Urt. v. 12.09.1974 – VII A 926/73, BRS 28 Nr. 95; OVG Rh-Pf, Beschl. v. 10.04.2015 – 1 A 11037/14, juris),
- **Traglufthallen als Schwimmbeckenüberdachung** (OVG NRW, Urt. v. 12.11.1974 – X A 303/73, BRS 28 Nr. 20, bestätigt durch BVerwG, Urt. v. 17.12.1976 – IV C 6.75, BauR 1977, 109 = BRS 30 Nr. 117 = DÖV 1977, 326),
- **überwiegend ortsfest benutzte Wohn- und Verkaufswagen** (BVerwG, Urt. v. 26.06.1970 – IV C 116.68, BRS 23 Nr. 129 und Beschl. v. 13.03.1973 – IV B 8.72, BRS 27 Nr. 121; OVG Bln, Beschl. v. 13.03.1998 – 2 S 2.98, BRS 60 Nr. 206; BayVGH, Beschl. v. 09.12.2015 – 15 CS 14.943, juris),
- **Camping- und Wochenendplätze** (BayVGH, Beschl. v. 14.11.1994 – 2 CS 94.3111, BRS 56 Nr. 136; OVG Bln, Urt. v. 04.02.1994 – 2 B 2.91, BRS 56 Nr. 80),
- **Hausboote mit Slipanlage** (BVerwG, Beschl. v. 22.07.1970 – IV B 209.69, BRS 23 Nr. 134 = DÖV 1971, 249),
- **Plakattafeln** (BVerwG, Beschl. v. 30.01.1968 – IV B 223.66, BRS 20 Nr. 127 und Urt. v. 03.12.1992 – 4 C 27.91, BRS 54 Nr. 126; VGH B-W, Urt. v. 16.04.2008 – 3 S 3005/06, BRS 73 Nr. 140).

Wenn auch der bauplanungsrechtliche und der bauordnungsrechtliche Begriff der 17 baulichen Anlage nicht übereinstimmen müssen (vgl. BVerwG, Urt. v. 31.08.1973 – IV C 33.71, BRS 27 Nr. 122; OVG NRW, Urt. v. 08.07.2013 – 10 A 662/12, juris), so kann doch von einer weitgehenden inhaltlichen Übereinstimmung der Begriffe

§ 2 Begriffe

ausgegangen werden, die sich **wie zwei sich schneidende Kreise** verhalten. Hieraus lässt sich aber **nicht** schließen, dass der bauplanungsrechtliche Begriff weiter sei als der bauordnungsrechtliche (so Jäde/Dirnberger/Weiß zu § 29 Rn. 9). Bestimmte bauliche Anlagen im Sinne des § 2 Abs. 1 BauO NRW entfalten nämlich erkennbar keine bodenrechtliche Relevanz, wie z.b. Gerüste oder Hilfseinrichtungen zur statischen Sicherung von Bauzuständen. Zu nennen sind hier auch gestalterische oder konstruktive Elemente, wie z.B. Kellerlichtschächte oder Dachflächenfenster, die dem Gestaltungsrecht zuzuweisen sind (vgl. § 9 Rdn. 6 und 7).

18   Der bundesrechtliche Begriff setzt sich aus **zwei Elementen**,
– dem – verhältnismäßig weiten – **Begriff des Bauens** und
– dem einschränkenden Merkmal (möglicher) bodenrechtlicher Relevanz
zusammen, wobei als Bauen in diesem Sinn das Schaffen von Anlagen anzusehen ist, die in einer auf **Dauer** gedachten Weise künstlich mit dem Erdboden verbunden sind. Dabei ist unerheblich, aus welchem Material sie hergestellt sind, ob sie etwa Stück um Stück durch An- oder Aufeinanderfügen und Miteinanderverbinden von Stoffen hergestellt oder aus mehreren Bauteilen zusammengesetzt sind oder nur aus einem einzigen (etwa vorgefertigten) Stück bestehen. Ebenso ist es unerheblich, ob und in welchem Maß es sich um eine **feste** Verbindung mit dem Erdboden handelt (BVerwG, Urt. v. 31.08.1973 – IV C 33.71, BVerwGE 44, 59; OVG NRW, Beschl. v. 06.06.2007 – 7 B 695/07, juris). Unterschiede können sich allenfalls ergeben bei solchen Anlagen, die nach § 2 Abs. 1 Satz 3 BauO NRW fiktiv zu einer baulichen Anlage erklärt werden, wenn deren Flächen unverändert bleiben oder lediglich eingeebnet werden; die Anlagen fallen jedoch dann unter den planungsrechtlichen Begriff, wenn sie auf ihrer Oberfläche mit dauerhaftem Material (z.B. Teer, Bitumen, Steinplatten, Splitt, verdichtetem Grobkies) hergerichtet oder befestigt werden (BVerwG, Urt. v. 07.10.1977 – IV C 47.75, BauR 1978, 30 = BRS 32 Nr. 176 zum unterschiedlichen Begriffsinhalt nach dem Bauplanungs- und Bauordnungsrecht sowie nach dem Fernstraßenrecht).

19   **Aufschüttungen und Abgrabungen größeren Umfangs** sowie **Ausschachtungen** und **Ablagerungen einschließlich Lagerstätten** unterwirft § 29 Abs. 1 BauGB den Regelungen der §§ 30 ff. BauGB, behandelt sie also wie bauliche Anlagen und bildet so einen **Auffangtatbestand** (s. Rdn. 64 und 65). Von Bedeutung ist dies für die dem Anwendungsbereich der Bauordnung entzogenen Anlagen, die der Bergaufsicht unterliegen. Es handelt sich hierbei um eine Teilregelung eines eigenständigen bauplanungsrechtlichen Vorhabenbegriffs ohne Anknüpfung an das Landesbauordnungsrecht. Hierdurch wird sichergestellt, dass für diese Vorgänge wegen ihrer städtebaulichen oder sonstigen bodenrechtlichen Bedeutung eine bauplanungsrechtliche Beurteilung am Maßstab der §§ 30–37 BauGB unabhängig von einem nach Landesrecht erforderlichen Verfahren stattfindet (BVerwG, Beschl. v. 27.07.1990 – 4 B 156.89, BauR 1990, 694 = BRS 50 Nr. 101 = NVwZ 1991, 62 = UPR 1991, 29 = ZfBR 1990, 302).

20   Bauplanungsrechtlich von Bedeutung ist neben dem Begriff der baulichen Anlage auch der der **Bebauung**. Er wird im Städtebaurecht mit unterschiedlichem Inhalt benutzt. Das BauGB differenziert im Vorkaufs- und Enteignungsrecht zwischen »bebauten«,

»geringfügig bebauten« und »unbebauten« Grundstücken (vgl. § 25 Abs. 1 Nr. 1, § 26 Nr. 4, § 45 S. 1, § 85 Abs. 1 Nr. 2 und § 176 Abs. 2 BauGB). In dem dort verwendeten Sinne ist ein Grundstück als **bebaut** anzusehen, wenn sich auf ihm eine bauliche Anlage im Sinne des § 29 Abs. 1 BauGB befindet (BVerwG, Urt. v. 24.10.1996 – 4 C 1.96, BauR 1997, 276 = BRS 58 Nr. 95 = DVBl 1997, 432 = ZfBR 1997; VGH B-W, Urt. v. 25.06.2009 – 5 S 574/08, BauR 2010, 71). Nach § 34 Abs. 1 BauGB reicht ein im Zusammenhang **bebauter** Ortsteil so weit, wie die aufeinanderfolgende Bebauung trotz vorhandener Baulücken den Eindruck der Geschlossenheit bzw. Zusammengehörigkeit vermittelt (BVerwG, Urt. v. 06.11.1968 – IV C 2.66, BVerfGE 31, 20 = BBauBl 1969, 404 = BRS 20 Nr. 35 = DÖV 1969, 645 = DVBl 1969, 262 und Urt. v. 30.06.2015 – 4 C 5/14, BVerwGE 152, 275-283). »Bebauung« im Sinne des § 34 Abs. 1 BauGB ist nicht jede noch so unbedeutende bauliche Anlage. Hierunter fallen nur solche Anlagen, die optisch wahrnehmbar sind und ein gewisses Gewicht haben, so dass sie geeignet sind, ein Gebiet als einen Ortsteil mit bestimmtem Charakter zu prägen (BVerwG, Beschl. v. 05.04.2017 – 4 B 46/16, ZfBR 2017, 471). Ein befestigter Reitplatz in Ortsrandlage nimmt nicht am Bebauungszusammenhang teil (BVerwG, Beschl. v. 06.03.1992 – 4 B 35.92, BauR 1993, 303 = BRS 54 Nr. 64).

2.3 Bauliche Anlagen im sonstigen öffentlichen Recht

Der Begriff »**bauliche Anlage**« findet außer im Bauplanungsrecht und im Bauordnungsrecht auch **in anderen Rechtsvorschriften** Verwendung (vgl. Rdn. 5). Hier sind vor allem das Straßen-, das Denkmal- sowie das Naturschutz- und Landschaftsrecht zu erwähnen, da diese Bereiche in besonderem Maße die Zulässigkeit von Vorhaben beeinflussen und dabei an den bauordnungsrechtlichen Begriff anknüpfen. 21

2.3.1 Bauliche Anlagen im Straßenrecht

Bau- und Straßenrecht stehen wegen verwandter Regelungsbereiche, die die bauplanungsrechtlichen Bestimmungen zum Bau neuer Straßen und den Anbau an vorhandene Straßen betreffen, in enger Verbindung. Mit § 3 der Verordnung über die Regelung der Bebauung vom 15.02.1936 (RGBl I S. 104) und dem Anbauerlass vom 08.09.1936 (RABl I S. 261) erging erstmals eine **reichsrechtliche** Regelung, die die weitgehende Freihaltung der Straßen außerhalb bebauter Ortsteile vom Anbau bezweckte. Diese Vorschriften wurden in das BBauG 1960, in das FStrG und in die Landesstraßengesetze übernommen. Das **straßenrechtliche Anbauverbot** ist im Rahmen der Bauleitplanung als gesetzliche **Planungsbeschränkung** im Sinne eines Planungsleitsatzes zu verstehen und kann nicht im Wege der Abwägung überwunden werden (BVerwG, Urt. v. 22.03.1985 – 4 C 73/82, BVerwGE 71, 163 = NJW 1986, 82). 22

Das **FStrG** und das **StrWG NRW** verwenden in den Vorschriften über Baubeschränkungen entlang klassifizierter Straßen (§ 9 FStrG und § 25 StrWG NRW) die Begriffe »**bauliche Anlage**« und »**Hochbau**«. § 9 Abs. 5a FStrG regelt: als bauliche Anlagen im Sinne dieses Gesetzes gelten auch die im Landesbaurecht den baulichen Anlagen gleichgestellten Anlagen. Der Gesetzgeber hat damit beabsichtigt, dass der Begriff der baulichen Anlage im Sinne des FStrG den der jeweiligen Landesbauordnung 23 einschließt. Wenn auch im StrWG NRW eine entsprechende ausdrückliche Regelung fehlt, kann gleichwohl davon ausgegangen werden, dass für das Landesstraßenrecht nichts anderes gilt.

24 Der im FStrG und im StrWG NRW enthaltene Begriff der baulichen Anlage ist zwar dem Baurecht entnommen, darf aber nicht ausschließlich im Sinne des Landesbauordnungsrechts ausgelegt werden, da ihm neben dem Merkmal des Bauens auch eine **straßenrechtliche Relevanz** zukommt. In aller Regel erfüllt ein Vorhaben, das nach Bauordnungsrecht unter den Begriff der baulichen Anlage fällt, auch den straßenrechtlichen Begriff (BVerwG, Urt. v. 31.08.1973 – IV C 33.71, BVerwGE 44, 59). Darüber hinaus ist eine straßenrechtliche Relevanz anzunehmen, wenn die Anlage nach ihrer Art, Nutzung oder Lage diejenigen straßenrechtlichen Belange berühren kann, deren Berücksichtigung und Sicherung mit den straßenrechtlichen Beschränkungen bezweckt ist (BVerwG, Urt. v. 07.10.1977 – IV C 47.75, BauR 1978, 30 = BRS 32 Nr. 176). Auch eine vom Anwendungsbereich der Bauordnung ausgeschlossene unterirdische Rohrleitung in der Anbauverbotszone oder Anbaubeschränkungszone einer Bundesfernstraße ist daher eine bauliche Anlage im fernstraßenrechtlichen Sinne (BVerwG, Beschl. v. 10.12.1979 – 4 B 254.79, BRS 35 Nr. 148).

25 Der im Straßenrecht verwendete Begriff »**Hochbau**« ist **enger als der Begriff »bauliche Anlage**«. Hierbei handelt es sich um bauliche Anlagen, die sich **über** die Geländeoberfläche erheben und von ihrem Erscheinungsbild oder von ihrer Nutzung her die Sicherheit oder Leichtigkeit des Straßenverkehrs beeinflussen können (BVerwG, Urt. v. 27.02.1970 – IV C 48.67, BRS 23 Nr. 187 zu Zapfsäulen einer Tankstelle). Hierzu rechnen ein aus festem Material errichteter Verkaufsstand (OVG Rh-Pf, Urt. v. 18.05.1972 – 1 A 32/71, BRS 25 Nr. 201) und eine Park- und Bewegungsfläche mit mehr als 60 Stellplätzen (OVG NRW, Urt. v. 16.09.2009 – 10 A 3087/07, BauR 2010, 208). Im Gegensatz zu dem weiteren Begriff »bauliche Anlage« erfasst der straßenrechtliche Hochbaubegriff nur solche Anlagen, die die Erdoberfläche überragende Bauteile aufweisen, da die das Bauwerk umgebende Erdoberfläche den maßgeblichen Bezugspunkt bildet (so Kodal, S. 950, Rn. 33.2).

2.3.2 Bauliche Anlagen im Denkmalrecht

26 Nach dem **DSchG** sind Baudenkmäler solche Denkmäler, die aus **baulichen Anlagen** oder **Teilen baulicher Anlagen** bestehen (§ 2 Abs. 2 DSchG). Nach § 2 Abs. 3 DSchG sind Denkmalbereiche **Mehrheiten von baulichen Anlagen**. Aus der Entstehungsgeschichte des DSchG wird klar, dass hierbei die Legaldefinition des § 2 Abs. 2 BauO NRW gemeint ist, denn der im Gesetzentwurf noch enthaltene in Klammern hinter den Worten bauliche Anlagen gesetzte Zusatz (§ 2 Abs. 2 BauO NW) entfiel, weil man dies mit Blick auf die Regelung des Bauordnungsrechts für entbehrlich erachtete (vgl. Memmesheimer/Upmeier/Schönstein zu § 2 Rn. 53).

27 Es darf aber hierbei nicht verkannt werden, dass der **Baudenkmalbegriff**, der auf dem Begriff der baulichen Anlage aufbaut, nur einen Unterfall des in § 2 Abs. 1 DSchG definierten **weitgespannten Denkmalbegriffs** bildet. Oft hat die Unterschutzstellung nicht nur das Baudenkmal im Sinne des bauordnungsrechtlichen

Begriffs der baulichen Anlage zum Ziel. Zu schützen sind vielmehr alle Sachen, Mehrheiten und Teile von Sachen im Sinne des § 2 Abs. 1 Satz 1 DSchG, an deren Erhaltung und Nutzung ein öffentliches Interesse besteht. Auch Einrichtungsgegenstände, Wanddekorationen, Verzierungen, Bepflanzungen, Möblierungen, die selbst nicht den Begriff der baulichen Anlage erfüllen, können Gegenstand der Unterschutzstellung sein. Dies führt zwangsläufig zu einer weiten Auslegung des Baudenkmalbegriffs, der über den bauordnungsrechtlichen Begriff der baulichen Anlage hinausgeht. Hierfür spricht auch, dass der Gesetzgeber mit § 2 Abs. 2 Sätze 2 und 3 DSchG bestimmte Anlagen als Baudenkmäler fingiert, auch wenn diese selbst keine baulichen Anlagen sind.

Das DSchG ermöglicht die Unterschutzstellung eines **Teils einer baulichen Anlage** 28 als Baudenkmal. In einem solchen Fall darf nur der schutzwürdige Teilbereich in die Denkmalliste eingetragen werden. Voraussetzung hierfür ist allerdings, dass sich der Teil der baulichen Anlage von dem übrigen nicht schutzwürdigen Teil abgrenzen lässt. Beispielsweise kann der Denkmalschutz auf das Äußere eines Gebäudes beschränkt werden, wenn das Innere ausgekernt werden muss (vgl. OVG NRW, Urt. v. 24.11.1987 – 7 A 36/86, n.v.). Es stellt sich hierbei aber sofort die Frage, ob der Begriff »Teil einer baulichen Anlage« nach bauordnungsrechtlichen Kriterien auszulegen ist. Dies hätte zur Folge, dass baurechtliche bzw. bautechnische Gesichtspunkte für die Abgrenzung maßgebend wären. Hierzu hat das OVG NRW in seinem Urt. v. 02.11.1988 (– 7 A 2826/86, BRS 48 Nr. 117) ausgeführt:

»Bei der Frage, ob Teile von Anlagen eigenständig denkmalschutzrechtlichen Bewer- 29
tungen zugänglich sind, kommt es nicht auf eine bautechnische Verbindung dieser Teile mit anderen Teilen der Anlage oder auf zivilrechtliche oder baurechtliche Zuordnungen an, sondern darauf, ob Teile einer Anlage in denkmalrechtlicher Hinsicht abtrennbar sein können. Dieses im vorliegenden Zusammenhang maßgebliche Abgrenzungskriterium hat im Gesetzgebungsverfahren seinen Niederschlag gefunden und entspricht dem Zweck des den Denkmalschutz regelnden Spezialgesetzes; vgl. Begründung des Gesetzentwurfs, LT-Drucks. 8/4492, S. 28 zu § 2 des Entwurfs.«

2.3.3 Bauliche Anlagen im Naturschutz- und Landschaftsrecht

Durch **Art. 5 Inv-WoBaulG** hat der Bundesgesetzgeber die **naturschutzrechtliche** 30 **Eingriffsregelung** als unmittelbar geltendes Bundesrecht in das **BNatschG** aufgenommen und später durch **Art. 7 BauROG** neu gefasst. § 18 Abs. 2 BNatschG nimmt auf den Vorhabenbegriff des § 29 Abs. 1 BauGB und damit indirekt auf den bauplanungsrechtlichen Begriff der baulichen Anlage Bezug, § 18 Abs. 3 BNatschG nimmt zudem auch direkt auf den Begriff der baulichen Anlage Bezug. Die Legaldefinition des **Eingriffs** ergibt sich aus § 14 Abs. 1 BNatschG in Verbindung mit § 30 Abs. 1 LNatSchG NRW.

Die **Eingriffsregelung** zielt auf Vermeidung nachteiliger Beeinträchtigungen von Na- 31 tur und Landschaft bei der Realisierung von Eingriffen (vgl. Kuschnerus, Die naturschutzrechtliche Eingriffsregelung, NVwZ 1996, S. 235 ff.). § 18 BNatschG zielt auf die erstmalige Beplanung und Bebauung freier Flächen, denn auf Vorhaben nach § 34

§ 2 Begriffe

BauGB darf die Eingriffsregelung gemäß § 18 Abs. 2 BNatschG nicht angewendet werden. § 18 Abs. 2 BNatschG verdrängt nicht den Schutz bestimmter Biotope nach § 30 Abs. 2 BNatschG (BVerwG, Beschl. v. 21.12.1994 – 4 B 266.94, BauR 1995, 229 = BRS 56 Nr. 230).

32 Der Vollzug der Eingriffsregelung gestaltet sich nicht ohne Probleme, da der »**Positiv-Katalog**« des § 30 Abs. 1 LNatSchG NRW als Eingriffe unter anderem die Errichtung oder wesentliche Änderung von **baulichen Anlagen** im Sinne von § 2 Abs. 1 BauO NRW aufführt, so dass Feinheiten des bauordnungsrechtlichen Begriffsinhalts Auswirkungen auf die Auslegung des Landschaftsrechts haben.

33 Das **Bauverbot** des § 61 Abs. 1 BNatschG außerhalb der im Zusammenhang bebauten Ortsteile an Bundeswasserstraßen, Gewässern erster Ordnung sowie an stehenden Gewässern mit einer Fläche von mehr als 1 ha in einem Abstand von 50 m von der Uferlinie gilt für **bauliche Anlagen**, ohne dass ausdrücklich auf die Bauordnung Bezug genommen wird. Aus dem Regelungszusammenhang des § 61 Abs. 1 BNatschG und des Abs. 2 lässt sich entnehmen, dass nicht allein der bauordnungsrechtliche Begriff gemeint sein kann. Denn die Nichtanwendungsregelung des Abs. 2 erfasst auch bauliche Anlagen, die vom Anwendungsbereich der Bauordnung ausgenommen sind. Daher ist dem Begriff »bauliche Anlage« in § 61 Abs. 1 BNatschG eine **landschaftsrechtliche Relevanz** zuzubilligen.

2.4 Bauliche Anlagen im Bauordnungsrecht

34 Abs. 1 Satz 1 definiert den Begriff der baulichen Anlage durch eine **Aufzählung von Tatbestandsmerkmalen**. Satz 2 erläutert und erweitert diese Tatbestandsmerkmale. Satz 3 erklärt darüber hinaus bestimmte Anlagen bzw. Maßnahmen, für die die Tatbestandsmerkmale der Sätze 1 und 2 nicht zuzutreffen brauchen, **fiktiv** zu baulichen Anlagen. Satz 4 bestimmt, wie weit der Anlagenbegriff reicht. Diese sehr **weit gefasste Definition** der baulichen Anlagen kann bei ihrer Auslegung Anlass zu **Abgrenzungsschwierigkeiten** geben. So sind bei der Inhaltsbestimmung der allgemeine Sprachgebrauch, die Verkehrsauffassung, aber auch eine natürliche Betrachtungsweise mitbestimmend. Insbesondere jedoch sind Ziel und Zweck des Bauordnungsrechts von Bedeutung, ob nämlich die bauliche Anlage geeignet ist, die mit der materiellen Baurechtsgesetzgebung verfolgten Zwecke zu beeinflussen (OVG NRW, Urt. v. 10.02.1966 – VII A 421/65, BRS 17 Nr. 99 = NJW 1966, 1938). Der Begriff der baulichen Anlage soll alle Anlagen einschließen, von denen die für Bauwerke typischen Gefahren ausgehen können, die soziale oder baukulturelle Auswirkungen haben, die das Bauordnungsrecht steuern soll, oder die Einfluss auf die städtebauliche Entwicklung haben (vgl. Große-Suchsdorf zu § 2 Rn. 6). Dieses Bestreben, alles zu erfassen, was für die Zwecke des öffentlichen Baurechts bedeutsam sein kann, ist bei der Inhaltsbestimmung, insbesondere bei der Klärung von Zweifelsfragen, zu berücksichtigen (vgl. OVG NRW, Urt. v. 10.02.1966 – VII A 421/65, BRS 17 Nr. 99 = NJW 1966, 1938). Die Zweckbestimmung der Anlage selbst und auch ihre Nutzung sind für die Inhaltsbestimmung des Begriffs nur von untergeordneter Bedeutung.

2.4.1 Zu Abs. 1 Satz 1

Nach Satz 1 charakterisieren folgende **Tatbestandsmerkmale** die **bauliche Anlage**: 35
- sie muss mit dem Erdboden verbunden sein, und
- sie muss aus Bauprodukten hergestellt sein.

Das Tatbestandsmerkmal »aus Bauprodukten hergestellt« beinhaltet wiederum die 36 Teilmerkmale »**aus Bauprodukten**« und »**hergestellt**«, so dass man eigentlich von insgesamt drei Tatbestandsvoraussetzungen ausgehen muss (vgl. Jeromin zu § 2 Rn. 7), die in Verbindung mit dem Adjektiv »**baulich**« stehen, das verwendet wird, um zum weiter gefassten Anlagenbegriff abzugrenzen (vgl. Rdn. 6–10). Der Begriff »**Herstellung**« will verdeutlichen, dass eine bauliche Anlage stets einen **baulichen** Vorgang voraussetzt. Eine naturbelassene Grundstücksfläche ist somit keine bauliche Anlage im Sinne des Bauordnungsrechts (OVG Saar, Urt. v. 09.02.1990 – 2 R 306/87, BRS 50 Nr. 147), ebenso die Bepflanzung, z.B. eine lebende Hecke (OVG Rh-Pf, Urt. v. 15.06.2004 – 8 A 10464/04, BauR 2004, 1600 = BRS 67 Nr. 164). Daher hat der Gesetzgeber die **Grundstücke** sowie **andere Anlagen und Einrichtungen**, an die das Bauordnungsrecht Anforderungen stellt, in § 1 Abs. 1 Satz 2 BauO NRW ausdrücklich erwähnt (vgl. § 1 Rdn. 29 und 42–43).

Die **Verbindung mit dem Erdboden** – auch als Merkmal der »**Ortsfestigkeit**« be- 37 zeichnet – ist in jedem Fall gegeben, wenn die bauliche Anlage auf einem eigenen **Fundament** ruht (z.B. Gebäude in herkömmlicher Bauart oder Mauern), wenn sie **verankert** ist (z.B. Maste, Holzzäune, Pergolen) oder wenn sie ganz oder teilweise im Erdboden **versenkt** wird (z.B. Schwimmbecken, Tunnel, Rohrleitungen). Die Verbindung mit dem Erdboden kann auch **indirekt** durch Befestigung einer baulichen Anlage an einer anderen baulichen Anlage gegeben sein, wie dies z.B. bei einer **Parabolantenne auf dem Dach** (Hess. VGH, Urt. v. 16.07.1998 – 4 UE 1706/94, BRS 60 Nr. 102 = NVwZ-RR 1999, 297), einem **Schaukasten für Wechselwerbung** bzw. einer **Plakattafel an einer Wand** (BVerwG, Urt. v. 03.12.1992 – 4 C 27.91, BRS 54 Nr. 126 und VGH B-W, Beschl. v. 15.12.1989 – 8 S 3006/89, BRS 50 Nr. 142) oder einem **Treppenlift** der Fall ist (VG Gelsenkirchen, Urt. v. 26.09.2012 – 5 K 2704/12, juris). Wesentliches Merkmal ist die unmittelbare oder indirekte Verbindung mit dem **Erd**boden im Gegensatz zur bestimmungsgemäßen Aufstellung von Möbeln oder Einrichtungsgegenständen im Innern von Gebäuden.

Die künstliche Verbindung mit dem Erdboden wird auch zur Auslegung des bau- 38 planungsrechtlichen Begriffs der baulichen Anlage herangezogen (s. Rdn. 15). Danach ist es erforderlich, dass eine bauliche Anlage zumindest in der Absicht **auf Dauer** künstlich mit dem Erdboden verbunden wird. Unerheblich ist, aus welchem Material sie besteht und ob sie »Stück um Stück« durch An- oder Aufeinanderfügen und Miteinanderverbinden von Bauprodukten hergestellt oder gar aus mehreren Bauteilen zusammengesetzt wurde. So bildet beispielsweise eine Dunglege mit einer Mauer eine einheitliche bauliche Anlage und kann nicht in eine Einfriedung und eine Dungstätte »zerlegt« werden, um die Vorschriften über Abstände und Abstandsflächen zu unterlaufen (Nds. OVG, Urt. v. 18.02.1993 – 1 L 246/89, BRS 55 Nr. 84). Es kommt auch nicht darauf an, ob der Vorgang des Verbindens nur für einen verhältnismäßig

§ 2 Begriffe

kurzen Zeitraum erfolgt, z.B. bei einer **Tragluftschwimmhalle** im Garten nur während der Sommermonate. Auch die ständige Wiederholung eines solchen Vorgangs erfüllt das Merkmal der Dauerhaftigkeit (BVerwG, Urt. v. 17.12.1976 – IV C 6.75, BauR 1977, 109 = BRS 30 Nr. 117 = DÖV 1977, 326 = NJW 1977, 2090; BayVGH, Urt. v. 09.10.1986 – Nr. 26 B 84 A. 2610, BRS 46 Nr. 133; OVG NRW, Urt. v. 16.05.1997 – 7 A 6272/95, BRS 59 Nr. 140; Nds. OVG, Beschl. v. 10.06.2005 – 1 LA 166/04, juris; BayVGH, Beschl. v. 26.07.2006 – 1 CE 06.1937, juris).

39 Die **Herstellung aus Bauprodukten** bedingt eine **Bautätigkeit des Menschen**; die bauliche Anlage muss von Menschen geschaffen sein. Das Wort »Bauprodukt« hat die lange genutzte Formulierung »**Baustoffe und Bauteile**« ersetzt. Der Begriff Bauprodukt hat jedoch einen von dem Begriffspaar »Baustoffe und Bauteile« leicht abweichenden Inhalt (vgl. Rdn. 332 ff.), da er auf die Herstellung zum Zwecke des dauerhaften Einbaus in bauliche Anlagen abstellt. Eine **Naturhöhle** oder etwas Gewachsenes wie eine Hecke kann somit **keine** bauliche Anlage sein.

40 **Baustoffe** sind natürliche oder künstliche Stoffe, die zur Herstellung von Bauteilen dienen, wie z.B. Natursteine, Naturschiefer, Ziegel, Holz, Kies, Sand, Kalk, Zement, Glas, Kunststoff, Metall. Sie kommen in natürlicher oder künstlicher Form, ungeformt oder geformt, vor und können in Verbindung miteinander zu weiteren Baustoffen führen – Beispiel: aus Sand, Kalk und Zement wird Mörtel. In der Regel werden aus Baustoffen Bauteile hergestellt – Beispiel: aus Holz und Glas entstehen Fenster (vgl. VGH B-W, Urt. v. 25.11.1982 – 3 S 2138/82, BRS 39 Nr. 144). Baustoffe können auch allein zur Herstellung baulicher Anlagen verwendet werden – Beispiel: Lagerplatzbefestigung aus Sand und Kies. Selbst ein **mit nur einem Baustoff** (Schotter) **befestigter Weg** ist eine bauliche Anlage (OVG Lüneburg, Urt. v. 10.06.1977 – XI A 651/76, BRS 32 Nr. 120).

41 **Bauteile** sind aus Baustoffen hergestellte Teile, die dazu bestimmt sind, allein oder zusammen mit Baustoffen oder anderen Bauteilen Bestandteil einer baulichen Anlage zu werden (VGH B-W, Urt. v. 25.11.1982 – 3 S 2138/82, BRS 39 Nr. 144), wie z.B. Wände, Decken, Dächer, Böden, Treppen, Fenster, Türen. Ein Bauteil ist in der Regel nur Teil einer baulichen Anlage, wie dies § 62 Abs. 1 Nr. 11 BauO NRW für nichttragende oder nichtaussteifende Bauteile zum Ausdruck bringt. Den zur Verdeutlichung des Begriffs »Bauteil« beigefügten Beispielen ist allesamt gemein, dass sie »bestimmungsgemäß« hinsichtlich ihrer Funktion unselbständigen Charakter haben. Doch kann auch ein einzelnes Bauteil eine bauliche Anlage sein, so z.B. eine **Sichtschutzwand** oder eine **Plakattafel**.

42 Hat ein Bauteil hinsichtlich seiner Funktion **selbständigen Charakter**, dann verleiht die funktionale Selbständigkeit des Bauteiles der Anlage die Eigenschaft einer baulichen Anlage (VGH B-W, Urt. v. 25.11.1982 – 3 S 2138/82, BRS 39 Nr. 144; OVG Schl-H, Beschl. v. 12.12.2014 – 1 LA 57/14, juris). Werbeanlagen in Form von am Gebäude angebrachten Ausstecktransparenten oder Werbeschürzen sind regelmäßig auch Bauteile im Sinne des Bauordnungsrechts (OVG NRW, Urt. v. 19.05.1981 – 11 A 2414/79, BRS 38 Nr. 145). Die BauO NRW verwendet den **Begriff** »**Bauteil**« auch für **Gebäudeteile**, so z.B. in § 6 Abs. 7, spricht aber auch direkt

von Gebäudeteilen, so z.B. in § 30 Abs. 6 sowie in § 32 Abs. 5, und meint damit größere Gebäudesegmente oder Gebäudeabschnitte. Bauteile nach Bauordnungsrecht dürfen nicht einfach mit den Gebäudeteilen nach Bauplanungsrecht (vgl. z.B. § 23 Abs. 2 und 3 BauNVO) gleichgesetzt werden (vgl. Rdn. 139–145).

Eine bauliche Anlage braucht **nicht kumulativ** aus Baustoffen und Bauteilen zu bestehen (OVG Lüneburg, Urt. v. 10.06.1971 – I A 101/76, BRS 32 Nr. 120). Baustoffe oder Bauteile für sich allein erfüllen noch nicht die Tatbestandsmerkmale einer baulichen Anlage. So ist eine Anhäufung von Steinen (als Baustoff) so lange keine bauliche Anlage, wie diese nicht zumindest zu einer Trockenmauer zusammengefügt werden. Die Grenze zwischen Baustoff und Bauteil ist fließend, rechtlich jedoch ohne Bedeutung. Schon ein Raum, der lediglich aus einer mit Markisenstoff überspannten Rahmenkonstruktion geschaffen wird, ist eine bauliche Anlage (OVG Lüneburg, Beschl. v. 26.02.1980 – 6 A 86/79, BRS 36 Nr. 151), wie auch ein ähnlich konstruierter Verkaufsstand (VGH B-W, Urt. v. 10.04.1973 – III 2/72, BRS 27 Nr. 124). Wie die Beispiele zeigen, bedarf es nicht erst des Zusammenfügens von Baustoffen und Bauteilen. Die Bauordnung soll auf alle Anlagen anwendbar sein, die baurechtlich relevante Auswirkungen entfalten können. 43

Beispiele aus der Rechtsprechung: 44
– ein über 30 m hoher **Betonmast** zum Tragen der Beleuchtung eines Parkplatzes (OVG Lüneburg, Beschl. v. 28.02.1974 – I B 160/73, BRS 28 Nr. 93),
– ein **Bremsenprüfstand**, bestehend aus Betongrube und Prüfmaschinerie (BayVGH, Urt. v. 30.05.1974 – Nr. 253 II 73, BRS 28 Nr. 92),
– ein 2 m hoher **Bretterzaun** (OVG NRW, Urt. v. 20.04.1972 – VII A 250/70, BRS 25 Nr. 125),
– ein mit Kiesschüttung befestigter und mit einer 1,5 m hohen Umwehrung aus Kanthölzern versehener **Dressurplatz** (OVG Lüneburg, Urt. v. 06.02.1984 – 6 A 40/83, BRS 42 Nr. 154),
– ein **Friedhof** mit Wegen als Verbindung zu den einzelnen Grabstätten (VGH B-W, Beschl. v. 29.03.1999 – 3 S 718/99, VBlBW 1999, 309),
– ein mit Grobsplitt nach Abschieben des Untergrundes befestigter **Lagerplatz** (BVerwG, Beschl. v. 18.12.1995 – 4 B 260.95, BauR 1996, 362 = BRS 57 Nr. 107),
– eine **Kleingartenanlage** mit Wegen und Plätzen (OVG NRW, Beschl. v. 30.11. 1987 – 7 B 3066/87, NWVBl. 1988, 115 und Beschl. v. 04.12.2009 – 10 A 1671/09, BauR 2010, 906),
– ein mit Splitt befestigter **Lager- und Ausstellungsplatz** (BVerwG, Urt. v. 14.01. 1993 – 4 C 33.90, BauR 1993, 435 = BRS 55 Nr. 81; VGH B-W, Beschl. v. 11.03.2010 – 2 S 65/10, juris),
– ein **Maschendrahtzaun** (Hess. VGH, Urt. v. 02.08.1985 – 4 OE 2/83, BRS 44 Nr. 73),
– eine **Mobilfunkanlage** (OVG NRW, Beschl. v. 10.02.1999 – 7 B 974/98, BRS 62 Nr. 133; Hess. VGH, Beschl. v. 29.07.1999 – 4 TG 2118/99, BRS 62 Nr. 83 = DÖV 2000, 335 = NVwZ 2000, 694; VGH B-W, Beschl. v. 15.01.2013, juris; vgl. auch Rdn. 50),

§ 2 Begriffe

- eine durch eine verdichtete Grobkiesschüttung oder andere untereinander verbundene Materialien hergestellte **Parkplatzfläche** (VGH B-W, Urt. v. 19.12.1984 – 8 S 2036/84, BRS 44 Nr. 226; Hess. VGH, Beschl. v. 06.11.1991 – 3 TH 2207/91, NVwZ-RR 1992, 468; BVerwG, Urt. v. 07.10.1977 – IV C 47.75, BRS 32 Nr. 176),
- eine **Plakatanschlagtafel** auf Stützen (Hess. VGH, Urt. v. 26.11.1974 – IV OE 38/73, BRS 28 Nr. 85; OVG NRW, Urt. v. 19.05.1981 – 11 A 2414/79, BRS 38 Nr. 145),
- ein mit Drainage, Unterbau, Sandauffüllung und Baumstammeinfassung ausgestatteter **Reitplatz** (BVerwG, Beschl. v. 06.03.1992 – 4 B 35.92, BRS 54 Nr. 64),
- eine im Erdboden verlegte **Rohrleitung** (BVerwG, Beschl. v. 10.12.1979 – 4 B 254.79, BRS 35 Nr. 148),
- ein **Schotterweg** (OVG Lüneburg, Urt. v. 10.06.1977 – XI A 651/76, BRS 32 Nr. 120),
- ein eingefriedeter **Tennisplatz** (BayVGH, Urt. v. 12.07.1977 – Nr. 314 I 74, BRS 32 Nr. 121), dessen Spielfläche 0,60 m tief ausgekoffert, mit Kies und Schlacke verfüllt und verdichtet sowie mit Netzpfosten und einer Einfriedung versehen werden sollte,
- eine **Tennisübungswand** mit asphaltierter Spielfläche (OVG Saar, Urt. v. 14.09. 1984 – 2 R 248/83, BRS 42 Nr. 70),
- eine **Traglufthalle** (OVG NRW, Urt. v. 12.11.1974 – X A 303/73, BRS 28 Nr. 20; vgl. auch die weiteren Rechtsprechungsnachweise bei Rdn. 38),
- eine **Windenergieanlage** (OVG NRW, Urt. v. 12.07.1983 – 7 A 2119/81, BRS 40 Nr. 86 und Beschl. v. 06.07.1992 – 7 B 2904/91, BRS 54 Nr. 197; vgl. auch Rdn. 50).

45 Schwierig ist häufig die **Abgrenzung zur Maschine**, zumal Maschinen in aller Regel aus Bauprodukten hergestellt sind und Auswirkungen haben können, die das Bauordnungsrecht erfassen will. Maschinen können in bauliche Anlagen eingebaut sein. Auch schließt das Bauordnungsrecht nicht aus, dass Teile einer baulichen Anlage sich bewegen dürfen. Jedoch muss man den Begriff der Maschine und den der baulichen Anlage gegeneinander abgrenzen. Es ist hier zu unterscheiden zwischen den Maschinen und den von Maschinen bewegten oder angetriebenen baulichen Anlagen. Zu Letzteren zählen z.B. Kräne, Aufzüge, Rolltreppen und Karussells; Karussells zählen zu den in § 78 BauO NRW geregelten **Fliegenden Bauten**, während für Kräne nach § 1 Abs. 2 Nr. 5 die BauO NRW nicht gilt (vgl. § 1 Rdn. 189–193).

46 **Maschinen** sind aus festen und beweglichen Teilen zusammengesetzte Vorrichtungen, die als selbständige technische Gebilde von baulichen Anlagen unabhängig erfasst werden (BayVGH, Ut. v. 10.03.1976 – Nr. 326 II 74, n.v.). Sichere Funktion und sicherer Betrieb sind im **ProdSG** und den dazu ergangenen Rechtsverordnungen geregelt.

47 Eine **Legaldefinition der Maschine** enthalten §§ 1, 2 **Maschinenverordnung** – 9. GPSGV vom 12.05.1993 (BGBl. I S. 704), z.g.d. G vom 08.11.2011 (BGBl. I S.2178).

Es ist zu beachten, dass § 1 Maschinenverordnung **verschiedene Anlagen** vom Anwendungsbereich **ausnimmt**, wie z.B. bestimmte Beförderungsmittel. 48

Die Herstellung einer baulichen Anlage setzt eine **Bautätigkeit** unter der Verwendung von Bauprodukten voraus. Diese Bautätigkeit unterscheidet sich von der Herstellung von Maschinen. Im Sprachgebrauch verwendet man für letztere Tätigkeit den Begriff »**Maschinenbau**«, ähnlich wie für die Herstellung von Fahrzeugen der Begriff »Fahrzeugbau« üblich ist. In jedem Fall sind Maschinen **Anlagen**, für die nach § 1 Abs. 1 Satz 2 die BauO NRW dann gilt, wenn innerhalb des Gesetzes Anforderungen an diese Anlagen gestellt werden (vgl. § 1 Rdn. 42–43). Zu solchen Anlagen zählen z.b. 49
– Maschinen als Bestandteil von Feuerungs-, Wärme- oder Brennstoffversorgungsanlagen, wie Verbrennungsmotoren, Verdichter, Wärmepumpen, an deren Aufstellung § 43 Abs. 2 BauO NRW Anforderungen stellt, oder
– Ersatzstromversorgungsanlagen, an deren Erfordernis und Beschaffenheit mehrere Sonderbauverordnungen Anforderungen stellen.

Die Problematik wird am **Beispiel** der **Windenergieanlagen** deutlich. Deren wesentliche Teile, nämlich der energieerzeugende Rotor mit Mechanik und Stromerzeugungsaggregat, fallen unter den Maschinenbegriff. Andererseits ist der Rotor auf einem Mast angebracht, der selbst wiederum eine bauliche Anlage darstellt. Da der Rotor funktionell mit dem Mast verbunden ist, muss die Anlage insgesamt als bauliche Anlage bewertet werden. Die **bauplanungsrechtliche Relevanz** von Windkraftanlagen ist vom BVerwG anerkannt (Urt. v. 16.06.1994 – 4 C 20.93, BauR 1994, 730 = BRS 56 Nr. 72). 50

2.4.2 Zu Abs. 1 Satz 2

Ein eigenes Fundament oder auch eine feste bzw. untrennbare Verbindung mit dem Erdboden (vgl. Rdn. 37) ist jedoch nicht alleinige Voraussetzung. Der Erdverbundenheit gleichgestellt sind drei alternative Zustände, nämlich wenn die Anlage 51
– **durch eigene Schwere** auf dem Boden ruht oder
– auf **ortsfesten Bahnen** begrenzt beweglich ist oder
– nach ihrem Verwendungszweck dazu bestimmt ist, **überwiegend ortsfest benutzt** zu werden.

Das Tatbestandsmerkmal der Verbindung mit dem Erdboden **durch eigene Schwere** bedarf der Auslegung, da letztlich alle Gegenstände – insbesondere auch solche, die aus Baustoffen oder aus Bauteilen zusammengefügt sind – durch eigene Schwere auf dem Erdboden ruhen, wenn sie insgesamt ein höheres spezifisches Gewicht als Luft haben. Danach wären schon Möbelstücke wie Tische oder Stühle bauliche Anlagen. Wenn jedoch der Gesetzgeber die **Schwere des Ruhens** auf dem Erdboden zum Kriterium der Verfestigung mit dem Boden macht, erfüllen leicht bewegliche und damit jederzeit ortsveränderliche Gegenstände nicht diesen Tatbestand. Somit scheiden solche Gegenstände als bauliche Anlagen aus, die ohne technische Hilfsmittel (wie Kräne oder Traktoren) jederzeit wegbewegt werden können, sofern sie nicht dem Tatbestand der überwiegend ortsfesten Nutzung unterfallen (vgl. Rdn. 57). 52

§ 2 Begriffe

53 Werden andererseits an sich **leicht bewegliche Gegenstände** mit dem Erdboden durch **Verankerung** verfestigt, wie z.B. Tische und Bänke in Park- oder Freizeitanlagen oder Spielgeräte auf Spiel- oder Sportplätzen, so sind sie bauliche Anlagen. So waren zwei vor dem Erdgeschossfenster eines an eine Parkanlage angrenzenden Wohngebäudes aufgestellte **Parkbänke** Gegenstand eines Verwaltungsstreitverfahrens; diese wurden vom Gericht als bauliche Anlagen angesehen und daraufhin überprüft, ob von ihnen im Hinblick auf § 6 Abs. 10 BauO NW 1984 Wirkungen wie von Gebäuden ausgehen (OVG NRW, Urt. v. 16.09.1985 – 15 A 2856/83, BauR 1986, 77 = BRS 44 Nr. 188). Dagegen wurden Tische, Stühle und Sonnenschirme in einem Biergarten nicht als bauliche Anlagen bewertet, da sie ohne Weiteres bewegt werden können (OVG NRW, Beschl. v. 17.06.2011 – 2 A 1276/10, BauR 2011, 1798).

54 Die **Abgrenzungsproblematik** ergibt sich nicht bei den gewöhnlich vorkommenden Gegenständen bauaufsichtlicher Prüfung, sondern vornehmlich aus Anlass von Nachbarstreitigkeiten. Es kommt dann darauf an, ob die Anlage im Hinblick auf die Schutzgüter des Bauordnungsrechts einer bauaufsichtlichen Kontrolle unterworfen werden muss (vgl. Boeddinghaus/Hahn/Schulte zu § 2, Rn. 9). Dabei darf das Ruhen durch eigene Schwere nicht allein aus bautechnischer Sicht betrachtet werden, vielmehr ist die **Funktion der zu beurteilenden Anlage** einzubeziehen. Wird z.B. die Verbindung einer Traglufthalle mit dem Boden dadurch bewirkt, dass die Kunststoffhülle wasserfassende Kammern enthält, um als Ballastgewicht zu dienen, reicht dies für ein Ruhen durch eigene Schwere aus (BVerwG, Urt. v. 17.12.1976 – IV C 6.75, BRS 30 Nr. 117 = DÖV 1977, 326 und OVG NRW, Urt. v. 12.11.1974 – X A 303/73, BRS 28 Nr. 20).

55 Anlagen, die abgebaut und anderswo wieder aufgestellt werden können und die somit an sich **ortsveränderlich** sind, wie Mobilheime, Baubuden, zu Aufenthaltszwecken nutzbare Container, Kioske, erhalten dann eine **Ortsfestigkeit** und damit ihre Verbindung mit dem Erdboden, wenn sie so aufgestellt werden, dass sie nicht ohne technische Hilfsmittel wie Traktoren oder Kräne wegbewegt werden können oder aber andere technische Maßnahmen wie die Zerlegung erforderlich werden.

56 Nach § 2 Abs. 1 Satz 2 BauO NRW besteht eine Verbindung mit dem Erdboden auch dann, wenn die Anlage **auf ortsfesten Bahnen begrenzt beweglich** ist. Hierzu zählen z.B. Schiebebühnen, Drehscheiben, Portal- und Laufkräne. Zu beachten ist, dass Kräne gemäß § 1 Abs. 2 Nr. 5 BauO NRW vom Anwendungsbereich ausgenommen sind (vgl. § 1 Rdn. 189–193). Das Aufstellen einer 9 t schweren **Dampflokomotive auf einem Privatgrundstück** ist als weiteres Beispiel zu nennen (VGH B-W, Urt. v. 01.02.1993 – 8 S 1594/92, BRS 55 Nr. 194). Ist eine Fortbewegung auf einer Bahnlinie oder in ein Bahnnetz hinein möglich, kann nicht mehr von einer »begrenzten« Beweglichkeit ausgegangen werden. Diese Anlagen unterliegen als Anschlussbahnen, Bergbahnen oder Seilbahnen dem Eisenbahnrecht und sind vom Anwendungsbereich der BauO NRW ausgenommen (vgl. § 1 Rdn. 81 ff.).

57 Nach § 2 Abs. 1 Satz 2 BauO NRW besteht eine Verbindung mit dem Erdboden auch dann, wenn die Anlage nach ihrem **Verwendungszweck** dazu bestimmt ist, **überwiegend ortsfest benutzt** zu werden. Die zum Begriff der baulichen Anlage gehörende

verfestigte Grundstücksbeziehung wird durch einen ortsfesten Verwendungszweck der jeweiligen Anlage hergestellt. Ob eine Anlage hierunter fällt, lässt sich nur durch eine wertende Betrachtung ermitteln. Hierzu zählen Anlagen, die für sich jederzeit ortsveränderlich sind, die aber durch überwiegend ortsfeste Nutzung zu einer baulichen Anlage gemacht werden. Dies können Wagen oder andere fahrbare Anlagen jeder Art sein. So ist ein **Bienenwagen**, der über 7 Monate an demselben Platz steht und überwiegend ortsfest benutzt wird, damit eine bauliche Anlage (OVG NRW, Urt. v. 05.12.1974 – XI A 191/73, BRS 28 Nr. 30).

Von dieser Regelung werden vor allem **Wohnwagen** und **Verkaufswagen** erfasst. Erst wenn **beide** Kriterien – das der **Ortsfestigkeit der Nutzung** und das der **Nutzung zu ihrem Verwendungszweck** – zusammentreffen, wird aus der Anlage eine bauliche Anlage. Wird ein solcher Wagen – auch für einen längeren Zeitraum – an einem Ort auf- bzw. abgestellt, jedoch nicht zu einem bestimmten Zweck genutzt, wie dies bei zum Verkauf bestimmten Wohnwagen eines Herstellers auf dem Fabrikgelände der Fall sein kann, so wird der Wagen selbst dadurch noch nicht zu einer baulichen Anlage – allenfalls die Fläche, auf der er auf- bzw. abgestellt wird (vgl. Rdn. 74). Auch ein Wagen, der zwar zu seinem Verwendungszweck (z.B. Wohnen), jedoch nicht ortsfest, sondern mobil (z.B. zum Wohnwandern) genutzt wird, ist keine bauliche Anlage – jedoch kann die zum wiederkehrenden Abstellen bestimmte Platzanlage (z.B. Campingplatz) eine bauliche Anlage sein (vgl. Rdn. 89). Von einer Ortsfestigkeit ist auszugehen, wenn ein zum Straßenverkehr zugelassener **Werbeanhänger** mit Werbeplakaten für längere Zeit oder immer wieder für kürzere Zeiten auf demselben Grundstück abgestellt wird, um Werbung zu betreiben (OVG NRW, Beschl. v. 17.02.1998 – 11 A 5274/96, BRS 60 Nr. 130) oder wenn ein **Wohnmobil zur Prostitutionsausübung** – durch einen Pachtvertrag abgesichert – regelmäßig auf derselben Parkfläche steht (OVG NRW, Beschl. v. 31.10.2011 – 2 B 1091/11, juris). 58

Die Aufstellung eines **Wohnwagens** ist der Errichtung eines Wochenendhauses gleichzusetzen, wenn dieser für längere Zeit aufgestellt wird und nach Art, Standort und den zur Nutzung geschaffenen Einrichtungen dem unbefangenen Beobachter den Eindruck vermittelt, dass er als Ersatz für ein Wochenendhaus dient (BVerwG, Urt. v. 26.06. 1970 – IV C 116.68, BRS 23 Nr. 129 = DÖV 1971, 638; OVG Lüneburg, Urt. v. 16.01.1967 – I A 65/65, BRS 18 Nr. 40; OVG Bln-Bbg, Beschl. v. 28.02.2012 – OVG 10 S 32.11, juris). Die wiederkehrende Aufstellung und Benutzung eines Wohnwagens auf dem gleichen Grundstück an Wochenenden oder gar während eines ganzen Sommers stellt eine überwiegend ortsfeste Nutzung dar, wobei gelegentliche Unterbrechungen unbeachtlich sind (Hess. VGH, Beschl. v. 22.08.1986 – 3 TH 2137/86, BRS 46 Nr. 136). Die Vorschrift will auch verhindern, dass als transportable Unterkünfte für Ausflugs- und Ferienfahrten dienende Wohnwagen (VGH B-W, Urt. v. 20.11.1970 – IV C 116.68, BRS 23 Nr. 69) unter Umgehung der für bauliche Anlagen geltenden Vorschriften **als Wochenendhausersatz** benutzt werden. 59

Verkaufswagen erfüllen die Tatbestandsmerkmale einer baulichen Anlage, wenn aus der Art ihrer Aufstellung ersichtlich ist, dass sie in der Hauptsache als ortsfeste 60

§ 2 Begriffe

Anlagen benutzt werden sollen (OVG NRW, Beschl. v. 04.09.1968 – VII B 469/68, BRS 20 Nr. 198; OVG Bln, Urt. v. 01.10.1976 – II B 106.75, BRS 30 Nr. 181; OVG Saar, Urt. v. 22.09.1992 – 2 R 8/92, BRS 54 Nr. 141; Nds. OVG, Beschl. v. 30.11.1992 – 1 M 4620/92, BRS 54 Nr. 142; OVG NRW, Urt. v. 17.02.2009 – 10 A 793/07, BauR 2009, 1123). Das gilt selbst dann, wenn der Verkaufswagen nur **einmal wöchentlich ganztägig** an demselben Standort aufgestellt wird (OVG Saar, Beschl. v. 12.10.1988 – 2 W 472/88, BRS 48 Nr. 128 und Beschl. v. 27.11.2000 – 2 Q 12/00, juris). Ein **fahrbarer Imbissstand** ist als bauliche Anlage ein Gebäude (OVG NRW, Urt. v. 17.02.2009 – 10 A 793/07, BauR 2009, 1123), ebenso eine mobile Feldküche, die an jedem Werktag auf einer Freifläche von 11.00 bis 14.00 Uhr aufgestellt wird (VG Dessau, Urt. v. 12.12.2001 – 1 A 85/00, BauR 2003, 366 = BRS 65 Nr. 156). Auf einer als »Stellplätze« im Bebauungsplan festgesetzten Fläche für einen Verbrauchermarkt ist das Aufstellen eines Imbiss-Verkaufswagens unzulässig, da diese Fläche nicht überbaubar ist (OVG Lüneburg, Urt. v. 04.09.1986 – 6 A 49/86, BRS 46 Nr. 57).

61 Ein **Wohnfloß** oder ein **Wohnboot** ist eine bauliche Anlage, wenn die ortsfeste Lage durch eine **Befestigung am Ufer** oder durch eine entsprechende **Verankerung im Gewässerbett** dauerhaft ist, so dass die Anlage nach der Verkehrsauffassung als mit dem Erdboden verbunden erscheint (BVerwG, Urt. v. 31.08.1973 – IV C 33.71, BRS 27 Nr. 122; VGH B-W, Urt. v. 20.10.1971 – II 321/70, BRS 24 Nr. 129; OVG Lüneburg, Beschl. v. 14.09.1978 – VI B 48/78, BRS 33 Nr. 131). Gleiches gilt für **Aufbauten** – ein Vereinsheim mit sanitären Anlagen – **auf einem schwimmenden Ponton** (VG Köln, Beschl. v. 10.06.2016 – 2 L 1110/16, juris und nachfolgend OVG NRW, Beschl. v. 01.08.2016 – 7 B 683/16, juris). Unter den genannten Voraussetzungen zählen auch **schwimmende Fischerhütten** zu den baulichen Anlagen (BayVGH, Urt. v. 16.01.1975 – Nr. 40 VIII 74, BayVBl. 1978, 180). Dies gilt auch, wenn ein Wohnschiff mittels Slipanlage auf das Ufergrundstück gezogen und mittels Stützen abgesichert wird, um es so als Winterunterkunft zu nutzen (OVG Lüneburg, Urt. v. 22.10.1969 – I A 22/68, BRS 22 Nr. 132). Ein nicht mehr fahrbereites **Fahrgastschiff**, das **als Gaststätte** ortsfest am Ufer liegt, ist eine bauliche Anlage (Hess. VGH, Beschl. v. 14.04.1986 – 4 TH 449/86, BauR 1987, 183 = BRS 46 Nr. 130).

62 Ein auf Dauer am Ufer festgemachtes Schiff ist nur dann eine bauliche Anlage im Sinne des § 29 Abs. 1 BauGB, wenn es nach seiner Funktion städtebauliche Relevanz aufweist und daher geeignet ist, einer Bauleitplanung unterworfen werden zu können. Nach § 9 Abs. 1 Nr. 16 BauGB kann die Gemeinde Wasserflächen im Bebauungsplan festsetzen, wobei zu beachten ist, dass das WaStrG die Benutzung von Bundeswasserstraßen abschließend regelt (vgl. § 1 Rdn. 111–123; s.a. Erbguth/Schubert, Bauen auf dem Wasser: Bauordnungs- und bauplanungsrechtliche Zulässigkeitsanforderungen an die Errichtung von schwimmenden und pfahlgestützten Häusern, BauR 2006, S. 454 ff.). Eine Beplanbarkeit für ein am Rheinufer verankertes Versorgungsschiff zum Verkauf von Lebensmitteln an Frachtschiffer ist ausgeschlossen (BVerwG, Urt. v. 05.07.1974 – IV C 76.71, BRS 28 Nr. 37 und OVG Rh-Pf, Urt. v. 09.07.1970 – 1 A 112/68, BRS 23 Nr. 131). Die stationäre Nutzung eines Fahrgastschiffes als Tanzlokal im Konstanzer Hafen ist kein Vorhaben im Sinne des § 29 Abs. 1 BauGB, da

sich die Planungshoheit der Stadt Konstanz nicht auf diese Wasserflächen erstreckt (VGH B-W, Urt. v. 07.07.1995 – 5 S 3071/94, BRS 57 Nr. 76).

2.4.3 Zu Abs. 1 Satz 3

In Abs. 1 Satz 3 werden die dort aufgeführten Anlagen den baulichen Anlagen gleichgestellt. Für solche Anlagen, die im Einzelfall nicht eindeutig die Tatbestandsmerkmale des Abs. 1 Satz 1 und 2 erfüllen, bedeutet Satz 3 eine Klarstellung; für Anlagen, die diese Tatbestände nicht erfüllen, bedeutet Satz 3 eine Fiktion. **Als bauliche Anlagen gelten** danach die unter Nr. 1–7 BauO NRW aufgeführten Anlagen.

63

2.4.3.1 Nr. 1 – Aufschüttungen und Abgrabungen

Da eine bloße Veränderung der Erdoberfläche noch keine bauliche Anlage darstellt, ist es notwendig gewesen, **Aufschüttungen und Abgrabungen** den baulichen Anlagen **gleichzustellen**. Mit der Herstellung dieser Anlagen ist wie bei der Herstellung baulicher Anlagen die Möglichkeit der Entstehung von Gefahrenlagen verbunden. Ihr Bestand ist infolge physikalischer Einwirkungen Veränderungen unterworfen, so dass sich Gefahren für die öffentliche Sicherheit ergeben können. Schließlich können diese Anlagen eine Störung der öffentlichen Ordnung bewirken, so z.B. in landschaftsrechtlicher Hinsicht. Anders als im Bauplanungsrecht (zur bauplanungsrechtlichen Relevanz vgl. Rdn. 19) spielt ihre Größe keine Rolle, so dass auch Aufschüttungen und Abgrabungen kleineren Umfangs, wie z.B. die Aufschüttung für einen Spielhügel oder der Teich im Garten eines Wohngebäudes, als bauliche Anlagen gelten. Nicht hierzu rechnen **unselbständige** Aufschüttungen für Terrassen oder Abgraben für Lichtschächte an einem Gebäude, da sie **Teil der baulichen Anlage** sind (vgl. Jeromin zu § 2 Rn. 17). Ob die fiktiven baulichen Anlagen einem bauaufsichtlichen Verfahren unterliegen, richtet sich nach § 62 Abs. 1 Nr. 9 BauO NRW. Nicht freigestellte Aufschüttungen und Abgrabungen unterfallen gemäß § 64 Abs. 1 Satz 1 BauO NRW dem einfachen Baugenehmigungsverfahren. Aufschüttungen ab 2 m Höhe oder Abgrabungen ab 2 m Tiefe auf einer Grundfläche von mehr als 400 m² gelten gemäß § 30 Abs. 1 Nr. 2 LNatSchG NRW als Eingriffe, soweit nicht § 18 Abs. 2 BNatschG etwas anderes für den beplanten Bereich (§§ 30 und 33 BauGB) und den unbeplanten Innenbereich (§ 34 BauGB) regelt.

64

Aufschüttungen sind alle künstlichen Veränderungen der Erdoberfläche durch Aufbringung von Materialien, insbesondere von Bodenbestandteilen. Hierzu zählen Halden, Dämme, Hügel und Wälle sowie flächige Anhöhungen der Geländeoberfläche zur Herbeiführung eines planungs- oder bauordnungsrechtlich geforderten anderen Geländeniveaus. Nicht dazu zählt die vorübergehende Lagerung von Materialien, wie dies z.B. bei Kohle oder bei Baumaterialien auf dem Gelände einer Brennstoff- bzw. Baustoffhandlung der Fall ist. Zum Wesen der Aufschüttung gehört insbesondere, dass ein **Endzustand** herbeigeführt wird, der zwar einer späteren Veränderung zugänglich ist, nicht aber (wie bei der Lagerung) von vornherein als nur vorübergehender Zustand oder wie bei einem Baustoffhandel gar als wechselnder Zustand geplant ist. Die Flächen für vorübergehende Lagerungen sind jedoch in der Regel nach Abs. 1 Satz 3 Nr. 2 als Lagerplatz bauliche Anlagen (vgl. Rdn. 73–76).

65

§ 2   Begriffe

66 **Abgrabungen** sind auf einen Endzustand angelegte künstliche Veränderungen der Erdoberfläche durch Vertiefungen, wie z.B. Geländeeinschnitte, Gräben, Gruben oder Teiche sowie flächige Vertiefungen der Geländeoberfläche zur Herbeiführung eines planungs- oder bauordnungsrechtlich geforderten anderen Geländeniveaus. Eine Abgrabung im Sinne von § 1 Abgrabungsgesetz NRW ist die oberirdische Gewinnung von Bodenschätzen (z.B. Kies, Sand, Lehm oder Torf), die im Verfügungsrecht des Grundeigentümers steht. Eine **Baugrube** für ein Gebäude ist **keine Abgrabung** (VGH B-W, Beschl. v. 07.08.1986 – 8 S 1575/86, BRS 46 Nr. 137), vielmehr stellt sie eine **Ausschachtung** im Sinne des § 29 Abs. 1 BauGB dar. Der Begriff »Ausschachtung« wurde in § 29 BBauG 1960 aufgenommen, weil nach früherem Baupolizeirecht der Baugrubenaushub keiner Baugenehmigung bedurfte. Die auf der MBO basierenden Landesbauordnungen schreiben jedoch vor, dass erst nach Zugang der Baugenehmigung die Bauausführung begonnen werden darf (vgl. § 74 Abs. 7 BauO NRW). Dem Tatbestand kommt daher kaum noch Bedeutung zu. Ausschachtungen dienen der Realisierung des Vorhabens und stellen damit einen nicht auf Dauer, sondern nur vorübergehend angelegten Bauzustand dar (vgl. Ernst/Zinkahn/Bielenberg/Krautzberger zu § 29 Rn. 59).

67 Die Regelung des § 2 Abs. 1 Satz 3 Nr. 1 BauO NRW findet ihre Ergänzung in § 29 Abs. 1 BauGB. Hiernach gelten die §§ 30–37 BauGB auch für Aufschüttungen und Abgrabungen **größeren Umfangs**. Aus dieser Sonderbehandlung der Aufschüttungen und Abgrabungen kann geschlossen werden, dass der Bundesgesetzgeber diese nicht eindeutig als bauliche Anlagen erkennt (BVerwG, Urt. v. 10.12.1971 – IV C 33, 34, 35.69, BRS 24 Nr. 149). Als Aufschüttungen und Abgrabungen größeren Umfangs kann man solche bezeichnen, die die in § 1 Abs. 6 BauGB genannten Belange in einer Weise berühren, die geeignet ist, das Bedürfnis nach einer ihre Zulässigkeit regelnden verbindlichen Bauleitplanung hervorzurufen. Bei den vom Genehmigungsbedürfnis des § 60 Abs. 1 BauO NRW durch die Regelungen des § 62 Abs. 1 Nr. 9 BauO NRW freigestellten selbständigen Aufschüttungen und Abgrabungen bis zu 400 m² Fläche und bis zu 2 m Höhe oder Tiefe kann eine bauplanungsrechtliche Relevanz gegeben sein, so dass sie dann trotz der Freistellung die bauplanungsrechtlichen Zulässigkeitsvorgaben erfüllen müssen (BVerwG, Urt. v. 18.03.1983 – 4 C 17.81, BRS 40 Nr. 92 = DVBl 1983, 893 = NVwZ 1984, 303). Daher kann das Grenzmaß der Freistellung kein Kriterium zur Bestimmung des größeren Umfangs sein (so Jäde/Dirnberger/Weiß zu § 29 Rn. 26). Für Aufschüttungen und Abgrabungen größeren Umfangs, die den in § 38 BauGB aufgeführten Rechtsvorschriften unterliegen, gelten die §§ 29–37 BauGB nicht.

68 Aufschüttungen oder Abgrabungen, die der **Bergaufsicht** unterliegen, wie Bergehalden und Tagebaue, sind gemäß § 1 Abs. 2 Nr. 2 BauO NRW vom Anwendungsbereich des Bauordnungsrechts ausgenommen (vgl. § 1 Rdn. 140–149).

69 Für die **oberirdische Gewinnung von Bodenschätzen** (Abgrabung) sowie für die Oberflächengestaltung und die Wiedernutzbarmachung des in Anspruch genommenen Geländes während und nach Abschluss der Abgrabung (Herrichtung) gilt das **Abgrabungsgesetz**. Der Bergaufsicht unterliegende Abgrabungen sowie Abgrabungen

geringen Umfangs für den Eigenbedarf eines land- oder forstwirtschaftlichen Betriebes werden durch das Abgrabungsgesetz nicht berührt (zum Verhältnis des Abgrabungsrechts zum Bauplanungs- und Bauordnungsrecht s. OVG NRW, Urt. v. 28.10.1997 – 10 A 4574/94, BRS 59 Nr. 246 = ZfBR 1998, 160).

Für Aufschüttungen im Zusammenhang mit der **Abfallbeseitigung** gelten die Bestimmungen des **KrWG**. Die Errichtung und der Betrieb von Deponien sowie die wesentliche Änderung bedürfen nach § 35 Abs. 2 KrWG der Planfeststellung oder Plangenehmigung (BVerwG, Urt. v. 21.02.1986 – 4 C 4.84, BauR 1986, 313 = BRS 46 Nr. 90). Die abfallrechtliche Genehmigung schließt gemäß § 61 Abs. 1 BauO NRW die Baugenehmigung oder Zustimmung nach § 79 BauO NRW ein. 70

Eine **Zuständigkeit** der Bauaufsichtsbehörden für Abfallentsorgungsanlagen ist grundsätzlich nicht gegeben (OVG NRW, Urt. v. 13.02.1987 – 10 A 29/87, NWVBl. 1987, 19). Unbeschadet der generellen Zuständigkeit der Abfallwirtschaftsbehörden zur Überwachung der abfallwirtschaftlichen Entsorgung dürfen die Bauaufsichtsbehörden Maßnahmen ergreifen, um baurechtswidrige Zustände bei der Lagerung von Abfällen abzuwehren, z.B., wenn auf einem mit einem Wohnhaus bebauten Grundstück in völlig ungeordneter Weise Gerümpel aller Art, wie Autoreifen, Metallschrott, Fahrzeug- und Maschinenteile, gelagert wird. Maßgeblich für die Zuständigkeit entweder der Bauaufsichts- oder der Abfallwirtschaftsbehörden ist die Zielrichtung, die mit dem behördlichen Handeln verfolgt wird: geht es darum, dem Baurecht auf dem in Anspruch genommenen Grundstück Geltung zu verschaffen, ist die Bauaufsicht zuständig, geht es um die abfallwirtschaftliche Entsorgung, ist die Abfallwirtschaftsbehörde zuständig (OVG NRW, Beschl. v. 31.10.1994 – 10 A 4084/92, BauR 1995, 372 = BRS 56 Nr. 198). 71

Sofern Aufschüttungen und Abgrabungen im Zusammenhang mit **Anlagen des öffentlichen Verkehrs** stehen, gelten für sie nach § 1 Abs. 2 Nr. 1 BauO NRW die bauordnungsrechtlichen Bestimmungen nicht (vgl. § 1, Rdn. 50 ff.). Hierunter fallen vor allem die im Zusammenhang mit Verkehrstrassen erforderlichen **Geländeeinschnitte** oder **Dammschüttungen**. Geringfügige Anhebungen oder Absenkungen der Verkehrsfläche gegenüber dem vorhandenen natürlichen Gelände können Aufschüttungen oder Abgrabungen auf den angeschlossenen Grundstücken zur Folge haben, für die dann wiederum das Bauordnungsrecht gilt (zur Geländeoberfläche vgl. Rdn. 209 ff.). 72

2.4.3.2 Nr. 2 – Lager-, Abstell- und Ausstellungsplätze

Diese Regelung erklärt Plätze, die zum Zweck der Lagerung, des Abstellens oder des Ausstellens von Gegenständen oder Materialien verwendet werden, zu baulichen Anlagen, ohne dass es darauf ankommt, ob die entsprechenden Grundstücksflächen mit Bauprodukten befestigt, eingefriedet oder in sonstiger Weise baulich gestaltet sind. Bereits die Befestigung mit Kies, Splitt oder einem anderen Bauprodukt macht eine derartige Fläche nämlich zu einer »echten« baulichen Anlage nach Abs. 1 (vgl. Rdn. 43). Erfasst werden von der Fiktion somit die zu vorgenannten Zwecken **natürlich belassenen Grundstücksflächen** und Teilflächen einer im Übrigen anders genutzten Fläche bzw. eines im Übrigen anders genutzten Grundstücks, wie z.B. das im rückwärtigen 73

§ 2 Begriffe

Grundstücksbereich hinter einem Wohnhaus angeordnete Gerätelager eines Handwerkers. Auf eine dauernde Nutzung der Fläche zu diesen Zwecken kommt es nicht an. Dagegen genügt es jedoch auch nicht, dass die Fläche nur gelegentlich oder von Zeit zu Zeit zu diesen Zwecken genutzt wird. Die Nutzung muss in zeitlicher Hinsicht eine solche Dimension haben, dass nach der Verkehrsauffassung die Zweckbestimmung erkennbar »verfestigt« ist (Große-Suchsdorf zu § 2 Rn. 24). Auf eine klare Trennung dieser Begriffe kommt es nicht an, zumal sie sich häufig überschneiden.

74 Eine Fläche, auf der ständig oder längerfristig, etwa während der Wintermonate, eine jederzeit ortsveränderliche Anlage auf- bzw. abgestellt wird, ist als Abstellplatz auch dann eine bauliche Anlage, wenn die Fläche nicht befestigt ist (vgl. Rdn. 57). Nicht die Anlage selbst wird somit zu einer baulichen Anlage, sondern die Fläche bzw. der Platz unter dieser Anlage. Diese Tatsache ist relevant bei der Beurteilung der Zulässigkeit des **Abstellens** von **Wohnwagen** oder **Bootsanhängern**. Zwar bedürfen nach § 62 Abs. 1 Nr. 14 Buchstabe b BauO NRW Abstellplätze bis 300 m^2 keiner Baugenehmigung, jedoch gilt dies nicht in Wohngebieten und im Außenbereich. In diesen Gebieten unterliegen sie nach § 64 Abs. 1 Satz 1 BauO NRW dem einfachen Baugenehmigungsverfahren. Auch in Gebieten, in denen solche Abstellplätze keiner Baugenehmigung bedürfen, können sie gleichwohl materiell unzulässig sein. Der Abstellplatz für einen Wohnwagen ist eine untergeordnete Nebenanlage und Einrichtung. Eine solche Nutzung ist zulässig, wenn sie dem Nutzungszweck der in dem Baugebiet gelegenen Grundstücke oder dieses Baugebiets selbst dient und wenn sie der Eigenart dieses Baugebiets nicht widerspricht (§ 14 Abs. 1 BauNVO). Diese Voraussetzung liegt aber in reinen und allgemeinen Wohngebieten nicht vor, da das längerfristige Abstellen von Wohnwagen, Bootsanhängern und dergleichen nicht dem Nutzungszweck der Grundstücke dient. Auch wäre der Abstellplatz mit dem darauf abgestellten Wohnwagen in diesen Wohngebieten – und hier besonders auf kleinen Grundstücken – im Allgemeinen unzulässig, weil von ihm Belästigungen oder Störungen ausgehen, die nach der Eigenart dieser Baugebiete unzumutbar und deswegen unzulässig sind (§ 15 Abs. 1 BauNVO).

75 Lagerplätze sind auch **Lagerstätten** im Sinne des § 29 Abs. 1 BauGB (BVerwG, Urt. v. 21.01.1977 – IV C 28.75, BRS 32 Nr. 92 und Urt. v. 07.09.1979 – 4 C 45.77, BBauBl 1980, 107 = BauR 1980, 53 = BRS 35 Nr. 157). Der Begriff darf nicht mit dem gleichlautenden nach § 3 Abs. 1 BBergG verwechselt werden, insofern ist die Wortwahl »Lagerstätte« unglücklich. Nur aus der Formulierung »Ablagerungen einschließlich Lagerstätten« des § 29 Abs. 1 BauGB ergibt sich, dass mit Lagerstätten nicht die Fundorte von Rohstoffen, sondern unter Einbeziehung des Wortes »Ablagerung« alle Fälle der Lagerung – mit oder ohne Entledigungsabsicht – gemeint sind. Dienen Lagerplätze der Abfallbeseitigung, unterliegen sie den Regelungen des Abfallrechts (vgl. Rdn. 70). Abfälle dürfen gemäß § 28 KrWG zum Zwecke der Beseitigung nur in Abfallanlagen behandelt, **gelagert** oder abgelagert werden.

76 Eine rund 290 m^2 große **unbefestigte Grundstücksfläche**, die ständig zum **Abstellen** von zum Verkauf bestimmten Kraftfahrzeugen benutzt wird, ist eine Lagerstätte im Sinne des § 29 Abs. 1 BauGB und als solche in einem reinen Wohngebiet nicht

zulässig (OVG Lüneburg, Urt. v. 12.09.1985 – 6 A 2/85, BRS 44 Nr. 139). Der **Begriff** »**Lagerstätte**« ist **weit auszulegen** und umfasst Grundstücksflächen, auf denen dauerhaft Gegenstände im weitesten Sinne gelagert, abgelegt oder abgestellt werden, unabhängig von dem Zweck, den der Betreiber der Lagerstätte mit der Lagerung verfolgt und unabhängig davon, ob und innerhalb welcher Zeiträume die gelagerten Gegenstände jeweils ausgewechselt werden (BVerwG, Beschl. v. 22.10.2002 – 9 VR 13/02, juris; VGH B-W, Urt. v. 11.07.2017 – 5 S 2067/15, BauR 2017, 2148).

2.4.3.3 Nr. 3 – Sport- und Spielflächen

Bei einer Sportfläche handelt es sich um eine Fläche, die der **Ausübung einer oder mehrerer Sportarten** dient, in irgendeiner Weise **von der Umgebung abgegrenzt** ist und entsprechend den Zwecken der jeweiligen Sportart hergerichtet ist (OVG NRW, Urt. v. 14.06.2010 – 7 A 2836/08, juris m.w.N.). Wenn die BauO NRW 2018 **Sport- und Spielflächen** – die BauO NW 1984 sprach von Sport- und Spiel**plätzen** – ausdrücklich zu baulichen Anlagen erklärt, so dient dies vorrangig der Klarstellung. Die Änderung der Formulierung von »Platz« in »**Fläche**« bewirkt, dass nunmehr eindeutig auch die Kleinkinderspielflächen nach § 8 Abs. 2 BauO NRW von der Fiktion erfasst werden. Weiterhin wird so deutlich, dass nicht eine »sportplatztypische« Ausstattung der Sportfläche, sondern deren Widmung zum Zweck maßgeblich ist, so dass unter Umständen schon eine gemähte Wiese eine Sportfläche darstellen kann (OVG NRW, Urt. v. 14.06.2010 – 7 A 2836/08, juris). Sport- und Spielplätze bzw. -flächen rechnen sowohl im Bauordnungsrecht als auch im Planungsrecht zu den »echten« baulichen Anlagen, soweit sie **befestigt** sind (vgl. Rdn. 15 und 34 ff.). Spielflächen nach § 8 Abs. 2 BauO NRW zählen dagegen in der Regel nicht zu den baulichen Anlagen, sofern sie aufgrund ihres baulichen Zustands nicht die Tatbestandsmerkmale des Abs. 2 Satz 1 erfüllen; sie sind jedoch in jedem Fall »andere« Anlagen nach § 1 Abs. 1 Satz 2 BauO NRW (vgl. § 1 Rdn. 42 und 43).

77

Öffentliche Spielplätze und private Spielflächen sind gemäß § 49 Abs. 2 BauO NRW **barrierefrei** zu gestalten. Anforderungen an Spielflächen im Sinne des § 8 Abs. 2 BauO NRW finden sich in den **kommunalen Satzungen**; § 89 Abs. 1 Nr. 3 BauO NRW ermächtigt die Gemeinden zu örtlichen Bauvorschriften über die Lage, Größe und Beschaffenheit von Kinderspielflächen (vgl. § 8 Rdn. 54).

78

Immissionsschutzrechtliche Anforderungen an Sportanlagen als ortsfeste Einrichtungen im Sinne des § 3 Abs. 5 Nr. 1 BImSchG, die zur Sportausübung bestimmt sind, enthält die **Sportanlagenlärmschutzverordnung – 18. BImSchV** (vgl. § 15 Rdn. 53).

79

Sport- und Spielflächen sind häufig »echte« **bauliche Anlagen**, da sie eine Bautätigkeit im klassischen Sinne erfordern, auch wenn anschließend nach ihrer Fertigstellung nur noch eine mit Rasen eingesäte Spielfeldfläche zu sehen ist. Denn zur Herrichtung ist es erforderlich, den Oberboden abzuschieben, ein ebenes Planum und einen frostsicheren Unterbau herzustellen und für eine funktionsfähige Drainage zur Entwässerung des Unterbaus zu sorgen. Es spielt bei dieser Bautätigkeit dann keine Rolle, ob der Spielfeldbelag aus Rasen oder einem Bauprodukt besteht, da Bauprodukte bereits für den Unterbau Verwendung gefunden haben.

80

§ 2 Begriffe

81 Wird das **natürliche Gelände** im Wesentlichen **unverändert belassen** und die Fläche feinplaniert, mit Rasen eingesät und anschließend zu Sport- oder Spielzwecken benutzt, fehlt es an einer Bautätigkeit im engeren Sinne. Hier greift dann die **Fiktion** des § 2 Abs. 1 Nr. 3 BauO NRW, da sich ein Bedürfnis nach baurechtlicher Kontrolle aus der spezifischen Funktion und Nutzung der Grundstücksfläche ergibt (Hess. VGH, Beschl. v. 19.02.1991 – 4 TH 1130/89, BauR 1991, 444 = BRS 52 Nr. 132 zum Übungsplatz eines Golfclubs und OVG NRW, Urt. v. 14.06.2010 – 7 A 2836/08, juris zu einem Flugplatz für Modellflugzeuge).

82 Ein **Golfplatz** gilt in seiner Gesamtheit als bauliche Anlage nach § 29 BauGB, sofern Gebäude, Einfriedungen, Ballfanggitter, befestigte Stellplatzflächen und ähnliche »echte« bauliche Anlagen vorhanden sind. Denn ohne die Zuordnung zu dem Golfplatz wären die Gebäude, Stellplätze und ähnliche bauliche Anlagen funktionslos; es wäre nicht ersichtlich, unter welchem rechtlichen Gesichtspunkt sie als Außenbereichsvorhaben genehmigungsfähig sein könnten (OVG Lüneburg, Urt. v. 26.02.1988 – 1 C 41/86, BauR 1988, 317 = BRS 48 Nr. 65). Ein Golfübungsplatz mit Abschlaghütte (»driving range«) ist nicht nach § 35 Abs. 1 BauGB privilegiert (BVerwG, Beschl. v. 09.10. 1991 – 4 B 176.91, BauR 1992, 52 = BRS 52 Nr. 76 = DÖV 1992, 119 = ZfBR 1992, 45).

83 Sport- und Spielflächen unterliegen – gleichgültig ob sie als Hauptanlagen oder als Nebenanlagen zur Ausführung kommen – gemäß § 64 Abs. 1 Satz 1 BauO NRW dem **einfachen Baugenehmigungsverfahren**. Die Errichtung oder Änderung baulicher Anlagen, die der zweckentsprechenden Einrichtung von Sport- und Spielflächen dienen, wie Tore für Ballspiele, Schaukeln und Klettergerüste, mit Ausnahme von Tribünen, bedarf nach § 62 Abs. 1 Nr. 10 Buchstabe c BauO NRW keiner Baugenehmigung. Das Auswechseln von Belägen auf Sport- und Spielflächen bedarf gemäß § 62 Abs. 2 BauO NRW ebenfalls keiner Baugenehmigung.

84 Eine **verfahrensrechtliche Sonderstellung** nehmen **Schießstände und Schießplätze als Sportanlagen** ein. Nach Nr. 10.18 des Anhangs zur 4. BImSchV unterliegen Schießstände für Handfeuerwaffen, ausgenommen solche in geschlossenen Räumen und solche für Schusswaffen bis zu einem Kaliber von 5,6 mm lfB (.22 l.r.) für Munition mit Randfeuerzündung, wenn die Mündungsenergie der Geschosse höchstens 200 Joule (J) beträgt, (Kleinkaliberwaffen) und Schießplätze, ausgenommen solche für Kleinkaliberwaffen, der Genehmigung nach § 4 BImSchG oder § 15 BImSchG, die im vereinfachten Verfahren nach § 19 BImSchG erteilt wird. Auch hierbei handelt es sich in der Regel um »echte« bauliche Anlagen, schon allein deshalb, weil Absperrungen und auf Halterungen montierte Zielscheiben erforderlich sind, die für sich genommen bauliche Anlagen darstellen und zusammen mit der Schießstandfläche als Funktionseinheit betrachtet werden müssen, auch wenn diese als natürliche Geländeoberfläche belassen wird. Schießstände sind **Schießstätten** in Sinne von § 27 WaffG. Die Bestimmung erfasst nur Schießstände für Schusswaffen oder diesen gleichgestellte Gegenstände nach § 1 Abs. 2 Nr. 1 WaffG, also nicht Schießstände für sonstige Geräte wie Pfeil und Bogen. Schießstätten sind nach § 27 Abs. 1 WaffG ortsfeste oder ortsveränderliche Anlagen, die ausschließlich oder neben anderen Zwecken dem Schießsport

oder sonstigen Schießübungen mit Schusswaffen, der Erprobung von Schusswaffen oder dem Schießen mit Schusswaffen zur Belustigung dienen. Wer eine Schießstätte betreiben oder in ihrer Beschaffenheit oder in der Art ihrer Benutzung wesentlich ändern will, bedarf gemäß § 27 Abs. 1 WaffG der Erlaubnis der zuständigen Behörde.

In bauplanungsrechtlicher Hinsicht können **Sport- und Spielplätze als öffentliche oder private Grünflächen** nach § 9 Abs. 1 Nr. 15 BauGB Gegenstand von Festsetzungen im Bebauungsplan sein. Handelt es sich um **Sport- und Spielanlagen ohne größeren Grünanteil**, kann eine Festsetzung nach § 9 Abs. 1 Nr. 5 BauGB erfolgen. Spiel-, Freizeit- und Erholungsflächen als Nebenanlagen sind einer Festsetzung im Bebauungsplan nach § 9 Abs. 1 Nr. 4 BauGB zugänglich. 85

Anlagen für soziale bzw. **sportliche Zwecke** können nach den Katalogen der zulässigen bzw. ausnahmsweise zulässigen Nutzungen in den Baugebieten der BauNVO als **Hauptanlage** bzw. nach § 14 BauNVO als untergeordnete **Nebenanlage** behandelt werden. Die Funktion als untergeordnete Nebenanlage setzt voraus, dass die Sport- bzw. Spielfläche einer Hauptnutzung sowohl in ihrer Funktion als auch räumlich-gegenständlich dem primären Nutzungszweck der in dem Baugebiet gelegenen Grundstücke oder des Baugebietes selbst sowie der diesem Nutzungszweck entsprechenden Bebauung dienend zu- und untergeordnet ist (BVerwG, Urt. v. 17.12.1976 – IV C 6.75, BauR 1977, 109 = BRS 30 Nr. 117 = DÖV 1977, 326 = NJW 1977, 2090 und Urt. v. 28.04.2004 – 4 C 10/03, BauR 2004, 1567; Sächs. OVG, Urt. v. 29.02.2016 – 1 A 277/14, juris; zu den Zulässigkeitsvoraussetzungen vgl. Fickert/Fieseler zu § 14 Rn. 5 ff.). 86

Die Festsetzung von Sport- und Spielflächen im Bebauungsplan muss **inhaltlich eindeutig** sein. Eine nicht näher konkretisierte Festsetzung einer »öffentlichen Grünfläche« gestattet nicht die Einrichtung eines Kinderspielplatzes, da der Begriff »**Grünfläche**« als Oberbegriff zu verstehen ist, der für sich allein zur erforderlichen Konkretisierung der Festsetzung nur insoweit ausreicht, als er eine lediglich begrünte Fläche gestattet, jedoch eine nähere konkretisierende Festsetzung erfordert, wenn eine der in § 9 Abs. 1 Nr. 15 BauGB aufgeführten Anlagen geplant ist (BVerwG, Urt. v. 16.02.1973 – IV C 66.69, BRS 27 Nr. 5 und Beschl. v. 21.06.1974 – IV C 14.74, BRS 28 Nr. 138; OVG NRW, Urt. v. 31.08.2012 – 10 D 84/11.NE, BauR 2013, 195). 87

Die Begriffe Spiel- und Sportfläche sind nicht immer eindeutig voneinander abzugrenzen, was hinsichtlich der anzuwendenden Rechtsvorschriften bei der baurechtlichen Beurteilung Schwierigkeiten hervorrufen kann. Dies wird am Beispiel des **Bolzplatzes** besonders deutlich, da derartige Anlagen sowohl **Spielflächen** als auch **Sportflächen** sein können. Der Oberbegriff »Spielplatz« schließt einen »Bolzplatz« mit ein (ebenso BayVGH, Urt. v. 16.02.1987 – Nr. 14 B 85 A. 3090, BRS 47 Nr. 176 und OVG Bln, Urt. v. 18.05.1990 – 2 A 5.88, BRS 50 Nr. 22 = DÖV 1992, 336), so dass die Gemeinde bei der Festsetzung einer außergewöhnlich großen Spielplatzfläche erwägen muss, welche Einwirkungen von der Anlage auf die benachbarten Wohngrundstücke ausgehen und ob diese das zumutbare Maß überschreiten. 88

2.4.3.4 Nr. 4 – Campingplätze, Wochenendplätze und Zeltplätze

89 Die BauO NRW selbst definiert die Begriffe »**Campingplatz**« »**Wochenendplatz**« und **Zeltplatz** nicht. Sie hat diese Platzanlagen – wie schon zuvor die BauO NRW 2000, 1995, 1984 und 1970 – fiktiv zu baulichen Anlagen erklärt, um eine präventive Prüfung der Gesamtanlage sowohl unter planungsrechtlichen als auch bauordnungsrechtlichen Aspekten sicherzustellen. Die Fiktion führt dazu, dass es für die rechtliche Behandlung eines solchen Platzes nicht mehr darauf ankommt, ob die einzelnen Gegenstände, die seine Nutzung ermöglichen, bei isolierter Betrachtung als bauliche Anlagen im Rechtssinne einzustufen sind (BayVGH, Beschl. v. 14.11.1994 – 2 CS 94.3111, BRS 56 Nr. 136). Camping-, Wochenend- und Zeltplätze sind gemäß § 50 Abs. 2 Nr. 13 BauO NRW »große« Sonderbauten und unterliegen als Platzanlage dem normalen Genehmigungsverfahren. Auf genehmigten Wochenendplätzen bedarf gemäß § 62 Abs. 1 Nr. 1 Buchstabe i BauO NRW die Errichtung oder Änderung von Wochenendhäusern keiner Baugenehmigung.

90 Die **Camping- und Wochenendplatzverordnung – CW VO NRW** definiert die Begriffe »Campingplätze« und »Wochenendplätze« für ihren Anwendungsbereich (Campingplätze für mehr als drei Wohnwagen oder Zelte und Wochenendplätze, vgl. § 1 CW VO NRW) wie folgt:
 – **Campingplätze** sind nach §2 Abs. 1 CW VO NRW Plätze, die ständig oder wiederkehrend während bestimmter Zeiten des Jahres betrieben werden und die zum vorübergehenden Aufstellen und Bewohnen von Wohnwagen oder Zelten bestimmt sind. Zeltlager, die gelegentlich oder nur für kurze Zeit eingerichtet werden, sowie kommunale Stellplätze für Wohnmobile, die nur zu einem vorübergehenden Übernachten eingerichtet werden, sind keine Campingplätze im Sinne dieser Verordnung.
 – **Wochenendplätze** sind nach § 2 Abs. 4 CW VO NRW Plätze, die zum Aufstellen oder Errichten von Wochenendhäusern mit einer Grundfläche von höchstens 50 m^2 und einer Gesamthöhe von höchstens 3,50 m dienen und die ständig oder wiederkehrend während bestimmter Zeiten des Jahres betrieben werden; bei der Ermittlung der Grundfläche bleiben ein überdachter Freisitz bis zu 10 m^2 Grundfläche oder ein Vorzelt, nicht jedoch Anbauten, unberücksichtigt. Als solche Wochenendhäuser gelten auch nicht jederzeit ortsveränderlich aufgestellte Wohnwagen.

91 Bauliche Anlagen, die wegen ihrer Nutzung oder der Größe ihrer Grundfläche nicht der CW VO NRW unterfallen, müssen in vollem Umfang den Anforderungen der Landesbauordnung entsprechen (OVG NRW, Beschl. v. 15.04.2009 – 10 B 186/09, BauR 2009, 1436).

92 Die Camping- und Wochenendplatzverordnung enthält Anforderungen an den Brand- und Gesundheitsschutz, an die Lage des Platzes, seiner Zufahrt und innerer Fahrwege sowie an die Stand- bzw. Aufstellplätze. Die Verordnung definiert drei weitere Begriffe:
 – **Wohnwagen** sind gemäß § 2 Abs. 2 CW VO NRW Wohnmobile und Wohnanhänger, die jederzeit ortsveränderlich sind.

- **Standplätze** sind gemäß § 2 Abs. 3 CW VO NRW die Flächen, die auf einem Campingplatz zum Aufstellen von Wohnwagen oder Zelten und der zugehörigen Kraftfahrzeuge bestimmt sind.
- **Aufstellplätze** sind gemäß § 2 Abs. 5 CW VO NRW Flächen auf Wochenendplätzen, die zum Aufstellen oder Errichten von Wochenendhäusern nach Abs. 4 bestimmt sind.

Bei **Campingplätzen** geht die CW VO NRW von ihrer **fluktuierenden Nutzung** und von einer **jederzeitigen Ortsveränderlichkeit** der auf den Standplätzen aufgestellten Wohnwagen und Zelten aus. Aufgrund dieser Ortsveränderlichkeit ist es unter anderem möglich, geringere Anforderungen aus Gründen des Brandschutzes zu regeln. So werden z.B. für die aufgestellten Wohnwagen und Zelte keine Mindestabstände gefordert und Standplatzgrößen von nur 70 m² gestattet. Das muss allerdings gleichzeitig zum Verbot von baulichen Anlagen, festen Anbauten und Einfriedungen auf den Standplätzen führen, da sonst im Gefahrenfall die Wohnwagen nicht aus der Gefahrenzone zu bewegen wären. 93

Bei **Wochenendplätzen** geht die CW VO NRW von einer **langfristigen Nutzung** der einzelnen Aufstellplätze aus. Auf diesen Aufstellplätzen dürfen deswegen **feste bauliche Anlagen**, die den Voraussetzungen des § 2 Abs. 4 CW VO NRW entsprechen, errichtet oder aufgestellt werden. Aus diesem Grunde stellt die CW VO NRW an Wochenendplätze höhere Brandschutzanforderungen als an Campingplätze, insbesondere hinsichtlich der Mindestabstände der auf den Aufstellplätzen vorhandenen baulichen Anlagen. Wochenendhäuser dienen nur einem vorübergehenden Aufenthalt zu Freizeitzwecken auf begrenztem Raum (Hess. VGH, Urt. v. 07.11.1975 – IV OE 133/74, BRS 29 Nr. 64; OVG Rh-Pf, Urt. v. 22.11.2011 – 8 A 10443/11, BauR 2012, 903; VGH B-W, Urt. v. 27.07.2012 – 8 S 938/11, juris). Aus der Beschränkung der Baugenehmigung auf ein Wochenendhaus ergibt sich die Rechtswidrigkeit einer Dauernutzung zu Wohnzwecken (BVerwG, Urt. v. 27.03.1974 – VIII C 21.73, DÖV 1975, 537 zur Frage der Steuerbegünstigung von Wochenendhäusern). 94

Camping- und Wochenendplätze sind auch **Vorhaben** nach § 29 Abs. 1 BauGB (BVerwG, Urt. v. 01.11.1974 – IV C 13.73, BRS 28 Nr. 89; OVG NRW, Urt. v. 09.12.1994 – 10 A 1753/91, BRS 57 Nr. 249; OVG LSA, Urt. v. 16.12.2004 – 2 K 277/02, juris), wenn sie als Platzanlage bauliche Anlagen aufweisen, wie z.B. Wege, befestigte Flächen für Standplätze, Podestplatten für Zelte und Ähnliches mehr. Die einzelnen Anlagen haben zur Folge, dass die gesamte Platzanlage bodenrechtliche Relevanz aufweist, weil sie ihn erst zu dem machen, was er sein soll (OVG NRW, Urt. v. 14.11.1974 – VII A 939/73, n.v.). Die Gebäude eines Campingplatzes zur Aufnahme der Waschgelegenheiten und Toiletten sind nicht privilegiert im Sinne des § 35 Abs. 1 BauGB (BVerwG, Urt. v. 14.03.1975 – IV C 41.73, BRS 29 Nr. 53). Da die CW VO NRW derartige Anlagen aber voraussetzt, bedarf das Anlegen neuer Plätze einer verbindlichen Bauleitplanung. 95

Campingplätze und Wochenendplätze werden in Bebauungsplänen entsprechend § 10 BauNVO als **Sondergebiete** für die Erholung unter Angabe der Zweckbestimmung festgesetzt. Um die unterschiedlichen Nutzungsarten solcher Plätze bereits 96 durch die Bauleitplanung zu steuern, besteht die Möglichkeit, solche Sondergebiete als **Campingplatzgebiet** oder als **Wochenendplatzgebiet** festzusetzen, entweder in klarer Abgrenzung voneinander oder als Festsetzung »Campingplatz- und Wochenendplatzgebiet«. In letzterem Fall würde erst im Rahmen der Baugenehmigung entschieden, welchen bauordnungsrechtlichen Anforderungen die Platzanlage entsprechen muss.

97 Nicht allein das einmalige Aufstellen von mehr als drei Wohnwagen oder Zelten, z.B. zum Zwecke des Ferienaufenthaltes oder zur Durchführung eines Jugendzeltlagers, macht die Aufstellfläche zu einer baulichen Anlage. Erst das **ständige oder wiederkehrend während bestimmter Zeiten** des Jahres **betriebe** Aufstellen der entsprechenden Anzahl von Wohnwagen oder Zelten führt zu einem Campingplatz im Sinne der Camping- und Wochenendplatzverordnung, der dann seinerseits eine bauliche Anlage ist, die den Regelungen dieser Verordnung entsprechen muss. Nach der Verkehrsauffassung wird von einem Platz erst gesprochen, wenn eine bestimmte Fläche eines Grundstücks regelmäßig oder ständig wiederkehrend für eine längere Dauer genutzt wird.

2.4.3.5 Nr. 5 – Stellplätze für Kraftfahrzeuge und Fahrradabstellplätze

98 Nach § 2 Abs. 1 Nr. 5 BauO NRW 2018 erfasst die Fiktion nun neben **Stellplätzen für Kraftfahrzeuge** auch **Fahrradabstellplätze**. Insoweit kommt es zu einer Ausdehnung der Fiktion auf alle Formen des Stellplatzes. Fanden die Regelungen über Stellplätze bisher für Fahrradabstellplätze nur sinngemäß Anwendung (§ 51 Abs. 2 BauO NRW 2000), gelten Fahrradabstellplätze nun ebenfalls als Stellplätze (vgl. § 48 Rdn. 02). Damit gelten neben Stellplätzen für Kraftfahrzeuge (vgl. Rdn. 307 ff.) und Stellplätzen für Anhänger oder Motorräder auch Fahrradabstellplätze als bauliche Anlagen. Die SBauVO verwendet neben dem Begriff Stellplatz noch zusätzlich den Begriff »**Einstellplatz**« und meint damit Stellplätze in Garagen. Nach § 122 Abs. 8 **SBauVO NRW** ist die Nutzfläche einer Garage die Summe aller miteinander verbundenen Flächen der **Garageneinstellplätze** und der Verkehrsflächen. Eine Sonderregelung gilt hierbei für Einstellplätze auf Dächern (**Dacheinstellplätze**). Gemäß § 122 Abs. 3 Satz 2 **SBauVO NRW** sind offene Garagen auch Stellplätze mit Schutzdächern – **überdachte Stellplätze**.

99 Stellplätze sind »echte« bauliche Anlagen im Sinne von Abs. 1, wenn die Fläche mit Bauprodukten befestigt ist oder sogar ein Dach aufweist. Die Regelung dient der **Klarstellung** für die seltenen Fälle einer Belassung der natürlichen Geländebeschaffenheit. Es kommt nicht darauf an, ob die Flächen mit Asphalt oder Beton versiegelt sind, ob ein wasserdurchlässiges Pflaster Verwendung findet, ob eine Lage Splitt oder Kies auf den abgeschobenen Untergrund aufgebracht wurde, ob die Stellplatzfläche lediglich aus in den Mutterboden eingelassenen Rasengittersteinen besteht oder ob eine Grundstücksfläche ohne weitere bauliche Vorkehrungen – und hier greift die Fiktion ein – ständig und wiederkehrend als Stellplatz genutzt wird. Auch eine zum Abstellen von Kraftfahrzeugen **regelmäßig benutzte Garagenzufahrt** ist ein Stellplatz, selbst wenn diese Fläche auch anderen Zwecken dient (OVG NRW, Urt. v. 06.02.1964 – VII A 644/63, BRS 15 Nr. 23).

100 Nicht überdachte Stellplätze für Personenkraftwagen und Motorräder bis zu **100 m²** sowie **überdachte und nicht überdachte Fahrradabstellplätze** bis zu insgesamt **100 m²**

sind gemäß § 62 Abs. 1 Nr. 14 Buchstabe c, Nr. 15 Buchstabe a BauO NRW nicht genehmigungsbedürftige Vorhaben. Das gilt auch unter den Voraussetzungen des § 62 Abs. 1 Nr. 1 b) BauO NRW auch für kleine Garagen und überdachte Stellplätze bis 30 m² Grundfläche. Einem Wohngebäude dienende überdachte Stellplätze, Garagen und Fahrradabstellplätze bis zu 1000 m² Nutzfläche sind unter den Voraussetzungen des § 63 Abs. 5 BauO NRW vom Baugenehmigungsverfahren freigestellt. Für Garagen, deren Nutzfläche 100 m² bis 1000 m² beträgt, gelten darüber hinaus die besonderen Voraussetzungen nach § 63 Abs. 5 Satz 2 und 3 BauO NRW. Nicht überdachte Stellplätze mit mehr als 100 m² und überdachte Stellplätze bis zu 1 000 m² Nutzfläche unterliegen gemäß § 64 Abs. 1 Satz 1 BauO NRW dem einfachen Baugenehmigungsverfahren. Garagen mit mehr als 1 000 m² Nutzfläche sind gemäß § 50 Abs. 2 Nr. 18 BauO NRW »große« Sonderbauten; das einfache Baugenehmigungsverfahren findet gemäß § 64 Abs. 1 Satz 1 BauO NRW auf sie keine Anwendung.

Werden nicht überbaute Flächen eines Grundstücks als Stellplätze genutzt, sind diese gemäß § 8 Abs. 1 BauO NRW **wasseraufnahmefähig** auszuführen bzw. zu begrünen oder zu bepflanzen (vgl. § 8 Rdn. 8–30). Im Übrigen ist auch § 44 Abs. 1 LWG NRW in Verbindung mit § 55 Abs. 2 WHG zu beachten, wonach Stellplätze mitunter nur mit nur geringer baulicher Befestigung auszuführen sind, um die ortsnahe Beseitigung des Niederschlagswassers zu ermöglichen. 101

Die **Festsetzungen** eines Bebauungsplanes können gleichwohl einer Stellplatznutzung **entgegenstehen**, wenn es sich nicht um eine bauliche Anlage im Sinne des § 29 Abs. 1 BauGB handelt (BVerwG, Beschl. v. 04.03.1997 – 4 B 233.96, BRS 59 Nr. 127). Wahrhaft planwidrige **sonstige** Nutzungen sind wegen der »**Negativfunktion« von Bebauungsplänen** ebenfalls unzulässig (BVerwG, Urt. v. 04.11.1966 – IV C 36.65, BRS 17 Nr. 1 und Urt. v. 21.06.1974 – IV C 14.74, BRS 28 Nr. 138). Beispielsweise kann der Bebauungsplan Stellplätze auf den nicht überbaubaren Grundstücksflächen gemäß § 23 Abs. 5 BauNVO ausschließen oder deren Zusammenfassung auf einer Fläche für Gemeinschaftsstellplätze nach § 9 Abs. 1 Nr. 22 BauGB anordnen; auch ist es nach § 9 Abs. 1 Nr. 4 BauGB möglich, Flächen für Stellplätze mit ihren Einfahrten ausdrücklich festzusetzen. Soweit Stellplätze Vorhaben nach § 29 Abs. 1 BauGB sind, kann die Anordnung im Vorgarten wegen einer Beeinträchtigung des Ortsbildes nach § 34 Abs. 1 Satz 2 BauGB unzulässig sein (OVG Schl-H, Urt. v. 21.09.1994 – 1 L 91/93, BRS 56 Nr. 69). 102

Bauordnungsrechtliche **Anforderungen an Stellplätze** und Fahrradabstellplätze sind in § 48 BauO NRW geregelt (vgl. Erläuterungen zu § 48). Von Bedeutung sind die Anforderungen an das barrierefreie Bauen. Weitere Anforderungen können in den aufgrund des § 89 Abs. 1 Nr. 4 BauO NRW erlassenen örtlichen Bauvorschriften der Gemeinden enthalten sein. Schließlich ist die SBauVO NRW zu beachten, die nach ihrem § 121 nicht nur für Garagen, sondern ausdrücklich auch für Stellplätze gilt. 103

2.4.3.6 Nr. 6 – Gerüste

Nach der Legaldefinition des § 2 Abs. 1 BauO NRW sind **Gerüste** keine »echten« baulichen Anlagen, da sie nur zur **Durchführung von Bauarbeiten oder** 104

§ 2 Begriffe

Instandhaltungsmaßnahmen benötigt werden und nicht auf Dauer eingebaut werden. Stützkonstruktionen, die auf Dauer in ein Bauwerk eingebaut werden, um dieses standsicher zu machen, fallen nicht hierunter (OVG Bln, Beschl. v. 02.06.1998 – 2 S 4.98, BRS 60 Nr. 118). Sofern ein Gerüst eine dauerhafte Funktion übernimmt, wie z.b. Rankgerüste für die Begrünung, wird es zum Bestandteil der baulichen Anlage. Auf derartige Gerüste zielt die Fiktion jedoch nicht, vielmehr will sie hauptsächlich die in den Technischen Baubestimmungen geregelten **Arbeits- und Schutzgerüste** als bauliche Anlagen erfassen.

105 Mit Nr. 2.7.10 der Liste der Technischen Baubestimmungen wurden folgende Normen nach § 3 Abs. 2 BauO NRW bauaufsichtlich eingeführt:
– **DIN EN 12811** – Temporäre Konstruktionen für Bauwerke – **Teil 1** (Ausgabe März 2004) – Arbeitsgerüste; Leistungsanforderungen, Entwurf, Konstruktion und Bemessung.
– **DIN 4420** – Arbeits- und Schutzgerüste – **Teil 1** (Ausgabe März 2004) – Schutzgerüste; Leistungsanforderungen, Entwurf, Konstruktion und Bemessung.

106 **Arbeitsgerüste** sind Gerüste, von denen aus Arbeiten durchgeführt werden können; sie haben außer den beschäftigten Personen und ihren Werkzeugen auch die jeweils für die Arbeiten unmittelbar erforderlichen Baustoffe zu tragen. **Schutzgerüste** sind Gerüste, die als Fanggerüste Personen gegen tieferen Absturz sichern oder als Schutzdächer Personen, Maschinen, Geräte und anderes gegen herabfallende Gegenstände schützen – so die Begriffsbestimmungen in DIN 4420 Teil 1. Weitere **sicherheitsrelevante** und daher nach § 3 Abs. 1 Satz 2 BauO NRW zu beachtende Regeln enthalten die Normen:
– **DIN 4420** – Arbeits- und Schutzgerüste – **Teil 2** (Ausgabe Dezember 1990) – Leitergerüste; Sicherheitstechnische Anforderungen,
– **DIN 4420** – Arbeits- und Schutzgerüste – **Teil 3** (Ausgabe Januar 2006) – Ausgewählte Gerüstbauarten und ihre Regelausführungen.

107 **Gerüste** wurden auch früher schon **als andere Anlagen und Einrichtungen** im Sinne des § 1 Abs. 1 Satz 2 BauO NRW angesehen, da allgemein anerkannte Regeln der Technik bestanden, die Sicherheitsaspekte zum Gegenstand hatten. Anforderungen an Gerüste können sich aber nur aus der materiellen Grundnorm des § 3 BauO NRW in Verbindung mit den allgemein anerkannten Regeln der Technik bzw. den eingeführten Technischen Baubestimmungen ergeben (vgl. § 3, Rdn. 7). Die Fiktion als bauliche Anlage hat zum Ergebnis, dass alle an diese Eigenschaft anknüpfenden Vorschriften direkt Anwendung finden. So müssen z.B. bauliche Anlagen nach § 12 BauO NRW **standsicher** und nach § 16 BauO NRW **verkehrssicher** sein. Für die üblichen Arbeits- und Schutzgerüste tritt hierdurch keine Erschwernis ein, da entsprechende Anforderungen ohnehin in den Normen enthalten sind. Bedeutung kann die Fiktion aber entfalten, wenn Gerüste über den eigentlichen Verwendungszweck hinaus als großflächige Werbeträger benutzt werden sollen. Gerüste bedürfen nach § 62 Abs. 1 Nr. 13 b) BauO NRW keiner Baugenehmigung.

108 Die Einbeziehung der Gerüste in den Begriff der baulichen Anlage war auch wegen der Regelungen über **Bauprodukte** erforderlich. Bauprodukte sind nach § 2 Abs. 11

BauO NRW nur solche Produkte Baustoffe, Bauteile und Anlagen sowie Bausätze gemäß Art. 2 Nr. 2 VO (EU) Nr. 305/2011, die hergestellt werden, um dauerhaft in bauliche Anlagen eingebaut zu werden bzw. aus Produkten, Baustoffen, Bauteilen sowie Bausätzen gemäß Art. 2 Nr. 2 VO (EU) Nr. 305/2011 vorgefertigte Anlagen, die hergestellt werden, um mit dem Erdboden dauerhaft verbunden zu werden (vgl. Rdn. 332 ff.). Ohne die Fiktion als bauliche Anlage wäre die Aufnahme der Gerüstbauteile in die Bauregelliste A Teil 1 Kapitel 16 als geregelte Bauprodukte nicht möglich gewesen.

2.4.3.7 Nr. 7 – Hilfseinrichtungen zur statischen Sicherung von Bauzuständen

Ebenso wie Gerüste sind auch Hilfseinrichtungen zur statischen Sicherung von Bauzuständen keine »echten« baulichen Anlagen im Sinne des § 2 Abs. 1 BauO NRW (vgl. Rdn. 34 ff.). Beide Begriffe sind eng verwandt und nur schwer voneinander abzugrenzen. Zur Herstellung von baulichen Anlagen, vor allem für die tragenden Konstruktionen, werden **Hilfseinrichtungen** benötigt, um die **Standsicherheit** auch in der Ausführungsphase zu gewährleisten (vgl. § 12 Rdn. 1). Bei der Änderung und beim Abbruch baulicher Anlagen machen auftretende Lasten einzelner Bauzustände Hilfseinrichtungen erforderlich, auch kann bei der vorübergehenden Lagerung von Bauprodukten auf Teilen einer baulichen Anlage deren Abstützung geboten sein. Hilfseinrichtungen werden darüber hinaus bei der Montage von Fertigbauteilen benötigt, bis ein statisch voll wirksamer Verbund der einzelnen Bauteile untereinander erreicht ist, und für die Abfangung von Lasten bei der örtlichen Herstellung von Stahlbetonbauteilen. Hierfür sind sicher abgestützte Schalungen erforderlich, die bis zur vollen Wirksamkeit der Tragfähigkeit des Betonbauteils erhalten bleiben müssen. 109

Für die Herstellung von Hilfseinrichtungen zur statischen Sicherung von Bauzuständen werden wie für Gerüste **geregelte Bauprodukte** nach Bauregelliste A Teil 1 Kapitel 16 verwendet. Für Betonseitenschalungen haben sich – wie für Deckenschalungen – Schalungssysteme bzw. Schalungselemente und variable Schalungsträger, -zargen und -streben durchgesetzt. Obwohl Hilfseinrichtungen wie Gerüste nach § 62 Abs. 1 Nr. 13 b) BauO NRW freigestellt sind, bedürfen größere Schalungen und Lehrgerüste einer sorgfältigen Durchplanung, damit keine unzulässigen Maßabweichungen und Beeinträchtigungen des Tragverhaltens der konstruktiven Bauteile eintreten. 110

2.4.4 Zu Abs. 1 Satz 4

In **Abs. 1 Satz 4** BauO NRW 2018 ist nun der Begriff der **Anlage** definiert. Bediente sich die BauO NRW 2000 bisher – mit nicht immer deutlicher Systematik - an mehreren Stellen der Wendung »bauliche Anlagen und sonstige Anlagen und Einrichtungen im Sinne des § 1 Abs. 1 Satz 2«, soll die einheitliche gesetzliche Bestimmung des Oberbegriffs den Sprachgebrauch vereinheitlichen und straffen (vgl. LT-Drucks. 17/2166, S. 94). 111

Nach der Legaldefinition sind Anlagen im Sinne des Bauordnungsrechts bauliche Anlagen (Abs. 1 Sätze 1 bis 3) und sonstige Anlagen und Einrichtungen im Sinne des § 1 112

Abs. 1 Satz 2 BauO NRW. Der Begriff der Anlage umfasst somit im Wesentlichen vier Unterbegriffe (so auch Simon/Busse, Art. 2 Rn. 226):
- die bauliche Anlage (§ 1 Abs. 1 Satz 1, § 2 Abs. 1 S. 1 bis 3),
- das Gebäude (§ 2 Abs. 1 Satz 1, Abs. 2),
- Anlagen im Sinne von § 1 Abs. 1 Satz 2,
- Einrichtungen im Sinne von § 1 Abs. 1 Satz 2.

113 Die Legaldefinition gilt nur innerhalb des Bauordnungsrechts, nicht hingegen im Bauplanungsrecht (BauGB, BauNVO). Neben den bauordnungsrechtlichen und bauplanungsrechtlichen Begriffen der Anlage gibt es – entsprechend deren konkreten Regelungszielen – auch noch in anderen Bundes- und Landesgesetzen den Begriff der »Anlage«, siehe z.B. die Legaldefinition in § 3 Abs. 5 BImSchG (vgl. Simon/Busse, Art. 2 Rn. 229).

3 Zu Abs. 2 – Gebäude

3.1 Der Gebäudebegriff im Baurecht

114 Nach §§ 93, 94 BGB sind **Gebäude wesentliche Bestandteile von Grundstücken**. Der im Zivilrecht geltende Grundsatz der Bindung von Grundstücks- und Gebäudeeigentum entstammt dem römischen Recht (superficies solo cedit = das Eigentum am Gebäude folgt dem Eigentum am Grundstück). Nach § 94 Abs. 1 BGB gehören die mit dem Grund und Boden fest verbundenen Sachen, insbesondere **Gebäude**, zu den **wesentlichen Bestandteilen eines Grundstücks**. Nach § 94 Abs. 2 BGB gehören zu den wesentlichen Bestandteilen eines Gebäudes die zur Herstellung eingefügten Sachen, wie z.B. Heizkörper, Waschbecken, Lüftungsanlagen oder Einbauschränke. Abweichungen von diesem Grundprinzip bedurften besonderer Rechtskonstruktionen, wie sie das WEG und die Verordnung über das Erbbaurecht enthalten. Kennzeichnend für das Grundstücksrecht und damit direkt auch Auswirkungen entfaltend auf das mit dem Grundstück verbundene Gebäude ist das **Prinzip der Vertikalteilung** (hierzu s. BGH, Urt. v. 12.10.2001 – V ZR 268/00, Forum 2002, 304). Dieses schließt es aus, ein Grundstück einschließlich seiner wesentlichen Bestandteile horizontal aufzuteilen.

115 Ähnlich wie der Begriff »bauliche Anlage« wird der **Gebäudebegriff** in zahlreichen Vorschriften des öffentlichen Baurechts verwendet. Bereits die §§ 36–40, 58 und 65 Teil I Titel 8 des Allgemeinen Landrechts für die Preußischen Staaten von 1794 knüpften an den Begriff an. Die §§ 6, 8 und 9 PrEBO von 1919 regelten Lage, Abstand und Höhe von Gebäuden, die §§ 14 ff. PrEBO den Brandschutz der Gebäude. Die früheren Baupolizeiverordnungen verwendeten in § 7 zur Regelung der Ausnutzbarkeit der Grundstücke die Bezeichnung »Hintergebäude« und Begriffe, wie Wohnbauten oder Geschäftshäuser.

116 Das **Wort** »Gebäude« leitet sich von dem veralteten Wort »Gebäu« ab und stand früher für ein größeres, aus festem Material errichtetes Haus. Es wurde gerne benutzt, um eine der öffentlichen Einrichtungen zu bezeichnen: Verwaltungs- oder Theatergebäude. Während es sich beim Haus primär um eine Unterkunft zu Wohnzwecken handelte, stand die Bezeichnung »Gebäude« für große, weitläufige oder hohe Bauten. Das

Wort »**Bau**« wählte man entweder zur Bezeichnung eines besonders beeindruckenden Gebäudes oder benutzte es abwertend. Als **Bauwerk** bezeichnete man auffallende oder prächtige Bauten. Diese Bedeutungsunterschiede bestehen nicht mehr. Auch große oder hohe Gebäude bezeichnet die Umgangssprache als **Haus**: Geschäftshaus, Hochhaus, Parkhaus. Von daher rühren auch die Schwierigkeiten bei der Auslegung, zumal das Baurecht die unterschiedlichsten Bezeichnungen enthält, ohne diese eindeutig zu definieren.

Eine **bauordnungsrechtliche Legaldefinition** des Begriffs »**Gebäude**« erfolgte erstmals mit § 2 Abs. 3 MBO 1960. Diese Definition stimmt mit den nachfolgenden Fassungen der MBO überein und wurde so auch in alle 16 Landesbauordnungen übernommen. Das **Bauplanungsrecht** verwendet ebenfalls den Begriff »Gebäude«, ohne diesen zu definieren. Vom Gebäude ist – zumeist im Zusammenhang mit anderen Begriffen – die Rede z.B. in § 5, § 9, § 35, § 136 § 144 **BauGB**, ebenso z.B. auch in §§ 2–8, § 13, § 20, § 21, § 22 und § 23 **BauNVO**. Daneben finden sich die Begriffe Lagerhäuser (§§ 8 und 9 BauNVO), Wochenend- und Ferienhäuser (§ 10 BauNVO), Einzel- und Doppelhäuser, Hausgruppen (§ 22 Abs. 2 BauNVO). Das **Wohnbauförderungsrecht** kennt Begriffe wie »Familienheim«, »Eigenheim«, »Kaufeigenheim«, »Ein-, Zwei- oder Mehrfamilienhaus«. Auch andere baurechtlich bedeutsame Bestimmungen benutzen den Begriff des Gebäudes, z.B. die §§ 1, 3, 5, 7, 8, 9, 31, 32 **WEG**, § 1 **EnEG** oder § 1 **EnEV**.

117

3.2 Das Gebäude im Bauordnungsrecht

Die Begriffsbestimmung des Gebäudes als **Oberbegriff** in § 2 Abs. 2 BauO NRW ist erforderlich, da viele materiell-rechtliche Vorschriften der BauO NRW und von Sonderbauverordnungen Anforderungen an Gebäude enthalten, z.B. die §§ 4, 6, 8, 15, 27, 30; 31, 44 BauO NRW oder die §§ 2 Abs. 2, 48 Abs. 1, 61 Abs. 1 und 143 SBauVO NRW. Auch die formellen Vorschriften stellen auf das Gebäude bzw. das Wohngebäude ab, so z.B. die §§ 62–64 und 67 BauO NRW. Gebäude werden nach § 2 Abs. 3 BauO NRW in **5 Gebäudeklassen** eingeteilt. Weiterhin gibt es zu dem Oberbegriff des Gebäudes **Unterbegriffe** in Form von Wortkombinationen, die an bestimmten Stelle der BauO NRW Erwähnung finden, so z.B. in Bezug auf Lage und Ausdehnung:

118

- das **oberirdische** Gebäude in § 6 Abs. 1 Satz 1,
- das **unterirdische** Gebäude in § 2 Abs. 3 Satz 1 Nr.5,
- das **eingeschossige** Gebäude in § 51 Abs. 2, § 67 Abs. 2 Nr. 4 und § 68 Abs. 2 Nr. 3,
- das **erdgeschossige** Gebäude in § 51 Abs. 1 Satz 2,
- das **ausgedehnte** Gebäude in § 30 Abs. 2 Nr. 2,
- das **freistehende** Gebäude in § 2 Abs. 3 Nr. 1, § 51 Abs. 2 sowie § 62 Abs. 3,
- **aneinandergebaute** Gebäude in § 32 Abs. 6 3,

oder in Bezug auf die Nutzungsart:

119

- das **Wohn**gebäude in § 6 Abs. 3 Nr. 2, Abs. 5 Satz 5 § 29 Abs. 6, § 30 Abs. 2 Satz 1 Nr. 4,§ 31 Abs. 2 Satz 2 Nr. 1, § 32 Abs. 2, Abs. 3 Nr. 3, Abs. 7 Satz 2, § 36

§ 2 Begriffe

  Abs. 1 Satz 2 Nr. 1, § 46 Abs. 1 Satz 2, § 50 Abs. 2 Nr. 3, § 63 Abs. 1 Nr. 1, Abs. 4 Satz 1, Abs. 5 Satz 1, § 67 Abs. 2 Nr. 8 und § 68 Abs. 1 Nr. 3, Abs. 2 Satz 1 Nr. 1,
  – das **landwirtschaftliche** Gebäude in § 30 Abs. 2 Satz 1 Nr. 3, Nr. 4, Abs. 3 Satz 3 und § 31 Abs. 2 Satz 2 Nr. 2,
  – das **landwirtschaftliche Betriebs**gebäude in § 30 Abs. 2 Satz 1 Nr. 3, Nr. 4, Abs. 3 Satz 2 und § 68 Abs. 2 Nr. 2,
  – das **Neben**gebäude in § 63 Abs. 1 Satz 1 Nr. 3 und Abs. 4 Satz 1 und § 68 Abs. 2 Nr. 1.

120 Daneben enthalten die §§ § 50 und § 62 BauO NRW weitere Bezeichnungen, wie z.B. Werk**stätte**, Garten**laube**, Schutz**hütte** oder Gewächs**haus**.

121 **Gebäude sind stets bauliche Anlagen** im Sinne des § 2 Abs. 1 Satz 1 oder 2 BauO NRW, an die das Bauordnungsrecht spezifische, über die allgemeinen Anforderungen an bauliche Anlagen hinausgehende Anforderungen stellt. Wenn auch die Tatbestandsmerkmale der Legaldefinition keinen Abschluss durch Wände voraussetzen, bedingt der Verwendungszweck von Gebäuden normalerweise seitliche Raumabschlüsse. Denn wesentliches Merkmal eines Gebäudes ist nach allgemeinem Verständnis seine raumbildende Funktion durch allseitige Abschlüsse. Allerdings sind Gebäude möglich, die nur aus Dachflächen bestehen, wie die Beispiele des »Nur-Dach-Hauses« oder des Tonnendachs als Lagerhalle belegen. Auch können auf Stützen gesetzte Überdachungen ein Gebäude ausmachen, wie z.B. überdachte Stellplätze und Freisitze oder offene Feldscheunen. Ein Gebäude muss die für »echte« bauliche Anlagen geforderten Tatbestandsmerkmale erfüllen (vgl. Rdn. 25). Fehlt es an einer Verbindung mit dem Erdboden oder werden keine Bauprodukte verwendet, kann keine bauliche Anlage und damit auch kein Gebäude vorliegen. Dienen Äste und Blätter zum Bau einer Laubhütte, so ist keine »Herstellung aus Bauprodukten« gegeben (vgl. Rdn. 39 ff.).

122 Für Gebäude üblicher Nutzung und Größe stellt die Erfüllung der Tatbestandsmerkmale kein Problem dar. Schwierigkeiten treten jedoch auf, wenn das **Gebäudevolumen** auf ein Minimum schrumpft oder wenn der mit dem Wort »Gebäude« eng verbundene **Raumabschluss** sich als unzureichend darstellt. Aus den für Gebäude geforderten Tatbestandsmerkmalen, aus den materiell-rechtlichen Anforderungen an Gebäude, wie auch aus dem umgangssprachlichen Sinngehalt des Wortes »Gebäude« folgt, dass nicht jede kleinste gebäudeähnliche Anlage auch ein Gebäude darstellt. Weder ein Spielhaus für Kinder oder eine Hundehütte noch ein Kaninchenstall oder ein Kleinzelt können als Gebäude eingestuft werden. Dies bedeutet jedoch nicht, dass derartige bauliche Anlagen keine bauordnungsrechtlichen Anforderungen zu erfüllen haben. So ergibt sich beispielsweise aus § 6 Abs. 10 BauO NRW, dass bauliche Anlagen, von denen Wirkungen wie von Gebäuden ausgehen, abstandsrechtlich wie Gebäude behandelt werden.

123 Die **Abgrenzung des Gebäudebegriffs** stellt sich nicht immer einfach dar, zumal die Legaldefinition keine seitlichen Umfassungswände voraussetzt. Zweifel können aufkommen, wenn eine überdeckte bauliche Anlage nur in Teilbereichen von Menschen betreten werden kann, wie dies bei Lagerregalen im Freien der Fall ist. Auch fällt es schwer, die mit einem Großschirm geschützte Sitzgruppe einer Außengastronomie

als Gebäude anzusehen, obwohl die Tatbestandsmerkmale der Legaldefinition erfüllt sind. Hier bietet der Freistellungskatalog des § 62 Abs. 1 BauO NRW **Interpretationshilfe**. Die dort unter der Überschrift Gebäude aufgeführten baulichen Anlagen weisen in aller Regel zumindest eine Überdachung sowie teilweise Schutzwände auf – dies ist bei Fahrgastunterständen des öffentlichen Personennahverkehrs heute Standard. Auch zeigt die Eingangsformulierung in § 6 Abs. 1 BauO NRW, dass der Gesetzgeber wie selbstverständlich von Außenwänden bei einem Gebäude ausgeht. Die Brandschutzvorschriften der §§ 27 und 30 BauO NRW enthalten zahlreiche Anforderungen an seitliche Gebäudeabschlüsse. Die dem Gesetz zugrundeliegende Vorstellung eines typischen Gebäudes mit Wänden und Dachflächen darf in Grenzfällen nicht unberücksichtigt bleiben.

Eine bauliche Anlage ist ein **Gebäude**, wenn **sämtliche** Tatbestandsmerkmale der Begriffsbestimmung **erfüllt** sind. Ein Gebäude setzt somit **vier** Merkmale voraus: **124**
– selbständige Benutzbarkeit,
– Überdeckung,
– Betretbarkeit durch Menschen und
– Eignung oder Bestimmung zum Schutz von Menschen, Tieren oder Sachen.

Wird nur ein Merkmal **nicht** erfüllt, liegt **kein** Gebäude vor, so z.B. bei einer alten Burgruine aufgrund fehlender Überdachung (vgl. Wilke/Dageförde/Knuth/Meyer zu § 2 Rn. 35, die darauf hinweisen, dass nach wie vor von einem Gebäude auszugehen ist, wenn ein abgebranntes Dach alsbald wieder erneuert werden soll). Die Legaldefinition der BauO NRW wurde mit der BauO NRW 2018 an die MBO insoweit angepasst, als jetzt auch die Definition der BauO NRW 2018 den Begriff **Überdeckung** anstelle von **Überdachung** verwendet. Diese Änderung ist jedoch nur redaktioneller Art, hatte der unterschiedliche Begriff auch schon bisher keine Auswirkungen auf den Begriffsinhalt, da nicht die technische Ausführung der baulichen Anlage (Dach oder Decke), sondern die Schutzfunktion des nach oben abschließenden Bauteils gegen Witterungseinflüsse entscheidend ist. Auch **unterirdische bauliche Anlagen**, wie z.B. Tiefgaragen oder Schutzbunker, können Gebäude sein (ebenso Boeddinghaus/Hahn/Schulte zu § 2 Rn. 38). Im Gegensatz dazu erfüllen unterirdische Tunnel, Kanäle oder Stollen den Begriff nicht, da sie über keine **gebäudetypische begrenzte** räumliche Ausdehnung verfügen. **125**

Selbständig benutzbar sind bauliche Anlagen, wenn sie für sich geeignet sind, den Verwendungszweck zu erfüllen. Die selbständige Benutzbarkeit hängt mit der Funktion der Anlage zusammen und erfordert eine bauliche Anlage, die über **funktionsnotwendige Bauteile** und eine **selbständige Zugangsmöglichkeit** verfügt, so dass sie unabhängig von anderen Anlagen betreten und genutzt werden kann. Je nach Erfüllung dieses Merkmals kann eine **Straßenüberdachung** Gebäude oder Straßenzubehör sein (vgl. OVG NRW, Beschl. v. 16.02.1996 – 10 B 248/96, BRS 58 Nr. 97 = NVwZ-RR 1997, 274 und OVG Bremen, Beschl. v. 09.09.1999 – 1 B 303/99, BRS 62 Nr. 129). Die selbständige Benutzbarkeit darf nicht mit der **Aufenthaltsraumqualität** verwechselt werden. Bauliche Anlagen können auch dann Gebäude sein, wenn sie keine Aufenthaltsräume enthalten. Denn § 51 BauO NRW erlaubt in Abs. 1 auch **126**

Behelfsbauten als Gebäude und umschreibt in Abs. 2 untergeordnete Gebäude ohne Aufenthalts- oder nur mit vorübergehender Aufenthaltsfunktion, wie Lauben und Unterkunftshütten. Ausdrücklich nennt § 62 Abs. 1 Nr. 1 Buchstabe a BauO NRW auch Gebäude ohne Aufenthaltsräume. Daher sind Zweifel an der Eigenschaft eines bloßen Geräteschuppens als Gebäude unbegründet.

127 **Merkmal der selbständigen Benutzbarkeit** ist neben dem eigenen Eingang bei mehrgeschossigen Gebäuden darüber hinaus die eigene Treppe bzw. der eigene Treppenraum. Die funktionale Selbständigkeit ist nur gegeben, wenn jeweils alle für eine selbständige Nutzung erforderlichen Bauteile vorhanden sind (OVG Lüneburg, Urt. v. 21.04.1986 – 1 A 56/85, BRS 46 Nr. 98). Daher fehlt einem **Vordach** oder einer **Hauseingangsüberdachung** das Merkmal der selbständigen Benutzbarkeit; hierbei handelt es sich lediglich um **unselbständige Gebäudeteile** (BVerwG, Beschl. v. 13.06.2005 – 4 B 27.05, BauR 2005, 1755 = BRS 69 Nr. 87 = ZfBR 2005, 698; Hamb. OVG, Urt. v. 20.01.2005 – 2 Bf 283/03, BauR 2005, 849 = BRS 69 Nr. 86). Ein Gebäude kann sich, wie das Beispiel des in § 30 Abs. 2 Satz 1 Nr. 3, Nr. 4 und § 68 Abs. 2 Nr. 2 BauO NRW genannten landwirtschaftlichen Gebäudes zeigt, aus **mehreren Gebäudeteilen** mit eigenen Zu- und Ausgängen zusammensetzen, wenn zwischen diesen Teilen ein untrennbarer funktionaler und räumlicher Zusammenhang besteht. **Geschosse** oder **Nutzungseinheiten** wie Wohnungen oder Büros sind keine Gebäude, sondern lediglich **Teile** eines Gebäudes, die in den Gesamtbaukörper einbezogen sind. Ein **Doppelhaus** oder eine **Hausgruppe** besteht trotz des baulichen Zusammenhangs aus **mehreren Gebäuden im bauordnungsrechtlichen Sinne** (VGH B-W, Beschl. v. 08.03.1988 – 8 S 1021/88, BRS 48 Nr. 169).

128 Die **Unabhängigkeit** von anderen baulichen Anlagen wird nicht dadurch gefährdet, dass **aneinandergebaute** Gebäude **gemeinsame** Bauteile aufweisen, da dies § 12 Abs. 2 BauO NRW allgemein mit Baulastvorbehalt und § 30 Abs. 2 Satz 2 BauO NRW speziell für gemeinsame Gebäudetrennwände anstelle von einzelnen Gebäudeabschlusswänden vorsieht. Sie bleibt ebenfalls gewahrt, wenn gemeinsame Zufahrten, Wasserversorgungs- und Abwasserbeseitigungsanlagen oder Gemeinschaftsanlagen mehreren Gebäuden zugeordnet sind. Es ist auch unerheblich, ob sich das Gebäude auf einem oder mehreren Grundstücken befindet oder ob auf einem Grundstück mehrere Gebäude errichtet werden. Dies zeigt schon ein Blick auf § 4 Abs. 2 BauO NRW, der die Errichtung eines Gebäudes auf mehreren Grundstücken regelt, bzw. auf § 32 Abs. 2 BauO NRW, der ausdrücklich den Fall mehrerer Gebäude auf demselben Grundstück anspricht.

129 Die selbständige Benutzbarkeit **erfordert keine Abtrennbarkeit.** Es ist nicht geboten, dass das Gebäude aus der Verbindung mit einem anderen Gebäude im Sinne des § 7 BauO NRW heraustrennbar sein muss oder dass Gebäudeabschlusswände oder Gebäudetrennwände vorhanden sein müssen. So ist beispielsweise eine neben dem Wohngebäude in der seitlichen Abstandsfläche angeordnete Garage selbständig nutzbar. Das ist selbst dann der Fall, wenn die Garage über eine gemeinsame Wand mit dem Wohngebäude verfügt oder eine Türöffnung zu diesem aufweist. Ein aus Markisenstoff und einer Rahmenkonstruktion im Anschluss an ein Gebäude hergestellter,

überdachter Raum, der selbständig als Lager genutzt wird und von außen betreten werden kann, ist – im Gegensatz zu einer an der Außenwand eines Gebäudes angebrachten Markise – als selbständig nutzbares Gebäude zu beurteilen (OVG Lüneburg, Beschl. v. 26.02.1980 – 6 A 86/79, BRS 36 Nr. 151). Auch bei einer Terrassenüberdachung handelt es sich als »Annex zum Wohnhaus« um ein Gebäude (OVG NRW, Beschl. v. 05.11.2007 – 7 E 737/07, juris).

Weisen mehrere bauliche Anlagen **gemeinsame Bauteile** auf, so kann unter Umständen eine wertende Betrachtung erforderlich sein, ob es sich um ein oder mehrere Gebäude handelt, und zwar im Rahmen einer natürlichen Betrachtungsweise, in die die konstruktiven Merkmale der Bauausführung sowie Erscheinungsbild und Funktion der betrachteten Bauteile einzubeziehen sind (OVG NRW, Beschl. v. 07.09.2010 – 10 B 846/10, juris). Verfügen **mehrere Gebäude** über ein für ihre funktionsgerechte Nutzung notwendiges gemeinsames Bauteil, wie eine gemeinsame Zufahrtsrampe für das Garagengeschoss, sind sie **verfahrensrechtlich als bauliche Einheit** zu behandeln (OVG Saar, Urt. v. 27.01.1989 – 2 R 346/86, BRS 49 Nr. 157). In dem entschiedenen Fall hatte dies Bedeutung im Hinblick auf die Einwendungen des Nachbarn. Das Gericht führte hierzu aus:

130

> *»Von daher besteht ein untrennbarer Funktionszusammenhang zwischen der Zufahrt und den geplanten Gebäuden auch aus Sicht der Hauptnutzung, so dass die Rampe als integrierter Bestandteil sowohl des Einzelhauses wie des Doppelhauses erscheint. Dementsprechend ist sie in den Bauvorlagen teils auf den Parzellen Nr. 47/21 und 47/19 und teils auf den Parzellen der einzelnen Eigentümer sowie bezeichnenderweise weder seitens der Bauherren einem der betriebenen zwei Genehmigungsverfahren ausschließlich zugeordnet worden, noch ist den erteilten Bauscheinen zu entnehmen, mit welcher Genehmigung der Beklagte sie hat zulassen wollen. Steht sie aber in einem untrennbaren Funktionszusammenhang sowohl zu dem Einzel- wie zu dem Doppelhaus, so verklammert sie beide Gebäude derart, dass die Anlagen trotz Zuordnung zu getrennten Baugrundstücken, zu unterschiedlichen Genehmigungsverfahren und zum Verantwortungsbereich verschiedener Bauherren als einheitliches Vorhaben zu qualifizieren sind. Insoweit ist sie etwa einem zwei oder mehreren Bauten gemeinsamen (notwendigen) Treppenhaus vergleichbar, das die Anlage zu einem, keiner gesonderten Prüfung und Gestattung der Einzel-Bauteile zugänglichen, Gesamtprojekt verbindet.«*

131

Die Anlage muss **überdeckt** sein, also mit einer Vorrichtung versehen sein, die Niederschläge ableiten kann (OVG NRW, Beschl. v. 17.11. 2009 – 7 B 1350/09, BauR 2010, 749; OVG Bln-Bbg, Beschl. v. 16.02.2016 – OVG 10 N 22.13, juris). Dass Überdeckungen als Bauteile von baulichen Anlagen so beschaffen und gebrauchstauglich sein müssen, dass durch Wasser oder Feuchtigkeit Gefahren oder unzumutbare Belästigungen nicht entstehen, ergibt sich bereits aus der allgemeinen Anforderung an die Bauausführung des § 13 Satz 1 BauO NRW (vgl. § 13 Rdn. 19–21). Somit sind Rankgerüste für Kletterpflanzen (Pergolen) keine Gebäude. Sie lösen aber dennoch Abstandsflächen aus, weil von ihnen abstandsrechtliche Wirkungen wie von Gebäuden im Sinne des § 6 Abs. 10 BauO NRW 2000 (jetzt § 6 Abs. 1 Satz 2 BauO)

132

ausgehen können (OVG NRW, Urt. v. 02.03.2001 – 7 A 5020/98, BauR 2001, 1090 = BRS 64 Nr. 125).

133 Das Tatbestandsmerkmal »Überdeckung« ist auch gegeben, wenn diese **aus ungewöhnlichem Material**, wie Markisenstoff, Zelt- oder Kunststoffplanen besteht. Eine **bewegliche Markise** kann nicht als Überdachung gewertet werden, da sie konstruktionsbedingt keinen Witterungsschutz bietet, sondern nur **zeitweilig** als **Sonnenschutz** ausgefahren werden kann. Daher erfüllt die überdeckte Fläche nicht den bauordnungsrechtlichen Gebäudebegriff (OVG NRW, Beschl. v. 13.03.2009 – 10 A 1118/08, juris). Dient hingegen eine Konstruktion regelmäßig wiederkehrend dem Witterungsschutz (**Regen, Schnee**) ist es unbeachtlich, wenn diese vorübergehend (z.B. Sommermonate) entfernt wird (OVG NRW, Urt. v. 16.05.1997 – 7 A 6272/95, BRS 59 Nr. 140).

134 **Von Menschen betreten** werden können bauliche Anlagen, wenn ein **erwachsener Mensch normaler Größe aufrecht hineingehen** kann. Keine Gebäude sind danach bauliche Anlagen, die für Menschen keine normale Eintritts- oder Aufenthaltsmöglichkeit bieten, wie Silos, Behälter oder Gärfutterbehälter (BayVGH, Urt. v. 02.08. 1973 – Nr. 94 I 72, BRS 27 Nr. 93 und Urt. v. 09.03.1976 – Nr. 90 I 71, BayVBl. 1977, 49; OVG NRW, Urt. v. 09.05.1985 – 7 A 1395/84, BRS 44 Nr. 167 sowie Thür. OVG, Beschl. v. 24.10.2014 – 1 EO 92/14, juris) oder solche Anlagen, die zum Betreten zu klein sind, wie Kleintierställe oder Transformatorenkästen. Gleiches gilt für Spielhäuser für Kinder (VG Arnsberg, Urt. v. 18.01.2011 – 4 K 1276/09, juris, zu einer Turmkombination mit Zubehör, Rutsche und Schaukel auf einem Spielplatz). Das Betreten darf mit Unannehmlichkeiten verbunden sein, wie z.B. bei älteren Gebäuden aufgrund geringerer lichter Höhe (vgl. Boeddinghaus/Hahn/Schulte zu § 2 Rn. 39).

135 Bei der Voraussetzung, dass die bauliche Anlage **geeignet oder bestimmt sein muss, dem Schutz von Menschen, Tieren oder Sachen zu dienen**, kommt es weniger auf die subjektive Bestimmung durch den Bauherrn als vielmehr auf die **objektive** Eignung der baulichen Anlage für den genannten Zweck an. Dieses Tatbestandsmerkmal korrespondiert mit dem der Überdeckung (so auch Jeromin zu § 2 Rn. 37), so dass vorrangig ein Schutz gegen Niederschläge gegeben sein muss. Die Bauteile müssen nicht massiv sein. Es kommt auch nicht darauf an, ob sämtliche bauordnungsrechtlichen Schutzziele, wie z.B. Wärme-, Schall-, Erschütterungs- oder Brandschutz gewahrt sind. Auch Wohnwagen, Wohnboote oder schwimmende Fischerhütten, die die Tatbestandsmerkmale der baulichen Anlage erfüllen (vgl. Rdn. 58 und 59), sind Gebäude, auch der sogenannte Technikcontainer (Außenmaße 2,14 m × 1,88 m × 2,60 m) einer Funkfeststation (OVG NRW, Beschl. v. 23.07.2008 – 10 A 2957/07, BauR 2009, 89). Ebenso sind Traglufthallen Gebäude im Sinne des Abs. 2 (vgl. OVG NRW, Urt. v. 12.11.1974 – X A 303/73, BauR 1975, 110 = BRS 28 Nr. 20 und Urt. v. 30.04.1975 – X A 289/74, BRS 29 Nr. 113 = DÖV 1976, 385 sowie BVerwG, Urt. v. 17.12.1976 – IV C 6.75, BauR 1977, 109 = BRS 30 Nr. 117 = DÖV 1977, 326 = NJW 1977, 2090).

3.3 Das Gebäude im Bauplanungsrecht

136 Der **bauplanungsrechtliche Gebäudebegriff** ist weder im BauGB noch in der BauNVO definiert. Hieraus und aus der ebenfalls fehlenden Legaldefinition der Begriffe

»Einzel- und Doppelhaus« bzw. »Hausgruppe« resultieren erhebliche Unsicherheiten in der Rechtsanwendung, wie sich vor allem aus divergierenden obergerichtlichen Entscheidungen ergibt (vgl. hierzu Grabe – Gebäudearten: Bauplanungsrechtliche Begriffe und Festsetzungsmöglichkeiten nach § 22 Abs. 2 BauNVO, BauR 1991, S. 530 ff.). Die Auslegungsunsicherheiten schlagen auf das landesrechtlich geregelte Abstandsrecht durch, weil bei der Aufteilung von Bauplanungs- und Bauordnungsrecht zunächst davon ausgegangen wurde, dass die bauordnungsrechtlichen Begriffe auch für das Planungsrecht gelten. Später zeigte sich aber dann, dass die Rechtsprechung sowohl den Begriff der baulichen Anlage als auch den des Gebäudes in planungsrechtlich eigenständiger Weise versteht. Neuere verwaltungsgerichtliche Entscheidungen zeigen wieder **Parallelen** zwischen bauplanungsrechtlichem und bauordnungsrechtlichem Gebäudebegriff auf. Im Beschl. v. 13.12.1995 (– 4 B 245.95, BauR 1996, 219 = BRS 57 Nr. 79 = DÖV 1996, 293 = NVwZ 1996, 787 = ZfBR 1996, 123) führt das BVerwG aus:

»§ 13 BauNVO definiert freilich ebenso wenig wie die Baugebietsvorschriften, auf die er Bezug nimmt, was unter einem Gebäude zu verstehen ist. Dem in § 2 bis 9 BauNVO jeweils enthaltenen Zulässigkeitskatalog lässt sich immerhin so viel entnehmen, dass der Gebäudebegriff als Unterfall von dem allgemeinen Begriff der (baulichen) Anlage mitumfasst wird, auf den insbesondere auch § 29 BauGB abstellt. Dies schließt es aus, unselbständige Teile einer baulichen Anlage als Gebäude zu qualifizieren. Als Abgrenzungsmerkmal eignet sich insoweit das Kriterium der selbständigen Benutzbarkeit, das auch bei der Bestimmung des bauordnungsrechtlichen Gebäudebegriffs eine maßgebliche Rolle spielt (vgl. hierzu Art. 2 Abs. 2 der Bayerischen BauO). Erforderlich ist, dass das Gebäude jedenfalls tatsächlich unabhängig von sonstigen baulichen Anlagen genutzt werden kann. Durch eine etwaige bauliche Verbindung mit anderen Gebäuden oder Anlagen wird die funktionale Selbständigkeit nicht in Frage gestellt. Dies belegt § 22 Abs. 2 BauNVO, für den es erkennbar ohne Belang ist, ob Gebäude als Einzelhäuser, Doppelhäuser oder Hausgruppen errichtet werden. In die gleiche Richtung deutet die in § 22 Abs. 3 BauNVO getroffene Regelung, dass in der geschlossenen Bauweise die Gebäude ohne seitlichen Grenzabstand errichtet werden. Unerheblich ist, welches äußere Erscheinungsbild mehrere Gebäude abgeben. Auch wenn der Eindruck von Haupt- und Anbau hervorgerufen wird, handelt es sich um verschiedene Gebäude, sofern jedes von ihnen unabhängig vom anderen zugänglich ist. Kommt noch hinzu, dass sich der Hauptbau und der Anbau nicht auf demselben Buchgrundstück befinden, so ist dies ein weiteres Indiz dafür, dass ein selbständiges Gebäude vorhanden ist. In Übereinstimmung mit diesen Grundsätzen hat das Berufungsgericht den Anbau der nach seinen Feststellungen aus Büroräumen besteht und nur im Dachgeschoss bewohnt wird, als ein rechtlich, technisch und funktionell selbständiges Gebäude eingestuft. Trifft dies zu, so sind die durch § 13 BauNVO gezogenen Grenzen überschritten. Daran ändert sich auch dann nichts, wenn der auf dem Nachbargrundstück vorhandene Hauptbau ausschließlich oder überwiegend für Wohnzwecke genutzt wird.« 137

Mit dieser Entscheidung hat das BVerwG die **Betrachtungsweise** hinsichtlich **der funktionalen Selbständigkeit** gestärkt (s.a. OVG NRW, Beschl. v. 12.03.2001 – 7 B 290/01, BauR 2001, 1238 = BRS 64 Nr. 65). Ursache für diese Problematik ist 138

§ 2 Begriffe

die verfassungsrechtlich bedingte Aufteilung des Baurechts, die Schnittstellen erfordert. Der Begriff »Gebäude« verdeutlicht dies besonders, da er die Verwendung eines vom Bauordnungsrecht stark abweichenden bauplanungsrechtlichen Begriffsinhalts ausschließt.

3.3.1 Gebäudeteile

139 Das Bauplanungsrecht verwendet in § 23 BauNVO den Begriff »**Gebäudeteil**«. Nach dieser Vorschrift kann ein Vor- und Zurücktreten von Gebäudeteilen in **geringfügigem Ausmaß** zugelassen werden. Der bauplanungsrechtliche Begriff des Gebäudeteils darf nicht mit dem bauordnungsrechtlichen Begriff »**Bauteil**« gleichgesetzt werden. **Gebäude umschließen** einen **umbauten Raum**, auch wenn dies in der einfachsten Form durch Stützen und ein Dach erfolgen kann. Stützen und Dach bilden in diesem Fall Bauteile des Gebäudes. Normalerweise setzen sich aber Gebäude aus Geschossen und Räumen zusammen und weisen über den Hauptbaukörper hinausgehende, **durch Bauteile umschlossene, zum Betreten bestimmte Gebäudeteile** auf, wie Windfänge, überdachte Hauseingangstreppen, Balkone oder Erker. Darüber hinaus weist jedes Gebäude im Fassaden- und Dachbereich konstruktive oder gestaltende Elemente auf, wie Sockel, Pfeiler, Gesimse, Brüstungen, Dachüberstände, Regenrinnen oder Regenfallrohre, die keinen zum Betreten bestimmten Raum umschließen, sondern **Bauteile** des Gebäudes sind. Nach dem früheren Baupolizeirecht spielte diese Unterscheidung keine Rolle, da die Baupolizeiverordnungen sowohl bauplanungs- als auch bauordnungsrechtliche Regelungen über vor die Fluchtlinie hinausragende Bauteile enthielten – vgl. §§ 6 und 8 PrEBO. Das **städtebaulich bedeutsame Vortreten** von Bauteilen über die Baufluchtlinie bezog man aber nicht auf alle Bauteile, sondern auf die vor die Fluchtlinie vortretenden **Vorbauten**, wie Erker und Balkone (vgl. Baltz/Fischer, S. 323 f., Rn. 15 und 16).

140 Die nach der herrschenden Meinung verfassungsrechtlich bedingte Aufteilung des Baurechts in Bodenrecht und Baupolizeirecht macht es erforderlich, will man nicht der einleuchtenden, aber leider bislang kaum beachteten Sichtweise von Schulte folgen (vgl. Schulte, S. 61 ff. und 119 ff.), die Regelungen des § 23 BauNVO stärker unter **bodenrechtlichen Gesichtspunkten** zu beleuchten. Danach bezieht sich das Vor- bzw. Zurücktreten von Gebäudeteilen in geringfügigem Ausmaß vor bzw. hinter die **Baulinie** oder die **Baugrenze** auf solche Bauteile von **städtebaulicher Relevanz**. Diese liegt in der Anordnung und Gliederung der Gebäudemasse, denn § 23 BauNVO zielt auf die Verteilung der baulichen Nutzung auf dem Grundstück (so Fickert/Fieseler zu § 23 Rn. 1). Somit erfasst das Bauplanungsrecht Gebäudeteile, die **räumliche Wirkungen** entfalten. Dagegen gehören die ein Gebäude vorrangig gestalterisch gliedernden Bauteile, wie z.B. leicht gegenüber dem Außenputz zurückgesetzte Faschen oder leicht vorspringende Brüstungen, als primär den **Gestaltwert** ausmachende Elemente zum **Bauordnungsrecht**. Die Kommentierungen übergehen diesen Unterschied und beziehen in den bauplanungsrechtlichen Begriff auch Bauteile mit gestalterischer Funktion ein (vgl. Ernst/Zinkahn/Bielenberg/Krautzberger zu § 23 BauNVO Rn. 40 ff.; Boeddinghaus zu § 23 Rn. 23; Knaup/Stange zu § 23 Rn. 25).

Träfe diese Auslegung des bauplanungsrechtlichen Gebäudeteilbegriffs zu, wäre es unmöglich, ein **baulinienkonformes** Gebäude zu errichten, denn schon die **Fenster** und **Türen** liegen von der Außenkante der Gebäude **zurückgesetzt**, die Fensterbrüstungen kragen leicht vor, das Regenfallrohr liegt in der Regel sogar vor der Wand. Letztendlich bedürften kleinste Bauteile einer Abweichungsentscheidung nach § 23 Abs. 2 BauNVO. Im Falle von Baugrenzen oder Bebauungstiefen gilt nichts anderes, sofern das Gebäude bis unmittelbar an die Grenze der überbaubaren Fläche heranrückt. Die fehlende Aufmerksamkeit hinsichtlich des Begriffsinhalts mag damit zusammenhängen, dass eine derart genaue Betrachtung unnötig war, denn erst durch die BauO NW 1995 wurde die Abweichungsentscheidung nach § 23 BauNVO mit der Freistellungsvoraussetzung nach § 67 Abs. 1 BauO NW 1995 verknüpft. 141

Schließlich ist bei der Begriffsauslegung die **Handhabung in der Praxis** zu bedenken. Weder Bauherren noch Bauaufsichtsbehörden kommen auf den Gedanken, die gegenüber der baulinienbündigen Wandaußenkante zurückgesetzten Fenster- oder Türelemente als zurücktretende Gebäudeteile oder die auf der Wandfläche angebrachten Schilder und Beleuchtungskörper oder die Vorlegestufe des Eingangs als vortretende Gebäudeteile anzusehen. Die Praxis geht davon aus, dass die **städtebaulichen Vorschriften** die **Gebäudekubatur** und den **Gebäudeumriss in den groben Zügen** erfassen, die architektonische Ausbildung im Detail aber hiermit nichts zu tun hat, weil diese sich nach den bauordnungsrechtlichen Vorgaben richtet. Demzufolge ist das in § 23 BauNVO geregelte Vor- oder Zurücktreten von Gebäudeteilen in geringfügigem Ausmaß auf **raumbildende** oder in vergleichbarer Weise wirkende Gebäudeelemente bezogen, wie z.B. vor die Außenwand tretende Windfänge, Erker, Balkone oder Hauseingangsüberdachungen, nicht jedoch auf konstruktiv bedingte und gestalterische Elemente, wie Sockel, Fensterbänke, Gesimse, Pfeiler, Dachüberstände, und ebenso nicht auf bauliche oder haustechnische Ausrüstungsgegenstände, wie Regenrinnen, Regenfallrohre, Beleuchtungskörper, Hausbriefkästen, Anzeigeschilder, Rollladenkästen oder Schlagläden. Als Beispiel für das städtebaulich relevante Zurücktreten von Gebäudeteilen in geringfügigem Ausmaß hinter die Baulinie sind Loggien oder Laubengänge zu nennen; nicht hierzu rechnen Schlitze oder Profilierungen zur Gestaltung von Bauteilen. 142

Der unbestimmte Rechtsbegriff »**in geringfügigem Ausmaß**« ist nur auf den Gebäudeteil und nicht etwa auf das gesamte Gebäude bezogen. Weicht ein Gebäude insgesamt von der Baulinie nur wenige Zentimeter ab, so kann dieser Rechtsverstoß nur auf dem Befreiungswege überwunden werden (BVerwG, Urt. v. 20.06.1975 – IV C 5.74, BauR 1975, 313 = BRS 29 Nr. 126 = DVBl 1975, 895; VGH B-W, Beschl. v. 12.11.2014 – 3 S 1419/14, BRS 82 Nr. 94). Der Unterschied liegt in der Differenzierung zwischen **wesentlichen** und **unwesentlichen Gebäudeteilen** (vgl. auch OVG NRW, Beschl. v. 24.05.1996 – 11 B 970/96, BRS 58 Nr. 171; VGH B-W, Beschl. v. 20.01.2005 – 8 S 3003/04, BauR 2005, 1433). Die Bedeutung von Baulinien und Baugrenzen darf nicht durch eine zu großzügige Handhabung der Überschreitungs- bzw. Unterschreitungsregel aufgelockert werden, da dies das Verhältnis zwischen Festsetzung und Ausnahmen qualitativ geradezu umkehren würde (vgl. BVerwG, Urt. v. 23.04.1969 – IV C 12.67, BRS 22 Nr. 42). 143

§ 2   Begriffe

144 Da die in § 6 Abs. 6 BauO NRW beispielhaft aufgeführten, **abstandsrechtlich privilegierten Bauteile**, die in direkter Beziehung zur Außenwandfunktion stehen, **untergeordneter Natur** sein müssen (vgl. OVG NRW, Beschl. v. 29.11.1985 – 7 B 2402/85, BRS 44 Nr. 101 und Urt. v. 19.07.2010 – 7 A 3199/08, BauR 2011, 248), liegt es nahe, die hierzu ergangene Rechtsprechung heranzuziehen (VGH B-W, Beschl. v. 09.07.2014 – 8 S 827/14, BRS 82 Nr. 137; OVG Schl-H, Beschl. v. 12.12.2014 – 1 LA 57/14, juris). Gebäudeteile, die **keine abstandsrechtliche Privilegierung** genießen, sind **auch keine unwesentlichen Gebäudeteile** im bauplanungsrechtlichen Sinne (VGH B-W, Urt. v. 30.10.1985 – 3 S 2310/85, BRS 44 Nr. 102 zu einer 3 m tiefen Terrassenüberdachung; OVG Lüneburg, Beschl. v. 26.05.1983 – 6 B 47/83, BRS 40 Nr. 113 zu einem Treppenhaus; OVG Bln, Urt. v. 22.05.1992 – 2 B 22.90, BRS 54 Nr. 97 = DVBl 1993, 120 zu einer Aufzugsanlage). Von einem unwesentlichen Gebäudeteil ist selbst bei Einhaltung der Ausladung von zw. 1,60 m nicht auszugehen, wenn es vorrangig zur Gewinnung von Nutzfläche dient oder über mehr als ein Drittel der Außenwand vom Erdgeschoss bis zum Dachgeschoss reicht (OVG NRW, Beschl. v. 26.03.1993 – 11 B 713/93, BRS 55 Nr. 112 zu einem Vorbau).

145 Auch der Konstruktion und Gestaltung dienende Elemente können zu Gebäudeteilen im Sinne des § 23 BauNVO werden, wenn eine **Umgehung des Bauteile-Privilegs** durch »extensive« Ausnutzung vorliegt (so Ortloff, Das Abstandsflächenrecht der Berliner Bauordnung, 2. Auflage 1993, Rn. 168). So sind Dachüberstände, die dazu dienen, einen darunter befindlichen, zum Betreten bestimmten Bereich nach oben abzuschließen, um eine »Überdachung« zu ersetzen und einen umbauten Raum zu begrenzen, keine untergeordneten Bauteile bzw. unwesentlichen Gebäudeteile. Ein über die gesamte Gebäudelänge oder sogar um das gesamte Gebäude verlaufender Balkon kann nicht mehr als untergeordnet bzw. unwesentlich gelten (OVG Lüneburg, Urt. v. 09.02.1981 – 6 A 226/79, BRS 38 Nr. 120). Von einer **Unterordnung** ist auszugehen, wenn Bauteile nach Art und Umfang und auch in ihrer Wirkung dem Gebäude gegenüber nicht nennenswert ins Gewicht fallen und wenn sie von der **Baumasse** her **unbedeutend** erscheinen (Hess. VGH, Beschl. v. 24.05.2012 – 3 A 1532/11.Z, NVwZ-RR 2012, 676 zu einem Vorbau mit einer Tiefe von 1 m). Ein 1,18 m × 1,18 m messender Kamin ist im Verhältnis zu einem 8,90 m × 3,40 m großen Backhaus und im Hinblick auf die üblichen Hauskaminabmessungen ungewöhnlich massiv und daher kein untergeordnetes Bauteil (BayVGH, Urt. v. 27.11.1974 – Nr. 54 I 73, BRS 29 Nr. 90). Dies läuft auf eine **relative Betrachtungsweise** hinaus, so dass große Baukörper ein Mehr an Vor- bzw. Zurücktreten vertragen als kleine Gebäude. Eine Grenze ist aber dort zu ziehen, wo für die Funktion des Gebäudes erforderliche Teile, wie z.B. Treppentürme, die überbaubare Fläche nicht einhalten. Will die Gemeinde für derartige wesentliche Gebäudeteile eine Zulassungsmöglichkeit eröffnen, bedarf es einer auf § 23 Abs. 2 Satz 3 BauNVO gestützten Ausnahmeregelung.

3.3.2 Einzelhäuser, Doppelhäuser, Hausgruppen

146 Die bauplanungsrechtlichen Vorschriften des § 22 Abs. 2 BauNVO über die **offene Bauweise** verwenden die Begriffe »Einzelhaus«, »Doppelhaus« und »Hausgruppe«, ohne die einzelnen **Hausformen** und den Hausbegriff näher zu definieren. Während

in § 22 Abs. 3 BauNVO bezüglich der geschlossenen Bauweise nur auf den allgemeinen planungsrechtlichen Gebäudebegriff Bezug genommen wird, enthält die Regelung des § 22 Abs. 2 BauNVO zur offenen Bauweise die Besonderheit, dass die **Gebäude als Einzelhäuser, Doppelhäuser oder Hausgruppen** errichtet werden können, deren **Länge höchstens 50 m** betragen darf. Die Regelung lässt unklar, wann von einem Einzel- oder Doppelhaus bzw. einer Hausgruppe gesprochen werden kann und ob eine Beziehung zwischen dem jeweiligen Haustyp und dem Grundstück besteht, zumal § 22 BauNVO den **seitlichen Grenzabstand** von Gebäuden regelt. Dass bei der Auslegung dieser Begriffe nicht allein das Gebäude, sondern vielmehr auch dessen Anordnung auf einer Baufläche von Bedeutung ist, ergibt sich bereits aus dem zivilrechtlichen Grundsatz der Verbindung von Grundstück und Gebäude und dem **Prinzip der Vertikalteilung** von Grundstücken (s. Rdn. 114 und OVG NRW, Beschl. v. 12.03.2001 – IV C 33.71, BVerwGE 44, 59).

Die Vorschrift geht auf **früheres Baupolizeirecht** zurück. Nach § 8 PrEBO und den darauf beruhenden Baupolizeiverordnungen konnte in der offenen Bauweise statt des freistehenden Einzelhauses die Errichtung von Doppelhäusern (Zusammenbau von zwei Häusern) oder von Gruppenhäusern (Zusammenbau von mehr als zwei Häusern) für bestimmte Straßen oder Gebiete vorgeschrieben oder bei schmalen Baugrundstücken angeordnet oder zugelassen werden, falls die Verdeckung aller Brandmauern sowie eine einheitliche Gebäudetiefe und -höhe sichergestellt waren. Brandmauern wiederum waren nach § 14 PrEBO zum Abschluss von Gebäuden herzustellen, die unmittelbar an der Nachbargrenze errichtet wurden. Für Doppel-, Gruppen- und Reihenhäuser konnten Erleichterungen bezüglich der Trennungswand zwischen zwei Kleinhäusern zugelassen werden. Das Kleinhaus definierte § 28 PrEBO als Wohngebäude mit nicht mehr als zwei Vollgeschossen und nicht mehr als zwei Kleinwohnungen je Geschoss. Aus alledem ergab sich, dass unter Doppelhäusern und Hausgruppen **deckungsgleich aneinandergebaute** Wohngebäude verstanden wurden. In Werkssiedlungen war dabei eine Aufteilung in Einzelgrundstücke (Buchgrundstücke) unüblich, obwohl jedem Haus eine Baufläche mit Vorgarten und Gartenland zugeteilt war. 147

Die BauNVO übernahm zwar die städtebaulichen Regelungen der PrEBO zur Bauweise, jedoch nicht die Vorschriften über die Einheitlichkeit der Gebäude (vgl. die Begründung des Entwurfs, BR-Drucks. 53/62; zur Rechtsentwicklung siehe Boeddinghaus, Einzelhäuser, Doppelhäuser und Hausgruppen, BauR 1998, S. 15 ff.). Dies ist auch eine Folge der nach dem II. Weltkrieg gewandelten Vorstellungen über das Bauen und der starken Betonung des Eigentumsschutzes, was wiederum einem übertriebenen Individualismus Vorschub leistete. Auf der Strecke blieb dabei die traditionelle Vorstellung des Einzel- und Doppelhauses bzw. der Hausgruppe, da die **BauNVO keine Vorschriften** über die **einheitliche Gebäudetiefe** und **-höhe** von Doppelhäusern oder Hausgruppen enthält und die Länge sämtlicher Hausformen nach § 22 Abs. 2 Satz 2 BauNVO sogar bis zu 50 m betragen darf. Die Auslegung der Begriffe verursacht nicht zuletzt deshalb besondere Probleme, weil durch § 22 Abs. 4 BauNVO abweichende Bauweisen im Bebauungsplan ermöglicht werden. Dies gibt der Gemeinde die Befugnis, weitere neue Hausformen zu »erfinden«, die den traditionellen durchaus ähnlich sein können, jedoch in Feinheiten von deren Begriffsinhalt 148 abweichen. Dem traditionellen Verständnis der offenen bzw. geschlossenen Bauweise eigen ist weiterhin eine Ausrichtung der Baugrundstücke und der Hauptgebäude zur Erschließungsstraße hin (straßenbegleitende Bebauung), so dass vordere, hintere und seitliche Grundstücksgrenzen eindeutig festliegen, denn die Vorschriften über die **offene und geschlossene Bauweise** beziehen sich auf den **seitlichen Grenzabstand**. Anders liegt dies bei der **abweichenden Bauweise**, da nach § 22 Abs. 4 BauNVO festzusetzen ist, inwieweit an die **vorderen, rückwärtigen** und **seitlichen Grundstücksgrenzen** herangebaut werden darf oder muss.

149 Die **fehlenden Vorgaben** der BauNVO zur **Einheitlichkeit** von Doppelhäusern und Hausgruppen führten zu einer Rechtsauslegung, die selbst einen großen Versatz der Gebäude an der gemeinsamen Grundstücksgrenze noch hinnahm (so OVG NRW, Beschl. v. 04.06.1998 – 10 A 1318/97, BauR 1999, 478 = BRS 60 Nr. 72; zuletzt OVG NRW, Beschl. v. 02.03.2007 – 10 B 275/07, BauR 2007, 1027 für einen Versatz von 2,00m straßenseitig und 2,20m gartenseitig). Das BVerwG entschied jedoch mit Urt. v. 24.02.2000 (– 4 C 12.98, BauR 2000, 1168 = BRS 63 Nr. 185 = DVBl 2000, 1338 = UPR 2000, 453 = ZfBR 2000, 415), dass ein Doppelhaus im Sinne des § 22 Abs. 2 BauNVO eine bauliche Anlage ist, die dadurch entsteht, dass zwei Gebäude auf benachbarten Grundstücken durch **Aneinanderbauen** an der gemeinsamen Grundstücksgrenze zu einer **Einheit** zusammengefügt werden. Das Erfordernis der baulichen Einheit ist nur erfüllt, wenn die beiden Gebäude in **wechselseitig verträglicher** und **abgestimmter Weise** aneinandergebaut werden. Insoweit ist die planerische Festsetzung von Doppelhäusern in der offenen Bauweise **nachbarschützend**. Kein Doppelhaus entsteht, wenn ein Gebäude gegen das andere so **stark versetzt** wird, dass es den Rahmen einer wechselseitigen Grenzbebauung überschreitet, den **Eindruck eines einseitigen Grenzanbaus** vermittelt und dadurch einen neuen Bodennutzungskonflikt auslöst. Dem Gebot einer qualitativ aufeinander abgestimmten Bauausführung kann auch die einseitige Erweiterung einer der beiden Doppelhaushälften genügen, wenn dadurch die »**harmonische Beziehung**«, in der die beiden Hälften zueinander stehen, nicht in Frage gestellt wird (BayVGH, Beschl. v. 10.11.2000 – 26 CS 99.2102, BauR 2001, 372 = BRS 63 Nr. 97 und Beschl. v. 15.09.2015 – 2 CS 15.1792, juris).

150 Die Begriffe »Einzel- und Doppelhaus« bzw. »Hausgruppe« haben nur im Rahmen der offenen Bauweise bzw. bestimmter Formen der abweichenden Bauweise Bedeutung. Ansonsten werden sie bauplanungsrechtlich nicht benötigt. Lässt man die abweichende Bauweise unberücksichtigt, da diese im Einzelfall von der Gemeinde im Bebauungsplan zu bestimmen ist, so ergeben sich aus der Verordnung scheinbar nur zwei Bauweisen: die **offene und die geschlossene Bauweise**. Diese unterscheiden sich lediglich hinsichtlich des einzuhaltenden bzw. nicht einzuhaltenden seitlichen Grenzabstandes, so dass die einzelnen Gebäude (Einzelhäuser) entweder mit einem Abstand zur seitlichen Grenze oder ohne Einhaltung eines Abstandes unmittelbar auf der seitlichen Grenze errichtet werden. Die in § 22 Abs. 2 BauNVO erwähnten Doppelhäuser und Hausgruppen passen streng genommen nicht in diese Systematik und bilden selbst wiederum **Sonderformen der offenen Bauweise**, nämlich die »gekoppelte Bauweise« im Falle von Doppelhäusern und die »Reihenbauweise« im Falle von Hausgruppen. Es handelt sich deshalb um Sonderformen, weil sie die charakteristischen Merkmale

der offenen bzw. geschlossenen Bauweise – die Beziehung des Gebäudes zur seitlichen Grenze – miteinander vermengen. Die als Doppelhaushälften bzw. Hausgruppenelemente aneinandergebauten Gebäude weisen wie die Gebäude der geschlossenen Bauweise keinen seitlichen Grenzabstand untereinander auf. Seitlichen Grenzabstand müssen aber die freien Seiten der Doppelhaushälften bzw. der Endhäuser einer Hausgruppe einhalten.

Der in den früheren Fassungen der BauNVO hinter dem Wort Grenzabstand enthaltene Klammerzusatz (**Bauwich**), der mit der BauNVO-Novelle 1990 entfiel, stimmte nicht vollinhaltlich mit dem landesrechtlichen Bauwichbegriff überein. § 7 Abs. 1 Satz 1 BauO NW 1970 definierte den Bauwich als einen **Mindestabstand der Gebäude von den Grundstücksgrenzen**, die nicht an öffentlichen Verkehrsflächen liegen. Ein landesrechtlich geregelter Bauwich war demzufolge auch zu **hinteren Grundstücksgrenzen** einzuhalten, wohingegen sich der bundesrechtlich geregelte Bauwich nur auf die **seitlichen Grenzabstände** bezog. Mit der Umstellung der landesrechtlichen Bauwich- und Abstandsregelungen in reine Abstandsvorschriften durch die MBO 1981, der alle Länder bis auf Niedersachsen gefolgt sind, verblieb nur noch in der BauNVO der Bauwichbegriff. Dieser wurde daher in der BauNVO entbehrlich, ohne dass der Verordnungsgeber die Gelegenheit ergriff, als Grenzabstand auch den zu den hinteren Grundstücksgrenzen zu definieren und so eine Deckungsgleichheit zwischen Bundes- und Landesbaurecht herzustellen. In der Literatur wird dieser Unterschied kaum erwähnt und der Grenzabstand so erläutert, als ob sich dieser dem Grundsatz nach aus § 22 BauNVO und die genaue Tiefe des Abstandsmaßes aus § 6 MBO bzw. den entsprechenden landesrechtlichen Vorschriften ergibt (vgl. Fickert/Fieseler zu § 22 Rn. 4). Der heute übliche Städtebau hat sich darüber hinaus von einer rein straßenbegleitenden Bebauung gelöst und ordnet die überbaubaren Grundstücksflächen den Verkehrsflächen nach unterschiedlichsten Gesichtspunkten zu (vgl. Boeddinghaus zu § 22 Rn. 3–5). Es kann dann im Einzelfall schwerfallen, die seitlichen von den hinteren Grenzen zu unterscheiden. Dabei helfen auch die von der Rechtsprechung entwickelten Auslegungsregeln kaum weiter, da den Streitverfahren die klassische straßenbegleitende Bebauung zugrunde lag (vgl. z.B. OVG Rh-Pf, Urt. v. 21.06.1965 – 1 A 87/64, BRS 16 Nr. 62 zu seitlichen und hinteren Grenzen bei rechteckigen Eckgrundstücken). Hinzu kommt, dass sich die Vorgaben des **§ 22 BauNVO nur auf Hauptanlagen** beziehen, so dass **Nebengebäude** und **Garagen nicht erfasst** sind (OVG NRW, Urt. v. 12.07.1982 – 7 A 2198/80, BRS 39 Nr. 111).

151

Allgemein werden die bundes- und landesrechtlichen Begriffe und damit der **seitliche Grenzabstand** mit dem **Mindestabstand von den Grundstücksgrenzen** gleichgesetzt (vgl. z.B. Boeddinghaus, zu § 22 Rn. 10; Fickert/Fieseler zu § 22 Rn. 4). Diese **Gleichsetzung bundes- und landesrechtlicher Grenzabstandsbegriffe** hat zur Folge, dass die Hausformen des § 22 Abs. 2 BauNVO mit dem **Buchgrundstück** in Beziehung treten, wodurch sich ein anderer Begriffsinhalt ergibt, als wenn nur auf einen einzuhaltenden bzw. nicht einzuhaltenden Grenzabstand von **Flächen** abgestellt wird, die den **Gebäuden zugeordnet** sind. Der Grenzabstand muss aber nicht zwingend mit dem Abstand zu Buchgrundstücksgrenzen identisch sein. Unter Grenzabstand kann auch ein Abstand der Gebäude vom zugehörigen Teil eines Buchgrundstücks verstanden werden,

152

da **Bebauungspläne keine Grundstücksgrenzen** festsetzen können, sondern nur **Flächen und deren Abgrenzung.** Es ist deshalb davon auszugehen, dass die Vorschriften über die Bauweise nicht nur den Abstand der Gebäude zur Grenze des Grundstücks im Rechtssinne (Buchgrundstück) erfassen. Die Vorschriften regeln vielmehr die Einhaltung oder Nichteinhaltung des Abstandes von Gebäuden zu den Grenzen von Flächen, die nach der Zweckbestimmung des Vorhabens das Baugrundstück bilden. Demzufolge kommt es nicht darauf an, ob eine im Bebauungsplan festgesetzte Fläche für Doppelhäuser oder Hausgruppen bereits parzelliert wurde oder ob eine Fläche für Einzelhäuser überhaupt aufgeteilt werden soll. Mitunter errichten nämlich Wohnungsbaugesellschaften oder Bauträger auf großen Grundstücken gleich mehrere Gebäude zur Vermietung oder zum Verkauf, ohne dass bereits eine Realteilung vorliegt. Es wäre praxisfremd und einer zügigen Baudurchführung abträglich, wollte man zunächst die Realteilung, die Bildung der Buchgrundstücke und deren Eintragung im Grundbuch abwarten, bevor eine Baugenehmigung ausgesprochen werden könnte. Für freigestellte Wohngebäude ergäbe sich die groteske Folge, dass die beschleunigende Wirkung der Freistellung nicht vom Bauträger ausgeschöpft werden könnte, weil zuvor das grundbuchliche Eintragungsverfahren abzuwarten bliebe. Daher können die Hausformenbegriffe der BauNVO nicht davon abhängig sein, dass bereits ausparzellierte, den jeweiligen Gebäuden zugeordnete Buchgrundstücke vorliegen (s.a. Boeddinghaus, Ist ein Doppelhaus auf einem ungeteilten Grundstück ein Einzelhaus i.S. des § 22 Abs. 2 Baunutzungsverordnung?, BauR 2001, S. 1358 ff.).

153 Dieses Verständnis der Begriffe hat zur Folge, dass auf einer Fläche im Bebauungsplan, auf der nur bestimmte Hausformen zulässig sind, **keine Beschränkung der Anzahl der Gebäude je Buchgrundstück** eintritt. Für Einzelhäuser hat dies so auch ausdrücklich das BVerwG klargestellt. Soweit sie die erforderlichen seitlichen Grenzabstände einhalten, dürfen auf einem Grundstück auch mehrere »Einzelhäuser« stehen. Das planerische Ziel, auf Baugrundstücken von mindestens 1 000 m^2 Größe nur ein einziges Wohngebäude mit höchstens zwei Wohnungen zuzulassen, kann nicht allein durch die Festsetzung der Grundstücksmindestgröße, die Festsetzung »Einzelhäuser« und die Festsetzung der Zwei-Wohnungs-Klausel erreicht werden (BVerwG, Beschl. v. 31.01.1995 – 4 NB 48.93, BauR 1995, 351 = BRS 57 Nr. 23 = DÖV 1995, 422; Hess. VGH, Urt. v. 25.11.1999 – 4 UE 2222/92, BauR 2000, 873 = BRS 62 Nr. 184; OVG NRW, Beschl. v. 12.03.2001 – 7 B 290/01, BauR 2001, 1238). Ein derartiges Planungsziel lässt sich allerdings durch die Festsetzung von entsprechend eng begrenzten überbaubaren Grundstücksflächen erreichen (Hamb. OVG, Urt. v. 27.05. 1993 – Bf II 108/91, BRS 55 Nr. 38).

154 Mit dem früheren Verständnis des Einzelhauses als einem freistehenden Wohngebäude mit begrenzter Gebäudehöhe und Wohnungsanzahl – vielfach auch gleichgesetzt mit dem im Wohnungsrecht definierten **Einfamilienhaus** – hat das **Einzelhaus im Sinne des § 22 Abs. 2 BauNVO** nichts gemein. Weder aus der Höhe des Gebäudes, der Art seiner Nutzung, der Anzahl der Nutzungs- oder Wohneinheiten, noch seiner Rechtsbzw. Bewirtschaftungsform lassen sich Rückschlüsse auf den Begriffsinhalt ziehen. Allein ausschlaggebend ist ein maximal 50 m langer Baukörper mit seitlichen Grenzabständen, dessen innere räumliche Aufteilung in Nutzungseinheiten keine Rolle

spielt, soweit nicht hierdurch der einheitliche Hauscharakter in bodenrechtlichem Sinne aufgegeben wird. Fickert/Fieseler (zu § 22 Rn. 6.2–6.22) weisen unter Bezug auf Grabe (Gebäudearten: Bauplanungsrechtliche Begriffe und Festsetzungsmöglichkeiten nach § 22 Abs. 2 BauNVO, BauR 1991, S. 530 ff.) darauf hin, dass dem Begriff des Einzelhauses aus heutiger städtebaulicher Sicht jede rechtsstaatlich erforderliche Normenbestimmtheit fehlt und er deshalb bei einer Novellierung der BauNVO aufgegeben werden sollte. In der Tat ergeben sich Auslegungsprobleme, wenn ein Einzelhaus nicht die übliche horizontale Aufteilung in Geschosse und Nutzungseinheiten, sondern in durch Trennwände unterteilte Nutzungselemente aufweist (Fickert/Fieseler verwenden die Bezeichnung »Wohnscheiben«). In einem solchen Falle muss geprüft werden, ob anstelle des vorgeschriebenen Einzelhauses ein Doppelhaus oder eine Hausgruppe zur Ausführung kommen soll. Allein das Merkmal der selbständigen Benutzbarkeit im Sinne des Bauordnungsrechts reicht nicht aus, das »Wohnscheibeneinzelhaus« von einer »Hausgruppe« nach Bauplanungsrecht zu unterscheiden.

Die obergerichtliche Rechtsprechung hat zur Auslegung der Hausformenbegriffe den bauordnungsrechtlichen Gebäudebegriff herangezogen. Danach besteht ein Einzelhaus aus einem, ein Doppelhaus aus zwei und eine Hausgruppe aus mindestens drei Gebäuden (OVG NRW, Urt. v. 30.04.1975 – X A 289/74, BRS 29 Nr. 113; OVG Lüneburg, Beschl. v. 26.02.1980 – 6 A 86/79, BRS 36 Nr. 151 und Urt. v. 21.04.1986 – 1 A 56/85, BRS 46 Nr. 98; Hess. VGH, Beschl. v. 04.06.1992 – 4 TG 2815/91, BRS 54 Nr. 161; OVG Rh-Pf, Beschl. v. 28.01.2016 – 8 B 11203/15.OVG, ZfBR 2016, 491). Eine strikte Anwendung der bauordnungsrechtlichen Begriffsbestimmung auf den Hausformenbegriff ohne Berücksichtigung der bodenrechtlichen Besonderheiten führt aber zwangsläufig, wie Grabe (Gebäudearten: Bauplanungsrechtliche Begriffe und Festsetzungsmöglichkeiten nach § 22 Abs. 2 BauNVO, BauR 1991, S. 530 ff.) zutreffend feststellt, »hinein in ein **Kabinett von Rechtskuriositäten**, die von niemandem mehr verstanden werden, da die Grenze zwischen funktional selbständigen (Gebäude-) Wohnscheiben und Wohnungen kaum noch justitiabel, behördliches Handeln nicht mehr messbar, damit willkürlich ist«. Deutlich wird dies an weiteren Entscheidungen, denen die o.g. Sichtweise zugrunde liegt. So soll es sich auch dann um ein Doppelhaus im Sinne des § 22 Abs. 2 BauNVO handeln, wenn zwar beide Doppelhaushälften nur über einen gemeinsamen Eingang betreten werden können, dieser Zugang aber in einen Hausflur mündet, von dem aus jede Doppelhaushälfte durch eine Tür erreichbar ist (VG Frankfurt am Main, Beschl. v. 18.09.1995 – 15 G 1437/95 [V], NVwZ-RR 1996, 378). Oder es wird behauptet, dass das Vorhandensein nur eines Eingangs nebst Windfang der Annahme mehrerer Gebäude nicht entgegensteht, wenn der die Gemeinsamkeit zwischen den ansonsten funktional und konstruktiv selbständigen Wohneinheiten vermittelnde Bereich im Verhältnis zu anderen Teilen des Gebäudekomplexes nach Größe und Baumasse gering ist (OVG NRW, Beschl. v. 06.02.1996 – 11 B 3046/95, BauR 1996, 684 = BRS 58 Nr. 170; vgl. auch VGH B-W, Urt. v. 25.06.1996 – 5 S 2572/95, BauR 1997, 274 = BRS 58 Nr. 77). Folgt man diesen Überlegungen, die das Vertikalteilungsprinzip außer Acht lassen, sind auch versetzt übereinanderliegende Wohneinheiten im Hang mit jeweils eigenen Zugängen und Freiflächen in der seitlichen Abstandsfläche als Gebäude anzusehen, da ihnen eine funktionale Selbständigkeit

155

nicht abgesprochen werden kann und sie aufgrund der Hanglage zum überwiegenden Teil eine unmittelbare Verbindung mit dem Erdboden aufweisen.

156 Es führt aber auch nicht weiter, wenn man die funktionale Selbständigkeit als ausschlaggebendes Kriterium aufgibt und stattdessen den **bodenrechtlichen Bezug zum Buchgrundstück** überbetont. Das OVG Rh-Pf vertritt im Urt. v. 23.01.1986 (– 1 A 124/84, BRS 46 Nr. 99) die Auffassung, dass dem Begriff »Doppelhaus« immanent sei, dass es auf zwei verschiedenen Grundstücken steht und die gemeinsame Grundstücksgrenze zwischen den beiden Gebäudeteilen verläuft. Es begründet diese Auffassung damit, dass Doppelhäuser und Hausgruppen **herkömmlicherweise** auf verschiedenen Grundstücken errichtet werden. Wie aber unter Rdn. 147 und 153 ausgeführt, ist gerade das der PrEBO zugrundeliegende Hausformenverständnis durch die BauNVO nicht vollständig übernommen worden, so dass heute ein anderer Begriffsinhalt gilt. Auch lässt sich weder dem Wortlaut der Verordnung noch ihrer Begründung entnehmen, dass die Hausformen direkt mit dem Buchgrundstücksbegriff verknüpft sind. Schließlich ergibt sich aus der Entscheidung auch nicht, wie das BVerwG im Beschl. v. 31.01.1995 (– 4 NB 48.93, BauR 1995, 351) festgestellt hat, dass auf einem Baugrundstück mehrere Doppelhäuser unzulässig sind. Das Nds. OVG hat in seinem Urt. v. 08.12.1995 (– 1 L 3209/94, BauR 1996, 354 = BRS 57 Nr. 83) seine frühere Rechtsauffassung (Urt. v. 21.04. 1986 – 1 A 56/85, BRS 46 Nr. 98) aufgegeben und sich der Rechtsprechung des OVG Rh-Pf angeschlossen. Dies wird unter anderem damit begründet, dass Doppelhäuser und Hausgruppen auf verschiedenen Grundstücken nur als abweichende Bauweise nach § 22 Abs. 4 BauNVO realisiert werden könnten, wenn sich die Aussage des § 22 Abs. 2 BauNVO darauf beschränken würde, welche Haustypen mit seitlichem Grenzabstand auf **einem** Baugrundstück zulässig sind; auch erscheine eine Regelung der auf einem Baugrundstück zulässigen Haustypen in einer Vorschrift über die Bauweise systemwidrig. Schlüssig ist diese Argumentation aber nur, wenn der Grenzabstand als Abstand zur Buchgrundstücksgrenze verstanden wird. Auch ist dieser Auffassung entgegenzuhalten, dass zum Zeitpunkt der Aufstellung des Bebauungsplans die künftig zu bildenden Grundstücksgrenzen noch gar nicht festliegen (vgl. Rdn. 151 zur Praxis von Bauträgern und Wohnungsbaugesellschaften) und dass die Festsetzungen des Bebauungsplanes keine Grundstücksgrenzen regeln können. Wenn also die Bauleitplanung nur die Bauweise für bestimmte Flächen vorgibt, ohne direkt Einfluss auf den künftigen Grundstückszuschnitt nehmen zu können, dann kann andererseits die Realisierbarkeit der Bebauung nicht allein vom Vorliegen ausparzellierter Buchgrundstücke abhängig sein, die bereits auf die zulässigen Hausformen abgestimmt sind. Auch ist zu bedenken, dass die bodenrechtliche Teilung von Grundstücken gemäß § 19 Abs. 2 BauGB nicht den Festsetzungen des Bebauungsplans widersprechen darf. Teilt ein Bauträger eine große Baufläche, für die der Bebauungsplan bestimmte Hausformen der offenen Bauweise festsetzt, von einer nicht bebaubaren Fläche ab, weil er eben genau diese Hausformen verwirklichen will, so wird ihm kein Rechtsverstoß entgegengehalten werden können. Das strikte Verlangen nach Ausparzellierung von Buchgrundstücken führt daher bei der Auslegung der Hausformenbegriffe ebenso in die Sackgasse wie eine isolierte Heranziehung des bauordnungsrechtlichen Gebäudebegriffs ohne Berücksichtigung der bodenrechtlichen Besonderheiten.

Die unzureichende Verordnungsregelung kann nur durch eine am **Gebäudebegriff** orientierte Auslegung überwunden werden, die dem **bodenrechtlichen Bezug des Hausformenbegriffs** Rechnung trägt. Das BVerwG hat die vorrangige Betrachtungsweise der funktionalen Selbständigkeit zur Auslegung des Gebäudebegriffs erneut in seinem Beschl. v. 11.03.1991 – 4 B 4.91 (Buchholz 406.12, § 22 BauNVO Nr. 2 – Leitsatz) herausgestellt. In diesem Fall sollten zwei Doppelhaushälften auf zwei Flurstücken mit jeweils zwei miteinander verbundenen »Wohnscheiben« durch bauliche Veränderungen neu gegliedert werden. Anstelle von zwei Doppelhaushälften wären nach Realisierung der Umbaumaßnahmen vier selbständige Gebäude mit jeweils eigenem Eingang bei gleichzeitigem Verschluss der bestehenden Verbindung der Gebäudeteile im Kellergeschoss und zugeordneten Grundstücksteilflächen entstanden. Das Berufungsgericht (VGH B-W, Urt. v. 07.11.1990 – 3 S 2196/90, n.v.) wertete dies als Hausgruppe, obwohl keine gesonderten Buchgrundstücke gebildet werden sollten (jede »Doppelhaushälfte« war in zwei Wohnungseigentumseinheiten mit Sondernutzungsrechten am jeweiligen Grundstücksteil aufgeteilt worden). Das BVerwG schloss sich dieser Sichtweise an und führte aus: 157

»Die Beschwerde hält für grundsätzlicher Klärung bedürftig, ob eine Doppelhaushälfte – deren Errichtung mit zwei nebeneinander gelegenen Wohneinheiten und gemeinsamem Eingang war dem Rechtsvorgänger der Klägerin hier genehmigt worden – auch zwei funktional selbständige Eigentumseinheiten aufweisen könne, insbesondere ob innerhalb einer Doppelhaushälfte zwei Eingänge zulässig sein können. Diese Fragestellung rechtfertigt keine Zulassung der Revision gemäß § 132 Abs. 2 Nr. 1 VwGO. Vielmehr ergibt sich – ohne dass dies erst noch eine höchstrichterliche Klärung in einem künftigen Revisionsverfahren erforderlich macht – unmittelbar aus Wortlaut und Sinnzusammenhang der in § 22 Abs. 2 BauNVO verwendeten Begriffe, dass unter einem Doppelhaus im Sinne der bauplanungsrechtlichen Bestimmung über die Bauweise, unabhängig von den bestehenden zivilrechtlichen Verhältnissen, insbesondere unabhängig von etwa begründetem Wohnungseigentum, ein aus zwei selbständigen Gebäuden durch Aneinanderbauen an einer Seite zu einer Einheit zusammengefügtes Haus zu verstehen ist (vgl. Boeddinghaus/Dieckmann, BauNVO, 2. Aufl., zu § 22 Rn. 12; Ernst/Zinkahn/Bielenberg, BauGB zu § 22 BauNVO Rn. 30; Leder, BauNVO und PlanZVO, 4. Aufl. zu § 22 Rn. 5; Schlez, BauNVO, 2. Aufl. zu § 22 Rn. 8). Hieraus folgt ohne weiteres, dass bei Vorliegen der eine selbständige Nutzung erlaubenden Merkmale bei jedem der beiden Gebäude nicht länger von einer bloßen Doppelhaushälfte die Rede sein kann.« 158

Der so entschiedene Fall belegt auch, dass zwar im Baurecht grundsätzlich der Grundstücksbegriff im bürgerlich-rechtlichen Sinne Anwendung findet (BVerwG, Urt. v. 26.06.1970 – IV C 73.68, BRS 23 Nr. 45; vgl. auch § 1 Rdn. 36), von diesem aber **abgewichen werden kann und muss**, wenn bei Verwendung des Buchgrundstücksbegriffs die Gefahr entstünde, dass **der Sinn einer bestimmten bau- und bodenrechtlichen Regelung handgreiflich verfehlt würde** (BVerwG, Urt. v. 14.02.1991 – 4 C 51.87, BRS 52 Nr. 161 = NJW 1991, 2783 = ZfBR 1991, 173 und Urt. v. 21.12.2011 – 4 C 13/10, BVerwGE 141, 302). Die Festsetzungen der Bebauungspläne können nämlich nicht nur für Buchgrundstücke gelten, da seit der Rechtsänderung im Jahre 1976 auf »**Flächen**« und **nicht mehr auf** »**Baugrundstücke**« in § 9 BauGB = 9 BBauG abgestellt 159 wird; auch ordnet § 200 Abs. 1 BauGB ausdrücklich an, dass die für Grundstücke geltenden städtebaulichen Vorschriften auch auf Grundstücksteile anzuwenden sind. Mit Blick auf die Einhaltung der bauplanungsrechtlichen Vorschriften kann somit auch ein Teil des Buchgrundstücks als Baugrundstück im bauplanungsrechtlichen Sinne anzusehen sein (so ausdrücklich Schlichter/Stich/Driehaus/Paetow zu § 200 Rn. 14 als klassisches Beispiel ein Buchgrundstück erwähnend, das zum Teil im Innenbereich, zum Teil im Außenbereich liegt).

160 Von einem **Einzelhaus** ist somit auszugehen, wenn dieses nur solche **Nutzungseinheiten** enthält, die als **unselbständige** Gebäudeteile bzw. Gebäudeabschnitte aufgefasst werden können, weil ihnen insbesondere keine Flächen konzeptionell zugeordnet sind, die die Funktion eines Baugrundstücks übernehmen könnten.

161 Ein Doppelhaus liegt vor, wenn die beiden Hälften als Gebäude selbständig benutzbar sind und über jeweils zugeordnete Flächen verfügen.

162 Eine Hausgruppe liegt vor, wenn die einzelnen Elemente als Gebäude selbständig benutzbar sind und über jeweils zugeordnete Flächen verfügen.

163 In allen Fällen müssen die **Gebäude** mit den **zugeordneten Flächen** dem zivilrechtlichen **Vertikalteilungsprinzip** entsprechen, das heißt, einer Buchgrundstücksbildung dürfen keine Hinderungsgründe entgegenstehen. Auf diese Weise lassen sich unselbständig konzipierte, vertikal gegliederte »Scheiben« als einer Wohnung bzw. sonstigen Nutzungseinheit vergleichbares Gebäudeteil von funktional selbständigen Gebäuden auf abteilbaren Flächen unterscheiden. Zu berücksichtigen bleibt auch bei dieser Auslegungshilfe der Hausformenbegriffe, dass wiederum Grenzfälle denkbar sind, die zusätzlicher Überlegungen bedürfen. Mangels verordnungsrechtlicher Begriffsbestimmung wird es deshalb immer auf die Planungskonzeption im Einzelfall und die Würdigung der tatsächlichen Verhältnisse ankommen.

3.4 Wohngebäude

164 Der an die Wohnnutzung geknüpfte Gebäudebegriff ist in materiell-rechtlicher Hinsicht bei der Anwendung der BauNVO von Bedeutung und steht mit dem Begriff des Wohnens in enger Verbindung. Eine **verfahrensrechtliche Relevanz** erwächst ihm durch die Bestimmung des § 63 Abs. 1 Satz 1 Nr.1 in Verbindung mit § 2 Abs. 3 BauO NRW, der sich auf **Wohngebäude der Gebäudeklassen 1 bis 3** bezieht. § 64 BauO NW 1984 (Vereinfachtes Genehmigungsverfahren) stellt auf das **Wohngebäude geringer Höhe mit nicht mehr als zwei Wohnungen** ab. Wegen dieser Eingrenzung auf eine maximale Wohnungsanzahl kam dem bauplanungsrechtlichen Wohnbegriff keine nennenswerte Bedeutung im Hinblick auf verfahrensrechtliche Aspekte zu. Dies änderte sich mit der BauO NRW 2000 grundlegend, die nur noch allgemein vom Wohngebäude mittlerer und geringer Höhe sprach, ohne den Nutzungsumfang näher einzugrenzen. Nunmehr findet sich eine Eingrenzung der Nutzungseinheiten nur bezüglich der Gebäudeklassen 1 und 2. Hinsichtlich der von der Genehmigungsfreistellung mit umfassten Gebäudeklasse 3 kommt der auch unter der BauO 2000 aufgeworfenen Frage, ob der bauplanungsrechtliche Wohngebäudebegriff ganz oder

teilweise zur Auslegung der verfahrensrechtlichen Tatbestandvoraussetzungen herangezogen werden kann, weiter Bedeutung zu. Eine bauordnungsrechtliche Begriffsbestimmung hätte die Handhabung des Gesetzes erleichtert, fehlt jedoch weiterhin.

Relativ einengend, ohne Einbeziehung freiberuflicher Tätigkeiten, hat der niedersächsische Gesetzgeber den Begriff »**Wohngebäude**« in § 2 Abs. 4 NBauO definiert: 165

»*Wohngebäude sind Gebäude, die nur Wohnungen und deren Nebenzwecken dienende Räume, wie Garagen, enthalten.*« 166

Diese Begriffsbestimmung bezieht sich nur auf Wohnungen, so dass die zum bauplanungsrechtlichen Wohngebäudebegriff entwickelten Vorstellungen nicht voll übertragbar sind. 167

Weder das Bauplanungs- noch das Bauordnungsrecht regeln, was unter **Wohnen** zu verstehen ist. Im Bauplanungsrecht war der Begriff streitig, wie die Kontroverse um die Zulässigkeit von Altenpflegeheimen und Asylbewerberunterkünften in Wohngebieten zeigt (vgl. Hess. VGH, Beschl. v. 02.05.1980 – IV TG 24/80, BRS 36 Nr. 183; OVG NRW, Urt. v. 03.11.1988 – 11 A 56/86, BauR 1989, 581 = BRS 49 Nr. 89; VGH B-W, Urt. v. 17.05.1989 – 3 S 3650/88, BauR 1989, 587 = BRS 49 Nr. 47 = ZfBR 1989, 220 und Beschl. v. 19.05.1989 – 8 S 555/89, BauR 1989, 584 = BRS 49 Nr. 48 = ZfBR 1989, 223). Diese Rechtsprechung war auch Anlass für die Neufassung des § 3 Abs. 4 BauNVO 1990, um klarzustellen, dass zu den Wohngebäuden auch solche gehören, die ganz oder teilweise der Betreuung und Pflege ihrer Bewohner dienen (vgl. Bielenberg/Krautzberger/Söfker, BauGB, 4. Auflage zu § 3 BauNVO, S. 1039, Rn. 24). 168

Unter dem **Begriff** »**Wohnnutzung**« versteht die Rechtsprechung »eine auf Dauer angelegte Häuslichkeit, Eigengestaltung der Haushaltsführung und des häuslichen Wirkungskreises sowie Freiwilligkeit des Aufenthalts; diese Kriterien dienen insbesondere der Abgrenzung von anderen Nutzungsformen, etwa der Unterbringung, des Verwahrens unter gleichzeitiger Betreuung, der bloßen Schlafstätte oder anderer Einrichtungen, die dann nicht als Wohngebäude, sondern als soziale Einrichtungen einzustufen sind« (BVerwG, Beschl. v. 25.03.1996 – 4 B 302.95, BauR 1996, 676 = DÖV 1996, 746 = ZfBR 1996, 228). Das Gericht geht davon aus, dass es nicht generell möglich sei, die Frage, ob der Wohnbegriff des § 3 BauNVO 1968 (oder einer anderen Fassungen der BauNVO vor 1990) auch Wohngebäude umfasst, die der Betreuung und Pflege der Bewohner dienen, mit einem eindeutigen Ja oder Nein zu beantworten, sondern nur differenziert danach, inwieweit noch die für das Wohnen konstituierenden Merkmale erfüllt sind. Die Frage sei nicht abstrakt, sondern nur nach den Umständen des Einzelfalls zu beantworten. Somit ließe sich auf der Grundlage der bisherigen Rechtsprechung und des Wortlautes der einschlägigen Vorschriften sagen, dass eine gewisse Betreuung und Pflege den Begriff des Wohnens im Sinne des § 3 BauNVO 1968 (oder einer anderen Fassung der BauNVO) dann nicht ausschließen, wenn gleichwohl noch die das Wohnen prägenden Merkmale im Grundsatz erhalten bleiben. Sollten mit der Neuregelung des § 3 Abs. 4 BauNVO 1990 auch die bisher als »Unterbringung« eingestuften Nutzungen erfasst sein, würde sich das jedenfalls nicht auf alte Bebauungspläne beziehen können. 169

§ 2 Begriffe

170 Der **Begriff »Wohnung«** wird im Bauplanungs- und Bauordnungsrecht herangezogen, um den **Nutzungsumfang eines Wohngebäudes** einzugrenzen. Nach § 9 Abs. 1 Nr. 6 BauGB kann im Bebauungsplan aus besonderen städtebaulichen Gründen die höchstzulässige Zahl der Wohnungen in Wohngebäuden festgesetzt werden; § 2 Abs. 3 Nr. 1 BauNVO 1990 lässt als Ausnahme in Kleinsiedlungsgebieten die Zulassung sonstiger Wohngebäude mit nicht mehr als zwei Wohnungen zu. In ihren älteren Fassungen ermöglichten § 3 Abs. 3 und § 4 Abs. 4 BauNVO die einschränkenden Festsetzungen von Wohngebäuden mit nicht mehr als zwei Wohnungen. Das Bauordnungsrecht privilegiert Wohngebäude der Gebäudeklassen 1 und 2, also solche bis zu einer Höhe von 7 m und mit nicht mehr als zwei Nutzungseinheiten von insgesamt nicht mehr als 400 m², hinsichtlich der Abstandsflächen in § 6 Abs. 3 Nr. 2 und Abs. 5 Satz 5 BauO NRW. Weiter knüpft es an solche Wohngebäude erleichternde Anforderungen an Decken, Dächer und notwendige Flure (vgl. § 31 Abs. 2 Satz 2 Nr. 1, § 32 Abs. 2 Satz 2 und § 36 Abs. 1 Satz 2 Nr. 1 BauO NRW). Schließlich knüpft das Bauordnungsrecht hinsichtlich des Nachweis von staatlich anerkannten Sachverständigen erleichternde Anforderungen an Wohngebäude mit nicht mehr als zwei Wohnungen (vgl. § 63 Abs. 4 Satz 1 BauO NRW). Der Begriff wird im Sinne der zurückgezogenen DIN 283 Teil 1 (Ausgabe März 1951) ausgelegt. Danach ist eine Wohnung die Summe der Räume, welche die Führung eines selbständigen Haushaltes ermöglichen (vgl. § 47, Rdn. 2–10; zur Abgrenzung der Wohnung von Zimmern eines Hotels oder einer Pension vgl. BVerwG, Urt. v. 29.04.1992 – 4 C 43.89, BauR 1993, 194 = BRS 54 Nr. 53).

171 Nach **§ 13 BauNVO** sämtlicher Fassungen sind in den Baugebieten nach §§ 2–9 BauNVO für die Berufsausübung freiberuflich Tätiger und solcher Gewerbetreibender, die ihren Beruf in ähnlicher Weise ausüben, Räume zulässig; die Fassungen der BauNVO von 1977 und 1990 erklären in den Baugebieten nach den §§ 4a–9 auch Gebäude für zulässig. § 13 BauNVO setzt nicht voraus, dass in der jeweiligen Nutzungseinheit (Wohnung) nebeneinander gearbeitet und auch gewohnt wird. Der **Begriff »Räume«** kennzeichnet Raumeinheiten, die nur Teile des Gebäudes und jedenfalls nicht umfangreicher als jeweils eine Wohnung sind, so wie sie im Zeitpunkt des Beginns der Nutzung für den freien oder den ähnlichen Beruf vorgefunden werden, so dass ein freiberuflich oder ähnlich Tätiger in einem Wohnhaus äußerstenfalls alle Räume einer einzelnen Wohnung beruflich nutzen darf. Die Zielsetzung des § 13 BauNVO steht der Verbindung mehrerer Wohnungen zum Zwecke der freiberuflichen oder ähnlichen Berufsausübung entgegen (soweit nicht auch Gebäude in den Gebieten nach §§ 4a–9 der BauNVO 1977 und 1990 zulässig sind). Die Anwendung des § 13 BauNVO setzt nicht voraus, dass in der Nutzungseinheit (Wohnung) zugleich gearbeitet und gewohnt wird. Es entspricht Sinn und Zweck der Vorschrift, dass etwa in einem Mehrfamilienhaus eine oder auch einige Wohnungen allein beruflich für freie oder ähnliche Berufe genutzt werden, solange nur die anderen Wohnungen Wohnzwecken dienen und das Wohnhaus nicht durch überwiegend berufliche Nutzung dem Wohnen entfremdet wird. Das bedeutet, dass Mehrfamilienhäuser im Interesse der Erhaltung der Wohnstruktur nicht zu »gewerblichen« Gebäuden – wie sie den freien und ähnlichen Berufen nur in den Baugebieten nach den §§ 4a–9 der BauNVO von 1977 und 1990 offen stehen – umfunktioniert werden dürfen, da dies zu einer städtebaulich unerwünschten

Verdrängung der Wohnnutzung führen würde (BVerwG, Urt. v. 20.01.1984 – 4 C 56.80, BVerwGE 68, 324 = BauR 1984, 267 = BRS 42 Nr. 56 = NVwZ 1984, 236 = ZfBR 1984, 97). Für die Auslegung des Begriffs der freiberuflichen oder ähnlichen gewerblichen Tätigkeit kann auf die Bestimmungen des Einkommensteuergesetzes zurückgegriffen werden (BVerwG, Urt. v. 30.01.1970 – IV C 143.65, BRS 23 Nr. 36 und Urt. v. 20.01.1984 – 4 C 56.80, BVerwGE 68, 324).

Der bauplanungsrechtliche und der bauordnungsrechtliche Begriffsinhalt des Wohngebäudes differieren. Die BauO NRW regelt in den materiellen Einzelvorschriften übliche Wohngebäude und Gebäude vergleichbaren Gefahrenpotenzials. Im Gegensatz hierzu sind nach Maßgabe des § 50 BauO NRW für bauliche Anlagen und selbst für **Räume** besonderer Art oder Nutzung (Sonderbauten) besondere Anforderungen oder Erleichterungen möglich oder aber Sonderbauverordnungen auf der Grundlage des § 87 Abs. 1 Nr. 6 BauO NRW zu beachten (vgl. zu § 14 Rdn. 1–4 und zu § 50 Rdn. 12). Diese **Grundkonzeption des Bauordnungsrechts schließt es** aus, den **Wohngebäudebegriff**, wo immer er auch im Gesetz Verwendung findet, **im Sinne des bauplanungsrechtlichen Begriffsinhalts weit auszulegen**. Gemischt genutzte Gebäude oder solche, die das Wohnen heimmäßig bezwecken (z.B. Studenten- oder Altenwohnheime), sind zwar Wohngebäude im bauplanungsrechtlichen, nicht aber im bauordnungsrechtlichen Sinne. 172

Auch **§ 13 BauNVO** kann auf den bauordnungsrechtlichen Wohngebäudebegriff nicht in vollem Umfang angewandt werden, da die Räume für die Berufsausübung freier und ähnlicher Berufe als selbständige Nutzungseinheiten innerhalb eines Wohngebäudes angeordnet werden dürfen und **bis zur Hälfte** der Wohn- bzw. Nutzflächen in Anspruch nehmen können. Es ist somit bauplanungsrechtlich zulässig, in den Wohngebieten ein Gebäude zu errichten, das eine gleich große Zahl von Wohnungen und Nutzungseinheiten für die Berufsausübung freier und ähnlicher Berufe enthält. Bedenkt man weiter, dass der Begriff des Freiberuflers Ärzte, Rechtsanwälte, Steuerberater, Architekten, Heilpraktiker, Krankengymnasten usw. erfasst und zu den Gewerbetreibenden, die ihren Beruf in ähnlicher Weise ausüben, die Handelsvertreter, Handelsmakler und Versicherungsvertreter rechnen, so wird deutlich, dass hierdurch auch Nutzungseinheiten entstehen können, die einen erheblichen Besucherverkehr auslösen, zu deren Funktion besondere apparative Einrichtungen bzw. Labors erforderlich sind oder in denen eine größere Zahl gewerblicher Arbeitnehmer beschäftigt wird. Dem bauordnungsrechtlichen Wohngebäudebegriff können daher nur solche freiberuflichen und ähnlichen Tätigkeiten zugeordnet werden, die ein der Wohnnutzung vergleichbares Gefährdungspotential aufweisen. Auch hinsichtlich des Anteils der freiberuflich oder ähnlich genutzten Räume muss ein deutliches Übergewicht der Wohnnutzung bestehen, das heißt, es kann keinesfalls der nach § 13 BauNVO zulässige hälftige Anteil an der Wohn- bzw. Nutzfläche erreicht werden. Von einem Überwiegen der Wohnnutzung kann als Faustregel gesprochen werden, wenn der freiberuflich genutzte Raumanteil maximal 25 % beträgt (so auch Böckenförde/Hindermann, Novellierung der Bauordnung NW, S. 22 f., Rn. 76). Diese Auffassung wird auch gestützt durch die Rechtsprechung, wonach bei Gebäuden mit Wohnungen bereits aus dieser bauplanungsrechtlichen Vorschrift folgen kann, dass die Nutzung von Wohnungen für freiberufliche und ähnliche Zwecke in den 173

§ 2 Begriffe

Gebieten nach §§ 2–4 BauNVO auf wesentlich weniger als 50 % der Wohnungen oder der Wohnfläche zu beschränken ist (BVerwG, Urt. v. 25.01.1985 – 4 C 34.81, BRS 44 Nr. 47 und Urt. v. 18.05.2001 – 4 C 8.00, BauR 2001, 1556 = DVBl 2001, 1458; OVG NRW, Beschl. v. 23.09.2002 – 7 B 1283/02, BauR 2003, 217).

3.5 Nebengebäude

174 Durch die Bauordnungsnovelle 1995 wurde in die Vorschriften über die Genehmigungsfreistellung (§ 67 BauO NRW 2000, nunmehr § 63 BauO NRW) der Begriff **Nebengebäude** neu in die BauO NRW eingeführt. Die Formulierung in § 63 Abs. 1 Satz 1 Nr. 3, Abs. 4 Satz 1 BauO NRW stellt neben dem Begriff Nebengebäude auf den Begriff der Nebenanlagen ab. Eine Definition des **Begriffs »Nebenanlage«** ist in § 14 BauNVO normiert. Die Einführung des Begriffs »Nebengebäude« ging zurück auf das bayerische Vorbild, das keine Legaldefinition enthält; die amtliche Begründung (Bayerischer Landtag, Drucks. 12/13482, S. 58) erwähnt »Garagen, Gerätehütten und ä.«. Auch die Begründung zur nordrhein-westfälischen Bauordnungsnovelle 1995 enthält nur eine beispielhafte Aufzählung, die zusätzlich Kleintierställe nennt (LT-Drucks. 11/7153, S. 182). Da § 63 Abs. 5 BauO NRW Stellplätze und Garagen gesondert aufführt, kann mit Nebengebäuden nicht eine Summe von Gebäuden als Nebenanlagen und Garagen gemeint sein. Schon begrifflich unterscheidet auch das Bauplanungsrecht zwischen **Stellplätzen und Garagen** (§ 12 BauNVO) und **Nebenanlagen** (§ 14 BauNVO).

175 **Nebenanlagen im Sinne des § 14 BauNVO** sind Anlagen, die sowohl in ihrer Funktion als auch räumlich-gegenständlich den primären Nutzungszweck der in dem Baugebiet gelegenen Grundstücke sowie der diesem Nutzungszweck entsprechenden Bebauung dienend zu- und untergeordnet sind (BVerwG, Urt. v. 17.12.1976 – IV C 6.75, BauR 1977, 109 = BRS 30 Nr. 117 und Urt. v. 14.12.2017 – 4 C 9/16, juris). Dazu zählen im z.B. Einfriedungen (OVG Lüneburg, Urt. v. 10.07.1976 – I A 12/76, BRS 30 Nr. 13; Nds. OVG, Urt. v. 08.09.2010 – 1 KN 129/07, BauR 2011, 1131), Stützmauern (VGH B-W, Urt. v. 30.09.1976 – III 780/75, BRS 30 Nr. 99), Schwimmbecken einschließlich Überdachung (BVerwG, Urt. v. 28.04.2004 – 4 C 12/03, juris; OVG NRW, Urt. v. 12.11.1974 – X A 303/73, BRS 28 Nr. 20), im Einzelfall auch private Windenergieanlagen, die der Eigenart des Baugebietes nicht widersprechen (BVerwG, Urt. v. 18.02.1983 – 4 C 18.81, BRS 40 Nr. 64). Zu den bauplanungsrechtlichen Nebenanlagen zählen auch Werbeanlagen an der Stätte der Leistung und Warenautomaten in Verbindung mit einem Laden (so Fickert/Fieseler zu § 14 Rn. 9.1 und 10.1). Nebenanlagen können sowohl als bauliche Anlagen wie auch als Gebäude ausgeführt werden; so sind z.B. Gerätehütten, Abstellschuppen, begehbare Gewächshäuser, freistehende Wintergärten Gebäude im Sinne des § 2 Abs. 2 BauO NRW.

176 Der **Nebenanlagenbegriff** nach 63 BauO NRW ist enger als der des Bauplanungsrechts und erfasst nur die einem Wohngebäude dienenden zu- und untergeordneten Anlagen, insbesondere solche, die nach den bauordnungsrechtlichen Vorschriften als Zubehöreinrichtung bereitgestellt werden müssen, z.B. Zugänge und Zufahrten nach §§ 4 und 5 BauO NRW, Kinderspielflächen nach § 8 Abs. 2 BauO NRW, sanitäre Anlagen nach § 43 BauO NRW, Stellplätze, Garagen und Fahrradabstellplätze nach

§ 48 Abs. 1 Satz 1 BauO NRW. Soweit Nebenanlagen in Form von Gebäuden errichtet werden, wie dies z.b. bei Geräte- und Abstellschuppen, überdachten Freisitzen oder Schwimmhallen der Fall ist, stellen sie Nebengebäude dar. Der **Begriff** »**Nebengebäude**« ist also **Teil des allgemeineren bauordnungsrechtlichen Nebenanlagenbegriffs** und hat keinen besonderen Regelungsgehalt, er hätte ebenso in § 63 BauO NRW fortgelassen werden können, ohne den Inhalt der Vorschrift zu verändern. Die ausdrückliche Erwähnung trägt aber zur Klarstellung insoweit bei, als Zweifel am Anwendungsbereich der Verfahrensvorschriften von vornherein ausgeräumt werden.

4 Zu Abs. 3 – Gebäudeklassen

4.1 Allgemeines

Die Gliederung der Gebäude hat mit der BauO NRW 2018 in § 2 Abs. 3 Satz 1 eine umfassende Änderung erfahren. Die Klassifizierung war als systematische Grundlage für das Brandschutzkonzept erforderlich (LT-Drucks. 17/2166, S. 95). Die materiellen Anforderungen der BauO NW 1962 und der BauO NW 1970 richteten sich weitgehend nach der Zahl der Vollgeschosse eines Gebäudes. Bereits die BauO NW 1984 knüpfte die brandschutztechnischen Anforderungen nicht mehr an die Zahl der Vollgeschosse und verzichtete auch auf eine zu detaillierte Abstufung unterschiedlicher materieller Anforderungen. Die BauO NRW 2000 wendete eine Einteilung der Gebäude allein nach der Gebäudehöhe an. Sie unterschied dafür zwischen Gebäuden geringer, mittlerer Höhe und Hochhäuser. 177

Nunmehr erfolgt die Typisierung in Angleichung an die MBO anhand der Bauweise, der Höhe, der Zahl und Größe der Nutzungseinheiten innerhalb der Gebäude sowie innerhalb der Gebäudeklasse 1 auch nach der Nutzungsart. Kleinere Nutzungseinheiten, die für sich über Rettungswege verfügen und mit brandschutztechnisch voneinander abgetrennt sind, weisen für die Brandausbreitung ein deutlich geringeres Risiko dar und Brände können leichter bekämpft werden. Dazu werden 5 Gebäudeklassen unterschieden, die in Abs. 3 ihre Legaldefinitionen finden. Durch die Aufnahme konkreter Maße kann auf die bisher enthaltenen Definitionen der Gebäude geringer und mittlerer Höhe verzichtet werden. Hochhäuser (zuvor in § 2 Abs. 3 Satz 3 BauO NRW 2000 legaldefiniert) sind nunmehr nach § 50 Abs. 2 Nr. 1 BauO NRW Sonderbauten. 178

Die Gebäudeklassen gelten nicht für alle baulichen Anlagen im Sinne des § 2 Abs. 1 BauO NRW, sondern nur für Gebäude im Sinne des § 2 Abs. 2 BauO NRW. Die Einteilung gilt unabhängig davon, ob das Gebäude baugenehmigungspflichtig ist oder nicht und ob es rechtmäßig oder rechtswidrig errichtet wurde (vgl. Simon/Busse, Art. 2 Rn. 269). 179

Werden mehrere Gebäude auf einem Grundstück errichtet ist jedes für sich hinsichtlich der Klassifizierung zu betrachten. Es können damit auf einem Grundstück unterschiedliche an die Gebäudeklassen anknüpfende bauordnungsrechtliche Anforderungen bestehen (vgl. Simon/Busse, Art. 2 Rn. 273). 180

Das Gesetz nimmt auf die Gebäudeklassen immer dann Bezug, wenn vom Sicherheitsstandard des Brandschutzes abgewichen wird: 181

§ 2 Begriffe

- Wohnwege § 4 Abs. 1 Satz 2
- Abstandsflächen § 6 Abs. 3 Nr. 2, Abs. 5 Satz 4
- Tragende Wände und Stützen § 27
- Außenwände § 28 Abs. 5
- Trennwände § 29 Abs. 6
- Brandwände § 30 Abs. 3 Satz 2, Abs. 5 Satz 3, Abs. 6
- Decken § 31 Abs. 1 Satz 1, Abs. 2, Abs. 4 Nr. 1
- Dächer § 32 Abs. 2, Abs. 7 Satz 2
- Treppen § 34 Abs. 2 Satz 2, Abs. 3 Satz 2 Nr. 1, Abs. 4
- Notwendige Treppenräume, Ausgänge § 35 Abs. 1 Satz 3 Nr. 1, Abs. 4 Satz 1, Abs. 8 Satz 2 Nr. 2, Satz 4
- Notwendige Flure, offene Gänge § 36 Abs. 1 Satz 2 Nr. 1, Nr. 2
- Aufzüge § 39 Abs. 1 Satz 2 Nr. 4, Abs. 2 Satz 1
- Leitungsanlagen, Installationsschächte und -kanäle § 40 Abs. 1 Satz 2 Nr. 1
- Lüftungsanlagen § 41 Abs. 5 Nr. 1
- Aufbewahrung fester Abfallstoffe § 44 Abs. 1

182 **Weiter stellen auch teilweise verfahrensrechtliche Vorgaben** und solche der am Bau Beteiligten **auf die** Gebäudeklassen ab:
- Genehmigungsfreie Bauvorhaben, Beseitigung von Anlagen § 62 Abs. 1 Nr. 2 c), Abs. 3 Nr. 2
- Genehmigungsfreistellung § 63 Abs. 1, Abs. 4 Satz 2
- Bauvorlageberechtigung § 67 Abs. 2 Nr. 8
- Bautechnische Nachweise § 68 Abs. 1 Nr. 3, Abs. 2 Nr. 1
- Lüftungsanlagen § 41 Abs. 5 Nr. 1

183 Die einzelnen Gebäudeklassen stellen sich wie folgt dar:

Gefahrenklasse 1:	Freistehende land- oder forstwirtschaftlich genutzte Gebäude und Gebäude mit vergleichbarer Nutzung	
	Sonstige freistehende Gebäude	Höhe ≤ 7 m
		≤ 2 Nutzungseinheiten
		Nutzungseinheiten insgesamt ≤ 400 m²
Gefahrenklasse 2:	Gebäude	Höhe ≤ 7 m
		≤ 2 Nutzungseinheiten
		Nutzungseinheiten insgesamt ≤ 400 m²
Gefahrenklasse 3:	Sonstige Gebäude	Höhe ≤ 7 m
Gefahrenklasse 4:	Gebäude	Höhe ≤ 13 m
		Nutzungseinheiten insgesamt ≤ 400 m
Gefahrenklasse 5:	Sonstige Gebäude.	
	Unterirdische Gebäude	

Hat eine Änderung eines Gebäudes zur Folge, dass es in eine andere Gebäudeklasse 184
einzuteilen ist, muss es die dann geltenden Anforderungen der neuen Klasse erfüllen
(vgl. Simon/Busse, Art. 2 Rn. 279 f.).

4.2 Die Gebäudeklassen im Einzelnen

4.2.1 Gebäudeklasse 1

Von der Gebäudeklasse 1 sind **freistehende** Gebäude geringeren Risikopotenzials 185
umfasst. Freistehend sind Gebäude nur, wenn sie Abstände zu Grundstücksgrenzen
und anderen Gebäude einhalten müssen. Zur Definition kann auf § 22 BauNVO
zurückgegriffen werden, sodass nur Einzelhäuser mit seitlichen Abstandsflächen, nicht
jedoch Doppel- oder Reihenhäuser und Hausgruppen umfasst sind (Einzelheiten dazu
bei Fickert/Fieseler § 22 Rn. 6 ff.). Gebäude, die ohne eigene Abstandsflächen nach
§ 6 Abs. 8 zulässig sind, fallen nicht unter die Gebäudeklasse 1.

§ 2 Abs. 3 S. 1 Nr. 1 Buchstabe a BauO NRW umfasst zunächst Gebäude mit einer 186
Höhe von bis zu 7 m und nicht mehr als zwei Nutzungseinheiten von insgesamt nicht
mehr als 400 m².

Die maximale **Höhe** der Gebäude ist von der Geländeoberfläche im Mittel zu rechnen 187
und bezieht sich auf die Fußbodenoberkante des höchstgelegenen Geschosses, in dem
ein Aufenthalt möglich ist (siehe zur Höhenberechnung im Einzelnen Rdn. 199 ff.)
Die Höhe ist in Übereinstimmung mit der MBO auf die Einsatzmöglichkeit der tragbaren vierteiligen Steckleiter, über die jede Feuerwehr verfügt, abgestimmt. Damit
kann bei zweigeschossigen Gebäuden in beiden Geschossen mit Aufenthaltsräumen
eine Leiter angesetzt werden. Aus § 33 Abs. 1 BauO NRW ergibt sich ferner, dass jede
Nutzungseinheit anleiterbar sein muss.

Das Gebäude darf weiter nur höchstens zwei **Nutzungseinheiten** enthalten. Eine De- 188
finition dieses Begriffs findet sich in der BauO NRW nicht. Eine Nutzungseinheit
wird verstanden als Summe von Räumen, die aufgrund ihrer organisatorischen und
räumlichen Struktur den Eindruck der Zusammengehörigkeit vermitteln (Sauter, § 2
Rn. 54; Simon/Busse, Art. 2 Rn. 293). Die Art der Nutzung ist nicht entscheidend, so
nennt die Gesetzesbegründung selbst Wohnungen, kleine Verwaltungseinheiten, Praxen und kleine Läden (LT-Drucks. 17/2166, S. 95). Entscheidend ist vielmehr, ob sie
einem bestimmten Nutzungszweck zugeordnet werden können. Eine Nutzungseinheit
kann sich auch über mehrere intern miteinander verbundene Geschosse erstrecken.

Schließlich gehören Gebäude der Gebäudeklasse 1 nur an, wenn die maximal zwei 189
Nutzungseinheiten insgesamt nicht mehr als 400 m² messen. Die nach § 2 Abs. 3
Satz 3 BauO NRW maßgebliche Brutto-Grundfläche darf also zusammengerechnet
nicht mehr als 400 m² groß sein. Bei der Berechnung bleiben Kellergeschosse (siehe
dazu Rdn. 249) außer Betracht (vgl. Abs. 3 Satz 4).

Nach § 2 Abs. 3 Satz 1 Nr. 1 Buchstabe b BauO NRW fallen auch **freistehende land-** 190
und forstwirtschaftliche Gebäude und Gebäude vergleichbarer Nutzung unter die Gebäudeklasse 1. Sie dürfen sowohl die Grenze von 7 m Höhe, als auch die der maximal

zwei Nutzungseinheiten, deren Fläche mehr als 400 m² haben darf, überschreiten, müssen jedoch freistehende sein. Land- und forstwirtschaftliche Gebäude sind solche Gebäude, die der Landwirtschaft oder der Forstwirtschaft dienen. Zur Begriffsbestimmung kann zunächst auf die bauplanungsrechtlichen Begriffe zurückgegriffen werden. Nach § 201 BauGB gehören zur Landwirtschaft der Ackerbau, die Wiesen- und Weidewirtschaft einschließlich Tierhaltung, soweit das Futter überwiegend auf den zum landwirtschaftlichen Betrieb gehörenden, landwirtschaftlich genutzten Flächen erzeugt werden kann, die gartenbauliche Erzeugung, der Erwerbsobstbau, der Weinbau, die berufsmäßige Imkerei und die berufsmäßige Binnenfischerei. Forstwirtschaft ist die planmäßige Bewirtschaftung eines Waldes. Nach der Rechtsprechung ist ein Mindestumfang an forstwirtschaftlicher Betätigung erforderlich, also Anbau, Pflege und Abschlag von Hoch-, Mittel- und Niederwald zum Zwecke der Holzgewinnung (BVerwG, Urt. v. 16.05.1991 – 4 C 2/89, BauR 1991, 576; BVerwG, Urt. v. 04.03.1983 – 4 C 69/79, BauR 1983, 343). Daher fallen jedenfalls freistehende Gebäude, die in unmittelbarem Funktionszusammenhang mit den genannten Tätigkeiten stehen, unter Gebäudeklasse 1. Damit erschöpft sich die Klassifizierung nicht in land- und forstwirtschaftlichen Betrieben nach dem Verständnis des Bauplanungsrechts, sondern geht in bestimmten Fällen darüber hinaus.

191 **Wohngebäude** stellen **keine** land- oder forstwirtschaftlichen Betriebe dar, mögen sie auch solchen dienen. Hinsichtlich der baden-württembergischen Bauordnung wird vertreten, dies ergebe sich aus einem Umkehrschluss, da land- oder forstwirtschaftlichen Betrieben dienende Gebäude ohne Aufenthaltsräume, Toiletten oder Feuerstätten verfahrensfrei seien (vgl. Sauter, § 2 Rn. 55). Zwar kennt die nordrhein-westfälische Bauordnung in § 62 Abs. 1 Nr. 1 Buchstabe a eine ähnliche Ausnahme von der Genehmigungspflicht. Allerdings spricht die Gesetzesbegründung – insoweit abweichend vom Gesetzestext – von »land- und forstwirtschaftlich genutzten **Betriebs**gebäuden« (LT-Drucks. 17/2166, S. 95). Zum Betrieb selbst gehören Wohngebäude nicht, vielmehr sind sie nach ihrer unmittelbaren Nutzung des Wohnens als Wohngebäude zu behandeln (so auch zur bayerischen Bauordnung Simon/Busse, Art. 2 Rn. 304). Diese Sichtweise entspricht auch dem höheren Gefährdungspotential, das von Wohngebäuden ausgeht. Damit sind sie nur unter den Voraussetzungen der Nr. 1 Buchstabe a unter die Gebäudeklasse 1 zu fassen.

192 Den Zusatz der **Gebäude vergleichbarer Nutzung** kennt weder die MBO, noch andere Landesbauordnungen. Auch die Gesetzesbegründung gibt keinen eindeutigen Aufschluss darüber, aus welchem Grund der Zusatz in das Gesetz aufgenommen wurde. Jedenfalls werden von der Regelung nicht Wohngebäude aufgenommen (vgl. dazu Rdn. 191), denn diese weisen keine Vergleichbarkeit zu land- oder forstwirtschaftlichen Betrieben auf. Ebenso wenig kann eine Bevorzugung einer gewerblichen Nutzung gewollt sein, da diese an anderen Stellen der BauO NRW ausdrücklich bestimmten Regelungen unterworfen werden. Der Zusatz kann nur als Klarstellung dahingehend verstanden werden, dass nicht nur die Betriebsgebäude selbst unter Gebäudeklasse 1 fallen sollen, sondern auch weitere forstwirtschaftliche Gebäude oder solche zur Unterbringung von Tieren außerhalb der Landwirtschaft, wie Tierheimen oder Hundepensionen (vgl. auch PdK He F-3, § 2 HBO Ziff. 2.3.2). Eine Ausweitung

auf andere Nutzungsarten findet nicht statt, es sollte nur eine Eingrenzung auf das Verständnis der bauplanungsrechtlichen Begriffe verhindert werden und damit vergleichbare Gebäude der Bevorzugung unterworfen werden.

Die Gebäude müssen **ausschließlich** der Landwirtschaft, der Forstwirtschaft und/oder einer vergleichbaren Nutzung dienen. Andere, auch nur teilweise andere Nutzungen wie Wohnen oder Gewerbe schließen Gebäude von der Privilegierung der Gebäudeklasse 1 aus (vgl. Simon/Busse, Art. 2 Rn. 302). 193

4.2.2 Gebäudeklasse 2

Nach § 2 Abs. 3 Satz 1 Nr. 2 BauO NRW fallen Gebäude mit einer Höhe bis zu 7 m (siehe zur Höhenberechnung Rdn. 199 ff.) und nicht mehr als zwei Nutzungseinheiten (siehe dazu Rdn. 188) von insgesamt nicht mehr als 400 m^2 unter die Gebäudeklasse 2. Mit der Ausnahme, dass es sich nicht um freistehende Gebäude handeln muss, entsprechen die Voraussetzungen vollständig der Nr. 1 Buchstabe a. Nicht freistehende land- oder forstwirtschaftlich genutzte Gebäude müssen alle Voraussetzungen der Gebäudeklasse 2 erfüllen, da insoweit eine Sonderregelung, wie sie Nr. 1 Buchstabe b vorsieht, fehlt. 194

4.2.3 Gebäudeklasse 3

Zur Gebäudeklasse 3 gehören gemäß § 2 Abs. 3 Satz 1 Nr. 3 BauO NRW unabhängig von der Zahl der Nutzungseinheiten und der Gesamtfläche alle übrigen Gebäude mit einer maximalen Höhe von 7 m (siehe zur Höhenberechnung Rdn. 199 ff.). 195

4.2.4 Gebäudeklasse 4

Gebäude mit einer Höhe bis zu 13 m (siehe zur Höhenberechnung Rdn. 199 ff.) und Nutzungseinheiten (siehe dazu Rdn. 188) mit jeweils nicht mehr als 400 m^2 fallen gemäß § 2 Abs. 3 Satz 1 Nr. 4 BauO NRW unter die Gebäudeklasse 4. Anders als hinsichtlich der Begrenzung auf 7 m der Gebäudeklassen 1 bis 3 hat die hier normierte Begrenzung keinen brandschutztechnischen Hintergrund. Politisch motiviert sollte die konstruktive Holzbauweise bei bis zu fünf-geschossigen Gebäuden ermöglicht werden (Simon/Busse, Art. 2 Rn. 311). Die Begrenzung der Nutzungseinheiten bezieht sich in Abgrenzung zu den vorherigen Gebäudeklassen nicht auf die Gesamtfläche der Nutzungseinheit, sondern auf jede einzeln. Weist eine Nutzungseinheit mehr als 400 m^2 Brutto-Grundfläche auf, gehört das Gebäude der Gebäudeklasse 5 an. 196

4.2.5 Gebäudeklasse 5

Nach dem Auffangtatbestand § 2 Abs. 3 Satz 1 Nr. 5 BauO NRW unterfallen alle Gebäude, die nicht den Gebäudeklassen 1 bis 4 zuzuordnen sind, einschließlich unterirdischer Gebäude, der Gebäudeklasse 5. Zwar fallen auch Hochhäuser unter diese Klassifizierung, sie können aber als Sonderbauten im Sinne des § 50 Abs. 2 Nr. 1 BauO NRW besonderen Anforderungen oder Erleichterungen unterworfen werden. An den Begriff knüpfen hinsichtlich der Ausgestaltung von Aufzügen § 39 Abs. 1 197

Satz 3 Nr. 1 BauO NRW und weiter die Verfahrensvorschriften § 62 Abs. 1 Nr. 3 Buchstabe a, Nr. 11 Buchstabe d und Buchstabe e BauO NRW als Rückausnahme von der Genehmigungsfreistellung für Solaranlagen, Außenwandbekleidungen und Bedachungen an. Besondere Anforderungen ergeben sich insbesondere auch aus Teil 4 der SBauVO NRW.

198 Unabhängig von der Anzahl und Größe der Nutzungseinheiten oder der Tiefe des Gebäudes fallen **unterirdische Gebäude** immer unter die Gebäudeklasse 5. Außer Gebäuden, die vollständig unter der Geländeoberfläche liegen wie z.B. Weinkeller, fallen auch solche Gebäude darunter, die nur Kellergeschosse im Sinne des § 2 Abs. 5 Satz 1 haben. Also deren Deckenoberkanten im Mittel nicht mehr als 1,60 m über die Geländeoberfläche hinausragen. Unterirdische Kellergeschosse oder Tiefgaragen, die Teil eines Gebäudes sind, lassen die Gebäudeklasse des oberirdischen Gebäudes unberührt. Für Tiefgaragen soll in Kürze § 1 Abs. 9 M-GarVO gelten, die in § 122 SBauVO aufgenommen werden soll (siehe dazu Handlungsempfehlung des MHKBG, S. 9).

4.3 Höhenberechnung der Gebäude

199 Die zulässige Höhe der Gebäude bemisst sich nach § 2 Abs. 3 Satz 2 BauO NRW nach der Fußbodenoberkante des höchstgelegenen Geschosses, in dem ein Aufenthalt möglich ist, über der Geländeoberfläche im Mittel.

200 Gegenüber der BauO NRW 1984 stellt bereits die durch die BauO NRW 1995 geänderte Bestimmung auf den **Mittelwert** des Abstandes zwischen der Oberkante des fertigen Fußbodens und der Geländeoberfläche zur Bestimmung der Gebäudehöhe ab. Nach § 2 Abs. 3 Satz 1 BauO NW 1984 in Verbindung mit Nr. 2.3 VV BauO NW 1984 war die Höhenlage des Fußbodens über der tiefst gelegenen, an das Gebäude anschließenden Geländeoberfläche maßgebend. Hierdurch konnte in hängigem Gelände leicht der Fall eintreten, dass schärfere Vorschriften zum Zuge kamen. Die Umstellung auf den Mittelwert beugte überzogenen Anforderungen in hängigem Gelände vor (vgl. LT-Drucks. 11/7153, S. 145). Die maßgebliche Höhe nach § 2 Abs. 3 Satz 1 und 2 BauO ist nicht identisch mit der absoluten Gebäudehöhe. § 2 Abs. 3 Satz 2 BauO NRW stellt auf die Fußbodenoberkante des höchstgelegenen Geschosses, in dem ein Aufenthalt möglich ist, über der Geländeoberfläche im Mittel, ab. So werden weiterhin Härten vermieden, die sich andernfalls bei Gebäuden in Hanglagen ergeben könnten. Gleichsam ist sie vertretbar, da Anforderungen an die Zugänge und Zufahrten für Rettungsfahrzeuge der Feuerwehr nach § 5 BauO NRW und an die Rettungswege nach §§ 33 ff. BauO NRW unberührt bleiben (vgl. LT-Drucks. 17/2166, S. 96).

201 Bei der Höhenberechnung und damit gleichwohl der Klassifizierung eines Gebäudes sind i.d.R. nur die über der Geländeoberfläche liegenden Gebäudeteile maßgebend. Ähnlich wie bei Abstandsflächen, die sich nach § 6 Abs. 2 BauO NRW nach der Wandhöhe richten, bleiben unterirdische Gebäudeteile außer Betracht.

202 Der **untere** Bezugspunkt ist die **Geländeoberfläche** (vgl. Rdn. 209 ff.). In **bewegtem** oder **hängigem** Gelände ist die an das Gebäude anschließende Geländeoberfläche mit den unterschiedlichen Höhenpunkten im Baufeld aufzumessen und zwischen

den tiefst- und höchstgelegenen Punkten zu **mitteln**, da § 2 Abs. 3 Satz 2 BauO NRW 2018 im Unterschied zur BauO NW 1984 auf die **mittlere** Höhe über der Geländeoberfläche abstellt. Die zu § 2 Abs. 3 BauO NW 1984 ergangene Nr. 2.3 VVBauO NW 1984, wonach zur Ermittlung, ob ein Gebäude ein Gebäude geringer Höhe ist, die Fußbodenoberkante des untersten (Keller-)Geschosses maßgeblich war, wenn dieses bei geneigtem Gelände ganz oder teilweise über der Geländeoberfläche lag, berücksichtigte bereits solche Gebäude, die aufgrund extremer Hanglage talseits oberhalb der Geländeoberfläche mit verlorenem Mauerwerk gegründet werden. Insofern stellt die mit der BauO NW 1995 vorgenommene Umstellung auf den Mittelwert der Geländeoberfläche auch eine Korrektur der Tatsache dar, dass die Regelung der BauO NW 1984 Gebäude in Hanglage wesentlich ungünstiger behandelte als solche in ebenem Gelände. Diese Korrektur wird von der BauO NRW 2018 weitergeführt.

Der **obere Bezugspunkt** der Höhenberechnung ist die Höhenlage der Oberkante des **fertigen** Fußbodens des **höchstgelegenen Aufenthaltsraumes** über der Geländeoberfläche maßgeblich. Ist der Fußboden noch nicht vorhanden, so ist von den Bauzeichnungen und grundsätzlich einer plangemäßen Fertigstellung auszugehen (vgl. Simon/Busse, Art. 2 Rn. 355). Maßgeblich ist die Oberkante des Fußbodens im Rohbauzustand (vgl. Sauter, § 2 Rn. 60). 203

Zur Bestimmung des Gebäudetyps ist zuerst das **höchstgelegene** Geschoss mit Aufenthaltsräumen zu ermitteln. Eine Legaldefinition des Begriffs des **Aufenthaltsraums** findet sich in § 2 Abs. 7 BauO. Danach sind Aufenthaltsräume Räume, die zum nicht nur vorübergehenden Aufenthalt von Menschen bestimmt oder geeignet sind (vgl. im Einzelnen Rdn. 289 ff.). Ein Aufenthalt ist in einem Raum möglich, wenn er die Anforderungen des § 46 BauO NRW erfüllt (vgl. § 46 Rdn. 8). Ein Aufenthaltsraum muss demnach eine lichte Raumhöhe nach den jeweiligen Anforderungen des Abs. 1 aufweisen und nach Abs. 2, ausreichend belüftet und, soweit nicht nach Abs. 3 davon ausgenommen, mit Tageslicht durch notwendige Fenster tatsächlich belichtet oder dies ohne bauliche Schwierigkeiten möglich ist (vgl. auch Sauter, § 2 Rn. 60). Entscheidend ist das Vorliegen der Voraussetzungen und die objektive Nutzbarkeit, nicht die tatsächliche Nutzung. Räume, die über eine zu geringe Grundfläche bzw. eine zu geringe lichte Höhe verfügen, sind nicht zum dauernden Aufenthalt geeignet (vgl. § 46, Rdn. 11–16). Eine entgegenstehende Situation ist häufig in Spitzböden vorzufinden. Handelt es sich um ein Geschoss mit mehreren Ebenen, wie z.B. um ein versetztes Geschoss, ist der höchstgelegene Geschossteil maßgebend, welcher Aufenthaltsräume oder nur Teile eines Aufenthaltsraumes aufnimmt). Ein Mitteln der Höhe in einem Geschoss mit mehreren Ebenen ist nicht möglich, da Abs. 3 Satz 2 nicht auf eine mittlere Höhe der Fußbodenebene, sondern auf den Mittelwert des Abstandes zwischen der höchstgelegenen Fußbodenoberkante und der Geländeoberfläche abstellt. Emporen und Galerien als Einbauten in offenen Räumen ohne durchgehende Zwischendecke können bei der Ermittlung der oberen Bezugsebene außer Betracht bleiben, da sie stets Bestandteil eines Raumes sind und ihre Fläche im Verhältnis zur tieferliegenden Fläche dieses Raumes nur von untergeordneter Bedeutung sein kann. 204

§ 2 Begriffe

205 Bei Gebäuden der Gebäudeklassen 1 bis 3 mit Ausnahme der Nr. 1 Buchstabe a darf die Fußbodenoberkante des **höchstgelegenen Aufenthaltsraumes im Mittel nicht mehr als 7 m** über der an das Gebäude anschließenden **Geländeoberfläche** liegen. Die Brüstungen der Fenster dieser Aufenthaltsräume liegen nämlich in aller Regel nicht höher als 8 m über der Geländeoberfläche. Hieraus darf jedoch nicht der Schluss gezogen werden, dass die Anleiterbarkeit das einzige Kriterium der Bestimmung der Gebäudeklassen 1 bis 3 ist. Gerade in stark hängigem Gelände besteht durchaus bei einem Gebäude mit fünf und mehr Geschossen die Anleiterbarkeit mit tragbaren Leitern der höhergelegenen Geschosse von der Bergseite und der unteren Geschosse von der Talseite her; nur kann es sich bei einem solchen Gebäude dann nicht um ein Gebäude der Klassen 1 bis 3 handeln, wenn der höchstgelegene Aufenthaltsraumfußboden im Mittel mehr als 7 m über der Geländeoberfläche liegt.

206 Die Gebäude der Gebäudeklassen 1 bis 3 mit Ausnahme freistehender land- oder forstwirtschaftlicher Gebäude und Gebäude vergleichbarer Nutzung sind in der Ausnutzbarkeit vergleichbar mit dem Gebäude geringer Höhe nach früherem Bauordnungsrecht. Dieses knüpfte nach § 2 Abs. 3 Satz 1 BauO NRW 2000 allein an dem Kriterium der Höhe an. Danach war ein Gebäude geringer Höhe ein solches, bei dem der Fußboden keines Geschosses mit Aufenthaltsräumen im Mittel mehr als 7 m über der Geländeoberfläche lag. Dieser Gebäudetyp war wieder **in der Ausnutzbarkeit vergleichbar** mit einem Gebäude mit **nicht mehr als zwei Vollgeschossen** nach (noch) früherem Bauordnungsrecht. An den Gebäudetyp mit nicht mehr als zwei Vollgeschossen knüpften die Landesbauordnungen seit 1962 **erleichterte materielle Anforderungen.**

207 Die Gebäudeklasse 4 beinhaltet Gebäude mit einer Höhe von über 7 m, aber nicht mehr als 13 m. Höhere Gebäude unterfallen der Gebäudeklasse 5. In der Ausnutzungsvergleich waren nach früherem Baurecht damit nach § 2 Abs. 3 Satz 2 BauO NRW 2000 Gebäude mittlerer Höhe. Diese beinhalteten allerdings alle Gebäude bis zu einer Höhe von 22 m. Höhere Gebäude waren als Hochhäuser gemäß § 2 Abs. 3 Satz 3 BauO NRW 2000 einem eigenen Gebäudetypus unterworfen. Nach aktuellem Recht unterfallen auch Hochhäuser der Gebäudeklasse 5, sie können als Sonderbauten im Sinne des § 50 Abs. 2 Nr. 1 BauO NRW besonderen Anforderungen oder Erleichterungen unterworfen werden (vgl. Anmerkungen § 50). Diese Qualifizierung als Sonderbauten rührt aus den besonderen Anforderungen an die Vorkehrungen des vorbeugenden Brandschutzes sowie auf möglichen besonderen statisch-konstruktiven Schwierigkeiten her. Unter alter Rechtslage konnte die Formulierung der Legaldefinition des § 2 Abs. 3 Satz 2 BauO NRW 2000 hinsichtlich der Abgrenzung zum Hochhaus missverstanden werden, da es dort wörtlich hieß: **im Mittel mehr als 7 m und nicht mehr als 22 m über der Geländeoberfläche**. Bezog man »im Mittel« auf beide Grenzwerte, also **mehr als 7 m und nicht mehr als 22 m**, so ergab sich eine Paradoxie zu Satz 3. Die Legaldefinition des Hochhauses stellte nämlich nicht auf die gemittelte Geländeoberfläche, sondern auf die **tiefstgelegene** an das Gebäude anschließende Geländeoberfläche ab. Bei Verkennung des Zusammenhangs von Satz 2 und 3 hätte es demnach in einem schmalen Grenzbereich – für Gebäude, deren höchstgelegener Aufenthaltsraumfußboden knapp mehr als 22 m über der Geländeoberfläche

liegt – unklar sein können, ob sie nach der Regel des Satzes 2 noch Gebäude mittlerer Höhe oder aber nach der Regel des Satzes 3 bereits Hochhäuser waren. Nunmehr ist mit § 50 Abs. 2 Nr. 1 BauO NRW eindeutig, dass sich die Höhe nach § 2 Abs. 3 Satz 2 BauO NRW berechnet. Damit sind Gebäude, deren Fußbodenoberkante des höchstgelegenen Geschosses, in dem ein Aufenthalt möglich ist, mehr als 22 m über der Geländeoberfläche im Mittel liegen, Hochhäuser. Gleichsam unterfallen sie aber der Gebäudeklasse 5.

4.4 Flächenberechnung der Nutzungseinheiten

Für die Berechnung der für die Einteilung zu den Gebäudeklassen maßgeblichen Flächen der Nutzungseinheiten bestimmen § 2 Abs. 3 Satz 3 und 4 BauO NRW, dass die Brutto-Grundflächen maßgeblich sind. Der Begriff ist durch die DIN 277 Teil 1 – Grundflächen und Rauminhalte von Bauwerken im Hochbau/Begriffe, Ermittlungsgrundlagen (Fassung Februar 2005) unterlegt. Danach ist zwar die Grundfläche die Summe der Grundflächen aller Grundrissebenen eines Bauwerks einschließlich seiner konstruktiven Umschließungen, wobei Grundflächen von nicht nutzbaren Dachflächen und von konstruktiv bedingten Hohlräumen nicht dazu gehören. In entsprechender Anwendung kann ihre Bezugsmethode aber auch auf andere Bezugsgrößen wie einzelne Geschosse übertragen werden (vgl. Hornmann, § 2 Rn. 51). 208

5 Zu Abs. 4 – Geländeoberfläche

Die Geländeoberfläche ist die **Bezugsebene** für die Höhenlage des Gebäudes und seiner Geschosse sowie die Höhe der Wandhöhe und für die Bestimmung der Gebäudeklasse (s. Rdn. 185–198). Anders als die BauO NRW 2000 wird hinsichtlich brandschutztechnischer Anforderungen grundsätzlich an die Gebäudeklassen und nicht mehr primär an die Anzahl der Geschosse geknüpft. Gleichwohl bestehen Sonderregelungen für z.B. Abstandsflächen in § 6 Abs. 5 Satz 5 BauO NRW, für Solaranlagen und Konstruktionen an Außenwänden in § 28 Abs. 3 Satz 3 BauO, Abs. 4 NRW, Decken § 31 Abs. 1, Abs. 4 Nr. 2 BauO NRW, notwendiger Treppen nach § 35 Abs. 1 Satz 4 Nr. 2 BauO NRW, Aufzügen nach § 39 Abs. 4 BauO NRW oder Leitungsanlagen und Lüftungsanlagen nach §§ 40 Abs. 1 Satz 2 Nr. 3, 41 Abs. 5 Nr. 3 BauO NRW für die die Anzahl der Geschosse eines Gebäudes weiterhin Relevanz entfaltet. Weiterhin ist die Höhenlage des Geländes bedeutsam für die Erschließung des Grundstücks, Abstandsflächen nach § 6 Abs. 1 BauO NRW oder für Rettungswege nach § 33 Abs. 3 BauO NRW. 209

5.1 Bauplanungsrechtliche Regelungen

Die **städtebauliche Planung** betrachtet seit jeher ein Plangebiet nicht nur nach der Verteilung der Flächen mit ihren zugewiesenen Nutzungsinhalten (**Grundrissplanung**), sondern auch die Höhenentwicklung dieses Gebiets mit den darauf angeordneten baulichen Anlagen (**Aufrissplanung**). Bereits nach den »Vorschriften über die Aufstellung von Fluchtlinien- und Bebauungsplänen« vom 28.05.1876 (MBl. S. 131) waren dem »Situationsplan« weitere »Höhenanlagen« mit dem Straßenlängsprofil und 210

§ 2 Begriffe

den Querprofilen beizufügen, wobei in hügeligem Terrain außerdem »auf Grund eines Nivellementsnetzes die Gestaltung der **Terrainoberfläche** durch Horizontalkurven in Höhenabständen von je 1 m bis 5 m mittels schwarzer punktierter Linie und beigeschriebenen Höhenzahlen übersichtlich darzustellen« war. Die **Beibehaltung** oder **Veränderung** der Geländeoberfläche als **wesentliches Element der Planung** ist in erster Linie **Bodenrecht**.

211 Die Rechtsgrundlage bildet § 9 Abs. 3 BauGB 2004, der § 9 Abs. 2 BauGB 1997 entspricht:

212 *(3) Bei Festsetzungen nach Abs. 1 kann auch die Höhenlage festgesetzt werden. Festsetzungen nach Abs. 1 für übereinanderliegende Geschosse und Ebenen und sonstige Teile baulicher Anlagen können gesondert getroffen werden; dies gilt auch, soweit Geschosse, Ebenen und sonstige Teile baulicher Anlagen unterhalb der Geländeoberfläche vorgesehen sind.*

213 Die Festsetzungsmöglichkeiten nach **Satz 1** beziehen sich auf **sämtliche** Festsetzungsgegenstände des § 9 **Abs. 1** BauGB 2004, somit nicht nur auf überbaubare bzw. nicht überbaubare Grundstücksflächen, sondern auch auf Verkehrs- und Grünflächen, Flächen für Aufschüttungen und Abgrabungen oder Flächen anderer Zweckbestimmung (vgl. Schlichter/Stich/Driehaus/Paetow zu § 9 Rn. 74). Die Gemeinde kann aus **städtebaulichen Gründen** vom vorhandenen Geländeniveau abweichen, um z.B. zum Schutz vor Hochwasser die Anhöhung des Geländes vorzusehen (vgl. Battis/Krautzberger/Löhr zu § 9 Rn. 211) oder eine geordnete Höhenstaffelung der Bebauung in Abstimmung auf die Erschließungseinrichtungen sicherzustellen. Mit dem Inkrafttreten des **BauROG** ist die vormals enger gefasste Voraussetzung **besonderer** städtebaulicher Gründe **entfallen**.

214 Enthält ein Bebauungsplan **Festsetzungen über die künftige Höhenlage des Baugrundstücks**, so gilt diese, auch wenn der tatsächliche Geländeverlauf ein anderer ist. Wird von einer die Geländeoberfläche bestimmenden Festsetzung gemäß § 31 Abs. 2 BauGB befreit, so gilt die Fläche als Bezugsebene, die sich aus der erteilten Befreiung ergibt. Von einer Festsetzung über die Höhenlage kann nur bei Vorliegen der **Befreiungsvoraussetzungen** abgewichen werden; der Bauaufsichtsbehörde ist es verwehrt, hierfür die bauordnungsrechtlichen Maßgaben des § 8 Abs. 3 BauO NRW heranzuziehen (OVG Lüneburg, Urt. v. 25.03.1980 – 1 A 29/79, BRS 36 Nr. 123). Auch dürfen nicht Sinn und Zielrichtung einer Festsetzung durch **ungerechtfertigte Manipulationen der Geländeoberfläche** unterlaufen werden (OVG NRW, Urt. v. 13.05.1994 – 10 A 1025/90, BauR 1994, 750 = BRS 56 Nr. 139 und Beschl. v. 29.09.1995 – 11 B 1258/95, BauR 1996, 231 = BRS 57 Nr. 162). Enthält der Bebauungsplan oder die Innenbereichssatzung **keine Festsetzungen** über die **Höhenlage** der Baugrundstücke und der zum Anbau bestimmten Verkehrsflächen, so ist davon auszugehen, dass die Gemeinde die **natürliche Geländeoberfläche** beibehalten will (so auch Boeddinghaus/Hahn/Schulte zu § 2 Rn. 66).

215 Festsetzungen der Höhenlage für **übereinanderliegende Geschosse** und **Ebenen** und **sonstige Teile baulicher Anlagen** erlaubt § 9 Abs. 3 **Satz 2** BauGB 2004. Hierdurch

ergibt sich die Möglichkeit zur **vertikalen Gliederung** nicht nur einzelner Grundstücke, sondern auch innerhalb baulicher Anlagen. Die Ermächtigung ermöglicht es der Gemeinde, für **verschiedene Ebenen** unterschiedliche **Nutzungen** vertikal festzusetzen, z.B. die Geländeoberfläche als öffentliche Grünfläche und darunter die Fußgängerverteilerebene einer Stadtbahnhaltestelle mit Verkaufseinrichtungen. Vergleichbare Festsetzungsmöglichkeiten bietet die BauNVO 1990 in § 1 Abs. 7–9, § 7 Abs. 4, § 12 Abs. 4 und 5, § 16 Abs. 5 und § 23 Abs. 1 Satz 2, allerdings enger beschränkt auf **Baugebiete**.

Bei der bauplanungsrechtlichen Einordnung eines Geschosses ist dessen **vertikale** 216 **Ausdehnung** im Verhältnis zu einer **Bezugsebene** zu betrachten, um herausfinden zu können, ob ein **Vollgeschoss** vorliegt. § 20 Abs. 1 BauNVO 1990 bzw. § 18 BauNVO in den Fassungen von **1962**, **1968** und **1977** lauten übereinstimmend:

Als Vollgeschosse gelten Geschosse, die nach landesrechtlichen Vorschriften Vollgeschosse 217 *sind oder auf ihre Zahl angerechnet werden.*

Somit verweist das Bauplanungsrecht auf § 2 Abs. 6 BauO NRW, (vgl. Rdn. 251 ff.). 218

Als weitere Festsetzungsmöglichkeit kann die Gemeinde die **Höhe baulicher Anlagen** 219 bestimmen. Die Rechtsgrundlage bildet § 18 BauNVO 1990:

(1) Bei Festsetzung der Höhe baulicher Anlagen sind die erforderlichen Bezugspunkte 220 *zu bestimmen.*

(2) Ist die Höhe baulicher Anlagen als zwingend festgesetzt, (§ 16 Abs. 4 Satz 2), können geringfügige Abweichungen zugelassen werden.

Untere und obere Bezugspunkte sind zu bestimmen. Dies kann z.B. die Höhenlage 221 der öffentlichen Verkehrsfläche, eine für die überbaubare Grundstücksfläche getroffene Angabe in Metern über NN oder eben auch die vorhandene **Geländeoberfläche** sein.

Die **Höhenlage** einer Fläche oder baulichen Anlage darf nicht verwechselt werden mit 222 der **Höhe** eines Geschosses oder einer baulichen Anlage (vgl. Fickert/Fieseler zu § 18 Rn. 2). Hierbei handelt es sich also um zwei **unterschiedliche Begriffe**. Diese Begriffe sind wiederum zu unterscheiden von der bauordnungsrechtlichen Legaldefinition des § 2 Abs. 4 BauO NRW und von den bauordnungsrechtlichen Vorgaben zur Erhaltung oder zur Änderung der Geländeoberfläche nach § 8 Abs. 3 BauO NRW (OVG Saar, Beschl. v. 17.09.1979 – II W 1.204/79, BauR 1980, 158 = BRS 35 Nr. 99).

5.2 Bauordnungsrechtliche Vorgaben

Die MBO enthielt in ihren früheren Fassungen und enthält auch in der Fassung 223 2002 keine Begriffsbestimmung der Geländeoberfläche. Eine Legaldefinition der Geländeoberfläche findet sich auch nicht in der BauO NW 1962 bzw. 1970. Gleichwohl knüpften zahlreiche Vorschriften an die Geländeoberfläche an. Die Bezugsebene war die aufgrund der Baugenehmigung »**festgesetzte**« und nach der Baufertigstellung **rechtmäßig bestehende** bzw. **rechtmäßig hergestellte** Geländeoberfläche (vgl. Hess.

VGH, Beschl. v. 17.04.1979 – IV TG 31/79, BauR 1980, 157 = BRS 35 Nr. 98) und bezog sich auf die **Schnittlinie des Geländes mit den Außenwänden** (VGH B-W, Urt. v. 10.04.1975 – III 750/74, BRS 29 Nr. 86).

224 Eine Legaldefinition wurde erst mit § 2 Abs. 4 BauO NW 1984 eingeführt und nunmehr ohne Änderungen in die BauO 2018 überführt Die Begriffsbestimmung des § 2 Abs. 4 BauO NRW stellt auf die Geländeoberfläche ab, die sich aus der **Baugenehmigung** oder den **Festsetzungen des Bebauungsplanes** ergibt, ansonsten ist die **natürliche** Geländeoberfläche maßgebend. Die Legaldefinition wird ergänzt durch § 8 Abs. 3 BauO NRW, der die Genehmigungsfähigkeit von Veränderungen der Geländeoberfläche regelt (vgl. § 8 Rdn. 76–88).

225 Seit Jahrtausenden nimmt der Mensch durch Rodungen, Gewässerveränderungen, Straßen- und Siedlungsbauten Einfluss auf die Geländeformation. Zu bebauende Bereiche sind nicht selten uraltes Kulturland, das selbst schon erhebliche Veränderungen erfahren hat. Deutlich sichtbar wird dies in alten Siedlungen, deren ursprüngliches Geländeniveau langsam erhöht wurde, so dass die Zugänge älterer Gebäude häufig tiefer liegen als das Straßenniveau. Der Begriff **natürliche Geländeoberfläche** ist daher nicht im geomorphologischen, sondern im **Rechtssinne** zu verstehen. Die natürliche Geländeoberfläche ist die bei Aufmessung des Grundstücks vorgefundene topographische Situation, zurückgeführt auf einfach zu erfassende räumliche Formen. »In Regionen, in denen gebaut und das Gelände verändert wird, ist auf das Geländeniveau abzustellen, welches vor der in Rede stehenden Baumaßnahme vorgefunden wird. Dies gilt jedenfalls für Geländeverhältnisse, die von den Beteiligten unangefochten hingenommen worden sind« (OVG NRW, Beschl. v. 08.01.2008– 7 B 1653/07, juris). Die Geländeoberfläche, wie sie sich vor erstmaliger Bebauung des Grundstücks dargestellt hat, wird sich nämlich in aller Regel nicht mehr rekonstruieren lassen (OVG NRW, Urt. v. 08.03.2012 – 10 A 214/10, BauR 2012, 1234). Bei der Bestimmung der Geländeoberfläche ist ausschließlich auf die Geländeverhältnisse auf dem Baugrundstück abzustellen, diejenigen auf dem Nachbargrundstück bleiben außer Betracht (OVG NRW, Urt. v. 30.09.2016 – 7 B 853/16, juris). Soweit im Grenzbereich Geländevorsprünge vorliegen, kann es erforderlich werden, den Zustand vor der Formänderung zu ermitteln, um die Zulässigkeit von z.B. Grenzgaragen, Stützmauern oder Einfriedungen beurteilen zu können (OVG NRW, Urt. v. 17.07.1991 – 7 A 1572/89, n.v.).

226 **Veränderungen** der Geländeoberfläche sind **unzulässig**, wenn sie nur dazu dienen, ein Geschoss zu kaschieren, um dadurch die Zahl der Vollgeschosse zu vermindern (VGH B-W, Urt. v. 10.04.1975 – III 750/74, BRS 29 Nr. 86; OVG Saar, Beschl. v. 20.06.1990 – 2 W 16/90, BRS 50 Nr. 118) oder Abstandsflächenvorschriften zu umgehen (BayVGH, Beschl. v. 31.10.2008 – 14 CS 08.1970, juris; VGH B-W, Beschl. v. 26.04.2017 – 5 S 91/17, BauR 2017, 1343). Im Verhältnis zum Gebäude und zur Grundstücksgröße, **geringfügige unselbständige Aufschüttungen** oder **Abgrabungen**, z.B. für den Hauseingang oder die Terrasse (s. Abb. 2.1 A) oder zur Beleuchtung von Aufenthaltsräumen im Kellergeschoss (s. Abb. 2.1 B), **verändern die Geländeoberfläche nicht** (OVG Saar, Beschl. v. 22.11.1996 – 2 W 31/96, BRS 58 Nr. 110).

Begriffe § 2

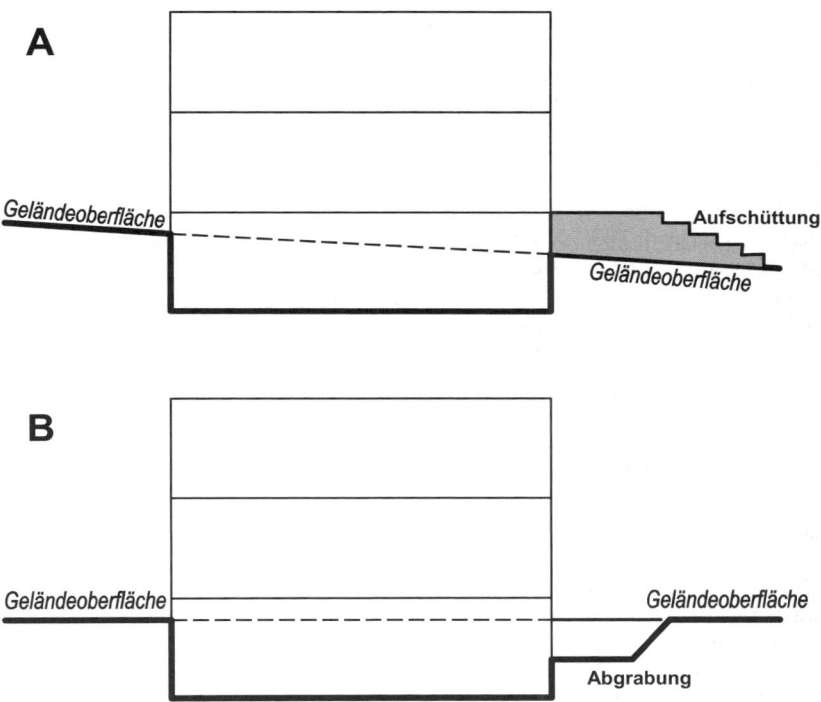

Abb. 2.1 Geringfügige unselbständige Aufschüttungen und Abgrabungen
Unselbständige Aufschüttungen oder Abgrabungen vor nur einem **untergeordneten Teil** der jeweiligen Außenwand verändern nicht die Geländeoberfläche (vgl. Rdn. 227)

Vorhandene und geplante Geländeoberfläche sind in den **Bauvorlagen** darzustellen. Nach § 3 Abs. 1 Satz 2 Nr. 4 BauPrüfVO müssen die **Höhenlage der Eckpunkte des Baugrundstücks** und die **Höhenlage des engeren Baufeldes über NN im Lageplan** angegeben werden. Weiterhin ist gemäß § 3 Abs. 1 Satz 2 Nr. 5 BauPrüfVO die **Höhenlage angrenzender öffentlicher Verkehrsflächen über NN** in den Lageplan einzutragen. Sofern ein Bebauungsplan besteht, muss der Lageplan nach § 3 Abs. 1 Satz 2 Nr. 11 BauPrüfVO auch dessen Festsetzungen enthalten. Gemäß § 3 Abs. 1 Satz 2 Nr. 12 BauPrüfVO sind die **geplanten baulichen Anlagen** unter Angabe der **Höhenlage der Eckpunkte über NN an der Geländeoberfläche** und der **Höhenlage des Erdgeschossfußbodens über NN** sowie ihrer Wand- und Firsthöhen darzustellen. Ergänzt werden diese Lageplanangaben durch Darstellungen des Anschnitts der vorhandenen und der geplanten Geländeoberfläche sowie von Aufschüttungen und Abgrabungen in den **Schnittzeichnungen** nach § 4 Abs. 3 BauPrüfVO. Schließlich verlangt § 4 Abs. 4 BauPrüfVO in den **Ansichtszeichnungen** die Darstellung des vorhandenen und des künftigen Geländes. Fehlen detaillierte Angaben über die

227

Höhenlage der Geländeoberfläche, so kann die daraufhin erteilte Baugenehmigung hinsichtlich nachbarrelevanter Merkmale des Vorhabens zu unbestimmt und damit rechtswidrig sein (OVG NRW, Urt. v. 13.05.1994 – 10 A 1025/90, BRS 56 Nr. 139; OVG NRW, Urt. v. 20.03.2006 – 7 A 3025/04, juris).

6 Zu Abs. 5 – Geschosse

6.1 Geschossbegriff

228 Nach der Legaldefinition des § 2 Abs. 5 BauO NRW sind Geschosse **oberirdische Geschosse**, wenn ihre Deckenoberkanten im Mittel mehr als 1,60 m über die Geländefläche hinausragen, im Übrigen sind sie **Kellergeschosse**. Nach Satz 2 der Vorschrift sind **Hohlräume** zwischen der oberstecken Decke und der Bedachung, in denen Aufenthaltsräume nicht möglich sind, **keine** Geschosse.

229 Der Begriff **Geschoss** ist nicht definiert und wird **als bekannt vorausgesetzt**. So bezieht sich die Legaldefinition des Vollgeschosses in Abs. 6 auf den Geschossbegriff, ebenso die Legaldefinition des oberirdischen Geschosses in § 2 Abs. 5 BauO NRW. Nach Frommhold (Begriffe und Bestimmungen aus dem Bauwesen, 1963) umfasst ein Geschoss (Etage, Stockwerk) eines Gebäudes alle Räume auf der gleichen Ebene einschließlich der darüber liegenden Decke. Anders ausgedrückt bildet es die **Summe der auf gleicher Ebene liegenden Räume** (OVG NRW, Urt. v. 18.04.1991 – 11 A 696/87, BauR 1992, 60 = BRS 52 Nr. 180; BayVGH, Urt. v. 25.09.2007 – 6 B 05.3018, juris). Die Ebene kann jedoch leicht versetzt sein, man spricht dann allgemein von **versetzten Geschossen**. Bei durch Trennwände aufgeteilte Gebäude mit **unterschiedlich hohen** Geschossen oder **gegeneinander stark versetzten** Gebäudeteilen – z.B. bedingt durch eine Hanglage – bildet das Gebäude eine Einheit aus verschieden hohen, gegeneinander gefügten Baukörpern, so dass die Geschoszahl **getrennt** für jeden Gebäudeteil zu betrachten ist. Hieraus kann es sich ergeben, dass sich die Zahl der Vollgeschosse in den Gebäudeteilen unterscheidet; für das Gesamtgebäude ist dann die höhere Geschoszahl maßgebend (OVG NRW, Urteil vom 18.04.1991 – 11 A 696/87, BauR 1992, 60 = BRS 52 Nr. 180; BayVGH, Urteil vom 27.03.2013 – 14 B 12.193, juris). Dieses Bemessungsverfahren ist auch anzuwenden, wenn der Versatz der Geschosse nicht innerhalb von Trennwänden, sondern innerhalb durchlaufender Geschosse einer Nutzungseinheit liegt (Versprung im Fußboden- und im Deckenniveau). Auch derart offene Versätze der Geschosse sind im Einfamilienhausbau bei hängigem Gelände ein Gestaltungsmittel, um die räumliche Wirkung innerhalb des Gebäudes zu steigern und den Erdaushub zu minimieren. Differiert dagegen lediglich die Fußbodenhöhe des Erdgeschosses, z.B. zwei bis drei Stufen,) um gartenseitig eine größere lichte Höhe zu erzielen als straßenseitig, und wird ansonsten die Deckenkonstruktion in einer einheitlichen Ebene durchgeführt, so ist nicht von versetzten Geschossen auszugehen. In einem darunter liegenden Kellergeschoss führt dies aber dann zu unterschiedlichen lichten Höhen, sofern der Fußboden wiederum in einheitlicher Ebene durchgeführt wird. Unterschiedliche Raumhöhen bei gleicher Fußbodenebene ergeben sich im Dachgeschoss durch unterschiedlich hohe Firstlagen auf einem einheitlichen Baukörper; auch hier kann nicht von unterschiedlich zu behandelnden Geschossebenen ausgegangen werden (OVG Rh-Pf, Urteil vom 29.02.1996 – 1 A 11014/95, BRS 58 Nr. 100).

Umgangssprachlich werden die Geschosse in Bezug auf ihre Höhenlage zur Geländeoberfläche unterschieden: **Untergeschosse** oder auch **Kellergeschosse** (sofern sie ganz oder teilweise unterhalb der Geländeoberfläche liegen), **Erdgeschosse**, **Obergeschosse**, **Dachgeschosse** (in aller Regel nur dann, wenn die Dachflächen als oberer Raumabschluss geneigt sind, wie bei Sattel-, Pult- oder Walmdächern) und **Staffelgeschosse**. Nach der Art der Nutzung ist von **Installationsgeschossen** oder **Garagengeschossen** die Rede, wenn sie ausschließlich dieser Nutzung dienen. Sowohl die BauO NRW als auch die BauNVO verwenden zum Teil diese Begriffe. So enthalten z.B. § 27 Abs. 2, § 31 Abs. 2, § 35 Abs. 2, 36 Abs. 4, § 37 Abs. 4 oder § 46 Abs. 1 BauO NRW den Begriff **Kellergeschoss**, nach § 51 Abs. 1 Satz 2 BauO NRW dürfen Behelfsbauten nur **erdgeschossig** hergestellt werden. § 12 Abs. 4 BauNVO 1990 ermöglicht die Festsetzung von **Garagengeschossen** und definiert diese als »Geschosse, in denen nur Stellplätze und Garagen und zugehörige Nebeneinrichtungen zulässig sind«. 230

Ein Geschoss bedarf eines **oberen Abschlusses** in Form einer Decke oder einer Dachfläche und eines **unteren Abschlusses** in Form eines Fußbodens, da es begrifflich nur als ein horizontaler Gebäudeabschnitt verstanden werden kann. Gebäudeteile, die nicht überdeckt oder überdacht sind (z.B. Dachterrassen), sind kein Geschoss (Hess. VGH, Beschl. v. 12.12.1978 – IV TG 97/78, BRS 33 Nr. 92; Nds. OVG, Beschl. v. 14.06.2004 – 1 ME 101/04, juris). Geschosse müssen nicht durch **Wände** umschlossen sein, obwohl dies typischerweise der Fall sein wird; so ist der Raum zwischen der Geländeoberfläche und der Decke eines auf Stützen stehenden Gebäudes ein Geschoss, weil die Begrenzung der Zahl der Vollgeschosse auch eine Begrenzung der Höhenentwicklung bezweckt (VGH B-W, Urt. v. 19.09.1988 – 5 S 1544/88, BauR 1989, 311 = BRS 48 Nr. 91). Die seitlich offenen Ebenen eines Parkhauses sind Geschosse (so Große-Suchsdorf zu § 2 Rn. 80); die nicht überdeckten obersten Ebenen eines Gebäudes zur Aufnahme von Stellplätzen sind keine Geschosse, sondern Parkpaletten (so Fickert/Fieseler zu § 20 Rn. 11). 231

Die Geschosse eines Gebäudes sind durch **Geschossdecken** – auch brandschutztechnisch (s. § 31 BauO NRW) – voneinander getrennt und durch Treppen, Rampen oder Aufzüge miteinander verbunden. So bilden Geschosse **Brandabschottungseinheiten**, um zu vermeiden, dass Feuer und Rauch sich von Geschoss zu Geschoss ausbreiten können (siehe dazu Kommentierungen zu § 14 und § 30). Wegen des hohen Brandübertragungsrisikos im oberen Raumdrittel und besonders im Deckenbereich durch thermische Strömungen und die damit verbundene gefährliche Ausbreitung des Brandrauches, stellt das Bauordnungsrecht Anforderungen an Öffnungen in Decken und sämtliche das horizontale Abschottungssystem durchstoßende Bauteile (vgl. Klingsohr/Messerer, S. 103–105 und 108 ff.). In überhohen Geschossen können wegen der vom Regelfall abweichenden Gefahrenlage entweder Erleichterungen (Kirchenschiff) oder aber besondere Anforderungen (Hochregallager) erforderlich werden (vgl. § 50 Rdn. 1–9). 232

Ebenen, die räumlich miteinander in offener Verbindung stehen, gelten in aller Regel auch dann noch als Geschoss, wenn sie in sich durch eine oder nur wenige Treppenstufen in den Höhen leicht versetzt sind (so auch Boeddinghaus/Hahn/Schulte zu § 2 233

Rn. 85b unter Bezug auf BGH, Beschl. v. 27.01.1994 – III ZR 36/93, UPR 1995, 347; BayVGH, Urt. v. 27.03.2013 – 14 B 12.193, juris). Bei **stark in sich versetzten Ebenen** – z.B. bis zur halben Geschosshöhe als Maximum – kann es zur baurechtlichen Beurteilung angezeigt sein, das **Gebäude vertikal zu teilen und die Zahl der Geschosse für jeden Teil gesondert** zu ermitteln (OVG Lüneburg, Urt. v. 25.03.1980 – 1 A 29/79, BRS 36 Nr. 123; Hess. VGH, Beschl. v. 01.12.1982 – IV TG 81/82, BRS 39 Nr. 103; OVG NRW, Beschl. v. 21.02.2005 – 7 B 2195/04, juris; Große-Suchsdorf, zu § 2, Rn. 80; vgl. auch Rdn. 229).

234 **Galerien und Emporen als balkonartiger Einbau** sind dann keine Geschosse, wenn sie Bestandteil eines Raumes sind, wenn sie keine weiteren Räume auf ihrer Ebene erschließen, wenn sie der Raumgestaltung dienen und wenn sie im Verhältnis zur Fläche dieses Raumes keine nennenswerte Nutzfläche bieten (so Galerien mit nicht mehr als 12 m^2 Grundfläche, VGH B-W, Urt. v. 12.05.1982 – 3 S 1689/81, BRS 39 Nr. 145). Wird die Galerie oder Empore als Erschließungsebene für weitere, dahinter liegende Räume genutzt, kann sie nicht mehr als unselbständiger balkonartiger Einbau angesehen werden. Es ist daher auch nicht möglich, die oberste Ebene im Dachraum (Spitzboden) mit der darunter liegenden Ebene durch eine größere Öffnung in der Decke zu verbinden und diese als Galerie oder Empore zu bezeichnen, um so die Vorschriften über den 2. Rettungsweg umgehen zu können (vgl. § 33 Rdn. 2 ff.). Tatsächlich handelt es sich hierbei nämlich um Geschosse, für die die Grundforderung des § 30 Abs. 1 BauO NRW gilt, sofern Aufenthaltsräume eingebaut werden.

235 Im Gegensatz zur BauO NRW 2000 entfallen die Begrifflichkeiten Untergeschoss und Staffelgeschoss. Die BauO NRW 2018 kennt in Bezug auf Geschosse folgende Formulierungen:
– oberirdisches Geschoss in § 2 Abs. 5 Satz 1, Abs. 6 Satz 1, § 6 Abs. 1, Abs. 5 Satz 5, § 35 Abs. 8 Satz 2 Nr. 1, § 39 Abs. 4 Satz 1, Satz 3, § 61 Abs. 1 Nr. 1
– Vollgeschoss § 2 Abs. 6
– Kellergeschoss § 2 Abs. 3 Satz 4, Abs. 5 Satz 1, § 27 Abs. 2, § 29 Abs. 2 Nr. 3, § 31 Abs. 2, § 35 Abs. 2 Satz 1, Satz 2, Abs. 6 Satz 1 Nr. 1, § 36 Abs. 1 Satz 2 Nr. 2, Abs. 4 Satz 1, Satz 4, § 37 Abs. 4, § 39 Abs. 4 Satz 4, § 46 Abs. 1 Satz 3, § 48 Abs. 3 Satz 2 Nr. 4 b)
– Erdgeschoss § 35 Abs. 8 Satz 5, § 51 Abs. 1 Satz 2, § 78 Abs. 2 Satz 2 Nr. 4
– Dachgeschoss § 48 Abs. 3 Satz 2 Nr. 4 b)
– eingeschossig § 51 Abs. 2, § 67 Abs. 2 Nr. 3, Nr. 4, § 68 Abs. 2 Satz 1 Nr. 3

6.2 Oberirdische Geschosse, Kellergeschosse, Hohlräume

236 **Oberirdisch** sind Geschosse, wenn ihre Deckenoberkanten mehr als 1,60 m über die Geländeoberfläche hinausragen. Die BauO NRW geht damit regelungstechnisch über die MBO hinaus, die ein Hinausragen von maximal 1,40 m vorschreibt. Der Wert wurde aus § 2 Abs. 5 BauO NRW zu Vollgeschossen übernommen.

237 Mit **Deckenoberkante** ist nicht die Oberkante der Rohbaudecke gemeint, sondern die **Oberkante** des fertigen Fußbodens einschließlich des Fußbodenbelags des Geschosses, welches über dem zu bestimmenden Geschoss gelegen ist. Das ist in aller Regel die

Oberkante des Erdgeschossfußbodens, dessen Höhenlage über NN nach den Vorschriften über Bauvorlagen (vgl. die Vorgaben des § 4 Abs. 3 Nr. 1 BauPrüfVO) in den Bauzeichnungen anzugeben ist. Diese Deckenoberkante darf nicht mehr als 1,60 m im Mittel über die Geländeoberfläche hinausragen. Als maßgebliche Geländeoberfläche gilt die in den Bauzeichnungen dargestellte und durch die Baugenehmigung bestätigte bzw. festgelegte Geländeoberfläche (vgl. Rdn. 223 und 227). Zur Festlegung des »Mittels« für das Hinausragen über die Geländeoberfläche bieten sich verschiedene Verfahren an:

1. Bei Gebäuden **ohne versetzten Erdgeschossfußboden** mit nicht wesentlich mehr als vier Gebäudeecken in ebenem oder gleichmäßig geneigtem Gelände – demnach in einfachen Fällen – genügte in aller Regel das **arithmetische Mittel** aus allen entsprechenden **Höhenmaßen an den Gebäudeecken** (s. Abb. 2.2) oder das arithmetische Mittel aus allen entsprechenden Höhenmaßen entlang aller Gebäudeseiten. Der Geländeverlauf zwischen diesen Eckpunkten – ob terrassiert, ob mit unselbständigen Absenkungen im Sinne von Abrampungen bei Kellergaragen, Abgrabungen oder Aufschüttungen versehen, die nicht die Geländeoberfläche nach § 2 Abs. 4 BauO NRW veränderten (vgl. Rdn. 227) – ist vom Störungsgrad des Gesamtgebäudes wie auch von seiner städtebaulichen Gesamtwirkung unerheblich und bleibt daher unberücksichtigt.

238

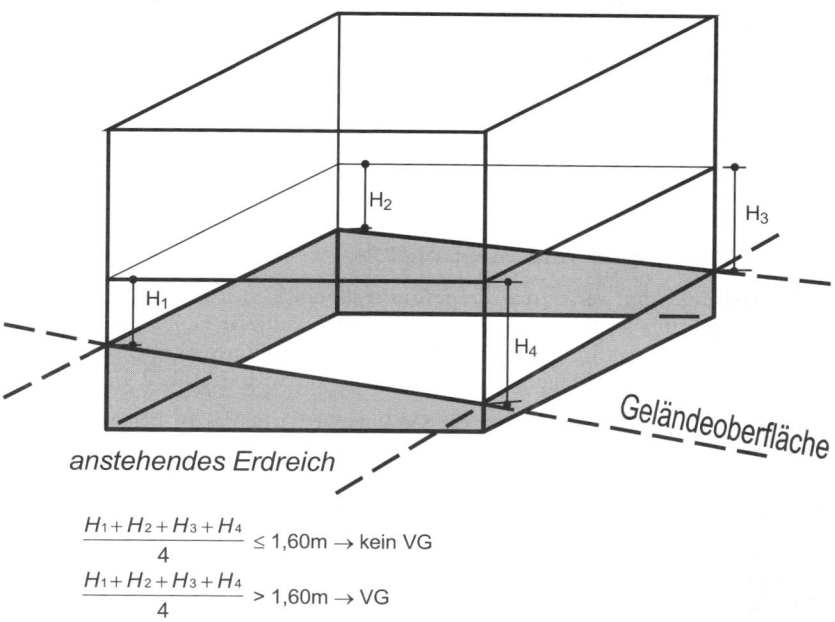

$$\frac{H_1 + H_2 + H_3 + H_4}{4} \leq 1{,}60\text{m} \rightarrow \text{kein VG}$$

$$\frac{H_1 + H_2 + H_3 + H_4}{4} > 1{,}60\text{m} \rightarrow \text{VG}$$

Abb. 2.2 Bemessung nach dem arithmetischen Mittel (vgl. Rdn. 238)

239 2. Bei Gebäuden mit einer **Vielzahl von Gebäudeecken** in hängigem Gelände bietet sich das von der Rechtsprechung herangezogene **Flächen-Vergleichsverfahren** an (s. Abb. 2.3). Danach ragt die Deckenoberkante eines Geschosses im Mittel mehr als 1,60 m über die (festgelegte) Geländeoberfläche hinaus, wenn die **tatsächlich freiliegende Fläche** sämtlicher Außenwände (bemessen bis Oberkante Erdgeschossfußboden) größer ist als eine **Vergleichsfläche**, welche sich aus dem **Gebäudeumfang** × 1,60 m errechnet (Hess. VGH, Beschl. v. 01.12.1982 – IV TG 81/82, BRS 39 Nr. 103). Inwieweit ein Geschoss die Geländeoberfläche überragt, ist unmittelbar an den Außenwänden des Geschosses zu messen.

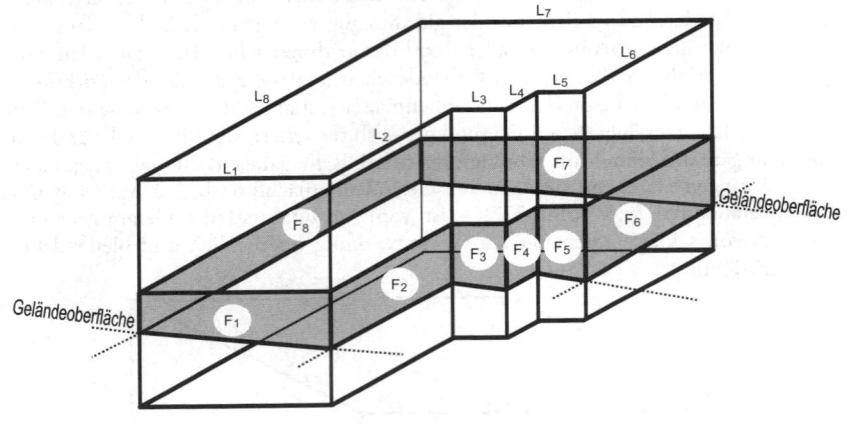

wenn $\sum F > \sum L \times 1{,}6m \rightarrow$ VG
wenn $\sum F \leq \sum L \times 1{,}6m \rightarrow$ kein VG

Abb. 2.3 Flächen-Vergleichsverfahren (vgl. Rdn. 239)

240 3. Bei Gebäuden mit **versetztem Erdgeschossfußboden** oder mit starken **Vor- und Rücksprüngen** führen die zuvor beschriebenen Bemessungsverfahren regelmäßig zu verzerrten Ergebnissen. In diesen Fällen bietet sich das **Volumen-Vergleichsverfahren an**, das auch als »Durchdringungsverfahren« bezeichnet wird (s. Abb. 2.4).

241 Hierbei ist davon auszugehen, dass die Geländeoberfläche das zu bemessende Geschoss durchdringt. Man ermittelt das Volumen des Geschosses oberhalb der gedachten Schnittfläche bis zur Oberkante des Erdgeschossfußbodens und teilt dieses durch die **Grundfläche** des Geschosses – jeweils bemessen nach den Außenkanten.

242 Liegt jedoch **eine** Gebäudeseite **vollständig** über der Geländeoberfläche, führt das Volumen-Vergleichsverfahren zu einem verzerrten Ergebnis, weil es diesen Umstand nicht berücksichtigt. Denn bei diesem Verfahren ist davon auszugehen, dass die Geländeoberfläche das Geschoss durchdringt, mit der Folge, dass in diesem Fall ausschließlich die drei Seiten mit der höheren Geländeoberfläche maßgeblich wären (OVG NRW, Urt. v. 18.04.1991 – 11 A 696/87, BauR 1991, 60 = BRS 52 Nr. 180).

Begriffe **§ 2**

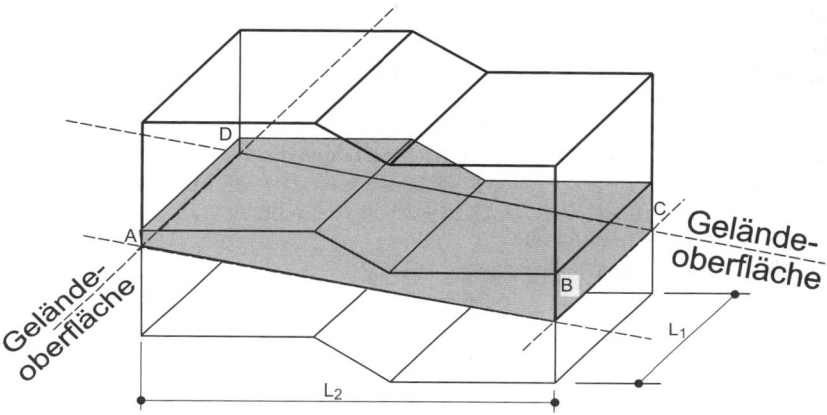

Abb. 2.4 Volumen-Vergleichsverfahren (vgl. Rdn. 242)

4. Bei Gebäuden, die – scheinbar – aus **aneinandergefügten Baukörpern** bestehen (s. Abb. 2.5), bietet sich das **Additionsverfahren** an (s. Große-Suchsdorf zu § 2 Rn. 84). 243

Hierbei ist zunächst die Höhenlage der im Mittel gemessenen Geländeoberfläche für die einzelnen Baukörper zu ermitteln. Diese Höhenlagen sind mit der **Grundfläche** des zugehörigen Gebäudeteils zu multiplizieren; die sich hieraus ergebenden Werte werden addiert und die Summe durch die Grundfläche des gesamten Gebäudes geteilt. Gebäudevor- und -rücksprünge geringen Ausmaßes bleiben bei der Ermittlung der im Mittel gemessenen Geländeoberfläche unberücksichtigt, da die sich hieraus ergebenden Ungenauigkeiten geringfügig sind und deshalb hinnehmbar sind. 244

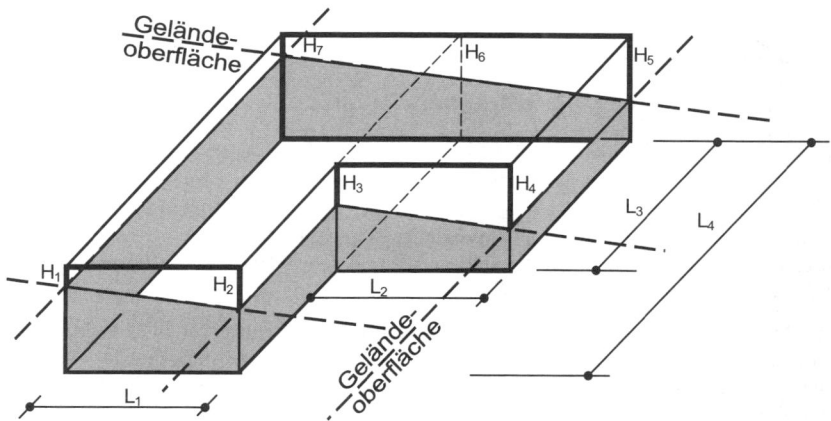

Abb. 2.5 Bemessung nach dem Additionsverfahren (vgl. Rdn. 243–244)

Johlen 139

245 5. Auch bei **stark hängiger Geländeoberfläche** kann nach den zuvor beschriebenen Bemessungsverfahren vorgegangen werden. Hierzu bietet Abb. 2.6 ein **Beispiel**:

246 A. Bemessung nach dem **arithmetischen Mittel** für das Geschoss II
wenn $(H1 + H2 + H3 + H4) : 4 > 1{,}60$ m = Vollgeschoss
$[(-1{,}0) + (-1{,}2) + 5{,}5 + 5{,}5] : 4 = 2{,}25 > 1{,}6$ somit Vollgeschoss

247 B. Bemessung nach dem **Flächen-Vergleichsverfahren** für das Geschoss II
wenn $F1 + F2 + F3 + F4 + F5 + F6 > (L1 + L2) \times 2 \times 1{,}6$ = Vollgeschoss
$(-0{,}75) + (-10) + (-0{,}75) + 23{,}38 + 23{,}38 + 55 = 80{,}26$
$(10 + 10) \times 2 \times 1{,}6 = 64{,}00$
$80{,}26 > 64{,}00$ somit Vollgeschoss

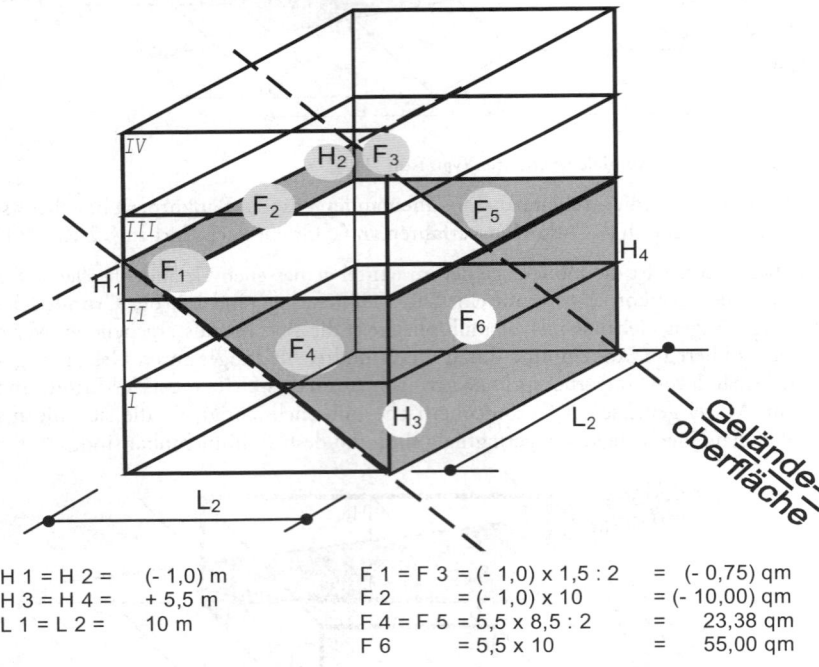

$H1 = H2 =$	$(-1{,}0)$ m	$F1 = F3 = (-1{,}0) \times 1{,}5 : 2$	=	$(-0{,}75)$ qm
$H3 = H4 =$	$+5{,}5$ m	$F2 \quad\quad = (-1{,}0) \times 10$	=	$(-10{,}00)$ qm
$L1 = L2 =$	10 m	$F4 = F5 = 5{,}5 \times 8{,}5 : 2$	=	23,38 qm
		$F6 \quad\quad = 5{,}5 \times 10$	=	55,00 qm

Abb. 2.6 Beispiel für die Bemessung in stark hängigem Gelände
nach dem arithmetischen Mittel der Höhenmaße und dem Flächen-Vergleichsverfahren (vgl. Rdn. 245–247)

248 Ein **Hinausragen** ist anzunehmen, wenn die tatsächlich freiliegende Fläche sämtlicher Außenwände größer ist als eine Vergleichsfläche, die sich aus dem Gebäudeumfang mal 1,4 errechnet (Bay. VGH, Urt. v. 23.06.1987 – 1 B 85 A. 160, BauR 1987, 668). Auf die Vollgeschosseigenschaft kommt es **nicht** an, da es sich um eine zum Vollzug des Bauordnungsrechts erforderliche Regelung handelt; hierbei spielt es keine Rolle, ob das Geschoss ein Vollgeschoss oder ein Nicht – Vollgeschoss ist.

Anders als noch die BauO NRW 2000 findet sich in § 2 Abs. 5 Satz 1 nunmehr 249
eine eindeutige Bestimmung bezüglich des **Kellergeschosses**. Danach liegt ein Kellergeschoss vor, wenn die Deckenoberkanten im Mittel nicht mehr als 1,60 m über die anschließende Geländeoberfläche ragen. Für das Maß der Höhe kommt es, wie bei den Gebäudeklassen auch, nicht auf die tatsächliche Geländeoberfläche, sondern das rechnerische Mittel der Geländeoberfläche an (vgl. Rdn. 199 ff.). Die unter Geltung der BauO NRW 2000 unklar gebliebene Abgrenzung zum **Kellergeschoss** ist damit geklärt.

Keine Geschosse sind nach § 2 Abs. 5 Satz 2 BauO NRW Hohlräume zwischen 250
der obersten Decke und der Bedachung, in denen Aufenthaltsräume (vgl. dazu Rdn. 289 ff.) nicht möglich sind. Die Definition des **Hohlraumes, der nicht als Geschoss gelten soll**, steht im Zusammenhang mit den Brandschutzanforderungen der §§ 27 und 31 BauO NRW. Die Vorschrift will sicherstellen, dass nicht zu Aufenthaltsraumzwecken nutzbare Hohlräume, wie z.B. Lufträume von Kaltdachkonstruktionen oder nicht zu Aufenthaltszwecken nutzbare Spitzböden, zwischen der obersten Decke und dem Dach als Geschoss angesehen werden. Trotz der begrüßenswerten Regelung, die den bauaufsichtlichen Vollzug erleichtert, ist die Definition aber nicht umfassend genug. Hohlräume können auch an anderer Stelle eines Gebäudes angeordnet sein, ohne dass es einen Sinn macht, sie als Geschoss zu werten. Deshalb ordnet z.B. § 2 Abs. 7 Satz 3 NBauO zusätzlich an, dass »Zwischendecken oder Zwischenböden, die unbegehbare Hohlräume von einem Geschoss abtrennen, unberücksichtigt bleiben«. Als Hohlräume, die nicht als Geschoss zu werten sind, sollten auch niedrige Kriechkeller und nicht nutzbare Sockelhohlräume in stark hängigem Gelände unterhalb des untersten Kellergeschosses angesehen werden. Können Aufenthaltsräume durch den nachträglichen Einbau von Fenstern geschaffen werden, handelt es sich jedoch um ein Geschoss, was ab einer lichten Höhe von mehr als 2,30 m der Fall ist.

7 Zu Abs. 6 – Vollgeschosse

Vollgeschosse sind nach § 2 Abs. 6 BauO NRW oberirdische Geschosse (vgl. 251
Rdn. 236), die eine lichte Höhe von mindestens 2,30 m über mehr als drei Viertel der Grundfläche des darunterliegenden Geschosses haben.

7.1 Erforderlichkeit der landesrechtlichen Begriffsbestimmung

Eine Legaldefinition des Vollgeschosses findet sich bereits in den aufgrund der 252
preußischen Einheitsbauordnung erlassenen Baupolizeiverordnungen. So definierte beispielsweise die Baupolizeiverordnung für den Regierungsbezirk Düsseldorf vom 01.04.1939 (ABl. Düsseldorf Nr. 35 vom 02.09.1939) in § 7 III Vollgeschosse, Keller- und Dachgeschosse, um sodann für die einzelnen Baugebiete die zulässige planungsrechtliche Ausnutzbarkeit hinsichtlich der Zahl der Vollgeschosse festzulegen, aber auch, um bauordnungsrechtliche Anforderungen, wie z.B. in § 17 die feuerbeständige Ausführung der Treppenhäuser, an Gebäuden mit einer bestimmten Zahl von Vollgeschossen auszurichten. Diese **Bedeutung des Vollgeschossbegriffs sowohl im bauplanungs-** als auch im **bauordnungsrechtlichen Sinne** wurde mit der Neuregelung

des Baurechts durch das BBauG 1960, die BauNVO 1962 und die unter Berücksichtigung der MBO 1960 erlassenen Landesbauordnungen beibehalten und sogar dadurch gesteigert, dass die Bauordnungen der Länder die brandschutztechnischen Anforderungen an Gebäuden bis zu 2, bis zu 5 und mit mehr als 5 Vollgeschossen konsequent ausrichteten (vgl. hierzu auch Anmerkungen der 6. Aufl. zu § 18 BauO NW 1970, S. 151 ff.). Mit der **MBO 1981** entstand eine neue Grundlage für die Landesbauordnungen; abweichend von den bis dahin geltende Bestimmungen wurde der **Vollgeschossbegriff nicht mehr benötigt, um bauordnungsrechtliche Anforderungen hieran zu knüpfen.** So verwendete die BauO NW 1984 bereits den Vollgeschossbegriff nicht mehr im Zusammenhang mit bauordnungsrechtlichen Anforderungen – vielmehr sind diese an unterschiedliche Gebäudetypen bzw. nur noch an den Geschossbegriff gebunden (s. Rdn. 228 ff.; vgl. auch Heintz, Zur Handhabung des neuen Vollgeschossbegriffs nach der Landesbauordnung Nordrhein-Westfalen [BauO NW 1984], ZfBR 1988, S. 111 ff.). Aus bauordnungsrechtlichen Gründen hätte es einer Definition des Vollgeschosses in der BauO NW 1995 und einer Bemessungsregel für das Vollgeschoss nicht mehr bedurft.

253 Das **Bauplanungsrecht** bedient sich **des Vollgeschossbegriffs als ein das Maß der Nutzung bestimmendes Kriterium.** Wegen der im Jahre 1962 noch gegebenen landesrechtlichen Bedeutung sah der Verordnungsgeber davon ab, in der BauNVO 1962 einen eigenständigen bundesrechtlichen Vollgeschossbegriff zu normieren und verwies stattdessen auf das Bauordnungsrecht (vgl. Rdn. 114 ff.), auch um zu vermeiden, dass für ein und dasselbe Gebäude bei der Prüfung des Maßes der baulichen Nutzung ein anderer Begriff als bei der Prüfung der bauordnungsrechtlichen Vorschriften verwendet werden muss. In der Begründung zu § 18 BauNVO 1962 (BR-Drucks. 53/62) heißt es:

254 *»Den Begriff des Vollgeschosses zu bestimmen, wurde dem Landesrecht überlassen. Dieser Begriff ist für das zur Landeszuständigkeit gehörende Bauordnungsrecht unentbehrlich. Wenn sein Inhalt bundeseinheitlich bestimmt würde, so wären Unterschiede zwischen dem bauplanungsrechtlichen und bauordnungsrechtlichen Begriff nicht zu verhindern.«*

255 In Kauf genommen wurde eine **unterschiedliche Regelung** der Begriffsbestimmung durch die einzelnen Bundesländer. Bei diesem Vorbehalt zugunsten des Landesrechts ist es trotz der unterschiedlichen Vollgeschossregelungen der 16 Landesbauordnungen und trotz der entfallenen bauordnungsrechtlichen Bedeutung geblieben. Eine vom Bundesministerium für Raumordnung, Bauwesen und Städtebau eingerichtete Arbeitsgruppe »Baunutzungsverordnung« erörterte aus Anlass der Novelle 1990 auch die Einführung einer bundesrechtlichen Begriffsbestimmung in Anlehnung an § 2 Abs. 4 MBO 1981, verwarf diesen Vorschlag aber dann mehrheitlich, da zum Zeitpunkt der Beratungen in den Jahren 1987 und 1988 noch mehrere Landesbauordnungen bauordnungsrechtliche Regelungen mit Bezug zum Vollgeschossbegriff enthielten (vgl. den vom BMBau herausgegebenen Bericht der Arbeitsgruppe, Materialien zur Baunutzungsverordnung, 1988, S. 55 f.). Für die Zukunft hat sich diese Situation allerdings grundlegend geändert, da die Novellierung des Bauordnungsrechts in allen

16 Bundesländern mit der Verkündung der neuen LBO Saar im Juni 1996 abgeschlossen werden konnte und damit dem **Vollgeschossbegriff bundesweit nur noch planungsrechtliche Bedeutung** zukommt. Allerdings können bei einer bundesrechtlichen Regelung des Vollgeschossbegriffs unter Umständen Normqualitätsprobleme auftreten. Nach Pietzcker »gelten« die Definitionen und Anrechnungsregeln der §§ 18–21a BauNVO in ihrer zum Zeitpunkt der Offenlage des Bebauungsplans geltenden Fassung als Satzungsrecht (Stich, Die drei Baunutzungsverordnungen, DÖV 1978, S. 537 ff., sieht diese als planergänzende Vorschriften). Bei **Änderung der Begriffsbestimmung** des Vollgeschosses **mit Rückwirkung** würde diese aber mit Verordnungsqualität gelten. Hieraus ergeben sich zum Teil komplizierte Folgeprobleme, die bedacht werden müssen, um keine zusätzlichen Vollzugsprobleme zu erzeugen, wie sie etwa infolge der Rechtsprechungsunterschiede zur statischen oder dynamischen Wirkung der Verweisung auf das Landesrecht entstanden sind (vgl. Pietzcker, Zulässigkeit der Änderung bestehender Bebauungspläne durch Änderung der Baunutzungsverordnung, Schriftenreihe »Forschung« des Bundesministers für Raumordnung, Bauwesen und Städtebau, Heft Nr. 473, 1989, S. 7 f., 14 f., 109 f.; zur Problematik der Anwendung geänderter bauordnungsrechtlicher Vorschriften auf ältere Bebauungspläne, bei deren Aufstellung andere bauordnungsrechtliche Bestimmungen galten und deshalb Inhalt der Abwägung waren, s. Boeddinghaus, Rückwirkung der Änderung bauordnungsrechtlicher Vorschriften auf den Städtebau, BauR 2000, S. 7 ff.).

Die Verweisung auf das Landesrecht in § 18 BauNVO (Fassungen 1962, 1968 und 1977) bzw. in § 20 Abs. 1 BauNVO 1990 ist nach dem Wortlaut identisch: 256

als Vollgeschosse gelten Geschosse, die nach landesrechtlichen Vorschriften Vollgeschosse sind oder auf ihre Zahl angerechnet werden.

Im Rahmen des bauaufsichtlichen Vollzuges der Festsetzungen der Bebauungspläne zum Maß der baulichen Nutzung wird der landesrechtlich festgelegte Begriff des Vollgeschosses gleich in mehrfacher Hinsicht benötigt: 257
– unmittelbar aufgrund von Festsetzungen über die zulässige Zahl der Vollgeschosse im Bebauungsplan,
– zur Ausfüllung der Anrechnungsregel der Geschossfläche und der Baumasse in den §§ 20 und 21 BauNVO (sämtliche Fassungen) und
– bei der Vergünstigungsregel für Stellplätze und Garagen in § 21a BauNVO (nur Fassungen 1968, 1977 und 1990).

Die Anrechnungsregeln zur Ermittlung der Geschossfläche bzw. der Baumasse hängen mit der Eigenschaft eines Geschosses als Vollgeschoss bzw. Nicht-Vollgeschoss zusammen – vgl. § 20 Abs. 2 BauNVO (Fassungen 1962, 1968, 1977) bzw. § 20 Abs. 3 BauNVO 1990 und § 21 Abs. 2 BauNVO (sämtliche Fassungen). **Feinheiten der Vollgeschossdefinition und der Anrechnungsregeln** der BauNVO spielen hierbei eine bedeutsame Rolle, weshalb sich unter anderem der Verordnungsgeber entschloss, die Anrechnungsregel für die Geschossfläche mit § 20 Abs. 3 Satz 1 BauNVO 1990 insoweit zu vereinfachen, als die Geschossfläche nur noch nach den Außenmaßen der Gebäude in allen **Vollgeschossen** zu ermitteln ist, soweit die Gemeinde nicht von der Möglichkeit des § 20 Abs. 3 Satz 2 BauNVO 1990 Gebrauch macht, auch für 258

§ 2 Begriffe

Nicht-Vollgeschosse eine Anrechnung bestimmter Flächen vorzusehen (hierzu vgl. Heintz, Baunutzungsverordnung 1990 – Auswirkungen der geänderten Maßvorschriften, BauR 1990, S. 166 ff.).

259 In Gebieten ohne Bebauungsplan gelten die Maßvorschriften der BauNVO 1990 nicht unmittelbar. Da die BauNVO aber eine sachverständige Konkretisierung der ihrerseits bei der Anwendung des § 34 BauGB zu beachtenden Planungsgrundsätze enthält, **kann** und **muss** sie als Richtlinie zur Beurteilung herangezogen werden (BVerwG; Urt. v. 23.04.1969 – IV C 12.67, BRS 22 Nr. 42; s.a. Boeddinghaus, Einführung Rn. 14). Zur Ermittlung des durch die Umgebungsbebauung gesetzten Rahmens eignen sich solche **Maßbestimmungsfaktoren, die nach außen wahrnehmbar in Erscheinung treten** und anhand derer sich die vorhandenen Gebäude in der näheren Umgebung leicht in Beziehung zueinander setzen lassen: absolute Größe der Grundfläche, Geschosszahl und Höhe und – soweit sie prägende Wirkung entfalten – auch die anderen Maßfaktoren (BVerwG, Urt. v. 23.03.1994 – 4 C 18.92, BauR 1994, 481 = BRS 56 Nr. 63 = ZfBR 1994, 190). Zur Handhabung hat das BVerwG in diesem Urteil weiter festgestellt:

260 »*Das bedeutet aber nicht, dass die Maßbestimmungsfaktoren des § 16 Abs. 2 BauNVO 1990 – unterschiedslos und möglicherweise gar mit allen Berechnungsregeln der BauNVO – wie Festsetzungen eines Bebauungsplanes rechtsatzartig heranzuziehen wären. Maßgeblich bleibt die konkrete, am tatsächlich Vorhandenen ausgerichtete Betrachtung. (…) Insbesondere fehlen im unbeplanten Innenbereich konkrete Maßfestsetzungen, an denen das jeweilige Vorhaben gemessen werden könnte. (…) Für das Einfügen nach dem Maß der baulichen Nutzung kommt es nicht auf die Feinheiten der an landesrechtliche Begriffe (Vollgeschoss) und die Art der baulichen Nutzung (Aufenthaltsräume) anknüpfenden Berechnungsregeln der BauNVO für die Geschossfläche an; entscheidend ist vielmehr allein, ob sich das Gebäude als solches in die Eigenart der näheren Umgebung einfügt.*«

261 Bei der Prüfung nach § 34 Abs. 1 BauGB ist ebenfalls auf die Maßbestimmungsfaktoren der BauNVO abzustellen, nur eben mit der **Einschränkung, dass Feinheiten der Berechnungsregeln nicht entscheidend sein können** (vgl. Ernst/Zinkahn/Bielenberg/Krautzberger zu § 34 Rn. 40). Als Prüfungskriterien können daher die für das Maß der baulichen Nutzung vorgegebenen **Maßbestimmungsfaktoren der BauNVO** herangezogen werden, jedoch nicht schematisch, sondern **orientiert an der Eigenart der vorhandenen Bebauung** (BVerwG, Urt. v. 23.03.1994 – 4 C 18.92, BauR 1994, 481 unter Bezug auf das Urt. v. 13.06.1980 – 4 C 98.77, BauR 1981, 45 = BRS 36 Nr. 58 = DÖV 1981, 182 = DVBl 1981, 97 = NJW 1981, 473). Dabei kommt es bei der Frage, ob sich ein durch Volumenvergrößerung verändertes Dachgeschoss in die Umgebungsbebauung einfügt, in der Regel nicht auf die Vollgeschossigkeit an, vor allem, wenn die Dachgeschosse in der Umgebung nur geringfügig unter der Vollgeschossgrenze liegen, so dass es zur Beurteilung des Einfügens rechnerischer Nachweise bedürfte. Der aus der vorhandenen Bebauung zu gewinnende Maßstab kann nur grob und ungenau sein und keine Bebauungsplanfestsetzungen ersetzen; entscheidend ist das wahrnehmbare Erscheinungsbild (BVerwG, Beschl. v. 21.06.1996 – 4 B 84.96,

BauR 1996, 823 = BRS 58 Nr. 83). Wird ein vorhandenes Dachgeschoss ausgebaut, so fügt sich eine Nutzungsänderung zu Aufenthaltsraumzwecken nach dem Ausbau ebenso ein wie vor dem Ausbau, da sich keines der prägenden (groben) Maßkriterien verändert (BVerwG, Urt. v. 23.03.1994 – 4 C 18.92, BauR 1994, 481, einen Beschluss des BayVGH vom 07.01.1992 – 2 B 90.1394, BRS 54 Nr. 63 korrigierend hinsichtlich der in diesem Fall zur Beurteilung herangezogenen Feinheiten der Anrechnungsregel des § 20 Abs. 3 Satz 1 BauNVO). Nur im Einzelfall können bei gleichgroßen Grundstücken auch die **relativen Ausnutzungszahlen** für die GRZ und GFZ für die Beurteilung des Einfügens **unterstützend** herangezogen werden (so die zu § 34 Abs. 1 BBauG 1976/1979 ergangene Rechtsprechung zusammenfassend BVerwG, Urt. v. 23.03.1994 – 4 C 18.92, BauR 1994, 481; vgl. auch OVG NRW, Urt. v. 06.11.1990 – 11 A 190/87, BRS 52 Nr. 66).

Wegen des nach wie vor bestehenden Verweises der BauNVO auf das Landesrecht und zur Sicherstellung des planungsrechtlichen Vollzugs der Maßfestsetzungen der Bebauungspläne musste auch in § 2 Abs. 6 BauO NRW 2018 das Vollgeschoss definiert werden, während noch in der BauO NRW 2000 die Regel der BauO NW 1984 unverändert übernommen und nicht auf die Formulierung des § 2 Abs. 4 MBO 1993 bzw. 1996 zurückgegriffen wurde, da diese auf die lichte Höhe von Geschossen abstellt und keine Sondertatbestände regelt. Abs. 6 bestimmt, welche Geschosse Vollgeschosse sind; eine Anrechnungsregel hinsichtlich solcher Geschosse, die auf die Zahl der Vollgeschosse anzurechnen sind, kennt die BauO NRW 2018, wie schon zuvor die BauO NW 1984, BauO NW 1995 und die BauO NRW 2000, nicht mehr. Sätze 1 und 2 bestimmen, wann ein Vollgeschoss vorliegt, und nennen dafür **drei Tatbestände**, die zugleich erfüllt sein müssen: 262

– es muss sich um ein oberirdisches Geschoss handeln,
– die lichte Höhe des Geschosses muss mindestens 2,30 m betragen und
– diese Höhe muss es über mehr als drei Viertel der Grundfläche des darunterliegenden Geschosses aufweisen.

Die noch unter der BauO NRW 2000 normierten **Sondertatbestände** für das Staffelgeschoss und das Geschoss mit geneigten Dachflächen hinsichtlich der Vollgeschosseigenschaft entfallen. Damit sollte der Begriff des Vollgeschosses vereinfacht werden. § 2 Abs. 5 Satz 2 BauO NRW forderte ein allseitiges zurückweichen der Außenwände für das jeweilige Geschoss, wodurch es häufig zu Auseinandersetzungen zwischen der Bauherrschaft, Planenden und Bauaufsichtsbehörden gekommen ist (vgl. LT-Drucks. 17/2166, S. 96 f.). 263

7.2 Die Bemessungsregel im Bauplanungsrecht

Die Bemessungsregel des § 2 Abs. 6 BauO NRW 2018 weicht von den früheren Fassungen der NRW 2000 und BauO NW 1995 und 1984 ab, dies kann im Einzelfall zu einem anderen Ergebnis führen. Die Vollgeschossregel nach BauO NRW 2000 und BauO NW 1995 und 1984 (jeweils § 2 Abs. 5) weist folgenden Wortlaut auf: 264

»*Vollgeschosse sind Geschosse, deren Deckenoberkante im Mittel mehr als 1,60 m über die Geländeoberfläche hinausragt und die eine Höhe von mindestens 2,30 m haben.* 265

§ 2 Begriffe

Ein gegenüber den Außenwänden des Gebäudes zurückgesetztes oberstes Geschoss (Staffelgeschoss) ist nur dann ein Vollgeschoss, wenn es diese Höhe über mehr als zwei Drittel der Grundfläche des darunter liegenden Geschosses hat. Ein Geschoss mit geneigten Dachflächen ist ein Vollgeschoss, wenn es diese Höhe über mehr als drei Viertel seiner Grundfläche hat. Die Höhe der Geschosse wird von Oberkante Fußboden bis Oberkante Fußboden der darüber liegenden Decke, bei Geschossen mit Dachflächen bis Oberkante Dachhaut gemessen.«:

266 Der Satz 1 bestimmt als Grundregel, wann ein Vollgeschoss vorliegt, und nennt dafür drei Tatbestände, die zugleich erfüllt sein müssen:
– es muss sich um ein Geschoss handeln,
– die Deckenoberkante des Geschosses muss mehr als 1,60 m im Mittel über die Geländeoberfläche hinausragen und
– die Höhe des Geschosses muss mindestens 2,30 m betragen.

267 Die unterschiedlichen Fassungen der Legaldefinition der BauO NRW 2018 einerseits sowie der BauO NW 1984 und 1995 bzw. der BauO NRW 2000 andererseits können Anlass sein, darüber nachzudenken, ob hiervon **Auswirkungen auf alte Bebauungspläne** ausgehen, das heißt auf solche, die unter der Geltung der Bemessungsregeln der BauO NW 1984 und 1995 bzw. der BauO NRW 2000 erlassen wurden. Es stellt sich die Frage, ob die Zahl der Vollgeschosse in einem alten Bebauungsplan anhand der alten oder der neuen Bemessungsregel zu ermitteln ist.

268 Insoweit stellt sich die Frage nach dem Verhältnis zwischen älteren Bebauungsplänen und dem jeweils aktuellen Vollgeschossbegriff. Hierzu liegen in der obergerichtlichen Rechtsprechung Nordrhein-Westfalens ebenso wie in den Bundesländern **unterschiedliche Antworten** vor. Während der 10. Senat des OVG NRW und der VGH B-W die Auffassung vertreten, es sei jeweils der Vollgeschossbegriff **statisch** anzuwenden, der bei Erlass des Bebauungsplanes gültig war (OVG NRW, Urt. v. 03.05.2018 – 10 A 2937/15, juris; VGH B-W, Urt. v. 15.02.1984 – 3 S 1279/83, BauR 1985, 289 = BRS 42 Nr. 114 und Beschl. v. 27.01.1999 – 8 S 19/99, BauR 2000, 1166 = BRS 62 Nr. 91), meinen der 7. Senat des OVG Münster und der Hess. VGH, der Vollgeschossbegriff sei **dynamisch** zu verstehen – auch auf alte Bebauungspläne finde jeweils der neue gültige Vollgeschossbegriff der Landesbauordnung Anwendung (OVG Münster, Urt. v. 28.06.2007 – 7 D 89/06.NE, juris; Hess. VGH, Beschl. v. 26.07.1984 – 4 TG 1669/84, BauR 1985, 293 = BRS 42 Nr. 113). Der Hess. VGH geht davon aus, mit der Verweisung auf den landesrechtlichen Vollgeschossbegriff habe der Verordnungsgeber gerade vermeiden wollen, dass bei ein und derselben baulichen Anlage zwei unterschiedliche Vollgeschossbegriffe herangezogen werden müssen. Mache der Plangeber von der Möglichkeit Gebrauch, die Zahl der Vollgeschosse festzusetzen, so müsse er sich bewusst sein, dass er einen Begriff verwende, den der Landesgesetzgeber neu bestimmen könne. Der 7. Senat des OVG NRW hat dazu ausgeführt, ohne weiterer Angaben in den textlichen Festsetzungen, führe die Verweisung üblicherweise ohne weiteres dazu, dass die jeweils aktuellen landesrechtlichen Regelungen Inhalt der planungsrechtlichen Regelungen würden. Eine Begründung dafür findet sich in dem Urteil nicht.

Auch die Begründung des dem widersprechenden 10. Senats des OVG Münster erschöpft dich darin, dass keinerlei Hinweise darauf ersichtlich seien, dass § 18 BauNVO a.F. (jetzt § 20 Abs. 1 BauNVO) nicht grundsätzlich die Rechtslage, die dem Satzungsbeschluss, gegebenenfalls seiner Bekanntmachung, zugrunde zu legen ist. Der VGH B-W erinnert unter Bezug auf die §§ 25 f. BauNVO daran, dass der Verordnungsgeber gerade bemüht war, Rückwirkungen auf alte Pläne auszuschließen und auch die Gemeinde bei Aufstellung des Bebauungsplanes ihrer planerischen Entscheidung nur den zu diesem Zeitpunkt bekannten Vollgeschossbegriff zugrunde legen könne (so auch OVG Saar, Beschl. v. 28.07.1986 – 2 R 191/86, BRS 46 Nr. 100). Uechtritz (Bauplanungsrechtliche Konsequenzen der Änderung des Vollgeschossbegriffs in den Bauordnungen der Länder, BauR 1986, S. 172 ff.) und Jäde (Das Dynamische Vollgeschoss, BayVBl. 1986, S. 172 ff.) haben umfassend zu beiden Argumenten Stellung genommen und dargelegt, warum die Auffassung des hessischen VGH zutreffend sei (ebenso Fickert/Fieseler zu § 20 Rn. 3–6; Große-Suchsdorf zu § 2 Rn. 88 und König/Roeser/Stock zu § 20 Rn. 8). Eine höchstrichterliche Klärung der Frage steht leider immer noch aus.

Bei genauer Betrachtung des alten und neuen Vollgeschossbegriffs sowie bei Würdigung der komplizierten bauplanungsrechtlichen Auswirkungen erscheint jedoch eine **eindeutige Klärung** der Frage in Form einer absoluten Antwort nur sehr **schwer möglich**, zumal die landesrechtlichen Bestimmungen nicht einheitlich sind. Anders als noch bei früheren Änderungen der Bauordnung, in denen jeweils nur **behutsame Umstellungen der Legaldefinition** vorgenommen wurden und es damit in der praktischen Anwendung nur in seltenen Fällen zu Streit über die dynamische oder statische Verweisung kam (hierzu s. Boeddinghaus, Bestimmung der Zahl der Vollgeschosse im Geltungsbereich alter Bebauungspläne, BauR 1990, S. 435 ff.) sind mit Einführung der BauO NRW 2018 je nach Normverständnis fundamentalere Änderungen verbunden. Eine dynamische Verweisung stellt einen Eingriff in die gemeindliche Planungshoheit dar. Zwar lässt sich dagegen einwenden, dass § 20 BauNVO als Landesrecht dem Ortsrecht vorgeht. Allerdings lässt § 20 BauNVO zum einen beide Auslegungsmöglichkeit zu. Zum anderen genießt die gemeindliche Planungshoheit Verfassungsrang. Die Möglichkeit der Anpassung älterer Bebauungspläne genügt dieser nicht. Ein Hinweis auf eine statische Verweisung, wie sie der jüngeren Rechtsprechung des OVG Münster entspricht, ist auch in der Gesetzesbegründung zu finden. Denn nach der Klarstellung, dass eine landesrechtliche Regelung wegen des Verweises in der BauNVO weiterhin notwendig sei, findet sich unter anderem die Aussage, dass »künftig [...] nur noch auf die Geschosshöhe über einer Mindestgrundfläche abgestellt werden [soll]« (LT-Drucks. 17/2166, S. 97). Die mehrfache Klarstellung, dass der neue Begriff erst künftig gelten soll, kann dahingehend verstanden werden, dass der nordrhein-westfälische Gesetzgeber von einer statischen Verweisung ausgegangen ist. Auch die Tatsache, dass ggf. ein Änderungsbedarf für bestehende Bebauungspläne ausgelöst werden könnte, spricht gegen die Annahme eines dynamischen Verständnisses des Normverweises (so auch Handlungsempfehlung des MHKBG, S. 11). Es wäre sicherlich angezeigt gewesen, dieser Rechtsunsicherheit durch eine Regelung, wie sie in Bayern mit Art. 83 Abs. 6 BayBauO besteht, durch

269

eine für alle Bebauungspläne gleichermaßen geltende gesetzliche Lösung entgegenzuwirken. Jedenfalls wenn die Beschlussfassung über die Satzung und die Bekanntmachung des Bebauungsplans im Jahr 2019 erfolgt ist, gilt die neue Regelung des § 2 Abs. 6 BauO NRW. Dies gilt unabhängig davon, ob das Bauleitplanverfahren vor dem 01.01.2019 durchgeführt wurde oder nicht. Entsprechend entfalten für Bebauungspläne, die vor dem 01.01.2019 bekanntgemacht wurden, die Anforderungen, die sich hinsichtlich Staffelgeschossen und geneigten Dachflächen nach § 2 Abs. 5 Sätze 2 und 3 BauO NRW 2000 ergeben, Geltung.

270 Auf **alte städtebauliche Pläne**, die nach Maßgabe des § 173 Abs. 3 und 4 BBauG 1960 fortgelten, darf mangels verordnungsrechtlicher Überleitungsermächtigung der Vollgeschossbegriff nach den Landesbauordnungen nicht angewendet werden (BVerwG, Urt. v. 23.08.1968 – IV C 103.66, BRS 20 Nr. 17). **Vor Inkrafttreten der BauNVO 1962 fehlte nämlich eine dem § 18 BauNVO entsprechende Verweisung** auf den jeweils nach neuem Landesrecht geltenden Vollgeschossbegriff in den bis dahin erlassenen bauplanungsrechtlichen Vorschriften der Länder als Vorgänger des BBauG. Es ergibt sich bei diesen Plänen somit ein gespaltener Vollgeschossbegriff für die Anwendung des Bauplanungs- und Bauordnungsrechts. Für die Prüfung des Bauordnungsrechts gilt der Begriff der Landesbauordnung; für die Prüfung des Bauplanungsrechts ist auf den Begriff abzustellen, der vor Inkrafttreten der BauNVO 1962 im Landesrecht vorgesehen war. In Nordrhein-Westfalen waren dies die Vollgeschossbegriffe der **Bezirksbauordnungen**, die noch als Baupolizeiverordnungen aufgrund der preußischen Einheitsbauordnung für Städte bzw. der Einheitsbauordnung für das platte Land erlassen worden sind.

7.3 Das Vollgeschoss

271 Jedes oberirdische Geschoss ist dann ein Vollgeschoss, wenn
 – es sich um ein oberirdisches Geschoss handelt,
 – die lichte Höhe des Geschosses mindestens 2,30 m beträgt und
 – es diese Höhe über mehr als drei Viertel der Grundfläche des darunterliegenden Geschosses aufweist.

272 Die Definition wurde in Vergleich zu der BauO NRW 2000 deutlich vereinfacht. Gleichzeitig hat er im Bauordnungsrecht keinerlei Bedeutung mehr, liegt aber den planungsrechtlichen Vorschriften über das Maß der baulichen Nutzung nach § 20 Abs. 1 BauNVO zugrunde. In diesem Zusammenhang sei angemerkt, dass bei der Aufstellung von Bebauungsplänen eine maximale Bauhöhe festgesetzt werden kann, um das Stapeln von Staffelgeschossen bzw. Nicht-Geschossen zu verhindern.

7.3.1 Höhe des Geschosses

273 Nach der seit 1984 geltenden Legaldefinition ist ein Geschoss mit einer Gesamthöhe von 2,29 m **kein** Vollgeschoss. Ein solches Geschoss ist noch nutzbar zum Beispiel als Garagengeschoss oder als Installationsgeschoss. Dagegen nicht geeignet ist ein solches Geschoss zur Aufnahme von Aufenthaltsräumen. Zieht man von diesen 2,29 m die Gesamtdeckenkonstruktion einschließlich des Fußbodenaufbaues ab, so ergibt sich

eine nutzbare lichte Raumhöhe, die weit unter dem nach § 46 Abs. 1 Satz 1 BauO NRW für Aufenthaltsräume erforderlichen Mindestmaß von 2,40 m liegt, auch noch unter dem Maß, das für bestimmte Aufenthaltsräume nach § 46 Abs. 1 Satz 2 BauO NRW von der Bauaufsichtsbehörde gestattet werden kann. Bei dem Wert von 2,30 m handelt es sich um ein **Mindestmaß**, nach oben ist dagegen die Höhe begrifflich nicht eingeschränkt. Ein Theatersaal, eine Fabrikhalle oder ein Kirchenschiff wird nach § 2 Abs. 6 BauO NRW **nicht fiktiv unterteilt**, wie dies § 17 Abs. 3 BauNVO 1962, 1968, 1977 und § 21 Abs. 4 BauNVO 1990 anordnen; danach darf in Gebieten, für die keine Baumassenzahl festgesetzt ist, bei Gebäuden, die Geschosse von mehr als 3,50 m Höhe haben, eine Baumassenzahl, die das Dreieinhalbfache der zulässigen Geschossflächenzahl beträgt, nicht überschritten werden. Eine ähnliche Regelung enthielt § 7 Abs. 3 BauO NW 1970, der zwecks Ermittlung des einzuhaltenden Bauwichs bestimmte, dass hohe Geschosse je angefangene 3,50 m bzw. 4,00 m – entsprechend der Gebietsart – jeweils als ein Geschoss zu rechnen waren. Diese Regeln begrenzen aber nicht begrifflich die Höhe eines Geschosses, sondern dienen nur als Hilfsbestimmung bei der Ermittlung des zulässigen Nutzungsmaßes bzw. der Breite des Bauwichs (vgl. die 6. Aufl. zu § 7, S. 81 f.).

Mit der BauO NRW 2018 wurden **Kellergeschosse** ausdrücklich von den Vollgeschossen ausgenommen, denn diese können nur oberirdische Geschosse im Sinne des § 2 Abs. 5 BauO NRW darstellen. 274

Zwar kennt die BauO NRW 2018 nicht mehr den Begriff des Untergeschosses. Nichtsdestotrotz kann er zur Erläuterung der Bemessungsregel für die Geschossigkeit herangezogen werden. In Abgrenzung zum Kellergeschoss liegt ein **Vollgeschoss vor**, 275
– wenn es über drei Viertel seiner Grundfläche eine lichte Höhe von **mindestens 2,30 m** hat **und**
– wenn seine Deckenoberkante **mehr als 1,60 m** im Mittel über die Geländeoberfläche hinausragt.

Es stellt sich die Frage, ob die **lichte Höhe** nach den Rohbaumaßen oder aber der tatsächlichen Raumhöhe zu ermitteln ist. Gemeinhin wird die lichte Raumhöhe bei Aufenthaltsräumen als Maß zwischen Fußbodenoberkante und Deckenunterkante je im fertigen Zustand verstanden (vgl. Anmerkungen zu § 46). Bei Übertragung dieses Verständnisses auf den Begriff der lichten Höhe im Sinne des § 2 Abs. 6 BauO NRW wäre bei **abgehängten Decken** die lichte Höhe anhand der Unterkante der Decke zu berechnen. Dies führt dazu, dass die Möglichkeit bestünde, ein Gebäude zu errichten, dessen Geschosse zwar alle die gleichen Außenmaße haben, durch das Abhängen der Decken auf mindestens einem Viertel der Fläche das oberste Geschoss aber nicht als Vollgeschoss gelten würde. Die Gesetzesbegründung gibt nur wenig Aufschluss über das Verständnis des Begriffs der lichten Höhe. Jedenfalls soll Planenden ein größerer Raum für die Planung von Gebäuden im Rahmen städtischer Vorgaben geschaffen werden und eine höhere Bebaubarkeit des obersten Geschosses und gleichsam größere Nachverdichtungspotenziale ermöglicht werden (siehe LT-Drucks. 17/2166, S. 97). Es ist anzunehmen, dass dem Gesetzgeber das Problem bekannt gewesen ist. Denn er hatte bereits mit der BauO NW 1984 eine Umstellung von Lichtraummaßen auf 276

Außenmaße vorgenommen. Zuvor waren Geschosse nach § 2 Abs. 5 BauNO 1970 Vollgeschosse, wenn sie die für Aufenthaltsräume erforderliche lichte Höhe hatten. Durch die Änderung wurde damals dem städtebaulichen Bezug besser Rechnung getragen als mit der Lichtraummaßregelung, die Manipulationen durch abgehängte Decken ermöglichte. Zwar nimmt die Bestimmung des § 2 Abs. 6 BauO NRW nicht Bezug auf den Begriff der lichten Raumhöhe von Aufenthaltsräumen. Allerdings grenzt er die Begrifflichkeiten auch nicht voneinander ab. Ein fundamental anderes Verständnis des Begriffs der lichten Höhe, zum einen die Bemessung nach der tatsächlichen, »fertigen« Raumhöhe und zum anderen die Bemessung anhand der Rohbaumaße hätte der Gesetzgeber deutlich kennzeichnen müssen. Dies gilt umso mehr aus dem Kontext der historischen Normentwicklung heraus. Der Wortlaut allein rechtfertigt jedenfalls keine unterschiedliche Bemessungsgrundlage. Es sprechen auch durchaus Gründe für die Anlegung einer Lichtraummaßregelung, denn diese lassen sich einfacher und effektiver kontrollieren.

7.3.2 Bemessung der Grundfläche

277 Die (Fußboden-) **Grundfläche** des Geschosses bemisst sich nach den Außenkanten der Gebäudeumfassungswände oder – sofern das Geschoss keine Gebäudeumfassungswände aufweist – nach den Außenkanten bzw. Außenflächen der das Geschoss begrenzenden Bauteile. Die üblicherweise vorgenommenen Abmauerungen zwischen der Fußpfette und dem ausgebauten Dachraum werden demnach nicht abgezogen. Flächen von Gebäudeteilen, die über diese Gebäudeumfassungswände **hinausragen**, wie Balkone, müssen bei der Grundfläche **außer Betracht** bleiben; würden sie der Grundfläche zugeschlagen, so könnte aus einem Geschoss, das ohne Balkonfläche ein Vollgeschoss ist, trotz größerer Ausnutzbarkeit ein »Nicht-Vollgeschoss« oder ein »Normal-Geschoss« (= Geschoss) werden. Flächen von Dacheinschnitten, wie Loggien oder Terrassen, demnach Flächen, die **innerhalb** der Gebäudeumfassungswände liegen, müssen in die Bemessung der Grundfläche **einbezogen** werden; ansonsten würde das unlogische und vom Gesetzgeber nicht gewollte Ergebnis eintreten, dass aus einem Nicht-Vollgeschoss trotz verringerter Ausnutzbarkeit ein Vollgeschoss wird.

278 Die in einer Höhe von 2,30 m über der Fußbodenoberkante **gedachte Ebene** schneidet in der Regel alle Dachaufbauten, zumindest dann, wenn die Flächen unter ihnen nutzbar sind. Somit gehen deren von der gedachten Bezugsebene erfasste Flächen voll in die Berechnung des Geschosses ein. Damit berücksichtigt die Vorschrift nicht nur die bessere Ausnutzbarkeit von Dachgeschossen mit entsprechenden Dachaufbauten, sondern auch die städtebauliche Wirkung solcher Dachlandschaften..

279 Aus der Bemessungsregel des § 2 Abs. 5 BauO NRW kann sich bei extrem steilen Dachneigungen ergeben, dass sich in einem Dachraum gleich mehrere Vollgeschosse befinden. Die Bemessung ist für **jede Dachgeschossebene** gesondert durchzuführen. Bei steil geneigten Dächern mit Dachflächen gleicher Neigung, Mansarddächern, steilen Pultdächern und ähnlichen Dachformen können daher bei Erfüllung der Maßvorgaben mehrere Vollgeschossebenen übereinander liegen.

Auch ein **Spitzboden** kann bei steiler Dachneigung und tiefer Kehlbalkenlage ein Vollgeschoss sein, nämlich wenn er die nach § 46 Abs. 1 Sätze 2 und 3 BauO NRW für Aufenthaltsräume im Dachraum erforderliche lichte Höhe über mehr als drei Viertel seiner Grundfläche hat. Wenn Aufenthaltsräume im Spitzboden möglich sind, kann dieser nicht mehr als Hohlraum im Sinne des § 2 Abs. 5 Satz 2 BauO NRW gewertet werden.

Üblicherweise werden die Dachkonstruktionen auf das Mauerwerk bzw. die Decke der darunter liegenden Geschosse aufgesetzt, das heißt, die Fußpfetten liegen im Bereich der Außenwände, um so die Lasten des Dachstuhls sicher abtragen zu können. Es kann aber auch vorkommen, dass die Deckenbalken, als Zangen die senkrecht stehenden Holzständer der Wandkonstruktion umschließend, weit auskragen. Vergleichbare Auskragungen können natürlich auch mit Stahlbeton erzielt werden. 280

Bei Gebäuden, bei denen ein wesentlich über die darunter liegenden Geschosse **auskragendes Dachgeschoss** beabsichtigt ist, sollte wie nachfolgend beschrieben verfahren werden (s. Abb. 2.6): 281

Zunächst ist die **bauplanungsrechtliche Zulässigkeit** der Auskragung nach den Vorschriften der BauNVO zu prüfen. Dabei muss davon ausgegangen werden, dass diese Auskragungen voll bei der Bemessung der Abstandsflächen in Ansatz zu bringen sind, das heißt, sie unterliegen nicht der begünstigenden Regelung des § 6 Abs. 6 BauO NRW. Sodann (s. Abb. 2.6) verlängert man die Außenkanten der Außenwände der unter dem Dachgeschoss liegenden Geschosse und ermittelt die Fläche des Dachgeschossfußbodens (F 1), die durch die Schnittlinien dieser Verlängerung mit der Oberkante des fertigen Fußbodenaufbaus entsteht. Bedeckt die gedachte Ebene (F 2) in Höhe von 2,30 m (s. vorausgehende Rdn. 271 f.) über mehr als drei Viertel die durch die Verlängerung der Außenwände entstandene Bezugsfläche (F 1), so muss von einem Vollgeschoss ausgegangen werden. Derjenige, der als untere Bezugsfläche die Grundfläche dieses Dachgeschosses (F 3) ansetzen wollte, würde den Willen des Gesetzgebers eindeutig fehlinterpretieren. 282

Nutzt jedoch der Bauherr bei einem wesentlich überkragenden Dachgeschoss in den darunter liegenden Geschossen das ihm zustehende Maß der baulichen Nutzung innerhalb der überbaubaren Flächen nicht aus, das heißt, bleibt der Bauherr mit diesen Geschossen wesentlich hinter den Baugrenzen zurück und würde ihm darüber hinaus planungsrechtlich zustehen, die Außenwände im Bereich der beabsichtigten Dachauskragung anzuordnen (s. Abb. 2.6), so ist die Grundfläche des Dachgeschosses (F 3) die Bezugsfläche zur Ermittlung der Geschossigkeit dieses Geschosses. Aus dieser Betrachtung wird deutlich, dass die **Auslegung der Vollgeschossregel** mit den **städtebaulichen Zielvorgaben** in **enger Verbindung** steht. Vernachlässigt man diesen Zusammenhang, besteht die Gefahr einer unzutreffenden Beurteilung und damit eines nicht gewollten Ergebnisses. 283

§ 2 Begriffe

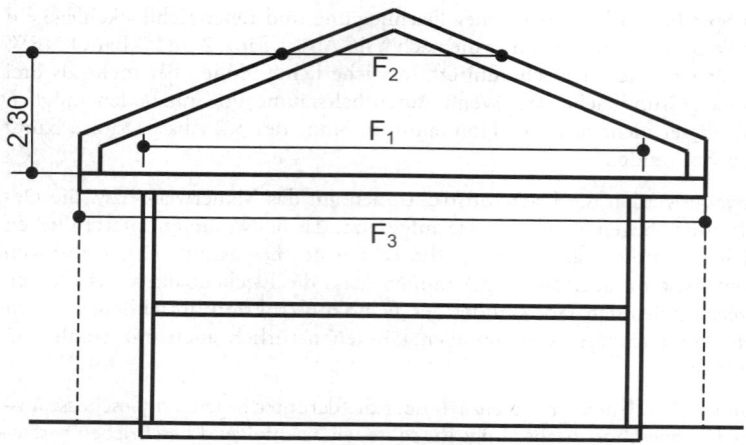

Abb. 2.6 Beispiel zur Bemessung eines auskragenden Dachraums (s. Rdn. 280–283)

284 Häufig wird in **Satzungen** nach § 89 BauO NRW bezüglich der Gestaltung der Dachgeschosse der Begriff **Drempelhöhe** (Kniestock) verwendet, der weder im Bauplanungs- noch im Bauordnungsrecht definiert ist. Hierunter versteht man die Höherführung der traufseitigen Außenwände oberhalb der Decke des obersten Geschosses, das unterhalb des Dachraums liegt, um diesen selbst zu vergrößern (VGH B-W, Urt. v. 15.02.1984 – 3 S 1279/83, BauR 1985, 289 = BRS 42 Nr. 114 und OVG NRW, Beschl. v. 18.01.2005 – 7 B 2751/04, BauR 2005, 1452 = BRS 69 Nr. 126). Der Begriff steht zwar nicht unmittelbar mit den Bemessungsregeln für die Geschossigkeit in Verbindung, bereitet jedoch häufig Unsicherheiten hinsichtlich der Bemessung der Drempelhöhe. Wird in einer Satzung dieser Begriff verwendet, aber nicht definiert, so ist unter der Drempelhöhe die Höhe zu verstehen, um die die Fußpfette oberhalb der Außenwand über die Fußbodenoberkante der obersten Geschossdecke angehoben werden darf.

285 Es empfiehlt sich, in örtlichen Bauvorschriften den **Begriff Drempel klarzustellen**. Dabei kann wie folgt definiert werden:

286 »Die Höhe des Drempels wird von Oberkante Fußboden der untersten Dachgeschossebene bis zur Schnittlinie der Außenwand mit der Dachhaut gemessen.«

287 Wird eine solche dem Abstandsflächenrecht entliehene Regelung in die Satzung aufgenommen, die auch die Bemaßung der Schnittzeichnung vereinfacht, muss die Stärke der Sparrenlage und Dachhaut der gestalterisch maximal tolerierbaren Mauerwerkshöhe einschließlich Fußpfette zugerechnet werden.

288 Sofern in die Satzung **Trauf- bzw. Firsthöhenfestsetzungen und** zugleich Drempelhöhenfestsetzungen aufgenommen werden, ist darauf zu achten, dass sich die unterschiedlichen Regelungen nicht widersprechen. Dies kann insbesondere dann

auftreten, wenn die Satzung eine bestimmte Dachneigung anordnet. Derartige Satzungen werden häufig in bereits bebauten Bereichen mit Flachdächern aufgestellt, um einerseits eine nachträgliche Dachaufstockung zu ermöglichen, andererseits aber ein einheitliches städtebauliches bzw. gestalterisches Erscheinungsbild zu gewährleisten.

8 Zu Abs. 7 – Aufenthaltsräume

Abs. 7 enthält die Legaldefinition des **Aufenthaltsraumes**, an den § 46 BauO NRW bauordnungsrechtliche Anforderungen an seine Lage, an seine Beleuchtung und Belüftung sowie an seine Raumhöhe stellt, **die über die Anforderungen an andere Räume hinausgehen.** Auch für andere Vorschriften der BauO NRW ist es von Bedeutung, ob ein Raum ein Aufenthaltsraum ist oder nicht, so nach § 29 27 Abs. 1, § 29 Abs. 2, § 30 Abs. 2, § 31 Abs. 1, § 32 Abs. 2, Abs. 3, § 33 Abs. 1, § 34 Abs. 2, § 35 Abs. 2, § 36 Abs. 1, § 43 Abs. 1, § 47 Abs. 3, § 51 Abs. 2, § 62 Abs. 1 und § 67 Abs. 2. In diesen Vorschriften unterscheiden die Anforderungen Aufenthaltsräume von anderen Räumen oder Geschosse mit Aufenthaltsräumen von anderen Geschossen. 289

Im **Bauplanungsrecht** hat der Begriff Aufenthaltsraum einen wichtigen Stellenwert. Trotzdem gibt es keine eigenständige bundesrechtliche Begriffsbestimmung des Aufenthaltsraumes. Wegen der Bedeutung im Zusammenhang mit dem Vollgeschossbegriff (vgl. Rdn. 271 ff.) gilt die landesrechtliche Definition. So ist es bei der Ermittlung des Maßes der Nutzung eines Gebäudes von Bedeutung, ob ein Raum ein Aufenthaltsraum ist oder nicht: Nach § 20 Abs. 2 BauNVO 1962, 1968, 1977 bestimmt sich im Rahmen der Ermittlung der GFZ in Geschossen, die selbst keine Vollgeschosse sind, die Geschossfläche nach der Fläche von Aufenthaltsräumen einschließlich der zu ihnen gehörenden Treppenräume und einschließlich ihrer Umfassungswände. Nach § 20 Abs. 3 BauNVO 1990 kann die Gemeinde durch Festsetzung im Bebauungsplan anordnen, dass die Flächen dieser Räume einschließlich der zu ihnen gehörenden Treppenräume und einschließlich ihrer Umfassungswände ganz oder teilweise mitzurechnen oder ausnahmsweise nicht mitzurechnen sind. Auch bei der Ermittlung des zulässigen Anteils der Räume eines im Wohngebiet gelegenen Gebäudes, die von freiberuflich Tätigen oder von Gewerbetreibenden, die ihren Beruf in ähnlicher Art ausüben, genutzt werden, ist im Rahmen des § 13 BauNVO (s. Rdn. 136–138) nicht auf sämtliche Räume, sondern nur auf Aufenthaltsräume abzustellen (Nds. OVG, Beschl. v. 17.08.2007 – 1 LA 37/07, BauR 2007, 2035). 290

Schon die BauO NW 1962 ersetzte die bis dahin übliche Bezeichnung **Raum zum dauernden Aufenthalt von Menschen** (vgl. § 26 PrEBO) durch den Ausdruck **Aufenthaltsraum**. Die bestehenden Abgrenzungsschwierigkeiten konnten durch diese Änderung nicht beseitigt werden. Als Aufenthaltsraum gilt in Anlehnung an frühere Kommentierungen des Begriffs (vgl. Baltz-Fischer S. 367). 291

> »ein Raum, der in einer Weise benutzt werden soll, die den Aufenthalt der darin verkehrenden Menschen als einen nicht bloß vorübergehenden erscheinen lässt, wobei die Benutzung nicht nur vereinzelt in größeren Zwischenräumen, sondern im Wesentlichen fortgesetzt und stetig, je nach Bedürfnis bald längere, bald kürzere Zeit, zumindest in einer durch die konkreten Verhältnisse bedingten regelmäßigen Wiederholung erfolgt«. 292

293 Es ist nicht erforderlich, dass sich Personen regelmäßig, den ganzen Tag oder gar mehrere Tage hintereinander in einem Raum aufhalten, um von einem Aufenthaltsraum zu sprechen. Auch mit derartigen Formulierungen ist die **Unschärfe** des Begriffs nicht gänzlich behoben. Aufenthaltsräume sind unstreitig Räume, in denen sich Menschen regelmäßig mehrere Stunden lang täglich aufhalten. Die Bewohnbarkeit gehört nicht zum Wesen des Aufenthaltsraumes. So sind Büroräume oder Arbeitsräume in Gewerbebetrieben oder Versammlungsstätten auch Aufenthaltsräume, obwohl sie nur zu bestimmten Tageszeiten genutzt werden. Diese Räume sind jedoch unabhängig von ihrer Zweckbestimmung zum nicht nur vorübergehenden Aufenthalt von Menschen geeignet.

294 Der Raum muss zum nicht nur vorübergehenden Aufenthalt entweder subjektiv (z.B. durch den Bauherrn im Bauantrag) **bestimmt** oder objektiv dazu **geeignet** sein. Die subjektive Bestimmung ist jedoch nur von Belang, wenn der Raum nicht offenkundig die objektiven Merkmale eines Aufenthaltsraumes erfüllt. Im Übrigen kommt es, unabhängig von den Benutzungsabsichten, allein auf die objektiven Gegebenheiten an. Bei Räumen mit Fenstern in der Grenzwand ist Vorsicht geboten, wenn der Nachbar nach § 6 Abs. 1 Satz 2 Nr. 2 BauO NRW ohne Grenzabstand bauen darf und der bestehende Bau die geforderte öffentlich-rechtliche Sicherung zur gemeinsamen Grenzbebauung ersetzt; in diesem Fall kann der Nachbar ebenfalls ohne Grenzabstand das Fenster »zubauen« und so das den Raum belichtende Fenster seiner Funktion berauben (OVG NRW, Beschl. v. 31.01.1991 – 7 B 241/91, BRS 52 Nr. 179 und Urt. v. 29.03.2012 – 2 A 83/11, juris). Nicht die Bezeichnung des Raumes durch den Bauherrn in den Bauvorlagen ist maßgebend, sondern die **objektive Beurteilung**, ob ein Raum zum nicht nur vorübergehenden Aufenthalt von Menschen geeignet ist (so auch Jeromin zu § 2 Rn. 76). Die Bezeichnung des Aufenthaltsraumes in den Bauvorlagen ist Anlass zu prüfen, ob alle Anforderungen erfüllt werden, die sich auf Aufenthaltsräume beziehen.

295 Dass maßgebende Kriterium, ob ein Raum ein Aufenthaltsraum ist, ist somit seine **Eignung**. Ein Raum, der als solcher nicht geeignet ist, kann auch durch die Bezeichnung (Zweckbestimmung) in den Bauvorlagen kein Aufenthaltsraum sein. Dies kann Bedeutung für die Einordnung von Gebäudetypen insoweit haben, als z.B. der als Aufenthaltsraum angegebene Dachraum als solcher infolge zu geringer lichter Höhe nicht geeignet ist und infolgedessen das Gebäude der niedrigeren Gefahrenklasse zugeordnet werden muss. Es ist aber auch umgekehrt ein als Aufenthaltsraum geeigneter Raum als solcher bei der Einordnung eines Gebäudes nach § 2 Abs. 3 BauO NRW zu werten, selbst wenn der Antrag eine Nutzung zu Nicht-Aufenthaltsraumzwecken enthält. Dies ist erforderlich, um zu vermeiden, dass durch subjektive Nutzungsangaben der Gebäudebegriff manipuliert werden kann, und auch, um zu unterbinden, dass die gesetzlichen Anforderungen an Aufenthaltsräume, die der Gefahrenabwehr sowie der Sozial- und Wohlfahrtspflege dienen, keine Anwendung finden. Wegen der differenzierten Anforderungen des § 46 BauO NRW an Aufenthaltsräume, die mit der Nutzungsart und der Lage in Normal-, Keller- oder Dachgeschossen zusammenhängen, und der im Regelfall minimalen Angaben zur Ausstattung in der Baubeschreibung kann es allerdings im Einzelfall sehr schwierig sein, die Eignung eines Raumes als Aufenthaltsraum festzustellen.

Kriterien zur Beurteilung der Eignung sind: die **Lage** des Raumes im Kellergeschoss, Normalgeschoss oder Dachgeschoss, seine **Größe** nach Grundfläche und Höhe, seine **Beschaffenheit** mit oder ohne Tageslicht, die unterschiedlichen **bauordnungsrechtlichen Anforderungen** an Aufenthaltsräume, aber auch seine **Zweckbestimmung**, z.B. als Raum, dessen Nutzung eine Beleuchtung mit Tageslicht verbietet, wie Kino oder Speziallabor. Es ist darauf hinzuweisen, dass die für Aufenthaltsräume geltenden Anforderungen des § 46 BauO NRW in erster Linie Wohnnutzungen und diesen vergleichbare Nutzungen erfassen. Für bauliche Anlagen besonderer Art oder Nutzung können sich zusätzliche Anforderungen aus den Sonderbauvorschriften ergeben. Neben dem Bauordnungsrecht sind **bundesrechtliche Vorschriften** zu beachten, so z.B. die Anforderungen der ArbStättV (vgl. z.B. OVG Lüneburg, Urt. v. 09.01.1987 – 6 A 6/85, BRS 47 Nr. 47 zur Eignung von Werkstätten als Aufenthaltsräume). 296

Ob ein Raum als Aufenthaltsraum **geeignet** ist, muss anhand der Bauvorlagen beurteilt werden. Streng genommen könnte diese Prüfung erst vor Ort nach Fertigstellung stattfinden. Den Bauvorlagen kann nämlich nicht entnommen werden, ob z.B. bei einem nicht ausgebauten Dachraum die für einen Aufenthaltsraum erforderliche Wärmedämmung nicht doch eingebaut werden soll, ob nicht doch ein Fußbodenbelag eingebracht werden soll, ob bei diesem Raum nicht doch größere, den Vorschriften des § 46 Abs. 2 BauO NRW entsprechende Dachflächenfenster eingebaut werden sollen, ob nicht doch anstelle der Einschubtreppe eine für die Durchführung einer notwendigen Treppe ausreichende Deckenöffnung gelassen werden soll. 297

Gleichwohl muss eine Entscheidung auf der **Grundlage der Bauvorlagen** getroffen und danach die Frage beantwortet werden, ob ein Raum als Aufenthaltsraum anzusehen ist. Entscheidend ist im Regelfall, ob ein Raum die für einen Aufenthaltsraum erforderliche Grundfläche und lichte Höhe (§ 46 Abs. 1 BauO NRW) sowie notwendige Fenster (§ 46 Abs. 2 BauO NRW) hat, ob er über eine Treppe (§ 34 Abs. 1 BauO NRW) erreichbar ist, ob ein zweiter Rettungsweg (§ 33 Abs. 1 BauO NRW) möglich ist und ob die Decke unter dem Raum entsprechend der Verkehrslast für einen Aufenthaltsraum bemessen ist. Ein Raum ist auch als Aufenthaltsraum **geeignet**, wenn die zuvor genannten Kriterien vorliegen und es im Übrigen nur eines **geringen baulichen Aufwands** bedarf, um ihn endgültig als Aufenthaltsraum nutzbar zu machen. 298

Eine **für die Praxis handhabbare Abgrenzung** kann unter anderem auch darin gesehen werden, ob nach § 60 Abs. 1 BauO NRW noch genehmigungsbedürftige Maßnahmen erforderlich sind, bzw. im Falle von genehmigungsfreien Wohngebäuden nach § 63 Abs. 1 Satz 1 Nr. 1, Abs. 2 BauO NRW, ob der Gemeinde noch Bauvorlagen nach § 63 Abs. 3 BauO NRW einzureichen wären, um ihn für diesen Zweck nutzbar zu machen. Sofern das der Fall ist, kann von einer Eignung noch nicht gesprochen werden. Eine solche Handhabung der Vorschrift trägt auch der Befugnis des Bauherrn Rechnung, zu bestimmen, was **das Vorhaben im Sinne des § 29 BauGB** und damit Gegenstand des Verfahrens ist (BVerwG, Beschl. v. 28.08.1991 – 4 B 20.91, BRS 52 Nr. 2). 299

Ein Raum von weniger als 6 m^2 Grundfläche eignet sich nach seiner **Größe** in der Regel nicht mehr als Aufenthaltsraum, es sei denn, er ist als Küche oder Kochnische einem Wohnraum angegliedert. Für Wohn- und Schlafräume in einer Wohnung sollten 300

§ 2 Begriffe

mindestens 6 m² Grundfläche vorhanden sein (so auch Jeromin zu § 43 Rn. 8 unter Bezug auf DIN 283). Einbettzimmer im Pflegebereich mussten nach § 27 KhBauVO (abgelaufen am 31.12.2009) mindestens 10 m² Grundfläche aufweisen.

301 Ein Raum ohne Fenster und Lüftungsmöglichkeit, der völlig unterhalb der Geländeoberfläche gelegen ist und der die Voraussetzungen bzw. die Anforderungen des § 46 BauO NRW nicht erfüllt (vgl. § 46 Rdn. 8 ff.), eignet sich auch bei ausreichender Größe schon seiner **Lage** nach nicht als Aufenthaltsraum. An Arbeitsräume enthält die ArbStättV besondere Anforderungen hinsichtlich Lüftung und Beleuchtung.

302 Ein Raum im **nicht ausgebauten Dachgeschoss** kann sich sowohl von seiner Lage als auch seiner Größe her durchaus zum nicht nur vorübergehenden Aufenthalt von Menschen **eignen**, wenn er die für Aufenthaltsräume erforderliche Grundfläche und lichte Raumhöhe aufweist (vgl. § 46 Rdn. 11–16) und Möglichkeiten bietet
– zu einer ausreichenden Zugänglichkeit (z.B. Zugangsmöglichkeit auch durch eine zur Durchführung einer Treppe entsprechend großen Deckenöffnung) und zur Anlegung des nach § 33 Abs. 1 BauO NRW erforderlichen zweiten Rettungsweges,
– zur Anlegung ausreichend großer Fenster (vgl. § 46 Rdn. 18–21), sei es in Dachgauben oder als Dachflächenfenster, und
– zur Anbringung einer ausreichenden Wärmedämmung.

303 Wegen der **weitreichenden Konsequenzen** nicht nur für die planungsrechtliche, sondern auch für die bauordnungsrechtliche Zulässigkeit eines Vorhabens ist bei der Feststellung, ob ein Raum sich zum nicht nur vorübergehenden Aufenthalt von Menschen eignet, ein **strenger Maßstab** anzulegen. Erfüllt ein Raum die Kriterien der Eignung, so ist er ein Aufenthaltsraum und geht in die Ermittlung des Maßes der Nutzung (GFZ) ein. Bei **objektiver Eignung** eines Raums ist dieser auch dann ein Aufenthaltsraum, wenn die Bauaufsichtsbehörde ihn durch Prüfeintragung in den Bauvorlagen als Nicht-Aufenthaltsraum bezeichnet (so Wilke/Dageförde/Knuth/Meyer zu § 2 Rn. 62 unter Bezug auf OVG Bln, Urt. v. 30.10.1987 – 2 B 5.86, juris und Beschl. v. 25.08.1989 – 2 S 15.89, juris).

304 Der Katalog des § 21 Abs. 1 AVO BauO NW vom 16.06.1975 (GV. NRW. S. 482), der solche Räume aufzählte, die insbesondere nicht als Aufenthaltsraum gelten, fand keinen Eingang in die BauO NW 1984. Auch die BauO NW 1995 enthielt keine beispielhafte Aufzählung. Die Aufzählung der AVO BauO NW war in der Sache richtig, so dass auch nach ihrem Außerkrafttreten von Entwurfsverfassern und Bauaufsichtsbehörden hierauf zurückgegriffen wurde. So kann der nachfolgende, auf diesen Regelungen basierende Katalog der **Abgrenzung** dienen, ohne jedoch Anspruch auf Vollständigkeit zu erheben.

305 Als **Aufenthaltsräume** können angesehen werden:

Wohn- und Schlafräume, Küchen, Hausarbeitsräume, Wohndielen, Arbeitsräume wie Büro-, Geschäfts-, Verkaufsräume, Warteräume, Werkstätten, Gaststätten, Versammlungsräume, Unterrichtsräume, Krankenräume, Sport- und Spielräume, Bastel- und Werkräume wie z.B. so genannte Hobbyräume, die zuletzt genannten jedoch nur bei nicht nur kurzzeitiger Nutzung.

Keine Aufenthaltsräume sind: 306

Flure, Treppenräume, Wasch- und Abortträume, Nebenräume wie Speisekammern und andere Vorrats- und Abstellräume, Trockenräume, Wasch- und Futterküchen; ferner Garagen, Heizräume, Kesselräume, Maschinenräume sowie Räume, die zur Lagerung von Waren und zur Aufbewahrung von Gegenständen bestimmt sind, auch wenn in ihnen die mit der Lagerung und Aufbewahrung notwendigen Arbeiten verrichtet werden (so auch früher § 21 Abs. 1 AVO BauO NW 1975).

9 Zu Abs. 8 – Stellplätze und Garagen

Sowohl das Bauplanungs- als auch das Bauordnungsrecht enthalten Vorschriften 307
über Stellplätze und Garagen – s. § 12 BauNVO (sämtliche Fassungen), § 21a BauNVO 1968, 1977, 1990 sowie § 48 BauO NRW in Verbindung mit. der SBauVO. Diese planungs- und bauordnungsrechtlichen Regelungen waren ursprünglich in der **Reichsgaragenordnung – RGaO** vom 17.02.1939 (RGBl. I S. 219) i.d.F. des Erlasses vom 13.09.1944 (RArbBl I S. 325) zusammengefasst, die erstmals mit § 2 eine Verpflichtung zur Schaffung von Einstellplätzen und Garagen begründete. Die **städtebaulichen Vorschriften** der RGaO sind **durch die BauNVO 1962 abgelöst** worden; jedoch finden auf verbindliche städtebauliche Pläne, die vor dem Inkrafttreten der BauNVO 1962 am 01.08.1962 bereits ausgelegt waren, die städtebaulichen Vorschriften der RGaO weiter Anwendung (BVerwG, Urt. v. 27.01.1967 – IV C 12.65, BVerwGE 26, 103 = BBauBl 1967, 489 = BRS 18 Nr. 84 = DVBl 1968, 25 = NJW 1967, 840). Für die nach § 173 Abs. 3 BBauG 1960 als Bebauungspläne fortgeltenden baurechtlichen Vorschriften und festgestellten städtebaulichen Pläne und solche Bebauungspläne, die nach dem Inkrafttreten des BBauG 1960 aber noch vor dem Inkrafttreten der BauNVO 1962 ausgelegt waren, sind die städtebaulichen Vorschriften der RGaO heranzuziehen. Praktische Bedeutung hat dies vor allem für die noch immer vorhandenen, aufgrund des nordrhein-westfälischen Aufbaugesetzes vom 29.04.1952 (GVBl. S. 454) aufgestellten Durchführungspläne.

Die **bauordnungsrechtlichen Vorschriften** der RGaO sind gemäß § 108 Abs. 1 Nr. 8 308
BauO NW 1962 mit deren Inkrafttreten am 01.10.1962 aufgehoben worden. Die Stellplatzpflicht wurde in § 64 BauO NW 1962 übernommen, diese Vorschrift enthielt auch materielle Anforderungen an Stellplätze und Garagen hinsichtlich ihrer Anordnung und Ausführung auf den Grundstücken; § 70 BauO NW 1962 regelte die Herstellung, Unterhaltung und Verwaltung von Gemeinschaftsanlagen für Garagen und Stellplätze. Die eigentlichen Bauvorschriften wurden in die GarVO übernommen. Bei dieser Aufteilung ist es geblieben. Nach dem **Bauplanungsrecht**, vor allem nach § 12 BauNVO (sämtliche Fassungen), beantworten sich die Fragen, **wo und in welchem Umfang** Stellplätze und Garagen auf den Grundstücken zulässig sind (so Fickert/Fieseler zu § 12 Rn. 1.1). Soweit Festsetzungen nach § 9 Abs. 1 Nr. 4, 9, 11 oder 22 BauGB bestehen, gehen diese den Regelungen des § 12 BauNVO vor (vgl. Jäde/Dirnberger/Weiß zu § 12 BauNVO Rn. 1). Das **Bauordnungsrecht** gibt mit **§ 48 BauO NRW** und den §§ 121 ff. **SBauVO NRW** Auskunft über die **Stellplatzpflicht**,

§ 2 Begriffe

die **Ablösung** dieser Pflicht durch Geldzahlung und die **Anforderungen an die Bauausführung** von Stellplätzen und Garagen.

309 Wegen des engen **Sachzusammenhangs** der bauplanungs- und bauordnungsrechtlichen Vorschriften, die ja ursprünglich in der RGaO zusammenfassend enthalten waren, hat sich der Bundesgesetz- bzw. -verordnungsgeber einer eigenen Definition des Begriffs »Stellplätze und Garagen« enthalten. Das **Bundesrecht** geht von der **Begriffsbildung des Landesrechts** aus (BVerwG, Urt. v. 04.10.1985 – 4 C 26.81, BauR 1986, 67 = BRS 44 Nr. 108, Beschl. v. 31.08.1989 – 4 B 161.88, BRS 49 Nr. 16 = ZfBR 1990, 40 und Beschl. v. 09.10.2003 – 4 B 81/03, BauR 2004, 1266). Bauplanungsrechtliche Besonderheiten sind jedoch zu beachten. So bestimmt § 12 Abs. 3 BauNVO 1977, 1990, dass Stellplätze und Garagen für Lastkraftwagen und Kraftomnibusse sowie für **Anhänger dieser Fahrzeuge** in reinen Wohngebieten unzulässig sind. Der Begriff **Garagengeschoss** ergibt sich aus § 12 Abs. 4 BauNVO 1968, 1977, 1990 (s. Rdn. 315). Nach § 9 Abs. 1 Nr. 22 BauGB können im Bebauungsplan Flächen für Gemeinschaftsanlagen für bestimmte räumliche Bereiche festgesetzt werden. Das Gesetz nennt beispielhaft auch Stellplätze und Garagen. Nr. 15.3 der Anlage zur Planzeichenverordnung 1990 (PlanzV 90) verwendet für derartige Gemeinschaftsanlagen die Bezeichnungen **Gemeinschaftsstellplätze – GSt** bzw. **Gemeinschaftsgaragen – GGa**.

310 In allgemeiner Form bezeichnet § 2 Abs. 8 Satz 1 BauO NRW **Flächen, die** außerhalb der öffentlichen Verkehrsflächen **dem Abstellen von Kraftfahrzeugen und Fahrrädern dienen**, **als Stellplätze** und folgt damit im Wesentlichen der Definition des »Einstellplatzes« in § 1 Abs. 1 RGaO. Mit der BauO NRW 2018 wurde die Vorschrift erstmalig um Fahrräder ergänzt. Es wird nicht gefordert, dass die Flächen zum **Abstellen** von Kraftfahrzeugen und Fahrrädern bestimmt sein müssen, so dass es nicht darauf ankommt, ob sie genehmigt sind. Mit Abstellen ist nicht das dauerhafte Abstellen auf längere Zeit gemeint, sondern das zeitlich begrenzte **Abstellen im Sinne des verkehrsüblichen Parkens**, ein Abstellen zu anderen – etwa zu gewerblichen – Zwecken unterfällt dem Begriff jedoch nicht (OVG NRW, Beschl. v. 31.10.2011 – 2 B 1091/11, juris, zu einem regelmäßig auf einer Fläche abgestellten Wohnmobil zur Prostitutionsausübung). Wird dagegen z.B. ein Wohnwagen während der Wintermonate auf einer Grundstücksfläche »abgestellt«, so wird diese Fläche im Sinne der Fiktion des § 2 Abs. 1 Satz 3 Nr. 2 BauO NRW nicht zu einem Stellplatz, sondern vielmehr zu einem Abstellplatz (vgl. Rdn. 74). Der in § 2 Abs. 8 BauO NRW verwendete Begriff **Kraftfahrzeuge** ist wegen der Verzahnung von Bauplanungs- und Bauordnungsrecht – besonders im Hinblick auf § 12 Abs. 3 BauNVO – weit auszulegen und umfasst neben den in § 1 Abs. 2 Straßenverkehrsgesetz aufgeführten Landfahrzeugen auch deren Anhänger (vgl. Rdn. 319). Bezieht man § 48 Abs. 1 Satz 1 BauO NRW in die Überlegungen ein, so wird deutlich, dass der Gesetzgeber bei der **Legaldefinition des notwendigen Stellplatzes** auf den **Kraftfahrzeugverkehr** insgesamt abstellt. Ein solcher ist von der Natur der Sache her nicht zerlegbar in einen motorkraftgetriebenen Zugmaschinenverkehr und einen von Zugmaschinen abhängigen Anhänger- bzw. Sattelaufliegerverkehr. Stellplätze werden entweder eigens zum Zweck des Abstellens geschaffen, oder sie erhalten diese Eigenschaft schon durch eine tatsächliche Ausübung, durch das »Dienen«. Somit können Stellplätze dadurch entstehen, dass eine

bestimmte Fläche eines Grundstücks regelmäßig zum Abstellen von Kraftfahrzeugen benutzt wird, ohne dass bauliche Maßnahmen – wie Herstellung einer Bodenplatte oder Verfestigung des Bodens – dazu durchgeführt werden (OVG NRW, Urt. v. 06.02.1964 – VII A 644/63, BRS 15 Nr. 23). Solche Stellplätze, die ohne Verwendung von Bauprodukten entstanden sind, gelten nach § 2 Abs. 1 Satz 3 Nr. 5 BauO NRW als bauliche Anlagen (s. Rdn. 99); gemäß § 62 Abs. 1 Nr. 14 BauO NRW bedarf die Errichtung bzw. Anlegung oder Änderung nicht überdachter Stellplätze für Personenkraftwagen und Motorräder keiner Baugenehmigung, sofern ihre Grundfläche insgesamt 100 m² nicht überschreitet (zur Freistellung nach § 63 BauO NRW und zum Genehmigungserfordernis s. Rdn. 100).

Da nunmehr Abstellplätze von Fahrrädern nach § 2 Abs. 8 BauO NRW Stellplätze sind, stellt sich die Frage, ob **Fahrradabstellplätze** in Vorgärten auch dann zulässig sind, wenn ein Bebauungsplan die Errichtung von Stellplätzen in Vorgärten ausdrücklich ausschließt. Zur Beantwortung dieser Frage kommt es darauf an, wie Fahrradabstellplätze nach dem Verständnis des Bauplanungsrechts einzuordnen sind. Gegen die Einbeziehung von Fahrradstellplätzen zu den Stellplätzen im Sinne des § 12 BauNVO spricht, dass darin gerade nicht der landesrechtliche Begriff der Abstellplätze, der auch für Fahrräder Geltung entfaltet, verwendet wird. Vielmehr muss sich die Auslegung allein nach Bundesrecht richten (Ernst/Zinkahn/Bielenberg/Krautzberger, § 12 BauNVO, Rn. 30a). Demnach sind Fahrradstellplätze als **Nebenanlagen** im Sinne des § 14 BauNVO einzuordnen (so auch die Handlungsempfehlung des MHKBG, S. 12). Damit erfassen Ausnahmen von Stellplätzen in den Festsetzungen von Bebauungsplänen Fahrradabstellplätze erst gar nicht. In aller Regel werden Bebauungspläne Fahrradstellplätze sowieso als Nebenanlagen in Vorgärten zulassen, im Übrigen können sie unter den Voraussetzungen des § 23 Abs. 5 Satz 1 BauNVO zugelassen werden. 311

Stellplätze erfüllen die Tatbestandsmerkmale des § 2 Abs. 8 Satz 1 BauO NRW nur **außerhalb der öffentlichen Verkehrsflächen.** Das ist wesentlich zur Unterscheidung gegenüber dem öffentlichen Parkplatz (s. Rdn. 321). Gleichwohl kann auch auf größeren Stellplatzanlagen die Straßenverkehrsordnung gelten, wenn diese ohne Begrenzung auf einen bestimmten – kontrollierbaren – Personenkreis den Kunden mehrerer ansässiger Firmen offenstehen (OVG NRW, Beschl. v. 04.08.1999 – 5 A 1321/97, DÖV 2000, 211 zu einem Firmenparkplatz). Nach der Begriffsbestimmung des Satzes 1 sind Stellplätze auch in Gebäuden, z.B. in Parkhäusern, möglich. Das OVG NRW hat in seinem Urt. v. 20.02.1964 (– VII A 383/63, BRS 15 Nr. 72) festgestellt, dass Parkhäuser (als mehrgeschossige Bauwerke zum Abstellen von Kraftfahrzeugen) in der Regel nicht Garagen, sondern **Einstellplätze** enthalten (noch zum Begriff Einstellplatz nach § 1 RGaO). Damit hat das Gericht anerkannt, dass Stellplätze nicht ausschließlich unbebaute Flächen sind, sondern dass sie sich auch in Bauwerken befinden können. Die SBauVO NRW verwendet für **Stellplätze in Garagen bzw. Stellplatzanlagen** den Begriff **Einstellplatz**. Zwischen dem einzelnen Stellplatz im Sinne eines Einstellplatzes (zu dessen Abmessungen s. § 125 Abs. 1 SBauVO NRW) und dem Stellplatz als Anlage wird leider nicht differenziert. So fehlt der SBauVO NRW eine Begriffsbestimmung des Einstellplatzes, wie sie § 1 Abs. 6 der Muster-GarVO (Fassung Mai 1993) enthält: 312

§ 2   Begriffe

313 »*Ein Einstellplatz ist eine Fläche, die dem Abstellen eines Kraftfahrzeuges in einer Garage oder auf einem Stellplatz dient.*«

314 Daraus und im Übrigen aus der Flächengröße (100 m^2) in § 62 Abs. 1 Nr. 14 BauO NRW ergibt sich aber, dass unter dem Begriff Stellplatz auch eine Stellplatzanlage als Summe der Einstellplätze und Fahrbahnen zu verstehen ist.

315 Nach § 2 Abs. 8 Satz 2 BauO NRW sind Garagen Gebäude oder Gebäudeteile zum **Abstellen von Kraftfahrzeugen und/oder Fahrrädern**. Auf den vollständigen Raumabschluss des Gebäudes durch Wände und Decken oder Dächer kommt es nicht an. Ein Dach muss jedoch vorhanden sein; durch das auf Stützen ruhende Dach wird die als Tatbestandsmerkmal aufgeführte teilweise Umschließung bereits hergestellt. Die Definition lässt offen, ob es sich um einen Raum zur Aufnahme eines einzelnen Einstellplatzes oder um einen Raum für viele Einstellplätze handelt. Die verschiedenen **Garagentypen** sind in der **SBauVO NRW** definiert, die die Garagen nach der Größe ihrer Nutzfläche in **Klein-, Mittel- und Großgaragen (siehe § 122 Abs. 1 SBauVO)**, nach der Größe der Öffnungen zum Freien hin in **offene** oder **geschlossene Garagen** (siehe § 122 Abs. 2 bis 4 SBauVO) und nach der Höhenlage ihres Fußbodens in **oberirdische** bzw. **unterirdische Garagen** (siehe § 122 Abs. 5 SBauVO) einteilt. Daneben ist die **planungsrechtliche Definition des Garagengeschosses** in § 12 Abs. 4 BauNVO 1968, 1977, 1990 zu beachten. Das Garagengeschoss war nach der Vollgeschossdefinition des § 2 Abs. 5 BauO NW 1962 und 1970 dann ein Vollgeschoss, wenn es im Mittel mehr als 2,00 m (im Lichten) über die festgesetzte Geländeoberfläche hinausragte (s. Rdn. 264). Das in § 127 Abs. 1 SBauVO angesprochene Garagengeschoss ist identisch mit dem Garagengeschoss im bauplanungsrechtlichen Sinne der §§ 12 und 21a BauNVO 1968, 1977, 1990; der Begriff zielt auf solche Geschosse, die nur Stellplätze oder Garagen und zugehörige Nebeneinrichtungen aufnehmen. Garagen können auch in Teilen von sonst anders genutzten Geschossen untergebracht werden. Dienen mehrgeschossige Gebäude nur dem Einstellen von Kraftfahrzeugen, spricht man von **Parkhäusern**, bei nur einer Parkebene oberhalb des Geländeniveaus auch von **Parkpaletten** (s. Rdn. 322).

316 »**Carports**« sind **überdachte Stellplätze** für Kraftfahrzeuge ohne Seitenwände (OVG NRW, Urt. v. 25.06.2003 – 7 A 1157/02, BauR 2003, 1848 = BRS 66 Nr. 35 und Beschl. v. 27.06.2016 – 2 B 1073/16, juris). Carports sind begrifflich den **Garagen** zuzuordnen (s.a. Herrmann, Der Carport: Zwitter des Baurechts?, BauR 2002, S. 417 ff.). Das entspricht § 122 Abs. 3 Satz 2 SBauVO NRW, wonach **Stellplätze mit Schutzdächern offene Garagen sind**. Überdachte Stellplätze erfüllen die Begriffsbestimmungen des § 2 Abs. 2 BauO NRW für Gebäude (vgl. Rdn. 122). Auch bei einer möglichen Transparenz der Konstruktion einer solchen Anlage gelten überdachte Stellplätze zumindest als bauliche Anlagen, von denen Wirkungen wie von Gebäuden ausgehen (s. die mit 31.12.2005 abgelaufene Nr. 6.10 VV BauO NRW); auf solche baulichen Anlagen finden nach § 6 Abs. 10 BauO NRW gegenüber Gebäuden und Nachbargrenzen die Abstandsflächenregeln sinngemäß Anwendung. Der Begriff Carport als Bezeichnung eines überdachten Stellplatzes kann auch verwandt werden, um die Anlage zu beschreiben, die auf nach § 9 Abs. 1 Nr. 4 BauGB festgesetzten Flächen

im Bebauungsplan zulässig ist (BVerwG, Beschl. v. 09.10.2003 – 4 B 81.03, BauR 2004, 1266 = BRS 66 Nr. 84).

Ob trotz der Zuordnung zu den Garagen für überdachte Stellplätze die Anwendung der Vorschriften der §§ 6 und 7 der aufgehobenen GarVO 1973 hinsichtlich der Feuerwiderstandsdauer der Bauteile und der Brennbarkeit der Baustoffe in voller Härte gerechtfertigt war, konnte bis 1990 zu Zweifeln führen. Der Verordnungsgeber der GarVO 1990 hat diese beseitigt und damit Abweichungsüberlegungen entbehrlich gemacht. Die Tabelle zu § 8 Abs. 1 GarVO 1990 enthält **keine Anforderungen** mehr an **offene Kleingaragen**, so dass **offene Kleingaragen** insgesamt **aus Holz** hergestellt werden können. Hiervon kann jedoch nur Gebrauch gemacht werden, wenn es sich um überdachte Stellplätze und nicht um geschlossene Garagen handelt (s. Rdn. 318). 317

§ 122 SBauVO NRW enthält weitere Begriffsbestimmungen zu Garagen: 318
- **Kleingaragen** sind Garagen mit nicht mehr als 100 m² Nutzfläche;
- **Mittelgaragen** sind Garagen mit mehr als 100 m² und nicht mehr als 1 000 m² Nutzfläche;
- **Großgaragen** sind Garagen mit mehr als 1 000 m² Nutzfläche;
- **oberirdische Garagen** sind solche, deren Fußböden im Mittel nicht mehr als 1,30 m unter der Geländeoberfläche liegen (zur Geländeoberfläche s. Rdn. 223 ff.);
- **offene** Garagen sind solche, die unmittelbar ins Freie führende Öffnungen in bestimmter Größe von der Gesamtfläche der Umfassungswände haben – die Anforderungen differenzieren wiederum nach Klein-, Mittel- und Großgaragen;
- **Nutzfläche** einer Garage ist die Summe aller miteinander verbundenen Flächen der Garageneinstellplätze und der Verkehrsflächen; Einstellplätze auf Dächern (Dacheinstellplätze) und die dazugehörigen Verkehrsflächen werden der Nutzfläche in der Regel nicht zugeordnet.

Kraftfahrzeuge (Kfz) sind nach § 1 Abs. 2 Straßenverkehrsgesetz Landfahrzeuge, die durch Maschinenkraft bewegt werden, ohne an Bahngleise gebunden zu sein. Kraftfahrzeuge sind daher Pkw, Lkw, Omnibusse, Motorräder, Mopeds, Schlepper sowie selbstfahrende Arbeitsmaschinen. Die Straßenverkehrs-Zulassungs-Ordnung (StVZO) regelt in Teil II (§§ 18–29a) das Zulassungsverfahren für Kraftfahrzeuge und deren Anhänger. Bau- und Betriebsvorschriften für Kraftfahrzeuge und ihre Anhänger enthalten die §§ 32–62 StVZO. Die sich hieraus ergebenden maximalen Abmessungen und höchstzulässigen Gesamtgewichte haben Bedeutung für die Bemessung notwendiger Stellplätze. 319

Fahrräder sind nach § 63a Abs. 1 StVZO Fahrzeuge mit mindestens zwei Rädern, die ausschließlich durch Muskelkraft auf ihnen befindliche Personen mit Hilfe von Pedalen oder Handkurbeln angetrieben werden. Elektrofahrräder (Pedelecs) mit einer Unterstützung beim Treten bis maximal 25 km/h und einer Nenndauerleistung des Motors von 250 Watt gelten auch als Fahrräder (siehe § 1 Abs. 3 StVG). Dies gilt nach Satz 2 der Vorschrift sogar dann, wenn das Pedelec zusätzlich über eine elektronische Anfahrhilfe bis 6 km/h verfügt. Pedelecs mit einer Tretunterstützung auch bei mehr als 25 km/h, solche mit mehr Nennleistung oder einer stärkeren Anfahrhilfe sind dagegen den Kraftfahrzeugen zuzuordnen. 320

§ 2 Begriffe

321 **Parkplätze** sind öffentliche Verkehrsflächen zum Abstellen von Kfz für Teilnehmer am öffentlichen Verkehr und sind gemäß § 1 Abs. 2 Nr. 1 BauO NRW vom Anwendungsbereich des Bauordnungsrechts ausgenommen. Nach § 9 Abs. 1 Nr. 11 BauGB können im Bebauungsplan die Verkehrsflächen sowie Verkehrsflächen besonderer Zweckbestimmung, wie Fußgängerbereiche, Flächen für das Parken von Fahrzeugen sowie der Anschluss anderer Flächen an die Verkehrsflächen, festgesetzt werden. Parkflächen im Sinne des Erschließungsbeitragsrechts nach § 127 Abs. 2 Nr. 4 BauGB können sowohl unselbständige Bestandteile der Straßenfläche (z.B. Parkstreifen) als auch selbständige Parkflächen (z.B. öffentliche Parkplätze) sein.

322 **Parkhäuser** oder **Parkpaletten** können Gegenstand von Festsetzungen sein
   – über besondere Nutzungszwecke von Flächen, die aus besonderen städtebaulichen Gründen erforderlich sind, nach § 9 Abs. 1 Nr. 9 BauGB,
   – über öffentliche Verkehrsflächen nach § 9 Abs. 1 Nr. 11 BauGB,
   – über Flächen für Gemeinschaftsanlagen nach § 9 Abs. 1 Nr. 22 BauGB.

323 Festsetzungen nach § 9 Abs. 1 Nr. 9 und 22 BauGB bedürfen im Hinblick auf ihre einschneidende Wirkung einer besonders sorgfältigen planerischen Abwägung (BVerwG, Urt. v. 24.04.1970 – IV C 53.67, BRS 23 Nr. 6 und Schlichter/Stich/Driehaus/Paetow zu § 9 Rn. 31 und 54–55). Unabhängig von der Festsetzungsart, der Bezeichnung oder der Bewirtschaftungsform handelt es sich um Garagen im Sinne der Legaldefinition. Während Parkplätze als öffentliche Verkehrsflächen gemäß § 1 Abs. 2 Nr. 1 BauO NRW vom Anwendungsbereich ausgenommen sind, muss für Garagen die Rückausnahme für Gebäude beachtet werden (vgl. § 1 Rdn. 137–139).

324 **Fahrradabstellplätze** sind Flächen, die dem Abstellen der Fahrräder außerhalb der öffentlichen Verkehrsfläche dienen. Sie gelten nach § 2 Abs. 1 Satz 3 Nr. 5 BauO NRW als bauliche Anlagen.

325 Der neu eingefügte § 2 Abs. 8 Satz 3 BauO NRW bestimmt kraft **Fiktion**, dass **Ausstellungs-, Verkaufs-, Werk- und Lagerräume für Kraftfahrzeuge** keine Stellplätze und Garagen sind. Die Vorschrift betrifft vornehmlich die Kraftfahrzeugindustrie, den Kraftfahrzeughandel und die Kraftfahrzeugreparaturwerkstätten (vgl. Simon/Busse, Art. 2 Rn. 688). Die Bestimmung ist in mehrfacher Hinsicht missverständlich. Zum einen können »Räume« als dreidimensionales Gebilde begrifflich keinen »Platz«, der eine zweidimensionale Fläche darstellt, erfassen. Zudem könne »Räume« niemals Gebäude, sondern nur Gebäudeteile im Sinne des Satzes 2 der Vorschrift sein. Wegen der eindeutigen Vergleichbarkeit spricht der Sinn und Zweck der Vorschrift eindeutig dafür, diese auch sowohl auf Ausstellungs-, Verkaufs- Werk- und Lager**plätze**, als auch auf Ausstellungs-, Verkaufs- Werk- und Lager**gebäude** sinngemäß anzuwenden. Dafür spricht auch der systematische Zusammenhang, denn die Ausnahme des Satzes 3 folgt der grundsätzlichen Bestimmung in den Sätzen 1 und 2 in demselben Absatz (so auch Simon/Busse, Art. 2 Rn. 688). Es stellt sich zudem die Frage, ob die Vorschrift überdies auf vergleichbare Stellplätze und Garagen für Fahrräder sinngemäß anzuwenden ist. Nach der Gesetzesbegründung wurde die Vorschrift vollständig an die MBO angepasst und um Fahrräder ergänzt (LT-Drucks. 17/2166, S. 97). Da auch Ausstellungs-, Verkaufs-, Werk- und Lagerflächen für Fahrräder anderen Zwecken dienen,

als vorübergehend abgestellte und währenddessen nicht am öffentlichen Verkehr teilnehmende Fahrräder aufzunehmen, spricht vieles dafür von einem redaktionellen Versehen auszugehen und die Vorschrift sinngemäß auch auf solche Flächen anzuwenden.

10 Zu Abs. 9 – Feuerstätten

Nach der Legaldefinition des § 2 Abs. 9 BauO NRW sind Feuerstätten in oder an Gebäuden ortsfest benutzte Anlagen oder Einrichtungen, die dazu bestimmt sind, durch Verbrennung Wärme zu erzeugen. Es wurde vollständig die Begriffsbestimmung der MBO übernommen. Aufgegriffen wird der Begriff von § 42 BauO NRW (vgl. Anmerkungen zu § 42), der Anforderungen an Feuerungsanlagen, sonstige Anlagen zur Wärmeerzeugung und Brennstoffversorgung stellt. Für Feuerstätten, die der Beheizung von Räumen dienen oder Gas-Haushalts-Kochgeräte sind gilt die FeuVO NRW, die an solche Anlagen und Einrichtungen zusätzliche Anforderungen stellt. Verfahrensrechtlich stellt § 62 Abs. 1 Nr. 2 a) BauO NRW freistehende Abgasanlagen bis zu einer Höhe von 10 m verfahrensfrei. 326

Eine Feuerungsstätte kann Teil einer Feuerungsanlage sein, denn nach § 42 Abs. 1 BauO NRW bestehen Feuerungsanlagen aus Feuerstätten und Abgasanlagen. Letztere sind in § 42 Abs. 4 Satz 1 BauO NRW legaldefiniert als Abgasleitungen, Schornsteine und Verbindungsstücke. Die Feuerstätte muss in oder an einem **Gebäude** im Sinne des § 2 Abs. 2 BauO NRW **ortsfest** (vgl. Rdn. 37) benutzt werden. Bewegliche Feuerstätten, die nach ihrer Bauart für die Aufstellung an verschiedenen Orten geeignet und bestimmt sind und während ihres Betriebs nicht an Abgasleitungen angeschlossen werden müssen, fallen nicht unter die Vorschrift. Freistehende Grillöfen sind damit keine Feuerstätten. 327

Feuerstätten müssen dazu bestimmt sein, durch **Verbrennung** Wärme zu erzeugen. Ob eine Verbrennung fester, flüssiger oder gasförmiger Brennstoffe stattfindet, ist unerheblich. Denn bei der Verbrennung von beispielsweise Holz, Kohle und Torf oder Erdöl und Flüssiggas oder Erd- und Biogas entstehen gleichsam Verbrennungsgase, die Feuer- und Gesundheitsgefahren hervorrufen können und daher ins Freie abzuleiten sind. Beispielhaft als Feuerstätten seien Herde, Öfen und Boiler zu nennen. Anlagen, bei denen die Wärme durch elektrische, thermodynamische oder auf andere Weise erzeugt wird, wie bei Blockheizkraftwerken, Brennstoffzellen, elektrische Luftwärmepumpen, Verbrennungsmotoren oder Verdichtern, sind keine Feuerstätten. Ebenso wenig fallen Geräte, die dazu bestimmt sein, ein optisches Raumklima zu schaffen nicht unter § 2 Abs. 9 BauO NRW, auch wenn bei dem Verbrennungsvorgang gleichsam Wärme entstehen sollte (vgl. Jäde/Dirnberger/Bauer/Weiß, Art. 2 BayBO Rn. 212). 328

11 Zu Abs. 10 – Barrierefreiheit

Nach § 2 Abs. 10 BauO NRW sind bauliche Anlagen barrierefrei, soweit sie für alle Menschen, insbesondere für Menschen mit Behinderungen, in der allgemein üblichen Weise, ohne besondere Erschwernis und grundsätzlich ohne fremde Hilfe auffindbar, zugänglich und nutzbar sind. Mit der Baurechtsnovelle 2018 wurde die Definition aus der MBO grundsätzlich übernommen, ergänzt um »alle Menschen« und »auffindbar«. Vorschriften, die sich auf die Barrierefreiheit beziehen sind die §§ 8 Abs. 2, § 39 329

§ 2 Begriffe

Abs. 4, § 47 Abs. 4, § 49, § 50 Abs. 1 und § 59 Abs. 2 BauO NRW. Der Begriff der Barrierefreiheit wird durch die DIN 18040-2 als Technische Baubestimmung nach § 3 Abs. 1 Satz 1, Abs. 3 i.V.m. § 88 Abs. 1 BauO NRW ergänzt.

330 Die Anforderung, dass bauliche Anlagen **in der allgemein üblichen Weise** auffindbar, zugänglich und nutzbar sein müssen, stellt zum einen sicher, dass dies für Menschen mit Behinderung grundsätzlich in gleicher Weise gilt, wie für Menschen ohne Behinderung. Damit sollen Sonderlösungen, wie Hinter- oder Nebeneingänge, die zu längeren Umwegen führen, vermieden werden. Vielmehr sollen grundsätzlich die für den allgemeinen Verkehr bestimmten Zugänge und Wege innerhalb des Gebäudes gleichermaßen für alle Menschen nutzbar sein. Dass dies nur ohne »besondere« Erschwernis und nur »grundsätzlich« ohne fremde Hilfe möglich sein muss, lässt gleichwohl andere Wertungen im Einzelfall zu. So hat der Gesetzgeber beispielsweise bezüglich Wohnungen in § 49 Abs. 3 BauO NRW eine Härtefallklausel aufgenommen.

331 Unklar ist, wie das Erfordernis der **Auffindbarkeit** für alle Menschen zu verstehen ist. Bedeutung erlangt dies insbesondere dadurch, dass nach § 49 Abs. 2 BauO NRW öffentlich zugängliche bauliche Anlagen im erforderlichen Umfang barrierefrei sein müssen. Das Merkmal der Auffindbarkeit findet sich weder in der MBO, noch in anderen landesrechtlichen Regelungen. Die Hinweise in der Gesetzesbegründung erschöpfen sich darin, dass bauliche Anlagen in der allgemein üblichen Weise aufgefunden werden können sollen (LT-Drucks. 17/2166, S. 97). Ob damit im Vergleich zur alten Rechtslage erhöhte Anforderungen beispielsweise an die Sichtbarkeit und Erkennbarkeit von Hausnummern und Gebäudeeingängen beispielsweise durch optische Abhebung gestellt werden müssen, ist unklar. Nach dem Wortlaut wären sogar weitergehende Anforderungen denkbar, wie sie beispielsweise durch das Erfordernis einer sicheren Orientierung bei sensorischen Einschränkungen erwachsen können. Jedenfalls wird die Barrierefreiheit durch den Verhältnismäßigkeitsgrundsatz Einschränkungen erfahren. In der Ermessensentscheidung werden der Anspruch der Barrierefreiheit auf der einen mit dem Aufwand und der Zumutbarkeit für den jeweiligen Eigentümer des Gebäudes auf der anderen Seite abzuwägen sein. Letztlich wird im konkreten Einzelfall zu entscheiden sein, inwieweit die Gegebenheiten des Gebäudes und seiner Umgebung Maßnahme erfordern, die eine Auffindbarkeit des Gebäudes sicherstellen.

12 Zu Abs. 11 – Bauprodukte

332 Die Einführung des Begriffes **Bauprodukt** war zunächst Folge der Umsetzung der **Bauproduktenrichtlinie – BauPR** in deutsches Recht. Das europäische Bauproduktenrecht erfuhr 2011 durch die unmittelbar geltende Verordnung (EU) Nr. 305/2011 (BauPVO) Änderungen. Die Verordnung hob zugleich die Richtlinie auf, die zuvor durch das BauPG in nationales Gesetz umgesetzt wurde. Der Anpassungsbedarf wird durch die BauO NRW 2018 berücksichtigt (vgl. Vor §§ 17–25). Der Begriff ist für die §§ 17–25 BauO NRW von zentraler Bedeutung.

333 Die BauPVO regelt das Inverkehrbringen oder ihre Bereitstellung auf dem Markt von Bauprodukten durch die Aufstellung von harmonisierten Regeln über die Angabe der Leistung von Bauprodukten in Bezug auf ihre wesentlichen Merkmale sowie über die

Verwendung der CE-Kennzeichnung für diese Produkte. Art. 2 Nr. 1 der BauPVO definiert:

»Für die Zwecke dieser Verordnung bezeichnet der Ausdruck »Bauprodukt« jedes Produkt oder jeden Bausatz, das beziehungsweise der hergestellt und in Verkehr gebracht wird, um dauerhaft in Bauwerke oder Teile davon eingebaut zu werden, und dessen Leistung sich auf die Leistung des Bauwerks im Hinblick auf die Grundanforderungen an Bauwerke auswirkt.« 334

Weiter definiert Art. 2 Nr. 2 der BauPVO den Begriff Bausatz als 335

»ein Bauprodukt, das von einem einzigen Hersteller als Satz von mindestens zwei getrennten Komponenten, die zusammengefügt werden müssen, um ins Bauwerk eingefügt zu werden, in Verkehr gebracht wird.« 336

Die Definition in § 2 Abs. 11 Nr. 1 BauO NRW enthält folgende Voraussetzungen: 337
– Es muss sich um Produkte, Baustoffe, Bauteile, Anlagen sowie Bausätze handeln,
– die in bauliche Anlagen eingebaut werden und
– die dauerhaft eingebaut werden.

Nach Abs. 11 Nr. 2 können Bauprodukte auch aus Produkten, Baustoffen und Bauteilen sowie Bausätzen vorgefertigte Anlagen sein, die hergestellt werden, um mit dem Erdboden verbunden zu werden. 338

Satz 3 des Absatzes schreibt weiter vor, dass sich die Verwendung der Bauprodukte auf die Anforderungen nach § 3 Abs. 1 Satz 1 BauO NRW auswirken kann. 339

Schwerpunkt der Gesetzgebungstätigkeit der Länder sind Regelungen zur **Verwendung von Bauprodukten** durch das Bauordnungsrecht in Ergänzung der BauPVO. Wie schon bislang konnten die Verwendungsregeln nur einheitlich getroffen werden, um die Übereinstimmung des Bauordnungsrechts in den wesentlichen Punkten zu gewährleisten. Seit dem verstärkten Aufkommen neuer Baustoffe und Bauteile, besonders nach dem I. Weltkrieg, arbeiteten die Länder bei der Begutachtung der bauaufsichtlichen Brauchbarkeit in einem eigens dazu geschaffenen Sachverständigenausschuss eng zusammen. Mit der »Verordnung über die allgemeine baupolizeiliche Zulassung neuer Baustoffe und Bauarten« vom 08.11.1937 (RGBl. I S. 1177) erfolgte eine reichseinheitliche Regelung. Aufgrund der »Bopparder Vereinbarung« vom 14.02.1951 verpflichteten sich die Länder zur gegenseitigen Anerkennung bauaufsichtlicher Zulassungen. 340

Diese Regelungen fanden schließlich Eingang in die MBO 1960 und wurden so auch in die Landesbauordnungen übernommen. Dem im Jahre 1968 von Bund und Ländern gegründeten Institut für Bautechnik (IfBT) mit Sitz in Berlin übertrugen die Länder die Erteilung allgemeiner bauaufsichtlicher Zulassungen, um zu gewährleisten, dass neue Baustoffe, Bauteile und Einrichtungen freizügig innerhalb des Bundesgebietes verwendet werden konnten. An diese vorgefundene, historisch gewachsene Ausgangssituation knüpfte die ARGEBAU bei der Umstellung der MBO auf die neuen Bauproduktenvorschriften an und beschloss nach Verabschiedung des BauPG die MBO – Fassung April 1992; weitere Überlegungen führten zu Fortschreibungen der 341

MBO mit den Fassungen Dezember 1992 und Dezember 1993 (hierzu s. Böckenförde/Temme/Krebs, Einführung S. XIV ff.). Auf der Grundlage der **MBO 1993** novellierten die Länder ihre Bauordnungen. Das IfBT wurde aufgrund eines Abkommens zwischen dem Bund und den Ländern in das **Deutsche Institut für Bautechnik – DIBt** umgebildet (hierzu vgl. Grabein/Heintz, Neue Bauordnung Nordrhein-Westfalen, 2. Aufl. 1995, S. 45 f. und S. 99 ff.).

342 Die BauPR bedurfte gemäß Art. 288 AEUV der Umsetzung in nationales Recht. Auf Bundesebene erging das am 15.08.1992 in Kraft getretene **Bauproduktengesetz – BauPG**, um das **Inverkehrbringen** und den **freien Warenverkehr** von und mit **Bauprodukten** zu regeln. Mit § 1 Satz 2 BauPG wurde klargestellt, dass öffentlich-rechtliche Vorschriften, die Anforderungen an die **Verwendung** von Bauprodukten stellen, unberührt bleiben. Zu solchen gehören neben den Landesbauordnungen vor allem die wasser- und straßenrechtlichen Vorschriften, die wiederum in die Gesetzgebungskompetenz des Bundes und der Länder fallen (WHG und Landeswassergesetze, FStrG und Landesstraßengesetze).

343 Die Bauproduktenregelungen der Landesbauordnungen glichen strukturell denen des BauPG. Damit wurde erreicht, dass der noch längere Zeit bestehende »**nationale Weg**« dem »**europäischen Weg**« gleicht. Dies erleichterte die Handhabung des neuen Rechts, da die Wirksamkeit des »europäischen Weges« entscheidend von der Bekanntgabe harmonisierter oder anerkannter Normen und von Leitlinien für europäische technische Zulassungen bzw. der Möglichkeit der Erteilung europäischer technischer Zulassungen ohne Leitlinien beeinflusst wurde.

344 Seit 2011 erfährt das Bauproduktenrecht mit der Bauproduktenverordnung eine einheitlich europäische Regelung.

345 **Bauteile** sind aus Baustoffen hergestellte Gegenstände, die allein oder zusammen mit Baustoffen für die Herstellung baulicher Anlagen verwendet werden (siehe dazu Rdn. 41).

346 **Baustoffe**, **Bauteile** und **Anlagen** sowie Bausätze nach § 2 Abs. 11 BauO NRW müssen **hergestellt** werden, um **dauerhaft** in bauliche Anlagen **eingebaut** zu werden – nur bei Erfüllung dieser Voraussetzungen sind sie Bauprodukte. **Herstellung** und dauerhafter Einbau sind demnach wesentliche Voraussetzungen des Begriffs Bauprodukt. Von Herstellung (vgl. Rdn. 39) ist auch bei aufbereiteten natürlichen Baustoffen, wie Sand, Kies, Naturstein auszugehen. Der Begriff zielt nicht allein auf die industrielle Vorfertigung von Bauteilen oder deren Vorprodukten, sondern erfasst auch die Gewinnung und Aufbereitung von Bodenschätzen zum Zwecke der Verwendung in Bauwerken (so Große-Suchsdorf zu § 2 Rn. 155). Stoffe, die grundsätzlich als Baustoffe verwertbar sind, jedoch nur als Nebenprodukt bei der Stahlerzeugung anfallen und zwecks Entsorgung auf einer Halde gelagert werden, unterfallen dem Begriff jedoch nicht, so dass die Halde auch nicht als bauliche Anlage im Sinne des § 2 Abs. 1 zu qualifizieren ist (VG Arnsberg, Urt. v. 07.04.2014 – 8 K 3580/12, juris, zu einer Schlackenhalde).

Ein **dauerhafter Einbau** erfordert das Verbleiben des Baustoffes, Bauteiles oder der Anlage in der baulichen Anlage selbst. Ein auf den fertigen Fußboden aufgelegter Teppich ist daher kein Bauprodukt, denn er zählt zur Möblierung bzw. Wohnungsausschmückung. Dagegen ist ein fest aufgebrachter Fußbodenbelag als oberste Schicht des Fußbodenaufbaus ein Bauprodukt, da er als Bauteil dauerhaft in den Räumen verbleiben soll, auch wenn er – wie z.B. ein Teppichboden – verschleißt und in mehr oder weniger großen Zeitabständen ausgewechselt werden muss. Es kommt daher nicht auf die Haltbarkeit des Bauproduktes an, als entscheidendes Kriterium für die Begriffserfüllung muss der dauerhafte Einbauzweck angesehen werden. Ebenfalls kommt es nicht darauf an, ob es sich um eine »echte« oder »fingierte« bauliche Anlage handelt, da Abs. 11 wegen der Bezugnahme auf den Begriff bauliche Anlage alle von § 2 Abs. 1 BauO NRW erfassten Anlagen einschließt (zur Zielrichtung der Legaldefinition der baulichen Anlage s. Rdn. 34). So sind die Teile eines Fliegenden Baus (§ 78 Abs. 1 BauO NRW) oder die Teile eines Gerüstes (vgl. die Fiktion in § 2 Abs. 1 Satz 3 Nr. 6 BauO NRW) Bauprodukte, da sie dauerhaft in diesen verbleiben, auch wenn diese baulichen Anlagen dazu bestimmt sind, auf- und abgebaut zu werden (zu Gerüsten und zu Hilfseinrichtungen zur statischen Sicherung von Bauzuständen s. Rdn. 108 und 110). 347

Die in § 2 Abs. 11 BauO NRW aufgenommene Regelung dient nicht nur der Klarstellung in Anlehnung an die Protokollerklärung zur BauPVO. Die dort aufgeführten Beispiele zeigen bereits deutlich, dass es sich um bauliche Anlagen handelt, die selbst wiederum aus Bauprodukten bestehen (Baustoffe, Bauteile und Anlagen, die hergestellt werden, um dauerhaft in bauliche Anlagen eingebaut zu werden). Jedenfalls ist offensichtlich, dass Fertighäuser, Fertiggaragen oder Silos aus Beton, Holz, Metall und anderen Baustoffen hergestellt und diese Baustoffe auch dauerhaft eingebaut werden. Die Besonderheit der Regelung besteht neben ihrer klarstellenden Funktion darin, dass die **fertige Anlage als Einheit ein Bauprodukt** darstellt. Erfasst werden nur solche vorgefertigten Anlagen, die mit dem Erdboden verbunden werden sollen. Da hier wiederum § 2 Abs. 1 Satz 2 BauO NRW eingreift (vgl. Rdn. 51 ff.), muss sich die Auslegung an den Beispielen orientieren, da sonst die Gefahr besteht, auch solche Anlagen als Bauprodukt anzusehen, die wie z.B. Wohnwagen als Wochenendhausersatz fungieren (vgl. Rdn. 56 ff.). Bei Verkaufs- oder Wohnwagen bzw. Wohnbooten handelt es sich aber nicht um Bauprodukte, sondern um Land- bzw. Wasserfahrzeuge, für deren Bau andere Vorschriften anzuwenden sind, so z.B. für Fahrzeuge, die am öffentlichen Straßenverkehr teilnehmen, die §§ 30–67 StVZO. 348

13 Zu Abs. 12 – Bauarten

Die EU-BauPVO erfasst nur Bauprodukte, **nicht jedoch Bauarten**. Das **Bauordnungsrecht enthielt aber immer schon Regelungen über Bauarten**, wie die Vorschriften der §§ 20–24 BauO NW 1984 sowie §§ 22–26 BauO NW 1962 und 1970 zeigen. Die BauO NW 1962 bzw. 1970 definierte in § 2 Abs. 7 wie folgt: 349

> »*Bauart ist die Art, in der Baustoffe und Bauteile zusammengefügt werden.*« 350

§ 3 Allgemeine Anforderungen

351 Die in § 2 Abs. 10 BauO NRW 2000 enthaltene Definition drückte trotz veränderten Wortlauts nichts anderes aus. Unter Bauart wird die **Art und Weise** verstanden, **in der Baustoffe, Bauteile und Anlagen (Bauprodukte)** zu einer Konstruktion **zusammengefügt werden**. Bauarten sind z.B. der Stahl-, Spannbeton-, Mauerwerks- oder Holzbau. § 2 Abs. 12 BauO NRW 2018 entspricht dem Wortlaut dieser Definition.

352 Der Begriff **Bauart** darf nicht mit dem planungsrechtlichen Begriff **Bauweise** nach § 22 BauNVO (sämtliche Fassungen) **verwechselt** werden. Die Umgangssprache trennt zwischen beiden Begriffen nicht sauber; dabei wird der Begriff Bauweise auch zur Bezeichnung der Geschosszahl (eingeschossige Bauweise) oder zur Art der Baumaßnahme (Fertigbauweise) verwendet. Eine unklare Sprachregelung enthält auch das Zweite Gesetz über die Durchführung von Statistiken der Bautätigkeit und die Fortschreibung des Gebäudebestandes (2. BauStatG), das in seinem § 2 Abs. 2 in Nr. 4 die »Art« der Baumaßnahme sowie die »Art« der Gebäude und in Nr. 6 wiederum die »Bauart« aufzählt, diese Begriffe aber nicht unbedingt baurechtlich, sondern statistikrechtlich versteht.

353 Die Begriffsbestimmung in § 2 Abs. 11 steht im Zusammenhang mit § 17 BauO NRW. Daneben wird der Begriff Bauart auch an anderer Stelle in der BauO NRW verwendet, so z.B. in § 50 Abs. 1 Satz 3 Nr. 6 BauO NRW als Gegenstand von Anforderungen und Erleichterungen bezüglich baulicher Anlagen und Räume besonderer Art oder Nutzung. Entsprechend den Vorschriften über Bauprodukte wird für **nicht geregelte Bauarten** nach § 17 Abs. 2 Satz 1 BauO NRW

354 1. eine allgemeine Bauartgenehmigung durch das Deutsche Institut für Bautechnik oder

355 2. eine vorhabenbezogene Bauartgenehmigung durch die oberste Bauaufsichtsbehörde

356 In Anpassung an die **MBO** sieht § 17 Abs. 3 BauO NRW nunmehr auch unter bestimmten Voraussetzungen das **allgemeine Prüfzeugnis** und eine Bekanntgabe von Bauarten in der Verwaltungsvorschrift nach § 88 Abs. 2 vor (s. Anmerkungen zu § 17 Rdn. 17). **Nicht geregelte Bauarten** sind nach § 17 Abs. 2 BauO NRW solche, die von Technischen Baubestimmungen wesentlich abweichen oder für die es allgemein anerkannte Regeln der Technik nicht gibt. Im Umkehrschluss sind **geregelte Bauarten** solche, die von den in der Bauregelliste A bekannt gemachten Bauarten nicht oder nicht wesentlich abweichen.

§ 3 Allgemeine Anforderungen

(1) Anlagen sind so anzuordnen, zu errichten, zu ändern und instand zu halten, dass die öffentliche Sicherheit und Ordnung, insbesondere Leben, Gesundheit und die natürlichen Lebensgrundlagen, nicht gefährdet werden, dabei sind die Grundanforderungen an Bauwerke gemäß Anhang I der Verordnung (EU) Nr. 305/2011 zu berücksichtigen. Anlagen müssen bei ordnungsgemäßer Instandhaltung die allgemeinen Anforderungen des Satzes 1 ihrem Zweck entsprechend dauerhaft erfüllen und ohne Missstände benutzbar sein.

(2) Die der Wahrung der Belange nach Absatz 1 Satz 1 dienenden allgemein anerkannten Regeln der Technik sind zu beachten. Von diesen Regeln kann abgewichen werden, wenn eine andere Lösung in gleicher Weise die Anforderungen des Absatzes 1 Satz 1 erfüllt. Als allgemein anerkannte Regeln der Technik gelten auch die von der obersten Bauaufsichtsbehörde durch Verwaltungsvorschrift als Technische Baubestimmungen eingeführten technischen Regeln.

(3) Für die Beseitigung von Anlagen und bei der Änderung ihrer Nutzung gelten die Absätze 1 und 2 entsprechend.

Anhang I der Verordnung (EU) Nr. 305/2011:

GRUNDANFORDERUNGEN AN BAUWERKE

Bauwerke müssen als Ganzes und in ihren Teilen für deren Verwendungszweck tauglich sein, wobei insbesondere der Gesundheit und der Sicherheit der während des gesamten Lebenszyklus der Bauwerke involvierten Personen Rechnung zu tragen ist. Bauwerke müssen diese Grundanforderungen an Bauwerke bei normaler Instandhaltung über einen wirtschaftlich angemessenen Zeitraum erfüllen.

1. Mechanische Festigkeit und Standsicherheit

Das Bauwerk muss derart entworfen und ausgeführt sein, dass die während der Errichtung und Nutzung möglichen Einwirkungen keines der nachstehenden Ereignisse zur Folge haben:

a) Einsturz des gesamten Bauwerks oder eines Teils,
b) größere Verformungen in unzulässigem Umfang,
c) Beschädigungen anderer Teile des Bauwerks oder Einrichtungen und Ausstattungen infolge zu großer Verformungen der tragenden Baukonstruktion,
d) Beschädigungen durch ein Ereignis in einem zur ursprünglichen Ursache unverhältnismäßig großen Ausmaß.

2. Brandschutz

Das Bauwerk muss derart entworfen und ausgeführt sein, dass bei einem Brand

a) die Tragfähigkeit des Bauwerks während eines bestimmten Zeitraums erhalten bleibt;
b) die Entstehung und Ausbreitung von Feuer und Rauch innerhalb des Bauwerks begrenzt wird;
c) die Ausbreitung von Feuer auf benachbarte Bauwerke begrenzt wird;
d) die Bewohner das Bauwerk unverletzt verlassen oder durch andere Maßnahmen gerettet werden können;
e) die Sicherheit der Rettungsmannschaften berücksichtigt ist.

3. Hygiene, Gesundheit und Umweltschutz

Das Bauwerk muss derart entworfen und ausgeführt sein, dass es während seines gesamten Lebenszyklus weder die Hygiene noch die Gesundheit und Sicherheit von Arbeitnehmern, Bewohnern oder Anwohnern gefährdet und sich über seine gesamte Lebensdauer hinweg

§ 3 Allgemeine Anforderungen

weder bei Errichtung noch bei Nutzung oder Abriss insbesondere durch folgende Einflüsse übermäßig stark auf die Umweltqualität oder das Klima auswirkt:
* a) *Freisetzung giftiger Gase;*
* b) *Emission von gefährlichen Stoffen, flüchtigen organischen Verbindungen, Treibhausgasen oder gefährlichen Partikeln in die Innen- oder Außenluft;*
* c) *Emission gefährlicher Strahlen;*
* d) *Freisetzung gefährlicher Stoffe in Grundwasser, Meeresgewässer, Oberflächengewässer oder Boden;*
* e) *Freisetzung gefährlicher Stoffe in das Trinkwasser oder von Stoffen, die sich auf andere Weise negativ auf das Trinkwasser auswirken;*
* f) *unsachgemäße Ableitung von Abwasser, Emission von Abgasen oder unsachgemäße Beseitigung von festem oder flüssigem Abfall;*
* g) *Feuchtigkeit in Teilen des Bauwerks und auf Oberflächen im Bauwerk.*

4. Sicherheit und Barrierefreiheit bei der Nutzung

Das Bauwerk muss derart entworfen und ausgeführt sein, dass sich bei seiner Nutzung oder seinem Betrieb keine unannehmbaren Unfallgefahren oder Gefahren einer Beschädigung ergeben, wie Gefahren durch Rutsch-, Sturz- und Aufprallunfälle, Verbrennungen, Stromschläge, Explosionsverletzungen und Einbrüche. Bei dem Entwurf und der Ausführung des Bauwerks müssen insbesondere die Barrierefreiheit und die Nutzung durch Menschen mit Behinderungen berücksichtigt werden.

5. Schallschutz

Das Bauwerk muss derart entworfen und ausgeführt sein, dass der von den Bewohnern oder von in der Nähe befindlichen Personen wahrgenommene Schall auf einem Pegel gehalten wird, der nicht gesundheitsgefährdend ist und bei dem zufrieden stellende Nachtruhe-, Freizeit- und Arbeitsbedingungen sichergestellt sind.

6. Energieeinsparung und Wärmeschutz

Das Bauwerk und seine Anlagen und Einrichtungen für Heizung, Kühlung, Beleuchtung und Lüftung müssen derart entworfen und ausgeführt sein, dass unter Berücksichtigung der Nutzer und der klimatischen Gegebenheiten des Standortes der Energieverbrauch bei seiner Nutzung gering gehalten wird. Das Bauwerk muss außerdem energieeffizient sein und während seines Auf- und Rückbaus möglichst wenig Energie verbrauchen.

7. Nachhaltige Nutzung der natürlichen Ressourcen

Das Bauwerk muss derart entworfen, errichtet und abgerissen werden, dass die natürlichen Ressourcen nachhaltig genutzt werden und insbesondere Folgendes gewährleistet ist:
* a) *Das Bauwerk, seine Baustoffe und Teile müssen nach dem Abriss wiederverwendet oder recycelt werden können;*
* b) *das Bauwerk muss dauerhaft sein;*
* c) *für das Bauwerk müssen umweltverträgliche Rohstoffe und Sekundärbaustoffe verwendet werden.*

Übersicht

		Rdn.
0	Änderungen gegenüber der BauO NRW 2000	01
1	Allgemeines	1
2	Zu Abs. 1 – Die bauordnungsrechtliche Generalklausel	6
2.1	Allgemeine Anforderungen	6
2.2	Bauliche Vorgänge »anordnen, errichten, ändern und instand halten«	12
	2.2.1 Begriff »anordnen«	18
	2.2.2 Begriff »errichten«	24
	2.2.3 Begriff »ändern«	27
	2.2.4 Begriff »instand halten«	32
2.3	Gefahrenabwehr	38
	2.3.1 Begriff der Gefahr	40
	2.3.2 Begriff der öffentlichen Sicherheit	50
	2.3.3 Begriff der öffentlichen Ordnung	59
	2.3.4 Öffentliches Interesse und Nachbarschutz	63
2.3	Grundanforderungen nach Verordnung (EU) Nr. 305/2011	67
2.4	zu Satz 2 – Dauerhafte zweckentsprechende Benutzbarkeit ohne Missstände	68
3	**Zu Abs. 2 – Allgemein anerkannte Regeln der Technik**	73
3.1	Beachtung der allgemein anerkannten Regeln der Technik	73
3.2	Abweichung von technischen Regeln	88
3.3	Technische Baubestimmungen	94
4	**Zu Abs. 3 – Abbruch und Nutzungsänderung**	100
4.1	Begriff »Beseitigung von Anlagen«	102
4.2	Begriff »Änderung ihrer Nutzung«	105

0 Änderungen gegenüber der BauO NRW 2000

Die Vorschriften des § 3 **BauO NRW 2018** wurden gegenüber § 3 BauO NRW 2000 in mehreren Punkten geändert und neu gegliedert. Die **baurechtliche Generalklausel** in Abs. 1 Satz 1 wurde vollständig an die Formulierung der MBO angepasst. In einem neu eingefügten Satzteil werden nun klarstellend die in Anhang 1 der Verordnung Nr. 305/2011 (EU-BauPVO) enthaltenen Grundanforderungen in Bezug genommen. Nach dem neu geschaffenen Regelungsgehalt in **Abs. 1 Satz 2** müssen die Anforderung nach Abs. 1 Satz 1 **dauerhaft gewährleisten** sein. In **Abs. 2** zusammengeführt sind nun die näheren Bestimmungen im Zusammenhang mit den **allgemein anerkannten Regelungen der Technik** und den **technischen Baubestimmungen**, die vormals in Abs. 1 Satz 2 und 3 und Abs. 3 Satz 1 BauO NRW 2000 verortet waren. Weitergehende Regelungen zu technischen Baubestimmungen (vormals Abs. 3 Sätze 2 und 3) sind nun in § 88 BauO NRW 2018 zusammengefasst (siehe Erläuterungen zu § 88). In **Abs. 3** wurde der Regelungsgehalt von § 3 Abs. 4 BauO NRW 2000 übernommen und redaktionell angepasst. Während in der BauO NRW 2000 die Begriffe »Abbruch« und »Beseitigung« noch nebeneinander benutzt wurden, wurde die BauO NRW 2018 an die Formulierung der MBO angepasst, die durchgängig nur noch den Begriff »Beseitigung« verwendet. 01

Nähere Bestimmungen zu der Verwendung von **Bauprodukten** (vormals Abs. 2 BauO NRW 2000) sind nun in den §§ 17 ff. BauO NRW 2018 zusammengefasst (vgl. Erläuterung den zu §§ 17 ff.). 02

§ 3 Allgemeine Anforderungen

1 Allgemeines

1 Während § 1 BauO NRW den Anwendungsbereich des Bauordnungsrechts festlegt und § 2 BauO NRW wichtige Begriffe definiert, regelt § 3 BauO NRW als letzter Paragraph des Ersten Teils **grundlegende materielle Anforderungen** an Anlagen, die nach der Legaldefinition in § 2 Abs. 1 Satz 4 BauO NRW umfassen:
- **bauliche Anlagen** im Sinne der Begriffsbestimmung des § 2 Abs. 1 BauO NRW,
- **sonstige Anlagen und Einrichtungen** im Sinne des § 1 Abs. 1 Satz 2 BauO NRW.

2 Die **als Generalklausel knapp gefasste** materielle Grundforderung, die durch die nachfolgenden materiellen Einzelvorschriften näher bestimmt und konkretisiert wird, ist nicht allein als »**Kundmachung des politischen Programms**« des Gesetzgebers der Landesbauordnung zu verstehen, sondern enthält zugleich »**verbindliche Rechtsnormen**« (so Große-Suchsdorf, zu § 3 Rn. 2).

3 Der **Aufbau des § 3 BauO NRW** stimmt von seinem Regelungsgehalt her im Wesentlichen noch mit der BauO NW 1962 überein. Lediglich die näheren Bestimmungen zu der Verwendung von Bauprodukten sind nun anderweitig verortet (s. vorausgehende Rdn. 01). Die einzelnen Vorschriften dienen folgenden Zielen:
- **Abs. 1 Satz 1** enthält als **Generalklausel** die **materiellen Grundanforderungen** an die **Anordnung, Errichtung, Änderung** und **Instandhaltung von Anlagen**,
- **Abs. 1 Satz 2** regelt die **dauerhafte Gewährleistung** der **materiellen Grundanforderungen** von Abs. 1 Satz 1,
- **Abs. 2 Sätze 1 und 2** regeln die **Beachtungspflicht** der **allgemein anerkannten Regeln der Technik**,
- **Abs. 2 Satz 3** ermächtigen die **oberste Bauaufsichtsbehörde** zur **Einführung Technischer Baubestimmungen**, die dann als allgemein anerkannte Regeln der Technik gelten,
- **Abs. 3** ordnet **die sinngemäße Geltung** der Abs. 1 und 2 für die **Beseitigung** und die **Nutzungsänderung** an.

4 Die in den einzelnen Absätzen aufgeführten **Handlungspflichten** in Bezug auf das **Anordnen, Errichten, Ändern, Instandhalten, Beseitigen** und **Nutzungsändern** von Anlagen richten sich unmittelbar an die am **Bau Beteiligten als Normadressaten**. Sie sind als **Rechtssätze** – wie die übrigen materiellen Einzelvorschriften des Bauordnungsrechts – **von den am Bau Beteiligten** unabhängig davon **zu beachten**, ob es sich um **genehmigungsbedürftige** oder **genehmigungsfreie Anlagen** handelt.

5 Die **materiellen Anforderungen des § 3 BauO NRW** bilden den **gesetzlichen Rahmen**, den alle **Rechtsverordnungen** der obersten Bauaufsichtsbehörde, **Satzungen** der Gemeinde und **Einzelanordnungen** der Bauaufsichtsbehörde einhalten müssen, soweit nicht die nachfolgenden Einzelbestimmungen der BauO NRW, wie z.B. § 8, 9, 10, 43 und 48, diesen Rahmen um besondere Schutzziele erweitern. Während die allgemein gehaltene Generalklausel des Abs. 1 Satz 1 direkt kaum zur Anwendung gelangt, weil zahlreiche Einzelvorschriften vorgehen, weisen die nach Abs. 2 Satz 1 zu beachtenden **allgemein anerkannten Regeln der Technik**, vor allem aber die nach Abs. 2 Satz 3 eingeführten Technischen Baubestimmungen außerordentliche Bedeutung

für das Baugeschehen auf. Von Bedeutung ist die Generalklausel aber auch, wenn die Bauaufsichtsbehörde über **besondere Anforderungen** und **Erleichterungen für Sonderbauten** nach § 50 BauO NRW oder über **Abweichungen** nach § 69 BauO NRW zu befinden hat, weil sie dabei die allgemeinen Anforderungen des § 3 Abs. 1 Satz 1 BauO NRW nicht außer Acht lassen darf.

2 Zu Abs. 1 – Die bauordnungsrechtliche Generalklausel

2.1 Allgemeine Anforderungen

Die **materielle Grundnorm** des § 3 Abs. 1 Satz 1 BauO NRW – auch als **bauordnungsrechtliche Generalklausel** bezeichnet – beschreibt die **allgemeinen Anforderungen**, die aufgrund der Bauordnung oder der auf sie gestützten Vorschriften an bauliche Anlagen und an andere Anlagen und Einrichtungen gestellt werden. Neben diesen allgemeinen Anforderungen treten die konkreter formulierten Anforderungen, die in den nachfolgenden **materiellen Einzelvorschriften** oder in aufgrund von Ermächtigungen der BauO NRW erlassenen **Rechtsverordnungen**, Satzungen und **eingeführten Technischen Baubestimmungen** enthalten sind. Die **Einzelvorschriften** sind **konkreter** als die von **unbestimmten Rechtsbegriffen** geprägte **Generalklausel**, die – solange derartige Einzelanforderungen bestehen – nur selten zur Anwendung kommt (ebenso Große-Suchsdorf zu § 3 Rn. 3). Fehlen entsprechende konkrete Einzelanforderungen kann es für die Bauaufsichtsbehörde im Gefahrenfall erforderlich sein, auf die Generalklausel des § 3 Abs. 1 Satz 1 BauO NRW zurückgreifen zu müssen, der insoweit auch die Funktion eines **Auffangtatbestandes** zukommt. 6

Die **subsidiär** anwendbare materielle Grundnorm gibt den **verbindlichen Rahmen** an, in dem sich die aufgrund der Bauordnung zu erlassenden **Eingriffsverwaltungsakte** halten müssen. In § 3 Abs. 4 BauO NW 1970 war dies noch ausdrücklich geregelt. Diese Bestimmung wurde als entbehrlich angesehen, da die Rechtsauslegung zu keinem anderen Ergebnis führte. Dort, wo die Einzelvorschriften weitergehende besondere Anforderungen ausdrücklich zulassen, ist dies – bei § 50 BauO NRW schon nach dem Gesetzestext – nur zur Verwirklichung der allgemeinen Anforderungen nach § 3 Abs. 1 BauO NRW zulässig. Bei den allgemeinen Anforderungen der §§ 9–16 BauO NRW ist auch, ohne dass dies ausdrücklich zum Ausdruck kommt, wiederum § 3 Abs. 1 Satz 1 BauO NRW die Grenze für konkretisierende Verfügungen. Enthalten die Einzelvorschriften begrenzte Anforderungen, scheiden weitergehende Anforderungen unter Rückgriff auf die Grundnorm des § 3 Abs. 1 Satz 1 BauO NRW aus. 7

Die **allgemeinen Anforderungen** an bauliche Anlagen sowie andere Anlagen und Einrichtungen im Sinne von § 1 Abs. 1 Satz 2 BauO NRW sind in **Anlehnung** an die das **allgemeine Ordnungsrecht** bestimmende **Generalklausel der Gefahrenabwehr des § 14 OBG** formuliert (»Gefahr für die öffentliche Sicherheit oder Ordnung«). Darüber hinaus enthält die materielle Grundnorm nicht nur Anforderungen, die, der Gefahrenabwehr im klassischen Sinne dienen, wie der in Abs. 1 Satz 1 enthaltene Begriff der »natürlichen Lebensgrundlagen« zeigt. Die **materielle Grundnorm** des § 3 BauO NRW ist noch **keine verfahrensrechtliche** Ermächtigung für Eingriffsverwaltungsakte (vgl. Finkelnburg/Ortloff, Band II S. 22 f.), diese bildet vielmehr § 58 BauO NRW. 8

§ 3 Allgemeine Anforderungen

Beide Vorschriften sind als Einheit aus materiell-rechtlichen und verfahrensrechtlichen Regeln zu begreifen. Während § 3 BauO NRW die materiellen Grundanforderungen enthält, legt § 58 BauO NRW als **Eingriffsbefugnis** die Grundaufgaben der Bauaufsicht fest, nämlich darüber zu wachen, dass materielles Bauordnungsrecht tatsächlich beachtet wird. Auch bei bestmöglicher Gefahrenabwehr und Risikovorsorge kann ein Schadenseintritt nicht letztlich ausgeschlossen werden. Ungewissheiten als »**Restrisiko**« sind von allen Bürgern als »**sozialadäquate Lasten**« zu tragen (BVerfG, Beschl. v. 08.08.1978 – 2 BvL 8/77, BVerfGE 49, 89, 143; BVerwG, Urt. v. 26.06.2014 – 4 C 2/13, juris; s.a. Plischka, Technisches Sicherheitsrecht, 1969 S. 103 f.).

9   Die **Aufgaben** der Bauaufsichtsbehörde **gelten als solche der Gefahrenabwehr**, und zwar unabhängig davon, ob es sich um »echte« Gefahren, wie z.B. der drohende Einsturz einer nicht standsicheren Wand, oder nur um Verstöße gegen bauordnungsrechtliche Schutzgüter, wie z.B. der Schutz begrünter Flächen vor der Verdeckung durch eine Werbetafel, handelt (hierzu vgl. Schulte, S. 90 ff. und S. 126–128). Die BauO NRW hält trotz der Zunahme von Schutzzielen zur Verwirklichung sozialer Standards sowie ästhetischer und ökologischer Belange, die nicht der Gefahrenabwehr im engeren Sinne, sondern der Abwehr denkbarer möglicher Schäden und damit der **Risikovorsorge** dienen, an der Entwicklung des Bauaufsichtsrechts als Teil des Polizei- und Ordnungsrechts weiter fest.

10 Von der Gefahrenabwehr ist die »**Risikofürsorge**« oder »**Vorsorge**« zu trennen (hierzu s. Feldhaus, Zum Vorsorgegrundsatz im Bundes-Immissionsschutzgesetz, DVBl 1980, S. 133 ff.; Sellner, Zum Vorsorgegrundsatz im Bundes-Immissionsschutzgesetz, NJW 1980, S. 1255 ff.; Ossenbühl, Vorsorge als Rechtsprinzip im Gesundheits-, Arbeits- und Umweltschutz, NVwZ 1986, S. 161 ff.; Benda, Technische Risiken und Recht, 1981, S. 3). Hierunter können Maßnahmen zusammengefasst werden, die vor nicht erkennbaren, aber doch denkbaren möglichen Schäden schützen sollen (vgl. Hansen-Dix, Die Gefahr im Polizeirecht, im Ordnungsrecht und im Technischen Sicherheitsrecht, 1982, S. 213). Das Vorsorgeprinzip bezweckt weder eine Erweiterung der Schutzpflicht über die durch § 5 Nr. 1 BImSchG (Abwehr von Gefahren und Belästigungen) gezogenen Grenzen hinaus, noch enthält es eine lediglich durch die technische Realisierbarkeit begrenzte Pflicht zur Verhinderung jeder vermeidbaren Emission. Das Vorsorgeprinzip stellt ein Instrument der Umweltplanung und -verteilung dar und bezweckt die Erhaltung von Freiräumen in Gebieten, die bisher frei von schädlichen Umwelteinwirkungen sind. Diese Freiräume sollen sowohl der Sicherung künftiger Lebensräume als auch einer gerechten Verteilung der gesetzlich zulässigen Umweltnutzung dienen. Es soll verhindert werden, dass ein Einzelner das zulässige Maß an Umweltbelastung ausschöpft und damit die Ansiedlung weiterer emittierender Anlagen unterbindet (vgl. Werner, Das Vorsorgeprinzip – Grundlagen, Maßstäbe und Begrenzungen, UPR 2001, S. 335 ff.).

11 Andere Bauordnungen enthalten eine **um zusätzliche Anforderungen erweiterte Generalklausel**; so verlangt z.B. § 3 Abs. 1 S. 3 NBauO, dass unzumutbare Belästigungen nicht entstehen dürfen. Die BauO NRW ist diesem Beispiel nicht gefolgt, sondern enthält Anforderungen in Einzelvorschriften. Bei Verwendung der Begriffe

»**unzumutbare Belästigungen**« (vgl. § 13 Satz 1, § 15 Abs. 2 und 3, § 42 Abs. 1, 4, 5 und 7, § BauO NRW) oder »**vermeidbare Belästigungen**« (§ 11 Abs. 1 BauO NRW) im Rahmen von Einzelvorschriften wird für den Normadressaten aus dem Regelungszusammenhang klarer, wie er sich zu verhalten hat. Rechtstechnisch ist diese Zuordnung auch deshalb sinnvoll, weil »**bloße Belästigungen unterhalb der Gesundheitsgefahr**«, zu denen auch unzumutbare oder vermeidbare Belästigungen rechnen können, regelmäßig nicht mehr von der Generalklausel erfasst werden (BVerwG, Urt. v. 25.02.1969 – I C 7.68, DVBl 1969, 586; OVG Bln, Urt. v. 14.05.1982 – 2 B 57.79, BRS 39 Nr. 207; Schulte, S. 93 ff.).

2.2 Bauliche Vorgänge »anordnen, errichten, ändern und instand halten«

Die Anforderungen der Generalklausel gelten für bauliche Vorgänge in Bezug auf Anlagen, sodass nach § 2 Abs. 1 Satz 4 BauO NRW (vgl. § 2 Rdn. 111 ff.) sowohl 12
– »**bauliche Anlagen**« als auch
– »**andere Anlagen und Einrichtungen** im Sinne des § 1 Abs. 1 Satz 2 BauO NRW« erfasst sind.

Die Erstreckung auf bauliche Anlagen ist ohne weiteres verständlich. Es werden sowohl die »echten« (vgl. § 2 Rdn. 34–62) als auch die »fingierten« (vgl. § 2 Rdn. 63–113) baulichen Anlagen im Sinne des § 2 Abs. 1 BauO NRW erfasst. 13

Die Erstreckung der Generalklausel auf »**andere Anlagen und Einrichtungen** im Sinne des § 1 Abs. 1 Satz 2 BauO NRW« bereitet **Verständnisprobleme**. Dies hängt mit der »**Rückverweisung**« des § 1 Abs. 1 Satz 2 BauO NRW zusammen, der diese Anlagen und Einrichtungen nur dann in den Anwendungsbereich einbezieht, wenn **Vorschriften** der BauO NRW oder Vorschriften aufgrund der BauO NRW **auf diese Anlagen und Einrichtungen bezogene Anforderungen enthalten.** 14

Während neben den baulichen Anlagen in § 3 Abs. 1 Satz 1 BauO NRW auch die anderen Anlagen und Einrichtungen im Sinne des § 1 Abs. 1 Satz 2 BauO NRW aufgeführt sind, sind Grundstücke weder in Abs. 1 Satz 1 noch an anderer Stelle in § 3 BauO NRW genannt. Die **Generalklausel gilt** daher **nicht für Grundstücke** (ebenso Wilke/Dageförde/Knuth/Meyer, zu § 3 Rn. 5). Grundstücksbezogene Anforderungen finden sich jedoch in mehreren Einzelvorschriften (vgl. § 1 Rdn. 29). 15

Die Begriffe »**anordnen, errichten, ändern** und **instand halten**« sprechen nicht nur den eigentlichen Arbeitsvorgang an, sondern zielen auch auf den **Endzustand,** das fertige **Vorhaben als Ergebnis der jeweiligen Tätigkeit.** Vorhaben erreichen den Endzustand des baulichen Vorganges in der Regel mit der abschließenden Fertigstellung und dem Übergang der Verfügungsgewalt vom Bauherrn auf den Eigentümer oder Nutzungsberechtigten (vgl. § 52 Rdn. 2 und 8 sowie BayVGH vom 10.01.1979 –12 XV 76, BRS 35 Nr. 211). 16

Auch das **BauGB** enthält die Begriffe »Errichtung, Änderung, Nutzungsänderung« (§ 29 Abs. 1 BauGB), zusätzlich noch weitere Begriffe, wie z.B. »Erweiterung«, »Erneuerung« oder »Neuerrichtung« (§ 34 Abs. 3a, § 35 Abs. 4 BauGB). Trotz gleicher Formulierungen weisen die Vorschriften des Bauplanungsrechts und des 17

Bauordnungsrechts **unterschiedliche Zielrichtungen** auf, so dass im Einzelfall ein unterschiedlicher Inhalt gleichlautender Begriffe gegeben sein kann (vgl. § 2 Rdn. 13–17). Die **bauordnungsrechtliche Bedeutung** der Begriffe lässt sich nur im Hinblick auf die **Schutzgüter des Bauordnungsrechts** richtig ermitteln.

2.2.1 Begriff »anordnen«

18 Der Begriff »**anordnen**« bezieht sich auf
– den **Standort** der baulichen Anlage **auf dem Grundstück**,
– die **Ausrichtung** der baulichen Anlage **zur Umgebung** oder **Himmelsrichtung** und
– die **Höhenlage** der baulichen Anlage.

19 Die bauliche Anlage ist dabei nach ihren äußeren Abmessungen zu betrachten.

20 Der **Standort**, also die **genaue Platzierung** einer baulichen Anlage auf dem Grundstück mit den Abständen zu den Grundstücksgrenzen oder zu anderen Gebäuden auf dem gleichen Grundstück, ist im Hinblick auf die Schutzziele der §§ 4, 5, 6 und 32 BauO NRW von großer Bedeutung. Die **verfehlte Ausrichtung** der baulichen Anlage **zur Umgebung** kann die Schutzziele des § 9 Abs. 2, des § 12 Abs. 1 Satz 2, des § 13 Satz 1, des § 14 Abs. 1, des § 16 Abs. 2, des § 50 Abs. 1 Satz 3 Nr. 1 BauO NRW beeinträchtigen (s.a. Große-Suchsdorf, zu § 3 Rn. 7 und Jeromin, zu § 3 Rn. 12). Die **Ausrichtung zur Himmelsrichtung** spielt bei Wohngebäuden wegen des Verbots der reinen Nordlage aller Wohn- und Schlafräume nach § 47 Abs. 2 BauO NRW eine Rolle. Die fehlerhafte Höhenlage der baulichen Anlage kann die Einhaltung der Schutzziele des § 8 Abs. 3 BauO NRW unmöglich machen.

21 Verschiedene **Sonderbauverordnungen** enthalten besondere Maßgaben zur Anordnung in Bezug auf die Lage der baulichen Anlagen bzw. deren Ausrichtung zu Rettungswegen (so z.B. mehrfach in der SBauVO und in § 3 CW VO). Der Begriff »anordnen« kann in besonderen Fällen die **innere Organisation** ausgedehnter oder **aus mehreren Baukörpern zusammengesetzter baulicher Anlagen** bzw. das **Verhältnis der Gebäudeteile zueinander** betreffen (ebenso Allgeier/Rickenberg, S. 151 Anm. 3.1 und Wilke/Dageförde/Knuth/Meyer, § 3 Rn. 6; zweifelnd insoweit Boeddinghaus/Hahn/Schulte, zu § 3 Rn. 19, die dazu neigen, die innere Aufteilung eher dem Begriff »errichten« zuzuordnen).

22 Bedeutung erlangt der Begriff »anordnen« im Rahmen des **Bauplanungsrechts**. Bebauungspläne können gemäß § 9 Abs. 1 Nr. 2 BauGB die **überbaubaren Grundstücksflächen** regeln. Je »enger« diese Festsetzungen sind, umso geringer wird der Spielraum hinsichtlich der Anordnungsmöglichkeiten baulicher Anlagen für den Bauherrn. Nicht selten erzwingen Bebauungspläne mit hoher Regelungsdichte eine bestimmte Ausrichtung (**Stellung**) der baulichen Anlagen auf dem Grundstück. In einem solchen Fall kann sogar das Abstandsflächenrecht durch zwingende Festsetzungen verdrängt werden.

23 Auch zahlreiche **baunebenrechtliche** Vorschriften haben Einfluss auf die Anordnung baulicher Anlagen auf den Grundstücken, indem sie **Baubeschränkungen** oder **Bauverbote** für bestimmte Grundstücksflächen aussprechen, z.B. nach § 9 FStrG, § 25

StrWG NRW, § 12 LuftVG, § 31 WaStrG, § 30 BNatsSchG, §§ 51–53 WHG, um nur einige wichtige Bereiche anzusprechen. Nach § 9 Abs. 1 Buchstabe b) DSchG löst die Anordnung einer baulichen Anlage auf dem Grundstück in der **engeren Umgebung** eines Baudenkmals eine **denkmalrechtliche Erlaubnispflicht** aus.

2.2.2 Begriff »errichten«

Mit »**errichten**« ist das **Herstellen neuer baulicher Anlagen** auf dem Grundstück gemeint (im Gegensatz zu »ändern« = Umgestaltung des vorhandenen Bestandes). Unter »errichten« sind auch zu verstehen das **Aufstellen, Anbringen, Anlegen, Einbringen** oder der **Einbau** von baulichen und sonstigen Anlagen, z.B. die Aufstellung eines Verkaufswagens, die Anbringung einer Werbeanlage an der Gebäudefassade, die Anlage einer Stellplatzfläche, die Einbringung eines Heizölbehälters in das Erdreich, der Einbau einer Lüftungsanlage. Vom Begriff der Errichtung erfasst sind auch die **vollständige Erneuerung** und der **Wiederaufbau** (BayVGH, Urt. v. 28.04.1970 – Nr. 130 II 66, n.v.), bauliche **Erweiterungsmaßnahmen** durch **Anbau** oder **Aufstockung** (vgl. jedoch Rdn. 27) und das Verlegen einer baulichen Anlage auf dem Grundstück, z.B. das **Versetzen** einer Fertiggarage (Boeddinghaus/Hahn/Schulte, zu § 3 Rn. 21). Der abschnittsweise Abbruch mit daran sich anschließendem Wiederaufbau nach einem Gesamtplan erfüllt ebenfalls den Begriff »errichten« (OLG Düsseldorf, Beschl. v. 18.03.1983 – 2 Ss [Owi] 53/82–76/82 III, BRS 40 Nr. 236). Auch die Fertigstellung eines Gebäudetorsos (Bauruine) nach erloschener Baugenehmigung fällt hierunter (OVG Bln, Urt. v. 28.02.1969 – II B 66.68, BRS 22 Nr. 141). 24

Im **Bauplanungsrecht** betrifft die Errichtung die Schaffung von baulichen Anlagen unabhängig davon, ob diese in hergebrachter Weise (»Stein auf Stein«) oder durch das Aufstellen von fertigen Anlagen erfolgt. Wesentlich ist das Merkmal der **Verbindung zum Boden**. So stellt bereits das **dauerhafte Abstellen eines Wohnwagens** bzw. die **dauerhafte Verankerung eines Wohnboots** eine Errichtung im Sinne des § 29 Abs. 1 BauGB dar (vgl. § 2 Rdn. 13–17). Wird eine bauliche Anlage aufgrund ihrer desolaten Substanz durch **Austausch wesentlicher Teile** wie Wände, Decken und Dächer erneuert, kommt dies einer **Neuerrichtung** gleich (BVerwG, Urt. v. 24.10.1980 – 4 C 81.77, BRS 36 Nr. 99; BVerwG, Beschl. v. 10.10.2005 – 4 B 60/05, BauR 2006, 481; OVG NRW, Beschl. v. 09.05.2014 – 2 A 2819/13, BauR 2015, 98). 25

Im **Straßenrecht** erfährt die »Errichtung« eine vom Bauplanungs- und Bauordnungsrecht abweichende Auslegung, da es sich um einen eigenständigen straßenrechtlichen Begriff handelt (BVerwG, Urt. v. 07.10.1977 – IV C 47.75, BRS 32 Nr. 176). Der straßenrechtliche Begriff der »baulichen Anlage« ist durch das **Merkmal des Bauens** und durch das **Merkmal der straßenrechtlichen Relevanz** gekennzeichnet (vgl. Kodal, S. 949 Rn. 32.2; vgl. auch § 2 Rdn. 22–25). Die straßenrechtlichen Anbaubeschränkungen bzw. -verbote betreffen lediglich die **erstmalige Herstellung**, nicht dagegen die Änderung bestehender baulicher Anlagen durch Anbauten (BVerwG, Urt. v. 15.01.1982 – 4 C 1.80, BRS 39 Nr. 151; OVG NRW, Urt. v. 08.05.2008 – 7 A 460/07, juris). 26

2.2.3 Begriff »ändern«

27 Unter »ändern« – nicht zu verwechseln mit Änderung der Benutzung im Sinne des § 3 Abs. 3 BauO NRW (vgl. Rdn. 105–116) – ist, unabhängig vom Umfang, die **nicht nur unerhebliche Umgestaltung** der baulichen Anlage zu verstehen. Der Begriff erfasst die **Änderung** der **bestehenden, bestandsgeschützten Bausubstanz**. Die Änderung nicht bestandsgeschützter Bausubstanz unterfällt dagegen dem Begriff der Errichtung (zum Bestandsschutz vgl. § 74 Rdn. 171–186). Unerhebliche Änderungen sind solche, die sich nicht auf die bauordnungsrechtlichen Schutzgüter auswirken, wie z.B. das Entfernen einer Steinabdeckung und die Anbringung einer neuen Abdeckung aus Metall. Vom Begriff der Änderung werden insbesondere **Umgestaltungen des konstruktiven Gefüges** und **Umgestaltungen der äußeren Erscheinungsform**, z.B. der Fassade oder des Dachs, erfasst. Das VG Stuttgart stuft im Urt. v. 24.10.2001 (– 16 K 735/01, BauR 2002, 299) sogar die Errichtung einer Mobilfunkantennenanlage auf dem Dach eines Gebäudes als Änderung des Gebäudes ein. Auch das **teilweise Beseitigen von Bausubstanz** rechnet hierzu, wie z.B. das Entfernen eines Balkons (die vollständige Beseitigung ist Abbruch).

28 **Modernisierungsmaßnahmen** sind häufig wegen der damit verbundenen Grundriss- und Fassadenumgestaltungen rechtlich als Änderungen zu bewerten. Bedingt die Änderung einer baulichen Anlage die Beseitigung vorhandener Bauteile und deren Ersatz in anderer Form, so braucht der Abbruch als technischer Vorgang nicht selbständig erfasst zu werden, da er Teil der Änderungsmaßnahme ist.

29 Die **Erweiterung** einer baulichen Anlage umfasst regelmäßig – **neben der Errichtung** des Anbaus oder der Aufstockung eines Geschosses oder Dachraums – **auch die Änderung** der bestehenden Bausubstanz, da der neue Trakt an den vorhandenen Bestand angeschlossen werden muss.

30 Im **Bauplanungsrecht** unterfallen solche Baumaßnahmen dem Begriff der Änderung, die hinsichtlich ihrer **Funktion und Nutzung zu der vorhandenen Substanz in enger Verbindung** stehen. Hierzu führt das BVerwG im Urt. v. 17.06.1993 – 4 C 17.91, BauR 1994, 81 = BRS 55 Nr. 72 aus:

31 *»Die bauplanungsrechtliche Prüfung hat sich auf das Vorhaben im Sinne von § 29 Satz 1 BauGB zu beziehen. Dabei kann es sich – in der Begriffsbildung dieser Vorschrift – um die Errichtung, Änderung oder Nutzungsänderung einer baulichen Anlage handeln. Den Begriff der Erweiterung kennt das Gesetz nicht; er ist einer der genannten Vorhabenskategorien zuzuordnen. Denkbar ist, dass sich eine Erweiterung als Errichtung einer – weiteren – baulichen Anlage darstellt, nämlich wenn es sich um ein selbständiges, abtrennbares Vorhaben handelt. In diesem Fall mag eine auf seine Zulässigkeit beschränkte Betrachtung geboten sein. Regelmäßig wird es jedoch an der Abtrennbarkeit fehlen. Dann handelt es sich um die Änderung einer baulichen Anlage. Ob sie zulässig ist, kann nicht isoliert geprüft werden. Denn Gegenstand der bauplanungsrechtlichen Beurteilung nach § 29 BauGB ist nicht (nur) die Absicht oder die Durchführung der Errichtung, Änderung oder Nutzungsänderung einer baulichen Anlage, sondern – vor allem – das vom Bauherrn angestrebte Ergebnis seiner Baumaßnahme.*

Insoweit kommt es bei einer Änderung darauf an, ob die geänderte bauliche Anlage den bauplanungsrechtlichen Vorschriften entspricht. Eine Beschränkung auf den hinzukommenden Teil würde außer acht lassen, dass auch der bereits vorhandene Teil der erweiterten Anlage zur Disposition steht, wenn er in der neuen Gesamtanlage aufgeht. Immer dann, wenn eine Erweiterung zugleich den Bestand der vorhandenen baulichen Anlage verändert – sei es durch einen Eingriff in die bestehende Anlage, sei es wegen der aus der Erweiterung resultierenden Qualitätsveränderung des Bestandes, wenn beispielsweise eine nicht kerngebietstypische Spielhalle kerngebietstypisch wird oder wenn ein Einzelhandelsbetrieb die Grenze zur Großflächigkeit überschreitet (vgl. dazu BVerwG, Urt. v. 22.05.1987 – 4 C 19.85, DVBl 1987, 1006 = BRS 47 Nr. 56), oder wenn sich die Immissionslage ändert –, ist eine isolierte Beurteilung der Erweiterung nicht möglich. Ebenso wie bei einer Nutzungsänderung die bauliche Anlage in ihrer etwa geänderten Funktion als Einheit zu prüfen ist (vgl. dazu z.B. BVerwG, Urt. v. 15.11.1974 – 4 C 32.71, BVerwGE 47, 185 = BRS 28 Nr. 34), muss bei der Änderung einer baulichen Anlage das Gesamtvorhaben in seiner durch die Erweiterung geänderten Gestalt geprüft werden.«

2.2.4 Begriff »instand halten«

Mit »**instand halten**« ist die Erhaltung angesprochen, der **Schutz vor Verfall** (vgl. Boeddinghaus/Hahn/Schulte, zu § 3 Rn. 27 und Jeromin, zu § 3 Rn. 15). Die Abgrenzung von Änderung und Instandhaltung ist nicht einfach, da es nicht auf die Genehmigungsbedürftigkeit oder Verfahrensfreiheit der Maßnahme ankommt. Eine Begriffsbestimmung enthält die Norm **DIN 31051** – Grundlagen der Instandhaltung – wonach Instandhaltung als Bewahrung und Wiederherstellung des Sollzustandes einer baulichen Anlage definiert wird. Die Instandhaltung im Sinne des § 3 Abs. 1 BauO NRW (und der §§ 17 Abs. 1 und 18 Abs. 1 BauO NRW, vgl. § 17 Rdn. 7) umfasst Maßnahmen zur **Bewahrung des Sollzustandes** baulicher Anlagen und damit die Tätigkeiten, die man auch mit Wartung, Inspektion oder Instandsetzung umschreibt. Die Instandhaltung umfasst die infolge Abnutzung, Alterung, Witterung und Einwirkungen Dritter notwendigen Arbeiten, ferner auch aufgrund von § 22 Abs. 1 BImSchG notwendige Anpassungen an den Stand der Technik (OVG Bln, Urt. v. 22.04.1993 – 2 B 6.91, BRS 55 Nr. 179; OVG Bln-Bbg, Beschl. v. 16.01.2015 – OVG 10 N 63.11, juris). 32

Der Begriff lässt sich **bauplanungsrechtlich** nur unter Heranziehung der Begriffe Errichtung und Änderung abgrenzen. Hierunter sind **substanzerhaltende Vorgänge** zu verstehen, die keine bauplanungsrechtliche Relevanz aufweisen. Reparatur- und Wiederinstandsetzungsarbeiten sind bauplanungsrechtlich unbeachtlich, wenn sie die weitere Nutzung des bisherigen Bestands in der bisherigen Weise ermöglichen und vom Bestandsschutz gedeckt werden, somit **Funktion und Nutzung des Bestands erhalten bleiben** (BVerwG, Urt. v. 18.10.1974 – IV C 75.71, BVerwGE 47, 126 = BauR 1975, 114 = BRS 28 Nr. 114 = DVBl 1975, 501; vgl. § 74 Rdn. 186). 33

Eine **Pflicht zur Instandhaltung** kann sich bauordnungsrechtlich unter Gesichtspunkten der Gefahrenabwehr für Nutzer oder Dritte ergeben. Inwieweit 34

Instandhaltungsmaßnahmen ordnungsbehördlich erzwungen werden können, hängt davon ab, ob bauaufsichtliche Belange nachhaltig berührt werden, etwa unter dem Aspekt der Standsicherheit, der Verkehrssicherheit oder des Brandschutzes. Ein Einschreiten zur **Abwehr einer Verunstaltung** setzt einen **verwahrlosten Zustand** voraus. Eine bauliche Anlage ist verwahrlost, wenn ihre Erhaltung auch einem minderen Standard an ortsüblicher Pflege und Erhaltung über einen längeren Zeitraum hinweg nicht mehr genügt und sie deshalb offenbare Zeichen des Verfalls aufweist (so Hamb. OVG, Beschl. v. 09.11.2006 – 2 Bf 156/06.Z, BauR 2007, 534 = BRS 70 Nr. 192).

Von einer Pflicht zur Instandhaltung kann nicht mehr ausgegangen werden, wenn ein Gebäude aufgrund jahrzehntelangen Leerstands bereits im Verfall begriffen ist und die Restsubstanz nur noch abgebrochen werden kann (vgl. OVG Rh.-Pf., Urt. v. 22.04.1999 – 1 A 11193/98, BRS 62 Nr. 207).

35 Anforderungen an die **Erhaltung und Pflege von Wohnraum** konnte die Gemeinde nur aufgrund des Wohnungsgesetzes – WoG stellen, dessen Geltung durch Zeitablauf jedoch beendet ist.

36 Eine **städtebauliche Instandhaltungspflicht** ergibt sich aus § 177 BauGB. Nach dieser Vorschrift kann die Gemeinde, wenn eine bauliche Anlage nach ihrer inneren oder äußeren Beschaffenheit Missstände oder Mängel aufweist, deren Beseitigung oder Behebung durch Modernisierung oder Instandsetzung möglich ist, die Beseitigung der Missstände durch ein Modernisierungsgebot und die Beseitigung der Mängel durch ein **städtebauliches Instandsetzungsgebot** anordnen, das sich im Wege der Ersatzvornehme durchsetzen lässt (hierzu s. BVerwG, Beschl. v. 09.07.1991 – 4 B 100.91, BRS 52 Nr. 237 und Schlichter/Stich/Driehaus/Paetow, zu § 177 Rn. 19–20).

37 Die **denkmalrechtliche Instandhaltungspflicht** ist für den Eigentümer Rechtsfolge aus der Unterschutzstellung (vgl. Memmesheimer/Upmeier/Schönstein, zu § 33 Rn. 9 und 11) und durch den **Verhältnismäßigkeitsgrundsatz** begrenzt (OVG NRW, Beschl. v. 22.08.2007 – 10 A 3453/06, BauR 2007, 2045; Sächs. OVG, Urt. v. 19.01.2016 – 1 A 275/14, DVBl 2016, 1129). An der Erhaltung eines Baudenkmals besteht kein öffentliches Interesse mehr, wenn die zum Erhalt des denkmalwerten Zustands notwendige Erneuerung im Wesentlichen zum Verlust der historischen Substanz führen würde (OVG NRW, Urt. v. 26.08.2008 – 10 A 3250/07, BRS 73 Nr. 208).

2.3 Gefahrenabwehr

38 Die Gefährdung der öffentlichen Sicherheit oder Ordnung zielt auf die **bauordnungsrechtlichen Schutzgüter**. Zur Auslegung der Bestimmungen des Satzes 1 kann auf die ordnungsrechtliche Generalklausel des § 14 OBG und deren Verständnis nach gefestigter Rechtsprechung und Literatur zurückgegriffen werden. Der (Kurz-)Begriff **Gefahrenabwehr** (= Abwehr von Gefahren für die öffentliche Sicherheit oder Ordnung) wird hiernach erst verständlich, wenn die Teilbegriffe »**Gefahr**« sowie »**öffentliche Sicherheit**« und »**öffentliche Ordnung**« geklärt sind. Die in § 3 Abs. 1 Satz 1 BauO NRW verwendeten Begriffe haben keinen spezifischen baurechtlichen Inhalt; sie entsprechen denen des allgemeinen Ordnungsrechts (vgl. hierzu OVG NRW, Urt. v. 07.07.1987 – 9 A 2529/86, NJW 1988, 787, zu Gefahren für die öffentliche

Sicherheit oder Ordnung durch einen Automaten für Kondome). Die **Auslegung** dieser unbestimmten Rechtsbegriffe stellt **keine Ermessensausübung, sondern Rechtsanwendung** dar und unterliegt deshalb der uneingeschränkten verwaltungsgerichtlichen Kontrolle (OVG NRW, Urt. v. 07.07.1976 – VII A 1804/75, DVBl 1976, 790 zu §§ 3 ff. BImSchG und zur TA Luft 1974 unter Ablehnung der damals neueren Tendenzen, den Ordnungsbehörden einen Beurteilungsspielraum zumindest bei Wertungen oder Zukunftsprognosen zu eröffnen, der nicht der vollen Nachprüfung unterliegt; s. Ossenbühl, Vom unbestimmten Gesetzesbegriff zur letztverbindlichen Verwaltungsentscheidung; DVBl 1974, S. 309 ff.). »Die Verwaltung darf im Rahmen der Begriffsauslegung nur den Gesetzestatbestand durch richtlinienkonforme Ausfüllung mit Einzelgesichtspunkten vervollständigen, nicht aber den Gesetzestatbestand als Mindestnorm begreifen und eigene Voraussetzungen des Handelns nach freiem Gutdünken hinzufügen« (so Smeddinck, Der unbestimmte Rechtsbegriff – strikte Bindung oder Tatbestandsermessen?, DÖV 1998, S. 370 ff.).

Bloße Belästigungen stellen dagegen **keine Gefahr** dar, was auch erklärt, warum in Einzelvorschriften die Verhinderung »**unzumutbarer**« oder »**vermeidbarer Belästigungen**« über die Gefahrenabwehr hinaus ein besonderes Schutzziel darstellt (vgl. Rdn. 11). 39

2.3.1 Begriff der Gefahr

»**Gefahr** ist ein **Zustand,** der nach verständigem Ermessen **den Eintritt eines Schadens mit Wahrscheinlichkeit erwarten lässt**«, so die nach wie vor gültige Definition des PrOVG (Urt. v. 23.03.1933 – IV. C. 22/33, PrOVGE 90, Nr. 76 S. 293). Die Formulierung »nach verständigem Ermessen« entspricht der »**objektiven Würdigung**«. Eine Gefahr liegt vor, wenn eine Sachlage und ein Verhalten bei ungehindertem Ablauf des objektiv zu erwartenden Geschehens mit Wahrscheinlichkeit ein geschütztes Rechtsgut schädigen wird (BVerwG, Beschl. v. 10.08.1971 – IV B 87.71, BRS 24 Nr. 122; OVG NRW, Beschl. v. 03.07.2012 – 2 B 748/12, BauR 2012, 1779). Die **mehr oder minder entfernte Möglichkeit** des Schadenseintritts **genügt in der Regel nicht**, um von einer Gefahr ausgehen zu können (vgl. Scheerbarth, S. 28). Allerdings kann auch die **entferntere Möglichkeit** eines Schadenseintritts ausreichen, wenn **besonders hochwertige Schutzgüter** auf dem Spiele stehen (BVerwG, Urt. v. 26.06.1970 – IV C 99.67, NJW 1970, 1890 = DÖV 1970, 714 zu §§ 19, 34 WHG und Urt. v. 16.11.1973 – IV C 44.69, DÖV 1974, 207 = DVBl 1974, 297 zu §§ 14, 15 OBG; OVG NRW, Beschl. v. 20.02.2013 – 2 A 239/12, BauR 2013, 1261). 40

Schaden wird man positiv als eine **Verschlechterung des bestehenden normalen Zustands durch von außen kommende regelwidrige Einflüsse** insbesondere auf Leben, Gesundheit oder die natürlichen Lebensgrundlagen beschreiben können. Nun kann aber nicht jede Verschlechterung des Normalzustandes gleich auch als Schaden im Sinne der Generalklausel angesehen werden. Das Bauen ist normalerweise immer mit geringfügigen regelwidrigen Einflüssen verbunden, die zwar den Wert der baulichen Anlage mindern können, wie z.B. Setzrisse im Mauerwerk infolge mangelhafter Bauausführung, die aber die in § 3 Abs. 1 Satz 1 BauO NRW angesprochenen Schutzgüter 41 nicht berühren, weil sie zum Zeitpunkt der Feststellung (noch) nicht gefährlich für den sicheren Fortbestand des Bauwerks sind. Auch geringfügige Verletzungen (Minderungen) von Rechtsnormen können sich aber zu Gefahren entwickeln, die unbedingt unterbunden werden müssen, um hochwertige Rechtsgüter wie Leben oder Gesundheit zu schützen. So kann z.b. mangelnde Sorgfalt bei der Instandhaltung dazu führen, dass die Halterungerungen einer Umwehrung zu rosten beginnen. Anfänglich liegt eine bloße Unschönheit durch Rostspuren auf der Fassade vor. Nach einiger Zeit entwickelt sich eine Beeinträchtigung der Haltbarkeit der Befestigung, allerdings immer noch unterhalb der Gefahrenschwelle, weil die Umwehrung die in den technischen Regeln geforderten Kräfte noch sicher aufnehmen kann. Zu einem bestimmten Zeitpunkt tritt aber infolge der weiter voranschreitenden Durchrostung ein gefährlicher Zustand auf, weil die nach den technischen Regeln erforderlichen Kräfte nicht mehr sicher aufgenommen werden können und eine sich auf das Geländer stützende Person abstürzen und ihre Gesundheit oder schlimmstenfalls ihr Leben einbüßen kann.

42 Nur die **objektive Verletzung (Minderung)** fällt unter den Schadensbegriff. Das bedeutet für den Immissionsschutz, dass ein Geräusch, das nur den überempfindlichen, nicht aber den normal empfindlichen Menschen beeinträchtigt, keinen Schaden in diesem Sinne bewirkt. Das Gleiche gilt bei Erschütterungen. Die Frage, ob es sich im Einzelfall um die Verschlechterung des bestehenden normalen Zustandes handelt, wird man nach den konkreten, insbesondere zeitlichen und örtlichen Umständen beantworten müssen; hiernach werden z.B. bestimmte Auswirkungen eines großstädtischen Vergnügungsviertels als Normalzustand angesehen werden müssen, die jedoch als durchaus ungewöhnlich bezeichnet werden können, falls sie in gleicher Weise von einer Gaststätte in einem Wohngebiet ausgingen. Bei dieser Betrachtung muss berücksichtigt werden, dass sich die Auffassungen der Gesellschaft in einem permanenten Wandel befinden. Was heute nur belästigt, kann morgen schon eine Gefahr darstellen und umgekehrt.

43 Die **Gefahrenlage** muss grundsätzlich **objektiv gegeben** sein. Die Bauaufsichtsbehörde ist daher nicht berechtigt einzuschreiten, wenn ihre subjektive Auffassung vom Bestehen einer Gefahr durch die Tatsachenlage nicht bestätigt wird (dann spricht man von **Putativ- oder Scheingefahr**). Dabei ist jedoch zu beachten, dass sich die Objektivität der Gefahrenlage nach ihrem äußeren Anschein richtet. Man spricht dann von **Anscheinsgefahr**, die letztlich einen Unterfall der konkreten Gefahr darstellt (vgl. Schlotterbeck/von Arnim/Hager, zu § 3 Rn. 30). Die Bauaufsichtsbehörde darf demnach dann tätig werden, wenn eine Sachlage bei objektiver Betrachtung den Anschein oder den dringenden Verdacht einer Gefahr erweckt (s. Nr. 14.11 VV OBG). Schließlich ist von der Anscheinsgefahr der **Gefahrenverdacht** zu unterscheiden. Hier ist unklar, wie die Sachlage tatsächlich ist (z.B. Einsturzverdacht bei Rissen im Mauerwerk). Das Einschreiten ist dann so weit und so lange berechtigt, bis über das Vorliegen der Gefahr Klarheit geschaffen ist; die insoweit zulässigen Maßnahmen dürfen als **Gefahrerforschungseingriffe** nur einstweiliger Natur sein (Hess. VGH, Beschl. v. 24.06.1991 – 4 TH 899/91, DVBl 1992, 43 zum Erfordernis eines Sachverständigengutachtens

als Grundlage für die Vorbereitung der eigentlichen Gefahrenabwehrmaßnahme; BVerwG, Urt. v. 28.02.1961 – I C 54/57, BVerwGE 12, 87 = NJW 1961, 2077).

Der **Begriff »Gefahr«** erfährt in der Gesetzessprache und in der Rechtsanwendung **Differenzierungen**, die auch für das Baurecht wichtig sind. So ist gemäß § 59Abs. 1 BauO NRW Voraussetzung für ein Anpassungsverlangen an neue Rechtsvorschriften bei bestehenden, legal errichteten Bauten das Vorliegen einer konkreten Gefahr. In die baurechtliche Betrachtung einzubeziehen sind die **Besonderheiten des Bauwerks**. So treten **bei Sonderbauten** regelmäßig **Überschneidungen** des Gefahrenbegriffs des Bauordnungsrechts **mit dem Gefahrenbegriff anderer Rechtsvorschriften** auf. Dabei kann es sein, dass der bauordnungsrechtliche Gefahrenbegriff durch den fachgesetzlichen Gefahrenbegriff **verdrängt** wird (vgl. Roller, Der Gefahrenbegriff im atomrechtlichen Aufsichtsverfahren, DVBl 1993, S. 20 ff.; s. auch OVG NRW, Beschl. v. 02.01.1990 – 21 D 66/89, DVBl 1990, 598 = NuR 1991, 194 zum Brandschutz in Atomkraftwerken). Es ist zwischen **konkreter** (§ 14 OBG formuliert: die »im einzelnen Falle bestehende Gefahr«) und **abstrakter** Gefahr (auch allgemeine oder potentielle Gefahr genannt) zu unterscheiden. 44

Eine **konkrete Gefahr** muss gegeben sein, wenn die Bauaufsichtsbehörde, gestützt auf § 58 Abs. 2 Satz 2 BauO NRW, einschreiten will. Die Gefahr muss im betreffenden Einzelfall, und zwar im Zeitpunkt des Eingreifens, tatsächlich bestehen. Die Wahrscheinlichkeit eines Schadenseintritts darf nur nicht ganz entfernte sein. Eine konkrete Gefahr ist dann anzunehmen, **wenn im konkreten Einzelfall in überschaubarer Zukunft mit dem Schadenseintritt hinreichend wahrscheinlich gerechnet werden muss** (OVG NRW, Urt. v. 09.04.2014 – 8 A 431/12, juris). Notwendig zur Rechtfertigung des ordnungsbehördlichen Einschreitens ist eine aus **Tatsachen** sich ergebende **Wahrscheinlichkeit der Gefährdung**, dass die **begründete Besorgnis** einer solchen besteht. Nicht erforderlich ist, dass der Eintritt der Gefahr gewiss oder mit Sicherheit zu erwarten ist und dass die Gefahr unmittelbar bevorsteht (OVG NRW, Beschl. v. 23.01.2014 – 2 A 2746/13, juris). Vielmehr genügt zur **hinreichenden Wahrscheinlichkeit** nach der Prognose der Behörde eine Gefährdung der dem bauordnungsrechtlichen Schutz anvertrauten Interessen im Sinne einer **ex-ante-Betrachtung**. Die konkrete Gefahr wird bereits durch den Verstoß gegen eine der Sicherheit dienende Vorschrift bewirkt; sie ist z.B. bereits zu bejahen, wenn ein Verkehrsteilnehmer nachts auf einer völlig menschenleeren Straße das Rotzeichen einer Lichtsignalanlage nicht beachtet, ohne dass sich daraus irgendeine Verkehrsbeeinträchtigung ergibt. Auf den baurechtlichen Bereich übertragen, reicht es also aus, wenn z.B. ein Bauherr eine 2 m hohe Einfriedungsmauer entgegen den technischen Regeln lediglich aus 11,5 cm tiefen Steinen hoch mauert, ohne diese in mit dem Fundament fest verbundene Stahlträger einzuspannen oder in anderer Weise für die Aufnahme und sichere Ableitung der Stoß- und Windkräfte zu sorgen; eine solche Ausführung stellt eine konkrete Gefahr dar, weil nach der Prognose die hinreichende Wahrscheinlichkeit besteht, dass die Einfriedungsmauer bei einem heftigen Windstoß – der auch in ferner Zukunft liegen kann – umstürzen wird. Auch das **Fehlen eines zweiten Rettungsweges** stellt eine konkrete Gefahr für Leib und Lebend dar, da es allgemeiner Erfahrung entspricht, dass ein Treppenhaus als Rettungsweg durch den Brand oder 45

Rauch versperrt ist, so dass die betroffenen Personen auf einen anderen Rettungsweg angewiesen sind (OVG NRW, Urt. v. 25.08.2010 – 7 A 749/09, NVwZ-RR 2011, 47). Bei der Frage der **Standsicherheit** einer baulichen Anlage genügen objektive Anhaltspunkte, die Zweifel an der Standsicherheit wecken, ein Einsturz des Gebäudes muss hingegen noch nicht akut drohen (OVG NRW, Beschl. v. 23.01.2014 – 2 A 2746/13, juris und Beschl. v. 21.07.2017 – 7 B 668/17, juris).

46 Eine **abstrakte Gefahr** ist demgegenüber eine, mit der aufgrund einer **generell-abstrakten Betrachtung** auf einem bestimmten Gebiet nach der Lebenserfahrung mit hinreichender Wahrscheinlichkeit, also in der Mehrzahl der Normalfälle, gerechnet werden muss, die aber durchaus nicht in jedem Einzelfall einzutreten braucht. Die materiellen Einzelvorschriften der BauO NRW wirken solchen abstrakten Gefahren entgegen; so müssen z.B. gemäß § 12 Abs. 1 Satz 1 BauO NRW bauliche Anlagen für sich allein standsicher sein und dürfen diese geforderte Standsicherheit nicht erst durch Mitbenutzung anderer baulicher Anlagen erlangen, da dann die abstrakte Gefahr besteht, dass ein Einsturz droht, wenn die andere bauliche Anlage umgebaut oder abgebrochen wird. Die **abstrakte Gefahr genügt für den Erlass ordnungsbehördlicher Verordnungen** (s. §§ 25 ff. OBG) oder auf die BauO NRW gestützter **Rechtsverordnungen** (s. § 87BauO NRW). Liegt eine solche Verordnung vor, so braucht die Behörde lediglich nachzuweisen, dass die **tatbestandsmäßigen Voraussetzungen der Verordnung erfüllt** sind, nicht aber, dass eine konkrete Gefahr im Einzelfall vorliegt (OVG NRW, Urt. v. 20.05.1958 – VII A 309/57, DVBl 1959, 33 zu § 14 OBG).

47 Der **Unterschied** zwischen einer konkreten und einer abstrakten Gefahr liegt nicht in einer Abstufung je nach dem Grad der Wahrscheinlichkeit eines schädigenden Ereignisses. Die im Einzelfall bevorstehende Gefahr (§ 14 Abs. 1 OBG) braucht keinesfalls unmittelbar bevorstehend oder gegenwärtig zu sein (die »gegenwärtige« Gefahr ist Voraussetzung für die Inanspruchnahme eines Nichtstörers, s. § 19 OBG, oder für den sofortigen Vollzug, s. § 55 Abs. 2 VwVG NRW), ihre Verwirklichung, also der Eintritt des Schadens, kann vielmehr möglicherweise noch Jahre auf sich warten lassen und gleichwohl die Gefahr »konkret« sein. Erforderlich ist nur die hinreichende oder auch bloße Wahrscheinlichkeit des Eintritts eines Schadens im konkreten Einzelfall (vgl. BVerwG, Urt. v. 13.12.1967 – IV C 146/65, BVerwGE 28, 310 = NJW 1968, 764). Da aber die hinreichende oder auch bloße Wahrscheinlichkeit zu der konkreten wie zur abstrakten Gefahr gehört – beide Gefahrenbegriffe stellen im Übrigen die gleichen Anforderungen an die Wahrscheinlichkeit des Eintritts eines Schadens –, liegt der Unterschied nur in der Betrachtungsweise: bei der konkreten Gefahr »konkret«, auf den **Einzelfall** bezogen, bei der abstrakten Gefahr »abstrakt-generell«, auf den **Regelfall** abgestellt (BVerwG, Urt. v. 26.06.1970 – IV C 99/67, BVerwGE 35, 319 = NJW 1970, 1890 zu §§ 19 und 34 WHG; OVG LSA, Beschl. v. 23.12.2014 – 3 L 695/12, juris). Der Unterschied hat vor allem verfahrensrechtliche Auswirkungen: die **präventive Prüfung** von Bauanträgen dient regelmäßig der **Abwehr abstrakter Gefahren**, das **repressive Einschreiten** nach § 58 BauO NRW im Einzelfall bezweckt die **Abwehr konkreter Gefahren**.

Sowohl bei der konkreten wie bei der abstrakten Gefahr muss bei der Beurteilung der **48**
Wahrscheinlichkeit des Schadenseintritts differenziert werden hinsichtlich der jeweils
auf dem Spiel stehenden **Schutzgüter**. Ist der möglicherweise eintretende **Schaden
sehr groß**, können an die Wahrscheinlichkeit des Schadenseintritts nur entsprechend
geringere Anforderungen gestellt werden. Das bedeutet, dass bei der Gefahr besonders großer Schäden ausnahmsweise zur »hinreichenden Wahrscheinlichkeit« in der
erwähnten Faustformel auch die entferntere Möglichkeit des Schadenseintritts gehört
(OVG NRW vom 29.03.1983 – 7 A 1549/82, n.v.; OVG LSA, Beschl. v. 09.02.2006 –
2 M 71/05, juris; s.a. Hansen-Dix, Die Gefahr im Polizeirecht, im Ordnungsrecht
und im Technischen Sicherheitsrecht, 1982, S. 35 ff.). So ist beispielsweise **mit der
Entstehung eines Brandes praktisch jederzeit zu rechnen**, da der Umstand, dass in
vielen Gebäuden jahrzehntelang kein Brand ausgebrochen ist, nur einen Glücksfall
darstellt, dessen Ende jederzeit möglich ist (OVG NRW, Beschl. v. 24.04.2012 – 10
B 382/12, BauR 2012, 1234). Aus einem Verstoß gegen bestimmte vom Gesetz- oder
Verordnungsgeber geregelte **besonders bedeutsame Sicherheitsstandards** kann der
Schluss gezogen werden, dass bei einem Fehlen des Standards im Einzelfall auch mit
hinreichender Wahrscheinlichkeit in überschaubarer Zukunft mit einem Schadenseintritt gerechnet werden muss und deshalb auch die für das Einschreiten im Einzelfall
erforderliche konkrete Gefahr gegeben ist (OVG NRW, Beschl. v. 28.12.1994 – 7 B
2890/94, BRS 57 Nr. 245).

Abstrakte oder **konkrete Gefahr treffen zusammen**, wenn beispielsweise die einzelne **49**
Anlage in ihrer Gefahrenträchtigkeit nicht von dem typischen Zustand abweicht, den
der Gesetz- oder Verordnungsgeber mit den sicherheitsrechtlichen Anforderungen in
den Griff zu bekommen versucht (BVerwG, Urt. v. 12.07.1973 – I C 23.72, DVBl
1973, 857 zum Verlangen der Behörde, einen alten Personenaufzug ohne Fahrkorbtür
nachträglich entsprechend der Aufzugsverordnung mit einer solchen auszurüsten;
OVG Lüneburg, Urt. v. 23.09.1976 – I A 94/74, BRS 30 Nr. 163, zu Anpassungsmaßnahmen bei gefährlichem Steigungsverhältnis einer Treppe und OVG Lüneburg,
Urt. v. 17.01.1986 – 6 B 1/86 zum Verlangen, eine alte Dungstätte zur Verhinderung
einer Grundwasserverunreinigung mit einem wasserdichten Boden zu versehen).
Das **Zusammentreffen** abstrakter und konkreter Gefahr ist **Anwendungsvoraussetzung für § 59 Abs. 1 BauO NRW**, da die abstrakte Gefahr für sich allein ein Einschreiten nach dieser Vorschrift noch nicht rechtfertigt (vgl. Hess. VGH, Beschl. v.
18.10.1999 – 4 TG 3007/97, BauR 2000, 553 = BRS 62 Nr. 144 = DÖV 2000,
338 = NVwZ-RR 2000, 581 = ZfBR 2000, 570; OVG Rh-Pf, Urt. v. 12.12.2012 – 8
A 10875/12, BauR 2013, 760).

2.3.2 Begriff der öffentlichen Sicherheit

Nicht jede Gefahr berechtigt die Bauaufsichtsbehörde zum Eingreifen, sondern nur die, **50**
welche die »**öffentliche Sicherheit und Ordnung**« bedroht. Der Doppelbegriff ist in
der BauO NRW **entsprechend dem OBG** beibehalten worden, obwohl er inzwischen
im Polizeigesetz nicht mehr verwendet wird. Der niedersächsische Gesetzgeber hat mit
der NBauO 1995 den Begriff der öffentlichen Ordnung aus § 3 NBauO gestrichen,
weil er kaum noch praktische Bedeutung aufweist (zu den beachtlichen Beweggründen

im Einzelnen s. Große-Suchsdorf, zu § 3 Rn. 12). Der Begriff öffentliche Sicherheit wird zwar in der Regel nur zusammen mit dem Begriff öffentliche Ordnung verwendet, ohne dass unterschieden wird, ob es sich um eine Gefahr für die öffentliche Sicherheit oder die öffentliche Ordnung handelt. Dennoch kann auf die Erläuterung der Bestandteile dieses »Zwillingsbegriffs« nicht verzichtet werden, da zur Rechtfertigung einer ordnungsbehördlichen Maßnahme im Einzelnen dargelegt werden muss, worin die Gefahr für die öffentliche Sicherheit oder Ordnung gesehen wird. Auch besteht die Notwendigkeit, den Begriff der öffentlichen Sicherheit abzugrenzen gegenüber dem Begriff Sicherheit, wie er etwa im Straßenverkehr (z.B. »Sicherheit oder Ordnung des Verkehrs«, § 45 StVO) oder anderen Rechtsbereichen verwendet wird.

51 Unter **öffentlicher Sicherheit** versteht man die **Unversehrtheit von Leben, Gesundheit, Würde, Freiheit** und **Vermögen** sowie der **Integrität der Rechtsordnung** und das **ungestörte Funktionieren des Staates** und seiner öffentlichen Einrichtungen (vgl. Scheerbarth, S. 28; Große-Suchsdorf, zu § 3 Rn. 11). Zum Begriff öffentliche Sicherheit gehört auch die Unversehrtheit sonstiger »kollektiver Rechtsgüter« wie des Wasserhaushalts (BVerwG, Urt. v. 16.11.1973 – IV C 44.69, DVBl 1974, 297). Die öffentliche Sicherheit ist gestört, wenn gegen materielles und/oder formelles Baurecht verstoßen wird (Hess. VGH, Urt. v. 06.05.1958 – OS IV 26/55, BBauBl. 1959, 193 = BRS 8, V A 1 S. 66). Allerdings bedeutet nicht nur die Verletzung eines bestehenden Rechtssatzes eine Störung der öffentlichen Sicherheit, da auch beim Fehlen baurechtlicher Einzelvorschriften die öffentliche Sicherheit gefährdet sein kann. Zur öffentlichen Sicherheit rechnen die **allgemeinen Anforderungen** der §§ 9–16 BauO NRW an die Standsicherheit, den Brandschutz, den Wärmeschutz, den Schutzes gegen Lärm, Luftverunreinigungen, Erschütterungen, Durchfeuchtung, chemische oder biologische Einflüsse und die Verkehrssicherheit. Die **Unversehrtheit der Rechtsordnung** ist insbesondere dann gestört, wenn strafbare Handlungen oder Ordnungswidrigkeiten vorliegen (VG Minden, Urt. v. 27.11.2007 – 1 K 2883/06, NVwZ-RR 2008, 378).

52 In § 3 Abs. 1 Satz 1 BauO NRW werden **Leben** und **Gesundheit** sowie die **natürlichen Lebensgrundlagen** als wichtigste der zur öffentlichen Sicherheit gehörenden Rechtsgüter **beispielhaft** genannt (deswegen das Wort »insbesondere«). Leben und Gesundheit sind elementare Rechtsgüter des Menschen.

53 Dem **Schutz des Lebens** dienen die allgemeinen Anforderungen der §§ 12, 14 und 16 BauO NRW nach Standsicherheit, Brandschutz und Verkehrssicherheit; Brandschutzvorschriften sind die ältesten Ziele des Baurechts.

54 Die **Gesundheit** im Sinne des § 3 Abs. 1 Satz 1 BauO NRW ist durch bloße Störungen des körperlichen oder seelischen Wohlbefindens noch nicht gefährdet (VGH B-W, Beschl. v. 09.02.1995 – 3 S 3407/94, NVwZ-RR 1995, 561; BayVGH, Beschl. v. 23.06.2017 – 15 ZB 16.920, juris). Dem Gesundheitsschutz dienen primär die allgemeinen Anforderungen der §§ 13 und 15 BauO NRW sowie die eingeführten Technischen Baubestimmungen zum Schutz vor gefährlichen Stoffen in Bauprodukten (Hamb. OVG, Beschl. v. 21.08.1991 – Bs II 67/91, BRS 52 Nr. 227 und Beschl. v. 15.01.1993 – Bs II 105/91, BRS 55 Nr. 195 zu Gefahren durch Asbest in Nachtstromspeicheröfen).

Nur soweit **keine Einzelvorschriften** bestehen, lässt sich § 3 Abs. 1 Satz 1 BauO 55
NRW **unmittelbar** zur Gefahrenabwehr heranziehen (vgl. VG Karlsruhe, Beschl. v.
09.01.1997 – 11 K 3769/96, NVwZ 1997, 929 und OVG Rh-Pf, Urt. v.
19.01.2006 – 1 A 10845/05, NVwZ-RR 2006, 768 zu Gefahren durch Eisabwurf
einer Windenergieanlage).

Die Klarstellung in Satz 1 bei der Aufzählung der wichtigsten zur öffentlichen Sicher- 56
heit gehörenden Rechtsgüter in Bezug auf die »**natürlichen Lebensgrundlagen**« soll
die Bedeutung der **ökologischen Belange** hervorheben. Auch wenn der Begriff der öffentlichen Sicherheit und Ordnung den Schutz der natürlichen Lebensgrundlagen seit
jeher mit einschließt, soll den natürlichen Lebensgrundlagen ein besonderes Gewicht
zukommen. So war es immer unstreitig, dass – unbeschadet spezieller gesetzlicher Regelungen – bauordnungsrechtlich z.B. das Grundwasser oder der Boden vor Verunreinigungen geschützt werden konnte. Die Ergänzung stellt also **keine Verschärfung** der
Rechtslage dar. Gleichwohl kann sie nicht als Leerformel angesehen werden, denn
einerseits wird die erweiterte Generalklausel insbesondere durch Einzelvorschriften (s.
z.B. §§ 8, 11 BauO NRW) erläutert bzw. konkretisiert, andererseits wird ihr auch im
Rahmen der Gesetzesauslegung und bei der Zulassung von Abweichungen ein erhebliches Gewicht zugemessen (vgl. LT-Drucks. 11/7153 S. 146).

Der **Schutz der natürlichen Lebensgrundlagen** ist inzwischen auch ein **verfassungs-** 57
rechtliches Ziel. So schützt der Staat gemäß § 20a GG in Verantwortung für die
künftigen Generationen die natürlichen Lebensgrundlagen im Rahmen der verfassungsmäßigen Ordnung. Mit dem Gesetz zur Änderung der Verfassung für das Land
Nordrhein-Westfalen vom 03.07.2001 (GV. NRW. S. 456) wurde Art. 29a Abs. 1
Landesverfassung wie folgt gefasst: »Die natürlichen Lebensgrundlagen und die Tiere
stehen unter dem Schutz des Landes, der Gemeinden und Gemeindeverbände.«

Gerade weil die Einfügung der »natürlichen Lebensgrundlagen« in den Gesetzestext 58
schon im Gesetzgebungsverfahren zu Irritationen geführt hat, sei darauf hingewiesen,
dass hierdurch **keine generelle Umweltverträglichkeitsprüfung** in bauaufsichtliche
Verfahren eingeführt und keine Kompetenzverlagerungen bewirkt werden sollten.
Vielmehr ist in den bauaufsichtlichen Verfahren zu prüfen, ob das Vorhaben dem
geltenden Recht entspricht. Soweit hierbei Fragen aus anderen Rechtsbereichen auftauchen, ist die Einschaltung von Fachbehörden geboten, um deren besonderen Sachverstand einzubeziehen (vgl. Große-Suchsdorf, zu § 3 Rn. 21). Nur wenn es nach dem
UVPG oder dem UVPG NW einer Umweltverträglichkeitsprüfung bedarf, muss das
Genehmigungsverfahren gemäß § 61 Abs. 1 Satz 2 BauO NRW den Anforderungen
des UVPG NW genügen.

2.3.3 Begriff der öffentlichen Ordnung

Unter öffentlicher Ordnung ist die **Gesamtheit der ungeschriebenen Regeln für das** 59
Verhalten des Einzelnen in der Öffentlichkeit zu verstehen, deren Beachtung nach
den jeweils herrschenden **sozialen** und **ethischen Anschauungen** als unentbehrliche
Voraussetzung für ein gedeihliches Miteinanderleben der Menschen betrachtet wird
(OVG NRW, Urt. v. 27.09.2000 – 5 A 4916/98, BauR 2001, 381 und BVerwG,

§ 3 Allgemeine Anforderungen

Urt. v. 26.02.1970 – I C 11.69, DVBl 1970, 504; s. auch Scheerbarth, S. 29). Hierbei handelt es sich nicht um Rechtsvorschriften, deren Einhaltung bereits dem Aspekt der öffentlichen Sicherheit unterfällt, sondern um **herrschende sittliche und moralische Wertvorstellungen**. Die Einbeziehung der öffentlichen Ordnung in den Polizeibegriff entstammt dem 19. Jahrhundert und hatte aufgrund des geringen Vorschriftenumfangs und homogener Moralvorstellungen des die Rechtsordnung prägenden Bürgertums noch Sinn. Die praktische Anwendung der Norm im Bereich des allgemeinen Ordnungsrechts zeigt jedoch keine inhaltliche Rechtsprechungskontinuität, wie sich am Beispiel der Peep-Shows und der Frauenboxkämpfe belegen lässt (s. die Nachweise bei Hill, Abschied von der öffentlichen Ordnung im Polizei- und Ordnungsrecht?, DVBl 1985, S. 88 ff.).

60 Die öffentliche Ordnung im polizeirechtlichen Sinne soll das **Minimum der Sozialregeln** bezeichnen, die von der großen Mehrheit der Bevölkerung als unerlässlich für ein Zusammenleben angesehen werden (vgl. Heuer, Die Generalklausel des preußischen Polizeirechts von 1875 bis zum Polizeiverwaltungsgesetz, 1988, S. 293). Das allgemeine Verständnis hinsichtlich der sozialen und ethischen Anschauungen unterliegt einem starken Wandel, der Einfluss auf die Beurteilung hat, ob eine Störung der öffentlichen Ordnung vorliegt (s. hierzu BVerwG vom 15.07.1980 – 1 C 45.77, BVerwGE 60, 284 = DVBl 1980, 1048 und BayVerfGH, Beschl. v. 16.11.1982 – Vf. 26 – VII/80 u.a., NJW 1983, 2188; OVG NRW, Urt. v. 18.06.1996 – 5 A 769/95, DÖV 1996, 1052 = VR 1997, 177 bezüglich der Zurschaustellung des nackten Körpers in der Öffentlichkeit). So ist z.B. die Prostitution infolge des allgemeinen Auffassungswandels zum sozialschädlichen Verhalten seit der Strafrechtsreform von 1973 nur noch sehr eingeschränkt strafbar (vgl. Stühler, Prostitution und öffentliches Recht [unter besonderer Berücksichtigung des Baurechts], NVwZ 1997, S. 861 ff.).

61 Der **Anwendungsbereich** des Begriffs »öffentliche Ordnung« ist im **Baurecht** – wie generell im allgemeinen Ordnungsrecht – **nahezu bedeutungslos**, weil entsprechende Lebenssachverhalte rechtlich geregelt sind, so dass dann nur die öffentliche Sicherheit betroffen sein kann (so auch Jeromin, zu § 3 Rn. 27). Die mitunter genannten Anwendungsfälle aus dem Bereich des Baurechts weisen überwiegend gerade keinen Bezug zu ungeschriebenen Regeln auf. Die Einrichtung eines Bordells in der Nähe einer Schule ist z.B. als eine Gefährdung der öffentlichen Ordnung angesehen worden (OVG Rh.-Pf., Urt. v. 04.04.1974 – 1 A 1/73, BRS 28 Nr. 29; VGH B-W, Urt. v. 06.10.1982 – 3 S 626/82, BRS 39 Nr. 216). Keine Gefährdung der öffentlichen Ordnung besteht hingegen bei einem Dirnenwohnheim im Außenbereich (BayVGH, Urt. v. 27.07.1976 – Nr. 354 I 73, BRS 30 Nr. 125), einem Bordell im Gewerbegebiet (OVG NRW, Urt. v. 19.01.1983 – 11 A 2171/82, BRS 40 Nr. 51 und BVerwG, Urt. v. 25.11.1983 – 4 C 21.83, BRS 40 Nr. 52) oder im Industriegebiet (VG Freiburg, Urt. v. 24.10.2000 – 4 K 1178/99, BRS 63 Nr. 81 = DVBl 2001, 1303). Betrachtet man die Entscheidungen genauer, zeigt sich, dass in Wahrheit **bauplanungsrechtliche Gesichtspunkte ausschlaggebend** waren, insbesondere das **Rücksichtnahmegebot**.

62 Auch **bauordnungsrechtliche Fälle** belegen, dass genügend Einzelvorschriften bereitstehen, um nicht auf den Begriff der öffentlichen Ordnung zurückgreifen zu müssen.

Lagert z.b. ein Grundstückseigentümer auf den nicht überbauten Flächen Gerümpel oder Schutt, so liegt darin kein sittenwidriges Verhalten, sondern ein direkter Verstoß gegen die Schutzziele des § 8 Abs. 1 BauO NRW (ebenso Große-Suchsdorf, zu § 9 Rn. 8). Die Schaffung von **Schmutzwinkeln** kann bereits aufgrund bauplanungsrechtlicher Anforderungen unterbunden werden (vgl. § 6 Rdn. 321). »Der Begriff der öffentlichen Ordnung ist heute überflüssig, weil er rückstandslos im Begriff der öffentlichen Sicherheit, insbesondere soweit sich dieser auf die Unversehrtheit von Rechtsgütern bezieht, aufgeht« (so Waechter, Die Schutzgüter des Polizeirechts, NVwZ 1997, S. 729 ff.).

2.3.4 Öffentliches Interesse und Nachbarschutz

Die Formulierung öffentliche Sicherheit oder Ordnung bedeutet nicht, dass die Allgemeinheit oder eine Vielzahl von Personen betroffen sein müssen, wenn die Bauaufsichtsbehörde eingreifen will. Es ist unbestritten, dass durch § 3 Abs. 1 Satz 1 BauO NRW wie im allgemeinen Ordnungsrecht durch § 14 Abs. 1 OBG **auch der Einzelne geschützt** wird, ohne dass es für ordnungsbehördliche Maßnahmen insofern des Nachweises eines öffentlichen Interesses bedürfte. Das OVG NRW führt im Urt. v. 07.09.1982 – 7 A 606/82, n.v. hierzu aus: 63

»Zum anderen ist jedoch für § 14 Abs. 1 OBG anerkannt, dass die Ermächtigung der Ordnungsbehörde zur Gefahrenabwehr auch dem Schutz des einzelnen dienen kann und diesem subjektivöffentliche Rechte vermittelt, soweit im Einzelfall diese Ermächtigung zum ordnungsbehördlichen Einschreiten – auch – gerade ihn zu schützen bestimmt ist. Für § 3 Abs. 1 Satz 1 BauO NW gilt nichts anderes. Der Schutz von Leben und Gesundheit, der in dieser Vorschrift exemplarisch angesprochen ist, geschieht eben nicht nur im öffentlichen Interesse, sondern gerade auch im Interesse derjenigen, deren Leben und Gesundheit durch die bauliche Anlage gefährdet werden könnten.« 64

Werden **ausschließlich private Rechte** berührt, ergeben sich Einschränkungen für ein Einschreiten aus dem Gesichtspunkt des **Grundsatzes der Subsidiarität** und dem **Grundsatz der Opportunität** (OVG NRW, Urt. v. 21.09.1968 – IV A 836/67, DÖV 1968, 697; BVerwG, Urt. v. 25.02.1969 – I C 7.68, DÖV 1969, 465). Der Schutz privater Rechte ist traditionell **keine Aufgabe des Bauordnungsrechts** (so Schlotterbeck/von Arnim/Hager, zu § 3 Rn. 18; vgl. § 74 Rdn. 250–253), sondern obliegt der **Zivilrechtsordnung**. Nicht erfasst sind Fälle, in denen Bauwerke zivilrechtliche Verträge verletzen (so Große-Suchsdorf, zu § 3 Rn. 14), da dann genügend Zeit zur Inanspruchnahme der Zivilgerichte besteht. 65

Angesichts der die Generalklausel regelmäßig verdrängenden Einzelvorschriften kann **Nachbarschutz nur in seltenen Ausnahmefällen** gegeben sein, wenn es unmittelbar um den Schutz der in § 3 Abs. 1 Satz 1 BauO NRW aufgeführten Rechtsgüter des Nachbarn geht (so Wilke/Dageförde/Knuth/Meyer, zu § 3 Rn. 27), beispielsweise wenn die Gefährdung des Eigentums des Nachbarn so handgreiflich ist, dass dies die notwendige Qualifizierung, Individualisierung und Abgrenzung der von der Norm geschützten Dritten bewirkt (OVG NRW, Urt. v. 09.06.2011 – 7 A 1494/09, juris). Außerdem schützt die Vorschrift nicht denjenigen, von dessen Grundstück selbst eine 66

Gefährdung ausgeht (VGH B-W, Urt. v. 16.10.1996 – 3 S 2332/95, BRS 59 Nr. 187). Die praktische Bedeutung ist demnach sehr gering (vgl. § 72 Rdn. 173; so auch Hahn/Schulte, Rn. 227). Voraussetzung ist, dass keine Einzelvorschriften eingreifen und so die Generalklausel unmittelbar zur Anwendung gelangt.

2.3 Grundanforderungen nach Verordnung (EU) Nr. 305/2011

67 Satz 1 Halbsatz 2 regelt, dass »dabei«, d.h. bei Anordnung, Errichtung, Änderung und Instandhaltung von Anlagen die **Grundanforderungen an Bauwerke** gemäß **Anhang I der Verordnung (EU) Nr. 305/2011** (EU-Bauproduktenverordnung – BauPVO) zu berücksichtigen sind. Die Grundanforderungen umfassen die folgenden Bereiche: Mechanische Festigkeit und Standsicherheit (Nr. 1), Brandschutz (Nr. 2), Hygiene, Gesundheit und Umweltschutz (Nr. 3), Sicherheit und Barrierefreiheit bei der Nutzung (Nr. 4), Schallschutz (Nr. 5), Energieeinsparung und Wärmeschutz (Nr. 6) sowie nachhaltige Nutzung der natürlichen Ressourcen (Nr. 7) Die Verwendung des Wortes »dabei« zeigt jedoch an, dass die Grundanforderungen an Bauwerke insoweit von den Schutzzielen der BauO NRW mit umfasst werden, als sie in der **Verwaltungsvorschrift nach § 88 BauO NRW** konkretisiert werden. Die Bezugnahme auf die Grundanforderungen in Abs. 1 Satz 1 Halbsatz 2 führt nicht zu einer Erweiterung der in Abs. 1 Satz 1 Halbsatz 1 genannten Schutzziele. Der Halbsatz 2 begründet insoweit weder eigene rechtliche Verbindlichkeit, noch sollen durch ihn neue Bauwerksanforderungen geschaffen werden (vgl. Sauter, § 3 Rn. 18a). Mit Abs. 1 Satz 1 Halbsatz 2 wird lediglich klargestellt, dass die nationalen Schutzziele die Grundanforderungen mit umfassen, und sie damit erfolgreich in der europäischen Normung eingebracht werden können (vgl. LT-Drucks. 17/2166, S. 98). Die in der Verwaltungsvorschrift nach § 88 BauO NRW – bisher in § 3 Abs. 3 a. F. – enthaltenen **Technische Baubestimmungen** sind dabei die **spezielleren Regelungen** und gehen den allgemeinen Anforderungen vor (vgl. Hornmann, § 3 Rn. 26–28).

2.4 zu Satz 2 – Dauerhafte zweckentsprechende Benutzbarkeit ohne Missstände

68 In § 3 Abs. 1 Satz 2 BauO NRW 2018 Einzug gefunden hat die Bestimmung, dass **Anlagen** bei ordnungsgemäßer Instandhaltung die **Allgemeinen Anforderungen**, die in Satz 1 näher bestimmt sind, ihrem Zweck entsprechend **dauerhaft** erfüllen und **ohne Missstände** benutzbar sein müssen. Danach müssen **Anlagen** bei ordnungsgemäßer Instandhaltung **so beschaffen** sein, dass sie die öffentliche Sicherheit und Ordnung, insbesondere Leben, Gesundheit und die natürlichen Lebensgrundlagen nicht gefährden.

69 Die gesetzliche Bestimmung der **Dauerhaftigkeit** stimmt dem Grunde nach mit der Anforderung Nr. 7b in Anhang I der EU-Bauproduktenverordnung – BauPVO überein. Zur Anforderung der Dauerhaftigkeit gehören neben der **Standsicherheit** der Anlage (s. Erläuterungen zu § 12) insbesondere auch die in §§ 13, 14 und 15 BauO NRW geregelten **weiteren Anforderungen zum Schutz der Anlage** gegen Feuchtigkeit, Korrosion und Schädlinge, Brände, Erschütterungen, physikalischen, chemischen und bakteriologischen Einflüssen, z.B. der Rostschutz von Stahlbauteilen,

Holzschutz von Holzkonstruktionen und Wetterschutz der Außenwände (vgl. Simon/ Busse, § 3 Rn. 141). Die Anforderungen an die Dauerhaftigkeit werden dabei von der der Anlage zugeordnetem Zweck beeinflusst. Die Anforderungen sind geringer, wenn die Anlange nur für eine beschränkte oder kurze Zeit errichtet oder genutzt werden kann oder soll (vgl. Simon/Busse, § 3 Rn. 142).

Die Anforderung der **Nutzbarkeit ohne Missstände** der Anlage bezieht sich auf die materiellen Anforderungen des § 3 Abs. 1 Satz 1 BauO NRW. Anlagen müssen also demnach so angeordnet, errichtet, geändert und instandgehalten werden, dass bei einer der **Zweckbestimmung** der Anlage **entsprechenden Nutzung** die öffentliche Sicherheit und Ordnung und die natürlichen Lebensgrundlagen nicht beeinträchtigt, insbesondere keine bauaufsichtlichen oder sonstigen öffentlich-rechtlichen Vorschriften verletzt werden. Neben der Generalklausel in § 3 Abs. 1 Satz 1 BauO NRW enthält die BauO NRW weitere Vorschriften, die **allgemeine Regelungen** hinsichtlich der Nutzung von Anlagen (wie z.B. § 12 Abs. 1, § 15 Abs. 1, 2, § 16 Abs. 2, § 49 BauO NRW), oder **besondere Nutzungsregelungen** bei Anlagen besonderer Art der Nutzung (wie z.B. § 50), treffen. Sind die materiell-rechtlichen Anforderungen der BauO NRW eingehalten, sind Anlagen zu benutzen, ohne dass »Missstände« im Sinne des Abs. 1 Satz 2 2. Halbsatz zu befürchten sind (vgl. Simon/Busse, § 3 Rn. 145). 70

Dabei hat die **Baugenehmigung** nicht nur die Genehmigung zur Errichtung des Baukörpers zum Inhalt, sondern auch die **Genehmigung** für die **bestimmungsgemäße Nutzung** der Anlage (vgl. BVerwG Urt. v. 24.6.1971, BRS 24, 325). Eine Anlage muss entsprechend den für die genehmigte Benutzung geltenden bauaufsichtlichen Vorschriften genutzt werden (vgl. Simon/Busse § 3 Rn. 145). Bei der Frage, ob eine bauliche Anlage die öffentliche Sicherheit oder Ordnung bedroht, ist nicht nur auf den Baukörper als solchen abzustellen, sondern auch auf die Bausubstanz in der ihr zugedachten Funktion (BVerwG Urt. v. 12.12.1975, DÖV 1976, 387; VGH Beschl. v. 22.6.2004 – 5 S 1263/04 –; Urt. v. 17.2.2006 – 5 S 1848/05 –; vgl. Sauter/ § 3 Rn. 19). 71

Eine **Pflicht**, die bauliche Anlage der genehmigten Zweckbestimmung gemäß auch **tatsächlich zu nutzen**, wird durch Abs. 1 Satz 2 jedoch **nicht begründet** (vgl. Sauter, § 3 Rn. 20; Simon/Busse § 3 Rn. 146). Wird eine bauliche Anlage tatsächlich anders als im baurechtlichen Verfahren vorgesehen benutzt, so handelt es sich dabei um eine **Nutzungsänderung** im Sinne des § 60 BauO NRW. 72

3 Zu Abs. 2 – Allgemein anerkannte Regeln der Technik

3.1 Beachtung der allgemein anerkannten Regeln der Technik

Seit dem PrALR von 1794, also seit nunmehr über 200 Jahren, bedient sich der Gesetzgeber der **Verweisung auf die allgemein anerkannten Regeln der Baukunst** bzw. **Technik**. Wenn seit der BauO NW 1984 von »allgemein anerkannten **Regeln der Technik**« (nachfolgend kurz aaRdT) gesprochen wird, während es bis dahin noch hieß »allgemein anerkannte **Regeln der Baukunst**«, so war damit keine Rechtsänderung verbunden. Das Wort **Technik** stammt aus dem Griechischen und erfasst gleichermaßen 73

§ 3 Allgemeine Anforderungen

die Worte Kunst und Technik im heutigen Sinne. Die BauO NRW verwendet nur noch den Begriff Technik, weil dieser Begriff im umfassenden Sinne zu verstehen ist und den Begriff Baukunst mit einschließt. Die eigenständige Anforderung, bauliche Anlagen nach den anerkannten Regeln der Baukunst durchzubilden, die in Bayern neben der Beachtungspflicht der allgemein anerkannten Regeln der Technik besteht, beruht auf einer von der MBO abweichenden Gesetzeskonstruktion, die von der Rechtsprechung nicht beanstandet wurde (BVerwG, Beschl. v. 06.12.1999 – 4 B 75.99, BRS 62 Nr. 131).

74 Das Immissionsschutz-, Atom- und Gentechnikrecht sowie zum Teil auch das Recht der technischen Arbeitsmittel geht nicht von den »aaRdT«, sondern vom »**Stand der Technik**« bzw. vom »**Stand der Wissenschaft und Technik**« aus. Über die inhaltliche Bedeutung dieser drei Begriffe bestand in der Rechtsprechung und Literatur lange Unklarheit (vgl. Marburger, Die Regeln der Technik im Recht, 1979; Niklisch, Funktion und Bedeutung technischer Standards in der Rechtsprechung; BB 1983, S. 263 ff.). Das **BVerfG** vertritt in seinem Kalkar-Beschl. v. 08.08.1978 (2 BvL 8/77, BVerfGE 49, 89 = NJW 1979, 359) die **Dreistufentheorie:**
- die »**aaRdT**« seien verhältnismäßig weit von der Front des technischen Fortschritts entfernt und geben ein **mittleres Sicherheitsniveau** vor,
- der »**Stand der Technik**« sei näher an die Front des technischen Fortschritts vorverlagert und ordne ein **höheres Sicherheitsniveau** an,
- der »**Stand von Wissenschaft und Technik**« sei noch weiter an die Front des technischen Fortschritts vorverlagert und fordere das **höchste Sicherheitsniveau.**

75 Trotz später geäußerter Kritik (s. z.B. Niklisch, NJW 1983, S. 841 ff., der im Sinne einer »Einheitstheorie« davon ausgeht, dass eine Unterscheidung der drei Standards nach Sicherheitsstufen unterschiedlichen Gefährdungspotentialen nicht möglich und zweckmäßig sei) hat sich die Dreistufentheorie behaupten können (vgl. Seibel, »Stand der Technik«, »allgemein anerkannte Regeln der Technik« und »Stand von Wissenschaft und Technik«, BauR 2004, S. 266 ff.).

76 Die **MBO 1997** und auch die **MBO 2002** sehen die Beachtung der aaRdT nicht mehr vor, sondern ordnen lediglich die Beachtung der von der obersten Bauaufsichtsbehörde **eingeführten Technischen Baubestimmungen** an. Diesem **Muster** ist die **BauO NRW bewusst nicht gefolgt**, da bei dieser Rechtskonstruktion nicht etwa die aaRdT bauordnungsrechtlich unbeachtlich werden. Infolge der im öffentlichen Recht und vor allem im **Strafrecht** enthaltenen Verweisung (s. Rdn. 77) bleiben die aaRdT Teil der Rechtsordnung, auch wenn das Bauordnungsrecht dies nicht ausdrücklich hervorhebt. Eine im Bauordnungsrecht unterlassene Verweisung auf die Beachtung der aaRdT hat also nicht zur Folge, dass für den Bauherrn und die anderen am Bau Beteiligten diese Regeln unbeachtlich werden.

77 Der **Begriff** »**allgemein anerkannte Regeln der Technik**« ist ein **Rechtsbegriff**, der in der BauO NRW **nicht definiert** ist und **als allgemein bekannt vorausgesetzt** wird. Der Begriff ist **strafrechtlich von erheblicher Bedeutung:** nach § 319 StGB (Baugefährdung) wird bestraft, wer bei der Planung, Leitung oder Ausführung eines Baues oder des Abbruchs eines Bauwerkes gegen die aaRdT verstößt und dadurch Leib oder

Leben eines anderen Menschen gefährdet. Der Begriff wird auch im sonstigen öffentlichen Recht verwandt, z.B. in § 49 Abs. 1 EnWG; er findet sich darüber hinaus in einer Fülle von Vorschriften, z.B. in § 17 Abs. 2 Nr. 1 SprengG, in § 8 Abs. 2a FStrG, in § 18 Abs. 4 StrWG NRW, in §§ 50 Abs. 4, 51 Abs. 2, 60 Abs. 1 und 62 Abs. 2 WHG, in §§ 46 Abs. 1 Nr. 6, 49 Abs. 5, 76 Abs. 1, 77, 78 Abs. 3, 84 Abs. 3 Nr. 2, 89 Abs. 1, 122 Abs. 1 Nr. 1 LWG NRW. Vor allem im Anschluss an die Rechtsprechung des Reichsgerichts wird der Begriff aaRdT verstanden als im Laufe der Zeit entwickelte und sich weiter entwickelnde, auf Erfahrungen und/oder wissenschaftlichen Erkenntnissen beruhende bautechnische Regeln (Anweisungen), die allgemein anerkannt sind und sich in der Praxis bewährt haben. Das **Reichsgericht** hat dazu in einer grundlegenden Entscheidung, die heute noch als zutreffend angesehen wird, zu dem seinerzeit üblichen Begriff der allgemein anerkannten Regeln der Baukunst aus strafrechtlicher Sicht ausgeführt (Urt. v. 11.10.1910 – IV 644/10, RGSt 44, 76):

»Der Begriff der allgemein anerkannten Regeln der Baukunst, ist nicht nur dadurch **78** *erfüllt, dass eine Regel bei völliger wissenschaftlicher Erkenntnis als richtig und unanfechtbar dasteht, sondern sie muss auch allgemein anerkannt, d.h. durchweg in die Kreise der betreffenden Architekten gelangen und als richtig erkannt sein. Das bedeutet demnach, dass es nicht darauf ankommt, ob die Wissenschaft, also die Theorie, eine Regel anerkennt und gelehrt habe, oder aber auch, ob diese in der einschlägigen Fachliteratur anerkannt werde, sondern die Überzeugung von der Notwendigkeit muss vielmehr auch die ausübende Baukunst und das Baugewerbe, d.h. also die Praxis, besitzen, und diese Überzeugung muss sich derart befestigt haben, dass im Sinne des Gesetzes von allgemeiner Anerkennung gesprochen werden kann.«*

Der **bauordnungsrechtliche Begriff** wird **im Sinne des strafrechtlichen Begriffs** ver- **79** standen (vgl. Finkelnburg/Ortloff, Band. II, S. 24 ff.; Boeddinghaus/Hahn/Schulte, BauO NRW, zu § 3 Rn. 49; Ortloff, Recht und Technik, Die Bedeutung der Regeln der Baukunst nach der Berliner Bauordnung, Das Grundeigentum 1987, S. 426 ff.).

Die **technischen Regelwerke** sind **unentbehrlich**. Der Gesetzgeber war gut beraten, **80** wenn er – wie generell im Bereich des technischen Gefahrenabwehrrechts – auch im Bauordnungsrecht die gesetzlichen Bestimmungen bewusst so angelegt hat, dass er die rechtlichen Regelungen, häufig unter Verwendung unbestimmter Rechtsbegriffe, offen gestaltet, ohne auf Einzelheiten einzugehen, wie die rechtliche Forderung im Einzelnen technisch erfüllt werden muss oder kann. Letzteres überlässt er den technischen Regelwerken. Auf diese Weise erhebt die Rechtsordnung »**außerrechtliche Ordnungsgefüge**« – wie das BVerfG in seinem Kalkar-Beschluss formuliert hat (vom 08.08.1978 – 2 BvL 8/77, BVerfGE 49, 89 = NJW 1979, 359) – »**zum rechtlichen Maßstab für das Erlaubte und Gebotene**«. Damit ist nicht nur der Gesetzgeber entlastet, sondern es wird auch verhindert, dass einer technischen Entwicklung ansonsten rechtliche Hindernisse entgegenstehen. Nicht wie eine rechtliche Forderung technisch erfüllt wird, ist entscheidend, sondern nur, dass sie beachtet wird (vgl. auch Gusy, Leistungen und Grenzen technischer Regeln am Beispiel technischer Baunormen, VerwArch. 1988, 68/84).

§ 3 Allgemeine Anforderungen

81 Durch ihre Inbezugnahme werden die **allgemein anerkannten Regeln der Technik keine Rechtsnormen**, da sie eben **keine Regeln des Rechts**, sondern **nur Regeln der Technik** sind. Sie können gleichwohl **rechtlich bedeutsam** sein, bleiben aber mangels eigener Rechtsnormqualität in ihrer Verwendbarkeit als Erkenntnisquellen oder Erfahrungsregeln der richterlichen Nachprüfung unter anderem auf ihre Sachgemäßheit und Vereinbarkeit mit neueren technischen Entwicklungen – nicht wie Rechtsnormen nur auf formgerechtes Zustandekommen und Vereinbarkeit mit höherrangigem Recht – unterworfen. **Als eigenständige Grundlage für behördliche Eingriffe** oder für die Feststellung von Rechtsverletzungen sind sie **nicht geeignet** (so BVerwG, Urt. v. 29.08.1961 – I C 14.61, DVBl 1962, 137 und Beschl. v. 06.12.1999 – 4 B 75/99, BauR 2000, 859).

82 Die Frage der **Verfassungsmäßigkeit** einer solchen Systematik, somit die Frage, ob der Gesetzgeber die genaue Fixierung des gebotenen Sicherheitsniveaus der Exekutive überantworten durfte, ist positiv zu beantworten (s. BVerfG, Beschl. v. 08.08.1978 – 2 BvL 8/77, BVerfGE 49, 89). Im Übrigen darf nämlich auch nicht übersehen werden, dass § 3 Abs. 1 Satz 1 BauO NRW weitgehend in einer ersten – noch allgemein gehaltenen – Stufe durch die allgemeinen Anforderungen an die Bauausführung (§§ 11–16 BauO NRW) und in einer weiteren Stufe durch Einzelvorschriften in der BauO NRW oder in Rechtsverordnungen gestützt auf die BauO NRW hinreichend qualitativ konkretisiert wird (vgl. Wilke in DIN [Herausgeber], Verweisung auf technische Normen in Rechtsvorschriften, 1982, S. 11; Nicklisch, Wechselwirkungen zwischen Technologie und Recht, NJW 1982, S. 2633 ff. und ders., Funktion und Bedeutung technischer Standards in der Rechtsprechung, BB 1983, S. 261 ff.; Hohn, Verfassungsrechtliche Anforderungen an die Normsetzung im Umwelt- und Technikrecht, 1990). Das Recht des Staates, zusätzliche oder andere Maßnahmen zu verlangen, ist in seiner Verpflichtung zur Gefahrenabwehr begründet. Dazu gehört die Kompetenz, zu bestimmen, ob das durch Normen festgelegte Sicherheitsniveau dem gesetzlich festgelegten Schutzziel entspricht.

83 Der Begriff aaRdT ist ein **Rechtsbegriff**, der nicht statisch, sondern **dynamisch** das jeweils Richtige meint. Eine aaRdT kann demnach definitionsgemäß nicht »falsch« sein. Die aaRdT kann **geschrieben** oder **ungeschrieben** sein. Sie ist begrifflich scharf von den geschriebenen bautechnischen Regelwerken, z.B. denen des DIN, zu unterscheiden. Eine (DIN-)Norm kann eine aaRdT sein, sie muss es aber nicht. Nach herrschender Auffassung besteht lediglich eine faktische Vermutung, dass eine Norm im Zeitpunkt des Erscheinens, insbesondere, wenn sie im Verfahren nach DIN 820 zustande kommt, eine aaRdT ist (vgl. Peter, Anerkannte Regeln der Bautechnik – DIN-Normen, BauR 1985, S. 367 ff.). Sehr häufig wird es aber heutzutage im Zeitpunkt des Erscheinens noch an der Anwendung in der Praxis fehlen, insbesondere wenn es sich um die Durchsetzung neuer Technologien handelt, die wissenschaftlich erarbeitet wurden. Bei sehr langwierigen Normungsverfahren komplexer Materien ist es nicht ausgeschlossen, dass die **Norm** schon im **Zeitpunkt der Bekanntgabe** als **Weißdruck** nicht mehr der allgemeinen Anschauung entspricht, die Regel schon nicht mehr »richtig« ist. In beiden Fällen hat man es mit einer gültigen Norm zu tun, gleichwohl handelt es sich noch nicht bzw. nicht mehr um eine aaRdT. Es besteht

eine tatsächliche, jedoch jederzeit widerlegbare Vermutung, dass die Normen aaRdT wiedergeben (so ausdrücklich OLG Stuttgart, Urt. v. 26.08.1976 – 10 U 35/76, BauR 1977, 129). Das gilt jedoch nicht für **Normentwürfe**, die im **Gelbdruck** erscheinen (OVG NRW vom 25.09.1985 – 10 A 106/84, n.v.).

Nicht jede aaRdT ist **öffentlich-rechtlich** gemäß § 3 Abs. 2 Satz 1 BauO NRW zu beachten, sondern **nur die**, der Wahrung bauordnungsrechtlich relevanter Belange dienen oder, anders ausgedrückt, die **sicherheitsrelevant** sind. Zur Verdeutlichung dieses Gedankens knüpft die Forderung nach Beachtung der aaRdT in Abs. 2 Satz 1 an die materielle Grundnorm des Satzes 1 mit den Worten an: »**Die der Wahrung dieser Belange dienenden** aaRdT «. Die Ergänzung des Gesetzestextes durch die BauO NW 1984 stellt klar, was zuvor schon allgemeine Meinung war. Neben den bauaufsichtlich relevanten aaRdT gibt es in technischen Regelwerken fast immer – zumindest sehr häufig – in kaum zu entwirrender Gemengelage Regeln, die bauwirtschaftlichen Zwecken dienen oder der Rationalisierung, das heißt der Vereinheitlichung von Bauprodukten (Baustoffen und Bauteilen) in Form und Beschaffenheit zur Erzielung gleichbleibender Güte. Diese Regeln fallen nicht unter § 3 Abs. 2 Satz 1 BauO NRW (vgl. Zängl, Rechtsverbindlichkeit technischer Regeln [Normen] im Baurecht, BayVBl. 1986, S. 353 ff. und Koch, Grenzen der Rechtsverbindlichkeit technischer Regeln im öffentlichen Baurecht, 1986). Enthalten aaRdT über die anlagenbezogenen technischen Anforderungen hinaus auch zusätzliche **personenbezogene Anforderungen**, z.B. Qualitätsanforderungen an Planer und ausführende Personen, sind diese als berufsständische Regelungen **öffentlich-rechtlich unbeachtlich** (s. hierzu den RdErl. vom 04.07.2005 – II A 4–53.4 II A 4–100, n.v.). 84

Die aaRdT stellen **Erfahrungssätze** dar, wie ordnungsgemäß = gefahrenfrei gebaut werden kann. Wer die aaRdT beachtet, hat die **Vermutung** für sich, dass er in Übereinstimmung mit dem Baurecht gebaut hat (vgl. Kroitzsch, Sicherheitsnormen und Anscheinsbeweis, BauR 1994, S. 673 ff.). Hieraus wird wohl auch die Konsequenz gezogen werden müssen, dass der Bauaufsichtsbehörde, wenn sie trotz Beachtung der aaRdT vom Bauherrn andere oder zusätzliche technische Maßnahmen verlangt, der Nachweis obliegt, dass ohne diese Maßnahmen trotz Beachtung der aaRdT konkrete Gefährdungen im Sinne des § 3 Abs. 1 BauO NRW zu befürchten sind. Inwieweit aaRdT **Sachverständigengutachten im Rechtssinne** darstellen, ist umstritten (s. Niklisch, Technische Regelwerke – Sachverständigengutachten im Rechtssinne, NJW 1983, 841 ff.; Vieweg, Antizipierte Sachverständigengutachten, NJW 1982, 2473 ff.; kritisch zu entsprechender Annahme, es handele sich bei DIN-Normen um »geronnenen Sachverstand«: BVerwG, Urt. v. 22.05.1987 – 4 C 33–35/83, NJW 1987, 2886 = DÖV 1987, 913 zur Norm DIN 18005 – Schallschutz im Städtebau; vgl. auch die Kritik bei Dresenkamp, Die allgemein anerkannten Regeln der Technik am Beispiel des Schallschutzes, BauR 1999, S. 1079 ff.). 85

Neben den Regelwerken des DIN, die bei Zustandekommen nach DIN 820 die faktische Vermutung für sich haben, dass sie aaRdT beinhalten, können auch andere Regelwerke, ohne dass hier die gleiche Vermutung besteht, aaRdT zum Inhalt haben, so u.a.: 86

- **VDE**-Vorschriften des Verbandes Elektrotechnik, Elektronik, Informationstechnik e.V.,
- **VDI**-Vorschriften des Verbandes Deutscher Ingenieure,
- **UVV**-Vorschriften der Berufsgenossenschaften zur Unfallverhütung,
- **DVGW**-Vorschriften der Deutschen Vereinigung des Gas- und Wasserfaches e.V.,
- Harmonisierte Normungen auf europäischer Ebene (EN) durch die europäische Normungsinstitution CEN (Europäisches Komitee für Normung) und CENELEC (Europäisches Komitee für elektrische Normung).

87 Der Begriff der aaRdT hat auch **zivilrechtliche Bedeutung**, obwohl er im BGB nicht erwähnt wird. Er findet sich jedoch in der für das Bauen äußerst bedeutsamen »Vergabe- und Vertragsordnung für Bauleistungen – **VOB**«, dort in **Teil B** – Allgemeine Vertragsbedingungen – § 4 Abs. 2 Nr. 1 und § 13 Nr. 1 (vgl. Stammbach, Einhaltung der anerkannten Regeln der Technik als Ersatz-Leistungsmaßstab, BauR 1998, S. 482 ff.). Zivilrechtliche Bedeutung erlangen die aaRdT nicht nur im Hochbau, sondern auch im Tiefbau, da diese dort ebenfalls über den Bauvertrag vereinbart werden. Der Inhalt von Normen sind nicht zugesicherte Eigenschaften (BGH, Urt. v. 25.02.1981 – VIII ZR 35/80, NJW 1981, 1501; vgl. Parmentier, Die anerkannten Regeln der Technik im privaten Baurecht, BauR 1998, S. 207 ff.). DIN-Normen sind private technische Regelungen mit Empfehlungscharakter; sie können die aaRdT wiedergeben oder hinter diesen zurückbleiben (BGH, Urt. v. 14.06.2007 – VII ZR 45/06, BauR 2007, 157; s.a. Weber, Das Verhältnis von DIN-Normen zu zugesicherten Eigenschaften und den anerkannten Regeln der Technik, ZfBR 1983, S. 151 ff.).

3.2 Abweichung von technischen Regeln

88 Die aaRdT sind, da gemäß § 3 Abs. 2 Satz 1 BauO NRW zu beachten, zwar **rechtlich relevant**, aber selbst **keine Rechtssätze** (BVerwG vom 29.08.1961 – I C 14.61, BBauBl. 1962, 17 = DVBl 1962, 137 und Beschl. v. 06.12.1999 – 4 B 75/99, BauR 2000, 859). Dies gilt auch, wenn sie gemäß § 3 Abs. 2 Satz 3 BauO NRW bauaufsichtlich eingeführt sind. Die **Auslegung** ist als solche **keine Rechtsanwendung**, sondern **Tatsachenfeststellung**; insofern ist der **Rückgriff auf andere Erkenntnismittel nicht ausgeschlossen** (BVerwG, Beschl. v. 30.09.1996 – 4 B 175.96, BRS 58 Nr. 99 = UPR 1997, 101 zu DIN 4261 Teil 1, Teil 2 – Kleinkläranlagen; BVerwG, Beschl. v. 28.07.2010 – 4 B 29/10, BauR 2010, 2083 zur Geruchsimmissions-Richtlinie – GIRL). Von aaRdT kann daher abgewichen werden, ohne dass es einer »Abweichung« im Sinne des § 69 BauO NRW bedürfte, da diese Abweichungsvorschrift nur bei einem **Abweichen von Rechtsvorschriften** greift.

89 Die Zulässigkeit der **Abweichung von aaRdT** ist in § 3 Abs. 2 **durch Satz 2** schon mit der BauO NW 1984 klargestellt worden. Werden die Voraussetzungen des § 3 Abs. 1 Satz 1 BauO NRW gleichwohl eingehalten, ist die Abweichung kraft Gesetzes zulässig. Zu beachten ist hierbei § 88 Abs. 1 Satz 3–4 BauO NRW (vgl. § 88 Rdn. 16–24). Für die Zulässigkeit von Abweichungen besteht ein erhebliches praktisches Bedürfnis (vgl. Hechtl/Nawrath, Sind allgemein anerkannte Regeln der Technik ein zeitgemäßer bautechnischer Qualitätsstandard?, ZfBR 1996, S. 179 ff.). Die ausdrückliche

Abweichungsmöglichkeit von aaRdT lässt nur solche Abweichungen zu, die **gleichwertig** die allgemeinen Anforderungen des § 3 Abs. 1 Satz 1BauO NRW erfüllen. Zu denken ist hierbei auch an **gleichwertige aaRdT anderer Mitgliedstaaten der Europäischen Gemeinschaften**, z.b. Normen nach dem österreichischen Normengesetz von 1971 (österreichisches BGBl. 1971, S. 240).Sind die in Rede stehenden technischen Regelungen in **anderen Bundesländern** als **zwingendes Recht** konzipiert, kommt eine Abweichung nur in besonderen **Ausnahmekonstellationen** in Betracht; gerade im Bereich des vorbeugenden Brandschutzes sind an die Gleichwertigkeit besonders hohe Ansprüche zu stellen (OVG NRW, Urt. v. 11.04.2016 – 2 A 2176/14, BauR 2016, 1754 zur in der Industriebaurichtlinie (= aaRdT) vorgesehenen Aufschaltung einer Brandmeldeanlage auf eine Feuerwehrleitstelle, welche einer Aufschaltung zu einem privaten Sicherheitsdienst nicht gleichwertig ist).

Über die Zulässigkeit der **Abweichung** von aaRdT entscheidet die **Behörde**. Auch wenn es sich nicht um Ermessensbetätigung im engeren Sinne handelt, ist hierüber im Wesentlichen nach den gleichen Grundsätzen zu befinden, zumal sie in den Regelungszusammenhang der Ermessen eröffnenden Bestimmungen der §§ 3, 14, 50 BauO NRW eingebettet ist. Der Rahmen für diese Entscheidung ist dabei jedoch von vornherein insoweit enger, als § 3 Abs. 2 Satz 2 BauO NRW eine Abweichung ausdrücklich nur bei gleicher Eignung zulässt (OVG NRW, Urt. v. 11.04.2016 – 2 A 2176/14, BauR 2016, 1754). 90

Bei Abweichungen von aaRdT stellt sich gemäß § 88 Abs. 1 Satz 3–4 BauO NRW die Frage, ob es sich um **wesentliche Abweichungen**, das heißt, ob es sich **im Sinne von § 20 Abs. 1 BauO NRW** um »nicht geregelte Bauprodukte« oder im Sinne des § 17 Abs. 2 BauO NRW um »nicht geregelte Bauarten« handelt. Allein im Falle einer **wesentlichen Abweichung** dürfen Bauprodukte gemäß § 88 Abs. 1 Satz 3 BauO NRW nur verwendet werden, wenn sie eine allgemeine bauaufsichtliche Zulassung (§ 21 BauO NRW), ein allgemeines bauaufsichtliches Prüfzeugnis (§ 22 BauO NRW) oder eine Zustimmung im Einzelfall (§ 23 BauO NRW) haben. Das ergibt sich zwar nicht unmittelbar aus § 88 Abs. 1 Satz 3 BauO NRW, sondern aus den in § 88 Abs. 1 Satz 4 BauO NRW in Bezug genommenen Vorschriften. Auch Bauarten dürfen gemäß § 17 Abs. 2 BauO NRW bei wesentlichen Abweichungen nur angewendet werden, wenn für sie eine allgemeine (Nr. 1) oder vorhabenbezogene Bauartgenehmigung (Nr. 2) erteilt worden ist (vgl. § 17 Rdn. 10–14). 91

Die Frage, ob es sich in einem konkreten Falle um eine **wesentliche** oder nur um eine **nicht wesentliche Abweichung** handelt, wird bisweilen nicht leicht zu beantworten sein. Die gleichen Schwierigkeiten, die bisher im Hinblick auf die in diesem Zusammenhang benutzten **Begriffe** »neu« bzw. »gebräuchlich« auftraten, ergeben sich auch im Hinblick auf die nunmehr verwendeten Formulierungen. Da der Sinn der Vorschrift(en) nach wie vor darin besteht, zu vermeiden, dass gefährliche Bauprodukte verwendet oder gefährliche Bauarten angewendet werden, ist eine **Abweichung** dann unproblematisch und **unwesentlich**, wenn die Abweichung **nach der Gesamtheit der aaRdT** unzweifelhaft mit dem Ergebnis beurteilt werden kann, dass sie **ungefährlich** ist. 92

Johlen

§ 3 Allgemeine Anforderungen

93   Nach § 28 Abs. 3 BauPrüfVO ist das **Prüfamt** bzw. der **Prüfingenieur** gehalten, im Prüfbericht anzugeben, ob Abweichungen von den eingeführten technischen Baubestimmungen oder den technischen Regeln im Sinne von § 18 BauO NRW vorliegen, und aus welchen Gründen diese gegebenenfalls für gerechtfertigt gehalten werden (s. hierzu auch Nr. 28.33 VV BauPrüfVO, die für den Prüfbericht die **Verwendung des Musters** gemäß **Anlage II/2 zur VV BauPrüfVO** vorschreibt). Die BauPrüfVO und die VV BauPrüfVO machen **keine Aussage** darüber, **was für** die **staatlich anerkannten Sachverständigen** für die Prüfung der Standsicherheit in diesem Zusammenhang **gelten soll**. Eine formale Verpflichtung, entsprechend zu verfahren, besteht für sie nicht, auch dann nicht, wenn sie nordrhein-westfälische Prüfingenieure »alter Art« sind (s. § 21 Abs. 3 BauPrüfVO) und berechtigterweise unter der Bezeichnung »Prüfingenieur«, aber im Auftrage des Bauherrn zivilrechtlich und nicht hoheitlich als staatlich anerkannte Sachverständige für die Prüfung der Standsicherheit (s. insofern § 9 Abs. 2 SV-VO) tätig werden. Ist ein staatlich anerkannter Sachverständiger für die Prüfung der Standsicherheit der Auffassung, eine Abweichung sei nur unwesentlich, so sollte er schriftlich niederlegen, warum er eine Abweichung nur für unwesentlich und damit ohne allgemeine bauaufsichtliche Zulassung, allgemeines bauaufsichtliches Prüfzeugnis oder eine Zustimmung im Einzelfall für zulässig hält.

3.3 Technische Baubestimmungen

94   Die **eingeführten** Technischen Baubestimmungen sind einer **Liste** zu entnehmen (s. den RdErl. vom 07.12.2018, MBl. NRW. S. 775), die auf einer von der ARGEBAU erarbeiteten Muster-Liste der Technischen Baubestimmungen basiert. Während früher jede Technische Baubestimmung durch Einzelerlass eingeführt und dabei der gesamte Inhalt abgedruckt wurde, hat sich diese Praxis geändert. Die Liste enthält nur die **genaue Bezeichnung** der Technischen Baubestimmung und die **Angabe der Fundstelle**; das sind neben dem Ministerialblatt NRW die DIBt-Mitteilungen, die Veröffentlichungen des DIN im Beuth-Verlag sowie einige wenige Veröffentlichungen in der Stahlbau-Verlagsgesellschaft und im Vieweg-Verlag. Diese Praxis ist vom Gesetz gedeckt, da nach § 88 Abs. 5 BauO NRW hinsichtlich der Bekanntmachung des Inhalts auf die Fundstelle verwiesen werden kann; die **Wiedergabe des Textes** und der oft mit Zeichnungen versehenen Anlagen ist **entbehrlich** (vgl. Wilke/Dageförde/Knuth/Meyer, zu § 3 Rn. 47). Insoweit unterscheidet sich die Einführungspraxis von der anderer Bundesländer, deren Bauordnungen die Bekanntmachung des Volltextes vorsehen (s. Große-Suchsdorf, zu § 83 Rn. 6).

95   Die Muster-Liste wird entsprechend Art. 2 Abs. 1 Ziffer 3 **DIBt-Abkommen** vom DIBt vorbereitet und auch hinsichtlich der erforderlichen Fortschreibungen betreut. Die Länder haben sich auf eine einheitliche Liste der Technischen Baubestimmungen verständigt, um die Transparenz zu erhöhen und die bundesweite Handhabung zu erleichtern. Die Liste gliedert sich in **drei Teile** (hierzu s. Jasch/Sprinborn, Bauaufsichtliches Anwendungskonzept zu den europäischen technischen Spezifikationen in Deutschland, DIBt Mitteilungen 1/2006, S. 9 ff.).

Die **Einführung** Technischer Baubestimmungen ist eine **hoheitliche Maßnahme**, welche die **gesetzlich geregelte Beachtungspflicht** auslöst (so Wilke/Dageförde/Knuth/Meyer, zu § 3 Rn. 46). **Technische Baubestimmungen**, die von der obersten Bauaufsichtsbehörde durch Verwaltungsvorschrift bauaufsichtlich »**eingeführt**« wurden, **gelten** gemäß § 3 Abs. 2 Satz 3 BauO NRW **als aaRdT**.. **Eingeführte Technische Baubestimmungen müssen wie aaRdT beachtet werden** (Abs. 2 Satz 1), unabhängig davon, ob sie es im Einzelfall sind oder nicht. Eine Einführung von aaRdT ist, da sie ohnehin schon gemäß § 3 Abs. 2 Satz 1 BauO NRW zu beachten sind, rechtlich zwar nicht erforderlich. In der Praxis wird aber, weil häufig nicht offenkundig, ob die technische Baubestimmung (schon oder noch) aaRdT ist, um eben diese **Zweifel auszuräumen**, diese nach § 3 Abs. 2 Satz 3 BauO NRW eingeführt. 96

Die Einführung ist nicht nur ein Instrumentarium, um im Hinblick auf bestehende Normen Zweifel zu beseitigen, ob sie aaRdT sind. Die bauaufsichtliche Einführung ist zugleich ein **Instrument des Staates**, um erforderlichenfalls **eigene Technische Baubestimmungen durchzusetzen**, die im **Gegensatz** zu Normen stehen oder eine **Abänderung** von Normen oder im Vergleich zu Normen eine **andere Regelung** bedeuten. Diese rechtliche Möglichkeit der obersten Bauaufsichtsbehörde, die aus der **Verantwortlichkeit der Exekutive** – vorbehaltlich der Kontrolle durch die Gerichte – für das **Niveau** und die **Effektivität der Gefahrenabwehr** herrührt, begründet auch den Anspruch des Staates, ihm im Normungsverfahren eine besondere Stellung einzuräumen. Das DIN hat diesen Gedanken im Übrigen durch DIN 820 Rechnung getragen (s. Blatt 1 Nr. 5.4: »Bei **Erarbeitung von Normen** ist darauf zu achten, dass sie **nicht im Widerspruch zu Rechts- und Verwaltungsvorschriften** stehen«). 97

Durch die bauaufsichtliche Einführung werden **Technische Baubestimmungen keine Rechtssätze**. Die gemäß § 3 Abs. 2 Satz 3 BauO NRW eingeführten technischen Baubestimmungen sind auch **keine »Vorschriften aufgrund dieses Gesetzes«** oder »**aufgrund dieses Gesetzes erlassene Vorschriften**« im Sinne des § 88 BauO NRW (so auch VG Freiburg, Urt. v. 20.03.2001 – 7 K 521/00, BauR 2001, 1724 = BRS 64 Nr. 135). Wie von aaRdT kann daher auch von eingeführten Technischen Baubestimmungen abgewichen werden (s. Abs. 2 Satz 2; vgl. auch § 28 Abs. 3 Satz 3 BauPrüfVO). Die eingeführten Technischen Baubestimmungen sind nur insoweit zu beachten, als sie der Wahrung der in § 3 Abs. 1 Satz 1 BauO NRW genannten Belange dienen. Während eine aaRdT kraft Definition nicht falsch sein kann (s. Rdn. 83 und 84), ist es bei eingeführten Technischen Baubestimmungen möglich, dass sie **durch technische Entwicklungen überholt** sind, so dass der Bauherr, obwohl er sich an sie hält, nicht mehr gefahrenfrei im Sinne des § 3 Abs. 1 Satz 1 BauO NRW baut. Hier kann die Bauaufsichtsbehörde erst recht andere oder zusätzliche Maßnahmen verlangen (s. Rdn. 88 und 89). 98

Die mit der Einführung bislang in der Regel verbundene **aufsichtsbehördliche Weisung** gemäß § 9 OBG an die Bauaufsichtsbehörden, den Regelungsgegenstand der technischen Baubestimmung im Rahmen der Bauaufsicht effektiv zu prüfen, ist aufgrund der mit der BauO NW 1995 eingefügten ausdrücklichen Gesetzesbestimmung in § 71 Abs. 4 BauO NRW entbehrlich geworden. Durch diese Vorschrift werden 99 die Bauaufsichtsbehörden verpflichtet, die Beachtung der eingeführten technischen Regeln gemäß zu prüfen (vgl. § 71 Rdn. 99).

4 Zu Abs. 3 – Abbruch und Nutzungsänderung

100 Sowohl für die **Beseitigung** als auch die **Änderung der Nutzung** gelten die Vorschriften der Abs. 1 und 2 **entsprechend**.

101 Die entsprechende Anwendung der Generalklausel ist unverzichtbar, da insbesondere durch Beseitigungsmaßnahmen und Änderungen der Nutzung **Gefahren für Leben und Gesundheit** hervorgerufen werden können. Die entsprechende Geltung von aaRdT ist besonders für Beseitigungen von erheblicher Bedeutung, da bei unsachgemäßer Handhabung die mit den Abbrucharbeiten betrauten Arbeiter und unbeteiligte Passanten einer erheblichen Lebensgefahr ausgesetzt sind. Dies ist auch ein Grund dafür, dass Abbrucharbeiten nicht in Selbst- oder Nachbarschaftshilfe ausgeführt werden dürfen (vgl. § 53 Rdn. 32–35).

4.1 Begriff »Beseitigung von Anlagen«

102 **Beseitigung** ist die vollständige oder selbständige teilweise **Beseitigung** einer Anlage (teilweise Beseitigung im Rahmen eines Umbaus = Änderung, vgl. Rdn. 27; so auch Jeromin, zu § 3 Rn. 19); deswegen bedeuten auch die Begriffe Abbruch und Beseitigung dasselbe. Die Beseitigung ist vielfach mit größeren Gefahren verbunden als die Errichtung baulicher Anlagen. Gemäß § 62 Abs. 1 BauO NRW ist deshalb die Beseitigung baulicher Anlagen sowie anderer Anlagen und Einrichtungen im Sinne des § 1 Abs. 1 Satz 2 BauO NRW genehmigungsbedürftig, soweit er nicht gemäß § 62 Abs. 3 BauO NRW genehmigungsfrei ist; wegen der Bauvorlagen für den Abbruch s. § 15 BauPrüfVO.

103 Die Beseitigung einer baulichen Anlage ist **kein Vorhaben im Sinne des § 29 Abs. 1 BauGB** und bauplanungsrechtlich nicht relevant (OVG NRW, Beschl. v. 22.09.2015 – 2 B 723/15, juris; Ernst/Zinkahn/Bielenberg/Krautzberger, zu § 29 Rn. 48; Battis/Krautzberger/Löhr, zu § 29 Rn. 17). Das **Bauplanungsrecht** verwendet teilweise anstelle des Begriffs »**Beseitigung**« den Begriff »**Rückbau**« (vgl. § 14 Abs. 1, § 172 Abs. 1, § 179 BauGB). Die Gemeinde kann von der Möglichkeit der **Erhaltungssatzung** nach § 172 BauGB Gebrauch machen und damit auch Rückbauten erhaltenswerter baulicher Anlagen einem **städtebaulichen Genehmigungsvorbehalt** unterwerfen. Für die Genehmigung ist nach § 173 Abs. 1 BauGB die Gemeinde zuständig, wenn der Rückbau nach Landesrecht keiner Baugenehmigung oder Zustimmung bedarf. Im Geltungsbereich einer Veränderungssperre zur Sicherung der Bauleitplanung bedarf die Beseitigung von baulichen Anlagen einer planungsrechtlichen Ausnahme (§ 14 Abs. 2 BauGB), in einem förmlich festgelegten **Sanierungsgebiet** einer **sanierungsrechtlichen Genehmigung** (§ 144 Abs. 1 BauGB). Soweit die Beseitigung keiner Baugenehmigung bedarf, kann diese im Geltungsbereich einer Veränderungssperre zur Sicherung der Bauleitplanung durch ordnungsbehördliches Eingreifen der Bauaufsichtsbehörde untersagt werden (vgl. Battis/Krautzberger/Löhr, BauGB, zu § 14 Rn. 16).

104 Der **Abbruch eines Baudenkmals** bedarf gemäß § 9 DSchG der **denkmalrechtlichen Erlaubnis**, die zu erteilen ist, wenn Gründe des Denkmalschutzes nicht entgegenstehen

oder überwiegende öffentliche Interessen die Maßnahme verlangen. Zu den überwiegenden öffentlichen Interessen gehört nicht die Überlegung, die Gemeinde sei bei Verweigerung der Abbruchgenehmigung möglicherweise finanziell aufgrund eines Übernahmeverlangens beeinträchtigt (OVG NRW, Urt. v. 18.05.1984 – 11 A 1776/83, BRS 42 Nr. 137). Die Gemeinde kann einen eingereichten **Abbruchantrag** zum Anlass für eine **vorläufige Unterschutzstellung** gemäß § 4 Abs. 1 DSchG nehmen, wenn nach der Prognosebeurteilung mit einer endgültigen Unterschutzstellung zu rechnen ist (OVG NRW, Urt. v. 10.06.1985 – 11 A 960/84, BRS 44 Nr. 123 und Beschl. v. 14.02.2006 – 10 B 2119/05, BauR 2006, 1106)).

4.2 Begriff »Änderung ihrer Nutzung«

Die »**Änderung ihrer Nutzung**« oder einfach »**Nutzungsänderung**« (s. § 29 Abs. 1 BauGB) ist, unabhängig davon, ob mit ihr bauliche Veränderungen verbunden sind, die **Änderung der genehmigten Benutzungsart** einer baulichen Anlage. Die Genehmigungsbedürftigkeit einer Nutzungsänderung ist kein Maßstab für das Vorliegen einer solchen (so Jeromin, zu § 3 Rn. 16). Die **Baugenehmigung** legt nämlich eine durch den Inhalt der Bauvorlagen genau **bestimmte Nutzungsart** fest oder geht von einer bestimmten Nutzungsart aus (OVG NRW, Urt. v. 16.03.1984 – 11 A 302/84, BRS 42 Nr. 163). Es ist somit nicht möglich, eine bauliche »Hülle« ohne eine bestimmte Nutzung zuzulassen; die vorgenannte Entscheidung führt hierzu folgendes aus: 105

»Gegenstand der baurechtlichen Prüfung ist die bauliche Anlage in ihrer durch die Nutzung bestimmten Funktion als Einheit. Dieser Grundsatz, der auch für andere Bereiche des Baurechts gilt – vgl. hinsichtlich der planungsrechtlichen Beurteilung von Vorhaben nach § 35 Abs. 1 Nr. 1 BBauG: BVerwG, Urt. v. 15.11.1974 – IV C 32.71 –, BRS 28 Nr. 34 = BauR 1975, 44 –, folgt hinsichtlich des baurechtlichen Genehmigungsverfahrens aus dem Gesamtzusammenhang der Tatbestände des § 80 Abs. 1 BauO NW [1970] sowie aus Sinn und Zweck des § 88 Abs. 1 Satz 1 BauO NW [1970]. Wenn nach der ersten Vorschrift u.a. Nutzungsänderungen der Genehmigungspflicht unterworfen sind, so setzt dies notwendigerweise voraus, dass früher eine andersartige Nutzung ausgeübt wurde, deren Zulässigkeit seinerzeit bei Errichtung der betreffenden Anlage mitgeprüft worden ist. Die Art der vorgesehenen Nutzung ist außerdem wesentlich für die Beurteilung der Genehmigungsfähigkeit der baulichen Anlage. Soweit § 88 Abs. 1 Satz 1 BauO NW [1970] die Genehmigung von der Erfüllung aller öffentlich-rechtlichen Vorschriften abhängig macht, muss der Bauherr – nicht zuletzt im wohlverstandenen eigenen Interesse – in seinem Baugesuch auch die beabsichtigte Nutzung angeben. Unter diesem Gesichtswinkel wäre ein Baugesuch, das lediglich den Standort und die Abmessungen des Baukörpers festlegt, die künftige Benutzung aber offen lässt und gegebenenfalls einem weiteren Genehmigungsverfahren vorbehält, unvollständig. Eine Hülle, die gleichsam auf Lager genommen werden soll, um erst später eine Funktion zu übernehmen, wäre so nicht genehmigungsfähig. Auch das Institut der Teilbaugenehmigung (§ 90 BauO NW 1970) ist auf derartige Fälle nicht zugeschnitten, denn auch insoweit muss ein vollständiges endgültiges Baugesuch vorliegen. Der Senat verkennt nicht, dass produzierende Wirtschaftsunternehmen im Einzelfall ein Interesse daran haben können, Gebäude auf Vorrat zu errichten, um bei rasch entstehendem Bedarf 106

§ 3 Allgemeine Anforderungen

auf vorhandene Bauten zurückgreifen zu können. Das ändert jedoch nichts daran, dass im öffentlichen Interesse Baugenehmigungen erst ausgesprochen werden dürfen, wenn feststeht, dass das Vorhaben in jeder Hinsicht – also auch hinsichtlich der Art seiner Benutzung – den einschlägigen Vorschriften entspricht.«

107 Eine **genehmigungspflichtige Nutzungsänderung** im bauordnungsrechtlichen Sinne liegt immer vor, wenn sich die neue Nutzung von der bisherigen (legalen) dergestalt unterscheidet, dass sie anderen oder weitergehenden Anforderungen bauordnungs-, bauplanungs- oder sonstiger öffentlich-rechtlicher Art unterworfen ist oder unterworfen werden kann (OVG NRW, Urt. v. 15.08.1995 – 11 A 850/92, BRS 57 Nr. 258). **Keine Nutzungsänderung** liegt vor, **wenn sich die Eigentumsform ändert** (Hamb. OVG, Urt. v. 10.04.2003 – 2 Bf 432/99, BRS 66 Nr. 142 = NVwZ-RR 2004, 402 zur Umwandlung von Miet- in Eigentumswohnungen) oder wenn ein **Wechsel zwischen Varianten** erfolgt, die sich nach der Verkehrsauffassung **im Rahmen derselben Zweckbestimmung** halten (Nds. OVG, Urt. v. 20.05.1992 – 1 L 125/91, BRS 54 Nr. 143).

108 Die **Baugenehmigung** deckt grundsätzlich nur die **ursprünglich** ihr **zugrundeliegende Nutzung** ab, nur diese ist legal. Handelt es sich um die Änderung einer Nutzung, die nicht genehmigt und auch nicht wenigstens materiell zulässig war, liegt keine Nutzungsänderung im Sinne der BauO NRW vor. Ein Antrag auf Genehmigung einer **formell-illegalen Nutzungsänderung** ist wie eine Errichtung mit der – nunmehr – erstmalig beabsichtigten Nutzung zu behandeln (vgl. Boeddinghaus/Hahn/Schulte, zu § 3 Rn. 33 unter Bezug auf OVG Bremen, Urt. v. 08.05.1979 – I BA 17/79, BRS 35 Nr. 203). Jede spätere Änderung der genehmigten Benutzungsart ist genehmigungsbedürftig, sofern nicht ein Fall der Genehmigungsfreistellung nach § 64 Abs. 2 Nr. 5 BauO NRW vorliegt.

109 Nicht jede Änderung der Nutzung ist indes auch zugleich eine Änderung der Benutzungsart. So stellt z.B. die Verwendung eines Wohnzimmers als Schlafzimmer – oder umgekehrt – innerhalb einer Wohnung keine Nutzungsänderung dar. Eine **Änderung der Benutzungsart** liegt erst vor, wenn für die **neue Benutzungsart besondere öffentlich-rechtliche Vorschriften** bestehen, **die von denen für die bisherige Benutzungsart abweichen**, wenn also das öffentliche Baurecht für die veränderte Nutzung eine andere Beurteilung erfordert, weil andere oder weitergehende Anforderungen zu beachten sind (vgl. Große-Suchsdorf, zu § 60 Rn. 97; OVG NRW, Urt. v. 23.07.1974 – X A 242/72, BRS 28 Nr. 99; OVG Lüneburg, Beschl. v. 27.10.1978 – I B 78/78, BRS 33 Nr. 128; Hess. VGH, Urt. v. 08.11.1979 – IV OE 51/75, BauR 1980, 251 = BRS 35 Nr. 51).

110 **Beispiele für Nutzungsänderungen:**
– die Nutzung von Räumen, die keine Aufenthaltsräume sind, als Aufenthaltsräume (OLG Karlsruhe, Beschl. v. 06.02.1978 – 3 Ss (B) 244/77, BRS 33 Nr. 126),
– die Nutzung eines Relaxzentrums mit Schwimmbecken, Solarium, Sauna, Massageraum, Bar und Ruheräumen als bordellartiger Betrieb (Hess. VGH, Beschl. v. 14.10.2002 – 4 TG 2028/02, BRS 65 Nr. 160 = NVwZ-RR 2003, 720),
– die Umnutzung eines Ausstellungsraumes zur Einzelhandelsnutzung (OVG NRW, Beschl. v. 16.03.2007 – 7 B 134/07, NVwZ-RR 2007, 661),

- die Umwandlung von Aufenthaltsräumen im Dachraum als Zubehör zu Wohnungen in selbständige Wohnungen (vgl. OVG NRW, Urt. v. 03.03.1986 – 7 A 2820/84, n.v.),
- die Vermietung möblierter Gastzimmer einer Wohnung an Messegäste (OVG NRW, Beschl. v. 14.08.2007 – 10 A 1219/06, BauR 2007, 2033 = ZfBR 2007, 798),
- die Einrichtung eines Taubenschlages im Dachraum ist eine Nutzungsänderung (Hess. VGH, Beschl. v. 20.03.1981 – IV TH 20/81, BRS 38 Nr. 66),
- die Zweckentfremdung »notwendiger« Stellplätze ist eine Nutzungsänderung (OVG NRW, Urt. v. 25.10.1993 – 11 A 1349/91, NVwZ 1994, 703).

In den meisten Fällen sind bauordnungsrechtliche und bauplanungsrechtliche Nutzungsänderungen deckungsgleich. Denn die **Anforderungen** des **Bauordnungsrechts** und des **Bauplanungsrechts** sind im Hinblick auf Nutzungsänderungsvorgänge **kaum voneinander zu unterscheiden**. So berührt selbst eine Änderung der Benutzungsart, die einen erhöhten Stellplatzbedarf auslöst, sowohl bauordnungsrechtliche als auch bauplanungsrechtliche Belange (OVG Lüneburg, Beschl. v. 15.01.1986 – 1 B 64/85, BRS 46 Nr. 116 und OVG NRW, Urt. v. 01.09.1986 – 11 A 1158/87, BRS 48 Nr. 106). 111

Nutzungsänderungen sind **bauplanungsrechtlich relevant** und damit Vorhaben im Sinne des § 29 Abs. 1 BauGB, wenn die **Genehmigungsfrage in bodenrechtlicher Hinsicht neu aufgeworfen** wird (BVerwG, Urt. v. 11.02.1977 – IV C 8.75, BauR 1977, 253 = BRS 32 Nr. 140; BVerwG, Urt. v. 18.11.2010 – 4 C 10/09, BVerwGE 138, 166; vgl. auch Fickert/Fieseler, Vorbemerkungen zu §§ 2–9, 12–14 Rn. 21 ff.). Werden ein Möbelmarkt und ein Einzelhandelsgroßbetrieb mit Vollsortiment zu einem Betrieb unter einheitlicher Leitung zusammengefasst, so liegt darin eine genehmigungspflichtige Nutzungsänderung beider Vorhaben, der die Belange der verbrauchernahen Versorgung der Bevölkerung berührt, wie sie insbesondere in § 11 Abs. 3 BauNVO ihren Niederschlag gefunden haben (OVG Saar, Beschl. v. 12.11.1986 – 2 W 984/86, BRS 46 Nr. 135). Die Aufstellung von zusätzlichen Spielgeräten in einem baurechtlich als Gaststätte genehmigten Betrieb mit Elementen einer Spielhalle kann schon wegen der bauplanungsrechtlich bedeutsamen Verstärkung des Spielhallencharakters eine Nutzungsänderung sein (Hess. VGH, Beschl. v. 15.10.1986 – 3 TH 2544/85, BRS 46 Nr. 134). 112

In bauplanungsrechtlicher Hinsicht ist eine Nutzungsänderung insbesondere dann anzunehmen, **wenn die in § 1 Abs. 6 BauGB genannten Belange berührt** werden (OVG NRW, Urt. v. 21.11.2005 – 10 A 1166/04, BauR 2006, 959). Das ist z.B. gegeben, wenn ein Wochenendhaus dauerhaft als Lebensmittelpunkt der betreffenden Bewohner und damit als Wohngebäude genutzt wird (OVG NRW, Urt. v. 23.10.2006 – 7 A 4947/05, BauR 2007, 1009 = BRS 70 Nr. 187). Die Errichtung einer Mobilfunkanlage mit einem 9,5 m hohen (freigestellten) Trägermast auf einem Sparkassengebäude stellt eine zusätzliche gewerbliche Nutzung des Gebäudes dar, die nicht als zulässige Nutzung des Betriebs der Sparkasse angesehen werden kann und von dieser Nutzung nicht mitumfasst wird (Hess. VGH, Beschl. v. 19.12.2000 – 4 TG 3639/00, BauR 2001, 944 = ZfBR 2001, 414). 113

In die Beurteilung, ob eine Nutzungsänderung im bauplanungsrechtlichen Sinne vorliegt, sind die **Vorschriften der BauNVO** über die **zulässigen Nutzungen in den** 114

Baugebieten einzubeziehen (BVerwG, Urt. v. 03.02.1984 – 4 C 25.82, BauR 1984, 269 = BRS 42 Nr. 52 = NJW 1984, 1771, zur Nutzung eines für den Großhandel genehmigten Gebäudes für den Einzelhandel und BVerwG, Urt. v. 27.05.1983 – 4 C 67.78, BRS 40 Nr. 165 zur Umwandlung von im Gewerbegebiet **privilegierten** Wohnungen für Aufsichts- und Bereitschaftspersonal in **frei verfügbare** Wohnungen). Änderungen der Nutzung baulicher Anlagen, die als privilegierte Vorhaben im Außenbereich nach § 35 Abs. 1 BauGB zulässig sind, in eine dort nicht ohne weiteres zulässige sonstige Nutzung, fallen ebenfalls unter den Begriff der Nutzungsänderung (OVG NRW, Urt. v. 10.05.1960 – VII A 1082/58, BRS 10, V B 1 S. 145 zur Benutzung einer »Jagdhütte« zu einem längeren Erholungsurlaub, ohne die Jagd auszuüben).

115 Besondere bauaufsichtliche Bedeutung kommt den Nutzungsänderungen **gewerblich genutzter baulicher Anlagen** im Hinblick auf die **Vorschriften des Immissionsschutzes** zu. Hierbei muss praktisch jede Änderung der Nutzung, die mit einer **Änderung der Emissionsverhältnisse** der jeweiligen Anlage verbunden ist, als genehmigungspflichtige Nutzungsänderung angesehen werden (BVerwG, Urt. v. 18.05.1995 – 4 C 20.94, BRS 57 Nr. 67 zum Betrieb einer Autolackiererei, die abweichend vom genehmigten Umfang an Nutzungsintensität so zugenommen hat, dass ein immissionsschutzrechtliches Genehmigungsverfahren erforderlich wird; zur Problematik der Überschreitung der Grenze zum immissionsschutzrechtlichen Verfahren s. Jäde/Dirnberger/Weiss, zu § 29 Rn. 23 und 24). Schon eine **Veränderung des Maschinenbestandes** kann in diesem Sinne eine Nutzungsänderung darstellen. Zweifellos stellt jede Veränderung der gewerblichen Betriebsart wegen der grundsätzlich damit verbundenen Änderung der Emissionsverhältnisse eine genehmigungspflichtige Nutzungsänderung dar, z.B. die Einrichtung einer Schreinerei in einer bisherigen Klempnerwerkstatt, die Umwandlung eines chemischen Wäschereibetriebes in einen sog. Supermarkt oder die Errichtung eines Großhandels-Auslieferungsbetriebes in baulichen Anlagen, die bisher landwirtschaftlich genutzt waren. Selbst der **Wechsel zwischen verschiedenen Betrieben vergleichbarer Art**, z.B. der Metallbearbeitung, muss unter den Gesichtspunkten des BImSchG als Nutzungsänderung behandelt werden. Die Umwandlung einer ehemaligen Dorfgaststätte mit Tanzsaal in eine Diskothek ist eine genehmigungspflichtige Nutzungsänderung (Hess. VGH, Beschl. v. 31.03.1981 – IV TH 95/80, BRS 38 Nr. 152).

116 Auch Nutzungsänderungen können wie Beseitigungen von Anlagen die **Denkmaleigenschaft** eines Gebäudes tangieren und daher einer denkmalrechtlichen Erlaubnis bedürfen (vgl. Rdn. 104). Voraussetzung für das Vorliegen einer Nutzungsänderung im denkmalrechtlichen Sinne ist **eine mehr als nur geringfügige Beeinträchtigung** des Denkmals oder seines Erscheinungsbilds, wobei eine Abwägung (Gewichtung der widerstreitenden Belange) stattzufinden hat (OVG NRW, Urt. v. 22.01.1998 – 11 A 688/97, BRS 60 Nr. 212). Keine Nutzungsänderung, sondern eine **Nutzungsaufgabe** liegt vor, wenn die bisherige Nutzung nicht mehr weitergeführt und durch **Leerstand** ersetzt wird. Die Nichtnutzung kann für den Erhalt des Denkmals gefährlicher sein als der normalerweise gegebene Wechsel von Nutzungen, da damit regelmäßig auch die Pflege der Substanz endet (vgl. Memmesheimer/Upmeier/Schönstein, zu § 9 Rn. 6).

Zweiter Teil Das Grundstück und seine Bebauung

Vor §§ 4–8

Wie bereits die Überschrift andeutet, handelt es sich überwiegend um Vorschriften, die eine **enge Verbindung zum Bauplanungsrecht** aufweisen. Die Ausformung der Vorschriften geht noch auf die MBO 1960 zurück und wird erst verständlich, wenn man das Rechtsgutachten des BVerfG in die Betrachtung einbezieht. Die Musterbauordnungs-Kommission hat seinerzeit unter Beachtung der Gesetzgebungskompetenz für das Baurecht versucht, die bauordnungsrechtlich relevanten Anforderungen an die Bebauung der Grundstücke mit Gebäuden in **Abstimmung auf das BBauG** zusammenzufassen (vgl. »Allgemeine Einführung in die Musterbauordnung«, Schriftenreihe des Bundesministers für Wohnungsbau, Band 17, 1960, S. 52). 1

Einzelne Vorschriften, wie z.B. § 10 – Einfriedung der Grundstücke – und § 11 – Gemeinschaftsanlagen –, haben **kaum praktische Bedeutung** erlangt, weshalb einige Länder diese Bestimmungen nie in ihr Bauordnungsrecht übernommen oder später wieder gestrichen haben. So ist auch zu erklären, dass Nordrhein-Westfalen sich mit der BauO NRW 2000 entschloss, § 10 BauO NW 1995 aufzuheben. Die sich ständig fortentwickelnde **Rechtsprechung zum Bauplanungsrecht** macht immer deutlicher, dass einzelnen Rechtssätzen die ihnen ursprünglich zugedachte bauordnungsrechtliche Bedeutung nicht zukommt und dass sie teilweise hinter das Bauplanungsrecht zurücktreten (vgl. § 4 Rdn. 4 ff. und 86 ff., § 8 Rdn. 8 ff. und § 58 Rdn. 103 ff.). 2

Das grundsätzlich zu begrüßende gesetzgeberische Anliegen, die **grundstücksbezogenen Anforderungen** des Bauordnungsrechts zu **konzentrieren**, kann auch **negative Auswirkungen** für das Verständnis des **Vorschriftenzusammenhangs** zur Folge haben. So entfaltet § 5 – Zugänge und Zufahrten auf den Grundstücken – aufgrund seiner irreführenden Überschrift keine Bedeutung für die Erschließung, sondern ist **Teil des äußeren Rettungswegesystems**, was wegen der Bedeutung des Brandschutzes eher eine Zusammenfassung mit § 14 – Brandschutz – nahegelegt hätte. Noch deutlicher wird dies am Beispiel des § 8 Abs. 2, der die Verpflichtung zur **Schaffung von Kinderspielflächen** regelt. Diese für Gebäude mit Wohnungen geltende Vorschrift regelt Anforderungen an die **Mindestausstattung von Wohnraum** unter bauordnungsrechtlichen Gesichtspunkten und steht in engem Zusammenhang mit § 47 – Wohnungen. 3

Besondere Bedeutung für die Praxis kommt den Bestimmungen in § 6 über **Abstandsflächen** zu. Da der Bund mit den Vorschriften des § 22 BauNVO über die Bauweise Zurückhaltung bei der Ausschöpfung seiner Gesetzgebungskompetenz geübt hat, waren die Länder zu einer umfassenden Regelung des Abstandsflächenrechts gezwungen. Wie keine andere Materie des Bauordnungsrechts hat sich das Abstandsflächenrecht in den Bundesländern jedoch teilweise vom Vorbild der MBO gelöst. Zudem bestehen in Niedersachsen einerseits und den übrigen 15 Bundesländern andererseits **zwei völlig unterschiedliche Regelungssysteme**. Aufgrund dieser **landesrechtlichen Besonderheiten** ist das Abstandsflächenrecht nicht ohne weiteres vergleichbar. 4

§ 4 Bebauung der Grundstücke mit Gebäuden

(1) Gebäude dürfen nur errichtet werden, wenn gesichert ist, dass ab Beginn ihrer Nutzung das Grundstück in für die Zufahrt und den Einsatz von Feuerlösch- und Rettungsgeräten angemessener Breite an einer befahrbaren öffentlichen Verkehrsfläche liegt oder wenn das Grundstück eine befahrbare, öffentlich-rechtlich gesicherte Zufahrt zu einer befahrbaren öffentlichen Verkehrsfläche hat und die erforderlichen Anlagen zur Versorgung mit Löschwasser vorhanden und benutzbar sind. Wohnwege, an denen nur Gebäude der Gebäudeklassen 1 bis 3 zulässig sind, brauchen nur befahrbar zu sein, wenn sie länger als 50 m sind.

(2) Ein Gebäude auf mehreren Grundstücken ist nur zulässig, wenn öffentlich-rechtlich gesichert ist, dass dadurch keine Verhältnisse eintreten können, die Vorschriften dieses Gesetzes oder den aufgrund dieses Gesetzes erlassenen Vorschriften zuwiderlaufen. Dies gilt bei bestehenden Gebäuden nicht für eine Außenwand- und Dachdämmung, die über die Bauteilanforderungen der Energieeinsparverordnung vom 24. Juli 2007 (BGBl. I S. 1519), die zuletzt durch Artikel 3 der Verordnung vom 24. Oktober 2015 (BGBl. I. S. 1789) geändert worden ist, in der jeweils geltenden Fassung für bestehende Gebäude nicht hinausgeht. Satz 2 gilt entsprechend für die mit der Wärmedämmung zusammenhängenden notwendigen Änderungen von Bauteilen.

Übersicht		Rdn.
0	Änderungen gegenüber der BauO NRW 2000	01
1	Allgemeines	1
2	Zu Abs. 1 – Erschließung des Grundstücks	4
2.1	Benutzbarkeit der Erschließungsanlagen	17
2.2	Erschließungspflicht	20
2.3	Verkehrsmäßige Erschließung	22
	2.3.1 Lage an einer öffentlichen Verkehrsfläche	25
	2.3.2 Lage abseits einer öffentlichen Verkehrsfläche	41
	2.3.3 Verzicht auf Befahrbarkeit (Satz 2)	49
	2.3.4 Darstellung in Bauvorlagen	53
	2.3.5 Sicherung der Versorgung mit Löschwasser	55
3	Zu Abs. 2 – Zulässigkeit eines Gebäudes auf mehreren Grundstücken	60
3.1	Sinn und Zweck der Regelung	64
3.2	Bezug zum Grundbuchrecht	67
3.3	Sicherung durch Vereinigungsbaulast	73
3.4	Vereinigungsbaulast bei Grundstücksteilung	82
3.5	Bauplanungsrechtliche Auswirkungen	86
3.6	Bauordnungsrechtliche Anwendungsbeschränkungen	91
3.7	Ausnahme des Erfordernisses der öffentlich-rechtlichen Sicherung (Satz 2 und 3)	102

0 Änderungen gegenüber der BauO NRW 2000

Die **BauO NRW 2018** hat Abs. 1 Satz 1 aus der BauO NRW 2000 modifiziert. Die erste Alternative der gesicherten Erschließung – die Lage an einer Verkehrsfläche in angemessener Breite – wurde durch den Zusatz »**für die Zufahrt und den Einsatz von Feuerlösch- und Rettungsgeräten**« spezifiziert. 01

In Satz 2 wurde der Begriff »Gebäude geringer Höhe« durch den Begriff »**Gebäude der Gebäudeklassen 1 bis 3**« ersetzt. 02

Entfallen sind hingegen **die Vorbehalte des Vorhanden- und Benutzbarseins der erforderlichen Anlagen zur Versorgung mit Trinkwasser** und der **erforderlichen Abwasseranlagen** sowie der Gewährleistung einer den wasserrechtlichen Vorschriften entsprechenden Abwasserbeseitigung, da diese bereits dem bauplanungsrechtlichen Erschließungserfordernis unterfallen (LT-Drucks. 17/2166, S. 99). Die erforderlichen Anlagen zur Versorgung mit Löschwasser müssen jedoch weiterhin vorhanden und benutzbar sein. 03

In **Abs. 2 Satz 1** wurde mit der **BauO NRW 2018** vollständig die Formulierung der MBO übernommen. Das **bisherige Erfordernis, wonach das Gebäude auf mehreren Grundstücken dem Baurecht so entsprechen muss, als handele es sich um ein Grundstück**, wurde aufgrund von Irritationen bei Anwendung in der Praxis **gestrichen** (LT-Drucks. 17/2166, S. 100). 04

Außerdem wurden in **Abs. 2 die Sätze 2 und 3** neu eingefügt. Demnach ist eine **öffentlich-rechtliche Sicherung** im Sinne des Satz 1 **nicht erforderlich** für eine **Außenwand- und Dachdämmung bei bestehenden Gebäuden**, die über die Bauteilanforderungen der Energiesparverordnung vom 24.07.2007 in der jeweils geltenden Fassung nicht hinausgeht (Satz 2), und auch nicht für die **mit der Wärmedämmung zusammenhängenden notwendigen Änderungen von Bauteilen** (Satz 3). Nach bisherigem Wortlaut galt dies für die Änderung einer Außenwand und des Daches eines Gebäudes durch Maßnahmen der Wärmedämmung entsprechend der Energiesparverordnung vom 24.07.2007 in der jeweils geltenden Fassung. 05

1 Allgemeines

§ 4 BauO NRW enthält **Anforderungen an das zu bebauende Grundstück**. Diese Vorschriften stehen neben den anderen öffentlich-rechtlichen Vorschriften, welche die Bebaubarkeit der Grundstücke regeln. Dies sind vor allem das BauGB in Verbindung mit der BauNVO, das FStrG und das StrWG NRW, das WHG und das LWG, das BBodSchG und das LBodSchG, das BNatSchG und das LNatSchG NRW sowie das DSchG. Ein Grundstück kann erst bebaut werden, wenn **alle** sich aus dem öffentlichen Baurecht ergebenden **Anforderungen erfüllt** werden, also auch den bauordnungsrechtlichen Anforderungen an die Zugänglichkeit und die Löschwasserversorgung entsprochen ist. 1

§ 4 Abs. 1 BauO NRW regelt die bauaufsichtlichen Anforderungen an die »**Erschließung**« des Grundstücks bei der Bebauung mit **Gebäuden**, und zwar sowohl an die 2 verkehrsmäßige Anbindung als auch an die **Löschwasserversorgung** im Interesse des Brandschutzes und zur Hilfeleistung bei Notfällen, der Verkehrssicherheit und der Stellplatzpflicht. Die Vorschrift enthält keine Anforderungen an den Ausbaustandard der Erschließungsanlagen. Zur Normierung derartiger Anforderungen ist nicht der Landesgesetzgeber zuständig, da der Bund mit dem BauGB seine Gesetzgebungskompetenz für das Bodenrecht genutzt und die städtebaulichen Erschließungsvoraussetzungen geregelt hat.

3   **§ 4 Abs. 2 BauO NRW** beschreibt die Voraussetzungen, die erfüllt sein müssen, wenn ein **Gebäude auf mehreren Grundstücken** zulässig sein soll. Auch diese Vorschrift dient der Gefahrenabwehr, um zu vermeiden, dass wesentliche bauordnungsrechtliche Belange bei der Bebauung mehrerer Grundstücke mit einem Gebäude unberücksichtigt bleiben. Die **öffentlich-rechtliche Sicherung** nach § 4 Abs. 2 BauO NRW – in aller Regel in Form einer »**Vereinigungsbaulast**« – ist jedoch **kein Instrument, um den bauplanungsrechtlichen Grundstücksbegriff zu verändern**, sie kann im Bauplanungsrecht nur eingesetzt werden, um die bauplanungsrechtlichen **Zulässigkeitsvoraussetzungen** zu »**sichern**«.

2 Zu Abs. 1 – Erschließung des Grundstücks

4   § 4 Abs. 1 BauO NRW regelt – auf eine Kurzfassung gebracht –, dass **Gebäude** nur errichtet werden dürfen, wenn **gesichert ist, dass bis zum Beginn ihrer Benutzung** das Grundstück sowohl **verkehrsmäßig** als auch hinsichtlich der **Löschwasserversorgung** ordnungsgemäß an die Erschließungsanlagen angeschlossen werden kann. Die **Abfallbeseitigung** zählt **nicht** zu den bauordnungsrechtlichen Erschließungsvoraussetzungen, **ebenso wenig** wie die **Versorgung mit Trinkwasser** sowie die **Abwasserbeseitigung**, die noch Bestandteil der Vorgängerregelung der BauO NRW 2000 waren. Die Streichung der beiden letzteren Erschließungserfordernisse wurde damit begründet, dass sowohl Trinkwasserversorgung als auch Abwasserbeseitigung bereits Bestandteil der planungsrechtlichen Erschließung sind (LT-Drucks. 17/2166, S. 99). Jedoch müssen gemäß § 84 Abs. 8 Satz 2 BauO NRW Zufahrtswege, Wasser- sowie Löschwasserversorgungs- und Abwasserentsorgungs- sowie Gemeinschaftsanlagen in dem erforderlichen Umfang sicher benutzbar sein. Aus bauordnungsrechtlichen Gründen ist es auch nicht erforderlich, dass das Grundstück an sonstige Versorgungsanlagen, wie z.B. Fernmelde-, Fernwärme- oder Elektrizitätsversorgungsanlagen, angeschlossen werden kann. Derartige Forderungen können sich aber aus dem Bauplanungsrecht, insbesondere den Festsetzungen eines vorhabenbezogenen Bebauungsplans nach § 12 BauGB, ergeben.

5   Bei genauer Betrachtung ist begrifflich zwischen der
– **bauplanungsrechtlich gesicherten Erschließung** und der
– **bauordnungsrechtlich gesicherten Zugänglichkeit** sowie den **bauordnungsrechtlichen Anforderungen** an die **Löschwasserversorgung**
zu unterscheiden. Eigentlich verbietet es sich, überhaupt von bauordnungsrechtlichen »Erschließungsanforderungen« zu sprechen, obwohl dies seit langem allgemein so üblich ist. Die **Anforderungen an den Ausbaustandard** der öffentlichen Verkehrsflächen

und der Versorgungsanlagen ergeben sich nämlich **aus dem Städtebaurecht**. Bauordnungsrechtliche Anforderungen an die Zugänglichkeit von Baugrundstücken bleiben von den Regelungen des Zulässigkeitsrechts für Vorhaben nach §§ 29 ff. BauGB nur »unberührt«, wenn und sowie sie geeignet sind, die bauplanungsrechtlichen Anforderungen, die das BauGB an das Erschlossensein von Baugrundstücken stellt, zu »**ergänzen**« (BVerwG, Urt. v. 03.05.1988 – 4 C 54.85, BauR 1988, 576 = BRS 48 Nr. 92 = NVwZ 1989, 353). Daran fehlt es, wenn bauordnungsrechtlich im Hinblick auf Wohnbaugrundstücke für das gesamte Gebiet eines Bundeslandes ohne Differenzierung eine Regelung getroffen wird, die über das bundesrechtliche Erschließungserfordernis hinausgeht und dadurch die insoweit vom Bundesrecht geübte Zurückhaltung generell leer laufen lässt (BVerwG, Urt. v. 29.11.1991 – 8 C 105.89, DVBl 1992, 374).

Die Gemeinde hat bei der Bauleitplanung den abwägungserheblichen Belangen Rechnung zu tragen – dazu gehören auch der sachgerechte Umgang mit Abfällen und Abwässern, die Belange des Post- und Telekommunikationswesens, die Belange der Versorgung, insbesondere mit Energie und Wasser, einschließlich der Versorgungssicherheit, sowie die Belange des Personen- und Güterverkehrs und der Mobilität der Bevölkerung, einschließlich des öffentlichen Personennahverkehrs (§ 1 Abs. 6 Nr. 7 Buchstabe e, 8 Buchstabe d und e und 9 BauGB). Die Bauleitplanung der Gemeinde dient unter anderem der Erschließung des Baulands. Die **Erschließung** ist nach § 123 Abs. 1 BauGB **Aufgabe der Gemeinde**, soweit sie nicht nach anderen Vorschriften oder öffentlich-rechtlichen Verpflichtungen einem anderen obliegt. So kann **bei klassifizierten Straßen** die **Straßenbaulast** dem **Bund**, dem **Land** oder einer **anderen Gebietskörperschaft** obliegen. Eine Erschließungspflicht anderer als der Gemeinde kann sich auch aus Planfeststellungsbeschlüssen nach dem **Fachplanungsrecht** ergeben. 6

In der Regel werden die Baugrundstücke durch **Erschließungsanlagen** erschlossen, **die der gemeindlichen Planungshoheit unterliegen**. Die Gemeinde hat im Rahmen der Bauleitplanung mehrere Möglichkeiten zur Herbeiführung einer geordneten städtebaulichen Entwicklung: 7
– sie kann die für die Erschließung von Baugrundstücken erforderlichen **örtlichen Verkehrsflächen** im **Bebauungsplan** festsetzen,
– sie kann **Erschließungsregelungen** in einem **vorhabenbezogenen Bebauungsplan** (Vorhaben- und Erschließungsplan) treffen,
– sie kann im nicht beplanten **Innen- oder Außenbereich** auf Planung verzichten und die **vorhandenen Erschließungsanlagen** für die städtebauliche Entwicklung als ausreichend erachten.

Örtliche Verkehrsflächen im Sinne des § 30 Abs. 1 BauGB sind **nicht nur die öffentlichen** Verkehrsflächen nach § 9 Abs. 1 Nr. 11 BauGB, sondern **auch die** nach § 9 Abs. 1 Nr. 21 BauGB **mit Geh-, Fahr- und Leitungsrechten** zugunsten der Allgemeinheit eines Erschließungsträgers oder eines beschränkten Personenkreises **belasteten privaten Flächen** (zum erforderlichen Konkretisierungsgrad bei Festsetzungen nach § 9 Abs. 1 Nr. 21 BauGB vgl. BVerwG, Beschl. v. 18.12.1987 – 4 NB 2.87, BRS 47 Nr. 4). 8

9 Unabhängig von diesen bauleitplanerischen Überlegungen besteht für die Gemeinde die Möglichkeit, den Ausbau der städtebaulich erforderlichen Erschließungsanlagen durch **Erschließungsvertrag** auf einen **Erschließungsträger** zu übertragen. Hierdurch kann die Baulandbereitstellung wesentlich beschleunigt werden. Der Abschluss von Erschließungsverträgen setzt keinen Bebauungsplan voraus. Die Gemeinde kann im unbeplanten Innenbereich den Ausbau von Erschließungsanlagen mit Dritten vereinbaren; hierbei sind die Voraussetzungen des § 125 Abs. 2 BauGB – Ausnahmen vom erschließungsrechtlichen Planungserfordernis – zu beachten (zur Entbehrlichkeit des Bebauungsplans vgl. Schlichter/Stich/Driehaus/Paetow, zu § 125 Rn. 13–19b).

10 Nach den **städtebaulichen Vorschriften** des Baugesetzbuches, insbesondere nach den Vorschriften der §§ 30 Abs. 1 und 2, 33 Abs. 1, 34 Abs. 1 und 35 Abs. 1 und 2 BauGB, ist die gesicherte Erschließung Voraussetzung für die planungsrechtliche Zulässigkeit von Vorhaben. Der **Begriff der gesicherten Erschließung** in den §§ 30–35 BauGB ist ein **bundesrechtlicher Begriff**, der nicht durch Landesrecht konkretisiert wird. Zwar besteht zwischen der planungsrechtlich gesicherten Erschließung und der bauordnungsrechtlich ausreichenden Zugänglichkeit eines Grundstücks ein **sachlicher Zusammenhang**, die Begriffe sind aber nicht gleichzusetzen (BVerwG, Urt. v. 03.05.1988 – 4 C 54.85, BauR 1988, 576 = BRS 48 Nr. 92 = NVwZ 1989, 353; Sächs. OVG, Beschl. v. 12.03.2013 – 1 A 309/11, juris).

11 Zu den **Erschließungsanlagen im Sinne der §§ 30–35 BauGB** zählen neben den **Straßen, Wegen** oder **Plätzen** auch die **Ver- und Entsorgungsleitungen für Elektrizität, Wasser und Abwasser** (vgl. Battis/Krautzberger/Löhr, zu § 30 Rn. 20 ff.). Der Erschließungsbegriff des Baugesetzbuches schließt zwar die in § 4 Abs. 1 BauO NRW geregelten bauordnungsrechtlichen Anforderungen mit ein, kann jedoch weiter gehen. Das **Bauplanungsrecht verlangt** andererseits für die Bebaubarkeit eines Grundstücks grundsätzlich **nicht, dass** auf der die wegemäßige Erschließung vermittelnden Verkehrsanlage **mit Großfahrzeugen**, etwa des **Rettungswesens**, bis zur Höhe dieses Grundstücks **gefahren werden kann**. Es lässt vielmehr in der Regel ein Heranfahrenkönnen durch Personen- und kleinere Versorgungsfahrzeuge genügen. Ein Grundstück kann selbst dann durch einen befahrbaren Wohnweg (Stichweg) bebauungs- und in der Folge erschließungsbeitragsrechtlich erschlossen sein, wenn dieser bei einer lichten Weite von 3 m nur auf einer Breite von 2,75 m befestigt ist (BVerwG, Urt. v. 04.06.1993 – 8 C 33.91, BauR 1993, 591 = BRS 55 Nr. 104).

12 So stellt § 30 BauGB auf **Festsetzungen des Bebauungsplanes ab**, § 33 BauGB fordert neben der Einhaltung der künftigen Festsetzungen die **schriftliche Anerkennung** derselben durch den Antragsteller. Die Erschließung ist im Sinne der §§ 30 und 33 BauGB nur gesichert, wenn die im Bebauungsplan festgesetzten Erschließungseinrichtungen (Straßen, Wege, Plätze) bis zur Aufnahme der Benutzung des Vorhabens zur Verfügung stehen. Eine vom Bebauungsplan abweichende Erschließung, z.B. durch Herstellung einer Zufahrt über ein Fremdgrundstück anstelle des Ausbaus der festgesetzten Stichstraße, ist nicht geeignet, die Voraussetzungen für die planungsrechtliche Zulässigkeit des Vorhabens zu schaffen (BVerwG, Urt. v. 21.02.1986 – 4 C 10.83, BauR 1986, 305 = BRS 46 Nr. 106 = DVBl 1986, 685; OVG NRW, Beschl. v.

25.08.2010 – 7 A 1348/09, juris). Da der bauplanungsrechtliche **Erschließungsbegriff** nicht gebietsbezogen, sondern nur **grundstücksbezogen** zu verstehen ist, kann es sich im Einzelfall jedoch ergeben, dass ein Vorhaben an einer bereits vorhandenen Erschließungsstraße, die nach den Festsetzungen des Bebauungsplans zu verbreitern ist, auch ohne Durchführung dieser Maßnahme zulässig ist (vgl. Battis/Krautzberger/Löhr, zu § 30 Rn. 19 ff.).

Nach **§ 34 Abs. 1 BauGB** kommt es auf die **ortsübliche Erschließung** unter Berücksichtigung der Art und des Maßes der Nutzung an. Bei der wegemäßigen Anbindung muss die angemessene Kommunikation zwischen der Bebauung und der öffentlichen Straße gewährleistet sein. So hängt die Anforderung an die Erschließung vor allem von der Art und dem Umfang der jeweiligen Bebauung ab. Vorhaben, die im nicht beplanten Innenbereich ausgeführt werden sollen, müssen sich grundsätzlich mit der Erschließungsanlage abfinden, die der jeweilige Innenbereich aufweist (BVerwG, Beschl. v. 07.01.1977 – IV B 202.76, BRS 32 Nr. 48 und Urt. v. 16.09.2010 – 4 C 7/10, BauR 2011, 222). Bei einem großen Bauvorhaben kann der Bauherr nicht verlangen, dass die vorhandenen Erschließungsanlagen von der Gemeinde für dieses Vorhaben entsprechend ausgebaut werden (BVerwG, Beschl. v. 30.11.1979 – 4 B 174.79, BRS 35 Nr. 100). Andererseits gefährdet nicht jede Erhöhung der Verkehrsbelastung an Kreuzungspunkten zu weiterführenden Straßen mit der Folge von Wartezeiten die Sicherung der Erschließung des dafür ursächlichen Vorhabens. Die Erschließung ist allerdings dann nicht gesichert, wenn das Vorhaben zu einer solchen Belastung der das Grundstück erschließenden Straße führen würde, dass die Sicherheit und Leichtigkeit der Verkehrs nicht nur in Spitzenzeiten ohne zusätzliche Erschließungsmaßnahmen, wie eine Verbreiterung der Straße oder die Schaffung von Einfädelungsspuren, nicht mehr gewährleistet wäre (BVerwG, Urt. v. 19.09.1986 – 4 C 15.84, BauR 1987, 52 = BRS 46 Nr. 62; Beschl. v. 03.04.1996 – 4 B 253.95, NVwZ 1997, 389 und Beschl. v. 30.06.2014 – 9 B 6/14, juris; vgl. auch Bosch, Die verkehrsmäßige Erschließung von Großvorhaben im Innenbereich, BauR 1998, S. 276 ff.). Für die wegemäßige Erschließung eines einzelnen Wohnbaugrundstücks reicht die bloße Zugänglichkeit von der öffentlichen Straße aus, wenn der Zugangsweg kurz ist (VGH B-W, Urt. v. 12.09.1996 – 8 S 1844.96, BauR 1997, 89 = BRS 58 Nr. 85 = DÖV 1997, 472 = UPR 1997, 477 zu einem befahrbaren Feldweg von 32 m Länge). Auch die sonstigen Anforderungen an die Wasserversorgung und die Abwasserbeseitigung sind zu erfüllen. Ist z.B. die Abwasserbeseitigung nicht möglich, steht dies einer Baulückenschließung entgegen (vgl. Voß/Buntenbroich, zu § 4 Rn. 26 f.).

13

§ 35 Abs. 1 BauGB verlangt für »**privilegierte**« Vorhaben nur die »**ausreichende**« Erschließung, soweit nicht Festsetzungen eines einfachen Bebauungsplanes gemäß § 30 Abs. 3 BauGB vorgehen. **§ 35 Abs. 2 BauGB** verlangt für »**sonstige**« Vorhaben, dass die **Erschließung gesichert** sein muss. Die Mindestanforderungen an die Sicherung einer ausreichenden (wegemäßigen) Erschließung richten sich nach den jeweiligen Gegebenheiten. Sie hängen auch von der zu erwartenden Verkehrsbelastung ab. Daher sind z.B. bei Wochenendhaussiedlungen außerhalb von Städten und Dörfern in der Regel geringere Anforderungen zu stellen, als sie sich sonst – z.B. für Wohnsiedlungen – rechtfertigen; gewisse Mindestanforderungen müssen aber dennoch erfüllt

14

werden (BVerwG, Urt. v. 13.02.1976 – IV C 53.74, BRS 30 Nr. 40; Nds. OVG, Beschl. v. 17.07.2013 – 12 ME 275/12, BauR 2013, 1831), wie:
– **jederzeitige Erreichbarkeit** mit Kraftfahrzeugen, insbesondere zur Gefahrenabwehr,
– **keine verkehrsmäßige Überlastung** der vorhandenen Wege bzw. Straßen,
– **keine Schädigung** des Wege- bzw. Straßenzustandes.

15 Die Anforderungen an die Sicherung der Erschließung eines weitab von sonstiger Bebauung im Außenbereich liegenden **landwirtschaftlichen Betriebs** unterscheiden sich von den Mindestanforderungen, die etwa für die Errichtung einer größeren Anzahl von Gebäuden oder für einen größeren gewerblichen Betrieb mit starkem An- und Abgangsverkehr gelten. Denn im Außenbereich macht es einen wesentlichen Unterschied, ob mit häufigem, gelegentlichem oder nur seltenem Anfahren eines Grundstücks durch Polizei-, Feuerwehr-, Rettungs- sowie Ver- und Entsorgungsfahrzeuge zu rechnen ist. Zugleich ist von Bedeutung, welcher sonstige Verkehr die Zuwegung erwartungsgemäß benutzen wird: je geringer er ist, umso eher ist ein begegnungsfreier Verkehr zu erwarten. Die im Außenbereich privilegierten landwirtschaftlichen Betriebe reichen vom Großbetrieb bis zur Nebenerwerbsstelle; dabei besteht die überwiegende Zahl der landwirtschaftlichen Betriebe aus Kleinbetrieben, von denen zahlreiche weitab von jeder sonstigen Bebauung liegen. Die Erschließung derartiger Betriebe erfolgt herkömmlich über **Wirtschaftswege** oder **Waldwege**, die nicht generell betoniert oder asphaltiert sind. Je nach den örtlichen Gegebenheiten kann ein nur geschotterter Weg oder ein Feldweg als Erschließung deshalb ausreichen. Da sich die Mindestanforderungen an die Sicherung einer ausreichenden Erschließung jeweils nach dem zu errichtenden Vorhaben bestimmen, erachtete das BVerwG im Urt. v. 30.08.1985 (– 4 C 48.81, BRS 44 Nr. 75) einen Baumschulbetrieb mit Einfamilienhaus, zwei Gewächshäusern und einem Parkhaus als ausreichend erschlossen über einen öffentlichen landwirtschaftlichen Wirtschaftsweg, der sich wie folgt darbot: Breite 3 m, 100 m Asphaltdecke, 750 m schwach bituminöse Befestigung; Breite 2,50 m, auf 690 m Kiesbefestigung, auf 250 m Sandweg.

16 Vom »**Erfordernis der gesicherten Erschließung**« kann **keine Befreiung** nach § 31 Abs. 2 BauGB erteilt werden (BVerwG, Urt. v. 21.02.1986 – 4 C 10.83, BauR 1986, 305 = BRS 46 Nr. 106 = DVBl 1986, 685). Eine **Abweichung** nach § 74 BauO NRW von den bauordnungsrechtlichen **Grundanforderungen** des § 4 Abs. 1 BauO NRW (Zuwegung, Löschwasserversorgung) erscheint ebenfalls ausgeschlossen, da dies die **Einhaltung grundlegender bauordnungsrechtlicher Schutzziele** gefährden würde. In **Teilaspekten**, z.B. der Sicherstellung der Befahrbarkeit von Verkehrsflächen, sind jedoch **Abweichungen denkbar** (vgl. Rdn. 49 bis 52).

2.1 Benutzbarkeit der Erschließungsanlagen

17 Die **bauordnungsrechtliche Erschließung** muss **ab Beginn ihrer Benutzung gesichert sein**. Es reicht deshalb aus, wenn
– die öffentliche **Verkehrsfläche**, an der das Grundstück liegen muss, zum Zeitpunkt der Benutzung des Gebäudes **befahrbar** ist und
– die **Löschwasseranlagen** zum Zeitpunkt der Benutzung **benutzbar** sind.

Die Erschließungsanlagen müssen **erst zum Zeitpunkt der abschließenden Fertigstellung** (§ 84 Abs. 1und Abs. 8 BauO NRW) **benutzbar** sein. Öffentliche Verkehrsflächen müssen ausreichend befestigt sein und über einen ausreichend breiten Unterbau verfügen (vgl. Rdn. 22 bis 24). 18

Von der Gemeinde kann sich ein Antragsteller z.B. vorab **bescheinigen** lassen, dass die öffentliche Verkehrsfläche befahrbar ist und dass der Anschluss an die Löschwasserversorgung über eine öffentliche Wasserleitung möglich ist, um der Bauaufsichtsbehörde die Prüfung zu erleichtern und damit das Baugenehmigungsverfahren zu beschleunigen. Einer solchen Bescheinigung bedarf es im einfachen Genehmigungsverfahren jedoch nicht mehr, um die Frist für die Bearbeitung nach § 64 Abs. 2 BauO NRW auszulösen. 19

2.2 Erschließungspflicht

Nach § 123 Abs. 1 BauGB ist die **Erschließung** von Grundstücken **Pflichtaufgabe der Gemeinden. Dritte können** die Erfüllung dieser Aufgabe grundsätzlich **nicht erzwingen** (§ 123 Abs. 3 BauGB). So kann z.B. ein Grundstückseigentümer nicht verlangen, dass sein bislang unerschlossenes Grundstück, für dessen Bebauung er nach den Planersatzvorschriften keine Baugenehmigung erhalten konnte, nach Inkrafttreten eines Bebauungsplans, der erstmals für dieses Grundstück eine Bebauungsmöglichkeit eröffnet, nunmehr auch von der Gemeinde erschlossen wird (BVerwG, Urt. v. 21.02.1986 – 4 C 10.83, BauR 1986, 305). Die Vorschriften des Zulässigkeitsrechts für Vorhaben über die Sicherung der Erschließung dienen gerade dazu, dass der Gemeinde nicht als Folge der Genehmigung von Vorhaben unangemessene Erschließungsaufgaben aufgedrängt werden (BVerwG, Beschl. v. 02.09.1999 – 4 B 47.99, BRS 62 Nr. 103; OVG Bln-Bbg, Beschl. v. 09.03.2017 – OVG 10 N 49.13, juris). Die allgemeine Pflicht der Gemeinde kann sich aber ausnahmsweise zu einer **aktuellen Erschließungspflicht verdichten**, vor allem 20

– wenn sie das **zumutbare Angebot eines Dritten zur Ausführung der Erschließung** entsprechend den Festsetzungen des von ihr erlassenen **qualifizierten Bebauungsplans ablehnt** (§ 124 BauGB; vgl. auch Rdn. 21),
– wenn sie **durch Erlass eines qualifizierten Bebauungsplans** die **Zulässigkeitsgrundlage für vorher nach § 34 BauGB zulässige Vorhaben** so abändert, dass diese infolge des neuen Planungsrechts nicht mehr durchgeführt werden können, andererseits aber auch die Zulässigkeit nach dem Bebauungsplan wegen der fehlenden neuen Erschließungsanlage noch nicht gegeben ist (BVerwG, Urt. v. 04.10.1974 – IV C 59.72, BauR 1974, 389 = BRS 28 Nr. 19; OVG NRW, Urt. v. 30.09.2014 – 2 D 89/13.NE, BauR 2015, 1095),
– wenn sie durch ihr **Verhalten** in besonderer Weise ein **Vertrauen** auf eine baldige Erschließung **hervorgerufen** hat (BVerwG, Urt. v. 23.04.1969 – IV C 69.67, BauR 1970, 234),
– wenn sie durch die **Erteilung einer Baugenehmigung** Baurecht bestätigt, obwohl der vorhandene Zustand der Erschließungsanlagen die Zulassung des Vorhabens rechtmäßig nicht ermöglicht hätte (BVerwG, Urt. v. 06.02.1985 – 8 C 44.84, BauR 1985, 310 = BRS 43 Nr. 5; OVG Rh-Pf, Urt. v. 08.03.2012 – 1 A 10803/11,

juris) – bei der Behebung des Mangels geht es nicht nur darum, die Grenze zur Ordnungswidrigkeit zu wahren, vielmehr hat die Gemeinde nach angemessenem Zeitablauf eine wenigstens – in Bezug auf das rechtswidrig zugelassene Vorhaben – **funktionsgerechte Erschließung** zur Verfügung zu stellen (BVerwG, Urt. v. 28.10.1981 – 8 C 4.81, BauR 1982, 33 = BRS 38 Nr. 58, vgl. auch Rdn. 35).

21 Die **Gemeinde** darf das **Angebot eines Dritten** zum Abschluss eines Erschließungsvertrags, den in einem **qualifizierten Bebauungsplan** vorgesehenen Ausbau der Erschließungsanlagen vorzunehmen, nur dann **ablehnen**, wenn ihr die **Annahme nicht zugemutet werden kann** (BVerwG, Beschl. v. 02.02.1978 – 4 B 122.77, BRS 33 Nr. 33 = NJW 1977, 405 und Urt. v. 22.01.1993 – 8 C 46/91, BRS 55 Nr. 106; OVG LSA, Beschl. v. 29.01.2010 – 2 M 226/09, BauR 2010, 888). Allerdings richten sich die **Anforderungen an die Substantiierung des Angebots** auch nach der Kooperationsbereitschaft der Gemeinde (BVerwG, Beschl. v. 13.02.2002 – 4 B 88.01, DÖV 2002, 619). Eine Bebauungsplanung führt in der Kombination mit der Ablehnung eines Erschließungsangebots allerdings nur dann zu einer Verdichtung der Erschließungslast, wenn sich der **Bebauungsplan** als **rechtswirksam** erweist (BVerwG, Beschl. v. 22.03.1999 – 4 B 10.99, BRS 62 Nr. 173). **Im nicht beplanten Innenbereich kann die Gemeinde grundsätzlich frei entscheiden**, ob sie ein Erschließungsangebot annehmen soll (BVerwG, Beschl. v. 07.01.1977 – IV B 202.76, BRS 32 Nr. 48 und OVG NRW, Urt. v. 16.03.1979 – XI A 659/77, BauR 1980, 148 = BRS 35 Nr. 45; VGH B-W, Urt. v. 10.03.2010 – 3 S 2627/08, BRS 76 Nr. 88; zur gemeindlichen Entscheidungskompetenz vgl. auch Hofmann-Hoeppel, Die Verdichtung der gemeindlichen Erschließungslast zur Erschließungspflicht, BauR 1993, S. 520 ff.).

2.3 Verkehrsmäßige Erschließung

22 Die Sicherung der verkehrsmäßigen Erschließung eines Grundstücks und damit der Zugänglichkeit eines Bauvorhabens ist eine wesentliche Voraussetzung sowohl für die planungsrechtliche als auch für die bauordnungsrechtliche Zulässigkeit dieses Vorhabens. Jedes Grundstück, das bebaut werden soll, muss einen zur ordnungsgemäßen Nutzung geeigneten Zugang entweder **unmittelbar** oder **mittelbar über eine öffentlich-rechtlich gesicherte Zufahrt** zur öffentlichen Verkehrsfläche haben. Die Landesbauordnung stellt seit ihrer Novellierung im Jahre 1984 diese beiden Zuwegungsmöglichkeiten **alternativ** und **gleichwertig** nebeneinander. Zur Erschließung eines so genannten »**Hinterliegers**« bedarf es demnach keiner Abweichung. Damit ist jedoch keine Aussage hinsichtlich der planungsrechtlichen Zulässigkeit eines solchen Hinterliegervorhabens getroffen (vgl. hierzu BVerwG, Urt. v. 13.02.1976 – IV C 72.74, BauR 1976, 188 = BRS 30 Nr. 39). Das **Bauordnungsrecht verfolgt andere Ziele als das Planungsrecht**. Wenn eine Hinterlandbebauung – z.B. auf einem »zweiten Grundstück« – planungsrechtlich unzulässig ist, bleibt diese Unzulässigkeit auch dann erhalten, wenn das Grundstück durch eine öffentlich-rechtlich gesicherte Zufahrt erschlossen werden könnte.

23 Die ordnungsgemäße **Zuwegung** ist **aus bauordnungsrechtlicher Sicht** erforderlich, damit das bebaute Grundstück auch von Fahrzeugen erreicht werden kann, die

gegebenenfalls im öffentlichen Interesse auf das Grundstück gelangen müssen, wie z.b. Kraftfahrzeuge der Feuerwehr und der Polizei. So ist es Ziel der Regelung des § 4 Abs. 1, die (jederzeitige) Erreichbarkeit des Grundstücks mit solchen Fahrzeugen, die im öffentlichen Interesse zum Einsatz kommen, sicherzustellen (OVG NRW, Beschl. v. 30.09.2014 – 15 A 2064/13, juris). Dies wurde **in der neuen Fassung** des § 4 Abs. 1 Satz 1 BauO NRW 2018 **explizit** durch den Zusatz **festgesetzt**, dass das Grundstück »in für die Zufahrt und den Einsatz von Feuerlösch- und Rettungsgeräten« angemessener Breite an der öffentlichen Verkehrsfläche liegen muss. Die **Regelung soll** so auch dem **Gesundheitsschutz dienen**, indem die Zufahrt von Arzt-, Kranken- und Rettungswagen gesichert wird (LT-Drucks. 17/2166, S. 99). Außerdem muss die Zuwegung so beschaffen sein, dass sie den auf das Grundstück bezogenen Verkehr ohne Schädigung des Wegezustandes und ohne Behinderung des übrigen Straßenverkehrs aufnehmen kann (vgl. OVG NRW, Urt. v. 24.08.1979 – XI A 611/79, BRS 35 Nr. 150, Urt. v. 12.05.1980 – 11 A 454/78, BRS 36 Nr. 133 und Beschl. v. 29.07.1997 – 10 B 1288/97, juris). Die erforderliche verkehrsmäßige Erschließung kann auch nicht in eine Zuwegung nur für Einsatz- und Rettungsfahrzeuge und eine weitere Zuwegung für den sonstigen Verkehr aufgeteilt werden, da § 4 Abs. 1 Satz 1 BauO NRW »eine« befahrbare öffentliche Verkehrsfläche bzw. öffentlich-rechtlich gesicherte Zufahrt verlangt (VG Gelsenkirchen, Urt. v. 12.07.2012 – 5 K 2628/10, juris).

Dabei ist § 4 Abs. 1 Satz 1 BauO NRW **bundesrechtskonform auszulegen**, um zu vermeiden, dass die planungsrechtlichen Vorgaben, insbesondere die Festsetzungen eines Bebauungsplanes, unterlaufen werden (zu den bauplanungsrechtlichen Anforderungen an eine ordnungsgemäße Zuwegung vgl. Rdn. 11–16). So kann z.B. ein Bebauungsplan die Erschließung eines Baugrundstücks lediglich durch einen Fußweg vorsehen und die Anordnung der Stellplätze an anderer Stelle im Baugebiet regeln, um den Kraftfahrzeugverkehr aus einem Wohngebiet herauszuhalten. In diesem Falle darf über § 4 Abs. 1 Satz 1 BauO NRW nicht verlangt werden, dass eine befahrbare Zufahrt geschaffen werden muss, wenn ansonsten eine Feuerwehrzufahrt für das Vorhaben nicht erforderlich ist. Dem Bauordnungsrecht ist zwar unbenommen, mit seinen Anforderungen an die Zugänglichkeit der Baugrundstücke im Interesse der Gefahrenabwehr – insbesondere aus Brandschutzgründen – das Bundesrecht zu überschreiten. Es kann jedoch aus bauordnungsrechtlichen Gründen nur dann die Schaffung einer Zufahrt für Rettungsfahrzeuge gefordert werden, wenn dies z.B. wegen des Gebäudetyps und der damit verbundenen Gefahrensituation erforderlich ist. Es reicht dann aber aus, wenn der festgesetzte Fußweg **für den Notfall befahrbar** ausgebildet wird, um das bauleitplanerische Ziel der Heraushaltung des Kraftfahrzeugverkehrs aus dem betreffenden Bereich sicherzustellen. 24

2.3.1 Lage an einer öffentlichen Verkehrsfläche

Von einer ordnungsgemäßen Zuwegung ist in der Regel auszugehen, wenn das Grundstück selbst **unmittelbar** in für die Zufahrt und den Einsatz von Feuerlösch- und Rettungsgeräten angemessener Breite an einer **öffentlichen Verkehrsfläche** liegt und keine Anbau- und Erschließungsbeschränkungen bestehen (vgl. Rdn. 27). Die unmittelbare 25

Lage an einer öffentlichen Verkehrsfläche reicht aus, weil diese Flächen ein zusammenhängendes Straßen- und Wegenetz bilden und so jederzeit die Erreichbarkeit des Grundstücks sichergestellt ist. Zu öffentlichen Verkehrsflächen können auch Teile von Bahnanlagen, Wasserstraßen oder Flughäfen zählen. Aus dem Sinn und Zweck dieser Regelung ergibt sich jedoch, dass im »**Normalfall**« die **zum Anbau bzw. zur Erschließung bestimmten öffentlichen Straßen** gemeint sind. Das Bauordnungsrecht knüpft hier an die Erschließung im planungsrechtlichen Sinne an und verlangt das Vorliegen einer für die Erschließung von Baugebieten erforderlichen Verkehrsfläche. Das schließt jedoch nicht aus, dass in besonders gelagerten Einzelfällen eine sonstige **öffentliche Verkehrsfläche nach dem Fachplanungsrecht** der Erschließung eines Gebäudes dient. So liegen die der Rückausnahme nach § 1 Abs. 2 Nr. 1 BauO NRW unterfallenden Gebäude auf Bahngelände, auf Flughäfen oder an Wasserstraßen, ohne selbst immer einen direkten Anschluss an öffentliche Straßen aufzuweisen.

26 Unter einer **öffentlichen Verkehrsfläche im Sinne von § 4 Abs. 1 Satz 1 BauO NRW** ist **in der Regel** eine **nach straßenrechtlichen Vorschriften** dem öffentlichen Verkehr **gewidmete Straße** zu verstehen. Dass eine Wegefläche tatsächlich dem öffentlichen Verkehr offen steht, reicht für eine Anwendung der Vorschrift nicht aus (OVG NRW, Urt. v. 13.05.1976 – X A 509/75, BRS 30 Nr. 100 und Urt. v. 27.06.2017 – 15 A 553/14, juris). Der Hess. VGH stellt fest (Urt. v. 27.05.1987 – 4 UE 212/86, BRS 47 Nr. 106), dass es einem Baugrundstück, das nicht an eine dem öffentlichen Verkehr gewidmete Verkehrsfläche grenzt und keine öffentlich-rechtlich gesicherte Zufahrt zu einer solchen hat, an der bauordnungsrechtlichen Erschließung fehlt; tatsächlich stattfindender Verkehr reicht nicht aus. Auch eine entsprechende **Festsetzung in einem Bebauungsplan** nach § 9 Abs. 1 Nr. 11 bzw. 21 BauGB ist **ohne Widmung unzureichend**. In Neubaugebieten genügt es, wenn die im Bebauungsplan festgesetzte Verkehrsfläche nach der Erklärung der Gemeinde bis zum Bezug des Gebäudes ausgebaut und dem öffentlichen Verkehr gewidmet werden soll, um in der **Übergangszeit zwischen Bauphase und Widmungsakt** von einer Sicherung der Anforderungen des § 4 Abs. 1 Satz 1 BauO NRW ausgehen zu können (s.a. § 9a StrWG NRW und OVG NRW, Beschl. v. 19.08.2002 – 10 B 1321/02, juris und Urt. v. 27.06.2017 – 15 A 553/14, juris).

27 **Widmung im Sinne des Straßenrechts** ist die Allgemeinverfügung der Straßenbaubehörde, durch die Straßen, Wege und Plätze die Eigenschaft einer öffentlichen Straße erhalten; sie wird mit Rechtsbehelfsbelehrung bekannt gemacht (§ 6 StrWG NRW). Eine Straße erhält die Eigenschaft einer Bundesfernstraße ebenfalls durch Widmung (§ 2 FStrG). Die Feststellung, ob eine Straße dem öffentlichen Verkehr gewidmet ist, kann für ältere Straßen und Wege Schwierigkeiten bereiten, da erst mit der Kodifikation des Straßenrechts im 19. Jahrhundert die **Widmungstheorie** entwickelt wurde (hierzu vgl. Lassar, Grundbegriffe des preußischen Wegerechts, 1919, S. 97 ff.). Der formelle Rechtsbegriff der öffentlichen Straße knüpft seitdem an die Widmung an (zur Feststellung der Widmung nach dem preußischen Wegerecht vgl. OLG Hamm, Urt. v. 11.11.1952 – 5 U 157/52, NJW 1953, 1519). Bei **fehlender Widmungshandlung** kann sich für **alte** Straßen, Wege und Plätze dennoch eine »**Rechtsvermutung kraft unvordenklicher Verjährung**« ergeben (so Kodal, S. 216 Rn. 8 unter Bezug auf

OVG NRW, Urt. v. 04.05.1960 – IV A 1253/58, DÖV 1961, 34 und BGH, Urt. v. 13.07.1962 – V ZR 96/60, DÖV 1962, 906). Das Fehlen der Widmung kann entbehrlich sein, wenn die **Gemeinde Eigentümerin der Straße** ist und **trotz fehlender Widmung Baugenehmigungen erteilt** hat; aufgrund dieser Amtshandlungen ist dann eine Erschließungspflicht der Gemeinde entstanden, auf die sich andere Bauwillige an dieser Straße berufen können (BayVGH, Urt. v. 11.04.1994 – 2 B 92.3865, BRS 56 Nr. 96).

Nach § 2 Abs. 1 StrWG NRW sind öffentliche Straßen diejenigen, die dem öffentlichen Verkehr gewidmet sind. Das StrWG NRW teilt in § 3 Abs. 1 die öffentlichen Straßen nach ihrer Verkehrsbedeutung in folgende **Straßengruppen** ein:
– **Landesstraßen** und **Radschnellverbindungen des Landes**,
– **Kreisstraßen**,
– **Gemeindestraßen**,
– **sonstige öffentliche Straßen**.

28

Daneben gliedern sich nach § 1 FStrG **Bundesstraßen des Fernverkehrs** in
– **Bundesautobahnen** und
– **Bundesstraßen mit den Ortsdurchfahrten**.

29

Für diese Straßengruppen ergeben sich nach § 25 StrWG NRW und § 9 FStrG **Anbau-** und auch **Erschließungsbeschränkungen**. Im **Bebauungsplan** können nach § 9 Abs. 1 Nr. 4, 11 und Abs. 6 BauGB **Beschränkungen für Ein-** und **Ausfahrten** und den **Anschluss von Baugrundstücken an die Verkehrsflächen** festgesetzt sein (im Einzelnen vgl. § 1 Rdn. 61–80).

30

Die **öffentliche Verkehrsfläche** muss **befahrbar** und so **breit** und **befestigt** sein, dass sie in der Lage ist, den Verkehr aufzunehmen, den das Grundstück bzw. das Bauvorhaben bedingt. Das Verkehrsvolumen bestimmt sich nach Art und Maß der baulichen Nutzung, also nach dem Zweck und dem Umfang der Baumaßnahme. Eine befahrbare Beschaffenheit der Verkehrsfläche ist gegeben, wenn sie aufgrund ihrer Breite und Befestigung von Feuerwehr- und Rettungsfahrzeugen sowie Ver- und Entsorgungsfahrzeugen ungehindert benutzt werden kann. Sofern keine Einbahnstraßenregelung besteht, muss **Begegnungsverkehr** zumindest in **Ausweichstellen** möglich sein. Ist der Einsatz der Feuerwehr aufgrund der **vorhandenen geringen Straßenbreite** zweifelhaft, sollte die örtliche Feuerwehr zu dem Vorhaben befragt werden. Dient die Straße als **Aufstell- und Bewegungsfläche** für den Einsatz von Feuerwehrfahrzeugen, um im Brandfall die an ihr gelegenen Gebäude in den Obergeschossen **anleitern** zu können, bestimmt sich ihre erforderliche Breite auch nach den Regelungen des **§ 5 Abs. 1 Satz 3 BauO NRW** i.V.m. der »**Richtlinie über Flächen für die Feuerwehr**« (MRFlFw) als Technische Baubestimmung im Sinne des § 88 BauO NRW und nach den für den Einsatz der Feuerwehr erforderlichen Rettungsgeräten (vgl. § 5 Rdn. 20 ff.).

31

Soweit **Sonderbauverordnungen** Anforderungen an die Breite von Zu- und Durchfahrten stellen, sind diese auch für die anschließenden öffentlichen Verkehrsflächen selbst erforderlich, da sonst ein ungehinderter Einsatz der Feuerwehr- und

32

Rettungsfahrzeuge bzw. die Evakuierung im Notfall nicht gewährleistet ist. So verlangt z.B. § 7 Abs. 4 SBauVO NRW eine **Dimensionierung der Rettungswege in Abhängigkeit** von der »zu rettenden« Personenzahl. Die Sonderbauverordnungen fordern für den Einsatz der Feuerwehrfahrzeuge eine **Mindestbreite der Rettungswege** im Zuge von Zu- und Durchfahrten von 3 m. Aus **Gründen der Verkehrssicherheit** enthält § 123 Abs. 3 SBauVO NRW für Zu- und Abfahrten vor **Mittel- und Großgaragen** die Forderung nach 2,75 m breiten Fahrbahnen; aus der Vorgabe des § 123 Abs. 4 SBauVO NRW nach getrennten Fahrbahnen für Zu- und Abfahrten von Großgaragen resultiert ein Gesamtbreitenmaß der Fahrbahn von 5,50 m.

33 Im **beplanten Bereich** kann davon ausgegangen werden, dass die im Bebauungsplan festgesetzten Erschließungsanlagen auch die **bauordnungsrechtlichen Belange** abdecken. Denn die Gemeinde muss nach § 1 Abs. 6 BauGB unter anderem die Belange der Sicherheit der Wohn- und Arbeitsbevölkerung und die Belange des Verkehrs sachgerecht berücksichtigen und darf keine Konflikte in das anschließende Baugenehmigungsverfahren bzw. sonstige Zulassungsverfahren nach öffentlichem Recht verlagern. Die Hervorhebung der **Sicherheit als öffentlicher Belang** soll bewirken, dass die Gemeinde drohenden Gefahrenlagen auch aus im Bauordnungsrecht geregelten Aspekten planerisch vorbeugt (vgl. Ernst/Zinkahn/Bielenberg/Krautzberger, zu § 1 Rn. 119). Für den vorhabenbezogenen Bebauungsplan nach § 12 BauGB (**Vorhaben- und Erschließungsplan**) gilt dieser Grundsatz in besonderem Maße, da das Vorhaben in den Einzelheiten bereits bekannt ist. Das Gebot der Konfliktbewältigung zwingt die Gemeinde zur Berücksichtigung fachgesetzlicher und bauordnungsrechtlicher Sicherheitsaspekte, soweit hierzu Festsetzungsmöglichkeiten nach § 9 BauGB eröffnet sind. Eine »Fein- bzw. Nachsteuerung« ist nämlich nur in den engen Grenzen des § 15 BauNVO möglich. **Festsetzungen** eines Bebauungsplanes **können durch § 15 BauNVO** nur ergänzt, aber **nicht korrigiert werden** (BVerwG, Beschl. v. 06.03.1989 – 4 NB 8.89, BauR 1989, 306 = BRS 49 Nr. 44 = DÖV 1989, 724 = DVBl 1989, 661 = NVwZ 1989, 960 = UPR 1989, 307 = ZfBR 1989, 129 zur Nichtigkeit eines Bebauungsplans, der den durch die Versammlungsstätten- und Restaurantbenutzer eines Hotels mit Parkhaus ausgelösten Zu- und Abgangsverkehr außer Acht gelassen hatte).

34 Die Frage nach dem Rechtsstatus der **Empfehlungen für die Anlage von Erschließungsanlagen – EAE 1985/95**, ersetzt durch die **Richtlinien für die Anlage von Stadtstraßen**, Ausgabe 2006 – **RASt 06** (herausgegeben von der Forschungsgesellschaft für Straßen- und Verkehrswesen e.V., Köln, 2007), beantwortet das OVG NRW in seinem Urt. v. 13.04.1988 (– 7 A 2687/86, n.v.) dahin gehend, dass sich diese Empfehlungen nicht zu den baurechtlichen Erfordernisse verhalten, sondern **Maßstäbe für die Planung und Anlage von Straßen** abgeben. Das OVG NRW führt weiter aus, dass die Empfehlungen für die Anlage von Erschließungsstraßen **sachverständige Aussagen** darüber treffen, welche Gestaltungselemente eines Straßenbauvorhabens **im Interesse der Sicherheit und Leichtigkeit des Verkehrs** angestrebt werden sollen (so auch BVerwG, Urt. v. 26.05.1989 – 8 C 6.88, BVerwGE 82, 102). Bei der Frage der gesicherten **Erschließung im Sinne des § 34 Abs. 1 BauGB** gehe es jedoch nicht

um das anzustrebende Optimum der Gestaltung der Straße für die Bewältigung bestimmter verkehrlicher Situationen, sondern um die **ausreichende** Erschließung, also um die nach den Gegebenheiten erforderlichen Mindestanforderungen an die Erschließungsanlagen (vgl. BVerwG, Urt. v. 30.08.1985 – 4 C 48.81, BauR 1985, 661 = BRS 44 Nr. 75 = DÖV 1986, 299 = NJW 1986, 394). Zu den planerischen Mindestanforderungen gehören auch die **Wendemöglichkeiten am Ende von Stichstraßen** (OVG NRW, Urt. v. 14.02.1995 – 11a D 29/91.NE, BRS 57 Nr. 15 und VGH B-W, Urt. v. 13.04.2000 – 5 S 2778/98, BauR 2000, 1707 = BRS 63 Nr. 31).

Abzustellen ist weder auf die »volle« Erschließung noch auf das Vorliegen oder Fehlen einer Ordnungsstörung, sondern darauf, ob die Erschließungsanlage ungeachtet etwaiger Mängel geeignet ist, dem Grundstück eine angemessene, hinreichend gefahrlose Verbindung mit dem übrigen Verkehrsnetz der Gemeinde zu vermitteln (BVerwG, Urt. v. 28.10.1981 – 8 C 4.81, BauR 1982, 33 = BRS 38 Nr. 58 = DVBl 1982, 540; OVG NRW, Beschl. v. 24.05.2013 – 15 A 530/08, juris). Die Anforderungen für den Neubau von Straßen, wie sie das Straßenrecht und die Ausbaurichtlinien vorsehen, liegen weit oberhalb dieser Maßstäbe; für die **Beurteilung der Zulässigkeit eines Vorhabens** hinsichtlich der ausreichenden wegemäßigen Erschließung sind dagegen die **Umstände des Einzelfalls** maßgebend. Hierbei ist zu differenzieren nach Gebietscharakter und Nutzung der Grundstücke. Beide Faktoren haben Einfluss auf den Umfang des tatsächlichen und zu erwartenden Verkehrsaufkommens und damit auf die zu erfüllenden Mindestbedingungen, wie diese bereits im Urt. v. 13.02.1976 zur Beurteilung der ausreichenden Erschließung für Außenbereichsvorhaben aufgeführt wurden (vgl. Rdn. 14). Weiter führt das BVerwG im Urt. v. 28.10.1981 aus: 35

»Zu einer funktionsgerechten Erschließung in einem (auch) der Wohnbebauung dienenden Gebiet müssen darüber hinaus eine Beleuchtungsanlage und eine Straßenentwässerungsanlage vorhanden sein, die es ermöglichen, dass zumindest der Bereich zwischen dem anspruchsberechtigten Grundstück und der nächsten Straße auch bei Dunkelheit und bei normalem Regenwetter ohne weiteres von Fußgängern passiert werden kann. Findet ein Fahrverkehr von nicht völlig untergeordneter Bedeutung statt, so ist zusätzlich erforderlich, dass ein abgesetzter Gehweg einen gefahrlosen Fußgängerverkehr (auch von Kindern) zur nächsten voll ausgebauten Straße sicherstellt.« 36

Für die **Bauleitplanung** gelten – anders als für die baurechtliche Zulässigkeitsprüfung – **strengere Maßstäbe**. Dies folgt aus § 9 Abs. 2 StrWG NRW, der bei Bau und Unterhaltung von Straßen auch eine angemessene **Berücksichtigung der allgemein anerkannten Regeln der Technik** verlangt. Danach sind **längere Stichstraßen** an ihrem Ende mit einer **Wendemöglichkeit** auszustatten, die auch für die regelmäßig auf der Straße zu erwartenden größeren Fahrzeuge, insbesondere der Ver- und Entsorgung, ausreichend dimensioniert ist. Es ist im Rahmen einer sachgerechten Straßenplanung nicht vertretbar, den Fahrzeugen insbesondere der Müllabfuhr vorzugeben, auf einer längeren Strecke zurückzusetzen oder kleinere Fahrzeuge einzusetzen. In diesem Zusammenhang sind die **Empfehlungen für die Anlage von Erschließungsanlagen** als **sachverständige Konkretisierung moderner Grundsätze** 37 des **Straßenausbaus** geeignet, der Gemeinde allgemeine Anhaltspunkte für ihre Planungsentscheidung zu liefern (OVG NRW, Urt. v. 22.03.1993 – 11a NE 64/89, NVwZ-RR 1994, 311 ff. = ZfBR 1994, 49; Sächs. OVG, Urt. v. 13.10.2011 – 1 C 9/09, BauR 2012, 1205). Nach den Empfehlungen genügen bis 10 Wohneinheiten 3 m breite Wohnwege, bis 30 Wohneinheiten ist eine 4,75 m breite Fahrbahn bei einer Abschnittslänge von ca. 50 m vorzusehen. Das OVG NRW hat in seinem Urt. v. 14.02.1995 (– 11a D 29/91.NE, BauR 1995, 659 = BRS 57 Nr. 15) einen Bebauungsplan, der zur Beseitigung von Zufahrten zur freien Strecke einer Landesstraße eine parallel dazu geführte und durch Verkehrsgrün abgegrenzte 180 m lange und ca. 4,5 m – 3 m breite Erschließungsstraße ohne Wendemöglichkeit vorsieht, für abwägungsfehlerhaft erachtet.

38 Das Grundstück muss gemäß § 4 Abs. 1 Satz 1 BauO NRW in **für die Zufahrt und den Einsatz von Feuerlösch- und Rettungsgeräten angemessener Breite** an einer befahrbaren öffentlichen Verkehrsfläche liegen. Damit will der Gesetzgeber zum Ausdruck bringen, dass es nicht genügt, wenn das Grundstück nur mit geringer Breite – z.B. nur mit Zentimetern oder gar nur mit einer Grundstücksecke – an diese Fläche angrenzt. Die Forderung ist sicher erfüllt, wenn das Grundstück in seiner vollen Breite an die Straße angrenzt. Als angemessen muss die Breite jedoch auch angesehen werden, wenn sie die Abmessungen aufweist, die für eine öffentlich-rechtlich gesicherte Zufahrt über ein fremdes Grundstück erforderlich wäre, zumal der Gesetzgeber beide Erschließungsmöglichkeiten einander gleichstellt (vgl. Rdn. 22). Die **Breite** bestimmt sich wiederum nach **Art, Zweckbestimmung** und **Umfang des Bauvorhabens**, sofern die Breite nicht bereits Gegenstand von Vorgaben in einschlägigen Rechtsverordnungen oder Verwaltungsvorschriften auf der Rechtsgrundlage des § 87 BauO NRW ist (vgl. Rdn. 32). Auch nach dem **Bauplanungsrecht** bestimmt sich die erforderliche Breite nach den **Umständen des Einzelfalls** (BVerwG, Beschl. v. 31.05.2000 – 11 B 10.00, DVBl 2000, 1709 zu einer lediglich 2,5 m breiten Parzelle, die als nicht geeignet angesehen wurde, den Lastwagenverkehr eines im Gewerbegebiet gelegenen Getränkegroßhandelsbetriebs aufzunehmen).

39 Für **übliche Wohnbauvorhaben** oder **vergleichbare Gebäude** ist davon auszugehen, dass die **Breite des »Anliegens«** des Grundstücks dann angemessen ist, wenn sie für den Einsatz der für das Vorhaben erforderlichen Feuerwehrfahrzeuge ausreicht. Hier wird die enge **Korrespondenz der Vorschriften** des § 4 Abs. 1 Satz 1 BauO NRW und des § 5 BauO NRW erkennbar. § 5 BauO NRW regelt i.V.m. der »Richtlinie über Flächen für die Feuerwehr« (MRFIFw) die Zugänge und Zufahrten auf den Grundstücken für die Feuerwehr und auch die Breite der Aufstellfläche für Hubrettungsfahrzeuge; § 5 Abs. 1 Satz 2 BauO NRW i.V.m. 4.2.1 DIN 14090 gibt vor, dass zu Gebäuden, bei denen die Oberkante der Brüstungen notwendiger Fenster oder sonstiger zum Anleitern bestimmter Stellen mehr als 8 m über dem Gelände liegt, eine mindestens 3 m breite Zu- oder Durchfahrt zu schaffen ist.

40 Ist das **Grundstück nicht mit Kraftfahrzeugen anzufahren**, weil z.B. die Kraftfahrzeugstellplätze auf einem anderen Grundstück durch Baulast gesichert sind und auch das Gebäude selbst so liegt und beschaffen ist, dass ein »**Zugang**« nach

§ 5 Abs. 1 BauO NRW ausreicht, so ist die **Breite** des »Anliegens« unter Heranziehung der Vorschriften des § 5 BauO NRW zu ermitteln (ebenso Buntenbroich/Voß, zu § 4 Rn. 11). Nach § 5 Abs. 1 Satz 1 BauO NRW i.V.m. 4.1 DIN 14090 muss der Durchgang für die Feuerwehr mindestens 1,25 m Breite aufweisen, bei geringfügigeren Einengungen durch z.B. Türen auch 1 m Breite. Daraus schließt das **OVG NRW in seinem Beschl. v. 05.05.2000 (– 3 A 3132/99, EildStNW 2000, 764), dass eine Mindestbreite des Anliegens von 1 m** keinesfalls unterschritten werden darf, wenn anstelle einer Zufahrt ein **Zugang** zur bauordnungsrechtlichen Erschließung ausreicht.

2.3.2 Lage abseits einer öffentlichen Verkehrsfläche

Liegt ein Grundstück nicht unmittelbar an einer öffentlichen Verkehrsfläche, sondern von dieser durch ein anderes Grundstück getrennt, so muss es eine **befahrbare, öffentlich-rechtlich gesicherte Zufahrt** zu einer befahrbaren öffentlichen Verkehrsfläche haben (OVG NRW, Beschl. v. 30.09.2014 – 15 A 2064/13, juris). Bei diesen zu erschließenden Grundstücken handelt es sich demnach um solche, die nur über Flächen zugänglich sind, die nicht dem öffentlichen Verkehr gewidmet sind. Zu diesen Flächen gehören z.B. **Überfahrten über fremde Grundstücke**, private **Wohnwege**, **private innere Erschließungsstraßen größerer Siedlungen**, private **Feldwege**, **Interessentenwege**, **Werksstraßen**. Der Fall des nicht unmittelbaren Anliegens ist auch gegeben, wenn zu einem größeren zusammenhängenden Grundbesitz, wie z.B. einem Werksgelände, einem Schulzentrum, einer Kaserne oder einem Hofgut, mehrere jeweils selbständige Grundstücke gehören und das zu bebauende Grundstück nur über ein anderes Grundstück des gleichen Grundbesitzes an die öffentliche Verkehrsfläche angeschlossen ist (BVerwG, Beschl. v. 11.04.1990 – 4 B 62.90, BRS 50 Nr. 108 zur nicht gesicherten Erschließung einer geplanten Fischzuchtanlage auf einem Hofgut, die durch einen 750 m langen Weg über andere Grundstücke des gleichen Grundbesitzes mit der öffentlichen Verkehrsfläche verbunden werden sollte). 41

Hinsichtlich der **Befahrbarkeit** dieser Zufahrt gelten die Ausführungen unter Rdn. 31 und 32 sinngemäß. Eine maximal 2 m breite Zufahrt genügt nicht den Anforderungen an einen befahrbaren Wohnweg (OVG NRW, Urt. v. 30.10.2009 – 7 A 2548/08, BauR 2010, 446). Aufgrund der Grundstücksbezogenheit einer Baugenehmigung ist es dabei unbeachtlich, wie breit der Pkw des Bauherrn ist. Eine **Breite** von 3 m dieser Zufahrt wird hingegen in aller Regel ausreichend sein, eine Breite von 4,5 m ist erforderlich, wenn auf längeren Strecken **Begegnungsverkehr** zu berücksichtigen ist. Ob dies der Fall ist, hängt konkret zum einen von der Art, der Zweckbestimmung und dem Umfang des Bauvorhabens ab, zum anderen von der Einsehbarkeit bzw. der Übersehbarkeit der Zuwegung. Das Erfordernis der Berücksichtigung von Begegnungsverkehr sollte nicht zu früh angenommen werden. So erkannte das OVG NRW in seinem Urt. v. 17.01.1984 (– VII A 2985/82, n.v.), dass bei einer übersehbaren Zuwegung von 110 m Länge, die in sehr kurzer Zeit befahren werden kann, es einem ankommenden Fahrzeug zugemutet werden kann, sich – bevor es in den Erschließungsweg einbiegt – darauf einzurichten, dass dieser 42

Weg gerade in Gegenrichtung befahren wird und dass es auch nicht zu bedenklichen Verzögerungen beim Einsatz von Rettungsfahrzeugen der Feuerwehr führt, wenn diese am Beginn des Weges einige Sekunden warten müssen. Gefahrentatbestände seien nicht gegeben, wenn sich Fahrer begegnender Fahrzeuge abstimmen können, und auch dann nicht, wenn ein Verkehrsteilnehmer gezwungen ist, sich auf das Verkehrsgeschehen auf der Fahrbahn, in die er einbiegen will, insbesondere auf einen eventuellen Gegenverkehr, einzurichten. Solange ein Verkehrsvorgang mit der durchschnittlichen Sorgfalt eines Kraftfahrers gefahrlos bewältigt werden kann, sind – so das OVG NRW – Sicherheit und Leichtigkeit des Verkehrs nicht gefährdet. Das sei erst der Fall, wenn ein gesteigertes Risiko des Eintritts von Gefahrensituationen besteht, deren Bewältigung von dem Kraftfahrer eine überdurchschnittliche Aufmerksamkeit und Sorgfalt verlangt. Verlangt die Situation die Berücksichtigung von Begegnungsverkehr, z.B. weil die Zufahrt eine größere Länge aufweist, so ist zu prüfen, ob die gesamte Zuwegung auf eine entsprechende Breite angelegt werden muss oder ob nicht **Ausweichstellen** ausreichen. Soweit Sonderbauvorschriften zu berücksichtigen sind, greifen deren Vorgaben.

43   Die **Zufahrt** muss **öffentlich-rechtlich gesichert** sein, damit nicht ohne Mitwirkung der Bauaufsichtsbehörde diese nach Errichtung des Vorhabens aufgehoben werden kann; insofern unterscheidet sich die Rechtslage erheblich von der für Leitungen zur Wasserversorgung und zur Abwasserbeseitigung (vgl. Rdn. 03). Eine **Grunddienstbarkeit** nach §§ 1018 und 1019 BGB **oder das Notwegerecht** nach § 917 BGB **reichen nicht aus** (VGH B-W, Urt. v. 25.03.1981 – 3 S 2346/80, BRS 38 Nr. 160; OVG NRW, Beschl. v. 15.04.1999 – 3 B 68/99, NWVBl. 1999, 463 und Beschl. v. 20.04.2011 – 7 A 956/10, juris; vgl. § 85 Rdn. 40). Durch die mit der BauO NW 1984 vorgenommene, eindeutige gesetzliche Regelung ist die **ältere Rechtsprechung**, die sich auf § 4 Abs. 4 BauO NW 1970 bezog auch die Eintragung einer Grunddienstbarkeit für ausreichend ansah, **nicht mehr anwendbar** (vgl. OVG NRW, Urt. v. 30.05.1968 – X A 65/67, BRS 20 Nr. 97; OVG Lüneburg, Urt. v. 28.02.1979 – I A 144/76, BRS 35 Nr. 103).

44   Die öffentlich-rechtliche Sicherung ist nur über eine entsprechende **Baulast** nach § 85 BauO NRW möglich. Selbst die Zuwegung über ein im Eigentum des Bauherrn stehendes anderes Grundstück muss durch eine Baulast abgesichert sein. Der Grund für diese strenge Regelung ist die Besorgnis, dass der Eigentümer des Baugrundstücks sich die – für ihn frei verfügbare – Dienstbarkeit eines Tages vom Wegeeigentümer ganz oder teilweise abhandeln lassen könnte mit der Folge, dass dann eine ausreichende Zuwegung zur öffentlichen Verkehrsfläche fehlt. Auch bei **herrenlosen Grundstücken**, die der Hinterlieger tatsächlich für die Zuwegung nutzt, ist die Eintragung einer Baulast erforderlich. Mangels Eigentümer, der die erforderliche Verpflichtungserklärung abgeben könnte, ist der Hinterlieger in einem solchen Fall gehalten, sich das Grundstück durch Erklärung gegenüber dem Grundbuchamt und Eintragung im Grundbuch anzueignen, um so in der Folge die Eintragung der Baulast zu ermöglichen (OVG NRW, Beschl. v. 03.06.2013 – 15 A 210/13, juris).

Die **Eintragung einer Baulast im Baulastverzeichnis** könnte im folgenden **Beispiel** 45
wie folgt lauten:

Baulastenverzeichnis von Kleinscheid Baulastenblatt Nr. 64 Seite 1 Grundstück: Unterstraße 21 Gemarkung: Auenfeld Flur: 18 Flurstück: 16		
Lfd. Nr.	Inhalt der Eintragung	Bemerkung
1	2	3
1	Verpflichtungserklärung vom 08.10.2001: Verpflichtung zur Duldung, dass auf dem im Lageplan gemäß § 18 BauPrüfVO in grüner Schraffur gekennzeichneten Teil des Grundstücks eine Zufahrt nach § 4 Abs. 1 Satz 1 BauO NRW vom Grundstück Unterstrasse 21 A, Gemarkung Auenfeld, Flur 18 Flurstück 15 zur öffentlichen Verkehrsfläche Unterstraße Gemarkung Auenfeld, Flur 18, Flurstück 32 angelegt, unterhalten und benutzt wird. eingetragen am 11.10.2001	Müller

Lageplan zur Verpflichtungserklärung vom 08.10.2001

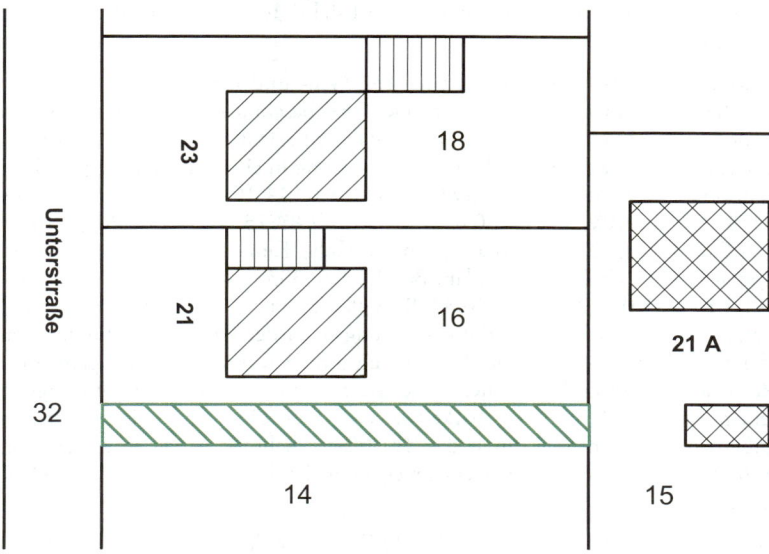

Abb. 4.1 Darstellung der Zuwegungsbaulast nach § 18 BauPrüfVO

46 Eine Baulast zur Sicherung der Zufahrt eines Grundstücks zu einer befahrbaren öffentlichen Verkehrsfläche verschafft dem Eigentümer des begünstigten Grundstücks allein noch nicht das Recht, über die belastete Fläche zu fahren, sondern ermöglicht es der Bauaufsichtsbehörde nur, mit den nach Einräumung der Baulast ihr zustehenden Eingriffsmöglichkeiten zu gewährleisten, dass bezüglich der Erschließungssituation keine materiell-baurechtswidrigen Zustände eintreten. Will der Eigentümer des begünstigten Grundstücks selbst eine Rechtsposition zulasten des belasteten Grundstücks erhalten, so kann er dies nur dadurch erreichen, dass ihm **entsprechende zivilrechtliche Rechtspositionen** durch den Eigentümer des belasteten Grundstücks eingeräumt werden (vgl. BGH, Urt. v. 08.07.1983 – V ZR 204/82, DÖV 1983, 982 = NJW 1984, 124; OVG NRW, Beschl. v. 30.09.2014 – 15 A 2064/13, juris; vgl. auch § 83 Rdn. 51–52). Häufig ist die umgekehrte Reihenfolge gegeben. Besteht eine **Grunddienstbarkeit zugunsten des Bauherrn**, so ist die Unterschrift unter der Verpflichtungserklärung durch den Fremdeigentümer in der Regel nur noch eine – zivilrechtlich einklagbare – Formsache. Der Bauherr darf jedoch nicht in jedem Falle erwarten, dass der Fremdeigentümer auch zur Bewilligung der erforderlichen Baulast verpflichtet ist (BGH, Urt. v. 06.07.2000 – III ZR 340/98, BauR 2000, 1856 = DVBl 2000, 1844 = NJW 2000, 2996 = UPR 2000, 452 = ZfBR 2000, 560 zum Fall einer Verweigerung der Baulastübernahme, weil die bestehende Grunddienstbarkeit die beabsichtigte Erweiterung der Nutzung nicht abdeckt).

47 Die **Festsetzung des Bebauungsplans** einer mit **Geh- und Fahrrecht** zugunsten der Allgemeinheit, eines Erschließungsträgers oder eines beschränkten Personenkreises zu belastenden Fläche (nach § 9 Abs. 1 Nr. 21 BauGB) reicht jedenfalls für sich noch nicht als ausreichende Sicherung, denn die Festsetzung in einem Bebauungsplan lässt das Recht noch nicht entstehen (BVerwG, Beschl. v. 02.11.1998 – 4 BN 49.98, BauR 1999, 151; OVG NRW, Urt. v. 30.09.2014 – 2 D 89/13.NE, BauR 2015, 1095; vgl. auch Finkelnburg, Die Festsetzung von mit Geh-, Fahr- und Leitungsrechten zu belastenden Flächen im Bebauungsplan, BauR 1996, 303 ff., der unter Berufung auf BVerwG, Urt. v. 15.02.1985 – 4 C 46.82, BRS 45 Nr. 166 = DVBl 1985, 798 = NJW 1985, 564, darauf hinweist, dass die Festsetzung noch der Umsetzung durch einen besonderen Rechtsakt bedarf). Die **Festsetzung gibt** den davon Begünstigten noch **kein Recht auf Nutzung der Fläche**. Dieses Recht wäre zwar durch die Eintragung einer entsprechenden Grunddienstbarkeit zu erreichen; diese stünde jedoch wiederum außerhalb der Kontrolle durch die Bauaufsichtsbehörde. Auch in diesem Fall ist die zusätzliche Eintragung einer entsprechenden Baulast nach § 85 BauO NRW erforderlich.

48 Bei einem **Notwegrecht**, das nach § 917 BGB immer dann besteht, wenn einem Grundstück eine notwendige Verbindung mit einem öffentlichen Weg fehlt, handelt es sich weder um den eigenen Zugang eines Grundstücks noch um einen öffentlich-rechtlich gesicherten fremden Zugang; die Voraussetzungen des § 4 Abs. 1 Nr. 1 BauO NRW sind deshalb nicht gegeben. Auch für die Sicherstellung der Erschließung nach dem Bauplanungsrecht reicht weder das Notwegerecht (BVerwG, Urt. v. 26.03.1976 – IV C 7.74, BauR 1976, 269 = BRS 30 Nr. 140; OVG Bln-Bbg,

Beschl. v. 28.02.2012 – OVG 10 S 32.11, juris) noch eine **rein schuldrechtliche Vereinbarung** zwischen dem Bauherrn und dem Eigentümer des zu benutzenden Fremdgrundstücks aus; vielmehr bedarf es **auch nach dem Planungsrecht** einer **besonderen rechtlichen Sicherung durch Grunddienstbarkeit** oder **Baulast**, um eine **dauerhaften Anbindung** der Zufahrt an das öffentliche Straßennetz zu gewährleisten (OVG NRW, Urt. v. 02.03.2001 – 7 A 2983/98, BauR 2001, 1388 = BRS 64 Nr. 116 unter Bezug auf BVerwG, Beschl. v. 22.11.1995 – 4 B 224.95, BRS 57 Nr. 104).

2.3.3 Verzicht auf Befahrbarkeit (Satz 2)

Der Gesetzgeber verzichtet auf die **Befahrbarkeit von Wohnwegen** (durch Feuerwehrfahrzeuge), an denen nur Gebäude der Gebäudeklassen 1 bis 3 (vgl. § 2 Rdn. 185–195) zulässig sind, wenn die Wohnwege nicht länger als 50 m sind. Diese Vorschrift korrespondiert unmittelbar mit § 5 Abs. 1 Satz 4 BauO NRW, wonach bei Gebäuden, die ganz oder mit Teilen mehr als 50 m von einer öffentlichen Verkehrsfläche entfernt sind, Zu- oder Durchfahrten nach § 5 Abs. 1 Satz 2 BauO NRW (demnach befahrbare) zu den vor und hinter den Gebäuden gelegenen Grundstücksteilen und Bewegungsflächen verlangt werden, wenn sie aus Gründen des Feuerwehreinsatzes erforderlich sind. Der **Begriff des Wohnweges** ist in § 127 Abs. 2 Nr. 2 BauGB umschrieben. Danach sind Fußwege und Wohnwege öffentliche aus rechtlichen oder tatsächlichen Gründen mit Kraftfahrzeugen nicht befahrbare Verkehrsanlagen innerhalb der Baugebiete. Die Definition ist nicht ohne Weiteres auf das Bauordnungsrecht übertragbar, da nach dem Wortlaut des § 4 Abs. 1 Satz 2 BauO NRW Wohnwege, die länger als 50 m sind, befahrbar sein müssen. Die Regelung in § 127 Abs. 2 Nr. 2 BauGB wurde getroffen, weil das BVerwG mit Urt. v. 03.06.1983 (– 8 C 70.82, BRS 43 Nr. 24 = DVBl 1983, 908) Wohnwege, soweit sie nicht befahrbar waren, als nicht erschließungsbeitragsfähig ansah.

Wohnwege im Sinne des Bauordnungsrechts sind Wege, an denen ausschließlich Wohngebäude liegen oder zulässig sind; der Weg muss dem Anliegerverkehr von »Wohngrundstücken« gewidmet sein (VGH B-W, Urt. v. 25.03.1981 – 3 S 2346/80, BRS 38 Nr. 160 und Urt. v. 12.09.1996 – 8 S 1844/96, BauR 1997, 89 = BRS 58 Nr. 85; a.A. Hahn/Boeddinghaus/Schulte, zu § 4 Rn. 22). Sie können im Einzelfall Fahrverkehr mit Personenkraftwagen zu Kleingaragen aufweisen, jedoch zum Befahren mit Feuerwehrfahrzeugen ungeeignet sein. Wenn auch nach dem Wortlaut der Regelung »Gebäude der Gebäudeklassen 1 bis 3« an nicht befahrbaren Wohnwegen bis zu 50 m Länge liegen dürfen, so kann hieraus nicht abgeleitet werden, dass auch Nichtwohnnutzungen von der Begünstigung erfasst werden. Denn bei anderen als Wohnnutzungen ist das Gefährdungspotential höher, so dass auf eine Befahrbarkeit der Wohnwege durch Feuerwehrfahrzeuge nicht verzichtet werden kann (zum **Begriff des Wohngebäudes** vgl. § 2 Rdn. 164–173).

Ob bei Wohnwegen mit höheren Gebäuden, z.B. Gebäuden der Gebäudeklasse 4 (vgl. § 2 Rdn. 196), auf eine Befahrbarkeit (durch Feuerwehrfahrzeuge) verzichtet werden kann, muss im Einzelfall im Rahmen einer **Abweichung** nach § 74 BauO

NRW entschieden werden. Hier ist insbesondere zu prüfen, ob Bedenken wegen des Brandschutzes gerade unter dem Aspekt der Personenrettung bestehen. Wenn die Gebäudehöhe nur geringfügig überschritten wird und die Feuerwehr die Anleiterbarkeit mit tragbaren Leitern bestätigt, kann davon ausgegangen werden, dass die Abweichungsvoraussetzungen des § 69 Abs. 1 BauO NRW vorliegen.

52 Der sich an die Länge von 50 m anschließenden Teilstrecke einer aus tatsächlichen oder rechtlichen Gründen mit Kraftfahrzeugen **nicht befahrbaren Verkehrsanlage** fehlt es an der (bauplanungsrechtlichen) Qualität »Wohnweg«, weil an ihr nach den in Nordrhein-Westfalen geltenden bauordnungsrechtlichen Anforderungen an die Befahrbarkeit keine Wohngebäude errichtet werden dürfen. Grundstücke in diesem Bereich sind mangels Erfüllbarkeit des bauordnungsrechtlichen Erfordernisses der Zuwegung schlechthin nicht bebaubar, und zwar selbst dann, wenn sie in einem Bebauungsplan als Bauland ausgewiesen sind. Denn der **Bebauungsplan kann nicht die bauordnungsrechtlichen Zuwegungserfordernisse verdrängen** (so ausdrücklich BVerwG, Urt. v. 01.03.1996 – 8 C 26.94, DVBl 1996, 1051 = NVwZ-RR 1996, 463 = UPR 1996, 316; OVG NRW, Urt. v. 25.03.2009 – 7 D 72/08.NE, juris).

2.3.4 Darstellung in Bauvorlagen

53 In den **Bauvorlagen** und hier vor allem im **Lageplan** sind zum **Nachweis der gesicherten wegemäßigen Erschließung** darzustellen:
– nach § 3 Abs. 1 Satz 2 Nr. 5 BauPrüfVO die **Breite** und die **Höhenlage angrenzender öffentlicher Verkehrsflächen über NN**,
– soweit es sich um **klassifizierte Straßen** handelt, empfiehlt es sich – obwohl verordnungsrechtlich nicht gefordert – **außerhalb der zur Erschließung der anliegenden Grundstücke bestimmten Teile der Ortsdurchfahrten** die auf den Rand der befestigten Fahrbahn bezogenen **Anbauverbots-** bzw. **Anbaubeschränkungszonen** einzutragen, damit eine straßenrechtliche Beurteilung des Vorhabens durch die Straßenbaubehörde zügig und ohne Rückfragen erfolgen kann (s. hierzu auch den Anbauerlass vom 04.02.1997, MBl. NRW. 1997, S. 310),
– nach § 3 Abs. 1 Satz 2 Nr. 8 BauPrüfVO die **Flächen auf den angrenzenden Grundstücken, die von** (bereits im Baulastenverzeichnis eingetragenen) **Zuwegungsbaulasten** zugunsten des zu bebauenden Grundstücks **betroffen sind**,
– nach § 3 Abs. 1 Satz 2 Nr. 11 BauPrüfVO – bei Lage des Grundstücks im Bereich eines Bebauungsplans oder einer anderen städtebaulichen Satzung – die **Flächen**, für die **besondere Festsetzungen** bestehen, die für die Erschließung von Bedeutung sind, wie z.B. **Geh- und Fahrrechte, Schutzflächen** oder **Lärmschutzanlagen**,
– nach § 3 Abs. 1 Satz 2 Nr. 13 BauPrüfVO die **Abstände** der geplanten baulichen Anlagen **zu öffentlichen Verkehrsflächen**,
– nach § 3 Abs. 1 Satz 2 Nr. 14 BauPrüfVO die **Aufteilung der nicht überbauten Flächen** mit den **Stellplätzen für Kraftfahrzeuge**, den Abstellplätzen für Fahrräder, den **Zu- und Abfahrten** und den **Bewegungsflächen für die Feuerwehr**,
– nach § 18 BauPrüfVO – für den Fall der im Baulastenverzeichnis einzutragenden Zuwegungsbaulast – die **Darstellung der Grundstücksflächen, die von der Baulast betroffen sind** (vgl. Rdn. 41–45 und Abbildung 4.1),

Für die **Darstellung im Lageplan** enthält die **Anlage** zur BauPrüfVO Zeichen: 54

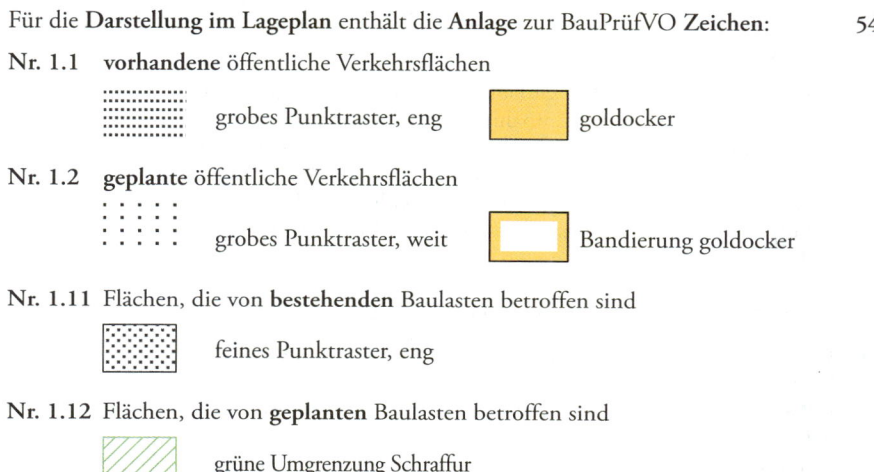

Nr. 1.1 **vorhandene** öffentliche Verkehrsflächen

        grobes Punktraster, eng   goldocker

Nr. 1.2 **geplante** öffentliche Verkehrsflächen

        grobes Punktraster, weit   Bandierung goldocker

Nr. 1.11 Flächen, die von **bestehenden** Baulasten betroffen sind

        feines Punktraster, eng

Nr. 1.12 Flächen, die von **geplanten** Baulasten betroffen sind

        grüne Umgrenzung Schraffur

2.3.5 Sicherung der Versorgung mit Löschwasser

Der Vorschrift des **§ 4 Abs. 1 Satz 1** kommt auch unter dem **Aspekt** der **Brandbe-** 55
kämpfung eine besondere Bedeutung zu. Die Bebaubarkeit von Grundstücken wird danach auch von einer gesicherten **Versorgung mit Löschwasser**, das auch **Brauchwasser** sein kann, abhängig gemacht.

Das Konzept der bauaufsichtlichen Anforderungen an den baulichen Brandschutz 56
stellt auf das **Vorhandensein einer (örtlichen) Feuerwehr** (BHKG), auf die **Möglichkeit wirksamer Löscharbeiten** (§ 14 Satz 1 BauO NRW) und auf eine **ausreichend zur Verfügung stehende Löschwassermenge** (§ 14 Satz 2 BauO NRW; vgl. § 14 Rdn. 49 ff.).

Die **Anforderungen** an eine ausreichende Löschwasserversorgung gelten nicht für alle 57
baulichen Anlagen, sondern **nur für Gebäude** (zu diesem Begriff vgl. § 2 Rdn. 114 ff.). Unter den Voraussetzungen des **§ 50 Abs. 1 BauO NRW** können jedoch für Anlagen und Räume besonderer Art oder Nutzung, die selbst keine Gebäude sind, nach § 50 Abs. 1 Satz 3 Nr. 6 und 7 BauO NRW **besondere Anforderungen** hinsichtlich Brandschutzanlagen, -einrichtungen und -vorkehrungen sowie hinsichtlich der Löschwasserrückhaltung gestellt werden. Zu denken ist hierbei an bauliche Anlagen mit erhöhter Brandgefahr. Für **Sonderbauten** kann es im Einzelfall erforderlich sein, eine **über § 14 Satz 2 BauO NRW hinausgehende besondere Ausgestaltung der Löschwasserversorgung** bzw. **besondere Löscheinrichtungen** vorzusehen, wie dies z.B. §§ 19, 79, 106, 138 SBauVO NRW und § 5 CW VO verlangen.

Der Nachweis der **gesicherten Erschließung** durch eine **ausreichende Löschwas-** 58
serversorgung wird durch die **Bauvorlagen**, insbesondere durch die **Darstellungen im Lageplan** erbracht. So muss der **Lageplan** nach § 3 Abs. 1 Satz 2 Nr. 10

BauPrüfVO die **Hydranten** und **andere Wasserentnahmestellen für Feuerlöschzwecke** enthalten.

59 Die **Anlage** zur BauPrüfVO enthält **keine Planzeichen** für die Darstellung von Hydranten und anderen Wasserentnahmestellen im Lageplan. Hier kann nur auf die im Vermessungswesen üblichen Symbole und Kennzeichnungen und die Vorgaben der DIN 1986 zurückgegriffen werden (vgl. § 70 Rdn. 74 und 75). Die Angaben zu den Löschwasserversorgungsanlagen dienen ausschließlich dazu, die ausreichende Wasserversorgung als Erschließungsvoraussetzung vor Erteilung der Baugenehmigung prüfen zu können.

3 Zu Abs. 2 – Zulässigkeit eines Gebäudes auf mehreren Grundstücken

60 Die BauO NRW gilt gemäß § 1 Abs. 1 nicht nur für bauliche Anlagen, sondern auch für **Grundstücke** sowie für andere Anlagen und Einrichtungen, **an die in der BauO NRW oder in Vorschriften aufgrund der BauO NRW Anforderungen** gestellt werden. Der **Grundstücksbegriff** ist im Bauordnungsrecht, wie im übrigen auch im Bauplanungsrecht und im Baunebenrecht, von großer Bedeutung, da viele Vorschriften, wie z.B. § 4 Abs. 1, § 6 Abs. 2 Satz 1, § 7, § 32 Abs. 2, § 70 Abs. 3 Satz 3, § 72 Abs. 1 Satz 1, § 85 Abs. 1 BauO NRW, hierauf unmittelbar abstellen (vgl. § 1 Rdn. 29–41). Im Bauordnungsrecht ist der Begriff im Sinne des Bürgerlichen Rechts zu verstehen. Andere Bauordnungen verwenden noch den Begriff **Baugrundstück** (vgl. § 2 Rdn. 2; vgl. auch von Schack, Zum Begriff des Baugrundstücks, DVBl 1970, S. 40 ff.) als Ausgangspunkt der Legaldefinition (so z.B. § 2 Abs. 12 Satz 1 NBauO, allerdings unter Bezugnahme auf den Begriff im Sinne des Bürgerlichen Rechts). Auch ohne eine besondere Legaldefinition wird der Grundstücksbegriff, den die BauO NRW verwendet, grundsätzlich so verstanden (vgl. OVG NRW, Beschl. v. 03.08.1966 – X B 451/66, BRS 17 Nr. 73).

61 Die Bebauung **eines** Grundstücks mit einem oder mehreren Gebäuden (zum bauordnungsrechtlichen Gebäudebegriff vgl. § 2 Rdn. 118–135) bildet den Regelfall. Die bauordnungsrechtlich besonders relevanten Anforderungen hinsichtlich der Erschließung, der Abstandsflächen und des Nachweises notwendiger Stellplätze sind regelmäßig auf dem Grundstück selbst, auf dem das oder die Gebäude errichtet werden sollen, zu erbringen. Gelingt dies nicht, fordert das Gesetz ausdrücklich eine öffentlich-rechtliche Sicherung als Ersatzlösung. Mitunter erfüllt ein zur Verfügung stehendes Buchgrundstück aber nicht die Voraussetzungen, die das Bauordnungsrecht einfordert, weil es zu klein oder schlecht geschnitten ist. Das **Sachenrecht des BGB** ermöglicht in diesem Falle, das für eine Bebauung ungeeignete Grundstück mit einem anderen Grundstück rechtlich zu **vereinigen** – vgl. § 890 Abs. 1 BGB, § 5 GBO. Eine andere Möglichkeit besteht darin, ein benachbartes Grundstück dem zu bebauenden Grundstück zuschreiben zu lassen (§ 890 Abs. 2 BGB, § 6 GBO). Als besondere Art der Vereinigung unterscheidet sich die Zuschreibung von der Vereinigung durch eine andere Behandlung der Belastungen. Die zivilrechtliche Vereinigung bzw. Zuschreibung steht unter dem **Vorbehalt**, dass **keine Verwirrung** im Grundbuch **zu befürchten** sein darf. In einem solchen Fall besteht dann

ein rechtliches Hindernis für eine Bebauung. Nach § 4 Abs. 2 Nr. 1 BauO NW 1962 und 1970 durften Gebäude nur errichtet werden, wenn das Grundstück nach Lage, Form, Größe und Beschaffenheit für die beabsichtigte Bebauung geeignet war. Diese Vorschrift kam einem Verbot gleich, ein Gebäude auf mehreren Grundstücken zu errichten und verhinderte bei fehlgeschlagener zivilrechtlicher Vereinigung die Bebauung.

Die Regelung des § 4 Abs. 2 BauO NW 1995, wonach die **Errichtung** (zu diesem Begriff vgl. § 3 Rdn. 24–26) **eines Gebäudes auf mehreren Grundstücken** nur zulässig ist, wenn durch Baulast gesichert ist, dass keine Verhältnisse eintreten können, die den Vorschriften des Gesetzes oder den aufgrund dieses Gesetzes erlassenen Vorschriften zuwiderlaufen, wurde erst mit der BauO NW 1984 eingeführt. Vergleichbare Regelungen enthalten mit Ausnahme von Bayern und Brandenburg, die das Rechtsinstitut der Baulast nicht kennen, sämtliche Landesbauordnungen. Die Regelung verbot (im Umkehrschluss) – der Rechtslage bis zum 01.01.1985 entsprechend – die Errichtung eines Gebäudes auf mehreren Grundstücken und konnte nur durch Baulast, nicht jedoch durch eine Abweichung überwunden werden. Das Verbot, Gebäude auf mehreren Grundstücken errichten zu können, gilt seit Inkrafttreten der BauO NW 1984 jedoch dann nicht, wenn durch Baulast bzw. mittlerweile öffentlich-rechtlich gesichert ist, dass keine den Vorschriften des Bauordnungsrechts zuwiderlaufenden Verhältnisse eintreten können. 62

Mit der **BauO NRW 2000** wurden die Eingangsworte »*Die Errichtung eines Gebäudes*« ersetzt durch »*Ein Gebäude*«, um zu erreichen, dass auch die **nachträgliche Teilung** eines Grundstücks, das mit einem Gebäude überbaut ist, durch eine Vereinigungsbaulast möglich wird (so LT-Drucks. 12/4394, S. 68 f.). Diese Rechtsänderung hat jedoch nur klarstellenden Charakter, da schon bislang – gestützt auf die Rechtsprechung – eine nachträgliche Teilung als zulässig angesehen wurde (vgl. Rdn. 82 ff.). 63

3.1 Sinn und Zweck der Regelung

Die Praxis hat gezeigt, dass ein Interesse daran besteht, ein **zu bebauendes Grundstück aus mehreren selbständig bleibenden Buchgrundstücken zusammenzusetzen.** So kommt es nicht selten vor, dass eine **Baulücke im Bebauungszusammenhang** oder ein noch **freier Bauplatz im Bebauungsplangebiet aus mehreren kleinen Buchgrundstücken** besteht, nach den städtebaulichen Zielsetzungen aber eine zu bebauende Grundstückseinheit (Baugrundstück) bilden soll. Auch treten Bauträger als Bauherren auf, die ihre Vorhaben über Grundstücksgrenzen hinweg auf mehreren Buchgrundstücken zu errichten wünschen. Sind alle Grundstücke in einer Hand, so kann in aller Regel die Zusammenfassung zu einem Buchgrundstück erreicht werden; aber auch hier bestehen immer wieder grundbuchrechtliche Hindernisse für eine Vereinigung oder Zuschreibung. Schwierigkeiten ergeben sich insbesondere dann, wenn es einem Bauherrn nicht gelingt, die für sein Vorhaben benötigten Grundstücke zu erwerben, weil deren Eigentümer z.B. nur bereit sind, ihre Grundstücke zu verpachten oder Erbbaurechte einzuräumen. 64

§ 4 Bebauung der Grundstücke mit Gebäuden

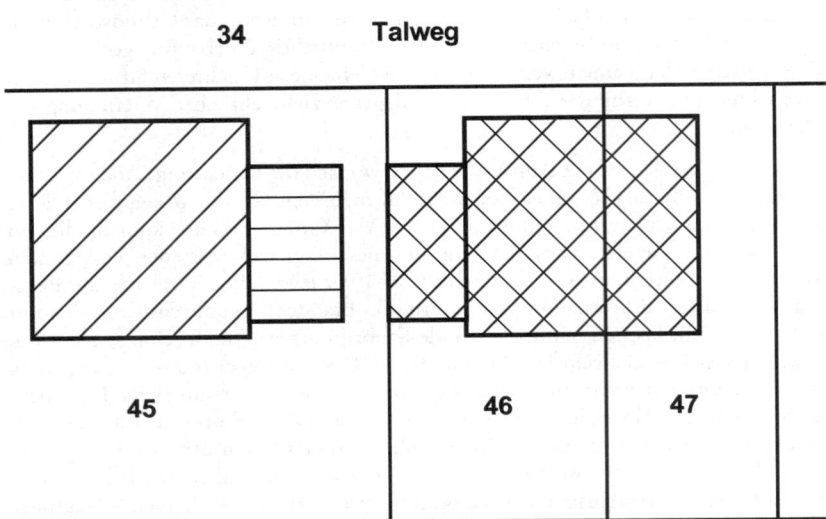

Abb. 4.2 Grundgedanke der Vereinigungsbaulast
– die Flurstücke 46 und 47 lassen sich grundbuchrechtlich aufgrund der Eigentumsverhältnisse oder Belastungen nicht zusammenfassen, so dass sie gemäß § 4 Abs. 2 BauO NRW durch Baulast öffentlich-rechtlich zu einem Grundstück »vereinigt« werden und dadurch die Grundstücksgrenze zwischen diesen Flurstücken bauordnungsrechtlich unbeachtlich ist

65 Werden mehrere Buchgrundstücke ohne grundbuchliche Vereinigung oder Zuschreibung und ohne öffentlich-rechtliche Sicherung lediglich faktisch (z.B. durch einen Zaun) zu einem Grundstück zusammengefasst, besteht die Gefahr, dass der Zweck bauordnungsrechtlicher Vorschriften vereitelt wird. Die bürgerlich-rechtlichen Bindungen, die zum Zeitpunkt der Zusammenfassung der Buchgrundstücke zu einem Grundstück vertraglich begründet werden, können infolge Zeitablaufs oder Vertragsaufhebung entfallen. Jeder Eigentümer ist dann wieder nach § 903 BGB befugt, mit seinem Grundstück nach Belieben zu verfahren; er kann auf seinem Teilgrundstück Änderungen bewirken, die zwar nicht dort, wohl aber auf den anderen Teilgrundstücken **baurechtswidrige Zustände** herbeiführen (vgl. auch Große-Suchsdorf, zu § 2 Rn. 133). So könnte der Eigentümer auf seinem Teilgrundstück bauliche Anlagen, wie z.B. notwendige Zugänge oder Zufahrten nach § 4 BauO NRW, Abstandsflächen nach § 6 BauO NRW, Spielflächen für Kleinkinder nach § 8 Abs. 2 BauO NRW oder Stellplätze für Kraftfahrzeuge nach § 48 BauO NRW, die zwar nicht für Gebäude auf seinem Teilgrundstück, wohl aber auf anderen Teilgrundstücken notwendig sind, nachträglich verkleinern, verändern, beseitigen oder überbauen. Ohne öffentlich-rechtliche Sicherung kann der **Eigentümer** nämlich geltend machen, dass er **nur für sein Buchgrundstück verantwortlich** ist, und sich auf dieses bezogen rechtmäßig verhält.

Um praktischen Bedürfnissen zu genügen, regelt § 4 Abs. 2 BauO NRW, dass das grundsätzliche Verbot eines Gebäudes auf mehreren (verschiedenen) Grundstücken nicht gilt, wenn **öffentlich- rechtlich** – in aller Regel durch **Baulast** nach § 85 BauO NRW – gesichert ist, dass keine Verhältnisse eintreten können, wie sie zuvor beispielhaft beschrieben sind. Durch eine solche Baulast werden mehrere Buchgrundstücke zu einem einheitlichen Grundstück bauordnungsrechtlich zusammengefasst, ohne dass eine Vereinigung oder Zuschreibung nach Grundbuchrecht erforderlich wird. In der Fachsprache bezeichnet man eine solche Baulast analog zur zivilrechtlichen Regelung als **Vereinigungsbaulast** (vgl. Boeddinghaus/Hahn/Schulte, zu § 4 Rn. 47 und Buntenbroich/Voß, zu § 4 Rn. 32). 66

3.2 Bezug zum Grundbuchrecht

Die öffentlich-rechtliche Vereinigungsbaulast ist der grundbuchrechtlichen Vereinigung nachgebildet. Die Vorschrift wird erst verständlich, wenn man die für eine grundbuchliche Vereinigung bzw. Zuschreibung gegebenen Voraussetzungen kennt und die Zusammenhänge zwischen Grundbuch und Liegenschaftskataster richtig versteht. Bei der Vereinigung nach § 890 BGB i.V.m. § 5 GBO verlieren die Grundstücke ihre Selbständigkeit und werden Bestandteil eines neuen Grundstücks. Dies geschieht **grundbuchtechnisch** in der Form, dass die bislang unter getrennten Nummern des Bestandsverzeichnisses geführten **Flurstücke** unter **einer laufenden Nummer** gemeinsam geführt werden. Ein Grundstück im bürgerlich-rechtlichen Sinne kann also aus mehreren Flurstücken bestehen, wie auch umgekehrt die Katasterbehörde **aus katastertechnischen Gründen** ein Flurstück in mehrere Flurstücke **zerlegen** kann, ohne dass dies den Grundstücksbegriff ändert, solange nur diese Flurstücke im Bestandsverzeichnis unter einer laufenden Nummer zusammengefasst sind (vgl. hierzu § 1 Rdn. 32 und 33 sowie dort auch Abbildung 1.1). Ebenso hat es keinen Einfluss auf den Grundstücksbegriff, wenn zwei oder mehrere Flurstücke, die bereits unter einer laufenden Nummer im Bestandsverzeichnis geführt werden, zu einem neuen (gemeinsamen) Flurstück katastertechnisch **verschmolzen** (zusammengefasst) werden. 67

Diese grundbuch- bzw. katastertechnischen Gegebenheiten hängen mit der Funktion von Liegenschaftskataster und Grundbuch zusammen. Im Geobasisinformationssystem für den Bereich des Liegenschaftskatasters sind gemäß § 11 Abs. 1 Satz 1 VermKatG NRW für das gesamte Landesgebiet alle Liegenschaften (Flurstücke und Gebäude) aktuell darzustellen und zu beschreiben. Nach § 11 Abs. 2 Satz 1 VermKatG NRW ist ein **Flurstück** ein **begrenzter Teil der Erdoberfläche, der im Liegenschaftskataster unter einer besonderen Bezeichnung** geführt wird. Die Flurstücke werden auf Antrag oder – wenn es für die Führung des Liegenschaftskatasters zweckmäßig ist – von Amts wegen gebildet. Nach § 11 Abs. 8 VermKatG NRW ist das Liegenschaftskataster (mit den dort verzeichneten Flurstücken und deren Beschreibung im vermessungstechnischen Sinne – Flächeninhalt, Umringmaße) das **amtliche Verzeichnis** der Grundstücke im Sinne des § 2 Abs. 2 GBO. Diese Vorschrift nimmt wiederum auf das Liegenschaftskataster Bezug und ordnet an, dass die Grundstücke im Grundbuch nach den in den Ländern eingerichteten amtlichen Verzeichnissen benannt werden (Übernahme der Gemarkungs-, Flur- und Flurstücksbezeichnung). 68

§ 4   Bebauung der Grundstücke mit Gebäuden

69   Grundbuch und **Liegenschaftskataster ergänzen einander** und müssen daher laufend in Übereinstimmung gehalten werden. Dabei besteht das Liegenschaftskataster aus der Liegenschaftskarte/Flurkarte als darstellendem Teil mit einer maßstabgerechten Wiedergabe der Flurstücke einschließlich der Gebäude nach ihrer Lage und dem Liegenschaftsbuch/Flurbuch und Eigentümerverzeichnis als beschreibendem Teil mit den Angaben über Flächengröße und Wirtschaftsart. In das Grundbuch werden die Lage- und Flurstücksbezeichnungen sowie die Angaben zur Größe und Wirtschaftsart aus dem Liegenschaftskataster übernommen. Jedes Grundstück erhält im Grundbuch gemäß § 3 Abs. 1 GBO eine besondere Stelle, das ist das **Grundbuchblatt** (Realfolium). Über mehrere Grundstücke desselben Eigentümers kann gemäß § 4 Abs. 1 GBO ein **gemeinschaftliches** Grundbuchblatt (Personalfolium) geführt werden, solange dies keine Verwirrung hervorruft. Nach § 4 GBV besteht jedes Grundbuchblatt neben der Aufschrift aus dem **Bestandsverzeichnis** und **drei Abteilungen**. § 6 GBV gibt vor, dass im Bestandsverzeichnis die Spalte 1 für die Angabe der laufenden Nummer des Grundstücks bestimmt ist und in der Spalte 2 die bisherigen laufenden Nummern der Grundstücke anzugeben sind, aus denen das Grundstück durch Vereinigung, Zuschreibung oder Teilung entstanden ist, Spalte 3 enthält die Bezeichnung des Liegenschaftskatasters (Gemarkung, Flur, Flurstück, Wirtschaftsart, Lage), Spalte 4 übernimmt aus dem Liegenschaftskataster die Flächengröße (vgl. hierzu die Darstellung bei Weirich/Ivo, Rn. 462–475). Den Spalten 5–8 des Bestandsverzeichnisses lassen sich der Bestand bei Anlegung des Grundbuchs sowie spätere Zuschreibungen oder Abschreibungen entnehmen.

70   Aus diesem Sachzusammenhang ergibt sich mangels einer Legaldefinition des Grundstücks im BGB bzw. der GBO, was hierunter zu verstehen ist:

71   **Grundstück im Rechtssinne ist der katastermäßig vermessene, im Liegenschaftskataster beschriebene und kartenmäßig dargestellte Teil der Erdoberfläche, der im Bestandsverzeichnis des Grundbuchblattes unter einer besonderen Nummer geführt wird** (so schon BGH, Beschl. v. 19.12.1967 – V BLw 24/67, BGHZ 49, 145 = NJW 1968, 791; vgl. auch § 1 Rdn. 32 und 34 mit Abbildung 1.1).

72   Die Maßgeblichkeit des grundbuchrechtlichen Begriffs des Grundstücks wird auch für das Bauplanungsrecht und für das Bauordnungsrecht angenommen (vgl. § 1 Rdn. 35–41). Die Regelung des § 4 Abs. 2 BauO NRW ergibt sogar nur einen Sinn, wenn der Buchgrundstücksbegriff zugrunde gelegt wird.

3.3 Sicherung durch Vereinigungsbaulast

73   Durch die öffentlich-rechtliche **Sicherung** ist **gewährleistet**, dass Eigentumsveränderungen an den Einzelgrundstücken die ordnungsgemäß begründete Grundstückseinheit im Hinblick auf die Anwendung der bauordnungsrechtlichen Vorschriften unberührt lassen und so unbeschadet besonderer zivilrechtlicher Eigentumsregelungen eine gewisse **Stabilität** der einmal geschaffenen Verhältnisse in öffentlich-rechtlicher Hinsicht erreicht wird. Es handelt sich bei der Vereinigungsbaulast, wie bei allen sonstigen Baulasten, um ein **eigenständiges Rechtsinstitut des Landesrechts**, das sich vom Sachenrecht des BGB unterscheidet (BVerwG, Beschl. v.

27.09.1990 – 4 B 34 und 35.90, BauR 1991, 62 = BRS 50 Nr. 109 und Hamb. OVG, Urt. v. 28.02.1985 – Bf II 29/83, NJW 1987, 915 = NVwZ 1987, 428). Aus Bundesrecht ergibt sich nicht, dass eine öffentlich-rechtliche Baulast im Zwangsversteigerungsverfahren aufgrund eines erteilten Zuschlages nach § 90 Abs. 1 ZVG erlischt (BVerwG, Beschl. v. 29.10.1992 – 4 B 218.92, BRS 54 Nr. 157 = DVBl 1993, 114). Die Vereinigungsbaulast wirkt also auch gegenüber dem neuen Eigentümer; ist aber zum Zeitpunkt der Baulastbewilligung bereits der Zwangsversteigerungsvermerk im Grundbuch eingetragen, so wird die Baulast nach Sinn und Zweck der §§ 20, 23 ZVG gegenüber dem neuen Eigentümer nicht wirksam (OVG NRW, Urt. v. 18.07.1995 – 11 A 11/94, BauR 1996, 242 = BRS 57 Nr. 205). Sie ist auch entsprechend § 883 Abs. 2 Satz 1 BGB gegenüber demjenigen unwirksam, zu dessen Gunsten bereits eine Auflassungsvormerkung im Grundbuch eingetragen ist (Sächs. OVG, Beschl. v. 09.09.1994 – 1 S 259/94, BRS 56 Nr. 115 und OVG NRW, Urt. v. 05.05.2015 – 2 A 1557/13, juris). Die Sicherung ist auch notwendig, wenn die Grundstücke einem einzigen Eigentümer gehören, also auf einem Grundbuchblatt (Personalfolium), jedoch unter verschiedenen laufenden Nummern des Bestandsverzeichnisses eingetragen sind (vgl. Wilke/Dageförde/Knuth/Meyer, zu § 4 Rn. 12). Es soll ja gerade unabhängig von zivilrechtlichen Eigentumsregelungen eine gewisse Stabilität der geschaffenen Verhältnisse in öffentlich-rechtlicher Hinsicht geschaffen werden, so dass die Vorschrift grundsätzlich auch im Falle der **Eigentümeridentität** greift (OVG NRW, Beschl. v. 17.01.2017 – 2 A 917/15, juris).

Der Eigentümer kann weiterhin auf seinem **Buchgrundstück** Baumaßnahmen vornehmen, jedoch ist dieses nunmehr **Teil eines größeren (Bau-)Grundstücks**. Für den Eigentümer eines mit einer Vereinigungsbaulast belasteten Teilgrundstücks können sich dadurch **nachteilige Folgen hinsichtlich der Verfügungsfreiheit** ergeben (hierzu vgl. Wenzel, Vereinigungsbaulast – Segen für Verwaltung und Bürger?, VR 1999, S. 356 ff.). Auch der **Nachbarschutz** ist **eingeschränkt** (Nds. OVG, Urt. v. 02.07.1999 – 1 L 5277/96, BauR 2000, 376 und Beschl. v. 04.03.2015 – 1 LA 177/14, NVwZ-RR 2015, 565).

74

Materiell-rechtlich muss der Eigentümer des Teilgrundstücks all das berücksichtigen, was auf dem vereinigten Gesamtgrundstück baurechtlich beachtlich ist. Er muss die Abstandsflächen vorhandener Gebäude einhalten und darf diese nicht für eigene Bauzwecke in Anspruch nehmen. Er kann Flächen nach § 5 BauO NRW, die zum Anleitern an ein Gebäude dienen, nicht überbauen oder zum Abstellen von Kraftfahrzeugen nutzen. Er kann Spielflächen für Kleinkinder und Stellplätze für Kraftfahrzeuge nur entfernen, wenn an anderer Stelle ordnungsgemäß dafür Ersatz geschaffen wird.

75

Verfahrensrechtlich bedarf ein Bauantrag oder eine Voranfrage für spätere Baumaßnahmen der **Zustimmung aller Teilgrundstückseigentümer**, die von der Vereinigungsbaulast erfasst werden, sofern die Bauaufsichtsbehörde von der **Ermächtigung des § 70 Abs. 2 Satz 3 BauO NRW** Gebrauch macht und die Zustimmung der Grundstückseigentümer einfordert. Dies wird vor allem dann geboten sein, wenn die verschiedenen Eigentümer zu ihren Buchgrundstücken Bauanträge für Vorhaben

76

stellen, die miteinander unvereinbar sind. So kann die Bauaufsichtsbehörde der unangenehmen Aufgabe entgehen, über die Anträge nach Prioritätsgrundsätzen entscheiden zu müssen (vgl. Große-Suchsdorf, zu § 70 Rn. 27).

77 Durch § 4 Abs. 2 BauO NRW ist ein **Zulässigkeitstatbestand** geschaffen worden. Wenn Bauherr und Grundstückseigentümer sich – auf freiwilliger Basis – einigen und die Eigentümer eine entsprechende Baulast übernehmen, ist ein zusammengesetztes neues (Bau-)**Grundstück im öffentlich-rechtlichen Sinne** entstanden. Die **inneren Buchgrundstücksgrenzen** sind dann im Sinne des Bauordnungsrechts grundsätzlich **unbeachtlich**; bauordnungsrechtlich in Erscheinung treten nur noch die **Außengrenzen** des aus verschiedenen Buchgrundstücken zusammengesetzten neuen Grundstücks (so OVG NRW vom 15.08.1991 – 7 B 1825/91, n.v. und Beschl. v. 17.03. 2010 – 10 B 229/10, juris im Hinblick auf die abstandsrechtlichen Vorschriften des § 6 BauO NRW). Ein so über eine innere Buchgrundstücksgrenze hinweg errichtetes Gebäude liegt auf **einem** Baugrundstück.

78 Die **Ausgestaltung der Baulast** richtet sich nach § 85BauO NRW (vgl. § 85 Rdn. 11 ff.). Insbesondere muss die Baulast dem Bestimmtheitsgebot für Verwaltungsakte entsprechen (so ausdrücklich OVG NRW, Urt. v. 15.05.1992 – 11 A 890/91, BRS 54 Nr. 158 unter Bezug auf das Urt. v. 29.09.1978 – XI A 112/78, BRS 33 Nr. 156 zu den Bestimmtheitsanforderungen an einen einer Baulasterklärung beigefügten Lageplan; VGH B-W, Urt. v. 04.02.2016 – 5 S 1140/14, BauR 2016, 1141). Zur Vermeidung späterer Streitigkeiten über die Voraussetzungen beim Zustandekommen der Baulast empfiehlt es sich, den Sachverhalt der eigentlichen Verpflichtungserklärung voranzustellen. So ist z.B. nach der Rechtsprechung des OVG NRW (Urt. v. 15.02.1990 – 7 A 838/88, n.v.) eine Baulast, die zur wegemäßigen Erschließung eines Vorhabens übernommen wird, regelmäßig dahin auszulegen, dass sie nur für den Verkehr gilt, der durch die typische Nutzung dieses Vorhabens ausgelöst wird. Das OVG NRW geht auch davon aus, dass der Baulastübernahme von Abstandsflächen Bauvorlagen zugrunde liegen müssen; übernehmen nämlich Nachbarn durch Baulast die Abstandsfläche, so sind nachbarliche Abwehrrechte gegen solche Merkmale des Vorhabens ausgeschlossen, die sich aus den der Baulastübernahme zugrunde liegenden Plänen ergeben (Beschl. v. 19.01.1990 – 7 B 89/90, n.v.).

79 Die Baulast ist **für jedes Buchgrundstück getrennt** einzutragen. Der Inhalt der Eintragung in Spalte 2 des Baulastenverzeichnisses könnte wie folgt formuliert werden:

80 »*Übernahme der Verpflichtung auch zulasten des Rechtsnachfolgers, hinsichtlich baulicher Anlagen sowie anderer Anlagen und Einrichtungen auf dem Grundstück das öffentliche Baurecht so einzuhalten, als ob dieses Grundstück zusammen mit dem (den) (angrenzenden) im Grundbuch von ... Bd. ... Bl. ... unter Nr. ... des Bestandsverzeichnisses eingetragenen Grundstück(en) ... Straße Nr. ... – Gemarkung ... Flur ... Flurstück ... – in Ergänzung der für dieses Grundstück im Baulastenverzeichnis von ... Baulastenblatt Nr. ... unter lfd.-Nr. ... eingetragenen Baulast ein einziges Grundstück bildete (Vereinigungsbaulast).*«

Nach § 4 Abs. 2 BauO NRW ist es nur möglich, **Buchgrundstücke insgesamt** zu 81
einem Baugrundstück zu vereinigen. Da die Regelung sich ausdrücklich nur auf
Grundstücke und **nicht auf Teilgrundstücke** bezieht, müsste in dem Fall, in dem
nur ein Teil eines Grundstücks mit anderen Grundstücken zu einem (Bau-)Grundstück zusammengesetzt werden soll, dieser Teil zuvor von dem Grundstück abgeschrieben und als selbständiges Grundstück im Bestandsverzeichnis des Grundbuchs
eingetragen werden. Die zu vereinigenden Buchgrundstücke müssen unmittelbar
aneinandergrenzen, so dass neue Außengrenzen des zusammengesetzten Baugrundstücks entstehen (ebenso Große-Suchsdorf, zu § 2 Rn. 141). Insofern **unterscheidet**
sich der bauordnungsrechtliche von dem grundbuchrechtlichen Grundstücksbegriff,
da ein Buchgrundstück auch aus mehreren räumlich getrennt liegenden Flurstücken
bestehen kann, ein Tatbestand, der wiederum **bauplanungsrechtliche Relevanz** entfaltet. So liegt eine Grundstücksteilung auch dann vor, wenn grundbuchmäßig solche
Flächen getrennt liegen, jedoch nach ihrer Eintragung im Grundbuch Teile desselben
Buchgrundstücks sind (vgl. BVerwG, Urt. v. 14.12.1973 – IV C 48.72, BauR 1974,
104 = BRS 27 Nr. 82).

3.4 Vereinigungsbaulast bei Grundstücksteilung

Die Vorschrift des § 4 Abs. 2 BauO NRW schließt nicht aus, dass Verhältnisse, die 82
durch die Errichtung eines Gebäudes auf mehreren Grundstücken entstehen dürfen,
auch durch die **nachträgliche Teilung** eines (Bau-)Grundstücks in mehrere Buchgrundstücke hingenommen werden können. Die Fassung der Eingangsformulierung – »Ein
Gebäude« anstatt des früheren Wortlauts »Die Errichtung eines Gebäudes« – stellt dies
unmissverständlich klar (vgl. Rdn. 62). Ein Bedürfnis hierfür besteht vor allem bei
der Verwertung gewerblicher Immobilien, z.B., wenn ein stillgelegter Gebäudekomplex in selbständig beleihungsfähige Buchgrundstücke aufgeteilt werden soll, um so in
den Teileinheiten neue Firmen ansiedeln zu können. In einem solchen Fall müssten
dann je entstehendem Buchgrundstück Vereinigungsbaulasten eingetragen werden,
die diese Buchgrundstücke wieder zu einem Grundstück zusammenfassen, um so die
durch Teilung hervorgerufenen baurechtlichen Verstöße zu beseitigen.

Diese Auffassung wird bestätigt durch das OVG Lüneburg (Urt. v. 04.10.1984 – 6 83
A 131/82, BauR 1985, 285 = BRS 42 Nr. 178 = NJW 1985, 1796). Leitsatz: Eine
sog. Vereinigungsbaulast kann eine Grundstücksteilung ermöglichen, obwohl bei dem
neuen Grundstückszuschnitt nicht nur bauordnungsrechtliche, sondern auch bauplanungsrechtliche Anforderungen nicht mehr für jedes neue (Teil-) Grundstück erfüllt
werden. Die Baulast sichert die Einhaltung des gesamten öffentlichen Baurechts, damit
grundsätzlich auch des Bauplanungsrechts (zu den planungsrechtlichen Vorbehalten
vgl. aber Rdn. 84). Im Hinblick auf das **Bauordnungsrecht** begründet das OVG Lüneburg seine auf die NBauO gestützte Entscheidung unter anderem wie folgt:

»Der Senat hat sich in seinem Urt. v. 27.10.1983 (NdsRpfl 1984, 101) rechtsgrund- 84
*sätzlich mit dieser Frage dahin gehend auseinandergesetzt, dass bauordnungsrechtliche Hindernisse dann behebbar sind, wenn nach den konkreten Umständen eine
von der Niedersächsischen Bauordnung nicht ausgeschlossene Eigentümer-Baulast eine*

Verschärfung der baurechtlichen Situation zu verhindern geeignet ist. Durch die Möglichkeit der Bestellung der Vereinigungsbaulast kommt nämlich die Niedersächsische Bauordnung den häufig hinter Teilungswünschen stehenden wirtschaftlichen Interessen flexibel entgegen und erreicht andererseits, dass die materiellen Anforderungen des Bauordnungsrechts ohne Abstriche gewahrt bleiben. Die von der Kl. angestrebte Teilung führt unter der Voraussetzung der Vorlage einer Vereinigungsbaulast zu keiner Verschärfung der vorhandenen und von der Bekl. genehmigten bauordnungsrechtlichen Gesamtsituation. Die Abstände der Gebäude zueinander bleiben aus bauordnungsrechtlicher Sicht unverändert. Die Grenzabstände können gerade wegen der rechtlich als ein Baugrundstück zu wertenden Teilgrundstücke nicht entgegengehalten werden. Andere bauordnungsrechtliche Hindernisse sind von der Bekl. weder vorgetragen noch sonst ersichtlich.«

85 Eine Teilung in Verbindung mit einer Vereinigungsbaulast scheidet jedoch aus, wenn hierdurch der **bauplanungsrechtliche Grundstücksbegriff verändert** wird (vgl. BVerwG, Urt. v. 14.02.1991 – 4 C 51.87, BVerwGE 88, 24 = BBauBl 1992, 197 = BauR 1991, 582 = BRS 52 Nr. 161 = NJW 1991, 2783 und Urt. v. 07.12.2000 – 4 C 3/00, BauR 2001, 914). Die im Falle einer Teilung eines bebauten Grundstücks eintretenden Verstöße gegen zwingende bauplanungsrechtliche Bestimmungen können durch die Begründung von Baulasten auf den entstehenden Einzelgrundstücken nicht unmittelbar ausgeglichen werden (OVG Bln, Urt. v. 14.08.1987 – 2 B 10.86, OVGE BE 19, 72). Eine Grundstücksteilung, die den Festsetzungen des Bebauungsplanes zuwiderläuft, kann auch dann nicht genehmigt werden, wenn sich die Eigentümer der Teilflächen, die durch die Teilung entstehen sollen, verpflichten, durch Baulasten den Tatbestand eines einheitlichen Baugrundstücks zu sichern (Hamb. OVG, Urt. v. 04.04.1991 – Bf II 33/88, BRS 52 Nr. 88 = NJW 1992, 259). Da die **Teilung eines bebauten Grundstücks stets bauplanungsrechtliche Relevanz** aufweist, wird die **Möglichkeit der Vereinigungsbaulast stark eingeschränkt**. Sie kommt nur dort in Betracht, wo die neuen Teilgrundstücke dem bauplanungsrechtlichen Grundstücksbegriff und den damit im Zusammenhang stehenden städtebaulichen Anforderungen an das Grundstück entsprechen, andererseits aber vorhandene bauordnungsrechtliche Verstöße nur durch Baulast überwunden werden können.

3.5 Bauplanungsrechtliche Auswirkungen

86 § 4 Abs. 2 BauO NRW bezieht sich zunächst auf **Grundstücke im Sinne des Bauordnungsrechts**, indem er regelt, dass öffentlich-rechtlich gesichert sein muss, dass keine Verhältnisse eintreten können, die den Vorschriften der BauO NRW oder den aufgrund der BauO NRW erlassenen Vorschriften zuwiderlaufen. Gerade unter dem Aspekt des kosten- und flächensparenden Bauens interessiert bei der Frage der Bildung eines **einheitlichen (Bau-)Grundstücks im Sinne des Bauplanungsrechts** (§ 19 Abs. 3 BauNVO), ob sich das Maß der baulichen Nutzung (Grundfläche, Geschossfläche, Baumasse) des Vorhabens nach der Gesamtfläche der durch Baulast zusammengefassten Buchgrundstücke errechnet (vgl. § 1 Rdn. 37 und dort die Abbildung 1.3). Die Frage lässt sich nur aus dem Bauplanungsrecht des Bundes beantworten. Dieses enthält selbst keine § 4 Abs. 2 BauO NRW entsprechende Vorschrift und auch

keine Regelung, die ähnlich wie § 20 Abs. 1 BauNVO (hinsichtlich des Begriffs des Vollgeschosses) auf eine landesrechtliche Begriffsbestimmung verweist. Das Grundstück im Bauordnungsrecht muss nicht identisch sein mit dem (Bau-)Grundstück im Bauplanungsrecht, wenn dies auch in den meisten Fällen so sein mag.

Das BVerwG setzt das Grundstück im bauplanungsrechtlichen Sinne grundsätzlich mit dem Buchgrundstück gleich, erklärt aber (Urt. v. 26.06.1970 – IV C 73.68, BRS 23 Nr. 45), dass der Begriff für Modifikationen offen ist, die aufgrund von spezifisch-baurechtlichen Erwägungen geboten sind (vgl. § 1 Rdn. 36–37 und dort die Abbildung 1.2). Eine solche Modifikation dürfte im Fall des § 4 Abs. 2 BauO NRW möglich sein, wenngleich die Baulast nur die Einhaltung der bauordnungsrechtlichen Vorschriften **sichern** soll. Eine dem Formulierungsvorschlag unter Rdn. 80 entsprechende **Vereinigungsbaulast** würde den Grundstückseigentümer verpflichten, auch auf seinem Teilgrundstück das **Bauplanungsrecht** so einzuhalten, als ob sein Buchgrundstück zusammen mit den angrenzenden (anderen) Buchgrundstücken ein einziges Grundstück bildete. Die Baulast nach § 4 Abs. 2 BauO NRW ermöglicht die Errichtung eines Bauvorhabens auf mehreren Buchgrundstücken. Dabei kann sich ergeben, dass durch das Bauvorhaben einige der Buchgrundstücke intensiver, andere weniger intensiv genutzt werden, wenn nur das öffentliche Baurecht – bezogen auf das vereinheitlichte Grundstück – gewahrt wird. Das bauplanungsrechtliche Ziel, die Bebauungsdichte zu begrenzen, ließe sich also auch erreichen, wenn mehrere durch Baulast wie nach § 4 Abs. 2 BauO NRW vereinigte Buchgrundstücke als (Bau-)Grundstück im Sinne der §§ 19 ff. BauNVO angesehen werden (ebenso Gelzer/Birk, Bauplanungsrecht, 5. Aufl. 1991, Rn. 615 und Praml, Das Baugrundstück im Planungsrecht, DVBl 1980, S. 218 ff.). 87

An dieser Sichtweise kann angesichts der Rechtsprechung des BVerwG (Urt. v. 14.02.1991 – 4 C 51.87, BVerwGE 88, 24), zum bauplanungsrechtlichen Grundstücksbegriff nicht festgehalten werden. Das Gericht hat unmissverständlich herausgestellt, dass der **bauplanungsrechtliche Grundstücksbegriff durch landesrechtliche Baulasten nicht verändert werden kann**. In diesem Verfahren ging es um eine Grundstücksteilung im Geltungsbereich eines einfachen Bebauungsplanes nach § 30 Abs. 3 BauGB, der eine Mindestgröße der Grundstücke von 600m, eine GRZ von 0,2, eine GFZ von 0,3 und offene Bauweise festsetzte. Die Teilung hätte zu fünf bebauten Trennstücken mit einer Größe zwischen 182 m und 351 m und einem 288 m großen, den Trennstücken 1 bis 4 als Gemeinschaftsfläche zugeordneten Trennstück geführt. Auf den einzelnen Trennstücken sollte die eintretende Überschreitung des zulässigen Nutzungsmaßes durch die Begründung einer Vereinigungsbaulast ausgeglichen werden. Die Widersprüche zwischen der vorhandenen Bebauung und den Festsetzungen des Bebauungsplans, die bei der beabsichtigten Teilung entstehen würden, konnten nach Auffassung des BVerwG aber durch die Bestellung der Vereinigungsbaulast weder unmittelbar ausgeräumt werden, noch hätten sich hier mit ihrer Hilfe die Voraussetzungen für eine Befreiung nach § 31 BauGB schaffen lassen. **Eine Zusammenfassung mehrerer Grundstücke durch eine Baulast kennt das Bundesrecht nicht; bundesrechtliche Baulasten gibt es nicht.** Der kompetenzrechtlichen Zuweisung nach Art. 74 Nr. 18 GG würde es widersprechen, wenn die Länder 88 damit auch den bundesrechtlichen Begriff des Grundstücks verändern könnten. In den weiteren Ausführungen weist das BVerwG darauf hin, dass nicht zuletzt auch eine bundeseinheitliche Umsetzung des Planungsrechts überhaupt in Frage gestellt sei, weil nicht alle Länder das Rechtsinstitut der Baulast kennen. Bundesrechtliche Begriffe könnten durch das Landesrecht nicht verändert werden; anderenfalls würde das Bundesrecht je nach dem Landesrecht einen unterschiedlichen Inhalt haben können (vgl. BVerwG, Urt. v. 03.05.1988 – 4 C 54.85, BauR 1988, 576 = BRS 48 Nr. 92 = NVwZ 1989, 353 = ZfBR 1988, 283 zur Unzulässigkeit der Konkretisierung des Begriffs der gesicherten Erschließung in den §§ 30–35 BauGB durch Landesrecht). Die hiervon abweichende Rechtsauffassung des OVG Lüneburg im Urt. v. 04.10.1984 (6 A 131/82, BauR 1985, 285) beruhe darauf, dass es nicht zwischen der **Sicherung** der bauplanungsrechtlichen Voraussetzungen und ihrer **Veränderung** durch eine Baulast unterschieden habe. Hierzu führt das BVerwG im Urt. v. 14.02.1991 (4 C 51.87, BVerwGE 88, 24) aus:

89 *»So kann zwar die freie Veräußerlichkeit von Altenteilerhäusern durch eine Baulast ausgeschlossen und damit die dauerhafte Zugehörigkeit des Altenteilerhauses zu einem landwirtschaftlichen Betrieb gesichert werden (vgl. BVerwG, Urt. v. 05.02.1971 – IV C 1.68, BauR 1972, 90 = BRS 24 Nr. 57). Nicht um die Sicherung der Einhaltung planungsrechtlicher Regelungen, sondern um die Veränderung ihrer tatsächlichen Grundlagen geht es jedoch, wenn an die Stelle des Buchgrundstücks als des bundesrechtlich maßgeblichen Grundstücksbegriffs ein durch die Bestellung einer Vereinigungsbaulast verändertes Grundstück treten soll ... Durch eine Vereinigungsbaulast oder durch konkrete Baulasten, durch die ein Grundstück zugunsten eines Nachbargrundstücks mit bestimmten öffentlich-rechtlichen Verpflichtungen belastet wird, kann allerdings in tatsächlicher Hinsicht ein Ausgleich etwa für eine übermäßige bauliche Nutzung des Baugrundstücks auf dem anderen Grundstück hergestellt werden. Ergibt sich in einem solchen Fall, dass die bauplanungsrechtlichen Vorschriften bei Annahme eines einheitlichen Baugrundstücks eingehalten wären, so ist zu prüfen, ob mittels einer Baulast die Voraussetzungen für eine Befreiung geschaffen werden können. Diese Frage stellt sich nicht nur dann, wenn ein Grundstück neu bebaut werden soll, sondern – erst recht – auch dann, wenn es – wie im vorliegenden Fall – um die Teilung eines im Einklang mit dem Bauplanungsrecht bebauten Grundstücks geht, wenn also erst die Teilung zur Verletzung des Bauplanungsrechts führen würde. Die Frage kann nicht generell bejaht oder verneint werden. Allgemein lässt sich nur sagen, dass eine landesrechtliche Vereinigungsbaulast oder eine ihr vergleichbare konkrete Baulast geeignet sein kann, die tatsächlichen Voraussetzungen für die Erteilung einer Befreiung zu verbessern, dass ihr Vorliegen allein jedoch nicht zur Befreiung von Festsetzungen eines Bebauungsplanes nötigt.«*

90 Diese Rechtsprechung hat vor allem Auswirkungen auf die städtebaulich oftmals gewünschte Nachverdichtung in älteren Bebauungsplangebieten in Bezug auf das Maß der baulichen Nutzung. Sie verhindert aber auch die »Vereinigung« ganzer Reihenhausgrundstücke, um so die zu hohen GRZ- und GFZ- Werte der Mittelhausgrundstücke zulasten der größeren und daher schwächer ausgenutzten Endhausgrundstücke auszugleichen (zu dieser Problematik vgl. Boeddinghaus, Der bauplanungsrechtliche

Grundstücksbegriff und die Maßvorschriften der BauNVO, BauR 1992, S. 181 ff.). Die **Vereinigungsbaulast** ist im Planungsrecht auf **atypische Fälle** in Verbindung mit einer **Befreiung** nach § 31 Abs. 2 BauGB beschränkt. Mit einer solchen Vereinigungsbaulast nach § 4 Abs. 2 BauO NRW kann im Einzelfall ein zu kleines Buchgrundstück, auf dem ein Gebäude errichtet werden soll, um eine angrenzende Baufläche vergrößert werden, wobei die Größe dieses vereinheitlichten (Bau-)Grundstücks dann bauplanungsrechtlich relevant ist, wenn nach den Festsetzungen des Bebauungsplanes oder den Vorgaben des § 34 Abs. 1 BauGB gerade das aus mehreren Buchgrundstücken zusammengesetzte Baugrundstück die städtebauliche Zielvorgabe darstellt und daher Gegenstand eines Verfahrens zur Bodenordnung sein könnte. Dabei ist stets darauf zu achten, dass der bauplanungsrechtlich maßgebliche Grundstücksbegriff durch die Vereinigungsbaulast nicht verändert wird. So ist es ausgeschlossen, Grundstücke zu vereinigen, um so die Voraussetzungen des § 13 BauNVO, wonach im reinen und allgemeinen Wohngebiet höchstens die Hälfte der Wohnungen eines Wohngebäudes freiberuflich oder ähnlich genutzt werden darf, dadurch zu schaffen, dass sich der Bauherr durch Baulast verpflichtet, zum Ausgleich in einem benachbarten Wohngebäude auf eine nach § 13 BauNVO zulässige Nutzung ganz zu verzichten (VGH B-W, Urt. v. 21.10.1987 – 3 S 2206/87, BRS 47 Nr. 104). Um eine großzügige Handhabung der Vereinigungsbaulast im Bauplanungsrecht zu ermöglichen, bedarf es somit einer bauplanungsrechtlichen Ermächtigung und damit einer Rechtsänderung im Städtebaurecht.

3.6 Bauordnungsrechtliche Anwendungsbeschränkungen

Das Erfordernis einer öffentlich-rechtlichen Sicherung besteht nach § 4 Abs. 2 BauO NRW nur für den Fall, dass ein **Gebäude** auf mehreren Grundstücken liegt (zum bauordnungsrechtlichen Begriff des Gebäudes vgl. § 2 Rdn. 135). Die Vorschrift gilt also **nicht** für **bauliche Anlagen, die nicht dem Gebäudebegriff** unterfallen. Insofern unterscheidet sich die Rechtslage von der nach § 4 Abs. 4 Satz 1 NBauO; nach dieser Vorschrift gilt das Erfordernis nicht nur für Gebäude, sondern für bauliche Anlagen schlechthin (vgl. Nds. OVG, Urt. v. 26.09.2000 – 1 L 96/00, BauR 2001, 379 = BRS 63 Nr. 168). 91

Nach dem nordrhein-westfälischen Bauordnungsrecht ist es zulässig, dass sich **bauliche Anlagen**, die selbst keine Gebäude sind, wie z.B. Brücken, Durchlässe, befestigte Lagerplätze, Wasserbecken, Landungsstege oder Werbeanlagen, **über Grundstücksgrenzen hinweg ohne öffentlich-rechtliche Sicherung** nach § 4 Abs. 2 BauO NRW erstrecken, da das Bauordnungsrecht dies nicht – wie für Gebäude – ausdrücklich verlangt. Zu beachten ist dabei jedoch die Verpflichtung aus § 6 Abs. 2 i.V.m. § 6 Abs. 1 Satz 2 Nr. 1 BauO NRW, wonach die Abstandsflächen baulicher Anlagen und anderer Anlagen und Einrichtungen, von denen Wirkungen wie von Gebäuden ausgehen, wie z.B. Hochsilos, Windkraftanlagen, großflächige Werbeanlagen oder über 2,0 m hohe Mauern, auf dem eigenen Grundstück liegen müssen und nur nach Maßgabe des § 6 Abs. 2 Satz 3 BauO NRW auf fremden Grundstücken liegen dürfen. Hierfür kommt nicht die Vereinigungsbaulast nach § 4 Abs. 2 BauO NRW, sondern die Abstandsflächenbaulast nach § 6 Abs. 2 Satz 3 BauO NRW in Betracht. 92

§ 4 Bebauung der Grundstücke mit Gebäuden

93 Mit § 4 Abs. 2 BauO NRW normiert der Gesetzgeber nämlich einen **genau umschriebenen Anwendungsfall** der Baulast (zu den ausdrücklich geregelten, sonstigen Anwendungsfällen vgl. § 85 Rdn. 33–34). Das Rechtsinstitut der Baulast ist grundsätzlich in § 85 BauO NRW geregelt und erlaubt dem Grundstückseigentümer allgemein die Übernahme von Verpflichtungen auf dem **gesamten** Gebiet des Bauordnungsrechts. Die speziell im Gesetz geforderten Baulasttatbestände gehen allerdings der allgemeinen Ermächtigung zur Baulastbestellung vor, so dass aufgrund einer speziellen gesetzlichen Regelung begründete Baulasten nur den jeweils normierten Tatbestand abdecken. Eine **Vereinigungsbaulast** ist danach **nur anwendbar, um die Lage eines Gebäudes auf mehreren Grundstücken** über die Grundstücksgrenze hinweg **abzusichern**. Dieses Rechtsinstitut **dient nicht der Vereinfachung des Verfahrens zur Bestellung von Baulasten**. So ist im bauaufsichtlichen Vollzug zu beobachten, dass Vereinigungsbaulasten bestellt werden, um mehrere ansonsten zu übernehmende Zuwegungs-, Abstandsflächen-, Spielflächen- oder Stellplatzflächenbaulasten zu erübrigen, auch wenn der für Vereinigungsbaulasten auslösende Tatbestand der Lage eines Gebäudes über die Grundstücksgrenze hinweg gar nicht vorliegt. Dies ist z.B. der Fall, wenn ein bestehendes Gebäude aus einem großen Grundstück herausgeteilt und veräußert werden soll und hierfür die Bildung neuer Grundstücke erforderlich wird, ohne dass das Gebäude selbst über einer neuen Grundstücksgrenze zu liegen kommt. Dabei tritt häufig das Problem auf, dass die vorgenannten, speziell im Gesetz geregelten Baulasten zur Sicherung der Zuwegung oder der Abstandsflächen zu übernehmen wären. Die Bestellung einer Vereinigungsbaulast anstelle der gesetzlich geforderten Abstandsflächen- oder Spielflächenbaulastenwürde zwar das Verfahren vereinfachen, scheidet aber aus, da kein Anwendungsfall des § 4 Abs. 2 BauO NRW vorliegt (vgl. Nds. OVG, Urt. v. 19.09.1996 – 1 L 7891/94, NVwZ-RR 1998, 14: die Vereinigungsbaulast tritt nicht anstelle einer erforderlichen Zuwegungsbaulast; vgl. auch Prahl, Zu den Grenzen der Vereinigungsbaulast im Bauordnungsrecht am Beispiel der Zufahrtsbaulast, BauR 2003, S. 1519 ff.).

94 Dies hat sich auch nicht durch die Streichung des Zusatzes in § 4 Abs. 2 Satz 1 BauO NRW 2000 geändert, wonach das Gebäude auf mehreren Grundstücken den bauordnungsrechtlichen Vorschriften so entsprechen musste, als wären die Grundstücke ein Grundstück. Dieses Erfordernis kommt bereits in der Forderung zum Ausdruck, dass keine Verhältnisse eintreten dürfen, die diesen Vorschriften zuwiderlaufen, so dass dem Zusatz ohnehin nur klarstellende Bedeutung zukommen sollte (vgl. Rasch/Schaetzell, zu § 4 2.2). Die Folge, dass das Gebäude den maßgeblichen Vorschriften so entspricht, als wären die Grundstücke ein Grundstück, tritt durch die entsprechende Sicherung auch weiterhin ein, auch ohne gesetzliche Klarstellung. Die Qualität des § 4 Abs. 2 Satz 1 BauO NRW als spezieller Baulasttatbestand ergibt sich daher allein aus der beschriebenen Situation eines Gebäudes auf mehreren Grundstücken als »Tatbestandsvoraussetzung«, nicht jedoch aus der – nun nicht mehr festgeschriebenen – Folge, dass das Gebäude nur noch zu dem durch die Baulast neu geschaffenen Grundstück in Beziehung tritt.

95 Auch die Änderung des Wortlautes weg von »durch Baulast gesichert« hin zu »öffentlich-rechtlich gesichert« vermag nichts daran zu ändern, dass es sich bei § 4

Abs. 2 Satz 1 BauO NRW um einen gesetzlich speziell geregelten Baulasttatbestand handelt. In anderen anerkannten speziellen Baulasttatbeständen ist ebenfalls nur von »öffentlich-rechtlicher Sicherung« die Rede (vgl. z.B. § 4 Abs. 1 BauO NRW für die Zufahrtsbaulast oder § 6 Abs. 2 Satz 2 BauO NRW für die Abstandsflächenbaulast). Die Änderung war lediglich der Angleichung an den Wortlaut der MBO geschuldet (vgl. LT-Drucks. 17/2166, S. 100). In diesem Zusammenhang ist zu beachten, dass nicht alle Länder, wie z.b. Bayern, das Institut der Baulast kennen, was die entsprechende Formulierung der »öffentlich-rechtlichen Sicherung« in der MBO zu erklären vermag.

Unzulässig ist die Bestellung einer Vereinigungsbaulast auch, um erforderliche **Abstände aus Gründen des Brandschutzes zu umgehen**. Ein unechter Anwendungsfall liegt vor, wenn zwei benachbarte Grundstücke jeweils mit Gebäuden bebaut sind oder werden sollen, dabei aber im gemeinsamen Grundstücksgrenzbereich die nach § 30 Abs. 2 BauO NRW geforderten brandschutztechnischen Mindestabstände nicht eingehalten werden. Die für beide Grundstücke bestellte Vereinigungsbaulast bezweckt in Wahrheit nicht die Zusammenfassung mehrerer Grundstücke, um so ein einheitliches Baugrundstück zu schaffen, sondern soll zur Umgehung der Brandschutzvorschriften eingesetzt werden. Hierzu führt die oberste Bauaufsichtsbehörde noch zur Rechtslage nach § 4 Abs. 2 BauO NW 1995 in einem nicht veröffentlichten RdErl. vom 29.04.1996 – II A 5-100/31/4.2 aus:

96

»Die Vorschrift des § 4 Abs. 2 BauO NW soll es einem Bauherrn ermöglichen, ein Gebäude über Nachbargrenzen hinweg auf mehreren Grundstücken zu errichten. Dabei muss jeder Grundstückseigentümer für sein Grundstück eine Baulasterklärung abgeben, in der er sich verpflichtet, so zu tun und zu handeln, als wäre sein Grundstück Teil eines (Bau-) Grundstücks (Vereinigungsbaulast). Durch eine solche Baulasterklärung soll verhindert werden, dass bauliche Anlagen oder Einrichtungen, die für das vereinigte Grundstück erforderlich sind, wie Zufahrten, Aufstell- und Bewegungsflächen für die Feuerwehr, Spielflächen für Kleinkinder, Stellplätze für Kfz, durch einen der Grundstückseigentümer verändert oder beseitigt werden können. Eine Vereinigungsbaulast hat allerdings zum Nebeneffekt, dass auf Nachbargrenzen bezogene Vorschriften, wie die des § 6 Abs. 2 BauO NW oder aber auch die des § 31 Abs. 1 BauO NW (Anmerkung: entspricht inhaltlich weitgehend § 30 Abs. 2 BauO NRW) nicht greifen.

97

Die Vorschrift des § 4 Abs. 2 BauO NW dient jedoch nicht dazu, die Erzielung eines Nebeneffekts zum eigentlichen Grund einer Vereinigungsbaulast zu machen, insbesondere dann nicht, wenn sie der Umgehung des Sicherungszwecks einer der Gefahrenabwehr dienenden Vorschrift dienen soll.

Es wird durchaus erkannt, dass in der Praxis häufig ein Bedürfnis besteht, Gebäude mit einem geringeren Grenzabstand als 2,50 m zur Nachbargrenze zu errichten, mit Außenwänden mit Öffnungen oder mit Außenwänden, die nicht die Qualität einer Brandwand aufweisen. Die Vereinigungsbaulast ist jedoch aus oben genannten Gründen und weil sie weder für die Bauherrn noch für die Nachbarn (Angrenzer) eine ausreichende Sicherheit für den Brandfall bietet, kein geeignetes Institut, solche Vorhaben zu ermöglichen.

Als Lösungsmöglichkeit bietet sich hierzu an, eine Abweichung nach § 73 BauO NW (Anmerkung: entspricht inhaltlich weitgehend § 69 BauO NRW) zuzulassen unter der Bedingung der Eintragung einer Flächenbaulast nach § 83 BauO NW (Anmerkung: entspricht inhaltlich weitgehend § 85 BauO NRW) mit einer Mindesttiefe von 5 m, die die Verpflichtung enthält, diese Fläche nur so zu nutzen, dass eine gegenseitige Brandgefährdung ausgeschlossen ist (z.B. ausschließliche Nutzung als Verkehrsfläche, Grünfläche oder Freifläche).«

98 Aufgrund der besagten mit der BauO NRW 2000 bewirkten Rechtsänderung – »Ein Gebäude« anstatt »Die Errichtung eines Gebäudes« – soll auch die **Grundstücksteilung** in **Altbeständen** erleichtert werden. Zur neuen Rechtslage in Bezug auf die Vorschriften des § 30 Abs. 2 Nr. 1 BauO NRW führt die oberste Bauaufsichtsbehörde in einem nicht veröffentlichten RdErl. vom 10.08.2001 – II A3-100/31 aus:

99 *»§ 31 Abs. 1 (Anmerkung: entspricht inhaltlich weitgehend § 30 Abs. 2 BauO NRW) soll gewährleisten, dass Wände mit Öffnungen nur dann errichtet werden, wenn sie mindestens 5 Meter von dem nächsten Gebäude entfernt sind. Dabei spielt es keine Rolle, ob die betreffenden Gebäude auf verschiedenen Grundstücken stehen oder sich auf demselben Grundstück befinden.*

(…)Soll dagegen an ein bestehendes Gebäude, das keine Gebäudeabschlusswand aufweist, ein weiteres gereiht werden, so verstößt dieses Vorhaben auch dann gegen § 31 Abs. 1, wenn für das geplante Vorhaben eine Gebäudeabschlusswand vorgesehen ist, weil beide Gebäude Gebäudeabschlusswände haben müssten.

Die Regelung des § 31 Abs. 1, wonach Gebäudeabschlusswände auch dann errichtet werden, müssen, wenn Gebäude näher als 2,50 Meter zur Grundstücksgrenze stehen, soll für einen gedachten Normalfall zweier Gebäude auf verschiedenen Grundstücken verhindern, dass der aus Brandschutzgründen erforderliche Abstand von mindestens 5 Metern zwischen Wänden mit Öffnungen wegen einer grundstücksbezogenen Betrachtung der Bebaubarkeit unterschritten wird, indem ein Gebäude auf seinem Grundstück den Mindestabstand einhält, das andere jedoch näher an der gemeinsamen Grenze errichtet wird.

Wird bei Errichtung eines Gebäudes ohne Gebäudeabschlusswand das Hindernis der zu nahen Grundstücksgrenze beseitigt, etwa durch eine Vereinigungsbaulast gemäß § 4 Abs. 2 BauO NRW, dann ist eine weitere öffentlich-rechtliche Sicherung nicht erforderlich, weil zu den nunmehr auf demselben Grundstück vorhandenen Gebäuden immer ein Abstand von mindestens 5 Metern eingehalten werden muss. Das Gleiche gilt, wenn auf dem durch Baulast vereinigten Grundstück noch kein Gebäude vorhanden ist. Ein dort mit einem Abstand von weniger als 5 Metern geplantes Gebäude wäre – wie oben ausgeführt – nach den baurechtlichen Vorschriften nicht zulässig, so dass es insoweit ebenfalls keiner weiteren öffentlich-rechtlichen Sicherung bedarf.

Dagegen ist eine Flächenbaulast nach § 31 Abs. 1 Nr. 1 immer dann sinnvoll und erforderlich, wenn ein Gebäude ohne Gebäudeabschlusswand in einem Abstand von weniger als 2,50 Metern zur Grundstücksgrenze errichtet werden soll und diese Grenze nicht durch Vereinigungsbaulast bauordnungsrechtlich beseitigt wurde.«

Die Vereinigungsbaulast ist auch kein taugliches Mittel zur Bereinigung der Rechtsfolgen eines **Überbaus** im Sinne des § 912 BGB. Danach hat der Nachbar einen Überbau zu dulden – sofern er nicht vor oder sofort nach der Grenzüberschreitung Widerspruch erhebt –, wenn der Eigentümer eines Grundstücks bei der Errichtung eines Gebäudes über die Grenze baut, ohne dass ihm Vorsatz oder grobe Fahrlässigkeit zur Last fällt; der Nachbar ist in diesem Falle durch eine Geldrente zu entschädigen, deren Höhe sich nach der Zeitdauer der Grenzüberschreitung richtet. Bösgläubig handelt allerdings, wer im Bereich der Grundstücksgrenze baut und sich nicht, gegebenenfalls durch Hinzuziehung eines Vermessungsingenieurs, darüber vergewissert, ob der für die Bebauung vorgesehene Grund auch ihm gehört und er die Grenzen seines Grundstücks nicht überschreitet (BGH, Urt. v. 19.09.2003 – V ZR 360/02, BBauBl. 2004, 42).

100

Diese Vorschrift des bürgerlichen Rechts bleibt jedoch nach § 74 Abs. 4 BauO NRW unberührt – sie ist kein von der Baugenehmigung erfasstes öffentliches Baurecht, so dass der Nachbar nach der »Zweigleisigkeitstheorie« (hierzu vgl. Peine, Öffentliches und privates Nachbarrecht, JuS 1987, 169 ff.) erfolgreich zivilrechtlich vorgehen kann. Da die Baugenehmigung die Zivilrechtsordnung unberührt lässt, damit keinen Vorrang des öffentlichen Rechts begründet und insoweit auch nicht das Eigentumsgrundrecht tangiert, kann ein Nachbar sich mit der verwaltungsgerichtlichen Anfechtungsklage nicht erfolgreich gegen den Überbau zur Wehr setzen (VGH B-W vom 04.03.1996 – 5 S 1798/95, VBlBW 1996, 299).

101

3.7 Ausnahme des Erfordernisses der öffentlich-rechtlichen Sicherung (Satz 2 und 3)

Das **Erfordernis der öffentlich-rechtlichen Sicherung** bei Gebäuden auf mehreren Grundstücken **entfällt gemäß § 4 Abs. 2 Satz 2 und 3 BauO NRW** bei bestehenden Gebäuden hinsichtlich solcher **Außenwand- und Dachdämmungen**, die über die Bauteilanforderungen der Energiesparverordnung vom 24.07.2007 (EnEV) in der jeweils geltenden Fassung für bestehende Gebäude nicht hinausgehen (Satz 2), sowie **bei mit der Wärmedämmung zusammenhängenden notwendigen Änderungen von Bauteilen** (Satz 3). Auf diese Weise wird die Überbauung einer Grenze durch eine nachträgliche Wärmedämmung zugelassen (vgl. LT-Drucks. 17/2166, S. 100). Diese Regelung korrespondiert mit § 23a NachbG NRW, der eine Duldungspflicht hinsichtlich bestimmter Wärmedämmmaßnahmen beinhaltet. Nach **§ 23a Abs. 1 Satz 1 NachbG NRW** hat der Grundstückseigentümer die **Überbauung seines Grundstücks** aufgrund von Maßnahmen, die an bestehenden **Gebäuden für Zwecke der Wärmedämmung** vorgenommen werden, unter bestimmten Voraussetzungen **zu dulden**, und zwar

102

- wenn diese über die Bauteileanforderungen in der EnEV in der jeweils geltenden Fassung nicht hinausgeht,
- eine vergleichbare Wärmedämmung auf andere Weise mit vertretbarem Aufwand nicht vorgenommen werden kann und
- die Überbauung die Benutzung des Grundstücks nicht oder nur unwesentlich beeinträchtigt.

103 Gemäß § 23a Abs. 1 Satz 2 NachbG NRW ist eine solche wesentliche Beeinträchtigung insbesondere dann anzunehmen, wenn die Überbauung die Grenze zum Nachbargrundstück in der Tiefe um mehr als 0,25 m überschreitet. Diese Regelung ist synchron mit § 6 Abs. 7 Satz 1 BauO NRW, wonach Maßnahmen zum Zwecke der Energieeinsparung von einer Stärke weniger als 0,25 m auch bei Unterschreitung des Mindestabstands von 3 m zulässig sein können (vgl. auch Buntenbroich/Voß, zu § 4 Rn. 33). Gemäß § 6 Abs. 7 Satz 2 BauO NRW gelten § 4 Abs. 2 Satz 2 und 3 BauO NRW entsprechend; die Gesetzesbegründung führt dazu aus, dass eine demnach **zulässige Überbauung die Abstandsflächen des Gebäudes nicht ändert** (vgl. LT-Drucks. 17/2166, S. 105).

104 Durch die in § 23a NachbG geregelte Pflicht zur Duldung wird § 4 Abs. 2 Satz 2 BauO NRW dem Erfordernis der **Klarstellung** gerecht, dass diesbezüglich eine **Vereinigungsbaulast nicht erforderlich** sein kann, da diese – im Gegensatz zur Duldungspflicht – die freiwillige Erklärung der Grundstückseigentümer voraussetzt (vgl. Buntenbroich/Voß, zu § 4 Rn. 33). Die bauordnungsrechtlich zulässige Überbauung setzt die zivilrechtliche Zulässigkeit nicht voraus (vgl. LT-Drucks. 17/2166, S. 100).

§ 5 Zugänge und Zufahrten auf den Grundstücken

(1) Von öffentlichen Verkehrsflächen ist insbesondere für die Feuerwehr ein geradliniger Zu- oder Durchgang zu rückwärtigen Gebäuden zu schaffen, zu anderen Gebäuden ist er zu schaffen, wenn der zweite Rettungsweg dieser Gebäude über Rettungsgeräte der Feuerwehr führt. Zu Gebäuden, bei denen die Oberkante der Brüstung von zum Anleitern bestimmten Fenstern oder Stellen mehr als 8 m über Gelände liegt, ist in den Fällen des Satzes 1 anstelle eines Zu- oder Durchgangs eine Zu- oder Durchfahrt zu schaffen. Ist für die Personenrettung der Einsatz von Hubrettungsfahrzeugen erforderlich, sind die dafür erforderlichen Aufstell- und Bewegungsflächen vorzusehen. Bei Gebäuden, die ganz oder mit Teilen mehr als 50 m von einer öffentlichen Verkehrsfläche entfernt sind, sind Zufahrten oder Durchfahrten nach Satz 2 zu den vor und hinter den Gebäuden gelegenen Grundstücksteilen und Bewegungsflächen herzustellen, wenn sie aus Gründen des Feuerwehreinsatzes erforderlich sind. Soweit erforderliche Flächen nicht auf dem Grundstück liegen, müssen sie öffentlich-rechtlich gesichert sein.

(2) Zu- und Durchfahrten, Aufstellflächen und Bewegungsflächen müssen für Feuerwehrfahrzeuge ausreichend befestigt und tragfähig sein. Sie sind als solche zu kennzeichnen und ständig frei zu halten. Die Kennzeichnung von Zufahrten muss von der öffentlichen Verkehrsfläche aus sichtbar sein. Fahrzeuge dürfen auf den Flächen nach Satz 1 nicht abgestellt werden.

Übersicht		Rdn.
0	Änderungen gegenüber der BauO NRW 2000	01
1	Allgemeines	1
1.1	Funktion der Norm	1

1.2	Begriffe	2
1.3	Innere und äußere Erschließung	3
1.4	Zusätzliche Anforderungen an Zu- und Abfahrten von Sonderbauten	5
1.5	Verfahrensfragen	6
1.6	Planungsrechtliche Bezüge	7
1.7	Nachbarschutz	8
2	**Zu Abs. 1 – Zugänge und Zufahrten**	**9**
2.1	Grundforderung eines Zu- und Durchganges (für die Feuerwehr)	9
2.2	Zweck der Forderung	11
2.3	Materielle Anforderungen an Zu- und Durchgänge	12
2.4	Zu- und Durchfahrten	13
2.5	Anlage der Aufstell- und Bewegungsflächen	18
3	**Zu Abs. 2 – Weitere Anforderungen an Zu- und Durchfahrten und deren Kennzeichnung bzw. Sicherung**	**20**
3.1	Ausbildung der Aufstell- und Bewegungsflächen	20
3.2	Vorgeschriebene Kennzeichnung von Feuerwehrzufahrten	21
3.3	Freihaltungsgebot von Zu- und Durchfahrten für die Feuerwehr	24
4	**Darstellung der Aufstell- und Bewegungsflächen in den Bauvorlagen**	**25**
5	**Aufstell- und Bewegungsflächen im öffentlichen Raum und zum Verhältnis zum Straßenrecht**	**26**

0 Änderungen gegenüber der BauO NRW 2000

Abs. 1 der Vorschrift enthält keine Detailregelungen mehr. Laut der Begründung zur Novelle der BauO NRW wurde ferner der Abs. 2 der Vorschrift vollständig an die MBO angepasst und beinhaltet nur noch Grundanforderungen an die Befestigung, die Tragfähigkeit, die Kennzeichnung und die Freihaltung der Flächen für die Feuerwehr.

01

1 Allgemeines

1.1 Funktion der Norm

Zu den wesentlichen Zielen des Bauordnungsrechts gehört nach wie vor der Schutz vor Gefahren (§ 58 Abs. 1 BauO NRW). Bauliche Anlagen sind so zu errichten, zu ändern, instand zu halten usw., dass die öffentliche Sicherheit oder Ordnung nicht gefährdet wird. Dieses bedeutsame Schutzziel ist der bauordnungsrechtlichen Generalklausel (§ 3 BauO NRW) zu entnehmen. Die nachfolgenden Vorschriften konkretisieren die Anforderungen der vorgenannten materiellen Generalklausel. Im Bauordnungsrecht spielt – neben der Standsicherheit baulicher Anlagen – insbesondere der Brandschutz eine große Rolle. **§ 5 BauO NRW regelt in diesem Zusammenhang die Rahmenbedingungen für die Erreichbarkeit von bebauten Grundstücken für die Feuerwehr im Brandfalle.** Diese Vorschrift ist auch im Zusammenhang mit § 14 BauO NRW zu sehen, wonach bauliche Anlagen so anzuordnen, zu errichten, zu ändern und instand zu setzen sind, dass der Entstehung eines Brandes und der Ausbreitung von Feuer und Rauch (Brandausbreitung) vorgebeugt werden und **bei**

1

einem Brand die Rettung von Menschen und Tieren sowie wirksame Löscharbeiten möglich sind.

1.2 Begriffe

2 Ein Zugang ist eine Fläche auf einem Grundstück, die bestimmte Grundstücksbereiche mit der öffentlichen Verkehrsfläche verbindet und die Stellflächen für Rettungs- und Löschgeräte erreichbar macht. Zufahrt im hier erörterten Sinne meint den verkehrstechnischen Anschluss eines privaten Baugrundstücks (= äußere Erschließung) und an diejenigen baulichen Anlagen, welche das Heranfahren an die dort aufstehenden Hochbauten auf dem Grundstück selbst erlauben (= innere Erschließung).

1.3 Innere und äußere Erschließung

3 Ein Grundstück wird erst zum Baugrundstück, wenn es erschlossen ist. Näheres regelt § 4 BauO NRW. Zur erforderlichen Erschließung gehört auch die Lage in angemessener Breite an einer befahrbaren öffentlichen Verkehrsfläche oder aber die Herstellung der Verbindung zur öffentlichen Verkehrsfläche mittels einer öffentlich-rechtlich (Baulast!) gesicherten Zufahrt über andere Grundstücke (OVG Niedersachsen, Urt. v. 28.02.1979 – 1 A 144/76, BRS 35, Nr. 103 kein Notwegerecht: OVG Sachsen-Anhalt, Beschl. v. 26.10.2012 – 2 M 124/12). Hierbei handelt es sich um gleichwertige Alternativen. Die letztere Alternative betrifft Grundstücke, die nicht selbst an der öffentlichen Verkehrsfläche liegen (Hinterlieger). Die Länge der Zufahrt ist nicht geregelt. Die Zufahrt muss befahrbar sein, d. h. über eine ausreichende Breite und Ausgestaltung verfügen, so dass diese ggf. von Rettungs- und Fahrzeugen der Feuerwehr im Notfall befahren werden kann. Eine Breite von nur 2,00 m ist deshalb unzureichend (OVG NRW, Urt. v. 30.10.2009 – 7 A 2548/08, BRS 74, Nr.132 = BauR 2010, 446). Letztlich gelten ähnliche Anforderungen wie für eine öffentliche Verkehrsfläche (OVG NRW, Urt. v. 08.05.2009 – 7 A 3366/07, BRS 74, Nr. 92 = BauR 2009, 1563).

4 § 5 BauO NRW ergänzt die Forderung nach einer verkehrsmäßigen Erschließung im Hinblick auf die Bedürfnisse für den Einsatz der Feuerwehr. Bereits nach § 6 BauO NRW 1962 waren bauliche Anlagen auf den Grundstücken so anzuordnen, dass sie sicher zugänglich waren. Die erforderliche Bewegungsfreiheit und Sicherheit für den Einsatz der Feuerlösch- und Rettungsgeräte mussten gewährleistet sein. § 13 Abs. 1 AVO BauO NRW 1962 verlangte für die hinteren Teile von Grundstücken, die mit Vordergebäuden mit mehr als 2 Vollgeschossen bebaut waren, die Schaffung eines von der öffentlichen Verkehrsfläche in gerader Richtung verlaufenden Zuganges für die Feuerwehr. Dieser musste eine bestimmte Breite und Durchgangshöhe haben, es sei denn, die Zugänglichkeit für den Brandfall war auf andere Weise vorhanden. Die Vorgängerregelung zu der in Rede stehenden Vorschrift findet sich mit detaillierten Reglungen in § 5 BauO NRW 1984. Diese Bestimmung wurde durch die Ziffer 5 VV BauO NW 1984 noch näher konkretisiert. Diese Grundforderung ist geblieben. Für bestimmte Fallkonstellationen reicht die

Schaffung eines Zu- oder Durchgangs für die Feuerwehr nicht aus, vielmehr bedarf es dann einer speziellen Verbindung mit der öffentlichen Verkehrsfläche in Form einer Feuerwehrzufahrt.

1.4 Zusätzliche Anforderungen an Zu- und Abfahrten von Sonderbauten

§ 50 Abs. 2 Nr. 4 BauO NRW erlaubt zusätzliche Anforderungen an Zu- und Abfahrten von **Sonderbauten**, z.b. bei Betrieben mit zahlreichen Beschäftigten.

1.5 Verfahrensfragen

Zugänge und Zufahrten sind grundsätzlich genehmigungsfrei. Dies gilt nicht für Feuerwehrzufahrten nach § 5 BauO NRW. Diese werden mit der Erteilung der entsprechenden Baugenehmigung mitgenehmigt. Neue, nicht erforderliche Zufahrten, sind straßenrechtlich erlaubnispflichtig (OVG Niedersachsen, Urt. v. 18.07.2012 – 7 LB 29/11, und VG Gelsenkirchen, v. 20.03.2007 – 10 K 645/04).

1.6 Planungsrechtliche Bezüge

Das OVG Hamburg, Urt. v. 15.06.2000 – 2 Bf 15/97 (BRS 63, Nr. 157 = BauR 2000, 1842) meint, dass es Zufahrten generell an der bodenrechtlichen Relevanz fehlt (§ 29 BauGB). Dann können planungsrechtliche Anforderungen an die Zulässigkeit von Zufahrten nicht gestellt werden (strittig).

1.7 Nachbarschutz

Die Vorschrift ist nicht drittschützend (OVG NRW, Beschl. v. 12.01.2015 – 2 B 1386/14, BRS 83, Nr. 125 = BauR 2015, 1975, gilt auch für § 4 BauO NRW). Ob von einer Zufahrt unzumutbare Beeinträchtigungen für die benachbarten Grundstücke ausgehen, hängt von den Umständen des jeweiligen Einzelfalls ab und kann nicht pauschal beantwortet werden (VG Gelsenkirchen, Beschl. v. 25.02.2013 – 5 L 1464/12).

2 Zu Abs. 1 – Zugänge und Zufahrten

2.1 Grundforderung eines Zu- und Durchganges (für die Feuerwehr)

§ 5 Abs. 1 BauO NRW fordert im Zusammenhang mit dem vorbeugenden Brandschutz von öffentlichen Verkehrsflächen für die Feuerwehr
– einen geradlinigen Zu- oder Durchgang zu rückwärtigen Gebäuden und
– zu anderen Gebäuden, wenn der Rettungsweg dieser Gebäude über Rettungswege der Feuerwehr führt.

Die Norm gibt nicht mehr ausdrücklich vor, dass der Zu- oder Durchgang zur Vorderseite des Gebäudes geführt werden muss. Da dieser aber geradlinig verlaufen muss, dürfte dies in der Praxis die Regel sein. Nicht erlaubt sind also Abwinklungen oder eine kurvige Linienführung. **Maßgebliches Merkmal ist die rückwärtige Lage des**

Gebäudes, und zwar im Verhältnis zur öffentlichen Verkehrsfläche. Hierbei kann es sich um Grundstücke handeln, die sowohl im vorderen als auch im rückwärtigen Bereich mit Gebäuden bebaut sind. Es könnten aber auch Grundstücke sein, die nur im rückwärtigen Bereich mit Gebäuden bebaut sind. Vor diesen Gebäuden vorgelagert wäre dann eine Freifläche, etwa ein großer Garten oder ein Park. Zu den rückwärtigen Gebäuden gehört eine **Hinterliegerbebauung**, aber auch sogenannte **Hammergrundstücke**. Die Forderung zur Schaffung eines Zu- oder Durchganges dürfte auch für rückwärtige Gebäudeteile gelten.

2.2 Zweck der Forderung

11   Bei dieser Forderung geht es um die Gewährleistung der Bewegungsfreiheit für die Einsatzkräfte der Feuerwehr im Brandfalle. Sie ermöglicht und fördert die Rettung von Menschen und Tieren. **Die Brandbekämpfung soll durch bauliche Zustände nicht erschwert werden.** Keine ausreichende Erreichbarkeit der Fenster eines Hinterhauses besteht z.B., wenn dabei das zentrale Treppenhaus durchquert werden muss (OVG NRW, Urt. v. 28.08.2001 – 10 A 3051/99, BRS 64, Nr. 201 = BauR 2002, 763, Gefahr der Verrauchung). Die Zweckbestimmung der Gefahrenabwehr verbietet auch eine Abweichung gem. § 69 BauO NRW. Die Vorschrift beinhaltet auch keine Öffnungsklausel, wie etwa in § 7 Abs.3 LBauO Rh-Pf.

2.3 Materielle Anforderungen an Zu- und Durchgänge

12   Die materiellen Anforderungen an die geforderten Zu- und Durchgänge sind nicht mehr abschließend in § 5 Abs. 1 BauO NRW geregelt, sondern folgen nunmehr aus der durch die VV TB eingeführte Muster-Richtlinie über Flächen für die Feuerwehr (MRFIFw, Fassung Februar 2007, zuletzt geändert im Oktober 2009). Die Zu- oder Durchgänge müssen geradlinig und mindestens 1,25 m breit sein. **Einengungen sind nicht zulässig**, allerdings reicht bei einer Türöffnung eine Mindestbreite von 1 m (Ziffer 14 MRFIFw). Die Zu- und Durchgänge i.S.d. § 5 Abs. 1 BauO NRW dienen dazu, problematische Bereiche auf einem Grundstück fußläufig zu erreichen. Damit die Einsatzkräfte der Feuerwehr mit Leitern und sonstigem Tragegerät ohne Probleme zu den vom Brand bedrohten Personen (und Tieren) vordringen können, müssen die in der Vorschrift genannten Mindeststandards beachtet werden.

2.4 Zu- und Durchfahrten

13   Bei bestimmten Rahmenbedingungen reichen die vorgenannten Zu- und Durchgänge nicht mehr aus, **dann fordert das Gesetz regelrechte Zufahrten für die Feuerlösch- und Rettungsfahrzeuge.** Dies hängt insbesondere mit der Höhe der zum Anleitern bestimmten Stellen zusammen. Ist die Brüstungshöhe notwendiger Fenster über 8,00 m über dem Gelände gelegen, können diese regelmäßig nicht mehr mit tragbaren Leitern erreicht werden. Dann müssen Hubrettungsfahrzeuge

Zugänge und Zufahrten auf den Grundstücken § 5

die Stelle erreichen können. Maßgeblich ist dabei immer das Gelände, auf dem die Leiter bzw. das Fahrzeug aufgestellt werden soll. Den Begriff der Geländeoberfläche (§ 2 Abs. 4 BauO NRW) benutzt die Vorschrift nicht. Das Maß folgt aus der Höhe von 7 m aus § 2 Abs. 3 BauO NRW zusätzlich eines Zuschlages von 1 m für die Brüstungshöhe.

Für die Bemessung der Zu- und Durchfahrten – einschließlich der lichten Höhe – gibt es konkrete Vorgaben. Die Mindestbreite beträgt 3 m. Wird die Zufahrt aber auf einer Länge von mehr als 12 m durch Bauteile begrenzt, bedarf es einer lichten Breite von mindestens 3,50 m. Dies wird mit den mittlerweile größeren Abmessungen der Feuerwehrfahrzeuge begründet. Bei Durchfahrten muss eine lichte Höhe von mindestens 3,50 m vorhanden sein (Ziffer 2 MRFIFw). Die verbindliche Vorgabe einer lichten Mindestbreite verbietet natürlich die Einengung durch Einbauten, z.B. durch eine Hauseingangstreppe oder eine -überdachung, Balkone, Altane, Gesimse usw. Die Wände und Decken der Durchfahrt müssen feuerbeständig sein. 14

Zu- und Durchfahrten müssen nicht geradlinig verlaufen. Der Einsatz der Feuerwehrfahrzeuge wird durch Kurven dann nicht behindert, wenn dort bestimmte Mindestbreiten und entsprechende Radien eingehalten werden (Ziffer 3 MRFIFw). Auf die nachfolgenden schematischen Darstellungen wird verwiesen. 15

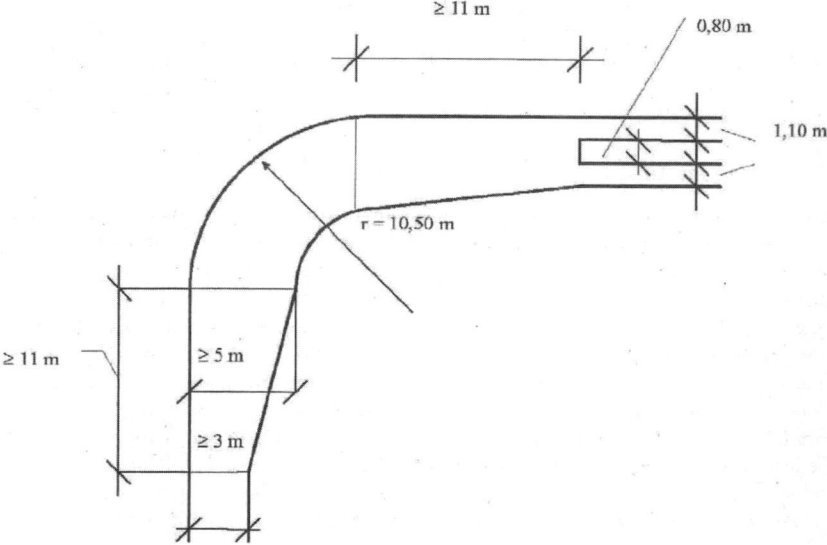

Schematische Darstellung von zulässigen Kurven in Zu- oder Durchfahrten mit dem entsprechenden Übergangsbereich von 11 m, entnommen aus: MRFIFw 16

§ 5 Zugänge und Zufahrten auf den Grundstücken

Außenradius der Kurve (in m)	Breite mindestens (in m)
10,5 bis 12	5,0
über 12 bis 15	4,5
über 15 bis 20	4,0
über 20 bis 40	3,5
über 40 bis 70	3,2
über 70	3,0

Entnommen aus: MRFIFw

17 Vor und hinter den Kurven müssen über eine bestimmte Länge (= 11 m) Übergangsbereiche vorhanden sein (Ziffer 3 MRFIFw). Zu- und Durchfahrten dürfen auch geneigt sein. Die Neigung soll aber nicht mehr als 10 v. H. betragen. Stufen und Schwellen in den Zu- und Durchgangsfahrten dürfen eine bestimmte Höhe (8 cm) nicht überschreiten.

2.5 Anlage der Aufstell- und Bewegungsflächen

18 Laut § 5 Abs. 1 BauO NRW sind die dafür erforderlichen **Aufstell- und Bewegungsflächen vorzusehen, wenn für die Personenrettung der Einsatz von Hubrettungsfahrzeugen erforderlich ist.** **Aufstellflächen** sind demnach »nicht überbaute, befestige Flächen auf Grundstücken, die mit der öffentlichen Verkehrsfläche direkt oder über Feuerwehrzufahrten in Verbindung stehen. Sie dienen dem Aufstellen von Hubrettungsfahrzeugen« (siehe: Feuerwehr und Rettungsdienst der Landeshauptstadt Düsseldorf, Merkblatt zur Kennzeichnung von Feuerwehrzufahrten, Feuerwehrdurchgängen und Aufstellflächen für Hubrettungsfahrzeuge, S. 3, und Brandschutzdienststelle der Kreisstadt Mettmann, Ausführungsempfehlung für Feuerwehrzufahrten, Feuerwehrbewegungsflächen und für Aufstellflächen im Stadtgebiet der Kreisstadt Mettmann, S. 3). Bei **Bewegungsflächen** handelt es sich um »befestigte Flächen auf Grundstücken, die mit der öffentlichen Verkehrsfläche direkt oder über Feuerwehrfahrzeugen in Verbindung stehen. Sie dienen dem Aufstellen von Feuerwehrfahrzeugen, der Entnahme und Bereitstellung von Geräten und der Entwicklung von Rettungs- und Löscheinsätzen« (dito). **Aufstell- können auch gleichzeitig Bewegungsflächen sein.**

Für die Aufstellflächen für Feuerwehrfahrzeuge müssen bestimmte Mindest- und Höchstabstände beachtet werden. Aufstellflächen müssen mindestens 3,50 m breit sein (Ziffer 8 MRFIFw). Werden sie entlang von Außenwänden angeordnet, ist zusätzlich zur genannten Mindestbreite ein mindestens 2 m breiter hindernisfreier Geländestreifen auf der gebäudeabgewandten Seite vorzusehen (Ziffer 9 MRFIFw). Bei Anordnung der Aufstellflächen im rechten Winkel zur Außenwand müssen zusätzlich zur vorgenannten Mindestbreite auf beiden Seiten jeweils mindestens 1,25 m breite hindernisfreie Geländestreifen vorhanden sein (Ziffer 10 MRFIFw).

19

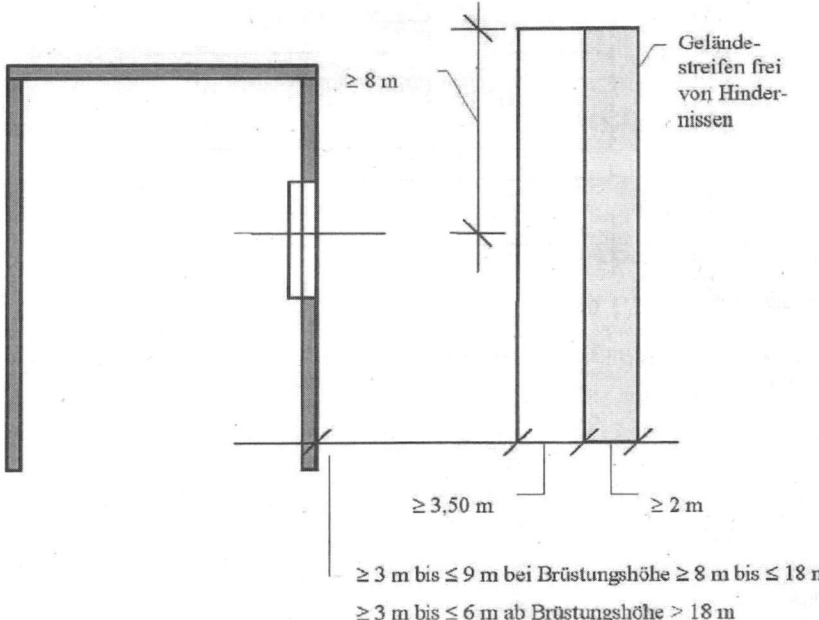

Situierung von Aufstellflächen für die Feuerwehr entlang von Außenwänden, entnommen aus: MRFIFw.

§ 5 Zugänge und Zufahrten auf den Grundstücken

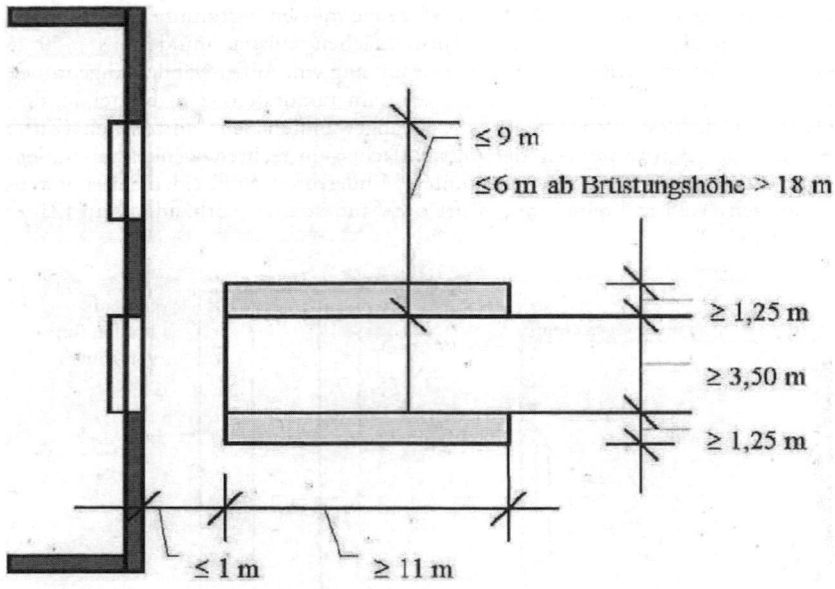

Platzierung von Aufstellflächen im rechten Winkel zu einer Außenwand, entnommen aus: MRFIFw.

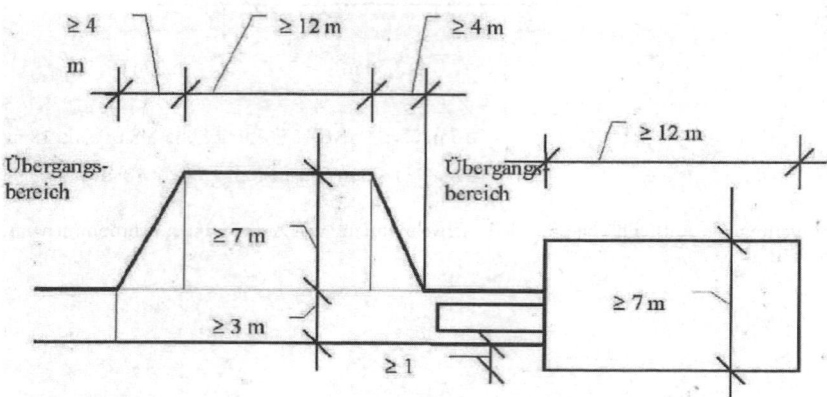

Schematische Darstellung der Bewegungsflächen für die Feuerwehr, entnommen aus: MRFIFw

3 Zu Abs. 2 – Weitere Anforderungen an Zu- und Durchfahrten und deren Kennzeichnung bzw. Sicherung

3.1 Ausbildung der Aufstell- und Bewegungsflächen

Zu- und Durchfahrten, Aufstell- und Bewegungsflächen müssen für Feuerwehrfahrzeuge ausreichend befestigt und tragfähig sein. Ziffer 1 MRFIFw gibt hierzu folgendes vor: »Zu- oder Durchfahrten für die Feuerwehr, Aufstellflächen und Bewegungsflächen sind so zu befestigen, daß sie von Feuerwehrfahrzeugen mit einer Achslast bis zu 10 t und einem zulässigen Gesamtgewicht bis zu 16 t befahren werden können«. Müssen im Brandfall Decken (z.B. einer Tiefgarage) von Feuerwehrfahrzeugen befahren werden, ist die DIN 1055-3:2006-03 zu beachten. 20

3.2 Vorgeschriebene Kennzeichnung von Feuerwehrzufahrten

Die Zu- und Durchfahrten sind durch Hinweisschilder als Feuerwehrzufahrt zu kennzeichnen. Dieses Hinweisschild muss von der öffentlichen Verkehrsfläche aus sichtbar sein. Auch die Aufstellflächen für Feuerwehrfahrzeuge müssen durch Schilder gekennzeichnet sein. Hierzu heißt es in den Empfehlungen (2012-3) des Arbeitskreises Vorbeugender Brand- und Gefahrenschutz vom 17.04.2013: »Die Hinweisschilder für Flächen für die Feuerwehr müssen der DIN 4066 entsprechen; die Hinweisschilder »Feuerwehrzufahrt« müssen eine Größe von mindestens B/H = 594/210 mmm haben .… Flächen für die Feuerwehr müssen eine jederzeit deutlich sichtbare Randbegrenzung haben«. 21

Sperrvorrichtungen (Ketten, Sperrbalken, Pfosten) in Zu- und Durchfahrten sind zulässig, aber sie müssen ohne weiteres mit einem bestimmten Schlüssel für Überflurhydranten (DIN 14925) oder mit einem Bolzenschneider geöffnet werden können. In den Zu- und Durchfahrten dürfen (zwangsläufig) Kraftfahrzeuge nicht abgestellt werden. 22

Eine Differenzierung zwischen Zuwegung für die Feuerwehr bzw. Rettungsfahrzeuge und sonstigen Verkehr ist nicht zulässig (VG Gelsenkirchen, Urt. v. 12.07.2012 – 5 K 2628/10, vgl. VG Würzburg, Urt. v. 31.05.2006 – W 5 K 04.1160, hier auch Nutzung zum Be- und Entladen eines Festsaales). Im Übrigen trägt laut dem BGH, Beschl. v. 30.07.1997 – III ZR 166/96 (BauR 1998, 117 ff.) das wirtschaftliche Risiko, dass der Feuerschutz sich später als unzureichend erweist der Bauherr. 23

3.3 Freihaltungsgebot von Zu- und Durchfahrten für die Feuerwehr

In den Zu- und Durchfahrten dürfen (zwangsläufig) Kraftfahrzeuge nicht abgestellt werden. Ein Verstoß gegen dieses Verbot ist eine Ordnungswidrigkeit (§ 86 Abs. 1 Nr. 1 BauO NRW) und kann mit einem Bußgeld geahndet werden. Hierfür ist allerdings nicht die Bauaufsichts-, sondern die Allgemeine Ordnungsbehörde zuständig (§ 86 Abs. 4 BauO NRW). Auf gekennzeichneten Feuerwehrbewegungsflächen abgestellte Fahrzeuge dürfen auch im Wege des Sofortvollzuges umgesetzt werden (VG Berlin, Urt. v. 09.04.2013 – 11 K 279.12). Merkwürdigerweise ist das Nichtanbringen der erforderlichen Kennzeichnung der Feuerwehrzufahrt kein Bußgeldtatbestand. 24

§ 6 Abstandsflächen

4 Darstellung der Aufstell- und Bewegungsflächen in den Bauvorlagen

25 Dem Bauantrag sind alle für die Beurteilung erforderlichen Unterlagen beizufügen. Näheres regelt regelmäßig eine entsprechende Rechtsverordnung (Verordnung über bautechnische Prüfungen – BauPrüfVO). Nach bauaufsichtlicher Prüfung werden die Bauvorlagen Bestandteil der Baugenehmigung. **Die Bewegungsflächen für die Feuerwehr auf dem Baugrundstück sind im Lageplan darzustellen** (§ 3 BauPrüfVO). Die Zu- und Durchfahrten sowie Aufstell- und Bewegungsflächen für die Feuerwehr sind natürlich auch Thema im – falls erforderlich – **Brandschutzkonzept** (§ 70 Abs. 2 BauO NRW und § 9 BauPrüfVO).

5 Aufstell- und Bewegungsflächen im öffentlichen Raum und zum Verhältnis zum Straßenrecht

26 Laut der ehemaligen VV zu § 5 BauO NRW 2000 (Ziffer 5.1) sind die Aufstellflächen auch auf öffentlichen Flächen (z.B. Straßen) sicherzustellen (bzw. darzustellen), aber nicht im Sinne einer »Baulast«, sondern um die Geeignetheit eines angebotenen zweiten Rettungsweg prüfen zu können (§ 33 Abs. 2 S. 3 BauO NRW). **Führt der zweite Rettungsweg über die Gebäudeseite, welche der öffentlichen Straße zugewandt ist, muss die Erreichbarkeit im Brandfall gesichert sein.** Dies kann in der Praxis zu Schwierigkeiten führen und setzt der Umgestaltung des in Anspruch genommenen öffentlichen Straßenraumes Grenzen, z.B. für die Errichtung fester Einbauten. Insoweit müssen sich die Straßenbaubehörden bei der Änderung öffentlicher Straßen mit der **zuständigen Bauaufsichtsbehörde** abstimmen. Auch notwendige Zufahrten werden vom sogenannten **Anliegergebrauch** erfasst, allerdings bietet z.B. § 8a FStrG keine Gewähr dafür, dass ein Grundstück ohne jegliche Einschränkung angefahren werden kann (BVerwG, Urt. v. 11.05.1999 – 4 VR 7.99, DÖV 1999, 963, vgl. auch § 14a StrWG NRW). Entsprechende Einschränkungen sind bei der Planung der baulichen Anlage und ihrer Erreichbarkeit zu berücksichtigen.

§ 6 Abstandsflächen

(1) **Vor den Außenwänden von Gebäuden sind Abstandsflächen von oberirdischen Gebäuden freizuhalten.** Satz 1 gilt entsprechend für andere Anlagen gegenüber Gebäuden und Grundstücksgrenzen soweit sie
1. höher als 2 m über der Geländeoberfläche sind und von ihnen Wirkungen wie von Gebäuden ausgehen oder
2. höher als 1 m über der Geländeoberfläche sind und dazu geeignet sind, von Menschen betreten zu werden.

Eine Abstandsfläche ist nicht erforderlich vor Außenwänden, die an Grundstücksgrenzen errichtet werden, wenn nach planungsrechtlichen Vorschriften
1. an die Grenze gebaut werden muss, oder
2. an die Grenze gebaut werden darf, wenn gesichert ist, dass auf dem Nachbargrundstück ohne Grenzabstand gebaut wird.

(2) Abstandsflächen müssen auf dem Grundstück selbst liegen. Sie dürfen auch auf öffentlichen Verkehrs-, Grün- und Wasserflächen liegen, jedoch nur bis zu deren Mitte. Abstandsflächen dürfen sich ganz oder teilweise auf andere Grundstücke erstrecken, wenn öffentlich-rechtlich gesichert ist, dass sie nur mit in der Abstandsfläche zulässigen baulichen Anlagen überbaut werden; Abstandsflächen dürfen auf die auf diesen Grundstücken erforderlichen Abstandsflächen nicht angerechnet werden.

(3) Die Abstandsflächen dürfen sich nicht überdecken, dies gilt nicht für
1. Außenwände, die in einem Winkel von mehr als 75 Grad zueinanderstehen,
2. Außenwände zu einem fremder Sicht entzogenen Gartenhof bei Wohngebäuden der Gebäudeklassen 1 und 2 sowie
3. Gebäude und andere bauliche Anlagen, die in den Abstandsflächen zulässig sind oder gestattet werden.

(4) Die Tiefe der Abstandsfläche bemisst sich nach der Wandhöhe; sie wird senkrecht zur Wand gemessen. Wandhöhe ist das Maß von der Geländeoberfläche bis zur Schnittlinie der Wand mit der Dachhaut oder bis zum oberen Abschluss der Wand. Besteht eine Außenwand aus Wandteilen unterschiedlicher Höhe, so ist die Wandhöhe je Wandteil zu ermitteln. Bei geneigter Geländeoberfläche ist die im Mittel gemessene Wandhöhe maßgebend. Diese ergibt sich aus den Wandhöhen an den Gebäudekanten oder den vertikalen Begrenzungen der Wandteile. Abgrabungen, die der Belichtung oder dem Zugang oder der Zufahrt zu einem Gebäude dienen, bleiben bei der Ermittlung der Abstandsfläche außer Betracht, auch soweit sie nach § 8 Absatz 3 die Geländeoberfläche zulässigerweise verändern. Zur Wandhöhe werden hinzugerechnet:
1. voll die Höhe von
    a) Dächern und Dachteilen mit einer Dachneigung von mehr als 70 Grad und
    b) Giebelflächen im Bereich dieser Dächer und Dachteile, wenn beide Seiten eine Dachneigung von mehr als 70 Grad haben,
2. zu einem Drittel die Höhe von
    a) Dächern und Dachteilen mit einer Dachneigung von mehr als 45 Grad,
    b) Dächern mit Dachgauben oder Dachaufbauten, deren Gesamtlänge je Dachfläche mehr als die Hälfte der darunterliegenden Gebäudewand beträgt und
    c) Giebelflächen im Bereich von Dächern und Dachteilen, wenn nicht beide Seiten eine Dachneigung von mehr als 70 Grad haben.
Das sich ergebende Maß ist H.

(5) Die Tiefe der Abstandsflächen beträgt 0,4 H, mindestens 3 m. In Gewerbe- und Industriegebieten genügt eine Tiefe von 0,2 H, mindestens 3 m. Zu öffentlichen Verkehrs-, Grün- und Wasserflächen beträgt die Tiefe der Abstandsfläche in Kerngebieten und urbanen Gebieten 0,2 H, mindestens 3 m. Zu angrenzenden anderen Baugebieten gilt die jeweils größere Tiefe der Abstandsfläche. Vor den Außenwänden von Wohngebäuden der Gebäudeklassen 1 und 2 mit nicht mehr als drei oberirdischen Geschossen genügt als Tiefe der Abstandsfläche 3 m. Werden von einer

städtebaulichen Satzung oder einer Satzung nach § 89 Außenwände zugelassen oder vorgeschrieben, vor denen Abstandsflächen größerer oder geringerer Tiefe als nach den Sätzen 1 bis 3 liegen müssten, finden die Sätze 1 bis 3 keine Anwendung, es sei denn, die Satzung ordnet die Geltung dieser Vorschriften an.

(6) Bei der Bemessung der Abstandsflächen bleiben außer Betracht
1. nicht mehr als 1,50 m vor die Außenwand vortretende Bauteile wie Gesimse und Dachüberstände,
2. Vorbauten, wenn sie
   a) insgesamt nicht mehr als ein Drittel der Breite der jeweiligen Außenwand in Anspruch nehmen,
   b) nicht mehr als 1,60 m vor diese Außenwand vortreten und
   c) mindestens 2 m von der gegenüberliegenden Nachbargrenze entfernt bleiben, sowie
3. bei Gebäuden an der Grundstücksgrenze die Seitenwände von Vorbauten und Dachaufbauten, auch wenn sie nicht an der Grundstücksgrenze errichtet werden.

(7) Bei der Bemessung der Abstandsflächen bleiben Maßnahmen zum Zwecke der Energieeinsparung und Solaranlagen an bestehenden Gebäuden unabhängig davon, ob diese den Anforderungen der Absätze 2 bis 6 entsprechen, außer Betracht, wenn sie
1. eine Stärke von nicht mehr als 0,25 m aufweisen und
2. mindestens 2,50 m von der Nachbargrenze zurückbleiben.

§ 4 Absatz 2 Satz 2 und 3 gilt entsprechend, § 69 Absatz 1 Satz 1 bleibt unberührt.

(8) In den Abstandsflächen eines Gebäudes sowie ohne eigene Abstandsflächen sind, auch wenn sie nicht an die Grundstücksgrenze oder an das Gebäude angebaut werden, zulässig
1. Garagen und Gebäude ohne Aufenthaltsräume, überdachte Tiefgaragenzufahrten, Aufzüge zu Tiefgaragen und Feuerstätten bis zu 30 m^3 Brutto-Rauminhalt mit einer mittleren Wandhöhe bis zu 3 m, auch wenn sie über einen Zugang zu einem anderen Gebäude verfügen,
2. gebäudeunabhängige Solaranlagen mit einer Höhe bis zu 3 m,
3. Stützmauern und geschlossene Einfriedungen in Gewerbe- und Industriegebieten, außerhalb dieser Baugebiete mit einer Höhe bis zu 2 m.

Die Gesamtlänge der Bebauung nach Satz 1 Nummer 1 und 2 darf je Nachbargrenze 9 m und auf einem Grundstück zu allen Nachbargrenzen insgesamt 15 m nicht überschreiten.

(9) Bei der Änderung von vor dem 1. Januar 2019 zulässigerweise errichteten Gebäuden mit Wohnungen bleiben Aufzüge, die vor die Außenwand vortreten, bei der Bemessung der Abstandsflächen außer Betracht, wenn sie nicht länger als 2,50 m und nicht höher als 0,50 m über dem oberen Abschluss des obersten angefahrenen Geschosses mit Wohnungen sind, nicht mehr als 2,50 m vor die Außenwand

vortreten und von den gegenüberliegenden Nachbargrenzen mindestens 1,50 m entfernt sind.

(10) Liegen sich Wände desselben Gebäudes oder Wände von Gebäuden auf demselben Grundstück gegenüber, so können geringere Abstandsflächen als nach Absatz 5 gestattet werden, wenn die Belichtung der Räume nicht wesentlich beeinträchtigt wird und wenn wegen des Brandschutzes Bedenken nicht bestehen.

(11) Bei Gebäuden, die ohne Einhaltung von Abstandsflächen oder mit geringeren Tiefen der Abstandsflächen als nach Absatz 5 bestehen, sind zulässig
1. Änderungen innerhalb des Gebäudes,
2. Nutzungsänderungen, wenn der Abstand des Gebäudes zu den Nachbargrenzen mindestens 2,50 m beträgt und
3. Änderungen, wenn der Abstand des Gebäudes zu den Nachbargrenzen mindestens 2,50 m beträgt, ohne Veränderung von Länge und Höhe der diesen Nachbargrenzen zugekehrten Wände und Dachflächen und ohne Einrichtung neuer Öffnungen oder Vergrößerung bestehender Öffnungen in diesen Wänden und Dachflächen.

Darüber hinaus gehende Änderungen und Nutzungsänderungen können unter Würdigung nachbarlicher Belange und der Belange des Brandschutzes gestattet werden.

(12) In überwiegend bebauten Gebieten können geringere Tiefen der Abstandsflächen gestattet oder verlangt werden, wenn die Gestaltung des Straßenbildes oder besondere städtebauliche Verhältnisse dies auch unter Würdigung nachbarlicher Belange rechtfertigen. In den Gebieten nach Satz 1 kann gestattet werden, dass an der Stelle eines Gebäudes, das die Abstandsflächen nicht einhält, aber Bestandsschutz genießt, ein nach Kubatur gleichartiges Gebäude errichtet wird, wenn das Vorhaben ansonsten dem öffentlichen Recht entspricht und die Rechte der Angrenzer nicht nachteilig betroffen werden.

(13) Für Windenergieanlagen gelten die Absätze 4 bis 6 nicht. Bei diesen Anlagen bemisst sich die Tiefe der Abstandsfläche nach 50 Prozent ihrer größten Höhe. Die größte Höhe errechnet sich bei Anlagen mit Horizontalachse aus der Höhe der Rotorachse über der geometrischen Mitte des Mastes zuzüglich des Rotorradius. Die Abstandsfläche ist ein Kreis um den geometrischen Mittelpunkt des Mastes.

Übersicht			Rdn.
0	Änderungen gegenüber der BauO NRW 2000		01
1	Allgemeines		1
1.1	Entwicklung und Systematik des Abstandsflächenrechts		1
	1.1.1	Abstandsvorschriften im preußischen Rechtsbereich	2
	1.1.2	Aufspaltung der Abstandsvorschriften in Bundes- und Landesbaurecht	10
	1.1.3	Neuregelung der Abstandsflächensystematik und spätere Änderungen	18
	1.1.4	Vereinfachungen durch die MBO 2002	25

§ 6 Abstandsflächen

1.2	Grundzüge des Abstandsflächensystems nach der BauO NRW	30
1.3	Sonstige Vorschriften über Abstände	54
1.4	Nachbarschutz	60
	1.4.1 Nachbarschützende Funktion des Abstandsflächenrechts	61
	1.4.2 Bauplanungsrechtliches Gebot der Rücksichtnahme	82
1.5	Abstandsflächenregeln im Verhältnis zum Nachbarrechtsgesetz NRW	97
1.6	Darstellung der Abstandsflächen in den Bauvorlagen	126
2	**Zu Abs. 1 – Erfordernis von Abstandsflächen**	**154**
2.1	Satz 1 – Grundforderung	158
2.2	Satz 2 – Abstandsrelevante Anlagen	172
2.3	Satz 3 – Vorrang des Bauplanungsrechts	201
2.4	Bauplanungsrechtliche Regeln über Lage und Höhe baulicher Anlagen	212
	2.4.1 Überbaubare Grundstücksflächen	219
	2.4.2 Nicht überbaubare Grundstücksflächen	237
	2.4.3 Stellung baulicher Anlagen	246
	2.4.4 Festsetzungen über die Bauweise und Abstandsflächenvorschriften	248
	2.4.5 Offene Bauweise	252
	2.4.6 Geschlossene Bauweise	269
	2.4.7 Abweichende Bauweise	277
	2.4.8 Höhenlage, Höhe, Vollgeschosse, sonstige Maßfestsetzungen	283
	2.4.9 Lage und Höhe der Baukörper nach den Planersatzvorschriften	300
2.5	Bauen ohne oder mit geringem Grenzabstand – Nr. 1	310
2.6	Mögliche Grenzbebauung – Nr. 2	322
3	**Zu Abs. 2 – Lage der Abstandsflächen**	**333**
3.1	Satz 1 – Lage auf dem eigenen Grundstück	334
3.2	Satz 2 – Lage auf bestimmten öffentlichen Flächen	335
3.3	Satz 3 – Öffentlich-Rechtliche Sicherung auf fremdem Grundstück	344
4	**Zu Abs. 3 – Überdeckungsverbot**	**363**
5	**Zu Abs. 4 – Wandhöhe und Dachanteil als Bemessungsgrundlage**	**374**
5.1	Systematik der Bemessungsregeln	375
5.2	Ermittlung der Tiefe und Anordnung der Abstandsfläche	382
5.3	Bemessung der Wandhöhe – Maßtoleranzen, Bezugslinien	385
5.4	Außenwände aus Wandteilen unterschiedlicher Höhe	393
5.5	Mittlere Wandhöhe bei geneigter Geländeoberfläche	395
5.6	Nichtberücksichtigung bestimmter Abgrabungen	397
5.7	Anrechnung von Dachflächen, Dachaufbauten und Giebelflächen	403
	5.7.1 Traufseite	406
	5.7.2 Giebelseite	418
	5.7.3 Besondere Dachformen	422
5.8	Ungewöhnliche Baukörper	429
6	**Zu Abs. 5 – Ermittlung der Tiefe der Abstandsfläche**	**434**
6.1	Tiefenmaße und gewandelte Schutzziele	436
6.2	Vorgaben für das Maß der Tiefe der Abstandsfläche	449
7	**Zu Abs. 6 – Untergeordnete Bauteile und Vorbauten**	**462**
7.1	Vortretende Bauteile	471
7.2	Vorbauten	473
7.3	Seitenwände von Vorbauten und Dachaufbauten	483
8	**Zu Abs. 7 – Privilegierung von Maßnahmen der Wärmedämmung und von Solaranlagen**	**488**

9	Zu Abs. 8 – Abstandsrechtlich begünstigte Gebäude	500
9.1	Grenzgaragen und Gebäude	505
	9.1.1 Planungs- und Ordnungsrechtliche Zulässigkeit	507
	9.1.2 Zulässige Anlagen	512
	9.1.3 Allgemeine Voraussetzungen	518
9.2	Höhen- und Längenbegrenzung	524
9.3	Sonstige bauliche Anlagen	537
10	Zu Abs. 9 – Privilegierung von Aufzügen	540
11	Zu Abs. 10 – Gegenüberliegende Wände auf eigenem Grundstück	547
12	Zu Abs. 11 – Nutzungsänderungen und bauliche Änderungen	551
13	Zu Abs. 12 – Abweichungen in überwiegend bebauten Gebieten	567
13.1	Zulassung geringerer Abstandsflächen	567
13.2	Ersatzneubauten	575
14	Zu Abs. 13 – Abstandsflächen bei Windenergieanlagen	582

0   Änderungen gegenüber der BauO NRW 2000

Die BauO NRW 2018 hat das Abstandsflächenrecht gegenüber der BauO NRW 2000 in bestimmten Bereichen neu geregelt und auch den Aufbau der Vorschrift verändert. Insbesondere wurde das bisher in § 6 Abs. 6 BauO NRW 2000 geregelte **Schmalseitenprivileg abgeschafft**, dass eine Halbierungsregel hinsichtlich des erforderlichen Abstands für die in Abs. 5 aufgeführten baugebietsabhängigen Faktoren in Abhängigkeit von der Länge der Außenwand enthielt. Insgesamt wurde die Vorschrift weiter an die Musterbauordnung angepasst, womit auch eine sprachliche Änderung einherging: neu ist die Verwendung der Begrifflichkeit »**Abstandsflächen**« statt der bisherigen Bezeichnung »Abstandflächen«. 01

In **Abs. 1** wurde in Satz 2 die Regelung des bisherigen § 6 Abs. 10 Satz 1 BauO NRW 2000 eingefügt. 02

In **Abs. 2** wird die in Satz 3 geregelte Möglichkeit, dass Abstandsflächen sich auch auf andere Grundstücke erstrecken dürfen, nun an die **Voraussetzung der »öffentlich-rechtlichen« Sicherung** geknüpft, bisher wurde ausdrückliche eine Sicherung »durch Baulast« gefordert. 03

In **Abs. 3** wurde lediglich die **neue Systematik der Gebäudeklassen** dergestalt übernommen, dass die Begrifflichkeit »Wohngebäude mit nicht mehr als zwei Wohnungen« durch »Wohngebäude der Gebäudeklassen 1 und 2« ersetzt wurde. 04

Abs. 4 entspricht der Vorgängerregelung des § 6 Abs. 4 BauO NRW 2000. 05

Abs. 5, welcher die jeweilig erforderliche Tiefe der Abstandsflächen festlegt, wurde an die MBO angepasst und hat sich gegenüber der Vorgängerregelung stark verändert. So wurde zunächst – unter Beibehaltung der bisherigen Mindestabstandsflächentiefe von 3 m – die **grundsätzlich erforderliche Tiefe von 0,8 H auf 0,4 H reduziert**, in Gewerbe- und Industriegebieten auf 0,2 H, statt bisher 0,25 H. Zu öffentlichen Verkehrs-, Grün- und Wasserflächen ist gemäß **Satz 3** in Kerngebieten und urbanen Gebieten nun eine Tiefe von 0,2 H einzuhalten. Die anderweitigen bisher geltenden 06

§ 6 Abstandsflächen

Reduzierungen hinsichtlich dieser Flächen in anderen Gebieten konnten aufgrund der grundsätzlichen Verringerung der erforderlichen Tiefe entfallen. In **Satz 5** wurde eine Sonderregelung zugunsten von Wohngebäuden der Gebäudeklasse 1 und 2 eingeführt, wonach vor den Außenwänden dieser Gebäude eine Tiefe der Abstandsfläche von 3 m ausreicht. In Satz 6 wurde eine Vorrangsregelung zugunsten des Bauplanungsrecht geschaffen: so finden die Sätze 1–3 keine Anwendung, wenn nach einer städtebaulichen Satzung oder einer Satzung nach § 89 BauO NRW solche Außenwände zugelassen oder vorgeschrieben werden, vor denen Abstandsflächen größerer oder geringerer Tiefe als nach den Sätzen 1–3 liegen müssten, es sei denn, die Satzung ordnet die Geltung dieser Vorschriften an.

07 Abs. 6 regelt – wie die Vorgängerregelung des § 6 Abs. 7 BauO NRW 2000 – die **Zulässigkeit von Bauteilen und Vorbauten in den Abstandsflächen**. So bleiben gemäß **Nr. 1** nun alle Bauteile bei der Bemessung von Abstandsflächen außer Betracht, sofern sie nicht mehr als 1,50 m vor die Außenwand vortreten, weitere Voraussetzungen sind nicht mehr zu erfüllen. Vorbauten dürfen gemäß **Nr. 2** im Vergleich zur bisherigen Regelung nicht mehr als 1,60 vor die Außenwand vortreten (bisher: 1,50 m) und müssen mindestens 2 m (bisher: 3 m) von der gegenüberliegenden Nachbargrenze entfernt bleiben, außerdem dürfen sie wie bisher nicht mehr als ein Drittel der Breite der jeweiligen Außenwand in Anspruch nehmen. Mit der neu eingeführten **Nr. 3** werden nunmehr auch die Seitenwände von Vorbauten und Dachaufbauten bei Gebäuden an der Grundstücksgrenze privilegiert, auch wenn sie nicht an der Grundstücksgrenze errichtet werden.

08 Abs. 7 ersetzt den bisherigen § 6 Abs. 14 BauO NRW 2000 und sieht **eine abstandsflächenrechtliche Privilegierung von Maßnahmen zum Zwecke der Energieeinsparung und von Solaranlagen an bestehenden Gebäuden** vor. Voraussetzung ist gemäß **Satz 1** wie bisher, dass diese Maßnahmen eine Stärke von nicht mehr als 0,25 m aufweisen und mindestens 2,50 m von der Nachbargrenze zurückbleiben. Nach **Satz 2** gilt nun § 4 Abs. 2 Satz 2 BauO NRW entsprechend, § 69 Abs. 1 Satz 1 BauO NRW bleibt unberührt.

09 Abs. 8 entspricht dem bisherigen § 6 Abs. 11 BauO NRW 2000, enthält jedoch einige Neuerungen hinsichtlich der Zulässigkeit untergeordneter baulicher Anlagen in den Abstandsflächen eines Gebäudes oder ohne eigenen Abstandsflächen. **Satz 1 Nr. 1** umfasst neben Garagen nun auch Gebäude ohne Aufenthaltsräume, überdachte Tiefgaragenzufahrten, Aufzüge zu Tiefgaragen und Feuerstätten. Darüber hinaus wurde eine Größenbeschränkung hinsichtlich dieser Anlagen in Höhe von 30 m³ Brutto-Rauminhalt eingeführt. Neu eingeführt wurde in **Satz 1 Nr. 2** eine entsprechende Begünstigung für gebäudeunabhängige Solaranlagen mit einer Höhe bis zu 3 m sowie in **Satz 1 Nr. 3** für Stützmauern und geschlossene Einfriedungen in Gewerbegebieten- und Industriegebieten bzw. in anderen Baugebieten mit einer Höhe bis zu 2 m. Gemäß **Satz 2** darf die Gesamtlänge der Bebauung nach Satz 1 Nr. 1 und 2 wie bisher je Nachbargrenze 9 m und auf einem Grundstück zu allen Nachbargrenzen insgesamt 15 m nicht überschreiten.

010 Neu eingeführt wurde **Abs. 9**. Dieser betrifft **Gebäude mit Wohnungen**, die vor dem 01.01.2019 zulässigerweise errichtet wurden und **bei denen Aufzüge vor die**

Außenwand vortreten. Diese bleiben bei der Bemessung der Abstandsflächen außer Betracht, wenn sie nicht länger als 2,50 m und nicht höher als 0,50 m über dem oberen Abschluss des obersten angefahrenen Geschosses mit Wohnungen sind, nicht mehr als 2,50 m vor die Außenwand vortreten und von den gegenüberliegenden Nachbargrenzen mindestens 1,50 m entfernt sind.

Abs. 10 entspricht § 6 Abs. 13 BauO NRW 2000. Die dort geregelte Möglichkeit geringerer Tiefen der Abstandsflächen zwischen Wänden desselben Gebäudes sowie Wänden verschiedener Gebäude auf demselben Grundstück wurde um die weitere Voraussetzung ergänzt, dass Bedenken des Brandschutzes nicht bestehen dürfen. 011

Abs. 11 entspricht § 6 Abs. 15 BauO NRW 2000. 012

Abs. 12, der **geringere Tiefen in überwiegend bebauten Gebieten** ermöglicht, entspricht § 6 Abs. 16 BauO NRW 2000. Allerdings wurde mit dem **neu eingefügten Satz 2** die Möglichkeit geschaffen, anstelle von Gebäuden, die Abstandsflächen nicht einhalten, jedoch Bestandsschutz genießen, ein nach Kubatur gleichartiges Gebäude errichtet werden kann, wenn das Vorhaben ansonsten dem öffentlichen recht widerspricht und die Rechte der Angrenzer nicht nachteilig betroffen werden. 013

Abs. 13 übernimmt die Regelung des bisherigen § 6 Abs. 10 Satz 2–5 BauO NRW hinsichtlich der abweichenden Abstandsflächen bei Windenergieanlagen. 014

1 Allgemeines

1.1 Entwicklung und Systematik des Abstandsflächenrechts

Vorschriften über Abstände von Gebäuden gehören neben Brandschutzbestimmungen zu den **ältesten** Regelungen des Baurechts (hierzu s. Reichel/Schulte, S. 17 ff.). Die Sorge vor Brandausbreitung und die Rücksicht auf die Nachbarschaft waren z.B. Anlass für Bestimmungen im Stadtrecht Bremens (vgl. Eckardt, Das bremische Stadtrecht von 1303/1308, 1931, S. 44). Im Absolutismus traten planerische Gesichtspunkte hinzu. Die Planungsmethodik aus **zeichnerischer Festlegung von Fluchtlinien** zur Festlegung der Straßen und Plätze im **Grundriss** mit **ergänzenden textlichen Bestimmungen** zur Regelung der Höhe, Tiefe und Fassadengestaltung der Gebäude im **Aufriss** für die 1715 gegründete Residenzstadt Karlsruhe prägt die nachfolgende Baurechtsentwicklung. 1

1.1.1 Abstandsvorschriften im preußischen Rechtsbereich

Die **Planungsmethodik** des absolutistischen Städtebaus übernahm das Gesetz betreffend die Anlegung und Veränderung von Straßen und Plätzen in Städten und ländlichen Ortschaften – **Fluchtliniengesetz** – vom 02.07.1875 (GS. S. 561), neu gefasst durch Art. 1 des Wohnungsgesetzes vom 28.03.1918 (GS. S. 23). Es ermächtigte die Gemeinden zur Festsetzung von **Straßen- und Baufluchtlinien** für Straßen und Plätze, Gartenanlagen sowie Spiel- und Erholungsplätze. Die **Straßenfluchtlinien** bildeten regelmäßig **zugleich Baufluchtlinien**, über welche hinaus die Bebauung ausgeschlossen war. Aus besonderen Gründen konnte jedoch auch eine hinter 2

§ 6 Abstandsflächen

die Straßenfluchtlinie **zurückgesetzte Baufluchtlinie** zusätzlich festgesetzt werden, um insbesondere **Vorgartenzonen** zu bilden. Die Festsetzung der Fluchtlinien erfolgte für einzelne Straßenzüge, aber auch für größere zusammenhängende Baugebiete in einem **Bebauungsplan** (der Begriff »Bebauungsplan« darf nicht mit heute geltenden gleichgesetzt werden). Die Fluchtlinien waren **örtliches Baurecht** (PrOVG, Endurteil vom 28.02.1901 – IV. B. 63/00, PrOVGE 40, 380). Die **rechtliche Bedeutung der Fluchtlinien** bestand in der Begrenzung der Straßenflächen, deren Bebauung ausgeschlossen war (PrOVG, Endurteil vom 11.07.1901 – IV. B. 42/01, PrOVGE 40, 363 und Urt. v. 06.12.1912 – IX. A. 150/11, PrOVGE 64, 531).

3   Die Frage, **ob** und **wie** ein Grundstück bebaut werden durfte, beantwortete die **örtliche Baupolizeiverordnung**. Dabei spielten anfänglich die Fragen der Wohnhygiene eine völlig untergeordnete Rolle, so dass sich in den im Zuge der Industrialisierung geschaffenen Stadterweiterungsgebieten des 19. Jahrhunderts erhebliche **Missstände** herausbildeten. Der »**Deutsche Verein für öffentliche Gesundheitspflege**« nahm sich dieser Missstände an und beschloss auf seiner Versammlung in Freiburg im Breisgau am 15.09.1885 »*Thesen über Städteerweiterung, besonders in hygienischer Hinsicht*«, die für baupolizeiliche Bestimmungen unter anderem verlangten, die Anordnung von Vorgärten vorzusehen und entweder die **geschlossene** oder die **offene Bauweise** vorzuschreiben; in seiner Versammlung in Straßburg am 14.09.1889 beschloss der Verein schließlich den »*Entwurf reichsgesetzlicher Vorschriften zum Schutze des gesunden Wohnens*« (beide abgedruckt bei Stübben, Der Städtebau, 1. Aufl. 1890, S. 554 ff.).

4   Der »*Entwurf reichsgesetzlicher Vorschriften zum Schutze des gesunden Wohnens*« erfasste erstmals **Abstände aus wohnhygienischen Gründen** und verlangte, dass
   – die Höhe eines Gebäudes an der Straße nicht größer sein darf, als der Abstand desselben von der gegenüberliegenden Fluchtlinie (§ 2 Abs. 1),
   – Hofräume bestimmte Mindestabmessungen einzuhalten haben (§ 2 Abs. 2–4),
   – Räume zum dauernden Aufenthalt von Menschen eine lichte Höhe von 2,5 m (§ 3 Abs. 1) und unmittelbar ins Freie führende bewegliche Fenster von mindestens einem Zwölftel der Grundfläche des Raumes (§ 7 Abs. 1–2) haben müssen,
   – Kellerwohnungen unzulässig sind (§ 8 Abs. 3).

5   Stübben weist nach (Der Städtebau, 1. Aufl. 1890, S. 554 ff., Tabelle zu S. 314), dass diese Überlegungen Eingang in die Baupolizeiverordnungen der Städte fanden. Die über 300 vereinheitlichten Baupolizeiverordnungen in Preußen basierten auf dem Entwurf zu einer Bauordnung für Städte und stadtähnliche Landgemeinden – **Einheitsbauordnung für Städte** – vom 25.04.1919 (vgl. Baltz/Fischer, S. 273). Die Entwicklung in den anderen deutschen Ländern verlief vergleichbar; am fortschrittlichsten kann wohl das Allgemeine Baugesetz für das Königreich Sachsen angesehen werden (hierzu s. Reichel/Schulte, S. 40 ff. Rn. 206–217).

6   Als **bedeutsame Neuerung** ist § 7 (Bauliche Ausnutzbarkeit der Grundstücke) **Einheitsbauordnung für Städte** mit der dazu ergangenen **Richtlinie** anzusehen. Danach war in der Baupolizeiverordnung die **Trennung von Baugebiet und Außengebiet**, die **bauliche Ausnutzbarkeit** der Grundstücke nach der Geschosszahl und nach der bebaubaren Grundstücksfläche zu regeln sowie Begriffsbestimmungen für Voll-,

Keller- und Dachgeschosse vorzusehen. Ergänzt wurden diese Bestimmungen durch die Regelungen des § 9 zur **Gebäudehöhe**. Hierunter war »das Maß von der Erdoberfläche des Außengeländes vor den Umfassungswänden bis zur Schnittlinie der Umfassungswände mit der Dachfläche« zu verstehen. Bei geneigter Erdoberfläche in der Längsrichtung der Frontwand war das mittlere Höhenmaß in Rechnung zu stellen. Die zulässige Gebäudehöhe ergab sich aus den Vorgaben der jeweiligen Baupolizeiverordnung für die einzelnen Baugebiete.

Die Einheitsbauordnung für Städte enthielt in den §§ 6 und 8 Regelungen über die **Lage der Gebäude zur Fluchtlinie** und die **Einhaltung von Abständen**. Nach § 6 mussten Gebäude im Falle einer festgesetzten Fluchtlinie (s. Rdn. 2) mit ihrer Front an dieser errichtet werden. Durch diesen »**Baulinienzwang**« entfalteten die Baufluchtlinien Rechtswirkungen wie Baulinien im heutigen Sinne. Das Zurücktreten der Gebäude hinter die Baufluchtlinie bedurfte einer Gestattung der Ortspolizeibehörde. Aufgrund der durch § 6 geregelten Einhaltung der straßenseitigen Flucht enthielt § 8 lediglich Vorschriften über 7

– den Gebäudeabstand zur Nachbargrenze,
– den Abstand von Gebäuden auf demselben Grundstück,
– den Gebäudeabstand in Siedlungen und
– den Gebäudeabstand zu Haupt-, Neben- und Kleinbahnen sowie Anschlussgleisen.

Hinsichtlich der **Gebäudeanordnung** wurde **aus Blickrichtung Straße** nach **geschlossener** und **offener Bauweise** unterschieden. In der geschlossenen Bauweise mussten die Gebäude unmittelbar an der Nachbargrenze mit Brandwänden aneinander gebaut werden. In der offenen Bauweise war zu den Nachbargrenzen ein Abstand – als »**Bauwich**« bezeichnet – einzuhalten (PrOVG, Urt. v. 03.04.1914 – IX. B. 82/13, PrOVGE 67, 382). Nach § 8 des Entwurfs der Bauordnung für das platte Land mussten Wohngebäude von den seitlichen Nachbargrenzen einen Bauwich von **mindestens 3 m** einhalten; für Holzhäuser, Scheunen und Wirtschaftsgebäude mit Futterböden war ein Mindestabstand von mindestens **5 m** erforderlich. Die **Nachbargrenze** war die Linie, die ein Grundstück von einem anstoßenden Grundstück trennt (PrOVG, Urt. v. 15.01.1910 – IX. B. 18/09, PrOVGE 56, 429 und Urt. v. 29.01.1925 – IV. B. 25/21, PrOVGE 79, 387). Der **Mindestabstand von 3 m** war bis dahin nicht einheitlich geregelt. Andere Länder ließen auch **geringere Abstände** zu. So verlangte § 15 der Baupolizeiordnung für das Fürstentum **Lippe** vom 19.05.1915 (GS S. 417) einen Mindestabstand von lediglich **2,5 m**. 8

Die Aufnahme von **Regelungen über die Bauweise** war für alle Baupolizeiverordnungen im preußischen Rechtsbereich **verpflichtend**. Abweichend von der geschlossenen oder offenen Bauweise konnte Gruppenhausbau oder Reihenhausbau geregelt werden. Unter **Gruppenhausbau** verstand man den Zusammenbau von zwei oder mehr Häusern, die in zwangloser Form aneinander gebaut waren und an den Enden jeweils einen Bauwich aufwiesen. **Reihenhausbau** war der geschlossene Bau von Häusern, die mit der Vorderansicht in einer Fluchtlinie lagen und deren hintere Baulinie durch die Baupolizeiverordnung geregelt war, wobei das Ende der Reihe entweder durch Herumführung des Häuserblocks um die nach dem Fluchtlinienplan sich ergebende 9

Ecke gebildet oder durch einen Bauwich abgeschlossen wurde. **Abweichungen** von diesen Bestimmungen konnten gestattet werden, sofern **keine freistehenden Brandmauern** zu befürchten waren.

1.1.2 Aufspaltung der Abstandsvorschriften in Bundes- und Landesbaurecht

10 Mit der Kodifizierung des Bundesbaurechts und des Landesbauordnungsrechts wurde dieses **in sich geschlossene System aufgegeben** und durch eine **Kombination** aus
– bauplanungsrechtlichen Vorschriften über die Bauweise, die überbaubaren Grundstücksflächen und die Stellung der baulichen Anlagen sowie
– bauordnungsrechtlichen Vorschriften über Bauwiche und Abstandsflächen
ersetzt. Der Teil des früheren Baupolizeirechts, der sich mit der **städtebaulichen Planung** befasste, wurde im **BBauG 1960** sowie der **BauNVO 1962** neu geregelt. Dem Bundesgesetzgeber war bewusst, dass es bei der Kodifizierung wegen der **sachlichen Verflechtungen** der Rechtsbereiche **Überschneidungen** geben könnte (s. BT-Drucks. 3/336 S. 60 und 69). Der Bund orientierte sich an der bis dahin üblichen städtebaulichen Praxis und übernahm aus dem früheren Baupolizeirecht nur die für die Planung unverzichtbaren Vorschriften (s. BT-Drucks. 3/336 S. 64). Dazu gehörten folgende Materien:
– die Art und das Maß der baulichen Nutzung,
– die Bauweise,
– die Stellung baulicher Anlagen,
– die überbaubaren und nicht überbaubare Grundstücksflächen.

11 Im Zulässigkeitsrecht für Vorhaben (§§ 29–38 BBauG 1960 = §§ 29–38 BauGB 2004) fanden diese Rechtsbegriffe mit Ausnahme der Stellung baulicher Anlagen ebenfalls Verwendung. Während der **qualifizierte Bebauungsplan** (§ 30 BBauG 1960 = § 30 Abs. 1 BauGB 2004) Festsetzungen über die Art und das Maß der baulichen Nutzung sowie über die überbaubaren Grundstücksflächen, jedoch **nicht** über die Bauweise, enthalten muss, ist die Zulässigkeit von Vorhaben im **nicht beplanten Innenbereich** (§ 34 BBauG 1960 = § 34 Abs. 1 BauGB 2004) **auch nach der Bauweise** zu beurteilen.

12 Die inhaltliche Ausfüllung der im Gesetz verwendeten Rechtsbegriffe blieb aufgrund der Ermächtigung des § 2 Abs. 10 BBauG 1960 (= § 9a BauGB 2004) einer Rechtsverordnung überlassen. Die **BauNVO 1962** regelte **Art** und **Maß der baulichen Nutzung** sowie die **überbaubaren Grundstücksflächen**, überließ hinsichtlich des **Vollgeschossbegriffs** und des **genauen Maßes der Breite des Bauwichs** (in der BauNVO 1990 als **seitlicher** Grenzabstand bezeichnet) die nähere Regelung dem Bauordnungsrecht. Die amtliche Begründung führt nur zur **Vollgeschossregelung** aus, dass bei einer bundesrechtlichen Bestimmung Unterschiede zwischen dem bauplanungsrechtlichen und bauordnungsrechtlichen Begriff nicht zu verhindern gewesen wären (vgl. BR-Drucks. 53/62 zu § 18). Es ist anzunehmen, dass ähnliche Gesichtspunkte auch für die nicht abschließenden Regelungen zur offenen Bauweise ausschlaggebend waren, weil man seinerzeit noch annahm, dass Vorschriften über Grenzabstände und Abstandsflächen von Gebäuden überwiegend zum Baupolizeirecht rechnen. Bei

genauer Betrachtung der Rechtsmaterie, die – wie die Befugnis zur Festsetzung der überbaubaren Grundstücksflächen – auf die **Festlegung des Standortes einer baulichen Anlage** auf dem Grundstück zielt, wäre seinerzeit bereits eine abschließende **bauplanungsrechtliche Regelung über Grenzabstände und Abstandsflächen** von Gebäuden möglich gewesen, so dass sich das Bauordnungsrecht dann nur noch auf die brandschutztechnischen Abstände hätte erstrecken können. Auch ist darauf hinzuweisen, dass der Verordnungsgeber mit der Vorschrift des § 22 Abs. 4 BauNVO (sämtliche Fassungen) über die **abweichende Bauweise die Regelungskompetenz voll ausgeschöpft hat.** Die Gemeinde ist danach nämlich ermächtigt, die Grenzabstände der Gebäude zu den vorderen, rückwärtigen und seitlichen Grundstücksgrenzen – also zu **allen** Grundstücksgrenzen – nicht nur dem **Grunde** nach, sondern auch dem (genauen) **Maße** nach im Bebauungsplan abschließend zu regeln. Schöpft die Gemeinde diese Ermächtigung der BauNVO aus, verbleibt **für eine ergänzende Anwendung** der Abstandsflächenvorschriften des § 6 BauO NRW insoweit **kein Raum mehr.** Auch hieraus wird die **Nachrangigkeit des Abstandsflächenrechts** gegenüber dem **Bauplanungsrecht** deutlich.

Abgestimmt auf das Bauplanungsrecht nahm die Musterbauordnungskommission Vorschriften über **Bauwiche** (§ 7), **Abstandsflächen und Abstände** (§ 8) sowie über deren **Sicherung auf Nachbargrundstücken** (§ 9) in die **MBO 1960** auf. Hinsichtlich der Vorschriften über Bauwiche sowie die einzuhaltenden Abstandsflächen und Abstände der Gebäude untereinander und zu vorderen und rückwärtigen Grundstücksgrenzen orientierte sich das Bauordnungsrecht an den früheren baupolizeilichen Bestimmungen. Zum damaligen Zeitpunkt **neu** war die Übernahmemöglichkeit des einzuhaltenden Bauwichs bzw. der Abstandsflächen und Abstände durch **Baulast**, da das preußische Baurecht dieses Rechtsinstitut nicht kannte (vgl. § 83 Rdn. 1–3). 13

Die **Bauwichvorschriften** ergänzten die bauplanungsrechtlichen Vorschriften über die Bauweise des § 22 BauNVO 1962 insoweit, als sie das **Maß des Grenzabstands** zwischen dem Gebäude und seiner **seitlichen** Grundstücksgrenze (Breite des Bauwichs) in Abhängigkeit von der Geschossigkeit bestimmten. Weiter regelte § 7 MBO 1960, 14
– **welche Anlagen im Bauwich zulässig waren** (Einfriedungen, Stützmauern, Freitreppen, Kellerlichtschächte, Rampen),
– **in den Bauwich hineinragen durften** (Gesimse, Dachvorsprünge, Eingangsüberdachungen, Türvorbauten) oder
– **im Bauwich zugelassen werden konnten** (Garagen, überdachte Stellplätze, Terrassen, Masten, oberirdische Nebenanlagen für die örtliche Versorgung).

Von der **hinteren** Grundstücksgrenze war ein Abstand freizuhalten, welcher der Breite des seitlichen Bauwichs zu entsprechen hatte (hinterer Grenzabstand). Das **Mindestmaß für die Breite des Bauwichs** betrug **3 m**, um Garagen unterbringen zu können und Zufahrten zum rückwärtigen Grundstücksbereich zu ermöglichen (vgl. Schriftenreihe des Bundesministers für Wohnungsbau, Band 18, 1960, Einführung in die Musterbauordnung, Teil B, S. 11). Die Breite des Bauwichs betrug für das erste und zweite Vollgeschoss 3 m und wuchs darüber hinaus mit der Zahl der Vollgeschosse um 15 jeweils 1,5 m an, wobei eine Staffelung der oberen Geschosse zulässig war, um den in den oberen Geschossen erforderlichen größeren Grenzabstand einhalten zu können. So genügte für die beiden ersten Vollgeschosse 3 m Grenzabstand, während das dritte Vollgeschoss bereits 4,5 m Grenzabstand aufweisen musste, also um 1,5 m gegenüber der Außenwand der darunter liegenden Vollgeschosse zurückzusetzen war. Wegen der Regelung des grenznachbarlichen Verhältnisses waren die **Bauwichbestimmungen nachbarschützend.**

16 Während der Bauwich durch das Gebäude selbst ausgelöst wurde, ergab sich das Erfordernis zur Einhaltung von **Abstandsflächen** vor Wänden nur, wenn diese **notwendige Fenster** von Aufenthaltsräumen aufwiesen. Die Abstandsflächen dienten vorrangig der Sicherstellung der ausreichenden Belichtung und Belüftung und damit der Gewährleistung gesunder Wohn- und Arbeitsverhältnisse. Vor den Fenstern von Nicht-Aufenthaltsräumen, wie z.B. Fluren, Treppenräumen, Vorrats- oder Abstellräumen, entstand keine Abstandsfläche. Die Abstandsflächentiefe bemaß sich **mindestens nach der Wandhöhe** und war **baugebietsabhängig geregelt**. Wohngebäude erforderten größere Abstände. Die einzuhaltenden Abstandsflächen konnten zur Fensterachse symmetrisch oder asymmetrisch vor den notwendigen Fenstern liegen, so dass die geforderten Flächen in der Regel nicht auf Nachbargrundstücke überzugreifen brauchten. Die Abstandsflächen vor nebeneinander liegenden notwendigen Fenstern durften sich überschneiden. Diese Regelungen gründeten sich im Wesentlichen auf Belichtungsberechnungen (vgl. Brüning, Optimale Fenstergrößen, Heft 10, Fortschritte und Forschungen im Bauwesen). Wegen der von den Bauwichbestimmungen sich deutlich unterscheidenden Funktion waren die **Abstandsflächenvorschriften** – mit wenigen Ausnahmen – **nicht nachbarschützend.**

17 Die **BauO NW 1962** hatte diese Mustervorschriften im Wesentlichen übernommen, dabei jedoch bezüglich der Bemessung der Bauwichbreite und Abstandsflächentiefe **Modifikationen** vorgenommen. Die **BauO NW 1970** hielt an der durch die MBO 1960 geschaffenen Grundstruktur der Vorschriften über Bauwiche und Abstandsflächen fest, brachte aber im Interesse einer verbesserten Einzelfallgerechtigkeit insoweit eine **Ausweitung des Vorschriftenbestandes**, als der gekürzte § 8 BauO NW 1970 durch die **Abstandsflächenverordnung** vom 20.03.1970 (GV. NRW. S. 249) ergänzt wurde. Die wesentliche Neuerung lag in der **geänderten Form** der Abstandsfläche: **anstelle eines Rechtecks** war ein **Kreisausschnitt** vor dem notwendigen Fenster anzulegen. Der **Radius** des Kreisausschnittes bestimmte sich nach dem **Produkt** aus der **Zahl** der Vollgeschosse und einem aus der **Art** der baulichen Nutzung abgeleiteten **Wert**. Der notwendige Gebäudeabstand richtete sich nach dem Grundsatz, dass das niedrigere der gegenüberliegenden Gebäude vor den Auswirkungen des höheren Gebäudes geschützt werden sollte. Zwischen Wänden gegenüberliegender Gebäude mit notwendigen Fenstern war ein **Sozialabstand von mindestens 15 m**, an Verkehrsflächen von **mindestens 12 m** einzuhalten. Bei **Wänden von nicht mehr als 14 m** zu seitlichen Grundstücksgrenzen fanden ausschließlich die Bauwichbestimmungen Anwendung (**Schmalseitenprivileg**), auch wenn diese Wände notwendige Fenster aufwiesen (zu diesen relativ schwierig zu handhabenden Vorschriften s. 6. Aufl. dieses Kommentars, 1979, S. 73 ff.).

1.1.3 Neuregelung der Abstandsflächensystematik und spätere Änderungen

Die **Trennung von Bauwich- und Abstandsflächenvorschriften** befriedigte in der Praxis nicht, da erhebliche **Manipulationsmöglichkeiten** bestanden. So konnte bei an der Gebäudeecke gelegenen Räumen mit Fenstern zu beiden Seiten das notwendige Fenster vom Bauherrn bestimmt werden. Aufgrund der Bezugnahme auf die Vollgeschossregelung konnte der Fall eintreten, dass sich Gebäude mit unterschiedlichen Geschosshöhen und dadurch bedingter unterschiedlicher Gebäudehöhe bei gleicher Zahl der Vollgeschosse gegenüberlagen, ohne dass das höhere Gebäude einen größeren Abstand einzuhalten hatte als das niedrigere. Einzelne **Regeln der Abstandsflächenverordnungen** verursachten erhebliche **Auslegungsprobleme** oder stießen sogar auf **rechtliche Bedenken** (vgl. Hess. VGH, Urt. v. 20.02.1980 – IV OE 49/77, BRS 36 Nr. 124). Als die Ministerkonferenz der ARGEBAU am 07.05.1976 den Auftrag zur Fortschreibung der MBO 1960 erteilte, war klar, dass hiervon auch die Vorschriften über Grenzabstände und Abstandsflächen erfasst waren. Insbesondere um **verdichtete Bauformen** zu begünstigen, war beabsichtigt, 18

– die Anforderungen an die Abstandsflächentiefe zu verringern,
– die Schaffung von **Garagen im seitlichen Gebäudeabstand** zu erleichtern und
– einen Vorrang der Bauleitplanung zu begründen.

Wesentliche **Erkenntnisse über das Erfordernis der vor Fenstern freizuhaltenden Flächen sowie deren Bemessung** brachten die Ergebnisse eines Forschungsauftrags an das Institut für Lichttechnik an der Technischen Universität Berlin und das Institut für Tageslichttechnik, Stuttgart. Danach reichten die Abstandsflächen nach der Abstandsflächenverordnung 1970 bei einer rechtwinkligen Verbauung von Fenstern zur ausreichenden Tageslichtversorgung von Aufenthaltsräumen kaum aus. Die Sicherung der ausreichenden Beleuchtung von Aufenthaltsräumen mit Tageslicht bedingt allein noch nicht ein »allgemeines **Wohlbefinden**« in diesen Räumen. Hinzutreten muss eine **Kommunikationsmöglichkeit** zwischen Innen- und Außenraum und damit die Sicherung eines ausreichenden **visuellen Kontaktes** zur Außenwelt. Anderseits bedarf es auch der Sicherung der »**Privatheit**«, die durch ein Gegenüber in zu geringem Abstand beeinträchtigt sein kann. In der Fachsprache wurde der daraus resultierende Mindestabstand als »**Sozial- oder Wohlfahrtsabstand**« bezeichnet. Beide Kriterien, Kommunikationsmöglichkeit und Privatheit, hängen nicht nur von der Anordnung und Größe der Fenster, sondern auch von deren möglicher Verbauung ab. Bei der Ermittlung der für eine ausreichende **Versorgung mit Tageslicht** der Innenräume erforderlichen Abstandsflächen kommt es weniger auf eine ausreichende Helligkeit zur Erfüllung einer bestimmten Sehaufgabe als vielmehr auf die »**Sicherstellung eines allgemeinen Beleuchtungsniveaus**« im Raum an. Hier ist mehr die **psycho-physiologische Wirkung** als die physiologisch-optische Wirkung angesprochen. Wissenschaftler sprechen vom »allgemeinen Wohlbefinden«. Spezielle Sehaufgaben werden in der Regel nur in **unmittelbarer** Fensternähe bei ausreichender Helligkeit im Freien oder bei **künstlicher Beleuchtung** erledigt werden können. Einen Maßstab zur Erfüllung bestimmter Sehaufgaben bei Tageslicht gibt die Normenreihe DIN 5034 – Tageslicht in Innenräumen. 19

§ 6 Abstandsflächen

20 Diese Erkenntnisse wurden in das Abstandsflächensystem eingearbeitet, jedoch mit der Einschränkung, dass es aus Gründen eines »**kosten- und flächensparenden Bauens**« nicht zu einer größeren Flächenbeanspruchung von Baugrund kommen sollte, als sie sich nach früherem Recht ergab. Bei der Bemessung einer aus Gründen einer ausreichenden Beleuchtung von Räumen vor Fenstern freizuhaltenden Fläche ist es gleichgültig, ob sich in der gegenüberliegenden Wand Fenster befinden oder nicht. Es kann außerdem davon ausgegangen werden, dass eine **ausreichende Belüftungsmöglichkeit als** »**Nebeneffekt**« gegeben ist, wenn die Abstandsflächen freigehalten und somit die Gebäudeabstände eingehalten werden, die für eine ausreichende Beleuchtung erforderlich sind. Die Sicherstellung der Belüftung ist jedoch **kein vorrangiges Ziel des Abstandsflächenrechts**, da in der geschlossenen Bauweise nur straßen- und gartenseitig Fenster geschaffen werden können und die Belüftungsmöglichkeiten besonders im Eckbereich von Baublöcken eingeschränkt sind. Die Lüftung von Aufenthaltsräumen lässt sich in derart dicht bebauten Gebieten durch lüftungstechnische Maßnahmen sicherstellen.

21 Zwischen baulichen Anlagen müssen aus **Gründen des Brandschutzes** Mindestabstände vorhanden sein, wenn diese nicht gegeneinander durch Gebäudeabschlusswände geschützt sind. Hierfür sind zwei Gesichtspunkte maßgebend: der **Schutz der Nachbarschaft durch Verhinderung der Brandausbreitung** und die **Ermöglichung der Brandbekämpfung durch den Einsatz der Feuerwehr**. Bei der Festlegung von Mindestgebäudeabständen waren folgende Überlegungen zu berücksichtigen:
– Vom Zeitpunkt der Erkennung und Meldung eines Brandes bis zum Beginn wirksamer Löscharbeiten durch die Feuerwehr vergehen erfahrungsgemäß 30 Minuten.
– Gegenüber einer Flamme liegt die Reizschwelle für ungeschützte Haut beim 1,6 fachen der Flammenhöhe. Bei einem Brand mit geschosshohen Flammen, die aus einem Fenster herausschlagen, liegt diese Reizschwelle bei etwa 5 m.
– Für das Heranbringen von Schlauchwagen oder von tragbaren Leitern ist ein mindestens 1,6 m breiter Weg notwendig. Für die Brandbekämpfung muss um ein Gebäude herum eine Fläche von ca. 6 m Tiefe vorhanden sein. Um tragbare Leitern aufstellen zu können, sind einschließlich des Bewegungsraumes mindestens 3,5 m erforderlich.
– Feuerwehrfahrzeuge können an einem brennenden Gebäude nur in einem Abstand von mindestens 2 m vorbeifahren. Einschließlich des Fahrweges von 3 m und eines Spielraumes von 1 m ergibt sich ein Abstand von 6 m. Dieser Abstand muss größer sein, wenn Flächen für das Anleitern oder als Bewegungsflächen benötigt werden.
– Es besteht eine Abhängigkeit zwischen den Gebäudeabständen und dem Brandverhalten der in oder auf den Außenwänden verwendeten Baustoffe (brennbar oder nichtbrennbar) sowie der Feuerwiderstandsklasse der Außenwände.
– Bei einem vollentwickelten Brand ist erst in 40 m Abstand die Zündung eines anderen Gebäudes durch Strahlung ausgeschlossen. Werte, aus denen sich Abstände errechnen lassen, sind folgende, welche die Wärmemenge (W/cm^2) angeben, bei denen die Verkohlung beginnt: Holz 2,5 W/cm^2; PVC 4,0 W/cm^2; Wolle 2,0 W/cm^2. Der Wert für Wolle ist wichtig, weil die Bekleidung der Feuerwehr aus Wolle besteht.

– Die für die Brandbekämpfung und die Rettung von Menschen erforderlichen Abstände werden auch wesentlich beeinflusst durch die Zeit, in der sich Feuerwehrleute in der Nähe des Brandes aufhalten müssen. So bedingt das Vorbeirennen an der Brandstelle mindestens 3 Sekunden, das Retten von Menschen mindestens 3 Minuten, die Brandbekämpfung mindestens 30 Minuten.

Diese Gesichtspunkte wurden insoweit bei der Abstandsflächensystematik berücksichtigt, als die Gebäude mit **zunehmender** Höhe **größere** Abstände zu Nachbargrenzen und zu anderen Gebäuden einzuhalten haben, so dass die Brandübertragung behindert und die für die Feuerwehr zur Verfügung stehende Freifläche auf dem Grundstück vergrößert wird. **Abstände aus Gründen des Brandschutzes** im engeren Sinne sind in den Vorschriften über **Gebäudeabschlusswände** und **Bedachungen** geregelt. Aus diesen Brandschutzvorschriften und den Regelungen über **Zugänge und Zufahrten für die Feuerwehr** darf nun aber nicht geschlossen werden, die Abstandsflächenvorschriften dienten nicht auch dem Brandschutz (so aber Barth/Mühler, Abstandsvorschriften der Niedersächsischen Bauordnung, 2. Aufl. 2000 Rn. 2). Zuzugestehen ist allerdings, dass die Abstandsflächenvorschriften primär andere Zwecke verfolgen, so dass die Wirkungen in Bezug auf den Brandschutz als »**Nebeneffekt**« einzustufen sind. 22

Aufgrund dieser Untersuchungen und Erkenntnisse fasste die Fachkommission Bauaufsicht die getrennten Vorschriften über Grenzabstände (Bauwiche) und Abstandsflächen in § 6 **MBO 1981** zusammen und orientierte sich dabei an Elementen der Abstandsflächensystematik der NBauO vom 23.07.1973 (GVBl. S. 259). Vorschriften über die Sicherung der Abstandsflächen auf Nachbargrundstücken durch Baulast und bei Grundstücksteilungen wurden in § 7 **MBO 1981** aufgenommen. Dieses **Abstandsflächensystem** übernahmen die Bundesländer nach und nach, im Jahre 1990 auch die fünf neuen Länder im Beitrittsgebiet. Allein Niedersachsen wollte sein bereits 1973 eingeführtes Recht nachträglich nicht mehr anpassen, da es dieses gegenüber der MBO 1981 als vorteilhafter ansah (vgl. Barth/Mühler, Abstandsvorschriften der Niedersächsischen Bauordnung, 2. Aufl. 2000 Rn. 4). Nordrhein-Westfalen führte die Mustervorschriften mit den §§ 6 und 7 **BauO NW 1984** ein, nahm jedoch Modifikationen vor, um **im Vergleich zum Vorgängerrecht keine Verschärfungen** bewirken zu müssen. Die von der MBO 1981 abweichenden Regelungen lagen vor allem in der **Tiefe** der Abstandsflächen, die grundsätzlich mit **0,8 H** festgelegt wurde, während die **Mustervorschrift** des § 6 MBO 1981 dagegen **1,0 H** vorsah. Unter Berücksichtigung des Schmalseitenprivilegs vor bis zu 16 m langen Wänden konnten sich bis zu 7,5 m hohe Wände bei nur 6 m Gesamtabstand der Gebäude gegenüberliegen, wodurch bei einem Dach mit 45° Neigung noch gerade ein Lichteinfall in den Erdgeschossfenstern gegeben ist (s. Rdn. 27 und Abb. 6.1). 23

Trotz mehrfacher **Ergänzungen der Vorschrift** (s. Rdn. 01 ff.) blieb die Systematik im Wesentlichen erhalten. Die Rechtsänderungen stellten auch eine **Reaktion auf die Rechtsprechung** dar, weil **einzelne** Bestimmungen anders ausgelegt wurden, als der Gesetzgeber dies in der jeweiligen Gesetzesbegründung zum Ausdruck gebracht hatte. 24

– Mit der **BauO NW 1995** wollte der Gesetzgeber klarstellen, dass die Abstandsflächenvorschriften bei Grenzbebauung nicht einengend eingreifen, wenn nach

§ 6   Abstandsflächen

bauplanungsrechtlichen Vorschriften das Bauen innerhalb der überbaubaren Grundstücksfläche an der Grundstücksgrenze erlaubt ist.
– Die **BauO NRW 2000** brachte eine **Reduzierung des Grundmaßes der Abstandsflächentiefe zu öffentlichen Verkehrsflächen** und durchbrach insoweit das System der MBO 1981, als unter Berücksichtigung des Schmalseitenprivilegs der Abstandsflächentiefe von 0,8 H in den am häufigsten vorkommenden Anwendungsfällen nur noch gartenseitig Bedeutung zukam. Zusätzlich wurde die Unterbringung von Garagen, Nebengebäuden und Nebenanlagen **in den seitlichen Abstandsflächen** erleichtert.

1.1.4 Vereinfachungen durch die MBO 2002

25   Bei Verabschiedung der MBO 1960 und auch noch später im Zuge der MBO 1981 war das **Verhältnis der bauplanungsrechtlichen Bestimmungen** über die Bauweise **zu den bauordnungsrechtlichen Bestimmungen** über Gebäudeabstände noch keineswegs so klar, wie es sich aufgrund der Rechtsprechung zum Bauplanungsrecht heute darstellt (vgl. Reichel/Schulte, S. 89 Rn. 376 und S. 111 Rn. 446–447). In mehreren Bundesländern, darunter auch Nordrhein-Westfalen, waren die **Regelungen zum Schmalseitenprivileg** aufgrund schwer nachvollziehbarer Rechtsprechungsergebnisse **kaum noch handhabbar.** Hinzu kam, dass die Bundesländer die **Tiefe** der Abstandsfläche **unterschiedlich geregelt** hatten und dass die **gebietsbezogene** Anwendung unterschiedlicher **Faktoren** für die Bemessung der Abstandsflächentiefe bei unklarer Gebietstypik Probleme bereitete. Das Abstandsflächenrecht erwies sich als schwer überschaubar und uneinheitlich (so Finkelnburg/Ortloff, Band II S. 29 f.). Die mit der MBO 1981 ursprünglich verfolgte Absicht, durch Vereinheitlichung der Vorschriften das Bauen für länderübergreifend tätige Bauträger und Entwurfsverfasser zu erleichtern, ließ sich mit diesen unterschiedlichen Regelungen nicht erreichen (so Ortloff, Das Abstandsflächenrecht der Berliner Bauordnung, 2. Aufl. 1993 Rn. 1). Daher strebte die ARGEBAU eine **Reduzierung des Vorschriftenumfangs** zur **Vereinfachung der Rechtsanwendung** mit dem Ziel an, diese für das Bauen **bedeutsame Vorschrift** möglichst so auszugestalten, dass sie ohne Abweichungen vom Muster in das Landesrecht umgesetzt werden kann. Ob sich dies erreichen lässt, ist angesichts der unterschiedlichen Interessenlage in den Ländern fraglich (vgl. Boeddinghaus, Deregulierung, BauR 2006, S. 1248 ff.).

26   Die **MBO 2002** straffte § 6 unter **Auflösung von § 7** (Jäde, Grundlinien der Musterbauordnung 2002, ZfBR 2003, S. 221 ff.) und enthält nur noch **8 Absätze**. Die **Schreibweise des Begriffs** wurde an das Bundesrecht angeglichen, so dass nicht von »Abstandflächen«, sondern von »Abstandsflächen« die Rede ist. Die **wesentlichen Änderungen** betreffen folgende Bestimmungen:
– **Abs. 1 Satz 1** enthält die **Grundregel** über das Entstehen von Abstandsflächen. Der **neu eingefügte Satz 2** ersetzt den **bisherigen Abs. 10** und ordnet die Geltung des Abstandsflächenrechts auch für Anlagen an, von denen Wirkungen wie von Gebäuden ausgehen. Der **neue Satz 3** entspricht dem alten Satz 2 und bestimmt in Nr. 1, dass die Abstandsfläche entfällt, wenn das Gebäude nach bauplanungsrechtlichen Vorschriften an die Grenze gebaut werden muss oder darf; die Bestimmung

über die Baulastsicherung bei gemeinsamer Grenzbebauung in der offenen Bauweise entfiel, da die **bauplanungsrechtlichen Regelungen** zur Herbeiführung einer ordnungsgemäßen Bebauung **ausreichen.** Da sich der Zwang bzw. die Möglichkeit zur Grenzbebauung unter Berücksichtigung der »Doppelhausentscheidung« (BVerwG, Urt. v. 24.02.2000 – 4 C 12.98, BauR 2000, 1168 = BRS 63 Nr. 185 = NVwZ 2000, 1055) bereits aus dem Bauplanungsrecht ableitet, bedarf es keiner durch Baulast abzusichernden Grenzbebauungsverpflichtung nach Bauordnungsrecht. Daneben ist eine Abstandsfläche gemäß Satz 3 Nr. 2 auch dann nicht erforderlich, wenn nach der jeweils umgebenden Bebauung im Sinne des § 34 Abs. 1 Satz 1 BauGB abweichende Gebäudeabstände zulässig sind. Damit dem Bauplanungsrecht der Vorrang gegenüber den bauordnungsrechtlichen Abstandsregelungen eingeräumt. Damit wird dem Umstand Rechnung getragen, dass es innerhalb im Zusammenhang bebauter Ortsteile im Sinne des § 34 Abs. 1 Satz 1 BauGB sachgerecht ist, wenn sich der Bauherr nicht an den Abstandsflächentiefen nach § 6 Abs. 5 Satz 1 u. 2, sondern an den (Gebäude-)Abständen orientieren muss, die in der das Baugrundstück bauplanungsrechtlich prägenden Nachbarschaft bestehen. Dies hängt unmittelbar mit der Zurückführung des Nachbarschutzes auf unzumutbare Beeinträchtigungen – im Sinne einer nachbarschützend qualifizierten Verletzung des bauplanungsrechtlichen Gebots der Rücksichtnahme – zusammen, die nicht nur eine erhebliche Flexibilisierung des Abstandsflächenrechts bewirkt, sondern auch eine Harmonisierung bauordnungsrechtlicher und bauplanungsrechtlicher Anforderungen erreicht. Die **alten Sätze 3 und 4 entfielen** als **überflüssige Doppelregelungen** zum Bauplanungsrecht, da die Vorschriften über die Bauweise durch Landesbauordnungsrecht nicht korrigierbar sind (BVerwG, Beschl. v. 11.03.1994 – 4 B 53.94, BRS 56 Nr. 65 = NVwZ 1994, 1008).

– Abs. 2 Satz 1 bestimmt wie bisher, dass **Abstandsflächen auf dem Grundstück selbst** liegen müssen. **Neu** aufgenommen wurde, dass dies auch für **Abstände aus Brandschutzgründen** gilt. **Satz 2** erlaubt, dass Abstandsflächen auf **öffentliche Verkehrs-, öffentlichen Grün-** und **öffentlichen Wasserflächen** liegen. Der **neue Satz 3** übernimmt die Regelung des aufgehobenen § 7 Abs. 1, wonach **Abstandsflächen auf Nachbargrundstücken** liegen dürfen, wenn eine Baulastsicherung zustande kommt. Da unter den in der Regelung genannten Voraussetzungen keine öffentlich-rechtlichen Belange erkennbar sind, die einer Erstreckung der Abstandsflächen und Abstände auf das Nachbargrundstück entgegenstehen könnten, wird zugleich die bisherige Ermessensentscheidung durch eine unmittelbar gesetzesabhängige Zulässigkeitsregelung ersetzt.

– Abs. 3 regelt das Überdeckungsverbot und blieb unverändert.

– Abs. 4 regelt in modifizierter Form die **Ermittlung der Wandhöhe H.** Die **Wand-** und **Giebelflächen** gehen in ihren **tatsächlichen Abmessungen** in die Berechnung der Wandhöhe H ein, was eine um den Faktor nach Abs. 5 **verzerrte Grundrissprojektion** der Abstandsfläche ergibt. Dächer bis zu 70 Grad Neigung werden **traufseitig** zu einem Drittel der Wandhöhe zugerechnet, darüber hinaus mit ihrer vollen Höhe.

– Abs. 5 legt die **Tiefe der Abstandsfläche auf 0,4 H** fest, in Gewerbe- und Industriegebieten genügen **0,2 H.** Festgehalten wurde an der **Mindesttiefe** der

§ 6 Abstandsflächen

Abstandsfläche von **3 m**, obwohl das **baden-württembergische** und das **hamburgische** Bauordnungsrecht einen Mindestabstand von **2,5 m** kennen. Der **alte Abs. 6** mit dem schwierig zu handhabenden **Schmalseitenprivileg** entfiel, um für die **Praxis** eine erhebliche **Vereinfachung** in der Rechtsanwendung zu bewirken. Abs. 5 S. 4 stellt ebenso wie Abs. 1 Satz 3 Nr. 2 eine Vorrangregelung für das Bauplanungsrecht gegenüber bauordnungsrechtlichen Abstandsflächenregelungen und somit eine weitere Maßnahme zur Harmonisierung bauplanungs- und bauordnungsrechtlicher Anforderungen dar.

- **Abs. 6** übernimmt klarer gefasst den alten Abs. 7 mit den Regelungen über vor die Außenwand tretende **privilegierte Bauteile**, wie Gesimse und Dachüberstände, sowie **Vorbauten**, wie Erker, Balkone und auch Dachaufbauten (Nr. 3), die gedanklich wie ein selbstständiges Gebäude zu betrachten sind.
- **Abs.** 7 trägt der zunehmenden Bedeutung der Nutzung erneuerbarer Energien und auch dem Erfordernis der Energieeinsparung im Hinblick auf die Regelungen der EnEV Rechnung, indem er abstandsrechtliche Privilegierungen von Maßnahmen der Wärmedämmung und von Solaranlagen an bestehenden Gebäuden vorsieht. Dies umfasst grundsätzlich auch Solaranlagen **an** Dachflächen. Nicht erfasst sind allerdings aufgeständerte Solaranlagen **auf** Dachflächen, da dieses insbesondere abstandsflächenrechtliche Probleme aufwerfen können. Satz 2 stellt klar, dass die Regelung des § 67 Abs. 1 Satz 1 MBO unberührt bleibt.
- **Abs. 8** übernimmt den alten Abs. 11 unter Ausweitung der Regelungen über in den Abstandsflächen zulässige **Garagen** und **Nebenanlagen**. Auch hier trägt Satz 1 Nr. 2 der Nutzung regenerativer Energien Rechnung, indem eine Nr. 1 entsprechende Begünstigung für gebäudeunabhängige Solaranlagen eingeführt wird, um abstandsflächenrechtliche Hindernisse zu beseitigen.
- Die Sonderregelungen der alten Abs. 8 und 9 über Abstandsflächen aus Brandschutzgründen sowie der alten Abs. 12 und 13 über Abstandsflächen in überwiegend bebauten Gebieten und den Vorrang zwingender Festsetzungen des Bebauungsplans entfielen aufgrund der generell reduzierten Abstandsflächentiefen.

27 Der **deutlichen Reduzierung der Tiefe** der Abstandsflächen liegt die Überlegung zugrunde, dass die Bedeutung des Abstandsflächenrechts für die Tagesbeleuchtung der Aufenthaltsräume aufgrund der modernen Lichttechnik heute so nicht mehr besteht. Die Bauherren errichten nämlich unter Ausnutzung des Schmalseitenprivilegs, soweit das Bauplanungsrecht dies zulässt, auch tiefe Wohngebäude, bei denen zwangsläufig die Fenster von Aufenthaltsräumen auch zu den seitlichen Grundstücksgrenzen ausgerichtet werden müssen. Liegen sich, was die MBO 1981 hergab, zwei 16 m tiefe Gebäude unmittelbar gegenüber, so genügt die Hälfte des Abstands, das sind 0,5 H bzw. nach der nordrhein-westfälischen Regel 0,4 H. Die 16 m lange Wand darf bei Einhaltung des Mindestabstands von **3 m** nach der MBO 1981 immerhin **6 m**, nach der nordrhein-westfälischen Regel sogar **7,5 m** hoch sein. Da auch ein bis zu 45° steiles Dach traufseitig unberücksichtigt bleibt, liegen sich **relativ große Baukörper** mit nur **6 m Gesamtabstand** gegenüber. Nimmt man einen **Lichteinfallwinkel von 45°** an, wie er dem Baupolizeirecht und den Bauwichregeln der MBO 1960 zugrunde lag, so reichen die Abstände bei Annahme eines Gebäudesockels noch aus, damit Tageslicht

die Fenster des Erdgeschosses erreichen kann (vgl. Hess. VGH, Urt. v. 20.02.1980 – IV OE 49/77, BRS 36 Nr. 124 sowie Abb. 6.1). **Hessen** hatte bereits mit der HBO vom 20.12.1993 (GVBl. S. 655) den Abstand von **0,4 H** zum **Normalabstand** erhoben und das Schmalseitenprivileg abgeschafft. Das **Saarland** (LBO Saar vom 27.03.1996, ABl. S. 477) und **Rheinland-Pfalz** (LBauO Rh.-Pf. vom 24.11.1998, GVBl. S. 365) folgten diesem Vorbild. Nach den dort gemachten Erfahrungen ergaben sich **keine negativen Auswirkungen**.

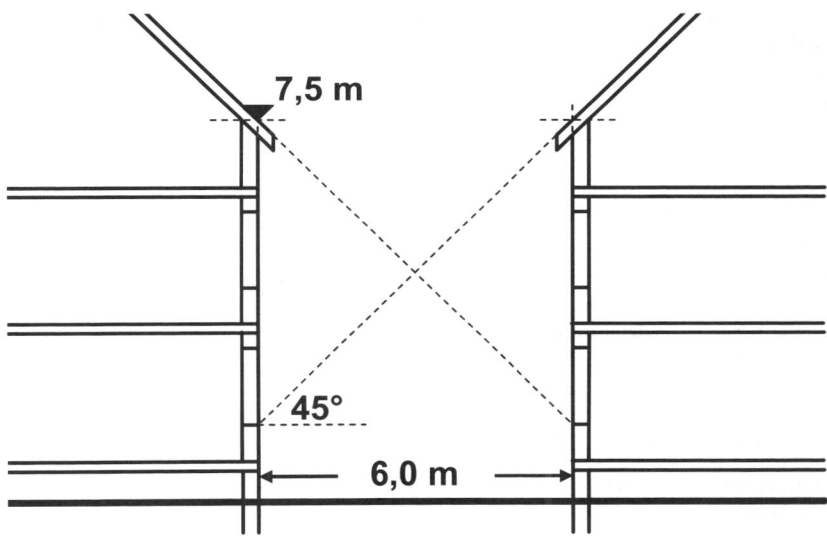

Abb. 6.1 Mindestabstand und maximale Wandhöhe bei 0,4 H
Aus dem **Mindestabstand von 6 m** sich gegenüberliegender Gebäude mit nach § 6 Abs. 4 Satz 7 BauO NRW abstandsrechtlich unschädlichen **45°-Dächern** ergibt sich bei 0,4 H eine **zulässige Wandhöhe** von **7,50 m** an der Traufseite, die gerade noch eine Belichtung der Erdgeschossfenster erlaubt (s. Rdn. 27).

Übertrieben dichte Bebauungen aufgrund geringer Tiefen der Abstandsflächen sind kaum zu erwarten. Dem begegnen die **Bauleitplanung** und das **bauplanungsrechtliche Gebot der Rücksichtnahme**. Auch sorgen die Selbstregulierungskräfte des Marktes dafür, dass »Verdichtungsexzesse« die Ausnahme bleiben. Die **Attraktivität älterer Stadtquartiere** mit ihrer aus Abstandsflächengesichtspunkten zu **dichten** Bebauung zeigt, dass die Auffassungen über Abstände einem **Wertewandel** unterliegen. Viele Gebäude in gründerzeitlichen Stadterweiterungen mit dichten Baustrukturen und schlechten Belichtungsverhältnissen finden nach Abschluss privater Modernisierungen problemlos Käufer oder Mieter. Diese Entwicklung belegt, dass auch andere Kriterien als die der optimalen Tagesbeleuchtung für den Wohnwert ausschlaggebend sind, so dass sich die **Abstandsflächenregeln** auf **unverzichtbare Mindeststandards** beschränken können.

§ 6 Abstandsflächen

29 Die Gemeinde kann im Bebauungsplan **Festsetzungen** unter dem Gesichtspunkt »**vergrößerter**« oder »**optimaler**« Gebäudeabstände im Hinblick auf die Tagesbeleuchtung der Aufenthaltsräume treffen (vgl. Boeddinghaus, Verschattung von Gebäuden durch andere Gebäude und Gebäudeteile, BBauBl. Heft 10/2002, S. 18 ff.). Die Einhaltung größerer Abstände lässt sich **indirekt** mittels **überbaubarer Grundstücksflächen** und nach § 9 Abs. 1 Nr. 2a BauGB auch **direkt** durch **vom Bauordnungsrecht abweichende Maße der Tiefe der Abstandsflächen** erreichen. Diese zusätzliche Festsetzungsbefugnis wurde aufgrund der Bundeskompetenz für das Bodenrecht und in Reaktion auf die MBO 2002 mit Gesetz vom 21.12.2006 (BGBl. I S. 3316) in das BauGB eingefügt, um abweichend vom Landesrecht städtebaulich gebotene Abstandsflächen vorsehen zu können (so BT-Drucks. 16/3308, S. 19 f. zu Art. 1 Nr. 4; vgl. Schulte, Abstände und Abstandsflächen in der Schnittstelle zwischen Bundes- und Landesrecht, BauR 2007, S. 1514 ff.).

1.2 Grundzüge des Abstandsflächensystems nach der BauO NRW

30 Das Erfordernis von Regeln über Abstände von Gebäuden bzw. von Anlagen mit gebäudegleichen Wirkungen **untereinander** und **zu Nachbargrenzen** ergibt sich
– einerseits aus Gründen des **Städtebaus** zur **Ausfüllung** der Vorschriften über die **Bauweise**, weil der Bund seine Regelungsbefugnis aus Art. 74 Nr. 18 GG (noch) nicht vollständig genutzt hat, sowie
– andererseits aus Gründen der Sicherung einer Mindestbeleuchtung von Aufenthaltsräumen, wobei die Belüftung, die Sicherung der Privatheit – auch als Sozialabstand bezeichnet – und der Brandschutz als Nebeneffekte hinzutreten.

31 Diese unterschiedlichen Gesichtspunkte berücksichtigt § 6 BauO NRW. Das System der Abstandsflächenregeln lässt erkennen, dass es für den »**Normalfall**« konzipiert ist, nämlich für das **Gebäude mit einem weitgehend rechtwinkligen Grundriss und Flachdach oder geneigter Dachform**, dessen **senkrechte Außenwände** einen **gleichmäßigen horizontalen oberen Abschluss** aufweisen und **parallel zu den Grundstücksgrenzen** verlaufen (vgl. BayVGH, Beschl. v. 21.04.1986 – Nr GrS 1/85 – 15 B 84 A 2534, BRS 46 Nr. 103; OVG Bln, Beschl. v. 27.10.2004 – 2 S 43.04, BauR 2005, 368), was im Ergebnis ein **rechteckiges Grundstück** voraussetzt. Dieser »Normalfall« stellt auch im heutigen Baugeschehen immer noch die **gängige Bauform** dar. Hiervon abweichende Gebäudeformen bedürfen einer besonderen Betrachtung und können nicht durch spezielle Regelungen aufgefangen werden. Daher ist es nicht sachgerecht, das Abstandsflächenrecht mit Sonderregelungen zu überfrachten (so Boeddinghaus, Abstandsflächen bei Hochhäusern und anderen atypischen Hausformen, BauR 2000, S. 1286 ff., der eine allgemeinen Entrümpelung der Abstandsvorschriften verlangt).

32 Die Vorschriften des § 6 BauO NRW regeln nicht ausdrücklich Bauvorhaben mit **polygonalen** Grundrissen, z.B. das Oktogon oder den Rundbau. Sie gehen von üblichen geneigten Dächern aus, wie dem Satteldach oder dem Pultdach, und erfassen daher keine **Tonnendächer** (so Allgeier/Rickenberg zu § 6 S. 167 Anm. 6 Rn. 3). Dem Abstandsflächenrecht fremd sind **ungewöhnliche Formen**, wie

Kugeln, Pyramiden oder Tetraeder. Auch »**Nurdachhäuser**« oder Gebäude mit **außergewöhnlich geformten umschließenden Bauteilen**, die kaum noch als klassische Wand oder klassisches Dach erscheinen, weichen von dem der Vorschrift zugrunde liegenden »Normalfall« ab. Dieses »Versäumnis« des Gesetzgebers dient der Transparenz und **besseren Verständlichkeit** der ohnehin komplizierten Abstandsflächenregeln. Bei **sinnvoller** Anwendung und Auslegung dieser Bestimmungen sind »**Sonderfälle**« lösbar, indem z.b. ein Baukörper mit geschwungener Außenhaut mit einem rechteckigen Baukörper überlagert wird (s. Abb. 6.4; vgl. auch Rabe/Pauli/Wenzel, S. 325 Abb. zu Rn. 149; Allgeier/Rickenberg zu § 6 S. 188 Bild 18).

Schließlich ist darauf hinzuweisen, dass für die Abstandsflächenbetrachtung das Gebäude vereinfachend **auf seinen Kubus zurückgeführt** wird. Daher bleiben übliche **Gestaltungselemente**, wie Gesimse, Sockel, Dachüberstände, Fensterbänke, Regenfallrohre und ähnlich untergeordnete Bauteile, ja selbst Dachaufbauten und Vorbauten, wie Erker und Balkone, bei Einhaltung genau festgelegter Abmessungen, **abstandsrechtlich unberücksichtigt** (s. Abb. 6.2). 33

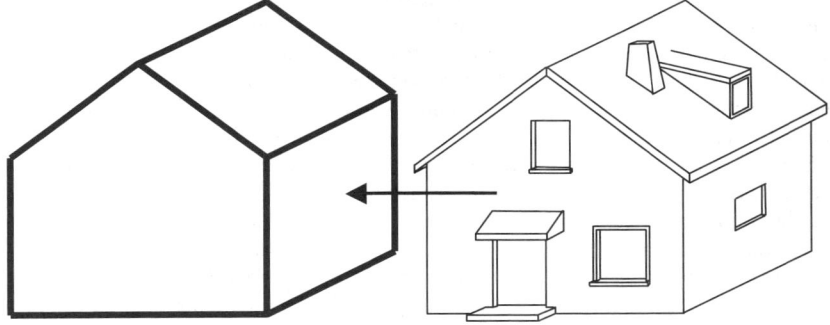

Abb. 6.2 »**Normalfall**« des Abstandsflächenrechts
Das Abstandsflächenrecht geht von einem Gebäude mit **rechteckigem Grundriss** und **Flachdach** oder **geneigtem Dach** aus. Dieses Gebäude wird zur Vereinfachung auf **ebene** Wand- und Dachflächen zurückgeführt, **ohne** dass **übliche** vor- und zurückspringende **Bauteile** zur architektonischen **Gliederung** Berücksichtigung finden (s. Rdn. 30).

Zur Sicherung ausreichender Abstände bedient sich das Bauordnungsrecht der Forderung, dass **vor Außenwänden von Gebäuden** und vor baulichen Anlagen, von denen Wirkungen wie von Gebäuden ausgehen, **Flächen freizuhalten sind**. Diese Flächen bemessen sich nach der **Beeinträchtigung**, die von der jeweiligen Außenwand ausgehen kann. Kriterien hierfür sind die **Höhe** und die **Breite der Außenwand**. 34

Es spielt **abstandsrechtlich** für die aus der **Höhe – H –** abgeleitete erforderliche **Tiefe – T –** der Abstandsfläche keine Rolle, ob die Außenwand **Öffnungen** aufweist oder nicht. Die Regelung **verzichtet bewusst** darauf, dass nur **vor Wänden mit notwendigen Fenstern** eine entsprechende Fläche von baulichen Anlagen **freizuhalten** 35 ist. So steht sie späteren baulichen Änderungen des Vorhabens, z.B. durch Schaffung zusätzlicher Fensteröffnungen, nicht im Wege.

36 Die Abstandsflächenvorschriften sorgen dafür, dass mit **zunehmender Wandhöhe** eine **zunehmende Tiefe** der Abstandsfläche erforderlich wird, so dass **hohe** Gebäude untereinander einen **größeren** Abstand einhalten müssen als niedrige Gebäude. Wenn auch in erster Linie der Aspekt der Tagesbeleuchtung der Aufenthaltsräume hierfür ausschlaggebend war, so tritt zugleich der »**brandschutztechnische Nebeneffekt**« ein, dass die Brandübertragung behindert und der Einsatz der Feuerwehrkräfte erleichtert wird, weil mehr Freifläche zwischen den Gebäuden liegt.

37 Als weiterer »**Nebeneffekt**« tritt – bei Einhaltung von Grenzabständen – die Möglichkeit zur natürlichen **Belüftung** der Aufenthaltsräume hinzu (s. Rdn. 20).

38 Nach den Änderungen des § 6 durch die BauO NRW 2000, das Zweite Gesetz zur Änderung der Landesbauordnung vom 12.12.2006 (GV. NRW. S. 615) und zuletzt durch die BauO NRW 2018 kann nicht mehr davon ausgegangen werden, die Abstandsflächenvorschriften dienten dazu, einen »**Sozialabstand**« zur Sicherung der »**Privatheit**« (s. Rdn. 19) zu gewährleisten. Angesichts der verkürzten Abstände beispielsweise zu öffentlichen Verkehrsflächen hin, bieten die Abstandsflächenvorschriften **keinen Schutz vor Einblick** (so aber noch BVerwG, Beschl. v. 10.12.1997 – 4 B 204.97, BauR 1998, 319 = BRS 59 Nr. 188 = NVwZ 1998, 395). Um einen einigermaßen wirksamen Schutz vor Einblick zu erreichen, bedürfte es weiterhin der nach früherem Abstandsflächenrecht erforderlichen **Sozialabstände** von 12 m bzw. 15 m. Aber auch dieses ältere Recht forderte den Sozialabstand nur straßen- und gartenseitig, da es zu den seitlichen Grundstücksgrenzen das **Schmalseitenprivileg** für bis zu 14 m lange Wände beinhaltete (s. Rdn. 17). Zwischen den Fenstern der Aufenthaltsräume von Gebäuden, die sich im Mindestabstand von nur 6 m gegenüberliegen (bei Anwendung der Halbierungsregel nach Abs. 6 bis zu 7,5 m hohe Wände, s. Rdn. 27 und Abb. 6.1), ist die gegenseitige Einsichtnahme durch Einblick eröffnet, ohne dass man ein Fernglas zu Hilfe nehmen müsste. Die Bewohner der Gebäude können sich hiergegen nur durch Gardinen, Vorhänge oder ähnliche Vorrichtungen schützen. Selbst aus den Dachfenstern eines niedrigen Einfamilienhauses ist bei einem Mindestabstand von lediglich 3 m zur Nachbargrenze hin ein Einblick auf die Terrasse des Nachbargrundstücks unschwer gegeben. Wer dies abwehren möchte, muss entlang der Grundstücksgrenze Sichtschutzpflanzungen anlegen. Die Beispiele zeigen, dass die Abstandsflächen nicht geeignet sind, um sich gegen Einblick ausreichend abzuschirmen. Ein **Schutz vor übermäßiger Einsichtnahme** besteht in seltenen Ausnahmefällen allenfalls über das bauplanungsrechtliche **Gebot der Rücksichtnahme** (s. Rdn. 95).

39 Auch die bei Anwendung des Faktors von 0,4 H noch geringen Abstandsflächentiefen **schützen nicht** vor **Gerüchen** oder **Lärm**, um so ein **störungsfreies Wohnen** zu gewährleisten (VGH B-W, Beschl. v. 10.09.1998 – 8 S 2137/98, BauR 1999, 1282 = BRS 60 Nr. 103 = UPR 1999, 197; VGH B-W, Beschl. v. 18.03. 2014 – 8 S 2628/13, BauR 2014, 1130 = BRS 82 Nr. 129; a.A. OVG Saar, Urt. v. 28.11.2000 – 2 R 2/00, BauR 2001, 1245 = BRS 63 Nr. 135).

Immissionskonflikten kann das Abstandsflächenrecht nicht oder nur eingeschränkt 40 entgegenwirken, wie die den Bauaufsichtsbehörden häufig vorgetragenen Nachbarbeschwerden über die Auswirkungen der Gebäude- und Gartennutzung belegen. Vielmehr versucht das **Immissionsschutzrecht** derart negative Auswirkungen zu begrenzen. Das gilt erst recht, wenn es darum geht, ausreichende Abstände zwischen Wohn- und Industrie- oder Gewerbegebieten zu erreichen (vgl. den »**Abstandserlass**« – vom 06.06.2007, MBl. NRW. S. 659).

Die **abstandsrechtliche Systematik** lässt die **Nutzung** des Gebäudes unberücksichtigt 41 (VGH B-W, Beschl. v. 18.03. 2014 – 8 S 2628/13, BauR 2014, 1130), da es für die Bemessung der Tiefe der Abstandsfläche unerheblich ist, ob das Gebäude Wohnungen oder gewerbliche Nutzungen beinhaltet. Dies zeigt bereits § 6 Abs. 5 BauO NRW, der für die Tiefe der Abstandsfläche allein auf die **Lage** des – wie auch immer genutzten – Gebäudes in einem bestimmten **Baugebiet** abstellt. Insoweit knüpft das Abstandsflächenrecht an die bauplanungsrechtlichen Vorschriften über die **Bauweise** an, die ebenfalls das Erfordernis des Grenzabstandes eines Gebäudes **unabhängig von der Nutzung** regeln. Daher ist die **Nutzungsänderung regelmäßig abstandsrechtlich irrelevant**, sofern das bestandsgeschützte Bauwerk die erforderlichen Abstände überhaupt einhält.

Hiervon zu trennen ist die Frage, ob auch **Nutzungsänderungen** (zu diesem Begriff 42 § 3 Rdn. 105 ff.) oder **geringfügige bauliche Änderungen** bestehender Gebäude **mit –** nach neuem Recht – **unzureichenden Abständen** hingenommen werden können. Infolge dieser Vorgänge verliert das bestehende Bauwerk ganz oder teilweise seinen Bestandsschutz (s. Rdn. 73 f.), obwohl sich an der äußeren Hülle nichts ändert. Weil der **Bestandsschutz** von Gebäuden an das unveränderte Fortbestehen der **funktionsgerechten Nutzung** anknüpft (vgl. § 74 Rdn. 182–186), verlangt § 6 Abs. 11 Satz 2 BauO NRW in den Fällen einer Überschreitung der in Satz 1 dieser Bestimmung festgelegten Rahmenbedingungen für die bauaufsichtliche Gestattung die **Würdigung nachbarlicher Interessen**.

In diesem Zusammenhang ist auf den **Verlust des Bestandsschutzes durch längere** 43 **Phasen der Nutzungsunterbrechung** hinzuweisen. Als gesichert kann gelten, dass der Bestandsschutz noch **ein Jahr** nach der Beendigung der Nutzung fortbesteht, ohne dass es einer Einzelfallprüfung bedarf. Bei darüber hinaus andauernden Unterbrechungen **bis zu maximal zwei Jahren** kann der Bestandsschutz verloren gehen, wenn Umstände vorliegen, aus denen nach der **Verkehrsauffassung** geschlossen werden muss, dass mit der Wiederaufnahme der Ursprungsnutzung nicht mehr zu rechnen ist (BVerwG, Urt. v. 18.05.1995 – 4 C 20.94, BRS 57 Nr. 67 = DVBl 1996, 40; Nds. OVG, Urt. v. 26.11.2014 – 1 LB 164/13, BauR 2015, 464). Dieses Zeitmodell kann **allenfalls eine Orientierungshilfe** sein. So führt die bloße Nichtnutzung eines über viele Jahre hinweg leerstehenden Wohngebäudes als solche nicht schon regelmäßig zum Erlöschen des durch die erteilte Baugenehmigung vermittelten Bestandsschutzes, wenn nicht zugleich auch der Verfall des Gebäudes nach außen hin deutlich in Erscheinung tritt (OVG NRW, Urt. v. 14.03.1997 – 7 A 5179/95, BRS 59 Nr. 149; OVG Bln-Bbg, Beschl. v. 14.02.2006 – OVG 10 S 4.05, juris).

Entscheidend muss daher sein, ob in der Nutzungsaufgabe bzw. den damit einhergehenden Umständen (z.b. Verfall des Gebäudes, anderweitige Nutzung – soweit durch diese nicht ohnehin der Bestandsschutz entfällt) ein Verzicht auf die Ausübung der genehmigten bestimmungsgemäßen Nutzung gesehen werden kann, wobei ein entsprechender dauerhafter und endgültiger Verzichtswille unmissverständlich und unzweifelhaft zum Ausdruck kommen muss (Hess. VGH, Beschl. v. 12.04.2016 – 4 A 1438/15.Z, BauR 2016, 1294; kritisch zur Anwendung des »Zeitmodells« auch Nds. OVG, Beschl. v. 20.07.2009 – 1 LA 103/07, BauR 2009, 1887). Auslegungshilfe bieten daher insbesondere inzwischen eingetretene **schwere Bauschäden**. Ein **baufälliges Gebäude** genießt **keinen Bestandsschutz**, da es sich nicht mehr funktionsgerecht nutzen lässt (BVerwG, Urt. v. 21.01.1972 – IV C 212.65, BRS 25 Nr. 155; Nds. OVG, Beschl. v. 06.09.2017 – 1 ME 112/17, BauR 2017, 2144). Mit der **Beseitigung der Bausubstanz** erlischt der Bestandsschutz; ein **erweiterter** (nachwirkender) **Bestandsschutz** kann – sofern keine einfachrechtlichen Regelungen vorliegen – unmittelbar aus Art. 14 Abs. 1 GG **nicht** hergeleitet werden (vgl. § 74 Rdn. 197). Diese für das Bundesrecht getroffene Feststellung gilt auch für das **Abstandsflächenrecht** (BVerwG, Urt. v. 07.11.1997 – 4 C 7.97, BauR 1998, 533 = BRS 59 Nr. 109 zum Umbau eines Ledigenheims in ein Mehrfamilienhaus und BayVGH, Urt. v. 13.02.2001 – 20 B 00.2213, BauR 2001, 1248 = BRS 64 Nr. 129 zum Wiederaufbau einer Lagerhalle auf den alten Fundamenten). Der tatsächliche **Beginn einer anderen Nutzung**, die außerhalb der Variationsbreite der bisherigen Nutzungsart liegt und erkennbar nicht nur vorübergehend ausgeübt werden soll, lässt den Bestandsschutz, der lediglich die Fortsetzung der bisherigen, einmal rechtmäßig ausgeübten Nutzung gewährleisten soll, ebenfalls entfallen (OVG NRW, Beschl. v. 02.08.2007 – 7 A 880/07, juris).

44 Ob eine Gebäudeaußenwand eine Abstandsfläche auslöst, bestimmt sich ausschließlich nach den **Vorgaben des Bauplanungsrechts**, das sind entweder die Festsetzungen eines Bebauungsplans oder aber die Planersatzvorschriften der §§ 34 und 35 BauGB. Die Regelungen des § 6 BauO NRW begeben sich hinsichtlich des Erfordernisses, im Bereich der Nachbargrenze vor Außenwänden von Gebäuden bestimmte Flächen von baulichen Anlagen freizuhalten, **voll in die Abhängigkeit des Bauplanungsrechts**. Letztlich bestimmt also das Bauplanungsrecht, **ob** die Außenwand eines Gebäudes eine **Abstandsfläche auslöst** oder **nicht**. Muss aus bauplanungsrechtlichen Gründen ein Gebäude ohne Grenzabstand errichtet werden, so ist innerhalb der überbaubaren Grundstücksfläche eine Abstandsfläche – und somit ein Grenzabstand – vor den Außenwänden nicht erforderlich, die an Nachbargrenzen errichtet werden. Wegen der Zielsetzung des § 6 Abs. 1 BauO NRW, das Abstandsrecht an das Bauplanungsrecht anzukoppeln, ist beim Bauen im nicht beplanten Innenbereich auch das in § 34 BauGB enthaltene bauplanungsrechtliche **Rücksichtnahmegebot** zu beachten (OVG NRW, Beschl. v. 24.04.1995 – 10 B 3161/94, BauR 1996, 88; s.a. Rdn. 82–96).

45 Bei der Festsetzung der **offenen** Bauweise verlässt sich das Bundesrecht hinsichtlich der Bemessung des **seitlichen** Grenzabstandes auf die bauordnungsrechtlich geregelten Abstandsflächen (s. Rdn. 12). Hier wird deutlich, dass die Abstandsflächenvorschriften

des Bauordnungsrechts und die bauplanungsrechtlichen Vorschriften zwar ein **gemeinsames Ziel** haben, nämlich das einer **geordneten** Bebauung im Interesse gesunder Wohn- und Arbeitsverhältnisse, jedoch aus **unterschiedlichen Motiven:**
- die Abstandsvorschriften dienen der Wahrung der öffentlichen Sicherheit oder Ordnung,
- die bauplanungsrechtlichen Vorschriften dienen der Durchsetzung städtebaulicher Ziele.

Wenn auch unverkennbar **Gemeinsamkeiten** festzustellen sind, so ist dennoch zu beachten, dass **beide Rechtskreise** aufgrund der verfassungsrechtlich vorgegebenen Kompetenzordnung **unabhängig voneinander** als **Inhalts- und Schrankenbestimmung des Eigentums** im Sinne des Art. 14 Abs. 1 Satz 2 GG zu beachten sind (BVerwG, Urt. v. 07.11.1997 – 4 C 7.97, BauR 1998, 533 = BRS 59 Nr. 109). 46

Besondere städtebauliche Aspekte können einerseits über die bauordnungsrechtlichen Abstandsvorschriften hinausgehende, **vergrößerte** Gebäudeabstände erforderlich machen. So kann es bei der Fortentwicklung vorhandener Ortsteile im ländlichen Raum oder Ordnung der Randzonen der Städte im Übergang zum Außenbereich unter den Gesichtspunkten des Orts- und Landschaftsbildes, des Denkmalschutzes oder des Naturschutzes und der Landschaftspflege geboten sein, im Bebauungsplan eine stark **aufgelockerte** und **durchgrünte** Bebauung festzusetzen. Andererseits kann die **Beplanung erhaltenswerter Ortsteile, Straßen** und **Plätze** von geschichtlicher, künstlerischer oder städtebaulicher Bedeutung – auch unter Wahrung der öffentlichen Sicherheit oder Ordnung – **geringere** Gebäudeabstände erfordern, als sie nach bauordnungsrechtlichen Abstandsvorschriften vorgegeben sind. Daher ermächtigt § 9 Abs. 1 Nr. 2a BauGB die Gemeinden, aus **städtebaulichen Gründen** vom Bauordnungsrecht **abweichende Maße der Tiefe** der Abstandsflächen festsetzen zu können. 47

Als **Alternative** zum Bebauungsplan bietet sich der Gemeinde zur Verfolgung ähnlicher Erhaltungsziele der Erlass **örtlicher Bauvorschriften** an. Die **Satzungsermächtigung** des § 89 Abs. 1 Nr. 6 BauO NRW ermöglicht es, zur **Wahrung** der **bauhistorischen Bedeutung** oder der **sonstigen erhaltenswerten Eigenart** eines Ortsteils geringere Tiefen der Abstandsflächen zu bestimmen. Eine derartige satzungsrechtliche Abstandsflächenregelung kann sowohl als selbständige Satzung getroffen werden als auch Aufnahme in einen Bebauungsplan finden (vgl. zu § 89 Rdn. 65–68). 48

Das **objekt-** und **grundstücksbezogene Abstandsflächenrecht** weist unter Berücksichtigung des Bauplanungsrechts folgende **Systematik** auf: 49
- Die **bauplanungsrechtlichen Vorschriften** entscheiden über die **Anordnung der Gebäude und abstandsrelevanten Anlagen** auf den zur Bebauung vorgesehenen Flächen. Danach bestimmt sich, **ob überhaupt** Abstandsflächen und **ob geringere Tiefen** der Abstandsflächen einzuhalten sind (§ 6 Abs. 1 und Abs. 12 sowie § 89 Abs. 1 Nr. 6 BauO NRW) oder **ob größere Tiefen** der Abstandsflächen im **Bebauungsplan** festgesetzt sind (§ 9 Abs. 1 Nr. 2a BauGB).
- Vor Außenwänden oberirdischer Gebäude sind Abstandsflächen von anderen oberirdischen Gebäuden freizuhalten. Unterirdische Gebäude oder Gebäudeteile

sind nicht abstandsflächenrelevant. Die Grundregel besteht unabhängig davon, ob die Wand Öffnungen enthält (§ 6 Abs. 1 Satz 1 BauO NRW), weshalb auch die nachträgliche Herstellung oder Schließung von Öffnungen nicht abstandsrelevant ist.

- Maßnahmen zur Verbesserung des Wärmeschutzes, Nutzungsänderungen und geringfügige bauliche Änderungen – rechtmäßig – bestehender Gebäude werfen unter genau festgelegten Voraussetzungen die Abstandsflächenfrage nicht neu auf und sind somit abstandsflächenunschädlich (§ 6 Abs. 7 und Abs. 11 BauO NRW).
- Die auf Gebäude zielende Grundregel des Abs. 1 Satz 1 gilt auch für **Anlagen**, die **höher als 2 m** sind, wenn **von ihnen Wirkungen wie von Gebäuden ausgehen** und für **Anlagen, die höher als 1 m** über der Geländeoberfläche sind und **von Menschen betreten** werden können (§ 6 Abs. 1 Satz 2 BauO NRW). Für **Windenergieanlagen** gelten besondere Bemessungsregeln (§ 6 Abs. 13 BauO NRW).
- **In den Abstandsflächen** des Gebäudes und an der **Nachbargrenze** sind **Garagen** und **Nebenanlagen** unter genau festgelegten Voraussetzungen **abstandsflächenrechtlich privilegiert**, sofern keine bauplanungsrechtlichen Vorschriften entgegenstehen (§ 6 Abs. 8 BauO NRW).
- Die Abstandsflächen müssen grundsätzlich auf dem Grundstück selbst liegen (§ 6 Abs. 2 Satz 1 BauO NRW). Sie dürfen sich auch auf öffentliche Verkehrsflächen, öffentliche Grünflächen und öffentliche Wasserflächen erstrecken, jedoch nur bis zu deren Mitte (§ 6 Abs. 2 Satz 2 BauO NRW). Abstandsflächen dürfen sich nur dann auf andere Grundstücke erstrecken, wenn deren Freihaltung von oberirdischen Gebäuden durch Baulast gesichert ist (§ 6 Abs. 2 Satz 3 BauO NRW).
- Die Abstandsflächen dürfen sich **nicht überdecken** (§ 6 Abs. 3 BauO NRW). Für **sich gegenüberliegende Wände desselben Gebäudes** oder **von Gebäuden auf demselben Grundstück** können **Abweichungen** von der sich aus Abs. 5 ergebenden Abstandsflächentiefe gestattet werden (§ 6 Abs. 10 BauO NRW).
- Die Abstandsflächenbemessung richtet sich nach der **Höhe – H – des Gebäudes**, die sich aus der jeweiligen **Außenwand** und dem zu berücksichtigenden **Dachanteil** zusammensetzt (§ 6 Abs. 4 BauO NRW). Dabei wird das Gebäude idealisierend und vereinfachend auf seine **kubische Grobstruktur** zurückgeführt, **ohne architektonisch gliedernde Elemente** in die Betrachtung einzubeziehen. Den Baukörper architektonisch gliedernde **untergeordnete Bauteile** und **Vorbauten** bleiben unberücksichtigt und sind insoweit **privilegiert** (§ 6 Abs. 6 BauO NRW).

Abstandsflächen § 6

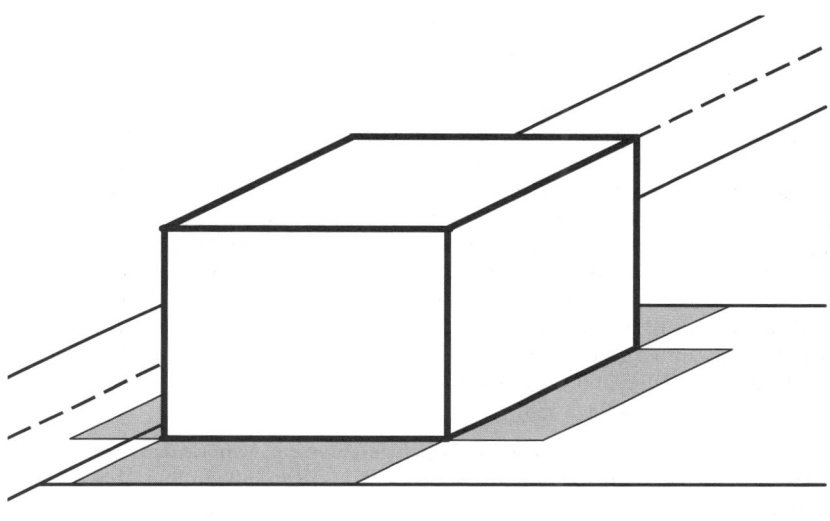

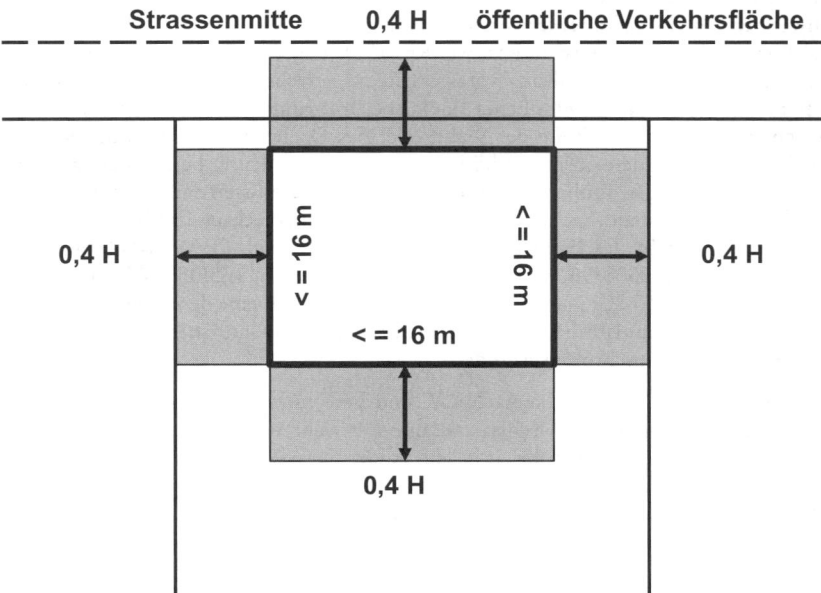

Abb. 6.3 Abstandflächengrundregel

§ 6 Abstandsflächen

50 Infolge der mit der BauO NW 1995, der BauO NRW 2000 und der BauO NRW 2018 bewirkten Änderungen und Ergänzungen des Abstandsflächenrechts nahm die Vorschrift an Umfang zu, so dass sie durch die eingefügten **Sonderregelungen** für den Rechtsanwender **schwerer überschaubar** wurde. Vor allem die **speziellen Abweichungstatbestände**, die im Sinne der Ausnahmetatbestände des früheren Bauordnungsrechts zu verstehen sind, veranlassten die Rechtsprechung anzunehmen, dass das Abstandsflächenrecht aufgrund seiner **Sonderregelungen** eine in sich geschlossene Materie darstellt, von der **für weitere Abweichungen** – gestützt auf die Generalermächtigung des § 69 BauO NRW – **kein Raum mehr** bleibt (OVG NRW, Beschl. v. 05.10.1998 – 7 B 1850/98, BRS 60 Nr. 105). Die **speziellen** Abweichungstatbestände des § 6 BauO NRW enthalten nämlich bereits selbst die Abweichungskriterien, so dass nicht mehr auf die allgemeine Abweichungsermächtigung des § 69 Abs. 1 BauO NRW zurückgegriffen werden kann (OVG NRW, Beschl. v. 01.02.2000 – 10 B 2092/99, BauR 2000, 1463 = BRS 63 Nr. 139 und Beschl. v. 29.05.2008 – 10 B 616/08, BauR 2008, 1588).

51 Das **Abstandsflächenrecht** stellt **keine in sich geschlossene Materie** dar, da es nur **übliche Gebäude** auf **üblichen Grundstücken** erfasst (s. Rdn. 30–33 und Abb. 6.2, vgl. auch Boeddinghaus, Abweichungen von den bauordnungsrechtlichen Abstandsvorschriften, BauR 1999, S. 593 ff.). Liegen Verhältnisse vor, die vom »Normalfall« mehr als nur unerheblich abweichen, lässt sich das Abstandsflächenrecht **nicht schematisch anwenden**, da die **Gefahr einer Verfehlung des gesetzlichen Regelungszwecks** besteht (so Boeddinghaus/Hahn/Schulte zu § 6 Rn. 155). Die Vorschrift konnte unmöglich jeder auftretenden Fallgestaltung vorausschauend gerecht werden. Gelegentlich auftretende **Einzelfälle ungewöhnlicher Baukörper mit rund geformter Außenhaut**, bei denen sich Beginn und Ende der Wand oder des Daches wegen fehlender Kanten, die im Normalfall den Abschluss bilden, nicht mehr eindeutig bestimmen lassen (s. Abb. 6.4) oder **ungewöhnlicher Grundstückszuschnitte** müssen daraufhin untersucht werden, ob die Abstandsflächenvorschriften nicht zu **ungerechten** Ergebnissen führen, und zwar **aus Sicht des Bauherrn** und **des Nachbarn** (vgl. OVG NRW, Beschl. v. 12.02.1997 – 7 B 2608/96, BRS 59 Nr. 162; Beschl. v. 21.11.2003 – 7 B 912/03, juris und Urt. v. 29.10.2012 – 2 A 723/11, juris). Nur durch eine derartige Betrachtung lässt sich die **abstandsrechtliche Benachteiligung** ungewöhnlicher Gebäudeformen oder Grundstückszuschnitte **verhindern**.

52 Abweichungen nach § 69 BauO NRW sind gerechtfertigt, wenn eine **Korrektur unsinniger Ergebnisse** der Rechtsanwendung erreicht werden kann, Um dies hervorzuheben, hat der Gesetzgeber mit dem Änderungsgesetz vom 12.12.2006 in den damaligen § **73 Abs. 1** BauO NRW einen **neuen Satz 2** (jetzt § 69) eingefügt, der **klarstellt**, was bisher schon als Ergebnis gefestigter Rechtsprechung galt.

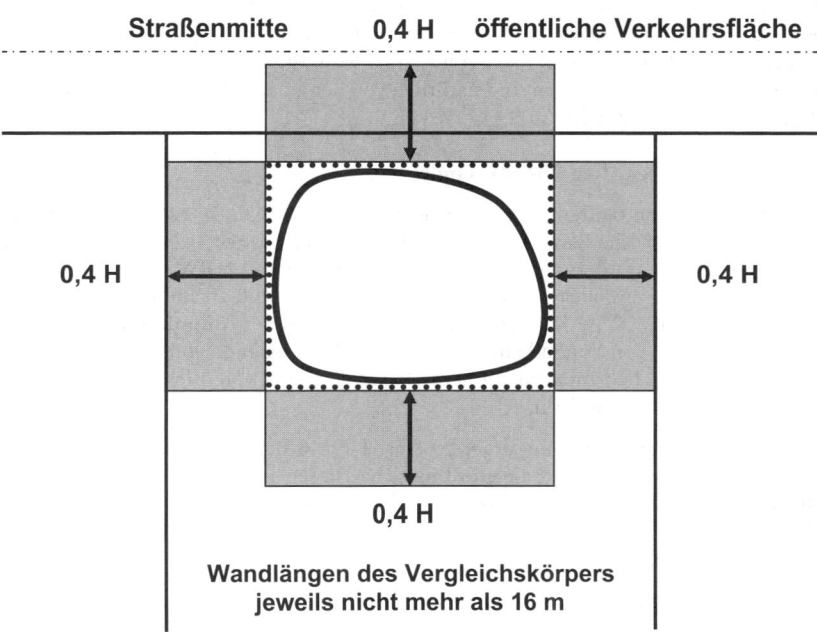

Abb. 6.4 Abweichungsfall
Dem Gebäude mit **gebogenen** Außenwänden wird ein rechteckiger Grundriss überlagert, wie er dem Abstandsflächensystem zugrunde liegt (s. Abb. 6.2). Hält der **größere Vergleichskörper** die Abstandsflächen ein, beeinträchtigt der **kleinere** Baukörper **nachbarliche Interessen** nicht stärker als die nach § 6 BauO NRW zulässige Bebauung. Zu beachten bleibt, ob grundstücks- oder bauwerksbezogene Besonderheiten die Ziele des Abstandsflächenrechts unterlaufen und daher dennoch einer Abweichung entgegenstehen (s. Rdn. 50 ff.).

Auch nach der Änderung von § 69 kommt eine Abweichung von § 6 nur bei einer grundstücksbezogenen Atypik in Betracht. Eine solche kann bei einer schräg verlaufenden Grenze, die einen zusätzlichen Knick aufweist, gegeben sein (OVG NRW, Beschl. v. 02.03.2007 – 10 B 275/07, BauR 2007, 1027 und Beschl. v. 14.08.2017 – 2 B 1388/16, juris). Dies gilt auch, wenn die Abstandsfläche um wenige Zentimeter unterschritten wird. § 69 BauO ist **unverändert kein Instrument zur Legalisierung gewöhnlicher Rechtsverstöße** (OVG NRW, Urt. v. 29.10.2012 – 2 A 723/11, juris). Liegen die Abweichungsvoraussetzungen vor und ist der Nachbar **nicht stärker** oder – und das ist die eigentliche Neuerung – **nur unwesentlich stärker** beeinträchtigt als durch eine nach § 6 BauO NRW zulässige Bebauung, lenkt der neue Satz 2 das Ermessen in Richtung der beantragten Abweichung. Als Beispiel einer nur unwesentlich stärkeren Beeinträchtigung dient eine bei der Ausführung eingetretene Unterschreitung der Abstandsflächentiefe im **Zentimeterbereich** aufgrund üblicher Bautoleranzen, um so die gravierenden Rückbaufolgen für den Bauherrn aufgrund der bisherigen konsequenten Rechtsprechung abzumildern (s. Rdn. 64–67). Vorsätzliche und somit **mutwillige** Unterschreitungen sind natürlich von der gesetzlichen Erleichterung **nicht abgedeckt** (vgl. LT-Drucks. 14/2433, S. 19).

1.3 Sonstige Vorschriften über Abstände

54 In Bezug auf **Sonderbauten** (zu diesem Begriff vgl. § 50 Rdn. 2, 12) ermächtigt § 50 **Abs. 1** BauO NRW die Bauaufsichtsbehörden dazu, im Einzelfall zur Verwirklichung der allgemeinen Anforderungen des § 3 Abs. 1 Satz 1 BauO **NRW besondere Anforderungen** stellen oder aber auch **Erleichterungen** gestatten zu können. Nach § 50 Abs. 1 Nr. 2 BauO NRW können **Gegenstände besonderer Anforderungen** oder **Erleichterungen** die von Sonderbauten einzuhaltenden **Abstände** von Nachbargrenzen, von anderen baulichen Anlagen auf dem Grundstück und von öffentlichen Verkehrsflächen sein (vgl. zu § 50 Rdn. 13).

55 Gestützt auf die Ermächtigung des § 89 Abs. 1 Nr. 6 BauO NRW kann die oberste Bauaufsichtsbehörde **Sonderbauverordnungen** erlassen und dabei auch Regelungen über die von den Sonderbauten einzuhaltenden Abstände und Abstandsflächen treffen (vgl. § 85 Rdn. 1–4 und 10). Als derartige Regelung ist § 4 Abs. 4 CW VO für Wochenendhäuser zu nennen.

56 Neben den Abstandsflächenvorschriften des § 6 BauO NRW und den Abständen aus Brandschutzgründen (s. Rdn. 21) enthält die BauO NRW **weitere Vorschriften über Abstände**, die bei der Realisierung von Bauvorhaben beachtet werden müssen. Die Landesbauordnung regelt z.B. in § 42 Abs. 1 Satz 2 BauO NRW Abstände, die **Feuerungsanlagen für feste Brennstoffe** zur Vorsorge gegen **Waldbrand infolge Funkenflug** einhalten müssen (vgl. zu § 42 Rdn. 01 und 15).

57 Außerhalb des Bauordnungsrechts besteht im **sonstigen öffentlichen Recht** eine Fülle weiterer Regelungen über einzuhaltende Abstände, die hier keineswegs vollständig aufgelistet werden können. Diesen Abständen nach den Vorgaben des »**Baunebenrechts**« kommt in der Praxis erhebliche materielle und zugleich verfahrensrechtliche Bedeutung zu. Die »baunebenrechtlichen« Abstände sind bei der Realisierung von Bauvorhaben in gleicher Weise zu beachten, wie die bauordnungsrechtlichen Bestimmungen. Hervorzuheben sind neben Abständen aus Gründen des **Immissionsschutzes** (s. Rdn. 40) die Abstandsvorschriften des **Straßenrechts** und des **Landschaftsrechts**.

58 Für »**klassifizierte**« Straßen – das sind die **Bundesfernstraßen** nach dem **FStrG** sowie die **Landesstraßen** und **Kreisstraßen** nach dem **StrWG NRW** – bestehen außerhalb der zur Erschließung der anliegenden Grundstücke bestimmten Teile der Ortsdurchfahrten **Anbauverbotszonen** bzw. **Anbaubeschränkungszonen** (vgl. § 1 Rdn. 63, 64 und 75).

Nach dem **Landschaftsrecht** (§ 61 Abs. 1 Satz 1 BNatschG) besteht im Außenbereich an Bundeswasserstraßen, **Gewässern erster Ordnung** sowie an **stehenden Gewässern** mit einer Größe **von mehr als 1 ha** ein gesetzliches **Bauverbot**. Anlagen dürfen in einem **Abstand von 50 m**, gerechnet von der **Uferlinie**, nicht errichtet werden.

1.4 Nachbarschutz

Regelungen über Abstände enthalten sowohl das öffentliche als auch das private Baurecht. Das **Abstandsflächenrecht** gilt indessen als die **für den Nachbarschutz bedeutsamste Vorschrift des Bauordnungsrechts** (so treffend Hahn/Schulte Rn. 228). Die aus den **Schutzzielen** (s. Rdn. 19–21) abgeleiteten **Abstände** zwischen Gebäuden auf demselben Grundstück, zwischen Gebäuden und Nachbargrenzen sowie zwischen Gebäuden und der Mitte angrenzender öffentlicher Verkehrsflächen, öffentlicher Grünflächen und öffentlicher Wasserflächen sind in § 6 BauO NRW zusammengefasst.

1.4.1 Nachbarschützende Funktion des Abstandsflächenrechts

Der Nachbar hat bei einem »regelkonformen« Gebäude gewisse Beeinträchtigungen aus dem Heranrücken des neuen Bauwerks an seine Grundstücksgrenze hinzunehmen. Niemand hindert den Bauherrn jedoch, mehr als den gesetzlichen Abstand einzuhalten, um »**Streitigkeiten um den letzten Zentimeter**« auszuschließen. Die Wahrung der Schutzziele des Abstandsflächenrechts ist nur sichergestellt, wenn vor der Außenwand nicht nur die **eigene** Abstandsfläche freigehalten wird, sondern auch zusätzlich die **fremde** Abstandsfläche der gegenüberliegenden Außenwand. Der **zwischen Gebäuden erforderliche Abstand** ergibt sich erst aus der **Summe der beiden Tiefen der Abstandsflächen** gegenüberliegender Außenwände. Aus diesem Grunde regelt § 6 BauO NRW, dass die **Abstandsflächen**
– **auf dem Grundstück selbst** liegen müssen (Abs. 2 Satz 1),
– sich auch auf öffentliche Verkehrsflächen, öffentliche Grünflächen und öffentliche Wasserflächen erstrecken dürfen, jedoch nur bis zu deren Mitte (Abs. 2 Satz 2),
– sich ganz oder teilweise nur dann auch **auf andere** (fremde) **Grundstücke** erstrecken dürfen, wenn dies durch **Baulast** gesichert ist (Abs. 2 Satz 3),
– sich **nicht überdecken** dürfen (Abs. 3).

Aus diesen **Regelungen**, die das **nachbarliche Verhältnis** direkt oder indirekt ansprechen, ergibt sich zwingend, dass den Abstandsflächenvorschriften grundsätzlich **nachbarschützende Funktion** zukommt. Die nachbarschützende Funktion erstreckt sich gleichwohl **nicht auf sämtliche** Einzelbestimmungen des § 6 BauO NRW, so dass jede einzelne Bestimmung aufgrund ihres **Regelungszwecks** und des **Normzusammenhangs** danach zu beurteilen ist, ob ihr drittschützende Wirkung zukommt (auf die nachbarschützende Funktion der einzelnen Bestimmungen des § 6 BauO NRW wird jeweils im Rahmen der Kommentierung zu diesen Vorschriften eingegangen).

Bei Einführung der Abstandsflächensystematik nach der MBO 1981 war diese **Auffassung keineswegs unumstritten**. In Baden-Württemberg vertrat das für die Bauaufsicht damals zuständige Innenministerium bei den Beratungen über die Neufassung der LBO B-W die Auffassung, dass sich die nachbarschützende Wirkung erst dort entfalte, wo ein Gebäude weniger als die Hälfte der Tiefe der Abstandsfläche an die Grundstücksgrenze heranreicht (s. baden-württembergisches LT-Protokoll 8/70 S. 5672). Dem war die Rechtsprechung nicht gefolgt und hatte die **volle Tiefe** der Abstandsfläche für **nachbarschützend** erklärt (VGH B-W, Beschl. v. 20.12.1984 – 3 S 278/84, BRS 42 Nr. 202), woraufhin der Gesetzgeber § 6 Abs. 5 LBO B-W 1983 mit Gesetz vom 01.04.1985 (GBl. S. 51) so ergänzte, dass nur der halben Tiefe der Abstandsfläche, mindestens jedoch einer Tiefe von 2,5 m, nachbarschützende Wirkung zukommt (vgl. Menzel, Zur nachbarschützenden Wirkung der neuen Abstandsregelungen im Baurecht, BauR 1985, S. 492 ff.). Eine vergleichbare Regelung wurde in das nordrhein-westfälische Bauordnungsrecht **nicht** aufgenommen, so dass hier der **vollen** Tiefe der Abstandsfläche nachbarschützende Wirkung zukommt.

64 Die Verwaltungsgerichtsbarkeit hat in vielen Entscheidungen den **nachbarschützenden Charakter** der Vorschrift **bestätigt** (BayVGH, Urt. v. 14.10.1985 – 14 B 85.1224, BRS 44 Nr. 100; OVG Bln, Urt. v. 22.05.1992 – 2 B 22.90, BRS 54 Nr. 97; OVG Lüneburg, Urt. v. 10.03.1986 – 6 A 133/84, BRS 46 Nr. 153; Nds. OVG, Beschl. v. 30.03.1999 – 1 M 897/99, BRS 62 Nr. 190; OVG Rh-Pf, Urt. v. 07.07.1994 – 1 A 11939/93, BRS 56 Nr. 103; OVG Saar, Urt. v. 17.06.2010 – 2 A 425/08, BRS 76 Nr. 196; OVG NRW, Urt. v. 27.05.2014 – 2 A 7/13, juris; OVG NRW, Urt. v. 26.06.2014 – 7 A 2057/12, BauR 2014, 1924; OVG Bln-Bbg, Urt. v. 25.02.2015 – OVG 10 B 6.10, juris; OVG NRW, Beschl. v. 18.05.2015 – 2 A 126/15, juris; OVG LSA, Beschl. v. 24.11.2016 – 2 M 105/16, juris). Zur nachbarschützenden Funktion des Abstandsflächenrechts führt das OVG NRW im Urt. v. 14.01.1994 (– 7 A 2002/92, BauR 1994, 746 = BRS 56 Nr. 196) aus:

65 »*Unterschreitungen der nach § 6 BauO NW zu errechnenden Abstandsflächen lösen regelmäßig nachbarliche Abwehransprüche aus. Der Landesgesetzgeber hat in § 6 BauO NW für die Frage, welche Mindestabstände zur Grundstücksgrenze bei Gebäuden zu wahren sind, in Abkehr von den Regelungen in der Landesbauordnung i.d.F. der Bekanntmachung vom 27.01.1970 (GV NW S. 96) und der AbstandsflächenVO vom 20.03.1970 (GV NW S. 249) feste und durch Messung überprüfbare Maße bestimmt. Dies erfolgte in dem Bewußtsein, daß ein in Grenznähe stehender Baukörper zwar immer, also auch wenn die in § 6 BauO NW verlangte Abstandsfläche gewahrt wird, eine Beeinträchtigung der Nachbarn zur Folge haben wird, daß dem Nachbarn aber im Hinblick auf sein Betroffensein nur dann Abwehrrechte eingeräumt werden sollen, wenn die in § 6 verlangten Abstandsmaße unterschritten werden. Bei dieser Regelung unterstellt der Gesetzgeber somit nicht, daß eine Beeinträchtigung des Nachbarn bei einem die Abstandsflächenregelungen nicht vollständig ausnutzenden Bauwerk völlig fehlt und erst dann abrupt einsetzt, wenn die Abstandsmaße unterschritten werden. Es wurde lediglich gesetzlich verankert, daß das Heranrücken eines Bauwerks und die damit verbundene Beeinträchtigung des Nachbarn erst dann rechtlich mit der Folge des Entstehens eines nachbarlichen Abwehranspruchs relevant wird, wenn die gesetzlich festgelegten Abstandswerte unterschritten werden.*«

66 Nur mit der Bestellung einer **Baulast** oder der **schriftlichen Zustimmung** verzichtet der Nachbar umfassend auf Einwendungen gegenüber dem in den Bauvorlagen

dargestellten Vorhaben (OVG NRW, Beschl. v. 30.08.2000 – 10 B 1145/00, BRS 63 Nr. 204 und Urt. v. 06.06.2014 – 2 A 2757/12, juris). Die Abstandsflächenvorschriften sind »zentimeterscharf« konzipiert (OVG NRW, Beschl. v. 05.03.2007 – 10 B 274/07, BauR 2007, 1031 = NVwZ-RR 2007, 510; Hess. VGH, Beschl. v. 20.02.2014 – 3 B 265/14, juris). Beschränkt der Nachbar sein Einverständnis ausdrücklich auf eine ganz bestimmte Ausgestaltung des Vorhabens, so deckt diese Zustimmung ein geändertes Vorhaben selbst dann nicht, wenn die Änderungen seine nachbarlichen Interessen nicht zusätzlich berühren (VG Gelsenkirchen, Urt. v. 25.11.2016 – 6 K 1715/15, juris).

Voraussetzung für nachbarliche Einwendungen gegen eine Unterschreitung der Abstandsbestimmungen ist **nicht** das Vorliegen eines faktischen Betroffenseins (OVG Saar, Urt. v. 17.06.2010 – 2 A 425/08, BRS 76 Nr.196), da eine **tatsächliche Beeinträchtigung** des Nachbarn **regelmäßig zu bejahen** ist (Hess. VGH, Urt. v. 26.05.2008 – 4 UE 1626/06, BauR 2009, 1126), auch weil als Folge der Rechtsverletzung eine **der offenen Bauweise widersprechende optische Einengung** eintritt (Hess. VGH, Beschl. v. 22.07.1988 – 4 TG 2231/88, BRS 48 Nr. 178). 67

Ein **Unterlassen** der nachbarlichen Abwehrrechte kommt einer **stillschweigenden** Zustimmung einer Abstandsflächenübernahme gleich (vgl. Hahn/Schulte Rn. 231). Gestattet ein Nachbar in Kenntnis des Vorhabens dem Bauherrn, für die Durchführung der Bauarbeiten sein Grundstück in Anspruch zu nehmen, so handelt er wegen **widersprüchlichen Verhaltens** treuwidrig (venire contra factum proprium), wenn er später Nachbarwiderspruch gegen das Vorhaben einlegt (OVG NRW, Urt. v. 09.04.1992 – 7 A 1521/90, DÖV 1992, 977). Ein (konkludenter) Verzicht auf nachbarliche Abwehrrechte gegen ein (nachbarrechtswidriges) Bauvorhaben liegt ebenso vor, wenn der Nachbar unter Berufung auf den Gleichbehandlungsgrundsatz die Erteilung einer dem (rechtswidrigen) Vorhaben vergleichbaren Baugenehmigungen beantragt und erst nach Erhalt seiner Baugenehmigung gegen das Nachbarvorhaben Rechtsmittel einlegt (OVG NRW, Urt. v. 04.09.2008 – 7 A 2981/07, juris). 68

Ein **Verstoß gegen Treu und Glauben** liegt auch vor, wenn der Nachbar seinerseits den erforderlichen Abstand nicht einhält und sich dennoch gegen einen vergleichbaren Rechtsverstoß durch ein Vorhaben auf dem angrenzenden Grundstück zur Wehr setzt (VGH B-W, Urt. v. 18.11.2002 – 3 S 882/02, BauR 2003, 1203 = BRS 65 Nr. 193; OVG Bln-Bbg, Beschl. v. 08.09.2015 – OVG 2 S 28.15, juris). Das OVG Saar führt im Urt. v. 30.03.1993 (– 2 R 17/92, BRS 55 Nr. 158) hierzu aus: 69

»Die Geltendmachung nachbarlicher Abwehrrechte kann unter dem Gesichtspunkt des unbestritten auch im öffentlichen Recht geltenden Verbots unzulässiger Rechtsausübung ausgeschlossen sein. Zu denken ist dabei ... an das sogenannte Schikaneverbot. Eine Zuwiderhandlung gegen dieses Verbot kommt etwa dann in Betracht, wenn der von der Unterschreitung vorgeschriebener Abstandsflächen betroffene Nachbar auf der Einhaltung der betroffenen Vorschriften besteht, obwohl die erforderliche Abstandsfläche an einer Stelle nur um wenige Zentimeter oder nur dort unterschritten wird, wo sich die Unterschreitung nicht spürbar auf sein Grundstück auswirkt (vgl. auch in diesem Zusammenhang, Urteil des Senats v. 06.03.1987 – 2 R 180/84, BauR 1988, 190). 70

In diesem Sinne schikanös ist eine Rechtsausübung indes nur dann, wenn sie ohne jedes schützenswerte Interesse erfolgt.«

71 Für die Treuwidrigkeit kommt es nicht darauf an, ob der Abstandsflächenverstoß des klagenden Nachbarn auf einer formell abgesicherten Position (bestandskräftige Baugenehmigung) beruht. Diese Rechtsposition beschränkt sich auf den Bestandsschutz gegenüber der Behörde; sie ändert nichts an einem materiell-rechtlichen Verstoß gegen die Abstandsflächenvorschriften und hat daher keinen Einfluss auf die zwischen den Nachbarn bestehende Wechselbeziehung (OVG NRW, Beschl. v. 12.02.2010 – 7 B 1840/09, juris). Auch eine Angrenzerzustimmung des nunmehr beklagten Bauherrn ändert an der Treuwidrigkeit des Verhaltens des klagenden Nachbarn nichts (OVG NRW, Urt. v. 26.06.2014 – 7 A 2057/12, BauR 2014, 1924).

72 Wird der Nachbar durch ein das Abstandsflächenrecht nicht einhaltendes Gebäude des Bauherrn im Vergleich zu einem durch das eigene Gebäude verursachten Abstandsflächenverstoß **stärker** beeinträchtigt, bleibt sein Abwehrrecht weiter bestehen. Für die **Vergleichbarkeit** wechselseitiger Rechtsverstöße ist neben dem **Maß des Grenzabstands** die **Qualität der Beeinträchtigung** von Bedeutung (OVG NRW, Urt. v. 24.04.2001 – 10 A 1402/98, BauR 2002, 295 = BRS 64 Nr. 188 und Urt. v. 28.01.2016 – 10 A 447/14, juris).

73 Ein nach **älterem** Abstandsflächenrecht **rechtmäßig errichtetes Gebäude** genießt bei entsprechend der Baugenehmigung unverändert fortbestehender Nutzung und baulicher Beschaffenheit **Bestandsschutz.** Hier muss und kann der Nachbar nicht tätig werden, weil die Änderung der Rechtslage ab dem Zeitpunkt des Inkrafttretens nur in die Zukunft wirkt. Die Begrenzung der in § 6 BauO NRW eingeräumten nachbarlichen Position ist dem Landesrecht vorbehalten. Um Inhalt und Schranken des Eigentums im Sinne des Art. 14 Abs. 1 Satz 2 GG festzulegen, gehört es zu den Aufgaben des Landesgesetzgebers, aus Anlass von Rechtsänderungen zu bestimmen, ob und in welchem Umfang das neue Recht auf in der Vergangenheit begründete oder abgeschlossene Sachverhalte anwendbar ist. Ist eine solche gesetzliche Regelung im Sinne des Art. 14 Abs. 1 Satz 2 GG vorhanden, so ist daneben für einen »Bestandsschutz«, für den Art. 14 Abs. 1 Satz 1 GG eine eigenständige Anspruchsgrundlage bilden könnte, kein Raum mehr (BVerwG, Urt. v. 15.02.1990 – 4 C 23.86, BauR 1990, 328 = BRS 50 Nr. 75; Urt. v. 10.08.1990 – 4 C 3.90, BauR 1991, 51 = BRS 50 Nr. 2; Urt. v. 16.05.1991 – 4 C 17.90, BRS 52 Nr. 157).

74 Der Gesetzgeber hatte bis zur BauO NRW 2018 keine derartigen Regelungen getroffen. Auch **§ 6 Abs. 11 BauO NRW 2018** spricht den **Bestandsschutz** nicht direkt an, sondern handelt nur **indirekt** ab, wie bei Nutzungsänderungen und geringfügigen baulichen Änderungen zu verfahren ist. Die BauO NRW 2018 enthält sich darüber hinaus – wie bereits zuvor die BauO NW 2000 – einer Aussage darüber, wie mit nach neuem Abstandsflächenrecht kollidierendem, rechtmäßigem Altbestand zu verfahren ist. In diesem Fall sorgt **Art. 14 Abs. 1 Satz 1 GG** dafür, dass das infolge der Rechtsänderung nicht mehr im Einklang mit dem neuen Recht stehende Bauwerk nicht beseitigt werden muss (BVerwG, Urt. v. 21.01.1972 – IV C 212.65, BauR 1972, 152 = BRS 25 Nr. 155 = DÖV 1972, 494 = DVBl 1972, 219 und BGH, Urt. v.

20.09.1984 – III ZR 58/83, BauR 1985, 287 = BRS 42 Nr. 164 = UPR 1985, 123), soweit es **nach früherem Recht genehmigt** wurde oder **zu irgendeinem Zeitpunkt genehmigungsfähig** war (BVerfG, Beschl. v. 24.07.2000 – 1 BvR 151/99, NVwZ 2001, 424; BayVGH, Beschl. v. 04.10.2016 – 9 ZB 14.2173, juris).

Der nach der früheren Rechtslage legal errichtete **Altbestand** wird quasi »**konserviert**«, und zwar **zusammen mit dieser früheren Rechtslage**, denn er **war** und **ist auch weiterhin materiell legal**. Das neue Abstandsflächenrecht bleibt nämlich so lange bedeutungslos, wie der rechtmäßig geschaffene Altbestand »**unverändert**« fortbesteht, weil es nur Geltung für die ab seinem Inkrafttreten errichteten, geänderten oder in ihrer Nutzung geänderten baulichen Anlagen beanspruchen kann. Die mitunter zu lesende Formulierung, dass ein »Gebäude nach heutigem Abstandsflächenrecht materiell rechtswidrig« ist, beruht auf einer stark vereinfachenden Sichtweise. Es sorgt ja gerade die bei funktionsgerechter Nutzung des unveränderten Altbestands fortwirkende frühere materielle Rechtmäßigkeit dafür, dass ein baubehördliches Beseitigungsverlangen aufgrund des Bestandsschutzes wirkungslos bleiben muss, und zwar selbst dann, wenn keine Baugenehmigung vorliegt, die bauliche Anlage jedoch zum Zeitpunkt ihrer Errichtung oder zu irgendeinem Zeitpunkt danach materiell legal war. Abstandsflächen nach neuem Recht entstehen erst, wenn der Altbestand baulich geändert oder nutzungsgeändert wird, so dass der Bestandsschutz verloren geht. 75

Die **nachbarschützende Wirkung setzt erst dort ein**, wo ein **Gebäude mit weniger als der erforderlichen Tiefe** der Abstandsfläche an die Grundstücksgrenze heranrückt, weil dann entgegen § 6 Abs. 2 Satz 1 BauO NRW die Abstandsfläche – wenn auch nur geringfügig – teilweise auf dem angrenzenden Grundstück liegt (OVG NRW, Urt. v. 14.01.1994 – 7 A 2002/92, BauR 1994, 746 = BRS 56 Nr. 196 und Beschl. v. 02.05.2012 – 10 B 364/12, juris). Die Rechtsprechung zu den anderen Landesbauordnungen stimmt damit überein (vgl. BayVGH, Urt. v. 14.10.1985 – 14 B 85 A.1224, BRS 44 Nr. 100; OVG Bln, Urt. v. 22.05.1992 – 2 B 22.90, BRS 54 Nr. 97; OVG Lüneburg, Urt. v. 10.03.1986 – 6 A 133/84, BRS 46 Nr. 153; Nds. OVG, Beschl. v. 30.03.1999 – 1 M 897/99, BRS 62 Nr. 190; OVG Rh-Pf, Urt. v. 07.07.1994 – 1 A 11939/93, BRS 56 Nr. 103). Abstandsflächen können sich nicht nur auf **Grundstücke von** (unmittelbaren) **Angrenzern**, sondern auch auf **Grundstücke von Nachbarn** erstrecken (zu den Begriffen Angrenzer und Nachbar vgl. § 72 Rdn. 21–41). So kann das zu bebauende Grundstück durch ein schmales Grundstück, z.B. durch eine **Wegparzelle**, von einem Nachbargrundstück getrennt sein. Erstreckt sich die Abstandsfläche über diese hinaus auf das Fremdgrundstück, ohne dass eine Baulastsicherung vorliegt, so werden auch die Rechte dieses Nachbarn verletzt. 76

Der Eigentümer eines Grundstücks, das durch eine **öffentliche Verkehrsfläche**, eine **öffentliche Grünfläche** oder eine **öffentliche Wasserfläche** von dem zu bebauenden Grundstück getrennt wird, kann sich zur Wehr setzen, wenn die Abstandsfläche die **Mitte** dieser öffentlichen Fläche überschreitet. Denn nach dem Grundgedanken des § 6 **Abs. 2 Satz 2** BauO NRW soll jeder der gegenüberliegenden Nachbarn die **öffentliche Fläche zur Hälfte** mit der Abstandsfläche seines Gebäudes in Anspruch nehmen können. Überschreitet die Abstandsfläche die Mitte dieser öffentlichen Fläche, 77

§ 6 Abstandsflächen

bewirkt das Überdeckungsverbot des § 6 Abs. 3 BauO NRW, dass der betroffene gegenüberliegende Nachbar sein Recht nicht mehr voll ausnutzen kann.

78 In **älteren Stadtquartieren** tritt mitunter das Problem auf, dass im Zuge einer Baulückenschließung bei Anpassung eines Neubaus an Bauflucht und Traufhöhe der vorhandenen Bebauung die Abstandsfläche die Straßenmitte überschreitet. Hier steht mit **§ 6 Abs.** 12 BauO NRW eine bauaufsichtliche **Gestattungsmöglichkeit** zur Verfügung, wenn die Gestaltung des Straßenbildes oder besondere städtebauliche Verhältnisse geringere Tiefen der Abstandsflächen rechtfertigen. Diese Gestattung stellt ausdrücklich auf die **Würdigung nachbarlicher Belange** ab.

79 Die Abstandsflächenvorschriften sind grundsätzlich nicht dazu bestimmt, Eigentümer **privater Wegeparzellen** zu schützen (OVG NRW Beschl. v. 30.09.1996 – 10 B 2276/96, BRS 58 Nr. 180), wobei es im Einzelfall auf die städtebaulichen Vorgaben ankommt. Bestehen nämlich keine gegenteiligen bauplanungsrechtlichen Festsetzungen, kann der Eigentümer auch seine private Wegeparzelle bebauen oder mit der Abstandsfläche eines eigenen, an diese Wegeparzelle angrenzenden Vorhabens belasten (vgl. Boeddinghaus/Hahn/Schulte zu § 74 Rn. 232; s.a. Jeromin zu § 9 Rn. 4). Einen Abwehranspruch wird man allerdings dann nicht mehr annehmen können, wenn die **private Wegeparzelle wie eine öffentliche Verkehrsfläche** genutzt wird und dieser Zustand auch mit an Sicherheit grenzender Wahrscheinlichkeit in Zukunft so erhalten bleibt. Das Gleiche gilt für **private Wasserflächen** (Nds. OVG, Beschl. v. 09.09.2004 – 1 ME 194/04, BRS 67 Nr. 188 = NVwZ-RR 2005, 17).

80 Die geringen Tiefen der Abstandsflächen verdeutlichen bereits, dass das Abstandsflächenrecht **kein Optimum an Tageslichtversorgung** gewährleisten will und auch **nicht vor Beschattung** schützen kann. Das Abstandsflächenrecht will entgegen einer weitverbreitenden Formel (vgl. z.B. OVG Saar, Urt. v. 06.03.1987 – 2 R 180/84, BRS 47 Nr. 100) keineswegs die Belichtung, »Besonnung« und Belüftung sicherstellen. Die frühere Rechtsprechung des OVG NRW (vgl. Beschl. v. 16.09.1988 – 10 B 1341/88, n.v.) die nicht fortgeführt wurde, stellte noch auf die »**Beschattung**« von Wohn- und Terrassenbereichen ab. Für die »Besonnung« der Aufenthaltsräume ist jedoch eine bestimmte **Ausrichtung zur Himmelsrichtung** erforderlich. Das Bauordnungsrecht nimmt in Kauf, dass keiner der Aufenthaltsräume einer Wohnung in südlicher, westlicher oder östlicher Richtung liegt, denn § 47 Abs. 2 BauO NRW verbietet die »**reine**« Nordlage aller Wohn- und Schlafräume. Verlangt wird lediglich, dass die Sonne einzelne Wohn- und Schlafräume in den Sommermonaten frühmorgens oder spätabends erreichen kann (vgl. § 47 Rdn. 20).

81 Das Abstandsflächenrecht kann **Fehlentwicklungen** in Bezug auf **gesunde Wohn- und Arbeitsverhältnisse** nicht auffangen (VGH B-W, Beschl. v. 12.10.2004 – 8 S 1661/04, BRS 67 Nr. 179 = NVwZ-RR 2005, 89). Es handelt sich – und dies wird durch die Rechtsänderung des Jahres 2006 noch unterstrichen – um ein **Minimalprogramm** zur Ausfüllung der allgemeinen Anforderungen des § 3 Abs. 1 Satz 1 BauO NRW (vgl. § 3 Rdn. 6), um zu verhindern, dass infolge zu geringer Gebäudeabstände **Gefahren** für **Leben** und **Gesundheit** der Bewohner und Benutzer der Gebäude entstehen. Für

den **Städtebau** kann sich nach der generellen Verkürzung des Abstands auf 0,4 H für Abstandsflächen vor Wänden von nicht mehr als 16 m Länge das Erfordernis **größerer** Abstände ergeben, die von der Gemeinde im Bebauungsplan festzusetzen sind (s. Rdn. 47).

1.4.2 Bauplanungsrechtliches Gebot der Rücksichtnahme

Die eingeschränkte Zielsetzung des Abstandsflächenrechts ist ausschlaggebend dafür, dass das bauplanungsrechtliche Gebot der Rücksichtnahme neben den nachbarschützenden Vorschriften des § 6 BauO NRW in besonders gelagerten Einzelfällen Anwendung findet (zum Rücksichtnahmegebot vgl. § 72 Rdn. 145–162). Es wird im beplanten Bereich aus § 15 BauNVO und § 31 Abs. 2 BauGB, im Innenbereich aus dem Einfügungsgebot des § 34 Abs. 1 BauGB und im Außenbereich aus den nach § 35 Abs. 3 BauGB zu beachtenden öffentlichen Belangen abgeleitet. Das Rücksichtnahmegebot verlangt vom Bauherrn nicht, auf ein zulässiges, für den Nachbarn zumutbares Vorhaben zu verzichten und dieses an einem aus Sicht des Nachbarn besser geeigneten Alternativstandort zu errichten (BVerwG, Beschl. v. 26.06.1997 – 4 B 97.97, BRS 59 Nr. 176; OVG NRW, Beschl. v. 02.03.2007 – 10 B 275/07, BauR 2007, 1027; BayVGH, Beschl. v. 04.07.2016 – 15 ZB 14.891, juris.). 82

Im **beplanten Bereich** kann ein Vorhaben, das die Festsetzungen zum **Maß** der baulichen Nutzung, zur **Bauweise** und zu den **überbaubaren Grundstücksflächen** einhält, selbst dann nicht verhindert werden, wenn es für den Nachbarn eine »Beeinträchtigung« darstellt. In Bezug auf diese Prüfungsmaßstäbe kann § 15 BauNVO für Nachsteuerungen im Einzelfall nämlich **nicht** genutzt werden, da sich diese Vorschrift als Ausprägung des Rücksichtnahmegebots **nur** auf die **Art der baulichen Nutzung** bezieht (BVerwG, Urt. v. 16.03.1995 – 4 C 3.94, BauR 1995, 508 = BRS 57 Nr. 175 = ZfBR 1995, 212; BayVGH, Beschl. v. 21.11.2012 – 15 ZB 10.1796, juris). Insofern unterscheidet sich die Rechtslage nach § 30 BauGB grundlegend von der nach § 34 BauGB, da im Innenbereich das Einfügungsgebot auch diese Prüfungsmaßstäbe mit umfasst. Dagegen kann bei einer **Befreiung** von einer Bebauungsplanfestsetzung das in § 31 Abs. 2 BauGB enthaltene Rücksichtnahmegebot verletzt sein (OVG NRW, Urt. v. 22.08.2005 – 10 A 3611/03, BRS 69 Nr. 91 zu einem die rückwärtige Baugrenze überschreitenden grenzständigen Balkon eines Reihenhauses, von dem aus in etwa 1 m Entfernung in ein Schlafzimmerfenster des Nachbarhauses direkte Einsichtnahmemöglichkeit bestand). 83

Gebäude in älteren Bebauungsstrukturen, die § 34 BauGB unterfallen, weisen vielfach **nur geringe Abstände** untereinander auf. Dabei spielt das »**Einfügen**« in die **Eigenart der Umgebung**, die durch die **tatsächlich vorhandene Bebauung** geprägt wird, die entscheidende Rolle. Ein Vorhaben, das sich in jeder Hinsicht, also nach der **Art** und dem **Maß** der baulichen Nutzung, nach der **Bauweise** und nach der **Grundstücksfläche, die überbaut werden soll**, innerhalb des aus seiner Umgebung hervorgehenden Rahmens hält, fügt sich »**in der Regel**« seiner Umgebung ein, wobei im Einzelfall auf Besonderheiten der unmittelbar anschließenden Bebauung »**Rücksicht**« zu nehmen ist (BVerwG, Urt. v. 26.05.1978 – IV C 9.77, BRS 33 Nr. 36). Das im Begriff des 84

§ 6 Abstandsflächen

Einfügens enthaltene Rücksichtnahmegebot kann in **Ausnahmefällen** selbst dann **verletzt sein**, wenn die **Abstandsflächen eingehalten** sind (BVerwG, Urt. v. 23.05.1986 – 4 C 34.85, BRS 46 Nr. 176; Urt. v. 16.09.1993 – 4 C 28.91, BRS 55 Nr. 110; Urt. v. 28.10.1993 – 4 C 5.93, BRS 55 Nr. 168), da **nachbarliche Belange** nicht allein bauordnungsrechtlich, sondern **auch bauplanungsrechtlich geregelt** sein können (BVerwG, Urt. v. 16.05.1991 – 4 C 17.90, BRS 52 Nr. 157; s.a. Mampel, Nachbarschutz durch das Abstandsflächenrecht und das Gebot der Rücksichtnahme – Anmerkungen zu einem scheinbar geklärten Konkurrenzverhältnis, ZfBR 1997, S. 227 ff.).

85 Nach bisheriger Rechtsprechung ist zumindest aus tatsächlichen Gründen das **Rücksichtnahmegebot im Regelfall nicht verletzt, wenn** die **Abstandsflächenvorschriften eingehalten** sind (BVerwG, Urt. v. 11.01.1999 – 4 B 128.98, BauR 1999, 615 = BRS 62 Nr. 102; OVG Bremen, Urt. v. 05.08.2016 – 1 B 125/16, BauR 2016, 2059). Die Annahme einer »**erdrückenden Wirkung**« blieb auf **Ausnahmefälle** beschränkt (Nds. OVG, Urt. v. 22.04.2015 – 1 KN 126/13, BauR 2015, 1304), obwohl bei Streitigkeiten über Windkraftanlagen deren »**optisch bedrängende Wirkung**« regelmäßig überprüft wird (vgl. OVG NRW, Beschl. v. 27.07.2015 – 8 B 390/15, BauR 2015, 1817).

86 Diese Systematik ist vom OVG NRW im Hinblick auf die Neuregelung des Abstandsflächenrechts modifiziert worden. Danach ist nach der neuen Rechtslage (BauO NRW 2006) die Einhaltung der Abstandsflächen nicht alleiniges Kriterium für die Beachtung des Rücksichtnahmegebots. Die o.g. Indizwirkung ist nach Auffassung des OVG NRW nicht gegeben, wo es zu einer nachhaltigen Verkürzung der Abstandsflächen durch die Neuregelung gekommen ist (OVG NRW, Beschl. v. 09.02.2009 – 10 B 1713/08, BauR2009, 775; a.A. OVG Bln, Beschl. v. 30.10.2009 – 10 S 26.09, BauR 2010, 441). In einem solchen Fall ist nach Auffassung des OVG NRW eine eigenständige Prüfung des Gebots der Rücksichtnahme angezeigt. Im Übrigen kann die Einhaltung der Abstandsflächen für die Wahrung des Gebots der Rücksichtnahme aussagekräftig sein (OVG NRW, Beschl. v. 09.02.2009 – 10 B 1713/08, BauR 2009, 775). Es ist also nunmehr zu prüfen, ob das Vorhaben in abstandsflächenrechtlicher Hinsicht auch auf Grundlage der vor 2006 geltenden Landesbauordnung hätte genehmigt werden können oder nur aufgrund der Neuregelungen, insbesondere aufgrund der Neuregelung in Abs. 6 Satz 1. Wesentliches Indiz für eine bauplanungsrechtliche Rücksichtslosigkeit kann umgekehrt sein, wenn selbst die nach der Neuregelung (2006) verminderten Abstandsflächen zu den übrigen Grundstücksseiten (also nicht zum Grundstück des klagenden Nachbarn) nicht eingehalten werden (OVG NRW, Beschl. v. 13.10.2009 – 10 B 1088/09, n.v.).

87 Da das Abstandsflächenrecht dem **Bauplanungsrecht** den **Vorrang** einräumt, hat zunächst die bauplanungsrechtliche Prüfung des Einfügens zu erfolgen. Dabei besteht ausreichend Raum zur Würdigung von Besonderheiten, die sich aus der Bebauung in der unmittelbaren Nähe des Vorhabens ergeben. Liegen Besonderheiten der Bebauung, auf die Rücksicht zu nehmen ist, nicht vor, so fügt sich ein Vorhaben, das sich in jeder Hinsicht – also auch hinsichtlich der Bauweise und der Grundstücksfläche, die überbaut werden soll – innerhalb des aus seiner Umgebung hervorgehenden Rahmens hält, im Sinne des § 34 BauGB ein. Das **Maß des in der offenen Bauweise einzuhaltenden Abstandes** bestimmt sich dabei nach dem **Landesrecht**, so dass darüber

hinaus für ein drittschützendes Gebot der Rücksichtnahme regelmäßig kein Raum ist (BVerwG, Beschl. v. 22.11.1984 – 4 B 244.84, BRS 42 Nr. 206 zu einem Wohngebäude, das bei einer Wandhöhe von 4,5 m zum Nachbarhaus 17 m Abstand einhielt).

Im unbeplanten Innenbereich kann der Nachbar in Bezug auf den in der offenen Bauweise einzuhaltenden Abstand **grundsätzlich keine Rücksichtnahme** über das hinaus verlangen, was ihm das Abstandsflächenrecht bietet, wenn das Vorhaben die gebotene Rücksicht speziell auf die in seiner unmittelbaren Nähe vorhandene Bebauung nimmt (BVerwG, Beschl. v. 06.12.1996 – 4 B 215/96, BRS 58 Nr. 164 = NVwZ-RR 1997, 516 zu einer Wohnhauserhöhung, die auf dem Grundstück des Nachbarn die Sonneneinstrahlung derart beeinträchtigte, dass ein Wintergarten wertlos wurde). Es müssen demnach im Einzelfall **besondere Umstände** vorliegen. 88

Das bauplanungsrechtliche Rücksichtnahmegebot will einen **angemessenen Interessenausgleich im Nachbarschaftsverhältnis** gewährleisten. Je empfindlicher und schutzwürdiger die Stellung des Rücksichtnahmebegünstigten ist, desto mehr kann an Rücksichtnahme verlangt werden. Je verständlicher und unabweisbarer die mit dem Vorhaben verfolgten Interessen sind, umso weniger Rücksicht braucht derjenige, der das Vorhaben verwirklichen will, zu nehmen. Berechtigte Belange muss er nicht zurückstellen, um gleichwertige fremde Belange zu schonen (BVerwG, Urt. v. 14.01.1993 – 4 C 19.90, BauR 1993, 445 = BRS 55 Nr. 175; OVG NRW, Urt. v. 05.07.2017 – 7 A 2432/15, BauR 2017, 1661). 89

So kann eine grenzständige Bebauung selbst bei ansonsten gegebener geschlossener Bauweise im Einzelfall mit dem Gebot der Rücksichtnahme unvereinbar sein (BVerwG, Beschl. v. 12.01.1995 – 4 B 197.94, BauR 1995, 365 = BRS 57 Nr. 131), obwohl in einem Gebiet mit teils offener, teils geschlossener oder einseitig grenzständiger Bebauung regelmäßig sowohl die offene als auch die (einseitig) grenzständige Bauweise bauplanungsrechtlich zulässig ist (BVerwG, Beschl. v. 11.03.1994 – 4 B 53.94, BauR 1994, 494 = BRS 56 Nr. 65; OVG NRW, Beschl. v. 03.08.2017 – 7 A 1830/16, juris). Andererseits kann ein Grundstückseigentümer, der in seine grenznahe Wand mit nur 0,5 m Abstand zur gemeinsamen Grundstücksgrenze Fenster zur Belichtung der dahinter liegenden Lager- und Arbeitsräume einer Bäckerei eingebaut hat, in Anwendung des Gebots der Rücksichtnahme nicht verlangen, dass der Nachbar auf eine bauplanungsrechtlich zulässige eingeschossige Grenzbebauung verzichtet (OVG NRW, Beschl. v. 17.02.2000 – 7 B 178/00, BauR 2001, 77 = BRS 63 Nr. 137). 90

Bei der Anwendung des Rücksichtnahmegebots ist ferner zu berücksichtigen, dass sowohl die bauplanungs- als auch die bauordnungsrechtlichen Zulässigkeitsregeln von einer **harmonisch aufeinander abgestimmten Bebauungsstruktur** ausgehen. Treffen **nicht aufeinander abgestimmte Bebauungsstrukturen** aufeinander, besteht eine gewisse Wahrscheinlichkeit für Verletzungen des Rücksichtnahmegebots. 91

Im »**Hochhausfall**« war das Rücksichtnahmegebot verletzt, weil ein zwölfgeschossiges Hochhaus im – nach seinerzeitigem Abstandsflächenrecht ausreichenden – (Sozial-) Abstand von lediglich 15 m zu einer zweigeschossigen Bebauung das unmittelbar benachbarte Wohnhaus des Klägers gleichsam »**erdrücken**« würde (BVerwG, Urt. v. 92

13.03.1981 – 4 C 1.78, BRS 38 Nr. 186 unter Bestätigung OVG NRW, Urt. v. 11.10.1977 – VII A 373/75, BRS 32 Nr. 156).

93 Im »**Silofall**« wurde die Rücksichtslosigkeit trotz Einhaltung der Abstandsflächenvorschriften konstatiert, weil im abstandsrechtlich ausreichenden Mindestabstand von 3 m zum Gartenbereich eines zweigeschossigen Wohnhauses hintereinander und parallel zur Grundstücksgrenze drei 11,5 m hohe Düngekalksilos auf einer Gesamtlänge von 13,3 m standen, die Wirkungen wie eine »riesenhafte metallische Mauer« hervorriefen und den Eindruck vermittelten, als läge das Wohnhausgrundstück inmitten einer Industrieanlage; diese Anordnung der Siloanlage hätte das nur 7 m breite Wohnhausgrundstück »**erdrückt und erschlagen**« (BVerwG, Urt. v. 23.05.1986 – 4 C 34.85, BRS 46 Nr. 176 unter Bestätigung OVG NRW, Urt. v. 09.05.1985 – 7 A 1395/84, BRS 44 Nr. 167).

94 Im »**Reihenhausfall**« wollte der Eigentümer eines der Mittelhäuser einer aus fünf Einzelgebäuden bestehenden **einheitlichen Hausgruppe** eine gartenseitige Erweiterung um 2,5 m Tiefe vornehmen. Bei nur 5 m breiten und lediglich bis zu 6,5 m tiefen **Reihenhausgrundstücken** besteht jedoch eine **besondere gegenseitige Rücksichtnahmepflicht**, gegen die bei der Inanspruchnahme von rund 30 % der noch freien Gartenfläche verstoßen wird (VGH B-W, Urt. v. 14.08.1997 – 5 S 1252/96, BauR 1998, 517 = BRS 59 Nr. 189).

95 Eine besondere Form der Rücksichtslosigkeit kann auch in einer übermäßigen Anzahl von Fenstern einer sehr breiten oder sehr hohen Wand gegeben sein, wenn von diesen Fenstern eine **besonders intensiver Einblick in den Schutzbereich des Nachbarn** aus möglich ist, so dass für diesen der Eindruck entsteht, nach Realisierung des Vorhabens »**auf dem Präsentierteller**« leben zu müssen.

96 Im »**Bürohausfall**« wurde eine unzumutbare Wirkung für ein rund 50 m langes und 6,5 m hohes Bürogebäude angenommen, das im rückwärtigen Bereich mit einem Grenzabstand von 5 m errichtet werden sollte und dem Wohngarten des klagenden Nachbarn zugewandt insgesamt 84 größere Fenster aufwies, von denen aufgrund der Bürozeiten bis 20 Uhr bis in die Abendstunden hinein Einsicht auf nahezu 50 m Länge in das Grundstück des Nachbarn gegeben war; hinzu kam, dass die Nachbarn vom Herbst bis zum Frühjahr **bei Dunkelheit** einer 50 m langen **Lichtfront** ausgesetzt worden wären (OVG NRW, Beschl. v. 19.07.2001 – 7 B 834/01, n.v.).

1.5 Abstandsflächenregeln im Verhältnis zum Nachbarrechtsgesetz NRW

97 **Streitigkeiten** zwischen Nachbarn über einzuhaltende **Grenzabstände** von Gebäuden werden in der überwiegenden Zahl der Fälle unter **Inanspruchnahme des öffentlich-rechtlichen Nachbarschutzes** geltend gemacht, weil in der Bevölkerung allgemein bekannt ist, dass das öffentliche Baurecht hierzu Vorschriften enthält, deren Einhaltung von den Bauaufsichtsbehörden überwacht wird. Für den Grundstückseigentümer, der glaubt, durch Baumaßnahmen, Pflanzungen oder Einfriedungen auf dem Nachbargrundstück in seinen Rechten verletzt zu sein, ist es selbstverständlich, sich zunächst an die Bauaufsichtsbehörde zu wenden, obwohl die Abstandsflächenvorschriften des

§ 6 BauO NRW nur Abstände von Gebäuden und baulichen Anlagen mit gebäudegleicher Wirkung regeln. Regelmäßig wird übersehen, dass die Einhaltung der **im Zivilrecht geregelten Grenzabstände** nicht öffentlich-rechtlich, sondern nur **zivilrechtlich durchgesetzt** werden kann.

Wenig verbreitet ist erstaunlicherweise die Kenntnis der Regelungen des am 01.07.1969 in Kraft getretenen **privatrechtlichen** Nachbarrechtsgesetzes – **NachbG NRW** über 98
- Grenzabstände für Gebäude (§§ 1–3 NachbG NRW),
- Fenster- und Lichtrechte (§§ 4–6 NachbG NRW),
- **Nachbar- und Grenzwände** (§§ 7–23a NachbG NRW),
- **Höherführen** von Schornsteinen, Lüftungsleitungen, Antennen (§ 26 NachbG NRW),
- **Niederschlagswasser-** und **Abwasserführung** (§§ 27–29 NachbG NRW),
- **Bodenerhöhungen** und **Aufschichtungen** an der Grenze (§§ 30–31 NachbG NRW),
- **Einfriedungen** (§§ 32–39 NachbG NRW) und
- Grenzabstände für Pflanzen (§§ 40–48 NachbG NRW).

Das NachbG NRW **ergänzt** das **BGB** und hat mit seinen Regelungen entsprechende, zum Teil sehr alte Vorgängerregelungen abgelöst, wie die des Allgemeinen Landrechts für die Preußischen Staaten, des Preußischen Ausführungsgesetzes zum Bürgerlichen Gesetzbuch und des Rheinischen Bürgerlichen Gesetzbuchs (Code civil). 99

Die **Vorschriften** des NachbG NRW **gelten nur**, soweit die Nachbarn **nichts anderes** – **schriftlich** – **vereinbart** haben und lassen das **öffentliche Recht unberührt** (§ 49 NachbG NRW). Bei Rechtsverletzungen muss der Eigentümer oder der Erbbauberechtigte des Grundstücks diese nach den Vorschriften des BGB geltend machen (§§ 50 und 52 NachbG NRW). 100

Die **Bauaufsichtsbehörden** und natürlich auch die anderen Ordnungsbehörden sind für die Verfolgung entsprechender zivilrechtlicher Ansprüche **unzuständig**, was immer wieder verkannt wird (vgl. § 72 Rdn. 2). 101

Einen engeren Bezug zum öffentlichen Baurecht haben indessen die Vorschriften über **Nachbar-** und **Grenzwände**. Diese sind immer dann von Bedeutung, wenn bei grenzständigen Vorhaben 102
- die (mittige) Wand **auf** der Grenze (**Nachbarwand** – § 7 NachbG NRW) oder
- die direkt **an** der Grenze stehende Wand (**Grenzwand** – § 19 NachbG NRW)

unterfangen oder **höhergeführt** werden muss, um das eigene Bauwerk gründen zu können oder um als Gebäudeabschluss zu dienen. Trotz umfangreicher Regelungen kommt es hier immer wieder zu Streitigkeiten zwischen den Nachbarn (vgl. Otto, Finanzielle Sicherheit für den Nachbarn beim Bauen an der Grenze, BauR 2004, S. 927 ff.).

Aufgrund ungenauer Einmessung kann ein Gebäude wenige Zentimeter über die Grundstücksgrenze hinaus auf dem Nachbargrundstück liegen. Hierdurch entsteht keine Nachbarwand nach § 7 NachbG NRW, sondern ein »**Überbau**«. Die Rechtsfolgen ergeben sich aus **§ 912 BGB**: fällt dem Bauherrn weder Vorsatz, noch grobe Fahrlässigkeit zur Last, muss der Nachbar die Überbauung gegen eine Geldrente dulden, es sei denn, dass er vor oder sofort nach der Grenzüberschreitung – dem Bauherrn gegenüber – Widerspruch erhoben hat. 103

§ 6 Abstandsflächen

104 Das **private Nachbarrecht** verfolgt den Rechtsgedanken, die **Einigung der Nachbarn** untereinander zu fördern und dem **Nachbarfrieden** zu dienen. Die privatrechtlichen Vorschriften des NachbG NRW gelten deshalb gemäß § 49 Abs. 1 Satz 1 NachbG NRW nur, **soweit die Beteiligten nichts anderes vereinbaren** und eine solche **Vereinbarung anderen Vorschriften nicht widerspricht**.

105 Nach § 49 Abs. 2 NachbG NRW bleibt das **öffentliche Recht unberührt**, so dass privatrechtliche Vereinbarungen über z.B. verminderte Grenzabstände von Gebäuden oder Fensteröffnungen in grenznahen Wänden nicht im Widerspruch zu diesen öffentlich-rechtlichen Vorschriften stehen dürfen. Dies ist von Bedeutung, weil die im öffentlichen Recht und im privaten Nachbarrecht geregelten Grenzabstände **nicht deckungsgleich** sind, der Bauherr also stets **beide** Rechtskreise in den Blick nehmen muss.

106 Soweit die **Schriftform** für eine **nachbarliche Vereinbarung**, mit der von den Bestimmungen des privaten Nachbarrechts abgewichen werden soll, vorgeschrieben ist, kann auf diese nach § 49 Abs. 1 Satz 2 NachbG NRW nicht verzichtet werden.

107 Hinsichtlich der **Verletzung öffentlich-rechtlicher Abstandsvorschriften** wird der beschwerte Grundstückseigentümer **in der Regel öffentlich-rechtlichen Nachbarschutz** in Anspruch nehmen (vgl. § 72 Rdn. 258–263), weil der **Ermessensspielraum** der Bauaufsichtsbehörden **bei nachbarrelevanten Störungen nahezu vollständig eingeschränkt** ist, diese also insoweit gegen den Störer einschreiten müssen (vgl. § 58 Rdn. 53 und 54). Ausnahmsweise können besondere Gründe vorliegen, die es rechtfertigen, vom geforderten bauaufsichtlichem Einschreiten abzusehen, und zwar dann, wenn das vom Abstandsflächenverstoß betroffene Grundstück nicht in einer Weise genutzt wird, die im Hinblick auf vom Abstandsflächenrecht geschützte Belange schutzbedürftig ist und eine solche Nutzung auch nicht absehbar ist (OVG NRW, Beschl. v. 07.08.2014 – 7 A 2263/13, juris). Gleichwohl kann der Nachbar aber auch die **Zivilgerichte** bemühen, da die öffentlich-rechtlichen **Abstandsvorschriften Schutzgesetze** im Sinne des § **823 Abs. 2 BGB** sind.

108 Die Möglichkeit des Nachbarn, seine **Rechte** unmittelbar gegenüber dem »Störer« **zivilrechtlich** nach den §§ 1004, 906, 823 Abs. 2 BGB geltend zu machen, kann sogar für die Bauaufsichtsbehörde – je nach den Umständen des Einzelfalls – ein beachtlicher **Ermessensgesichtspunkt** sein, öffentlich-rechtlich **nicht einzuschreiten** (BVerwG, Beschl. v. 10.12.1997 – 4 B 204.97, BauR 1998, 319 = BRS 59 Nr. 188 = NVwZ 1998, 395 im Anschluss an Urt. v. 25.02.1969 – 1 C 7.68, DVBl 1969, 586; OVG Bln-Bbg, Beschl. v. 26.07.2017 – OVG 10 N 27.14, juris). Dies wird jedoch nur in **seltenen** Sonderfällen eine tragfähige Überlegung der Bauaufsichtsbehörde darstellen können, z.B. wenn aufgrund des **bisherigen Verhaltens** der beschwerten Nachbarn die zivilrechtlichen Gesichtspunkte insgesamt wesentlich erfolgversprechender erscheinen als die öffentlich-rechtlichen Aspekte oder wenn die öffentlich-rechtlichen Abwehransprüche bereits **teilweise verwirkt** sind (vgl. § 72 Rdn. 272–286), so dass dem öffentlich-rechtlichen gegenüber dem zivilrechtlichen Anspruch nur noch äußerst geringe Erfolgsaussichten zukommen.

Das NachbG NRW enthält Abstandsregelungen, die denen des öffentlichen Rechts 109 gleichen. § 1 Abs. 1 NachbG NRW verlangt, dass Gebäude einen **Mindestabstand** zu Nachbargrenzen von **2 m** und mit sonstigen, nicht zum Betreten bestimmten oberirdischen Gebäudeteilen einen **Mindestabstand** von **1 m** einhalten. Gemäß § 27 Abs. 1 NachbG NRW sind bauliche Anlagen so einzurichten, dass **Niederschlagswasser** nicht auf das Nachbargrundstück tropft, auf dieses abgeleitet wird oder übertritt.

Die **zivilrechtliche Legaldefinition** der **baulichen Anlage** und des **Gebäudes** in § 1 110 Abs. 2 NachbG NRW **stimmen** dabei **mit den bauordnungsrechtlichen Legaldefinitionen** des § 2 Abs. 1 und 2 BauO NRW **wörtlich überein**, sind also im Sinne des öffentlichen Rechts zu verstehen (vgl. § 2 Rdn. 34 ff. und Rdn. 118 ff.).

Während die zivilrechtlichen Anforderungen an die Ableitung des Niederschlagswassers 111 das öffentliche Recht sinnvoll ergänzen, weil das öffentliche Recht insoweit keine Anforderungen enthält, treten die zivilrechtlichen Gebäudeabstände zu den öffentlich-rechtlichen Gebäudeabständen in einen merkwürdigen und **kaum zu erklärenden Widerspruch**.

Die zivilrechtlichen Mindestgrenzabstände für Gebäude und Gebäudeteile sind gerin- 112 ger als die öffentlich-rechtlichen Abstände.

Diese unterschiedlichen Anforderungen mögen ihre Begründung darin finden, dass das 113 NachbG NRW sich ausschließlich auf die **Wahrnehmung privater Belange** beschränkt und lediglich die **Schonung** des nachbarlichen Grundeigentums bei der Realisierung von Baumaßnahmen im Interesse des Nachbarfriedens zum Ziel hat, während die BauO NRW die **Wahrung öffentlicher Belange**, insbesondere der **öffentlichen Sicherheit oder Ordnung** (z.B. Brandschutz, Gesundheitsschutz), zur Aufgabe hat.

Da das öffentliche Baurecht in Bezug auf Gebäudeabstände und Abstandsflächen er- 114 sichtlich keine Regelungslücken enthält, stellt sich letztlich die Frage nach dem Sinn der zivilrechtlichen Bestimmungen über Gebäudeabstände, weil auch gerade in der praktischen Anwendung kaum Fälle denkbar sind, in denen überhaupt noch die zivilrechtlichen Abstände zum Zuge kommen.

Denn die **Grundregel** des § 1 Abs. 1 NachbG NRW über die Einhaltung zivilrechter 115 Abstände **gilt** gemäß § 2 NachbG NRW ausdrücklich **nicht**:
a) soweit nach öffentlich-rechtlichen Vorschriften an die Grenze gebaut werden muss; 116
b) für gemäß § 6 Abs. 8 BauO NRW zulässige Garagen, überdachte Stellplätze, Ge- 117 bäude mit Abstellräumen und Gewächshäuser sowie für überdachte Sitzplätze und oberirdische Nebenanlagen für die örtliche Versorgung und für den Wirtschaftsteil einer Kleinsiedlung;
c) gegenüber Grenzen zu öffentlichen Verkehrsflächen, zu öffentlichen Grünflächen 118 und zu oberirdischen Gewässern von mehr als 3 m Breite (Mittelwasserstand);
d) wenn das Gebäude bei Inkrafttreten des NachbG NRW am 01.07.1969 öffentlich- 119 rechtlich genehmigt war und die Abstände dem bisherigen Recht entsprachen oder wenn an die Stelle eines solchen Gebäudes ein anderes tritt, mit dem der Mindestgrenzabstand von 2 m nur in dem bisherigen Umfang unterschritten wird;

§ 6 Abstandsflächen

120 e) soweit nach den bei Inkrafttreten des NachbG NRW am 01.07.1969 geltenden öffentlich-rechtlichen Vorschriften anders gebaut werden musste.

121 Das **NachbG NRW** begibt sich hinsichtlich des Erfordernisses, zur Nachbargrenze bestimmte zivilrechtliche Gebäudeabstände einzuhalten, **wie § 6 BauO NRW** voll in die **Abhängigkeit des Bauplanungsrechts**. Das Bauplanungsrecht bestimmt letztlich, **ob** die zivilrechtlichen Grenzabstände Anwendung finden.

122 Soweit jedoch nicht an die Grenze zu bauen ist, bedarf es auch im öffentlichen Recht der Einhaltung von Abständen, die dann jedoch **größer** sein müssen als die des NachbG NRW, so dass die zivilrechtlich geregelten Abstände – bis auf Befreiungs- bzw. Abweichungsfälle – regelmäßig keine Anwendung finden. Die früher noch gegebene **Diskrepanz** zwischen den Abstandsregelungen des § 6 Abs. 11 BauO NRW bezüglich der dort unter bestimmten Voraussetzungen erklärten Zulässigkeit von Grenzgaragen wurde zeitgleich zur BauO NW 1995 mit dem »Gesetz zur Änderung des Nachbarrechtsgesetzes Nordrhein-Westfalen (NachbG NRW)« vom 07.03.1995 (GV. NRW. S. 193) durch Änderung des § 2 Buchstabe b) NachbG NRW **beseitigt**.

123 Die **zivilrechtlichen** Gebäudeabstände erweisen sich daher als **überflüssige Doppelregelung** zum Abstandsflächenrecht, die nur zur Verwirrung der Beteiligten beitragen. Im Zuge einer **Rechtsbereinigung** sollten die zivilrechtlichen Grenzabstände für Gebäude ersatzlos entfallen. So kennt auch das Nachbarrechtsgesetz für Rheinland-Pfalz vom 15.06.1970 (GVBl. S. 198) keine Gebäudeabstände, ohne dass es dort zu Vollzugsproblemen gekommen wäre. Das rheinland-pfälzische Nachbarrechtsgesetz beschränkt sich auf solche Regelungen, die das BGB **sinnvoll ergänzen** und nicht in Konkurrenz zum öffentlichen Baurecht treten (hierzu s. Moog/Schmidt, Abstandsflächen und Abstände, 3. Aufl. 1997, S. 131 ff.).

124 Rein theoretisch können die Mindestgrenzabstände des Nachbarrechtsgesetzes relevant werden, wenn durch eine **Befreiung** nach § 31 Abs. 2 BauGB von den Festsetzungen des Bebauungsplans, eine **Abweichung** nach § 22 Abs. 3 BauNVO (sämtliche Fassungen) von der festgesetzten geschlossenen Bauweise oder durch eine **Abweichung** nach § 69 BauO NRW von den Vorschriften über die Abstandsflächen der **zivilrechtliche Mindestabstand** nach § 1 Abs. 1 NachbG NRW **unterschritten** werden soll. Zwar ist das **private Nachbarrecht** im Baugenehmigungsverfahren **nicht zu prüfen** (vgl. § 74 Abs. 1 Satz 1 i.V.m. Abs. 3 Satz 1 BauO NRW), aber es ist zu bedenken, dass durch die Befreiungs- bzw. Abweichungsentscheidung nach öffentlichem Recht keineswegs die nach § 1 Abs. 3 NachbG NRW erforderliche Einwilligung des Eigentümers des Nachbargrundstücks ersetzt werden kann. Daher bedarf der Bauherr, um die ihm unter Gewährung einer Befreiung oder Abweichung erteilte Baugenehmigung nutzen zu können, zusätzlich noch dieser schriftlichen Einwilligung des Nachbarn.

125 Das Bauordnungsrecht zwingt jedoch infolge der – nachbarschützenden – Verfahrensvorschrift des **§ 72 BauO NRW** zur **Beteiligung des Angrenzers** im Abweichungsverfahren (vgl. § 72 Rdn. 21–28). Kommt es bereits im öffentlich-rechtlichen Verfahren

zu der Einwilligung des Nachbarn, ist auch zugleich die zivilrechtlich geforderte Zustimmung erteilt. Zwar kann in **besonderen** Fällen eine Abweichungsentscheidung auch **gegen den Widerstand des Angrenzers** getroffen werden (vgl. § 72 Rdn. 68), wenn dessen öffentlich-rechtlich geschützte nachbarliche Belange durch die Abweichung erkennbar nicht nachteilig berührt werden, eine derartige Konstellation ist aber gerade bei Abweichungen von den nachbarschützenden Vorschriften des § 6 Abs. 1 BauO NRW praktisch ausgeschlossen (s. Rdn. 61–81).

1.6 Darstellung der Abstandsflächen in den Bauvorlagen

Das zur Ausführung anstehende **Vorhaben** ergibt sich aus den **Angaben im Antragsvordruck** und den **Darstellungen in den zugehörigen Bauvorlagen** (vgl. § 70 Rdn. 30–34). Der Bauantrag und die mit ihm zugleich eingereichten Bauvorlagen müssen so klar sein, dass ein verständlicher, inhaltlich genau abgegrenzter, eindeutig bestimmter Verwaltungsakt ergehen kann, der den Umfang und die Bindung der Baugenehmigung festlegt (OVG NRW, Urt. v. 23.04.2015 – 7 A 1237/13, juris und Beschl. v. 24.06.2015 – 2 A 325/15, NWVBl. 2016, 63). Allein die Unbestimmtheit einer Baugenehmigung hinsichtlich nachbarrechtsrelevanter Merkmale führt zu ihrer Aufhebung (OVG NRW, Urt. v. 12.09.2006 – 10 A 2980/05, BauR 2007, 350 bei widersprüchlichen Angaben in den Bauvorlagen zur Höhe eines Balkons). 126

Der zeichnerischen Darstellung des Vorhabens kommt im Hinblick auf den Nachweis der Einhaltung der Abstandsflächenbestimmungen des § 6 BauO NRW besondere Bedeutung zu. Dabei handelt es sich im Wesentlichen um zeichnerische Darstellungen im Lageplan sowie in den Ansichts- und Schnittzeichnungen. 127

Es ist zu empfehlen, die zeichnerischen Darstellungen um **rechnerische Nachweise** der Abstandsflächen zu ergänzen, so dass die Bauaufsichtsbehörde oder auch – im Streitfalle – das Verwaltungsgericht die Darstellung leicht nachvollziehen kann. 128

Der **Schwerpunkt** liegt dabei auf den **Abstandsflächendarstellungen im Lageplan**. Die Bauzeichnungen werden benötigt, um die für die Ermittlung der erforderlichen Tiefe der Abstandsflächen notwendigen Angaben zu erhalten, um so eine korrekte zeichnerische Darstellung im Lageplan vornehmen zu können. 129

Nach § 4 Abs. 3 Nr. 2 und Nr. 5 BauPrüfVO müssen zur Ermittlung der Abstandsflächen aus den **Schnitten** ersichtlich sein: 130
– der Anschnitt der vorhandenen und geplanten Höhenlage der Geländeoberfläche über NN sowie Aufschüttungen und Abgrabungen,
– die **Höhen der Firste über der Geländeoberfläche**, die **Dachneigungen** sowie das **Maß H je Außenwand** in dem zur Bestimmung der Abstandsflächen erforderlichen Umfang (§ 6 Abs. 4 BauO NRW).

Nach § 4 Abs. 4 BauPrüfVO ist in den Ansichten auch das vorhandene und das künftig Gelände mit Angabe seiner Höhenlage über NN darzustellen; hiermit ist die Geländeoberfläche als maßgebende Bezugsebene gemeint. 131

Die **Einhaltung der Vorschriften** des § 6 Abs. 2 BauO NRW lässt sich nur durch den **Lageplan** nachweisen, da es hierbei darum geht, die genaue Lage der Abstandsflächen 132

§ 6 Abstandsflächen

des Gebäudes in Beziehung zu den rechtmäßigen Grundstücksgrenzen darzustellen. An den Lageplan stellt § 3 BauPrüfVO besondere Anforderungen (vgl. § 70 Rdn. 75). Nach § 3 Abs. 1 Satz 4 BauPrüfVO müssen im **Lageplan** unter anderem folgende Angaben enthalten sein:

133   1. der Maßstab und die Lage des Baugrundstücks zur Nordrichtung,
134   2. die **Bezeichnung des Baugrundstücks** und der **benachbarten Grundstücke** nach Straße, Hausnummer, Grundbuch und Liegenschaftskataster sowie die Angabe der Eigentümerin oder des Eigentümers des Baugrundstücks,
135   3. die rechtmäßigen **Grenzen des Baugrundstücks** und deren **Längen** sowie der Flächeninhalt des Baugrundstücks,
136   4. die Höhenlage der Eckpunkte des Baugrundstücks und die Höhenlage des engeren Baufeldes über NN,
137   5. die Breite und die Höhenlage der an das Baugrundstück angrenzenden öffentlichen Verkehrsflächen über NN,
138   6. die **vorhandenen baulichen Anlagen** auf dem Baugrundstück und den angrenzenden Grundstücken sowie **genehmigte**, aber noch nicht ausgeführten baulichen Anlagen auf dem Baugrundstück, bei **Gebäuden** auch mit Angabe ihrer **Geschosszahl, Wand- und Firsthöhen**,
139   8. Flächen auf dem Baugrundstück, die von Baulasten betroffen sind, sowie Flächen auf den angrenzenden Grundstücken, die von Baulasten zugunsten des Baugrundstücks betroffen sind,
140   11. die **Bezeichnung des Bebauungsplanes** oder anderer **Satzungen nach dem Baugesetzbuch** mit den **Festsetzungen** über Art und Maß der baulichen Nutzung, die Bauweise, die Darstellung der Baulinien und Baugrenzen und der Flächen auf dem Baugrundstück, für die der Bebauungsplan oder eine andere Satzung besondere Festsetzungen trifft, sowie die **Bezeichnung der örtlichen Bauvorschriften**,
141   12. die geplanten baulichen Anlagen unter Angabe der Außenmaße, der Dachform, der Wand- und Firsthöhen, der Höhenlage der Eckpunkte der baulichen Anlage über NN an der Geländeoberfläche, der Höhenlage des Erdgeschossfußbodens über NN, der Grenzabstände, der Tiefe und Breite der Abstandsflächen, der Abstände zu anderen baulichen Anlagen,
142   13. die Abstände der geplanten baulichen Anlagen zu öffentlichen Verkehrsflächen, zu Grünflächen, zu Wasserflächen und zu Wäldern.

143   Bei der **Darstellung bestehender Gebäude im Lageplan** ist der Bestandsschutz zu beachten. Es ist **fehlerhaft**, einen nach den früheren Vorschriften über Bauwiche und Abstandsflächen rechtmäßig entstandenen Altbestand mit den Abstandsflächen nach den aktuell geltenden Bestimmungen darzustellen (s. Rdn. 74–75). Hierdurch werden nur **unnötige Irritationen** bei den Beteiligten erzeugt. § 3 BauPrüfVO verlangt bewusst keine solche Darstellung.

144   Nach § 3 Abs. 1 Satz 4 **Nr. 6** BauPrüfVO genügt für die **vorhandenen** Gebäude auf dem Baugrundstück und auf den angrenzenden Grundstücken die Angabe ihrer Geschosszahl, Wand- und Firsthöhen. Nur für **geplante** Gebäude verlangt § 3 Abs. 1 Satz 4 **Nr. 12** BauPrüfVO neben anderen Eintragungen auch die Angabe der **Grenzabstände**, der **Tiefe und Breite der Abstandsflächen** und der **Abstände zu anderen baulichen Anlagen**.

Es ist dann **Aufgabe der Bauaufsichtsbehörde** zu ermitteln, ob der Altbestand rechtmäßig errichtet wurde und aufgrund seiner fortbestehenden funktionsgerechten Nutzung Bestandsschutz genießt. 145

Bei der Anfertigung des Lageplans (vgl. § 3 Abs. 1 Satz 1 BauPrüfVO) kann davon ausgegangen werden, dass der im **Katasterkartenwerk** eingetragene **Altbestand rechtmäßig** errichtet wurde, selbst wenn eine Unterschreitung des heute geltenden Mindestabstandes von 3 m vorliegt. Denn einerseits besteht dieser Mindestabstand erst seit der BauO NW 1962 landesweit (s. Rdn. 8). Andererseits ist erst seit 1962 bei einer Abstandsflächenübernahme die Eintragung einer Flächenbaulast erforderlich. 146

Da der **Lageplan** nach § 3 Abs. 1 Satz 1 BauPrüfVO auf der **Grundlage** eines Auszugs aus der **Liegenschaftskarte/Flurkarte** zu erstellen ist, muss der **vermessungstechnische Inhalt** mit diesem Auszug übereinstimmen. Im Übrigen ist für die vermessungstechnischen Darstellungen die **Zeichenvorschrift** (RdErl. vom 20.12.1978, SMBl. NRW. 71342) von Bedeutung. Mit der Änderungsverordnung vom 20.02.2000 (GV. NRW. S. 226) wurden die **Zeichen für vorhandene und geplante Anlagen** der Anlage zur BauPrüfVO neu gefasst (vgl. § 70 Rdn. 74). 147

Angesichts der **Fülle der erforderlichen Eintragungen** kann der **Lageplan unübersichtlich** werden. Um dieser Gefahr entgegenzuwirken, verlangt § 3 Abs. 5 Satz 3 BauPrüfVO, den **Inhalt des Lageplans** gegebenenfalls **auf besonderen Blättern** darzustellen. 148

Für die **Darstellungen im Lageplan** sind gemäß § 3 Abs. 5 Satz 1 BauPrüfVO die **Zeichen** und/oder **Farben** der **Anlage zur BauPrüfVO** zu verwenden. Die bis 2000 vorgeschriebene Schwarzweiß-Darstellungstechnik wurde aufgegeben und die **farbige Darstellung** zugelassen (vgl. § 70 Rdn. 69). 149

Im Übrigen verweist § 3 Abs. 5 Satz 1 BauPrüfVO auf die Planzeichenverordnung 1990 – **PlanzV 90** vom 18.12.1990 (BGBl. I 1991 S. 58), z.g.d. G vom 04.05.2017 (BGBl. I S. 1057). 150

Die **Farben** der Anlage zur BauPrüfVO wurden auf die der PlanzV 90 abgestimmt. Dennoch werden sich im Einzelfall Überschneidungen nicht vermeiden lassen. Es ist dann Aufgabe des Planverfassers, durch einen sparsamen Umgang mit farbigen Darstellungen dafür zu sorgen, dass der **Darstellungsinhalt klar** zu erkennen bleibt. Da die Zeichen und Farben im Lageplan **kombiniert** werden dürfen, kann auf eine Darstellung in Schwarzweiß-Darstellungstechnik zurückgegriffen werden, um zu vermeiden, dass sich gleiche Farben überlagern. Das könnte z.B. gegeben sein, wenn eine Abstandsfläche, die nach Nr. 1.10 der Anlage zur BauPrüfVO hellviolett angelegt werden darf, sich auf eine im Bebauungsplan festgesetzte Bahnanlage erstreckt, die ebenfalls violett gekennzeichnet ist. Es ist dann sinnvoll, lediglich die Begrenzung der Abstandsfläche als gerissene Linie nach Nr. 1.9 der Anlage zur BauPrüfVO darzustellen. 151

Soweit **Abstandsflächen** durch **Flächenbaulast** gesichert sind oder werden sollen, müssen die **Unterschiede in der Darstellung** nach **Nr. 1.11** und **1.12** der Anlage zur BauPrüfVO beachtet werden (vgl. § 85 Rdn. 88 f. und Abb. 83.1 und 83.2). 152

Johlen

§ 6 Abstandsflächen

153 Darstellungen nach **Nr. 1.11** und **1.12** der Anlage zur BauPrüfVO für **Baulastflächen**:

1.11 Flächen, die von **bestehenden** Baulasten betroffen sind

feines Punkraster, eng

1.12 Flächen, die von **geplanten** Baulasten betroffen sind

grüne Umgrenzung und Schraffur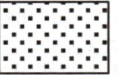

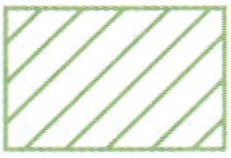

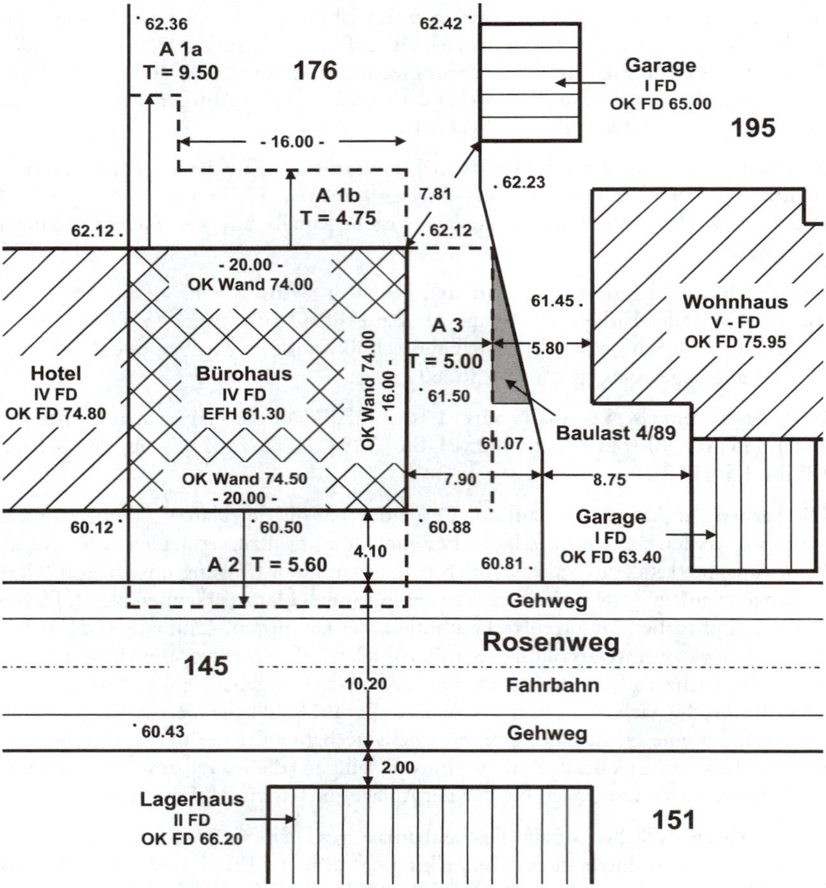

Berechnung der Abstandsflächentiefe – Mischgebiet – T = 0,8 H/0,4 H

A 1a	74.00 (OK Wand) – 62.12 (Gelände) = 11.88 0,8	T = 9.50
A 1b	74.00 (OK Wand) – 62.12 (Gelände) = 11.88 0,4	T = 4.75
A 2	74.50 (OK Wand) – 60.50 (Gelände) = 14.00 0,4	T = 5.60
A 3	74.00 (OK Wand) – 61.50 (Gelände) = 12.50 0,4	T = 5.00

Abb. 6.5 Darstellung der Abstände und Abstandsflächen im Lageplan
Im Lageplan ist das geplante Gebäude mit seiner **Höhenlage der Eckpunkte über NN** an der Geländeoberfläche, der **Höhenlage seines Erdgeschossfußbodens über NN**, seinen **Grenzabständen**, den **Tiefen** und den **Breiten** der **Abstandsflächen** einschließlich deren **Berechnung** sowie den **Abständen zu anderen Gebäuden** auf dem Baugrundstück und auf den Nachbargrundstücken einzutragen (s. Rdn. 132–152).

2 Zu Abs. 1 – Erfordernis von Abstandsflächen

Abs. 1 befasst sich mit dem **grundlegenden Erfordernis** von Abstandsflächen vor den Außenwänden von Gebäuden. Anders als durch § 22 Abs. 2 BauNVO (sämtliche Fassungen) werden dabei nicht nur die den **seitlichen** Grundstücksgrenzen zugekehrten Außenwände in den Blick genommen, sondern darüber hinaus auch die **straßenseitigen** und **rückwärtigen** – garten- oder hofseitigen – Außenwände berücksichtigt. Zwar dient das Abstandsflächenrecht der Landesbauordnungen der näheren Regelung des seitlichen Gebäudeabstandsmaßes in der offenen Bauweise, da § 22 Abs. 2 BauNVO die Einhaltung dieses Abstandes nur dem Grunde nach verlangt und die nähere Ausgestaltung dem Landesbauordnungsrecht überlässt, darüber hinaus schließt § 6 Abs. 1 BauO NRW aber auch eine – bauplanungsrechtliche – **Regelungslücke**, da der Bund mit der BauNVO seine Kompetenz nicht vollständig genutzt hat (vgl. Rdn. 12). 154

Satz 1 enthält die **Grundforderung** nach Abstandsflächen vor den – also allen – **Außenwänden von Gebäuden** sowie über **Anlagen, die keine Gebäude sind**, jedoch dennoch Abstandsflächen auslösen und wird **ergänzt durch** durch **Abs. 8** mit den Regelungen über **untergeordnete bauliche Anlagen**, die an der Grundstücksgrenze abstandsrechtlich privilegiert sind. 155

Satz 2 trifft Regelungen über Anlagen, von denen eine Gebäudegleiche Wirkung ausgeht und bezieht diese, wenn sie gegenüber Gebäuden oder Grundstücksgrenzen liegen, in die Grundforderung nach Satz 1 mit ein. 156

Satz 3 regelt den **Vorrang des Bauplanungsrechts**. Das Bauplanungsrecht gibt vor, **ob Abstandsflächen** innerhalb der überbaubaren Grundstücksgrenze einzuhalten sind oder nicht. Satz 2 wird **ergänzt durch Abs. 12**, da nach dieser Vorschrift in überwiegend bebauten Gebieten bei Vorliegen bestimmter städtebaulicher Voraussetzungen **geringere Tiefen** der Abstandsflächen gestattet oder verlangt werden können. 157

2.1 Satz 1 – Grundforderung

158 Abs. 1 Satz 1 enthält die **nachbarschützende Grundforderung** (vgl. OVG NRW, Urt. v. 14.01.1994 – 7 A 2002/92, BRS 56 Nr. 196) und zugleich die **Legaldefinition** der Abstandsfläche:

159 »*Vor den Außenwänden von Gebäuden sind Flächen von oberirdischen Gebäuden freizuhalten*«.

160 Diese Formulierung bringt den Regelungsgehalt nicht vollständig zum Ausdruck. Einerseits gilt die Bestimmung nur für Gebäude, die errichtet, geändert oder nutzungsgeändert werden, da sie den **Altbestand unberührt** lässt (s. Rdn. 41 und 74–75). Bei **baulichen Änderungen** sind die Abstandsflächenregeln insoweit zu beachten, als sich die nach Abs. 4 für die Abstandsflächentiefe maßgeblichen Merkmale ändern, z.B. durch die Erhöhung der Außenwände, durch Aufsetzen eines Satteldaches anstelle eines Flachdaches oder durch Einbau von abstandsrelevanten Dachgauben. Sofern die **funktionsgerechte Nutzung** und damit der Bestandsschutz eines Gebäudes erhalten bleiben, lösen die weitgehend freigestellten **Umbauten im Innern** eines Gebäudes grundsätzlich keine Verpflichtung zur Einhaltung der Abstandsflächen aus. Andererseits zielt die Vorschrift nur auf **oberirdische** Gebäude. Eigentlich müsste der erste Satzteil deshalb bereits auf oberirdische Gebäude abstellen, um zu verdeutlichen, dass **unterirdische** Gebäude **keine Abstandsflächen** auslösen, da nur von oberirdischen Gebäuden eine **Beeinträchtigung der Schutzziele** des Abstandsflächenrechts ausgehen kann (s. Rdn. 19–21, 38 und 80). Gebäude liegen im abstandsrechtlichen Sinne oberirdisch, wenn sie **über die Geländeoberfläche hervortreten**.

161 Um Abstandsflächen auszulösen genügt es, wenn nur ein Teil des Gebäudes über die Geländeoberfläche hinausragt, was vor allem bei hängigem Gelände talseitig gegeben sein kann. Keine Abstandsflächen werden dagegen von einem unterirdischen Gebäude ausgelöst, dessen Decke bündig mit der Geländeoberfläche abschließt und über diese nicht hervortritt. Gebäude oder Gebäudeteile, die **vollständig unterhalb der Geländeoberfläche** liegen, wie z.B. Tiefgaragen oder Keller, dürfen – abstandsrechtlich – **bis unmittelbar an die Grundstücksgrenzen** reichen, soweit dem nicht bauplanungsrechtliche Vorgaben entgegenstehen (s. Rdn. 226), da die Abstandsflächenvorschriften auf unterirdische Gebäude oder Gebäudeteile **keine Anwendung** finden (s. Abb. 6.6).

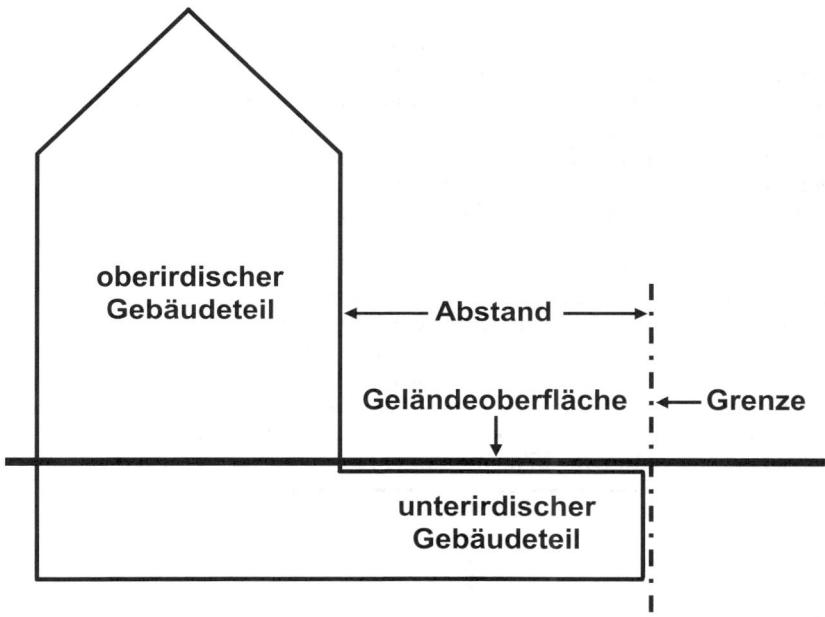

Abb. 6.6 Grundforderung des § 6 Abs. 1 Satz 1 BauO NRW
Vor Außenwänden **oberirdischer** Gebäude und Gebäudeteile sind Abstandsflächen freizuhalten. Dagegen lösen **unterirdische** Gebäude und Gebäudeteile **keine** Abstandsflächen aus; sie können – vorbehaltlich bauplanungsrechtlicher Beschränkungen – bis an andere Gebäude oder bis zur Grundstücksgrenze heranreichen (s. Rdn. 161).

Gebäude sind nach der Legaldefinition des § 2 Abs. 2 BauO NRW selbständig benutzbare, überdachte bauliche Anlagen, die von Menschen betreten werden können und die geeignet oder bestimmt sind, dem Schutz von Menschen, Tieren oder Sachen zu dienen (vgl. § 2 Rdn. 118–135). Bei Erfüllung dieser **vier Tatbestandsmerkmale** der Legaldefinition ist eine bauliche Anlage ein Gebäude, ohne dass es darauf ankommt, ob dieses Bauwerk besonders dauerhaft ausgeführt wird, über eine bestimmte Bauqualität verfügt oder eine bestimmte Größe aufweist. Deshalb lösen auch Behelfsbauten, wie Bauarbeiterunterkünfte oder Schulpavillons, und relativ kleine Gebäude, wie Trafostationen oder Fahrgastunterstände, grundsätzlich Abstandsflächen aus. Eine Ausnahme von diesem Grundsatz gilt nur unter den in § 6 Abs. 8 BauO NRW festgelegten Voraussetzungen für Garagen und Nebengebäude. 162

Die **Geländeoberfläche** ist nach der Legaldefinition des § 2 Abs. 4 BauO NRW die Fläche, die sich aus der Baugenehmigung oder den Festsetzungen des Bebauungsplanes ergibt, im Übrigen die natürliche Geländeoberfläche. Soweit – im 163

§ 6 Abstandsflächen

Ausnahmefall – keine **Festsetzungen** eines Bebauungsplanes nach § 9 Abs. 3 BauGB über die **Höhenlage der zu bebauenden Fläche** bestehen und auch keine **besonderen Gründe** nach § 8 Abs. 3 BauO NRW für eine **Anpassung des Geländes** vorliegen, ist im Übrigen – und das ist der **Regelfall** – die **natürliche Geländeoberfläche** maßgebend (zur Bestimmung der Geländeoberfläche vgl. § 2 Rdn. 214–227). Eine **Veränderung der** – bestehenden natürlichen – **Geländeoberfläche**, also eine vollständige oder nur teilweise Anhebung oder Absenkung des vorgefundenen Niveaus, kann aus **städtebaulichen Gründen** im Bebauungsplan festgesetzt sein, z.B. um eine Hochwasserfreiheit des Baugeländes zu garantieren oder die zu bebauende Fläche an die Höhenlage der öffentlichen Verkehrsfläche anzupassen. Unter den Voraussetzungen des § 8 Abs. 3 BauO NRW darf aus **bauordnungsrechtlichen Gründen** eine **Veränderung der Geländeoberfläche** genehmigt werden (vgl. § 8 Rdn. 76–88). In beiden Fällen ist dann nicht mehr die natürliche, sondern die **veränderte** Geländeoberfläche abstandsrechtlich maßgebend. Die Berechnung der **Wandhöhe H** hat dann von der **neu herzustellenden** Geländeoberfläche auszugehen, die je nach Fallgestaltung höher oder auch tiefer liegen kann als das vorgefundene Niveau (s. Abb. 6.7).

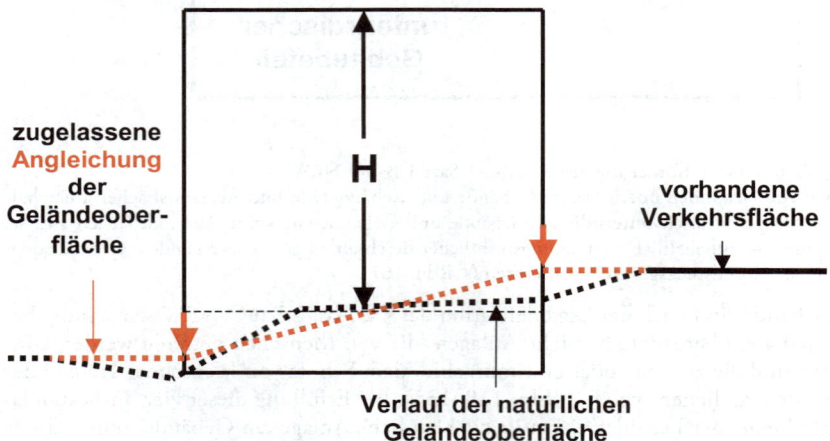

Abb. 6.7 Maßgebende Geländeoberfläche
Soweit nicht der **Bebauungsplan** die **Höhenlage** abweichend von der natürlichen Geländeoberfläche **festsetzt** oder die **Angleichung** der Geländeoberfläche von der **Bauaufsichtsbehörde** nach § 8 Abs. 3 BauO NRW **verlangt** oder **zugelassen** wird ist die natürliche Geländeoberfläche maßgebend. Im dargestellten Beispiel bestimmt sich die **zu mittelnde Wandhöhe H** der Giebelwand des Gebäudes nach den **Schnittpunkten** der Gebäudekanten mit der zugelassenen **ROT** neuen **SCH** Geländeoberfläche (s. Rdn. 163).

164 **Außenwände** im Sinne des Abs. 1 Satz 1 sind die über der Geländeoberfläche liegenden Wände, die von außen sichtbar sind und die das Gebäude gegen die Außenluft

abschließen. Dieser Begriff ist Relativierungen, die sich an der Schutzwürdigkeit des jeweils betroffenen Nachbarn im Einzelfalls orientieren, nicht zugänglich (OVG NRW, Beschl. v. 17.11.2009 – 7 B 1350/09, ZfBR 2010, 283 = NVwZ-RR 2010, 260). Es ist daher unbeachtlich, ob die konkret in Rede stehende Wand vom jeweils betroffenen Nachbarn optisch wahrgenommen wird (so das OVG NRW für eine nach oben offene »Pergola-Konstruktion«). Außenwände sind auch Wände zwischen sich gegenüberliegenden Gebäudeteilen oder an – nicht überdachten – Innenhöfen. Dabei geht der Gesetzgeber von **üblichen Außenwänden** aus, die **eben geformt** sind und die **senkrecht stehen** (s. Rdn. 30). Bei einer schräg geneigten, einer gebogenen, einer durch zahlreiche Vor- und Rücksprünge stark strukturierten Außenwand oder bei einem nur aus Pfeilern und Stützen in Verbindung mit einem Dach gebildeten Raumabschluss, wie z.B. einem überdachten Stellplatz oder einem überdachten Sitzplatz, muss von einer **fiktiven** Außenwandfläche ausgegangen werden (so auch Jeromin zu § 8 Rn. 23). Ist ein »Dachaufbau« nicht abstandsflächenrechtlich privilegiert (s. Rdn. 411–417), sind seine äußeren Begrenzungen regelmäßig als Außenwände bzw. Teile von Außenwänden anzusehen, die auch unter Anwendung von Abs. 1 Satz 2 grenzständig errichtet werden dürfen (OVG NRW, Beschl. v. 29.04.2010 – 7 B 201/10, juris). Nach § 4 Abs. 4 BauPrüfVO sind in den Bauzeichnungen die Ansichten aller Außenwände zusammen mit dem Anschnitt der natürlichen und der geplanten Geländeoberfläche darzustellen (s. Rdn. 127).

Die Grundforderung des § 6 Abs. 1 Satz 1 BauO NRW galt nach Satz 2 auch für **Anlagen**, die **keine Gebäude** sind. Infolge der Bezugnahme auf den allgemeinen Anlagenbegriff erfasst die Vorschrift sowohl **bauliche** Anlagen im Sinne des § 2 Abs. 1 BauO NRW (vgl. § 2 Rdn. 34–63) als auch **andere** Anlagen im Sinne des § 1 Abs. 1 Satz 2 BauO NRW (vgl. § 1 Rdn. 42–43). Satz 1 unterscheidet zwischen Anlagen, 165

1. die **höher als 2 m** über der Geländeoberfläche sind und von denen **Wirkungen wie von Gebäuden** ausgehen sowie 166
2. die **höher als 1 m** über der Geländeoberfläche sind und sich **zum Betreten von Menschen eignen**, 167

und erweitert insoweit die Grundforderung des § 6 Abs. 1 Satz 1 BauO NRW. Für die Ermittlung der Abstandsfläche tritt an die Stelle der Außenwand des Gebäudes bei Anlagen nach Satz 2 Nr. 1 die **Außenfläche** der Anlage, bei betretbaren Anlagen nach Satz 2 Nr. 2 die Oberkante der **Brüstung** der erforderlichen Umwehrung. **Wirkungen wie von Gebäuden** gehen von Anlagen nach Nr. 1 aus, wenn sie die **Schutzziele des Abstandsflächenrechts** berühren (s. Rdn. 19–21, 38 und 81). Für **Windenergieanlagen Abs. 13** abweichende Regelungen zur Ermittlung der Abstandsfläche. Der durch Satz 2 ergänzten Grundforderung ist im Umkehrschluss zu entnehmen, dass **in den Abstandsflächen** alle Anlagen – abstandsrechtlich – **zulässig** sind, die **nicht höher als 2 m** über der Geländeoberfläche sind oder von denen – bei einer **Höhe von mehr als 2 m** über der Geländeoberfläche – **keine Wirkungen wie von Gebäuden** ausgehen oder die als **betretbare Anlagen nicht höher als 1 m** über der Geländeoberfläche sind, wobei die **bauplanungsrechtliche Zulässigkeit vorausgesetzt** wird. **Von Satz 2 erfasste Anlagen** lösen **grundsätzlich** Abstandsflächen

§ 6 Abstandsflächen

aus, wobei die **zeitliche Reihenfolge** der Errichtung **unerheblich** ist. Weder die Errichtung einer dieser Anlagen in der Abstandsfläche eines vorhandenen Gebäudes ist zulässig, noch darf ein Gebäude so errichtet werden, dass seine Abstandsfläche auf einem Grundstücksteil liegt, das bereits mit einer abstandsflächenauslösenden Anlage bebaut ist. Das gilt gemäß § 60 BauO NRW auch für **genehmigungsfreie Vorhaben** (vgl. § 60 Rdn. 14–20).

168 Eine Modifizierung der Grundforderung erfolgt durch **Abs. 8** in Bezug auf Gebäude, die an der Grundstücksgrenze und im grenznahen Bereich sowie in den Abstandsflächen eines Gebäudes abstandsrechtlich privilegiert sind. Hierbei geht es um **Garagen** im Sinne des § 12 BauNVO und **bestimmte Nebengebäude** im Sinne des § 14 BauNVO. Für diese Gebäude enthält § 22 BauNVO – Bauweise – keine Bestimmungen. Die **bauplanungsrechtliche Regelungslücke** wird – insoweit – durch Bauordnungsrecht ausgefüllt.

169 Die freizuhaltende Fläche liegt **vor der Außenwand**. Die **Transparenz oder Geschlossenheit** dieser Wand ist abstandsrechtlich **ohne Belang**, so dass es – im Gegensatz zum früheren Abstandsflächenrecht der BauO NW 1962 bzw. 1970 – keine Rolle spielt, ob sie Fenster und Türen aufweist oder öffnungslos ausgebildet ist. Da die freizuhaltende Fläche vor der Außenwand liegen muss, setzt sie nicht an der Rohbaukonstruktion, sondern an der **fertigen Oberfläche** an. Die **Oberfläche des Wandputzes** oder die **Außenkante der Wandbekleidung** ist also die entscheidende Bemessungsgrundlage. Die **Breite** der Abstandsfläche entspricht der Breite der Außenwand, wobei von der fertigen Oberfläche an den Gebäudeecken aus zu messen ist. Die **Tiefe** der Abstandsfläche wird nach § 6 Abs. 4 Satz 1 BauO NRW **senkrecht** zur Wand gemessen. Den unteren Punkt bildet die gemittelte Höhe der Geländeoberfläche. Aus § 6 Abs. 4 Satz 4 BauO NRW folgt nämlich indirekt, dass die Abstandsfläche am **unteren** – bei geneigtem Gelände **gemittelten – Fußpunkt** der Außenwand ansetzt (s. Rdn. 163 und Abb. 6.7), unabhängig davon, ob die Geländeoberfläche steigt oder fällt (s. Abb. 6.8). Die Vorschrift geht dabei – wie selbstverständlich – von **senkrechten Außenwänden** aus (s. Rdn. 164), so dass die **Abstandsfläche stets in der Waagerechten** und **rechtwinklig zur Wand** liegt. Nach § 6 Abs. 4 Satz 5 BauO NRW werden **Dächer** und **Giebelflächen** der **Wandhöhe anteilig zugerechnet**, so dass die **Abstandsfläche** stets die **Form eines Rechtecks** aufweist.

Abstandsflächen § 6

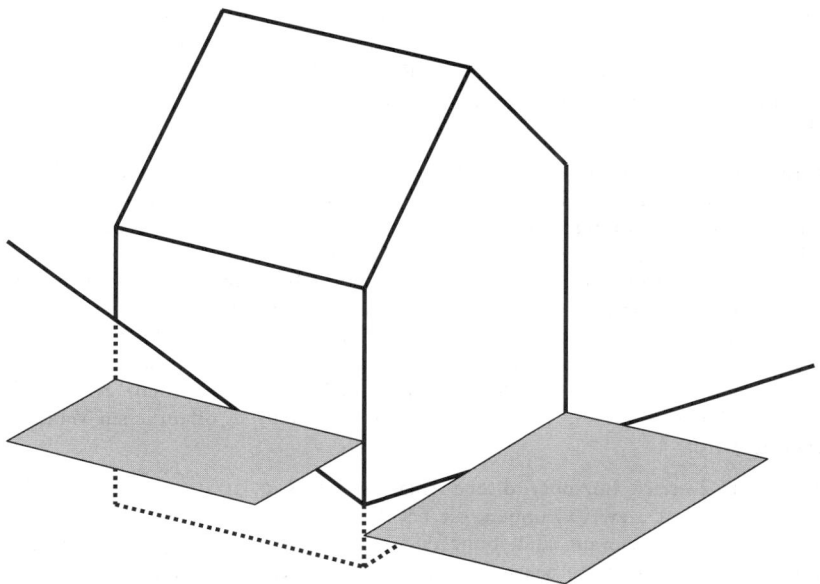

Abb. 6.8 Anordnung der Abstandsfläche vor der Außenwand
Die freizuhaltende Abstandsfläche wird am Fußpunkt der Wand und senkrecht zu dieser im rechten Winkel angesetzt, so dass sich unabhängig von der geneigten Geländeoberfläche stets ein **Rechteck in der Waagerechten** ergibt (s. Rdn. 169).

Schräg stehende **Außenwände** oder **gebogene Wandflächen** bedürfen einer **besonderen** Betrachtung im Einzelfall, um sachgerechte Ergebnissen erzielen zu können. 170

Die **Abstandsfläche** wird – anders als nach der NBauO (vgl. Barth/Mühler, Abstandsvorschriften der Niedersächsischen Bauordnung, 2. Aufl. 2000 Rn. 16) – **nicht um die Gebäudeecken herum geführt**, da sie **senkrecht** zur Wand zu messen ist. 171

2.2 Satz 2 – Abstandsrelevante Anlagen

Abs. 1 Satz 1 enthält die Grundforderung, dass vor Außenwänden von **Gebäuden** Abstandsflächen von **oberirdischen Gebäuden** freizuhalten sind. Es können jedoch von bestimmten Anlagen, die keine Gebäude sind, aufgrund und **in Abhängigkeit** von ihrer **Abmessung** oder auch **Nutzung** Wirkungen ausgehen, die denen von Gebäuden **vergleichbar** sind (vgl. Rdn. 165–167 und OVG NRW, Urt. v. 12.12.1991 – 11 A 2359/89, BRS 54 Nr. 140). Deshalb bestimmt **Abs. 1 Satz 2**, dass **Satz 1** für die **aufgeführten Anlagen** gegenüber Gebäuden und Grundstücksgrenzen **entsprechend** gelten. Damit ist letztlich ausgesagt, dass diese Anlagen einerseits selbst Abstandsflächen auslösen und andererseits nicht in den Abstandsflächen von Gebäuden angeordnet werden dürfen. Satz 2 betrifft nur **selbständige** bauliche Anlagen, die sowohl frei 172

Johlen 309

§ 6 Abstandsflächen

stehend als auch in Verbindung mit anderen baulichen Anlagen oder Gebäuden errichtet werden können, nicht jedoch Gebäude oder Teile von Gebäuden (OVG NRW, Beschl. v. 30.06.2016 – 7 A 263/16, BauR 2017, 260). **Unselbständige Teile** von Gebäuden, wie Gesimse, Dachüberstände oder Vorbauten sind in **Abs. 6** geregelt (vgl. Rdn. 462–487).

173 Selbstverständlich unterliegen auch Anlagen nach Abs. 1 Satz 2 den sonstigen öffentlich-rechtlichen Baubeschränkungen, so dass **insbesondere** die **bauplanungsrechtlichen Zulässigkeitsvoraussetzungen** gegeben sein müssen. Da es sich zumeist um **Nebenanlagen** im Sinne des § 14 BauNVO handelt, sind die Beschränkungen des § 23 **Abs. 5 BauNVO** für bauliche Anlagen **außerhalb** der im Bebauungsplan festgesetzten **überbaubaren Grundstücksflächen** zu beachten (vgl. Rdn. 237–245). Sie müssen auch anderen bauordnungsrechtlichen Anforderungen genügen; beispielsweise darf eine Einfriedung, die aufgrund ihrer Höhe über der Geländeoberfläche noch keine Abstandsflächen auslöst, dennoch nicht angelegt werden, wenn nach § 16 Abs. 2 BauO NRW die Sicherheit und Leichtigkeit des öffentlichen Verkehrs gefährdet wird.

174 Abs. 1 **Satz 2** erfasst nur **oberirdische** Anlagen (vgl. Rdn. 160) und **unterscheidet** in den Nr. 1 und 2 **zwei Gruppen**, die bei Erfüllung der tatbestandlichen Voraussetzungen abstandsrelevant sind, ohne dass es weiterer Überlegungen bedarf. Um insbesondere die schwierige Beurteilung der gebäudegleichen Wirkung niedriger baulicher Anlagen zu erleichtern, hat der Gesetzgeber eine gesetzliche Regelung in Satz 2 durch konkrete **Höhenangaben** aufgenommen, um die Rechtsanwendung stark zu vereinfachen (vgl. LT-Drucks. 14/2433 S. 15 f.). Vereinfachend ausgedrückt, wird zwischen **nicht betretbaren Anlagen** in **Nr. 1**, wie z.B. Einfriedungen oder Behältern, und **betretbaren Anlagen** in **Nr. 2**, wie z.B. Terrassen oder Aufschüttungen, differenziert. Natürlich können auch Anlagen nach Nr. 1 von Menschen zu Wartungs- oder Reparaturzwecken betreten oder bestiegen werden, dies ist aber – anders als bei den Anlagen nach Nr. 2 – nicht der eigentliche Bestimmungszweck.

175 **Nr. 1** nennt **zwei tatbestandliche** Voraussetzungen, die **kumulativ** erfüllt sein müssen:
– die Anlage muss höher als 2 m über der Geländeoberfläche sein und
– von ihr müssen **Wirkungen, wie von Gebäuden** ausgehen.

176 Bei der Beurteilung der Anlagen ist von den **Schutzzielen des Abstandsflächenrechts** auszugehen (vgl. Rdn. 19–22). Die **maßgebliche Höhe von 2 m** orientiert sich an den abstandsrechtlichen Wirkungen von Anlagen, die **höher** als 2 m über der Geländeoberfläche liegen, insbesondere an deren Einfluss auf die Belichtung. Wie bei Gebäuden ist die **Bezugsebene** zur Messung der Höhe die **Geländeoberfläche** (vgl. Rdn. 163). Die Anlage selbst kann durchaus eine geringere Höhe als 2 m aufweisen. Entscheidend ist nur, ob ihre **Oberkante in Bezug zur Geländeoberfläche** höher als 2 m liegt. So erreicht ein lediglich 1,80 m hoher Behälter, der auf einem 0,25 m hohen Podest verankert ist, eine Gesamthöhe von 2,05 m über der Geländeoberfläche.

Bei Einhaltung und bei Unterschreitung des Maßes von 2 m erfüllt die Anlage nicht mehr die tatbestandliche Voraussetzung, so dass dann nicht mehr argumentiert werden kann, von ihr gingen vergleichbare Wirkungen wie von einem Gebäude aus. Der Gesetzgeber hat im Interesse einer einfachen Rechtsanwendung klare Voraussetzungen schaffen wollen und nimmt daher auch hin, dass bestimmte kleinere Anlagen, denen bislang durchaus gebäudegleiche Wirkungen unterstellt wurden (OVG NRW, Urt. v. 26.06.1973 – XI A 1128/72, BRS 27 Nr. 152 zu einem Hundezwinger, überdacht und 1,85 m hoch), nicht mehr abstandsrelevant sind, wenn sie die Höhe von 2 m nicht überschreiten. Es bedarf bei diesen Anlagen also keiner Überprüfung mehr, ob sie dennoch gebäudegleiche Wirkungen erzeugen, da die tatbestandlichen Voraussetzungen kumulativ gegeben sein müssen. Derartige Anlagen lösen keine Abstandsflächen aus – ob sie am gewünschten Standort **zulässig** sind, richtet sich aber nach bauplanungsrechtlichen und anderen bauordnungsrechtlichen Bestimmungen sowie nach sonstigen öffentlich-rechtlichen Vorschriften, was nie übersehen werden darf (vgl. Rdn. 172 und Buntenbroich/Voß zu § 6 Rn. 84a mit dem Beispiel einer nur 60 cm über der Geländeoberfläche liegenden Außengastronomie neben Wohnnutzungen, die aus bauplanungsrechtlichen und immissionsschutzrechtlichen Gründen unzulässig ist). Auch ist darauf hinzuweisen, dass in seltenen Einzelfällen das bauplanungsrechtliche Gebot der Rücksichtnahme verletzt sein kann (vgl. Rdn. 82–96). 177

Erst bei Überschreitung des Maßes von 2 m ist das Vorliegen der zweiten tatbestandlichen Voraussetzung zu prüfen, nämlich ob von der Anlage **Wirkungen wie von Gebäuden** ausgehen. Diese Beurteilung hat anhand des Gebäudetypischen zu erfolgen, vor dem § 6 BauO NRW schützen kann und soll. Seine Schutzzwecke liegen darin, dass er durch Mindestabstände die Gefahr der Brandübertragung, der Beeinträchtigung der Belichtung und Belüftung, der unangemessenen optischen Beengung oder der Störung des Wohnfriedens vorbeugen und ganz allgemein vermeiden soll, dass die Lebensäußerungen der in der Nachbarschaft wohnenden und arbeitenden Menschen zu intensiv aufeinander einwirken – sogenannter Sozialabstand (OVG NRW, Beschl. v. 18.05.2015 – 2 A 126/15, juris m.w.N. und Urt. v. 12.05.2016 – 10 A 2452/14, BauR 2017, 37). Dabei kann die Sicht des Nachbargrundstücks maßgebend sein. Ist auf diesem Nachbargrundstück z.B. im unmittelbaren Grenzbereich eine neue, über der natürlichen Geländeoberfläche liegende Geländeoberfläche genehmigt und verwirklicht worden, so ist diese zugrunde zu legen (OVG NRW, Beschl. v. 05.08.2008 – 7 A 2854/07, juris). Unbeachtlich für die Bewertung ist hingegen in welcher Umgebung die Anlage steht (OVG NRW, Beschl. v. 20.03.2009 – 7 A 473/08, juris). Hierbei kann zudem auf eine umfangreiche Kasuistik zurückgegriffen werden, wie folgende **Beispiele** aus der Rechtsprechung zeigen: 178

Antennenmast für den (privaten) Kurzwellenfunkverkehr (OVG Lüneburg, Urt. v. 23.11.1982 – 6 A 44/81, BRS 39 Nr. 122; OVG NRW, Urt. v. 27.07.2000 – 7 A 3558/96, BauR 2001, 232 = BRS 63 Nr. 148 = NVwZ-RR 2001, 505; VGH B-W, Beschl. v. 04.06.2002 – 8 S 1257/02, BauR 2003, 367 = BRS 65 Nr. 132), 179

§ 6 Abstandsflächen

180 **Ballfangzaun** (OVG Bln, Beschl. v. 18.07.1994 – 2 S 21.94, BRS 56 Nr. 110; OVG NRW, Beschl. v. 25.08.2016 – 7 A 2281/13, juris über einen 5 m hohen und 35,5 m langen Ballfangzaun mit 14 tragenden Masten),

181 **Funkmast, 45 m hoch** (OVG NRW, Beschl. v. 28.02.2001 – 7 B 214/01, BauR 2001, 1089 = BRS 64 Nr. 124) sowie **Mobilfunkmast, 40 m bzw. 36,5 m hoch** (OVG NRW, Beschl. v. 10.02.1999 – 7 B 974/98, BauR 1999, 1172 = BRS 62 Nr. 133 = NVwZ-RR 1999, 714 und OVG NRW, Urt. v. 19.04.2012 – 10 A 2310/10, BauR 2012, 1370).

182 **Freisitz, überdacht** (OVG NRW, Urt. v. 28.05.1991 – 10 A 2185/88, n.v.),

183 **Holzkonstruktion, gartenhausähnlich und begrünt** (OVG NRW, Beschl. v. 18.05.2015 – 2 A 126/15, juris),

184 **Mauer, über 2 m hoch** (OVG NRW, Urt. v. 27.11.1989 – 11 A 195/88, BRS 50 Nr. 185) sowie **Mauer, 3,75 m hoch mit Kragdach** (Hess. VGH, Beschl. v. 17.01.1983 – IV TG 61/82, BRS 40 Nr. 216),

185 **Metallgitterzaun eines Geheges für drei Wölfe, 3 m hoch** (OVG NRW, Beschl. v. 05.05.2006 – 10 B 205/06, BauR 2006, 2034 = BRS 70 Nr. 133 = NVwZ-RR 2006, 774 = UPR 2007, 68),

186 **Parabolantenne, Durchmesser 1,2 m, Höhe 3,8 m über Geländeoberfläche** (Hess. VGH, Urt. v. 16.07.1998 – 4 UE 1706/94, BRS 60 Nr. 102 = NVwZ-RR 1999, 297),

187 **Pergola, überdacht** (OVG NRW, Beschl. v. 25.02.1988 – 10 A 1300/87, n.v.; OVG Bln-Bbg, Beschl. v. 24.11.2016 – OVG 10 S 5.16, juris),

188 **Rankgerüst, 3 m hoch, jeweils zwei im Winkel zueinander stehende Seiten von 8 m Länge** (OVG NRW, Urt. v. 02.03.2001 – 7 A 5020/98, BauR 2001, 1090 = BRS 64 Nr. 125),

189 **Schallschutzwand** (OVG NRW, Urt. v. 21.04.1988 – 11 A 1555/86, n.v.),

190 **Silobehälter** (OVG NRW, Urt. v. 09.05.1985 – 7 A 1395/84, BRS 44 Nr. 167),

191 **Spielhaus für Kinder** (OVG NRW, Beschl. v. 08.03.1990 – 10 A 372/89, n.v.),

192 **Werbetafel** – im Euro-Format – (OVG NRW, Urt. v. 18.09.1992 – 11 A 276/89, BRS 54 Nr. 131 und Urt. v. 12.05.2016 – 10 A 2452/14, BauR 2017, 530 sowie Nds. OVG, Urt. v. 18.02.1999 – 1 L 4263/96, BauR 1999, 1449 = BRS 62 Nr. 158; Sächs. OVG, Urt. v. 16.04.1999 – 1 S 39/99, BauR 1999, 893 = BRS 62 Nr. 159; Thür. OVG, Urt. v. 26.10.2005 – 1 KO 1180/03, BauR 2006, 1289 = BRS 69 Nr. 144; BayVGH, Urt. v. 28.06.2005 – 15 BV 04.2876, BRS 69 Nr. 143 und Urt. v. 15.05.2006 – 1 B 04.1893, BauR 2006, 2037).

193 **Keine gebäudegleiche Wirkung** entfaltet eine 2,4 m hohe, **offene Einfriedung aus Maschendraht** (OVG Rh-Pf, Urt. v. 13.10.1993 – 8 A 12355/92, BRS 55 Nr. 115) **oder Stacheldraht** (Nds. OVG, Urt. v. 30.05.2016 – 1 LB 7/16, BauR 2016, 1455).

Nr. 2 nennt ebenso wie Nr. 1 **zwei tatbestandliche** Voraussetzungen, die **kumulativ** 194 erfüllt sein müssen:
- die Anlage muss höher als 1 m über der Geländeoberfläche sein und
- dazu geeignet sein, von Menschen betreten werden zu können.

Anders als bei den Anlagen nach Nr. 1 wird bei Anlagen nach Nr. 2 bereits gesetz- 195 lich unterstellt, dass sie aufgrund der Tatsache, von Menschen betreten werden zu können, gebäudegleiche Wirkungen auslösen. Der Störfaktor resultiert allein aus der menschlichen Betätigung auf einer solchen Fläche, die nachteilige Auswirkungen auf den Sozialfrieden haben kann. Zu ebener Erde gelegene, nicht überdachte Freisitze oder Kinderspielflächen können zwar auch erhebliche Störungen des Sozialfriedens zur Folge haben, hiergegen kann sich der Nachbar jedoch in begrenztem Maße durch Anlegung einer Abpflanzung oder durch Errichtung einer bis zu 2 m hohen Einfriedungsmauer selbst schützen (vgl. Buntenbroich/Voß zu § 6 Rn. 83). Auch ein Biergarten als »Bewirtungsfläche« unterliegt hinsichtlich Nr. 2 nur einer abschließenden Beurteilung bezüglich seiner Lage im Raum, nicht auch bezüglich seiner konkreten Ausgestaltung. Die Vorschrift findet daher keine Anwendung, auch wenn der Biergarten mit Tischen, Stühlen und Sonnenschirmen bestückt ist (OVG NRW, Beschl. v. 17.06.2011 – 2 A 1276/10, BauR 2011, 1798).

Sobald von Menschen betretbare Flächen mehr als nur geringfügig über der Geländeoberfläche liegen, wird dem Nachbarn die Möglichkeit des Selbstschutzes genommen, da für auf der Fläche stehende Personen eine Einsicht in das Nachbargrundstück eröffnet wird. Außerdem sind für den Nachbarn die Bewegungen oder Geräusche dieser Personen besser bemerkbar. Diese Umstände lösen **typischerweise** im nachbarlichen Zusammenleben Konflikte aus, denen das Abstandsflächenrecht durch Einhaltung von **Sozialabständen** begegnet. Der Gesetzgeber hat die **Erheblichkeitsgrenze bei 1 m** über der Geländeoberfläche gezogen und dabei die Ergebnisse der Rechtsprechung zum Vorgängerrecht berücksichtigt, wie folgende Beispiele belegen: 196

Aufschüttung, 420 m² bis 2,8 m Höhe (OVG Saar, Urt. v. 28.09.1993 – 2 R 25/92, 197 BRS 55 Nr. 113), sowie **Hügelanlage mit Stützmauern** (OVG NRW, Urt. v. 27.11.1989 – 11 A 195/88, BRS 50 Nr. 185 = NWVBl. 1990, 195); bei Aufschüttungen ist zu beachten, dass die Abstandsfläche vom **Böschungsfuß** aus gemessen wird (OVG Saar, Urt. v. 28.09.1993 – 2 R 25/92, BRS 55 Nr. 113; OVG NRW, Beschl. v. 10.06.1999 – 7 B 827/99, n.v.).

Zugangsbrücke, vom Haus zu einer ansteigenden Böschung (OVG NRW, Urt. v. 198 12.12.1991 – 11 A 2359/89, BRS 54 Nr. 140).

Eine besondere Problematik der Nr. 2 liegt darin begründet, dass die Regelung nicht 199 nur auf **unselbständige** Anschüttungen im Anschluss an ein Gebäude zur Schaffung von Terrassen abstellt, sondern auch **selbständige** Aufschüttungen einbezieht. Veränderungen der Geländeoberfläche nach § 8 Abs. 3 BauO NRW sind unter den dort genannten Voraussetzungen zulässig, soweit keine bauplanungsrechtlichen Vorschriften verletzt werden. Beispielsweise kann ein Bebauungsplan die Höhenlage des Geländes abweichend von der natürlichen Geländeoberfläche festsetzen, um dadurch bestimmte

§ 6 Abstandsflächen

städtebauliche Ziele zu verfolgen. Soll z.b. ein **neues Baugebiet** neben einer bereits vorhandenen Bebauung **höher gelegt** werden, um das angrenzende alte Baugebiet vor Hochwasser zu schützen, kommt es im Grenzbereich der Grundstücke zwangsläufig zu Differenzen der Geländeoberfläche. Im alten Baugebiet verbleibt es bei der natürlichen Geländeoberfläche, im Neubaugebiet ist das entsprechend der Bebauungsplanfestsetzung angehobene Gelände die maßgebende Geländeoberfläche, auf die sich das Höhenmaß der Nr. 2 bezieht. Diese Besonderheiten sind im Einzelfall stets zu berücksichtigen, wenn ein Nachbar vorträgt, durch eine betretbare Fläche, die höher als 1 m über der Geländeoberfläche liegt, abstandsrechtlich beeinträchtigt zu werden.

200 Ferner darf nicht übersehen werden, dass Nr. 2 nicht für betretbare Flächen eines Gebäudes gilt. Das können z.B. Dachterrassen oder Balkone sein. Für diese Bauteile gelten die Bemessungsregeln für Gebäude nach Abs. 4, die Vorschriften über Bauteile und Vorbauten nach Abs. 6 oder die Vorschriften für grenzständige oder grenznahe Gebäude nach Abs. 8.

2.3 Satz 3 – Vorrang des Bauplanungsrechts

201 Bereits mit der **BauO NW 1995** erfuhr Abs. 1 Satz 3 eine Änderung, da die Rechtsprechung aus dem früheren Wortlaut dieses Satzes Schlüsse gezogen hatte, die vom Gesetzgeber so nicht gewollt waren. Die Rechtsprechung interpretierte § 6 Abs. 1 Satz 2 BauO NW **1984** so, als ob vor einer Außenwand dann eine Abstandsfläche nicht erforderlich ist, wenn diese an eine andere **Außenwand** »angebaut« wird und kam daher zu dem Schluss, dass ein »**Gebäudeanbau**« weitgehend deckungsgleich zu erfolgen habe. Daraus ergab sich als Konsequenz, dass der zuerst Bauende, der gegebenenfalls innerhalb der überbaubaren Grundstücksfläche die zulässige Bautiefe, die zulässige Zahl der Vollgeschosse oder die zulässige Gebäudehöhe nicht voll ausnutzte, die Baumaße des später bauenden Nachbarn an der gemeinsamen Grenze bestimmte. Der Gesetzgeber hatte jedoch das »**Anbauen**« **an die Nachbargrenze** gemeint und keine weitgehende Deckungsgleichheit der Gebäude an der gemeinsamen Grenze beabsichtigt.

202 Der mit der BauO NW **1995 neu eingeführte Wortlaut** des Satzes 3 verzichtete auf die Formulierungen »an die Grenze bauen« und »anbauen« und übernahm die **bauplanungsrechtlichen Begriffe**, um zu verdeutlichen, dass die **Abstandsflächenvorschriften in Abhängigkeit zum Bauplanungsrecht** stehen. Die Änderung stellte wegen des **insoweit** gegebenen **Vorrangs des Bauplanungsrechts** (vgl. BVerwG, Beschl. v. 11.03.1994 – 4 B 53.94, BRS 56 Nr. 65 = NVwZ 1994, 1008 und Beschl. v. 12.01.1995 – 4 B 197.94, BauR 1995, 365 = BRS 57 Nr. 131 = DVBl 1995, 517 = NVwZ-RR 1995, 310) klar, dass »**innerhalb der überbaubaren Grundstücksfläche**« Außenwände dann keine Abstandsflächen auslösen, wenn nach den bauplanungsrechtlichen Vorschriften das Gebäude »**ohne Grenzabstand**« errichtet werden **muss** oder **darf**. Die Rechtsprechung folgte der gesetzgeberischen Intention, wonach ein Vorhaben innerhalb der überbaubaren Grundstücksfläche nicht dem Nachbargebäude weitgehend deckungsgleich zu sein braucht (OVG NRW, Beschl. v. 05.10.1995 – 10 B 2445/95, BRS 57 Nr. 136 und Urt. v. 18.10.2007 – 7 A 2135/06, juris). Nicht übersehen werden darf dabei aber die im **bauplanungsrechtlichen Begriff** des

Doppelhauses bzw. der **Hausgruppe** liegende **Verpflichtung zur Schaffung harmonisch aufeinander abgestimmter Einheiten** (s. Rdn. 260).

Mit dem Zweiten Gesetz zur Änderung der Landesbauordnung vom 12.12.2006 erfuhr der vor der Nr. 1) stehende **einführende Teil des Satzes 3** eine **wesentliche Umgestaltung**. Während das Vorgängerrecht noch einengend auf Außenwände abstellte, die an **Nachbargrenzen** errichtet werden, nimmt die Neufassung **begrifflich erweiternd** allgemein auf **Grundstücksgrenzen** Bezug. Hieraus resultiert ein auf den ersten Blick nicht sofort verständlicher Unterschied: 203

Die **BauO NW 1995** verwendete den Begriff **Nachbargrenze** bewusst in Abgrenzung zum Begriff **Grundstücksgrenze**, um deutlich zu machen, dass es sich bei ersterer um eine Grenze zu Grundstücken handelt, die bebaut oder bebaubar sind. Nachbargrenzen sind nur die Grenzen des Baugrundstücks zu den unmittelbar angrenzenden Nachbargrundstücken, nicht jedoch die Grenzen zu den nicht bebaubaren öffentlichen Verkehrs-, Grün- oder Wasserflächen. Dies hatte zur Folge, dass wenn z.B. in einem Bebauungsplan die Festsetzung einer Baulinie mit der vorderen Grundstücksgrenze zusammenfiel, die auf der Baulinie angeordnete Außenwand des Gebäudes gleichwohl eine Abstandsfläche auslöste, weil es sich bei dieser Grenze nicht um eine Nachbargrenze handelt. Zur Herbeiführung des Vorrangs des Bauplanungsrechts, war somit ein weiterer Rechtssatz erforderlich, um zu ermöglichen, dass die Baulinie auch tatsächlich – wie städtebaulich gewünscht – bebaut werden konnte; § 6 Abs. 16 BauO NW 1995 = § 6 Abs. 17 BauO NRW 2000 räumte daher **zwingenden Festsetzungen** eines Bebauungsplans den Vorrang vor dem Abstandsflächenrecht ein und ermöglichte so geringere Tiefen der Abstandsflächen. Der hierbei verwendete Begriff »zwingend« wurde indessen so verstanden, dass z.B. zusätzlich zur Baulinie, die ja lediglich die Anordnung der Außenwand im Grundriss bestimmte, eine bauplanungsrechtliche Festsetzung der Gebäudehöhe hinzutreten musste, um auch im Aufriss die städtebaulich gewünschte Höhe zu fixieren. 204

Seit der **Neufassung 2006** verwendet der einführenden Teil des Satzes 3 den Begriff **Grundstücksgrenze**, um damit die nachfolgenden Regelungen auf ausnahmslos sämtliche Grundstücksgrenzen zu beziehen, also auch auf die Grenzen zu öffentlichen Verkehrs-, Grün- und Wasserflächen. Dadurch erlangen bauplanungsrechtliche Bestimmungen stets den Vorrang vor dem Abstandsflächenrecht, wenn im Übrigen die Voraussetzungen der ebenfalls neu formulierten nachfolgenden Satzteile erfüllt sind. Daher konnte § 6 Abs. 17 BauO NRW 2000 entfallen. Die Bedeutung der Vorschrift war seit der BauO NRW 2000 ohnehin marginal, da die Tiefe der Abstandsflächen nach Abs. 5 Satz 2 zu öffentlichen Verkehrsflächen lediglich 0,2 H in Kern- und Urbanen Gebieten beträgt. 205

Satz 3 berücksichtigt den **Vorrang des Bauplanungsrechts**. Deshalb ist abweichend von der Grundforderung des Satzes 1 **innerhalb der überbaubaren Grundstücksfläche** eine **Abstandsfläche nicht erforderlich** gegenüber Grundstücksgrenzen, gegenüber denen **nach bauplanungsrechtlichen Vorschriften** 206

1. ohne Grenzabstand oder mit geringerem Grenzabstand als nach Satz 5 gebaut werden muss oder 207

§ 6 Abstandsflächen

208 2. **ohne Grenzabstand** gebaut **werden darf,** wenn **gesichert** ist, dass auf dem Nachbargrundstück **ohne Grenzabstand** gebaut wird.

209 Die Abweichung von der Grundforderung des Satzes 1 bestimmt sich somit nach den bauplanungsrechtlichen Vorgaben, das sind im Geltungsbereich eines Bebauungsplans die Festsetzungen über die Bauweise (§ 22 BauNVO 1990), die überbaubare Grundstücksfläche (§ 23 BauNVO 1990), über die Zahl der Vollgeschosse (§ 20 Abs. 1 BauNVO 1990 i.V.m. § 2 Abs. 5 BauO NRW), über die Höhe baulicher Anlagen (§ 18 BauNVO 1990) und gegebenenfalls auch über die Stellung baulicher Anlagen (§ 9 Abs. 1 Nr. 2 BauGB). Besteht kein Bebauungsplan, so richtet sich die bauplanungsrechtliche Zulässigkeit der Grenzbebauung innerhalb der im Zusammenhang bebauten Ortsteile nach § 34 Abs. 1 BauGB und im Außenbereich nach § 35 BauGB.

210 Wegen des Vorrangs des Bauplanungsrechts gilt folgender Prüfgrundsatz:

211 **Bevor** die Tiefe einer **Abstandsfläche** ermittelt wird, muss **die bauplanungsrechtliche Zulässigkeit** des Vorhabens, insbesondere hinsichtlich der Bauweise, der überbaubaren und der nicht überbaubaren Grundstücksflächen, der zulässigen Zahl der Vollgeschosse, der zulässigen Höhe baulicher Anlagen und der Stellung baulicher Anlagen **geklärt** sein. Erst wenn über diese bauplanungsrechtlichen Vorgaben keine Zweifel mehr bestehen und **feststeht, dass** eine **Abstandsfläche erforderlich** ist, kann die Tiefe dieser Abstandsfläche ermittelt werden. Die Anwendung der Abstandsflächenvorschriften setzt nämlich voraus, dass die **bauplanungsrechtlichen Fragen bereits entschieden** sind (OVG NRW, Urt. v. 22.08.2005 – 10 A 3611/03, BauR 2006, 342).

2.4 Bauplanungsrechtliche Regeln über Lage und Höhe baulicher Anlagen

212 Dem Städtebaurecht steht ein eigenes Instrumentarium zur Verfügung, um die aus städtebaulichen Gründen erforderlichen Abstände und Freiflächen zwischen baulichen Anlagen zu regeln, vor allem aber, um die allgemeinen Anforderungen an gesunde Wohn- und Arbeitsverhältnisse und die Sicherheit der Wohn- und Arbeitsbevölkerung im Sinne des § 1 Abs. 6 Nr. 1 BauGB zu gewährleisten. Dieses Instrumentarium ermöglicht es der Gemeinde,
– den städtebaulichen Grundriss und
– den städtebaulichen Aufriss
für die künftige Entwicklung der zu bebauenden Flächen im **Bebauungsplan** festzulegen. Die **städtebauliche Grundrissplanung** erfolgt durch die Festsetzung
– von **Baugrenzen, Baulinien** oder **Bebauungstiefen** (§ 23 BauNVO 1990),
– der **Bauweise** (§ 22 BauNVO 1990),
– der **Stellung baulicher Anlagen** (§ 9 Abs. 1 Nr. 2 BauGB) und
– der vom Bauordnungsrecht abweichenden Maße der Tiefe der Abstandsflächen (§ 9 Abs. 1 Nr. 2a BauGB).

213 Die ebenso bedeutsame **städtebauliche Aufrissplanung** erfolgt durch die Festsetzung
– der **Höhenlage** der Flächen und baulichen Anlagen (§ 9 Abs. 3 BauGB),
– der **Höhe baulicher Anlagen** (§ 18 BauNVO 1990) und
– der **Zahl der Vollgeschosse** (§ 20. Abs. 1 BauNVO 1990, § 2 Abs. 6 BauO NRW).

Erst durch die Festlegung der **flächenmäßigen** und **höhenmäßigen** Ausdehnung der 214
Bebauung ergibt sich eine **Bestimmbarkeit des zulässigen Gebäudevolumens**, das
der Bauwillige im Rahmen einer »Angebotsplanung« jedoch nicht ausnutzen muss. In
empfindlichen städtebaulichen Bereichen, wie z.b. alten Stadtquartieren oder unter
Denkmalschutz stehenden Ensembles, oder bei Vorliegen besonderer städtebaulicher
Ziele, z.b. nach Durchführung eines städtebaulichen Wettbewerbs für ein neues Baugebiet, kann ein **genau festgelegtes Gebäudevolumen**, ein **genau festgelegter Gebäudestandort** oder eine **bestimmte Gebäudeform erzwungen** werden. Der Gesetzgeber war
angesichts der unterschiedlichen Ausgangssituationen gut beraten, in § 6 BauO NRW
einen **Vorrang des Bauplanungsrechts** zu begründen, weil hierdurch die Möglichkeiten
der **situationsgerechten** Bauleitplanung nicht eingeschränkt werden.

Die Vorschriften über die **Bauweise** und über die **überbaubaren Grundstücksflächen** 215
sind in der BauNVO geregelt. Über die **Stellung baulicher Anlagen** bestehen mangels Verordnungsermächtigung **keine näheren Bestimmungen**, so dass unmittelbar
auf die Festsetzungsermächtigung des § 9 Abs. 1 Nr. 2 BauGB zurückgegriffen
werden kann. Dass in dieser Festsetzungsermächtigung unterschiedliche Möglichkeiten zusammengefasst sind, resultiert aus dem **gemeinsamen Festsetzungszweck**.
Alle drei Festsetzungsmöglichkeiten dienen dazu, die **Anordnung** der baulichen Anlagen auf den zu bebauenden Flächen festzulegen. In der **Planungspraxis** werden
sie entsprechend dem städtebaulichen Regelungsziel **kombiniert**. Dabei ist die **planerische Rangfolge** beim Gebrauch der Festsetzungsmöglichkeiten **anders, als die
Vorschriftenfolge in der BauNVO**. Festsetzungen der überbaubaren Flächen und der
Höhe baulicher Anlagen oder der Zahl der Vollgeschosse finden sich in vielen Bebauungsplänen, während auf die Festsetzung der Bauweise oder der Stellung baulicher
Anlagen mitunter verzichtet wird.

Die Festsetzung des **Maßes der baulichen Nutzung**, durch Angabe 216
– der Grundflächenzahl, der Geschossflächenzahl oder der Baumassenzahl bzw.
– der Größe der Grundfläche, der Größe der Geschossfläche oder der Baumasse
ist kein Mittel, um **direkt Einfluss auf Abstände** baulicher Anlagen nehmen zu kön- 217
nen, da hierdurch allein **rechnerisch** der **Anteil** der Freiflächen zu den überbauten
Grundstücksflächen bestimmt wird. Es können aber – in selteneren Fällen – **indirekte
Wirkungen** derartiger Maßfestsetzungen in Verbindung mit anderen Festsetzungsmöglichkeiten zu beachten sein. Sind im Bebauungsplan z.B. eine straßenseitigen
Baulinie, die geschlossenen Bauweise und die Größe der Grundfläche festgesetzt, so
ergibt sich aus dem **Zusammenwirken dieser Festsetzungen** indirekt die Baukörpertiefe bei vollständiger Ausschöpfung des festgesetzten Nutzungsmaßes. Das Gebäude
muss nämlich aufgrund der Festsetzungen **unmittelbar an** der straßenseitigen **Baulinie** und den beiden seitlichen **Nachbargrenzen** errichtet werden, so dass an **drei
Seiten** bereits die **genaue Lage der Außenwände** feststeht. Für die **vierte** garten- bzw.
hofseitige **Wand** errechnet sich deren **tiefstmögliche Anordnung** aus der vollständigen
Ausnutzung der maximal zulässigen Größe der Grundfläche.

Außer den Festsetzungen über die Art und das Maß der baulichen Nutzung und 218
über die örtlichen Verkehrsflächen benötigt die Gemeinde zur Erreichung der

Mindestfestsetzungen für einen qualifizierten Bebauungsplan nur noch eine Festsetzung über die überbaubaren Grundstücksflächen (nicht der überbaubaren Flächen). Die Gemeinde muss die überbaubare Fläche nicht vollständig regeln, so dass die Festsetzung einer einzelnen Baulinie bereits ausreicht, um den Bebauungsplan zu qualifizieren (BVerwG, Urt. v. 12.01.1968 – IV C 167/65, BRS 20 Nr. 8). Je nach großzügiger oder aber enger Fassung der überbaubaren Grundstücksflächen ergeben sich **mehr oder weniger starke Bindungen** für die Anordnung der Gebäude, die im Einzelfall weitere Festsetzungen zur Bauweise oder zur Stellung der baulichen Anlagen erübrigen. **Großzügig bemessene überbaubare Grundstücksflächen** lassen den Bauherren bei der Anordnung der Gebäude auf dem Grundstück **viel Spielraum**. Angesichts hoher Baulandpreise besteht daher eine Tendenz zur höchstmöglichen Ausnutzung der Festsetzungen. Das frühere Abstandsflächenrecht der BauO NW 1962 und 1970 wirkte hierbei insoweit regulierend, als es relativ große Gebäudeabstände erzwang. Auch die Abstandsflächenregelungen der BauO NW 1984, 1995 und 2000 können in diesem Sinne noch als Regulativ angesehen werden. Die Reduzierung der Abstandsflächentiefe auf 0,4 H durch die MBO 2002 ermöglicht ein sehr dichtes Aneinanderrücken auch ausgedehnter Gebäude, so dass sich z.B. Hausgruppen auch an der Gartenseite in einem Abstand von nur 6 m gegenüberliegen können. Dass dabei nicht mehr von einem Sozialabstand die Rede sein kann, liegt auf der Hand. Da das **Bauordnungsrecht** seine **abstandsregulierende Funktion aus Gründen des Städtebaus** einbüßte, hat der Bund mit Gesetz vom 21.12.2006 (BGBl. I S. 3316) **§ 9 Abs. 1 BauGB** durch Einfügung einer **Nr. 2a** ergänzt (vgl. die Begründung in BT-Drucks. 16/3308 zu Art. 1 Nr. 4). Nunmehr können »**vom Bauordnungsrecht abweichende Maße der Tiefe der Abstandsflächen**« im Bebauungsplan festgesetzt werden, um ein zu dichtes Aneinanderrücken der Gebäude zu unterbinden.

2.4.1 Überbaubare Grundstücksflächen

219 Nach § 23 BauNVO 1990 können **überbaubare Grundstücksflächen** bestimmt werden:
– durch **Baulinien**, auf die gebaut werden muss – **Abs. 2**,
– durch **Baugrenzen**, die nicht überschritten werden dürfen – **Abs. 3**,
– durch **Bebauungstiefen**, die nicht überschritten werden dürfen – **Abs. 4**.

220 Als einzige dieser drei Möglichkeiten beschreibt die **Bebauungstiefe** stets eine genau definierte **überbaubare Fläche**, nämlich den **Bereich**, der **von der tatsächlichen Straßengrenze bis zur maximal festgesetzten Tiefe** reicht. Ist dagegen für einen von Straßen umschlossenen Baublock lediglich straßenseitig eine **Baulinie** oder eine **Baugrenze** festgesetzt, so kann zweifelhaft sein, ob der umschlossene Baublockbereich eine überbaubare Fläche sein soll, oder ob nur eine straßenseitigen Baulinie oder Baugrenze bezweckt war; diese Zweifel bestehen nur dann nicht, wenn textliche oder zeichnerische Ergänzungen hinzutreten. Die Gemeinde kann die Bebauungstiefe auch losgelöst von der tatsächlichen Straßenbegrenzungslinie durch Festsetzung einer zurückgesetzten Bezugslinie bestimmen, um z.B. eine Vorgartenzone zu bilden. Die Festsetzungsmöglichkeit eignet sich für streifenförmige überbaubare Flächen (vgl. hierzu Fickert/

Fieseler zu § 23 Rn. 17). Um vergleichbare überbaubare **Flächen** zu formen, kann die Gemeinde auch **vordere** und **rückwärtige** Baugrenzen wählen.

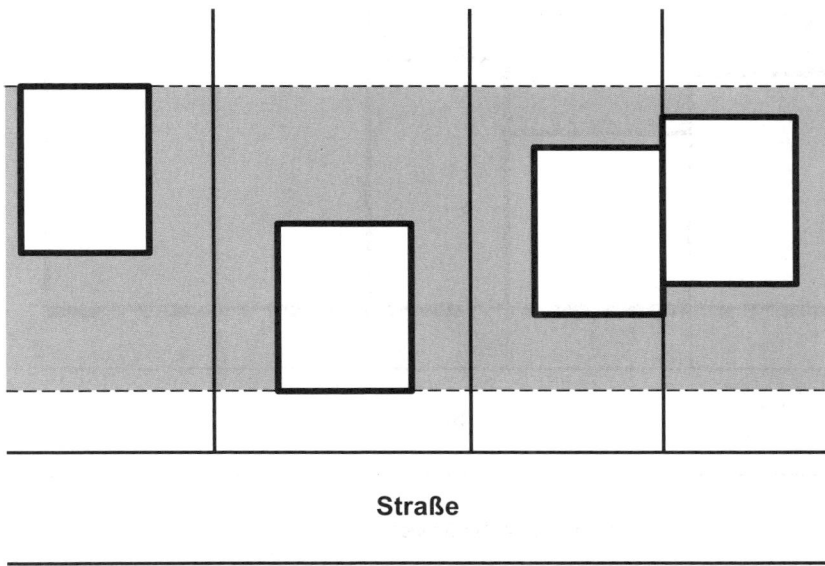

Straße

überbaubare Grundstücksfläche

Abb. 6.9 Dispositionsbefugnis innerhalb überbaubarer Flächen
Innerhalb überbaubarer Grundstücksflächen, die durch **Bebauungstiefen** oder durch **vordere und rückwärtige Baugrenzen** gebildet werden, kann der Bauherr die Anordnung der Gebäude frei wählen (s. Rdn. 219–220).

Bei **Begrenzung** der überbaubaren Fläche durch **Bebauungstiefen** oder **Baugrenzen** ist die **Lage der Gebäude** noch nicht genau bestimmt. Der Bauwillige hat – unter Beachtung der **Maßfestsetzungen** und von Festsetzungen über vom Bauordnungsrecht abweichende **Maße der Tiefe der Abstandsflächen** (s. Rdn. 218) – innerhalb der überbaubaren Fläche eine relativ große **Dispositionsbefugnis**: er kann das oder die Gebäude an der vorderen oder rückwärtigen Begrenzung ausrichten oder irgendwo innerhalb der überbaubaren Fläche anordnen (s. Abb. 6.9). Der Hinweis auf die Maßfestsetzungen ist von Bedeutung, weil die überbaubaren Flächen nicht so festgesetzt werden müssen, dass die volle oder eine weitgehende Ausschöpfung des festgesetzten Maßes der baulichen Nutzung möglich bleibt (BVerwG, Beschl. v. 29.07.1999 – 4 BN 24.99, BauR 1999, 1435 = BRS 62 Nr. 96 = UPR 2000, 143 = ZfBR 1999, 353 und Beschl. v. 19.12.2007 – 4 BN 53/07, juris). 221

§ 6 Abstandsflächen

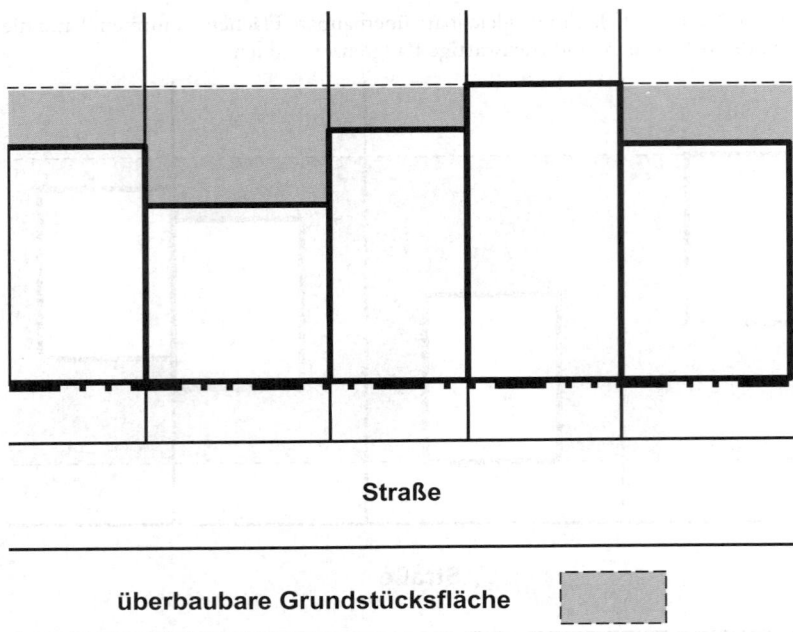

Abb. 6.10 Eingeschränkte Dispositionsbefugnis durch Baulinien
Innerhalb überbaubarer Grundstücksflächen, die durch eine **vordere Baulinie** und eine **rückwärtige Baugrenze** in Verbindung mit **geschlossener Bauweise** gebildet werden, ist die Anordnung von Gebäuden zur Straßenseite hin vorgegeben (s. Rdn. 222).

222 Setzt die Gemeinde zusätzlich eine **Baulinie** fest, um z.B. eine **einheitliche Bauflucht** entlang der Straße zu erzwingen, was in Kombination mit der geschlossenen Bauweise bei Blockrandbebauung oftmals städtebaulich erwünscht ist, so **müssen** die Gebäude an der straßenseitigen Begrenzung der überbaubaren Fläche – soweit die Baulinie reicht – angeordnet werden. Ein Spielraum besteht dann für den Bauwilligen nur noch hinsichtlich der Bemessung der Gebäudetiefe unter Beachtung der **Maßfestsetzungen** (s. Abb. 6.10). Treten Festsetzungen über vom Bauordnungsrecht abweichende **Maße der Tiefe der Abstandsflächen** hinzu, so kann sich der Spielraum insoweit einengen, als zur rückwärtigen Grundstücksgrenze das festgesetzte Maß der Tiefe der Abstandsfläche es nicht mehr zulässt. die überbaubare Grundstücksfläche voll auszunutzen.

223 Der Spielraum des Bauherrn ist ebenfalls stark begrenzt, wenn die überbaubaren Flächen nicht streifenförmig entlang der Straße verlaufen, sondern Unterbrechungen aufweisen, um so genannte »**Baufenster**« zu bilden. Anders als streifenförmige Ausweisungen weisen »Baufenster« auch einen – indirekten – **Bezug zu den seitlichen**

Grundstücksgrenzen auf, weil sie zwischen den überbaubaren Flächen von Gebäuden freizuhaltende Zonen erzwingen. Der Bauwillige kann aufgrund der festgesetzten Baufenster nur in einem relativ **begrenzten Bereich** sein Gebäude anordnen. Treten Baulinien hinzu, wird die Dispositionsbefugnis insoweit noch stärker eingeschränkt, als er innerhalb des Baufensters vollständig – soweit die Baulinie reicht – an eine bestimmte Seite heranbauen muss (s. Abb. 6.11).

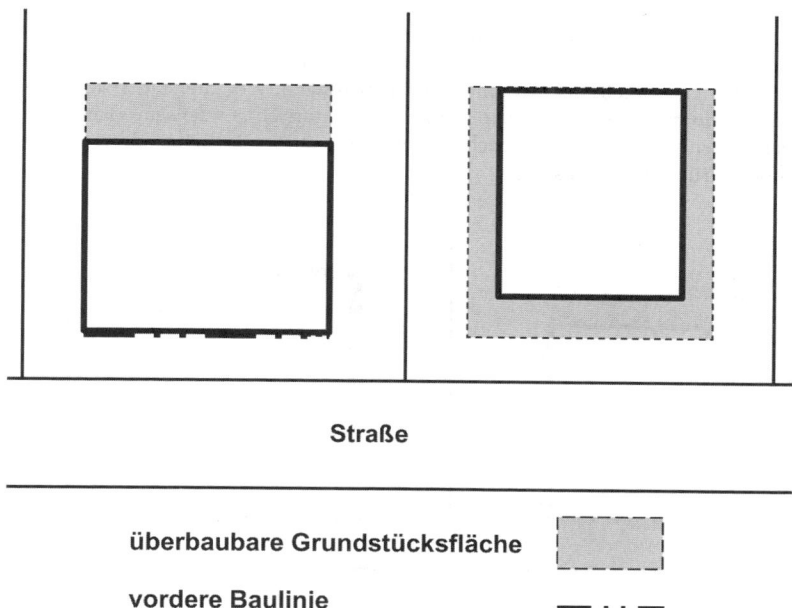

Abb. 6.11 Eingeschränkte Dispositionsbefugnis durch »Baufenster«
Innerhalb von durch **Baugrenzen** – rechtes Beispiel – oder durch vordere **Baulinien in Verbindung mit Baugrenzen** – linkes Beispiel – gebildeten, nicht nur straßen- und gartenseitig, sondern auch seitlich begrenzten überbaubaren Flächen, so genannten »**Baufenstern**«, ist die Anordnung der Gebäude ebenfalls stark eingeschränkt (s. Rdn. 223).

Eine nahezu vollständige oder auch absolute Einschränkung der Dispositionsbefugnis ergibt sich, wenn die Gemeinde »Baufenster« durch mehrseitige oder allseitige Baulinien bildet. Um eine bestimmte Ausrichtung im Sinne einer Stellung der baulichen Anlagen zu erreichen, können im Eckbereich eines Baufensters Baulinien und ansonsten Baugrenzen festgesetzt sein (s. Abb. 6.12). In diesem Falle muss das Gebäude an mehreren oder sogar an allen Seiten der überbaubaren Grundstücksfläche bis unmittelbar an die Baulinien reichen. Es war umstritten, ob die Ermächtigung des § 9a BauGB überhaupt die Befugnis einräumt, durch Rechtsverordnung Vorschriften über Baulinien erlassen zu können (vgl. Kuhn, Ästhetische Bevormundung durch Bebauungspläne, DVBl 1968, S. 497 ff.). Die Regelungsbefugnis wird heute nicht mehr in Frage gestellt (BVerwG, Beschl. v. 08.01.2002 – 4 BN 61.01, BauR 2002, 1358 = BRS 65 Nr. 44 = ZfBR 2002, 583). Bei der Festsetzung seitlicher Baulinien, die nicht zugleich an seitlichen Grundstücksgrenzen liegen, muss bedacht werden, dass sich das Maß des einzuhaltenden Abstandes in Abhängigkeit von der zulässigen Gebäudehöhe nach § 6 Abs. 1 Satz 2 i.V.m. Abs. 5 und 6 BauO NRW oder aber abweichend hiervon nach einer Festsetzung gemäß § 9 Abs. 1 Nr. 2a BauGB richtet. Wenn auch keine besonderen städtebaulichen Voraussetzungen für die Festsetzung von Baulinien vorliegen müssen, so ist dennoch eine städtebauliche Begründung für Baulinienfestsetzungen erforderlich, die eine Unterschreitung der erforderlichen Tiefe der Abstandsflächen bedingen, z.B. die städtebaulich gewünschte Anpassung der Neubebauung an eine historisch gewachsene Baustruktur mit geringeren Grenzabständen nach älterem Baurecht unter Beibehaltung der bestehenden Grundstücksstruktur.

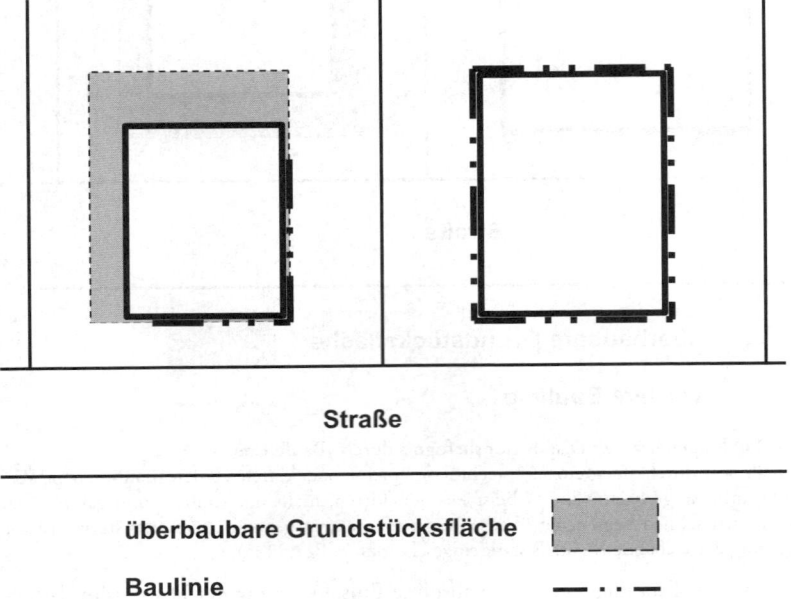

Abb. 6.12 Nahezu vollständige Einschränkung der Dispositionsbefugnis
Die Anordnung der Gebäude ist stark eingeschränkt in »**Baufenstern**« mit **mehrseitigen Baulinien** – linkes Beispiel, um die Anordnung des Baukörpers an einer **Ecke** des Baufensters zu erzwingen – oder sogar vollständig eingeschränkt in »**Baufenstern**« mit **allseitigen Baulinien** – rechtes Beispiel, um eine vollständige Ausfüllung des Baufensters zu erzwingen (s. Rdn. 224).

225 Die grundsätzlich gegebenen Möglichkeiten bei der Bestimmung der überbaubaren Flächen sind damit erfasst. Daneben bleibt noch zu erwähnen, dass Baulinien und Baugrenzen auch verwendet werden können, um **innerhalb** einer überbaubaren Fläche

Bereiche mit unterschiedlichem Maß der baulichen Nutzung, z.B. mit unterschiedlichen Gebäudehöhen oder unterschiedlicher Zahl der Vollgeschosse, **gegeneinander abzugrenzen** (OVG NRW, Urt. v. 22.05.2000 – 10a D 197/98.NE, BauR 2001, 369 = BRS 63 Nr. 9). **Bebauungstiefen** kommen selten zur Anwendung und dann überwiegend als **textliche Festsetzung** in einfachen Bebauungsplänen nach § 30 Abs. 3 BauGB oder in **Ergänzungssatzungen** nach § 34 Abs. 4 Nr. 3 BauGB. **Baulinien** und **Baugrenzen** werden **in aller Regel zeichnerisch** in qualifizierten Bebauungsplänen nach § 30 Abs. 1 BauGB oder **vorhabenbezogenen** Bebauungsplänen nach § 30 Abs. 2 BauGB festgesetzt, zumal sich dabei aus stadtgestalterischen Gründen gewünschte **Versprünge der Bebauung** leicht bestimmen lassen; eine entsprechende textliche Festsetzung ist mit der **erforderlichen Bestimmtheit** nahezu unmöglich.

Aus dem Wort »**überbaubar**« könnte rückgeschlossen werden, dass Festsetzungen nach § 23 BauNVO 1990 nur oberhalb der Geländeoberfläche wirken und nicht die »**unterbaubare**« Grundstücksfläche erfassen. Die **Rechtswirkungen** von Bebauungstiefen, Baulinien oder Baugrenzen beziehen sich indessen auch auf den **Luftraum** und den **unterirdischen Bereich** (BayVGH, Urt. v. 30.11.1979 – Nr. 26 II 78, BRS 36 Nr. 129; OVG Bln, Beschl. v. 20.12.1991 – 2 S 21.91, BRS 52 Nr. 166). Insofern besteht ein erheblicher **Unterschied zum Abstandsflächenrecht**, das nur für oberirdische Gebäude oder Gebäudeteile gilt (s. Rdn. 158 und Abb. 6.6).

226

In den überbaubaren Grundstücksflächen sind **Hauptanlagen, Nebenanlagen** im Sinne des § 14 BauNVO 1990 sowie **Stellplätze** und **Garagen** im Sinne des § 12 BauNVO 1990 zulässig. Zu den Hauptanlagen können **nicht nur die Gebäude im bauplanungsrechtlichen Sinne der BauNVO** (zum bauplanungsrechtlichen Begriff des Gebäudes vgl. § 2 Rdn. 136–138 und BVerwG, Beschl. v. 13.12.1995 – 4 B 245.95, BRS 57 Nr. 79), sondern **auch bauliche Anlagen** rechnen (BVerwG, Urt. v. 07.06.2001 – 4 C 1.01, ZfBR 2001, 558 zu einer als Hauptanlage einzuordnenden Anlage der Außenwerbung – so genannte Euro-Tafel – außerhalb der überbaubaren Fläche mit überzeugender Begründung aufgrund der Entstehungsgeschichte der Vorschrift), obwohl in der überwiegenden Anzahl der Fälle Gebäude erfasst werden, wie z.B. Wohngebäude oder Geschäfts- und Bürogebäude. Insoweit unterscheidet sich § 23 BauNVO 1990 von der Bauweisenvorschrift des § 22 BauNVO 1990 (s. Rdn. 265). Die Zulässigkeitskataloge der Baugebietsvorschriften verdeutlichen, dass auch **Anlagen, die selbst keine Gebäude sind**, zu den **Hauptanlagen** rechnen, wie z.B. Lagerplätze nach § 8 Abs. 2 BauNVO 1990. Wollte man die Rechtswirkungen überbaubarer Flächen nur auf Gebäude beziehen, so könnte die Gemeinde mit den Mitteln des § 23 BauNVO 1990 die Anordnung von Produktionsanlagen, die häufig auch rein technische Anlagen umfassen, die von Menschen nicht betreten werden können und deshalb auch **keine Gebäude** sind, wie z.B. Silos, Lagerbehälter oder Förderanlagen, nicht beeinflussen. Es kann der BauNVO aber nicht entnommen werden, dass der Verordnungsgeber, obwohl er erkennbar vornehmlich an Gebäude gedacht hat, die insoweit uneingeschränkte Verordnungsermächtigung in einem auf Gebäude eingeschränkten Sinne gebrauchen wollte.

227

§ 6 Abstandsflächen

228 Die Festsetzung von Baulinien, Baugrenzen oder Bebauungstiefen hat zur Folge, dass die Bestimmungen
- des § 23 Abs. 2 Satz 2 BauNVO 1990 über das Vor- und Zurücktreten von Gebäudeteilen in geringfügigem Ausmaß in Bezug auf Baulinien,
- des § 23 Abs. 3 Satz 2 BauNVO 1990 über das Vortreten von Gebäudeteilen in geringfügigem Ausmaß in Bezug auf Baugrenzen und
- des § 23 Abs. 4 Satz 1 BauNVO 1990 über das Vortreten von Gebäudeteilen in geringfügigem Ausmaß in Bezug auf Bebauungstiefen

229 **Bestandteile des Bebauungsplans** werden. Die Gemeinde kann die Rechtswirkungen insoweit durch bodenrechtliche Festsetzung nicht ausschließen (so auch Boeddinghaus, der auf die Möglichkeit gestalterischer Festsetzungen nach Bauordnungsrecht zur Einschränkung der Zulässigkeit hinweist). Sie kann nur über die Verordnungsvorgaben hinaus aufgrund der ausdrücklichen Ermächtigung des § 23 **Abs. 2 Satz 3, Abs. 3 Satz 3 und Abs. 4 Satz 1** BauNVO 1990 **weitere** nach Art und Umfang bestimmte **Ausnahmen** im Bebauungsplan festsetzen (s. Rdn. 234). Die überbaubaren Grundstücksflächen im Sinne Abs. 1 Satz 3 ergeben sich folglich nicht zwingend allein aus den in einem Bebauungsplan festgesetzten Baugrenzen, vielmehr kann das **Herausschieben der Baugrenze** mittels einer Abweichung gemäß § 23 Abs. 3 Satz 2 BauNVO, einer Ausnahme gemäß § 31 Abs. 1 BauGB oder einer Befreiung im Sinne von § 31 Abs. 2 BauGB erfolgen (OVG NRW, Beschl. v. 01.03.2006 – 7 B 1875/05, BRS 70 Nr. 85). Erfolgt dies, gilt die geschlossene Bauweise grundsätzlich auch für diese Gebäudeteile (OVG NRW, Urt. v. 22.08.2005 – 10 A 3611/03, BauR 2006, 342), andernfalls muss diese Außenwand den erforderlichen Abstand einhalten (OVG NRW, Urt. v. 29.05.2008 – 10 B 616/08, BauR 2008, 1588).

230 Bei den Bestimmungen über das Vor- und Zurücktreten von Gebäudeteilen in geringfügigem Ausmaß handelt es sich **nicht** um Ausnahmen, sondern um **Abweichungsermächtigungen eigener Art**, die der das Vorhaben zulassenden Behörde – das wird in der weit überwiegenden Anzahl der Fälle die Bauaufsichtsbehörde sein – ein **Ermessen** einräumen (so Ernst/Zinkahn/Bielenberg/Krautzberger zu § 23 BauNVO Rn. 44; BVerwG, Urt. v. 27.02.1992 – 4 C 43.87, BRS 54 Nr. 60). Da diese Abweichungen unmittelbar gelten, ohne dass es einer Ausnahme im Sinne des § 31 Abs. 1 BauGB bedarf, entscheidet hierüber die das Vorhaben zulassende Behörde **ohne Einvernehmen** mit der Gemeinde und ohne dass die Gemeinde die Möglichkeit hat, diese verordnungsrechtliche Bestimmung durch Festsetzung abzuändern (vgl. König/Roeser/Stock zu § 23 Rn. 23 und 24). Bei der **Ermessensausübung** ist zu berücksichtigen, ob die Festsetzung der überbaubaren Flächen im Bebauungsplan generalisierend erfolgte (großzügig bemessene überbaubare Flächen – s. Abb. 6.9), oder ob genauere Regelungen über die Anordnung der Gebäude bezweckt waren (»Baufenster« – s. Abb. 6.11 und 6.12). Das **Ermessen** kann **reduziert** sein, weil z.B. aufgrund einer eingetretenen baulichen Entwicklung auf den Nachbargrundstücken das geringfügige Überschreiten bei dem noch zu realisierenden Vorhaben aus städtebaulichen Gründen unter **Beachtung des Gleichheitssatzes** nicht mehr abgelehnt werden kann.

Im Rahmen der Abweichungsermächtigung darf nur ein Vortreten von **Gebäudetei-** 231
len über die Baulinie, Baugrenze oder Bebauungstiefe hinaus oder das Zurücktreten
hinter die Baulinie zugelassen werden. Wenn das **gesamte Gebäude** – auch nur
geringfügig – vortreten oder zurücktreten soll, bedarf es einer **Befreiung** nach § 31
Abs. 2 BauGB (BVerwG, Urt. v. 20.06.1975 – IV C 5.74, BauR 1975, 313 = BRS
29 Nr. 126; OVG NRW, Beschl. v. 24.05.1996 – 11 B 970/96, BauR 1997, 82 =
BRS 58 Nr. 171). Bei genauer Betrachtung einer Gebäudefassade ist festzustellen,
dass zahlreiche Einzelteile leicht vor- oder zurücktreten. So sind Fenster und Türen leicht zurückgesetzt, während Dachkanten und Fensterbänke leicht vorstehen,
ohne dass die Bestimmung über das Vor- und Zurücktreten auf diese Details zielt.
Wegen der Beschränkung der BauNVO auf das **Bodenrecht** ist **begrifflich zwischen**
Gebäudeteilen und Bauteilen zu differenzieren (vgl. § 2 Rdn. 139–145). Daher
erfasst § 23 BauNVO 1990 nur **raumbildende** Gebäudeteile, wie Windfänge, Erker,
Balkone oder Hauseingangsüberdachungen. Das geringfügige Vor- oder Zurücktreten **konstruktiver** oder **gestaltender** Elemente, wie Fensterbänke, Gesimse, Pfeiler,
Dachüberstände, Regenrinnen, Regenfallrohre, Rollladenkästen oder Schlagläden
wird **vom Städtebaurecht nicht erfasst** und rechnet allein zum Bauordnungsrecht
(ähnlich Boeddinghaus zu § 23 Rn. 23, der unter Bezug auf OVG NRW, Beschl. v.
24.05.1996 – 11 B 970/96, BauR 1997, 82 = BRS 58 Nr. 171 allerdings darauf
hinweist, dass die landesrechtlichen Bestimmungen des § 6 Abs. 7 BauO NRW zur
näheren Bestimmung der Gebäudeteile herangezogen werden können; nicht diffe-
renzierend dagegen Fickert/Fieseler zu § 23 Rn. 13 und König/Roeser/Stock zu § 23
Rn. 25).

Die Gebäudeteile dürfen nur in **geringfügigem Ausmaß** vor- bzw. zurücktreten. 232
Ein **mehr als nur geringfügiges** Vor- bzw. Zurücktreten von Gebäudeteilen ist
von der BauNVO nicht mehr gedeckt und bedarf deshalb einer **Befreiung** nach
§ 31 Abs. 2 BauGB. Ob das Ausmaß des Vor- bzw. Zurücktretens geringfügig ist,
kann nicht an bestimmten Werten festgemacht werden, sondern hängt von der
Baumasse des Gebäudes ab (BayVGH, Urt. v. 27.11.1974 – Nr. 54 I 73, BRS 29
Nr. 30 zu einem nicht mehr untergeordneten Kamin mit einer Grundfläche von
1,18 × 1,18 m an einem Backhaus mit einer Grundfläche von 3,40 × 8,90 m). Es
handelt sich daher um eine **relative Größe**, die danach zu beurteilen ist, ob der **Ge-**
bäudeteil im Verhältnis zum Gesamtbauvorhaben nicht nennenswert ins Gewicht
fällt und hinsichtlich seiner Baumasse als **unbedeutend** erscheint (Hess. VGH,
Beschl. v. 12.10.1995 – 4 TG 2941/95, BRS 57 Nr. 139 zu Balkonen, die nicht
mehr untergeordnet sind, weil sie mehr als ein Drittel der Gebäudefront in Anspruch nehmen).

Die Gemeinde kann – gestützt auf die Ermächtigungen des § 23 **Abs. 2 Satz 3, Abs. 3** 233
Satz 3 und Abs. 4 Satz 1 BauNVO 1990 – durch **Festsetzung** im Bebauungsplan
weitere nach Art und Umfang bestimmte Ausnahmen vorsehen. Zur Bestimmung
der **Art** der Ausnahme können bestimmte Gebäudeteile benannt werden, z.B. Treppenräume, Wintergärten oder erdgeschossige Vorbauten. Der **Umfang** der Ausnahme
ist **maßlich** festzulegen. Es ist auch möglich, das **Vor- und Zurücktreten des gesamten**
Gebäudes als Ausnahme unter genau umschriebenen Voraussetzungen festzusetzen

(so Boeddinghaus zu § 23 Rn. 24; Jäde/Dirnberger/Weiß zu § 23 BauNVO Rn. 11; König/Roeser/Stock zu § 23 Rn. 28; a.A. Fickert/Fieseler zu § 23 Rn. 14–14.1 und Knaup/Stange zu § 23 Rn. 29). Macht die Gemeinde von dieser Ermächtigung Gebrauch, so entscheidet über die Gewährung der Ausnahme die Genehmigungsbehörde im **Einvernehmen** mit der Gemeinde.

234 Eine allgemeine Aussage über die **nachbarschützende Funktion** von Baulinien, Baugrenzen oder Bebauungstiefen ist nicht möglich (vgl. § 72 Rdn. 225). **Ob** die jeweilige **Festsetzung drittschützend ist**, hängt vom **Willen der Gemeinde** als Planungsträger ab (BVerwG, Beschl. v. 19.10.1995 – 4 B 215.95, BRS 57 Nr. 219 = ZfBR 1996, 104 und Beschl. v. 13.12.2016 – 4 B 29/16, juris) und ist **im Einzelfall durch Auslegung zu ermitteln** (BVerwG, Urt. v. 19.09.1986 – 4 C 8.84, BRS 46 Nr. 173 und OVG NRW, Beschl. v. 09.03.2007 – 10 B 2675/06, BauR 2007, 1550; s.a. Knaup/Stange zu § 22 Rn. 48). Eine Aussage hierzu kann im Einzelfall die **Begründung des Bebauungsplans** enthalten (vgl. Nds. OVG, Beschl. v. 20.06.2000 – 1 M 2011/00, BauR 2000, 1844 = BRS 63 Nr. 188). Dabei sind die **örtlichen Verhältnisse** und die »**Wohndichte**« zu berücksichtigen (OVG Bremen, Urt. v. 20.02.1996 – 1 BA 53/95, BRS 58 Nr. 173 = NVwZ-RR 1997, 276 zur gartenseitigen Baugrenze für eine Reihenhauszeile).

235 **Straßenseitigen Begrenzungen** der überbaubaren Grundstücksflächen kommt **regelmäßig keine** nachbarschützende Funktion in Bezug auf den **seitlichen** Nachbarn zu (VGH B-W, Beschl. v. 17.12.2009 – 8 S 1669/09, NVwZ-RR 2010, 383; BayVGH, Beschl. v. 18.10.2010 – 2 ZB 10.1800, juris), wohl aber kann der **gegenüberliegende** straßenseitige Nachbar geschützt sein (vgl. Hahn/Schulte Rn. 154).

236 Baulinien und Baugrenzen zu **seitlichen** Grundstücksgrenzen haben dagegen **regelmäßig nachbarschützende Wirkung** zugunsten des an derselben Grundstücksseite liegenden Nachbarn (VGH B-W, Beschl. v. 30.06.2015 – 3 S 901/15, NVwZ-RR 2015, 807).

2.4.2 Nicht überbaubare Grundstücksflächen

237 Mit der Festsetzung der überbaubaren Grundstücksflächen ergibt sich im **Umkehrschluss**, welche Flächen – mit Hauptanlagen – **nicht überbaubar** sind. Die Anordnung der **Hauptanlagen** auf dem Grundstück wird durch die Festsetzung überbaubarer Grundstücksflächen eingeschränkt, so dass diese **auf den nicht überbaubaren Flächen unzulässig** sind (BVerwG, Urt. v. 07.06.2001 – 4 C 1.01, ZfBR 2001, 558). Da die Festsetzung der überbaubaren Flächen nach der **Systematik der BauNVO** nur die **Hauptanlagen** erfasst, bedurfte es einer besonderen Bestimmung, ob überhaupt – und wenn ja welche – Anlagen auf den nicht überbaubaren Grundstücksflächen angeordnet werden dürfen. Unter Ausnutzung der Verordnungsermächtigung, die auch Vorschriften über Festsetzungen bezüglich der nicht überbaubaren Grundstücksflächen erlaubt, enthält **§ 23 Abs. 5** BauNVO 1990 hierzu eine allerdings nur **schwer verständliche Bestimmung**, die mit der Festsetzung von Bebauungstiefen, Baulinien oder Baugrenzen in den Bebauungsplan inkorporiert wird. Soweit keine hiervon

abweichende Festsetzung besteht, können auf den nicht überbaubaren Grundstücksflächen zugelassen werden:
- Nebenanlagen im Sinne des § 14 BauNVO 1990 (Satz 1),
- nach Landesrecht in den Abstandsflächen privilegierte bauliche Anlagen (Satz 2).

Enthält der Bebauungsplan keine ausdrücklich anderslautende **textliche** oder **zeichnerische** Festsetzung, die gegebenenfalls auch **nachbarschützende Wirkung** entfalten kann (VGH B-W, Beschl. v. 23.10.1997 – 5 S 1596/97, BauR 1998, 521 = BRS 59 Nr. 126), gilt § 23 Abs. 5 BauNVO 1990 unmittelbar. Diese Bestimmung ist wie die über das Vor- und Zurücktreten von Gebäudeteilen in geringfügigem Ausmaß **keine Ausnahmeregelung**, sondern eine **Abweichungsermächtigung eigener Art** (s. Rdn. 230). 238

Von § 23 Abs. 5 Satz 1 BauNVO 1990 werden die **Nebenanlagen im Sinne des § 14 BauNVO 1990** erfasst, das sind Anlagen oder Einrichtungen, die dem **Nutzungszweck** der in dem Baugebiet gelegenen Grundstücke oder des Baugebiets selbst **dienen** und die seiner **Eigenart nicht widersprechen** (§ 14 Abs. 1 Satz 1), wozu auch solche für die **Kleintierhaltung** gehören (§ 14 Abs. 1 Satz 2). Eine untergeordnete Nebenanlage ist eine bodenrechtlich relevante bauliche Anlage, die sowohl in ihrer Funktion als auch räumlich-gegenständlich dem primären Nutzungszweck der in dem Baugebiet liegenden Baugrundstücke oder des Baugebietes selbst sowie der diesem Nutzungszweck entsprechenden Bebauung **dienend zu- und untergeordnet** ist (BVerwG, Urt. v. 28.04.2004 – 4 C 10/03, BauR 2004, 1567; OVG Saar, Beschl. v. 24.05.2012 – 2 A 395/11, BRS 79 Nr. 91). Die **Unterordnung** muss nicht nur hinsichtlich der Funktion, sondern auch **optisch** gegeben sein; die Nebenanlage darf zur Hauptanlage nicht als gleichwertig erscheinen oder diese sogar optisch verdrängen (OVG NRW, Beschl. v. 10.10.2012 – 2 A 309/12, BauR 2013, 63). 239

Die Gemeinde kann die **Zulässigkeit** von Nebenanlagen nach § 14 Abs. 1 Satz 3 BauNVO 1990 mit der Folge **einschränken** oder **ausschließen**, dass sich eine derartige Festsetzung dann auf das jeweilige Baugebiet insgesamt und nicht nur auf die nicht überbaubare Fläche nach § 23 Abs. 5 BauNVO 1990 bezieht. Ferner kann die Gemeinde nach § 14 Abs. 2 BauNVO 1990 als **Ausnahme** festsetzen, dass die der **Versorgung der Baugebiete** mit Elektrizität, Gas, Wärme und Wasser sowie zur Ableitung von Abwasser dienenden Nebenanlagen zugelassen werden können, auch soweit für sie im Bebauungsplan keine besonderen Flächen festgesetzt sind; das Gleiche gilt für fernmeldetechnische Nebenanlagen und für Anlagen für erneuerbare Energien. 240

Von § 23 Abs. 5 Satz 2 BauNVO 1990 werden in Form der Verweisung auf das Landesrecht die in den Abstandsflächen – einer Hauptanlage – **abstandsrechtlich privilegierten baulichen Anlagen** erfasst. Welche Anlagen hierunter fallen, ist neben § 6 Abs. 1 Satz 2 auch in § **6 Abs. 8 BauO NRW** geregelt. In den Abstandsflächen der Hauptanlage sind nach § 6 Abs. 8 BauO NRW **Garagen** – insbesondere **Grenzgaragen** – zulässig; zu den Garagen rechnen auch **überdachte Stellplätze** (vgl. § 2 Rdn. 316). Die in § 6 Abs. 8 BauO NRW weiterhin aufgeführten Gebäude ohne Aufenthaltsräume fallen nicht in den Anwendungsbereich des § 23 Abs. 5 Satz 2 BauNVO 1990, da diese Bestimmung nur solche Anlagen erfasst, die nicht 241 bereits Nebenanlagen nach Satz 1 sind – und das können nur Stellplätze und Garagen sein –, denn sonst wäre Satz 3 insgesamt überflüssig. Das Gleiche gilt für die nach Abs. 1 Satz 2 privilegierten Anlagen, wie z.B. bis zu 2 m hohe Einfriedungen oder bis zu 1 m hohe Terrassen. Aus Sicht des Rechtsanwenders wäre es verständlicher, wenn § 23 Abs. 5 Satz 2 BauNVO 1990 die Stellplätze und Garagen direkt erwähnt und auf die im Übrigen **dynamische Verweisung** (VGH B-W, Beschl. v. 06.09.1995 – 8 S 2388/95, BauR 1996, 222 = BRS 57 Nr. 84 = NVwZ-RR 1996, 140) verzichtet hätte. Diese schwer nachvollziehbare »rechtstechnische Akrobatik« ist nur vor dem Hintergrund der früheren Rechtslage des Jahres 1962 verständlich (s. Rdn. 10–17).

242 Obwohl **Stellplätze** und **Garagen** im Regelfall einer Hauptanlage dienend zu- und untergeordnet sind, stellen sie **keine Nebenanlagen im Sinne des § 14 BauNVO** dar. Mit § 12 BauNVO 1990 besteht nämlich **im Verhältnis zu § 14 BauNVO 1990 eine speziellere Regelung** (lex specialis), so dass die bauplanungsrechtliche Zulässigkeit von Stellplätzen und Garagen nicht von den Vorgaben für Nebenanlagen abhängt (BVerwG, Urt. v. 21.03.2013 – 4 C 15/11, BauR 2013, 1236, NVwZ 2013, 1014; VGH B-W, Beschl. v. 23.07.1991 – 8 S 1606/91, BRS 52 Nr. 177). Die Vorschriften des § 12 BauNVO betreffen zwar nur die **Art der baulichen Nutzung**, enthalten jedoch weitreichende Bindungen, die sich auch auf § 23 Abs. 5 BauNVO insofern auswirken, als die überbaubare Fläche für die Zulässigkeitsbeurteilung keine oder nur eingeschränkte Bedeutung aufweist, weil **andere** bauplanungsrechtliche Vorschriften bereits die Anordnung und Lage der Stellplätze und Garagen regeln. Nach § 12 BauNVO 1990 gelten folgende **bauplanungsrechtlichen** Vorgaben:
– Grundsätzlich sind gemäß Abs. 1 Stellplätze und Garagen in allen Baugebieten zulässig.
– Nach **Abs. 2** sind in **Kleinsiedlungsgebieten, reinen** und **allgemeinen Wohngebieten** sowie in **Sondergebieten**, die der **Erholung** dienen, Stellplätze und Garagen nur für den durch die zugelassene Nutzung **verursachten Bedarf** zulässig.
– Nach Abs. 3 Nr. 1 sind Stellplätze und Garagen für Lastkraftwagen und Kraftomnibusse sowie Anhänger dieser Fahrzeuge in reinen Wohngebieten unzulässig.
– Nach Abs. 3 Nr. 2 sind Stellplätze und Garagen für Kraftfahrzeuge mit einem Eigengewicht über 3,5 Tonnen sowie Anhänger dieser Kraftfahrzeuge in Kleinsiedlungsgebieten und allgemeinen Wohngebieten unzulässig.
– Nach § 12 **Abs. 4 Satz 1 und 2** BauNVO 1990 kann bestimmt werden, dass in **oberirdischen Garagengeschossen** oder **Tiefgaragengeschossen** nur Stellplätze zulässig sind. Soweit die Gemeinde keine anderen Bestimmungen erlässt, sind dann aufgrund des § 12 Abs. 4 **Satz 3** BauNVO **Stellplätze und Garagen nur in den festgesetzten Geschossen zulässig**.
– Nach § 12 **Abs. 5** BauNVO 1990 gilt die vorgenannte Festsetzungsmöglichkeit auch für **Teile von Geschossen**.
– Nach § 12 Abs. 6 BauNVO 1990 kann für **Baugebiete** oder **bestimmte Teile** von Baugebieten festgesetzt werden, dass **Stellplätze und Garagen unzulässig** oder nur **in beschränktem Umfang zulässig** sind.

Gestützt auf die Ermächtigungen des § 9 Abs. 1 Nr. 4 und Nr. 22 BauGB kann die Gemeinde auch direkt 243
– **Flächen für Stellplätze** und **Garagen** mit ihren Einfahrten auf den Baugrundstücken und
– Flächen für Gemeinschaftsstellplätze und Gemeinschaftsgaragen
im Bebauungsplan festsetzen, um den **Standort** dieser Anlagen auf den jeweiligen Baugrundstücken (Nr. 4) oder für einen bestimmten Baugebietsteil (Nr. 22) zu beeinflussen. Die beiden Festsetzungsermächtigungen dürfen nicht mit der nach § 9 Abs. 1 Nr. 11 BauGB für das Parken von Fahrzeugen auf öffentlichen Verkehrsflächen verwechselt werden und gestatten es, auf Baugrundstücken am festgelegten Standort nur Garagen **oder** nur Stellplätze zuzulassen (BVerwG, Beschl. v. 31.08.1989 – 4 B 161.88, BRS 49 Nr. 16). **Indirekt** kann sich aus der Festsetzung über **Bereiche ohne Ein- und Ausfahrten** nach § 9 Abs. 1 Nr. 11 BauGB ein **Errichtungsverbot** für Stellplätze und Garagen für ein Baugrundstück ergeben.

Die zeichnerische Darstellung der Baulinien und Baugrenzen im Bebauungsplan erfolgt mittels der Planzeichen nach Nr. 3.4 und Nr. 3.5 der Anlage zur PlanzV 90. 244

Für die **Umgrenzung von Flächen für Nebenanlagen**, **Stellplätze** und **Garagen** sowie **Gemeinschaftsanlagen** nach § 9 Abs. 1 Nr. 4 und 22 BauGB enthält **Nr. 15.3** der Anlage zur PlanzV 90 **besondere Planzeichen**, die im Bebauungsplan neben denen nach Nr. 3.4 und 3.5 anzuwenden sind: 245

	schwarz/weiß	farbig
3.4 **Baulinie**	▬ · · ▬ · · ▬	▬▬▬▬▬
3.5 **Baugrenze**	▬ · ▬ · ▬	▬▬▬▬▬
15.3 **Umgrenzung von Flächen für Nebenanlagen, Stellplätze, Garagen und Gemeinschaftsanlagen**	┌─ ─ ─ ─┐ └─ ─ ─ ─┘	┌─ ─ ─ ─┐ └─ ─ ─ ─┘
Zweckbestimmung:		
Stellplätze	**St**	Gemeinschafts-stellplätze **GSt**
Garagen	**Ga**	Gemeinschafts-garagen **GGa**

2.4.3 Stellung baulicher Anlagen

Unter der Stellung der baulichen Anlagen ist die **Ausrichtung der Baukörper** zur Straße, zu den **Nachbargrenzen** oder zur **Himmelsrichtung** zu verstehen. Die Stellung darf **nicht auf die Firstrichtung des Daches reduziert** werden, denn ein Gebäude braucht nicht immer ein geneigtes Dach zu haben; eine Flachdachbebauung weist 246 keine Firstrichtung auf. Die Ausrichtung der Baukörper kann aus städtebaulichen Gründen festgesetzt werden, z.B. um eine Parallelität der Gebäude zur Straße oder zu einheitlich verlaufenden Nachbargrenzen zu erzwingen, um das Verhältnis der Baukörper untereinander aus Besonnungs- oder Belüftungsaspekte zu ordnen und **insoweit auch nachbarschützende Wirkung** zu entfalten, um die bessere Ausnutzung erneuerbarer Energien zu fördern oder die Erschließung zu erleichtern. Dabei kann eine **Überschneidung mit baugestalterischen Festsetzungen** auftreten (vgl. § 89 Rdn. 29–30). Die Festsetzung der Stellung der baulichen Anlagen ist bei großzügig bemessener überbaubarer Grundstücksflächen infolge der großen Dispositionsbefugnis sinnvoll (s. Rdn. 219–220 und Abb. 6.9), um **ungeordnet erscheinende Baustrukturen** zu unterbinden (s. Abb. 6.13).

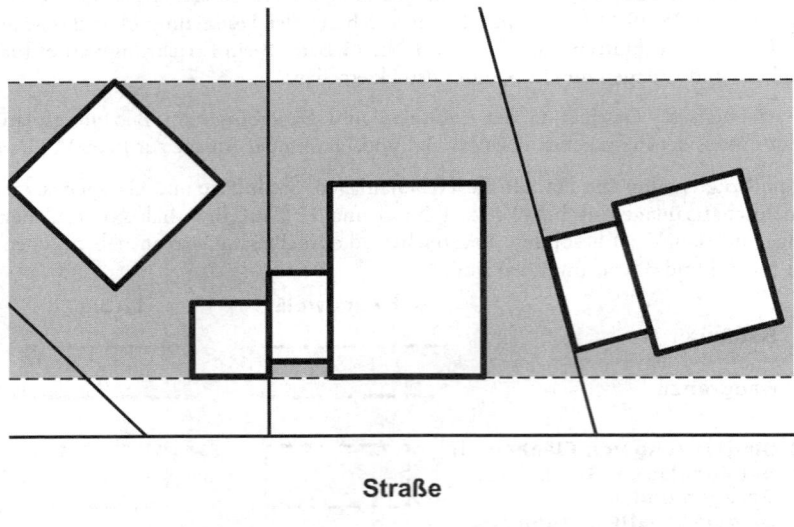

Abb. 6.13 Ungeordnete Stellung der Baukörper
Ohne Festsetzung der **Stellung** baulicher Anlagen entstehen bei großzügig bemessener überbaubarer Grundstücksfläche leicht **ungeordnete Baustrukturen** (s. Rdn. 246).

247 Die **Festsetzung der Stellung** baulicher Anlagen ist mangels rechtlicher Vorgaben textlich oder zeichnerisch **unmittelbar auf § 9 Abs. 1 Nr. 2 BauGB zu stützen**. Die PlanzV 90 sieht **kein besonderes Planzeichen** vor. In der Praxis wird der **Doppel-** oder **Winkelpfeil** als nach § 2 Abs. 2 PlanzV 90 weiterentwickeltes Planzeichen verwendet.

2.4.4 Festsetzungen über die Bauweise und Abstandsflächenvorschriften

Die Vorschriften des § 22 BauNVO (sämtliche Fassungen) orientierten sich an der städtebaulichen Tradition, insbesondere aber an der klassischen Blockrandbebauung. Sie sind auch durch die vor dem Inkrafttreten des heutigen Städtebaurechts übliche Planungsmethodik beeinflusst worden, im Fluchtlinienplan durch Fluchtlinien die **straßenseitige Ausrichtung der Gebäude** vorzuschreiben und in den Baupolizeiverordnungen die seitlichen und gartenseitigen Grenzabstände zu bestimmen. Bei Erlass der BauNVO 1962 bestand weitgehend die Planungspraxis, die überbaubaren Grundstücksflächen **streifenförmig** entlang der Straßen zu formen, so dass sich **garten- oder hofseitig rückwärtige Baugrenzen** ergaben. Daher waren aus bauplanungsrechtlicher Sicht nur die **seitlichen** Grenzabstände für die offene oder geschlossene Bauweise zu regeln. 248

Die gesamte Materie, also die Regelungen über die Bauweise und über die Abstandsflächen, rechnet schon wegen des zu berücksichtigenden Belangs **gesunder Wohn- und Arbeitsverhältnisse** zweifelsohne zum **Bodenrecht** und hätte deshalb durch den Bund sogar umfassend geregelt werden können, was jedoch mit Rücksicht auf die Rechtsentwicklung unterblieben ist. Auch die mit Gesetz vom 21.12.2006 (BGBl. I S. 3316) in **§ 9 Abs. 1 BauGB** aufgenommene **Nr. 2a** über »vom Bauordnungsrecht abweichende Maße der Tiefe** der Abstandsflächen« stellt nur eine **Teilregelung** dar, da es für die Berechnung der Abstandsflächentiefe weiterhin bei den Vorschriften der Landesbauordnungen verbleibt (so die Begründung in BT-Drucks. 16/3308 zu Art. 1 Nr. 4, S. 19 f.). 249

Die Festsetzung der **Bauweise** bezweckt, anders als die Festsetzung der überbaubaren Grundstücksflächen und der Stellung baulicher Anlagen, eine **direkte Beziehung der Hauptanlagen zu den Nachbargrundstücken** (s. Rdn. 260) und insbesondere **zu den seitlichen Nachbargrenzen** herzustellen (BVerwG, Beschl. v. 31.01.1995 – 4 NB 48.93, BRS 57 Nr. 23; OVG Rh-Pf, Beschl. v. 01.08.2016 – 8 B 10637/16, BauR 2016, 2050). Aus der festgesetzten Bauweise ergibt sich, **ob die Gebäude der Hauptnutzung** zu den Nachbargrenzen einen **Abstand einzuhalten haben oder eben nicht** (VGH B-W, Beschl. v. 09.05.2006 – 3 S 906/06, BRS 70 Nr. 180 = ZfBR 2006, 689). Die Bestimmungen gehen nur bezüglich der **offenen** und der **geschlossenen Bauweise** auf das frühere **Baupolizeirecht** zurück (s. Rdn. 1–9). Mit § 22 **Abs. 4** BauNVO 1962 wurde zusätzlich die **abweichende Bauweise** eingeführt, um die nach dem II. Weltkrieg im Zuge des Wiederaufbaus und des Großsiedlungsbaus gemachten Erfahrungen mit neuen städtebaulichen Konzeptionen baurechtlich zu berücksichtigen. Bei Festsetzung der **abweichenden** Bauweise kann die Gemeinde gemäß § 22 Abs. 4 **Satz 2** BauNVO 1990 auch bestimmen, **inwieweit** an die **vorderen, rückwärtigen** und **seitlichen** Grundstücksgrenzen **herangebaut** werden **darf** oder **muss**. 250

Für die Gemeinde besteht keine Verpflichtung zur Festsetzung der Bauweise im Bebauungsplan. Die Bauweise rechnet auch nicht zu den Mindestfestsetzungen eines qualifizierten Bebauungsplans nach § 30 Abs. 1 BauGB, wohl aber zu den Kriterien 251 für die Einfügung in die Umgebungsbebauung nach § 34 Abs. 1 BauGB. Enthält der Bebauungsplan keine Festsetzung der Bauweise, so gilt nicht etwa grundsätzlich die offene Bauweise. Die entsprechende Vorschrift des § 22 Abs. 1 Satz 2 BauNVO 1962 war von der Verordnungsermächtigung nicht gedeckt, daher von Anfang an bedeutungslos und entfaltet für unter der Geltung der BauNVO 1962 aufgestellte Bebauungspläne keinerlei Rechtswirkung (so BVerwG, Urt. v. 23.04.1969 – IV C 12.67, BRS 22 Nr. 42). Die Vorschrift wurde mit der Änderungsverordnung 1968 daher aufgehoben.

2.4.5 Offene Bauweise

252 Die in § 22 Abs. 2 BauNVO (sämtliche Fassungen) getroffenen Regelungen zur offenen Bauweise sind **nicht abschließend** und erfahren durch die **Abstandsflächenvorschriften** der Landesbauordnungen **wesentliche Ergänzungen**, wodurch der **bauaufsichtliche Vollzug nicht erleichtert** wird, da nur **schwer zu durchschauende Wechselwirkungen** zwischen dem Bauplanungsrecht und dem Abstandsflächenrecht bestehen.

253 »Wird die **offene Bauweise** festgesetzt, **ergeben sich die seitlichen Grenzabstände aus dem Bauordnungsrecht**« (BVerwG, Beschl. v. 12.05.1995 – 4 NB 5.95, BRS 57 Nr. 7), da der **Grenzabstand zu den** – früher als Bauwich bezeichneten – **seitlichen Nachbargrenzen** nur **dem Grunde nach** geregelt wird (OVG NRW, Beschl. v. 14.08.1997 – 10 B 1869/97, BRS 59 Nr. 73).

254 Die Vorschrift geht von einer Bebauung an üblichen Straßen aus, so dass sich die **seitlichen** Grenzen des Baugrundstücks durch **Blickrichtung von der Straße aus** ergeben (s. Abb. 6.14). Bei **Eckgrundstücken** muss die Betrachtung von beiden Straßen aus erfolgen. Im Extremfall hat ein Eckgrundstück eine vordere und zwei seitliche Grenzen, die in einem rückwärtigen Punkt zusammenlaufen (s.a. OVG NRW, Urt. v. 05.03.1963 – VII A 1294/62, BRS 14 Nr. 5). Bei über einen Wohnweg erschlossen Gebäuden erfolgt der **Blick vom Wohnweg** in Richtung Baugrundstück, um die seitlichen Grundstücksgrenzen zu bestimmen.

Abstandsflächen § 6

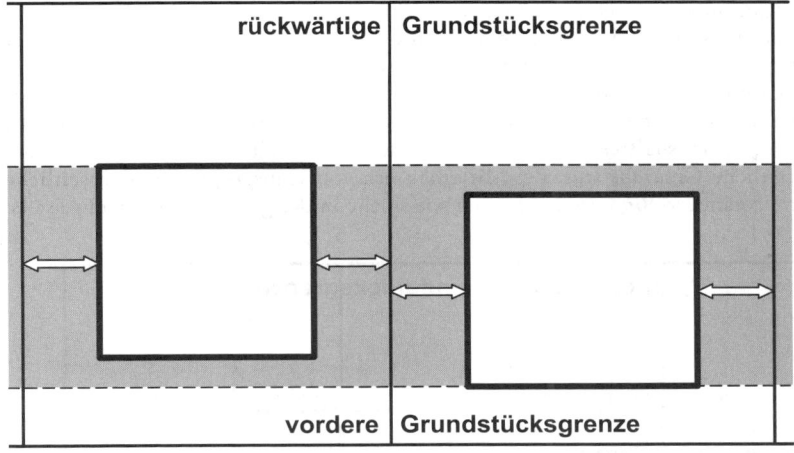

Abb. 6.14 Seitliche Grenzabstände bei offener Bauweise
In der **offenen** Bauweise werden die Gebäude mit **seitlichem Grenzabstand** errichtet. Die seitlichen Grundstücksgrenzen ergeben sich aus Blickrichtung von der Straße aus. Das Beispiel zeigt **Einzelhäuser** (s. Rdn. 252–254).

In der **offenen Bauweise** nach § 22 Abs. 2 BauNVO 1990 dürfen – soweit keine 255 Beschränkung auf einzelne Hausformen festgesetzt ist – die Gebäude **mit seitlichem** Grenzabstand entweder als **Einzelhäuser, Doppelhäuser** oder **Hausgruppen** errichtet werden, wobei deren Länge auf **höchstens 50 m** beschränkt ist. Das Längenmaß bezieht sich auf die **Ausdehnung des Baukörpers zwischen zwei Nachbargrundstücken** (Hess. VGH, Beschl. v. 22.01.1996 – 4 TG 1675/95, BRS 58 Nr. 37), wird wie die seitliche Grundstücksgrenze **von der Straße aus** betrachtet (s. Rdn. 254) und ist an der **Vorderfront** des Gebäudes zu messen (vgl. Knaup/Stange zu § 22 Rn. 30), auch wenn dieses **gebogen** oder **abgewinkelt** um eine Straßenecke herum verläuft. Die praktische Bedeutung der Längenbegrenzung ist auf Hausgruppen beschränkt, die nicht selten an **Wohnwegen** liegen. Die **Vorschriften** des § 4 Abs. 1 Nr. 1 und § 5 Abs. 1 Satz 3 BauO NRW korrespondieren mit dieser planungsrechtlichen **Längenbeschränkung** (vgl. § 4 Rdn. 49–52 und zu § 5 Rdn. 18–19).

§ 6 Abstandsflächen

256 Die Zuordnung von Doppelhäusern und Hausgruppen zur offenen Bauweise erscheint unsystematisch, weil die **einzelnen Gebäude** eines Doppelhauses bzw. einer Hausgruppe **an der gemeinsamen Grundstücksgrenze aneinander gebaut** sind und damit **Wesenselemente der geschlossenen Bauweise** aufweisen. **Einzelhäuser** halten **vor beiden seitlichen** Außenwänden Grenzabstand ein (s. Abb. 6.14). Bei **Doppelhaushälften** entfällt für die **gemeinsam aneinander gebauten Wände** der seitliche Grenzabstand. Bei **Mittelhäusern** von Hausgruppen **fehlen seitliche Grenzabstände völlig** – sie erscheinen wie solche in der geschlossenen Bauweise (s. Abb. 6.15).

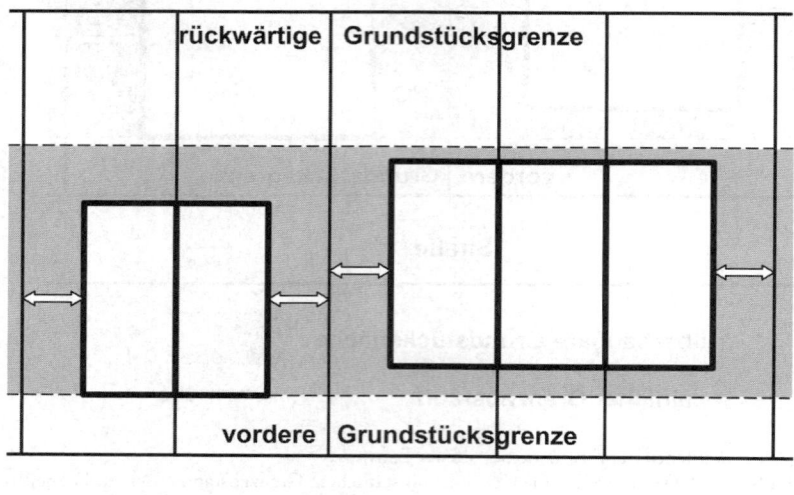

Abb. 6.15 Seitliche Grenzabstände bei Doppelhäusern und Hausgruppen
Seitliche Abstände sind nur an den **Enden** dieser Hausformen einzuhalten (s. Rdn. 255–256).

257 **Einzelhäusern** und **Doppelhäusern** wird mitunter ein **einengender Begriffsinhalt** unterlegt, den die Vorschrift so aber **nicht** beinhaltet. **Einzelhäuser sind nicht nur Einfamilienhäuser** mit ein oder zwei Wohnungen, sondern vielmehr auch Wohnblocks mit zahlreichen Wohnungen; **Doppelhäuser** sind keineswegs nur zwei aneinander gebaute Einfamilienhäuser, sondern auch zwei aneinander gebaute Wohnblocks. Eine **Hausgruppe** kann nicht nur aus klassischen Reihenhäusern bestehen, sondern auch durch mehrere aneinander stehende Wohnblöcke gebildet werden. **Nutzung** und **Anzahl** der Nutzungseinheiten oder Wohnungen stellen **kein Abgrenzungskriterium** dar,

so dass zwei aneinander stehende Bürogebäude ebenfalls ein Doppelhaus bilden können. Schließlich ist zur **Begriffserfüllung** auch **keine einheitliche äußere Gestaltung gefordert**, wenngleich Bebauungspläne entsprechende **gestalterische Festsetzungen** nach Bauordnungsrecht enthalten dürfen (hierzu s. OVG NRW, Urt. v. 15.09.1999 – 7 A 38/98, BRS 62 Nr. 93).

Diese **Diskrepanz zwischen allgemeinem Verständnis und rechtlicher Betrachtung** geht auf die Entstehungsgeschichte der Vorschrift zurück, als man noch ein anderes – auch rechtliches – Verständnis der Hausformenbegriffe hatte (vgl. Boeddinghaus, Einzelhäuser, Doppelhäuser und Hausgruppen, BauR 1998, S. 15 ff.). Die **Zusammenfassung** der verschiedenen Hausformen in der Vorschrift über die offene Bauweise trägt im bauaufsichtlichen Vollzug zu **erheblichen Rechtsunsicherheiten** bei, weil unklar bleibt, ob von einem Doppelhaus oder einer Hausgruppe **nur bei ausparzellierten Grundstücken** gesprochen werden kann (so eine vielfach vertretene Auffassung in Literatur und Rechtsprechung; vgl. auch BayVGH, Beschl. v. 21.07.2000 – 26 CS 00.1348, BauR 2001, 214 = BRS 63 Nr. 96), oder ob auf die **Bebauungskonzeption** abzustellen ist (so Boeddinghaus zu § 22 Rn. 23 und Ernst/Zinkahn/Bielenberg/Krautzberger zu § 22 BauNVO Rn. 34). Setzt die Gemeinde nämlich nur Einzelhäuser fest und stellt man zur Abgrenzung der Begriffe allein auf das Grundstück ab, so kann diese Festsetzung dadurch unterlaufen werden, dass der Bauwillige das Grundstück, auf dem das Doppelhaus oder die Hausgruppe errichtet werden soll, ungeteilt lässt und behauptet, es handle sich um ein Einzelhaus mit nebeneinander angeordneten Wohnungen (zu dieser **begrifflichen Problematik** vgl. § 2 Rdn. 146–163). Es hätte zur Klarheit beigetragen, wenn die **Sonderformen** der offenen Bauweise – **Doppelhäuser** und **Hausgruppen** – in gesonderten Absätzen mit genauen Abgrenzungskriterien abgehandelt worden wären.

258

Im Bebauungsplan kann festgesetzt werden, dass
– nur Einzelhäuser,
– nur Doppelhäuser oder
– nur Hausgruppen
zulässig sind. Darüber hinaus kann auch bestimmt werden, dass
– nur Einzel- und Doppelhäuser,
– nur Doppelhäuser und Hausgruppen oder
– nur Einzelhäuser und Hausgruppen
zulässig sind. Vor dem Hintergrund der nunmehr seit Jahren anhaltenden Auseinandersetzung über den Hausformenbegriff gleiten die **kombinierten Festsetzungsmöglichkeiten im bauaufsichtlichen Vollzug** ins **Absurde** ab (vgl. die unterschiedlichen Meinungen der Kommentatoren Ernst/Zinkahn/Bielenberg/Krautzberger zu § 22 BauNVO Rn. 32 ff. und Fickert/Fieseler zu § 22 Rn. 7). Es ist nicht ansatzweise erkennbar, welcher städtebauliche Sinngehalt in der kombinierten Festsetzungsmöglichkeit von Einzelhäusern und Hausgruppen liegen soll, zweier Hausformen, die innerhalb der offenen Bauweise den größten denkbaren Gegensatz bilden. Dagegen lässt sich bei den anderen Kombinationsmöglichkeiten noch nachvollziehen, dass ein Bedürfnis für derartige Festsetzungen vorliegen kann, um dem Bauherrn eine gewisse Dispositionsfreiheit zu erhalten, ohne das städtebauliche Erscheinungsbild zu stören.

259

260 Die Frage, ob die **einzelnen Elemente** eines **Doppelhauses** oder einer **Hausgruppe** im Wesentlichen **deckungsgleich** errichtet werden müssen (so schon BayVGH, Urt. v. 10.11.1998 – 14 B 96.2645, BRS 62 Nr. 92), oder ob der später Bauende die überbaubare Grundstücksfläche voll ausnutzen darf, obwohl der zuerst Bauende mit seinem Gebäude hinter den Festsetzungen zurück geblieben ist (s. Rdn. 203–205), konnte höchstrichterlich geklärt werden.

261 Ein **Doppelhaus** ist eine bauliche Anlage, die dadurch entsteht, dass **zwei Gebäude** auf benachbarten Grundstücken **durch Aneinanderbauen** an der gemeinsamen Grundstücksgrenze **zu einer Einheit zusammengefügt** werden. Das **Erfordernis der baulichen Einheit** ist nur erfüllt, wenn die beiden Gebäude in wechselseitig verträglicher und abgestimmter Weise aneinander gebaut werden und hierdurch einen Gesamtbaukörper bilden, der zwar nicht deckungsgleich bzw. spiegelbildlich sein muss, jedoch sowohl **quantitative** als auch **qualitative Elemente** beinhaltet. In dem System der offenen Bauweise ordnet sich ein aus zwei Gebäuden zusammengefügter Baukörper nur ein und kann somit als Doppelhaus gelten, wenn das bauplanungsrechtliche Abstandsgebot an der **gemeinsamen** Grundstücksgrenze auf der Grundlage der **Gegenseitigkeit** überwunden wird.

262 **Kein Doppelhaus** entsteht daher, wenn ein Gebäude gegen das andere an der gemeinsamen Grundstücksgrenze so stark versetzt wird, dass sein vorderer oder rückwärtiger Versprung den **Rahmen einer wechselseitigen Grenzbebauung** überschreitet, den Eindruck eines einseitigen Grenzanbaus vermittelt und dadurch einen neuen Bodennutzungskonflikt auslöst. Ein zeitlich späterer Bau muss sich an der Grenzstellung des früheren orientieren und in eine »harmonische Beziehung« zu diesem treten. Der frühere Grenzbau wirkt daher für den späteren als »**maßstabsbildende Vorbelastung**« (BVerwG, Urt. v. 24.02.2000 – 4 C 12.98, BauR 2000, 1168 = BRS 63 Nr. 185 = NVwZ 2000, 1055 zu einem nicht als Doppelhaus einzustufenden Baukörper, der nur auf einer Länge von 5 m mit dem Nachbargebäude aneinander gebaut war und gartenseitig um weitere 8 m versprang, entgegen OVG NRW, Beschl. v. 04.06.1998 – 10 A 1318/97, BauR 1999, 478 = BRS 60 Nr. 72; s. Abb. 6.16).

Abstandsflächen § 6

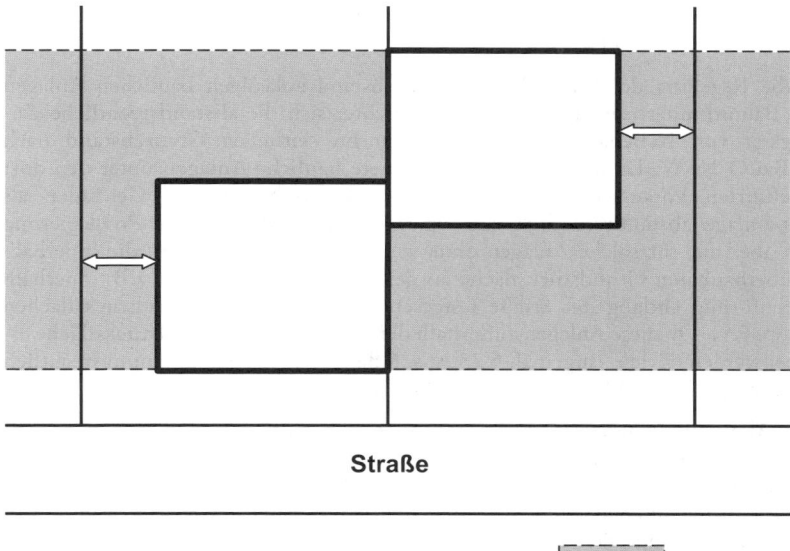

Straße

überbaubare Grundstücksfläche

seitlicher Grenzabstand

Abb. 6.16 Starker Gebäudeversatz, der kein Doppelhaus ergibt
Es entsteht **kein** Doppelhaus, wenn ein Gebäude gegen das andere an der gemeinsamen Grundstücksgrenze so **stark versetzt** wird, dass der Versatz den Rahmen einer wechselseitigen Grenzbebauung überschreitet (s. Rdn. 260–263)

Nur die harmonische Beziehung störende Gebäudeversätze sind unzulässig. Daher kann z.B. die Errichtung eines Wintergartens an einer der Doppelhaushälften zulässig sein (OVG NRW, Urt. v. 23.07.2007 – 10 B 1090/07, juris). 263

Diese **Rechtsprechung** ist **auf Hausgruppen übertragbar**, da sich die Hausgruppe nur dadurch vom Doppelhaus **unterscheidet**, dass sie **nicht zwei**, sondern mindestens **drei** Gebäude aufweist (OVG Lüneburg, Urt. v. 21.04.1986 – 1 A 56/85, BRS 46 Nr. 98 und OVG NRW, Urt. v. 15.09.1999 – 7 A 38/98, BRS 62 Nr. 93). 264

Die Regelungen über die offene Bauweise betreffen nach der Systematik der BauNVO nur die **Hauptanlagen**, und zwar als **Gebäude**. Hauptanlagen, die keine Gebäude im bauplanungsrechtlichen Sinne sind, werden von § 22 BauNVO 1990 nicht erfasst, wohl aber von § 23 BauNVO 1990 (s. Rdn. 227). Dass nur Hauptanlagen erfasst werden, war noch lange Zeit nach Erlass der BauNVO 1962 streitig; so vertrat der VGH B-W die Auffassung (Urt. v. 09.02.1967 – V 213/65, BRS 18 Nr. 26), auch Garagen müssten in der offenen Bauweise einen seitlichen Grenzabstand einhalten. Die **Zurückhaltung** des Verordnungsgebers ist mit der Rücksichtnahme auf 265 früheres Baupolizeirecht zu erklären (s. Ernst/Zinkahn/Bielenberg/Krautzberger zu § 22 BauNVO Rn. 14 f.).

266 Da die Regelung der im seitlichen Grenzabstand zulässigen baulichen Anlagen dem Bauordnungsrecht überlassen bleibt, richtet sich die **abstandsrechtliche Zulässigkeit** von **Nebenanlagen** und **Garagen im seitlichen Grenzabstand** nach § 6 BauO NRW. Danach sind **untergeordnete bauliche Anlagen** unter den dort aufgeführten Voraussetzungen im seitlichen Grenzabstand von Gebäuden als Hauptanlage **abstandsrechtlich zulässig.** Diese abstandsrechtliche Privilegierung kann aber nur für solche Anlagen ohne weitere Vorbehalte greifen, die innerhalb der überbaubaren Grundstücksfläche an der Nachbargrenze liegen, z.b. innerhalb streifenförmig entlang der Straße festgesetzter überbaubarer Grundstücksflächen (s. Abb. 6.9). Ob diese Anlagen **außerhalb der überbaubaren Grundstücksfläche** errichtet werden dürfen, ist gemäß **§ 23 Abs. 5 BauNVO 1990 bauplanungsrechtlich** zu prüfen (s. Rdn. 237–245 sowie die Abb. 6.11 und 6.12).

267 Über **Abweichungen von den Bestimmungen über die offene Bauweise** enthält § 22 Abs. 2 BauNVO 1990 **keine Aussage**. Derartige Abweichungen können auftreten, wenn in einem Baugebiet, für das der Bebauungsplan offene Bauweise oder eine der in der offenen Bauweise möglichen Hausformen festsetzt (s. Rdn. 259), bestehende Gebäude den Festsetzungen nicht entsprechen. Während § 22 Abs. 3 BauNVO 1990 für die geschlossene Bauweise den Abweichungsfall unmittelbar regelt, fehlt dem § 22 Abs. 2 BauNVO 1990 eine entsprechende Bestimmung. Die Gemeinde ist auch zu **keiner Ausnahmeregelung** nach § 31 Abs. 1 BauGB ermächtigt, was angesichts der ansonsten gegebenen Flexibilität der baunutzungsrechtlichen Vorgaben erstaunt. **Konfliktfälle** lassen sich nur über **Befreiungen nach § 31 Abs. 2 BauGB** lösen.

268 Aus Sinn und Zweck dieser Vorschriften ergibt sich, dass sie **nicht stets** auch **nachbarschützende Wirkung** entfalten (Hess. VGH, Beschl. v. 13.04.1972 – IV TG 25/72, BRS 25 Nr. 188). Denn der festgesetzten offenen Bauweise kann allein eine **städtebauliche Zielsetzung** zugrunde liegen. Im Einzelnen kommt es auf den **Inhalt der Festsetzung** an, der unter Hinzuziehung der Begründung **durch Auslegung zu ermitteln** ist (so Hahn/Schulte Rn. 150). Bei unbebauten Grundstücken wird man gegen die Bedenken des einen Grundstückseigentümers dem anderen im Befreiungswege wohl kaum eine Grenzbebauung zugestehen können, weil grundsätzlich ein Anspruch auf Einhaltung der Grenzabstände besteht (OVG Rh-Pf, Urt. v. 02.03.1964 – 1 A 111/63, BRS 15 Nr. 108 und Urt. v. 15.01.1970 – 1 A 124.68, BRS 25 Nr. 182). Jedenfalls dürften derartige Fallgestaltungen nur selten vorkommen, z.B. wenn ohne Befreiung eine Bebauung relativ schmaler Grundstücke unmöglich wird und dadurch eine städtebaulich unerwünschte Baulücke verbleibt. Da die offene Bauweise maßlich durch Bauordnungsrecht ausgefüllt wird, liegt bei **Unterschreitung** des erforderlichen Abstands zugleich ein **Verstoß gegen das Bauplanungsrecht** vor, so dass dann ein **nachbarschützender Charakter** der Festsetzung gegeben ist (vgl. Fickert/Fieseler zu § 22 Rn. 8). Zum Einfluss der Einhaltung der

landesrechtlich vorgegebenen Abstandsflächen auf das bauplanungsrechtliche Rücksichtnahmegebot s. Rdn. 82–96. Hinsichtlich der Hausformen **Doppelhaus** und **Hausgruppe** ergibt sich Nachbarschutz aus dem **Erfordernis der wechselseitigen Grenzbebauung** (s. Rdn. 260–264).

2.4.6 Geschlossene Bauweise

In der **geschlossenen** Bauweise nach § 22 Abs. 3 BauNVO (sämtliche Fassungen) werden die Gebäude **ohne seitlichen** Grenzabstand errichtet, wobei die **Betrachtung** – wie in der offenen Bauweise – **von der Straße aus** vorzunehmen ist (s. Rdn. 251 und OVG Bremen, Beschl. v. 01.03.1989 – 1 B 5/89, BRS 49 Nr. 191; OVG Rh-Pf, Beschl. v. 01.08.2016 – 8 B 10637/16, BauR 2016, 2050). An den seitlichen Nachbargrenzen sind **öffnungslose Gebäudeabschlusswände** nach § 30 BauO NRW zu errichten. Der **Sinn der geschlossenen Bauweise** liegt in der Schaffung **durchgehend bebauter Straßen- und Platzränder**, so dass sich das Gebäude zwischen den seitlichen Grenzen **über die gesamte Breite** des Grundstücks erstrecken muss (Jäde/Dirnberger/Weiß zu § 22 BauNVO Rn. 11; Knaup/Stange zu § 22 Rn. 33). Wird bei sehr breiten Grundstücken jeweils nur ein Gebäude an den seitlichen Grundstücksgrenzen errichtet, dazwischen aber die **Bebauung unterbrochen**, liegt **keine geschlossene Bauweise** vor, da die **Schaffung einer geschlossenen Gebäudefront** verfehlt wird (vgl. König/Roeser/Stock zu § 22 Rn. 23; a.A. Fickert/Fieseler zu § 22 Rn. 9). Soll dem Bauwunsch dennoch entsprochen werden, bedarf es einer Befreiung nach § 31 Abs. 2 BauGB, da der in § 22 Abs. 3 BauNVO 1990 geforderte Tatbestand nicht vorliegt (s. Rdn. 273). 269

Idealtypisch werden die Gebäude in der geschlossenen Bauweise in einer **einheitlichen Straßenfront** errichtet (s. Abb. 6.10). Die Festsetzung der geschlossenen Bauweise vermag allein nicht die **genaue Lage des Gebäudes** auf dem Grundstück **in Bezug auf den Abstand zur Straße und zum Garten** hin zu regeln. Der zur Straße und zum Garten hin einzuhaltende Abstand richtet sich nach den festgesetzten **überbaubaren Grundstücksflächen**, vor allem nach einer eventuell festgesetzten **straßenseitigen Baulinie**. Fehlt eine solche, kann allein durch die festgesetzte geschlossene Bauweise nicht verhindert werden, dass die Gebäude unterschiedlich große Abstände zur Straße hin einhalten, wodurch sich eine einheitlich wirkende Bebauung nicht erzielen lässt. Das Gleiche gilt hinsichtlich der **zulässigen Höhe** der Bebauung an den seitlichen Grenzen, für welche die Festsetzungen zum **Maß der baulichen Nutzung** ausschlaggebend sind. Sind die Trauf- und Firsthöhen oder die Zahl der Vollgeschosse nicht zwingend vorgegeben, können die Baukörper ein unruhiges Straßenbild erzeugen (s. Abb. 6.17). **Ohne zwingende Vorgaben** lässt sich eine derart »unruhige« Bebauungsstruktur nur durch **gering bemessene Bebauungstiefen** sowie **Mindest- und Höchstmaße** hinsichtlich der **Höhenentwicklung** der Baukörper vermeiden. 270

§ 6 Abstandsflächen

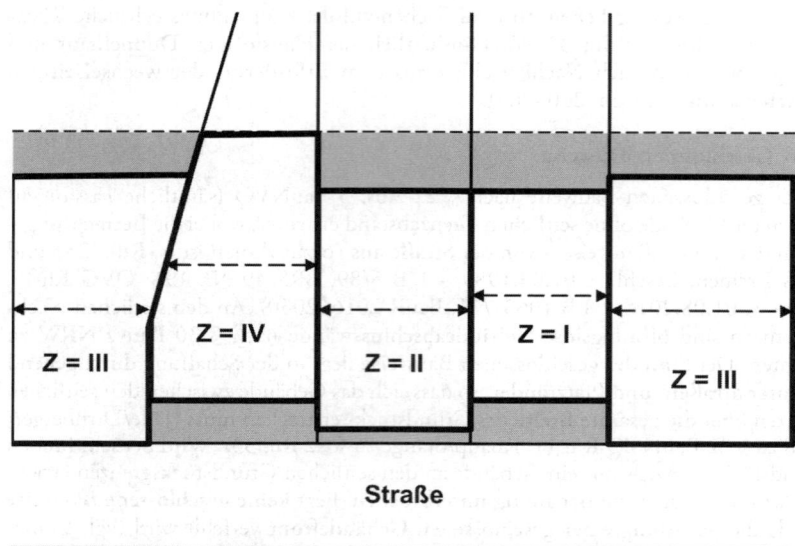

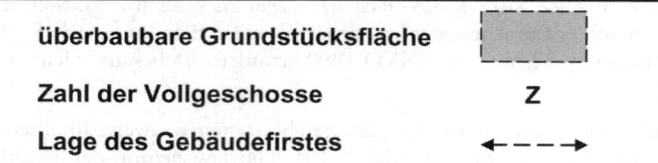

Abb. 6.17 Geschlossene Bauweise ohne einheitlich wirkende Bebauung
Trotz festgesetzter geschlossener Bauweise kann sich beim **Fehlen** einer vorderen **Baulinie** und einer **zwingenden Höhe** oder zumindest einer **zwingenden Zahl der Vollgeschosse** eine unterschiedliche Bebauung zulässigerweise entwickeln, die keinen geordneten Eindruck vermittelt (s. Rdn. 270).

271 Der **Streit** um die Frage, ob die geschlossene Bauweise nur **innerhalb der überbaubaren Grundstücksflächen** gilt (so Fickert/Fieseler zu § 22 Rn. 9 unter Bezug auf OVG Bln, Beschl. v. 28.01.1981 – 2 S 194.80, BRS 38 Nr. 119 und OVG NRW, Urt. v. 09.04.1992 – 7 A 152/90, NVwZ-RR 1993, 397), oder ob sie sich auf das **gesamte Grundstück** bezieht (so aber Knaup/Stange zu § 22 Rn. 35 und König/Roeser/Stock zu § 22 Rn. 24), hat **keine praktische Bedeutung**, da das Gebäude als **Hauptanlage nur innerhalb der überbaubaren Flächen** liegen darf. Soweit von den überbaubaren Flächen im Einzelfall eine **Befreiung** gemäß § 31 Abs. 2 BauGB erteilt werden soll, muss stets auch das **nachbarliche Austauschverhältnis** bedacht werden. Bestehen im Einzelfall gegen eine **festgelegte Überschreitung** der festgesetzten überbaubaren Fläche unter **Würdigung** der nachbarlichen Belange keine städtebaulichen Bedenken, so verbleibt das Vorhaben innerhalb der überbaubaren Grundstücksfläche, da **durch die Befreiung** – bildlich gesprochen – die **überbaubare Fläche** garten- bzw. hofseitig

weiter »**herausgeschoben**« wird, um die **materielle Legalität** des Vorhabens herbeizuführen (OVG NRW, Beschl. v. 27.03.2003 – 7 B 2212/02, BauR 2003, 1185 = BRS 66 Nr. 126).

Die geschlossene Bauweise erfasst das **gesamte Gebäude in allen Geschossen** (Hess. VGH, Beschl. v. 31.10.1979 – IV TG 56/79, BRS 35 Nr. 94; OVG NRW, Beschl. v. 30.10.2015 – 7 B 1031/15, juris). Da auch diese Vorschrift nur die Gebäude als **Hauptanlagen** betrifft (s. Rdn. 265–266), kann eine in der offenen Bauweise zulässige **Grenzgarage** oder ein sonstiges zulässiges **Nebengebäude keine geschlossene Bauweise** herbeiführen (BayVGH, Beschl. v. 23.04.2004 – 20 B 03.3002, BRS 67 Nr. 155 = NVwZ-RR 2005, 391). Das gilt auch, wenn die in § 6 Abs. 11 BauO NRW **festgelegten Maße überschritten** werden, da sich hierdurch die **Eigenschaft** der Garage nicht ändert – sie wird durch die Überschreitung der Höchstmaße nämlich **keine Hauptanlage** (VGH B-W, Urt. v. 08.11.1999 – 8 S 1668/99, BRS 62 Nr. 94). Die Garage kann jedoch an der seitlichen Grundstücksgrenze liegend **in das Hauptgebäude einbezogen** sein, z.b. durch **Überbauung** mit einem Geschoss, in dem sich Aufenthaltsräume der Hauptnutzung befinden, und so **Bestandteil der Hauptanlage** sein; das Gleiche gilt für Nebenanlagen. Da sich die geschlossene Bauweise nur auf die **Gebäude der Hauptnutzung** bezieht (vgl. Ernst/Zinkahn/Bielenberg/Krautzberger zu § 22 Rn. 35 ff.), kann sie im Umkehrschluss nicht für **Nebengebäude** und **Garagen** gelten, die **außerhalb der überbaubaren Flächen** errichtet werden sollen. Für diese Nebengebäude und Garagen besteht **mangels bundesrechtlicher** Vorgaben über die **Bauweise** (s. Rdn. 265–266) die **landesrechtliche Grundforderung** des § 6 Abs. 1 Satz 1 BauO NRW, wonach vor Wänden Abstandsflächen einzuhalten sind. Soweit Nebengebäude und Garagen außerhalb der überbaubaren Grundstücksflächen gemäß § 23 Abs. 5 BauNVO 1990 zugelassen werden können (s. Rdn. 237–245), müssen sie die landesrechtlich geforderten Abstände zu den seitlichen Grundstücksgrenzen einhalten, soweit nicht wiederum die **Privilegierungstatbestände** des § 6 Abs. 11 BauO NRW über das Bauen an den **seitlichen** und **hinteren** Nachbargrenzen eingreifen.

272

Nach der **eindeutigen** Vorgabe des § 22 Abs. 3 BauNVO 1990 erfordert die geschlossene Bauweise **stets** die Errichtung der Hauptanlagen **Wand an Wand** und **ohne jeden Zwischenraum**, so dass sich die **einzelnen Gebäude** zu einem **Gebäudekomplex** zusammenschließen (so Boeddinghaus zu § 22 Rn. 50 unter Bezug auf OVG NRW, Urt. v. 09.07.1997 – 11 A 1826/95, n.v.). Hierbei geht es allein um **städtebauliche Gesichtspunkte**, so dass die Festsetzung der geschlossenen Bauweise **nicht nachbarschützend** ist (OVG Bln, Urt. v. 27.01.1967 – II B 3.66, BRS 18 Nr. 127; OVG NRW, Urt. v. 26.01.1979 – XI A 2251/77, BRS 35 Nr. 177; OVG NRW, Beschl. v. 10.08.2016 – 7 A 2584/15, juris). Will die Gemeinde von diesem Grundsatz abweichen, um z.B. eine **historisch gewachsene Bebauung mit nur geringen Abständen** im Bebauungsplan bei der Bestandsüberplanung ausreichend berücksichtigen zu können, so bedarf es der Festsetzung einer **abweichenden** Bauweise nach § 22 Abs. 4 BauNVO 1990 (VGH B-W, Urt. v. 13.05.2002 – 3 S 2259/01, BauR 2003, 1860 = BRS 65 Nr. 88). Eine historisch gewachsene Bebauung, wie z.B. eine aus alten Fachwerkhäusern, deren Giebel der Straße zugewandt sind, die teils aneinander gebaut sind, teils Traufgassen und Durchgänge in einer Breite von 0,3 bis 1 m aufweisen, stellt wegen des

273

Verstoßes gegen das Gebot, Wand an Wand zu bauen, **keine geschlossene** Bauweise dar (OVG NRW, Beschl. v. 05.10.1998 – 7 B 1850/98, BRS 60 Nr. 105 allerdings nur im Rahmen eines obiter dictums; BayVGH, Urt. v. 22.11.2006 – 25 B 05.1714, BRS 70 Nr. 121 = ZfBR 2007, 282; a.A. Hess. VGH, Beschl. v. 23.12.1980 – IV TG 99/80, BRS 36 Nr. 126; VGH B-W, Urt. v. 06.06.2008 – 8 S 18/07, VBlBW 2008, 483). Träfe die Auffassung des Hess. VGH zu, so könnten die gemeinsamen Traufgassen und Durchgänge ihrer städtebaulich wichtigen Funktion beraubt und durch bauaufsichtliche Einzelentscheidungen eine abweichende in eine geschlossene Bauweise umgewandelt werden, wodurch die Bauleitplanung unterlaufen würde (s.a. Boeddinghaus zu § 22 Rn. 36). Geschlossene Bauweise liegt vor, wenn lediglich **einzelne** Gebäude innerhalb einer ansonsten **intakten geschlossenen Bebauung** Abstände aufweisen. Diesen Fall behandelt aber nicht die Bestimmung des § 22 Abs. 4 BauNVO 1990 über die abweichende Bauweise, sondern die in § 22 **Abs. 3, 2. Halbsatz** BauNVO 1990 enthaltene **Abweichungsmöglichkeit von den Vorschriften über das Bauen in der geschlossenen Bauweise.**

274 Nach § 22 Abs. 3, **1. Halbsatz** BauNVO 1990 müssen Gebäude in der geschlossenen Bauweise **regelmäßig ohne** seitlichen Grenzabstand errichtet werden. Von dieser Verpflichtung zur Grenzbebauung entbindet der **2. Halbsatz** dieser Vorschrift, wenn die **vorhandene Bebauung** eine **Abweichung** erfordert. Damit normiert das Bundesrecht nur die **Tatbestandsvoraussetzungen**, unter denen die Verpflichtung zur Grenzbebauung entfällt, **ohne** zugleich die **Rechtsfolgenseite** anzusprechen. Die **Abweichungsbestimmung** in § 22 **Abs. 3, 2. Halbsatz** BauNVO 1990 regelt daher nur **dem Grunde nach,** wann ein Gebäude bei festgesetzter geschlossener Bauweise – ausnahmsweise – nicht ohne seitlichen Grenzabstand zu errichten ist und überlässt die Regelung der Frage, **welcher Abstand** in einem solchen Falle einzuhalten ist, dem **Bauordnungsrecht.** Ob es in den Fällen, in denen die vorhandene Bebauung eine Abweichung erfordert, im Ermessen der Bauaufsichtsbehörde steht, einen **geringeren als den für die offene Bauweise maßgeblichen Grenzabstand** zuzulassen, richtet sich nicht nach der insoweit unergiebigen Regelung des Bundesverordnungsgebers, sondern nach dem jeweiligen Bauordnungsrecht (BVerwG, Beschl. v. 22.10.1992 – 4 B 210.92, BRS 54 Nr. 62; Hess. VGH, Beschl. v. 16.04.2009 – 3 B 273/09, BRS 74 Nr. 91). Muss nach bauplanungsrechtlichen Vorschriften ein Gebäude an sich ohne seitlichen Grenzabstand errichtet werden, so kann nach Landesbauordnungsrecht hiervon abweichend eine Abstandsfläche wegen eines auf dem Nachbargrundstück vorhandenen Gebäudes nur insoweit verlangt oder gestattet werden, als hierfür eine **bauplanungsrechtliche Rechtfertigung** besteht. Da das Bauplanungsrecht mit § 22 Abs. 3, 2. Halbsatz BauNVO 1990 selbst Abweichungen von der Grenzbebauungsverpflichtung bei geschlossener Bauweise vorsieht, kann es nicht durch die Anwendung landesrechtlicher Vorschriften »ausgehebelt« werden (BVerwG, Beschl. v. 12.01.1995 – 4 B 197.94, BauR 1995, 365 = BRS 57 Nr. 131 = DVBl 1995, 517 = NVwZ-RR 1995, 310). Eine solche Regelung ist in der BauO NRW auch nicht mehr vorgesehen.

275 Somit richtet sich die **bauplanungsrechtliche Beurteilung** nach dem **Erfordernis der Abweichung** aufgrund der **vorhandenen Bebauung.** Die Tatbestandsmerkmale werden in Literatur und Rechtsprechung unterschiedlich beurteilt. Während einerseits die

Auffassung vertreten wird, es müssten **unabweisbare** Gründe für die Abweichung vorliegen (vgl. Fickert/Fieseler zu § 22 Rn. 9.1; Jäde/Dirnberger/Weiß zu § 22 BauNVO Rn. 12; Knaup/Stange zu § 22 Rn. 40), begnügt sich das OVG Lüneburg im Beschl. v. 06.05.1982 (– 6 B 21/82, BRS 39 Nr. 105) und im Urt. v. 12.05.1982 (– 1 A 68/81, BRS 39 Nr. 106) damit, die Abweichung habe **vernünftigerweise geboten** zu sein. Derartige verallgemeinernde Aussagen helfen jedoch nicht weiter, da die **Fallgestaltungen sehr unterschiedlich** sind (so König/Roeser/Stock zu § 22 Rn. 27). Vielmehr ist darauf abzustellen, welche **städtebauliche Zielsetzung** der Bebauungsplan bei der Überplanung vorhandener Gebäude mit der Festsetzung der geschlossenen Bauweise bezweckt. Es kann durchaus sein, dass die Gemeinde das städtebauliche Ziel verfolgt, einen **ungeordneten Gebäudebestand**, der überwiegend grenzständige Bebauung, aber auch Gebäude mit seitlichem Grenzabstand aufweist, **langfristig** zu einer geschlossenen Bebauungsstruktur fortzuentwickeln. In diesem Fall sind die noch unbebauten Grundstücke geschlossen zu bebauen, auch wenn dadurch auf Jahre hin einseitige Grenzabstände bei vorhandenen Gebäuden erhalten bleiben, da ansonsten die Festsetzung durch gleich mehrere Abweichungsentscheidungen unterlaufen würde. Denn langfristig ist davon auszugehen, dass mit jeder Umbau- oder Erweiterungsmaßnahme der lediglich bestandsgeschützten Gebäude die noch vorhandenen Grenzabstände nach und nach durch grenzständige Baukörper entsprechend der durch den Bebauungsplan geschaffenen, neuen Bebauungsordnung beseitigt werden. Anders kann die Beurteilung ausfallen, wenn in einem Baugebiet lediglich ein einzelnes Gebäude im Widerspruch zur geschlossenen Bauweise steht, dessen Erhaltung aufgrund seines Gestaltwertes städtebaulich erstrebenswert ist. Hier kann unter Umständen ohne Gefährdung der planerischen Ziele eine Abweichung erforderlich sein, wenn sich nach den Umständen des Einzelfalls die Unterbrechung der geschlossenen Bauweise geradezu aufdrängt.

Eine Abweichung ist erst recht zu erwägen, wenn ein **überplantes Gebäude nach Inkrafttreten des Bebauungsplans Denkmalschutzeigenschaft** erlangt hat, so dass bei Kenntnis dieser Umstände von Anfang an eine andere Festsetzung für diesen Bereich des Bebauungsplans erfolgt wäre (vgl. auch Boeddinghaus zu § 22 Rn. 42 und 43). Dagegen bilden **abstandsrechtlich bauordnungswidrige Gebäude**, die keine Elemente einer historisch gewachsenen Struktur sind, keinen Grund, von der durch den Bebauungsplan neu geschaffenen Bebauungsordnung abzuweichen. Hierzu rechnen auch Gebäude mit bauordnungsrechtlich **unzulässigen Öffnungen** in der Gebäudeabschlusswand, selbst wenn diese zu einem früheren Zeitpunkt formell genehmigt waren, jedoch durch bauliche Änderungen ohne Nachteile für die Nutzung der entsprechenden Räume beseitigt werden können (VGH B-W, Beschl. v. 20.01.1997 – 5 S 3088/96, BauR 1998, 91 = BRS 59 Nr. 74 ausdrücklich entgegen OVG Lüneburg, Beschl. v. 20.10.1986 – 6 B 75/86, BauR 1987, 187 = BRS 46 Nr. 179). Dabei geht der VGH B-W davon aus, dass § 22 Abs. 3, 2. **Halbsatz** BauNVO 1990 ohnehin einen **legalen** Gebäudebestand **voraussetzt**. Der **Nachbar**, dessen **Gebäude** einen **völlig unzureichenden Grenzabstand** aufweist und das demzufolge **keine städtebauliche Ordnung** erkennen lässt, kann aus dem **Gesichtspunkt der unzulässigen Rechtsausübung** nicht die Einhaltung eines Grenzabstandes auf dem angrenzenden Grundstück

276

verlangen (so OVG NRW, Beschl. v. 17.10.2000 – 10 B 1053/00, BRS 63 Nr. 198 zu einem Gebäude, das lediglich Grenzabstände zwischen 0,3 und 0,6 m aufwies).

2.4.7 Abweichende Bauweise

277 Die **abweichende Bauweise** nach § 22 Abs. 4 BauNVO (sämtliche Fassungen) kommt in Betracht, wenn die offene oder geschlossene Bauweise auf die geplante Bebauungskonzeption nicht zutrifft (so Fickert/Fieseler zu § 22 Rn. 10). Da § 22 **Abs.** 4 Satz 1 BauNVO 1990 hierzu **keine näheren Bestimmungen** trifft, muss die Gemeinde die abweichende Bauweise **inhaltlich durch Text oder Zeichnung** im Bebauungsplan **genau festsetzen** (vgl. Fickert/Fieseler zu § 22 Rn. 10; König/Roeser/Stock zu § 22 Rn. 31; s.a. Nr. 33 der Anlage zur PlanzV 90, wonach die abweichende Bauweise näher zu bestimmen ist). Die **Beschreibung** des Gewollten **in der Begründung reicht nicht** aus (Knaup/Stange zu § 22 Rn. 44), da **anstelle der verordnungsrechtlichen** eine **satzungsrechtliche Inhaltsbestimmung** tritt. Mit der Novelle 1990 wurde **Abs.** 4 der **Satz 2** klarstellend angefügt, wonach die Gemeinde bestimmen kann, **inwieweit** an die vorderen, rückwärtigen und seitlichen Grundstücksgrenzen herangebaut werden darf oder muss. Aufgrund dieses Satzes 2 hat die **Gemeinde** die **Befugnis**, das **Maß des Grenzabstands aus städtebaulichen Gründen** abweichend vom Abstandsflächenrecht festzusetzen (BVerwG, Beschl. v. 22.09.1989 – 4 NB 24.89, BRS 49 Nr. 5; Nds. OVG, Beschl. v. 22.12.2014 – 1 MN 118/14, BauR 2015, 620).

278 Wie sich aus der Vorschrift ergibt, steht es der Gemeinde frei, von dem Festsetzungsmuster des § 22 Abs. 1 BauNVO 1990 abzuweichen, das wahlweise nur die offene oder geschlossene Bauweise anbietet, und **Varianten** der offenen oder geschlossenen Bauweise zu schaffen. Eine abweichende Bauweise kann auch festgesetzt sein, um **in besonderer Weise** dem **Nachbarschutz** zu dienen, z.B. um bei Terrassenhäusern sicherzustellen, dass von jeder Ebene aus die Sicht in eine bestimmte Blickrichtung freigehalten wird. Es ist der Gemeinde nicht verwehrt, im Rahmen der **näheren Bestimmung der abweichenden Bauweise** § 23 BauNVO 1990 nutzbar zu machen und die abweichende Bauweise durch Festsetzung der überbaubaren Grundstücksfläche unter **Verwendung von Baulinien oder Baugrenzen** zu bestimmen sowie gegebenenfalls **unterstützend**, durch **örtliche Bauvorschrift** nach § 89 Abs. 1 Nr. 6 BauO NRW unter den dort genannten Voraussetzungen (vgl. § 89 Rdn. 65–68) **geringere Abstände** festzulegen und diese gemäß § 9 Abs. 4 BauGB i.V.m. § 89 Abs. 2 BauO NRW als **Festsetzung** in den Bebauungsplan aufzunehmen (BVerwG, Beschl. v. 29.12.1995 – 4 NB 40.95, BRS 58 Nr. 36).

279 Die **abweichende Bauweise lässt sich begrifflich** nur negativ als **Gegensatz zu den Regelbauweisen** abgrenzen. Danach ist eine abweichende Bauweise eine solche, die **nicht** mit den Regelungen über die offene und geschlossene Bauweise **übereinstimmt**. Entscheidendes Merkmal der Regelbauweisen ist das **Verhältnis** der Gebäude zur **seitlichen** Grundstücksgrenze. Soll der seitliche Grenzabstand abweichend von Abs. 2 oder Abs. 3 geregelt werden, so liegt eine abweichende Bauweise vor, z.B. wenn die Gebäude zu der einen Seite ohne zu der anderen aber mit Grenzabstand errichtet werden sollen; diese **Mischform aus offener und geschlossener Bauweise** wird als »**halboffene**«

Bauweise bezeichnet (BVerwG, Beschl. v. 06.01.1970 – IV B 57.69, BRS 23 Nr. 47; BayVGH, Beschl. v. 10.12.2001 – 20 ZS 01.2775, NVwZ-RR 2002, 259). Das Charakteristikum der halboffenen Bauweise liegt darin, dass die Gebäude infolge der nur einseitigen Grenzabstände nicht den als Summe der Abstandsflächen beider Gebäude nach § 6 BauO NRW erforderlichen Abstand untereinander aufweisen, sondern nur den halben Wert, wobei im einseitig freizuhaltenden Grenzabstand – soweit nichts Gegenteiliges bestimmt ist – eine Garage angeordnet werden darf (s. Abb. 6.18).

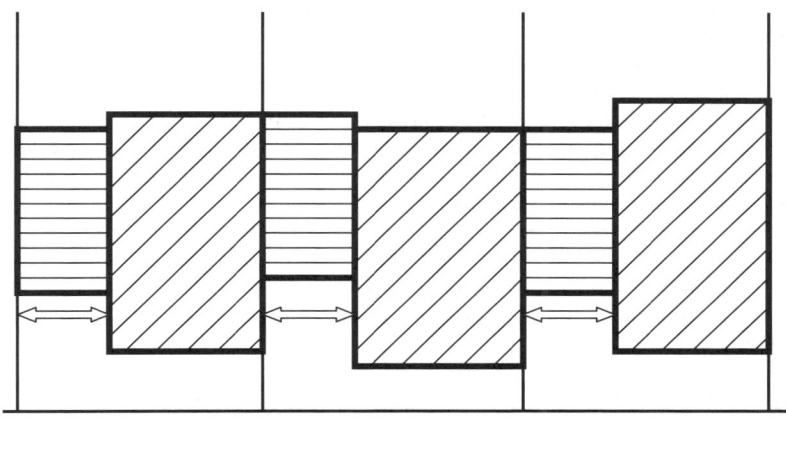

Abb. 6.18 »Halboffene« Bauweise
In der »halboffenen« Bauweise halten die Gebäude nur zu einer seitlichen Grenze einen Abstand ein, zu der gegenüberliegenden seitlichen Grenze jedoch nicht (s. Rdn. 279).

Eine weitere Möglichkeit zur Begrenzung des Bodenverbrauchs in der abweichenden Bauweise liegt in der Schaffung **winkelförmig aneinander gebauter, eingeschossiger Wohnhäuser mit** nur einem relativ kleinen, **fremder Sicht entzogenen Gartenhof**, auch als »**Gartenhofhäuser**« bezeichnet (s. Abb. 6.19). Diese Bauweise eignet für teppichartige Baustrukturen mit kleinteiliger Parzellierung bei geringem Erschließungsaufwand und war besonders im Siedlungsbau zwischen 1960 und 1980 eine gängige Bauform. Mit § 17 Abs. 2 BauNVO 1962, 1968, 1977 wurde diese dadurch begünstigt, dass die Gemeinde eine GRZ und eine GFZ bis 0,6 festsetzen konnte, während

§ 6 Abstandsflächen

sie – weil inzwischen aus der Mode gekommen – nach der BauNVO 1990 wieder an die GRZ von 0,4 gebunden ist (vgl. Boeddinghaus, Gartenhofhäuser, BauR 1997, S. 387 ff.). Der schwer fassbare Begriff »**Gartenhof**« bringt zum Ausdruck, dass es sich bei diesem Grundstücksteil um eine nicht überdachte Fläche handelt, die allseits von Gebäudeteilen und Mauern umschlossen ist. Wesensmerkmal dieser durch Umbauung der Freiflächen erzielten abweichenden Bauweise ist, dass auf verhältnismäßig kleinen Grundstücken ein nach außen hin abgeschlossenes und damit fremder Sicht entzogenes Wohnen mit einem »**grünen Zimmer**« ermöglicht werden soll (OVG NRW, Urt. v. 30.11.2010 – 7 A 431/09, BauR 2011, 652). Sofern neben den Gartenhofhäusern zu einer Seite hin ein schmaler Zugang zum Gartenhof freigehalten werden soll, muss ein vom Bauordnungsrecht abweichendes **vermindertes Maß für den Grenzabstand** festgesetzt werden. Das Gleiche kann hinsichtlich der **vorderen** und **rückwärtigen** Grenzabstände erforderlich sein, wenn die nach § 6 BauO NRW erforderlichen Mindestabstände unterschritten werden sollen, was angesichts der geringen Höhe der Gebäude vertretbar ist.

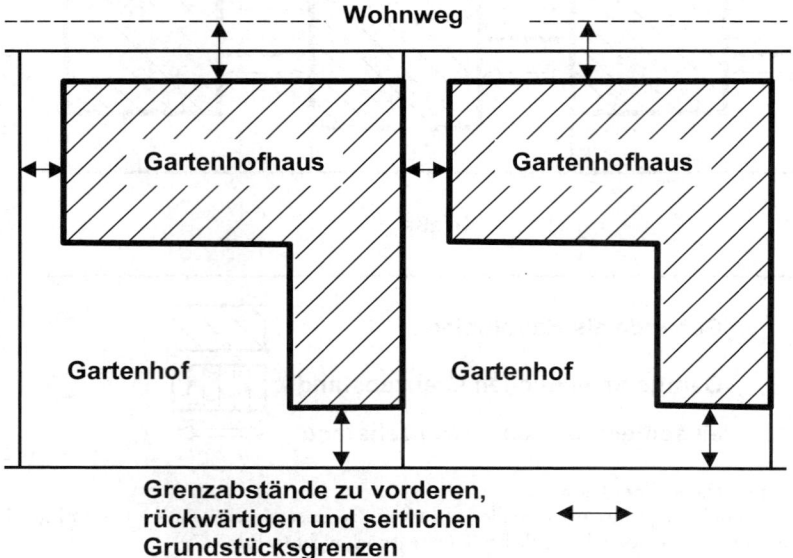

Abb. 6.19 Gartenhofhäuser
Gartenhofhäuser erfordern je nach gewünschter städtebaulicher Konzeption **reduzierte Abstände** zu **vorderen**, **rückwärtigen** und **seitlichen** Grenzen (s. Rdn. 280).

281 Neben diesen schon »klassisch« zu nennenden abweichenden Bauweisen gibt es zahlreiche weitere, die sich wegen der unterschiedlichen örtlichen Gegebenheiten oder Planungsziele auch nicht annähernd aufführen lassen. Zu denken ist beispielsweise an die »**Kettenbauweise**«, bei der das Erdgeschoss ohne seitliche Grenzabstände, das

Obergeschoss aber mit seitlichen Grenzabständen ausgeführt wird (vgl. VGH B-W, Urt. v. 07.02.1979 – III 933/78, BRS 35 Nr. 33). Auch **Überschreitungen des Längenmaßes** der in § 22 Abs. 2 BauNVO 1990 genannten Hausformen stellen keine geschlossene, sondern abweichende Bauweise dar, wenn im Übrigen zu den seitlichen Grundstücksgrenzen Abstand eingehalten wird (so Fickert/Fieseler zu § 22 Rn. 10).

In **Gewerbe- und Industriegebieten** oder **vergleichbaren Sondergebieten** verursacht die Festsetzung einer **offenen** oder **geschlossenen Bauweise** mitunter erhebliche bauaufsichtliche **Vollzugsprobleme**. Die Erfordernisse der gewerblichen Wirtschaft stehen nämlich mit den am Wohnungsbau orientierten klassischen Bauweisen nicht immer in Einklang, da die **Baukörper ungewöhnlich große Längen** aufweisen oder eine **seitliche Grenzbebauung zwar zulässig, aber nicht verpflichtend** sein soll (als abweichende Bauweise für zulässig erachtet, BVerwG, Beschl. v. 06.05.1993 – 4 NB 32.92, ZfBR 1993, 297). Die Einhaltung eines hinteren Grenzabstandes ist in Gewerbe- und Industriegebieten weder städtebaulich noch betrieblich erwünscht, da es keinen Wohngarten freizuhalten gilt. Die knappen gewerblichen Bauflächen sollen in einem solchen Fall bis an die hinteren Grundstücksgrenzen mit Hauptanlagen bebaut werden dürfen. Die Festsetzung der abweichenden Bauweise ist dann sogar geboten, um das Abstandgebot des § 6 Abs. 1 Satz 1 BauO NRW auszuschalten und so zu erreichen, dass die Gebäude zu den hinteren Grundstücksgrenzen keine Abstandsfläche einhalten müssen.

2.4.8 Höhenlage, Höhe, Vollgeschosse, sonstige Maßfestsetzungen

Im Bebauungsplan kann gemäß § 9 Abs. 3 BauGB **die Höhenlage** festgesetzt werden. Diese Festsetzungsmöglichkeit **bezieht sich auf sämtliche** in § 9 **Abs. 1** BauGB **aufgeführten Festsetzungsmöglichkeiten**. Die Höhenlage darf nicht mit der in § 18 BauNVO 1990 geregelten Festsetzungsmöglichkeit über die Höhe baulicher Anlagen verwechselt werden. Während Letztere die absolute Höhe der baulichen Anlagen regelt, z.B. die zulässige Höhe eines Gebäudes vom Gelände bis zum First, bezieht sich die Festsetzung der **Höhenlage** auf ein **Höhenniveau**. Dieses Niveau kann für die **Verkehrs-, Grün-** oder **Gemeinbedarfsflächen** sowie die **Baugebiete** oder eine bestimmte **Bezugsebene einer baulichen Anlage**, z.B. die Erdgeschossebene, festgesetzt werden.

Die **praktische Bedeutung** der Festsetzung der Höhenlage nach § 9 Abs. 3 BauGB liegt in der **Abstimmung der Höhenlage der Bauflächen auf die der Verkehrsflächen**, die zur Erschließung eines Baugebietes hergestellt werden müssen und oft nicht genau dem natürlichen Gelände angepasst werden können. Darüber hinaus kann die Höhenlage festgesetzt werden, um die **Hochwasserfreiheit** eines Baugebiets sicherzustellen oder um **stadtgestalterische Ziele** in Bezug auf das Orts- oder Landschaftsbild umzusetzen (vgl. Schlichter/Stich/Driehaus/Paetow zu § 9 Rn. 74). Ist ein vom natürlichen Gelände abweichendes neues Niveau festgesetzt, so ist diese **Festsetzung** nicht nur **tatsächlich auszuführen**, sondern auch **für alle auf der Geländeoberfläche basierenden Berechnungen maßgebend**, also für die Berechnung der **zulässigen Höhe** der baulichen Anlagen, der **zulässigen Zahl der Vollgeschosse** eines Gebäudes und der **Tiefe der Abstandsflächen**. Die Festsetzung der Höhenlage korrespondiert mit der nach § 9 **Abs. 3 Satz 2** BauGB gegebenen Möglichkeit zur **vertikalen Planung**, also der Festsetzungsmöglichkeit für übereinander liegende Ebenen, um z.b. die Überbauung einer tiefer liegenden Verkehrsfläche mit baulichen Anlagen zu regeln.

285 Soweit **keine Festsetzungen** über die Höhenlage nach § 9 Abs. 3 BauGB im Bebauungsplan getroffen sind, greift das **Bauordnungsrecht** ein, indem es Regelungen über die maßgebende Geländeoberfläche trifft (s. Rdn. 163 und Abb. 6.7). Daher sind **Festsetzungen der Höhenlage** im Bebauungsplan **nicht mit** der **Geländeoberfläche im Sinne des Bauordnungsrechts zu verwechseln** (vgl. Boeddinghaus Bauplanungsrechtliche und bauordnungsrechtliche Bestimmung der Geländeoberfläche zur Bestimmung der Höhe baulicher Anlagen und der Zahl der Vollgeschosse, BauR 1991, S. 4 ff.). Die Möglichkeiten des Bauordnungsrechts zur Bestimmung der Geländeoberfläche sind kein Mittel, um die durch den Bebauungsplan festgesetzte städtebauliche Ordnung zu unterlaufen (vgl. OVG Saar, Urt. v. 30.09.1997 – 2 R 30/96, BauR 1998, 314).

286 Die **Festlegung der Höhenlage der Baugrundstücke** erfolgt in der Regel aus rein städtebaulichen Gründen und ist daher **nicht nachbarschützend**. Der Nachbar kann aber geltend machen, das Vorhaben verstoße deshalb gegen nachbarschützende Vorschriften, weil die Höhenlage des Baugrundstücks rechtswidrig – weil abweichend von der Höhenfestsetzung – festgelegt wurde, somit ein zu hohes Bauwerk entsteht und dadurch wiederum gegen nachbarschützende Festsetzungen über die maximale Höhe verstoßen wird (VGH B-W, Beschl. v. 08.03.1988 – 8 S 1021/88, BRS 48 Nr. 169). Festsetzungen der Höhenlage können in selteneren Fällen dem **Nachbarschutz** dienen, z.B. um eine Aufschüttung so in der Höhe zu begrenzen, dass den Bewohnern eines angrenzenden Baugebiets die **Aussicht** erhalten bleibt (BVerwG, Urt. v. 17.02.1971 – IV C 2.68, BRS 24 Nr. 168 und Beschl. v. 03.01.1983 – 4 B 224.82, BRS 40 Nr. 192).

287 Soweit der Bebauungsplan Festsetzungen zum **Maß der baulichen Nutzung** enthält, ist gemäß § 16 Abs. 3 Nr. 2 BauNVO 1990
– entweder die Zahl der Vollgeschosse
– oder die **Höhe baulicher Anlagen** festzusetzen,
wenn ohne ihre Festsetzung öffentliche Belange, insbesondere das Orts- und Landschaftsbild, beeinträchtigt werden können. Die BauNVO 1990 stellte die **Höhe baulicher Anlagen** als »**gleichberechtigten**« **Maßbestimmungsfaktor** neben die Zahl der Vollgeschosse (hierzu s. Heintz, Baunutzungsverordnung 1990 – Auswirkungen der geänderten Maßvorschriften, BauR 1990, S. 166 ff.). Für die Gemeinde ergibt sich, sofern sie das **Maß** der baulichen Nutzung in den Bebauungsplan aufnehmen will, aus § 16 Abs. 3 **Nr. 1** BauNVO 1990 der Zwang zur Festsetzung der **Grundflächenzahl** oder der **Größe der Grundfläche**. Bei der Festsetzung des Maßes der baulichen Nutzung darf auf die Festsetzung der Grundflächenzahl oder der Größe der Grundfläche der baulichen Anlagen auch dann nicht verzichtet werden, wenn die überbaubare Grundstücksfläche gemäß § 23 BauNVO 1990 festgesetzt wird (BVerwG, Beschl. v. 18.12.1995 – 4 NB 36/95, BauR 1996, 353 = BRS 57 Nr. 25 = DVBl 1996, 675 = NVwZ 1996, 894 = ZfBR 1996, 172; BayVGH, Beschl. v. 31.01.2017 – 1 NE 16.2191, juris). Kann dagegen ausgeschlossen werden, dass die in § 16 Abs. 3 **Nr. 2** BauNVO 1990 genannten **öffentlichen Belange**, insbesondere das Orts- und Landschaftsbild, **nicht**

beeinträchtigt werden, ist die Festsetzung der Höhe baulicher Anlagen oder der Zahl der Vollgeschosse **nicht zwingend erforderlich** (OVG NRW, Urt. v. 16.08.1995 – 7a D 154/94.NE, NVwZ 1996, 923). Eine **Nichtbeeinträchtigung** kann allerdings **nur in Ausnahmefällen** bei Vorliegen besonderer örtlicher Verhältnisse unterstellt werden, so dass die Festsetzung der Zahl der Vollgeschosse oder der Höhe baulicher Anlagen **regelmäßig erforderlich** sein wird (vgl. Fickert/Fieseler zu § 16 Rn. 42–46). Erst durch die Bestimmung der **Höhenentwicklung der Bebauung** erfolgt eine **dreidimensionale** städtebauliche Planung. Denn die überbaubaren Flächen allein beeinflussen nur den städtebaulichen Grundriss (vgl. Rdn. 212–214).

Die **Höhe baulicher Anlagen** oder die **Zahl der Vollgeschosse** kann gemäß § 16 Abs. 4 Satz 1 BauNVO 1990 als **Höchstmaß** festgesetzt werden; dabei kann zugleich ein **Mindestmaß** bestimmt werden. Gemäß § 16 Abs. 4 Satz 2 BauNVO 1990 kann die Höhe baulicher Anlagen oder die Zahl der Vollgeschosse auch **zwingend** festgesetzt werden. Soweit der Bebauungsplan nur ein Höchstmaß für die Höhe der baulichen Anlagen oder die Zahl der Vollgeschosse enthält, steht es dem Bauwilligen frei, dieses auszunutzen oder nicht. Insoweit gleicht eine solche Festsetzung in der Rechtswirkung einer von Baugrenzen umschlossenen überbaubaren Fläche, innerhalb derer der Bauwillige Dispositionsfreiheit für die Anordnung seines Bauwerks hat (vgl. Abb. 6.9). Einem zu starken Spielraum für die Höhenentwicklung lässt sich durch ein **zugleich festgesetztes Mindestmaß** entgegenwirken, da dieses nicht unterschritten werden darf. 288

Homogene dreidimensionale Baustrukturen sind nur durch zwingende Festsetzungen erreichbar. Dabei ist die nach § 18 BauNVO 1990 gegebene Festsetzungsmöglichkeit der Höhe baulicher Anlagen genauer als die zwingende Festsetzung der Zahl der Vollgeschosse, weil die Geschosshöhen von Gebäude zu Gebäude unterschiedlich hoch sein können. Steht z.B. ein fünfgeschossiges Bürohaus mit Geschosshöhen von 3,25 m neben einem fünfgeschossigen Wohnhaus mit Geschosshöhen von 2,75 m, so ergibt sich allein schon aufgrund dieser unterschiedlichen Geschosshöhen eine Differenz in der absoluten Gebäudehöhe von 2,5 m. 289

Bei der **Festsetzung der Höhe baulicher Anlagen** sind gemäß § 18 Abs. 1 BauN-VO 1990 die **erforderlichen Bezugspunkte** zu bestimmen. **Unterer** Bezugspunkt ist in der Regel das natürliche Gelände, sofern der Bebauungsplan keine Veränderung der Höhenlage des Geländes bezweckt (s. Rdn. 283–286). **Oberer** Bezugspunkt kann die **Oberkante** der baulichen Anlage sein, wozu bei Gebäuden mit **geneigten Dachformen** auch die **Firsthöhe** rechnet. Bei Baublockkanten in der geschlossenen Bauweise und Spielräumen hinsichtlich der Bebauungstiefen kann es sinnvoll sein, nur die **Traufhöhe** als oberen Bezugspunkt festzusetzen. Eine solche Festsetzung ist sogar geboten, wenn aufgrund gestalterischer Festsetzungen eine bestimmte Dachneigung festgesetzt ist, da sich nur so bei unterschiedlicher Gebäudetiefe und demzufolge unterschiedlicher Firstlage parallel verlaufende Dachflächen erzielen lassen. 290

Wird die **Höhe zwingend** festgesetzt, können nach § 18 Abs. 2 BauNVO 1990 **geringfügige Abweichungen** zugelassen werden. Bei dieser Bestimmung handelt es sich nicht um Ausnahmen im Sinne des § 31 Abs. 1 BauGB, sondern um **Abweichungsermächtigungen eigener Art**, die mit der zwingenden Festsetzung der Höhe baulicher 291

§ 6 Abstandsflächen

Anlagen Bestandteil des Bebauungsplanes werden und von der Gemeinde durch Festsetzung nicht ausgeschlossen werden können. Die Vorschrift entspricht § 23 Abs. 2 Satz 2, Abs. 3 Satz 2 und Abs. 4 Satz 1 BauNVO 1990 (s. Rdn. 228–230). Über die Abweichung entscheidet die Bauaufsichtsbehörde nach pflichtgemäßem Ermessen, ohne dass es des Einvernehmens mit der Gemeinde bedarf. **Ob** die Abweichung **geringfügig** ist, richtet sich nach der **Zielsetzung** der zwingenden Höhenfestsetzung. Je **einheitlicher** eine Bebauungsstruktur entwickelt werden soll, umso enger ist der Spielraum. Die Abweichungsermächtigung bezieht sich nur auf **Gebäude** oder **Gebäudeteile**. **Bauteile** im Sinne des Bauordnungsrechts, wie z.b. Blitzableiter (zur Unterscheidung s. Rdn. 231) werden von der zwingenden Höhenfestsetzung nicht erfasst.

292 Ist die Höhe der baulichen Anlagen nur als **Höchstmaß** bzw. **zugleich als Mindestmaß** bestimmt, bedarf eine Über- oder Unterschreitung der **Befreiung** nach § 31 Abs. 2 BauGB im Einvernehmen mit der Gemeinde, da § 18 BauNVO 1990 – unverständlicherweise – keine entsprechende Abweichungsermächtigung enthält. Um derartige Verfahrenserschwernisse zu vermeiden, kann die Gemeinde im Bebauungsplan gemäß § 31 Abs. 1 BauGB **nach Art und Umfang bestimmte Ausnahmen** festsetzen, über die wiederum nur im Einvernehmen mit der Gemeinde entschieden werden darf. **Maßlich eingegrenzte** Überschreitungen des Höchstmaßes bzw. Unterschreitungen des Mindestmaßes können ausnahmsweise zugelassen werden, um z.b. die Anpassung an bestehende Gebäude zu erleichtern. Im Übrigen kann die Gemeinde bei Festsetzung der zwingenden Höhe auch nach Art und Umfang eingegrenzte Ausnahmen festsetzen, die über die geringfügigen Abweichungen nach § 18 Abs. 2 BauNVO 1990 hinausgehen.

293 Noch immer finden sich **in den meisten Bebauungsplänen** Festsetzungen über die **Zahl der Vollgeschosse**, obwohl derartige Bestimmungen die **Gebäudehöhe nur unvollkommen regeln** können (s. Rdn. 289). Diese Festsetzungsmöglichkeit erfreut sich nach wie vor großer Beliebtheit, da die Festsetzung der Höhe baulicher Anlagen einen höheren planerischen Aufwand bedeutet. Für die möglichen Baukörper innerhalb der überbaubaren Flächen muss zumindest grob untersucht werden, ob sie aufgrund der Höhenfestsetzung mit den städtebaulich gewünschten Geschossebenen auch tatsächlich realisierbar sind. Dieser planerische Aufwand entsteht in diesem Umfang nicht bei der Festsetzung der Zahl der Vollgeschosse, wenngleich auch dabei zu prüfen bleibt, ob keine negativen Auswirkungen auf das Orts- oder Landschaftsbild zu erwarten sind.

294 Bei **Festsetzung der Zahl der Vollgeschosse** ergibt sich aufgrund der **Verweisung** in § 20 Abs. 1 BauNVO 1990, dass die Definition des Vollgeschosses nach § **2 Abs. 6 BauO NRW maßgebend** ist, da das Bundesrecht keine eigenständige Vollgeschossdefinition enthält (zu den inzwischen überholten Gründen für diese Regelung vgl. § 2 Rdn. 252–263). Eine eigenständige bundesrechtliche Regelung besteht mit § **21a Abs. 1** BauNVO 1990 für **Garagengeschosse in sonst anders genutzten Gebäuden**, die nicht ausschließlich zum Abstellen von Kraftfahrzeugen dienen, wie z.B. Wohngebäude mit Garagengeschoss. Auf Parkhäuser findet die Vorschrift deshalb keine Anwendung. **Voraussetzung** ist die ausdrückliche **Festsetzung im Bebauungsplan**. Ohne eine solche Festsetzung sind Garagengeschosse nur dann keine Vollgeschosse, wenn sie nicht die Begriffsbestimmung des § 2 Abs. 6 BauO NRW erfüllen.

Der landesrechtlich geregelte **Vollgeschossbegriff** ist abschließend und durch Festsetzung im Bebauungsplan **nicht abänderbar** (Nds. OVG, Urt. v. 08.07.1999 – 1 K 2869/97, BauR 2000, 71 = BRS 62 Nr. 15 = NVwZ-RR 2000, 71). Die Gemeinde kann auch die Lage der Vollgeschosse und deren Ausgestaltung nicht durch Festsetzung beeinflussen (BVerwG, Beschl. v. 25.02.1997 – 4 NB 30.96, BauR 1997, 603 = BRS 59 Nr. 51 zur Festsetzung über oberste Geschosse als Dachgeschosse – »II + DG«). 295

Die Legaldefinition des § 2 Abs. 6 BauO NRW 2000 unterscheidet sich von § 2 Abs. 5 BauO NW 1962 = 1970. Ähnliche Unterschiede sind auch in anderen Bauordnungen durch Änderung eingetreten. Infolge dieser **unterschiedlichen Fassungen** hat sich ein noch nicht höchstrichterlich geklärter Streit über die **Auswirkungen** einer **statischen** oder **dynamischen Verweisung** entwickelt (vgl. § 2 Rdn. 264–270). 296

Die Bestimmungen des § 2 Abs. 5 BauO NRW 2018 stellen auf den **Geschossbegriff** ab, der weder im Bauplanungsrecht noch im Bauordnungsrecht definiert ist. Ein Geschoss ist die **Summe der auf gleicher Ebene liegenden Räume** (BayVGH, Urt. v. 25.09.2007 – 6 B 05.3018, juris) und erfordert **obere und untere Abschlüsse**, so dass z.B. eine nicht überdachte Dachterrassen kein Geschoss ist (vgl. § 2 Rdn. 228–235). 297

Ist der Geschossbegriff erfüllt, richtet sich die **Eigenschaft als Vollgeschoss** nach den **Bemessungsregeln** des § 2 Abs. 5 und Abs. 6 BauO NRW. Versetzte Geschosse ohne durchgehende Ebenen oder Geschosse mit Galerieebenen erfordern besondere Betrachtungen (vgl. § 2 Rdn. 271–288). 298

Bauplanungsrechtliche Folge der Eigenschaft eines Geschosses als Vollgeschoss ist neben der relativ ungenauen Begrenzung der Höhenentwicklung der Bebauung vor allem die Auswirkung auf die Dichte der Bebauung, ausgedrückt in Geschossfläche oder Baumasse. Denn die **Geschossfläche** und die **Baumasse** der **Hauptanlagen** werden gemäß **§ 20 Abs. 3** und **§ 21 Abs. 2** BauNVO 1990 in erster Linie nach den **Vollgeschossen des Gebäudes** ermittelt. Für Nicht-Vollgeschosse kann die Gemeinde Anrechnungsfestsetzungen in den Bebauungsplan aufnehmen. **Nebenanlagen** im Sinne des § 14 BauNVO 1990, **Balkone**, **Loggien**, **Terrassen** und nach Landesrecht **in den Abstandsflächen zulässige Anlagen** bleiben gemäß § 20 Abs. 4 und § 21 Abs. 3 BauNVO 1990 unberücksichtigt (im Einzelnen s. Heintz, Baunutzungsverordnung 1990 – Auswirkungen der geänderten Maßvorschriften, BauR 1990, S. 166 ff.). 299

2.4.9 Lage und Höhe der Baukörper nach den Planersatzvorschriften

In Gebieten **ohne qualifizierten** oder **vorhabenbezogenen** Bebauungsplan nach § 30 Abs. 1 oder 2 BauGB richtet sich die Zulässigkeit der Gebäude oder abstandsrelevanten Anlagen nach den »Planersatzvorschriften« des § 34 BauGB für das Bauen im **Innenbereich** oder des § 35 BauGB für das Bauen im **Außenbereich**. Soweit ein **einfacher** Bebauungsplan nach § 30 Abs. 3 BauGB besteht, gehen dessen Festsetzungen den Planersatzvorschriften vor und verdrängen diese insoweit. Als einfacher Bebauungsplan im Sinne des § 30 Abs. 3 BauGB gelten auch die nach § 173 Abs. 3 BBauG 1960 als Bebauungspläne übergeleiteten **Fluchtlinienpläne** nach dem preußischen Fluchtliniengesetz und **Durchführungspläne** nach dem Aufbaugesetz 300

§ 6 Abstandsflächen

Nordrhein-Westfalen Zwischen den beiden Planersatzvorschriften besteht ein grundlegender **Unterschied:** durch **§ 34 BauGB** hat der **Gesetzgeber generell geplant** (BVerwG, Urt. v. 03.04.1981 – 4 C 61.78, BRS 38 Nr. 69), so dass **Grundstücke im Innenbereich grundsätzlich bebaubar** sind (BVerwG, Urt. v. 23.05.1980 – 4 C 79.77, BRS 36 Nr. 64), während durch **§ 35 BauGB** der **Außenbereich vor weiterer Bebauung geschützt ist,** soweit nicht die **Privilegierungs-** bzw. **Begünstigungstatbestände** des **§ 35 Abs. 1** bzw. **4 BauGB** die Bebauung ermöglichen oder – seltener – nach **§ 35 Abs. 2 BauGB sonstige Vorhaben** zulässig sind, weil **keine Beeinträchtigung öffentlichen Belange** im Sinne des **§ 35 Abs. 3 BauGB** vorliegt.

301 Die **im Innenbereich** im Sinne des **§ 34 BauGB gelegenen Grundstücke** sind hinsichtlich der Bebaubarkeit **dem qualifiziert beplanten Bereich gleichgestellt.** An die Stelle der Festsetzungen des Bebauungsplans tritt die vorhandene **Umgebungsbebauung.** Das **Vorhaben muss sich** gemäß **§ 34 Abs. 1 Satz 1 BauGB** nach
– der **Art** und dem **Maß** der baulichen Nutzung,
– der **Bauweise** und
– der **Grundstücksfläche, die überbaut werden soll,**
in die Eigenart der näheren Umgebung einfügen. Gemäß § 34 Abs. 1 Satz 2 BauGB sind die Anforderungen an gesunde Wohn- und Arbeitsverhältnisse zu wahren; auch darf das Ortsbild nicht beeinträchtigt werden.

302 Die das Baugrundstück **prägende Umgebungsbebauung** bildet den **Rahmen,** der für die **Maßstäbe des Einfügens** entscheidend ist (s. hierzu das »**Harmonie-Urteil**« des BVerwG vom 26.05.1978 – 4 C 9.77, BRS 33 Nr. 36). Die Maßstäbe sind umso präziser, je einheitlicher sich die Umgebungsbebauung darstellt. Aus dem **Begriff des Einfügens** leitet die Rechtsprechung auch das **Gebot der Rücksichtnahme** ab (s. Rdn. 84–86).

303 **Für die Anwendung** der Vorschriften des **§ 6 BauO NRW** sind dabei **zwei Einfügungskriterien** von ausschlaggebender Bedeutung:
– die Grundstücksfläche, die überbaut werden soll, und
– die Bauweise.

304 Bei der »**Grundstücksfläche, die überbaut werden soll**« geht es, obwohl die Formulierung leicht von der in § 23 BauNVO 1990 abweicht, nicht um die zulässige Grundfläche im Sinne des § 19 Abs. 2 BauNVO 1990, die eine rechnerische Größe im Rahmen des Maßes der baulichen Nutzung darstellt (s. Rdn. 216–217), sondern um den **Standort des Vorhabens im Sinne von § 23 BauNVO** (so Fickert/Fieseler zu § 34 BauGB Rn. 10). Das BVerwG differenzierte in seiner früheren Rechtsprechung nicht immer sauber zwischen der zum Maß der baulichen Nutzung gehörenden zulässigen Grundfläche und der Grundstücksfläche, die überbaut werden soll (missverständlich BVerwG, Beschl. v. 15.04.1987 – 4 B 175.88, BRS 48 Nr. 50; s. hierzu auch Höver, Die neuere Rechtsprechung des Bundesverwaltungsgerichts zum Begriff der »Grundstücksfläche, die überbaut werden soll« in § 34 Abs. 1 BBauG, BauR 1987, S. 495 ff.).

305 Die **zulässige Grundfläche als Maßvorschrift** leitet sich im Rahmen des Einfügens nach § 34 Abs. 1 Satz 1 BauGB aus der in m² zu ermittelnden Größe der

Grundfläche der vorhandenen Baukörper in der das Grundstück prägenden Umgebung ab. Die zulässige **Anordnung des Vorhabens** auf dem Grundstück, also sein **Standort**, leitet sich dagegen aus den durch die vorhandene Umgebungsbebauung vorgegebenen **faktischen überbaubaren Grundstücksflächen** ab. Je einheitlicher die Umgebung ist, umso weniger Spielraum bleibt dem Bauwilligen; aus einer einheitlichen Bebauung, z.b. der geradlinigen Aufreihung der Gebäudevorderkanten entlang einer Straße, können sich daher sogar **faktische Baulinien** ergeben (BVerwG, Beschl. v. 23.11.1998 – 4 B 29.98, BauR 1999, 233 = BRS 60 Nr. 82), auf die dann gebaut werden muss (s. Rdn. 219–224 und Abb. 6.9–6.12). Aus dem Begriff der »Grundstücksfläche, die überbaut werden soll« lässt sich aber auch die in der näheren Umgebung vorherrschende **Ausrichtung der Gebäude zur Himmelsrichtung** ableiten (BVerwG, Beschl. v. 15.04.1987 – 4 B 60.87, BauR 1987, 533 = BRS 47 Nr. 68). Dieses Element des Einfügens wird in § 9 Abs. 1 Nr. 2 BauGB als **Stellung der baulichen Anlagen** bezeichnet (s. Rdn. 246–247). Schließlich ist darauf hinzuweisen, dass sich aus § 34 Abs. 1 BauGB kein allgemeiner Grundsatz herleiten lässt, eine so genannte »**Hinterlandbebauung**« sei städtebaulich unerwünscht (BVerwG, Urt. v. 29.11.1974 – IV C 10.73, BauR 1975, 106 = BRS 28 Nr. 28; Bay VGH, Beschl. v. 08.02.2010 – 2 AS 09.2907, juris). Somit kann ein Vorhaben, das sich in eine rückwärtige Bebauung einfügt, nicht mit dem Hinweis auf eine unerwünschte Verdichtung untersagt werden (BVerwG, Urt. v. 05.03.1990 – 4 B 192.89, BRS 50 Nr. 105).

Bei der **Ermittlung der das Grundstück prägenden Bauweise** sind die Begriffsbestimmungen des § 22 BauNVO 1990 heranzuziehen, um festzustellen, ob offene oder geschlossene Bauweise vorliegt (s. Rdn. 248–251). Schwierigkeiten bereitet mitunter die Feststellung der **offenen** Bauweise, genauer gesagt, deren Unterformen, da diese nach **Hausformen** differenziert (s. Rdn. 252–256). Eine vorhandene Bebauung kann in selteneren Fällen sogar durch **abweichende** Bauweise geprägt sein, z.B. nach Außerkrafttreten eines realisierten Bebauungsplans mit entsprechenden Festsetzungen (s. Rdn. 277–282). Besonders in den Übergangsbereichen zwischen den in der Regel geschlossen bebauten Innenstadtbereichen und den offen bebauten Randbereichen wird man häufig **keine eindeutige Bauweise** aus der Umgebungsbebauung ableiten können. Es ergibt sich dann, dass sowohl Gebäude **mit** als auch **ohne** seitlichen Grenzabstand noch »im Rahmen« liegen (BVerwG, Beschl. v. 11.03.1994 – 4 B 53.94, BauR 1994, 494 = BRS 56 Nr. 65 = NVwZ 1994, 1008 = ZfBR 1994, 192; OVG NRW, Beschl. v. 03.08.2017 – 7 A 1830/16, juris). 306

Ergibt sich aus der Eigenart der näheren Umgebung, dass innerhalb der überbaubaren Fläche **ohne Grenzabstand** gebaut werden **muss**, so entfallen die Abstandsflächen vor den entsprechenden Außenwänden des Gebäudes. Dieses gilt nicht nur für die gesamte **Bautiefe**, sondern auch für die **Bauhöhe**. Daneben ist jedoch wegen der Zielsetzung, das Abstandsrecht an das Planungsrecht anzukoppeln, das »**bauplanungsrechtliche Gebot der Rücksichtnahme**« zu beachten (OVG NRW, Beschl. v. 24.04.1995 – 10 B 3161/94, BauR 1996, 88). Welche **Anforderungen** dabei zu stellen sind, ist grundsätzlich geklärt (vgl. OVG NRW, Beschl. v. 07.06.1994 – 10 B 2923/93, NWVBl. 1994, 421): danach kann umso mehr Rücksichtnahme verlangt werden, je 307 empfindlicher und schutzwürdiger die Stellung derer ist, denen die Rücksichtnahme im gegebenen Zusammenhang zugutekommt; umgekehrt braucht derjenige, der ein Vorhaben verwirklichen will, umso weniger Rücksicht zu nehmen, je verständlicher und unabweisbarer die von ihm verfolgten Interessen sind. Die hierbei vorzunehmende Interessenabwägung hat sich an den **Kriterien der Unzumutbarkeit** auszurichten, und zwar in dem Sinne, dass dem Betroffenen die nachteilige Einwirkung des streitigen Vorhabens billigerweise nicht zugemutet werden kann. Das OVG NRW bezieht in die Prüfung, ob ein Vorhaben gegen das Gebot der Rücksichtnahme verstößt, auch seine Ausrichtung zur **Himmelsrichtung** mit ein. So kommt das Gericht in zwei Beschlüssen vom 24.04.1995 (– 10 B 330/95, n.v. und 10 B 3161/94, BauR 1996, 88), die ein und dasselbe Vorhaben betreffen – nämlich einen innerhalb der überbaubaren Grundstücksfläche einer bestehenden Reihenhausbebauung beiderseits grenzständig beabsichtigten 3 m tiefen eingeschossigen rückwärtigen Anbau –, zu unterschiedlichen Ergebnissen. Die Grundstücke lagen in Ost-West-Richtung, die Gebäudezeile verlief in Nord-Süd-Richtung, die Hausgärten lagen westlich der Gebäudezeile. Für den klagenden Nachbarn des nördlichen Grundstücks war die Wand des Anbaus rücksichtslos. Für den klagenden Nachbarn des südlichen Grundstücks war das Vorhaben zumutbar, obwohl sich aufgrund eines 3 m tiefen Gebäudeversprungs die Gebäudeabschlusswand durch den Anbau auf 6 m verlängerte.

308 Inwieweit das Gebot der Rücksichtnahme bei der Errichtung einer grenzständigen Gebäudeabschlusswand, durch die **Öffnungen in der grenzständigen Außenwand** eines Gebäudes auf dem Nachbargrundstück **zugemauert** werden, zu beachten ist, ist dem Beschluss des OVG NRW vom 31.01.1991 (– 7 B 241/91, BauR 1991, 738 = BRS 52 Nr. 179 = NWVBl. 1991, 380) zu entnehmen. In diesem Beschluss kommt das Gericht zu dem Ergebnis, dass der Bestandsschutz für ein in der Nachbargrenzwand vorhandenes Fenster zwar die Bauaufsichtsbehörde und auch den Bauherrn im Rahmen der Genehmigung einer ohne Grenzabstand zulässigen Gebäudeabschlusswand hindert, die Schließung des Fensters zu verlangen. Der Bestandsschutz hindert aber den Bauherrn nicht, eine Bebauung vorzunehmen, durch die das Fenster geschlossen wird. Ein Nachbar muss ein Heranrücken der Bebauung an die gemeinsame Grenze in dem Umfang hinnehmen, in dem er sich ihr seinerseits unter Unterschreitung des »Bauwichs« genähert hat (OVG Saar, Urt. v. 23.06.1992 – 2 R 50/91, BRS 54 Nr. 186). Bei der im Rahmen der Prüfung des Rücksichtnahmegebots vorzunehmenden Interessenabwägung ist insbesondere zu berücksichtigen, ob das Fenster in der Grenzwand genehmigt ist, ob es der (notwendigen) Belichtung eines Aufenthaltsraumes dient und, ob noch anderweitige Belichtungsmöglichkeiten bestehen. Im Einzelfall können auch aus privaten Rechten folgende öffentlich-rechtliche Rechtspositionen beachtlich sein (OVG NRW, Urt. v. 17.01.2008 – 10 A 2795/05, BRS 73 Nr. 172 zu einem 1905 ins Grundbuch eingetragenen Lichtrecht).

309 Auch im **Außenbereich** können sich in einer **Splittersiedlung** überbaubare Grundstücksflächen herausgebildet haben. Bei einer »**Lückenschließung**« in einer solchen Splittersiedlung kann sich im Einzelfall über die nach § 35 **Abs. 3** BauGB zu beachtenden **öffentlichen Belange** ein Zwang zur Beachtung vorgegebener »überbaubarer

Flächen« ergeben. Bei der Prüfung darf auf die Grundsätze des § 34 Abs. 1 BauGB zurückgegriffen werden (BVerwG, Urt. v. 22.06.1990 – 4 C 6.87, BauR 1990, 689 = BRS 50 Nr. 84). Im **Außenbereich** sind jedoch **grundsätzlich** für alle Gebäude **Grenzabstände** einzuhalten (OVG NRW, Urt. v. 16.05.1963 – VII A 55/62, BRS 14 B6 S. 247 = DÖV 1963, 848; Sächs. OVG, Urt. v. 17.07.2003 – 1 B 438/01, BRS 66 Nr. 127), so dass **Grenzbebauung nur selten** vorkommen dürfte, z.b. wenn in einer Splitterbebauung ein Gebäude von hinreichendem städtebaulichem Gewicht auf der Nachbargrenze steht (OVG NRW, Beschl. v. 17.08.2005 – 7 B 1288/05, BRS 69 Nr. 130).

2.5 Bauen ohne oder mit geringem Grenzabstand – Nr. 1

Nach § 6 Abs. 1 Satz 3 Nr. 1 BauO NRW entfällt die Abstandsfläche, soweit 310
– nach bauplanungsrechtlichen Vorschriften (s. Rdn. 201–202)
– innerhalb der überbaubaren Grundstücksfläche (s. Rdn. 219–220)
– gegenüber Grundstücksgrenzen (s. Rdn. 203–205)
– **ohne** oder **mit geringerem Grenzabstand** als nach Abs. 5
gebaut werden **muss**. Die abstandsrechtliche Prüfung setzt infolge des **Vorrangs des Bauplanungsrechts** die **Klärung der Rechtslage** nach dem **Bauplanungsrecht** voraus (s. Rdn. 210–211). Diese Klärung ist angesichts des komplexen Bauplanungsrechts mit der Differenzierung zwischen den **Festsetzungen des Bebauungsplans** und den **Planersatzvorschriften** für den Innen- und Außenbereich **keine einfache Aufgabe**. Die Untersuchung der bauplanungsrechtlichen Voraussetzungen – und dies gilt vor allem für den nicht beplanten Bereich mit uneinheitlicher Bebauung – erfordert aufgrund notwendiger örtlicher Feststellungen regelmäßig mehr Aufwand als die eigentliche Ermittlung der Abstandsflächentiefe. Das erklärt auch, warum die Ursache **fehlerhafter Abstandsflächenermittlungen** häufig in der **Verkennung der bauplanungsrechtlichen Grundlagen** zu suchen ist. Die Neufassung der Vorschrift war vor dem Hintergrund der höchstrichterlichen Rechtsprechung zum **Vorrang des Bauplanungsrechts** überfällig und steht im Zusammenhang mit der Streichung der Sätze 3 und 4 des Abs. 1 sowie dem Fortfall des Abs. 17 der Vorgängerfassung (s. die Begründung in LT-Drucks. 14/2433, S. 11–13 und 18).

Allein das Bauplanungsrecht bestimmt, 311
– ob keine Abstandsfläche oder
– ob eine Abstandsfläche geringerer Tiefe als nach Abs. 5
gegenüber den Grundstücksgrenzen einzuhalten ist, wenn der Bebauungsplan oder die Planersatzvorschriften dies **gebieten**, also eine **andere Anordnung** des Gebäudes zu den vorderen, rückwärtigen oder seitlichen Grundstücksgrenzen **unzulässig** ist. Wenn auch nunmehr – **alle** – Grundstücksgrenzen erfasst sind, so wirkt sich die Vorschrift regelmäßig nur auf die Fälle der **seitlichen** Grenzbebauung aus. Zu **rückwärtigen** Grundstücksgrenzen treten Abstandsflächenprobleme selten auf, da die **gängige Bebauungsform** das straßenorientierte Gebäude mit **rückwärtiger Hof- oder Gartenfläche** darstellt. Angesichts der Reduzierung der Tiefe der Abstandsflächen zu öffentlichen Verkehrsflächen in Kern- und urbanen Gebieten sind kaum noch abstandsrechtliche Probleme zu **vorderen** Grundstücksgrenzen gegeben. Seit dieser

§ 6 Abstandsflächen

Rechtsänderung lassen sich **Baulinien**festsetzungen entlang öffentlicher Verkehrsflächen in Kern- und urbanen Gebieten regelmäßig auch im Falle nicht zwingender Festsetzungen der Höhe der Gebäude oder der Zahl der Vollgeschosse realisieren, Auch die **Satzungsermächtigung** des § 89 Abs. 1 Nr. 6 BauO NRW entfaltet ihre Wirkung nur **in dichten Bebauungsstrukturen** mit **hohen** Gebäuden (mehr als 7,50 m Wandhöhe) an **schmalen** Straßen (weniger als 6 m Breite).

312 Aus den **Festsetzungen** eines qualifizierten oder vorhabenbezogenen Bebauungsplans in Verbindung mit den verordnungsrechtlichen Vorgaben über das Maß der baulichen Nutzung, über die Bauweise und über die überbaubare Grundstücksfläche ergibt sich **abschließend** die zulässige Anordnung eines Gebäudes gegenüber den vorderen, rückwärtigen und seitlichen Grundstücksgrenzen. Daneben ist **für eine Nach- bzw. Feinsteuerung über** § 15 BauNVO 1990 **kein Raum** mehr, da sich diese Vorschrift nur auf die Bestimmungen über die Art der baulichen Nutzung bezieht (s. Rdn. 83). Allerdings besteht auch im beplanten Bereich, soweit der Bebauungsplan die geschlossene Bauweise festsetzt, nach **§ 22 Abs. 3, 2. Halbsatz** (sämtliche Fassungen) **eine Möglichkeit zur Korrektur** für den Fall, dass die **vorhandene** Bebauung eine Abweichung vom Bauen auf die **seitliche** Grundstücksgrenze erfordert.

313 Ein Zwang zur **seitlichen Grenzbebauung** kann im **beplanten Bereich** vorgegeben sein durch
– die Festsetzung einer **geschlossenen Bauweise** nach § 22 Abs. 3 BauNVO (sämtliche Fassungen), wenn **kein Erfordernis für eine Abweichung aufgrund der vorhandenen Bebauung** besteht (s. Rdn. 274–276),
– die Festsetzung von **Doppelhäusern** oder **Hausgruppen** in der **offenen Bauweise** nach § 22 Abs. 2 BauNVO (sämtliche Fassungen) **für die gemeinsam zu bebauenden Grundstücksgrenzen**, wenn durch »Baufenster« eindeutig festgelegt ist, **welche** Grundstücksgrenzen **gemeinsam** zu bebauen sind (s. Rdn. 255–259),
– die Festsetzung einer **abweichenden Bauweise** nach § 22 Abs. 4 BauNVO (sämtliche Fassungen), **soweit ein Bauen ohne Grenzabstand für eine bestimmte Grenze verlangt** wird, wie dies z.B. bei der halboffenen Bauweise der Fall ist (s. Rdn. 279 und Abb. 6.18),
– die Festsetzung einer **Baulinie** nach § 23 Abs. 2 BauNVO (sämtliche Fassungen) **auf einer** Nachbargrenze, wenn der Bebauungsplan auf die **bestehende Grundstückssituation** ausdrücklich abstellt und diese durch Umlegung **nicht verändert** werden soll.

314 Die **Grenzbebauung** ist **selbst dann als zwingend anzusehen, wenn der Bebauungsplan** von der Festsetzung **Ausnahmen** nach § 31 Abs. 1 BauGB **ermöglicht**. Berücksichtigt man bei der Auslegung des § 6 Abs. 1 Satz 2 Nr.1 BauO NRW die theoretisch stets gegebene Ausnahmemöglichkeit mit, hätte das ein Unterlaufen des Planungswillens der Gemeinde zur Folge. Es könnte gerade wegen der im Bebauungsplan eingeräumten Ausnahmemöglichkeit nicht von einer zwingenden Festsetzung ausgegangen werden. Greift aber § 6 Abs. 1 Satz 3 Nr. 1 BauO NRW nicht ein, so sind nach dem Grundsatz des § 6 Abs. 1 Satz 1 BauO NRW Grenzabstände einzuhalten mit der Folge, dass die zwingende Festsetzung nicht zu

verwirklichen wäre und sich der Wille des Plangebers in sein Gegenteil verkehren würde (VGH B-W, Beschl. v. 01.06.1994 – 5 S 1280/94, BauR 1995, 223 = BRS 56 Nr. 101).

Der Zwang zu einer – lediglich **grenznahen** – Bebauung und damit einer Bebauung ohne ausreichende Tiefe der Abstandsflächen als nach Abs. 5 kann im beplanten Bereich vorgegeben sein durch die Festsetzung 315
- der **abweichenden Bauweise** nach § 22 Abs. 4 BauNVO 1990, verbunden mit der **Regelung des Abstandsmaßes** zu seitlichen und eventuell auch zu vorderen und rückwärtigen Grenzen (s. Rdn. 280 und Abb. 6.19),
- von **Baulinien** nach § 23 Abs. 2 BauNVO (sämtliche Fassungen) nahe zu Grundstücksgrenzen, wenn der Bebauungsplan auf die **bestehende Grundstückssituation** ausdrücklich abstellt und diese durch Umlegung **nicht verändert** werden soll.

Durch die Festsetzung von **Baulinien** entsteht – anders als bei der Festsetzung der Bauweise – **kein direkter Bezug zu den seitlichen Grundstücksgrenzen**. Daher ist zu beachten, ob im Geltungsbereich des Bebauungsplans eine erst noch **durch Umlegung zu bereinigende ungeordnete Grundstücksstruktur** besteht, die den Festsetzungen unter Berücksichtigung des Abstandsflächenrechts angepasst werden muss, so dass dann nach Abschluss der Umlegung die unter Berücksichtigung der zulässigen Höhe der Gebäudeaußenwände zwischen der Baulinie und der seitlichen Grundstücksgrenze erforderliche Tiefe der Abstandsfläche zur Verfügung steht, oder ob die Festsetzungen von der **bestehenden** und unverändert zu erhaltenden **Grundstückssituation** ausgehen. Nur im letztgenannten Falle erhält die Baulinienfestsetzung Vorrang vor dem Abstandsflächenrecht, z.B. wenn der Bebauungsplan die Komplettierung einer **erhaltenswerten Baustruktur mit traufständigen Gebäuden und schmalen Traufgassen** sichern soll und daher für Bebauungslücken durch Baulinien ein grenznaher Abstand der seitlichen Gebäudeaußenwände in Verbindung mit einer bestimmten Traufhöhe festgesetzt ist. Aus dem Beispiel wird deutlich, dass es sich hierbei stets um **besondere Fallgestaltungen** handelt, weshalb auch die Festsetzung von Baulinien eine in der **Begründung** darzulegende **besondere Situation** oder **Planungskonzeption** voraussetzt. Wird im Bebauungsplan nach § 22 Abs. 4 BauNVO eine abweichende Bauweise derart festgesetzt, dass sich aus der Kombination der vorgegebenen zwingenden Höhe und der Baulinie, auf der gebaut werden muss, die Lage und Größe des Baukörpers eindeutig ergibt, ist wegen des Vorrangs des Bauplanungsrechts die Einhaltung von Abstandsflächen nach Abs. 1 Satz 3 Nr. 1 nicht erforderlich (OVG NRW, Beschl. v. 19.01.2009 – 10 B 1687/08, BauR 2009, 771). Der Plangeber muss sich dabei in der Abwägung mit den Auswirkungen des Vorhabens auf die abstandsflächenrechtlich geschützten Belange genau auseinandersetzen. Dies ist nicht möglich, wenn statt einer zwingenden Höhe lediglich eine zwingende Geschossigkeit festgesetzt wird, da mangels Geschosshöhenobergrenzen die endgültige Höhe des Bauvorhabens im Bebauungsplan dann gar nicht geregelt ist. 316

Abs. 1 Satz 3 Nr. 1 lässt es lediglich zu, dass grenzständig gebaut wird **oder** ein nach den allgemeinen Regelungen zu ermittelnder Abstand eingehalten wird. Dies gilt auch hinsichtlich untergeordneter Bauteile – wie Balkone oder vorgebaute Treppen 317

(OVG NRW, Beschl. v. 17.07.2008 – 7 B 195/08, BauR 2008, 2033) –, **soweit** diese nicht abstandsflächenrechtlich privilegiert sind. Bei festgesetzter oder faktischer **geschlossener Bauweise** entfällt somit auch innerhalb der überbaubaren Grundstücksfläche eine **seitliche** Abstandsfläche bei nicht grenzständigen Außenwänden bzw. Gebäudeteilen **nicht**. Diese müssen, soweit sie überhaupt planungsrechtlich zulässig sind, den erforderlichen Grenzabstand einhalten.

318 Sind nur **Doppelhäuser** oder nur **Hausgruppen** innerhalb von »**Baufenstern**« zulässig, ergibt sich für diese Art der zwingend vorgeschriebenen Grenzbebauung ein besonderer Anpassungszwang, der sich aus den **Hausformenbegriffen** herleitet (vgl. Rdn. 260–262 und Abb. 6.16). Eine Doppelhaushälfte oder ein Hausgruppenelement kann nämlich nur dann an der gemeinsamen Grundstücksgrenze errichtet oder erweitert werden, ohne dass eine Abstandsfläche an dieser Grenze ausgelöst wird, wenn der **Charakter des Doppelhauses** bzw. **der Hausgruppe erhalten** bleibt.

319 **Im unbeplanten Innenbereich** im Sinne des § 34 BauGB ergibt sich eine weniger klare Beurteilungsgrundlage, da das im **Begriff des Einfügens** enthaltene **Gebot der Rücksichtnahme** einer aus der prägenden Umgebungsbebauung an und für sich ableitbaren zwingenden Grenzbebauung in Ausnahmefällen entgegenstehen kann (s. Rdn. 84–96). Auch im **Außenbereich** im Sinne des § 35 BauGB kann wegen des sich aus der **Berücksichtigungspflicht öffentlicher Belange** ergebenden **Gebots der Rücksichtnahme** (s. Rdn. 82) eine aufgrund der vorhandenen Bebauung ableitbare Grenzbebauungsverpflichtung ausnahmsweise nicht realisierbar sein, wobei es sich nur um äußerst selten auftretende Fallgestaltungen handeln kann, da Gebäude im Außenbereich grundsätzlich einen Grenzabstand einzuhalten haben (s. Rdn. 309).

320 Die seitliche Abstandsfläche entfällt, wenn **innerhalb eines im Zusammenhang bebauten Ortsteiles** nach § 34 Abs. 1 BauGB ein Vorhaben **grenzständig** errichtet werden **muss** (zur Frage, ob geschlossene Bauweise auch bei geringen Grenzabständen anzunehmen ist, s. Rdn. 273), weil das Baugrundstück nur für eine derartige Bebauung vorgeprägt ist (OVG NRW, Urt. v. 20.02.2006 – 7 A 1358/04, juris). Mitunter bestehen ungeordnete Baustrukturen, die Gebäude mit und ohne Grenzabstand oder mit nur geringen Grenzabständen aufweisen und demzufolge kein organisch gewachsenes, einheitliches bauplanungsrechtliches Ordnungssystem erkennen lassen. Da das Abstandsflächenrecht im Verhältnis zum Bauplanungsrecht jedoch auch eigenständige Ziele verfolgt (s. Rdn. 18–24), führt eine regellose Bebauung – ungeachtet ihrer nach § 34 BauGB rahmensetzenden Wirkung – nicht generell dazu, dass auf die Einhaltung von Abstandsflächen verzichtet werden kann (BayVGH, Urt. v. 21.07.1997 – 14 B 96.3086, BRS 59 Nr. 113). Nach Auffassung des OVG Rh-Pf ist eine seitliche Abstandsfläche bei der Aufstockung eines grenzständigen Gebäudes nicht erforderlich, wenn die Grundstücke in der näheren Umgebung uneinheitlich teils in geschlossener, teils in halboffener Bauweise bebaut sind, wegen ihres schmalen Zuschnitts aber nahezu einheitlich eine Bebauung mit beiderseitigen Abstandsflächen nicht zulassen (OVG Rh-Pf, Urt. v. 04.02.1993 – 1 A 12323/91, BauR 1993, 320 = BRS 55 Nr. 107).

Gerade bei der Errichtung von Gebäuden oder Gebäudeerweiterungen im Bestand 321
wird man mitunter feststellen können, dass die Nachbarbebauung nicht genau an
der Grenze steht, sondern einen **Abstand von nur wenigen Zentimetern** hält. Es ist
dann sicherzustellen, dass keine »**Schmutzwinkel**« entstehen (OVG NRW, Beschl. v.
13.11.2014 – 2 B 1111/14, BauR 2016, 234). Wesentliches Ziel der Bauleitplanung
ist die Schaffung und Erhaltung **gesunder Wohn- und Arbeitsverhältnisse**. Bei Ausführung einer Grenzbebauung im Anschluss an ein Gebäude auf dem Nachbargrundstück mit nur **wenigen Zentimetern** Grenzabstand würde ein »**Spalt**« entstehen, in
dem sich Feuchtigkeit, Unrat und Ungeziefer festsetzen können. Solche unzugänglichen Schmutzwinkel, die zudem eine ordnungsgemäße Instandhaltung der beiden
angrenzenden Gebäude unverhältnismäßig erschweren, wenn nicht sogar unmöglich
machen, sind mit den auf **gesunde Wohn- und Arbeitsverhältnisse** ausgerichteten Zielen der Bauleitplanung (§ 1 Abs. 6 Nr. 1 BauGB) unvereinbar. Einer solchen Baumaßnahme stehen nicht nur die öffentlichen Belange des § 1 Abs. 6 Nr. 1 BauGB, sondern
auch die bauordnungsrechtlichen Bestimmungen des **§ 3 Abs. 1 Satz 1 BauO NRW**
entgegen (VGH B-W, Urt. v. 07.09.1972 – III 1066/71, BRS 25 Nr. 195). Der Nachbar, der den unzureichenden Grenzabstand durch ein illegales Gebäude verursacht
hat, kann allerdings nach dem Grundsatz von Treu und Glauben aus dieser Pflichtverletzung seinerseits keine Rechte für sich herleiten (BayVGH, Beschl. v. 26.09.2016 –
15 CS 16.1348, juris).

2.6 Mögliche Grenzbebauung – Nr. 2

Die Vorschrift regelt Fälle, in denen ohne Grenzabstand gebaut werden **darf, aber** 322
nicht muss. Wird mit Abstand gebaut, ist der nach den allgemeinen Regelungen zu
ermittelnde Abstand einzuhalten (OVG NRW, Beschl. v. 12.11.2007 – 7 B 1354/07,
juris und Beschl. v. 17.11.2009 – 7 B 1350/09, ZfBR 2010, 283 = NVwZ-RR 2010,
260). Dies gilt auch hinsichtlich untergeordneter Bauteile – wie Balkone oder vorgebaute Treppen (OVG NRW, Beschl. v. 17.07.2008 – 7 B 195/08, BauR 2008,
2033) –, soweit diese nicht abstandsflächenrechtlich privilegiert sind.

Es bleibt den **betroffenen Nachbarn** überlassen, die Grenzbebauung **untereinander** 323
abzustimmen, so dass aufgrund dieser Übereinkunft die Abstandsflächen vor den
grenzständig zu errichtenden Wänden entfallen. Die Abstandsfläche entfällt nur dann,
wenn aufgrund **bauplanungsrechtlicher** Vorschriften gegenüber Grundstücksgrenzen
ohne Grenzabstand gebaut werden **darf** und zugleich **gesichert** ist, dass auf dem **Nachbargrundstück** ebenfalls ohne Grenzabstand gebaut wird. Setzt der Bebauungsplan
dagegen in der offenen Bauweise **Einzelhäuser** oder auf die vorhandenen Grundstücke
abgestimmte **eng begrenzte Baufenster** fest, sind **grenzständige Gebäude unzulässig**
(s. Abb. 6.11). Die Vorschrift bezieht sich – anders als die Regelung des Nr. 1 – nicht
auf alle, sondern nur auf **Nachbargrenzen**, also auf **seitliche** und auf **rückwärtige**
Grenzen von Baugrundstücken. Dies folgt aus der **Bedingung**, dass die **wechselseitige**
Grenzbebauung gesichert sein muss, was bei vorderen Grundstücksgrenzen an öffentlichen Verkehrsflächen naturgemäß nicht gegeben sein kann. Im **beplanten Bereich**
darf an die **seitliche** Nachbargrenze gebaut werden,

- wenn der Bebauungsplan **offene Bauweise ohne Beschränkung der Hausformen** festsetzt und durch großzügig bemessene überbaubare Grundstücksflächen die Gebäudeanordnung auf den Grundstücken nicht eingeschränkt wird (s. Abb. 6.9),
- wenn der Bebauungsplan **offene Bauweise mit der Beschränkung auf Doppelhäuser oder Hausgruppen** festsetzt, jedoch aufgrund großzügig bemessener überbaubarer Grundstücksflächen offen bleibt, an welchen gemeinsamen Nachbargrenzen jeweils ein Doppelhaus oder eine Hausgruppe entstehen soll,
- wenn der Bebauungsplan **abweichende Bauweise** festsetzt, nach deren inhaltlicher Ausgestaltung auch **das Bauen ohne Grenzabstand möglich**, jedoch **nicht zwingend** ist, so dass auch ohne Grenzabstand gebaut werden kann,
- wenn bei **fehlender Festsetzung der Bauweise** aufgrund von Festsetzungen der **überbaubaren Grundstücksflächen** oder der **Stellung** baulicher Anlagen das Bauen ohne Grenzabstand nicht ausgeschlossen ist.

324 An die **rückwärtige** Nachbargrenze darf gebaut werden, wenn der Bebauungsplan das gesamte Bauland zwischen den öffentlichen Verkehrsflächen als überbaubar festsetzt, Selbst wenn der Bebauungsplan in einem solchen Fall die offene Bauweise festsetzt, ist ein Bebauen der rückwärtigen Grundstücksgrenzen nicht ausgeschlossen, da die offene Bauweise nur den seitlichen Grenzabstand regelt (s. Rdn. 252).

325 An die Stelle der **öffentlich-rechtlichen Sicherung** ist die **Sicherung** getreten, um die Baulast nach dem Vorgängerrecht zu erübrigen (so die Begründung in LT-Drucks. 14/2433, S. 12). Es wird auch **keine rechtliche** Sicherung verlangt, was entweder eine zivilrechtliche Grunddienstbarkeit oder eine öffentlich-rechtliche Baulast voraussetzen würde. Nach dem Wortlaut und auch nach der sich aus der Begründung des Gesetzentwurfs ergebenden gesetzgeberischen Intention genügt allein eine **zivilrechtliche Einigung**. Diese Einigung der Nachbarn wird zu einem **Instrument des Bauplanungsrechts**, da es nicht um die Veränderung der bauplanungsrechtlichen Voraussetzungen der Grenzbebauung, sondern gerade im Gegenteil, um die **Sicherung rechtmäßiger bauplanungsrechtlicher Zustände** für die Zukunft geht. Erst mit der **wechselseitigen Verpflichtung** zur Grenzbebauung wird das Gebäude **bauplanungsrechtlich grenzständig zulässig**. Als Sicherung reicht nach der Entscheidung des Gesetzgebers neben der nach wie vor möglichen Eintragung einer **Baulast nach § 85 BauO NRW** (zur Entstehungsgeschichte und zum Verhältnis von Dienstbarkeiten und Baulasten vgl. § 85 Rdn. 1–5) zwar eine **schriftliche Vereinbarung** aus, jedoch muss diese die ausdrückliche Verpflichtung zur wechselseitigen Grenzbebauung klar und eindeutig beinhalten. Eine bloße **Zustimmung** zur Grenzbebauung auf dem Nachbargrundstück **genügt nicht**, da der **Begriff der Sicherung** mehr voraussetzt, als ein bloßes Hinnehmen der nachbarlichen Bauaktivität. Die wechselseitige Vereinbarung des Nachbarn zur Grenzbebauung kann – anders als die einseitige, nicht auf einem Vertrag beruhende Zustimmung des Nachbarn zu einem Bauvorhaben (hierzu s. OVG NRW, Beschl. v. 20.01.2000 – 7 B 2103/99, BauR 2000, 866 = BRS 63 Nr. 186, Zustimmung nur bis zum Eingang des Bauantrags widerrufbar) – bis zur Entscheidung über die Baugenehmigung wieder aufgelöst werden, da auch die früher vorgeschriebene Baulast in Form der wechselseitigen Grenzbebauungsverpflichtung in der Regel erst kurz vor Erteilung der Baugenehmigung in das Baulastenverzeichnis

eingetragen wurde. Nach der Erteilung der Baugenehmigung für das zuerst entstehende grenzständige Gebäude und erst recht nach dessen Vollendung sind die beiden betroffenen Grundstückseigentümer und auch deren **Rechtsnachfolger** an die Übereinkunft gebunden. Dies folgt aus der **Grundstücksbezogenheit** der wechselseitigen Vereinbarung.

In der schriftlichen Vereinbarung ist **mindestens** die wechselseitige Grenzbebauung **dem Grunde nach** zu regeln (zur inhaltlichen Ausgestaltung s.a. Wenzel, S. 120 ff. Rn. 292–298). Die Nachbarn können auch wechselseitig enger gefasste Verpflichtungserklärungen im Sinne der früheren »**Anbauverpflichtung zum deckungsgleichen Bauen**« vereinbaren, weil die Grundstückseigentümer dann **freiwillig auf** die ihnen durch die Festsetzungen des Bebauungsplanes eingeräumte **Dispositionsfreiheit verzichten** (OVG NRW, Beschl. v. 15.11.1990 – 7 B 2688/90, n.v. zur Rechtslage nach der BauO NW 1984). Beschränkt ein Nachbar sein Einverständnis mit dem Bauvorhaben ausdrücklich auf eine bestimmte Form des Vorhabens, so deckt dieses Einverständnis ein geändertes Vorhaben auch dann nicht, wenn die Änderung nachbarliche Interessen nicht zusätzlich berührt (OVG NRW, Beschl. v. 02.08.2007 – 7 A 880/07, juris). Eine Vereinbarung, mit der eine Grenzbebauung ohne Einschränkung gestattet wird, schließt dagegen die Nachbarrechte nicht nur gegen ein Vorhaben von bestimmter Dimension aus, sondern – entsprechend dem Wortlaut der Erklärung – für jede Grenzbebauung; insbesondere sind Nachbarrechte auch gegen einen Anbau ausgeschlossen, der dem vorhandenen Grenzbau nicht entspricht, sondern darüber hinausgeht (OVG NRW, Beschl. v. 26.10.1990 – 7 B 2836/90, n.v. zur Rechtslage nach der BauO NW 1984). 326

Innerhalb der überbaubaren Grundstücksfläche ist die wechselseitige Grenzbebauung dem Grunde nach auch dann zulässig, wenn die betroffenen Gebäude **in Höhe und Tiefe nicht weitgehend deckungsgleich** sind (OVG NRW, Beschl. v. 05.10.1995 – 10 B 2445/95, BRS 57 Nr. 136; Urt. v. 18.10.2007 – 7 A 2135/06, juris und Beschl. v. 09.08.2016 – 7 A 2893/15, juris). Das gilt für **Doppelhäuser** und **Hausgruppen** jedoch mit der **Einschränkung**, dass der **Rahmen einer wechselseitigen Grenzbebauung** durch zu große Versprünge nicht gesprengt werden darf (BVerwG, Urt. v. 24.02.2000 – 4 C 12.98, BauR 2000, 1168 = BRS 63 Nr. 185 = NVwZ 2000, 1055; OVG Bln-Bbg, Beschl. v. 29.01.2016 – OVG 2 S 58.15, juris; s. hierzu Rdn. 260 und Abb. 6.16). 327

Schließlich darf nur dann auf die Einhaltung des Grenzabstands verzichtet werden, wenn die wechselseitige Verpflichtung zur Grenzbebauung **in angemessenen Zeitraum umsetzbar** ist. Daran fehlt es, wenn der eine Bauherr ein Gebäude ohne Grenzabstand und der andere in etwa zeitgleich ein Gebäude mit Grenzabstand errichtet und sich lediglich für den Fall der späteren Erweiterung des Gebäudes bzw. der Errichtung eines Ersatzbaus zur Auffüllung der bis dahin verbleibenden einseitigen »Lücke« verpflichtet. In einem derartigen Fall liegt keine verwirklichungsfähige Verpflichtung vor, die dem Zweck dient, in der offenen Bauweise **keine einseitige »Lücke«** entstehen zu lassen. Dieser Zweck wird nur erreicht, wenn entweder die Gebäude gleichzeitig errichtet oder aber nacheinander erstellt werden, wobei die später zu bebauende Parzelle zunächst insgesamt unbebaut bleibt. Eine wechselseitige Verpflichtung zur Grenzbebauung, die unter Umständen erst nach Jahrzehnten, z.B. nach Ablauf der Lebensdauer der 328

Gebäude, verwirklicht werden kann, ist wegen der **eng auszulegenden** Bestimmung des § 6 Abs. 1 Satz 3 Nr. 2 BauO NRW unbeachtlich, weil sie nur einer Umgehung des Gesetzes dient (OVG NRW, Urt. v. 28.10.1985 – 11 A 2586/82, BRS 44 Nr. 99).

329 Ein auf dem Nachbargrundstück **vorhandenes** – legales – **Gebäude ohne Grenzabstand**, das geeignet ist, die **Funktion der Grenzbebauungsverpflichtung** zu übernehmen, **ersetzt die Sicherung** (OVG NRW, Beschl. v. 06.05.2011 – 10 B 29/11, juris; Beschl. v. 29.06.2015 – 7 B 536/15, juris und Beschl. v. 16.03.2017 – 7 B 26/17, juris; VGH B-W, Beschl. v. 03.11.2014 – 3 S 1368/14, NVwZ-RR 2015, 288 und Urt. v. 02.06.2015 – 8 S 1914/14, BauR 2015, 1805; Sächs. OVG, Beschl. v. 25.02.1998 – 1 S 38/98, BauR 1998, 1006 = BRS 60 Nr. 106; OVG Rh-Pf, Urt. v. 22.08.2002 – 1 A 1073/02, BauR 2002, 1838 = BRS 65 Nr. 127). Dies gilt allerdings nur insoweit, als das Neubauvorhaben selbst **innerhalb der überbaubaren Grundstücksfläche** liegt (OVG NRW, Beschl. v. 29.07.2003 – 10 B 1057/03, BauR 2004, 315 = BRS 66 Nr. 128). Ein **Schwarzbau** stellt dagegen **keine ausreichende Sicherung** dar (OVG NRW, Urt. v. 14.09.1988 – 7 A 2593/86, n.v.). Dies gilt jedoch nur, wenn sich bestehendes Gebäude und zu errichtender Neubau auf einer **nennenswerten Länge** an der gemeinsamen Grenze **überdecken**, so dass überhaupt von einer **gemeinsamen** Grenzbebauung gesprochen werden kann; beträgt diese Überdeckungslänge **nur wenige Zentimeter**, sind die **Voraussetzungen** des § 6 Abs. 1 Satz 3 Nr. 2 BauO NRW **nicht erfüllt** (OVG NRW, Beschl. v. 17.10.2000 – 10 B 1053/00, BRS 63 Nr. 198 zu einer Überdeckungslänge von nur 30 bis 60 cm; bejaht vom OVG NRW (Beschl. v. 07.07.2008 – 7 B 541/08, n.v.) hingegen bei einem Versprung um 4 m bei einem Anbau von insgesamt 15 m).

330 Das vorhandene **Gebäude** muss die gesetzlich geforderte **Sicherungsfunktion ersetzen** können. Im beplanten Bereich wird sich aus den Festsetzungen über die **offene** oder die **geschlossene Bauweise** regelmäßig ergeben, dass dies Sicherungsfunktion nur durch ein **Gebäude der Hauptnutzung** übernommen werden kann, soweit nicht eine festgesetzte **abweichende Bauweise** andere Grenzbebauungsbedingungen vorgibt. Im unbeplanten Innenbereich (s.a. Rdn. 332) bestehen im Gegensatz dazu häufig weniger klare bauplanungsrechtliche Vorgaben. Die Sicherungsfunktion kann im unbeplanten Innenbereich je nach bauplanungsrechtlicher Vorprägung des Grundstücks durch seine Umgebungsbebauung auch von einer **hinreichend gewichtigen Bebauung** übernommen werden, die selbst **kein Gebäude der Hauptnutzung** darstellt (OVG NRW, Beschl. v. 17.08.2005 – 7 B 1288/05, BRS 69 Nr. 130 zur Dachaufstockung eines bereits grenzständig vorhandenen Gebäudes neben einem ebenfalls grenzständig vorhandenen Nebengebäude mit relativ großen Abmessungen unter Bezug auf die in der Vorauflage vertretenen Auffassung, es müsse sich um eine Hauptanlage handeln). Als Ersatz für die in § 6 Abs. 1 Satz 3 Nr. 1 BauO NRW geforderte Sicherung scheidet daher eine **Grenzgarage** aus (OVG NRW, Beschl. v. 28.06.2000 – 10 B 906/00, n.v.), ebenso eine **Terrassenüberdachung** (OVG NRW, Beschl. v. 06.04.2004 – 7 B 223/04, BRS 67 Nr. 142; dazu tendierend OVG NRW, Beschl. v. 13.03.2009 – 10 A 1118/08, juris). Nur das Vorhandensein eines **grenzständigen Gebäudes** rechtfertigt das Bauen **ohne Grenzabstand** (so instruktiv Jeromin zu § 8 Rn. 37). § 6 Abs. 1 Satz 3 Nr. 2 erfasst ebenso nicht solche baulichen Anlagen, die nicht im Sinne eines wechselseitigen

Grenzbaus anbaufähig sind, mithin etwa Grenzmauern, die das abstandsflächenrechtlich zulässige Maß von § 6 Abs. 1 Satz 2 BauO NRW überschreiten (hierzu tendierend OVG NRW, Beschl. v. 07.07.2008 – 7 B 541/08, n.v.). Ein lediglich grenznahes Bauwerk stellt keine Anbausicherung dar (OVG NRW, Urt. v. 12.05.2005 – 7 A 2342/03, BRS 70 Nr. 123).

Nur solche Bauwerke können die Funktion der Grenzbebauungsverpflichtung übernehmen, bei denen aufgrund der **faktischen Verhältnisse** gewährleistet ist, dass **auf Dauer keine rechtswidrigen Zustände** entstehen, die der Gesetzgeber durch die Forderung nach einer Sicherung der Grenzbebauung vermeiden wollte, nämlich dass auf der einen Seite der Grenze grenzständig und auf der anderen Seite mit Grenzabstand gebaut wird; diese Gewähr kann ein **Gewächshaus** aus Glas schon deshalb nicht bieten, weil es hinsichtlich der Bausubstanz **nicht auf lange Dauer angelegt** ist (OVG NRW, Urt. v. 12.03.1992 – 7 A 1651/89, n.v.). Ein vorhandenes Gebäude kann nämlich nur dann als Ersatz für eine öffentlich-rechtliche Grenzbebauungsverpflichtung angesehen werden, wenn von seinem **Fortbestand** ausgegangen werden kann (OVG NRW, Urt. v. 16.05.1997 – 7 A 3412/95, BRS 59 Nr. 120 und Urt. v. 29.10.2012 – 2 A 723/11, juris). Ein Gebäude, **für das ein Abbruchantrag** gestellt worden ist, **rechtfertigt keinen Verzicht** auf die Grenzbebauungsverpflichtung (OVG NRW, Beschl. v. 17.10.2000 – 10 B 1053/00, BRS 63 Nr. 198 und Beschl. v. 02.08.2002 – 7 A 74/02, juris). Auch ein **Gebäude mit schweren Schäden** bietet **keine ausreichende Gewähr für seinen Fortbestand** (OVG NRW, Beschl. v. 17.10.2000 – 10 B 1053/00, Beschl. v. 17.10.2000 – 10 B 1053/00, BRS 63 Nr. 198). Erst recht ist ein Grenzanbau an ein vorhandenes, **nach den Festsetzungen des Bebauungsplans abzubrechendes** Gebäude unzulässig (OVG NRW, Urt. v. 22.06.1988 – 7 A 2121/85, n.v.).

331

Auch innerhalb eines im Zusammenhang bebauten Ortsteiles im Sinne des § 34 Abs. 1 BauGB darf ein Vorhaben grenzständig errichtet werden, wenn dem Bauherrn aufgrund der prägenden Umgebungsbebauung die Möglichkeit eingeräumt ist, an die Grenze zu bauen oder Grenzabstand einzuhalten (BayVGH, Urt. v. 21.07.1997 – 14 B 96.3086, BRS 59 Nr. 113). In einem Gebiet mit teils offener, teils geschlossener oder jedenfalls einseitig grenzständiger Bebauung ist regelmäßig sowohl die offene als auch die – einseitig – grenzständige Bauweise bauplanungsrechtlich zulässig (BVerwG, Beschl. v. 11.03.1994 – 4 B 53.94, BauR 1994, 494 = BRS 56 Nr. 65 = NVwZ 1994, 1008 = ZfBR 1994, 192; OVG NRW, Beschl. v. 03.08.2017 – 7 A 1830/16, juris). Im unbeplanten Innenbereich ist nach Abs. 1 Satz 3 Nr. 2 an der **rückwärtigen** Grundstücksgrenze eine Abstandsfläche nicht erforderlich, wenn sich aus der maßgeblichen näheren Umgebung eine abweichende Bauweise (§ 22 Abs. 4 BauNVO) ergibt, nach der an den rückwärtigen Grundstücksgrenzen ohne Grenzabstand gebaut wird (OVG NRW, Urt. v. 18.10.2007 – 7 A 2135/06, juris). Bei der Prüfung der bauplanungsrechtlichen Zulässigkeit der möglichen Grenzbebauung ergeben sich die gleichen Beurteilungsprobleme wie bei der Prüfung der zwingenden Grenzbebauung (s. Rdn. 319). Die Zulassung einer Grenzbebauung nach § 6 Abs. 1 Satz 3 Nr. 2 BauO NRW hängt davon ab, ob das Vorhaben mit dem in § 34 Abs. 1 BauGB enthaltenen bauplanungsrechtlichen Gebot der Rücksichtnahme vereinbar ist (OVG NRW,

332

Beschl. v. 17.02.2000 – 7 B 178/00, BRS 63 Nr. 137). Nicht auszuschließen ist, dass auch im Außenbereich im Sinne des § 35 BauGB ein Fall des § 6 Abs. 1 Satz 3 Nr. 2 BauO NRW auftritt (s. Rdn. 309), z.b. bei der Bebauung einer »Baulücke« in einer Splittersiedlung, wenn sich an einer der seitlichen Grundstücksgrenzen ein grenzständiges Gebäude befindet.

3 Zu Abs. 2 – Lage der Abstandsflächen

333 Abs. 2 regelt die **Lage** der Abstandsflächen vor den Außenwänden von Gebäuden. Die Vorschrift enthält drei **Alternativen**. Die Abstandsflächen haben nach **Satz 1** grundsätzlich **auf dem Baugrundstück selbst** zu liegen. Sie dürfen nach **Satz 2** auch auf **öffentlichen Verkehrsflächen, öffentlichen Grünflächen** und **öffentlicher Wasserflächen** liegen, jedoch nur bis zur **Mitte** dieser Flächen. Schließlich erlaubt **Satz 3**, dass sie sich unter der Voraussetzung des Zustandekommens einer **Abstandsflächenbaulast** auf **andere Grundstücke** erstrecken dürfen. Den **Bestimmungen über die Lage der Abstandsflächen** kommt **nachbarschützende Funktion** zu (s. Rdn. 76–79).

3.1 Satz 1 – Lage auf dem eigenen Grundstück

334 Satz 1 regelt als **Grundsatz**, dass die Abstandsflächen **auf dem Grundstück selbst** liegen müssen, da die Anforderungen des öffentlichen Baurechts nach dem **Verursacherprinzip** auf dem Baugrundstück zu erfüllen sind (so Barth/Mühler, Die Abstandsvorschriften der Niedersächsischen Bauordnung, 2. Aufl. 2000 zu § 9 Rn. 1). Unter dem **Begriff Grundstück** ist das Grundstück im Sinne des bürgerlichen Rechts zu verstehen, soweit nicht in Sonderfällen eine andere Betrachtung unter spezifisch bauplanungsrechtlichen bzw. bauordnungsrechtlichen Gesichtspunkten erforderlich wird (vgl. § 1 Rdn. 29–41). Da die Abstandsflächen grundsätzlich auf dem Grundstück selbst liegen müssen, kommt es auf den **genauen Verlauf der Grundstücksgrenzen** an. Ist der Verlauf der richtigen Grundstücksgrenzen in der Örtlichkeit unklar, fällt es in den **Risikobereich des Eigentümers**, wenn er ohne vorherige amtliche Vermessung einen für ihn günstigen Verlauf der Grundstücksgrenze zu Grunde legt und infolgedessen bei sich später tatsächlich erweisendem anderen Grenzverlauf die Grenzabstände nicht einhält; der Nachbar handelt in einer solchen Situation nicht treuwidrig, wenn er seine Rechte erst nach längerem Zeitablauf geltend macht, weil ihm der Rechtsverstoß erst später bekannt wird (OVG NRW, Beschl. v. 10.06.2005 – 10 A 3664/03, BRS 69 Nr. 178).

3.2 Satz 2 – Lage auf bestimmten öffentlichen Flächen

335 Nach Satz 2 dürfen die Abstandsflächen auch auf öffentlichen Verkehrsflächen, öffentlichen Grünflächen und öffentlichen Wasserflächen liegen, jedoch nur bis zu deren Mitte. Satz 2 ist trotz der Verwendung des Wortes »dürfen« als Zulässigkeitstatbestand zu verstehen (so auch Ortloff, Das Abstandsflächenrecht der Berliner Bauordnung, 2. Aufl. 1993 Rn. 50). Diese öffentlichen Flächen sind einer

Bebauung entzogen und daher zur Aufnahme der Abstandsflächen angrenzender Gebäude geeignet.

Private Freiflächen können dagegen zur Aufnahme von Abstandsflächen angrenzender Gebäude **nicht** in Ansatz gebracht werden, auch wenn sie als **private Grünfläche** im Bebauungsplan festgesetzt sind. Zu landwirtschaftlich genutzten Grundstücken, Wäldern oder privat genutzten Grünflächen sind stets Abstandsflächen auf dem eigenen Grundstück einzuhalten. Das gilt selbst dann, wenn die Grundstücke aufgrund anderer öffentlich-rechtlicher Vorschriften, z.b. denen des Landschafts- oder des Wasserrechts, einen Schutz vor Veränderung genießen und daher grundsätzlich nicht bebaut werden dürfen. Auf diesen Flächen, auch wenn sie im Außenbereich im Sinne des § 35 BauGB liegen, ist nämlich eine Bebauung nicht von vornherein völlig ausgeschlossen (VGH B-W, Beschl. v. 13.06.2003 – 3 S 938/03, BauR 2003, 1549 = BRS 66 Nr. 129).   336

Öffentliche Verkehrsflächen sind nach Sinn und Zweck dieser Vorschrift Flächen, die ihrer Zweckbestimmung entsprechend **für den öffentlichen Verkehr dauerhaft** in der für sie vorgesehenen Form **gesichert** und somit grundsätzlich einer Bebauung entzogen sind (OVG NRW, Urt. v. 06.06.2014 – 2 A 2757/12, juris). Das sind **in erster Linie** die **zur Erschließung angrenzender Grundstücke bestimmten Straßen, Wege** und **Plätze**, auch wenn auf ihnen Gebäude öffentlicher Zweckbestimmung errichtet werden, wie z.B. Fahrgastunterstände oder Toiletten. Für derartige Anlagen beinhaltet § 6 Abs. 3 Nr. 3 BauO NRW auch eine **Ausnahmemöglichkeit vom Überdeckungsverbot** (VG Düsseldorf, Beschl. v. 14.12.1995 – 7 L 4342/95, n.v.). Zu den öffentlichen Verkehrsflächen zählen daneben auch   337
– öffentliche **Eisenbahnen** und **Magnetschwebebahnen** (vgl. § 1 Rdn. 81–100),
– öffentliche **Straßenbahnen** und **ähnliche Bahnen** (vgl. zu § 1 Rdn. 101–110),
– die **öffentlichen Wasserstraßen** (vgl. § 1 Rdn. 111–123), die ohnehin zugleich stets auch öffentliche **Wasserflächen** sind,
– die **öffentlichen Flugplätze** (vgl. § 1 Rdn. 124–132).

Diese öffentlichen **Verkehrsflächen** sind jedoch nur dann im Sinne des Satzes 2 abstandsrechtlich anzusetzen, wenn sie **vergleichbar einer Straße zur Aufnahme der Abstandsflächen geeignet** sind. Das ist beispielsweise ein dem Eisenbahnverkehr dienender Schienenweg, nicht jedoch die Fläche auf der sich nach den Planfeststellungsunterlagen ein dem Bahnverkehr dienendes Betriebsgebäude befindet. Die **Abgrenzung** kann im Einzelfall **Beurteilungsprobleme** verursachen. Die Eigentumsverhältnisse sind **nicht entscheidend**. Auch im Privateigentum stehende Grundstücke, z.B. Wegeflächen oder Flächen einer Privatbahn können als öffentliche Verkehrsflächen festgesetzt, planfestgestellt oder in sonstiger Weise bestimmt oder gewidmet sein.   338

Das Rechtsinstitut der **Widmung** nach § 2 FStrG bzw. § 6 StrWG NRW besteht **nur für öffentliche Straßen, Wege** und **Plätze**. Andere öffentliche Verkehrsflächen werden nicht gewidmet, sondern nach **planfeststellungskonformer** Fertigstellung dem Verkehr schlicht übergeben. Im **Straßenrecht** bildet die **Widmung die Regel**. Das   339

Fehlen einer Widmung kann **im Einzelfall unschädlich** sein, wenn die Straßenfläche im Eigentum der Gemeinde steht und eine Beseitigung infolge erteilter Baugenehmigungen nicht mehr möglich ist (OVG NRW, Beschl. v. 08.02.2005 – 10 B 1876/04, BauR 2005, 1457 = BRS 69 Nr. 132). Eine **ausreichende Sicherung** besteht auch für **private, dem öffentlichen Verkehr gewidmete Flächen** (vgl. § 1 Rdn. 61–80). Nicht gewidmete **Privatwege** sind wie private Freiflächen zu behandeln und können nicht im Wege der Analogie den Verkehrsflächen zugeschlagen werden (OVG NRW, Beschl. v. 08.07.1987 – 7 B 1192/87, EildStNW 1988, 100). Handelt es sich um eine **Wegeparzelle, die einer Bebauung dauerhaft entzogen** ist, weil sie z.b. eine durch **Baulast** gesicherte **Zuwegung** zu einem Garagenhof oder einem rückwärtig gelegenen Grundstück bildet, oder weil sie als **Geh- und Fahrrecht** festgesetzt und dieses **Recht im Grundbuch** zugunsten der herrschenden Grundstücke auch **eingetragen** ist, kommt eine **Abweichung nach** § 69 BauO NRW in Betracht. Es löst regelmäßig **keine Abwehrrechte** des Eigentümers aus, wenn die Abstandsfläche auf einer **reinen Wegeparzelle** liegt (Nds. OVG, Beschl. v. 09.09.2004 – 1 ME 194/04, BauR 2005, 372).

340 **Öffentliche Grünflächen**, wie Parkanlagen, Dauerkleingärten, Sportplätzen, Spielplätzen, Zelt- und Badeplätzen, erlangen nicht unmittelbar durch die Festsetzung nach **§ 9 Abs. 1 Nr. 15 BauGB** im **Bebauungsplan** die entsprechende Eigenschaft. Hierzu bedarf es erst einer **Überführung dieser Flächen in das Eigentum der Gemeinde**, da nur so die **Zweckbestimmung auf Dauer** gesichert ist. Die Rechtslage in anderen Bundesländern kann nicht zum Vergleich herangezogen werden (so sind z.B. nach dem Berliner Grünanlagengesetz auch private Flächen, die der allgemeinen Nutzung als Grünfläche dienen, vor Bebauung geschützt sind, vgl. OVG Bln, Beschl. v. 11.02.2002 – 2 S 1.02, BauR 2002, 1381 = BRS 65 Nr. 131). Soweit kein Bebauungsplan besteht, sind die Grünflächen als öffentlich anzusehen, wenn sie im Eigentum der Gemeinde stehen und für entsprechende Zwecke tatsächlich genutzt werden. Bei Grünflächen im Privateigentum kann nicht von einer dauernden Sicherung gegen Bebauung ausgegangen werden. Die – so nicht erwartete – Entwicklung der letzten Jahre zeigt, dass die Kirchen zur Finanzierung ihrer Aufgaben zunehmend Teilflächen ihres Grundbesitzes, die im unbeplanten Innenbereich liegen und seit Jahrzehnten unbestritten als öffentliche Grünflächen genutzt wurden, zur Bebauung veräußern oder in Erbpacht vergeben. Bei **Friedhöfen** im kirchlichen Eigentum ist nur dann von einer dauerhaften Sicherung gegen Bebauung und damit von einer öffentlichen Grünfläche auszugehen, wenn sie **mit Grabstellen tatsächlich vollflächig belegt** sind. Noch **nicht belegte Teilflächen kirchlicher Friedhöfe** sind dagegen nur dann vor einer späteren Bebauung gesichert und zur Aufnahme von Abstandsflächen angrenzender Gebäude geeignet, wenn ein **Bebauungsplan diese Bereiche als öffentliche Grünflächen festsetzt**.

341 Die **oberirdischen Gewässer** werden nach § 2 LWG in Gewässer erster und zweiter Ordnung eingeteilt. Gewässer erster Ordnung stehen gemäß § 3 Abs. 1 LWG im Eigentum des Landes, soweit sie nicht Bundeswasserstraßen und damit Bundeseigentum

sind. Die **Gewässer erster Ordnung** weisen somit die Eigenschaft einer **öffentlichen Wasserfläche** auf. **Gewässer zweiter Ordnung** können **selbständige Grundstücke** sein. In diesem Falle kann vom **dauerhaften Fortbestand** ausgegangen werden, auch wenn diese Grundstücke nicht im öffentlichen Eigentum stehen, da das Wasserrecht einer Änderung der tatsächlichen Verhältnisse entgegensteht. Gewässer zweiter Ordnung können aber auch gemäß § 3 Abs. 2 LWG **Bestandteil der Ufergrundstücke** sein, die dem Eigentümer gehören, wie dies z.b. bei Bächen und Gräben oft gegeben ist; bei diesen Flächen kann **nicht** von einer öffentlichen Wasserfläche gesprochen werden.

Die Abstandsflächen dürfen nur bis zur **Mitte** der öffentlichen Flächen liegen, da diese zumeist **zweiseitig anbaubar** sind. Bei **Straßen** kommt es nicht auf die Mittellinie der **Fahrbahn** an, da diese infolge einseitiger Parkstreifen, Radwege oder Verkehrsgrün **oft asymmetrisch** liegt, sondern auf die **Mitte der gesamten Straßenverkehrsfläche zwischen den äußeren Begrenzungen**, die im Bebauungsplan durch die **Straßenbegrenzungslinien** mit dem **Planzeichen** nach **Nr. 6.2** der **Anlage** zur **PlanzV 90** festgesetzt sind. Die Vorschrift dient in Verbindung mit dem in § 6 Abs. 3 BauO NRW enthaltenen Überdeckungsverbot auch dem **Schutz der jeweils gegenüberliegenden Grundstücke** (OVG NRW, Beschl. v. 08.07.1987 – 7 B 1192/87, EildStNW 1988, 100; OVG Bln, Beschl. v. 06.09.1994 – 2 S 14.94, BRS 56 Nr. 173; OVG Saar, Beschl. v. 21.11.2012 – 2 B 284/12, juris). Sie ist auch zu beachten, wenn das dem Vorhaben auf der anderen Straßenseite gegenüberliegende vorhandene Gebäude lediglich Bestandsschutz genießt, weil seine Abstandsfläche die Mittellinie überschreitet (OVG Lüneburg, Beschl. v. 03.12.1987 – 1 B 60/87, Die Gemeinde 1988, 59). Nach Sinn und Zweck der Regelung, die eine gleichmäßige Inanspruchnahme durch angrenzende Baugrundstücke gewährleisten soll, ist es nicht ausgeschlossen, dass ein Eigentümer zugunsten des gegenüberliegenden Grundstücks auf die Inanspruchnahme seines Rechts durch **Baulast** verzichtet, wodurch sich die Mittellinie fiktiv verschiebt, so dass die Vorderfront seines eigenen Vorhabens weiter zurücktreten muss, soweit dem keine bauplanungsrechtlichen Vorschriften entgegenstehen (Nds. OVG, Urt. v. 05.09.2002 – 1 ME 182/02, BauR 2003, 75 = BRS 65 Nr. 129; s.a. Wenzel, S. 109 Rn. 251).

342

Die Vorschrift geht davon aus, dass die zu bebauenden Grundstücke an **eine** dieser genannten öffentlichen Flächen angrenzen. Es sind jedoch auch Fälle denkbar, dass neben einer schmalen öffentlichen Verkehrsfläche noch eine öffentliche Grünfläche oder eine öffentliche Wasserfläche liegt. Addieren sich **zwei oder mehrere** öffentliche Flächen, so kann sich – dem Sinne des Satzes 2 entsprechend – die Abstandsfläche auch bis zur gemeinsamen Mitte dieser beiden nebeneinander liegenden Flächen erstrecken (OVG NRW, Urt. v. 26.09.1994 – 7 A 3719/92, n.v. und Beschl. v. 17.12.1998 – 10 B 2308/98, n.v.). Unter abstandsrechtlichen Gesichtspunkten sind die Flächen zusammengefasst als **einheitliche** Fläche zu betrachten (s. Abb. 6.20).

343

§ 6 Abstandsflächen

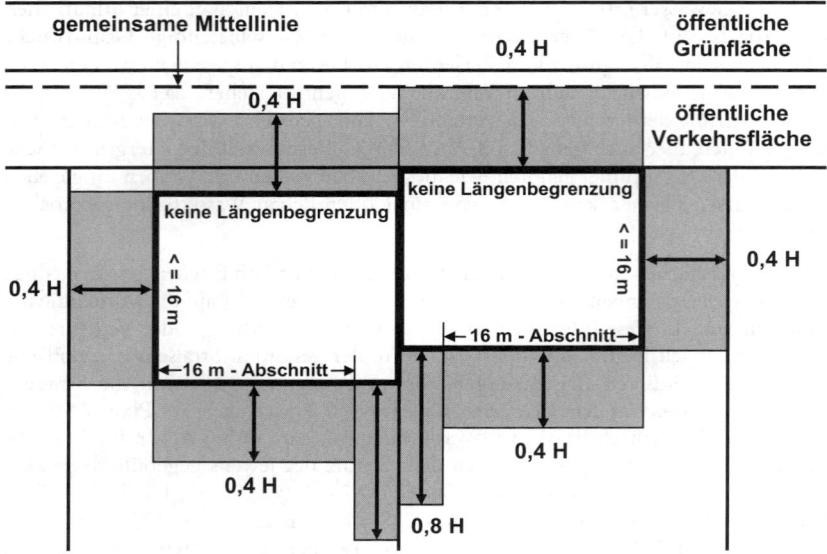

Abb. 6.20 Abstandsflächen auf öffentlichen Flächen
Abstandsflächen dürfen sich auf die in § 6 Abs. 2 Satz 2 BauO NRW aufgeführten öffentlichen Verkehrsflächen, öffentlichen Grünflächen und öffentlichen Wasserflächen erstrecken, jedoch nur bis zu deren **Mitte**. Liegen **mehrere** öffentliche Flächen nebeneinander, z.B. eine Verkehrsfläche und eine Grünfläche, so ist deren **gemeinsame Mitte** maßgebend (s. Rdn. 343).

3.3 Satz 3 – Öffentlich-Rechtliche Sicherung auf fremdem Grundstück

344 **Schmale** oder **verwinkelte Grundstückszuschnitte** ermöglichen es mitunter nicht, die Abstandsflächen auf dem Grundstück selbst nachzuweisen, während auf benachbarten Grundstücken ausreichend große Flächen vorhanden sind, die nicht bebaut werden sollen oder deren Bebaubarkeit aufgrund öffentlich-rechtlicher Vorschriften sogar ausgeschlossen ist. Solchen Umständen Rechnung tragend, lässt es Satz 3 zu, dass die Abstandsflächen sich ganz oder teilweise auf andere Grundstücke erstrecken dürfen, wenn dies **öffentlich-rechtlich gesichert**, beispielsweise durch die Eintragung einer **Baulast** ist. Der Bauaufsichtsbehörde obliegt vor der **Eintragung der Baulast in das Baulastenverzeichnis** eine **Prüfpflicht**, da die Eintragung nicht erfolgen darf, wenn die Baulast im Widerspruch zu öffentlich-rechtlichen Vorschriften steht (OVG NRW, Urt. v. 28.01.1997 – 10 A 3465/95, BRS 59 Nr. 229).

345 **Andere öffentlich-rechtliche Sicherungen** als die Baulast kommen ebenfalls in Frage. Zu berücksichtigen ist, dass die Übertragung der Abstandsflächen von einem Grundstück auf ein anderes einen Eingriff in das Grundeigentum darstellt. Dieser **Eingriff** wird nicht durch Gründe des Allgemeinwohls gerechtfertigt, sondern erfolgt **ausschließlich zugunsten eines anderen privaten Grundstückseigentümers**. Die durch

die Abstandsflächenregelungen geregelte Eigentümerposition eines privaten Grundstückseigentümers wird **zu Lasten eines anderen Eigentümers erweitert**. Auch Festsetzungen eines Bebauungsplanes scheiden **als Ersatz der Baulastsicherung** aus. Eine öffentlich-rechtliche Vorschrift enthält nur dann eine Sicherung im Sinne des Satzes 3, wenn sie die Möglichkeit, auf dem belasteten Grundstück zu bauen, **mit an Sicherheit grenzender Wahrscheinlichkeit auf Dauer ausschließt**. Das ist gerade **bei Bebauungsplänen nicht der Fall**, da sie einer **Änderung** oder **Aufhebung** zugänglich sind und da von den Festsetzungen gemäß § 31 BauGB **Ausnahmen** und **Befreiungen** erteilt werden dürfen. **Bauverbote** aufgrund **anderer öffentlich-rechtlicher Bestimmungen** sind regelmäßig nicht geeignet, die Sicherung dauerhaft zu gewährleisten, da von den darin enthaltenen **Bauverboten** durchweg **Ausnahmen zulässig** sind (OVG NRW, Beschl. v. 17.03.1994 – 11 B 2666/93, BauR 1994, 754 = BRS 56 Nr. 111; vgl. auch Sächs. OVG, Urt. v. 18.01.2001 – 1 B 778/99, BauR 2001, 1572 = NVwZ-RR 2002, 103).

Eine **zivilrechtliche Sicherung**, etwa durch Eintragung einer Grunddienstbarkeit, reicht nach nordrhein-westfälischem Bauordnungsrecht ebenfalls **nicht aus**, da derartige Grundbucheintragungen im Einvernehmen der Beteiligten gelöscht werden und darüber hinaus auch untergehen können. Satz 3 verlangt jedoch eine **dauernde Sicherung**, solange die Bebauung besteht. Die wirksame Baulast geht selbst in der Zwangsversteigerung nicht unter und gilt gegenüber dem Rechtsnachfolger (OVG M-V, Beschl. v. 05.11.2001 – 3 M 93/01, NVwZ-RR 2003, 15).Dies gilt nur dann nicht, wenn bei Eintragung der Baulast bereits ein Zwangsversteigerungsvermerk im Grundbuch eingetragen war (OVG NRW, Urt. v. 18.07.1995 – 11 A 11/94, BRS 57 Nr. 205). 346

Die öffentlich-rechtlich gesicherte Erstreckung der Abstandsflächen auf Nachbargrundstücke lässt die **Notwendigkeit von Gebäudeabschlusswänden** nicht entfallen (BayVGH, Urt. v. 14.08.1973 – Nr. 183 I 71, BRS 27 Nr. 95). Werden die Abstandsflächen auf andere Grundstücke durch Baulast verlagert, ist die Erteilung einer **Abweichung gemäß § 69 BauO NRW** von § 6 Abs. 2 Satz 1 BauO NRW **nicht erforderlich**, da für die abstandsrechtliche Beurteilung nicht die tatsächliche, sondern die fiktive Größe des um die Baulastfläche vergrößerten Grundstücks maßgebend ist (OVG NRW, Beschl. v. 08.09.2004 – 7 B 1494/04, NVwZ-RR 2005, 459; VGH B-W, Beschl. v. 04.04.2013 – 8 S 304/13, BauR 2013, 1110). 347

»Andere« Grundstücke sind vor allem »Nachbargrundstücke«. Das können private oder öffentliche Grundstücke sein, wie z.B. Schulgrundstücke. Sie können unbebaut oder bebaut, unbebaubar oder bebaubar sein (so Allgeier/Rickenberg zu § 7 S. 234 Anm. 7.1 Rn. 3.). Die durch Baulast zu sichernde Abstandsfläche darf sich auch **über mehrere** Grundstücke erstrecken, wenn das angrenzende Nachbargrundstück z.B. eine schmale private Wegefläche ist, die selbst zur Übernahme der gesamten Abstandsflächentiefe nicht ausreicht, so dass auch das an den Weg angrenzende Nachbargrundstück zusätzlich in Anspruch genommen werden muss. Die **Abstandsflächenübernahme** ist an die **Bedingung** geknüpft, dass die **Verlagerung** der Abstandsfläche auf dem Nachbargrundstück **durch Baulast** öffentlich-rechtlich gesichert 348 ist. Es ergibt sich dadurch regelmäßig eine **erhebliche Beschränkung der Bebaubarkeit des belasteten Grundstücks**. Die teilweise oder vollständige Übertragung der sich ergebenden Abstandsflächen auf Nachbargrundstücke hat zur Folge, dass die entsprechenden Flächen auf den belasteten anderen Grundstücken von jeder Bebauung freigehalten werden müssen, soweit nicht Abweichungen oder Ausnahmen ausdrücklich vorgesehen sind, z.B. untergeordnete bauliche Anlagen im Sinne von Abs. 8.

349   Der Nachbar bestimmt, ob er eine Belastung seines Grundstücks hinnehmen will. Eine **Baulast** zur Übernahme der Abstandsfläche kann nur **freiwillig** erfolgen (vgl. § 85 Rdn. 39; vgl. auch Wenzel, S. 22 f. Rn. 27–33). Jeder **behördliche Zwang** ist **ausgeschlossen**, vielmehr sollte die Bauaufsichtsbehörde den Baulastgeber vor der Unterschriftsleistung genau über die für ihn ungünstigen Rechtsfolgen aufklären. Genehmigt die Bauaufsichtsbehörde ein Vorhaben, dessen Abstandsflächen sich auf das Nachbargrundstück oder über die Mitte der öffentlichen Verkehrs-, Grün- oder Wasserfläche hinaus erstreckt, ohne dass eine Baulast vorliegt, so kann der Nachbar bereits wegen der nachbarschützenden Funktion des § 6 Abs. 2 Satz 1 und des § 6 Abs. 2 Satz 2 BauO NRW hiergegen vorgehen. Hat der Nachbar dagegen in die Baulast eingewilligt, ist sein Abwehrrecht ausgeschlossen (vgl. Hahn/Schulte Rn. 289). Umgekehrt hat der von der Baulast begünstigte Grundstückseigentümer ein Abwehrrecht, wenn der belastete Grundstückseigentümer die Baulast nicht beachtet und hierdurch gegen drittschützende Normen verstößt (OVG NRW, Beschl. v. 18.03.2011 – 2 A 157/10, juris; s.a. Jeromin zu § 9 Rn. 14–15 und Schlotterbeck/von Arnim/Hager zu § 7 Rn. 12).

350   Die Abstandsflächenübernahme erfolgt in Form der **Verpflichtungserklärung nach § 85 Abs. 1 BauO NRW**, die wiederum auf einen **Lageplan** Bezug nimmt, wenn sich die zu sichernde Abstandsfläche nur auf einen Teilbereich des Nachbargrundstücks erstreckt, was die Regel sein dürfte (hierzu vgl. Wenzel, S. 42 f. Rn. 14–18). Da nur ein Teil des Nachbargrundstücks flächenmäßig belastet wird, muss diese Fläche im Lageplan **genau dargestellt** sein. An die **Qualität des Lageplans** stellt § 18 BauPrüfVO **besondere Anforderungen**; danach muss der Lageplan folgenden **Mindestinhalt** aufweisen:

351   1. die Angaben nach § 3 Abs. 1 Nr. 1–3, 6, 8 und 12 BauPrüfVO,
352   2. die Darstellung der Grundstücksflächen, die von der einzutragenden Baulast betroffen sind, entsprechend Nummer 1.12 der Anlage zur BauPrüfVO.

353   Die Anlage zur BauPrüfVO enthält sowohl in Nr. 1.11 für Flächen, die von **bestehenden** Baulasten betroffen sind, als auch in Nr. 1.12 für Flächen, die von **geplanten** Baulasten betroffen sind, Zeichen und Farben für die Darstellung von Baulastflächen im Lageplan. Nach Nr. 1.11 sind **bestehende** Baulasten mit **feinem, engem Punktraster**, nach Nr. 1.12 sind **geplante** Baulasten mit **grüner Umgrenzung und Schraffur** zu kennzeichnen (s. Rdn. 152). Die unterschiedliche Darstellung wurde gewählt, damit der **Unterschied zwischen bereits im Baulastenverzeichnis eingetragenen wirksamen Baulasten** und erst noch durch Verpflichtungserklärung **zu begründenden Baulasten** deutlich wird (vgl. § 85 Rdn. 88 und 89 sowie Abb. 85.1 und 85.2). Es kommt vor, dass auf einem Grundstück bereits eine wirksame Abstandsflächenbaulast ruht und

eine weitere Abstandsflächenbaulast aus Anlass eines Bauvorhabens zur Eintragung ansteht. Dieser Unterschied soll mit einem Blick auf den Lageplan erkennbar sein, um zu vermeiden, dass durch Baulast gesicherte Abstandsflächen irrtümlich erneut in Anspruch genommen werden.

An die **Genauigkeit der Darstellung** der Fläche stellt die BauPrüfVO deshalb besondere Anforderungen, weil die **Baulast das Eigentumsrecht zum Bauen dauerhaft einschränkt**. Daher muss der Lageplan als **amtlicher Lageplan** gemäß § 18 Satz 3 i.V.m. § 3 Abs. 3 Satz 1 BauPrüfVO entweder 354
- von einem **Katasteramt** angefertigt oder
- von einem **Öffentlich bestellten Vermessungsingenieur** angefertigt und mit öffentlichem Glauben beurkundet

werden. Die **Vorgabe** der Verordnung ist **zwingend**, weil § 18 BauPrüfVO ausdrücklich nur auf § 3 Abs. 3 **Satz 1** BauPrüfVO und nicht auch auf die Sätze 2 und 3 dieser Vorschrift Bezug nimmt. Dass die belastete Teilfläche nicht nur mit grüner Umgrenzung und Schraffur zu versehen sondern auch **maßlich festzulegen** ist, versteht sich wegen der **Zentimetergenauigkeit der Abstandsflächenbaulast** von selbst (vgl. auch Wenzel, S. 43 Rn. 17 zu möglichen späteren Komplikationen bei fehlender Vermaßung). 355

Überschreitet die Abstandsfläche die Grundstücksgrenze nur geringfügig, z.B. bei **atypischen Grundstückszuschnitten**, kann unter den Voraussetzungen des § 69 BauO NRW eine **Abweichung** erteilt werden. Hierfür muss feststehen, dass der Nachbar in seinen Rechten nicht beeinträchtigt wird. Weicht die Grundstücks- oder Bausituation von dem der gesetzlichen Regelung der Abstandsflächen zugrunde liegenden Normalfall in so deutlichem Maße ab, dass die strikte Anwendung des Gesetzes zu Ergebnissen führt, die der Zielrichtung der Norm nicht entsprechen, so kann auf dieser Grundlage angenommen werden, dass – bei Vorliegen der übrigen Voraussetzungen – »unter Berücksichtigung des Zwecks der jeweiligen Anforderungen« eine Abweichung zugelassen werden kann (vgl. OVG NRW, Beschl. v. 12.02.1997 – 7 B 2608/96, BRS 59 Nr. 162). 356

Das Beispiel in Abb. 6.21 zeigt einen solchen Fall. Die beiden geplanten Doppelhaushälften sollen zeitgleich errichtet werden. Aufgrund der im rückwärtigen Gartenbereich leicht verspringenden Grundstücksgrenze (sie könnte ebenso ab der rückwärtigen Gebäudeaußenwand schräg abknickend verlaufen) kommt es zu einer geringfügigen, kleinflächigen Erstreckung der Abstandsfläche des Gebäudes Sandweg 30 auf das angrenzende Flurstück 45. Die Gewährung einer Abweichung ist hier sinnvoller als die Eintragung einer Baulast, die keinen rechten Sinn macht, da sich die beiden an der gemeinsamen Grundstücksgrenze aneinander gebauten Haushälften ohnehin in einer Schicksalsgemeinschaft befinden. Eine einseitige Erweiterung des Hauses Sandweg 32 würde die harmonische Beziehung, in der die beiden Haushälften zueinander stehen, gerade wegen des Versprungs der Grundstücksgrenzen in Frage stellen (vgl. § 2 Rdn. 149). Hinzu kämen im Bereich des Grenzversprungs Überdeckungsprobleme der Abstandsflächen zwischen dem Gebäude Sandweg 30 und dem Anbau des Gebäudes Sandweg 32, die wiederum nur durch eine Abweichung lösbar wären. 357

§ 6 Abstandsflächen

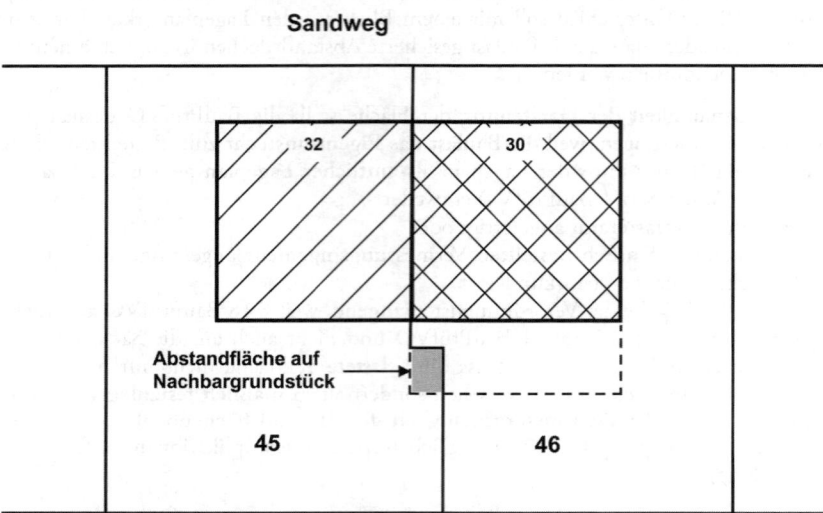

Abb. 6.21 Abweichungsfall
Die **Grenze** zwischen den Flurstücken 45 und 46 **verspringt** im rückwärtigen Grundstücksbereich unmittelbar hinter dem Doppelhaus. Die Abstandsfläche der Doppelhaushälfte Sandweg 30 erstreckt sich infolge dieses Grenzversprungs geringfügig auf das Flurstück 45, ohne dass hierdurch ein Nachteil eintreten würde (vgl. Rdn. 357).

358 Die Wirkung der Abstandsflächenbaulast nach Satz 3 erschöpft sich darin, die Abstandsfläche eines Gebäudes lediglich auf ein fremdes Grundstück zu verlagern und lässt die abstandsrechtlichen Bestimmungen des § 6 BauO NRW ansonsten unberührt. Dies ergibt sich bereits aus dem Wortlaut des Satzes 3, der ausdrücklich bestimmt, dass die durch Baulast gesicherten Abstandsflächen mit **zulässigen baulichen Anlagen** überbaut werden dürfen. Dieser Rechtssatz zielt, wie sich unschwer aus dem Regelungszusammenhang ergibt, auf die Vorschriften des § 6 **Abs. 8** BauO NRW. Unter den in Abs. 8 geregelten Voraussetzungen sind die dort aufgeführten Anlagen in den Abstandsflächen eines Gebäudes **zulässig**, bedürfen also keiner bauaufsichtlichen Gestattung.

359 Der in der Praxis gegebene Hauptanwendungsfall betrifft **Grenzgaragen** und **Gebäude ohne Aufenthaltsräume**. Für den Fall, dass ein Nachbar die Abstandsfläche eines fremden Gebäudes auf seinem Grundstück durch Baulast übernimmt, dürfen **Grenzgaragen** und **Gebäude ohne Aufenthaltsräume** nach § 6 Abs. 7 BauO NRW sowohl in der verbleibenden Abstandsfläche auf dem fremden Baugrundstück als auch in der Baulastfläche auf dem eigenen Grundstück errichtet werden. Diese Anlagen dürfen auch auf Flächen genehmigt werden, deren Überbauung durch die Eintragung einer Baulast grundsätzlich ausgeschlossen ist (OVG NRW, Urt. v.

29.09.1981 – 11 A 2133/80, BRS 38 Nr. 133 zu einer Grenzgarage in einer durch Baulast gesicherten Abstandsfläche).

Immer wieder Probleme bereiten **Grenzgaragen** mit einer Länge **von mehr als 9,0 m**, einer mittleren Wandhöhe von **mehr als 3,0 m** über der Geländeoberfläche an der Grenze und einem Brutto-Rauminhalt von über 30 m³. **Fehlt auch nur eine dieser Voraussetzungen, entfällt die Privilegierung** mit der Folge, dass wiederum die regulären Vorschriften des Abstandsflächenrechts gelten:
– vor allen Außenwänden der Garage Flächen von oberirdischen Gebäuden freizuhalten (§ 6 Abs. 1 BauO NRW),
– die Abstandsflächen der Garage müssen auf dem Grundstück selbst liegen (§ 6 Abs. 2 BauO NRW),
– die Abstandsflächen der Garage dürfen sich nicht mit den Abstandsflächen anderer Gebäude überdecken (§ 6 Abs. 3 BauO NRW).

360

Die Eintragung einer Abstandsflächenbaulast für eine **überlange** oder **überhohe** Grenzgarage ist regelmäßig **nicht sinnvoll**, da eine solche Baulast unerwünschte Nebeneffekte auslöst. Jedenfalls gilt dies, wenn auf dem Nachbargrundstück nach der **städtebaulichen Konzeption** wiederum eine Garage in der Abstandsfläche einer Hauptanlage angeordnet werden soll. Die Abstandsflächenbaulast steht zwar dieser Garage auf dem belasteten Grundstück nicht entgegen, erzwingt jedoch ein **städtebaulich nicht erwünschtes Abrücken** der Hauptanlage von der Grundstücksgrenze, da die Abstandsfläche der Hauptanlage aufgrund des Überdeckungsverbotes des § 6 Abs. 3 BauO NRW sich nicht die Baulastfläche überlagern darf. Überbreite seitliche Abstandsflächen sind aufgrund des öffentlichen Belangs des § 1a Abs. 2 Satz 1 BauGB zum sparsamen und schonenden Umgang mit Grund und Boden weitgehend zu vermeiden, soweit diese nicht nach der städtebaulichen Konzeption, z.B. aufgrund von Festsetzungen über die Tiefe der Abstandsflächen nach § 9 Abs. 1 Nr. 2a BauGB ausdrücklich geboten sind. Statt der Eintragung einer Baulast kann geprüft werden, ob die Voraussetzungen für eine **Abweichung** nach § 69 BauO NRW vorliegen. Hierbei ist ein **strenger Maßstab** anzulegen, da bereits § 6 Abs. 8 BauO NRW im Vergleich zu den übrigen Abstandsflächenregeln den Bauherrn stark begünstigt und den Nachbarn benachteiligt. Dabei kann die Betrachtung nicht erst jenseits der gesetzlichen Längen-, Höhen- oder Inhaltsbeschränkung von 9 m bzw. 3 m bzw. 30 m³ einsetzen, vielmehr ist das **gesamte Gebäude** in seiner Wirkung für den Nachbarn zu würdigen. Einzubeziehen sind insbesondere die **städtebaulichen Auswirkungen**, da § 6 Abs. 8 BauO NRW gerade auch im Hinblick auf das Bauen in der offenen Bauweise den Bauwünschen der Grundstückseigentümer bewusst Grenzen setzt.

361

Die Errichtung einer Grenzgarage mit Überlänge oder Überhöhe kann zwar mit der Absicht zur **Anlegung eines zusätzlichen Stellplatzes begründbar** sein. Es ist jedoch zu prüfen, ob sich dieser Stellplatz nicht an anderer Stelle oder an einer anderen Nachbargrenze auf dem Grundstück anordnen lässt. Nur wenn diese Möglichkeit nicht besteht und keine städtebauliche Gesichtspunkte nachteilig berührt sind, kann eine Abweichung – vorausgesetzt, der Nachbar widerspricht

362

nicht einer derartigen Lösung – ins Auge gefasst werden. Im Ergebnis muss also eine **atypische Situation** vorliegen, denn die **Abweichung** ist **kein Instrument zur Legalisierung gewöhnlicher Rechtsverletzungen** (OVG NRW, Beschl. v. 19.07.2013 – 2 A 2056/12, juris).

4 Zu Abs. 3 – Überdeckungsverbot

363 Das in Abs. 3, 1. **Halbsatz** geregelte Überdeckungsverbot, das im Zusammenhang mit Abs. 2 zu sehen ist, wonach die Abstandsflächen bereits auf dem Grundstück selbst liegen müssen oder sich nur bis zur Mitte der öffentlichen Verkehrs-, Grün- und Wasserflächen erstrecken dürfen, dient der Wahrung aller Gesichtspunkte, die vor Außenwänden freizuhaltende Flächen erfordern. Das ist nur dann gewährleistet, wenn vor einer Außenwand nicht nur die Fläche freigehalten wird, die sich aus der eigenen Wandhöhe ergibt, sondern auch zusätzlich die Fläche, die sich nach der Wandhöhe des gegenüberliegenden Gebäudes bestimmt. Somit ergibt sich **zwischen** einander gegenüberliegenden oder auch benachbarten **Gebäuden** ein Mindestabstand, der aus der **Summe der Tiefen** der beiden Abstandsflächen besteht. Diese Vorschrift gilt auch für Abstandsflächen von Gebäudeteilen untereinander und auch für Innenhöfe (s. aber auch die Ausnahmeregelung des Abs. 13).

364 Die Bestimmungen des Abs. 3 sind **nicht** auf Gebäudeabstände auf dem **eigenen** Grundstück **beschränkt** (so aber in Verkennung des Regelungszwecks OVG NRW, Beschl. v. 21.07.1988 – 11 B 1505/88, n.v.; möglicherweise anderer Auffassung, aber unklar OVG NRW, Beschl. v. 22.09.1989 – 10 B 2665/89, n.v.), da auch Überdeckungen auftreten können, wenn in der geschlossenen Bauweise Gebäude entlang einer **winklig abknickenden** öffentlichen Verkehrsfläche errichtet werden, z.b. als **platzumschließende** Bebauung, oder wenn bei der Schließung von Baulücken in der geschlossenen Bauweise im Bereich **innerer Baublockecken** die Abstandsflächen infolge eines unglücklichen Grundstückszuschnitts teilweise auf dem Nachbargrundstück liegen und sich dort mit denen des angrenzenden Gebäudes überdecken.

365 Mitunter ergibt sich, dass **vorhandene Gebäude** nach **aktuellem** Abstandsflächenrecht **unzureichend tiefe** Abstandsflächen aufweisen, dass sich diese nach aktuellem Recht ermittelten Abstandsflächen auf angrenzende Grundstücke oder über die Mitte der in Abs. 2 Satz 2 bezeichneten öffentlichen Flächen erstrecken und sich mit den Abstandsflächen anderer Gebäude überdecken. Der – legale – **Bestand** wird jedoch vom **aktuellen** Abstandsflächenrecht und damit auch vom Überdeckungsverbot des Abs. 3 **nicht erfasst** (zu Altbeständen s. Rdn. 73–75; ebenso Boeddinghaus/Hahn/Schulte zu § 6 Rn. 380). Der Bauwillige muss demnach **nicht** etwa nach aktuellem Recht ermittelte Abstandsflächen, die auf seinem Grundstück ohne Baulastsicherung liegen, aufgrund des Überdeckungsverbots berücksichtigen und mit seinem eigenen Gebäude entsprechend zurückweichen (vgl. BayVGH, Urt. v. 08.12.1975 – 246 I 72, BRS 29 Nr. 78 und OVG Bremen, Urt. v. 08.04.1975 – I BA 23/74,

BRS 29 Nr. 151; so auch OVG NRW, Beschl. v. 20.01.2000 – 7 B 2103/99, BauR 2000, 866 = BRS 63 Nr. 186). Umgekehrt hat der Eigentümer des bestandsgeschützten Gebäudes zu beachten, dass das aktuelle Abstandsflächenrecht bei Nutzungsänderungen sowie bei nicht nur geringfügigen baulichen Änderungen grundsätzlich wieder Anwendung findet, da hierdurch der Bestandsschutz verloren geht (s. Rdn. 43; vgl. auch Große-Suchsdorf zu § 5 Rn. 13 ff. sowie Barth/Mühler, Die Abstandsvorschriften der Niedersächsischen Bauordnung, 2. Aufl. 2000, Einführung Rn. 13 und zu § 13 Rn. 22).

Konsequent angewandt, würde das Überdeckungsverbot manche Gebäudeformen und städtebaulich gewünschten Lösungen verhindern. Zu denken ist hier z.B. an **rechtwinklige Gebäude im Eckbereich von Baublöcken**. Daher enthält **Abs. 3, 2. Halbsatz** insgesamt drei **Sonderregelungen**. Diese drei Sonderregelungen sind nicht als Abweichungstatbestände formuliert. Vielmehr bewirken sie einen **Wegfall des Überdeckungsverbots bei Erfüllung der gesetzlichen Tatbestandsmerkmale** (so Ortloff, Das Abstandsflächenrecht der Berliner Bauordnung, 2. Aufl. 1993 Rn. 60). Die Anforderungen an die **Lage** und **Tiefe** der Abstandsflächen **bleiben unberührt**. Abstandsflächen müssen auch im Falle der nach Abs. 3, 2. Halbsatz zulässigen Überdeckung nach Abs. 2 Satz 1 auf dem eigenen Grundstück liegen bzw. dürfen sich nur bis zur Mitte der in Abs. 2 Satz 2 genannten öffentlichen Verkehrs-, Grün- oder Wasserflächen erstrecken. Auch die **Grundforderung** des Abs. 1 Satz 1, nach der die Abstandsflächen nicht überbaut werden dürfen, wird durch Abs. 3, 2. Halbsatz **nicht berührt**. 366

Nach **Nr. 1** gilt das Überdeckungsverbot nicht für Abstandsflächen vor Außenwänden, die in einem **Winkel von mehr als 75°** zueinander stehen. Dies gilt auch für Wände, die sich nicht berühren, aber nahe beieinander stehen; hier sind die Wandfluchten bis zu deren Schnittpunkt zu verlängern, um so den Winkel festzustellen. Die Bestimmungen der Nr. 1 **ermöglichen** erst das **Bauen über Eck im rechten Winkel** (s. Abb. 6.22). 367

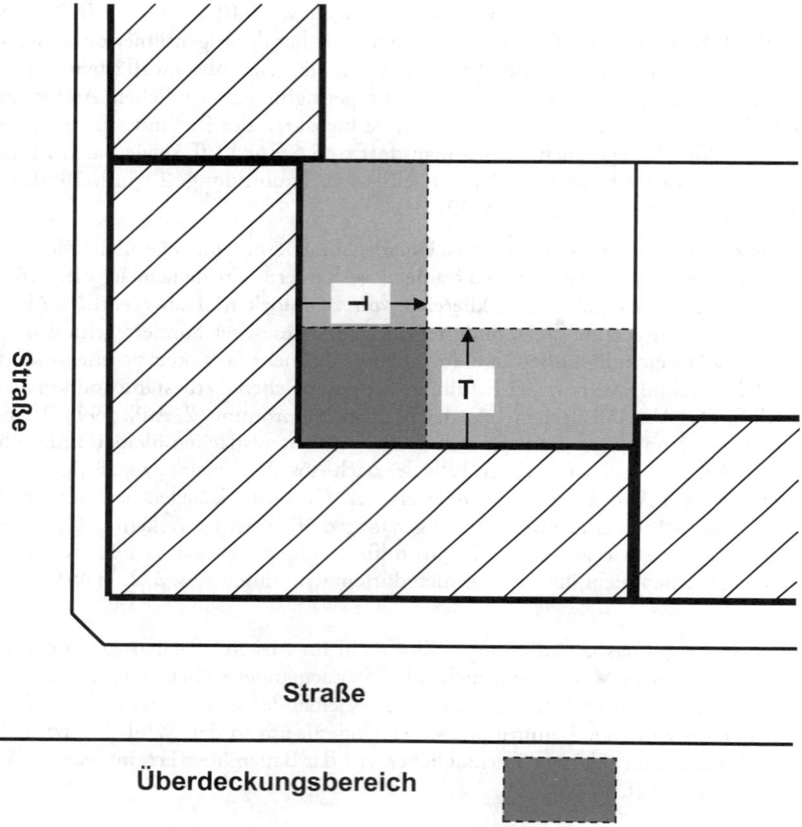

§ 6   Abstandsflächen

Abb. 6.22 Überdeckung der Abstandsflächen
Die **Abstandsflächen** mit den Tiefen – **T** – dürfen sich unter den in § 6 **Abs.** 3 BauO NRW genannten Voraussetzungen **gegenseitig überdecken**, wodurch erst Eckgrundstücke in der geschlossenen Bauweise abstandsrechtlich bebaubar sind (s. Rdn. 367).

368 Darüber hinaus wäre – betrachtet man diese Vorschrift allein nur nach ihrem Wortlaut und ohne Berücksichtigung der übrigen Abstandsflächenbestimmungen – die Möglichkeit des Zusammenfügens von Gebäuden oder Gebäudeteilen über Eck in einem Winkel von weniger als 90° und mehr als 75° denkbar.

369 Ein **unmittelbares** Aneinanderstoßen von Wänden an einer **inneren Gebäudeecke** im Winkel **von weniger als 90°** ist jedoch **unzulässig**, da jeweils ein Bereich der winklig aneinander stoßenden Gebäudeteile auf der Abstandsfläche der anderen Außenwand liegt – oder anders ausgedrückt, die Abstandsfläche des einen Gebäudeflügels in den anderen Gebäudeflügel **hineinragen** würde. Ein solcher Zustand ist indessen nach

der Grundforderung des Abs. 1 Satz 1 ausgeschlossen, da Abstandsflächen von oberirdischen Gebäuden freizuhalten sind. Um dieses abstandsrechtliche Problem zu lösen, wäre zunächst ein kurzer rechtwinkliger oder stumpfwinkliger Anschluss von 90° oder mehr im Eckbereich erforderlich, an den sich dann der im spitzen Winkel verlaufende Wandabschnitt anschließen kann, so dass dessen Abstandsfläche gerade noch den – insoweit als gegenüberliegend zu betrachtenden – Wandteil berührt (ebenso Boeddinghaus/Hahn/Schulte zu § 6 Rn. 383).

Falls sich diese bauliche Lösung aufgrund der baulichen Gegebenheiten nicht oder nur unvollkommen ermöglichen lässt, die spitzwinklige Anordnung der Außenwände des Gebäudes jedoch aus **städtebaulichen** oder **denkmalrechtlichen** Gründen **unverzichtbar** ist, kann eine Verwirklichung nur über eine **Abweichung nach § 69 BauO NRW** ermöglicht werden, wobei die Voraussetzungen durch **Kompensationsmaßnahmen**, die den **Schutzzielen** des Abstandsflächenrechts (s. Rdn. 18–24) Rechnung tragen, nachgewiesen werden müssen. 370

Bei einem **rechtwinkligen Innenhof**, der aus Gebäuden auf unterschiedlichen Grundstücken gebildet wird, dürfen sich die Abstandsflächen der aneinander stoßenden Außenwände im Eckbereich überdecken, die Abstandsflächen der sich gegenüberliegenden Wände jedoch nicht; für Innenhöfe des gleichen Gebäudes gelten wiederum die Sonderregelungen des Abs. 12. 371

Nach **Nr. 2** dürfen sich Abstandsflächen vor Außenwänden zu einem **fremder Sicht entzogenen Gartenhof bei Wohngebäuden der Gebäudeklassen 1 und 2** überdecken. Gartenhöfe sind einmal die Höfe innerhalb desselben Gebäudes (Atrium), aber auch solche, die sich z.B. innerhalb einer Teppichbebauung durch eine entsprechende Grundrissgestaltung wie z.B. bei Gebäuden in »**L-Typ-Bauweise**« zwischen den eigenen Außenwänden und denen des Nachbarn ergeben. Voraussetzung ist, dass sie – gegebenenfalls durch eine entsprechende Abmauerung – **fremder Sicht entzogen** sind. Es muss sich jedoch nicht um Vorhaben innerhalb eines nach § 17 Abs. 2 BauNVO (1962, 1968 oder 1977) festgesetzten Wohngebietes handeln (s. Rdn. 280 und Abb. 6.19), um von dieser – das kostensparende Bauen begünstigenden Regel – Gebrauch machen zu können. 372

Nach **Nr. 3** gilt das **Überdeckungsverbot nicht für Gebäude und andere bauliche Anlagen, die in den Abstandsflächen zulässig sind** oder **gestattet** werden. Diese Bestimmung dient mehr der Rechtsabsicherung des Abs. 11 und ist eigentlich entbehrlich, da diese Vorschrift selbst die Lage von Garagen, Gewächshäusern und Gebäuden mit Abstellräumen in den Abstandsflächen eines Gebäudes regeln (so auch Ortloff, Das Abstandsflächenrecht der Berliner Bauordnung, 2. Aufl. 1993 Rn. 63). 373

5 Zu Abs. 4 – Wandhöhe und Dachanteil als Bemessungsgrundlage

Die Bemessungsregeln des Abs. 4 gehen erkennbar vom »**Normalfall**« des Gebäudes aus (s. Rdn. 30 ff. und Abb. 6.2). **Baukörper ungewöhnlicher Form**, wie Hügel- oder Nurdachhäuser, Rundhäuser oder Fernmeldetürme erfordern **besondere Überlegungen** (s. Rdn. 50 und Abb. 6.4 sowie Rdn. 429–433). 374

§ 6 Abstandsflächen

5.1 Systematik der Bemessungsregeln

375 Satz 1 regel, dass sich die **Tiefe** der **senkrecht zur Wand** zu messenden **Abstandsfläche** nach der **Wandhöhe** richtet, da diese den **Grad der Beeinträchtigung** auslöst und folgerichtig auch das Maß der Tiefe der Abstandsfläche bestimmt (s. Rdn. 375–384).

376 Satz 2 regelt die Ermittlung der Wandhöhe zwischen der Geländeoberfläche als untere Bezugslinie und dem Wandabschluss als obere Bezugslinie (s. Rdn. 385–392).

377 Satz 3 regelt die Ermittlung der Wandhöhe bei **Außenwänden**, die aus **Wandteilen unterschiedlicher Höhe** bestehen (s. Rdn. 393–394).

378 Satz 4 regelt die Ermittlung der Wandhöhe bei **geneigter Geländeoberfläche** (s. Rdn. 39–396).

379 Satz 5 wurde mit dem Zweiten Gesetz zur Änderung der Landesbauordnung vom 12.12.2006 eingefügt und **begünstigt** im Hinblick auf die Bemessung der Wandhöhe solche **Abgrabungen**, die der **Belichtung** oder dem **Zugang** oder der **Zufahrt** zu einem Gebäude dienen (s. Rdn. 397–402).

380 Satz 6 regelt, welche **Zuschläge der Wandhöhe** aus der **Höhe von Dächern** an deren **Trauf-** und **Giebelseite** hinzuzurechnen sind. Auch **Dach-** und **Giebelflächen** können mit zunehmender Höhe Beeinträchtigungen auslösen. Daher gehen sie – in Abhängigkeit von der **Dachneigung** – ganz oder **teilweise** in die Berechnung der Wandhöhe als **Zuschlag** mit ein. Aus **Vereinfachungsgründen** wird der zu berücksichtigende Dach- oder Giebelanteil der Wandhöhe nur hinzugerechnet, um dadurch die **Rechteckform der Abstandsfläche** zu erhalten (s. Rdn. 403–405).

381 Satz 7 fasst das Ergebnis der Berechnung der Wandhöhe unter Berücksichtigung der Zuschläge für Giebel und Dachflächen im Maß – H – zusammen, das die **Grundlage** für die weitere **baugebietsbezogene** Ermittlung der **Tiefe** – T – der **Abstandsfläche** bildet. Rechtstechnisch bewirkt Satz 7 eine erhebliche Vereinfachung in der Gesetzesformulierung, da in den weiteren Absätzen mit der Erwähnung des Buchstabens – H – jeweils auf den gesamten Regelungsgehalt des Abs. 4 Bezug genommen ist.

5.2 Ermittlung der Tiefe und Anordnung der Abstandsfläche

382 Nach **Satz 1, 1. Halbsatz** bemisst sich die Tiefe der Abstandsfläche nach der **Wandhöhe**. Sie ist für **jede** Außenwand zu ermitteln, so dass dieser Vorgang für ein rechteckiges Gebäude viermal zu wiederholen ist. Nur bei völlig ebenem Gelände und einem Gebäude mit einheitlichem oberem Wandabschluss ist die Wandhöhe für alle Seiten gleich. **Wie** die Wandhöhe im Einzelnen genau **zu ermitteln** ist, beschreiben die **Sätze 2 bis 5**. Die **Zuschläge** zur Wandhöhe aus **Dach-** und **Giebelflächen** regelt Satz 8. Das **Maß der Tiefe** – T – der Abstandsfläche, **abgeleitet aus** dem Maß – H – nach Abs. 4 Satz 7, ergibt sich sodann aus den **Abs. 5 und 6**.

383 Nach **Satz 1, 2. Halbsatz** ist die Tiefe der Abstandsfläche **senkrecht zur Wand**, somit **rechtwinklig** zu dieser, zu messen. Diese Regelung bestätigt nicht nur die Grundforderung, wonach die Abstandsflächen vor den jeweiligen Außenwänden liegen

müssen, sondern legt auch fest, dass die Abstandsfläche – unabhängig vom Geländeverlauf – senkrecht zur Wand an der **unteren Bezugslinie** bzw. am unteren Bezugspunkt **anzulegen** ist. Die Abstandsfläche ist unabhängig vom Verlauf des Geländes an der Außenwand und unabhängig von der Dachform des Gebäudes stets ein in die **horizontale Ebene umgeklapptes Rechteck** (s. Rdn. 169 und Abb. 6.8). Im **Lageplan** ist die Abstandsfläche als **Projektion in die Horizontale** darzustellen (s. Abb. 6.5). Hieraus wird auch deutlich, dass die Vorschrift von **senkrecht stehenden** Wänden ausgeht. **Schräg stehende** oder **gewölbte** Wandflächen erfordern daher eine **besondere Betrachtung**.

Die Wandfläche ist als **ebene Fläche** ohne die regelmäßig vorhandenen Gestaltungselemente abstandsrechtlich zu betrachten (s. Rdn. 33 und Abb. 6.2). In diesem Zusammenhang ist auf § 6 Abs. 6 Satz 1 Nr. 1–3 BauO NRW hinzuweisen, wonach untergeordnete Bauteile, wie wie Gesimse und Dachvorsprünge oder Vorbauten abstandsrechtlich privilegiert sind und bei Einhaltung der dort genannten Voraussetzungen in die Bemessung der Abstandsfläche überhaupt nicht eingehen. Bei diesen untergeordneten Bauteilen und Vorbauten handelt es sich indessen nur um solche, die vor einem Teil der Wandfläche liegen. Bei **senkrecht** von der Geländeoberfläche bis zum oberen Wandabschluss **durchlaufenden** Gliederungselementen ist dagegen **keine abstandsflächenrechtliche Privilegierung** gegeben, so dass diese bei der Ermittlung der Abstandsfläche zu berücksichtigen sind. Einer sinnvollen Anwendung der Abstandsflächenregeln würde es zuwiderlaufen, wenn man vor einer in sich **durch Vor- und Rücksprünge geringfügigen Ausmaßes** im Grundriss gegliederten Außenwand, wie sie traditionell durch Pfeiler, Lisenen, Pilaster und Einschnitte üblich sind, jeweils gesondert vor jedem kleinsten Wandteil eine Abstandsfläche anordnen würde. Derart gestalterisch gegliederte Außenwände sind **homogen** in ihrer **Gesamtwirkung** zu betrachten. Dabei bestimmen die am weitesten vortretenden, senkrecht von unten nach oben durchlaufenden Gliederungselemente die **Lage** der – gedachten – Wandebene im **Grundriss** (s. Abb. 6.23).

384

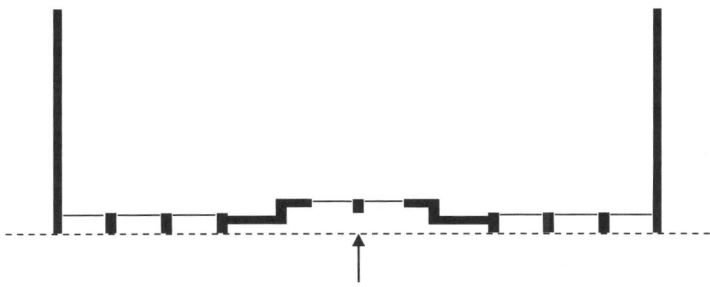

abstandrechtlich maßgebende äußere Ebene der Wand im Grundriss

Abb. 6.23 **Abstandsrechtlich maßgebende Ebene** einer durch **Pfeiler** sowie durch **Vor- und Rücksprünge** stark **gegliederten Außenwand** (s. Rdn. 384).

5.3 Bemessung der Wandhöhe – Maßtoleranzen, Bezugslinien

385 Nach Satz 2 gilt als **Wandhöhe** das **Maß** von der **Geländeoberfläche** bis zur **Schnittlinie** der Wand mit der Dachhaut oder bis zum oberen Abschluss der Wand. Eine **auf den Zentimeter genaue Ermittlung** der Wandhöhe wird **weder bei der unteren Bezugslinie** (s. Rdn. 386–389) **noch bei der oberen Bezugslinie** (s. Rdn. 390–392) möglich sein, da sich diese jeweils aus vielen unterschiedlichen »Bezugspunkten« zusammensetzt. Gleiches gilt damit auch für die Ermittlung des Maßes – H –. Nachbarlich relevante Probleme dürften sich aus diesen **Ungenauigkeiten**, die im Rahmen der sich beim Bau zwangsläufig ergebenden **Maßtoleranzen** liegen, kaum ergeben. Zumindest sind den **Nachbarschutz** betreffende Konsequenzen aus diesen Ungenauigkeiten gering: 5 cm Wandhöhe (+/– 2,5 cm als Maßtoleranz, die sich schon ergibt aus einer Hohldachpfanne oder einer Mönch- und Nonnendachdeckung) bedingen 4 cm Unterschied hinsichtlich der Tiefe der Abstandsfläche. Eine spürbare Beeinträchtigung des Nachbarn wird sich somit bei Abweichungen, die sich im Rahmen der üblichen Maßtoleranzen bewegen, kaum ergeben oder nachweisen lassen.

386 Die **untere Bezugslinie** für die Bemessung der Wandhöhe ist die »**Geländeschnittlinie**«, das ist die Linie, die sich aus dem Schnitt der **Geländeoberfläche** mit der Außenwand des Gebäudes ergibt. Die **Ermittlung der Geländeoberfläche** als »**Bezugsebene**« ist **Voraussetzung zur Ermittlung der Wandhöhe** (s. Rdn. 163). Als Geländeoberfläche gilt grundsätzlich die vorhandene bzw. natürlich gewachsene auf dem **eigenen, nicht die auf dem Nachbargrundstück** (VGH B-W, Beschl. v. 30.10.1995 – 3 S 2418/95, BRS 57 Nr. 142). Wird die Veränderung der vorhandenen Geländeoberfläche beantragt, so gilt die in den Bauvorlagen dargestellte und durch die Baugenehmigung festgestellte. Die Schaffung neuer Geländeverhältnisse auf Grundlage von Absprachen zwischen Nachbarn – ohne Zustimmung der Bauaufsichtsbehörde – ist nicht möglich (OVG NRW, Beschl. v. 22.06.2017 – 7 A 1332/16, juris).Ist im Bebauungsplan die Höhenlage der Geländeoberfläche nach § 9 Abs. 3 BauGB festgesetzt, so gilt diese (s. Rdn. 283–286). Die Ermittlung der Geländeoberfläche ist für die Bestimmung der Wandhöhe entscheidend. Eine **Baugenehmigung** ist **rechtswidrig**, wenn die Bauvorlagen **hinsichtlich nachbarrelevanter Merkmale** des Vorhabens **unbestimmt** sind (OVG NRW, Urt. v. 12.09.2006 – 10 A 2980/05, BauR 2007, 350 zu widersprüchlichen Angaben in den Bauvorlagen zur Höhe eines Balkons).

387 Eine im Verhältnis zum Gebäude und zur Geländeoberfläche **geringfügige** »**unselbständige**« **Abgrabung** vor einer Außenwand, z.B. zur Belichtung einzelner im Kellergeschoss gelegener Räume oder als **Zugang** oder als **Zufahrt** zum Untergeschoss eines im hängigen Gelände gelegenen Gebäudes, **verändert nicht die Geländeoberfläche als** »**Bezugsebene**«. Das Gleiche gilt für eine geringfügige »**unselbständige**« **Aufschüttung**, z.B. für eine **Terrasse** oder ein Hochbeet. Derart **untergeordnete** Abgrabungen oder Anschüttungen haben keinen Einfluss auf die Geländeoberfläche als untere Bezugsebene. Hiervon unberührt bleibt jedoch die Frage ihrer **bauplanungsrechtlichen Zulässigkeit**. Eine **Abgrabung auf voller Breite** der Außenwand ist dagegen im Verhältnis zu dieser nicht mehr als untergeordnet zu werten (OVG NRW, Urt. v. 18.04.1991 – 11 A 696/87, BRS 52 Nr. 180; OVG Saar, Urt. v.

28.11.2000 – 2 R 2/00, BauR 2001, 1245 = BRS 63 Nr. 135). Um hier dennoch in abstandsrechtlicher Hinsicht **Erleichterungen** zu schaffen, wurde mit dem Zweiten Gesetz zur Änderung der Landesbauordnung vom 12.12.2006 in Abs. 4 **Satz 5** neu eingefügt und hinsichtlich der Ermittlung der Wandhöhe die dort aufgeführten **Abgrabungen** für unbeachtlich erklärt. Berücksichtigt man die hierzu ergangene Rechtsprechung, ist eine wesentliche Änderung der Rechtslage durch die Neuregelung jedoch nicht erfolgt (s. Rdn. 397–402).

Bereits nach der Rechtsprechung zur bisherigen Rechtslage beeinflussen geringfügige »unselbständige« Abgrabungen oder Aufschüttungen die Geländeoberfläche nicht. Die **Beeinträchtigung** eines Nachbarn oder eines anderen Gebäudes auf dem gleichen Grundstück geht vom **oberen Wandabschluss** aus. Eine Beeinträchtigung kann nicht von der Schnittlinie der Außenwand mit einer geringfügigen »unselbständigen« Aufschüttung oder Abgrabung ausgehen, da diese die maßgebende Geländeoberfläche unverändert lässt. **Manipulative** Aufschüttungen, die nur der **Verringerung** der Wandhöhe dienen sollen, finden dagegen bei der Ermittlung der Wandhöhe **keine Berücksichtigung**, so dass vom ursprünglichen Geländeniveau aus zu messen ist (OVG NRW, Beschl. v. 13.10.1986 – 10 B 1880/86, n.v. und vom 29.05.1995 – 7 B 1187/95, juris; VGH B-W, Beschl. v. 26.04.2017 – 5 S 91/17, BauR 2017, 1343). Auch wird das durch Überschüttung mit Erdreich begrünte Flachdach einer über die natürliche Geländeoberfläche hinausragenden Tiefgarage nicht zur maßgeblichen unteren Bezugslinie (VGH B-W, Beschl. v. 20.02.2004 – 8 S 336/04, BauR 2004, 1918). 388

Die **natürliche Geländeoberfläche** ist nicht der vor jedweder Bebauung des Geländes vorgegebene Zustand, sondern das **vor** der Durchführung der Baumaßnahme – glaubhaft – **vorgefundene Geländeniveau** (OVG NRW, Beschl. v. 08.01.2008 – 7 B 1653/07, juris; OVG Rh-Pf, Urt. v. 24.02.2016 – 1 A 10815/15, NVwZ-RR 2016, 764), jedenfalls gilt dies für Geländeverhältnisse die von den Beteiligten unangefochten hingenommen werden (OVG NRW, Beschl. v. 21.02.2005 – 7 B 2195/04, juris). Ist durch Bautätigkeit die natürliche Geländeoberfläche nicht mehr zu erkennen, so ergibt sich die maßgebende Geländeoberfläche aus den **vorhandenen Höhenpunkten im Umfeld** (OVG Saar, Urt. v. 30.09.1997 – 2 R 30/96, BauR 1998, 314 = BRS 59 Nr. 121). Bei der Bemessung der Wandhöhe ist auch dann auf die Geländeoberfläche als unterer Bezugspunkt abzustellen, wenn eine **Außenwand auf Stützen** ruht (OVG NRW, Urt. v. 17.07.1991 – 7 A 1572/89, n.v. zu einer Turnhalle auf Stützen über einem angeschütteten Schulhof in hängigem Gelände. 389

Die **obere Bezugslinie** für die Bemessung der Wandhöhe ergibt sich aus dem **Schnittpunkt** der **Außenwand** mit der **Dachfläche**. Dabei muss jeweils auf die Oberfläche der Außenwand und die Oberfläche der Dachhaut abgestellt werden. Die **Oberfläche der Außenwand** ist nämlich die Bezugsebene, von der aus auch die Tiefe der Abstandsfläche gemessen wird. Daher ist die Außenfläche des Sichtmauerwerks, der Putzschicht oder einer Wandbekleidung maßgebend. Die **Dachhaut** ist die äußerste Schicht des Daches, die aus den Dachziegeln, der Dachpappe oder einem anderen Eindeckungsmaterial gebildet wird, nicht jedoch die Unterkonstruktion aus Lattung 390

oder Schalung. Der **obere Abschluss einer Wand** ist bei einem Gebäude mit **Flachdach** die **Oberkante**
- der **Dachaufkantung** (Attika) oder
- der **Brüstung** oder **Umwehrung** einer **Dachterrasse** (s. Abb. 6.24).

391 Oberer Bezugspunkt der zu bestimmenden Wandhöhe bei (abstandsflächenrechtlich nicht privilegierten) **Balkonen** oder **Dachterrassen** ist, unabhängig von dem Material und ungeachtet einer etwaigen Transparenz, die **Umwehrung** (OVG NRW, Urt. v. 12.09.2006 – 10 A 2980/05, BauR 2007, 350). Die Tiefe der durch die Dachterrasse ausgelösten Abstandsfläche bemisst sich jedoch **nicht nach einer fiktiven Höhe** (so aber VG Düsseldorf, Urt. v. 19.05.1994 – 4 K 6307/91, n.v. zur fiktiven Höhe von 1,8 m). Würde für eine Terrasse grundsätzlich eine fiktive »Wandhöhe« gelten, wäre sie an der Nachbargrenze unzulässig. § 6 Abs. 1 Satz 2 Nr. 2 BauO NRW erklärt jedoch nur Terrassen, die höher als 1 m über der Geländeoberfläche liegen, zu abstandsrelevanten Anlagen.

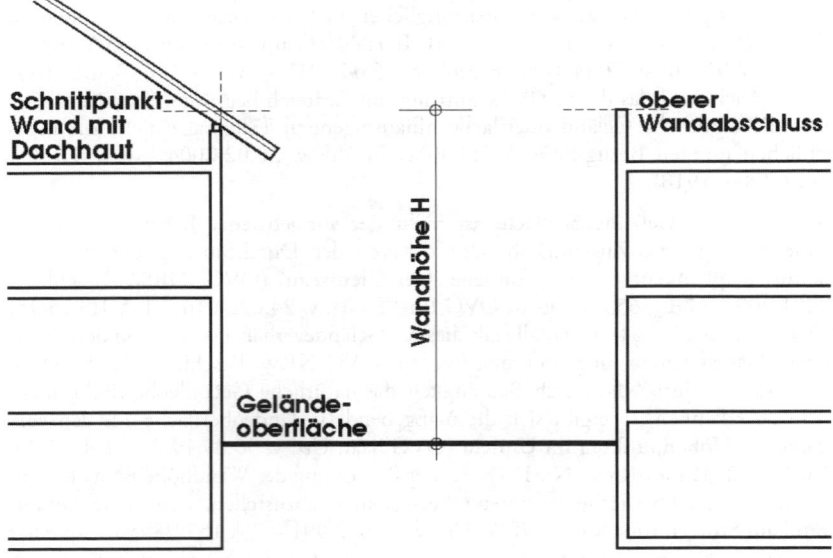

Abb. 6.24 Ermittlung der Wandhöhe H (s. Rdn. 390–391)

392 Bei **geneigten Dächern** ist zwischen **Traufseite** und **Giebelseite** zu unterscheiden. An der **Traufseite** ergibt sich die Wandhöhe – H – des Daches mit **bis zu 45** Neigung aus dem **Schnitt von Außenwand und Dachhaut** (s. Abb. 6.24). Auch an der **Giebelseite** ist der Schnitt der Außenwand mit der Dachhaut für den oberen Wandabschluss maßgebend. Der Wandhöhe – H – ist jedoch stets die **Giebelfläche** anteilig hinzuzurechnen (s. Abb. 6.25). Für Dächer mit Dachneigungen **bis zu 70** ist der **Zuschlag** relativ gering und beträgt lediglich **ein Drittel der Giebelhöhe**.

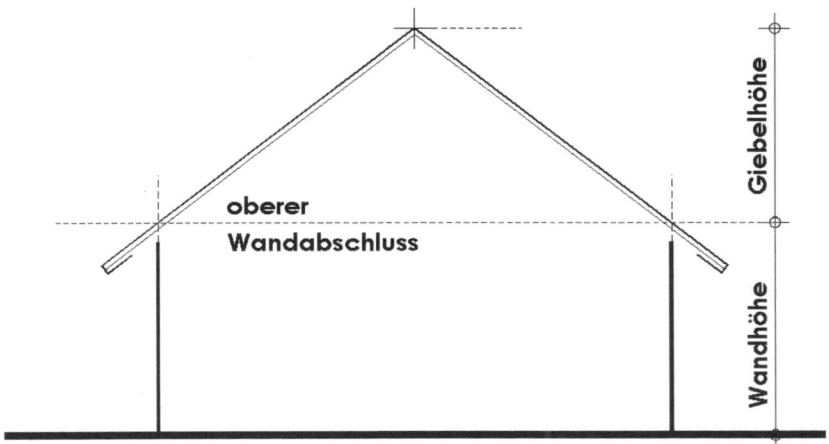

Abb. 6.25 An der Giebelseite wird der **Wandhöhe** ein Anteil der »**Giebelhöhe**« – in der Regel ein Drittel – hinzugerechnet, um das Maß – H – zu erhalten (s. Rdn. 392).

5.4 Außenwände aus Wandteilen unterschiedlicher Höhe

§ 6 Abs. 4 Satz 3 BauO NW 1984 bzw. 1995 fasste noch zwei Regelungen so zusammen, dass man der Auffassung sein konnte, nur bei »gestaffelten« Wänden und bei geneigter Geländeoberfläche sei die im Mittel gemessene Wandhöhe maßgebend. Um Missverständnissen vorzubeugen, wurden schon mit der BauO NRW 2000 die beiden Regelungen auf die Sätze 3 und 4 verteilt. **Satz 3** berücksichtigt die unterschiedlichen Auswirkungen der Außenwände mit **Wandteilen unterschiedlicher Höhe**, während **Satz 4** die Ermittlung der **Wandhöhe bei geneigter Geländeoberfläche** regelt.

Satz 3 erfasst Außenwände, deren Wandteile sich in der **Höhe** oder durch **Vor- oder Rücksprünge** deutlich unterscheiden. Feingliedrige **Stufengiebel**, wie sie in der Renaissance beliebt waren, werden von dieser Regelung nicht erfasst. Diese sind **wie Giebelflächen von Satteldächern** zu betrachten, da sie nicht in eine Vielzahl kleinster Wandteile für jede Giebelstufe aufgelöst werden können. Auch bei einer durch kleine Vor- und Rücksprünge oder Abwinklungen in sich gegliederten Außenwand ist nicht für jeden dadurch entstehenden Wandabschnitt das Maß H zu ermitteln, insbesondere dann nicht, wenn sich aus einer Teilbetrachtung für einzelne Wandabschnitte ein größeres Maß – H – ergibt als bei der Gesamtbetrachtung der Außenwand in ihrer Projektion. Gehen von Wandteilen unterschiedliche Beeinträchtigungen aus, wie z.B. bei terrassierten Gebäuden, so muss die Wandhöhe für **jeden Wandteil gesondert ermittelt** werden. Bei **Gebäuden mit niedrigen und hohen Gebäudeteilen**, z.B. Breitfußtypen, Gebäuden mit Staffelgeschossen (vgl. OVG NRW, Urt. v. 21.08.1995 – 10 A 2749/91, BRS 57 Nr. 145), Terrassenhäusern oder Gebäuden mit auskragenden Geschossen sind die einzelnen Wandhöhen durch **gedachte Verlängerungen der Wandebenen bis zum Schnitt mit der Geländeoberfläche** zu ermitteln (s. Abb. 6.26).

§ 6 Abstandsflächen

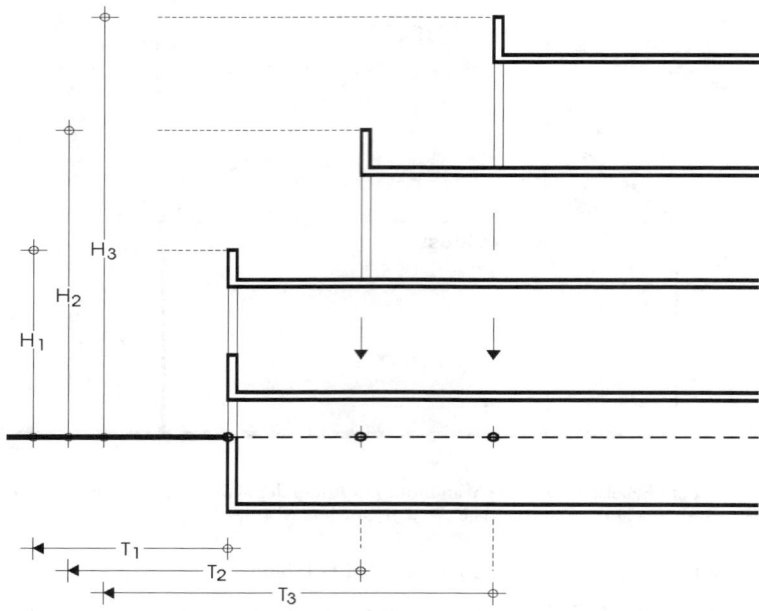

Abb. 6.26 Wandhöhen – H – und Tiefen – T – der Abstandsflächen bei Gebäuden mit **Staffelgeschossen** (s. Rdn. 394).

5.5 Mittlere Wandhöhe bei geneigter Geländeoberfläche

395 Bei **geneigter** Geländeoberfläche ist nach **Satz 4** die im **Mittel gemessene Wandhöhe** maßgebend. Hierdurch wird eine **trapezförmige** Abstandsfläche vermieden. Die natürliche Geländeoberfläche kann durch Anschüttungen oder Abgrabungen verändert worden sein und sogar einen starken Höhenversatz aufweisen. Verläuft die Geländeoberfläche nicht annähernd gleichmäßig, was bei einer leicht geschwungenen Bodenwelle noch anzunehmen ist, sondern weist sie **steile Böschungen** oder **Stützmauern** auf, würde eine Mittelung zwischen den äußeren Eckpunkten die tatsächlichen Auswirkungen nicht mehr zutreffend erfassen. Dabei werden die Auswirkungen umso weniger zutreffend beschrieben, je näher der Geländeversprung zum Ende der Wand hin liegt. Bei einem derart **starken Versprung** ist der Geländeverlauf entsprechend den **tatsächlichen Gegebenheiten** zunächst in **Abschnitte** aufzuteilen. Sodann muss für **jeden einzelnen** dieser Abschnitte die mittlere Wandhöhe errechnet werden. Anschließend ist aus den Teilwerten die mittlere Wandhöhe für die Gesamtwand zu bilden, wobei die Zwischenwerte entsprechend der Länge des jeweiligen Wandabschnitts zu gewichten sind (OVG NRW, Beschl. v. 16.01.2006 – 7 B 1963/05, BauR 2006, 824 = BRS 70 Nr. 125 zu einem Geländeverlauf, der durch einen senkrechten Versprung in zwei Abschnitte aufzuteilen war; s. Abb. 6.27).

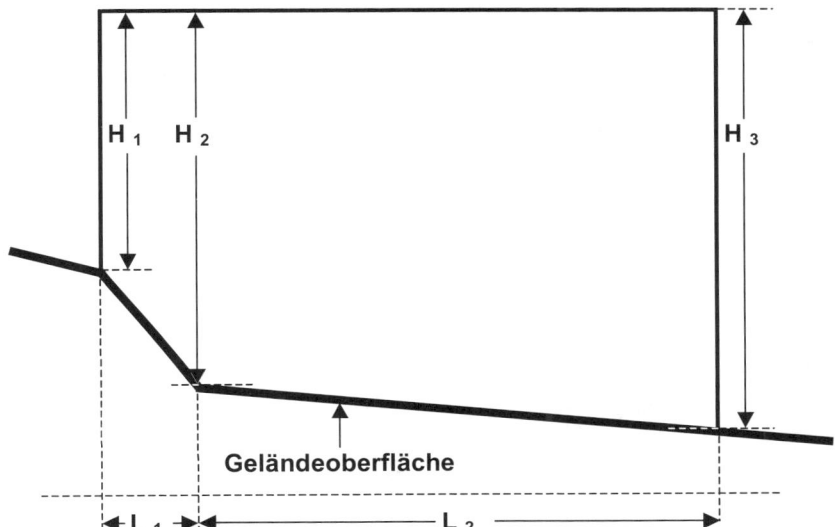

Für die Berechnung der mittleren Wandhöhe - H - gilt:

$$H = \frac{L_1 \times (H_1 + H_2) : 2 + L_2 \times (H_2 + H_3) : 2}{L_1 + L_2}$$

Abb. 6.27 Wandhöhe – H – bei geneigter Geländeoberfläche mit starkem Versprung; der Geländeverlauf ist nach den Gegebenheiten in **zwei oder mehr Abschnitte aufzuteilen**, zunächst für jeden Abschnitte einzeln die mittlere Wandhöhe zu errechnen und anschließend daraus das Mittel zu bilden (s. Rdn. 395).

Auch in gleichmäßig verlaufendem hängigem Gelände ohne Versprünge kann eine Aufteilung der Wand in **Abschnitte** erforderlich werden. Weist die Wand unterschiedlich hohe Teile auf (gestaffelte Wand), so ist die mittlere Wandhöhe für jeden Wandabschnitt getrennt zu ermitteln. Das Kriterium der gestaffelten Wand orientiert sich an der Gestalt der Wand selbst, nicht an dem sie nach unten hin begrenzenden Geländeverlauf, soweit dieser keine deutlichen Versprünge aufweist (OVG NRW, Urt. v. 13.10.1999 – 7 A 999/99, BauR 2000, 1177 = BRS 62 Nr. 135). Für den Nachbarschutz ist es **unerheblich, wie das schräg verlaufende Gelände** zwischen den Gebäudeecken entlang der Außenwand durch Baumaßnahme umgestaltet wird, um dieses – z.B. durch Anlegung von Terrassen – sinnvoll nutzen zu können. Den natürlichen Geländeverlauf überschreitende, abstandsrelevante Aufschüttungen müssen den Mindestabstand von 3 m zur Nachbargrenze einhalten. Durch Stützmauern abgefangene Abgrabungen können bis unmittelbar an die Nachbargrenze heranreichen. Unter **nachbarschützenden Aspekten** ist die **Ausgangslage**, das ist die **Höhenlage** der **Geländeoberfläche** an den **Begrenzungen der Wand** entscheidend. Die untere Begrenzung der **im Mittel gemessenen** Wandhöhe bildet stets eine **gedachte waagerechte Linie**, die in einer mittleren Höhe zwischen den Gebäudeecken liegt. Im Falle von **Wandteilen unterschiedlicher Höhe** im Sinne des Satzes 3, gilt Satz 4 auch für **jeden einzelnen Wandteil**, worauf besonders der 2. Halbsatz dieser Regelung hinweist (s. Abb. 6.28).

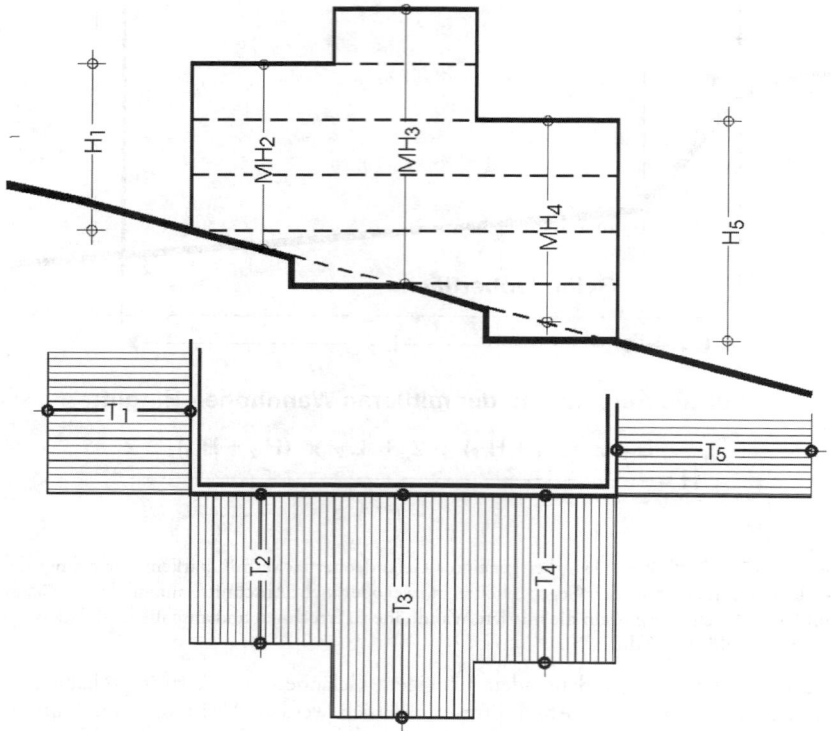

Abb. 6.28 Wandhöhen – H – und Tiefen – T – der Abstandsflächen bei **geneigter Geländeoberfläche und Wandteilen unterschiedlicher Höhe** (s. Rdn. 396)

5.6 Nichtberücksichtigung bestimmter Abgrabungen

397 **Geringfügige** »unselbständige« Abgrabungen vor den Außenwänden von Gebäuden bleiben abstandsrechtlich unbeachtlich, da sie die abstandsrechtlich maßgebende Geländeoberfläche und damit die untere Bezugslinie zur Ermittlung der Wandhöhe nicht verändern (s. Rdn. 387). Kennzeichnend für eine unselbständige Abgrabung ist, dass durch sie das Profil des Baugrundstücks nur punktuell und im Verhältnis zur übrigen Grundstücksfläche in untergeordnetem Umfang und nicht in einem großräumigen Zusammenhang verändert wird (vgl. hierzu OVG NRW, Beschl. v.

12.02.2010 – 7 B 1840/09, juris und Beschl. v. 10.09.2014 – 2 B 918/14, BauR 2015, 959). Eine Unterordnung in diesem Sinne besteht in Anlehnung an Abs. 7 Satz 1 Nr. 3, soweit die Abgrabungen insgesamt nicht mehr als ein Drittel der Breite der jeweiligen Außenwand in Anspruch nehmen. Sogar in diesem Sinne flächenmäßig untergeordnete Abgrabungen werden von der Regelung gleichwohl nicht erfasst, wenn diese zu einer großflächigen Nutzung des Kellergeschosses zu einem Zweck führen, der ansonsten nur bei überirdigen Geschossen realisiert werden könnte (OVG NRW, Beschl. v. 11.04.2008 – 10 B 1074/08, juris). Abgrabungen und Abböschungen, die nicht in diesem Sinne untergeordnet sind, müssen trotz des ein anderes Verständnis nahelegenden Wortlautes der Neuregelung bei der Berechnung der Abstandsfläche grundsätzlich berücksichtigt werden, also auch wenn diese z.B. der Belichtung dienen (vgl. hierzu OVG NRW, Beschl. v. 08.07.2008 – 10 B 999/08, juris). Eine Tiefgaragenzufahrt bleibt jedoch insoweit unbeachtlich, soweit diese dem Hauptgebäude unmittelbar zugeordnet ist, technisch mit ihm in Verbindung steht und der Funktion des angrenzenden Raums dient (OVG NRW, Beschl. v. 25.10.2012 – 10 B 842/12, juris). Dies hat zur Folge, dass in diesen Fällen die maßgebende untere Bezugslinie zur Ermittlung der Wandhöhe nicht durch den Fußpunkt der Abgrabung der Tiefgaragenzufahrt bestimmt wird. **Aufschüttungen** werden von Satz 5 **nicht erfasst**. Auch auf die **Eigenschaft als Vollgeschoss** bleibt Satz 5 ohne Einfluss, da hierfür die **neue Abgrabungsebene** maßgebend ist.

Satz 6 erfasst somit **nur Abgrabungen**, die untergeordnet in diesem Sinne sind und entweder der **Belichtung**, dem **Zugang** oder der **Zufahrt** zu einem Gebäude **dienen**. 398

Der **Belichtung** dient eine Abgrabung nur, wenn sie im Bereich von Fenstern liegt. Weist die Wand keine Fenster auf, dient die Abgrabung keinen Belichtungszwecken. Nicht erforderlich ist, dass es sich um Fenster von Aufenthaltsräumen handeln muss. Es reicht aus, wenn überhaupt ein Raum durch Fenster belichtet werden soll. 399

Dem **Zugang** dient eine Abgrabung, wenn sie zu einer Türöffnung in der Außenwand führt. Es muss sich dabei nicht um einen notwendigen Zugang handeln, wohl aber um eine Öffnung, die von Menschen betreten werden kann und auch tatsächlich zur gelegentlichen Benutzung vorgesehen ist. Die Abgrabung ist nur in der Breite des für Menschen erforderlichen Zugangs bemessungsrechtlich begünstigt. 400

Der **Zufahrt** dient eine Abgrabung, wenn auf ihr Kraftfahrzeuge verkehren, die innerhalb des Gebäudes auf Einstellplätzen abgestellt werden oder die eine Ladezone anfahren. Entgegen dem Wortlaut erfasst der Begriff **auch Abfahrten**, denn er zielt nach der gesetzgeberischen Intention auf **Tiefgaragenzufahrten** (vgl. LT-Drucks. 14/2433, S. 13). Der Begriff ist demnach im Sinne des § 123 SBauVO – Zu- und Abfahrten – zu verstehen. 401

Die von Satz 6 erfassten Abgrabungen führen regelmäßig nicht zu einer **Veränderung der Geländeoberfläche** im Sinne des § 2 Abs. 4 BauO NRW. Eine derartige Veränderung ist auch ohnehin nur unter den engen **Voraussetzungen des § 8 Abs. 3 BauO NRW** zulässig. Abgrabungen, für die sich keine Rechtfertigung aus dieser Vorschrift ergibt, sind unzulässig (zu den materiellen Voraussetzungen vgl. § 8 Rdn. 76 ff.). Verstößt eine Abgrabung gegen diese Vorschrift, kann sie nicht zugelassen werden, so 402 sich dann auch die Frage der Berücksichtigung von Satz 6 überhaupt nicht mehr stellt. Erweist sich die **Abgrabung** als **zulässig** nach § 8 Abs. 3 BauO NRW, wird hiermit eine neue Geländeoberfläche geschaffen, die ohnehin den unteren Bezugspunkt für die Abstandsflächenberechnung darstellt.

5.7 Anrechnung von Dachflächen, Dachaufbauten und Giebelflächen

403 Sowohl von Dächern an der Traufseite als auch von Giebelflächen im Bereich des Daches gehen abstandsrechtliche Wirkungen und mehr oder weniger starke Beeinträchtigungen für den Nachbarn aus. Diese stehen im Zusammenhang mit der Neigung der Dachfläche an der Traufseite oder der Neigung der Dachflächen am Ortgang des Giebels. Daher wird zur Wandhöhe ein Höhenanteil als Zuschlag hinzugerechnet, der sich aus der Höhe des Daches an der Traufseite oder aus der Höhe des Giebeldreiecks im Bereich des Daches ergibt. Bei Gebäuden mit geneigten Dächern und mit Giebelflächen ergibt sich das zur Bemessung der Tiefe – T – der Abstandsfläche erforderliche Maß – H – aus der Addition der Wandhöhe und des Anteils der Dachhöhe oder der Höhe des Giebeldreiecks. Abs. 4 Satz 6 unterscheidet bei der Ermittlung des Maßes H daher auch bei einem Gebäude die Traufseite und die Giebelseite.

404 **Satz 6** regelt die Ermittlung dieser **Zuschläge** zur Wandhöhe, die sich aus den Bereichen ergeben, die oberhalb der Wandhöhe liegen. Diese Bereiche sind an der **Traufseite** die **Dachfläche** selbst einschließlich dort gegebenenfalls vorhandener **Dachgauben** oder **Dachaufbauten** und an der **Giebelseite** die **Fläche des Giebeldreiecks** im Bereich des Daches. Die Vorschrift schreibt nicht wie bei geneigter Geländeoberfläche die Ermittlung der mittleren Höhe vor, vielmehr werden die Dachhöhen oder die Giebelhöhen in **Abhängigkeit von der Dachneigung** und an der Traufseite zusätzlich auch in Abhängigkeit von der **Massivität der Dachgauben oder Dachaufbauten** entweder **voll**, nur **zu einem Drittel** oder **überhaupt nicht** zur Wandhöhe hinzugerechnet.

405 Die **Abstandsflächen** sowohl an der Traufseite als auch an der Giebelseite sind stets **Rechtecke**, somit auch die vor Giebeldreiecken von Dächern. Hierdurch weicht das nordrhein-westfälische Recht vom Muster ab, denn nach § 6 Abs. 4 MBO 2002 werden unter Berücksichtigung der auf 0,4 H verkürzten Abstandsflächentiefe die Giebelflächen in ihren tatsächlichen Abmessungen berücksichtigt, so dass sich umgeklappt in die Horizontale ein gestauchtes Bild des Giebeldreiecks ergibt. Diese Berechnungsmethode führt im Vergleich zum nordrhein-westfälischen Recht zu leicht vergrößerten Tiefen der Abstandsflächen, so dass die Mustervorschrift für den Nachbarn erträglicher ist.

5.7.1 Traufseite

406 Zur **Ermittlung des Maßes H** im Bereich der Traufseite wird die Höhe eines Daches oder Dachteils bei einer Neigung von **mehr als 70°** zur Wandhöhe **voll hinzugerechnet**,

um Mansarddächer und als Dachflächen kaschierte Außenwände wie senkrecht stehende Wände zu erfassen. **Zu einem Drittel** hinzugerechnet werden
- die Höhe von **Dächern** und **Dachteilen** mit einer **Neigung** von **mehr als 45°** und
- die Höhe von Dächern mit Dachgauben oder Dachaufbauten, deren außen gemessene Gesamtlänge je Dachfläche mehr als die Hälfte der darunter liegenden Gebäudewand beträgt, wenn das Dach weniger als 45° Neigung aufweist.

Dächer mit einer **Neigung von 45° oder weniger** bleiben **abstandsrechtlich unberücksichtigt** (s. Abb. 6.29). Die nachträgliche Errichtung eines **geneigten Daches** auf einem vorhandenen Flachdachgebäude ist abstandsrechtlich stets relevant, da hierdurch die Abstandsfrage insgesamt neu aufgeworfen wird (OVG NRW, Beschl. v. 01.09.1988 – 7 B 2106/88, n.v. und Urt. v. 05.02.1996 – 10 A 3624/92, BauR 1996, 835). 407

Dass nach nordrhein-westfälischem Recht Dächer mit einer Dachneigung **bis zu 45°** Neigung überhaupt **nicht** in die Abstandsflächenermittlung eingehen, benachteiligt den Nachbarn, findet in der MBO 2002 kein Vorbild und ist vor dem Hintergrund der reduzierten Tiefe der Abstandsfläche auf 0,4 H kaum nachzuvollziehen. Nach § 6 Abs. 4 Satz 3 MBO 2002 sind nämlich Dächer mit bis zu 70° Neigung – somit auch solche mit weniger als 45° Neigung – zu einem Drittel der Wandhöhe als Zuschlag hinzurechnen. Die im Zuge der Novellierung des Abstandsflächenrechts unverändert beibehaltene Anrechnungsregel des § 6 Abs. 4 Satz 6 Nr. 2 Buchstabe a) BauO NRW für **Dächer mit mehr als 45°** Neigung berücksichtigt dagegen nur die **Beeinträchtigungen**, die von **steileren** Dächern an der Traufseite ausgehen. 408

Die Anrechnungsregel des § 6 Abs. 4 Satz 6 Nr. 2 Buchstabe b) BauO NRW für **Dachgauben** (ältere Schreibweise Dachgaupen) und **Dachaufbauten** mildert die Nichtanrechnung von weniger steil geneigten Dächern mit bis zu 45° Neigung ab. Nach dieser Bestimmung wird die **Höhe des Daches** – und nicht etwa nur die Höhe der Dachgaube oder des Dachaufbaus – der Wandhöhe **zu einem Drittel hinzugerechnet**, wenn die Gesamtlänge der Dachgauben oder Dachaufbauten mehr als die Hälfte der darunter liegenden Gebäudewand beträgt. Die Anrechnung **breiter** Dachgauben oder Dachaufbauten trägt der Rechtsprechung zu § 2 Abs. 5 BauO NW 1970 Rechnung, wonach solche Dachräume auf die Zahl der Vollgeschosse anzurechnen waren, bei denen die Gesamtlänge der Dachgauben mehr als die Hälfte der Länge der darunter liegenden Gebäudewand betrug, da sich bei solchen Dächern der Bezugspunkt »Traufenoberkante« so verlagerte, dass das Geschoss unterhalb dieses Bezugspunktes stets eine größere lichte Höhe als 1,80 m aufwies. 409

§ 6 Abstandsflächen

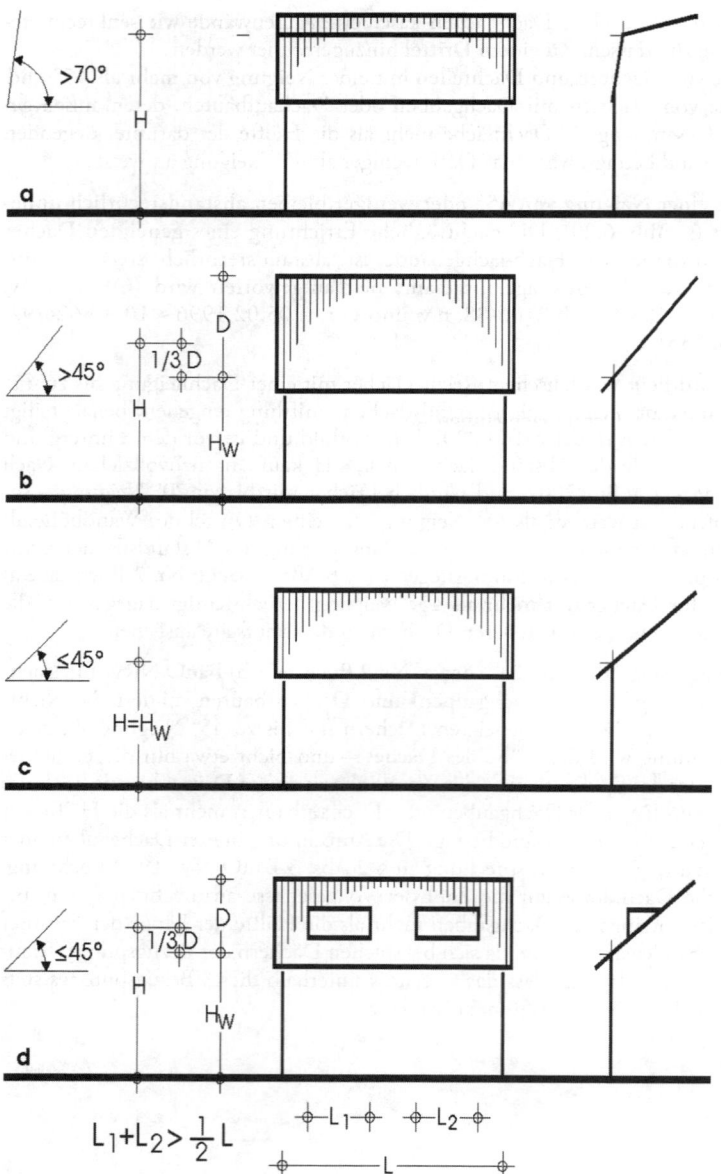

Abb. 6.29 Anrechnung der Höhe von Dächern – D – und von **Dachgauben oder Dachaufbauten** an der **Traufseite** (s. Rdn. 406–409)

Die Buchstaben a) und b) stehen **alternativ nebeneinander,** so dass es verfehlt wäre, 410
bei einem Dach mit mehr als 45° Neigung und überbreiten Dachgauben oder Dachaufbauten die beiden Regelungen zu addieren und zwei Drittel der Dachhöhe der Wand hinzuzurechnen (so Jeromin zu § 8 Rn. 74a unter Bezug auf OVG Rh-Pf, Beschl. v. 13.03.2002 – 8 A 10225/02, juris und Urt. v. 29.09.2004 – 8 A 10664/04, BauR 2005, 77 = BRS 67 Nr. 189). Wird allerdings in ein Dach mit mehr als 45° Neigung ein an der Traufseite im Wesentlichen durchlaufendes Gaubenband eingebaut, so ist zu prüfen, ob eine solche Dachkonstruktion nicht in der abstandsrechtlichen Wirkung für den Nachbarn wie ein Dach mit mehr als 70° Neigung erscheint und daher in voller Höhe hinzugerechnet werden muss.

Der Gesetzeswortlaut enthält das Begriffspaar »**Dachgauben** oder **Dachaufbauten**« 411
und trägt damit mehr zur Verwirrung als zur Klarheit bei. Die MBO 2002 verwendet in § 6 Abs. 4 Satz 5 nur noch den allgemeinen Begriff Dachaufbauten, da dieser den engeren Begriff Dachgaube einschließt (vgl. Allgeier/Rickenberg zu § 6 S. 196 Anm. 6.4.4 Rn. 76.). Denn **Dachgauben** sind »**Dachaufbauten für stehende Fenster**«, die gegenüber der darunter liegenden Außenwand zurückspringen und wie alle Dachaufbauten im Sinne von § 6 Abs. 4 Satz 6 Nr. 2Buchstabe b) BauO NRW voraussetzen, dass sie einen **konstruktiven Bestandteil des Daches** bilden (OVG NRW, Urt. v. 17.12.1992 – 10 A 2055/89, BRS 54 Nr. 85 = NWVBl. 1993, 300; Beschl. v. 22.08.1996 – 10 A 1811/96 und Beschl. v. 30.09.1996 – 10 B 2178/96, juris). Ob ein Bauteil im Einzelfall ein Dachaufbau im Sinne des § 6 Abs. 4 Satz 6 Nr. 2Buchstabe b) BauO NRW ist, hängt davon ab, ob er bei wertender Betrachtung noch als Bestandteil des Daches anzusehen ist oder ob er als weitgehend selbständiger Bauteil in Erscheinung tritt, wobei als mögliche Kriterien für die vorzunehmende Wertung beispielsweise in Betracht kommen: die Unterordnung des Dachaufbaus nach Ausmaß und Gestaltung im Verhältnis zum Dach, die Funktion des Dachaufbaus und der Umfang der zusätzlichen Auswirkungen, die der Dachaufbau auf die durch die Abstandsflächenvorschriften geschützten Belange haben kann (so OVG NRW, Urt. v. 26.06.2014 – 7 A 2057/12, BauR 2014, 1924). Dachaufbauten genießen ihre abstandsrechtliche Privilegierung nur, wenn sie im Verhältnis zur Dachfläche **untergeordnet** wirken, wobei zu berücksichtigen ist, dass Dachflächen mit bis zu 45° Neigung an der Traufseite abstandsflächenrechtlich – zum Nachteil des Nachbarn – unberücksichtigt bleiben. Eine Unterordnung im Verhältnis zur Dachfläche ist nur gegeben, wenn der Dachaufbau deutlich unterhalb des Firstes endet, hinter der Außenwand zurücktritt und Abstand zu den Giebelwänden einhält, somit also »**innerhalb der Dachfläche**« liegt. Zur Vermeidung von Missverständnissen sei darauf hingewiesen, dass die Vorgaben über die Begünstigung von Dachaufbauten nicht eine bestimmte Gestaltung erzwingen wollen. Wer diese Bauteile so stark hervorheben möchte, dass sie nicht mehr als untergeordnet erscheinen, kann dies so planen, muss dann aber den Zuschlag von einem Drittel der Dachhöhe zur Wandhöhe berücksichtigen. Zu beachten ist auch das **bauwerksbezogene Verunstaltungsverbot** des § 9 Abs. 1 BauO NRW, wonach Dachaufbauten aufgrund ihrer Größe im Verhältnis zum Dach nicht verunstaltend wirken dürfen (vgl. § 9 Rdn. 33–36).

412 Die Dachgaube oder der Dachaufbau als abstandsflächenrechtlich privilegierter Bauteil darf **keine Verlängerung der Außenwand nach oben** sein, sondern muss gegenüber der Außenwand deutlich zurücktreten (OVG NRW, Beschl. v. 20.06.1996 – 7 B 1001/96, juris.; Beschl. v. 22.08.1996 – 10 A 1811/96, juris und Beschl. v. 14.11.2001 – 10 B 860/01, BRS 64 Nr. 122; a.A. BayVGH, Urt. v. 20.02.1990 – Nr. 14 B 88.02464, BauR 1990, 455 = BRS 50 Nr. 112). Unerheblich ist, ob dieser bautechnische **Zusammenhang** durch vorstehende Dachziegel **kaschiert** wird. Erst recht darf eine Dachgaube **mit keinem** Bauteil **vor** die darunter liegende Außenwand **kragen** (OVG NRW, Beschl. v. 14.11.2001 – 10 B 860/01, BRS 64 Nr. 122). Wird **auf** der Dachgaube eine **Dachterrasse** einer darüber liegenden Dachebene angeordnet, verliert sie ihre abstandsrechtliche Privilegierung (OVG NRW, Beschl. v. 22.11.2001 – 10 B 1378/01, BauR 2002, 926 = BRS 64 Nr. 121).

413 »Zwerchgiebel« sind quer (althochdeutsch = »zwerch«) zum Hauptgiebel in einer Ebene mit der Fassade abschließende Gebäudeteile und charakteristisch für die deutsche Renaissance. Zwerchgiebel sind abstandsrechtlich **nicht privilegiert**, wenn ihre Giebelseite **auf** oder **vor** der **Außenwand** liegt (OVG Saar, Beschl. v. 23.02.1994 – 2 W 5/94, BRS 56 Nr. 184 und Urt. v. 03.05.1994 – 2 R 13/92, BRS 56 Nr. 104; VGH B-W, Beschl. v. 20.12.1994 – 3 S 3302/ 94, BRS 56 Nr. 105; OVG NRW, Urt. v. 21.01.1999 – 10 A 4072/97, juris). Sofern ein Zwerchgiebel in die Traufseite eines Gebäudes integriert ist, löst er zu dieser Gebäudeseite eine **eigene Abstandsfläche** aus, die sich wie die vor einem **Giebeldreieck** bemisst (s. Rdn. 418–421).

414 Dachgauben und Dachaufbauten im Sinne von § 6 Abs. 4 Satz 6 Nr. 2 Buchstabe b) BauO NRW lösen weder zur Traufseite noch zur Giebelseite eigene Abstandsflächen aus, da sie untergeordneter Bestandteil des Daches sind. **Überschreitet** ihre Länge mehr als die Hälfte der darunter liegenden Außenwand, so wird **ein Drittel der Dachhöhe** der Wandhöhe als Zuschlag hinzugerechnet. Sofern sie innerhalb der Dachfläche liegen, lösen ihre **Seitenwände** trotz Überschreitung des Längenmaßes **keine** Abstandsflächen zu den Giebelseiten aus (OVG NRW, Beschl. v. 13.01.2004 – 10 B 1811/03, BRS 67 Nr. 127). Zur Begründung führt das Gericht aus:

415 *»Es wäre ein nicht aufzulösender Wertungswiderspruch, die regelmäßig parallel zur Traufe angeordnete Front von Dachaufbauten gegenüber den seitlichen äußeren Begrenzungen zu privilegieren, obwohl diese Front wegen ihrer Ausmaße und der dort – jedenfalls bei Dachgauben – eingebauten Fenster die durch die Abstandsflächenvorschriften geschützten Belange regelmäßig sehr viel intensiver zu beeinträchtigen vermag. Dass sich Dachaufbauten, je nach Himmelsrichtung, in der sie – vom Nachbargrundstück aus gesehen – angeordnet sind, unter Umständen stärker auf die Besonnung und Belichtung der seitlich angrenzenden Grundstücke auswirken können als auf die Besonnung und Belichtung der traufseitig gegenüberliegenden Grundstücke, ändert daran nichts. Dabei ist zu beachten, dass die abstandsflächenrechtlichen Wirkungen des Baukörpers, soweit er oberhalb der Trauflinie liegt, im Regelfall ohnehin über die teilweise Einbeziehung der Giebelflächen in die Berechnung der zu den seitlich angrenzenden Grundstücken einzuhaltenden Abstände Berücksichtigung finden. Zwar können die Abstände bei Anwendung des sogenannten Schmalseitenprivilegs gemäß § 6 Abs. 6 Satz 1 BauO NRW*

verkürzt sein, doch lässt sich auch daraus keine unterschiedliche Behandlung der vorderen und seitlichen äußeren Begrenzungen von Dachaufbauten herleiten, da das Schmalseitenprivileg ebenso für die Traufseite eines Gebäudes in Anspruch genommen werden kann. Der Umstand, dass bezüglich der traufseitig einzuhaltenden Abstandsfläche die Höhe des Daches zu einem Drittel in die Berechnung der Abstandsflächentiefe einfließt, wenn auf dem Dach Dachgauben oder Dachaufbauten errichtet sind, deren Gesamtbreite je Dachfläche mehr als die Hälfte der darunter liegenden Außenwand beträgt, erfordert – sofern ein solcher Fall gegeben ist – keine entsprechende Berücksichtigung der äußeren seitlichen Begrenzungen der Dachaufbauten bei der Berechnung der jeweils giebelseitig einzuhaltenden Abstandsflächen. Zum einen hat – wie oben ausgeführt – der Baukörper oberhalb der Trauflinie in die Berechnung der giebelseitig einzuhaltenden Abstandsflächen im Regelfall bereits Eingang gefunden, zum anderen berührt die Breite der Dachaufbauten auf der Traufseite die Belange der Eigentümer der seitlich – giebelseitig – angrenzenden Grundstücke in keiner Weise.

...

Die vorstehenden Überlegungen gelten allerdings nur für Dachgauben – die von der Rechtsprechung als Dachaufbauten für stehende Fenster definiert werden, welche gegenüber der darunter liegenden Außenwand zurückspringen und mit allen ihren Teilen auf der Dachfläche errichtet sind – und sonstige vergleichbare Dachaufbauten, die sich unter die Vorschrift des § 6 Abs. 4 Satz 6 Nr. 2 BauO NRW subsumieren lassen.«

Erweist sich ein Dachaufbau als ein **vom Dach losgelöster selbständiger Bauteil**, wie das z.B. bei einem turmartigen Aufsatz auf einem bis in die Dachzone hochgeführten Erker der Fall ist, sind seine äußeren Begrenzungen regelmäßig als Außenwände oder als Teil von Außenwänden des Gebäudes anzusehen, die **eigene Abstandsflächen** nach § 6 Abs. 1 Satz 1 BauO NRW auslösen und zwar nicht nur zur Traufseite hin, sondern auch zu den **seitlichen** Grundstücksgrenzen (OVG NRW, Beschl. v. 13.01.2004 – 10 B 1811/03, BRS 67 Nr. 127). Das Gebot zur Einhaltung von Abstandsflächen zu den seitlichen Grundstücksgrenzen gilt nur dann **nicht**, wenn ein Fall des § 6 Abs. 1 **Satz 3 Nr. 1 oder Nr. 2 BauO NRW** vorliegt und der Dachaufbau grenzständig errichtet wird (vgl. OVG NRW, Beschl. v. 29.04.2010 – 7 B 201/10, juris). Die nicht grenzständig errichtete äußere Begrenzung (i.d.R. Gaubenwange) muss dann jedoch den erforderlichen Grenzabstand einhalten.

416

Neben den abstandsrechtlichen Vorgaben des § 6 BauO NRW ist stets der **brandschutztechnische Abstand** nach § 32 Abs. 5 Satz 2 Nr. 1 BauO NRW zu beachten. Diese Bestimmung verlangt, dass außer Dachvorsprüngen, Dachgesimsen, lichtdurchlässigen Bedachungen und Lichtkuppeln auch **Dachaufbauten von der Außenfläche** einer Gebäudeabschlusswand und **von der Mittellinie** einer gemeinsamen Gebäudeabschlusswand oder Gebäudetrennwand **mindestens 1,25 m entfernt** sein müssen, um eine Brandübertragung zu verhindern. Dieses spezielle brandschutztechnische Abstandsgebot entfällt, wenn der Dachaufbau insgesamt aus nichtbrennbaren Baustoffen besteht. Eine Abweichung nach § 69 BauO NRW zugelassen werden, wenn die Gebäudeabschlusswand oder Gebäudetrennwand das seitliche Profil des Dachaufbaus voll abdeckt (vgl. § 32 Rdn. 20–28).

417

Johlen

393

§ 6 Abstandsflächen

5.7.2 Giebelseite

418 Die Giebelseite unterscheidet sich von der Traufseite dadurch, dass ihre obere Begrenzung am Ortgang des Daches schräg verläuft, während die Traufseite eines Hauses – von Flachdachbauten abgesehen – dort liegt, wo die obere Begrenzung horizontal ausgerichtet ist (OVG NRW, Beschl. v. 25.10.1995 – 7 B 2297/95, BRS 57 Nr. 144). Im Bereich der **Giebelseite** wird zur Wandhöhe **immer ein Zuschlag hinzugerechnet**, somit auch bei Dächern mit einer Neigung von weniger als 45°. Vor der Giebelseite ergibt sich das **Maß – H –** aus der **Wandhöhe** bis zum oberen, horizontal verlaufenden Wandabschluss **und der Höhe des Giebeldreiecks**. Die Wandhöhe bis zum oberen Abschluss der Wand wird – wie an der Traufseite – von der Geländeoberfläche bis zum Schnittpunkt der Wand mit der Dachhaut gemessen. Die oberhalb der Wandhöhe liegende **Giebelhöhe** bezeichnet § 6 Abs. 4.Satz 6 BauO NRW als die »**Giebelfläche im Bereich des Daches oder des Dachteiles**« (s. Abb. 6.25). Der Giebel kann symmetrisch oder asymmetrisch ausgebildet sein oder unterschiedliche Traufhöhen aufweisen.

419 § 6 Abs. 4 **Satz 6** BauO NRW enthält **zwei** Anrechnungsregeln:
– Nach **Nr. 1 Buchstabe b)** wird die Giebelhöhe **voll** zur Wandhöhe hinzugerechnet, wenn beide Seiten der Giebelfläche im Bereich des Daches eine Neigung von **mehr als 70°** aufweisen, wie z.B. Dächer von Kirchtürmen. Hierdurch erfasst werden auch die unteren Teile von Mansarddächern, die regelmäßig einen steilgeneigten und einen flachgeneigten Abschnitt aufweisen (s. Abb. 6.30a und 6.32a).
– Nach **Nr. 2 Buchstabe c)** wird die Giebelhöhe nur **zu einem Drittel** zur Wandhöhe hinzugerechnet, wenn auch nur **eine** Seite eine Neigung von **70° oder weniger** aufweist (s. Abb. 6.30b und c). Da es bei dieser Anrechnungsregel nach unten keine Bagatellgrenze gibt, spielt es keine Rolle, ob das Dach nur flach oder relativ steil geneigt ist. Diese Regel erfasst auch Pultdächer und Scheddächer (s. Abb. 6.32b und c).

420 Die **untere Begrenzung** einer Giebelfläche im Bereich eines Daches kann nur eine **horizontale Linie** sein, nämlich der **obere Wandabschluss** unterhalb des Giebeldreiecks. Diese horizontale Linie verbindet bei Giebeln mit **gleicher Traufhöhe** die beiden seitlichen oberen Schnittpunkte von Wand und Dachhaut, welche die Wandhöhe bestimmen (s. Abb. 6.25). Bei symmetrischen Giebeln eines Satteldaches oder asymmetrischen Giebeln von Pult- und Scheddächern mit gleicher Traufhöhe ergeben sich keine Probleme bei der Ermittlung der unteren Begrenzung (s. Abb. 6.30 und 6.32).

421 **Giebelflächen** im Bereich des Daches mit **unterschiedlichen Wandhöhen** sind in **Wandabschnitte mit zugehörigen Teilgiebelflächen** aufzuteilen. Die Wandabschnitte entstehen, indem durch den Schnittpunkt der höheren Wand mit der Dachhaut eine Horizontale und durch deren Schnittpunkt mit der gegenüberliegenden Dachhaut eine Vertikale bis zur Geländeoberfläche gezogen wird. Hierdurch ergeben sich unterschiedlich tiefe Abstandsflächen (s. Abb. 6.31). Nur eine solche Wandaufteilung wird

dem Sinn des Abstandsflächenrechts gerecht, wonach sich die Tiefe der jeweils vor Außenwänden freizuhaltenden Abstandsflächen nach dem **jeweiligen Störungsgrad** bemisst, der von einer Außenwand ausgeht. Die Störung geht bei Giebelflächen im Dachbereich zunächst voll von dem Außenwandbereich aus, von der verbleibenden **Restgiebelfläche** – einem Dreieck – geht dann eine **geringere** »Störung« aus, so dass deren Höhe nur zum Teil zur Wandhöhe hinzugerechnet wird. Das OVG NRW war (Beschl. v. 03.99.1984 – 7 B 1452/84, Städte- und Gemeinderat 1985, 227) von einem anderen als dem zuvor beschriebenen Bemessungsverfahren für asymmetrische Giebelflächen ausgegangen und hatte entschieden, »*dass für die Frage, welche Höhe für den Wand – Anteil und welche Höhe für den Giebelflächen – Anteil anzusetzen sei, in analoger Anwendung des Gedankens aus § 6 Abs. 4 Satz 3, 1. Halbsatz BauO NRW, der die geneigte Geländeoberfläche betrifft, auf die mittlere Höhe dieses schräg verlaufenden Wandteils abzustellen ist, um den für die Ermittlung von H voll zu berücksichtigenden Wandanteil und den für die Ermittlung von H nur mit einem Drittel zu berücksichtigenden Giebelanteil voneinander abzugrenzen.*« Danach würde jedoch nur eine rechteckige Abstandsfläche entstehen, deren Tiefe größer ist als die kleinste, jedoch kleiner ist als die größte Tiefe der Abstandsflächen, die sich aus der vorstehend beschriebenen Bemessung ergibt. Das OVG NRW akzeptierte schließlich in seiner Rechtsprechung die zuvor beschriebene Wandabschnittsbildung (vgl. Boeddinghaus/Hahn/Schulte zu § 6 Rn. 438).

§ 6 Abstandsflächen

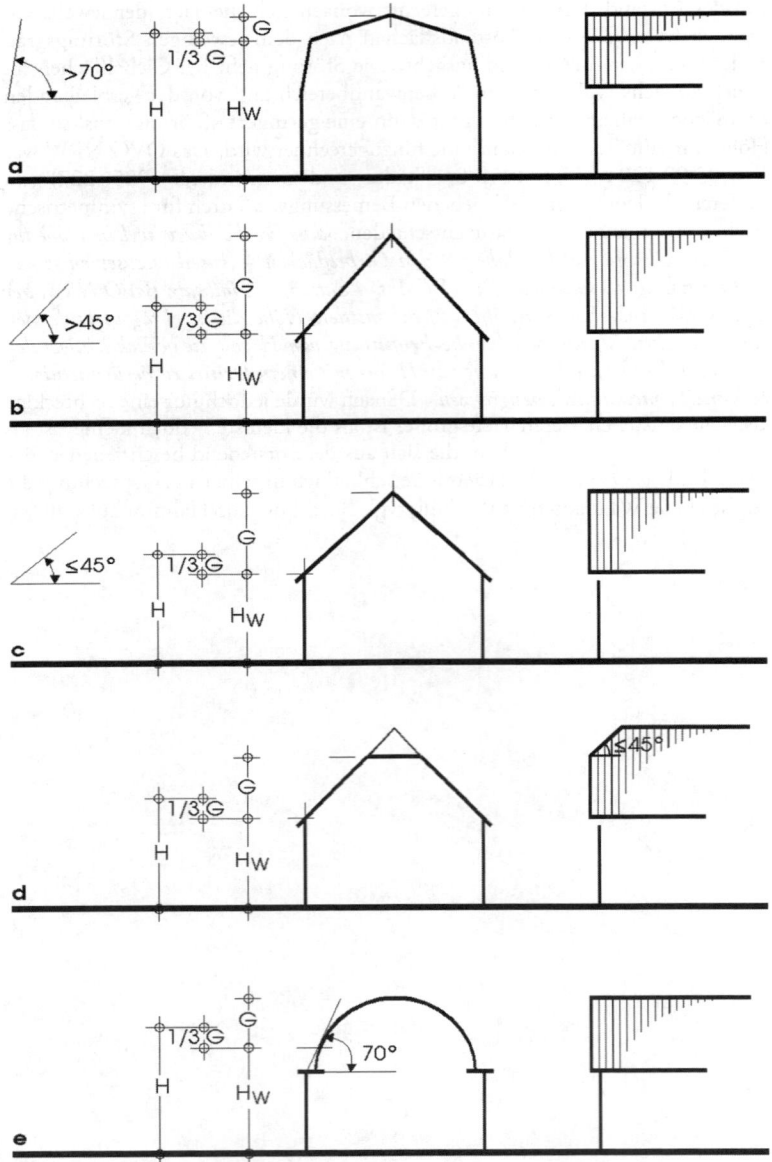

Abb. 6.30 Maß – H – aus Wandhöhe H_w zuzüglich Giebelhöhe G im Bereich des Daches (s. Rdn. 418–421)

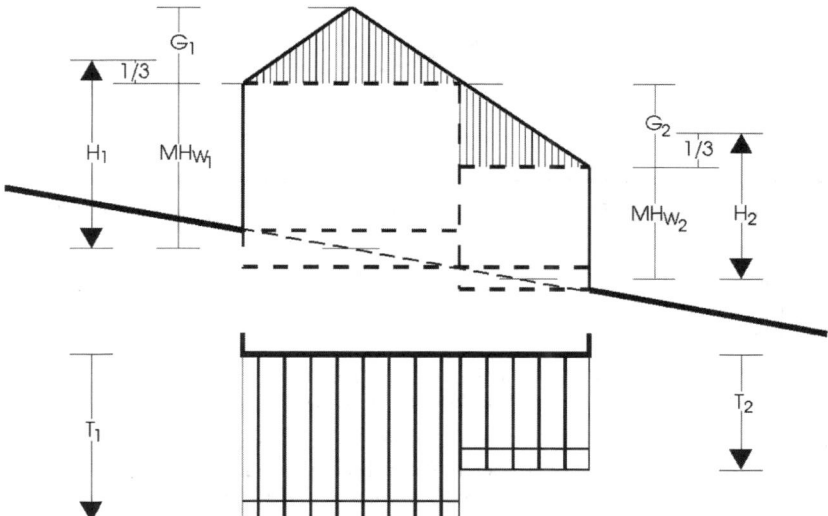

Abb. 6.31 Maß – H – bei asymmetrischer Giebelfläche bzw. unterschiedlichen Traufhöhen (s. Rdn. 421)

5.7.3 Besondere Dachformen

Das Abstandsflächenrecht geht vom **Regelfall** eines rechteckigen Gebäudes mit **Flachdach** oder **Satteldach** aus (s. Rdn. 30 und Abb. 6.2). Die Berechnung der Abstandsflächen von Satteldächern bereitet deshalb keine Probleme, weil § 6 Abs. 4 Satz 6 BauO NRW auf diese Dachform abgestimmt ist. Doch auch bei Gebäuden mit anderen Dachformen, wie z.B. **Mansarddächern**, **Pultdächern**, oder **Scheddächern**, ist die Abstandsfläche nach den **Grundsätzen** dieser Regelung zu ermitteln (s. Abb. 6.32). Da Gebäude mit **Walm- oder Zeltdächern** keine Giebelseiten aufweisen, richtet sich die Bemessung des Zuschlags nach der Regelung für die Traufseite (s. Rdn. 406–417). 422

Die Giebelseite von **Mansarddächern** weist unterschiedliche Neigungen am Ortgang des Daches auf. Der untere häufig sehr steile Bereich mit Neigungen von **mehr als 70°** wird nach Satz 6 **Nr. 1 Buchstabe b) voll** zur Wandhöhe hinzugerechnet, so dass sich der Wandabschluss nach oben bis zum Schnittpunkt der unterschiedlich geneigten Dachflächen verschiebt. Der darüber liegende flach geneigte Bereich bildet das Giebeldreieck, dessen Höhe nach Satz 6 **Nr. 2 Buchstabe c)** zu **einem Drittel** als Zuschlag in die Berechnung eingeht (s. Abb. 6.32a). Weist der untere Dachteil eine Neigung von **genau 70° oder weniger** auf, wird die **gesamte Giebelhöhe** im Bereich des Daches nach Satz 6 Nr. 2 Buchstabe c) nur zu **einem Drittel** angerechnet. 423

§ 6 Abstandsflächen

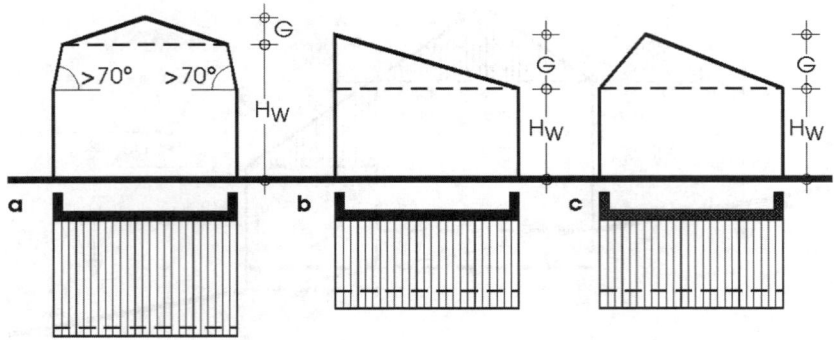

Abb. 6.32 Ermittlung der **Wandhöhe** H_w und der **Giebelhöhe** G im Bereich des Daches bei **Mansarddächern, Pultdächern** und **Scheddächern** (s. Rdn. 422)

424 Die Giebelseite im Bereich von **Pultdächern** erscheint wie die Hälfte der Giebelfläche eines Satteldaches. Den oberen Wandabschluss und zugleich die untere Begrenzung der Giebelfläche im Bereich des Daches bildet eine durch den Schnittpunkt der niedrigeren Außenwand mit der Dachfläche gezogene horizontale Linie (s. Abb. 6.32b). Zur Wandhöhe wird nach Satz 6 Nr. 2 Buchstabe c) **ein Drittel** der Giebelhöhe hinzugerechnet, wenn die Dachfläche eine Neigung von 70° oder weniger aufweist (OVG NRW, Beschl. v. 25.10.1995 – 7 B 2297/95, BRS 57 Nr. 144). Bei einer Neigung von **mehr als 70°** ist nach Satz 6 Nr. 1 Buchstabe b) die volle Höhe hinzuzurechnen.

425 Die Giebelseite im Bereich von **Scheddächern** weist unterschiedlich geneigte Dachflächen am Ortgang des Daches auf. Die Höhe des Giebeldreiecks wird nach Satz 6 Nr. 2 Buchstabe c) zu **einem Drittel** der Wandhöhe als Zuschlag hinzugerechnet, da eine Dachfläche stets eine Neigung von weniger als 70° aufweist (s. Abb. 6.32c).

426 Bei einem im **oberen Teil eines Satteldachgiebels abgewalmten Bereich** – einem so genannten **Krüppelwalm** – bleibt die Höhe der Abwalmung außer Ansatz, wenn ihre Neigung nicht mehr als 45° beträgt. Bei einer Neigung der Walmfläche zwischen 45° und 70° ist deren Höhe zu einem Drittel der Höhe der Giebelfläche bis zum unteren Ansatz des Krüppelwalmes hinzuzurechnen, bei einer Neigung der Walmfläche von über 70° ist die Höhe der Abwalmung voll einzubeziehen (so OVG NRW, Beschl. v. 31.01.1994 – 10 B 1414/93, BauR 1994, 752 = BRS 56 Nr. 97; s. Abb. 6.30d). Macht die untere Begrenzung der Abwalmung **mehr als die Hälfte der Breite der darunter liegenden Außenwand** aus, kann die Anrechnungsregel für Giebelflächen nicht mehr angewandt werden (OVG NRW, Beschl. v. 23.11.1995 – 7 B 2752/95, BRS 57 Nr. 143). Eine derartige »Giebelfläche« mit überwiegend **horizontalem oberem Wandabschluss** ist in eine mittlere Wandfläche und seitliche Teilgiebelflächen aufzuteilen.

427 Beim »**Tonnendach**« in Form eines liegenden Halbzylinders ergibt sich die Abstandsfläche für die **Giebelwand wie bei Mansarddächern** (s. Rdn. 423), indem man die

Punkte des Halbkreises, an denen 70° Dachneigung unterschritten werden, als Wandhöhe H_w bestimmt und zu der Wandhöhe ein Drittel der darüber liegenden Giebelhöhe hinzurechnet (s. Abb. 6.30e). Auch an der **Traufseite** begrenzt die 70°-Linie die Wandhöhe **Hw**. Die Höhendifferenz zwischen der 70°-Linie und der Linie mit 45°-Linie ist zu einem Drittel als Zuschlag hinzuzurechnen (OVG NRW, Beschl. v. 15.02.1996 – 7 B 3431/95, BRS 58 Nr. 106). Beim **flach gewölbten Runddach** eignet sich diese Methode nicht; es bietet sich die **Überlagerung** mit einem **Satteldach** an (s. Rdn. 428).

Um zu einem sinnvollen Ergebnis zu gelangen, sind **atypische** Giebel zum Vergleich mit einem **Giebel normalen Zuschnitts** – dem eines Satteldaches – zu **überlagern**. Hält der Vergleichsgiebel die Abstandsfläche ein, ist davon auszugehen, dass der atypische Giebel die abstandsrechtlichen Belange wahrt und nachbarliche Interessen nicht stärker beeinträchtigt als ein den gesetzlichen Bestimmungen zugrundeliegender »normaler« Giebel eines Satteldaches (s. Abb. 6.33).

428

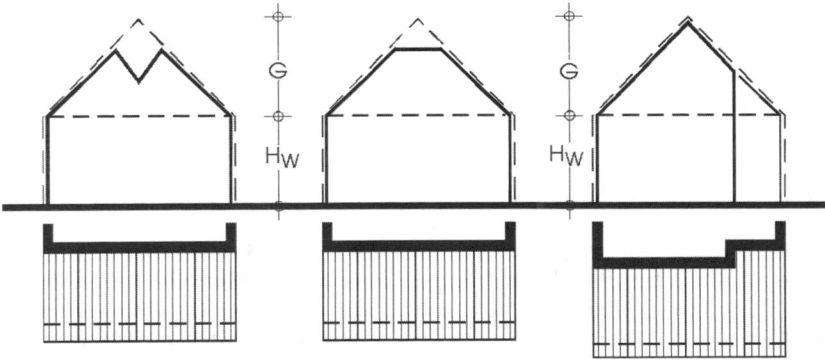

Abb. 6.33 Ermittlung der **Wandhöhe H_w** und der **Giebelhöhe G** im Bereich des Daches bei **atypischen Giebeln** durch überlagerten »**Vergleichsgiebel**« (s. Rdn. 428)

5.8 Ungewöhnliche Baukörper

Hügel- oder **Nurdachhäuser** sollten einer gesonderten abstandsrechtlichen Betrachtung unterzogen werden. Bei diesen Baukörpern führt die alleinige Anwendung der Regelungen des Abs. 4 Satz 6 Nr. 2 sowohl an der Traufseite als auch an der Giebelseite zu geringeren Tiefen der Abstandsflächen als bei einem schmaleren Gebäude mit senkrechten Außenwänden und gleich hohem First. Die Vergünstigung für Giebel kann jedoch **nicht** für **Gesamt**giebelflächen mehrgeschossiger Hügel- oder Nurdachhäuser gelten, die nichts anderes sind als eine besondere Form eines – ansonsten – gestaffelten Giebels eines zu den Traufseiten terrassierten Gebäudes. Eine Auflösung des Giebels in geschosshohe Wandteile, z.B. wie bei einem gestaffelten Giebel, berücksichtigt den Grundgedanken der Abstandsflächenvorschriften besser. Vergleicht man die Giebelfläche eines Hügelhauses hinsichtlich ihrer **Auswirkungen auf den Nachbarn** mit dem

429

Giebel eines Gebäudes mit Satteldach, so wird deutlich, dass die dem Giebeldreieck gewährte Vergünstigung der »Ein-Drittel-Anrechnung« nur den beiden obersten Geschossen eines mehrgeschossigen Hügel- oder Nurdachhauses zukommen sollte. Für alle darunter liegenden Geschosse muss deren volle Höhe in Ansatz gebracht werden.

430 Bei Gebäuden mit **polygonalen** oder **runden Grundrissen** ergeben sich besondere Anwendungsprobleme, da das Abstandsflächenrecht erkennbar auf **rechteckige** Gebäude abstellt. So weist ein **Rundbau** mit z.B. kreisförmigem oder elliptischem Grundriss nur **eine** in sich gebogene Außenwand auf. Bei einer so gekrümmten Außenwand kann weder Anfang noch Ende anhand natürlicher Begrenzungen festgestellt werden.. Nimmt man die gekrümmte Form der Außenwand als Grundlage für die Ermittlung der Abstandsfläche, führt dies zwangsläufig zu einer **gebogenen Abstandsfläche**, was jedoch das Regelwerk so eigentlich nicht vorsieht. In einem solchen Fall drängt es sich geradezu auf, den **Rundbau** mit einem **quadratischen Grundriss** so zu **überlagern**, dass er sich in dieses Quadrat noch einpasst, um die Abstandsflächenregeln sinnvoll anwenden zu können (s. Rdn. 50–52 und Abb. 6.4).

431 Bei **kugelförmigen** Gebäuden, z.B. Gasbehältern, versagen die Abstandsflächenregeln vollends, da weder eine Wand, noch ein Dach auszumachen ist. Diese Gebäude sollten daher **mit einem Würfel überlagert** werden.

432 Auch auf **Fernmeldetürme** und **Mobilfunkmaste** sind die Abstandsflächenegeln anzuwenden, da es sich um **bauliche Anlagen** handelt, von denen **Wirkungen wie von Gebäuden** ausgehen und für die nach Abs. 1 Satz 2 die allgemeinen Vorschriften gelten. Jedoch kann das System der Abstandsflächenregeln nicht unbesehen auf diese baulichen Anlagen übertragen werden, da es sich um **Rundbauten** oder **Masten** mit breitem Fuß handelt, die sich nach oben verjüngen und die wegen ihrer **ungewöhnlichen Schlankheit** und **Höhe** vom Normalfall stark abweichen. Die abstandsflächenrechtliche Betrachtung ist daher an den jeweiligen **Besonderheiten** des Bauwerks und den **Schutzzielen** des § 6 BauO NRW auszurichten.

433 Für **Windenergieanlagen** besteht mit Abs. 13 eine **spezielle Regelung**, die sich nicht auf Fernmeldetürme oder Mobilfunkmasten einfach übertragen lässt (OVG NRW, Beschl. v. 10.02.1999 – 7 B 974/98, BauR 1999, 1172 = BRS 62 Nr. 133 = NVwZ-RR 1999, 714).

6 Zu Abs. 5 – Ermittlung der Tiefe der Abstandsfläche

434 Das sich aus der Wandhöhe und dem gegebenenfalls hinzuzurechnenden Anteil aus der Höhe des Daches oder der Giebelfläche im Bereich des Daches ergebende Maß – H – bildet die Grundlage zur Ermittlung der **Tiefe der Abstandsflächen** (s. Rdn. 374). Das nordrhein-westfälische Abstandsflächenrecht regelt die Ermittlung der Tiefe der Abstandsflächen in **Abs. 5**. Die Tiefe errechnet sich durch die **Multiplikation von** – H – nach Abs. 4 **mit** einem als Dezimalzahl im Abs. 5 angegeben **Faktor**. Soweit die Berechnung der Tiefe ein Maß von weniger als 3 m ergibt, ist jedoch dieses **Mindestmaß von 3 m** einzuhalten. Obwohl nicht besonders geregelt, hat sich für die Tiefe die Kurzbezeichnung – T – allgemein durchgesetzt.

Abs. 5 enthält **Faktoren** zur Bestimmung der Tiefe der Abstandsflächen in Abhängigkeit von der **Lage des Grundstücks in einem Baugebiet** sowie nach der **Ausrichtung der Außenwand zu bestimmten öffentlichen Flächen**. In Gebieten ohne Bebauungsplan kann sowohl die Feststellung eines Baugebiets nach der BauNVO 1990 als auch der Nachweis der Qualität einer Verkehrs-, Grün- oder Wasserfläche als öffentlich einen erheblichen Prüfaufwand bedeuten.

6.1 Tiefenmaße und gewandelte Schutzziele

Ein **wesentliches Anliegen der MBO 2002** war die Zusammenfassung und Vereinfachung der Vorgaben zur Ermittlung der Tiefe der Abstandsflächen (s. Rdn. 25–29). Die Erfahrungen in **Hessen** mit einer bereits **seit 1993** praktizierten **Reduzierung der Tiefe der Abstandsflächen auf allgemein 0,4 H** bzw. **in Gewerbe- und Industriegebieten auf 0,2 H** unter **Fortfall des Schmalseitenprivilegs** und auch die Erfahrungen in Rheinland-Pfalz und dem Saarland, die dem hessischen Vorbild gefolgt waren, bewogen die ARGEBAU zur Übernahme dieser Regelungen in § 6 Abs. 5 MBO 2002.

Nachdem zwischenzeitlich schon die Mehrzahl der Länder die Mustervorschrift übernommen haben, ist auch der nordrhein-westfälische Gesetzgeber mit der BauO NRW 2018 den Vorgaben in Bezug auf die Abstandregelungen der MBO 2002 gefolgt. Das bisherige abstandsflächenrechtliche Anforderungsniveau wird vermindert. Generell wird die Abstandsflächentiefe auf 0,4 H, unter Beibehaltung der bisherigen Mindestabstandsflächentiefe von 3M, angepasst, was den Orientierungswerten der MBO entspricht. Durch den Wegfall des von Sonderregelungen, insbesondere dem Schmalseitenprivileg (§ 6 Abs. 6 BauO NRW 2000), wird die Rechtsanwendung wesentlich vereinfacht.

Dieses Ergebnis ist begrüßenswert, da bisher im Prinzip zu jeder Regelung der Tiefe der Abstandsflächen Bedenken möglich waren. Die bisher in Nordrhein-Westfalen, auch nach der zwischenzeitlichen Novellierung des § 6 BauO NRW durch das Zweite Gesetz zur Änderung der Landesbauordnung vom 12.12.2006, komplizierte Regelungen zur Ermittlung der Tiefe der Abstandsflächen wird damit aufgehoben. Mit der Novelle wird eine hinsichtlich der Ermittlung der Tiefe der Abstandsflächen Vereinfachung des Abstandsflächenrechts erreicht.. Bei der Anwendung in den dichter bebauten Kernbereichen und Nebenzentren der nordrhein-westfälischen Städte wird die Anwendung des Abstandsflächenrecht deutlich erleichtert..

Bereits im Vorfeld der nordrhein-westfälischen Gesetzesvorlage, aber auch im Rahmen der MBO 2002 ergaben sich aus der Fachöffentlichkeit Bedenken gegen eine Zusammenfassung der Absätze 5 und 6, **gegen die generelle Reduzierung** der Abstandsflächentiefe auf 0,4 H und vor allem **gegen die Abschaffung des Schmalseitenprivilegs**. Die Diskussion entwickelte teilweise abwitzige Züge, weil einzelne Verbände, die kurz zuvor noch eine Vereinfachung gefordert hatten, bei Vorlage des MBO – Entwurfs und entsprechender Gesetzentwürfe in den Bundesländern das Ende einer geordneten Bebauung kommen sahen und verwinkelte Hinterhofbebauungen mit zu geringen Abständen befürchteten. Dabei wurde völlig übersehen, dass das durch mehrere »Reformen« aufgeblähte Abstandsflächenrecht längst nicht mehr vollzugstauglich war, weil es die Rechtsanwender nicht mehr verstanden:

440 *»Die Abstandsregelungen gehören zu den kompliziertesten Regelungen des gesamten Baurechts. Weder die Entwurfsverfasser noch die Sachbearbeiter in den Bauaufsichtsämtern verstehen diese Regelungen, so dass es häufig zu Fehlentscheidungen kommt. Bauherrn oder betroffene Nachbarn rufen die Gerichte an, die dann ihrerseits Entscheidungen treffen, die häufig von den Fachleuten ebenso wenig verstanden werden, wie vom Bürger.«* (so treffend Boeddinghaus, Schmalseitenprivileg, BauR 2001, S. 735 ff.).

441 Übersehen wurde aber, dass die **Schutzziele** des Abstandsflächenrechts einem **Wandel** unterliegen. Denn die Regelungen in Rechtsvorschriften drücken nur den gesellschaftlichen Konsens zu Fragen des menschlichen Zusammenlebens aus. Auch die Regelungen des Abstandsflächenrechts sind letztlich **Wertentscheidungen** der Gesellschaft **über das zumutbare Maß des Aneinanderrückens der Gebäude**.

442 Diese nicht übersehbare Entwicklung und die bereits vollzogene Rechtsfortbildung in vielen Ländern bewog die ARGEBAU zur **allgemeinen Reduzierung** der Abstandsflächentiefen auf das bei Anwendung des Schmalseitenprivilegs geforderte Maß und damit zugleich zur **Rückführung** des Abstandsflächenrechts auf den bauordnungsrechtlich zu fordernden **Mindeststandard**, der **keine städtebaulichen Nebenzwecke** mehr verfolgt. Den neuen Ansatz umschreibt Jäde (Musterbauordnung 2002 – ein Überblick, NVwZ 2003, S. 668 ff.) wie folgt:

443 *»Die beiden grundsätzlichen Zielsetzungen bei der Überarbeitung des materiellen Bauordnungsrechts der MBO – Ablesbarkeit und Konzentration auf bauordnungs-, das heißt bausicherheitsrechtliche Mindeststandards – lassen sich besonders am Beispiel des neuen Abstandsflächenrechts verdeutlichen: Seit jeher stellte es – kulminierend in den Feinheiten und Feinsinnigkeiten des 16 m – oder Schmalseitenprivilegs (§ 6 VI MBO 1997) – eine immer filigraneren Ausziselierungen durch die Rechtsprechung und breiten literarischen Kontroversen ein weites Betätigungsfeld bietende besondere Rätselecke dar. Die Schwierigkeit der Materie resultierte aus der Vermischung bauordnungs- und (in der Sache) bauplanungsrechtlicher Anliegen bei gleichzeitigem Bestreben um möglichst viel positivierte Einzelfallgerechtigkeit. Auf die bauaufsichtliche Prüfung eines solchen Abstandsflächenrechts hätte im vereinfachten Baugenehmigungsverfahren keinesfalls verzichtet werden können.*

Das Abstandsflächenrecht der MBO 2002 tritt generell hinter bauplanungsrechtlichen Vorgaben über die Bauweise zurück (§ 6 I 3 MBO 2002) und verzichtet auf alle – schon kompetenzrechtlich problematischen – Instrumente zur Korrektur dieser Vorgaben (vgl. § 6 I 3, 4 MBO 1997). Die – städtebauliche Intentionen flankierende – Zielsetzung, zu einem Mindestmaß aufgelockerten Bauens beizutragen, wird aufgegeben. Das schlägt sich – unter Beibehaltung der Mindestabstandsflächentiefe von 3 m – in einer Reduzierung der Regelabstandsflächentiefe von 1 H (= Wandhöhe) auf das für eine ausreichende Belichtung zwingend erforderliche Maß von 0,4 H (§ 6 V 1 MBO 2002) unter gleichzeitigem Verzicht auf das – bauordnungsrechtlich durch nichts zu rechtfertigende – 16 m – oder Schmalseitenprivileg nieder. Die Abstandsfläche stellt künftig kein vor der Außenwand liegendes Rechteck mehr dar, sondern bildet – proportional um den Faktor 0,4 verkürzt – die Außenwand in ihrer tatsächlichen Gestalt ab. Die namentlich bei asymmetrischen Dachformen schwierig zu handhabende gesonderte Anrechnung der Giebelflächen (vgl. § 6 IV 3 MBO 1997) entfällt; für Dächer und Dachaufbauten besteht eine einfache Anrechnungsregel (vgl. im Einzelnen § 6 IV 3–5 MBO 2002). Die in den Abstandsflächen zulässigen (untergeordneten) Vorbauten werden präzise ablesbar vermaßt (§ 6 VI Nr. 2 MBO 2002).«

Aufgrund dieser geänderten Zielsetzung konnten viele Sonderregelungen, darunter das Schmalseitenprivileg, vollständig entfallen, wodurch sich das **Muster** auf nur noch **8 Absätze** reduzieren ließ. 444

Die erste **bundesrechtliche Teilregelung des Abstandsflächenrechts** war bereits mit § 22 Abs. 4 Satz 2 BauNVO 1990 erfolgt, um den Gemeinden das Recht einzuräumen, in der abweichenden Bauweise festsetzen zu können, inwieweit an die vorderen, rückwärtigen und seitlichen Grundstücksgrenzen herangebaut werden darf oder muss und damit das **Maß des Grenzabstands** zu bestimmen (s. Rdn. 277–278). Mit Gesetz vom 21.12.2006 (BGBl. I S. 3316) wurde in § 9 Abs. 1 BauGB eine neue Nr. 2a eingefügt, die es der Gemeinde ermöglicht, »**vom Bauordnungsrecht abweichende Maße der Tiefe der Abstandsflächen**« im Bebauungsplan festzusetzen, soweit dies **erforderlich** ist. Damit reagierte der Bund auf die Anpassung des Abstandsflächenrechts zahlreicher Landesbauordnungen an § 6 Abs. 5 der MBO 2002, weil diese Regelung die Tiefe der Abstandsfläche von zuvor 1,0 H auf das Maß von 0,4 H absenkt, ausschließlich auf einen bauordnungsrechtlich zu sichernden Mindestabstand zielt und keine städtebaulichen Nebenziele mehr verfolgt (so die Begründung in BT-Drucks. 16/3308 zu Art. 1 Nr. 4, § 9 Abs. 1 Nr. 2a – neu). 445

Aus dem Wortlaut der Festsetzungsermächtigung ergibt sich, dass die Gemeinde **abweichende Maße der Tiefe** der Abstandsflächen festsetzen kann. Nach der Begründung soll das Abstandsflächenrecht ansonsten unberührt bleiben, so dass die Festsetzungsermächtigung nur das Maß der Tiefe der Abstandsflächen erfasst, nicht jedoch die übrigen Maßgaben des Landesrechts zur Ermittlung der Wandhöhe, zur Lage der Abstandsflächen, zum Überdeckungsverbot, zu den in den Abstandsflächen zulässigen Garagen und Nebengebäuden sowie zur Zulässigkeit vortretender untergeordneter Bauteile und Vorbauten (so auch Boeddinghaus, Zur planungsrechtlichen Regelung der bauordnungsrechtlich definierten Abstandsflächen, BauR 2007, S. 641 ff.). Mit der Formulierung »abweichend« eröffnet die Festsetzungsermächtigung nicht nur die Möglichkeit zur Festsetzung **größerer** oder **kleinerer Faktoren** in Abhängigkeit von – H –, sondern weitergehend auch die Festsetzung eines **festen Maßes der Tiefe der Abstandsfläche** (vgl. Krautzberger/Söfker, S. 357 ff. Rn. 56a und Upmeier/Brandenburg, S. 5). Zwar nimmt die Begründung (BT-Drucks. 16/3308 zu Art. 1 Nr. 4, § 9 Abs. 1 Nr. 2a – neu) auf die Reduzierung der Abstandsflächentiefe durch die MBO 2002 Bezug, sagt aber nicht, dass es sich nur um größere Maße der Tiefe der Abstandsflächen handeln kann. Vielmehr wollte der Gesetzgeber der Gemeinde das Recht einräumen, hinsichtlich der Maße der Tiefe der Abstandsflächen grundsätzlich – sowohl nach 446 oben durch größere als auch nach unten durch geringere Maße – vom Bauordnungsrecht abzuweichen (vgl. Nr. 2.3.1.2 des Muster-Einführungserlasses der ARGEBAU zum Gesetz zur Erleichterung von Planungsvorhaben für die Innenentwicklung der Städte).

447 Die **gesetzlichen** Regelungen des § 6 Abs. 5 BauO NRW können **durch satzungsrechtliche** Bestimmungen der Gemeinden **ersetzt** werden, worauf **Abs. 5 Satz 6** nunmehr **klarstellend** hinweist. In einem solchen Fall tritt an die Stelle der nach den Abs. 5 maßgebenden Faktoren zur Ermittlung der Abstandsflächentiefe die Bestimmung einer Satzung nach § 89 Abs. 1 Nr. 6 BauO NRW über **geringere** als die in § 6 Abs. 5 BauO NRW vorgeschriebenen Maße. Die **Satzungsermächtigung** verlangt das Vorhandenseins eines **Ortsteils mit bauhistorischer Bedeutung** oder **sonstiger erhaltenswerter Eigenart** und erlaubt nur eine **Verringerung** der Maße für die Tiefe (vgl. § 89 Rdn. 65–68). Das System der Berechnung der Abstandsflächen nach Abs. 4 kann satzungsrechtlich nicht verändert werden.

448 Diese Satzungsermächtigung der BauO NRW wird **verdrängt**, wenn die Gemeinde von der **weitergehenden** Festsetzungsbefugnis nach § 9 Abs. 1 Nr. 2a BauGB Gebrauch machen möchte. Letztere erweist sich deshalb als weitergehend, weil der Bundesgesetzgeber, anders als der Landesgesetzgeber, keine Einschränkungen vorgegeben hat. Die Festsetzungsermächtigung steht nur – wie alle Bebauungsplanfestsetzungen – unter dem allgemeinen Vorbehalt des § 1 Abs. 3 Satz 1 BauGB der **Erforderlichkeit** einer entsprechenden Regelung des Maßes der Tiefe der Abstandsfläche.

6.2 Vorgaben für das Maß der Tiefe der Abstandsfläche

449 Die grundsätzliche **Tiefe der Abstandsfläche** beurteilt sich nach Abschaffung des Schmalseitenprivilegs nach **Abs. 5.** Das nach Abs. 4 errechnete Maß – H – wird mit dem baugebietsabhängigen Faktor in Abs. 5 multipliziert (vgl. Rdn. 434). Nach Abs. 5 Satz 1 beträgt die »**Normaltiefe**« **0,4 H**, solange kein Reduzierungstatbestand nach den Sätzen 2–5 oder eine städtebauliche Satzung nach Satz 6 vorrangig ist. Die **Mindestabstandsflächentiefe** beträgt jedoch in jedem Fall mindestens **3 m**. Ausnahmen bestimmt Satz 2 für Gewerbe- und Industriegebiete, Satz 3 die Tiefe der Abstandsfläche zu öffentlichen Verkehrsflächen, öffentlichen Grünflächen und öffentlichen Wasserflächen und Satz 5 für Wohngebäude der Gebäudeklassen 1 und 2. Nach Satz 6 sind städtebauliche Satzungen nach § 89, wenn diese abweichende Tiefen von den Abstandsflächen bestimmen, vorrangig zu beachten. Auf die bisherige in der BauO NRW 2000 normierte besondere Regelung für Sondergebiete wurde verzichtet. Besonderheiten von Sondergebieten kann im Rahmen der Bauleitplanung oder durch Abweichungen nach § 69 BauO NRW ausreichend Rechnung getragen werden (vgl. LT-Drucks. 17/2166, S. 103).

450 Nach **Abs. 5 Satz 1** beträgt die Tiefe der **Abstandsfläche grundsätzlich in allen Gebieten**
 – 0,4 H,
 – mindestens jedoch 3 m.

Von diesem Grundsatz bestimmen die Sätze 2–6 Reduzierungen vom Tiefenmaß für näher bestimmte Gebiete. Die **Mindestabstandsflächentiefe** von **3 m** gilt jedoch auch im Falle der näher bestimmten Reduzierungstatbestände als **Mindestmaß** und darf in keinem Fall des Abs. 5 unterschritten werden. 451

Abweichend vom Grundsatz nach Satz 1 gilt nach **Abs. 5 Satz 2** eine Tiefe von – 0,2 H in Gewerbegebieten und Industriegebieten. 452

Nach **Abs. 5 Satz 3** beträgt die Tiefe der Abstandsfläche zu **öffentlichen Verkehrsflächen, öffentlichen Grünflächen und öffentlichen Wasserflächen** – 0,2 H in Kern- und urbanen Gebieten. 453

Für Gewerbegebiete und Industriegebiete verlangt Satz 2 ohnehin nur eine Tiefe von 0,2 H, sodass diese in Satz 3 nicht noch einmal aufgeführt werden müssen. Neben Kerngebieten gilt der verringerte Abstand nun auch für Urbane Gebiete. Zu beachten ist dabei auch Abs. 2 Satz 2, wonach sich die Abstandsflächen auf öffentliche Verkehrsflächen, öffentliche Grünflächen und öffentliche Wasserflächen erstrecken dürfen, jedoch nur bis zu deren Mitte (vgl. Rdn. 335–343) 454

Auch wenn ein Gebäude nicht unmittelbar an einer der genannten öffentlichen Flächen, sondern zurückgesetzt errichtet werden soll, genügt vor der dieser öffentlichen Fläche zugewandten Außenwand die reduzierte Tiefe der Abstandsfläche (OVG Bln, Beschl. v. 27.10.2004 – 2 S 43.04, BauR 2005, 368 = BRS 67 Nr. 131). 455

Nach **Satz 5** genügt für **Wohngebäude der Gebäudeklassen 1 und 2**, wenn diese nicht mehr als **3 oberirdische Geschosse** haben, als Tiefe der Abstandsfläche **3 Meter**, selbst wenn eine Außenwand eine Wandhöhe von 7,50 m überschreitet. Unter den Begriff Wohngebäude fallen auch Räume für die Berufsausübung freiberuflich tätiger und vergleichbarer Gewerbetreibender. Voraussetzung ist jedoch, dass das Gebäude überwiegend durch Wohnnutzung geprägt sein muss und von der untergeordneten gewerblichen Nutzung ein der Wohnnutzung vergleichbares Gefährdungspotential ausgeht. 456

Im Vergleich zur BauO NRW 2000 ergibt sich eine »**Verschlechterung**« für **Gebäude in Kerngebieten** insoweit, ein bislang nach § 6 Abs. 6 BauO NRW 2000 auf einer Länge bis zu 16 m der Faktor von 0,25 h in Anspruch genommen werden konnte. Nach Abs. 5 Satz 1 beträgt dieser jetzt einheitlich 0,4 h auch in Kerngebieten. Das entspricht auch der Rechtsprechung, wonach in Kerngebieten mit ihrem regelmäßig sehr hohen Verdichtungsgrad die **Anforderungen an gesunde Wohnverhältnisse** nur gewahrt sind, wenn in der Geschossebene der Wohnnutzung noch ein Abstand von 0,4 H eingehalten wird (vgl. Nds. OVG, Urt. v. 26.09.2000 – 1 K 3563/99, BRS 63 Nr. 3). Da die Wohnnutzung in Kerngebieten in vielen Fällen bereits oberhalb des Erdgeschosses aufgrund der Festsetzungen der Bebauungspläne zulässig ist und auch Wohnungen in entsprechend einzustufenden Gebieten nach § 34 Abs. 2 BauGB vorhanden sind, bestand kein Anlass diese Baugebiete abstandsrechtlich stärker zu begünstigen als Mischgebiete oder Wohngebiete. Daher sieht die BauO NRW 2018 für alle Baugebiete mit Ausnahme von Gewerbegebieten und Industriegebieten den Faktor von 0,4 H vor (s.a. Rdn. 436). 457

Johlen

§ 6 Abstandsflächen

458 Mit den **Baugebietsbezeichnungen** knüpft das Abstandsflächenrecht an die **BauNVO** an (OVG NRW, Urt. v. 05.02.1998 – 10 A 6361/95, BRS 60 Nr. 110). Den Baugebietsbegriffen der Abs. 5 können grundsätzlich auch vor Inkrafttreten der BauNVO 1962 festgesetzte Baugebiete unterfallen, deren Bezeichnungen mit den Baugebietstypen der BauNVO nicht übereinstimmen, wenn das in einem übergeleiteten Bebauungsplan festgesetzte Baugebiet im Wesentlichen einem Baugebietstyp der BauNVO entspricht (OVG NRW, Beschl. v. 22.03.2002 – 10 B 201/02, BRS 65 Nr. 120).

459 Die abstandsrechtlich begünstigten Kerngebiete, Gewerbegebiete und Industriegebiete müssen **eindeutig** entweder durch **Festsetzung in einem Bebauungsplan** oder aufgrund der **Art** der vorhandenen Bebauung innerhalb eines nichtbeplanten Innenbereichs nach § **34 Abs. 2 BauGB bestimmbar** sein (OVG NRW, Beschl. v. 24.06.1987 – 11 B 862/87, n.v.). Im Falle des § 34 BauGB fehlt es an einer eindeutigen Zuordnung, wenn die prägende Umgebungsbebauung nach der Art der baulichen Nutzung **diffusen Charakter** aufweist, weil z.B. Wohnnutzungen und erheblich störende gewerbliche Nutzungen in enger Nachbarschaft zueinander stehen und eine »**Gemengelage**« bilden (OVG NRW, Beschl. v. 11.09.1989 – 11 B 2043/89, n.v.).

460 **Abs. 5 Satz 4** stellt klar, dass die in Kerngebieten, Gewerbegebieten und Industriegebieten zulässigen Tiefen der Abstandsflächen nur **innerhalb der jeweiligen Gebiete** gelten, so dass sie **keine Außenwirkung** auf angrenzende andere Baugebiete haben. So kommt der Faktor von 0,2 H für die verminderte Tiefe der Abstandsfläche im Industrie- und Gewerbegebieten an solchen Grundstücksgrenzen nicht zur Anwendung, an denen das dem Industrie- bzw. Gewerbegebiet zugehörige Grundstück an ein Gebiet mit einem größeren Abstandsmaß, z.B. ein allgemeines Wohngebiet angrenzt (OVG NRW, Beschl. v. 30.01.1995 – 10 B 2560/94, BRS 57 Nr. 146).

461 In allen nach **Abs. 5 Satz 1 – 5 aufgelisteten Fällen** darf die Tiefe der Abstandsfläche, soweit die Berechnung einen geringeren Wert ergibt, in keinem Fall **weniger als 3 m** betragen. Wenn auch **andere Bauordnungen** teilweise eine geringere Mindesttiefe vorsehen, muss akzeptiert werden, dass der nordrhein-westfälische Gesetzgeber in Übereinstimmung mit der MBO 2002 für den **Normalfall** am **Mindestabstand von 3 m** festhält und **Unterschreitungen bis zum Maß von** 1,5 m nur in den **Sonderfällen, beispielsweise** des § 6 Abs. 9 BauO NRW zulassen will. Die nach Abs. 8 in den Abstandsflächen zulässigen Gebäude und Anlagen ohne eigene Abstandsflächen sind auch in den Abstandsflächen mit der Mindesttiefe von 3 m zulässig. Da die Tiefen der Abstandsflächen senkrecht zur Wand gemessen werden, ergibt sich bei einem Winkel der Außenwände zur Grundstücksgrenze von **genau 45°** ein **Grenzabstand des Eckpunktes** von lediglich **2,12 m**, was als durchaus – unerwünschter – Nebeneffekt der vereinfachten Ermittlung hinzunehmen ist. **Geringere Tiefen** der Abstandsflächen als 3 m können **in überwiegend bebauten Gebieten** nach Maßgabe des **Abs. 12** unter den dort genannten engen Voraussetzungen bauaufsichtlich gestattet werden. Das Mindestmaß des Abs. 5 gilt auch für diejenigen Regelungen, in denen auf Abs. 5 Bezug genommen wird (z. B. Abs. 1 Satz 2). Die Regelung in Abs. 5 hat Vorrang vor der Regelung des Abs. 4 Satz 1, wonach sich die Tiefe der Abstandsfläche nach Maßgabe

des Abs. 4 Sätze 2 bis 6 und Abs. 5 aus der Wandhöhe errechnet. Satz 5 schränkt also den Grundsatz des Abs. 4 Satz 1 ein (vgl. Boeddinghaus/Hahn/Schulte § 6 Rn. 485). Der Mindestabstand von 3 m ist lediglich für das Abstandsflächenrecht maßgebend. Aus **baurechtlichen** und **sonstigen öffentlich-rechtlichen Vorschriften größere Abstände** als nach § 6 BauO NRW ergeben können, die dann dem Abstandsflächenrecht vorgehen (s. Rdn. 201 ff.).

7 Zu Abs. 6 – Untergeordnete Bauteile und Vorbauten

Die Vorschrift über die bei der Bemessung der Abstandsfläche außer Betracht bleibenden Gebäudeteile und Vorbauten wurde vollumfänglich an § 6 Abs. 6 MBO 2002 angepasst. Abs. 4 regelt die Bemessung der Tiefe der Abstandsfläche nach der Wandhöhe der Außenwand, vor der die Abstandsfläche von Gebäuden freizuhalten ist (s. Rdn. 375–383) und geht davon aus, dass die Außenwand durch einzelne Bauteile, wie Gesimse und Dachvorsprünge, aber auch durch Vorbauten, wie Balkone oder Erker, in sich gestaltet oder gegliedert ist (s. Rdn. 384). Die Vorschrift dient nicht zuletzt der **vereinfachten Anwendung** des Abstandsflächenrechts (s. Rdn. 33 und Abb. 6.2), da sie regelt, welche **unselbständigen** Bauteile **bei der Bemessung** der Abstandsflächen **außer Betracht** bleiben Die **Zielsetzung** des Abs. 6 besteht darin, im Einzelnen festzulegen, welche **Bauteile** und Vorbauten, die **typischerweise** die durch die Abstandsflächenregeln geschützten Belange nach der für alle verbindlichen Wertung des Gesetzgebers nur **geringfügig beeinträchtigen,** bis zu welchen **Abmessungen** bei der Bemessung der Abstandsfläche **außer Betracht** bleiben. Mit dieser Regelung hat der Gesetzgeber eine politische Aussage darüber getroffen, wann nach seinen Vorstellungen vor die Außenwand vortretende Bauteile den Nachbarn so wenig stören, dass sie bei der **Bemessung** der Abstandsfläche vor dieser Außenwand **vernachlässigt** werden können. 462

Indirekt wird damit aber auch festgelegt, welche vor die Außenwand vortretenden Bauteile und Vorbauten wegen der von ihnen ausgehenden Störungen bei der **Bemessung** der Abstandsfläche dieser Außenwand **berücksichtigt werden müssen** (VGH B-W, Urt. v. 30.10.1985 – 3 S 2310/85, BRS 44 Nr. 102). 463

Eine wesentliche – nicht ausdrücklich normierte – **Voraussetzung** für die Anwendung des Abs. 7 ist, dass die **Außenwand** selbst den Anforderungen des Abs. 5 entspricht und die danach erforderliche **Tiefe der Abstandsfläche** einhält. Dies ist bei **Erneuerungsmaßnahmen** zu beachten, die den Nutzwert bestehender Gebäude durch neue Bauteile oder Vorbauten verbessern sollen. Die **nachträgliche Schaffung** von Balkonen an einer selbst **nicht die erforderliche Tiefe der Abstandsfläche einhaltenden Außenwand** wirft die **Abstandsfrage neu** auf (OVG NRW, Beschl. v. 20.06.2000 – 10 B 853/00, BauR 2001, 767 = BRS 63 Nr. 134). Wird nachträglich auf dem Flachdach einer Dachgaube eine Dachterrasse geschaffen, so ist der hinzutretende Bauteil einer **isolierten baurechtlichen Beurteilung** nicht mehr zugänglich (hierzu s. BVerwG, Beschl. v. 04.02.2000 – 4 B 106.99, BauR 2000, 1041 = BRS 63 Nr. 172), weil durch die **Kombination von Dachterrasse und Dachgaube** eine **neue bauliche Gesamtheit** entsteht, die daraufhin zu prüfen ist, ob sie insgesamt den Abstandsregelungen genügt 464

(OVG NRW, Beschl. v. 22.11.2001 – 10 B 1378/01, BauR 2002, 925 = BRS 64 Nr. 121; s.a. Rdn. 412).

465 Abs. 6 regelt **nicht** – wie häufig angenommen – die **Zulässigkeit** bestimmter **Bauteile und Vorbauten vor Außenwänden** oder innerhalb von Abstandsflächen. Die **Zulässigkeit** richtet sich zunächst nach dem **Bauplanungsrecht** (OVG NRW, Beschl. v. 08.12.1998 – 10 B 2255/98, BauR 1999, 628 = BRS 60 Nr. 208). Da Gebäude zumeist unter Ausnutzung der überbaubaren Grundstücksflächen errichtet werden, ist nach § 23 Abs. 2 Satz 2, Abs. 3 Satz 2 oder Abs. 4 Satz 1 BauNVO 1990 zunächst über die Zulassung städtebaulich relevanter Gebäudeteile vor der Baulinie, Baugrenze oder Bebauungstiefe zu entscheiden (s. Rdn. 211 und 228–236). Sodann ist zu prüfen, ob sich **Zulässigkeitseinschränkungen** aus **sonstigen öffentlich-rechtlichen Vorschriften**, insbesondere aus dem **Denkmalrecht** oder dem **Straßenrecht** ergeben. So kann z.B. die nachträgliche Schaffung von Balkonen aus denkmalrechtlichen Gründen unzulässig sein, weil hierdurch das Erscheinungsbild des Denkmals unzulässig beeinträchtigt wird. obwohl keine bauplanungsrechtlichen Aspekte dem Vorhaben entgegenstehen.

466 Sind Bauteile und Vorbauten **bauplanungsrechtlich** vor einer Außenwand zulässig, liegen sie also **innerhalb der überbaubaren Grundstücksfläche**, so ist nach § 6 Abs. 1 Satz 3 Nr. 1 BauO NRW eine **Abstandsfläche** vor den **seitlichen Bereichen dieser Vorbauten** dann **nicht erforderlich**, wenn nach bauplanungsrechtlichen Vorschriften **ohne oder mit geringerem Grenzabstand** gebaut werden **muss** (s. Rdn. 206 und 310–321). Die Bauteile und Vorbauten nach Abs. 6 sind in diesen Fällen **unmittelbar an der Nachbargrenze** oder – wie das Gebäude – **mit geringerem Grenzabstand zulässig**, so dass insoweit die in Abs. 6 Nr. 1–3 BauO NRW geregelten Abstände zu **den** Nachbargrenzen (s. Rdn. 472) für die abstandsrechtliche Unbeachtlichkeit keine Rolle spielen. Die Bauteile und Vorbauten bleiben abstandsrechtlich außer Betracht, obwohl sie an der Nachbargrenze liegen. Bei Anwendung des Abs. 6 ist daher zunächst die **Klärung der bauplanungsrechtlichen Vorgaben** erforderlich (s. Rdn. 211).

467 Abs. 6 gliedert sich in **3 Unterpunkte** auf, die für Bauteile und Vorbauten im Einzelnen **unterschiedliche Voraussetzungen** formuliert, die zur abstandsrechtlichen Unbeachtlichkeit der jeweiligen Bauteile oder Vorbauten führt. Im Einzelnen werden von Abs. 6 erfasst:
 – Nr. 1: vor die Außenwand vortretende Bauteile wie Gesimse und Dachüberstände,
 – Nr. 2: Vorbauten und
 – Nr. 3: Seitenwände von Vorbauten und Dachaufbauten, wenn sie nicht an einer Grundstücksgrenze errichtet werden.

468 Andere Gebäudeteile, die nicht in Abs. 6 genannt sind, sind weiterhin abstandsflächenrechtlich relevant. Dies gilt beispielsweise auch für eine Luftwärmepumpe (vgl. OVG Münster, Beschl. v. 30.11.2016 – 7 A 263/14, juris).

469 Zu beachten ist, dass die jeweiligen Bauteile nach Nr. 1 (vgl. Rdn. 471–472) und Vorbauten nach Nr. 2 (vgl. Rdn. 473–482), »**nicht mehr als vorgegebenen Maximalmaße vor die jeweilige Außenwand vortreten**«. Bei einer **Überschreitung** des Maßes sind die Bauteile und Vorbauten **abstandsrelevant**, auch wenn es sich nur um eine geringfügige

Überschreitung handelt, denn auch bei dieser Regelung ist die »zentimeterscharfe« Konzeption des Abstandsflächenrechts zu beachten (s. Rdn. 66). Für die unter Nr. 3 gefassten Seitenwände von Dachaufbauten und Vorbauten ist zu beachten, dass hiervon nur die solche Bauteile erfasst sind, die selbstständige Gebäudeteile und insoweit keine unselbstständigen Bestandteile des Daches sind (vgl. LT-Drucks. 17/2166, S. 104).

Die **Außenwand** im Sinne des Abs. 6 stellt die »Bezugsebene« für das Vortreten dar und ist die **Fläche, von der die wesentliche Störung auf den Gegenüber ausgeht.** Bei **versetzten** Wänden ist nur der Teil der Außenwand gemeint, an der ein Bauteil oder ein Vorbau liegt. Ein im Staffelgeschoss um mehr als 1,5 m bzw. 1,6 m vortretender untergeordneter Gebäudeteil kann für die Bemessung der Abstandsfläche nicht deshalb unberücksichtigt bleiben, weil er in Bezug auf das darunter liegende vorspringende Geschoss das Ausladungsmaß von 1,5 m bzw. 1,6 m einhält (Hamb. OVG, Beschl. v. 04.10.2006 – 2 Bf 28/05.Z, BauR 2007, 530 = BRS 70 Nr. 129). Dem Ziel des Abs. 6 widerspricht es jedoch, im Bereich eines Balkons, der vor einer Loggia liegt, deren Rückwand als Bezugsebene für das Maß der Vorkragung in Ansatz zu bringen (so aber noch OVG NRW, Beschl. v. 31.10.2001 – 10 B 1273/01, n.v.). 470

7.1 Vortretende Bauteile

Nr. 1 erfasst **untergeordnete** vor die Außenwand vortretende **Bauteile.** Die Aufzählung von Gesimsen und Dachüberständen ist **beispielhaft.** Der Gesetzgeber geht davon aus, dass es auch andere vor die Außenwand vortretende untergeordnete Bauteile gibt, wie z.b. Brüstungen, Fensterbänke, Fenstergitter, Schlagläden, Blumenfenster, Regenfallrohre, Regenrinnen, Abgasrohre oder Lüftungsleitungen. Weiterhin sind von Nr. 1 nur »**untergeordnete**« Bauteile erfasst (vgl. LT-Drucks. 17/2166, S. 104). Das eingrenzende Merkmal der **Unterordnung** bedeutet, dass die Bauteile sich dem **Umfang** und der **Größe** nach **in Grenzen** halten (BayVGH, Urt. v. 27.11.1974 – Nr. 54 I 73, BRS 29 Nr. 90), **im Verhältnis zum Gebäude unbedeutend** erscheinen (Hess. VGH, Beschl. v. 12.10.1995 – 4 TG 2941/95, BRS 57 Nr. 139; BayVGH, Urt. v. 23.10.2010 – 15 B 08.2180, juris) und in ihrer **Funktion** sowie nach **Umfang** und **Auswirkungen** gegenüber dem Gebäude **nicht nennenswert ins Gewicht** fallen (Hess. VGH, Beschl. v. 14.06.2010 – 4 A 879/10.Z, BauR 2011, 823; Nds. OVG, Urt. v. 22.04.2015 – 1 LB 63/14, BauR 2015, 1312; OVG Rh-Pf, Urt. v. 18.06.2015 – 1 A 10775/14, juris). Eine Unterordnung im Sinne von Nr. 1 setzt auch eine funktionale Unterordnung voraus. Diese fehlt, wenn die dort benannten Bauteile eine funktionsgerechte Nutzung des zugeordneten Gebäudes erst ermöglichen (OVG NRW, Urt. v. 17.01.2008 – 7 A 2761/06, juris zur Außentreppe als zweiten Rettungsweg; OVG NRW, Beschl. v. 30.11.2016 – 7 A 263/16, BauR 2017, 260 zu einer Luftwärmepumpe). 471

Die Bauteile bleiben bei der Bemessung der Abstandsfläche nur außer Betracht, wenn sie **nicht mehr als 1,50 m vor die Außenwand vortreten.** Nr. 1 enthält **keine Breitenbeschränkung** in Bezug auf die Außenwand, da sich das Kriterium der Unterordnung nicht sinnvoll dadurch beurteilen lässt, dass auf ihr quantitatives Verhältnis zur 472

§ 6 Abstandsflächen

Wandbreite abgestellt wird (OVG Saar, Beschl. v. 28.06.2002 – 2 W 4/02, BauR 2003, 230 = BRS 65 Nr. 123).

7.2 Vorbauten

473 Nr. 2 erfasst **Vorbauten**. Aus der Gesetzesbegründung geht hervor, dass trotz nicht näherer Benennung der Vorbauten auch weiterhin beispielsweise Erker, Balkone, Altane, Treppenräume und Aufzugsschächte erfasst werden (vgl. LT-Drucks. 17/2166, S. 104 mit Verweis auf die BauO NRW 2000). Auch an der Außenwand liegende **Aufzüge** und **Treppenräume** stellen Vorbauten in diesem Sinne dar obwohl sie ab der Geländeoberfläche beginnen und über die gesamte Höhe des Gebäudes reichen (anders noch OVG Bln, Urt. v. 22.05.1992 – 2 B 22.90, BRS 54 Nr. 97 zu Aufzügen). Diese können als vorspringende Bauteile sich über die gesamte Höhe der Außenwand erstrecken (LT-Drucks. 14/9738 S. 37).Auch ein an der Giebelwand angebauter Schornstein ist als Bauteil im Sinne von Abs. 6 zulässig, selbst wenn ein Teil des Schornsteins oberhalb der Dachkante liegt (OVG NRW, Urt. v. 18.05.1994 – 7 A 1445/93 –, juris).

474 Die Regelungen in Abs. 6 Nr. 2 betreffen nur Vorbauten, die als unselbstständige mit dem Gebäude verbundene Bauteile angesehen werden können (OVG NRW, Beschl. v. 25.2.1988 – 10 A 1300/87 --; OVG NRW, Urt. v. 9.3.2012 – 2 A 2732/10 – juris, Beschl. v. 17.1.2008 – 7 A 2761/08 -; VG Arnsberg, Urt. v. 23.2.2015 – 8 K 1398/14 – juris).

475 Ein häufiger Anwendungsfall von Nr. 2 sind **Erker**. Dabei handelt es sich um ein aus der **Gebäudeaußenwand vorspringender** und **nicht aus dem Boden aufsteigenden** Vorbau, welcher der Verbesserung des Ausblicks und der Belichtungsverhältnisse sowie der Fassadengestaltung dient (OVG NRW, Urt. v. 17.12.1992 – 10 A 2055/89, NWVBl. 1993, 300 = BRS 54 Nr. 85 unter Hinweis auf Beschl. v. 29.11.1985 – 7 B 2402/85, BRS 44 Nr. 101 und OVG Lüneburg, Urt. v. 11.06.1991 – 6 A 96/85, BRS 47 Nr. 96; OVG NRW, Urt. v. 12.11.2003 – 7 A 405/02, juris). Die **Annahme eines Erkers scheidet grundsätzlich aus**, wenn der vortretende Gebäudeteil nicht Element der architektonischen Fassadengestaltung oder Facette in der Innenraumaufteilung und -gestaltung, sondern **in erster Linie ein Mittel zur Gewinnung einer zusätzlichen Wohnfläche** nennenswerten Ausmaßes ist (OVG NRW, Beschl. v. 26.03.1993 – 11 B 713/93, BauR 1993, 581 = BRS 55 Nr. 112 = NWVBl. 1993, 391 zu einer Vergrößerung des Erd- und des Obergeschosses um jeweils 5 % der Wohnfläche; OVG NRW, Urt. v. 12.11.2003 – 7 A 405/02, juris; Hess. VGH, Beschl. v. 14.06.2010 – 4 A 879/10.Z, BauR 2011, 823). Ein Erker, der über mehr als ein Drittel der Außenwandlänge vom Erdgeschoss bis in den Dachgeschossbereich reicht, ist nicht mehr abstandsrechtlich unbeachtlich (OVG NRW, Beschl. v. 26.03.1993 – 11 B 713/93, BauR 1993, 581; OVG Bln, Beschl. v. 25.03.1993 – 2 S 4.93, BRS 55 Nr. 121; Hess. VGH, Beschl. v. 12.10.1995 – 4 TG 2941/95, BRS 57 Nr. 139 = NVwZ-RR 1996, 307).

476 Auch **Treppenräume** und **Aufzüge** stellen Vorbauten im Sinne von Nr. 2 dar. Der Begriff Treppenraum ist weit auszulegen, erfasst daher auch z.B. zusätzliche Treppenhäuser als zweiten Rettungsweg. Gleiches gilt für **Aufzüge**. Der Gesetzgeber wollte

hiermit insbesondere auch eine barrierefreie Nutzung von Gebäuden ermöglichen und die Sicherheit von Gebäuden (z.b. durch die Errichtung weiterer Treppenräume) erhöhen (LT-Drucks. 14/9738 S. 37). Die Privilegierung greift jedoch nicht, soweit diese Vorbauten bis in die Dachflächen reichen. Es fehlt dann an einem »Vortreten vor die Außenwand« (a.A. VG Köln, Beschl. v. 08.02.2010 – 2 L 1847/09, n.v., für eine Aufzugsüberfahrt im Dachgeschoß). In diesem Fall ist vielmehr anhand der insbesondere zu Gauben aufgestellten Kriterien zu prüfen, ob es sich um privilegierte Dachaufbauten handelt (s. Rdn. 411–417). Meist scheidet eine Privilegierung aus, weil es an dem Zurücktreten gegenüber der Außenwand (s. Rdn. 412) fehlt.

»Reine« Überdachungen von Hauseingängen unterfallen ebenfalls dem Begriff **Vorbau** nach Nr. 2, soweit sie **nicht mehr als ein Drittel der Breite Länge der jeweiligen Außenwand** in Anspruch nehmen. Sie müssen dann aber **mindestens 2 m von den Nachbargrenzen entfernt** bleiben, um abstandsrechtlich außer Betracht zu bleiben. 477

Nach § 6 Abs. 6 Nr. 2 müssen Vorbauten, damit diese abstandsrechtlich unbeachtlich sind, **kumulativ** die unter Nr. 2 gefassten **Voraussetzungen** erfüllen. 478

Nach **Nr. 2 a)** dürfen Vorbauten **insgesamt nicht mehr als ein Drittel der Breite der jeweiligen Außenwand** in Anspruch nehmen (zur einschränkenden Formulierung »der jeweiligen Außenwand« s. Rdn. 470). Dieses Maß stimmt mit der Rechtsprechung zu der Frage überein, bis zu welcher Breite Vorbauten noch als untergeordnet anzusehen sind (s. Rdn. 462–470). Mit der Maßangabe sollen Auslegungsprobleme vermieden werden, die durch Anknüpfung an den Begriff der Unterordnung im Vorgängerrecht entstanden sind (vgl. LT-Drucks. 14/2433 S. 15). Die Vorbauten dürfen »insgesamt« ein Drittel der Breite nicht überschreiten. Es dürfen demnach mehrere schmale Vorbauten vor der jeweiligen Außenwand liegen, müssen jedoch in der Summe ihrer aufaddierten Breiten das Drittelmaß einhalten. Die Betrachtung erfolgt hierbei nicht in vertikaler, sondern in horizontaler Richtung. Gemeint ist die Addition der Breite der Vorbauten auf einer gleichen Höhe oder Ebene des Gebäudes, also bei Gebäuden mit Geschossen die geschossweise Addition vor der jeweiligen Außenwand. 479

Nr. 2 b) bestimmt, dass Vorbauten max. **1,6 m** vor die jeweilige Außenwand vortreten dürfen, um noch unbeachtlich zu bleiben. Die BauO NRW 2018 hat das Maß für privilegierte Bauteile um 10 cm im Vergleich zur BauO NRW 2000 erhöht. Diese Erhöhung dient in erster Linie der Barrierefreiheit, das somit eine Konstruktionsstärke der Umwehrung von 10 cm bei einer Bewegungsflächentiefe von 1,50 m für Rollstuhlfahrer sichergestellt werden kann (vgl. LT-Drucks. 17/2166, S. 104). 480

Nr. 2 c) bestimmt eine weitere Voraussetzung für die Unbeachtlichkeit von Vorbauten. Danach bleiben nur solche Vorbauten abstandsrechtlich außer Betracht, die **mindestens 2 m von den gegenüberliegenden Nachbargrenzen entfernt** sind). Das Maß vom 3 m, wie sie noch in § 6 Abs. 7 Satz 1 Nr. 3 BauO NRW 2000 normiert war, wurde mit der BauO NRW 2018 wieder auf 2 m reduziert. Als gegenüberliegend ist dabei die Nachbargrenze anzusehen, die der Außenwand, vor die untergeordneten Bauteile treten. Bei einer Mindesttiefe der Abstandsfläche von 2 m dürfen demnach keine Vorbauten mehr vor die Außenwand treten. 481

482 Die Vorgaben der Nr. 2 zur Breite und zum Grenzabstand betreffen nur die Berücksichtigung von Vorbauten unter abstandsrechtlichen Gesichtspunkten. Der **Bauherr kann** Vorbauten **breiter** und **tiefer ausführen**; diese lösen dann jedoch **Abstandsflächen** aus (VGH B-W, Urt. v. 29.09.2015 – 3 S 741/15, BauR 2016, 84 = BRS 83 Nr. 100). Die Vorbauten sind zulässig, wenn keine bauplanungsrechtlichen oder sonstigen öffentlich-rechtlichen Vorschriften entgegenstehen (s. Rdn. 465–466). Auch das bauplanungsrechtliche Gebot der Rücksichtnahme darf nicht verletzt sein (OVG NRW, Urt. v. 22.08.2005 – 10 A 3611/03, BauR 2006, 342 = BRS 69 Nr. 91 zu einem an der Nachbargrenze liegenden Balkon, von dem aus – wie von einer »Aussichtsplattform« – Einsichtnahmemöglichkeit in ein 1 m entferntes Schlafzimmerfenster sowie die Terrassenbereiche des Nachbargrundstücks bestand). Die **Tiefe** der Abstandsfläche **abstandsrelevanter Vorbauten** bemisst sich nach ihrer **Höhe über der Geländeoberfläche**. Oberer Bezugspunkt bei **Balkonen** ist die **Höhe der Umwehrung** unabhängig vom Material und ungeachtet einer etwaigen Transparenz (OVG NRW, Urt. v. 12.09.2006 – 10 A 2980/05, BauR 2007, 350 = BRS 70 Nr. 128; OVG Saar, Beschl. v. 10.06.2013 – 2 B 30/13, juris). Das sich ergebende Maß ist – H –, aus dem sich nach den Abs. 5 und 6 die Tiefe der Abstandsfläche ergibt (s. Abb. 6.34).

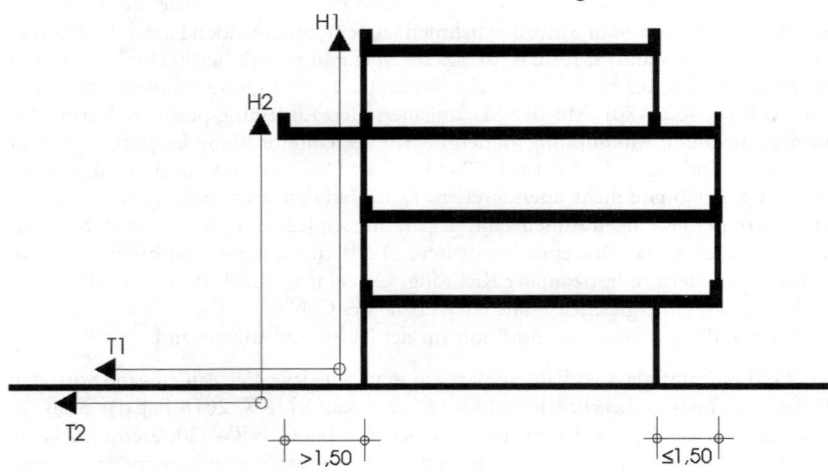

Abb. 6.34 Tiefe der Abstandsfläche abstandsrelevanter Balkone (s. Rdn. 482)

7.3 Seitenwände von Vorbauten und Dachaufbauten

483 Nr. 3 betrifft die Privilegierung von **Seitenwänden** von **Vorbauten** und **Dachaufbauten**, soweit sie nicht Bestandteil des Daches, wie Dachgauben, sondern **selbstständige Bauteile** sind. Solche selbstständigen Bauteile des Daches lösen, anders als Dachaufbauten, die Bestandteil des Daches sind, **eigene Abstandsfläche** aus (vgl. LT-Drucks. 17/2166, S. 104). Insbesondere in Fällen der geschlossenen Bauweise musste für selbstständige Dachaufbauten bisher eine Abweichung nach § 69 BauO NRW erteilt werden, wenn dieses nicht an der seitlichen Grundstücksgrenze errichtet wurden.

Nr. 3 betrifft die Privilegierung der Seitenwände von Vorbauten und Dachaufbauten, soweit sie eigene Abstandsfläche auslösen (vgl. LT-Drucks. 17/2166, S. 104). Diese bleiben nun, auch wenn sie nicht an der Grundstücksgrenze errichtet werden, für die Bemessung der Abstandsflächen außer Betracht. Dies gilt jedoch nur für diejenigen Seitenwände, die einer Nachbargrenze zugewandt sind, an die das übrige Gebäude grenzständig errichtet wurde. 484

Vorbauten, die die Voraussetzungen nach Nr. 2 erfüllen, bleiben bei der Bemessung von Abstandsflächen grundsätzliche außer Betracht. So sind insoweit nur die Abstandsflächen solcher Seitenwände von Vorbauten relevant, die die Voraussetzungen nach Nr. 2 nicht erfüllen, z.b. weil diese die Tiefe von 1, 60 m überschreiten. Erfasst werden von Nr. 3 ebenso auch nur die Seitenwände einer Dachgaube, die nicht privilegiert ist, z.B. aufgrund eines davor liegenden Balkons. 485

Auch wenn Nr. 3 keine **Größenbeschränkung** erhält, kommt eine Privilegierung nur in Betracht, wenn sich die Vorbauten der Außenwand und die Dachaufbauten der übrigen Dachfläche **quantitativ unterordnen** und nicht als völlig eigenständiges Bauteil in Erscheinung treten. 486

Das gilt auch für **Zwerchhäuser**, die zwar nicht aus der Außenwand hervortreten, sondern diese über die Traufen hinaus in den Dachbereich verlängern (vgl. Boeddinghaus/Hahn/Schulte § 6 Rn. 529). Das Zwerchhaus steigt von der Geländeoberfläche aus bis in den Dachbereich auf und stellt sich dort als Dachaufbau dar (OVG NRW, Urt. v. 21.01.1999 – 10 A 4072/97 – juris). 487

8 Zu Abs. 7 – Privilegierung von Maßnahmen der Wärmedämmung und von Solaranlagen

Die bereits mit der BauO NW 1995 eingeführte Vorschrift berücksichtigt das Erfordernis der **von Maßnahmen zum Zwecke der Energieeinsparung und Solaranlagen an bestehenden Gebäude.** Es ist unter ökologischen Gesichtspunkten ein wichtiges politisches Ziel, die **Energieeinsparung** auch bei bestehenden Gebäuden zu **verbessern.** Die Vorschrift privilegiert nur bestehende Gebäude und damit nicht die Aufstockung eines Gebäudes (OVG Münster, Beschl. v. 19.07.2017 – 7 Um dieses Ziel erreichen zu können, sollen die Außenwände dieser Gebäude mit wärmedämmenden Bekleidungen versehen werden können, wozu in vielen Fällen auch eine Verbesserung der Wärmedämmung im Dachbereich erforderlich ist. Das bedingt bei Gebäuden mit Flachdach nicht selten eine **Erhöhung** oder **Anhebung** der Dachkonstruktion. Auch die Montage von **Solaranlagen** soll nachträglich möglich sein. Infolge dieser Maßnahmen kann es erforderlich werden, sogar die zur Nachbargrenze hin erforderliche **Mindesttiefe** der Abstandsfläche von **3 m** zu unterschreiten. 488

Abs. 7 Satz 1 sieht vor, dass Maßnahmen zum Zwecke der Energieeinsparung und Solaranlagen den Anforderungen der Abs. 2 – 6 nicht entsprechen müssen, wenn sie: 489
– Nr. 1.: eine **Stärke** von nicht mehr als **0,25 m** aufweisen und
– Nr. 2: mindestens **2,50 m von der Nachbargrenze** zurückbleiben.

490 Damit hat der Gesetzgeber die Unsicherheiten in der Rechtsanwendung beseitigt, die bei über die Mindestanforderungen der EnEV hinausgehenden Maßnahmen entstanden sind. Es kommt tatbestandlich nur noch darauf an, ob das Maß in Satz 1 Nr. 1 von 0,25 m nicht überschritten wird. Darüber hinaus erlaubt Satz 1 Nr. 2 eine **Mindesttiefe des Abstands** – nach Durchführung der Baumaßnahmen zur Verbesserung des Wärmeschutzes – von lediglich **2,50 m zur Nachbargrenze**. Somit können bestandsgeschützte Außenwände, die **näher als 3,0 m** zur Nachbargrenze stehen, ebenfalls noch mit einer Wärmedämmung, versehen werden. Beträgt der Abstand einer bestandsgeschützten Außenwand zur Nachbargrenze beispielsweise 2,75 m, darf die volle Stärke der Bekleidung oder Verblendung von 0,25 m angebracht werden, da dann immer noch die Mindesttiefe von 2,5 m als Abstand verbleibt.

491 **Voraussetzung** von Abs. 7 ist allgemein, dass die Baumaßnahme der **zum Zwecke der Energieeinsparung** erfolgt. **Nicht gefordert** ist eine **vollständige** Erfüllung der Anforderungen der Energieeinsparverordnung – EnEV, da es genügt, den Zweck der Energieeinsparung zu verfolgen. Die Formulierung »**bestehende Gebäude**«, die auch in Abs. 11 Verwendung findet, zielt auf ein tatsächlich vorhandenes Gebäude und damit auf einen früher einmal **rechtmäßig errichteten** »**Altbestand**« (s. Rdn. 558–559), der den Anforderungen der aktuell geltenden **Energieeinsparungsvorschriften** nicht mehr genügt. Das kann sowohl ein Gebäude sein, für das eine Baugenehmigung noch vor dem Inkrafttreten der ersten Wärmeschutzverordnung am 11.08.1977 erteilt wurde, so dass noch kein energiesparender Wärmeschutz erforderlich war, als auch ein später errichtetes Gebäude, das jedoch den Anforderungen der EnEV in der derzeit geltenden Fassung nicht voll entspricht, nicht jedoch ein formell und materiell baurechtswidriges Gebäude, für das – auf einen Bauantrag hin – die nachträgliche Legalisierung von vornherein zum Scheitern verurteilt ist. Da Abs. 7, anders als Abs. 9, nicht vorschreibt, dass es sich um Gebäude handeln muss, die vor dem 01.01.2019 errichtet wurden, bleibt auch eine nachträgliche Maßnahme zum Zwecke der Energieeinsparung und Solaranlagen an Gebäuden möglich, die erst nach dem 01.01.2019 errichtet wurden. Auch sieht Abs. 7 keine Frist vor, wie lange ein Gebäude errichtet sein muss, um eine nachträgliche Maßnahme innerhalb der Privilegierung des Abs. 7 durchführen zu können.

492 Abs. 7 Satz 2 Halbs. 1 BauO NRW stellt den Verweis zu § 4 Abs. 2 Sätze 2 und 3 BauO NRW her, nachdem Außenwand- und Dachdämmungen, die dem Wärmeschutz und der Energieeinsparung dienen und über die Bauteilanforderungen der Energieeinsparverordnung in der jeweils geltenden Fassung nicht hinausgehen, bei bestehenden Gebäuden in die Tiefe der Abstandsflächen hineinragen dürfen. Eine derart zulässige Überbauung ändert die Abstandsflächen des Gebäudes nicht.

493 Unter die Privilegierung des Abs. 7 fallen auch **Solaranlagen**, die an der **Außenfassade** angebracht werden, solange sie nicht mehr als 0,25 m vor diese heraustreten. Die Solaranlagen stehen bautechnisch und funktional mit dem Gebäude in Verbindung und werden damit zum Bestandteil der Außenwand und des Gebäudes (vgl. Boeddinghaus/Hahn/Schulte § 6 Rn. 549).

Nicht erfasst werden von Abs. 7 hingegen die unter die Formulierung »auf Dach- und Außenwandflächen« fallenden **aufgeständerten Solar- und Photovoltaikanlagen.** Diese Module liegen mehr als 0,25 m über der Außenwand bzw. Dachhaut und werfen regelmäßig abstandsflächenrechtliche Probleme auf (vgl. LT-Drucks. 17/2166, S. 104). 494

Im Zusammenhang mit Maßnahmen zum Zwecke der Energieeinsparung und Solaranlagen bleiben unabhängig von der abstandlichen Privilegierung nach Abs. 7 die allgemeinen **Vorgaben** des **Bauplaungsrecht** zu beachten (vgl. LT-Drucks. 17/2166, S. 104). Denkbar sind in diesem Zusammenhang besondere **Anforderungen an die äußere Gestaltung** aufgrund einer städtebaulichen Satzung oder einer örtlichen Bauvorschrift nach § 89 Abs. 1 Nr. 1 zur äußeren Gestaltung baulicher Anlagen zur Erhaltung und Gestaltung von Ortsbildern und die Grundsätze des Einfügungsgebotes nach § 34 BauGB (so Boeddinghaus/Hahn/Schulte § 6 Rn. 547). 495

Lassen sich die **Maßvorgaben** des Satzes 1 Nr. 1 und 2 hinsichtlich der Stärke oder des Mindestabstands von 2,50 m **nicht einhalten,** kommt nach Satz 2 eine **Abweichung** nach § 69 BauO NRW in Betracht; auch ein Gestattung nach Abs. 11 Satz 2 ist möglich (vgl. LT-Drucks. 17/2166, S. 104). Bei der Ermessensausübung ist die Bauaufsichtsbehörde jedoch nicht frei, vielmehr hat sie die nach § 69 Abs. 1 Satz 2 BauO NRW Gesichtspunkte der Verwirklichung von Vorhaben zur Einsparung von Energie bei der **Abwägung** einschränkend zu berücksichtigen. So ist auch eine Abweichung ohne die sonst erforderliche grundstücksbezoge Atypik möglich. Eine Reduzierung des Mindestabstands von 2,5 m scheidet jedoch aus, wenn es dem Eigentümer des bestehenden Gebäudes zuzumuten ist, eine weniger Platz in Anspruch nehmende Dämmungsart zu wählen, um den Wärmeschutz ebenso wirksam verbessern zu können und damit den Abstand zur Nachbargrenze möglichst tief zu halten. Im Einzelfall ist zu prüfen, ob z.B. anstelle einer 0,25 m starken Verblendung ein Wärmedämmverbundsystem bei halber Stärke nahezu die gleichen Dämmwerte erzielen kann. 496

Eine **Abweichung** nach § 69 BauO NRW ist **unzulässig,** wenn außer Wärmedämmgesichtspunkten **andere Interessen** des Bauherrn den **Ausschlag** für eine bestimmte Baumaßnahme geben, z.B. weil der Bauherr eine 0,20 m starke Bekleidung nur deshalb auswählt, um in erster Linie das äußere Erscheinungsbild seines Gebäudes zu verändern, obwohl ein nur wenige Zentimeter starker Wärmedämmputz zur Erzielung der Anforderungen der EnEV ausreichen würde und dabei der Mindestabstand von 2,50 m nahezu ungeschmälert erhalten bliebe. Um Missverständnissen von zu beggnen, sei darauf hingewiesen, dass eine primär der Verbesserung des Wärmeschutzes dienende Baumaßnahme naturgemäß in der überwiegenden Zahl der Fälle zugleich eine Verbesserung des optischen Erscheinungsbildes zur Folge haben wird, z.B. wenn ein Altbau aus der Nachkriegszeit noch mit dem Ursprungsputz versehen ist und zusammen mit einem Wärmedämmverbundsystem zugleich die Fenster erneuert werden, so dass der Altbau auf den Betrachter optisch wie ein Neubau erscheint. 497

Zu berücksichtigen sind auch **brandschutztechnische Gesichtspunkte,** da nach § 30 Abs. 2 Nr. 1 i.V.m. Abs. 8 Satz 1 BauO NRW Gebäudeabschlusswände grundsätzlich **öffnungslos** ausgeführt werden müssen, wenn sie **näher als 2,50 m zur Nachbargrenze** 498 liegen. Weist z.B. eine bestandsgeschützte Wand mit Fensteröffnungen einen Abstand von lediglich 2,55 m zur Nachbargrenze auf und soll ein 12 cm starkes Wärmedämmverbundsystem aufgebracht werden, ergibt sich zugleich eine **Unterschreitung** des brandschutztechnisch erforderlichen Mindestabstands von 2,50 m. Es wird somit auch eine Abweichung von § 30 Abs. 2 Nr. 1 i.V.m. Abs. 8 Satz 1 BauO NRW erforderlich, die nach § 69 Abs. 1 Satz 2 NRW nur erteilt werden kann, aber zugleich auch muss (s. den Wortlaut: sind zulässig), wenn die **Voraussetzungen nach Satz 1** dieser Vorschrift vorliegen (vgl. § 69 Rdn. 43–45).

499 In der Regel wird die Bauaufsichtsbehörde aufgrund der dem Abweichungsantrag beizufügenden Unterlagen selbst erkennen können, ob brandschutztechnische Belange nachteilig berührt sind. Bei **Zweifeln** über das Vorliegen der Abweichungsvoraussetzungen bei Unterschreitung des brandschutztechnischen Abstandes von 2,50 m sollte die Bauaufsichtsbehörde eine **sachverständige Begutachtung** der vorgesehenen Baumaßnahme zur Wärmedämmung bezüglich der Einhaltung der **Schutzziele des baulichen Brandschutzes** vom Bauherrn verlangen. Zu berücksichtigen ist dabei, ob und in welcher Weise sich die Baumaßnahme zur Verbesserung des Wärmeschutzes auf die **Feuerwiderstandsdauer der Bauteile** und die **Brennbarkeit** der **Baustoffe** auswirkt (vgl. § 17 Rdn. 10 und § 26 Rdn. 16 ff.).

9 Zu Abs. 8 – Abstandsrechtlich begünstigte Gebäude

500 § 6 Abs. 8 BauO NRW wurde umfänglich an die Musterbauordnung angepasst. Die Vorschrift lässt untergeordnete bauliche Anlagen, insbesondere sog. Grenzgaragen und Gebäude ohne Aufenthaltsräume in den Abstandsflächen eines Gebäudes sowie ohne eigene Abstandsflächen zu.

501 Die Bestimmungen des Abs. 8 sind erst verständlich, wenn man das Bauplanungsrecht und das Bauordnungsrecht im Zusammenhang betrachtet. Die beiden Rechtsmaterien waren ursprünglich einheitliches Baupolizeirecht (s. Rdn. 1–9), das erst durch die Aufteilung in Bundes- und Landesbaurecht getrennt worden ist (s. Rdn. 10–17). Das Bundesbaurecht ermöglicht es zwar den Gemeinden, die Nutzung der Grundstücke im Bebauungsplan detailliert festsetzen zu können (s. Rdn. 215), enthält aber in den Vorschriften über die **Bauweise** mit Rücksicht auf das als Landesrecht fort geltende frühere Baupolizeirecht, bewusst **Regelungslücken** (s. Rdn. 265). Stellplätze und Garagen sowie Nebenanlagen sind nach den §§ 12 und 14 BauNVO in allen Baugebieten in Abhängigkeit von der Hauptnutzung des Grundstücks zulässig. Die Bestimmungen der §§ 12 und 14 BauNVO sowie des § 22 BauNVO über die Bauweise enthalten jedoch keine Zulässigkeitsvorgaben zu Garagen und in den Abstandsflächen von Hauptanlagen und an den Grundstücksgrenzen. Diese Lücke schließt Abs. 8.

502 In Bezug auf Garagen geht Abs. 11 auf die **Reichsgaragenordnung – RGaO –** vom 17.02.1939 (RGBl. I S. 219) zurück, die erlassen wurde, um die mit der aufkommenden Motorisierung drängenden Probleme der Unterbringung der Kraftfahrzeuge außerhalb des öffentlichen Straßenraums zu bewältigen (vgl. § 48 Rdn. 3) und in der **offenen Bauweise** die **seitlichen Grenzabstände zur Unterbringung der Garagen** zu

nutzen (BVerwG, Urt. v. 10.09.1971 – IV C 27.69, BRS 24 Nr. 113). Dabei ist es dem Grundsatz nach bis heute geblieben. Hinzugetreten sind **Nebengebäude und untergeordnete bauliche Anlagen**, von denen der Gesetzgeber annahm, dass sie ebenfalls ohne Verletzung der nach dem **Bauplanungsrecht** grundsätzlich gegebenen **Freihaltepflicht seitlicher Grenzabstände** in der offenen Bauweise unter abstandsrechtlichen Aspekten noch grenzständig errichtet werden können.

Die Regelungen des Abs. 8 erweitern die Nutzungsmöglichkeiten des **Bauherrn** als auch die des **Nachbarn** nach dem **Prinzip der Gegenseitigkeit** und gleichen denen der Mustervorschrift, die auch die anderen Länder – jeweils mit Varianten in den Voraussetzungen – übernommen haben. 503

Abs. 8 bestimmt als **abstandsrechtliche Sonderregelung**, welche baulichen Anlagen unter welchen Voraussetzungen **entgegen der Grundregel** des Abs. 1 Satz 1 504
– **an** oder **nahe der Grundstücksgrenze** errichtet werden dürfen,
– **in den Abstandsflächen eines Gebäudes** abstandsrechtlich zulässig sind und
– selbst keine Abstandsflächen auslösen.

9.1 Grenzgaragen und Gebäude

Die Bestimmung des **Abs. 8 Satz 1 Nr. 1** begünstigt die dort abschließend aufgezählten baulichen Anlagen. Entgegen den Wortlaut des Gesetzes ergibt sich aus der Historie und der Gesetzesbegründung (vgl. LT Drucks. 17/2166, S. 105) eine Privilegierungen für folgende Anlagen: 505
– Garagen mit einer mittleren Wandhöhe bis zu 3m,
– Gebäude bis zu 30 m³ Brutto-Rauminhalt mit einer mittleren Wandhöhe bis zu 3m ohne Aufenthaltsräume und ohne Feuerstätten,
– Überdachte Tiefgaragenzufahrten,
– Aufzüge zu Tiefgaragen.

Überdachte Tiefgaragenzufahrten sind dabei nicht auf einen Brutto-Rauminhalt von 30 m³ begrenzt. Für sie gilt jedoch die Längenbegrenzung nach Satz 2 (vgl. Rdn. 524–535). 506

9.1.1 Planungs- und Ordnungsrechtliche Zulässigkeit

Die erleichternde Regelung des Abs. 8 wirkt nur in **abstandsrechtlicher** Hinsicht. Die begünstigten Gebäude sind nur **zulässig**, wenn **keine sonstigen öffentlich-rechtlichen Vorschriften** – insbesondere solche des **Bauplanungsrechts** – entgegenstehen (vgl. Mampel, Grenzgaragen, UPR 1995, S. 328 ff.). Hierzu rechnen vor allem die Vorschriften des **Bauplanungsrechts** über die Zulässigkeit von Garagen auf den nicht überbaubaren Grundstücksflächen. In seltenen Fällen können auch **denkmalrechtliche** oder **landschaftsrechtliche** Bestimmungen die Errichtung der nach Abs. 11 abstandsrechtlich begünstigten Gebäude verhindern. 507

Im **beplanten Bereich** – § 30 BauGB – beurteilt sich die Zulässigkeit von Garagen, Nebengebäuden und sonstigen untergeordneten baulichen Anlagen in den einzelnen Baugebieten nach den §§ 12 und 14 BauNVO. Wenn im Bebauungsplan nichts 508

§ 6 Abstandsflächen

anderes festgesetzt ist, können nach § 23 Abs. 5 BauNVO **Nebenanlagen** sowie **Stellplätze** und **Garagen** auf den nicht überbaubaren Grundstücksflächen zugelassen werden (s. Rdn. 237–345). Der Bebauungsplan kann z.b. festsetzen, dass Vorgartenflächen von Stellplätzen und Garagen freizuhalten sind (OVG NRW, Urt. v. 22.01.1998 – 11 A 509/96, BauR 1998, 1008 = BRS 60 Nr. 121 = NVwZ-RR 1999, 12 und Beschl. v. 21.01.2014 – 10 A 2500/12, BauR 2014, 817). Festsetzungen über die Bauweise – insbesondere über die offene Bauweise – stehen einer grenzständigen Ausführung der in Abs. 11 genannten Gebäude nicht entgegen, da sich die Vorschriften über die Bauweise auf die **Hauptgebäude** beziehen und § 23 Abs. 5 Satz 2 BauNVO ausdrücklich auf das Landesrecht abstellt (BVerwG, Urt. v. 14.07.1971 – IV C 6.69, BRS 24 Nr. 112 = DVBl 1972, 682 und Beschl. v. 16.02.1998 – 4 B 2.98, BRS 60 Nr. 122; s.a. Rdn. 265–266).

509 Im **unbeplanten Innenbereich** – § 34 BauGB – kann sich die Unzulässigkeit einer Grenzgarage oder eines Nebengebäudes aus der Eigenart der näheren Umgebung ergeben. So kann eine Grenzgarage im Vorgarten unzulässig sein, wenn der Vorgartenbereich in der Umgebung sonst grundsätzlich frei von Grenzbauten ist (VGH B-W, Urt. v. 14.10.1980 – 8 S 659/80, BRS 36 Nr. 135).

510 Im **Außenbereich** – § 35 BauGB – kann der öffentliche Belang des Landschaftsbildes verhindern, dass eine grenzständige Garage oder ein grenzständiges Nebengebäude errichtet wird, weil eine Abpflanzung auf dem eigenen Grundstück nicht möglich ist; somit kommt nur eine grenznahe Bebauung in Betracht. Die Regelungen des § 6 Abs. 8 BauO NRW ermöglichen allerdings das Abrücken der abstandsrechtlich begünstigten Gebäude von der Grundstücksgrenze, so dass eine Abpflanzung erfolgen kann.

511 Im **Bauordnungsrecht** ist die Zulässigkeit von Garagen sowie von Gewächshäusern und Gebäuden mit Abstellräumen nur unter **abstandsflächenrechtlichen** Gesichtspunkten abschließend in § 6 BauO NRW geregelt. Die genannten **Gebäude** müssen darüber hinaus den **sonstigen bauordnungsrechtlichen** Anforderungen entsprechen. Zu nennen sind die Gestaltung (§ 9), die Standsicherheit (§ 12), die Verkehrssicherheit (§ 16), der Brandschutz und die Anforderungen der SBauVO. Schließlich ist zu beachten, dass die abstandsrechtliche Begünstigung nicht wirksam wird, wenn ein **bauordnungsrechtlicher Belang** zu einer **Nichtbebaubarkeit** des Garagenstandortes führt, z.B. wenn der Bereich nach § 5 BauO NRW von der Bebauung freigehalten werden muss (OVG NRW, Beschl. v. 21.12.2006 – 10 B 2403/06, juris).

9.1.2 Zulässige Anlagen

512 Abs. 8 Satz 1 Nr. 1 bestimmt abschließend die privilegierten Anlagen. Die **Privilegierung** erstreckt sich dabei nur auf diejenigen **Bauteile**, die **ausdrücklich** in Abs. 8 **benannt** sind. Die Seitenwände von Tiefgaragenzufahrten oder die Treppe zu einer Tiefgarage sind daher abstandsflächenrechtlich relevant.

Garagen sind nach § 2 Abs. 8 Satz 2 BauO NRW Gebäude oder Gebäudeteile 513
zum Abstellen von Kraftfahrzeugen und oder Fahrrädern. Insoweit sind auch reine
»Fahrradgaragen« ebenfalls erfasst. (vgl. § 2 Rdn. 324). Garagen können neben
Einzelgaragen auch Doppelgaragen, Doppelstockgaragen oder auch Reihengaragen
sein. Es kommt nicht darauf an, aus welchen Baustoffen die Garage hergestellt ist,
sondern nur darauf, ob das Gebäude in seinem **optischen** und **technischen Erscheinungsbild** bei **natürlicher Betrachtung** durch seine **Funktion**, ein **Kraftfahrzeug aufzunehmen**, bestimmt ist (OVG NRW, Beschl. v. 24.10.2000 – 7 B 1265/00, BRS 63 Nr. 156).

Eine **Grenzgarage** ist nach Abs. 8 – sofern sie den tatbestandlichen Voraussetzun- 514
gen entspricht – grundsätzlich **abstandsrechtlich** zulässig, unabhängig davon, ob
die Stellplatzverpflichtung an anderer Stelle bereits erfüllt ist oder ob die Garagen
ohne Schwierigkeiten an anderer Stelle errichtet werden kann (OVG NRW, Beschl. v.
27.06.2000 – 10 B 870/00, n.v.). Sie muss jedoch **funktionsfähig** sein, ansonsten genießt sie keine abstandsrechtliche Privilegierung (OVG NRW, Beschl. v. 15.09.1989 –
11 B 2555/89, n.v. zu einer zu schmalen Garage).

Überdachte Stellplätze sind – zu den Seiten hin offene – Flächen, die dem Abstel- 515
len von Kraftfahrzeugen außerhalb der öffentlichen Verkehrsflächen dienen und
lediglich ein von Stützen getragenes Dach aufweisen. Sie werden umgangssprachlich häufig als »**Carport**« bezeichnet und auch von Abs. 8 erfasst (OVG NRW,
Beschl. v. 27.06.2016 – 2 B 1073/16, juris). Kleingaragen mit unmittelbar ins
Freie führenden unverschließbaren Öffnungen in einer Größe von mindestens
einem Drittel der Gesamtfläche der Umfassungswände definiert § 122 Abs. 2
SBauVO als **offene Kleingaragen** (vgl. Rdn. 241). Bei einem lediglich auf Stützen ruhendem Dach über einem Stellplatz fällt es schwer, von einer Garage zu
sprechen, da es nach der Legaldefinition des § 2 Abs. 8 Satz 2 BauO NRW an
einer zumindest teilweisen Umschließung eines Raumes mangelt, wenn hiermit
ein **seitlicher** Raumabschluss gemeint sein sollte. Lässt man aber das **Dach als
teilweisen** Raumabschluss gelten, da die Legaldefinition keine entsprechende Einschränkung auf »seitliche« Raumabschlüsse enthält, handelt es sich um eine Garage
(Hess. VGH, Urt. v. 18.03.1999 – 4 UE 997/95, BauR 2000, 1316; vgl. auch
Herrmann, Der Carport: »Zwitter« des Baurechts?, BauR 2002, S. 417 ff., der
aufgrund der optischen Wirkung zu einer Einordnung als **Garage** kommt; so auch
König/Roeser/Stock zu § 12 Rn. 13).

Bei **Gebäuden ohne Aufenthaltsräume** handelt es sich um **Nebengebäude**, die kei- 516
ne Aufenthaltsräume enthalten dürfen. Ein Aufenthaltsraum, der Bestandteile der
»Hauptnutzung« beinhaltet (z.B. Badezimmer), fällt somit nicht hierunter. Eine derartige Bebauung wäre zudem auch planungsrechtlich Ausdruck der geschlossenen
Bauweise. Ob eine »Gebäude« ohne Aufenthaltsraum vorliegt, hängt von seiner Nutzung ab, nicht dagegen, wie in § 2 Abs. 7 BauO davon, ob der Raum zum nicht nur
vorübergehenden Aufenthalt von Menschen »geeignet« ist (vgl. § 2 Rdn. 289 ff.). Dies
wäre z.B. zu hinterfragen, wenn ein Abstellraum über Fenster und eine für einen Aufenthaltsraum ausreichende Raumhöhe verfügt.

§ 6 Abstandsflächen

517 Häufiges **Beispiel** für Gebäuden ohne Aufenthaltsräume sind **Abstellräume**, die zu Abstellzwecken genutzt werden Dies ist der Fall, wenn sie zur Unterbringung solcher Gegenstände bestimmt sind, die entweder der Nutzung des Grundstücks oder der Gebäude auf dem Grundstück dienen (z.b. Gartenmöbel, Gartenarbeitsgeräte, Werkzeug) oder von den Grundstücksbewohnern in sonstiger Weise zu privaten Zwecken genutzt werden (z.b. Fahrräder, Autozubehör) oder die vorübergehend bzw. auf Dauer keinen Nutzungszweck (z.b. ausgesonderte Möbel) erfüllen (OVG NRW, Beschl. v. 05.08.2008 – 10 A 1096/08, juris). Die Bestimmung ist eng **im Sinne des § 14 BauNVO** auszulegen, da es dem Zweck der Regelung entspricht, die Abstandsflächen von Hauptnutzungen freizuhalten. **Abstellräume** können **als Räume Bestandteil** der **Garage** oder eines **überdachten Stellplatzes** (**Carports**) sein. Sie können in offener Verbindung mit der Garage stehen; sie können auch gegen den Garagenraum abgeschottet sein. Abstellräume sind **innerhalb** des Garagengebäudes als Abstellraum neben der Stellplatzfläche, **unterhalb** der Garage in einem **Keller** und im nutzbaren **Dachraum** möglich.

9.1.3 Allgemeine Voraussetzungen

518 Die **Privilegierung** für **Gebäude** im Sinne von Abs. 8 greift nur, soweit es sich um ein vom – abstandsflächenrechtlich nicht privilegierten – Hauptgebäude **unabhängiges Gebäude** handelt (OVG Münster, Beschl. v. 30.06.2016 – 7 A 2700/15, juris). Dies kann fraglich sein, wenn die Gebäude aneinandergebaut sind und gemeinsame bauliche Elemente aufweisen. Für die Unterscheidung, ob in diesem Sinne unselbständige Teile einer baulichen Anlage oder aber mehrere Gebäude nebeneinander bestehen, ist bauordnungsrechtlich das Kriterium der in funktionaler und bautechnischer Hinsicht selbständigen Benutzbarkeit maßgebend. Weisen Gebäude gemeinsame Bauteile auf, kann zudem eine am Zweck des Gesetzes ausgerichtete wertende Betrachtung erforderlich sein. In die Wertung ist einzustellen, ob bei natürlicher Betrachtungsweise, in die die baukonstruktiven Merkmale der Bauausführung sowie das Erscheinungsbild und die Funktion der betrachteten Bauteile einzubeziehen sind, das grenzständig errichtete Gebäude und das (Haupt-)Gebäude als zwei voneinander unabhängige Gebäude erscheinen und ob das grenzständige Gebäude weiterhin nur den Eindruck eines – grenzständigen Anbaus – an das seitliche (Haupt-)Gebäude vermittelt (OVG NRW, Urt. v. 16.10.2008 – 7 A 3096/07, BauR 2009, 231 für grenzständigen Abstellraum der nachträglich innerhalb eines Pferdestalles abgetrennt wurde, wobei der verbleibende Pferdestall und der Abstellraum unterschiedliche Dachformen (Satteldach bzw. Flachdach) hatten). Eine Grenzgarage, die nicht nur einen »Zugang« zu einem Wohnhaus ermöglicht, sondern als »Eingang« zu einem Wohnhaus dient, ist daher nicht privilegiert, da durch die Nutzung (auch) als Hauseingang die Garage gewissermaßen zum Bestandteil des Wohnhauses wird (OVG NRW, Urt. v. 08.05.2009 – 7 A 423/08, BauR 2009, 1578). Gleiches gilt bei Garagen unter dem **abgeschleppten Dach** des Hauptgebäudes. Auch sie sind nicht unabhängig im vorgenannten Sinne und daher abstandsflächenrechtlich nicht privilegiert. Die Unabhängigkeit der Garage wird

hingegen nicht in Frage gestellt, wenn sie mit einem eingeschossigen Anbau eines mehrgeschossigen Wohnhauses ein gemeinsames Flachdach aufweist (OVG NRW, Beschl. v. 08.07.2009 – 7 B 369/09, juris).

Abs. 8 sieht **keine Flächenbegrenzung** für Gebäude vor. Der Fortfall der **Flächenbegrenzung** bedeutet auch nicht, dass diese Gebäude nunmehr in beliebiger Flächengröße abstandsrechtlich begünstigt sind, vielmehr müssen sie nach wie vor als **Nebenanlage im Sinne des § 14 BauNVO** zu qualifizieren sein. 519

Ebenfalls hat der Gesetzgeber zugelassen, dass Garagen und Gebäude ohne Aufenthaltsräume über einen **Zugang** zum Hauptgebäude verfügen dürfen. Unter einem »Zugang« ist nicht jede beliebig breite Durchgangsöffnung zu verstehen, sondern lediglich eine **normal breite Türe**. 520

Öffnungen in einer der Nachbargrenze zugerichteten **Wand** sind nach Abs. 1 Nr. 1 nicht mehr ausgeschlossen. Zu beachten ist jedoch § 30 Abs. 1 Nr. 1 BauO NRW, wonach Wände, die weniger als 2,50 m von der Nachbargrenze entfernt errichtet werden, als Gebäudeabschlusswände errichtet werden müssen. Diese dürfen als Brandwände nach § 30 Abs. 8 keine Öffnungen enthalten (vgl. § 30 Rdn. 57–63). Das schließt aber nicht aus, dass beispielsweise offene Garagen (z.B. Carports) auch ohne Wand errichtet werden dürfen. 521

Nach der Grundforderung des Abs. 1 Satz 1 entstehen Abstandsflächen nur vor den Außenwänden **oberirdischer Gebäude**, so dass unterirdische Teile eines Gebäudes abstandsrechtlich unbeachtlich bleiben (s. Rdn. 158 ff. und Abb. 6.6). Eine **Garagenunterkellerung** hindert deren grenzständige Errichtung daher dann nicht, wenn diese **vollständig unter** der **Geländeoberfläche** liegt und somit keine Abstandsflächen auslöst. Das gilt auch, wenn eine solche Unterkellerung einem privaten Schwimmbad dient (OVG NRW, Beschl. v. 13.03.1978 – X B 154/78, BauR 1979, 221 = BRS 33 Nr. 114). Ragt die Unterkellerung über die Geländeoberfläche auch nur **teilweise** hinaus, ist nur eine Garagennutzung – sofern eine Zufahrtsrampe angelegt werden kann – oder eine Nutzung zu Abstellzwecken abstandsflächenrechtlich begünstigt. 522

Erfüllen die abstandsrechtlich begünstigten **baulichen Anlagen** die **Voraussetzungen** des Abs. 8 **nicht**, so ist die **Grundforderung** des Abs. 1 Satz 1 anzuwenden, wonach vor den Außenwänden von Gebäuden Abstandsflächen von oberirdischen Gebäuden freizuhalten sind. Die **Grundforderung lebt wieder auf**, wenn ein abstandsrechtlich begünstigtes Gebäude in seiner **Nutzung unzulässig geändert** wird (OVG NRW, Urt. v. 30.10.1995 – 10 A 3096/91, BRS 57 Nr. 233 = NVwZ-RR 1997, 16 zu einer Garage). Eine Garage verliert ihre Privilegierung eines im Grenzbereich zulässigen Gebäudes insgesamt, wenn sie (noch) einer anderen Nutzung dient, für die sie die bautechnische Grundlage darstellt (OVG NRW, Beschl. v. 05.08.2008 – 7 A 2828/07, juris). Mit der Errichtung einer »**Dachterrasse**« auf einer Garage unterfällt daher die Anlage insgesamt nicht mehr dem Abs. 8 und muss Abstandsflächen einhalten (OVG NRW, Beschl. v. 30.09.2005 – 10 B 972/05, 523

BauR 2006, 95 = BRS 69 Nr. 96). Es bedarf nicht der isolierten Prüfung der Dachterrasse nach Abs. 1 Satz 2, da die Anlage **als Einheit zu werten** ist, das Gebäude einschließlich Dachterrasse betrachtet wird und die Tatbestandsvoraussetzungen nach Abs. 8 nicht erfüllt sind (OVG NRW, Beschl. v. 13.03.1990 – 10 A 1895/88, BauR 1990, 458 = BRS 50 Nr. 149 und Urt. v. 17.05.2004 – 7 A 3556/02, juris zu einem auf der Garage errichteten Wintergarten). Das gilt auch für jegliche Nebenanlagen, soweit der Gesetzgeber hierfür nicht ausdrücklich eine Privilegierung vorgesehen hat (Anbringung einer Wärmepumpe oder Solaranlage etc.). Auf Gebäuden ohne Aufenthaltsräume ist dies hingegen so lange möglich, soweit diese Anlagen aufgrund ihrer Ausmaße nicht als selbstständiges Bauteil in Erscheinung treten. Gebäude die den Voraussetzungen des Abs. 8 nicht entsprechen, z.b. weil zur Aufnahme von zwei hintereinander angeordneten Stellplätzen die zulässige Länge überschritten wird, können nur in **atypischen Situationen** im Wege einer **Abweichung** nach § 69 BauO NRW zugelassen werden, da dieses Rechtsinstitut **kein Instrument zur Legalisierung gewöhnlicher Rechtsverletzungen** darstellt (OVG NRW, Urt. v. 06.06.2014 – 2 A 2757/12, juris).

9.2 Höhen- und Längenbegrenzung

524 Nach Abs. 8 Satz 1 Halbsatz 1 Nach **Satz 1** sind die Gebäude nur bis zu einer **mittleren Wandhöhe bis zu 3 m** abstandsrechtlich begünstigt. Bei Überschreitung dieses Maßes sind die normalerweise geltenden Regeln der Abs. 4–6 wieder anwendbar. Bei der Ermittlung der mittleren Wandhöhe ist nur die zur Nachbargrenze hin ausgerichtete Wand maßgeblich. Der **untere Bezugspunkt** ist wie bei abstandsrelevanten Gebäuden nach Abs. 4 zu ermitteln (s. Rdn. 163, 386–389, 395–396 und Abb. 6.35). Maßgebend ist die **Geländeoberfläche an der Grenze**, selbst wenn das Gebäude nur grenznah errichtet werden soll. Ist eine Veränderung der Geländeoberfläche beantragt, weil z.B. der Bau einer Garage ansonsten unmöglich wäre, sind die Belange des Nachbarn zu berücksichtigen (OVG NRW, Urt. v. 13.05.1994 – 10 A 1025/90, BauR 1994, 750). Stützmauern werden auf die zulässige Höhe angerechnet (Hess. VGH, Beschl. v. 16.01.2004 – 3 UE 2041/01, BauR 2005, 1310 = BRS 67 Nr. 139). **Aufschüttungen für die Zufahrt** sind gesondert zu prüfen (OVG NRW, Urt. v. 13.02.1970 – X A 1328/68, BRS 23 Nr. 112).

Abstandsflächen § 6

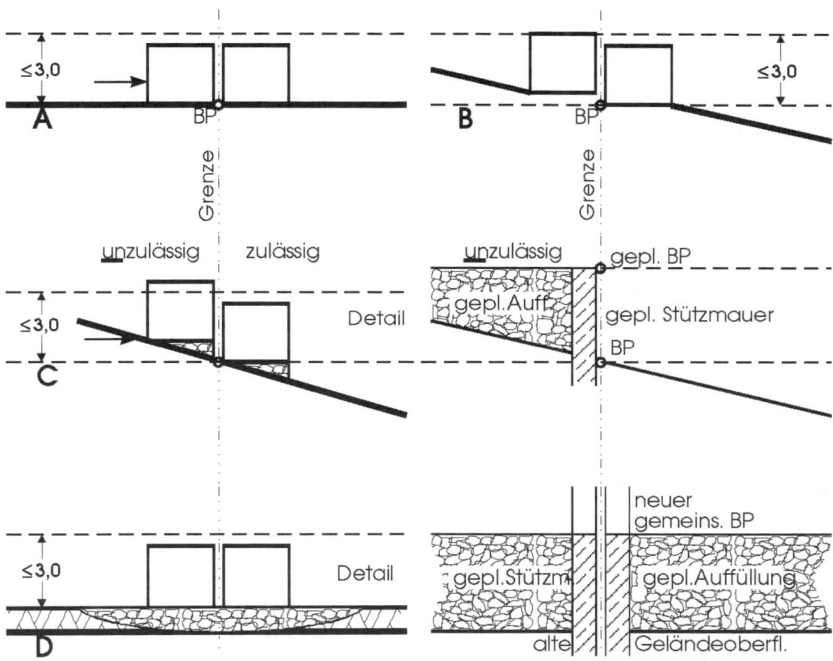

Abb. 6.35 Bezugspunkt Geländeoberfläche an der Grenze (s. Rdn. 524)

Der **obere Bezugspunkt** ist – wie nach § 6 Abs. 4 Satz 3 BauO NRW – das Maß von der Geländeoberfläche bis zur Schnittlinie der Wand mit der Dachhaut oder bis zum oberen Abschluss der Wand (s. Rdn. 390).

Nach **Abs. 8 Satz 2** darf die Grenzbebauung mit Gebäuden nach Abs. 8 Satz 1 Nr. 1 und 2 darf, **bezogen auf ein Grundstück**, entlang **einer Nachbargrenze 9 m** und **insgesamt 15 m nicht überschreiten**. Somit ermöglicht die Vorschrift **abstandsrechtlich** bei freistehenden Gebäuden in der offenen Bauweise an jeder seitlichen Nachbargrenze eine Garage von je 6 m Länge und zusätzlich ein grenzständiges Gebäude mit Abstellraum oder ein Gewächshaus von 3 m Länge, um die Summe von insgesamt 15 m nicht zu überschreiten. Es darf jedoch keine der Nachbargrenzen auf einer Länge von mehr als 9 m mit diesen Gebäuden bebaut werden. Auf diese Längenmaße werden anders genutzte, an der Grenze vorhandene oder auch zulässige Gebäude und Gebäudeteile (wie z.B. Wohngebäude) nicht angerechnet, da die Regelung des Abs. 8 nur die dort genannten Gebäude betrifft. Eine Grenzbebauung an anderen Grundstücksgrenzen als Nachbargrenzen, z.B. an der vorderen – straßenseitigen – Grenze, wird nicht angerechnet. **Dachüberstände** sind bei der Berechnung zu berücksichtigen (OVG NRW, Beschl. v. 26.11.2008 – 10 B 1696/08, juris). Das

Oberverwaltungsgericht hat dies auch damit begründet, dass die zu beurteilenden Dachüberstände (1,79 m) eine deutlich bessere Ausnutzung (Witterungsschutz) ermöglichen, als wie es bei einer gleichgroßen Garage mit Flachdach der Fall wäre. Handelt es sich hingegen um einen Dachvorsprung im Zentimeterbereich, der keinen weiteren Zweck (Witterungsschutz) erfüllt, ist dieser bei der Berechnung der Länge nicht zu berücksichtigen.

527 Auf die Längenbegrenzung werden auch abstandsflächenrechtswidrige Nebengebäude angerechnet. Die Überschreitung der 9 m Länge kann durch Übernahme einer Abstandsflächenbaulast durch benachbarte Grundstückseigentümer in dem darüber hinausgehenden Bereich ermöglicht werden.

528 Die »**Nachbargrenze**« ist eine – gedachte – Linie, die das Grundstück von anderen Grundstücken trennt, die keine öffentlichen Verkehrs-, Grün- oder Wasserflächen sind (OVG NRW, Beschl. v. 04.02.2004 – 10 B 2544/03, BauR 2004, 986 = BRS 67 Nr. 140). Abs. 11 Satz 1 geht davon aus, dass ein Grundstück mehr als eine Nachbargrenze hat oder doch haben kann. Daraus folgt, dass nicht die gesamte – gedachte – Umfassungslinie eines Grundstücks als eine Nachbargrenze angesehen wird. Wenn das Grundstück sonach mehrere Nachbargrenzen aufweist, kann ihre Anzahl von dem Baugrundstück oder von den Nachbargrundstücken her definiert werden. Wird **aus der Sicht des Baugrundstücks** definiert, hat das rechteckige Grundstück, das an eine Verkehrsfläche grenzt, drei Nachbargrenzen, das polygonale Grundstück entsprechend mehr, wobei gegebenenfalls auf die **natürliche Betrachtung** abzustellen ist, **wenn die Winkel aneinander stoßender Grenzlinien gegen 180° tendieren**. Wird die Anzahl hingegen von den angrenzenden Grundstücken her bestimmt, hat das Grundstück so viele Nachbargrenzen wie Grundstücke angrenzen, die nicht öffentliche Verkehrsflächen sind. Die Nachbargrenze ist jedoch **aus der Sicht des Baugrundstücks** zu definieren (OVG NRW, Urt. v. 12.12.1988 – 10 A 1729/87, BauR 1989, 445 = BRS 49 Nr. 123 und Beschl. v. 04.02.2004 – 10 B 2544/03, BauR 2004, 986). Die Begründung der Entscheidung vom 12.12.1988 – noch zur BauO NW 1984, jedoch im vollen Einklang mit der derzeitigen Rechtslage – lautet:

529 *»§ 6 Abs. 11 BauO NW ist eine von dem Grundtatbestand, dass vor Außenwänden von Gebäuden Flächen von oberirdischen Gebäuden freizuhalten sind, abweichende Regelung. Die Grundregelung des § 6 Abs. 1 BauO NW greift ihrerseits nicht ein, wenn einer der Fälle des § 6 Abs. 1 Satz 2 ff. BauO NW vorliegt. Bei Betrachtung des § 6 Abs. 1 Satz 2 BauO NW fällt auf, dass dort Nachbargrenze und Grenze gleichbedeutend verwandt werden. Die Regelung bezieht sich auf die planungsrechtlichen Vorschriften über die Bauweise ... Der Grenzabstand ist auf dem Baugrundstück einzuhalten. Schon dies zeigt, dass der Wortlaut Nachbargrenze nicht ... ein Verständnis als Grenze zu benachbarten Grundstücken, sondern als (eine) äußere Abschlusslinie des Baugrundstücks und von diesem her zu definieren ist. Das zeigt auch der Gesamtzusammenhang. Die Vorschrift des § 6 BauO NW steht im zweiten Teil der Bauordnung, der das Grundstück und seine Bebauung regelt. Das Bauordnungsrecht verwendet den Grundstücksbegriff – unbeschadet etwaiger Korrekturnotwendigkeiten bei Splitterparzellen – in einem formalen Sinne ... Das Grundstück wird wesentlich durch seine Grenzen bestimmt.*

Unerheblich für seine Lage oder Größe ist, wie viele Grundstücke an das Baugrundstück angrenzen. Die Vorschriften des zweiten Teils befassen sich mit der Bebauung des Grundstücks. Auf dem jeweiligen Grundstück müssen – wenn von Möglichkeiten baulastmäßiger Sicherungen abgesehen wird – sämtliche Voraussetzungen für die Errichtung eines Bauwerks erfüllt sein. Die Zulässigkeit baulicher Vorhaben kann nicht von der Zufälligkeit abhängig gemacht werden, ob die angrenzenden Flächen in größere oder kleinere Grundstücke aufgeteilt werden. Sie würde sonst systemwidrig dadurch beeinflusst, dass auf den Nachbargrundstücken Teilungsvorgänge oder Grundstücksvereinigungen stattfinden. Ohne dass das Grundstück irgendeine Änderung erfährt, würde durch Teilung eines Nachbargrundstücks, das an das Baugrundstück grenzt, anstelle einer 9 m langen Garage eine 15 m lange Garage zulässig. Umgekehrt würde die Vereinigung angrenzender Grundstücke zu materiell baurechtswidrigen Zuständen auf dem Grundstück führen, wenn auf diesem eine Garage mit einer größeren Länge als 9 m zugelassen würde. § 6 Abs. 11 BauO NW stellt eine Privilegierung dar, mit der einerseits eine angemessene Ausnutzung der Grundstücke ermöglicht, andererseits eine übermäßige Bebauung der Grenzbereiche mit potentiell störenden Anlagen vermieden werden soll. Der Umfang der Privilegierung kann nicht von einem Geschehen abhängig sein, auf das weder der Bauherr noch die Bauaufsichtsbehörde Einfluss hat.«

Die **nachbarschützende Wirkung** des § 6 Abs. 11 Satz 5 BauO NRW besteht nicht nur in Bezug auf an die jeweilige Grenze gebaute Gebäude, deren Länge 9 m übersteigt, die Bestimmung gewährt vielmehr **allen betroffenen Nachbarn** – also auch nicht direkt betroffenen – ein Abwehrrecht, wenn durch die Grenzbebauung **insgesamt 15 m überschritten** werden (so nach damaliger Rechtslage OVG NRW, Beschl. v. 21.08.1985 – 7 B 1257/85, BRS 44 Nr. 171 = Städte- und Gemeinderat 1985, 447). Nach **Teilung** eines wirtschaftlich einheitlich genutzten Grundstücks zum Zwecke des **Unterlaufens der Längenbeschränkung** ist die Baugenehmigung für ein Gebäude nach Abs. 11 wegen **missbräuchlicher Inanspruchnahme** der Abstandsvorschriften rechtswidrig (Nds. OVG, Beschl. v. 26.02.2004 – 1 LA 210/03, BauR 2004, 1274 = BRS 67 Nr. 144).

530

Wenn die Benutzung einer zulässigerweise an der Grenze errichteten Garage im Sinne der einschlägigen landesrechtlichen Vorschriften die Gesundheit nicht schädigt und durch Lärm und Gerüche das Wohnen in der Umgebung nicht über das zumutbare Maß hinaus stört, ist für ein – drittschützendes – **Gebot der Rücksichtnahme** in Bezug auf diese nachbarlichen Belange **kein Raum** (BVerwG, Beschl. v. 18.12.1985 – 4 CB 49 und 50.85, BBauBl. 1986, 251 = BRS 44 Nr. 177; OVG Schl-H, Urt. v. 20.06.2017 – 8 A 191/15, juris). Der Nachbar hat keinen Anspruch auf Realisierung eines ihn schonenden Alternativstandorts (OVG NRW, Beschl. v. 02.03.2007 – 10 B 275/07, BauR 2007, 1027). Die von einer Einzelgarage üblicherweise ausgehenden **Geruchsbeeinträchtigungen** und Geräusche sind als **unvermeidbare** Auswirkungen menschlichen Zusammenlebens von dem betroffenen Nachbarn regelmäßig **hinzunehmen** (OVG Saar, Urt. v. 19.11.1984 – 2 R 340/83, NJW 1985, 2439).

531

Die Regelungen des Abs. 8 ermöglichen trotz ihrer das Bauvolumen im Bereich der Nachbargrenze einschränkenden Regelungen die Schaffung **übereinander liegender Stellplätze** in einem Gebäude. In ebenem Gelände gewährleistet die Höhe von 3 m

532

§ 6 Abstandsflächen

so genannte »Doppelparker«. In hängigem Gelände lassen sich Doppelstockgaragen unter der Voraussetzung unterbringen, dass sowohl eine bergseitige als auch eine talseitige Zufahrt technisch möglich und baurechtlich zulässig ist (s. Abb. 6.36).

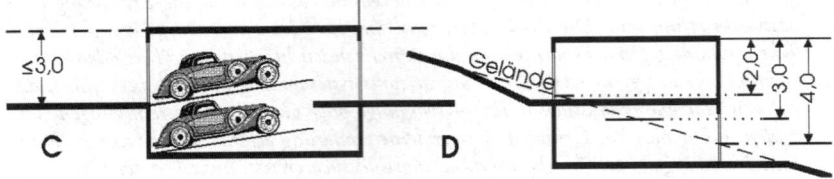

Abb. 6.36 Doppelparker und Doppelstockgaragen (s. Rdn. 532)

533 Die abstandsrechtlich begünstigten Gebäude müssen **nicht mehr unmittelbar an der Grundstücksgrenze** liegen oder an ein Gebäude angebaut werden oder einen Mindestabstand von 1 m einhalten. Nunmehr können sie einen beliebigen Abstand zur Grundstücksgrenze oder zu einem anderen Gebäude halten. Diese Regelung erleichtert vor allem die Errichtung derartiger Anlagen im Außenbereich, da dort aus Gründen des naturschutzrechtlich geforderten Ausgleichs Abpflanzungen erforderlich sind (s. Rdn. 509). Der Abstand darf nicht so stark vermindert werden, dass nicht mehr erreichbare **Schmutzwinkel** entstehen (s. Rdn. 321; s.a. Boeddinghaus/Hahn/Schulte zu § 6 Rn. 328).

534 Da nach Abs. 8 Satz 2 die Länge nicht auf eine oder zwei Grenzen beschränkt ist, kann sich bei von der Rechteckform abweichenden Grundstücken, insbesondere solchen mit **abgewinkelt verlaufenden Grenzlinien**, die Frage nach der **Länge der Grundstücksgrenzen** stellen. Die **Länge** der Grundstücksgrenzen, die das Baugrundstück von benachbarten Grundstücken trennt, die keine öffentlichen Verkehrs-, Grün- oder Wasserflächen sind, wird jedoch – da auch die Abstandsflächen auf dem **eigenen** Grundstück liegen müssen – **aus Sicht des Baugrundstücks** definiert (OVG NRW, Urt. v. 12.12.1988 – 10 A 1729/87, BRS 49 Nr. 123).

535 Es kann nur nachdrücklich davor **gewarnt** werden, die aus Einzelfällen abgeleiteten Ergebnisse der Rechtsprechung in der Weise anzuwenden, **allein auf den Winkel** der abknickenden Grenzlinien bei der Klärung der Frage **abzustellen**, wie lang die Grenze ist (vgl. OVG NRW, Beschl. v. 04.02.2004 – 10 B 2544/03, BRS 67 Nr. 140). Auf die **natürliche Betrachtungsweise** kann schon deshalb nicht verzichtet werden, weil bei **polygonalen** Grundstücken mit **steigender Zahl der Eckpunkte** immer mehr und immer kürzere Grundstücksgrenzen entstehen. Bei einer gegen unendlich steigenden Zahl der Eckpunkte entsteht schließlich eine **kreisförmige Grundstücksfläche**, die jedoch als **Paradoxie** nur noch **eine in sich gebogene Grenze** aufweist. Für polygonale Grundstücke ergeben sich so viele Grenzen, wie das Polygon Ecken aufweist, wohingegen das kreisförmige Grundstück nur über eine Grenze verfügt. Diese Fallgestaltungen lassen sich, wie die von Gebäuden mit **unregelmäßig gebogener** oder **kreisförmiger** Außenwand (s. Rdn. 50–52 und Abb. 6.4), nur im Wege einer Abweichung nach § 69 BauO NRW unter Berücksichtigung des »Normalfalls« sinnvoll lösen.

Bei nicht rechteckigem Grundstückszuschnitts kann die **Grundstücksgrenze schräg** 536
verlaufen. Ebenso kann auf einem rechteckigen Grundstück ein **Gebäude schräg zur
Grundstücksgrenze** angeordnet sein. Abs. 8 Satz 2 darf nicht so verstanden werden, als
ob die Länge von 9 m parallel zur schräg verlaufenden Grundstücksgrenze zu messen
ist, denn hierdurch würde sich der begünstigte Wandabschnitt – durch die Projektion
der an der Grundstücksgrenze gemessenen Länge auf die Wand – über 9 m hinaus
verlängern (vgl. Buntenbroich/Voß zu § 6 Rn. 63). Die Länge des 9 m-Abschnitts ist
daher stets unmittelbar an der Außenwand abzugreifen.

9.3 Sonstige bauliche Anlagen

Die abstandsrechtliche Privilegierung nach Abs. 8 umfasst gemäß Satz 1 **Nr. 2 und 3** 537
weitere bauliche Anlagen.

Nach **Nr. 2** sind gebäudeunabhängige **Solaranlagen** bis zu 3 m Höhe abstands- 538
flächenfrei. Die Vorschrift dient der Beseitigung abstandsflächenrechtlicher Hindernisse für die Nutzung regenerativer Energien. Von der Bestimmung werden
insbesondere aufgeständerte Solaranlagen privilegiert, die nicht von Abs. 7 umfasst
sind (vgl. Rdn. 488–499).

Nr. 3 stellt ohne Höhenbegrenzung **Stützmauern und geschlossene Einfriedungen** 539
in Gewerbe- und Industriegebieten abstandsflächenfrei. In solchen Gebieten werden
die Schutzgüter des Abstandsflächenrecht durch solche Anlagen regelmäßig nicht
berührt. Besondere Regelungen können ggf. im Wege der Bauleitplanung oder durch
örtliche Bauvorschriften getroffen werden. Außerhalb der genannten Gebiete beträgt
die abstandsflächenfreie Höhe 2 m.

10 Zu Abs. 9 – Privilegierung von Aufzügen

Die mit der BauO NRW 2018 neu geschaffene Privilegierung in **Abs. 9** betreffend 540
der **nachträglichen Errichtung von Aufzügen** bis ins oberste Geschoss an bestehenden
Gebäuden dient der **Verbesserung** der **barrierefreien Erreichbarkeit** von Wohnungen.
Aufzugschächte, die über die Außenwand hinweg bis in das Dach hineinragen entsprechen regelmäßig nicht den Voraussetzungen von Abs. 6, sodass eine Regelung in
einem eigenen Absatz erforderlich war (vgl. LT-Drucks. 17/2166, S. 106).

Abs. 9 formuliert enge **Voraussetzung**, dass nachträglich errichtete Aufzugschächte bei 541
der Bemessung der Abstandsfläche außer Betracht bleiben. Die Privilegierung nach
Abs. 9 setzt voraus, dass ein **bestehendes Gebäude** geändert wird, welches **zulässigerweise vor dem 01.01.2019** mit Wohnungen **errichtet** wurde. Dabei werden auch Gebäude erfasst, in denen nur **eine Wohnung** vorhanden ist oder sich die **Wohnungen in
einem Geschoss** befinden. Eine **Änderung** im Sinne von Abs. 9 setzt nicht voraus, dass
an dem Gebäude neben der nachträglichen Errichtung eines Aufzuges noch weitere
Änderungen vorgenommen werden müssen. Eine Änderung im Sinne von Abs. 9 ist
somit auch dann gegeben, wenn lediglich ein Aufzug nachträglich errichtet wird.

Die in Abs. 9 formulierten **Maße** dürfen nachträglich errichtete Aufzüge nicht über- 542
schreiten, um für die Bemessung der Abstandsflächen außer Betracht zu bleiben. Danach

Johlen

§ 6 Abstandsflächen

dürfen Aufzüge bis zu **2,50 m lang** sein und bis zu **2,50m vor die Außenwand** hervorragen. Diese Maße eines Aufzugschachtes ermöglichen es, die Aufzuginnenmaße für die Aufnahme von Rollstühlen gerecht auszugestalten (vgl. LT-Drucks. 17/2166, S. 106). Die Bestimmungen in Abs. 9 gehen dabei deutlich über die allgemeinen Regelungen für zulässige Vorbauten in Abs. 6 hinaus. Während nach § 6 Abs. 6 Satz 1 Nr. 2 BauO NRW nur Bauteile für die Bemessung außer Betracht bleiben, welche im Höchstmaß bis zu 1,60 m vor Außenwand hervortreten, ermöglicht es Abs. 9, nachträglich Aufzugschächte in deutlich größeren Maßen an ein bestehendes Gebäude zulässigerweise anzubauen, die bei der Bemessung der Abstandsflächen außer Betracht bleiben. Auch ist es für die zulässige Errichtung von Aufzügen nach Abs. 9 **nicht erforderlich**, dass sich diese als **untergeordnetes Bauteil** darstellen (vgl. Rdn. 471). Erfasst werden auch Aufzüge, die über die »Außenwand« hinausreichen, somit auch bis in die Dachfläche gehen. »**Innenliegende Aufzüge**« werden von der Privilegierung dagegen **nicht erfasst** und sind grundsätzlich abstandsflächenrechtlich nicht privilegiert. Sie können jedoch – wie eine Gaube – im Bereich der Dachfläche – abstandsflächenrechtlich nach Abs. Abs. 6 privilegiert sein, soweit sie nicht als selbstständiges Bauteil in Erscheinung treten (vgl. Rdn. 462 ff.).

543 Als weitere Größeneinschränkung für nachträglich angebaute Aufzüge legt Abs. 9 fest, dass diese nicht höher als **0,5 m** über dem **oberen Abschluss** des obersten angefahrenen Geschosses mit Wohnungen reichen dürfen- Für die Erreichbarkeit des letzten Geschosses mit Wohnungen reicht es bei Wohnungen, die sich über mehrere Etagen erstrecken aus, wenn das unterste Geschoss angebunden ist (vgl. LT-Drucks. 17/2166, S. 106).

544 Die **allgemeinen Anforderungen**, die die Bauordnung an **Aufzüge** stellt, gelten auch für nachträglich an bestehende Gebäude anzubauende Aufzüge (vgl. Anmerkungen zu § 39). Insbesondere muss vor den Aufzügen eine ausreichende Bewegungsfläche von 1,5 m x 1,5 m (s. DIN 18040-2 Nr. 4.3.5) vorhanden sein (vgl. Boeddinghaus/Hahn/Schulte § 6 Rn. 643).

545 Der **Abstand** zur gegenüberliegenden **Nachbargrenze** darf **1,50m** nicht unterschreiten. Die Nachträgliche Herstellung der Barrierefreiheit von Gebäuden rechtfertigt eine geringere Abstandsfläche zur gegenüberliegenden Grundstücksgrenze (vgl. LT-Drucks. 17/2166, S. 106).

546 Unabhängig von der Zulässigkeit nach Abs. 9 sind die **allgemeinen Brandschutzanforderungen** zu beachten. Insbesondere gelten auch die Anforderungen des § 30 Abs. 2 Nr. 1 BauO NRW für Gebäudeabschlusswände, wonach diese als Brandwände ausgestaltete werden müssen, wenn diese an unmittelbar, oder mit einem Abstand von weniger als 2,5 m gegenüber der Grundstücksgrenze errichtet werden (vgl. § 30 Rdn. 5–10).

11 Zu Abs. 10 – Gegenüberliegende Wände auf eigenem Grundstück

547 Abs. 10 ermöglicht **Abweichungen** von den Vorschriften über die Tiefe der Abstandsflächen nach Abs. 5 für
– Wände **desselben Gebäudes**
– Wände von **Gebäuden auf demselben Grundstück**.

Die nach Abs. 10 möglichen Abweichungen beziehen sich auf die Abstandsflächen der **548** Außenwände, die zum **Inneren** eines Baugrundstücks ausgerichtet sind, **nicht** auf die Abstandsflächen **zu Grundstücksgrenzen**. Die Abweichung kann nur von den Bestimmungen des Abs. 5 gestattet werden. Die Anforderungen der Abs. 1–4 bleiben somit unberührt. Eine Reduzierung der Tiefe der Abstandsfläche kommt indessen einer Abweichung vom Überdeckungsverbot des Abs. 3 gleich. Ermöglicht werden durch diese spezielle Abweichungsregelung Gebäude mit Atriumhöfen, mit U-förmigen Grundrissen oder mit starker Gliederung der Außenwände durch Vor- und Rücksprünge in der Fassade. Die Regelung des Abs. 10 gilt auch für Fälle, in denen sich die Wände eines Gebäudes und einer Anlage, von der nur Wirkungen wie von Gebäuden ausgehen, gegenüberliegen (OVG NRW, Urt. v. 12.05.2016 – 10 A 2452/14, DVBl 2016, 1549).

Voraussetzung für die Gestattung der Abweichung ist, dass die **Belichtung der Räume** **549** **nicht wesentlich beeinträchtigt** wird und Bedenken wegen des Brandschutzes nicht bestehen. Dies kann z.B. als erfüllt angesehen werden,
– wenn die sich gegenüberliegenden Außenwände keine Fenster haben oder
– wenn die sich gegenüberliegenden Außenwände keine zur ausreichenden Versorgung mit Tageslicht erforderlichen Fenster haben,
– wenn sich nur Wandversprünge geringfügigen Ausmaßes gegenüberliegen oder
– wenn die sich gegenüberliegenden Wände mit Fenstern von Aufenthaltsräumen sehr niedrig sind, wie z.B. bei Atriumhöfen von Gartenhofhäusern.

Darüber hinaus dürfen auch die sonstigen Schutzziele des Abstandsflächenrechts nicht **550** wesentlich beeinträchtigt sein (s. Rdn. 19–22). Die Voraussetzung kann als erfüllt angesehen werden, wenn die Außenwände keine oder zumindest keine notwendigen Fenster aufweist. Befinden sich in der Außenwand des Gebäudes notwendige Fenster, muss ein ausreichender Lichteinfall gewährleistet sein. Zumindest sollte **vor notwendigen Fenstern** eine **ausreichend breite Fläche** freigehalten werden und ein **Lichteinfallwinkel von mindestens 45°** sichergestellt sein (s.a. Abb. 6.1).

12 Zu Abs. 11 – Nutzungsänderungen und bauliche Änderungen

Die **Vorschrift** wurde mit der BauO NRW 2000 in das Abstandsflächenrecht aufge- **551** nommen und **berücksichtigt** die **Rechtsauffassung des Bundesverwaltungsgerichts** zur Frage der Behandlung von bestehenden Gebäuden, die dem aktuellen Abstandsflächenrecht nicht mehr entsprechen, jedoch rechtmäßig errichtet worden sind und daher **Bestandsschutz** genießen (zum passiven Bestandsschutz vgl. § 74 Rdn. 171–186). Wenn eine Landesbauordnung die Neubemessung der Abstandsflächen anordnet, kann es im Einzelfall eine »unbeabsichtigte Härte« im Sinne einer bauordnungsrechtlichen **Befreiungs**vorschrift (Abweichungsvorschrift) darstellen, wenn geändertes neues Abstandsflächenrecht eine Nutzungsänderung eines in früherer Zeit legal errichteten Gebäudes verhindert (BVerwG, Urt. v. 16.05.1991 – 4 C 17.90, BRS 52 Nr. 157 = ZfBR 1991, 221). Das führt zu dem Ergebnis, dass vorrangig das Bauplanungsrecht die Nutzungsänderung abhandelt und dass abstandsrechtliche Betrachtungen von untergeordneter Bedeutung sind (so Jeromin, Nutzungsänderung und Abstandsflächenrecht, BauR 2000, S. 510 ff.; gleicher Auffassung zur Unbeachtlichkeit von Nutzungsänderungen

OVG M-V, Beschl. v. 27.08.1998 – 3 M 65/98, BauR 1999, 624 = BRS 60 Nr. 115; ähnlich zu baulichen Veränderungen Thür. OVG, Beschl. v. 14.02.2000 – 1 EO 76/00, BauR 2000, 1465). Jedenfalls sind auch schon nach der bisherigen Rechtsprechung der Bausenate des OVG NRW **Veränderungen** an einem früher **genehmigten Baubestand** dann **nicht erneut** an den Abstandsvorschriften zu messen, wenn sich eine **nicht erhebliche** Änderung **nicht nachteilig auf** die durch Abstandsflächenvorschriften **geschützten Belange auswirken** kann (so OVG NRW, Beschl. v. 02.08.2007 – 7 A 880/07, juris und Beschl. v. 16.05.2014 – 2 A 222/14, BauR 2015, 247).

552 Die Begründung zu § 6 BauO NW 1995 (LT-Drucks. 11/7153 S. 148) führte zur Nutzungsänderung noch aus:

553 »*Die Abmessungen der Abstandsflächen (Tiefe und Breite) – und damit auch die erforderlichen Grenzabstände – bestimmen sich nach dem äußeren Erscheinungsbild der baulichen Anlage, d.h. nach deren Höhe und Breite sowie nach der Art der baulichen Nutzung des Baugebiets, in dem die bauliche Anlage errichtet wird. Die Abmessungen bestimmen sich nicht nach Störungen, die von der baulichen Anlage ausgehen können, wie Lärm oder andere Emissionen. Die Nutzung eines Gebäudes, z.B. Wohnnutzung oder gewerbliche Nutzung, geht nicht in die Bemessung der Abstandsflächen ein. Insofern stellt sich bei der Nutzungsänderung eines bestehenden Gebäudes auch nicht die Frage der Neubemessung der Abstandsfläche.*«

554 Das OVG NRW ist dieser Auffassung so jedoch nicht gefolgt (OVG NRW, Urt. v. 15.05.1997 – 11 A 7224/95, BauR 1997, 996 = BRS 59 Nr. 144 = NVwZ-RR 1998, 614 zur Nutzungsänderung eines gewerblich genutzten Hinterhauses in ein Wohnhaus). Danach wirft die **Nutzungsänderung** eines bestehenden Gebäudes, welches die heute maßgebenden Abstandsflächen nicht einhält, die **Genehmigungsfrage** auch im Hinblick auf Abstandsvorschriften **neu** auf, wenn eine **andersartige** Nutzungsänderung **vom Bestandsschutz nicht mehr gedeckt** ist und auf wenigstens einen durch die Abstandsvorschriften geschützten Belang nachteiligere Auswirkungen als die bisherige Nutzung hat. Die Urteilsbegründung führt hierzu aus:

555 »*Entgegen der Auffassung des Antragsgegners wird die neu aufgenommene Wohnnutzung nicht vom Bestandsschutz des früher genehmigten Hintergebäudes gedeckt, wobei es gleichgültig ist, ob die fraglichen Räume früher als Lager- oder Büroräume genehmigt und/oder genutzt worden sind. Zwischen der Wohnnutzung einerseits und einer Lager- oder Büronutzung andererseits bestehen qualitative Unterschiede; bei den Letzteren handelt es sich um gewerbliche Nutzungen, für die andere Bauvorschriften gelten als für Wohnungen und die in der Regel auch unterschiedlichen Baugebieten zugewiesen sind. Es ist ein allgemein – auch bundesrechtlich – anerkannter Grundsatz, dass der Bestandsschutz andersartige oder wesentlich geänderte Nutzungen nicht deckt (vgl. BVerwG, Urt. v. 25.03.1988 – 4 C 21.85, BRS 48 Nr. 138 und Urt. v. 25.11.1974 – IV C 32.71, BRS 28 Nr. 34).*«

556 Die nachteilige Wirkung der beabsichtigten Nutzungsänderung sah das Gericht darin, dass es sich bei der bis dahin praktizierten Büronutzung um eine ruhige Schreibtischarbeit in geschlossenen Räumen während der üblichen Arbeitszeit handelte, dass jedoch in einer Wohnung rund um die Uhr »gewohnt« würde und die damit verbundenen

Lebensäußerungen in der Umgebung deutlicher und auf Dauer in Erscheinung treten würden. Soweit in der Begründung des Gesetzentwurfs ausgeführt wird, dass bei der Nutzungsänderung von bestehenden Gebäuden sich die »Frage der Neubemessung der Abstandsfläche« nicht stelle, sei dies unerheblich. Allein Motive des Gesetzgebers vermöchten jedoch die Rechtslage nicht zu ändern.

In Konsequenz dieser Rechtsprechung hat der Gesetzgeber mit der BauO NRW 2000 Abs. 11 neu eingefügt, um einerseits **aus Gründen der Bestandserhaltung Nutzungsänderungen und geringfügige bauliche Änderungen zu erleichtern** und andererseits eine **normative Regelung** zu schaffen, die Inhalt und Schranken des Eigentums im Sinne des Art. 14 Abs. 1 Satz 2 GG auch in Bezug auf die Fragen der nachträglichen Nutzungsänderung und der geringfügigen baulichen Änderung festlegt (zu dieser Befugnis s. BVerwG, Urt. v. 07.11.1997 – 4 C 7.97, BRS 59 Nr. 109). Nach **Satz 1** bedurfte es einer **Abweichungsentscheidung** der Bauaufsichtsbehörde, die nur bei Erfüllung genau festgelegter Voraussetzungen ergehen konnte. **Satz 2** enthielt die **Klarstellung,** dass die Erleichterung von Nutzungsänderungen für nach Abs. 8 abstandsrechtlich begünstigte Grenzgaragen und untergeordnete bauliche Anlagen nicht in Betracht kommt. Doch auch diese Vorschrift des Abstandsflächenrechts führte zu **divergierenden Auffassungen** über die Anwendungsvoraussetzungen (vgl. Gronemeyer, Anwendungsprobleme des § 6 Abs. 15 BauO NRW, BauR 2001, S. 896 ff. und Brilla/Kast, Nutzungsänderung und Abstandsflächenrecht, BauR 2001, S. 1368 ff.). In zwei Beschlüssen legte das OVG NRW die Vorschrift unterschiedlich aus. Die eine Auffassung gelangte zu dem Ergebnis, dass eine Abweichungsentscheidung auf der Grundlage des Abs. 11 nicht getroffen werden könne, wenn auch nur einer der durch § 6 BauO NRW geschützten Belange den Nachbarn nachteilig berühre (OVG NRW, Beschl. v. 24.04.2001 – 7 B 1473/00, BauR 2001, 1407). Die andere kam zu dem Ergebnis, dass zunächst festgestellt werden muss, in welcher Weise sich die Situation des Nachbarn durch die neue Nutzung ändert, um dann »**bilanzierend**« Nachteile und Vorteile der Nutzungsänderung abzuwägen; eine zutreffende Würdigung sei dann gegeben, wenn auch bei nachteiliger Berührung nachbarlicher Belange der Nachbar **insgesamt** nicht mehr beeinträchtigt werde als bei der früheren Nutzung (OVG NRW, Beschl. v. 01.02.2000 – 10 B 2092/99, BauR 2000, 1463 = BRS 63 Nr. 139 = NVwZ 2001, 340). Beide Auffassungen sind überholt, da die Bausenate des OVG inzwischen eine einheitlichen Rechtsansicht vertreten (OVG NRW, Urt. v. 24.06.2004 – 7 A 4529/02, BauR 2004, 1765). Danach ist für die Prüfung, ob geringere Tiefen der Abstandsflächen unter Würdigung nachbarlicher Belange gestattet werden können, ist eine letztlich am Grundsatz der Verhältnismäßigkeit orientierte Abwägung der Interessen des Bauherrn an der geänderten Nutzung seines Vorhabens mit der Schutzbedürftigkeit der nachbarlichen Belange. In die Abwägung sind die im Einzelfall betroffenen Belange einzustellen und ist zu berücksichtigen, in welchen Maß die nachbarlichen Belange durch eine neue Nutzung beeinträchtigt werden und wie berechtigt das Interesse des Bauherrn daran ist, die Nutzungsänderung vorzunehmen, obwohl sie zu gewissen tatsächlichen Nachbarbeeinträchtigungen beiträgt. Für die Abwägung von Belang ist namentlich, ob der Nachbar mit einer vergleichbaren Nutzung rechnen oder ob sich umgekehrt der Bauherr darauf einstellen musste, dass der beabsichtigten Nutzungsänderung gewichtige Nachbarinteressen oder andere öffentlich-rechtliche

§ 6 Abstandsflächen

Vorschriften als die des Abstandsflächenrechts entgegenstehen (vgl. auch OVG NRW, Urt. v. 27.05.2014 – 2 A 7/13, juris).

558 Die BauO NRW 2018 hat den zwischenzeitlich mit dem Zweiten Gesetz zur Änderung der Landesbauordnung vom 12.12.2006 geänderten **Abs. 11 übernommen**. Die Vorschrift gliedert sich in in zwei Sätze:
- Satz 1 enthält einen **Zulässigkeitstatbestand**, so dass unter den dort aufgeführten Voraussetzungen bauliche Änderungen und Nutzungsänderungen bestehender Gebäude zulässig sind. Eine Abweichungsentscheidung der Bauaufsichtsbehörde bedarf es nicht mehr.
- Satz 2 ermöglicht eine **Abweichung** bei Überschreitung der tatbestandlichen Voraussetzungen nach Satz 1 unter **Würdigung nachbarlicher Belange** und **unter Würdigung der Belange des Brandschutzes**.

559 »Bestehende Gebäude« im Sinne dieser Vorschrift (s. die Eingangsworte des Satzes 1: Bei Gebäuden, die ohne ... bestehen,) sind tatsächlich **vorhandene**, die früher einmal **formell legal** (mit Baugenehmigung) oder **materiell legal** (in Übereinstimmung mit dem früheren Rechtslage) errichtet worden sein müssen und deshalb Bestandsschutz genießen (OVG NRW, Urt. v. 27.01.2015 – 7 A 351/13, BauR 2015, 1467), denn sonst würde jede dem damals geltenden Recht widersprechende Bauausführung auch noch mit einer Rechtswohltat belohnt, was der Gesetzgeber nicht wollte. Soll daher eine lange schon bestehende, aber formell illegale Bausubstanz zusammen mit einer Änderung oder Nutzungsänderung erstmalig genehmigt werden, scheidet die Anwendung des Abs. 15 aus (OVG NRW, Beschl. v. 24.03.2003 – 10 A 4687/02, juris). Nicht erforderlich ist dagegen, dass eine frühere legale Nutzung im Sinne des Bestandsschutzes weiterhin ausgeübt wird (OVG NRW, Urt. v. 24.06.2004 – 7 A 4529/02, BauR 2004, 1765).

560 Satz 1 setzt zunächst voraus, dass keine **bauplanungsrechtlichen** Vorschriften der Änderung oder Nutzungsänderung **entgegenstehen**, da diese bauordnungsrechtliche Bestimmung nur im Hinblick auf das Abstandsflächenrecht Wirkungen entfaltet. Wegen der engen Verbindung zum Bauplanungsrecht beinhaltet eine Änderung oder eine Nutzungsänderung eines Gebäudes stets auch bauplanungsrechtliche Aspekte. Sodann muss die **Gebäudesubstanz im Wesentlichen noch erhalten** sein, um überhaupt Änderungen oder Nutzungsänderungen durchführen zu können OVG NRW, Beschl. v. 18.06.2003 – 7 B 342/03, BauR 2003, 1715 = BRS 66 Nr. 136). Auch die **Rekonstruktion** von bereits fehlenden Außenwänden oder Dächern kommt einer Neuerrichtung des Gebäudes gleich und ist deshalb **nicht von der Vorschrift gedeckt**.

561 Der Wortlaut stellt nunmehr klar, dass die Regelung nicht nur für bestehende Gebäude mit zu geringem Abstand, sondern auch für **grenzständige** Gebäude gilt (so bereits OVG NRW, Urt. v. 24.06.2004 – 7 A 4529/02, BauR 2004, 1765 = BRS 67 Nr. 143 = NVwZ-RR 2005, 695). Die Tatbestände berücksichtigen die Rechtsprechung zur »Geringfügigkeit« von Änderungen nach dem Vorgängerrecht. Wo die Grenze der Geringfügigkeit in diesem Sinne liegt, bestimmt sich im jeweiligen Einzelfall nach dem Sinn und Zweck der Vorschrift. Dabei ist Ausgangspunkt ein Vergleich des Gebäudezustands nach der geplanten bzw. durchgeführten baulichen Änderung mit dem vor der baulichen Änderung genehmigten oder jedenfalls

materiell rechtmäßigen Gebäudezustand. Das Maß der Geringfügigkeit orientiert sich dabei auch am Bauvolumen des Baukörpers, der geändert werden soll (vgl. hierzu OVG NRW, Urt. v. 15.04.2005 – 7 A 19/03, BauR 2005, 1764 = BRS 69 Nr. 135 = NVwZ-RR 2006, 309). Kommt ein Bauvorhaben einer Neuerrichtung gleich, handelt es sich nicht um eine in diesem Sinne geringfügige bauliche Änderung (OVG NRW, Beschl. v. 16.03.2007 – 10 B 14/07, juris zur Errichtung von zwei Wohnungen im Obergeschoss eines ca. 100 Jahre alten, leerstehenden Stallgebäudes).

Bei **Erfüllung** einer der **Tatbestände nach Nr.** 1–3 ist die Änderung oder Nutzungsänderung **zulässig**, ohne dass es einer Beteiligung des Nachbarn bedarf (OVG NRW, Urt. v. 08.03.2007 – 7 A 3782/05, BauR 2007, 1023). Es besteht insoweit ein Rechtsanspruch auf die Erteilung der Baugenehmigung bzw. von einem Baugenehmigungsverfahren freigestellte Maßnahmen dürfen ausgeführt werden. 562

Nr. 1 erfasst **Änderungen innerhalb** des Gebäudes und unterscheidet sich von Nr. 2 und Nr. 3 vor allem dadurch, dass nicht die Einhaltung eines Mindestabstands von 2,5 m zur Nachbargrenze verlangt wird. Das zu ändernde Gebäude kann auch näher zur Grundstücksgrenze stehen oder auch unmittelbar an dieser. Der Begriff »Änderung« ist mit dem in § 3 Abs. 1 Satz 1 BauO NRW identisch (vgl. § 3 Rdn. 27–31) und meint die **nicht nur unerhebliche Umgestaltung** der baulichen Anlage. Es handelt sich im Gegensatz Nutzungsänderung zur Änderung der Benutzung um einen **baulichen Vorgang,** der dies verdeutlichend auch als »**bauliche**« Änderung bezeichnet wird (vgl. auch LT-Drucks. 14/2433 S. 18). Nr. 1 beschränkt die baulichen Änderungen jedoch ausdrücklich auf solche **innerhalb** des Gebäudes, so dass die **Außenwände** und das **Dach unverändert** bleiben müssen. Auch die inneren Bauteile des Gebäudes müssen im Wesentlichen noch erhalten bleiben, da die Entkernung und Erneuerung **keine »innere« Änderung** darstellt, sondern einem »inneren« Neubau gleichkommt. 563

Nr. 2 erfasst **Nutzungsänderungen** von Gebäuden mit einem **Mindestabstand von 2,50 m** zu **Nachbargrenzen** (s. Rdn. 528). Der Begriff »**Nutzungsänderung**« ist mit dem in § 3 Abs. 3 BauO NRW verwendeten Begriff »Änderung der Benutzung« identisch (vgl. § 3 Rdn. 105 ff.). Der Abstand von 2,50 m lässt nach § 30 Abs. 2 Nr. 1 i.V.m. Abs. 8 Satz 1 BauO NRW noch **Öffnungen** in den Außenwänden zu. Bei geringerem Grenzabstand ist die Außenwand als **öffnungslose Gebäudeabschlusswand** auszubilden. 564

Nr. 3 erfasst **Änderungen** von Gebäuden mit einem **Mindestabstand von 2,50 m zu Nachbargrenzen.** Weitere tatbestandliche Voraussetzungen sind, dass **Länge** und **Höhe** der diesen Nachbargrenzen zugekehrten **Wänden** und **Dachflächen unverändert** bleiben (vgl. hierzu OVG NRW, Beschl. v. 06.04.2004 – 7 B 223/04, BauR 2004, 1276 = BRS 67 Nr. 142) und dass **keine neuen Öffnungen** eingerichtet und **bestehende Öffnungen nicht vergrößert** werden. 565

Satz 2 lässt weitergehende Änderungen und Nutzungsänderungen zu, wenn nachbarliche Belange und Belangen des Brandschutzes ausreichend gewürdigt werden. Da es gerade der Sinn des Satzes 2 ist, Änderungen oder Nutzungsänderungen zu erfassen, die nicht nach Satz 1 zulässig sind und darüber hinausgehen, ist eine am **Grundsatz der Verhältnismäßigkeit** orientierte **Abwägung der Interessen des Bauherrn** mit der Schutzbedürftigkeit der **nachbarlichen Belange** vorzunehmen 566

Johlen

§ 6 Abstandsflächen

(vgl. LT-Drucks. 14/2433 S. 18). Wirkt sich die Erweiterung eines legal errichteten, aber heutigen Abstandsanforderungen nicht entsprechenden Gebäudes auf die abstandsflächenrechtlich erheblichen Belange selbst nicht aus, kann daher die Erweiterung – vorbehaltlich entgegenstehender öffentlicher Belange – gewöhnlich nach Satz 2 gestattet werden (OVG NRW, Urt. v. 08.03.2007 – 7 A 3782/05, BauR 2007, 1023). Sind die Voraussetzungen einer Gestattung nach Satz 2 gegeben, die Erteilung der Baugenehmigung jedoch ferner davon abhängig, dass Brandschutzvorschriften nicht entgegenstehen, ist zu prüfen, ob eine Abweichung von den Brandschutzbestimmungen erteilt werden kann (OVG NRW, Beschl. v. 08.05.2009 – 7 B 91/09, BauR 2009, 1431). Besteht der aus Brandschutzgründen erforderliche Abstand zu benachbarten Gebäuden, ist die fehlende rechtliche Sicherung des Gebäudeabstands kein zwingendes Hindernis für die Gestattung nach Satz 2 (OVG NRW, Beschl. v. 08.05.2009 – 7 B 91/09, BauR 2009, 1431, bei zwei denkmalgeschützten Gebäuden, deren »Verschiebung« aus denkmalschutzrechtlichen Gründen unwahrscheinlich ist).

13 Zu Abs. 12 – Abweichungen in überwiegend bebauten Gebieten

13.1 Zulassung geringerer Abstandsflächen

567 Nach Abs. 12 können in überwiegend bebauten Gebieten geringere Tiefen der Abstandsflächen, als sie nach Abs. 5 erforderlich wären, **gestattet** oder sogar **verlangt** werden. Sowohl die Gestattung als auch das Verlangen stehen unter der Voraussetzung, dass die **Gestaltung des Straßenbildes** oder **besondere städtebauliche Verhältnisse** dies auch unter **Würdigung nachbarlicher Belange** rechtfertigt. Sinn der Regelung ist die **Erhaltung alter Ortsbilder** und **historischer Bausubstanzen** auch durch die **Ermöglichung der Einfügung von Neubauten in gewachsene Stadtstrukturen** unter **Einhaltung alter Straßenfluchten** und zur **Erhaltung von Traufgassen** (vgl. OVG NRW, Beschl. v. 17.04.2009 – 7 E 314/09, juris und Beschl. v. 15.07.2015 – 7 B 420/15, juris).

568 Die Vorschrift **ermöglicht nicht** den **völligen Verzicht** auf Abstandsflächen, sondern lediglich die Zulassung **geringerer** Tiefen der Abstandsflächen (OVG NRW, Beschl. v. 05.10.1998 – 7 B 1850/98, BRS 60 Nr. 105 und Beschl. v. 15.06.2004 – 22 A 5551/00, juris).

569 Abs. 12 findet **keine Anwendung**, wenn der **Bebauungsplan abweichende Maße der Tiefe der Abstandsfläche** gemäß § 9 Abs. 1 Nr. 2a BauGB festsetzt oder eine **Satzung über geringere Tiefen der Abstandsflächen** nach § 89 Abs. 1 Nr. 6 BauO NRW besteht (vgl. Rdn. 31–32).

570 Die früher enthaltene weitere Voraussetzung, dass **Gründe des Brandschutzes** dem **nicht entgegenstehen** dürfen, ist mit dem Zweiten Gesetz zur Änderung der Landesbauordnung ersatzlos entfallen. Die Begründung enthält hierzu keine besonderen Ausführungen. Die Voraussetzung war aber entbehrlich, da Außenwände, die näher als 2,50 m zur Nachbargrenze liegen, nach § 30 Abs. 2 Nr. 1 i.V.m. Abs. 8 Satz 1 BauO NRW ohnehin als **öffnungslose Gebäudeabschlusswände** auszubilden sind. An Straße oder Wegen sich gegenüberliegende Außenwände mit Öffnungen halten regelmäßig schon aufgrund der Breite dieser öffentlichen Flächen mehr als 5 m Abstand untereinander ein. Sollte dennoch eine Unterschreitung auch dieses Abstandsmaßes in einem seltenen Einzelfall

erforderlich werden, greift § 14 Abs. 1 BauO NRW unmittelbar ein, da einer Ausbreitung eines Brandes vorgebeugt werden muss. Dem kann dann durch entsprechende Materialwahl entsprochen werden (so Buntenbroich/Voß zu § 6 Rn. 129).

Bereits die BauO NW 1984 enthielt die Möglichkeit, im Wege der Ausnahme in überwiegend bebauten Gebieten geringere Tiefen der Abstandsflächen zu gestatten. Sie machte diese Gestattungsmöglichkeit davon abhängig, dass die Gestaltung des Straßenbildes oder besondere städtebauliche Verhältnisse dies »**erfordern**« und Gründe des Brandschutzes nicht entgegenstehen. Nach der Rechtsprechung zu dieser Vorschrift waren Abweichungen von der an sich gebotenen Tiefe der Abstandsflächen nicht erst dann erforderlich, wenn sie zwingend notwendig oder unumgänglich sind, sondern bereits dann, wenn sie »vernünftigerweise geboten« sind (so OVG NRW, Beschl. v. 21.06.1993 – 7 B 588/93, juris). Im Hinblick auf die Rechtsprechung erschien dem Gesetzgeber das Merkmal des »Erforderns« zu eng. Dies insbesondere – so die Begründung zum Gesetzentwurf (LT-Drucks. 11/7153, S. 151) – in Fällen, in denen die Abstandsflächen entsprechend Abs. 2 bis zur Mitte der öffentlichen Verkehrsfläche untergebracht werden konnten, allerdings zu Lasten der einheitlichen Gestaltung des Straßenbildes. Entweder musste das Gebäude aus der Flucht der anderen Gebäude nach hinten versetzt werden, oder das Gebäude musste niedriger als die vorhandene Bebauung errichtet werden. Der Begriff »erfordern« wurde daher durch den Begriff »**rechtfertigen**« ersetzt. 571

Die Vorschrift soll, auch unter Wahrung des Grundgedankens der Abstandsflächenregelung, das Bauen und vor allem das **Schließen von Baulücken** in **überwiegend bebauten Gebieten** ermöglichen oder erleichtern. Solche Gebiete sind, wie in den Altstadtbereichen von z.B. Detmold, Warendorf oder auch Köln, häufig geprägt durch geringe Gebäudeabstände auf den einzelnen Grundstücken, durch schmale Straßenstrukturen oder auch durch Traufgassen. Abs. 16 räumt in den genannten Gebieten zur Anpassung geplanter Bauvorhaben an die vorhandene Bebauung der Gestaltung des Straßenbildes und wie zuvor beschriebenen besonderen städtebaulichen Verhältnissen Vorrang gegenüber den unter den Aspekten des Nachbarschutzes in Abs. 5 festgelegten Tiefen der Abstandsflächen ein. Erfasst werden sollen von der Abweichungsmöglichkeit nicht allein das **Schließen von Baulücken** oder das **Aufstocken** von Gebäuden (vgl. Hess. VGH, Beschl. v. 08.05.1995 – 3 TG 1129/95, BRS 57 Nr. 161 = NVwZ-RR 1995, 634 und BayVGH, Beschl. v. 22.09.2006 – 25 ZB 01.1004, ZfBR 2007, 586 zu einem Mansarddach in einem Denkmalensemble), sondern auch das **Errichten von Baublocks** in überwiegend bebauten Gebieten zur **Anpassung an gewachsene Strukturen** (vgl. OVG Bln, Beschl. v. 11.02.2002 – 2 S 1.02, BauR 2002, 1381). 572

Die Voraussetzungen für die Gestattung, aber auch für das Verlangen nach geringeren Abstandsflächen sollten **eindeutig erkennbar** sein. So kann z.B. das Straßenbild durch Traufgassen, enge oder dichte Bebauung bei Einhaltung einer geschlossenen vorderen Baufluchen oder bei gestaltend verspringenden vorderen Baulinien geprägt sein. In Altstadtbereichen liegen besondere städtebauliche Verhältnisse vor, wenn innerhalb von Baublocks die zueinander stehenden Rückfronten der Gebäudezeilen bei gleichzeitiger geringer Gebäudetiefe die erforderlichen Tiefen der Abstandsflächen nicht einhalten oder wenn eine dichte Bebauung der rückwärtigen, vom Straßenraum nicht mehr einzusehenden Grundstücke und Grundstücksteile ablesbar ist. Zu weit greifen dürfte die 573

§ 6 Abstandsflächen

Auslegung, die Gestaltung des Straßenbildes rechtfertige bereits dann geringere Tiefen der Abstandsflächen, wenn die Straße durch eine Bebauung geprägt ist, die die Abstandsflächen nicht einhält. Darunter fielen auch Missstände, die den bauplanungsrechtlich gebotenen gesunden Wohn- und Arbeitsverhältnissen widersprechen. Der Gesetzgeber wollte Vorhaben, die derartige Missstände fortschreiben, nicht begünstigen (OVG NRW im Beschl. v. 23.10.1995 – 10 B 2661/95, BRS 57 Nr. 159). Die **Gestaltung des Straßenbildes rechtfertigt** geringere Tiefen der Abstandsflächen dann, wenn ein **die Abstandsflächen einhaltendes Gebäude störend aus dem Rahmen** eines sonst durch im Wesentlichen einheitliche Bebauung geprägten Straßenbildes **fällt** (OVG NRW, Beschl. v. 17.07.2008 – 7 B 195/08, BauR 2008, 2033).

574 Bei der Gestattung oder dem Verlangen geringerer Tiefen der Abstandsflächen sind die **nachbarlichen Belange zu würdigen**. Eine förmliche Beteiligung der Nachbarn gemäß § 72 BauO NRW braucht nicht zu erfolgen (so auch LT-Drucks. 11/7153, S. 151). Es kann aber **zweckmäßig** sein, die Nachbarn zu hören, um zu ermitteln und in Erfahrung zu bringen, welche nachbarlichen Belange überhaupt betroffen sein können, was erst eine korrekte Ermessensausübung ermöglicht (vgl. hierzu OVG M-V, Beschl. v. 17.01.2005 – 3 M 37/04, BauR 2006, 507 = BRS 69 Nr. 134).

13.2 Ersatzneubauten

575 Nach **Satz 2** kann in Gebieten nach Satz 1 gestattet werden, an der Stelle eines Gebäudes, welches die Abstandsflächen nicht einhält, einen gleichartigen **Ersatzneubau** (»Kubatur«) zu errichten wenn das Vorhaben ansonsten dem öffentlichen Recht entspricht und die Rechte der Angrenzer nicht nachteilig betroffen werden.

576 Die Privilegierung nach Satz 2 betrifft nur den Ersatzneubau eines Gebäudes, welches die Abstandsflächen zwar nicht einhält, aber Bestandsschutz genießt. Ist der **Bestandsschutz verloren** gegangen (z.B. durch abweichendes Bauen, illegale bauliche Änderungen, illegale Nutzungsänderungen oder längeren Leerstand), **greift die Privilegierung nicht**.

577 Voraussetzung für den Neubau ist ein nach der Kubatur **gleichartiges Gebäude**. Der Ersatzneubau darf ohne die Einhaltung der erforderlichen Abstandsflächen **an gleicher Stelle** und **in gleicher Größe** errichtet werden. Die Identität des Gebäudes muss in seinen **Ausmaßen** erhalten bleiben, was z.B. nicht für einen Neubau gilt, dessen Grundfläche wesentlich größer als das zu ersetzende, bestandsgeschütze Gebäude ist.

578 Der Ersatzneubau muss ansonsten dem **öffentlichen Recht entsprechen**. Er muss also insbesondere **planungsrechtlich**, beispielsweise im Hinblick auf seine Bauweise oder die überbaubare Grundstücksfläche **zulässig sein**.

579 Die **Rechte der Angrenzer** dürfen durch den Ersatzneubau **nicht nachteilig betroffen** werden. Die geschützten Belange der Angrenzer werden durch das bestehende Gebäude, welches Bestandsschutz genießt, in Bezug auf die Abstandsflächen schon beeinträchtigt. Insoweit ist nach Satz 2 nur eine **weitere, nachteiligere Beeinträchtigung**, als die bereits bisher bestehende, **ausgeschlossen**.

580 Die Rechte der Angrenzer sind beispielsweise dann nach Satz 2 nachteilig betroffen, soweit die abstandsflächenrechtswidrige Wand erhöht oder in dieser neue Öffnungen mit

Einsichtnahmemöglichkeiten in das Nachbargrundstück geschaffen werden. Gleiches gilt, soweit ein bisher abstandsflächenrechtlich privilegiertes Dach durch Änderung der Dachneigung diese Qualifizierung verliert oder die Errichtung von Dachgauben unzumutbare Einsichtnahmemöglichkeiten in das Nachbargrundstück schafft.

Abs. 12 Satz 2 gilt auch für den **Austausch von Gebäudeteilen**, wenn durch die Änderung der Bestandsschutz des Gebäudes verloren geht. Werden dagegen nur Änderungen vorgenommen, die den Bestandsschutz des Gebäudes nicht beeinträchtigen, ist Abs. 11 anzuwenden. 581

14 Zu Abs. 13 – Abstandsflächen bei Windenergieanlagen

Abs. 13 regelt in Abweichung zu den allgemeinen Vorschriften besondere **Abstandsflächen** für **Windenergieanlagen**. Mit **Satz 1** werden zunächst die **Abs. 4–6** – die die Bemessung der Abstandsflächen vor den Außenwänden von Gebäuden und vor Anlagen, von denen Wirkungen wie von Gebäuden ausgehen, einschließlich der Halbierungsregel für **nicht anwendbar** erklärt. Es darf nicht übersehen werden, dass nach Satz 1 die nicht ausgenommenen **Abs. 1–3** auch für Windenergieanlagen **entsprechend** gelten. Da Windenergieanlagen fast ausnahmslos im Außenbereich im Sinne des § 35 BauGB errichtet werden, ist vor allem Abs. 2 über die Lage der Abstandsfläche auf eigenem Grundstück oder baulastgesichert auf fremdem Grundstück von praktischer Bedeutung. 582

Satz 2 legt fest, dass die Tiefe der **Abstandsfläche** sich nach **50 Prozent** der »größten Höhe« der Windenergieanlage bemisst. 583

Satz 3 regelt die Bemessung der **größten Höhe**. Diese setzt sich bei Windenergieanlagen mit Horizontalachse, eine solche scheint die Mehrzahl aller Anlagen zu haben, zusammen aus der **Höhe der Rotorachse** über der **geometrischen Mitte** des Mastes **und dem Rotorradius**. Danach ist die horizontal verlaufende Rotorachse mit der senkrecht verlaufenden Mittelachse des Mastes zum Schnitt zu bringen. Dieser Schnittpunkt bildet den oberen Bezugspunkt, zu dem der Rotorradius hinzugerechnet werden muss. Hinsichtlich des unteren Bezugspunktes trifft die Vorschrift keine Aussage. So muss auf die Regelungen des inzwischen aufgehobenen RdErl. vom 29.11.1996 (MBl. NRW. S. 1864) in der Annahme zurückgegriffen werden, dass der Gesetzgeber mit der Änderung des Abs. 10 Sätze 2–5 genau das Ergebnis erreichen wollte, das diesem RdErl. vorschwebte. Dieser RdErl. regelte unter anderem: »*Bei der Ermittlung der Tiefe der Abstandsfläche einer Windenergieanlage gilt als Wandhöhe im Sinne des § 6 Abs. 4 Satz 2 BauO NW das Maß von der Geländeoberfläche bis zur Achse des Rotors.*« 584

Damit ergibt sich für eine Windenergieanlage mit einer Höhe der Rotorachse über der **Geländeoberfläche** von 70 m und einem Rotorradius von 50 m eine Tiefe der Abstandsfläche von (70 + 50) × 0,5 = 60 m. Der RdErl. vom 21.10.2005 (Mbl. NRW. S. 1288) – Grundsätze für Planung und Genehmigung von Windkraftanlagen – **WKA-Erl.** weist in Nr. 5 auf das **Immissionsschutzrecht** und die hierzu ergangene Rechtsprechung hin, wonach im Einzelfall **erheblich größere Abstände** als nach § 6 BauO NRW erforderlich sein können. 585

Satz 4 regelt, dass die Abstandsfläche ein **Kreis** um den »**geometrischen Mittelpunkt**« des Mastes ist. Der geometrische Mittelpunkt ist die vertikale Achse des Turmschaftes. 586

Johlen

§ 7 Teilung von Grundstücken

(1) Die Teilung eines bebauten Grundstücks bedarf zu ihrer Wirksamkeit der Genehmigung der Bauaufsichtsbehörde. Einer Genehmigung bedarf es nicht, wenn der Bund, das Land, eine Gemeinde oder ein Gemeindeverband als Erwerber, Eigentümer oder Verwalter beteiligt ist.

(2) Die Genehmigung darf nur versagt werden, wenn durch die Teilung Verhältnisse geschaffen würden, die den Vorschriften dieses Gesetzes oder den aufgrund dieses Gesetzes erlassenen Vorschriften zuwiderlaufen. Die Bauaufsichtsbehörde hat innerhalb eines Monats nach Eingang des Antrags über die Teilung zu entscheiden. Ist ihr dies nicht möglich, so kann sie die Frist durch Zwischenbescheid gegenüber der antragstellenden Person um höchstens zwei Monate verlängern. Die Genehmigung gilt als erteilt, wenn nicht innerhalb der Frist über sie entschieden wurde.

(3) Die Teilung darf in das Liegenschaftskataster erst übernommen werden, wenn ein Genehmigungsbescheid vorgelegt ist. Bedarf die Teilung keiner Genehmigung oder gilt sie als genehmigt, hat die Genehmigungsbehörde auf Antrag von Beteiligten darüber ein Zeugnis auszustellen. Das Zeugnis steht einer Genehmigung gleich.

(4) § 70 Absatz 1 und 2 sowie § 71 Absatz 1 Sätze 2 und 3 gelten entsprechend.

Übersicht	Rdn.
0 Änderungen gegenüber der BauO NW 1984, der BauO NW 1995 und der BauO NRW 2000	01
1 Einordnung der Regelung – Abgrenzung zum Bauplanungsrecht	1
2 Zu Absatz 1 – Genehmigungsbedürftige Teilungsvorgänge	6
3 Zu Absatz 2 – Prüfung im Teilungsgenehmigungsverfahren	22
3.1 Materiell-rechtliche Prüfung	22
3.2 Bearbeitungsfrist	34
4 Zu Absatz 3 – Eintragungssperre in das Liegenschaftskataster	44
5 Zu Absatz 4 – Teilungsantrag und Bauvorlagen	47
6 Geltungsdauer, Bindungswirkung, Gebühren	56

0 Änderungen gegenüber der BauO NW 1984, der BauO NW 1995 und der BauO NRW 2000

01 Die Vorschrift des § 8 **BauO NW 1995** entsprach im Wesentlichen § 8 BauO NW 1984. Es wurden lediglich Änderungen vorgenommen, um die Regelungen in **Abs. 1** insoweit an § 19 BauGB anzupassen. Nach dem angefügten **Satz 2** war ein Teilungsgenehmigungsverfahren entbehrlich, wenn an dem Rechtsvorgang Gebietskörperschaften des öffentlichen Rechts beteiligt sind (vgl. LT-Drucks. 11/7153 S. 152). Der alte Satz 2 des Abs. 1 wurde zum neuen **Abs. 2**, der alte Abs. 2 als Satz 2 in den neuen Abs. 3 übernommen. In den **Abs. 3** wurden die Sätze 1 und 3 aufgenommen, um eine weitgehende Angleichung an die Vorschriften der bauplanungsrechtlichen Teilungsgenehmigung zu erreichen. Der angefügte **Abs. 4** verweist auf Vorschriften für das

Baugenehmigungsverfahren, die der Beschleunigung dienen und deren Anwendung sich auch im Teilungsgenehmigungsverfahren als sinnvoll erweist.

Nach Erlass der BauO NW 1995 wurde § 19 BauGB 1986 durch das **BauROG** geändert. Der Gesetzentwurf sah vor, die Vorschriften der §§ 19, 20 und 23 BauGB zu streichen (BT-Drucks. 13/6392 S. 35 f. und S. 53 f.) Der Bundesrat hatte jedoch im Gesetzgebungsverfahren unter anderem auch wegen dieser Streichung den Vermittlungsausschuss angerufen (BR-Drucks. 339/97 S. 9). Das Vermittlungsverfahren erbrachte dann eine modifizierte Beibehaltung der §§ 19 und 20 BauGB (BT-Drucks. 13/8019 S. 3 ff.). Die gesetzliche **Genehmigungspflicht für Grundstücksteilungen** wurde abgeschafft und die Einführung einer solchen im **Geltungsbereich eines Bebauungsplans** durch **Satzung** der Gemeinde ermöglicht. Durch das **EAG Bau** wurde auch die Satzungsbefugnis aufgehoben und durch eine **materielle Anforderung** in § 19 BauGB 2004 an die Grundstücksteilung im **Geltungsbereich eines Bebauungsplanes** ersetzt. Bundesrechtlich verbleibt damit nur noch eine Genehmigungspflicht für Teilungen im Umlegungs-, Enteignungs- und besonderen Städtebaurecht (§§ 51, 109 und 144 BauGB). 02

Mit der **BauO NRW 2000** entfiel die Verweisung in § 8 **Abs. 3 Satz 1** BauO NW 1995 auf die bundesrechtlichen Teilungsvorschriften. Stattdessen wurden dem **Abs. 2 die Sätze 2–4** als eigenständige bauordnungsrechtliche Verfahrensregelung **neu angefügt**. Auch wurde im Hinblick auf verzichtbare bauaufsichtliche Verfahren das **Genehmigungserfordernis eingeschränkt**. Verzichtet wurde auf die Teilungsgenehmigung für Grundstücke, die noch nicht bebaut sind, deren Bebauung jedoch bereits genehmigt war oder nach den Regelungen des § 67 BauO NRW 2018 von der Gemeinde für zulässig erachtet wurde. Auf dieses Genehmigungserfordernis konnte verzichtet werden, da die Rechtsgrundlage für ein genehmigtes oder nach § 67 BauO NRW 2018 zulässiges Vorhaben entfällt, wenn eine nicht den Anforderungen der BauO NRW 2018 entsprechende Teilung erfolgt (so die Amtliche Begründung LT-Drucks. 12/3738 S. 72). 03

Die **BauO NRW 2018** behält die bisherigen Regelungen bis auf kleine sprachliche Anpassungen unverändert bei, wobei in **Absatz 4** die Verweise an die neue Paragrafenfolge angepasst wurden. 04

1 Einordnung der Regelung – Abgrenzung zum Bauplanungsrecht

Eine Genehmigungspflicht für Grundstücksteilungen wurde in Deutschland erstmals mit § 36 des Allgemeinen Baugesetzes für das Königreich Sachsen vom 01.07.1900 eingeführt, die sowohl **bauplanungsrechtliche** als auch **bauordnungsrechtliche Belange** im Sinne des heutigen Verständnisses erfasste. Im preußischen Rechtsbereich fehlte eine solche Regelung. Erst sehr viel später entstand mit dem Reichsgesetz über die Aufschließung von Wohnsiedlungsgebieten vom 22.09.1933 (RGBl. I S. 659) unter Rückgriff auf das sächsische Vorbild ein allgemeiner Genehmigungsvorbehalt für Grundstücksteilungen. 1

Mit dem **BBauG 1960** und der **MBO 1960** wurden dann unter Beachtung der unterschiedlichen Gesetzgebungskompetenz von Bund und Ländern für das Bodenrecht 2 und das Bau(polizei)recht die aufeinander abgestimmten Regelungen für die **bauplanungsrechtliche** (bundesrechtliche) und die **bauordnungsrechtliche** (landesrechtliche) **Teilungsgenehmigung** geschaffen. Mit der **rechtstechnischen Verortung** der Vorschrift in § 7 folgt die BauO NRW 2018 dem Vorbild der MBO. Diese Einordnung in der Paragraphenfolge ist unglücklich gewählt, handelt es sich doch um eine **Verfahrensvorschrift**, die der Rechtsanwender zuerst im fünften Teil des Gesetzes vermuten dürfte.

3   In den Gremien der ARGEBAU ist in der Vergangenheit lange darüber diskutiert worden, ob es noch einer bauordnungsrechtlichen Teilungsgenehmigung bedürfe. Mit § 7 **MBO 2002** wurde letztendlich auf ein Teilungsgenehmigungsverfahren verzichtet und stattdessen eine **materielle Anforderung** im Falle der Grundstücksteilung eingeführt. Inzwischen sind viele Bundesländer der Empfehlung aus der MBO gefolgt und haben die Teilungsgenehmigung aus den Vorschriften der Landesbauordnung entfernt.

4   Damit verbunden war die Gewissheit, dass die Bauaufsichtsbehörden verstärkt eine nachträgliche Kontrollfunktion innehaben, damit rechtswidrige Zustände beseitigt werden können. In Nordrhein-Westfalen wurde letztlich die Genehmigungspflicht aber beibehalten, da eine **präventive Kontrolle weniger Verwaltungsaufwand** erzeugt als das nachträgliche Einschreiten.

5   Das Teilungsgenehmigungserfordernis soll die **vorbeugende Kontrolle** ermöglichen, ob durch die Teilung bauordnungswidrige Zustände eintreten, die verhindert werden müssen. Mit den Bestimmungen des BauGB kann dies regelmäßig nicht verhindert werden, denn die materiellen Anforderungen des § 19 BauGB erfassen nur bauplanungsrechtliche Gesichtspunkte. Darüber hinaus ist diese materielle Anforderung auf den Geltungsbereich der Bebauungspläne beschränkt. Dies unterstreicht erst recht die **Bedeutung einer eigenständigen bauordnungsrechtlichen Teilungsgenehmigung**.

2 Zu Absatz 1 – Genehmigungsbedürftige Teilungsvorgänge

6   Nach **Absatz 1** kommt es allein darauf an, ob das **Grundstück bebaut** ist; seine **bauplanungsrechtliche** Zuordnung zum beplanten Bereich, zum unbeplanten Innen- oder Außenbereich ist **bauordnungsrechtlich unerheblich**. Es ist also **bauordnungsrechtlich** nicht die Zuordnung zum Bauland, sondern das Vorliegen einer **Bebauung** gefordert, die auch gegeben sein kann, wenn das Grundstück im Außenbereich liegt.

7   Für Teilungen bebauter Grundstücke im Zusammenhang mit **Bauvorhaben, für** die gemäß § 1 Absatz 2 BauO NRW 2018 **die bauordnungsrechtlichen Vorschriften nicht anwendbar sind**, ist keine bauordnungsrechtliche Teilungsgenehmigung erforderlich. Hier sind vor allem die Anwendungsausschlüsse nach § 1 Absatz 2 **Nr. 1** und **Nr. 2** BauO NRW 2018 für **Anlagen des öffentlichen Verkehrs** und für **der Bergaufsicht unterliegende Anlagen** zu nennen, die über **eigene Grundstücke** verfügen (s. Anmerkungen zu § 1 Rdn. 51 und 145), während die in Nr. 3 und 4 aufgeführten Leitungen zumeist im öffentlichen Straßenraum verlegt sind, für die in Nr. 5 genannten Kräne und Krananlagen kaum eigenständige Grundstücke gebildet werden dürften und Messestände in Messe- und Ausstellungsgebäuden nach **Nr. 6** als Einbauten in einem Gebäude keine Auswirkungen auf den Zuschnitt der Grundstücke entfalten.

Obwohl in § 7 nicht erwähnt, bleiben die Vorschriften über **gesetzlich geregelte** **8**
Planfeststellungsverfahren unberührt. Ist die Grundstücksteilung Gegenstand der
Planfeststellung, beispielsweise infolge neu zu bildender Grundstücksgrenzen bei
Eingriffen in bestehende Grundstücke, entfällt das bauordnungsrechtliche Genehmigungserfordernis, da gemäß § 75 Abs. 1 VwVfG. NRW. die **Planfeststellung** alle
nach anderen Vorschriften **erforderlichen öffentlich-rechtlichen Genehmigungen**
ersetzt (s. Anmerkunen zu § 1 Rdn. 55). Diese Konzentrationswirkung (s. dazu auch:
Ramsauer/Wysk in Kopp/Ramsauer, Kommentar zum VwVfG, 18. Aufl., zu § 75
Rn. 12ff.) kommt jedoch nur zum Tragen, wenn es sich um solche Planfeststellungen
oder Plangenehmigungen für Vorhaben handeln, die nicht bereits nach § 1 Absatz 2
BauO NRW 2018 ausgenommen sind, z.B. für eine Abfallentsorgungsanlage.

Satz 2 befreit den **Bund**, das **Land**, die **Gemeinden** und **Gemeindeverbände** von der **9**
Genehmigungspflicht, wenn die Körperschaft an dem jeweiligen Teilungsvorgang
beteiligt ist. **Gemeindeverbände** sind gemäß § 1 Abs. 2 KrO die **Landkreise**, gemäß
§§ 1 und 2 LVerbO die **Landschaftsverbände** und gemäß § 5 Abs. 2 des Gesetzes über
kommunale Gemeinschaftsarbeit i.d.F.d.B. vom 01.10.1979 (GV. NRW. S. 621),
z.g.d. Gesetz vom 23.01.2018 (GV. NRW. S. 90) die **Zweckverbände**. Andere juristische Personen des öffentlichen Rechts werden von Satz 2 nicht erfasst.

Die **Beteiligung** am Teilungsvorgang muss **von Anfang an** gegeben sein (OLG Hamm, **10**
Beschl. v. 05.02.1974 – 15 Wx 14/74, BRS 28 Nr. 54). Hierbei ist es gleichgültig, ob
die jeweilige Gebietskörperschaft als **Erwerber**, als **Eigentümer** oder lediglich als **Verwalter** fungiert. Die Freistellung von dem Erfordernis der Teilungsgenehmigung geht
dabei nicht einher mit einer etwaigen Freistellung vom materiellen Recht. Der Gesetzgeber geht bei der **verfahrensrechtlichen Privilegierung** davon aus, dass eine präventive Kontrolle entbehrlich ist, weil die Gebietskörperschaften rechtmäßig handeln. Die
Bauaufsichtsbehörden werden i.d.R. dennoch in das Teilungsverfahren einbezogen,
sofern es Fragen zu klären gilt, die etwa eine Baulasteintragung betreffen. Nur so ist
gewährleistet, dass die materiellen Vorschriften des Bauordnungsrechts auch tatsächlich eingehalten werden können.

Die **Grundstücksteilung** ist bauordnungsrechtlich **nicht definiert**. Das Bauordnungs- **11**
recht geht vom **bürgerlich-rechtlichen Grundstücksbegriff** aus, modifiziert diesen
jedoch, da unter bauordnungsrechtlichen Gesichtspunkten ein **räumlicher Zusammenhang** unabdingbar ist (s. Anmerkungen zu § 4 Rdn. 77 und 81). Von Bedeutung ist auch die zivilrechtlich vorgegebene Verbindung von Grundstück und dessen
wesentlichen Bestandteilen (s. § 94 BGB), insbesondere der aufstehenden Gebäude
(s. Anmerkungen zu § 2 Rdn. 114). Kennzeichnend für das Grundstücksrecht ist
das **Prinzip der Vertikalteilung** (hierzu s. BGH, Urt. v. 12.10.2001 – V ZR 268/00,
Forum 2002, 304).

Die **Teilung im bürgerlich-rechtlichen Sinne** meint nicht die vermessungstechnische **12**
Zerlegung eines Flurstücks, sondern zielt auf eine **Änderung** des **Grundstücksbestands**
im **Bestandsverzeichnis des Grundbuchs** ab. Eine solche Änderung des Grundstücksbestands erfolgt, indem im **Bestandsverzeichnis** des Grundbuchs der jeweils unter
einer laufenden Nummer eingetragene **Flurstücksbestand** verändert wird.

§ 7 Teilung von Grundstücken

Im **Regelfall** erfordert die Teilung eines Grundstücks sowohl eine **Änderung im Liegenschaftskataster** als auch eine **Änderung im Bestandsverzeichnis des Grundbuchs**. Besteht für eine abzuteilende Fläche **noch kein eigenes Flurstück**, muss zuvor der **abzuschreibende Teil** im Liegenschaftskataster als **eigenständiges Flurstück** gebildet werden, da das Grundbuch auf das Liegenschaftskataster als amtliches Verzeichnis der Flurstücke Bezug nimmt (§ 2 Abs. 2 GBO). Ein Grundstück im bürgerlich-rechtlichen Sinne kann nämlich nicht aus einem Teilflurstück bestehen. Nach der Bildung der neuen Flurstücke, die aus dem alten hervorgegangen sind, erstellt das Kataster- und Vermessungsamt den **Veränderungsnachweis**. Erst auf der Grundlage dieses Veränderungsnachweises, der die **neuen** Flurstücke bezeichnet, kann dann das Grundbuchamt die Eintragung vornehmen. Diesen grundbuchtechnischen Vorgang bezeichnet man als **Fortschreibung**.

Es kann auch der **Ausnahmefall** vorliegen, dass mehrere Flurstücke im Bestandsverzeichnis des Grundbuchs unter einer laufenden Nummer eingetragen sind und somit als ein Grundstück gelten. Derartige Eintragungen von mehreren Flurstücken unter einer laufenden Nummer waren früher vor allem im Bereich der Landwirtschaft üblich. Sollen diese Flurstücke nach dem Willen des Eigentümers in eigenständige Grundstücke überführt werden, ist eine vermessungstechnische Bildung von Flurstücken nicht mehr erforderlich, da diese bereits bestehen. Dennoch ist eine Teilungsgenehmigung erforderlich, sofern mindestens eines der zu überführenden Flurstücke bebaut ist. Das Grundbuchamt löscht den alten Bestand, also das alte Grundstück, und trägt unter jeweils einer eigenen Nummer die neuen Grundstücke im Bestandsverzeichnis ein. Die nachfolgende Abb. 7.1 verdeutlicht diese Fortschreibung.

13 **Liegenschaftskataster – Flurkarte**

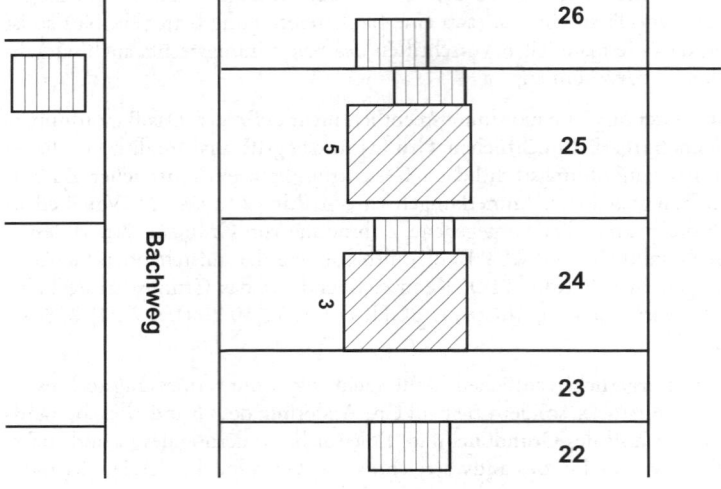

Teilung von Grundstücken § 7

Eintragungen im Grundbuch – alter und neuer Bestand
Amtsgericht Altdorf **Grundbuch von** Kleinscheid Blatt 1412 **Bestandsverzeichnis**

Laufende Nummer der Grundstücke	Bisherige laufende Nummer der Grundstücke	Bezeichnung der Grundstücke und der mit dem Eigentum verbundenen Rechte				Größe
		Gemarkung (Vermessungsbezirk)	Karte Flur Flurstück		Wirtschaftsart und Lage	ha a qm
		a	b		c	
1	2	3				4
~~1~~	1	~~Auenfeld~~	~~18~~	~~23~~	~~Freifläche~~	~~3 10~~
2	1	~~Auenfeld~~	~~18~~	~~24~~	~~Hof- u. Gebäudefläche Bachweg 3~~	~~5 31~~
3		Auenfeld	18	25	Hof- u. Gebäudefläche Bachweg 5	6 12
4		Auenfeld	18	23	Freifläche	3 10
		Auenfeld	18	24	Hof- u. Gebäudefläche Bachweg 3	5 31

Die im Bestandsverzeichnis unter der laufenden Nummer 1 als ein Grundstück eingetragenen Flurstücke 23 und 24 bilden nach der **Fortschreibung** unter den neuen laufenden Nummern 3 und 4 jeweils neue eigenständige Grundstücke.

Abb. 7.1 Fortschreibung einer Grundstücksteilung im Grundbuch

So wie der Eigentümer eines Grundstücks nach bürgerlichem Recht berechtigt ist, dieses zu teilen, was allerdings materiell-rechtlich nicht ausdrücklich geregelt ist, sondern sich aus § 903 BGB (Befugnisse des Eigentümers) nur indirekt ergibt (vgl. Weirich/Ivo, Rn. 27), so kann er umgekehrt, mehrere Grundstücke zu einem neuen Grundstück zusammenzulegen. Hierbei wird zwischen der **Vereinigung** nach § 890 Abs. 1 BGB und der **Zuschreibung** nach § 890 Abs. 2 BGB differenziert, ohne dass sich dieser Unterschied öffentlich-rechtlich auswirkt. Bei der Vereinigung werden die alten Grundstücke unter einer neuen Nummer des Bestandsverzeichnisses im Grundbuch eingetragen, wobei jedoch die bisherigen Belastungen auf den alten Grundstücken bestehen bleiben. Bei der Zuschreibung wird ein Grundstück zum Bestandteil eines anderen Grundstücks, wobei die Belastungen in Form von Grundpfandrechten des Stammgrundstücks sich kraft Gesetzes auf das zugeschriebene Grundstück erstrecken; für andere Belastungen, wie z.B. Reallasten, tritt jedoch keine Erstreckung ein. In beiden Fällen erfolgt eine Löschung und Neueintragung im Bestandsverzeichnis des Grundbuchs nach gegebenenfalls vorauslaufendem Veränderungsnachweis. Vereinigung und Zuschreibung sind nur zulässig, wenn dadurch **keine Verwirrung** zu befürchten ist (§§ 5 und 6 GBO), die beispielsweise eintreten kann, wenn die alten Grundstücke unterschiedlich belastet sind und sich nach der Vereinigung oder Zuschreibung Unklarheiten ergeben (zu diesen Vorgängen s. Weirich/Ivo, Rn. 30 ff.).

§ 7 Teilung von Grundstücken

14 Da der grundbuchliche Vollzug als Grundstücksteilung im bürgerlich-rechtlichen Sinne anzusehen ist, jedoch gerade dieser Vollzug nach früherem Bauplanungsrecht einem vorausgehenden öffentlich-rechtlichen Genehmigungsverfahren unterworfen war und auch nach Abschaffung der bundesrechtlichen Teilungsgenehmigung materiellen Anforderungen im Geltungsbereich eines Bebauungsplanes gemäß § 19 Abs. 2 BauGB 2004 genügen muss, war und ist es erforderlich, den **Begriff der Grundstücksteilung** zu normieren. Dieser **baurechtliche** Teilungsbegriff findet sich in § 19 Abs. 1 BauGB 2004:

> *»Die Teilung eines Grundstücks ist die dem Grundbuchamt gegenüber abgegebene oder sonst wie erkennbar gemachte Erklärung des Eigentümers, dass ein Grundstücksteil grundbuchmäßig abgeschrieben und als selbständiges Grundstück oder als ein Grundstück zusammen mit anderen Grundstücken oder mit Teilen anderer Grundstücke eingetragen werden soll.«*

Diese Begriffsbestimmung stellt nicht auf den grundbuchlichen Vollzug, sondern auf die **Absicht zur Teilung** ab und ermöglicht so erst eine **vorgängige Prüfung**. Da die bauordnungsrechtliche Teilungsgenehmigung jahrzehntelang lediglich als Ergänzung der bauplanungsrechtlichen Teilungsgenehmigung angesehen wurde, hat der Landesgesetzgeber auf eine eigenständige bauordnungsrechtliche Begriffsbestimmung der Teilung verzichtet und unterstellt, dass die Definition des § 19 Abs. 1 BauGB auch für das Bauordnungsrecht weiterhin gelten soll (so auch Boeddinghaus/Hahn/Schulte/Radeisen, zu § 8 Rn. 5). Nach dem Vorgängerrecht konnte hieran kein Zweifel bestehen, da der fortgefallene § 8 Abs. 3 Satz 1 BauO NW 1995 ausdrücklich die entsprechende Geltung für das bauordnungsrechtliche Teilungsgenehmigungsverfahren anordnete.

15 Die Begriffsbestimmung des § 19 Abs. 1 BauGB erfasst sowohl die **Abschreibung** (s. Rdn. 12), als auch die **Vereinigung** und die **Zuschreibung** (s. Rdn. 13) **als Teilung** im Rechtssinne. Eine Teilung liegt auch vor, wenn eine früher erfolgte Vereinigung (§ 890 Abs. 1 BGB) wieder aufgehoben werden soll (BayObLG, Beschl. v. 31.05.1974 – 2 Z 21/74, NJW 1974, 2004). Hierbei ist jedoch zu beachten, dass ein Grundstück im bauordnungsrechtlichen Sinne nur vorliegt, wenn die unter einer laufenden Nummer gebuchten Flurstücke auch einen **räumlichen Zusammenhang** aufweisen (s. Rdn. 11). Insbesondere bei landwirtschaftlichem Besitz kann der Fall vorliegen, dass mehrere räumlich getrennte Flurstücke ein Grundstück im bürgerlichen Rechtssinne bilden. Die grundbuchrechtliche Separierung dieser räumlich voneinander getrennt liegenden Flurstücke erfüllt dann nicht den bauordnungsrechtlichen Teilungsbegriff, wohl aber den bauplanungsrechtlichen (BVerwG, Urt. v. 14.12.1973 – IV C 48.72, BRS 27 Nr. 82). Bauplanungsrechtlich kann die Vergrößerung eines Grundstücks gegen Festsetzungen des Bebauungsplans über Höchstmaße aus Gründen des sparsamen und schonenden Umgangs mit Grund und Boden für Wohnbaugrundstücke nach § 9 Abs. 1 Nr. 3 BauGB verstoßen. Ebenso kann eine Vereinigung oder Zuschreibung bauordnungsrechtliche Auswirkungen entfalten, beispielsweise wenn die zu vereinigenden Grundstücke wechselseitige Baulasten aufweisen. Eine Grundstücksvereinigung kann darüber hinaus auch Genehmigungshindernisse auslösen (s. Beispiel bei Rdn. 30).

Nach § 19 Abs. 1 BauGB kann nur der **Eigentümer** die Teilungsabsicht erklären. Wegen des Zusammenhangs mit dem Grundbuchrecht meint die Vorschrift den **Grundeigentümer** (BVerwG, Urt. v. 28.02.1975 – IV C 77.74, BVerwGE 48, 87 = BRS 29 Nr. 71). Sind mehrere Personen Eigentümer, müssen diese die Teilungsabsicht gemeinschaftlich erklären (BayVGH, Urt. v. 17.03.1992 – 2 B 90.2434, BRS 54 Nr. 79). Hierdurch soll vermieden werden, dass Nichteigentümer bloße Absichtserklärungen im Genehmigungsverfahren »austesten« können. Von der **Berechtigung zur Abgabe der Teilungserklärung** ist die Frage zu trennen, wer außer dem Eigentümer über die **Berechtigung zur Antragstellung** verfügt. Soweit die Teilungserklärung in einem notariellen Kaufvertrag (**Teilungskauf**) enthalten ist, kann auch der **Erwerber** den Antrag auf Erteilung der Teilungsgenehmigung stellen (BVerwG, Urt. v. 09.04.1976 – 4 C 75.74, BRS 30 Nr. 82).

16

Folgende Vorgänge sind nach der Definition des § 19 Abs. 1 BauGB **keine Teilungen:**
– Wird ein **buchungsfreies Grundstück** außerhalb des Grundbuchs geteilt, liegt keine genehmigungsbedürftige Teilung vor.
– Ist nur eine **Zerlegung** eines Buchgrundstücks **in mehrere Flurstücke** beabsichtigt, ohne dass eine grundbuchmäßige Änderung beabsichtigt ist, liegt keine Teilungserklärung vor (OVG NRW, Urt. v. 13.03.1973 – XI A 843/71, BRS 27 Nr. 84). Derartige Flurstücksbildungen erfolgen mitunter, um für eine katastermäßig genau definierte Fläche eine Dienstbarkeit oder eine textliche Baulast bestellen zu können.
– Die **Begründung von Sondereigentum** nach dem Wohnungseigentumsgesetz ist nicht keine reale Teilung des Baugrundstücks, sondern stellt eine ideelle **Teilung des Eigentumsrechts** dar, bei der sich die Grundstückssituation nicht ändert. Nach § 22 BauGB können die Gemeinden jedoch durch Bebauungsplan oder durch eine sonstige Satzung bestimmen, dass die Begründung oder Teilung von Wohnungs- bzw. Teileigentum der **bauplanungsrechtlichen Genehmigung** unterliegt, sofern sie ganz oder teilweise durch den Fremdenverkehr geprägt sind.

17

Schließlich ist auch die **durch Verwaltungsakt verfügte grundbuchliche Änderung** keine Teilung. Derartige Verwaltungsakte sind unter anderem vorgesehen
– im **Umlegungsverfahren** nach §§ 45 ff. und §§ 80 BauGB,
– im **Enteignungsverfahren** nach §§ 85 ff. BauGB,
– im **Flurbereinigungsverfahren** nach dem Flurbereinigungsgesetz,
– im **bergrechtlichen Grundabtretungsverfahren** nach dem Bundesberggesetz,
– im **Enteignungsverfahren** nach dem Landbeschaffungsgesetz.

Eine **geringfügige Grenzänderung ohne grundbuchmäßige Auswirkungen** wird von § 7 ebenfalls nicht erfasst und erfordert **keine Teilungsgenehmigung.**

Die Grundstücksteilung erfordert nur dann eine präventive Kontrolle durch die Bauaufsichtsbehörde, wenn das Grundstück **bebaut** ist. Das Tatbestandsmerkmal der »**Bebauung**« bedarf der **Auslegung unter bauordnungsrechtlichen Gesichtspunkten** im Hinblick auf den **Zweck des Genehmigungserfordernisses**, nämlich bauordnungswidrige Zustände zu verhindern. Bereits das Bauplanungsrecht zeigt, dass **der Begriff Bebauung nicht identisch mit dem Begriff der baulichen Anlage** ist (S. Anmerkungen

18

zu § 2 Rdn. 20). Nichts anderes kann für das Bauordnungsrecht gelten. Hätte der Gesetzgeber ein am Begriff der baulichen Anlage ausgerichtetes Genehmigungserfordernis erreichen wollen, so hätte die Vorschrift des Absatz 1 Satz 1 wie folgt formuliert werden müssen: »*Die Teilung eines Grundstücks, das **bauliche Anlagen aufweist**, bedarf zu ihrer Wirksamkeit der Genehmigung*«. Der Gesetzgeber hat weder diesen weiten in § 2 Absatz 1 BauO NRW 2018 definierten Begriff, noch den in § 2 Absatz 2 BauO NRW 2018 definierten engeren Gebäudebegriff gewählt.

19 Der in § 2 Absatz 1 BauO NRW 2018 definierte **Begriff der baulichen Anlage** erfasst auch die **fingierten** baulichen Anlagen (s. Anmerkungen zu § 2 Rdn. 63 ff.). Bauliche Anlagen sind darüber hinaus auch die in § 62 Absatz 1 BauO NRW 2018 aufgeführten Einfriedungen, Pergolen oder (als Spielplatzausstattung errichtete) Klettergerüste. Bei näherer Betrachtung der in Absatz 2 Satz 1 aufgeführten **Versagungstatbestände** zeigt sich, dass weder Vorschriften der Bauordnung selbst, noch Vorschriften in Rechtsverordnungen oder Satzungen, die aufgrund der Bauordnung erlassen worden sind, verbieten, dass eine Grundstücksgrenze durch eine Einfriedung, eine Pergola oder ein Klettergerüst hindurchgeführt wird. Daher hat der Gesetzgeber einen derart weit gefassten Anwendungsbereich des bauordnungsrechtlichen Teilungsgenehmigungserfordernisses nicht beabsichtigt.

Eine Bebauung im Sinne des Absatz 1 Satz 1 liegt nur vor, **wenn die auf dem Grundstück befindlichen baulichen Anlagen** die durch Absatz 2 Satz 1 **geschützten bauordnungsrechtlichen Belange berühren.**

20 Dazu gehören in erster Linie Gebäude, denn die in **Beziehung zum Grundstück** bzw. **zu Grundstücksgrenzen** tretenden Vorschriften stellen auf Gebäude ab, vor allem die über die **Erschließung**, über die **Abstandflächen** und über **Abstände aus Gründen des Brandschutzes** (vgl. die §§ 4–6, 30 und 32 BauO NRW 2018). Somit wird auch deutlich, dass die von § 62 Absatz 1 Nr. 1 BauO NRW 2018 erfassten Freistellungstatbestände für Gebäude im Hinblick auf das Teilungsgenehmigungserfordernis relevant bleiben, so dass die Teilung von Grundstücken auch genehmigungsbedürftig ist, wenn sich auf diesem beispielsweise eine Kleingarage, ein Gebäude zu Abstellzwecken, eine Gartenlaube oder ein Gewächshaus befindet.

Darüber hinaus können aber auch andere bauliche Anlagen teilungsrechtlich bedeutsam sein, weil sie den Begriff der Bebauung im Sinne des Absatz 1 Satz 1 erfüllen. Dies gilt beispielhaft für überdachte Fahrradabstellplätze gem. § 62 Absatz 1 Nr. 15 a BauO NRW 2018, die zwar nicht in der Aufzählung genehmigungsfreier Gebäude nach § 62 Absatz 1 Nr. 1 BauO NRW 2018 enthalten sind, aber dennoch die Kriterien des § 2 Absatz 2 BauO NRW 2018 erfüllen. Dies kann auch für Taubenhäuser nach § 62 Absatz 1 Nr. 15 Bst. e BauO NRW 2018 gelten.

Dagegen sind Sprungschanzen, Sprungtürme und Rutschbahnen bis zu einer Höhe von 10 m (§ 62 Absatz 1 Nr. 10 Bst. b BauO NRW 2018) oder Aufschüttungen bis zu 2 m Höhe (§ 62 Absatz 1 Nr. 9 BauO NRW 2018) für das Vorhandensein einer Genehmigungspflicht im Gegensatz zu dem Vorgängerrecht nicht mehr relevant, da es sich hierbei um bauliche Anlagen handelte, von denen Wirkungen wie von Gebäuden ausgehen. Solche Konstellationen sind jedoch nicht mehr abstandsflächenrelevant, so dass sie auch für die Beurteilung, ob die Teilung einer Genehmigung bedarf, nicht mehr herangezogen werden können.

Für die Genehmigungspflicht ist es unbeachtlich, ob die vorhandene Bebauung legal oder illegal ist. Auch ein »**Schwarzbau**« ist eine **Bebauung** im Sinne des Absatz 1 Satz 1. Letztlich kann nach dem klaren Wortlaut auch kein Zweifel daran bestehen, dass es unerheblich ist, ob es sich bei der Bebauung auf dem zu teilenden Grundstück um eine genehmigungsbedürftige oder eine **genehmigungsfreie Anlage** handelt. Nach der Ausweitung des Katalogs der genehmigungsfreien Anlagen und der Freistellung bestimmter Gebäude durch §§ 62 und 63 BauO NRW 2018 sind auch größere Vorhaben zum Teil verfahrensfrei. Bei der Ausklammerung dieser freigestellten Anlagen entstünden erhebliche Unsicherheiten bei dem Vollzug des Teilungsrechts, da verfahrensrechtlich zunächst immer die Frage der Genehmigungsfreiheit geklärt werden müsste. 21

3 Zu Absatz 2 – Prüfung im Teilungsgenehmigungsverfahren

3.1 Materiell-rechtliche Prüfung

Als **Versagungsgründe** nach Absatz 2 Satz 1 kommen nur solche **bauordnungsrechtlicher Art** in Betracht. Die **Aufzählung** der Versagungsgründe ist **abschließend**. 22

Auf die Genehmigung der Grundstücksteilung besteht ein **Rechtsanspruch**, sofern die Teilung nicht zu einem Verstoß gegen bauordnungsrechtliche Vorschriften führt.

Wird durch die **rechtswidrige Versagung** der Teilungsgenehmigung die Teilungsveräußerung eines Grundstücks zu Bauzwecken **verhindert** oder **verzögert**, so kann dies einen **Entschädigungsanspruch** des betroffenen Grundstückseigentümers **aus enteignungsgleichem Eingriff** begründen (BGH, Urt. v. 23.01.1997 – III ZR 234/95, BauR 1997, 446 = DÖV 1997, 464 = DVBl 1997, 566 = UPR 1997, 247 = ZfBR 1997, 155).

Das **materiell-rechtliche Prüfprogramm** beschränkt sich darauf festzustellen, **ob durch die Teilung bauordnungswidrige Verhältnisse geschaffen würden**. Derartige Rechtsverstöße können beispielsweise eintreten, weil 23
– der in § 4 Absatz 1 BauO NRW 2018 geforderte **Anschluss** des mit einem Gebäude bebauten Grundstücks **an eine öffentliche Verkehrsfläche** unterbrochen wird,
– die nach § 4 Absatz 2 BauO NRW 2018 erforderliche **Anordnung des Gebäudes** auf **einem Grundstück** aufgehoben wird,
– die nach § 5 BauO NRW 2018 erforderlichen **Zugänge und Zufahrten von öffentlichen Verkehrsflächen zu Gebäuden** unterbrochen werden,
– die erforderlichen **Abstandflächen eines Gebäudes** oder einer baulichen Anlage, von der Wirkungen wie von Gebäuden ausgehen, entgegen § 6 Absatz 2 Satz 1 BauO NRW 2018 **nicht mehr auf dem Grundstück selbst liegen**, (s. Anmerkungen zu § 2 Rdn. 20)

– die für ein Gebäude mit mehr als drei Wohnungen erforderliche **Spielfläche für Kleinkinder** entgegen § 8 Absatz 2 Satz 1 BauO NRW 2018 **nicht mehr auf dem Grundstück selbst** liegt,
– der nach § 30 Absatz 2 Nr. 1 BauO NRW 2018 erforderliche **Mindestabstand eines Gebäudes ohne Gebäudeabschlusswand** zur Grundstücksgrenze **unterschritten** wird,
– der nach § 32 Absatz 2 BauO NRW 2018 erforderliche **Mindestabstand eines Gebäudes mit weicher Bedachung** zur Grundstücksgrenze **unterschritten** wird,
– die erforderlichen **Stellplätze einer stellplatzauslösenden Nutzung einer baulichen Anlage** entgegen § 48 BauO NRW 2018 **nicht mehr auf dem Grundstück selbst** liegen,
– die nach § 50 Absatz 1 Nr. 1 bis 3 BauO NRW 2018 **im Einzelfall für Sonderbauten in der Baugenehmigung festgelegten Abstände zu Nachbargrenzen unterschritten** werden.

24 **Durch die Teilung entstehende Verstöße** gegen materielle Anforderungen lassen sich oftmals **durch Baulast ausräumen**, weil ja der Grundstückseigentümer, der die Teilungsabsicht erklären muss, die Verfügungsgewalt über sein Grundstück hat und daher auch öffentlich-rechtliche Verpflichtungserklärungen im Sinne des § 85 BauO NRW 2018 gegenüber der Bauaufsichtsbehörde abgeben kann. Allerdings kann die Bauaufsichtsbehörde die Eintragung einer Baulast aus Anlass einer Grundstücksteilung zur Ausräumung von Rechtsverstößen **nicht erzwingen** (s. Anmerkungen zu § 85 Rdn. 39, 40 und Wenzel, Kap. 2, Rn. 27) und kann deshalb bei mangelnder Mitwirkungsbereitschaft des Grundstückseigentümers den Antrag auf Erteilung der Teilungsgenehmigung dann nur noch ablehnen. Soweit die sonst notwendige Ablehnung einer Teilungsgenehmigung sich durch Baulast vermeiden lässt, ist dem Antragsteller zuvor von der Bauaufsichtsbehörde hierzu Gelegenheit zu geben. Wegen der Rechtswirkungen, die sich aus Absatz 2 Satz 4 ergeben, sind **kurze Fristsetzungen** geboten. Nach deren fruchtlosem Verstreichen – also wenn der Antragsteller **keine Mitwirkungsbereitschaft** zu erkennen gibt – ist eine **Ablehnung** des Teilungsantrages unumgänglich um auszuschließen, dass dann die **Genehmigungsfiktion** eintritt.

25 **Hauptanwendungsfälle** für Baulasten, die aus Anlass von Grundstücksteilungen erforderlich werden, sind die Flächenbaulasten zur **Sicherung einer Verbindung zur öffentlichen Verkehrsfläche** eines mit einem Gebäude bebauten Grundstücks nach § 4 Absatz 1 BauO NRW 2018 – **Zuwegungsbaulast** (s. Anmerkungen zu § 4 Rdn. 44 und Abb. 4.1) sowie zur **Sicherung der Lage der Abstandflächen** eines Gebäudes auf fremdem Grundstück nach § 6 Absatz 2 Satz 3 BauO NRW 2018 – **Abstandflächenbaulast** (s. Anmerkungen zu § 6 Rdn. 344 ff.). Auch im Falle einer Grenzänderung zur Regulierung einer schräg verlaufenden Grundstücksgrenze mit wechselseitigem Eigentumstausch der durch die Teilungslinie abgeschnittenen Grundstücksteilflächen lässt sich durch eine Flächenbaulast ein eventuell entstehender Rechtsverstoß gegen das Gebot des § 6 Absatz 2 Satz 1 BauO NRW 2018 ausräumen.

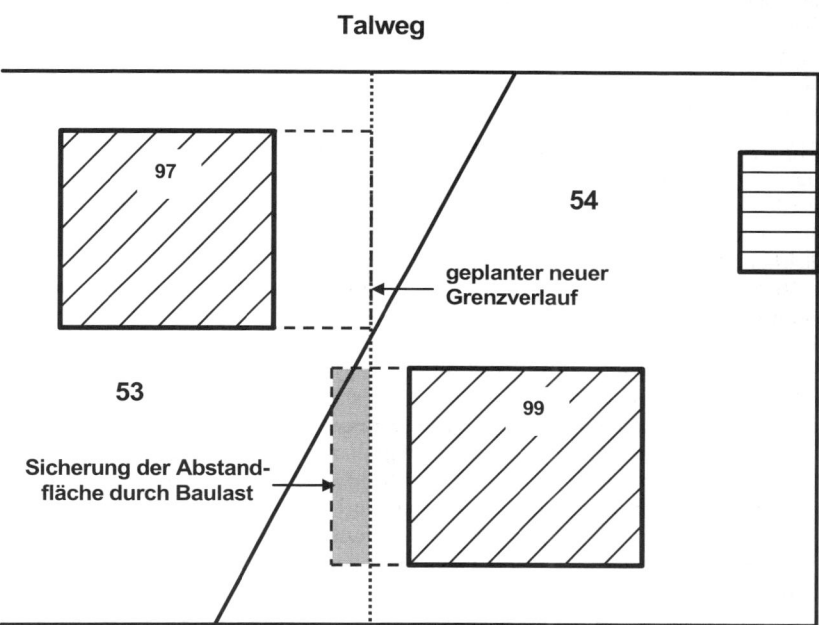

Abb. 7.2 Grenzänderungsfall – durch Begradigung soll die schräg verlaufende Grenze zwischen den Grundstücken Talweg 97 und 99 unter Eintragung einer Abstandflächenbaulast korrigiert werden (s. Rdn. 25)

Jedoch ist die Baulast kein Allheilmittel zur Beseitigung von bauordnungsrechtlichen Hindernissen, die einer Grundstücksteilung entgegenstehen. So ist es nicht zulässig, Verstöße gegen § 30 BauO NRW 2018 mit Hilfe einer Vereinigungsbaulast nach § 4 Absatz 2 BauO NRW 2018 zu heilen. Somit bleibt in dem Fall, dass zwischen zwei Gebäuden, die mit einem Abstand von weniger als 5 m zueinander errichtet worden sind, eine Grundstücksgrenze gebildet werden soll, nur die Ausbildung der grenznahen Wand (unter 2,50 m Abstand) als Gebäudeabschlusswand. 26

Die **Teilungsgenehmigung** ist wie die Baugenehmigung grundsätzlich **nicht nebenbestimmungsfeindlich**, da sie nur versagt werden darf, wenn die in Absatz 2 Satz 1 aufgeführten bauordnungswidrigen Verhältnisse unter Beachtung des **Verhältnismäßigkeitsgrundsatzes** durch Nebenbestimmungen nicht ausgeräumt werden können. Gleichwohl sind nicht alle in § 36 VwVfG. NRW. aufgeführten Nebenbestimmungen geeignet. Nach Eintragung der neuen Rechtsverhältnisse im Grundbuch kann die Teilung kaum noch rückgängig gemacht werden, zumal sich in der überwiegenden Zahl der Fälle die Eigentumsverhältnisse ändern. Aus der **Rechtsnatur der Teilungsgenehmigung** ergibt sich daher die **Unzulässigkeit von Befristungen** und **Widerrufsvorbehalten**. Da die Teilungsgenehmigung die Eintragungssperre im Liegenschaftskataster 27 beseitigt, erweist sich auch eine Bestimmung, nach der der **Wegfall der Begünstigung** (hier: Teilung) von dem Eintritt eines ungewissen Ereignisses abhängt – **auflösende Bedingung** – als unzulässig, so dass nur die **aufschiebende Bedingung** (hier ist der Eintritt der Begünstigung von dem ungewissen Eintritt eines Ereignisses abhängig) oder die **Auflage** in Betracht kommt.

28 Ohne Zustimmung des **Antragstellers** muss die Teilungsgenehmigung **unter einfachen Auflagen** erteilt werden, wenn hierdurch Versagungsgründe ausgeräumt werden können und die verfügten einfachen Auflagen **selbständig durchsetzbar** sind. Diese Voraussetzungen sind nur gegeben, wenn **weder rechtliche noch tatsächliche Hinderungsgründe** bestehen. Aus § 36 Abs. 2 Nr. 4 in Verbindung mit § 36 Abs. 1 VwVfG. NRW. folgt, dass bei Erfüllung der vorstehend genannten Voraussetzungen die Teilung unter Auflagen genehmigt werden muss, da es sich um eine **gebundene Erlaubnis** handelt (OVG Lüneburg, Urt. v. 04.10.1984 – 6 A 131.82, BauR 1985, 285 = BRS 42 Nr. 178). Als **einfache Auflagen** kommen **beispielsweise** in Betracht:
- das **Verlangen auf Abbruch eines bereits ungenutzten baufälligen Gebäudes** im Verlauf der neuen Grenzlinie, wenn erkennbar keine Absicht zur Instandsetzung und Weiternutzung besteht und das Gebäude auch nicht zur Erfüllung bauordnungsrechtlicher Anforderungen benötigt wird,
- das **Verlangen auf Herstellung einer Gebäudetrennwand** im Verlauf der neuen Grenzlinie, um das **bestehende Gebäude** brandschutztechnisch in **zwei selbständige Einheiten** zu trennen, wenn dies im Einklang mit der bestehenden Nutzung ohne deren Einschränkung möglich ist,
- das **Verlangen auf Schließung einer für die Nutzung des Gebäudes nicht benötigten und bauordnungsrechtlich nicht notwendigen Öffnung in einer Außenwand**, die durch die Teilung **grenzständig oder grenznah** wird um die Qualität einer Gebäudeabschlusswand zu erreichen.

Ohne Mitwirkung des Antragstellers verfügte »**modifizierende Auflagen**«, die den Antragsgegenstand abändern, um eine genehmigungsfähige Lösung zu schaffen, sind **unzulässig** (BVerwG, Urt. v. 08.02.1974 – 4 C 73.73, BauR 1974, 261 = BRS 28 Nr. 111 und OVG Lüneburg, Urt. v. 20.08.1970 – I A 38/69, BRS 23 Nr. 91). In der täglichen Praxis hat sich die Übung herausgebildet, nach **vorausgehender Einholung der Zustimmung des Antragstellers** zu dem baubehördlichen Abänderungsvorschlag, die Teilungsgenehmigung zu erteilen. In diesem Falle kann davon ausgegangen werden, dass **durch die Mitwirkung des Antragstellers** nur der **Verfahrensablauf vereinfacht** wird, da ihm die **Einreichung geänderter Bauvorlagen erspart** wird. Dieses Vorgehen entspricht zwar nicht in allen Punkten den gesetzgeberischen Vorstellungen, der sich offensichtlich eine mit Entwurfsaufgaben befasste Bauaufsichtsbehörde nicht vorstellen kann, wird aber sowohl von den Antragstellern als auch den Vermessungsingenieuren begrüßt. Bei genauer Betrachtung handelt es sich bei dieser Vorgehensweise um eine **im Auftrag des Antragstellers baubehördlich vorgenommene Antragsänderung** und nicht um eine Nebenbestimmung.

Bei der **Teilung von seit langem bebauten Grundstücken** wird mitunter festzustellen sein, dass der **Bestand** sich als **nicht in Übereinstimmung mit den aktuellen bauordnungsrechtlichen Vorschriften** erweist. Diese bestehenden, den aktuellen bauordnungsrechtlichen Vorschriften zuwiderlaufenden Zustände stehen dann einer Teilungsgenehmigung nicht entgegen, wenn
- die Teilungsabsicht den Rechtsverstoß **nicht berührt** oder
- die Teilungsabsicht den Rechtsverstoß **nicht verstärkt**.

Die Vorschrift des Absatz 2 will nämlich nur das **Entstehen** teilungsbedingter Verhältnisse unterbinden, die den bauordnungsrechtlichen Vorschriften zuwiderlaufen. Eine bestehende baurechtswidrige Bebauung wird infolge der Teilung nicht **zusätzlich** bauordnungswidrig. Weist z.B. ein Gebäude zu einem bereits bestehenden Nachbargrundstück nur einen seitlichen Grenzabstand von 2,3 m auf, obwohl abstandrechtlich 3,5 m erforderlich wären, so steht das Abtrennen einer Parzelle an anderer Stelle unter Einhaltung der Abstandfläche des bestehenden Gebäudes zu der geplanten Grenze nicht im Widerspruch zu Absatz 2 Satz 1. Die Teilungsabsicht berührt diesen bestehenden Rechtsverstoß nämlich überhaupt nicht, weil der unzureichende Abstand des Gebäudes zum Nachbargrundstück hin sowohl vor als auch nach der Grundstücksteilung gleich bleibt und sich auf die geplante Teilungslinie und deren Abstand zum Gebäude nicht auswirkt. Der Teilungsantrag kann daher nicht wegen Verstoßes gegen die §§ 6 und 7 BauO NRW 2018 versagt werden.

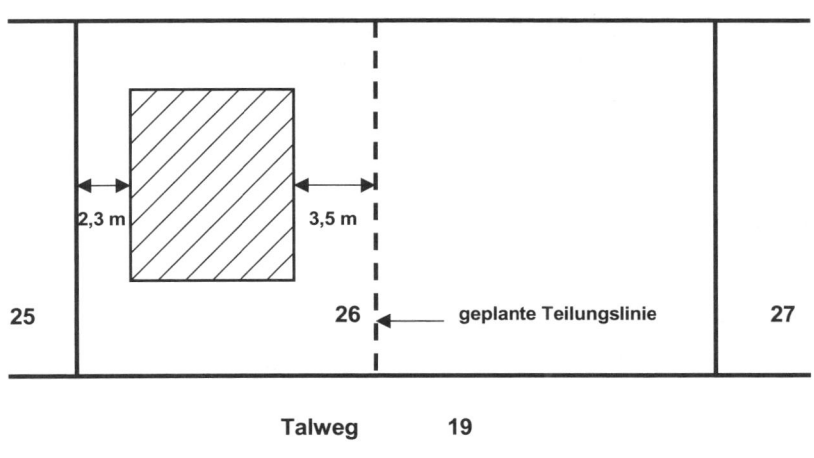

Abb. 7.3 Bestehendes Gebäude mit unzureichendem Grenzabstand – bei Einhaltung der nach § 6 BauO NRW 2018 erforderlichen Abstandfläche zur geplanten neuen Grundstücksgrenze ist die Teilung zulässig, da diese selbst den Rechtsverstoß nicht berührt (s. Rdn. 29)

§ 7 Teilung von Grundstücken

30 Entstehen die Rechtsverstöße erst durch den Teilungsvorgang selbst, so kann im Einzelfall eine **Abweichung** nach § 69 BauO NRW 2018 in Betracht kommen (so auch VG Gießen Urt. v. 07.01.2008 – 1 E 2374/07 – BRS 73 Nr. 192). Dabei sind die nachbarlichen Belange in die Betrachtung einzubeziehen, denn auch die Teilungsgenehmigung darf nicht gegen **nachbarschützende Bestimmungen** verstoßen (s. Anmerkungen zu § 72 Rdn. 181). Es kommt vor, dass Gebäude in älteren, bislang ungeteilten Siedlungen, die einer Wohnungsgesellschaft oder einem Betrieb (Werkswohnungen) gehören, untereinander die heute erforderlichen Abstände nicht einhalten. Im Zuge von Privatisierungen tritt bei der Bildung von Einzelgrundstücken das Problem auf, dass durch die Teilung die erforderlichen Abstände entgegen § 6 Absatz 2 Satz 1 BauO NRW 2018 nicht vollständig auf dem eigenen Grundstück liegen. Dieser Verstoß ist nachrangig zu werten, da sich die Abstandflächen der Gebäude bereits entgegen § 6 Absatz 3 BauO NRW 2018 unzulässigerweise überdecken. Gerade wegen des auch nach der Teilung gegebenen Verstoßes gegen das Überdeckungsverbot scheiden wechselseitige Flächenbaulasten nach § 6 Absatz 2 Satz 3 BauO NRW 2018 aus. Die Teilung **verstärkt nicht den bestehenden Rechtsverstoß**.

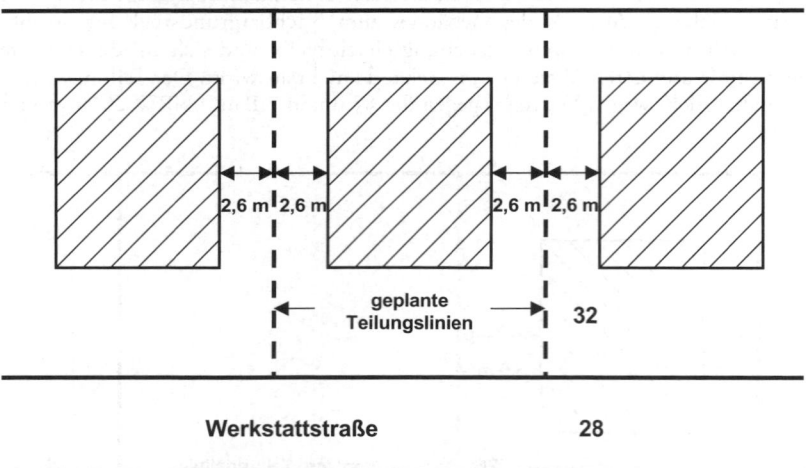

Abb. 7.4 **Bestehende Gebäude mit sich überdeckenden Abstandflächen** – die Teilung kann über eine Abweichung zugelassen werden, da die Teilungsabsicht den Rechtsverstoß nicht verstärkt (s. Rdn. 30)

31 **Abweichungen** können mit einer **Auflage** verbunden werden, um zukünftig wieder rechtmäßige Zustände herbeizuführen. Wird z.B. die Vereinigung zweier Grundstücke mit **Nebengebäuden** im Sinne des § 6 Absatz 8 BauO NRW 2018 beantragt, so kann infolge des Fortfalls der mittigen Grenze die Summe der an den Nachbargrenzen des neuen Grundstücks zulässigen Gebäude das Maß von 15 m übersteigen. Für die Angrenzer ergeben sich hierdurch jedoch unmittelbar

keine Beeinträchtigungen, da sie ohne Vereinigung der Grundstücke die vorhandene Länge der Grenzbebauungen hinzunehmen haben (je Grundstück 15 m). Durch Auflage kann zumindest für die Zukunft sichergestellt werden, dass bestehende Anlagen dem Bauordnungsrecht angepasst werden (OVG Lüneburg, Urt. v. 27.10.1983 – 6 A 72/82, BRS 40 Nr. 112).

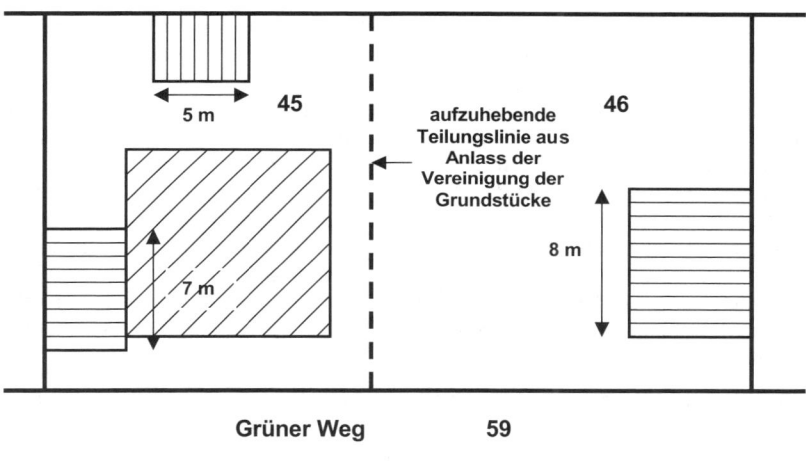

Abb. 7.5 Unzulässige Grenzbebauung nach Grundstücksvereinigung – im Rahmen einer Abweichung kann durch Auflage sichergestellt werden, dass ein Nebengebäude in Zukunft beseitigt wird, um langfristig wieder rechtmäßige Zustände herbeizuführen (s. Rdn. 31)

Sofern die Bauaufsichtsbehörde **Rechtsverstöße in Bezug auf eine genehmigte, noch nicht realisierte Bebauung** feststellt, kann die Teilungsgenehmigung nicht versagt werden, da dieser Tatbestand keinen Versagungsgrund bildet, auch wenn das Grundstück bereits anderweitig bebaut ist. Die Bauaufsichtsbehörde sollte in einem solchen Fall den Antragsteller auf die drohenden Rechtsfolgen hinweisen (s. Rdn. 03), um ein aufwendiges repressives Einschreiten zu vermeiden.

Die Teilungsgenehmigung kann auch nicht versagt werden, wenn die Bauaufsichtsbehörde **sonstige Verstöße gegen öffentlich-rechtliche Vorschriften außerhalb des Bauordnungsrechts** feststellt, weil diese **nicht** zum materiell-rechtlichen Prüfprogramm gehören (s. Rdn. 22 f.). Mitunter wird es vorkommen, dass die Bauaufsichtsbehörde **offensichtliche bauplanungsrechtliche Rechtsverstöße** feststellt, z. B. eine Überschreitung der Grund- und/oder Geschossflächenzahl bei dem bebauten Trennstück. Auch hier sollte sie den Antragsteller durch einen **Hinweis** in der Teilungsgenehmigung auf die drohenden Rechtsfolgen aufmerksam machen. Im zuvor beschriebenen Beispielsfall **kann** die Bauaufsichtsbehörde den Antragsteller darauf **hinweisen**, dass infolge des nicht einzuhaltenden Maßes der baulichen Nutzung auf dem bebauten

32

33

§ 7 Teilung von Grundstücken

Grundstück die Teilung nicht bauplanungsrechtskonform ist. Der Antragsteller hat es dann in der Hand, die anderen öffentlich-rechtlichen Vorschriften widersprechende Teilungsabsicht aufzugeben.

3.2 Bearbeitungsfrist

34 Nach Absatz 2 **Satz 2** hat die Bauaufsichtsbehörde innerhalb **eines Monats** über den Teilungsantrag zu entscheiden. Die Frist wird durch den Eingang des Antrages bei der Bauaufsichts**behörde** in Gang gesetzt, das ist die Gebietskörperschaft, der durch § 57 Absatz 1 BauO NRW 2018 die Aufgaben der unteren Bauaufsichtsbehörde zugewiesen sind. Es kommt **nicht** darauf an, ob der Teilungsantrag bei der entsprechenden Organisationseinheit der Gebietskörperschaft eingeht. Daher wird die Frist auch ausgelöst, wenn der Antrag z.B. bei einer Bezirksverwaltungsstelle einer kreisfreien Großstadt abgegeben wird. Die Gebietskörperschaft muss durch organisatorische Maßnahmen sicherstellen, dass der Antrag schnellstmöglich an die für die Prüfung zuständige Organisationseinheit weitergeleitet wird und keine Verzögerungen eintreten. Fehlt es hieran, muss sich die Gebietskörperschaft im Falle einer hierdurch eingetretenen Genehmigungsfiktion ein Organisationsverschulden zurechnen lassen.

35 Die Bauaufsichtsbehörde ist grundsätzlich zur Einhaltung der Regelfrist von einem Monat verpflichtet. Nach Absatz 2 **Satz 3** darf die Monatsfrist um **höchstens 2 Monate verlängert** werden, wenn die Prüfung des Antrags vor Ablauf der **Frist** nicht abgeschlossen werden kann. Eine Fristverlängerung ist nur zulässig, wenn hierfür **sachliche Gründe** vorliegen, z.B. ein Genehmigungshindernis durch Eintragung einer Baulast ausgeräumt werden soll und der Antragsteller hierbei durch Vorlage entsprechender Unterlagen mitwirken muss (s. Rdn. 24). Personelle Engpässe scheiden daher als Grund für eine Verlängerung der Frist aus.

36 Die Einhaltung der Bearbeitungsfrist von einem Monat wird auch deshalb regelmäßig möglich sein, weil eine **Beteiligung anderer Dienststellen und Behörden** infolge der Beschränkung der materiell-rechtlichen Prüfung auf die bauordnungsrechtlichen Aspekte **nicht erforderlich** ist. Für die Prüfung des Bauordnungsrechts ist die **Bauaufsichtsbehörde allein zuständig**. Wird ein Beteiligungsverfahren erforderlich, weil die Gebietskörperschaft die Prüfung von Teilungsanträgen einer Dienststelle übertragen hat, die ansonsten keine bauaufsichtlichen Aufgaben wahrnimmt, liegt im Hinblick auf die Fristsetzung des § 7 eine **unzweckmäßige Organisation** vor, die ebenfalls keine Fristverlängerung rechtfertigt.

37 Eine **Fristverlängerung** darf **nicht** »vorsorglich« erfolgen, sondern nur, wenn **sachliche Hinderungsgründe** einer ordnungsgemäßen und zeitnahen Bearbeitung des Teilungsantrages entgegenstehen. Bei der Verlängerung der Frist ist der im Einzelfall **erforderliche Zeitbedarf abzuschätzen**, so dass auch eine »generelle« Verlängerung um zwei Monate ausscheidet. Wie sich aus dem klaren Wortlaut des Gesetzes ergibt, darf die Frist nämlich nur »**höchstens**« um zwei Monate verlängert werden.

Die Bauaufsichtsbehörde ist daher verpflichtet, nur den Verlängerungszeitraum anzusetzen, der nach der Einschätzung des weiteren Bearbeitungsablaufs als unabdingbar erscheint. Wird z.b. am Ende der Regelfrist kurz vor der Bescheidung festgestellt, dass noch eine Ortsbesichtigung vorgenommen werden muss, so genügt evtl. eine Fristverlängerung um ein oder zwei Wochen. Darüber hinaus kann auch eine **mehrfache Verlängerung** der Bearbeitungsfrist in Betracht kommen, wenn die ursprüngliche Abschätzung der erforderlichen Bearbeitungszeit ebenso wenig eingehalten werden kann, wie die ursprüngliche Monatsfrist. Entscheidend ist allein der gesetzlich vorgegebene längste Verlängerungszeitraum von zwei Monaten.

Die Verlängerung ist dem Antragsteller vor Ablauf der Regelfrist durch **Zwischenbescheid** mitzuteilen. Der schon aus Gründen der Rechtsklarheit **schriftlich** zu erlassende Bescheid muss mindestens das **Eingangsdatum des Teilungsantrags** bei der Bauaufsichtsbehörde (s. Rdn. 34) und die **Dauer der Fristverlängerung** erkennen lassen. Wenn auch dem Antragsteller zugemutet werden kann, den Fristablauf aus einer verfügten Verlängerung selbst zu ermitteln (s. Rdn. 40), sollte ebenfalls aus Gründen der Rechtsklarheit ein **Enddatum** angegeben sein. Eine **Begründung** schreibt § 7 nicht vor, gleichwohl eine solche **zu empfehlen** ist, um das Verwaltungshandeln gegenüber dem Antragsteller transparent zu machen und **Verständnis** für die getroffene Entscheidung zu wecken. Der entsprechende Passus könnte wie folgt lauten: 38

»Wegen der zur Herstellung der Genehmigungsfähigkeit Ihres Teilungsantrages erforderlichen Baulasteintragung gehe ich davon aus, dass ich den Antrag innerhalb der vom Gesetzgeber vorgegebenen Monatsfrist nicht abschließend bearbeiten kann. Ich verlängere die Frist daher gem. § 7 Absatz 2 Satz 3 BauO NRW 2018 um einen Monat bis zum [Datum].«

Der Zwischenbescheid ist ein **nicht selbständig anfechtbarer Verwaltungsakt**. Hat die Bauaufsichtsbehörde die **Frist unzulässig verlängert**, kann der Antragsteller nachträglich eine verwaltungsgerichtliche Überprüfung im Wege der Feststellungsklage erwirken, um gegebenenfalls daran anschließend einen **Amtshaftungsanspruch** aus Art. 34 GG i.V.m. § 839 BGB vor den Zivilgerichten geltend zu machen (s. Rdn. 22). 39

Die **Fristberechnung** richtet sich nach den **Vorschriften des BGB**. Gemäß § 188 Abs. 2 BGB endet die Regelfrist mit Ablauf des Tages des Folgemonats, der dem Tag des Eingangsmonats zahlenmäßig entspricht. Ging der Teilungsantrag z.B. am 05.03. ein, endet die Frist am 05.04. Fällt der Eingang auf den 31. Tag eines Monats und ist der Folgemonat kürzer, so endet die Frist am 30. des Folgemonats bzw. am 28. oder (bei Schaltjahren) am 29.02. Ist das Fristende ein Sonntag oder ein gesetzlicher Feiertag, verlängert sich die Frist gemäß § 193 BGB auf den folgenden Werktag. Arbeitsfreie Tage der Bauaufsichtsbehörde, die keine gesetzlichen Feiertage sind, wie z.B. Heiligabend, Silvester oder Rosenmontag, dürfen nicht fristverlängernd angesetzt werden. Diese Berechnungsmethode gilt entsprechend für verfügte Fristverlängerungen. 40

41 Der **Antragsteller kann** auf die Einhaltung der Frist **verzichten** (VGH B-W, Urt. v. 17.09.1986 – 3 S 2277/85, BauR 1986, 678 = BRS 46 Nr. 94). Dies ist dann von Bedeutung, wenn die Teilungsgenehmigung von der Eintragung einer Baulast abhängig ist und hierüber zwischen den Beteiligten und der Bauaufsichtsbehörde grundsätzlich Einvernehmen besteht, aber der Eintragungsvorgang nicht abgeschlossen werden kann, weil z.b. noch die Fertigstellung eines Lageplans abgewartet werden muss.

Ebenso kann der Antragsteller die **Ruhendstellung seines Antrags** beantragen, damit die Behörde oder er selbst weitere Informationen oder Unterlagen einholen/beibringen kann oder z. B. ins Stocken geratene Verkaufsverhandlungen mit einem potentiellen Erwerber eines der Trennstücke zum Abschluss gebracht werden können. Das Ruhen des Verfahrens in analoger Anwendung des § 251 ZPO bewirkt das Anhalten der Bearbeitungsfrist, die nach Ende des Ruhen-Zeitraumes weiterläuft.

42 Nach Absatz 2 **Satz 4** gilt die Genehmigung als erteilt, wenn sie nicht innerhalb der – gegebenenfalls zuvor ordnungsgemäß verlängerten – Frist versagt wird. Es handelt sich hierbei um eine »**fingierte Teilungsgenehmigung**«, wie sie auch § 19 Abs. 3 Satz 5 BauGB 1997 vorsah. Die Fiktion tritt nur ein, wenn dem Antragsteller bis zum Fristablauf kein Versagungsbescheid zugegangen ist. Maßgebend für ein Wirksamwerden des Versagungsbescheides ist der **Zugang beim Antragsteller** und nicht das Absendedatum der Bauaufsichtsbehörde (BVerwG, Urt. v. 06.05.1970 – 4 B 28.68, BRS 23 Nr. 90). Die fingierte Teilungsgenehmigung beseitigt – ebenso wie die von der Bauaufsichtsbehörde ordnungsgemäß erteilte Teilungsgenehmigung – die Übernahmesperre der Teilung in das Liegenschaftskataster.

43 Die **Rechtsfolgen aus der Fristüberschreitung** treten **nur bei wirksamer Antragstellung** ein. Eine **wirksame** Antragstellung liegt nur dann vor, wenn für den Antrag der gemäß § 1 Abs. 3 BauPrüfVO in Verbindung mit Anlage I/5 zur VVBauPrüfVO amtlich eingeführte Antragsvordruck verwendet, dieser von einer antragsberechtigten Person (vgl. Rdn. 16) unterschrieben wurde und die nach § 17 **BauPrüfVO** vorgeschriebenen **Bauvorlagen** dem Antrag beiliegen. Im Umkehrschluss bedeutet das, dass ein **Antrag**, der die genannten **Voraussetzungen nicht erfüllt**, **nicht wirksam** gestellt ist und daher auch **keine Frist** in Gang setzt. Die Behörde ist in solchen Fällen gehalten, den Antragsteller umgehend darüber in Kenntnis zu setzen, dass der Antrag unzureichend ist und ergänzt, geändert oder modifiziert werden muss.

4 Zu Absatz 3 – Eintragungssperre in das Liegenschaftskataster

44 Die in Absatz 3 Satz 1 enthaltene Regelung, wonach vor der Genehmigung eine Teilung nicht in das Liegenschaftskataster übernommen werden darf, dient der **Durchsetzung des Genehmigungsvorbehalts**. Wegen der fehlenden Gesetzeskompetenz der Länder für das Grundbuchrecht konnte der Landesgesetzgeber nur eine Sperre der Eintragung in das Liegenschaftskataster bestimmen. Damit ist aber gleichzeitig auch die Eintragung in das Grundbuch verhindert (§ 2 Abs. 3 GBO).

Für die Beseitigung der Eintragungssperre in das Liegenschaftskataster sieht § 7– 45
neben der Teilungsgenehmigung – eine besondere Bescheidart vor, die dem Vorbild
des § 20 Abs. 2 BauGB 1997 nachgebildet ist. Tritt nämlich der Fall ein, dass eine
Teilungsgenehmigung nicht erforderlich ist oder wegen Ablaufs der Bearbeitungsfrist
als erteilt gilt, gerät der Antragsteller in **Beweisnot**, gegenüber dem Liegenschaftskataster das Vorliegen dieser Voraussetzungen nachweisen zu können. Aus diesem
Grund ist die Bauaufsichtsbehörde nach Absatz 3 Satz 2 verpflichtet, auf Antrag ein
entsprechendes **Zeugnis** darüber auszustellen,
– dass die Teilung keiner Genehmigung bedarf (**Negativattest**) oder
– dass die Genehmigung als erteilt gilt (**Fiktionsattest**).

Das **Negativ**- bzw. **Fiktionsattest** ist ein **feststellender Verwaltungsakt** (BVerwG, 46
Urt. v. 28.02.1975 – IV C 77.74, BRS 29 Nr. 17), der die Feststellung beinhaltet, dass
kein Genehmigungserfordernis bestanden hat bzw. die Genehmigungsfiktion eingetreten ist. Für **Form, Bestimmtheit und Begründung** sind die §§ 37 und 39 VwVfG.
NRW., hinsichtlich der **Rechtsbehelfsbelehrung** ist § 58 VwGO zu beachten. Nach
Erteilung des Negativ- bzw. Fiktionsattests kann sich die Bauaufsichtsbehörde nicht
mehr darauf berufen, es habe in Wahrheit ein genehmigungsbedürftiger Teilungsvorgang vorgelegen bzw. es sei die Genehmigungsfiktion nicht eingetreten (BVerwG,
Urt. v. 12.11.1971 – IV C 53.69, BauR 1972, 146 = BRS 24 Nr. 94 und Beschl. v.
20.11.1973 – IV B 156.73, BauR 1974, 43 = BRS 27 Nr. 85).

5 Zu Absatz 4 – Teilungsantrag und Bauvorlagen

Aus der Verweisung in Absatz 4 auf § 70 Absatz 1 und 2 BauO NRW 2018 ergibt sich 47
unmissverständlich, dass für eine Teilungsgenehmigung ein **schriftlicher Antrag mit
allen für die Bearbeitung sowie für die Beurteilung der Teilungsabsicht erforderlichen Unterlagen** (**Bauvorlagen**) erforderlich ist. Die Ermächtigung des § 87 Absatz 3
BauO NRW 2018 zum Erlass von Vorschriften zum bauaufsichtlichen Verfahren
deckt auch solche zum Teilungsgenehmigungsverfahren ab. Von der Ermächtigung
hat die oberste Bauaufsichtsbehörde mit der BauPrüfVO und dort insbesondere mit
den **§§ 1 und 17 BauPrüfVO** Gebrauch gemacht. In Ausfüllung der wiederum in § 1
Abs. 3 BauPrüfVO enthaltenen Ermächtigung wurde von der obersten Bauaufsichtsbehörde mit der **Anlage I/5 zur VV BauPrüfVO** ein **Antragsvordruck** eingeführt (zur
verbindlichen Wirkung s. Anmerkungen zu § 70 Rdn. 48).

Der Antragsvordruck sieht Angaben zum Antragsteller, zum Grundstückseigentümer 48
und zum Bevollmächtigten vor und verlangt, dass diese den Antrag auch unterschreiben. Sind mehrere Personen Grundstückseigentümer, müssen alle Miteigentümer die
Teilungsabsicht erklären (BayVGH, Urt. v. 17.03.1992 – 2 B 90.2434, BRS 54 Nr. 79).
Antragsberechtigt ist regelmäßig nur der **Grundstückseigentümer** (BVerwG, Urt. v.
28.02.1975 – IV C 77.74, BauR 1975, 399 = BRS 29 Nr. 71). Dies ergibt sich schon aus
der Begriffsbestimmung der Teilung (s. Rdn. 14). Eine **Ausnahme** gilt für den **Käufer**
eines abzutrennenden Grundstücksteils (Teilungskauf), wenn die Teilungserklärung des
Eigentümers im Kaufvertrag enthalten ist (BVerwG, Urt. v. 07.10.1977 – IV C 69.75,
BRS 32 Nr. 93). Vielfach wird der Antrag vom Vermessungsingenieur eingereicht,

maßgebend ist i. d. R. dennoch die Unterschrift des Eigentümers oder des Erwerbers als Antragsteller.

49 Die von einem **Notar** vorgelegten Teilungsanträge enthalten regelmäßig die ausdrückliche **Bevollmächtigung des Notars** zur Antragstellung in der **Vertragsurkunde**. Die Antragsbefugnis des Notars ergibt sich aber auch ohne eine derartige Regelung direkt aus **§ 15 GBO**.

50 Beantragen **Vermessungsingenieure** oder **Entwurfsverfasser** die Teilung, haben sie ihre **Bevollmächtigung auf Verlangen** der Bauaufsichtsbehörde gemäß § 14 Abs. 1 Satz 2 VwVfG. NRW. **nachzuweisen**, sofern nicht der Grundstückseigentümer den Antragsvordruck mit unterzeichnet hat (s. Rdn. 48). Im Zweifelsfall, z.B. wenn die Bauaufsichtsbehörde über einen bevorstehenden Eigentumswechsel informiert wurde, kann die Bauaufsichtsbehörde als Eigentumsnachweis die **Vorlage eines aktuellen Grundbuchauszugs** verlangen. Sie muss dann aber beachten, dass die Bearbeitungsfrist des § 7 Absatz 2 Satz 2 BauO NRW 2018 auch anläuft, wenn die Bevollmächtigungsnachweise dem Antrag nicht beiliegen (BVerwG, Beschl. v. 09.05.1979 – 4 B 93.79, BRS 35 Nr. 89).

51 Im Hinblick auf die dem **Teilungsrecht eigentümlichen Rechtsfolgen** hat die **Rechtsprechung** trotz des Fehlens näherer bundesrechtlicher Vorgaben über Antragsform und Antragsinhalt **Kriterien für eine korrekte Antragstellung** zur früheren bauplanungsrechtlichen Teilungsgenehmigung herausgearbeitet. Danach galt bereits bislang:
– der **Antrag** bedarf der **Schriftform** (BVerwG, Urt. v. 16.04.1971 – IV C 2.69, BauR 1971, 246 = BRS 24 Nr. 90),
– auch **Antragsergänzungen** und -**änderungen** bedürfen der **Schriftform**, sind also mündlich unzulässig (BVerwG, Beschl. v. 30.04.1968 – IV B 86.67, BRS 20 Nr. 80),
– die **Teilungsabsicht** muss **stets eindeutig** sein, so dass – anders als im Vorbescheidsverfahren – keine **Teilungsvarianten** zur Disposition gestellt werden können (BVerwG, Beschl. v. 28.05.1984 – 4 B 68.84, BRS 42 Nr. 103),
– die **Unterlagen** müssen **vollständig** und einer **sofortigen Prüfung** zugänglich sein (BVerwG, Urt. v. 06.04.1979 – 4 C 76.76, BauR 1979, 310 = BRS 35 Nr. 86),
– das **vorgelegte Kartenmaterial** muss **sichere Feststellungen** zur **Breite** und **Tiefe** des Grundstücks zulassen und die **geplante Grenze deutlich kennzeichnen** (BVerwG, Urt. v. 11.03.1977 – IV C 45.75, BauR 1977, 241 = BRS 32 Nr. 1).

52 Welche **Bauvorlagen im Einzelnen** einem Teilungsantrag beizufügen sind, regelt § 17 BauPrüfVO unter Berücksichtigung der vorgenannten **Rechtsprechung** und der **bauordnungsrechtlichen Besonderheiten**. Da es sich um die Teilung eines bebauten Grundstücks handelt, sind dem Antrag gemäß § 17 **Satz 1** BauPrüfVO beizufügen:
1. ein **amtlicher Lageplan** nach § 3 BauPrüfVO, der entweder von einem Katasteramt oder von einem Öffentlich bestellten Vermessungsingenieur angefertigt sein muss,

2. soweit zur Beurteilung der Teilungsabsicht erforderlich, **Bauzeichnungen** nach § 4 BauPrüfVO der vorhandenen baulichen Anlagen auf dem zu teilenden Grundstück.

Nach § 17 **Satz 2** BauPrüfVO gilt § 10 Abs. 1 Satz 3 BauPrüfVO sinngemäß, der die Bauaufsichtsbehörde ermächtigt, die Einreichung weiterer Ausfertigungen zu verlangen, z.B. wenn der Antrag nur zweifach vorgelegt wurde, jedoch **Mehrausfertigungen** des Genehmigungsbescheids für das Grundbuchamt oder das Katasteramt erbeten sind.

Der amtliche Lageplan, der im Maßstab nicht kleiner als 1: 500 auf der Grundlage eines Auszugs aus der Liegenschaftskarte/Flurkarte zu erstellen ist, muss mindestens folgende **teilungsspezifische Angaben** und **Darstellungen** enthalten:
– seinen Maßstab und die Lage des bebauten Grundstücks zur Nordrichtung,
– die Bezeichnung des bebauten Grundstücks und der benachbarten Grundstücke nach Straße, Hausnummer, Grundbuch und Liegenschaftskataster sowie die Angabe der Eigentümer des zu teilenden bebauten Grundstücks,
– Flächen auf dem bebauten Grundstück, die von Baulasten betroffen sind, sowie Flächen auf den angrenzenden Grundstücken, die von Baulasten zugunsten des zu teilenden bebauten Grundstücks betroffen sind,
– die rechtmäßigen Grenzen des zu teilenden bebauten Grundstücks,
– die vorhandenen baulichen Anlagen mit den Grenzabständen, Abstandflächen und Abständen auf dem zu teilenden bebauten Grundstück,
– die **farblich unterlegte neue Grenze** (Teilungslinie). 53

Für die **Darstellung der Teilungslinie** im Lageplan enthält **Nr. 1.13** der **Anlage** zur BauPrüfVO ein **Planzeichen**. Danach darf die **geplante** Grundstücksgrenze nur als

rote Linie ─────────

dargestellt werden. Hierdurch soll erreicht werden, dass sich die geplante Grenze von den übrigen Darstellungen des Lageplans und insbesondere von den einzutragenden rechtmäßigen Grenzen des zu teilenden Grundstücks deutlich abhebt und somit für die Bauaufsichtsbehörde sofort erkennbar ist.

Ob dem Teilungsantrag **Bauzeichnungen** einer auf dem Grundstück befindlichen baulichen Anlage beizufügen sind, richtet sich nach den **Umständen des Einzelfalls**. Ein solches Erfordernis ist nur gegeben, soweit die Bauzeichnungen zur Beurteilung des Teilungsantrags benötigt werden. Dies kann insbesondere der Fall sein, wenn die geplante Grundstücksgrenze entlang einer Gebäudeaußenwand geführt werden soll und die Bauaufsichtsbehörde deshalb die Beschaffenheit dieser Wand prüfen muss. 54

Wenn Absatz 4 auf § 70 Absatz 2 BauO NRW 2018 und damit auch auf dessen Satz 4 verweist, so ist gleichwohl kaum ein Fall denkbar, bei dem das **Nachreichen von Unterlagen** gestattet werden kann, da bei Fehlen einer der in § 17 BauPrüfVO geforderten Bauvorlagen eine Bearbeitung des Antrags regelmäßig nicht möglich sein wird. Aus der Verweisung in Absatz 4 auf § 71 Absatz 1 Satz 2 und 3 BauO NRW 2018 ergibt sich, dass ein Antrag auf Genehmigung einer Grundstücksteilung 55 zurückgenommen gilt, wenn er **unvollständig** ist oder **erhebliche Mängel** aufweist und dies auch nach einer Aufforderung zur Vervollständigung nicht behoben wird (s. Anmerkungen zu § 71 Rdn. 62–77). In diesem Fall ist die Bearbeitung des Antrags einzustellen.

6 Geltungsdauer, Bindungswirkung, Gebühren

56 Die **Geltungsdauer** der Teilungsgenehmigung ist anders als die der Baugenehmigung **nicht begrenzt**. Die einmal erteilte Teilungsgenehmigung verliert also – anders als die Baugenehmigung oder der Vorbescheid – nicht nach Ablauf einer bestimmten Zeitdauer ihre Gültigkeit. Da sich die Teilungsgenehmigung aber auf einen zum Zeitpunkt ihrer Erteilung bestehenden **Bebauungszustand** bezieht, muss dieser **unverändert erhalten bleiben**. Nutzt ein Grundstückseigentümer die ihm erteilte Teilungsgenehmigung nicht aus, realisiert aber in der Folge weitere bauliche Anlagen (dies können auch freigestellte Gebäude sein) auf dem zu teilenden Grundstück, so bedarf es einer neuen Teilungsgenehmigung. Insoweit ist die Rechtslage mit der vergleichbar, die für die Einschränkung des Genehmigungserfordernisses ausschlaggebend war (s. vorausgehende Rdn. 03).

57 Mangels einer entsprechenden Regelung ist mit der Teilungsgenehmigung **keine Bindungswirkung** hinsichtlich der Baugenehmigung für ein noch zu errichtendes Vorhaben auf einem abgeteilten Grundstück verbunden. Die Bauaufsichtsbehörde ist aber **an die Beurteilung gebunden**, dass durch die Teilung **keine bauordnungswidrigen Zustände** eintreten. Insofern tritt eine **Bindung in Bezug auf ein späteres ordnungsbehördliches Einschreiten** nach § 58 BauO NRW 2018 ein, sofern sich herausstellt, dass durch die Teilung doch bauordnungswidrige Zustände eingetreten sind. Die Teilungsgenehmigung kann jedoch wie die Baugenehmigung oder der Vorbescheid unter den Voraussetzungen der §§ 48 und 49 VwVfG. NRW. zurückgenommen oder widerrufen werden (s. Anmerkungen zu § 75 Rdn. 39).

58 Für die Erteilung einer Teilungsgenehmigung oder eines Zeugnisses nach § 7 erheben die Bauaufsichtsbehörden **Verwaltungsgebühren** nach Maßgabe der **Tarifstelle 2.5.1** des **Allgemeinen Gebührentarifs** zur AVerwGebO NRW.

Nach Tarifstelle 2.5.1 beträgt die Gebühr für die Teilungsgenehmigung je gebildetes bebautes Grundstück zwischen 50 und 500 Euro. Dieser Gebührenrahmen stellt auf den **Umfang der baurechtlichen Prüfung**, also auf den entstandenen Verwaltungsaufwand **und** auf den **wirtschaftlichen Nutzen** für den Grundstückseigentümer ab und kann von der Behörde nach pflichtgemäßem Ermessen individuell ausgenutzt werden. Zu beachten ist dabei selbstverständlich der Gleichbehandlungsgrundsatz, wonach gleich oder ähnlich gelagerte Fälle gebührentechnisch auch gleich oder ähnlich behandelt werden sollen.

Nach Tarifstelle 2.5.2 kann für die Erteilung eines Zeugnisses lediglich eine Gebühr von 50 Euro erhoben werden.

§ 8 Nicht überbaute Flächen der bebauten Grundstücke, Kinderspielplätze

(1) Die nicht mit Gebäuden oder vergleichbaren baulichen Anlagen überbauten Flächen der bebauten Grundstücke sind
1. wasseraufnahmefähig zu belassen oder herzustellen und
2. zu begrünen oder zu bepflanzen,

soweit dem nicht die Erfordernisse einer anderen zulässigen Verwendung der Flächen entgegenstehen. Satz 1 findet keine Anwendung, soweit Bebauungspläne oder andere Satzungen Festsetzungen zu den nicht überbauten Flächen treffen.

(2) Bei der Errichtung von Gebäuden mit mehr als drei Wohnungen ist auf dem Baugrundstück oder in unmittelbarer Nähe auf einem anderen geeigneten Grundstück, dessen dauerhafte Nutzung für diesen Zweck öffentlich-rechtlich gesichert sein muss, ein ausreichend großer Spielplatz für Kleinkinder anzulegen. Dies gilt nicht, wenn in unmittelbarer Nähe eine Gemeinschaftsanlage oder ein sonstiger für die Kinder nutzbarer Spielplatz geschaffen wird oder vorhanden oder ein solcher Spielplatz wegen der Art und der Lage der Wohnung nicht erforderlich ist. Bei bestehenden Gebäuden nach Satz 1 kann die Herstellung von Spielplätzen für Kleinkinder verlangt werden, wenn dies die Gesundheit und der Schutz der Kinder erfordern. Der Spielplatz muss barrierefrei erreichbar sein.

(3) Veränderungen der Geländeoberfläche dürfen nur genehmigt werden, wenn dadurch keine Nachteile für Nachbargrundstücke oder öffentliche Verkehrsflächen entstehen und das Straßen-, Orts- oder Landschaftsbild nicht gestört wird.

Übersicht

		Rdn.
0	Änderungen gegenüber der BauO NRW 2000	01
1	Allgemeines	1
2	Zu Abs. 1 – Beschaffenheit nicht überbauter Flächen	8
2.1	Zu Abs. 1 Satz 1 – Nicht überbaute Flächen bebauter Grundstücke	8
	2.1.1 Nr 1 Wasseraufnahmefähigkeit	14
	2.1.2 Nr. 2 Begrünung und Bepflanzung	17
2.2	Darstellungen im Lageplan	31
2.3	Zu Abs. 1 Satz 2 – Vorrang abweichender Regelungen	35
3	**Zu Abs. 2 – Kinderspielflächen**	36
3.1	Zu Abs. 2 Satz 1 – Entstehung der Verpflichtung	39
3.2	Zu Abs. 2 Satz 1 – Größe, Anordnung, Lage, Ausstattung	48
3.3	Zu Abs. 2 Satz 2 – Ersatzlösungen	55
3.4	Zu Abs. 2 Satz 3 – Nachträgliche Bereitstellung	67
3.5	Zu Abs. 2 Satz 4 – Barrierefreiheit	75
4	**Zu Abs. 3 – Veränderung der Geländeoberfläche**	76

0 Änderungen gegenüber der BauO NRW 2000

§ 8 BauO NRW 2018 hat den Regelungsinhalt von § 9 BauO NRW 2000 grundsätzlich übernommen, wobei es zu Änderungen, Ergänzungen und Streichungen kam. 01

§ 8 Nicht überbaute Flächen der bebauten Grundstücke, Kinderspielplätze

02 Abs. 1 Satz 1 sieht nun vor, dass bei der Errichtung von Gebäuden mit der als drei Wohnungen Spielplätze für Kleinkinder zu schaffen sind. Insoweit unterscheidet sich der Regelungsinhalt im Vergleich zu § 9 Abs. 1 Satz 1 BauO NRW 2000, der nur eine Schaffung von Spielflächen vorsah.

03 Abs. 1 Satz 2 wurde neu hinzugefügt und stellt den Vorrang abweichender Regelungen durch Bebauungspläne dar.

04 Die Regelungen des § 9 Abs. 1 Satz 2–5 BauO NRW 2000 wurden ersatzlos gestrichen.

05 Abs. 2 wurde teilweise neu gefasst und inhaltlich verändert:

06 – Satz 1 entspricht mit Abweichungen der Regelung aus § 9 Abs. 2 Satz 1 BauO NRW 2000. Neu geregelt wird, dass erst bei der Errichtung von Gebäuden mit mehr als drei Wohnungen eine Kinderspielfläche bereitgestellt werden muss. Diese kann auch auf einem anderen als dem Baugrundstück errichtet werden.

07 – In Satz 2 fasst nun abschließend die enthaltenen Ausnahmen von der Spielplatzpflicht zusammen. Die Regelung entspricht dem Grunde nach § 9 Abs. 2 Satz 2 BauO NRW 2000 und schließt die Regelung aus § 9 Abs. 2 Satz 4 BauO NRW 2000 mit ein.

08 – Satz 3 entspricht § 9 Abs. 2 Satz 5 BauO NRW 2000 und regelt, wann die Herstellung eines Spielplatzes auch bei bestehenden Gebäuden verlangt werden kann.

09 – Satz 4 wurde neu in die BauO NRW 2018 eingefügt. Danach müssen die Spielflächen barrierefrei erreichbar sein.

010 Abs. 3 stellt fortan keine Ermächtigungsgrundlage für die Bauaufsichtsbehörden dar, sondern bestimmt nunmehr die materielle Grenze zulässiger Veränderungen der Geländeoberfläche. Die vormals in § 9 Abs. 3 BauO NRW 2000 normierte Eingriffsbefugnis wird nun in § 58 Abs. 4 BauO NRW 2018 geregelt.

1 Allgemeines

1 Der Anwendungsbereich der BauO NRW erfasst neben den Anlagen auch **Grundstücke**, an die das Bauordnungsrecht Anforderungen stellt (vgl. § 1 Rdn. 29 ff.). Die Vorschriften des § 8 BauO NRW betreffen unmittelbar die Grundstücks**oberfläche**, und zwar hinsichtlich ihrer **wasseraufnahmefähigen Belassung** oder **Herstellung**, ihrer **Begrünung** und **Bepflanzung** (Abs. 1), ihrer **Ausstattung mit Kinderspielflächen** (Abs. 2) sowie der **Veränderung der Geländeoberfläche** (Abs. 3), und gehen im Kern zurück auf § 10 MBO 1960.

2 **Abs. 1** begründet für den Bauherrn Rechtspflichten, die sich teilweise mit Vorgaben aus dem Bauplanungsrecht, dem Landschaftsrecht und dem Wasserrecht überlagern können, nämlich immer dann,
– wenn für ein Vorhaben entsprechende Festsetzungen eines Bebauungsplans oder eines Landschaftsplans einschlägig sind,
– wenn die naturschutzrechtliche Eingriffsregelung nach § 14 BNatSchG i.V.m. §§ 30–344-6 LNatSchG NRW unmittelbar zur Anwendung kommt oder

– wenn das wasserrechtliche Gebot zur ortsnahen Beseitigung des Niederschlagswassers gemäß § 44 Abs. 1 LWG i.V.m. § 55 Abs. 2 WHG zu beachten ist.

Soweit bodenrechtliche, naturschutzrechtliche oder wasserrechtliche Bestimmungen zu beachten sind, gehen diese dem Bauordnungsrecht vor und verdrängen ganz oder teilweise die Vorschriften des Abs. 1. 3

Die Regelungen des **Abs. 2** über Kinderspielflächen für Kleinkinder werden in den meisten Gemeinden des Landes ergänzt durch »Kinderspielflächen**satzungen**«, die aufgrund der Ermächtigung des § 89 Abs. 1 Nr. 3 BauO NRW bzw. entsprechender Ermächtigungen früherer Fassungen der Landesbauordnung erlassen wurden und die Satzungsbestimmungen über die Lage, Größe, Beschaffenheit, Ausstattung und Unterhaltung von Kinderspielflächen enthalten. 4

Die Regelungen des **Abs. 3** über die Veränderung der Geländeoberfläche stehen im Zusammenhang mit der **Begriffsbestimmung** der Geländeoberfläche in § 2 Abs. 4 BauO NRW und den Vorschriften des § 6 BauO NRW über Abstandsflächen, deren Bezugsebene die Geländeoberfläche ist. 5

Im **einfachen Baugenehmigungsverfahren** sind nach § 64 Abs. 1 Satz 1 Nr. 3 BauO NRW nur die Vorschriften des § 8 **Abs. 2** BauO NRW über Kinderspielflächen zu prüfen. Diese Einschränkung der präventiven Prüfung ist angesichts der ökologischen Bedeutung und hinsichtlich der in der Vorschrift enthaltenen, an die Bauaufsichtsbehörde gerichteten Ermächtigungen nicht nachvollziehbar. Dies gilt vor allem für die in **Abs. 3** geregelten **Veränderungen der Geländeoberfläche**. 6

Da Baugesuche regelmäßig eine wenn auch zumeist nur geringfügige Veränderung der Geländeoberfläche im nahen Umfeld des zu errichtenden Baukörpers beinhalten, hat die Bauaufsichtsbehörde – unbeschadet der Beschränkung der Gegenstände der präventiven Prüfung – auch im einfachen Baugenehmigungsverfahren zu prüfen, ob sie die Veränderung zulassen kann bzw. die Erhaltung der Geländeoberfläche verlangen muss. Zu dieser Prüfung zwingt § 8 Abs. 3 BauO NRW unmittelbar. Darüber hinaus nehmen die **Abstandsflächenvorschriften** (§ 6 BauO NRW) auf die Geländeoberfläche Bezug. 7

2 Zu Abs. 1 – Beschaffenheit nicht überbauter Flächen

2.1 Zu Abs. 1 Satz 1 – Nicht überbaute Flächen bebauter Grundstücke

Von Abs. 1 werden alle nicht mit Gebäuden oder vergleichbaren baulichen Anlagen überbauten Flächen der bebauten Grundstücke erfasst, soweit diese Flächen nicht die Erfordernisse einer **anderen zulässigen Nutzung** entgegenstehen. Damit erstreckt sich die Vorschrift auf alle **tatsächlich nicht überbauten Flächen** der bebauten Grundstücke, und zwar unabhängig davon, ob eine bauliche Nutzung dieser Flächen baurechtlich noch zulässig wäre. Es kommt weiter auch nicht darauf an, ob sich das bebaute Grundstück im Bebauungsplangebiet (§ 30 BauGB), in einem im Zusammenhang bebauten Ortsteil (§ 34 BauGB) oder im Außenbereich (§ 35 BauGB) befindet. Unerheblich ist schließlich die Art des Baugebietes, so dass § 8 Abs. 1 BauO NRW 8

§ 8 Nicht überbaute Flächen der bebauten Grundstücke, Kinderspielplätze

nicht nur in allen Baugebieten nach der BauNVO, sondern auch in den nach § 34 Abs. 1 BauGB einzustufenden »Gemengelagen« gilt. Die Vorschrift des § 8 Abs. 1 BauO NRW knüpft nämlich nicht mehr, wie noch § 10 Abs. 1 MBO 1960, an die Lage des Grundstücks in bestimmten Baugebieten an, sondern gilt ohne derartige Einschränkungen grundsätzlich für alle **bebauten** Grundstücke.

9 **Nicht überbaute Flächen** nach § 8 Abs. 1 BauO NRW sind die Teilbereiche eines Grundstücks, die von keinem Gebäude oder von keiner sonstigen oberirdischen baulichen Anlage im Sinne eines Hochbaus (vgl. § 2 Rdn. 25 bezüglich des straßenrechtlichen Hochbaubegriffs) überdeckt sind. Der bauordnungsrechtliche Begriff darf nicht mit dem bauplanungsrechtlichen Begriff der **nicht überbaubaren Fläche**, wie ihn § 9 Abs. 1 Nr. 2 und § 9a Nr. 1 Buchstabe c BauGB sowie § 23 Abs. 5 BauNVO (sämtliche Fassungen) verwenden, gleichgesetzt werden.

10 Das **Bauplanungsrecht** unterscheidet die **überbaubaren** und die **nicht überbaubaren Grundstücksflächen**. Die überbaubaren Grundstücksflächen werden im Bebauungsplan durch Festsetzung von Baulinien, Baugrenzen oder Bebauungstiefen bestimmt und geben den Grundstücksbereich an, auf dem die in §§ 2–11 BauNVO aufgeführten »Hauptanlagen« zulässig sind. Soweit der Bebauungsplan dies nicht ausdrücklich ausschließt, können auf den nicht überbaubaren Grundstücksflächen »Nebenanlagen« im Sinne des § 14 BauNVO und Anlagen, soweit sie nach Landesrecht in den Abstandsflächen zulässig sind, zugelassen werden. Das bauordnungsrechtliche **Gebot** zur wasseraufnahmefähigen Beschaffenheit, Begrünung und Bepflanzung erfasst alle **tatsächlich nicht überbauten Flächen**, sowohl der nach dem Bauplanungsrecht überbaubaren als auch der nicht überbaubaren Grundstücksflächen, allerdings unter der Einschränkung, soweit diese Flächen nicht für eine andere zulässige Verwendung benötigt werden. Gerade diese Einschränkung macht deutlich, dass bei einer die Bebauungsplanfestsetzungen nicht voll ausschöpfenden Bebauung die verbleibenden Freiflächen den Bestimmungen des § 8 Abs. 1 BauO NRW unterliegen.

11 Aus dieser Einschränkung folgt im Umkehrschluss, dass der Gesetzgeber unter dem **Begriff überbaute Flächen primär Gebäude oder sonstige Hochbauten**, nicht jedoch rein flächige Anlagen und insbesondere auch nicht die fiktiven Anlagen im Sinne des § 2 Abs. 1 Satz 3 Nr. 1–7 BauO NRW versteht (so auch Große-Suchsdorf zu § 9 Rn. 7). Es besteht hier durchaus eine Ähnlichkeit mit dem bauplanungsrechtlichen Begriff der Bebauung im Sinne des § 34 BauGB (vgl. § 2 Rdn. 20), der nur auf die optisch wahrnehmbaren baulichen Anlagen mit einem gewissen Gewicht abstellt. Würde man alle baulichen Anlagen im Sinne des § 2 Abs. 1 BauO NRW als nach § 8 Abs. 1 Satz 1 BauO NRW bebaute Flächen werten, verblieben nämlich keine Anlagen mehr, die unter die einschränkende Bestimmung »soweit sie nicht für eine andere zulässige Verwendung benötigt werden« subsumiert werden könnten.

12 Welche anderen Verwendungen **zulässig** sind, ergibt sich aus dem Bauplanungsrecht, daneben aber auch aus speziellen bauordnungsrechtlichen Vorgaben. Es kommt jedoch hier nicht allein auf die Zulässigkeit an, sondern die Flächen müssen auch tatsächlich für die zulässige Verwendung **benötigt** werden. Zu solchen Verwendungen können z.B. zählen: Garagen, überdachte Abstellplätze für Fahrräder, überdachte

Freisitze und Schwimmbecken, Geräteschuppen, Gewächshäuser oder Tierställe. Ob derartige Anlagen ausgeführt werden sollen, ihre Zulässigkeit nach öffentlichem Recht vorausgesetzt, liegt in der Entscheidung des Bauherrn (ebenso Buntenbroich/Voß zu § 9 Rn. 10). Die zulässige Verwendung muss in **zeitlichem Zusammenhang mit dem Hauptbauvorhaben** stehen – es wäre rechtsmissbräuchlich, die Herrichtung der nicht überbauten Flächen entsprechend den Vorgaben des § 8 Abs. 1 BauO NRW mit dem Hinweis lange Zeit zu verzögern, man überlege noch, demnächst bauliche Nebenanlagen auf dem Grundstück auszuführen und habe deshalb keinen Überblick, welche Flächen als Freiflächen übrig blieben. Um ein Unterlaufen des gesetzlichen Gebots zu vermeiden, muss die behauptete andere Verwendung deshalb auch **objektiv nachprüfbar** sein (so Jeromin zu § 10 Rn. 18).

Satz 1 regelt die Herrichtung nur, solange die Flächen nicht überbaut werden, bietet jedoch **keine selbständige Grundlage** zur Versagung eines ansonsten zulässigen Vorhabens. Weder aus dem Begrünungsgebot für nicht überbaute Flächen noch aus dem Bepflanzungsgebot kann deshalb ein selbständiges Verbot baulicher Anlagen gefolgert werden (Hamb. OVG, Urt. v. 10.12.1981 – Bf II 33/81, BRS 39 Nr. 110 im Anschluss an das Urt. v. 03.02.1972 – Bf II 12/71, BRS 25 Nr. 34). 13

2.1.1 Nr 1 Wasseraufnahmefähigkeit

Die bereits durch die BauO NW 1995 eingefügte Forderung nach wasseraufnahmefähiger Belassung oder Herstellung der nicht überbauten Flächen kommt einem **Versiegelungsverbot** gleich. Die Regelung bezweckt eine Verbesserung des Wasserhaushalts, da durch die örtliche Beseitigung des Niederschlagswassers eine Anreicherung des Grundwassers bewirkt und einem sprunghaften Anstieg der Gewässerpegel bei Starkregen dadurch entgegengewirkt wird, dass weniger Niederschlagswasser der Kanalisation zufließt. Das Versiegelungsverbot für nicht überbaute Flächen wird flankiert durch § 44 Abs. 1 LWG i.V.m. § 55 Abs. 2 WHG, der generell eine ortsnahe Niederschlagswasserbeseitigung erreichen will und auch die Niederschläge von Dächern oder befestigten Flächen erfasst. Mit diesen Regelungen darf der **städtebauliche Ansatz zur Eindämmung der Bodenversiegelung** nicht verwechselt werden. Aus Gründen des schonenden Umgangs mit Grund und Boden und zur Vermeidung einer unvertretbar hohen Bodenversiegelung verfolgt die Anrechnungsregel des § 19 Abs. 4 BauNVO 1990 das Ziel, die Überbauung der Grundstücke mit Haupt- und Nebenanlagen einzugrenzen, so dass noch genügend Freiflächen auf dem Grundstück verbleiben (vgl. Teil A II. 3 der Amtlichen Begründung zur BauNVO 1990, BR-Drucks. 354/89). 14

Die Forderung nach wasseraufnahmefähiger Belassung oder Herstellung kann im **Widerspruch zu wasserrechtlichen Vorschriften** stehen. So kann es im Bereich von **Altlasten** erforderlich sein, auch die nicht überbauten Geländeoberflächen mit einer **wasserdichten Schicht** abzudecken, um zu vermeiden, dass durch Niederschläge gefährliche Stoffe aus dem Boden gelöst und in das Grundwasser eingetragen werden. Leider hat der Gesetzgeber diesem Umstand nicht durch einen Vorbehalt oder eine spezielle Abweichungsregel Rechnung getragen, so dass in einem solchen Fall auf die allgemeine Abweichungsermächtigung des § 69 BauO NRW zurückgegriffen werden muss. 15

16 Das **Niederschlagswasser** muss **vollflächig in den Untergrund eindringen** können. Hierfür sind begrünte bzw. bepflanzte Flächen am besten geeignet. Doch auch befestigte Flächen, wie Hauszugänge, Terrassen oder Gartenwege, können mittels **Pflaster mit hohem Fugenanteil** so angelegt werden, dass das Niederschlagswasser in den Untergrund eindringen kann. Ausgeschlossen werden durch die Vorschrift **vollständige Versiegelungen** größerer Flächen mit wasserundurchlässigen Belägen mittels Asphalt oder Beton. Kleinflächige Befestigungen sind noch von der Zielsetzung gedeckt, wenn das Niederschlagswasser seitlich in den angrenzenden Gartenboden eindringen kann.

2.1.2 Nr. 2 Begrünung und Bepflanzung

17 § 8 Abs. 1 Satz 1 Nr. 2 BauO NRW verlangt zum einen die **Begrünung der nicht überbauten Flächen.** Eine bestimmte Art der Begrünung ist nicht vorgeschrieben, kann aber durch öffentlich-rechtliche Vorschriften vorgegeben sein, z.b. durch die Festsetzungen eines Bebauungsplanes (s. Rdn. 27). Es genügt die Anlage eines Rasens, die Bepflanzung mit Stauden oder auch die Herrichtung eines Gemüsegartens. Die Gestaltung der Grünflächen ist in das Belieben des Bauherrn gestellt. Er kann einen Ziergarten anlegen oder aber Wildpflanzen aussähen, um ein kleines Gartenbiotop zu schaffen. Zur Gestaltung in die Begrünung eingebettete Pflasterungen, Beeteinfassungen, Pergolen usw. laufen der Bestimmung nicht zuwider. Nicht zulässig ist dagegen die Versiegelung großer Flächen, z.b. im Vorgartenbereich, um die Gartenpflege zu vereinfachen, ohne dass ein sonstiger zulässiger Verwendungszweck vorliegt, wie z.B. als Stellplatzfläche (OVG Bln, Beschl. v. 30.07.2004 – 2 N 222.04, BauR 2005, 694 = BRS 67 Nr. 146). Die in § 8 Abs. 1 Satz 1 Nr. 2 BauO NRW begründete Pflicht stellt eine Dauerpflicht dar, die sich nicht darauf beschränkt eine einmalige Begrünung durchzuführen. Der Bauherr bzw. sein Rechtsnachfolger haben die Grünflächen zu **unterhalten**, also zu pflegen und gegebenenfalls nachzupflanzen. Der damit verbundene **Aufwand** liegt in der **Sozialpflichtigkeit des Eigentums**. Veränderungen, die sich im Rahmen des § 8 Abs. 1 Satz 1 Nr. 2 BauO NRW halten sind zulässig. Nur wenn in rechtswidriger Weise eine Begrünung oder Bepflanzung übermäßig eingeschränkt oder beseitigt wird, kann eine erneute Begrünung verlangt werden

18 Der **Zeitpunkt der Begrünung** wird durch die Vorschrift nicht festgelegt. Die Begrünung kann erst erfolgen, wenn die Baumaßnahme selbst abgeschlossen ist. Auch die Jahreszeit ist als Faktor zu berücksichtigen. Die Vorschrift verlangt ein aktives Tätigwerden, um die Begrünung zu schaffen; es kann somit nicht angehen, auf eine »Selbstbegrünung« zu warten (vgl. Boeddinghaus/Hahn/Schulte zu § 9 Rn. 8).

19 Wird eine nicht überbaute Fläche zur **Lagerung von Gerümpel** in völlig ungeordneter Weise missbraucht, so sind die Bauaufsichtsbehörden nach § 58 BauO NRW befugt, Maßnahmen zur Beseitigung eines § 8 Abs. 1 BauO NRW widersprechenden Zustandes zu ergreifen. Ein solcher ordnungsbehördlicher Eingriff verfolgt nämlich die Zielrichtung, dem Baurecht auf dem in Anspruch genommenen Grundstück wieder Geltung zu verschaffen; die Zuständigkeit der Abfallwirtschaftsbehörden zur Überwachung der abfallwirtschaftlichen Entsorgung des Abfalls bleibt hiervon unberührt (OVG NRW, Beschl. v. 31.10.1994 – 10 A 4084/92, BauR 1995, 372 = BRS 56 Nr. 198).

Die nicht überbauten Flächen sind **alternativ** auch zu **bepflanzen**. Die Bepflanzung 20
stellt einen **Unterfall der Begrünung** dar. Über die **Art der Bepflanzung** trifft die Vorschrift **keine Regelung**. Wenn keine besonderen öffentlich-rechtlichen Vorgaben zu beachten sind, ist es in das Belieben des Bauherrn gestellt, welche Bäume, Sträucher oder Hecken er auswählt. Die **Erhaltung** der Bepflanzung ist ebenfalls vorgegeben; dies schließt die Verpflichtung des Bauherrn oder seines Rechtsnachfolgers ein, abgestorbene Bäume und Sträucher durch Nachpflanzung zu ersetzen.

Durch **Bepflanzungen** lassen sich **Gefahren ausschließen**, deren Eintritt ansonsten 21
zu erwarten wäre, z.b. der Schutz von Trinkwasserentnahmestellen (vgl. § 43 Rdn. 9) oder die Abschirmung von Kinderspielflächen gegen Stellplatzflächen oder Abfallbehälterstandplätze genannt (s. Rdn. 49). Es kann auch nach § 9 Abs. 2 Satz 1 BauO NRW erforderlich sein, eine Bepflanzung vorzunehmen, wenn ansonsten eine Anlage das Straßen- oder Ortsbild verunstalten würde. Am Siedlungsrand oder in der freien Landschaft kann die Bepflanzung zur Vermeidung einer Verunstaltung des Landschaftsbildes oder wegen der Rücksichtnahme auf die erhaltenswerte Eigenart der Umgebung im Sinne des § 9 Abs. 2 Satz 2 BauO NRW geboten sein.

Die **Bepflanzungsvorschrift** des § 8 Abs. 1 Satz 1 Nr. 2 BauO NRW wird vielfach 22
durch **sonstiges öffentliches Recht flankiert**. Hier sind zu nennen:
– örtliche Bauvorschriften (Gestaltungssatzungen),
– Festsetzungen der Bebauungspläne,
– die naturschutzrechtliche Eingriffsregelung,
– Festsetzungen der Landschaftspläne,
– Vorschriften über den Schutz des Baumbestandes (Baumschutzsatzungen).

Nach § 9 Abs. 1 Nr. 25 BauGB kann die **Gemeinde** für einzelne Flächen oder auch 23
für ein Bebauungsplangebiet oder Teile davon sowie für Teile baulicher Anlagen, mit Ausnahme der für land- und forstwirtschaftliche Nutzung festgesetzten Flächen,
a) das Anpflanzen von Bäumen und Sträuchern und sonstigen Bepflanzungen, 24
b) die Bindung für Bepflanzungen und für die Erhaltung von Bäumen, Sträuchern 25
und sonstigen Bepflanzungen sowie von Gewässern
festsetzen. Diese Ermächtigung bezieht sich nur auf den Geltungsbereich von **Bebau-** 26
ungsplänen und kann sich **nicht** auf das ganze Gemeindegebiet erstrecken (BVerwG, Urt. v. 30.01.1976 – IV C 26.74, BauR 1976, 175 = BRS 30 Nr. 17). Die **Erhaltung von Bäumen** kann pauschal für die nicht überbaubaren Grundstücksflächen festgesetzt werden (BVerwG, Beschl. v. 29.12.1995 – 4 NB 40.95, BRS 58 Nr. 36 = ZfBR 1996, 224).

Die Festsetzungen über Bepflanzungen der Bebauungspläne dienen unter anderem der 27
Umsetzung der **naturschutzrechtlichen Eingriffsregelung** (§ 14 BNatschG). Die Gemeinde hat nämlich im Bauleitplanverfahren bei Eingriffen in Natur und Landschaft gemäß § 1a BauGB zu entscheiden und entsprechende Festsetzungen zum Ausgleich oder zur Minderung der Eingriffsfolgen zu treffen, soweit nicht andere Belange in der Abwägung vorgehen. Nach § 135a Abs. 1 BauGB sind festgesetzte Maßnahmen zum Ausgleich dann vom Vorhabenträger durchzuführen. Auf Vorhaben nach § 34 BauGB

findet die Eingriffsregelung gemäß § 18 Abs. 2 BNatschG keine Anwendung, soweit sich nicht aus einfachen Bebauungsplänen oder Satzungen nach § 34 BauGB etwas anderes ergibt. Im Außenbereich (§ 35 BauGB) unterliegen alle Vorhaben gemäß § 18 Abs. 2 BNatschG uneingeschränkt der Eingriffsregelung; die Bauaufsichtsbehörde trifft in diesen Fällen ihre Entscheidung im Benehmen mit der Naturschutzbehörde und setzt dabei geforderte Ausgleichsmaßnahmen im Baugenehmigungsverfahren um. In der Regel ergeben sich hierbei **Auflagen zur Bepflanzung** des Grundstücks. Die **Gemeinde** kann den Eigentümer gemäß § 178 BauGB auch durch Bescheid verpflichten, sein Grundstück innerhalb einer zu bestimmenden angemessenen Frist entsprechend den nach § 9 Abs. 1 Nr. 25 BauGB getroffenen Festsetzungen des Bebauungsplanes zu bepflanzen. Das städtebauliche **Pflanzgebot** kommt vornehmlich außerhalb eines Baugenehmigungsverfahrens zur Durchsetzung der entsprechenden Festsetzungen des Bebauungsplanes zur Anwendung; es betrifft insbesondere die Grundstücke, die bei Inkrafttreten des Bebauungsplanes bereits bebaut waren.

28 Die **Landschaftspläne** können neben den Schutzausweisungen (Naturschutzgebiete, Landschaftsschutzgebiete, Naturdenkmale, geschützte Landschaftsbestandteile) auch **Festsetzungen** über die Zweckbestimmung für Brachflächen, Erst- und Wiederaufforstungen sowie Entwicklungs-, Pflege- und Erschließungsmaßnahmen treffen. Die Durchführung des Landschaftsplanes obliegt nach § 25 LNatSchG NRW den Kreisen und kreisfreien Städten, soweit Gemeinden, Gemeindeverbände oder Gebietskörperschaften des öffentlichen Rechts Eigentümer oder Besitzer von Flächen im Plangebiet sind, nach § 26 LNatSchG NRW diesen. Die Grundstückseigentümer oder -besitzer können gemäß § 27 LNatSchG NRW verpflichtet werden, bestimmte Anpflanzungen oder Pflegemaßnahmen durchzuführen, wenn der Aufwand hierfür im Einzelfall gering ist.

29 Die **Gemeinden** können nach § 49 LNatSchG NRW durch Satzung den Schutz des Baumbestandes innerhalb der im Zusammenhang bebauten Ortsteile und im Geltungsbereich von Bebauungsplänen regeln. Die **Baumschutzsatzungen** erfassen in der Regel Bäume ab einem bestimmten Stammumfang in einer bestimmten Höhe über der Geländeoberfläche (hierzu s. Höreth-Marquardt, Bäume – rechtliches Konfliktpotential in einer Großstadt?, DÖV 2001, S. 1034 ff.). Im Außenbereich ist hingegen der Schutz von Bäumen über Baumschutzsatzungen nicht möglich (vgl. Günther, Baumschutzrecht, 1994, Rn. 16 m.w.N.; zur hinreichenden Bestimmung des räumlichen Geltungsbereichs vgl. BVerwG, Urt. v. 16.06.1994 – 4 C 2.94, BRS 56 Nr. 233 und VGH B-W, Urt. v. 28.07.1994 – 5 S 2467/93, BRS 56 Nr. 234). Auf dieser Rechtsgrundlage haben viele Gemeinden nach der Musterbaumschutzsatzung des Städtetages Nordrhein-Westfalen (abgedruckt mit Erläuterungen bei Günther, Baumschutzrecht, 1994, S. 125 ff.) Baumschutzsatzungen erlassen. Festsetzungen einer solchen Baumschutzsatzung **dienen nicht dem Schutz des Nachbarn** oder von Individualinteressen, sondern erfolgen allein im **öffentlichen Interesse** (BayVGH, Beschl. v. 17.11.2014 – 14 ZB 14.962, juris; OVG LSA, Beschl. v. 18.06.2015 – 2 L 102/13, juris).

30 Von den **baumschutzrechtlichen Eingriffsverboten** sind **Ausnahmen** möglich, wenn durch den geschützten Baum eine nach Baurecht zulässige **Nutzung nicht** oder nur

unter **wesentlichen Beschränkungen** verwirklicht werden kann oder eine solche Nutzung unzumutbar beeinträchtigt wird. Das Fällen bedarf der **Genehmigung der Gemeinde**, auch dann, wenn die Bäume auf überbaubaren Grundstücksflächen stehen und die Realisierung eines bauplanungsrechtlich zulässigen Vorhabens behindern. Es kann hier zu einem Konflikt zwischen dem Zulässigkeitsrecht für Vorhaben nach den §§ 30–34 BauGB und den Festlegungen der Baumschutzsatzung kommen, der meist zugunsten des Baurechts ausgeht (»Baurecht bricht Baumrecht«; vgl. BVerwG, Urt. v. 24.02.1978 – 4 C 12.76, BauR 1978, 378 = BRS 33 Nr. 57 = DÖV 1978, 733 = NJW 1978, 773 und Schink, Baumschutzsatzungen und -verordnungen, DÖV 1991, S. 7 ff.). Von einem Baum ausgehende **Gefährdungen** können eine Fällgenehmigung rechtfertigen, wenn bereits nach den ohne weitere Nachprüfungen äußerlich erkennbaren Umständen aufgrund der Lebenserfahrung der Schluss gerechtfertigt ist, dass durch den Baum demnächst ein Schaden verursacht werden kann (OVG NRW, Urt. v. 08.10.1993 – 7 A 2021/92, NVwZ-RR 1994, 256 und Beschl. v. 04.11.2011 – 8 A 2003/09, juris; zur Frage, welche **Anforderungen an den zu erbringenden Nachweis** der von einem geschützten Baum für Anlagen ausgehenden Gefahr zu stellen sind, s. OVG Bln, Urt. v. 16.08.1996 – 2 B 26/93, NVwZ-RR 1997, 530 = UPR 1997, 78). **Erschwernisse** rechtfertigen als solche keine Ausnahme von den Verboten einer Baumschutzsatzung (OVG NRW, Urt. v. 18.11.1993 – 10 A 1668/91, BRS 55 Nr. 214). Auch eine die Aufenthaltsraumfenster beschattende Wirkung eines Baumes ist erst dann als ausreichender Grund anzusehen, wenn als Besonnungszeit weniger als ein bis zwei Stunden verbleiben (Hess. VGH, Urt. v. 10.12.1993 – 3 UE 1772/93, BRS 55 Nr. 215).

2.2 Darstellungen im Lageplan

Obwohl nicht alle Vorgaben des § 8 BauO NRW im einfachen Baugenehmigungsverfahren präventiv geprüft werden (s. Rdn. 6), ist im Lageplan die **beabsichtigte Gestaltung der Grundstücksoberfläche** darzustellen. Die **erforderlichen Angaben** zählt § 3 Abs. 1 Satz 2 BauPrüfVO auf. Es sind außer den vorhandenen und geplanten Gebäuden einzutragen: 31
– nach Nr. 7 geschützte Baumbestände,
– nach Nr. 11 die Darstellung der Flächen auf dem Baugrundstück, für die der Bebauungsplan oder eine andere Satzung »besondere« Festsetzungen trifft (vgl. Rdn. 23–26),
– nach Nr. 14 die Aufteilung der nicht überbauten Flächen unter Angabe der Flächen, die gärtnerisch angelegt und/oder mit Bäumen bepflanzt werden sollen.

Hinsichtlich der Begrünungs- und Bepflanzungsdarstellungen, der Angabe der Bindungen für Bäume, Sträucher und sonstige Bepflanzungen sowie der Wiedergabe der besonderen Bebauungsplanfestsetzungen empfiehlt es sich, dem Lageplan einen **Plan der Gestaltung der Freiflächen** beizufügen (s. Abb. 8.1 bei Rdn. 52). 32

Aus § 3 Abs. 1 Satz 2 BauPrüfVO ergibt sich nicht, dass Bestimmungen einer Gestaltungssatzung nach § 89 Abs. 1 Nr. 5 BauO NRW, Festsetzungen eines Landschaftsplanes nach §§ 10–13 LNatSchG NRW und §§ 8–12 BNatSchG oder sonstige 33

§ 8 Nicht überbaute Flächen der bebauten Grundstücke, Kinderspielplätze

öffentlich-rechtliche Baubeschränkungen in den Lageplan einzutragen sind. Die Verpflichtung zur Eintragung entsprechender Baubeschränkungen im Lageplan kann unmittelbar aus den entsprechenden Rechtsvorschriften folgen, weil die verfahrensmäßige Entscheidung über die **fachrechtlichen Aspekte** in das Baugenehmigungsverfahren einbezogen ist, z.b. nach § 17 BNatSchG. Sind im Einzelfall weitere Angaben erforderlich, so kann die Bauaufsichtsbehörde gemäß § 1 Abs. 2 Satz 2 BauPrüfVO ein **Verlangen zur Ergänzung** aussprechen. Es dient der erheblichen **Beschleunigung des bauaufsichtlichen Verfahrens**, wenn der Entwurfsverfasser oder Fachplaner bereits bei der Bearbeitung des Lageplans abklärt, welche Bestimmungen jeweils zu beachten und deshalb im Lageplan einzutragen sind.

34 Die Anlage zur BauPrüfVO enthält selbst keine Planzeichen für die Darstellung der nicht überbauten Flächen der bebauten Grundstücke, der Bepflanzung sowie landschafts- und denkmalgeschützter Objekte. § 3 Abs. 5 BauPrüfVO verweist allerdings auf die **Planzeichenverordnung 1990 – PlanzV 90**, die in ihrer Anlage Planzeichen für die Darstellung. Diese Planzeichen können mangels bauordnungsrechtlicher Vorgaben auch Verwendung finden, wenn das Grundstück im nicht beplanten Innen- oder Außenbereich liegt. Für die **Umgrenzung befestigter Flächen**, wie überhaupt für die **Umgrenzung von Nebenanlagen**, die keine Gebäude sind (z.b. Kinderspielflächen oder Schwimmbecken), bietet es sich an, auf die **Planzeichen der Nr. 15.3 PlanzV 90** zurückzugreifen und die Zweckbestimmung durch Einschrieb oder Symbol anzugeben. Eine Besonderheit ist hinsichtlich des **geschützten Baumbestands** zu beachten. **Nr. 1.7 der Anlage zur BauPrüfVO** enthält ein Zeichen für die Darstellung des geschützten Baumbestands einschließlich der zu treffenden Angaben.

2.3 Zu Abs. 1 Satz 2 – Vorrang abweichender Regelungen

35 Soweit **Bebauungspläne** oder andere **Satzungen** (vgl. Anmerkungen zu § 89) **Festsetzungen** zu den nicht überbauten Flächen treffen, finden nach § 8 Abs. 1 Satz 2 BauO NRW die Vorgaben von Satz 1 **keine Anwendung**. Das gilt selbst dann, wenn die Anforderungen der Satzung hinter denen des § 8 Abs. 1 Satz 1 BauO NRW zurückblieben (vgl. Simon/Busse Art. 7 Rn. 16). Die Ermächtigung zum Erlass örtlicher Bauvorschriften hat wegen der Reduzierung der von der Bauordnung selbst gestellten Anforderungen erheblich an Bedeutung gewonnen. So können Gemeinden, beispielsweise in Gebieten mit erheblicher Bautätigkeit, die nicht qualifiziert überplant sind, durch den Erlass einer Satzung über die Gestaltung der unbebauten Flächen der bebauten Grundstücke, auch verbunden mit Regelungen über Kinderspielplätze und die Gestaltung von Stellplatzanlagen und Garagen, eine Grün- und sonstige Gestaltung im Interesse der Gemeinde sichern (vgl. Simon/Busse Art. 7 Rn. 16).

3 Zu Abs. 2 – Kinderspielflächen

36 Die Verpflichtung zur Schaffung von Kinderspielflächen besteht seit der BauO NW 1962 und geht auf § 10 Abs. 2 MBO 1960 zurück. **Beweggrund** zur Aufnahme dieser Bestimmung in die MBO und die ihr entsprechenden Landesbauordnungen war die **Sorge um die Entfaltungsmöglichkeit der Kinder**. Die

470 *Johlen*

Verdichtungstendenzen nehmen seit 1960 ständig zu, so dass der Gesetzgeber gut beraten war, die Vorschrift zu verschärfen und nunmehr für alle Gebäude ab zwei Wohnungen Kinderspielflächen zu fordern. Damit werden auch Ungerechtigkeiten und Manipulationsmöglichkeiten eingeschränkt, die sich aus dem Vorgängerrecht ergaben.

Das **Spielen im Freien** zählt zu den **ureigenen Äußerungen und Bedürfnissen aller** 37 **Kinder.** Kinder im Kleinkindalter bedürfen aber auch beim Spiel einer gewissen **Aufsicht**, sei es durch die Eltern selbst, sei es durch beauftragte Personen. So sind die zum Spielen erforderlichen Flächen so anzulegen, dass ein Augenkontakt und Rufkontakt mit den Eltern möglich oder zumindest nicht erschwert wird. Daher auch die Forderung, dass diese Flächen auf den Grundstücken anzulegen sind, auf denen aufgrund eines Bauvorhabens ein Spielflächenbedarf entsteht.

Die Spielplatzpflicht besteht allein im **öffentlichen Interesse**. Sie dient der Abwehr 38 von Gefahren für die öffentliche Sicherheit oder Ordnung, indem sie den Schutz von Kleinkindern im Auge hat (VG Gelsenkirchen, Urt. v. 25.03.2009 – 10 K 1826/08, juris; Hamb. OVG, Beschl. v. 08.08.2013 – 2 Bf 108/11, BRS 81 Nr. 155, das weiterhin die Nutzung durch die in dem Gebäude wohnenden Kinder nennt). Es dient dabei auch der **Gefahrenabwehr**, zu ermöglichen, dass die Eltern ihren Aufsichtspflichten nachkommen können. So sind zumindest dort, wo aufgrund baulicher, topographischer oder anderer Gegebenheiten einer direkten Aufsicht durch Augenkontakt oder Rufkontakt Hindernisse entgegenstehen, entsprechende Schutzmaßnahmen zu treffen, wie Umwehrungen, Abgrenzungen zu Verkehrsflächen und Schutzpflanzungen. Neben der Gefahrenabwehr verfolgt § 8 Abs. 2 BauO NRW **jugendwohlfahrtspflegerische Ziele**. Auch insoweit ist die Vorschrift von der sozialen Bindung des Eigentums noch gedeckt (OVG Bln, Urt. v. 11.06.1976 – II B 73.75, BauR 1976, 420 = BRS 30 Nr. 97 und Urt. v. 06.04.1979 – II B 30.77, BRS 35 Nr. 115) und deshalb verfassungsrechtlich unbedenklich (OVG Lüneburg, Urt. v. 30.06.1978 – I A 140/77, BRS 33 Nr. 93).

3.1 Zu Abs. 2 Satz 1 – Entstehung der Verpflichtung

Die Verpflichtung zur **Bereitstellung** ausreichend großer Spielplätze für Kleinkinder 39 auf dem Baugrundstück oder in unmittelbarer Nähe auf einem geeigneten Grundstück besteht nach **Satz 1** bei einem Gebäude mit mehr als einer Wohnungen. Nach Satz 1 wird das **Anlegen** eines Spiel**platzes** verlangt. Die Bauordnung enthält außer den allgemeinen in § 3 und §§ 9–16 BauO NRW geregelten Anforderungen keine besonderen Vorschriften über die Lage, Größe, Beschaffenheit, Ausstattung und Unterhaltung von Kinderspielflächen. Derartige besondere Anforderungen bleiben nach § 89 Abs. 1 Nr. 3 BauO NRW den **örtlichen Bauvorschriften** der Gemeinden vorbehalten (vgl. § 89 Rdn. 42–48).

Es handelt sich bei § 8 Abs. 2 BauO NRW um ein **Minimalprogramm** zum **Schutz** 40 **von Kleinkindern**. Die Spielbedürfnisse größerer Kinder und Jugendlicher, wie auch die Erholungsbedürfnisse Erwachsener berücksichtigt das nordrhein-westfälische Bauordnungsrecht nicht.

§ 8 Nicht überbaute Flächen der bebauten Grundstücke, Kinderspielplätze

41 Die Bereitstellung der Kleinkinderspielplätze ist für ein Gebäude mit Wohnungen vorgeschrieben, das **errichtet** wird. Die Anknüpfung an den Begriff der Errichtung lässt die Fälle der Änderung bzw. Nutzungsänderung von Gebäuden zu Wohnzwecken unberücksichtigt. Diese Rechtslücke wird in der bauaufsichtlichen Vollzugspraxis dadurch geschlossen, dass die Bauaufsichtsbehörde vorsorglich auf § 8 Abs. 2 Satz 3 BauO NRW hinweist, wonach bei bestehenden Gebäuden (also nach Durchführung der Änderung oder Nutzungsänderung) die Bereitstellung von Kinderspielplätzen auch **nachträglich** verlangt werden kann. Für die Bauherren ist es vom Bauablauf her dann günstiger, im Zuge der Herrichtung der Außenanlagen auch die Kinderspielfläche gleich vorzusehen.

42 Die Formulierung »**ein Gebäude mit mehr als drei Wohnungen**« zielt nicht auf Einfamilienhäuser ab, »da hier für im Haushalt lebende Kleinkinder in jedem Fall hinreichend Raum zum Spielen auf dem Grundstück vorhanden ist« (so LT-Drucks. 11/7153 S. 154). Die Forderung gilt **unabhängig von der Gebäude- bzw. Wohnform**. Es kommt allein auf die Anzahl der Wohnungen im Gebäude an. Der Spielplatz ist auch bereitzustellen, wenn das Gebäude nur teilweise zu Wohnzwecken genutzt wird, z.B. als Wohn- und Geschäftshaus (so auch Boeddinghaus/Hahn/Schulte zu § 9 Rn. 15). Erforderlich ist der Spielplatz auch, wenn es sich um »privilegierte« Wohnungen für Aufsichts- und Bereitschaftspersonen sowie für Betriebsinhaber und Betriebsleiter in einem im Gewerbe- oder Industriegebiet handelt.

43 Spielplätze für Kleinkinder sind nach dem in § 8 Abs. 2 Satz 1 BauO NRW formulierten Grundsatz **auf dem Baugrundstück** selbst, oder aber auf einem in **unmittelbarer Nähe** befindlichen, **geeigneten Grundstück** bereitzustellen. Die Errichtung auf dem Baugrundstück kann im Einzelfall auf erhebliche Schwierigkeiten stoßen, sodass der Spielplatz nunmehr auch auf einem anderen geeigneten Grundstück geschaffen werden kann (vgl. LT-Drucks. 17/2166, S. 107).

44 Die **Aufsicht** über die Kleinkinder ist nur optimal gesichert, wenn diese in **Augen- und Rufkontakt** zu den sie beaufsichtigenden Personen spielen können (s. Rdn. 37 und 38). Dies bedingt eine unmittelbare Nähe zur Wohnung, die am ehesten auf dem Grundstück selbst, jedoch auch auf einem in unmittelbarer Nähe befindlichen Grundstücks gewährleistet werden kann, da es sich um Kinder im Vorschulalter handelt, deren oft spontanes Verhalten beim Spielen nicht genau eingeschätzt werden kann.

45 Die in Satz 2 angesprochenen **Ersatzlösungen** stehen deshalb ausnahmslos unter dem **Vorbehalt unmittelbarer Nähe**. Dies wird mitunter übersehen, wenn eine der in Satz 2 genannten Anlagen der Erfüllung der Verpflichtung dienen soll. Unmittelbare Nähe im Sinne des § 8 Abs. 2 Satz 2 BauO NRW ist gegeben, wenn
– die Spielfläche auf einem an das Baugrundstück angrenzenden Grundstück liegt und
– Augen- und Rufkontakt zwischen Wohnung und Spielfläche besteht.

46 Ersatzlösungen, die **nicht einsehbar** sind, erfüllen nicht dieses Ziel. **Ungeeignet** sind Spielflächen, die nur über stark befahrene Straßen vom Baugrundstück aus erreichbar sind, da dann eine dauernde Anwesenheit von Aufsichtspersonen unumgänglich ist.

Die Möglichkeit des Bauherrn, den **Spielplatz** auch auf einem **geeigneten Grund-** 47
stück in unmittelbarer Nähe anlegen zu können, steht unter der Einschränkung, die
dauerhafte Nutzung des Grundstücks für Nutzung als Spielplatz **öffentlich rechtlich
zu sichern.** Einigt sich der Bauherr mit einem Nachbarn über die Mitbenutzung einer
Spielfläche auf dessen Grundstück, so hat er dieses durch Eintragung einer **Baulast**
abzusichern. Die Baulast hat dabei neben dem bloßen **Dulden der Herrichtung** der
Spielfläche auf dem belasteten Grundstück auch die **Unterhaltung** der Spielfläche zu
sichern (zur Praxis der Baulastsicherung von Spielflächen mit Formulierungsvorschlag
s. Wenzel, Rn. 453–504).

3.2 Zu Abs. 2 Satz 1 – Größe, Anordnung, Lage, Ausstattung

§ 8 Abs. 2 Satz 1 BauO NRW bestimmt, dass der Spielplatz in **ausreichender Größe** 48
anzulegen ist. Weder dem Gesetz noch der Verwaltungsvorschrift lässt sich die erforderliche Flächengröße entnehmen. Soweit die Gemeinde keine Satzungsregelung
getroffen hat, wird mancher Bauherr ratlos sein. Er kann sich jedoch an anderen Regelungen orientieren. Die nutzbare Fläche eines Kleinkinderspielplatzes musste nach
§ 3 Abs. 3 Nds. Gesetz über Spielplätze (aufgehoben durch Gesetz vom 10.12.2008)
mindestens 30 m² und mindestens 3 % der Wohnfläche der Wohnungen betragen.
Besteht keine satzungsrechtliche Vorgabe, wird man bei **3 m² je Wohnung bzw. 30 m²
Mindestgröße** der Spielfläche die Forderung nach ausreichender Größe als erfüllt ansehen müssen, da dem niedersächsischen Gesetzgeber kaum unterstellt werden kann,
der Grundforderung nicht ausreichend Rechnung getragen zu haben. Dienen die
Wohnungen der Unterbringung kinderreicher Familien, so kann es wegen der **Art** der
Wohnungen im Einzelfall erforderlich sein, größere Spielflächen zu schaffen.

Der **Anordnung** (zu diesem Begriff vgl. § 3 Rdn. 18–23) und der **Lage** der Kleinkin- 49
derspielflächen ist besondere Beachtung zu schenken. Da Spielflächen als Anlagen gelten (vgl. § 2 Rdn. 77), müssen sie gemäß § 3 BauO NRW so **angeordnet** werden, dass
die öffentliche Sicherheit und Ordnung, insbesondere Leben, Gesundheit oder die
natürlichen Lebensgrundlagen, nicht gefährdet werden. Die Gesundheit oder gar das
Leben der Kleinkinder können gefährdet werden, wenn die Spielfläche ungeschützt
neben Stellplatzanlagen, Garagenzufahrten oder Abfallbehälterstandorten angeordnet
werden soll; hier sind zum Schutz der Kleinkinder ausreichend breite Schutzpflanzungen vorzusehen (s. Rdn. 21). § 13 BauO NRW enthält Vorgaben zur Anordnung
im Hinblick auf den Schutz gegen schädliche Einflüsse; § 16 BauO NRW spricht
die Verkehrssicherheit der Anlage an. Aus dem Regelungszusammenhang ergibt sich
unschwer, dass **Spielflächen auf dem Grundstück** anzuordnen sind, somit **auf der Geländeoberfläche** und nicht auf dem Dach oder etwa im Kellerraum eines Gebäudes.

Das Bauordnungsrecht provoziert in dicht bebauten Bereichen wegen der sich gegen- 50
seitig ausschließenden Nutzungsansprüche an die Grundstücksfreiflächen **Konflikte**
zwischen der Forderung nach Kinderspielflächen bzw. Stellplatzflächen zur Unterbringung des ruhenden Verkehrs. In diesen Fällen genießt die **Schaffung der Spielflächen**
gegenüber der Schaffung von Stellplatzflächen **Priorität**, da die beiden Schutzgüter gegeneinander abgewogen werden müssen und hierbei § 8 Abs. 2 BauO NRW Gefahren

für Leben und Gesundheit der Kinder abwehren will, während § 48 BauO NRW ordnungspolitischen Zielen (Ordnung des ruhenden Verkehrs) dient. Es liegt auf der Hand, dass die Abwehr von Gefahren für Leben und Gesundheit der Kleinkinder diesen ordnungspolitischen Aufgaben vorgeht. Diesen Umstand berücksichtigt das Bauordnungsrecht insofern, als es die Ablösung der Stellplatzpflicht ausdrücklich ermöglicht, die Ablösung der Pflicht zur Bereitstellung von Spielflächen aber nicht. Daraus folgt, dass von der Forderung des § 8 Abs. 2 BauO NRW bei einem Konflikt speziell zwischen diesen beiden Nutzungsansprüchen regelmäßig nicht über eine Abweichung nach § 69 BauO NRW abgesehen werden kann.

51 Bei sehr beengten Grundstücksverhältnissen kann es unumgänglich sein, die Spielfläche z.B. auf dem Flachdach eines erdgeschossigen Gebäudes anzulegen, weil ansonsten ganz auf eine Spielgelegenheit wegen **Ungeeignetheit der ebenerdigen Flächen** verzichtet werden müsste. Eine solche Situation ist in Kerngebieten mitunter vorzufinden, weil die Bebauungskonzeption eine erdgeschossige Bebauung mit Ladenlokalen verlangt oder weil nicht mit Gebäuden besetzte Restflächen des Grundstücks als Zugänge oder Zufahrten benötigt werden. In dicht bebauten Gebieten kann die gesamte Blockinnenfläche erdgeschossig bebaut und mit einem begrünten Dach als Freiflächenersatz ausgestattet sein. Diese Lösung bietet dann die Möglichkeit zur Integration der Spielfläche, ohne dass besondere Vorkehrungen zur Gefahrenabwehr getroffen werden müssen. Vorsicht ist bei der Anordnung der Spielfläche auf dem Dach eines Anbaus geboten, da eine **erhöhte Absturzgefahr** besteht. Kleinkinder, die ihren Spieltrieb ausleben, benutzen Geländer gerne zum Klettern, so dass durch eine besonders sichere Gestaltung der Umwehrung ein Überklettern verhindert werden muss.

52 Irritationen kann die Rechtsprechung zur **Lage der Spielflächen** im Hinblick auf das **Rücksichtnahmegebot** hervorrufen, wenn die zu Einzelfällen getroffenen Entscheidungen ohne Berücksichtigung des genauen Sachverhalts auf andere Fälle übertragen werden. Es ist zwischen Spielflächen für Kleinkinder im Vorschulalter und solchen für ältere Kinder und Jugendliche sowie Bolzplätzen zu unterscheiden. Bolzplatzanlagen sind wie Sportanlagen zu behandeln (BVerwG, Beschl. v. 03.03.1992 – 4 B 70.91, BauR 1992, 340 = BRS 54 Nr. 43 = ZfBR 1992, 143; VGH B-W, Urt. v. 23.05.2014 – 10 S 249/14, VBlBW 2015, 81). Die Spielflächen nach § 8 Abs. 2 BauO NRW sind planungsrechtlich den **Spielplätzen** zuzuordnen und auf die Nähe zur **Wohnbebauung** angewiesen. Sie sind als deren **sinnvolle Ergänzung** sowohl im Allgemeinen als auch im reinen Wohngebiet **grundsätzlich zulässig**. Die mit der bestimmungsgemäßen Nutzung verbundenen **Beeinträchtigungen sind von den Nachbarn deshalb hinzunehmen** (BVerwG, Urt. v. 12.12.1991 – 4 C 5.88, BauR 1992, 338 = BRS 52 Nr. 47 = ZfBR 1992, 144; BayVGH, Beschl. v. 23.11.2011 – 2 CS 11.1218, juris). Das Rücksichtnahmegebot beschränkt die rechtliche Befugnis eines Grundstückseigentümers, die Lage eines für die Bewohner auf dem Baugrundstück anzulegenden – nach Umfang und Ausstattung angemessenen – Kinderspielplatzes grundsätzlich frei wählen zu können, nicht auf die die Nachbarn in ihrem Ruhebedürfnis soweit wie möglich schonenden Standorte (OVG Bln, Urt. v. 24.03.1994 – 2 B 28.91, BRS 56 Nr. 52). Das hiervon abweichende Urteil des OVG Lüneburg vom 17.11.1983 (– 6 A 16/83,

NJW 1985, 217) beruhte auf einer besonderen Rechtslage; nach § 2 Abs. 3 Satz 2 Nds. Gesetz über Spielplätze (aufgehoben durch Gesetz vom 10.12.2008) »ist auf das Ruhebedürfnis der Anwohner Rücksicht zu nehmen, soweit die örtlichen Verhältnisse es zulassen«. Eine vergleichbare Einschränkung der bauordnungsrechtlichen Zulässigkeit kennt das nordrhein-westfälische Recht nicht.

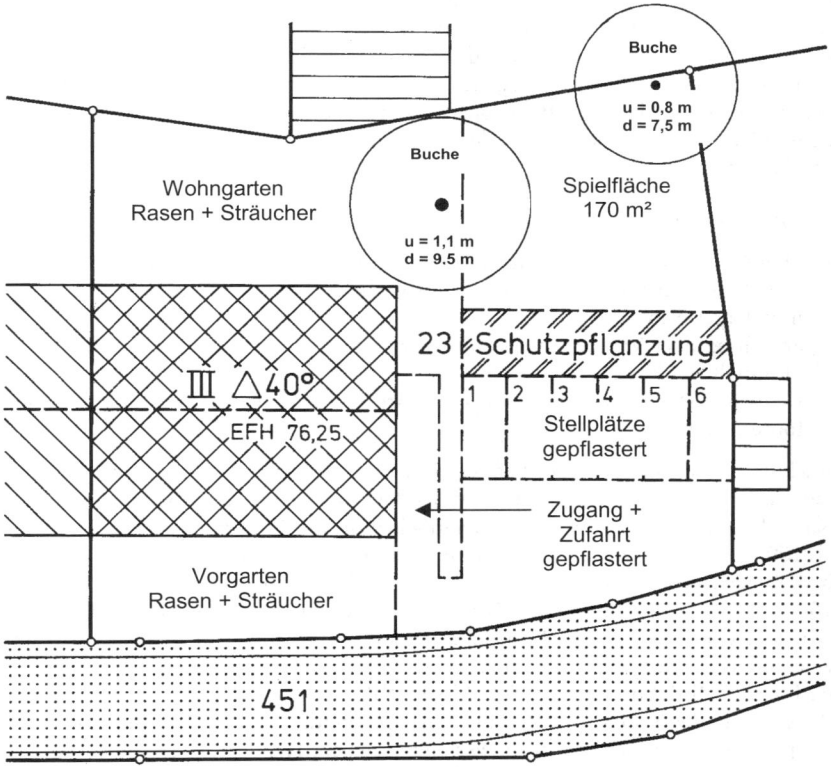

Abb. 8.1 **Plan der Gestaltung der Freiflächen** mit Darstellung der nicht überbauten Flächen und deren Ausgestaltung sowie des **Kinderspielplatzes** mit Größenangabe und erforderlicher Schutzpflanzung zur Abschirmung der Stellplätze (s. Rdn. 31 und 54).

Die **Beschaffenheit** und **Ausstattung** von Kinderspielflächen kann durch örtliche Bauvorschrift geregelt werden (s. Rdn. 39). Hierzu hat die Arbeitsgemeinschaft der kommunalen Spitzenverbände das Muster für eine Satzung über die Beschaffenheit und Größe von Spielplätzen für Kleinkinder erarbeitet (MBl. NRW. 1972 S. 3). Aus Gründen der Verkehrssicherheit sind die Spielplätze gegen Verkehrsflächen, Kfz-Stellplätze und Standplätze für Abfallbehälter abzugrenzen.

54 Nach § 3 Abs. 1 Satz 2 Nr. 14 BauPrüfVO sind die **Kinderspielflächen im Lageplan** darzustellen (s. Rdn. 31). Nur so kann im Baugenehmigungsverfahren geprüft bzw. in der Freistellung nach § 63 BauO NRW erkannt werden, ob die Anordnung und Größe den Anforderungen entspricht. Zur **Kennzeichnung** der Kinderspielfläche enthält **Nr. 15.3 der Anlage zur PlanzV 90 ein Planzeichen**. Für die Darstellung der Abgrenzung der Spielfläche enthält die Anlage zur BauPrüfVO kein Planzeichen, es hat sich jedoch die Praxis entwickelt, hierfür die Umgrenzungsdarstellung nach Nr. 15.3 der Anlage zur PlanzV 90 zu verwenden (s. Rdn. 34). Ergänzend ist die Flächengröße anzugeben. Obwohl nicht ausdrücklich verlangt, sollten auch die Vorkehrungen zum Schutz der Spielfläche, wie z.b. Schutzpflanzungen, dargestellt werden. Die vorstehende Abbildung 8.1 zeigt entsprechende Darstellungen in einem Plan der Gestaltung der Freiflächen.

3.3 Zu Abs. 2 Satz 2 – Ersatzlösungen

55 Die Bereitstellungspflicht entfällt nach **Satz 2** bei Schaffung oder Vorhandensein
– Schaffung oder Vorhandensein von entsprechenden **Gemeinschaftsanlagen** in unmittelbarer Nähe, oder
– Schaffung oder Vorhandensein **sonstiger** für die Kinder nutzbarer **Spielplätze** in unmittelbarer Nähe, oder
– wenn eine solche Spielfläche wegen der **Art** und der **Lage** der Wohnung **nicht erforderlich** ist.

56 Auch in diesen Fällen muss die Lage der Gemeinschaftsanlage oder des Spielplatzes so sein, dass der erforderliche **Kontakt** zu den Gebäuden, für die die Verpflichtung des Satzes 1 besteht, **ohne Schwierigkeiten möglich** ist. Die Entfernung sollte nicht mehr als 100 m betragen, da bei größeren Distanzen ein Kontakt zwischen Kind und Eltern bzw. Aufsichtsperson wesentlich erschwert wird (ablehnend VG Gelsenkirchen, Urt. v. 25.03.2009 – 10 K 1826/08, juris bei einer Entfernung von 200 m Luftlinie und zwischen Baugrundstück und Spielplatz liegenden Gebäuden). Handelt es sich um einen öffentlichen Spielplatz, so muss dieser wenigstens zum Teil dem Spielbereich C nach dem RdErl. vom 31.07.1974 (SMBl. NRW. 2311) zugeordnet sein. Das sind Plätze, die in der Nähe von Wohnungen für Kleinkinder und jüngere Schulkinder mit entsprechenden Einrichtungen zur Verfügung stehen. Handelt es sich um eine Spielplatzanlage, die für Kindern und Jugendlichen zugleich dient, muss diese zumindest teilweise für Kleinkinder geeignet sein.

57 Soll für mehrere Grundstücke eine Gemeinschaftsspielfläche genutzt werden, ist mit dem Bauantrag ein entsprechender **Nachweis** vorzulegen. Das Gleiche gilt auch dann, wenn auf die Spielfläche verzichtet werden soll, weil in unmittelbarer Nähe ein öffentlicher Spielplatz geschaffen wird oder vorhanden ist

58 Der Nachweis ist ebenso bei nach § 63 BauO NRW freigestellten Wohnbauvorhaben im Rahmen der bei der Gemeinde einzureichenden Bauvorlagen zu führen; anderenfalls kann die Gemeinde von ihrem Recht Gebrauch machen, die Durchführung eines Genehmigungsverfahrens zu verlangen.

Eine Ersatzlösung nach § 8 Abs. 2 Satz 2 BauO NRW stellen **Gemeinschaftsanlagen** 59 **dar**. Diese unterscheiden sich von baulastgesicherten Spielflächen auf Fremdgrundstück dadurch, dass sie im gemeinschaftlichen Eigentum stehen. Die Flächen für Gemeinschaftsanlagen sind regelmäßig im Bebauungsplan festgesetzt und dienen einer bestimmten städtebaulichen Einheit. Die Flächen können den beteiligten Eigentümern im Umlegungsverfahren auch gegen deren Willen zugeteilt und mit Unterhaltungsauflagen verbunden werden (OLG Frankfurt/Main, Urt. v. 05.12.1988 – 1 U [Baul] 5/87, BRS 53 Nr. 169). Da bereits § 11 BauO NRW zur Instandhaltung verpflichtet, konnte auf eine Baulastsicherung verzichtet werden. Die Begründung von Gemeinschaftseigentum an einem Kinderspielplatz im Umlegungsverfahren verletzt die durch den Umlegungsbeschluss erfassten Erwerber nicht in ihrem Rechten aus Art. 14 GG (BVerfG, Beschl. v. 02.12.1999 – 1 BvR 335/89, UPR 2000, 110).

Die Ersatzlösung **eines sonstiges Spielplatzes** erfasst neben Spielplätzen der öffentli- 60 chen Hand auch alle sonstigen Spielplätze. In jedem Fall muss jedoch die Benutzung **öffentlich-rechtlich gesichert sein** (vgl. LT-Drucks. 17/2166, S. 107). Ausscheiden muss demnach der Fall, dass zwar auf einem Grundstück in unmittelbarer Nähe ein Spielplatz vorhanden ist, zu dessen Benutzung aber keine Berechtigung besteht, auch wenn er praktisch nutzbar wäre. Es wäre zwar durchaus wünschenswert, wenn die Eigentümer von Grundstücken es dulden würden, wenn Nachbarskinder auf ihrem Spielplatz spielen. Die Bauordnung kann aber ein solches Verhalten nicht voraussetzen und darauf in einer Weise setzen, dass ein Dritter von eigenen Verpflichtungen frei wird (vgl. Simon/Busse Art. 7 Rn. 117).

Spielplätze der **öffentlichen Hand** werden von der Gemeinde angelegt und unterhal- 61 ten. Insoweit besteht eine Gewähr dafür, dass die Anlagen auf Dauer nutzbar sind. Der Gesetzgeber geht davon aus, dass die **Gemeinden** im Rahmen ihrer Selbstverwaltungsaufgaben die erforderlichen Spielflächen **ordnungsgemäß instandhalten** und nur solche Anlagen aufgeben, die nicht mehr benötigt werden. Bei der Auflassung bestehender öffentlicher Spielplätze tun die Gemeinden gut daran, vorsorglich zu prüfen, ob ein solcher Spielplatz als Ersatz für Kleinkinderspielflächen herangezogen wurde. Hiervon kann stets ausgegangen werden, wenn der öffentliche Spielplatz im begrünten Blockinnenbereich einer mehrgeschossigen Wohnungsrandbebauung liegt.

Satz 2 ermöglicht jedoch, auf die **Bereitstellung** von Spielflächen zu **verzichten**, wenn 62 die Art und die Lage der Wohnungen dies nicht erfordern. Die Formulierung der Voraussetzung ist nicht eindeutig, da sie darauf abstellt, dass Art **und** Lage der Wohnungen keine Spielfläche erfordern. Dies ist jedoch nicht kumulativ zu verstehen, jedenfalls wird im bauaufsichtlichen Vollzug das **und** als **oder** gelesen. Nur das ergibt auch einen Sinn, da anderenfalls die Ausnahme so gut wie nie zur Anwendung käme.

Bei einem Verzicht nach Satz 2 kommt es **nicht auf den Willen** der Grundstücks- 63 eigentümer oder Nutzer an. Die Spielplatzpflicht besteht allein im öffentlichen Interesse. Sie dient der Abwehr von Gefahren für die öffentliche Sicherheit oder Ordnung, indem sie den Schutz von Kleinkindern im Auge hat (VG Gelsenkirchen, Urt. v.

25.03.2009 – 10 K 1826/08, juris). Die Voraussetzungen zum Verzicht müssen daher **objektiv** vorliegen.

64 **Von der Art der Wohnungen** her handelt es sich hier um Wohngebäude, die nicht für Familien mit Kindern bestimmt oder geeignet sind; dazu zählen neben Gebäuden mit Altenwohnungen auch Appartementhäuser mit Kleinwohnungen. Bei derartigen Kleinwohnungen ist jedoch Vorsicht geboten, da sich die Lebensgewohnheiten in den letzten Jahrzehnten stark verändert haben. Alleinstehende Erziehungsberechtigte mit Kind, die sich aufgrund des hohen Mietniveaus nur noch Kleinwohnungen leisten können, sind keine Seltenheit mehr (vgl. Boeddinghaus/Hahn/Schulte zu § 9 Rn. 16).

65 Die Abweichungsvoraussetzung **Lage der Wohnungen** ist gegeben, wenn den Wohnungen Gartenflächen zur alleinigen Benutzung zugeordnet sind. Diese Situation ist dann vergleichbar dem Einfamilienhaus (vgl. Rdn. 42). Möglichkeiten hierzu ergeben sich beim Bau von reihenhausähnlichen Mehrfamilienhäusern, sog. »Wohnscheiben«, die mitunter konzipiert werden, um der Einzelhausfestsetzung eines Bebauungsplanes zu entsprechen (zum Begriff »Wohnscheibe« vgl. § 2 Rdn. 154).

66 Bei Erfüllung der in § 8 Abs. 2 Satz 2 BauO NRW aufgeführten Voraussetzungen hat der Bauherr einen **Rechtsanspruch auf die Ersatzlösung.** Dies folgt aus der Formulierung »dies gilt nicht«. Rechtssicherheit erlangt der Bauherr hierüber allerdings erst mit der Aushändigung der Baugenehmigung. In der Freistellung nach § 63 BauO NRW trägt der Bauherr allein die Verantwortung für die Einhaltung der Bestimmungen des § 8 Abs. 2 BauO NRW. Hegt er Zweifel an der Zulässigkeit der Ersatzlösung, kann er die Bauaufsichtsbehörde um Auskunft ersuchen.

3.4 Zu Abs. 2 Satz 3 – Nachträgliche Bereitstellung

67 Die Vorschriften des Satzes 3 ermächtigen die Bauaufsichtsbehörde, **die Herstellung von Spielplätzen** nach Satz 1 **bei bestehenden Gebäuden** verlangen zu können, wenn dies aus Gründen der Gesundheit und zum Schutz der Kinder erforderlich ist. Diese Vorschrift gibt den Bauaufsichtsbehörden die Möglichkeit, die nachträgliche Schaffung entsprechender Spielplätze auch im Interesse der Jugendwohlfahrtspflege zu verlangen. Die Vorschrift ist von der sozialen Bindung des Eigentums gedeckt und somit **verfassungsrechtlich unbedenklich** (s. Rdn. 38). Die Eigentumsgarantie und das Rechtsstaatsprinzip gebieten, dass mit der Forderung auf nachträgliche Schaffung von Kinderspielflächen in den baurechtlichen Bestandsschutz nur aufgrund sorgfältiger Abwägung der Interessen eingegriffen wird und besondere Belange des in Anspruch genommenen Eigentums nicht völlig unberücksichtigt bleiben (OVG Bln, Urt. v. 11.06.1976 – II B 73.75, BauR 1976, 420 = BRS 30 Nr. 97).

68 Die mit der nachträglichen Schaffung von Kinderspielplätzen verbundenen **Belastungen** muss der Eigentümer im Rahmen des Zumutbaren tragen. Die Anordnung setzt voraus, dass

a) eine nach Größe, Lage und allgemeiner Beschaffenheit geeignete Fläche auf dem Grundstück zur Verfügung steht, 69
b) die Gesundheit oder der Schutz der auf dem Grundstück jetzt oder künftig wohnenden Kinder dies erfordern und 70
c) sich keine anderen Spielmöglichkeiten in unmittelbarer Wohnungsnähe befinden. 71

Steht in zumutbarer Entfernung eine öffentliche Freifläche zum Spielen und zum Sport zur Verfügung, kann nachträglich die Anlage einer privaten Kinderspielfläche nicht gefordert werden (OVG Bln, Urt. v. 26.02.1982 – 2 B 71.81, BauR 1982, 371). 72

Die **Anordnung** zur nachträglichen Schaffung einer Kinderspielfläche muss die aus dem Bestandsschutz folgenden **Eingriffsschranken** beachten, die Teil des Eigentumsschutzes durch Art. 14 Abs. 1 GG sind (Hamb. OVG, Urt. v. 05.12.1974 – Bf II 10/74, DÖV 1976, 573). Eine **Verfügung**, durch die dem Eigentümer eines Grundstücks in Anwendung der Ermächtigung die nachträgliche Anlegung einer Kinderspielfläche aufgegeben wird, bedarf einer **Begründung**, die geeignet ist, den Erlass der Verfügung vor dem **Gebot der Rechtsanwendungsgleichheit** zu rechtfertigen. Gegen eine Verwaltungspraxis, die das Vorliegen von Mieterbeschwerden zur alleinigen Voraussetzung einer Anwendung der Ermächtigung macht, bestehen durchgreifende Bedenken (OVG NRW, Urt. v. 20.11.1979 – X A 907/79, BRS 35 Nr. 116). 73

Der Grundstückeigentümer ist **verpflichtet**, die **Spielplätze** für das Spielen von Kindern, die auf dem Grundstück wohnen, **zur Verfügung zu stellen**. Über Einzelheiten der Benutzung und der Benutzungszeiten können privatrechtliche Regelungen durch Mietvertrag oder durch Hausordnung getroffen werden, die dem Zweck der öffentlich-rechtlichen Regelung nicht entgegenstehen dürfen. Die mit der Benutzung eines Kinderspielplatzes verbundenen Lärmbeeinträchtigungen müssen die Mitbewohner im Rahmen des Üblichen und Zumutbaren als natürliche Lebensäußerungen der Kinder hinnehmen (OVG Bln, Urt. v. 06.04.1979 – II B 30.77, BRS 35 Nr. 115; s.a. Rdn. 52). 74

3.5 Zu Abs. 2 Satz 4 – Barrierefreiheit

§ 8 Abs. 2 Satz 4 BauO NRW bestimmt, dass die nach Abs. 1 anzulegenden Spielplätze barrierefrei erreichbar sein müssen (zum Begriff der Barrierefreiheit vgl. § 2 Rdn. 329–331). Die BauO NRW verfolgt insgesamt das Ziel, bauordnungsrechtliche Voraussetzungen zu schaffen, um insbesondere Personen mit Kleinkindern, Lebensälteren und ggf. in ihrer Mobilität eingeschränkten Personen eine ungehinderte Teilnahme am gesellschaftlichen Leben zu er-möglichen. Hierfür ist es auch notwendig, dass Spielplätze so angelegt werden, dass diese uneingeschränkt von diesem Personenkreis im erforderlichen Umfang barrierefrei erreicht und genutzt werden können (vgl. auch Anmerkungen zu § 48). 75

4 Zu Abs. 3 – Veränderung der Geländeoberfläche

§ 8 Abs. 3 BauO NRW 2018 normiert die **materielle Grenze** für die **Veränderungen der Geländeoberfläche** eines Grundstücks. Während § 9 Abs. 3 BauO NRW 2000 76 noch als Eingriffsermächtigung für die Bauaufsichtsbehörde hinsichtlich der Erhaltung oder Veränderung der Geländeoberfläche ausgestaltet war, wird in § 8 Abs. 3 BauO NRW 2018 nunmehr die Grenze der zulässigerweise Veränderungen der Geländeoberfläche normiert, die die Baugenehmigungsbehörde auf Antrag des Bauherrn genehmigen kann. **Änderungen** der Geländeoberfläche kann die Bauaufsichtsbehörde weiterhin nach **§ 58 Abs.** 4 BauO NRW 2018 **verlangen**, der die entsprechende Eingriffsbefugnis darstellt (vgl. § 57 Rdn. 95).

77 **Regelungsgegenstand** ist die Geländeoberfläche des Grundstücks vor Durchführung der Bauarbeiten, das ist die **natürliche Geländeoberfläche** im Sinne des § 2 Abs. 4 BauO NRW. Dies zum Ausgangspunkt der Überlegungen nehmend, bestimmt § 8 Abs. 3 BauO NRW, dass die Bauaufsichtsbehörde eine Veränderung der Geländeoberfläche nur genehmigen darf, wenn dadurch:

78 1. keine Nachteile für Nachbargrundstücke oder öffentliche Verkehrsflächen entstehen und

79 2. das Straßen-, Orts-, oder Landschaftsbild nicht gestört wird.

80 Nach der unter 1. aufgeführten Voraussetzung geht es darum, **Nachteile** für angrenzende Grundstücke durch Veränderungen der Geländeoberfläche zu **vermeiden**. Insoweit wird eine **kleinräumige Betrachtungsweise** vorgenommen, nämlich ein **Vergleich** des **Grundstücksniveaus** zu dem Verkehrsflächenniveau oder Nachbargrundstücksniveau direkt angrenzender Grundstücke. Verkehrsflächenniveau oder das Nachbargrundstücksniveau. Hinsichtlich der Vermeidung von Nachteilen für öffentliche Verkehrsflächen geht es um die Gewährleistung ordnungsgemäßer Zugänge und Zufahrten. Daneben soll auch eine mit der Straßenfläche harmonierende Vorgartenzone bzw. in dicht bebauten Gebieten eine an den Gehwegbelag höhengleich anschließende Grundstücksbefestigung gewährleistet werden. Die Vermeidung von Nachteilen für Nachbargrundstücke dient dazu, die Entstehung von Geländevorsprüngen auszuschließen und zu gewährleisten, dass beide Grundstücke gleiche Bezugsebenen für Anlagen im Grenzbereich aufweisen (OVG NRW, Beschl. v. 17.02.2009 – 10 A 3416/07, juris).

81 Im Zusammenhang mit den Abstandsflächenregelungen kommt § 8 Abs. 3 BauO NRW **nachbarschützende Wirkung** zu, zumindest wenn Anschüttungen Abstandsflächen auslösen (OVG NRW, Urt. v. 27.11.1989 – 11 A 195/88, BauR 1990, 341 = BRS 50 Nr. 185 und Beschl. v. 29.09.1995 – 11 B 1258/95, BauR 1996, 230 = BRS 57 Nr. 162; VGH B-W, Beschl. v. 22.08.1994 – 3 S 1798/94, BRS 56 Nr. 113, Beschl. v. 08.10.1996 – 8 S 2566/96, BauR 1997, 92 und Beschl. v. 07.02.2006 – 3 S 60/06, BauR 2006, 825 = BRS 70 Nr. 124; OVG M-V, Urt. v. 23.06.1998 – 3 L 227/97, BRS 60 Nr. 117; s.a. Anmerkungen zu § 72 Rdn. 184).

82 Ein fast gleiches Ziel verfolgen die unter 2. genannten Voraussetzungen. Ihnen liegt jedoch eine großräumigere Betrachtungsweise zu Grunde, nämlich atypische Geländeverläufe zur Optimierung des Straßen-, Orts- oder Landschaftsbildes zu eliminieren. Dies wird aus der Formulierung »nicht gestört wird« deutlich. Man kann auch von einer harmonischen Einfügung der Geländeoberfläche in das Gesamtbild sprechen und damit eine bauordnungsrechtliche Parallele zu dem **§ 34 Abs. 1 BauGB** innewohnenden planungsrechtlichen Einfügungsgrundsatz sehen.

§ 8 Abs. 3 BauO NRW stellt die **materielle Grenze** für **Geländeveränderungen** dar. 83
Diese gilt nicht nur für die Baugenehmigungsbehörde im Wege der Erteilung einer
Baugenehmigung (OVG NRW, Urt. v. 26.04.2010 – 7 A 2162/09, juris), sondern
nach den Grundsätzen von § 52 BauO NRW für jede Errichtung, Änderung oder
Nutzungsänderung einer Anlage (vgl. Anmerkungen zu § 52 Rdn. 1–2).

Die Norm zielt auf eine **tatsächliche** Änderung der Geländeoberfläche, nicht dagegen 84
auf eine **fiktive** Regelung, um durch ein lediglich auf dem Papier festgeschriebenes Geländeniveau eine günstigere Berechnungsgrundlage z.b. für die Abstandsflächen- oder
die Vollgeschossregel zu erlangen. Dient die von der Bauaufsichtsbehörde genehmigte
Veränderung der Geländeoberfläche als Berechnungsgrundlage muss diese nach Abschluss der Bauarbeiten **tatsächlich realisiert** worden sein.

Es ist dem Bauherrn unbenommen, von sich aus eine Änderung der Geländeoberflä- 85
che vorzusehen, soweit keine Festsetzungen des Bebauungsplans entgegenstehen. Aus
§ 8 Abs. 3 BauO NRW ergibt sich weder direkt noch indirekt, dass jede Veränderung
der Geländeoberfläche unzulässig ist. Die Änderung der Geländeoberfläche durch
Aufschüttung oder durch Abgrabung gilt nach § 2 Abs. 1 Satz 3 Nr. 1 BauO NRW
als Anlage, die den baurechtlichen Anforderungen genügen muss, das heißt, sie darf
unter anderem keine Gefahren verursachen, das Orts- und Landschaftsbild nicht verunstalten und die Nachbarn in ihren Rechten nicht verletzen.

Die Beibehaltung oder Veränderung der **Geländeoberfläche** ist in den **Bauvorlagen** 86
darzustellen (vgl. § 2 Rdn. 227). Soweit öffentlich-rechtliche Vorschriften der Absicht
des Bauwilligen nicht entgegenstehen, bestätigt die Bauaufsichtsbehörde mit der Baugenehmigung das in den Bauvorlagen **dargestellte** zur Änderung **beantragte Geländeniveau**. Erkennt die Bauaufsichtsbehörde, dass das in den Bauvorlagen dargestellte
Geländeniveau den bauordnungsrechtlichen Bestimmungen zuwiderläuft, kann sie
von der Ermächtigung des § **58 Abs. 4** BauO NRW Gebrauch machen. Grundsätzlich
sind folgende Fälle zu unterscheiden:
– das in den Bauvorlagen als zu ändern dargestellte Geländeniveau soll nicht zugelassen und stattdessen eine Erhaltung des natürlichen Geländeniveaus verlangt werden,
– es soll eine Änderung des Geländeniveaus verlangt werden, obwohl die Darstellung in den Bauvorlagen von der Beibehaltung der natürlichen Geländeoberfläche
  ausgeht.

Soll eine vom Antrag abweichende Entscheidung durch **Nebenbestimmung** in der 87
Baugenehmigung getroffen werden, stellt dieses ein förmliches Verlangen im Sinne
des § 58 Abs. 4 BauO NRW dar; gegen die Entscheidung können selbstverständlich
Rechtsmittel eingelegt werden.

Für nach § **63 BauO NRW** freigestellte **Wohnbauvorhaben** ergeben sich unterschied- 88
liche Verfahrensvarianten:
– die Gemeinde kann, wenn sie bezüglich der Zulässigkeit des dargestellten Geländeniveaus Zweifel hegt, die Durchführung eines Genehmigungsverfahrens verlangen,
– die Gemeinde kann die Bauaufsichtsbehörde darüber informieren, dass sie zwar
  aus planungsrechtlicher Sicht das Vorhaben für zulässig erachtet und deshalb nicht

§ 8   Nicht überbaute Flächen der bebauten Grundstücke, Kinderspielplätze

die Durchführung eines Genehmigungsverfahrens verlangt, gleichwohl aber eine Überprüfung des Vorhabens mit § 8 Abs. 3 BauO NRW anheimstellt,
– die Gemeinde kann die Einhaltung der Vorgaben des § 8 Abs. 3 BauO NRW unbeachtet lassen und die Ausführung des Vorhabens tolerieren, da für das Bauordnungsrecht die Bauaufsichtsbehörde zuständig ist.

Dritter Teil Bauliche Anlagen

1   Dieser Teil des Gesetzes gliedert sich in **sieben Abschnitte:**
– 1. Gestaltung (§§ 9–10),
– 2. Allgemeine Anforderungen an die Bauausführung (§§ 11–16),
– 3. Bauarten und Bauprodukte (§§ 17–25),
– 4. Brandverhalten von Baustoffen und Bauteilen, Wände, Decken, Dächer (§§ 26–32),
– 5. Rettungswege, Treppen, Öffnungen, Umwehrungen (§§ 33–38),
– 6. Technische Gebäudeausrüstung (§§ 39–45),
– 7. Nutzungsbedingte Anforderungen (§§ 46–51).

2   Der dritte Teil enthält die **materiellen bauordnungsrechtlichen Einzelanforderungen**. Im Gegensatz zum zweiten Teil des Gesetzes, der im Wesentlichen grundstücksbezogene Anforderungen zum Gegenstand hat, nimmt der dritte Teil die **baulichen Anlagen** selbst in den Blick.

3   Der **1. Abschnitt** enthält in den **§§ 9 und 10 gestaltungsrechtliche Anforderungen** an bauliche Anlagen, Werbeanlagen und Warenautomaten.

4   Der **2. Abschnitt** befasst sich in den §§ 11–14 mit allgemeinen Anforderungen an die Bauausführung. **Diese ergänzen** oder **konkretisieren** zum überwiegenden Teil die **materielle Grundnorm** des § 3, da sie ebenfalls **generalklauselartig** formuliert sind und nur in geringem Umfang Einzelanforderungen enthalten. Einzelne Vorschriften haben nur geringe Bedeutung, da inzwischen bundesrechtliche Regelungen bestehen.

5   Der **3. Abschnitt** enthält **bauproduktrechtliche Anforderungen**. Hierbei handelt es sich nicht um Vorschriften über das Inverkehrbringen, sondern im Wesentlichen um **Regeln über die Verwendung** von Bauprodukten in baulichen Anlagen.

6   Der **4. bis 6. Abschnitt** befasst sich zum überwiegenden Teil mit dem **baulichen Brandschutz**. Die Einzelanforderungen ergänzen § 14 und handeln den vorbeugenden baulichen Brandschutz ab. Diese Vorschriften zählen zu den bedeutendsten des Bauordnungsrechts, da dem Bund keine Gesetzgebungskompetenz auf diesem Gebiet zukommt. Daneben enthält der 6. Abschnitt einzelne das Wasserrecht ergänzende bauordnungsrechtliche Anforderungen, wie z.B. die Einbaupflicht für Wasserzähler.

7   Der **7. Abschnitt** legt zum einen in den **§§ 46–47 Mindestanforderungen** an Aufenthaltsräume und Wohnungen fest. Diese Regelungen entstammen noch aus dem früheren Baupolizeirecht und haben ihren Ursprung in der Wohlfahrtspflege. Die

Anforderungen an die Beschaffenheit von Wohnungen haben ihre Bedeutung weitgehend eingebüßt, da ein entsprechender Standard heute allgemein üblich ist.

Daneben fasst der 7. Abschnitt in den §§ 48–51 unterschiedliche Einzelvorschriften   8
zusammen, die untereinander keine Beziehung aufweisen. Zu nennen sind vor allem die **Stellplatzpflicht**, die **Anforderungen an die Barrierefreiheit** und die **Behandlung von Sonderbauten**. Die letztgenannte Vorschrift ist für das Bauordnungsrecht insbesondere unter dem Aspekt des baulichen Brandschutzes von größter Bedeutung.

Vor §§ 9–16

Abschnitt 1 mit Vorschriften über »**Gestaltung**« (§ 9 BauO NRW) und »**Anlagen der**   1
Außenwerbung und Warenautomaten« (§ 10 BauO NRW) dient der **Verunstaltungsabwehr**. Das Recht der Verunstaltungsabwehr geht auf **altes Baupolizeirecht** zurück (vgl. § 9 Rdn. 1–7). Mehrere Landesbauordnungen haben die Vorschriften über Werbeanlagen anderen Vorschriftengruppen zugeordnet oder zumindest durch eine Zwischenüberschrift separiert. Das BVerwG sieht entgegen seiner früher vertretenen Auffassung die Masse der Werbeanlagen heute als bauliche Anlagen im Sinne des § 29 Abs. 1 BauGB an, so dass § 10 BauO NRW unter Berücksichtigung der bauplanungsrechtlichen Vorschriften anzuwenden ist (vgl. § 10 Rdn. 12–29).

Die bauordnungsrechtliche Generalklausel des **§ 3 BauO NRW**, auch als **materielle**   2
Grundnorm des Bauordnungsrechts bezeichnet (vgl. § 3 Rdn. 6–8), kann **als Programmsatz** naturgemäß nur **weit gefasst** sein. Wie die Überschrift von **Abschnitt 2** »Allgemeine Anforderungen an die Bauausführung« verdeutlicht, konkretisieren erst die §§ 11–16 BauO NRW als ebenfalls zum Teil noch allgemein gehaltene Vorschriften die **wesentlichen Sicherheitsanforderungen des Bauordnungsrechts**. Bei den hier aufgeführten Schutzgütern »**Standsicherheit**« (§ 12 BauO NRW), »**Brandschutz**« (§ 14 BauO NRW) und »**Verkehrssicherheit**« (§ 16 BauO NRW) handelt es sich um **alte baupolizeiliche Forderungen**. Mit der Neuausrichtung des Baupolizeirechts als Bauordnungsrecht sind die Vorschriften über »**Baustellen**« (§ 11 BauO NRW), »**Schutz gegen schädliche Einflüsse**« (§ 13 BauO NRW) und »**Wärme-, Schall- und Erschütterungsschutz**« (§ 15 BauO NRW) hinzugetreten.

Die **allgemeinen Anforderungen** der §§ 11–16 BauO NRW werden **zunehmend**   3
durch Bundesrecht verdrängt. Bei den in den §§ 11, 13 und 15 BauO NRW angesprochenen Schutzgütern sorgt der Bund für einen Bedeutungsverlust des Bauordnungsrechts, da er zunehmend und zum überwiegenden Teil aufgrund europäischer Vorgaben Rechtsvorschriften erlässt.

Die **allgemeinen Anforderungen** der §§ 12–15 BauO NRW werden **durch allgemein**   4
anerkannte Regeln der Technik und durch **Technische Baubestimmungen** ausgefüllt. Dies gilt vor allem für den Bereich Standsicherheit (vgl. § 12 Rdn. 30–34), zum Teil auch für die übrigen Rechtsbereiche.

Die **Grundnorm des vorbeugenden Brandschutzes** (§ 14 BauO NRW) und die   5
Grundforderung nach Verkehrssicherheit (§ 16 BauO NRW) finden ihre **Ergänzung**

§ 9 Gestaltung

in den **Einzelvorschriften** der §§ 26–45 BauO NRW, soweit Wohngebäude oder Gebäude vergleichbaren Gefahrenpotenzials betroffen sind. Für Sonderbauten (vgl. § 50 Rdn. 2) bestehen zum Teil umfangreiche **Sonderbauvorschriften**.

Erster Abschnitt Gestaltung

§ 9 Gestaltung

(1) Anlagen müssen nach Form, Maßstab, Verhältnis der Baumassen und Bauteile zueinander, Werkstoff und Farbe so gestaltet sein, dass sie nicht verunstaltet wirken.

(2) Anlagen sind mit ihrer Umgebung so in Einklang zu bringen, dass sie das Straßen-, Orts- oder Landschaftsbild nicht verunstalten oder deren beabsichtigte Gestaltung nicht stören. Auf die erhaltenswerten Eigenarten der Umgebung ist Rücksicht zu nehmen.

Übersicht		Rdn.
0	Änderungen gegenüber der BauO NRW 200	01
1	Allgemeines	1
1.1	Rechtsentwicklung	1
1.2	Grundanforderung, Instandhaltung, Nachbarschutz	8
1.3	Beurteilung der Verunstaltung	20
2	Zu Abs. 1 – Bauwerksbezogenes Verunstaltungsverbot	28
3	Zu Abs. 2 – Umgebungsbezogenes Verunstaltungsverbot	41
3.1	Zu Satz 1 – Gestalterische Einfügung in die Umgebung	44
3.2	Zu Satz 2 – Rücksicht auf erhaltenswerte Eigenarten der Umgebung	55

0 Änderungen gegenüber der BauO NRW 200

01 Die Vorschrift stimmt wörtlich mit dem Vorgängerrecht überein. Es geht hiernach um die **Verunstaltungsabwehr**, wohingegen dem Gebot zur Beachtung der anerkannten Regeln der Baukunst, vergleichbar dem Gebot zur Beachtung der allgemein anerkannten Regeln der Technik, eigenständige Bedeutung zukommt (BayVGH, Urt. v. 08.11.1991 – 26 B 90.3380, BauR 1992, 353 = BRS 52 Nr. 119, bestätigt durch BVerwG, Beschl. v. 06.12.1999 – 4 B 75.99, BauR 2000, 859 = UPR 2000, 346 = ZfBR 2000, 279).

02 Die Forderung nach »werkgerechter Durchbildung« der baulichen Anlagen entfiel bereits mit der BauO NW 1984. Diese Forderung betrifft die **handwerksgemäße Ausführung** der Bauarbeiten in ihren Einzelheiten (BVerwG, Urt. v. 28.06.1955 – I C 146.53, BVerwGE 2, 172). Ein Bauteil ist nicht werkgerecht durchgebildet, wenn es seine technische Funktion nicht einwandfrei und für eine angemessen lange Dauer zu erfüllen vermag, wenn es also zu einem **Bauschaden** führen kann. Mit dem **Verzicht auf die Forderung nach werkgerechter Durchbildung** wird der Bauherr hinsichtlich

von Bauschäden, sofern nicht Vorschriften des § 3 Abs. 1 BauO NRW verletzt sind, auf den **privaten Rechtsweg** verwiesen (vgl. § 3 Rdn. 65).

Die Abwehr von Verunstaltungen bereitet den Bauaufsichtsbehörden aufgrund der umfangreichen Freistellungen der §§ 62–63 BauO NRW zunehmend Probleme. Für die praktische Handhabung gewinnt daher die **Beratung** Bauwilliger immer mehr an Bedeutung, um eine »schleichende Verunstaltung« nach Möglichkeit zu verhüten (so Große-Suchsdorf, zu § 10 Rn. 16 f.). 03

1 Allgemeines

1.1 Rechtsentwicklung

Das Recht der Baugestaltung zählt neben den Brandschutzvorschriften zu den ältesten Bestandteilen des Baurechts (vgl. Reichel/Schulte, S. 32 f. Rn. 169 f. und S. 352 Rn. 1). Die **architektonische** und **städtebauliche Schönheit** alter Städte, die Ausgewogenheit ihrer Straßenbilder und der Gleichklang der Gebäude zeugen nicht nur vom Können ihrer Planer, sie sind häufig das **Ergebnis strenger Gestaltungsvorschriften** (z.B. Karlshafen an der Weser). Zunftordnungen der Handwerker gewährleisteten eine technische und gestalterische Qualität der Bauausführung. In Residenzstädten sorgten die Landesherren durch **Gewährung von Finanzhilfen** nicht selten für bestimmte Bauausführungen aus repräsentativen Gründen (hierzu vgl. Klein, Kommunale Baugestaltungssatzungen, 1992, S. 26 ff. mit weiteren Nachweisen). Gestaltungsvorschriften blieben über Jahrhunderte dem **Satzungsrecht** der Städte vorbehalten, erst nach der Französischen Revolution entwickelte sich ein landesweit geltendes Baugestaltungsrecht. 1

Im Bereich des ehemaligen preußischen Staatsgebiets ermächtigte das **Preußische Allgemeine Landrecht** von 1794 bzw. das **Polizeiverwaltungsgesetz** von 1850 die örtlichen Polizeibehörden zum Erlass von Bau- und Gestaltungsvorschriften. Aufgrund dieser Ermächtigung ergingen insbesondere in größeren Städten **Baupolizeiverordnungen** mit zum Teil gestalterisch relevantem Inhalt. Die Anwendung von Baugestaltungsrecht erfuhr durch die Rechtsprechung des PrOVG in der 2. Hälfte des 19. Jahrhunderts Einschränkungen. Nach der »**Kreuzberg-Erkenntnis**« des PrOVG vom 14.06.1882 (PrOVGE 9, 353 = DVBl 1985, 219) erlaubte nämlich die Eingriffsnorm des § 10 Tit. 17 Teil II PrALR keine Verunstaltungsabwehrmaßnahmen, da es hierzu einer besonderen gesetzlichen Ermächtigung bedurft hätte. Das PrOVG drängte damit die positiv gestaltende Wohlfahrtspflege als polizeiliche Aufgabe zurück und beschränkte die Baupolizei auf die **Gefahrenabwehr im Sinne des Sicherheitspolizeibegriffs**. 2

Die sich in der Folge dieser Entscheidung einstellenden unerfreulichen städtebaulichen Auswüchse im Zuge der stürmischen Industrialisierung und eines ungeordneten Siedlungswachstums konnten mit dem auf die Gefahrenabwehr reduzierten Baupolizeirecht nur unzureichend bekämpft werden und lösten um die Jahrhundertwende einen Protest der **Denkmal- und Heimatschutzbewegung** aus. Preußen schränkte daraufhin die Freiheit des Bauens ein. Die **Preußischen Verunstaltungsgesetze** (Gesetz gegen die Verunstaltung landschaftlich hervorragender Gegenden vom 02.06.1902, GS S. 159; 3

§ 9 Gestaltung

Gesetz gegen die Verunstaltung von Ortschaften und landschaftlich hervorragenden Gegenden vom 15.07.1907, GS S. 260) enthielten Verbote gegen Reklameschilder und Werbeanlagen in der freien Landschaft sowie verunstaltende Baumaßnahmen.

4 Maßstabsetzend für die heutige Rechtslage war die **Baugestaltungsverordnung** vom 10.11.1936 (RGBl. I S. 938), deren an und für sich fortschrittliche Regelungen von einer Ideologisierung der »neuen deutschen Baukultur« überschattet war (so Klein, Kommunale Baugestaltungssatzungen, 1992, S. 33 ff.). § 1 der Baugestaltungsverordnung verlangte, dass sich bauliche Anlagen als »Ausdruck anständiger Baugesinnung und werkgerechter Durchbildung ... der Umgebung einwandfrei einfügen« müssen; § 2 ermächtigte zum Erlass von Ortssatzungen und Polizeiverordnungen zur Regelung gestalterischer Ziele. Darüber hinaus enthielt diese Bestimmung Anforderungen an die Gestaltung der Baukörper und Grundstückseinfriedungen.

5 Die **Fortgeltung** der Baugestaltungsverordnung **als Landesrecht** wurde trotz anfänglicher Bedenken vom BVerwG mit Urt. v. 28.06.1955 (– I C 146/53, BVerwGE 2, 172 = BBauBl. 1955, 583 = BRS 4, V B 2 S. 222 = DVBl 1955, 640) bestätigt. Als Inhaltsbestimmung des Eigentums nach Art. 14 Abs. 1 Satz 2 GG sind **gestaltungsrechtliche Anforderungen verfassungskonform**. Bei baulichen Anlagen ist nämlich der soziale Bezug des Eigentums besonders ausgeprägt; deswegen ist eine weitgehende und detaillierte Bestimmung des Inhalts und der Schranken des Eigentums gerechtfertigt (BVerwG vom 11.04.1989 – 4 B 65.89, BRS 49 Nr. 143 = NJW 1989, 2638). Werke der Baukunst sind aufgrund der Verfassungsbestimmung des Art. 5 Abs. 3 GG nicht grundsätzlich von bauordnungsrechtlichen Anforderungen freigestellt (BVerwG, Beschl. v. 27.06.1991 – 4 B 138.90, BRS 52 Nr. 118; bezüglich des Verhältnisses von Art. 5 Abs. 2 GG zu § 12 Abs. 2 BauO NRW s. auch BVerfG, Beschl. v. 11.12.1991 – BvR 1541-1543/91, DVBl 1992, 556 = NVwZ 1992, 463 zum Grundrecht der Informationsfreiheit im Verhältnis zu einfachgesetzlichen Gestaltungsanforderungen an Antennenanlagen).

6 Auf der Baugestaltungsverordnung aufbauend, entstanden die Gestaltungsvorschriften der **MBO 1960** und der BauO NW 1962. Vergleichbar der Baugestaltungsverordnung stellte § 14 BauO NW 1960 Anforderungen an die Baugestaltung, allerdings unter Vermeidung bestimmter Formulierungen (zur Fassung des § 14 MBO 1960 vgl. Scheerbarth, S. 132 ff.). § 103 BauO NW 1960 bzw. 1970 ermächtigte die Gemeinden zum Erlass von Gestaltungssatzungen im Hinblick auf eine positive Gestaltungspflege. Die MBO 1981, wie auch die späteren Fortschreibungen (vgl. Böckenförde/Temme/Krebs, Einführung S. VIII ff.) und auch wiederum die MBO 2002, übernahmen die **Aufteilung**
– in **Vorschriften zur Verunstaltungsabwehr** und
– eine Ermächtigung der Gemeinde zum Erlass von Gestaltungssatzungen im Sinne einer **positiven Gestaltungspflege**.

7 Dieser Systematik entspricht mit § 12 bzw. § 89 auch die BauO NRW 2018. Dabei liegen die Voraussetzungen zur Abwehr von Verunstaltungen nach § 9 BauO NRW aufgrund der Rechtsprechung relativ hoch (vgl. Finkelnburg/Ortloff, Bd. II S. 44 f.), während die Ermächtigung zum Erlass von Gestaltungssatzungen den Gemeinden

einen weiten Spielraum eröffnet (vgl. § 89 Rdn. 4–8). Das **Baugestaltungsrecht** ist Teil des öffentlichen Ordnungsrechts und **kein Bauplanungsrecht**.

1.2 Grundanforderung, Instandhaltung, Nachbarschutz

Der **Verunstaltungsschutz** gehört zu den bauordnungsrechtlichen Grundanforderungen und hat hinsichtlich der **Konkretisierung der bauordnungsrechtlichen Generalklausel** den gleichen gesetzlichen Stellenwert wie die allgemeinen Anforderungen der §§ 12–16 BauO NRW, obwohl keine klassischen Gefahrenabwehraufgaben, sondern **ästhetische Belange** verfolgt werden (vgl. Hoppe/Bönker/Grotefels, S. 440 Rn. 25). Es geht hierbei um die »**Pflege eines Mindestmaßes an Baukultur**« (so Jeromin, zu § 5 Rn. 1). 8

Die Vorschrift verfolgt zwei unterschiedliche Zwecke: 9
- Abs. 1 erfasst das Objekt auf sich bezogen und dient damit dem **bauwerksbezogenen Verunstaltungsschutz**,
- Abs. 2 erfasst das Objekt auf seine Ensemblewirkung hin, auf sein Umfeld bezogen und dient dem **umgebungsbezogenen Verunstaltungsschutz**.

Die Bestimmungen des § 9 BauO NRW enthalten **keine Gestaltungsgebote**, sondern lediglich **Verunstaltungsverbote**; insoweit ist der in der Paragraphenüberschrift benutzte Begriff »Gestaltung« irreführend. Die Vorschrift dient nicht der Durchsetzung einer bestimmten Gestaltungsabsicht als Ausdruck eines planerischen Gestaltungswillens, sondern bezweckt die **Verhinderung der Verunstaltung nach Maßgabe der gesetzlichen Verbote bzw. Gebote**. Verfolgt die Gemeinde dagegen eine planerische Gestaltungsabsicht für ein bestimmtes Gebiet, so kann sie ihren **Gestaltungswillen** in Form einer **Gestaltungssatzung** auf der Grundlage des § 89 BauO NRW zum Ausdruck bringen, sofern nicht andere **Vorschriften außerhalb des Bauordnungsrechts** ausreichen. 10

Weder die Abwehr der Verunstaltung nach § 9 BauO NRW durch die Bauaufsichtsbehörden, noch das Recht der Gemeinden zum Erlass von Gestaltungssatzungen nach § 89BauO NRW darf isoliert vom übrigen öffentlichen Gestaltungsrecht betrachtet werden. Bereits die Rechtsentwicklung (vgl. Rdn. 1–7) zeigt, dass diese **Rechtsbereiche eng miteinander verflochten** sind. Hier sind deshalb zu nennen: 11
- das **Städtebaurecht** (BauGB),
- das **Naturschutz-** und **Landschaftsrecht** (BNatSchG und LG),
- das **Denkmalschutzrecht** (DSchG),
deren **Planungs-** und **Unterschutzstellungsinstrumente** bzw. Vorschriften über die **Zulässigkeit von Vorhaben** es ermöglichen, **Einfluss auf die Gestaltung des Orts- und Landschaftsbildes** im Sinne positiver Gestaltungspflege zu nehmen.

Das **BauGB** berücksichtigt die **städtebauliche Gestaltungspflege** an mehreren Stellen: 12
- bei der **Aufstellung von Bebauungsplänen** ist gemäß § 1 Abs. 6 Satz 2 Nr. 5 BauGB die « **Gestaltung des Orts- und Landschaftsbildes**« zu berücksichtigen (s. hierzu Schlichter/Stich/Driehaus/Paetow, zu § 1 Rn. 64),
- **Vorhaben im nicht qualifiziert beplanten Innenbereich** dürfen gemäß § 34 Abs. 1 BauGB das »**Ortsbild nicht beeinträchtigen**« (s. BVerwG, Beschl. v. 16.07.1990 – 4 B 106.90, BRS 50 Nr. 76; Sächs. OVG, Urt. v. 28.01.2015 – 1 A 448/11,

Johlen

§ 9 Gestaltung

juris; BayVGH, Urt. v. 18.07.2013 – 14 B 11.1238, juris; OVG NRW, Urt. v. 06.11.1990 – 11 A 190/87, BRS 52 Nr. 66; vgl. Rdn. 55),
- **Vorhaben im Außenbereich** dürfen gemäß § 35 Abs. 3 Satz 1 Nr. 5 BauGB nicht das »**Orts- und Landschaftsbild verunstalten**« (s. BVerwG, Urt. v. 15.05.1997 – 4 C 23.95, BRS 59 Nr. 90 und Beschl. v. 15.10.2001 – 4 B 69/01, BauR 2002, 1052),
- **Erhaltungssatzungen** nach § 172 Abs. 1 Satz 1 Nr. 1 i.V.m. Abs. 3 BauGB dienen durch Einführung eines besonderen städtebaulichen Genehmigungsvorbehalts der **Erhaltung der städtebaulichen Eigenart** eines Gebietes »**aufgrund seiner städtebaulichen Gestaltung**« (hierzu s. Battis/Krautzberger/Löhr, zu § 172 Rn. 18 und Schlichter/Stich/Driehaus/Paetow, zu § 172 Rn. 6).

13 Weitere Möglichkeiten zur **gestalterischen Einflussnahme** enthalten die Bestimmungen des Landschaftsrechts (vgl. Rdn. 56). Das **LNatSchG NRW** hält mehrere **Instrumente** bereit:
- den sich auf den Außenbereich im Sinne des § 35 BauGB erstreckenden, von den Kreisen und kreisfreien Städten als **Satzung** aufzustellenden **Landschaftsplan** nach § 7 LNatSchG NRW, mit seinen gemäß §§ 10–13 LNatSchG NRW und 20–30 BNatSchG **getroffenen Festsetzungen** über **besonders geschützte Teile von Natur und Landschaft** (Naturschutzgebiete, Landschaftsschutzgebiete, Naturdenkmäler, geschützte Landschaftsbestandteile),
- die sich auf den Außenbereich im Sinne des § 35 BauGB erstreckenden, von der Bezirksregierung unter entsprechender Anwendung der §§ 20–30 BNatSchG als **ordnungsbehördliche Verordnung** erlassenen **Schutzausweisungen** nach § 43 Abs. 1 LNatSchG NRW, soweit ein Landschaftsplan nicht besteht,
- die sich auf den Innenbereich im Sinne des § 34 BauGB und den Geltungsbereich der Bebauungspläne erstreckenden, von den Kreisen und kreisfreien Städten unter entsprechender Anwendung der §§ 20 Abs. 2, 23, 28 und 29 BNatSchG als **ordnungsbehördliche Verordnung** erlassenen **Schutzausweisungen** nach § 43 Abs. 2 LNatSchG NRW,
- die sich auf den Innenbereich im Sinne des § 34 BauGB und den Geltungsbereich der Bebauungspläne erstreckende, von der **Gemeinde** erlassene **Baumschutzsatzung** nach § 49 LNatSchG NRW, deren Bestimmungen mitunter zu Konflikten mit dem Baurecht führen (vgl. Günther, Baumschutzrecht, 1994, S. 67 ff., Rn. 114 ff.).

14 **Eingriffe in Natur und Landschaft** im Sinne des § 30 Abs. 1 und 2 **LNatSchG NRW** unterliegen der **naturschutzrechtlichen Eingriffsregelung** nach §§ 30–34 LNatschG NRW, die gemäß § 18 Abs. 2 BNatSchG auf Vorhaben in Bebauungsplangebieten nach §§ 30 und 33 BauGB und auf Vorhaben im Innenbereich nach § 34 BauGB keine Anwendung findet. Von den **Verboten** des Landschaftsplans oder einer ordnungsbehördlichen Verordnung kann nur unter den Voraussetzungen des § 75 Abs. 1 **LNatSchG NRW** i § 67 Abs. 1 und 2 BNatSchG **befreit** werden. Die der Musterbaumschutzsatzung nachgebildeten kommunalen Baumschutzsatzungen enthalten in § 5 Ausnahme- und Befreiungsvorschriften (s. Günther, Baumschutzrecht, 1994, S. 59 ff. Rn. 102 ff.).

Denkmäler genießen einen **besonderen Schutz**. Hierunter fallen nach der Legaldefinition des § 2 Abs. 1 DSchG: **Baudenkmäler, bewegliche Denkmäler** und **Bodendenkmäler**. Veränderungen, die unmittelbar oder mittelbar zu einer Beeinträchtigung des Denkmals oder seines Erscheinungsbildes führen können, somit auch solche in der Umgebung eines Baudenkmals, sind einem präventiven denkmalrechtlichen Erlaubnisverfahren nach § 9 DSchG unterworfen. Auch bietet sich die Möglichkeit zur Unterschutzstellung von Denkmalbereichen in einer **Denkmalbereichssatzung** nach § 5 DSchG, um die Erlaubnispflicht nach § 9 DSchG auszulösen. **Denkmalbereiche** sind gemäß § 2 Abs. 3 DSchG Mehrheiten von baulichen Anlagen, auch wenn nicht jede einzelne bauliche Anlage die Voraussetzungen des § 2 Abs. 1 DSchG erfüllt, um Stadtgrundrisse, Ortsbilder, Stadtteile, Straßenzüge oder Gesamtanlagen einschließlich ihrer engeren Umgebung zu schützen. 15

Die **Verunstaltungsverbote** des § 9 BauO NRW **umfassen alle Anlagen im Sinne der BauO** (vgl. § 2 Rdn. 34 ff.). **Damit sind** nicht nur **bauliche Anlagen**, sondern auch **sonstige Anlagen** und **Einrichtungen** im Sinne des § 1 Abs. 2 BauO NRW erfasst, vgl. § 2 Abs. 1 Satz 4 BauO. Praktische Bedeutung kommt dieser Erweiterung des Anwendungsbereichs jedoch kaum zu, da § 2 Abs. 1 Satz 3 BauO NRW zahlreiche Anlagen und Einrichtungen als bauliche Anlagen fingiert (vgl. § 2 Rdn. 63). Bei den von der Rechtsprechung abgehandelten Fallgestaltungen ging es in der Mehrzahl der Fälle um **bauliche Anlagen**, wie z.B. um **Windenergieanlagen** (Hess. VGH, Urt. v. 28.04.1988 – 4 OE 1089/85, BauR 1988, 700 = BRS 48 Nr. 53), **Monumentalfiguren** (BVerwG, Beschl. v. 27.06.1991 – 4 B 138.90, BRS 52 Nr. 118 und Beschl. v. 13.04.1995 – 4 B 70.95, BRS 57 Nr. 109) oder **Antennenanlagen** (BVerwG, Beschl. v. 23.08.1991 – 4 B 144/91, NVwZ 1992, 475 und BVerfG, Beschl. v. 11.12.1991 – BvR 1541 – 1543/91, DVBl 1992, 556 = NVwZ 1992, 463). 16

Die **Verunstaltungsverbote** des § 9 BauO NRW sind **während der gesamten Lebensdauer des Bauwerks** zu beachten, da § 3 Abs. 1 Satz 1 BauO NRW ausdrücklich die **Instandhaltung** baulicher Anlagen erfasst. Die **Beseitigung** von Verunstaltungen an **bestandsgeschützten** baulichen Anlagen kann im Allgemeinen nicht verlangt werden (so Boeddinghaus/Hahn/Schulte, zu § 12 Rn. 12). Die Vorschriften zum Schutz gegen Verunstaltungen gelten in erster Linie für die Errichtung oder Änderung von baulichen Anlagen. Sie können aber im Hinblick auf die **Instandhaltung** zum Tragen kommen, insbesondere bei **Verwahrlosung** von Gebäuden und Außenanlagen. Bauliche Anlagen sind daher auch so zu unterhalten, dass keine Verunstaltung eintritt (vgl. Rdn. 38). 17

Nach herrschender Meinung entfalten die **öffentlich-rechtlichen Verunstaltungsvorschriften keine nachbarschützende Wirkung** (OVG NRW, Urt. v. 18.02.1965 – VII A 655/63, BRS 16 Nr. 74 = DVBl 1966, 279; OVG Bln, Beschl. v. 29.10.1991 – 2 S 23.91, BRS 52 Nr. 233; Nds. OVG, Beschl. v. 17.11.2006 – 7 ME 62/06, NdsVBl. 2007, 49; BayVGH, Beschl. v. 23.11.2011 – 2 ZB 09.2840, juris; VGH B-W, Urt. v. 26.01.2012 – 5 S 2233/11, BauR 2012, 1368; BayVGH, Beschl. v. 03.03.2016 – 9 ZB 15.779, juris). In **Fällen besonderer Rücksichtslosigkeit** wird eine nachbarschützende Funktion nicht völlig ausgeschlossen (so 18

Große-Suchsdorf, zu § 10 Rn. 22; Hahn/Schulte, Rn. 339; s.a. OVG Saar, Beschl. v. 26.06.1985, 2 W 1331/85, BRS 44 Nr. 162, das offen gelassen hat, ob bei Doppelhäusern und Hausgruppen möglicherweise Nachbarschutz gegeben sein kann). Nicht ausgeschlossen erscheint der nachbarliche Abwehranspruch insbesondere dann, wenn durch die besondere Rücksichtslosigkeit auf die Umgebung eine Wertminderung der Nachbargrundstücke eintritt und hierdurch in das Grundeigentum eingegriffen wird (so Hahn/Schulte, Rn. 339 unter Bezug auf OVG NRW, Urt. v. 14.01.1994 – 7 A 2238/92, n.v.). Bei Vorliegen einer Gestaltungssatzung kann sich eine nachbarschützende Funktion einzelner Bestimmungen ergeben (BayVGH, Urt. v. 11.08.1988 - Nr. 2 B 87.02300, BRS 48 Nr. 171 zu gestalterischen Anforderungen an Einfriedungen).

19 Die **Verunstaltungsabwehr** kann auch **Gegenstand zivilrechtlicher Streitverfahren** sein. Die Verletzung des ästhetischen Empfindens des Nachbarn allein begründet in der Regel noch keinen Abwehranspruch nach § 1004 BGB (BGH, Urt. v. 15.11.1974 – V ZR 83/73, BB 1975, 856 = NJW 1975, 170, offen lassend, ob für besonders krasse Fälle etwas anderes gilt). Das Urteil des OLG Hamm vom 21.02.1975 (– 19 U 210/74, NJW 1975, 1035) bezieht sich mit seiner Feststellung, dass entgegen §§ 1004, 903, 906 BGB das Landesrecht den Schutz des Nachbarn vor ästhetischen Störungen und Einflüssen auf sein Grundstück (hier: Welleternitwand als Zaun) festlegen kann, auf die §§ 35, 49 und 50 NachbG NRW.

1.3 Beurteilung der Verunstaltung

20 Der Katalog der Tatbestandsmerkmale, nach denen die Gestaltung bzw. die Verunstaltung beurteilt werden muss, ist abschließend. Der Begriff Gestaltung bzw. Verunstaltung sowie die der Gestaltung als Beurteilungskriterien zugrunde liegenden Tatbestandsmerkmale sind **unbestimmte Rechtsbegriffe**, die in vollem Umfang der **verwaltungsgerichtlichen Nachprüfung** unterliegen (BVerwG, Urt. v. 28.06.1955 – I C 146/53, BVerwGE 2, 172). Dies gilt sowohl hinsichtlich des bauwerksbezogenen als auch des umgebungsbezogenen Verunstaltungsschutzes. Allerdings verbleibt zwangsläufig bei der **Rechtsanwendung im Einzelfall** ein **Rest von Unsicherheit** infolge der Funktion von Rechtsbegriffen der vorliegenden Art als Einschätzungsermächtigung und der dabei gebotenen Berücksichtigung verfassungsrechtlicher Vorgaben (vgl. Zeiss, Baukunst versus Bauordnungsrecht – Gedanken zu bauordnungsrechtlichem Nachbarschutz und gemeindlicher Selbstverwaltungsfreiheit im Spannungsverhältnis zur Kunstfreiheit, ZfBR 1997, S. 286 ff.). Dabei kann die Konkretisierung des Verunstaltungsbegriffs im Rahmen der zu treffenden Rechtsentscheidung nicht durch Meinungsumfragen ersetzt werden (BVerfG, Beschl. v. 26.06.1985 – 1 BvR 588/84, NVwZ 1985, 819). Auch kann die Einschaltung von **Gestaltungsbeiräten** nicht die rechtliche Bewertung eines Bauantrages durch die Bauaufsichtsbehörde ersetzen, zumal das Empfinden des sog. gebildeten Durchschnittsmenschen nach der höchstrichterlichen Rechtsprechung ausschlaggebend ist. Daher sind die Einschätzungen der Mitglieder von Gestaltungsbeiräten für die rechtliche Bewertung wenig hilfreich, da es sich bei diesen Personen um geschulte Fachbetrachter handelt.

Die **Beurteilung**, ob eine Anlage in sich verunstaltet wirkt oder ob sie das Straßen-, Orts- oder Landschaftsbild verunstaltet, **setzt** im Regelfall eine **Augenscheinseinnahme voraus** (Hamb. OVG, Urt. v. 25.04.1953 – Bf II 685/52, DVBl 1953, 545). Als Maßstab können die von der Rechtsprechung herausgearbeiteten **Grundsätze** dienen (vgl. PrOVG vom 02.10.1907, PrOVGE 55, 410 und vom 05.11.1936, PrOVGE 99, 203). Das BVerwG, das sich in seinem Urt. v. 28.06.1955 (–I C 146/53, BVerwGE 2, 172) auf die mit den jetzigen vergleichbaren, unbestimmten Rechtsbegriffe des § 1 Baugestaltungsverordnung von 1936 bezog, führte dazu unter anderem Folgendes aus:

21

»Auch wenn man die in § 1 BaugestaltungsVO verwandten Begriffe sonach als unbestimmte Rechtsbegriffe ansehen muß, fehlt dieser Vorschrift die oben erwähnte Bestimmbarkeit, wenn man ihren Zweck darin sehen will, jede Beeinträchtigung des ästhetischen Empfindens des Beschauers zu verhindern; denn wie die Erfahrung zeigt, sind die Anschauungen darüber, was ästhetisch befriedigend ist, innerhalb der Bevölkerung ganz verschieden, ohne daß eine allgemein gültige Richtschnur zu finden wäre, an der diese Anschauung bewertet werden könnte... In dieser Hinsicht ist dem erwähnten Erfordernis der ausreichenden inhaltlichen Bestimmbarkeit nur dann Rechnung getragen, wenn man den Zweck der Vorschrift dahin begrenzt, daß durch sie nicht bereits jede Störung der architektonischen Harmonie, also die bloße Unschönheit, sondern nur die Verunstaltung verhindert werden soll, also ein häßlicher, das ästhetische Empfinden des Beschauers nicht bloß beeinträchtigender, sondern verletzender Zustand ...

22

Bei der Beurteilung dieser Merkmale kann nicht auf den ästhetisch besonders empfindsamen oder geschulten Betrachter abgestellt werden; denn die Auswahl dieses Personenkreises entzieht sich jeder zuverlässigen Beurteilung. Es kann andererseits auch nicht die Absicht solcher Menschen entscheidend sein, die ästhetischen Eindrücken gegenüber überhaupt gleichgültig und unempfindlich sind; denn diesen geht in dieser Hinsicht jede sachliche Urteilsfähigkeit ab. Es muß vielmehr das Empfinden jedes für ästhetische Eindrücke offenen Betrachters maßgebend sein, also des sog. gebildeten Durchschnittsmenschen, der zwischen diesen beiden Personenkreisen steht.

Was schließlich die in § 1 BaugestaltungsVO noch angeführte einwandfreie Einfügung in die Umgebung betrifft, so kann diese Forderung nach den mehrfach erwähnten rechtsstaatlichen Grundsätzen nur dahin verstanden werden, die bauliche Anlage dürfe das Gesamtbild der Umgebung nicht stören, der Gegensatz zwischen ihr und der Umgebung von dem Betrachter also nicht als belastend oder Unlust erregend empfunden werden.«

Trotz erheblicher Kritik hat das BVerwG im Grundsatz an dieser Rechtsprechung festgehalten und es in der Folge abgelehnt, auf den in Gestaltungsfragen geschulten Betrachter, auf subjektive Empfindungen einzelner Personen oder auf die Anschauungen von Einwohnern der Gemeinde, in der das betreffende Grundstück liegt, abzustellen (BVerwG, Urt. v. 27.01.1959 – I C 126/58, BRS 9 V B 2 S. 140 = DÖV 1959, 792 und Urt. v. 16.02.1968 – IV C 190.65, BRS 20 Nr. 123).

23

»Soweit es um die Abwehr von Verunstaltungen geht, darf sich der Staat von Verfassungs wegen angelegen sein lassen, Unlustgefühle hervorrufende krasse Gegensätzlichkeiten

24

§ 9   Gestaltung

und Widersprüche im Erscheinungsbild bebauter Gebiete abzuwehren, die bei einem nicht unbeträchtlichen, in durchschnittlichem Maße für gestalterische Eindrücke aufgeschlossenen Teil der Betrachter anhaltenden Protest auslösen würden; damit leistet der Staat letztlich einen Beitrag zum allseitigen psychischen Wohlbefinden seiner Bürger (vgl. Art. 2 Abs. 2 GG) sowie zum sozialen Frieden in der Gemeinschaft«,

25   so ausdrücklich das BVerwG im Beschl. v. 27.06.1991 (– 4 B 138.90, BRS 52 Nr. 118). In seinem Beschl. v. 13.04.1995 (– 4 B 70.95, BauR 1995, 665 = BRS 57 Nr. 109) führt das BVerwG aus:

26   *»Die Anforderungen des bauordnungsrechtlichen Verunstaltungsverbots beziehen sich auf die bauliche Anlage und ihre Auswirkungen auf die unmittelbare Umgebung. § 35 Abs. 3 BauGB will dagegen unabhängig von der Baugestaltung der baulichen Anlage als solcher sicherstellen, daß durch das Bauvorhaben nicht das Orts- und Landschaftsbild verunstaltet wird. Maßgeblich für die Annahme einer Verunstaltung ist in beiden Fällen, ob der Anblick bei einem nicht unbeträchtlichen, in durchschnittlichem Maße für ästhetische Eindrücke aufgeschlossenen Teil der Betrachter nachhaltigen Protest auslöst.«*

27   Soweit eine gesetzliche Regelung in der BauO NRW fehlt, welcher Betrachter zur Beurteilung der Verunstaltung maßgeblich sein soll, wird auch weiterhin auf den »**gebildeten Durchschnittsmenschen**« bzw. den »**durchschnittlich gebildeten Menschen**« im Sinne der Rechtsprechung des BVerwG abzustellen sein (so Finkelnburg/Ortloff, Bd. II S. 45; zu § 12 Abs. 2 Satz 2, vgl. jedoch Rdn. 57; vgl. auch Schweiger, Der »gebildete Durchschnittsmensch« und der unbestimmte Rechtsbegriff, DVBl 1968, S. 481 ff.). Ob der Gesetzgeber allerdings an diesem durch die Rechtsprechung gebildeten Beurteilungsmaßstab auch künftig festhalten will, liegt allein in seinem Ermessen.

2 Zu Abs. 1 – Bauwerksbezogenes Verunstaltungsverbot

28   Die Vorschriften des **Abs.** 1 erfassen die Gestaltung der baulichen Anlage selbst, also isoliert von ihrer Umgebung. Die verbotene **objektbezogene Verunstaltung** muss allerdings **nach außen in Erscheinung treten**, wobei es genügt, wenn sie z.B. von einem **normal zugänglichen Standort** aus sichtbar ist. Das kann auch ein im Privatbesitz stehendes Grundstück sein (OVG Bln, Urt. v. 31.07.1992 – 2 B 14.90, BRS 54 Nr. 110). Eine Sichtbarkeit nur von öffentlichen Flächen aus würde die Anwendbarkeit der Vorschrift zu sehr einengen und dem gesetzgeberischen Anliegen nicht gerecht.

29   Die bauliche Anlage muss **nach Form, Maßstab, Verhältnis der Baumassen und Bauteile zueinander** sowie **nach Werkstoff und Farbe** so gestaltet sein, dass sie **nicht verunstaltet** wirkt. Anders als der umgebungsbezogene Verunstaltungsschutz, der auch Gegenstand planungs-, denkmal- und naturschutzrechtlicher Regelungen ist, bereitet die Beurteilung bauwerksbezogener Verunstaltungen erhebliche Probleme. Maßgeblich für die Auslegung des **Verunstaltungsbegriffs** ist auch heute noch das Urteil des Bundesverwaltungsgerichts vom 28.06.1955 (vgl. Rdn. 20–27).

Eine nach Regeln guter Baukunst in Form, Gliederung, Farbe, Werkstoffen und Oberfläche klar gestaltete bauliche Anlage mit ansprechenden Maßstabsverhältnissen, die ihre Zweckbestimmung mit Wahrhaftigkeit unter Anwendung angemessener, werkgerecht durchgebildeter Konstruktionen in harmonischer Gesamterscheinung zum Ausdruck bringt, bleibt das Ziel aller **Baupflege**. Die von der Rechtsprechung entwickelten Grundsätze zur Verunstaltungsabwehr haben jedoch in der bauaufsichtlichen Praxis dazu geführt, dass auf die Gestaltung baulicher Anlagen **nur eingeschränkt Einfluss** genommen werden kann. So kam es vielerorts zu einer »**Summierung von Unschönheiten**«, die, jede für sich genommen, den Verunstaltungsbegriff noch nicht erfüllt, im Ergebnis aber zu einem hässlichen Erscheinungsbild ganzer Straßenzüge beitrug und das weit übertraf, was bereits die Verunstaltungsgesetze von 1902 und 1907 (vgl. Rdn. 3) zu verhindern trachteten (so Große-Suchsdorf, zu § 10 Rn. 16). 30

Aufgrund der strikt an § 9 MBO ausgerichteten Vorschriften des § 9 BauO NRW kann in Nordrhein-Westfalen **nur das Hässliche**, nicht jedoch bereits jede Unschönheit abgewehrt werden. Es geht hier um die **Abwehr von nicht mehr hinnehmbaren Zuständen**. Chancen zur **Vermeidung unschöner Zustände** ergeben sich nur, wenn die Bauaufsichtsbehörden und die Planungsämter der Gemeinden im Vorfeld von Baumaßnahmen Gelegenheit zur **Beratung des Bauherrn** erhalten (vgl. Rdn. 03), oder wenn eine **positive Gestaltungspflege** über **Gestaltungssatzungen** betrieben werden kann. 31

Da **kein allgemeiner Konsens in der Gesellschaft über die Fragen der Gestaltung** von Bauwerken besteht, helfen in der täglichen Vollzugspraxis die von der Rechtsprechung entwickelten Grundsätze über die Auslegung des Begriffs Verunstaltung nicht wirklich weiter, da hier lediglich der eine unbestimmte Rechtsbegriff durch andere unbestimmte Begriffe ersetzt wurde (so Hoppe/Bönker/Grotefels, S. 440 Rn. 27). Bei der Beurteilung, ob eine bauliche Anlage in sich verunstaltet wirkt, kann in Ermangelung konkret anwendbarer Regeln deshalb die **Rechtsprechung** zu den Vorschriften der BauO NW 1962, 1970 und 1984 bzw. zu vergleichbaren Vorschriften anderer Bundesländer **nur als Orientierungshilfe** herangezogen werden; es sei im Folgenden auf einige in der Rechtsprechung abgehandelte **Fälle** hingewiesen. 32

Eine **Dacheindeckung** mit wahllosem Einbau von fabrikneuen hellgrauen und von durch Witterungseinflüsse und Verschmutzung dunkel verfärbten Platten erzeugt einen hässlichen Eindruck (OVG NRW, Urt. v. 29.07.1971 – X A 1068/69, BRS 24 Nr. 120). Bei **Dachgauben** kommt es sehr auf die Form des Daches und auf das Größenverhältnis der Gaube zur Dachfläche an. Dachgauben wirken nicht generell verunstaltet. Es ist vielmehr im Einzelfall zu prüfen, ob Dachgauben das Bauwerk oder das Ortsbild verunstalten (OVG Lüneburg, Urt. v. 28.02.1977 – VI A 323/75, BRS 32 Nr. 114). Eine Dachgaube wirkt verunstaltet, wenn sie im Verhältnis zur Dachbreite eine zu breite Front einnimmt und wegen ihrer Größe im Verhältnis zum Dach als ein »**Kastenaufbau**« erscheint (VGH B-W, Urt. v. 05.07.1966 – IV 438/64, BRS 17 Nr. 88). Eine im Jugendstil gehaltene Hausfassade kann durch eine erhebliche Vergrößerung von Dachgauben verunstaltet werden (VGH B-W, Urt. v. 31.10.1979 – III 54/79, BRS 35 Nr. 134). 33

§ 9 Gestaltung

34 Zu einer **voluminösen Dachgaube** bei einem **Dach mit flacher Neigung** führt der BayVGH in seinem Urt. v. 05.05.1969 (– Nr. 264 I 66, BRS 22 Nr. 125) u.a. aus:

35 »*Das Dach hat nach den Tekturplänen eine Neigung von 23°. Durch die flache Neigung des Daches bedingt, ist der Ansatz der Dachgaube bereits knapp unter dem Dachfirst (nach Plan in 40 cm Entfernung) vorgesehen. Die Dachgaube soll etwa 3 m vorgezogen werden, eine weitere Folge der flachen Dachneigung. Sie soll 4,5 m lang werden und 4 schmale, langgezogene Fenster erhalten, von denen 3 zu einer Gruppe zusammengefaßt werden und das vierte nach einer Wandunterbrechung etwa von der Länge eines Fensters folgen soll. Die Dachgaube würde sich ganz über die unter ihr zu liegen kommenden, bereits vorhandenen und zur Zeit durch die obere der zwei zu beseitigenden Dachgauben belichteten und belüfteten Räume erstrecken. Dadurch würde der Eindruck entstehen, als sei in einer den Grundregeln des Hausbaus zuwiderlaufenden Weise ein Teil des Innenraums zum Dach hinausgeschoben und das Dach dadurch weitgehend seiner wesenseigenen Bestimmung, den Innenraum des Hauses abzudecken, entkleidet. Die ohne Übergang aus der Dachfläche hinaustretende Gaube würde die Dachfläche weitgehend verdrängen.*«

36 In einem ähnlichen Fall hat der BayVGH mit Urt. v. 08.11.1991 (– 26 B 90.3380, BauR 1992, 353) erneut bestätigt, dass sich eine Gaube dem Dach, auf dem sie angebracht werden soll, **unterordnen** muss, um nicht verunstaltend zu wirken bzw. gegen die in Bayern maßgebenden »anerkannten Regeln der Baukunst« zu verstoßen.

37 Das Auswechseln von **Sprossenfenstern** in einer (noch) einheitlich gehaltenen Fassade durch Einscheibenfenster ist verunstaltend (BayVGH, Urt. v. 30.07.1979 – 89 XIV 78, BRS 35 Nr. 135). Der Einbau eines **abweichend gegliederten Kunststofffensters** in einem Jugendstilgebäude, dessen Fassade durch die durchgängig dreigliedrige Unterteilung der Fenster in ihrem Erscheinungsbild geprägt wird, wirkt verunstaltend (Hamb. OVG, Urt. v. 22.12.1983 – Bf II 80/82, BauR 1984, 624 = BRS 42 Nr. 134). Ein Pferdeunterstand, dessen Außenwände aus regelmäßig geschnittenen Abfallbrettern (Nutzschwarten) bestehen, und der auch keine werkgerechte Durchbildung und Verarbeitung der verwendeten Materialien erkennen lässt, verletzt das ästhetische Empfinden eines gebildeten Durchschnittsbetrachters (OVG Lüneburg, Urt. v. 25.07.1988 – 1 A 46/87, BauR 1989, 63 = BRS 48 Nr. 38).

38 Nach der Rechtsprechung des BVerwG zur Baugestaltungsverordnung 1936 können **Verfall** und **Verwahrlosung** einen Bau verunstalten (vgl. auch OVG NRW, Urt. v. 12.02.1968 – VII A 1284/67, BRS 20 Nr. 115 = NJW 1968, 1945). Die Bauaufsichtsbehörde kann die Entfernung von Bauschutt, der nach einem Teilabbruch auf dem Grundstück verblieb, und die Einebnung des Geländes aus Gründen der Verunstaltungsabwehr verlangen (VGH B-W, Urt. v. 18.03.1976 – III 556/75, BRS 30 Nr. 115). Allerdings werden hier primär Fragen des umgebungsbezogenen Verunstaltungsschutzes nach § 9 Abs. 2 BauO NRW angesprochen. Zur Gestaltung von Grundstücksfreiflächen gilt die Spezialregel des § 8 Abs. 1 Satz 1 BauO NRW (vgl. § 8 Rdn. 19).

39 Eine bauliche Anlage ist verunstaltet, »wenn sie **Mangel an gestalterischem Können** oder an Bemühen um ein erfreuliches Äußeres – Dilettantismus, Pfusch,

Gleichgültigkeit, Rücksichtslosigkeit – zeigt« (so Große-Suchsdorf, zu § 10 Rn. 31). So wird manch **Unschönes** hinzunehmen sein, wenn es **unvermeidlich** ist, etwa technische Einrichtungen, die zwar unansehnlich sind, aber einem vernünftigen Zweck dienen und nicht anders gestaltet werden können (z.b. Solaranlagen auf Dächern; dazu Gaentzsch, Baurechtliche Behandlung von Sonnenenergieanlagen, Der Landkreis 1977, S. 517 ff.).

Werden bei der Gestaltung von baulichen Anlagen unter Ausnutzung **moderner technischer Mittel** Bauformen angewendet, die derartig von hergebrachten Formen abweichen, dass sich viele Betrachter an ihnen wegen der ungewohnten Form stoßen, so braucht darum noch keine Verunstaltung vorzuliegen (OVG NRW, Urt. v. 12.09.1960 – VII A 157/59, BRS 10 V B 2 S. 169 = DVBl 1962, 231; BayVGH, Urt. v. 30.11.1976 – Nr. 269 I 73, BRS 30 Nr. 110; s. auch BVerwG, Urt. v. 18.02.1983 – 4 C 19.81, DVBl 1983, 890 noch zu § 35 Abs. 3 BBauG); allerdings können sie gegen Abs. 2 verstoßen, wenn sie mit ihrer Umgebung nicht störungsfrei in Einklang zu bringen sind. 40

3 Zu Abs. 2 – Umgebungsbezogenes Verunstaltungsverbot

Abs. 2 behandelt das **gestalterische Einfügen** der baulichen Anlagen **in ihre Umgebung** und geht zurück auf § 1 Baugestaltungsverordnung 1936 (vgl. Rdn. 4). Die Vorschrift erfasst auch solche baulichen Anlagen, die für sich isoliert betrachtet nach Abs. 1 nicht verunstaltet wirken, jedoch mit ihrer Umgebung nicht störungsfrei in Einklang stehen. Dabei regelt Abs. 2 **unterschiedliche Fallgestaltungen**: 41
– das vorgefundene Straßen-, Orts- oder Landschaftsbild darf nicht verunstaltet werden,
– die beabsichtigte Gestaltung des Straßen-, Orts- oder Landschaftsbildes darf nicht gestört werden,
– auf die erhaltenswerten Eigenarten der Umgebung ist Rücksicht zu nehmen.

Vorschriften zum umgebungsbezogenen Verunstaltungsschutz finden sich (indirekt) noch an anderer Stelle der Bauordnung: 42
– nach § 6 Abs. 12 BauO NRW können in überwiegend bebauten Gebieten geringere Tiefen der Abstandsflächen gestattet oder verlangt werden, wenn die »Gestaltung des Straßenbildes« dies rechtfertigt (vgl. § 6 Rdn. 567–581 und OVG NRW, Beschl. v. 15.07.2015 – 7 B 420/15, juris),
– nach § 8 Abs. 3 BauO NRW kann verlangt werden, dass die Geländeoberfläche des Grundstücks erhalten oder verändert wird, um eine Störung des Straßen-, Orts- und Landschaftsbildes zu vermeiden oder zu beseitigen (vgl. § 8 Rdn. 103–106).

Die Regelungen des Abs. 2 weisen eine enge **Verwandtschaft zu Bestimmungen** des **Städtebaurechts**, des **Naturschutz- und Landschaftsrechts** sowie des **Denkmalschutzrechts** auf (vgl. Rdn. 12–15). Der durch das DSchG begründete Umgebungsschutz für Baudenkmäler und die Vorschriften des **LNatSchG NRW** und BNatSchG über Eingriffe in Natur und Landschaft verdrängen teilweise den umgebungsbezogenen Verunstaltungsschutz. Schließlich können sich im Einzelfall **Schwierigkeiten bei der Abgrenzung zu den städtebaulichen Belangen** hinsichtlich der »Gestaltung des 43

Orts- und Landschaftsbildes« ergeben. Daher bedarf es einer genauen Betrachtung um herauszuarbeiten, ob ein Vorhaben aus bauordnungsrechtlichen oder aber aus bauplanungsrechtlichen Gründen das »Ortsbild nicht beeinträchtigt« bzw. zu einer »Verunstaltung des Orts- und Landschaftsbildes führt«, vgl. die Formulierungen in § 34 Abs. 1 bzw. § 35 Abs. 3 BauGB. Soweit § 9 Abs. 2 BauO NRW die Verunstaltung des Landschaftsbildes untersagt, ist er weder eine Vorschrift, welche die Funktion des Außenbereichs zu schützen bestimmt ist, noch eine solche, die Landschaftsschutz im Sinne des Landschaftsrechts bezweckt (OVG NRW, Urt. v. 17.11.1987 – 7 A 849/85, BRS 48 Nr. 107).

3.1 Zu Satz 1 – Gestalterische Einfügung in die Umgebung

44 Bauliche Anlagen sind nach **Abs. 2 Satz 1** mit ihrer **Umgebung** so in Einklang zu bringen, dass sie das **Straßen-, Orts-** oder **Landschaftsbild** nicht verunstalten. Die Vorschrift gilt für die nähere und weitere Umgebung einer baulichen Anlage, soweit sie auf deren **Bild** einwirken kann, z.B. auf benachbarte Gebäude, auf Straßen, auf Plätze, auf Parkanlagen oder Gewässer, auf Silhouetten von Ortschaften, Wälder und Höhenzüge. Wichtiges Kriterium ist die **Sichtbarkeit** von einem normal zugänglichen Standort aus (vgl. Rdn. 28). Das Straßen- und Ortsbild umfasst das, was für den Betrachter – und zwar nicht nur aus einem Blickwinkel – sichtbar ist und das Umgebungsbild prägt oder doch mitprägt (OVG NRW, Urt. v. 11.09.1997 – 11 A 5797/95, BRS 59 Nr. 137).

45 Der umgebungsbezogene Verunstaltungsschutz gilt hinsichtlich des »Straßen-, Ortsoder Landschaftsbildes«. Unter **Straßenbild** ist sowohl die Ansicht eines Straßenzuges in Lauf- oder Fahrtrichtung (Längsrichtung) als auch die Ansicht einer Straßenseite (Querrichtung) mit dem Baugrundstück und der anschließenden Nachbarbebauung zu verstehen. Das **Ortsbild** ist sowohl die Ansicht eines Ortes von außen (Ortsumriss oder -silhouette) als auch die von mehreren Straßenzügen oder Plätzen gebildete innere Erscheinung eines Ortsteils, der vom Standort des Betrachters aus gleichzeitig eingesehen werden kann. Das **Landschaftsbild** ist der Ausschnitt der Landschaft, der sich dem Betrachter von seinem Standort aus darbietet; im Bereich einer geplanten baulichen Anlage bieten sich in der Regel unterschiedliche Standorte mit verschiedenen Blickrichtungen zur Beurteilung einer eventuellen Verunstaltung des Landschaftsbildes, da die Sicht – anders als beim Straßenbild – nicht durch Bauwerke in eine bestimmte Richtung gelenkt wird.

46 Die **Beurteilung** der Verunstaltung wird wesentlich von den **örtlichen Gegebenheiten** beeinflusst (vgl. Schlotterbeck/von Arnim/Hager, zu § 11 Rn. 10). Maßgeblich für den **Verunstaltungsbegriff** ist – wie in Abs. 1 – das Empfinden des so genannten gebildeten Durchschnittsbetrachters (vgl. Rdn. 20–27). Eine Verunstaltung des Straßen-, Orts- oder Landschaftsbildes kann nicht nur in besonders schöner oder wertvoller Umgebung durch eine bauliche Anlage hervorgerufen werden. Auch ein gestalterisch weniger ansprechender Ort kann durch ein Vorhaben verunstaltet werden, indem nämlich die bereits **negative Wirkung** auf den Betrachter **noch verstärkt** wird. Es gibt nämlich **keinen Rechtssatz** des Inhalts, »*was bereits verunstaltet ist, kann nicht*

mehr verunstaltet werden« (OVG NRW, Urt. v. 06.02.1992 – 11 A 2235/89, BRS 54 Nr. 129 und Urt. v. 28.08.2013 – 10 A 1150/12, BauR 2014, 537).

Da sich der materielle Inhalt dieser Vorschrift gegenüber dem Vorgängerrecht nicht geändert hat, kann bei der Beurteilung von Vorhaben die bisherige **Rechtsprechung** auch weiterhin **als Orientierungshilfe** herangezogen werden. Eine bauliche Anlage **verunstaltet ihre Umgebung** dann, wenn sie **mit ihr nicht in Einklang** steht **und** in einem belastenden oder **Unlust erregenden Gegensatz zu ihr** steht (BVerwG, Urt. v. 28.06.1955 – I C 146/53, BVerwGE 2, 172). Das kann der Fall sein, wenn die bauliche Anlage durch ihre unmaßstäbliche Größe benachbarte Gebäude erdrückt, wenn ihre Farbgebung in einem hässlichen Kontrast zur Umgebung steht oder wenn sie von einer Auffälligkeit ist, die im Verhältnis zu ihrer Bedeutung grob unangemessen und aufdringlich wirkt (vgl. Große-Suchsdorf, zu § 10 Rn. 39). Je wertvoller und je empfindlicher die Umgebung ist, umso sorgfältiger und rücksichtsvoller sind bauliche Anlagen zu gestalten, was nicht ausschließt, dass sich in eine Baulücke zwischen denkmalgeschützten Gebäuden ein modernes Gebäude mit zeitgemäßen Stilelementen durchaus einfügen kann. 47

Ein Gebäude mit **Flachdach** in einer Reihe von Satteldächern braucht nicht verunstaltend zu wirken oder das Ortsbild zu beeinträchtigen (OVG Lüneburg, Urt. v. 29.03.1979 – I A 135/77, BRS 35 Nr. 131). Befindet sich innerhalb einer ausnahmslos aus Flachdachbungalows bestehenden Häuserzeile nur ein Haus mit **Satteldach**, stellt allein dieser Umstand noch keine Beeinträchtigung und somit auch keine Verunstaltung des Orts- und Straßenbildes dar (OVG Rh-Pf, Urt. v. 14.07.1966 – 1 A 56/65, BRS 17 Nr. 13 und OVG NRW, Urt. v. 07.02.1979 – VII A 271/78, BRS 35 Nr. 130; anders jedoch OVG Saar, Urt. v. 26.05.1975 – II R 8/75, BRS 29 Nr. 108). Durch eine Vielzahl von **Dachgauben** auf einem flachgeneigten Dach, das eigentlich nicht zum Ausbau geeignet ist, kann infolge der voluminösen Ausbildung der Dachaufbauten dem Betrachter der Blick auf die Dachfläche und die Firstlinie verstellt werden und dadurch ein Fall der Verunstaltung vorliegen (Hess. VGH, Urt. v. 24.11.1995 – 4 UE 1290/92, BRS 57 Nr. 289). 48

Ein **Treppenhausanbau** kann das Ortsbild beeinträchtigen, wenn das Vorhaben die Silhouette einer Uferstraßenbebauung in negativer Weise verändert (OVG Lüneburg, Urt. v. 25.01.1978 – I A 103/76, BRS 33 Nr. 53). Ein **Aufzugsturm** als Dachaufbau, der wegen seiner Ausmaße den First des Hauses deutlich überragt, kann wegen einer Verunstaltung des Ortsbildes unzulässig sein (BayVGH, Urt. v. 11.12.1991 – 14 B 91.167, BRS 52 Nr. 120). Eine die **Umgebungsbebauung deutlich überschreitende Aufstockungsmaßnahme** kann infolge des gestalterischen Missklangs das Ortsbild verunstalten (BayVGH, Urt. v. 16.10.1978 – Nr. 55 XIV 74, BRS 33 Nr. 153). 49

Das Auswechseln von **Sprossenfenstern** durch Einscheibenfenster bei einem Gebäude in einer hinsichtlich der Fassadengliederung anspruchsvollen Umgebung ist verunstaltend (BayVGH, Urt. v. 30.07.1979 – 89 XIV 78, BRS 35 Nr. 135). Das **Abschlagen der Stuckverzierungen** einer klassizistischen Fassade mit anschließendem Glattputz an einem Gebäude, das in einem Straßenzug liegt, dessen Straßenbild durch die überwiegend mit ihren ursprünglichen Fassaden erhaltenen Wohnhäuser aus der 50

§ 9 Gestaltung

Jahrhundertwende und der Zeit davor geprägt wird, wirkt verunstaltend; nach dem heutigen ästhetischen Empfinden müssen sich die das Straßenbild bestimmenden Hausfassaden stärker an den Geboten der Stadtbildpflege und den Gesetzen der architektonischen Harmonie ausrichten (OVG Bln, Beschl. v. 13.01.1984 – 2 B 98.82, BRS 42 Nr. 135).

51 Mit dem bauordnungsrechtlichen Verunstaltungsverbot kann die einheitliche Gestaltung von **Einfriedungen** in einer Siedlung nicht durchgesetzt werden (OVG Bln, Urt. v. 03.07.1981 – 2 B 56.80, BRS 38 Nr. 71). Das Straßenbild kann aber durch ein aus gemauerten Pfeilern und einem Eisenrohr bestehendes Tor im Vorgartenbereich gestört sein, weil die bauliche Anlage in einem krassen Gegensatz zu den Heckeneinfriedungen der Umgebung steht, diese in der Höhe überragt und hierdurch isoliert bzw. unmotiviert wirkt (OVG NRW, Urt. v. 12.11.1969 – VII A 998/68, BRS 22 Nr. 127). Ein im Außenbereich nicht privilegierter 2 m hoher **Bretterzaun** als Sichtschutz einer abgelegenen Waldwiese stört das Landschaftsbild (OVG NRW, Urt. v. 20.04.1972 – VII A 250/70, BRS 25 Nr. 125). Eine Verunstaltung des Landschaftsbildes liegt nur dann vor, wenn dieses in besonders schwerwiegender Weise beeinträchtigt wird; dies ist bei einer Einfriedung aus Maschendraht noch nicht der Fall (VGH B-W, Urt. v. 09.06.1988 – 8 S 51/88, BRS 48 Nr. 108), wohl aber bei einem aus Straßenleitplanken gebildeten Weidezaun (BayVGH, Urt. v. 27.10.1995 – 2 B 93.2417, BRS 57 Nr. 103).

52 Die Errichtung eines **Antennengittermastes** braucht wegen seines »technischen Charakters« im allgemeinen Wohngebiet nicht zu einer Störung des Ortsbildes zu führen, wenn er aufgrund umgebender Bepflanzungen im Garten nicht unangemessen aus dem Orts- und Landschaftsbild »hervorsticht«; entschieden für einen 24 m hohen Antennenmast hinter einem Wohnhaus im Gartenbereich neben einer 20 m hohen Tanne (OVG Bln, Urt. v. 07.09.1984 – 2 B 164.83, BRS 42 Nr. 44). Eine **Windenergieanlage** (Windrad) als »luftig gestaltete technische Konstruktion« auf dem Flachdach eines innerstädtischen fünfgeschossigen Gebäudes neben einer Vielzahl in der Umgebung vorhandener größerer Antennenanlagen gewinnt keine optisch größere Bedeutung und wirkt nicht als ein der bisherigen Gestaltung widersprechendes auffallend hässliches Element (Hess. VGH, Urt. v. 28.04.1988 – 4 OE 1089/85, BauR 1988, 700 = BRS 48 Nr. 53).

53 Das Verunstaltungsverbot bezieht sich auch auf die **beabsichtigte Gestaltung** des Straßen-, Orts- oder Landschaftsbilds. Die Anwendung dieser Vorschrift setzt einen durch **Rechtssatz konkretisierten Gestaltungswillen** einer Gemeinde voraus (so auch Wilke/Dageförde/Knuth/Meyer, zu § 10 Rn. 11); die beabsichtigte Gestaltung des Ortsbildes kann aus den Festsetzungen eines Bebauungsplans ablesbar sein (OVG Bln, Urt. v. 23.09.1988 – 2 B 39.87, BRS 48 Nr. 122 zu Festsetzungen nicht überbaubarer Vorgärten eines Industriegebiets). Neben dem Bebauungsplan steht der Gemeinde das Instrument der **Gestaltungssatzung** nach § 89 BauO NRW zur Verfügung (zu den Anforderungen an die **gestalterischen Zielvorstellungen** einer Gestaltungssatzung s. OVG NRW, Urt. v. 29.01.1999 – 11 A 4952/97, BRS 62 Nr. 156; zu unbestimmt ist beispielsweise die in einer Gestaltungssatzung verwendete Formulierung, dass die

Farbgebung »der typischen straßenbegleitenden Bebauung anzupassen« ist, da so nicht erkennbar wird, welche Farbtöne im Ergebnis zulässig sind, so VG Minden, Urt. v. 18.08.2011 – 9 K 1616/10, NVwZ-RR 2012, 98). Nach § 9 Abs. 4 BauGB i.V.m. § 89 Abs. 2 BauO NRW können die Gestaltung betreffende örtliche Bauvorschriften als Festsetzungen in einen **Bebauungsplan** aufgenommen werden. Auch ohne nach Bauordnungsrecht einbezogene gestalterische Festsetzungen lassen sich mitunter aus planungsrechtlichen Festsetzungen des Bebauungsplans städtebaulich-gestalterische Zielsetzungen entnehmen. Beispielsweise kann die Errichtung einer undurchsichtigen Einfriedung (Holzflechtzaun) die mit der Festsetzung »offene Bauweise« des Bebauungsplans beabsichtigte Gestaltung des Straßen- bzw. Ortsbildes stören (OVG Bln, Urt. v. 31.07.1992 – 2 B 14.90, BRS 54 Nr. 110).

An der **vorhandenen Bebauung** ist eine beabsichtigte Gestaltung nicht abzulesen. Die **Absicht muss in die Zukunft weisend rechtlich fixiert sein**. Die bloße Vorstellung einer Bauaufsichtsbehörde, eines Gestaltungsbeirats oder eines Gemeinderats oder auch so genannte »**Schubladenpläne**« oder »**informatorische Gestaltungspläne**« reichen nicht aus (a.A. Schlotterbeck/von Arnim/Hager, zu § 11 Rn. 14, die auch »klare und hinreichend bestimmte allgemeine, auf Umsetzung angelegte Vorstellungen der zuständigen Baurechtsbehörde über die künftige baugestalterische Entwicklung eines bestimmten Straßen- Orts- oder Landschaftsbildes« als ausreichend erachten, dabei aber übersehen, dass der Gesetzgeber die Aufgabe der positiven Gestaltungspflege mit dem Satzungsrecht nach § 89 BauO NRW ausdrücklich der Gemeinde zugewiesen hat). Ein **Flächennutzungsplan** konkretisiert in der Regel den Gestaltungswillen einer Gemeinde nicht, da er keine Darstellungen hinsichtlich der beabsichtigten Gestaltung des Straßen-, Orts- oder Landschaftsbildes enthält. 54

3.2 Zu Satz 2 – Rücksicht auf erhaltenswerte Eigenarten der Umgebung

Nach **Abs. 2 Satz 2** müssen bauliche Anlagen auf die **erhaltenswerten Eigenarten** der Umgebung **Rücksicht** nehmen. Durch eine **Erhaltungssatzung** nach § 172 Abs. 1 Satz 1 Nr. 1 BauGB kann die Gemeinde die **städtebauliche Eigenart** eines Gebietes besonders schützen, um **Störungen der städtebaulichen Gestalt zu verhindern**. Im Gebiet einer Erhaltungssatzung bedarf die Errichtung, der Rückbau, die Änderung oder die Nutzungsänderung baulicher Anlagen der Genehmigung. Die Genehmigung für den Rückbau, die Änderung oder die Nutzungsänderung baulicher Anlagen darf gemäß § 172 Abs. 3 Satz 1 BauGB nur versagt werden, wenn die bauliche Anlage allein oder im Zusammenhang mit anderen baulichen Anlagen das Ortsbild, die Stadtgestalt oder das Landschaftsbild prägt oder sonst von städtebaulicher, insbesondere geschichtlicher oder künstlerischer Bedeutung ist; die Genehmigung zur Errichtung baulicher Anlagen darf gemäß § 172 Abs. 3 Satz 2 BauGB darf nur versagt werden, wenn die städtebauliche Gestalt des Gebiets durch die beabsichtigte bauliche Anlage beeinträchtigt wird (zu der möglichen Beeinträchtigung dieser Erhaltungsziele und zum Verhältnis zum Bauordnungsrecht vgl. Ernst/Zinkahn/Bielenberg/Krautzberger, zu § 172 Rn. 156–159). 55

Ferner sind die mit **Schutzausweisungen nach dem Landschaftsrecht** belegten Flächen (vgl. Rdn. 13), aber auch die als **Naturdenkmal** geschützten **Einzelschöpfungen** 56 der Natur von Bedeutung. Bei Vorliegen einer **Baumschutzsatzung** kann auch durch besonders schöne, alte Bäume die Eigenart der Umgebung als erhaltenswert im Sinne des Bauordnungsrechts zu bewerten sein. Vor allem zählen aber die **Denkmäler nach dem DSchG** zu den erhaltenswerten Eigenarten der Umgebung. Auch hat die Gemeinde die Möglichkeit zum Erlass einer **Denkmalbereichssatzung** nach § 5 DSchG (vgl. Rdn. 15), in deren räumlichem Geltungsbereich ein denkmalrechtlicher Umgebungsschutz besteht.

57 »**Erhaltenswert**« ist die Eigenart der Umgebung stets, wenn sie vom **Denkmalschutz** erfasst ist bzw. im Rahmen einer vorläufigen Unterschutzstellung erfasst werden soll (zum Begriff Baudenkmal vgl. § 2 Rdn. 26–29). Um den **Grad des denkmalrechtlichen Erhaltungswertes** bestimmen zu können, bedarf es mehr als des Empfindens des »gebildeten Durchschnittbetrachters«; hier ist eine **Beurteilung durch einen geschulten Fachbetrachter** erforderlich (OVG Bln, Urt. v. 10.05.1985 – 2 B 134.83, BRS 44 Nr. 122, OVG NRW, Urt. v. 11.12.1989 – 11 A 2476/88, BRS 50 Nr. 136 und Urt. v. 22.01.1998 – 11 A 688/97, BRS 60 Nr. 212; Nds. OVG, Urt. v. 01.06.2010 – 12 LB 31/07, BauR 2010, 1746). Hinzutretende bauliche Anlagen sind dabei an dem Maßstab zu messen, den das Denkmal gesetzt hat; sie dürfen das Denkmal nicht gleichsam erdrücken, verdrängen, übertönen oder die gebotene Achtung gegenüber den Werten außer Acht lassen, welche dieses Denkmal verkörpert (OVG Bln-Bbg, Beschl. v. 25.01.2011 – OVG 2 S 93.10, juris). Die Grundsätze über die Beurteilung der Verunstaltung nach Abs. 1 und Abs. 2 Satz 1 (Beurteilung durch den sog. gebildeten Durchschnittsmenschen) sind im Falle des Abs. 2 Satz 2 nicht heranzuziehen. Die Vorschrift des Satzes 2 enthält nämlich ein schwierig zu beurteilendes **Rücksichtnahmegebot**. Das **Maß der erforderlichen Rücksichtnahme** – in Abgrenzung zur Rücksichtslosigkeit – muss sich nach dem **Grad des Erhaltungswertes** der Umgebung und aus der Summe der von der baulichen Anlage ausgehenden Störungen richten. Es kommt entscheidend auf die **Empfindlichkeit der Umgebung** an, wobei fachgesetzlich normierte Gesichtspunkte heranzuziehen sind. Für diese Beurteilung bedarf es der **objektiven Betrachtungsweise durch einen geschulten Fachbetrachter** (so auch Buntenbroich/Voß, zu § 12 Rn. 11 und 12).

58 Ist die Eigenart der Umgebung erhaltenswert, weil sie vom **Denkmalschutz** erfasst ist, so haben die Bauaufsichtsbehörden die **Vorschriften des Denkmalschutzgesetzes** zu beachten. Dieses regelt den Schutz von Baudenkmälern und Denkmalbereichen auch in gestalterischer Hinsicht durch die **Erlaubnispflicht** nach § 9 DSchG. Danach bedarf der Erlaubnis der unteren Denkmalbehörde u.a., wer in der engeren Umgebung von Baudenkmälern oder ortsfesten Bodendenkmälern Anlagen errichten, verändern oder beseitigen will, wenn hierdurch das Erscheinungsbild des Denkmals beeinträchtigt wird. Handelt es sich bei der Maßnahme um eine baugenehmigungsbedürftige, so haben die unteren Bauaufsichtsbehörden gemäß § 9 Abs. 3 DSchG die Belange des Denkmalschutzes in angemessener Weise zu berücksichtigen (vgl. OVG NRW, Urt. v. 18.05.1984 – 11 A 1776/83, BRS 42 Nr. 137 = NJW 1986, 1890 = NVwZ 1986, 685). Dazu wirken gemäß § 21 DSchG die Denkmalbehörden im Baugenehmigungsverfahren mit. Die Baugenehmigung schließt, sofern keine gesonderte denkmalrechtliche Erlaubnis beantragt wurde, die denkmalrechtliche Entscheidung ein. Sofern keine Baugenehmigung erforderlich ist, bedarf es einer selbständigen Erlaubnis nach § 9 DSchG.

Der **Beurteilungsmaßstab** für erlaubnispflichtige Maßnahmen in der engeren Umgebung von Baudenkmälern ist durch § 9 Abs. 1 DSchG vorgegeben. Danach darf das **Erscheinungsbild** des Denkmals durch die Maßnahme **nicht beeinträchtigt** werden. Der **Beurteilungsmaßstab** ist demnach entschieden **enger** als der des Verunstaltungsverbots des Abs. 1 und des Abs. 2 Satz 1. **Geschützt** wird nicht nur die Substanz, sondern auch das **Erscheinungsbild des Denkmals vor mittelbaren Beeinträchtigungen** durch Vorhaben in seiner Umgebung. Betroffen von der Regelung des § 9 Abs. 1 DSchG sind in jedem Falle die einem Denkmal unmittelbar benachbarten Gebäude (OVG NRW, Urt. v. 06.02.1992 – 11 A 2313/89, BRS 77 Nr. 159; VG Köln, Urt. v. 20.07.2011 – 4 K 3146/10, NWVBl. 2012, 159). Aus der Denkmaleigenschaft eines Gebäudes kann nicht etwa der Schluss gezogen werden, dass damit bei der konkreten Anwendung im Genehmigungsverfahren nach § 9 DSchG jede Veränderung denkmalrelevant sei. Nur **Veränderungen der denkmalwerten Elemente** eines Gebäudes können überhaupt **denkmalrelevant** sein. Weist z.b. die der Straße zugekehrte Front eines Gebäudes Denkmalwert auf, die Rückfront jedoch nicht, so sind lediglich Veränderungen der Straßenfront relevant (OVG NRW, Urt. v. 18.04.1994 – 7 A 3718/92, BRS 77 Nr. 48). 59

Ergibt die Prüfung nach Städtebaurecht oder Landschafts- bzw. Denkmalschutzrecht, dass die entsprechenden Belange einem Vorhaben nicht entgegenstehen, dieses also **nach den fachgesetzlichen Vorschriften** die gebotene Rücksicht auf eine erhaltenswerte, durch Fachgesetz geschützte Eigenart der Umgebung nimmt, so ist damit auch vorweg entschieden, dass keine bauordnungsrechtlichen Belange im Sinne des § 9 Abs. 2 Satz 2 BauO NRW entgegenstehen. Die **fachgesetzlichen Anforderungen** an die gebotene Rücksichtnahme auf ein Erhaltungsgebiet, ein landschaftsrechtlich geschütztes Landschaftselement, ein Baudenkmal oder einen Denkmalbereich sind nämlich deutlich **höher als die Anforderungen des Bauordnungsrechts**. So ist es ohne weiteres einleuchtend, dass z.B. ein denkmalschutzrechtlich zulässiges Bauvorhaben in der Umgebung eines Denkmals, für das die Erlaubnis nach § 9 DSchG erteilt wird, nicht wegen Verstoßes gegen § 9 Abs. 2 Satz 2 BauO NRW abgelehnt werden kann. Die fachrechtliche Beurteilung ist insoweit ausschlaggebend (zum Problem der sich überschneidenden Rechtsgrundlagen vgl. § 74 Rdn. 141–149). 60

§ 10 Anlagen der Außenwerbung, Warenautomaten

(1) Anlagen der Außenwerbung (Werbeanlagen) sind alle ortsfesten Einrichtungen, die der Ankündigung oder Anpreisung oder als Hinweis auf Gewerbe oder Beruf dienen und vom öffentlichen Verkehrsraum aus sichtbar sind. Hierzu zählen insbesondere Schilder, Beschriftungen, Bemalungen, Lichtwerbungen, Schaukästen sowie für Zettelanschläge und Bogenanschläge oder für Lichtwerbung bestimmte Säulen, Tafeln und Flächen.

(2) Für Werbeanlagen, die bauliche Anlagen sind, gelten die in diesem Gesetz an bauliche Anlagen gestellten Anforderungen. Werbeanlagen, die keine baulichen Anlagen sind, dürfen weder bauliche Anlagen noch das Straßen-, Orts- und Landschaftsbild verunstalten oder die Sicherheit und Leichtigkeit des Verkehrs gefährden.

Eine Verunstaltung liegt auch vor, wenn durch Werbeanlagen der Ausblick auf begrünte Flächen verdeckt oder die einheitliche Gestaltung und die architektonische Gliederung baulicher Anlagen gestört wird. Der Betrieb von Werbeanlagen darf nicht zu schädlichen Umwelteinwirkungen führen. Die störende Häufung von Werbeanlagen ist unzulässig.

(3) Außerhalb der im Zusammenhang bebauten Ortsteile sind Werbeanlagen unzulässig. Ausgenommen sind, soweit in anderen Vorschriften nichts anderes bestimmt ist,
1. Werbeanlagen an der Stätte der Leistung,
2. einzelne Hinweiszeichen an Verkehrsstraßen und Wegabzweigungen, die im Interesse des Verkehrs auf außerhalb der Ortsdurchfahrten liegende Betriebe oder versteckt liegende Stätten aufmerksam machen,
3. Schilder, die Inhaber und Art gewerblicher Betriebe kennzeichnen (Hinweisschilder), wenn sie vor Ortsdurchfahrten auf einer Tafel zusammengefasst sind,
4. Werbeanlagen an und auf Flugplätzen, Sportanlagen und Versammlungsstätten, soweit sie nicht in die freie Landschaft wirken, und
5. Werbeanlagen auf Ausstellungs- und Messegeländen.

(4) In Kleinsiedlungsgebieten, Dorfgebieten, reinen und allgemeinen Wohngebieten sind Werbeanlagen nur zulässig an der Stätte der Leistung sowie Anlagen für amtliche Mitteilungen und zur Unterrichtung der Bevölkerung über kirchliche, kulturelle, politische, sportliche und ähnliche Veranstaltungen, die jeweils freie Fläche dieser Anlagen darf auch für andere Werbung verwendet werden. In reinen Wohngebieten darf an der Stätte der Leistung nur mit Hinweisschildern geworben werden.

(5) Die Absätze 1 bis 3 gelten für Warenautomaten entsprechend.

(6) Die Vorschriften dieses Gesetzes sind nicht anzuwenden auf
1. Anschläge und Lichtwerbung an dafür genehmigten Säulen, Tafeln und Flächen,
2. Werbemittel an Zeitungs- und Zeitschriftenverkaufsstellen,
3. Auslagen und Dekorationen in Fenstern und Schaukästen und
4. Wahlwerbung für die Dauer eines Wahlkampfs.

Übersicht		Rdn.
0	Änderungen gegenüber der BauO NRW 2000	01
1	Allgemeines	1
1.1	Gestaltungsregelungen als Verunstaltungsverbot	1
1.2	Verfahren, ungenehmigte Werbung, Nachbarschutz	4
1.3	Gestaltungsregelungen als Ortssatzung	10
1.4	Die Werbeanlage im Bauplanungsrecht	12
1.5	Die Werbeanlage im Verkehrsrecht	30
	1.5.1 Die Werbeanlage im Eisenbahnrecht	32
	1.5.2 Die Werbeanlage im Personenbeförderungsrecht	41
	1.5.3 Die Werbeanlage im Wasserstraßenrecht	43
	1.5.4 Die Werbeanlage im Luftverkehrsrecht	45
	1.5.5 Die Werbeanlage im Straßenrecht	48

	1.5.5.1 Die Nutzung des Straßenraumes durch Werbung	48
	1.5.5.2 Straßenrechtlich privilegierte Werbeanlagen	51
	1.5.5.3 Gemeingebrauch, Sondergebrauch, Sondernutzung	54
	1.5.5.4 Beschränkungen zum Schutz der Verkehrswege	62
	1.5.6 Die Werbeanlage im Straßenverkehrsrecht	72
1.6	Die Werbeanlage im Naturschutz- und Landschaftsrecht	76
1.7	Die Werbeanlage im Denkmalrecht	80
1.8	Bauvorlagen im Genehmigungsverfahren	84
2	Zu Abs. 1 – Anlagen der Außenwerbung	96
2.1	Einrichtung	104
2.2	Örtliche Gebundenheit	112
2.3	Zweckbestimmung	115
2.4	Sichtbarkeit	118
3	Zu Abs. 2 – Anforderungen an Werbeanlagen	120
3.1	Verunstaltungsverbot	125
3.2	Verunstaltung durch Verdeckung begrünter Flächen	130
3.3	Verunstaltung architektonischer Gliederung	132
3.4	Störende Häufung	135
3.5	Gefährdung der Sicherheit des Verkehrs	138
3.6	Schädliche Umwelteinwirkungen	143
4	Zu Abs. 3 – Werbeanlagen im Außenbereich	147
5	Zu Abs. 4 – Werbeanlagen in Wohngebieten	158
6	Zu Abs. 5 – Warenautomaten	173
7	Zu Abs. 6 – Ausnahmen vom Anwendungsbereich der BauO NRW	176

0 Änderungen gegenüber der BauO NRW 2000

Die Vorschrift korrespondiert mit § 13 BauO NRW 2000 und stimmt im Wesentlichen mit diesem überein. 01

Abs. 2 wurde an die MBO angepasst. So stellt der neu eingefügte Satz 1 klar, dass für **Werbeanlagen**, die bauliche Anlagen sind, **die in diesem Gesetz an bauliche Anlagen gestellte Anforderungen gelten**. In Satz 3 wurde der Begriff »Sicherheit und Ordnung des Verkehrs« durch »Sicherheit und Leichtigkeit des Verkehrs« aktualisiert. Der neu aufgenommene Satz 4 normiert, dass der Betrieb von Werbeanlagen **nicht zu schädlichen Umwelteinwirkungen führen darf**, womit insbesondere dem Umstand Rechnung getragen werden soll, dass mit der Weiterentwicklung von Werbetechnik (z.B. durch Sky-Beamer oder LED-Anlagen) zum Teil schädliche Umwelteinwirkungen verbunden sein können (vgl. LT-Drucks. 17/2166, S. 108). 02

In Abs. 3 wurde – in Anpassung an die MBO – die Reihenfolge der Nr. 2 und 3 getauscht, des Weiteren wurde in Nr. 4 auf die bisherige zusätzliche Nennung von »Sportplätzen« neben den »Sportanlagen« verzichtet. 03

In Abs. 4 sind in der Aufzählung in Satz 1 die »besonderen Wohngebiete« entfallen. Außerdem wurde der **bisherige Satz 3 gestrichen**. Danach konnten **an Gebäuden**, die **nach ihrer Zweckbestimmung auf Verkehrsflächen öffentlicher Straßen errichtet** wurden, auch **untergeordnete andere Werbeanlagen zugelassen** werden, soweit sie 04

§ 10 Anlagen der Außenwerbung, Warenautomaten

das Ortsbild nicht beeinträchtigten. Dieser Satz ist nun angesichts der umfassenden Definition der Zulässigkeit von Werbeanlagen in Abs. 2 Satz 1 entbehrlich (vgl. LT-Drucks. 17/2166, S. 108).

1 Allgemeines

1.1 Gestaltungsregelungen als Verunstaltungsverbot

1 Die Regelungen des § 10 BauO NRW zählen zum **Gestaltungsrecht** und erfassen alle **Anlagen der Außenwerbung** (zum Begriff vgl. Rdn. 96–103) und **Warenautomaten**. Das Gestaltungsrecht gehört zum Bauordnungsrecht und fällt somit in die Gesetzgebungszuständigkeit der Länder (OVG NRW, Urt. v. 21.12.1962 – VII A 1008/61, OVGE 18, 198, bestätigt durch BVerwG, Beschl. v. 29.12.1964 – I C 97.63, BRS 15 Nr. 78). Diese Rechtsentwicklung begann mit den Preußischen Verunstaltungsgesetzen von 1902 und 1907 und setzte sich mit der Baugestaltungsverordnung von 1936 bis zur MBO 1960 bzw. BauO NW 1962/1970 fort (vgl. § 9 Rdn. 1–7). Die Vorschriften des § 10 BauO NRW sind **verfassungsrechtlich unbedenklich**, da sie Inhalt und Schranken des Eigentums im Sinne von Art. 14 Abs. 1 Satz 2 GG bestimmen (BVerwG, Beschl. v. 29.12.1964 – I C 97.63, BRS 15 Nr. 78, Urt. v. 25.06.1965 – IV C 73.65, BRS 16 Nr. 75, Urt. v. 22.02.1980 – 4 C 95.76, BRS 36 Nr. 150 und Beschl. v. 27.06.1991 – 4 B 138.90, BauR 1991, 727 = BRS 52 Nr. 118).

2 **Werbung**, sei sie wirtschaftlicher oder sonstiger Art, ist **in der Markwirtschaft unentbehrlich** (ebenso Jeromin, zu § 52 Rn. 2 unter Bezug auf OVG Rh-Pf, Urt. v. 22.07.1987 – 1 A 128/85, BRS 48 Nr. 120). Sie ist Mittlerin zwischen Produzenten und Verbrauchern. Nach Art. 2, 5, 12 und 14 GG ist die Werbung grundsätzlich **zulässige Ausübung von Grundrechten** (vgl. Schulte, Recht und Grenzen der Außenwerbung, BauR 1993, S. 139 ff.). Durch ihre Farbigkeit, Gestaltung und Vielfalt kann sie als Gegenstand künstlerischer, kreativer Tätigkeit sogar bereichernd wirken (vgl. auch Große-Suchsdorf, zu § 50 Rn. 1).

3 Die **technische Entwicklung** wird auch von der Werbewirtschaft für **neue Formen der Werbung** genutzt, z.B. für Werbung in beleuchteten Vitrinen von Fahrgastunterständen, auf großformatigen Gerüstplanen und mittels Laserprojektion (hierzu vgl. Friedrich, Anlagen der Außenwerbung in der neueren Rechtsprechung, BauR 1996, S. 504 ff.; Wohlfarth, Rechtsfragen der Stadtmöblierung, NVwZ 1997, S. 749 ff.). Werbung muss auffallen, um ihren Zweck zu erfüllen; sie muss sich in Form und Farbe insofern von ihrer Umgebung abheben. Damit kann sie in einen **Konflikt mit übergeordneten Interessen der Allgemeinheit** geraten, insbesondere bei **falscher Standortwahl** oder **übermäßigen Dimensionen** (vgl. Rdn. 48 zu den **Auswüchsen kommunaler Werbewirtschaft**). Diesen Konflikt zu vermeiden bezwecken die Vorschriften des § 10 BauO NRW, die – wie die Vorschriften des § 9 BauO NRW – ein **Verunstaltungsverbot** darstellen (vgl. § 9 Rdn. 3 und 10–14). Werbeanlagen dürfen weder bauliche Anlagen noch das Straßen-, Orts- und Landschaftsbild verunstalten. Zur möglichen Verunstaltung zählt neben der **Verdeckung des Ausblicks auf begrünte Flächen** auch die **störende Häufung**. Der Grad einer möglichen Störung hängt wesentlich von der Qualität der jeweiligen Umgebung ab, wobei festzuhalten ist, dass es einen Rechtssatz

des Inhalts, »was schon verunstaltet ist, kann nicht mehr verunstaltet werden«, nicht gibt (OVG NRW, Urt. v. 06.02.1992 – 11 A 2235/89, BRS 54 Nr. 129 und Urt. v. 28.08.2013 – 10 A 1150/12, BauR 2014, 537).

1.2 Verfahren, ungenehmigte Werbung, Nachbarschutz

Für Werbeanlagen in Form von Bemalungen und Beschriftungen, die selbst **keine baulichen Anlagen** nach § 2 Abs. 1 BauO NRW sind (vgl. § 2 Rdn. 35–43), gelten die einschlägigen Vorschriften der BauO NRW dennoch, da in allen Paragraphen, in denen Anforderungen an bauliche Anlagen gestellt werden, neben diesen auch **andere Anlagen und Einrichtungen** genannt sind (s. §§ 3 und 9 BauO NRW; vgl. § 1 Rdn. 42–43). Alle Vorschriften der Abs. 1–3 gelten nach Abs. 5 entsprechend auch für **Warenautomaten** (an denen keine Werbung angebracht ist). Auf **Warenautomaten mit Werbung** findet § 10 BauO NRW uneingeschränkt Anwendung (OVG NRW, Urt. v. 03.06.1986 – 11 A 1091/84, BRS 46 Nr. 45 zu einem Zigarettenautomaten). Da es gerade Sinn und Zweck von Warenautomaten ist, auf Waren aufmerksam zu machen und zum Kauf anzulocken, enthalten diese in der Regel Werbedarstellungen, so dass dem Abs. 5 kaum eigenständige Bedeutung zukommt. Durch Satzung nach § 89 Abs. 1 Nr. 1 und 2 BauO NRW kann die Gemeinde gestalterische Anforderungen an Werbeanlagen und Warenautomaten stellen oder ihre Zulässigkeit einschränken. Werbeanlagen und Warenautomaten können als **bauliche Anlagen im Sinne des § 29 Abs. 1 BauGB** dem **Bauplanungsrecht** unterfallen und sind dann auch bauplanungsrechtlichen Regelungen zugänglich (vgl. Rdn. 12 und § 2 Rdn. 13–20). Weitere **Zulässigkeitseinschränkungen** können sich aus dem Verkehrs-, Landschafts- und Denkmalschutzrecht ergeben (vgl. Rdn. 30–83). 4

Es ist zu beachten, dass nach § 10 Abs. 6 BauO NRW bestimmte Werbeanlagen in Ergänzung des § 1 BauO NRW **vom Anwendungsbereich ausgenommen** sind, so dass für diese Werbeanlagen das Bauordnungsrecht nicht gilt (vgl. § 1 Rdn. 23). Zur Vermeidung von Fehlschlüssen ist darauf hinzuweisen, dass Werbeanlagen auf und an öffentlichen Verkehrsanlagen sehr wohl dem Bauordnungsrecht unterliegen, wenn für sie die verkehrsanlagenrechtlichen Spezialvorschriften nicht einschlägig sind (vgl. Rdn. 31 und § 1 Rdn. 59). 5

Die Errichtung bzw. Änderung der in § 62 Abs. 1 Satz 1 Nr. 12 BauO NRW aufgeführten Werbeanlagen und Warenautomaten ist von einem bauaufsichtlichen Verfahren **freigestellt**. Diese Freistellung ist **nur verfahrensrechtlicher Natur** und betrifft den Verzicht auf eine präventive Prüfung durch die Bauaufsichtsbehörden. **Materiellrechtlich muss** gemäß § 52 BauO NRW **das öffentliche Recht**, insbesondere § 10 BauO NRW **beachtet** werden. Die nicht von § 10 Abs. 6 BauO NRW oder § 62 Abs. 1 Satz 1 Nr. 12 BauO NRW erfassten Werbeanlagen und Warenautomaten unterliegen gemäß § 64 Abs. 1 Satz 1 BauO NRW dem **einfachen Baugenehmigungsverfahren**, in dem die Vorschriften des § 10 BauO NRW zu prüfen sind. Keiner Baugenehmigung bedarf gemäß § 62 Abs. 3 Satz 1 BauO NRW der **Abbruch** bzw. die **Beseitigung** von Werbeanlagen und Warenautomaten im Sinne des § 62 Abs. 1 Satz 1 Nr. 12 BauO NRW sowie Werbeanlagen mit einer Höhe bis zu 10 m (zu 6 den Anforderungen an **Bauvorlagen** vgl. Rdn. 84–95). Die Genehmigung der Änderung einer ursprünglich genehmigten Werbeanlage ist erforderlich, wenn diese bei wertender Betrachtung durch eine **baulich wesentliche Veränderung** ihre Identität verloren hat und – beispielsweise aus abstandsrechtlichen Gesichtspunkten oder solchen der Rücksichtnahme – einer erneuten materiell-rechtlichen Prüfung bedarf (OVG NRW, Beschl. v. 11.11.2015 – 10 B 954/15, juris zu einer Plakatanschlagtafel, die nachträglich mit deutlich vor die Hauswand vortretenden Beleuchtungskörpern ausgestattet wurde). Einer Baugenehmigung bedürfen jedoch solche Werbeanlagen nicht, die als **fliegende Bauten** eine **Ausführungsgenehmigung** gemäß § 78 Abs. 2 erhalten haben, da die Bauaufsichtsbehörde bereits in diesem Genehmigungsverfahren den Betrieb der Werbeanlage am konkreten Aufstellungsort auf seine Vereinbarkeit mit den entsprechenden materiellen öffentlich-rechtlichen Vorschriften – also auch § 10 Abs. 3 – prüfen kann; das ändert sich jedoch dann, wenn die Anlage nicht länger als fliegender Bau, sondern ortsfest verwendet wird (OVG NRW, Beschl. v. 08.07.2014 – 10 B 448/14, BauR 2014, 1928 zu einer auf einen mobilen Anhänger montierten LED-Wand).

7 Es kommt nicht selten vor, dass Werbetafeln **ohne die erforderliche Baugenehmigung** aufgestellt werden. Unter der Voraussetzung, dass aus den Tatbestandsverhältnissen auch die materielle Illegalität der Anlagen mit einem hohen Grad an fehlerfreier Beurteilung erkennbar vorliegt, kann die Bauaufsichtsbehörde für ihre zu erlassende Beseitigungsverfügung zugleich die **sofortige Vollziehung** anordnen (vgl. § 80 VwGO). Zur Begründung lässt sich anführen, dass es mit dem allgemeinen Wohl unvereinbar wäre, wenn die Werbetafeln bis zu einer rechtskräftigen Entscheidung über die Rechtmäßigkeit der Verfügung bestehen blieben. Der Ordnungspflichtige habe sich durch die ordnungswidrige Handlungsweise eine Einrichtung geschaffen, durch die er wirtschaftliche Vorteile erzielt. Wenn die geschaffenen Einrichtungen nicht sofort wieder beseitigt werden, müsste dies auf andere geradezu ansporrnend wirken, in gleicher Weise zu verfahren. Hierdurch würde die öffentliche Ordnung in untragbarer Weise gestört und die Autorität der Genehmigungsbehörde untergraben. Das OVG NRW hat bereits mit Beschl. v. 22.06.1962 (– VII B 288/62, OVGE 17, 304) diese Begründung als sachgerecht und zutreffend bezeichnet (vgl. auch OVG NRW, Urt. v. 29.10.1979 – XI B 1447/79, BRS 35 Nr. 143 zu den Grundsätzen des effektiven Rechtsschutzes und der Verhältnismäßigkeit). Das **öffentliche Interesse** an der sofortigen Vollziehung wird dadurch hinreichend begründet (ebenso OVG Lüneburg, Beschl. v. 29.09.1966 – VII B 21/66, DÖV 1968, 62 und OVG Bln, Beschl. v. 24.05.1968 – II B 29/68, NJW 1968, 1491). Besondere Probleme bereitet das »**wilde Plakatieren**« ebenso wie das unbefugte Beschriften oder Bemalen baulicher Anlagen (zur Verfassungsmäßigkeit des Verbots »wilden« Plakatierens gegenüber politischen Parteien vgl. BVerfG, Beschl. v. 10.12.2001 – 2 BvR 408/01, DVBl 2002, 409). Eine im Jahre 1984 beabsichtigte Ergänzung des OWiG um § 118a »Verunstaltung von baulichen Anlagen oder gemeinnützigen Sachen« (vgl. BR-Drucks. 371/82) scheiterte leider.

8 Nach herrschender Meinung entfalten die **Verunstaltungsvorschriften**, zu denen auch § 10 BauO NRW rechnet, **keine nachbarschützende Wirkung** (vgl. § 9 Rdn. 9;

vgl. Hahn/Schulte, Rn. 340 und Schlotterbeck/von Arnim/Hager, zu § 11 Rn. 39). Sie dienen dem **allgemeinen Interesse** an einer einwandfreien Einfügung eines Bauwerks in seine Umgebung (OVG NRW, Urt. v. 18.02.1965 – VII A 655/63, BRS 16 Nr. 74 = DVBl 1966, 279; VGH B-W, Urt. v. 04.02.1969 – II 347/68, BRS 22 Nr. 167; OVG Lüneburg, Urt. v. 05.09.1985 – 6 A 104/83, BRS 44 Nr. 118; OVG Saar, Beschl. v. 26.06.1985 – 2 W 1331/85, BRS 44 Nr. 162). Da § 10 BauO NRW – anders als z.b. § 50 Abs. 2 NBauO – keinen Rechtssatz enthält, wonach Werbeanlagen nicht erheblich belästigen dürfen, kann ihre Ausführung zum Schutze des Nachbarn nur dann untersagt werden, wenn die Anlage die Gesundheit gefährdet. Selbst eine Leuchtwerbeanlage an einer Gaststätte, welche die Wohn- und Schlafräume eines gegenüberliegenden Hauses erhellt, führt nicht zu einer Gefahr für die Gesundheit der Wohnbevölkerung (OVG NRW, Urt. v. 20.10.1972 – XI A 806/71, BRS 25 Nr. 136). Dies nicht zuletzt deshalb, da sich jeder gegen Lichtimmissionen auch im Wohnbereich wirksam durch Vorhänge, Gardinen, Jalousetten etc. abschirmen kann, was – angesichts der Üblichkeit solcher Einrichtungen als Wohnungsausstattung – auch zumutbar ist (OVG NRW, Urt. v. 15.03.2007 – 10 A 998/06, BRS 71 Nr. 70).

Nachbarschutz kann jedoch gegeben sein, wenn eine **städtebaulich relevante** Werbeanlage (vgl. Rdn. 12–29) mit einer Baugebietsvorschrift unvereinbar ist und eine **Verfremdung des Baugebiets** einzutreten droht, z.b. durch eine großflächige Werbetafel in einem Wohngebiet, und hierdurch das **nachbarliche Austauschverhältnis gestört** wird (BVerwG, Urt. v. 16.09.1993 – 4 C 28.91, BauR 1994, 223 = BRS 55 Nr. 110 = NJW 1994, 1546; VGH B-W, Urt. v. 29.03.2012 – 3 S 2658/10, BRS 79 Nr. 170; vgl. Hahn/Schulte, Rn. 120; Jäde/Dirnberger/Weiß, zu § 29 Rn. 44). Nachbarschutz ist auch gegeben gegen eine großflächige Werbeanlage, die **innerhalb der Abstandsfläche** an einer Giebelwand angebracht werden soll, da ein Nachbar, der von seinem Grundstück aus auf eine derart große und häufig auch schreiend bunte Plakattafel schauen muss, in seinem Wohlbefinden beeinträchtigt wird. In einem solchen Fall stört die selbst abstandsflächenrelevante großflächige Werbeanlage, von der Wirkungen wie von einem Gebäude ausgehen (§ 6 Abs. 1 Satz 2 Nr. 1 BauO NRW), den **Wohn- und Nachbarfrieden**, ein **durch § 6 BauO NRW geschütztes Rechtsgut** (OVG NRW, Urt. v. 18.09.1992 – 11 A 276/89, BRS 54 Nr. 131). 9

1.3 Gestaltungsregelungen als Ortssatzung

Nach § 89 Abs. 1 BauO NRW sind die Gemeinden ermächtigt, **örtliche Bauvorschriften** als (Gestaltungs-) Satzung erlassen zu können, unter anderem über: 10
– besondere Anforderungen an die äußere Gestaltung (...) **von Werbeanlagen und Warenautomaten zur Erhaltung und Gestaltung von Ortsbildern** (Nr. 1);
– das **Verbot von Werbeanlagen und Warenautomaten aus ortsgestalterischen Gründen** (Nr. 2).

Örtlichen Bauvorschriften muss eine **gestalterische Konzeption** zugrunde liegen, an die keine zu hohen Anforderungen gestellt werden. Es reicht aus, wenn die Gemeinde Einzelfragen der Baugestaltung einer Regelung für ein bestimmtes Gebiet zuführen will (BayVGH, Beschl. v. 09.03.1976 – Nr. 164 I 73, BRS 30 Nr. 109). Erforderlich 11 ist jedoch eine **gebietsspezifische**, an die Besonderheiten des Gebiets anknüpfende **gestalterische Absicht**, die dem Geltungsbereich der Satzung ein besonderes Gepräge gibt; dieses kann fehlen, wenn es innerhalb des Geltungsbereichs aufgrund einer inhomogenen Struktur – hinsichtlich Architektur, Nutzung, städtebaulicher Funktion und Gestaltung – an einer verbindenden Besonderheit fehlt (OVG NRW, Beschl. v. 11.02.2014 – 10 A 130/13, juris). Die planerische Gestaltungsfreiheit der Gemeinden wird durch das **Prinzip der Verhältnismäßigkeit** und das **Verbot des Übermaßes** begrenzt (BayVGH, Urt. v. 12.09.1988 – Nr. 1 N 84 A.94, A.555 und A.1657, BRS 48 Nr. 110; Hess. VGH, Urt. v. 29.03.2007 – 4 UE 1287/06, BauR 2008, 1447). Eine örtliche Bauvorschrift darf nicht ausschließlich dem Ziel dienen, die Werbung in der Gemeinde generell zurückzudrängen (VGH B-W, Urt. v. 21.02.2017 – 3 S 1748/14, BauR 2017, 1012). Selbst gebietsbezogene, generelle Ausschlüsse von Werbeanlagen werden von der Rechtsprechung als kritisch angesehen. So ist das in einer Gestaltungssatzung getroffene generelle Verbot von Fremdwerbung in Kerngebieten nicht sachgerecht und verstößt gegen Art. 14 Abs. 1 Satz 2 GG, weil Kerngebiete durch unterschiedliche Nutzungen geprägt werden (OVG NRW, Urt. v. 06.02.1992 – 11 A 2232/89, BauR 1992, 483 = BRS 54 Nr. 112).

1.4 Die Werbeanlage im Bauplanungsrecht

12   Wenn auch Werbeanlagen aus Gründen des Verunstaltungsschutzes im Bauordnungsrecht eine Sonderregelung durch § 10 BauO NRW erfahren haben, so ergeben sich weitere Zulässigkeitseinschränkungen aus dem Bauplanungsrecht. **Werbeanlagen gehören als solche nämlich weder allein zum Bauplanungs- noch zum Bauordnungsrecht** und sind je nach gesetzgeberischer Zielsetzung sowohl einer bauplanungs- als auch einer bauordnungsrechtlichen Regelung zugänglich (BVerwG, Urt. v. 28.04.1972 – IV C 11.69, BVerwGE 40, 94 = BRS 25 Nr. 127 = DÖV 1972, 828 = DVBl 1973, 40; BayVGH, Beschl. v. 29.06.2015 – 1 ZB 13.1903, juris). Diese Auffassung war zu Beginn der sechziger Jahre nach Kodifizierung des Städtebaurechts keineswegs selbstverständlich (so Große-Suchsdorf, zu § 49 Rn. 11), zumal der Wortlaut des § 10 MBO den Eindruck erweckt, als sei die bauplanungsrechtliche Zulässigkeit von Werbeanlagen mitgeregelt.

13   Werbeanlagen sind bei Erfüllung der Voraussetzungen nach § 2 Abs. 1 BauO NRW **bauliche Anlagen**. Außenwerbung in Form von Wandbemalungen oder -beschriftungen unterfallen jedoch weder dem Begriff der baulichen Anlage, noch gelten sie als solche. Daher definiert § 10 Abs. 1 BauO NRW sie als ortsfeste **Einrichtungen**, für die nach § 1 Abs. 1 BauO NRW das Bauordnungsrecht und damit insbesondere die Zulässigkeitseinschränkungen der §§ 9 und 10 BauO NRW gelten. Werbeanlagen, die bauliche Anlagen nach Bauordnungsrecht sind, erfüllen regelmäßig auch den **bauplanungsrechtlichen Begriff der baulichen Anlage** im Sinne des § 29 BauGB (vgl. § 2 Rdn. 13–17; vgl. auch Jäde/Dirnberger/Weiß, zu § 29 Rn. 16; Jäde, Schnittpunkte Bauordnungsrecht und Planungsrecht am Beispiel von Werbeanlagen, ZfBR 2010, S. 37) und unterliegen damit den bauplanungsrechtlichen Zulässigkeitsvorschriften der §§ 30–37 BauGB. Daraus erklärt sich auch, warum § 10 BauO NRW Regelungen über die **bauordnungsrechtliche** (nicht die bauplanungsrechtliche!) Zulässigkeit

von Werbeanlagen im Außenbereich sowie in den Kleinsiedlungs-, Wohn- und Dorfgebieten enthält. Die Vorschrift will nämlich Werbeanlagen erfassen, die **nicht** dem bauplanungsrechtlichen Begriff der baulichen Anlagen im Sinne des § 29 BauGB unterfallen.

Welche Werbeanlage **städtebauliche Relevanz** aufweist, um damit eine bauliche Anlage nach Bauplanungsrecht zu sein, hängt von mehreren Kriterien ab: 14
- die Anlage muss geeignet sein, ein **Bedürfnis nach einer ihre Zulässigkeit regelnden verbindlichen Bauleitplanung** hervorzurufen, wobei sich über die einzelne Anlage hinaus eine **verallgemeinernde Betrachtungsweise** gebietet (BVerwG, Urt. v. 03.12.1992 – 4 C 27.91, BRS 54 Nr. 126 = DVBl 1993, 439 = NVwZ 1993, 983; OVG NRW, Urt. v. 08.07.2013 – 10 A 662/12, juris),
- die Anlage muss **bei unterstellter Häufung die in § 1 Abs. 6 BauGB aufgeführten Belange berühren**, die als solche Gegenstand städtebaulicher Entwicklungs- und Ordnungsgesichtspunkte sein können (BVerwG, Urt. v. 28.04.1972 – IV C 11.69, BVerwGE 40, 94).

Nachdem das BVerwG anfänglich eine planungsrechtliche Relevanz von der Flächengröße abhängig machte (verneinend im Beschl. v. 29.12.1964 – I C 97.63, BRS 15 Nr. 78 zu einem 0,73 m² großen Reklameschild für Motorenöl an der Giebelwand einer Scheune; verneinend auch im Beschl. v. 17.01.1967 – IV B 231.65, BRS 18 Nr. 107 zu einer 10,7 m² großen Werbetafel an der Außenwand eines Gebäudes), hat es aufgrund kritischer Anmerkungen in der Literatur sodann erkannt, dass **Werbeanlagen geeignet** sein können, **die städtebauliche Entwicklung zu stören** (Urt. v. 16.02.1968 – IV C 190.65, BRS 20 Nr. 123 zu einer 10,3 m² großen Werbetafel an einer Grundstücksmauer). In letzterem Falle wurde die Werbeanlage zwar immer noch nicht als bauliche Anlage im Sinne des Bauplanungsrechts angesehen, jedoch ein anderer Weg zur Durchsetzung der bauplanungsrechtlichen Belange gefunden. Das BVerwG wertete die Werbeanlage als sonstige Nutzung und knüpfte damit an eine frühere Entscheidung an, wonach eine **sonstige Nutzung** von Grundstücken, die den **Festsetzungen eines Bebauungsplans** widerspricht, rechtswidrig ist und daher untersagt werden kann (BVerwG, Urt. v. 04.11.1966 – IV C 36.65, BRS 17 Nr. 1). 15

Mit Beschl. v. 30.01.1968 (– IV B 223.66, BRS 20 Nr. 127) korrigierte das BVerwG seine bisherige Sichtweise zur Auslegung des § 29 Abs. 1 BauGB und stellte zu einer auf dem Flachdach eines Gebäudes verankerten Werbeanlage klar: 16

»Die Auslegung des § 29 als einer planungsrechtlichen Vorschrift muss planungsrechtliche Überlegungen berücksichtigen und dabei in Rechnung stellen, dass die städtebauliche Entwicklung auch durch eine Anlage gestört werden kann, die möglicherweise vom Bauordnungsgesetzgeber, der seine Begriffe naturgemäß unter dem Gesichtspunkt des Bauordnungsrechts verwendet und definiert, nicht als bauliche Anlagen im Sinne des Bauordnungsrechts behandelt wissen will. Das ergibt auch folgende Überlegung: Würde die von der Klägerin beabsichtigte Werbeanlage auf dem Erdboden verankert werden, so könnte kein begründeter Zweifel bestehen, dass es sich um eine bauliche Anlage handelt. Die Beurteilung kann sich nicht ändern, wenn eine solche Anlage statt auf dem Erdboden auf dem Flachdach eines Gebäudes angebracht werden soll und dort 17

bei der gebotenen planungsrechtlichen Betrachtungsweise mindestens von gleicher, wenn nicht größerer Bedeutung ist.«

18   Die obergerichtliche Rechtsprechung hat in der Folge **an Wänden angebrachte Werbetafeln als bauliche Anlagen nach § 29 Abs. 1 BauGB** gewertet (VGH B-W, Urt. v. 30.09.1983 – 5 S 640/83, BRS 40 Nr. 159 und Urt. v. 12.03.1986 – 5 S 2976/85, BRS 46 Nr. 131; OVG Lüneburg, Urt. v. 12.12.1986 – 6 A 112/85, BRS 46 Nr. 132 zu einer Plakattafel im »Euroformat« von 2,75 m x 3,75 m; Hamb. OVG, Urt. v. 31.05.2001 – 2 Bf 323/98, BauR 2002, 459 = BRS 64 Nr. 145; VGH B-W, Urt. v. 09.02.2009 – 3 S 2290/07, VBlBW 2009, 466).

19   Mehrere Jahre später rang sich das BVerwG schließlich zu der Erkenntnis durch, dass eine Werbeanlage dann das Bedürfnis nach einer ihre Zulässigkeit regelnden verbindlichen Bauleitplanung hervorrufen kann, wenn sie – die Verallgemeinerung unterstellt – auch tatsächlich Gegenstand bauleitplanerischer Festsetzungen sein kann und damit überhaupt konkret bauplanerisch beurteilungsfähig ist; das sei für Werbeanlagen, die bauliche Anlagen im Sinne des § 29 Abs. 1 BauGB sind, **grundsätzlich** der Fall, weil sie von der Gemeinde entweder als Nebenanlage gemäß § 14 Abs. 1 Satz 3 BauNVO oder als Hauptanlage gemäß § 1 Abs. 5–10 BauNVO ausgeschlossen werden können (Urt. v. 03.12.1992 – 4 C 27.91, BRS 54 Nr. 126).

20   In der zuvor genannten Grundsatzentscheidung (Urt. v. 03.12.1992 – 4 C 27.91, BRS 54 Nr. 126) stellt das BVerwG die bauplanungsrechtlichen Anforderungen an Werbeanlagen heraus und entwickelt Grundsätze für die Beurteilung im Einzelfall. Bedeutsam ist zunächst die **städtebauliche Relevanz** von Werbeanlagen **im Hinblick auf das Ortsbild.** Hierzu führt das BVerwG aus:

21   *»Städtebauliche Relevanz besteht dann, wenn die Anlage – auch und gerade in ihrer unterstellten Häufung – Belange erfasst oder berührt, welche im Hinblick auf das grundsätzliche Gebot des § 1 Abs. 3 BauGB in Verbindung mit § 1 Abs. 5 BauGB auch städtebauliche Betrachtung und Ordnung verlangen. Hierzu zählt auch das Ortsbild der Gemeinde (vgl. §§ 1 Abs. 5 Satz 2 Nr. 4 (jetzt § 1 Abs. 5 Satz 2), 34 Abs. 1 Satz 2, 2. Halbsatz BauGB). Für das Ortsbild ist in aller Regel auch eine Außenwerbung relevant. Ihr eigentliches Ziel ist es gerade, Aufmerksamkeit auf sich zu lenken; in diesem Sinne muss sie im vorhandenen Ortsbild gerade auffallend wirken.«*

22   Diese Begründung macht insoweit nachdenklich, als Bemalungen und Beschriftungen, wie z.B. die großflächige Bemalung eines Giebels, weit auffälliger und beeinträchtigender für das Ortsbild sein können, als eine übliche Werbetafel. Hier bleibt zu fragen, ob nicht entgegen dem bisherigen Verständnis der baulichen Anlage im Sinne des § 29 Abs. 1 BauGB (vgl. Rdn. 13) auch eine solche Werbeanlage dem Bauplanungsrecht unterfällt, weil es sich bei der Beschriftung oder Bemalung um eine Änderung der Qualität einer baulichen Anlage handelt. Denn es macht von der **Wirkung auf das Ortsbild** keinerlei Unterschied, ob die Werbebotschaft durch ein auf eine Tafel geklebtes Plakat, ein in einen Kasten eingelegtes Poster oder durch eine Beschriftung oder Bemalung der Fassade vermittelt wird. Insoweit kann durchaus die Auffassung vertreten werden, dass die bauliche Anlage infolge der aufgemalten Werbung ihre

Nutzungsqualität wandelt und damit z.B. der Giebel eines Wohnhauses durch aufgemalte Fremdwerbung zu einem weiteren (gewerblichen) Hauptnutzungselement des Grundstücks wird.

Werbeanlagen als Vorhaben sind bei der baurechtlichen Beurteilung danach zu bewerten, ob es sich um **eigenständige Hauptnutzungen** oder um **Nebenanlagen** im Sinne des § 14 BauNVO handelt. Von einer Nebenanlage ist auszugehen, wenn eine Werbeanlage dem im Baugebiet gelegenen Grundstück dient, was bei einer »Fremdwerbung« nicht der Fall ist, da es – anders als bei einer »Werbung an der Stätte der Leistung« – keinen Funktionszusammenhang zwischen der Grundstücksnutzung und der Außenwerbung gibt (BVerwG, Urt. v. 18.02.1983 – 4 C 18.81, BVerwGE 67, 23 = BRS 40 Nr. 64). So wird die Nutzung eines als allgemeines Wohngebiet festgesetzten Baugebietes nicht durch eine gewerbliche Außenwerbung (Fremdwerbung) gefördert. Liegen die besonderen Voraussetzungen des § 14 Abs. 1 BauNVO nicht vor, so ist die Werbeanlage nach den Baugebietsvorschriften der §§ 2 ff. BauNVO zu beurteilen. Eine Werbeanlage, mit Fremdwerbung, stellt bauplanungsrechtlich eine **gewerbliche Hauptnutzung** dar. Hierzu führt das BVerwG im Urt. v. 03.12.1992 (– 4 C 27.91, BRS 54 Nr. 126) aus: 23

»Den Charakter als bauplanerisch selbständig zu beurteilende Hauptnutzung verliert die Werbeanlage der Fremdwerbung nicht dadurch, dass sie mit einer anderen Anlage verbunden ist und damit bautechnisch zu einer Nebenanlage wird. Diese bautechnische Verbindung ändert den Charakter der Nutzung als gewerbliche nicht. Vielmehr bleiben beide Nutzungen Hauptnutzungen. Jede dieser beiden Hauptnutzungen besitzt unabhängig von der konkreten bautechnischen Gestaltung ihre eigene städtebaurechtliche Bedeutung und ist daher bauplanungsrechtlich selbständig zu beurteilen. In diesem Sinne kann eine Werbeanlage, wenn sie bauliche Anlage im Sinne des § 29 Satz 1 BauGB ist, als Fremdwerbung im Sinne der Art der baulichen Nutzung im System des § 9 Abs. 1 Nr. 1 i.V.m. §§ 2 ff. BauNVO bauplanungsrechtlich zugeordnet werden. Die Werbeanlage, welche als Außenwerbung der Fremdwerbung zu dienen bestimmt ist, kann daher als ein Fall gewerblicher Nutzung über bauplanerische Festsetzungen nach §§ 2 ff. BauNVO entweder zugelassen oder ausgeschlossen werden. Die Gemeinde kann hierzu auch die Möglichkeiten des § 1 Abs. 5 bis 10 BauNVO nutzen. Im Übrigen richtet sich die bauplanungsrechtliche Beurteilung nach der jeweiligen Nutzungsart des festgesetzten Baugebietes. Eine Regelungslücke im System der BauNVO besteht damit nicht. 24

Ist in dem Baugebiet eine gewerbliche Nutzung nicht oder nur ausnahmsweise zulässig, so gilt dies auch für die Außenwerbung als Fremdwerbung. Ob die Werbeanlage als bauliche Anlage in ihrer konkreten Gestaltung einen bestimmten Umfang besitzt, bestimmte optische und damit werbewirksame Aufmerksamkeit auf sich zieht oder bautechnisch letztlich geringfügig ist, berührt den Charakter der Anlage als selbständig zu beurteilende Hauptnutzung nicht. Ist für das Baugebiet beispielsweise eine Festsetzung als Gewerbegebiet getroffen worden, dann bedeutet dies, dass in diesem Gebiet – vorbehaltlich gesonderter Festsetzungen und des § 15 Abs. 1 BauNVO – aus bauplanerischen Gründen eine gewerbliche Fremdwerbung auch außerhalb der Stätte eigener Leistung zulässig ist.«

25 Im Anschluss an dieses Urteil entschied das BVerwG (Urt. v. 03.12.1992 – 4 C 26.91, BauR 1993, 319 = BRS 54 Nr. 127 zu einem Aluminium-Schaukasten), dass eine Werbeanlage der Außenwerbung, welche als bauliche Anlage Fremdwerbung zum Gegenstand hat, als eigenständige Hauptnutzung gemäß § 34 Abs. 1 BauGB unzulässig ist, wenn sie sich nicht in die Eigenart der näheren Umgebung einfügt.

26 **Im beplanten Bereich** nach § 30 BauGB ist die Zulässigkeit von Werbeanlagen, die bauliche Anlagen im Sinne des § 29 Abs. 1 BauGB sind, zunächst nach den Vorschriften über die **Art der baulichen Nutzung** zu beurteilen. Ob sie als Haupt- oder Nebenanlage allgemein oder ausnahmsweise zulässig sind, beurteilt sich nach den Festsetzungen des Bebauungsplans in Verbindung mit den Vorschriften der §§ 2–15 BauNVO. Steht die Zulässigkeit nach der Art der baulichen Nutzung fest, so ist die Zulässigkeit der Werbeanlage nach den Vorschriften über das Maß der baulichen Nutzung und über die überbaubaren Grundstücksflächen zu prüfen. Werbetafeln als Fremdwerbung sind einer **Beurteilung nach den üblichen Maßfestsetzungen**, wie Zahl der Vollgeschosse, Grundflächen- bzw. Geschossflächenzahl praktisch **entzogen**; wohl aber sind Festsetzung der **überbaubaren Grundstücksflächen** beachtlich (vgl. Rdn. 90). Aus dem Fehlen von speziellen, auf Werbeanlagen bezogenen Maßfestsetzungen folgt, dass diese (auch) nach dem Maß der baulichen Nutzung grundsätzlich zulässig sind, weil sie insoweit den Festsetzungen des Bebauungsplanes nicht widersprechen. Dem kann auch § **15 Abs. 1 Satz 1 BauNVO** nicht entgegengehalten werden, da diese Vorschrift **nur die Art** der baulichen Nutzung betrifft und **im Hinblick auf das Maß der** im Bebauungsplan festgesetzten baulichen Nutzung grundsätzlich **nicht anwendbar** ist (BVerwG, Urt. v. 16.03.1995 – 4 C 3.94, BauR 1995, 508 = BRS 57 Nr. 175 = ZfBR 1995, 212).

27 Im beplanten Bereich ist im Hinblick auf **Werbeanlagen, die keine baulichen Anlagen im Sinne des § 29 Abs. 1 BauGB sind,** eine **Besonderheit** zu beachten, die sich aus der **Rechtsnormqualität des Bebauungsplans** ergibt. Bebauungspläne sind nämlich gemäß § 10 Abs. 1 BauGB von der Gemeinde **als Satzung** zu beschließen. Ist ein Bebauungsplan weitgehend verwirklicht, so kann auch eine durch die Festsetzungen ausdrücklich oder inzident ausgeschlossene bauland- bzw. baugebietswidrige **sonstige Nutzung,** die von § 29 BauGB nicht erfasst wird, unzulässig sein (BVerwG, Beschl. v. 17.01.1967 – IV B 231.65 und Urt. v. 16.02.1968 – IV C 190.65, BRS 20 Nr. 123; vgl. auch Jäde/Dirnberger/Weiß, zu § 29 Rn. 31).

28 Ein im Bebauungsplan festgesetztes **generalisierendes Verbot** bestimmter Werbeanlagen in bestimmten Baugebieten erfordert eine Entsprechung in einem Mindestmaß an Einheitlichkeit des Baugebietscharakters, was jedenfalls in Mischgebieten, die durch eine Vielzahl unterschiedlicher – auch gewerblicher – Nutzungen gekennzeichnet sind, regelmäßig zur Unzulässigkeit einer solchen Festsetzung führt (OVG NRW, Urt. v. 16.05.2018 – 10 A 191/16, juris).

29 **Innerhalb der im Zusammenhang bebauten Ortsteile** nach § 34 Abs. 1 BauGB können wegen des **Maßes der baulichen Nutzung** städtebauliche Spannungen nur dann auftreten, wenn die Werbeanlage den vorhandenen Rahmen in unangemessener Weise überschreitet. Bei der Beurteilung, ob sich eine großflächige Werbetafel nach

dem Maß ihrer baulichen Nutzung in die Eigenart der näheren Umgebung einfügt, sind nicht nur Werbeanlagen, sondern alle vorhandenen baulichen Anlagen, insbesondere auch Gebäude, zu berücksichtigen (BVerwG, Urt. v. 15.12.1994 – 4 C 19.93, BauR 1995, 506 = BRS 56 Nr. 130); das BVerwG führt weiter aus, dass für die **Bestimmung des Maßes der baulichen Nutzung im unbeplanten Innenbereich** mangels anderer allgemein anerkannter Anhaltspunkte grundsätzlich auf die in der BauNVO verwandten Begriffe zurückzugreifen ist, diese aber nicht rechtssatzartig wie Festsetzungen eines Bebauungsplanes heranzuziehen, sondern nur als Auslegungshilfe zu berücksichtigen sind (im Anschluss an Urt. v. 23.03.1994 – 4 C 18.92, BauR 1994, 481 = BRS 56 Nr. 63). Bei baulichen Anlagen, die – wie Werbeanlagen – jedoch keine Gebäude sind und für die deshalb die Maßkategorien des § 16 Abs. 2 BauNVO überwiegend nicht passen (vgl. Rdn. 26), muss außer auf die **Höhe** auch allgemein auf ihre **Größe** abgestellt werden. Großflächige Werbetafeln liegen außer vom Bauvolumen auch allgemein von der **Flächengröße** her durchweg in dem Rahmen, der sich aus dem in der Umgebung verwirklichten Maß der baulichen Nutzung in Bezug auf die Gebäudehöhe und die Gebäudebreite bzw. die Wandfläche ergibt (vgl. Jäde/Dirnberger/Weiß, zu § 34 Rn. 95 f.).

1.5 Die Werbeanlage im Verkehrsrecht

Werbung **auf** oder unmittelbar **an** öffentlichen Verkehrsflächen ist wegen der guten Sichtbarkeit besonders wirksam. Es verwundert daher nicht, dass das **Fachplanungsrecht** für öffentliche Verkehrsanlagen spezielle **Zulässigkeitsregelungen** für Anlagen der Außenwerbung enthält, die neben dem oder aber anstelle des Baurechts zu beachten sind. Dabei stand bislang die Beschränkung der Zulässigkeit von Werbeanlagen auf Anliegergrundstücken im Vordergrund der Überlegungen. Vor dem Hintergrund der **Privatisierungstendenzen** gewinnen aber zunehmend auch **eigentums- und sondernutzungsrechtliche Aspekte** im Zusammenhang mit Werbeanlagen an Bedeutung. Seit langem schon erwirtschaften die Bahnunternehmen Einnahmen aus der Vermietung von Werbeflächen in Bahnhöfen oder auf Bahnsteigen. Diesem Vorbild folgend haben Werbewirtschaft und Kommunen Modelle zur Nutzung der öffentlichen Straßenflächen für Werbezwecke entwickelt, um so Bau und Unterhaltung von Fahrgastunterständen des öffentlichen Personennahverkehrs oder von öffentlichen Toilettenanlagen aus den Werbeeinnahmen zu finanzieren. 30

Aufgrund der Größe der zur Verfügung stehenden Flächen sind die **straßenrechtlichen Regelungen** über Anlagen der Außenwerbung am ausgeprägtesten. Das Straßenrecht wird ergänzt durch das **Straßenverkehrsrecht**, aus dem sich ebenfalls Anforderungen an Werbeanlagen ergeben. Dagegen können im Hinblick auf Werbeanlagen die **eisenbahn-, personenbeförderungs-, wasserstraßen- und luftverkehrsrechtlichen Vorschriften** nur als **rudimentär** bezeichnet werden, zumal diese Rechtsvorschriften kein Sondernutzungsrecht vergleichbar dem FStrG und dem StrWG NRW kennen. Ob Werbeanlagen auf oder an öffentlichen Verkehrsflächen überhaupt dem Bauordnungsrecht unterliegen, könnte angesichts der Ausnahme vom Anwendungsbereich des Bauordnungsrechts (§ 1 Abs. 2 Nr. 1 BauO NRW) unterschiedlich beurteilt werden. Hierzu hat das OVG NRW mit Urt. v. 03.07.1997 (– 11 A 1566/94, BauR 31

§ 10 Anlagen der Außenwerbung, Warenautomaten

1997, 1001 = BRS 59 Nr. 134 zu einer Werbetafel an einer Eisenbahnbrücke) entschieden, dass die in § 1 Abs. 2 Nr. 1 BauO NRW aufgeführten **Verkehrsanlagen dem Geltungsbereich der Bauordnung nicht völlig entzogen** sind, vielmehr tritt die Anwendung der Bauordnung nur zurück, wenn ein Vorhaben den verkehrsanlagenrechtlichen Spezialvorschriften unterworfen ist. Eine Werbetafel wird mit ihrer Anbringung an einer Eisenbahnbrücke weder Bestandteil noch Zubehör dieser Verkehrsanlage im Sinne des § 1 Abs. 2 Nr. 1 BauO NRW und unterliegt als bahnfremdes Vorhaben den formellen und materiellen Vorschriften der Bauordnung (vgl. § 1 Rdn. 59).

1.5.1 Die Werbeanlage im Eisenbahnrecht

32 Das **Eisenbahnrecht** (vgl. § 1 Rdn. 81–100) enthält **keine ausdrücklichen** materiellrechtlichen **Einschränkungen** der Zulässigkeit **von Werbeanlagen.** Nach § 4 Abs. 1 AEG ist die Eisenbahninfrastruktur sicher zu bauen. Diese umfasst die Schienenwege mit den Verkaufs- und Abfertigungseinrichtungen einschließlich der Bahnhöfe (BVerwG, Urt. v. 29.08.1961 – I C 167/59, NJW 1962, 552). Die in Bahnhöfen befindlichen **Serviceeinrichtungen** sind zwar nicht zwingend für den Betrieb des Schienenverkehrs erforderlich, ihm aber üblicherweise zugeordnet und erfüllen daher eine **dienende Funktion.** Hierzu rechnen u.a. Gaststätten, Reisebüros, Läden zur Deckung des Reisebedarfs, Blumengeschäfte und Zeitschriftenkioske. Ausschlaggebend ist, ob die Anlage nach den konkreten Umständen des Einzelfalls tatsächlich für den Bahnbetrieb dienende Zwecke in Betrieb genommen und ihnen vorbehalten ist (VGH B-W, Urt. v. 24.04.1989 – 5 S 958/88, NVwZ 1990, 585). Wird dies bejaht, muss auch die zugehörige Werbeanlage als Bahnzwecken dienend angesehen werden. Läden in Bahnhöfen, die nach ihrer Größe oder den angebotenen Waren ein über den Reisebedarf hinausgehendes Sortiment führen, unterliegen dagegen – und damit auch die zugehörigen Werbeanlagen – dem allgemeinen Baurecht (Nds. OVG, Urt. v. 31.05.1996 – 6 L 3564/93, BauR 1997, 101 = BRS 58 Nr. 198 = NVwZ 1997, 602).

33 Formal-rechtlich besteht **kein Raum für bauplanungsrechtliche Zulassungsverfahren** hinsichtlich solcher **Vorhaben, die Bahnzwecken dienen** – und damit auch hinsichtlich dienend zugeordneten Werbeanlagen – **in der Reichweite der eisenbahnrechtlichen Planfeststellung** oder **Plangenehmigung** nach § 18 AEG (BVerwG, Urt. v. 16.12.1988 – 4 C 48.86, BVerwGE 81, 111 = BRS 49 Nr. 3 = DÖV 1989, 637 = DVBl 1989, 458 = NVwZ 1989, 655 = UPR 1989, 264 zur Sperrwirkung des § 38 BauGB). Bauordnungsrechtlich ergibt sich eine Sperrwirkung aus § 1 Abs. 2 Nr. 1 BauO NRW, da Werbeanlagen als Bestandteil öffentlicher Verkehrsanlagen bzw. von Nebenanlagen vom Anwendungsbereich der BauO NRW ausgeschlossen sind (z.B. DB-Logo, Werbung für Verkehrsangebote der Deutschen Bahn AG auf Großflächen oder Werbung an der Stätte der Leistung für Serviceeinrichtungen auf Bahnsteigen). Diesen Werbeanlagen können deshalb auch nicht die Vorschriften des § 10 BauO NRW entgegenstehen.

34 Werden die **Werbeanlagen für Bahnzwecke an Gebäuden** angebracht, z.B. an der Außenwand eines Abfertigungsgebäudes auf einem Bahnhofsareal, bewirkt die Rückausnahme für Gebäude in § 1 Abs. 2 Nr. 1 BauO NRW nur (vgl. § 1 Rdn. 137–139),

dass die **gebäudebezogenen Vorschriften zur Verunstaltungsabwehr** der §§ 9 und 10 BauO NRW Anwendung finden. Aus der Rückausnahme für Gebäude kann jedoch kein bauordnungsrechtliches Genehmigungserfordernis abgeleitet werden, da derart privilegierte Werbeanlagen als Bestandteil der öffentlichen Verkehrsanlage generell vom Anwendungsbereich der Bauordnung ausgenommen sind. Im Übrigen schließt die Konzentrationswirkung der eisenbahnrechtlichen Planfeststellung bzw. Plangenehmigung ein bauaufsichtliches Genehmigungsverfahren aus (vgl. Axer, Die Konzentrationswirkung der Plangenehmigung, DÖV 1995, S. 495 ff. sowie § 61 Rdn. 39–41). Die materiellen Vorgaben des Bauordnungsrechts für Gebäude unterliegen darüber hinaus der materiellen Konzentrationswirkung der eisenbahnrechtlichen Planfeststellung und können daher nach Maßgabe des fachplanungsrechtlichen Entscheidungsprogramms auch in der Abwägung widerstreitender Belange modifiziert werden (BVerwG, Urt. v. 14.12.1979 – 4 C 10.77, BVerwGE 59, 253).

In der Reichweite der eisenbahnrechtlichen Planfeststellung sind **bauaufsichtliche** 35 **Eingriffsmaßnahmen** in Bezug auf formell-illegale, aber **eisenbahnrechtlich privilegierte** Werbeanlagen **ausgeschlossen**, da insoweit das **Bauordnungsrecht keine Anwendung** findet. Die **Eisenbahnaufsicht** einschließlich der technischen Aufsicht sowie der Bauaufsicht für Betriebsanlagen der Eisenbahnen des Bundes liegt gemäß §§ 4, 5 AEG beim **Eisenbahnbundesamt** (zu dessen Aufgaben vgl. § 3 des Gesetzes über die Eisenbahnverkehrsverwaltung des Bundes vom 27.12.1993, BGBl. I S. 2378, z.g.d.G. vom 27.06.2017, BGBl. I S. 2085, sowie BVerwG, Beschl. v. 13.10.1994 – 7 VR 10/94, NVwZ 1995, 379; zur Eisenbahnaufsicht über die nicht zum Netz der Deutschen Bahn AG gehörenden Eisenbahnen vgl. § 5 Abs. 1a und 3 AEG; zum Umfang der Zuständigkeit des Eisenbahn-Bundesamtes vgl. auch OVG NRW, Beschl. v. 09.09.1994 – 11 B 1447/94, BauR 1995, 371 = BRS 56 Nr. 135).

Nicht eisenbahnrechtlich planfeststellungsfähige Werbeanlagen unterliegen dem 36 Bauordnungsrecht. Insoweit besteht die Rechtslage, wie sie durch das Reichsbahngesetz vom 30.08.1924 (RGBl II, S. 272) bereits geschaffen wurde, unverändert fort. Hierzu führte das PrOVG in seinem Urt. v. 06.10.1932 (PrOVGE 90, 400) aus:

»Die den Reichsbahnbehörden durch § 37 des ReichsbahnG einschließlich des Abs. 5 37 *eingeräumte Sonderstellung gegenüber der örtlichen Baupolizei bezieht sich nur auf Reichsbahnanlagen, d.h.: die im Bahnbereich liegenden und dem Verkehr der Eisenbahn als eigengearteter öffentlicher Transportanstalt dienenden Anlagen, wie Bahnhöfe, Stellwerke, Wassertürme, Schienenanlagen, usw. Für andere bauliche Anlagen sind die Reichsbahnbehörden ebenso, wie jeder andere Bauherr, einer etwa vorgeschriebenen baupolizeilichen Genehmigung unterworfen.«*

Mit dieser Entscheidung bestätigte das PrOVG die Versagung der baupolizeilichen 38 Genehmigung eines Bauantrages der Werbegesellschaft der Deutschen Reichsbahn, wonach an der Außenseite des Geländers einer Eisenbahnbrücke über einer Straße ein Werbeschild für eine nahegelegene private Tankstelle angebracht werden sollte. Für die Einordnung einer Werbeanlage als eine nach Eisenbahnrecht privilegierte Anlage kommt es entscheidend auf die Zweckbestimmung, dem Eisenbahnbetrieb zu dienen, an. Wegen des Gebots, die Bahnanlagen nach kaufmännischen Gesichtspunkten zu verwalten, stellt aber die Erzielung von Miet- und Pachteinnahmen für eine betriebsfremde Nutzung zwecks Verbesserung der Bilanz keinen Dienst am Eisenbahnbetrieb dar (so schon BVerwG, Urt. v. 29.08.1961 – I C 167/59, NJW 1962, 552).

39 **Bauordnungsrechtliche Anforderungen an nicht eisenbahnrechtlich privilegierte Werbeanlagen auf Bahngelände** verletzen weder das GG noch stehen sie im Widerspruch zum Eisenbahnrecht (BVerwG, Urt. v. 29.08.1961 – I C 167/59, NJW 1962, 552 zum Hamb. Gesetz über Außenwerbung an Brücken vom 01.10.1957, GVBl. S. 442, das die Anbringung von Werbemitteln an Brücken über öffentlichen Straßen, Plätzen, Grünanlagen, Wasserläufen und sonstigen öffentlichen Flächen ohne jede Ausnahme untersagte). Diese Auffassung wurde in Bezug auf bauliche Anlagen und Nutzungen bestätigt (VGH B-W, Urt. v. 22.03.1973 – III 809/71, BRS 27 Nr. 45 zu einer Lagerhalle für private gewerbliche Zwecke auf Bahngelände und Urt. v. 04.11.1986 – 8 S 3257/85, NVwZ 1987, 1091 zu einem Selbstbedienungsmarkt; OVG NRW, Urt. v. 06.10.1988 – 4 A 2966/86, NVwZ 1989, 576 zu einer Spielhalle im Bahnhofsbereich; Nds. OVG, Urt. v. 31.05.1996 – 6 L 3564/93, BauR 1997, 101 = BRS 58 Nr. 198 = NVwZ 1997, 602 zu einem Drogerie- und Supermarkt in einem Bahnhofsgebäude).

40 Die **Sperrwirkung der eisenbahnrechtlichen Planfeststellung** endet erst mit der Entlassung der Bahnanlage **aus dem Fachplanungsrecht**; dies bedarf einer eindeutigen und bekannt gemachten Erklärung der Eisenbahnverwaltung, die für jedermann klare Verhältnisse schafft (BVerwG, Urt. v. 16.12.1988 – 4 C 48.86, BVerwGE 81, 111 und Beschl. v. 27.04.1998 – 4 B 33.98, BauR 1998, 993 = BRS 60 Nr. 155). Betriebsanlagen der Eisenbahn im Sinne des § 18 Satz 1 AEG i.V.m. § 4 Abs. 1 EBO können ohnehin nicht entwidmet werden, solange sie ihre Funktion beibehalten (BVerwG, Urt. v. 27.11.1996 – 11 A 2.96, DÖV 1997, 508). Selbst eine nur vorübergehende Überlassung von Flächen oder baulichen Anlagen, die für Bahnzwecke tatsächlich nicht mehr genutzt werden, genügt nicht für eine fachplanerische Entwidmung (BVerwG, Beschl. v. 05.02.1990 – 4 B 1.90, DÖV 1990, 475 = NVwZ 1990, 462 = UPR 1990, 387). Die vorherige Entwidmung der von einem Vorhaben beanspruchten **Kleinstteilfläche** eines Bahngeländes für die Aufstellung einer freistehenden Plakatanschlagtafel ist nicht erforderlich, weil dem Eisenbahnverkehr kein ins Gewicht fallender Raum entzogen wird und nach der Privatisierung der Deutschen Bundesbahn eine Vereinbarkeit mit dem ohnehin optisch gegebenen gewerblichen Charakter von Eisenbahnanlagen gegeben ist; Werbeanlagen gehören traditionell zum Erscheinungsbild von Eisenbahnen, sind als »Begleitanlagen« anerkannt und bilden keinen »Fremdkörper« (OVG Rh-Pf, Urt. v. 29.06.2000 – 1 A 10262/00, BRS 63 Nr. 171; BayVGH, Urt. v. 09.12.2010 – 2 B 09.1500, BauR 2011, 801). Auch können Plakatanschlagtafeln auf Bahnhofsgelände mit der fachplanerischen Zweckbestimmung des Geländes in Einklang stehen (OVG Saar, Urt. v. 24.09.2002 – 2 R 12/01, BRS 65 Nr. 155).

1.5.2 Die Werbeanlage im Personenbeförderungsrecht

41 Dem **PBefG** unterliegen öffentliche Verkehrsanlagen, deren Zweck die **geschäftsmäßige Beförderung von Personen mit Straßenbahnen, Oberleitungsomnibussen

und **Kraftfahrzeugen** bildet (vgl. § 1 Rdn. 101–110). Soweit diese den öffentlichen Straßenraum benutzen, wird auf die nachfolgenden Anmerkungen zu 1.5.5 über Werbeanlagen im Straßenrecht verwiesen. Soweit ein besonderer **Bahnkörper** besteht, unterliegen diese Verkehrsanlagen allein den Bestimmungen des PBefG in Verbindung mit der BOStrab (vgl. § 1 Rdn. 102–103). Gemäß § 4 Abs. 2 PBefG gelten als Straßenbahnen auch Bahnen, die als **Hoch- und Untergrundbahnen, Schwebebahnen oder ähnliche Bahnen besonderer Bauart** angelegt sind. Betriebsanlagen für Straßenbahnen bedürfen gemäß § 28 PBefG einer Planfeststellung oder Plangenehmigung.

Die **Rechtslage** hinsichtlich der Anbringung von Werbeanlagen in oder auf Betriebsanlagen der Straßenbahnen ist **vergleichbar** mit der nach **Eisenbahnrecht**, so dass auf die Ausführungen zu den Rdn. 32–40 sinngemäß verwiesen wird. Zu den Besonderheiten bei Fahrgastunterständen vgl. Rdn. 172. 42

1.5.3 Die Werbeanlage im Wasserstraßenrecht

Nach § 14 **WaStrG** bedürfen Ausbau und Neubau von Bundeswasserstraßen der Planfeststellung bzw. Plangenehmigung (vgl. § 1 Rdn. 111–123). Gemäß § 1 Abs. 4 WaStrG gehören auch die bundeseigenen Schifffahrtsanlagen, wie Schleusen, Wehre, Schiffshebewerke, Schutz-, Liege- und Bauhäfen, bundeseigene Talsperren, Speicherbecken und andere Speisungs- und Entlastungsanlagen, die ihrer Unterhaltung dienenden bundeseigenen Ufergrundstücke, Bauhöfe und Werkstätten sowie bundeseigene Einrichtungen oder Gewässerteile, die der Erhaltung oder Wiederherstellung der Durchgängigkeit bei Stauanlagen, die von der Wasser- und Schifffahrtsverwaltung des Bundes errichtet oder betrieben werden, dienen, zu den Bundeswasserstraßen. **Wasserstraßenrechtlich privilegierte Werbeanlagen**, die auf Dienstleistungen der die Wasserstraßen benutzenden Unternehmen hinweisen, sind als Bestandteil der Wasserstraße vom Anwendungsbereich der BauO NRW ausgeschlossen, so z.B. die Hinweiswerbung der Fähren und der Schifffahrtsgesellschaften an den Anlegestellen. 43

Wirtschaftswerbung ist nicht generell, sondern nur **in Verbindung mit Schifffahrtszeichen** nach § 34 Abs. 4 S. 2 WaStrG **unzulässig**. Gemäß § 31 Abs. 1 Nr. 2 WaStrG bedürfen die Errichtung, die Veränderung und der Betrieb **von Anlagen** – und damit wegen der weit gefassten Zielsetzung des WaStrG auch von Werbeanlagen – in, über oder unter einer Bundeswasserstraße oder **an ihrem Ufer** einer **strom- und schifffahrtspolizeilichen Genehmigung**, wenn durch die beabsichtigte Maßnahme eine Beeinträchtigung des für die Schifffahrt erforderlichen Zustands der Bundeswasserstraße oder der Sicherheit und Leichtigkeit des Verkehrs zu erwarten ist; ansonsten bedarf es nach § 31 Abs. 2 WaStrG einer Anzeige beim zuständigen Wasser- und Schifffahrtsamt. 44

1.5.4 Die Werbeanlage im Luftverkehrsrecht

Dem **LuftVG** unterliegen **Flugplätze**, das sind die Flughäfen, die Landeplätze und die Segelfluggelände (vgl. § 1 Rdn. 124–133). Flughäfen und Landeplätze mit beschränktem Bauschutzbereich nach § 17 LuftVG bedürfen gemäß § 8 LuftVG der Planfeststellung oder Plangenehmigung. Anders als im Eisenbahnrecht bleiben gemäß 45

§ 10 Anlagen der Außenwerbung, Warenautomaten

§ 9 Abs. 1 LuftVG die **Zuständigkeiten der für die Baugenehmigung zuständigen Behörden unberührt.** Hieraus ergeben sich im Hinblick auf das Fachplanungsprivileg des § 38 BauGB **komplizierte Anwendungsfragen**, zu denen das BVerwG (Urt. v. 20.10.1990 – 4 C 30.87, DVBl 1990, 1179) ausführlich Stellung genommen hat (vgl. § 1 Rdn. 128–132). Danach bleibt die Beurteilung der bebauungsrechtlichen Zulässigkeit eines Vorhabens im Sinne des § 29 Abs. 1 BauGB insoweit dem spezifischen Entscheidungsverfahren nach dem Luftverkehrsrecht überlassen, als dieses eine Regelungskompetenz für sich in Anspruch nimmt. Eine solche Regelungskompetenz besteht in Bezug auf die Start- und Landebahnen sowie die damit im Zusammenhang stehenden **der Sicherheit des Luftverkehrs dienenden baulichen Anlagen** (Flugsicherung, Tanklager).

46 Weniger eindeutig ist die Rechtslage hinsichtlich der Abfertigungsgebäude, Parkhäuser, Wartungsgebäude und Wartungsanlagen sowie Luftfrachthallen einschließlich der daran angebrachten zugehörigen Werbeanlagen. Bei verständiger Würdigung des Rechtsgedankens aus § 1 Abs. 2 Nr. 1 BauO NRW wird man **Werbeanlagen**, welche **Luftverkehrszwecken dienen**, als **luftverkehrsrechtlich privilegiert** und damit vom Anwendungsbereich der BauO NRW ausgeschlossen ansehen müssen. Hierunter fallen Werbeanlagen für die Flughafenbezeichnung, die einzelnen Luftverkehrsgesellschaften und die zum Flughafenbetrieb erforderlichen Serviceeinrichtungen (vgl. Rdn. 32 zum Eisenbahnrecht).

47 Aus dem festgestellten Ausbauplan eines Flughafens resultieren im Bauschutzbereich **Baubeschränkungen** für Bauwerke und **Zustimmungserfordernisse** für Anlagen einer bestimmten Höhe (vgl. §§ 12–14 LuftVG und § 1 Rdn. 128). Gemäß § 15 Abs. 1 Satz 1 LuftVG gelten die Bestimmungen der §§ 12–14 LuftVG sinngemäß für Bäume, Freileitungen, Masten, Dämme sowie für **andere Anlagen** und Geräte. Diese Aufzählung erfasst mit dem Auffangbegriff »andere Anlagen« auch die **Werbeanlagen**. Im Vorbescheids- oder Baugenehmigungsverfahren hat sich die Bauaufsichtsbehörde daher intern mit der Luftfahrtbehörde abzustimmen (vgl. BVerwG, Urt. v. 20.10.1990 – 4 C 30.87, DVBl 1990, 1179).

1.5.5 Die Werbeanlage im Straßenrecht

1.5.5.1 Die Nutzung des Straßenraumes durch Werbung

48 Die öffentlichen Straßen, Wege und Plätze werden seit jeher schon für Werbezwecke in Anspruch genommen. Die **Gemeinden** nutzen ihre öffentlichen Verkehrsflächen durch Aufstellen von **Anschlagsäulen** (Litfaßsäulen), **Werbevitrinen** oder **Werbetafeln**. Über **Werbenutzungsverträge** übertragen die Kommunen das Nutzungsrecht an ihren öffentlichen Verkehrsflächen zur Erzielung von Einnahmen an Unternehmen der Werbewirtschaft, teilweise auch, um hierdurch wiederum öffentliche Einrichtungen zu finanzieren. Dabei gelangen zunehmend beleuchtete großformatige Anlagen (Mega-Werbetafeln) zur Ausführung, eine Entwicklung, die von der Öffentlichkeit kritisch betrachtet wird. Derart große Werbeanlagen sind bei Beachtung der bauordnungsrechtlichen sowie der straßen- und straßenverkehrsrechtlichen Vorschriften in der Auslegung, wie sie diese durch die Gerichte erfahren haben, nur in seltenen Fällen

zulässig (vgl. OVG NRW, Urt. v. 17.04.2002 – 10 A 4188/01, BauR 2002, 1231 = BRS 65 Nr. 147). Dem mit der Rechtslage Vertrauten drängt sich hier der Eindruck auf, dass bei der Zulassung der Anlagen primär wirtschaftliche oder andere kommunale Interessen im Vordergrund der »Überprüfung« standen. Es ist aber Aufgabe der Bauaufsichtsbehörden, für eine **gleichmäßige Rechtsanwendung** im Interesse der Erhaltung des Rechtsfriedens zu sorgen. Es geht nicht an, bei der Prüfung der Zulässigkeit von Werbeanlagen an Baudenkmälern und architektonisch besonders gelungenen Bauten auf die Einhaltung des Rechts bis in die Einzelheiten genau zu achten, im gleichen Atemzuge aber zuzulassen, dass durch großformatige Werbetafeln im öffentlichen Straßenraum – abgesehen von der verkehrsgefährdenden Wirkung (vgl. Rdn. 48–50 und 138–142) –die Sicht auf begrünte Flächen, erhaltenswerte Fassaden oder Straßenbilder (vgl. Rdn. 125–134) verdeckt wird.

Die **Anlieger** öffentlicher Straßen, Wege und Plätze nutzen ihre Grundstücke oder baulichen Anlagen in vielfältigster Form zur Anbringung von Werbeanlagen. Dabei ist nicht nur die Ausrichtung der Werbeanlagen zur öffentlichen Verkehrsfläche hin, sondern auch die Inanspruchnahme des Luftraumes über dem Straßenkörper von Bedeutung für die rechtliche Bewertung der Werbeanlagen. Im Einzelfall kann die **Sicherheit und Leichtigkeit des Verkehrs** beeinträchtigt oder sogar gefährdet werden. 49

Das Straßenrecht enthält wegen der Inanspruchnahme des öffentlichen Raumes und der damit im Zusammenhang stehenden Fragen **spezielle Vorschriften über Anlagen der Außenwerbung** außerhalb der Ortsdurchfahrten in einer bestimmten Entfernung vom Fahrbahnrand (vgl. § 9 Abs. 6 FStrG und § 28 StrWG NRW; zum Begriff der baulichen Anlage bzw. des Hochbaues im Straßenbaurecht vgl. § 2 Rdn. 22–25). Weiterhin befasst sich das Straßenrecht allgemein, also nicht ausdrücklich beschränkt auf Werbeanlagen, mit dem **Gemeingebrauch** und der **Sondernutzung** der öffentlichen Straßenflächen. Schließlich kennt das FStrG **Nebenbetriebe**, die ihrerseits wiederum straßenrechtlich privilegierte Werbeanlagen aufweisen können. 50

1.5.5.2 Straßenrechtlich privilegierte Werbeanlagen

Werbeanlagen als Bestandteil von Nebenbetrieben an Bundesautobahnen sind nach § 1 Abs. 2 Nr. 1 BauO NRW vom Anwendungsbereich ausgenommen (vgl. § 1 Rdn. 133–136). Raststätten, Motels und Tankstellen an Bundesautobahnen werden von der Autobahn Tank & Rast GmbH & Co. KG als Rechtsnachfolgerin der Gesellschaft für Nebenbetriebe der Bundesautobahnen mbH bewirtschaftet und unterliegen, auch wenn sie von Dritten betrieben werden, dem Fachplanungsrecht (vgl. Kodal, S. 1610 ff. Rn. 53–57.2). Hierbei handelt es sich um eine **Besonderheit des Bundesfernstraßenrechts**; das StrWG NRW kennt den Begriff des Nebenbetriebes nicht. Die hoheitlichen Befugnisse, Planfeststellung, Plangenehmigung, Bauüberwachung, Besitzeinweisung, Enteignung und Entschädigung gemäß §§ 17–19a FStrG, verbleiben trotz Privatisierung des Nebenbetriebs beim Straßenbaulastträger. Nach § 4 Satz 2 FStrG bedarf es bei Nebenbetrieben keiner behördlichen Genehmigungen, Erlaubnisse und Abnahmen durch andere als die 51

Straßenbaubehörden (zur Planfeststellung bzw. Plangenehmigung von Nebenbetrieben nach dem Bundesfernstraßenrecht vgl. BVerwG, Beschl. v. 14.06.1996 – 4 A 3/96, NVwZ-RR 1997, 340).

52 Für Straßenbahnen, Oberleitungsbusse, Omnibusse und Taxen eingerichtete **Haltestellen** und **Omnibusbahnhöfe** sowie **Taxenstandplätze** im öffentlichen Straßenraum sind unselbständige Bestandteile der Straße und vom Anwendungsbereich der BauO NRW ausgenommen (vgl. Kodal, S. 285 Rn. 24). An den Haltestellen, Omnibusbahnhöfen und Taxenstandplätzen angebrachte **Anlagen der Außenwerbung**, die auf die entsprechenden **Verkehrsleistungen der nach dem Personenförderungsrecht zugelassenen Unternehmen** hinweisen, unterliegen nicht dem Bauordnungsrecht.

53 Die an den Haltestellen und auf Omnibusbahnhöfen befindlichen **Fahrgastunterstände** des öffentlichen Personennahverkehrs oder der Schülerbeförderung unterfallen als **Gebäude** der Rückausnahme des § 1 Abs. 2 Nr. 1 BauO NRW und unterliegen in materieller Hinsicht dem Bauordnungsrecht. Fahrgastunterstände sind jedoch nach § 62 Abs. 1 Satz 1 Nr. 1 Buchstabe e BauO NRW vom Baugenehmigungsverfahren freigestellt. Soweit an Fahrgastunterständen **Wirtschaftswerbung** angebracht wird, unterliegt diese gemäß § 64 Abs. 1 Satz 1 BauO NRW dem einfachen Genehmigungsverfahren. Im Übrigen bedarf diese Werbung einer straßenrechtlichen Sondernutzungserlaubnis (vgl. Rdn. 54).

1.5.5.3 Gemeingebrauch, Sondergebrauch, Sondernutzung

54 Die Aufstellung bzw. Anbringung von nicht straßenrechtlich privilegierten Werbeanlagen im Straßenraum unterfällt als Werbung im Sinne des § 10 Abs. 1 BauO NRW dem Bauplanungs- und Bauordnungsrecht. Das Straßenrecht behandelt diese Werbung als **Sondernutzung**, die über den Gemeingebrauch hinausgeht. Das Aufstellen von Anschlagsäulen, Litfaßsäulen, Werbetafeln, Werbezeichen und Werbeschriften auf dem Straßengrund gehört als Eingriff in die Substanz der Straße nicht zum Gemeingebrauch (so Kodal, S. 777 Rn. 106). Unbeschadet der baurechtlichen Vorschriften, die vielfach bereits diese Maßnahmen ausschließen, z.B. weil sie den §§ 31 und 32 BauGB oder § 10 Abs. 2 BauO NRW entgegenstehen, ist nach dem Straßenrecht auf den zur Aufnahme des Verkehrs bestimmten Straßenteilen (Fahrbahnen, Parkstreifen, Rad- und Gehwege) gemäß § 8 FStrG bzw. § 18 StrWG NRW eine **Sondernutzungserlaubnis** erforderlich. Werbeanlagen auf Straßenflächen, die als Böschung oder Randstreifen dienen, bedürfen in straßenrechtlicher Hinsicht eines bürgerlich-rechtlichen Gestattungs- bzw. Nutzungsvertrags, wenn von ihnen keine den Gemeingebrauch beeinträchtigenden Wirkungen ausgehen (vgl. § 8 Abs. 10 FStrG bzw. § 23 Abs. 1 StrWG NRW); hierbei handelt es sich um einen **Sondergebrauch** der Straße.

55 Nach § 1 Abs. 4 Nr. 2 FStrG und § 2 Abs. 2 Nr. 2 StrWG NRW gehört der **Luftraum über dem Straßenkörper** zur öffentlichen Straße. Der Luftraum nach FStrG bzw. StrWG NRW orientiert sich im Wesentlichen an der **Freihaltung des Lichtraumprofils**. Nach den im Straßenrecht geltenden allgemein anerkannten Regeln der Technik (vgl. § 55 StrWG NRW) bzw. den von der Forschungsgesellschaft für das

Straßen- und Verkehrswesen erarbeiteten Richtlinien soll über von Kraftfahrzeugen benutzten Fahrbahnen eine lichte Höhe von 4,50 m und über Geh- und Radwegen eine lichte Höhe von 2,50 m von Hindernissen freigehalten werden, um den Gebrauch für jedermann im Rahmen der Widmung und der verkehrsbehördlichen Vorschriften zum Verkehr – **Gemeingebrauch** – nicht zu beeinträchtigen.

Straßenrechtlich wird zwischen **Sondernutzung** und **Sondergebrauch** unterschieden. Dem Grundsatz nach gilt, dass die **Sondernutzungserlaubnispflicht die Regel** bildet, wenn eine Benutzung über den Gemeingebrauch hinaus erfolgt. Nur bei Nichtbeeinträchtigung des Gemeingebrauches kommt ausnahmsweise eine Rechtseinräumung als **Sondergebrauch** nach bürgerlichem Recht zum Tragen. Die Abgrenzung von Sondernutzung und Sondergebrauch kann erhebliche Probleme bereiten und ist nach den Umständen des Einzelfalls vorzunehmen. Eine den Gemeingebrauch nicht beeinträchtigende Benutzung kann nur eine solche sein, die das öffentliche Interesse in keiner Weise berührt, also in keiner Weise geeignet ist, die Funktionen der Straßenaufsicht und der Straßenunterhaltungspflicht zur Entfaltung zu bringen (BGH, Urt. v. 28.09.1982 – KZR 17/81, NVwZ 1983, 499 zu einer 5 m hohen und 0,80 m in den Luftraum über der Straße hineinragenden Werbeanlage an der Stätte der Leistung in einem Abstand der Unterkante von 4,58 m über dem Erdboden; in diesem Fall kam das Gericht zu dem Schluss, dass Anbringung und Unterhaltung sondernutzungserlaubnispflichtig seien, ferner, dass eine gesondert zu erteilende privatrechtliche Gestattung für eine nach § 18 StrWG NRW zu beurteilende Sondernutzung dann nicht notwendig sei, wenn der Eigentümer der öffentlichen Straße gleichzeitig Träger der Straßenbaulast ist). Eine Sondernutzung kann nach den Umständen des Einzelfalles auch vorliegen, wenn der Verkehrsraum zu verkehrsfremden Werbezwecken durch das **Abstellen von Reklameanhängern** in Anspruch genommen wird (OVG NRW, Beschl. v. 22.07.2003 – 10 B 890/03, BauR 2004, 67 = BRS 66 Nr. 152 = DÖV 2004, 170 und Urt. v. 12.07.2005 – 11 A 4433/02, DÖV 2006, 125 = NJW 2005, 3162; OVG NRW, Beschl. v. 19.06.2015 – 11 A 2046/13, juris). Maßgebliche Kriterien können in diesem Zusammenhang beispielsweise das Erscheinungsbild des Fahrzeugs, der Ort der Aufstellung, die Ausrichtung des Anhängers zur Straße, die Entfernung zur Wohnung oder zum Betriebssitz des Halters oder die Dauer der Aufstellung sein (OVG NRW, Urt. v. 11.08.2017 – 11 A 432/17, NWVBl. 2018, 62).

Ob eine **Beeinträchtigung des Gemeingebrauches** vorliegt, muss vor allem nach den Maßstäben der Sicherheit und Leichtigkeit des Verkehrs beurteilt werden. Dabei kommt es nicht auf die konkrete, sondern vielmehr auf die abstrakte Gefährdung im Sinne des Ordnungs- und Polizeirechts an (vgl. § 3 Rdn. 40–49). Es kann davon ausgegangen werden, dass Werbeanlagen auf der Oberfläche und im Luftraum der zur Aufnahme des Verkehrs bestimmten Straßenteile, soweit es sich um Bundesfernstraßen, Landesstraßen, Kreisstraßen und Gemeindestraßen im Sinne des § 1 FStrG bzw. des § 3 StrWG NRW handelt, stets eine Sondernutzungserlaubnis erfordern. Bei sonstigen öffentlichen Straßen im Sinne von § 3 Abs. 5 StrWG NRW, z.B. den Eigentümerstraßen und Eigentümerwegen, regelt sich die Sondernutzung gemäß § 51 Abs. 2 StrWG NRW ausschließlich nach bürgerlichem Recht.

58 Eine Erweiterung des Gemeingebrauchs unter Berücksichtigung der spezifischen Anliegerbedürfnisse stellt der u.a. aus Art. 14 Abs. 1 GG hergeleitete **Anliegergebrauch** dar (vgl. im Übrigen § 8a FStrG und § 14a StrWG NRW). Der Anliegergebrauch ist als Kerngewährleistung der Teilnahme am Gemeingebrauch in der grundrechtlichen Eigentumsgarantie des Art. 14 Abs. 1 GG begründet. Er richtet sich jedoch nach dem Straßenrecht, das insoweit Inhalt und Schranken des Eigentums am »Anliegergrundstück« im Sinne des Art. 14 Abs. 1 Satz 2 GG bestimmt (BVerwG, Beschl. v. 11.05.1999 – 4 VR 7.99, UPR 1999, 354 und Beschl. v. 30.06.2014 – 9 B 6/14, juris).

59 Der **Straßenanlieger** nimmt am Gemeingebrauch der Straße teil, benutzt dabei den Verkehr zur Kundenwerbung und ist auf diesen »**Kontakt nach außen**« sogar **angewiesen**. Die Rechtsprechung rechnet bei Gewerbebetrieben auch die Lage an der Straße zum geschützten Bestand des Betriebes, nämlich den »Kontakt nach außen«, der dem Betrieb den Zugang zur Straße sowie die Zugänglichkeit von der Straße her gewährt und dem Inhaber eine Einwirkung durch Werbung auf den fließenden Verkehr und das Gewinnen von Laufkundschaft ermöglicht (BGH, Urt. v. 20.12.1971 – III ZR 79/69, NJW 1972, 243). In den Luftraum geringfügig eingreifende Werbung an der Stätte der Leistung, wie z.b. ein an der Fassade eines Ladenlokals angebrachtes Flachtransparent, rechnet noch zum erlaubnisfreien Anliegergebrauch (BVerwG, Urt. v. 29.04.1977 – IV C 15/75, NJW 1977, 1789, in dieser Entscheidung ferner zum Abwehrrecht des Anliegers, wenn dieser durch eine rechtswidrige fremde Straßennutzung beeinträchtigt wird). Dagegen gehört die Anbringung eines Warenautomaten im Straßenraum vor dem Ladenlokal des Anliegers in aller Regel nicht mehr zum grundrechtlich geschützten Kern des Gemeingebrauchs (BVerwG, Urt. v. 18.10.1974 – IV C 4/72, NJW 1975, 357). Auch Lichtwerbung mittels Projektoren vor Ladenlokalen auf öffentlichen Gehwegen geht über den Anliegergebrauch hinaus und stellt eine erlaubnispflichtige Sondernutzung dar (vgl. Günther, Aktuelle Rechtsfragen bei neuartiger Lichtreklame, NVwZ 1995, S. 670 ff).

60 Die **Sondernutzung** besteht in einer **Benutzung der Straße über den Gemeingebrauch hinaus** unter Inkaufnahme einer Beeinträchtigung der gemeingebräuchlichen Nutzungsmöglichkeiten. Eine Bagatellgrenze derart, dass auf dem Straßengrund aufgestellte »Großplakatanschlagtafeln« nur dann als potentielle Beeinträchtigung des Gemeingebrauches und damit als Sondernutzung beurteilt werden dürfen, wenn sie mehr als 0,2 oder 0,3 m in den öffentlichen Straßenraum hineinragen, ergibt sich weder aus dem FStrG noch aus dem GG. Auch wenn Plakatanschlagtafeln nur gering in den öffentlichen Straßenraum hineinragen, verengen sie die Verkehrsfläche und wirken sich zu Lasten des Gemeingebrauchs aus (BVerwG, Beschl. v. 10.05.1996 – 11 B 29.96, DVBl 1996, 925 = NVwZ 1996, 1210; s.a. VGH B-W, Urt. v. 12.12.1996 – 8 S 1725/96, NVwZ 1998, 652 = UPR 1997, 255 zu einer 14 cm tiefen Werbevitrine).

61 Nach § 8 Abs. 1 Satz 4 FStrG und § 19 StrWG NRW können die Gemeinden durch Satzung bestimmte Sondernutzungen in den Ortsdurchfahrten und in den Gemeindestraßen von der Erlaubnispflicht befreien und die Ausübung regeln. Die meisten Gemeinden haben von dieser Möglichkeit Gebrauch gemacht und in ihren

Sondernutzungssatzungen Werbeanlagen an der Stätte der Leistung bei Einhaltung bestimmter Abmessungen, z.b. wenn die Auskragung nicht mehr als 0,30 m über Gehwegen oberhalb des Lichtraumprofils beträgt, von der Erlaubnispflicht befreit, um so einem Bedürfnis der Anlieger Rechnung zu tragen und das Verfahren zu erleichtern. In diesen Fällen bedarf es dann nur einer baurechtlichen Genehmigung.

1.5.5.4 Beschränkungen zum Schutz der Verkehrswege

Anbauverbote und **Zustimmungsvorbehalte** sind seit jeher Gegenstand des Straßenrechts (vgl. Kodal, S. 937 f. Rn. 1–4). Sowohl das FStrG als auch das StrWG NRW enthalten **spezielle Verbote für Werbeanlagen** außerhalb der zur Erschließung der anliegenden Grundstücke bestimmten Teile der Ortsdurchfahrten. Diese verfahrensrechtlichen Vorschriften des Straßenrechts sind nur dann nicht beachtlich, soweit **Hochbauten** den Festsetzungen eines **Bebauungsplans** entsprechen, der **mindestens die Begrenzung der Verkehrsflächen** sowie **an diesen gelegene überbaubare Grundstücksflächen** enthält und **unter Mitwirkung des Trägers der Straßenbaulast** zustande gekommen ist (vgl. § 9 Abs. 7 FStrG und § 25 Abs. 5 StrWG NRW). Bei **Abweichungen** von den Bebauungsplanfestsetzungen **leben die straßenrechtlichen Anbauverbote** und **Zustimmungsvorbehalte wieder auf** (OVG NRW, Urt. v. 19.02.2001 – 11 A 3153/96, UPR 2001, 317). **Auf Außenwerbung** ist § 9 Abs. 7 FStrG jedoch **nicht anwendbar**, da der Gesetzgeber gerade für diese unter dem Gesichtspunkt der Verkehrssicherheit stärker regelungsbedürftigen Anlagen keine zusätzliche Ausnahme zulassen wollte (BVerwG, Urt. v. 21.09.2006 – 4 C 9.05, BauR 2007, 339 = BRS 70 Nr. 143). Mit anderen Worten bedarf es für Werbeanlagen, selbst wenn diese den Festsetzungen des Bebauungsplans nicht widersprechen, stets einer straßenrechtlichen Gestattung. Der straßenrechtliche Begriff der Anlagen der Außenwerbung erfasst auch die nach Bauordnungsrecht freigestellten Werbeanlagen (BVerwG, Urt. v. 03.09.1963 – I C 156/60, BRS 14, C 1 S. 297 = DVBl 1964, 189).

Gesetzliche Verbote zur Errichtung von Anlagen der Außenwerbung bestehen
– nach § 9 Abs. 1 Nr. 1 FStrG in einer Entfernung **bis zu 40 m** bei **Bundesautobahnen**,
– nach § 9 Abs. 1 Nr. 1 FStrG in einer Entfernung **bis zu 20 m** bei **Bundesstraßen außerhalb** der zur Erschließung bestimmten Teile der **Ortsdurchfahrten**,
– nach § 28 Abs. 1 StrWG NRW **außerhalb der Ortsdurchfahrten** von **Landesstraßen, Radschnellverbindungen des Landes** und **Kreisstraßen** in einer Entfernung **bis zu 20 m**,
– nach § 9 Abs. 6 Satz 2 FStrG **an Brücken über Bundesstraßen außerhalb** der zur Erschließung bestimmten Teile der Ortsdurchfahrten,
– nach § 28 Abs. 2 StrWG NRW **an und auf Brücken über Landesstraßen, Radschnellverbindungen des Landes und Kreisstraßen außerhalb der Ortsdurchfahrten** und
– nach § 27 Abs. 1 StrWG NRW **außerhalb der Ortsdurchfahrten**, wenn dadurch bei höhengleichen **Kreuzungen** und **Einmündungen** von Straßen oder von **Kreuzungen von Straßen mit** dem öffentlichen Verkehr dienenden **Schienenbahnen** die **Sicht behindert** und die **Verkehrssicherheit beeinträchtigt** wird.

§ 10 Anlagen der Außenwerbung, Warenautomaten

64 Gesetzliche **Zustimmungsvorbehalte** in Anbaubeschränkungszonen zur Errichtung bzw. Anbringung von Anlagen der Außenwerbung bestehen
- nach § 9 Abs. 2 Nr. 1 FStrG in einer Entfernung **bis zu 100 m** bei **Bundesautobahnen**,
- nach § 9 Abs. 2 Nr. 1 FStrG in einer Entfernung **bis zu 40 m** bei **Bundesstraßen außerhalb** der zur Erschließung bestimmten Teile der **Ortsdurchfahrten**,
- nach § 25 Abs. 1 Nr. 1 StrWG NRW in einer Entfernung **bis zu 40 m** bei **Landesstraßen, Radschnellverbindungen des Landes** und **Kreisstraßen außerhalb** der **Ortsdurchfahrten**.

65 Die Anbauverbote bzw. Zustimmungsvorbehalte in Anbaubeschränkungszonen bestehen nach dem Straßenrecht **längs** der Bundesfern-, Landes- oder Kreisstraßen **parallel zum Fahrbahnrand**. Unter »Fahrbahn« ist die für den Kraftfahrzeugverkehr bestimmte Fahrbahn zu verstehen; Standspuren, Parkstreifen und Radwege fallen nicht hierunter. Einzubeziehen sind jedoch die Fahrbahnen der Anschlussstellen (Kodal, S. 952 f. Rn. 38–38.2). Das Anbauverbot an Bundesautobahnen gilt durchgängig, auch wenn diese durch eine Stadtlage verläuft (OVG Bln, Urt. v. 14.06.2005 – 2 B 8.03, BauR 2006, 364 = BRS 69 Nr. 146). Die Gemeinden können nach § 25 Abs. 6 StrWG NRW für bestimmte **Gemeindestraßen außerhalb der geschlossenen Ortslage** durch **Satzung** ebenfalls die Wirkungen des § 25 Abs. 1 StrWG NRW herbeiführen.

66 Die **Grenzen der Ortsdurchfahrten** sind in der Örtlichkeit mit Grenzsteinen oder Grenzzeichen (OD-Steine oder -Zeichen) entsprechend der Festsetzung durch die Straßenbaubehörde markiert (zur Festlegung der **Ortsdurchfahrten** vgl. § 5 Abs. 4 FStrG und § 5 StrWG NRW). Die Ortsdurchfahrt kann, muss aber nicht identisch sein mit der »geschlossenen Ortschaft« im Sinne des Straßenverkehrsrechts, so dass die Richtzeichen 310 und 311 nach § 42 Abs. 3 StVO (Ortstafel) abweichend von der Lage des OD-Steins oder -Zeichens aufgestellt sein können. So sprechen vielfach Verkehrssicherheitsaspekte dafür, mit dem Aufstellen der Ortstafel bereits vor dem Ende der freien Strecke eine verringerte zulässige Fahrgeschwindigkeit herbeizuführen. Die Ortsdurchfahrt darf auch nicht mit dem im Zusammenhang bebauten Ortsteil im Sinne des § 34 Abs. 1 BauGB gleichgesetzt werden; dies wäre angesichts der unterschiedlichen Gesetzeszwecke verfehlt (BVerwG, Urt. v. 03.04.1981 – 4 C 41.77, DÖV 1981, 762). Eine Ortsdurchfahrt kann auch bei nur einseitiger Bebauung festgesetzt sein (BVerwG, Urt. v. 18.03.1983 – 4 C 10.80, DÖV 1983, 682 zu einer in Uferlage verlaufenden Straße; OVG NRW, Urt. v. 10.03.2016 – 11 A 1828/13, juris). Zur Erschließung der anliegenden Grundstücke im Sinne des § 9 Abs. 1 FStrG sind Ortsdurchfahrten dann »bestimmt«, wenn eine von der Erschließung abhängige Nutzung der anliegenden Grundstücke sowohl tatsächlich möglich als auch rechtlich zulässig ist (BVerwG, Urt. v. 04.04.1975 – IV C 55.74, DVBl 1976, 105; OVG Bln-Bbg, Urt. v. 13.03.2014 – OVG 1 B 4.13, NVwZ-RR 2014, 675).

67 Werbeanlagen in **Anbaubeschränkungszonen** darf die Bauaufsichtsbehörde nur mit **Zustimmung der Straßenbaubehörde** zulassen (vgl. § 9 Abs. 2 FStrG und § 25 Abs. 1 StrWG NRW). Die Bauaufsichtsbehörde ist nämlich nur dort zu einer positiven Sachentscheidung befugt, wo für die Beurteilung nichtbaurechtlicher öffentlich-rechtlicher Vorschriften keine speziellen Genehmigungsvorbehalte anderer Behörden in anderen

Fachgesetzen bestehen (BVerwG, Urt. v. 04.07.1986 – 4 C 31.84, BVerwGE 74, 315). Ist dem Antrag auf Erteilung der Baugenehmigung die Zustimmung der Straßenbaubehörde nicht bereits beigefügt, muss die Bauaufsichtsbehörde die Straßenbaubehörde beteiligen (vgl. hierzu den »**Anbauerlass**« vom 04.02.1997, MBl. NRW. S. 310). Wegen ihrer **Vorprüfungskompetenz** ist die Bauaufsichtsbehörde aber nicht gehindert, den Bauantrag ohne Beteiligung der Straßenbaubehörde abzulehnen, wenn schlechterdings nicht überwindbare Hindernisse aus dem Straßenrecht der Zulassung der Werbeanlage entgegenstehen (OVG NRW, Urt. v. 20.05.1985 – 11 A 2364/83, OVGE 38, 82 = DÖV 1986, 575 und Urt. v. 20.03.1992 – 11 A 610/90, BauR 1992, 610 = BRS 54 Nr. 135).

Werbeanlagen in **Anbauverbotszonen an Bundesfernstraßen** können gemäß § 9 Abs. 8 FStrG **ausnahmsweise** zugelassen werden (vgl. die »Richtlinien zur Werbung aus straßenverkehrs- und straßenrechtlicher Sicht«, VkBl. 2001 S. 463). Diese Vorschrift ist mit der Befreiungsvorschrift des § 31 Abs. 2 BauGB vergleichbar. Eine durch das Anbauverbot des § 9 Abs. 1 FStrG bewirkte Härte ist nur dann im Sinne des § 9 Abs. 8 FStrG »nicht beabsichtigt«, wenn die Einhaltung des Anbauverbots unter den jeweils besonderen Umständen nicht erforderlich ist, und dies nicht im Hinblick auf die konkreten Verkehrsverhältnisse, sondern im Hinblick auf die vom Gesetz erstrebten baulichen Verhältnisse in den Schutzstreifen an den Bundesstraßen. Eine Bundesstraße, die in ihren Anbauverbotsstrecken nach den bestehenden Anbau- und Ausbauverhältnissen den Anforderungen an die Straßenbaulast im Sinne der §§ 3 und 4 FStrG in optimaler Weise gerecht wird, ist nicht etwa in besonderem Maße für eine ausnahmsweise Durchbrechung des Anbauverbots offen, sondern gerade umgekehrt gegenüber dadurch bewirkten Eingriffen besonders geschützt (BVerwG, Urt. v. 04.04.1975 – IV C 55.74, DVBl 1976, 105). Bei der Ausnahme nach § 9 Abs. 8 FStrG handelt es sich, ungeachtet des verwendeten Begriffs, in Wirklichkeit um eine **Befreiung** (Dispens), nämlich nicht einen – für eine Ausnahme typischen – speziellen Ausnahmevorbehalt, sondern eine – für den Dispens charakteristische – generelle Ermächtigung der Straßenbaubehörde, unter den gesetzlich vorgesehenen Voraussetzungen im Einzelfall eine Befreiung von den zwingenden Verbotsvorschriften des Abs. 1 zu erteilen (BVerwG, Urt. v. 03.09.1963 – I C 151.59, BRS 14, C 1 S. 292 = DVBl 1964, 186 zur Unzulässigkeit einer Reklame für Autoreifen an einer Tankstelle; dagegen sei die Werbung für die Kraftstoffmarke dispensfähig, da es im Interesse der Verkehrssicherheit liegt, dass die Kraftfahrer schon von weitem auf die Tankstelle und ihre Kraftstoffmarke aufmerksam gemacht werden).

68

Vom **Verbot für Werbeanlagen außerhalb der Ortsdurchfahrten von Landesstraßen, Radschnellverbindungen des Landes und Kreisstraßen** sollen gemäß § 28 Abs. 1 Satz 3 StrWG NRW **Ausnahmen** zugelassen werden. Hierbei handelt es sich um eine »echte« Ausnahmeregel, die auf bestimmte Anwendungsfälle zugeschnitten ist. Die Anwendungsfälle sind auf das Bauordnungsrecht abgestimmt und erfassen
– nichtamtliche Hinweiszeichen bis zu einer Größe von 1 m²,
– Werbeanlagen an der Stätte der Leistung,
– Schilder, die Inhaber und Art gewerblicher Betriebe kennzeichnen (Hinweisschilder), wenn sie vor Ortsdurchfahrten auf einer Tafel zusammengefasst sind,

69

Johlen

– Werbeanlagen an Fahrgastunterständen des öffentlichen Personennahverkehrs oder der Schülerbeförderung.

70 Die Gewährung der Ausnahme steht unter dem Vorbehalt, dass **keine konkrete Beeinträchtigung der Sicherheit oder Leichtigkeit des Verkehrs** zu erwarten ist. Soweit die Werbeanlage einer Baugenehmigung bedarf, wird die Ausnahme gemäß § 28 Abs. 1 Satz 5 StrWG NRW im Wege der Zustimmung herbeigeführt (vgl. Rdn. 68).

71 Nach Bauordnungsrecht **freigestellte Werbeanlagen**, die Anbaubeschränkungen unterliegen, bedürfen gemäß § 9 Abs. 5 FStrG und § 25 Abs. 4 StrWG NRW einer (selbständigen) **Genehmigung der Straßenbaubehörde** anstelle der Baugenehmigung, sofern keine Genehmigungspflicht nach anderen Vorschriften besteht. Dies kann z.b. nach § 33 Abs. 2 LNatSchG NRW i.V.m. § 17 Abs. 3 BNatSchG für Eingriffe in Natur und Landschaft oder nach § 22 LWG i.V.m. § 36 Abs. 1 WHG für die Errichtung von Anlagen in, an, über oder unter oberirdischen Gewässern gegeben sein. In einem solchen Falle hat dann die Naturschutzbehörde bzw. die Wasserbehörde die Straßenbaubehörde zu beteiligen, da § 9 Abs. 2 Satz 1 FStrG und § 25 Abs. 1 Satz 1 StrWG NRW ausdrücklich auf »nach anderen Vorschriften notwendige Genehmigungen« verweisen. Der Begriff der »nach anderen Vorschriften notwendigen Genehmigungen« ist im Hinblick auf die straßenrechtliche Zielsetzung weit auszulegen und umfasst auch behördliche Zulassungen, die zwar als solche eine andere Bezeichnung tragen, inhaltlich aber einer Genehmigung gleichstehen, wie z.B. die Erlaubnis nach § 9 Abs. 1 DSchG.

1.5.6 Die Werbeanlage im Straßenverkehrsrecht

72 Auch das **Straßenverkehrsrecht** enthält Beschränkungen der Zulässigkeit von Werbeanlagen. Das StVG und die StVO regeln den Schutz des Straßenverkehrs vor Beeinträchtigungen durch bauliche Anlagen, insbesondere durch Werbeanlagen, nicht abschließend (BVerfG, Beschl. v. 09.02.1972 – 1 BvR 111/68, NJW 1972, 859). Aus der Kompetenz für die Regelung des Straßenverkehrs in Art. 74 Abs. 1 Nr. 22 GG folgt die Befugnis des Bundes, als Annex auch Regelungen zur Abwehr von Gefahren zu treffen, die von außen auf den Straßenverkehr einwirken können. Diesen Annexbereich hat der Bund jedoch nicht abschließend geregelt; insoweit ist noch Raum für die Anwendung einer polizeilichen Generalklausel des Landesrechts (BVerwG, Urt. v. 13.12.1967 – IV C 146.65, BRS 18 Nr. 94 = NJW 1968, 764). Daher werden die Vorschriften in § 10 Abs. 2 Satz 2 und § 16 BauO NRW zur Verkehrssicherheit nicht durch das Bundesrecht verdrängt; sie sind anwendbar, soweit diese Vorschriften Sicherheit und Leichtigkeit des innerörtlichen Straßenverkehrs vor Gefährdung durch Werbeanlagen schützen (so Große-Suchsdorf, zu § 50 Rn. 10).

73 Die **straßenverkehrsrechtlichen Verbote von Verkehrsbeeinträchtigungen**, wie sie die §§ 32 und 33 StVO enthalten, gehen auf die Ermächtigung zum Erlass von Rechtsverordnungen in § 6 Abs. 3 StVG zurück. Ein ursprünglich in § 33 Abs. 3 StVO enthaltenes generelles Verbot des Umherfahrens und Parkens von Fahrzeugen nur zum Zwecke der Werbung wurde vom BVerfG mit Urt. v. 10.12.1975 (– 1 BvR 118/71, BVerfGE 40, 371 = NJW 1976, 559) wegen Verstoßes gegen Art. 12 Abs. 1 GG für

nichtig erklärt (vgl. auch BGH, Urt. v. 10.07.1980 – III ZR 160/78, DVBl 1981, 383). Eine Verwendung von Fahrzeugen nur zu Werbezwecken kann als eine Veranstaltung im Sinne des § 29 Abs. 2 StVO angesehen werden, die der Erlaubnis der Straßenbaubehörde bedarf (so Kodal, S. 778 Rn. 111 und 112 unter Bezug auf die obergerichtliche Rechtsprechung mit weiteren Nachweisen). § 33 Abs. 1 Satz 1 Nr. 3 StVO verbietet außerhalb geschlossener Ortschaften (außerhalb der Ortstafeln nach § 42 Abs. 3 StVO) jede Werbung und Propaganda durch Bild, Schrift, Licht oder Ton, wenn dadurch Verkehrsteilnehmer in einer den Verkehr gefährdenden oder erschwerenden Weise abgelenkt oder belästigt werden können. Auch innerörtliche Werbung darf nach § 33 Abs. 1 Satz 2 StVO nicht außerhalb geschlossener Ortschaften diese störende Wirkung haben.

In straßenverkehrsrechtlicher Hinsicht können sich vor allem neue Formen der Werbung auswirken (vgl. Rdn. 48 und 59), insbesondere, wenn **Werbung den Verkehr außerhalb der Ortsdurchfahrten beeinflusst**. So bestimmt sich die Zulässigkeit von Anlagen zur Erzeugung von Lichtstrahlen am Nachthimmel – sog. »Himmelsstrahler« –, die auf den Standort einer Diskothek hinweisen, in verkehrsrechtlicher Hinsicht außerhalb geschlossener Ortschaften abschließend nach § 33 Abs. 1 Satz 1 Nr. 3 und Satz 2 StVO (BayVGH, Beschl. v. 18.12.1995 – 14 CS 95.3588, BauR 1996, 537 = BRS 57 Nr. 177 zur Unzulässigkeit eines auf dem Dach einer Diskothek fest angebrachten Strahlers, der eine über mehrere Kilometer sichtbare Lichtsäule in den Nachthimmel aussendet, um die Gäste auf den Standort der Diskothek hinzuweisen). 74

Ferner dürfen nach § 33 Abs. 2 StVO Einrichtungen, die Verkehrszeichen oder -einrichtungen gleichen, mit ihnen verwechselt werden oder deren Wirkung beeinträchtigen können, dort nicht angebracht oder verwendet werden, wo sie auf den Verkehr sich auswirken können. Darüber hinaus ist **Werbung in Verbindung mit Verkehrszeichen und Verkehrseinrichtungen unzulässig**. So ist eine Werbetafel wegen Verstoßes gegen § 33 Abs. 2 StVO unzulässig, wenn sie so angebracht werden soll, dass sie hinter einer Ampel im Bereich einer außerordentlich stark befahrenen Bundesstraße und in Nähe einer Einmündung einer Landesstraße in Erscheinung tritt (VGH B-W, Urt. v. 22.01.1986 – 8 S 3307/85, BRS 46 Nr. 129). Es ist regelmäßig davon auszugehen, dass Plakattafeln mit der Möglichkeit des Motivwechsels (**Prismenwendeanlagen**), die in den öffentlichen Straßenverkehr **hineinwirken**, zu einer **Verkehrsgefährdung** im Sinne des § 10 Abs. 2 Satz 2 BauO NRW führen, der unabhängig von § 33 Abs. 2 StVO auch dann eingreift, wenn von der Werbeanlage keine die Wirkung von Verkehrszeichen oder Verkehrseinrichtungen beeinträchtigenden Einflüsse ausgehen (OVG NRW, Urt. v. 18.09.1992 – 11 A 149/91, BRS 54 Nr. 132; vgl. auch Nds. OVG, Urt. v. 22.10.1992 – 1 L 265/91, BRS 54 Nr. 133 zu einer Prismavisionsanlage an einem Verkehrskreuzungspunkt). 75

1.6 Die Werbeanlage im Naturschutz- und Landschaftsrecht

Aus naturschutz- und landschaftsrechtlichen Erwägungen wurden bereits mit den Verunstaltungsgesetzen von 1902 und 1907 Schutzvorschriften gegen Werbeanlagen in Natur- und Landschaftsschutzgebieten erlassen, die später Eingang in die 76

Baugesetzgebung fanden (vgl. § 9 Rdn. 2–4). Spezielle Vorschriften in Bezug auf Werbeanlagen waren daher weder im BNatschG noch im LNatSchG NRW erforderlich. Dies darf aber nicht darüber hinwegtäuschen, dass die für bauliche Anlagen geltenden Vorschriften des Naturschutz- und Landschaftsrechts auch bei der Errichtung von Werbeanlagen zu beachten sind; sie können im Einzelfall als öffentliches Recht trotz Erfüllung der baurechtlichen Bestimmungen entgegenstehen und daher die alleinige Versagungsgrundlage eines Bauantrages bilden. Nach Bauordnungsrecht freigestellte Werbeanlagen unterliegen als Eingriffe in Natur und Landschaft oder wegen der Lage in einem nach Landschaftsrecht besonders geschützten Gebiet **naturschutz- bzw. landschaftsrechtlichen Genehmigungs-, Ausnahme- und Erlaubnisvorbehalten** (vgl. § 33 Abs. 2 LNatSchG NRW i.V.m § 17 Abs. 3 BNatSchG, § 23 Abs. 1 LNatSchG NRW, § 61 Abs. 3 BNatSchG, § 30 Abs. 3 BNatSchG und § 67 BNatSchG).

77 Werbeanlagen unterliegen im Außenbereich der **naturschutzrechtlichen Eingriffsregelung**, da sie geeignet sind, das Landschaftsbild erheblich oder nachhaltig zu beeinträchtigen (vgl. § 2 Rdn. 30–33). Das Schutzgut »**Landschaftsbild**« (mit dem Auge wahrnehmbare Zusammenhänge von einzelnen Landschaftselementen) wird maßgeblich durch die optischen Eindrücke für den Betrachter bestimmt. Ein beeinträchtigender Eingriff liegt in einer solchen Veränderung der Landschaftsoberfläche dann, wenn diese von einem für die Schönheit der natürlich gewachsenen Landschaft aufgeschlossenen Durchschnittsbetrachter als nachteilig empfunden wird (BVerwG, Urt. v. 27.09.1990 – 4 C 44.87, BRS 50 Nr. 222; OVG NRW, Urt. v. 05.09.2017 – 8 A 1125/14, juris). Dabei ist eine **Betrachtungsweise von gewisser Großräumigkeit** zugrunde zu legen (OVG NRW, Urt. v. 05.07.1993 – 11 A 2122/90, BRS 55 Nr. 211).

78 Die **bauplanungsrechtlichen Vorschriften** und die **naturschutzrechtlichen Vorschriften** über Eingriffe in Natur und Landschaft **gelten nebeneinander** (Hess. VGH, Urt. v. 12.02.1993 – 4 UE 2744/90, BRS 55 Nr. 46). Werbeanlagen als Vorhaben im Sinne des § 29 Abs. 1 BauGB, die zwar nach § 35 BauGB i.V.m. § 10 Abs. 3 BauO NRW im Außenbereich zulässig sind, können dennoch naturschutz- bzw. landschaftsrechtliche Bestimmungen entgegenstehen, z.B. Darstellungen oder sogar Festsetzungen eines Landschaftsplans. Baugenehmigungsfreie Werbeanlagen als Vorhaben im Sinne des § 29 Abs. 1 BauGB (z.B. im Außenbereich aufgestellte Hinweiszeichen bis zu einer Größe von 1 m^2) sind planungsrechtlich relevant, wenn sie einer naturschutzrechtlichen Eingriffsgenehmigung oder einer landschaftsschutzrechtlichen Genehmigung bedürfen (Hess. VGH, Beschl. v. 05.12.1994 – 4 TH 2165/94, BRS 57 Nr. 283). **Im landschaftsrechtlichen Verfahren** ist die Zulässigkeit der bauordnungsrechtlich freigestellten Werbeanlage auch nach dem Bauplanungsrecht (soweit relevant) zu prüfen.

79 Neben der naturschutzrechtlichen Eingriffsregelung sind die **Zulässigkeitsbeschränkungen in geschützten Gebieten** (Naturschutzgebiete, Landschaftsschutzgebiete, geschützte Landschaftsbestandteile) beachtlich. Diese bestehen jedoch nicht stets »absolut«, so dass für Werbeanlagen an der Stätte der Leistung Ausnahmen im Einzelfall möglich erscheinen (zur Leuchtschrift eines Energieversorgungsunternehmens

an deren Umspannanlage in einem Landschaftsschutzgebiet vgl. VGH B-W, Urt. v. 10.03.1976 – III 86/75, BRS 30 Nr. 193; zur Rechtswirksamkeit einer Landschaftsschutzverordnung im Geltungsbereich eines Bebauungsplanes vgl. VGH B-W, Beschl. v. 11.01.1995 – 5 S 227/94, BRS 57 Nr. 279; zu einer solchen, die Bauland im Sinne von § 34 BauGB einbezieht, vgl. Hess. VGH, Urt. v. 24.11.1995 – 4 UE 239/92, BRS 57 Nr. 280; zum landschaftsrechtlichen Uferbauverbot vgl. § 2 Rdn. 33).

1.7 Die Werbeanlage im Denkmalrecht

Die Errichtung bzw. Anbringung von Werbeanlagen an Baudenkmälern oder ortsfesten Bodendenkmälern bedarf nach § 9 DSchG der **denkmalrechtlichen Erlaubnis**, da alle Maßnahmen, die den bestehenden Zustand abändern, als Veränderungen im denkmalrechtlichen Sinne anzusehen sind (OVG Bbg, Urt. v. 20.11.2002 – 3 A 248/99, BauR 2003, 686). Die Erlaubnis ist auch erforderlich in der »engeren Umgebung« von Baudenkmälern oder ortsfesten Bodendenkmälern, wenn hierdurch das »Erscheinungsbild« des Denkmals beeinträchtigt wird. Schließlich kann auch eine Werbeanlage selbst ein Baudenkmal oder aber Bestandteil eines Baudenkmals sein; in diesem Falle bedarf die Beseitigung der Werbeanlage ebenfalls einer denkmalrechtlichen Erlaubnis (vgl. § 9 Rdn. 47). **Positive** und **negative Beispiele** für Werbeanlagen an Baudenkmälern enthält die Fotodokumentation im Faltblatt »Außenwerbung in historischer Umgebung«, herausgegeben vom Deutschen Nationalkomitee für Denkmalschutz, zu beziehen über die Geschäftsstelle beim Bundesminister des Innern. 80

Die **Erlaubnispflicht** entsteht erst mit der **Eintragung in die Denkmalliste**. Die Eintragung bewirkt **konstitutiv** die **Unterschutzstellung** des Denkmals und ist als Allgemeinverfügung im Sinne des § 35 Satz 2, 2. Alternative VwVfG. NRW. zu verstehen (OVG NRW, Urt. v. 05.03.1992 – 10 A 1748/86, BRS 54 Nr. 123 und Urt. v. 09.09.1994 – 10 A 1616/90, BauR 1995, 383 = BRS 56 Nr. 217). Die Eintragung setzt voraus, dass das Baudenkmal nicht bereits abgebrochen bzw. beseitigt (OVG NRW, Beschl. v. 21.08.1992 – 10 B 3251/92, BRS 54 Nr. 124) oder aber die zum Erhalt eines denkmalwerten Zustandes notwendige Erneuerung nicht im Wesentlichen zum Verlust der historischen Substanz und damit zum Identitätsverlust führen wird (OVG NRW, Urt. v. 06.02.1996 – 11 A 840/94, BRS 58 Nr. 228 = NVwZ-RR 1996, 634 = NWVBl. 1996, 300). Voraussetzung für die Eintragung eines **Bodendenkmals** in die Denkmalliste ist, dass in dem für die Unterschutzstellung vorgesehenen Boden mit an Sicherheit grenzender Wahrscheinlichkeit Bodendenkmäler verborgen sind (OVG NRW, Urt. v. 28.03.1995 – 11 A 3554/91, BRS 57 Nr. 264 = NVwZ-RR 1996, 37 und Beschl. v. 27.08.2007 – 10 A 3856/06, BauR 2007, 2043). Die Vorschriften des DSchG über die begrifflichen Anforderungen an Denkmäler und das Eintragungsverfahren sind Regelungen über Inhalt und Schranken des Eigentums im Sinne des Art. 14 Abs. 1 Satz 2 GG (BVerwG, Beschl. v. 10.07.1987 – 4 B 146.87, BRS 47 Nr. 123). 81

Bedarf eine Werbeanlage an einem Denkmal oder in der engeren Umgebung einer Baugenehmigung, so wird **im Baugenehmigungsverfahren** über eine **angemessene Berücksichtigung denkmalrechtlicher Belange** entschieden (§ 9 Abs. 3 Satz 1 DSchG). 82

§ 10 Anlagen der Außenwerbung, Warenautomaten

Der Bauherr kann eine **gesonderte (isolierte) denkmalrechtliche Erlaubnis** beantragen (§ 9 Abs. 3 Satz 2 DSchG); freigestellte Werbeanlagen bedürfen in jedem Falle einer gesonderten Erlaubnis. Nach § 21 Abs. 4 DSchG treffen die Denkmalbehörden ihre Entscheidungen im **Benehmen mit den Denkmalpflegeämtern der Landschaftsverbände**, deren fachliche Sachkunde sich generell aus der Zuweisung der von ihnen im Rahmen der Denkmalpflege wahrzunehmenden Aufgaben nach § 22 Abs. 2–4 DSchG ergibt (OVG NRW, Urt. v. 14.03.1991 – 11 A 264/89, BRS 52 Nr. 123 = NWVBl. 1992, 27). Die Formulierung »in angemessener Weise« in § 9 Abs. 3 Satz 1 DSchG läuft **regelmäßig** auf eine **strikte Beachtung des Denkmalschutzes** hinaus (OVG NRW, Urt. v. 18.05.1984 – 11 A 1776/83, BRS 42 Nr. 137 = NJW 1986, 1890 = NVwZ 1986, 685).

83 Wie die Denkmaleigenschaft selbst unterliegen auch die **unbestimmten Rechtsbegriffe »engere Umgebung« und »Erscheinungsbild«** in § 9 Abs. 1 Buchstabe b) DSchG der uneingeschränkten gerichtlichen Nachprüfung (Boeddinghaus/Hahn/Schulte, zu § 13 Rn. 146). So kann eine Werbeanlage mit dem Erscheinungsbild eines Baudenkmals denkmalrechtlich unvereinbar sein (OVG NRW, Urt. v. 11.09.1997 – 11 A 5797/95, BauR 1998, 113 = BRS 59 Nr. 137 zur Unzulässigkeit einer Prismenwendeanlage in der Umgebung einer geschützten Kirche). Ob das Erscheinungsbild eines Baudenkmals durch Errichtung bzw. Anbringung einer Werbeanlage beeinträchtigt wird, richtet sich anders als im Baugestaltungsrecht nicht nach dem »Empfinden eines für ästhetische Eindrücke offenen Betrachters« (dem gebildeten Durchschnittsmenschen), sondern **nach dem Urteil eines sachverständigen Betrachters**, dessen Maßstab von einem breiten Kreis von Sachverständigen getragen wird (OVG NRW vom 06.02.1992 – 11 A 2313/89, BRS 77 Nr. 159.; Hess. VGH, Beschl. v. 07.05.2013 – 4 A 1433/12.Z, BRS 81 Nr. 218; Nds. OVG, Urt. v. 15.07.2014 – 1 LB 133/13, BauR 2014, 1931 und Urt. v. 16.02.2017 – 12 LC 54/15, BauR 2017, 1172). Die Verwertbarkeit sachverständiger Gutachten oder Stellungnahmen findet allerdings dort ihre Grenze, wo diese für die Überzeugungsbildung des Gerichts ungeeignet oder unzureichend sind; in diesem Falle muss das Gericht erklären, inwieweit es selbst über das erforderliche Fachwissen verfügt (OVG Bln-Bbg, Urt. v. 27.10.2011 – OVG 2 B 5.10, juris).

1.8 Bauvorlagen im Genehmigungsverfahren

84 Dem Antrag auf Erteilung der Baugenehmigung für Werbeanlagen und Warenautomaten, die dem einfachen Genehmigungsverfahren nach § 64 BauO NRW unterliegen (vgl. Rdn. 5–7), sind **Bauvorlagen nach Maßgabe des § 14 BauPrüfVO** beizufügen (zur Legaldefinition der Bauvorlagen vgl. § 70 Rdn. 49). Die **Reduzierung der Anforderungen** in § 14 BauPrüfVO 2000 = § 7 BauPrüfVO 1995 gegenüber dem Vorgängerrecht (§ 11 BauPrüfVO 1984) berücksichtigt, dass Werbeanlagen und Warenautomaten dem einfachen Genehmigungsverfahren unterliegen, in dem neben dem Bauplanungsrecht und den Anforderungen aus dem sonstigen öffentlichen Recht (Baunebenrecht) nur noch wenige bauordnungsrechtliche Vorschriften präventiv geprüft werden – im Wesentlichen sind dies die Vorschriften des § 10 BauO NRW selbst. Neben den Rechtsvorschriften des § 10 BauO NRW und des § 14 BauPrüfVO

sind bei der Ausarbeitung der Bauvorlagen Nr. 14 VV BauPrüfVO und gegebenenfalls Nr. 3 des Anbauerlasses zu beachten.

Aufgrund des reduzierten bauordnungsrechtlichen Prüfumfangs wurden Inhalt und Umfang der Bauvorlagen für Werbeanlagen und Warenautomaten wesentlich gestrafft. § 14 BauPrüfVO berücksichtigt, dass **farbige Lichtbilder** oder **farbige Lichtbildermontagen** die für die Zulässigkeit von Werbeanlagen und Warenautomaten maßgebliche Einbindung in die Umgebung anschaulicher darzustellen vermögen als die nach altem Recht vorgeschriebenen Unterlagen. 85

Regelmäßig sind die in § 14 BauPrüfVO genannten Unterlagen dem Bauantrag beizufügen. Von dieser **Regelvorgabe** kann gemäß § 1 Abs. 2 Satz 2 und 3 BauPrüfVO abgewichen werden. Die **Abweichungsentscheidung** trifft nicht der Bauherr, sondern die **Bauaufsichtsbehörde**: 86
– sie kann in zu begründenden Einzelfällen **weitere Unterlagen** fordern, wenn sie dies zur Beurteilung des Bauvorhabens für erforderlich hält (Satz 2);
– sie kann auf Bauvorlagen und einzelne Angaben in den Bauvorlagen **verzichten**, soweit diese zur Beurteilung des Bauvorhabens nicht erforderlich sind (Satz 3).

Ein Verlangen nach weiteren Bauvorlagen kommt in Betracht, wenn Belange des sonstigen öffentlichen Rechts (Baunebenrechts), insbesondere solche verkehrs-, naturschutz-, landschafts- oder denkmalrechtlicher Art berührt sind (vgl. Rdn. 30–83 und § 70 Rdn. 49–59). Ein Verzicht auf Bauvorlagen oder einzelne Angaben in den Bauvorlagen wird bei Werbeanlagen kleineren Umfanges an der Stätte der Leistung möglich sein, z.B. bei der Hinweiswerbung in Form einer Beschriftung oder Bemalung an der Fassade eines nicht denkmalgeschützten Gebäudes im beplanten Bereich. 87

Nach § 14 Abs. 1 Nr. 1 BauPrüfVO ist dem Antrag ein Auszug aus der **Liegenschaftskarte/Flurkarte** im Sinne des § 2 Abs. 1 BauPrüfVO **mit Einzeichnung des Standortes** der geplanten Werbeanlage beizufügen. Hierbei handelt es sich um eine unverzichtbare Mindestanforderung (auch für Beschriftungen oder Bemalungen), um den genauen Anbringungsort bzw. die genaue Platzierung an einer baulichen Anlage (zumeist wird dies ein Gebäude sein) zu verdeutlichen. **Ohne exakte Eintragung des Standortes** der geplanten Werbeanlage ist **keine Beurteilung** nach dem Bauplanungs- und Bauordnungsrecht **möglich**, so dass bereits die zu jedem Antrag vorgeschriebene **Eingangsprüfung** nach § 71 Abs. 1 Satz 1 Nr. 2 und 3 BauO NRW **scheitert** (vgl. auch § 70 Rdn. 30–35 zu den Anforderungen an die Festlegung des Antragsgegenstandes). Die Bauaufsichtsbehörde kann in einem solchen Falle nur nach § 71 Abs. 1 Satz 2 BauO NRW die Behebung der entsprechenden Mängel innerhalb einer angemessenen Frist fordern; nach Ablauf dieser Frist gilt der Antrag nach § 71 Abs. 1 Satz 3 BauO NRW als zurückgenommen. 88

Als zusätzliche Anforderung verlangt § 14 Abs. 1 Nr. 1 BauPrüfVO unter dem **Vorbehalt der Erforderlichkeit** die Beifügung eines Lageplanes im Sinne des § 3 BauPrüfVO. Wie Nr. 14 VV BauPrüfVO klarstellt, ist der **Lageplan für freistehende Werbeanlagen** oder **freistehende Warenautomaten** erforderlich. Der Lageplan braucht **nicht als amtlicher Lageplan** im Sinne des § 3 Abs. 3 BauPrüfVO angefertigt zu sein, muss 89 aber – soweit überhaupt relevant, weil nach § 64Abs. 1 Satz 1 BauO NRW zu prüfen – die in § 3 Abs. 1 und 2 BauPrüfVO aufgeführten Angaben bzw. Darstellungen enthalten. Von Bedeutung sind hier insbesondere die Bebauungsplanfestsetzungen, die Grundstücksgrenzen, die Abstände zu Grundstücksgrenzen und baulichen Anlagen, die Höhenlage und die Abstandsflächen. Freistehende Plakatanschlagtafeln und ähnlich große Werbeanlagen fallen nämlich unter die baulichen Anlagen im Sinne des § 6 Abs. 1 Satz 2 Nr. 1 BauO NRW, von denen Wirkungen wie von Gebäuden ausgehen und die deshalb Abstandsflächen auslösen (Nds. OVG, Urt. v. 18.02.1999 – 1 L 4263/96, BRS 62 Nr. 158 = NVwZ-RR 1999, 560; Sächs. OVG, Urt. v. 16.04.1999 – 1 S 39/99, NVwZ-RR 1999, 560; OVG Bln-Bbg, Beschl. v. 23.02.2007 – OVG 2 N 228.05, BRS 71 Nr. 143; OVG NRW, Urt. v. 12.05.2016 – 10 A 2452/14, BauR 2017, 530). Solche Wirkungen misst das OVG NRW (Urt. v. 18.09.1992 – 11 A 276/89, BRS 54 Nr. 131) sogar einer an einer Hauswand befestigten Plakatanschlagtafel zu, da **Anlagen der Fremdwerbung,** die an einer Gebäudewand befestigt sind, **keine Bauteile im Sinne des § 6 Abs. 6 BauO NRW** darstellen.

90 Die Eintragung der **Bebauungsplanfestsetzungen,** insbesondere der **überbaubaren Flächen,** im **Lageplan** ist im Hinblick auf die Rechtsprechung des BVerwG zur städtebaulichen Relevanz von Werbeanlagen unumgänglich (vgl. Rdn. 12 und 23–29). Ansonsten kann nicht beurteilt werden, ob z.B. eine Plakatanschlagtafel als Fremdwerbung und damit Hauptnutzung auf dem Grundstück zulässig ist oder nicht bzw. ob sie die Baugrenzen nicht überschreitet (vgl. hierzu BVerwG, Urt. v. 07.06.2001 – 4 C 1.01, BauR 2001, 1698 = BRS 64 Nr. 79 = UPR 2002,105). Eine Werbeanlage, die Fremdwerbung zum Gegenstand hat, stellt auch dann keine Nebenanlage dar und ist als Hauptnutzung zu qualifizieren, wenn sie in einem Gewerbegebiet errichtet werden soll; auf der nicht überbaubaren Grundstücksfläche kann sie daher nicht über § 23 Abs. 5 Satz 1 BauNVO zugelassen werden (VGH B-W, Beschl. v. 28.09.1998 – 8 S 2068/98, BRS 60 Nr. 132). Die Eintragung der Bebauungsplanfestsetzungen im Lageplan ist eine **Bringschuld des Antragstellers,** da es nicht zu den Aufgaben der Bauaufsichtsbehörden gehört, einen unvollständigen Lageplan zu ergänzen. Folge einer derart unvollständigen Bauvorlage ist die **Zurückweisung** (vgl. Rdn. 88).

91 **Lagepläne für Werbeanlagen** auf Grundstücken, die **straßenrechtlichen Beschränkungen** unterliegen (vgl. Rdn. 62–71), sollten innerhalb der öffentlichen Verkehrsfläche den **äußeren Rand der befestigten Fahrbahn** darstellen, da von dessen genauer Lage wiederum die Ausdehnung des Anbauverbots oder der Anbaubeschränkung bzw. des Zustimmungsvorbehalts abhängt. Außerdem ist gegebenenfalls die Darstellung der Zufahrtsverhältnisse im Bereich einer Werbeanlage erforderlich, um Fragen der Verkehrssicherheit hinreichend beurteilen zu können. **Lagepläne für Werbeanlagen** auf Grundstücken, die **naturschutz-, landschafts- oder denkmalrechtlichen Beschränkungen** unterliegen (vgl. hierzu vorausgehende Rdn. 76–83), sollten die Festsetzungen eines Landschaftsplanes oder die **Grenzen von Schutzgebieten oder Schutzbereichen** bzw. **geschützte Objekte** kennzeichnen. Da § 3 BauPrüfVO keine lückenlose Darstellungspflicht enthält, vielmehr für Regelfälle konzipiert wurde und daher besonders die Bebauungsplanfestsetzungen sowie den Denkmal- und Baumschutz anspricht, kommt zunächst ein Vervollständigungsverlangen unter Fristsetzung

in Betracht. Erst nach fruchtlosem Verstreichen der Frist gilt der Antrag nach § 71 Abs. 1 Satz 3 BauO NRW als zurückgenommen.

Wird für Werbeanlagen die Eintragung einer **Baulast** erforderlich, weil sich z.b. die 92 Abstandsflächen ganz oder teilweise auf ein Nachbargrundstück erstrecken, so ist nicht § 14 BauPrüfVO, sondern § **18 BauPrüfVO** einschlägig. Der Lageplan muss in diesem Fall voll den Anforderungen genügen, die § 18 BauPrüfVO für die Eintragung von Baulasten verlangt (vgl. Wenzel, S. 42 f. Rd. 14 f.). Nach dem Grundsatz, dass die spezielle der allgemeinen Regel vorgeht, verdrängt § 18 BauPrüfVO insoweit § 14 BauPrüfVO.

Nach § 14 Abs. 1 Nr. 2 i.V.m. Abs. 2 Satz 2 BauPrüfVO muss dem Bauantrag eine 93 Beschreibung beigefügt werden. Der **Antragsvordruck** für Werbeanlagen enthält ein Feld für **Mindestangaben für die Baubeschreibung** (Anlage I/4 zur VV BauPrüfVO). Die **Verwendung des Vordruckes** ist **verbindlich**. Weitere Angaben können insbesondere bei **Werbeanlagen** erforderlich sein, die **an Baudenkmälern** angebracht werden sollen. Diese betreffen vor allem die **Anbringungsart**, um beurteilen zu können, ob das Baudenkmal nicht ungebührlich durch bautechnische Eingriffe beeinträchtigt oder sogar geschädigt wird.

Nach § 14 Abs. 1 Nr. 2 i.V.m. Abs. 2 Satz 1 BauPrüfVO ist dem Antrag eine Zeich- 94 nung mit Darstellung der geplanten Werbeanlage beizufügen. Hierbei handelt es sich nicht um eine Bauzeichnung im üblichen Sinne, wie sie § 4 BauPrüfVO regelt. Vielmehr kann die nach § 14 Abs. 1 Nr. 2 BauPrüfVO geforderte Zeichnung sich darauf beschränken, die geplante Werbeanlage, ihre Maße – auch bezogen auf den Anbringungsort – und die Farben mit Angabe der Nummer und Hilfsbezeichnung aus dem RAL-Farbregister darzustellen. Vielfach wird es möglich sein, den vom Hersteller der Werbeanlage gefertigten **Konstruktionsplan als Zeichnung** zu verwenden, zumal dieser regelmäßig in einem Maßstab nicht kleiner als 1:50 erstellt wird. Die Angabe der **Farbe** wird benötigt, um die Zulässigkeit nach den Bestimmungen einer örtlichen Bauvorschrift, nach dem Denkmalrecht oder Straßenrecht prüfen zu können (vgl. Rdn. 72–75).

Nach § 14 Abs. 1 Nr. 3 i.V.m. Abs. 3 BauPrüfVO ist dem Bauantrag ein **farbiges** 95 **Lichtbild** oder eine **farbige Lichtbildmontage** beizufügen. Die nach früherem Recht (vgl. § 11 Abs. 2 Nr. 2 und 3 BauPrüfVO 1984) verlangten Angaben in den Bauzeichnungen sind nunmehr Inhalt des Lichtbildes oder der Lichtbildmontage. Hierdurch konnte auch der Inhalt der Beschreibung auf Angaben zur Art und zum Werkstoff der geplanten Werbeanlage zurückgeführt werden. Die Lichtbilddarstellung verdeutlicht die Darstellung einer geplanten Werbeanlage in Verbindung mit einer baulichen Anlage oder der Umgebung wesentlich besser als jede Bauzeichnung. Für freistehende Werbeanlagen und freistehende Warenautomaten wird es regelmäßig erforderlich sein, Lichtbilder oder Lichtbildmontagen in allen Blickrichtungen vorzulegen. Es muss nämlich beurteilt werden können, ob durch die geplante Anlage die Sicht auf begrünte Flächen im Sinne des § 10 Abs. 2 Satz 3 BauO NRW verdeckt wird, ob eine störende Häufung im Sinne des § 10 Abs. 2 Satz 5 BauO NRW vorliegt oder ob andere Vorgaben des Baunebenrechts berührt werden.

2 Zu Abs. 1 – Anlagen der Außenwerbung

96 Die **Legaldefinition der Anlagen der Außenwerbung** – **Werbeanlagen** – nach § 10 Abs. 1 BauO NRW **stimmt** mit der ursprünglich in § 15 Abs. 1 MBO 1960 enthaltenen Begriffsbestimmung und **mit den Legaldefinitionen anderer Landesbauordnungen** überein. Bei der Abfassung des Musters wurden die Rechtsprechung der Verwaltungsgerichte zur Baugestaltungsverordnung sowie die Begriffsbestimmungen in Art. 1 Abs. 2 des Bayerischen Gesetzes über verunstaltende Außenwerbung vom 02.03.1954 und in § 2 der Hessischen Bauordnung vom 06.07.1957 berücksichtigt (vgl. Einführung in die Musterbauordnung Teil B, S. 23, veröffentlicht in Band 18 der Schriftenreihe des Bundesministers für Wohnungsbau, 1960).

97 Die **Legaldefinition** hat zunächst Bedeutung für die BauO NRW sowie die auf deren Grundlage erlassenen Rechtsverordnungen, Gestaltungssatzungen und Verwaltungsvorschriften. Das **Straßenrecht** benutzt ebenfalls den **Begriff »Anlagen der Außenwerbung«** in § 9 Abs. 6 FStrG und § 28 StrWG NRW, ohne diesen jedoch zu definieren, und zielt dabei auf die Legaldefinition des Bauordnungsrechts (vgl. Rdn. 62 sowie Kodal, S. 979 Rn. 1).

98 Abs. 1 Satz 1 definiert den **Begriff »Anlagen der Außenwerbung«** und setzt ihn dem Begriff »**Werbeanlagen**« gleich. Die Legaldefinition nennt drei Komponenten: die **statische** – »*ortsfeste Einrichtung*« –, die **funktionelle** – »*Ankündigung oder Anpreisung oder als Hinweis auf Gewerbe oder Beruf*« – und die **visuelle** – »*vom öffentlichen Verkehrsraum aus sichtbar*« – (so Jeromin, § 52 Rn. 4 unter Bezug auf VGH B-W, Urt. v. 20.06.1994 – 3 S 1931/93, VBlBW 1995, 142). Bei genauer Betrachtung lässt sich die statische Komponente nochmals in die Begriffe »**Einrichtung**« und »**ortsfest**« zerlegen, so dass sich insgesamt **vier Tatbestandsmerkmale** ergeben:

99 a) **Einrichtung** im Sinne eines künstlich Geschaffenen,
100 b) **örtliche Gebundenheit** (so genannte ruhende Reklame),
101 c) **Zweckbestimmung** als Mittel zur
 – **Ankündigung** oder **Anpreisung** von Gegenständen oder Veranstaltungen,
 – **lokalen Orientierung** über die Ausübung von Gewerbe und Beruf,
102 d) **Sichtbarkeit** vom öffentlichen Verkehrsraum aus.

103 Alle **vier** Tatbestandsmerkmale müssen **kumulativ** erfüllt sein, um von einer Werbeanlage im bauordnungsrechtlichen Sinne ausgehen zu können. Demzufolge ist etwa eine vom öffentlichen Verkehrsraum aus nicht sichtbare Werbeanlage im Inneren eines Gebäudes (z.B. im Inneren einer Verkaufsstätte) keine Werbeanlage im Sinne des § 10 Abs. 1 BauO NRW. In der Wortumkehr könnte man sie als »**Anlagen der Innenwerbung**« bezeichnen. Auch auf diese Anlagen können baurechtliche Bestimmungen im Einzelfall Anwendung finden, soweit die BauO NRW oder die auf ihrer Grundlage erlassenen Rechtsverordnungen spezielle **Anforderungen** enthalten; sie sind dann »andere Anlagen« oder »Einrichtungen« im Sinne des § 1 Abs. 1 Satz 2 BauO NRW (vgl. § 1 Rdn. 42–43). So dürfen beispielsweise in Verkaufsstätten angebrachte Werbeträger die nutzbare Breite von Ladenstraßen, notwendigen Fluren für Kunden und Hauptgängen innerhalb von Verkaufsstätten gemäß § 72 Abs. 5 SBauVO nicht einengen.

2.1 Einrichtung

Nach **dem ersten Tatbestandsmerkmal** muss es sich bei der Werbeanlage überhaupt um eine **Einrichtung** handeln. Die in § 10 Abs. 1 **Satz** 2 BauO NRW aufgeführten **Beispiele** verdeutlichen, dass nur solche Werbeträger oder Werbemittel erfasst werden sollen, die **im weitesten Sinne bauliche Relevanz** aufweisen (so Boeddinghaus/Hahn/Schulte, zu § 13 Rn. 41). Die Werbeanlagen müssen in einer dem Bauen vergleichbaren Weise errichtet oder angebracht werden; es muss sich also um etwas **künstlich Geschaffenes** handeln. Das können bauliche Anlagen im Sinne des § 2 Abs. 1 BauO NRW oder auch nur andere Anlagen oder Einrichtungen im Sinne des § 1 Abs. 1 Satz 2 BauO NRW sein. Bei einer **Folie** mit einer Werbeschrift an einem Schaufenster oder einem Werbelogo auf einem drehbaren Metallsegel auf dem Flachdach handelt es sich um eine Werbeanlage (OVG NRW, Beschl. v. 24.03.2006 – 10 B 2158/05, juris und OVG Bln, Urt. v. 07.05.1999 – 2 B 2.96, BRS 62 Nr. 157). Schließlich erfüllen **Beschriftungen** und **Bemalungen** einer baulichen Anlage dieses Tatbestandsmerkmal. Deshalb stellt ein auf die Fassade aufgemaltes Schriftbild mit dem Namen der Apotheke eine Werbeanlage dar (BayVGH, Urt. v. 20.11.1978 – Nr. 70 XIV 78, BRS 33 Nr. 122). Sogar das Auswechseln der Werbeschrift auf einer Werbetafel kann genehmigungspflichtig und nicht mehr vom Bestandsschutz gedeckt sein (OVG NRW, Urt. v. 11.08.1980 – 11 A 988/79, BRS 36 Nr. 147; OVG M-V, Beschl. v. 13.09.2004 – 3 M 66/04, juris). Sofern ein Fahnenmast oder eine Werbetafel von vornherein als Träger für **wechselnde Werbung** vorgesehen und genehmigt ist, bedarf der jeweilige Austausch von Werbefahnen bzw. der Werbetafeln jedoch keiner erneuten Baugenehmigung (OVG NRW, Beschl. v. 24.07.2006 – 10 B 785/06, NWVBl. 2007, 57). Nach der Beispielaufzählung des § 10 Abs. 1 Satz 2 BauO NRW kann auch kein Zweifel daran bestehen, dass der Gesetzgeber mittels **künstlicher Lichtquellen** erzeugte Werbung erfassen wollte (vgl. Rdn. 112 und 117). 104

Das Merkmal der »Einrichtung« im Sinne des § 10 Abs. 1 Satz 1 BauO NRW ist **nicht** gegeben, wenn lediglich Werbezettel verteilt werden oder wenn Personen Werbeverkleidungen tragen, auch wenn dies nicht – wie oft üblich – im öffentlichen Straßenraum, sondern auf einem Baugrundstück geschieht, weil hier – anders als bei den Beispielen nach Satz 2 – eine **Verbindung mit dem Grundstück oder einer baulichen Anlage** nicht zu erkennen ist. Von einer »Einrichtung« kann auch nicht ausgegangen werden, wenn durch menschliche Einflussnahme die Natur zu **Werbebotschaften mittels Bepflanzungen** benutzt wird, in dem z.B. ein Produktlogo durch Bepflanzung mit Büschen oder Blumen abgebildet wird (so die Fachkommission Bauaufsicht der ARGEBAU, Niederschrift zu Tagesordnungspunkt 25 der 213. Sitzung am 22./23.05.1997). Sie sind jedoch als Eingriffe in Natur und Landschaft anzusehen und daher nach §§ 30–34 LNatSchG NRW der naturschutzrechtlichen Eingriffsregelung unterworfen. Für derartige Eingriffe ist eine Zuständigkeit der Naturschutzbehörden gegeben. 105

Eine **Werbeanlage** ist eine **bauliche Anlage** und zugleich ein **Bauteil**, wenn sie 106
a) aus Bauprodukten hergestellt ist, 107
b) an einer baulichen Anlage befestigt ist, 108

109 c) mit dieser Anlage nicht nur vorübergehend verbunden ist und
110 d) nach der Verkehrsanschauung in ihren Bestandteilen als umfassendes Ganzes und damit als eine Sache zu betrachten ist.
111 Bei letztgenanntem Aspekt kann der **Funktionszusammenhang** zwischen Bauwerk und Werbeanlage eine Rolle spielen. An einem Geschäftshaus angebrachte Aussteck- (Ausleger-, Fahnen-) Transparente und Werbeschürzen sind regelmäßig Bauteile im Sinne der BauO NRW (OVG NRW, Urt. v. 19.05.1981 – 11 A 2414/79, BRS 38 Nr. 145). Wird ein Fahnenmast aufgestellt, der der Befestigung von Werbebannern dient, bilden Mast und Fahne ebenso eine einheitlich zu beurteilende Werbeanlage (OVG NRW, Beschl. v. 24.07.2006 – 10 B 785/06, NWVBl. 2007, 57).

2.2 Örtliche Gebundenheit

112 Nach dem **zweiten Tatbestandsmerkmal** muss die Einrichtung **ortsfest** sein. Das trifft zu, wenn die Einrichtung selbst fest **mit dem Erdboden verbunden ist** (vgl. § 2 Rdn. 37), wie Litfaßsäulen oder großflächige Plakatanschlagtafeln auf Stützen. Mit dem Erdboden **fest verankerte** schwimmende Werbeanlagen oder schwebende Ballone rechnen ebenfalls zu den ortsfesten Einrichtungen. Auch Werbeanlagen, die mit **eigener Schwere** auf dem Erdboden **ruhen** (wie Plakatständer), oder Werbeschilder und -schriften, die an einem ortsfesten Gegenstand (wie an einem Gebäude oder einem Zaun) **befestigt** sind, erfüllen den Tatbestand einer ortsfesten Einrichtung. Die Ortsfestigkeit ist ferner gegeben, wenn **Werbeträger an landwirtschaftlichen Silageballen** angebracht werden sollen, die auf einem Grundstück im Außenbereich nicht nur kurzfristig lagern (so die Fachkommission Bauaufsicht der ARGEBAU, Niederschrift zu Tagesordnungspunkt 36 der 218. Sitzung am 16./17.07.1997). Es kann sich auch um **Lichtprojektion auf eine ortsfeste Wand** oder **aus einem ortsfesten Projektor** handeln (OVG NRW, Beschl. v. 22.06.1994 – 11 B 1466/94, BRS 56 Nr. 133; BayVGH, Beschl. v. 18.12.1995 – 14 CS 95.3588, BRS 57 Nr. 177 und Urt. v. 16.07.2002 – 2 B 00.1545).

113 Aus § 62 Abs. 1 Satz 1 Nr. 12 Buchstabe c BauO NRW lässt sich schließen, dass die Einrichtung nicht auf Dauer oder für längere Zeit an dem Ort bleiben muss, um von örtlicher Gebundenheit ausgehen zu können, sondern dass bereits ab einem **Zeitraum von mehr als zwei Monaten** nicht mehr von einer nur »vorübergehend« angebrachten Werbeanlage ausgegangen werden kann Daher kann ein für viele Monate angebrachtes **Baustellenschild** mit Werbebotschaften das Merkmal der Ortsfestigkeit erfüllen, wenn z.B. das Schild bereits aufgestellt wird, lange bevor die Bauarbeiten beginnen (OVG NRW, Beschl. v. 28.09.1988 – 11 B 849/88, BRS 49 Nr. 150). Auch für längere Zeit angebrachte **Werbung an Gerüsten oder Gerüstplanen** ist ortsfest in diesem Sinne.

114 **Werbung an Fahrzeugen**, die am öffentlichen Straßenverkehr teilnehmen, wie z.B. Werbung an Straßenbahnen, Omnibussen, Taxen oder Lastkraftwagen, ist **nicht ortsfest**, so dass § 10 BauO NRW nicht eingreift (ebenso Große-Suchsdorf, zu § 50 Rn. 20). Das Gleiche gilt für Werbung an Eisenbahn- und Straßenbahnfahrzeugen, Luft- und Wasserfahrzeugen, weil deren Zweck in der Ermöglichung der

Fortbewegung besteht und daher kein örtlicher Bezug vorliegt. Wird dagegen ein **Fahrzeug mit Werbung** ausgestattet und an einer bestimmten Stelle **wiederholt abgestellt**, um so durch die Werbung die Aufmerksamkeit zu erregen, ist das Merkmal der Ortsfestigkeit erfüllt (vgl. auch Rdn. 56). Eine Werbeanlage ist auch **dann ortsfest eingerichtet**, wenn das die Aufschrift tragende Schild an einem Kraftfahrzeuganhänger befestigt ist, der »**von Zeit zu Zeit**« bewegt wird (BayObLG, Beschl. v. 31.07.1997 – 3 ObOWi 77/97, BauR 1997, 1004 = BRS 59 Nr. 135). Zum Straßenverkehr zugelassene, mit Werbeplakaten versehene Werbeanhänger sind als ortsfeste Einrichtungen der Außenwerbung baugenehmigungspflichtig, wenn sie für längere Zeit an bestimmter Stelle abgestellt werden; maßgeblich ist, ob mit dem abgestellten Werbeanhänger nach seinem Bestimmungszweck wie mit einer Werbeanlage von einem festen Standort geworben wird und die Teilnahme des Anhängers am Straßenverkehr – jedenfalls vorübergehend – beendet ist (Thür. OVG, Urt. v. 10.11.1999 – 1 KO 519/98, BauR 2000, 1043 = BRS 62 Nr. 160 zu einem Planwagen mit Werbeaufschrift; OVG NRW, Beschlüsse vom 22.07.2003 – 10 B 890/03, BRS 66 Nr. 152 und vom 13.09.2010 – 10 B 698/10, BauR 2011, 242;). Allein das Abstellen eines Anhängers im öffentlichen Raum ist für die Annahme eines **Abstellens zu Werbezwecken** nicht ausreichend, vielmehr ist im Wege einer wertenden Betrachtung festzustellen, ob nach den Gesamtumständen entweder der Wunsch, das Fahrzeug oder den Anhänger für die Zeit des Nichtgebrauchs sicher abzustellen, oder die Absicht einer Werbewirkung im Vordergrund steht (OVG NRW, vom 13.09.2010 – 10 B 698/10, BauR 2011, 242 unter Nennung des Beispiels auch privat genutzter Fahrzeuge mit Werbeaufschriften z.B. mobiler Pflegedienste, die nach Dienstschluss von den Mitarbeitern regelmäßig im öffentlichen Verkehrsraum abgestellt werden). In Fällen, in denen der Anhänger gleichzeitig dazu dient, die auf ihm angebrachte Werbung zu verstauen und zu transportieren, ist je nach Betriebszustand zu differenzieren: erst wenn der Anhänger abgestellt und die Werbung zu Werbezwecken sichtbar gemacht wird, ist von einer ortsfesten Werbeanlage auszugehen (OVG NRW, Beschl. v. 08.07.2014 – 10 B 448/14, BauR 2014, 1928).

2.3 Zweckbestimmung

Die ortsfeste Einrichtung muss ferner 115
– der **Ankündigung** von **Veranstaltungen** oder
– der **Anpreisung** von **Gegenständen** oder **Leistungen** oder
– als **Hinweis** auf **Gewerbe** oder **Beruf**
dienen. Angesprochen ist damit die **werbliche Funktion**, deren Zweck darin besteht, **Aufmerksamkeit zu erregen** und damit das **Verhalten des Betrachters zu beeinflussen** (BVerwG, Urt. v. 28.05.1963 – I C 247.58, BVerwGE 16, 116). Ein Schriftzug als Werbung ist nicht erforderlich, bildhafte Darstellungen können ebenso eine Werbebotschaft enthalten (Hess. VGH, Urt. v. 10.05.1989 – 3 UE 1462/85, BRS 49 Nr. 152) wie abstrakte Darstellungen, wenn sie nur für den Betrachter verständlich sind. Selbst die Bemalung einer Hausfassade mit weiß-blauen Rauten ist eine Werbeanlage, wenn sie aus der Sicht eines Betrachters oder Besuchers eine Werbe- und Hinweisfunktion auf eine in dem Gebäude befindliche bayerische Gastronomieeinrichtung bzw. auf

den Ausschank bayerischen Bieres erfüllt (OVG NRW, Beschl. v. 18.05.1998 – 11 A 5482/97, BauR 1998, 1230 = BRS 60 Nr. 129; vgl. auch Boeddinghaus/Hahn/Schulte, zu § 13 Rn. 54 ff.).

116 Die Ankündigung oder Anpreisung beschränkt sich nicht auf Wirtschaftswerbung, sondern erfasst auch politische und jede andere Werbung, wie Wahlplakate, Plakat- und Zettelanschläge, die eine politische oder sonstige Veranstaltung, z.b. für Freizeit, Kunst, Religionsausübung, ankündigen (Hamb. OVG, Urt. v. 20.02.1997 – Bf II 13/96, NVwZ-RR 1998, 616). Wahlplakate sind jedoch nach § 10 Abs. 6 Nr. 4 BauO NRW für die Dauer eines Wahlkampfes von der Anwendung des § 10 BauO NRW ausgenommen (vgl. Rdn. 180). Ankündigungen, Anpreisungen oder Hinweise sind auch dann Werbeanlagen, wenn sie einer gesetzlichen **Bezeichnungs-** oder **Kennzeichnungspflicht** genügen, wie Preistafeln an Tankstellen (so Große-Suchsdorf, zu § 50 Rn. 21). Baustellenschilder sind dagegen keine Werbeanlagen, wenn sie sich auf die gesetzlich geforderten Mindestangaben beschränken (vgl. § 11 Rdn. 28–32). Ausstellungs- und Verkaufsstücke, die nur auf sich selbst hinweisen, rechnen dagegen nicht zu den Werbeanlagen (OVG NRW, Urt. v. 17.07.1969 – X A 120/68, BRS 22 Nr. 128); der Ausstellungsplatz selbst kann jedoch nach § 2 Abs. 1 Satz 3 Nr. 2 BauO NRW eine fiktive bauliche Anlage sein (vgl. § 2 Rdn. 76).

117 Eine Funktion als Werbeanlage kann auch einer Anlage zukommen, die lediglich auf den Standort einer Nutzung hinweist, um dadurch für Besucher den Weg zu erleichtern. Unter diese **Hinweiswerbung** fallen Schilder, die vom eigentlichen Nutzungsstandort weit entfernt sind (OVG NRW, Urt. v. 27.04.1979 – XI A 713/78, BRS 35 Nr. 142 zu einem mehrere 100 m von einem Gewerbebetrieb entfernten »Hinweiszeichen«), aber auch Lichtobjekte (OVG NRW, Beschl. v. 22.06.1994 – 11 B 1466/94, BRS 56 Nr. 133 zu einem aus mehreren Kilometern Entfernung sichtbaren Lichtstrahl am Nachthimmel, der durch den »**Himmelsstrahler**« [Skybeamer] auf dem Dach eines Imbisscontainers erzeugt wird; ebenso VG Stuttgart, Beschl. v. 09.07.1999 – 13 K 673/99, NVwZ-RR 2000, 14 und OVG Rh-Pf, Urt. v. 22.01.2003 – 8 A 11286/02, BauR 2003, 868 = BRS 66 Nr. 149; vgl. auch Dietlein, Zur baurechtlichen Problematik sog. Himmelsstrahler, BauR 2000, S. 1682 ff.). Bloße Hinweise auf Veranstaltungen und Sehenswürdigkeiten, die keine weitergehende Aussage treffen, sind jedoch keine Hinweiswerbeanlagen (vgl. Boeddinghaus/Hahn/Schulte, zu § 13 Rn. 62).

2.4 Sichtbarkeit

118 Die ortsfeste Einrichtung muss **vom öffentlichen Verkehrsraum aus sichtbar** sein. Der öffentliche Verkehrsraum ist nicht identisch mit öffentlichen Straßen, Wegen und Plätzen. Der Begriff »öffentlicher Verkehrsraum« ist umfassender zu verstehen. Zum öffentlichen Verkehrsraum zählen alle sonstigen Flächen, die der Allgemeinheit, dem Publikum offen stehen, unabhängig davon, ob sie dem öffentlichen Verkehr gewidmet sind oder nicht, wie Sportflächen, Bahngelände, Parkanlagen, Gewässer, Freizeitanlagen, Flughäfen. Dieses Verständnis ist geboten, um die Allgemeinheit vor verunstaltender Werbung zu schützen (so Wilke/Dageförde/Knuth/Meyer, zu § 11 Rn. 3).

Als **öffentlichen Verkehrsraum** hat die Rechtsprechung auch eine Fläche angesehen, die den Kunden eines Verbrauchermarktes zum Abstellen ihrer Kraftfahrzeuge zur Verfügung steht – also eine **private Stellplatzfläche** (VGH B-W, Urt. v. 30.10.1985 – 3 S 1833/85, BRS 44 Nr. 133). Infolge dieser **weiten Auslegung des Begriffs** »öffentlicher Verkehrsraum« kann es zu erheblichen Abgrenzungsproblemen kommen, z.b. bei Werbeanlagen in Einkaufspassagen oder im Inneren von Sportanlagen. Man wird deshalb in derartigen Fällen differenzieren müssen, ob die Werbeanlage **für die Öffentlichkeit im weitesten Sinne** sichtbar ist oder nur von einem **begrenzten Benutzerkreis** erblickt werden kann. Anderenfalls träte das absurde und vom Gesetzgeber nicht gewollte Ergebnis ein, dass jede Werbung im Inneren eines Gebäudes, die von einem allgemein zugänglichen Flur oder Verkehrsweg aus sichtbar ist, z.b. innerhalb eines öffentlichen Gebäudes, als Anlage der Außenwerbung im Sinne der Legaldefinition anzusehen wäre (wie hier Jeromin, zu § 52 Rn. 9). Deshalb ist im Innern von Gebäuden nur ausnahmsweise ein öffentlicher Verkehrsraum anzunehmen, nämlich dann, wenn die Benutzung dieses (Verkehrs-) Raumes der Öffentlichkeit **uneingeschränkt** gestattet ist. Als Beispiel kann hier ein überdachter Fußgängerbereich oder eine öffentlich nutzbare Fußgängerpassage in einem Gebäudekomplex – z.B. einem Großstadtbahnhof – genannt werden. Als öffentlicher Verkehrsraum kann dagegen nicht das Innere von Verkaufsstätten, Theatern, Kinos oder Freizeitparks gewertet werden, da hier die Nutzung durch Kunden und Besucher im Vordergrund steht (teilweise a.A. Boeddinghaus/Hahn/Schulte, zu § 13 Rn. 50 ff.; insoweit sind auch § 10 Abs. 3 Satz 2 Nr. 4 und Nr. 5 BauO NRW irreführend, vgl. Rdn. 155 und 156).

119

3 Zu Abs. 2 – Anforderungen an Werbeanlagen

Abs. 2 regelt die materiellen Anforderungen an Werbeanlagen. Nach **Satz 1** gelten für Werbeanlagen, die bauliche Anlagen sind, die in der BauO NRW gestellten Anforderungen an bauliche Anlagen. Diese ergeben sich unmittelbar aus den Bestimmungen der §§ 9 und 16 BauO NRW.

120

Nach **Satz 2** dürfen Werbeanlagen, die keine baulichen Anlagen sind,
– **bauliche Anlagen** nicht verunstalten,
– das **Straßen-, Orts- oder Landschaftsbild** nicht verunstalten,
– die **Sicherheit und Leichtigkeit** des Verkehrs nicht gefährden.

121

Mit den **Sätzen 3 und 5** konkretisiert der Gesetzgeber den Verunstaltungsbegriff durch Angabe bestimmter Wirkungen von Werbeanlagen:
– **Verdeckung des Ausblicks auf begrünte Flächen**,
– **Störung der einheitlichen Gestaltung und architektonischen Gliederung** baulicher Anlagen,
– **Störung durch Häufung**.

122

Weiterhin bestimmt **Satz 4**, dass der Betrieb von Werbeanlagen nicht zu schädlichen Umwelteinwirkungen führen darf.

123

Johlen

124 Diese Schutzziele ergeben sich nicht bereits unmittelbar aus § 9 BauO NRW, so dass die Sätze 3–5 unabhängig davon gelten, ob die Werbeanlage eine bauliche Anlage ist oder nicht.

3.1 Verunstaltungsverbot

125 **Abs. 2** ergänzt das für bauliche Anlagen in § 9 Abs. 2 BauO NRW geregelte **Verunstaltungsverbot** in Bezug auf Werbeanlagen (vgl. Rdn. 4). Die Vorschrift bezweckt nicht die Forderung nach einer bestimmten Gestaltung als Ausdruck eines Gestaltungswillens, sondern die Verhinderung der Verunstaltung. Maßgeblich für die **Auslegung des Verunstaltungsbegriffs** ist auch hier – wie bei § 9 BauO NRW – das Urteil des BVerwG vom 28.06.1955 (vgl. § 9 Rdn. 3, 10 und 11). Als Verunstaltung gilt danach nicht schon die bloße Unschönheit, sondern nur ein hässlicher, das ästhetische Empfinden des Betrachters nicht nur beeinträchtigender, sondern verletzender Zustand. Bei der Beurteilung kann nicht auf den ästhetisch besonders empfindsamen oder geschulten Betrachter abgestellt werden. Es muss vielmehr das Empfinden jedes für ästhetische Eindrücke offenen Betrachters maßgebend sein, also des so genannten gebildeten Durchschnittsmenschen (vgl. § 9 Rdn. 15–18). In erster Linie ist es dabei Aufgabe des § 10 Abs. 2 BauO NRW, Auswüchse zu unterbinden und nicht bestimmte ästhetische Wertvorstellungen zur Stadtbildgestaltung zu verwirklichen (OVG NRW, Beschl. v. 22.06.2017 – 10 A 167/16, juris). Es ist ein Ausgleich zu finden zwischen dem Erfordernis der Werbung, in gewisser Weise aufzufallen, und den an jede Anlage zu stellenden ästhetischen Ansprüchen im Sinne des Verunstaltungsverbots; nicht alles was auffällt, ist verunstaltend, nicht jede Auffälligkeit ist um ihrer selbst willen gerechtfertigt (vgl. Boeddinghaus/Hahn/Schulte, zu § 13 Rn. 67).

126 **Schwerpunkt der Regelung** des § 10 Abs. 2 BauO NRW bilden die konkretisierten Fälle bestimmter Verunstaltungen. Ohne die **Konkretisierungen** der **Sätze 3 und 5** wäre die Vorschrift überflüssig, da sich die allgemeinen Regelungen zur Verunstaltungsabwehr bereits aus § 9 BauO NRW ergeben, der auch auf Werbeanlagen Anwendung findet. Insbesondere die Konkretisierung des Begriffs »Verunstaltung« im Einzelfall hat in der Vergangenheit sowohl für die Verwaltung als auch für die Rechtsprechung zu Unsicherheiten geführt. Es war daher angebracht, den **Begriff der Verunstaltung** wenigstens in Bezug auf Werbeanlagen in **Satz 3** so zu **konkretisieren**, dass die am häufigsten als störend empfundenen Anbringungs- und Aufstellungsarten erfasst werden. Durch das Wort »**auch**« wird deutlich, dass über die in der Vorschrift genannten Tatbestände hinaus weitere Formen der Verunstaltung in Betracht kommen können. Die Regelung in **Satz 5**, der auf die **störende Häufung von Werbeanlagen** abstellt, bildet ebenfalls einen gesetzlich geregelten Unterfall des allgemeinen Verunstaltungsverbots im Sinne des § 10 Abs. 2 Satz 2 BauO NRW (OVG NRW, Urt. v. 06.02.1992 – 11 A 2235/89, BRS 54 Nr. 129 und Urt. v. 28.08.2013 – 10 A 1150/12, BauR 2014, 537).

127 Die Werbeanlage darf **bauliche Anlagen** nicht verunstalten. Erfasst werden hierdurch **alle** baulichen Anlagen im Sinne des § 2 Abs. 1 BauO NRW, also **auch die fiktiven** baulichen Anlagen. Ein Verstoß gegen das Gebot, dass bauliche Anlagen durch

Werbeanlagen nicht verunstaltet wirken dürfen, ist auch dann gegeben, wenn eine Werbeanlage als selbständige bauliche Anlage mit einer vorhandenen baulichen Anlage so kombiniert wird, dass die verunstaltende Wirkung der Werbeanlage auf das dahinter stehende Bauwerk derjenigen gleichkommt, die eine auf dem Bauwerk selbst angebrachte Werbung hat (Hess VGH, Urt. v. 18.11.1983 – IV OE 98/81, BRS 40 Nr. 155).

Die Werbeanlage darf die **Umgebung** nicht verunstalten. Das OVG NRW stellt in seinem Urt. v. 19.05.1981 (– 11 A 1599/79, BRS 38 Nr. 149) fest, dass es bei der Beurteilung der Frage, ob eine Werbeanlage mit der Umgebung in Einklang zu bringen ist, **rechtlich nicht möglich** sei, ein **Straßen- oder Platzbild** (zu den Begriffen vgl. § 9 Rdn. 30–32) **in verschiedene Teilstücke** aus unterschiedlichen Blickwinkeln **zu zerlegen**; es entspräche weder der Intention des Gesetzes, wenn es von Umgebung und Bild spricht, noch einer wirklichkeitsnahen Betrachtungsweise, anzunehmen, der so genannte Durchschnittsbetrachter würde eine Straße oder einen Platz jeweils aus einem Blickwinkel ansehen. Eine Plakattafel an der Außenwand einer Scheune fügt sich dann nicht im Sinne des Verunstaltungsverbots in die Umgebung ein, wenn der **Gegensatz zwischen Werbeanlage und ihrer Umgebung** von jedem für ästhetische Eindrücke offenen Betrachter als **belastend** empfunden wird (BayVGH, Urt. v. 14.10.1982 –14 B 81 A. 2619, BRS 39 Nr. 130). 128

Ob das **Straßen- und Ortsbild verunstaltet** wird, hängt einerseits von den gestalterischen Eigenarten und Gegebenheiten der zu schützenden Objekte ab, so unter anderem von dem Gebietscharakter der Umgebung, der städtebaulichen Bedeutung eines Straßenzuges, eines Platzes oder einer Anlage, der einheitlichen oder diffusen Prägung des maßgeblichen Bereichs, in dem die Werbeanlage wirksam werden soll, und andererseits von den gestalterischen Merkmalen der Werbeanlage, die zu dem Umgebungsbild in eine Beziehung treten soll (OVG NRW, Beschl. v. 22.06.2017 – 10 A 167/16, juris). Das Straßen- und Ortsbild umfasst das, was für den Betrachter – nicht nur aus einem Blickwinkel – sichtbar ist und das **Umgebungsbild prägt** oder doch **mitprägt** (OVG NRW, Urt. v. 11.09.1997 – 11 A 5797/95, BauR 1998, 113). 129

3.2 Verunstaltung durch Verdeckung begrünter Flächen

Nach **Satz 3** liegt eine Verunstaltung auch vor, wenn durch Werbeanlagen der **Ausblick auf begrünte Flächen** verdeckt wird. Zu den begrünten Flächen rechnen auch die Böschungen von Straßen- oder Eisenbahndämmen, wobei es auf eine gärtnerische Gestaltung derselben nicht ankommt (OVG NRW, Urt. v. 03.07.1996 – 11 A 1443/94, BRS 58 Nr. 127). Der Ausblick auf begrünte Flächen wird bereits durch einzelne großflächige Plakattafeln verdeckt. Der Tatbestand der **Verdeckung** erfordert, dass **der freie Blick nicht unerheblich verstellt** wird, z.B. auf einen **größeren Ausschnitt der Landschaft**. Die Beeinträchtigung der optischen Wahrnehmbarkeit einer begrünten Fläche setzt begriffsnotwendig **keinen unmittelbaren räumlichen Zusammenhang** von Werbeanlage und begrünter Fläche voraus (OVG NRW, Beschl. v. 31.08.2001 – 10 A 3436/01, BauR 2002, 298 = BRS 64 Nr. 148 zu einer geplanten Werbeanlage, die durch einen 1000 m breiten Taleinschnitt vom maßgeblichen 130 bewaldeten Höhenzug entfernt war). Da die begrünte Fläche einschließlich Aufwuchs erfasst wird, kann das Verbot nicht dadurch umgangen werden, dass die Werbeanlage auf Stützen gesetzt wird, um so den Ausblick unter ihr hindurch auf die Geländeoberfläche geringfügig freizugeben.

131 Der Begriff »**begrünte Fläche**« ist nicht gleichzusetzen mit den planungsrechtlichen Begriffen »Grünanlagen« in § 127 Abs. 2 Nr. 4 BauGB oder »Grünflächen« in § 5 Abs. 2 Nr. 5 sowie § 9 Abs. 1 Nr. 15 BauGB. Bei den letztgenannten Begriffen geht es zum einen um Vorschriften zur Einbeziehung von Grünanlagen in den Erschließungsaufwand und zum anderen bezüglich des Begriffs »Grünflächen« um die Sicherung einer menschenwürdigen Umwelt (§ 1 Abs. 5 BauGB) durch Bauleitpläne. Bei § 10 Abs. 2 BauO NRW steht jedoch allein der baugestalterische Gesichtspunkt im Vordergrund. Der Wortlaut des § 10 Abs. 2 BauO NRW deutet darauf hin, dass der Gesetzgeber an die begrünte Fläche weniger hohe gestalterische Anforderungen stellt. Es kommt nämlich nur darauf an, dass die Fläche tatsächlich eine nicht nur unbedeutende Begrünung aufweist und ihr Charakter durch das Vorhandensein einer Begrünung (auch einer natürlichen) geprägt wird. Die Grenze zwischen einer gesetzlich relevanten und einer unbedeutenden Begrünung ist auf Grundlage einer wertenden Betrachtung im jeweiligen Einzelfall festzustellen (VG Gelsenkirchen, Urt. v. 30.01.2014 – 5 K 2997/12, juris). Zu der begrünten Fläche rechnet auch der **Aufwuchs** (Sträucher, Hecken, Bäume). Selbst **kleinere Flächen** sind vor Verdeckung des Ausblicks durch Werbeanlagen geschützt (OVG NRW, Urt. v. 19.08.1987 – 11 A 103/87, n.v. zu einer begrünten Fläche von lediglich 24 m² mit drei Birken).

3.3 Verunstaltung architektonischer Gliederung

132 Nach **Satz 3** liegt des Weiteren eine Verunstaltung vor, wenn durch Werbeanlagen die **einheitliche Gestaltung und architektonische Gliederung** baulicher Anlagen gestört wird. Diese Vorschrift stellt hinsichtlich der Werbeanlagen eine Konkretisierung des Verunstaltungsverbots des § 9 BauO NRW und des Satzes 2 dar. Diese Klarstellung ist für die Planer von Werbeanlagen und für die Bauaufsichtsbehörden von großem Wert. Die architektonische Gliederung durch vertikale und horizontale Elemente (wie Fenster, Brüstungsbänder, Pfeiler, Stützen, Giebeldreiecke, Traufen, obere Wandabschlüsse, Gebäudekanten, Lisenen, Portiken, Säulen) darf nicht verdeckt oder verzerrt werden. Die Gestalt und Maßstäblichkeit einer baulichen Anlage darf durch Werbeanlagen nicht verändert werden. Als Voraussetzung für eine Störung im Sinne des § 13 Abs. 2 Satz 3 BauO NRW muss die »gestörte« bauliche Anlage eine Aufteilung aufweisen, die baukünstlerischen Gesichtspunkten folgt und deren Gestaltungs- und Gliederungselemente von der Werbeanlage ganz oder teilweise überlagert werden (OVG NRW, Beschl. v. 22.06.2017 – 10 A 167/16, juris).

133 Ein auffallend hässlicher, gestalterischer Widerspruch entsteht regelmäßig, wenn eine **Werbetafel an** oder **vor** ein vorhandenes Bauwerk **ohne Rücksicht auf dessen Gestalt und Gestaltung** gesetzt wird und sich die Kanten der Werbeanlage mit den Konturen des vorhandenen Bauwerks überschneiden (Hess. VGH, Urt. v. 14.04.1982 – IV OE 11/80, BRS 39 Nr. 140). Großflächige Werbung mittels Spannposter oder mittels

Diaprojektion auf einer fensterlose Giebelwand wirkt in Gebieten, die auch der Wohnnutzung dienen, in aller Regel verunstaltend (Bay VGH, Urt. v. 16.07.2002 – 2 B 01.1642, BRS 65 Nr. 148 und Urt. v. 16.07.2002 – 2 B 01.1644, BRS 65 Nr. 149; zur Verunstaltung einer Backsteinfassade durch eine großflächige, beleuchtete Mietwerbeanlage vom dritten bis zum fünften Geschoss vgl. Hess. VGH, Beschl. v. 05.10.1995 – 3 TG 2900/95, BRS 57 Nr. 179; zur Verunstaltung einer Einfriedungsmauer durch eine diese überragende großflächige Werbetafel vgl. OVG Bln, Urt. v. 22.07.1994 – 2 B 36.92, BRS 56 Nr. 131). Keine Verunstaltung soll dagegen vorliegen, wenn die Werbeanlage am Natursteinmauerwerk einer Brücke angebracht wird (OVG NRW, Urt. v. 03.07.1997 – 11 A 1566/94, BauR 1997, 1001).

Das OVG NRW (Urt. v. 16.09.1987 – 11 A 72/87, n.v.) wertet Wortlaut und Regelungsinhalt des § 10 Abs. 2 Satz 3 BauO NRW unter anderem dahin gehend, dass die Störung der einheitlichen Gestaltung und der architektonischen Gliederung baulicher Anlagen als Anwendungsfälle, Unterfälle oder Beispiele des allgemeinen Verunstaltungsverbots zu begreifen sind. Es dürfe nicht bereits jede Störung der architektonischen oder natürlichen Harmonie, also die bloße Unschönheit, sondern nur eine Verunstaltung im Sinne eines hässlichen Zustandes abgewendet werden, die das ästhetische Empfinden des Betrachters nicht nur beeinträchtigt, sondern verletzt. Es sei in erster Linie Aufgabe des § 10 Abs. 2 Satz 3 BauO NRW, Auswüchse zu unterbinden, nicht aber, bestimmte ästhetische Wertvorstellungen zur Stadtbildgestaltung, die im Rahmen einer Gestaltungssatzung (wenn auch nicht unbegrenzt) Berücksichtigung finden können, zu verwirklichen. Aufgabe der zweiten Alternative (nach der Verdeckung der Aussicht auf begrünte Flächen) sei es insoweit, sich bei der Frage nach einer möglichen Verunstaltung auch die Wirkung der Werbeanlage auf das Bauwerk selbst als Träger oder Standort der Werbung vor Augen zu halten. Das OVG NRW sieht das als Akzentverschiebung dahin gehend, **nicht nur den Umgebungsschutz, sondern auch den Gebäudeschutz** als Sicherung der baulichen Anlage insgesamt wie in Teilen bei der Frage einer Verunstaltung in den Blick zu nehmen. § 10 Abs. 2 Satz 3 BauO NRW vermittelt keinen absoluten Architektur- und Gebäudeschutz (in diesem Urteil ging es um die Frage der Zulässigkeit von Werbetafeln unter einer Brücke.)

3.4 Störende Häufung

Satz 5 verbietet die **störende Häufung** von Werbeanlagen. Bei diesem Verbot handelt es sich um einen Unterfall des allgemeinen Verunstaltungsverbots (OVG NRW, Urt. v. 06.02.1992 – 11 A 2235/89, BRS 54 Nr. 129 und Urt. v. 28.08.2013 – 10 A 1150/12, BauR 2014, 537). Das Verbot der störenden Häufung gilt ganz allgemein, auch in den Gebieten, für die keine Beschränkung der Werbeanlage vorgenommen ist (vgl. Abs. 3 und 4). Der Tatbestand der störenden Häufung ist weitgehend relativ. Zunächst ist zu fragen, wann eine – tatsächliche – **Häufung** von Werbeanlagen überhaupt vorliegt. Dann erst folgt die Frage – und rechtliche Wertung –, unter welchen Umständen eine Häufung **störend** ist (OVG NRW, Beschl. v. 11.02.2014 – 10 A 130/13, juris).

§ 10 Anlagen der Außenwerbung, Warenautomaten

136 Eine **Häufung** von Werbeanlagen setzt ein **räumlich dichtes Nebeneinander** einer Mehrzahl gleicher oder verschiedener Anlagen der Außenwerbung voraus. Um überhaupt von Häufung sprechen zu können, müssen **mindestens drei Werbeanlagen** innerhalb eines eng begrenzten Wirkungsbereiches vorhanden sein, der nur so ausgedehnt sein kann, dass alle Werbeanlagen stets gleichzeitig wahrgenommen werden und ihre optische Wirkung immer gemeinsam ausüben (Hess. VGH, Urt. v. 21.09.2005 – 2 UE 2140/02, juris; OVG NRW, Urt. v. 28.08.2013 – 10 A 1150/12, BauR 2014, 537 und Urt. v. 28.05.2018 – 10 A 1789/16, juris). Enthält die Werbeanlage beidseitig Werbeflächen, so ist die Prüfung des Vorliegens einer Häufung jeweils aus beiden Richtungen vorzunehmen (OVG NRW, Beschl. v. 05.03.2015 – 10 A 1448/14, juris, zu einem beidseitig beleuchteten City-Star-Board). Es kommt weiter auf den Standort des Betrachters an. Hier eine Relation herzustellen erscheint unmöglich. Irgendwelche Regeln aufzustellen wäre deshalb verfehlt. Im Falle einer Häufung ist die (letzte) Anlage unzulässig, durch deren Hinzukommen die Grenze des Erträglichen überschritten wird; maßgebend für die Reihenfolge ist das Eingangsdatum des Bauantrags (Hess. VGH, Urt. v. 16.05.1968 – IV OE 116/67, BRS 20 Nr. 117; OVG NRW, Urt. v. 17.04.2002 – 10 A 4188/01, BauR 2002, 1231 = BRS 65 Nr. 147; OVG Saar, Urt. v. 23.05.2016 – 2 A 5/16, BauR 2017, 1352). Der **Grundsatz der Priorität** verletzt kein Bundesrecht (BVerwG, Beschl. v. 05.12.1973 – IV B 130.73, BRS 27 Nr. 115). Eine vor Antragseingang ungenehmigt, aber materiell rechtmäßig hergestellte andere Werbeanlage ist bei der Prüfung der störenden Häufung zu berücksichtigen (OVG Lüneburg, Urt. v. 21.08.1987 – 6 A 52/86, BRS 47 Nr. 130 und OVG NRW, Urt. v. 06.02.1992 – 11 A 2235/89, BRS 54 Nr. 129). Etwas anderes gilt nur dann, wenn in absehbarer Zeit mit ihrer Beseitigung zu rechnen ist (OVG NRW, Urt. v. 06.02.2003 – 10 A 3464/01, BRS 66 Nr. 150).

137 Die **störende Wirkung** einer Häufung von Werbeanlagen **hängt von der Bebauung und Nutzung der Umgebung ab**; dabei ist die Zielrichtung der baugestaltungsrechtlichen Vorschriften für die Gestaltung des Straßenbildes, u.a. die Einschränkung der Werbung in den dem Wohnen dienenden Baugebieten maßgebend. So ist zu beachten, dass Fremdwerbung in Misch-, Kern-, Gewerbe- und Industriegebieten – wie sich im Umkehrschluss aus Abs. 4 ergibt – grundsätzlich zulässig ist (OVG NRW, Urt. v. 28.05.2018 – 10 A 1789/16, juris). Zu berücksichtigen ist auch, dass Werbetafeln grundsätzlich zum Straßenbild gehören; sie können nicht als in der Regel unzulässig angesehen und deshalb nur in Ausnahmefällen bei bereits unansehnlicher Umgebung zugelassen werden (OVG Rh-Pf, Urt. v. 22.07.1987 – 1 A 128/85, BRS 48 Nr. 120). Die Störung setzt voraus, dass der für die Häufung maßgebliche örtliche Bereich im Gesichtsfeld des Betrachters derartig mit Werbeanlagen überladen ist, dass das Auge keinen Ruhepunkt mehr findet und das Bedürfnis nach werbungsfreien Flächen stark hervortritt (OVG NRW, Urt. v. 28.08.2013 – 10 A 1150/12, BauR 2014, 537; Nds. OVG, Urt. v. 29.09.2015 – 1 LB 51/15, juris). Die störende Wirkung kann sich aus einem gestalterischen Widerspruch ergeben, der entweder in der beziehungslosen Anhäufung der Werbeanlagen selbst oder in ihrer Wirkung auf den Anbringungsort oder seine Umgebung liegt. Sie kann sich auch aus dem Widerspruch zwischen der Zahl der Werbeanlagen und der (Wohn-)Nutzung in der Umgebung ergeben (Hess.

VGH, Urt. v. 14.04.1982 – IV OE 83/79, BRS 39 Nr. 139). Es spielt grundsätzlich keine Rolle, ob es sich bei den bereits in der Umgebung der Anbringungsstelle befindlichen Werbeanlagen um Fremdwerbung, Hinweisschilder oder um Werbung an der Stätte der Leistung handelt (OVG NRW, Urt. v. 17.04.2002 – 10 A 4188/01, BRS 65 Nr. 147 zu Fremdwerbung und Werbung an der Stätte der Leistung). Auch wenn in der Umgebung bereits zahlreiche miteinander unvereinbare Werbeanlagen vorhanden sind, kann die Aufstellung einer weiteren Werbeanlage nach § 10 Abs. 2 Satz 5 unzulässig sein. Es gibt keinen Rechtssatz des Inhalts, dass nicht mehr verunstaltet werden kann, was schon verunstaltet ist (OVG NRW, Urt. v. 28.08.2013 – 10 A 1150/12, BauR 2014, 537).

3.5 Gefährdung der Sicherheit des Verkehrs

Nach Satz 2 dürfen Werbeanlagen die **Sicherheit und Leichtigkeit** des Verkehrs nicht gefährden. Es handelt sich um eine **Konkretisierung des § 16 Abs. 2 BauO NRW** in Bezug auf Werbeanlagen. Ob eine Werbeanlage wegen konkreter Straßenverkehrsgefährdung unzulässig ist, beurteilen die Verwaltungsgerichte nach § 10 Abs. 2 Satz 2 BauO NRW und nicht etwa nach den »Maßstäben« der – möglicherweise rechtswidrig zugelassenen – »Werbelandschaft« einer Großstadt (OVG NRW, Urt. v. 06.02.2003 – 10 A 3464/01, BauR 2003, 1358 = BRS 66 Nr. 150 = EildStNW 2003, 273). 138

Das Verbot der Gefährdung der Sicherheit und Leichtigkeit des Verkehrs greift nur ein, soweit das Verkehrsrecht nicht vorgeht (vgl. Rdn. 72–75). **Voraussetzung einer Verkehrsgefährdung** ist die Erwartung, dass ein durchschnittlicher Verkehrsteilnehmer durch die Werbeanlage abgelenkt wird, wobei maßgeblich auf die jeweiligen örtlichen Verhältnisse abzustellen ist (OVG NRW, Urt. v. 28.08.2013 – 10 A 1150/12, BauR 2014, 537). Von herkömmlichen Werbeanlagen ohne Bildwechsel gehen nur ausnahmsweise solche verkehrsgefährdenden Wirkungen aus, nämlich nur, wenn eine Werbeanlage in ihrer konkreten Ausgestaltung besonders auffällig ist, vom Üblichen stark abweicht, die verkehrliche Situation in der Nähe der vorgesehenen Anbringungsstelle außergewöhnlich schwierig ist oder mit greller Beleuchtung oder mit Lichteffekten Aufmerksamkeit erregt wird (OVG NRW, Urt. v. 08.07.2013 – 10 A 662/12, juris und Beschl. v. 22.06.2017 – 10 A 167/16, juris). So beeinträchtigt ein unbeleuchteter Werbeschriftzug in der Nähe einer Autobahnausfahrt nicht regelmäßig die Leichtigkeit oder Sicherheit des Verkehrs (Hess. VGH, Urt. v. 30.03.1977 – IV OE 18/75, BRS 32 Nr. 118 zum Fernstraßenrecht; vgl. auch BayVGH, Urt. v. 16.10.1990 – 14 B 89.835, BRS 50 Nr. 145 zur Werbeanlage eines Einrichtungshauses an einer Autobahn). Ob eine **außergewöhnlich schwierige verkehrliche Situation** vorliegt, ist im jeweiligen Einzelfall zu prüfen, wobei als Indizien für eine solche Situation die bisherige Unfallhäufigkeit am Ort des geplanten Vorhabens, die Straßenführung – z.B. kurvig oder abschüssig – oder die Anzahl der Fahrspuren herangezogen werden können (OVG NRW, Urt. v. 06.02.2003 – 10 A 3464/01, BauR 2003, 1358). In **Innenstadtbereichen** sind Autofahrer von den vielfältigen Anforderungen des Verkehrs gefordert und achten weniger auf das, was ihnen an Werbung präsentiert wird, so dass sich die Prognose einer überwiegenden Unfallwahrscheinlichkeit oder von Behinderungen des 139

§ 10 Anlagen der Außenwerbung, Warenautomaten

Verkehrsablaufs nur in Ausnahmefällen stellen lassen wird (vgl. Engelbrecht, Die Errichtung von Werbeanlagen an öffentlichen Straßen, DÖV 2012, S. 880).

140 Geschützt werden soll durch diese Vorschrift nicht nur der **Fahrzeugverkehr**, sondern auch der **Fußgängerverkehr**. Die Verengung eines 92–99 cm breiten Bürgersteigs durch eine 6 cm vorspringende Werbeanlage kann daher auf einer Straße mit lebhaftem Fahrzeug- und Fußgängerverkehr zu einer Verkehrsgefährdung führen (OVG NRW, Urt. v. 13.11.1975 – XI A 1018/74, BRS 29 Nr. 111 = GewArch 1976, 312; vgl. auch Hess. VGH, Urt. v. 30.05.1975 – IV OE 59/73, BRS 29 Nr. 112).

141 Es kann nicht davon ausgegangen werden, dass **Werbung an Brücken** generell gegen § 10 Abs. 2 Satz 2 BauO NRW verstößt. Außerhalb der als Ortsdurchfahrten klassifizierten Straßen besteht allerdings nach dem Straßenrecht ein Brückenwerbeverbot (vgl. Rdn. 63). Ein bauordnungsrechtliches Verbot der Brückenwerbung kennt die BauO NRW dagegen nicht (anders hingegen § 50 Abs. 5 Satz 1 NBauO); liegt die Brücke jedoch im Außenbereich, so greift das Werbeverbot nach § 10 Abs. 3 BauO NRW. Eine Werbeanlage an einer die Straße überspannenden Brücke braucht den Straßenverkehr nicht zu gefährden, wenn sie lediglich auf einen praktisch jedem Kraftfahrer geläufigen Markenartikel ohne ansprechende Zusätze hinweist (OVG NRW, Urt. v. 29.06.1979 – XI A 1573/77, BRS 35 Nr. 140; vgl. auch OVG Bln, Urt. v. 17.06.1992 – 2 B 30.90, BRS 54 Nr. 128).

142 Eine **Ablenkung der Verkehrsteilnehmer** setzt eine **Auffälligkeit** der Werbeanlage voraus. Diese kann aus dem Aufstellungsort oder der Art der Werbeanlage selbst resultieren. Eine Werbeanlage kann auf einer von Bäumen gesäumten Straße verkehrsgefährdend sein, weil damit zu rechnen ist, dass Kraftfahrer erst kurz vor dem Passieren die Werbeanlage erkennen und hierzu den Blick stark zur Seite wenden (Hess. VGH, Urt. v. 08.03.1977 – IV OE 2/75, BRS 32 Nr. 117). Eine **Auffälligkeit** nimmt die Rechtsprechung bei **Werbeanlagen mit Motivwechsel** (Prismenwendeanlagen) an, da ein Betrachter in seiner optischen Wahrnehmung auf bewegliche Anlagen empfindlicher reagiert als auf ruhende Objekte (OVG NRW, Urt. v. 18.09.1992 – 11 A 149/91, BRS 54 Nr. 132 = NVwZ-RR 1993, 233). Gleiches gilt für **Diaprojektionsanlagen**, mittels derer Motive auf Hausgiebel projiziert werden. Diese Auffälligkeit ist stets **nach den Umständen des Einzelfalls zu beurteilen** (OVG NRW, Beschl. v. 21.11.2000 – 7 A 5203/00, BRS 63 Nr. 169; Nds. OVG, Beschl. v. 11.01.2000 – 1 L 4588/99, BRS 63 Nr. 167; Hess. VGH, Urt. v. 19.03.1996 – 4 UE 2461/94, BRS 58 Nr. 126). Die vorgenannte Rechtsprechung ist jedoch nicht ohne Weiteres auf **Mega-Light-Wechselanlagen** übertragbar, vielmehr ist bei solchen Anlagen in jedem Einzelfall eine Beurteilung auf der Grundlage der örtlichen Verhältnisse und unter Berücksichtigung des konkreten Vorhabens vorzunehmen (OVG NRW, Urt. v. 28.08.2013 – 10 A 1150/12, BauR 2014, 537). Bei solchen Wechselanlagen handelt es sich um hinterleuchtete Schaukästen mit einem Werbeplakatwechselsystem von mindestens zwei Plakaten, bei welchem die Plakate in vertikaler Richtung wechseln und jeweils für einige Sekunden sichtbar sind (vgl. Boeddinghaus/Hahn/Schulte, zu § 13 Rn. 100). Auch die Zulässigkeit von **Videowalls** – große Anzeigeflächen zur Darstellung bewegter Bilder – hängt von den Straßen- und Verkehrsverhältnissen des Einzelfalles ab, wobei entscheidend

ist, inwieweit innerhalb der Reichweite der Videowall erhöhte Anforderungen an die Aufmerksamkeit aller Verkehrsteilnehmer bestehen (vgl. Guckelberger, Der Umgang im Baurecht mit Werbeanlagen, dargestellt am Beispiel der Videowalls, ZfBR 2013, S. 432).

3.6 Schädliche Umwelteinwirkungen

Satz 4 regelt, dass der Betrieb von Werbeanlagen **nicht zu schädlichen Umwelteinwirkungen** führen darf. Solche Einwirkungen liegen gemäß § 3 Abs. 1 BImSchG vor bei Immissionen, die nach Art, Ausmaß oder Dauer geeignet sind, Gefahren, erhebliche Nachteile oder erhebliche Belästigungen für die Allgemeinheit oder die Nachbarschaft herbeizuführen. Immissionen sind gemäß **§ 3 Abs. 2 BNatSchG** auf Menschen, Tiere und Pflanzen, den Boden, das Wasser, die Atmosphäre sowie Kultur- und sonstige Sachgüter einwirkende Luftverunreinigungen, Geräusche, Erschütterungen, Licht, Wärme, Strahlen und ähnliche Umwelteinwirkungen. Dass § 10 Abs. 2 Satz 4 BauO NRW begrifflich auf die Definitionen des BImSchG Bezug nimmt, lässt sich der Gesetzesbegründung entnehmen (vgl. LT-Drucks. 17/2166, S. 107 f.). 143

Durch die neu eingeführte Regelung sollen die Bauaufsichtsbehörden die **Möglichkeit** bekommen – auch bei planungsrechtlich grundsätzlich zulässigen Werbeanlagen – dafür **Sorge zu tragen**, dass ihr **Betrieb ohne vermeidbare Belästigungen erfolgt**, insbesondere vor dem Hintergrund dass mit der Weiterentwicklung von Werbetechnik (zum Beispiel durch Sky-Beamer oder LED-Anlagen) zum Teil schädliche Umwelteinwirkungen verbunden sein können (vgl. LT-Drucks. 17/2166, S. 108). Die Vorschrift ermöglicht es jedoch nicht, generell die Einhaltung des Standes der Technik zur Immissionsminderung zu fordern. Voraussetzung hierfür ist, dass andernfalls schädlichen Umwelteinwirkungen entstehen. Durch die explizite Aufnahme der Regelung in § 10 BauO NRW ist gewährleistet, dass ihre Einhaltung auch im Rahmen des einfachen Genehmigungsverfahrens geprüft wird, vgl. § 64 Abs. 1 Satz 1 Nr. 3 BauO NRW. 144

Insbesondere ist der gemeinsame **Runderlass »Lichtimmissionen, Messung, Beurteilung und Verminderung«** des damaligen Ministeriums für Klimaschutz, Umwelt, Landwirtschaft, Natur- und Verbraucherschutz und des damaligen Ministeriums für Bauen, Wohnen, Stadtentwicklung und Verkehr vom 11.12.2014 (MBl. NRW. 2015 S. 26) in den Blick zu nehmen, auf welchen auch die Gesetzesbegründung verweist. So führt dieser zunächst aus, dass nach dem BImSchG genehmigungsbedürftige Anlagen gemäß § 5 Abs. 1 Nr. 1 und 2 BImSchG so zu errichten und zu betreiben sind, dass schädliche Umwelteinwirkungen durch Licht nicht hervorgerufen werden können und dass Vorsorge gegen schädliche Umwelteinwirkungen, insbesondere durch die dem Stand der Technik entsprechenden Maßnahmen zur Emissionsbegrenzung getroffen wird, außerdem dass nach dem BImSchG nicht genehmigungsbedürftige Anlagen gemäß § 22 Abs. 1 Nr. 1 und 2 BImSchG so zu errichten und zu betreiben sind, dass schädliche Umwelteinwirkungen durch Licht verhindert werden, die nach dem Stand der Technik vermeidbar sind, und dass nach dem Stand der Technik unvermeidbare schädliche Umwelteinwirkungen auf ein Mindestmaß beschränkt werden. Der Runderlass enthält **Beurteilungsmaßstäbe zur Konkretisierung** der Anforderungen 145 aus den genannten BImSchG-Vorschriften und **zur Messung von Raumaufhellung und Blendung, Maßnahmen zur Vermeidung und Minderung von Störwirkungen** sowie **Hinweise über die schädliche Einwirkung von Beleuchtungsanlagen** auf Tiere, insbesondere auf Vögel und Insekten, sowie **Vorschläge zu deren Minderung.** Auch die Broschüre des Landesamtes für Natur, Umwelt und Verbraucherschutz Nordrhein-Westfalen »Künstliche Außenbeleuchtung – Tipps zur Vermeidung und Verminderung störender Lichtimmissionen« kann dem Bauherren dazu dienen, die Werbeanlage möglichst immissionsarm zu planen.

146 Schädliche Umwelteinwirkungen im Sinne des § 10 Abs. 2 Satz 4 BauO NRW ergeben sich demnach durch Verstöße gegen die einschlägigen Vorschriften des LImSchG und des BImSchG, wobei diese Verstöße mithilfe des Runderlasses »Lichtimmissionen, Messung, Beurteilung und Verminderung« festzustellen sind.

4 Zu Abs. 3 – Werbeanlagen im Außenbereich

147 Abs. 3 regelt die Zulässigkeit von Werbeanlagen »**außerhalb der im Zusammenhang bebauten Ortsteile**« unter dem **Gesichtspunkt der Verunstaltungsabwehr.** Die sich hieraus ergebenden Beschränkungen für Werbeanlagen dienen dem Bedürfnis der Bevölkerung an der Erhaltung der natürlichen Eigenart der Landschaft. Außenwerbung kann, auch wenn sie gut gestaltet ist, den von seiner Umwelt vielfach beanspruchten Menschen durch die Fülle und Stärke der Sinneseindrücke und psychischen Einwirkung übermäßig belasten und ihn daran hindern, die nötige Entspannung und Ruhe zu finden (vgl. Große-Suchsdorf, zu § 50 Rn. 28). Insofern dienen die einschränkenden Regelungen auch der Erhaltung der natürlichen Lebensgrundlagen (vgl. § 3 Rdn. 56). Gegen diese Regelungen bestehen keine verfassungsrechtlichen Bedenken, insbesondere nicht aus Art. 14 GG; sie begrenzen das Eigentum aus sachgerechten Erwägungen und nehmen mit ihren Ausnahmevorschriften auch auf Betroffene Rücksicht (BVerwG, Urt. v. 25.06.1965 – IV C 73.65, BBauBl. 1965, 595 = NJW 1966, 69; OVG NRW, Urt. v. 14.03.2006 – 10 A 630/04, BauR 2006, 1117 = BRS 70 Nr. 141 = ZfBR 2006, 487). Sie greifen auch nicht in die Gesetzgebungszuständigkeit des Bundes für das Bodenrecht (Art. 74 Abs. 1 Nr. 18 GG) über (BVerwG, Urt. v. 11.10.2007 – 4 C 8.06, BauR 2008, 660).

148 Satz 1 erklärt Werbeanlagen außerhalb der im Zusammenhang bebauten Ortsteile aus bauordnungsrechtlicher Sicht **für unzulässig**, das heißt **verunstaltend** – vorbehaltlich der Ausnahmen in Satz 2. Der **Begriff** »**außerhalb der im Zusammenhang bebauten Ortsteile**« ist identisch mit dem »**Außenbereichsbegriff**« des § 35 BauGB (ebenso Jeromin, zu § 52 Rn. 32). Der Außenbereich ist begrifflich negativ abgegrenzt als der Teil des Gemeindegebietes, der »außerhalb des räumlichen Geltungsbereiches der qualifizierten bzw. vorhabenbezogenen Bebauungspläne im Sinne des § 30 Abs. 1 und 2 BauGB und außerhalb der im Zusammenhang bebauten Ortsteile im Sinne des § 34 BauGB« liegt. Es handelt sich um einen Rechtsbegriff, dem nicht – anknüpfend an den Wortteil »Außen« – ganz bestimmte Vorstellungsbilder zugeordnet werden können, etwa das der »freien Natur«, der »Stadtferne« oder der »Einsamkeit«; dass die von § 35 BauGB erfassten Flächen regelmäßig in einem naturalistisch-geographischen

Sinne »außen« liegen, ist allenfalls eine außerrechtliche Erfahrungstatsache (BVerwG, Urt. v. 01.12.1972 – IV C 6.71, BRS 25 Nr. 36 = DÖV 1973, 347). Das **Verbot der Außenwerbung im Außenbereich** gilt für alle Außenbereichsflächen, unabhängig davon, ob sie tatsächlich unbebaut oder bebaut sind. Auch inmitten einer Großstadt kann § 10 Abs. 3 BauO NRW greifen, wenn der Anbringungsort in einem sogenannten »Außenbereich im Innenbereich« liegt (OVG NRW, Urt. v. 18.02.2010 – 10 A 2472/08, juris). Es betrifft auch bebaute Flächen im Außenbereich, die »privilegierte« Anlagen nach § 35 Abs. 1 BauGB bzw. »sonstige« oder »sonstige begünstigte« Anlagen nach § 35 Abs. 2 oder 4 BauGB aufweisen.

Der **Anwendungsbereich** des § 10 Abs. 3 BauO NRW ist wegen der Anknüpfung an das Bauplanungsrecht **nicht starr**, sondern einer **Veränderung durch die Bauleitplanung** zugänglich. Die Gemeinde kann durch Aufstellung eines qualifizierten oder vorhabenbezogenen Bebauungsplanes die Rechtswirkungen des § 30 Abs. 1 und 2 BauGB herbeiführen. Mit dem **Inkrafttreten** eines qualifizierten oder vorhabenbezogenen Bebauungsplanes ist § 10 Abs. 3 BauO NRW **nicht weiter anwendbar**, auch wenn die in dessen Geltungsbereich gelegenen Grundstücke tatsächlich noch auf lange Zeit unbebaut bleiben. Ebenso kann die Gemeinde durch Aufstellung einer »**Entwicklungs**«- bzw. »**Ergänzungssatzung**« nach § 34 Abs. 4 BauGB im Außenbereich gelegene Flächen konstitutiv zu »Innenbereichsflächen« erklären. Mit dem Inkrafttreten einer solchen Satzung ist § 10 Abs. 3 BauO NRW auf die von der Satzung erfassten Flächen ebenfalls nicht mehr anwendbar (OVG NRW, Urt. v. 15.12.1988 – 11 A 2624/87, n.v.). Dagegen ändert sich der Rechtsstatus der von einer »**Außenbereichssatzung**« nach § 35 Abs. 6 BauGB erfassten Fläche nicht; sie bleibt dem Außenbereich zugeordnet und damit auch den Wirkungen des § 10 Abs. 3 BauO NRW unterworfen. 149

Satz 2 nimmt die in den **Nr. 1–5** aufgeführten Werbeanlagen vom grundsätzlichen Verbot des Satzes 1 wieder aus. Diese **gesetzliche Ausnahme** vom Verbot ist nicht vergleichbar einer baubehördlichen Ermessensentscheidung über eine Ausnahme, wie sie z.B. § 31 Abs. 1 BauGB vorsieht, sondern **allein von der Erfüllung der tatbestandlichen Voraussetzungen abhängig**. Eine Werbeanlage, die einem der Tatbestände der Nr. 1–5 unterfällt, ist dem bauordnungsrechtlichen Verbot nicht unterworfen. Vorsorglich weist **Satz 2** auf sonstige Vorschriften hin und **stellt klar**, dass **Zulässigkeitssperren aus anderen Rechtsbereichen unberührt** bleiben. Hierunter fallen insbesondere das Denkmalschutz-, Naturschutz- und Landschaftsrecht sowie das Straßen- und Straßenverkehrsrecht. Eine unter Nr. 1–5 fallende Werbeanlage kann daher z.B. wegen Lage in einem Naturschutzgebiet oder in einer Anbauverbotszone unzulässig sein. 150

Nr. 1 erfasst **Werbeanlagen an der Stätte der Leistung**. Werbung an der Stätte der Leistung liegt bauplanungsrechtlich nur vor, wenn die Anlage nicht die Bedeutung einer Hauptnutzung aufweist, sondern als Nebenanlage im Sinne des § 14 BauNVO eingeordnet werden kann (BVerwG, Beschl. v. 08.03.1995 – 4 B 34.95, BRS 57 Nr. 176; Jäde, Schnittpunkte Bauordnungsrecht und Planungsrecht am Beispiel von Werbeanlagen, ZfBR 2010, S. 39; vgl. Rdn. 23–24). Eine Stätte der Leistung muss dort angenommen werden, wo eine beworbene Ware bzw. Dienstleistung nicht nur hergestellt, erbracht, angeboten, gelagert oder verwaltet, sondern auch direkt von 151 einem potenziellen Abnehmer nachgefragt wird (OVG NRW, Urt. v. 14.03.2006 – 10 A 630/04, BRS 70 Nr. 141); das ist **eng auszulegen** (ebenso Jeromin, zu § 52 Rn. 34). Die Stätte ist nicht das Grundstück insgesamt, sie kann ein Gebäude, ein Gebäudeteil oder sogar nur ein Geschoss sein (vgl. Boeddinghaus/Hahn/Schulte, zu § 13 Rn. 110 ff.). Stätte der Leistung ist bei der Vermietung von Wohnraum der Ort, an dem regelmäßig die Mietverträge abgeschlossen werden, bei geschäftsmäßiger Vermietung somit der Geschäftssitz des Vermieters (Thür OVG, Urt. v. 11.11.2003 – 1 KO 271/01, BauR 2004, 1932 = BRS 66 Nr. 154 = UPR 2004, 154).

152 Die Vorschrift verlangt nicht, dass nur »Eigenwerbung« im engsten Sinne betrieben werden darf – Nr. 1 erfasst auch Werbung im Interesse des Herstellers eines am Ort vertriebenen Produktes, z.b. die Benzinmarke einer Tankstelle, die Biersorte einer Gaststätte, die Zigarettenmarke eines Kioskes. Jedoch muss es sich bei der Produkt- oder Fremdwerbung stets um eine »eigene« Leistung des Werbenden handeln, also desjenigen, der die Ware an dieser Stätte herstellt oder verkauft oder die Leistung an ihr erbringt; die Leistung muss im Vordergrund der Werbung stehen (VGH B-W, Urt. v. 30.10.1985 – 3 S 1833/85, BRS 44 Nr. 133; OVG NRW, Beschl. v. 11.02.2014 – 10 A 130/13, juris). Der Eindruck der Werbung des an der Stätte der Leistung ansässigen Unternehmens (z.B. Wirtschaft, Café, Weinstube) muss den der Erinnerungswerbung für ein Produkt überwiegen. Zusätzlich kommt es – für die Annahme einer zulässigen Fremdwerbung – entscheidend darauf an, dass der Unternehmer auf die Art, den Inhalt, den Umfang, die Größe und die zeitliche Dauer der Werbung bestimmten Einfluss hat und für die Dauer der Existenz der Werbeanlagen behält (OVG NRW, Urt. v. 21.04.1982 – 11 A 988/80, BRS 39 Nr. 137). Bei einer **Mischform zwischen Eigen- und Fremdwerbung** sind insgesamt der Aussagewert der Werbeanlage und ihre Wirkung auf Kunden und Betrachter von Bedeutung. Es kommt darauf an, dass **allein** oder **vorrangig** für das **konkrete Unternehmen** geworben wird (OVG NRW, Urt. v. 19.12.1995 – 11 A 3659/93, BauR 1996, 535 = BRS 57 Nr. 178 zur Unzulässigkeit von zwei beleuchteten Werbevitrinen an einer Trinkhalle).

153 Nr. 2 erfasst **Hinweiszeichen an Verkehrsstraßen und Wegabzweigungen**, die auf außerhalb der Ortsdurchfahrten gelegene Betriebe hinweisen, wie z.b. Zementfabriken, Kiesgruben, Ausflugslokale, oder sonstige versteckt liegende Stätten, z.b. archäologische Ausgrabungen, Naturdenkmäler, Burgen, Sanatorien, Jugendherbergen. Hinweiszeichen sind nur diejenigen Werbeanlagen, die **vornehmlich wegweisenden Charakter** haben und sich hinsichtlich Größe, Gestaltung, Farbgebung, Belichtung und Beschriftung auf das beschränken, was das **Auffinden des Betriebes im Interesse des Verkehrs** ermöglicht (OVG NRW, Urt. v. 27.04.1979 – XI A 713/78, BRS 35 Nr. 142; OVG M-V, Beschl. v. 13.08.2007 – 3 M 48/07, juris). Die Worte »**Verkehrsstraßen und Wegeabzweigungen**« deuten darauf hin, dass der Gesetzgeber alle öffentlichen Straßen und Wege erfassen wollte und nicht, wie bei Nr. 3, lediglich klassifizierte Straßen. Andererseits ist die Vorschrift auf »**außerhalb der Ortsdurchfahrten liegende Betriebe**« eingeengt; Ortsdurchfahrten sind jedoch nur bei klassifizierten Straßen im Straßenrecht vorgesehen. Diese nicht geglückte Verbindung der Begriffe »Verkehrsstraßen«, »Wegeabzweigungen« und »Ortsdurchfahrten« ist überarbeitungsbedürftig (OVG Rh-Pf, Urt. v. 09.02.1984 – 1 A 28/83,

BRS 42 Nr. 146). Es wäre daher besser, »von im Außenbereich gelegenen Betrieben« zu sprechen, um zu verdeutlichen, dass ein Hinweisschild nach Nr. 2 nur dann zulässig sein soll, wenn der Betrieb außerhalb des Bebauungszusammenhangs liegt. Denn es geht hier darum, im Interesse der Verkehrsteilnehmer und der Entlastung der Verkehrsstraßen von Suchverkehr auf standortgebundene Außenbereichsbetriebe, Ausflugsziele und ähnliche Nutzungen hinzuweisen (vgl. Boeddinghaus/Hahn/Schulte, zu § 13 Rn. 116 f.).

Nr. 3 erfasst **Schilder vor Ortsdurchfahrten** (§ 5 Abs. 4 FStrG, § 5 StrWG NRW), die auf Inhaber und Art gewerblicher Betriebe (Autoreparaturwerkstätten, Hotels, Restaurants) hinweisen, die in der Regel innerhalb des Ortes gelegen sind. Diese Hinweise müssen jedoch **auf einer Tafel zusammengefasst** sein. Sie dürfen nur Inhaber und Art der gewerblichen betriebe kennzeichnen und haben sich in der Ausgestaltung auf das zu beschränken, was zur Auffindung des Betriebes notwendig ist (vgl. Boeddinghaus/Hahn/Schulte, zu § 13 Rn. 116). Zum Begriff Ortsdurchfahrt vgl. Rdn. 65 und 66; aus der Wortwahl wird deutlich, dass Ortsdurchfahrten im Sinne des Straßenrechts gemeint sind. Da Gemeindestraßen und sonstige öffentliche Straßen nach § 5 StrWG NRW keine Ortsdurchfahrten aufweisen, kommen die Schilder nur an Bundes-, Landes- und Kreisstraßen sowie Radschnellverbindungen des Landes in Betracht (vgl. Große-Suchsdorf, zu § 50 Rn. 39). Die Schilder nach Nr. 3 sollen die Orientierung der Kraftfahrer erleichtern und dienen neben den wirtschaftlichen Interessen der Betriebe verkehrlichen Zwecken; sie müssen **vor** dem Beginn der Ortsdurchfahrt, in engem räumlichen Zusammenhang zu dieser stehen und dürfen nicht zu weit in die freie Strecke ausgreifen.

154

Nr. 4 erfasst Werbeanlagen **an** und **auf Flugplätzen, Sportanlagen** und **Versammlungsstätten**, die **im Außenbereich** liegen. Es kann sich hier nur um kleinere, isoliert liegende Nutzungen handeln, die vom Bebauungszusammenhang abgesetzt sind. Von Nr. 4 jedenfalls nicht erfasst werden Flugplätze, Sportanlagen und Versammlungsstätten, wenn sie Gegenstand von Festsetzungen eines qualifizierten oder vorhabenbezogenen Bebauungsplanes nach § 30 Abs. 1 und 2 BauGB sind oder innerhalb eines Bebauungszusammenhangs im Sinne des § 34 BauGB liegen. Bei Ortsrandlage kann die Einordnung nach § 34 oder § 35 BauGB zweifelhaft sein.

155

Bei den von Nr. 4 erfassten Werbeanlagen muss es sich um »Außenwerbung« handeln, da »Innenwerbung« von der Legaldefinition nicht erfasst wird. Von Außenwerbung ist nur auszugehen, wenn der entsprechende Bereich, in dem die Anlage Wirkung entfaltet, für die Öffentlichkeit uneingeschränkt zugänglich ist, wie z.B. die dem An- und Abgangsverkehr dienenden Verkehrsflächen eines Flughafens oder Sportstadions (vgl. Rdn. 119). Zu denken ist aber auch an allgemein zugängliche Festplätze mit nicht nur kurzfristigen Veranstaltungen. Dagegen ist das Innere eines Sportstadions oder eines Autokinos nicht allgemein zugänglich, sondern nur bei Veranstaltungen bzw. Filmvorführungen gegen Eintrittsgebühr nutzbar, so dass es sich bei den dort angebrachten Werbeanlagen um »Innenwerbung« handelt, die von § 10 BauO NRW nicht erfasst wird. Die Werbeanlagen an und auf diesen baulichen Anlagen dürfen **nicht in die freie Landschaft wirken**, dürfen demnach von dieser aus nicht sichtbar

156

sein (zu verkehrsrechtlich privilegierten Werbeanlagen an Flughäfen vgl. Rdn. 45–46, zu luftverkehrsrechtlichen Einschränkungen der Zulässigkeit von Werbeanlagen vgl. Rdn. 47).

157 Nr. 5 erfasst Werbeanlagen **auf Ausstellungs-** oder **Messegeländen,** die **im Außenbereich** liegen. Dieser Anwendungsfall liegt selten vor, da Ausstellungs- oder Messegelände nicht zu den privilegierten Anlagen nach § 35 Abs. 1 BauGB rechnen und daher zu ihrer Realisierung einer Bauleitplanung bedürfen. Auch hier gilt, dass es sich bei den erfassten Werbeanlagen um »Außenwerbung« handeln muss (vgl. Rdn. 156). Als Beispiele können hier die allgemein zugänglichen, dem Zu- und Abgangsverkehr dienenden Verkehrsflächen innerhalb von Ausstellungs- und Messegeländen genannt werden. Das Innere der entsprechenden Gebäude ist dagegen nicht uneingeschränkt, sondern nur bei Ausstellungen und Messen gegen Eintrittsgebühr zugänglich. Nr. 5 enthält anders als Nr. 4 **keine Einschränkung** hinsichtlich der **Ausrichtung von Werbeanlagen zur freien Landschaft** hin, da die Veranstaltungen und damit die Anbringungsdauer der Werbeanlagen zeitlich begrenzt ist.

5 Zu Abs. 4 – Werbeanlagen in Wohngebieten

158 Die **bauordnungsrechtlichen Beschränkungen der Außenwerbung** nach Abs. 4 betreffen **vorwiegend Wohngebiete** unter dem Gesichtspunkt der **Verunstaltungsabwehr**. Sie dienen der Wahrung des Charakters dieser Gebiete und tragen dem Umstand Rechnung, dass die Bevölkerung Ruhezonen benötigt, in denen sie nicht oder nur wenig durch Werbung in Anspruch genommen wird (vgl. Rdn. 147).

159 Satz 1 beschränkt die bauordnungsrechtliche Zulässigkeit von **Werbeanlagen** in Kleinsiedlungsgebieten, Dorfgebieten, reinen und allgemeinen Wohngebieten auf die **Stätte der Leistung** und auf **Anlagen für amtliche Mitteilungen** sowie zur **Unterrichtung der Bevölkerung** über kirchliche, kulturelle, politische, sportliche und ähnliche Veranstaltungen.

160 Satz 2 regelt einen **besonderen Schutz** vor Fremdwerbung in **reinen Wohngebieten**.

161 Bei den baugebietsbezogenen Zulässigkeitseinschränkungen für Außenwerbung wird die **Überschneidung von Bauplanungs- und Bauordnungsrecht** besonders deutlich. Das BVerwG hält die bauordnungsrechtliche Beschränkung der Außenwerbung in Wohngebieten für vereinbar mit Art. 14 und 20 GG (Beschl. v. 19.11.1973 – IV B 116.73, BRS 27 Nr. 119 unter Bestätigung der Auffassung des OVG NRW, Urt. v. 10.04.1973 – XI A 479/72, BRS 27 Nr. 118; ebenso OVG NRW, Urt. v. 14.03.2006 – 10 A 4924/05, BRS 70 Nr. 139). Auch durch die Vorschriften des StVG und der StVO ist der Landesgesetzgeber nicht gehindert, Vorschriften über die Außenwerbung innerhalb geschlossener Ortschaften zu erlassen (BVerfG, Beschl. v. 09.02.1972 – 1 BvR 111/68, BRS 25 Nr. 126).

162 Satz 1 bezeichnet bestimmte Gebiete, in denen Werbeanlagen unter dem Gesichtspunkt der Verunstaltungsabwehr starke Einschränkungen erfahren. »Fremdwerbung«, die auch unter planungsrechtlichen Gesichtspunkten als eigenständige Hauptnutzung angesehen wird, scheidet damit regelmäßig aus, so dass nur solche **Werbeanlagen** in

diesen geschützten Gebieten zulässig sind, denen im weitesten Sinne **dienende Funktion** zukommt (vgl. Rdn. 23–24). Erfasst werden von § 10 Abs. 4 Satz 1 BauO NRW die in der BauNVO aufgeführten Wohngebiete – mit Ausnahme der besonderen Wohngebiete nach § 4a BauNVO – und als Besonderheit zusätzlich das Dorfgebiet. Hierbei handelt es sich um einen vom Gesetzgeber geschlossenen Kompromiss zwischen den wirtschaftlichen Interessen derer, die in diesen Gebieten Läden oder Betriebe unterhalten, und dem allgemeinen Interesse an einer Freihaltung der Wohngebiete von Werbeanlagen (OVG NRW, Urt. v. 21.04.1982 – 11 A 988/80, BRS 39 Nr. 137).

Die landesrechtliche Regelung knüpft insoweit an die **bundesrechtlichen Begriffe** der BauNVO an (vgl. Jäde, Schnittpunkte Bauordnungsrecht und Planungsrecht am Beispiel von Werbeanlagen, ZfBR 2010, S. 38). Sind in einem **Bebauungsplan** entsprechende Baugebiete festgesetzt, ergibt sich deren Abgrenzung aus dem Bebauungsplan. Es spielt keine Rolle, ob die Baugebietsfestsetzung Gegenstand eines qualifizierten, vorhabenbezogenen oder einfachen Bebauungsplanes ist (zur Differenzierung vgl. § 30 BauGB). Als Besonderheit bleibt zu beachten, dass vorhabenbezogene Bebauungspläne (Vorhaben- und Erschließungspläne) nicht unbedingt Baugebiete in Übereinstimmung mit den Kategorien der BauNVO festsetzen müssen. Sie können auch nur das Projekt eines Investors zum alleinigen Gegenstand machen und damit eine andere »Sprache« enthalten. In einem solchen Falle muss durch **Auslegung** ermittelt werden, ob die Festsetzung über die Art der baulichen Nutzung einem der in § 10 Abs. 4 BauO NRW genannten Gebiete entspricht. Gleiches gilt für nach älterem Planungsrecht als Bebauungsplan übergeleitete »Altpläne«. 163

Die Vorschrift des § 10 Abs. 4 BauO NRW ist nicht nur in planungsrechtlich ausgewiesenen Baugebieten, sondern auch in **unbeplanten Bereichen** anzuwenden, die nach der vorhandenen baulichen oder sonstigen Nutzung einem der geschützten Gebiete entsprechen (OVG NRW, Urt. v. 25.08.1972 – XI A 394/70, BRS 25 Nr. 128; OVG LSA, Beschl. v. 27.03.2017 – 2 L 88/16, juris). Damit ist allerdings nicht gesagt, dass bei der rechtlichen Bewertung einer tatsächlich vorhandenen Bebauung, insbesondere bei der Bestimmung des für § 10 Abs. 4 BauO NRW maßgeblichen Gebiets, die zu § 34 Abs. 1 BBauG/BauGB ergangene Rechtsprechung ohne Einschränkung zu übernehmen ist. So muss bundesrechtlich im nichtbeplanten Innenbereich im Sinne des § 34 Abs. 1 BauGB die Umgebung insoweit berücksichtigt werden, als sich die Ausführung des (Bau-)Vorhabens auf sie auswirken kann und die Umgebung den **bodenrechtlichen** Charakter des Baugrundstücks prägt oder doch beeinflusst (BVerwG, Urt. v. 26.05.1978 – 4 C 9.77, BauR 1978, 276 = BRS 33 Nr. 36). Dagegen enthält § 10 Abs. 4 BauO NRW **baugestaltungsrechtliche** Regelungen, die trotz der Anknüpfung an bodenrechtliche Begriffe eine differenziertere Beurteilung zulassen, welche die vom Landesgesetzgeber gewollte gestalterische Zielsetzung primär berücksichtigen (OVG NRW, Urt. v. 24.11.1983 – 11 A 581/82, BRS 40 Nr. 158 und OVG M-V, Urt. v. 06.12.1993 – 3 L 44/93, BRS 56 Nr. 132). 164

Wegen der primären baugestalterischen Zielsetzung des Abs. 4 ist bei der **Bestimmung der maßgeblichen Umgebung** im Sinne dieser Vorschrift nicht allein auf den Standort der geplanten Werbeanlage, sondern auch auf deren **optischen Einwirkungsbereich** 165 abzustellen mit der Folge, dass die maßgebliche Umgebung – von Ausnahmefällen abgesehen – häufig enger zu fassen sein wird als bei einer (bodenrechtlichen) Beurteilung gemäß § 34 Abs. 1 BauGB. Daher muss insbesondere in den nicht selten auftretenden Fällen, in denen Wohngebiete – bauplanungsrechtlich nach heutigen Maßstäben unerwünscht – unmittelbar an Gewerbegebiete grenzen und in denen eine Beeinflussung eines Wohngebietes durch ein nahegelegenes Gewerbegebiet bodenordnungsrechtlich nicht zu vermeiden ist, das **Baugestaltungsrecht** nicht notwendig dem Bauplanungsrecht folgen. »Vielmehr bleibt es bei der baugestalterischen Zielsetzung sinnvoll, ein Wohngebiet vor negativen gestalterischen Auswirkungen der Wirtschaftswerbung auch dann noch zu schützen, wenn eine bodenordnungsrechtliche Beeinträchtigung des Wohngebiets durch ein angrenzendes Industrie- oder Gewerbegebiet nicht auszuschließen ist« (so OVG NRW, Urt. v. 24.11.1983 – 11 A 581/82, BRS 40 Nr. 158). Entfernte, wenngleich noch innerhalb des Wirkungsbereichs der Werbeanlage liegende Flächen sind danach, anders als bei der Bestimmung des Gebietscharakters nach § 34 BauGB, nicht zu berücksichtigen. Eine abweichende Auffassung scheint das OVG Lüneburg zu vertreten (Urt. v. 19.12.1984 – 6 A 135/83, n.v.). Danach verbietet § 10 Abs. 4 BauO NRW – anders als Abs. 3 – nicht, dass Werbeanlagen in geschützte Baugebiete hineinwirken (vgl. Große-Suchsdorf zu § 50 Rn. 44). Diese Unterschiede in der Auffassung dürften für die Praxis kaum von Bedeutung sein, da bereits das Bauplanungsrecht ausreichende Abwehrgrundlage für störende Fremdwerbung bietet. So verstößt eine am Rande eines Mischgebiets geplante, in ein benachbartes Wohngebiet hineinwirkende großflächige Werbeanlage (Megaposter) gegen das **bauplanungsrechtliche Rücksichtnahmegebot**, weil sie in der Umgebung eine **unzumutbare Störung** im Sinne von § 15 Abs. 1 Satz 2 BauNVO verursacht (BayVGH, Beschl. v. 22.01.2004 – 1 ZB 03.294, BauR 2004, 1127 = BRS 67 Nr. 161).

166 In den geschützten Baugebieten sind Werbeanlagen **an der Stätte der Leistung** zulässig (zu dem Begriff »Stätte der Leistung« vgl. Rdn. 151). Werbung an der Stätte der Leistung im Sinne des § 10 Abs. 4 BauO NRW ist nur zulässig, wenn sie vorrangig für den bestimmten Betrieb oder Laden im Wohngebiet erfolgt – Stätte der »**eigenen**« Leistung – (OVG NRW, Urt. v. 21.04.1982 – 11 A 988/80, BRS 39 Nr. 137). Eine Werbeanlage, die ausschließlich als Erinnerungswerbung dienen soll, ist keine Anlage »an der Stätte der Leistung«, auch wenn in der Nähe der Anlage das Erzeugnis verkauft wird, für das sie wirbt (OVG NRW, Urt. v. 21.12.1962 – VII A 1008/61, OVGE 18, 198). Betreibt ein Werbeunternehmen »**Fremdwerbung**« auf großflächigen Tafeln an einem Verbrauchermarkt, dessen Inhaber auf Art, Inhalt, Umfang und Dauer der Werbung keinen Einfluss hat, dann sind diese Tafeln selbst dann keine Werbeanlagen an der »Stätte der Leistung«, wenn die Produkte, für die geworben wird, auch in diesem Markt angeboten werden (OVG Bln, Beschl. v. 02.03.2000 – 2 N 21.99, BauR 2001, 768 = BRS 63 Nr. 170).

167 In den geschützten Baugebieten sind **Anlagen für amtliche Mitteilungen** und zur **Unterrichtung der Bevölkerung** über kirchliche, kulturelle, politische, sportliche und ähnliche Veranstaltungen zulässig, da dies dem Informationsbedürfnis der Bevölkerung dient. In der Regel dürfte es sich dabei um Anlagen handeln, die als ständige Einrichtungen von Behörden, Körperschaften des öffentlichen Rechts, Kulturinstitutionen oder Vereinigungen errichtet und unterhalten werden. Das soll nicht

bedeuten, dass sich die Zulässigkeit nach dem Betreiber beurteilt; diese richtet sich ausschließlich nach der Art der Werbung, die an diesen Werbeanlagen betrieben wird (vgl. Rdn. 169).

Soweit die vorhandene Anschlagfläche zeitweise nicht von amtlichen Mitteilungen oder Bekanntmachungen der angegebenen Art in Anspruch genommen wird, kann der Betreiber auf der **jeweils freien Fläche** Anschläge anderen, beliebigen Inhalts, also auch z.b. der Warenwerbung, anbringen oder anbringen lassen. Diese eingeräumte, mit dem eigentlichen Zweck der Anlage nicht konforme Möglichkeit darf jedoch nicht dahin gehend ausgelegt werden, dass es zulässig wäre, die Größe der Anlage von vornherein so zu bemessen, dass eine ständige Anpreisungsreklame betrieben werden kann. Vielmehr müssen die zulässigen Anlagen in flächen- und zeitgemäßer Hinsicht eindeutig vorrangig für amtliche Mitteilungen und für Veranstaltungswerbung zur Verfügung stehen; nach Art und Größe dürfen sie die hierdurch bedingten Notwendigkeiten nicht überschreiten (OVG NRW, Urt. v. 10.04.1973 – XI A 479/72, BRS 27 Nr. 118; BVerwG, Beschl. v. 19.11.1973 – IV B 116.73, BRS 27 Nr. 119). 168

Sofern die Zulässigkeitstatbestandsmerkmale des Abs. 4 Satz 1 zutreffen, dürfen auch **Unternehmen der Außenwerbung** Werbeanlagen in den genannten Gebieten errichten und betreiben. Die Werbeanlagen sind Teil deren Anschlagnetzes für den so genannten allgemeinen Plakatanschlag (Veranstaltungswerbung). Nur soweit **freie Anschlagflächen** noch vorhanden sind, darf auch »**Wirtschaftswerbung**« betrieben werden. Das ist jedoch **saisonabhängig**. In veranstaltungsarmen Zeiten ist dafür mehr Anschlagfläche verfügbar als in veranstaltungsstarken. 169

Bei Unternehmen der Außenwerbung, denen von den Kommunen vertraglich das ausschließliche Recht zur Durchführung von Werbung auf gemeindlichem Grund und Boden eingeräumt worden ist, muss beachtet werden, dass diese die Anschlagwerbung anstelle der Städte und Gemeinden durchführen. Aufgrund dieser **Werbenutzungsverträge** verwirklichen die Unternehmen die kommunale Aufgabe, Werbemöglichkeiten zu eröffnen; eine rechtliche Konstruktion, die im Allgemeinen als Inpflichtnahme Privater bezeichnet wird. Unbeschadet der Regelungen entsprechender Werbenutzungsverträge bedürfen auch die Werbeanlagen der kommunalen Vertragspartner grundsätzlich einer Baugenehmigung. 170

Satz 2 schränkt die Werbemöglichkeit an den Stätten der Leistung in **reinen Wohngebieten** weiter ein; hier sind **nur Hinweisschilder** zulässig. Der Begriff »Hinweisschild« kann nicht über ein Flachschild ausgeweitet werden. Ob dieses allerdings frei stehend errichtet oder in Verbindung mit einer baulichen Anlage flach an der Wand oder senkrecht zur Wand angeordnet wird, ist belanglos, ebenso wie seine Größe, da § 10 Abs. 4 BauO NRW diesbezüglich keine Begrenzungsvorschrift enthält. Zu den Hinweisschildern rechnen auch solche, die auf Praxen oder Büros von Angehörigen freier Berufe, wie z.B. Architekten, Rechtsanwälte, Ärzte oder Steuerberater, aufmerksam machen sollen. 171

Werbeanlagen an Wartehallen öffentlicher Verkehrsbetriebe erfüllen nicht die Voraussetzungen des § 10 Abs. 4 Satz 1 BauO NRW. Es ist jedoch bekannt, dass in vielen Städten des Bundesgebietes Wartehallen mit Werbeanlagen aufgestellt werden. 172

§ 10 Anlagen der Außenwerbung, Warenautomaten

Hier schuf der Gesetzgeber mit dem Dritten Gesetz zur Änderung der BauO NW 1984 vom 20.06.1989 (GV. NRW. S. 432) durch Anfügung des **Satzes 3 in der BauO NRW 2000** Klarheit, wonach an Gebäuden, die nach ihrer Zweckbestimmung auf Verkehrsflächen öffentlicher Straßen errichtet werden, auch untergeordnete andere Werbeanlagen zugelassen werden konnten, soweit sie das Ortsbild nicht beeinträchtigten. Diese Formulierung stellte durch die **Begrenzung** der Zulassungsmöglichkeit auf Werbeanlagen **an Gebäuden** sicher, dass Werbeanlagen an anderen baulichen Anlagen, wie z.B. Brücken, Stützmauern oder Leitungsmasten oder gar frei aufgestellte Werbeanlagen, unzulässig bleiben. Mittlerweile wurde der Satz wieder gestrichen, jedoch mit der Begründung, dass er aufgrund der ausführlichen Definition der Zulässigkeit von Werbeanlagen in § 10 Abs. 2 BauO NRW überflüssig sei (vgl. LT-Drucks. 17/2166, S. 108). Werbeanlagen, die die genannten Voraussetzungen erfüllen, dürften daher weiterhin zulässig sein. Bei den seinerzeit privilegierten Gebäuden auf öffentlichen Straßen handelte es sich **insbesondere um Fahrgastunterstände**. Die Werbeanlagen waren beispielsweise dann als untergeordnet anzusehen, wenn bei Wartehallen nur an der **Schmalseite** geworben wurde; eine Werbung etwas auf der ganzen Gebäudefläche sollte vermeiden werden. Die Werbung an Haltestellen des ÖPNV darf nicht in **direkter Verbindung mit dem Haltestellenzeichen** stehen, da dies nach § 33 Abs. 2 Satz 2 StVO **unzulässig** ist. Ausnahmen gemäß § 46 Abs. 2 Satz 1 StVO kommen nur in Betracht, wenn einer besonderen Situation Rechnung zu tragen ist. **Die Freistellung nach § 62 Abs. 1 Satz 1 Nr. 1 Buchstabe e BauO NRW** erfasst nur den Fahrgastunterstand des öffentlichen Personennahverkehrs oder der Schülerbeförderung selbst, **nicht die** am Fahrgastunterstand anzubringende **Werbeanlage**.

6 Zu Abs. 5 – Warenautomaten

173 Die Vorschriften der Abs. 1–3 gelten für **Warenautomaten** entsprechend. Das bedeutet, dass über die Abs. 2 und 3 hinausgehende beschränkende **bauordnungsrechtliche** Vorschriften über die Errichtung oder Anbringung von Warenautomaten in den Baugebieten nicht bestehen. Warenautomaten sind, wenn sie den materiellen Vorschriften der BauO NRW, insbesondere denen des Verunstaltungsverbots des § 9 BauO NRW, entsprechen, bauordnungsrechtlich in allen Baugebieten innerhalb des Bebauungszusammenhangs zulässig. Dies gilt jedoch nur für **Warenautomaten ohne Werbung** (zu solchen, die gleichzeitig die Funktion einer Werbeanlage erfüllen, vgl. Rdn. 4). Auf Warenautomaten **mit werblicher Funktion** ist § 10 BauO NRW insgesamt anwendbar (vgl. Boeddinghaus/Hahn/Schulte, zu § 13 Rn. 174). Erfasst werden von Abs. 5 nur **Warenautomaten**, **nicht** jedoch **Geld**automaten oder andere Automaten (so Wilke/Dageförde/Knuth/Meyer, zu § 11 Rn. 16).

174 Warenautomaten gelten gewerberechtlich als »**Verkaufsstellen**« und sind gemäß § 62 Abs. 1 Satz 1 Nr. 12 Buchstabe b BauO NRW **genehmigungsfrei**. Sie unterliegen den bauplanungsrechtlichen Vorschriften und stellen **Vorhaben im Sinne des § 29 Abs. 1 BauGB** dar, sofern sie den **bauplanungsrechtlichen Begriff der baulichen Anlage** erfüllen (vgl. § 2 Rdn. 13–18). Ob es sich um **eigenständige Hauptnutzungen** oder um **Nebenanlagen** handelt, muss ähnlich wie bei Werbeanlagen beurteilt werden (vgl. BVerwG, Urt. v. 18.02.1983 – 4 C 18.81, BRS 40 Nr. 64 sowie Urt. v. 03.12.1992 – 4

C 26.91, BauR 1993, 319und Urt. v. 03.12.1992 – 4 C 27.91 BRS 54 Nr. 126). **Warenautomaten** sind bauplanungsrechtlich nur dann **als untergeordnete Nebenanlagen und Einrichtungen im Sinne des § 14 Abs.** 1 BauNVO anzusehen, wenn sie dem Nutzungszweck der in dem Baugebiet gelegenen Grundstücke oder des Baugebiets selbst dienen und seiner Eigenart nicht widersprechen.

Im Bebauungsplan kann die Zulässigkeit von Hauptanlagen, aber auch von Nebenanlagen eingeschränkt oder ausgeschlossen sein (vgl. Rdn. 23–28). Als **Maßstab für die bauplanungsrechtliche Zulässigkeit von Warenautomaten** sind die Vorschriften der BauNVO über die Zulässigkeit von Läden in den verschiedenen Baugebieten (§§ 2 ff. BauNVO) oder über Nebenanlagen (§ 14 BauNVO) heranzuziehen.

7 Zu Abs. 6 – Ausnahmen vom Anwendungsbereich der BauO NRW

Abs. 6 nimmt bestimmte Werbeanlagen aus dem Anwendungsbereich der BauO NRW aus und entfaltet damit **Wirkungen wie § 1 Abs. 2 BauO NRW** (vgl. § 1 Rdn. 23 und 49). Die Nichtanwendbarkeit des Bauordnungsrechts hat zur Folge, dass auch **Bestimmungen einer Gestaltungssatzung unbeachtlich** sind (vgl. Boeddinghaus/Hahn/Schulte, zu § 13 Rn. 176).

Nr. 1 erfasst **Anschläge** und **Lichtwerbung**, die an **Säulen**, **Tafeln** und **Flächen** angebracht werden, die eigens für diesen Verwendungszweck bauaufsichtlich genehmigt sind, wie z.B. Litfaßsäulen. **Klassische Litfaßsäulen** gehören seit Jahrzehnten zum Stadtbild und stellen auch innerhalb eines mit Ein- und Mehrfamilienhäusern bebauten Wohngebiets regelmäßig keine Verunstaltung dar (Hamb. OVG, Urt. v. 20.02.1997 – Bf. II 13/96, BRS 59 Nr. 133 = NVwZ-RR 1998, 616). Bei diesen **Säulen**, **Tafeln** und **Flächen** kann es sich kaum um freigestellte Anlagen nach § 62 Abs. 1 Satz 1 Nr. 12 BauO NRW handeln. Anderenfalls träte der Fall ein, dass die Anschläge bzw. die Lichtwerbung nicht mehr vom Anwendungsbereich der BauO NRW ausgeschlossen wären, weil das Tatbestandsmerkmal der **genehmigungsbedürftigen** Säule, Tafel oder Fläche nicht erfüllt ist (vgl. Boeddinghaus/Hahn/Schulte, zu § 13 Rn. 178 f.). Bei der Prüfung der Zulässigkeit solcher Säulen, Tafeln oder Flächen hat die Bauaufsichtsbehörde von vornherein zu bedenken, dass diese beliebig beklebt oder bemalt werden können (OVG NRW, Urt. v. 08.11.1962 – VII A 564/61, OVGE 18, 130).

Nr. 2 erfasst **Werbemittel an Zeitungs- und Zeitschriftenverkaufsstellen**, das heißt nur solche, die **an** diesen Verkaufsstellen selbst angebracht, nicht solche, die daneben aufgestellt werden. Nr. 2 erfasst die **Zeitschriftenwerbung** der Verkaufsstelle, daneben aber auch Werbung für Produkte, die dort – an der Stelle – angeboten werden, da das Wort »**Werbemittel**« nicht mit einem einschränkenden Zusatz versehen ist. Der Anwendungsausschluss gilt für Zeitungs- und Zeitschriftenverkaufsstellen auf Baugrundstücken; ebenso gilt er für Zeitschriftenkioske auf öffentlichen Verkehrsflächen, da Gebäude der Rückausnahme nach § 1 Abs. 2 Nr. 1 BauO NRW unterfallen (vgl. § 1 Rdn. 137–139). Handelt es sich jedoch bei der Zeitungs- und Zeitschriftenverkaufsstelle nicht um ein Gebäude, sondern nur um eine bauliche Anlage **auf der öffentlichen Verkehrsfläche**, z.B. einen Zeitschriftenverkaufsautomat, so wird diese Anlage ohnehin vom Verkehrsanlagenrecht erfasst.

§ 10 Anlagen der Außenwerbung, Warenautomaten

179 **Nr. 3** erfasst **Dekorationen und Auslagen in Fenstern und Schaukästen** (zur Abgrenzung einer Werbeanlage von einer Schaufensterdekoration vgl. VGH B-W, Beschl. v. 17.09.1990 – 3 S 1441/90, BRS 50 Nr. 144 und OVG NRW, Beschl. v. 21.08.1998 – 11 A 2725/98, BRS 60 Nr. 131). Unter den Begriff »**Auslagen**« fällt die Präsentation von oder die Information über Waren oder Dienstleistungen, wie sie für Auslagen typisch sind. Unter dem Begriff »**Dekoration**« ist die Ausschmückung der Schaufenster zwecks gefälliger, die Kauflust anregender Präsentation zu verstehen (VGH B-W, Urt. v. 20.06.1994 – 3 S 1931/93, BRS 56 Nr. 134).

180 **Nr. 4** erfasst die **Wahlwerbung für die Dauer eines Wahlkampfes**. Eine gesetzliche Regelung hierzu besteht nicht. Nach Nr. 13.64 VV BauO NRW 2000 – die aber als Verwaltungsvorschrift die rechtsprechende Gewalt nicht binden konnte – galt als Dauer des Wahlkampfes bei Parlamentswahlen (Europäisches Parlament, Bundestag, Landtag) und Kommunalwahlen eine Zeit von drei Monaten unmittelbar vor dem Wahltag. Großflächige Werbung für 11 Monate vor dem Wahltermin an der Fassade eines Gebäudes, in dem sich die Wahlkampfzentrale einer Partei befindet, ist weder Wahlwerbung noch Werbung für eine zeitlich begrenzte Veranstaltung (OVG Bln, Beschl. v. 07.01.2002 – 2 SN 30.01, BauR 2002, 1078 = BRS 65 Nr. 152 = UPR 2002, 155). Das Recht zum Aufstellen von Wahlplakaten als Ausprägung des Anspruchs, wirksame Wahlwerbung betreiben zu können, erfordert es, einer kandidierenden politischen Partei eine **hinreichende Anzahl an Aufstellorten** zu Verfügung zu stellen. Hinsichtlich der Frage, wann eine hinreichend wirksame Wahlpropaganda ermöglicht wird, ist – bei Gleichbehandlung aller Parteien – eine Gesamtbetrachtung der Wahlwerbungsmöglichkeiten der betreffenden Partei vorzunehmen, in welche u.a. folgende Aspekte einzubeziehen sind: Wirksamkeit der Standorte der zu Verfügung gestellten Flächen, real zur Verfügung stehender Werbungsmöglichkeiten wie etwa im Internet und in anderen Medien, gegenläufige Belange wie die Verkehrssicherheit, ein ästhetisch-stadtgestalterischer Schutzbedarf, die Gefahren einer Reizüberflutung der Bevölkerung durch Überfrachtung des öffentlichen Raumes mit Wahlkampfwerbung (OVG Schl-H, Beschl. v. 13.09.2017 – 4 MB 52/17, juris; a.A. VG Gießen, Beschl. v. 27.02.2001 – 8 G 335/01, NVwZ-RR 2001, 417, wonach ein Aufstellort pro 100 Einwohner zu Verfügung zu stellen ist, in dem Fall ging es nicht nur um großflächige Werbetafeln, sondern auch um kleinflächige Plakate einer Wählergruppe).

181 Die zuvor genannten Anlagen und Einrichtungen als Werbeanlagen sind lediglich aus dem Anwendungsbereich der BauO NRW ausgenommen. Daher sind **andere öffentlich-rechtliche Vorschriften** nach wie vor **beachtlich**, insbesondere solche des Bauplanungs-, Denkmal-, Straßen- und Landschaftsrechts.

182 Die Werbeanlagen sind darüber hinaus so auszubilden und anzuordnen, dass von ihnen keine **Gefahren für die öffentliche Sicherheit und Ordnung** ausgehen. Grundlage für ein eventuell erforderliches Einschreiten bilden die fachgesetzlichen Ermächtigungen oder in Ermangelung solcher unmittelbar § 14 OBG. Für Verstöße gegen fachgesetzliche Bestimmungen sind nicht die Bauaufsichtsbehörden, sondern die jeweiligen Fachbehörden zuständig.

Zweiter Abschnitt Allgemeine Anforderungen an die Bauausführung

§ 11 Baustelle

(1) Baustellen sind so einzurichten, dass bauliche Anlagen ordnungsgemäß errichtet, geändert oder beseitigt werden können und Gefahren oder vermeidbare Belästigungen nicht entstehen.

(2) Bei Bauarbeiten, durch die unbeteiligte Personen gefährdet werden können, ist die Gefahrenzone abzugrenzen und durch Warnzeichen zu kennzeichnen. Soweit erforderlich, sind Baustellen mit einem Bauzaun abzugrenzen, mit Schutzvorrichtungen gegen herabfallende Gegenstände zu versehen und zu beleuchten.

(3) Bei der Ausführung genehmigungsbedürftiger Bauvorhaben hat die Bauherrin oder der Bauherr an der Baustelle ein Schild, das die Bezeichnung des Bauvorhabens sowie die Namen und Anschriften der entwurfsverfassenden Person, der Bauleitung und der Unternehmer für den Rohbau enthalten muss, dauerhaft und von der öffentlichen Verkehrsfläche aus sichtbar anzubringen.

(4) Bäume, Hecken und sonstige Bepflanzungen, die aufgrund anderer Rechtsvorschriften zu erhalten sind, müssen während der Bauausführung geschützt werden.

Übersicht	Rdn.
0 Änderungen gegenüber der BauO NRW 2000	01
1 Allgemeines	1
1.1 Funktion der Norm	1
1.2 Begriff der Baustelle	3
1.3 Verfahrensfragen	4
1.4 Materielle Anforderungen an Baustellen	5
1.5 Konkurrierende bzw. ergänzende Normen	6
1.6 Rolle der Bauaufsichtsbehörde	10
1.7 Umgang mit Bauabfällen	11
2 Zu Abs. 1 – Anforderungen an die Einrichtung einer Baustelle	12
3 Zu Abs. 2 – Ausreichende Absicherung einer Baustelle (nach außen)	27
4 Zu Abs. 3 – Verpflichtung zum Aufhängen eines Baustellenschildes	28
5 Zu Abs. 4 – Schutz von Bäumen, Hecken usw.	33

0 Änderungen gegenüber der BauO NRW 2000

Die Vorschrift wurde der MBO (§ 11) angepasst. Es gab redaktionelle Änderungen, insbesondere ersetzt die Bezeichnung: **Beseitigung** den Begriff: **Abbruch**. Die Verpflichtung zur Anbringung eines Baustellenschildes gilt nur noch für genehmigungsbedürftige Vorhaben, also nicht mehr in der Genehmigungsfreistellung (§ 63 BauO NRW). In Abs. 4 erfolgte eine Klarstellung und damit eine Reduzierung der

01

§ 11 Baustelle

Schutzpflicht auf durch andere Rechtsvorschriften geschützte Bäume, Hecken und sonstige Bepflanzungen, z.B. durch Baumschutzsatzung.

1 Allgemeines

1.1 Funktion der Norm

1 Die Landesbauordnung schreibt in allgemeiner Art und Weise die **Anforderungen an den Betrieb von Baustellen** fest. Diese Normen werden durch gewerbe- und umweltrechtliche Normen ergänzt. § 11 BauO NRW verfolgt vordringlich als Ziel die **Gefahrenabwehr**. In diesem Zusammenhang dient die Norm auch dem **Immissionsschutz**. Das Umfeld soll nicht mehr als unvermeidbar belästigt werden. Es geht aber auch um den Schutz der Arbeitnehmer auf der Baustelle und der Nachbarn der Baustelle. Deshalb hat diese Vorschrift auch nachbarschützende Wirkung, allerdings nicht mit Blick auf den Schutz von Bäumen, Hecken und sonstigen Bepflanzungen. Diese Vorgabe erfolgt im öffentlichen Interesse.

2 Ein **Sicherheits- und Gesundheitsplan**, aufgestellt durch den Bauherrn oder den damit beauftragten Unternehmer, vermittelt keinen Drittschutz von auf der Baustelle tätigen Mitarbeitern (OLG Hamm, Urt. v. 09.11.2012 – I-9 U 7/11, 9 U 7/11, NJW-RR 2013, S. 267 ff.). § 11 BauO NRW ist auch ein **Schutzgesetz i.S.d. § 823 BGB**. Ein Verstoß hiergegen kann insoweit eine Schadensersatzpflicht auslösen. Allerdings schützt die Norm nicht vor wirtschaftlichen Einbußen aufgrund von Beschränkungen durch die Baustelle (VGH B-W, Beschl. v. 23.01.1998 –5 S 2053/97, BRS 60, Nr. 198).

1.2 Begriff der Baustelle

3 Die Landesbauordnung beinhaltet **keine Legaldefinition der Baustelle**. Für den Anwendungsbereich der in Rede stehenden Vorschrift ist unter einer Baustelle der Ort zu verstehen, an dem bauliche Anlagen errichtet, geändert oder beseitigt werden. Geht es um Instandhaltungsmaßnahmen, ist die Norm entsprechend anzuwenden. Zur Baustelle gehören auch Lagerplätze, -schuppen, Gerüste, Maschinen und sonstige Baustelleneinrichtungen (Baubuden, Unterkünfte usw.). **Nicht gemeint** sind Baustellen im Zusammenhang mit der Errichtung öffentlicher Straßen, da diese vom Anwendungsbereich der Landesbauordnung ausgeklammert sind (§ 1 Abs. 2 BauO NRW). Eine Baustelle gilt aber nicht als bauliche Anlage i. S. d. § 2 Abs. 1 BauO NRW. Für die Umsetzung der Allgemeinen Verwaltungsvorschrift zum Schutz gegen Baulärm (**Geräuschimmissionen – AVV Baulärm**) gilt als Baustelle der Bereich, in dem Baumaschinen zur Durchführung von Bauarbeiten Verwendung finden, einschließlich der Plätze, auf denen Baumaschinen zur Herstellung von Bauteilen und zur Aufbereitung von Baumaterial für bestimmte Bauvorhaben betrieben werden (Ziffer 2.1).

1.3 Verfahrensfragen

4 Die **Einrichtung der Baustelle** und die entsprechenden **Baustelleneinrichtungen** sind regelmäßig **genehmigungsfrei**, d.h., es bedarf keiner eigenständigen Baugenehmigung.

§ 62 Abs. 1 Nr. 13 a) BauO NRW stellt Baustelleneinrichtungen von der Genehmigungsbedürftigkeit frei. Die Vorschrift bezieht Lagerhallen, Schutzhallen und Unterkünfte für Bauarbeiter (Container) ausdrücklich ein. Sie müssen aber einen räumlichen (und zeitlichen) Bezug zur Baustelle bzw. zu einem Bauvorhaben haben (OVG M-V, Beschl. v. 04.01.2006 – 3 M 144/05, BRS 70, Nr. 145 = BauR 2006, S. 2003 = DöV 2006, S. 790). Wird mit den Bauarbeiten nicht begonnen, entfällt die Genehmigungsfreiheit. Im Übrigen kann eine Baustelleneinrichtung nur dann genehmigungsfrei sein, wenn es auch um die Errichtung, Änderung usw. einer baulichen Anlage geht, die selbst genehmigungsbedürftig ist und diese der Landesbauordnung überhaupt unterliegt (OVG NRW, E. v. 28.12.1994 – 7 B 2739/94, BRS 57, Nr. 183). Zur genehmigungsfreien Baustelleneinrichtung gehören auch **Baukräne**, unabhängig davon, ob sie für sich gesehen nicht dem Anwendungsbereich der Landesbauordnung unterfallen (OVG Rh-Pf, E. v. 04.01.1968 – 1 A 26/67). **Baugerüste** werden von § 62 Abs. 1 Nr. 37 BauO NRW erfasst. Bei Baustellenschildern ist zu beachten, dass diese auch Werbeanlagen darstellen können (OVG NRW, Beschl. v. 02.09.1988 – 11 B 849/88, BRS 49, Nr. 150 = BauR 1989, S. 447, zu einem **Bauzaun mit integrierten Werbetafeln** vgl. KG Berlin, Beschl. v. 13.03.1998 – 2 Ss 366/97).

1.4 Materielle Anforderungen an Baustellen

Materielle Anforderungen an die Einrichtung und den Betrieb der Baustelle folgen insbesondere aus § 11 BauO NRW aber auch aus der **Baustellenverordnung** (BaustellV). Hierbei geht es vor allem um den gefahrenfreien Betrieb der Baustelle. Geschützt werden sollen die Bauarbeiter und sonstige Personen, die sich dort aufhalten. Für bestimmte Fälle schreibt die BaustellV (§ 2 Abs. 2) eine Vorankündigung der Einrichtung der Baustelle bei der für den Arbeitsschutz zuständigen Behörde vor. Im Übrigen geht es auch um den Schutz von Sachen und Einrichtungen. Aber auch die an die Baustelle angrenzenden Flächen müssen vor Gefahren geschützt werden, z.B. Verkehrsflächen. Laut dem OLG Stuttgart, Urt. v. 12.03.1999 – 2 U 74/98, muss der Gerüstbauer bei einem Unfall beweisen, dass auch ein Gerüst mit vorgeschriebener Fangbreite den abgestürzten Bauherrn bzw. Arbeiter nicht hätte auffangen können. Gelingt der Beweis nicht, besteht aufgrund von Fahrlässigkeit eine Haftung. Die **Verkehrssicherungspflicht** bei Bauarbeiten trifft in der Regel den fachkundigen Auftragnehmer = Unternehmer, nicht den Auftraggeber = Bauherr (OLG Frankfurt am Main, Beschl. v. 06.09.2012 – 10 U 192/12).

1.5 Konkurrierende bzw. ergänzende Normen

Konkurrierende bzw. ergänzende Normen finden sich auf den Gebieten des **Arbeitsschutzes** (Unfallverhütung) und des **Immissionsschutzes**. Näheres folgt insoweit aus dem Arbeitsschutzrecht/- richtlinien und verschiedenen immissionsschutzrechtlichen technischen Regelwerken sowie Unfallverhütungsvorschriften. Die allgemeinen – grundlegenden – Anforderungen an Arbeitsstätten sowie Verfahrensfragen regelt die ArbStättV 2004. Diese hat die ArbStättV 1975 abgelöst. In der ArbStättV 2004 finden sich auch konkrete Vorgaben für Baustellen, und zwar für Verkehrswege (z.B. Anhang Ziffer 5.1, 5.2), Unterkünfte (§ 6 Abs. 5, 6, Anhang Ziffer 5.2), Einrichtungen

§ 11 Baustelle

(Anhang Ziffer 5.2), Waschräume (§ 6, Anhang Ziffer 1.5, 3.4, 3.5, 4.1), Toiletteneinrichtungen (§ 6, Anhang Ziffer 4.1), Erste-Hilfe-Einrichtungen (§ 6 Abs. 4, Anhang Ziffer 4.3). Die o. g. BauStellV verpflichtet den Bauherrn, für Baustellen, auf denen Beschäftigte mehrerer Arbeitgeber tätig werden, einen geeigneten **Koordinator** zu bestellen. Die **RAB 30** (= Regel zum Arbeitsschutz auf Baustellen) beschreibt dessen erforderliche Qualifikation und Aufgaben.

7 Aus den verschiedenen Rechtsgrundlagen folgen zwangsläufig Befugnisse anderer Behörden, z.b. für die Staatliche Arbeitsschutz- bzw. Umweltschutzverwaltung und die Bauberufsgenossenschaften. Hieraus folgt teilweise eine **Mehrfachzuständigkeit**, die in der Praxis durchaus zu Problemen führt und vor allem dem Bürger gegenüber nur schwer vermittelbar ist.

8 Für Baustellen bzw. Teilen hiervon gibt es eine Reihe **technischer Regelwerke**, z.b. für Gerüste oder Baumaschinen. Für die Anforderungen an Arbeits- und Schutzgerüste sei auf die einschlägigen technischen Regelwerke verwiesen: DIN 4420 Teil 1 und DIN 4420 Teil 2 sowie DIB 4421. Es handelt sich insbesondere um Vorgaben für Standsicherheit. Bezüglich der Inanspruchnahme öffentlicher Verkehrsflächen ist das Straßenrecht einschlägig, d. h., es bedarf regelmäßig einer **Sondernutzungserlaubnis** (vgl. z.B. § 8 FStrG und § 18 StrWG NRW). Die Genehmigungsbehörde darf allerdings dem Bauherrn in der erteilten Bauerlaubnis nicht die Nutzung der öffentlichen Straße für Baufahrzeuge verbieten und ihn auf noch abzuschließende Verträge mit Dritten verweisen. Dies würde den Zweck der Baugenehmigung konterkarieren (VG Darmstadt, Beschl. v. 23.12.2010 – 2 L 978/10.DA).

9 Zu beachten ist auch § 202 BauGB, wonach der **Mutterboden** in nutzbarem Zustand zu erhalten und vor Vernichtung oder Vergeudung zu schützen ist (vgl. auch § 202 BauGB). § 15 DSchG regelt den Umgang mit **Bodendenkmälern**, die z.B. bei Bauarbeiten entdeckt werden. Deren Beseitigung oder Veränderung ist erlaubnispflichtig. Sie sind auch der Gemeinde anzuzeigen. Außerhalb des öffentlichen Rechts finden sich im Übrigen auch im Privatrecht Normen, aus denen ein Schutz vor Beeinträchtigungen bzw. Störungen durch Baustellen(lärm) abgeleitet werden kann (§§ 862, 906, 1004 BGB). Ferner folgt eine **Verkehrssicherungspflicht** aus § 823 BGB.

1.6 Rolle der Bauaufsichtsbehörde

10 Zur Aufgabe der Bauaufsichtsbehörde gehört die Überwachung der Pflichten der am Bau Beteiligten auch im Zusammenhang mit der Bauausführung (§ 58 Abs. 1 BauO NRW), z.B. im Rahmen der üblichen Bauüberwachung, aber auch aufgrund von Beschwerden von Nachbarn. Erhält die zuständige Bauaufsichtsbehörde von Verstößen Kenntnis, hat sie ermessensfehlerfrei zu prüfen, ob sie einschreitet und welche Maßnahmen in Betracht kommen (ggf. Teilstilllegung der Baustelle). Handelt es sich um einen Verstoß gegen entsprechende Festsetzungen eines Bebauungsplanes, bedeutet dies zusätzlich eine Ordnungswidrigkeit i.S.d. § 213 Abs. 1 Nr. 3 BauGB. Eventuell existiert auch eine Baumschutzsatzung mit einem entsprechenden Ordnungswidrigkeitentatbestand. Verantwortlich ist in diesem Zusammenhang in erster Linie der

Bauherr, daneben kommen aber auch Unternehmer und Bauleiter als Adressaten eines Bußgeldbescheides in Betracht.

1.7 Umgang mit Bauabfällen

Bauabfälle sind Abfälle, die bei der Ausführung von Baumaßnahmen anfallen, dabei ist der Abfallbegriff des § 3 Kreislaufwirtschaftsgesetz (KrWG) zugrunde zu legen. Auch Bauabfälle müssen in der Regel dem öffentlich-rechtlich zur Beseitigung Verpflichteten überlassen werden (BayObLG, Beschl. v. 04.12.1998 – 3 ObOWi 132/98 und VGH Bayern, Urt. v. 23.04.2001 – 20 B 99.1020, DVBl 2001, S. 1296 ff.). 11

2 Zu Abs. 1 – Anforderungen an die Einrichtung einer Baustelle

Baustellen sind so einzurichten, dass bauliche Anlagen sowie andere – als bauliche Anlagen fingierte – Einrichtungen ordnungsgemäß errichtet, geändert oder beseitigt werden können und Gefahren oder vermeidbare Belästigungen nicht entstehen. Es handelt sich hierbei um eine **Gefahrenzone**, die von Dritten (Unbefugten) nicht betreten werden darf. Die Errichtung, Änderung und die Beseitigung baulicher Anlagen sind der Anwendungsbereich dieser Norm. **Nicht** davon erfasst wird die schlichte Instandsetzung oder Umnutzung. 12

Die Landesbauordnung schreibt in allgemeiner Art und Weise die Anforderungen an den Betrieb von Baustellen fest. Diese Norm wird durch gewerbe- und umweltrechtliche Normen ergänzt. So sind Baumaschinen so zu betreiben, dass schädliche Umwelteinwirkungen vermieden werden. Hierbei ist aber immer der jeweilige Stand der Technik zu berücksichtigen (§ 22 Abs. 1 BImSchG). 13

Neben der klassischen Gefahrenabwehr sollen auch **vermeidbare** Belästigungen verhindert werden. Hierbei handelt es sich um Tatbestände unterhalb des eigentlichen Gefahrenbegriffs. Der im Gesetz verwandte Terminus ist ein unbestimmter Rechtsbegriff, der der Auslegung bedarf. Hierbei helfen verschiedene technische Regelwerke, die Obergrenzen von noch zulässigen Immissionen festschreiben. In diesem Zusammenhang ist u. a. die **Verordnung zur Durchführung des Bundes-Immissionsschutzgesetzes (Geräte- und Maschinenlärmschutzverordnung – 32. BImSchV)** zu nennen, die z.B. für Motorkompressoren, Turmdrehkräne usw. gilt. Ferner sind die aus dem **Immissionsschutzrecht** folgenden zeitlichen Beschränkungen für entsprechende Bauarbeiten zu beachten (vgl. in § 9 Landesimmissionsschutzgesetz – LImSchG: 22.00 Uhr bis 6.00 Uhr = Verbot ruhestörenden Lärms). Die Voraussetzungen für die ausnahmsweise **Genehmigung für Nachtarbeit** finden sich in § 9 Abs. 3 LImSchG. Im Übrigen beurteilt sich Baustellenlärm nach der **Allgemeinen Verwaltungsvorschrift zum Schutz gegen Baulärm – Geräuschimmissionen – AVV-Baulärm** (OVG Rh-Pf, Beschl. v. 08.12.2009 – 8 B 11243/09, BRS 74, Nr. 194, zu deren Fortgeltung vgl. § 66 BImSchG). 14

Durch gewerbliche Bauarbeiten/Arbeiten zur Errichtung, Änderung, Unterhaltung baulicher Anlagen sowie deren Abbruch verursachter Lärm wird als **Baulärm** bezeichnet. Lärmintensive Bauarbeiten in der Wohnung fallen aber nur dann unter die 15

§ 11 Baustelle

Begrifflichkeit Baulärm, wenn die Arbeiten von einer Firma durchgeführt werden. Kein Baulärm ist mithin der Lärm durch Bauarbeiten von Privatpersonen (= Heimwerker). Dieser Lärm wird dem Nachbarschaftslärm zugeordnet. Wer eine Baustelle betreibt, muss dafür Sorge tragen, dass Geräusche, die nach dem Stand der Technik vermeidbar sind, verhindert werden und zusätzlich dafür Vorkehrungen treffen, dass die unvermeidbaren Geräusche auf ein Mindestmaß begrenzt werden.

16 Die **Allgemeine Verwaltungsvorschrift zum Schutz gegen Baulärm – Geräuschimmissionen (AVV Baulärm)** konkretisiert für Geräusche ausgehend von Baustellen den unbestimmten Rechtsbegriff der schädlichen Umwelteinwirkungen (BVerwG, Urt. v. 10.07.2012 – 7 A 11.11, BRS 79, Nr. 182) und enthält neben Immissionsrichtwerten auch das Verfahren zur Ermittlung des Beurteilungspegels.

17 Werktags ist Baulärm grundsätzlich zulässig, sofern die nachfolgenden Richtwerte eingehalten werden.

18

Gebietstyp	Tagsüber	Nachts
Gebiete, in denen nur gewerbliche oder industrielle Anlagen und Wohnungen für Inhaber und Leiter der Betriebe und für Aufsichts- und Bereitschaftspersonal zu finden sind	70 dB(A)	
Gebiete, in denen vorwiegend gewerbliche Anlagen untergebracht sind	65 dB(A)	50 dB(A)
Gebiete mit gewerblichen Anlagen und Wohnungen, in denen weder vorwiegend gewerbliche Anlagen noch vorwiegend Wohnungen untergebracht sind	60 dB(A)	45 dB(A)
Gebiete, in denen vorwiegend Wohnungen untergebracht sind	55 dB(A)	40 dB(A)
Gebiete, in denen ausschließlich Wohnungen zu finden sind	50 dB(A)	35 dB(A)
Kurgebiete, Krankenhäuser und Pflegeanstalten	45 dB(A)	35 dB(A)

19 Ab 20.00 Uhr bis 7.00 Uhr (= **Nachtzeit**) **gelten die niedrigeren Immissionsrichtwerte**. Sind die Emissionsdaten der einzelnen Abläufe auf einer Baustelle bekannt, können die Emissionen der gesamten Baustelle für die Bauzeit berechnet und die Immissionen in der Nachbarschaft ermittelt werden. Die Lärmimmissionen können durch eine Schallpegelmessung erfasst werden. Sie können in der Regel jedoch auch mit ausreichender Genauigkeit abgeschätzt werden, wenn die Art und die Anzahl der verwendeten Baumaschinen bekannt sind. Bei einer Überschreitung der Immissionsrichtwerte um mehr als 5 dB(A) sollen Maßnahmen zur Minderung angeordnet werden. Hierfür finden sich Hinweise in der AVV Baulärm.

20 In Ziffer 4.1 AVV Baulärm wird für den Fall des **Überschreitens des Eingreifrichtwerts** (Immissionsrichtwert zuzüglich 5 dB(A)) in der Regel eine **Verpflichtung zum behördlichen Einschreiten** gesehen. Dies kann von Benutzungsverbot bestimmter Baumaschinen bis zur Stilllegung der gesamten Baustelle gehen. Laut dem VGH B-W, Beachl. v. 29.05.2015 – 10 S 835/15, ist die Behörde nicht gehindert, aufgrund der

besonderen Umstände eines Falles im Rahmen ihrer Ermessensbetätigung schon dann tätig zu werden, wenn der o. g. Eingreifrichtwert noch nicht erreicht ist (vgl. hierzu: Gebhardt, Anna/Lang, Dieter, Verhältnismäßigkeit von Baustopps nach AVV Baulärm – zugleich Besprechung VGH B-W, Beschl. v. 05.02.2015 – 10 S 2471/14, BauR 2015, 1426 ff.).

Das Gesetz zum Schutz vor Luftverunreinigungen, Geräuschen und ähnlichen Umwelteinwirkungen (Landes-Immissionsschutzgesetz – LImschG) ergänzt die immissionsschutzrechtlichen Vorschriften des Bundes. Es enthält insbesondere Anforderungen an das Verhalten von Personen, durch das schädliche Umwelteinwirkungen (wie z.b. Lärm und Luftverunreinigungen) verursacht werden können. Auch § 9 LImSchG sieht eine Ausnahmegenehmigung vor (zu einer rechtmäßigen **Nachtarbeit** an einer Baustelle trotz Überschreitung der zulässigen Immissionswerte vgl. OVG Bln, Beschl. v. 27.03.1996 – 2 S 5/96, NVwZ 1996, S. 926, hier Betonage unter Wasser am Potsdamer Platz). Hier wird aber eine andere Zeitspanne als in der **AVV Baulärm** zugrunde gelegt. Die Ausnahmegenehmigung kann mit Nebenbestimmungen zum Schutze der Nachtruhe versehen werden. Denkbar sind auch Auflagen zur Lärmdämmung der einzusetzenden Geräte (z.b. bezogen auf den Einsatz von Baumaschinen, die besonderen Schallschutzanforderungen i.s. der Verwaltungsvorschriften zum Schutz vor Baulärm genügen müssen, zum zeitlichen Ablauf der Arbeiten oder zur Überwachung des Personals vgl. Ziffer 9.3.2 VV LImSchG). 21

Im Einzelfall ist auch eine Ahndung als Ordnungswidrigkeit nach § 117 Gesetz über Ordnungswidrigkeiten (OWiG) möglich. Demnach handelt ordnungswidrig, wer ohne berechtigten Anlass in einem unzulässigen oder nach den Umständen vermeidbaren Ausmaß Lärm erregt, der geeignet ist, die Allgemeinheit oder die Nachbarschaft erheblich zu belästigen oder die Gesundheit eines anderen zu schädigen. Die Geldbuße kann im Einzelfall bis zu 5000 Euro betragen. 22

Für Motorkompressoren, Turmdrehkräne, Schweißstromerzeuger, Kraftstromerzeuger, handbediente Betonbrecher, Abbau-, Aufbruch- und Spatenhämmer, Hydraulikbagger, Seilbagger, Planiermaschinen. Lader und Baggerlader sind die Vorgaben der Baumaschinenlärm-Verordnung – 15. BImSchV mit besonderen Schallleistungspegeln zu beachten. 23

Beginnen die Bauarbeiten auf der Baustelle bereits in der Dunkelheit, können auch **Belästigungen des nachbarlichen Umfeldes aus Lichtimmissionen** (durch Scheinwerfer) resultieren. Auch hierzu sind **Maßnahmen zur Minderung der Beeinträchtigung** vorab durch die Verantwortlichen zu prüfen, insbesondere: 24
– die Notwendigkeit der Beleuchtung,
– der Lichtbedarf und das Beleuchtungsniveau nach Intensität und Gleichmäßigkeit auf den gewünschten Flächen,
– die geeignete Auswahl, Anzahl, Platzierung und Ausrichtung der Leuchten,
– der alternative Einsatz von Planflächenstrahlern,
– das Erfordernis, das Licht ausschließlich in die Bereiche, die künstlich beleuchtet werden müssen, zu lenken,

§ 11 Baustelle

- der Einsatz zusätzlicher technischer Maßnahmen (Abschirmblenden, optische Einrichtungen wie Spiegel und Reflektoren, Leuchten mit begrenztem Abstrahlwinkel),
- die Beachtung des Grundsatzes, dass die Beleuchtung von oben nach unten einzustellen ist.

25 Vermieden werden sollte die direkte Blickverbindung zur Leuchte. Ist dies nicht möglich, sind zum Schutz der Nachbarschaft Blenden vorzusehen und optimierte Lichtpunkthöhen zu wählen. Die notwendige Beleuchtung zum Zwecke des Arbeitsschutzes sollte sich ferner auf die nötige Betriebsdauer beschränken. Während des Beurteilungszeitraumes in der Nacht kann eine Abschaltung oder Reduzierung des Beleuchtungsniveaus sinnvoll sein. Im Streitfall könnte eine **Lichtmessung** durch die zuständige Behörde erforderlich werden.

26 **Rechtsschutz mit Blick auf Baulärm** kann ein Nachbar nicht im Eilverfahren resultierend aus einer Klage gegen die entsprechende Baugenehmigung geltend machen Er muss vielmehr **ein bauaufsichtliches Einschreiten beantragen** (OVG Rh-Pf, Beschl. v. 08.12.2009 – 8 B 11243/09, BRS Informationsdienst 2/2010, S. 16 ff. = BRS 74, Nr. 194 = BauR 5/2010, 747 ff.; vgl. hierzu auch: BVerwG, Urt. v. 10.07.2012 – 7 A 11.11, BRS 79, Nr. 182 = BauR 2012, 1908 ff.). Die vorgenannten Entscheidungen orientieren sich an der Allgemeinen Verwaltungsvorschrift zum Schutz gegen Baulärm (AVV Baulärm). Für ein **planfestgestelltes Vorhaben** besteht hinsichtlich von nachteiligen Wirkungen durch Lärm, Erschütterungen und Staub aufgrund der Bauarbeiten eine **Duldungspflicht** (BGH, Urt. v. 30.10.2009 – V ZR 17/09). Hierzu wird auf § 74 Abs. 2 VwVfG verwiesen (vgl. hierzu: Peter Durinke, Die Bewältigung von Baulärm in der Bauleitplanung, 179 ff.).

3 Zu Abs. 2 – Ausreichende Absicherung einer Baustelle (nach außen)

27 Laut der Begründung zur Novelle der BauO NRW soll die Vorschrift gewährleisten, dass **Baustellen ausreichend gesichert** sind. Ein für die Bauausführung verantwortlicher Unternehmer ist auch für die Baustellensicherung zuständig, dies gilt auch für ein gewisses Abwicklungsstadium nach Beendigung der privatrechtlichen Verantwortlichkeit (VGH Hessen, Urt. v. 26.02.1982 – IV OE 43/79). Das VG Hamburg, Beschl. v. 21.12.1998 – 2 VG 5021/98 – juris hat sich zum Erfordernis einer **Baustellenabsperrung** wie folgt geäußert: »… Soweit erforderlich, sind Baustellen des Weiteren mit einem Bauzaun abzugrenzen, mit Schutzvorrichtungen gegen herabfallende Gegenstände zu versehen und zu beleuchten. Alle diese Maßnahmen müssen sich an der jeweils vorgegebenen Situation orientieren. So wird man in einem Neubaugebiet, in dem die Bebauung mehr oder weniger gleichzeitig begonnen wird und das zunächst praktisch nur aus Baustellen besteht, auf Bauzäune weitgehend verzichten können.... Ein Bauzaun muss nicht erstellt werden oder kann durch andere geeignete Absperrvorrichtungen ersetzt werden, wenn es der Schutz der Verkehrsteilnehmer nicht erfordert, etwa weil die Baustelle außerhalb der geschlossenen Ortslage oder weit von Verkehrs- oder Grünflächen entfernt liegt (so Franz, in: Simon, Bayerische Bauordnung, Loseblattsammlung Stand Juli 1998, Art. 12 Rn. 12)…«. Ist eine Baugrube bis unmittelbar

an die öffentliche Verkehrsfläche ausgeschachtet, kann (bzw. muss) ein Bauzaun auf der öffentlichen Verkehrsfläche auch dann bestehen bleiben, wenn die Bauarbeiten länger als zwei Monate unterbrochen sind (VGH Hessen, Urt. v. 26.02.1982 – IV OE 43/79 –, juris). Wird auf die Aufstellung eines Bauzauns verzichtet, ist im Einzelfall ein bereits vorhandener **Rohbau** vor dem Zutritt Unbefugter zu sichern. Hier reicht ein Verbotsschild nicht. Dies folgt bereits aus der privaten Verkehrssicherungspflicht (vgl. hierzu: OLG Karlsruhe, Urt. v. 18.03.1981 – 7 U 166/80, zur **Frage, wie ein Rohbau nach Feierabend gegen das Eindringen spielender Kinder zu sichern ist,** sowie: OLG Hamm, Urt. v. 27.10.1982 – 13 U 55/82).

4 Zu Abs. 3 – Verpflichtung zum Aufhängen eines Baustellenschildes

Die Pflichten des Bauherrn bzw. der sonstigen am Bau Beteiligten folgen mit Blick auf die Einrichtung und den Betrieb der Baustelle aus der Landesbauordnung. Neben dem Bauherrn sind vor allem der Bauleiter und der oder die vor Ort tätigen Unternehmer verantwortlich. Hierzu gehört auch die Verpflichtung zum **Aufstellen bzw. Aufhängen eines Baustellenschilds**. Auf die Verwendung des behördlichen (Muster-)Baustellenschildes kann der Bauherr verzichten, wenn er ein besonderes Schild mit den erforderlichen Mindestangaben aufstellt. Ein Baustellenschild muss **nicht mehr** bei – unter der Ägide der **Genehmigungsfreistellung** – errichteten bzw. geänderten Vorhaben aufgestellt werden (§ 63 BauO NRW). 28

Es sind **Gründe der Gefahrenabwehr**, die ein Baustellenschild erfordern, vor allem eine gute Erreichbarkeit der Baustelle in Gefahrenfällen durch Polizei, Feuerwehr usw. Es geht nicht um die Bekämpfung von Schwarzarbeit. 29

Das Baustellenschild wird der Baugenehmigung nach einem amtlichen Muster beigefügt. Das Baustellenschild ist an der Baustelle anzubringen, wobei der Bauherr nicht zwangsläufig das ihm ausgehändigte Muster verwenden muss. Ein alternatives Baustellenschild muss aber die Mindestangaben des offiziellen Musters aufweisen, also insbesondere: die Bezeichnung des Bauvorhabens, Namen und Anschrift des Entwurfsverfassers, Namen und Anschriften des/der Unternehmer(s) für den Rohbau und Namen und Anschrift des Bauleiters. 30

Ergänzende Angaben sind zulässig, allerdings kann in der Folge weiterer Angaben ein Baustellenschild den Begriff der Werbeanlage erfüllen (OVG NRW, Beschl. v. 02.09.1988 – 11 B 849/88, BauR 1989, S. 447 = BRS 49, Nr. 150 = NWVBl. 1989, S. 405 und VG Gelsenkirchen, Urt. v. 10.12.2013 – 9 K 3637/12). Dieses muss dann auch die Anforderungen aus § 10 BauO NRW erfüllen. Konkrete Vorgaben über die Abmessungen des Baustellenschildes enthalten die Landesbauordnung bzw. die entsprechenden Verwaltungsvorschriften **nicht**. Damit das Baustellenschild seinen Zweck erfüllen kann, verlangt das Gesetz jedoch die dauerhafte Anbringung (z.B. in einer Folie) und die Sichtbarkeit des Anbringungsortes von der öffentlichen Verkehrsfläche aus. Anhand des Baustellenschildes können sich auch Dritte (= Nachbarn) über das jeweilige Bauvorhaben zumindest ansatzweise orientieren. 31

Hanne/Bökamp-Gerdemann

32 Gem. § 86 Abs. 1 Nr. 2 BauO NRW, NW handelt **ordnungswidrig**, wer es vorsätzlich oder fahrlässig entgegen § 11 Abs. 3 BauO NRW, NW unterlässt, ein Baustellenschild aufzustellen. Schon die Musterbauordnung aus dem Jahre 1960 sah die Montage eines Baustellenschildes aus Gründen der Gefahrenabwehr vor. Die Anbringung eines Baustellenschildes soll absichern, dass jederzeit die für die Sicherheit der Baustelle Verantwortlichen ermittelt werden können, und zwar auch dann, wenn die Arbeit auf der Baustelle ruht (wie am Wochenende oder an Festtagen). Es muss ein in jeder Hinsicht dem § 11 Abs. 3 BauO NRW, NW entsprechendes Baustellenschild angebracht werden. In der Praxis wird den Bauherren zusammen mit der Baugenehmigung und den geprüften Bauvorlagen ein Muster eines Baustellenschildes (mit einem roten Punkt) übersandt, welches dann in Klarsichthülle an der Baustelle anzubringen ist. Ein Schild, das nicht sichtbar angebracht wird, erfüllt den Gesetzeszweck nicht, so dass hierdurch ebenfalls der Bußgeldtatbestand verwirklicht ist. § 11 Abs. 3 BauO NRW, NW richtet sich an den Bauherrn (§ 53 BauO NRW) oder an den Bauleiter (§ 56 BauO NRW). Diese kommen als Betroffene in Betracht, wobei insbesondere dem Bauleiter eine bedeutsame Rolle mit Blick auf die jeweilige Baustelle zukommt.

5 Zu Abs. 4 – Schutz von Bäumen, Hecken usw.

33 § 11 Abs. 4 BauO NRW beinhaltet für die Einrichtung von Baustellen eine Reihe von Vorgaben, vor allem aus Gründen der Gefahrenabwehr. Gem. § 14 Abs. 4 BauO NRW müssen zu erhaltende Bäume, Sträucher und sonstige Bepflanzungen während der Bauarbeiten durch geeignete Vorkehrungen geschützt und ausreichend bewässert werden. Näheres ist der DIN 18920 »**Schutz von Bäumen, Pflanzenbeständen und Vegetationsflächen bei Baumaßnahmen**« zu entnehmen. Die Richtlinie hat den Zweck, vorhandene Bäume, Pflanzenbestände, wie Sträucher und Vegetationsflächen, wie Rasen, Bodendecker aus Kräutern, Kleingehölzen usw. bei der Durchführung von Baumaßnahmen innerhalb des Siedlungsbereiches und in der freien Landschaft zu sichern. **Die Schutzwirkung erfasst aber** – analog zur MBO – nur noch Bäume, Hecken und sonstige Bepflanzungen, die aufgrund anderer Rechtsvorschriften zu erhalten sind. Dies können Festsetzungen im jeweiligen Bebauungsplan, Baumschutzsatzungen oder landschaftsrechtliche Bindungen sein.

§ 12 Standsicherheit

(1) Jede bauliche Anlage muss im Ganzen und in ihren einzelnen Teilen sowie für sich allein standsicher sein. Die Standsicherheit anderer baulicher Anlagen und die Tragfähigkeit des Baugrundes der Nachbargrundstücke dürfen nicht gefährdet werden.

(2) Die Verwendung gemeinsamer Bauteile für mehrere bauliche Anlagen ist zulässig, wenn öffentlich-rechtlich gesichert ist, dass die gemeinsamen Bauteile bei der Beseitigung einer der baulichen Anlagen bestehen bleiben können.

Übersicht

		Rdn.
0	Änderungen gegenüber der BauO NRW 2000	01
1	Allgemeines	1
1.1	Funktion der Norm	1
1.2	Begriff der Standsicherheit	2
1.3	Verfahrensfragen	3
1.4	Nachweis der Standsicherheit	5
1.5	Rolle des Entwurfsverfassers und des Tragwerkplaners	11
1.6	Technische Regelwerke	12
1.7	Bezug zum Privatrecht	20
1.8	Drittschutz und zu Haftungsfragen	23
1.9	Bestandsschutz baulicher Anlagen und zur Frage der Standsicherheit	26
1.10	Bauaufsichtliche Eingriffsmaßnahmen im Zusammenhang mit Fragen der Standsicherheit	28
2	Zu Abs. 1 – Grundforderung der Standsicherheit	30
3	Zu Abs. 2 – Zulässigkeit und Grenzen der Verwendung gemeinsamer Bauteile für mehrere bauliche Anlagen	35

0 Änderungen gegenüber der BauO NRW 2000

Die Vorschrift wurde unverändert übernommen bzw. der Abs. 2 lediglich redaktionell geändert. 01

1 Allgemeines

1.1 Funktion der Norm

§ 12 BauO NRW beinhaltet eine klassische **allgemeine Grundanforderung an die Bauausführung**. Demnach muss jede bauliche Anlage – auch in ihren Teilen – standsicher sein. Die **Standsicherheit** anderer – benachbarter – baulicher Anlagen darf nicht gefährdet werden. Die Forderung der Standsicherheit baulicher Anlagen dient unverkennbar der **Gefahrenabwehr** (OVG M-V, Beschl. v. 26.10.2000 – 10 A 4113/00, BRS 63, Nr. 151). Sie soll Nutzer der baulichen Anlagen, aber **auch die benachbarte Bebauung und deren Nutzer vor Schaden bewahren**. Insoweit dient die Vorschrift auch dem Nachbarschutz (OVG Bln, Beschl. v. 02.06.1998 – 2 S 4.98, BRS 60, Nr. 118, und OVG M-V, Beschl. v. 01.02.2000 – 10 B 1831/99, BRS 63, Nr. 150). Sie soll aber auch die **Bauarbeiter** bei der Errichtung der baulichen Anlage schützen. **Die Gewährleistung der Standsicherheit ist in erster Linie ein technisches Problem.** Die konkreten Anforderungen folgen aus den Regeln der Technik bzw. Baukunst bzw. ganz konkret aus eingeführten technischen Baubestimmungen (§ 3 Abs. 2, § 71 Abs. 4 und § 88 BauO NRW). Die Forderung nach einer hinreichenden Standsicherheit baulicher Anlagen dient ferner dem **Brandschutz**. So hat diese Anforderung z.B. mit Blick auf eine Dachkonstruktion auch den statisch-konstruktiven Zweck, wirksame Löscharbeiten im Brandfalle zu gewährleisten (VG Minden, Urt. v. 16.12.2010 – 9 K 1694/09). **Laut dem OVG Saarland (Beschl. v. 03.02.2010 – 2 A 407/09) gehören die Kontrolle der Standsicherheit von Gebäuden und die aus einer entsprechenden 1

§ 12 Standsicherheit

Gefahrensituation resultierenden behördlichen Maßnahmen zu den »vornehmsten Aufgaben der Bauaufsichtsbehörde im Bereich der Gefahrenabwehr«.

1.2 Begriff der Standsicherheit

2   Die grundsätzliche Forderung findet sich in § 12 Abs. 1 BauO NRW. Eine Definition des Begriffes **Standsicherheit** findet sich aber **nicht** im Gesetz. Gemeint ist mit Standsicherheit die **Fähigkeit einer baulichen Anlage, Belastungen auszuhalten, ohne ganz oder teilweise zusammenzustürzen.** Die Standsicherheit einer baulichen Anlage folgt aus dessen Tragwerk. Dies entsteht durch die planmäßige Verbindung tragender Bauteile. **Ein Tragwerk ist dann standsicher, wenn es der aus seiner Nutzung resultierenden Beanspruchung mit ausreichender Sicherheit standhält.** Es geht also um **Stabilität und Beanspruchbarkeit.** Eine bauliche Anlage muss folglich an sich und in ihren sämtlichen Teilen auch ohne besondere Beeinträchtigung die üblichen Belastungen aushalten können. Voraussetzung hierfür ist ein Gleichgewicht der inneren und äußeren Kräfte einer baulichen Anlage. Das Erfordernis der Standsicherheit verlangt, dass eine bauliche Anlage nach deren Errichtung – ohne behelfsmäßige Abstützmaßnahmen – nicht einsturzgefährdet ist (OVG NRW, E. v. 13.09.1993 – 309/92).

1.3 Verfahrensfragen

3   Laut § 62 Abs. 2 Nr. 11 a BauO NRW ist die **Änderung nicht tragender oder nicht aussteifender Bauteile genehmigungsfrei.** Dies gilt allerdings nicht, wenn es sich um Wände, Decken und Türen von notwendigen Fluren als Rettungswege handelt. Die Genehmigungsfreiheit besteht auch für **den Einbau oder die Auswechselung von Fenstern und Türen** (§ 62 Abs. 1 Nr. 11 c) BauO NRW). **Sollen tragende oder aussteifende Bauteile innerhalb eines Gebäudes geringfügig geändert werden, ohne dass die Standsicherheit berührt ist, bedarf es ebenso keiner Baugenehmigung** (§ 62 Abs. 1 Nr. 11 b) BauO NRW).

4   Laut dem KG Berlin, Urt. v. 23.04.2010 – 6 U 30/09 (BauR 2010, 2129 ff.) ist die Änderung von tragenden Bauteilen (im Dachgeschoss) eines Gebäudes nicht unter dem Begriff der **Instandhaltung baulicher Anlagen** zu fassen (vgl. § 3 Abs. 1, § 60 Abs. 1 BauO NRW). Auch das OVG Sachsen-Anhalt, Beschl. v. 31.01.2012 – 2 M 194/11 (BRS 79, Nr. 193 = ZfBR 2012, 386), vertritt die Rechtsauffassung, dass bauliche Maßnahmen nicht mehr zur genehmigungsfreien Instandhaltung gehören, wenn sie so intensiv sind, dass die Standsicherheit der entsprechenden baulichen Anlage berührt und ein statischer Nachweis erforderlich wird (so auch: OVG Bln-Bbg, Beschl. v. 13.08.2013 – 10 N 39.13, LKV 2013, 427). Im Übrigen sind **Bauarbeiten, die die Standsicherheit eines Gebäudes insgesamt berühren, immer genehmigungsbedürftig** (OVG M-V, Beschl. v. 28.11.1994 – 3 M 119/94, BRS 56, Nr. 138).

1.4 Nachweis der Standsicherheit

5   Im Baugenehmigungsverfahren wird die sich aus § 12 BauO NRW folgende Anforderung gegenüber der Bauaufsichtsbehörde durch die **Vorlage eines Standsicherheitsnachweises** nebst dem Nachweis – falls vorgeschrieben – der entsprechenden Prüfung

durch einen staatlich anerkannten Sachverständigen belegt (§ 68 Abs. 1 Nr. 2 BauO NRW). **Der Standsicherheitsnachweis gehört zu den Bauvorlagen** (§ 1 Abs. 1 Nr. 6 BauPrüfVO). § 9 Abs. 1 BauPrüfVO legt dessen Inhalt wie folgt fest: »Der Nachweis der Standsicherheit besteht dabei aus einer Darstellung des gesamten statischen Systems einschließlich der Gründung, den erforderlichen Konstruktionszeichnungen und den erforderlichen Berechnungen (§ 8 Abs. 1 BauPrüfVO). Bei der Berechnung sind auch die Beschaffenheit des Baugrundes und seine Tragfähigkeit anzugeben. Zusätzlich muss die Feuerwiderstandsfähigkeit der tragenden Bauteile benannt werden«.

Laut § 68 Abs. 1 Nr. 2 BauO NRW sind **spätestens mit der Anzeige des Baubeginns** bei der Bauaufsichtsbehörde zusammen mit dem vorgenannten Standsicherheitsnachweis **die Bescheinigungen eines staatlich anerkanntem Sachverständigen** über die Prüfung des Standsicherheitsnachweises vorzulegen (§ 87 Abs. 2 S. 1 Nr. 4 BauO NRW). Die Prüfung der Standsicherheitsnachweise durch staatlich anerkannte Sachverständige ist für Wohngebäude der Gebäudeklassen 1 und 2 einschließlich ihrer Nebengebäude und Nebenanlagen, für freistehende landwirtschaftliche Betriebsgebäude – auch mit Wohnteil – bis zu zwei Geschossen über der Geländeoberfläche (ausgenommen solche mit Anlagen für Jauche und Flüssigmist) und für eingeschossige Gebäude mit einer Grundfläche bis 200 m² nicht erforderlich (§ 68 Abs. 2 BauO NRW). Hier wird das Gefahrenpotential als gering eingeschätzt. **Allerdings bedarf es der Aufstellung und der Überwachung durch einen qualifizierten Tragwerksplaner** (§ 54 Abs. 4 BauO NRW). 6

Für **nicht genehmigungsbedürftige Vorhaben** (§ 62 BauO NRW) bedarf es auch eines Standsicherheitsnachweises (§ 68 Abs. 3 BauO NRW), der aber nicht vorgelegt werden muss. Von dieser Erleichterung ist auch die Beseitigung baulicher Anlagen betroffen. Soll aber ein nicht freistehendes Gebäude beseitigt werden, muss ein **qualifizierter Tragwerksplaner** faktisch die Unbedenklichkeit der baulichen Maßnahme bestätigen und auch den Beseitigungsvorgang überwachen (§ 62 Abs. 3 BauO NRW). § 68 BauO NRW gilt im Übrigen im Rahmen der **Genehmigungsfreistellung** nach § 63 Abs. 8 BauO NRW entsprechend. 7

Auf Antrag des Bauherrn kann eine Prüfung der Nachweise durch die Bauaufsichtsbehörde stattfinden (§ 68 Abs. 1 BauO NRW). **Die Prüfung der Standsicherheitsnachweise kann von der Behörde auf Prüfingenieure für Baustatik (= Beliehene) übertragen werden** (§ 27 Abs. 1 BauPrüfVO). Es handelt sich um eine »hoheitliche Übertragung«. Die Übertragung von Prüfaufgaben kann sowohl durch einen **Verwaltungsakt** als auch durch einen **öffentlich-rechtlichen Vertrag** geschehen (OVG NRW, Urt. v. 23.04.1999 – 21 A 3636/97, BauR 2000, 1322). Hierzu bedarf es keiner Zustimmung des Bauherrn. Ein Rechtsverhältnis – z.B. im Sinne eines Werkvertrages – zwischen Bauherrn und Prüfingenieur entsteht nicht. Die Prüfung ist gebührenpflichtig. Zur Zulassung von Prüfingenieuren für Baustatik – insbesondere zu den Voraussetzungen und dem Anerkennungsverfahren – finden sich in §§ 21 ff. BauPrüfVO entsprechende Vorgaben. Dort sind auch die Rechte und Pflichten des Prüfingenieurs geregelt. Laut dem VGH B-W, E. v. 30.01.2003 – 5 S 492/01, ist ein Prüfingenieur verpflichtet, die ihm von der Bauaufsichtsbehörde erteilte Prüf- und Überwachungsaufträge zu erledigen. Es handelt sich dabei um eine Weisung in dem 8 durch die Anerkennung als Prüfingenieur begründeten **öffentlich-rechtlichen Auftragsverhältnis**. Der Prüfingenieur darf seine Tätigkeit nicht von einer Vorauszahlung abhängig machen, es sei denn es besteht im Einzelfall ein besonderer Anlass. § 27 BauPrüfVO befugt die Bauaufsichtsbehörde in begründeten Fällen, den **Prüfauftrag zurückzuziehen** und die **Unterlagen zurückzufordern**, z.B. wenn die Prüfaufträge nicht rechtzeitig erledigt werden.

9 Auch für die in der Landesbauordnung erwähnten qualifizierten Tragwerksplaner (§ 62 Abs. 3 und § 68 Abs. 1 BauO NRW) erfolgt eine Listenführung bei der zuständigen Ingenieurkammer-Bau. Die bereits existierende der bundesweit tätigen Tragwerksplaner wurde durch die Liste der IK-Bau NRW bzw. bei der Architektenkammer NRW ersetzt.

10 Im Einvernehmen mit der Bauaufsichtsbehörde kann **vom Einreichen eines Standsicherheitsnachweises abgesehen werden**, wenn bauliche Anlagen nach Bauart, statischem System, baulicher Durchbildung und Abmessungen sowie ihrer Beanspruchung einer bewährten Ausführung entsprechen (§ 8 Abs. 4 BauPrüfVO).

1.5 Rolle des Entwurfsverfassers und des Tragwerkplaners

11 Die §§ 52 ff. BauO NRW beinhalten Regelungen über die Verantwortlichkeit der am Bau Beteiligten. Es handelt sich nicht um Berufshaftungsrecht. **Verantwortlich für das ordnungsgemäße Ineinandergreifen aller Fachplanungen ist der Entwurfsverfassende (Übereinstimmungserklärung, § 7 BauPrüfVO)**. Vor allem im einfachen Verfahren – in dem der Bauaufsichtsbehörde die statischen Unterlagen nicht prüfen muss – trifft den Bauherrn – gegenüber der Bauaufsichtsbehörde eine primäre ordnungsrechtliche Verantwortlichkeit für die Standsicherheit (OVG NRW, Urt. v. 26.03.2003 – 7 A 4491/99, BRS Informationsdienst 4/2003, 20 ff.). Im Innenverhältnis besteht zwischen dem Bauherrn und dem Tragwerksplaner bzw. staatlich anerkannten Sachverständigen ein Werkvertragsverhältnis. Dieser Werkvertrag dient – neben dem Interesse der Allgemeinheit an der Einhaltung der öffentlich-rechtlichen Vorschriften des Bauordnungsrechts – auch dem Schutz des Bauherrn (Auftraggebers) vor Schäden aufgrund einer mangelhaften Baustatik (BGH, Urt. v. 31.03.2016 – III ZR 70/15, BauR 2016, 1197-1202, siehe hierzu auch: OLG Frankfurt, Urt. v. 25.03.014 – 14 U 202/12, juris). **Die Rolle des Tragwerksplaners ist zu der des Entwurfsverfassers (§ 54 BauO NRW) abzugrenzen.** Hierzu äußert sich das OLG Köln, Urt. v. 08.11.1985 – 20 U 197/82 (BauR 1986, 714 ff.) wie folgt: »Der Statiker wiederum hat grundsätzlich die doppelte Aufgabe, für das Bauvorhaben eine standsichere Konstruktion zu planen und diese auch rechnerisch zu belegen. Er muss aber grundsätzlich nicht dafür Sorge tragen, dass die vom Architekten entworfene gestalterische Planung den Gebrauchsanforderungen des Bauherrn gerecht wird. Dies ist nämlich im Regelfall Aufgabenbereich des Architekten. Dessen Leistungen hat der Statiker grundsätzlich nicht auf ihre Richtigkeit außerhalb der mit der Standsicherheit verbundenen Fragen zu überprüfen«. Ähnlich positioniert sich das OLG Koblenz, Urt. v. 12.10.2004 – 3 U 782/03 (juris): »Zwar ist der Statiker nicht verpflichtet zu prüfen, ob die ihm vom Architekten zur Verfügung gestellten Ausführungspläne der Genehmigungsplanung entsprechen; er darf

darauf vertrauen, dass ihm vom Architekten korrekte Zeichnungen übergeben werden und muss diese nicht eigenständig mit der Genehmigungsplanung abgleichen. Hat er aber die Beratung des Bauherrn übernommen, muss diese Beratung fachgerecht und fehlerfrei erfolgen«. Dem Entwurfsverfasser verbleibt bei der Heranziehung von Sachverständigen auf alle Fälle die **Aufgabe der Koordinierung** (§ 54 Abs. 2 BauO NRW).

1.6 Technische Regelwerke

Zahlreiche DIN-Normen konkretisieren die grundsätzliche Anforderung der Standsicherheit in technischer Hinsicht. Diese wurden als technische Baubestimmung eingeführt (§ 88 BauO NRW) und sind deshalb zu beachten (§ 3 Abs. 2 BauO NRW) bzw. zu prüfen (§ 71 Abs. 4 BauO NRW).

Die VV TB NRW 2018 beinhaltet im Kapitel A1 die technischen Regeln zur Erfüllung der Grundanforderung.

Das Kapitel A1 – Mechanische Festigkeit und Standsicherheit – **beinhaltet die Eurocodes** (= grundlegende europäische Normen für die Tragwerksplanung) **zu den Grundlagen für die Tragwerksplanung, zu den Einwirkungen auf Bauwerke sowie zur Bemessung.**

Es gibt zurzeit 10 Eurocodes in folgenden Hauptgruppen:

EC0-Grundlagen der Tragwerksplanung, EC1- Einwirkungen auf Tragwerke, EC2-Bemessung und Konstruktion von Stahlbeton- und Spannbetontragwerken, EC3- Bemessung und Konstruktion von Stahlbauten, EC4-Bemessung und Konstruktion von Verbundtragwerken aus Stahl und Beton, EC5-Bemessung und Konstruktion von Holzbauten, EC6-Bemessung und Konstruktion von Mauerwerksbauten, EC7- Entwurf, Berechnung und Bemessung in der Geotechnik, EC8-Auslegung von Bauwerken gegen Erdbeben, EC9-Bemessung und Konstruktion von Aluminiumtragwerken.

Die Eurocodes decken alle Hauptgebiete des Bauwesens ab.

Anzuwenden sind die Eurocodes immer zusammen mit dem Nationalen Anhang des jeweiligen europäischen Landes. Landesspezifische Regelungen sind zu berücksichtigen. Als Beispiel für Grundlagen der Tragwerksplanung gilt die DIN EN 1990:2010-12. (DIN steht für Deutsches Institut für Normung, EN für Europäische Norm, **1990** für den Eurocode 0, 2010-12 Datum der Zulassung)

Die entsprechenden technischen Regeln hinsichtlich Planung, Bemessung und Ausführung an bestimmte bauliche Anlagen und ihre Teile gem. § 88 Abs. 2 BauO NRW 2018 sind in der VV TB im Abschnitt A1.2 enthalten. Der Abschnitt gliedert sich in folgende Unterkapitel:
– A 1.2.1 Grundlagen der Tragwerksplanung und Einwirkungen auf Tragwerke
– A 1.2.2 Bauliche Anlagen im Erd-und Grundbau
– A 1.2.3 Bauliche Anlagen im Beton-,Stahlbeton- und Spannbetonbau
– A 1.2.4 Bauliche Anlagen im Metall-und Verbundbau
– A 1.2.5 Bauliche Anlagen im Holzbau
– A 1.2.6 Bauliche Anlagen im Mauerwerksbau

§ 12 Standsicherheit

- A 1.2.7 Glaskonstruktionen
- A 1.2.8 Sonderkonstruktionen
- A 1.2.9 Bauliche Anlagen im Erdbebengebiet

1.7 Bezug zum Privatrecht

20 Das öffentliche und das private Baurecht stehen in der Rechtsordnung nebeneinander, es gibt aber zahlreiche Berührungspunkte. § 74 Abs. 4 BauO NRW macht allerdings deutlich, dass die Baugenehmigung unbeschadet der privaten Rechte Dritter erteilt wird. Dies ist vor allem mit Blick auf die Reichweite des Rechtsschutzes eines Dritten gegen eine Baugenehmigung von Bedeutung. Unabhängig hiervon finden sich im Privatrecht auch Regelungen, die Fragen der Standsicherheit zum Thema haben. So regelt § 908 BGB die **Ansprüche des betroffenen Eigentümers**, wenn einem Grundstück die Gefahr droht, dass es durch den Einsturz eines Gebäudes oder eines anderen Werkes, das mit einem Nachbargrundstück verbunden ist, oder durch die Ablösung von Teilen des Gebäudes oder des Werkes beschädigt wird. Dann kann nämlich dieser von demjenigen, welcher nach dem § 836 Abs. 1 BGB oder den §§ 837, 838 BGB für den eintretenden Schaden verantwortlich sein würde, verlangen, dass er die zur Abwendung der Gefahr erforderlichen Vorkehrungen trifft.

21 § 909 BGB verbietet ferner, **dass ein Grundstück nicht in der Weise vertieft werden darf, dass der Boden des Nachbargrundstücks die erforderliche Stütze verliert**, es sei denn, dass für eine genügende anderweitige Befestigung gesorgt ist. Dies erinnert an § 12 Abs. 1 S. 2 BauO NRW. Zu den zivilrechtlichen Folgen des Verlustes der Standsicherheit eines Gebäudes aufgrund einer Vertiefung auf dem Nachbargrundstück vgl. BGH, Urt. v. 15.02.2008 – V ZR 17/07 (BauR 2008, 1016 ff.). Ohne Zustimmung des entsprechenden Eigentümers ist eine Unterfangung des benachbarten Gebäudes nicht zulässig (OLG Hamm, Urt. v. 25.09.2001 – 24 U 70/01, BauR 2002, 669).

22 Auch innerhalb einer Wohnungseigentümergemeinschaft nach dem Wohnungseigentumsgesetz (WEG) bestehen Sorgfaltspflichten. So bedarf es bei einem geplanten Wanddurchbruches der Untersuchung der darunterliegenden Wand, damit eine Gefahr für die Stabilität des konstruktiven Gefüges des Gebäudes ausgeschlossen werden kann (AG Pinneberg, Urt. v. 19.04.2017 – 60 C 8/17).

1.8 Drittschutz und zu Haftungsfragen

23 § 12 BauO NRW dient auch dem Schutz von Sachwerten und vor Gefahren für Leib und Leben der Nutzer benachbarter baulicher Anlagen (OVG M-V, Beschl. v. 01.02.2000 – 10 B 1831/99, BRS 63, Nr. 150). Insoweit ist die Norm nachbarschützend. **Der Nachbar kann im einfachen Baugenehmigungsverfahren (§ 64 BauO NRW) eine Baugenehmigung allerdings nicht mit dem Argument angreifen, das Vorhaben gefährde die Standsicherheit seines Gebäudes bzw. seiner baulichen Anlage.** Die Frage der Standsicherheit ist im einfachen Baugenehmigungsverfahren nämlich nicht (von der Genehmigungsbehörde) zu prüfen (§ 64 Abs. 1 Nr. 3 BauO NRW). § 12 BauO NRW ist aber eine Vorschrift, die bei der Bauausführung zu beachten ist. Die weiter oben genannten bautechnischen Nachweise sind lediglich

die Voraussetzungen für den Baubeginn (VGH Bayern, Beschl. v. 27.10.1999 – 2 CS 99/2387, BRS 62, Nr. 166).

Die Bauaufsichtsbehörde hat aber in ihrer Funktion als Überwachungs- und Eingriffsverwaltung begründeten Hinweisen eines Dritten = Nachbarn entsprechend ihrer gesetzlichen Aufgabe der Frage der Einhaltung nachbarschützender materiellrechtlicher Bestimmungen des öffentlichen Baurechts nachzugehen (OVG Saarland, Beschl. v. 21.10.2013 – 2 B 344/13, hier Antrag des Nachbarn auf Einschreiten wegen Bedenken hinsichtlich der Standsicherheit einer baulichen Anlage). Im Einzelfall kann die Behörde außerhalb eines Baugenehmigungsverfahrens die Vorlage einzelner bautechnische Nachweise (z.B. zur Frage der Standsicherheit) fordern, um einen **Gefahrenverdacht** zu klären (VGH Hessen, Urt. v. 24.06.1991 – 4 TH 899/91, OVG Sachsen, Urt. v. 31.03.2014 – 1 A 699/13 und OVG Sachsen-Anhalt, Urt. v. 02.09.2014 – 2 M 31/14). **Vermutungen reichen regelmäßig für ein bauaufsichtliches Einschreiten nicht aus.** Dies gilt auch für die Beurteilung der Erfolgsaussichten eines Rechtsbehelfs bzw. -mittels eines Dritten gegen eine bereits erteilte Baugenehmigung. So hat auch das VG Freiburg, Beschl. v. 22.12.2009 – Az. 4 K 2089/09 die Wiederherstellung der aufschiebenden Wirkung eines Drittwiderspruches abgelehnt, weil eine bloße Befürchtung der Beeinträchtigung der Standsicherheit eines benachbarten Gebäudes (hier: Abbruch eines Gebäudes einer Hausgruppe) durch genehmigte Abbrucharbeiten für einen begründeten Drittschutz noch nicht ausreicht.

§ 12 BauO NRW dient der Gefahrenvorbeugung. Grundsätzlich trifft den Bauherrn dabei die Beweislast. Die Behörde hat die Amtspflicht, die Allgemeinheit und die betroffenen Nachbarn vor Gefahren zu schützen. Geschützt werden soll also nicht der Bauherr, soweit es nur um das Eigentum desselben geht. **Liegen in einem Einzelfall – z.B. zu gemeinsamen Bauteilen benachbarter baulicher Anlagen – konkrete Anhaltspunkte vor, müssen deshalb entsprechende Nebenbestimmungen in der Baugenehmigung die Standsicherheit z.B. einer benachbarten Bebauung gewährleisten.** Das OLG Jena, Beschl. v. 09.06.2004 – 4 U 99/04 hat eine Haftung der Bauaufsichtsbehörde grundsätzlich angenommen, wenn diese bei einer fehlerhafter Statik eine rechtswidrige Baugenehmigung erteilt hat. Der hinzugezogene Prüfingenieur muss allerdings nicht in jedem Fall die (vorhandene) Bausubstanz vor Ort überprüfen, außer er verfügt über konkrete Hinweise auf ein solches Erfordernis. **Eine solche Amtshaftung kommt aber nur dann in Frage, wenn die Behörde bzw. ein von ihr beauftragter Prüfingenieur die Statik überprüft hat.** Andernfalls liegt die primäre Verantwortlichkeit beim Bauherrn bzw. beim von ihm beauftragten Statiker (s. w. o.).

1.9 Bestandsschutz baulicher Anlagen und zur Frage der Standsicherheit

Die Frage der Standsicherheit kann bei baulichen Änderungen bzw. bei fehlender Instandhaltung Auswirkungen auf den Bestandsschutz haben. **Bestandsschutz bewirkt, dass eine einmal rechtmäßig errichtete bauliche Anlage nicht rechtswidrig wird, auch wenn sich später das öffentliche Recht ändert.** Bestandsschutz entsteht, wenn die entsprechende bauliche Anlage zum Zeitpunkt ihrer Errichtung bzw. Nutzungsaufnahme bauaufsichtlich genehmigt (= formelle Legalität) wurde und/

oder während eines längeren (= namhaften) Zeitraumes mit dem materiellen Recht übereinstimmte = frühere materielle Legalität (BVerwG, Urt. v. 26.05.1978 – 4 C 9.76, BRS 33, Nr. 37; BVerwG, Urt. v. 10.12.1982 – 4 C 52.78, BRS 39, Nr. 80; BVerwG, Urt. v. 17.01.1986 – 4 C 80.82, BRS 46, Nr. 148 = BauR 1986, 302; BVerfG, Beschl. v. 24.07.2000 – 1 BvR 151/99, NVwZ 2001, 424 ff.; OVG Saarland, Beschl. v. 30.08.2004 – 1 Q 50/04; VG Aachen, Urt. v. 19.06.2012 – 3 K 1073/10).

27 Der Bestandsschutz für bauliche Anlagen erstreckt sich aber nur auf ihren genehmigten Bestand und ihre genehmigte Funktion (BVerfG, Beschl. v. 15.12.1995 – 1 BvR 1713/92, BRS 57, Nr. 246 = BauR 1996, 235). Nicht erfasst sind Bestands- und Funktionsänderungen, weil diese über den genehmigten Bestand hinausgreifen. Dabei ist es rechtmäßig, den Bestandsschutz auch für die Bausubstanz abzulehnen, wenn sich die Nutzung in baurechtlich relevanter Weise geändert hat. **Der Bestandsschutz entfällt insbesondere nicht nur bei vollständigem Abbruch, sondern auch dann, wenn der Eingriff eine statische Neuberechnung des gesamten Gebäudes erforderlich macht** (VG Braunschweig, Urt. v. 12.08.2010 – 2 A 197/09, so auch: BVerwG, Urt. v. 18.10.1974 – IV C 75.71, BRS Nr. 28 Nr. 114 = BauR 1975, 114; vgl. auch BVerwG, Beschl. v. 21.03.2001 – 4 B 18.01, BRS 64, Nr. 90 und VG Gelsenkirchen, Urt. v. 29.10.2010 – 6 K 576/09). Verliert eine bauliche Anlage aufgrund unsachgemäßer Bauausführung oder fehlender Instandhaltung (vgl. zu der entsprechenden Pflicht zur Unterhaltung: OVG NRW, Beschl. v. 05.02.1988 – 11 B 186/88, BRS 48, Nr. 202) die Standsicherheit zur Gänze oder in Teilen, kann der Bestandsschutz untergehen. **Ist demnach ein Gebäude in seiner baulichen Substanz verbraucht und konkret einsturzgefährdet, besteht aus dem Gesichtspunkt des Bestandsschutzes kein Anspruch auf die Erteilung der Baugenehmigung zur Erneuerung** (VGH B-W, Urt. v. 24.07.1973 – VIII 1003/71, BRS 27 Nr. 146). Dies gilt auch bei weitgehender Zerstörung der baulichen Anlage (OVG Bln, Urt. v. 07.06.1968 – II B 32.67, BRS 20, Nr. 193).

1.10 Bauaufsichtliche Eingriffsmaßnahmen im Zusammenhang mit Fragen der Standsicherheit

28 Eine einmal errichtete bauliche Anlage muss dauerhaft den Anforderungen des § 12 BauO NRW entsprechen. Hierfür verantwortlich ist regelmäßig der Eigentümer des Grundstücks (OVG Greifswald, Beschl. v. 09.07.2010 – 3 M 128/10, BRS 83, Nr. 96, zur bauaufsichtlichen Inanspruchnahme des Eigentümers zur Abstützung einer nicht mehr standsicheren Scheune vgl. OVG Niedersachsen, Beschl. v. 03.04.1996 – 1 M 852/96, BRS 58, Nr. 199 = BauR 1996, 538 ff.). In dieser Hinsicht unterliegt auch älterer Baubestand der allgemeinen bauaufsichtlichen Überwachung (§ 58 Abs. 2 S. 1 BauO NRW). Wird ein entsprechender Verstoß der Behörde bekannt, hat sie in Wahrnehmung ihrer Aufgabe die erforderlichen Maßnahmen zu treffen (§ 58 Abs. 2 S. 2 BauO NRW). Laut dem VG Gelsenkirchen, Urt. v. 12.09.2014 – 9 K 2342/13 reicht hierfür bereits die Annahme eines Verstoßes gegen § 12 Abs. 1 BauO NRW aus. Für ein bauaufsichtliches Einschreiten ist es demnach ausreichend, wenn die Standsicherheit einer baulichen Anlage ungeklärt ist und hinreichenden Zweifeln unterliegt. Für das OVG NRW, Beschl. v. 21.07.2017 – 7 B 668/17 reichen bereits aufgrund objektiver Anhaltspunkte bestehende Zweifel an der Standsicherheit einer baulichen

Anlage bzw. von Teilen aus, um einen Sachverständigenprüfbericht zur Standsicherheit einer Decke (hier: über dem Kellergeschoss einer Doppelhaushälfte) zu fordern.

Die zuständige Bauaufsichtsbehörde darf dem Eigentümer bzw. Verfügungsberechtigten Maßnahmen zur Gewährleistung der Standsicherheit auch dann aufgeben, wenn **keine akute Einsturzgefahr** besteht. Die Standsicherheit als bauordnungsrechtliche Grundforderung hat vorbeugenden Charakter. Treten Probleme der Standsicherheit im Rahmen der Bauausführung zu Tage, kommt eine frühzeitige **Stilllegung** in Frage (§ 81 BauO NRW, vgl. hierzu: VG Gelsenkirchen, Urt. v. 26.06.2018 – 6 K 3504/15). Ist eine bauliche Anlage zur Gänze oder in ihren Teilen unbestritten nicht standsicher und sind Abstützmaßnahmen nicht ausreichend bzw. zielführend, kommt nur eine **vollständige oder teilweise Beseitigung** der baulichen Anlage in Betracht (§ 82 S. 2 BauO NRW). Ein solches bauaufsichtliches Beseitigungsverlangen wegen fehlender Standsicherheit darf auch **Maßnahmen zum Schutz der Standsicherheit benachbarter baulicher Anlagen** umfassen (OVG M-V, Beschl. v. 11.08.2015 – 3 M 54/15, BRS 83, Nr. 96). Mit diesen Maßnahmen darf auch die **Anordnung der sofortigen Vollziehung** verbunden werden (VGH B-W, Beschl. v.12.03.1999 – 8 S 963/99, BRS 62, Nr. 201). Dies gilt auch für eine bauaufsichtliche Beseitigungsverfügung für eine nicht mehr standsichere bauliche Anlage als das weitestgehende Eingriffsmittel und ist mit dem erforderlichen Schutz von Leib und Leben zu rechtfertigen (OVG NRW, Urt. v. 14.01.1997 – 10 A 1890/93, BRS 59, Nr. 225). Allerdings beseitigt eine Absperrung eines nicht standsicheren Gebäudes nicht die Gefahr für angrenzende Flächen und ist deshalb unzureichend (VG Dessau, Beschl. v. 29.07.2005 – 1 B 163/05).

2 Zu Abs. 1 – Grundforderung der Standsicherheit

Eine bauliche Anlage muss zum einen im Ganzen, zum anderen in ihren einzelnen Teilen standsicher sein, d.h., sie muss die auf sie einwirkenden Kräfte resultierend aus Nutzlasten, Wind und Schneelast tragen können. Dies gilt in der geschlossenen Bauweise oder in Bezug auf Doppelhäuser und Hausgruppen in der offenen Bauweise (§ 22 BauNVO) für jedes einzelne **Gebäude** (§ 2 Abs. 2 BauO NRW). Die Anforderung der Standsicherheit gilt auch während der Bauausführung, z.B. bereits schon für die **Baugrube**. Die Baugrube ist durch einen ausreichenden Verbau bzw. Spundwände vor Einsturz zu sichern (vgl. hierzu: DIN 4124 – Baugruben und Gräben/Verbau). Diese Verpflichtung folgt auch aus § 11 BauO NRW zur ordnungsgemäßen und gefahrenfreien Einrichtung der **Baustelle**. Eine Anlage muss selbstverständlich auch ohne behelfsmäßige Abstützmaßnahmen standsicher sein und bleiben (OVG NRW, E. v. 13.09.1993 – 11 A 309/92). Werden baulichen Anlagen nur zeitlich befristet aufgestellt und genutzt, wie z.B. **Fliegende Bauten** (§ 78 BauO NRW), müssen diese während ihrer Standdauer den Vorgaben der Landesbauordnung entsprechen, also auch standsicher sein.

Sind einzelne Teile einer baulichen Anlage nicht standsicher, kann sich dies im schlimmsten Falle auf die Standsicherheit der gesamten baulichen Anlage auswirken. Eine Abweichung (§ 69 BauO NRW) von der Anforderung der Standsicherheit ist

§ 12 Standsicherheit

nicht zulässig. Mitunter ist es sinnvoll bzw. baukonstruktiv bedingt, dass eine bauliche Anlage aus verschiedenen Tragwerken besteht. Diese müssen auch für sich allein standsicher sein. Haben mehrere bauliche Anlagen gemeinsame Bauteile, darf beim Abbruch einer der baulichen Anlagen die Standsicherheit der verbleibenden baulichen Anlagen nicht berührt werden (vgl. Abs. 2).

32   Die Errichtung einer neuen Anlage darf auch nicht dazu führen, **dass sich die Bedingungen für die Standsicherheit benachbarter Anlagen in unerwarteter Weise negativ ändern** (OVG NRW, Beschl. v. 01.02.2000 – 10 B 1831/99, BRS 63, Nr. 150, hier: Turbulenzen durch neue Windkraftanlage; vgl. hierzu auch: OVG NRW, Beschl. v. 24.01.2000 – 7 B 2180/99, BRS 63, Nr. 149 = BauR 2000, 862 ff.; sowie: OVG NRW, Beschl. v. 09.07.2003 – 7 B 49/03, BRS 66, Nr. 138 = BRS Informationsdienst 5/2003, 18 ff. = BauR 2003, 1712 ff.). Die Tragfähigkeit des Baugrundes des Nachbargrundstücks kann z.B. durch Grundwasserabsenkungen und direkt als Folge von Abgrabungen negativ berührt werden. Beides, sowohl die Standsicherheit benachbarter baulicher Anlagen als auch die Festigkeit benachbarter Baugründe darf durch eine aktuelle Baumaßnahme nicht gefährdet werden.

33   Das OVG Rh-Pf, Beschl. v. 04.11.2011 – 10888/11 (BRS 78, Nr. 195) hat sich zu den Pflichten des Bauherrn und des Nachbarn bei der Beseitigung einer Grenzbebauung vor allem mit Blick auf die Standsicherheit verbleibender baulicher Anlagen bzw. Bauteile geäußert. Nach dem OVG Hamburg, Beschl v. 20.02.2012 – 2 Bs 14/12 (BRS 79, Nr. 186) ist jedoch ein Gutachten zur Standsicherheit benachbarter baulicher Anlagen im Zusammenhang mit dem Abbruch eines Gebäudes nur ausnahmsweise erforderlich, z.B. wenn diese an das zu beseitigende Gebäude angebaut sind. Insoweit ist die Vorschrift **nachbarschützend** (OVG Niedersachsen, E. v. 23.08.2008 – 2 M 35/08; OVG NRW, Urt. v. 09.06.2011 – 7 A 1494/09; OVG Hamburg, Beschl. v. 13.07.2012 – 2 Bs 142/12, BRS 79, Nr. 93), **aber letztlich trifft die Verantwortlichkeit für die Standsicherheit einer baulichen Anlage in erster Linie den jeweiligen Eigentümer.** Dieser hat auch die Beweislast, was bei der Störerauswahl im Gefahrenfalle zu berücksichtigen ist (OVG M-V, E. v. 09.07.2010 – 3 M 128/10, hier auch Ausführungen zum Abbruch einer benachbarten Baulichkeit, und OVG M-V, Beschl. v. 11.08.2015 – 3 M 54/15). Im Einzelfall können zum Schutz der benachbarten Bebauung bereits entsprechende Nebenbestimmungen in der beantragten Baugenehmigung erforderlich sein (OVG Rh-Pf, Urt. v. 13.06.1984 – 10 C 4/83, NVwZ 1986, 56).

34   Laut dem VG Münster, E. v. 06.05.2008 – 2 K 1452/07 verpflichtet im Übrigen § 12 Abs. 1 BauO NRW den Bauherrn unmittelbar. Es bedarf deshalb keiner zusätzlichen entsprechenden Nebenbestimmung in der Baugenehmigung.

3 Zu Abs. 2 – Zulässigkeit und Grenzen der Verwendung gemeinsamer Bauteile für mehrere bauliche Anlagen

35   Die Vorschrift regelt die Zulässigkeit der Verwendung gemeinsamer Bauteile für mehrere bauliche Anlagen und damit gleichzeitig auch deren Grenzen. Grundsätzlich muss jede bauliche Anlage für sich die allgemeinen und besonderen

bauordnungsrechtlichen Anforderungen erfüllen. In der Praxis gibt es aber immer wieder Beispiele für mehrere bauliche Anlagen, die durch gemeinsame Bauteile verbunden sind bzw. werden sollen. **Dies können gemeinsame Wände oder ein gemeinsames Fundament sein.** Soll nun eine der betroffenen baulichen Anlagen abgebrochen werden, muss gewährleistet sein, dass der verbleibende bauliche Bestand auch nachher den Anforderungen des § 12 BauO NRW genügt, also standsicher ist. **Dies ist nach § 12 Abs. 2 BauO NRW öffentlich-rechtlich abzusichern und geschieht regelmäßig durch Baulast (§ 85 BauO NRW).** Daneben finden sich auch in §§ 921 und 922 BGB und in den Bestimmungen des Nachbarrechtsgesetzes NRW – NachbG NRW (z.B. in den §§ 19–23 a zur Grenzwand) entsprechende Anforderungen zu gemeinsamen Bauteilen. Diese ersetzen aber nicht öffentlich-rechtlich abgesicherte übereinstimmende Willenserklärungen der betroffenen Eigentümer, dass die gemeinsamen Bauteile bei einem Abbruch von einer der entsprechenden baulichen Anlagen ohne Substanzverlust und in ihrer Funktion unbeeinträchtigt verbleiben werden. Voraussetzung für eine solche Vorgehensweise ist jedoch, dass dies auch technisch machbar ist.

§ 13 Schutz gegen schädliche Einflüsse

Bauliche Anlagen müssen so angeordnet, beschaffen und gebrauchstauglich sein, dass durch Wasser, Feuchtigkeit, pflanzliche und tierische Schädlinge sowie andere chemische, physikalische oder biologische Einflüsse Gefahren oder unzumutbare Belästigungen nicht entstehen. Baugrundstücke müssen für bauliche Anlagen geeignet sein.

Übersicht		Rdn.
0	Änderungen gegenüber der BauO NRW 2000	01
1	Funktion der Norm	1
2	Anwendungsbereich der Vorschrift und zur Abgrenzung zu anderen Vorschriften	5
3	Verpflichtung zur Erhaltung von Anlagen aufgrund anderer Rechtsgrundlagen	8
4	Mögliche Gefahren bzw. unzumutbare Belästigungen für die baulichen Anlagen bzw. deren Nutzer	10
5	Schutz gegen mögliche Schädigungen durch pflanzliche und tierische Schädlinge	13
6	Gefährdung durch Wasser bzw. Feuchtigkeit und andere chemische, physikalische oder biologische Einflüsse	18
6.1	Schutz gegen Wasser und Feuchtigkeit	19
6.2	Schutz gegen chemische Einflüsse	22
6.3	Schutz gegen physikalische und biologische Einflüsse	32
7	**Geeignetheit von Baugrundstücken**	33
7.1	Begriff des Baugrundstücks	33
7.2	Grundforderung	35
7.3	Belastung von Baugrundstücken durch Altlasten	36
7.4	Belastung von Baugrundstücken durch Kampfmittel	43

§ 13 Schutz gegen schädliche Einflüsse

0 Änderungen gegenüber der BauO NRW 2000

01 Der Anwendungsbereich der Vorschrift wurde ausdrücklich auf bauliche Anlagen beschränkt. Andere Anlagen und Einrichtungen i. S. d. § 1 Abs. 1 S. 2 BauO NRW werden nicht mehr erwähnt. Im Übrigen ist die Norm wortgleich mit der Vorgängervorschrift (§ 16 BauO NRW 2000).

1 Funktion der Norm

1 Nach § 13 BauO NRW müssen bauliche Anlagen so angeordnet, beschaffen und gebrauchstauglich sein, dass durch Wasser, Feuchtigkeit, pflanzliche oder tierische Schädlinge sowie andere chemische, physikalische oder biologische Einflüsse Gefahren oder unzumutbare Belästigungen nicht entstehen.

2 Bauliche Anlagen müssen dauerhaft dem öffentlichen Baurecht entsprechen. Gem. § 3 Abs. 1 BauO NRW sind Anlagen so anzuordnen, zu errichten, zu ändern und instand zu halten, dass die öffentliche Sicherheit und Ordnung, insbesondere Leben, Gesundheit und die natürlichen Lebensgrundlagen, nicht gefährdet werden Dabei sind die Grundanforderungen an Bauwerke gemäß Anhang I der Verordnung (EU) Nr. 305/2011 zu berücksichtigen. Hier heißt es im Anhang I:»Bauwerke müssen als Ganzes und in ihren Teilen für deren Verwendungszweck tauglich sein, wobei insbesondere der Gesundheit und der Sicherheit der während des gesamten Lebenszyklus der Bauwerke involvierten Personen Rechnung zu tragen ist. Bauwerke müssen diese Grundforderungen an Bauwerke bei normaler Instandhaltung über einen wirtschaftlich angemessenen Zeitraum erfüllen«. Anlagen müssen (somit) bei ordnungsgemäßer Instandhaltung die allgemeinen Anforderungen des § 3 Abs. 1 S. 1 ihrem Zweck entsprechend **dauerhaft erfüllen und ohne Missstände benutzbar** sein. Die Forderung der Gefahrenfreiheit gilt auch für die Beseitigung von Anlagen und deren Nutzungsänderung (§ 3 Abs. 3 BauO NRW).

3 Veränderungen mit Blick auf die Bausubstanz bzw. die Nutzung der baulichen Anlage, die über die Grenzen des Bestandsschutzes hinausgehen, sind regelmäßig genehmigungsbedürftig. Damit ist gewährleistet, dass die Baugenehmigungsbehörde präventiv, d.h. vorab, die Übereinstimmung mit dem öffentlichen Recht überprüfen kann. Wurde eine bauaufsichtlich genehmigte bauliche Anlage errichtet bzw. deren Nutzung aufgenommen, entfaltet die erteilte Baugenehmigung eine Sicherungsfunktion. Hierbei wird stillschweigend davon ausgegangen, dass die Voraussetzungen, die zu einer Genehmigung geführt haben, auch dauerhaft gegeben sein müssen, also z.B. die Anlage auch auf Dauer entsprechend der Genehmigung genutzt wird.

4 Bauliche Anlagen müssen aber, wollen sie dauerhaft ihrer Funktion genügen, auch (**präventiv**) geschützt werden vor negativen Einflüssen durch Wasser, Feuchtigkeit, pflanzliche oder tierische Schädlinge. Aber auch andere chemische, physikalische oder biologische Einflüsse können schädigend auf bauliche Anlagen einwirken. **Die Norm verlangt deshalb als Konsequenz vorbeugende und instand haltende Maßnahmen** und dient damit der **Gefahrenabwehr** einschließlich der Verhinderung unzumutbarer Belästigungen z.B. für die Nutzer einer baulichen Anlage. Da die Landesbauordnung auch für Baugrundstücke gilt (§ 1 Abs. 1 BauO NRW), formuliert die Vorschrift

darüber hinaus die Grundvoraussetzung für jegliches Bauen, dass das Baugrundstück überhaupt für die bauliche Anlagen geeignet sein muss. Auch in diesem Zusammenhang geht es um Gefahrenabwehr, z.b. im Zusammenhang mit einer Bodenkontamination insbesondere durch Altlasten oder Kampfmittel (Blindgänger).

2 Anwendungsbereich der Vorschrift und zur Abgrenzung zu anderen Vorschriften

Im einfachen Verfahren (§ 64 BauO NRW) wird § 13 BauO NRW nicht vorab geprüft. Dies wurde auch in der ehemaligen VV zur BauO NRW 2000 (Ziffer 16.22) ausdrücklich betont. **Die materielle Vorschrift gilt aber dennoch, d.h. sie ist vom Bauherrn zu beachten.** Sie dient im Übrigen dem Eigenschutz und ist folglich nicht unmittelbar nachbarschützend (vgl. hierzu: VGH Bayern, Urt. v. 30.10.1973 – Nr. 159 I 72, BRS 27, Nr. 179, außer es geht um gemeinsame Bauteile). 5

Es geht nicht um Gefahren oder unzumutbare Belästigungen resultierend aus der Nutzung der baulichen Anlagen. Es geht in erster Linie um den Schutz der Anlage selbst bzw. deren Nutzer. Die Frage der Auswirkungen der Nutzung einer baulichen Anlage ist zum einen ein bauplanungsrechtliches Problem im Zusammenhang mit dem **Rücksichtnahmegebot** (§ 30 BauGB i.V.m. § 15 BauNVO, § 34 Abs. 1 BauGB, und § 35 Abs. 3 BauGB), zum anderen eine immissionsschutzrechtliche Frage auf der Grundlage des BImSchG und der verschiedenen technischen Regelwerken. Der Inhalt der vorgenannten technischen Regelwerke kommt allerdings weder Normen konkretisierenden Richtlinien noch einem Sachverständigengutachten gleich. **Es handelt sich nicht um gesetzliche Normen, aber sie sind eine Orientierungshilfe für die Beurteilung der Erheblichkeit der zu erwartenden Immissionen** (vgl. hierzu insbesondere BVerwG, Beschl. v. 22.03.1991 – 4 B 31/91 und BVerwG, E. v. 28.07.2010 – 4 B 29.10, BauR 2010, S. 2083 ff.). Zu nennen wären an dieser Stelle insbesondere die Verkehrslärmschutzverordnung, die Technische Anleitung zum Schutz gegen Lärm – TA-Lärm, die Technische Anleitung zur Reinhaltung der Luft – TA-Luft, die Sportanlagenlärmschutzverordnung, die Geruchsimmissions-Richtlinie (GIRL), die Freizeitlärmrichtlinie und die Leitlinie zur Messung und Beurteilung von Lichtimmissionen (»Licht-Leitlinie«). 6

Das **Immissionsschutzrecht** gibt aber auch für das Bauplanungsrecht die Maßstäbe für die Beurteilung der Zumutbarkeit von Umwelteinwirkungen i.S.d. § 3 BImSchG vor, z.B. bei Baustellenlärm (Allgemeine Verwaltungsvorschrift zum Schutz gegen Baulärm – Geräuschimmissionen – vom 19. August 1970, vgl. hierzu: BVerwG, Urt. v. 10.07.2012 – 7 A 11.11, BRS 79, Nr. 182 = BauR 2012, S. 1908 ff.). **Ferner gehen verschiedene speziellere bauordnungsrechtliche Vorschriften der Anwendung des § 13 BauO NRW vor, z.B. § 10 Abs. 2 BauO NRW** (Werbeanlagen), **§ 11 BauO NRW** (Baustelle), **§ 12 BauO NRW** (Standsicherheit), **§ 15 BauO NRW** (Schall- und Erschütterungsschutz), **§ 41 Abs. 3 BauO NRW** (Lüftungsanlagen), **§ 42 Abs. 3, 4 BauO NRW** (Feuerungsanlagen), § 45 BauO NRW (Blitzschutzanlagen) usw. 7

3 Verpflichtung zur Erhaltung von Anlagen aufgrund anderer Rechtsgrundlagen

Auch aus anderen Vorschriften kann sich die Verpflichtung zur Erhaltung von Anlagen ergeben. Das **Denkmalrecht** (Gesetz zum Schutz und zur Pflege der Denkmäler 8

§ 13   Schutz gegen schädliche Einflüsse

im Lande Nordrhein-Westfalen – Denkmalschutzgesetz – DSchG) lässt sogar die **Anordnung von provisorischen Erhaltungsmaßnahmen** an einem vom Verfall bedrohten Kulturdenkmal gegenüber dem Eigentümer zu, wenn er seine Erhaltungspflichten bisher vernachlässigt hat und wenn ein tragfähiges Sanierungskonzept mit öffentlichen Zuschüssen noch erarbeitet werden kann. VG Sigmaringen, 04.12.2003 – 2 K 1637/03. Hier gibt es eine regelrechte Erhaltungspflicht (vgl. hierzu z.B. VGH B-W, Beschl. v. 25.03.2003 – 1 S 190/03, BRS 77. Nr. 99). **Auch Erhaltungssatzungen gem. §§ 172 ff. BauGB können eine solche Erhaltungspflicht begründen.**

9 **Die Aufgabe der Bauaufsichtsbehörde (§ 58 Abs. 2 BauO NRW i.V.m. § 3 BauO NRW) ist im Übrigen regelmäßig von der der Wohnungsaufsicht abzugrenzen.** Nach § 2 Abs. 1 Wohnungsaufsichtsgesetz (WAG) haben die Gemeinden auf die Beseitigung von Missständen an Wohnraum hinzuwirken. Ein solcher Missstand besteht, wenn eine erhebliche Beeinträchtigung des Gebrauchs zu Wohnzwecken gegeben ist (vgl. hierzu: den Leitfaden des Fachministeriums zum Wohnungsaufsichtsgesetz, Stand Juli 2015). Hierzu gehört z.B. das Fehlen eines ausreichenden Schutzes gegen Witterungseinflüsse und Feuchtigkeit (Schimmelbildung, zu einer im Eilverfahren bestätigten wohnungsaufsichtlichen Anordnung zur Sanierung asbestbelasteter Bodenbeläge vgl. OVG NRW, Beschl. v. 22.10.2012 – 14 B 843/12, NVwZ-RR 2013, 199). **Im Einzelfall müssen sich die verschiedenen Behörden hinsichtlich zu ergreifender Maßnahmen untereinander abstimmen.**

4 Mögliche Gefahren bzw. unzumutbare Belästigungen für die baulichen Anlagen bzw. deren Nutzer

10 § 13 BauO NRW verlangt die Vermeidung von Gefahren oder unzumutbaren Belästigungen, die durch Wasser, Feuchtigkeit, pflanzliche und tierische Schädlinge sowie andere chemische, physikalische oder biologische Einflüsse entstehen können. Damit konkretisiert die Vorschrift die allgemeine Anforderung in § 3 Abs. 1, 3 BauO NRW. **Unter Gefahr ist ein Zustand zu verstehen, der nach verständigem Ermessen den Eintritt eines Schadens mit Wahrscheinlichkeit erwarten lässt.** Hierbei ist von objektiven Gegebenheiten und nicht von persönlichen Befindlichkeiten auszugehen. Die Gefahr ist demnach von der bloßen Beeinträchtigung bzw. Belästigung abzugrenzen. **Unter einem Schaden wird in diesem Zusammenhang eine Verschlechterung des bestehenden normalen Zustandes durch von außen kommende regelwidrige Einflüsse verstanden** bzw. ein Schaden ist jede Verletzung von unter die Begriffe öffentliche Sicherheit und Ordnung fallenden Normen, Rechten und Rechtsgütern. Eine konkrete Gefahr liegt dann vor, wenn im Einzelfall der Eintritt des Schadens bereits begonnen hat und von einer fortdauernden Gefährdung auszugehen ist. Eine Störung liegt dann vor, wenn der Schaden bereits eingetreten ist (= realisierte Gefahr). Die Gefahrenlage muss **objektiv** gegeben sein, d.h., die Bauaufsichtsbehörde darf nur dann tätig werden, wenn die Sachlage nach verständigem Ermessen den Anschein einer bauordnungsrechtlichen Gefahr vermittelt. Erforderlich ist nicht, dass eine akute Gefahr vorliegt. Vermutungen reichen **nicht** aus. Besteht über die Gefahrenlage Unklarheit, ist die Bauaufsichtsbehörde nur zu sogenannten **Gefahrenerforschungsmaßnahmen** berechtigt, d. h., die bauaufsichtlichen Maßnahmen dürfen nur vorläufigen Charakter haben.

Zweck der präventiven Gefahrenabwehr durch die Bauaufsichtsbehörde ist, dass sich keine Gefahren in Schäden umsetzen. Nach dem OVG Sachsen-Anhalt, E. v. 08.03.2017 – 2 L 78/16, ist eine konkrete Gefahr dann anzunehmen, wenn ein Schaden bei ungehindertem Ablauf des objektiv zu erwartenden Geschehens im konkret zu beurteilenden Einzelfall in der überschaubaren Zukunft mit hinreichender Wahrscheinlichkeit eintritt. Die verwaltungsgerichtliche Überprüfung stellt auf den jeweiligen Beurteilungszeitraum ab. Wegen der vorauseilenden Prognoseentscheidung durch die Bauaufsichtsbehörde kann auch der Anschein einer tatsächlich nicht gegebenen Gefahr zum Erlass einer Maßnahme zur Gefahrenabwehr führen. Die Bauaufsicht ist aber auch im Einzelfall berechtigt, vorbeugend Maßnahmen zur Verhinderung eines sonst in der Zukunft mit hinreichender Wahrscheinlichkeit eintretenden rechtswidrigen Zustandes zu ergreifen (VGH Hessen. E. v. 25.05.2001 – 4 TG 764/01, BRS 64, Nr. 194 = BauR 4/2002, 611 ff.). Dies gilt besonders mit Blick auf die hier in Rede stehende Vorschrift. 11

§ 13 BauO NRW wendet sich auch gegen unzumutbare Belästigungen resultierend aus schädlichen Einflüssen. **Eine Belästigung ist ein Nachteil, der noch keinen Gefahrentatbestand darstellt. Aus einer (bloßen) Belästigung resultieren geringere Beeinträchtigungen.** Nur wenn die Belästigung unzumutbar wird, erlangt sie bauordnungsrechtliche Relevanz. Dann können die Betroffenen von der Bauaufsichtsbehörde die Beseitigung der Ursache der unzumutbaren Belästigung verlangen, weil es sich um eine Störung der öffentlichen Sicherheit handelt. Verschiedene bauordnungsrechtliche Vorschriften dienen dazu, unzumutbare Belästigungen bereits im Vorfeld durch eine ordnungsgemäße Bauausführung der baulichen Anlage oder Einrichtung zu verhindern. 12

5 Schutz gegen mögliche Schädigungen durch pflanzliche und tierische Schädlinge

Die Norm benennt ausdrücklich Gefahren resultierend aus dem Befall von Bauteilen durch pflanzliche oder tierische Schädlinge. 13

Hausschwamm ist eine Bezeichnung für eine Erkrankung des Holzes (in feuchten Gebäuden). Man unterscheidet den Befall durch den echten Hausschwamm, den Kellerschwamm, den weißen Porenschwamm sowie Weißfäule- und Braunfäulepilze. Ein solcher Befall kann die Tragfähigkeit des Holzes schwächen bzw. zerstörend wirken. Dies kann in der Praxis ein bauaufsichtliches Nutzungs- bzw. Betretungsverbot von Hausschwamm befallenen Räumlichkeiten rechtfertigen (OVG NRW, E. v. 04.04.1995 – 10 B 782/95, vgl. hierzu auch: OVG NRW, Urt. v. 24.01.1983 – 7 A 1742/82). Der Hausschwamm kann aber auch auf Mauerwerk zerstörerisch wirken. 14

Zu den möglichen tierischen Schädlingen gehört z.B. der sogenannte Hausbock. Es handelt sich hierbei um einen Bockkäfer mit kräftigen, langen Fühlern, dessen Larven im Holz leben und darin Gänge bohren. Andere tierische Schädlinge sind z.B. der Nage- oder Pochkäfer – Holzwurm, der Scheibenbock oder die Holzwespe oder Termiten bzw. andere Ameisen. Auch Termiten bevorzugen organisches Material und sind Zellulosefresser. 15

16 Der Gefahr von Schädigungen durch pflanzliche oder tierische Schädlinge soll die Verwendung von Holzschutzmitteln für die **Imprägnierung** konstruktiver Holzteile eines Gebäudes Gefahr vorbeugen. Hierzu wird auf die DIN 68800 Teil 2 – Holzschutz im Hochbau; Vorbeugende bauliche Maßnahmen und die DIN 68800 Teil 3 – Holzschutz im Hochbau; Vorbeugender chemischer Holzschutz verwiesen. Bei Befall bedarf es weiterer Maßnahmen bis hin zum Austausch der betroffenen Bauteile bzw. Abbruch der baulichen Anlage ganz oder teilweise.

17 Die BauO NRW 1995 forderte noch unverzüglich Anzeige, wenn in Gebäuden Bauteile aus Holz oder anderen organischen Stoffen vom Hausbock, vom Echten Hausschwamm oder von Termiten befallen worden waren. § 13 BauO NRW dient erkennbar der Gefahrenabwehr, da der Befall durch die genannten Schädlinge die Standsicherheit eines Gebäudes berühren kann. Nicht jede Beeinträchtigung durch schädliche Einflüsse ist aber bauordnungsrechtlich relevant. Da vor allem für organische Baustoffe pflanzliche bzw. tierische Schädlinge zu einer Gefahr werden können, beinhaltet die Landesbauordnung nach wie vor eine entsprechende materielle Grundforderung zur Vorbeugung, hat allerdings auf eine Meldepflicht verzichtet. Die Möglichkeit des bauaufsichtlichen Einschreitens – etwa auf Hinweis der Nutzer – bleibt natürlich bestehen. Zunächst wird allerdings auf eigenverantwortliches Handeln der Ordnungspflichtigen vertraut. Es besteht selbst für nicht wesentliche Bauteile eine Zustandsverantwortlichkeit i. S. d. § 18 Gesetz über Aufbau und Befugnisse der Ordnungsbehörden – Ordnungsbehördengesetz (OBG). Soweit der Ersatz der befallenen Bauteile die Standsicherheit der baulichen Anlage nicht beeinträchtigt, bedarf es hierzu keiner Baugenehmigung. Im Einzelfall kann auch die Beseitigung der gesamten baulichen Anlage auf der Grundlage des § 82 BauO NRW in Betracht kommen. Hierbei ist aber zu beachten, dass einer vollständigen Beseitigung Vorschriften aus dem Baunebenrecht (z.B. Denkmalrecht) entgegenstehen können (OVG NRW, E. v. 04.04.1995 – 10 B 782/95). Welche Eingriffsmaßnahmen im Einzelfall in Betracht kommen, obliegt der pflichtgemäßen Ermessensbetätigung der Bauaufsichtsbehörde (§ 58 Abs. 2 BauO NRW i.V.m. § 16 OBG).

6 Gefährdung durch Wasser bzw. Feuchtigkeit und andere chemische, physikalische oder biologische Einflüsse

18 Die Dauerhaftigkeit einer baulichen Anlage kann aber auch durch Wasser bzw. Feuchtigkeit und andere chemische und physikalische Einflüsse geschmälert werden. Hierzu äußert sich das VG Cottbus, Beschl. v. 15.03.2018 – 3 L 592/17 – juris wie folgt: »*Ein Gebäude schädigende chemische und physikalische Einwirkungen sind solche, die in sicherheitsrelevanter Weise derartige Reaktionen an baulichen oder anderen Anlagen verursachen können. Diese stehen vornehmlich mit Witterungseinflüssen im Zusammenhang, namentlich Frost, Eis, Besonnung, Temperaturunterschiede, Hochwasser, Sturm, Blitzschlag oder Luftschadstoffe. Insbesondere organische Baustoffe wie Holz sind für Schädigungen durch tierische oder pflanzliche Einwirkungen besonders empfindlich. Die hierdurch bewirkten Schädigungen manifestieren sich als Korrosion, Zersetzung, Erosion, Auswaschung, Aussprengung, Sprödigkeit und ähnliches, die sich maßgeblich auf Standsicherheit und Gebrauchsfähigkeit baulicher Anlagen auswirken*«.

6.1 Schutz gegen Wasser und Feuchtigkeit

§ 13 BauO NRW schreibt allgemeine Anforderungen für bauliche Anlagen und andere bauordnungsrechtlich relevante Einrichtungen vor, u. a. auch mit Blick auf einen ausreichenden Witterungsschutz. Die Norm verlangt einen Schutz gegen schädliche Einflüsse, also vor Bodenfeuchtigkeit, Regen, Hagel oder Schnee. **Der Schutz gegen Niederschlag erfolgt regelmäßig bereits durch Abdeckungen, Abdichtungen und Bedachungen**, z. B. zum Schutz von freiliegenden Bauteilen aus Holz vor Fäulnis. Hier geht es in erster Linie um **Feuchteschutz**. Entsprechende technische Regelwerke (DIN) beinhalten Vorgaben für Bauwerks-, Dachabdichtungen und Abdichtungen von Außenwandfugen (vgl. z. B. ehemals die DIN 181950 – Bauwerksabdichtungen, jetzt DIN 18531, DIN 18532, DIN 18533, DIN 18534 und DIN 18535). **Die Abdichtungen müssen wirksam sein.** Dies gilt auch für den Schutz vor aufsteigendem **Grundwasser** (Bodenfeuchtigkeit). Hier bedarf es entsprechender horizontaler Sperrschichten bzw. der **Abdichtung der Kellergeschosse**. **Beton** und selbst **Stahlbeton** können durch schädliche Einflüsse in ihrer Struktur und damit in ihrer Funktion geschwächt werden. Für Stahlkonstruktionen soll deshalb ein Korrosionsschutz durch Beschichtungen und Überzüge Schädigungen durch Wasser- und Lufteinwirkung vermeiden helfen. Auch den Witterungsschutz im Holzbau normiert eine Reihe von technischen Regelwerken. Bei **Fassaden** ist der Befall durch Algen, Bildungen von Rissen, Abplatzungen von Putz oder Beschichtung, Wasser- und Frostschäden usw. zu beobachten. Ziegelsteine können durch Mausersalze zerstört werden. Diese Schäden sind rechtzeitig fachgerecht zu beheben. Der **Befall durch Schimmelpilze** als Folge von Feuchtigkeit kann durch deren Sporen zu Gesundheitsgefahren für die Nutzer führen. Die Feuchtigkeit kann über undichte Dächer, Risse im Mauerwerk oder aufsteigende Feuchte in den Wänden entstehen, aber auch durch ein ungenügendes Austrocknen nach Errichtung einer baulichen Anlage oder durch Wasserschäden resultierend aus Rohrbrüchen oder undichten Wasserleitungen. Im Einzelfall kann auch zu wenig Lüftung oder unzureichende Wärmedämmung zur Feuchte in Nutzungseinheiten führen.

Allerdings ist nicht jede Beeinträchtigung durch Einflüsse der Witterung bauordnungsrechtlich von Interesse, sondern erst wenn hieraus Gefahren z. B. für die Standsicherheit baulicher Anlagen oder Gesundheitsgefahren für die Nutzer baulicher Anlagen resultieren. Nur dann kann es Raum für bauaufsichtliche Maßnahmen geben. Insoweit sind die Befugnisse der Bauaufsichtsbehörde eingeschränkt.

Risiken aufgrund von Hochwasserereignissen, z. B. beim Bauen in festgesetzten oder faktischen Überschwemmungsgebieten, erwähnt die Vorschrift nicht ausdrücklich (vgl. z. B. § 14 Landesbauordnung Rheinland-Pfalz – LBauO) und überlässt die Prävention offensichtlich dem **Wasserrecht** (Wasserhaushaltsgesetz – WHG und Landeswassergesetz – LWG) bzw. den für den Vollzug der wasserrechtlichen Vorgaben zuständigen Behörden. Nach Wasserschäden aufgrund eines Hochwasserereignisses bedarf es einer sorgfältigen Bewertung der Feuchtprobleme durch Wassereinwirkung an den einzelnen Bauteilen und einer raschen Schadensbeseitigung. Hier wäre dann bei möglichen Gefahren wieder die Bauaufsichtsbehörde zuständig.

6.2 Schutz gegen chemische Einflüsse

22 Negative chemische Einflüsse können sich z.B. aus der **Verwendung giftiger bzw. belasteter Baustoffe** ergeben, z.B. **Asbest**.

23 Asbest ist eine Sammelbezeichnung für eine Reihe natürlicher Minerale, die aufgrund ihrer leichten Spaltbarkeit dünne – teilweise nur mikroskopisch erkennbare – Fasern bilden. Diese können bei Staubentstehung eingeatmet werden und zur Krebsentstehung führen. Besonders gefährlich ist der sogenannte Weißasbest. Dieser machte laut dem bayerischen Landesamt für Umweltschutz bis zu 90 % des Verbrauchs aus. Beim Spritz- bzw. Weichasbest ist der Asbest aufgrund der geringen Bindemittelanteile nicht ausreichend gebunden und es kann bereits durch äußerliche z.B. witterungsbedingte Einwirkungen oder Alterung der Baumaterialien zur Freigabe von Fasern kommen. Spritz- bzw. Weichasbest kam z.B. als Fußbodenbelag zur Anwendung. Es gibt auch zahlreiche Bauteile, die schwach gebundene Asbestfasern beinhalten können, z.B. Träger, Stützen und Streben aus Stahl und Beton, Fassadenelemente, Zwischenböden, abgehängte Decken, Verschalungen, Füllmaterial von Brandschutztüren, Brandabschottungen, Dichtungsmaterial von Türen, Klappen, in Dehnfugen usw.. Asbest kann als Spritzbelag, Gewebe, Gipse, Putz, Leichtbauplatten, Wand- und Bodenbeläge vorkommen. Stark gebundene Asbestfasern finden sich in Asbestzement (als Dach- und Fassadenplatten, Innenseite von Dachkonstruktionen, Rohre, Kabelkanäle, Verkleidung von Brandschutztüren, Blumenkisten, Wannen, Tröge usw.).

24 Noch bis in die 80er Jahre wurde Asbest als Baumaterial verwendet, obwohl dessen krebserzeugende Wirkung bereits bekannt war. Die Verwendung von Asbest wurde seither gesetzlich drastisch eingeschränkt (verschiedene Verbote 1979, 1981, 1984, 1993–95). Bereits eingebaute asbesthaltige Baustoffe wurden und werden aber nur bei akuter Gefährdung entfernt. Der Umgang mit diesen gesundheitsgefährlichen Baustoffen bedarf – z.B. bei Renovierungsarbeiten – besonderer Sorgfalt.

25 Bei der Asbestsanierung haben die am Bau Beteiligten u. a. die Asbest-Richtlinie (1996 -01) zu beachten. Diese Richtlinie aus 1996 gilt für die Bewertung und Sanierung schwach gebundener Asbestprodukte in Gebäuden. Hieraus ergibt sich die Verpflichtung des Eigentümers des Gebäudes, die Dringlichkeit einer Sanierung von einer fachkundigen Stelle bewerten zu lassen. Als Ergebnis kann eine Sanierung unverzüglich, mittel- oder langfristig erforderlich sein. Kommt der Zustandsstörer dieser Verpflichtung nicht nach, kann die Bauaufsichtsbehörde zur Gefahrenabwehr tätig werden (OVG Hamburg, Beschl. v. 15.11.1993 – BS 105/92, BRS 55, Nr. 195).

26 Darüber hinaus sind Vorschriften aus dem Arbeitsschutz-, Immissionsschutz- und Abfallrecht zu beachten. Geht es um die Entsorgung asbesthaltiger Schadstoffe – z.B. nach Sanierung eines alten Gebäudes – muss die TA Siedlungsabfall zu Rate gezogen werden. Nach der Abfallverzeichnis-Verordnung sind asbesthaltige Abfallstoffe als gefährlicher Abfall eingestuft.

27 Es muss ein **Begleitscheinverfahren** durchgeführt werden.

Die Verordnung nennt folgende Abfallgruppen mit Bezug zum Asbest: 28

06 07 01 Asbesthaltige Abfälle aus der Elektrolyse 29
06 13 04 Abfälle aus der Asbestverarbeitung
10 13 09 Asbesthaltige Abfälle aus der Herstellung von Asbestzement
16 01 11 Asbesthaltige Bremsbeläge
16 02 12 Gebrauchte Geräte, die freies Asbest enthalten
17 06 01 Dämmmaterial, das Asbest enthält
17 06 05 Asbesthaltige Baustoffe

Außerdem stellen **asbesthaltige Bauteile in Elektro-Speichergeräten** im Luftstrom des 30
Ventilators eine Gefahr dar. Aus der jeweiligen Unterhaltungspflicht folgt die Verpflichtung zu entsprechenden Maßnahmen zum Gesundheitsschutz (OVG Hamburg, Beschl. v. 15.01.1993 – Bs II 105/92, BRS 55, Nr. 195, zu Gefahren durch Asbest in Nachtstromspeicheröfen siehe auch: OVG Hamburg, Beschl. v. 21.08.1991 – Bs II 67/91, BRS 52, Nr. 227 = NJW 1992, S. 524 = DVBl 1992, S. 41). **Es bedarf hierfür regelmäßig eines Sachverständigengutachtens** (OVG Hamburg, Urt. v. 02.06.1994 – Bf II 40/92, UPR 1995, 318). Das OVG NRW, Beschl. v. 21.01.2002 – 21 A 5820/00 (UPR 2003, 195), hat einen Gefahrenerforschungseingriff zur Überprüfung einer möglichen Asbestbelastung nach Demontage von Wärmespeicheröfen in einem Gebäude mit mehreren Wohnungen für zulässig erachtet. Die Kosten musste der Eigentümer des Gebäudes zahlen. Eine erforderliche Sanierung unter Austausch wesentlicher Bauteile kann dann aber im Einzelfall zum **Untergang des Bestandsschutzes** führen (OVG Bln-Bbg, Beschl. v. 20.10.2006 – 2 N 205.05, BRS 70, Nr. 109, hier Wochenendhaus im planungsrechtlichen Außenbereich).

Zu vermeiden ist auch die wechselseitige Beeinflussung untereinander unverträg- 31
licher Baustoffe, z.B. die gleichzeitige Verwendung von Kupfer und Stahl, Zink und Eisen, Aluminium und Beton oder Aluminium und Zement (Kontaktkorrosion). In einem solchen Fall können an sich rostbeständige Metalle auch durchrosten. Die Kontaktkorrosion wird ausgelöst durch die räumliche Nähe zweier Metalle mit Potenzialdifferenz, durch das Vorhandensein eines elektrolytischen Leiters (Feuchtigkeit) und durch das Fehlen korrosionshemmender Deckschichten. Zur Prävention dienen Zwischenschichten. Besonders problematisch ist dieses Phänomen bei Schrauben und Muttern aus jeweils unterschiedlichen Materialien.

6.3 Schutz gegen physikalische und biologische Einflüsse

In diesem Zusammenhang sind **Mobilfunkantennen** anzusprechen. Deren Errichtung 32
wird seit langer Zeit von Diskussionen über mögliche biologische bzw. gesundheitliche Wirkungen hochfrequenter elektromagnetischer Felder begleitet. Für die Bewertung der gesundheitlichen Unbedenklichkeit der elektromagnetischen Funkwellen wurde aber die 26. Verordnung zur Durchführung des Bundes-Immissionsschutzgesetzes – Verordnung über elektromagnetische Felder – als Grundlage von der verwaltungsgerichtlichen Rechtsprechung weitgehend anerkannt. Werden die Grenzwerte bzw. Sicherheitsabstände eingehalten, beurteilt die Verwaltungsgerichtsbarkeit die im Zusammenhang mit Mobilfunkanlagen stehenden Immissionen regelmäßig als zumutbar

(vgl. hierzu z.B. OVG Sachsen, E. v. 17.12.1997 – 1 S 746/96, BRS 59, Nr. 118 = BauR 1998, 1226, BRS 59, Nr. 118; VGH Hessen, Beschl. v. 29.07.1999 – 4 TG 2118/99, DÖV 2000, 335 = BRS 62, Nr. 83; VGH Bayern, Urt. v. 13.11.2000 – 1 K 96.1078, BRS 63, Nr. 192; OVG Niedersachsen, Beschl. v. 19.01.2001 – 1 O 2761/00, BRS 64, Nr. 136). Laut dem VG Münster, E. v. 01.09.2004 – 2 L 1149/04, kommt der Bauaufsichtsbehörde keine Kompetenz zur Überprüfung der Standortbescheinigung zu (siehe hierzu: §§ 4, 5 VO über das Nachweisverfahren zur Begrenzung elektromagnetischer Felder – BEMFV). Die Standortbescheinigung ist nicht als Teil des Regelungsgehaltes der Baugenehmigung, sondern »nur« für die vollständige Inbetriebnahme der Mobilfunkstation erforderlich (VG Münster, E. v. 10.01.2008 – 2 K 1324/07). Für die Anwendung des § 13 BauO NRW ist insoweit kein Raum.

7 Geeignetheit von Baugrundstücken

7.1 Begriff des Baugrundstücks

33 Laut § 13 S. 2 BauO NRW müssen Baugrundstücke für bauliche Anlagen geeignet sein. Die Landesbauordnung benutzt die Begriffe des Grundstücks und des Baugrundstücks, definiert diese aber nicht, sondern setzt sie voraus (vgl. hierzu: BVerwG, Urt. v. 26.06.1970 – IV C 73.68, BRS 23, Nr. 45; VGH Bayern, Urt. v. 20.08.1984 – 2 B 83 A.1265, BRS 42, Nr. 165; BVerwG, Urt. v. 14.02.1991 – 4 C 51.87, BRS 52, Nr. 161 = BauR 1991, S. 582; OVG Thüringen, Beschl. v. 15.05.1996 – 1 EO 423/95, BRS 58, Nr. 102). Das Flurstück ist die Buchungseinheit des Liegenschaftskatasters. Es stellt einen räumlich abgegrenzten und im Zusammenhang liegenden Teil der Erdoberfläche dar und wird in der Flurkarte mit einer eigenen Nummer bezeichnet (BGH, Beschl. v. 19.12.1967 – V BLw 24/67, NJW 1968, 791 und BVerwG, Urt. v. 16.04.1971 – IV C 82.69, BRS 37, Nr. 178). Mehrere Flurstücke desselben Eigentümers können unter einer Grundbuchblattnummer geführt werden. Es handelt sich dann um ein Grundstück i.S.d. Grundbuchs. Im Steuerrecht geht es um die wirtschaftliche Einheit des Grundvermögens. Das Grundstück ist im Bauplanungsrecht Anknüpfungspunkt für verschiedene Einzelvorschriften. Der bauplanungsrechtliche Grundstücksbegriff ist eigenständig und kann auch nicht durch eine Baulast verändert werden (BVerwG, Urt. v. 14.02.1991 – 4 C 51.87, BRS 52, Nr. 161 = BauR 1991, S. 582, vgl. hierzu auch: BVerwG, Beschl. v. 30.11.2000 – 4 BN 57/00, BRS 63, Nr. 94 und VGH Hessen, Beschl. v. 04.01.2007 – 4 TG 2717/06, BRS 71, Nr. 135).

34 Vom Buchgrundstück abzugrenzen ist das **Baugrundstück**. Das Baugrundstück ist ein **Grundstück auf dem eine bauplanungs- bzw. bauordnungsrechtlich relevante bauliche Maßnahme durchgeführt werden soll oder wird**. Oder anders: ein Baugrundstück ist **ein Grundstück, welches bebaut bzw. bebaubar ist bzw. bebaut werden soll**. Ein grundbuchmäßiges Grundstück kann also mehrere Baugrundstücke umfassen. Es kann auch aus mehreren Flurstücken bestehen. Entscheidend ist die Einheitlichkeit der Nutzung. Letztlich gibt es aber keinen einheitlichen Begriff des Baugrundstückes, in einigen Landesbauordnungen findet sich jedoch eine entsprechende Definition, z.B. in § 2 Abs. 12 der Niedersächsischen Bauordnung (NBauO). Demnach ist *»ein Baugrundstück das Grundstück im Sinne des Bürgerlichen Rechts, auf dem eine Baumaßnahme durchgeführt wird oder auf dem sich eine bauliche Anlage befindet. Das*

Baugrundstück kann auch aus mehreren aneinander grenzenden Grundstücken bestehen, wenn und solange durch Baulast gesichert ist, dass alle baulichen Anlagen auf den Grundstücken das öffentliche Baurecht so einhalten, als wären die Grundstücke ein Grundstück« (vgl. auch: OVG Sachsen-Anhalt, Urt. v. 26.09.2013 – 2 L 202/11, Gebührenrecht!). Im Übrigen definiert § 5 Immobilienwertermittlungsverordnung – ImmoWertV **baureifes Land** als Flächen, die nach öffentlich-rechtlichen Vorschriften und den tatsächlichen Gegebenheiten baulich nutzbar sind.

7.2 Grundforderung

§ 13 BauO NRW stellt grundsätzliche Anforderungen an bauliche Anlagen und Baugrundstücke. Baugrundstücke müssen demnach für bauliche Anlagen geeignet sein. **Aus dieser der Gefahrenabwehr dienenden – aber allgemein gehaltenen – Norm folgt auch, dass Baugrundstücke frei von Altlasten und Kampfmittel, sein müssen** (vgl. zum übertragbaren Begriff: schädliche Umwelteinwirkungen: BVerwG, Urt. v. 25.02.1977 – IV C 22.75, BRS 32, Nr. 155 = BauR 1977, 244 ff.). 35

7.3 Belastung von Baugrundstücken durch Altlasten

Ehemals war die Altlastenthematik in den §§ 24 ff. Landesabfallgesetz (LAbfG) geregelt. Nunmehr sind die §§ 5 ff. Landesbodenschutzgesetz (LBodSchG) einschlägig (vgl. auch Altlastenerlass vom 14.03.2005, MBl. NRW S. 582 ff.). Auf Bundesebene sind das Bundes-Bodenschutzgesetz (BBodSchG) und die Bundes-Bodenschutz- und Altlastenverordnung (BBodSchV) zu beachten. 36

Nach alter Definition waren unter Altlasten Altablagerungen und Altstandorte zu verstehen, von denen aufgrund durchgeführter Überprüfungen Gefahren für die öffentliche Sicherheit und Ordnung ausgehen. Nach **Ziffer 1. 4 des Altlastenerlasses** vom 14.03.2005 sind Altlasten 1. stillgelegte Abfallbeseitigungsanlagen sowie sonstige Grundstücke, auf denen Abfälle behandelt, gelagert oder abgelagert worden sind (Altablagerungen) und 2. Grundstücke stillgelegter Anlagen und sonstige Grundstücke, auf denen mit umweltgefährdeten Stoffen umgegangen worden ist, ausgenommen Anlagen, deren Stilllegung einer Genehmigung nach dem Atomgesetz bedarf (Altstandorte) oder durch die schädliche Bodenveränderungen oder sonstige Gefahren für den einzelnen oder die Allgemeinheit hervorgerufen werden (§ 5 BBodSchG). Zumeist handelt es sich um Boden- und Grundwasserverunreinigungen. 37

Vorhandene Altlasten können dazu führen, dass ein Grundstück für eine Bebauung ungeeignet ist. Bei der Prüfung kann auf das Altlastenkataster zurückgegriffen werden. Dies kann sogar zur Ablehnung eines Bauantrages führen bzw. zur Erteilung der Bauerlaubnis verbunden mit der Auflage, dass vorab (vor Baubeginn) das Baugrundstück saniert wird. Sanierungspflichten können auch durch eine Baulast abgesichert werden. **Im konkreten Einzelfall muss der Bauherr im Baugenehmigungsverfahren gutachterlich (Bodengutachten) nachweisen, dass das Grundstück nach Sanierung für eine Bebauung geeignet ist.** Auch im einfachen Baugenehmigungsverfahren (§ 64 BauO NRW) kann die Bauaufsichtsbehörde eine Baugenehmigung aus diesem Grunde verweigern. Hierzu würde es aber konkreter Anhaltspunkte bedürfen. Im Rahmen 38

§ 13 Schutz gegen schädliche Einflüsse

der Genehmigungsfreistellung (§ 63 BauO NRW) kann die Gemeinde die Durchführung eines einfachen Baugenehmigungsverfahrens verlangen oder die Bauaufsichtsbehörde aus Gründen der Gefahrenabwehr (§ 58 Abs. 2 BauO NRW) aktiv werden. Wird ein Altlastenverdacht erst nach Erteilung der Baugenehmigung bekannt, kann eine Stilllegung (§ 81 BauO NRW) der Baustelle und/oder eine Aufhebung der Baugenehmigung (§ 48 VwVfG) in Frage kommen.

39 **Altlasten sind auch bei der Bauleitplanung zu berücksichtigen, ggf. sind unverträgliche Nutzungen auszuweisen.** Die Gemeinde hat im Zuge der Bauleitplanung eine Nachforschungspflicht bei Zusammenstellung des Abwägungsmaterials (§ 2 Abs. 3 BauGB) und gegenüber den betroffenen Eigentümern bzw. Bauherren eine entsprechende Informationspflicht. Als Informationsquellen kommen für die Gemeinde verschiedene Möglichkeiten in Frage, z.B. **Altlastenkataster**, Kenntnisse über die frühere Nutzung der Flächen, Karten, Luftbilder, Schriftgut in öffentlichen Archiven, Hinweise und Anregungen aus der Bevölkerung oder von Trägern öffentlicher Belange. Auf Landesebene wird ein **Bodeninformationssystem** (§ 6 LBodSchG) eingerichtet. In den Bauleitplänen sind entsprechende Flächen zu kennzeichnen (§ 5 Abs. 3 Nr. 1 BauGB, § 9 Abs. 5 Nr. 3 BauGB). Bei sogenannten Verdachtsflächen muss in Vorbereitung einer Überplanung das Gelände sorgfältig untersucht werden.

40 **Zur Aufgabe der Bauleitplanung mit Blick auf die Beschaffenheit von Grund und Boden gehört die Vermeidung von Gefahren durch Altlasten** (vgl. OVG Rh-Pf, Urt. v. 13.06.1984 – 10 C 4/83, BRS 42, Nr. 4, vgl. hierzu auch: Bodenbelastung – Konfliktbewältigung bei der Bauleitplanung von Arnulf v. Heyl, erschienen in BauR 03/2003, 333 ff.). Besteht ein Konflikt zwischen eine bauplanerischen Ausweisung und einer vorhandenen Altlast kann der Bebauungsplan im Einzelfall nicht anwendbar sein. Dies muss die Bauaufsichtsbehörde unter Umständen selbst prüfen. Im planerischen Außenbereich (§ 35 BauGB) können bei Altlasten öffentliche Belange berührt sein. Ein Vorhaben darf sich schädlichen Umwelteinwirkungen nicht aussetzen (§ 35 Abs. 3 Nr. 3 BauGB).

41 Allerdings muss laut dem VG Düsseldorf, Beschl. v. 06.07.2012 – 4 L 989/12 eine Baugenehmigung für ein Vorhaben im einfachen Verfahren nicht (zwangsläufig) zurück genommen werden, wenn die Genehmigungsbehörde erfährt, dass es sich um ein sanierungsbedürftiges Altlastengrundstück handelt. Das Prüfprogramm ist hier beschränkt. Dies schließt aber nicht ein bauaufsichtliches Einschreiten wegen einer konkreten Gefahr (im Rahmen der Bauausführung oder Nutzung der baulichen Anlage) aus. Zu einer Nebenbestimmung zur Baugenehmigung hinsichtlich der Entsorgung von belastetem Erdreich vgl. OVG NRW, E. v. 14.11.1996 – 7 A 2946/93.

42 Zur **Haftung soll im Zusammenhang mit Altlasten** lediglich auf die nachfolgenden Entscheidungen hingewiesen werden (vgl. hierzu auch: Begrenzung der Sanierungsverantwortung für Altlasten von Spieth/von Oppen, ZUR 2002, Bd. 4, 257 ff.):
– Zur Verantwortlichkeit des Geschäftsführers einer GmbH für die von der entsprechenden Firma verursachten Bodenverunreinigungen vgl. VG Düsseldorf,

E. v. 15.12.1999 – 17 K 3537/08. Hier bejaht, ohne ihm konkrete Maßnahmen nachweisen zu müssen.
– Zur Reichweite der Haftung des Zustandsstandstörers bei Altlasten vgl. BVerfG, Beschl. v. 06.02.2000 – 1 BvR 242/91 (DÖV 2000, 867).
– Zur Sanierung durch Altlasten kontaminierter Kinderspielplätze vgl. OVG Niedersachsen, E. v. 15.12.2004 – 7 LB 247/02 bzw. 7 LB 248/02. Hier Aufhebung der Bescheide, mit der juristische Personen des Privatrechts zur Sanierung aufgefordert wurden. Hier finden sich auch Ausführungen zur Rechtsnachfolge in die Ordnungspflicht und zur Mitschuld der Gemeinde an der Überplanung (im Einzelfall verneint).
– Zur Haftung des gerichtlichen Sachverständigen wegen Nichtbeachtung eines Altlastenverdachtes (hier benachbarte Chemiefirma) im Zusammenhang mit einem Verkehrswertgutachten, vgl. OLG Celle, Urt. v. 31.07.2013 – 4 U 15/13, BauR 2014, 731.

7.4 Belastung von Baugrundstücken durch Kampfmittel

Aus dem sehr allgemein gehaltenen § 13 S. 2 BauO NRW folgt auch, dass Baugrundstücke frei von Kampfmitteln sein müssen. Diese Forderung ist insbesondere in alten bebauten Bereichen von Interesse, die im 2. Weltkrieg Bombenabwurfgebiete waren. Ziel ist Gefahrenfreiheit bei baulicher Nutzung. Vor Errichtung baulicher Anlagen muss folglich die Kampfmittelfreiheit des Baugrundstückes bestätigt werden. Der Bauherr muss deshalb vorab bei der zuständigen Stelle einen Antrag zur Überprüfung auf Bombenblindgänger-/ Kampfmittelverdacht stellen. Regelmäßig geht ein analoger Antrag an die für Bodenschutz zuständige Stelle zur Überprüfung auf Altlasten/Kontaminationsverdacht. Die Durchführung der Kampfmittelbeseitigung wird regelmäßig von Landesbehörden wahrgenommen (z.B. von den Bezirksregierungen = Mittelbehörden). Näheres folgt aus der KampfmittelVO vom 12.11.2003 (GV. NRW, S. 685) und der Richtlinie für die Zusammenarbeit zwischen den Bauaufsichtsbehörden und dem staatlichen Kampfmittelbeseitigungsdient (RdErl. vom 08.05.2006, MBl. NRW, S. 288). 43

Der Kampfmittelräumdienst wird im Rahmen der Amtshilfe zur fachlichen und personellen Unterstützung der zuständigen Gefahrenabwehrbehörden in den Städten und Gemeinden tätig. Auch lange nach Kriegsende werden noch sehr große Mengen an Munition aus den beiden Weltkriegen aufgefunden, die es zu beseitigen gilt. Allein in NRW sind in 2002 insgesamt vier Prozent mehr Munition gefunden und beseitigt worden als 2001. So haben im Jahr 2002 der Kampfmittelräumdienst und private Firmen 1.176 Bomben mit großer Sprengkraft in NRW entschärft und entfernt. Zusätzlich wurden zehntausende Granaten und Handgranaten sowie 150 Minen geräumt. 44

Für große Sonderbauten (§ 50 Abs. 2 BauO NRW), mit denen nicht unerhebliche Erdeingriffe in Kampfmittelverdachtsflächen einhergehen, ist eine Nebenbestimmung in der jeweiligen Baugenehmigung auf der Grundlage des § 74 Abs. 1, 3 i. V. m. § 65 BauO NRW erforderlich, wonach der Baubeginn erst nach Ausräumen des 45

§ 14 Brandschutz

Kampfmittelverdachts zulässig ist. Damit ist die Baufreigabe nur bedingt genehmigt. Im einfachen Genehmigungsverfahren (§ 64 BauO NRW) wird diese Frage nicht geprüft. Die beteiligte Gemeinde kann aber ordnungsrechtlich tätig werden, um den Kampfmittelverdacht auszuräumen. Der Bauschein könnte in begründeten (!) Fällen um eine entsprechende selbständige Anordnung ergänzt werden.

46 Das VG Oldenburg (Urt. v. 20.09.2007 – 2 A 16/05 – juris) hat im Übrigen eine Erstattungspflicht der für die Gefahrenabwehr zuständigen Behörde für Kosten zur Untersuchung einer Liegenschaft nach Kampfmitteln abgelehnt, auch wenn im Ergebnis keine Kampfmittel gefunden werden konnten. Die Sondierung erfolgte im Zuge einer bauordnungsrechtlich relevanten Maßnahme, aber ohne eine entsprechende Verfügung der Behörde. Der Orientierungssatz dazu lautet: »*Bezieht sich ein Gefahrenverdacht darauf, dass möglicherweise Kampfmittel aus dem Zweiten Weltkrieg im Erdreich vorhanden sind, und ist nicht ersichtlich, dass losgelöst von konkreten Baumaßnahmen Anlass für die durchgeführten Gefahrerforschungsmaßnahmen besteht, ist es Sache des Bauherrn, dem Verdacht für die öffentliche Sicherheit nachzugehen, die sich aus der Baumaßnahme im Hinblick auf eine besondere Beschaffenheit oder Zusammensetzung des Erdreichs des Baugrundstückes ergeben*«.

§ 14 Brandschutz

Anlagen sind so anzuordnen, zu errichten, zu ändern und instand zu halten, dass der Entstehung eines Brandes und der Ausbreitung von Feuer und Rauch (Brandausbreitung) vorgebeugt wird und bei einem Brand die Rettung von Menschen und Tieren sowie wirksame Löscharbeiten möglich sind. Zur Brandbekämpfung muss eine ausreichende Wassermenge zur Verfügung stehen.

Übersicht			Rdn.
0	Änderungen gegenüber der BauO NRW 2000		01
1	Allgemeines		1
2	Schutzzielbestimmung für den bauordnungsrechtlichen Brandschutz		4
2.1	Inhalt des Begriffes »Brandschutz«		5
2.2	Ziele des vorbeugenden Brandschutzes		8
	2.2.1	Entstehung eines Brandes	12
	2.2.2	Ausbreitung von Feuer und Rauch	13
	2.2.3	Rettung von Mensch und Tier	14
	2.2.4	Wirksame Löscharbeiten	15
2.3	Schutzgüter		16
2.4	Praktische Bedeutung des § 14 für die Rechtsanwendung		21
	2.4.1	Stellung der Regelung im System der BauO NRW	21
	2.4.2	Die Anwendung von § 14 unter Berücksichtigung der jüngeren Rechtsprechung	30
2.5	Die konkrete Gefahr im Brandschutzrecht		42
3	Löschwasserversorgung		49

§ 14 Brandschutz

0 Änderungen gegenüber der BauO NRW 2000

Die **Gesetzesbegründung** für die Neufassung des § 14 beschreibt die Änderungen gegenüber dem bisherigen § 17 BauO NRW 2000:

»§ 14 Abs. 1 wird an die Formulierung in der MBO angepasst. § 14 enthält nun nur noch eine allgemeine Vorschrift zum Brandschutz. Anstelle der Worte »so beschaffen sein« (§ 17 Abs. 1 BauO 2000) werden die Begriffe aus § 3 Abs. 1 (**anordnen, errichten, ändern, instandhalten**) verwendet; als Kurzbezeichnung für die Ausbreitung von Feuer und Rauch wird der Begriff »Brandausbreitung« legal definiert, der im Folgenden in diesem Sinne benutzt wird. Im Übrigen bleibt die **Schutzzielformulierung** unverändert. Sie enthält unverändert auch die Forderung der Rettungsmöglichkeit von Tieren, unbeschadet des Verzichts auf die bisher in § 52 Abs. 2 BauO 2000 enthaltene Vorschrift über Stalltüren, die auch der Tierrettung im Brandfall diente.

»**Wirksame Löscharbeiten**« in § 14 Satz 1 (unverändert zu § 17 Abs. 1 Satz 1 BauO 2000) setzen voraus, dass zur Brandbekämpfung eine **ausreichende Wassermenge** zur Verfügung stehen muss. § 14 Satz 2 dient daher lediglich zur Klarstellung und somit zur Konkretisierung der Begrifflichkeit »wirksame Löscharbeiten«.

Die Inhalte der weiteren Absätze des § 17 BauO 2000 leiten nunmehr jeweils die einschlägigen Abschnitte mit Einzelvorschriften zum Brandschutz ein (§ 26 »Allgemeine Anforderungen an das Brandverhalten von Baustoffen und Bauteilen«, den Vierten Abschnitt »Brandverhalten von Baustoffen und Bauteilen; Wände, Decken, Dächer«; § 33 »Erster und Zweiter Rettungsweg«, den Fünfen Abschnitt »Rettungswege, Öffnungen, Umwehrungen«). Die Regelung zum Blitzschutz gemäß § 17 Abs. 4 BauO 2000 ist nun in § 45 BauO NRW im Sechsten Abschnitt »Technische Gebäudeausrüstung« enthalten.«

1 Allgemeines

Der Zweite Abschnitt des Dritten Teils (§§ 11 bis 16 BauO NRW) enthält allgemeine Anforderungen an die Bauausführung. In diesem Rahmen benennt § 14 BauO NRW die Ziele und Zwecke der brandschutzrechtlichen Einzelanforderungen des Bauordnungsrechtes NRW. Gegenüber der Vorgängerregelung werden die konkreten Anforderungen des vormaligen § 17 Abs. 2 bis 4 BauO NRW 2000 an Baustoffe, Rettungswege und Blitzschutzanlagen nunmehr in §§ 26, 33 und 45 BauO NRW geregelt.

2.1 VV TB NRW fasst den Zweck und die Systematik der bauordnungsrechtlichen Regelungen zum Brandschutz unter der Überschrift »Allgemeine Anforderungen an bauliche Anlagen aus Gründen des Brandschutzes« wie folgt zusammen:

»Bauliche Anlagen sind gemäß § 3 i. V. m. § 14 BauO NRW so anzuordnen, zu errichten, zu ändern und instand zu halten, dass
— der Entstehung eines Brandes vorgebeugt wird
— der Ausbreitung von Feuer und Rauch (Brandausbreitung) vorgebeugt wird

§ 14 Brandschutz

– bei einem Brand die Rettung von Menschen und Tieren möglich sind
– wirksame Löscharbeiten möglich sind.

Konkretisiert werden die **schutzzielbezogenen Brandschutzanforderungen** für bauliche Anlagen, die gemäß § 50 BauO NRW 2018 keine Sonderbauten sind (sog. **Standardgebäude**), mit den Festlegungen der §§ 5, 26 bis 36, 39 bis 42, 45 und 46 BauO NRW 2018 und den technischen Anforderungen der nachfolgenden Abschnitte. Bei **Sonderbauten** gemäß § 50 BauO NRW 2018 sind zusätzlich die technischen Anforderungen nach Abschnitt A 2.1.20 zu beachten. Abschnitt A 2.2, Tabelle A 2.2.1 führt die Technischen Baubestimmungen zum Brandschutz auf. Abschnitt A 2.2, Tabelle A 2.2.2 enthält Hinweise auf erlassene Rechtsverordnungen und Verwaltungsvorschriften für Sonderbauten und Garagen, für die § 88 Abs. 1 Satz 3 BauO NRW 2018 nicht gilt.

Für **Bauprodukte** nach derzeit vorhandenen europäisch harmonisierten Spezifikationen, deren Verwendung Einfluss bei der Erfüllung von Brandschutzanforderungen an bauliche Anlagen hat, sind für die bauordnungsrechtlichen Anforderungen und auf der Grundlage der Konkretisierungen zum Brandschutz (A 2.1.1 ff.) die notwendigen Zuordnungen von Angaben zu Leistungen sowie zugehörige Verwendbarkeits- und Ausführungsbestimmungen ausschließlich in der Technischen Regel A 2.2.1.2 enthalten.«

2 Schutzzielbestimmung für den bauordnungsrechtlichen Brandschutz

4 Es ist seit jeher einer der **Hauptzwecke des Bauordnungsrechtes** gewesen, das Entstehen und die Ausbreitung von Schadensfeuer zu verhindern, eine wirkungsvolle Brandbekämpfung sicherzustellen und Vorsorge für die Rettung von Menschen und Tieren zu treffen (Große-Suchsdorf, § 14 Rn. 1). Diese wesentlichen Aspekte des Brandschutzes sind nunmehr in § 14 Satz 1 BauO NRW enthalten.

2.1 Inhalt des Begriffes »Brandschutz«

5 Der Begriff »Brandschutz« wird gesetzlich weder in der BauO NRW noch in einer der anderen Landesbauordnungen definiert. Auch außerhalb des Bauordnungsrechtes findet sich **keine gesetzliche Definition**. Nach der Vorauflage dieses Werkes (§ 17 Rn. 4) fasst der Begriff alle vorbeugenden und abwehrenden Maßnahmen zusammen, die Menschen, Tiere und Sachen vor den Auswirkungen eines Brandes schützen sollen. In Betracht kommen dabei bauliche, technische und organisatorische Maßnahmen.

6 Herkömmlich wird unterschieden zwischen vorbeugendem und abwehrendem Brandschutz. Der **vorbeugende Brandschutz** wird dabei regelmäßig baulichen und anlagentechnischen Maßnahmen und damit dem Verantwortungsbereich des Bauherrn zugeordnet. Der **abwehrende Brandschutz** hingegen wird überwiegend als Aufgabe der Feuerwehr angesehen. § 14 BauO NRW dient danach als **Grundnorm des vorbeugenden Brandschutzes**, während der abwehrende Brandschutz – die Brandbekämpfung – der Feuerwehr zuzuordnen ist (vgl. OVG Münster, Urt. v. 21.09.2012 – 2 A 182/11, juris, Rn. 63). In diesem Sinne setzen die bauordnungsrechtlichen Vorschriften zum vorbeugenden Brandschutz die Existenz einer leistungsstarken Feuerwehr voraus.

Brandschutztechnische Anforderungen ergeben sich zudem aus Regelungen außerhalb des Bauordnungsrechts. Zu nennen sind neben den Vorschriften des **Gesetzes über den Brandschutz, die Hilfeleistung und den Katastrophenschutz vom 17.12.2015 (BHKG NRW)** das Arbeitsschutzrecht, das Recht der Unfallversicherung und Anforderungen der Sachversicherer. Je nach Regelungszweck, Schutzgütern und konkreten Anforderungen in den normativen Vorgaben des jeweiligen Rechtsgebietes können sich im Einzelfall **schwierige Abgrenzungsfragen** zu den bauordnungsrechtlichen Anforderungen ergeben (vgl. für das Arbeitsschutzrecht zuletzt OVG Münster, Beschl. v. 17.01.2018 – 8 A 1648/16, juris). 7

2.2 Ziele des vorbeugenden Brandschutzes

Gemäß § 14 Satz 1 BauO NRW sind Anlagen so anzuordnen, zu errichten, zu ändern und instand zu halten, dass 8
– der **Entstehung** eines Brandes und
– der **Ausbreitung** von Feuer und Rauch **vorgebeugt** wird und
– bei einem Brand die **Rettung** von Menschen und Tieren sowie
– wirksame Löscharbeiten möglich sind.

Bereits der Wortlaut der Vorschrift (»vorgebeugt wird«; »möglich sind«) vermittelt, dass die Ziele des § 14 Satz 1 BauO NRW **keine absolute Geltung** in dem Sinne beanspruchen können, dass die Entstehung eines Brandes und die Brandausbreitung verhindert sowie die Rettung von Mensch und Tier und Löscharbeiten garantiert werden müssen. Damit trägt die Vorschrift dem Umstand Rechnung, dass rein praktisch weder die Entstehung eines Brandes oder die Brandausbreitung noch Personenschäden oder im Einzelfall die Erfolglosigkeit von Löscharbeiten jemals ganz verhindert werden können. 9

Es muss danach im Einzelfall festgestellt werden, welche Brandschutzanforderungen aufgrund der baulichen Gegebenheiten und der Art der Nutzung der Anlage erfüllt werden müssen, so dass die Schutzziele des Brandschutzes erreicht werden. Die **Mittel zur Zielerreichung** werden dabei anders als in der Vorgängerregelung des § 17 BauO NRW 2000 nicht mehr genannt. Eine sachliche Änderung ist hiermit nicht verbunden. Ohnehin war die Aufzählung des § 17 Abs. 1 BauO NRW 2000 nicht abschließend (»unter Berücksichtigung insbesondere«). Zudem werden die im bisherigen § 17 Abs. 1 BauO NRW 2000 ausdrücklich benannten Mittel für die Zielerreichung (Brennbarkeit der Baustoffe, Feuerwiderstandsdauer der Bauteile, Dichtheit der Verschlüsse von Öffnungen und Anordnung von Rettungswegen) wie bisher schon in den **§§ 4 ff. und 26–45 BauO NRW** konkretisiert. 10

Das Gesetz fordert das Erreichen der Schutzziele nunmehr im Zusammenhang mit der Anordnung, der Errichtung, der Änderung und der Instandhaltung von Anlagen. Es werden damit die **gleichen Begriffe wie in** § 3 Abs. 1 BauO NRW verwendet (vgl. hierzu unter § 3 Rdn. 12 ff.). In § 14 BauO NRW fehlt die **Nutzungsänderung**, die aber in § 3 Abs. 3 BauO NRW nunmehr den baulichen Vorgängen des § 3 Abs. 1 BauO NRW gleichgestellt wird. Es dürfte sich hierbei lediglich um ein 11 redaktionelles Versehen handeln. Es wäre auch unverständlich, weshalb bei einer Nutzungsänderung die brandschutztechnischen Schutzziele nicht einzuhalten wären.

2.2.1 Entstehung eines Brandes

12 Dem Ziel, der Entstehung eines Brandes vorzubeugen, kann durch die sachgerechte **Verwendung von Baustoffen** Rechnung getragen werden. Aber auch eine **ordnungsgemäße Haustechnik**, insbesondere fachgerechte Elektroinstallationen, Feuerungs-, Wärme- und Brennstoffversorgungsanlagen gehören dazu. Ferner dienen der Erreichung des Schutzzieles auch **organisatorische Maßnahmen**, nach denen offene Flammen nicht verwendet werden dürfen (etwa in Pflegeeinrichtungen sowie Büro- und Verwaltungsgebäuden) und moderne Anlagen der Sauerstoffreduzierung (etwa in sensiblen Bereichen wie Rechenzentren).

2.2.2 Ausbreitung von Feuer und Rauch

13 Das allgemeine Schutzziel gemäß § 14 Satz 1 BauO NRW, einer Brandausbreitung vorzubeugen, wird aufgrund der Neufassung der Landesbauordnung durch eine **Vielzahl von besonderen Schutzzielen** konkretisiert, die den Vorschriften mit Einzelanforderungen an den Brandschutz jeweils als Abs. 1 vorangestellt sind. Zu nennen sind insofern §§ 26 Abs. 1 Satz 2 (Verbot leicht entflammbarer Baustoffe), 27 Abs. 1 (tragende Wände, Stützen), 28 Abs. 1 (Außenwände), 29 Abs. 1 (Trennwände), 30 Abs. 1 (Brandwände), 31 Abs. 1 (Decken), 32 Abs. 1 (Dächer), 39 Abs. 1 (Aufzüge), 40 Abs. 1 (Leitungsanlagen, Installationsschächte und -kanäle), 41 Abs. 2 (Lüftungsanlagen) sowie 45 BauO NRW (Blitzschutzanlagen). Aus den nachfolgenden Absätzen der genannten Vorschriften ergeben sich sodann die konkreten Anforderungen, deren Erfüllung einer Ausbreitung von Feuer und Rauch vorbeugen soll.

2.2.3 Rettung von Mensch und Tier

14 Das Schutzziel der Rettung von Mensch und Tier bedingt, dass bauliche Anlagen auch im Brandfall über **passierbare Rettungswege** verfügen müssen. Die Erreichung dieses Zieles sollen in erster Linie die Anforderungen der §§ 33 bis 36 BauO NRW ermöglichen. Auch §§ 33 bis 36 BauO NRW enthalten jeweils in Abs. 1 eine besondere Schutzzielbestimmung. Daneben tragen dem Schutzziel auch die Anforderungen an tragende Wände und Decken gemäß §§ 27 und 31 BauO NRW Rechnung.

2.2.4 Wirksame Löscharbeiten

15 Wirksame Löscharbeiten sind möglich, wenn die Feuerwehr ungehindert an die bauliche Anlage herankommt, dort in ausreichender Menge **Löschwasser** zur Verfügung hat (vgl. hierzu § 14 Rdn. 49 ff.) und innerhalb des Gebäudes einen möglichst noch rauchfreien, gesicherten Angriffsweg vorfindet. Vor diesem Hintergrund dienen die Vorschriften über die Rettungswege und die **Standsicherheit** von Gebäuden gleichfalls der Sicherstellung des Angriffsweges der Feuerwehr und der Durchführung wirksamer Löscharbeiten im Brandfall (OVG Münster, Urt. v. 21.09.2012 – 2 A 182/11, juris, Rn. 65). Zunehmend werden bei ausgedehnten Gebäuden zur Sicherstellung

der **Funkkommunikation** im Einsatzfall zudem Gebäudefunkanlagen gefordert. Entsprechende Anforderungen werden in der SBauVO NRW in Abhängigkeit von einer etwaigen Störung der Funkkommunikation gestellt.

2.3 Schutzgüter

Die Erfüllung der Schutzziele gemäß § 14 BauO NRW dient in erster Linie dem **Personenschutz**. Dies folgt bereits daraus, dass auch § 3 Abs. 1 BauO NRW die Schutzgüter des Lebens und der Gesundheit als Bestandteile der öffentlichen Sicherheit und Ordnung besonders hervorhebt. 16

Ausdrücklich genannt wird in § 3 Abs. 1 Satz 1 BauO NRW daneben der **Schutz der natürlichen Lebensgrundlagen**. Gemäß der »Nagelplattenbinder-Entscheidung« des VG Minden (Urt. v. 16.12.2010 – 9 K 1694/09, juris, Rn. 61) kann das »kontrollierte« Abbrennen eines Gebäudes zu einem Konflikt mit den natürlichen Lebensgrundlagen als Schutzgut der BauO NRW führen. In dem Berufungsurteil des OVG Münster vom 21.09.2012 (a.a.O.) wird der Aspekt eines Schadens für die natürlichen Lebensgrundlagen allerdings nicht mehr angesprochen. 17

Inwieweit die Schutzziele des Brandschutzes in der BauO NRW daneben dem **Sachgüterschutz** dienen sollen, wird durchaus kontrovers diskutiert. Während die Vorauflage dieses Werkes (Rn. 24 ff.) noch zu einem umfassenden Sachgüterschutz zu tendieren schien, hört man in der Praxis immer wieder die Aussage, das Bauordnungsrecht diene zwar dem **Schutz fremden Eigentums**, nicht jedoch dem Schutz des Eigentums des Bauherrn. In diesem Sinne findet der Schutz des eigenen Gebäudes etwa auch in der Nagelplatten-Entscheidung des OVG Münster vom 21.09.2012 (a.a.O., Rn. 74) keine Erwähnung. Danach bliebe der Sachgüterschutz dem hieran in besonderem Maße wirtschaftlich interessierten Sachversicherungsrecht überlassen. De facto wird man aber nicht um die Feststellung umhinkommen, dass Personenschutz und Sachgüterschutz wechselseitig verschränkt sind und einander umfassen. 18

Nachbarschutz vermittelt § 14 BauO NRW nur insoweit als die darin enthaltenen Vorgaben ein Übergreifen von Feuer und Rauch verhindern sollen (OVG Münster, Beschl. v. 18.04.2018 – 7 A 331/18, juris, Rn. 8; VG Köln, Urt. v. 18.01.2011 – 2 K 7662/09, juris, Rn. 34). Die Anforderungen an die Vermeidung einer **Brandausbreitung auf ein Nachbargrundstück** ergeben sich nämlich aus §§ 6 und 30 Abs. 2 Nr. 1 BauO NRW, wobei § 30 Abs. 2 Nr. 1 nunmehr den brandschutztechnischen Mindestabstand definiert. Wird dieser Mindestabstand unterschritten, so begründet bereits eine Verletzung einer der beiden Vorschriften eine Nachbarrechtsverletzung, so dass es eines Rückgriffes auf § 14 BauO NRW und des darin genannten Schutzziels der Vermeidung einer Brandausbreitung aus Sicht der Verfasser nicht bedarf. 19

Dass nicht jeder Verstoß gegen brandschutzrechtliche Bestimmungen zu einer Verletzung von Nachbarrechten führt, ist in der Rechtsprechung schon lange anerkannt. Brandschutzrechtlichen Nachbarschutz können danach insbesondere die Regelungen in §§ 6, 29, 30, 33 und 32 Abs. 5 und 6 BauO NRW vermitteln. Das **Fehlen eines aussagekräftigen Brandschutzkonzeptes** allein begründet als objektivrechtlicher Verstoß 20

§ 14 Brandschutz

deshalb grundsätzlich keine Verletzung von Nachbarrechten. Dass eine Baugenehmigung in brandschutztechnischer Hinsicht zu Lasten des Nachbarn unbestimmt ist, dürfte mit Blick auf den notwendigen Inhalt der Bauvorlagen nur ganz ausnahmsweise festzustellen sein (zu der **Bestimmtheit der Baustoffanforderungen** in der Baugenehmigung allgemein vgl. OVG Münster, Beschl. v. 31.03.2017 – 7 B 163/17, juris).

2.4 Praktische Bedeutung des § 14 für die Rechtsanwendung

2.4.1 Stellung der Regelung im System der BauO NRW

21 Bei § 14 Abs. 1 BauO NRW handelt es sich um eine Schutzzielbestimmung. Dies ergibt sich nunmehr ausdrücklich aus der Gesetzesbegründung (»... Im Übrigen bleibt die **Schutzzielformulierung** unverändert....«). § 17 Abs. 1 BauO NRW 2000 wurde in der jüngeren Rechtsprechung wiederholt als »**Grundnorm**« bezeichnet (so auch die Vorauflage dieses Werkes, Rn. 3), auf der alle den vorbeugenden Brandschutz betreffenden Einzelanforderungen der BauO NRW basieren (vgl. etwa VG Köln, Urt. v. 22.04.2014 – 2 K 427/14, juris, Rn. 23) bzw. deren Umfang und deren Schutzziele des vorbeugenden Brandschutzes insbesondere durch die §§ 4, 5 und 29 ff. BauO NRW konkretisiert werden (vgl. hierzu auch Nr. A 2.1 VV TB NRW).

22 Ausgehend von diesem Regelungscharakter stellt sich die Frage nach der praktischen Relevanz der Vorschrift.

23 Zunächst ist festzuhalten, dass es sich bei § 14 BauO NRW nicht um eine **gesetzliche Ermächtigung** handelt. Die Bauaufsichtsbehörden werden durch die Vorschrift nicht ermächtigt, bestimmte Maßnahmen zu treffen. Solche Ermächtigungen stellen unter anderem §§ 50, 58 Abs. 2 Satz 2, 59, 69 und 74 BauO NRW dar. Diese Vorschriften haben gemeinsam, dass (ungeschriebenes) Subjekt stets die Bauaufsichtsbehörde ist, die durch die jeweilige Vorschrift zum Handeln ermächtigt wird (typische Hilfsverben sind »ist«, »kann«, »darf«). § 14 BauO NRW weist einen von diesen Vorschriften grundlegend verschiedenen Aufbau auf.

24 Dem § 14 lassen sich unmittelbar auch keine exakt bestimmten **materiellen Anforderungen** an den Brandschutz entnehmen. Dabei sind aus der Sicht der Verfasser Schutzziele und Anforderungen grundsätzlich zu unterscheiden.

25 Bei den materiellen Anforderungen sind brandschutztechnische Anforderungen an Standardgebäude (§§ 4 bis 6 sowie 26 bis 45 BauO NRW) und die Anforderungen an Sonderbauten gemäß der SBauVO NRW bzw. bei nicht geregelten Sonderbauten gemäß § 50 BauO NRW zu unterscheiden.

26 Bauliche Anlagen, die gemäß § 50 BauO NRW keine Sonderbauten sind, bezeichnet man gemeinhin als **Standardgebäude**. Dabei handelt es sich regelmäßig um Wohngebäude auf rechteckigem Grundriss. Bei den Vorschriften der §§ 4 bis 6 sowie 26 bis 45 BauO NRW handelt es sich um das sogenannte **Standardbrandschutzkonzept der MBO 2002**, das nunmehr durch die Novellierung der Landesbauordnung auch im nordrhein-westfälischen Landesrecht umgesetzt wurde. Setzt die Planung für ein Vorhaben dieses Standardbrandschutzkonzept vollständig um, kommt das Vorhaben also

insbesondere ohne Abweichungen von den gesetzlichen Brandschutzanforderungen aus, dann deckt sich das Gebäude mit dem **gesetzlich geforderten Sicherheitsniveau**. Ein Konflikt mit der Schutzzielbestimmung des § 14 BauO NRW ist dann grundsätzlich nicht denkbar und weitergehende Anforderungen kommen grundsätzlich nicht in Betracht. Bei Standardgebäuden bleibt für die Ableitung weitergehender brandschutztechnischer Anforderungen auf der Grundlage von §§ 3 und 14 BauO NRW deshalb grundsätzlich kein Raum.

Hinsichtlich der Regelungssystematik besteht in diesem Sinne ein enger Zusammenhang zwischen den §§ 3 und 14 BauO NRW sowie den materiellen Vorschriften mit Standardanforderungen bzw. mit besonderen Anforderungen gemäß der SBauVO NRW: § 3 BauO NRW bestimmt die **Schutzgüter** des Bauordnungsrechts und als grundlegenden Zweck der Landesbauordnung, dass diese Schutzgüter nicht gefährdet werden dürfen. Für den Brandschutz legt § 14 BauO NRW fest, welche **Ziele** erreicht werden müssen, um so eine Gefährdung der Schutzgüter im Sinne des § 3 Abs. 1 BauO NRW durch Feuer und Rauch zu vermeiden. Dem Erreichen dieser Schutzziele dienen sodann die auf das Grundstück und das Gebäude sowie ggf. auf die konkrete Nutzung bezogenen **materiellen Anforderungen**. 27

Mit dem Inkrafttreten der VV TB NRW hat sich eine tiefgreifende Modifikation dieses Regelungssystems ergeben. Neben der **Konkretisierung und Ergänzung der brandschutztechnischen Anforderungen** insbesondere durch die Regelungen in Teil A 2 der VV TB NRW erfordern dabei die Vorgaben der Anhänge der VV TB NRW unbedingte Beachtung. Dabei ist der Inhalt von **Anhang 4 der VV TB NRW** besonders hervorzuheben. 28

Nach dem Verständnis der Vorgaben der VV TB NRW als **Bauwerksanforderungen** (und nicht mehr als Anforderungen an das Bauprodukt wie bei den früheren Bauregellisten) ergibt sich eine Erweiterung der bauordnungsrechtlich geregelten Brandschutzanforderungen. Es reicht deshalb nicht mehr aus, die materiellen Einzelanforderungen der BauO NRW sowie der Sonderbauverordnung und sonstiger untergesetzlicher Vorschriften wie Verwaltungsvorschriften und Richtlinien zu beachten. Vielmehr erfahren die Einzelanforderungen in der Landesbauordnung und in den untergesetzlichen Vorschriften durch die Vorgaben der VV TB NRW eine weitergehende Konkretisierung. Deshalb lassen sich die bauordnungsrechtlichen Anforderungen an Baustoffe, Bauteile und Bauarten nur sachgerecht beurteilen, indem der diesbezügliche Inhalt der VV TB NRW zutreffend ermittelt wird (vgl. hierzu im Einzelnen die Kommentierung zu § 26 und § 88 BauO NRW, Rdn. 25 ff.). 29

2.4.2 Die Anwendung von § 14 unter Berücksichtigung der jüngeren Rechtsprechung

Von der Stellung der Regelung im System der Landesbauordnung ausgehend stellt sich die Frage, welche konkreten Rechtsfolgen sich aus der **praktischen Anwendung** des § 14 Satz 1 BauO NRW ergeben können. 30

Das OVG Münster geht in seinem Beschl. v. 28.01.2011 (2 B 1495/10, juris, Rn. 10) davon aus, dass ein materieller Verstoß gegen die Schutzziele des § 17 Abs. 1 BauO 31

§ 14 Brandschutz

NRW 2000 eine Ordnungsverfügung rechtfertigen kann, mit der zwecks Ermöglichung wirksamer Löscharbeiten das Offenhalten von Garagentoren innerhalb einer Tiefgarage angeordnet worden war.

32 Auch in seinem Beschl. v. 20.02.2013 (2 A 239/12, juris, Rn. 38 f.) hält das OVG Münster eine Verletzung der Schutzziele gemäß § 17 Abs. 1 BauO NRW 2000 für maßgebend. In dem dieser Entscheidung zugrunde liegenden Sachverhalt war die **Beseitigung von Möbeln und Einrichtungsgegenständen aus dem Treppenraum** eines Wohngebäudes gefordert worden. Das VG Arnsberg (Urt. v. 13.12.2011 – 4 K 2981/10, juris, Rn. 32) hatte erstinstanzlich noch festgestellt, dass die zu beseitigenden Möbel keine baulichen Anlagen darstellten und damit weder von § 17 Abs. 1 BauO NRW 2000 noch von den Regelungen zum vorbeugenden Brandschutz erfasst würden, welche die Anforderungen an Rettungswege konkretisieren. Die Beseitigung der Möbel war jedoch auch aus Sicht des VG Arnsberg zum Schutz der Rettungswege gemäß § 17 Abs. 3 BauO NRW 2000 erforderlich (a.a.O. Rn. 37 ff.).

33 Das Verwaltungsgericht Köln kommt schließlich in seinem Urt. v. 22.04.2014 (a.a.O., Rn. 25) zu dem Ergebnis, dass ein **Verstoß gegen speziellere Vorschriften des vorbeugenden Brandschutzes** wie etwa §§ 31 Abs. 4 und 35 Abs. 7 BauO NRW 2000 denknotwendig stets auch einen Verstoß gegen § 17 Abs. 1 BauO NRW 2000 darstellt. Damit ist indessen nichts zu der hier aufgeworfenen Frage gesagt, ob ein Verstoß gegen § 14 Satz 1 BauO NRW auch mit dem Fehlen einer speziellen Vorschrift mit Anforderungen an den vorbeugenden Brandschutz oder auch unabhängig von einer bestehenden Spezialvorschrift begründet werden kann.

34 Auch soweit das OVG Münster in seinem Beschl. v. 20.02.2013 (a.a.O.) auf eine Verletzung der Schutzziele gemäß § 17 Abs. 1 BauO NRW 2000 abstellt, wird nicht ganz klar, ob ein Konflikt mit den Schutzzielen des § 17 Abs. 1 BauO NRW 2000 auch unabhängig von der Existenz konkreter gesetzlicher Anforderungen stets ein Einschreiten der Bauaufsicht rechtfertigen können soll. Immerhin begründete das Gericht die Gefahr durch die zu beseitigenden Möbel und Einrichtungsgegenstände zusätzlich mit einem Verstoß gegen § 17 Abs. 3 BauO NRW 2000, wonach die Nutzbarkeit der erforderlichen beiden Rettungswege nicht durch das Vorhandensein von (brennbaren) Gegenständen eingeschränkt werden durfte (a.a.O., Rn. 40).

35 Allerdings würde das unmittelbare Abstellen auf die Schutzziele des § 14 Satz 1 BauO NRW zu einer gewissen Unvorhersehbarkeit baurechtlicher Pflichten und damit korrespondierender behördlicher Eingriffsbefugnisse führen. Es würde nämlich an einer im Gesetz hinreichend bestimmten Definition einer Gefahrenschwelle fehlen, die in Regelungsdichte und Bestimmtheit vergleichbar mit den konkreten Brandschutzanforderungen der Bauordnung wäre. Wenn stets bereits die Betroffenheit eines Schutzzieles oder ein potenzieller Konflikt mit einem der Schutzziele des § 14 Satz 1 BauO NRW zu behördlichen Maßnahmen führen könnte, so würde es **der gesetzlichen Bestimmung von konkreten Anforderungen an den Brandschutz** nicht bedürfen. Dies wirke umso schwerer, als der Gesetzgeber den entgegengesetzten Weg zu beschreiten scheint, indem mit der Neufassung der Landesbauordnung

den Vorschriften mit Einzelanforderungen an den Brandschutz nunmehr jeweils **separate Schutzzielbestimmungen** vorangestellt werden. Das Erfordernis der hinreichenden Bestimmtheit der gesetzlichen Regelungen spricht deshalb dafür, dass § 14 Satz 1 BauO NRW grundsätzlich gerade keine materiellen Anforderungen unmittelbar entnommen werden können. Denn Belange des Brandschutzes werden durch jede der in § 14 Satz 1 BauO NRW genannten Vorgänge mit baulichem Bezug und ebenso durch die Nutzung oder deren Änderung stets tangiert. Nicht immer darf die Behörde dies jedoch zum Anlass nehmen, um weitergehende Anforderungen zu stellen, weil die Schutzziele des Brandschutzes in irgendeiner Form berührt sind, ohne dass hierdurch im Einzelfall jedoch baurechtlicher Regelungsbedarf ausgelöst würde.

Danach würde sich die **praktische Relevanz des § 14 Satz 1 BauO NRW** für folgende Situationen ergeben: 36
- Schutzziele ohne eindeutige gesetzliche Regelung (z.B. wirksame Löscharbeiten in Tiefgaragen, vgl. OVG Münster a.a.O.);
- Ermittlung des Zielkonfliktes und der erforderlichen Kompensationsmaßnahmen bei Abweichungen (vgl. OVG Bln-Bbg, Beschl. v. 06.12.2013 – OVG 10 N 24.11, juris);
- Maßstab für besondere Brandschutzanforderungen an nicht geregelte Sonderbauten,
- Auslegungshilfe bei konkret bestimmten gesetzlichen Anforderungen (Verbot der Lagerung von Gegenständen in Tiefgaragen: OVG Münster, Beschl. v. 30.01.2013,7 B 51/13, juris, Rn. 6)
- Ausnahmesituationen, die gesetzlich nicht ausdrücklich oder eindeutig geregelt sind (zum Beispiel brennbare Gegenstände in Rettungswegen, vgl. OVG Münster, Beschl. v. 20.02.2013, a.a.O.).

Zur Bewertung der zuvor genannten Situationen ist das **Brandschutzkonzept** nach § 50 Abs. 1 Satz 3 Nr. 19 und § 70 Abs. 2. Satz 3 BauO NRW gemäß den Vorgaben von § 9 Abs. 1 BauPrüfVO »*eine zielorientierte Gesamtbewertung des baulichen und abwehrenden Brandschutzes bei Sonderbauten*«. 37

Es muss für den konkreten Einzelfall brandschutztechnische Maßnahmen vorsehen, die das erforderliche »Maß der Sicherheit« erreichen. Die Schutzzielformulierungen der Landesbauordnung dienen der **brandschutztechnischen Bewertung** der Begründung von besonderen Anforderungen und Erleichterungen nach § 50 Abs. 1 BauO NRW sowie der Begründung von Abweichungen nach § 69 Abs. 1 BauO NRW. 38

Soll also im Rahmen einer **Abweichung** nach § 69 Abs. 1 BauO NRW oder eines speziellen Abweichungstatbestandes (vgl. etwa nach § 30 Abs. 2 Satz 3 oder § 32 Abs. 4 BauO NRW) nachgewiesen werden (z.B. mit Methoden des Brandschutzingenieurwesens nach DIN 18009-1:2016-09 »Brandschutzingenieurwesen – Teil 1: Grundsätze und Regeln für die Anwendung«), dass dem Zweck der jeweiligen Anforderung entsprochen wird, liefert § 14 BauO NRW für die oben aufgeführten Situationen die Schutzzielformulierung. 39

40 Für die Schutzziele mit eindeutiger gesetzlicher Regelung wie z. B. die Anforderungen in den §§ 27 bis 32 BauO NRW sind für die Nachweisführung im Brandschutzkonzept die **Schutzzielformulierungen der einzelnen materiellen Anforderungen** vordringlich zu berücksichtigen. Diese Schutzziele stellen gegenüber den allgemeinen Schutzzielregelungen in § 14 BauO NRW nunmehr Spezialregelungen dar.

41 Gleiches gilt für den Umgang mit **besonderen Anforderungen und Erleichterungen** im Sinne von § 50 Abs. 1 BauO NRW. Auch insofern stellt die Schutzzielformulierung den jeweiligen Zweck der Anforderungen klar.

2.5 Die konkrete Gefahr im Brandschutzrecht

42 Der Zweck des Bauordnungsrechts besteht in der **Vermeidung von Gefahren** für die in § 3 Abs. 1 BauO NRW genannten Schutzgüter. Dem Begriff der »konkreten Gefahr« kommt damit für die gesamte Rechtsanwendung im Bauordnungsrecht zentrale Bedeutung zu. Im Anschluss an die Ausführungen unter 2.4 lässt sich insofern sagen, dass behördliche Maßnahmen stets das Vorliegen einer konkreten Gefahr voraussetzen.

43 »Konkrete Gefahr« kennzeichnet eine Sachlage, in der im Einzelfall objektiv bei ungehindertem Geschehensablauf mit hinreichender Wahrscheinlichkeit ein Schaden an geschützten Rechtsgütern in absehbarer Zeit zu erwarten ist. Wegen der grundlegenden Anforderungen an den Gefahrenbegriff im Bauordnungsrecht wird auf die Kommentierungen zu § 3 BauO NRW (Rdn. 40 ff., insbes. 45) und zu § 59 BauO NRW verwiesen (Rdn. 10 ff.). Für den Bereich der brandschutzrechtlichen Anforderungen hat der bauordnungsrechtliche Begriff der konkreten Gefahr indessen eine gewisse Konkretisierung und Modifizierung erfahren (vgl. Koch, Brandschutz und Baurecht, S. 74 ff.).

44 Das Kriterium »**Schadenseintritt in absehbarer Zeit**« entsprechend der Definition der konkreten Gefahr im allgemeinen Ordnungsrecht ist nach der Rechtsprechung für den Bereich des Brandschutzes ohne praktische Relevanz. Mit dem Ausbruch eines Brandes ist praktisch jederzeit zu rechnen (OVG Münster, Urt. v. 28.08.2001 – 10 A 3051/99, juris, Rn. 22). Ist es bereits zu einem Brandausbruch gekommen, kämen behördliche Maßnahmen nämlich zu spät. Die Rechtsprechung schließt daraus, dass es sich bei Brandschutzvorkehrungen um vorsorgliche Schutzbestimmungen für Leben und Gesundheit handelt (VGH Kassel, Beschl. v. 18.10.1999 – 4 TG 3007/97, juris, Rn. 18). Deshalb setzt die Rechtsprechung für die Gefahrenbeurteilung gleichsam voraus, dass es bereits zum Ausbruch eines Brandes gekommen ist.

45 An die **Wahrscheinlichkeit des Schadenseintrittes** sind nach der Rechtsprechung wegen des hohen Ranges der betroffenen Schutzgüter Leib und Leben »keine überhöhten Anforderungen« zu stellen (inzwischen ständige Rechtsprechung des OVG Münster, vgl. etwa Urt. v. 21.09.2012 – 2 A 182/11, Rn. 72). Der Schadenseintritt darf nicht »ganz unwahrscheinlich« sein. Dafür allerdings, wann die Wahrscheinlichkeit im Sinne

der Gefahrendefinition des allgemeinen Polizei- und Ordnungsrechts »hinreichend« ist, werden keine Kriterien genannt. Tatsächlich handelt es sich bei dem Kriterium der »Wahrscheinlichkeit« auch um eine mathematische Größe, die sich einer exakten sprachlichen Beurteilung entzieht.

Für die Entscheidung über das Vorliegen einer konkreten Gefahr bedarf es stets einer **fachlich fundierten Feststellung**. Dabei sind die **örtlichen Gegebenheiten** im Einzelfall und die **Einsatzpraxis der örtlichen Feuerwehr** maßgebend. Als fachlich fundierte Feststellung bewertet die Rechtsprechung deshalb durchweg Aussagen der örtlichen Feuerwehr. Für die **Haftung des Brandschutzsachverständigen** aufgrund von überzogenen Anforderungen ist allerdings zu beachten, dass die Zivilgerichte Vorgaben der Feuerwehren nicht zwingend eine verbindliche Wirkung für die Gefahrenbewertung und damit für die Planung durch den Sachverständigen beimessen (vgl. OLG Frankfurt a.M. vom 02.07.2008 – I U 28/07, bestätigt durch BGH, Beschl. v. 10.02.2011 – VII ZR 156/08). 46

Gleichsam den Gegenpol zu den engen Kriterien der Rechtsprechung für die Annahme einer konkreten Gefahr im Brandschutz bildet die ebenfalls immer wieder in gerichtlichen Entscheidungen getroffene Aussage, dass nicht jedes **Abweichen von den aktuellen gesetzlichen Vorschriften** zu einer konkreten Gefahr für Leben und Gesundheit führt (OVG Hamburg, Beschl. v. 04.01.1996 – Bs II 61/95, juris; VGH Kassel, Beschl. v. 18.10.1999, a.a.O.) und der behördliche Wunsch, das allgemeine Sicherheitsniveau anzuheben, unterhalb der Schwelle zu einer konkreten Gefahr für behördliche Anforderungen an den Brandschutz gerade nicht ausreicht (vgl. hierzu: VG Minden, Urt. v. 20.05.2013 – 1 K 113/12, juris, Rn. 22). 47

Dem ist insofern zuzustimmen, dass stets nur die Besonderheiten der baulichen Anlage und ihre Nutzung sowie die geplanten oder vorhandenen Brandschutzvorkehrungen in einer Gesamtschau den Schluss zulassen, ob das gesetzliche Sicherheitsniveau gewahrt ist oder ob hierfür noch zusätzliche Maßnahmen erforderlich sind. Insgesamt sind danach stets die **Umstände des Einzelfalls** maßgebend. Das planerische Instrument für diese Feststellung stellt die Brandschutzplanung dar. 48

3 Löschwasserversorgung

In § 14 Satz 2 BauO NRW ist nunmehr geregelt, dass zur Brandbekämpfung eine ausreichende Löschwassermenge zur Verfügung stehen muss. 49

Die **Gesetzesbegründung** führt hierzu aus, dass § 14 Satz 2 BauO NRW lediglich zur Klarstellung diene und somit zur Konkretisierung der Begrifflichkeit »wirksame Löscharbeiten« in § 14 Satz 1 BauO NRW. Korrespondierend mit der Schaffung des § 14 Satz 2 BauO NRW wurde die bislang maßgebende rechtliche Grundlage in § 44 Abs. 3 BauO NRW 2000 aufgehoben. Die Zulassung von Ausnahmen für Einzelgehöfte in der freien Feldflur ist aktuell nicht mehr im Gesetz vorgesehen. 50

Diese Begründung greift indessen zu kurz, weil wirksame Löscharbeiten auch von der Erfüllung weiterer Voraussetzungen abhängen (vgl. vorstehende Rdn. 15). Außerdem 51

§ 14 Brandschutz

beschreitet der Gesetzgeber mit der Verortung der gesicherten Löschwasserversorgung in § 14 Satz 2 ohne erkennbaren Grund sowie abweichend von dem Vorbild der MBO den entgegengesetzten Weg zu der nachvollziehbaren sonstigen **Systematik**. Diese Systematik sieht vor, in § 14 nur die grundlegenden Schutzzielbestimmungen zu regeln, während die konkreten Anforderungen der vormaligen § 17 Abs. 2 bis 4 BauO NRW 2000 nunmehr den Vorschriften mit speziellen Anforderungen zugeschlagen worden sind (vgl. Rdn. 13).

52 Die Löschwasserversorgung ist eine der wichtigsten Maßnahmen des abwehrenden Brandschutzes. Das Vorhandensein einer ausreichenden Wassermenge ist sowohl bauplanungsrechtliche Voraussetzung einer **ordnungsgemäßen Erschließung** (§ 123 BauGB) als auch bauordnungsrechtliche Genehmigungsvoraussetzung.

53 § 14 Satz 2 BauO NRW korrespondiert mit § 4 Abs. 1 Satz 1 BauO NRW, wonach die erforderlichen Anlagen zur Versorgung mit Löschwasser vorhanden und nutzbar sein müssen. Außerdem korrespondiert § 14 Satz 2 BauO NRW mit § 3 Abs. 2 Satz 2 und 3 BHKG NRW. Nach diesen Vorschriften stellen die Gemeinden eine den örtlichen Verhältnissen angemessene Löschwasserversorgung sicher. Stellt die Bauaufsichtsbehörde auf der Grundlage einer Stellungnahme der zuständigen Brandschutzdienststelle fest, dass im Einzelfall wegen einer erhöhten Brandlast oder Brandgefährdung eine besondere Löschwasserversorgung erforderlich ist, hat hierfür die Eigentümerin oder der Eigentümer, die Besitzerin oder der Besitzer oder ein sonstiger Nutzungsberechtigter Sorge zu tragen.

54 Für die Ermittlung des Löschwasserbedarfes stellt die Planung- und Genehmigungspraxis auf die Vorgaben des **DVGW-Arbeitsblattes W 405** ab. Das Arbeitsblatt gibt den Mindest-Löschwasserbedarf in Abhängigkeit von der Bebauungsdichte und der Brandausbreitungsgefahr an.

55 In der Praxis werden die Vorgaben des DVGW-Arbeitsblattes W 405 für die Bemessung des Löschwasserbedarfes als allgemein anerkannte Regel der Technik betrachtet. Für die Entscheidung, ob die Gemeinde oder der Eigentümer den Löschwasserbedarf für ein konkretes Bauvorhaben sicherzustellen hat, wird dabei insbesondere an die in dem Arbeitsblatt vorzufindende Unterscheidung zwischen **Grund- und Objektschutz** angeknüpft.

56 Bereits in seinem Urt. v. 05.04.1985 (III ZR 12/83, juris, Rn. 25) hat der Bundesgerichtshof jedoch festgestellt, dass die Unterscheidung des DVGW-Arbeitsblattes W 405 in »Grundschutz« und »Objektschutz« im damaligen FSHG NRW keinen Anklang fand. Maßgebend für die Verantwortlichkeit hinsichtlich der Löschwasserversorgung seien vielmehr die jeweiligen **(landes-)gesetzlichen Regelungen**. Danach sind im Grundsatz die Gemeinden für die Sicherstellung der Löschwasserversorgung zuständig. Nur in den ausdrücklich in den Landesfeuerwehr- oder Landeswassergesetzen bestimmten Fällen kann der Grundstückseigentümer für die Sicherstellung der Löschwasserversorgung herangezogen werden. Allerdings handelt es sich etwa bei den landesgesetzlichen Regelungen im Landeswassergesetz Rheinland-Pfalz um eine reine

Aufgabenzuweisung. Daraus kann der Grundstückseigentümer jedoch keinen Anspruch auf Sicherstellung der Löschwasserversorgung durch die Gemeinde herleiten (OVG Koblenz, 06.11.2014 – 8 A 10560/14, juris, Rn. 37).

Danach kann das DVWG-Arbeitsblatt W 405 allenfalls für die Bestimmung der erforderlichen Löschwassermenge als Regel der Technik herangezogen werden, nicht jedoch für die Entscheidung über die Verantwortlichkeit für die Sicherstellung der Löschwasserversorgung (vgl. auch VG Arnsberg, Urt. v. 16.09.2014 – 4 K 1497/13, juris, Rn. 17:»Das DVWG-Arbeitsblatt W 405 ist daher für die bauaufsichtliche Beurteilung von Vorhaben gut geeignet.«). Die Entscheidung über die Verantwortlichkeit für die Sicherstellung der Löschwasserversorgung ist demgemäß auch weiterhin auf der Basis von § 3 Abs. 2 Satz 2 und 3 BHKG NRW zu treffen. 57

Anforderungen an die Löschwasserversorgung finden sich teilweise auch in den Regelungen für Sonderbauten. So sieht die **Richtlinie über den baulichen Brandschutz im Industriebau (Industriebaurichtlinie – IndBauR NRW)** in Abschnitt 4.1 eine nach der Fläche der Brandabschnitte oder Brandbekämpfungsabschnitte gestaffelte Löschwassermenge vor. Für kleine Industriebauten bis zu einer Fläche von 2.500 m² muss ein Löschwasserbedarf von mindestens 96 m³/h über einen Zeitraum von zwei Stunden sichergestellt werden. Für große Industriebauten mit einer Abschnittsfläche von mehr als 4.000 m² muss der Löschwasserbedarf mindestens 192 m³/h betragen. Zwischenwerte für Industriebauten mit einer Größe zwischen 2.500 m² und 4.000 m² dürfen linear interpoliert werden. Für Industriebauten mit selbsttätiger Feuerlöschanlage genügt nach den Vorgaben der IndBauR eine Löschwassermenge für Löscharbeiten der Feuerwehr von mindestens 96 m³/h über einen Zeitraum von einer Stunde. 58

Anforderungen werden zudem in Abschnitt 8 der Richtlinie über den Brandschutz bei der Lagerung von Sekundärstoffen aus Kunststoff (**Kunststofflager-Richtlinie – KLR**) gestellt. Danach muss für die Brandbekämpfung Löschwasser in einer Menge von mindestens 96 m³/h über einen Zeitraum von mindestens 2 Stunden zur Verfügung stehen. Die für den Brandschutz zuständige Dienststelle kann nach den Regelungen der KLR eine größere Löschwassermenge verlangen, wenn dies erforderlich ist. 59

Schließlich wird nach § 5 Abs. 2 der **Verordnung über Camping- und Wochenendplätze (Camping- und Wochenendplatzverordnung – CWVO)** die Errichtung von Camping- und Wochenendplätzen nur gestattet, wenn die Löschwasserversorgung aus einer Druckleitung mit Überflurhydranten oder aus Gewässern über besondere Einrichtungen für die Löschwasserentnahme dauernd gesichert ist. Die Druckleitung muss eine Durchflussleistung von mindestens 400 l/min (24 m³/h) haben. 60

Die planungsrechtliche Erschließung wird durch die bauordnungsrechtlichen Erschließungsvorschriften nicht konkretisiert (vgl. BVerwG, Urt. v. 03.05.1988 – 4 C 54/85, NVwZ 1989, 353) Gemäß § 35 Abs. 1 Satz 1 BauGB muss im **Außenbereich** 61 nur eine ausreichende Erschließung gesichert sein, so dass im Außenbereich **geringere Anforderungen** zu stellen sind, als an eine gesicherte Erschließung im Sinne von § 30 Abs. 1 und 2 sowie § 34 BauGB. Bei Vorhaben, die von der Natur der Sache oder der Zweckbestimmung her bevorzugt in den Außenbereich gehören, reicht für die Erschließung deshalb ein »**außenbereichsgemäßer**« Standard aus (BVerwG, Urt. v. 07.02.1986, 4 C 30/84, juris, Rn. 20). Die planungsrechtliche Erschließung umfasst nicht nur die wegemäßige Erschließung, sondern auch die Versorgung mit Trinkwasser und Löschwasser sowie die Abwasserentsorgung (vgl. Söfker, in: Ernst/Zinkahn, BauGB, § 35 Rn. 69).

62 Damit kommen auch nach dem Entfallen der **Abweichungsmöglichkeit für Einzelgehöfte** in der freien Feldflur gemäß § 44 Abs. 3 Satz 2 BauO NRW 2000 geringere Anforderungen an die Löschwasserversorgung in Betracht.

§ 15 Wärme-, Schall- Erschütterungsschutz

(1) Gebäude müssen einen ihrer Nutzung und den klimatischen Verhältnissen entsprechenden Wärmeschutz haben.

(2) Gebäude müssen einen ihrer Lage und Nutzung entsprechenden Schallschutz haben. Geräusche, die von ortsfesten Einrichtungen in baulichen Anlagen oder auf Baugrundstücken ausgehen, sind so zu dämmen, dass Gefahren oder unzumutbare Belästigungen nicht entstehen.

(3) Erschütterungen oder Schwingungen, die von ortsfesten Einrichtungen in baulichen Anlagen oder auf Baugrundstücken ausgehen, sind so zu dämmen, dass Gefahren oder unzumutbare Belästigungen nicht entstehen.

Übersicht	Rdn.
0 Änderungen gegenüber der BauO NRW 2000	01
1 Allgemeines	1
2 Zu Abs. 1 – Wärmeschutz	3
3 Zu Abs. 2 – Schallschutz und Dämmung von Geräuschen	26
3.1 Messung und Bewertung des Schalldrucks	28
3.2 Lärmschutz nach Rechtskreisen außerhalb der BauO NRW	34
3.3 Schallschutz nach BauO NRW und DIN 4109	66
3.4 Dämmung von Geräuschen	76
4 Zu Abs. 3 – Schutz vor Erschütterungen und Schwingungen	79

0 Änderungen gegenüber der BauO NRW 2000

01 Die **BauO NRW 2018** hat den Regelungsinhalt von § 18 BauO NRW 2000 nahezu wortgleich beibehalten. Die Formulierung in Abs. 1, der Wärmeschutz müsse »Energieverbrauch senkend« sein, konnte wegen entsprechender bundesrechtlicher Regelungen gestrichen werden (s. LT-Drucks. 17/2166 S. 110).

1 Allgemeines

Die allgemein formulierten Anforderungen des § 15 BauO NRW dienen unter dem Aspekt des Gesundheitsschutzes der **Gefahrenabwehr** und unter dem Aspekt der Energieeinsparung dem **Schutz der natürlichen Lebensgrundlagen**. Die konkreten Anforderungen ergeben sich aus dem **Energieeinsparungsrecht**, dem **Immissionsschutzrecht**, den nach § 3 Abs. 2 Satz 1 BauO NRW zu beachtenden **allgemein anerkannten Regeln der Technik** und den nach § 3 Abs. 2 Satz 2 BauO NRW eingeführten **Technischen Baubestimmungen** (s. Nr. 4 der Liste der Technischen Baubestimmungen, Verwaltungsvorschrift Technische Baubestimmungen, RdErl. vom 07.12.2018, MBl. NRW. 2018 S. 775). Zusammenwirkend sollen diese Regeln **gesunde Wohn- und Arbeitsverhältnisse** gewährleisten und zum **Ressourcenschutz** beitragen. 1

Schutzmaßnahmen gegen Schall, Geräusche, Erschütterungen und Schwingungen nach Abs. 2 und 3 bedingen **Abwehrmaßnahmen gegen Einflüsse von außen.** »Von außen« bedeutet in diesem Zusammenhang: Einflüsse von außerhalb des Gebäudes und auch von außerhalb einer Nutzungseinheit im Gebäude, z.B. einer Wohnung, einem Büro oder einem Laden. Aufgrund des in § 3 Abs. 1 BauO NRW geforderten Schutzes der Gesundheit sollen auch **innerhalb** des Gebäudes gesunde Wohn- und Arbeitsverhältnisse bestehen. Zu diesem Zweck hat der Bauherr durch entsprechende bauliche Maßnahmen **passiven** Immissionsschutz zu betreiben. Die Anforderungen des § 15 Abs. 2 und 3 BauO NRW, wonach Schall, Geräusche, Erschütterungen und Schwingungen, die von ortsfesten Anlagen oder von Baugrundstücken ausgehen, so zu dämmen sind, dass Gefahren oder unzumutbare Belästigungen nicht entstehen, bedingen Maßnahmen des **aktiven** Emissionsschutzes direkt am Entstehungsort bzw. **an ortsfesten Anlagen**. 2

2 Zu Abs. 1 – Wärmeschutz

Abs. 1 enthält die Grundforderung, dass Gebäude einen **ihrer Nutzung und den klimatischen Verhältnissen entsprechenden Wärmeschutz** haben müssen. Konkrete Anforderungen an eine ausreichende Wärmedämmung hinsichtlich der Bemessung und der Art der zu verwendenden Bauteile sind im Wesentlichen enthalten im Energieeinsparungsgesetz (**EnEG**) und in der Verordnung über energiesparenden Wärmeschutz und energiesparende Anlagentechnik bei Gebäuden (Energieeinsparverordnung – **EnEV**). Anforderungen an die Wärmedämmung der Gebäude enthalten folgende Teile der nach § 3 Abs. 2 Satz 2 BauO NRW als Technische Baubestimmung eingeführten Teile der Norm **DIN 4108** – Wärmeschutz und Energie-Einsparung in Gebäuden: 3
– **Teil 2** (Ausgabe Februar 2013) – Mindestanforderungen an den Wärmeschutz,
– **Teil 3** (Ausgabe Oktober 2018) – Klimabedingter Feuchteschutz; Anforderungen, Berechnungsverfahren und Hinweise für Planung und Ausführung,
– **Teil 4** als Vornorm (Ausgabe März 2017) – Wärme- und feuchteschutztechnische Bemessungswerte,
– **Teil 10** als Vornorm (Ausgabe Januar 2015) – Anwendungsbezogene Anforderungen an Wärmedämmstoffe – Werkmäßig hergestellte Wärmedämmstoffe,

§ 15 Wärme-, Schall- Erschütterungsschutz

4   Zu beachten sind ferner die in Nr. 4.1.2 aufgeführten Teile der Norm **DIN 18159** – Schaumkunststoffe als **Ortschäume** im Bauwesen – und die in Nr. 4.3 genannte »ETB-Richtlinie zur **Begrenzung der Formaldehydemissionen** in der Raumluft bei Verwendung von Harnstoff-Formaldehydharz-Ortschaum«.

5   Der Wärmeschutz hat Bedeutung für die Gesundheit und das Wohlbefinden der Bewohner sowie für die Herstellungs- und Bewirtschaftungskosten. Dazu gehört auch ein hinreichender **klimabedingter Feuchteschutz** gegen **Tauwasser** und **Schlagregen**. Insofern muss dem Wärmeschutz schon bei der Planung baulicher Anlagen **Rechnung getragen werden**. Aufgrund der Bemühungen zur Energieeinsparung hat die Industrie Fenster und Türen konstruiert, die in geschlossenem Zustand **sehr dicht schließen** und kaum zu einem natürlichen Luftwechsel beitragen. Nur durch **regelmäßiges gründliches Lüften** der Räume ist ein ausreichender Luftwechsel gewährleistet, vor allem, wenn sich in der Wohnung Waschmaschinen, Trockner und Geschirrspülmaschinen befinden. Anderenfalls kann es zu **Feuchtigkeitsansammlungen im Mauerwerk** und zu die Gesundheit der Bewohner gefährdenden **Schimmelpilzbildungen** kommen. Gefahren durch zu hohe **Kohlenmonoxydkonzentrationen** drohen, wenn die Zuluftführung von Feuerstätten, z.B. die offener Kamine oder Gasfeuerstätten ohne Abgasanlage, nicht ausreichend dimensioniert ist (vgl. § 41 Rdn. 4, 22 und § 42 Rdn. 38).

6   Das **Energieeinsparungsgesetz** – **EnEG** vom 22.07.1976 (BGBl. I S. 1873) verfolgte vor dem Hintergrund zweier Ölkrisen das Ziel einer rationellen Energieverwendung, um die Abhängigkeit Deutschlands von importierten Brennstoffen zu reduzieren. Wenn auch **Umweltschutz** und **Ressourcenschonung** im Jahre 1976 noch von geringer Bedeutung waren, so wurden sie im Zuge späterer Novellierungen in den Jahren 1980 und 2001 zu wichtigen **Zielen**. Das EnEG i.d.F.d.B. vom 01.09.2005 (BGBl. I S. 2684, z.g.d.G. vom 04.07.2013, BGBl. I S. 2197) bezweckt auch die **Reduzierung von CO_2-Emissionen** und den **Verbraucherschutz**.

7   Aufgrund der Rechtsverordnungsermächtigungen des EnEG sind ergangen:
    – die Heizungsanlagen-Verordnung – **HeizAnlV** vom 22.09.1978 (BGBl. I S. 1581), die in den Jahren 1982, 1989, 1998 und 2001 geändert bzw. novelliert und zum 01.02.2002 durch die EnEV abgelöst wurde,
    – die Heizungsbetriebs-Verordnung – **HeizBetrV** vom 27.09.1978 (BGBl. I S. 1684), die im Zuge der Novellierung der HeizAnlV und der HeizkostenV aufgehoben wurde,
    – die Verordnung über Heizkostenabrechnung – **HeizkostenV** i.d.F.d.B. vom 05.10.2009 (BGBl. I S. 3250), die eine **Verbrauchserfassung** und **Verteilung der Kosten** auf die Nutzungseinheiten für die jährlich zu erstellende **Heizkostenabrechnung** regelt, von der **im Einzelfall befreit** werden kann, um einen unangemessenen Aufwand oder sonstige unbillige Härten zu vermeiden,
    – die **Energieeinsparverordnung** – **EnEV 2001** vom 16.11.2001 (BGBl. I S. 3085), die am 01.02.2002 in Kraft trat, die WärmeschutzV vom 16.08.1994 (BGBl. I S. 2121) und die HeizAnlV i.d.F.d.B. vom 04.05.1998 (BGBl. I S. 851) ablöste, geändert durch die am 08.12.2004 in Kraft getretene »Erste Verordnung zur Änderung der Energieeinsparverordnung« vom 02.12.2004 (BGBl. I S. 3144), die

Änderungen im technischen Regelwerk nachvollzog und eine Ermächtigung zur Neubekanntmachung enthielt, von der mit der **Neufassung** vom 02.12.**2004** (BGBl. I S. 3146) Gebrauch gemacht wurde.
- die **Energieeinsparverordnung – EnEV 2007** vom 24.07.2007 (BGBl. I S. 1519, z.g.d.V. vom 29.04.2009, BGBl. I S. 954), die am 01.10.2007 in Kraft trat und die EnEV i.d.F.d.B. vom 02.12.2004 aufgehoben hat und deren Schwerpunkt die **Einführung des Energieausweises** bildet.
- die **Energieeinsparverordnung – EnEV 2014** vom 18.11.2013 (BGBl. I S. 3951, z.g.d.V. vom 24.10.2015 BGBl. I S. 1789), die am 01.05.2014 in Kraft trat und die EnEV i.d.F.d.B. vom 02.07.2007 aufgehoben hat.

Die **Energieeinsparverordnung EnEV 2014** regelt zur Umsetzung der »Richtlinie 2010/31/EU des Europäischen Parlaments und des Rates vom 19.05.2010 über die Gesamtenergieeffizienz von Gebäuden« (ABl. EG Nr. L 153 S. 13) insbesondere neue Anforderungen an den energetischen Standard von Gebäuden sowie Neuerungen zum Energieausweis. Zweck der Verordnung ist nach der amtlichen Begründung insbesondere, einen nahezu klimaneutralen Gebäudebestand bis zum Jahr 2050 zu erreichen.

8

Die **Begrenzung des Jahres-Primärenergiebedarfs** stellt die Hauptanforderung der EnEV dar. Die **EnEV 2014** verschärft die Anforderungen an den Primärenergiebedarf von Neubauten (Wohn- und Nichtwohngebäude) um 25 % seit dem 1. Januar 2016 gegenüber den Regelungen der abgelösten Verordnung (vgl. EnEV 2014 Anlage 1 (zu den §§ 3 und 9), Tabelle 1). Gleichzeitig wurde der Wert der Mindestwärmedämmung für die Gebäudehülle bei Nichtwohngebäuden um durchschnittlich 20 % gesenkt (vgl. EnEV 2014 Anlage 2, Tabelle 24 zu den §§ 4 und 9 EnEV).

9

Nach der schrittweisen Einführung von **Energieausweisen** ab 2008, um Mietern und Käufern einen Überblick über die zu erwartenden Heiz- und Warmwasserkosten zu verschaffen (vgl. BR-Drucks. 282/07, S. 79 ff.), wurden die **Anforderungen an den Energieausweis** und die Pflichten für Vermieter bzw. Verkäufer mit der EnEV 2014 deutlich **verschärft**. Neben einer **Vorlagepflicht** schon bei Besichtigung (§ 16 Abs. 2 EnEV 2014) und der Pflichtangabe zur **Energieeffizienz in Immobilienanzeigen** (§ 16a EnEV 2014) sind die Bundesländer nun zu stichprobenartigen **Kontrollen der Energieausweise** verpflichtet, § 26d EnEV 2014.

10

Für **Gebäude mit öffentlicher Nutzung,** in der sich mehr als **500 m² Nutzfläche** mit starkem Publikumsverkehr befinden, regelt § 16 Abs. 4 EnEV 2014 die Pflicht für den Eigentümer, einen **Energieausweis** zu erstellen und gut **sichtbar auszuhängen**. Eigentümer von Gebäuden mit **behördlicher Nutzung** trifft diese Pflicht schon bei mehr als **250 m² Nutzfläche** mit starkem Publikumsverkehr.

11

Die Energieausweise werden nachweislich der Regelungen in § 16 EnEV 2014 unter Zugrundelegung der energetischen Eigenschaften des fertig gestellten Gebäudes nach dem Muster der Anlage 6 oder 7 ausgestellt. Näheres regelt die Verordnung zur Umsetzung der Energieeinsparverordnung – EnEV-UVO vom 31.05.2002 (GV. NRW. S. 210, ber. S. 367). Die Anforderungen beziehen sich auf **Wohngebäude** und

12

§ 15 Wärme-, Schall- Erschütterungsschutz

Nichtwohngebäude. Die Unterscheidung nach Gebäuden mit normalen und niedrigen Innentemperaturen wurde mit der EnEV 2007 abgelöst.

13 Energie- und Wärmebedarfsausweise nach den abgelösten Regelungen der EnEV *2001 und EnEV 2007 sowie* WärmeschutzV gelten gemäß § 29 Abs. 1 EnEV *2014* als Energieausweise.

14 Den **Vollzug** des Wärmeschutzes regelt die Verordnung zur Umsetzung der Energieeinsparverordnung – **EnEV-UVO** vom 31.05.2002 (GV. NRW. S. 210, ber. S. 367). Danach ist die **Überwachung** der in der EnEV *2014* festgesetzten Anforderungen sowie die Erteilung von Ausnahmen und Befreiungen im Einzelfall nach §§ 24 und 25 EnEV 2014 den **unteren Bauaufsichtsbehörden** übertragen.

15 Die Aufgaben im Rahmen des § 10 Abs. 1 EnEV 2014 sind den **Bezirksschornsteinfegermeistern** übertragen. Sie überwachen, ob vor dem 01.10.1978 installierte Heizkessel für flüssige oder gasförmige Brennstoffe fristgerecht außer Betrieb genommen werden.

16 Die Aufgaben im Rahmen der §§ 3–9 und 16 EnEV *2014* sind den nach der SV-VO staatlich anerkannten **Sachverständigen für Schall- und Wärmeschutz** übertragen. Damit bleibt das Aufgabengebiet, wie es für die staatlich anerkannten Sachverständigen durch die WärmeschutzUVO festlag, unverändert bestehen.

17 Nach § 2 Abs. 1 Satz 1 EnEV-UVO hat der Bauherr für den Neubau und die Änderung aller in den Geltungsbereich der EnEV fallenden Gebäude einen staatlich anerkannten Sachverständigen für Schall- und Wärmeschutz nach der Verordnung über staatlich anerkannte Sachverständige nach der Landesbauordnung (SV-VO) zu beauftragen, der Nachweise aufstellt oder prüft und bescheinigt, dass die Anforderungen an den Wärmeschutz erfüllt sind. Die Nachweise sind gemäß § 2 Abs. 4 EnEV-UVO für **genehmigungspflichtige** Gebäude spätestens bei Baubeginn der unteren Bauaufsichtsbehörde vom Bauherrn **vorzulegen.** Abweichend hiervon kann der Energie- oder Wärmebedarfsausweis auch erst mit der Anzeige zur abschließenden Fertigstellung nach § 83 BauO NRW vorgelegt werden. Für nach § 63 BauO NRW von der Baugenehmigungspflicht **freigestellte** Wohngebäude sind die Nachweise gemäß § 2 Abs. 5 EnEV-UVO vom Bauherrn aufzubewahren.

18 **Nachweise des Wärmeschutzes** sind nach § 2 Abs. 1 Satz 3 EnEV-UVO:
19 1. die Einhaltung der Anforderungen nach §§ 3 oder 4 EnEV unter Berücksichtigung des klimabedingten Wärme- und Feuchteschutzes,
20 2. die Dokumentation der Ergebnisse nach §§ 16 und 17 EnEV in einem Energieausweis nach den in den Anlagen 6, 7 und 8 EnEV aufgeführten Mustern für Wohngebäude und Nichtwohngebäude.

21 Für den Energiebedarfsausweis sind nach § 2 Abs. 1 Satz 3 Nr. 2 EnEV-UVO die Muster der **Anlage 6, 7 und 8 EnEV** zu verwenden:
– Anlage 6 für **Wohngebäude,**
– Anlage 7 für **Nichtwohngebäude,**
– Anlage 8 für (Muster-) **Aushänge.**

Nach § 2 Abs. 2 EnEV-UVO hat sich der staatlich anerkannte Sachverständige für Schall- und Wärmeschutz **während der Bauausführung** durch stichprobenhafte Kontrollen davon zu überzeugen, dass die baulichen Anlagen entsprechend den Nachweisen errichtet werden. Hierüber hat der Sachverständige eine **Bescheinigung** nach dem Muster der **Anlage 1 zur EnEV-UVO** auszustellen. Für genehmigungspflichtige Gebäude hat der Bauherr die Bescheinigung der unteren Bauaufsichtsbehörde mit der Anzeige der abschließenden Fertigstellung nach § 84 BauO NRW vorzulegen; in der Genehmigungsfreistellung nach § 63 BauO NRW muss lediglich der Bauherr über die Bescheinigung verfügen. 22

(zurzeit nicht belegt) 23

Die **EnEV 2014** erfasst auch **heizungstechnische** und **raumlufttechnische Anlagen** sowie **Warmwasseranlagen**. Nach § 13 Abs. 1 Satz 1 EnEV *2014* dürfen Heizkessel für flüssige oder gasförmige Brennstoffe, deren Nennwärmeleistung mindestens 4 Kilowatt und höchstens 400 Kilowatt beträgt, zum Zweck der Inbetriebnahme nur eingebaut oder aufgestellt werden, wenn sie mit der **CE-Kennzeichnung** nach § 5 Abs. 1 und 2 der Verordnung über das Inverkehrbringen von Heizkesseln und Geräten nach dem Bauproduktengesetz – **BauPGHeizkesselV** – vom 28.04.1998 (BGBl. I S. 796, z.g.d.G. vom 05.12.2012, BGBl. I S. 2449) oder nach Art. 7 Abs. 1 oder 2 der Richtlinie 92/42/EWG des Rates vom 21.05.1992 über die Wirkungsgrade von mit flüssigen oder gasförmigen Brennstoffen beschickten neuen Warmwasserheizkesseln (ABl. EG Nr. L 167 S. 17, L 195 S. 32), zuletzt geändert durch die Richtlinie 2008/28/EG des Europäischen Parlaments und des Rates vom 11.03.2008 (ABl. L 81 vom 20.03.2008, S. 48), versehen sind. 24

Nach § 2 Abs. 3 EnEV-UVO muss das Fachunternehmen nach Abschluss der Arbeiten zur Errichtung, zum Ersatz, zur Erweiterung oder zur Umrüstung von Anlagen für Heizung, Warmwasserbereitung und Lüftung eine Unternehmererklärung im Sinne des § 26a Abs. 1 EnEV in der Form des als Anlage 2 zu dieser Verordnung bekannt gemachten Musters abgeben. Im Falle **genehmigungspflichtiger Gebäude** ist die Erklärung der Anzeige der abschließenden Fertigstellung nach § 84 BauO NRW beizufügen. 25

3 Zu Abs. 2 – Schallschutz und Dämmung von Geräuschen

Abs. 2 regelt den **Schutz vor Schall**, wobei die **Lage** und **Nutzung** der Gebäude zu berücksichtigen ist. Darüber hinaus besteht die Verpflichtung zur **Dämmung von Geräuschen**, die von **ortsfesten Anlagen** oder Einrichtungen in baulichen Anlagen oder auf dem Baugrundstück selbst ausgehen, um dem Entstehen von Gefahren oder unzumutbaren Belästigungen entgegenzuwirken. Aus dem **Schutzzweck** der Vorschrift wird erkennbar, dass nur die **negativen Auswirkungen** von Schall und Geräuschen erfasst werden sollen, nicht jedoch die nutzungsbedingt zulässigen Erscheinungsformen. Schall und Geräusche können aufgrund ihrer Art und Lautstärke **störende** und **belastende Wirkungen** entfalten oder sogar die **Gesundheit** schädigen. 26

Johlen 611

§ 15 Wärme-, Schall- Erschütterungsschutz

27 Die **Begriffe** »**Schall**« und »**Geräusche**« sind ebenso wenig bauordnungsrechtlich definiert, wie der in Abs. 2 nicht erwähnte Begriff »Lärm«, den andere Rechtsvorschriften und technische Regeln verwenden. Hierbei handelt es sich um **unbestimmte Rechtsbegriffe**, die der Auslegung bedürfen. **Schall** entstammt dem mittelhochdeutschen »schal« und bezeichnet einen lauten Ton, Geräusch, Gesang oder Geschrei; **Geräusch** leitet sich vom mittelhochdeutschen »geriusche« ab und bildet das Substantiv zum Verb »rauschen«, das westgermanischen Ursprungs ist und dem eine lautmalerische Bedeutung im Sinne von »eilen, stürmen, rasen« zugeschrieben wird. **Lärm** stammt vom frühneuhochdeutschen Wort »larman« ab, das für Geschrei steht und durch Abfall des unbetonten Anlautes aus dem spätmittelhochdeutschen Wort »alerm« entstanden ist. Diese ursprünglichen Bedeutungen des jeweiligen Wortsinnes bestehen heute so nicht mehr. Die Begriffe Lärm und Schall werden gleichermaßen in Vorschriften herangezogen (z.B. TA **Lärm**, Sportanlagen**lärm**schutzverordnung, DIN 18005 – **Schall**schutz im Städtebau, **Schall**schutzverordnung).

3.1 Messung und Bewertung des Schalldrucks

28 Die Auswirkungen des Lärms auf den Menschen sind zwar messbar, jedoch stark von **subjektiven Empfindungen** beeinflusst. Eine Störung durch Schall und Geräusche ist von mehreren **Faktoren**, den so genannten **Moderatoren** abhängig, die der jeweils betroffene Mensch bewusst oder unbewusst einer Wertung unterzieht. Zu den Moderatoren rechnen etwa Stärke, Dauer und Häufigkeit, wie auch Tageszeit, Ortsüblichkeit oder Auffälligkeit des Geräuschs. Besonders empfindlich auf Schall und Geräusche reagieren Menschen, wenn sie sich konzentrieren oder schlafen. Die **Wertung** hängt nicht nur von persönlichen Empfindungen ab, sondern richtet sich darüber hinaus nach der **sozialen Akzeptanz** der Lärmquelle, die wiederum einem Wandel unterliegen kann. Was früher nicht als störend empfunden wurde, ist aus heutiger Sicht inakzeptabel, wie am Beispiel militärischer Tiefflüge deutlich wird, die in der Zeit des »Kalten Krieges« als für die Verteidigung notwendig angesehen und deren Lärmauswirkung deshalb als unvermeidbar von der Bevölkerung hingenommen wurde.

29 Unter **Schall** bzw. **Hörschall** werden vom Menschen wahrnehmbare Geräusche, Klänge, Töne oder auch ein Knall im Frequenzbereich von 16 Hz bis 20 kHz verstanden. Mit zunehmendem Alter nimmt die Wahrnehmungsfähigkeit für hohe Frequenzen ab. Schall breitet sich als **Druckwelle** aus und transportiert dabei **Schallenergie**, wobei der **Schalldruck** die wichtigste Messgröße darstellt, die mit Mikrofonen erfassbar ist. Der Mensch nimmt über das Ohr nur den Schalldruck wahr. Der **Schalldruckpegel** wird als logarithmische Größe dB (Dezibel) angegeben, eine nach Alexander Graham Bell benannte Hilfsmaßeinheit **Bel** (Einheitszeichen **B**), deren zehnter Teil als **Dezibel** (Einheitszeichen **dB**) Anwendung findet. Der Mensch empfindet Töne mit gleichem Schalldruck aber unterschiedlicher Frequenz unterschiedlich laut. Zur Berücksichtigung dieses menschlichen Hörempfindens dienen die der technischen Messeinrichtung vorgeschalteten Frequenzbewertungsfilter A bis D. Der **Frequenzbewertungsfilter A** wird im Bereich des Lärmschutzes herangezogen und als Schalldruckpegel **dB (A)** angegeben. Der Frequenzbewertungsfilter A entspricht ungefähr dem Frequenzgang des menschlichen Gehörs bei niedrigen Schalldruckpegeln und

basiert zudem auf Sinustönen. Da diese Art der Erfassung die Lärmwirkung und die Lautheit nur unvollkommen berücksichtigt, sind für besondere Geräusche, z.b. in Bezug auf deren **Tonhaltigkeit** (quietschen) oder deren **Impulshaltigkeit** (hämmern), Zuschläge erforderlich. Das so ermittelte Geräusch kann dann mit einem durch Rechtsvorschrift festgelegten Schutzniveau oder einem in einer Richtlinie angegebenen Orientierungswert verglichen werden. Weiterentwickelte Messverfahren zur Erfassung der Lautheit von Schall und der Lautstärkewahrnehmung unter Berücksichtigung der Mechanik des menschlichen Innenohrs sind in der Praxis noch von untergeordneter Bedeutung.

Der Mensch kann **Veränderungen** des Schalldrucks ab 3 dB (A) deutlich wahrnehmen, geringere Pegelunterschiede nur nach intensivem Vergleich der Geräusche. Aufgrund des logarithmischen Aufbaus der Skala dB (A) nimmt man einen um **10 dB (A) höheren Schalldruckpegel** als **doppelt so laut** wahr. Bei gleichem Schalldruck wirken Einzeltöne lauter als breitbandige Schallsignale. Andauernder Lärm kann die Gesundheit beeinträchtigen. Ab 85 dB (A) ist bei über Jahre hinweg andauernder Einwirkung mit Lärmschwerhörigkeit zu rechnen. Einmalige Lärmereignisse über 120 dB (A) können das Gehör schädigen; die **Schmerzschwelle** liegt bei 130 bis 140 dB (A). Besonders schädlich auf die Gesundheit wirken sich häufig wiederholende nächtliche Lärmereignisse aus, weil diese Schlafstörungen hervorrufen. Nach den Erkenntnissen der Lärmforschung darf der **Innenpegel** von **Wohnräumen 40 dB (A)** und der von **Schlafräumen 30 dB (A)** nicht übersteigen, um Kommunikations- oder Schlafstörungen auszuschließen (BVerwG, Beschl. v. 17.05.1995 – 4 NB 30.94, BauR 1995, 654 = BRS 57 Nr. 2). 30

Für **Geräuschquellen** können zum Vergleich folgende Werte angegeben werden: 31

Geräuschquelle	dB (A)
flüstern	20
leise Unterhaltung	40
normale Unterhaltung	60
verkehrsreiche Straße	80
Fahrgeräusch eines Lkw	90
Fahrgeräusch eines Motorrads	100
Flugzeug in geringer Flughöhe	120

Der **Schalldruck** punktförmiger Schallquellen nimmt bei freier Ausbreitungsmöglichkeit nach dem **Abstandsgesetz** umgekehrt proportional mit zunehmendem Abstand r von der Schallquelle mit $1/r$ ab und nicht wie die Schallintensität mit dem Quadrat der Entfernung. Die Schalldruckpegel von Schallquellen können auch nicht einfach arithmetisch addiert werden. Bei **Verdoppelung** gleicher Schallquellen ergibt sich eine Erhöhung um **3 dB (A)**, bei **Verfünffachung** um **7 dB (A)**, bei **Verzehnfachung** um **10 dB (A)**. 32

§ 15 Wärme-, Schall- Erschütterungsschutz

33 **Emissionsmessungen** dienen zur Feststellung des Schalldruckpegels einer bestimmten **Schallquelle**, z.B. des Lärms einer Maschine, wobei stets die Messentfernung zum Objekt anzugeben ist, da der Schalldruckpegel mit zunehmender Entfernung von der Schallquelle abnimmt. Eine Alternativ zur Emissionsmessung ist die Angabe eines entfernungsunabhängigen **Schallleistungspegels**, der die in alle Richtungen abgestrahlte Schallleistung der Schallquelle angibt und aus dem sich der Schalldruckpegel in einer bestimmten Entfernung von dieser Quelle unter Berücksichtigung der örtlichen Verhältnisse berechnen lässt. **Immissionsmessungen** dienen dagegen zur Feststellung des Schalldruckpegels einer oder mehrerer Schallquellen an einem **Einwirkungsort**, z.B. der Lärm einer Produktionsanlage auf der Terrasse eines benachbarten Wohnhauses.

3.2 Lärmschutz nach Rechtskreisen außerhalb der BauO NRW

34 Im **Privatrecht** ergibt sich der Schutz gegen Beeinträchtigungen aus dem **Eigentumsrecht** aufgrund der §§ 862 und 1004 BGB (vgl. § 72 Rdn. 242). Im **öffentlichen Recht** ist der Lärmschutz als **Teilmaterie des Immissionsschutzes** im BImSchG und LImSchG geregelt. Daneben bestehen für Fluglärm weitere bundesrechtliche Vorschriften. Der Lärm wird im öffentlichen Recht **unterschiedlichen Erzeugerquellen** zugeordnet und daher auch in **unterschiedlichen Vorschriften** abgehandelt:
– **Gewerbelärm** in der Technischen Anleitung zum Schutz gegen Lärm – **TA Lärm**,
– **Baustellenlärm** in der Geräte- und Maschinenlärmschutzverordnung – **32. BImSchV**,
– **Sportanlagenlärm** in der Sportanlagenlärmschutzverordnung – **18. BImSchV**,
– **Freizeitanlagenlärm** in der »**Freizeitlärm-Richtlinie**«,
– **Lärm zur Nachtzeit** im Landes-Immissionsschutzgesetz – **LImSchG**,
– **Verkehrslärm**
  – von **Straße und Schiene** in der Verkehrslärmschutzverordnung – **16. BImSchV** und in der Verkehrswege-Schallschutzmaßnahmenverordnung – **24. BImSchV**,
  – von **Flugzeugen** im Gesetz zum Schutz gegen Fluglärm, der **Schallschutzverordnung** und der **Landeplatz-Lärmschutzverordnung**.

35 Infolge der Vielzahl der Vorschriften ist die **Rechtslage unübersichtlich**.

36 Die für die Praxis bedeutsamsten Bereiche des Lärmschutzes sind im **BImSchG** und in den zu diesem Gesetz ergangenen Rechtsverordnungen und Verwaltungsvorschriften geregelt. Nach **§ 1 Abs. 1 BImSchG** ist es Zweck dieses Gesetzes, Menschen, Tiere und Pflanzen, den Boden, das Wasser, die Atmosphäre sowie Kultur- und sonstige Sachgüter vor schädlichen Umwelteinwirkungen zu schützen und dem Entstehen **schädlicher Umwelteinwirkungen** vorzubeugen. Unter schädlichen Umwelteinwirkungen versteht § 3 Abs. 1 BImSchG solche **Immissionen**, die nach Art, Ausmaß oder Dauer geeignet sind, erhebliche Nachteile oder erhebliche Belästigungen für die Allgemeinheit oder die Nachbarschaft herbeizuführen. Nach § 3 Abs. 2 BImSchG rechnen zu den Immissionen auch die auf Menschen einwirkenden **Geräusche**. Gemäß § 22 Abs. 1 **BImSchG** findet das Immissionsschutzrecht ebenfalls auf Anlagen Anwendung, die keiner immissionsschutzrechtlichen Genehmigung bedürfen, in Bezug auf Geräusche auch auf Anlagen, die keinen gewerblichen Zwecken dienen und nicht im Rahmen wirtschaftlicher Unternehmungen Verwendung finden.

Die Bundesregierung ist durch § 48 BImSchG zum Erlass **allgemeiner Verwaltungs-** 37
vorschriften ermächtigt, um unter anderem das Verfahren zur Ermittlung von Emissionen und Immissionen und deren Grenzwerte zu bestimmen. Hiervon wurde mit der Technischen Anleitung zum Schutz gegen Lärm – **TA Lärm** – Gebrauch gemacht, der **normkonkretisierende Wirkung** zukommt (BVerwG, Urt. v. 29.08.2007 – 4 C 2.07, BVerwGE 129, 209 und Beschl. v. 22.09.2015 – 7 B 17/15, NVwZ-RR 2016, 32; OVG NRW, Beschl. v. 24.10.2003 – 21 A 2723/01, BauR 2004, 472 = BRS 66 Nr. 177). Die TA Lärm ist auf Anlagen anwendbar, für die ein **immissionsschutzrechtliches Genehmigungsverfahren** aufgrund der 4. BImSchV durchzuführen ist, aber auch im Rahmen des § 22 BImSchG bei der Prüfung von **baugenehmigungsbedürftigen Vorhaben** heranzuziehen (OVG NRW, Beschl. v. 26.02.2003 – 7 B 2434/02, BRS 66 Nr. 176 und Urt. v. 01.06.2011 – 2 A 1058/09, BauR 2012, 476). Sie nimmt auf DIN-Normen und VDI-Richtlinien Bezug und gewährleistet eine bundeseinheitliche Verwaltungspraxis (vgl. Feldhaus, Einführung in die TA Lärm 1998, UPR 1999, S. 1 ff. und Tegeder, Die TA Lärm 1998: technische Grundlagen der Lärmbewertung, UPR 2000, S. 99 ff.). Die TA-Lärm gilt für die nach BImSchG genehmigungsbedürftigen und nicht genehmigungsbedürftigen **Anlagen** (vgl. § 2 Rdn. 6) und erfasst weder Straßen- und Schienenlärm noch Fluglärm. Aufgrund anderer Rechtsvorschriften, aber auch von betrieblichen Besonderheiten und von Besonderheiten verschiedener Geräusche sind **vom Anwendungsbereich** der TA Lärm **ausgenommen:**

a) Sportanlagen, die der 18. BImSchV unterliegen, 38
b) sonstige nicht genehmigungsbedürftige Freizeitanlagen und Freiluftgaststätten, 39
c) nicht genehmigungsbedürftige landwirtschaftliche Anlagen, 40
d) Schießplätze, auf denen mit Waffen ab Kaliber 20 mm geschossen wird, 41
e) Tagebaue und die zum Betrieb eines Tagebaus erforderlichen Anlagen, 42
f) Baustellen, 43
g) Seehafenumschlagsanlagen und 44
h) Anlagen für soziale Zwecke. 45

Die für die Praxis bedeutendste Regelung der TA-Lärm bildet das **Verfahren zur Er-** 46
mittlung und Bewertung der von einer Anlage ausgehenden Geräuschimmissionen unter Bezugnahme auf allgemein anerkannte Regeln der Technik und die hierbei zu beachtenden **Immissionsrichtwerte** im Beurteilungszeitraum **tags von 6.00–22.00 Uhr** und **nachts von 22.00–6.00 Uhr**. Regelungen über **Ladenöffnungszeiten** befreien einen Gewerbebetrieb nicht von der Einhaltung der Bestimmungen des § 22 BImSchG i.V.m. den Immissionsrichtwerten der TA-Lärm (OVG NRW, Beschl. v. 24.01.2005 – 21 A 4049/03, DÖV 2005, 962). Die Immissionsrichtwerte bezeichnen die **Grenze für schädliche Umwelteinwirkungen** und beziehen sich auf die **Baugebiete**. Für **Gemengelagen** erlaubt **Nr. 6.7** TA-Lärm die Heranziehung von **Zwischenwerten**, wobei die Werte für Kern-, Dorf- und Mischgebiete nicht überschritten werden sollen. Da es sich bei den Werten lediglich um **Richtwerte einer Verwaltungsvorschrift** handelt, lassen diese Raum für eine **einzelfallbezogene Beurteilung**.

Nach **Nr. 6.1** TA-Lärm betragen die Immissionsrichtwerte für den Beurteilungspegel 47
für Immissionsorte **außerhalb von Gebäuden:**

a) in Industriegebieten		70 dB (A)
b) in Gewerbegebieten	tags	65 dB (A)
	nachts	50 dB (A)
c) in urbanen Gebieten	tags	63 dB (A)
	nachts	45 dB (A)
d) in Kerngebieten, Dorfgebieten, Mischgebieten	tags	60 dB (A)
	nachts	45 dB (A)
e) in allgemeinen Wohngebieten, Kleinsiedlungsgebieten	tags	55 dB (A)
	nachts	40 dB (A)
f) in reinen Wohngebieten	tags	50 dB (A)
	nachts	35 dB (A)
g) Kurgebieten, für Krankenhäuser und Pflegeanstalten	tags	45 dB (A)
	nachts	35 dB (A).

48 Einzelne kurzzeitige Geräuschspitzen dürfen die Immissionsrichtwerte tags um nicht mehr als 30 dB (A) und nachts nicht mehr als 20 dB (A) überschreiten.

49 Nr. 6.2 TA-Lärm regelt Immissionsrichtwerte bei Geräuschübertragungen **innerhalb von Gebäuden** und bei Körperschallübertragung. Die Immissionsrichtwerte betragen für den Beurteilungspegel für betriebsfremde schutzbedürftige Räume nach DIN 4109, Ausgabe November 1989, unabhängig von der Lage des Gebäudes in einem Baugebiet:

tags	35 dB (A)
nachts	25 dB (A)

50 Einzelne kurzzeitige Geräuschspitzen dürfen die Immissionsrichtwerte um nicht mehr als 10 dB (A) überschreiten; **weitergehende baurechtliche Anforderungen** bleiben allerdings **unberührt**.

51 Nr. 6.3 TA-Lärm nennt Immissionsrichtwerte für **seltene Ereignisse**. Das sind gemäß **Nr. 7.2** TA-Lärm **voraussehbare Besonderheiten** beim Betrieb einer Anlage in seltenen Fällen **oder** über begrenzte Zeitdauer, aber an nicht mehr als zehn Tagen oder Nächten eines Kalenderjahres und nicht mehr als an zwei aufeinander folgenden Wochenenden. Bei Erfüllung dieser Voraussetzungen betragen die Immissionsrichtwerte für den Beurteilungspegel für Immissionsorte **außerhalb von Gebäuden** in den Gebieten nach Nr. 6.1 Buchstaben b–g

tags	70 dB (A)
nachts	55 dB (A)

52 Einzelne kurzzeitige Geräuschspitzen dürfen die Immissionsrichtwerte überschreiten:
– in Gebieten nach Nr. 6.1 Buchstabe b am Tage um nicht mehr als 25 dB (A) und in der Nacht um nicht mehr als 15 dB (A),

– in Gebieten nach Nr. 6.1 Buchstaben c–g am Tage um nicht mehr als 20 dB (A) und in der Nacht um nicht mehr als 10 dB (A).

Der Bekämpfung von **Lärm auf Baustellen** dienen die §§ 22–25 BImSchG und die Regelungen des LImSchG (vgl. § 11 Rdn. 21) sowie die Vorgaben der **Geräte- und Maschinenlärmschutzverordnung – 32. BImSchV**. Die 32. BImSchV enthält **Marktverkehrsregelungen** sowie zeitliche **Beschränkungen** an Sonn- und Feiertagen bzw. werktags in der Zeit von 20.00 Uhr bis 7.00 Uhr beim Einsatz von Geräten und Maschinen in reinen, allgemeinen und besonderen Wohngebieten, Kleinsiedlungsgebieten, Sondergebieten für die Erholung, Kur- und Klinikgebieten sowie auf dem Gelände von Krankenhäusern und Pflegeanstalten.

53

Sportanlagen, die keiner Genehmigung nach § 4 BImSchG bedürfen, unterliegen der **Sportanlagenlärmschutzverordnung – 18. BImSchV**, die auch eine Reaktion auf die Rechtsprechung darstellt (BVerwG, Urt. v. 19.01.1989 – 7 C 77.87, BauR 1989, 172 = BRS 49 Nr. 203), wonach auf einem Sportplatz nur eine mit der angrenzenden Wohnnutzung verträgliche Sportausübung zulässig ist (vgl. Stüer/Middelbeck, Sportlärm bei Planung und Vorhabenzulassung, BauR 2003, S. 38 ff. und Stühler, Zur Änderung der Sportanlagenlärmschutzverordnung, BauR 2006, S. 1671 ff.). Nach § 1 Abs. 2 und 3 der 18. BImSchV sind Sportanlagen ortsfeste Einrichtungen im Sinne des § 3 Abs. 5 Nr. 1 BImSchG, die zur Sportausübung bestimmt sind. Hierzu zählen auch Einrichtungen, die mit der Sportanlage in einem engen räumlichen und betrieblichen Zusammenhang stehen (OVG NRW, Beschl. v. 22.07.2004 – 10 B 925/04, BauR 2004, 1738 = BRS 67 Nr. 187 zu einem Mehrzweckraum mit Küche im Neubau einer Sporthalle; OVG Bln-Bbg, Urt. v. 15.03.2012 – OVG 2 A 23.09, juris zu einem Parkplatz einer Freizeit- und Sportanlage). Zur Nutzungsdauer der Sportanlage gehören auch die Zeiten des An- und Abfahrtverkehrs.

54

Die für die Baugebietstypen in § 2 der 18. BImSchV festgelegten Immissionsrichtwerte sind ebenso wie die in § 3 festgelegten technischen und organisatorischen Maßnahmen zu beachten. Die **Immissionsrichtwerte** stellen im Konflikt zwischen emittierenden Sportnutzungen und immissionsbetroffener sonstiger Nutzung eine **normative Festlegung der Zumutbarkeitsschwelle** im Sinne des § 3 Abs. 1 BImSchG dar (BVerwG, Beschl. v. 08.11.1994 – 7 B 73.94, BauR 1995, 377 = BRS 56 Nr. 194; BayVGH, Urt. v. 06.02.2015 – 22 B 12.269, juris). Die Immissionsrichtwerte entsprechen denen für gewerbliche Anlagen, enthalten jedoch **erleichternde Sonderregelungen**, wobei die morgendlichen und abendlichen **Ruhezeiten** sowie an Sonn- und Feiertagen zusätzlich die Mittagsruhe **besonders geschützt** wird.

55

Da **Bolzplätze** nicht zur Sportausübung im Sinne des § 1 Abs. 2 der 18. BImSchV bestimmt sind, können deren Immissionsrichtwerte nur als **Anhaltspunkt** herangezogen werden (BayVGH, Urt. v. 25.11.2002 – 1 B 97.1352, BRS 65 Nr. 185 = NVwZ-RR 2004, 20; OVG Bln-Bbg, Urt. v. 11.11.2010 – OVG 11 B 24.08, juris; s.a. Ketteler, Die Anwendbarkeit der 18. BImSchV [SportanlagenlärmschutzVO] und der BauNVO auf Bolzplätze und vergleichbare Anlagen zur sportlich-spielerischen Betätigung, BauR 1997, S. 959 ff.).

56

§ 15 Wärme-, Schall- Erschütterungsschutz

57 Für die **bei Inkrafttreten** der 18. BImSchV **am 26.10.1991 bestandsgeschützten** Sportanlagen enthält § **5 begünstigende Regelungen.** Die Immissionsrichtwerte sind für Altanlagen und für Sonderveranstaltungen an bis zu 18 Tagen im Jahr erhöht. Diese Erleichterungen greifen nicht, wenn bestehende Sportanlagen **erhebliche Nutzungsausweitungen** erfahren sollen, da sie dann den **Bestandsschutz einbüßen.**

58 Für **Freizeitanlagen**, das sind Einrichtungen im Sinne des § 3 Abs. 5 Nr. 1 oder 3 BImSchG, die dazu bestimmt sind, von Personen zur Gestaltung ihrer Freizeit genutzt zu werden, gilt der RdErl. »Messung, Beurteilung und Verminderung von Geräuschimmissionen bei Freizeitanlagen« vom 23.10.2006 (MBl. NRW S. 566), der vom Länderausschuss für Immissionsschutz erarbeitet wurde und auch als »**Freizeitlärm-Richtlinie**« bezeichnet wird. Die **Immissionsrichtwerte** dieser Verwaltungsvorschrift können als geeigneter Orientierungsrahmen herangezogen werden, da sie auf länderübergreifenden Erfahrungen beruhen und durch Sachkundige festgelegt wurden (BayVGH, Beschl. v. 12.05.2004 – 24 CE 04.1230, NVwZ 2005, 719; OVG NRW, Beschl. v. 25.05.2016 – 4 B 581/16, NVwZ-RR 2016, 849). Wie bei Sportanlagen entsprechen die Immissionsrichtwerte denen für gewerbliche Anlagen, wobei die morgendlichen und abendlichen Ruhezeiten sowie die Mittagsruhe an Sonn- und Feiertagen besonderen Schutz genießen. Die für Sportanlagen eingeräumten Erleichterungen enthält die Freizeitlärm-Richtlinie nicht. Um vor allem Volksfeste zu ermöglichen, wurden an 10 Tagen im Jahr erhöhte Immissionsrichtwerte zugelassen.

59 Bilden **mehrere** in einem räumlichen Zusammenhang stehende, aber organisatorisch selbständige **Freizeitanlagen** einschließlich einer Sporthalle eine **konzeptionelle Einheit** im Sinne eines »Freizeitbereichs«, so ist eine **einheitliche** (summative) **Beurteilung** der von diesen Anlagen ausgehenden Geräuschimmissionen nach den Bestimmungen der Freizeitlärm-Richtlinie zulässig (BVerwG, Urt. v. 16.05.2001 – 7 C 16.00, BRS 64 Nr. 181 = DVBl 2001, 1451 = NVwZ 2001, 1167 = UPR 2001, 352).

60 Beim Bau oder der wesentlichen Änderung von öffentlichen Straßen sowie von Eisenbahnen, Magnetschwebebahnen und Straßenbahnen ist gemäß § **41 BImSchG** sicherzustellen, dass durch diese keine nach dem Stand der Technik vermeidbaren schädlichen Umwelteinwirkungen durch Verkehrsgeräusche hervorgerufen werden können. Die hierbei zu beachtenden Vorgaben regelt die **VerkehrslärmschutzV – 16. BImSchV**, deren Lärmgrenzwerte nicht nur im Rahmen der Planfeststellung oder Plangenehmigung sondern auch bei der Planung einer neuen Straße durch Bebauungsplan nicht überschritten werden dürfen (hierzu s. Schink, Straßenverkehrslärm in der Bauleitplanung, NVwZ 2003, S. 1041 ff.). Soweit durch den Bau oder die wesentliche Änderung öffentlicher Straßen sowie von Schienenwegen der Eisenbahnen und Straßenbahnen die in § 2 der 16. BImSchV festgelegten Immissionsgrenzwerte überschritten werden, legt die **Verkehrswege-Schallschutzmaßnahmenverordnung – 24. BImSchV** vom 04.02.1997 (BGBl. I S. 172) Art und Umfang der zum Schutz vor schädlichen Umwelteinwirkungen durch Verkehrsgeräusche notwendigen Schallschutzmaßnahmen fest, das sind bauliche Vorkehrungen an Umfassungsbauteilen schutzbedürftiger Räume, die die Einwirkungen durch Verkehrslärm mindern. Die nach § 41 Abs. 2 BImSchG vorzunehmende Verhältnismäßigkeitsprüfung setzt

voraus, dass Kosten und Nutzen eines vollständigen aktiven Lärmschutzes einerseits und des Verzichts auf einen optimalen Schutz durch teilweises oder völliges Absehen von Maßnahmen aktiven Lärmschutzes andererseits konkret gegenübergestellt werden (OVG NRW, Beschl. v. 05.10.2000 – 7 a D 56/97.NE, BRS 63 Nr. 4 = NVwZ-RR 2001, 432 und Urt. v. 14.08.2008 – 7 D 68/07.NE, juris). Nach § 42 BImSchG hat derjenige, der passiven Schallschutz an seiner baulichen Anlage treffen muss, weil dem Träger der Baulast von Straßen- oder Schienenwegen der beim Bau neuer Straßen- oder Schienenwege gebotene aktive Schallschutz nach dem Stand der Technik nicht möglich oder unverhältnismäßig kostenträchtig ist und die in der 16. BImSchV festgelegten Immissionsgrenzwerte überschritten werden, Anspruch auf angemessene Entschädigung in Geld in Höhe der für die Schallschutzmaßnahmen erbrachten Aufwendungen gegen den Baulastträger.

61 Das **Gesetz zum Schutz gegen Fluglärm** (FluLärmG) i.d.F.d.B. vom 31.10.2007 (BGBl. I S. 2550) regelt **Lärmschutzbereiche** für **Verkehrsflughäfen** mit Linienverkehr und für **militärische Flugplätze**, die dem Betrieb von Flugzeugen mit Strahltriebwerken dienen. Der Lärmschutzbereich umfasst das Gebiet außerhalb des Flugplatzgeländes, in dem der Fluglärm die in § 2 Abs. 2 FluLärmG festgelegten Grenzwerte übersteigt. Unterschieden wird je nach Lärmbelastung zwischen den Tages-Schutzzonen 1 und 2 und der Nacht-Schutzzone. Während für die Gebietsbestimmung der Tagesschutzzonen der durch Fluglärm hervorgerufene äquivalente Dauerschallpegel als Grundalge dient, wird für die Bestimmung der Nacht-Schutzzone zusätzlich der fluglärmbedingte Maximalpegel betrachtet, vgl. § 2 Abs. 2 FluLärmG. § 5 des Gesetzes enthält **Bauverbote** für bestimmte Vorhaben. Im gesamten Lärmschutzbereich dürfen nach **Abs.** 1 Krankenhäuser, Altenheime, Erholungsheime, Schulen und ähnliche in gleichem Maße schutzbedürftige Einrichtungen nicht errichtet werden, wobei Ausnahmen zugelassen werden können, wenn dies zur Versorgung der Bevölkerung mit öffentlichen Einrichtungen oder sonst im öffentlichen Interesse dringend geboten ist. Nach **Abs.** 2 dürfen in der Schutzzone 1 Wohngebäude nicht errichtet werden; **Abs.** 3 enthält hierzu Ausnahmen für Vorhaben im Geltungsbereich eines Bebauungsplans, Baulückenschließungen und privilegierte Vorhaben. Für zulässige Gebäude in Flughafennähe schreibt die **Flugplatz-Schallschutzmaßnahmenverordnung** (BGBl. I S. 2992) für die nach außen abschirmenden Bauteile Schallschutzeigenschaften vor (passiver Schallschutz). Zu den Schutzgütern, denen bei der Bestimmung der fachplanungsrechtlichen Zumutbarkeit Rechnung zu tragen ist, gehört die angemessene Befriedigung der Wohnbedürfnisse, die auch die Möglichkeit störungsfreien Schlafens umfasst. Müssen zum Schutz vor unzumutbarem Lärm die Fenster der Schlafräume geschlossen werden, haben die Betroffenen einen kompensatorischen Anspruch auf den Einbau technischer Belüftungseinrichtungen (BVerwG, Urt. v. 21.09.2006 – 4 C 4.05, NVwZ 2007, 219 = UPR 2007, 63).

62 Ein gesunde Wohn- und Arbeitsverhältnisse gewährleistender **Schallschutz** muss bereits in der **Bauleitplanung** berücksichtigt werden. Dem Wohnen dienende Baugebiete sind Baugebiete mit Geräusch- und auch anderen Emissionen wie auch Verkehrsflächen so zuzuordnen, dass sich Beeinträchtigungen in den Wohngebieten nicht auswirken können. Dies folgt aus den Belangen **des § 1 Abs. 6 Nr. 1 BauGB**, wonach unter anderem bei der Aufstellung der Bauleitpläne insbesondere die allgemeinen Anforderungen an gesunde Wohn- und Arbeitsverhältnisse und die Sicherheit der Wohn- und Arbeitsbevölkerung zu berücksichtigen sind.

63 Der **Trennungsgrundsatz** des § 50 BImSchG verlangt bei **raumbedeutsamen** Planungen und Maßnahmen, die für eine bestimmte Nutzung vorgesehenen Flächen einander so zuzuordnen, dass schädliche Umwelteinwirkungen auf die ausschließlich dem Wohnen dienenden Gebiete sowie auf sonstige schutzbedürftige Gebiete soweit wie möglich vermieden werden. Das **Optimierungsgebot** des § 50 BImSchG kann aus gewichtigen Gründen im Wege der Abwägung überwunden werden (BVerwG, Beschl. v. 07.07.2004 – 4 BN 16.04, BRS 67 Nr. 33 = ZfBR 2005, 71; OVG LSA, Urt. v. 14.02.2013 – 2 K 122/11, BauR 2013, 1420). Regelungen zur Berücksichtigung des § 50 BImSchG in der Bauleitplanung enthalten neben den aufgrund des BImSchG erlassenen Rechtsverordnungen auch:
– den **Abstandserlass** vom 06.06.2007 (MBl. NRW. S. 659), und
– die Norm **DIN 18005 Teil 1** (Ausgabe Juli 2002) – **Schallschutz im Städtebau**; Grundlagen und Hinweise für die Planung.

64 Diese Regelungen sind für Neuplanungsfälle konzipiert und lassen sich bei der Aufstellung von **Bebauungsplänen für bestehende Baugebiete**, die selten den Baugebieten nach der BauNVO entsprechen, nur bedingt anwenden. Zur Lösung von Nutzungskonflikten in gewachsenen städtebaulichen Strukturen bietet die BauNVO verschiedene Möglichkeiten, die von der Festsetzung zonierter Baugebiete über Schutzvorkehrungen bis hin zu den im Vollzug schwer zu handhabenden immissionswirksamen flächenbezogenen Schallleistungspegeln reichen (hierzu s. Fickert/Fieseler, zu § 1 Rn. 47–47.14; Spiegels, Zum Lärmschutz bei der Überplanung einer Gemengelage – Abwägung und planerische Festsetzungsmöglichkeiten, BauR 2007, S. 315 ff.; Fischer/Tegeder, Geräuschkontingentierung – DIN 45691, BauR 2007, S. 323 ff.).

65 Die Gemeinde kann gemäß **§ 9 Abs. 1 Nr. 24 BauGB** im Bebauungsplan die von der Bebauung freizuhaltenden Schutzflächen und ihre Nutzung, Flächen für besondere Anlagen und Vorkehrungen zum Schutz vor schädlichen Umwelteinwirkungen im Sinne des BImSchG sowie die zum Schutz vor solchen Einwirkungen oder zur Vermeidung oder Minderung solcher Einwirkungen zu treffenden **baulichen** und sonstigen **technischen Vorkehrungen** festsetzen. Die zuletzt genannte Befugnis ermöglicht Festsetzungen über bauliche und technische Vorkehrungen an den emittierenden Anlagen oder an den von Immissionen betroffenen Anlagen (vgl. Battis/Krautzberger/Löhr, zu § 9 Rn. 140), regelt jedoch **keine Emissionsgrenzwerte** (BVerwG, Beschl. v. 18.12.1990 – 4 N 6.88, BRS 50 Nr. 25; OVG NRW, Urt. v. 03.02.2011 – 2 A 1416/09, BauR 2011, 1631) und auch **keine Nutzungszeiten** für bestimmte Anlagen (VGH B-W, Urt. v. 14.11.1996 – BRS 58 Nr. 28 = NVwZ-RR 1997, 694 = ZfBR 1997, 101; Hess. VGH, Urt. v. 12.11.2012 – 4 C 2052/11.N, NVwZ-RR 2013, 349). Das Schutzniveau kann nicht mit Wirkung für das Immissionsschutzrecht abgesenkt werden, vielmehr sind die Festsetzungen am **Schutzmodell des BImSchG** auszurichten, das sich nicht im Wege der Abwägung überwinden lässt (OVG NRW, Beschl. v. 01.09.2005 – 8 A 2810/03, BauR 2006, 82 = BRS 69 Nr. 44 = UPR 2006, 80).

3.3 Schallschutz nach BauO NRW und DIN 4109

Gebäude müssen nach § 15 Abs. 2 BauO NRW so ausgeführt werden, dass die Bewohner und Nutzer vor hohen Schallpegeln so geschützt sind, dass ihre Gesundheit nicht beeinträchtigt wird. Dies gilt sowohl für den Schutz vor Außenlärm als auch vor Lärm aus anderen Nutzungseinheiten innerhalb des Gebäudes, wie z.b. der Schutz der Inhaber einer Wohnung im Obergeschoss vor den Lärmauswirkungen einer Gaststätte im Erdgeschoss. 66

Nach § 50 Abs. 1 Satz 3 Nr. 6 BauO NRW können bei **Sonderbauten** im Einzelfall an die Bauart und Anordnung von Bauteilen auch bezüglich des Schallschutzes **besondere Anforderungen** gestellt werden. 67

Die Norm **DIN 4109** Teil 1 (Ausgabe Januar 2018) – Schallschutz im Hochbau ist nach § 3 Abs. 2 Satz 2 BauO NRW als **Technische Baubestimmung** bauaufsichtlich eingeführt (s. A 5.2 der Liste der Technischen Baubestimmungen, Anlage zum RdErl. vom 07.12.2018, MBl. NRW. S. 775). Diese Norm ist vor allem für den **Wohnungsbau** von Bedeutung, da sie auf den hohen Stellenwert des Schallschutzes in Gebäuden für die Gesundheit und das Wohlbefinden des Menschen hinweist. Besonders wichtig ist der Schallschutz im Wohnungsbau, da die Wohnung dem Menschen sowohl zur Entspannung und zum Ausruhen dient als auch den eigenen häuslichen Bereich gegenüber den Nachbarn abschirmen soll. Um eine zweckentsprechende Nutzung der Räume zu ermöglichen, ist auch in Schulen, Krankenhäusern, Beherbergungsstätten und Bürogebäuden der Schallschutz von Bedeutung. 68

Die Norm 4109 benennt **Mindestanforderungen** an den Schallschutz mit dem Ziel, Menschen in **Aufenthaltsräumen** vor unzumutbaren Belästigungen durch Schallübertragung zu schützen. Außerdem regelt sie das **Verfahren zum Nachweis** des geforderten Schallschutzes. Aufgrund der in der Norm festgelegten Anforderungen kann nicht erwartet werden, dass Geräusche von außen oder aus benachbarten Räumen nicht mehr wahrgenommen werden. Daraus ergibt sich insbesondere die Notwendigkeit gegenseitiger Rücksichtnahme durch Vermeidung unnötigen Lärms. Die Anforderungen setzen voraus, dass in benachbarten Räumen keine ungewöhnlich starken Geräusche verursacht werden, die insbesondere die Wohnruhe beeinträchtigen. 69

Die Norm 4109 legt Anforderungen für **schutzbedürftige Räume** fest. Schutzbedürftige Räume im Sinne der Norm sind nach Nr. 3.16 gegen Geräusche zu schützende **Aufenthaltsräume** (zum Begriff des Aufenthaltsraumes vgl. § 2 Rdn. 289 ff.). Die Norm gilt zum Schutz von schutzbedürftigen Räumen: 70
- gegen Geräusche aus fremden Räumen (z.B. Nachbarwohnungen), die bei deren bestimmungsgemäßer Nutzung entstehen,
- gegen Geräusche aus Anlagen der technischen Gebäudeausrüstung sowie aus Gewerbe- und Industriebetrieben, die im selben oder baulich damit verbundenen Gebäuden vorhanden sind,
- gegen Außenlärm, z.B. Verkehrslärm und Lärm aus Gewerbe und Industriebetrieben, die nicht mit den schutzbedürftigen Aufenthaltsräumen baulich verbunden

§ 15   Wärme-, Schall- Erschütterungsschutz

sind, ausgenommen Fluglärm, soweit er im Gesetz zum Schutz gegen Fluglärm geregelt ist (vgl. Rdn. 61).
und bilden die die Grundlage für die erforderliche Baukonstruktion bei Neubauten sowie für bauliche Änderungen bestehender Bauten.

71 Keine Anwendung findet die Norm auf Aufenthaltsräume, in denen nutzungsbedingt ständig oder nahezu ständig stärkere Geräusche vorhanden sind, die einem zeitabhängigen Schalldruckpegel LAF von 40 dB(A) entsprechen. Nach Nr. 3.1 der DIN 4109 Teil 1 ist der zeitabhängige AF-Schalldruckpegel der Schalldruckpegel, der mit der Frequenzbewertung A und der Zeitbewertung F (fast = schnell), als Funktion der Zeit gemessen wird.

72 Die normativen Festlegungen beziehen sich auf
    – die Luft- und Trittschalldämmung in Gebäuden mit Wohn- oder Arbeitsbereich,
    – die Luft- und Trittschalldämmung in Nichtwohngebäuden,
    – die Luftschalldämmung von Außenbauteilen und
    – die Luft- und Trittschalldämmung zwischen »besonders lauten« und schutzbedürftigen Räumen,
    – die maximal zulässigen Schalldruckpegel in fremden schutzbedürftigen Räumen erzeugt durch gebäudetechnische Anlagen und baulich mit dem Gebäude verbundenen Gewerbebetrieben,
    – die durch im eigenen Wohnbereich durch raumlufttechnische Anlagen maximal zulässigen Schalldruckpegel in schutzbedürftigen Räumen in der eigenen Wohnung,
    – die Anforderungen an Armaturen und Geräte der Trinkwasser-Installation.

73 Die in der Norm DIN 4109 verwendeten Begriffe sind unter Nr. 3 definiert.

74 Der Nachweis des Schallschutzes ist Bestandteil der Bauvorlagen gemäß § 1 Abs. 1 Nr. 6 i.V.m. § 8 Abs. 4 BauPrüfVO. Diese Vorschrift bestimmt nur, dass als Nachweis des Schallschutzes, soweit erforderlich, Einzelnachweise durch Zeichnung, Beschreibung, Berechnung, Prüfzeugnisse oder Gutachten vorzulegen sind. Anders als im Bereich des Wärmeschutzes (vgl. Rdn. 17) besteht neben § 8 Abs. 4 BauPrüfVO keine Rechtsverordnung zur Umsetzung der Anforderungen an den Schallschutz im bauaufsichtlichen Verfahren. Die wenigen Vorgaben des § 8 Abs. 4 BauPrüfVO orientieren sich offensichtlich an der Norm DIN 4109. Grundsätzlich kann der Nachweis des Schallschutzes von einem hierzu geeigneten Entwurfsverfasser oder Fachplaner aufgestellt werden.

75 Infolge der Regelungen der §§ 62, 63 i.V.m. den §§ 67 und 68 BauO NRW besteht eine unübersichtliche Rechtslage:
    – Im normalen Genehmigungsverfahren, das gemäß § 65 i.V.m. § 50 Abs. 2 BauO NRW nur »große« Sonderbauten erfasst (vgl. § 50 Rdn. 22 ff.), ist der Nachweis des Schallschutzes gemäß § 70 Abs. 2 Satz 1 BauO i.V.m. § 1 Abs. 1 Satz 1 Nr. 6 BauPrüfVO zusammen mit den Bauvorlagen vorzulegen. Dieser Nachweis bedarf grundsätzlich einer Prüfung. Die untere Bauaufsichtsbehörde kann die Prüfung

selbst vornehmen oder mit der Prüfung ein **Prüfamt** oder einen **Prüfingenieur** gemäß § 27 Abs. 1 Satz 1 BauPrüfVO **beauftragen**.
- Im **einfachen** Genehmigungsverfahren hat der Bauherr gemäß § 68 Abs. 1 Satz 1 Nr. 1 BauO NRW spätestens mit der Anzeige des Baubeginns der unteren Bauaufsichtsbehörde den Nachweis des Schallschutzes vorzulegen, der von einem **staatlich anerkannten Sachverständigen** für Schall- und Wärmeschutz entweder **aufgestellt oder geprüft** sein muss. In den Fällen des § 68 Abs. 2 BauO NRW bedarf es keiner Einschaltung eines staatlich anerkannten Sachverständigen für Schall- und Wärmeschutz (vgl. § 68 Rdn. 18 ff.). Der Bauherr kann jedoch gemäß § 68 Abs. 1 Satz 5 BauO NRW eine **Prüfung** des Nachweises **durch die untere Bauaufsichtsbehörde beantragen**, ohne dass hierauf ein Rechtsanspruch besteht (vgl. § 68 Rdn. 16–17). In den Fällen des § 68 Abs. 3 BauO NRW entfällt sogar die Vorlagepflicht des Nachweises (vgl. § 68 Rdn. 23–24).
- In der **Genehmigungsfreistellung** muss nach § 63 Abs. 4 BauO der von einem **staatlich anerkannten Sachverständigen** für Schall- und Wärmeschutz **aufgestellte** oder **geprüfte** Nachweis des Schallschutzes für **Wohngebäude mittlerer Höhe** und für **Wohngebäude geringer Höhe mit mehr als zwei Wohnungen** vor Baubeginn vorliegen und zwar dem Bauherrn selbst und nicht etwa der Gemeinde oder der unteren Bauaufsichtsbehörde (vgl. § 63 Rdn. 56–61).

3.4 Dämmung von Geräuschen

Abs. 2 Satz 2 erfasst **Geräusche**, die von **ortsfesten** Anlagen oder Einrichtungen **in** baulichen Anlagen oder **auf** Baugrundstücken ausgehen. Zu diesen Anlagen und Einrichtungen zählen unter anderem Wärmepumpen, Armaturen, Aufzugsanlagen, Rolltore, Müllentsorgungsanlagen, Gebläse oder Klimaanlagen. Diese können, wenn sie nicht gedämmt sind, zu **Gefahren** oder **unzumutbaren Belästigungen** der Benutzer des Gebäudes oder auch der **Nachbarn** führen (zu diesen Begriffen vgl. § 3 Rdn. 11 und 39–40, zum Nachbarschutz vgl. § 72 Rdn. 193). 76

Die Vorschrift stellt Anforderungen an die **Schalldämmung** der ortsfesten Anlagen und Einrichtungen. Ein ausreichender Geräuschschutz ist regelmäßig gewährleistet, wenn die ortsfesten Anlagen und Einrichtungen nach der Norm **DIN 4109** geplant und errichtet werden. Diese regelt unter anderem in ihrem **Abschnitt 4** den Schutz gegen **Geräusche aus haustechnischen Anlagen** und **Betrieben** und in **Abschnitt 7** den **Nachweis der schalltechnischen Eignung von Wasserinstallationen**. 77

Daneben können zur Beurteilung der Frage, ob die von ortsfesten Anlagen oder Einrichtungen in baulichen Anlagen ausgehenden Geräusche so gedämmt sind, dass Gefahren oder unzumutbare Belästigungen für die Nachbarschaft nicht entstehen, die **Immissionsrichtwerte der TA-Lärm** herangezogen werden (vgl. Rdn. 46). 78

4 Zu Abs. 3 – Schutz vor Erschütterungen und Schwingungen

Abs. 3 erfasst **Erschütterungen** und **Schwingungen**, die – vergleichbar mit den von Abs. 2 Satz 2 erfassten Geräuschen – von **ortsfesten** Anlagen und Einrichtungen **in** baulichen Anlagen oder **auf** Baugrundstücken ausgehen (vgl. Rdn. 76) und über die 79

§ 16 Verkehrssicherheit

Bauteilmasse bei direkter Verbindung der Anlage mit der baulichen Anlage oder über das Erdreich übertragen werden. Daher müssen die Fundamente dieser Anlagen und Einrichtungen von den übrigen Teilen des Gebäudes oder auch vom anstoßenden Erdreich getrennt und isoliert sein (Dämmschichten, federnde Zwischenschichten, Stoßfänger). Der **Schutz gegen seismische Einwirkungen (Erdbeben)** fällt nicht hierunter, sondern ist ein Teil der Standsicherheitsprüfung (vgl. § 12 Rdn. 2).

80 **Erschütterungen** (Schlag- und Rüttelbewegungen) können von Einrichtungen ausgehen, die unregelmäßigen Belastungen ausgesetzt sind, z.b. durch Druckstöße beim Öffnen und Schließen schwerer Schaltschütze oder Armaturen sowie maschinellen Einrichtungen, die Stoß- und Schlagwirkungen erzeugen, z.B. Stanzen, Fallhämmer, Druckpressen, Bügelpressen, Aufzugsanlagen.

81 **Schwingungen** (Rotations-, Pendelbewegungen) treten vornehmlich bei rotierenden Maschinen auf (Ventilatoren, Klimaanlagen, Wärmepumpen, Stromaggregate). Sie führen in der Regel zur Erzeugung von Luft- und Körperschall (Geräuschen), können sogar in kritischen Frequenzbereichen (Eigenfrequenzen) die Standsicherheit baulicher Anlagen gefährden (vgl. OVG Lüneburg, Urt. v. 23.09.1986 – 6 A 182/84, BauR 1987, 297 = BRS 46 Nr. 184 zu Windkraftanlagen).

82 Erschütterungen und Schwingungen sind nach § 3 Abs. 2 BImSchG **Immissionen**, deren Vermeidung oder Beschränkung über § 22 Abs. 1 BImSchG im bauaufsichtlichen Verfahren zu beachten ist (vgl. Rdn. 36). Vorgaben hierzu enthält der RdErl. »Messung, Beurteilung und Verminderung von Erschütterungsimmissionen« vom 6. März 2018 (MBl. NRW. 2018 S. 593).

§ 16 Verkehrssicherheit

(1) Anlagen und die dem Verkehr dienenden nicht überbauten Flächen von bebauten Grundstücken müssen verkehrssicher sein.

(2) Die Sicherheit und Leichtigkeit des öffentlichen Verkehrs darf durch Anlagen oder deren Nutzung nicht gefährdet werden.

Übersicht Rdn.
0 Änderungen gegenüber der BauO NRW 2000 01
1 Allgemeines. 1
2 Zu Abs. 1 – Verkehrssicherheit von Anlagen und Grundstücken 3
3 Zu Abs. 2 – Gefährdung des öffentlichen Verkehrs 8

0 Änderungen gegenüber der BauO NRW 2000

01 Abs. 1 und Abs. 2 regeln im Gegensatz zur BauO NRW 2000 nur noch die Verkehrssicherheit von »Anlagen«, nicht mehr von »baulichen Anlagen«. Daher konnte in Abs. 2 der Zusatz gestrichen werden, wonach neben – vormals: baulichen – Anlagen auch »andere Anlagen und Einrichtungen im Sinne des § 1 Abs. 2 Satz 2« die Verkehrssicherheit nicht gefährden dürfen. Weiterhin ist nunmehr von der »Sicherheit und

Leichtigkeit«, nicht mehr von der »Sicherheit und Ordnung« des Verkehrs die Rede. Bei den genannten Änderungen handelt es sich lediglich Anpassungen an die MBO redaktioneller Art (vgl. LT-Drucks. 17/2166, S. 110), inhaltliche Änderungen gehen somit nicht einher.

1 Allgemeines

Die Vorschriften des **Abs. 1** betreffen unter dem Aspekt der **Gefahrenabwehr** die Verkehrssicherheit von Anlagen und der dem Verkehr dienenden nicht überbauten Flächen der bebauten Grundstücke. Erfasst werden alle Flächen, die im Allgemeinen **zum Begehen und Befahren bestimmt** sind, sowohl auf dem Grundstück selbst, wie z.b. Zugänge und Zufahrten, Terrassen oder Spielflächen, als auch **innerhalb** der oder **auf den baulichen Anlagen**, wie z.b. Flure, Rampen, Laubengänge, Balkone, Dachterrassen, Treppen oder Aufzüge. Es soll hierdurch vor allem erreicht werden, dass die baulichen Anlagen und begehbaren und befahrbaren Flächen auf dem bebauten Grundstück verkehrssicher sind und dass weder Rutsch- noch Stolpergefahren auftreten. Damit begründet diese Vorschrift neben der zivilrechtlichen (§ 823 BGB) eine öffentlich-rechtliche Verkehrssicherungspflicht. Sie dient dem **Schutz der Nutzer** (Bewohner, Beschäftigte, Besucher), nicht jedoch dem Schutz der Nachbarn (Hess. VGH, Urt. v. 24.08.2012 – 3 A 565/12, juris). 1

Durch die Vorschriften des **Abs. 2** soll eine **Gefährdung des öffentlichen Verkehrs** durch Anlagen verhindert werden. Anknüpfungspunkt ist dabei das Begriffspaar der »Sicherheit und Leichtigkeit« des öffentlichen Verkehrs. 2

2 Zu Abs. 1 – Verkehrssicherheit von Anlagen und Grundstücken

Die in Abs. 1 geforderte Verkehrssicherheit **beschränkt sich nicht** allein auf die **allgemein zugänglichen Verkehrsflächen** in und auf Anlagen und auf den dem Verkehr dienenden nicht überbauten Flächen der bebauten Grundstücke, sondern sie ist auch dort zu erfüllen, wo sonst Gefahren für – **auch nur gelegentliche** – **Benutzer** entstehen können (vgl. Große-Suchsdorf zu § 16 Rn. 5). So sind Bodenluken oder nicht begehbare Glasabdeckungen in Dachgärten zu umwehren. Erfasst werden auch Vorrichtungen, die vom Schornsteinfeger in Erfüllung seiner Pflichten benutzt werden müssen. Der jeweils erforderliche **Sicherheitsgrad** orientiert sich an der bestimmungsgemäßen Gebäudenutzung, so dass der Anspruch der Verkehrssicherheit dort zurücktreten muss, wo Personen nicht gefährdet werden können; Treppen in Wohnungen sind daher beispielsweise anders zu beurteilen als in öffentlichen Gebäuden (vgl. Buntenbroich/Voß, zu § 19 Rn. 8 ff.). 3

Alle im Allgemeinen **zum Begehen oder Befahren bestimmten** Flächen auf den Grundstücken und in Anlagen müssen verkehrssicher sein. Dazu gehört, dass insbesondere keine Rutsch- oder Stolpergefahren bestehen dürfen und dass die Flächen bei Tag und Nacht ausreichend beleuchtet oder beleuchtbar sind. Flächen, bei denen aufgrund ihrer Höhenlage Absturzgefahr besteht, sind sicher zu umwehren. Im Bereich von Verkehrsflächen darf die so genannte »Kopffreiheit« nicht durch zu geringe Durchgangshöhen oder durch hineinragende Bauteile 4 beeinträchtigt werden. Bei Dächern können entlang von Verkehrsflächen auf dem Grundstück Vorrichtungen zum Schutz gegen das Herabfallen von Schnee und Eis erforderlich werden.

5 Die Grundforderung nach Verkehrssicherheit in Abs. 1 wird hinsichtlich bestimmter Gebäude- oder Bauteile in **Einzelvorschriften** konkretisiert, so in:
- § 4 Abs. 1 BauO NRW – öffentlich-rechtlich gesicherte (private) Zufahrten
- § 5 BauO NRW – Zugänge und Zufahrten (für die Feuerwehr),
- § 11 Abs. 2 BauO NRW – Sicherung der Gefahrenzone der Baustelle
- § 32 Abs. 8 und 9 BauO NRW – Forderung von Schneefanggittern und Vorrichtungen für vom Dach aus vorzunehmende Arbeiten,
- § 34 Abs. 6 und 7 BauO NRW – Handläufe und Türen an Treppen,
- § 38 BauO NRW – Umwehrungen und Fensterbrüstungen.

6 Die SBauVO sowie – außerhalb des Bauordnungsrechts – die ArbStättV enthalten besondere Anforderungen an die Verkehrssicherheit der Flure, Treppen und Rampen. Die SBauVO regelt im Interesse der Verkehrssicherheit die Ausgestaltung der Zu- und Abfahrten, der Rampen sowie der Einstellplätze und Verkehrsflächen in Garagen. Ein ausgewiesener Behindertenparkplatz muss so beschaffen sein, dass er von Menschen mit Behinderung auch gefahrlos genutzt werden kann (BVerfG, Beschl. v. 24.03.2016 – 1 BvR 2012/13, NJW 2016, 3013 zu einem mit unregelmäßigem Kopfsteinpflaster gepflasterten – und daher nicht verkehrssicheren – Behindertenparkplatz). Letztendlich bezwecken auch die Vorschriften des § 49 Abs. 1 i.V.m. § 2 Abs. 10 BauO NRW eine Verbesserung der Verkehrssicherheit der dem allgemeinen Besucherverkehr dienenden Teile von Gebäuden, die von Menschen mit Behinderung, alten Menschen und Personen mit Kleinkindern aufgesucht werden.

7 **Nicht mehr genutzte Anlagen** müssen nicht mehr in vollem Umfang den Anforderungen des § 16 Abs. 1 BauO NRW entsprechen, allerdings ist es dann erforderlich, dass der Zugang zu diesen Teilen der Anlage durch entsprechende Vorrichtungen wirksam verhindert wird (vgl. Boeddinghaus/Hahn/Schulte, zu § 19 Rn. 5).

3 Zu Abs. 2 – Gefährdung des öffentlichen Verkehrs

8 Abs. 2 betrifft die **Sicherheit des öffentlichen Verkehrs.** Diese darf durch Anlagen oder deren Nutzung nicht gefährdet werden. Die Regelung erfasst Anlagen an Verkehrsflächen, die nicht spezialgesetzlichen Vorschriften unterliegen. Entsprechende Regelungen enthalten das FStrG und das StrWG NRW. **Schutzgegenstand** der Norm ist der öffentliche Verkehr, also **jede in der Öffentlichkeit stattfindende und regelmäßig zu erwartende Bewegung von Personen, Tieren und Fahrzeugen** (OVG NRW, Beschl. v. 02.04.2014 – 15 A 571/11, juris). Die Ausgänge und Ausfahrten sind mit Hinblick auf den zu erwartenden Verkehr – »erwartet« sowohl aus der Nutzung des Grundstücks als auch den Gegebenheiten der öffentlichen Verkehrsfläche – zu dimensionieren und entsprechend übersichtlich zu gestalten (vgl. Boeddinghaus/Hahn/Schulte, zu § 19 Rn. 12).

Bei der Beurteilung, ob eine Gefährdung der Sicherheit und Leichtigkeit des öffent- 9
lichen Verkehrs zu erwarten ist, ist die VV BauO NRW 2000 in den Blick zu nehmen,
auch wenn diese mittlerweile außer Kraft getreten ist.

So ist **an öffentlichen Verkehrsflächen** eine **Gefährdung** der Sicherheit oder 10
Leichtigkeit des öffentlichen Verkehrs durch bauliche Anlagen **nicht anzunehmen,** wenn
– eine Ausnahme, Genehmigung oder Zustimmung gemäß § 9 FStrG oder § 25
 StrWG NRW oder
– eine Sondernutzungserlaubnis gemäß § 8 FStrG oder § 18 StrWG NRW
vorliegt oder das Vorhaben im Geltungsbereich einer Ortssatzung über die Befreiung
von der Erlaubnispflicht (§ 8 Abs. 1 FStrG und § 19 StrWG NRW) liegt und deren
Regelungen entspricht (Nr. 19.21 VV BauO NRW 2000).

Nach Nr. 19.22 VV BauO NRW 2000 war **unbeschadet abweichender Vorschrif-** 11
ten in einer **Ortssatzung über Sondernutzungen** eine Gefährdung der Sicherheit
und Leichtigkeit des öffentlichen Verkehrs im Allgemeinen nicht anzunehmen,
wenn
a) Bauteile wie Sockel, Gesimse und Fensterbänke so geringfügig in den öffentlichen 12
 Verkehrsraum hineinragen, dass Passanten nicht gefährdet werden können; dies
 gilt auch für Werbeanlagen und Warenautomaten,
b) Bauteile, Vorbauten und Vordächer, Markisen und Werbeanlagen mehr als 2,50 m 13
 oberhalb des Gehweges vor die Gebäudefront vortreten und einen Abstand von
 mindestens 70 cm vom Rand der Fahrbahn einhalten.

Fenster und Türen sollen nicht in den öffentlichen Verkehrsraum aufschlagen. Kel- 14
lerlicht- und Betriebsschächte müssen sicher abgedeckt sein (§ 39 Abs. 3 BauO
NRW).

Einige Beispiele aus der **Rechtsprechung** mögen bei der Beurteilung hilfreich sein: 15
– Ist eine Gefährdung der Sicherheit und Leichtigkeit des öffentlichen Verkehrs
 durch eine bauliche Anlage deswegen zu besorgen, weil die ihr zugeordneten Einstellplätze von der Straße aus nicht eingesehen werden können, deshalb häufig
 vergeblich angefahren werden und infolge der dadurch bedingten Vielzahl von An-
 und Abfahrten der Verkehrsfluss auf der Straße behindert wird, so lassen sich die
 insoweit gegen die Zulässigkeit der betreffenden Anlage bestehenden Bedenken
 durch die Anbringung einer Vorrichtung ausräumen, die dem sich auf der Straße
 nähernden Kraftfahrer rechtzeitig und verlässlich anzeigt, ob die betreffenden Einstellplätze belegt sind (OVG Saar, Urt. v. 13.05.1981 – 2 R 88/80 und 86/81, BRS
 38 Nr. 126).
– Zur Frage, ob eine Grenzgarage die Sicherheit und Leichtigkeit des öffentlichen
 Verkehrs dadurch gefährdet, dass sie die Sicht von der Garagenzufahrt auf den
 öffentlichen Verkehrsraum einschränkt, vgl. VGH B-W, Urt. v. 18.02.1982 – 3 S
 2325/80, BRS 38 Nr. 127.
– Ein an der engsten Stelle zwischen einem Gebäude und einer Stützmauer
 nur 3 m breiter Weg ohne Bürgersteig ist keine verkehrssichere Zufahrt zu

einer siebengeschossigen Wohnanlage mit 32 Wohnungen und 32 Stellplätzen (OVG Saar, Urt. v. 03.12.1982 – 2 R 182/81, BRS 39 Nr. 220).
- Leitsatz zum Urteil des OVG Saar, Urt. v. 28.01.1992 – 2 R 6/89, BRS 54 Nr. 195:
  1. Nachbarliche Abwehrrechte gegen eine Grenzmauer bestehen nicht schon dann, wenn diese die Sicht von einer Garagenausfahrt auf den fließenden Verkehr behindert.
  2. Bei der Beurteilung der Frage einer Verkehrsgefährdung ist auf das Verhalten des durchschnittlichen verantwortungsbewussten, die Bestimmungen der Straßenverkehrsordnung beachtenden Kraftfahrers abzustellen. Etwaige Gefahren, die sich aus dem Verhalten von diesen Anforderungen nicht genügenden Kraftfahrern ergeben, haben außer Betracht zu bleiben.
- Ein Warenautomat für Kaugummi kann die Sicherheit und Leichtigkeit des öffentlichen Straßenverkehrs gefährden (VGH B-W, Urt. v. 12.04.1983 – 3 S 24/83, BRS 40 Nr. 126).
- Werbeanlagen, die weder bauliche Anlagen noch Bauteile solcher sind, fallen nicht unter das Verbot des Hineinragens in den öffentlichen Verkehrsraum (OVG NRW, Urt. v. 19.05.1981 – 11 A 2414/79, BRS 38 Nr. 145).
- Zugänge und Einfahrten baulicher Anlagen sind so herzurichten, dass sie die nach allgemeiner Lebenserfahrung zu erwartende Personen- und Fahrzeuganzahl aufnehmen können, ohne dass es im öffentlichen Verkehrsraum zu Rückstauungen oder gar Blockaden kommt. Die Erschließung einer mehrzügigen Grundschule über eine einzige schmale (5,50 m) Straße ohne Gehweg ist angesichts des zu erwartenden Fußgänger-, Pkw- und Radfahreraufkommens nicht verkehrssicher (OVG NRW, Beschl. v. 02.04.2014 – 15 A 571/11, juris).
- zum verkehrsgefährdenden Charakter einer Werbeanlage an einem Standort mit komplexer Verkehrssituation in einer städtischen Randlage, vgl. BayVGH, Beschl. v. 27.10.2011 – 15 ZB 10.2409, juris.

16 Ein Sonderproblem der Gefährdung der Sicherheit oder Leichtigkeit des öffentlichen Verkehrs besteht in Bezug auf die **von Werbeanlagen ausgehenden Wirkungen auf die Verkehrsteilnehmer**. Aus diesem Grund normiert § 10 Abs. 2 Satz 2 BauO NRW, dass Werbeanlagen die Sicherheit und Leichtigkeit des Verkehrs nicht gefährden dürfen. Werbeanlagen können in besonderen Fällen die Aufmerksamkeit der Verkehrsteilnehmer auf sich ziehen und damit indirekt Unfälle auslösen (vgl. § 10 Rdn. 138–142 mit weiteren Beispielen).

17 Die Vorschrift des Abs. 2 kann **nicht** dazu herangezogen werden, eine nach planungsrechtlichen Festsetzungen zulässige bauliche Anlage überhaupt zu untersagen. Ebenso bietet die Vorschrift **keine** Handhabe, ohne entsprechende Festsetzungen in einem Bebauungsplan an Eckgrundstücken Sichtdreiecke freizuhalten und dadurch die bauliche Ausnutzbarkeit des Grundstücks zu beschränken.

Dritter Abschnitt Bauarten und Bauprodukte

§ 17 Bauarten

(1) Bauarten dürfen nur angewendet werden, wenn bei ihrer Anwendung die baulichen Anlagen bei ordnungsgemäßer Instandhaltung während einer dem Zweck entsprechenden angemessenen Zeitdauer die Anforderungen dieses Gesetzes oder der aufgrund dieses Gesetzes erlassenen Vorschriften erfüllen und für ihren Anwendungszweck tauglich sind.

(2) Bauarten, die von Technischen Baubestimmungen nach § 88 Absatz 2 Nummer 2 oder Nummer 3 Buchstabe a wesentlich abweichen oder für die es allgemein anerkannte Regeln der Technik nicht gibt, dürfen bei der Errichtung, Änderung und Instandhaltung baulicher Anlagen nur angewendet werden, wenn für sie
1. eine allgemeine Bauartgenehmigung durch das Deutsche Institut für Bautechnik oder
2. eine vorhabenbezogene Bauartgenehmigung durch die oberste Bauaufsichtsbehörde
erteilt worden ist. § 21 Absatz 2 bis 7 und § 23 Absatz 2 gelten entsprechend.

(3) Anstelle einer allgemeinen Bauartgenehmigung genügt ein allgemeines bauaufsichtliches Prüfzeugnis für Bauarten, wenn die Bauart nach allgemein anerkannten Prüfverfahren beurteilt werden kann. In der Verwaltungsvorschrift nach § 88 Absatz 5 werden diese Bauarten mit der Angabe der maßgebenden technischen Regeln bekannt gemacht. § 22 Absatz 2 gilt entsprechend.

(4) Wenn Gefahren im Sinne des § 3 Absatz 1 Satz 1 nicht zu erwarten sind, kann die oberste Bauaufsichtsbehörde im Einzelfall oder für genau begrenzte Fälle allgemein festlegen, dass eine Bauartgenehmigung nicht erforderlich ist.

(5) Bauarten bedürfen einer Bestätigung ihrer Übereinstimmung mit den Technischen Baubestimmungen nach § 88 Absatz 2, den allgemeinen Bauartgenehmigungen, den allgemeinen bauaufsichtlichen Prüfzeugnissen für Bauarten oder den vorhabenbezogenen Bauartgenehmigungen. Als Übereinstimmung gilt auch eine Abweichung, die nicht wesentlich ist. § 24 Absatz 2 gilt für den Anwender der Bauart entsprechend.

(6) Bei Bauarten, deren Anwendung in außergewöhnlichem Maß von der Sachkunde und Erfahrung der damit betrauten Personen oder von einer Ausstattung mit besonderen Vorrichtungen abhängt, kann in der Bauartgenehmigung oder durch Rechtsverordnung der obersten Bauaufsichtsbehörde vorgeschrieben werden, dass der Anwender über solche Fachkräfte und Vorrichtungen verfügt und den Nachweis hierüber gegenüber einer Prüfstelle nach § 25 Absatz 1 Satz 1 Nummer 6 zu erbringen hat. In der Rechtsverordnung können Mindestanforderungen an die Ausbildung, die durch Prüfung nachzuweisende Befähigung und die Ausbildungsstätten einschließlich der Anerkennungsvoraussetzungen gestellt werden.

§ 17 Bauarten

(7) Für Bauarten, die einer außergewöhnlichen Sorgfalt bei Ausführung oder Instandhaltung bedürfen, kann in der Bauartgenehmigung oder durch Rechtsverordnung der obersten Bauaufsichtsbehörde die Überwachung dieser Tätigkeiten durch eine Überwachungsstelle nach § 25 Absatz 1 Satz 1 Nummer 5 vorgeschrieben werden.

Übersicht

		Rdn.
0	Änderungen gegenüber der BauO NRW 2000 und BauO NRW 2016	01
1	Allgemeines	1
2	Zu Abs. 1 – Anwendung von Bauarten	4
3	Zu Abs. 2 Satz 1 – Anwendungsnachweise für wesentlich abweichende Bauarten	10
4	Zu Abs. 2 Satz 2 – Antragsrelevante Aspekte für eine Bauartgenehmigung und vorhabenbezogene Bauartgenehmigung bei Baudenkmälern	15
5	Zu Abs. 3 Satz 1 – Allgemein bauaufsichtliches Prüfzeugnis anstelle einer allgemeinen Bauartgenehmigung	17
6	Zu Abs. 3 Satz 2 – Erteilung eines allgemein bauaufsichtlichen Prüfzeugnisses entsprechend § 22 Abs. 2 BauO NRW	18
7	Zu Abs. 4 – Ausnahmen für das Erfordernis von Bauartgenehmigungen	19
8	Zu Abs. 5 Satz 1 – Bestätigung der Übereinstimmung für Bauarten	21
9	Zu Abs. 5 Satz 2 – Nicht wesentliche Abweichung	23
10	Zu Abs. 5 Satz 3 – § 24 Abs. 2 gilt auch für den Anwender der Bauart	27
11	Zu Abs. 6 Satz 1 – Herstellung von Bauarten, die außergewöhnlicher Sachkunde und Erfahrung bedürfen	28
12	Zu Abs. 6 Satz 2 – Angaben in der Rechtsverordnung zu Mindestanforderungen an Ausbildung etc.	30
13	Zu Abs. 7 – Überwachung von Bauarten, die außergewöhnlicher Sorgfalt bedürfen	31

0 Änderungen gegenüber der BauO NRW 2000 und BauO NRW 2016

01 Mit der Einführung der BauO NRW 2016 sind die Bestimmungen bzgl. der Bauarten gegenüber der letztgültigen Fassung BauO NRW 2000 zum einen an anderer Position im Gesetz behandelt und zum anderen inhaltlich fortgeschrieben worden. Die Regelungen zu Bauarten finden sich nunmehr im § 17 BauO NRW 2016 – bisher im § 24 BauO NRW 2000. Diese Änderungen folgen den Anpassungen der MBO 2016 und stehen im indirekten Zusammenhang mit dem neu gefassten Recht bzgl. Bauprodukten und Bauarten. Sie sind somit auch eine Auswirkung des Urteils des EuGH vom 16.10.2014 (Rs. C-100/13).

Sie wurden erstmals implementiert in der BauO NRW 2016. Der § 17 BauO NRW 2016 trat gemäß § 91 BauO NRW 2016 am 28.06.2017 in Kraft.

Die Anforderungen für Bauarten im § 17 sind in der Fassung der BauO NRW 2018 in geringem Maße fortgeschrieben und lehnen sich noch konsequenter an die MBO 2016 an.

02 In Abs. 1 des neuen § 17 BauO NRW wird – entsprechend der bisherigen prinzipiellen Systematik bzgl. der Verwendung von Bauprodukten, die in der BauO NRW 2000 im § 3 Abs. 2 geregelt war – nun die Anwendung von Bauarten grundsätzlich geregelt.

Neu mit der Einführung der BauO NRW 2016 ist zum einen die inhaltliche Verortung der Bestimmungen zur Anwendung von Bauarten im § 17 BauO NRW und zum anderen die explizite Regelung auch für Bauarten.

§ 17 Abs. 1 BauO NRW 2018 ist identisch mit § 17 Abs. 1 BauO NRW 2016.

Die Regelungen des § 24 BauO NRW 2000 sind in der BauO NRW 2016 nunmehr in mehreren eigenen Absätzen geregelt. Abs. 2 ist gestrafft und die Grundsatzregelungen des § 24 BauO NRW 2000 Satz 1 finden sich in Abs. 2 BauO NRW 2016. Demnach benötigen Bauarten, die von Technischen Baubestimmungen wesentlich abweichen oder für die es keine aaRdT gibt, definierte Nachweisdokumente. 03

Mit Einführung der BauO NRW 2016 und getreu zur MBO 2016 sind dies für Bauarten die neu im Baurecht eingeführten Anwendbarkeitsnachweise: Die allgemeine Bauartgenehmigung (im Weiteren auch aBG), die durch das DIBt erteilt wird. In besonderen Anwendungsfällen kann dies alternativ auch eine vorhabenbezogene Bauartgenehmigung (im Weiteren auch vBG) sein. Eine vBG wird durch die Oberste Bauaufsichtsbehörde erteilt.

In Abs. 2 sind mit Verweis auf § 21 Abs. 2–7 BauO NRW 2016 verfahrensrelevanten Aspekte für die Genehmigung einer Bauart definiert.

Für die Erteilung einer vBG in definierten Baudenkmälern wird mit Verweis auf § 23 Abs. 2 BauO NRW 2016 die Zuständigkeit der unteren Bauaufsichtsbehörde zugeteilt.

§ 17 Abs. 2 BauO NRW 2018 ist mit redaktionellen Anpassungen identisch mit § 17 Abs. 2 BauO NRW 2016.

Die früheren Regelungen des § 24 Abs. 1 Sätze 2–5 BauO NRW 2000 sind in der BauO NRW 2016 nunmehr in § 17 Abs. 3 beschrieben. Demnach genügt – für durch den Gesetzgeber definierte Fälle – bei einer Bauart ein allgemein bauaufsichtliches Prüfzeugnis (im Weiteren auch abP) als Nachweisdokument aus. Es gelten entsprechend die diesbezüglichen Regelungen. 04

§ 17 Abs. 3 BauO NRW 2018 ist mit redaktionellen Anpassungen identisch mit § 17 Abs. 3 BauO NRW 2016.

Gemäß den bisherigen Regelungen des § 24 Abs. 1 Satz 5 BauO NRW 2000, die mit der BauO NRW 2016 nunmehr in § 17 Abs. 4 festgelegt sind, kann die Oberste Bauaufsicht in bestimmten Fällen und nicht zu erwartenden Gefahren im Sinne § 3 Abs. 1 BauO NRW 2016 verfügen, dass auf eine Bauartgenehmigung verzichtet werden kann. 05

§ 17 Abs. 4 BauO NRW 2018 ist mit redaktioneller Konkretisierung in Bezug auf den Satz 1 identisch mit § 17 Abs. 4 BauO NRW 2016.

Die Bestimmungen des § 25 Abs. 3 BauO NRW 2000 für Bauarten sind jetzt in § 17 Abs. 5 BauO NRW 2016 geregelt. Demnach bedürfen Bauarten einer Bestätigung ihrer Übereinstimmung mit definierten Vorgaben. Eine nicht wesentliche Abweichung gilt weiterhin als Übereinstimmung. Die Bestätigung der Übereinstimmung erfolgt durch den Hersteller der Bauart, d.h. den Anwender bzw. das die Bauart ausführende 06

§ 17 Bauarten

Unternehmen. Für den Anwender der Bauart gelten die entsprechenden Regelungen gemäß § 24 Abs. 2 BauO NRW 2016.

§ 17 Abs. 5 BauO NRW 2018 ist redaktionell fortgeschrieben und identisch mit § 17 Abs. 5 BauO NRW 2016.

07 Im § 17 Abs. 6 BauO NRW 2016 wurden die Regelungen des früheren § 20 Abs. 5 BauO NRW 2000 für die Bauarten übernommen. Der neue Absatz entspricht der MBO 2016. Dem Gesetzgeber wird weiterhin erlaubt, für Bauarten bestimmte Zusatzanforderungen bezüglich der Qualifikation der Anwender und der Ausstattung der Unternehmen in der Bauartgenehmigung oder einer Rechtsverordnung festzulegen.

§ 17 Abs. 6 BauO NRW 2018 ist identisch mit § 17 Abs. 6 BauO NRW 2016.

08 Im § 17 Abs. 7 BauO NRW 2016 sind die Regelungen des früheren § 20 Abs. 6 BauO NRW 2000 übernommen und gestrafft worden. Der neue Absatz entspricht der MBO 2016. Der Gesetzgeber kann weiterhin für Bauarten gemäß Abs. 6 bestimmte Zusatzanforderungen bezüglich der Überwachung in der Bauartgenehmigung oder einer Rechtsverordnung festlegen.

§ 17 Abs. 7 BauO NRW 2018 ist identisch mit § 17 Abs. 7 BauO NRW 2016.

1 Allgemeines

1 **Hinweis:** Bei den folgenden Kommentierungen sind zum Teil die Begründungen des Gesetzgebers der Einführung der BauO NRW 2016 berücksichtigt, da die Regelungen zum neuen Bauproduktenrecht sowie den Technischen Baubestimmungen in NRW bereits am 28.06.2017 in Kraft getreten sind.

Anlass, Hintergrund und Ausgangspunkte für die Novellierung der baurechtlichen Fortschreibungen in Bezug auf Bauprodukte für die BauO NRW 2016 sind u.a. in § 18 BauO NRW 2018 Rdn. 1 beschrieben.

Im Zusammenhang mit der Novellierung des Bauproduktenrechts musste aufgrund des Urteils des EuGH in der Rechtssache C-100/13 am 16.10.2014 aus Sicht des Gesetzgebers auch eine klarere Abgrenzung zwischen den produktunmittelbaren Anforderungen von Bauprodukten geschaffen werden. Die Anwendung, d.h. das Zusammenfügen von Bauprodukten, definiert der Gesetzgeber als nationale Bauart. Die Gesetzgebungskompetenz für Bauarten fällt aus Sicht der Bundesrepublik Deutschland ausschließlich in die Kompetenz der Mitgliedstaaten und ist auch im Hinblick auf Bauprodukte, die die CE-Kennzeichnung aufgrund der BauPVO tragen, von Relevanz. In diesem Zusammenhang ist von Bedeutung die baurechtliche Definition für Bausätze, die die CE-Kennzeichnung aufgrund der BauPVO tragen, und nationalen Bauarten zu differenzieren.

In der Begründung zur BauO NRW 2016 wird hierzu ausgeführt: »*Zur Klarstellung und zur Vereinheitlichung mit der BauPVO – Art. 2 Nrn. 1 und 2 – ist der Begriff* »*Bausatz*« *hinzugefügt worden. Ein* »*Bausatz*« *ist ein Bauprodukt, das von einem einzigen Hersteller als Satz von mindestens zwei getrennten Komponenten, die zusammengefügt werden müssen, um in das Bauwerk eingefügt zu werden, in Verkehr gebracht wird. (…) Die Ergänzung erfolgt aus Gründen der Vollständigkeit, da nach Art. 2 Nr. 1 der BauPVO auch ein Bausatz ein Bauprodukt ist.*« Die (nationale) Bauart im Sinne des § 2 Abs. 12 BauO NRW 2018 betrifft das Zusammenfügen von Bauprodukten zu baulichen Anlagen oder Teilen von baulichen Anlagen. Das Zusammenfügen von Komponenten eines Bausatzes im Sinne des Abs. 11 gilt dabei nicht als Bauart (weiteres s. § 2 Rdn. 349 ff.).

Den folgenden Ausführungen sei vorangestellt, dass eine Bauart im Sinne des § 2 Abs. 12 BauO NRW 2018 weder ein nationales (oder europäisches) Bauprodukt und kein europäischer Bausatz ist. Vielmehr handelt es sich um eine Konstruktion, die durch ein Unternehmen i.S.d. § 55 BauO NRW 2018 – dem Anwender – sowohl aus europäisch harmonisierten und/oder aus nationalen Bauprodukten zusammengesetzt werden kann. Der Anwender der Bauart ist somit Hersteller der Bauart i.S.d. BauO. Eine sachgerecht vollendete Bauart ist damit das Ergebnis von baulichen Tätigkeiten: Es ist das Objekt einer im Gesetz eigentlich definierten Tätigkeit (somit Prädikat).

Die im Gesetz in Deutschland als Bauart definierte Konstruktion erhält – im Gegensatz zu definierten nationalen Bauprodukten – kein Übereinstimmungszeichen mittels »Ü«-Kennzeichnung an der Konstruktion.

Des Weiteren wird der Antragsteller (und somit der Inhaber) eines Anwendbarkeitsnachweises gemäß § 17 Abs. 2 Ziffer 1 oder Abs. 3 BauO NRW 2018 in der weiteren Kommentierung des § 17 BauO NRW 2018 als *Systemanbieter* der Bauart definiert. Der *Systemanbieter* ist in der Regel nicht der eigentliche Anwender der Bauart.

Dem von der Bauministerkonferenz beabsichtigten Ansatz zur eindeutigen Klarstellung der jeweiligen Regelungen zu einer Bauart als Tätigkeit – und die damit verbundene thematische Verortung in der MBO 2016 im Kapitel 3 »Allgemeine Anforderungen an die Bauausführung« – wurde durch den Gesetzgeber in NRW nicht gefolgt. Dies ist insofern zu bedauern, als dass sich hierdurch in der Praxis der Rechtsanwendung ggf. vom Grundsatz her seitens der am Bau Beteiligten missverständliche Interpretationen der Rechtslage ergeben können. Die mustergetreue Umsetzung hätte insbesondere den Rechtsanwendern, die von diesen Regelungen betroffen sind – hier vor allem den Anwendern von Bauarten, sprich den Unternehmen gemäß § 55 BauO NRW 2018 – inhaltlich und visuell verdeutlicht, dass diese gesetzlichen Vorgaben originär ihre Tätigkeiten betreffen. Faktisch ändert sich durch die Vermischung der beiden Themenkomplexe *Bauarten* und *Bauprodukte* im dritten Abschnitt der BauO NRW 2018 jedoch nichts an den rechtlichen Bestimmungen.

Hinweis: Es wird sowohl bei der Kommentierung zu Bauarten als auch bei Bauprodukten jeweils auf entsprechende Regelungen bzw. gleichermaßen zu verstehende Interpretationen verwiesen.

Dem Bundes- und Landesgesetzgeber ist für andere Regelungsbereiche gestattet, im jeweiligen Fachgesetz die Beachtung von bauprodukt- (und ebenso bauart-) bezogenen Bestimmungen zu verfügen, z.B. im Sinne der §§ 17–25 BauO NRW 2018. Dies kann z.B. gesetzliche Bestimmungen für andere Rechtsbereiche betreffen, z.B. das Wasserrecht (siehe hierzu u.a. Gesetz zur Ordnung des Wasserhaushalts, dort z.B. § 63 Abs. 4 WHG, Wassergesetz für das Land Nordrhein-Westfalen, dort z.B. § 57 Abs. 2 Ziffer 3 LWG).

2

3 In der Bauordnung NRW werden nur die öffentlich-rechtlichen Mindestbestimmungen für die Anwendung von Bauarten (und ebenso die Verwendung von Bauprodukten) geregelt. Insbesondere für Bauarten (und ebenso für Bauprodukte) ergeben sich zahlreiche weitere Aspekte aus dem einschlägigen Zivil- und Strafrecht usw.

Die getroffenen Kennzeichnungs- und Anwendungsbestimmungen für Bauarten (und die Verwendungsbestimmungen für Bauprodukte) resultieren überwiegend aus Rechtsnormen, die u.a. das Ziel haben, die Belange der Verbraucher und aller Personen, die als Anbieter oder Empfänger von Waren oder Dienstleistungen (im weiteren Sinne: Marktteilnehmer) auftreten, zu reglementieren. Darüber hinaus soll einem unlauteren Marktverhalten vorgebeugt werden. Gemäß § 3a UWG handelt derjenige unlauter, der einer gesetzlichen Vorschrift zuwiderhandelt, die auch dazu bestimmt ist, im Interesse der Marktteilnehmer das Marktverhalten zu regeln, und der Verstoß geeignet ist, die Interessen von Verbrauchern, sonstigen Marktteilnehmern oder Mitbewerbern spürbar zu beeinträchtigen (vgl. z.B. BGH, Beschl. v. 17.07.2008 – I ZR 133/07; BGH, Urt. v. 09.07.2009 – I ZR 193/06; OLG Frankfurt, Urt. v. 25.09.2014 – 6 U 99/14, juris-Rn. 22; BGH, Urt. v. 20.10.2005 – I ZR 10/03; BGH, Urt. v. 09.09.2010 – I ZR 26/08; s. van Schewick Vorbemerkungen §§ 17–25 Rn. 12).

2 Zu Abs. 1 – Anwendung von Bauarten

4 Mit Einführung des § 17 BauO NRW 2016 wird die Definition des Grundsatzes gemäß § 3 Abs. 2 BauO NRW 2000, die ausschließlich für Bauprodukte galt, klarstellend und neu auf Bauarten erweitert. Die Systematik, die in den Bauordnungen anderer Bundesländer bereits enthalten war, findet sich seitdem auch in der BauO NRW wieder. Um den Sachzusammenhang zur Bauart zu wahren, sind die allgemeinen Anforderungen an Bauarten insofern im § 17 Abs. 1 BauO NRW 2018 verortet und nicht im § 3 BauO NRW 2018. Zudem grenzt der Gesetzgeber die nationale Bauart (als Tätigkeit) vom europäisch definierten Bausatz klar ab (siehe hierzu § 2 Abs. 11 BauO NRW 2018.)

5 Die Formulierung des Absatz 1 verdeutlicht, dass bei der Beurteilung der Anwendbarkeit einer – fertiggestellten Bauart – grundsätzlich ein konstruktiver Zusammenhang mit einer baulichen Anlage bestehen muss. Die baurechtlichen Schutzgüter aus § 3 Abs. 1 BauO NRW 2018 gelten somit gleichfalls für die Anwendung und Instandhaltung von Bauarten.

Insofern kommt dem definierten Anwendungszweck einer Bauart für ihren Einsatz in einer baulichen Anlage eine besondere Bedeutung zu. Er ist entweder aufgrund ausreichender und allgemein anerkannter Erfahrung bekannt und/oder mittels verschiedener Prüfungen, Kontrollen und/oder Testaten von bauaufsichtlich anerkannten Instituten verifiziert. Der Anwendungszweck der Bauart ist in der Regel in einer aaRdT, einer Technischen Baubestimmung oder von einem Systemanbieter festgelegt und dann in einem Anwendbarkeitsnachweis (aBG, vBG abP) beschrieben. Diese Dokumente stellen – bildlich gesprochen – somit die erste Stufe einer Qualitätssicherung für Bauarten dar, indem sie Anwendungszwecke, Einbaubedingungen etc. als »Soll« für die am Bau Beteiligten definieren und dies mittels detaillierter Vorgaben und entsprechender Prüfungen dokumentiert ist. Der Anwender einer Bauart hat sich daher vor der Ausführung der für die Bauart erforderlichen Tätigkeiten mit dem definierten Anwendungszweck usw. der Konstruktion inhaltlich zu beschäftigen, sodass die Grundsatzanforderung des Abs. 1 beim Erstellen der Bauart in seinem zu verantwortenden Wirkungskreis erfüllt ist.

Gleiches gilt auch für die anderen am Bau Beteiligten im Rahmen ihres jeweils zu verantwortenden Wirkungskreises. Dies schließt somit nicht aus, dass auch der Entwurfsverfasser im Sinne des § 54 BauO NRW 2018 sowie von ihm gemäß § 54 Abs. 2 BauO NRW 2018 eingesetzte Fachplaner im Rahmen ihrer baurechtlichen Verpflichtungen, d.h. der Erstellung eines vollständigen und brauchbaren Entwurfs, die grundsätzlichen Soll-Vorgaben von Bauarten (und ebenso bei Bauprodukten) bei der Planung berücksichtigen müssen. Für den Entwurfsverfasser etc. sind diese Soll-Vorgaben für die jeweilige Konstruktion in der Planungsphase ggf. noch abstrakt, weil er mit hoher Wahrscheinlichkeit zu diesem Zeitpunkt noch nicht die konkrete Bauart des Systemanbieters kennt, die vom Anwender zu einem viel späteren Zeitpunkt angewendet wird. Gleichwohl muss er eine »vollständige und brauchbare« Lösung entwerfen. In den Planungsphasen ist es für den Entwurfsverfasser etc. hilfreich und sinnvoll sich an entsprechenden Anwendbarkeitsnachweisen (und ebenso Verwendbarkeitsnachweisen für Bauprodukte) mit ihren zugehörigen Details etc. zu orientieren. Die Verifizierung der Soll-Vorgaben an einem von ihm gewählten, beispielhaften Anwendbarkeitsnachweis hilft ihm prinzipiell – und frühzeitig – ggf. vorhandene Differenzen zu identifizieren. Im Bedarfsfall können dann rechtzeitig andere Lösungen geplant oder baurechtliche Alternativen berücksichtigt werden, z.B. gemäß § 69 BauO NRW 2018, § 50 BauO NRW 2018 oder § 17 Abs. 2 Ziffer 2 BauO NRW 2018.

Der Gesetzgeber setzt für die angemessene Zeitdauer einer anwendungskonformen Bauart die ordnungsgemäße Instandhaltung voraus. Nach der Fertigstellung der Bauart durch ein Unternehmen kommt diese Verpflichtung daher in erster Linie dem Gebäudeeigentümer bzw. dem von ihm eingesetzten Gebäudebetreiber zu. Grad, Umfang usw. der ordnungsgemäßen Instandhaltung sind u.a. abhängig von der jeweiligen Bauart und ihre Anwendung in der baulichen Anlage. Insofern sind die allgemeinen Anforderungen für die ordnungsgemäße Instandhaltung (wie z.B. Wartung, Inspektion, Instandsetzung) und diesbezüglichen bauartbezogenen Vorgaben von Bedeutung, die z.B. in den aaRdT, den Technischen Baubestimmungen, den Anwendungsregeln der jeweiligen Bauart und/oder der Gebrauchsanweisungen durch den Systemanbieter definiert sind. Abhängig von der Dauer der Anwendung der Bauart in der jeweiligen baulichen Anlage können daher mit zunehmender Lebensdauer auch intensivere Instandhaltungsmaßnahmen verbunden sein, z.B. kürzere Intervalle für entsprechende Maßnahmen. Auch vor diesem Hintergrund ist die neu in die BauO NRW 2018 aufgenommene Verpflichtung für die Bauherrschaft zu verstehen, die zur Erfüllung der Anforderungen dieses Gesetzes oder aufgrund dieses Gesetzes erforderlichen Nachweise und Unterlagen zu den angewandten Bauarten bereitzuhalten (siehe hierzu auch § 53 Abs. 1 Satz 3 BauO NRW 2018 Rdn. 28). Ohne Kenntnis dieser individuellen Dokumente, wie z.B. einer aBG oder einem abP, ist eine ordnungsgemäße Instandhaltung für den Gebäudebetreiber ggf. nicht möglich (weitere Informationen zur Instandhaltung siehe § 3 Abs.1 Satz 2 BauO NRW 2018 Rdn. 32 ff.).

8   Die zeitliche Regelung bzgl. Anwendung und ordnungsgemäßer Instandhaltung einer Bauart (und ebenso der Verwendung eines Bauprodukts) knüpft an die Bestimmungen des § 3 Abs. 1 Satz 2 BauO NRW 2018 an. Die **angemessene Zeitdauer** i.S.d. Abs. 1 bemisst sich für die Bauart (und ein Bauprodukt) unter Berücksichtigung des Zwecks der baulichen Anlage oder ihrer Nutzung. Dieses Zeitintervall kann daher für einen gleichen Bauarttyp eines Systemanbieters (und entsprechend das Bauprodukts eines Herstellers) in unterschiedlichen baulichen Anlagen jeweils verschieden lang sein, z.b. in temporär genutzten Versammlungsstätten gegenüber dauerhaft genutzten Versammlungsstätten oder einem zeitlich begrenzten Gebäude (z.B. ein Behelfsbau im Sinne § 51 BauO NRW 2018) gegenüber einem dauerhaft errichteten Bau. Die zweckentsprechende Zeitdauer kann somit Auswirkungen auf die Maßnahmen für die ordnungsgemäße Instandhaltung haben. Es können sich – je nach individuellem Fall – geringere oder intensivere Instandhaltungsmaßnahmen ergeben.

9   Ein Anwender (z.B. im Sinne eines ausführenden Unternehmen gemäß § 55 BauO NRW 2018) handelt ordnungswidrig, wenn er vorsätzlich oder fahrlässig Bauarten entgegen § 17 BauO NRW 2018 ohne Bauartgenehmigung (oder ohne allgemeines Prüfzeugnis) anwendet (siehe § 86 Abs. 1. Nr. 3 BauO NRW 2018 Rdn. 35). Daneben kann in der Verwendung eines neuartigen, nicht erprobten Baustoffes anstelle eines gebräuchlichen und bewährten Baustoffes ein Verstoß gegen die anerkannten Regeln der Technik liegen und zivilrechtliche Forderungen auslösen (siehe BGH, Urt. vom 23.05.2002 – VII ZR 219/01 juris Rn. 7 ff.). Entsprechend gilt dies bei der Anwendung einer Bauart.

3 Zu Abs. 2 Satz 1 – Anwendungsnachweise für wesentlich abweichende Bauarten

10 Grundsätzlich dürfen Bauarten unter Berücksichtigung von Abs. 1 angewendet werden. Dies gilt ohne weiteren Nachweis, wenn sie Regeln genügen, die in der VV TB NRW 01/2019 bekannt gemacht sind, sowie für aaRdT. Die bisherige Klassifizierung und systematische Unterscheidung des Gesetzgebers dieser (geregelten) Bauarten von im Gegensatz zu den gemäß § 24 Abs. 1 BauO NRW 2000 nicht geregelten Bauarten wird in der BauO NRW 2016 und auch in der Fassung 2018 nicht mehr explizit ausgeführt. Faktisch handelt es sich bei Bauarten, die entsprechend Technischer Baubestimmungen bzw. aaRdT, durch Unternehmer zusammengefügt werden, um geregelte Bauarten. Diese Bauarten bedürfen keines besonderen Anwendbarkeitsnachweises im Sinne des § 17 Abs. 1 BauO NRW 2018, da sie in der Technischen Baubestimmung resp. der aaRdT hinreichend beschrieben sind.

11 Besonderer Nachweise bzgl. der Anwendbarkeit bedürfen Bauarten, wenn eine wesentliche Abweichung zu den Technischen Baubestimmungen gemäß § 88 Abs. 2 Nr. 2 oder Nr. 3 Buchst. a besteht. Gleiches gilt, wenn es für eine Bauart keine allgemeine anerkannte Regel der Technik gibt. Diese – im Sinne der alten Regelung des § 24 BauO NRW 2000 nicht geregelten – Bauarten dürfen bei der Errichtung, Änderung und Instandhaltung baulicher Anlagen nur angewendet werden, wenn für sie durch das DIBt eine allgemeine Bauartgenehmigung erteilt wurde. Die allgemeine Bauartgenehmigung stellt damit den Regelfall für das Nachweisverfahren der Anwendbarkeit von diesen (quasi nicht geregelten) Bauarten dar.

Der Schutz vor unerprobten und daher möglicherweise gefährlichen, dauerhafte Arbeitsergebnisse nicht gewährleistenden Bauarten stellt einen vernünftigen Allgemeinwohlbelang dar, der es rechtfertigt, neue Baustoffe und Bauarten herstellerneutral einer Zulassungspflicht zu unterwerfen (siehe BVerwG, Urt. v. 18.06.1997 – 4 C 8.95 WKRS Rn. 19).

Gleichfalls kann für Bauarten auch eine vorhabenbezogene Bauartgenehmigung durch die Oberste Bauaufsicht erteilt werden (siehe auch Rdn. 14).

Gemäß der Begründung zur BauO NRW 2016 soll »*der Begriff* »*Genehmigung*« *(...) den Sachzusammenhang mit der Ausführung der baulichen Anlage verdeutlichen*« und unter Berücksichtigung des Urteils des EuGH in der Rechtssache C-100/13 somit deutlich zur Abgrenzung der notwendigen Anforderungen an Bauprodukte gegenüber denen des Zusammenfügens von Bauprodukten zu baulichen Anlagen beitragen. Das DIBt führt dazu in einer Orientierungshilfe für Hersteller und Anwender aus, dass die »*aBG (...) nach der Baurechtsnovelle die bisherige Zulassung für Bauarten ersetzen (wird). Die aBG regelt Eigenschaften und Funktionen, die sich erst aus dem Zusammenbau einzelner Bauprodukte zu baulichen Anlagen oder Teilen daraus ergeben. Mit der Umbenennung verfolgte der Gesetzgeber das Ziel, diese anwendungsbezogenen Regelungen klarer von Regelungen zur Produktleistung abzugrenzen. Die Unterscheidung ist insbesondere in Fällen wichtig, in denen die Bauart auf CE-gekennzeichnete Produkte Bezug nimmt.* »*Kombinierte Bescheide*«, *die sowohl Produkt- als auch Anwendungsregelungen enthalten, sind nur noch bei nicht CE-gekennzeichneten Produkten möglich. Das DIBt erteilt in diesen Fällen eine allgemeine bauaufsichtliche Zulassung, die auch eine Bauartgenehmigung enthält. Hierauf wird in den allgemeinen Bestimmungen der Zulassung hingewiesen.*« (https://www.dibt.de/fileadmin/dibt-website/Dokumente/Referat/ZD5/DIBt-Praxisforum_2017_Flyer_Technische-Nachweise.pdf; Stand Dezember 2017, Zugriffsdatum 23.02.2019). 12

In diesem Zusammenhang war der Runderlass (VI A 4 – 408) des Ministeriums für Bauen, Wohnen, Stadtentwicklung und Verkehr vom 13. Juni 2017 zur VV TB von Relevanz (siehe MBl. NRW. 2017 S. 660). Demnach galten abZ, die auf Grundlage der letztgültigen Fassung von § 24 Abs.1 Satz 1 Nr. 1 der BauO NRW 2000, erteilt wurden, auch als abG im Sinne des § 17 Abs. 2 Nr. 1 der BauO NRW 2016. Diese ab dem 28.06.2017 geltenden Übergangsbestimmungen waren baurechtlich deshalb von Bedeutung, weil seitens des DIBt die Umstellung der ehemals erteilten Zulassungen für Bauarten in abG nicht ad hoc erfolgen konnte und entsprechende Bearbeitungszeit benötigt wurde. Der besagte Runderlass trat am 02.01.2019 mit Einführung der VV TB NRW 01/2019 außer Kraft. Die weiterhin erforderliche Regelung für den Umstellungsprozess der für Bauarten bisher ausgestellten abZ auf aBG ist in § 90 Abs. 2 BauO NRW 2018 geregelt.

Bzgl. der nicht leistungserklärungskonformen Aspekte von CE-gekennzeichneten Bauprodukten siehe § 19 Abs. 1 Satz 2 BauO NRW 2018. Dies ist insbesondere für den Umgang bei Abweichungen der Produktleistungen von Relevanz (siehe hierzu u.a. § 17 Rdn. 23–24 und § 19 Rdn. 25).

Die beschriebene neue Systematik hatte daher Auswirkungen auf die bestehenden Bescheide für die ggf. in der Vergangenheit abZ erteilt wurden und nunmehr aBG durch das DIBt erteilt werden. Seit dem 15.07.2017 unterscheidet das DIBt bei der 13

§ 17 Bauarten

Ausstellung von neuen Nachweisdokumenten und der Verlängerung resp. Umwandlung von bestehenden Bescheiden in Bezug auf aBG verschiedene Fälle. In einem Merkblatt hat das DIBt in einer Mitteilung Hinweise zu den neuen Bescheiden im Bereich der Abschottungen gegeben, z.b. für Brandschutz bei Leitungsanlagen, Kabel- und Rohrabschottungen (Stand August 2018):

1. Der relevante Nachweis enthält nur bauartbezogene Aspekte (und keine Produktregelungen): Bisherig vorhandene abZ für die entsprechende Bauart sind oder werden jeweils durch eine aBG ersetzt. Auf dem jeweiligen Deckblatt wird für seinerzeitige abZ vermerkt: »*Diese allgemeine Bauartgenehmigung ersetzt die allgemeine bauaufsichtliche Zulassung Nr. Z-19.1X-... vom ((Datum des Bescheids)).*«.
2. Der relevante Nachweis enthält sowohl bauprodukt- als auch bauartbezogene Aspekte. Anstelle der bisherigen abZ für Bauprodukt und Bauart wird zukünftig eine allgemeine bauaufsichtliche Zulassung für das Bauprodukt erteilt, die zugleich eine Bauartgenehmigung umfasst. In den Allgemeinen Bestimmungen dieses Nachweises, wird auf die Doppelfunktion des Bescheids hingewiesen: »*Dieser Bescheid beinhaltet zugleich eine allgemeine Bauartgenehmigung. Die von diesem Bescheid umfasste allgemeine Bauartgenehmigung gilt zugleich als allgemeine bauaufsichtliche Zulassung für die Bauart.*«

Beispielhaft wird zur Verdeutlichung der Abgrenzung der Bescheide für eine aBG und für eine abZ Inhalt und Regelungsumfang in der folgenden Abbildung 17.1 dargestellt, z.B. im Bereich von Kabel- und Rohrabschottungen:

Allgemeine Bauartgenehmigung (aBG)	Allgemeine bauaufsichtliche Zulassung (abZ)
Mit der aBG wird die Anwendbarkeit des Regelungsgegenstandes – die Errichtung der Abschottung als Bauart zum Verschließen von Öffnungen in feuerwiderstandsfähigen Bauteilen – im Sinne der Landesbauordnungen nachgewiesen.	Mit der abz wird die Verwendbarkeit der Produkte in Abschottungen mit allgemeiner Bauartgenehmigung im Sinne der Landesbauordnungen nachgewiesen.
Z-19.53-... für den Anwendungsbereich von Abschottungen	Z-19.15-... Produkte für die Verwendung in Kabel- und Kombiabschottungen Z-19.17-... Produkte für die Verwendung in Rohrabschottungen
Die aBG regelt die Anwendung der Abschottung in feuerhemmenden/ hochfeuerhemmenden/ feuerbeständigen /für 120 Minuten feuerwiderstandsfähigen Bauteilen und enthält Bestimmungen für die Errichtung der Abschottung. - Planung, Bemessung, Ausführung - Angabe der zu verwendenden Bauprodukte mit Verweis auf Norm, abP, ETA - Angabe der Bauteile, in denen die Abschottung errichtet werden darf - Bestimmungen für den Einbau - Kennzeichnung der Abschottung - Übereinstimmungserklärung des Errichters - Bestimmungen für die Nutzung/ Nachbelegung	Die abZ enthält Bestimmungen des Bauprodukts zu: - Produkteigenschaften, Zusammensetzungen, z.B. Brandverhalten (mindestens normal entflammbar) - Kennzeichnung - Werkseigener Produktionskontrolle - ggf. Fremdüberwachung - Übereinstimmungsbestätigung des Produktherstellers

Abb. 17.1 Inhalt und Regelungsumfang von aBG und abZ für Kabel- und Rohrabschottungen

Das Merkblatt sowie weitere Hinweise zu Bauartgenehmigungen können auf der Internetseite des DIBt heruntergeladen werden (siehe hierzu auch https://www.dibt.de/fileadmin/dibt-website/Dokumente/Referat/III6/Abschottungen_Hinweise_Neue_Bescheide.pdf, Zugriffsdatum 23.02.2019).

Wie in Rdn. 11 beschrieben, besteht auch die baurechtliche Möglichkeit für Bauarten eine vorhabenbezogene Bauartgenehmigung zu beantragen. vBG können nach Prüfung eines eigenen Antrags durch die Oberste Bauaufsicht NRW erteilt werden. Dieses Nachverfahren stellt für eine Bauart – im Gegensatz zur allgemeinen Bauartgenehmigung – somit eine mögliche Ausnahme im Einzelfall dar und ist das Pendant zum Nachweis der Verwendbarkeit von Bauprodukten im Einzelfall gemäß § 23 Abs. 1 BauO NRW 2018. Die vBG bezieht sich auf die Anwendbarkeit einer Bauart für einen konkreten Einzelfall in einer bestimmten baulichen Anlage (weitere Informationen zu diesem Anwendbarkeitsnachweis siehe auch § 23 Rdn. 1). 14

Abweichend zu den definierten Aufgaben der Bauherrschaft gemäß § 53 Abs. 1 Satz 2 kann der Antragsteller für eine vBG (und entsprechend für eine ZiE siehe § 23 BauO NRW 2018) jede natürliche oder juristische Person sein. Neben weiteren Aspekten ist dies im Merkblatt für den *Antrag auf Erteilung einer Zustimmung im Einzelfall für Bauprodukte gemäß § 23 Absatz 1 oder einer vorhabenbezogenen Bauartgenehmigung gemäß § 17 Absatz 2 der Landesbauordnung (BauO NRW 2018)* festgelegt. Das Dokument kann auf der Internetseite des MHKBG NRW elektronisch gerufen werden (https://www.mhkbg.nrw/sites/default/files/media/document/file/2019-05-10_Merkblatt_ZiE_vBg_MHKBG.pdf, Zugriffsdatum 24.05.2019). Gleichwohl bietet sich vor dem Hintergrund der baurechtlichen Verpflichtung der Bauherrschaft (Stichwort: Nachweise bzgl. der Anwendung von Bauarten) gemäß § 53 Abs. 1 Satz 3 BauO NRW 2018 resp. des ausführenden Unternehmens gemäß § 55 Abs. 1 Satz 2 BauO NRW an, dass eine dieser beiden Parteien den Antrag bei der zuständigen Behörde einreicht. Aus der baurechtlichen Verpflichtung, dass das Unternehmen die entsprechenden erforderlichen Nachweise und Unterlagen u.a. zu den angewandten Bauarten (und analog für die verwendeten Bauprodukte) zu erbringen und auf der Baustelle bereitzuhalten hat, ergibt sich für es die Notwendigkeit den Antragsprozess für eine vBG (und entsprechend eine ZiE) so rechtzeitig zu initiieren, dass es sich nicht in die Gefahr einer vorsätzlichen oder fahrlässigen Ordnungswidrigkeit begibt.

Die erforderliche technische, formale, kaufmännische Vorbereitung eines Antrags und der Genehmigung für eine vBG (und entsprechend einer ZiE) sollte durch den verantwortlichen Antragsteller nicht unterschätzt werden (z.B. in Bezug auf die erforderliche Zeit für Antragsvorbereitung, für Prüfungen und/oder Begutachtungen durch Dritte, zzgl. der Antragsbearbeitung durch die zuständige Oberste Bauaufsichtsbehörde). Abhängig von der technischen Komplexität der vBG (und ebenso einer ZiE), bedarf das ausführende Unternehmen im Rahmen der Antragsvorbereitung evtl. der fachlichen Unterstützung, z.B. durch eine bauaufsichtlich anerkannte Materialprüfstelle oder den Systemanbieter der Bauart (der Inhaber einer aBG oder eines abP ist; dies gilt ebenso für einen Hersteller, der Inhaber einer abZ oder eines abP). Dies kann der Fall bei Abweichungen von den Soll-Vorgaben sein und der Bewertung, ob es sich im individuellen Fall um eine nicht wesentliche Abweichung im Sinne des § 17 Abs. 5 Satz 2 BauO NRW 2018 handelt (und ebenso für ein Bauprodukt gemäß § 24 Abs. 1 Satz 2 BauO NRW 2018). Zur Thematik »ergänzende Gutachten« siehe auch Rdn. 25.

Für den Antragsteller einer vBG (und entsprechend einer ZiE) entstehen Kosten u.a. z.B. für:
- die Bearbeitungsgebühr der zuständigen Verwaltung,
- den eigenen Aufwand bzgl. der Vorbereitung, Koordinierung des jeweiligen Antrags, z.B. Kosten für Personal,
- ggf. eingeschaltete Sachverständige, Materialprüfstellen oder dem Systemanbieter, Zeichnern etc.
- ggf. durchzuführenden Nachweisprüfungen.

Die Verwaltungsgebühren für eine vBG (und entsprechend einer ZiE) bewegen sich im Rahmen von 200,00 bis 10.000,00 €. Der Empfänger des jeweiligen Gebührenbescheids ist grundsätzlich der entsprechende Antragsteller – vorbehaltlich einer beigefügten Kostenübernahmeerklärung eines Dritten. Die Gebühren werden auf Grundlage des Gebührengesetzes des Landes NRW (GebG NRW) sowie der Allgemeinen Verwaltungsgebührenverordnung des Landes NRW (AVerwGebO NRW) erhoben. Die jeweilige Gebühr wird abhängig des mit der Bearbeitung des Antrags verbundenen Verwaltungsaufwandes und des sich ggf. ergebenden wirtschaftlichen Nutzens für den Gebührenschuldner erhoben.

Dem formlosen Antrag, der an das MHKBG NRW, Abteilung 6 »Bauen« zu adressieren ist, sind u.a. folgende Informationen beizufügen:
- Angaben zum Bauvorhaben: Nutzungsart, Bauherr, Entwurfsverfasser, Unternehmer, untere Bauaufsichtsbehörde, Sachverständige, etc.,
- bauaufsichtliche Anforderungen, die vorhabenbezogen an das Bauprodukt oder die Bauart gestellt werden,
- Beschreibung der technischen Lösung sowie Abweichung von technischen Regeln oder allgemeinen Bauartgenehmigungen mit Angaben zu Bauprodukten/Baustoffen, deren Beschaffenheit, Zusammensetzung und Eigenschaften,
- Objektbezogene Übersichtszeichnungen (max. DIN A3),
- Konstruktionszeichnungen zur technischen Lösung (max. DIN A3),
- Prüfberichte, gutachtliche Stellungnahmen, Gutachten von anerkannten Materialprüfanstalten, -ämtern,
- ggf. Prüfberichte zu statischen Berechnungen.

Gemäß des allgemeinen Verwaltungsverfahrensrechts kann die vBG (und ebenso die ZiE) Nebenbestimmungen enthalten. Weitere Informationen zum vorhabenbezogenen Nachweis als Pendant zum Nachweis der Verwendbarkeit im Einzelfall für Bauprodukte siehe § 23 BauO NRW 2018.

4 Zu Abs. 2 Satz 2 – Antragsrelevante Aspekte für eine Bauartgenehmigung und vorhabenbezogene Bauartgenehmigung bei Baudenkmälern

In Abs. 2 sind mit Verweis auf § 21 Abs. 2 bis 7 BauO NRW 2018 verfahrensrelevante Aspekte etc. für die Genehmigung einer Bauart definiert. Diesbezüglich gelten entsprechend die Informationen und Ausführungen für Bauprodukte. Näheres zu den verfahrensrelevanten und weiteren diesbezüglichen Aspekten siehe hierzu § 21 Rdn. 1 ff. 15

Für die Erteilung einer vorhabenbezogenen Bauartgenehmigung in Baudenkmälern gemäß § 2 Abs. 2 DSchG ist die Zuständigkeit der unteren Bauaufsichtsbehörde zugeteilt – mit Verweis auf § 23 Abs. 2 BauO NRW 2018. 16

Die zuständigen Behörden sind frühzeitig einzuschalten. Für die Planung ist dies gegenständlich in der Grundlagenermittlung sowie in der Vorentwurfs- und den weiteren Planungs- und Ausführungsphasen, um so dem Ziel gerecht zu werden, den Denkmalschutz und die Denkmalpflege in die Abwägungen der anderen Belange gemäß § 3 Abs. 1 BauO NRW 2018 dergestalt einzubeziehen, dass die Erhaltung und Nutzung der Denkmäler und Denkmalbereiche sowie eine angemessene Gestaltung ihrer Umgebung möglich sind. § 3 Abs. 1 BauO NRW 2018 impliziert für vorhabenbezogene Bauartgenehmigungen in Baudenkmälern auch die Anwendbarkeit im Sinne des § 17 Abs. 1 BauO NRW 2018 (s. auch § 23 Abs. 2 Rdn. 7).

5 Zu Abs. 3 Satz 1 – Allgemein bauaufsichtliches Prüfzeugnis anstelle einer allgemeinen Bauartgenehmigung

Der Gesetzgeber räumt gemäß Abs. 3 für bestimmte und in der VV TB NRW 01/2019 bekannt gemachten Fällen die Möglichkeit ein, den Nachweis der Anwendbarkeit im Sinne des § 17 Abs. 1 BauO NRW 2018 auch mittels eines allgemein bauaufsichtlichen Prüfzeugnisses zu führen. Diese Regelung war in der BauO NRW 2000 entsprechend im § 24 Abs. 1 Satz 2 vorhanden. Die bisher im Gesetz für diese Fälle definierte Voraussetzung, dass die Bauart nicht zur Erfüllung erheblicher Anforderungen an die Sicherheit baulicher Anlagen dient, ist mit Einführung der Neufassung der BauO NRW 2016 – mustergetreu – entfallen. Die Straffung der formulierten gesetzlichen Voraussetzungen vereinfacht die Rechtsauslegung für die am Bau Beteiligten. Darüber hinaus beugt sie Fehlinterpretationen durch die am Bau Beteiligten vor. In der Praxis von Planung und Ausführung bestand – z.B. bei festgestellter mangelhafter Ausführung einer Bauart mit abP – z.T. die Auffassung, dass sie nicht zur Erfüllung erheblicher Anforderungen an die Sicherheit für die bauliche Anlage diene. Entsprechende Mängel bzw. die Frage bzgl. des Grads der Abweichung im Sinne des § 17 Abs. 5 Satz 2 BauO NRW 2018 seien damit nicht von Relevanz. 17

§ 17 Bauarten

Der Gesetzgeber räumt die Möglichkeit – für Bauarten anstelle einer abG eines abP zu bedürfen – nach der Rechtsnovelle mit der BauO NRW 2016 nun dergestalt ein, dass es zum einen hierfür anerkannte Prüfverfahren geben muss und die dazugehörigen Regeln definiert und in der VV TB NRW bekannt gemacht worden sind. Die Bauarten, für die diese Alternative zulässig ist, sind in der VV TB NRW 01/2019 im Kapitel C 4 gelistet. Im Kapitel C 4 werden somit die getroffenen Regelungen fortgeführt, die früher in der Bauregelliste A Teil 3 beschrieben waren. Weitere Informationen zu Bauarten, die gemäß Abs. 3 nur eines abP bedürfen, siehe § 22 und § 88 Rdn. 47.

6 Zu Abs. 3 Satz 2 – Erteilung eines allgemein bauaufsichtlichen Prüfzeugnis entsprechend § 22 Abs. 2 BauO NRW

18 In § 17 Abs. 3 Satz 2 BauO NRW 2018 sind mit Verweis auf § 22 Abs. 2 BauO NRW 2018 verfahrensrelevante Aspekte für die Erteilung eines abP definiert (s. dazu auch § 22 Abs. 2 Rdn. 4).

7 Zu Abs. 4 – Ausnahmen für das Erfordernis von Bauartgenehmigungen

19 Unter der Voraussetzung, dass Gefahren im Sinne des § 3 Abs. 1 Satz 1 nicht zu erwarten sind, kann die Oberste Bauaufsicht für genau begrenzte Fälle allgemein festlegen, dass eine Bauartgenehmigung nicht erforderlich ist. Angesichts der in § 3 entsprechend definierten Schutzgüter ist ein allgemeiner Verzicht auf einen diesbezüglichen Anwendbarkeitsnachweis ohne detaillierte Gefahrenanalyse der zuständigen Bauaufsichtsbehörde im Land NRW nur in seltenen Fällen zu erwarten. Anwender von Bauarten, die sich auf diese gesetzliche Möglichkeiten beziehen, sollten vor der Erstellung der jeweiligen Konstruktion prüfen, ob der durch die Oberste Bauaufsichtsbehörde genau begrenzte festgelegte allgemeine Fall auf den ihrigen konkreten in der gegenständlichen baulichen Anlage zutrifft. Entsprechende konkrete Bekanntmachungen der Obersten Bauaufsichtsbehörde zu dieser gesetzlichen Möglichkeit sind dem Autor für Bauarten nicht bekannt (Stand 05/2019).

20 Im Einzelfall, wie z.B. im Zuge der Vorbereitung eines Antragsverfahren zu einer vBG, kann die Oberste Bauaufsichtsbehörde ggf. zu dem Ergebnis kommen, dass diese Bauartgenehmigung nicht erforderlich ist. In diesem Fall sollte sich der Anwender, der die entsprechende Bauart in einer baulichen Anlage einbaut, durch die Oberste Bauaufsichtsbehörde das Ergebnis der Gefahrenanalyse im Sinne des § 3 Abs. 1 Satz 1 BauO NRW 2018 dokumentieren lassen. Die Einschätzung der Obersten Bauaufsichtsbehörde und entsprechende Ausnahme sind für den Anwender i.S.d. § 55 Abs. 1 Satz 2 BauO NRW 2018 von Bedeutung. Gleiches gilt für die Bauherrschaft gemäß § 53 Abs. 1 Satz 4 BauO NRW 2018.

8 Zu Abs. 5 Satz 1 – Bestätigung der Übereinstimmung für Bauarten

21 Die Bestimmungen bzgl. der Bestätigung der jeweiligen Übereinstimmung von Bauarten mit den definierten Vorgaben sind seit der Einführung der BauO NRW 2016 jetzt in § 17 Abs. 5 geregelt. Neben dem Erfordernis, dass eine Bauart nachweislich

entsprechend § 17 Abs. 1 BauO NRW 2018 bzgl. der Anwendung tauglich ist, bedarf der Einbau in der baulichen Anlage am Ende der Tätigkeiten einer Bestätigung der Übereinstimmung durch ihren Hersteller. Der Hersteller der Bauart ist der Anwender und nicht der Systemanbieter einer Bauart – es sei denn der Systemanbieter baut die Bauart als Anwender selber ein. Die abschließende Bestätigung der Übereinstimmung einer Bauart durch den Anwender, soll somit die Bestätigung des gebauten »Ist« zum gesetzlich definierten »Soll« dokumentieren. Die Bestätigung der Übereinstimmung kann daher – bildlich gesprochen – als die zweite Ebene der Qualitätssicherung für eine Bauart betrachtet werden. Nach Fertigstellung seiner Tätigkeit ist die dokumentierte Übereinstimmungsbestätigung durch den Hersteller der Bauart die maßgebliche Grundlage für die anderen am Bau Beteiligten den korrekten Einbau nachzuvollziehen. Sie ist für die anderen am Bau Beteiligten und deren öffentlich-rechtlichen Aufgaben im Rahmen der Fertigstellung einer baulichen Anlage von Bedeutung, u.a. für den Bauleiter (§ 56 Abs. 1 BauO NRW 2018), die Sachverständigen (§ 68 BauO NRW 2018), die Bauaufsichtsbehörden (§ 57 Abs. 1 BauO NRW 2018).

Mit Einführung der BauO NRW 2018 ist die nachweisliche Dokumentation der Übereinstimmung einer angewandten Bauart auch für die Bauherrschaft öffentlich-rechtlich relevant (§ 53 Abs. 1 Satz 3 BauO NRW 2018). Hierzu zählt neben dem jeweiligen Anwendbarkeitsnachweis der Bauart auch die entsprechende Übereinstimmungsbestätigung des Herstellers der Bauart. Beide Dokumente zusammen ermöglichen die Anforderungen und Umsetzung der gesetzlichen Vorgaben für die entsprechende Bauart mit dem Einbau abzugleichen, z.B. während Bauzustandsbesichtigungen den Bauaufsichtsbehörden.

Gemäß Abs. 5 bedarf eine Bauart der Bestätigung ihrer Übereinstimmung mit den definierten Vorgaben, d.h. entweder 22
1. der relevanten Technischen Baubestimmung nach § 88 Abs. 2 BauO NRW 2018, die wiederum in der VV TB NRW 01/2019 zu finden ist,
2. der allgemeinen Bauartgenehmigung,
3. dem allgemeinen Prüfzeugnis für eine Bauart oder
4. der vorhabenbezogenen Bauartgenehmigung.

Zu 1:

Einer Bestätigung der Übereinstimmung der auf Grundlage des § 88 Abs. 2 BauO NRW 2018 in der VV TB NRW 01/2019 in Bezug genommenen aaRdT und deren Fundstellen gilt ausschließlich für jene, in denen Bauarten im Sinne des § 2 Abs. 12 BauO NRW 2018 gegenständlich sind. Bauarten, die in diesen technischen Regeln der VV TB NRW 01/2019 beschrieben sind, und nach denen der Anwender eine Konstruktion auf der Baustelle ausführt, bedürfen der Bestätigung der Übereinstimmung durch ihn. Dies ist insofern konsequent als dass die in die Technischen Baubestimmungen aufgenommenen technischen Regeln (und darin beschriebene Bauarten) und die entsprechenden Planungs-, Bemessungs- und Ausführungsbestimmungen die Anforderungen nach § 3 Abs. 1 Satz und Abs. 3. BauO NRW 2018 konkretisieren. Vor diesem Hintergrund ist auch für eine dergestalt geregelte Bauart

§ 17 Bauarten

die Bestätigung der Übereinstimmung durch den Anwender vertretbar und legitim. Gemäß der Forderung der Übereinstimmungsbestätigung von Bauarten mit den Technischen Baubestimmungen nach § 88 Abs. 2 BauO NRW 2018 sind hiervon zahlreiche Konstruktionen beinhaltet. Im Bereich des Brandschutzes ist dies z.B. die Bauart Brandwand, die gemäß Kapitel 5.12 der technischen Regel DIN 4102-04:2016-05 Kapitel errichtet wird oder eine klassifizierte Wand aus Gipsbauplatten gemäß Kapitel 10.2 der DIN 4102-04:2016-05. Diese Bauarten bedürfen der Bestätigung ihrer Übereinstimmung mit in der Technischen Baubestimmung in Bezug genommenen technischen Regel DIN 4102-04:2016-05 (siehe auch VV TB NRW 01/2019 Teil A 2.2 lfd. Nr. A.2.2.1.3).

Gemäß den ehemaligen Regelungen des § 25 Abs. 3 BauO NRW 2000 (in Kombination mit § 24 Abs. 1 und 2 BauO NRW 2000) bezog sich das Erfordernis der Übereinstimmungserklärung für Bauarten u.a. auf die in den Bauregellisten bekannt gemachten technischen Regeln. Nach neuem Baurecht bezieht sich die Übereinstimmungsbestätigung für Bauarten nunmehr aber u.a. auf die nach den Technischen Baubestimmungen § 88 Abs. 2 legitimierten technischen Regeln – ein deutlich größerer Umfang als früher.

Zu Form und Inhalt einer Übereinstimmungsbestätigung für eine Bauart siehe Punkt »Zu 2-4« sowie Abbildung 17.2.

Im Umkehrschluss bedarf eine Bauart, die in einer allgemein anerkannten Regel der Technik beschrieben ist, welche wiederum nicht in den Technischen Baubestimmungen gemäß § 88 Abs. 2 BauO NRW in Bezug genommen ist, öffentlich-rechtlich keiner formalen Bestätigung der Übereinstimmung durch den Anwender im Sinne des § 17 Abs. 5 BauO NRW 2018.

Zu 2–4:

Die Bestätigung der Übereinstimmung durch den Anwender der jeweiligen Anwendbarkeitsnachweise bezweckt, die dem »Soll« entsprechende »Ist«-Ausführung zu dokumentieren. In den Anwendbarkeitsnachweisen für die Bauarten gemäß § 17 Abs. 2 oder 3 BauO NRW 2018 findet sich regelmäßig jeweils ein Muster für eine entsprechende Bestätigung der Übereinstimmung durch den Anwender wieder. Es ist insbesondere im Interesse der Bauherrschaft, dass die rechtliche Bestätigung der Übereinstimmung, die der Anwender abgibt, eindeutig nachvollzogen werden kann. Die rechtsverbindliche Unterschrift des Anwenders – meist ein Unternehmen im Sinne des § 55 BauO NRW 2018 – müssen daher klar lesbar sein, sprich z.B. eindeutiger Firmenstempel und Unterschrift mit dazugehörigem Klarnamen in Druckschrift bzw. maschineller Schrift. In Bezug auf die Verantwortlichkeiten von Unternehmen, z.B. auf die öffentlich-rechtlich nicht maßgebliche Unterscheidung zwischen General-, Haupt- oder Subunternehmen, finden sich Informationen im § 55 Abs.1 Rdn. 1 ff.

Übereinstimmungserklärung

– Name und Anschrift des Unternehmens, dass die Kabelabschottung(en) (Genehmigungsgegenstand) errichtet hat
– Baustelle bzw. Gebäude: …..
– Datum der Herstellung: …..
– Geforderte Feuerwiderstandsfähigkeit: …..

Hiermit wird bestätigt, dass

– die Kabelabschottung(en) zum Einbau in Wände* und Decke* der Feuerwiderstandsfähigkeit….. hinsichtlich aller Einzelheiten fachgerecht und unter Einhaltung aller Bestimmungen der allgemeinen Bauartgenehmigung Nr. Z-19.53-…. des Deutschen Instituts für Bautechnik vom….. (und ggf. der Bestimmungen der Änderungs- und Ergänzungsbescheide vom…..) errichtet und eingebaut wurde sowie gekennzeichnet wurde(n) und
– die für die Errichtung des Genehmigungsgegenstands verwendeten Bauprodukte entsprechend den Baubestimmungen der allgemeinen Bauartgenehmigung gekennzeichnet waren.

………………………………………   ………………………………………
(Ort, Datum)   (Firma/Unterschrift)

(Die Bescheinigung ist an den Bauherrn zur ggf. erforderlichen Weitergabe an die zuständige Bauaufsichtsbehörde auszuhändigen.)

---

*Nichtzutreffendes streichen

Abb. 17.02 Muster für die Bestätigung der Übereinstimmung einer Bauart

Weitere Informationen zur Übereinstimmungsbestätigung siehe auch § 24 BauO NRW 2018.

9 Zu Abs. 5 Satz 2 – Nicht wesentliche Abweichung

Eine Abweichung, die nicht wesentlich ist, gilt als Übereinstimmung. Die entsprechende Regelung des § 25 Abs. 1 letzter Hs. BauO NRW 2000 ist ebenso für Bauarten mit der Einführung der BauO NRW 2016 übernommen worden. Diese baurechtliche Regelung ermöglicht Anwendern von Bauarten rechtskonform geringfügige Modifikationen von den »Soll«-Vorgaben der entsprechenden Technischen Baubestimmung, der allgemeinen Bauartgenehmigung, dem allgemeinen bauaufsichtlichen Prüfzeugnis oder der vorhabenbezogenen Bauartgenehmigung vorzunehmen – ohne damit eine unzulässige Bestätigung der Übereinstimmung abzugeben (dies gilt ebenso für Hersteller von Bauprodukten gemäß § 24 Abs. 1 Satz 2 BauO NRW 2018).

§ 17 Bauarten

Aufgrund der vielfältigen Randbedingungen und Besonderheiten von Anlagen ist die Öffnungsklausel des Gesetzgebers für Anwender häufig relevant. In den allgemein anerkannten Regeln der Technik bzw. den als »allgemein« bezeichneten gültigen Anwendbarkeitsnachweisen für Bauarten sind »allgemein« zu erwartende bauliche Randbedingungen und deren Konstruktionen wiedergegeben. Weichen die tatsächlichen konkreten Bedingungen für die Bauart von diesen »allgemeinen« Konstellationen ab, muss dies nicht zwingend negativ für die Anwendung im Sinne des § 17 Abs. 1 BauO NRW 2018 sein.

Insofern ist der Grad der individuellen Abweichung zwischen dem »Ist« und dem »Soll« dahingehend fachlich zu bewerten, ob sie noch als *nicht wesentlich* eingestuft werden kann. Diese Einschätzung muss der Anwender – als Hersteller – der Bauart vornehmen (und für ein Bauprodukt der Hersteller). Der unbestimmte Rechtsbegriff des Grads der *nicht wesentlichen Abweichung* lässt sich nicht allgemeingültig vordefinieren. Die technische Einschätzung und Bewertung hängt jeweils vom individuellen Einzelfall, von der Bauart, den baulichen Bedingungen (Umfassungsbauteile etc.), der gebäudetechnischen Infrastruktur usw. ab. Gleichwohl sind im Zuge der Bewertung allgemein gültig Aspekte zu benennen, die Einfluss auf eine gesicherte Einschätzung des Grad einer Abweichung haben:

– In diesem Zusammenhang ist von entscheidender Bedeutung inwieweit der Anwender ausreichende Sachkunde und Erfahrung hat, die Abweichung in Bezug auf ihm unbekannte Einwirkungen (wie z.B. Hitze durch ein Feuer, Last durch veränderte Statik, etc.) auf die Bauart tatsächlich zu bewerten. An verschiedenen Stellen des Gesetzes wird von den Beteiligten für den Rahmen ihres Wirkungskreises die erforderliche Sachkunde und Erfahrung gefordert. Diese Eigenschaften bekommen im Zusammenhang der Bewertung und des Einordnens des Abweichungsgrad besondere Bedeutung, da die Anwendbarkeit der Bauart (bzw. die Verwendbarkeit eines Bauproduktes) ja gerade nicht für den Normal- sondern für einen Sonderfall bewertet werden muss – ggf. in Grenzbereichen, eventuell einem Extremfall. Bei der Bewertung des Grads einer Abweichung, z.B. in Bezug auf die Eigenschaften »Tragfähigkeit«, »Brandverhalten«, »Feuerwiderstand«, »Dichtigkeit«, sprich von Menschen gesetzten Eigenschaften gegenüber Naturphänomen, sollte der Anwender sehr gewissenhaft prüfen, inwieweit er diesbezüglich ausreichend sachkundig und erfahren ist.
Im Gegensatz, z.B. zu Systemanbietern von Bauarten (und Herstellern von Bauprodukten) oder bauaufsichtlich anerkannten Prüfstellen, darf in der Regel unterstellt werden, dass Anwendern diese geforderte spezielle Erfahrung oft fehlen dürfte. Z.B. hinsichtlich der Bewertung des Abweichungsgrad in Bezug auf Brandschutz wird die überwiegende Mehrheit der Anwender weder an entsprechenden normierten Brandprüfungen für die jeweilige gegenständliche Bauart teilgenommen noch sie vorbereitet, durchgeführt und ausgewertet haben (und ebenso das jeweilige gegenständliche Bauprodukt). Vor diesen Hintergründen sollte die Bewertung bzgl. des Grads einer Abweichung immer unter Beteiligung des Systemanbieters der entsprechenden Bauart erfolgen (bzw. des Herstellers des Bauprodukts). Dies gilt grundsätzlich bei Abweichungen von Soll-Bestimmungen, die für eine Bauart (und ebenso ein Bauprodukt) von am Bau Beteiligten – also zumeist Produktunkundigen – festgestellt werden. Insbesondere die Expertise des Systemanbieters ist von entscheidender Bedeutung, da er, wenn auch nicht direkte Sachkunde und

Erfahrung in Prüfungen besitzt, dennoch in die – sein Produkt – betreffenden Entwicklungsprozesse unmittelbar eingebunden ist. Meist verfügen die Systemanbieter aus Prüfungen für andere Bauarten über wichtiges Hintergrundwissen und entsprechende Erfahrungen. Im Zweifelsfall wird sich der Systemanbieter der Sachkunde und Erfahrung von entsprechend bauaufsichtlich anerkannten Prüfstellen resp. für die jeweilige Bauproduktgruppe hierfür bauaufsichtlich anerkannten Sachverständigen rückversichern. Entsprechend der Bewertung des Grads einer Abweichung von einer Bauart ist dies technisch für Differenzen zu anderen bauaufsichtlich produktbezogenen Sollvorgaben zu sehen, wie z.b. im Falle von § 20 Abs. 2 Nr. 1 BauO NRW 2018 oder § 24 Abs. 1 Satz 1 BauO NRW 2018. Auch sollten diejenigen, die die Übereinstimmungsbestätigung des Anwenders im Rahmen ihres jeweiligen Wirkungskreises prüfen, dessen Einschätzung entsprechend kritisch klären, wie z.b. der Bauleiter, die Bauaufsichtsbehörde, die Bauherrschaft usw.

– Unter Berücksichtigung des jeweiligen Anwendungszwecks der Bauart obliegt dem Anwender die Einschätzung, ob er für die Bewertung des Grads einer Abweichung zusätzlich qualifizierten Sachverstand konsultiert (dies gilt ebenso für Unternehmen, die Bauprodukte verwenden). Schlussendlich ist er für die mit den öffentlich-rechtlichen Anforderungen übereinstimmende Ausführung der von ihm übernommenen Arbeiten verantwortlich. Für die Minimierung des Haftungsrisikos des Anwenders und seine öffentlich-rechtliche Verantwortung ist es vorteilhaft, sich diesbezüglich von entsprechenden sachkundigen und erfahrenen Personen oder Institutionen auf seine konkrete Anwendung der Bauart bezogene Expertise einzuholen. Dies kann z.b. eine bauaufsichtlich anerkannte Materialprüfstelle, der Inhaber des jeweiligen Anwendbarkeitsnachweises (sprich ein Systemanbieter) oder ein anderer – idealerweise auf seine Bauart diesbezüglich bauaufsichtlich anerkannter – Sachverständige sein. Im eigenen Interesse obliegt es dem Anwender der Bauart diese Person oder sachverständige Institution so umfassend wie möglich bzgl. der konkreten Anwendung der Bauart zu informieren, sodass eine sachgerechte Einschätzung erfolgen kann (ebenso gilt dies für Bauprodukte und deren Hersteller). Dies sind z.b.:
  – die relevante Technische Baubestimmung oder der maßgebliche Anwendbarkeitsnachweis (und bei Bauprodukten entsprechend der Verwendbarkeitsnachweis),
  – die abweichende Ausführung gegenüber der technischen »Soll«-Vorgabe, z.B. dargestellt in Zeichnungen (oder auch ausreichend aussagekräftigen Handskizzen), Bilddarstellungen usw.,
  – ggf. entsprechende Ausführungs- und/oder Werkpläne,
  – die baurechtliche Sollvorgabe, wie z.B. Brandverhalten, Feuerwiderstandsklasse etc.

Unter Berücksichtigung der anwendungsbezogenen konkreten Stellungnahme der sachverständigen Person oder Institution vermag der Anwender den Grad der Abweichung besser einschätzen. Für den Anwender ist bzgl. der abschließenden Einschätzung der sachverständigen Person oder Institution relevant, ob der Grad der Abweichung *wesentlich* oder *nicht wesentlich* ist. Rechtlich muss er diese Einschätzung im Zuge der Übereinstimmungsbestätigung für die von ihm erstellte Bauart testieren.

Kaiser

§ 17   Bauarten

In Bezug auf den Grad einer Abweichung für eine Bauart als System sind die Erkenntnisse der oben beschriebenen Bewertungen in den Kontext des Einbaus in ein Bauwerk und der Schutzgüter gemäß § 3 Abs. 1 Satz 1 und Abs. 3 durch den Anwender zu stellen. Es ist zulässig, die Frage, ob eine Abweichung wesentlich ist, danach zu beantworten, ob die Abweichung zu einer Beeinträchtigung der Bauwerkssicherheit führt (siehe OLG Düsseldorf, 14.07.2009 – I-20 U 46/01 juris Rn. 28). Gemäß BGH (Urt. v. 20.10.2005 – I ZR 10/03) und OLG Düsseldorf (Urt. v. 14.07.2009 – I-20 U 46/01) ist, »*zur Beurteilung der Frage, wann eine Abweichung nur nicht wesentlich ist, insbesondere auf deren Auswirkungen auf die Bauwerkssicherheit abzustellen (…). Dieser Zusammenhang rechtfertigt ohne weiteres den Vergleich mit Produkten, die ähnlich beschaffen und zu gleichen Zwecken eingesetzt werden.*«

24 Bei abG, in denen auf eine europäisch harmonisierte technische Spezifikation verwiesen wird, z.B. eine ETB, ist bei der Fragestellung des Grads einer Abweichung zu differenzieren auf welche Aspekte sich die Abweichung konkret bezieht. Liegt eine Abweichung zu der in Bezug genommenen ETB und den darin erklärten Leistungen vor, muss der Anwender der Bauart den Inhaber der relevanten Leistungserklärung konsultieren. Dieser muss prüfen, ob durch die Veränderung des Bauprodukts die von ihm erklärte Leistung erfüllt ist. Diese Verpflichtung obliegt gemäß Art. 4-7 BauPVO dem Inhaber der Leistungserklärung. Darauf basierend kann der Anwender der Bauart die Bewertung hinsichtlich des Grads der Abweichung zur aBG vornehmen. Betrifft die Abweichung nicht die Leistungen der in Bezug genommene ETB sondern die durch den nationalen Gesetzgeber festgelegten Anwendungs- und Ausführungsbestimmungen gemäß VV TB NRW 01/2019, muss der Anwender hinsichtlich des Grads der diesbezüglichen Abweichung die Bewertung durchführen. Dementsprechend gelten die Ausführungen unter § 17 Abs. 5 Rdn. 23 und 24.

25 Bei der Bewertung des Grads einer Abweichung zu den relevanten Nachweisdokumenten einer Bauart (oder ebenso z.B. bei einem Bauprodukt) oder im Zusammenhang mit einem Antrag auf eine vBG (oder einer ZiE) werden regelmäßig entsprechende fachliche Gutachten herangezogen. In diesem Kontext sollten die am Bau Beteiligten die verschiedenen diesbezüglichen Informationsmitteilungen des DIBt zur Kenntnis zu nehmen. Im Bedarfsfall veröffentlicht das DIBt, z.B. in Funktion als Anerkennungsbehörde für bauaufsichtlich anerkannte Prüf- und Zertifizierungsstellen, hierzu Mitteilungen, u.a.:
   – Ergänzende Gutachten zu allgemeinen bauaufsichtlichen Prüfzeugnissen (07.10.2013) (siehe https://www.dibt.de/fileadmin/dibt-website/Dokumente/Referat/P4/LBO/abP_Hinweise_ergaenzende_Gutachten.pdf, Zugriffsdatum 15.05.2019)
   – Ergänzende Gutachten zu allgemeinen bauaufsichtlichen Zulassungen Prüfzeugnissen, allgemeinen Bauartgenehmigungen oder allgemeinen bauaufsichtlichen Prüfzeugnissen unzulässig! (Stand 24.08.2018) (siehe https://www.dibt.de/fileadmin/dibt-website/Dokumente/Referat/III/Brandschutz_Ergaenzende_Gutachten.pdf, Zugriffsdatum 15.05.2019)

Demnach kommt das DIBt zu dem Schluss, dass ihm bekannte »ergänzende Gutachten« hierfür bauaufsichtlich nicht autorisierter Stellen zu abZ, aBG oder abP, »*die auf dem Markt kursieren*«, den Verwendungs- bzw. Anwendungsbereich der jeweiligen

Nachweisdokumente in unzulässiger Weise erweitern. »*Diese »ergänzenden Gutachten« erwecken den Eindruck, als könne der Verwendungs- bzw. Anwendungsbereich von bestimmten Verwendbarkeitsnachweisen und Bauartgenehmigungen mit Hilfe solcher Schreiben erweitert oder geändert werden. Überdies wird gegenüber den ausführenden Montagebetrieben behauptet, es handele sich dabei um zulässige nicht wesentliche Abweichungen im Sinne der Landesbauordnungen (§§ 16a Abs. 5, 21 Abs. 1 MBO), die durch das ergänzende Gutachten beurteilt werden.*« Es wird demnach darauf hingewiesen, dass die am Bau Beteiligten, insbesondere der Entwurfsverfasser, der Bauprodukthersteller, die Bauherrschaft und das Unternehmen (d.h. der Anwender einer Bauart) Verantwortung tragen, wenn die dem DIBt diesbezüglich bekannten Gutachten in ihrem Wirkungskreis herangezogen werden. »*Bauaufsichtlich zu beanstanden ist es, wenn wie oben beschrieben, der Eindruck einer nicht wesentlichen Abweichung vermittelt wird, in Wahrheit aber unzulässige inhaltliche Änderungen von Verwendbarkeitsnachweisen und Bauartgenehmigungen bestätigt werden. Solche ergänzenden Gutachten dürfen bei der Errichtung baulicher Anlagen – insbesondere im Falle der sensiblen Brandschutzanforderungen – nicht herangezogen werden.*« In Quintessenz der Informationsmitteilungen des DIBt sollten die am Bau Beteiligten sehr sorgsam prüfen, wer entsprechende fachliche Stellungnahmen bzgl. der Bewertung des Grads einer Abweichung durchführt. Zudem sollte beachtet werden, dass die jeweilige Bewertung individuell auf die entsprechende Bauart und die konkreten Randbedingungen des Einbaus im gegenständlichen Bauvorhaben bezogen sind (s. auch § 22 Rdn. 7).

Im Zusammenhang mit Gutachten, die z.B. für eine vBG (oder ebenso eine ZiE) benötigt werden, sollte die hierfür zuständige Stelle z.B. mit der Obersten Bauaufsichtsbehörde, in deren Zuständigkeitsbereich die jeweilige Bewertung der vorgelegten Gutachten fällt, vorher einvernehmlich abgestimmt werden – vor der eigentlichen fachtechnischen Analyse. Insbesondere bauaufsichtlich anerkannte Materialprüfstellen sollten für die am Bau Beteiligten baurechtlich akzeptable Institutionen sein.

Neben diesen fach- und haftungstechnischen Aspekten ist es für den Anwender (und ebenso ausführende Unternehmen von Bauprodukten) wichtig, sich zu vergegenwärtigen, dass mit dem Einschätzungsprozess bzgl. des Grads der Abweichung auch der erforderliche Zeitbedarf frühzeitig eingeplant wird. Aus den obenstehenden Erläuterungen ist ersichtlich, dass die z.T. komplexen Sachverhalte durch den Anwender aufbereitet, dann ggf. durch externe Personen und/oder Institutionen bewertet und entsprechende Stellungnahmen formuliert werden müssen. In sehr komplexen und ggf. auch für die externen Experten neuen Fällen müssen evtl. verifizierende Versuche durchgeführt werden. Diese Tätigkeiten und Prozesse bedürfen der zeitlichen Planung, die auf den Zeitpunkt der Abgabe der Bestätigung der Übereinstimmung des Anwenders für die Bauart abgestimmt sein muss. Darüber hinaus muss der Anwender der Bauart berücksichtigen, dass für die fachliche Bewertung des Grads einer Abweichung Kosten entstehen können. Diese Kosten sind – vorbehaltlich anderer Vereinbarungen – zunächst einmal dem Anwender zuzurechnen, da er für die erforderlichen Unterlagen und Nachweise der von ihm angewendeten Bauart verantwortlich ist.

26

Anwender von Bauarten sollten daher bei der Kalkulation eines Auftrags zu Errichtung von Bauarten die vorhandenen Planunterlagen sorgsam mit den von ihnen zur

Anwendung beabsichtigten Bauarten und deren Anwendungsnachweisen abgleichen. Spätestens bei Erhalt der für die Errichtung erforderlichen Pläne sollte diese intensive Prüfung durch ihn stattfinden. Kann der Anwender in dieser Phase belegen, dass die ihm übergebene Planung nicht brauchbar und/oder vollständig ist, handelt es sich um ein Versäumnis des Entwurfsverfassers. Durch ihn ist dann die Planung entsprechend anzupassen resp. der Grad der Abweichung für mind. eine Referenzbauart zu bewerten (bei öffentlich-rechtlichen Verträgen können es auch mehrere Referenzbauarten sein). Mind. diese kann der Anwender zur Erfüllung der Planungsleistungen des Entwurfsverfassers nutzen. Bei nachweislich nicht wesentlichen Abweichungen kann der Anwender der Bauart diese am Ende seiner Errichtung mit der Bestätigung der Übereinstimmung dokumentieren. Handelt es sich jedoch bereits in der Planung um eine *wesentliche Abweichung* zu entsprechenden Referenzbauarten, ist z.B. entweder eine Umplanung durch den Entwurfsverfasser erforderlich oder es wird eine baurechtliche Abweichung im Sinne des § 69 BauO NRW 2018 (bzw. abhängig von der Art oder Nutzung der baulichen Anlage eine Erleichterung im Sinne des § 50 BauO NRW 2018) erwirkt oder eine vorhabenbezogene Bauartgenehmigung im Sinne des § 17 Abs. 2 Nr. 2 BauO NRW 2018 beantragt. Die damit zusammenhängenden Prozesse sind – bei rechtzeitig Mitteilung des Anwenders – dann nicht durch ihn zu verantworten, zu initiieren und schlussendlich zu bezahlen (vorbehaltlich anderslautender Vereinbarungen). Die Qualitätskontrolle der Planunterlagen zur Ausführung, die der Anwender einer Bauart erhält, ist daher von erheblicher Bedeutung für ihn.

Weitere Informationen zur Thematik »nicht wesentliche« Abweichung siehe auch § 88 Rdn. 16 ff. und § 24 Rdn. 4 ff.

10 Zu Abs. 5 Satz 3 – § 24 Abs. 2 gilt auch für den Anwender der Bauart

27 Die Bestätigung der Übereinstimmung erfolgt durch den Hersteller der Bauart, d.h. den Anwender – sprich das die Bauart ausführende Unternehmen. Für den Anwender der Bauart gelten die entsprechenden Regelungen gemäß § 24 Abs. 2 BauO NRW 2018 (s. auch § 24 Abs. 2 Rdn. 5 ff.).

11 Zu Abs. 6 Satz 1 – Herstellung von Bauarten, die außergewöhnlicher Sachkunde und Erfahrung bedürfen

28 Absatz 6 ist als Ermächtigungsgrundlage für weitere Regelungen durch den Gesetzgeber für Bauarten zu verstehen, bei der die Anwendung in außergewöhnlichem Maß von der Sachkunde und Erfahrung der damit betrauten Personen oder von einer Ausstattung mit besonderen Vorrichtungen abhängt. Die vom Gesetzgeber gewählten Worte »außergewöhnlichem Maß« bringen zum Ausdruck, dass entsprechende Bauarten die Ausnahme und nicht die Regel sind. Für diese »außergewöhnlichen« Bauarten soll gewährleistet werden, dass der Anwender über solche Fachkräfte und Vorrichtungen verfügt, um die Konstruktion konform zum Anwendbarkeitsnachweis zu errichten. Diese Voraussetzungen muss der Anwender der jeweiligen Bauart gegenüber einer Prüfstelle gemäß § 25 Abs. 1 Satz 1 Nr. 6 BauO NRW 2018 nachweisen (s. auch § 25 BauO NRW 2018). Die entsprechenden Anforderungen können entweder individuell in der entsprechenden allgemeinen Bauartgenehmigung durch das DIBt festgelegt werden,

und sie gelten also bundesländerübergreifend, oder sie sind vorhabenbezogen durch die Oberste Bauaufsichtsbehörde definiert, z.b. mittels entsprechender Auflagen in der vBG. Gemäß den entsprechenden allgemeinen Anwendbarkeitsnachweisen (und ebenso bei Bauprodukten den Verwendbarkeitsnachweisen) des DIBt ist gestattet, dass die besondere Sachkunde und Erfahrung auch durch gleichwertige Nachweise anderer Mitgliedstaaten der Europäischen Union belegt werden können. Dies gilt ggf. auch für im Rahmen des Abkommens über den Europäischen Wirtschaftsraum (EWR) oder anderer bilateraler Abkommen vorgelegte gleichwertige Nachweise.

Des Weiteren kann die Oberste Bauaufsichtsbehörde für das Land NRW eine entsprechende Rechtsverordnung erlassen. Diese Bauarten sind, in der Verordnung über bauordnungsrechtliche Regelungen für Bauprodukte und Bauarten (Bauprodukte- und Bauartenverordnung – BauPAVO NRW 2019) veröffentlicht (für Bauprodukte siehe entsprechend § 18 Abs. 3 BauO NRW 2018 Rdn. 17; weitere Informationen zur Ermächtigungsgrundlage: § 87 Abs. 1 Ziffer 2 BauO NRW 2018 Rdn. 7). 29

Gemäß § 2 BauPAVO NRW 2019 müssen die Hersteller und die Anwender für folgende Tätigkeiten über Fachkräfte mit besonderer Sachkunde und Erfahrung sowie über besondere Vorrichtungen verfügen:

»1. die Ausführung von Schweißarbeiten zur Herstellung tragender Stahlbauteile auf der Baustelle,
2. die Ausführung von Schweißarbeiten zur Herstellung tragender Aluminiumbauteile auf der Baustelle,
3. die Ausführung von Schweißarbeiten zur Herstellung von Betonstahlbewehrungen,
4. die Ausführung von Leimarbeiten zur Herstellung tragender Holzbauteile und von Brettschichtholz,
5. die Herstellung und den Einbau von Beton mit höherer Festigkeit und anderen besonderen Eigenschaften (Beton der Überwachungsklasse 2 und 3) auf Baustellen, die Herstellung von vorgefertigten tragenden Bauteilen aus Beton der Überwachungsklasse 2 oder 3 sowie die Herstellung von Transportbeton und
6. die Instandsetzung von tragenden Betonbauteilen, deren Standsicherheit gefährdet ist.«

Wie oben dargestellt kann dies z.B. für Konstruktionen der Fall sein, bei denen tragende Stahlteile der Bauart geschweißt werden müssen. Schweißarbeiten bei tragenden Stahl- und Aluminiumarbeiten bedürfen technologisch außergewöhnlicher Kenntnisse, weil z.B. von der Legierung und der in die Schweißnaht einzubringende Wärmemenge die Eigenschaften der zu verbindenden Teile in Bezug auf die Festigkeit, die Dauerfestigkeit und das Sprödbruchverhalten maßgeblich bestimmt werden können. Die Fachkräfte für solche Schweißarbeiten müssen nachweislich über entsprechende Befähigungsnachweise verfügen, z.B. die Eignung für ein definiertes »Arbeitsverfahren« wie bspw. Schweißzertifikate nach DIN EN 1090-1. Die Befähigung des Personals soll neben dem sicherheitsgerechten Verhalten mit dem Schweißgerät auf der Baustelle auch die richtige Durchführung der jeweiligen Schweißtätigkeit gewährleisten. Dadurch soll der Gefahr vorgebeugt werden, dass z.B. durch einen nicht befähigten Schweißer bei sicherheitsrelevanten Schweißnähten von Bauarten, Mängel oder andere Gefahren entstehen. Das allgemeine Ziel zur Befähigung dieser Arbeiten ist hiervon nicht ausgeschlossen, sondern wird vielmehr ergänzt.

§ 17 Bauarten

Einen umfassenden Überblick für die ggf. relevanten Bauarten (und ebenso Bauprodukte) findet sich z.b. im Teil V des Verzeichnis der Prüf-, Überwachungs- und Zertifizierungsstellen nach den Landesbauordnungen des DIBt dem sogenannten »PÜZ-Verzeichnis«, das vom DIBt veröffentlicht wird und aktuell in der Ausgabe 2017 vom 26.05.2017 vorliegt, siehe z.B.:
– Ausführung von Leimarbeiten zur Herstellung tragender Holzbauteile und von Brettschichtholz nach DIN 1052-10,
– Ausführung von Feuerschutzvorhängen mit abZ Z-6.60-… (die eine abG umfassen).

Die Anwender von solchen Bauarten haben gemäß § 3 BauPAVO NRW 2019 vor der erstmaligen Durchführung der oben aufgeführten Arbeiten und wiederkehrend für Tätigkeiten nach
1. § 2 Nummer 1 bis 3, 5 und 6 in Abständen von höchstens drei Jahren und
2. § 2 Nummer 4 in Abständen von höchstens fünf Jahren,

gegenüber einer nach § 25 Abs. 1 Nr. 6 BauO NRW 2018 anerkannten Prüfstelle nachzuweisen, dass sie über die vorgeschriebenen Fachkräfte und Vorrichtungen verfügen (s. auch § 25 Abs. 1 BauO NRW 2018).

Diese entsprechenden Nachweise durch den Anwender der Bauart müssen – vorbehaltlich anderer Regelungen und Vereinbarungen – im Rahmen des § 55 BauO NRW 2018 durch das Unternehmen nicht auf der Baustelle bereitgehalten werden. Für die Bauherrschaft empfiehlt sich bei Bauarten, die in den Geltungsbereich des § 17 Abs. 6 BauO NRW 2018 fallen, die Testate der Prüfstellen bzgl. der erforderlichen Nachweise im Sinne des § 3 Abs. 1 BauPAVO NRW 2019 vor Ausführung der Arbeiten vorlegen zu lassen und den eigenen Bauakten beizufügen.

In § 4 BauPAVO NRW 2019 räumt der Gesetzgeber Öffnungsklauseln bzgl. gleichwertiger Nachweise ein (siehe hierzu weiteres in BauPAVO NRW). Diese Öffnungsklauseln sind u.a. erforderlich um zum einen den europäischen Rechtsnormen gerecht zu werden sowie um potentiellen Eventualitäten der Baupraxis beggenen zu können. Demnach
– sind diese Fachkräfte bzw. besonderen Vorrichtungen gemäß § 2 Satz 1 BauPAVO NRW 2019 z.B. nicht erforderlich, wenn mit einer anderen Lösung in gleichem Maße die allgemeinen Anforderungen nach § 3 Abs. 1 Satz 1 BauO NRW erfüllt sind, oder
– die Erfüllung der Anforderungen nach § 2 Satz 2 durch gleichwertige Nachweise anderer Mitgliedstaaten der Europäischen Union oder eines nach dem Recht der Europäischen Gemeinschaften gleichgestellten Staates belegt werden oder

die Oberste Bauaufsichtsbehörde im Einzelfall gestattet, das Bauarten abweichend von den Regelungen gemäß §§ 2 und 3 BauPAVO NRW 2019 hergestellt werden können, wenn nachgewiesen ist, dass Gefahren im Sinne des § 3 Abs. 1 Satz 1 BauO NRW 2018 nicht zu erwarten sind (und ebenso Bauprodukte oder Teile baulicher Anlagen).

12 Zu Abs. 6 Satz 2 – Angaben in der Rechtsverordnung zu Mindestanforderungen an Ausbildung etc.

30 In der BauPAVO 2019 wurde von expliziten Festlegungen der Mindestanforderungen an die Ausbildung, die durch Prüfung nachzuweisende Befähigung und die Ausbildungsstätten einschließlich der Anerkennungsvoraussetzungen kein Gebrauch gemacht. Vielmehr

wird in § 3 Satz 2 BauPAVO 2019 auf die technischen Regeln verwiesen, in denen wiederum entsprechende Anforderungen an die Ausbildung etc. definiert sind.

13 Zu Abs. 7 – Überwachung von Bauarten, die außergewöhnlicher Sorgfalt bedürfen

Gemäß der Begründung zur BauO NRW 2016 übernimmt »*Absatz 7 (…) die Regelung des früheren § 20 Abs. 6 für Bauarten.*« Diese Aussage kann seitens der Rechtsanwender entweder dahingehend verstanden werden, dass unter *Ausführung* gemäß n.F. seitens des Gesetzgebers die Tätigkeiten »*Einbau oder Transport*« a.f. subsumiert worden sind, oder, dass die Ermächtigung für Bauarten sich nicht auf den – gemäß a.f. ausgewiesenen – *Transport* und die *Reinigung* bezieht, weil diese z.B. vom Gesetzgeber bei Bauarten nicht maßgeblich sind, da sie gemäß dessen derzeitigem Erkenntnisstand kein unmittelbares Sicherheitsrisiko darstellen und entsprechend auf Überwachungsregelungen verzichtet wurde.

31

Des Weiteren ist davon auszugehen, dass die *Ausführung* nicht gleich der *Anwendung* gesetzt werden kann, weil bei den in Abs. 7 definierten Bauarten – die einer außergewöhnlichen Sorgfalt bei Ausführung und Instandhaltung bedürfen – die Ausführung das maßgebliche baurechtliche Kriterium ist. Der jetzt im Abs. 7 genutzte Begriff der Ausführung geht wohl über den Begriff der eigentlichen Anwendung der Bauart hinaus. Darüber hinaus verzichtet der Gesetzgeber darauf, das Erfordernis für die Überwachung gemäß § 17 Abs. 7 BauO NRW 2018 auf Bauarten zu begrenzen, die besondere Eigenschaften oder einen besonderen Anwendungszweck aufweisen, und schafft dadurch einen unbestimmt erweiterten Regelungsbereich.

§ 17 Abs. 7 BauO NRW 2018 kann in Ergänzung zu § 17 Abs. 6 Satz 1 BauO NRW 2018 und zur Gewährleistung von qualitätssichernden Maßnahmen von »*außergewöhnlichen*« Bauarten verstanden werden. Bei der »*außergewöhnlichen*« Sorgfalt bzgl. der Ausführung oder Instandhaltung handelt es sich um eine Sorgfalt, die die übliche Sorgfalt in besonderem Grad übersteigt. Sie kann daher für den üblichen Regelfall nicht erwartet werden. Genau hieraus begründet sich u.a. das Erfordernis spezialisierte Stellen für die Überwachung einzusetzen. Der Gesetzgeber kann für diese »*außergewöhnlich*« sorgfältig auszuführenden Bauarten davon ausgehen, dass die Überwachung der (Ausführungs-)Tätigkeiten über die üblicherweise zu vermutende Sachkunde und Erfahrung hinausgehen, z.B. des Bauleiters gemäß § 56 Abs. 2 Satz 1 BauO NRW 2018. Auch für die Instandhaltung dieser »*außergewöhnlichen*« Bauarten kann der Gesetzgeber davon ausgehen bzw. will eine öffentlich-rechtliche Überwachung sicherstellen. Gleichwohl bedürfen nicht alle Bauarten, die in den Geltungsbereich des § 17 Abs. 6 BauO NRW 2018 fallen, einer Überwachung durch Überwachungsstellen gemäß § 17 Abs. 7 BauO NRW 2018.

Die vom Gesetzgeber gewählten Worte »außergewöhnliche Sorgfalt« bringen zum Ausdruck, dass entsprechende Bauarten die Ausnahme und nicht die Regel sind. Der Gesetzgeber hat somit die Option für diese Bauarten Regelungen zu formulieren.

Die entsprechenden Anforderungen können entweder individuell in der entsprechenden allgemeinen Bauartgenehmigung durch das DIBt festgelegt werden (und sie gelten

§ 18 Allgemeine Anforderungen für die Verwendung von Bauprodukten

also bundesländerübergreifend) oder sie sind vorhabenbezogen durch die Oberste Bauaufsichtsbehörde definiert, z. b. mittels entsprechender Auflagen in der vBG.

32 Des Weiteren kann die Oberste Bauaufsichtsbehörde für das Land NRW eine entsprechende Rechtsverordnung erlassen. Auch für diese Bauarten hat der Gesetzgeber NRW in der BauPAVO NRW 2019 Anforderungen an die Überwachung der Ausführung und Instandhaltung festgelegt. Die Bauarten (und Bauprodukte), die entsprechenden Regeln (einschlägige Technische Baubestimmungen) und der Umfang (Stichproben), für die das maßgeblich ist, sind in § 5 BauPAVO NRW 2019 definiert. Die hierfür durch den Gesetzgeber autorisierten Überwachungsstellen müssen gemäß § 25 Abs. 1 Nummer 6 BauO NRW 2018 anerkannt sein (siehe auch § 18 Rdn. 18 ff.).

Weitere Informationen zur Ermächtigungsgrundlage siehe § 87 Abs. 1 Nr. 3 BauO NRW 2018 Rdn. 8.

§ 18 Allgemeine Anforderungen für die Verwendung von Bauprodukten

(1) Bauprodukte dürfen nur verwendet werden, wenn bei ihrer Verwendung die baulichen Anlagen bei ordnungsgemäßer Instandhaltung während einer dem Zweck entsprechenden angemessenen Zeitdauer die Anforderungen dieses Gesetzes oder der aufgrund dieses Gesetzes erlassenen Vorschriften erfüllen und gebrauchstauglich sind.

(2) Bauprodukte, die den in Vorschriften anderer Vertragsstaaten des Abkommens vom 2. Mai 1992 über den Europäischen Wirtschaftsraum (ABl. L 1 vom 3.1.1994, S. 3) genannten technischen Anforderungen entsprechen, dürfen verwendet werden, wenn das geforderte Schutzniveau gemäß § 3 Absatz 1 Satz 1 gleichermaßen dauerhaft erreicht wird.

(3) Bei Bauprodukten, deren Herstellung in außergewöhnlichem Maß von der Sachkunde und Erfahrung der damit betrauten Personen oder von einer Ausstattung mit besonderen Vorrichtungen abhängt, kann in der allgemeinen bauaufsichtlichen Zulassung, in der Zustimmung im Einzelfall oder durch Rechtsverordnung der obersten Bauaufsichtsbehörde vorgeschrieben werden, dass der Hersteller über solche Fachkräfte und Vorrichtungen verfügt und den Nachweis hierüber gegenüber einer Prüfstelle nach § 25 Absatz 1 Satz 1 Nummer 6 zu erbringen hat. In der Rechtsverordnung können Mindestanforderungen an die Ausbildung, die durch Prüfung nachzuweisende Befähigung und die Ausbildungsstätten einschließlich der Anerkennungsvoraussetzungen gestellt werden.

(4) Für Bauprodukte, die wegen ihrer besonderen Eigenschaften oder ihres besonderen Verwendungszwecks einer außergewöhnlichen Sorgfalt bei Einbau, Transport, Instandhaltung oder Reinigung bedürfen, kann in der allgemeinen bauaufsichtlichen Zulassung, in der Zustimmung im Einzelfall oder durch Rechtsverordnung der obersten Bauaufsichtsbehörde die Überwachung dieser Tätigkeiten durch eine Überwachungsstelle nach § 25 Absatz 1 Satz 1 Nummer 5 vorgeschrieben werden, soweit diese Tätigkeiten nicht bereits von der Verordnung (EU) Nr. 305/2011 erfasst sind.

Übersicht

		Rdn.
0	Änderungen gegenüber der BauO NRW 2000 und BauO NRW 2016.	01
1	Allgemeines.	1
2	Zu Abs. 1 – Verwendung von Bauprodukten	2
3	Zu Abs. 2 – Verwendung von Bauprodukten aus definierten Vertragsstaaten	15
4	Zu Abs. 3 Sätze 1 und 2 – Herstellung von Bauprodukten, die außergewöhnlicher Sachkunde und Erfahrung bedürfen.	16
5	Zu Abs. 4 – Überwachung von Bauprodukten, die außergewöhnlicher Sorgfalt bedürfen	17

0 Änderungen gegenüber der BauO NRW 2000 und BauO NRW 2016

In der BauO NRW 2016 sind die Bestimmungen bzgl. der Bauprodukte gegenüber der letztgültigen Fassung BauO NRW 2000 zum einen an anderer Position im Gesetz behandelt und zum anderen inhaltlich gestrafft. Die Regelungen zu Bauprodukten finden sich nunmehr im § 18 BauO NRW 2016 – bisher im § 20 BauO NRW 2000. Diese Änderungen folgen den Anpassungen der MBO 2016 und stehen im direkten Zusammenhang mit dem neu gefassten Recht bzgl. Bauprodukten. Sie sind somit auch eine Auswirkung des Urteils des EuGH vom 16.10.2014 (Rs. C-100/13). Sie wurden in dieser Version erstmals implementiert in der BauO NRW 2016. Der § 18 BauO NRW 2016 trat am 28.06.2017 in Kraft. Die Anforderungen für Bauprodukte im § 18 sind in der Fassung der BauO NRW 2018 in geringem Maße fortgeschrieben und lehnen sich noch konsequenter an die Musterbauordnung 2016 an, z.B. im Absatz 2. 01

In Absatz 1 des neuen § 18 BauO NRW wird – entsprechend der bisherigen prinzipiellen Systematik, die in der BauO NRW 2000 im § 3 Abs. 2 geregelt war – die Verwendung von Bauprodukten geregelt. 02

§ 18 Abs. 1 BauO NRW 2018 ist identisch mit § 18 Abs. 1 BauO NRW 2016.

Absatz 2 greift die Bestimmungen des § 3 Abs. 5 MBO 2012 auf und wurde neu im Gesetz integriert. Abs. 2 erlaubt prinzipiell die Verwendung von Bauprodukten, die den in Vorschriften anderer Vertragsstaaten des Abkommens vom 02.05.1992 über den Europäischen Wirtschaftsraum genannten technischen Anforderungen entsprechen, wenn das geforderte Schutzniveau in Bezug auf Sicherheit, Gesundheit und Gebrauchstauglichkeit gleichermaßen dauerhaft erreicht wird. 03

Absatz 2 nimmt im Hinblick auf die Gleichwertigkeit nunmehr nicht mehr Bezug auf *Sicherheit, Gesundheit und Gebrauchstauglichkeit,* sondern auf die im § 3 Abs. 1 Satz 1 BauO NRW 2018 definierten Schutzgüter. Diese Anpassungen ist getreu zur MBO 2016 und somit gegenüber § 18 Abs. 2 BauO NRW 2016 fortgeschrieben.

Der dritte Absatz des § 18 BauO NRW entspricht im Wesentlichen § 20 Abs. 5 BauO NRW 2000 und regelt zusätzliche Anforderungen für Bauprodukte, deren Herstellung außergewöhnlicher Fachkunde und Erfahrung oder besonderer Vorrichtungen bedürfen. Gestrichen wurden in Satz 1 a.F. lediglich die Wörter »nach Absatz 1 Nr. 1«. Dies ist den Änderungen der in Bezug genommen Vorschrift geschuldet. 04

§ 18 Allgemeine Anforderungen für die Verwendung von Bauprodukten

Mit Einführung der BauO NRW 2016 sind die Bestimmungen an anderer Stelle im Gesetz verortet, jetzt § 18, und die potentielle Aktivierung der Regelungen a.F. betraf auch europäisch harmonisierte Bauprodukte. Hierbei handelte es sich um einen redaktionelles Versehen, da ein entsprechendes Ausschlusskriterium in § 19 Satz 2 BauO NRW 2016 fehlte.

Dies ist mit der Einführung der BauO NRW 2018 im § 19 Satz 2 korrigiert worden und § 18 Abs. 3 BauO NRW 2018 gilt demnach nicht für Bauprodukte im Geltungsbereich des § 19 BauO NRW 2018. Im Übrigen ist § 18 Abs. 3 BauO NRW 2018 identisch mit § 18 Abs. 3 BauO NRW 2016.

05 Absatz 4 greift die Regelungen des früheren § 20 Abs. 6 BauO NRW 2000 auf und ist entsprechend redaktionell angepasst. Die Überwachung für besondere Bauprodukte, die einer außergewöhnlichen Sorgfalt bei Einbau, Transport, Instandhaltung oder Reinigung bedürfen wird demnach national geregelt. Für Bauprodukte, die die CE-Kennzeichnung aufgrund der BauPVO tragen, gilt dies nur sofern für diese Tätigkeiten keine entsprechenden Regelungen bestehen.

§ 18 Abs. 4 BauO NRW 2018 ist identisch mit § 18 Abs. 4 BauO NRW 2016.

1 Allgemeines

1 **Hinweis:** Bei den folgenden Kommentierungen sind zum Teil die Begründungen des Gesetzgebers der Einführung der BauO NRW 2016 berücksichtigt, da die Regelungen zum neuen Bauproduktenrecht sowie den Technischen Baubestimmungen in NRW bereits am 28.06.2017 in Kraft getreten sind.

Aus der Begründung zur BauO NRW 2016 (siehe Drucks. 16/12119 vom 31.05.2016):

> »Grund der Novellierung der bauproduktenrechtlichen Vorschriften ist der aus dem Urteil des Gerichtshofs der Europäischen Union (EuGH) vom 16.10.2014 (Rs. C-100/13) resultierende Anpassungsbedarf an das europäische Bauproduktenrecht. Mit dem Urteil hat die 10. Kammer des EuGH festgestellt, die Bundesrepublik Deutschland habe dadurch gegen ihre Verpflichtungen aus Art. 4 Abs. 2 und Art. 6 Abs. 1 der Bauproduktenrichtlinie (RL 89/106/EWG des Rates vom 21. Dezember 1988 zur Angleichung der Rechts- und Verwaltungsvorschriften der Mitgliedstaaten über Bauprodukte in der durch die Verordnung (EG) Nr. 1882/2003 des Europäischen Parlaments und des Rates vom 29. September 2003 geänderten Fassung) verstoßen, dass sie durch die Bauregellisten, auf die die Bauordnungen der Bundesländer verweisen, zusätzliche Anforderungen für den wirksamen Marktzugang und die Verwendung von Bauprodukten in Deutschland gestellt hat, die von bestimmten harmonisierten Normen erfasst wurden und mit der CE-Kennzeichnung versehen waren. Prüfungsmaßstab des EuGH war das in Art. 6 (1) 1 Bauproduktenrichtlinie enthaltene Marktbehinderungsverbot.
>
> Im Rahmen der vorliegenden Novelle der BauO NRW wird das geltende Recht an die im Urteil des EuGH vom 16.10.2014 enthaltenen Grundaussagen im Hinblick auf die nunmehr in Kraft getretene Bauproduktenverordnung (Verordnung (EU) Nr. 305/2011) angepasst. Die Änderungen erfolgen dabei weitestgehend mustergetreu.

Zentraler Ausgangspunkt der Anpassungen ist das europarechtliche Marktbehinderungsverbot, das in Art. 8 (4) der Bauproduktenverordnung enthalten ist. Danach darf ein Mitgliedstaat die Bereitstellung auf dem Markt oder die Verwendung von Bauprodukten, die die CE-Kennzeichnung tragen, weder untersagen noch behindern, wenn die erklärten Leistungen den Anforderungen für diese Verwendung in dem betreffenden Mitgliedstaat entsprechen. Künftig darf ein Bauprodukt, das die CE-Kennzeichnung trägt, verwendet werden, wenn die erklärten Leistungen den in diesem Gesetz oder aufgrund dieses Gesetzes festgelegten bauwerksseitigen Anforderungen für diese Verwendung entsprechen.

Damit wird urteilskonform klargestellt, dass produktunmittelbare Anforderungen an CE-gekennzeichnete Bauprodukte unzulässig sind.

Um vor diesem Hintergrund zu gewährleisten, dass das Niveau der Bauwerkssicherheit gehalten werden kann, ist es erforderlich, die Bauwerksanforderungen zu konkretisieren. Die Umsetzung erfolgt im Rahmen der neu geschaffenen technischen Verwaltungsvorschrift.« Weitere Informationen zur neuen Verwaltungsvorschrift Technische Baubestimmungen NRW siehe § 88 BauO NRW 2018.

Weiter wird in der einleitenden Begründung BauO NRW 2016 ausgeführt: »*Es muss darüber hinaus eine klarere Abgrenzung geschaffen werden zwischen den produktunmittelbaren Anforderungen und den Anforderungen an die Verwendung der Bauprodukte, die als Bauarten bezeichnet werden, da letztere nach wie vor weiter ausschließlich in die Kompetenz der Mitgliedstaaten fallen und auch in Hinblick auf harmonisierte Bauprodukte erforderlich sind. Außerdem muss das System der Verwendbarkeits- und Übereinstimmungsnachweise so reformiert werden, dass deutlich wird, dass es diese Nachweise für CE-gekennzeichnete Bauprodukte nicht mehr gibt.*« Der § 18 BauO NRW 2018 dient hierfür als einleitender Paragraph und definiert die allgemeinen Bestimmungen an die Verwendung von Bauprodukten. Er ist somit als Schutzzielparagraph der baurechtlichen Anforderungen für Bauprodukte in Bezug auf die in § 3 Abs.1 Satz 1 BauO NRW 2018 formulierten Schutzgüter zu verstehen. Mit Einführung der BauO NRW 2016 werden die weiteren baurechtlichen Anforderungen in Bezug auf Bauprodukte daher thematisch in den §§ 19–25 BauO NRW 2018 – so konsequent wie möglich – zwischen denen für nationale und europäischen Bauprodukten, die die CE-Kennzeichnung aufgrund der BauPVO tragen, getrennt behandelt.

Zur baurechtlichen Definition des Begriffs »Bauprodukt« siehe auch § 2 Rdn. 349 ff.

Zur Abgrenzung des Begriffs »Bauprodukt« zur nationalen »Bauart« siehe auch § 17 Rdn. 1.

Hinweis: Im Hinblick auf den Umfang des Kommentars wird sowohl bei der Kommentierung zu Bauprodukten als auch bei Bauarten jeweils auf entsprechende Regelungen bzw. gleichermaßen zu verstehende Interpretationen verwiesen.

2 Zu Abs. 1 – Verwendung von Bauprodukten

Bauprodukte, die die Anforderungen des § 18 erfüllen, dürfen verwendet werden, soweit die Vorschriften der §§ 19–25, 88 BauO NRW 2018 nicht weitere Anforderungen stellen.

2

§ 18 Allgemeine Anforderungen für die Verwendung von Bauprodukten

Gemäß der Begründung zur BauO NRW 2016 bedürfen »*die in § 20 Abs. 1 genannten Produktgruppen (…) eines Verwendbarkeitsnachweises. Hingegen dürfen Bauprodukte, für die es allgemein anerkannte Regeln der Technik gibt, die jedoch nicht als Technische Baubestimmungen bekanntgemacht worden sind, unmittelbar auf Grundlage von § 18 verwendet werden, d.h. ohne Verwendbarkeitsnachweis und ohne Übereinstimmungsbestätigung, gleichgültig, ob sie diesen Regeln entsprechen oder von diesen abweichen (§ 20 Abs. 2 Nr. 1; dies sind die ehemals als »sonstige« bezeichneten Bauprodukte). Dies gilt auch dann, wenn sie von Bedeutung für die Erfüllung der Anforderungen des § 3 sind. In einem solchen Fall kann es nämlich sein, dass die Erfüllung der Anforderungen bereits durch ein anderes Regelsetzungs- und Zertifizierungssystem abgedeckt sind und deshalb bewusst auf die Bekanntmachung der allgemein anerkannten Regel der Technik als Technische Baubestimmung verzichtet wird.*«

3   In Absatz 1 sind die allgemeinen Anforderungen für die Verwendung von Bauprodukten definiert – ebenso wie dies § 17 Abs. 1 BauO NRW 2018 für die Anwendung von Bauarten erfolgt – und spiegeln somit die in § 3 Abs. 1 BauO NRW 2018 definierten Schutzgüter auf die Ebene der Bauprodukte. In Bezug auf diese elementaren öffentlich-rechtlichen Forderungen entspricht der Abs. 1 neue Fassung daher dem § 3 Abs. 2 BauO NRW 2000.

Bzgl. der Verwendung von Bauprodukten ist die Umsetzung dieser Schutzgüter durch die Beachtung von der die Wahrung dieser Belange dienenden aaRdT umzusetzen (siehe § 3 Abs. 2 Satz 1 BauO NRW 2018). Des Weiteren sind in den Technischen Baubestimmungen für Bauprodukte (und ebenso Bauarten) allgemein anerkannte technische Regeln in Bezug genommen, die die baurechtlichen Anforderungen konkretisieren (siehe § 88 Abs. 2 BauO NRW 2018). Dementsprechend müssen auch für Bauprodukte höhere Standards als die der aaRdT zur Gewährleistung der Schutzziele im Sinne des § 18 Abs. 1 BauO NRW 2018 nicht angewendet werden (und ebenso für die Anwendung von Bauarten im Sinne des § 17 BauO NRW 2018). Der »Stand der Technik« und ein damit z.B. verbundener Diskurs zwischen beteiligten Technikern, was als technisch erforderlich, probat, angebracht oder nicht notwendig gilt, ist nicht der Maßstab der öffentlich-rechtlichen Bewertung. Dies gilt auch bzgl. des »Stand der Wissenschaft« und entsprechende aktuelle Erkenntnisse der Wissenschaft aus Lehre oder Forschung.

4   In Bezug auf das Inverkehrbringen von Bauprodukten, deren Verwendung im Sinne des § 18 Abs. 1 BauO NRW 2018 grundsätzlich geregelt ist, stellt die BauPVO und das durch den Bund erlassene bundesweit geltende BauPG 2015, in Deutschland die zentrale Rechtsgrundlage für die Vermarktung von Bauprodukten dar – wie vor der vollständigen Einführung der BauPVO am 01.07.2013 die seinerzeit geltende BauPR und das seinerzeit geltende Bauproduktengesetz 1992 (weitere Informationen zum BauPG siehe u.a. § 19 Rdn. 5.

5   Der Gesetzgeber bezweckt mit den Grundsatzregelungen des § 18 Abs. 1 BauO NRW 2018 und den damit zusammenhängenden Bestimmungen, z.B. §§ 17–25, 53 Abs.1, § 54 Abs. 1, § 55 Abs. 1 BauO NRW 2018, dass sowohl die Verwendung als auch die Bauprodukte im Sinne dieses Gesetzes ein Mindestmaß an Sicherheit gewährleisten (und ebenso gilt dies bzgl. der Anwendung von Bauarten als auch die Bauart selbst). Die Bestimmungen sollen Unsicherheiten aufgrund von nicht ordnungsgemäßen

Bauprodukten bzw. deren nicht ordnungsgemäßen Verwendung ausschließen und sind damit im Sinne des Allgemeinwohls (und ebenso gilt dies bzgl. der Anwendung von Bauarten). Dies rechtfertigt, dass Bauprodukte (und Bauarten) herstellerneutral definierten Nachweispflichten unterworfen sind (siehe BVerwG, Urt. v. 18.06.1997 – 4 C 8.95 WKRS Rn. 19).

Die Anforderungen der §§ 18 bis 25 BauO NRW 2018 (sowie des § 17 BauO NRW 2018 für Bauarten) sind quasi inhalts- und deckungsgleich mit den entsprechenden baurechtlichen Bestimmungen der anderen fünfzehn Landesbauordnungen sowie der Musterbauordnung 2016. Die Regelungen sind an die Hersteller von Bauprodukten adressiert sowie diejenigen, die mit der Qualitätskontrolle in Bezug auf die öffentlich-rechtlichen Sollvorgaben betraut sind (gleiches gilt dies für Systemanbieter usw. von Bauarten). Sie gelten für die am Bau Beteiligten im Rahmen ihres Wirkungskreises ebenso, da die überwiegenden Tätigkeiten in Bezug auf die Verwendung direkt oder indirekt mit der Planung, Errichtung, Instandhaltung, Überwachung, dem Betrieb usw. von Bauprodukten (und ebenso Bauarten) zu tun haben, d.h. z.B. für 6

– die Bauherrschaft (z.B. in Bezug auf § 53 Abs. 1 BauO NRW 2018, d.h. das Erfordernis Nachweise und Unterlagen über verwendete Bauprodukte und angewandte Bauarten bereit zu halten),
– Entwurfsverfassende und Fachplaner (z.B. in Bezug auf § 54 Abs. 1 und 2 BauO NRW 2018 d.h. das Erfordernis einen vollständigen und gebrauchstauglichen Entwurf zu liefern, der den öffentlich-rechtlichen Vorschriften entspricht),
– Unternehmen (z.B. in Bezug auf § 55 Abs. 1 BauO NRW 2018, d.h. das Erfordernis Nachweise und Unterlagen über verwendete Bauprodukte und angewandte Bauarten auf der Baustelle bereit zu halten und die mit den öffentlich-rechtlichen Vorschriften übereinstimmende Ausführung),
– Bauleiter und Fachbauleiter (z.B. in Bezug auf § 56 Abs. 1 und 2 BauO NRW 2018, d.h. die Überwachung der Baumaßnahme, die den öffentlich-rechtlichen Vorschriften entspricht),
– Sachverständige (z.B. in Bezug auf § 54 Abs. 3 und 4 BauO NRW 2018, d.h. das Erfordernis Brandschutzkonzepte oder Standsicherheitsnachweise aufzustellen, die den öffentlich-rechtlichen Vorschriften entsprechen),
– Bauaufsichtsbehörden (z.B. in Bezug auf § 57 Abs. 1 BauO NRW 2018, d.h. den Vollzug des Gesetzes sowie anderer öffentlich-rechtlicher Vorschriften).

Absatz 1 für Bauprodukte verdeutlicht, dass bei der Beurteilung der Verwendbarkeit eines Bauproduktes im Sinne der Bauordnung ein konstruktiver Zusammenhang mit einer baulichen Anlage im Sinne des § 2 Abs. 1 BauO NRW 2018 bestehen muss. Hierbei ist die bauliche Anlage im Sinne der baurechtlichen Festlegung gemäß § 2 Abs. 1 BauO NRW 2018 relevant (zum Begriff und der Abgrenzung einer baulichen Anlage gegenüber anderen Anlagen und Einrichtungen im Sinne des § 1 Abs. 1 Satz 2 BauO NRW 2018 siehe § 1 Rdn. 27 ff.). In Konsequenz der dort formulierten Erläuterungen ist demnach entscheidend, dass es sich bei der Definition von *anderen Anlagen und Einrichtungen* um einen Auffangtatbestand handelt, der nur selten eingreift, weil überwiegend die Definition der baulichen Anlage oder der des Bauproduktes im Sinne des § 2 Abs. 11 BauO NRW 2018 erfüllt ist. 7

§ 18 Allgemeine Anforderungen für die Verwendung von Bauprodukten

Aus § 1 Abs. 2 BauO NRW 2018 und den dort aufgeführten Anlagen, Leitungen, Nebenanlagen usw. kann jedoch nicht abschließend gefolgert werden, dass die bauproduktbezogenen Regelungen des § 18 Abs. 1 BauO NRW 2018 ff. für sie nicht angewendet werden müssen. Dementsprechend müssen Bauprodukte, die z.b. für die Errichtung von auf dem Boden ruhenden, mehrgeschossigen Messeständen in Ausstellungs- und Messegebäuden verwendet werden und damit nicht mehr als Einrichtungsgegenstände interpretiert werden können, u.a. den Anforderungen gemäß §§ 18 Abs. 1 BauO NRW 2018 ff. genügen. Entsprechend gilt dies für Bauarten im Sinne des § 17 BauO NRW 2018.

8 Zudem ist es sowohl dem Bundes- als auch Landesgesetzgeber für andere Regelungsbereiche gestattet, im jeweiligen Fachgesetz die Beachtung von bauprodukt- (und ebenso bauart-) bezogenen Bestimmungen zu verfügen, z.B. im Sinne der §§ 17–25 BauO NRW 2018. Dies kann z.b. gesetzliche Bestimmungen für andere Rechtsbereiche betreffen, z.B. das Wasserrecht (siehe hierzu u.a. Gesetz zur Ordnung des Wasserhaushalts, dort z.B. § 63 Abs. 4 WHG, Wassergesetz für das Land Nordrhein-Westfalen, dort z.B. § 57 Abs. 2 Ziffer 3 LWG).

9 Die Verwendung von Bauprodukten in baulichen Anlagen subsumiert die Tätigkeiten, die im § 3 Abs. 1 BauO NRW unter »*anordnen, errichten, ändern und instand halten*« explizit aufgeführt sind. Zum Zeitpunkt der jeweiligen baurechtlichen Tätigkeit muss das entsprechende Bauprodukt den Anforderungen des Gesetzes oder aufgrund des Gesetzes erlassener Vorschriften entsprechen. Eine ehemals zulässige Verwendung eines Bauproduktes legitimiert daher nicht zwingend die wiederum zulässige Verwendung in der Zukunft. Dies ist u.a. bei der Änderung von baulichen Anlagen im Bestand von Relevanz. Hat sich z.B. für ein – ehemals – zulässig verwendetes Bauprodukt trotz ordnungsgemäßer Instandhaltung die relevante Verwendungsregel wesentlich geändert und ist das Bauprodukt von einer genehmigungspflichtigen Änderung der baulichen Anlage direkt berührt, kann hieraus nicht der zwingende Anspruch abgeleitet werden dieses Bauprodukt weiter verwenden zu dürfen, z.B. mit gleicher Verwendung an einer anderen Stelle in der baulichen Anlage. Gleichwohl dürfen Bauprodukte in baulichen Anlagen verwendet werden, wenn sie ordnungsgemäß instandgehalten werden und einem dem Zweck entsprechenden angemessenen Zeitraum gebrauchstauglich sind und die Anforderungen dieses Gesetzes oder aufgrund dieses Gesetzes erlassener Vorschriften erfüllen, obwohl sich die relevanten Verwendungsregeln im Laufe der Zeit maßgeblich geändert haben. Insbesondere für Bauprodukte, die im Bestand vorhanden sind, sind neben dem Verwendungszweck daher weitere Aspekte bzgl. der zulässigen Verwendung zu betrachten, z.B. die Maßnahmen zur ordnungsgemäßen Instandhaltung.

10 Da u.a. die *Verwendung* im Sinne der Anforderungen dieses Gesetzes und aufgrund dieses Gesetzes erlassener Vorschriften für Bauprodukte von elementarer Bedeutung ist, muss der Verwender des Bauproduktes den vom Hersteller definierten Zweck der Verwendung besonders berücksichtigen. Der jeweilige Verwendungszweck eines Bauproduktes ist in der Regel in einer allgemein anerkannten technischen Regel, einer Technischen Baubestimmung oder von einem Hersteller eines Bauproduktes festgelegt. Der Verwendungszweck ist demzufolge z.B. in den Verwendbarkeitsnachweisen

gemäß § 20 Abs. 1 BauO NRW 2018 festgelegt. Insbesondere aber wenn die Verwendung eines Bauproduktes ggf. bei der Produktion durch den Hersteller nicht abschließend festgelegt ist oder ein Bauprodukt für unterschiedliche Zwecke verwendet werden kann, ist daher die konkrete Verwendung in der baulichen Anlage durch den Verwender anhand der »Soll«-Vorgaben des Herstellers zu verifizieren. Die am Bau Beteiligten, z.b. Unternehmen im Sinne des § 55 BauO NRW 2018, die Bauprodukte in baulichen Anlagen verwenden, haben sich daher in Bezug auf die Planung, Errichtung, Änderung und Instandhaltung im Rahmen ihres Wirkungskreises und mit den durch sie ausgeführten Tätigkeiten mit dem definierten konkreten Verwendungszweck des Bauproduktes inhaltlich zu beschäftigen, sodass die Grundsatzanforderung des Abs. 1 erfüllt ist. Dies gilt entsprechend für die anderen am Bau Beteiligten – jeweils im Rahmen ihres Wirkungskreises, z.B. den Entwurfsverfasser, Fachplaner usw. (siehe hierzu auch § 17 Abs. 1 Rdn. 6).

Die Anforderungen für die Verwendung von Bauprodukten im Sinne von § 18 Abs. 1 BauO NRW 2018 (und ebenso für die Anwendung von Bauarten im Sinne von § 17 Abs. 1 BauO NRW 2018) gelten immer. In Bezug auf die bauproduktenbezogenen Verwendungsregelungen des Bauprodukts ist es somit ohne Relevanz, ob es sich bei den baulichen Anlagen z.B. um 11
– genehmigungsfreie resp. freigestellte Anlagen im Sinne des § 62 bzw. § 63 BauO NRW 2018 oder
– genehmigungspflichtige Anlagen entsprechend der §§ 64–66 BauO NRW 2018 oder
– nach definierten anderen Rechtsnormen genehmigungspflichtige bauliche Anlagen handelt oder
– Bestimmungen aus dem gesetzlichen Planfeststellungsverfahren die Baugenehmigung beinhaltet.

Dies gilt ebenso für Bauarten.

Im Gegensatz zu § 20 Abs. 1 BauO NRW 2000 unterscheidet der einleitende Paragraph Absatz 1 seit Einführung der BauO NRW 2016 im Gesetz bzgl. der grundsätzlichen Anforderungen und ihrer Verwendung bei nationalen Bauprodukten nicht mehr explizit zwischen geregelten, nicht geregelten und sonstigen Bauprodukten sowie jenen die, z.B. gemäß den Bestimmungen Bauproduktengesetzes oder den seinerzeitigen europäischen Bestimmungen der BauPR oder zur Umsetzung sonstiger Richtlinien der Europäischen Gemeinschaft in Verkehr gebracht werden und gehandelt werden dürfen. Der entsprechende Absatz wurde erheblich gestrafft – ohne in der Kernforderung in Bezug auf das Sicherheitsniveau Einbußen zuzulassen. Die gesetzliche Struktur wird vielmehr in § 18 Abs. 2–4 und in den folgenden Paragraphen 19 und 20 ff. bzgl. der Bauprodukte grundsätzlich unterschieden zwischen Bauprodukten, die entweder in 12
1. einen anderen Regelungsbereich, nämlich
   a. die der BauPVO (§ 19 BauO NRW 2018) oder
   b. den Vorschriften anderer Vertragsstaaten des Abkommens über den Europäischen Wirtschaftsraum (§ 18 Abs. 2) oder
2. in den nationalen Regelungsbereich (§§ 18 Abs. 3–4, 20 bis 25 BauO NRW 2018)

fallen. Diese grundsätzliche inhaltliche Trennung in den, den § 18 Absatz 1 folgenden diesbezüglichen Bestimmungen, erleichtert die Implementierung der durch das Gerichtsurteil des EuGH in der Rechtssache C-100/13 geforderten Anpassungen des nationalen Rechts.

Die Voraussetzung für die Verwendbarkeit wird – auf Basis des § 18 Abs. 1 BauO NRW 2018 – für die nationalen Bauprodukten in §§ 20 ff. und Bauprodukte, die die CE Kennzeichnung aufgrund der BauPVO tragen, in § 19 BauO NRW 2018 konkretisiert. Die Voraussetzung für die Verwendung von Bauprodukten, die die den in Vorschriften anderer Vertragsstaaten des Abkommens vom 2. Mai 1992 über den Europäischen Wirtschaftsraum (ABl. L 1 vom 3.1.1994, S. 3) genannten technischen Anforderungen entsprechen, sind in § 18 Abs. 2 BauO NRW 2018 detailliert.

13 Die vorsätzliche oder fahrlässige Verwendung von Bauprodukten, die nicht der Regelungssystematik der §§ 18–25 BauO NRW 2018 genügen, stellen eine Ordnungswidrigkeit dar, z.B. im Sinne des § 86 Abs. 1 Nr. 5. Daneben kann in der Verwendung eines neuartigen, nicht erprobten Baustoffes anstelle eines gebräuchlichen und bewährten Baustoffes ein Verstoß gegen die anerkannten Regeln der Technik liegen und zivilrechtliche Forderungen auslösen (BGH, Urt. vom 23.05.2002 – VII ZR 219/01 juris Rn. 7 ff.).

14 Entsprechend wie für Bauarten setzt der Gesetzgeber setzt für die *angemessene Zeitdauer* eines verwendungskonformen Bauproduktes die ordnungsgemäße Instandhaltung voraus (s. auch § 17 Rdn. 7 und 8).

3 Zu Abs. 2 – Verwendung von Bauprodukten aus definierten Vertragsstaaten

15 Die Implementierung der Öffnungsklausel für die Verwendung von entweder europäisch nicht harmonisierten Bauprodukten oder den in §§ 20 ff. nicht national erfassten Bauprodukten erweitert den ganzheitlichen Ansatz der baurechtlichen Regelungen für Bauprodukte. Im Zusammenhang von Forderungen der EU-Kommission in Notifizierungsverfahren zu Mustervorschriften wurde Absatz 2 eingefügt. Er enthält eine allgemeine Gleichwertigkeitsklausel, die aus einer europäischen Verordnung resultiert [(EG) Nr. 764/2008 Verordnung zur Festlegung von Verfahren im Zusammenhang mit der Anwendung bestimmter nationaler technischer Vorschriften für Produkte, die in einem anderen Mitgliedstaat rechtmäßig in den Verkehr gebracht worden sind, und zur Aufhebung der Entscheidung Nr. 3052/95/EG]. Die Zulässigkeit der Verwendung für solche Bauprodukte hängt z.B. von folgenden Faktoren ab:
1. das entsprechende Bauprodukt wurde bereits rechtmäßig in einem Vertragsstaat des Abkommens vom 2. Mai 1992 über den europäischen Wirtschaftsraum in Verkehr gebracht, (d.h. EU-Mitgliedstaaten, EWR Mitgliedstaaten, Schweiz oder Türkei) und
2. die Schutzgüter gemäß § 3 Abs. 1 Satz 1 BauO NRW 2018 sind gleichermaßen dauerhaft gegeben. D.h. sie müssen den in Deutschland in und aufgrund der Bauordnung gestellten Anforderungen für die vorgesehene Verwendung entsprechen. Dies schließt Anforderungen an das Verfahren und die Stellen der Konformitätsbewertung ein.

Die Verwendung von gemäß Abs. 2 benannter Bauprodukte stellt somit einen besonderen – mit hoher Wahrscheinlichkeit – seltenen Fall dar. Gleichwohl ist in diesem Zusammenhang durch die Mitgliedstaaten u.a. die Verordnung (EG) Nr. 764/2008 vom 09.07.2008 zu beachten. Gemäß Art. 2 beinhaltet die Verordnung die Regeln und Verfahren, die die zuständigen Behörden, d.h. z.b. die Bauaufsichtsbehörden, in diesem Zusammenhang beachten müssen.

Gemäß Erwägungsgrund (3) der Verordnung besagt der Grundsatz der gegenseitigen Anerkennung, »*dass ein Mitgliedstaat (…) den Verkauf von Produkten, die in einem anderen Mitgliedstaat rechtmäßig in den Verkehr gebracht wurden, auch dann nicht verbieten darf, wenn bei der Erzeugung dieser Produkte technische Vorschriften zur Anwendung kamen, die sich von denen unterscheiden, die bei einheimischen Produkten eingehalten werden müssen. Ausnahmen von diesem Grundsatz sind nur bei Beschränkungen möglich, die ihre Rechtfertigung in Artikel 30 EG-Vertrag oder in anderen übergeordneten Gründen des Allgemeininteresses finden und die überdies in einem angemessenen Verhältnis zu dem angestrebten Ziel stehen.*« In diesem Zusammenhang haben die übergeordneten Gründe des Allgemeininteresses besondere Bedeutung hinsichtlich der Zulässigkeit. »*Derartige übergeordnete Gründe des Allgemeininteresses können die Anwendung technischer Vorschriften durch die zuständigen Behörden rechtfertigen. Eine solche Anwendung darf aber nicht ein Mittel willkürlicher Diskriminierung oder eine versteckte Handelsbeschränkung zwischen den Mitgliedstaaten darstellen. Außerdem sollte immer der Grundsatz der Verhältnismäßigkeit gewahrt werden, wenn geprüft wird, ob die zuständigen Behörden auch wirklich die am wenigsten restriktive Maßnahme gewählt haben.*« Hersteller von solchen Bauprodukten können sich insofern auf die Verordnung (EG) Nr. 764/2008 berufen, wenn die zuständige Behörde beabsichtigt, im Einklang mit nationalen technischen Vorschriften, restriktive Maßnahmen in Bezug auf das betreffende Produkt zu ergreifen. Die Verhältnismäßigkeit der geforderten Maßnahmen ist daher bei der Festlegung der Maßnahmen zu berücksichtigen. In diesem Zusammenhang sind u.a. Art. 4 und 5 der Verordnung (EG) Nr. 764/2008 von Bedeutung.

Der Normengeber führt im Erwägungsgrund (3) richtigerweise aus, dass »*den zuständigen Behörden (…) im Übrigen geeignete Verfahren für die Anwendung ihrer technischen Vorschriften auf bestimmte Produkte, die in einem anderen Mitgliedstaat rechtmäßig in den Verkehr gebracht worden sind (fehlen). Dies beeinträchtigt die Fähigkeit dieser Behörden, die Konformität von Erzeugnissen im Einklang mit den Bestimmungen des Vertrags zu beurteilen.*« Insofern sind die Mitgliedstaaten gemäß Artikel 9 der Verordnung (EG) Nr. 764/2008 verpflichtet hierzu Produktinformationsstellen in ihrem Hoheitsgebiet zu benennen, die den Wirtschaftsteilnehmern oder zuständigen Behörden – auf Anfrage – definierte Informationen zur Verfügung stellen. Z.B. bzgl.:

   a) der »*für einen bestimmten Produkttyp auf dem jeweiligen Hoheitsgebiet des Mitgliedstaats der Produktinfostellen geltenden technischen Vorschriften sowie Informationen darüber, ob für diesen Produkttyp gemäß den gesetzlichen Bestimmungen ihres Mitgliedstaats eine Vorabgenehmigung erforderlich ist, einschließlich Informationen über den Grundsatz der gegenseitigen Anerkennung und die Anwendung dieser Verordnung im Hoheitsgebiet des jeweiligen Mitgliedstaats;*«

b) den *»Kontaktinformationen der zuständigen Behörden in diesem Mitgliedstaat zwecks direkter Kontaktaufnahme einschließlich der Angabe der Behörden, die die Anwendung der jeweiligen technischen Vorschriften im Hoheitsgebiet dieses Mitgliedstaats überwachen;*
c) *allgemein im Hoheitsgebiet dieses Mitgliedstaats verfügbare Rechtsbehelfe bei Streitigkeiten zwischen den zuständigen Behörden und einem Wirtschaftsteilnehmer.«*

Die gemäß der europäischen Verordnungen [(EG) Nr. 764/2008 und BauPVO] in Deutschland erforderlichen nationalen Produktinformationsstellen sind bei der Bundesanstalt für Materialforschung und -prüfung (BAM) in Berlin angesiedelt (Stand Mai 2019):

https://netzwerke.bam.de/Netzwerke/Navigation/DE/Produktinfostellen/PCP/PCP-Bauprodukte/pcp-bauprodukte.html

Anfragen an die nationalen Produktinformationsstellen können gerichtet werden an produktinfostelle@bam.de.

Bei der Beantwortung entsprechender Anfragen arbeitet die BAM eng mit dem DIBt zusammen. Die Produktinformationsstellen sind gemäß Art. 10 Abs. 2 Verordnung (EG) Nr. 764/2008 dazu verpflichtet, diese innerhalb von 15 Tagen ab deren Eingang zu beantworten. Weitere Informationen, Aufgaben von Produktinformationsstellen für Bauprodukte siehe z.B. auch die Erwägungsgründe 42 ff. sowie Art. 10 der BauPVO.

Hinweis: Gemäß den Abstimmungen der Bundesländer und der ARGEBAU soll das DIBt zukünftig die Aufgaben als Produktinformationsstelle ausüben (siehe z.B. Vorlage Nr. 19/517 für die Sitzung der Deputation für Umwelt, Bau, Verkehr, Stadtentwicklung, Energie und Landwirtschaft (L) der Hansestadt Bremen vom 01.11.2018, Entwurf Verwaltungsabkommen zwischen Bund und Ländern zu Übertragung von weiteren Aufgaben auf das DIBt, Artikel 2 Nr. 4).

4 Zu Abs. 3 Sätze 1 und 2 – Herstellung von Bauprodukten, die außergewöhnlicher Sachkunde und Erfahrung bedürfen

16 Der Absatz 3 ist als Ermächtigungsgrundlage für den Gesetzgeber für Bauprodukte im Regelungsbereich §§ 18 Abs. 2 und 20 ff. zu verstehen, bei der die Herstellung in außergewöhnlichem Maß von der Sachkunde und Erfahrung der damit betrauten Personen oder von einer Ausstattung mit besonderen Vorrichtungen abhängt. Für diese »außergewöhnlichen« Bauprodukte soll gewährleistet werden, das der Hersteller über solche Fachkräfte und Vorrichtungen verfügt um die Konstruktion konform zum Nachweis herzustellen. Die Inbezugnahme der Prüfstelle gemäß § 25 Abs. 1 Satz 1 Nr. 6 BauO NRW 2018, gegenüber der Nachweis zu erfolgen hat, dient der Konkretisierung. Eine inhaltliche Änderung ergibt sich hieraus nicht.

Hinweis: Der fehlende Bezug in § 19 Satz 2 BauO NRW 2016, der als redaktionelles Versehen zu interpretieren ist, wurde in § 19 Satz 2 BauO NRW 2018 korrigiert. Demnach gilt die Anwendung der Bestimmungen des § 18 Abs. 3 BauO NRW 2018

nicht für CE-gekennzeichnete Bauprodukte, da für sie keine nationalen Anforderungen an die Sachkunde und Erfahrung bei der Herstellung bzw. der Ausstattung mit besonderen Vorrichtungen gestellt werden dürfen. Der Einschub »*Absatz 1 Nr. 6*« am Ende des Satzes 1 dient der konkreten Zuordnung in § 25. Eine inhaltliche Änderung ist hiermit nicht verbunden.
(S. auch § 18 Abs. 3 BauO NRW 2018; § 17 Abs. 6 Sätze 1 und 2 Rdn. 28 ff.).

5 Zu Abs. 4 – Überwachung von Bauprodukten, die außergewöhnlicher Sorgfalt bedürfen

Absatz 4 ermächtigt den Gesetzgeber für definierte Bauprodukte in Bezug auf ihre besonderen Eigenschaften oder ihres besonderen Verwendungszwecks, die einer außergewöhnlichen Sorgfalt bei Einbau, Transport, Instandhaltung oder Reinigung bedürfen, die Überwachung dieser Tätigkeiten durch bestimmte Überwachungsstellen anzuordnen. Der Gesetzgeber sieht es insofern als erforderlich an, dass die Überwachung der Bauprodukte sich nicht nur auf die Herstellung bezieht sondern eben auch auf andere Tätigkeiten, die im Zusammenhang mit diesen außergewöhnlichen Bauprodukten stehen und bei denen die Schutzgüter durch unsachgemäße Tätigkeiten gefährdet sein können, wie z.b. bei Instandhaltungsarbeiten von Behältern oder bei der Verwendung solcher Bauprodukte für ortsfest verwendete Anlagen zum Lagern, Abfüllen und Umschlagen von wassergefährdenden Stoffen. Die Gesetzesbegründung aus 2016 weist darauf hin, dass Händler, solange sich das Bauprodukt in ihrem Verantwortungsbereich befindet, gemäß Art. 14 Abs. 3 BauPVO hierfür zu sorgen haben. 17

Die entsprechenden Anforderungen können entweder individuell in der entsprechenden allgemeinen Zulassung durch das DIBt festgelegt werden (und sie gelten also bundesländerübergreifend) oder sie sind objektbezogen durch die Oberste Bauaufsichtsbehörde definiert, z.B. mittels entsprechender Auflagen in der ZiE gemäß § 23 BauO NRW 2018.

Des Weiteren kann die Oberste Bauaufsichtsbehörde für das Land NRW allgemein eine entsprechende Rechtsverordnung erlassen. Diese Ermächtigung hat die Oberste Bauaufsicht aktiviert und entsprechende Regelungen in der BauPAVO 2019 festgelegt. Im § 6 BauPAVO NRW 2019 sind die Tätigkeiten aufgeführt, die gemäß § 18 Abs. 4 BauO NRW durch anerkannte Überwachungsstellen generell im Land NRW überwachungspflichtig sind. Wie aus der Aufstellung der demnach generell überwachungspflichtigen Tätigkeiten ersichtlich ist, hat der Gesetzgeber im Sinne der BauPAVO 2019 keine Regelungen für »Transport« und »Reinigung« getroffen. Insofern ist zu vermuten, dass er für diese beiden Tätigkeiten bei den unter 1-6 aufgeführten Bauprodukten dahingehend keine besonderen Auflagen im Sinne der Schutzgüter als erforderlich erachtet: 18
1. der Einbau von punktgestützten, hinterlüfteten Wandbekleidungen aus Einscheibensicherheitsglas in einer Höhe von mehr als 8 m über Gelände,
2. das Herstellen und der Einbau von Beton mit höherer Festigkeit und anderen besonderen Eigenschaften auf Baustellen (Beton der Überwachungsklasse 2 oder 3),

3. die Instandsetzung von tragenden Betonbauteilen deren Standsicherheit gefährdet ist,
4. der Einbau von Verpressankern,
5. die Herstellung von Einpressmörtel auf der Baustelle und das Einpressen in Spannkanäle,
6. das Einbringen von Ortschäumen auf Bauteilflächen über 50 m².

Die Inbezugnahme der Überwachungsstelle gemäß § 25 Abs. 1 Satz 1 Nr. 5 BauO NRW 2018, die die Tätigkeiten zu kontrollieren hat, dient der Konkretisierung. Eine inhaltliche Änderung gegenüber der BauO NRW 2000 ergibt sich hieraus nicht. Der jeweiligen bauaufsichtlich anerkannten Überwachungsstelle obliegt die Kontrolle gemäß den entsprechenden Technischen Baubestimmungen. Der Gesetzgeber ermächtigt die anerkannten Überwachungsstellen ihre Kontrollen auf Stichproben zu beschränken.

Weitere Informationen zur BauPAVO 2019, dem Begriff »außergewöhnliche Sorgfalt« siehe § 17 Rdn. 31 sowie § 87 Rdn. 8.

Für den Gesetzgeber ergibt sich durch Abs. 4 die Möglichkeit auch für Bauprodukte, die in den Geltungsbereich der europäischen Bauproduktenverordnung fallen, Tätigkeiten durch anerkannte Überwachungsstellen anzuordnen, sofern entsprechende Bestimmungen nicht bereits hierin geregelt sind bzw. Auflagen für diese Bauprodukte aus der BauPVO nicht bestehen. Die grundsätzliche Ermächtigung des nationalen Gesetzgebers für Bauprodukte Anforderungen zu stellen ist dabei durch die europäischen Bestimmungen entsprechend limitiert, z.B. durch Art. 8 Abs. 4 BauPVO 2014 in Bezug auf die Warenverkehrsfreiheit sowie Art. 56–62 AEUV in Bezug auf die Dienstleistungsfreiheit.

§ 19 Anforderungen für die Verwendung von CE-gekennzeichneten Bauprodukten

Ein Bauprodukt, das die CE-Kennzeichnung trägt, darf verwendet werden, wenn die erklärten Leistungen den in diesem Gesetz oder aufgrund dieses Gesetzes festgelegten Anforderungen für diese Verwendung entsprechen. § 18 Absatz 3 und §§ 20 bis 25 gelten nicht für Bauprodukte, die die CE-Kennzeichnung aufgrund der Verordnung (EU) Nr. 305/2011 tragen.

Übersicht		Rdn.
0	Änderungen gegenüber der BauO NRW 2000 und BauO NRW 2016.	01
1	Allgemeines	1
1.1	Entwicklung der BauPR zur BauPVO 2011, d.h. bis zum 01.07.2013	4
1.2	Entwicklung der BauPVO 2011 ab dem 01.07.2013.	6
2	**Systematik und Begrifflichkeiten der BauPVO 2014**	8
2.1	Bauprodukt (gemäß BauPVO 2014) (bisher: Bauprodukt)	9
2.2	Bausatz (gemäß BauPVO 2014) – bisher in BauPR nicht explizit definiert	10
2.3	Grundanforderungen an Bauwerke gemäß Anhang I BauPVO 2014 (bisher: Wesentliche Anforderungen, gemäß Anhang I BauPR)	11

2.4 Wesentliche Merkmale des Bauproduktes (gemäß BauPVO 2014) – bisher in BauPR nicht explizit definiert	12
2.5 Harmonisierte technische Spezifikationen (gemäß BauPVO 2014) – bisher: technische Spezifikationen.	13
2.6 Harmonisierte europäische Norm (gemäß BauPVO 2014) – bisher: Harmonisierte europäische Norm	14
2.7 Europäische Technische Bewertung (ETB) (gemäß BauPVO 2014) –bisher: Europäisch Technische Zulassung (European Technical Approval = ETA)	15
2.8 Technische Bewertungsstellen (gemäß BauPVO 2014) – bisher: Zulassungsstellen .	16
2.9 Bewertung und Überprüfung der Leistungsbeständigkeit (gemäß BauPVO 2014) – bisher: EG-Konformitätsbewertungsverfahren	17
2.10 Notifizierte Stellen (gemäß BauPVO 2014) – bisher: notifizierte Stellen	18
2.11 Europäisches Bewertungsdokument (EBD) gemäß BauPVO 2014 – bisher: Leitlinien zur Erteilung von Europäisch Technischen Zulassungen	19
2.12 Leistungserklärung (LE) (gemäß BauPVO 2014) – bisher: EG-Konformitätserklärung	20
2.13 CE-Kennzeichnung (gemäß BauPVO 2014) – bisher: CE-Kennzeichnung	21
3 **Zu Satz 1 – Verwendung von CE-gekennzeichneten Bauprodukten**	23
4 **Zu Satz 2 – Ausschluss von definierten nationalen Regelungen für CE-gekennzeichnete Bauprodukte**	26

0 Änderungen gegenüber der BauO NRW 2000 und BauO NRW 2016

Mit Einführung der BauO NRW 2016 sind die Bestimmungen bzgl. der Verwendung von Bauprodukten, die die CE-Kennzeichnung tragen, gegenüber der letztgültigen Fassung BauO NRW 2000 jetzt in einem eigenen Paragraphen geregelt. Die bisherige Praxis die jeweiligen besonderen Anforderungen bzgl. der Verwendung nationaler Bauprodukte und europäischer Bauprodukte in einem gemeinsamen Paragraphen zu vermischen, seinerzeit § 20, ist aufgegeben worden. § 19 ist getreu zu dem entsprechenden § 16c der Musterbauordnung Fassung 2016. 01

§ 19 BauO NRW 2018 wurde hinsichtlich des in der vorherigen Fassung fehlenden Bezugs auf § 18 Abs. 3 in Satz 2 fortgeschrieben und ist im übrigen identisch mit § 19 BauO NRW 2016.

1 Allgemeines

Die heute ca. 513 Millionen Einwohner der EU mit ihren 28 Mitgliedsstaaten erwirtschaften ein nominales Bruttoinlandsprodukt von 14,82 Billionen Euro (Stand 2016) und machen das Gebiet damit zum größten weltweiten Binnenmarkt. Innerhalb der EU ist Deutschland für ca. 20% der Wirtschaftsleistung (Stand 2015) verantwortlich. Gemäß eines Berichts zur europäischen Bauwirtschaft des Bundesinstituts für Bau-, Stadt- und Raumforschung aus dem Jahr 2010 wurden im Zeitraum 1995 bis 2009 durchschnittlich rund eine Billion Euro Bauinvestitionen in der EU getätigt. Wiederum 75 % dieser Bauinvestitionen entfallen auf die fünf größten Volkswirtschaften der EU, d.h. Deutschland, Frankreich, dem Vereinigten Königreich, Italien und Spanien. Der Gesamtumsatz im Bauproduktenbereich beträgt ca. 420 Mrd. € und ist damit einer der wichtigsten Wirtschaftssektoren der EU. 1

§ 19 Anforderungen für die Verwendung von CE-gekennzeichneten Bauprodukten

Mit Abschluss des EWG Vertrags von 1957 war zwischen den damaligen sechs Vertragsstaaten ein Hauptziel den Abbau von Handelshemmnissen zu erreichen. Hierzu sollten die vier Grundfreiheiten auf dem Gebiet der jeweiligen Mitgliedstaaten schrittweise implementiert werden, d.h. freier Verkehr von Waren, Kapital, Dienstleistungen und Arbeitskräften.

Diese vier Grundfreiheiten wirken sich auch auf dem Sektor der Baubranche aus, z.b. der Dienstleistungsfreiheit u.a. in Bezug auf die Anerkennung von Nachweisen der beruflichen Qualifikation, siehe z.B. § 17 Abs. 6 Rdn. 28. Eine besondere Bedeutung für die Verwirklichung der Ziele des EWG Vertrags war die Warenverkehrsfreiheit, die z.b. die Zölle innerhalb des Binnenmarktes verbietet und auch keine Restriktionen bzgl. der mengenmäßigen Ein- und Ausfuhr von Waren zwischen den Mitgliedstaaten des Binnenmarktes zulässt. Im Laufe der 1980er Jahre wurden zur praktischen Verwirklichung der Ziele hierzu weitere Regelungen auf den Weg gebracht, die auch das heute bekannte europäische Bauproduktenrecht maßgeblich mit beeinflussten und den aktuellen – viel größeren – Binnenmarkt prägen.

Ein wichtiger Baustein zur Verwirklich des Binnenmarktes ist der Abbau von Handelshemmnissen durch die Umsetzung von einheitlichen Normen. Hierzu wurde im Jahre 1985 das *Neue Konzept für die Produktregulierung und das Gesamtkonzept für die Konformitätsbewertung (engl. New Approach)* erarbeitet, auf deren Grundlage für verschiedene Wirtschaftssektoren und die gesamte EU einheitlich geltende harmonisierte technische Normen erarbeitet werden konnten. Aus schätzungsweise 150.000 nationalen Normen vor 1985 sind im Jahr 2007 ca. 13.000 harmonisierte Normen geworden. Ab 1987 sind zur Umsetzung des *Neuen Konzept* schrittweise in 20 Wirtschaftsbereichen Richtlinien verabschiedet worden. Produkte, die entsprechenden harmonisierten europäischen Normen genügen, sollen demnach mit einem EG-Zeichen versehen werden – das aus einem CE-Symbol besteht (Conformité Européen).

2 Die mit Abstand wichtigste und zentrale Richtlinie des *Neuen Konzept,* die dieses Konzept für den Bausektor akzentuiert, war die Richtlinie des Rates vom 21.12.1988 zur Angleichung der Rechts- und Verwaltungsvorschriften der Mitgliedstaaten über Bauprodukte (89/106/EWG) (Abl. EG Nr. L 40 vom 11.12.1989, S. 12–26) – auch kurz **Bauproduktenrichtlinie** (und im weiteren **BauPR** abgekürzt). Die Hauptintention der BauPR war es u.a. Handelshemmnisse für Bauprodukte auf dem Bauproduktsektor zu beseitigen, das europaweite Inverkehrbringen von Bauprodukten zu regeln um den freien Warenverkehr dieser Produkte im Binnenmarkt zu vereinheitlichen und damit zu verbessern. Theoretisch war es demnach ab diesem Zeitpunkt möglich, Bauprodukte mit einem EG-Zeichen mittels CE Symbol zu versehen (Mit Einführung der Richtlinie 93/68/EWG [zur Änderung von verschiedenen Richtlinien des Neuen Konzept] vom 22.07.1993 wurde gemäß Art. 4 Abs. 1 die BauPR u.a. in Bezug auf das EG-Zeichen geändert. Demnach waren in der gesamten BauPR die Begriffe »EG-Zeichen« durch »CE-Kennzeichnung« zu ersetzen; gleiches gilt für

ehemals »EG-Konformitätszeichen« in »CE-Konformitätskennzeichnung«). Praktisch bedurfte es jedoch zahlreicher, langwieriger bilateraler Abstimmungen zwischen den Mitgliedsstaaten, z.b. zur Konkretisierung der wesentlichen Anforderungen gemäß Anhang I der BauPR in sechs Grundlagendokumenten, der Entwicklung von europäischen Prüf- und Klassifizierungsnormen, der Erarbeitung europäisch harmonisierter Spezifikationen (d.h. harmonisierter Normen bzw. Europäisch Technische Zulassungen) etc.

Im Unterschied zu den anderen Harmonisierungsansätzen des Neuen Konzepts stellte schon die BauPR (und so auch die Bauproduktenverordnung – BauPVO) einen fundamentalen Sonderfall in der Harmonisierungssystematik der EU dar. Die BauPR richtet die wesentlichen Anforderungen (siehe § 19 Rdn. 3) nicht an den jeweiligen eigentlichen Harmonisierungsgegenstand, ein Bauprodukt, sondern an die finalen Produkte – nämlich die Bauwerke (und ebenso die BauPVO, siehe § 19 Rdn. 10). In diesem Sinne sind die Bauprodukte »Zwischenprodukte« bzw. Einzelkomponenten, die zusammengesetzt ein Bauwerk bilden. Vor diesem Hintergrund sind die weiteren Besonderheiten – vor allem der BauPVO – zu sehen: Bauprodukte, die die CE-Kennzeichnung aufgrund der BauPVO tragen, indizieren nicht die Konformität zu einer harmonisierten Norm, sondern zu einer erklärten Leistung – im Gegensatz zur eigentlichen Bedeutung der Abkürzung *Conformité Européen*. In anderen Harmonisierungsfeldern des *Neuen Konzeptes* umfassen die Richtlinien die wesentlichen Anforderungen für die Produkte. Diese wesentlichen Anforderungen sind wiederum in den technischen Spezifikationen zu berücksichtigen, auf deren Basis die jeweiligen harmonisierten individuellen Produkte entwickelt werden bzw. für die sie maßgeblich sind. Insofern besagt die CE-Kennzeichnung am jeweiligen Produkt die Konformität zu einer europäischen Richtlinie, z.B. im Geltungsbereich der Maschinenrichtlinie. Im Zusammenhang mit rechtlichen und technischen Aspekten bzgl. der CE-Kennzeichnung muss daher differenziert werden, auf welcher Basis das jeweilige Produkt die CE-Kennzeichnung trägt. Die Bedeutung der CE-Kennzeichnung von Bauprodukten ist daher von jenen Produkten zu differenzieren, die die CE-Kennzeichnung aufgrund anderer Harmonisierungsrichtlinien tragen, z.B. aufgrund der Niederspannungsrichtlinie (2014/35/EU). Gleichwohl besteht die Möglichkeit, dass diese Produkte Teile eines Bauproduktes werden resp. eins sind, z.B. bei einer Feststellanlage für Türen.

Gemäß Art. 1 der BauPR galt »*diese Richtlinie (…) für Bauprodukte, soweit für sie die wesentlichen Anforderungen an Bauwerke nach Artikel 3 Absatz 1 Bedeutung haben.*« Art. 3 Abs. 1 besagt, dass »*die wesentlichen auf Bauwerke anwendbaren Anforderungen, die die technischen Merkmale eines Produkts beeinflussen können, (…) in Form von einzelnen Vorgaben in Anhang I, aufgeführt sind. Von diesen Anforderungen können eine, mehrere oder alle berücksichtigt werden; sie sind während einer angemessenen Lebensdauer zu erfüllen.*« Sofern für die Bauwerke nationale Regelungen vorhanden sind, bei denen entsprechende Anforderungen an die Wesentlichen Merkmale bestehen, müssen auch die Bauprodukte, aus denen sie als Ganzes oder als Teil errichtet werden, die nachfolgend genannten wesentlichen Anforderungen erfüllen. Die in Anhang I der

3

§ 19 Anforderungen für die Verwendung von CE-gekennzeichneten Bauprodukten

BauPR benannten Wesentlichen Anforderungen für Bauwerke, die mit Bauprodukten errichtet werden können, sind:
1. Mechanische Festigkeit und Standsicherheit,
2. Brandschutz,
3. Hygiene, Gesundheit und Umweltschutz,
4. Nutzungssicherheit,
5. Schallschutz,
6. Energieeinsparung und Wärmeschutz.

Sie sind als übergeordnete Kriterien definiert, denen Bauwerke genügen müssen. In diesem Sinne ist die oben beschriebene Besonderheit zu verstehen: Ein einzelnes Bauprodukt kann z.b. nicht standsicher sein, wohl aber die Grundvoraussetzungen bieten, dass bei ordnungsgemäßer Planung, Bemessung, Ausführung und Instandhaltung das Bauwerk resp. Bauteil, in das es integriert wird, die Standsicherheit gewährleistet. Diese Anforderungen müssen gem. Anhang I bei normaler Instandhaltung über einen wirtschaftlich angemessenen Zeitraum erfüllt sein. Hierbei setzt die BauPR vorsehbare Einwirkungen voraus.

Die benannten sechs wesentlichen Anforderungen wurden nach der Veröffentlichung der BauPR ab dem Jahre 1989 bis 1994 in sechs Grundlagendokumenten auf der technischen Ebene konkretisiert, u.a. auf die Leistungsklassen und -stufen für Bauprodukte. Die Grundlagendokumente hatten – nach eigener Einschätzung ihrer Verfasser – im Jahre 1994 einen evolutionären Charakter und können daher fortgeschrieben werden. Hierbei musste ein jeweils ein weit reichender Rahmen der Leistungsklassen und -stufen geschaffen werden, in dem alle potentiellen Leistungskriterien beinhaltet waren, die in den Mitgliedsstaaten zum Zeitpunkt der Verhandlungen als Anforderungen für Bauwerke vorhanden waren, sodass es in keinem Mitgliedsstaat zur einer faktischen Herabsenkung des dort vorhandenen Sicherheitsniveaus kommen konnte. Die sechs Grundlagendokumente wurden am 28.02.1994 im europäischen Amtsblatt veröffentlicht (Abl. EG Nr. C 62, S. 1 – 163). Auch noch heute bieten sie den am Bau am Beteiligten hilfreiche allgemeine Informationen und fördern ein besseres Verständnis der jeweiligen Fachdisziplinen für die BauPR und die daraus entstandene BauPVO 2011. Die Grundlagendokumente können unter http://download.wolterskluwer.de mit dem Freischaltcode: WK6AFNREM heruntergeladen werden.

Entsprechend Nummer 2 der allgemeinen Einführung zu den sechs Grundlagendokumenten war der hauptsächliche Zweck, die Verbindung zwischen den Wesentlichen Anforderungen gemäß Anhang I BauPR und den sukzessive zu erarbeitenden harmonisierten Spezifikationen d.h. entweder
– harmonisierten Normen (hEN) für Bauprodukte oder
– Leitlinien (ETAG = European Technical Approval Guideline = Europäisch Technische Zulassungs-Leitlinien), auf denen dann Europäisch Technische Zulassungen erteilt werden konnten (ETZ, englisch ETA: European Technical Approval)
herzustellen.

Die Normungsaufträge für die Erarbeitung von harmonisierten Bauproduktnormen werden im Sinne des *Neuen Konzepts* und der BauPR als *Mandate* bezeichnet. Diese

Mandate wurden (und werden weiterhin im Geltungsbereich der BauPVO) von der Europäischen Kommission erteilt und durch die Europäischen Normungsorganisationen (CEN, CENELEC, ETSI usw.) und der EOTA erarbeitet (jetzt: European Organisation for Technical Assessment = Europäische Organisation für Technische Bewertungen; vor dem 30.06.2013: European Organisation for Technical Approval = Europäische Organisation für Technische Zulassungen). Mittels der Mandate soll u.a. gewährleistet werden, dass die zu erstellenden Normen der seinerzeitigen BauPR (und heute der BauPVO) entsprechen. Darüber hinaus müssen auch alle Eigenschaften des jeweiligen Bauprodukts enthalten sein, die von den Mitgliedstaaten gefordert sind, sodass ein Bauprodukt – gemäß des jeweiligen nationalen Baurecht – auch prinzipiell verwendet werden darf. Die Mandate beinhalten, z.B. Bestimmungen zum jeweiligen Bauprodukt und den zu berücksichtigenden Wesentlichen Anforderungen. Die zuständigen Normungsgruppen erstellen ein Programm für die Erarbeitung der jeweiligen Normen, welches wiederum von der EU-Kommission verifiziert werden muss. Grundsätzlich haben die Mitgliedstaaten in diesem Normungsprozess ebenfalls die Möglichkeit ihre Interessen zu adressieren und einzubringen. Dies geschieht über den sogenannten Ständigen Ausschuss für das Bauwesen.

Hinweis: Verfahren und Vorgehensweise gilt im Wesentlichen ebenso für Mandate, die seit Einführung der BauPVO erteilt wurden. Bei der Erarbeitung von harmonisierten Normen wirken u.a. die Mitgliedsstaaten sowie andere Marktbeteiligte mit. Es war – und ist – also von entscheidender Bedeutung, dass die delegierten Vertreter der Mitgliedstaaten in diesem Prozess, die in den jeweiligen Mitgliedsstaaten vorhandenen baurechtlichen Anforderungen an Bauprodukte, in die europäische Normungsarbeit aktiv mit einbringen, sodass sie in den jeweiligen harmonisierten europäischen Normen berücksichtigt werden. Sofern Interessengruppen am Prozess der Entwicklung harmonisierter Normen involviert sind, so stellen die europäischen Normungsgremien sicher, dass die verschiedenen Kategorien von Interessengruppen in allen Instanzen gerecht und angemessen vertreten sind.

Art. 4 BauPR definierte, dass ein Mitgliedsstaat von der Brauchbarkeit eines Bauproduktes mit EG Zeichen (resp. CE-Kennzeichnung) auszugehen hatte, wenn sie so beschaffen waren, dass die Bauwerke, für die sie verwendet werden, bei ordnungsgemäße Planung und Bauausführung die oben benannten Wesentlichen Anforderungen erfüllen können. In der Retrospektive kann festgestellt werden, dass trotz zahlreicher Verfahrensvorgaben zur Mandatierung und Entwicklung von harmonisierten Spezifikationen die Erwartungen des deutschen Gesetzgebers vor allem für die harmonisierten Normen nicht erfüllt wurden. Demnach weisen zahlreiche harmonisierte Normen Lücken auf, die mit der Verringerung des in Deutschland vorhandenen Sicherheitsniveaus verbunden sind, z.B. in Bezug auf Gesundheits- oder Brandschutz (siehe auch § 88 Rdn. 59 ff.). Dementsprechend kam es während der Geltungsdauer der BauPR zu zahlreichen nationalen Zusatzanforderungen für Bauprodukte, die die CE-Kennzeichnung gemäß BauPR trugen. Diese Zusatzanforderungen wurden jeweils in der nationalen Bauregelliste ausgewiesen und mussten mittels nationaler Verwendbarkeitsnachweise (abZ) und Übereinstimmungsnachweis auf dem Bauprodukt gekennzeichnet werden. Das von der Bundesrepublik Deutschland praktizierte Verfahren der national geforderten notwendigen Doppelkennzeichnung (CE + Ü) führte zu einem jahrelangen Streit mit der EU-Kommission, der 2012 schlussendlich in einer Vertragsverletzungsklage der EU-Kommission mündete. Mit dem Urteil des EuGH in der Rechtssache C-100/13 vom 16.10.2014 wurde die von der Bundesrepublik Deutschland gepflegte Praxis als nicht EU-rechtskonform beurteilt (siehe auch § 18 Rdn. 1).

In Bezug auf die weitere geschichtliche Entwicklung und Definitionen der BauPR sowie auf die Legitimierung im bundesdeutschen Recht mittels des Bauproduktengesetzes vom 10.08.1992 wird auf die 12. Auflage dieses Kommentar verwiesen (siehe dort Vor §§ 20 bis 28 Rn. 3 ff., S. 714 ff).

1.1 Entwicklung der BauPR zur BauPVO 2011, d.h. bis zum 01.07.2013

4 Im Juni 2007 wurde ein erster – nicht vollständiger – Entwurf für eine Bauproduktenverordnung und im Mai 2008 der erste offizielle Entwurf der Bauproduktenverordnung durch die EU-Kommissionsdienste vorgelegt. Dies war bemerkenswert, weil das Rechtsinstrument von einer europäischen Richtlinie zu einer europäischen Verordnung gewechselt wurde, dass als »durchgreifenderes« Harmonisierungsinstrument zu werten ist. Schon zu diesem Zeitpunkt kommunizierten einige Mitgliedstaaten ihre Bedenken, weil es einfacher gewesen wäre, Änderungen einer fortgeschriebenen BauPR in der nationalen Gesetzgebung zu berücksichtigen als das jeweilige Nationalstaatsrecht an eine EU-Verordnung anzupassen. Das Rechtsinstrument einer europäischen Verordnung gem. Art. 288 Abs. 2 AEUV gilt direkt und unmittelbar in den Mitgliedstaaten und bedarf keiner weiteren Umsetzung in nationales Recht – im Gegensatz zu einer europäischen Richtlinie. Der Europäische Rat stimmte der BauPVO am 28.02.2011 zu. Sie wurde am 04.04.2011 im Amtsblatt der EU veröffentlich als Verordnung (EU) Nr. 305/2011 des Europäischen Parlaments und des Rates vom 9. März 2011 zur Festlegung harmonisierter Bedingungen für die Vermarktung von Bauprodukten und zur Aufhebung der Richtlinie 89/106/EWG des Rates (siehe Abl. EU L88 S. 5– 43) – im weiteren BauPVO 2011. Gemäß Art. 68 BauPVO trat sie 20 Tage nach der Veröffentlichung in Teilen (Art. 1, 2, 29–35, 39–55, 64, 67 und Anhang IV) und vollständig ab dem 01.07.2013 in Kraft.

5 Im Zuge des neuen Rechtsrahmens für das Inverkehrbringen und CE-Kennzeichnung von Bauprodukten mit der BauPVO war es erforderlich, das bestehende Bundesrecht anzupassen, d.h. u.a. das Bauproduktengesetz in der letztgültigen Fassung 1998, das Wasserhaushaltsgesetz, die Energieeinsparverordnung, die Verordnung über das Inverkehrbringen von Heizkesseln und Geräten nach dem Bauproduktengesetz sowie der BauPG-PÜZ Anerkennungsverordnung. In diesem Sinne wurden im Bauproduktengesetz in der letztgültigen Fassung 2011 Regelungen zur Durchführung der BauPVO getroffen, Vorschriften aufgehoben, die zur Umsetzung der BauPR dienten sowie um kausale Änderungen in den anderen benannten Bundesrechtsnormen implementieren zu können. Wie auch die BauPVO 2011 trat das BauPG vom 05.12.2012 in zwei

Stufen in Kraft – Artikel 1 BauPG 2012 einen Tag nach Verkündung, alle übrigen Artikel zum 01.07.2013.

Im Artikel 1 sind im wesentlichen Zuständigkeitsbestimmungen für die nationale Technische Bewertungsstelle (dem DIBt), die nationale Notifizierende Behörde sowie notifizierten Stellen geregelt (siehe § 19 Rdn. 16 und 18). Im Artikel 2 BauPG 2012 sind u.a. die Marktüberwachung (§ 5) sowie Bußgeld- und Strafvorschriften (§§ 8 und 9) fixiert. Eine für die am Bau Beteiligten wichtige Regelung betrifft die Sprache von europäisch erforderlichen Dokumenten im Zusammenhang mit der BauPVO (Art. 2 § 6 BauPG). Demnach sind u.a. in der Leistungserklärung [= LE = Declaration of performance (DoP); siehe Art. 7 Abs. 4 BauPVO], der Gebrauchsanleitung und den Sicherheitsinformationen (Art. 11 Abs. 6 und Art. 13 Abs. 4 BauPVO) die deutsche Sprache zu verwenden.

In NRW wurden in diesem Zusammenhang das Gesetz zur Durchführung der Marktüberwachung harmonisierter Bauprodukte in Nordrhein-Westfalen und zur Änderung der Verordnung über Zuständigkeiten nach dem Energieeinsparungsgesetz, dem Bauproduktengesetz und der Verordnung (EG) Nr. 765/2008 vom 25.05.2015 erlassen.

1.2 Entwicklung der BauPVO 2011 ab dem 01.07.2013

Art. 60 BauPVO 2011 ermächtigt die EU-Kommission im Einklang mit Art. 61 BauPVO 2011, d.h. in einem Zeitraum von mind. fünf Jahren ab dem 24.11.2011 und jeweils fünf weiteren Jahren (vorbehaltlich des Widerrufs gemäß Art 62. BauPVO 2011 durch das Europäische Parlament oder vom Rat) Delegierte Rechtsakte zur Erreichung der Ziele der Verordnung zu erlassen. Diese Befugnisse dienen insbesondere zur Beseitigung und Vermeidung von Beschränkungen für die Bereitstellung von Bauprodukten auf dem Markt und unterliegen den Bedingungen der Art. 62 und 63 BauPVO 2011, d.h. Widerrufsrecht der Befugnisübertragung bzw. Inanspruchnahme von Einwänden gegenüber Delegierten Rechtsakten durch das Europäische Parlament oder vom Rat. Das Recht, entsprechende Delegierte Rechtsakte zu erlassen und damit die BauPVO 2011 zu ändern, hat die EU-Kommission seitdem mind. zweimal ausgeübt und folgende Delegierte Verordnungen im Amtsblatt der EU veröffentlicht:

1. Delegierte Verordnung (EU) Nr. 568/2014 der Kommission vom 18.02.2014 zur Änderung des Anhangs V der Verordnung (EU) Nr. 305/2011 des Europäischen Parlaments und des Rates hinsichtlich der Bewertung und Überprüfung der Leistungsbeständigkeit von Bauprodukten (siehe Abl. EU L 157 S. 76–79 vom 27.05.2014),
2. Delegierte Verordnung (EU) Nr. 574/2014 der Kommission vom 21.02.2014 zur Änderung von Anhang III der Verordnung (EU) Nr. 305/2011 des Europäischen Parlaments und des Rates über das bei der Erstellung einer Leistungserklärung für Bauprodukte zu verwendende Muster (siehe Abl. EU L 159 S. 41–79 vom 28.05.2014)

Darüber hinaus ist die BauPVO 2011 (resp. die Delegierten Rechtsakte) seitdem zweimal offiziell berichtigt und die Korrekturen im Amtsblatt der EU veröffentlicht worden:
1. Berichtigung der Verordnung (EU) Nr. 305/2011 des Europäischen Parlaments und des Rates vom 9. März 2011 zur Festlegung harmonisierter Bedingungen für

§ 19 Anforderungen für die Verwendung von CE-gekennzeichneten Bauprodukten

die Vermarktung von Bauprodukten und zur Aufhebung der Richtlinie 89/106/EWG des Rates (siehe Abl. EU L 103 S. 10–13 vom 12.04.2013)
2. Berichtigung der Delegierten Verordnung (EU) Nr. 568/2014 der Kommission vom 18. Februar 2014 zur Änderung des Anhangs V der Verordnung (EU) Nr. 305/2011 des Europäischen Parlaments und des Rates hinsichtlich der Bewertung und Überprüfung der Leistungsbeständigkeit von Bauprodukten (siehe Abl. EU L 92 S. 118 vom 08.04.2015)

Unter Berücksichtigung dieser Ergänzungen und Berichtigungen liegt die BauPVO aktuell (Stand 20.06.2019) als Version BauPVO 2014 vor.

7 Mit der vollständigen Einführung der BauPVO am 01.07.2013 wurde die bekannte – prinzipielle – Regelungsstruktur der BauPR fortgesetzt, die auch aus einem mehrstufigen System bestand:
1. Anhang I BauPR =>
2. Grundlagendokumente =>
3. harmonisierte Spezifikationen [d.h. harmonisierte Normen oder Leitlinien Leitlinien zur Erteilung von Europäisch Technischen Zulassungen (ETAG = European Technical Approval Guideline) sowie die CUAP (Common Understanding of Assessment)] =>
4. CE-Konformitätserklärung =>
5. CE-Kennzeichnung.

Diese strukturelle Systematik findet sich auch in der BauPVO:
1. Grundanforderungen nach Anhang I BauPVO =>
2. harmonisierte Spezifikationen [d.h. harmonisierte Normen oder Europäisches Bewertungsdokument (EBD = EAD für European Assessment Document)] =>
3. Leistungserklärung =>
4. CE-Kennzeichnung.

Des Weiteren wohnt beiden Rechtsnormen die elementare Intention inne – nämlich die Beseitigung von Handelshemmnissen für Bauprodukte und somit die Gewährleistung eines freien Warenverkehr im EU Binnenmarkt ermöglichen zu wollen. Gemäß Art. 1 BauPVO legt »*diese Verordnung (…) Bedingungen für das Inverkehrbringen von Bauprodukten oder ihre Bereitstellung auf dem Markt durch die Aufstellung von harmonisierten Regeln über die Angabe der Leistung von Bauprodukten in Bezug auf ihre Wesentlichen Merkmale sowie über die Verwendung der CE-Kennzeichnung für diese Produkte fest.*«

Gleichwohl gibt es zwischen den beiden Rechtsinstrumenten – ehemals BauPR jetzt BauPVO – erhebliche Unterschiede. Die seinerzeitige Brauchbarkeitsvermutung eines Bauproduktes im Geltungsbereich der BauPR wird bei der BauPVO durch die Konformitätsvermutung eines Bauproduktes mit der vom Hersteller erklärten Leistung ersetzt. Demnach erklären Hersteller von Bauprodukten im Geltungsbereich der BauPVO somit jeweils nicht die Brauchbarkeit des von ihnen hergestellten Bauproduktes für die Verwendung in einem Bauwerk sondern ausschließlich, dass das Bauprodukt, die von ihnen in der Leistungserklärung deklarierten Parameter erfüllen. Mit Einführung der BauPVO ist dies ein Paradigmenwechsel im europäischen Bauproduktenrecht, weil demnach nicht die Produktleistungen harmonisiert sind, sondern vielmehr die Bestimmung dieser Leistungen. Unverändert legen die Mitgliedstaaten hingegen weiterhin die nationalen baurechtlichen Anforderungen fest, die Bauwerke in ihrem Hoheitsgebiet erfüllen müssen – und damit definieren sie die erforderlichen Leistungen der Bauprodukte, die schlussendlich ein Bauwerk bilden.

2 Systematik und Begrifflichkeiten der BauPVO 2014

Die Systematiken und Begrifflichkeiten der BauPVO haben sich also gegenüber der BauPR z.T. geändert. Positiv zu vermerken ist, dass eine Vielzahl von Begriffen im Verordnungstext im Art. 2 BauPVO detailliert sind, z.B. Bauprodukt, Bausatz, Hersteller, Inverkehrbringen, Kleinstunternehmen usw. Dies ist hilfreich, da zu Zeiten der BauPR Begriffe z.T. nicht eindeutig definiert waren und es Analogieschlüssen oder den Bezug auf rechtlich nicht verbindliche Dokumente bedurfte. Zum Verständnis des § 19 BauO NRW 2018 werden im folgenden einige zentrale Begriffe und Systematiken der neuen BauPVO erläutert: 8

2.1 Bauprodukt (gemäß BauPVO 2014) – bisher: Bauprodukt

Gemäß Art. 2 lfd. Nummer 1 BauPVO 2014 bezeichnet ein Bauprodukt demnach »*jedes Produkt oder jeden Bausatz, das beziehungsweise der hergestellt und in Verkehr gebracht wird, um dauerhaft in Bauwerke oder Teile davon eingebaut zu werden, und dessen Leistungen sich auf die Leistung des Bauwerks im Hinblick auf die Grundanforderungen an Bauwerke auswirkt*«. Ein unmittelbarer Bezug auf diese Definition der BauPVO 2014 für ein Bauprodukt wird in der BauO NRW 2018 nicht hergestellt. Insofern deckt sich die Definition eines Bauprodukts gemäß BauPVO 2014 nicht mit jener in § 2 Abs. 11 BauO NRW 2018. 9

2.2 Bausatz (gemäß BauPVO 2014) – bisher: in BauPR nicht explizit definiert

Eine wichtige neue Definition in der BauPVO 2014 betrifft den (europäischen) Bausatz, der – im Gegensatz zur national definierten Bauart gemäß § 17 BauO NRW 2018 – im Sinne der BauPVO 2014 Art. 2 lfd. Nummer 2 ein handelbares Produkt ist (und nicht das Ergebnis einer Tätigkeit, wie die BauO NRW 2018 die Bauart definiert, siehe auch § 17 Rdn. 1). Gem. BauPVO 2014 ist ein Bausatz »*ein Bauprodukt, das von einem einzigen Hersteller als Satz von mindestens zwei getrennten Komponenten, die zusammengefügt werden müssen, um ins Bauwerk eingefügt zu werden, in Verkehr gebracht wird*«. Bei genauer Analyse ist diese wirtschaftsrechtliche (europäische) Definition für die baurechtliche (nationale) Betrachtung bezüglich des Einbaus in eine bauliche Anlage nur begrenzt hilfreich (s. auch Werning H.: Der Bausatz, das unbekannte Wesen in Bauprodukte Aktuell Ausgabe 01/2019 FeuerTRUTZ Network GmbH, Köln). Auch für einen europäischen Bausatz können demnach weitere Komponenten (z.B. Bauprodukte) erforderlich sein, um ihn final in eine Anlage gemäß § 3 Abs. 1 BauO NRW 2018 einzufügen. 10

§ 19 Anforderungen für die Verwendung von CE-gekennzeichneten Bauprodukten

Die im Sinne der BauPVO 2014 und BauO NRW 2018 richtige baurechtliche Einordnung bzgl. der Einstufung als Bauprodukt, Bausatz oder als Bauart ist für Unternehmen gemäß § 53 BauO NRW 2018 in Bezug auf ihre Rechte und Pflichten von besonderer Bedeutung. Zum einen haben Verbraucher, also auch Unternehmen, ein Anrecht, vom Hersteller des Bauproduktes resp. eines Bausatzes im Sinne der BauPVO 2014 eine Leistungserklärung zu erhalten. Er muss eine CE-Kennzeichnung an seinem Bausatz (als Bauprodukt) anbringen. Darüber hinaus müssen Hersteller für ihre Bauprodukte/Bausätze gemäß Art. 11 Abs. 4 BauPVO 2014 sicherstellen, dass sie »*eine Typen-, Chargen- oder Seriennummer tragen oder ein anderes Kennzeichen zu ihrer Identifizierung tragen oder, falls dies aufgrund der Größe oder Art des Produkts nicht möglich ist, dass die Informationen auf der Verpackung oder in den dem Bauprodukt beigefügten Unterlagen angegeben werden.*« Auf diese Dokumente haben Verbraucher, also auch Unternehmen, einen Anspruch.

Zum anderen müssen Unternehmen, die europäische Bauprodukte oder -sätze in baulichen Anlagen einbauen im Umgang mit Modifikationen sehr genau differenzieren, ob es sich um Modifikationen am europäischen Bauprodukt (d.h. auch den Randbedingungen für die Planung, Ausführung und den Betrieb oder den Verwendungszwecken) oder ggf. um wesentliche Abweichungen zu den nationalen Anwendungs- und Ausführungsbestimmungen für ein europäisches Bauprodukt handelt, die in einer aBG beschrieben sind und auf das in der aBG referenziert wird (siehe hierzu auch § 17 Rdn. 24 und § 19 Rdn. 26).

2.3 Grundanforderungen an Bauwerke gemäß Anhang I BauPVO 2014 – bisher: Wesentliche Anforderungen, gemäß Anhang I BauPR

11 Die EU hat keine Zuständigkeit, die jeweiligen baurechtlichen Bestimmungen der Mitgliedsstaaten auf deren nationalen Hoheitsgebieten zu definieren. Dieses Recht obliegt den jeweiligen Mitgliedsstaaten der EU. Es liegt somit im Ermessen der Mitgliedsstaaten zu entscheiden, welche Bauwerksanforderungen zum Wohle der Gemeinschaft im jeweiligen Nationalstaat geboten und gefordert sind. Nationales Baurecht ist daher dem jeweiligen gesellschaftlichen Konsens in Bezug auf die Schutzgüter und das hierfür jeweils erachtete Mindestmaß geschuldet. Daneben unterliegen Bauwerke – unabhängig von der Vielfältigkeit der gesellschaftlich gewünschten Schutzgüter in den Mitgliedsstaaten – auch allgemeingültig physikalischen Gesetzmäßigkeiten und den Naturelementen sowie -effekten, die wiederum in den Mitgliedsstaaten unterschiedlich präsent sein können, Stichwort dynamische Belastung aufgrund von Erdbeben, Temperaturunterschieden usw.

Vor diesem Hintergrund bedürfen die Bauwerke und die aus ihren – ggf. zahlreichen – bestehenden Bauprodukten für die Harmonisierung eines möglichst allgemeingültigen – mitgliedsstaatenübergreifenden – potentiellen Eigenschaftskatalogs. In diesem Sinne sind die Bauprodukte als Zwischenprodukte für ein Endprodukt zu verstehen. Aus diesem Grund waren in der BauPR – und sind auch in der BauPVO 2014 – Eigenschaften in Bezug auf die verschiedenen Schutzgüter gelistet, sodass ihre Einzelkomponenten, die Bauprodukte, prinzipiell dahingehend harmonisiert werden können. Die – ehemals in der BauPR als wesentliche Anforderungen und jetzt als

Grundanforderungen an Bauwerke – definierten Anforderungen sind die Grundlage für die Ausarbeitung von Normungsaufträgen und harmonisierten technischen Spezifikationen. Mit der neuen Terminologie (Grundanforderungen), die in der BauPVO gewählt wurde, soll verdeutlicht werden, dass die BauPVO von den anderen EU-Harmonisierungsvorschriften zu unterscheiden ist. In diesen Regelungen sind die wesentlichen Anforderungen direkt an die (End)Produkte gestellt und nicht an die Zwischenprodukte. Die Eigenschaften an die Endprodukte (Bauwerke) sind in der BauPVO 2014 daher nunmehr als Grundanforderungen definiert.

Es gibt gemäß BauPVO 2014 demnach sieben Grundanforderungen an Bauwerke – die im Text kursiv hervorgehobenen sind im Rahmen der Fortschreibung der BauPVO 2011 hinzugekommen. Die neu hinzu gekommenen Grundanforderungen rühren u.a. daher, dass diese Anforderungen z.T. in den nationalen baurechtlichen Bestimmungen von Mitgliedsstaaten seit 1989 integriert wurden und nunmehr bei der Erarbeitung harmonisierter technischer Spezifikationen prinzipiell berücksichtigt werden müssen:
1. Mechanische Festigkeit und Standsicherheit,
2. Brandschutz,
3. Hygiene, Gesundheit und Umweltschutz,
4. Sicherheit *und Barrierefreiheit* bei der Nutzung,
5. Schallschutz,
6. Energieeinsparung und Wärmeschutz,
7. *Nachhaltige Nutzung der natürlichen Ressourcen.*

Die Umsetzung der siebten Grundanforderung in den harmonisierten technischen Spezifikationen ist noch nicht abschließend geklärt. Eine potentielle Option könnte die Nutzung der Umweltproduktdeklaration nach EN 15084 sein. Ihre Konkretisierung ist daher erst in der mittelfristigen Umsetzung der BauPVO zu erwarten, weil die Mitgliedsstaaten diesbezüglich kaum Festlegungen getroffen haben und kein konkreter Harmonisierungsbedarf besteht. Die siebte Grundanforderung ist in der aktuellen VV TB NRW 01/2019 nicht berücksichtigt. Die sieben Grundanforderungen werden im Anhang I der BauPVO 2014 in Bezug auf die Schutzziele detailliert.

Mit Einführung der BauO NRW 2018 wird in § 3 Abs. 1 Satz 1, 2. Hs. Bezug auf die Grundanforderungen der BauPVO 2014 genommen. Diese Grundanforderungen sind auch zu berücksichtigen. Dies verbessert die Kohärenz zum europäischen Rechtsinstrument der BauPVO. Durch die Konkretisierung der baurechtlichen Anforderungen, z.B. in der Muster Verwaltungsvorschrift Technische Baubestimmungen, können die nationalen baurechtlichen Anforderungen bei der europäischen Normungsarbeit besser eingebracht werden und – bestenfalls – berücksichtigt werden (siehe hierzu auch Begründung zur MBO 2016, S. 3 sowie § 3 Rdn. 67).

2.4 Wesentliche Merkmale des Bauproduktes (gemäß BauPVO 2014) – bisher: in BauPR nicht explizit definiert

Hierbei handelt es sich um diejenigen Merkmale des Bauprodukts, die sich auf die Grundanforderungen von Bauwerken beziehen (und die in der jeweiligen europäisch technischen Spezifikation im Rahmen der Mandatierung festgelegt sind). Sofern es in den jeweiligen Normungsaufträgen festgesetzt ist, definieren die europäischen Normungsgremien in harmonisierten Normen entsprechende Schwellenwerte in Bezug auf die Wesentlichen Merkmale und ggf. beabsichtigte Verwendungszwecke, denen die Bauprodukte in den Mitgliedstaaten genügen müssen. Diese Wesentlichen Merkmale und Schwellenwerte finden sich bei harmonisierten Normen z.b. im Anhang ZA (siehe hierzu auch § 19 Rdn. 14). Gemäß Erwägungsgrund (16) zur BauPVO sollten von der EU-Kommission festgelegte Schwellenwerte allgemein anerkannte Werte für Wesentliche Merkmale des betreffenden Bauprodukts in Bezug auf die Bestimmungen in den Mitgliedstaaten sein. Sie sollen ein hohes Schutzniveau im Sinne des Art. 114 AEUV sicherstellen. Wie in § 19 Rdn. 3 beschrieben, ist dies bei der Mandatierung von Normen in der Vergangenheit aus Sicht der Bunderepublik Deutschland z.T. nicht richtig oder gar nicht erfolgt, sodass diese hEN als lückenhaft erachtet werden (siehe § 88 Rdn. 59 und auch Springborn M., Die Bauproduktenverordnung und ihre Bedeutung für das Inverkehrbringen und die Verwendung von Bauprodukten in: Jäger, W. (Hrsg.) Mauerwerk-Kalender 2015, S. 733–766, Ernst & Sohn Verlag, Berlin).

2.5 Harmonisierte technische Spezifikationen (gemäß BauPVO 2014)
– bisher: technische Spezifikationen

13 Für Hersteller gibt es im Prinzip zwei Möglichkeiten nach denen ein Bauprodukt in der EU gemäß BauPVO entweder in Verkehr gebracht werden muss oder kann. Diese werden subsummiert unter dem Begriff der harmonisierten technischen Spezifikation:
– Das Bauprodukt fällt in den Geltungsbereich einer harmonisierten Norm. Nach Ablauf einer Übergangsfrist, der Koexistenzperiode, ist die hEN ist einzige Grundlage für die Erstellung einer Leistungserklärung, die ein Hersteller abgeben muss um eine CE-Kennzeichnung am Bauprodukt anzubringen und es in Verkehr zu bringen. Die hEN ist obligatorisch für den Hersteller (siehe auch § 19 Rdn. 14).
– Das Bauprodukt ist nicht resp. nicht vollständig von einer harmonisierten Norm erfasst. Der Hersteller kann dann fakultativ eine Europäisch Technische Bewertung beantragen (siehe auch § 19 Rdn. 15). Auch hier muss er eine Leistungserklärung für das Bauprodukt erstellen und die CE-Kennzeichnung anbringen, bevor er es in Verkehr bringen darf.

2.6 Harmonisierte europäische Norm (gemäß BauPVO 2014) – bisher: Harmonisierte europäische Norm

14 Das wichtigste Harmonisierungswerkzeug im Kontext der BauPVO ist die harmonisierte europäische Norm (hEN), was somit gegenüber der BauPR unverändert ist. Sowohl die ca. 457 hEN, die im Amtsblatt der EU aufgeführt sind, als auch die ca. 2.000 begleitenden Normen sind die Hauptquellen der einheitlichen technischen Begriffe in diesem Sektor. Über die hEN sind ca. 75 – 80 % aller Bauprodukte erfasst

(siehe auch Bericht der Kommission an das Europäische Parlament und den Rat über die Durchführung der Verordnung (EU) Nr. 305/2011). Die Bestimmungen zu hEN sind vorwiegend in den Art. 17 und 18 BauPVO 2014 geregelt.

Eine harmonisierte europäische Norm wird auf Grundlage eines Mandats der EU-Kommission durch die europäischen Normungsorganisationen erarbeitet (siehe § 19 Rdn. 3). Harmonisierte Normen enthalten den sogenannten Anhang ZA. Im jeweiligen Anhang ZA sind die Regelungen enthalten, die zum vollständigen Vollzug des von der EU-Kommission erteilten Mandats erforderlich sind. Im Anhang ZA sind diese Regelungen dabei entweder direkt benannt oder werden indirekt in Bezug genommen. Im Anhang ZA befinden sich in der Regel Informationen zum geforderten System der Bewertung und Kontrolle der Leistungsbeständigkeit des relevanten Bauprodukts, Querverweise innerhalb der hEN zu den relevanten Prüfvorgaben der Wesentlichen Merkmale, Informationen zur CE-Kennzeichnung usw. Mindestens eines der Wesentlichen Merkmale für ein Bauprodukt, das für den vorgesehenen Verwendungszweck resp. die angegebenen Verwendungen relevant ist, sollte erklärt werden, sodass leere Leistungserklärungen für Bauprodukte vermieden werden (siehe Erwägungsgrund (5) zu BauPVO 2014).

Die übrigen Bestimmungen, die sich in einer hEN befinden, sollen das Bauprodukt möglichst detailliert regeln. Gleichwohl haben diese Regelungen im Wesentlichen informativen Charakter. Ausschließlich die Bestimmungen des Anhang ZA dienen der Erfüllung des öffentlich-rechtlichen Mandats.

Bevor die hEN veröffentlicht wird, prüft die EU-Kommission, ob die von den europäischen Normungsgremien jeweils erstellte Norm mit dem dazugehörigen ursprünglich erteilten Mandat übereinstimmt. Ist dies der Fall, wurde die hEN bis Ende 2018 in eine konsolidierte Liste der Fundstellen harmonisierter Normen aufgenommen, die im Amtsblatt C der EU veröffentlicht wurde. Seit 2019 werden im Amtsblatt der EU keine konsolidierten Listen von harmonisierten Europäischen Normen (hEN) mehr bekannt gemacht. Die jeweils neuen hEN werden in Form einzelner Rechtakte in der Reihe L des Amtsblatts bekannt gemacht. Eine Zusammenstellung der harmonisierten Normen kann u.a. auf der Internetseite des DIBt eingesehen werden (siehe hierzu www.dibt.de -> Service -> Listen und Verzeichnisse -> hEN- und EAD-Listen -> hEN Liste).

Mit Beginn der Koexistenzperiode für eine hEN dürfen Hersteller von Bauprodukten ihre jeweiligen Bauprodukte mit einer CE-Kennzeichnung (nach vorheriger Abgabe einer Leistungserklärung) in Verkehr bringen. Ab dem Ende der Koexistenzperiode dieser hEN ist sie für die Hersteller von Bauprodukten verbindlich zu beachten und diese Bauprodukte dürfen ausschließlich mit einer CE-Kennzeichnung nach BauPVO in Verkehr gebracht werden. Unabhängig von Art. 36 bis 38 BauPVO 2014 (vereinfachte Verfahren) ist die harmonisierte Norm ab dem Tag des Endes der Koexistenzperiode die einzige Grundlage für die Erstellung einer Leistungserklärung für ein von der Norm erfasstes Bauprodukt. Die jeweiligen hEN müssen durch das DIN e.V. als nationale DIN EN-Normen umgesetzt werden. Entgegenstehende nationale

Normen müssen aufgehoben werden. Die nationalen Normungsgremien sind verpflichtet, die harmonisierten Normen im Einklang mit der Richtlinie 98/34/EG umzusetzen.

Nach Ablauf der Koexistenzperiode ist die jeweilige hEN somit für die Hersteller obligatorisch. Dies gilt auch für »Altprodukte«, die sie ggf. schon seit langer Zeit produzieren und für die sie ggf. noch gültige nationale Verwendbarkeitsnachweise haben (OLG Frankfurt, Urt. v. 25.09.2014 Az. 6 U 99/14 openJur Rn. 23, 26–28).

Das gilt ausdrücklich nicht für jene Bauprodukte, die nachweislich vor Ablauf der Koexistenzperiode produziert wurden und dem ersten Glied der Handelskette zugeführt worden sind und dem Markt nicht vom Hersteller selber bereitgestellt werden. Insbesondere am Ende der Koexistenzperiode bzw. nach ihrem Ablauf sollten ausführende Unternehmen gem. § 55 BauO NRW 2018 sehr genau prüfen, ob der Erwerb von diesen Bauprodukten ohne CE-Kennzeichnung gemäß BauPVO noch zulässig ist. Die Unternehmen sollten sich von den Händlern (Bereitstellenden im Sinne der BauPVO), die die Bauprodukte verkaufen, zur Sicherheit den Lieferschein des Herstellers an den Händler vorlegen lassen. Liegt das Lieferdatum vor dem Ende der Koexistenzperiode, ist ein Kauf für das Unternehmen in Bezug auf die fehlende CE-Kennzeichnung – und vorbehaltlich eines anstelle dessen vorliegenden nationalen Nachweises der Verwendbarkeit im Sinne von § 18 Abs. 1 oder 2 BauO NRW 2018 unkritisch (siehe § 18 Rdn. 2 ff.). Gem. BauPVO 2014 ist ein Händler hierbei jede natürliche oder juristische Person in der Lieferkette, die ein Bauprodukt auf dem Markt bereitstellt – außer dem Hersteller oder Importeur (siehe auch Art. 2 Nr. 20 BauPVO). Kauft das Unternehmen die Lagerware hingegen zum gleichen Zeitpunkt wie im vorher beschriebenen Fall direkt beim Hersteller, darf dieser seine Bauprodukte nicht ohne CE-Kennzeichnung verkaufen (weil er in Verkehr bringt). Gleiches gilt für Händler, die als Hersteller agieren und die Bauprodukte von einem Erstausrüster geliefert bekommen (siehe hierzu auch Winter, G.: Produktzulassungsrecht – Neues aus der Rechtsprechung und Praxis in FeuerTRUTZ Magazin, S. 58–59 Ausgabe 06/2014). In diesem Zusammenhang sind die Verpflichtungen, die sich aus der BauPVO 2014 für Händler ergeben, von Bedeutung. Sie müssen sich, bevor sie ein Bauprodukt auf dem Markt bereitstellen, vergewissern, dass es mit der CE-Kennzeichnung versehen ist und alle gemäß BauPVO erforderlichen Unterlagen beigefügt sowie übrigen Kennzeichnungen angebracht sind (wie z.B. Typen-, Chargen- oder Seriennummer). Im Falle, dass Händler der Auffassung sind oder begründeter Verdacht auf nicht regelkonforme Bauprodukte im Geltungsbereich der BauPVO besteht, dürfen sie das Bauprodukt erst dann auf dem Markt bereitstellen, wenn es der beigefügten Leistungserklärung und den sonstigen Bestimmungen der BauPVO entspricht. Im Falle von Gefahren, die von dem Bauprodukt ausgehen, muss der Händler den Hersteller und darüber hinaus die Marktüberwachungsbehörden informieren (siehe Art. 14 BauPVO 2014)

Anforderungen für die Verwendung von CE-gekennzeichneten Bauprodukten § 19

Abb. 19.1 Auszug der auf der Internetseite des DIBt veröffentlichten informativen hEN-Liste (Stand 04.06.2019)

Die Zusammenstellung der hEN (und bis Ende 2018 die konsolidierten hEN Listen) ist u.a. für die am Bau Beteiligten im Wirkungskreis ihrer jeweiligen Tätigkeit von Bedeutung, da ab dem Ende der Koexistenzperiode diese hEN für die Hersteller von Bauprodukten verbindlich zu beachten ist und diese Bauprodukte – in den oben beschriebenen Grenzen – ausschließlich mit einer CE-Kennzeichnung nach BauPVO in Verkehr gebracht werden dürfen. In Folge dessen müssen auch die Angaben der Leistungseigenschaften des jeweils betroffenen Bauprodukts in der europäisch maßgeblichen Terminologie erfolgen, dies kann dann z.B. relevant im Rahmen der Ausschreibung, sowie der Bauüberwachung und der Abnahme sein.

2.7 Europäische Technische Bewertung (ETB) (gemäß BauPVO 2014) – bisher: Europäisch Technische Zulassung (European Technical Approval = ETA)

Des Weiteren gibt es eine zweite Möglichkeit für Hersteller von Bauprodukten – nach vorheriger Abgabe einer Leistungserklärung – eine CE-Kennzeichnung an ihren Bauprodukten anzubringen. Diese Vorgehensweise steht Herstellern gemäß Art. 19 Abs. 1 BauPVO 2014 für ein Bauprodukt zur Verfügung, dass nicht oder nicht vollständig von einer harmonisierten Norm erfasst ist und dessen Leistung in Bezug auf seine Wesentlichen Merkmale nicht vollständig anhand einer bestehenden harmonisierten Norm bewertet werden kann. Dies kann u.a. der Fall sein, weil
– das Produkt nicht in den Anwendungsbereich einer bestehenden harmonisierten Norm fällt;

- das in der harmonisierten Norm vorgesehene Bewertungsverfahren für mindestens ein Wesentliches Merkmal dieses Produkts nicht geeignet ist oder
- die harmonisierte Norm für mindestens ein Wesentliches Merkmal dieses Produkts kein Bewertungsverfahren vorsieht.

Der betreffende Hersteller kann in diesen Fällen seit dem 01.07.2013 eine ETB beantragen (näheres hierzu siehe Art. 26 und Anhang II BauPVO 2014), die wiederum auf Basis eines Europäischen Bewertungsdokuments erstellt wird (siehe § 19 BauO NRW 2018 Rdn. 19). ETB gelten – im Gegensatz zu den Europäisch Technischen Zulassungen gemäß BauPR, die jeweils für maximal fünf Jahre galten – zeitlich unbegrenzt. Um eine europaweit einheitliche Ausstellung von ETB zu gewährleisten, hat die EU-Kommission hierzu Durchführungsrechtsakte erlassen, in denen das Format der ETB festgelegt ist.

Den Antrag für die Erteilung einer ETB muss der Hersteller an eine Technische Bewertungsstelle (TAB) richten (siehe § 19 BauO NRW 2018 Rdn. 16). Eine ETB umfasst die zu erklärende Leistung nach Stufen oder Klassen oder eine Beschreibung in Bezug auf diejenigen Wesentlichen Merkmale, auf die sich der Hersteller und die TAB, die den Antrag für die ETB erhält, für den erklärten Verwendungszweck geeinigt haben. Darüber hinaus enthält die ETB alle notwendigen technischen Angaben, die für die Anwendung des Systems zur Bewertung und Überprüfung der Leistungsbeständigkeit erforderlich sind. Hierbei handelt es sich um qualitätssichernde Maßnahmen, die Hersteller vor resp. während des Inverkehrbringens ihres Bauproduktes gewährleisten müssen. Die ETB ist die Grundlage für die Erstellung der Leistungserklärung des jeweiligen Bauproduktes – und somit für die CE-Kennzeichnung, die der Hersteller am Bauprodukt anbringen muss.

2.8 Technische Bewertungsstellen (gemäß BauPVO 2014) – bisher: Zulassungsstellen

16 Die Mitgliedstaaten der EU und des EWR können gemäß Art. 31 BauPVO 2014 für ihr Hoheitsgebiet entsprechende Technische Bewertungsstellen (engl. Technical Assessment Body = TAB) benennen, die für einen oder mehrere Produktbereiche ETB erstellen. Dies war auch schon im Geltungszeitraum der BauPR so. In Deutschland ist das DIBt die einzige nationale TAB.

Sämtliche TAB sind organisiert in der EOTA (Europäische Organisation Technischer Bewertungsstellen; engl. European Organisation for Technical Assessment). Aufgaben, Anforderungen, Finanzierung etc. von TAB, der EOTA usw. sind in der BauPVO 2014 geregelt (siehe Art. 29–35 BauPVO 2014 sowie Anhang IV).

Da erteilte ETB, auch von TAB aus anderen Mitgliedstaaten, europaweit anzuerkennen sind, benötigen die am Bau Beteiligten einen Überblick der autorisierten europäischen TAB. Auf der Internetseite der EOTA finden sich sämtliche in Europa benannten TAB (www.eota.eu).

2.9 Bewertung und Überprüfung der Leistungsbeständigkeit (gemäß BauPVO 2014) – bisher: EG-Konformitätsbewertungsverfahren

Bevor ein Hersteller eine Leistungserklärung abgeben darf, muss die Bewertung und Überprüfung der Leistungsbeständigkeit (engl. Assessment and Verification of Constancy of Performance = AVCP) der relevanten Bauprodukte durchgeführt werden. Hierzu legt die EU-Kommission insbesondere unter Berücksichtigung der Auswirkungen auf die Gesundheit und Sicherheit von Menschen sowie auf die Umwelt fest, welches System beziehungsweise welche Systeme für welches Bauprodukt oder für welche Familie von Bauprodukten oder für ein bestimmtes Wesentliches Merkmal anzuwenden ist resp. sind. Dabei berücksichtigt sie auch die dokumentierten Erfahrungen, die von den einzelstaatlichen Behörden in Bezug auf die Marktüberwachung mitgeteilt wurden (Näheres hierzu siehe Art. 28 und Anhang V BauPVO 2014). Das festgelegte System beziehungsweise die auf diese Weise bestimmten Systeme sind in den Mandaten für harmonisierte Normen und in den harmonisierten technischen Spezifikationen angegeben. Die Hersteller sind somit bzgl. der Bewertung und Überprüfung der Leistungsbeständigkeit nicht ungebunden, sondern unterliegen definierten Regelungen.

17

Der ursprüngliche Anhang V BauPVO 2011 wurde durch die Delegierte Verordnung (EU) Nr. 568/2014 der Kommission vom 18. Februar 2014 fortgeschrieben und ist nun in der BauPVO 2014 implementiert. Es gibt demnach fünf unterschiedliche Stufen der Bewertung und Überprüfung der Leistungsbeständigkeit – vom höchsten System 1+ bis hinunter zum System 4. Bei allen Systemen ist eine werkseigene Produktionskontrolle (WPK) durch den Hersteller und die Bewertung der Produktleistung notwendig. Außer beim niedrigsten System 4 ist für alle anderen Systeme eine Fremdkontrolle durch eine notifizierte Stelle vorgesehen. Diese notifizierten Stellen können gem. Anhang V BauPVO 2014 entweder Produktzertifizierungsstellen, Zertifizierungsstellen für die WPK oder Prüflabore sein. Diese Institutionen müssen als notifizierte Stellen anerkannt und gelistet sein (siehe auch § 19 BauPVO Rdn. 18). Im Sinne der BauPVO handelt es sich bei der Bewertung und Überprüfung der Leistungsbeständigkeit nicht um eine Produktzertifizierung durch die notifizierten Stellen, sondern um eine Fremdkontrolle in Bezug auf die vom Hersteller für das jeweilige Produkt benannten Leistungseigenschaften für die Wesentlichen Merkmale. Für die Wesentlichen Merkmale gelten jeweils AVCP Systeme, d.h. für ein Bauprodukt kann z.B. für das Brandverhalten das System 1 gelten für alle anderen Wesentlichen Merkmale nur das System 4.

2.10 Notifizierte Stellen (gemäß BauPVO 2014) – bisher: notifizierte Stellen

Neben den Technischen Bewertungsstellen (TAB) gibt es in den Mitgliedstaaten auch notifizierte Stellen (engl. Notified Bodies = NB) gemäß Art. 39 BauPVO 2014. Die Mitgliedstaaten notifizieren der EU-Kommission sowie den anderen Mitgliedstaaten Stellen, die befugt sind, Aufgaben eines unabhängigen Dritten zur Bewertung und Überprüfung der Leistungsbeständigkeit auszuüben. Als notifizierende Behörde gemäß Art. 40 BauPVO 2014 gilt in Deutschland gemäß § 3 Abs. 1 BauPG 2012 das

18

DIBt. Das DIBt ist somit dafür verantwortlich, die Verfahren einzurichten und durchzuführen, die für die Begutachtung und Notifizierung der nationalen notifizierten Stellen erforderlich sind.

Eine Voraussetzung für diese Notifizierung ist eine Akkreditierung durch die Deutsche Akkreditierungsstelle GmbH (DAkkS). In diesem Zusammenhang prüft die DAkkS u.a., ob die speziellen Anforderungen gemäß Art. 43 BauPVO 2014 erfüllt sind. Weitere Informationen hierzu siehe https://www.dakks.de/content/informationen-zur-akkreditierung-nach-baupvo, Zugriffsdatum 13.06.2019. Darüber hinaus ist das DIBt für die Überwachung der notifizierten Stellen verantwortlich, u.a. im Hinblick auf die Einhaltung der Anforderungen und Aufgaben, die für diese Stellen gelten (siehe hierzu Art. 43 ff. BauPVO 2014).

Alle notifizierten Stellen erhalten von der EU-Kommission jeweils eine Kennnummer, auch wenn sie für mehrere Harmonisierungsfelder aktiv ist. Die EU-Kommission publiziert das Verzeichnis der nach BauPVO notifizierten Stellen inkl. den Kennnummern und den Tätigkeiten, für die sie notifiziert wurden in einer Datenbank der Institutionen, die für das Neue Konzept notifiziert sind – der sogenannten NANDO Datenbank (engl. New Approach Notified and Designated Organisations). Die Liste der für die BauPVO notifizierten Stellen kann für die am Bau Beteiligten von Relevanz sein, z.B. bei der Bewertung der Leistungsbeständigkeit im Zusammenhang mit Modifikationen eines Bauproduktes gegenüber den vom Hersteller angegebenen Leistungseigenschaften und im Zusammenhang mit der Verifizierung derselbigen. Die am Bau Beteiligten finden die Liste mit den notifizierten Stellen unter: https://ec.europe.eu -> Growth -> Single Market and Standards -> Tools and Databases -> Notified Bodies Nando; http://ec.europa.eu/growth/tools-databases/nando/ (Zugriffsdatum 12.03.2019). Sämtliche in Europa notifizierten Stellen finden sich auf dieser Internetseite geordnet u.a. nach Ländern, Rechtsbereichen usw. Darüber hinaus finden sich auf der Internetseite auch die in den jeweiligen Mitgliedsstaaten zuständigen akkreditierenden Behörden.

2.11 Europäisches Bewertungsdokument (EBD) gemäß BauPVO 2014 – bisher: Leitlinien zur Erteilung von Europäisch Technischen Zulassungen

Eine ETB (siehe § 19 BauO NRW 2018 Rdn. 15) wird auf Grundlage eines Europäischen Bewertungsdokuments (engl. European Assessment Document = EAD) erstellt. Ein EBD ist ein Dokument, dass von der EOTA zum Zweck der Ausstellung von Europäisch Technischen Bewertungen angenommen wurde. Hierzu bestehen in der BauPVO festgelegte Verfahren, die vor allem die Technischen Bewertungsstellen, die EOTA und die Hersteller betreffen. Die EBD treten an die Stelle der bisher maßgeblichen Leitlinien zur Erteilung von Europäisch Technischen Zulassungen (ETAG = European Technical Approval Guideline) sowie die CUAP (Common Understanding of Assessment) im Geltungsbereich der BauPR. Die ehemals bereits vorhandenen ETAG, die vor dem 01.07.2013 erstellt wurden, werden seit Einführung der BauPVO im Jahre 2013 sukzessive in EAD überführt. Nähere Informationen sowie einen Überblick bzgl. der bisher überführten ETAG (Stand 18.04.2019, https://www.eota.

eu/ckfinder/userfiles/files/Cross-reference%20table%20-%20ETAGs%20and%20their%20EAD%20number_20190418%20for%20website.pdf) können die am Bau Beteiligten auf der Internetseite der EOTA finden (siehe https://www.eota.eu/en-GB/content/etags/26/, Zugriffsdatum 15.06.2019).

Auf der Internetseite des DIBt findet sich unter der Rubrik Service -> Listen und Verzeichnisse -> hEN und EAD-Listen eine Datei, in der die jeweils vorhandenen EBD gelistet sind (https://www.dibt.de/fileadmin/dibt-website/Dokumente/Referat/P2/EAD_Liste.pdf, Zugriffsdatum 29.03.2019).

Hinweis: Seit 2019 werden im Amtsblatt der EU konsolidierte Listen von Europäischen Bewertungsdokumenten (EAD) nicht mehr bekannt gemacht, sondern ausschließlich die jeweils neuen EBD. Dies geschieht in Form einzelner Rechtsakte in der Reihe L des EU-Amtsblatts. Die EBDs im Volltext können u.a. auf der Seite der EOTA (in englischer Sprache) unter der Rubrik Our publications -> EAD heruntergeladen werden (https://www.eota.eu/en-GB/content/eads/56/, Zugriffsdatum 29.03.2019). Die EBD beinhalten mindestens folgende Informationen:
– eine allgemeine Beschreibung des Bauprodukts,
– eine Auflistung der Wesentlichen Merkmale, die von den vom Hersteller vorgesehenen Verwendungszweck des Produkts von Belang sind und auf die sich der Hersteller und die EOTA geeinigt haben
– sowie die Verfahren und Kriterien zur Bewertung der Leistung des Produkts in Bezug auf die Wesentlichen Merkmale enthalten.

Weitere Informationen finden sich u.a. in Art. 19–25 BauPVO 2014.

2.12 Leistungserklärung (LE) (gemäß BauPVO 2014) – bisher: EG-Konformitätserklärung

Mit Einführung der BauPVO 2011 hat ein Hersteller für ein Bauprodukt, welches durch ihn in Verkehr gebracht wird und für das eine harmonisierte Norm obligatorisch ist oder eine ETB ausgestellt wurde, eine schriftliche Bestätigung abzugeben, mit der er die Erfüllung der von ihm erklärten Leistungen des Bauproduktes in Bezug auf die Wesentlichen Merkmale dokumentiert: Die Leistungserklärung (engl. Declaration of Performance = DoP) (siehe OLG Frankfurt, Urt. v. 25.09.2014 – 6 U 99/14 openJur Rn. 21). Diese Erklärung unterscheidet sich daher elementar von der bisherigen Konformitätserklärung im Sinne der BauPR, mit der die Übereinstimmung des Bauprodukts mit der harmonisierten Produktnorm erklärt wurde. Die Angaben in der LE sind detaillierter als in der bisherigen EG-Konformitätserklärung, z.B. muss der Verwendungszweck des Bauprodukts sowie Nummer und Ausgabedatum der relevanten harmonisierten technischen Spezifikation angegeben werden. Darüber hinaus muss der Hersteller, die in Bezug auf die Wesentlichen Merkmale von ihm festgestellten Leistungen in der Leistungserklärung deklarieren – mind. von einer. Damit ein am Bau Beteiligter das Bauprodukt in NRW anwenden darf, jedoch von allen, die hier baurechtlich gefordert sind. Eigenschaften, die der Hersteller für sein Produkt nicht geprüft hat, muss er in der LE mit »*keine Leistung festgestellt*« (engl. *No perfomance determined = npd)* ausweisen. Vor diesem Hintergrund ist die Leistungserklärung für die

§ 19 Anforderungen für die Verwendung von CE-gekennzeichneten Bauprodukten

am Bau Beteiligten das wesentliche Dokument zum Abgleich des erforderlichen »Soll-Ist« in Bezug auf die in der BauO NRW 2018 i.v. mit der VV TB NRW 01/2019 geforderten Angaben.

Im Zusammenhang mit der Erstellung der Leistungserklärung muss der Hersteller als Grundlage eine technische Dokumentation erarbeiten. In dieser sind u.a. alle wichtigen Elemente in Zusammenhang mit dem vorgeschriebenen System zur Bewertung und Überprüfung der Leistungsbeständigkeit gelistet.

LE, die seit dem 31.05.2014 neu erstellt oder geändert wurden, müssen dem Anhang III der BauPVO 2014 entsprechen. Jene, die vorher auf Basis des ursprünglichen Anhang III BauPVO 2011 erstellt wurden, sind weiterhin gültig und müssen nicht angepasst werden – sofern keine zwingende Voraussetzung der Anpassung besteht. Dies kann der Fall sein, z.B. wenn:
– Leistungsänderungen am Bauprodukt vorgenommen werden,
– eine fortgeschriebene Version einer hEN im Amtsblatt veröffentlicht und die Anwendung obligatorisch für das Bauprodukt wird (Ende der Koexistenzperiode).

Die Leistungserklärung ist vom Hersteller in gedruckter oder elektronischer Form zur Verfügung zu stellen. Die Hersteller sind verpflichtet die Leistungserklärung und die technische Dokumentation zehn Jahre nach dem Inverkehrbringen des Bauprodukts aufzubewahren resp. vorzuhalten. Da die Verpflichtung der Bauherrschaft zur Aufbewahrung der Leistungserklärung gemäß § 53 Abs. 1 Satz 4 BauO NRW 2018 zeitlich nicht begrenzt ist, sollte die Bauherrschaft daher diese Unterlagen elektronisch und analog unabhängig von der Verpflichtung der Hersteller nach BauPVO 2014 vorhalten. Grundsätzlich haben Verbraucher gemäß Art. 7 Abs. 2 BauPVO 2014 das Recht auf eine Abschrift der LE in gedruckter Form. Diesen Anspruch sollte die Bauherrschaft im Zuge der Erstellung von Leistungsverzeichnissen für Bauleistungen jeweils als Leistung von den Unternehmen geltend machen, die Bauprodukte in die bauliche Anlage einbauen sollen, die die CE-Kennzeichnung nach BauPVO tragen. Seit dem Inkrafttreten der delegierten Verordnung (EU) Nr. 157/2014 darf eine LE auch über eine Internetseite dem Abnehmer zur Verfügung gestellt werden. Hierbei sind die Bedingungen der Delegierten Verordnung zu beachten, d.h. u.a.
– dürfen die Hersteller den Inhalt der LE nach ihrer Zurverfügungstellung auf der Internetseite nicht ändern,
– muss die Internetseite kontinuierlich und kostenfrei für mind. zehn Jahre zur Verfügung stehen,
– müssen die Hersteller sicherstellen, dass jedes einzelne Produkt oder jede Charge desselben Produkts, das sie in Verkehr bringen, durch den eindeutigen Kenncode des Produkttyps mit einer bestimmten Leistungserklärung verknüpft ist.

Unter definierten Voraussetzungen kann ein Hersteller von der Erstellung einer LE absehen. Dies ist u.a. der Fall, wenn er ein von einer harmonisierten Norm erfasstes Bauprodukt in Verkehr bringt und Bestimmungen auf der EU Ebene oder der nationalen Ebene fehlen, die die Erklärung Wesentlicher Merkmale dort vorschreiben, wo die Bauprodukte zur Verwendung bestimmt sind, und

– das Bauprodukt individuell gefertigt wurde oder als Sonderanfertigung im Rahmen einer Nicht-Serienfertigung auf einen besonderen Auftrag hin produziert wird und es in einem bestimmten Bauwerk vom Hersteller eingebaut wird. Dieser ist für den Einbau des Bauproduktes verantwortlich und zwar in Konformität mit den geltenden nationalen Vorschriften und unter Verantwortung derjenigen, die für die sichere Ausführung des Bauwerks nach den geltenden Vorschriften bestimmt sind. Dies gilt im Prinzip auch, wenn das Bauprodukt auf der Baustelle gefertigt wird oder
– das Bauprodukt auf traditionelle Weise oder in einer der Erhaltung des kulturellen Erbes angemessenen Weise in einem nicht-industriellen Verfahren zur angemessenen Renovierung von Bauwerken, die als Teil eines ausgewiesenen Umfelds oder aufgrund ihres besonderen architektonischen oder historischen Werts offiziell geschützt sind, nach den geltenden nationalen Vorschriften gefertigt wurde.

Weiteres zur Leistungserklärung siehe auch Art. 4–7 sowie Anhang III BauPVO 2014.

2.13 CE-Kennzeichnung (gemäß BauPVO 2014) – bisher: CE-Kennzeichnung

Neben der Pflicht der Hersteller für die von ihm in Verkehr gebrachten Bauprodukte eine Leistungserklärung abzugeben müssen sie an diesen Bauprodukten, die in den Geltungsbereich harmonisierter Spezifikationen fallen, obligatorisch eine CE-Kennzeichnung anbringen (OLG Frankfurt, Urt. v. 25.09.2014 Az. 6 U 99/14 openJur Rn. 21). Diese Verpflichtung ergibt sich aus Art. 8 ff. BauPVO 2014. Hat der Hersteller keine Leistungserklärung abgegeben, darf er auch keine CE-Kennzeichnung anbringen. Die CE-Kennzeichnung ist vor dem Inverkehrbringen des Bauprodukts durch den Hersteller anzubringen.

21

Mittels der CE-Kennzeichnung, gibt der Hersteller an, dass er die Verantwortung für die Konformität des Bauprodukts mit dessen erklärter Leistung sowie für die Einhaltung aller geltenden Anforderungen übernimmt, die in der BauPVO und in anderen einschlägigen Harmonisierungsrechtsvorschriften der Union festgelegt sind, die die Anbringung vorsehen. Insbesondere bei Modifikationen eines Bauproduktes, die z.B. bei der Installation im Bauwerk entstehen (oder bereits in der Planung festgestellt wurden), sollten die am Bau Beteiligten den Hersteller des Bauprodukts bzgl. seiner diesbezüglichen Verpflichtungen einbeziehen.

Die CE-Kennzeichnung muss gut zu sehen und zu lesen sein. Sie muss dauerhaft auf dem Bauprodukt oder einem daran befestigten Etikett angebracht sein. Sofern die Art des Bauprodukts diese Bedingungen nicht zulässt oder nicht rechtfertigt, muss sie auf der Verpackung oder den Begleitunterlagen angebracht sein. Die CE-Kennzeichnung umfasst folgende Informationen:
– die letzten beiden Ziffern des Jahres, in dem die CE-Kennzeichnung zuerst angebracht wurde,
– der Name und die registrierte Anschrift des Herstellers oder das Kennzeichen, das eine einfache und eindeutige Identifikation des Namens und der Anschrift des Herstellers ermöglicht,
– den eindeutigen Kenncode des Produkttyps,

§ 19 Anforderungen für die Verwendung von CE-gekennzeichneten Bauprodukten

- die Bezugsnummer der Leistungserklärung, die darin erklärte Leistung nach Stufe oder Klasse, der Verweis auf die einschlägige harmonisierte technische Spezifikation,
- soweit zutreffend die Kennnummer der notifizierten Stelle
- und den in den einschlägigen harmonisierten technischen Spezifikationen festgelegten Verwendungszweck.

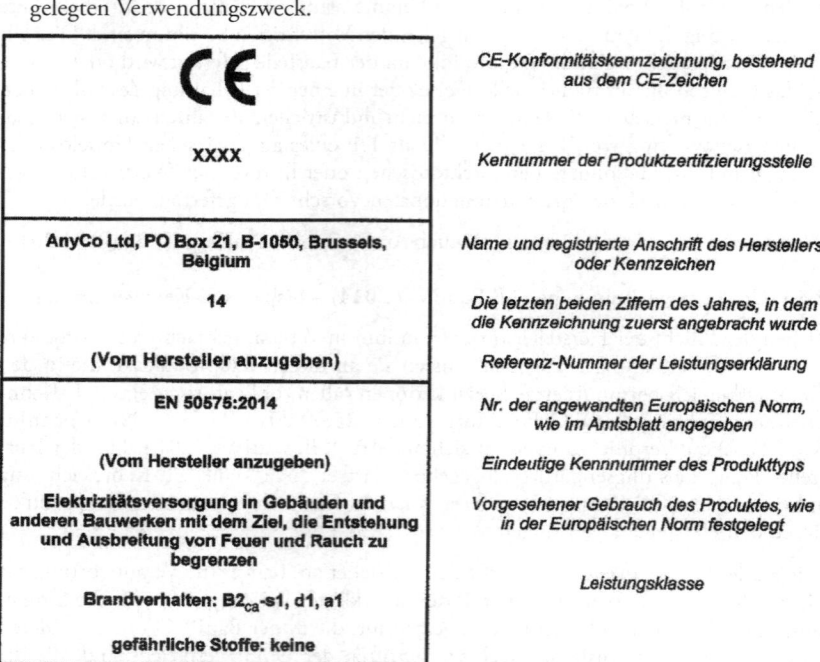

Abb. 19.2 Beispiel für die Angabe der CE-Kennzeichnung bei Bauprodukten unter dem AVCP-System 1+

Weitere Informationen zur CE-Kennzeichnung siehe auch Art. 8–9 BauPVO 2014. Wird in einem Bauvorhaben ein Bauprodukt verwendet, dass nicht die erforderliche CE-Kennzeichnung aufweist bzw. unberechtigt vorhanden ist, können die zuständigen Bauaufsichtsbehörden gem. § 81 BauO NRW 2018 die Einstellung der Arbeiten anordnen (siehe auch § 81 Abs. 1 Rdn. 7 ff.).

22 Bei Bauprodukten, die von einer harmonisierten Norm erfasst sind oder für die eine ETB vorhanden ist, stellt die CE-Kennzeichnung die einzige zulässige Kennzeichnung dar, die die Konformität des Bauprodukts mit der erklärten Leistung in Bezug auf die Wesentlichen Merkmale, die von dieser harmonisierten Norm oder der Europäischen Technischen Bewertung erfasst sind, dokumentiert. Der EuGH hat im Zuge des Vertragsverletzungsverfahrens in der Rechtssache C-100/13 am 16.10.2014 festgestellt, dass die Bundesrepublik Deutschland gegen ihre Verpflichtungen der BauPR und des darin enthaltenen Verbots von zusätzlichen Maßnahmen verstoßen hat.

Anforderungen für die Verwendung von CE-gekennzeichneten Bauprodukten § 19

Gleichwohl sich das Urt. v. 16.10.2014 auf drei definierte Bauprodukte bezog, die in den Geltungsbereich der seinerzeitig gültigen BauPR fielen und seit 25.04.2011 – und vollständig ab dem 01.07.2013 – die BauPVO gültig ist, sieht das EuG die damalige Rechtsprechung als entsprechend auf die Verordnung Nr. 305/2011 übertragbar an. Gemäß seiner Begründung zum Urt. v. 10.04.2019 in der Rechtssache T-229/17 ist auch durch die BauPVO ein ebenso abschließendes Harmonisierungssystem geschaffen worden wie durch die BauPR (EuG, Urt. v. 10.04.2019 – Rs. T-229/17 Rn. 101).

Gemäß Art. 8 Abs. 4 BauPVO 2014 dürfen Mitgliedstaaten in ihrem jeweiligen Staatsgebiet oder in ihrem Zuständigkeitsbereich die Bereitstellung auf dem Markt oder die Verwendung von Bauprodukten, die die CE-Kennzeichnung tragen, weder untersagen noch behindern, wenn die vom Hersteller erklärten Leistungen den Anforderungen für diese Verwendung in dem betreffenden Mitgliedstaat entsprechen.

Weitergehende Informationen hierzu siehe § 18 Rdn. 1 ff.

3 Zu Satz 1 – Verwendung von CE-gekennzeichneten Bauprodukten

Im § 19 BauO NRW 2018 sind die allgemeinen Anforderungen und Voraussetzungen für die Verwendung von Bauprodukten, die die CE-Kennzeichnung tragen, geregelt. Satz 1 orientiert sich eng an den Formulierungen des Art 8. Abs. 4 BauPVO 2014. Aufgrund § 19 Satz 1 BauO NRW 2018 besteht zwischen den Anforderungen der BauPVO 2014, den materiellen Bestimmungen der BauO NRW 2018 und den aufgrund des Gesetz erlassenen Regelungen für die Verwendung von Bauprodukten eine rechtliche Verbindung zwischen den beiden unterschiedlichen Regelungsebenen. 23

Ein Bauprodukt, das die CE-Kennzeichnung trägt, darf verwendet werden, wenn die erklärten Leistungen den in diesem Gesetz oder aufgrund dieses Gesetzes festgelegten Anforderungen für diese Verwendung entsprechen.

Die Regelungen des § 19 BauO NRW 2018 umfassen auch Bauprodukte, die im Geltungsbereich der BauPR in Verkehr gebracht und mit der CE-Kennzeichnung versehen wurden und den Bestimmungen der BauO NRW 2018 genügen. Wesentlich für die Zulässigkeit der Verwendung im Sinne des § 19 BauO NRW ist, dass die vom Hersteller erklärten Leistungen mit den in NRW erforderlichen baurechtlichen Mindestanforderungen übereinstimmen. Die bauwerkseitigen Anforderungen sind demnach aus der BauO NRW 2018 sowie den hierauf erlassenen Vorschriften abzuleiten, z.B. den Regelungen für Sonderbauten und der VV TB NRW 01/2019.

Rein die CE-Kennzeichnung eines Bauproduktes und das Vorliegen einer entsprechenden Leistungserklärung sind somit keine abschließenden Zulässigkeitsvoraussetzungen bzgl. seiner Verwendung in NRW. Hierbei macht sich die BauO NRW 2018 den Ansatz zu eigen, dass die CE-Kennzeichnung im Geltungsbereich der BauPVO nicht mehr die Brauchbarkeit eines Bauprodukts sondern lediglich die Konformität der Leistungen zu einer harmonisierten technischen Spezifikation ausweist. Nicht jedes mit einer CE-Kennzeichnung versehene Bauprodukt darf demnach zwingend in NRW in eine bauliche Anlage integriert werden. Vielmehr ist die Zulässigkeit der

§ 19 Anforderungen für die Verwendung von CE-gekennzeichneten Bauprodukten

Verwendung eines CE-gekennzeichneten Bauprodukts von den am Bau Beteiligten in jedem spezifischen Fall zu überprüfen, sprich es ist ein detaillierter »Soll/Ist«-Abgleich zwischen den erklärten Leistungen des Produktherstellers und den baurechtlichen Anforderungen durchzuführen (siehe auch § 88 Abs. 2 Rdn. 28 ff.).

In dem Zusammenhang der Eignungsprüfung kommt den am Bau Beteiligten die Pflicht eines sorgsamen Abgleichs der »Soll und Ist«-Vorgaben zu. So ist es nach der BauPVO 2014 möglich, dass ein Hersteller ein Bauprodukt in NRW rechtmäßig in Verkehr bringt, d.h. eine Leistungserklärung vorliegt und es eine CE-Kennzeichnung gemäß BauPVO aufweist, es gleichwohl in einem Bauwerk in NRW nicht verwendet werden darf, weil die erklärten Leistungen nicht mit den in NRW baurechtlichen Anforderungen übereinstimmen. In diesem Abgleich ist zu prüfen und zu beurteilen, ob *alle* Leistungen in der LE erklärt sind, die durch und aufgrund der BauO NRW 2018 gestellt sind, um die bauwerksseitigen Anforderungen zu erfüllen. Erfüllen die vom Hersteller erklärten Leistungen des CE-gekennzeichneten Bauprodukts die Anforderungen des Gesetzes usw. kann die Verwendung möglich sein. Sind nicht *alle* Leistungen bzgl. der in NRW erforderlichen Anforderungen vom Hersteller in der LE erklärt, sind ggf. weitere Angaben durch ihn zur Verfügung zu stellen (siehe auch lückenhafte europäische Harmonisierung in § 88 Abs. 2 Rdn. 31 und Rdn. 59 ff.). Liegen bzgl. auf die zu erfüllenden Bauwerksanforderungen keine ausreichende Leistungserklärung sowie ggf. national erforderliche Nachweise für Bauqualitäten vor, so kann das Bauprodukt nicht aufgrund von § 19 BauO NRW 2018 verwendet werden.

Die baurechtlichen »Soll«-Vorgaben sowie ggf. notwendige nationale Anwendungsregeln in Bezug auf Bauprodukte, die die CE-Kennzeichnung aufgrund der BauPVO tragen, (und ebenso Bauarten) finden die am Bau Beteiligten u.a. in der VV TB NRW 01/2019, z.B. die brandschutztechnischen Leistungseigenschaften im Anhang 4 (siehe hierzu auch § 88 Rdn. 32 i.V.m Abbildung 88.4 oder Rdn. 43 in Verbindung mit Abbildung 88.9). Die am Bau Beteiligten müssen sicherstellen, dass die erklärten Leistungen des Herstellers von einem Bauprodukt für die Gewährleistung der baurechtlichen Anforderungen ausreichend sind. Diese Pflicht obliegt nicht dem Hersteller des Bauproduktes solange er sein Bauprodukt gemäß den Regelungen der BauPVO (bzw. bis zum 30.06.2013 gemäß BauPR) in Verkehr gebracht hat.

24 Im Zusammenhang mit Bauprodukten, die die CE-Kennzeichnung aufgrund der BauPVO tragen, gibt es aus Sicht des deutschen Gesetzgebers z.T. harmonisierte Normen, die als lückenhaft erachtet werden. Hierzu hat der Gesetzgeber in der VV TB NRW 01/2019 im Teil D Verfahren autorisiert nach denen diese – aus Sicht des deutschen Gesetzgebers – fehlenden Angaben zu in Deutschland erforderlichen Leistungen freiwillig durch die Hersteller erklärt werden können (siehe hierzu auch § 88 Rdn. 59). Inwieweit diese vorgeschlagenen Verfahren nach dem Urteil des EuG vom 10.04.2019 Rs. T-229/17 zukünftig in der Verwaltungspraxis Bestand haben, bleibt abzuwarten. Gem. EuG Urteil Rs. T-229/17 Rn. 98 kann ein Mitgliedstaat »*nach der Rechtsprechung des Gerichtshofs (…), selbst wenn er eine bestehende harmonisierte Norm für lückenhaft hält, keine einseitigen nationalen Maßnahmen treffen, die den freien Verkehr von dieser harmonisierten Norm entsprechenden Bauprodukten beschränken, ohne*

gegen seine Pflichten zu verstoßen (vgl. in diesem Sinne entsprechend Urt. v. 27. Oktober 2016, James Elliott Construction, C-613/14, EU:C:2016:821, Rn. 46). Jede andere Auslegung würde im Hinblick auf Bauprodukte, die unter eine europäische harmonisierte Norm fallen, dazu führen, dass es einem Mitgliedstaat allein deshalb, weil er der Auffassung ist, die Sicherheit eines solchen Produkts sei nicht ausreichend gewährleistet, gestattet wäre, Maßnahmen anzuordnen, die den freien Verkehr dieser Produkte beschränkten, womit die volle Wirksamkeit der harmonisierten Norm in Frage gestellt würde (vgl. in diesem Sinne entsprechend Urteile vom 16. Oktober 2014, Kommission/Deutschland, C-100/13, nicht veröffentlicht, EU:C:2014:2293, Rn. 58 und 60, sowie vom 27. Oktober 2016, James Elliott Construction, C-613/14, EU:C:2016:821, Rn. 41 und 42).« Die Pflicht der Mitgliedstaaten Regelungen zu treffen, das Bauwerke im jeweiligen Hoheitsgebiet so geplant und errichtet werden, dass die Sicherheit von Menschen, Haustieren und Gütern nicht gefährdet werden, »kann nicht dahin verstanden werden, dass den Mitgliedstaaten ein Kompetenzvorbehalt eingeräumt würde, der es ihnen gestattete, die Verfahren für die Überprüfung der harmonisierten Normen zu umgehen (vgl. entsprechend Urt. v. 16. Oktober 2014, Kommission/Deutschland, C-100/13, nicht veröffentlicht, EU:C:2014:2293, Rn. 61).« Sofern nationale Maßnahmen getroffen werden, die konform mit den Artikeln des Vertrags über den freien Warenverkehr sind, ist entsprechend des Verdikt des EuGH (vgl. EuGH Urteil Rs. C-100/13 vom 16.10.2014, nicht veröffentlicht, EU:C:2014:2293, Rn. 62 und die dort angeführte Rechtsprechung) »eine nationale Maßnahme in einem Bereich, der auf Unionsebene abschließend harmonisiert wurde (...) anhand der Bestimmungen dieser Harmonisierungsmaßnahme und nicht der des Primärrechts zu beurteilen.« (EuG Urt. v. 10.04.2019 Rs. T-229/17 Rn. 100).

Nach dem Urteil ist (Stand Juni 2019) durch die Bundesrepublik Deutschland zu klären, ob und wie diese europäische Rechtsprechung nunmehr in die neue Baurechtssystematik integriert wird. Im Kontext der bisherigen Rechtsprechungen des EuGH dürfen nationale Vorschriften, die im Widerspruch zum Europäischen Recht stehen, nicht angewendet werden. Der Anwendungsvorrang des Unionsrechts spiegelt sich in diesen Urteilen immer wieder (siehe Art. 4 Abs. 3 EUV). Schon 1974 hat der EuGH hierzu im Urteil in der Rechtssache 8/74 entschieden, dass »jede Handlungsregelung der Mitgliedstaaten, die geeignet ist, den innergemeinschaftlichen Handel unmittelbar oder mittelbar, tatsächlich oder potentiell zu behindern, (...) als Maßnahme mit gleicher Wirkung wie eine mengenmäßige Beschränkung anzusehen (ist).« (siehe EuGH Urt. v. 11.07.1974 Rs. 8/74 Rn. 5). Hierbei darf nicht unberücksichtigt bleiben, dass mit dem Urteil des EuGH vom 20.02.1979 Rs. 120/78 unterschiedslos wirkende Handelshemmnisse hingenommen werden müssen, sofern zwingenden Erfordernissen gerecht werden soll. Hierunter fällt demnach auch explizit der Schutz der öffentlichen Gesundheit (siehe EuGH Urt. v. 20.02.1979 Rs. 120/78 Rn. 8). Inwieweit jedoch die, von der Bundesrepublik Deutschland vorgetragenen Belange des Gesundheitsschutzes im relevanten Falle von harmonisierten Normen für Bauprodukte, den Voraussetzungen als zwingendes Erfordernis genügen, bleibt abzuwarten. Schon im Urteil Rs. 120/78 wurde entschieden, dass nicht stichhaltig begründete Erwägungen in Bezug auf die Einhaltung des Gesundheitsschutzes nationale – beschränkende – Bestimmungen zur Vermarktung von Produkten nicht rechtfertigen und somit als »Maßnahmen mit gleicher Wirkung wie mengenmäßige Einfuhrbeschränkungen« im

Sinne des Art. 30 EWG Vertrag zu werten sind (siehe EuGH Urt. v. 20.02.1979 Rs. 120/78 Rn. 10, 11 und Urteilsatz).

Stand 20.06.2019 hat die Bundesregierung gegen das Urteil des EuG Rs. T-229/17 vom 10.04.2019 Rechtsmittel eingelegt. Insofern muss nun der EuGH klären, ob Mitgliedstaaten im Falle von europäisch lückenhaft geregelten Bauprodukten Regelungen zum Gesundheitsschutz treffen dürfen, wie sie aktuell in der nationalen Gesetzgebung vorgesehen sind (siehe hierzu auch § 88 Rdn. 59). Die Bundesrepublik Deutschland macht geltend, dass für Innenräume vorgesehene Bodenbeläge weiterhin auf schädliche Emissionen getestet werden müssen, solange die entsprechenden europäischen Normen diesen Bereich nicht abdecken. (siehe https://www.bmi.bund.de/SharedDocs/pressemitteilungen/DE/2019/06/bodenbelaege.html, Zugriffsdatum 22.06.2019). Es bleibt abzuwarten, wie der Konflikt zwischen den nationalen Interessen und den – offensichtlich – begrenzten Möglichkeiten im vorhandenen europäischen Rechtsrahmen der BauPVO gelöst wird.

25 Begründung RegE BauO NRW 2016 (Drucks. 16/12119 v. 31.05.2016):

> »Es ist Aufgabe der am Bau Beteiligten, sicherzustellen, dass die für ein Bauprodukt vom Hersteller erklärten Leistungen ausreichend sind, um damit die Anforderungen, die an bauliche Anlagen und andere Anlagen und Einrichtungen im Sinne von § 1 Abs. 1 gestellt werden, zu erfüllen.«

In folgenden definierten Fällen müssen »die am Bau Beteiligten entscheiden, ob die Defizite so gering sind, dass von der Erfüllung der Bauwerksanforderungen trotzdem ausgegangen werden kann; in diesem Fall kann das Bauprodukt trotzdem verwendet werden, dies entspricht der nicht wesentlichen Abweichung für Bauprodukte, die nicht in den Anwendungsbereich des § 19 fallen oder nicht«:
1. die Randbedingungen, unter denen die Bauprodukte verwendet werden, weichen von den in der harmonisierten technischen Spezifikation vorgesehenen Randbedingungen ab,
2. die erklärten Leistungen erreichen nicht (alle) das Anforderungsniveau oder
3. zu bestimmten Merkmalen, die sich im konkreten Verwendungszusammenhang auf die Erfüllung der Anforderungen auswirken, sind keine Leistungen ausgewiesen.

Diese Kommentierung und Vorgehensweise werden für die drei beschriebenen Fälle aus verschiedenen Gründen vom Autor nicht geteilt. Sie bedürfen daher der Erläuterung, da die in der offiziellen Begründung sehr knapp gehaltenen Beschreibung – aus Sicht des Autors – mind. missverständlich ausgelegt werden kann oder z.B. im ersten Fall zum einen nicht im Sinne der gesetzlichen Bestimmungen, den Verfahrensregeln und Vorgaben der BauPVO 2014 und damit des Europarechts sowie zum anderen dann entsprechend der nationalen Bestimmungen jeweils im Grundsatz zu prüfen ist.

Hinweis: Zunächst muss gemäß des Aufbaus der BauO NRW 2018 und der Begründung des Normengebers davon ausgegangen werden, dass er den Hersteller eines Bauproduktes, das die CE-Kennzeichnung trägt, gar nicht zu den am Bau Beteiligten zählt. Bei der begrifflichen Auslegung »der am Bau Beteiligten« handelt es sich im Sinne der

BauO NRW 2018 um die im Vierten Teil §§ 53 bis 56 definierten Personen, d.h. die Bauherrschaft, die Entwurfsverfassenden, die von diesen hinzugezogenen Fachplaner, Unternehmen, den Bauleitenden und die von diesen hinzugezogenen Fachbauleiter. Nicht zu den am Bau Beteiligten gehören – gemäß der Begründung zu § 53 BauO NRW 2018 – die Bauaufsichtsbehörden gemäß Fünftem Teil (d.h. §§ 57 ff: »*Damit wird zugleich definiert, wer »am Bau Beteiligte« sind. Hierzu gehören die Prüfingenieure und ggf. Prüfsachverständigen nicht, da sie nicht in der Sphäre des Bauherrn, sondern für die Bauaufsichtsbehörde oder diese ersetzend tätig werden können.*«). Da der Hersteller aber, wie im folgenden erläutert, eine wichtige Funktion im Klärungsschema der oben aufgeführten Fälle hat, teilt der Autor die oben zitierte Begründung des Gesetzgebers auch vor diesem Hintergrund nicht uneingeschränkt.

Zu 1.: Der (oder die) Verwendungszweck(e) eines harmonisierten Bauprodukts, dass die CE-Kennzeichnung aufgrund der BauPVO tragen soll, ist z.B. in einer hEN definiert und vorher mittels eines Mandats und anschließendem Harmonisierungsprozess festgelegt worden. Entsprechend gilt dies für Bauprodukte, die in den Geltungsbereich eines Europäischen Bewertungsdokument fallen – mit den jeweils Beteiligten und den entsprechenden Verfahren, d.h. EAD -> ETB unter Beteiligung eines Herstellers, einer TAB, der EOTA usw. Diese in der BauPVO 2014 jeweils definierten Verfahren für ein Bauprodukt, welches mit CE-Kennzeichnung aufgrund der BauPVO versehen werden soll (und u.a. seinen definierten Verwendungszweck), sowie die Aufgaben der daran Beteiligten (EU-Kommission, Normungsgremien, TAB, EOTA, Hersteller usw.) können nicht im Nachhinein durch die am Bau Beteiligten ohne Beteiligung – mind. des Herstellers und damit originär Verantwortlichen für die Leistungserklärung seines Bauproduktes – entschieden werden. Gemäß BauPVO 2014 ist – ausschließlich – der Hersteller des Bauprodukts für die Erstellung der Leistungserklärung verantwortlich. Dies impliziert in einer ersten Klärungsstufe – aus Sicht des Autors – seine Fachexpertise und schriftliche Stellungnahme bzgl. Modifikationen seines europäischen Bauproduktes (das schließt auch Modifikationen an den Randbedingungen für die Planung, Ausführung und den Betrieb des Bauproduktes bzw. den Verwendungsvoraussetzungen mit ein, die in den vom Hersteller zur Verfügung zu stellenden Dokumenten beschrieben sind mit ein). Kommt der Hersteller zu dem Schluss, dass die Leistungen gleichwohl erfüllt sind und von ihm erklärt werden können, darf auch das Produkt die CE-Kennzeichnung hierauf basierend tragen. In einem zweiten Klärungsschritt können dann die am Bau Beteiligten prüfen, ob auf Basis der Erklärung des Herstellers die Modifikationen am Bauprodukt die Defizite in Bezug auf die Bauwerkssicherheit gering sind.

Kommt der Hersteller des Bauproduktes (und Alleinverantwortliche für die Erstellung der Leistungserklärung), aufgrund seiner bauproduktbezogenen Sachkunde und Erfahrung, in der ersten Klärungsstufe zu der Einschätzung, dass die Modifikationen, Randbedingungen des Bauprodukts oder die Verwendung von den in der harmonisierten technischen Spezifikation und mit dem Bauprodukt zusammenhängenden Dokumenten und dort festgelegten Bestimmungen abweichen und die von ihm erklärten Leistungen damit ganz oder teilweise nicht mehr erfüllt sind, liegt damit ein Bauprodukt ohne vollumfänglich zutreffende Leistungserklärung vor und er darf keine anderslautende CE-Kennzeichnung anbringen – bzw. ihre Gültigkeitsvoraussetzung ist zu hinterfragen. Neben den damit zusammenhängenden bauordnungsrechtlichen Maßnahmen u.a. des verantwortlichen Bauleiters gemäß § 56 Abs. 1 Satz 1 BauO NRW 2018 sowie der Bauaufsichtsbehörde gemäß § 81 Abs. 1 Nr. 4 BauO NRW 2018 geht es in diesem Falle dann für das ausführende Unternehmen jedoch – entgegen der Begründung des Gesetzgebers und aus Sicht des Autors – nicht mehr um die Fragestellung einer »*nicht wesentlichen Abweichung*« sondern um die Prüfung der generellen Zulässigkeitsvoraussetzungen der allgemeinen Anforderungen für die Verwendung eines Bauproduktes im Sinne des § 18 Abs. 1 BauO NRW 2018. In der Quintessenz geht es bei Modifikationen von europäischen Bauprodukten, für die eine Leistungserklärung vorliegt und die damit die Grundlage für die CE-Kennzeichnung gemäß BauPVO ist, um die Frage: Werden die vom Hersteller erklärten Leistungen erfüllt oder nicht? Die im nationalen Bauproduktbereich rechtlich relevante häufig gegenständliche Frage bzgl. des unbestimmten Rechtsbegriffs der »*wesentlichen oder nicht wesentlichen Abweichung*« stellt sich mit dieser Terminologie für Bauprodukte hingegen im Kontext und Geltungsbereich der europäischen BauPVO in der Form nicht. Insofern sollte hier sprachlich unterschieden werden, um die Zuordnung zum europäischen Rechtsbereich zu verdeutlichen. Unabhängig davon bedürfen die jeweiligen technischen Fragen (d.h. Konformität zwischen »Ist« und »Soll-Vorgaben«) im Zusammenhang mit einer ersten Klärungsstufe (s.o.) gleichwohl der ausreichenden – bauproduktbezogenen – Sachkunde und Erfahrung der involvierten Personen, Unternehmen sowie vor allem des Herstellers (siehe u.a. auch § 17 Abs. 5 Rdn. 23). Insofern ist – aus Sicht des Autors – in der ersten bauproduktbezogenen Klärungsstufe durch die Bau am Beteiligten daher bei Modifikationen resp. Differenzen zur Leistungserklärung und den für das Bauprdoukt erforderlichen Dokumenten und dort beschriebenen Sachverhalten immer der Hersteller des Bauproduktes – der Ersteller der Leistungserklärung – in diesen Entscheidungsprozess einbinden, da er die Leistungsgrenzen seines Bauproduktes auch in kritischen Grenzbereichen kennt (siehe analog auch § 17 Abs. 5 Rdn. 23 ff.). Nach dessen Erklärung bzgl. der Modifikationen in Bezug auf seine Leistungserklärung können die am Bau Beteiligten dann den Bewertungs- und Klärungsprozess für das Bauprodukt hinsichtlich der Sicherheit des Bauwerks initiieren.

Zu 2. und 3.: Wenn nicht (alle) erklärten Leistungsanforderungen eines Bauproduktes mit CE-Kennzeichnung den in der BauO NRW 2018 oder aufgrund der auf ihr festgelegten Anforderungen für diese Verwendung entsprechen, darf es nach § 19 Satz 1 schlichtweg nicht verwendet werden. Die Fragestellung der nicht wesentlichen Abweichung stellt sich in dem Zusammenhang – aus der Sicht des Autors – in diesem Falle vom Grundsatz her nicht. Würde entsprechend der Begründung des Gesetzgebers verfahren, würde über die Frage der Bauwerkssicherheit die grundsätzliche Bestimmung des § 19 BauO NRW 2018 zur Verwendung von CE-gekennzeichneten Bauprodukten »ausgehebelt«. Des Weiteren wären z.B. die in der VV TB NRW 2019/01 beschriebenen Verfahren bzgl. entsprechender Nachweise für fehlende Leistungsangaben bei CE-gekennzeichneten Bauprodukten von Herstellern ggf. obsolet, da die am Bau Beteiligten hierüber im Zusammenhang der Bauwerkssicherheit entscheiden könnten.

4 Zu Satz 2 – Ausschluss von definierten nationalen Regelungen für CE-gekennzeichnete Bauprodukte

§ 19 Satz 2 definiert, welche Bestimmungen für CE-gekennzeichnete Bauprodukte nicht angewendet werden. Dies umfasst, dass für diese Bauprodukte keine zusätzlichen nationalen bauproduktbezogenen Verwendbarkeitsnachweise und Übereinstimmungsbetätigungen im Sinne des § 20 BauO NRW 2018 gefordert werden können, die sich auf die vom Hersteller erklärten bauproduktbezogenen Leistungen und Kennzeichnungen beziehen. Dieser in der Rechtssache C-100/13 v. 16.10.2014 bereits vom EuGH höchstrichterlich bewertete Sachverhalt wird erneut bestätigt mit dem Urteil des EuG v. 10.04.2019 und gilt auch für zusätzliche freiwillige Angaben der Hersteller für – aus Sicht der Bundesrepublik Deutschland – lückenhaft harmonisierte Normen (EuG, Urt. v. 10.04.2019 Rs. T-229/17 Rn. 98).

26

Des Weiteren haben die am Bau Beteiligten oder der Hersteller bei nicht leistungserklärungskonformer Verwendung des europäischen Bauprodukts keinen Anspruch auf die Gewährung einer ZiE gemäß § 23 BauO NRW 2018. Insofern ist es für die am Bau Beteiligten von Bedeutung sich mit der Leistungserklärung sowie den vom Hersteller eines europäischen Bauproduktes erstellten Dokumenten und den dort definierten Bedingungen auseinander zu setzen und die Konformität zur Planung und Ausführung zu prüfen.

Liegt eine aBG vor, in der für ein europäisches Bauprodukt die nationalen Anwendungs- und Ausführungsregelungen beschrieben sind (z.B. gemäß Anhang 4 der VV TB NRW 01/2019, siehe § 88 Abs. 2 Rdn. 44), müssen die Zulässigkeitsvoraussetzung für die nationale Möglichkeit einer vBG genau geprüft werden. In Bezug auf den Anspruch auf eine vBG ist durch den Anwender und die zuständigen Bauaufsichtsbehörden sehr differenziert zu betrachten, ob es sich bei den Veränderungen der Bauart um »*wesentliche oder nicht wesentliche Abweichungen*« zu den in der aBG beschriebenen nationalen Anwendungs- und Ausführungsregelungen handelt, die keinen direkten Einfluss auf die vom Hersteller erklärten bauproduktbezogenen Leistungen haben oder um Modifikationen am europäischen Bauprodukt auf das in der aBG referenziert wird. Beziehen sich Abweichungen auf die nationalen Anwendungs- und Ausführungsregelungen, die in einer aBG für ein Bauprodukt im Geltungsbereich der BauPVO beschrieben sind, und sind diese als »*wesentliche Abweichung*« eingestuft kann das nationale Verfahren gemäß § 17 Abs. 2 Nr. 2 BauO NRW 2018 aktiviert werden, d.h. es kann eine vBG beantragt werden. Handelt es sich jedoch um Modifikationen, der in einer aBG referenzierten hEN oder ETB eines Bauproduktes mit CE-Kennzeichnungen aufgrund der BauPVO, muss der Hersteller des betreffenden Bauproduktes prüfen, ob die von ihm erklärten Leistungen weiterhin erfüllt sind. Der Anwender der Bauartgenehmigung und die zuständige Bauaufsichtsbehörde können dann nicht gemäß § 17 Abs. 2 Nr. 2 BauO NRW 2018 verfahren, da für die erklärten Leistungen des Bauproduktes ausschließlich der Ersteller der Leistungserklärung gemäß Art. 4 der BauPVO 2014 verantwortlich ist.

Neu aufgenommen wurde im zweiten Satz der Bezug auf § 18 Abs. 3 Bau O NRW 2018. Hiermit wurde ein redaktionelles Versehen des § 19 Satz 2 BauO NRW 2016 beseitigt. Mit dieser Fortschreibung ist demnach jetzt geregelt, dass bei der Herstellung von Bauprodukten, die der BauPVO unterliegen, nationale Anforderungen an die Sachkunde und Erfahrung der mit der Herstellung betrauten Personen oder an die Ausstattung des Herstellerwerkes mit besonderen Vorrichtungen nicht gestellt werden dürfen.

Gemäß der Begründung zur BauO NRW 2016 dürfen Bauprodukte, die auf Grundlage von anderen europäischen Verordnungen oder Richtlinien i.V. mit nationalen Umsetzungsregelungen eine CE-Kennzeichnung aufweisen, wie bisher ohne weitere nationale Anforderungen verwendet werden, d.h. §§ 20 ff. BauO NRW 2018 gelten nicht – vorbehaltlich der in der VV TB NRW 01/2019 aufgrund von § 88 Abs. 2 Nr. 3 BauO NRW 2018 für diese Bauprodukte getroffenen Konkretisierungen. Dementsprechend können in Teil B 3 der VV TB NRW 01/2019 für Produkte, die z.B. zunächst von der EMV-Richtlinie oder die Niederspannungs-Richtlinie erfasst sind, konkretisierende Bestimmungen für dieses als ein Bauprodukt formuliert sein (siehe § 88 Abs. 2 Rdn. 41 ff.).

§ 20 Verwendbarkeitsnachweise

(1) Ein Verwendbarkeitsnachweis (§§ 21 bis 23) ist für ein Bauprodukt erforderlich, wenn
1. es keine Technische Baubestimmung und keine allgemein anerkannte Regel der Technik gibt,
2. das Bauprodukt von einer Technischen Baubestimmung (§ 88 Absatz 2 Nummer 3) wesentlich abweicht oder
3. eine Verordnung nach § 87 Absatz 7 es vorsieht.

(2) Ein Verwendbarkeitsnachweis ist nicht erforderlich für ein Bauprodukt
1. das von einer allgemein anerkannten Regel der Technik abweicht oder
2. das für die Erfüllung der Anforderungen dieses Gesetzes oder der aufgrund dieses Gesetzes erlassenen Vorschriften nur eine untergeordnete Bedeutung hat.

(3) Die Technischen Baubestimmungen nach § 88 enthalten eine nicht abschließende Liste von Bauprodukten, die keines Verwendbarkeitsnachweises nach Absatz 1 bedürfen.

Übersicht

		Rdn.
0	Änderungen gegenüber der BauO NRW 2000 und BauO NRW 2016	01
1	Allgemeines	1
2	Zu Abs. 1 – Erfordernis von Verwendbarkeitsnachweisen	3
2.1	Zu Abs. 1 Nummer 1	4
2.2	Zu Abs. 1 Nummer 2	5
3	Zu Abs. 2 – Ausnahmen für das Erfordernis von Verwendbarkeitsnachweisen	8
3.1	Zu Abs. 2 Nummer 1	8
3.2	Zu Abs. 2 Nummer 2	9
4	Zu Abs. 3 – Nicht abschließende Liste von Bauprodukten ohne Verwendbarkeitsnachweis	10

0 Änderungen gegenüber der BauO NRW 2000 und BauO NRW 2016

Neu gegenüber der letztgültigen Fassung der BauO NRW 2000 ist § 20 BauO NRW 2016 mit den Regelungen zu Verwendbarkeitsnachweisen. Die Änderungen folgen den Anpassungen der MBO 2016 und stehen im Zusammenhang mit dem neu gefassten Recht bzgl. Bauprodukten und Bauarten. Sie sind somit eine Auswirkung des Urteils des EuGH vom 16.10.2014 (Rs. C-100/13), siehe hierzu § 18 Rdn. 1. § 20 BauO NRW 2016 trat am 28.06.2017 in Kraft. Er stellt die baurechtliche Ermächtigungsgrundlage für den Erlass von nationalen Verwendbarkeitsnachweisen dar, hier die Allgemein bauaufsichtliche Zulassung (abZ), das Allgemein bauaufsichtliche Prüfzeugnis (abP) und dem Nachweis der Verwendbarkeit von Bauprodukten im Einzelfall (ZiE). Darüber hinaus wird bestimmt, wann für ein nationales Bauprodukt öffentlich-rechtlich kein Verwendbarkeitsnachweis erforderlich ist. 01

In Abs. 1 werden im Prinzip die entsprechenden Regelungen des § 20 Abs. 3 BauO NRW 2000 aufgenommen und auf die neue baurechtliche Systematik übertragen. Es werden die Voraussetzungen definiert in denen ein Verwendbarkeitsnachweis gemäß §§ 21 (abZ), 22 (abP) und 23 (ZiE) BauO NRW 2016 erforderlich ist. 02

In der BauO NRW 2018 ist der entsprechende Absatz 1 gegenüber der Fassung BauO NRW 2016 lediglich redaktionell aktualisiert.

In Absatz 2 sind die Ausnahmen des Erfordernisses von Verwendbarkeitsnachweisen für Bauprodukte definiert. Dies ist der Fall, wenn eine aaRdT vorhanden ist – auch bei wesentlichen Abweichungen von der aaRdT. Des Weiteren gehen im Absatz 2 die bisherigen Regelungen des § 20 Abs. 3 Satz 2 BauO NRW 2000 auf, d.h. Vorgaben für Bauprodukte, die für die Erfüllung der Anforderungen dieses Gesetzes oder aufgrund dieses Gesetzes erlassenen Vorschriften nur eine untergeordnete Bedeutung haben und somit keines Verwendbarkeitsnachweises bedürfen. 03

In der BauO NRW 2018 ist der entsprechende Absatz 2 gegenüber der Fassung BauO NRW 2016 unverändert.

In enger Anlehnung an die MBO 2016 ist neu der Absatz 3 integriert. Demnach enthalten die Technischen Baubestimmungen gemäß § 88 BauO NRW 2018 eine nicht abschließende Liste von Bauprodukten, die keinen Verwendbarkeitsnachweis nach Absatz 1 benötigen. 04

1 Allgemeines

Im Gegensatz zur bisherigen Systematik der BauO NRW 2000 ist in § 20 BauO NRW 2018 nicht mehr positiv und abschließend definiert, welche Bauprodukte verwendet werden dürfen, sondern ausschließlich die Voraussetzungen, unter welchen ggfls. ein nationaler Verwendbarkeitsnachweis öffentlich-rechtlich erforderlich ist. 1

Erstmals mit Einführung der Regelungen der BauO NRW 2016 wird im Gesetz im Aufbau der Paragraphen eine möglichst konsequente Trennung der inhaltlichen Bestimmungen für nationale Bauprodukte und europäische Bauprodukte, die die CE-Kennzeichnung aufgrund der BauPVO tragen, vorgenommen. Hinsichtlich des 2

Kaiser

§ 20 Verwendbarkeitsnachweise

Erfordernisses von Verwendbarkeitsnachweisen ist dies relevant, da für Bauprodukte, die CE-Kennzeichnung aufgrund der BauPVO tragen, die Bestimmungen der §§ 20 ff. BauO NRW 2018 explizit nicht aktiviert werden dürfen (s. auch die Ausführungen zu § 19 Satz 2 BauO NRW 2018 unter § 19 Rdn. 26).

2 Zu Abs. 1 – Erfordernis von Verwendbarkeitsnachweisen

3 Die bisherige Systematik des Gesetzgebers in der BauO NRW 2000, mittels spezifizierter Vorgaben für Bauprodukte, die von den in der Bauregelliste Teil A bekanntgemachten technischen Regeln wesentlich abweichen, definierte Verwendbarkeitsnachweise zu fordern, wird im § 20 BauO NRW 2018 nicht geregelt. Die Regelungen des ehemaligen § 20 Absatz 3 BauO NRW 2000 sind daher nicht mehr notwendig.

Nun ist für Bauprodukte gem. Abs. 1 mindestens ein nationaler Verwendbarkeitsnachweis öffentlich-rechtlich erforderlich. Die drei potentiellen nationalen Verwendbarkeitsnachweise für Bauprodukte werden hierdurch legalisiert und in der BauO NRW 2018 näher bestimmt (siehe §§ 21–23 BauO NRW 2018).

Die in § 20 Abs. 1 BauO NRW 2018 benannten möglichen Verwendbarkeitsnachweise stehen gleichberechtigt zur Verfügung. Sie unterscheiden sich jedoch u.a. in den Antragsverfahren und den hierfür zuständigen Stellen.

Hersteller von Bauprodukten haben – im Rahmen der vom Gesetz definierten Grenzen und bei Erfordernis eines nationalen Verwendbarkeitsnachweises – das Wahlrecht in Bezug auf die Art des jeweiligen Verwendbarkeitsnachweises. Sie können entweder einen generellen (abZ oder abP) oder einen individuellen Verwendbarkeitsnachweis (ZiE) beantragen. Die Wahlfreiheit des Herstellers ist jedoch für im Gesetz definierte Fälle reglementiert (s. hierzu auch § 22 Abs. 1 BauO NRW 2018 i.V.m. § 88 Abs. 5 BauO NRW 2018). Die relevanten Bauprodukte sind in der VV TB NRW 01/2019 im Teil C 3 in Verbindung mit den jeweils anerkannten Prüfverfahren definiert (s. auch § 88 Rdn. 46).

Sofern die Voraussetzungen der jeweiligen Regelungen gemäß §§ 21–23 BauO NRW 2018 erfüllt sind, haben Hersteller einen Rechtsanspruch auf den entsprechenden Verwendbarkeitsnachweis (siehe Schönenbroicher/Kamp, BauO NRW, Vogelsang zu § 20 Abs. 3 Rn. 28).

Der Hersteller eines Bauproduktes kann u.a. abhängig von den ökonomischen Interessen sowie ggf. zeitlich oder verfahrenstechnischen Aspekten abwägen, ob er einen *allgemeinen* oder einen einzelfallbezogenen Verwendbarkeitsnachweis (d.h. ZiE) beantragt. Insbesondere wenn das Bauprodukt in Serie produziert und damit einem großen Kundenkreis verfügbar gemacht werden soll, bieten die *allgemein bauaufsichtlichen Verwendbarkeitsnachweise* für die Hersteller dieser Bauprodukte Vorteile. Die entsprechenden Zulassungsverfahren, Nachweisprüfungen, Dokumente etc. müssen einmalig bei Antragsstellung durchgeführt werden. Die allgemein bauaufsichtlich akzeptierten Verwendbarkeitsnachweise gelten dann in der Regel für einen Zeitraum von fünf Jahren – vorbehaltlich von wesentlichen Änderungen am Bauprodukt resp. neu gewonnenen Erkenntnissen der Zulassungsstelle, die sich negativ auf die Bewertung des Bauproduktes auswirken. Die allgemein bauaufsichtlichen Verwendbarkeitsnachweise werden erteilt, wenn die Verwendbarkeit des Bauprodukts im Sinne des § 18 Abs. 1 BauO NRW 2018 durch den Hersteller nachgewiesen ist.

Für ein Bauprodukt kann alternativ zu einem *allgemein bauaufsichtlichen* akzeptierten Verwendbarkeitsnachweis auch das Antragsverfahren gemäß § 23 BauO NRW 2018 gewählt werden, d.h. dem Nachweis der Verwendbarkeit von Bauprodukten im Einzelfall. Ein hierfür erforderlichen Antrag wird bei der Obersten Bauaufsichtsbehörde NRW einmalig erwirkt.

2.1 Zu Abs. 1 Nummer 1

Ein Verwendbarkeitsnachweis (§§ 21 bis 23 BauO NRW 2018) ist erforderlich, wenn es keine Technische Baubestimmung und keine allgemein anerkannte Regel der Technik gibt. Hiervon sind häufig gänzlich neuartige resp. progressive Bauprodukte betroffen, die bisher nicht auf dem Markt angeboten wurden und für die es damit in der Regel keine Technischen Baubestimmungen oder allgemein anerkannte Regeln gibt. 4

Die am Bau Beteiligten, die Bauaufsichtsbehörden sowie die Hersteller von Bauprodukten finden die in NRW eingeführten und gültigen Technischen Baubestimmungen in der VV TB NRW 01/2019 (s. auch § 88 BauO NRW 2018). Seitens des Gesetzgebers wird jedoch nicht ausschließlich auf die im Bundesland NRW vorhandenen Technischen Baubestimmungen sondern auf das Vorhandensein von Technischen Baubestimmungen im Allgemeinen Bezug genommen. Hinsichtlich des Erfordernisses eines Verwendbarkeitsnachweises gemäß Abs. 1 Nr. 1 ist insofern eine bundesweite Analyse bzgl. der vorhandenen Technischen Baubestimmungen geboten – insbesondere für Hersteller von Bauprodukten. Des Weiteren ist sie (im Zweifelsfall) für das ausführende Unternehmen geboten, da es gemäß § 55 Abs. 1 Satz 2 BauO NRW 2018 die erforderlichen Nachweise und Unterlagen zu den verwendeten Bauprodukten zu erbringen und auf der Baustelle bereitzuhalten hat. Entsprechend des Bundeslandes NRW finden sich in den jeweiligen Bundesländern eingeführte landesspezifische Verwaltungsvorschriften für Technische Baubestimmungen. Einen Überblick der in jeweils den Bundesländern eingeführten VV TB ist auf der Seite des DIBt erhältlich. Stand Mai 2019 sind die eingeführten landesspezifischen Technischen Baubestimmungen ausgesprochen mustergetreu an der M-VV TB Ausgabe 01/2017 angelehnt.

Des Weiteren müssen die am Bau Beteiligten, die Bauaufsichtsbehörden sowie Hersteller für das jeweils relevante Bauprodukt zusätzlich prüfen, inwieweit allgemein anerkannte Regeln der Technik vorhanden sind (s. § 3 Abs. 2 Satz 1 BauO NRW 2018 Rdn. 73 ff.) Unterstützung bei dieser Analyse und Bewertung können Hersteller oder Unternehmen hierzu bei national anerkannten Institutionen finden, wie z.B.
– den bauaufsichtlich anerkannten Prüf-, Überwachungs- und Zertifizierungsstellen (siehe hierzu auch PÜZ-Verzeichnis Ausgabe 201 – Teil I auf der Internetseite des DIBt) oder
– dem DIBt.

§ 20 Verwendbarkeitsnachweise

Zudem können europäisch notifizierte, d.h. anerkannte, Institutionen konsultiert werden, wie z.B.
- den Notifizierten Stellen (engl. Notified Bodies, siehe hierzu auch § 19 Rdn. 18) oder
- den Technische Bewertungsstellen (Technical Assessment Bodies siehe hierzu auch § 19 Rdn. 16).

Insbesondere für technische Regeln für Bauprodukte, die im Ausland gelten, wird der Nachweis, dass sie in Deutschland allgemein anerkannt sind, herausfordernd sein.

2.2 Zu Abs. 1 Nummer 2

5   Bisher war die entsprechende Regelungssystematik im § 20 Abs. 3 Satz 1 1. Alt. BauO NRW 2000 verortet und bezog sich auf wesentliche Abweichungen von technischen Regeln für Bauprodukte der Bauregelliste A. Mit Einführung der BauO NRW 2016 ist nun ein Verwendbarkeitsnachweis für ein Bauprodukt erforderlich, wenn es von einer Technischen Baubestimmung wesentlich abweicht. Gemäß § 88 Abs. 2 Nummer 3 BauO NRW 2018 betrifft dies ausschließlich (wesentliche) Abweichungen von Technischen Baubestimmungen, die die Leistung von Bauprodukten in bestimmten baulichen Anlagen oder ihren Teilen konkretisieren, d.h. Punkte 3 a-f (s. hierzu auch § 88 Rdn. 39 ff.). Wie dort erläutert, ist der diesbezügliche Regelungsumfang, der mittels Technischer Baubestimmungen konkretisiert wird, sehr umfangreich, in den Ausprägungen höchst unterschiedlich und für die Leistungen von Bauprodukten daher differenziert im jeweiligen Fall zu betrachten.

6   In der praktischen Anwendung der BauO NRW kommt es zwischen den am Bau Beteiligten regelmäßig zu unterschiedlichen Interpretationen des unbestimmten Rechtsbegriffs der »*wesentlichen Abweichung*«. Dies betrifft zum einen die hier gegenständliche Regelung als auch die des unbestimmten Rechtsbegriffs der *nicht wesentlichen* Abweichung gemäß § 24 Abs. 1 Satz 2 BauO NRW 2018. Dieser potentielle Dissens zwischen den Beteiligten bzgl. des Grads einer Abweichung kann z.B. begründet sein in
- unterschiedlicher Sachkunde und Erfahrung hinsichtlich der weiterhin *gesicherten* Verwendbarkeit eines bestimmten Bauprodukts in Grenzbereichen, z.B. bei Brand, bei veränderter Statik etc.
- unterschiedlichen Rechtsinterpretationen der BauO NRW, z.B. in Bezug auf die *gesicherte* Verwendbarkeit in der baulichen Anlage unter Berücksichtigung der Anforderungen des Gesetzes (z.B. die Schutzgüter gemäß § 3 Abs. 1 Satz 1),
- ggf. – elementaren – unterschiedlichen wirtschaftlichen Interessen (z.B. von Herstellern oder Unternehmen gemäß § 55).

Der Rechtsbegriff der »*wesentlichen Abweichung*« ist in der BauO NRW 2018 sowie den Handlungsempfehlungen zur BauO NRW, Niederschriften über die Dienstbesprechungen mit den Bauaufsichtsbehörden nicht näher erläutert und auch bisher nicht abschließend definiert. Eine generelle und vorbestimmte Festlegung hierzu ist schwerlich möglich, da der Grad der Abweichung von sehr vielen individuellen Bedingungen abhängt. Die fachliche und technische Auslegung bzgl. des Grads einer

Abweichung obliegt daher in erster Linie dem jeweiligen Hersteller des Bauprodukts resp. dem Unternehmer, der das Bauprodukt auf der Baustelle verwendet. Grundsätzlich ist eine Übereinstimmung zur Technischen Baubestimmung zu vermuten, wenn die Abweichung nicht wesentlich ist.

Gleichwohl sind im Zuge der Bewertung allgemein gültig Aspekte zu benennen, die Einfluss auf eine gesicherte Einschätzung des Grad einer Abweichung haben. Die diesbezüglichen elementaren Fragestellungen sind vergleichbar denen der hier gegenständlichen »*wesentlichen Abweichung*« zu einer Technischen Baubestimmung gemäß § 88 Abs. 2 Nr. 3 BauO NRW 2018 (weitere Informationen s. u.a. § 17 Rdn. 23 ff. und § 24 Rdn. 4 ff.).

In Verbindung mit § 87 Abs. 7 BauO NRW 2018 wird es dem Gesetzgeber ermöglicht mittels Rechtsverordnungen vorzuschreiben, dass für definierte Bauprodukte – auch soweit sie Anforderungen nach anderen Rechtsvorschriften unterliegen – Anforderungen bzgl. des Erfordernis von Verwendbarkeitsnachweisen zu stellen (d.h. §§ 20 bis 25 BauO NRW 2018). Dies gilt unter den Voraussetzungen, dass die anderen Rechtsvorschriften solche Regelungen verlangen oder zumindest gestatten. Entsprechend gilt dies auch für Bauarten und Anwendbarkeitsnachweise (§ 17 Abs. 2 BauO NRW 2018). Die Regelungen entsprechen dem früheren § 20 Abs. 4 BauO NRW 2000. 7

Die beschriebenen gesetzlichen Ermächtigungen sind notwendig, da an Produkte auch aus anderen Rechtsgebieten Anforderungen erwachsen und dann entsprechender Regelungen bedürfen, wenn sie als Bauprodukt in baulichen Anlagen installiert werden. Grundsätzlich ist es dem Bundes- als auch Landesgesetzgeber nämlich gestattet für andere Regelungsbereiche, im jeweiligen Fachgesetz die Beachtung von bauprodukt- (und analog der bauart-) bezogenen Bestimmungen zu verfügen, z.B. i.S.d. §§ 17–25 BauO NRW 2018. Z.B. betrifft dies gesetzliche Bestimmungen des Wasserrechts (s. z.B. § 63 Abs. 4 Nrn. 2 und 3 WHG). Demnach dürfen Anlagen zum Lagern, Abfüllen oder Umschlagen wassergefährdender Stoffe nur errichtet, betrieben und wesentlich geändert werden, wenn ihre Eignung von der zuständigen Behörde festgestellt worden ist. Demnach gelten folgende (nationalen) Anlagenteile zum Lagern, Abfüllen oder Umschlagen wassergefährdender Stoffe als geeignet:

2. »serienmäßig hergestellte (Anmerkung Autor: nationale) *Bauprodukte, (…) für die nach bauordnungsrechtlichen Vorschriften ein Verwendbarkeitsnachweis erteilt wurde, der die Einhaltung der wasserrechtlichen Anforderungen gewährleistet,*

3. Anlagenteile, die aus Bauprodukten zusammengefügt werden, sofern hierfür nach bauordnungsrechtlichen Vorschriften eine Bauartgenehmigung oder eine allgemeine bauaufsichtliche Zulassung erteilt wurde, die jeweils die Einhaltung der wasserrechtlichen Anforderungen gewährleistet.«

Der Gesetzgeber NRW hat die national serienmäßig hergestellten Bauprodukte (und definierten Bauarten) bei denen wasserrechtliche Anforderungen an die Verwendbarkeitsnachweise (und Anwendbarkeitsnachweise) und Übereinstimmungsnachweise gefordert sind, in der Verordnung über bauordnungsrechtliche Regelungen für Bauprodukte und Bauarten im Teil 2 § 1 BauPAVO NRW 2019 veröffentlicht (siehe Bauprodukte- und Bauartenverordnung – BauPAVO NRW). Demnach werden

§ 20 Verwendbarkeitsnachweise

Feststellungen zur wasserrechtlichen Eignung für definierte Abwasserbehandlungsanlagen als auch Bauprodukte (und Bauarten) für ortsfest verwendete Anlagen zum Lagern, Abfüllen oder Umschlagen von wassergefährdenden Stoffen gefordert. Das heißt für die dort definierten Anlagen, Bauprodukte (und Bauarten) wird die wasserrechtliche Feststellung der Eignung durch das System der im Baurecht etablierten Nachweis- und Übereinstimmungsverfahren ersetzt.

3 Zu Abs. 2 – Ausnahmen für das Erfordernis von Verwendbarkeitsnachweisen

Im Absatz 2 sind zwei Ausnahmen für das Erfordernis von Verwendbarkeitsnachweisen zu den in Absatz 1 geregelten Fällen beschrieben:

3.1 Zu Abs. 2 Nummer 1

8   Die im Gesetz formulierte Ausnahme soll einem Missverständnis bzgl. des Erfordernisses eines Verwendbarkeitsnachweises für Bauprodukte vorbeugen, für die allgemein anerkannte Regeln existieren. Diese Bauprodukte benötigen auch dann keinen Verwendbarkeitsnachweis, wenn sie von einer aaRdT wesentlich abweichen und ihre Verwendbarkeit aber aufgrund der allgemeinen Anforderungen für Bauprodukte gem. § 18 Abs. 1 BauO NRW 2018 gegeben ist. D.h. der Hersteller muss prüfen bzw. gewährleisten, dass – bei der Verwendung des von der aaRdT ggf. wesentlich abweichenden Bauprodukts – die baulichen Anlagen bei ordnungsgemäßer Instandhaltung während einer dem Zweck entsprechenden angemessenen Zeitdauer die gesetzlichen Anforderungen erfüllen und gebrauchstauglich sind.

3.2 Zu Abs. 2 Nummer 2

9   Der Gesetzgeber verzichtet für Bauprodukte, die für die Erfüllung der Anforderungen dieses Gesetzes oder der aufgrund dieses Gesetzes erlassenen Vorschriften nur eine untergeordnete Bedeutung haben, ebenfalls auf das Erfordernis eines Verwendbarkeitsnachweises. Inwieweit und ob ein Bauprodukt gem. Abs. 2 Nr. 2 untergeordnet ist, bleibt unbestimmt und ist in der Gesetzesbegründung nicht weiter erläutert. Die entsprechende Einschätzung muss durch die am Bau Beteiligten erfolgen. Als Orientierungshilfe dient die in § 20 Abs. 3 BauO NRW 2018 in Bezug genommene Liste, mittels der die Bauprodukte bekannt gemacht werden, die öffentlich-rechtlich keines Verwendbarkeitsnachweises bedürfen (s. § 20 Rdn. 10).

4 Zu Abs. 3 – Nicht abschließende Liste von Bauprodukten ohne Verwendbarkeitsnachweis

10   Um eine größtmögliche Treue zur MBO 2016 zu haben, wurde der Absatz 3 neu in die BauO NRW 2018 aufgenommen. Die Technischen Baubestimmungen enthalten – gem. § 88 Abs. 4 BauO NRW 2018 – eine nicht abschließende Liste von Bauprodukten, die demnach keines baurechtlich maßgeblichen Verwendbarkeitsnachweises nach § 20 Abs. 1 BauO NRW 2018 bedürfen. Man findet die entsprechenden Bauprodukte im Teil D 2.2 der VV TB NRW 01/2019 (s. auch § 88 Rdn. 66 ff.).

§ 21 Allgemeines bauaufsichtliche Zulassung

(1) Das Deutsche Institut für Bautechnik erteilt unter den Voraussetzungen des § 20 Absatz 1 eine allgemeine bauaufsichtliche Zulassung für Bauprodukte, wenn deren Verwendbarkeit im Sinne des § 18 Absatz 1 nachgewiesen ist.

(2) Die zur Begründung des Antrags erforderlichen Unterlagen sind beizufügen. Soweit erforderlich, sind Probestücke von der antragstellenden Person zur Verfügung zu stellen oder durch Sachverständige, die das Deutsche Institut für Bautechnik bestimmen kann, zu entnehmen oder Probeausführungen unter Aufsicht der Sachverständigen herzustellen. § 71 Absatz 1 Sätze 2 und 3 gelten entsprechend.

(3) Das Deutsche Institut für Bautechnik kann für die Durchführung der Prüfung die sachverständige Stelle und für Probeausführungen die Ausführungsstelle und die Ausführungszeit vorschreiben.

(4) Die allgemeine bauaufsichtliche Zulassung wird widerruflich und für eine bestimmte Frist erteilt, die in der Regel fünf Jahre beträgt. Die Zulassung kann mit Nebenbestimmungen erteilt werden. Sie kann auf schriftlichen Antrag in der Regel um fünf Jahre verlängert werden. § 75 Absatz 2 Satz 2 Halbsatz 1 gilt entsprechend.

(5) Die Zulassung wird unbeschadet der Rechte Dritter erteilt.

(6) Das Deutsche Institut für Bautechnik macht die von ihm erteilten allgemeinen bauaufsichtlichen Zulassungen nach Gegenstand und wesentlichem Inhalt öffentlich bekannt.

(7) Allgemeine bauaufsichtliche Zulassungen nach dem Recht anderer Länder gelten auch im Land Nordrhein-Westfalen.

	Übersicht	Rdn.
0	Änderungen gegenüber der BauO NRW 2000 und BauO NRW 2016	01
1	Allgemeines	1
2	Zu Abs. 1 – Erteilung von abZ durch das DIBt	2
3	Zu Abs. 2 – Antrag von abZ beim DIBt	6
4	Zu Abs. 3 – Vorgaben für die Prüfung von Bauprodukten im Antragsverfahren	9
5	Zu Abs. 4 – Gültigkeitsdauer, Nebenbestimmungen und Verlängerung von abZ	10
6	Zu Abs. 5 – Rechte Dritter bei abZ	18
7	Zu Abs. 6 – Öffentliche Bekanntmachung von abZ	19
8	Zu Abs. 7 – Gültigkeit von abZ gemäß Baurecht anderer Länder auch in NRW	20

0 Änderungen gegenüber der BauO NRW 2000 und BauO NRW 2016

In der BauO NRW 2016 sind die Bestimmungen bzgl. der Allgemeinen bauaufsichtlichen Zulassung gegenüber der letztgültigen Fassung BauO NRW 2000 redaktionell angepasst. Im Übrigen sind die Regelungen kaum verändert. § 21 BauO NRW 2016 ist als Teil des neugefassten Bauproduktenrechts bereits am 28.06.2017 in Kraft getreten.

01

§ 21 Allgemeines bauaufsichtliche Zulassung

In der Fassung der BauO NRW 2018 sind die Anforderungen für Allgemein bauaufsichtliche Zulassungen im § 21 in geringem Maße redaktionell fortgeschrieben.

02 In Abs. 1 des neuen § 21 BauO NRW 2016 wird – analog der bisherigen Systematik des § 21 BauO NRW 2000 – festgelegt, dass das DIBt unter den Voraussetzungen der § 20 Abs. 1 BauO NRW 2016 und § 18 Abs. 1 BauO NRW 2016 für Bauprodukte Allgemein bauaufsichtliche Zulassungen erteilt.

In der BauO NRW 2018 ist der entsprechende Absatz unverändert gegenüber der Fassung BauO NRW 2016.

03 Gemäß Abs. 2 und 3 BauO NRW 2016 sind weiterhin verfahrensrelevante Aspekte für den Antragsteller sowie Rechte des DIBt in Bezug auf vorzulegende Probekörper, Unterlagen beschrieben.

In der BauO NRW 2018 ist der entsprechende Absatz 2 redaktionell aktualisiert und in Bezug auf die Zurücknahme bei Nichtbeseitigung von Mängeln erweitert (§ 71 Abs. 1 Satz BauO NRW 2018). Absatz 3 ist unverändert.

04 Im Abs. 4 der BauO NRW 2016 sind – gegenüber der BauO NRW 2000 unverändert – die übliche Geltungsdauer der abZ sowie die Möglichkeit zur Verlängerung beschrieben.

In der BauO NRW 2018 ist der entsprechende Absatz redaktionell aktualisiert.

05 Abs. 5 in der BauO NRW 2016 enthält weiterhin die Regelung, dass die abZ unbeschadet der Rechte Dritter gegenüber erteilt wird.

In der BauO NRW 2018 ist der entsprechende Absatz unverändert gegenüber der Fassung BauO NRW 2016.

06 Wie bisher macht das DIBt gemäß Abs. 6 BauO NRW 2016 die von ihm erteilten abZ nach Gegenstand und wesentlichem Inhalt öffentlich bekannt.

In der BauO NRW 2018 ist der entsprechende Absatz unverändert gegenüber der Fassung BauO NRW 2016.

07 Gleichbleibend zu den bekannten Bestimmungen gelten gemäß Abs. 7 BauO NRW 2016 abZ, die gemäß des Rechts anderer Länder erteilt werden, auch in NRW.

In der BauO NRW 2018 ist der entsprechende Absatz unverändert gegenüber der Fassung BauO NRW 2016.

1 Allgemeines

1 Auf Grundlage des § 20 Abs. 1 wird der Verwendbarkeitsnachweis der allgemein bauaufsichtlichen Zulassung autorisiert. Im § 21 werden verfahrensrelevante Bestimmungen zur abZ konkretisiert.

Im Sinne des VwVfG NRW ist die abZ ein Verwaltungsakt. Gemäß § 35 VwVfG NRW ist »*ein Verwaltungsakt (…) jede Verfügung, Entscheidung oder andere hoheitliche Maßnahme, die eine Behörde zur Regelung eines Einzelfalles auf dem Gebiet des öffentlichen Rechts trifft und die auf unmittelbare Rechtswirkung nach außen gerichtet ist.«* Dementsprechend ist die abZ eine dinglich-produktbezogene Allgemeinverfügung, die die öffentlich-rechtliche Eigenschaft einer Sache und ihre Benutzung durch die Allgemein betrifft und sich nicht nur an die Antragsteller oder zur Antragstellung Berechtigten richtet. *»Dieser dinglich-sachbezogenen Rechtsnatur der Zulassung entspricht ihr grundsätzlich weiter personaler Geltungsbereich. Die Zulassung wirkt grundsätzlich gegenüber »jedem, den es angeht«. Sie begünstigt damit alle am Bau Beteiligten (Bauherr, Bauunternehmer, Gerüstbauer etc.), die die zugelassenen Bauprodukte ohne besonderen Brauchbarkeitsnachweis verwenden zu dürfen (§ 20 Abs. 1 LBO). Die Zulassung richtet sich aber auch an alle Hersteller des zugelassenen Bauprodukts. Deren Rechtssphäre (Berufsausübungsfreiheit nach Art. 12 Abs. 1 GG) wird dadurch positiv berührt, daß die Zulassung eine sinnvolle wirtschaftliche Verwertbarkeit des Produkts (rentable Serienproduktion und Verkauf) verbessert oder gar erst ermöglicht«* (siehe VGH BW, Urt. v. 12.11.1993 – 3 S 1449/91 juris Rn. 29 und 29, BVerwG, Urt. v. 18.06.1997 – 4 C 8.95, WKRS Rn. 15). Die Pflicht des DIBt die jeweilige abZ nach Gegenstand und wesentlichem Inhalt öffentlich bekannt zu machen, betont den Charakter als Verwaltungsakt gemäß § 35 VwVfG NRW 2018, hier eben als Allgemeinverfügung, die in Deutschland ausschließlich durch das DIBt erteilt wird.

Die abZ ist ein Verwaltungsakt, der abschließend über die bauaufsichtliche Verwendbarkeit des jeweils bewerteten Bauprodukts i.S.d. § 18 Abs. 1 BauO NRW 2018 entscheidet (und ebenso bzgl. der Anwendbarkeit einer aBG i.S.d. § 17 Abs. 1 und 2 BauO NRW 2018). Sie ersetzt insofern die bauaufsichtliche Prüfung, z.B. im Genehmigungsverfahren bzw. anderen bauaufsichtlichen Verfahren. Damit macht sie diese zum einen entbehrlich und soll zum anderen vorbeugen, dass die am Bau Beteiligten und zuständigen unteren Bauaufsichtsbehörden im Rahmen ihres jeweiligen Wirkungskreises eine eigene Beurteilung in Bezug auf die Verwendbarkeit gemäß § 18 Abs. 1 BauO NRW 2018 dieser allgemein bauaufsichtlichen Zulassung vorziehen (und ebenso bzgl. der Anwendbarkeit einer aBG gemäß § 17 Abs. 2 BauO NRW 2018). Gleichwohl muss hierbei berücksichtigt werden, dass eine abZ (und aBG) nicht sämtliche individuellen Einzelfälle berücksichtigen kann und daher Abweichungen, die nicht wesentlich sind, einer Übereinstimmung entsprechen. Auch für wesentliche Abweichungen bietet das Baurecht entsprechende Verfahren an (siehe § 23 BauO NRW 2018). Gleichfalls unberührt bleiben die Rechte und Pflichten der zuständigen Bauaufsichtsbehörden, wenn im individuellen und konkreten Fall im Rahmen der Verwendung eines Bauproduktes (und ebenso einer Bauart) nicht voraussehbare Gefahren festgestellt werden oder eine Abwehr von Gefahren für Leben und Gesundheit (i.S.d. § 3 Abs. 1 und 3 BauO NRW 2018) erforderlich ist (s. hierzu § 58 Abs. 6. BauO NRW 2018 sowie § 59 Abs. 1 BauO NRW 2018).

Hinweis: Im Hinblick auf den Umfang des Kommentars wird sowohl bei der Kommentierung zu Bauarten als auch bei Bauprodukten jeweils auf entsprechende Regelungen bzw. gleichermaßen zu verstehende Interpretationen verwiesen.

2 Zu Abs. 1 – Erteilung von abZ durch das DIBt

2   § 21 BauO NRW 2018 entspricht im Wesentlichen dem ehemaligen § 21 BauO NRW 2000.

Gemäß § 1 der letztgültigen Fassung des Gesetzes über das Deutsche Institut für Bautechnik 2006 (DIBt-Gesetz) i.V.m. dem Abkommen über das Deutsche Institut für Bautechnik 2018 (DIBt-Abkommen), das Anlage zum DIBt-Gesetz ist, sind dem DIBt als rechtsfähige Anstalt des öffentlichen Rechts mit Sitz in Berlin entsprechende Rechte, Aufgaben und Pflichten übertragen. Diese wurden im Rahmen eines Staatsvertrags, den alle Bundesländer und der Bund geschlossen haben, vereinbart. Das Gesetz sowie entsprechende Abkommen sind auf der Internetseite des DIBt veröffentlicht. Auch das Land NRW ist Vertragspartner dieses Abkommens. Weitere Informationen zu Aufgaben des DIBt siehe u.a. auch § 88 Rdn. 69 ff.).

Das DIBt dient der einheitlichen Erfüllung bautechnischer Aufgaben auf dem Gebiet des öffentlichen Rechts. Gemäß des DIBt-Abkommens Art. 2 Abs. 2 lfd. Nr. 3 hat das DIBt demnach u.a. die Aufgabe allgemeine bauaufsichtliche Zulassungen zu erteilen und Verzeichnisse der erteilten Zulassungen zu führen und zu veröffentlichen (dies gilt ebenso für aBG).

3   Das DIBt ist gemäß § 4 DIBt-Gesetz berechtigt für die Erteilung von abZ entsprechende Gebühren zu erheben resp. kann Auslagenersatz geltend machen. Die Gebühren werden abweichend von § 6 in der letztgültigen Fassung des Gesetzes über Gebühren und Beiträge 1969 durch Satzung festgesetzt. Diese Gebühren ergeben sich nach § 4 der Satzung des DIBt in Kombination mit der Anlage des Gebührenverzeichnisses des DIBt. Hiernach werden die Gebühren für die Erteilung von abZ (und auch von allgemeinen Bauartgenehmigungen) in drei Klassen unterschieden:

1. Klasse 1:
Zulassungen für Bauprodukte, wenn Prüfbedingungen und Anforderungen an die Bauprodukte in Normen oder Zulassungsrichtlinien festgelegt sind, bei Befristung der Geltungsdauer auf 5 Jahre: 500,00 € – 15.000,00 €
2. Klasse 2:
Zulassungen sonstiger Bauprodukte sowie allgemeine Bauartgenehmigungen für Bauarten, deren Anwendung (Bemessung und Ausführung) überwiegend nach technischen Baubestimmungen beurteilt werden kann, bei Befristung der Geltungsdauer auf 5 Jahre: 1.250,00 € – 17.500,00 €
3. Klasse 3:
Zulassungen für Bauprodukte und allgemeine Bauartgenehmigungen, soweit nicht in Klasse 2, bei Befristung der Geltungsdauer auf 5 Jahre: 2.500,00 € – 30.000,00 €

Vergünstigungen können sich bei kürzeren Laufzeiten der jeweiligen abZ ergeben. Erhöhungen der benannten Gebührensätze können auftreten, wenn in einem Zulassungsbescheid mehrere Ausführungsarten des Zulassungsgegenstandes zugelassen werden oder die Entscheidung bzgl. der abZ im individuellen Fall einen außergewöhnlich hohen Arbeitsaufwand erfordert.

Im Zuge der Bearbeitung eines Antrags zur Erteilung einer abZ kann das DIBt entsprechende Sachverständigenausschüsse konsultieren, die beim Institut zu dessen technischer Beratung gebildet werden. Diese Sachverständigenausschüsse vermitteln dem DIBt eine besondere Expertise und Qualifikation bei den im Rahmen seiner Aufgaben erforderlichen Entscheidungen, z.b. der Erteilung von abZ. »*Damit wird zwar nicht die Entscheidung über die allgemeine bauaufsichtliche Zulassung selbst, aber die ihr maßgeblich zugrundeliegende technische Beratung einem nach fachlichen Gesichtspunkten besonders zusammengesetzten Gremium übertragen (Kopp/Ramsauer, VwVfG, 11. Aufl. 2010, § 40, Rn. 76 und Sachs, in: Stelkens/Bonk/Sachs, VwVfG, 7. Aufl. 2008, § 40, Rn. 208, 212 ff.)*« (siehe VG Karlsruhe, Urt. v. 18.02.2011 – 6 K 2561/09 juris Rn. 32). Gemäß Art. 10 Abs. 1 des DIBt-Abkommens gehören »*den Sachverständigenausschüssen (…) Sachverständige aus den Behörden der Länder und des Bundes sowie aus den Bereichen der Wissenschaft und Wirtschaft an. Die Vertreterinnen/Vertreter des Bundes werden vom Bund benannt.*« Die DIBt Satzung regelt im weiteren die Bildung von verschiedenen Ausschüssen, die u.a. auch bei der Bearbeitung und Erteilung von abZ relevant sind: 4

»*1. Sachverständigenausschüsse (A-Ausschüsse) zur*
   a. Beratung von Grundsätzen für die Erteilung allgemeiner bauaufsichtlicher Zulassungen, allgemeiner Bauartgenehmigungen und
   b. Beratung von Europäischen Bewertungsdokumenten für die Erteilung von Europäischen Technischen Bewertungen; sofern dies im Einzelfall nicht möglich oder notwendig erscheint, wird der Sachverständigenausschuss im Nachgang unterrichtet,
2. Sachverständigenausschüsse (B-Ausschüsse) zur Vorbereitung
   a. der Erteilung allgemeiner bauaufsichtlicher Zulassungen, allgemeiner Bauartgenehmigungen und
   b. der Erteilung Europäischer Technischer Bewertungen; sofern dies im Einzelfall nicht möglich oder notwendig erscheint, wird der Sachverständigenausschuss im Nachgang unterrichtet, (…)«.

Die Satzung regelt im weiteren die Bestellung von Obleuten dieser Sachverständigenausschüsse, Amtszeit der Sachverständigen, die Mitgliederzahl der Sachverständigenausschüsse (A-Ausschüsse mind. sieben höchstens 18, B-Ausschüsse mind. drei höchstens zehn Mitglieder), die Zusammensetzung, Beschlussfähigkeit etc. Gemäß eigener Auskunft sind für das DIBt ca. 550 ehrenamtliche Sachverständige aus Wissenschaft, Wirtschaft und Verwaltung tätig. Einen Überblick über der Betätigungsfelder der Sachverständigenausschüsse vermittelt die Internetseite des DIBt (https://www.dibt.de/de/service/zulassungsshop/zulassungs-und-genehmigungsverzeichnisse/, Zugriffsdatum 23.05.2019).

Die Entscheidungskompetenz für oder gegen die Erteilung einer abZ liegt gleichwohl weiterhin beim DIBt.

Der Beantragende hat einen Rechtsanspruch auf die positive Zustimmung für eine abZ, sofern die Voraussetzungen im Sinne der Verwendbarkeit § 18 Abs. 1 BauO NRW 2018 gegeben sind (siehe OVG Rh.-Pf., Urt. v. 24.03.1971 – 2 A 80/70 juris 1. 5

§ 21 Allgemeines bauaufsichtliche Zulassung

Leitsatz, Hamb. OVG, Urt. v. 28.01.1982 – Bf II 115/77 juris 1. Orientierungssatz) und eine abZ nicht anderweitig ausgeschlossen ist. Dies ist für die gemäß § 22 Abs. 1 BauO NRW 2018 in Verbindung mit Teil C 3 der VV TB NRW 01/2019 definierten Bauprodukte der Fall, die anstelle einer abZ nur eines abP bedürfen (s. auch § 88 Rdn. 46). Kommt das DIBt im Rahmen der Antragsbearbeitung, z.B. unter Berücksichtigung der Ergebnisse der festgesetzten Prüfungen, eigener Untersuchungen und Beratungen (u.a. mit den A- und B Sachverständigenausschüssen) zu dem Schluss, dass die Verwendbarkeit im Sinne des § 18 Abs. 1 BauO NRW 2018 nicht gegeben ist, hat der Beantragende keinen Rechtsanspruch auf eine abZ (vgl. VG Karlsruhe, Urt. v. 18.02.2011 – 6 K 2561/09 Jurion Rn. 36).

Die Einschätzung des DIBt unterliegt einer verwaltungsgerichtlichen Prüfung nur nach den von der Rechtsprechung entwickelten Maßstäben für Beurteilungsspielräume (vgl. VG Karlsruhe, Urt. v. 18.02.2011 – 6 K 2561/09 Jurion Rn. 26). Dies gilt auch, wenn es sich um eine Verlängerung der Geltungsdauer einer schon einmal erteilten abZ handelt und trotz der Tatsache, dass es von Marktbegleitern noch gültige abZ für vergleichbare Bauprodukte gibt (vgl. VG Karlsruhe, Urt. v. 18.02.2011 – 6 K 2561/09 Jurion Rn. 43). Dies insbesondere dann nicht, wenn mit einem bestimmten Stichtag entsprechende Änderungen in den Nebenbestimmungen einer abZ jeweils gleich beschrieben sind. In diesem Zusammenhang veröffentlicht das DIBt in unregelmäßigen Abständen wiederkehrend Rundschreiben, die auf der Internetseite des DIBt veröffentlicht sind (siehe https://www.dibt.de/de/newsletter/). Diese Rundschreiben enthalten für die am Bau Beteiligten als auch die Hersteller von Bauprodukten, Bauarten etc. hilfreiche Informationen, u.a.
– über die Arbeit der zuständigen Sachverständigenausschüsse sowie aktuelle Neuerungen aus den Sachgebieten,
– Neuerungen im Zulassungsverfahren für definierte Bauprodukte und Bauarten,
– Kurzberichte und Forschungsvorhaben im bauaufsichtlichen Bereich,
– Veröffentlichungen von Prüfgrundsätzen und Veränderungen in diesem Bereich,
– Überarbeitung von technischen Normen, z.B. hEN und DIN.

3 Zu Abs. 2 – Antrag von abZ beim DIBt

6 Grundsätzlich hat jede natürliche, juristische Person oder rechtsfähige Personengesellschaft das Recht den entsprechenden Antrag für eine abZ beim DIBt zu stellen. In der Praxis sind dies in der überwiegenden Zahl der Fälle Hersteller, Quasihersteller oder Entwickler von Bauprodukten.

Das DIBt beurteilt den jeweiligen Antrag auf Erteilung einer abZ unter Berücksichtigung der Bauordnung in dem der Beantragende seinen Geschäfts- (oder Wohnsitz) hat. Kommt der Antragsteller aus dem Ausland und hat keinen Geschäfts- (oder Wohnsitz) in der BRD beurteilt das DIBt den Antrag auf Erteilung einer abZ gemäß der BauO Bln (s. § 52 Abs. 2 VwGO). Das entsprechende Verwaltungsverfahren erfolgt dann nach dem Gesetz über das Verfahren der Berliner Verwaltung (siehe zu § 18 Rn. 3 Wilke/Dageförde/Knuth/Meyer, Kommentar zur Bauordnung für Berlin, 6. Aufl.).

Der Antrag ist schriftlich und unmittelbar an das DIBt zu richten (Stand Mai 2019: Kolonnenstraße 30 B, 10829 Berlin) und zu begründen. Auf der Internetseite des DIBt kann ein Formular für einen Antrag auf Erteilung einer abZ (und auch einer aBG) heruntergeladen werden (siehe https://www.dibt.de/fileadmin/dibt-website/Dokumente/Formulare/de/abZ_aBG_Antrag.pdf Stand Januar 2018, Zugriffsdatum 23.05.2019). Sofern die Antragsteller den Antrag in anderer Form wählen wollen, können sie sich zumindest daran orientieren. Der im Rahmen des Zulassungsverfahrens zu führende Verwendbarkeitsnachweis gilt nur für den beantragten und geprüften Gegenstand. Daraus folgt, dass dieser Antrag vollständig und für Personen und Institutionen, die das Bauprodukt (und analog die Bauart) nicht im Detail kennen, nachvollziehbar beschrieben sein muss.

Im Antragsformular finden sich zudem offizielle Erläuterungen des DIBt, die für den Antragsteller hilfreich sein können. Demnach ist neben der Adresse und eines festen Ansprechpartners beim Hersteller u.a. der Antragsgegenstand, seine Herstellung und Verarbeitung detailliert zu beschreiben und ggf. sind Konstruktionszeichnungen beizufügen, für die es ein eigenes Merkblatt gibt. Des Weiteren sollte die unter Fachleuten allgemein übliche Bezeichnung für das Bauprodukt (und ebenso die Bauart) und ggf. dessen Funktion angegeben werden. Die Handelsbezeichnung, mit der das Bauprodukt (und ebenso die Bauart) vermarktet werden soll, sollte der Antragsteller mitteilen. Zudem kann der Antragsteller weitere sonstige Angaben kommunizieren, wie z.B. einschlägige ausländische Zulassungen, vorhandene Prüfzeugnisse, Prüfberichte oder Gutachten. Neben dem Antragsformular inkl. entsprechender Beschreibungen, den Konstruktionszeichnungen kann es – abhängig vom Bauprodukt (und ebenso bei einer Bauart) – erforderlich sein, ein Stoffdatenblatt inkl. Sicherheitsdatenblätter und technischer Merkblätter zu übermitteln. Die Angaben zum Bauprodukt müssen hinreichend vollständig sein und die für den sicheren Umgang mit dem Produkt relevanten Eigenschaften enthalten. Neben den physikalisch-chemischen Kenndaten, wie z.B. Dichte, Form, Viskosität, Schmelz- bzw. Siedepunkt oder -bereich, Flammpunkt, Zündtemperatur und Explosionsgrenzen, sind dies auch toxikologische und ökologische Angaben sowie Angaben zur Einstufung nach der CLP-Verordnung (EG) Nr. 1272/2008. Auch hier findet sich auf der Internetseite des DIBt ein entsprechendes Merk- und Formblatt (siehe https://www.dibt.de/fileadmin/dibt-website/Dokumente/Formulare/de/Formular-Stoffdatenblatt.pdf Stand April 2018, Zugriffsdatum 23.05.2019).

Die Definition der für einen Antrag erforderlichen Unterlagen ist in den Erläuterungen aber nicht abschließend geregelt und abhängig vom jeweiligen Bauprodukt. Die intensive Vorbereitung des Antrags sowie vorherige Abstimmung mit dem DIBt ist von Bedeutung für ein beschleunigtes Verfahren. Nachdem der Antrag beim DIBt eingegangen ist, wird dieser vom zuständigen Fachreferenten geprüft und ggf. weitere Informationen angefordert. Nachdem alle erforderlichen Angaben vorliegen, wird vom DIBt ermittelt, welche Prüfungen und Nachweise für das jeweilige Bauprodukt erforderlich sind.

Diese Probestücke, die für die Begründung des Antrags ggf. erforderlich sind, müssen entweder vom Antragsteller zur Verfügung gestellt werden oder sind durch

Sachverständige zu entnehmen, die das DIBt bestimmen kann. Sofern das DIBt eine Liste von potentiellen Sachverständigen zur Verfügung stellt, kann der Antragsteller hieraus frei wählen. Alternativ sind Probeausführungen des Bauprodukts unter Aufsicht eines Sachverständigen herzustellen. Hierfür trägt jeweils der Antragsteller die Kosten.

7 Seit dem 15.07.2017 unterscheidet das DIBt bei der Ausstellung von neuen Nachweisdokumenten und der Verlängerung resp. Umwandlung von bestehenden Bescheiden in Bezug auf abZ verschiedene Fälle:
– Antrag auf Erteilung einer allgemeinen bauaufsichtlichen Zulassung (abZ), wenn nur Produktmerkmale geregelt werden sollen,
– Antrag auf Erteilung einer allgemeinen bauaufsichtlichen Zulassung (abZ) mit allgemeiner Bauartgenehmigung, wenn sowohl Produktmerkmale als auch Aspekte des Zusammenfügens und der Anwendung geregelt werden sollen.

In einem weiteren Merkblatt hat das DIBt in einer Mitteilung Hinweise zu den neuen Bescheiden im Bereich der Abschottungen gegeben, z.B. für Brandschutz bei Leitungsanlagen, Kabel- und Rohrabschottungen (siehe hierzu auch § 17 Rdn. 12 ff.).

8 Mit Bezug auf § 71 Abs. 1 Sätze 2 und 3 BauO NRW 2018 kann das DIBt unter Nennung der Gründe den Antragsteller bei einem unvollständigen Antrag – oder sofern er sonstige erhebliche Mängel aufweist – auffordern die Mängel innerhalb einer angemessenen Frist zu beheben. Wesentliche Mängel sind z.B. das Fehlen elementarer antragsrelevanter Daten. Auch zur Beseitigung nicht wesentlicher Mängel kann das DIBt dem Antragsteller Fristen setzen. Im Sinne der Verhältnismäßigkeit ist der Antragsteller daher auf einen unvollständigen oder mangelhaften Antrag, resp. Unterlagen, Prüfungen etc. aufmerksam zu machen und ihm eine angemessene Frist der Nachbesserung zu geben. Werden die Mängel innerhalb der Frist nicht behoben, gilt der Antrag als zurückgenommen.

Die positive Entscheidung eines Antrags auf abZ dient der Prüfung des Nachweises der Verwendbarkeit im Sinne des § 18 Abs.1 BauO NRW 2018 und somit einer diesbezüglichen hoheitlichen Qualitätsprüfung im Wohle der Allgemeinheit vor dem Einbau und der Verwendung des Bauprodukts in der baulichen Anlage. Insofern nimmt das DIBt dementsprechend treuhänderisch Aufgaben im Sinne der beteiligten Bundesländer wahr. *»Deshalb erscheint es richtig anzunehmen, dass das DIBt bei der Entscheidung über die allgemeine bauaufsichtliche Zulassung an das Landesrecht des Landes Nordrhein-Westfalen gebunden ist (vgl. zur Problematik allgemein Grawert, Verwaltungsabkommen zwischen Bund und Ländern in der Bundesrepublik Deutschland, Schriften zum öffentlichen Recht, Band 57). Daraus dürfte folgen, dass der Entscheidung über die allgemeine bauaufsichtliche Zulassung das VwVfG NRW sowie § 21 BauO NRW (2018) zugrunde zu legen sind. Das Verwaltungsverfahren ist dabei regelmäßig ein Genehmigungsverfahren i.S. des § 71a VwVfG NRW. Die allgemeine bauaufsichtliche Zulassung wird bei Antragstellung durch einen Hersteller (…) der Durchführung von Vorhaben im Rahmen einer wirtschaftlichen Unternehmung des Antragstellers dienen. In solchen Fällen sind die Vorschriften der § 71b bis 71e VwVfG NRW anzuwenden, die insbesondere die Zügigkeit des Verfahrens bezwecken.«* (Boeddinghaus/Hahn/Schulte/Radeisen/Schulte/van Schewick, zu § 21 Rn. 5).

4 Zu Abs. 3 – Vorgaben für die Prüfung von Bauprodukten im Antragsverfahren

Das antragsrelevante Bauprodukt muss vor der Erteilung der abZ hinsichtlich unterschiedlicher Aspekte geprüft werden. Das DIBt kann für diese Prüfungen hierfür spezialisierte und anerkannte Prüfstellen aktivieren, die entsprechende Tests durchführt. Das können u.a. bauaufsichtlich anerkannte Materialprüfstellen oder andere sachverständige Stellen sein. Dem DIBt ist freigestellt diese Institutionen nach eigenem pflichtermessenen Verhalten auszuwählen und zu beauftragen. Alternativ kann das DIBt für die Beauftragung einer definierten Prüfinstitution auch den Antragsteller veranlassen. 9

Die Kombination u.a. der Bewertung der Antragsunterlagen, dem Hinzuziehen sachverständiger Expertise durch die Sachverständigenausschüsse und der praktischen Prüfungen ermöglicht dem DIBt zu einer Beurteilung der Verwendbarkeit des jeweiligen Bauprodukts im Sinne des § 18 Abs. 1 BauO NRW 2018 zu kommen.

5 Zu Abs. 4 – Gültigkeitsdauer, Nebenbestimmungen und Verlängerung von abZ

Die Erteilung einer abZ beruht auf den im Beurteilungszeitraum des jeweiligen Antrags vorhandenen Informationen und Kenntnissen, die sich aus der Bewertung der Antragsunterlagen, dem Hinzuziehen sachverständiger Expertise durch die Sachverständigenausschüsse und den praktischen Prüfungen ergeben. Sie beruhen damit auf die im Beurteilungszeitraum vorhandenen wissenschaftlichen, praktischen und empirischen Erfahrungen. Dies schließt nicht aus, dass in der Zukunft zu dem jeweiligen Bauprodukt neue und bisher unbekannte Erkenntnisse und Erfahrungen vorliegen können, die z.B. erst im Rahmen der Verwendung des Bauprodukts (resp. der Anwendung einer Bauart) gewonnen werden. Eine abZ unterliegt damit – trotz sorgfältiger Beurteilung zum Zeitpunkt ihrer Erteilung – einer undefinierten Ungewissheit. Aus diesem Grund bestimmt Absatz 4, dass die Geltungsdauer einer abZ widerruflich ist und für eine Frist von in der Regel fünf Jahren gilt. Demzufolge kann die Frist auch länger sein, was sehr unüblich ist, oder kürzer veranschlagt werden. Dieser kürzere Zeitraum kann auch vom Antragsteller gewünscht werden und hat entsprechende Kostenvorteile (siehe Gebührenverzeichnis des DIBt, Tarifstelle 1 Abs. 2). In Bezug auf Widerruf und Rücknahme einer abZ gelten §§ 48 und 49 VwVfG NRW. 10

Die Identifikation von Mängeln, die erst nach Erteilung der abZ auftreten, hat nicht zur Folge, dass der Verwendbarkeitsnachweis damit als rechtswidrig erteilt gewertet werden kann. Wurde die abZ auf einem fehlerfrei ermittelten Wissensstand erteilt, ist sie rechtskräftig. »*Daher kommt auch kein Ausgleich der Vermögensnachteile nach § 48 Abs. 3 HVwVfG und keine Entschädigung wegen Verletzung einer einem anderen gegenüber obliegenden Pflicht des öffentlichen Rechts in Betracht.*« (siehe auch Allgeier/Rickenberg Kommentar für die Bauordnung Hessen, 9. Aufl., zu § 17 Rn. 7). 11

Hinweis: § 48 Abs. 3 HVwVfG (Hessisches Verwaltungsverfahrensgesetz) ist wortgleich dem § 48 Abs. 3 VwVfG NRW. Werden Mängel, z.B. in Bezug auf die Verwendbarkeit des Bauprodukts im Sinne des § 18 Abs. 1 NRW 2018 innerhalb der zugelassenen Geltungsdauer festgestellt, ist die Gültigkeit der abZ vor Ablauf der zugestandenen Frist zu widerrufen.

Kaiser

§ 21 Allgemeines bauaufsichtliche Zulassung

12   Für die Geltungsdauer von abZ kann, z.B. auf Gesuch des ursprünglichen abZ-Antragsstellers, eine Verlängerung beim DIBt beantragt werden. Das DIBt ist gemäß § 4 DIBt-Gesetz berechtigt, für die Verlängerung der Geltungsdauer Ergänzung oder Änderung von abZ entsprechende Gebühren zu erheben resp. kann Auslagenersatz geltend machen. Diese Gebühren ergeben sich nach § 4 der Satzung des DIBt i.V.m. der Anlage des Gebührenverzeichnis des DIBt. Hierfür gilt Tarifstelle 1 Abs. 4 entsprechend und die Gebühren betragen 1/10 bis 1/50 der relevanten Gebühren (siehe auch Rdn. 3).

13   Die Erweiterung der Geltungsdauer bedarf des schriftlichen Antrags. Der Antrag ist schriftlich und unmittelbar an das DIBt zu richten und zu begründen. Auf der Internetseite des DIBt kann ein Formular für einen Antrag auf Änderung, Ergänzung, Verlängerung einer abZ (und auch einer aBG) heruntergeladen werden (siehe https://www.dibt.de/fileadmin/dibt-website/Dokumente/Formulare/de/abZ_aBG_Aenderung_Ergaenzung_Verlaengerung.pdf Stand Januar 2018, Zugriffsdatum 23.05.2019). Sofern die Antragsteller die Verlängerung (oder Änderung, Ergänzung) in anderer Form wählen wollen, können sie sich zumindest an diesem Formular orientieren. Das DIBt empfiehlt die Verlängerung einer abZ rechtzeitig vor Ablauf der regulären Geltungsdauer zu beantragen, mind. sechs Monate vor dem auf der abZ definierten Datum.

14   Die Geltungsdauer einer abZ ist für die am Bau Beteiligten von erheblicher zivil- als auch öffentlich-rechtlicher Relevanz, vor allem für Unternehmen gem. § 55 BauO NRW 2018, die mit dem Einbau eines Bauprodukts (oder Bauart) in ein Bauwerk beauftragt sind. Baut ein Unternehmen ein Bauprodukt (oder Bauart) nach Ablauf der auf dem Deckblatt der abZ (oder ebenso auf der aBG) ausgewiesenen Geltungsdauer ein, handelt er gem. § 86 Abs. 1 Ziffer 5 BauO NRW 2018 (resp. für aBG oder abP analog § 86 Abs. 1 Ziffer 3 BauO NRW 2018) ordnungswidrig. In der 266. Sitzung der Fachkommission Bauaufsicht wurde der entsprechende Sachverhalt behandelt. Gemäß eines Schreibens des Bayerischen Staatsministeriums des Inneren vom 25.10.2017 wird zum maßgeblichen Zeitpunkt für das Vorliegen von Verwendbarkeitsnachweisen folgendes ausgeführt: »*In der Fachkommission besteht hinsichtlich folgender Einschätzung Konsens: Auf den Zeitpunkt der Abnahme kann es nur zivil-, nicht aber öffentlich-rechtlich (also bauaufsichtlich) ankommen. Auch der Zeitpunkt der Erteilung der Baugenehmigung kann nicht maßgeblich sein, weil der Verwendbarkeitsnachweis nicht Bestandteil der Baugenehmigung ist. Für die Maßgeblichkeit des Zeitpunkts der Bauantragstellung bestehen keine Anhaltspunkte. Es ist vielmehr grundsätzlich auf den Zeitpunkt der Verwendung des Bauprodukts, also auf die Bauausführung abzustellen, wobei innerhalb einer gewissen Bandbreite pragmatisch verfahren werden kann. So genügt es etwas wenn das Bauprodukt zu Begin des Einbaus zugelassen ist. Darüber hinaus kann – für den Fall, dass die bauliche Anlage genau auf das betreffende Bauprodukt zugeschnitten ist – gegebenenfalls das Vorhandensein der baulichen Anlage ausreichend sein.*« (siehe in diesem Zusammenhang auch die Informationen zu Übergangsfristen unter § 22 Rdn. 2).

Regelmäßig kommt es in der Praxis vor, das der Inhaber einer abZ einem ausführenden Unternehmen zum Zeitpunkt des Einbaus des Bauprodukts keine gültige abZ zur Verfügung stellen kann. Begründet wird dies regelmäßig z.B. damit, dass der entsprechende Verlängerungsantrag dem DIBt vorliege aber noch nicht final erteilt sei. In diesem Falle sollte das ausführende Unternehmen die gemäß Baurecht anderen Möglichkeiten für den Nachweis der Verwendbarkeit wählen. Dies ist z.B. der Nachweis der Verwendbarkeit gemäß § 23 BauO NRW 2018. Insbesondere vor dem Hintergrund, dass die Nebenbestimmungen von abZ sich ändern können, z.B. im Rahmen der Erteilung der Verlängerung einer abZ, kann das Unternehmen nicht darauf vertrauen, dass die Aussagen des Antragstellers bzgl. der Verlängerung der abZ Bestand haben und so wie vom Antragsteller in der abZ wiederfinden. Das DIBt handelt bei der Verlängerung von abZ nach eigenem Pflichtermessen. Entsprechend gilt dies bei abG.

Kommt das DIBt im Rahmen der Antragsbearbeitung, z.B. unter Berücksichtigung der Ergebnisse der festgesetzten Prüfungen, eigener Untersuchungen und Beratungen (u.a. mit den A- und B Sachverständigenausschüssen) zu dem Schluss, dass die Verwendbarkeit im Sinne des § 18 Abs. 1 BauO NRW 2018 nicht gegeben ist, hat der Beantragende keinen Rechtsanspruch auf eine abZ (vgl. VG Karlsruhe, Urt. v. 18.02.2011 – 6 K 2561/09 Jurion Rn. 33). Das DIBt kann die Geltungsdauer von abZ auch nachträglich verkürzen, wenn Sachverhalte erkennen lassen, dass ein Bauprodukt nicht mehr sicher im Sinne des § 18 Abs, 1 BauO NRW verwendbar ist. Hierbei ist es nicht notwendig, dass neue Fakten zu Tage treten sondern es kann bereits die andere fachliche Einschätzung von bekannten Tatsachen zu einer neuen Bewertung führen, z.B. durch die zuständigen Sachverständigenausschüsse. Die zuständige Behörde kann den Vollzug dieser zeitlichen Begrenzung von abZ auch mit sofortiger Wirkung anordnen. Hiermit werden Hersteller, die ggf. gegen solche Verwaltungsmaßnahmen klagen, daran gehindert im juristischen Verfahrenszeitraum bis zu einem abschließenden rechtskräftigen Urteil, diese unsicheren Bauprodukte weiter zu verkaufen. Das öffentliche Interesse an sicheren Bauprodukten in baulichen Anlagen ist demnach höher zu bewerten als die Belange des Herstellers (siehe VGH München, Urt. v. 21.11.2006 – 14 CS.2007 juris Rn. 17). Dies gilt auch im Rahmen der Antragsprüfung der Verlängerung von abZ

Gemäß § 21 Abs. 4 Satz 4 BauO NRW 2018 i.V.m. § 75 Abs. 2 Satz 2 Hs. 1 BauO NRW 2018 können die Frist der Geltungsdauer und Inhalt einer abZ rückwirkend verlängert werden. Gemäß Allgeier/Rickenberg (Kommentar für die Bauordnung Hessen, 9. Aufl., zu § 17 Rn. 7) kann rückwirkend verlängert werden, wenn der entsprechende Antrag vor Ablauf der eigentlichen Frist beim DIBt eingegangen ist. Nach Ablauf der Frist ohne Eingang des Verlängerungsantrags bedarf es eines neuen Zulassungsbescheids, um den Nachweis der Verwendbarkeit zu erbringen. Czepuck führt hierzu aus, dass – sofern eine Verlängerung nach Ablauf der Geltungsdauer der abZ beantragt wird – die Frist der verlängerten Zulassung an die Frist an das Ende der vorherigen gültigen Frist anknüpft (in Gädtke u.a., BauO NRW, 12. Aufl., § 21 Rn. 16). Die jeweilige Verlängerung muss erneut widerruflich erfolgen.

Die abZ als Verwaltungsakt mit Allgemeinverfügung darf gemäß § 36 Abs. 1 VwVfG 2018 NRW mit Nebenbestimmungen erlassen werden, wenn sie durch

Rechtsvorschriften zugelassen werden, was mit § 21 Abs. 4 BauO NRW 2018 erfolgt. Neben der Frist und dem Widerrufsrecht, die jeweils in der abZ benannt sein müssen, können weitere Nebenbestimmungen als Auflagen sowie Vorbehalte i.S.d. § 36 Abs. 2 Nrn. 4 und 5 VwVfG NRW in dem jeweiligen Verwaltungsakt enthalten sein. Die Integration von Nebenbestimmungen, die zur Sicherstellung der gesetzlichen Vorgaben dienen sollen, liegt im pflichtgemäßen Ermessen des DIBt. Solche Nebenbestimmungen können z.B. zur Umsetzung der gesetzlichen Verpflichtungen aus den Vorgaben der § 24 Abs. 2 Satz 1 Nr. 2 oder 3 BauO NRW 2018 dienen. Die Missachtung von definierten Nebenbestimmungen des Verwaltungsakts kann, wenn der Begünstigte diese nicht oder nicht innerhalb einer ihm gesetzten Frist erfüllt hat, gemäß § 49 Abs. 2 Nr. 2 VwVfG NRW im Widerruf der abZ münden.

6 Zu Abs. 5 – Rechte Dritter bei abZ

18 Eine abZ wird unbeschadet der Rechte Dritter erteilt und soll ausschließlich die Verwendbarkeit des Bauprodukts i.S.d. § 18 Abs.1 BauO NRW 2018 im öffentlich-rechtlichen Sinne testieren. Etwaige Wettbewerbsverstöße (vgl. §§ 826, 1004 BGB sowie § 1 UWG) oder Verstöße gegen bestehende gewerbliche Schutzrechte (Namens-, Patent- und Gebrauchsmusterschutz) müssen zivilrechtlich geltend gemacht werden. Zivilrechtliche Rechte Dritte sind demnach ausdrücklich nicht Gegenstand des Verwaltungsakts und wirken durch die abZ nicht rechtsregelnd (VGH BW, Urt. v. 12.11.1993 – 3 S 1449/91 juris Rn. 37).

7 Zu Abs. 6 – Öffentliche Bekanntmachung von abZ

19 Sämtliche durch das DIBt erteilten abZ sind öffentlich bekannt zu machen. Dies erfolgt in elektronischer Form. So ist mind. jeweils ein Auszug der aktuell vorhandenen abZ (und ebenso aBG) auf der Internetseite des DIBt unter der Rubrik Service -> Zulassungsverzeichnisse und Genehmigungsverzeihnisse einzusehen, hier Inhalt und wesentlicher Gegenstand des Zulassungsbescheids (siehe https://www.dibt.de/de/service/zulassungsshop/zulassungs-und-genehmigungsverzeichnisse/, Zugriffsdatum 23.05.2019). Darüber hinaus können diese Bescheide sowie abZ, die ab dem Jahre 2000 durch das DIBt erteilt wurden über die Internetseite käuflich erworben werden. Des Weiteren können die Volltexte der Bescheide, die im Zeitraum 1968 bis 2000 resp. danach erteilt wurden, auf der Internetseite des Fraunhofer-Informationszentrums für Raum und Bau recherchiert und gekauft werden.

8 Zu Abs. 7 – Gültigkeit von abZ gemäß Baurecht anderer Länder auch in NRW

20 Die abZ (und ebenso die aBG), die nach dem jeweiligen Baurecht der anderen 15 Bundesländer erteilt wurden, gelten demnach auch im Bundesland NRW. Die restlichen Bundesländer haben in ihren Rechtsnormen entsprechende gegenseitige Anerkennungsregelungen getroffen. AbZ (und ebenso aBG) und damit der Nachweis der Verwendbarkeit des jeweiligen Bauprodukts (und ebenso der Anwendbarkeit von Bauarten) im Sinne der Bauordnung gelten somit bundesweit.

§ 22 Allgemeines bauaufsichtliches Prüfzeugnis

(1) Da Bauprodukte, die nach allgemein anerkannten Prüfverfahren beurteilt werden, bedürfen anstelle einer allgemeinen bauaufsichtlichen Zulassung nur eines allgemeinen bauaufsichtlichen Prüfzeugnisses. Dies wird mit der Angabe der maßgebenden technischen Regeln in den Technischen Baubestimmungen nach § 88 Absatz 5 bekannt gemacht.

(2) Ein allgemeines bauaufsichtliches Prüfzeugnis wird von einer Prüfstelle nach § 25 Absatz 1 Satz 1 Nummer 1 für Bauprodukte nach Absatz 1 erteilt, wenn deren Verwendbarkeit im Sinne des § 18 Absatz 1 nachgewiesen ist. § 21 Absatz 2 und Absätze 4 bis 7 gelten entsprechend. Die Anerkennungsbehörde für Stellen nach § 25 Absatz 1 Satz 1 Nummer 1 und § 87 Absatz 5 kann allgemeine bauaufsichtliche Prüfzeugnisse zurücknehmen oder widerrufen. Die §§ 48 und 49 des Verwaltungsverfahrensgesetzes für das Land Nordrhein-Westfalen in der Fassung der Bekanntmachung vom 12. November 1999 (GV. NRW. S. 602), das zuletzt durch Artikel 2 des Gesetzes vom 15. November 2016 (GV. NRW. S. 934) geändert worden ist, finden Anwendung.

	Übersicht	Rdn.
0	Änderungen gegenüber der BauO NRW 2000 und BauO NRW 2016	01
1	Allgemeines	1
2	Zu Abs. 1 – Definierte Bauprodukte bedürfen anstelle der abZ eines abP	2
3	Zu Abs. 2 Sätze 1 und 2 – Erteilung von abP durch bauaufsichtlich anerkannte Prüfstellen	4
4	Zu Abs. 2 Sätze 3 und 4 – Rücknahme oder Widerruf von abP durch Anerkennungsbehörde	10

0 Änderungen gegenüber der BauO NRW 2000 und BauO NRW 2016

In der BauO NRW 2016 sind die Bestimmungen bzgl. des Allgemein bauaufsichtlichen Prüfzeugnisses gegenüber der letztgültigen Fassung der BauO NRW 2000 redaktionell angepasst. Die Befugnisse der Anerkennungsbehörde wurden erweitert. § 22 BauO NRW 2016 ist am 28.06.2017 in Kraft getreten. 01

In der Fassung der BauO NRW 2018 sind im § 22 die Anforderungen für Allgemein bauaufsichtliche Prüfzeugnisse in geringem Maße redaktionell fortgeschrieben.

In Abs. 1 des neuen § 22 BauO NRW 2016 wird festgelegt, dass für definierte Bauprodukte anstelle einer abZ nur ein abP erforderlich ist – im Wesentlichen entsprechend der bisherigen Systematik des § 22 BauO NRW 2000. Entgegen § 22 BauO NRW 2000 sind Bauprodukte, deren Verwendung nicht der Erfüllung erheblicher Anforderungen an die Sicherheit baulicher Anlagen dienen, nicht mehr erfasst. 02

In der BauO NRW 2018 ist der entsprechende Absatz redaktionell aktualisiert. Die entsprechenden Bauprodukte sind in der VV TB NRW 01/2019 im Kapitel C 3 gelistet.

§ 22 Allgemeines bauaufsichtliches Prüfzeugnis

03 Gemäß Abs. 2 BauO NRW 2016 werden abP weiterhin durch definierte Prüfstellen erteilt. Bzgl. der verfahrensrelevanten Aspekte für den Antragsteller sowie Rechte und Pflichten der Prüfstellen gelten die Ausführungen entsprechend der abZ, d.h. § 21 Abs. 2 und Abs. 4–7. Der früher vorhandene Bezug auf § 21 Abs. 3 BauO NRW 2000 wurde gestrichen, da das DIBt nicht direkt in den regulären Antrags- und Bearbeitungsprozess für abP involviert ist.

Die Rechte der Anerkennungsbehörde, dem DIBt, wurden in Bezug auf die Rücknahmen und den Widerruf von abP ergänzt. Die Ermächtigungsgrundlage (Verwaltungsverfahrensgesetz für NRW) wurde in Bezug genommen.

In der BauO NRW 2018 ist der entsprechende Absatz redaktionell aktualisiert.

1 Allgemeines

1 Auf Grundlage des § 20 Abs. 1 BauO NRW 2018 wird der Verwendbarkeitsnachweis des allgemein bauaufsichtlichen Prüfzeugnisses autorisiert. Im § 22 BauO NRW 2018 werden verfahrensrelevante Bestimmungen zum abP konkretisiert.

Wie auch die abZ ist das abP im Sinne des VwVfG NRW ein Verwaltungsakt. Dementsprechend ist das abP eine dinglich-produktbezogene Allgemeinverfügung, die die öffentlich-rechtliche Eigenschaft einer Sache und ihre Benutzung durch die Allgemein betrifft und sich nicht nur an die Antragsteller oder zur Antragstellung Berechtigten richtet (s. auch § 21 Rdn. 1).

Das abP ist ein Verwaltungsakt, der abschließend über die bauaufsichtliche Verwendbarkeit des jeweils bewerteten Bauprodukts i.S.d. § 18 Abs. 1 BauO NRW 2018 entscheidet (und ebenso die Anwendbarkeit einer Bauart i.S.d. § 17 Abs. 1 BauO NRW 2018, die anstelle der aBG eines abP bedarf). Sie ersetzt insofern die bauaufsichtliche Prüfung, z.B. im Genehmigungsverfahren bzw. anderen bauaufsichtlichen Verfahren (s. auch § 21 Rdn. 1).

Hinweis: Im Hinblick auf den Umfang des Kommentars wird sowohl bei der Kommentierung zu Bauarten als auch bei Bauprodukten jeweils auf entsprechende Regelungen bzw. gleichermaßen zu verstehende Interpretationen verwiesen.

2 Zu Abs. 1 – Definierte Bauprodukte bedürfen anstelle der abZ eines abP

2 Definierte Bauprodukte, für die gemäß § 20 Abs. 1 BauO NRW 2018 ein Verwendbarkeitsnachweis erforderlich ist und die gemäß allgemein anerkannter Prüfverfahren beurteilt werden können, bedürfen anstelle einer abZ eines abP. Diese definierten und allgemein anerkannten Prüfverfahren zeichnen sich dadurch aus, dass sie nach allgemeiner Einschätzung der Fachkreise Ergebnisse liefern, die keiner eingehenden Prüfung bedürfen, sondern in die Bewertung eines Einzelprüfers gestellt werden können (OVG NRW, Urt. v. 19.11.2010 – 2 A 63_08 open Jur Rn. 111). Die rechtliche Wertigkeit des abP ist gegenüber der abZ nicht geringer zu betrachten und in der Bindungswirkung für die am Bau Beteiligten gleich einer abZ. Die umgangssprachliche Nutzung des Begriffs »kleine Zulassung« (für abP) suggeriert bei den am Bau

Beteiligten ggf. eine Fehlinterpretation hinsichtlich der baurechtlichen Bedeutung dieses Verwendbarkeitsnachweises.

Die entsprechenden Bauprodukte werden durch das DIBt vorgeschlagen, in einer Liste vorbereitet und im Einvernehmen der Obersten Bauaufsichten, ihrer Gremien der ARGEBAU und eingeschalteten Fachinstitutionen (z.B. des DIBt) verabschiedet (s. auch § 88 Rdn. 46 und 69 ff.).

Die Bauprodukte, die anstelle einer abZ eines abP bedürfen, sind in der VV TB NRW 01/2019 im Kapitel C 3 aufgeführt (und die Bauarten im Kapital C 4). An dieser Stelle sind auch die jeweils anerkannten Prüfverfahren und für die Bauprodukte gemäß Kapitel C 3 die Art der erforderlichen Übereinstimmungsbestätigung benannt. Dies kann entsprechend der jeweiligen bauproduktbezogenen Regelungen entweder die Übereinstimmungserklärung des Herstellers (ÜH), das Übereinstimmungszertifizierung durch eine bauaufsichtlich anerkannte Zertifizierungsstelle (ÜZ) oder die Übereinstimmungserklärung des Herstellers nach vorheriger Prüfung des Bauprodukts durch eine anerkannte Prüfstelle (ÜHP) sein. Bei Bauprodukten (und ebenso Bauarten), die eines abP anstelle einer abZ bedürfen, ist das Vorhandensein einer maßgebenden – allgemein anerkannten – Prüfnorm zwingend notwendig. Zusätzlich können in der VV TB NRW 01/2019 technische Bestimmungen benannt werden, die für die Erteilung des abP erforderlich sind, wie z.B. ergänzende Angaben zu Prüfumfang, -aufbau und -häufigkeit. Zusätzlich kann es vom DIBt definierte »Bau- und Prüfgrundsätze« für Bauprodukte geben, die durch die bauaufsichtlich anerkannten Prüfstellen im Rahmen der Erteilung von abP zu beachten sind. Bei der Erarbeitung der Prüfgrundsätze wird das DIBt u.a. von Arbeitsgruppen der spezialisierten Prüfstellen unterstützt. Diese Bau- und Prüfgrundsätze finden sich auf der Internetseite des DIBt.

Die Einstufung, ob ein Bauprodukt anstelle einer abZ eines abP bedarf, erfolgt aufgrund der produktbezogenen Einzelbewertung durch das DIBt – ggf. unter Beteiligung entsprechender Sachverständigengremien (dies gilt entsprechend für die Bauart, d.h. anstelle einer aBG ein abP). Fehlt es an einem allgemein anerkannten Prüfverfahren und kommen die zuständigen Stellen zum Ergebnis, das entsprechende Bauprodukt nicht (oder nicht mehr) in den Technischen Baubestimmungen nach § 88 Abs. 5 bekannt zu machen, hat ein Antragsteller keinen Anspruch auf einen Verwendbarkeitsnachweis gemäß § 22 Abs. 1 BauO NRW 2018. Dies gilt gleichermaßen für die Verlängerung von abP – auch sofern ein Hersteller auf Basis von früheren Prüfungen im Rahmen eines vorherigen Antragsverfahrens bereits ein abP erteilt bekommen hat. Fehlt es zu einem späteren Zeitpunkt an einem allgemein anerkannten Prüfverfahren für Bauprodukte, hat ein Antragsteller keinen Anspruch auf Verlängerung eines abP. Die jeweilige bauaufsichtlich anerkannte Prüfstelle handelt bei der Verlängerung von abP gemäß den allgemein anerkannten Prüfverfahren, und nach Richtlinien und Hinweise für Prüfstellen für die Erteilung allgemeiner bauaufsichtlicher Prüfzeugnisse. Bzgl. der Nichtverlängerung von abP und den sich hieraus ergebenden wirtschaftlichen Folgen kann sich keine andere Beurteilung ergeben, die z.B. bei langwierigen Bauvorhaben gegenständlich sein kann. Übergangsfristen für abP sehen die Landesbauordnungen insoweit nicht vor (OVG NRW, Urt. v. 19.11.2010 – 2 A 63_08 open Jur Rn. 115;

siehe bzgl. des öffentlich-rechtlich maßgeblichen Zeitpunkt der Verwendung § 21 Rdn. 14). Alternativ stehen dem Hersteller die anderen Verwendbarkeitsnachweise gem. § 20 Abs. 1 BauO NRW 2018 zur Verfügung (und ebenso für Bauarten gem. § 17 Abs. 2 BauO NRW 2018).

3 Im Zuge der Einführung der BauO NRW 2016 ist die bisherige Regelung des § 22 Abs. 1 Nr. 1 BauO NRW 2000 entfallen, die vorsah, dass Bauprodukte, deren Verwendung nicht der Erfüllung erheblicher Anforderungen an die Sicherheit baulicher Anlagen dienen, eines abP bedürfen. Der Wegfall dieser Regelung steht in kausalem Zusammenhang mit § 20 Abs. 2 Nr. 2 BauO NRW 2016, wonach Bauprodukte, die nur eine untergeordnete Bedeutung haben, keines Verwendbarkeitsnachweises bedürfen. Im Übrigen ist die jetzige Bestimmung schon seit 2012 in der MBO implementiert und wurde daher in das Landesrecht NRW gespiegelt.

3 Zu Abs. 2 Sätze 1 und 2 – Erteilung von abP durch bauaufsichtlich anerkannte Prüfstellen

4 Sofern die Bedingungen gemäß Abs. 1 gegeben sind, kann für ein Bauprodukt ein abP als Verwendbarkeitsnachweis beantragt werden (und ebenso ein Anwendbarkeitsnachweis für eine Bauart). Der Antragsteller eines Bauproduktes hat im formalen Antragsverfahrens anstelle des DIBt jeweils mit einer spezialisierten Prüfstelle zu tun. Nach vorherigem Antrag kann eine natürliche oder juristische Person oder eine Behörde als Prüfstelle anerkannt sein. Die zuständigen Prüfstellen müssen durch die Oberste Bauaufsicht bauaufsichtlich anerkannt sein. Gemäß § 12 Abs. 1 BauPAVO 2019 ist das DIBt die entsprechende Anerkennungsbehörde (zu Prüf-, Zertifizierungs- und Überwachungsstellen s. auch § 25 BauO NRW 2018). Einen umfassenden Überblick bzgl. Prüfzuständigkeiten etc. dieser bauaufsichtlich anerkannten Prüfstellen findet sich u.a. im Verzeichnis der Prüf-, Überwachungs- und Zertifizierungsstellen nach den Landesbauordnungen des DIBt, dem sogenannten »PÜZ-Verzeichnis« (im Teil III). Das PÜZ-Verzeichnis wird vom DIBt veröffentlicht und kann elektronisch auf der Internetseite heruntergeladen werden.

Hinweis (Stand 23.05.2019): Die Prüfstellen mit ihren anerkannten Zuständigkeiten sind in diesem Verzeichnis (Ausgabe 2017 vom 26.05.2017) noch nach der Systematik der – in NRW nicht mehr gültigen – ehemaligen Bauregelliste sortiert, siehe daher in diesem Verzeichnis Teil III b Abschnitt 2 (und ebenso für Bauarten Teil III c Abschnitt 2).

5 Um jeweils ein einheitliches Verfahren, sowie einen standardisierten inhaltlichen Aufbau etc. von abP der zahlreichen bauaufsichtlich anerkannten Prüfstellen zu gewährleisten, veröffentlicht das DIBt – als zuständige Anerkennungsbehörde und in Abstimmung mit den Gremien der ARGEBAU – entsprechende Richtlinien und Hinweise für Prüfstellen für die Erteilung allgemein bauaufsichtlicher Prüfzeugnisse. Diese sind auf der Internetseite des DIBt veröffentlicht. Aktuell (Stand Mai 2019) gelten seit dem 01.04.2015 die entsprechenden Richtlinien und Hinweise Fassung 2/2015 (siehe www.dibt.de -> Wir bieten -> Anerkennung/Notifizierung von Drittstellen ->

PÜZ Stellen -> Auflagen, Hinweise und Richtlinien für die Tätigkeit als PÜZ Stelle). Die Richtlinien und Hinweise des DIBt sind durch die bauaufsichtlich anerkannten Prüfstellen zu beachten.

Die für entsprechende Bauprodukte (und ebenso die Bauarten) bauaufsichtlich anerkannten Prüfstellen haben sich regelmäßig zu ihren Erfahrungen auszutauschen. Dieser Erfahrungsaustausch ist von den Prüfstellen zu organisieren und zu dokumentieren. Hiermit soll gewährleistet werden, dass die Prüfungen etc. für Antragsteller von abP einheitlich und vergleichbar ablaufen. Die Beschlüsse des jeweiligen Erfahrungsaustauschkreises sind bei der Erteilung, Änderung und Ergänzung sowie Verlängerung von abP verbindlich zu berücksichtigen (s. auch Kapitel 7 der Richtlinien für Prüfstellen für die Erteilung allgemeiner bauaufsichtlicher Prüfzeugnisse).

In den allgemein anerkannten Prüfverfahren kann die Extrapolation von Prüfergebnissen sowie die Ausweitung des Produkt- und Verwendungsbereiches ausdrücklich zugelassen sein. In diesem Falle müssen die von den bauaufsichtlich anerkannten Prüfstellen bzgl. der Extrapolation jeweils vorgesehene Verfahrensweise festgelegt, technisch begründet sein. Dies muss vorher im betreffenden Erfahrungsaustauschkreis für das jeweilige Bauprodukt (oder Bauart) einvernehmlich abgestimmt sein und dem DIBt als Beschluss übermittelt werden. Sofern die Extrapolation von Prüfergebnissen resp. die Ausweitung des Produkt- und Verwendungsbereiches gemäß der allgemein anerkannten Prüfverfahren nicht explizit statthaft ist, muss eine bauaufsichtlich anerkannte Prüfstelle im zuständigen Erfahrungsaustauschkreises auf die von ihr technisch zu vertretbaren Modifikation hinwirken. Demnach reicht es nicht aus, dass einzelne bauaufsichtlich anerkannte Prüfstellen solche Modifikationen gegenüber den allgemein anerkannten Prüfverfahren als technisch vertretbar erachteten, testieren und in ein abP aufnehmen, sondern es müssen nach herrschender Auffassung von den in diesem Gebiet tätigen sachverständigen Personen hinreichend verlässliche Aussagen vorliegen (vgl. OVG NRW, Urt. v. 19.11.2010 – 2 A 63_08 openJur Rn. 110). Bis zur Änderung der technischen Regel darf ein abP, das extrapolierte Prüfergebnisse enthält oder in anderer Weise von den allgemein anerkannten Prüfverfahren abweicht, nicht erteilt werden (siehe auch Kapitel 8 der Richtlinien für Prüfstellen für die Erteilung allgemeiner bauaufsichtlicher Prüfzeugnisse). 6

In diesem Kontext sollten die am Bau Beteiligten die verschiedenen diesbezüglichen Informationsmitteilungen des DIBt zu ergänzenden Gutachten von Verwend- und Anwendbarkeitsnachweisen beachten, u.a.: 7
– Ergänzende Gutachten zu allgemeinen bauaufsichtlichen Prüfzeugnissen (07.10.2013) (siehe https://www.dibt.de/fileadmin/dibt-website/Dokumente/Referat/P4/LBO/abP_Hinweise_ergaenzende_Gutachten.pdf, Zugriffsdatum 15.05.2019)
– Ergänzende Gutachten zu allgemeinen bauaufsichtlichen Zulassungen Prüfzeugnissen, allgemeinen Bauartgenehmigungen oder allgemeinen bauaufsichtlichen Prüfzeugnissen unzulässig! (Stand 24.08.2018) (siehe https://www.dibt.de/fileadmin/dibt-website/Dokumente/Referat/III/Brandschutz_Ergaenzende_Gutachten.pdf, Zugriffsdatum 15.05.2019)

In diesen »ergänzenden Gutachten« wird regelmäßig der Eindruck vermittelt, dass damit der Anwendungsbereich von abP erweitert sei. In den ergänzenden Gutachten finden sich Aussagen wie z.b.:
- »*die beurteilten Abweichungen von den in Bezug genommenen allgemeinen bauaufsichtlichen Prüfzeugnissen werden als nicht wesentlich eingestuft*
- *das Gutachten werde von den zuständigen Bauaufsichtsbehörden akzeptiert*
- *das Gutachten sei erforderlich, da bestimmte Regelungen in allgemeinen bauaufsichtlichen Prüfzeugnissen nicht getroffen werden könnten.*«

Gemäß Feststellung der Fachkommission Bautechnik enthalten die Bauordnungen der Länder weder eine Rechtsgrundlage dafür, allgemeine bauaufsichtliche Prüfzeugnisse auf Basis von Gutachten zu erteilen, noch dafür, diese durch ein solches zu erweitern. Daher kann auch die (ehemals) in § 22 MBO (und jetzt § 24 BauO NRW 2018) zwingend geforderte Übereinstimmungsbestätigung nur auf Basis des abP, nicht aber auf Basis von Gutachten geführt werden.

»*Wird der Anwendungsbereich eines allgemeinen bauaufsichtlichen Prüfzeugnisses verlassen, ist, falls die in Bauregelliste A Teil 2 und 3 enthaltenen Prüfverfahren dies zulassen, ein entsprechend erweitertes allgemeines bauaufsichtliches Prüfzeugnis vorzulegen. Ist dies nicht möglich, kann der erforderliche Verwendbarkeitsnachweis, falls möglich, im Rahmen einer allgemeinen bauaufsichtlichen Zulassung oder einer Zustimmung im Einzelfall geführt werden.*« [siehe Stellungnahme des DIBt »Ergänzende Gutachten zu allgemeinen bauaufsichtlichen Prüfzeugnissen (07.10.2013)«].

Weitere Informationen hierzu s. auch § 17 Rdn. 25.

8   Entsprechend einer abZ hat ein Antragsteller ein Anrecht auf ein abP, wenn das Bauprodukt im Sinne des § 18 Abs. 1 BauO NRW 2018 verwendbar ist (und ebenso für eine Bauart die Anwendbarkeit gemäß § 17 Abs. 2 BauO NRW 2018; s. auch Kommentierung zu § 21 BauO NRW 2018).

Bzgl. der erforderlichen Unterlagen des Antragsverfahrens, ggf. erforderlicher Probestücke, Geltungsdauer des abP, Widerruf, Nebenbestimmungen, Rechte Dritter, öffentlicher Bekanntmachung und dem Geltungsrecht von abP aus anderen Bundesländern wird auf § 21 Abs. 2 und 4-7 BauO NRW 2018 verwiesen. Die Prüfstelle hat der Anerkennungsbehörde mitzuteilen, wo sie die abP veröffentlicht. Siehe auch die Anmerkungen zu § 21 BauO NRW 2018 und die dazugehörigen Randnummern. Die Rechte und Pflichten im Zusammenhang mit abP obliegen der jeweiligen bauaufsichtlich anerkannten Prüfstelle.

Redaktionell angepasst und korrigiert wurde der Wegfall des Bezugs auf § 21 Abs. 3 BauO NRW 2018, wonach das DIBt für die Zulassungsprüfungen sachverständige Stellen und Ausführungsstellen vorschreiben darf. Diese Vorgabe ist nicht auf Verfahren der Erstellung von abP übertragbar, weil eine abP-Stelle nur benannt werden kann, wenn sie entsprechende Prüfungen selbst durchführt. Die aktive Einschaltung des DIBt in das Verfahren ist daher nicht relevant und konnte somit entfallen.

Im Rahmen der Prüfung der Verwendbarkeit von Bauprodukten, die anstelle einer 9
abZ eines abP brauchen, finden in der Regel entsprechende Tests der jeweiligen Probekörper statt. Die Ergebnisse dieser Tests sind üblicherweise in dazugehörigen Berichten dokumentiert, die – abhängig von der jeweiligen Prüfstelle – als Prüfzeugnisse bezeichnet werden. Diese Prüfzeugnisse sollten durch die am Bau Beteiligten nicht mit den allgemein bauaufsichtlichen Prüfzeugnissen verwechselt werden. Sie haben nicht den gleichen rechtlichen Stellenwert wie abP und dienen in der Regel als eine Grundlage für die Erstellung des vorgeschriebenen Verwendbarkeitsnachweises. Diese Prüfzeugnisse sind keine bauordnungsrechtlichen Verwendbarkeitsnachweise im Sinne des § 20 Abs. 1 BauO NRW 2018.

4 Zu Abs. 2 Sätze 3 und 4 – Rücknahme oder Widerruf von abP durch Anerkennungsbehörde

Die Rechte der Anerkennungsbehörde für entsprechende bauaufsichtlich anerkannte 10
Prüfstellen wurden durch die Aufnahme der Sätze 3 und 4 in Abs. 2 gestärkt, weil sie nunmehr gem. §§ 48 und 49 VwVfG NRW abP zurücknehmen oder widerrufen kann. In Fällen, in denen eine bauaufsichtlich anerkannte Prüfstelle ihre hoheitlich übertragenen Aufgaben bei der Erteilung, Verlängerung, Änderung etc. von abP nicht ordnungsgemäß erfüllt hatte, konnte die Anerkennungsbehörde der relevanten Prüfstelle bisher zwar ihre Anerkennung entziehen bzw. als milderes Mittel fachaufsichtliche Weisungen erteilen, ein direkter Eingriff bzgl. des erteilten Verwaltungsaktes bestand jedoch nicht. Ein Weisungsrecht im Einzelfall war damit nicht verbunden (OVG NRW, Urt. v. 19.11.2010 – 2 A 63_08 openJur Rn. 117). Nunmehr hat die Anerkennungsbehörde ein direktes Durchgriffsrecht, z.B. wenn die Prüfstelle die Richtlinien und Hinweise für Prüfstellen für die Erteilung allgemeiner bauaufsichtlicher Prüfzeugnisse nicht beachtet (s. § 22 Rdn. 5). *»Das Recht der Ersatzvornahme, das als weiteres Instrument der Fachaufsicht in Fällen erforderlich ist, in denen sich die Prüfstelle den Weisungen widersetzt, steht ihr dagegen nicht zu.«* (s. auch Begründung RegE BauO NRW 2016, Drucks. 16/12119 v. 31.05.2016).

§ 23 Nachweis der Verwendbarkeit von Bauprodukten im Einzelfall

(1) Mit Zustimmung der obersten Bauaufsichtsbehörde dürfen unter den Voraussetzungen des § 20 Absatz 1 im Einzelfall Bauprodukte verwendet werden, wenn ihre Verwendbarkeit im Sinne des § 18 Absatz 1 nachgewiesen ist. Wenn Gefahren im Sinne des § 3 Absatz 1 Satz 1 nicht zu erwarten sind, kann die oberste Bauaufsichtsbehörde im Einzelfall erklären, dass ihre Zustimmung nicht erforderlich ist.

(2) Die Zustimmung für Bauprodukte nach Absatz 1, die in Baudenkmälern nach § 2 Absatz 2 des Denkmalschutzgesetzes vom 11. März 1980 (GV. NRW. S. 226, ber. S. 716), das zuletzt durch Artikel 5 des Gesetzes vom 15. November 2016 (GV. NRW. S. 934) geändert worden ist, verwendet werden, erteilt die untere Bauaufsicht.

§ 23 Nachweis der Verwendbarkeit von Bauprodukten im Einzelfall

Übersicht	**Rdn.**
0 Änderungen gegenüber der BauO NRW 2000 und BauO NRW 2016.	01
1 Allgemeines.	1
2 Zu Abs. 1 Satz 1 – Zustimmung im Einzelfall.	2
3 Zu Abs. 1 Satz 2 – Erklärung des Entfalls einer Zustimmung im Einzelfall	6
4 Zu Abs. 2 – Zustimmung im Einzelfall in Baudenkmälern.	7

0 Änderungen gegenüber der BauO NRW 2000 und BauO NRW 2016

01 § 23 BauO NRW 2016 wurde gegenüber der letztgültigen BauO NRW 2000 entsprechend den Anpassungen der MBO 2016 geändert. Die Änderungen stehen im Zusammenhang mit dem neu gefassten Recht bzgl. Bauprodukten. Sie sind somit eine Auswirkung des Urteils des EuGH vom 16.10.2014 (Rs. C-100/13), siehe hierzu auch § 18 Rdn. 1. Der § 23 BauO NRW 2016 trat am 28.06.2017 in Kraft. Er stellt die baurechtliche Ermächtigungsgrundlage für den Erlass von Verwendbarkeitsnachweisen von nationalen Bauprodukten im Einzelfall dar.

In der Fassung der BauO NRW 2018 sind im § 23 die Anforderungen für den Nachweis der Verwendbarkeit von Bauprodukten in geringem Maße redaktionell fortgeschrieben.

02 In Abs. 1 des neuen § 23 BauO NRW 2016 wird festgelegt, dass das unter definierten Voraussetzungen im Einzelfall ein Verwendbarkeitsnachweis für ein Bauprodukt durch die Oberste Bauaufsichtsbehörde erteilt werden kann – entsprechend der bisherigen prinzipiellen Systematik des § 23 BauO NRW 2000. Wichtige Neuerung ist u.a. die Streichung der bisherigen Nummern 1 und 2, die sich auf EU-Rechtsakte bezogen. Des Weiteren wurden redaktionelle Änderungen vorgenommen.

In der BauO NRW 2018 ist der entsprechende Abs. 1 gegenüber der Fassung BauO NRW 2016 lediglich redaktionell aktualisiert.

03 In Abs. 2 des neuen § 23 BauO NRW 2016 ist weiterhin die bisherige Sonderregelung enthalten, dass in Baudenkmälern im Einzelfall ein Verwendbarkeitsnachweis für ein Bauprodukt durch die Untere Bauaufsichtsbehörde erteilt werden kann – wie in der BauO NRW 2000.

In der BauO NRW 2018 ist der entsprechende Absatz 2 gegenüber der Fassung BauO NRW 2016 ebenfalls redaktionell aktualisiert.

1 Allgemeines

1 Auf Grundlage des § 20 Abs. 1 BauO NRW 2018 wird der Verwendbarkeitsnachweis von Bauprodukten im Einzelfall autorisiert. Im § 23 BauO NRW 2018 werden jedoch – im Unterschied zu §§ 21 und 22 BauO NRW 2018 – keine detaillierten verfahrensrelevanten Bestimmungen zur ZiE konkretisiert (dies gilt ebenso für eine vorhabenbezogene Bauartgenehmigung gemäß § 17 Abs. 2 BauO NRW 2018). Lediglich die Zuständigkeiten der Antragserteilung werden bestimmt. Insofern gelten für diesen Verwaltungsakt die Bestimmungen des VwVfG NRW.

Eine Zustimmung im Einzelfall (ZiE; und ebenso eine vBG) bezieht sich grundsätzlich auf ein bestimmtes Bauprodukt (resp. Bauart), dass in ein konkretes Bauvorhaben eingebaut und dort verwendet wird. Sie ist also im Gegensatz zu einer abZ oder einem abP örtlich gebunden und es handelt sich damit nicht um eine Allgemeinverfügung im Sinne des VwVfG NRW. Aufgrund der Systematik des individuellen, örtlich und bauproduktbezogenen Verwendbarkeitsnachweises ist die fachliche Vorbereitung, Prüfung und Erteilung einer ZiE (und vBG) sowie der Einbau und Betrieb etc. auch für den individuellen Einzelfall öffentlich-rechtlich nichtsdestotrotz genauso sorgsam zu behandeln wie bei allgemein gültigen Verwendbarkeitsnachweisen (bzw. allgemein gültigen Anwendbarkeitsnachweisen). Dies auch vor dem Hintergrund, dass nach der konkreten Ausführung die behördliche Entscheidung nicht ohne Zerstörung revidiert werden kann. Die Befristung oder der Widerrufsvorbehalt für eine ZiE (und vBG) sind unter Berücksichtigung der oben genannten Gründe daher im Gegensatz zu den Allgemeinverfügungen (abZ resp. abG) nicht möglich und kommen als Nebenbestimmung nicht in Betracht.

Eine ZiE kann auch für eine eindeutig bestimmte Anzahl mehrerer gleicher Bauprodukte (ebenso die vBG für Bauarten) mit gleicher Verwendung (resp. Anwendung bei Bauarten) in einer baulichen Anlage gültig sein. Hierbei ist wichtig, dass die im Antrag auf die ZiE (ebenso einer vBG) definierten Bedingungen des Bauprodukts identisch resp. im Antrag differenziert und eindeutig nachvollziehbar beschrieben sind, wie z.B. Umgebungsbauteile, Anschlüsse, Abmessungen etc. Darüber hinaus sollte ein zeitlicher Zusammenhang zwischen Antrag, Erteilung der ZiE (ebenso einer vBG) und Einbau gegeben sein. Dies insbesondere vor dem Hintergrund, dass sich in der Zukunft bzgl. der Verwendung eines Bauprodukts (resp. der Anwendung einer Bauart) mit Nachweis im Einzelfall im Sinne des § 18 Abs. 1 ggf. andere fachliche Bewertungen durch die Oberste Bauaufsichtsbehörde ergeben können (s. hierzu auch § 21 Rdn. 5).

Der Beantragende hat einen Rechtsanspruch auf die positive Erteilung einer ZiE (und ebenso einer vBG), sofern die Voraussetzungen im Sinne der Verwendbarkeit § 18 Abs. 1 BauO NRW 2018 gegeben sind (bzw. bei Bauarten die Anwendbarkeit gemäß § 17 Abs. 1 BauO NRW 2019).

Hinweis: Im Hinblick auf den Umfang des Kommentars wird sowohl bei der Kommentierung zu Bauarten als auch bei Bauprodukten jeweils auf entsprechende Regelungen bzw. gleichermaßen zu verstehende Interpretationen verwiesen.

2 Zu Abs. 1 Satz 1 – Zustimmung im Einzelfall

Die baurechtliche Möglichkeit nationale Bauprodukte mit Zustimmung der Obersten Bauaufsichtsbehörde im Einzelfall zu gebrauchen, sofern deren Verwendbarkeit im Sinne des § 18 Abs. 1 BauO NRW 2018 gegeben ist, bleibt auch im Zuge des neuen Baurechts 2018 weiterhin bestehen.

Die ZiE kann anstelle einer abZ oder eines abP erteilt werden und ist ein rechtlich gleichwertiger Verwendbarkeitsnachweis. In der Praxis des Planens und Bauens ist sie häufig relevant, z.B. wenn die Übereinstimmung zu den Vorgaben eines allgemein gültigen Verwendbarkeitsnachweises aufgrund von wesentlichen Abweichungen nicht mehr erklärt werden kann (siehe hierzu auch § 24 Rdn. 4). Insofern ist dann zu analysieren und nachzuweisen, dass die Verwendbarkeit i.S.d. § 18 Abs. 1 BauO NRW 2018 für den konkreten Einzelfall vorhanden ist, z.b. aufgrund von anderen baulichen, technischen und/oder organisatorischen Maßnahmen. Es muss sich hierbei nicht zwingend um zusätzliche Maßnahmen handeln, sondern kann auch aufgrund der besonderen und konkreten Einbausituation in der baulichen Anlage und den dort vorhandenen Bedingungen, der technischen Infrastruktur etc. begründet sein. Zum Begriff und Umgang mit wesentlichen Abweichungen siehe u.a. auch § 20 Rdn. 6. Neben den baurechtlichen Instrumentarien materielle Abweichungen gem. § 63 BauO NRW 2018 (resp. Erleichterungen § 51 BauO NRW 2018 für Sonderbauten) oder Abweichungen von Technischen Baubestimmungen (gem. § 88 BauO NRW 2018) zu legalisieren, bietet die ZiE den am Bau Beteiligten dieses in der Praxis wichtige Rechtsmittel für nationale Bauprodukte (wenn sie in den Geltungsbereich des § 20 Abs. 1 BauO NRW 2018 fallen).

Die ZiE wird in NRW durch die Oberste Bauaufsicht erteilt. Auf der Internetseite des MHKBG NRW befindet sich ein Merkblatt für den Antrag auf Erteilung einer Zustimmung im Einzelfall (und für vorhabenbezogene Bauartgenehmigungen gemäß § 17 Abs. 2 BauO NRW 2018).

Der Antrag auf ZiE kann durch jede natürliche oder juristische Person formlos an das Ministerium für Heimat, Kommunales, Bau und Gleichstellung des Landes NRW, Abteilung 6 »Bauen«, Jürgensplatz 1 in 40210 Düsseldorf gerichtet werden. Grundsätzlich bietet sich vor dem Hintergrund der baurechtlichen Verpflichtung der Bauherrschaft gem. § 53 Abs. 1 Satz 3 BauO NRW 2018 resp. des ausführenden Unternehmens gem. § 55 Abs. 1 Satz 2 BauO NRW 2018 an, dass einer dieser beiden am Bau Beteiligten den Antrag bei der zuständigen Behörde einreicht. Weitere Informationen zur Vorbereitungen des Antrags auf eine ZiE siehe unter § 17 Rdn. 14.

3 Der Antragsteller trägt das Risiko, dass der Nachweis der Verwendbarkeit i.S.d. § 18 Abs. 1 BauO NRW 2018 ggf. nicht positiv gelingt. Insofern ist es gem. § 55 BauO NRW 2018 von besonderer Bedeutung für das ausführende Unternehmen, dass die positive ZiE vor dem Einbau des relevanten Bauproduktes auf der Baustelle vorliegt, da es für die erforderlichen Nachweisdokumente auf der Baustelle verantwortlich ist. Ein Unternehmen, das entsprechende Bauprodukte ohne Verwendbarkeitsnachweis und lediglich mit der Vermutung ihrer Verwendbarkeit einbaut, d.h. ohne abschließend vorliegende ZiE, handelt demnach ordnungswidrig im Sinne des § 86 Abs. 1 Nr. 5 BauO NRW 2018.

4 Wird die Vorlage eines gültigen Verwendbarkeitsnachweises für ein Bauprodukt i.S.d. § 20 Abs. 1 BauO NRW 2018 erst im Bestand und damit nach dem Einbau öffentlich-rechtlich relevant, kann sich der Bauherr für ein Bauprodukt ohne Vorlage des erforderlichen Verwendbarkeitsnachweises nicht auf Geltendmachung des Bestandsschutzes berufen, da schon alleine die formelle Legalität nicht belegt werden kann. Die

öffentlich-rechtliche Beweislast für die Verwendbarkeit des Bauprodukts im Einzelfall liegt schlussendlich beim Bauherrn, z.b. sofern kein Zugriff auf das Unternehmen, das das Bauprodukt eingebaut hat, mehr besteht.

Losgelöst von ggf. schuldhaften Versäumnissen der am Bau Beteiligten, die während der Anordnung, Errichtung, Änderung des jeweiligen Bauprodukts ohne Verwendbarkeitsnachweis stattgefunden haben, kann faktisch auch nachträglich die Verwendbarkeit i.S.d § 18 Abs. 1 BauO NRW 2018 nachgewiesen und die Verwendung somit legalisiert werden. Hierzu bedarf es fachlicher Analysen, sodass materiell die Voraussetzungen für den Bestandsschutz belegt sind. Die hierfür erforderlichen Untersuchungen, Bewertungen etc. sind im Bestand in gleichem Maße durchzuführen wie bei einer rechtzeitigen Antragsvorbereitung für eine ZiE. Zumeist sind sie dann aufwändiger, weil z.B. ggf. zerstörende und orientierende Vergleichsprüfungen erforderlich sind. Sofern die materielle Verwendbarkeit für das Bauprodukt im Bestand nachgewiesen werden kann, muss das formelle Antragsverfahren für eine ZiE ausgelöst werden. Inwieweit und ob die zuständige Oberste Bauaufsicht den Antrag auf ZiE im Nachhinein erteilt, hängt vom Ergebnis ihrer Prüfung ab.

Die bisherigen Regelungen bzgl. der Bestimmungen für ZiE, die sich auf EU-Rechtsakte beziehen, sind ersatzlos entfallen (d.h. ehemalige Nr. 1 und 2 des § 23 Abs. 1 BauO NRW 2000). Sie wurden mit Einführung der BauO NRW 2016 an die neue Rechtslage angepasst, die sich aufgrund der Einführung der vollständigen Gültigkeit der BauPVO in 2011 ergeben haben. Nach § 20 Satz 1 Nr. 1 BauO NRW 2000 durften mit Zustimmung der Obersten Bauaufsichtsbehörde im Einzelfall Bauprodukte, die ausschließlich nach dem Bauproduktengesetz in Verkehr gebracht und gehandelt werden durften, dessen Anforderungen jedoch nicht erfüllen, verwendet werden, wenn ihre Verwendbarkeit im Sinne des § 3 Abs. 2 nachgewiesen war. Im Zuge der Einführung der BauPVO 2011 wurde die BauPR ersetzt (siehe Art. 65 Abs. 1 BauPVO). Als europäische Verordnung galt die BauPVO unmittelbar und es bedurfte keiner Umsetzung ins nationale Recht. Die entsprechenden Transformationsvorschriften des Bauproduktengesetzes sind somit nicht mehr relevant, insofern geht auch ihre Inbezugnahme in § 20 Satz 1 Nr. 1 BauO NRW 2000 ins Leere. Gemäß Urteil des EuGH vom 16.10.2014 in der Rechtssache C-100/13 entzieht sich eine diesbezügliche Regelungsbefugnis darüber hinaus dem nationalen Gesetzgeber (s. auch Begründung RegE BauO NRW 2016, Drucks. 16/12119 v. 31.05.2016).

Das bedeutet, dass die am Bau Beteiligten für ein europäisches Bauprodukt, welches die CE-Kennzeichnung aufgrund der BauPVO trägt, öffentlich-rechtlich keinen Anspruch auf eine ZiE haben. Dies ist insofern bei nicht leistungserklärungskonformer Ausführung eines europäischen Bauprodukts in einer baulichen Anlage von entscheidender Bedeutung, da ein diesbezüglicher formeller Nachweis gemäß nationalem Recht nicht vorhanden ist. Die materielle Bewertung und formelle Erklärung bzgl. der vom Hersteller des europäischen Bauprodukts erklärten Leistung ist insofern vom jeweiligen Hersteller zu testieren (siehe hierzu auch § 17 Rdn. 24 und § 19 Rdn. 20).

§ 24 Übereinstimmungsbestätigung und -erklärung, Zertifizierung

3 Zu Abs. 1 Satz 2 – Erklärung des Entfalls einer Zustimmung im Einzelfall

6 Entsprechend der bisherigen Bestimmungen der BauO NRW 2000 kann die Oberste Bauaufsichtsbehörde im Einzelfall erklären, dass ihre Zustimmung nicht erforderlich ist, weil Gefahren im Sinne des § 3 Abs. 1 Satz 1 BauO NRW 2018 nicht zu erwarten sind. Das Ergebnis dieser Feststellung bedarf einer technischen und formellen Prüfung durch die Oberste Bauaufsichtsbehörde. Es liegt in ihrem Ermessen, ob sie diese Erklärung abgibt. Angesichts der Tragweite der Entscheidung ist es für die am Bau Beteiligten von Bedeutung, die Einschätzung der Obersten Bauaufsichtsbehörde schriftlich dokumentiert zu erhalten. Dies ist insbesondere für das Unternehmen, welches das Bauprodukt verwendet, von Relevanz, da es den Nachweis der verwendeten Bauprodukte führen muss. Mit Einführung der BauO NRW 2018 ist diese schriftliche Bestätigung gleichermaßen für die Bauherrschaft wichtig (§ 55 Abs. 1 Sätze 3 und 4 BauO NRW 2018, Vorhaltung von An- und Verwendbarkeitsnachweisen).

4 Zu Abs. 2 – Zustimmung im Einzelfall in Baudenkmälern

7 Begründung RegE BauO NRW 2016 (Drucks. 16/12119 v. 31.05.2016):

> *»Die Vorschrift übernimmt die bisherige Sonderregelung für die Verwendung von Bauprodukten in Baudenkmälern und bestimmt für diese Fälle die untere Bauaufsichtsbehörde als zuständige Stelle. Die Übertragung der Zuständigkeit dorthin erfolgte, um die Berücksichtigung denkmalpflegerischer Aspekte bei der Verwendung von einzusetzenden Bauprodukten zu erleichtern. Dies bedeutet im Umkehrschluss jedoch nicht, dass eine Verwendbarkeit nicht auch im Sinne des § 18 Abs. 1 vollumfänglich zu prüfen ist. Die Tatsache, dass die Verwendbarkeit nur für eine Verwendung in einem konkreten Einzelfall zu beurteilen ist, kann auch in einem Denkmal nicht dazu führen, dass die Voraussetzungen gemäß § 18 Abs. 1 abgemildert werden könnten und ein deutlich abweichender Prüfumfang geregelt wird.«*

8 Weitere Informationen enthält die Kommentierung zu § 17 Abs. 2 Satz 2 Rdn. 15 ff.

§ 24 Übereinstimmungsbestätigung und -erklärung, Zertifizierung

(1) Bauprodukte bedürfen einer Bestätigung ihrer Übereinstimmung mit den Technischen Baubestimmungen nach § 88 Absatz 2, den allgemeinen bauaufsichtlichen Zulassungen, den allgemeinen bauaufsichtlichen Prüfzeugnissen oder den Zustimmungen im Einzelfall. Als Übereinstimmung gilt auch eine Abweichung, die nicht wesentlich ist.

(2) Die Bestätigung der Übereinstimmung erfolgt durch Übereinstimmungserklärung des Herstellers nach folgenden Maßgaben:
1. Der Hersteller darf eine Übereinstimmungserklärung nur abgeben, wenn er durch werkseigene Produktionskontrolle sichergestellt hat, dass das von ihm hergestellte Bauprodukt den maßgebenden technischen Regeln, der allgemeinen bauaufsichtlichen Zulassung, dem allgemeinen bauaufsichtlichen Prüfzeugnis oder der Zustimmung im Einzelfall entspricht.

2. In den Technischen Baubestimmungen nach § 88, in den allgemeinen bauaufsichtlichen Zulassungen, in den allgemeinen bauaufsichtlichen Prüfzeugnissen oder in den Zustimmungen im Einzelfall kann eine Prüfung der Bauprodukte durch eine Prüfstelle vor Abgabe der Übereinstimmungserklärung vorgeschrieben werden, wenn dies zur Sicherung einer ordnungsgemäßen Herstellung erforderlich ist. In diesen Fällen hat die Prüfstelle das Bauprodukt daraufhin zu überprüfen, ob es den maßgebenden technischen Regeln, der allgemeinen bauaufsichtlichen Zulassung, dem allgemeinen bauaufsichtlichen Prüfzeugnis oder der Zustimmung im Einzelfall entspricht.

3. In den Technischen Baubestimmungen nach § 88, in den allgemeinen bauaufsichtlichen Zulassungen oder in den Zustimmungen im Einzelfall kann eine Zertifizierung vor Abgabe der Übereinstimmungserklärung vorgeschrieben werden, wenn dies zum Nachweis einer ordnungsgemäßen Herstellung eines Bauprodukts erforderlich ist. Die oberste Bauaufsichtsbehörde kann im Einzelfall die Verwendung von Bauprodukten ohne Zertifizierung gestatten, wenn nachgewiesen ist, dass diese Bauprodukte den technischen Regeln, Zulassungen, Prüfzeugnissen oder Zustimmungen nach Nummer 1 entsprechen.

Bauprodukte, die nicht in Serie hergestellt werden, bedürfen nur einer Übereinstimmungserklärung nach Nummer 1, sofern nichts anderes bestimmt ist.

(3) Dem Hersteller ist ein Übereinstimmungszertifikat von einer Zertifizierungsstelle nach § 25 Absatz 1 Satz 1 Nummer 3 zu erteilen, wenn das Bauprodukt
1. den Technischen Baubestimmungen nach § 88 Absatz 2, der allgemeinen bauaufsichtlichen Zulassung, dem allgemeinen bauaufsichtlichen Prüfzeugnis oder der Zustimmung im Einzelfall entspricht und
2. einer werkseigenen Produktionskontrolle sowie einer Fremdüberwachung nach Maßgabe des Satzes 2 unterliegt.

Die Fremdüberwachung ist von Überwachungsstellen nach § 25 Absatz 1 Satz 1 Nummer 4 durchzuführen. Die Fremdüberwachung hat regelmäßig zu überprüfen, ob das Bauprodukt den Technischen Baubestimmungen nach § 88 Absatz 2, der allgemeinen bauaufsichtlichen Zulassung, dem allgemeinen bauaufsichtlichen Prüfzeugnis oder der Zustimmung im Einzelfall entspricht.

(4) Die Übereinstimmungserklärung hat der Hersteller durch Kennzeichnung der Bauprodukte mit dem Übereinstimmungszeichen (Ü-Zeichen) unter Hinweis auf den Verwendungszweck abzugeben.

(5) Das Ü-Zeichen ist auf dem Bauprodukt, auf einem Beipackzettel oder auf seiner Verpackung oder, wenn dies Schwierigkeiten bereitet, auf dem Lieferschein oder auf einer Anlage zum Lieferschein anzubringen.

(6) Ü-Zeichen aus anderen Ländern und aus anderen Staaten gelten auch im Land Nordrhein-Westfalen.

§ 24 Übereinstimmungsbestätigung und -erklärung, Zertifizierung

Übersicht	Rdn.
0 Änderungen gegenüber der BauO NRW 2000 und BauO NRW 2016.	01
1 Allgemeines.	1
2 Zu Abs. 1 Satz 1 – Bestätigung der Übereinstimmung von Bauprodukten mit baurechtlichen Vorgaben.	3
3 Zu Abs. 1 Satz 2 – Nicht wesentliche Abweichung gilt als Übereinstimmung	4
4 Zu Abs. 2 Satz 1 Nr. 1 – Übereinstimmungserklärung durch Hersteller (ÜH). . . .	5
5 Zu Abs. 2 Satz 1 Nr. 2 – Übereinstimmungserklärung durch Hersteller nach vorheriger Prüfung durch bauaufsichtlich anerkannte Prüfstelle (ÜHP)	6
6 Zu Abs. 2 Satz 1 Nr. 3 – Übereinstimmungserklärung durch Hersteller nach vorheriger Zertifizierung durch bauaufsichtlich anerkannte Zertifizierungsstelle (ÜZ)	7
7 Zu Abs. 2 Satz 2 – Übereinstimmungserklärung für nicht in Serie hergestellte Bauprodukte (ÜH).	9
8 Zu Abs. 3 Satz 1 – Übereinstimmungszertifikat von bauaufsichtlich anerkannten Zertifizierungsstellen	12
9 Zu Abs. 3 Sätze 2 und 3 – Fremdüberwachung durch bauaufsichtlich anerkannte Überwachungsstellen	13
10 Zu Abs. 4 – Kennzeichnung mittels Übereinstimmungszeichen (Ü-Zeichen).	14
11 Zu Abs. 5 – Anbringung des Ü-Zeichens	15
12 Zu Abs. 6 – Gültigkeit des Ü-Zeichens aus anderen Bundesländern und Staaten . .	16

0 Änderungen gegenüber der BauO NRW 2000 und BauO NRW 2016

01 In der BauO NRW 2016 sind die Bestimmungen bzgl. der Sachverhalte Übereinstimmungsbestätigung, -erklärung und Zertifizierung gegenüber der letztgültigen Fassung der BauO NRW 2000 nicht mehr in den drei eigenen Paragraphen §§ 25–27 im Gesetz behandelt sondern nunmehr in einem Paragraphen zusammengefasst. Des Weiteren wurden die Bestimmungen redaktionell fortgeschrieben und an die neue Systematik des Baurechts angepasst. Der Begriff des Übereinstimmungsnachweises gemäß alter Fassung entfällt und wird ersetzt durch die Übereinstimmungserklärung ersetzt. Die prinzipielle Systematik der Erklärung der Konformität eines Bauprodukts zu den rechtlichen Vorgaben bleibt somit erhalten.

Die Regelungen wurden erstmals implementiert in der BauO NRW 2016. Der jetzige § 24 trat am 28.06.2017 in Kraft.

In der Fassung der BauO NRW 2018 sind im § 24 die Anforderungen für den Nachweis der Verwendbarkeit von Bauprodukten in geringem Maße redaktionell fortgeschrieben.

02 In Abs. 1 des neuen § 24 BauO NRW 2016 gehen die Regelungen des ehemaligen § 25 Abs. 1 BauO NRW 2000 auf, demnach definierte Bauprodukte der Bestätigung ihrer Übereinstimmung zu den entsprechenden Vorgaben mittels Übereinstimmungserklärung durch den Hersteller bedürfen. Die Bestätigung der Übereinstimmung bedürfen Bauprodukte mit den Technischen Baubestimmungen nach § 87 Abs. 2 BauO NRW 2016, abZ, abP und ZiE. Unverändert gelten Abweichungen, die nicht wesentlich sind, als Übereinstimmung.

In der BauO NRW 2018 ist der § 24 Abs. 1 lediglich redaktionell angepasst und im Übrigen unverändert zur BauO NRW 2016.

Im Abs. 2 BauO NRW 2016 werden die Maßgaben für die Übereinstimmungserklärung des Herstellers definiert. Unverändert ist das Erfordernis einer Übereinstimmungserklärung durch den Hersteller des jeweiligen Bauprodukts. Hierbei werden, wie auch in der BauO NRW 2000, drei prinzipielle Fälle unterschieden und deren Voraussetzungen definiert. 03

In der BauO NRW 2018 ist der § 24 Abs. 2 lediglich redaktionell angepasst und im Übrigen unverändert zur BauO NRW 2016.

Im Abs. 3 BauO NRW 2016 gehen die Bestimmungen des früheren § 27 BauO NRW 2000 auf und bleiben in der Systematik insofern unverändert. Demzufolge ist unter definierten Voraussetzungen das gemäß § 24 Abs. 2 Nr. 3 BauO NRW 2016 erforderliche Zertifikat durch eine Zertifizierungsstelle zu erteilen. Nähere Regelungen zu den Zertifizierungsstellen finden sich in § 25 BauO NRW 2016. Des Weiteren muss regelmäßig eine Fremdüberwachung durch die Zertifizierungsstelle erfolgen, die die Übereinstimmung des Bauprodukts zu den Technischen Baubestimmungen oder den Verwendbarkeitsnachweisen kontrolliert. 04

In der BauO NRW 2018 ist der § 24 Abs. 3 lediglich redaktionell angepasst und im Übrigen unverändert zur BauO NRW 2016.

Wie bisher auch ist die Übereinstimmungserklärung des Herstellers mittels Übereinstimmungszeichen (Ü-Zeichen) auf dem jeweiligen Bauprodukt zu kennzeichnen. Der Verwendungszweck ist anzugeben. Die prinzipiellen Anforderungen gemäß des ehemaligen § 25 Abs. 4 BauO NRW 2000 sind nunmehr im § 24 Abs. 4 BauO NRW 2016 beschrieben. 05

§ 24 Abs. 4 in der BauO NRW 2018 ist unverändert zur BauO NRW 2016.

Gegenüber dem § 25 Abs. 5 BauO NRW 2000 wird nun unverändert gleicher Sachverhalt im § 24 Abs. 5 BauO NRW 2016 geregelt, dass das Ü-Zeichen entweder auf dem Bauprodukt oder anderen definierten Positionen angebracht sein muss. 06

§ 24 Abs. 5 in der BauO NRW 2018 ist unverändert zur BauO NRW 2016.

Im Abs. 6 wird die Gültigkeit von Ü-Zeichen aus anderen Ländern und anderen Staaten auch weiterhin im Land NRW anerkannt. Die Regelungen des ehemaligen § 25 Abs. 6 BauO NRW 2000 sind im Abs. 6 aufgegangen. 07

§ 24 Abs. 6 in der BauO NRW 2018 ist unverändert zur BauO NRW 2016.

1 Allgemeines

Zur Gewährleistung der öffentlich-rechtlichen Vorgaben, die sich aus den »Soll«-Anforderungen für die Verwendung von nationalen Bauprodukten ergeben, ist mit den Regelungen zur Übereinstimmungserklärung durch Hersteller von definierten Bauprodukten, eine weitere – zweite – qualitätssichernde Maßnahme durch den Gesetzgeber definiert worden. 1

In der ersten Stufe gibt der Gesetzgeber die »Soll«-Anforderungen an die Verwendung von Bauprodukten (und ebenso Bauarten) im Sinne des § 18 Abs. 1 und 2 BauO NRW 2018 in Verbindung mit §§ 3, 19–23 BauO NRW 2018 abstrakt vor.

Darüber hinaus legt er den Rahmen und die Bezugsquellen fest, welche nationalen Bauprodukte keines öffentlich-rechtlichen Verwendbarkeitsnachweises bedürfen (siehe u. a. § 20 Abs. 2 und 3 BauO NRW 2018). Diese Bauprodukte benötigen somit auch keine Übereinstimmungserklärung.

In der zweiten qualitätssichernden Stufe, die im § 24 BauO NRW 2018 verankert ist, fordert er für definierte Bauprodukte die jeweilige »Ist«-Bestätigung der Übereinstimmung zur »Soll«-Vorgabe. Diese Bestätigung der Übereinstimmung ist durch eine Übereinstimmungserklärung des Herstellers zu erbringen. Dies betrifft Bauprodukte,
– die in den Technischen Baubestimmungen gemäß § 88 Abs. 2 BauO NRW 2018 in Bezug genommen werden und
– die einer abZ, eines abP oder einer ZiE bedürfen.

Im Umkehrschluss bedürfen folgende Bauprodukte öffentlich-rechtlich keiner Übereinstimmungserklärung durch den Hersteller:
– Bauprodukte für die es allgemein anerkannte Regeln der Technik gibt, die nicht in den Technischen Baubestimmungen bekannt gemacht worden sind (§ 3 Abs. 2 Satz 1 BauO NRW 2018),
– Bauprodukte, die aufgrund der Regelungen der Technischen Baubestimmungen explizit keines Verwendbarkeitsnachweises bedürfen und in den Technischen Baubestimmungen entsprechend bekannt gemacht worden sind (§ 20 Abs. 3 BauO NRW 2018),
– Bauprodukte, die zur Erfüllung des Gesetzes oder aufgrund dieses Gesetzes erlassenen Vorschriften eine untergeordnete Bedeutung haben (§ 20 Abs. 2 Nr. 2 BauO NRW 2018),
– Bauprodukte, die die CE-Kennzeichnung aufgrund der BauPVO tragen (§ 19 BauO NRW 2018),
– Bauprodukte, die den Anforderungen des EWR-Abkommens entsprechen und das nationale Schutzniveau gemäß § 3 Abs. 1 Satz 1 dauerhaft erreichen (§ 18 Abs. 2 BauO NRW 2018).

2 In Bezug auf die Übereinstimmungserklärung werden, wie auch in der BauO NRW 2000, drei prinzipielle Fälle unterschieden und deren Voraussetzungen definiert.

Nummer 1:

Die Regelungen des § 26 Abs. 1 BauO NRW 2000 werden hier fortgeführt. Demnach darf ein Hersteller eine Übereinstimmungserklärung zu den maßgebenden Verwendbarkeitsnachweisen oder den technischen Regeln nur abgeben, wenn er durch werkseigene Produktionskontrolle sicherstellt, dass das hergestellte Bauprodukt diesen Vorgaben entspricht. Dies ist die Übereinstimmungserklärung (ÜH) – ehemals Übereinstimmungsnachweis (ÜH).

Nummer 2:

In den baurechtlichen Vorgaben kann definiert werden, dass eine Prüfung der Bauprodukte durch eine bauaufsichtlich anerkannte Prüfstelle vor Abgabe der Übereinstimmungserklärung durch den Hersteller erfolgen muss. Dies ist die Übereinstimmungserklärung nach vorheriger Prüfung durch eine Prüfstelle (ÜHP). Die Regelungen des § 24 Abs. 2 Nr. 2 BauO NRW 2016 waren in der BauO NRW 2000 im § 26 Abs. 2 beschrieben und werden entsprechend fortgeführt.

Nummer 3:

Für definierte Bauprodukte kann in den Technischen Baubestimmungen oder den Verwendbarkeitsnachweisen vor Abgabe der Übereinstimmungserklärung des Herstellers eine Zertifizierung gefordert werden. Sie dient als Voraussetzung für die Übereinstimmungserklärung (= ÜZ: Übereinstimmungserklärung nach vorheriger Zertifizierung durch eine bauaufsichtlich anerkannte Zertifizierungsstelle). Die Regelungen des § 24 Abs. 2 Nr. 3 BauO NRW 2016 waren in der BauO NRW 2000 im § 25 Abs. 2 in Verbindung mit § 27 BauO NRW 2000 beschrieben und werden entsprechend fortgeführt. Die bisher vorhandene Befugnis der Obersten Bauaufsicht unter definierten Voraussetzungen auf die Vorgabe einer Zertifizierung zu verzichten bleibt bestehen. Gleiches gilt für nicht in Serie hergestellte Bauprodukte, die dann nur einer ÜH bedürfen.

Die Verpflichtung und Verantwortung für die Abgabe der Übereinstimmungserklärung liegen beim jeweiligen Hersteller – auch wenn er vorher eine bauaufsichtlich anerkannte Prüf- oder Zertifizierungsstellen einschalten muss. Sie resultieren direkt aus den gesetzlichen Vorgaben, wie z.B. der BauO NRW sowie der VV TB NRW 01/2019. Maßgebend ist dabei die öffentlich-rechtlich geforderte Art der Bestätigung, auch wenn unter Umständen in der relevanten technischen Regel etwas anderes vorgesehen sein kann. Insofern handelt es sich nicht um ein gesetzlich festgelegtes Verwaltungsverfahren, wie z.B. bei der Erteilung einer abZ.

Durch das Verfahren der Übereinstimmungserklärung sollen u.a. den am Bau Beteiligten die vorherigen qualitätssichernden Maßnahmen (der Stufen eins und zwei) mittels Kennzeichnung des jeweiligen Bauprodukts mit einem Ü-Zeichen durch den Hersteller gezeigt werden. Verwenden die am Bau Beteiligten in ihrem Wirkungskreis das jeweilige Bauprodukt dann ihrerseits entsprechend der Vorgaben, ist ein geschlossener Regelkreis für die Bauprodukte vorhanden: D.h. baurechtliche Vorgaben durch den Gesetzgeber, konforme Herstellung inkl. Übereinstimmungserklärung und Kennzeichnung durch Hersteller und die Verwendung des Bauprodukts in der baulichen Anlage durch die am Bau Beteiligten. Ergänzt wird der beschriebene Regelkreis durch die weiteren qualitätssichernden Maßnahmen, wie Bauüberwachung (durch Bauleiter) und ggf. Prüfungen zur ersten Inbetriebnahme und wiederkehrende Prüfungen. Mit diesem mehrstufigen System und den verschiedenen Beteiligten hat der Gesetzgeber den Rahmen dafür geschaffen, dass nationale Bauprodukte sicher verwendet werden.

§ 24 Übereinstimmungsbestätigung und -erklärung, Zertifizierung

2 Zu Abs. 1 Satz 1 – Bestätigung der Übereinstimmung von Bauprodukten mit baurechtlichen Vorgaben

3 Um zu gewährleisten, dass ein Bauprodukt den entsprechenden Vorgaben der Technischen Baubestimmungen gem. § 88 Abs. 2 BauO NRW 2018, einer abZ, einem abP oder einer ZiE entspricht, bedarf es der Bestätigung der Übereinstimmung. Gemäß Abs. 1 unterliegen diese entsprechend definierten Bauprodukte diesem Verfahren. Alle übrigen Bauprodukte bedürfen öffentlich-rechtlich keiner Übereinstimmungserklärung. Hersteller dürfen an die jeweiligen Bauprodukte demnach auch kein Ü-Zeichen gem. § 24 Abs. 4 BauO NRW 2018 anbringen.

Der bisher in der BauO NRW 2000 verwendete Begriff des »Übereinstimmungsnachweises« wird in der BauO NRW 2018 durch die »Übereinstimmungsbestätigung« ersetzt. Der Gesetzgeber beabsichtigt damit eine klarere terminologische Abtrennung zum Begriff des »Verwendbarkeitsnachweises«. Konsequenterweise sind sämtliche Querverweise im Gesetz und in den auf Grundlage des Gesetzes erlassenen Vorschriften angepasst, z.B. der VV TB NRW 01/2019 sowie der BauPAVO NRW 2019. Weitere Einzelheiten zur Form und den Verfahren der jeweiligen Übereinstimmungsbestätigung sind in den Abs. 2–6 konkretisiert. Abhängig von der Einschätzung des Gesetzgebers kann eins der drei Verfahren maßgeblich sein.

3 Zu Abs. 1 Satz 2 – Nicht wesentliche Abweichung gilt als Übereinstimmung

4 In der Praxis des Planens, Bauens und des Betriebs ergeben sich zwischen den Vorgaben der Technischen Baubestimmungen nach § 88 Abs. 2 Nr. 3 BauO NRW 2018 oder den Verwendbarkeitsnachweisen (abz, abP, ZiE) regelmäßig Abweichungen. Allgemein hat der Gesetzgeber hierzu festgelegt, dass *nicht wesentliche Abweichungen* weiterhin als Übereinstimmung zu den jeweiligen Vorgaben gelten. Der Rechtsbegriff der »nicht wesentlichen« Abweichung bleibt jedoch im Gesetz sowie den Begründungen zur BauO NRW in den Fassungen 2016 und 2018 unbestimmt. Die fachliche und technische Auslegung der öffentlich-rechtlichen Begünstigung obliegt dem jeweiligen Hersteller des Bauprodukts (sowie der von ihm ggf. eingeschalteten bauaufsichtlich anerkannten Prüf- und/oder Überwachungsstellen), da gem. § 24 Abs. 2 BauO NRW 2018 die Übereinstimmungserklärung durch ihn erfolgen muss.

Hersteller von Bauprodukten sind im Hinblick auf die Fragestellung »*wesentlich oder nicht wesentlich*« in der Praxis unterschiedlichen Fallkonstellationen ausgesetzt, z.B.:
a) Abweichungen, die im eigenen Wirkungs- und Verantwortungsbereich entstanden sind.
b) Abweichungen, die im fremden Wirkungs- und Verantwortungsbereich entstanden sind.

Der unbestimmte Rechtsbegriff des Grads der *nicht wesentlichen Abweichung* lässt sich nicht allgemeingültig vordefinieren. Die technische Einschätzung und Bewertung hängt jeweils vom individuellen Einzelfall, vom Bauprodukt, den baulichen Bedingungen (Umfassungsbauteile etc.), der gebäudetechnischen Infrastruktur usw. ab. Gleichwohl sind im Zuge der Bewertung allgemein gültig Aspekte zu benennen, die

Einfluss auf eine gesicherte Einschätzung des Grad einer Abweichung haben (siehe hierzu auch § 17 Abs. 5 Rdn. 23 ff.).

Zu a):

Zu Abweichungen im eigenen Wirkungs- und Verantwortungsbereich des Herstellers kann es z.b. während der Produktion, der Lagerung oder der Lieferung der jeweiligen Bauprodukte kommen. Diese können sich aus Modifikationen der Produktionsanlagen, der Eingangs- und Ausgangsprodukte von Produktionszwischenschritten, veränderten Lagerbedingungen usw. ergeben.

Gemäß BGH (Urt. v. 20.10.2005 – I ZR 10/03) und OLG Düsseldorf (14.07.2009 – I-20 U 46/01) liegt eine wesentliche Abweichung (zu einer abZ) demnach bei in Serie hergestellten Bauprodukten dann nicht zwingend vor, wenn im Zuge einer Stichprobe unrepräsentativ genommene einzelne Probestücke in Bezug zu den Sollvorgaben gesetzt werden. Vielmehr ist eine definierte Anzahl von Probestücke zu untersuchen und zu bewerten, um belastbare Quantilwerte sowie Durchschnittswerte zu erhalten und so zu einer Bewertung des langfristigen Qualitätsniveau zu gelangen, im relevanten Fall z.B. mind. 200 Proben. Darüber hinaus ist die Probenahme auch nach den jeweils definierten Probenentnahmeverfahren zu gewinnen, sie muss z.B. in einem systematischen Verfahren genommen werden, das den die Eigenschaften des Produktes bestimmenden Umständen Rechnung trägt. Dies können u.a. die Produktionsanlagen sowie Eingangs- und Ausgangsprodukte sein. Entsprechend der Entscheidungsgründe lassen sich repräsentative Werte nur durch im Rahmen der kombinierten Eigen- und Fremdüberwachung gewonnene und systematisch gezogene Proben erzielen.

Bei Über- oder Unterschreitung von Höchst- bzw. Mindestwerten ist bzgl. der Bewertung der Messergebnisse u.a. die Messgenauigkeit, exakte Auf- bzw. Abrundungen von Messergebnissen, sowie entsprechende Mittelwertbildung zu berücksichtigen.

Abweichungen im Produktionsprozess muss der Hersteller im Zuge der werkseigenen Qualitätskontrolle seiner Bauprodukte erkennen und in Bezug auf den Grad der Abweichung zu den Sollvorgaben bewerten. Entsprechend gilt dies für den Fall, dass gem. § 24 Abs. 2 Nr. 2 BauO NRW 2018 die öffentlich-rechtlich definierten Aufgaben einer bauaufsichtlich anerkannten Prüfstelle oder gem. § 24 Abs.2 Nr. 2 BauO NRW 2018 einer bauaufsichtlich anerkannten Zertifizierungsstelle der Übereinstimmungserklärung durch den Hersteller voran gestellt werden. Diesen öffentlich-rechtlich geforderten qualitätssichernden Maßnahmen wird der Hersteller im eigenen Interesse nachkommen, da er hierzu gesetzlich verpflichtet ist.

Zu b):

Zu Abweichungen im fremden Wirkungs- und Verantwortungsbereich kommt es regelmäßig im Rahmen der Planung, Errichtung und während des Betriebs von Bauprodukten. Diese Modifikationen sind üblicherweise in erster Linie durch den jeweiligen Verwender des Bauprodukts zu verantworten, d.h. z.B. den Entwurfsverfasser, den eingesetzten Fachplanern, dem ausführenden Unternehmen, der Bauherrschaft oder dem von ihr eingesetzten Betreiber usw. Die Abweichungen zu den Sollvorgaben

§ 24 Übereinstimmungsbestätigung und -erklärung, Zertifizierung

[Technischen Baubestimmungen nach § 88 Abs. 2 BauO NRW 2018 oder den Verwendbarkeitsnachweisen (abZ, abP, ZiE)] können hierbei vielfältiger Natur sein, z.B. in Bezug auf eine andere als die definierte Verwendung, veränderte Abmessungen des Bauprodukts, nicht definierte Anschlüssen des Bauprodukts an angrenzende Bauteile, direkte Veränderungen am Bauprodukt. In diesen Fällen wird der Hersteller des Bauprodukts konsultiert um den Grad der Abweichung in Bezug auf § 24 Abs. 1 Satz 2 und die Übereinstimmung fachlich und technisch zu bewerten.

Modifikationen, die in Bezug auf die Verwendbarkeit i.S.d. § 18 Abs. 1 BauO NRW 2018 unerheblich sind resp. nur geringfügige Auswirkungen haben, sind dementsprechend akzeptabel. Hierbei ist es zulässig, die Frage, ob eine Abweichung wesentlich ist, danach zu beantworten, ob die Abweichung zu einer Beeinträchtigung der Bauwerkssicherheit führt (vgl. OLG Düsseldorf, 14.07.2009 – I-20 U 46/01 juris Rn. 28). Hat der Hersteller des Bauprodukts hinsichtlich des Grads der Abweichung und der Übereinstimmung zu den Sollvorgaben Zweifel oder ist die Verwendbarkeit i.S.d. § 18 Abs. 1 BauO NRW 2018 nicht nachgewiesen, darf er keine Übereinstimmung erklären. Diesbezüglich kann – in einem gesonderten Verfahren – der Nachweis der Verwendbarkeit im Einzelfall gemäß § 23 BauO NRW 2018 durch die am Bau Beteiligten aktiviert werden.

In Bezug auf die Auslegung und Bewertung des Grads einer Abweichung zu den Soll-Vorgaben, ggf. zusätzlich zu konsultierenden sachverständigen Stellen, der Einschätzung eines abweichenden Bauprodukts in einem Bauwerk s. u.a. auch die Ausführungen zu § 17 Rdn. 23 ff., § 20 Rdn. 6 und § 24 Rdn. 4 ff.).

4 Zu Abs. 2 Satz 1 Nr. 1 – Übereinstimmungserklärung durch Hersteller (ÜH)

5 Absatz 2 definiert, dass die Bestätigung der Übereinstimmung zu den Sollvorgaben [Technischen Baubestimmungen nach § 88 Abs. 2 BauO NRW 2018 oder den Verwendbarkeitsnachweisen (abZ, abP, ZiE)] immer durch den Hersteller des Bauprodukts erfolgt. Für die Übereinstimmungserklärung des Herstellers kommen drei Verfahren in Betracht, die im Abs. 2 Nummern 1–3 näher erläutert sind. Das jeweilige Verfahren ergibt sich aus den Bestimmungen der Sollvorgaben und kann nicht nach eigenem Ermessen durch den Hersteller frei gewählt werden. Für Bauprodukte, die in den Geltungsbereich der Technischen Baubestimmungen fallen, ist die jeweils erforderliche Art der Übereinstimmungserklärung dort bestimmt, z.B. in den Kapitel C 2 und C 3 jeweils Spalte 4 und entsprechende Erläuterungen in den dazugehörigen Anlagen (siehe hierzu auch Beispiele in Abb. 88.11 zu § 88 BauO NRW 2018). Im Übrigen ist die Art der Übereinstimmungserklärung gemäß dieses Verfahrens (ÜH) im jeweiligen Verwendbarkeitsnachweis (abZ, abP, ZiE) festgelegt.

In Nummer 1 legt der Gesetzgeber fest, dass der Hersteller die Konformität zu den Sollvorgaben durch die werkseigene Produktionskontrolle (WPK) verifiziert und vor der Abgabe der Übereinstimmungserklärung sicherstellt. Die WPK besteht dabei aus der kontinuierlichen Kontrolle der Bauprodukte, die eine Erstprüfung des Bauprodukts zu den Sollvorgaben impliziert. In der VV TB NRW 01/2019 sind die Anforderungen bzgl. der werkseigenen Produktionskontrolle baurechtlich konkretisiert.

Demnach ist »*die werkseigene Produktionskontrolle (...) die vom Hersteller vorzunehmende kontinuierliche Überwachung der Produktion, die sicherstellen soll, dass die von ihm hergestellten Bauprodukte den maßgebenden technischen Regeln entsprechen. Sie erfolgt nach DIN 18200:2000-05, Abschnitt 3. Im Übrigen sind für die werkseigene Produktionskontrolle die in den technischen Regeln enthaltenen Bestimmungen maßgebend. Dabei gelten Bestimmungen für die Eigenüberwachung als Bestimmungen für die werkseigene Produktionskontrolle.*« Es sei darauf hingewiesen, dass die in der VV TB NRW 01/2019 in Bezug genommene Norm bzgl. des *Übereinstimmungsnachweis für Bauprodukte – Werkseigene Produktionskontrolle, Fremdüberwachung und Zertifizierung* zurückgezogen wurde und seit September 2018 als DIN 18200:2018-09 vorliegt. Losgelöst von der Tatsache das sie im Titel noch Bezug auf den nicht mehr maßgeblichen baurechtlichen Begriff des Übereinstimmungsnachweises nimmt, definiert die DIN 18200:2018-09 u.a. den Anwendungsbereich, Begriffe und beschreibt die Elemente der Nachweisführung für die WPK weiterhin im Abschnitt 3. Für die WPK werden die Anforderungen, Maßnahmen bei Nichterfüllung der Anforderungen sowie Aufzeichnung und Dokumentation beschrieben. Organisation, Umfang, Intensität, Intervalle der WPK etc. sind demnach für das relevante Bauprodukt jeweils in den maßgeblichen Sollvorgaben näher beschrieben. Von der WPK sind alle Maßnahmen umfasst, die sicherstellen, dass das jeweilige Bauprodukt die festgelegten Eigenschaften aufweist.

5 Zu Abs. 2 Satz 1 Nr. 2 – Übereinstimmungserklärung durch Hersteller nach vorheriger Prüfung durch bauaufsichtlich anerkannte Prüfstelle (ÜHP)

Die nächsthöhere Stufe der öffentlich-rechtlich vorgeschriebenen Qualitätskontrolle ist die Prüfung des jeweiligen Bauproduktes zu den definierten Sollvorgaben [Technischen Baubestimmungen nach § 88 Abs. 2 BauO NRW 2018 oder den Verwendbarkeitsnachweisen (abz, abP, ZiE)] durch eine bauaufsichtlich anerkannte Prüfstelle. Diese Prüfstellen werden als sogenannte ÜHP-Stellen bezeichnet. Einen umfassenden Überblick bzgl. Prüfzuständigkeiten etc. dieser ÜHP-Stellen findet sich u.a. im Verzeichnis der Prüf-, Überwachungs- und Zertifizierungsstellen nach den Landesbauordnungen des DIBt dem sogenannten »PÜZ-Verzeichnis«, das vom DIBt veröffentlicht wird und aktuell (Stand Mai 2019) in der Ausgabe 2017 vom 26.05.2017 vorliegt.

Hinweis: Die ÜHP-Stellen mit ihren anerkannten Zuständigkeiten sind in diesem Verzeichnis noch nach der Systematik der – in NRW nicht mehr gültigen – ehemaligen Bauregelliste sortiert, siehe daher in diesem Verzeichnis Teile I und II.

Zu den wichtigsten Voraussetzungen der ÜHP-Stellen zählen Unparteilichkeit, ausreichende technische Kompetenz und Erfahrung sowie geeignete Räumlichkeiten und technische Ausrüstung. Die Anerkennungsbehörde für die ÜHP-Stellen ist das DIBt. Die Anforderungen an ÜHP-Stellen sind in Teil 5 der BauPAVO NRW 2019 geregelt.

Die Prüfung des Bauprodukts durch eine ÜHP-Stelle muss vor Abgabe der Übereinstimmungserklärung durch den Hersteller erfolgen. Die ÜHP-Stelle wird vom Hersteller direkt und im Rahmen eines privatrechtlichen Vertrags zur Durchführung der öffentlich-rechtlich geforderten Prüftätigkeiten beauftragt. Da gegenüber dem oben

§ 24   Übereinstimmungsbestätigung und -erklärung, Zertifizierung

beschriebenen Verfahren nach Nummer 1, d.h. der WPK, zusätzlich ein höherer Aufwand und damit Kosten für Hersteller von diesen Bauprodukten verbunden sind, bedarf es dieses Verfahrens gemäß Nummer 2 nur, wenn der Gesetzgeber dies öffentlich-rechtlich gefordert hat. Dies kann der Fall sein, wenn er dies zur Gewährleistung einer ordnungsgemäßen Herstellung als erforderlich erachtet. Hierbei wird durch die ÜHP-Stelle nicht der eigentliche Herstellungsprozess während der Produktion überwacht, sondern das erstmals gefertigte Bauprodukt – der Prototyp. Entspricht dieser den Sollvorgaben, kann dem Hersteller die weitere WPK eigenverantwortlich überlassen werden (im Gegensatz zum Verfahren nach Nr. 3). Die Konkretisierung dieser Anforderung erfolgt für Bauprodukte, die in den Geltungsbereich der Technischen Baubestimmungen fallen, u. a. in der VV TB NRW 01/2019 in den Kapitel C 2 und C 3 jeweils in Spalte 4 und den dazugehörigen Erläuterungen der in Bezug genommenen Anlagen (s. hierzu auch Beispiele in Abb. 88.14 zu § 88 BauO NRW 2018). Im Übrigen ist die Art der Übereinstimmungserklärung gemäß dieses Verfahrens (ÜHP) im jeweiligen Verwendbarkeitsnachweis (abZ, abP, ZiE) festgelegt.

Um jeweils ein einheitliches Prüfverfahren sowie eine standardisierte inhaltliche Dokumentation der zahlreichen bauaufsichtlich anerkannten ÜHP-Stellen zu gewährleisten, veröffentlicht das DIBt – als zuständige Anerkennungsbehörde und in Abstimmung mit den Gremien der ARGEBAU – entsprechende Auflagen zum Bescheid und Hinweise für die Tätigkeit von PÜZ-Stellen, die auf der Internetseite des DIBt veröffentlicht sind. Aktuell (Stand Mai 2019) gelten die entsprechenden Auflagen zum Bescheid und Hinweise Fassung 01/2013 (siehe www.dibt.de -> Wir bieten -> Anerkennung/Notifizierung von Drittstellen -> PÜZ Stellen -> Auflagen, Hinweise und Richtlinien für die Tätigkeit als PÜZ Stelle, dort Punkt 1: Auflagen und Hinweise für anerkannte Prüfstellen). Die Auflagen und Hinweise des DIBt sind durch die ÜHP-Stellen zu beachten. Die für entsprechende Bauprodukte bauaufsichtlich anerkannten ÜHP-Stellen haben sich regelmäßig zu ihren Erfahrungen auszutauschen. Dieser Erfahrungsaustausch ist von den Prüfstellen gemeinsam zu organisieren.

Darüber hinaus sind in der VV TB NRW 01/2019 die Anforderungen bzgl. der Prüfungen baurechtlich konkretisiert. Demnach hat auch dieses Verfahren gem. DIN 18200:2000-05 zu erfolgen, hier Abschnitte 4.1 und 4.3. Zur Gültigkeit der DIN 18200 siehe auch Rdn. 5. Daneben sind die für die Prüfung des Bauprodukts die in den jeweiligen technischen Regeln enthaltenen Bestimmungen maßgebend.

Kommt die ÜHP-Stelle zu dem Ergebnis, dass das jeweilige Bauprodukt mit den technischen Regeln, der allgemeinen bauaufsichtlichen Zulassung, dem allgemeinen bauaufsichtlichen Prüfzeugnis oder der Zustimmung im Einzelfall übereinstimmt, bestätigt sie dies in einem schriftlichen Prüfbericht. Der Bericht muss einen Hinweis an den Hersteller beinhalten, dass bei wesentlichen Änderungen der technischen Regel, der abZ, des abP, der ZiE oder der Produktionsbedingungen eine erneute Prüfung des Bauprodukts vor der weiteren Bestätigung der Übereinstimmung notwendig sein kann. Der jeweilige Bericht ist dem Hersteller des Bauprodukts zu übermitteln. Für den Hersteller hat der Bericht besondere Bedeutung, da er in der Beweispflicht der rechtmäßigen Übereinstimmungserklärung ist.

6 Zu Abs. 2 Satz 1 Nr. 3 – Übereinstimmungserklärung durch Hersteller nach vorheriger Zertifizierung durch bauaufsichtlich anerkannte Zertifizierungsstelle (ÜZ)

Gemäß Nummer 3 kann der Gesetzgeber zum Nachweis einer ordnungsmäßen Herstellung für definierte Bauprodukte vor der Abgabe der Übereinstimmungserklärung des Herstellers die Zertifizierung dieses Produktionsprozesses fordern. *»Der Begriff »Zertifizierung« wurde anstelle des Begriffes »Übereinstimmungszertifikat« gewählt, weil diese nicht mehr selbst der Bestätigung der Übereinstimmung dient, sondern nur noch Voraussetzung der Übereinstimmungserklärung durch den Hersteller ist. Der Hersteller erklärt dann durch die Anbringung des Übereinstimmungszeichens nach Abs. 4 nicht lediglich, dass ihm ein Zertifikat erteilt worden ist, sondern dass das Produkt mit den technischen Regeln etc. übereinstimmt. Damit wird die Verantwortung des Herstellers für die Sicherstellung der Übereinstimmung betont.«* (siehe Begründung RegE BauO NRW 2016, Drucks. 16/12119 v. 31.05.2016). Wie auch bei den vorher beschriebenen Verfahren zur Übereinstimmungserklärung durch den Hersteller legt der Gesetzgeber die qualitätssichernde Maßnahme einer Zertifizierung in den Technischen Baubestimmungen nach § 88 BauO NRW 2018, dem abZ oder der ZiE fest. Die Konkretisierung dieser Anforderung erfolgt für Bauprodukte, die in den Geltungsbereich der Technischen Baubestimmungen fallen, u. a. in der VV TB NRW 01/2019 im Kapitel C 2 in Spalte 4 und den dazugehörigen Erläuterungen der in Bezug genommenen Anlagen (siehe hierzu auch Beispiel in Abb. 88.16 zu § 88 BauO NRW 2018). Für Bauprodukte, die anstelle einer abZ eines abP bedürfen, ist die Anforderung an eine Zertifizierung in der VV TB NRW 01/2019 konkretisiert, siehe dort Kapitel C 3 Spalte 4. Gemäß VV TB NRW 01/2019 ist die öffentlich-rechtlich geforderte Art des Nachweises entscheidend, auch wenn ggf. in der relevanten technischen Regel etwas anderes bestimmt sein kann. Eine in einer technischen Regel geforderte Fremdüberwachung ist daher öffentlich-rechtlich nicht zu beachten, wenn in Kapitel C 2 und C 3 in der Spalte 4 kein Übereinstimmungszertifikat vorgeschrieben ist.

Im Unterschied zum Verfahren Nr. 2 ist bei der Zertifizierung nach Nr. 3 nicht nur der Prototyp des Bauprodukts durch eine unabhängige bauaufsichtliche anerkannte Stelle zu kontrollieren, sondern auch der Herstellungsprozess. Der Aufwand und die Kosten für den Hersteller solcher Bauprodukte sind somit höher als bei den beiden vorherigen Verfahren. Mit dieser gesetzlich geforderten – besonderen – qualitätssichernden Maßnahmen will der Gesetzgeber herstellerseitig die Voraussetzungen im Sinne des § 18 Abs. 1 sicherstellen. In Kombination mit den Anforderungen gemäß § 18 Abs. 4 BauO NRW 2018 kann diese Qualitätssicherungskette auf den Einbau, Transport und die Instandhaltung ausgedehnt werden. Dementsprechend trifft die gesetzliche Bestimmung nach § 24 Abs. 2 Nr. 3 nur auf Bauprodukte zu, die für die Sicherheit der baulichen Anlagen besondere Bedeutung haben (z.B. wegen ihrer besonderen Eigenschaften oder des besonderen Verwendungszwecks) oder bei denen die Herstellung besondere Herausforderungen stellt und damit höherer Anforderungen bedürfen. Bauprodukte, die ohne Schwierigkeiten in gleichbleibenden Verfahren etc. hergestellt werden können und die in einer baulichen Anlage besondere sicherheitsrelevante Anforderungen können demnach auch gemäß der Verfahren Nr. 1 oder

§ 24   Übereinstimmungsbestätigung und -erklärung, Zertifizierung

Nr. 2 hergestellt werden. Im § 24 Abs. 3 BauO NRW 2018 werden das Verfahren, die Zuständigkeiten etc. für die Zertifizierung vor Abgabe der Übereinstimmungserklärung spezifiziert.

8   Wie bisher auch kann die Oberste Bauaufsichtsbehörde im Einzelfall eine Ausnahme eines Zertifizierungszertifikats (und somit der Zertifzierung) vor der Übereinstimmungserklärung des Herstellers für Bauprodukte gestatten. Es handelt sich somit um eine individuelle Entscheidung im Sinne eines Verwaltungsakts, die im Ermessen der Obersten Bauaufsichtsbehörde liegt. Der Hersteller des relevanten Bauprodukts muss diese Ermessensentscheidung vor der Produktion des Bauprodukts herbeiführen, die sich entsprechend ausschließlich auf den Wegfall der Zertifizierung beziehen kann. Hierzu muss der Hersteller für den Einzelfall nachweisen, dass das jeweilige Bauprodukt den Sollvorgaben entspricht. Art und Umfang des entsprechenden Nachweises sind im Gesetz nicht weiter detailliert. Daher sollten Hersteller, die diese gesetzliche Erleichterung aktivieren wollen, frühzeitig Kontakt mit der Obersten Bauaufsichtsbehörde suchen. Es ist davon auszugehen, dass entsprechend dem Verfahren für eine Zustimmung der Verwendbarkeit von Bauprodukten im Einzelfall von der Obersten Bauaufsichtsbehörde zur Prüfung des Sachverhalts im Sinne des § 24 Abs. 1 BauO NRW 2018 umfängliche Nachweise und Unterlagen gefordert werden (siehe hierzu auch § 23 Rdn. 2).

7 Zu Abs. 2 Satz 2 – Übereinstimmungserklärung für nicht in Serie hergestellte Bauprodukte (ÜH)

9   § 24 Abs. 2 Satz 2 BauO NRW 2018 gestattet für Bauprodukte, die nicht in Serie hergestellt werden, dass sie nur einer Übereinstimmungserklärung nach § 24 Abs. 1 BauO NRW 2018 bedürfen (ÜH), sofern nichts besonderes bestimmt ist (siehe § 24 Abs. 2 Rdn. 11).

Der letzte Satz in Abs. 2 übernimmt redaktionell angepasst die Bestimmung des früheren § 25 Abs. 2 Satz 3 BauO NRW 2000 für Nichtserienprodukte. Mit der Sonderregel für nicht in Serie hergestellte Bauprodukte fordert der Gesetzgeber vom Hersteller gleichwohl mindestens die Maßnahmen der werkseigenen Produktionskontrolle umzusetzen (s. § 24 Abs. 2 Rdn. 5). Durch diese Vorgabe wird vom Gesetzgeber sichergestellt, dass ein Mindestmaß an Qualitätskontrolle bzgl. dieser Bauprodukten gemäß der öffentlich-rechtlichen Anforderungen vor der Verwendung erfüllt ist.

Für Hersteller, die Bauprodukte gemäß Verfahren Nr. 2 oder 3 vorwiegend in Serie produzieren und nur in der Ausnahme in Einzelanfertigungen aktiv sind, ist dies eine Erleichterung. Unternehmen, die hingegen nur in der Ausnahme als Hersteller eines Bauprodukts agieren, d.h. nicht in der Serienproduktion tätig sind, müssen die Systematik der WPK implementieren um die Übereinstimmungserklärung (ÜH) abgeben zu können. Da es sich überwiegend um sehr spezialisierte Hersteller handelt, z.B. auch kleinere Handwerksbetriebe, ist von ihnen – vor Auftragsannahme – die Umsetzung des öffentlich-rechtlich geforderten Verfahrens der Übereinstimmungsbestätigung, der Kennzeichnung mit Ü-Zeichen unter Hinweis des Verwendungszwecks zu prüfen.

Die Vorrausetzung ab wann ein Bauprodukt als in Serie hergestellt gilt, ist im Gesetz öffentlich-rechtlich nicht näher spezifiziert. Im Allgemeinen versteht man unter Serienproduktion, in diesem Fall Serienbauprodukteproduktion, die Erzeugung von gleichzeitig oder unmittelbar aufeinander folgend hergestellten gleichartigen Produkten. D.h. ein Produktionstyp mit einer hohen – gleichwohl ggf. limitierten – Zahl von Wiederholungen. Hiervon zu differenzieren sind die nicht in Serie produzierten Bauprodukte als Einzelfertigung, bei der üblicherweise nur eine Einheit gleichzeitig hergestellt wird. Kein Bauprodukt gleicht völlig oder annährend dem anderen. Die Einzelanfertigung eines Bauprodukts wird hierbei überwiegend in Auftrag und für ein definiertes Bauvorhaben gefertigt, wie z.B. ein denkmalgeschütztes Gebäude. Es stellt in der Regel somit ein Unikat dar. Hierbei ist es unerheblich, ob die Fertigung auf traditionelle Weise, in einer der Erhaltung des kulturellen Erbes angemessenen Weise, in einem nicht industriellen oder innovativen Verfahren erfolgt. 10

Wie oben erläutert gestattet § 24 Abs. 2 Satz 2 BauO NRW 2018 für Bauprodukte, die nicht in Serie hergestellt werden, dass sie nur einer Übereinstimmungserklärung (ÜH) bedürfen, sofern nichts besonderes bestimmt ist. 11

Die Konkretisierung dieser besonderen Bestimmungen erfolgt für Bauprodukte, die in den Geltungsbereich der Technischen Baubestimmungen fallen, in der VV TB NRW 01/2019 u.a. im Kapitel C 2 in Spalte 4 und den dazugehörigen Erläuterungen der in Bezug genommenen Anlagen. Dort kann auch für nicht in Serie hergestellte Produkte z.B. das Verfahren gem. § 24 Abs. 2 Nr. 3 BauO NRW 2018 gefordert werden. Für diese Bauprodukte ist dann vor der Abgabe der Übereinstimmungserklärung durch den Hersteller eine Zertifizierung gemäß § 24 Abs. 2 Nr. 3 erforderlich (d.h. ÜZ-Verfahren). Siehe hierzu auch das Beispiel in Abb. 88.17 zu § 88 BauO NRW 2018.

8 Zu Abs. 3 Satz 1 – Übereinstimmungszertifikat von bauaufsichtlich anerkannten Zertifizierungsstellen

In Absatz 3 werden die Bedingungen bzgl. der Erteilung eines Übereinstimmungszertifikats, welches das Ergebnis der Zertifizierung gemäß § 24 Abs. 2 Nr. 3 BauO NRW 2018 darstellt, konkretisiert. Ein Hersteller von einem Bauprodukt hat rechtlich einen Anspruch auf ein Übereinstimmungszertifikat, wenn die gesetzlich definierten Voraussetzungen sowie die in den Auflagen und Hinweise für die Tätigkeit von PÜZ-Stellen formulierten Voraussetzungen erfüllt sind. 12

Um jeweils ein einheitliches Zertifizierungsverfahren sowie eine standardisierte inhaltliche Dokumentation der zahlreichen bauaufsichtlich anerkannten ÜZ-Stellen zu gewährleisten veröffentlicht das DIBt – als zuständige Anerkennungsbehörde und in Abstimmung mit den Gremien der ARGEBAU – entsprechende Auflagen zum Bescheid und Hinweise für die Tätigkeit von PÜZ-Stellen, die auf der Internetseite des DIBt veröffentlicht sind. Aktuell (Stand Mai 2019) gelten die entsprechenden Auflagen zum Bescheid und Hinweise Fassung 01/2013 (siehe www.dibt.de -> Wir bieten -> Anerkennung/Notifizierung von Drittstellen -> PÜZ Stellen -> Auflagen, Hinweise und Richtlinien für die Tätigkeit als PÜZ Stelle, dort Punkt 2: Auflagen und Hinweise

§ 24 Übereinstimmungsbestätigung und -erklärung, Zertifizierung

für Zertifizierungsstellen). Die Auflagen und Hinweise des DIBt sind durch die ÜZ-Stellen zu beachten.

Hierbei sind mehrere Bedingungen für die Zertifizierung maßgeblich.
1. Die Zertifizierung inkl. der Ausstellung des Übereinstimmungszertifikats muss durch eine bauaufsichtlich anerkannte Zertifizierungsstelle durchgeführt werden (siehe hierzu auch § 25). Hierbei kann bzw. muss sie sich mehrerer Partner bedienen, deren Prüfungsergebnisse sie zusammenführt und fachlich bewertet.
2. Die Zertifizierungsstelle nimmt ihre Tätigkeit für einen Hersteller erst dann auf, wenn dieser sich ihr gegenüber zu definierten Aspekten verpflichtet hat, (siehe im Übrigen auch Hinweise für die Tätigkeit von Zertifizierungsstellen Fassung 01/2013):
    a. »*auf Anfrage Prüf-, Überwachungs- und Konstruktionspläne oder vergleichbare Unterlagen sowie Informationen über Produkteigenschaften und -zusammensetzungen, das Herstellungsverfahren, wesentliche Teile der fertigungsbezogenen Werkseinrichtung und das maßgebende Fachpersonal*
    b. *das erteilte Übereinstimmungszertifikat bei Beendigung der Zertifizierungstätigkeit oder einer Erklärung der Ungültigkeit des Übereinstimmungszertifikates der Zertifizierungsstelle unverzüglich vorzulegen*
    c. *mit der für die Fremdüberwachung eingeschalteten Überwachungsstelle zu vereinbaren, dass diese der Zertifizierungsstelle die Überwachungsberichte sowie die für die Tätigkeit der Zertifizierungsstelle benötigten Informationen einschließlich einer etwaigen Einstellung der Fremdüberwachung oder deren Ankündigung unverzüglich auf direktem Wege übermittelt*
    d. *nicht gleichzeitig eine weitere Stelle zur Zertifizierung desselben Bauprodukts einzuschalten*
    e. *eine Unterbrechung der Herstellung, die eine Zertifizierung unmöglich macht, unter Angabe der voraussichtlichen Dauer der Unterbrechung unverzüglich mitzuteilen.*«
3. Ein Partner ist der Hersteller, der die WPK entsprechend der gesetzlichen Vorgaben und in Bezug auf die Sollvorgaben durchführt (siehe § 24 Rdn. 5), d.h. der Konformität zu den Technischen Baubestimmungen nach § 88 Abs. 2 BauO NRW 2018 oder den Verwendbarkeitsnachweisen (abz, abP, ZiE).
4. Eine bauaufsichtlich anerkannte Fremdüberwachungsstelle führt im Auftrag des Herstellers die Überwachung der Produktion, der WPK des Herstellers im Sinne eines 4-Augen-Prinzips in Bezug auf die Sollvorgaben durch. Die Kontrollergebnisse der Fremdüberwachungsstelle werden der Zertifizierungsstelle entsprechend der Vorgabe in Punkt 2c übermittelt.
5. Die verschiedenen Prüfergebnisse der beteiligten Partner werden durch die Zertifizierungsstelle in Bezug auf die gesetzlichen Vorgaben und die Auflagen und Hinweise der Anerkennungsstelle ausgewertet. Das Übereinstimmungszertifikat ist durch den Leiter der Zertifizierungsstelle zu unterzeichnen. Das Übereinstimmungszertifikat muss sich auf das relevante Bauprodukt und das jeweilige Herstellwerk beziehen.

Muster für Übereinstimmungszertifikate nach § 23 MBO – Fassung November 2002, zuletzt geändert durch Beschluss der Bauministerkonferenz vom 13.05.2016

(Name und Anschrift der anerkannten Zertifizierungsstelle)

ÜBEREINSTIMMUNGSZERTIFIKAT
Reg.-Nr.

Hiermit wird gemäß §/Art. .... **Abs.** .... **Nr.** .... *(§ 23 der Abs. 1 MBO entsprechender §/Art. der am Sitz des Herstellwerks geltenden Landesbauordnung)* **der** ....
(Landesbauordnung) **bestätigt, dass das Bauprodukt**

....
(Eindeutige Bezeichnung des Bauprodukts und ggf. Kurzbezeichnung der für den Verwendungszweck wesentlichen Merkmale – siehe Bezeichnungsvorschriften in den technischen Regeln, der allgemeinen bauaufsichtlichen Zulassung, dem allgemeinen bauaufsichtlichen Prüfzeugnis bzw. der Zustimmung im Einzelfall)

des Herstellwerks

....
(Name und Anschrift des Herstellwerks)

nach den Ergebnissen der werkseigenen Produktionskontrolle und der von der bauaufsichtlich anerkannten Überwachungsstelle

....
(Name und Anschrift der anerkannten Überwachungsstelle)

durchgeführten Fremdüberwachung den Bestimmungen

- **der in der Verwaltungsvorschrift Technische Baubestimmungen (VVTB) des Landes** .... *(Sitzland des Herstellwerks)* **vom** .... *(Datum)* **Kapitel C2 bekannt gemachten technischen Regeln**
  (Bezeichnung der maßgebenden technischen Regeln mit Ausgabedatum nach Kapitel C 2 Spalte 3 der VV TB des Sitzlandes des Herstellers)[1]

- **der allgemeinen bauaufsichtlichen Zulassung Nr. Z –** .... *(Nr.)* **vom** .... *(Datum)*[1]

- **des allgemeinen bauaufsichtlichen Prüfzeugnisses Nr. P –** .... *(Nr.)* **der/des** .... *(anerkannte Stelle)* **vom** .... *(Datum)*[1]

- **der Zustimmung im Einzelfall durch** .... *(ausstellende Behörde)* **vom** .... *(Datum)*[1]

entspricht.

.... *(Ort)*, **den** .... *(Datum)*

                                          (Name, Funktion und Unterschrift des Zeichnungsberechtigten mit Stempel/Bildzeichen der Stelle)

_____

[1] Nur Zutreffendes anführen

Stand: März 2018

Abb. 24.1 Muster für ein Übereinstimmungszertifikat [https://www.dibt.de/fileadmin/dibt-website/Dokumente/Referat/P4/LBO/Formulare/Formular_Muster_Uebereinstimmungs-zertifikat.pdf, Zugriffsdatum 07.05.2019]

Werden demnach bei der Zertifizierung grobe Verstöße gegen die Sollvorgaben identifiziert, ist unverzüglich eine Sonderüberwachung durch die Überwachungsstelle anzuordnen. Im Falle von Mängeln, die entweder wiederholt auftreten oder schwerwiegend sind sowie bei Beendigung der Zertifizierungstätigkeit, muss der Leiter der Zertifizierungsstelle dem Hersteller schriftlich erklären, dass das Übereinstimmungszertifikat ungültig ist. Darüber hinaus muss er das ausgestellte Übereinstimmungszertifikat von ihm zurückfordern, und einen Ungültigkeitsvermerk anbringen (»ungültig ab/seit..., Datum und Unterschrift«). Das als ungültig gekennzeichnete Übereinstimmungszertifikat ist dem Hersteller zurückzugeben. Sind bei schwerwiegenden Mängeln an dem relevanten Bauprodukt Gefahren im Sinne des § 3 Abs. 1 Satz 1 BauO NRW 2018 zu erwarten, muss die Oberste Bauaufsichtsbehörde über die Ungültigkeitserklärung des Übereinstimmungszertifikats unterrichtet werden. Für die bis zum Zeitpunkt der Ungültigkeitserklärung hergestellten Bauprodukte ist dann eine Sonderüberwachung zu veranlassen. Durch wen diese Sonderüberwachungen durchzuführen sind obliegt der Obersten Bauaufsichtsbehörde. Die Mitteilung an die Oberste Bauaufsicht muss zudem die Gründe für die Ungültigkeitserklärung umfassen und, sofern die Verwendbarkeit durch eine abZ nachgewiesen ist, auch das DIBt unterrichtet werden.

Die für entsprechende Bauprodukte bauaufsichtlich anerkannten ÜZ-Stellen haben sich regelmäßig zu ihren Erfahrungen auszutauschen. Dieser Erfahrungsaustausch ist von den Prüfstellen selbst zu veranlassen und gemeinsam zu organisieren.

9 Zu Abs. 3 Sätze 2 und 3 – Fremdüberwachung durch bauaufsichtlich anerkannte Überwachungsstellen

13 Die Sätze 2 und 3 detaillieren die Fremdüberwachung im Rahmen der Zertifizierung. Die Überwachungsstellen, die im Rahmen der Fremdüberwachung tätig werden, müssen ebenfalls bauaufsichtlich anerkannt sein (siehe hierzu auch § 25 Abs. 1 Satz 1 Nr. 4). Die zuständige Anerkennungsbehörde ist wiederum das DIBt.

Um jeweils ein einheitliches Fremdüberwachungsverfahren sowie eine standardisierte inhaltliche Dokumentation der zahlreichen bauaufsichtlich anerkannten Überwachungsstellen für die Fremdüberwachung zu gewährleisten veröffentlicht das DIBt in Abstimmung mit den Gremien der ARGEBAU – entsprechende Auflagen zum Bescheid und Hinweise für die Tätigkeit von PÜZ-Stellen, die auf der Internetseite des DIBt veröffentlicht sind. Aktuell (Stand Mai 2019) gelten die entsprechenden Auflagen zum Bescheid und Hinweise Fassung 01/2013 (siehe www.dibt.de -> Wir bieten -> Anerkennung/Notifizierung von Drittstellen -> PÜZ Stellen -> Auflagen, Hinweise und Richtlinien für die Tätigkeit als PÜZ Stelle, dort Punkt 3: Auflagen und Hinweise für Überwachungsstellen für die Fremdüberwachung). Die Auflagen und Hinweise des DIBt sind durch die Überwachungsstellen zu beachten.

Die Fremdüberwachung ist durch die Überwachungsstelle in angemessenem Abstand zweimal im Jahr durchzuführen, sofern in den Sollvorgaben keine anderweitigen

Regelungen getroffen sind. Dies kann z.B. bei einer ZiE maßgeblich sein, wenn das Bauprodukt in Einzelfertigung – und einem ggf. kürzeren Zeitraum – erstellt wird. Werden im Rahmen der Fremdüberwachung grobe Verstöße gegen den Bestimmungen der Sollvorgaben identifiziert, sind unverzüglich Sonderüberwachungen durchzuführen. Darüber hinaus ist die vom Hersteller beauftragte Zertifizierungsstelle zu informieren und deren Anordnungen Folge zu leisten. Sind bei schwerwiegenden Mängeln an dem relevanten Bauprodukt Gefahren im Sinne des § 3 Abs. 1 Satz 1 BauO NRW 2018 zu erwarten, muss die Oberste Bauaufsichtsbehörde und, sofern die Verwendbarkeit durch eine abZ nachgewiesen ist, auch das DIBt unterrichtet werden. Die Berichte der Fremdüberwachung sind dem Hersteller und auf direktem Weg der verantwortlichen Zertifizierungsstelle unverzüglich und unaufgefordert zu senden. Beendet die Überwachungsstelle ihre Tätigkeit, muss sie die Zertifizierungsstelle hierüber unverzüglich unterrichten und die Gründe hierfür mitteilen. Aktiviert die Überwachungsstelle im Rahmen der Fremdüberwachung Subauftragnehmer, müssen diese wiederum nur eingeschaltet werden, wenn sie im Anerkennungsbescheid namentlich genannt oder selber als Überwachungsstelle dafür bauaufsichtlich anerkannt sind.

Die für entsprechende Bauprodukte bauaufsichtlich anerkannten Überwachungsstellen der Fremdüberwachung haben sich regelmäßig zu ihren Erfahrungen auszutauschen.

Ist gemäß der Auflagen und Hinweise für Überwachungsstellen (Fassung 01/2013) »*für das Bauprodukt die Beteiligung an Ringversuchen vorgeschrieben oder von der Anerkennungsbehörde gefordert und führt die Überwachungsstelle die Produktprüfung nicht selbst durch, sondern vergibt sie im Unterauftrag an einen oder mehrere Unterauftragnehmer, so gilt diese Vorschrift oder Forderung sinngemäß für den/die Unterauftragnehmer.*«

10 Zu Abs. 4 – Kennzeichnung mittels Übereinstimmungszeichen (Ü-Zeichen)

Für nationale Bauprodukte ist am Ende des jeweiligen qualitätssichernden Prozesses durch den Hersteller die Übereinstimmungserklärung abzugeben. Dies geschieht durch ihn indem er an dem relevanten Bauprodukt – vorbehaltlich der weiteren Regelungen nach Abs. 5 – unter Hinweis auf den Verwendungszweck das Übereinstimmungszeichen (Ü-Zeichen) anbringt. Zur Deklaration des betreffenden Bauprodukts mit dem Ü-Zeichen ist der Hersteller verpflichtet, da es das für die am Bau Beteiligten sichtbare Zeichen für die Übereinstimmung ist. Das Ü-Zeichen symbolisiert die den Sollvorgaben entsprechende allgemeine Konformität. Im Umkehrschluß dürfen Bauprodukte nicht entgegen den Bestimmungen des § 24 BauO NRW 2018 mit dem Ü-Zeichen gekennzeichnet werden. In diesem Falle ist die Bauaufsichtsbehörde autorisiert, die Verwendung dieser Bauprodukte zu untersagen und deren Kennzeichnung entwerten oder beseitigen zu lassen (siehe hierzu auch § 80 BauO NRW 2018 Rdn. 3–4). Weitere Sanktionsmaßnahmen, der Bauaufsichtsbehörden bei fehlendem oder unberechtigt angebrachten Ü-Zeichen, wie z.B. Einstellung von Arbeiten oder Einleitung von Ordnungswidrigkeitsverfahren bis 100.000,00 €, siehe § 81 BauO NRW 2018 und § 86 Abs. 1 Nr. 4 und 5 BauO NRW 2018 Rdn. 36–37.

Aufgrund der besonderen Bedeutung ist das Ü-Zeichen durch den Gesetzgeber bundesweit vereinheitlich und normiert. Die entsprechenden Muster-Regelungen sind in die BauPAVO NRW 2019 Teil 4 überführt. Gemäß § 7 Abs. 1 BauPAVO NRW 2019 besteht das Übereinstimmungszeichen aus dem Buchstaben Ü und hat u.a. folgende Angaben zu enthalten:
– Name des Herstellers,
– zusätzlich das Herstellwerk, sofern der Name des Herstellers eine eindeutige Identifizierung des Bauprodukts zum entsprechenden Herstellwerk nicht ermöglicht. Alternativ zum Namen des des Herstellers reicht der Name des Vertreibers des Bauprodukts inkl. der Angabe des Herstellwerks. Die Information des Herstellwerks darf verschlüsselt erfolgen, wenn sich beim Hersteller oder Vertreiber das Herstellwerk zweifelsfrei ermitteln lässt. Dies gilt auch, wenn ein Übereinstimmungszertifikat erforderlich ist und sich die relevante Information bei der Zertifizierungs- und der Überwachungsstelle das jederzeit eindeutig ermitteln lässt.
– Grundlagen der Übereinstimmungsbestätigung, d.h.
  – Kurzbezeichnung der für das geregelte Bauprodukt im Wesentlichen maßgebenden technischen Regel,
  – die Bezeichnung »Z« für eine abZ und deren Identifikationsnummer,
  – die Bezeichnung »P« für ein abP, dessen Nummer und die Bezeichnung der Prüfstelle oder
  – die Bezeichnung »ZiE« für eine Zustimmung im Einzelfall und die zuständige Behörde, hier die Oberste Bauaufsichtsbehörde NRW;
– die für den Verwendungszweck wesentlichen Merkmale des Bauprodukts, sofern sie nicht bereits durch die Angabe der Kurzbezeichnung der technischen Regel eindeutig bestimmt sind;
– die Bezeichnung oder das Bildzeichen der Zertifizierungsstelle, wenn die Einschaltung einer Zertifizierungsstelle vorgeschrieben ist.

Diese Informationen sind auf der von dem Buchstaben »Ü« umschlossenen Innenfläche oder in deren unmittelbarer Nähe anzubringen. Des Weiteren ist zu prüfen, ob sich aus den Bestimmungen der Technischen Baubestimmungen, den in Bezug genommenen aaRdT oder den Verwendbarkeitsnachweisen (abZ, abP, ZiE) zusätzliche Informationen für das Ü-Zeichen ergeben (siehe z.B. VV TB NRW 01/2019 Anlage C 2.3.2: »*Sofern die Norm DIN 1052 mehrere Metallsorten vorsieht, ist bei metallenen Verbindungsmitteln im Ü-Zeichen als für den Verwendungszweck wesentliches Merkmal auch die Legierung, die Werkstoffnummer, die Stahlgüte oder die Festigkeitsklasse anzugeben.*«).

Der Buchstabe »Ü« muss in seiner prinzipiellen Form der in der Anlage dargestellten Abbildung entsprechen:

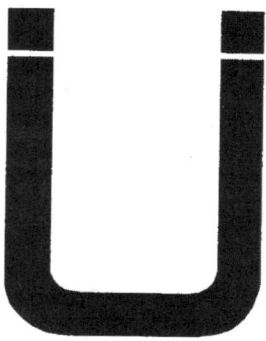

Abb. 24.2 Muster für ein Ü-Zeichen

Der Buchstabe »Ü« und die oben zitierten Angaben müssen deutlich lesbar sein. Dies gilt für den Zeitpunkt des Anbringens des Ü-Zeichens und für die gesamte Lebensdauer des Bauprodukts in der baulichen Anlage. Die Umsetzung dieser originär an den Hersteller gerichteten Verpflichtung ist insofern auch durch die Bauherrschaft bzw. durch die sie eingesetzten Personen oder Unternehmen im Rahmen des Betriebs zu beachten. Demzufolge dürfen die Ü-Zeichen von Bauprodukten (bei gleichbleibender Verwendung) während der Instandhaltung, Wartung usw. nicht nachträglich abgedeckt, überstrichen, verändert oder demontiert werden.

Gleichwohl drückt das Ü-Zeichen nicht aus, dass das entsprechende Bauprodukt vorbehalts- und bedingungslos durch die am Bau Beteiligten verwendet werden darf. Vielmehr müssen die am Bau Beteiligten für die jeweilige bauliche Anlage und die Einbausituation individuell prüfen, ob das Bauprodukt für die vorgesehene Verwendung bestimmt ist und die geforderten notwendigen öffentlich-rechtlichen Leistungseigenschaft erfüllt. In der Kette der qualitätssichernden Maßnahmen für Bauprodukte erfolgt durch die am Bau Beteiligten insofern die dritte Stufe der Qualitätsprüfung (»Soll/Ist«-Abgleich für die Verwendung).

In Folge des Urteils des EuGH in der Rechtssache C-100/13 zwischen der EU Kommission und der BRD ist die früher geforderte Doppelkennzeichnung (Ü-Zeichen+CE) unzulässig. Diese Tatsache ist mit § 90 Abs. 1 BauO NRW 2018 im Gesetz verankert. Für bereits vorher in Verkehr gebrachte Bauprodukte, die die CE-Kennzeichnung aufgrund der BauPVO tragen und mit dem Ü-Zeichen gekennzeichnet waren, hat das Ü- Zeichen demnach seit dem Inkrafttreten der relevanten Paragraphen der BauO NRW 2016 am 28.06.2017 seine Gültigkeit verloren. Die zuständigen Bauaufsichtsbehörden und die am Bau Beteiligten dürfen ab dem Zeitpunkt

§ 24 Übereinstimmungsbestätigung und -erklärung, Zertifizierung

des In-Kraft-Tretens der BauO NRW 2016 für Bauprodukte mit CE-Kennzeichnung keinen nationalen Verwendbarkeitsnachweis sowie keine Übereinstimmungserklärung mehr verlangen. Diese Regelungen sind auch entsprechend in den Vollzugshinweisen der Obersten Bauaufsichtsbehörde dargelegt, d.h. dem Schreiben des Ministeriums für Bauen, Wohnen, Stadtentwicklung und Verkehr des Landes Nordrhein-Westfalen vom 21.10.2016, dem Runderlass zu den Technischen Baubestimmungen vom 13.07.2017 (siehe auch § 88 Abs. 2 Rdn. 57).

11 Zu Abs. 5 – Anbringung des Ü-Zeichens

15 Entsprechend der bisherigen Regelungen der BauO NRW 2000 ist das Ü-Zeichen auf dem Bauprodukt anzubringen. Abhängig von der Größe, den physikalischen Eigenschaften usw. kann das Ü-Zeichen ggf. nicht auf dem Bauprodukt vorgesehen werden. Insofern räumt der Gesetzgeber den Hersteller hier die Optionen für andere Kennzeichnungsstellen ein, wie z.B. dem Beipackzettel, der Verpackung, dem Lieferschein oder einer Anlage zum Lieferschein. In diesem Zusammenhang muss der Hersteller die Anforderungen § 7 Abs. 3 BauPAVO NRW 2019 berücksichtigen. Demnach darf der Buchstabe »Ü« in diesen Fällen ohne oder mit einem Teil der Angaben nach § 7 Abs. 1 BauPAVO NRW 2019 zusätzlich auf dem Bauprodukt angebracht werden.

12 Zu Abs. 6 – Gültigkeit des Ü-Zeichens aus anderen Bundesländern und Staaten

16 Die seinerzeitigen Regelungen des § 25 Abs. 6 werden entsprechend in der BauO NRW 2018 übernommen. Die Gültigkeit von Ü-Zeichen aus anderen Bundesländern ist im Land NRW demnach weiterhin relevant. Für die Ü-Zeichen der andern Bundesländer ist dies insofern unkritisch als dass die entsprechenden landesspezifischen Regelungen, bauaufsichtlich anerkannten Stellen usw. quasi deckungsgleich zu denen in NRW sind.

Die Ü-Zeichen, die von Herstellern aus anderen Staaten der EU bzw. des EWR angebracht sind, gelten gleichfalls, wenn sie den seinerzeitigen Regelungen des Art. 16 BauPR in Verbindung mit den nationalen Bestimmungen (z.B. BauPG 1992 § 11 Abs. 6, § 20 Abs. 1 Nr. 2 c und § 25 Abs. 6 BauO NRW 2000) entsprechen oder für Bauprodukte, die nach der Verordnung (EG) Nr. 764/2008. ein Ü-Zeichen erhalten haben (hierzu weitere Informationen siehe auch § 18 Abs. Rdn. 15). Mit diesen europäischen Regelungen in Verbindung mit den nationalen Bestimmungen wird gewährleistet, das die materiellen öffentlich-rechtlichen Anforderungen des nordrhein-westfälischen Rechts gewahrt sind.

§ 25 Prüf-, Zertifizierungs- und Überwachungsstellen

(1) Die oberste Bauaufsichtsbehörde kann eine natürliche oder juristische Person als
1. Prüfstelle für die Erteilung allgemeiner bauaufsichtlicher Prüfzeugnisse (§ 22 Absatz 2),
2. Prüfstelle für die Überprüfung von Bauprodukten vor Bestätigung der Übereinstimmung (§ 24 Absatz 2 Nummer 2),
3. Zertifizierungsstelle (§ 24 Absatz 3),
4. Überwachungsstelle für die Fremdüberwachung (§ 24 Absatz 3),
5. Überwachungsstelle für die Überwachung nach § 17 Absatz 7 und § 18 Absatz 4 oder
6. Prüfstelle für die Überprüfung nach § 17 Absatz 6 und § 18 Absatz 3

anerkennen, wenn sie oder die bei ihr Beschäftigten nach ihrer Ausbildung, Fachkenntnis, persönlichen Zuverlässigkeit, ihrer Unparteilichkeit und ihren Leistungen die Gewähr dafür bieten, dass diese Aufgaben den öffentlich-rechtlichen Vorschriften entsprechend wahrgenommen werden, und wenn sie über die erforderlichen Vorrichtungen verfügen. Satz 1 ist entsprechend auf Behörden anzuwenden, wenn sie ausreichend mit geeigneten Fachkräften besetzt und mit den erforderlichen Vorrichtungen ausgestattet sind.

(2) Die Anerkennung von Prüf-, Zertifizierungs- und Überwachungsstellen anderer Länder gilt auch im Land Nordrhein-Westfalen.

Übersicht	Rdn.
0 Änderungen gegenüber der BauO NRW 2000	01
1. Allgemeines	1
1.1 Funktion der Norm	1
1.2 Bezug zu anderen Vorschriften	2
2. Zu Abs. 1	3
2.1 Prüfstellen	3
2.2 Zertifizierungsstellen	5
2.3 Überwachungsstellen	6
2.4 Anerkennung der vorgenannten Stellen	7
2.4.1 Voraussetzungen	7
2.4.2 Rechtsnatur der Tätigkeit der Stellen und Pflichten	8
2.4.3 Zuständigkeit für die Anerkennung	9
2.4.4 Verfahren der Anerkennung	11
2.4.5 Rechtsnatur und Umfang der Anerkennung	12
3. Zu Abs. 2	13

0 Änderungen gegenüber der BauO NRW 2000

Die bereits am 28.06.2017 in Kraft getretene Norm wurde unverändert in die BauO NRW 2018 übernommen.   01

§ 25 Prüf-, Zertifizierungs- und Überwachungsstellen

1. Allgemeines

1.1 Funktion der Norm

1 Die Vorschrift steht am Schluss des Dritten Abschnittes der Landesbauordnung mit den Regelungen zu Bauarten und Bauprodukte und beinhaltet die Befugnis der obersten Bauaufsichtsbehörde zur Anerkennung von Prüf-, Zertifizierungs- und Überwachungsstellen und gibt hierfür bestimmte materielle Voraussetzungen vor. Die Prüf-, Zertifizierungs- und Überwachungsstellen erfüllen im Zusammenhang mit dem Nachweis der Verwendbarkeit und Übereinstimmung von Bauprodukten besondere Aufgaben. Sie gehören wie die oberste und die unteren Bauaufsichtsbehörden zu einem mehrstufigen bauordnungsrechtlichen Sicherheitssystem und sollen durch die Begutachtung und Prüfung der Bauarten und Bauprodukte die Sicherheit und Dauerhaftigkeit von baulichen Anlagen (europaweit) gewährleisten. **Demnach soll die Übereinstimmung von Bauprodukten und deren Verwendbarkeit im Baugeschehen nicht nur vom Hersteller geprüft werden, sondern auch von besonderen − neutralen − Einrichtungen.**

1.2 Bezug zu anderen Vorschriften

2 Die Vorschrift ist Teil des deutschen Umsetzungskonzeptes der europäischen Richtlinien (Bauproduktenverordnung, vorher Bauproduktenrichtlinie) zum Inverkehrbringen der Bauprodukte und deren Verwendung in Bauwerken. Entsprechende Regelungen finden sich auf nationaler Ebene im Bauproduktengesetz (BauPG) und in den jeweiligen Landesbauordnungen. Auf Landesebene sind ferner die Verordnung über bauordnungsrechtliche Regelungen für Bauprodukte und Bauarten (Bauprodukte- und Bauartenverordnung − BauPAVO NRW) und die Verordnung zur Übertragung von Befugnissen auf das Deutsche Institut für Bautechnik (DIBt − Übertragungsverordnung − DIBt-ÜVO) ergänzend in den Blick zu nehmen.

2. Zu Abs. 1

2.1 Prüfstellen

3 § 25 Abs. 1 BauO NRW nennt drei unterschiedliche Varianten von Prüfstellen, und zwar:
− Prüfstelle für die Erteilung allgemeiner bauaufsichtlicher Prüfzeugnisse (§ 22 Abs. 2 BauO NRW),
− Prüfstelle für die Überprüfung von Bauprodukten vor Bestätigung der Übereinstimmung (§ 24 Abs. 2 Nr. 2) und
− Prüfstelle für die Überprüfung nach § 17 Abs. 6 BauO NRW und § 18 Abs. 3 BauO NRW.

4 Die Prüfstellen »führen eine produktbezogene und keine produktionsbezogene Prüfung durch« (Dirnberger).

2.2 Zertifizierungsstellen

Die Zertifizierungsstellen überwachen vor allem die Tätigkeit der Prüf- und Überwachungsstellen. Es handelt sich demnach um eine nachgeschaltete Rolle in einem gestuften System. Sie werden im Zusammenhang mit der Zertifizierung der Übereinstimmung von Bauprodukten erwähnt (§ 24 Abs. 3 BauO NRW).

2.3 Überwachungsstellen

Die Überwachungsstellen konzentrieren sich auf die Herstellung und Produktion der Bauprodukte und üben durch Fremdüberwachung eine Kontrollfunktion aus. Die Landesbauordnung erwähnt Überwachungsstellen in § 17 Abs. 7 BauO NRW, § 18 Abs. 4 BauO NRW und § 24 Abs. 3 BauO NRW. Bei **Bauarten, die einer außergewöhnlichen Sorgfalt bei Ausführung oder Instandhaltung bedürfen**, kann z. B. in der Bauartgenehmigung die Überwachung durch eine Überwachungsstelle vorgegeben werden (§ 17 Abs. 7 BauO NRW). Dies ist auch bei **Bauprodukten** der Fall, **die wegen ihrer besonderen Eigenschaften oder ihres besonderen Verwendungszwecks einer außergewöhnlichen Sorgfalt bei Einbau, Transport oder Reinigung bedürfen** (§ 18 Abs. 4 BauO NRW). Die Fremdüberwachung durch Überwachungsstellen schreibt ferner § 24 Abs. 3 BauO NRW für **zertifizierte Bauprodukte** vor.

2.4 Anerkennung der vorgenannten Stellen

2.4.1 Voraussetzungen

Die Anerkennung setzt voraus, dass die entsprechende natürliche oder juristische Person bzw. die bei ihr Beschäftigten nach ihrer **Ausbildung, Fachkenntnis, persönlichen Zuverlässigkeit**, ihrer **Unparteilichkeit** und ihren **Leistungen** die Gewähr dafür bieten, dass die übertragene Aufgabe in Übereinstimmung mit den öffentlich-rechtlichen Vorgaben wahrgenommen werden kann. Ferner müssen bei der entsprechenden Stelle die hierfür erforderlichen Vorrichtungen verfügbar sein. **Auch Behörden können als Prüf-, Zertifizierungs- und Überwachungsstelle anerkannt werden.** Sie müssen dann die zuvor genannten Voraussetzungen entsprechend erfüllen, also auch mit den notwendigen Vorrichtungen ausgestattet sein. Näheres zu den Voraussetzungen findet sich in § 9 BauPAVO NRW. Die Pflichten regeln die § 10 und 11 BauPAVO NRW.

2.4.2 Rechtsnatur der Tätigkeit der Stellen und Pflichten

Die Tätigkeit der Prüf-, Zertifizierungs- und Überwachungsstellen wird zum Teil dem **Privatrecht** zugeordnet, z. B. die Beteiligung der Prüf- bzw. Zertifizierungsstellen beim Übereinstimmungsnachweisverfahren. Zum Teil handeln sie aber als beliehene Unternehmer, z. B. bei Erteilung des allgemeinen bauaufsichtlichen Prüfzeugnisses durch die jeweilige Prüfstelle. Die Tätigkeit der Überwachungsstellen wird als rein zivilrechtlich definiert. Das Verfahren zur Erteilung einer

Übereinstimmungsbestätigung bzw. -erklärung (§ 24 BauO NRW) ist kein Verwaltungsverfahren i. S. d. § 9 VwVfG, da es nicht auf einen Verwaltungsakt bzw. öffentlich-rechtlichen Vertrag abzielt. Anders wird die Erteilung eines allgemeinen bauaufsichtlichen Prüfzeugnisses (§ 22 BauO NRW) als Allgemeinverfügung begriffen, also als eine Einzelfallentscheidung auf dem Gebiet des öffentlichen Rechts, die auf unmittelbare Rechtswirkung nach außen gerichtet ist und für eine **unbestimmte Anzahl von Adressaten gilt**.

2.4.3 Zuständigkeit für die Anerkennung

9   § 87 Abs. 5 BauO NRW (vorher: § 86 Abs. 5) ermächtigt die oberste Bauaufsichtsbehörde (vgl. § 57 Abs. 1 Nr. 1 BauO NRW) durch Rechtsverordnung die Befugnisse für die Anerkennung von Prüf-, Zertifizierungs- und Überwachungsstellen auf andere Behörden zu übertragen. Dies ist durch die Verordnung zur Übertragung von Befugnissen auf das **Deutsche Institut für Bautechnik** (DIBt – **Übertragungsverordnung** – DibT-ÜVO) vom 19.02.2019 geschehen. Die Übertragung umfasst auch den Widerruf, die Rücknahme und die nachträgliche Änderung bereits erteilter Anerkennungen.

10   Das mit Gesetz vom 9. Juli 1968 (GVBl. S. 917) errichtete Institut für Bautechnik wird laut dem Gesetz über das Deutsche Institut für Bautechnik vom 22. April 1993 (GVBl. Berlin S. 195, geändert durch § 2 des Gesetzes vom 13. Mai 2006, GVBl. S. 438) als **Deutsches Institut für Bautechnik** nach Maßgabe des in § 1 des DIBt-Abkommen (zuletzt geändert durch das 3. DIBt-Änderungsabkommen als Anlage zum Gesetz vom 2. Februar 2018 – GVBl. S. 154 –) fortgeführt. **Es handelt sich um eine rechtsfähige Anstalt des öffentlichen Rechts mit Sitz in Berlin.** Laut der Homepage des DIBt übernimmt es als technische Behörde im Auftrag der 16 (Bundes-) Länder und des Bundes zahlreiche öffentliche Aufgaben im Bereich der Bautechnik. Hauptziel der Institutsgründung war die Schaffung einer zentralen Zulassungsstelle für neuartige und nicht geregelte Bauprodukte und Bauarten. Demnach gehört die Erstellung von allgemeinen bauaufsichtlichen Zulassungen und inzwischen auch Europäischen Technischen Bewertungen, Bauartgenehmigungen und Gutachten zu dessen Kernaufgaben. Laut § 1 Abs. 1 BauPG ist das Deutsche Institut für Bautechnik in Berlin auch **Technische Bewertungsstelle** im Sinne von Artikel 29 Absatz 1 Unterabsatz 1 der Verordnung (EU) Nr. 305/2011 des Europäischen Parlaments und des Rates vom 9. März 2011 zur Festlegung harmonisierter Bedingungen für die Vermarktung von Bauprodukten und zur Aufhebung der Richtlinie 89/106/EWG des Rates (ABl. L 88 vom 4.4.2011, S. 5 – EU-Bauproduktenverordnung), insbesondere für die in Anhang IV Tabelle 1 der EU-Bauproduktenverordnung in der jeweils geltenden Fassung genannten Produktbereiche.

2.4.4 Verfahren der Anerkennung

11   Das Verfahren der Anerkennung regeln die §§ 12 ff. BauPAVO NRW. **Es bedarf eines schriftlichen Antrages bei der Anerkennungsbehörde = DIBt.** Entsprechende

Formulare hält die Homepage des DIBt vor. Mit dem Antrag sind folgende **Unterlagen** einzureichen: Angabe, auf welche Tätigkeit im Sinne des § 8 Absatz 1 Satz 1 BauPAVO NRW sich die Anerkennung beziehen soll, Angaben zum Bauprodukt oder zur Bauart, für das eine Anerkennung beantragt wird; dabei kann auf nach § 20 Absatz 2 BauO NRW bekannt gemachte technische Regeln Bezug genommen werden, Angaben zur Person und Qualifikation der Leitung und Stellvertretung, zum leitenden und sachbearbeitenden Personal und deren Berufserfahrung, Angaben über wirtschaftliche und rechtliche Verbindungen der natürlichen und juristischen Person, der leitenden Person nach § 9 Absatz 2 BauPAVO NRW und der Beschäftigten zu einzelnen Herstellern, Angaben zu den Räumlichkeiten und zur technischen Ausstattung, Angabe des Geburtsdatums der leitenden Person, Angaben zu Unterauftragnehmern und einschlägigen Zulassungen und Akkreditierungen aus anderen Staaten. Im Einzelfall kann die Anerkennungsbehörde über die Erfüllung einzelner Anerkennungsvoraussetzungen auch ein Gutachten einholen. **Wird nicht innerhalb von drei Monaten über einen vollständigen Antrag entschieden, gilt** – vorbehaltlich einer Verlängerung der Frist – **die Anerkennung als erteilt.** Näheres zum Erlöschen und Widerruf der Anerkennung normiert § 13 BauPAVO NRW. Ein **Verzeichnis der Prüf-, Überwachungs- und Zertifizierungsstellen** nach den Landesbauordnungen findet sich auf der Homepage des DIBt.

2.4.5 Rechtsnatur und Umfang der Anerkennung

Der Umfang der Anerkennung folgt dem jeweiligen Antrag. Es handelt sich hierbei um eine **Ermessensentscheidung**. Ein Schutz der vorhandenen Prüf-, Zertifizierungs- und Überwachungsstellen vor neuer Konkurrenz darf aber kein Gesichtspunkt der Entscheidung sein. Die Anerkennung kann auch mit **Nebenbestimmungen** versehen werden, z. B. regelmäßig mit einer **Befristung** (§ 8 Abs. 5 BauPAVO NRW). Ein ausdrücklicher Widerrufsvorbehalt ist entbehrlich, da die Voraussetzungen für einen Widerruf bereits gesetzlich geregelt sind (§ 13 BauPAVO NRW). **Bei einer Ablehnung oder nur einer Teilanerkennung ist das Rechtsmittel der Verpflichtungsklage möglich.** 12

3. Zu Abs. 2

Die Vorschrift erklärt die Anerkennung von Prüf-, Zertifizierungs- und Überwachungsstellen anderer Länder auch für Nordrhein-Westfalen als gültig. Dies entspricht den Vorgaben für die allgemeine bauaufsichtliche Zulassung (§ 21 Abs. 7 BauO NRW), das allgemeine bauaufsichtliche Prüfzeugnis (§ 22 Abs. 2 BauO NRW) und die Übereinstimmungsbestätigung und -erklärung aus anderen Ländern (§ 24 Abs. 6 BauO NRW). **Aufgrund der einheitlichen Bestimmungen in den verschiedenen Landesbauordnungen sind übereinstimmende rechtliche Rahmenbedingungen und im Ergebnis ein identisches Sicherheitsniveau für die Verwendung von Bauarten und Bauprodukten gewährleistet.** 13

Vierter Abschnitt Brandverhalten von Baustoffen und Bauteilen, Wände, Decken, Dächer

Vor §§ 26–32

1 Der vierte Abschnitt des dritten Teils der BauO NRW 2018 enthält Anforderungen an das Brandverhalten von Baustoffen und Bauteilen von tragenden Wänden, Stützen, Außenwänden, Trennwänden, Brandwänden, Decken und Dächern. Dabei betreffen diese Anforderungen fast ausschließlich den Brandschutz und wurden nahezu vollständig an die Vorgaben der MBO angepasst.

2 Die Erarbeitung der MBO 2002 stand unter folgenden **Vorgaben der Bauministerkonferenz** vom 02./03.12.1999:
– Es sollten die Anforderungen so modifiziert werden, dass sich jedes Bundesland in der MBO wiederfinden könne – wobei nach Möglichkeit die geringste Anforderung zu übernehmen sei –, um so im Rahmen der Novellierung der einzelnen Bauordnungen den Ländern die Möglichkeit zu einheitlichen materiellen Anforderungen zu bieten.
– Es sollten die Anforderungen an den baulichen Brandschutz so modifiziert werden, dass dem **Baustoff** »Holz« eine weitergehende Verwendungsmöglichkeit geboten wird.

3 Die zuständigen Gremien der ARGEBAU versuchten dieses Ziel – bezogen auf den baulichen Brandschutz – wie folgt zu erreichen:
– Die Unterteilung der Gebäude nach den Gebäudetypen »Gebäude geringer Höhe« und »Gebäude mittlerer Höhe« wurde durch die Einteilung in »**Gebäudeklassen**« ersetzt.
– Zwischen den beiden Feuerwiderstandsklassen F 30/feuerhemmend und F 90/feuerbeständig wurde eine neue **Zwischenklasse F 60/hochfeuerhemmend** geschaffen, die eine weitergehende Verwendung des Baustoffs Holz ermöglicht.

4 Mit der neuen Bauordnung für das Land Nordrhein-Westfahlen werden Gebäude nach § 2 Abs. 3 BauO NRW **als Kriterium für unterschiedliche Anforderungen** in fünf Gebäudeklassen eingeteilt. Diese Gebäudeklassen dienen in §§ 27–32 zur Differenzierung der brandschutztechnischen Anforderungen.

5 Die technische Umsetzung der Anforderungen aus den §§ 27–32 erfordert zunächst eine grundsätzliche Definition der bauordnungsrechtlichen Begriffe an das Brandverhalten von Baustoffen und Bauteilen. Mit § 26 erfolgt diese Definition z.B. für die Feuerwiderstandsfähigkeit von Bauteilen durch die Bezeichnungen »feuerhemmend«, »hochfeuerhemmend« und »feuerbeständig« und für das Brandverhalten von Baustoffen durch die Bezeichnungen nichtbrennbar, schwerentflammbar, normalentflammbar. §§ 27–32 beinhalten sodann die materiellen Anforderungen an die einzelnen Bauteile. Eine Konkretisierung dieser Anforderungen erfolgt durch Technische Baubestimmungen im Sinne von § 88 BauO NRW.

Die vorliegende Kommentierung berücksichtigt die zum Zeitpunkt der Bearbeitung 6
gültige **Verwaltungsvorschrift Technische Baubestimmungen (VV TB NRW)** mit
Stand Januar 2019. Die VV TB NRW basiert auf der Muster-Verwaltungsvorschrift
Technische Baubestimmungen (MVV TB), Ausgabe 2017/1. Die VV TB wird voraussichtlich einem jährlichen Änderungsmodus unterliegen. Mit der nächsten Fassung
der MVV TB sind umfassende Änderungen geplant. Zum Zeitpunkt der Abgabe des
Manuskriptes dieser Kommentierung befand sich die Fassung 2019/1 im Anhörungsverfahren, so dass die endgültige Version in dieser Kommentierung noch nicht berücksichtigt werden konnte.

In der überarbeiteten Fassung werden voraussichtlich insbesondere folgende Änderungen gegenüber der Ausgabe 2017/1 vorgenommen: 7
– Umfassende – insbesondere redaktionelle – Überarbeitung des Teils A 2 Brandschutz. Dabei sollen die Regelungen gestrafft und besser verständlich dargestellt werden.
– Eindeutige Darstellung von Anforderungen an europäisch harmonisierte Bauprodukte
– Umfassende Überarbeitung der bauaufsichtlichen Anforderungen, Zuordnung der Klassen, Verwendung von Bauprodukten, Anwendung von Bauarten im Anhang 4 der MVV TB
– Ergänzung der MVV TB um einen Anhang 14 (s. Anmerkungen zum sechsten Abschnitt, Rdn. 4)

§ 26 Allgemeine Anforderungen an das Brandverhalten von Baustoffen und Bauteilen

(1) **Baustoffe** werden nach den Anforderungen an ihr Brandverhalten unterschieden in
1. nichtbrennbare,
2. schwerentflammbare und
3. normalentflammbare.

Baustoffe, die nicht mindestens normalentflammbar sind (leichtentflammbare Baustoffe), dürfen nicht verwendet werden; dies gilt nicht, wenn sie in Verbindung mit anderen Baustoffen nicht leichtentflammbar sind.

(2) **Bauteile** werden nach den Anforderungen an ihre Feuerwiderstandsfähigkeit unterschieden in
1. feuerbeständige,
2. hochfeuerhemmende und
3. feuerhemmende.

Die Feuerwiderstandsfähigkeit bezieht sich bei tragenden und aussteifenden Bauteilen auf deren Standsicherheit im Brandfall und bei raumabschließenden Bauteilen auf deren Widerstand gegen die Brandausbreitung. Bauteile werden zusätzlich nach dem Brandverhalten ihrer Baustoffe unterschieden in

§ 26 Allgemeine Anforderungen an das Brandverhalten von Baustoffen und Bauteilen

1. Bauteile aus nichtbrennbaren Baustoffen,
2. Bauteile, deren tragende und aussteifende Teile aus nichtbrennbaren Baustoffen bestehen und die bei raumabschließenden Bauteilen zusätzlich eine in Bauteilebene durchgehende Schicht aus nichtbrennbaren Baustoffen haben,
3. Bauteile, deren tragende und aussteifende Teile aus brennbaren Baustoffen bestehen und die allseitig eine brandschutztechnisch wirksame Bekleidung aus nichtbrennbaren Baustoffen (Brandschutzbekleidung) und Dämmstoffe aus nichtbrennbaren Baustoffen haben, oder
4. Bauteile aus brennbaren Baustoffen.

Soweit in diesem Gesetz oder in Vorschriften aufgrund dieses Gesetzes nichts anderes bestimmt ist, müssen
1. Bauteile, die feuerbeständig sein müssen, mindestens den Anforderungen des Satzes 3 Nummer 2, sowie
2. Bauteile, die hochfeuerhemmend sein müssen, mindestens den Anforderungen des Satzes 3 Nummer 3
entsprechen.

(3) Abweichend von Absatz 2 Satz 3 sind tragende oder aussteifende sowie raumabschließende Bauteile, die hochfeuerhemmend oder feuerbeständig sein müssen, aus brennbaren Baustoffen zulässig, wenn die geforderte Feuerwiderstandsdauer nachgewiesen wird und die Bauteile so hergestellt und eingebaut werden, dass Feuer und Rauch nicht über Grenzen von Brand- oder Rauchabschnitten, insbesondere Geschosstrennungen, hinweg übertragen werden können.

Übersicht

		Rdn.
0	Änderungen gegenüber der BauO NRW 2000	01
1	Allgemeines	1
2	Zu Abs. 1 – Anforderungen an das Brandverhalten von Baustoffen	9
3	Zu Abs. 2 – Anforderungen an die Feuerwiderstandsfähigkeit von Bauteilen	16
4	Zu Abs. 3 – Abweichende Zulässigkeit von brennbaren Baustoffen bei tragenden und aussteifenden oder raumabschließenden Bauteilen	33

0 Änderungen gegenüber der BauO NRW 2000

01 § 26 wurde durch die BauO NRW 2018 neu in das Gesetz eingefügt. Die Vorschrift entspricht § 27 MBO und den entsprechenden Vorschriften der Bauordnungen anderer Bundesländer. Die **amtliche Begründung** zu § 26 lautet:

02 »*Der 4. Abschnitt enthält Einzelanforderungen an Wände, Decken und Dächer baulicher Anlagen. Die Anforderungen betreffen (mit Ausnahme der dächerspezifischen Verkehrssicherheitsanforderungen) nur noch den Brandschutz. § 26 greift die allgemeinen Anforderungen an Baustoffe und Bauteile auf und vervollständigt diese, sodass darin nun das gesamte System der im Gesetz verwendeten Begriffe und deren Zuordnung zueinander enthalten sind.*

Die technische Umsetzung der Anforderungen erfordert wie bisher eine Zuordnung der bauordnungsrechtlichen Begriffe zu Klassen von Baustoffen und Bauteilen, die sich aufgrund von Brandversuchen nach technischen Regeln (DIN 4102, DIN EN 13501) ergeben. Da neben einer Klassifizierung nach DIN 4102, seit 2002 auch eine Klassifizierung nach DIN EN 13051 (Europäisches Klassifizierungssystem für die Beurteilung des Brandverhaltens von Baustoffen und Bauprodukten) erfolgen kann, muss die bauaufsichtliche Anforderung an Bauteile zur Gewährleistung einer bestimmten Feuerwiderstandsfähigkeit durch die Bezeichnung »feuerhemmend«, »hochfeuerhemmend« und »feuerbeständig« ausgedrückt werden. Diese Zuordnung ist in der Bauregelliste A Teil 1 in den Anlagen 01 und 02 veröffentlicht.

a) Absatz 1

§ 26 Absatz 1 Satz 1 nennt die Bezeichnungen für die Anforderungen an das Brandverhalten von Baustoffen. § 26 Absatz 1 Satz 2 enthält, geringfügig redaktionell geändert, das bisher im § 17 Absatz 2 BauO 2000 enthaltene Verbot der Verwendung leichtentflammbarer Baustoffe.

b) Absatz 2

§ 26 Absatz 2 wird an die Formulierungen in der MBO angepasst. § 26 Absatz 1 Satz 1 nennt die Anforderungen an die Feuerwiderstandsfähigkeit von Bauteilen (feuerhemmend, feuerbeständig) und fügt neu eine dazwischenliegende Stufe ein, die als hochfeuerhemmend bezeichnet wird.

Den Begriffen entsprechen folgende Feuerwiderstandsdauern (zur Zuordnung zu den Klassen siehe oben):
– *feuerhemmend:* 30 Minuten,
– *hochfeuerhemmend:* 60 Minuten,
– *feuerbeständig:* 90 Minuten.

§ 26 Absatz 2 Satz 2 bezieht die Feuerwiderstandsfähigkeit auf die Funktionen, auf die es im Brandfall ankommt: für tragende (auch unterstützende) und aussteifende Bauteile die Standsicherheit im Brandfall, für raumabschließende Bauteile ihr Widerstand gegen die Brandausbreitung. Die Einzelvorschriften in den §§ 27 ff. stellen diese Funktion jeweils klar.

§ 26 Absatz 2 Satz 3 benennt vier Typen der Baustoffverwendung von Bauteilen:
– *Die Variante in Nummer 1* verlangt grundsätzlich nichtbrennbare Baustoffe.
– *Die Variante in Nummer 2* entspricht der Aufnahme einer Forderung, die häufig auch nach der Kurzbezeichnung in der sie konkretisierenden Prüfnorm als »AB-Bauweise« bezeichnet wird.
– *Neu ist die Variante in Nummer 3* mit tragenden und aussteifenden Teilen (innerhalb des Bauteils) aus Holz und mit einer brandschutztechnisch wirksamen Bekleidung. Diese Bekleidung wird technisch konkretisiert durch die »Muster-Richtlinie über brandschutztechnische Anforderungen an hochfeuerhemmende Bauteile in Holzbauweise – HFHHolzR«.

§ 26 Allgemeine Anforderungen an das Brandverhalten von Baustoffen und Bauteilen

– *Während die Varianten 1 bis 3 Anforderungstypen nennen, die von 1 bis 3 abnehmend die Verwendung nichtbrennbarer Baustoffe in bestimmter Weise vorschreiben, ist Nummer 4 durch das Fehlen solcher Anforderungen gekennzeichnet; sie erfasst allgemein Bauteile aus brennbaren Baustoffen.*

§ 26 Absatz 2 Satz 4 ordnet den Anforderungen »feuerbeständig« und »hochfeuerhemmend« Mindestanforderungen an die Baustoffe standardmäßig zu. Soweit in dem nordrhein-westfälischen Bauordnungsrecht oder in Vorschriften, die aufgrund dieses Gesetzes erlassen werden, keine andere Baustoffverwendung verlangt oder zugelassen wird, ist mindestens die hier verlangte Ausführung erforderlich.

An Bauteile, die feuerhemmend sein müssen, werden standardmäßig keine besonderen Baustoffanforderungen gestellt.

c) Absatz 3

Dem Bau- und Werkstoff Holz kommt große ökologische und klimapolitische Bedeutung zu. Im Vergleich zu anderen Materialien ist Holz ein nachwachsender Rohstoff, der einen wegweisenden Beitrag zur ressourcenschonenden und nachhaltigen Entwicklung des Bauwesens leistet.

Der neu eingefügte Absatz 3 dient der Erweiterung der Möglichkeiten zur Verwendung von Holz im Hochbau. Durch Absatz 3 wird zugelassen, dass Decken sowie tragende und aussteifende Wände und Stützen, die als hochfeuerhemmende Bauteile (d.h. mit der Feuerwiderstandsfähigkeit von 60 Minuten) oder als feuerbeständige Bauteile (Feuerwiderstandsfähigkeit von 90 Minuten) ausgeführt werden müssen, aus brennbaren Baustoffen (z.B. Holz) und auch ohne nichtbrennbare Brandschutzbekleidung bestehen dürfen, soweit die erforderliche Feuerwiderstandsdauer von 60 Minuten bzw. 90 Minuten nachweislich erreicht wird. Zusätzlich muss nachgewiesen werden, dass Feuer und Rauch nicht über Grenzen von Brand- oder Rauchschutzbereichen, insbesondere Geschosstrennungen, hinweg übertragen werden können. Dies kann auf unterschiedliche Weise erfolgen, zum Beispiel in Form einer bauaufsichtlichen Zulassung bzw. einer allgemeinen Bauartgenehmigung oder durch begleitende planerische Maßnahmen, wie der Installation einer selbsttätigen Feuerlöschanlage.

Dadurch wird auch bei Gebäuden der Gebäudeklassen 4 und 5 der Massivholzbau durchgängig ermöglicht und damit der Einsatzbereich von Holz als Baustoff deutlich erweitert.«

1 Allgemeines

1 Der 4. Abschnitt trägt die Überschrift: »Brandverhalten von Baustoffen und Bauteilen, Wände, Decken, Dächer«. § 26 BauO NRW bildet als einleitende Vorschrift dieses Abschnittes die **Verknüpfung** zwischen den allgemeinen Anforderungen des § 3 BauO NRW, den Schutzzielen des § 14 BauO NRW, den Regelungen zu Bauarten und Bauprodukten (§§ 17 bis 25 BauO NRW) sowie den nachfolgenden Einzelanforderungen

an das Brandverhalten von Bauteilen ab § 27 BauO NRW. Die grundlegenden Anforderungen an das Brandverhalten von Baustoffen und Bauteilen werden durch § 26 BauO NRW also vor die Klammer gezogen.

Die Vorauflage dieses Werkes stellte noch fest, dass in Nordrhein-Westfalen seit der BauO NRW 1984 abweichend von der MBO die technische Fachsprache der Norm DIN 4102 in Bezug auf die Feuerwiderstandsklasse unmittelbar Anwendung im Gesetz findet (z.B. »F 90-AB«), so dass die unbestimmten Rechtsbegriffe zur Umschreibung der Feuerwiderstandsdauer von Bauteilen kaum noch vorzufinden seien (12. Aufl., § 17 Rn. 30 d). Durch die Schaffung des § 26 BauO NRW schließt der nordrhein-westfälische Gesetzgeber nunmehr an das **Vorbild der MBO** an und stellt auf die bauordnungsrechtlichen Begrifflichkeiten ab (z.B. »feuerbeständig«).

Die in § 26 BauO NRW enthaltenen Begriffe werden durch die Regelungen in A. 2.1.2, A 2.1.3 und A 2.1.4 der **Verwaltungsvorschrift Technische Baubestimmungen NRW** vom 07.12.2018 (**VV TB NRW**) konkretisiert. Die technische Umsetzung der bauordnungsrechtlichen Begriffe und ihre Zuordnung zu Klassen von Baustoffen und Bauteilen sind nunmehr in Anhang 4 der VV TB NRW veröffentlicht. Nach wie vor ist insofern eine parallele Zuordnung sowohl zu der Norm DIN 4102 als auch zu der Norm DIN EN 13501-1-Brandverhalten und DIN EN 13501-2-Feuerwiderstand möglich.

Die **Eurocodes** berücksichtigen nicht das Brandverhalten der Baustoffe (Spannowsky/ Uechtritz/Zehfuß, § 26 Rn. 22). Unter anderem Tabelle 4.1.1 des Anhangs 4 der VV TB NRW bestimmt hierzu nunmehr, dass die Klasse nach **Eurocodes** das Brandverhalten der Baustoffe nicht berücksichtigt und insofern Tabelle 1.3.1 gilt. Das Brandverhalten der Baustoffe ist deshalb nach DIN EN 13501-1 zusätzlich zu bestimmen (Große-Suchsdorf, § 26 Rn. 9).

Erläuterungen zu den **Klassifizierungskriterien nach DIN 13501-2** und den zusätzlichen Angaben zur Klassifizierung finden sich nunmehr in der Anlage zu Anhang 4 VV TB NRW. Auf den Abdruck der Kriterien wird an dieser Stelle verzichtet. Auf den Inhalt der Anlage zu Anhang 4 wird verwiesen.

Zu beachten ist, dass gemäß der Fußnote zu A 2.2.1.2 VV TB NRW für bauordnungsrechtliche Anforderungen gemäß Anhang 4 VV TB NRW eine **Abweichung** gemäß § 88 Abs. 1 Satz 3 BauO NRW ausgeschlossen ist. Eine Abweichung von bauordnungsrechtlichen Anforderungen des Anhangs 4 VV TB NRW kommt damit nur nach § 69 BauO NRW in Betracht.

Für klassifizierte Baustoffe und Bauteile verweist A. 2.2.1.3 VV TB NRW auf DIN 4102-4:2016-05 als maßgebende Ausführungsregel.

Für hochfeuerhemmende Bauteile in Holzbauweise verweist A. 2.2.1.4 VV TB NRW auf die Muster-Richtlinie über brandschutztechnische Anforderungen an hochfeuerhemmende Bauteile in Holzbauweise (**M-HFHHolzR:2004-07**).

§ 26 Allgemeine Anforderungen an das Brandverhalten von Baustoffen und Bauteilen

2 Zu Abs. 1 – Anforderungen an das Brandverhalten von Baustoffen

9 Im Hinblick auf die Brennbarkeit der Baustoffe unterscheidet § 26 Abs. 1 BauO NRW nichtbrennbare, schwerentflammbare, normalentflammbare und leichtentflammbare Baustoffe.

10 Das Brandverhalten der **Baustoffe** hat im Wesentlichen zu Beginn eines Brandes Einfluss auf den Brandverlauf und seine Ausbreitung. Das Brandverhalten wird bestimmt durch die Freisetzung von Wärme, Brandprodukten und Brandgasen (Spannowsky/Uechtritz/Zehfuß, § 26 Rn. 2).

11 Wegen der Unterscheidung der Qualitäten wird auf A 2.1.2.1 VV TB NRW verwiesen, wo nunmehr die konkreten Anforderungen an das **Brandverhalten von Baustoffen** definiert werden. Dabei wird unter anderem der jeweils zulässige Beitrag der unterschiedlichen Arten von Baustoffen zum Brandgeschehen genannt, wobei auf Begrifflichkeiten Bezug genommen wird, die in der Praxis zwar gebräuchlich, bislang allerdings normativ noch nicht definiert worden sind (»fortentwickelter Brand«, »teilweise vollentwickelter Brand«; »sich entwickelnder Brand«; »Entstehungsbrand«).

12 Dass nach wie vor eine **parallele Klassifizierung** von Baustoffen sowohl nach der Norm DIN 4102 als auch der Norm DIN EN 13501-1-Brandverhalten möglich ist (vgl. vorstehende Rdn. 3), dokumentieren Anhang 4 Nr. 1.2 und Nr. 1.3 VV TB NRW. In Tabelle 1.2.1 werden die bauaufsichtlichen Anforderungen an Baustoffe und die Zuordnung der Baustoffklassen gemäß DIN 4102-1:1998-05 gegenübergestellt. Tabelle 1.3.1 ordnet die bauaufsichtlichen Anforderungen an Baustoffe den Klassen nach DIN EN 13501-1: 2010-01 zu.

13 In **DIN 4102-4 Abschnitt 4** sind Baustoffe aufgelistet, die ohne weiteren Nachweis durch Prüfung nach den dort angegebenen Baustoffklassen eingestuft werden können. Für dort nicht aufgeführte Baustoffe sind Verwendbarkeitsnachweise zur Baustoffklassifizierung erforderlich, deren Grundlage Brandprüfungen nach DIN 4102-1 sind (Spannowsky/Uechtritz/Zehfuß, § 26 Rn. 6).

14 Bei baulichen Anlagen oder Teilen von baulichen Anlagen, bei denen die Anforderungen **nicht brennbar** oder **schwerentflammbar** gestellt werden, ist sicherzustellen, dass es nicht durch unbemerktes fortschreitendes Glimmen und/oder Schwelen zu einer Brandausbreitung kommen kann (A 2.1.2.1 VV TB NRW). Bei dieser Regelung handelt es sich sozusagen um den Ausgangs- und Brennpunkt der gesamten Neuordnung des bundesdeutschen Zulassungssystems für Bauprodukte in Gestalt einer Transformation von Produktmerkmalen in bauordnungsrechtliche Anforderungen an bauliche Anlagen und ihre Teile. Waren es unter anderem doch gerichtliche Auseinandersetzungen um bundesdeutsche Verwendbarkeitsnachweise für das Merkmal »**Glimmen**«, das bislang auf europäischer Ebene noch keine normative Regelung erhalten hatte (vgl. unter anderem VG Gelsenkirchen, Urt. v. 10.12.2012 – 9 K 906/10, zitiert nach juris). Es verwundert ein wenig, dass der Gesetzgeber die Gelegenheit einer Novellierung der Landesbauordnung nicht beim Schopf gepackt und die Verhinderung einer Brandausbreitung »durch unbemerktes fortschreitendes

Glimmen und/oder Schwelen« zum Gegenstand der gesetzlichen Regelung selbst gemacht hat. Immerhin belegt die Regelung in § 26 Abs. 3 BauO NRW, dass besondere Interessenlagen einer expliziten gesetzlichen Regelung durchaus zugänglich sind. Nachdem sich Anforderungen an das unerwünschte Glimmen und/oder Schwelen nach wie vor lediglich auf der Ebene der Technischen Baubestimmungen befinden, wird sich in der künftigen Praxis auch insofern wohl die Frage nicht vermeiden lassen, ob eine Verschärfung gegenüber den gesetzlichen Anforderungen auf untergesetzlicher Ebene zulässig ist. Insbesondere stellt sich die Frage, ob es sich bei der Aufnahme des Merkmals »Glimmen/Schwelen« noch um eine »Konkretisierung« der gesetzlichen Schutzziele im Sinne des § 88 Abs. 1 BauO NRW handelt, wenn das Gesetz doch in § 26 BauO NRW auf den ersten Blick eine abschließende Regelung zu den allgemeinen Anforderungen an bauliche Anlagen aus Gründen des Brandschutzes getroffen zu haben scheint. »Glimmen/Schwelen« bleibt in § 26 BauO NRW jedoch unerwähnt. Da ein bundesdeutscher Verwendbarkeitsnachweis für das Produktmerkmal »Glimmen« aus europarechtlichen Gründen nicht mehr in Betracht kommt, bleibt deshalb bedauerlicherweise die Frage unbeantwortet, wie der erforderliche Bauteilnachweis rechtssicher geführt werden kann.

Die Regelung in § 26 Abs. 1 Satz 2 BauO NRW enthält in sprachlich modifizierter Form das Verwendungsverbot für **leichtentflammbare Baustoffe** des vormaligen § 17 Abs. 2 BauO NRW 2000. Leichtentflammbare Baustoffe dürfen nur dann verwendet werden, wenn sie in Verbindung mit anderen Baustoffen nicht leichtentflammbar sind. Die unterschiedlich entflammbaren Bestandteile müssen bereits vom Hersteller miteinander verbunden werden und nicht erst beim Einbau (Spannowsky/Uechtritz/Zehfuß, § 26 Rn. 15).

15

3 Zu Abs. 2 – Anforderungen an die Feuerwiderstandsfähigkeit von Bauteilen

Bauteile im Sinne der BauO NRW sind z.B. Wände, Decken, Stützen, Unterzüge, Treppen. Die Feuerwiderstandsfähigkeit von Bauteilen wird entweder durch **Feuerwiderstandsklassen** nach DIN 4102-2:1977-09, DIN 4102-3:1977-09 oder **charakteristische Leistungseigenschaften** von Bauteilen nach DIN EN 13501-2: 2016-12 klassifiziert. Die Feuerwiderstandsklasse (z.B. F 90) oder die charakteristische Leistungseigenschaft (z.B. R 90) eines Bauteils bezeichnet die Mindestdauer in Minuten, während ein Bauteil bei einer Prüfung mit definiertem einwirkenden Temperatur-Zeitverlauf (Einheits-Temperaturzeitkurve, vgl. DIN 4102 Teil 2 Abschnitt 6.2.4 und EN 1991-1-2 Abschnitt 3.2.1) eines oder mehrere Kriterien wie **Tragfähigkeit (Résistance), Raumabschluss (Étanchéité) oder Wärmedämmung unter Brandeinwirkung (Isolation)** erfüllt. Zeitliche Bezugsgröße für die Feuerwiderstandsfähigkeit eines Bauteils ist die Dauer der Beflammung in Minuten nach der Einheitstemperaturkurve zum Versagenszeitpunkt (Feuerwiderstandsdauer/charakteristische Leistungseigenschaft). Die Bauteile werden in Feuerwiderstandsklassen oder charakteristische Leistungseigenschaften eingestuft, die einen Zeitraum von 30 Minuten umfassen und nach der Mindest-Feuerwiderstandsdauer benannt sind (Spannowsky/Uechtritz/Zehfuß § 26, Rn. 16).

16

17 Bauteile werden gemäß § 26 Abs. 2 Satz 1 BauO NRW zunächst nach den Anforderungen an ihre Feuerwiderstandsfähigkeit unterschieden in **feuerbeständige, hochfeuerhemmende und feuerhemmende** Bauteile. Die Einteilung der Bauteile bezüglich ihrer Feuerwiderstandsfähigkeit in drei Kategorien bezieht sich neben der damit verbundenen Zeitvorgabe bei tragenden und aussteifenden Bauteilen auf die Standsicherheit (Tragfähigkeit/Résistance) und bei raumabschließenden Bauteilen auf deren Widerstand gegen die Brandausbreitung, wobei bei letzterem die Rauchdichtigkeit und die Widerstandsfähigkeit gegen Strahlungshitze und Flammen (Raumabschluss/Étanchéité und Wärmedämmung/Isolation) einzubeziehen sind (Simon/Busse, Art. 24, Rn. 14).

18 Wegen der Unterscheidung der drei Kategorien wird auf den Inhalt von **A 2.1.3. VV TB NRW** verwiesen. In A 2.1.3. VV TB NRW werden nunmehr die konkreten Anforderungen an die Feuerwiderstandsfähigkeit von Teilen baulicher Anlagen definiert. Die Feuerwiderstandsfähigkeit der tragenden und aussteifenden Bauteile wird unter 2.1.3.2 und A 2.1.4 VV TB NRW, der Widerstand von raumabschließenden Bauteilen wird unter A 2.1.3.3 behandelt.

19 Die **Zuordnung der bauaufsichtlichen Anforderungen an Bauteile** zu den Feuerwiderstandsklassen gemäß DIN 4102 und zu den europäischen Klassen erfolgt nunmehr in Abschnitten 4 bis 14 des Anhangs 4 VV TB NRW. Entsprechend der behandelten Bauteile weist Anhang 4 beginnend ab Abschnitt 4 folgende Gliederung auf:

4 Bauteile
4.1. Tragende Bauteile
4.2. Raumabschließende Bauteile
4.3. Verwendung von Bauprodukten und Bausätzen nach harmonisierten technischen Spezifikationen für tragende und raumabschließende Bauteile
5 Abschlüsse, Feststellanlagen
6 Kabel- und Rohrabschottungen
7 Lüftungsanlagen
8 Feuerungsanlagen
9 Wärmeabzugsgeräte
10 Rauchabzugsanlagen
11 Druckbelüftungsanlagen
12 Installationskanäle und -schächte, einschließlich der Abschlüsse ihrer Öffnungen
13 Brandschutzverglasungen
14 Spezielle Brandschutzprodukte
14.1 Feuerschutzmittel
14.2 Reaktive Brandschutzbeschichtungen auf Stahlbauteilen
14.3 Lineare Fugenabdichtungen

20 Neben der Klassifizierung der bauordnungsrechtlichen Anforderungen finden sich in Anhang 4 zu den einzelnen Bauteilen weitere Bestimmungen für die Bauausführung und insbesondere zu den erforderlichen Verwendbarkeitsnachweisen.

Am Beispiel einer nichttragenden Trennwand nach § 29 BauO NRW stellt sich die bauordnungsrechtliche **Systematik zur Erfüllung der Anforderungen an die Feuerwiderstandsfähigkeit** des Bauteils zukünftig wie folgt dar:
- Die materiellen Anforderungen an die Trennwand ergeben sich aus den Vorgaben von § 29 Abs. 3 BauO NRW (z.b. feuerbeständige Trennwände in Gebäuden der Gebäudeklasse 5).
- In § 26 Abs. 2 BauO NRW 2018 werden die Anforderungen an eine feuerbeständige Feuerwiderstandsfähigkeit definiert.
- Die Anforderungen an die Trennwand werden in der nach § 88 eingeführten VV TB NRW weiter konkretisiert. Die Anforderungen an Trennwände werden dabei in A 2.1.6 VV TB NRW geregelt. A 2.1.6 VV TB NRW verweist bezüglich des Nachweises der Feuerwiderstandsfähigkeit auf Anhang 4 der VV TB NRW.
- Anhang 4 VV TB NRW konkretisiert in Tabelle 4.2.1 die bauaufsichtlichen Anforderungen zur Feuerwiderstandsfähigkeit an raumabschließende Wände und die Zuordnung der Festlegungen von Klassen gemäß Eurocode. Demnach müssen feuerbeständige Wände die charakteristische Leistungseigenschaft EI 90 erfüllen und nach den Anwendungsregeln DIN EN 1992-1-2:2010-12, Abschnitt 5, DIN EN 1996-1-2/NA2012-01 zu Anhang B und zusätzlich DIN 4102-4:2016-05 ausgelegt werden.

Gemäß § 26 Abs. 2 Satz 3 werden Bauteile <u>zusätzlich</u> nach den folgenden Mindestanforderungen an das **Brandverhalten ihrer Baustoffe** unterschieden in
1. Bauteile aus nichtbrennbaren Baustoffen,
2. Bauteile, deren tragende und aussteifende Teile aus nichtbrennbaren Baustoffen bestehen und die bei raumabschließenden Bauteilen zusätzlich eine in Bauteilebene durchgehende Schicht aus nichtbrennbaren Baustoffen haben,
3. Bauteile, deren tragende und aussteifende Teile aus brennbaren Baustoffen bestehen und die allseitig eine brandschutztechnisch wirksame Bekleidung aus nichtbrennbaren Baustoffen (Brandschutzbekleidung) und Dämmstoffen aus nichtbrennbaren Baustoffen haben, oder
4. Bauteile aus brennbaren Baustoffen.

Das **Brandverhalten** der wesentlichen Baustoffe der Bauteile wird im Rahmen der Klassifizierung der Feuerwiderstandsfähigkeit nach DIN 4102-2 berücksichtigt und nach DIN 4102-1 oder DIN EN 13501-1 bestimmt. Die europäische Klassifizierung der Feuerwiderstandsfähigkeit von Bauteilen berücksichtigt dagegen das Brandverhalten der Baustoffe nicht und wird deshalb nach DIN EN 13501-1 zusätzlich bestimmt (Große-Suchsdorf, § 26, Rn. 9).

Zu den Anforderungen nach Satz 3 Nr. 3 ist den Handlungsempfehlungen zur BauO NRW 2018 zu entnehmen: *»Die Erfüllung der Anforderungen des Satzes 3 Nr. 3 wird durch die »Muster-Richtlinie über brandschutztechnische Anforderungen an hochfeuerhemmende Bauteile in Holzbauweise« (M-HFHHolzR) konkretisiert, die mit der Verwaltungsvorschrift Technische Baubestimmung NRW als Technische Baubestimmung eingeführt wurde.*

§ 26 Allgemeine Anforderungen an das Brandverhalten von Baustoffen und Bauteilen

Die M-HFHHolzR gilt nur für die Erfüllung der Anforderungen des § 26 Abs. 2 Satz 3 Nr. 3 BauO NRW und nur für die Holzrahmen- und Holztafelbauweise, jedoch ausdrücklich nicht für die Holzmassivbauweisen. Für die Bauteile, die nach dieser Richtlinie gebaut werden, ist sowohl ein bauaufsichtlicher Verwendbarkeitsnachweis in Form eines allgemeinen bauaufsichtlichen Prüfzeugnisses erforderlich als auch ein Übereinstimmungsnachweis in Form eines Übereinstimmungszertifikates.

Das Tragwerk ist in diesem Fall als »REI 60« (vergleichbar F 60) klassifiziert und die Brandschutzbekleidung als »K²60«. § 26 Abs. 1 und 2 BauO NRW 2018 erlaubt den Einsatz von Bauteilen aus brennbaren Baustoffen nur in Bezug auf Bauteile, die feuerhemmend und hochfeuerhemmend sein müssen.

Hochfeuerhemmende Bauteile aus Holz sind nach den Absätzen 1 und 2 nur in Holzrahmen- und Holztafelbauweise mit Brandschutzbekleidung möglich.«

29 Gemäß § 26 Abs. 2 Satz 4 BauO NRW müssen, soweit in der BauO NRW oder in Vorschriften aufgrund der BauO NRW nichts anderes bestimmt ist,
30 1. Bauteile, die feuerbeständig sein müssen, mindestens den Anforderungen des Satzes 3 Nummer 2, sowie
31 2. Bauteile, die hochfeuerhemmend sein müssen, mindestens den Anforderungen des Satzes 3 Nummer 3 entsprechen.

32 Danach müssen **feuerbeständige Bauteile** mindestens in ihren tragenden und aussteifenden Teilen aus nichtbrennbaren Baustoffen bestehen und bei raumabschließenden Bauteilen zusätzlich eine in Bauteilebene durchgehende Schicht aus nichtbrennbaren Baustoffen haben. Die tragenden und aussteifenden Bauteile von **hochfeuerhemmenden Bauteilen** dürfen aus brennbaren Baustoffen bestehen, wenn sie allseitig eine brandschutztechnisch wirksame Bekleidung aus nichtbrennbaren Baustoffen (**Brandschutzbekleidung**) und Dämmstoffe aus nichtbrennbaren Baustoffen aufweisen (Handlungsempfehlung BauO NRW 2018, S. 24 f.). Feuerhemmende Bauteile müssen keine weiteren Anforderungen an das Brandverhalten ihrer Baustoffe erfüllen (Simon/Busse, Art. 24, Rn. 25).

4 Zu Abs. 3 – Abweichende Zulässigkeit von brennbaren Baustoffen bei tragenden und aussteifenden oder raumabschließenden Bauteilen

33 Abweichend von § 26 Absatz 2 Satz 3 BauO NRW sind tragende oder aussteifende sowie raumabschließende Bauteile, die hochfeuerhemmend oder feuerbeständig sein müssen, aus **brennbaren Baustoffen** zulässig, wenn die geforderte Feuerwiderstandsdauer nachgewiesen wird und die Bauteile so hergestellt und eingebaut werden, dass Feuer und Rauch nicht über Grenzen von Brand- oder Rauchabschnitten, insbesondere Geschosstrennungen, hinweg übertragen werden können.

34 Gegenstand der Abweichung sind tragende oder aussteifende sowie raumabschließende Bauteile, die hochfeuerhemmend oder feuerbeständig sein müssen. Insofern wird auf die Erläuterungen zu § 26 Abs. 2 BauO NRW (vgl. vorstehend Rdn. 16) und auf den Inhalt von A. 2.1.3 und A. 2.1.4 VV TB NRW verwiesen.

Die Handlungsempfehlungen zur BauO NRW 2018 führen hierzu aus: 35

*»Nummer 2 beschreibt eine Bauart für das Bauen mit ungeschützten Holzbauteilen in 36
Gebäuden der Gebäudeklassen GKL 4 und GKL 5, für die es bislang keine allgemein
anerkannten Regeln der Technik gibt. Infolgedessen darf diese Bauart gemäß § 17 Absatz 2 BauO NRW 2018 nur angewendet werden, wenn für sie eine allgemeine oder
vorhabenbezogene Bauartgenehmigung erteilt wurde.*

*Alternativ kommt eine Abweichung von den Anforderungen des § 26 Absatz 2 oder 3
in Betracht, wenn nachgewiesen wird, dass die Brandschutzanforderungen auf andere
Weise erfüllt werden.«*

Nach dem Zweck der Vorschrift ist die **Verwendung von Holzbauteilen** damit zwar 37
grundsätzlich ohne Rücksicht auf die Vorgaben der Muster-Holzbaurichtlinie möglich. Die erforderliche Feuerwiderstandsdauer von 60 Minuten (hochfeuerhemmend)
oder 90 Minuten (feuerbeständig) kann beispielsweise durch Überdimensionierung
des Holzquerschnitts oder entsprechende Brandschutzbekleidung erreicht werden.
Eine Entzündung des Holzquerschnittes ist zulässig, sofern die erforderliche Feuerwiderstandsdauer erzielt wird. Methoden zur quantitativen Beurteilung der Rauchdichtheit sind jedoch nur kleinmaßstäblich ohne eine geeignete Übertragbarkeit auf
reale Bauteilgrößen vorhanden. **Insbesondere fehlen entsprechende Nachweise und
Nachweisverfahren** (Spannowsky/Uechtritz/Zehfuß, § 26, Rn. 17).

Es handelt sich bei der Regelung in § 26 Abs. 3 BauO NRW um eine **Abweichung eigener Art**. Die Abweichung folgt einem anderen Regelungsprogramm als Abweichungen gemäß § 69 BauO NRW. Hervorzuheben ist dabei, dass Abweichungen gemäß
§ 26 Abs. 3 BauO NRW ihrem Wortlaut nach bei Vorliegen der tatbestandlichen
Voraussetzungen zu erteilen »sind«, ihre Erteilung mithin **nicht im Ermessen der Bauaufsicht** steht. 38

Das Gesetz macht die von § 26 Abs. 2 Satz 3 BauO NRW abweichende Ausführung sodann von der Erreichung des Schutzziels abhängig, dass die geforderte Widerstandsdauer nachgewiesen wird und die Bauteile so hergestellt und eingebaut werden, dass Feuer
und Rauch nicht über Grenzen von Brand- oder Rauchabschnitten, insbesondere Geschosstrennungen, hinweg übertragen werden können. Praktisch ergeben sich in Bezug
auf diese Voraussetzungen die gleichen Anforderungen wie bei Abweichungen gemäß
§ 69 Abs. 1 bzw. § 88 Abs. 1 Satz 2 BauO NRW. Es muss auch im Fall des § 26 Abs. 3
BauO NRW also der **Nachweis geführt werden**, dass die gesetzlichen Anforderungen in
gleichem Maße erreicht werden, obwohl brennbare Baustoffe verwendet werden. 39

§ 27 Tragende Wände, Stützen

(1) Tragende und aussteifende Wände und Stützen müssen im Brandfall ausreichend
lang standsicher sein. Sie müssen
1. in Gebäuden der Gebäudeklasse 5 feuerbeständig,
2. in Gebäuden der Gebäudeklasse 4 hochfeuerhemmend und
3. in Gebäuden der Gebäudeklassen 2 und 3 feuerhemmend

sein. Satz 2 gilt
1. für Geschosse im Dachraum nur, wenn darüber noch Aufenthaltsräume möglich sind; § 29 Absatz 4 bleibt unberührt,
2. nicht für Balkone und Altane, ausgenommen offene Gänge, die als notwendige Flure dienen.

(2) Im Kellergeschoss müssen tragende und aussteifende Wände und Stützen
1. in Gebäuden der Gebäudeklassen 3 bis 5 feuerbeständig,
2. in Gebäuden der Gebäudeklassen 1 und 2 feuerhemmend
sein.

Übersicht		Rdn.
0	Änderungen gegenüber der BauO NRW 2000	01
1	Allgemeines	1
2	Bemessung von tragenden Wänden und Stützen für die Einwirkung eines Naturbrandes	3
3	Zu Abs. 1 – tragende Wände, Stützen	7
4	Zu Abs. 2 – tragende und aussteifende Wände und Stützen im Kellergeschoss	15

0 Änderungen gegenüber der BauO NRW 2000

01 Die BauO NRW übernimmt mit § 27 die **Formulierungen der MBO** und die damit verbundenen Anforderungen an tragende Wände und Stützen voll umfänglich. Das System der tragenden Wände und Stützen wurde dabei auf die neue Gliederung der Gebäude in **5 Gebäudeklassen** abgestellt. Aufgrund der neuen Bezeichnungen und der Benennung der Anforderungen an die Feuerwiderstandsfähigkeit direkt in § 26 BauO NRW (s. Anmerkungen zu § 26 Rdn. 16–17) konnte die bisherige, im § 29 BauO NRW 2000 aufgeführte, tabellarische Darstellung entfallen. Vorangestellt wird den Anforderungen an die Feuerwiderstandsfähigkeit mit § 27 Abs. 1 Satz 1 eine **Schutzzielformulierung**, mit der die generellen Anforderungen an den Brandschutz aus § 14 (s. Anmerkungen zu § 14 Rdn. 4–15) weiter konkretisiert werden.

02 In § 27 **Abs.** 1 Satz 2 wird für die Gebäudeklasse 4 (s. Anmerkungen zu § 2 Abs. 3) die neue Anforderungsstufe »**hochfeuerhemmend**« zugeordnet. Für Gebäude »geringer Höhe« der Gebäudeklassen 2 und 3 bleibt die Anforderungsstufe gegenüber § 29 Abs. 1 BauO NRW 2000 unverändert (F 30/feuerhemmend).

03 Im § 29 BauO NRW 2000 war eine **Freistellung von Brandschutzanforderungen** der freistehenden zweigeschossigen Einfamilienhäuser und anderer freistehender Gebäude vergleichbarer Größe enthalten. Mit § 27 Abs. 1 wird diese Freistellung auf alle **Gebäude der Gebäudeklasse 1** ausgedehnt. Die Gebäudeklasse 1 erfasst gemäß § 2 Abs. 3 Satz 1 Nr. 1 auch freistehende land- und forstwirtschaftlich genutzte Gebäude und Gebäude vergleichbarer Nutzung. § 27 Abs. 1 Satz 3 Nr. 1 BauO NRW enthält zudem die zuvor im § 29 Abs. 1 Satz 1 Zeile 1d BauO NRW 2000 aufgeführte Erleichterung für **oberste Geschosse von Dachräumen**. Mit § 27 Abs. 1 Satz 3 Nr. 2 werden nun **Balkone und Altane-Konstruktionen** von den

Anforderungen freigestellt, soweit diese nicht als Rettungswege (offene Gänge/notwendige Flure) genutzt werden.

Im § 27 **Abs. 2** werden die bisher in § 29 Abs. 1 Satz 1 Zeile 1b BauO NRW 2000 aufgeführten Anforderungen an tragende und aussteifende **Wände und Stützen im Kellergeschoss** aufgenommen. Dabei wird die Abstufung der Feuerwiderstandsfähigkeit auf 30 Minuten (feuerhemmend) in § 27 Abs. 2 Satz 1 Nr. 2 weitergehend als bisher für alle Gebäude der Gebäudeklassen 1 und 2 zugelassen. Auf die Ausführung der wesentlichen Teile aus nichtbrennbaren Baustoffen wird dabei verzichtet. 04

1 Allgemeines

§ 27 enthält die brandschutztechnischen Anforderungen an **tragende Wände und Stützen**. Das sind Bauteile, die in das Konzept des Standsicherheitsnachweises nicht nur allein durch ihr Eigengewicht eingehen, sondern die auch zur **Aufnahme und Weiterleitung von Kräften** unverzichtbar bestimmt sind und die Standsicherheit der baulichen Anlagen insgesamt sichern. Die in § 27 gestellten Anforderungen dienen der ausreichenden Standsicherheit für den Brandfall. Sie treffen daher nur solche Bauteile, die Bauteile tragen und aussteifen, an die hinsichtlich ihrer Feuerwiderstandsfähigkeit Anforderungen gestellt werden. 1

Eine weitere Konkretisierung der Anforderungen erfolgt durch die VV TB NRW, Kapitel A 2.1.4: »*Teile baulicher Anlagen, die Lasten abtragen (aufnehmen) oder Teile baulicher Anlagen aussteifen, müssen unter dieser Belastung bei Brandeinwirkung über eine bestimmte Zeitdauer nach Abschnitt 2.1.3.2 standsicher sein. Werden tragende Teile der baulichen Anlage aus Beton, Stahl, Aluminium, Holz oder Mauerwerk ausgeführt, sind die Technischen Regeln zur Tragwerksbemessung für den Brandfall in A 1.2.3, A 1.2.4, A 1.2.5 und A 1.2.6 zu beachten. Wird die Standsicherheit im Brandfall rechnerisch nachgewiesen, gilt:* 2

– *für tragende Bauteile, die feuerbeständig sein müssen, ist die Tragfähigkeit rechnerisch für mindestens 90 Minuten Brandbeanspruchung nach ETK nachzuweisen,*

– *für tragende Bauteile, die hochfeuerhemmend sein müssen, ist die Tragfähigkeit rechnerisch für mindestens 60 Minuten Brandbeanspruchung nach ETK nachzuweisen,*

– *für tragende Bauteile, die feuerhemmend sein müssen, ist die Tragfähigkeit rechnerisch für mindestens 30 Minuten Brandbeanspruchung nach ETK nachzuweisen, und*

– *für tragende Bauteile, die eine Feuerwiderstandsfähigkeit von 120 Minuten haben müssen, ist die Tragfähigkeit rechnerisch für mindestens 120 Minuten Brandbeanspruchung nach ETK nachzuweisen.*

*Werden tragende und aussteifende Teile baulicher Anlagen für die Einwirkung eines **Naturbrandes** bemessen, ist Anlage A 1.2.1/3 zu beachten. Für hochfeuerhemmende tragende Bauteile in Holzbauweise ist die Technische Regel A 2.2.1.4 (Muster-Richtlinie über brandschutztechnische Anforderungen an hochfeuerhemmende Bauteile in Holzbauweise M-HFHHolzR: 2004-07) zu beachten.*

Hinweis:

Ein Bauteil, das nur der Aussteifung dient, darf auch ein anderes Brandverhalten aufweisen als das feuerwiderstandsfähige Bauteil, das es aussteift, wenn das Gesamtsystem eine ausreichende Feuerwiderstandsfähigkeit hat.«

2 Bemessung von tragenden Wänden und Stützen für die Einwirkung eines Naturbrandes

3   Für die zur Anwendung kommenden **Naturbrandmodelle** ist zu berücksichtigen, dass das Ergebnis der Bemessung des Feuerwiderstandes (Brandeinwirkung und Nachweis) tragender oder aussteifender Bauteile auf der Grundlage von Naturbrandmodellen einer **Abweichung nach** § 69 BauO NRW oder bei ungeregelten Sonderbauten einer **Erleichterung nach** § 50 BauO NRW bedarf. Weitere Anforderungen finden sich in Anlage A 1.2.1/3 VV TB NRW.

4   Ein Naturbrandszenario bildet ein **objektspezifisches Brandereignis** unter Berücksichtigung der Gebäudenutzung, der Gebäudegeometrie sowie der brandschutztechnischen Infrastruktur ab. Entgegen einer Bemessung auf Grundlage der **Einheits-Temperaturzeitkurve (ETK)** kann darauf aufbauend keine **allgemein gültige Einstufung** in eine Feuerwiderstandsklasse nach DIN 4102-2 bzw. in eine charakteristische Leistungseigenschaft nach DIN EN 13501-2 vorgenommen werden. Um den bauaufsichtlichen Bestimmungen hinsichtlich einer ausreichenden Standsicherheit im Brandfall gerecht zu werden, bedarf das Naturbrandszenario daher einer **ganzheitlichen Betrachtung** einschließlich der Phase der Brandentstehung und der Abklingphase. Im Rahmen des Bauantrags bzw. der Bauvorlage muss dabei dargelegt werden, wie die angenommenen Randbedingungen über die Nutzungsdauer der baulichen Anlage eingehalten werden. Die so geschaffene **Verknüpfung des Nachweises mit dem Brandschutzkonzept** macht eine Neubewertung der Feuerwiderstandsfähigkeit von Bauteilen und Tragwerksteilen im Zuge einer Nutzungsänderung oder bei relevanten baulichen Änderungen erforderlich. Ein Nachweis der Feuerwiderstandsfähigkeit auf Basis der ETK ist hingegen unabhängig von der Nutzung und hat somit auch über Nutzungsänderungen hinaus Bestand, es sei denn, die neue Nutzung erfordert aufgrund materieller bauordnungsrechtlicher Anforderungen z.B. aus der SBauVO höhere Anforderungen an den Feuerwiderstand.

5   Die Eingangsgrößen für Naturbrandmodelle werden über den Anhang BB des **Nationalen Anhangs** zur DIN EN 1991-1-2 (Einwirkungen auf Tragwerke, Teil 1 – 2: Allgemeine Einwirkungen – Brandeinwirkungen auf Tragwerke) definiert. Im Rahmen des Sicherheitskonzeptes werden dabei die erforderliche Zuverlässigkeit der zu bemessenden Bauteile und Tragwerke in der außergewöhnlichen Bemessungssituation Brand, wie auch die **Ausfallwahrscheinlichkeiten** der manuellen und anlagentechnischen Brandbekämpfung berücksichtigt. Die Bestimmung der **Brandlast** kann dabei über tabellarisch erfasste Werte in Abhängigkeit der jeweiligen Nutzung sowie über eine Ermittlung im Einzelfall erfolgen. Die Anwendung von Naturbrandmodellen ist in der Anlage A 1.2.1/3 VV TB NRW geregelt. Eine davon **abweichende Definition der Eingangsgrößen** stellt zunächst formal eine Abweichung gegenüber den

technischen Baubestimmungen nach § 88 Abs. 1 BauO NRW dar. Da in Anlage A 1.2.1/3 VV TB NRW aber ohnehin das Ergebnis der Bemessung des Feuerwiderstandes (Brandeinwirkung und Nachweis) tragender oder aussteifender Bauteile auf der Grundlage von Naturbrandmodellen (Abschnitt 3.3 DIN EN 1991-1-2:2010-12) einer Abweichung nach § 69 Abs. 1 BauO NRW oder einer Erleichterung nach § 50 BauO NRW von den Anforderungen des § 27 BauO NRW bedarf, ist die Bewertung der Gleichwertigkeit der gewählten Lösung in der Regel Bestandteil dieser Abweichung bzw. Erleichterung und wird nicht gesondert betrachtet.

Grundsätzlich ist bei der Bemessung von einem **Vollbrand** innerhalb eines brandschutztechnisch abgetrennten Bereiches auszugehen. Darüber hinaus kann für die Bemessung von Bauteilen in unmittelbarer Nähe des Brandherdes die Betrachtung von **lokalen Brandereignissen** bemessungsrelevant sein. Den Tragfähigkeitsnachweisen im Brandfall liegen jeweils **vereinfachte und erweiterte Bemessungsverfahren** zugrunde, die in den baustoffbezogenen Teilen der Eurocodes definiert sind. Diese reichen von tabellarischen Bemessungstafeln über den Nachweis mit Hilfe von Handrechenformeln bis hin zu komplexen und softwareunterstützten Lösungsansätzen. Die vereinfachten Bemessungsverfahren basieren i. d. R. auf einer Brandbeanspruchung durch die Einheits-Temperaturzeitkurve, da diese die Grundlage für die Brandprüfung brandschutztechnisch qualifizierter Bauteile darstellt. Dies hat zur Folge, dass die Einbindung von Naturbrandszenarien insgesamt auch mit einem erhöhten Bemessungsaufwand einhergeht.

6

3 Zu Abs. 1 – tragende Wände, Stützen

Mit § 27 **Abs. 1 Satz 1** wird den weiteren Anforderungen des § 27 eine **Schutzzielformulierung** vorangestellt (s. Anmerkungen zu § 14 Rdn. 4–15). Geht man davon aus, dass eine ausreichend lange Standsicherheit im Brandfall zur Ermöglichung der Flucht der Nutzer eines Gebäudes, zur Ermöglichung der Suche nach verletzten Nutzern durch Feuerwehr und Rettungsdienst und zur Ermöglichung der Brandbekämpfung im Gebäude erforderlich ist, kann eine **primäre Zuordnung** zu den grundsätzlichen Schutzzielen des § 14

7

– »bei einem Brand muss die Rettung von Menschen und Tieren möglich sein« und
– »bei einem Brand müssen wirksame Löscharbeiten möglich sein«,

erfolgen.

§ 27 **Abs. 1 Satz 2** konkretisiert die geforderte Feuerwiderstandsfähigkeit, unterschieden nach Gebäudeklassen und bestimmten Fallgestaltungen. Ausgehend von einer feuerbeständigen Bauweise in der Gebäudeklasse 5 kann die Feuerwiderstandsfähigkeit für Gebäude der Gebäudeklasse 4 auf eine hochfeuerhemmende Bauweise reduziert werden. Für Gebäude der Gebäudeklassen 2 und 3 sind in der weiteren Abstufung tragende Wände und Stützen in feuerhemmender Bauweise ausreichend. Die Anforderungen an die Baustoffe werden dabei durch § 26 Abs. 2 Satz 4 vorgegeben. Für Gebäude der Gebäudeklasse 5 sind Bauteile, deren tragende und aussteifende Teile aus **nichtbrennbaren Baustoffen** bestehen und für Gebäude der Gebäudeklasse 4 sind

8

§ 27　Tragende Wände, Stützen

Bauteile, deren tragende und aussteifende Teile aus brennbaren Baustoffen bestehen und die allseitig eine brandschutztechnisch wirksame Bekleidung aus nichtbrennbaren Baustoffen (**Brandschutzbekleidung**) und Dämmstoffe aus nichtbrennbaren Baustoffen haben, erforderlich (s. Anmerkungen zu § 26 Rdn. 28).

9   Im § **27 Abs. 1 Satz 3 Nr. 1** ist eine Erleichterung für **oberste Geschosse von Dachräumen** vorgesehen. Die Begründung für die Neufassung der BauO NRW (vgl. Gesetzentwurf Drucks. 17/2166) beschreibt hierzu:

10   *»§ 27 Abs. 1 Satz 3 Nr. 1 enthält eine Erleichterung für oberste Geschosse von Dachräumen bzw. für Dachstühle aus Holz. Diese Regelung ermöglicht, dass die tragenden Holzbauteile im* **Dachstuhl** *keine Feuerwiderstandsfähigkeit aufweisen müssen, sofern sich im* **Spitzboden** *keine Aufenthaltsräume befinden. Sofern im Dachraum Trennwände nach § 29 erforderlich sind und diese nicht bis zur Dachhaut geführt werden sollen, kann sich daraus eine Anforderung an den oberen Raumabschluss des obersten Geschosses und an die diesen oberen Raumabschluss (Decke) tragenden (unterstützenden) Teile ergeben (feuerhemmend nach § 29 Abs. 4).* **Geschosse im Dachraum** *sind nur solche Hohlräume zwischen der obersten Decke und der Bedachung, in denen Aufenthaltsräume möglich sind; im Übrigen sind sie keine Geschosse, sondern Hohlräume (siehe § 2 Abs. 5 Satz 2).«*

11   Der Begriff **Dachraum** wird im Protokoll der Dienstbesprechungen des NRW Bauministeriums mit den Bauaufsichtsbehörden von Januar und Februar 2011 darüber hinaus wie folgt ausgelegt:

12   *»Der Begriff Dachraum ist im Bauordnungsrecht nicht definiert. Soweit in § 29 Abs. 1 BauO NRW, Zeile 1c und 1d (§ 27 Abs. 1 BauO NRW), die Formulierung »in Geschossen im Dachraum« verwendet wird, wird hierunter ein Geschoss verstanden, dass sich* **unter geneigten Dachflächen** *befindet. Geschosse im Dachraum eines Gebäudes mit Steildach können als Dachgeschoss bezeichnet werden (vgl. Boeddinghaus, Hahn, Schulte, Kommentar zur Landesbauordnung, § 2, Rn. 106a). Ein Dachgeschoss zeichnet sich also dadurch aus, dass es über* **keine Außenwände** *wie z.B. bei einem Staffelgeschoss oder einem Geschoss mit Flachdach verfügt. Bei einem Gebäude mit Pultdach, bei dem das oberste Geschoss sowohl aus einer Außenwand als auch aus einer Dachschräge besteht, kann das oberste Geschoss als Dachgeschoss angesehen werden (vgl. Niederschrift Dienstbesprechungen 2001).«*

13   § **27 Abs. 1 Satz 3 Nr. 2** stellt **Balkone** und **Altane-Konstruktionen** von den Anforderungen nach Satz 2 frei. Davon ausgenommen sind Konstruktionen, die als offene Gänge der Rettungswegführung dienen (notwendige Flure). Entsprechende Anforderungen hierzu ergeben sich aus § 36 Abs. 4 und 5. Die Freistellung von § 27 Abs. 1 Satz 3 Nr. 2 gilt auch für Balkone, die **anleiterbare Stellen** erschließen. Die Vorauflage dieses Werkes begründet dies wie folgt:
- Der Balkon kann als Wegelement zwischen Rettungsfenster und anleiterbarer Stelle gesehen werden. Ein Wegelement zwischen anleiterbarer Stelle und Rettungsfenster muss keine höhere Sicherheit aufweisen, als das **Rettungsgerät der Feuerwehr** selbst.

– Balkone – als vor die Außenwand vortretende Bauteile – werden in aller Regel nur im Wohnungsbau und dort bei maximal drei- bis viergeschossigen Gebäuden geplant und gebaut.
– Balkone tragen nicht zur Standsicherheit des Gebäudes bei – sie tragen nur sich selbst.
– Sofern es in einem Raum unterhalb eines Balkons brennt und Flammen aus einer Tür oder einem Fenster schlagen, so kann dieser Balkon schon wegen der Hitzeentwicklung nicht als anleiterbare Stelle genutzt werden.
– Den Feuerwehren sind keine Fälle bekannt, bei denen es durch Versagen der Standsicherheit für den Brandfall eines Balkons zu Behinderungen der Rettungsarbeiten gekommen ist.

Hinsichtlich der Anforderungen an tragende und aussteifende Wände und Stützen von **Wintergärten**, die häufig als Glasanbauten mit Überkopfverglasungen auf zuvor als offene Terrasse genutzten Flächen konzipiert werden, können Abweichungen von den Anforderungen des § 27 im Einzelfall wegen geringer Brandlast vertretbar sein. Die Anforderungen stehen in Verbindung mit denen des § 32 Abs. 7 BauO NRW an die Bedachung von Anbauten (s. Anmerkungen zu § 32 Rdn. 42). 14

4 Zu Abs. 2 – tragende und aussteifende Wände und Stützen im Kellergeschoss

§ 27 **Abs. 2** berücksichtigt durch höhere Anforderungen für Kellergeschosse die **besonderen Gefahren**, die durch **Kellerbrände** entstehen können, die häufig erst sehr spät an der Schwelle eines Vollbrandes bemerkt werden, wenn alle brennbaren Stoffe ihre Zündtemperatur fast oder schon erreicht haben. Der Feuerübersprung zum Vollbrand verzögert sich aufgrund des Sauerstoffmangels. Die daraus resultierende starke Verrauchung der Kellerräume bereitet der Feuerwehr große Schwierigkeiten, insbesondere bei der **Auffindung des Brandherdes**. Um diesen Gefahren besser zu entgegnen, enthält § 37 Abs. 4 entsprechende Regelungen über Öffnungen zur Rauchableitung (s. Anmerkungen zu § 37 Rdn. 17). Darüber hinaus befinden sich in Kellergeschossen in aller Regel **Hausanschlussräume** und **Lagerräume** mit zusätzlichen Brandgefahren (s. Anmerkung zu § 31 Rdn. 10). 15

Die Anforderung an tragende Wände und Stützen werden aufgrund der vorgenannten Rahmenbedingungen ausgehend von einer feuerbeständigen Bauweise in den Gebäudeklassen 3 bis 5 auf eine feuerhemmende Bauweise in den Gebäudeklassen 1 und 2 abgestuft. Mit Ausnahme der Gebäudeklassen 2 und 5 liegen die Anforderungen in den übrigen Gebäudeklassen immer **eine Stufe über den Anforderungen** an die tragenden Wände und Stützen in den oberirdischen Geschossen. Die Anforderung »feuerhemmend« für tragende und aussteifende Wände und Stützen im Kellergeschoss ist aufgrund der geringen Abmessungen in Gebäuden der Gebäudeklasse 2 von max. 400 m² risikogerecht. In Gebäuden der Gebäudeklasse 5 wird mit einer Feuerwiderstandsdauer von 90 Minuten bereits eine hohe Feuerwiderstandsfähigkeit gefordert, so dass auch hier den besonderen Gefahren eines Kellerbrandes ausreichend Rechnung getragen wird. Die höheren Anforderungen an Bauteile im Kellergeschoss sind auch 16

§ 28 Außenwände

für die Auslegung von Trennwänden nach § 29 BauO NRW und Wänden anstelle von Brandwänden nach § 30 Abs. 3 Satz 2 BauO NRW zu berücksichtigen.

§ 28 Außenwände

(1) Außenwände und Außenwandteile wie Brüstungen und Schürzen sind so auszubilden, dass eine Brandausbreitung auf und in diesen Bauteilen ausreichend lang begrenzt ist.

(2) Nichttragende Außenwände und nichttragende Teile tragender Außenwände müssen aus nichtbrennbaren Baustoffen bestehen; sie sind aus brennbaren Baustoffen zulässig, wenn sie als raumabschließende Bauteile feuerhemmend sind. Satz 1 gilt nicht für
1. Türen und Fenster,
2. Fugendichtungen und
3. brennbare Dämmstoffe in nichtbrennbaren geschlossenen, linien- oder stabförmigen Profilen der Außenwandkonstruktionen.

(3) Oberflächen von Außenwänden sowie Außenwandbekleidungen müssen einschließlich der Dämmstoffe und Unterkonstruktionen schwerentflammbar sein. Unterkonstruktionen aus normalentflammbaren Baustoffen sind zulässig, wenn die Anforderungen nach Absatz 1 erfüllt sind. Balkonbekleidungen, die über die erforderliche Umwehrungshöhe hinaus hochgeführt werden, und mehr als zwei Geschosse überbrückende Solaranlagen an Außenwänden müssen schwerentflammbar sein. Baustoffe, die schwerentflammbar sein müssen, in Bauteilen nach den Sätzen 1 und 3 dürfen nicht brennend abfallen oder abtropfen.

(4) Bei Außenwandkonstruktionen mit geschossübergreifenden Hohl- oder Lufträumen wie hinterlüftete Außenwandbekleidungen sind gegen die Brandausbreitung besondere Vorkehrungen zu treffen. Satz 1 gilt für Doppelfassaden entsprechend.

(5) Die Absätze 2, 3 und 4 Satz 1 gelten nicht für Gebäude der Gebäudeklassen 1 bis 3. Absatz 4 Satz 2 gilt nicht für Gebäude der Gebäudeklassen 1 und 2.

Übersicht		Rdn.
0	Änderungen gegenüber der BauO NRW 2000	01
1	Zu Abs. 1 – Schutzzielformulierung	1
2	Zu Abs. 2 – Nichttragende Außenwände und nichttragende Teile tragender Außenwände	4
3	Zu Abs. 3 – Oberflächen von Außenwänden sowie Außenwandbekleidungen	12
4	Zu Abs. 4 – Außenwandkonstruktionen mit geschossübergreifenden Hohl- oder Lufträumen	17

0 Änderungen gegenüber der BauO NRW 2000

01 Mit § 28 wurde den **Außenwänden** nun ein eigener Paragraph gewidmet. Dabei nimmt § 28 BauO NRW 2018 die bisherigen Anforderungen des § 29 Abs. 1 Satz 1 Zeile 2

und 3 sowie § 29 Abs. 3 auf. Hinsichtlich der Neufassung wurden die **Formulierungen der MBO** voll umfänglich übernommen. Aufgrund der neuen Bezeichnungen (s. Anmerkungen zu § 26 Rdn. 1–8) entfällt die im § 29 BauO 2000 aufgeführte tabellarische Darstellung und die Anforderungen werden direkt in § 28 definiert und in Abs. 5 in das **System der Gebäudeklassen** eingestuft.

Mit § 28 **Abs.** 1 Satz 1 wurde den weiteren Anforderungen entsprechend der neuen bauordnungsrechtlichen Systematik eine **Schutzzielformulierung** vorangestellt. 02

§ 28 **Abs.** 2 nimmt in Satz 2 eine für die Baupraxis notwendige (und bisher auch so übliche) Erleichterung auf: **Fenster und Türen** (Profile und Verglasung) werden von den Anforderungen des Satzes 1 nicht erfasst. 03

In § 28 **Abs.** 3 Satz 2 wurde die bisher in § 29 Abs. 3 BauO NRW 2000 und Nr. 29.3 VV BauO NRW enthaltene Möglichkeit, Unterkonstruktionen aus normalentflammbaren Baustoffen zu gestatten, durch einen Zulässigkeitstatbestand entsprechend § 29 Abs. 3 MBO ersetzt. Mit den Anforderungen zu **Balkonbekleidungen** in § 28 **Abs.** 3 Satz 3 wurde klargestellt, dass Balkonbekleidungen (zum Beispiel Sicht- oder Wetterschutzblenden) nur dann der Anforderung des Satzes 1 unterliegen, wenn sie über die normale Umwehrungshöhe hinaus hochgeführt werden. Zudem wurden **Anforderungen an Solaranlagen** an Außenwänden aufgenommen. Im § 28 **Abs.** 3 Satz 4 wurden zur Erfüllung des Schutzziels nach § 28 Abs. 1 Anforderungen an das **Abfallen oder Abtropfen** im Brandfall gestellt. 04

Mit dem neuen Satz 2 in § 28 **Abs.** 4 wird nun eine Differenzierung zwischen **hinterlüfteten Außenwandbekleidungen** und **Doppelfassaden** möglich, auf die sich die Ausnahmeregelung des § 28 Abs. 5 bezieht. Für Doppelfassaden wird dadurch die Ausnahme (Verzicht auf Vorkehrungen) auf Gebäude der Gebäudeklassen 1 und 2 beschränkt. 05

1 Zu Abs. 1 – Schutzzielformulierung

Mit § 28 Abs. 1 wird das **Schutzziel** formuliert. Außenwände müssen so beschaffen sein, dass eine Brandausbreitung auf und in diesen Bauteilen ausreichend lang begrenzt ist. Damit wird auf die Einschränkung des aktiven Beitrags der Fassade zum Brand abgezielt. Die VV TB NRW führt hierzu in Kapitel A 2.1.5 konkretisierend aus, dass »ausreichend lange Begrenzung der Brandausbreitung« auch bedeutet, dass nach Ende der Brandeinwirkung und der Löscharbeiten ein fortschreitendes **Glimmen** und/oder **Schwelen** in diesen Bauteilen nicht mehr stattfindet (s. Anmerkungen § 26 Rdn. 14). Ein **Feuerüberschlagsweg** zwischen den Geschossen wurde weder mit der BauO NRW 2000 noch mit der aktuellen Fassung als Regelanforderung verlangt. Die Anforderungen an die Außenwände in Abs. 2 (nichttragende Außenwände und nichttragende Teile tragender Außenwände) und Abs. 3 (Oberflächen von Außenwänden sowie Außenwandbekleidungen) regeln vielmehr unterschiedliche Tatbestände, da sie **unterschiedlichen Schutzzielen** dienen. 1

Auch wenn die Schutzzielformulierung in § 28 Abs. 1 dies nicht direkt erkennen lässt, dienen die Anforderungen in Abs. 2 vorwiegend dem Schutzziel **Standsicherheit** 2

§ 28 Außenwände

im **Brandfall**. Sie betreffen die Feuerwiderstandsdauer der **Bauteile** im Bereich der Außenwand (vgl. Anmerkungen 12. Auflage, § 29 Rn. 11). Die Anforderungen dienen damit primär der Sicherheit der Rettungskräfte und können dem Schutzziel der Ermöglichung wirksamer Löscharbeiten zugeordnet werden. Geht man davon aus, dass eine ausreichend lange Standsicherheit im Brandfall zur Ermöglichung der Flucht der Nutzer eines Gebäudes, zur Ermöglichung der Suche nach verletzten Nutzern durch Feuerwehr und Rettungsdienst und zur Ermöglichung der Brandbekämpfung im Gebäude erforderlich ist, kann eine primäre Zuordnung zu den grundsätzlichen Schutzzielen des § 14

– »bei einem Brand muss die Rettung von Menschen und Tieren möglich sein« und

– »bei einem Brand müssen wirksame Löscharbeiten möglich sein«,

erfolgen (s. Anmerkungen zu § 14 Rdn. 4–15).

3 Die Anforderungen in Abs. 3 und 4 dienen primär dem Schutzziel **Behinderung der Brandausbreitung**, sie betreffen das Brand- bzw. Entflammungsverhalten der **Baustoffe** im Bereich der Außenwand.

2 Zu Abs. 2 – Nichttragende Außenwände und nichttragende Teile tragender Außenwände

4 Abs. 2 regelt die Anforderungen an die **Standsicherheit im Brandfall** der **nichttragenden** Außenwände sowie der **nichttragenden Teile** von **Außenwänden**; Letztere sind z. B. Brüstungen, Brüstungselemente, Schürzen, aber auch großflächige Ausfachungen, z.B. Stahl- oder Stahlbetonskelettbauweise. Nichttragend sind solche Bauteile, die keine Kräfte aus anderen Tragwerksteilen abtragen, sondern nur die auf sie selbst wirkenden Kräfte (hier z.B. infolge ihres Eigengewichtes und aus Windeinwirkung) aufnehmen und ableiten; ihr Fehlen oder Versagen darf die Standsicherheit des Bauwerkes oder von Teilen des Bauwerkes nicht gefährden. Betroffen werden von den Anforderungen nur die genannten Bauteile in Gebäuden der Gebäudeklassen 4 und 5 (siehe Ausnahme für Gebäude der Gebäudeklassen 1 bis 3 in § 28 Abs. 5).

5 Weitere Ausführungen zu den **Anforderungen an Außenwänden** enthält Kapitel A 2.1.5 VV TB NRW. Darin wird auch die Möglichkeit der Bemessung mit **abgeminderter Einheits-Temperaturkurve** für die Brandeinwirkung von außen nach innen gemäß DIN 4102-3: 1977-09, Abschnitt 5.3.2 aufgezeigt. Die abgeminderte ETK nach DIN 4102-3 entspricht ungefähr, wenn auch nicht exakt der Außenbrandkurve nach DIN EN 1991-1-2 (Eurocode 1). Die DIN 4102-3: 1977-09 bezieht sich mit der abgeminderten ETK vielmehr auf eine alternative Prüfkurve für den Brandversuch als auf eine Bemessung. Die Außenbrandkurve ist nach DIN EN 1991-1-2 als eine **nominelle Temperaturzeitkurve zur Anwendung auf die Außenfläche raumabschließender Außenwände** definiert, die von verschiedenen Teilen der Fassade aus einem Brand ausgesetzt sein können, d. h. unmittelbar aus dem Inneren des jeweiligen Brandabschnittes oder aus einem Brandabschnitt, der sich unter der jeweiligen Außenwand befindet oder an diese angrenzt. Die Anwendungsbereiche der Außenbrandkurve werden im Nationalen Anhang zur DIN EN 1991-1-2 konkretisiert:

»*Zum Nachweis des Raumabschlusses bei nichttragenden Außenwänden und aufgesetzten Brüstungen darf als Brandbeanspruchung von außen die Außenbrandkurve nach 3.2.2 und von innen die Einheits-Temperaturzeitkurve nach 3.2.1 angesetzt werden. Für Tragwerksteile von Hochbauten, die vollständig vor der Fassade des Gebäudes liegen, darf ebenfalls die Außenbrandkurve nach 3.2.2 angesetzt werden, sofern nicht die thermischen Einwirkungen nach Anhang B ermittelt werden.*«

Nach den Vorgaben von § 28 Abs. 2 Satz 1 sieht die BauO NRW 2018 zur Erfüllung der Schutzziele aus § 28 Abs. 1 zwei **Ausführungsvarianten** vor. Entweder ist die Außenwand nichtbrennbar oder es wird durch eine raumabschließende feuerhemmende Bauweise ein Eindringen eines Brandes in die Konstruktion bzw. eine Ausbreitung auf dieser Konstruktion ausreichend lang (30 min) behindert. Der Raumabschluss bezieht sich dabei auf die Wandkonstruktion mit Ausnahme der Öffnungen nach § 28 Abs. 2 Satz 2. 6

In der alternativen Anforderung **nichtbrennbare Baustoffe anstelle feuerhemmender Bauteile** besteht nur ein scheinbarer Widerspruch zur Aussage, Abs. 2 regele die Anforderungen an die **Standsicherheit im Brandfall** der Außenwandbauteile. Aus der alternativen Anforderung wird lediglich erkennbar, dass der Gesetzgeber das in Abs. 1 definierte Schutzziel »ausreichend lange Begrenzung der Brandausbreitung auf und in diesen Bauteilen« und in Bezug auf Abs. 2 als Ergebnis die **Standsicherheit im Brandfall** als ausreichend erfüllt ansieht, wenn nichttragende Außenwände und nichttragende Teile von Außenwänden aus nichtbrennbaren Baustoffen hergestellt werden. Hierzu zählt im Bereich der Außenwand vorwiegend der **Baustoff Glas**. 7

Wenn die Regelungen von Abs. 2 direkt oder indirekt dazu beitragen, eine **vertikale Brandausbreitung** von Geschoss zu Geschoss im Bereich der Außenwand zu behindern, so wird aus der – zulässigen – vollständigen Ausfachung mit Glas einer z. B. als Stahlbetonskelett konzipierten Außenwand erkennbar, dass die Behinderung der Brandausbreitung (**Feuerüberschlag über Geschosse**) nicht das eigentliche Ziel dieser Regelungen ist. Ein solches Ziel hat die Regelung des § 111 Abs. 1 Nr. 3 SBauVO, die u.a. als Voraussetzung für die Inanspruchnahme von Erleichterungen für Hochhäuser mit nicht mehr als 60 m Höhe verlangt, dass bei Außenwänden zwischen den Geschossen 1 m hohe **Brüstungen** oder 1 m **auskragende Deckenplatten** zur Behinderung des Brandüberschlages anzuordnen sind. Diese Bauteile müssen feuerbeständig sein. 8

Mit § 28 **Abs. 2 Satz 2** wird klargestellt, dass **Fenster und Türen** gänzlich (Profile und Verglasung) von den Anforderungen des Satzes 1 **ausgenommen** sind. Moderne **Verbundgläser** erreichen nach erfolgter Brandprüfung oftmals nicht die Klassifikation »nichtbrennbar«, da die Prüfanforderungen bei einer Kantenbeflammung der Verbundgläser aufgrund von Folien und Beschichtungen nicht erreicht werden. Für das Endprodukt eines Fensters oder einer Tür, bei der die Glaskanten durch den Einbau in einen Rahmen bzw. in einen Flügel nicht freiliegen, kann dies jedoch vernachlässigt werden. Dabei hat der Regelgeber hier nur (einzelne) Fenster und Türen in Außenwänden (Lochfassaden) im Sinn gehabt, an **großflächige Verglasungen** oder **Glasfassaden** sind die Anforderungen von § 28 Abs. 2 Satz 1 zu stellen. 9

10 Die Erleichterung für **Fugendichtungen** in § 28 Abs. 2 Satz 2 Nr. 2 gilt nicht für Dämmstoffe in Gebäudetrennfugen (s. Anmerkungen § 30 Rdn. 53). Brennbare Fugendichtungen sind nur für äußere Abdeckungen in der Fassadenebene zugelassen.

11 § 28 Abs. 2 Satz 2 Nr. 3 ermöglicht brennbare Dämmstoffe in nichtbrennbaren geschlossenen **linien- oder stabförmigen Profilen** der Außenwandkonstruktionen. Die Verwendung von **flächigen Paneelen** mit brennbaren Dämmstoffen würde der Schutzzielformulierung in Abs. 1 bei höheren Gebäuden elementar entgegenstehen und scheidet somit ab der Gebäudeklasse 4 aus. Die entsprechende Erleichterung für Gebäude der Gebäudeklassen 1 bis 3 findet sich in Abs. 5 Satz 1.

3 Zu Abs. 3 – Oberflächen von Außenwänden sowie Außenwandbekleidungen

12 In § 28 **Abs. 3 Satz 1** werden die Anforderungen an die **Oberflächen von Außenwänden** sowie die **Außenwandbekleidungen** bestimmt. Ziel dieser Regelung ist es, die **Ausbreitung eines Feuers** im Bereich der Außenwand in **vertikaler und in horizontaler Richtung** zu behindern. Oberflächen, Bekleidungen und Dämmstoffe müssen bei Gebäuden der Gebäudeklassen 4 und 5 aus **schwerentflammbaren Baustoffen** bestehen. Dabei wird schon allein durch den Gesetzestext klargestellt, dass die Anforderung »schwerentflammbar« gleichermaßen für die in oder auf Außenwänden zur Verwendung kommenden Dämmstoffe und auch für die Unterkonstruktionen, Halterungen, Befestigungen und Verbindungselemente gelten. Betroffen werden auch hier von den Anforderungen nur die genannten Baustoffe in Gebäuden der Gebäudeklassen 4 und 5 (siehe Ausnahme für Gebäude der Gebäudeklassen 1 bis 3 in § 28 Abs. 5). § 28 Abs. 3 Satz 1 regelt damit auch die Anforderungen an die **außenseitigen Teile von oder auf Außenwänden**, die bislang nur in der Verwaltungsvorschrift dargestellt waren.

13 § 28 Abs. 2 Satz 2 eröffnet die Möglichkeit, **Unterkonstruktionen aus normalentflammbaren Baustoffen** herzustellen, wenn das in Abs. 1 formulierte Schutzziel »ausreichend lange Begrenzung der Brandausbreitung auf und in diesen Bauteilen« erreicht wird. In der Begründung des Gesetzentwurfes (Drucks. 17/2166) wird weiter ausgeführt: »*Zu beurteilen ist durch die Entwurfsverfasserin oder den Entwurfsverfasser, ob die normalentflammbaren Unterkonstruktionen das Schutzziel des § 28 Abs. 1 berühren.*« Zur Bewertung, unter welchen Bedingungen für stabförmige Unterkonstruktionen anstelle der sonst erforderlichen schwerentflammbaren Baustoffe normalentflammbare Baustoffe zulässig sind, gibt die VV BauO NRW 2000 entsprechende Hinweise. **Stabförmige Unterkonstruktionen von Außenwandbekleidungen** sind demnach auch in Gebäuden der Gebäudeklassen 4 und 5 aus **normalentflammbaren Baustoffen** zulässig, wenn: »*…der Abstand zwischen Außenwand einschließlich etwaiger Dämmschichten und der Bekleidung einschließlich einer waagerecht angeordneten Traglattung (frei durchströmbarer Hohlraum) nicht größer als 4 cm ist und die Fenster- und Türleibungen gegen den Luftzwischenraum umseitig mit Baustoffen der für Außenwandbekleidungen erforderlichen Baustoffklasse abgeschlossen sind; dies gilt nicht für Hochhäuser, bei denen der Fußboden mindestens eines Aufenthaltsraumes mehr als 60 m über der Geländeoberfläche liegt.*«

Mit § 28 Abs. 3 Satz 3 wird klargestellt, dass **Balkonbekleidungen** (zum Beispiel Sicht- oder Wetter-schutzblenden) nur dann der Anforderung des Satzes 1 unterliegen, wenn sie **über die normale Umwehrungshöhe hinaus** hochgeführt werden. Solaranlagen, die an Außenwänden mehr als zwei Geschosse überbrücken, sind als Teil der Außenwand zu bewerten. Das Schutzziel nach Abs. 1 (Begrenzung Brandausbreitung) kann bei diesen Solaranlagen gemäß den Anforderungen nach § 28 Abs. 3 Satz 3 Halbsatz 2 mit schwerentflammbaren Baustoffen erreicht werden. Würde man diese Anforderung nicht stellen, so könnte durch eine Solaranlage das Schutzziel nach Abs. 1 unterlaufen werden. Ein Unterlaufen des Schutzzieles nach § 28 Abs. 1 soll auch durch das **Verbot von abfallenden oder abtropfenden Bauteilen** für Außenwände im § 28 Abs. 3 Satz 4 verhindert werden. 14

Weitere Anforderungen an **Oberflächen von Außenwänden und Außenwandbekleidungen** enthält Kapitel A 2.1.5 VV TB NRW: *»Oberflächen von Außenwänden sowie Außenwandbekleidungen müssen in Gebäuden der Gebäudeklasse 4 und 5 grundsätzlich in ihren einzelnen Bestandteilen schwerentflammbar sein. Zusätzlich müssen Außenwandbekleidungen aus mehreren Bestandteilen insgesamt schwerentflammbar sein. Für schwerentflammbare Außenwandbekleidungen sind die Ergebnisse bei Einwirkungen gemäß E DIN 4102-20:2016-03 zu berücksichtigen. Die Anwendung von schwerentflammbaren Außenwandbekleidungen in der Ausführung als Wärmedämmverbundsystem (WDVS) mit EPS-Dämmstoffen ist zur Erfüllung des Schutzzieles des § 26 Abs. 1 Satz 1 BauO NRW 2018 bei Gebäuden der Gebäudeklasse 4 und 5 nur zulässig, wenn an vorhandenen Öffnungen in der Außenwand im Bereich der Stürze oberhalb der Öffnung auch bei Brandeinwirkung standsichere und formstabile, nichtbrennbare konstruktive Maßnahmen angeordnet werden. Darauf kann verzichtet werden, wenn umlaufend horizontal angeordnete, auch bei Brandeinwirkung standsichere und formstabile, nichtbrennbare konstruktive Maßnahmen angeordnet werden. Für solche Außenwandbekleidungen in der Ausführung als Wärmedämmverbundsystem (WDVS) mit EPS-Dämmstoffen ist zusätzlich eine Brandeinwirkung von außen, die unmittelbar im unteren Bereich der Fassade einwirkt, zu berücksichtigen. Dazu sind geeignete nichtbrennbare konstruktive Maßnahmen vorzusehen, damit das Schutzziel gemäß § 26 Abs. 1 Satz 1 BauO NRW 2018 erfüllt ist oder es ist die Technische Regel A 2.2.1.5* (**WDVS mit EPS, Sockelbrandprüfverfahren: 2016-061, siehe Anhang 5 zur VV TB NRW**) *einzuhalten. Ist für Gebäude die Verwendung von schwerentflammbaren Baustoffen nicht vorgeschrieben und sollen leichtentflammbare Baustoffe in Verbindung mit anderen Baustoffen gemäß § 26 Abs. 1 Satz 2 BauO NRW 2018 verwendet werden, muss die Verbindung dauerhaft sein. Dies ist nicht der Fall, wenn solche Außenwandbekleidungen zugänglich sind und beschädigt werden können.«* 15

Zu **Außenwandkonstruktionen im Bereich von Brandwänden** ist § 30 Abs. 7 zu beachten (s. Anmerkungen zu § 30 Rdn. 53). In Bezug auf die Anwendung von § 28 ist dabei zu berücksichtigen, dass eine Gebäudeabschlusswand als Ganzes einschließlich ihrer Bekleidung den Anforderungen von § 30 unterliegt (vgl. OVG Münster, Urt. v. 24.05.2017 – 10 A 1797/15, juris, Rn. 26). Die Vorschriften über Gebäudeabschlusswände enthalten danach ein System von allgemeinverbindlich festgelegten Mindestanforderungen zum vorbeugenden Brandschutz, die aufeinander abgestimmt sind und regelmäßig keinen Raum für die Erteilung einer Abweichung lassen (a.a.O., Rn. 51). 16

4 Zu Abs. 4 – Außenwandkonstruktionen mit geschossübergreifenden Hohl- oder Lufträumen

17 **Hinterlüftete Außenwandbekleidungen** und **Doppelfassaden** stellen in Bezug auf die Außenwandkonstruktionen einen **Sonderfall** dar. Den mit einer Brandausbreitung verbundenen möglichen Gefahren ist durch **besondere Vorkehrungen** entgegenzuwirken. Dabei sind die möglichen Gefahren bei Doppelfassaden größer einzuschätzen als bei hinterlüfteten Außenwandbekleidungen. Die vorgenommene Differenzierung in § 28 **Abs. 4 Satz 2** ermöglicht nun eine Inbezugnahme bei den Ausnahmeregelungen des § 28 **Abs. 5**. Während für hinterlüftete Außenwandbekleidungen erst ab Gebäudeklasse 4 besondere Vorkehrungen zu treffen sind, muss dies bei Doppelfassaden bereits in der Gebäudeklasse 3 erfolgen.

18 Wie die **besonderen Vorkehrungen gegen die Brandausbreitung** ausgeführt werden können, ist Kapitel A 2.1.5 VV TB NRW und dem dort in Bezug genommenen Anhang 6 »Hinterlüftete Außenwandbekleidungen: 2016-06« zu entnehmen: »*Bei Außenwänden mit hinterlüfteten Bekleidungen, die geschossübergreifende Hohlräume haben oder die über Brandwände hinweggeführt werden, sind auch dann, wenn sie aus nichtbrennbaren Baustoffen bestehen, ergänzende Vorkehrungen zur Begrenzung der Brandausbreitung zu treffen und die Technische Regel A 2.2.1.6* (Hinterlüftete Außenwandbekleidungen: 2016-06, siehe Anhang 6 VV TB NRW) *zu beachten. Bei Gebäuden mit Doppelfassaden muss eine Brandausbreitung über Zwischenräume im Bereich von Geschossdecken wirksam eingeschränkt sein. Die erforderlichen Vorkehrungen sind im Einzelfall zu treffen und in den Bauvorlagen darzustellen.*«

§ 29 Trennwände

(1) Trennwände müssen als raumabschließende Bauteile von Räumen oder Nutzungseinheiten innerhalb von Geschossen ausreichend lang widerstandsfähig gegen die Brandausbreitung sein.

(2) Trennwände sind erforderlich
1. zwischen Nutzungseinheiten sowie zwischen Nutzungseinheiten und anders genutzten Räumen, ausgenommen notwendigen Fluren,
2. zum Abschluss von Räumen mit Explosions- oder erhöhter Brandgefahr,
3. zwischen Aufenthaltsräumen und anders genutzten Räumen im Kellergeschoss, sowie
4. zwischen Aufenthaltsräumen und Wohnungen einschließlich ihrer Zugänge und nicht ausgebauten Räumen im Dachraum.

(3) Trennwände nach Absatz 2 Nummer 1 und 3 müssen die Feuerwiderstandsfähigkeit der tragenden und aussteifenden Bauteile des Geschosses haben, jedoch mindestens feuerhemmend sein. Trennwände nach Absatz 2 Nummer 2 müssen feuerbeständig sein. Trennwände nach Absatz 2 Nummer 4 müssen mindestens feuerhemmend sein.

(4) Die Trennwände nach Absatz 2 sind bis zur Rohdecke, im Dachraum bis unter die Dachhaut zu führen. Werden in Dachräumen Trennwände nur bis zur Rohdecke

geführt, ist diese Decke als raumabschließendes Bauteil einschließlich der sie tragenden und aussteifenden Bauteile feuerhemmend herzustellen.

(5) Öffnungen in Trennwänden nach Absatz 2 sind nur zulässig, wenn sie auf die für die Nutzung erforderliche Zahl und Größe beschränkt sind. Sie müssen feuerhemmende, dicht- und selbstschließende Abschlüsse haben.

(6) Die Absätze 1 bis 5 gelten nicht für Wohngebäude der Gebäudeklassen 1 und 2.

	Übersicht	Rdn.
0	Änderungen gegenüber der BauO NRW 2000	01
1	Allgemeines	1
2	Zu Abs. 1 – Schutzzielformulierung	4
3	Zu Abs. 2 – Erfordernis von Trennwänden	8
4	Zu Abs. 3 – Anforderung an Trennwände	30
5	Zu Abs. 4 – Führung von Trennwänden	34
6	Zu Abs. 5 – Öffnungen in Trennwänden	38

0 Änderungen gegenüber der BauO NRW 2000

Mit dem neuen § 29 **Abs. 1** wird das **Schutzziel für Trennwände** formuliert. Durch die Anordnung von Trennwänden gemäß § 29 **Abs. 2 Nr. 1** werden **Nutzungseinheiten als brandschutztechnisch abgegrenzte Einheiten** gebildet, die zugleich die Grundlage für die Einstufung in Gebäudeklassen gemäß § 2 Abs. 3 sind. § 29 Abs. 2 Satz 1 Nr. 1 stellt nun deutlich klar, dass zwischen Nutzungseinheiten und (externen) notwendigen Fluren Trennwände nach § 29 nicht erforderlich sind (Flur(trenn)wand nach § 36 Abs. 4). Mit den Anforderungen von § 29 **Abs. 2 Nr. 2** werden nun Trennwände zum Abschluss von einzelnen **Räumen mit Explosions- oder erhöhter Brandgefahr gefordert**. Die Begründung für die Neufassung der BauO NRW (vgl. Gesetzentwurf Drucks. 17/2166) beschreibt hierzu: »*Solche Räume wurden bisher nach § 68 Abs. 1 Satz 3 Nr. 15 BauO 2000 als Räume besonderer Art und Nutzung behandelt. Um zu erreichen, dass einzelne Räume in sonst normal genutzten Gebäuden, auch innerhalb von Nutzungseinheiten, brandschutztechnisch abgekapselt werden, ohne das gesamte Gebäude einer (sonst nicht erforderlichen) Sonderbaubetrachtung unterziehen zu müssen, wird hierfür die brandschutztechnisch erforderliche Abtrennung standardmäßig geregelt.*« 01

§ 48 Abs. 6 Satz 2 BauO 2000 enthielt eine Regelung zu den brandschutztechnischen Anforderungen an **Aufenthaltsräume im Kellergeschoss**. Die Anforderungen werden nunmehr in § 29 **Abs. 2 Nr. 3** neu aufgenommen. In § 29 **Abs. 2 Nr. 4** finden sich die Anforderungen des bisherigen § 30 Abs. 2 BauO NRW 2000 zu der Erforderlichkeit von **Trennwänden im Dachgeschoss** wieder. 02

§ 29 **Abs. 3** enthält die Anforderungen an die Feuerwiderstandsfähigkeit der Trennwände, die bislang in § 29 Abs. 1 Tabelle 1 Zeile 4a BauO NRW geregelt waren. Die Anforderungen wurden an die Anforderungen der Tragkonstruktion des Geschosses, in dem sie angeordnet werden, angeglichen. 03

§ 29 Trennwände

04 § 29 Abs. 4 entspricht abgesehen von redaktionellen Änderungen dem bisherigen § 30 Abs. 4 BauO NRW 2000. Auf die Anforderung einer ausreichenden Aussteifung von Trennwänden wird im Gesetzestext nicht mehr eingegangen, obgleich sich dieses Erfordernis aus technischen Regeln auch weiterhin ergibt.

05 In § 29 Abs. 5 werden die Öffnungen in Trennwänden geregelt, wobei nun **unvermeidbare Öffnungen** in der für die Nutzung erforderlichen Zahl und Größe unmittelbar aufgrund des Gesetzes zulässig sind. Neu aufgenommen wird zudem die Eigenschaft »**dichtschließend**« für alle Feuerschutzabschlüsse.

06 Die **Ausnahmeregelungen** gemäß § 29 Abs. 6 werden in der Begründung für die Neufassung der BauO NRW (vgl. Gesetzentwurf Drucks. 17/2166) wie folgt beschrieben: *»§ 29 Abs. 6 nimmt Ein- und Zweifamilienhäuser (Wohngebäude der Gebäudeklassen 1 und 2) von den Anforderungen der Absätze 1 bis 5 aus. Der Verzicht auf Wohnungstrennwände greift im Ergebnis die bisherige Ausnahme von der Abgeschlossenheitsvorschrift im bisherigen § 49 Abs. 1 BauO 2000 auf. In diesen Gebäuden werden auch keine Räume mit Explosions- oder erhöhter Brandgefahr erwartet; auf Anforderungen an die Abtrennung von Aufenthaltsräumen im Keller wird verzichtet.«*

1 Allgemeines

1 Die Vorschriften des § 29 dienen der **Verhinderung der Brandausbreitung** zwischen den verschiedenen Nutzungseinheiten bzw. Wohnungen eines Gebäudes. Trennwände haben auch die Aufgabe, Wohnungen und andere Nutzungseinheiten mit Aufenthaltsräumen gegen- und untereinander vor gegenseitigen **Beeinträchtigungen durch Lärm** zu schützen, was sich aus § 15 in Verbindung mit der Norm DIN 4109-1: 2016-07 ergibt (s. Anmerkungen zu § 15 Rdn. 66–69).

2 Der in § 26 BauO NW 1984 verwandte Begriff »**Wohnungstrennwand**« wurde bereits mit § 30 BauO NW 1995 aufgegeben, da Trennwände nicht nur zwischen Wohnungen angeordnet werden, sondern auch zwischen gewerblich genutzten Einheiten zur brandschutztechnischen Trennung verwendet werden. § 29 benutzt daher auch weiterhin nur noch den **nutzungsneutralen Begriff** »**Trennwand**«.

3 Die Ausbildung von Trennwänden nach § 29 ist **wesentlicher Bestandteil zur Ausbildung entsprechender Nutzungseinheiten** (s. Anmerkungen zu § 29 Abs. 2 Rdn. 17 und 18) und diese wiederrum sind wesentlicher Bestandteil des der Landesbauordnung zugrunde liegenden Brandschutzkonzeptes bis hin zur **Einstufung in eine entsprechende Gebäudeklasse**.

2 Zu Abs. 1 – Schutzzielformulierung

4 Mit § 29 Abs. 1 Satz 1 BauO NRW 2018 wird den Regelungen zu Trennwänden eine **Schutzzielformulierung** vorangestellt (s. Anmerkungen zu § 14 Rdn. 4–15). Trennwände müssen als raumabschließende Bauteile zum Abschluss von Nutzungseinheiten oder Räumen **ausreichend lang widerstandsfähig gegen die Brandausbreitung** sein.

Die Schutzzielformulierung des § 29 Abs. 1 kann, anders als die Schutzzielformulie- 5
rungen der §§ 27 und 28 mit der Formulierung »ausreichend lang widerstandsfähig
gegen die Brandausbreitung« direkt aus dem Gesetzestext eindeutig dem grundsätzlichen Schutzziel
– »**der Ausbreitung von Feuer und Rauch (Brandausbreitung) ist vorzubeugen**«
aus § 14 zugeordnet werden.

Auch wenn die Ausbildung von Trennwänden tatsächlich in geringerem Maße auch 6
dem Schutzziel »**Ermöglichung wirksamer Löscharbeiten**« dient, wird durch die eindeutige Schutzzielformulierung im § 29 Abs. 1 deutlich, dass der Gesetzgeber Trennwände zur Erfüllung des Schutzziels »Ermöglichung wirksamer Löscharbeiten« im **Standardgebäude nicht zwingend vorsieht**. Dies begründet sich mit den Anforderungen des § 30 Abs. 2 BauO NRW 2018, wonach ein Brandabschnitt und damit auch eine **aus einem Raum bestehende Nutzungseinheit** eine Größe von bis zu 1.600 m² (40 m x 40 m) einnehmen kann. Die maximal zulässige Größe eines Abschnittes für die Brandbekämpfung in einem Gebäude kann somit allein aus § 30 Abs. 2 abgeleitet werden. Es ist also davon auszugehen, dass auch in einem Gebäude ohne innere Abschottungen bzw. ohne Trennwände das Schutzziel der »Ermöglichung wirksamer Löscharbeiten« in Verbindung mit einer ungehinderten Erreichbarkeit der bauliche Anlage, einer ausreichenden Löschwassermenge und einem gesicherten Angriffsweg durch die Einhaltung der Vorschriften über die Rettungswege und die Standsicherheit ausreichend sichergestellt ist (s. Anmerkungen zu § 14 Rdn. 15).

Die Tatsache, dass Trennwände auch dem **Schutzziel der** »**Ermöglichung wirksamer** 7
Löscharbeiten« dienen, liegt jedoch der **Einstufung von Gebäuden in die Gebäudeklassen 1, 2 und 4** zugrunde. In diesen Gebäudeklassen ist die Größe der zulässigen Nutzungseinheiten beschränkt und aufgrund dessen können hinsichtlich der materiellen Anforderungen deutliche Vereinfachungen zugestanden werden. Der Begründung zum Gesetzentwurf Drucks. 17/2166 kann hierzu entnommen werden: »*Mit dieser Anforderung wird die der Differenzierung der Gebäudeklassen zugrundeliegende Betrachtung der Zahl und Größe von Nutzungseinheiten gerechtfertigt. Nutzungseinheiten sind nun brandschutztechnisch abgegrenzte Einheiten, die gegeneinander geschützt sind und den Feuerwehreinsatz durch räumlich definierte Abschnitte für die Brandbekämpfung begünstigen.*« (s. Anmerkungen zu § 2 Rdn. 178)

3 Zu Abs. 2 – Erfordernis von Trennwänden

Durch die neue **Gliederung der Gebäude in Gebäudeklassen**, mit der die in der BauO 8
NRW 2000 enthaltene Abstufung (im Wesentlichen) allein nach der **Gebäudehöhe** durch eine Kombination dieses Kriteriums mit der **Zahl und Größe von Nutzungseinheiten** abgelöst wurde, kann auch die bisher in § 30 Abs. 1 Satz 1 Nr. 1 und 2 vorgenommene Differenzierung zwischen Wohnungen und sonstigen Nutzungseinheiten entfallen (s. Anmerkungen zu § 2 Rdn. 177).

Die Begründung zum Gesetzentwurf (Drucks. 17/2166) gibt zu § 2 Abs. 3 hierzu 9
an: »*Gebäude mit Nutzungseinheiten, die deutlich kleiner sind als Brandabschnitte, die*

§ 29 Trennwände

gegeneinander mit Brandschutzqualität abgetrennt sind und die über ein eigenes Rettungswegsystem verfügen, wie zum Beispiel Wohnungen, kleine Verwaltungseinheiten, Praxen, kleine Läden, stellen für die Brandausbreitung und die Brandbekämpfung durch die Feuerwehr ein geringeres Risiko dar als Gebäude mit ausgedehnten Nutzungseinheiten. Für Gebäude mit dieser Zellenbauweise (auch Kompartment-Bauweise genannt) sind daher geringere Brandschutzanforderungen vertretbar.«

10 § 29 **Abs.** 2 nennt die Fälle, in denen die Anordnung von Trennwänden vorgesehen ist. In § 29 Abs. 2 Nr. 1 werden Trennwände zum **Abschluss von Nutzungseinheiten** gegeneinander und gegen anders genutzte Räume vorgesehen. Erst die Anordnung dieser Trennwände stellt die Integrität der Nutzungseinheit als **brandschutztechnisch abgetrennte Einheit** sicher und ermöglicht durch den so **räumlich bestimmten Abschnitt für die Brandbekämpfung** und der Forderung aus § 33 nach einem jeweils **eigenen Rettungswegsystem** die angepassten Brandschutzqualitäten in den Gebäudeklassen 1, 2 und 4.

11 Wo Trennwände anzuordnen sind, bestimmt sich nun nach Abs. 2, nämlich

12 1. zwischen **Nutzungseinheiten** sowie zwischen **Nutzungseinheiten und anders genutzten Räumen**, ausgenommen notwendigen Fluren,

13 2. zum Abschluss von Räumen mit **Explosions- oder erhöhter Brandgefahr**,

14 3. zwischen **Aufenthaltsräumen und anders genutzten Räumen im Kellergeschoss** sowie

15 4. zwischen **Aufenthaltsräumen und Wohnungen** einschließlich ihrer Zugänge und **nicht ausgebauten Räumen im Dachraum**.

16 Eine **Nutzungseinheit** ist eine aus einem oder aus mehreren Räumen bestehende und gegenüber anderen Einheiten – wie anderen Nutzungseinheiten oder allgemein zugänglichen Bereichen – **nutzungstechnisch und baulich abgetrennte Einheit**, die (zunächst) nur einem Nutzer zur Verfügung steht. Die ARGEBAU hat sich bislang vergeblich bemüht, den Begriff »Nutzungseinheit« allgemeingültig für das gesamte Bauordnungsrecht zu definieren, da dieser Begriff je nach dem Schutzziel einer bauordnungsrechtlichen Vorschrift (z.B. Brandschutz, Sozialfürsorge, Ergänzung des Städtebaurechts) unterschiedlich aufzufassen sein kann.

17 Für das hier maßgebende Schutzziel des baulichen Brandschutzes hat der Begriff »Nutzungseinheit« eine eigenständige Bedeutung, wie dies § 33 Abs. 1 BauO NRW 2018 verdeutlicht (s. Anmerkungen zu § 33 Rdn. 1–6). Dass diese Nutzungseinheiten **unter- und gegeneinander brandschutztechnisch abzutrennen** sind, dient auch dem »Nachbarschutz«. Allerdings haben die Abtrennungen analog zu den Regelungen der IndBauR (s. Anmerkungen zu § 30 Rdn. 18) im Allgemeinen eine weitere Aufgabe: nach dieser Richtlinie werden ausgedehnte Industriebauten in »**Brandbekämpfungsabschnitte**« unterteilt. Deren **baulicher und gegebenenfalls anlagentechnischer Brandschutz** ist so zu bemessen, dass es spätestens mit Hilfe des **abwehrenden bzw. bekämpfenden Brandschutzes** durch die Feuerwehr (s. Anmerkungen zu § 14 Rdn. 15) gelingt, einen **einmal ausgebrochenen Brand auf den Brandbekämpfungsabschnitt zu begrenzen**. Demgemäß betrachten die Kommentatoren im Zusammenhang mit

den Anforderungen aus § 29 Nutzungseinheiten in einem Gebäude als vergleichbar mit Brandbekämpfungsabschnitten in industriell oder ähnlich genutzten Gebäuden.

Eine **nicht Wohnzwecken dienende Nutzungseinheit** kann aus einem (großen) Raum mit mehreren unterschiedlich genutzten Bereichen bestehen – wie z.b. im Bereich von Verkaufsstätten, Produktions- oder Lagerräumen –, ohne dass es einer brandschutztechnischen Abtrennung dieser Bereiche bedarf. Würde verlangt, dass all diese Bereiche unter sich oder gegen andere Bereiche brandschutztechnisch abzutrennen seien, so könnten neuzeitliche Verkaufsstätten oder Produktionsräume mit angegliederten oder integrierten technischen Büroeinheiten nicht betrieben werden. **Allein die Tatsache, dass ein Bereich unterschiedlich – auch von den Brandlasten her – genutzt wird oder mehreren Nutzergruppen (z.b. Mietern) zur Verfügung steht, bedingt noch nicht das Erfordernis einer brandschutztechnischen Abtrennung.** 18

Die Niederschrift über die Dienstbesprechung mit den Bauaufsichtsbehörden von Januar und Februar 2011 gibt hierzu Hinweise, wie z.b. mit der weiteren Nutzung aufgegebener Industrie- und Gewerbebauten bei einer neuen Nutzung durch mehrere Nutzer umgegangen werden kann: »*Zur weiteren Nutzung aufgegebener Industrie- und Gewerbebauten sollen die Gebäude häufig in mehrere Bereiche aufgeteilt und verschiedenen Industrie- bzw. Gewerbenutzern zugeordnet werden. Sowohl vor als auch nach dieser Aufteilung werden diese Hallen als Sonderbau eingestuft und nach der IndBauRL beurteilt. Bei der Gebäudeaufteilung kommen typischerweise folgende Fallgestaltungen vor:* 19
a. Die verschiedenen Nutzer betreiben die ihnen zugeordneten Gebäudeteile vollkommen unabhängig voneinander. Daher bestehen auch für diese einzelnen Gebäudeteile voneinander zunächst unterschiedliche Brandschutzkonzepte.
b. Die verschiedenen Nutzer betreiben die ihnen zugeordneten Gebäudeteile auf der Basis eines gemeinsamen Brandschutzkonzepts und betreiben gemeinsam für das gesamte Gebäude eine einheitliche brandschutztechnische Infrastruktur auch im Hinblick auf den betrieblichen Brandschutz.
c. Verschiedene »Unter-Nutzer« mieten vom Hauptnutzer Teilflächen an. Der Hauptnutzer ist für die Gesamtfläche verantwortlich und setzt auch das Brandschutzkonzept um.

Die IndBauRL stellt an Wände zur Trennung unterschiedlicher Nutzungsbereiche innerhalb von Brandabschnitten (BA) oder Brandbekämpfungsabschnitten (BBA) keine besonderen Anforderungen (nur an tragende oder aussteifende Bauteile), soweit die Gesamtfläche die Flächenbegrenzungen nach IndBauRL nicht überschritten wird. Für den BA oder BBA ist in diesen Fällen ein einheitliches Brandschutzkonzept aufzustellen. Dagegen sind bei einer Aufteilung des Gebäudes in Gebäudeteile unterschiedlicher Nutzer mit jeweils eigenen Brandschutzkonzepten die trennenden Wände nach IndBauRL
a. im Abschnitt 6 Wände in der Bauart von Brandwänden,
b. im Abschnitt 7 in der Bauart von Wänden zur Trennung von Brandbekämpfungsabschnitten, herzustellen. Trennwände nach § 30 (heute § 29) BauO NRW kommen im Anwendungsbereich der IndBauRL nicht vor.

Der nachträgliche Einbau solcher trennender Wände stößt auf konstruktive Schwierigkeiten, insbesondere bei Gebäuden ohne klassifizierten Feuerwiderstand, weil die trennenden

§ 29 Trennwände

Wände einen klassifizierten Feuerwiderstand erfordern. Diese Mindestforderungen lassen sich für bestehende Gebäude in der Regel nicht mehr wirtschaftlich erfüllen.
Um bestehende Industriebauten für eine geänderte Nutzung für die Industrie und des Gewerbes auch dann zu erhalten, wenn das Gebäude in verschiedene Gebäudeteile mit unterschiedlichen Nutzern zugeordnet wird, kann bei Vorliegen aller nachfolgend aufgeführter Bedingungen auf die sonst erforderliche Anforderung an die trennende Wand verzichtet werden:
– Das gesamte Gebäude wird brandschutztechnisch ohne Berücksichtigung der vorgesehenen Aufteilung wie ein weiterhin zusammenhängendes Gebäude bewertet und behandelt; dies betrifft sowohl die Beurteilung der Betriebsgefahren als auch der anlagetechnischen und betrieblichen Brandschutzmaßnahmen.
– Sicherheitstechnische Anlagen, wie BMA oder selbsttätige Feuerlöschanlagen werden flächendeckend für das Gebäude betrieben.
– Für das Gebäude ist eine Brandschutzordnung aufzustellen und für alle Nutzer verbindlich umgesetzt.
– Für das Gebäude wird ein Brandschutzbeauftragter bestellt, der für alle Gebäudeteile zuständig ist. Der Brandschutzbeauftragte hat die Einhaltung des genehmigten Brandschutzkonzeptes und der sich daraus ergebenden betrieblichen Brandschutzanforderungen zu überwachen und den jeweiligen Nutzern festgestellte Mängel zu melden. Die Aufgaben des Brandschutzbeauftragten sind im Einzelnen schriftlich festzulegen.
– Die Betriebsangehörigen sind bei Beginn des Arbeitsverhältnisses und danach in Abständen von höchstens zwei Jahren über die Lage und die Bedienung der Feuerlöschgeräte, der Brandmelde- und Feuerlöscheinrichtungen sowie über die Brandschutzordnung zu belehren.
– Beim Einbau von Wänden, Sichtschutzmaßnahmen oder baulichen Abgrenzungen (z. B. Zäune), die in die Führung der Rettungswege eingreifen, kann es erforderlich werden, dass ein separater Rettungswegnachweis für einzelne Bereiche geführt werden muss.«

20 Einem Bauherrn ist es unbenommen, im Rahmen eines Bauantrages die **ganzheitliche brandschutztechnische Betrachtung** eines unterschiedlich genutzten Raumes als Sonderbau zu beantragen, um dem »**Trennwandzwang**« des § 29 Abs. 2 zu entgehen. Auf der Grundlage eines **Brandschutzkonzeptes** lässt sich der Nachweis erbringen, dass
– entweder **keine getrennten Nutzungseinheiten** im brandschutztechnischen Sinne vorliegen (s. vorausgehende Rdn. 18) oder
– im speziellen Fall eine **Erleichterung** im Sinne des § 50 Abs. 1 Satz 2 BauO NRW 2018 vertretbar ist (s. Anmerkungen zu § 50 Rdn. 13–16 und unten zu § 29 Rdn. 23).

21 Da Erleichterungen im Sinne des § 50 und Abweichungen im Sinne des § 69 nur von materiellen Anforderungen in Betracht kommen, nicht aber von Begriffsbestimmungen nach § 2 (s. Anmerkungen zu § 69 Rdn. 13), sind jedoch zwingend die durch die jeweilige **Gebäudeklasse einzuhaltenden Größen** nach § 2 Abs. 3 Satz 1 Nr. 1, 2 und 4 von Nutzungseinheiten in den Gebäudeklassen 1, 2 und 4 zu berücksichtigen.

Für die in § 50 Abs. 2 Satz 1 aufgeführten **großen Sonderbauten** muss der Bauherr 22 in jedem Fall ein **Brandschutzkonzept** erstellen lassen, z.b. für einen Industriebau unter Zuhilfenahme der Norm DIN 18230 – Brandschutz im Industriebau – auf der Grundlage einer Wärmebilanzberechnung oder eines anderen anerkannten technischen Regelwerks (s. Anmerkungen zu § 50 Rdn. 77–79). Die **bauaufsichtliche Forderung** nach einer brandschutztechnischen **Abtrennung von Nutzungsbereichen** innerhalb einer **nicht Wohnzwecken dienenden Nutzungseinheit** hat die Bauaufsichtsbehörde oder die anstelle der Bauaufsichtsbehörde zuständige Genehmigungsbehörde (z.b. nach BImSchG oder GenTG) zu **begründen** und gegebenenfalls im Verwaltungsstreitverfahren zu belegen. Die **Behörde muss nachweisen können**, dass das entsprechende Verlangen als eine **besondere Anforderung** auf § 50 Abs. 1 Satz 1 (s. Anmerkungen zu § 50 Rdn. 14) gestützt werden kann, weil dies im speziellen Fall zur Verwirklichung der allgemeinen Anforderungen nach § 3 Abs. 1 Satz 1 geboten ist (s. Anmerkungen zu § 3 Rdn. 67).

Anders genutzte Räume im Sinne von § 29 Abs. 2 Satz 1 Nr. 1 sind solche, die **nicht** 23 **zur Nutzungseinheit gehören**. Bei kleinen Sonderbauten mit einer Brandabschnittsgröße kleiner 1.600 m² können z.b. Verkaufsraum und Lagernutzung eines Discounters ebenso eine Nutzungseinheit sein wie eine Gewerbehalle mit vorgelagertem Bürobereich. Dies bedeutet, dass Trennwände innerhalb der Nutzungseinheit dann nicht erforderlich sind. Werden in Einzelfällen Trennwände erforderlich, obwohl sie nach § 29 nicht notwendig sind, können sie im Wege einer **zusätzlichen Anforderung** nach § 50 von der Bauaufsichtsbehörde gefordert werden (s. Dienstbesprechungsprotokoll von November und Dezember 2004).

§ 29 Abs. 2 Satz 1 Nr. 1 stellt zudem klar, dass **zwischen Nutzungseinheiten und not-** 24 **wendigen Fluren** keine Trennwand nach § 29, sondern eine **Flur(trenn)wand nach** § 36 Abs. 4 ausreichend ist, auch wenn diese nur geringeren Anforderungen genügen muss. Das primäre Schutzziel der Trennwand, der **Ausbreitung von Feuer und Rauch ausreichend vorzubeugen**, kann somit auch durch einen notwendigen Flur in Verbindung **mit den nach § 36 an diesen Flur gestellten Anforderungen** erfüllt werden, wenn die Flur(trenn)wände auch die Nutzungseinheiten trennen.

§ 36 Abs. 1 Satz 2 Nr. 3 und 4 definiert **Regelausnahmen für kleine Nutzungsein-** 25 **heiten** (Wohnungen, Nutzungseinheiten mit **nicht mehr als 200 m²** und Nutzungseinheiten mit **Büro- und Verwaltungsnutzung mit nicht mehr als 400 m²**), für die auf eine Anordnung von notwendigen Fluren verzichtet werden kann. Die **generell zulässige Größe von Nutzungseinheiten** wird jedoch in § 36 Abs. 1 nicht geregelt (vgl. Erlass des Ministeriums für Bauen und Verkehr des Landes Nordrhein-Westfalen vom 30.03.2010, VI.1-100/38). Nur aus einem Raum bestehende Nutzungseinheiten (z.B. Großraumbüro, gewerbliche Halle, Versammlungsraum, Verkaufsraum) verfügen für die **Selbstrettung der Nutzer** in diesem Raum sowie zur **Ermöglichung wirksamer Löscharbeiten der Feuerwehr** über keine notwendigen Flure. Es ist davon auszugehen, dass der Gesetzgeber sowohl eine Selbstrettung als auch Rettungsmaßnahmen und wirksame Löscharbeiten der Feuerwehr innerhalb dieses Raumes für möglich hält. Bei der Ausbildung von mehreren Räumen in einem Brandabschnitt

§ 29 Trennwände

(Nutzungseinheit) werden zur Verbindung dieser Räume mit den Ausgängen in notwendige Treppenräume oder ins Freie **in der Regel notwendige Flure nach § 36 Abs. 1 vorgesehen.** Bei der Frage, ob in Nutzungseinheiten von Sonderbauten, die nicht den Regelausnahmen des § 36 Abs. 1 Satz 2 Nr. 3 und 4 entsprechen, dennoch Flure ohne die baulichen Anforderungen des § 36 ausreichen, ist im Einzelfall unter Berücksichtigung der Rahmenbedingungen (Art der Nutzung, Größe des Objektes, brandschutztechnische Infrastruktur usw.) zu prüfen, ob das Sicherheitsniveau einer abweichenden Gebäudeplanung mit dem **Sicherheitsniveau** einer nach den Vorgaben der BauO NRW 2018 ohne Weiteres zulässigen Gebäudeplanung (z.B. Räume bis 1.600 m² oder Nutzungseinheiten bis 200 m² ohne notwendigen Flur) **vergleichbar ist.** Die Grundfläche der Nutzungseinheiten ist dabei gemäß § 2 Abs. 3 Satz 3 als **Brutto-Grundfläche** zu bemessen (s. Anmerkungen § 2 Abs. 3 Rdn. 208).

26 Dabei kann zunächst davon ausgegangen werden, dass **Nutzungseinheiten mit mehreren Räumen und selbsttätiger Brandmeldeanlage** dem Sicherheitsniveau von Räumen bis 1.600 m² ohne selbsttätige Brandmeldeanlage entsprechen. In beiden Fällen kann von einer ausreichenden Brandfrüherkennung und einer rechtzeitigen Alarmierung der Nutzer in der Nutzungseinheit und einer Alarmierung der Feuerwehr ausgegangen werden. Im Fall eines Raumes mit 1.600 m² ist dies allein aufgrund der **offenen Raumausbildung** gegeben. Im Fall einer Nutzungseinheit mit Brandmeldeanlage erfolgt dies durch die entsprechende **Anlagentechnik.**

27 Aufgrund der **besonderen Art oder Nutzung** können aber in Sonderbauten auch nur geringere Größen von Nutzungseinheiten als 1.600 m² risikogerecht sein. Beispielsweise werden in **Einrichtungen mit Pflege- und Betreuungsleistungen** nur Raumgruppen von bis zu 500 m² trotz einer selbsttätigen Brandmeldeanlage zugelassen, um dem Gefahrenpotential der Nutzung (Wohnen, Schlafen, eingeschränkte Mobilität der Nutzer etc.) entgegenzuwirken.

28 Die Anforderungen in § 29 **Abs. 2 Nr. 2** regeln standardmäßig die brandschutztechnische Abschottung von einzelnen Räumen mit **Explosions- oder erhöhter Brandgefahr,** auch wenn diese innerhalb von Nutzungseinheiten ausgebildet werden. Hinweise zur Einstufung von Räumen mit erhöhter Brandgefahr werden in den Erläuterungen zu § 102 der SBauVO wie folgt gegeben:

29 »*Als Räume mit erhöhter Brandgefahr sind z. B. Lagerräume, Werkräume, Magazine und Laborräume anzusehen. Darüber hinaus können folgende Kriterien für eine Bewertung, ob Räume erhöhten Brandgefahren ausgesetzt sind, im Einzelfall herangezogen werden:*
 – *Mindestgröße (ab 20 m²)* **und**
 – *Vorhandensein von Zündquellen* **und**
 – *Vorhandensein von leicht entzündliche Materialien (z. B. Lösungsmittel, brennbare Flüssigkeiten etc.)* **oder**
 – *Durchführung feuergefährlicher Arbeiten (z. B. löten, schweißen, trennen)*

Nicht zu Räumen mit erhöhter Brandgefahr zählen danach z. B. Putzmittelräume, Teeküchen und Kopierräume. Weitere Anforderungen können sich aus der

Betriebssicherheitsverordnung, der Gefahrstoffverordnung, den arbeitsschutzrechtlichen Bestimmungen und anderen Vorschriften ergeben.«

4 Zu Abs. 3 – Anforderung an Trennwände

Die Anforderungen an die **Feuerwiderstandsfähigkeit der Trennwände** und an die in ihnen zu verwendenden Baustoffe sind in § 29 Abs. 3 entsprechend den Anforderungen an tragende Wände und Stützen gemäß § 27 geregelt. Sie sind abhängig von der Gebäudeklasse und dienen als Teil des **inneren Brandabschottungssystems** der Verhinderung der Brandausbreitung innerhalb des Gebäudes. Durch die Anforderungen des § 29 Abs. 3 Satz 1 nehmen die Trennwände grundsätzlich die **gleiche Feuerwiderstandsfähigkeit** an, **wie die tragenden Wände und Stützen** des Geschosses, in dem sie angeordnet werden. Unabhängig davon müssen die Trennwände als Mindestanforderung feuerhemmend sein. Trennwände von Räumen mit **Explosions- oder erhöhter Brandgefahr** müssen generell **feuerbeständig** sein. 30

Werden Wohnungen oder auch einzelne Aufenthaltsräume in **Dachräumen** hergestellt, so sind sie nach der Vorschrift von Abs. 3 Satz 3 einschließlich ihrer Zugänge gegen den nicht ausgebauten Dachraum durch **feuerhemmende Trennwände abzuschließen**. Die Anforderung gilt nicht, wenn einzelne Aufenthaltsräume in den Dachraum eines freistehenden Wohngebäudes mit nur einer Wohnung eingebaut werden, da hier ohnehin keine Brandabschnittsbildung erforderlich ist. 31

Nicht ausgebaute Dachräume können nur solche sein, die nach den bauordnungsrechtlichen Vorschriften ausbaubar und nutzbar sind. Demnach erfasst die Vorschrift des Abs. 3 Satz 3 nicht solche Wände, die Aufenthaltsräume von **Abseitenräumen** trennen. Dazu gehören auch die Raumzwickel zwischen der **Aufmauerung des Drempels** (Kniestocks) und der Aufenthaltsraumabmauerung unter der Dachschräge. Insofern stellt § 31 Abs. 1 Satz 3 auch keine brandschutztechnischen Anforderungen an Decken im Dachraum, über denen Aufenthaltsräume nicht möglich sind. 32

Eine **weitere Konkretisierung** der Anforderungen erfolgt durch die VV TB NRW, Abschnitt A.2.1.6 wie folgt: »*Trennwände müssen in Abhängigkeit von der Verwendung in der baulichen Anlage gemäß § 29 BauO NRW 2018 bei Brandeinwirkung ausreichend lang den Raumabschluss nach Abschnitt A 2.1.3.3 gewährleisten und als tragende Wände standsicher nach Abschnitt A 2.1.3.2 sein. Anschlüsse einschließlich von Fugenausbildungen, Durchdringungen von Leitungen sowie Querschnittsverringerungen bei Einbau von Steckdosen, Schaltkästen, Leitungsverteilern etc. dürfen den Raumabschluss und, bei tragenden Wänden, die Standsicherheit nicht beeinträchtigen. …Sofern Trennwände als Brandschutzverglasungen ausgeführt werden sollen, sind die Anforderungen an raumabschließende Bauteile erfüllt, wenn bei Brandeinwirkung nach DIN 4102-13:1990-05, Abschnitt 6.1, über die mindestens erforderliche Zeitdauer die Ausbreitung von Feuer und Rauch sowie der Durchtritt der Wärmestrahlung verhindert und die Kriterien gemäß DIN 4102-13:1990-05 eingehalten werden. Zur Erfüllung dieser Anforderungen ist die Technische Regel A 2.2.1.2 (Anhang 4) (Bauaufsichtliche Anforderungen, Zuordnung der Klassen, Verwendung von Bauprodukten, Anwendung von Bauarten: 2016-06, siehe Anhang 4* 33

§ 29 Trennwände

VV TB NRW) *zu beachten. Damit die Verhinderung der Brandausbreitung nicht beeinträchtigt wird, müssen Abschlüsse von notwendigen Öffnungen in einer als Brandschutzverglasung ausgeführten Trennwand der Feuerwiderstandsdauer der Brandschutzverglasung entsprechen; im Übrigen gelten die genannten Anforderungen an Feuerschutzabschlüsse.«*

5 Zu Abs. 4 – Führung von Trennwänden

34 Nach § 39 Abs. 4 Satz 1 sind die **Trennwände bis zur Rohdecke oder bis unter die Dachhaut** zu führen. Wird jedoch im Einzelfall in einem Dachgeschoss eine Trennwand nicht bis zum First oder bis unter die Dachhaut geführt, sondern nur bis unter die **oberste Decke im Dachraum**, so übernimmt nach Satz 2 diese **Decke** dann die **Funktion dieser Trennwand**. In einem solchen Fall sind diese Decke und die sie tragenden und aussteifenden Bauteile mindestens feuerhemmend auszuführen, was in der Technikersprache auch als **Sargdeckelkonstruktion** bezeichnet wird.

35 Eine höhere Feuerwiderstandsfähigkeit als feuerhemmend der genannten Bauteile ist gleich aus zwei Gründen nicht erforderlich. Einerseits würde nämlich ein Brand in einem Dachgeschoss sehr schnell den Weg durch die Dachhaut wählen, was schon zur **Energieentlastung** beiträgt. Andererseits können oberhalb der obersten Decke der benachbarten Nutzungseinheit auch aufgrund der Energieentlastung **keine Temperaturen** entstehen, die der **Einheitstemperaturkurve** nach der Norm DIN 4102 Teil 2 auch nur annähernd entsprechen.

36 Mit dem geforderten Anschluss an die Rohdecke wird zugleich klargestellt, dass ein Anschluss nur an eine abgehängte Decke oder Unterdecke unzulässig ist.

37 Auf die in § 30 Abs. 4 Satz 1 BauO NRW 2000 gestellte Anforderung einer ausreichenden Aussteifung von Trennwänden wird im Gesetzestext nicht mehr eingegangen, obgleich sich diese aus technischen Regeln auch weiterhin ergibt. So wird z.B. in Abschnitt 9.2.2 der DIN 4102-4:2016-05 für nichttragende Wände klargestellt, dass die in der Norm angegebenen Klassifizierungen nur dann gelten, wenn auch die Bauteile, die nichttragende Wände unterstützen und aussteifen, in ihrer tragenden und aussteifenden Wirkung ebenfalls mindestens dieselbe Feuerwiderstandsfähigkeit aufweisen.

6 Zu Abs. 5 – Öffnungen in Trennwänden

38 Abs. 5 regelt, unter welchen Voraussetzungen **Öffnungen** in Trennwänden zulässig und wie die **Verschlüsse** dieser Öffnungen auszubilden sind. Auf die in der BauO NRW 2000 vorgesehene Ermessensentscheidung im Einzelfall wird dabei zukünftig verzichtet (vgl. die Gesetzesbegründung). **Unvermeidbare Öffnungen** in einer für die jeweilige Nutzung **erforderlichen Zahl und Größe** sind nun unmittelbar aufgrund der gesetzlichen Regelung zulässig.

39 Die Anforderungen an die **Durchführung von Leitungen** durch Trennwände regelt § 40 Abs. 1. Danach dürfen Leitungen durch raumabschließende Bauteile, für die eine Feuerwiderstandsfähigkeit vorgeschrieben ist, nur hindurchgeführt werden, wenn eine Brandausbreitung ausreichend lang nicht zu befürchten ist oder Vorkehrungen hiergegen getroffen sind (s. Anmerkungen § 40 Rdn. 1–5).

Gleiches gilt für **Lüftungsleitungen**, für die in § 41 Abs. 2 Satz 3 gefordert wird, 40
dass Lüftungsleitungen raumabschließende Bauteile, für die eine Feuerwiderstandsfähigkeit vorgeschrieben ist, nur überbrücken, wenn eine Brandausbreitung ausreichend lang nicht zu befürchten ist oder wenn Vorkehrungen hiergegen getroffen sind (s. Anmerkungen zu § 41 Rdn. 13–18).

§ 29 Abs. 5 regelt damit vorwiegend **Türöffnungen in Trennwänden**. Türöffnungen 41
sind in der Regel mit **dicht- und selbstschließenden** Abschlüssen in **feuerhemmender Feuerwiderstandsfähigkeit** zu versehen. Dabei wurde die Eigenschaft »dichtschließend« für alle Feuerschutzabschlüsse mit der BauO NRW 2018 neu aufgenommen. Die Anforderung wird mit einer **dreiseitig umlaufenden Dichtung** erreicht, eines besonderen Nachweises hierzu bedarf es jedoch nicht. Andere als die in § 29 geforderten Abschlüsse von Öffnungen (feuerhemmende, dicht- und selbstschließende Abschlüsse), die für Wohnungen oder vergleichbare Nutzungseinheiten im Wege einer Abweichung nach § 69 als äquivalente Maßnahme gestattet werden könnten, sind kaum vorstellbar. Anderes mag für größere Sonderbauten gelten, bei denen aufwändige Ersatzmaßnahmen, wie z.B. **selbsttätige Feuerlöschanlagen**, zur Anwendung gelangen, um besonderen Nutzungsvorstellungen Rechnung tragen zu können, so dass dann eine solche Lösung als Erleichterung nach § 50 Abs. 1 Satz 2 zugelassen werden kann.

Darüber hinaus **konkretisiert** die VV TB NRW in Abschnitt A 2.1.6 die Anforderungen an **Öffnungen in Trennwänden** wie folgt: »*Öffnungen in Trennwänden sind nur 42 zulässig, wenn sie auf die für die Nutzung erforderliche Zahl und Größe beschränkt sind, da jede Öffnung den Raumabschluss der Wand schwächt. Sind Türöffnungen in Trennwänden zur Verbindung von Nutzungseinheiten aufgrund ihrer Nutzung erforderlich, müssen diese unabhängig von der Feuerwiderstandsfähigkeit der Trennwände dauerhaft feuerhemmende, dicht- und selbstschließende Abschlüsse haben, damit die Verhinderung der Brandausbreitung nicht gefährdet wird. Die Abschlüsse dürfen den Raumabschluss und die Dichtheit bei Brandeinwirkungen von jeder Seite nach DIN 4102-2:1977-09, Abschnitt 6.2.4, über mindestens 30 Minuten nicht verlieren, sie müssen den Kriterien gemäß DIN 4102-5:1977-09, Abschnitte 5.2.2 bis 5.2.8, genügen. Diese Feuerschutzabschlüsse dürfen aus mindestens normalentflammbaren Baustoffen bestehen; zu ihnen gehören auch alle Zubehörteile und notwendige Befestigungsmittel. Feuerschutzabschlüsse müssen für den Brandfall geeignete Schlösser mit einem ausreichenden Falleneingriff haben, damit bei Druckunterschieden aufgrund eines Brandes ein Öffnen und damit eine Brandausbreitung verhindert werden. Die Feuerschutzabschlüsse sind dann dauerhaft selbstschließend, wenn die Kriterien der Dauerfunktion nach DIN 4102-18:1991-03 erfüllt sind. Zur Erfüllung dieser Anforderungen ist die Technische Regel A 2.2.1.2 (Anhang 4) (Bauaufsichtliche Anforderungen, Zuordnung der Klassen, Verwendung von Bauprodukten, Anwendung von Bauarten: 2016-06, siehe Anhang 4 VV TB NRW) zu beachten. Damit Personen sich retten können und Feuerwehrkräfte den Brandort erreichen oder Personen retten können, muss ein Feuerschutzabschluss in Form einer Tür solange manuell zu öffnen sein bis er mit Feuer beaufschlagt wird. Diese Anforderungen gelten auch für Feuerschutzabschlüsse in Form z. B. eines Schiebe-, Hub- oder Rolltores mit längeren Zeitdauern zum Öffnen und Schließen, ggf. nur mit Hilfsenergie, so dass für diese Feuerschutzabschlüsse im Zuge eines Rettungsweges eine Schlupftür oder eine separate Tür vorzusehen*

§ 30 Brandwände

ist. Ein Feuerschutzabschluss darf dann offengehalten werden, wenn er zur Verhinderung der Brandausbreitung mit einer Einrichtung versehen ist, die bei Einwirkung eines Brandes, insbesondere bereits bei Raucheinwirkung, dauerhaft das unverzügliche und sichere Schließen des Feuerschutzabschlusses gewährleistet (Feststellanlage). Dies gilt auch für den Fall, dass eine dafür notwendige Stromversorgung unterbrochen ist. Um vorbeugend eine Brandausbreitung zu verhindern, darf das Schließen durch zusätzliche andere Sicherheitseinrichtungen (z. B. Brandmeldeanlagen) ausgelöst werden.«

43 Die in der MVV TB in Lfd. Nr. A 2.2.1.6 aufgeführten und als Anhang 7 angehängten »Anforderungen an Feststellanlagen: 2017-07« wurden in NRW nicht bauaufsichtlich eingeführt.

§ 30 Brandwände

(1) Brandwände müssen als raumabschließende Bauteile zum Abschluss von Gebäuden (Gebäudeabschlusswand) oder zur Unterteilung von Gebäuden in Brandabschnitte (innere Brandwand) ausreichend lang die Brandausbreitung auf andere Gebäude oder Brandabschnitte verhindern.

(2) Brandwände sind erforderlich
1. als Gebäudeabschlusswand, ausgenommen von Gebäuden ohne Aufenthaltsräume und ohne Feuerstätten mit nicht mehr als 50 m³ Brutto-Rauminhalt, wenn diese Abschlusswände an oder mit einem Abstand von weniger als 2,50 m gegenüber der Nachbargrenze errichtet werden, es sei denn, dass ein Abstand von mindestens 5 m zu bestehenden oder nach den baurechtlichen Vorschriften zulässigen künftigen Gebäuden öffentlich-rechtlich gesichert ist,
2. als innere Brandwand zur Unterteilung ausgedehnter Gebäude in Abständen von nicht mehr als 40 m,
3. als innere Brandwand zur Unterteilung landwirtschaftlich oder vergleichbar genutzter Gebäude in Brandabschnitte von nicht mehr als 10.000 m³ Brutto-Rauminhalt und
4. als Gebäudeabschlusswand zwischen Wohngebäuden und angebauten landwirtschaftlich genutzten Gebäuden oder angebauten Gebäuden mit vergleichbarer Nutzung sowie als innere Brandwand zwischen dem Wohnteil und dem landwirtschaftlich oder vergleichbar genutzten Teil eines Gebäudes.

Gemeinsame Brandwände sind zulässig. In den Fällen des Satzes 1 Nummer 2 und 3 können größere Abstände gestattet werden, wenn die Nutzung des Gebäudes es erfordert und wenn Bedenken wegen des Brandschutzes nicht bestehen.

(3) Brandwände müssen auch unter zusätzlicher mechanischer Beanspruchung feuerbeständig sein und aus nichtbrennbaren Baustoffen bestehen. Anstelle von Brandwänden sind in den Fällen des Absatzes 2 Satz 1 Nummer 1 bis 3 zulässig
1. für Gebäude der Gebäudeklasse 4 Wände, die auch unter zusätzlicher mechanischer Beanspruchung hochfeuerhemmend sind,
2. für Gebäude der Gebäudeklassen 1 bis 3 hochfeuerhemmende Wände und

3. für Gebäude der Gebäudeklassen 1 bis 3 Gebäudeabschlusswände, die jeweils von innen nach außen die Feuerwiderstandsfähigkeit der tragenden und aussteifenden Teile des Gebäudes, mindestens jedoch feuerhemmende Bauteile und von außen nach innen die Feuerwiderstandsfähigkeit feuerbeständiger Bauteile haben.

In den Fällen des Absatzes 2 Satz 1 Nummer 4 sind anstelle von Brandwänden feuerhemmende Wände zulässig, wenn der Brutto-Rauminhalt des landwirtschaftlich oder vergleichbar genutzten Gebäudes oder Gebäudeteils nicht größer als 2.000 m³ ist.

(4) Brandwände müssen bis zur Bedachung durchgehen und in allen Geschossen übereinander angeordnet sein. Abweichend davon dürfen anstelle innerer Brandwände Wände geschossweise versetzt angeordnet werden, wenn
1. die Wände im Übrigen Absatz 3 Satz 1 entsprechen,
2. die Decken, soweit sie in Verbindung mit diesen Wänden stehen, feuerbeständig sind, aus nichtbrennbaren Baustoffen bestehen und keine Öffnungen haben,
3. die Bauteile, die diese Wände und Decken unterstützen, feuerbeständig sind und aus nichtbrennbaren Baustoffen bestehen,
4. die Außenwände in der Breite des Versatzes in dem Geschoss oberhalb oder unterhalb des Versatzes feuerbeständig sind und
5. Öffnungen in den Außenwänden im Bereich des Versatzes so angeordnet oder andere Vorkehrungen so getroffen sind, dass eine Brandausbreitung in andere Brandabschnitte nicht zu befürchten ist.

(5) Brandwände sind 0,30 m über die Bedachung zu führen oder in Höhe der Dachhaut mit einer beiderseits 0,50 m auskragenden feuerbeständigen Platte aus nichtbrennbaren Baustoffen abzuschließen. Darüber dürfen brennbare Teile des Dachs nicht hinweggeführt werden. Bei Gebäuden der Gebäudeklassen 1 bis 3 sind Brandwände mindestens bis unter die Dachhaut zu führen. Verbleibende Hohlräume sind vollständig mit nichtbrennbaren Baustoffen auszufüllen.

(6) Müssen Gebäude oder Gebäudeteile, die über Eck zusammenstoßen, durch eine Brandwand getrennt werden, so muss der Abstand dieser Wand von der inneren Ecke mindestens 3 m betragen; das gilt nicht, wenn der Winkel der inneren Ecke mehr als 120 Grad beträgt oder mindestens eine Außenwand auf 5 m Länge als öffnungslose feuerbeständige Wand aus nichtbrennbaren Baustoffen, bei Gebäuden der Gebäudeklassen 1 bis 4 als öffnungslose hochfeuerhemmende Wand ausgebildet ist.

(7) Bauteile mit brennbaren Baustoffen dürfen über Brandwände nicht hinweggeführt werden. Bei Außenwandkonstruktionen, die eine seitliche Brandausbreitung begünstigen können wie hinterlüftete Außenwandbekleidungen oder Doppelfassaden, sind gegen die Brandausbreitung im Bereich der Brandwände besondere Vorkehrungen zu treffen. Außenwandbekleidungen von Gebäudeabschlusswänden müssen einschließlich der Dämmstoffe und Unterkonstruktionen nichtbrennbar sein. Bauteile dürfen in Brandwände nur soweit eingreifen, dass deren Feuerwiderstandsfähigkeit nicht beeinträchtigt wird; für Leitungen, Leitungsschlitze und Schornsteine gilt dies entsprechend.

§ 30 Brandwände

(8) Öffnungen in Brandwänden sind unzulässig. Sie sind in inneren Brandwänden nur zulässig, wenn sie auf die für die Nutzung erforderliche Zahl und Größe beschränkt sind. Die Öffnungen müssen feuerbeständige, dicht- und selbstschließende Abschlüsse haben.

(9) In inneren Brandwänden sind feuerbeständige Verglasungen nur zulässig, wenn sie auf die für die Nutzung erforderliche Zahl und Größe beschränkt sind.

(10) Absatz 2 Satz 1 Nummer 1 gilt nicht für seitliche Wände von Vorbauten im Sinne des § 6 Absatz 6, wenn sie von dem Nachbargebäude oder der Nachbargrenze einen Abstand einhalten, der ihrer eigenen Ausladung entspricht, mindestens jedoch 1 m beträgt, sowie für Terrassenüberdachungen, Balkone und Altane.

(11) Die Absätze 4 bis 10 gelten entsprechend auch für Wände, die nach Absatz 3 Satz 2 und 3 anstelle von Brandwänden zulässig sind. Die Abschlüsse von Öffnungen in Wänden anstelle von Brandwänden müssen dicht- und selbstschließend sein und der Feuerwiderstandsfähigkeit der Wand entsprechen.

Übersicht

		Rdn.
0	Änderungen gegenüber der BauO NRW 2000	01
1	Allgemeines	1
2	Zu Abs. 1 – Schutzzielformulierung Brandwand	3
3	Zu Abs. 2 – Erfordernis von Gebäudeabschlusswänden	5
4	Zu Abs. 2 – Erfordernis von inneren Brandwände	11
5	Zu Abs. 2 – gemeinsame Brandwände	21
6	Zu Abs. 2 – öffentlich-rechtliche Sicherung von Abständen	25
7	Zu Abs. 3 – Feuerwiderstandsfähigkeit von Brandwänden und Wänden anstelle von Brandwänden	31
8	Zu Abs. 3 – Sonderfälle	36
9	Zu Abs. 4 – durchgehende und versetzte Brandwände	38
10	Zu Abs. 5 – Führung der Brandwand	44
11	Zu Abs. 6 – Brandwände »über Eck«	48
12	Zu Abs. 7 – Bauteile mit brennbaren Baustoffen	52
13	Zu Abs. 8 – Öffnungen in Brandwänden	57
14	Zu Abs. 9 – lichtdurchlässige Baustoffe	64
15	Zu Abs. 10 – Vorbautenprivileg	67
16	Zu Abs. 11 – Anforderungen an Wände anstelle von Brandwänden	71

0 Änderungen gegenüber der BauO NRW 2000

01 Während in der BauO NRW 2000 noch zwischen **Gebäudeabschlusswänden** im § 31 und **Gebäudetrennwänden (inneren Brandwänden)** im § 32 unterschieden wurde und der Funktion der **Brandwand** mit § 33 ein weiterer Paragraph gewidmet wurde, werden mit § 30 BauO NRW 2018 diese **Anforderungen – zusammengefasst** in einem Paragraphen – dargestellt und an die MBO 2002 angeglichen. Eine Differenzierung findet jedoch auch weiterhin statt. Dabei werden Bauteile zum **Abschluss von Gebäuden** (Gebäudeabschlusswände) und Bauteile zur **Unterteilung von Gebäuden** in Brandabschnitte (innere Brandwände) unterschieden. Bereits § 33 Abs. 1 BauO

NRW 2000 enthielt als einer der wenigen Paragraphen eine **Schutzzielformulierung**, die sich nun auch im § 30 Abs. 1 wieder findet.

§ 30 Abs. 2 nennt nun die Fälle, in denen Brandwände (Gebäudeabschluss/innere Unterteilung) verlangt werden, dabei enthält § 30 Abs. 2 Satz 1 Nr. 1 eine neue und unmittelbar gesetzesabhängige **Ausnahme für kleine Gebäude** ohne Aufenthaltsräume und ohne Feuerstätten mit nicht mehr als 50 m³ Brutto-Rauminhalt. Mit dem Begriff »**Nachbargrenze**« in Abs. 2 Satz 1 Nr. 1 wird deutlich, dass keine Gebäudeabschlusswände zu **öffentlichen Verkehrs-, Grün- oder Wasserflächen** errichtet werden müssen. In § 30 Abs. 2 Satz 1 Nr. 2 wird zukünftig auf die Forderung von Brandwänden in 40 m Abstand zwischen **aneinandergebauten Gebäuden auf demselben Grundstück** verzichtet. Eine neue **Spezialvorschrift für die Brandabschnittsgrößen** von landwirtschaftlich oder vergleichbar genutzten Gebäuden wurde mit § 30 Abs. 2 Satz 1 Nr. 3 aufgenommen. Mit dieser ist nun eine sachgerechtere, statt auf den Brandwandabstand von 40 m auf den **umbauten Raum** abgestellte Bewertung möglich. § 30 Abs. 2 Satz 1 Nr. 4 entspricht zwar den bisher geltenden §§ 31 Abs. 1 Nr. 2 und 32 Abs. 2 BauO NRW 2000, die Notwendigkeit der inneren Brandwand ist nun aber nicht mehr auf Betriebsteile größer als 2.000 m³ beschränkt. § 30 Abs. 2 Satz 2 BauO NRW 2018 nimmt unverändert die Anforderungen des § 31 Abs. 2 BauO NRW 2000 auf. Die bisher in § 32 Abs. 1 Satz 2 BauO NRW 2000 geregelte **Gestattung größerer Brandabschnitte**, wenn die Nutzung des Gebäudes es erfordert und Bedenken wegen des Brandschutzes nicht bestehen, findet sich nun in § 30 Abs. 2 Satz 3 wieder.

02

Mit den »**Wänden anstelle von Brandwänden**« wird in § 30 Abs. 3 BauO NRW 2018 die wohl wesentlichste Änderung in Bezug auf die Anforderungen der bisherigen §§ 31, 32 und 33 BauO NRW 2000 aufgenommen (s. Anmerkungen Rdn. 31).

03

In den **Absätzen 4 bis 10** wird die **Detailausbildung von Brandwänden** geregelt. Nach § 30 Abs. 11 gelten diese Anforderungen **sinngemäß auch für die Wände anstelle von Brandwänden**. Folgende Änderungen zur Anpassung an die MBO wurden in diesen Absätzen gemäß der Begründung zum Gesetzentwurf Drucks. 17/2166 vorgenommen:

04

– § 30 Abs. 4 entspricht dem bisherigen § 33 Abs. 2 BauO 2000. § 30 Abs. 4 Satz 2 ersetzt die behördliche Ermessensentscheidung über den **horizontalen Versatz** durch einen Zulässigkeitstatbestand.
– § 30 Abs. 5 entspricht § 33 Abs. 3 BauO 2000. Zusätzlich wird klargestellt, dass **verbleibende Hohlräume** vollständig mit nichtbrennbaren Baustoffen auszufüllen sind. Auf die Forderung des bisherigen § 33 Abs. 3 Satz 3 BauO 2000, bei Gebäuden mit **weicher Bedachung** die Brandwand 0,50 m über Dach zu führen, wird in Hinblick auf die Forderung nach ausreichenden Abständen zu Nachbargrenzen bzw. zu Gebäuden auf demselben Grundstück verzichtet.
– § 30 Abs. 6 erlaubt, dass die Regelung nun auch auf **Gebäude auf verschiedenen Grundstücken** angewandt werden kann. Der Mindestabstand von 3 m berücksichtigt die bisherige Regelung aus § 33 Abs. 6 BauO 2000. Bei der Ergänzung handelt es sich um eine **Erleichterung**, die dem Umstand Rechnung trägt, dass die in Abs. 3 Satz 2 vorgesehenen Erleichterungen (Wände anstelle von Brandwänden)

- § 30 Abs. 7 konkretisiert für den **Fassadenbereich** die Forderung, dass Außenwandkonstruktionen, die eine **seitliche Brandausbreitung** begünstigen können wie **Doppelfassaden oder hinterlüftete Außenwandbekleidungen**, nicht ohne besondere Vorkehrungen vor Brandwänden vorbeigeführt werden dürfen.
- § 30 Abs. 8 enthält anstelle der bisher vorgesehenen behördlichen Ermessensentscheidung im Einzelfall einen **Zulässigkeitstatbestand für Öffnungen** in **inneren Brandwänden**, wonach Öffnungen auf die für die Nutzung erforderliche Zahl und Größe beschränkt sein und feuerbeständige, dicht- und selbstschließende Abschlüsse haben müssen (BauO 2000: § 31 Abs. 4 bzw. § 32 Abs. 3 Satz 2).
- § 30 Abs. 9 enthält anstelle der behördlichen Ermessensentscheidung im Einzelfall (§ 32 Abs. 4 BauO 2000) die (unmittelbar gesetzesabhängige) **Zulässigkeit von feuerbeständigen verglasten** Bauteilen (Brandschutzverglasungen) **in inneren Brandwänden**, wenn sie auf die für die Nutzung erforderliche Zahl und Größe beschränkt sind.
- § 30 Abs. 10 greift **Erleichterung für Vorbauten** auf; hinsichtlich des Begriffs wird auf das Abstandsflächenrecht hingewiesen.

1 Allgemeines

1 Eine der **wesentlichsten und ältesten Brandschutzvorschriften** ist die, dass »Brandwände« den Nachbarn vor Schaden durch Feuer zu schützen haben. Die BauO NRW nennt diese Trennwände »**Gebäudeabschlusswände**«. Sie haben die Aufgabe, einen einmal ausgebrochenen Brand auf den **eigenen** »**Brandabschnitt**« und auf das eigene Grundstück zu begrenzen, um so den **Nachbarn** in dessen Leben und Gesundheit, aber auch in gewissem Umfang in dessen Hab und Gut zu **schützen**. Die Brandschutzvorschriften des § 30 dienen sowohl dem **Nachbarschutz** als auch dem **Eigenschutz**. Entsprechend § 14 Abs. 1 soll der Brandausbreitung auf angrenzende Grundstücke und benachbarte Gebäude, aber auch der Brandausbreitung in ausgedehnten Gebäuden vorgebeugt werden. Dabei wird unterschieden zwischen **Brandwänden zum Abschluss von Gebäuden (Gebäudeabschlusswände)** und **Brandwänden zur Unterteilung von Gebäuden in Brandabschnitte (innere Brandwände)**. Die Vorschriften des § 30 in Bezug auf den Gebäudeabschluss dürfen nicht mit den Regelungen des **Bauplanungsrechts** über die Bauweise verwechselt oder gleichgesetzt werden. Ob ein Gebäude überhaupt an der Grundstücksgrenze oder grenznah zu einer seitlichen Grundstücksgrenze errichtet werden darf, ergibt sich aus den **Festsetzungen des Bebauungsplans** in Verbindung mit den Vorgaben des § 22 BauNVO über die Bauweise oder aus den Planersatzvorschriften der §§ 34 und 35 BauGB. Erst, wenn nach dem Bauplanungsrecht eine Bebauung an der Grundstücksgrenze oder eine grenznahe Bebauung zulässig ist, greifen die bauordnungsrechtlichen Bestimmungen des § 30 BauO NRW 2018 über die Ausführung der Wände.

2 Der Begriff »Brandwand« bezeichnet in der BauO NRW 2018 kein Bauteil, sondern stellt eine **Qualitätsanforderung** dar, die bestimmte Wände zu erfüllen haben. Nach § 30 Abs. 2 müssen bei den dort genannten Fällen Gebäudeabschlusswände und

innere Brandwände die Mindestanforderungen an Brandwände erfüllen und nach § 35 Abs. 4 Satz 1 Nr. 1 BauO NRW sind die **Wände von Treppenräumen** in Gebäuden der Gebäudeklasse 5 in der »**Bauart von Brandwänden**« herzustellen. Welche **Mindestanforderungen** eine **Brandwand** zu erfüllen hat, ist in § 30 abschließend geregelt.

2 Zu Abs. 1 – Schutzzielformulierung Brandwand

Mit der **Schutzzielformulierung** in § 30 Abs. 1 wird die wohl älteste und elementarste Brandschutzanforderung dem Schutzziel zugeordnet. Die Anordnung von Brandwänden dient demnach der **Vorbeugung der Brandausbreitung auf andere Gebäude (Gebäudeabschlusswand) oder auf andere Brandabschnitte (innere Brandwand).**   3

Die Forderung des **Abs. 2**, ausgedehnte Gebäude in bestimmten Abständen durch innere Brandwände in **Brandabschnitte** zu unterteilen, soll bewirken, dass ein ausgebrochener Brand innerhalb eines Gebäudeabschnitts so unter Kontrolle gebracht werden kann, dass Menschen auch in anderen, benachbarten Gebäudeabschnitten nicht gefährdet werden. Auch soll ein Zünden von Brandlasten in den benachbarten Gebäudeabschnitten verhindert werden. Die innere Brandwand ist Teil des Systems der **inneren Brandabschottung**. Obwohl die Brandschutzvorschriften vorrangig dem Personenschutz dienen, wird durch § 30 auch der Sachgüterschutz erfasst.   4

3 Zu Abs. 2 – Erfordernis von Gebäudeabschlusswänden

Abs. 2 regelt in den **Nr.** 1 und 4, welche Wände eines Gebäudes als Gebäudeabschlusswände anzuordnen sind. Die Regelung des § 30 Abs. 2 ist – anders als die Regelungen des § 6 – keine einen erforderlichen Grenzabstand regelnde Vorschrift, sie zieht lediglich Konsequenzen aus einem zu geringen Grenz- bzw. Gebäudeabstand. Die **Anforderungen an die brandschutztechnische Ausbildung, wie Feuerwiderstandsdauer und Standsicherheit im Brandfall**, ergeben sich aus § 30 Abs. 3.   5

Während § 31 Abs. 1 Nr. 1 BauO NRW 2000 auch für aneinandergereihte Gebäude auf demselben Grundstück die Anordnung von Gebäudeabschlusswänden vorsah, entfällt diese Anforderung mit § 30 BauO NRW 2018 zukünftig. In der **offenen Bauweise als Einzelhaus** müssen die Gebäude ohnehin einen Abstand einhalten, der sich nach den Vorschriften **des § 6 BauO NRW 2018** bemisst und **mindestens 3 m** beträgt. Daher tritt dort ein Anwendungsproblem des § 30 BauO NRW 2018 im Regelfall nicht auf. In der geschlossenen Bauweise stellen die Gebäude oder Gebäudeteile jeweils **eigenständige Nutzungseinheiten** dar, die voneinander durch Trennwände nach § 29 zu trennen sind, so dass auch in diesem Fall eine brandschutztechnische Trennung, wenn auch nicht in der Qualität einer Brandwand, gegeben ist.   6

Mit der Fassung der BauO NRW 2018 wurde in § 30 Abs. 2 Satz 1 Nr. 1 eine Ausnahme für **kleine Gebäude ohne Aufenthaltsräume und ohne Feuerstätten** mit nicht mehr als **50 m³ Brutto-Rauminhalt** aufgenommen (z.B. Kleingaragen). Dabei geht die Regelung hinsichtlich der zulässigen Größe über die in § 6 Abs. 8 Satz 1 Nr. 1 beschriebenen Gebäude hinaus, die dort zulässigen   7

§ 30   Brandwände

Feuerstätten werden jedoch in § 30 Abs. 2 Satz 1 Nr. 1 ausgeschlossen. Mit dem in Abs. 2 Satz 1 Nr. 1 verwendeten Begriff »**Nachbargrenze**« wird zudem klargestellt, dass Gebäudeabschlusswände zu öffentlichen Verkehrs-, Grün- oder Wasserflächen nicht errichtet werden müssen, was im Wesentlichen der Anwendungspraxis der BauO NRW 2000 entspricht.

8   Abs. 2 Satz 1 Nr. 1 erfasst **Gebäude auf unterschiedlichen Grundstücken**. Jedes Gebäude, dass **weniger als 2,50 m** von der Nachbargrenze entfernt errichtet wird, ist in diesem Bereich mit einer Brandwand als **Gebäudeabschlusswand** abzuschließen (vgl. hierzu zuletzt OVG Bln, Beschl. v. 11.07.2018, OVG 2 S 70.15, juris). Das **Maß von 2,50 m wird** – wie alle übrigen bauordnungsrechtlich geregelten Abstände oder Abstandsflächen – **senkrecht zur Wand gemessen** (vgl. 12. Auflage dieses Werkes). Von dieser Regel werden die Gebäude erfasst, die nach den **bauplanungsrechtlichen Vorschriften direkt an der seitlichen Grenze** errichtet werden, das sind:
– Gebäude in der geschlossenen Bauweise,
– Gebäude in der offenen Bauweise als Doppelhäuser oder Hausgruppen,
– Gebäude in der abweichenden Bauweise mit einseitiger Grenzbebauung.

9   Nach dem Bauplanungsrecht kann in der **abweichenden Bauweise** eine **grenznahe Bebauung** zulässig sein, das ist im brandschutztechnischen Sinne eine Bebauung, die **näher als 2,50 m** zur Grundstücksgrenze liegt, z.B. in Form **schmaler Traufgassen**. In der abweichenden Bauweise kann durch Festsetzung des Bebauungsplans bestimmt sein, dass ohne oder mit nur geringem Abstand an die **hintere** (rückwärtige) **Grundstücksgrenze** zu bauen ist, z.B. für Gewerbeeinheiten in Handwerkerhöfen.

10   Nr. 4 erfasst den Fall, dass **auf demselben Grundstück** ein landwirtschaftliches Betriebsgebäude (z.B. ein Stall oder eine Scheune) an ein Wohnhaus angebaut wird. Es handelt sich also um zwei voneinander getrennte, jeweils selbstständige Gebäude. Das **Wohngebäude** und das angebaute **landwirtschaftliche Betriebsgebäude** auf demselben Grundstück sind – jedes für sich – durch Gebäudeabschlusswände abzuschließen. Diese Regelung resultiert aus der **unterschiedlichen Nutzung der Gebäudeteile** und deren **unterschiedlichen Gefahrenpotentialen** (s. Anmerkungen zu § 31 Rdn. 12). § 30 Abs. 2 Satz 1 Nr. 4 nimmt damit die bisher geltenden §§ 31 Abs. 1 Nr. 2 und 32 Abs. 2 BauO 2000 auf. Dabei ist die Notwendigkeit der inneren Brandwand nicht mehr auf Betriebsteile größer als 2.000 m³ Brutto-Rauminhalt beschränkt. Für **kleinere Betriebsteile** bietet aber § 30 Abs. 3 Satz 3 die Möglichkeit einer feuerhemmenden Wand.

4 Zu Abs. 2 – Erfordernis von inneren Brandwände

11   Jedes ausgedehnte Gebäude ist nach **Abs. 2 Satz 1 Nr. 2** unabhängig von seiner Nutzung durch **innere Brandwände in höchstens 40 m lange Gebäudeabschnitte** zu unterteilen. Die so entstehenden Gebäudeabschnitte definiert die BauO NRW als »**Brandabschnitte**«. Ein Brandabschnitt ist demnach Teil eines Gebäudes oder bei – nicht ausgedehnten – Gebäuden, die keiner Unterteilung durch innere Brandwände bedürfen, das Gebäude selbst.

Die **Brandabschnittsfläche** ist in der BauO NRW 2018 nicht legal definiert. Eine 12
Begriffsdefinition enthält die **Industriebaurichtlinie (IndBauR NRW)**. Sie definiert
die Brandabschnittsfläche in Abschnitt 3.3 als die Grundfläche des Geschosses mit
der größten Ausdehnung eines Brandabschnitts zwischen den aufgehenden Umfassungsbauteilen. In den Erläuterungen zu dieser Richtlinie (Erl IndBauR NRW) wird
darüber hinaus zu Abschnitt 3.3 der IndBauR NRW klargestellt, dass die **Brandabschnittsfläche** nicht die Fläche ist, die sich aus der Summe der Flächen der einzelnen
Geschosse ergibt, sondern **die Grundfläche des Geschosses mit der größten Ausdehnung im Brandabschnitt**. Durch die in Abs. 2 Satz 1 Nr. 2 vorgegebenen maximalen
Brandwandabstände von 40 m ergibt sich eine **maximal zulässige Brandabschnittsfläche von 1.600 m² (40 m x 40 m)**.

Falls die Nutzung eines (Wohn-)Gebäudes dies erfordert, können nach Satz 3 durch 13
die Bauaufsichtsbehörde auch **längere Brandabschnitte** als 40 m gestattet werden,
wenn wegen des Brandschutzes Bedenken nicht bestehen. Dabei herrscht häufig
Unklarheit, ob längere Brandabschnitte im Sinne von § 30 Abs. 2 Satz 3 einer Abweichung nach § 69 BauO NRW 2018 bedürfen. § 30 Abs. 2 Satz 3 benennt eigenständige Voraussetzungen für die Gestattung, so dass hier von einer »Abweichung sui
generis« auszugehen ist. Das Kriterium der Gleichwertigkeit gemäß § 69 würde hier
durch die Voraussetzung sichergestellt, dass Bedenken wegen des Brandschutzes nicht
bestehen dürfen (s. Anmerkungen § 69 Rdn. 18 und 19).

Es ist in diesem Zusammenhang jedoch darauf hinzuweisen, dass **Erleichterungen für** 14
Sonderbauten nach § 50 Abs. 1 Satz 2 **keiner formellen Abweichungsentscheidung**
nach § 69 BauO NRW bedürfen. Gerade im gewerblichen Bereich sind häufig aus
produktionstechnischen Gründen oder aus Gründen einer sinnvollen Lagerhaltung
und Lagerbeschickung **entschieden längere Brandabschnitte als 40 m erforderlich**.
Bei der Prüfung der Abweichungsvoraussetzungen nach Abs. 2 Satz 3 bzw. der Erleichterungsvoraussetzungen nach § 50 Abs. 1 Satz 2 und somit bei der Beurteilung
der Genehmigungsfähigkeit solcher **vergrößerten Brandabschnitte** sind insbesondere
zu berücksichtigen:
– der Personenschutz und damit die **Lage und Anordnung der Rettungswege**,
– die **Brandlasten und das Abbrandverhalten** der Produktions- und Lagerstoffe,
– die **Ventilationsverhältnisse** und damit die Zu- und Abluftführung,
– die **Geschossigkeit** des Gebäudes,
– die **Feuerwiderstandsfähigkeit** der Bauteile,
– die **brandschutztechnische Infrastruktur**, wie betriebliche Brandschutzmaßnahmen oder Brandmelde- und Feuerlöschanlagen.

Die Gesamtschau dieser Aspekte muss zu dem Ergebnis führen, dass wegen des Brand- 15
schutzes – und nicht nur wegen der Verhinderung einer Brandausbreitung – Bedenken nicht bestehen. Ansonsten ist die Abweichung unzulässig.

Für den Bereich des gewerblichen und des industriellen Bauens ist die in A 2.2.1.15 16
der VV TB NRW eingeführte »Richtlinie über den baulichen Brandschutz im Industriebau (**Industriebaurichtlinie** – IndBauR NRW: 2015-02)« zu beachten. Rechengrundlage für diese Richtlinie ist die Norm DIN 18230 – **Baulicher Brandschutz**

§ 30 Brandwände

im Industriebau – Teil 1: Rechnerisch erforderliche Feuerwiderstandsdauer (Ausgabe November 2010).

17 In den Erläuterungen zu dieser Richtlinie (Erl IndBauR NRW) wird zu Abschnitt 2 ausgeführt, dass diese Richtlinie auch **zur Begründung von Erleichterungen nach § 54 BauO NRW 2000 (§ 50 BauO NRW 2018)** für Gebäude und bauliche Anlagen verwendet werden kann, die hinsichtlich ihres **Brandrisikos mit Industriebauten vergleichbar sind** (z.B. gewerbliche Nutzungen im Bereich des Kfz-Handels); dies betrifft nicht die Regelungen für die Rettungswege.

18 Sofern ein Bauherr **Erleichterungen von den Vorschriften der BauO NRW 2018** oder von Vorschriften aufgrund der BauO NRW 2018 für Bauvorhaben wünscht, die **nicht dem Geltungsbereich der Industriebaurichtlinie unterliegen**, kann er von der Industriebaurichtlinie und dem Rechenverfahren nach der DIN 18230 **zum Nachweis, dass die Voraussetzungen des § 50 Abs. 1 Satz 2 vorliegen,** Gebrauch machen. Mit dem – nicht unbedingt vorausgesetzten – Rechenverfahren werden über Faktoren, wie Brandlasten, Abbrandverhalten der Bau-, Produktions- und Lagerstoffe, der Ventilation (aus Zuluft- und Abluftöffnungen), Sicherheitsbeiwerte (in Abhängigkeit von der Geschossigkeit), brandschutztechnische Infrastruktur (Werkfeuerwehr, automatische Brandmeldeanlage, selbsttätige Feuerlöschanlagen), die »**rechnerisch erforderliche Feuerwiderstandsdauer**« der tragenden und abschottenden Bauteile und danach je »**Brandbekämpfungsabschnitt**« die äquivalente Branddauer $t_ä$ und die **rechnerisch erforderliche Feuerwiderstandsdauer erf t_F** ermittelt. Danach ergeben sich aus der Richtlinie die zulässigen Flächengrößen und die Anforderungen an die Bauteile. Ein **Brandbekämpfungsabschnitt ist** – innerhalb eines Brandabschnitts – ein **gegenüber anderen Gebäudebereichen brandschutztechnisch abgeschlossener, ein- oder mehrgeschossiger Gebäudebereich** mit besonderen Anforderungen an Wände und Decken, die diesen Abschnitt begrenzen. **Brandschutzklassen** sind Klassierungsstufen, die der Festlegung von brandschutztechnischen Anforderungen dienen. Industriebauten müssen – den jeweiligen Brandschutzklassen entsprechend – den Anforderungen der Industriebaurichtlinie an die Feuerwiderstandsdauer der Bauteile, an die Größe der Brandbekämpfungsabschnitte, die Länge der Rettungswege und die Lage und Zugänglichkeit entsprechen.

19 Dem **Bauherrn ist es jedoch freigestellt**, ob er von dem Rechenverfahren der Norm DIN 18230-1 Gebrauch macht oder ob er ein anderes Nachweisverfahren wählt, um sich Erleichterungen nach § 50 Abs. 1 Satz 2 gestatten zu lassen. Wer ein **Rechenverfahren vermeiden** möchte, ermittelt aus der Richtlinie unmittelbar die maximal zulässige Größe der Brandabschnitte je Geschoss in Abhängigkeit von der Feuerwiderstandsklasse der tragenden und abschottenden Bauteile sowie von der brandschutztechnischen Infrastruktur (ausgedrückt in Sicherheitskategorien) der baulichen Anlage. Wer von **weitergehenden Erleichterungen** Gebrauch machen will, bedient sich des Rechenverfahrens der Norm DIN 18230 Teil 1. Darüber hinaus können auch **allgemein anerkannte Methoden des Brandschutzingenieurwesens** (z.B. Wärmebilanzberechnung) eingesetzt werden zum Nachweis, dass die Ziele der Industriebaurichtlinie, nämlich die **Mindestanforderungen an den baulichen Brandschutz**

für **Industriebauten** zu regeln, erreicht werden (zur Anwendung von Methoden des Brandschutzingenieurwesens s. Anmerkungen § 14 Rdn. 37–41).

Eine neue **Spezialvorschrift für die Brandabschnittsbildung** in landwirtschaftlich oder vergleichbar genutzten Räumen wurde mit § 30 Abs. 2 Satz 1 Nr. 3 in die BauO NRW 2018 aufgenommen. Die Spezialvorschrift ermöglicht anstelle des Brandwandabstandes von 40 m auch einen **umbauten Raum bis zu 10.000 m³**.

5 Zu Abs. 2 – gemeinsame Brandwände

Von dem Prinzip, dass jedes Gebäude für sich – sofern die Tatbestände des Abs. 2 vorliegen – durch eine Brandwand abzuschließen oder zu trennen ist, wird durch die Regelung des **Abs. 2 Satz 2** von Gesetzes wegen eine **alternative Lösung** zugestanden, auf die der Bauherr einen Rechtsanspruch hat, die also **keiner Abweichungsentscheidung** bedarf. Hiernach sind anstelle einzelner Brandwände gemeinsame Brandwände zulässig. Es handelt sich bei der gemeinsamen Brandwand zugleich um ein **gemeinsames Bauteil im Sinne des § 12 Abs. 2 BauO NRW 2018**, dessen **Bestand öffentlich-rechtlich durch Baulast zu sichern** ist (s. Anmerkungen zu § 12 Rdn. 35).

Die BauO NW 1984 bezeichnete diese Wand rechtsirrtümlich noch als innere Brandwand. Die **gemeinsame** Brandwand unterteilt jedoch i. d. R. nicht ein (einheitliches) Gebäude wie eine innere Brandwand, sondern sie **trennt zwei Gebäude** voneinander. Der **Unterschied** hat **erhebliche Bedeutung in Bezug auf Öffnungen**:
– in gemeinsamen Gebäudeabschlusswänden sind Öffnungen wegen des gesetzlichen Verbots (s. Rdn. 57) stets **unzulässig** (siehe Anmerkungen Rdn. 59),
– in inneren Brandwänden sind Öffnungen bei Einhaltung genau umschriebener Voraussetzungen **zulässig** (siehe Anmerkungen Rdn. 60).

Die **gemeinsame Gebäudeabschlusswand** übernimmt die **Aufgabe**, die sonst **zwei voneinander getrennte Gebäudeabschlusswände** zu erfüllen hätten. Zwei aneinandergrenzende Gebäudeabschlusswände bieten naturgemäß eine **größere Sicherheit im Brandfall als eine gemeinsame Gebäudeabschlusswand**. Fällt eine der beiden Gebäudeabschlusswände aus, bietet immer noch die andere Schutz gegen Brandübertragung. Durch das Zugeständnis des Gesetzgebers im Interesse der Kosteneinsparung verringert sich in gewissen Grenzen das Schutzniveau. Aus diesem Grunde gilt die Erleichterung auch **nur für Brandwände und nicht für Wände anstelle von Brandwänden**.

Die am Bau Beteiligten sollten sich des erheblichen Risikos bei unsachgemäßer Ausführung gemeinsamer Gebäudeabschlusswände stets bewusst sein und der **einwandfreien bautechnischen und brandschutztechnischen Ausführung** besondere Sorgfalt widmen.

6 Zu Abs. 2 – öffentlich-rechtliche Sicherung von Abständen

Die in § 30 Abs. 2 Satz 1 Nr. 1 dargestellte Möglichkeit der **Baulastsicherung des brandschutztechnisch erforderlichen Mindestabstands** erlangt ihre praktische Bedeutung in erster Linie wegen des **Öffnungsverbots** in äußeren Brandwänden (Gebäudeabschlusswänden) (s. Anmerkungen zu § 30 Abs. 8 Rdn. 59). In der Vergangenheit hat sich immer wieder ein Bedürfnis ergeben, Gebäudeaußenwände mit Öffnungen oder Teilflächen aus **Glasbausteinen** ohne Einhaltung des erforderlichen Abstands zur Grundstücksgrenze auf dem Abweichungswege zuzulassen, weil die Nachbarn untereinander hierüber **Einigkeit erzielten** und auch bereit waren, gegenüber der Bauaufsichtsbehörde die notwendigen Sicherungen zu treffen. Dabei ist durch die Regelungen von § 30 Abs. 2 Satz 1 Nr. 1 alleine die Flächenbaulast zur Sicherung des Brandschutzabstands ausreichend und es bedarf keiner Abweichungsentscheidung nach § 69.

26 Die **brandschutztechnische Flächenbaulast** nach § 30 Abs. 2 Satz 1 Nr. 1 hat einen **anderen Inhalt als die Abstandflächenbaulast** nach § 6 Abs. 2 Satz 2 (vgl. OVG Bln, Beschl. v. 17.02.2016 – OVG 10 N 22.14, juris). Letztere bezweckt lediglich die Verlagerung der erforderlichen Abstandsfläche auf ein angrenzendes Grundstück. Die so auf dem Fremdgrundstück gesicherte Fläche darf jedoch mit Gebäuden, die nach abstandsrechtlichen Vorschriften privilegiert sind, sehr wohl überbaut werden.

27 Die **öffentlich-rechtliche Sicherung** von Abständen wurde in den vergangenen Jahren immer wieder auch in den Dienstbesprechungen des Bauministeriums mit den Bauaufsichtsbehörden thematisiert. Ein Auszug der **Auslegungshilfen aus den Dienstbesprechungsprotokollen** wird nachfolgend – auf das aktuelle Bauordnungsrecht angepasst – zusammengefasst:

28 Im Dienstbesprechungsprotokoll von November und Dezember 2001 wird ausgeführt, dass bei Gebäuden, die mit **weniger als 2,50 m Grenzabstand** und ohne Gebäudeabschlusswand errichtet werden sollen, die öffentlich-rechtliche Sicherung nach § 30 BauO NRW 2018 erforderlich ist. Zwar sorgen in der Regel die nach § 6 BauO NRW notwendigen Abstandsflächen dafür, dass **zwischen zwei Gebäuden ein Mindestabstand von 6 m** einzuhalten ist. Ausnahmen können auftreten bei Vorhaben mit vortretenden Bauteilen im Sinne von § 6 Abs. 6 BauO NRW 2018 (z.B. ein Erker kommt näher als 2,50 m an die Nachbargrenze heran) oder bei zwingenden Festsetzungen in einem Bebauungsplan (z.B. zum Erhalt historischer Stadtgrundrisse). In diesen Fällen muss ein **Mindestabstand von 5 m** gem. § 30 Abs. 2 Satz 1 Nr. 1 BauO NRW öffentlich-rechtlich gesichert werden. Dabei kann die öffentlich-rechtliche Sicherung durch die Eintragung einer **Flächenbaulast** erreicht werden. Gegen die Errichtung von einer an einem Nachbarwohnhaus angebauten Grenzgarage nach § 6 Abs. 8 Satz 1 Nr. 1 BauO NRW 2018 innerhalb der durch Flächenbaulast gem. § 30 Abs. 2 Satz 1 Nr. 1 BauO NRW 2018 gesicherten Fläche, bestehen allerdings keine Bedenken. Während in der BauO NRW 2000 hierzu noch eine diesbezügliche Regelung fehlte, sieht § 30 Abs. 2 BauO NRW 2018 eine (unmittelbar gesetzesabhängige) Ausnahme für **kleine Gebäude ohne Aufenthaltsräume und ohne Feuerstätten** mit nicht mehr als 50 m³ Brutto-Rauminhalt vor. Somit ist nun auch im Gesetzestext klargestellt, dass der Gesetzgeber diese Garagen nicht ausschließen will. Die Flächenbaulast sollte folglich so formuliert werden, dass in der betreffenden Fläche die nach § 30 Abs. 2 Satz 1 Nr. 1 ausgenommenen Gebäude (kleine Gebäude ohne Aufenthaltsräume und ohne Feuerstätten mit nicht mehr als 50 m³ Brutto-Rauminhalt) zulässig sind. Die **Form der Flächenbaulast** ist als rechteckige Fläche vor den Wänden plus

Viertelkreise an den Ecken zu ermitteln. Für Terrassenüberdachungen, Balkone und Altane an der Grundstücksgrenze sieht § 30 Abs. 10 Satz 1 BauO NRW 2018 nun eine unmittelbar gesetzesabhängige Ausnahme vor, so dass hier keine äußeren Brandwände (Gebäudeabschlusswände) erforderlich sind. Zu dieser Ausnahme sah sich der Gesetzgeber durch die Rechtsprechung des OVG Münster veranlasst (OVG Münster, Beschl. v. 26.02.2015, 10 A 1432/12, juris).

Das Dienstbesprechungsprotokoll von September und November 2005 stellt klar, dass eine **öffentlich-rechtliche Sicherung des 5 m Abstandes** nach dem Wortlaut des § 30 Abs. 2 Satz 1 Nr. 1 **vor der gesamten Außenwand** einzutragen ist. Dies gilt auch, wenn die Außenwand den für eine Gebäudeabschlusswand erforderlichen Feuerwiderstand einhält und ein Verstoß gegen § 30 durch eine Fensteröffnung in der Mitte der Außenwand vorliegt. Eine öffentlich-rechtliche Sicherung des 5 m Abstandes allein vor der Öffnung der Außenwand reicht nicht aus. 29

Im Dienstbesprechungsprotokoll von November und Dezember 2008 wird auf die **gleichzeitige Eintragung von Freihalte- und Abstandsflächenbaulast** eingegangen. Freihaltebaulasten nach § 30 BauO NRW 2018 dienen der Einhaltung eines Mindestabstandes zwischen zwei Bauwerken, um eine Brandausbreitung von dem einen auf das andere Gebäude wirksam zu verhindern. Abstandsflächenbaulasten werden hingegen eingetragen, wenn eine gemäß § 6 BauO NRW 2018 erforderliche Abstandsfläche auf dem Baugrundstück nicht nachgewiesen werden kann. Sie sind erforderlich, um eine ausreichende Belichtung und Belüftung sowie einen ausreichenden Sozialabstand zwischen verschiedenen Nutzern sicherzustellen. In Fällen, in denen sowohl eine Abstandsflächenbaulast als auch eine Freihaltebaulast erforderlich werden, **genügt es eine Baulast in das Baulastenverzeichnis einzutragen**, in der beide Sachverhalte geregelt sind. Eine öffentlich-rechtliche Sicherung allein der Abstandsflächen auf dem Nachbargrundstück, so wie es nach Ansicht des OVG NRW möglich wäre (vgl. OVG NRW, Beschl. v. 17.09.2004 – 7 B 494/04) ist allerdings nicht ausreichend. Das **Schutzziel**, im Brandfall eine Brandausbreitung durch eine ausreichend breite Freifläche wirksam zu verhindern, ist **bei einer Abstandsflächenbaulast nicht mehr gewahrt**, sobald innerhalb der durch Baulast gesicherten Fläche Gebäude nach § 6 Abs. 8 BauO NRW 2018 errichtet werden und diese nicht durch die Ausnahmeregelung von § 30 Abs. 2 Satz 1 abgedeckt sind (z.B. Feuerstätten), zumal diese Gebäude selbst keinen oder nur geringen Anforderungen an den Brandschutz genügen müssen. Insofern muss in solchen Fällen in einer Baulast zusätzlich zur Sicherung der Abstandsflächen auf dem Nachbargrundstück geregelt sein, dass **innerhalb eines Abstandes von 5 m keine baulichen Anlagen errichtet werden dürfen**, die nicht durch die Ausnahmeregelung des § 30 Abs. 2 Satz 1 Nr. 1 (Gebäude ohne Aufenthaltsräume und ohne Feuerstätten mit nicht mehr als 50 m³ Brutto-Rauminhalt) abgedeckt sind. 30

7 Zu Abs. 3 – Feuerwiderstandsfähigkeit von Brandwänden und Wänden anstelle von Brandwänden

Die Anforderungen an die Ausbildung der Brandwände zum **Gebäudeabschluss** und als **innere Brandwände**, wie **Feuerwiderstandsfähigkeit und Standsicherheit im** 31

§ 30   Brandwände

Brandfall, sind in § 30 Abs. 3 geregelt. Mit § 30 Abs. 3 Satz 1 wird eine **Feuerbeständigkeit auch unter zusätzlicher mechanischer Beanspruchung** als grundsätzliche Anforderung an eine Brandwand definiert. Mit den in § 30 Abs. 3 Satz 2 definierten Wänden anstelle von Brandwänden werden **alternative Ausführungsmöglichkeiten, die sich ausschließlich an der Gebäudeklasse orientieren**, angeboten. Diese sind in den Fällen des Abs. 2 Satz 1 Nr. 1 bis 3 (Gebäudeabschlusswand, innere Brandwand) in den Gebäudeklassen 1–4 in zum Teil deutlich geringerer Feuerwiderstandsfähigkeit und bis hin zur Verwendung von brennbaren Baustoffen zulässig. Die Anforderungen korrespondieren mit den konstruktiven Möglichkeiten der jeweils geforderten Tragkonstruktion (siehe Anmerkungen § 27 Rdn. 8).

32   Die Qualitätsanforderung »**Brandwand**« ist wegen der besonderen Aufgabe, die **diese als abschottendes Bauteil** im Brandfall zu erfüllen hat, recht hoch. Wände erfüllen diese Qualitätsanforderung, wenn sie nicht nur feuerbeständig und aus **nichtbrennbaren Baustoffen** hergestellt sind, sondern darüber hinaus auch so beschaffen sind, dass sie **bei einem Brand** ihre **Standsicherheit nicht verlieren** (widerstandsfähig unter zusätzlicher mechanischer Beanspruchung) und dadurch die Ausbreitung von Feuer und Rauch auf andere Gebäude oder Brandabschnitte verhindern. Die Anforderungen an Brandwände werden in der VV TB NRW Kapitel A 2.1.7 weiter wie folgt konkretisiert: »*Brandwände oder Wände, die anstelle von Brandwänden zulässig sind, von baulichen Anlagen dürfen gemäß § 30 BauO NRW 2018 zur Gewährleistung der Schutzziele keinen Beitrag zum Brand leisten (nichtbrennbar), soweit nichts anderes bestimmt ist. Außenwandbekleidungen auf solchen Wänden dürfen keinen Beitrag zum Brand leisten (nichtbrennbar). Brandwände müssen auch für den Fall standsicher und raumabschließend sein, dass zusätzliche mechanische Belastungen aus im Brandfall versagenden Teilen der baulichen Anlage auf diese Wände einwirken (Anprall). Dies gilt auch für Wände anstelle von Brandwänden, soweit nichts anderes bestimmt ist. Brandwände sind nur standsicher und raumabschließend, wenn sie ohne zusätzliche Maßnahmen den Anforderungen der Abschnitte A 2.1.3.2 und A 2.1.3.3 entsprechen und ergänzend den Einwirkungen nach DIN 4102-3:1977-09, Abschnitte 4.2.2 bis 4.2.5, widerstehen. Dies gilt mit Ausnahme der Einwirkungen nach DIN 4102-3:1977-09, Abschnitt 4.2.3, auch für hochfeuerhemmende Wände anstelle von Brandwänden. Für andere Wände anstelle von Brandwänden sind die Anforderungen gemäß Abschnitt A 2.1.6 (Trennwände) einzuhalten. In Brandwände und Wände anstelle von Brandwänden eingreifende andere Bauteile, Anschlüsse einschließlich von Fugenausbildungen, Durchdringungen von Leitungen sowie Querschnittsverringerungen bei Einbau von Steckdosen, Schaltkästen, Leitungsverteilern etc. dürfen den Raumabschluss und die Standsicherheit nicht beeinträchtigen.*«

33   Die **Sonderstellung der Brandwände** gegenüber sonstigen feuerbeständigen Wänden ergibt sich vor allem aus der wesentlich **höheren Stoßfestigkeit** und der **Standsicherheit** im Brandfall auch unter ausmittiger Belastung. Wände erfüllen die Anforderungen an Brandwände **ohne Nachweis** und somit **als klassifiziertes Sonderbauteil**, wenn sie z.B. den in der Norm DIN EN 1992-1-2: 2010-12, 5.4.3 geregelten Anforderungen hinsichtlich der **Mindestdicke**, der **Anschlüsse und Bewehrungen** in Verbindung mit DIN 4102-4:2016-05 entsprechen. Brandwände, deren Beurteilung nach DIN 4102

Teil 3 allein nicht möglich ist, dürfen nur verwendet werden, wenn ihre Brauchbarkeit für den Verwendungszweck nachgewiesen ist, z.b. durch eine **allgemeine bauaufsichtliche Zulassung**.

Nach **Abs.** 7 Satz 4 dürfen **andere Bauteile**, wie Stahlträger, Stahlstützen und Holzbalken sowie Schornsteine oder auch Leitungen und Leitungsschlitze, in Brandwände und Wände anstelle von Brandwänden nur so weit **eingreifen**, dass der **verbleibende Wandquerschnitt** die Anforderungen des Abs. 3 erfüllt. In die Brandwand oder in die Wand anstelle einer Brandwand **eingreifende Bauteile** oder Bauteile, die ihre Kräfte statisch auf diese Wand ableiten oder Rahmentragwerke, die frei vor dieser Wand angeordnet sind, dürfen im Brandfall durch Längenveränderung, wie z.b. durch Ausdehnung, die **Standsicherheit** dieser Wand **nicht beeinträchtigen**. So müssen z.b. Stahlträger oder Stahlstützen, die in Brandwände oder Wände anstelle von Brandwänden eingreifen, zur Wahrung der Standsicherheit der Wand entsprechend der Feuerwiderstandsklasse dieser Wände über eine geeignete Ummantelung verfügen oder es muss nachgewiesen werden, dass ein Versagen des Stahltragwerkes die Standsicherheit der Wand nicht gefährdet. 34

Ein Bauteil, das der **Qualitätsanforderung** »Brandwand« entsprechen muss, hat nach einem Brand seine Aufgabe als abschottendes Bauteil erfüllt. Sofern die Möglichkeit besteht, dass ein solches Bauteil, z.B. eine **innere Brandwand**, durch einen Brand zu einer »Außenwand« werden kann, so muss es über die zuvor beschriebenen brandschutztechnischen Standsicherheitsanforderungen und die »normalen« Anforderungen an seine Standsicherheit als tragendes Bauteil **nicht auf Windlast** bemessen sein. 35

8 Zu Abs. 3 – Sonderfälle

§ 30 Abs. 3 Satz 2 Nr. 3 ermöglicht für Gebäude der Gebäudeklassen 1 bis 3 Gebäudeabschlusswände, die jeweils **von innen nach außen** die Feuerwiderstandsfähigkeit der tragenden und aussteifenden Teile des Gebäudes, mindestens jedoch feuerhemmende Bauteile, und **von außen nach innen** die Feuerwiderstandsfähigkeit feuerbeständiger Bauteile haben. Diese Spezialregelung gilt vorwiegend für aneinandergebaute **Gebäude in Systembauweise**. Die Gebäudeabschlusswand weist jeweils von innen die Feuerwiderstandsdauer des tragenden Systems des Gebäudes auf. 36

Der Gesetzgeber hat diese Gebäudeabschlusswand mit einem **brandschutztechnisch asymmetrischen Aufbau** (von innen feuerhemmend, von außen feuerbeständig) deswegen für zulässig erklärt, da die **tragenden Bauteile** dieser Wohngebäude »nur« in feuerhemmender Bauweise zu erstellen sind und somit die **Gesamtkonstruktion des Gebäudes** eine Feuerwiderstandsdauer von nur 30 Minuten aufweist. Mit dieser Konstruktion können die Gebäudeabschlusswände nicht feuerbeständig ausgesteift werden. Sollte in einem Brandfall der Feuerwiderstand der Gebäudeabschlusswand tatsächlich nach 30 Minuten versagen, so steht dieser Wand eine Gebäudeabschlusswand des Nachbargebäudes mit einer Feuerwiderstandsdauer von – zumindest von außen nach innen – feuerbeständiger Qualität gegenüber. 37

9 Zu Abs. 4 – durchgehende und versetzte Brandwände

38 Satz 1 formuliert einen **Grundsatz**, wonach Brandwände **durchgehend in allen Geschossen übereinander angeordnet** sein müssen. Der Gesetzgeber hat den Grundsatz der in Satz 2 beschriebenen alternativen Wandführung vorangestellt, um so dem Rechtsanwender die Systematik besser zu verdeutlichen. Damit ist klargestellt, dass die in Satz 2 beschriebenen »Wände« keine »Brandwände« sind, gleichwohl jedoch Brandabschnitte begrenzen. »Durchgehend« bedeutet: **ohne Unterbrechung** und **in einem Zug von der Gründung bis unter die Dachhaut bzw. bis über das Dach**. Demnach ist eine Wand, die zwar die Anforderungen des Abs. 3 erfüllt, aber innerhalb der Geschosse – entsprechend Abs. 4 Satz 2 – verspringt, keine Brandwand, weil sie durch den Versprung unterbrochen wird.

39 Funktionale Gründe der Gebäudenutzung erfordern in bestimmten Fällen, Brandabschnitte anders zu trennen als durch eine durchgehende Brandwand. Solche Lösungen sind nach **Satz 2 zulässig**, wenn statt durchgehender innerer Brandwände **Wände**, die die Anforderungen des Abs. 3 auch hinsichtlich ihrer besonderen Standsicherheit erfüllen, in Verbindung mit **öffnungslosen und feuerbeständigen Decken** aus nichtbrennbaren Baustoffen angeordnet werden, wenn die **Nutzung** des Gebäudes dies **erfordert** und eine **senkrechte Brandübertragung** nicht zu befürchten ist oder wenn die Gefahr der Brandübertragung durch **geeignete Vorkehrungen** vermindert wird. Den Nachweis, dass alle Voraussetzungen für die Zulässigkeit dieser Lösung gegeben sind, hat der Bauherr im Genehmigungsverfahren zu erbringen.

40 Da die bei dieser Anordnung der inneren Brandwände entstehenden Abschnitte nicht mehr nur nebeneinander, sondern auch **übereinander** liegen, sind zur Vermeidung der Brandübertragung im Bereich der **Außenwand** besondere Maßnahmen zu treffen. Der **Feuerüberschlagsweg** muss hier – in Abhängigkeit von der Nutzung des Gebäudes und dessen Brandbelastung – durch geeignete Maßnahmen vergrößert werden.

41 Aber auch im **Inneren** des Gebäudes sind besondere Maßnahmen erforderlich. Nicht nur, dass die Decken den brandschutztechnischen Anforderungen des Abs. 4 Satz 2 Nr. 2 entsprechen müssen, es muss auch dafür Sorge getragen werden, dass die **versetzten Brandwände** entsprechend ihrer geforderten Feuerwiderstandsklasse und Standsicherheit für den Brandfall **unterfangen und ausgesteift** werden (s. Abb. 30.1).

42 Die Industriebaurichtlinie und die Norm DIN 18230 – Brandschutz im Industriebau – bezeichnen Abschnitte, die durch Wände nach Abs. 2 gebildet werden, als »**Brandbekämpfungsabschnitte**«. Diese Regelwerke stellen an Wände (und Decken), die Brandbekämpfungsabschnitte begrenzen, in Abhängigkeit von der ermittelten Brandschutzklasse Anforderungen, die höher oder niedriger sind als die des Abs. 4.

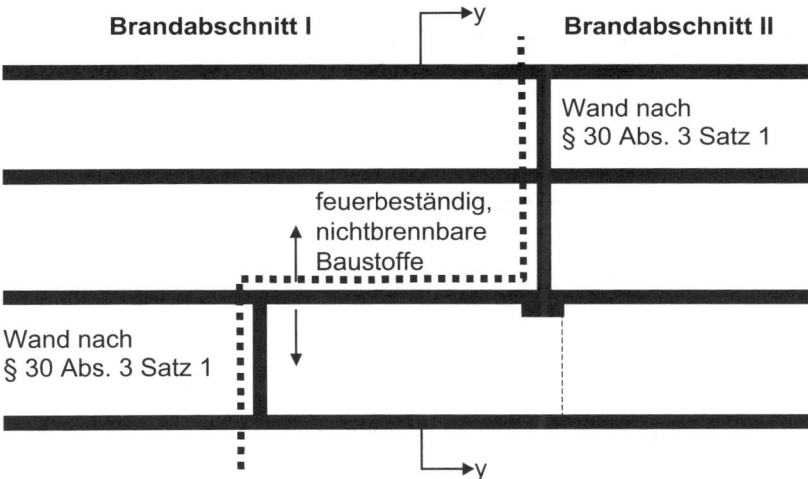

Abb. 30.1 Systemskizze – versetzte innere Brandwände nach § 30 Abs. 4 BauO NRW (s. Rdn. 41)

Einen **Sonderfall** thematisiert das Dienstbesprechungsprotokoll des Bauministeriums NRW mit den Bauaufsichtsbehörden von November und Dezember 2008 (Seite 6, unten). Darin wird ausgeführt, dass in Gebäuden, in denen aufgrund ihrer großen Ausdehnung innere Brandwände erforderlich werden, zunächst in allen Geschossen

§ 30 Brandwände

innere Brandwände anzuordnen sind. Müssen **einzelne Geschosse** solcher Gebäude **aufgrund ihrer geringeren Ausdehnung** nicht in Brandabschnitte unterteilt werden, z.b. bei einer **Teilunterkellerung**, kann **auf eine innere Brandwand in diesem Geschoss verzichtet werden**. Liegt die innere Brandwand der Obergeschosse nicht mit der Begrenzungswand des Kellergeschosses übereinander, sind **Anforderungen wie an versetzte Brandwände** gem. § 30 Abs. 4 Satz 2 BauO NRW 2018 zu stellen.

10 Zu Abs. 5 – Führung der Brandwand

44 Die Forderung des Abs. 5 Satz 1 betrifft Gebäude der **Gebäudeklassen 4 und 5**. Bei diesen Gebäuden ist die Brandwand entweder **0,30 m über Dach** zu führen oder in Höhe der Dachhaut mit einer **beiderseits 0,50 m auskragenden feuerbeständigen Stahlbetonplatte** abzuschließen, um so im Bereich der schwächsten Stelle einen Feuerüberschlag zu verhindern. Gemessen wird bei der Überhöhung bzw. bei der Auskragung das **tatsächliche über die Dachhaut** bzw. über die Wand senkrecht auskragende Maß. Im Bereich von Nachbargrenzen ist auch der Fall denkbar, dass bei einem der angrenzenden Gebäude die Brandwand über Dach geführt wird und bei dem anderen Gebäude eine auskragende Stahlbetonplatte angeordnet wird.

45 Die beiderseits **auskragende Stahlbetonplatte** ist nur als **Kompromiss** anzusehen, der den Gestaltungswünschen der Bauherren und Entwurfsverfasser entgegenkommt. Eine solche auskragende Platte kann nur sinnvoll sein und ihren Zweck, die Ausbreitung eines Brandes auf einen benachbarten Brandabschnitt zu behindern, im Bereich der **Gebäude** erfüllen, **die von den Brandschutzanforderungen der BauO NRW direkt erfasst werden**. Solche Kragplatten sind nicht denkbar bei Hochhäusern oder im Bereich von gewerblichen oder industriellen Bauvorhaben. Gerade bei Letzteren sollen häufig **große Brandabschnitte mit hohen Brandlasten** durch innere Brandwände in der Bauart einer Brandwand voneinander getrennt werden. In solchen Fällen muss die innere Brandwand im **Regelfall über das Dach geführt werden**. 0,30 m reichen dazu nicht aus; 0,50 m sollten zumindest erreicht werden. Bei einer Höhe von 0,80 m hat die Feuerwehr die Möglichkeit, den Brand vom Dach des benachbarten Brandschutzabschnitts zu bekämpfen, nämlich im Schutze dieser über das Dach geführten Brandwand.

46 **Über das Dach hinausgeführte Brandwände** haben unter dem Aspekt des abwehrenden (bekämpfenden) Brandschutzes besondere Vorzüge. In der **Deckung dieser Brandwände** hat die Feuerwehr die Möglichkeit, vom Dach aus den Brand innerhalb eines benachbarten Brandabschnittes zu bekämpfen und die Funktion der Brandwand durch Wasserkühlung zu unterstützen. Aus diesen Gründen kann im Falle ausgedehnter Gebäudekomplexe nur angeraten werden, die erforderlichen inneren Brandwände **ausreichend hoch über Dach zu führen**. In Industriebauten und ähnlichen Gebäuden, die nach der IndBauR bewertet werden, sind Brandwände grundsätzlich über Dach zu führen.

47 Durch die Forderungen von **Abs. 5 Satz 3** wird für Gebäude der **Gebäudeklassen 1 bis 3** ermöglicht, Brandwände anstatt über das Dach hinaus bis **mindestens unter die Dachhaut** zu führen. »Führung bis unmittelbar unter die Dachhaut« bedeutet, dass Bauteile bzw. Baustoffe, die nicht die äußerste Dachhaut bilden, auch **nicht über diese Wand geführt werden dürfen**, wie Schalung oder Dachlatten. Damit soll auch

verhindert werden, dass ein Brand zwischen dem oberen Abschluss der Brandwand und der Dachhaut hindurch auf den benachbarten Brandabschnitt übertragen wird. Hierzu dient auch die Forderung von **Abs. 5 Satz 4**, wonach verbleibende **Hohlräume** vollständig mit nichtbrennbaren Baustoffen auszufüllen sind.

11 Zu Abs. 6 – Brandwände »über Eck«

Ziel und **Zweck** der Vorschrift ist die Vermeidung oder zumindest die Behinderung des Übergreifens von Feuer als Teil des Systems der äußeren und inneren Abschottung der Gebäude. Nichts scheint jedoch in Worten schwerer auszudrücken zu sein als das, was Abs. 6 regelt. Deshalb soll nachfolgende **Systemskizze** – auch mit alternativen Lösungen – bei »**über Eck**« zusammenstoßenden Gebäuden bzw. Gebäudeteilen, die durch eine Gebäudeabschlusswand oder durch eine innere Brandwand in der Bauart einer Brandwand abgeschottet bzw. unterteilt werden müssen, als Erläuterung des Abs. 6 dienen (s. Abb. 30.2). 48

Satz 1 bezweckt die Behinderung der Weiterleitung von Feuer an einer Wand in der Bauart einer Brandwand vorbei, wenn Gebäude und Gebäudeteile über Eck zusammenstoßen und in dieser Ecke durch eine Brandwand abgeschlossen oder unterteilt werden müssen. In einem derartigen Fall muss die »Brandwand« **mindestens 3 m über die Ecke hinausragen**. Die Behinderung der Brandübertragung soll dadurch erreicht werden, dass Öffnungen in den einander winklig zugeordneten Wänden einen **Mindestabstand** einhalten müssen. Nach **Satz 2** besteht die Forderung nur dann, wenn der von den Außenwänden gebildete Winkel **weniger als** 120° oder **genau** 120° beträgt. Bei einem Winkel von mehr als 120° ist eine Brandübertragung über die innere Ecke nicht zu befürchten. 49

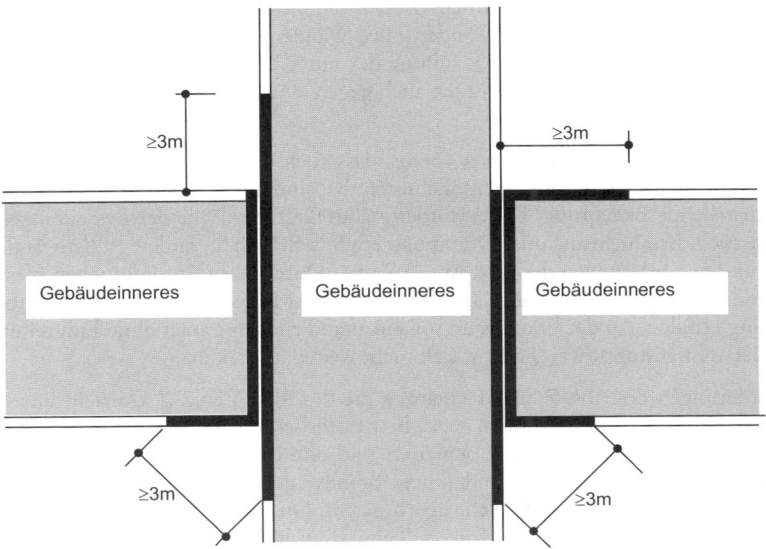

Abb. 30.2 Systemskizze – Beispiel zur Anordnung von Brandwänden »über Eck«

§ 30   Brandwände

50 Mit § 30 Abs. 6 wurden für die Führung von **Brandwänden über Eck** entsprechende gesetzliche Ausnahmen für die **Gebäudeklassen 1 bis 4** aufgenommen. Damit wird dem Umstand Rechnung getragen, dass die in **Abs. 3 Satz 2** vorgesehenen Erleichterungen (Wände anstelle von Brandwänden) bei der Ausbildung der hier betroffenen Außenwände Berücksichtigung finden. So kann auf die Führung über Eck generell verzichtet werden, wenn mindestens eine Außenwand auf 5 m Länge **als öffnungslose feuerbeständige Wand aus nichtbrennbaren Baustoffen** hergestellt ist. Bei Gebäuden der Gebäudeklassen 1 bis 4 ist eine Außenwand auf 5 m Länge als öffnungslose hochfeuerhemmende Wand ausreichend.

51 Die Anforderungen des § 30 Abs. 6 sind **nicht auf Trennwände oder Treppenraumwände** anzuwenden. Der Gesetzgeber hat mit § 29 und § 30 bewusst qualitativ unterschiedliche Anforderungen an Trennwände und Brandwände gestellt. An Brandwände werden höhere Anforderungen gestellt als an Wände, die Nutzungseinheiten trennen (Trennwände nach § 29) oder an Treppenraumwände, die »**lediglich« in der Bauart von Brandwänden** hergestellt werden müssen (§ 35) (vgl. Dienstbesprechungsprotokoll von Januar und Februar 2011, S. 14).

12 Zu Abs. 7 – Bauteile mit brennbaren Baustoffen

52 Das an eine **Brandwand** oder an eine **Wand anstelle einer Brandwand** gestellte Schutzziel kann nur mit hohen Anforderungen an die sie **überbrückenden Bauteile** erfüllt werden. Mit § 30 Abs. 7 wird daher für den Fassadenbereich gefordert, dass **Außenwandkonstruktionen**, die eine seitliche Brandausbreitung begünstigen können wie Doppelfassaden oder hinterlüftete Außenwandbekleidungen, nicht ohne besondere Vorkehrungen vor Brandwänden oder Wänden anstelle von Brandwänden vorbeigeführt werden dürfen. Zur Erfüllung des mit § 28 Abs. 4 verfolgten Schutzzieles sind im Bereich von Brandwänden auch **gegen eine seitliche Brandausbreitung** Vorkehrungen zu treffen.

53 Die Funktion einer Brandwand setzt voraus, dass auch die (äußeren) **Bekleidungen** der Wand (Außenwandbekleidungen) nichtbrennbar sind. Insofern hat Satz 3 lediglich eine klarstellende Bedeutung. Die Anforderung an die Oberfläche der Bekleidungen (wie Anstrich, Beschichtung oder Dünnputz) ergibt sich, wie für andere Außenwände auch, aus den Forderungen des § 28 Abs. 3 Satz 1. Durch diese Anforderungen kann die Brandwand ihre Funktion als klassisches **Bauteil der brandschutztechnischen Abschottung** erfüllen. An der Brandwand soll ein Brand zunächst **auch ohne Eingreifen der Feuerwehr gestoppt werden** bzw. sich nicht weiter ausbreiten.

54 Die Forderungen des Abs. 7 **Satz 1** ergänzen die des Abs. 5 Satz 2. Danach dürfen Bauteile mit brennbaren Baustoffen – das betrifft insbesondere die **Holzbauteile der Dachkonstruktion**, wie Pfetten, Dachlatten und ähnliche Bauteile, aber auch die Dachhaut – Gebäudeabschluss- und innere Brandwände oder die Stahlbetonplatte nach Abs. 5 Satz 1 (s. Rdn. 44) nicht überbrücken. Diese Vorschrift, die häufig von den am Bau Beteiligten übersehen wird, soll eine **Brandübertragung über die Brandwand hinweg verhindern**. Ein Verstoß gegen diese Vorschrift gewährleistet nahezu die Brandübertragung von einem Brandabschnitt auf den anderen.

Besonders ist darauf hinzuweisen, dass diese Vorschrift auch die Gebäudeabschluss- 55
wände von **aneinandergereihten giebelständigen Gebäuden** (traufseitig aneinandergebaute Gebäude) (s. § 32 Abs. 6 Satz 1) erfasst. Hier sind gerade im Bereich **aneinanderstoßender oder sich gegenüberliegender Traufen** eine sorgfältige Planung und Ausführung erforderlich. Aus der Verbindung von § 30 Abs. 7 Satz 1 mit § 32 Abs. 6 folgt, dass eine Dachhaut aus brennbaren Baustoffen nicht über eine Brandwand hinweggeführt werden darf. Im Umkehrschluss ergibt sich, dass bei Anordnung einer Dachhaut aus brennbaren Baustoffen die »Brandwand« regelmäßig über Dach zu führen ist. Alternative Ausführungen, die z.b. mit einer Kapselung der brennbaren Dachhaut durch das Aufbringen einer Grobkiesauflage realisiert werden, sind jedoch zur Erfüllung der Anforderungen von § 30 Abs. 7 im Rahmen einer Abweichung nach § 69 oder einer Erleichterung nach § 50 vorstellbar.

Nach **Satz 4** dürfen Bauteile, wie z.B. **Holzbalken** oder **Stahlträger** sowie **Leitungs-** 56
schlitze und **Schornsteine** eine Brandwand nur so weit schwächen, dass der verbleibende Wandquerschnitt seine Feuerbeständigkeit behält. Die Anforderungen an die **Durchführung von Leitungen** durch Brandwände regelt § 40 Abs. 1. Danach dürfen Leitungen durch raumabschließende Bauteile, für die eine Feuerwiderstandsfähigkeit vorgeschrieben ist, nur hindurchgeführt werden, wenn eine Brandausbreitung ausreichend lang nicht zu befürchten ist oder Vorkehrungen hiergegen getroffen sind (s. Anmerkungen zu § 40 Rdn. 1–5). Gleiches gilt für **Lüftungsanlagen**, für die in § 41 Abs. 2 Satz 3 gefordert wird, dass Lüftungsleitungen raumabschließende Bauteile, für die eine Feuerwiderstandsfähigkeit vorgeschrieben ist, nur überbrücken, wenn eine Brandausbreitung ausreichend lang nicht zu befürchten ist oder wenn Vorkehrungen hiergegen getroffen sind (s. Anmerkungen zu § 41 Rdn. 13–18).

13 Zu Abs. 8 – Öffnungen in Brandwänden

§ 30 Abs. 8 stellt zunächst ein **generelles Verbot von Öffnungen** in Brandwänden 57
voran und gestattet dann in engen Grenzen **Ausnahmen für Öffnungen in inneren Brandwänden**. Hierdurch sollen Schwächungen der Brandwand vermieden oder zumindest auf ein Minimum beschränkt werden. Dies ist insbesondere erforderlich, weil die Abschlüsse dieser Öffnungen i.d.R. **nicht auf eine mechanische Stoßbeanspruchung** nachgewiesen sind und diesbezügliche bauordnungsrechtliche Anforderungen an den Verschluss dieser Öffnungen auch nicht gestellt werden.

In Gebäudeabschlusswänden, auch als »**äußere Brandwand**« bezeichnet, sind bereits 58
seit dem preußischen Baupolizeirecht **Öffnungen** jeglicher Art **unzulässig**. Auch durch Glasbausteine (z.B. in der Feuerwiderstandsklasse G 90) (Rdn. 64–66) geschlossene Öffnungen sind unzulässig (OVG NRW, Urt. v. 25.04.1973 – VII A 345/72, BRS 27 Nr. 103; OVG Bremen, Urt. v. 3.12.1985 – 1 BA 56/85, BRS 44 Nr. 105; OVG Saar, Urt. v. 02.02.1990 – 2 R 110/87, BRS 50 Nr. 119; OVG Bln, Urt. v. 23.04.2002 – 2 B 3.00, BRS 65 Nr. 136). Hinsichtlich der Zulässigkeit von Öffnungen in Wänden, die als Brandwände bzw. in der Bauart von Brandwänden herzustellen sind, wird zwischen äußeren Brandwänden (Gebäudeabschlusswänden) und inneren Brandwänden unterschieden.

59 In **äußeren Brandwänden** (Gebäudeabschlusswänden) sind Öffnungen, wegen der diesen Wänden zukommenden besonderen Aufgabe, nämlich das **Nachbargebäude zu schützen**, unzulässig. Das OVG Münster verneint in seinem Beschl. v. 04.04.2012 (2 A 1221/11, juris) einen Verstoß gegen das Öffnungsverbot gemäß § 31 Abs. 4 BauO NRW 2000, indem das Gericht feststellt, dass aufgrund des Verschlusses durch eine feststehende Brandschutzverglasung schon keine Öffnung vorliegt (im Ergebnis ebenso: VGH München, Urt. v. 09.03.2016 – 15 B 13.2435, juris). Demgegenüber gehen Verwaltungsgerichte in anderen Bundesländern sogar davon aus, dass in einer Gebäudeabschlusswand selbstschließende Brandschutzfenster zulässig sein können (VGH Kassel, Beschl. v. 08.03.2012, 3 A 398/11, juris; VGH München, Beschl. v. 19.07.2016, 9 CS 15.336, juris).

60 Abs. 8 normiert die **Zulässigkeit von Öffnungen in inneren Brandwänden** unter der Voraussetzung, dass sie auf die für die Nutzung erforderliche Zahl und Größe beschränkt sind. In normalgroßen Wohngebäuden ist es kaum vorstellbar, dass nutzungsbedingt ein solches »Erfordernis« auftritt. Es ist jedoch bei gemischt genutzten Gebäuden, die länger als 40 m sind, eine solche Fallgestaltung denkbar. Das Erfordernis ist **häufig bei Sonderbauten** ausgelöst, z.b. bedingt durch den Arbeitsablauf in Produktionshallen.

61 Die Öffnungen – und hier handelt es sich regelmäßig um **Türöffnungen**, denn die Durchführung von Leitungen ist in § 40 Abs. 1 und die Durchführung von Lüftungsanlagen ist in § 41 Abs. 2 Satz 3 geregelt – müssen mit (zumindest im Brandfall) feuerbeständigen, dicht- und selbstschließenden Abschlüssen versehen sein. Für **Wände anstelle von Brandwänden** werden die Abschlüsse von Öffnungen mit den Erleichterungen von § 30 Abs. 11 BauO NRW 2018 auf die jeweiligen **Wandqualitäten abgemindert**. Die Anforderungen an Öffnungen in Brandwänden werden darüber hinaus in der VV TB NRW Kapitel A 2.1.7 weiter wie folgt konkretisiert: *»In inneren Brandwänden und inneren Wänden anstelle von Brandwänden sind Öffnungen nach § 30 Abs. 8 BauO NRW 2018 nur zulässig, wenn sie dauerhaft dicht- und selbstschließende Abschlüsse (Türen, Tore, Rolltore, Klappen u. a.) in der der Wand entsprechenden Feuerwiderstandsdauer haben und wenn sie auf die für die Nutzung erforderliche Zahl und Größe beschränkt werden, damit die Verhinderung der Brandausbreitung nicht gefährdet wird; der Raumabschluss muss gesichert sein. Im Übrigen gelten die Anforderungen nach Abschnitt A 2.1.6* (Trennwände), *auch hinsichtlich des Offenhaltens dieser Feuerschutzabschlüsse.«*

62 Anstelle dieses Abschlusses kann im **Wege einer Abweichung** nach § 69 oder einer **Erleichterung** nach § 50 Abs. 1 Satz 2 eine **Schleuse** mit feuerbeständigen Wänden und feuerbeständiger Decke jeweils aus nichtbrennbaren Baustoffen sowie mit einem nichtbrennbaren Fußbodenbelag, die mit feuerhemmenden, dicht- und selbstschließenden Abschlüssen versehen ist, angeordnet werden. Eine solche Schleuse wird auch als »**Sicherheitsschleuse**« bezeichnet.

63 Auch **andere äquivalente Maßnahmen** als die der Sicherheitsschleuse sind für Wohngebäude anstelle des nach Satz 2 erforderlichen feuerbeständigen, dicht- und selbstschließenden Abschlusses im Wege einer Abweichung nach

Brandwände § 30

§ 69 BauO NRW 2018, **häufiger aber für Sonderbauten** im Wege der Erleichterung nach § 50 Abs. 1 Satz 2 BauO NRW 2018 denkbar und möglich, wenn der Brandschutz gesichert ist. Als eine der möglichen Maßnahmen sei insbesondere für Sonderbauten auf eine **wirksame Sprühwasserlöschanlage (Wasservorhang)** im Bereich der Öffnung hingewiesen. Die erforderlichen Maßnahmen hängen von einer Vielzahl von Faktoren ab; so ist anzuraten, dass der Bauherr diese Maßnahmen **frühzeitig mit der zuständigen Bauaufsichtsbehörde und der zuständigen Brandschutzdienststelle abklärt**.

14 Zu Abs. 9 – lichtdurchlässige Baustoffe

§ 30 Abs. 9 behandelt Verglasungen in **inneren Brandwänden**, sofern diese **keine Öffnungen** nach Abs. 8 darstellen. Somit sind hier nur **Festverglasungen** geregelt. Durch die Regelungen sollen analog zu den Anforderungen von § 30 Abs. 8 Schwächungen der Brandwand vermieden oder zumindest auf ein Minimum beschränkt werden. Dies ist insbesondere erforderlich, weil feststehende Verglasungen i. d. R. **nicht auf eine mechanische Stoßbeanspruchung** nachgewiesen sind. In **äußeren Brandwänden** sind Verglasungen **nur dann zulässig**, wenn sie auch für eine **mechanische Stoßbeanspruchung** nachgewiesen sind (vgl. jedoch vorstehende Rdn. 59; weil darin offen bleibt, ob der Nachweis der mechanischen Stoßbeanspruchung durch den Bauherrn erbracht wurde, wird vereinzelt Kritik an dem Beschluss des OVG Münster vom 04.04.2012, aaO., geübt. Der VGH München meint in seinem Urt. v. 09.03.2016, dass eine Schwächung der Brandwand vermieden wird, in dem lediglich Festverglasungen in drei Öffnungen zugelassen werden. Diese Frage stellt sich indessen nur, wenn die »Öffnungen« nicht die gleiche Qualität hinsichtlich einer Stoßbeanspruchung aufweisen wie die restliche Wand.). 64

Aus Gründen der Nutzung eines Gebäudes, z.B. wegen des Sichtkontaktes, kann es erforderlich werden, in inneren Brandwänden **lichtdurchlässige Baustoffe** einzubauen. Um ein **Durchzünden** von Brandabschnitt zu Brandabschnitt zu **verhindern**, dürfen keine Baustoffe zum Verschluss der Öffnungen verwendet werden, die **Hitzestrahlung** durchlassen, wie Gläser der Feuerwiderstandsklasse G 30, G 60 oder G 90. 65

Die Anforderungen an Verglasungen in Brandwände werden in der VV TB NRW Kapitel A 2.1.7 wie folgt konkretisiert: »*In inneren Brandwänden und Wänden anstelle von Brandwänden sind Verglasungen nach § 30 Abs. 9 BauO NRW 2018 nur zulässig, wenn sie eine der Wand entsprechende Feuerwiderstandsdauer haben, raumabschließend sind und sie auf die für die Nutzung erforderliche Zahl und Größe beschränkt werden, damit die Verhinderung der Brandausbreitung nicht gefährdet wird. Diese Anforderung wird mit Brandschutzverglasungen erfüllt, die bei Brandeinwirkung nach DIN 4102-13:1990-05, Abschnitt 6.1, über die mindestens erforderliche Zeitdauer die Ausbreitung von Feuer und Rauch* **sowie der Durchtritt der Wärmestrahlung** *verhindern und die Kriterien gemäß DIN 4102-13:1990-05 einhalten. Zur Erfüllung dieser Anforderungen ist die Technische Regel A 2.2.1.2 (Anhang 4 VV TB NRW) zu beachten.*« 66

§ 30 Brandwände

15 Zu Abs. 10 – Vorbautenprivileg

67 Die in Angleichung an die MBO neu in die BauO NRW 2000 aufgenommene Regelung schafft für **seitliche Wände von Vorbauten im Sinne des § 6 Abs. 6 BauO NRW 2018** eine gesetzliche Vergünstigung, so dass die bislang zur Legalisierung erforderliche Abweichungsentscheidung nach § 69 entbehrlich wird. Die Vorschrift erfasst die folgenden Vorbauten im Sinne des § 6 Abs. 6:
- nicht mehr als 1,50 m vor die Außenwand vortretende **Bauteile wie Gesimse und Dachüberstände**,
- **Vorbauten**, wenn sie
  - insgesamt nicht mehr als ein Drittel der Breite der jeweiligen Außenwand in Anspruch nehmen,
  - nicht mehr als 1,60 m vor diese Außenwand vortreten und
  - mindestens 2 m von der gegenüberliegenden Nachbargrenze entfernt bleiben, sowie
- bei Gebäuden an der Grundstücksgrenze die **Seitenwände von Vorbauten und Dachaufbauten**, auch wenn sie nicht an der Grundstücksgrenze errichtet werden.

68 Bei Einhaltung der Voraussetzungen des § 30 Abs. 10 Satz 1 (Abstand in entsprechend der Ausladung der Vorbauten, mindestens jedoch 1 m) müssen die seitlichen Wände dieser Vorbauten **nicht als äußere Brandwand** (Gebäudeabschlusswand) ausgebildet werden, dürfen also z.B. Fensteröffnungen haben. Ob der Vorbau bzw. Erker zulässig ist oder zugelassen werden kann, beurteilt sich **zuerst nach den bauplanungsrechtlichen Vorgaben**, z.B. den Baugrenzen in Verbindung mit den Bestimmungen des § 23 BauNVO (vgl. OVG. NRW, Beschl. v. 08.12.1998 – 10 B 2255/98, BauR 1999, 628 = BRS 60 Nr. 208), **sodann nach den Vorgaben des § 6 Abs. 6 BauO NRW 2018** und erst **nachrangig** nach § 30 Abs. 10 BauO NRW 2018.

69 Aus dem Regelungszusammenhang ergibt sich, dass die Vorschrift auf **aneinandergrenzende Gebäude auf verschiedenen Grundstücken** abstellt, die zur Straßenseite oder zur Gartenseite hin Vorbauten wie Erker aufweisen. Dies folgt aus der Verwendung des Begriffs »Nachbargebäude«. **Nicht erfasst** sind die **Vorbauten** bzw. **Erker in der Abstandsfläche zur seitlichen Grundstücksgrenze** hin. In der BauO NRW 2000 wurde hierzu in § 31 Abs. 3 noch ausdrücklich auf die Flucht der vorderen (straßenseitigen) oder hinteren (gartenseitigen) Außenwand des Nachbargebäudes abgestellt. Der einzuhaltende **Abstand** zum Nachbargebäude bzw. zur Nachbargrenze hin **korrespondiert** mit dem **Ausladungsmaß**. Bei einem maximal zulässigen Ausladungsmaß von 1,5 m muss der Vorbau bzw. Erker daher auch einen Abstand von 1,5 m zum Nachbargebäude bzw. zur Nachbargrenze einhalten. Der Mindestabstand beträgt 1 m; diesen haben also auch Vorbauten bzw. Erker einzuhalten, die z.B. nur 0,8 m ausladen. Der Abstand bzw. Mindestabstand zum Nachbargebäude bzw. zur Nachbargrenze hin ist nur einzuhalten, wenn die zum Nachbarn hin gewandte seitliche Wand des Vorbaus bzw. Erkers nicht als Gebäudeabschlusswand ausgebildet wird. Weist der Vorbau bzw. Erker dagegen zum Nachbarn hin eine Gebäudeabschlusswand auf, bedarf es nicht der Einhaltung der brandschutztechnischen Abstände.

Grenzständige bzw. grenznahe Terrassenüberdachungen Balkone und Altane 70
mussten nach den Anforderungen des § 31 BauO NRW 2000 mit einer Gebäudeabschlusswand gegenüber der Nachbargrenze abgeschlossen werden (vgl. zu einer Terrassenüberdachung etwa OVG Münster, Beschl. v. 05.11.2007, 7 E 737,07, juris). Die Forderung führte in der Bauausführung häufig zu Problemen und in der Folge zu diversen Rechtsstreitigkeiten. Im Rahmen der Novellierung der BauO NRW wurde § 30 Abs. 10 dahingehend geändert, dass **auf Gebäudeabschlusswände bei Terrassenüberdachungen, Balkone und Altane verzichtet werden kann.**

16 Zu Abs. 11 – Anforderungen an Wände anstelle von Brandwänden

Durch § 30 Abs. 3 Satz 2 werden anstelle von Brandwänden in Abhängigkeit von 71 der Gebäudeklasse auch andere Wände zugelassen. § 30 Abs. 11 Satz 1 verlangt für diese Wände **analog zu Brandwänden** die entsprechende Anwendung der **Detailausführung von Brandwände aus den Absätzen 4 bis 10**. Dabei sind die Detailanforderungen nicht direkt, sondern dem Sachzweck entsprechend anzuwenden, der sich aus der Schutzzielformulierung in Abs. 1 ergibt.

Satz 2 nimmt eine erforderliche Differenzierung im Hinblick auf die Abschlüsse ge- 72 mäß Abs. 8 nach der Feuerwiderstandsfähigkeit der Wände, die anstelle von Brandwänden zulässig sind, vor. Das heißt, in **Wänden anstelle von Brandwänden**, die »nur« hochfeuerhemmend sein müssen (Abs. 3 Satz 2 Nr. 1 und 2) oder die »nur« feuerhemmend sein müssen (Abs. 3 Satz 3), **genügen nunmehr hochfeuerhemmende bzw. feuerhemmende Abschlüsse.**

Abs. 11 enthält keine Regelungen für den **Umgang mit Verglasungen in Wänden** 73 **anstelle von Brandwänden**. Für die Zulässigkeit von feststehenden Verglasungen ist jeweils zu prüfen, inwieweit bauaufsichtliche Anforderungen an den Nachweis einer Beanspruchung für mechanischen Stoß gestellt werden. Bestehen solche Anforderungen – wie z.B. für Gebäudeklasse 4 – gelten die sich aus Abs. 9 ergebenden Einschränkungen entsprechend (Rdn. 64); wenn aber **keine Anforderungen an die mechanische Stoßbeanspruchung bestehen**, sind auch an die feststehende Verglasung entsprechend keine Anforderungen oder Einschränkungen zu stellen. Für Gebäude der **Gebäudeklassen 1 bis 3** genügen anstelle von Brandwänden gemäß § 30 Abs. 3 Nr. 2 hochfeuerhemmende Wände und dementsprechend auch feststehende Verglasungen, die dieser Feuerwiderstandsdauer unter Berücksichtigung der amtlichen Verwendbarkeitsnachweise genügen. In jedem Fall bestehen keine Bedenken, in solchen hochfeuerhemmenden Gebäudeabschlusswänden feststehende Verglasungen gleicher Feuerwiderstandsdauer anzuordnen, wenn diese in Zahl und Größe beschränkt sind (s. Handlungsempfehlungen auf der Grundlage der Dienstbesprechungen mit den Bauaufsichtsbehörden im Oktober/November 2018).

§ 31 Decken

(1) Decken müssen als tragende und raumabschließende Bauteile zwischen Geschossen im Brandfall ausreichend lang standsicher und widerstandsfähig gegen die Brandausbreitung sein. Sie müssen
1. in Gebäuden der Gebäudeklasse 5 feuerbeständig,
2. in Gebäuden der Gebäudeklasse 4 hochfeuerhemmend und
3. in Gebäuden der Gebäudeklassen 2 und 3 feuerhemmend

sein. Satz 2 gilt
1. für Geschosse im Dachraum nur, wenn darüber Aufenthaltsräume möglich sind; § 29 Abs. 4 bleibt unberührt, und
2. nicht für Balkone und Altane, ausgenommen offene Gänge, die als notwendige Flure dienen.

(2) Im Kellergeschoss müssen Decken
1. in Gebäuden der Gebäudeklassen 3 bis 5 feuerbeständig und
2. in Gebäuden der Gebäudeklassen 1 und 2 feuerhemmend

sein. Decken müssen feuerbeständig sein
1. unter und über Räumen mit Explosions- oder erhöhter Brandgefahr, ausgenommen in Wohngebäuden der Gebäudeklassen 1 und 2 sowie
2. zwischen dem landwirtschaftlich oder vergleichbar genutzten Teil und dem Wohnteil eines Gebäudes.

(3) Der Anschluss der Decken an die Außenwand ist so herzustellen, dass er den Anforderungen aus Absatz 1 Satz 1 genügt.

(4) Öffnungen in Decken, für die eine Feuerwiderstandsfähigkeit vorgeschrieben ist, sind nur zulässig
1. in Gebäuden der Gebäudeklassen 1 und 2,
2. innerhalb derselben Nutzungseinheit mit nicht mehr als insgesamt 400 m² in nicht mehr als zwei Geschossen und
3. im Übrigen, wenn sie auf die für die Nutzung erforderliche Zahl und Größe beschränkt sind und Abschlüsse mit der Feuerwiderstandsfähigkeit der Decke haben.

Übersicht		Rdn.
0	Änderungen gegenüber der BauO NRW 2000	01
1	Zu Abs. 1 – Schutzzielformulierung und Anforderungen	1
2	Zu Abs. 2 – Decken mit höheren Anforderungen	9
3	Zu Abs. 3 – Anschluss an die Außenwand	13
4	Zu Abs. 4 – Öffnungen	15

0 Änderungen gegenüber der BauO NRW 2000

01 Die Anforderungen an Decken wurden mit dem neuen § 31 **vollumfänglich an die MBO angepasst.** Das Schutzziel wird den nachfolgenden Anforderungen mit § 31 **Abs. 1 Satz 1** vorangestellt. § 31 Abs. 1 Satz 2 enthält die brandschutztechnischen

Anforderungen an Decken, **angepasst an die neue Gliederung in Gebäudeklassen**. Die tabellarische Darstellung aus § 34 Abs. 1 BauO NRW 2000 wurde analog zu den Anforderungen in den §§ 27–30 BauO NRW durch eine **einfache Zuordnung der Feuerwiderstandsfähigkeit zu den jeweiligen Gebäudeklassen** ersetzt. Diese entsprechen nun den Anforderungen an tragende Wände und Stützen aus § 27 Abs. 1 Satz 2 inklusive der neuen **hochfeuerhemmenden Feuerwiderstandsfähigkeit** in Gebäuden der **Gebäudeklasse 4**. In § 31 Abs. 1 Satz 3 Nr. 1 wurden die auch bereits aus § 27 Abs. 1 Satz 3 BauO NRW bekannten **Ausnahmeregelungen für Geschosse im Dachraum** aufgenommen. Diese Ausnahmen waren bisher in § 34 Abs. 1 Tabelle 1 Zeilen 4 BauO NRW 2000 geregelt. **Balkone und Altane** werden mit § 31 Abs. 1 Satz 3 Nr. 2 BauO NRW von den Anforderungen freigestellt, soweit diese nicht als Rettungswege (offene Gänge/notwendige Flure) genutzt werden.

§ **31 Abs. 2** Satz 1 BauO NRW nimmt die zuvor in § 34 Abs. 1 Tabelle 1 Zeile 1 BauO NRW 2000 geregelten **Anforderungen an Decken im Kellergeschoss** auf. Für die Gebäude der Gebäudeklassen 1 und 2 ist nun eine feuerhemmende Bauweise auch unabhängig von einer Wohnnutzung möglich. In § 31 Abs. 2 Satz 2 BauO NRW werden neu die Anforderungen an Decken unter und über Räumen mit Explosions- oder erhöhter Brandgefahr geregelt. 02

Mit § **31 Abs. 3** wurden neue Anforderungen zum **Anschluss der Decken an die Außenwand** aufgenommen. Die Anforderung korrespondiert mit den Anforderungen an Außenwandkonstruktionen aus § 28 Abs. 4 BauO NRW. 03

In § **31 Abs. 4** werden **Öffnungen in Decken** geregelt (bislang § 34 Abs. 5 BauO NRW 2000). Mit § 31 Abs. 4 Nr. 1 wird für Gebäude der Gebäudeklassen 1 und 2 die bisherige Ausnahme für Deckenöffnungen nach § 34 Abs. 6 BauO NRW 2000 (galt nur für Wohngebäude) ohne die Beschränkung auf Wohngebäude aufgenommen. Darüber hinaus wird eine weitere **Ausnahmeregelung für Deckenöffnungen** zur Verbindung der Geschosse einer Nutzungseinheit über zwei Geschosse in § 31 Abs. 4 Nr. 2 aufgenommen. Für alle Fälle, die nicht durch die Ausnahmeregelungen von § 31 Abs. 4 Satz 1 Nr. 1 und 2 erfasst sind, werden mit Nr. 3 **unvermeidbare Öffnungen** in der für die Nutzung erforderlichen Zahl und Größe (unmittelbar gesetzesabhängig) zulässig. Die Anforderung an die Abschlüsse wird mit Nr. 3 nun direkt an die Feuerwiderstandsfähigkeit der Decken gekoppelt. 04

1 Zu Abs. 1 – Schutzzielformulierung und Anforderungen

Neben ihrer **tragenden** und das Gesamtbauwerk statisch **aussteifenden Funktion** haben Decken für den Brandfall die Funktion einer **horizontalen Abschottung**. Sie sollen innerhalb des Brandabschnitts eine vertikale Brandausbreitung von Geschoss zu Geschoss verhindern. Decken sind somit Teil des Systems der inneren Abschottung der Gebäude. Die Anforderungen an die Feuerwiderstandsfähigkeit der Decken sind **abhängig von der Gebäudeklasse**. Wegen ihrer Abschottungsfunktion sind Öffnungen in Decken nur unter den in Abs. 4 bestimmten Voraussetzungen zulässig. Durch die an Decken gestellten Anforderungen soll primär der **inneren Brandausbreitung** 1

§ 31 Decken

vorgebeugt und **wirksame Löscharbeiten** ermöglicht werden. Die Schutzzielformulierung des § 31 Abs. 1 kann somit den grundsätzlichen Schutzzielen
- »**der Ausbreitung von Feuer und Rauch (Brandausbreitung) ist vorzubeugen**« und
- »**bei einem Brand müssen wirksame Löscharbeiten möglich sein**«

aus § 14 BauO NRW zugeordnet werden (s. Anmerkungen zu § 14 Rdn. 4–15).

2 Darüber hinaus ist auch davon auszugehen, dass die Anforderungen an Decken dazu beitragen, dass Nutzer das Gebäude im Brandfall **sicher verlassen** oder auf andere Weise gerettet werden können. Somit dienen die Anforderungen in geringerem Maße auch der **Rettung von Mensch und Tier** bei einem Brand.

3 Der § 31 Abs. 1 Satz 2 enthält die **brandschutztechnischen Anforderungen** an Decken in Abhängigkeit von der Gebäudeklasse. Satz 2 Nr. 1 bis 3 ordnet den **vier Gebäudeklassen**, die sich nach ihrem Gefahrenpotential unterscheiden (s. Anmerkungen zu § 2 Abs. 3 Rdn. 177), Decken unterschiedlicher Brandschutzfunktion zu. So müssen Decken
- in Gebäuden der Gebäudeklasse 5 feuerbeständig
- in Gebäuden der Gebäudeklasse 4 hochfeuerhemmend und
- in Gebäuden der Gebäudeklasse 2 und 3 feuerhemmend

sein. Für Gebäude der Gebäudeklasse 1 (freistehende Gebäude mit einer Höhe bis zu 7 m und nicht mehr als zwei Nutzungseinheiten von insgesamt nicht mehr als 400 m² und freistehende land- oder forstwirtschaftlich genutzte Gebäude und Gebäude vergleichbarer Nutzung) werden keine brandschutztechnischen Anforderungen an die Decken gestellt.

4 Darüber hinaus werden für vier besondere »**Deckentypen**« zu den grundsätzlichen Anforderungen aus Satz 2 abweichende Brandschutzqualitäten gefordert bzw. zugelassen. Diese Deckentypen und Brandschutzqualitäten sind:
- **Decken im Dachraum**, wenn darüber keine Aufenthaltsräume möglich sind (§ 31 Abs. 1 Satz 3, keine Anforderungen),
- **Decken im Kellergeschoss** (§ 31 Abs. 2 Satz 1, feuerbeständig in Gebäudeklasse 3 bis 5, feuerhemmend in Gebäudeklassen 1 und 2),
- **Decken unter Räumen mit Explosions- oder erhöhter Brandgefahr**, ausgenommen in Wohngebäuden der Gebäudeklassen 1 und 2 (§ 31 Abs. 2 Satz 2 Nr. 1, feuerbeständig) und
- **Decken zwischen landwirtschaftlich oder vergleichbar genutzten Teil** und dem Wohnteil eines Gebäudes (§ 31 Abs. 2 Satz 2 Nr. 2, feuerbeständig).

5 § 31 Abs. 1 Satz 3 regelt die Anforderungen an Decken innerhalb von Dachgeschossen. Hierbei unterscheiden die Anforderungen danach, ob über den Decken im Dachraum Aufenthaltsräume möglich sind oder nicht. Der Dachraum ist in der Regel ein durch **geneigte Dachflächen** umschlossener Raum. (s. Anmerkungen § 27 Rdn. 12). Bei steiler Neigung der Dachflächen können in einen solchen Dachraum auch mehrere Geschossebenen eingebaut sein.

An Decken im Dachraum, über denen aufgrund ihrer Abmessungen Aufenthaltsräu- 6
me im Sinne der Legaldefinition des § 2 Abs. 7 (s. Anmerkungen zu § 2 Rdn. 302 und
zu § 46 Rdn. 8.) **nicht** möglich sind, stellt der Gesetzgeber bei keiner Gebäudeklasse
brandschutztechnische Anforderungen. Übernimmt jedoch eine solche Decke die
trennende (abschottende) Funktion einer Trennwand, so hat sie deren brandschutztechnische Anforderungen zu erfüllen (**Sargdeckelkonstruktion** s. Anmerkungen zu
§ 29 Rdn. 34).

Mit § 31 Abs. 1 Satz 3 Nr. 2 wird klargestellt, dass die brandschutztechnischen **Anfor-** 7
derungen an die **Feuerwiderstandsfähigkeit von Decken nicht für Balkone** gelten,
wenn diese nicht als notwendige Flure (offene Gänge) genutzt werden (s. Anmerkungen zu § 27 Rdn. 13).

Die VV TB NRW konkretisiert die Anforderungen an Decken im Kapitel A 2.1.8 wie 8
folgt: »*Decken zwischen Geschossen müssen in baulichen Anlagen gemäß § 31 BauO NRW 2018 ausreichend lang standsicher und raumabschließend sein und auch bei einer Brandeinwirkung von oben nach unten den Anforderungen der Abschnitte A 2.1.3.2 und A 2.1.3.3 entsprechen.*«

2 Zu Abs. 2 – Decken mit höheren Anforderungen

Der Begriff **Kellergeschoss** ist in § 2 Abs. 5 Satz 1 Halbsatz 2 BauO NRW legal de- 9
finiert. Geschosse sind Kellergeschosse, wenn ihre Deckenoberkante im Mittel weniger als 1,60 m über die Geländeoberfläche hinausragt.

Bei den in Abs. 2 Satz 1 gegenüber Abs. 1 Satz 2 erhöhten Anforderungen wurde 10
berücksichtigt, dass **Kellerbrände** häufig sehr spät bemerkt werden und dass eine
Brandbekämpfung in Kellergeschossen infolge ungünstiger Lage und Ventilationsverhältnissen den Feuerwehren große Schwierigkeiten bereitet (s. Anmerkungen zu
§ 27 Rdn. 15). Da die höheren Anforderungen in Abs. 2 die zuvor beschriebenen
besonderen Probleme berücksichtigen, können die für eine Abweichung nach § 69
erforderlichen Voraussetzungen vorliegen, wenn die zuvor beschriebenen Schwierigkeiten nicht gegeben sind. Voraussetzungen für eine Abweichung von § 31 Abs. 2
Satz 1 Nr. 1 können für ein Gebäude der Gebäudeklasse 3 z.B. dann vorliegen, wenn
zumindest eine Längsseite des Kellergeschosses voll zugänglich ist und völlig frei liegt,
was bei Gebäuden in Hanglage nicht selten der Fall ist. Bei dieser besonderen Situation sollte allerdings auch im Rahmen der Abweichung die feuerhemmende Qualität
der Decke nicht unterschritten werden, die sich aus Abs. 1 Satz 2 Nr. 3 ergibt.

Die Forderungen aus § 31 Abs. 2 Satz 2 Nr. 1 ergänzen die Trennwandregelung zum 11
Abschluss von Räumen mit Explosions- oder erhöhter Brandgefahr aus § 29 Abs. 2
Nr. 2 in Verbindung mit § 29 Abs. 3 Satz 2. Durch die Regelungen von § 29 und § 31
werden einzelne Räumen mit Explosions- oder erhöhter Brandgefahr standardmäßig
brandschutztechnisch in feuerbeständiger Bauweise abgeschottet. (Zur Einstufung
von Räumen mit erhöhter Brandgefahr s. Anmerkungen zu § 29 Rdn. 29).

Die Regelung des **Abs. 2 Satz 2 Nr. 2** korrespondiert mit § 30 Abs. 2 BauO NRW. 12
Die Regelung berücksichtigt zum einen die unterschiedliche Nutzung der Geschosse

in **landwirtschaftlich genutzten Gebäuden** und zum anderen, dass ein im Betriebsteil entstehender Brand (z.B. eine Selbstentzündung von Stroh oder Heu) in aller Regel erst sehr spät bemerkt wird. Decken und deren Unterstützungen sind wegen dieses besonderen Gefahrenpotentials zwischen dem landwirtschaftlichen Betriebsteil und dem Wohnteil eines Gebäudes unabhängig von der Gebäudeklasse feuerbeständig herzustellen.

3 Zu Abs. 3 – Anschluss an die Außenwand

13 Mit § 31 Abs. 3 BauO NRW wird klargestellt, dass die **Anschlüsse der Decken an die Außenwand** so herzustellen sind, dass die in Abs. 1 formulierten Schutzziele erreicht werden. Die Vorschrift berücksichtigt insbesondere Fassadensysteme, die vor den Geschossdecken hochgeführt werden und nicht durch die Geschossdecke direkt getrennt werden. In Verbindung mit § 28 Abs. 4 wird damit die Notwendigkeit entsprechender Maßnahmen klar.

14 Die VV TB NRW konkretisiert die Anforderung an Decken in diesem Punkt im Kapitel A 2.1.8 wie folgt: »*Anschlüsse einschließlich von Fugenausbildungen an andere Bauteile, auch an Außenwände, müssen so ausgebildet sein, dass die Standsicherheit und der Raumabschluss gewahrt bleiben, um die Brandausbreitung zu verhindern.*« Mit der Konkretisierung für die Außenwände aus Kapitel A 2.1.5 der VV TB NRW in Verbindung mit der Technischen Regel A 2.2.1.6 (hinterlüftete Außenwandbekleidungen, Anhang 6 VV TB NRW) können entsprechende Detaillösungen entwickelt werden.

4 Zu Abs. 4 – Öffnungen

15 Abs. 4 Satz 1 ermöglicht grundsätzlich **Öffnungen in Decken**, an die nach Abs. 1 Anforderungen an eine Feuerwiderstandsfähigkeit gestellt werden. Es sind nun mit § 31 Abs. 4 Satz 1 Nr. 3 Öffnungen zulässig, wenn sie auf die für die Nutzung erforderliche Zahl und Größe beschränkt sind und Abschlüsse mit der Feuerwiderstandsfähigkeit der Decken haben. Die Anforderungen an die Feuerwiderstandsfähigkeit der Decken sind in Abs. 1 enthalten. Auch wenn hinsichtlich des Verschlusses von Öffnungen anders als beispielsweise in § 29 Abs. 5 Satz 2 in § 31 Abs. 4 keine Anforderungen an die selbstschließende Funktion im Gesetzestext formuliert sind, wird in der VV TB NRW konkretisiert, dass der Verschluss von Öffnungen nach **Abs. 4 Satz 1 Nr. 3** auch **selbstschließend** sein muss. In der VV TB NRW, Kapitel A.2.1.8, werden die Anforderungen an Öffnungen in Decken wie folgt konkretisiert: »*In Decken sind Öffnungen nach § 31 Abs. 4 Nr. 3 BauO NRW 2018 nur zulässig, wenn sie dauerhaft dicht- und selbstschließende Abschlüsse (Klappen, Schiebeblätter u. a.) haben und wenn sie auf die für die Nutzung erforderliche Zahl und Größe beschränkt werden, damit die Verhinderung der Brandausbreitung nicht gefährdet wird; der Raumabschluss muss gesichert sein. Diese Anforderung wird mit Bauteilen (Feuerschutzabschlüssen) erfüllt, die die gleiche Feuerwiderstandsdauer wie die Decke aufweisen. Im Übrigen gelten die Anforderungen nach Abschnitt A 2.1.6, auch hinsichtlich des Offenhaltens dieser Feuerschutzabschlüsse.*«

Decken **§ 31**

Bei nach § 34 Abs. 2 Satz 2 zulässigen **einschiebbaren Bodentreppen** und **Leitern** (s. Anmerkungen zu § 34 Rdn. 10) gelten die Anforderungen an eine Feuerwiderstandsklasse des Verschlusses **nicht**. 16

Werden in einem Gebäude aus architektonischen Gründen (nicht notwendige) **Freitreppen** über zwei oder mehr Geschosse errichtet, so werden als Ausgleichsmaßnahmen für die hier notwendigerweise fehlenden Decken und Deckenverschlüsse entsprechende Anforderungen an die Wände dieses – nicht notwendigen – Treppenraumes und auch an die Dichtheit der Verschlüsse der Öffnungen zwischen diesem Raum und den von ihm erschlossenen Räumen bzw. notwendigen Fluren sowie in aller Regel Rauchabzugsöffnungen im Dachbereich erforderlich. 17

Auch in solchen **Nutzungseinheiten über mehrere Geschosse** mit notwendigen Treppen ohne Treppenraum innerhalb der Nutzungseinheit (offene Verbindung), sind an die Geschossdecken die brandschutztechnischen Anforderungen des § 31 abhängig von der Gebäudeklasse zu stellen. Gerade in den Fällen, in denen die Decke gleichzeitig einen Raumabschluss für andere Räume der Nutzungseinheit bewirkt, kann auf die Anforderung an den Feuerwiderstand der Decke nicht verzichtet werden. Eine **Abweichung** nach § 69 könnte zugelassen werden, **wenn die Nutzungseinheit aus nur einem Raum über mehrere Geschossebenen besteht**. Dann ist nämlich im Brandfall mit einer sofortigen Verrauchung der oberen Geschossebenen zu rechnen, so dass die Decke ihre Funktion als Raumabschluss nicht gewährleisten kann. Allerdings sollte, bevor eine Abweichung von § 31 zugelassen wird, die zuständige Brandschutzdienststelle gehört werden, da die Anforderung an den Feuerwiderstand der Decke auch dem Schutz der Rettungskräfte der Feuerwehr dient (s. Niederschrift über die Dienstbesprechung mit den Bauaufsichtsbehörden von November und Dezember 2004, S. 11). 18

Bei der brandschutztechnischen Bewertung von **Atrien**, wie sie in einer zeitgemäßen Architektur häufig vorkommen, werden regelmäßig Abweichungen oder Erleichterungen von § 31 Abs. 4 erforderlich. In Atrien sind die Öffnungen in Decken abweichend von den Vorgaben von § 31 Abs. 4 unverschlossen und als offene Verbindung zumeist des Erdgeschosses mit den Obergeschossen ausgebildet. Nicht selten werden dabei auch **Rettungswege** über diese Atrien geführt, was dann zu Abweichungen oder Erleichterungen von § 36 Abs. 1 führt, da **Atrien als mehrgeschossige Nutzungseinheiten** und mit Flächen von deutlich mehr als 400 m² ohne notwendige Flure ausgebildet werden. 19

Im Rahmen von **Brandschutzkonzepten** für Sonderbauten kann eine **Ingenieurgemäße Brandschutzplanung und Nachweisführung** z.B. nach DIN 18009 »Brandschutzingenieurwesen« zur Begründung und zur Auslegung von Kompensationsmaßnahmen für Abweichungen oder Erleichterungen erfolgen (s. Anmerkungen zu § 14 Rdn. 39). Für Atrien sind dabei insbesondere folgende Nachweise über Ingenieurverfahren vorstellbar: 20
– Nachweis zur **ausreichend langen Widerstandsfähigkeit gegen die Brandausbreitung** über die Geschosse aufgrund der vorhandenen Deckenöffnung im Atrium
 Das mit der brandschutztechnisch qualifizierten Abschottung der Geschosse vorgesehene Abschottungsprinzip dient dem Raumabschluss und dem Schutz der

Plum/Koch

§ 31 Decken

Personen außerhalb des Brandraumes in der Phase fortgeschrittener und vollentwickelter Brände. Durch die Verhinderung der Ausbreitung von Feuer und Rauch (Brandausbreitung) sollen insbesondere auch wirksame Löscharbeiten ermöglicht werden. Der Nachweis zur ausreichend langen Widerstandsfähigkeit gegen die Brandausbreitung über die Geschosse aufgrund der vorhandenen Deckenöffnung im Atrium kann z.b. über die **Begrenzung der thermischen Einwirkung bzgl. Brandüberschlag** erfolgen und sieht i.d.R. Kompensationsmaßnahmen wie z.b. Rauch- und Wärmeabzugsanlagen oder automatische Löschanlagen vor.

- **Nachweis, dass die Rettungswege im Atrium im Brandfall ausreichend lange nutzbar sind**
Die Ausbildung von qualifizierten Rettungswegen dient zum einen in der Phase der Brandentstehung der Rettung von Menschen und Tieren und zum anderen in der Phase der Fortschreitung zur Sicherstellung eines ausreichenden Zugangs für die Ermöglichung wirksamer Löscharbeiten. Rettungswege in Gebäuden (z.b. notwendige Flure) stellen brandlastfreie Zonen zwischen (Brand-)Räumen sicher und ermöglichen eine strukturierte Rettungswegführung. Diese Rettungswegführung setzt i.d.r. einen ausreichenden Raumabschluss zum Brandraum und eine ausreichende Rauchfreihaltung voraus. Der Nachweis, dass die Rettungswege im Atrium im Brandfall ausreichend lange nutzbar sind, kann z.b. über ausreichend raucharme Verhältnisse in den Galeriebereichen in der Phase der Selbstrettung und in den Galeriebereichen zur Unterstützung der Feuerwehr bei der Brandbekämpfung erfolgen. Hierzu sind regelmäßig Kompensationsmaßnahmen wie z.b. Rauch- und Wärmeabzugsanlagen oder Rauchschürzen vorzusehen.

21 Nach **Abs. 4 Satz 1 Nr. 1 und 2** benötigen Deckenöffnungen in **Gebäuden der Gebäudeklassen 1 und 2** und **Deckenöffnungen innerhalb derselben Nutzungseinheit** mit nicht mehr als insgesamt 400 m² in nicht mehr als zwei Geschossen keine Abschlüsse aus Gründen des Brandschutzes. Korrespondierend mit § 34 Abs. 8 und § 35 Abs. 1 Satz 3 (z.b. Maisonette-Treppe) sind somit in diesen Gebäuden und Wohnungen **Treppen ohne eigenen Treppenraum** zulässig.

22 Die Handlungsempfehlungen auf der Grundlage der Dienstbesprechungen mit den Bauaufsichtsbehörden im Oktober/November 2018 führt zum Verhältnis von Deckenöffnungen und Rettungswegen Folgendes aus:

23 *»Nach § 31 Absatz 4 BauO NRW 2018 sind Öffnungen in Decken, für die eine Feuerwiderstandsfähigkeit vorgeschrieben ist, innerhalb derselben Nutzungseinheit mit nicht mehr als insgesamt 400 m² in nicht mehr als zwei Geschossen zulässig.*

Dagegen sind notwendige Treppen ohne eigenen notwendigen Treppenraum gemäß § 35 Abs. 1 Satz 3 Nr. 2 BauO NRW 2018 für die Verbindung von höchstens zwei Geschossen innerhalb derselben Nutzungseinheit von insgesamt nicht mehr als 200 m² zulässig. Dies hat zur Folge, dass innere Treppen zur Verbindung von Nutzungseinheiten mit zwei Geschossen, die größer als 200 m² sind, nicht als notwendige Treppe und damit nicht als Rettungsweg nachgewiesen werden können.

- Verhältnis von § 35 Absatz 1 Satz 3 Nummer 2 BauO NRW 2018 zu einer Nutzungseinheit, die bis 400 m² sein darf. Es handelt sich hierbei um die

Maisonette-Regelung: »*Insgesamt« bedeutet die Summe beider Ebenen, das heißt die innere Treppe zwischen den beiden Ebenen wird ohne Treppenraum nur bis zu einer Summe von 200 m² (beide Ebenen zusammen) akzeptiert. Wenn die Gesamtfläche größer ist, kann die innere Treppe nicht mehr zum Nachweis der Rettungswege herangezogen werden. Man braucht dann – neben der Anleiterbarkeit jeder Ebene – aus jeder Ebene einen Zugang zu einer notwendigen Treppe in einen notwendigen Treppenraum. Für die Zulässigkeit der Deckenöffnung, die für die innere Treppe benötigt wird, ist dann die Grenze nach § 31 Absatz 4 Nummer 2 BauO NRW 2018 von 400 m² (für beide Ebenen insgesamt) zu beachten.*«

Die Anforderungen an die **Durchführung von Leitungen** durch Decken regelt § 40 Abs. 1. Danach dürfen Leitungen durch raumabschließende Bauteile, für die eine Feuerwiderstandsfähigkeit vorgeschrieben ist, nur hindurchgeführt werden, wenn eine Brandausbreitung ausreichend lang nicht zu befürchten ist oder Vorkehrungen hiergegen getroffen sind. (s. Kommentar zu § 40 Rdn. 1–5)

Gleiches gilt für **Lüftungsleitungen**, die gemäß § 41 Abs. 2 Satz 3 raumabschließende Bauteile, für die eine Feuerwiderstandsfähigkeit vorgeschrieben ist, nur überbrücken dürfen, wenn eine Brandausbreitung ausreichend lang nicht zu befürchten ist oder wenn Vorkehrungen hiergegen getroffen sind (s. Kommentar zu § 41 Rdn. 13–18).

Werden zwischen der Rohdecke und der Tragschicht des Fußbodenbelags **Hohlräume für Installationen** ausgebildet, ist nach Kapitel A 2.1.14 der VV TB NRW die Technische Regel A 2.2.1.9 (Muster-Richtlinie über brandschutztechnische Anforderungen an Systemböden (MSysBöR): 2005-09) zu beachten.

§ 32 Dächer

(1) Bedachungen müssen gegen eine Brandbeanspruchung von außen durch Flugfeuer und strahlende Wärme ausreichend lang widerstandsfähig sein (harte Bedachung).

(2) Bedachungen, die die Anforderungen nach Absatz 1 nicht erfüllen, sind zulässig bei Gebäuden der Gebäudeklassen 1 bis 3, wenn die Gebäude
1. einen Abstand von der Grundstücksgrenze von mindestens 12 m,
2. von Gebäuden auf demselben Grundstück mit harter Bedachung einen Abstand von mindestens 15 m,
3. von Gebäuden auf demselben Grundstück mit Bedachungen, die die Anforderungen nach Absatz 1 nicht erfüllen, einen Abstand von mindestens 24 m oder
4. von Gebäuden auf demselben Grundstück ohne Aufenthaltsräume und ohne Feuerstätten mit nicht mehr als 50 m³ Brutto-Rauminhalt einen Abstand von mindestens 5 m,

einhalten. Soweit Gebäude nach Satz 1 Abstand halten müssen, genügt bei Wohngebäuden der Gebäudeklassen 1 und 2 in den Fällen
1. der Nummer 1 ein Abstand von mindestens 6 m,
2. der Nummer 2 ein Abstand von mindestens 9 m und
3. der Nummer 3 ein Abstand von mindestens 12 m.

§ 32 Dächer

(3) Die Absätze 1 und 2 gelten nicht für
1. Gebäude ohne Aufenthaltsräume und ohne Feuerstätten mit nicht mehr als 50 m³ Brutto-Rauminhalt,
2. lichtdurchlässige Bedachungen aus nichtbrennbaren Baustoffen; brennbare Fugendichtungen und brennbare Dämmstoffe in nichtbrennbaren Profilen sind zulässig,
3. Dachflächenfenster, Oberlichte und Lichtkuppeln von Wohngebäuden,
4. Eingangsüberdachungen und Vordächer aus nichtbrennbaren Baustoffen und
5. Eingangsüberdachungen aus brennbaren Baustoffen, wenn die Eingänge nur zu Wohnungen führen.

(4) Abweichend von den Absätzen 1 und 2 sind
1. lichtdurchlässige Teilflächen aus brennbaren Baustoffen in Bedachungen nach Absatz 1 und
2. begrünte Bedachungen

zulässig, wenn eine Brandentstehung bei einer Brandbeanspruchung von außen durch Flugfeuer und strahlende Wärme nicht zu befürchten ist oder Vorkehrungen hiergegen getroffen werden.

(5) Dachüberstände, Dachgesimse, Zwerchhäuser und Dachaufbauten, lichtdurchlässige Bedachungen, Dachflächenfenster, Lichtkuppeln, Oberlichte und Solaranlagen sind so anzuordnen und herzustellen, dass Feuer nicht auf andere Gebäudeteile und Nachbargrundstücke übertragen werden kann. Von der Außenfläche von Brandwänden und von der Mittellinie gemeinsamer Brandwände müssen
1. mindestens 1,25 m entfernt sein
   a) Dachflächenfenster, Oberlichte, Lichtkuppeln und Öffnungen in der Bedachung, wenn diese Wände nicht mindestens 0,30 m über die Bedachung geführt sind und
   b) Photovoltaikanlagen, Zwerchhäuser, Dachgauben und ähnliche Dachaufbauten aus brennbaren Baustoffen, wenn sie nicht durch diese Wände gegen Brandübertragung geschützt sind, und
2. mindestens 0,50 m entfernt sein
   a) Photovoltaikanlagen, deren Außenseiten und Unterkonstruktion aus nichtbrennbaren Baustoffen bestehen und
   b) Solarthermieanlagen.

Die Sätze 1 und 2 gelten auch bei Wänden, die anstelle von Brandwänden zulässig sind.

(6) Dächer von traufseitig aneinandergebauten Gebäuden müssen als raumabschließende Bauteile für eine Brandbeanspruchung von innen nach außen einschließlich der sie tragenden und aussteifenden Bauteile feuerhemmend sein. Öffnungen in diesen Dachflächen müssen waagerecht gemessen mindestens 2 m von der Brandwand oder der Wand, die anstelle der Brandwand zulässig ist, entfernt sein.

(7) Dächer von Anbauten, die an Außenwände mit Öffnungen oder ohne Feuerwiderstandsfähigkeit anschließen, müssen innerhalb eines Abstands von 5 m von

diesen Wänden als raumabschließende Bauteile für eine Brandbeanspruchung von innen nach außen einschließlich der sie tragenden und aussteifenden Bauteile die Feuerwiderstandsfähigkeit der Decken des Gebäudeteils haben, an den sie angebaut werden. Dies gilt nicht für Anbauten an Wohngebäude der Gebäudeklassen 1 bis 3.

(8) Dächer an Verkehrsflächen und über Eingängen müssen Vorrichtungen zum Schutz gegen das Herabfallen von Schnee und Eis haben, wenn dies die Verkehrssicherheit erfordert.

(9) Für vom Dach aus vorzunehmende Arbeiten sind sicher benutzbare Vorrichtungen anzubringen.

	Übersicht	Rdn.
0	Änderungen gegenüber der BauO NRW 2000	01
1	Allgemeines	1
2	Zu Abs. 1 – Schutzzielformulierung und Grundforderung nach harter Bedachung	4
3	Zu Abs. 2 – Abstände bei weicher Bedachung	8
4	Zu Abs. 3 und 4 – Nichtgeltung und Abweichung von den Abs. 1 und 2	14
5	Zu Abs. 5 – Dachaufbauten und ähnliche Dachteile	20
6	Zu Abs. 6 – Anforderungen an die Feuerwiderstandsfähigkeit	29
7	Zu Abs. 7 – Dächer von Anbauten	38
8	Zu Abs. 8 – Dächer an Verkehrsflächen	43
9	Zu Abs. 9 – Vorrichtungen für Arbeiten vom Dach aus	45

0 Änderungen gegenüber der BauO NRW 2000

In § 32 werden die Vorschriften über Dächer aufgenommen und **vollumfänglich an die MBO angepasst**. Dächer waren bisher in § 35 BauO NRW 2000 geregelt. Analog zu den übrigen materiellen Anforderungen wird auch in § 32 Abs. 1 eine **Schutzzielformulierung** vorangestellt und deutlich klargestellt, dass Dächer für eine Brandbeanspruchung von außen ausgelegt werden. 01

Mit § 32 **Abs. 2** nimmt die BauO NRW die Anforderungen aus dem bisherigen § 35 Abs. 2 BauO NRW 2000 auf. Eine Erleichterung für kleine, nur Nebenzwecken dienende Gebäude ohne Feuerstätten wird in § 32 Abs. 2 Satz 1 Nr. 4 geregelt. Die bisher diesbezüglich vorhandene Regelung in § 35 Abs. 2 Satz 1 Nr. 4 BauO NRW 2000 ist nun durch die **Maßangabe (50 m³ Brutto-Rauminhalt)** und den Ausschluss von Aufenthaltsräumen präziser gefasst. Eine Erleichterung für Wohngebäude geringer Höhe mit nicht mehr als zwei Wohnungen war entgegen der Gesetzesbegründung auch bislang in § 35 Abs. 2 Satz 2 BauO NRW 2000 geregelt, jedoch entfällt zukünftig die Erleichterung hinsichtlich der Abstandflächen für die Gebäude nach § 32 Abs. 2 Satz 1 Nr. 4 (zu Nebenzwecken dienende Gebäude bis 50 m³ Brutto-Rauminhalt). Die **Anrechnung angrenzender öffentlicher Flächen** aus § 35 Abs. 2 Satz 3 BauO NRW 2000 findet sich nun ausschließlich in § 6 Abs. 2 Satz 2. 02

Der § 32 Abs. 3 Nr. 1 nimmt eine neue **Ausnahme für Gebäude ohne Aufenthaltsräume und ohne Feuerstätten mit nicht mehr als 50 m³ Brutto-Rauminhalt** auf. Mit 03

§ 32 Dächer

§ 32 Abs. 3 Nr. 2 werden im 1. Halbsatz die Anforderungen von § 35 Abs. 3 Nr. 1 BauO NRW 2000 aufgenommen. Im 2. Halbsatz wird eine für die Bauausführung notwendige Erleichterung für Fugendichtungen und Dämmstoffe in Profilen (s. Anmerkungen § 28 Rdn. 10) aufgenommen. § 32 Abs. 3 Nr. 3 regelt den Ausnahmetatbestand für Dachflächenfenster.

04 § 32 **Abs.** 4 nimmt einen unmittelbar gesetzesabhängigen **Zulässigkeitstatbestand** auf und ersetzt das bisher notwendige behördliche Ermessen. Es wird nun konkret auf die Gefahr der Brandentstehung durch Brandbeanspruchung von außen durch Flugfeuer und strahlende Wärme abgestellt.

05 Mit § 32 **Abs.** 5 Satz 1 wird das **Schutzziel für die Anforderungen an Dachaufbauten** und ähnliche Dachteile formuliert. Nach der Begründung des Gesetzes dienen die Änderungen gegenüber der BauO 2000 der Anpassung an Abs. 3.:»*Da, bedingt durch die Ausnahmeregelung, Dachflächenfenster dort nun ausdrücklich genannt werden, ist auch in Abs. 5 durch ausdrückliche Nennung klarzustellen, dass sich das Schutzziel des Satzes 1 und die Anforderung des Satzes 2 (auch) auf Dachflächenfenster erstrecken. § 32 Abs. 5 Satz 2 differenziert bezüglich der Entfernung von der Außenfläche von Brandwänden und von der Mittellinie gemeinsamer Brandwände: § 32 Abs. 5 Satz 2 Nr. 1 entspricht weitestgehend der Formulierung in der MBO. Durch § 32 Abs. 5 Satz 2 Nr. 2 können geringere* **Abstände zu Brandwänden für Photovoltaikanlagen**, *deren Gehäuse allseitig aus nichtbrennbaren Baustoffen besteht und für Solarthermieanlagen, die anders als Photovoltaikanlagen nicht großflächig auf Dächern errichtet werden, gestattet werden.*«

06 In § 32 Abs. 6 wird klargestellt, dass die Brandschutzanforderungen durch das **Aneinanderbauen von Gebäuden entlang der Traufen** ausgelöst werden, wodurch sich Dachschrägen oberhalb der Brandwand (Gebäudeabschlusswand) direkt gegenüberliegen.

07 § 35 **Abs.** 7 Satz 2 BauO NRW 2000 enthielt Ausnahmen für Anbauten an Wohngebäuden geringer Höhe. § 32 Abs. 7 S. 2 BauO NRW regelt nunmehr den **Ausnahmetatbestand** für Anbauten an Wohngebäuden der Gebäudeklassen 1 bis 3.

08 Abs. 8 übernimmt mit redaktionellen Änderungen die Anforderungen aus § 35 Abs. 8 BauO NRW 2000.

09 Abs. 9 enthält die Anforderungen des § 35 Abs. 9 BauO NRW 2000.

1 Allgemeines

1 Das Dach bildet den **oberen Abschluss** eines Bauwerks. Seine vorrangige Aufgabe ist es, einen ausreichenden **Schutz vor Witterungseinflüssen** durch Regen, Schnee, Sonne und Kälte zu bieten. Darüber hinaus enthält § 32 abschließend geregelte Anforderungen an Dächer aus Gründen des **Brandschutzes** (Abs. 1–7), der **Verkehrssicherheit** (Abs. 8) und des **Arbeitsschutzes** (Abs. 9). Ist der oberste Abschluss eines Raumes das Dach, gelten hierfür die Anforderungen des § 35 und nicht die an Decken (s. Anmerkungen zu § 31).

Das Dach besteht unabhängig von seiner Form (z.B. Flachdach, Satteldach, Pultdach) 2
aus der »**Bedachung**« und dem »**Dachtragwerk**«. Die **Bedachung** kann bestehen aus
– der Dachhaut – auch als Dacheindeckung bezeichnet – (wie Ziegel, Dachpappe
  oder Ähnlichem),
– der Wärmedämmung,
– der Dampfsperre,
– Lichtkuppeln, Lichtbänder oder anderen Abschlüssen für Öffnungen im Dach und
– dem Träger der Dachhaut.

Das Dachtragwerk ist die tragende Unterkonstruktion der Bedachung, die aus Lattung, 3
Sparren, Pfetten, Dachbindern, Dachverbänden oder ähnlichen Bauteilen besteht.

2 Zu Abs. 1 – Schutzzielformulierung und Grundforderung nach harter Bedachung

In § 32 Abs. 1 BauO NRW wird das Schutzziel für Anforderungen an die Bedachung 4
formuliert. Demnach müssen Dächer für eine Brandbeanspruchung von außen ausgelegt werden. Nach **Abs. 1** muss die Bedachung gegen **Flugfeuer** (wie Funkenflug)
und **strahlende Wärme** (insbesondere Hitzestrahlung eines benachbarten Schadens-
feuers) widerstandsfähig sein. Das Gebäude muss deshalb eine »**harte Bedachung**«
haben. Diese bauordnungsrechtliche Anforderung schützt also das Gebäude gegen
Brandeinwirkung von »**oben**« (s. Rdn. 6).

Eine Bedachung ist gegen Flugfeuer und strahlende Wärme widerstandsfähig, wenn 5
sie die Anforderungen an eine »**harte Bedachung**« erfüllt. Dies ist dann der Fall, wenn
für die Bedachung diese Qualität durch einen Brandversuch nach DIN 4102 Teil 7
(Ausgabe November 2018) – Bedachungen, Anforderungen und Prüfungen – nachgewiesen wird oder ohne Nachweis, wenn die Bedachung nach DIN 4102 Teil 4
(Ausgabe Mai 2016) Abschnitt 11.4 – gegen Flugfeuer und strahlende Wärme wider-
standsfähige Bedachungen – klassifiziert ist.

Die Anforderungen des Abs. 1 stellen sicher, dass bei einem Brand von benachbarten 6
Gebäuden der Brand nicht durch **brennende Teile**, die auf das Dach fallen, weitergeleitet wird und dienen damit der **Verhinderung der Brandübertragung**. Auch soll die
Überzündung durch Hitzestrahlung verhindert werden. Insofern kann dieser Vorschrift **kein vorrangiger Nachbarschutz** zugebilligt werden. Es handelt sich vielmehr
um eine Vorschrift, die vorrangig dem **Eigenschutz** dient und um eine solche, die die
Grundregel des § 14 konkretisiert, wonach der Ausbreitung von Feuer vorgebeugt
werden soll.

In der VV TB NRW Kapitel A 2.1.9 werden die Anforderungen an Dächer wie folgt 7
konkretisiert: »*Soweit nichts anderes zugelassen ist, müssen Bedachungen zur Behinderung
der Übertragung eines Brandes von außen in die bauliche Anlage durch Wärmestrahlung
oder brennende Teile von anderen baulichen Anlagen und einer Brandausbreitung auf
der baulichen Anlage gemäß § 32 BauO NRW ausreichend lang dieser Brandeinwirkung
widerstehen (harte Bedachung). Die Bedachung darf in vertikaler wie horizontaler Ausdehnung nur begrenzt geschädigt werden und nur begrenzt selbst zum Brandgeschehen*

§ 32   Dächer

einen Beitrag leisten. Dabei sind die Dachneigungen zu berücksichtigen, weil das Brandverhalten der Bedachungen in Abhängigkeit der Dachneigung unterschiedlich sein kann. Diese Anforderung wird bei der Verwendung von nicht begrünten Bedachungen erfüllt, die unter Einwirkung eines Brandes nach DIN 4102-7:1998-07, Abschnitte 6.1 bis 6.5, unter Berücksichtigung von Abschnitt 7 mindestens die in DIN 4102-7:1998-07, Abschnitt 4 Buchst. a bis e, genannten Kriterien erfüllen.«

3 Zu Abs. 2 – Abstände bei weicher Bedachung

8   Die Vorschriften des **Abs.** 2 lassen für Gebäude der Gebäudeklasse 1 bis 3 (Satz 1) bzw. Wohngebäude der Gebäudeklassen 1 und 2 (Satz 2) **Dächer mit weicher Bedachung** zu. Zu »weichen Bedachungen« zählen alle Bedachungen, die die Anforderungen der Norm DIN 4102 Teil 7 nicht erfüllen, wie z.b. Stroh-, Reet- oder Rohrdächer und Holzschindeln. Im Handel erhältlich sind zwar bereits Bedachungen aus brennbaren Baustoffen, die – entsprechend imprägniert – die Prüfung nach DIN 4102 Teil 7 bestanden haben, einige dieser Imprägniermittel haben jedoch die unangenehme Eigenschaft, bei Auswaschung durch Regen nicht gerade pflanzenfreundlich zu wirken. Darüber hinaus muss die Imprägnierung in Zeitabständen erneuert werden.

9   Gebäude der Gebäudeklassen 1 bis 3 mit weicher Bedachung bzw. Wohngebäude der Gebäudeklassen 1 und 2 mit nicht mehr als zwei Wohnungen und weicher Bedachung müssen aus Gründen des Brandschutzes die in Abs. 2 Satz 1 bzw. Satz 2 aufgeführten **Abstände**
 – von 12 m bzw. 6 m zu Grundstücksgrenzen,
 – von 15 m bzw. 9 m zu anderen Gebäuden mit harter Bedachung auf demselben Grundstück,
 – von 24 m bzw. 12 m zu anderen Gebäuden mit weicher Bedachung auf demselben Grundstück,
 – von 5 m zu Gebäuden auf demselben Grundstück ohne Aufenthaltsräume und ohne Feuerstätten mit nicht mehr als 50 m³ Brutto-Rauminhalt,
einhalten.

10   Die für Wohngebäude der Gebäudeklassen 1 und 2 mit nicht mehr als zwei Wohnungen nach Satz 2 reduzierten Werte erschienen dem Gesetzgeber der BauO NRW 2000 im Hinblick auf die typische Gefahrenlage vertretbar. Die Begründung zur BauO NRW 2000 (LT-Drucks. 12/3738 S. 74 f.) führte zu Abs. 2 unter anderem auf:

11   *»… Diese Regelung berücksichtigt die gegenüber harten Bedachungen größeren Risiken durch eine geringere Feuerwiderstandsdauer gegen Brandbeanspruchung von außen sowie eine hohe Brandlast und die leichtere Entflammbarkeit bei für diese Bedachungen verbreiteten Baustoffen. Die Bemessung der erforderlichen Abstände hat sich historisch aufgrund von Vorgaben entwickelt, die bis in die Mitte des 19. Jahrhunderts zurückzuverfolgen sind. Für Gebäude mit Stroh- oder Rohrbedachung waren z. B. Abstände untereinander von 5 Ruthen = ca. 23,37 m gefordert. Für solche Bedachungen bestand in der Entstehungszeit dieser Vorschrift eine besondere Gefährdung durch den Umgang mit offenem Licht. Da die Errichtung von Gebäuden jeder Art und Größe – außer Gebäuden mit feuergefährlichen Gewerbebetrieben – mit Stroh- oder Rohrdeckung*

zulässig war, wurden die Abstände auch im Hinblick auf die Gefahren durch große brennende Stroh- oder Rohrbedachungen (Flugfeuer) für die Umgebung bemessen.

Rohr (Reet) wird auch heute insbesondere in landschaftlich dadurch geprägten Gegenden für die Bedachung von Gebäuden verwendet, für die die Risiken hinsichtlich der Brandentstehung und -ausbreitung aufgrund ihrer Nutzung und ihrer Größe unverändert entsprechend zu beurteilen sind, z.B. Hotels, Verkaufsstätten und landwirtschaftliche Betriebsgebäude. Dies trifft auf Ein- und Zweifamilienhäuser nicht zu, da ihre Bedachungen eine bestimmte Größe in aller Regel nicht überschreiten. Im Übrigen haben sich auch die für die Wohnnutzung früher typischen Gefahren, insbesondere durch offenes Licht und offene Feuerstellen, wesentlich verringert. Im Hinblick auf die im Vergleich zu Hotels und Verkaufsstätten deutlich geringeren Risiken bei Wohngebäuden geringer Höhe mit nicht mehr als zwei Wohnungen wird für diese in Abs. 2 Satz 2 eine Abstufung der erforderlichen Abstände vorgenommen. Sie müssen nach Satz 2 gegenüber den Abständen nach Satz 1 bis zur Hälfte reduzierte Abstände einhalten, untereinander mindestens 12,00 m. Damit wird die Errichtung dieser Gebäude mit einem deutlich geringeren Grundstücksverbrauch ermöglicht.«

Die Abstände nach § 32 Abs. 2 übertreffen zum Teil weit die nach § 6 erforderlichen Abstände. Der zur Grundstücksgrenze zum Nachbarn hin erforderliche Abstand soll für diesen **nachbarschützende Wirkung** haben (Hess. VGH, Urt. v. 22.02.1980 – IV OE 58/78, BRS 36 Nr. 153), was jedoch nur ein nachrangiges Schutzinteresse sein kann. Die Bestimmungen dienen vielmehr vorrangig dem Eigenschutz, da sie verhindern sollen, dass bei einem Brand eines benachbarten Gebäudes durch **Hitzestrahlung oder Funkenflug** die weiche Bedachung zur Zündung gebracht wird. Die Prüfung auf harte Bedachung erfolgt nach DIN 4102 Teil 7 mittels eines auf das Probedach aufgesetzten mit Holzwolle gefüllten Drahtgestells – also von oben – und basiert auf dem mit RdErl. vom 07.02.1963 (MBl. NRW. S. 231) eingeführten Prüfverfahren. Nachbarschützend sind dagegen solche Brandschutzvorschriften, die Anforderungen an die Feuerwiderstandsdauer eines abschottenden Bauteils stellen, das zumindest von der dem Nachbarn abgewandten Seite aus auf seine Feuerwiderstandsdauer geprüft wird. 12

Abstände nach Abs. 2 zu Grundstücksgrenzen können durch **Baulast** nach § 85 BauO NRW auf Nachbargrundstücke verlagert werden. Dabei können die Regelungen zur Anrechnung angrenzender öffentlicher Flächen aus § 6 Abs. 2 Satz 2 entsprechend zur Anwendung kommen. Aus der Vorschrift über den Abstand von zu errichtenden Gebäuden mit weicher Bedachung zu Grundstücksgrenzen oder anderen Gebäuden kann im Umkehrschluss nicht hergeleitet werden, dass neue Gebäude mit harter Bedachung zu vorhandenen Gebäuden mit weicher Bedachung einen erweiterten Abstand einhalten müssen (OVG Lüneburg, Urt. v. 12.11.1974 – I A 124/74, BRS 29 Nr. 82 = SchlHAnz. 1975, 119 = VerwRspr. 26, 864). 13

4 Zu Abs. 3 und 4 – Nichtgeltung und Abweichung von den Abs. 1 und 2

In § 32 Abs. 3 und 4 werden die Fälle, in denen die Zulässigkeit von Teilflächen der Bedachung, die den Anforderungen an **harte Bedachungen nicht genügen**, gegenüber 14

§ 32   Dächer

§ 32 Abs. 1 Satz 2 BauO NW 1995 und § 35 Abs. 3 und 4 BauO NRW 2000 weiter konkretisiert. Grundsätzlich kann, ausgehend von § 32 Abs. 1 Satz 2 BauO NW 1995, davon ausgegangen werden, dass der Gesetzgeber Teilflächen der Bedachung sowie Vordächer, die den Anforderungen an harte Bedachung nicht genügten, zugelassen hatte, **wenn Bedenken wegen des Brandschutzes nicht bestehen**. Um diese Anforderung für den Entwurfsverfasser bzw. Fachplaner auch direkt in der Vorschrift zu konkretisieren, hat der Gesetzgeber zwei Regelungen aufgenommen:
– **Abs. 3** enthält als Zulässigkeitstatbestand die **weniger problematischen Fälle**,
– **Abs. 4** enthält als Zulässigkeitstatbestand die **schwieriger zu beurteilenden Fälle**.

15   Bei den in Abs. 3 Nr. 2 und Nr. 4 aufgenommenen **lichtdurchlässigen Bedachungen** einschließlich brennbarer Fugendichtungen und brennbarer Dämmstoffe in nichtbrennbaren Profilen sowie **Eingangsüberdachungen und Vordächern** aus **nichtbrennbaren Baustoffen** ist zumindest das Risiko durch Funkenflug infolge von Bränden benachbarter Gebäude eingedämmt. Bei den in Nr. 3 und Nr. 5 angesprochenen **Dachflächenfenster, Oberlichtern und Lichtkuppeln** von Wohngebäuden sowie **Eingangsüberdachungen** zu Wohnungen aus **brennbaren Baustoffen** wird es sich regelmäßig um kleinflächige Elemente handeln. Darüber hinaus wurde mit der in § 32 Abs. 3 Nr. 1 neu aufgenommenen Ausnahme für Gebäude ohne Aufenthaltsräume und ohne Feuerstätten mit nicht mehr als 50 m³ Brutto-Rauminhalt eine weitere zulässige Ausnahme definiert.

16   Nach Abs. 4 sind **lichtdurchlässige Teilflächen aus brennbaren Baustoffen** in harten Bedachungen sowie begrünte Dächer zugelassen, wenn eine Brandentstehung bei einer Brandbeanspruchung von außen durch Flugfeuer und strahlende Wärme nicht zu befürchten ist oder Vorkehrungen hiergegen getroffen werden. Die nach § 35 Abs. 4 BauO NRW 2000 noch erforderliche behördliche Ermessensentscheidung wurde damit durch einen unmittelbar gesetzesabhängigen Zulässigkeitstatbestand ersetzt.

17   Wann eine **Brandbeanspruchung von außen** nicht zu befürchten ist oder welche Vorkehrungen hiergegen zu treffen sind, wird für lichtdurchlässige Flächen in der VV TB NRW Kapitel A 2.1.9 wie folgt konkretisiert: *»Für bestimmte brennbare lichtdurchlässige Flächen oder Abschlüsse von Öffnungen, für die kein Nachweis der harten Bedachung vorliegt, ist die Verwendung als Bedachung zulässig ohne dass eine Beeinträchtigung der Behinderung der Brandentstehung oder Brandausbreitung der Bedachung insgesamt zu erwarten ist, wenn:*
– *die Summe der Teilflächen höchstens 30 % der Dachfläche beträgt,*
– *die Teilflächen einen Abstand von mindestens 5 m zu Brandwänden unmittelbar angrenzender höherer Gebäude oder Gebäudeteile aufweisen und die Teilflächen*
– *als Lichtbänder höchstens 2 m breit und maximal 20 m lang sind, untereinander und zu den Dachrändern einen Abstand von mindestens 2 m haben oder*
– *als Lichtkuppeln eine Fläche von nicht mehr als je 6 m², untereinander und von den Dachrändern einen Abstand von mindestens 1 m und von Lichtbändern aus brennbaren Baustoffen einen Abstand von 2 m haben.«*

18   Bislang diente für **begrünte Dächer** (z.B. Extensivbegrünung, Intensivbegrünung, Dachgärten) Nr. 35.43 VV BauO NRW 2000 zur Beurteilung der nach § 35

Abs. 4 BauO NRW 2000 erforderlichen Abweichungsentscheidung. Nr. 35.43 VV BauO NRW unterschied Dächer mit **Intensivbegrünung** und **Dachgärten**, das sind solche, die einer Bewässerung und der Pflege bedürfen und die in der Regel eine dickere Substratschicht aufweisen, und Dächer mit **Extensivbegrünung** durch niedrig wachsende Pflanzen (z.B. Gras, Sedum, Eriken). Mit der Neufassung der DIN 4102-4 wurden auch Anforderungen an begrünte Dächer in die Norm aufgenommen, so dass heute die Anforderungen in Abschnitt 11.4.7 DIN 4102-4:2016-05 wie folgt konkretisiert sind: »*Intensive Dachbegrünungen gelten als Bedachungen, die gegen Flugfeuer und strahlende Wärme widerstandsfähig sind. Extensive Dachbegrünungen sind widerstandsfähig gegen Flugfeuer und strahlende Wärme, wenn sie folgende Eigenschaften aufweisen:*

– *mineralisch bestimmte Vegetationsschicht mit max. 20 % (Massenanteil) organischer Bestandteile;*
– *Vegetationstragschicht mit einer Schichtdicke ≥ 30 mm*
– *Gebäudeabschlusswände, Brandwände oder Wände, die anstelle von Brandwänden zulässig sind, müssen in Abständen von höchstens 40 m mindestens 0,3 m über das Dach, bezogen auf Oberkante Vegetationstragschicht, geführt werden. Sofern diese Wände nicht über Dach geführt sind, genügt auch eine 0,3 m hohe Aufkantung aus nichtbrennbaren Baustoffen oder ein 1 m breiter Streifen aus massiven Platten oder Grobkies;*
– *ein Abstandsstreifen aus massiven Platten oder Grobkies von ≥ 0,5 m Breite ist gegenüber Öffnungen in der Dachfläche (Lichtkuppeln, Dachfenster) oder aufgehenden Wänden mit Fenstern auszubilden, wenn sich deren Brüstung ≤ 0,8 m oberhalb der Vegetationstragschicht befindet;*
– *bei aneinandergereihten, giebelständigen Gebäuden muss im Bereich der Traufe ein in der Horizontalen gemessener, mindestens 1 m breiter Streifen unbegrünt bleiben und mit Oberflächenschutz aus nichtbrennbaren Baustoffen versehen sein.*«

Als maßgebende Technische Regel sind die brandschutztechnischen Anforderungen an begrünte Dächer damit heute normativ in DIN 4102-4 geregelt. **19**

5 Zu Abs. 5 – Dachaufbauten und ähnliche Dachteile

Die Vorschriften des **Abs. 5** betreffen – anders als im Sonderfall des Abs. 6 für aneinander gebaute giebelständige Dächer – Gebäude in **traufständiger** Bauweise unabhängig von der Dachneigung, also auch Gebäude mit Flachdächern. **20**

Über die Grundsatzforderung bzw. das Schutzziel des **Satzes 1** hinaus regelt Abs. 5 für **Dachvorsprünge** und **Dachgesimse** keine konkreten Einzelanforderungen hinsichtlich ihrer Anordnung und Ausbildung. Diese sind insbesondere im Bereich zur Nachbarbebauung, z.B. durch die Verwendung nichtbrennbarer Baustoffe, so anzuordnen und herzustellen, dass entsprechend der Grundanforderung ein Brand nicht auf andere Gebäude oder Gebäudeteile übertragen werden kann. **21**

In der VV TB NRW Kapitel A.2.1.9 werden die Anforderungen an Dächer für diesen Fall wie folgt konkretisiert: »*Um zu verhindern, dass im Brandfall bei der Abführung von Wärme und Rauch aus Teilen der baulichen Anlage über Dachauf- oder einbauten,* **22** *wie Wärmeabzugsflächen oder Rauch- und Wärmeabzugsgeräte, eine Brandausbreitung stattfindet, müssen nach § 32 Abs. 5 BauO NRW diese Dachauf- oder einbauten einen ausreichenden Abstand zu brennbaren Teilen einhalten oder diese Teile müssen nichtbrennbar sein.«*

23 Für **Dachflächenfenster, Oberlichte, Lichtkuppeln und Öffnungen** (Nr. 1 a), für **Photovoltaikanlagen, Zwerchhäuser, Dachgauben** und ähnliche **Dachaufbauten** aus brennbaren Baustoffen (Nr. 1b), für **Photovoltaikanlagen** (Nr. 2a) und **Solarthermieanlagen** (Nr. 2b) enthält **Satz 2** konkrete Abstandsvorschriften, die sich auf die eigene Brandwand oder auf die Mittellinie gemeinsamer Brandwände beziehen. Ein Brand von innen nach außen dringt schneller durch eine in der Dachfläche vorhandene **Öffnung** als durch die Dachfläche selbst, auch dann, wenn das Dach selbst keiner Feuerwiderstandsklasse entspricht. Die mögliche frühzeitige Hitzestrahlung erfordert zum Schutz des Nachbarn einen Mindestabstand des Bauteils zu diesem. Bei **Dachgauben** und bei ähnlichen Dachaufbauten aus brennbaren Baustoffen ist das vergleichbar, jedoch kommt hier ein weiterer Umstand hinzu: Die Betrachtung ist auch hier vom Nachbarn aus auf das eigene Gebäude vorzunehmen. Beim Brand eines Nachbargebäudes – sein Dach kann in relativ kurzer Zeit durchgebrannt sein – dürfen die eigenen Dachaufbauten aus brennbaren Baustoffen durch die Hitzestrahlung nicht gezündet werden und müssen deshalb einen Mindestabstand zum Nachbarn einhalten. Die Vorschriften dienen somit sowohl dem **Nachbarschutz** als auch dem **Eigenschutz** (vgl. Rdn. 6).

24 Diese Gesichtspunkte sind bei der Beurteilung von **Ersatzmaßnahmen** zu beachten, die im Rahmen einer Abweichung nach § 69 BauO NRW anzuordnen sind, um einen **geringeren Abstand** als 1,25 m bzw. 0,50 m zu gestatten. Als Ersatzmaßnahmen kommen vorwiegend solche in Betracht, die sich auf die Brennbarkeit der zu verwendenden Baustoffe beziehen. Es nützt wenig, wenn z.B. die Seitenteile einer Dachgaube in feuerhemmender Bauweise errichtet werden, die diese Dachgaube tragende Dachkonstruktion jedoch nicht die Anforderungen an eine Feuerwiderstandsklasse erfüllt. Sinnvoller ist da die Verwendung nichtbrennbarer Baustoffe insbesondere im Bereich der Außenhaut der Dachaufbauten.

25 Werden die **Dachaufbauten insgesamt aus nichtbrennbaren Baustoffen** hergestellt, ist der geforderte **Mindestabstand von 1,25 m nicht erforderlich.** Der Mindestabstand ist auch dann nicht einzuhalten, wenn die Gebäudeabschlusswand bzw. die Gebäudetrennwand die Dachgaube oder den Dachaufbau im Profil begleitet; das ist dann der Fall, wenn die Aufbauten Teil dieser Wände sind.

26 An der **Grundstücksgrenze errichtete Wintergärten** entsprechen häufig nicht den Abstandsvorschriften. Nach den Ausführungen in der Niederschrift über die Dienstbesprechung mit den Bauaufsichtsbehörden von November und Dezember 2004 bestehen unter der Voraussetzung, dass eine Brandwand vorhanden ist, jedoch keine Bedenken, Wintergärten im Wege einer Abweichung nach § 69 BauO NRW zuzulassen, sofern ein min. 1,25 m breiter Randstreifen entweder in **Drahtglas** in einer Dicke von mindestens 6 mm mit punktverschweißtem Draht oder eine **feuerhemmende Verglasung** ausgeführt wird (vgl. Gädtke/Böckenförde/Temme/Heintz, Kommentar

zur Landesbauordnung NRW, 9. Auflage, § 35 BauO NRW, Rn. 6). Diese Ausführung dürfte heute nur noch für die Bewertung von bestehenden Wintergärten relevant sein und im Neubau nicht mehr zur Ausführung kommen.

In der Niederschrift über die Dienstbesprechung mit den Bauaufsichtsbehörden von Januar und Februar 2011 wird zu Photovoltaikanlagen ausgeführt: »*Sofern Bauteile des Daches durch photovoltaische Bauteile ersetzt werden (integrative Lösung), wird die Photovoltaikanlage zum Bestandteil des Daches und muss folglich die Anforderungen des § 35 BauO NRW erfüllen. Bei der additiven Lösung werden Photovoltaikmodule i. d. R. auf einer Metallkonstruktion auf dem Dach befestigt (aufgeständerte Photovoltaikanlagen). Die Photovoltaikanlage ist damit ein zusätzlicher technischer Baukörper auf dem Dach und damit kein Bestandteil des Daches. Die BauO NRW enthält keine speziellen Brandschutzanforderungen an Photovoltaikanlagen. Damit müssen solche Anlagen nur den Regelanforderungen der BauO NRW entsprechen (z. B. §§ 17 Abs. 2, 33 Abs. 4). Allerdings sind nach § 3 BauO NRW die allgemein anerkannten Regeln der Technik (a. a. R. d. T.) zu beachten. DIN VDE 0132 und DIN VDE 0100 – Teil 712 sind als a. a. R. d. T für elektrische Anlagen anzusehen. Sie schreiben für unter Spannung stehende Niederspannungsanlagenteile mit einer Nennspannung von bis zu 1.000 V – wie Photovoltaikanlagen – einen Abstand von 1,00 m vor. Dieser Abstand gilt auch zwischen einer Löschmittelaustrittsöffnung und unter Spannung stehenden Teilen einer elektrischen Anlage. Dieser Abstand reicht aus, um Stromeinwirkungen auf das den Löscheinsatz durchführende Personal zu verhindern (vgl. 6.2.1 DIN VDE 0132). Daraus folgt, dass wirksame Löscharbeiten der Feuerwehr auch bei Gebäuden mit Photovoltaikanlagen möglich sind. Hierzu bedarf es einer umfassenden Aufklärung der Mitarbeiter der Feuerwehren. Ebenfalls sind Dachflächenfenster im Brandfall als Rettungsfenster bei bestimmungsgemäßer Nutzung der Photovoltaikanlage uneingeschränkt nutzbar. Schutzabstände sind nach den a. a. R. d. T. nicht vorgesehen. Spannungsführend werden Photovoltaikanlagen erst bei Defekten und Beschädigungen. Der Deutsche Feuerwehrverband hat Handlungsempfehlungen zu Photovoltaikanlagen mit technischen Hinweisen und einer Checkliste zur Vorgehensweise im Schadensfall für Strom erzeugende Photovoltaikanlagen herausgegeben. Bei Dachbränden, bei denen eine Photovoltaikanlage die Löschmaßnahmen behindert, muss die Feuerwehr mit einsatztechnischen Maßnahmen reagieren.*«

Durch die Anforderungen von § 32 Abs. 5 Satz 2 Nr. 2 sind nun auch in der BauO NRW Abstandsregeln für **Photovoltaikanlagen und Solarthermieanlagen** enthalten.

6 Zu Abs. 6 – Anforderungen an die Feuerwiderstandsfähigkeit

Die BauO NRW stellt keine grundsätzlichen Anforderungen an die **Feuerwiderstandsfähigkeit von Dächern**. Aus Gründen der Brandbekämpfung und zur Behinderung der Brandausbreitung durch thermische Entlastung des Brandraumes wäre das »Idealdach« ein solches, das sich durch die Temperatureinwirkung eines Brandes öffnet und gleichzeitig nicht zur Brandausbreitung innerhalb des Daches beiträgt.

Anforderungen in den Abs. 6 (soweit erforderlich) und 7 an die Feuerwiderstandsdauer von Dächern (nicht von Dachtragwerken) dienen vorrangig der Behinderung einer Brandausbreitung von einem Gebäudeteil auf das andere oder von einem Gebäude auf

§ 32 Dächer

ein anderes Gebäude. Sie dienen nicht dem Personenschutz, denn kein Mensch kann sich innerhalb der Temperatureinwirkung nach der Einheitstemperaturkurve in einem Dachraum aufhalten. Sofern demgemäß an ein Dach keine Anforderung an seine Feuerwiderstandsfähigkeit gestellt wird, gelten an die dieses Dach tragenden Bauteile nicht die Regelungen des § 27 BauO NRW.

31 Verlaufen – wie bei **aneinander gebauten giebelständigen** Gebäuden – die Traufen der Dächer parallel zur Nachbargrenze, so können sich geneigte Dachflächen benachbarter Gebäude direkt gegenüberliegen. In diesen Fällen reicht die Erfüllung der Anforderungen an harte Bedachung allein nicht aus, um den schon durch die Anforderungen an die Gebäudeabschlusswände angestrebten Nachbarschutz zu gewährleisten. Da das Bauordnungsrecht Wände, Decken und Dächer hinsichtlich seiner Anforderungen unterscheidet, gelten die dem Nachbarschutz dienenden Anforderungen an die Anordnung und Ausbildung von Gebäudeabschlusswänden innerhalb des »Schutzbereichs« von 2,50 m zur Nachbargrenze nicht für die Dächer. Insofern verlangt **Satz 1**, dass diese Dächer (nicht nur innerhalb des Schutzbereiches von 2,50 m) für eine Brandbeanspruchung von innen nach außen als raumabschließende Bauteile in feuerhemmender Bauweise herzustellen sind. Auch diese Anforderung dient ausschließlich dem **Nachbarschutz** und nicht dem Schutz der Bewohner oder Nutzer des Dachraums (s. Rdn. 6), da das Bauordnungsrecht ansonsten die Nutzer von Dachräumen in freistehenden und in aneinander gebauten Gebäuden unterschiedlich behandeln würde.

32 Die Anforderung an die Feuerwiderstandsdauer des Dachs bei aneinander gebauten giebelständigen Gebäuden kann durch eine entsprechende **untere Bekleidung der Dachkonstruktion** – einschließlich der sie tragenden und unterstützenden Konstruktion – erfüllt werden. Diese Dächer sind somit **Teil des äußeren Abschottungssystems**.

33 **Unsicherheiten in der praktischen Anwendung** dieser Vorschrift bestehen bei **Endhäusern** von Hausgruppen und bei Doppelhaushälften bezogen auf die dem **Nachbarn abgekehrten** Dachflächen bzw. auf die Dachflächen, in deren Bereich nicht angebaut werden kann. Auch, wenn der Gesetzestext fordert, dass bei aneinander gebauten giebelständigen Gebäuden das »Dach« von innen nach außen in feuerhemmender Bauweise herzustellen ist, ergibt sich aus dem Schutzziel der Regel, nämlich dem Nachbarschutz, dass von der Anforderung nur das Bauteil des Daches erfasst wird, das dem unmittelbar angrenzenden Nachbarn zugekehrt ist. Diese Dachfläche ist jedoch in sich so auszusteifen, dass sie einem Brand insgesamt 30 Minuten widersteht; der erforderliche Nachweis gelingt jedoch in der Regel nur über die Gesamtdachkonstruktion.

34 Satz 2 stellt Anforderungen an die Lage und Anordnung von Öffnungen im Bereich von Gebäudeabschlusswänden. Die Vorschrift kann sich nur auf Dächer nach Satz 1 beziehen, da die Zulässigkeit von Öffnungen in anderen Dachflächen (wie bei traufständigen Gebäuden) in Abs. 6 geregelt ist. Der **Abstand der Öffnungen** nach Satz 2 zum Gebäudeabschluss an der Grenze muss mindestens **2 m** betragen. Bei Dachflächenfenstern ist die Unterkante der Öffnung maßgebend. **Gemessen wird in der Waagerechten**.

In der VV TB NRW Kapitel A 2.1.9 werden die Anforderungen an Dächer wie folgt konkretisiert: »*Für Dächer von Gebäuden, die traufseitig aneinandergebaut sind, ist es zur Verhinderung der Brandausbreitung ergänzend zur harten Bedachung notwendig, dass das jeweilige Dach insgesamt ausreichend lang raumabschließend ist und die das Dach tragenden und aussteifenden Teile ausreichend lang standsicher sind. Dies ist bei der Verwendung von Dächern erfüllt, die bei einer Brandeinwirkung einseitig von innen nach außen für mindestens 30 Minuten den Raumabschluss nach Abschnitt A 2.1.3.3 gewährleisten. Die das Dach tragenden und aussteifenden Teile müssen bei einer Brandeinwirkung für eine Zeitdauer von mindestens 30 Minuten die Standsicherheit nach Abschnitt A 2.1.3.2 gewährleisten.*« 35

Die in § 35 Abs. 5 Satz 3 BauO NRW 2000 enthaltene Alternativlösung mit einem geringeren Abstand zwischen Öffnung und Gebäudeabschluss wurde nicht in § 32 Abs. 6 übernommen. Ein **geringerer Abstand** zum Gebäudeabschluss ist aber im Rahmen einer Abweichung nach § 69 BauO NRW oder bei Sonderbauten im Rahmen einer Erleichterung nach § 50 Abs. 1 Satz 2 BauO NRW dennoch aus brandschutztechnischer Sicht vorstellbar, wenn der Abstand zu Öffnungen in der gegenüberliegenden Dachfläche mindestens 4 m beträgt. In diesem Fall kann der Schutzzweck von § 32 Abs. 6 BauO NRW gleichwertig erfüllt werden. Die Zulässigkeit eines geringeren Abstandes kann jedoch erst beurteilt werden, wenn die Bauabsichten des Nachbarn bekannt sind. Somit gehen beide Nachbarn im Falle der Gestattung einer solchen Abweichung oder Erleichterung eine Schicksalsgemeinschaft ein, die durch **Baulast** nach § 85 BauO NRW **abzusichern** ist. Nur so kann – unter Wahrung der wechselseitigen Interessen und der **Chancengleichheit** – die Zulässigkeit einer entsprechenden Abweichung oder Erleichterung beurteilt werden. 36

Auch die in § 35 Abs. 5 Satz 1 BauO NRW 2000 enthaltene Auffangvorschrift ist entfallen. Die »**Auffangvorschrift**« konnte zur Anwendung gelangen, wenn Gebäude mit geneigten Dächern (z.B. mit Satteldächern) über Eck aneinanderstoßen und die Gebäude selbst durch Gebäudeabschlusswände abzutrennen waren. In solchen Fällen reicht die Erfüllung der Anforderung an harte Bedachung der winklig aneinanderstoßenden Dachflächen allein nicht aus, um eine Brandausbreitung (Feuerübersprung) oberhalb der Gebäudeabschlusswände zu verhindern. Die Forderung, derartige Dächer für eine Brandbeanspruchung von innen nach außen zumindest in feuerhemmender Bauweise auszuführen, wäre wohl aus brandschutztechnischen Gesichtspunkten gerechtfertigt. Für Sonderbauten können entsprechende Anforderungen nach § 50 Abs. 1 auch gestellt werden. Unklar bleibt jedoch, wie bei der oben genannten Fallgestaltung mit Standardgebäuden umzugehen ist. Ob insofern allein auf der Grundlage von § 14 weitergehende Anforderungen gestellt werden dürfen, weil die auffangende Regelung gemäß § 35 Abs. 5 Satz 1 BauO NRW 2000 entfallen ist, erscheint zweifelhaft (vgl. die Kommentierung zu § 14 Rdn. 35). 37

7 Zu Abs. 7 – Dächer von Anbauten

Die Vorschriften des Abs. 7 dienen der **Verhinderung der (senkrechten) Brandausbreitung** von Anbauten über die höher liegenden Öffnungen in den Außenwänden des 38

§ 32 Dächer

aufgehenden Gebäudes auf dieses selbst. Da die Anforderungen an Decken nicht auch für Dächer gelten, regelt Satz 1, dass Dächer von solchen Anbauten in einem mindestens 5 m breiten – waagerecht gemessen – Streifen vor den aufgehenden Wänden mit Öffnungen von innen nach außen in mindestens der gleichen Feuerwiderstandsfähigkeit herzustellen sind wie die Decken des Gebäudes, an das sie anschließen; das gilt auch für die Tragkonstruktion des Daches. Öffnungen innerhalb des 5-m-Streifens sind unzulässig. In der VV TB NRW Kapitel A 2.1.9 werden die Anforderungen an Dächer von Anbauten wie folgt konkretisiert: »*Bei Dächern von Anbauten, die an Teile einer baulichen Anlage angrenzen, die Öffnungen haben oder deren angrenzende vertikale Teile hinsichtlich des Raumabschlusses oder der Standsicherheit ohne Anforderungen zulässig sind nach § 32 Abs. 7 BauO NRW 2018, ist es zur Verhinderung der Brandausbreitung vom Anbau in die angrenzende bauliche Anlage ergänzend zur harten Bedachung notwendig, dass bis zu einem Abstand von mindestens 5 m das jeweilige Dach des Anbaues ausreichend lang raumabschließend ist und die dieses Dach tragenden und aussteifenden Teile ausreichend lang standsicher sind. Dies ist bei der Verwendung von Dächern erfüllt, die für die Brandeinwirkung einseitig von innen nach außen für mindestens die Zeitdauer den Raumabschluss nach Abschnitt A 2.1.3.3 gewährleisten, für den auch die Decken der angrenzenden baulichen Anlage den Raumabschluss gewährleisten müssen. Die das Dach tragenden und aussteifenden Teile müssen bei einer Brandeinwirkung für mindestens die Zeitdauer, die für den Raumabschluss des Daches zu gewährleisten ist, die Standsicherheit nach Abschnitt A 2.1.3.2 gewährleisten.*«

39 Die in § 35 Abs. 7 Satz 2 BauO NRW 2000 enthaltenen Anforderungen an einen **besonderen Schutz gegen Entflammen** sind in der BauO NRW im Rahmen der Anpassung an die MBO entfallen. Der sogenannte »Schwere Oberflächenschutz« ist somit zur Erfüllung der Anforderungen von § 32 Abs. 7 nicht mehr erforderlich. Nach den Vorgaben von DIN 4102-4: 2016-05 kann durch diesen aber eine **beliebige Bedachung**, die alleine nicht die Anforderung an eine **harte Bedachung** erfüllt, durch eine vollständig bedeckende, mindestens 5 cm dicke Schüttung aus Kies 16/32 oder mit Bedeckung aus mindestens 4 cm dicken Betonwerksteinplatten oder anderen mineralischen Platten widerstandsfähig gegen Flugfeuer und strahlende Wärme hergestellt werden.

40 Der Begriff »**Anbau**« wird mitunter extensiv ausgelegt. So werden Anforderungen an die Feuerwiderstandsfähigkeit des Daches gestellt, obwohl die »Brandlast« des Anbaus so gering ist, dass sie zur Brandausbreitung über die Außenwand des Gebäudes auf höher liegende Geschosse nicht oder nur unbedeutend beitragen kann. Der Begriff »Anbau« ist unter dem Aspekt der Ver- bzw. Behinderung der Brandausbreitung aus diesem Bereich auf höher liegende Geschosse zu definieren. Dort, wo keine oder nur eine unbedeutende Brandlast vorhanden ist, bedarf es keiner zusätzlichen Maßnahmen zur Ver- bzw. Behinderung der Brandausbreitung. Somit muss in die Betrachtung mit einbezogen werden, ob sich aufgrund des Anbaus und der daraus gegebenenfalls resultierenden größeren Brandlast im Bereich der Außenwand für die höher liegenden Geschosse eine ungünstigere brandschutztechnische Situation ergibt. Anbauten sind hier z. B.:
– selbstständige Gebäude, die an ein mehrgeschossiges Gebäude angebaut werden,

– über die Außenwand der höher liegenden Geschosse hinausreichende tiefer liegende Geschosse (z.B. Breitfußtypen, Terrassenhäuser, gewerblich genutzte Anbauten).

Keine Anbauten im Sinne dieser Vorschrift sind vor die Fassade vortretende Vorbauten, die als eine andere Form des sonst in der Fassade erforderlichen Fensters anzusehen sind, wie Blumenfenster oder Erker geringen Ausmaßes. Auch überdachte Balkone oder Veranden sind, sofern sie nicht als Aufenthaltsräume genutzt werden oder gar die Hausbibliothek aufnehmen, keine Anbauten in diesem Sinne. Abs. 7 erfasst nämlich nicht solche Anbauten oder Vorbauten, die keine zusätzliche – bedeutende – Brandlast vor die Außenwand der höher liegenden Geschosse bringen. 41

Mit § 32 Abs. 7 Satz 2 werden Wohngebäude der Gebäudeklassen 1 bis 3 von den Anforderungen an Dächer von Anbauten ausgenommen. Der Gesetzgeber hatte dabei in erster Linie **überkopfverglaste Wintergärten** oder mit diesen vergleichbare Anbauten mit geringer Brandlast im Sinn. Die Erleichterung erschien hinnehmbar, da bei diesen Gebäuden die Anforderungen an den baulichen Brandschutz im Gebäudeinneren gering sind (so die Begründung, LT-Drucks. 12/3738 S. 75). Für überkopfverglaste Wintergärten als Anbauten an andere als Wohngebäude der Gebäudeklasse 1 bis 3 verbleibt es bei einem Abweichungserfordernis. Dabei bestanden nach Nr. 35.5 VV BauO NW 1997 keine Bedenken gegen eine Abweichung nach § 73 BauO NW 1995 von der Vorschrift des § 35 Abs. 5 BauO NW 1995, wenn das Dach in einem lichtdurchlässigen Baustoff ausgeführt werden sollte, dessen Brandverhalten dem von Drahtglas in einer Dicke von mindestens 6 mm mit punktverschweißtem Draht entspricht. Für die brandschutztechnische Beurteilung dieser baulichen Anlagen hatte die Oberste Bauaufsichtsbehörde in Zusammenarbeit mit Vertretern anderer Bauaufsichtsbehörden des Landes Kriterien sowie Abweichungsvoraussetzungen erarbeitet und diese nach Tatbeständen geordnet in einer Tabelle zusammengestellt (s. Anmerkungen der 9. Aufl. zu § 35 Rn. 6). Ausführungen mit Drahtglas dürften heute nur noch für die Bewertung von bestehenden Wintergärten relevant sein und im Neubau nicht mehr zur Ausführung kommen. 42

8 Zu Abs. 8 – Dächer an Verkehrsflächen

Abs. 8 dient der **Verkehrssicherheit** und ermächtigt die Bauaufsichtsbehörde, in Einzelfällen zum **Schutz gegen Dachlawinen** die Anbringung von Vorrichtungen verlangen zu können, wie Schneefanggitter im Bereich der an die Verkehrsfläche angrenzenden Traufe, oder von Vordächern über den Gebäudeeingängen. Der Begriff »Verkehrsflächen« zielt nicht nur auf öffentliche Verkehrsflächen, sondern erfasst vielmehr auch die privaten Verkehrsflächen auf dem Grundstück, auf denen sich regelmäßig Personen dem Gebäude nähern, um entweder an diesem vorbeizugehen oder dieses zu betreten. 43

Von der Ermächtigung wird nur dort Gebrauch gemacht werden können, wo die **steile Neigung** und die **große Ausdehnung** des Dachs sowie seine Lage zur Verkehrsfläche Gefahren erwarten lassen (vgl. Buntenbroich/Voß, zu §§ 29–35 Rn. 105). Bei der Anwendung des Abs. 8 sollte zwischen den tiefer und höher gelegenen Landesteilen unterschieden werden, obwohl die Ermächtigung insoweit keine Einschränkung 44 enthält. Mit Schneefall ist aber aufgrund der klimatischen Gegebenheiten regelmäßig nur in den höher gelegenen Landesteilen zu rechnen.

9 Zu Abs. 9 – Vorrichtungen für Arbeiten vom Dach aus

45 Abs. 9 dient dem **Arbeitsschutz**. Die Vorschrift **ist zwingend** und soll Personen schützen, die vom Dach aus Arbeiten vornehmen. Das sind nicht Reparaturarbeiten, sondern vornehmlich Schornsteinfegerarbeiten in Erfüllung der **Kehrverpflichtung**. Das Dach muss über eine ausreichend große Ausstiegsöffnung verfügen und ist mit entsprechenden Vorrichtungen, wie Laufstegen, Trittflächen, Einzeltritten und Sicherheitsdachhaken für Leitern (s. a. DIN EN 516 und DIN EN 517), zu versehen, sofern die erforderlichen Arbeiten nur vom Dach aus ausgeführt werden können. Vorrichtungen für andere Arbeiten als für Schornsteinfegerarbeiten können bauaufsichtlich nicht verlangt, höchstens unter Arbeitsschutzgesichtspunkten angeraten werden.

46 Dem Bauherrn bzw. dem Entwurfsverfasser ist zu empfehlen, wegen der erforderlichen Vorrichtungen **frühzeitig Kontakt mit der bevollmächtigten Bezirksschornsteinfegermeisterin** bzw. dem bevollmächtigten Bezirksschornsteinfegermeister aufzunehmen. Diese bzw. dieser hat nach § 42 Abs. 7 BauO NRW dem Bauherrn zu bescheinigen, dass sich der Schornstein in einem ordnungsgemäßen Zustand befindet und für die angeschlossenen Feuerstätten geeignet ist. Diese Überprüfung nimmt die Bezirksschornsteinfegermeisterin bzw. der Bezirksschornsteinfegermeister gemäß § 16 Abs. 1 Schornsteinfeger-Handwerksgesetz-SchfHwG als öffentliche Aufgabe wahr.

Fünfter Abschnitt Rettungswege, Treppen, Öffnungen, Umwehrungen

§ 33 Erster und Zweiter Rettungsweg

(1) Für Nutzungseinheiten mit mindestens einem Aufenthaltsraum wie Wohnungen, Praxen, selbstständige Betriebsstätten müssen in jedem Geschoss mindestens zwei voneinander unabhängige Rettungswege ins Freie vorhanden sein. Beide Rettungswege dürfen jedoch innerhalb des Geschosses über denselben notwendigen Flur führen.

(2) Für Nutzungseinheiten nach Absatz 1, die nicht zu ebener Erde liegen, muss der erste Rettungsweg über eine notwendige Treppe führen. Der zweite Rettungsweg kann eine weitere notwendige Treppe oder eine mit Rettungsgeräten der Feuerwehr erreichbare Stelle der Nutzungseinheit sein. Der zweite Rettungsweg über Rettungsgeräte der Feuerwehr ist nur zulässig, wenn keine Bedenken wegen der Personenrettung bestehen. Ein zweiter Rettungsweg ist nicht erforderlich,
1. wenn die Rettung über einen sicher erreichbaren Treppenraum möglich ist, in den Feuer und Rauch nicht eindringen können (Sicherheitstreppenraum) oder

2. für zu ebener Erde liegende Räume, die einen unmittelbaren Ausgang ins Freie haben, der von jeder Stelle des Raumes in höchstens 15 m Entfernung erreichbar ist.

(3) Gebäude, deren zweiter Rettungsweg über Rettungsgeräte der Feuerwehr führt und bei denen die Oberkante der Brüstung von zum Anleitern bestimmten Fenstern oder Stellen mehr als 8 m über der Geländeoberfläche liegt, dürfen nur errichtet werden, wenn die Feuerwehr über die erforderlichen Rettungsgeräte wie Hubrettungsfahrzeuge verfügt.

Übersicht		Rdn.
0	Änderungen gegenüber der BauO NRW 2000	01
1	Allgemeines	1
2	Zu Abs. 1 – Grundsatz: Erforderlichkeit von zwei Rettungswegen	2
2.1	Rettungswege	3
2.2	Nutzungseinheit	4
2.3	Aufenthaltsraum	7
2.4	Geschoss	9
2.5	Begriff »ins Freie«	13
2.6	Gemeinsamer Flur innerhalb eines Geschosses (Satz 2)	17
3	Zu Abs. 2 – Ausführung der Rettungswege	20
3.1	Notwendige Treppe als erster Rettungsweg	21
3.2	Der zweite Rettungsweg	23
	3.2.1 Weitere notwendige Treppe	24
	3.2.2 Zweiter Rettungsweg über das Rettungsgerät der Feuerwehr	28
3.3	Entbehrlichkeit eines zweiten Rettungsweges	41
	3.3.1 Sicherheitstreppenraum	42
	3.3.2 Räume zu ebener Erde	45
4	Zu Abs. 3 – Zweiter Rettungsweg und Ausstattung der Feuerwehr	48
4.1	Brüstungshöhe	49
4.2	Besonderheiten im Bestand	54

0 Änderungen gegenüber der BauO NRW 2000

§ 33 BauO NRW wurde im Zuge der Novellierung der BauO NRW vollständig neu gefasst und beinhaltet nunmehr das Rettungswegsystem gemäß dem vormaligen § 17 Abs. 3 BauO NRW 2000. Die Gesetzesbegründung, die im Wortlaut nahezu der Begründung zu § 33 MBO entspricht, lautet wie folgt: 01

»§ 33 enthält die grundsätzlichen Regelungen zu den Rettungswegen und stellt sie unmittelbar den Einzelvorschriften über die Rettungswege voran. 02

Absatz 1

§ 33 Absatz 1 Satz 1 enthält das Rettungswegsystem, wonach jede Nutzungseinheit in jedem Geschoss zwei voneinander unabhängige Rettungswege haben muss. Der Begriff Nutzungseinheiten wird durch eine beispielhafte Aufzählung verdeutlicht (Wohnungen, Praxen, selbständige Betriebsstätten). Um das Erfordernis von Rettungswegen

auszulösen, reicht ein Aufenthaltsraum aus. Beide Rettungswege müssen aus dem Geschoss ins Freie führen. Zusätzlich wird jedoch klargestellt, dass beide Rettungswege innerhalb des Geschosses über denselben notwendigen Flur führen dürfen.

Absatz 2

§ 33 Absatz 2 enthält die Regelungen für Nutzungseinheiten, die nicht zu ebener Erde liegen. § 33 Absatz 2 Satz 1 regelt die Führung des ersten Rettungswegs über mindestens eine notwendige Treppe. § 33 Absatz 2 Satz 2 regelt den zweiten Rettungsweg: Wie bisher stehen zwei Möglichkeiten nebeneinander: eine weitere notwendige Treppe (siehe §§ 34 f.) oder ein Rettungsweg, der mit Hilfe der Feuerwehr hergestellt wird. Klarstellend ist festgelegt, dass die dafür erforderliche mit Rettungsgeräten der Feuerwehr erreichbare Stelle eine Stelle in bzw. an der Nutzungseinheit sein muss, auf die sich das Rettungswegsystem bezieht. Bedenken bestehen insbesondere, wenn wegen einer großen Anzahl von Personen in einer Nutzungseinheit oder wegen einer erhöhten Hilfsbedürftigkeit der Personen (zum Beispiel kranke Personen oder Menschen mit Behinderungen, Kleinkinder) eine Rettung über die Feuerwehrleiter so erschwert ist, dass sie nicht in vertretbarer Zeit durchgeführt werden kann. Über § 33 Absatz 2 Satz 3 wird definiert, wann ein zweiter Rettungsweg nicht erforderlich ist: Nummer 1 stellt zusätzlich klar, dass der Sicherheitstreppenraum sicher erreichbar sein muss (siehe § 36 Absatz 3 Satz 4). Zusätzlich wird für erdgeschossige Räume mit mindestens einem unmittelbaren Ausgang (Tür) ins Freie auf einen zweiten Rettungsweg verzichtet (§ 33 Absatz 2 Satz 3 Nummer 2), wenn die Türe ins Freie von jeder Stelle des Raumes in maximal 15 m erreicht werden kann. Dies entspricht beispielsweise dem Sicherheitsniveau von Nutzungseinheiten in Obergeschossen, die über bauliche Rettungswege verfügen, da auch hier eine Entfernung von 15 m und mehr aus einer Nutzungseinheit bis zu einem notwendigen Flur möglich ist. Der Verzicht auf einen zweiten Rettungsweg gilt nur für Räume mit direktem Ausgang ins Freie und nicht für Nutzungseinheiten mit mehreren Räumen, wie Wohnungen.

Absatz 3

§ 33 Absatz 3 enthält Bedingungen für die Zulässigkeit des zweiten Rettungsweges über Rettungsgeräte der Feuerwehr. § 33 Absatz 3 Satz 1 entspricht § 17 Absatz 3 Satz 4 BauO 2000 und zielt auf die Verfügbarkeit der erforderlichen Rettungsgeräte durch die Feuerwehr ab. Zur Verdeutlichung der erforderlichen Rettungsgeräte werden beispielhaft Hubrettungsfahrzeuge genannt. Weiter erforderliche Voraussetzung ist die Erreichbarkeit nach § 5.«

1 Allgemeines

1 Das gesetzliche Rettungswegsystem gemäß § 33 stellt mit Blick auf den in § 3 Abs. 1 BauO NRW hervorgehobenen Schutz von Leben und Gesundheit ein zentrales Element der bauordnungsrechtlichen **Brandschutzanforderungen** dar. Es werden grundsätzlich zwei Rettungswege gefordert, die funktional voneinander unabhängig sein müssen (OVG Münster, Urt. v. 07.07.1997 – 10 A 3367/94, juris, Rn. 9). Es handelt sich damit um einen seltenen Fall der gesetzlich geregelten Redundanz, was die

Bedeutung des Rettungswegsystems ebenfalls betont. So soll im Brandfall vermieden werden, dass es für die Gebäudenutzer infolge von Brand- oder Raucheinwirkung keinen Ausweg mehr gibt. Dem liegt die Annahme zugrunde, dass für die bauordnungsrechtliche Betrachtung von lediglich einem Brandherd ausgegangen wird (sog. **Einbrandherdszenario**, vgl. Simon/Busse, Art. 31 Rn. 29, Schönenbroicher/Kamp, § 17 Rn. 87). Auch beim brandbedingten Ausfallen eines Rettungsweges steht dann immer noch der zweite Rettungsweg zur Verfügung. Die herausragende Bedeutung des Vorhandenseins von zwei unabhängigen Rettungswegen wird auch dadurch deutlich, dass sich seit rd. 20 Jahren eine **ausgeprägte Rechtsprechung des OVG Münster** zu den baurechtlichen Anforderungen an Rettungswege entwickelt hat.

2 Zu Abs. 1 – Grundsatz: Erforderlichkeit von zwei Rettungswegen

Gemäß § 33 Abs. 1 BauO NRW müssen für Nutzungseinheiten mit mindestens einem Aufenthaltsraum in jedem Geschoss mindestens **zwei voneinander unabhängige Rettungswege ins Freie** vorhanden sein. Insofern bedarf es zunächst einer Klärung verschiedener Begrifflichkeiten.

2.1 Rettungswege

Der Begriff »Rettungsweg« ist im Bauordnungsrecht gesetzlich nicht definiert. Für das Arbeitsschutzrecht bestimmt Nr. 3.1 der Technischen Regel für Arbeitsstätten »Fluchtwege und Notausgänge, Flucht- und Rettungswegplan« (ASR A 2.3; Ausgabe: August 2007 zuletzt geändert GMBl. 2017, S. 8), dass **Fluchtwege** Verkehrswege sind, an die besondere Anforderungen zu stellen sind und die der Flucht aus einem möglichen Gefährdungsbereich und in der Regel zugleich der Rettung von Personen dienen (vgl. auch Schönenbroicher/Kamp, § 17 Rn. 88). Diese Definition erscheint auch für das Bauordnungsrecht brauchbar. Hervorzuheben ist, dass unabhängig vom Sprachgebrauch »Rettungswege« sowohl der Selbst- als auch der Fremdrettung und zugleich als **Angriffsweg für die Feuerwehr** dienen.

2.2 Nutzungseinheit

Unter einer »Nutzungseinheit« wird eine **räumliche Einheit** verstanden, die von einem einzelnen oder einer Gruppe von Personen für einen gemeinsamen Zweck in der Weise genutzt wird, dass eine baulich nachhaltige Trennung der einzelnen Räumlichkeiten nicht erforderlich ist (OVG Münster, Beschl. v. 07.07.1997 – 10 A 3367/94, juris, Rn. 4). Eine Nutzungseinheit kann aus einem oder mehreren Aufenthaltsräumen oder anderen Räumen bestehen (Boeddinghaus/Hahn/Schulte, § 17 Rn. 37). Daneben wird in der Kommentarliteratur angeführt, dass innerhalb derselben Nutzungseinheit davon auszugehen ist, dass sich die Nutzer für einander verantwortlich fühlen und untereinander warnen und helfen können (Simon/Busse, Art. 31 Rn. 34.). Im Übrigen spielt für die hier maßgebende Erreichbarkeit der Rettungswege der Aspekt der »**Schlüsselgewalt**« eine besondere Rolle. Ist nämlich ein Rettungsweg nur über einen oder mehrere weitere Räume erreichbar, deren Erreichbarkeit nicht allein von dem Willen der Nutzer angrenzender Räume abhängt, so stehen die durch die weiteren

Räume getrennten Rettungswege dem Nutzer de facto nicht zur Verfügung (vgl. auch Simon/Busse, Art. 31 Rn. 35).

5 Der Begriff der Nutzungseinheit ist im vorliegenden Zusammenhang also gekennzeichnet durch einen **gemeinsamen Nutzungszweck** und eine **gewisse räumliche Trennung** von anderen Räumen einschließlich der Schlüsselgewalt. Dies verbietet es im Grundsatz, Rettungswege innerhalb eines Gebäudes über fremde Nutzungseinheiten zu führen. Eine Ausnahme gilt allenfalls für den in der Praxis nicht seltenen Fall, dass über **Panikbeschläge** die Erreichbarkeit der benachbarten Nutzungseinheit im Brandfall gewährleistet ist.

6 Die Ausbildung von Nutzungseinheiten erfolgt im Bauordnungsrecht allerdings nicht ausschließlich im Zusammenhang mit der Sicherstellung von Rettungswegen. Die Bildung von Nutzungseinheiten kann auch zur **inneren Abschottung** des Gebäudes erforderlich werden (s. Anmerkungen § 29 Rdn. 16 ff.). Es kann dann auch über mehrere Nutzungseinheiten hinweg ein gemeinsamer Nutzungszweck vorliegen. Eine räumliche Trennung ist in diesen Fällen ausschließlich zur brandschutztechnischen Abschottung vorgesehen und nicht als Trennung der Nutzung. Es kann in diesen Fällen eine einheitliche Schlüsselgewalt für alle Nutzungseinheiten vorliegen. So werden z. B. in großen Büro- und Verwaltungsgebäuden, die einer Nutzergruppe (z. B. einem Mieter) zur Verfügung stehen, ggf. zur inneren brandschutztechnischen Abschottung, Nutzungseinheiten geschaffen. Besondere Bedeutung kommt dieser Kombination von mehreren Nutzungseinheiten für eine Nutzergruppe in Bezug auf die neu definierten **Gebäudeklassen** zu, da die Gebäudeklassen nun auch an die Größe von Nutzungseinheiten gekoppelt sind (s. Anmerkungen zu § 2 Rdn. 178 ff.). Für solche Gebäude, die in der Regel als Sonderbauten gemäß § 50 bewertet werden, sind regelmäßig **wechselseitige Rettungswegführungen** im Rahmen von Erleichterungen nach § 50 Abs. 2 oder von Abweichungen nach § 69 in Verbindung mit entsprechenden Kompensationsmaßnahmen wie z. B. automatischen Brandmelde- und Alarmierungsanlagen erforderlich und begründbar. Dabei sieht das so angepasste Rettungswegkonzept den ersten Rettungsweg für jede Nutzungseinheit unabhängig von der jeweils benachbarten Nutzungseinheit vor. Der zweite Rettungsweg wird dann über die benachbarte Nutzungseinheit und den ersten unabhängigen Rettungsweg der benachbarten Einheit geführt.

2.3 Aufenthaltsraum

7 Die Notwendigkeit von zwei Rettungswegen besteht nur bei Nutzungseinheiten mit mindestens einem Aufenthaltsraum. **§ 2 Abs. 7 BauO NRW** definiert Aufenthaltsräume als Räume, die zum nicht nur vorübergehenden Aufenthalt von Menschen bestimmt oder geeignet sind. Wegen der Einzelheiten wird auf die Kommentierung zu § 48 Abs. 1 BauO NRW verwiesen (vgl. dort Rdn. 2 ff.).

8 Ob eine **Dachterrasse**, die mangels oberen Abschlusses ohne Zweifel keinen Raum darstellt, keinen zweiten Rettungsweg erfordert (so Schönenbroicher/Kamp, § 17 Rn. 91, die allerdings unter Rn. 94 ebenfalls davon ausgehen, dass Dachterrassen keine sicheren Stellen sind), ist zu bezweifeln. Das Gefahrenpotenzial stellt sich im Hinblick

auf die Aufenthaltsdauer nicht anders dar als bei einem Aufenthaltsraum. Rettungswege sollen gemäß § 33 Abs. 1 »ins Freie« führen (vgl. nachfolgende Rdn. 13). Auf einer Dachterrasse befindet man sich jedoch im Sinne von § 33 Abs. 1 nicht im Freien, d. h., man ist von den Folgen eines Brandes nicht zwingend geschützt. Obwohl sich die Frage nach der Erforderlichkeit von zwei Rettungswegen für Dachterrassen in der Praxis immer wieder stellt, fehlt es hierzu bislang an einschlägiger Rechtsprechung. Befindet sich die Dachterrasse im gleichen Geschoss wie die dazugehörige Wohnung, so unterscheidet sich die Gefahrensituation nicht von Räumen innerhalb ein und derselben Wohnung. Den Nachweis eines separaten zweiten Rettungsweges für Dachterrassen bedarf es dann aus der Sicht der Verfasser nicht. Weitere Orientierung für eine sachgerechte Lösung können möglicherweise die Kriterien bieten, welche die Oberste Bauaufsicht Berlin in ihren Entscheidungshilfen veröffentlicht hat (Entscheidungshilfen der Obersten Bauaufsicht Berlin, EHB bis 12/2016).

2.4. Geschoss

Der Begriff »Geschoss« ist weder in der BauO NRW noch in der BauNVO definiert und wird als bekannt vorausgesetzt. Nach allgemeiner Auffassung umfasst ein Geschoss eines Gebäudes **alle Räume auf der gleichen Ebene** (OVG Münster, Urt. v. 18.04.1991 – 11 A 696/87, juris, Rn. 68). Dabei bedarf ein Geschoss eines oberen Abschlusses in Form einer Decke oder einer Dachfläche und eines unteren Abschlusses in Form eines Fußbodens (vgl. oben § 2 Rdn. 231). Für Industriebauten enthält die als Technischen Baubestimmung eingeführte **IndBauR** eine Begriffsbestimmung in **Abschnitt 3.7**: Ein Geschoss umfasst danach alle auf gleicher Höhe liegenden sowie in der Höhe versetzten Räume und Raumteile eines Brandabschnittes oder eines Brandbekämpfungsabschnittes. Geschosse werden durch Geschossdecken getrennt, die raumabschließend und standsicher sein müssen. Die Grundfläche eines Geschosses ist die Fläche zwischen den aufgehenden Umfassungsbauteilen oder Brandwänden eines Geschosses.

9

Auf das Vorliegen eines Vollgeschosses (§ 2 Abs. 6 BauO NRW) kommt es dabei im hier vorliegenden Zusammenhang nicht an. Gemäß § 2 Abs. 5 BauO NRW können Geschosse sowohl oberirdische Geschosse als auch Kellergeschosse sein. Nach der Novellierung der BauO NRW sind Aufenthaltsräume unter den in **§ 46 Abs. 1 und 2 BauO NRW** genannten Voraussetzungen nunmehr »unter dem Blickwinkel der bausicherheitsrechtlichen Gefahrenabwehr« (vgl. die Begründung zu § 46 Abs. 3 BauO NRW) ohne die Erfüllung weitergehender Anforderungen, wie sie in § 48 Abs. 5 BauO NRW 2000 enthalten waren, auch in **Kellergeschossen** zulässig. Zugleich mit § 48 Abs. 5 BauO NRW 2000 sind die Anforderungen an Rettungswege für Aufenthaltsräume in Kellergeschossen gemäß § 48 Abs. 6 BauO NRW 2000 aufgehoben worden. Nach der **Handlungsempfehlung des Bauministeriums** auf der Grundlage der Dienstbesprechung mit den Bauaufsichtsbehörden im Oktober/November 2018 sind Aufenthaltsräume unter den Voraussetzungen des § 46 BauO NRW zulässig, sowie als Abweichung genehmigungsfähig, zum Beispiel wenn sie zu einer Wohnung gehören und eine innere Verbindung besteht. Der Gesetzgeber hat ausdrücklich im Zusammenhang mit der Neuformulierung des § 46 Absatz 3 BauO NRW 2018 auf

10

§ 33 Erster und Zweiter Rettungsweg

die bisher in § 48 Absatz 4 und 5 BauO NRW 2000 enthaltenen Ausnahmeregelungen Bezug genommen. Für die Anforderungen an Rettungswege wäre dann ebenfalls weiterhin eine Orientierung an § 48 Abs. 6 BauO NRW 2000 geboten.

11 Für **Maisonettewohnungen** gilt nunmehr gemäß § 35 Abs. 1 Satz 3 Nr. 2 BauO NRW, dass notwendige Treppen ohne eigenen Treppenraum zulässig sind für die Verbindung von höchstens zwei Geschossen innerhalb derselben Nutzungseinheit von insgesamt nicht mehr als 200 m², wenn in jedem Geschoss ein anderer Rettungsweg erreicht werden kann. Nach der Gesetzesbegründung ist ein »anderer Rettungsweg« der Ausgang in einen notwendigen Treppenraum oder eine anleiterbare Stelle, soweit diese nach § 33 Abs. 3 zulässig ist. Damit bedarf es in Maisonettewohnungen lediglich der Anbindung eines Geschosses an einen notwendigen Treppenraum, sofern in dem anderen Geschoss eine anleiterbare Stelle vorhanden ist (vgl. hierzu auch die Kommentierung unter § 31 Rdn. 26).

12 Liegt innerhalb einer Nutzungseinheit die obere Ebene im Wesentlichen über Räumen der unteren Ebene, ist der verbleibende Luftraum mindestens so groß wie die obere Ebene und befinden sich auf der oberen Ebene keine abgeschlossenen Räume, so spricht man von einer **Galerie**. Man beurteilt eine solche offene Galerie brandschutztechnisch nicht als Geschoss, sondern als Einbau. An die Galerie waren deshalb nach einer in der Literatur vertretenen Meinung hinsichtlich der Rettungswege keine Anforderungen zu stellen (Klingsohr/Messerer/Bachmeier, S. 210). Allerdings ist der Begriff »**Einbau**« seit 2014 in der Industriebaurichtlinie NRW definiert. Nach Abschnitt 3.9 umfassen Einbauten im einzelne auf gleicher Höhe liegende begehbare Bauteile oberhalb des Fußbodens von Geschossen und Ebenen. Einbauten sind brandschutztechnisch nicht bemessen. Die Grundfläche von Einbauten ist die Fläche zwischen ihren Umfassungswänden beziehungsweise den freien Rändern. Nach **Abschnitt 5.6.2 IndBauR NRW** müssen für Einbauten mit einer Grundfläche von mehr als 200 m² in jedem Geschoss mindestens zwei möglichst entgegengesetzt liegende bauliche Rettungswege vorhanden sein.

2.5 Begriff »ins Freie«

13 Die beiden Rettungswege müssen »ins Freie« führen (vgl. die gleichlautende Formulierung in § 35 Abs. 2 BauO NRW). »Ins Freie« bedeutet eine Stelle, die nicht Teil der baulichen Anlage ist, aus der die Rettungswege führen, und auch nicht von ihr umhüllt ist (Simon/Busse, Art. 31 Rn. 44). Die Rettungswege müssen dorthin führen, wo **keine Gefahren von Feuer und Rauch** bestehen (Schönenbroicher/Kamp, § 17 Rn. 94). Dachterrassen und Flachdächer auf dem Grundstück selbst scheiden damit als Zufluchtsort grundsätzlich aus (vgl. zu Dachterrassen bereits vorstehende Rdn. 8).

14 Dass die beiden Rettungswege oder jedenfalls einer von ihnen bis zur **öffentlichen Verkehrsfläche** führen muss, fordert § 33 Abs. 1 BauO NRW nicht. Gleichwohl wird in der Praxis bauaufsichtlich häufig die Führung auch des zweiten (baulichen) Rettungsweges bis an die öffentliche Verkehrsfläche und die öffentliche rechtliche Sicherung durch eine sog. **Rettungswegbaulast** gefordert. Gerade im Bestand führt die

nachträgliche Sicherung des Rettungsweges durch eine Baulast jedoch zu erheblichen praktischen Schwierigkeiten. Auch wenn die Zivilgerichte unter bestimmten Voraussetzungen einen Anspruch auf Übernahme einer inhaltsgleichen Baulast aus einer bestehenden **Grunddienstbarkeit** (Wegerecht) bejahen (vgl. die Kommentierung zu § 85 Rdn. 40), muss ein solcher Anspruch in Zeiten bisweilen hektisch anmutender Bau- und Vermietungstätigkeit erst einmal durchgesetzt sein, was Jahre in Anspruch nehmen kann.

Die Forderung, die Rettungswege bis an die öffentliche Verkehrsfläche zu führen, wird auch in der SBauVO lediglich für Versammlungsstätten (§ 6 Abs. 1 SBauVO) und Hochhäuser (§ 98 Abs. 1 SBauVO) erhoben, also nicht etwa nicht für Verkaufsstätten, Beherbergungsstätten und Garagen. Für Wohngebäude, die insgesamt nach den Vorschriften der BauO beurteilt werden können, lassen sich zusätzliche Anforderungen allenfalls unter Rückgriff auf § 5 Abs. 1 Satz 6 BauO NRW begründen. Etwa für erdgeschossige Verkaufsstätten, die mit ihrer Front an der öffentlichen Verkehrsfläche liegen, ist nach der Neufassung von § 5 BauO NRW überhaupt nicht mehr ersichtlich, weshalb zwecks Sicherung eines rückwärtigen Rettungs- und Angriffsweges eine baulastmäßige Sicherung erfolgen müsste. In Fällen, in denen aus der Zeit vor der erstmaligen gesetzlichen Regelung von Baulasten in der BauO NRW 1984 eine rechtliche Sicherung durch eine Grunddienstbarkeit besteht, ist deshalb zunächst danach zu fragen, ob und inwiefern der aktuelle Antragsgegenstand die Genehmigungsfrage im Hinblick auf die (rechtliche) Sicherung der Rettungswege über Nachbargrundstücke grundsätzlich neu aufwirft (sog. isolierte Betrachtungsweise). Allzu häufig werden Bauanträge, die bauliche Änderungen oder Nutzungsänderungen zum Gegenstand haben, nämlich als Gelegenheit missverstanden, das Grundstück und seine Bebauung einer baurechtlichen »**Totalrevision**« zu unterziehen. Dabei dürfen jedoch die Einschränkungen insbesondere des **§ 59 Abs. 1 und 2 BauO NRW** nicht aus dem Blick geraten, die der nachträglichen Forderung einer baulastmäßigen Sicherung eines grunddienstbarkeitsgesicherten Rettungsweges durchaus entgegenstehen können.

15

Unabhängig davon bleibt gerade bei alten Bestandsgebäuden sowie bei rückwärtigen Gebäudeteilen mangels wegemäßiger Verbindung zum öffentlichen Straßenland häufig allenfalls die Möglichkeit, die Bewohner im Brandfall auf **rückwärtige Freiflächen** auf dem eigenen Grundstück zu führen. Lässt sich diese Rettungswegführung bei einer Blockrandbebauung mit großzügigen Freiflächen bisweilen noch unter den Begriff »ins Freie« subsumieren, so ist der Aufenthalt in **kleinteiligen Hinterhöfen** kritisch zu sehen (vgl. auch Simon/Busse, Art. 31 Rn. 46 f.). Insbesondere stellt sich bei kleinen Hinterhöfen regelmäßig die Frage, welcher Abstand zu Gebäudeaußenwänden mit Öffnungen noch einen sicheren Verbleib der Bewohner im Brandfall zulässt. Rechtsprechung ist zu dieser Frage bislang nicht bekannt. Es ist deshalb unklar, ob ggf. mit welchen weiteren Vorkehrungen für die erforderliche Tiefe der Hoffläche wenigstens eine Orientierung an dem Brandabstand von 5 m gemäß § 30 Abs. 2 Satz 1 Nr. 1 BauO NRW in Betracht kommen kann. Die Fragestellung ist durchaus bedeutsam. Fehlt die Eignung des Hinterhofes als sicherer Zufluchtsort, so können die Konsequenzen für bestehende Nutzungen nämlich bis hin zur **Nutzungsuntersagung** dramatisch sein.

16

2.6 Gemeinsamer Flur innerhalb eines Geschosses (Satz 2)

17 Gemäß § 33 Abs. 1 Satz 2 BauO NRW dürfen beide Rettungswege innerhalb des Geschosses über **denselben notwendigen Flur** führen.

18 Es handelt sich hierbei um eine Ausnahme von dem Grundsatz, dass beide Rettungswege funktional unabhängig voneinander sein müssen. Die **Schwäche der Regelung** in § 33 Abs. 1 Satz 2 BauO NRW liegt auf der Hand und besteht darin, dass bei einem Verrauchen des notwendigen Flures beide Treppenräume als vertikale Rettungswege nicht mehr zu erreichen sind. Deswegen wird die Planung eines notwendigen Flures zum Teil von erhöhten Anforderungen abhängig gemacht (Simon/Busse, Art. 31 Rn. 48). Die Regelung wird von der Rechtsprechung (OVG Münster, Beschl. v. 07.07.1999 – 10 A 3367/94, juris, Rn. 9) und in der Kommentarliteratur deshalb kritisch gesehen (vgl. Schönenbroicher/Kamp, § 17 Rn. 93).

19 Immer wieder bestehen Zweifel im Hinblick auf die Anwendbarkeit der Regelung auf Stichflure, die zwar zu einem notwendigen Treppenraum führen, die angebundenen Nutzungseinheiten bzw. Räume jedoch über keinen unmittelbaren zweiten Rettungsweg verfügen. Alternativ wird anstelle einer zweiten notwendigen Treppe im Wege einer Erleichterung nach § 50 oder einer Abweichung nach § 69 insbesondere in Beherbergungsstätten, aber auch in Wohngebäuden eine anleiterbare Stelle in einem **brandschutztechnisch besonders gesicherten Raum** vorgesehen. Die mit einem Queren des Flures verbundenen Risiken im Brandfall werden vom Gesetzgeber ausweislich der Regelung in § 33 Abs. 1 Satz 2 BauO NRW offenbar hingenommen. Die erforderliche Grundfläche eines solchen Raumes hängt von der zu erwartenden Personenzahl ab. Ob eine nunmehr in § 36 Abs. 4 Satz 4 BauO NRW vorgesehene dichtschließende Tür zum Verschluss der Öffnung gegenüber dem notwendigen Flur ausreicht, ist allerdings zu bezweifeln und bleibt der Prüfung im Einzelfall vorbehalten.

3 Zu Abs. 2 – Ausführung der Rettungswege

20 § 33 Abs. 2 entspricht weitgehend der früheren Regelung in § 17 Abs. 3 Satz 2 BauO NRW 2000 und trifft nähere Bestimmungen zu den Anforderungen an die Rettungswege und die Voraussetzungen, unter denen ein zweiter Rettungsweg entbehrlich ist.

3.1 Notwendige Treppe als erster Rettungsweg

21 Für Nutzungseinheiten nach § 33 Abs. 1 BauO NRW, die nicht zu ebener Erde liegen, muss der erste Rettungsweg über eine **notwendige Treppe** führen.

22 Nicht zu ebener Erde liegen Nutzungseinheiten, wenn das Geschoss über eine notwendige Treppe erschlossen werden muss. Danach ist ein nicht zu ebener Erde liegendes Geschoss von dem außen liegenden Eingangsniveau durch mindestens drei aufeinanderfolgende Stufen getrennt (Simon/Busse, Art. 31 Rn. 52). Da Voraussetzung für die Führung des ersten Rettungsweges ist, dass das Geschoss über eine solche Treppe zu erreichen ist, ergeben sich aus § 33 Abs. 2 Satz 1 BauO NRW keine

weitergehenden Konsequenzen. Zu der Lage der notwendigen Treppe in einem notwendigen Treppenraum oder deren Herstellung als Außentreppe ist nunmehr § 35 Abs. 1 Satz 3 BauO NRW maßgebend (vgl. § 35 Rdn. 5 f. und 13).

3.2 Der zweite Rettungsweg

Der zweite Rettungsweg ist gewährleistet, wenn jede Nutzungseinheit mit Aufenthaltsräumen über eine mit Rettungsgeräten der Feuerwehr erreichbare Stelle verfügt oder der zweite Rettungsweg baulich durch eine zweite notwendige Treppe sichergestellt ist (OVG Münster, Beschl. v. 15.12.2004 – 7 B 2142/04, juris, Rn. 4). 23

3.2.1 Weitere notwendige Treppe

Die Anforderungen an notwendige Treppen benennt nunmehr § 34 BauO NRW. 24

Die Anordnung von **Wendel- oder Spindeltreppen** als notwendige Treppen ist danach nicht ausgeschlossen (anders für das Arbeitsschutzrecht, vgl. Ziff. 6 Abs. 6 der ASR 2.3). Als bauliche Sicherstellung des zweiten Rettungswegs kommt jedenfalls im **Bestand** auch eine außen an dem Gebäude angebrachte Spindeltreppe in Betracht (OVG Münster, Beschl. v. 15.12.2004 – 7 B 2142/04, juris, Rn. 11; OVG NRW, Urt. v. 28.08.2001 – 10 A 3051/99, Rn. 29). Spindeltreppen lösen nach der ständigen Rechtsprechung des OVG Münster **Abstandsflächen** aus. Eine die Abweichung von abstandsrechtlichen Anforderungen rechtfertigende **grundstücksbezogene Atypik** kann allerdings vorliegen, wenn bei **vorhandener älterer Bausubstanz** aus Gründen des Brandschutzes nachträglich ein zweiter Rettungsweg anzulegen ist, der bautechnisch nicht ohne Verstoß gegen abstandsrechtliche Vorschriften realisierbar ist (OVG Münster, Urt. v. 25.08.2010 – 7 A 749/09, juris, Rn. 82). Zu beachten ist, dass das OVG Münster die **Abweichungsmöglichkeit** an das Vorliegen »vorhandener älterer Bausubstanz« anknüpft, ohne dass es dabei auf die Genehmigungssituation ankommen soll. Bezeichnenderweise war die Wohnung, deren Rettungsweg dem Urt. v. 25.08.2010 zugrunde lag, formell nicht genehmigt worden. 25

Da nunmehr auch die Errichtung von notwendigen Treppen als Außentreppe unter den in § 35 Abs. 1 Satz 3 Nr. 3 BauO NRW genannten Voraussetzungen zulässig ist, dass die Nutzung ausreichend sicher und im Brandfall nicht gefährdet ist, bedarf es nicht in jedem Fall der **Herstellung eines notwendigen Treppenraumes** bzw. im Einzelfall einer Abweichung von dem Erfordernis, dass gemäß § 37 Abs. 1 BauO NRW 2000 jede notwendige Treppe in einem notwendigen Treppenraum liegen musste. Da die Benutzung der Außentreppe im Brandfall nicht gefährdet werden darf, kommt ihre Anordnung vor Fenstern und sonstigen Öffnungen in der Gebäudeaußenwand nicht in Betracht (vgl. zu den **Brandgefahren für ein Baugerüst** als temporärer zweiter baulicher Rettungsweg jüngst OVG Münster, Beschl. v. 12.09.2018 – 7 B 1104/18, juris, Rn. 6). 26

Notleitern mit Rückenschutz gemäß DIN 14094-1 können zwar taugliche Mittel zur Gefahrenabwehr sein. Sie sind aber **kein gleichwertiger Ersatz** für einen Sicherheitstreppenraum (OVG Münster, Beschl. v. 15.12.2004 – 7 B 2142/04, juris, Rn. 11). 27

Eine Notleiter mit Rückenschutz ist demgemäß auch kein gleichwertiger Ersatz für eine Spindeltreppe (OVG Münster, Beschl. v. 19.06.2006 – 7 B 676/06, juris, Rn. 12). Damit ist auch mit Blick auf die gebotene Verhältnismäßigkeit bauaufsichtlicher Maßnahmen unerheblich, dass die Herstellung einer Spindeltreppe regelmäßig zu höheren Kosten führt als eine Notleiter. Da die Gebäudenutzer gegebenenfalls auf eine **Selbstrettung** angewiesen sind, muss der zweite Rettungsweg so beschaffen sein, dass er auch von älteren und/oder gebrechlichen Personen sowie von Kindern gefahrfrei genutzt werden kann. Diesen Anforderungen genügt eine Notleiter nicht, weil ihre Nutzung ein gewisses Maß an körperlicher Beweglichkeit und Geschicklichkeit erfordert, das bei dem genannten Personenkreis nicht vorausgesetzt werden kann (OVG Münster, Urt. v. 25.08.2010 – 7 A 749/09, juris, Rn. 60).

3.2.2 Zweiter Rettungsweg über das Rettungsgerät der Feuerwehr

28 Alternativ kann der zweite Rettungsweg über eine mit dem Rettungsgerät der Feuerwehr erreichbare Stelle der Nutzungseinheit geführt werden.

29 Ob die Stelle mit dem Rettungsgerät der Feuerwehr erreichbar ist, hängt zunächst von der räumlichen Lage der anleiterbaren Stelle auf dem Baugrundstück selbst ab. Daneben kommt es auf die Erreichbarkeit und die Nutzbarkeit der **erforderlichen Aufstellflächen** mit dem Rettungsgerät der Feuerwehr in räumlicher und zeitlicher Hinsicht an. Schließlich ist der zweite Rettungsweg über Rettungsgeräte der Feuerwehr nur zulässig, wenn **keine Bedenken wegen der Personenrettung** bestehen (§ 33 Abs. 2 Satz 3 BauO NRW).

30 Die anleiterbare Stelle muss danach zu der **Nutzungseinheit** gehören und erreichbar sein (anders offenbar noch VGH Kassel, Beschl. v. 18.10.1999 – 4 TG 3007/97, juris).

31 Als anleiterbare Stellen kommen zunächst **Fenster der Nutzungseinheit** in Betracht. Dabei genügt je Nutzungseinheit grundsätzlich ein Fenster. Die Fenster müssen in der Nutzungseinheit selbst liegen (zu der Führung von Rettungswegen über fremde Nutzungseinheiten wird auf die Ausführungen oben Rdn. 5 zu anleiterbaren Fenstern eines brandschutztechnisch besonders gesicherten Raum auf Rdn. 19 verwiesen).

32 **Öffnungen** in Fenstern, die als Rettungswege dienen, müssen nach § 37 Abs. 5 Satz 1 BauO NRW im Lichten mindestens 0,90 m x 1,20 m groß sein. Die **Zulassung einer Maßunterschreitung** im Wege der Abweichung nach § 69 Abs. 1 BauO NRW scheidet jedenfalls bei Neubauten regelmäßig aus (OVG Münster, Urt. v. 28.01.2009 – 10 A 1075/08, juris, Rn. 44). Eine Unterschreitung der gesetzlichen Maßanforderungen an Rettungsfenster ist nach den Hinweisen des Bauministeriums NRW an die Bauaufsichtsbehörden des Landes NRW vom 13.12.2017 (Az. 601-100/40.4) im **Bestand** allerdings möglich. Dabei dürfen nicht ebenerdige Rettungswegfenster grundsätzlich keine geringere Breite als 0,80 m und keine geringere Höhe als 1,00 m aufweisen, wenn im Einzelfall geprüft und nachgewiesen wurde (z.B. durch eine Anleiterprobe), dass der zweite Rettungsweg über Rettungsgeräte der Feuerwehr im Sinne von § 33 Abs. 2 Satz 3 BauO NRW sichergestellt werden kann. Bei einer Unterschreitung dieser Mindestmaße ist aus Sicht der Obersten Bauaufsicht im Bestand eine **konkrete Gefahr**

für Leben und Gesundheit gegeben, welche auch bei rechtmäßig bestehenden Anlagen nachträgliche bauaufsichtliche Anforderungen rechtfertigen kann.

Als anleiterbare Stelle kommt bei Fenstern, die in **Dachschrägen** liegen, ein vor dem Fenster liegender Dachauftritt gemäß § 37 Abs. 5 Satz 2 BauO NRW in Betracht. Der Gesetzgeber hat die frühere Bezeichnung »Austritt« fallenlassen und fordert nunmehr einen »**Auftritt**«. Die 12. Auflage dieses Kommentars hatte diese gesetzgeberische Klarstellung gefordert, um deutlich zu machen, dass es sich bei dem Auftritt um eine Verlängerung des Rettungsgerätes der Feuerwehr, und nicht um eine »Wartefläche« für die in Not geratenen Bewohner bzw. Benutzer des Gebäudes handelt (vgl. 12. Aufl., § 17 Rn. 51c). 33

Soweit in der Praxis daneben regelmäßig versucht wird, **Dächer von Gauben** oder sonstige Dachaufbauten als »Wartefläche« vorzusehen, ist ohnehin seit Jahren eine Tendenz der Bauaufsichtsbehörden zu erkennen, solche Konstruktionen nicht zuzulassen. Wegen der Nutzung von Gaubendächern als anleiterbare Stelle werden auch bei einer Ausführung der Gaubenkonstruktion aus nichtbrennbaren Baustoffen oder feuerbeständigen Bauteilen regelmäßig Bedenken wegen der Personensicherheit bei einem Brand in der Wohnung geltend gemacht, zu der die Gaube zählt. 34

Eine weitere Voraussetzung für die Anerkennung von Fenstern sowie von Öffnungen in Dachschrägen als zweiter Rettungsweg regelt § **37 Abs. 5 Satz 4 BauO NRW**: »Von diesen Fenstern müssen sich Menschen zu öffentlichen Verkehrsflächen oder zu Flächen für Einsatzkräfte der Gefahrenabwehr bemerkbar machen können.« Ist es den Gebäudenutzern nicht möglich, sich gegenüber den Einsatzkräften der Gefahrenabwehr bemerkbar zu machen, was etwa bei Wohnungen mit ausschließlich rückwärtigen Fenstern im Bestand regelmäßig der Fall ist, muss zumindest organisatorisch sichergestellt werden, dass den Einsatzkräften entsprechende Informationen vorliegen. Sofern dies nicht auf digitalem Wege durch das Hinterlegen entsprechender Informationen bei der Feuerwehr selbst erfolgen kann, bedarf es zumindest einer entsprechenden Beschilderung vor Ort (Beispiel: »Zweiter Rettungsweg Hinterhof über Haus Nr. ...«). 35

Die Aufstell- und Bewegungsflächen für die Feuerwehr müssen räumlich erreichbar sein. Sofern die Aufstellflächen auf dem Baugrundstück selbst liegen, ist ihre Erreichbarkeit durch Erfüllung der Anforderungen gemäß § 5 BauO NRW sicherzustellen. Danach bedarf es zumindest im Neubau bei der Inanspruchnahme von Nachbargrundstücken einer öffentlich-rechtlichen Sicherung durch Baulast. Bisweilen fordern Bauaufsichtsbehörden eine Sicherung der Aufstell- und Bewegungsflächen auf dem Baugrundstück, weil sie meinen, die **Verfügbarkeit der öffentlichen Verkehrsfläche im Brandfall** nicht gewährleisten zu können. Für diese Forderung fehlt es an einer Rechtsgrundlage. Die Inanspruchnahme der öffentlichen Verkehrsfläche durch die Einsatzkräfte der Feuerwehr im Brandfall ist **Bestandteil des Gemeingebrauchs** an öffentlich gewidmeten Flächen und bedarf deshalb keiner weitergehenden rechtlichen Sicherung. Zuletzt sind die Versuche von Städten in verschiedenen Bundesländern, von Bauherren unter Hinweis auf die fehlende rechtliche Sicherung einer Nutzung der öffentlichen Verkehrsfläche den Nachweis einer Aufstellfläche auf dem Baugrundstück oder einen zweiten baulichen Rettungsweg zu fordern, durchweg gescheitert. 36

37 Nach dem Urteil des OVG Münster vom 22.02.2010 (7 A 1235/08, juris, Rn. 31) kann der zweite Rettungsweg eine mit Rettungsgeräten der Feuerwehr erreichbare Stelle nur dann sein, wenn hierdurch **wirksame Rettungsmaßnahmen** der Feuerwehr im Brandfall gewährleistet sind. Mit dem zweiten Rettungsweg soll dementsprechend eine **zuverlässig funktionierende zweite Rettungsmöglichkeit** eröffnet werden. Eine mit einer weiteren notwendigen Treppe gemäß § 33 Abs. 2 Satz 2 BauO NRW vergleichbare Zuverlässigkeit weise eine mit Rettungsgeräten der Feuerwehr erreichbare Stelle jedoch nur dann auf, wenn dort nach den konkreten Umständen des Einzelfalls tatsächlich auch eine **effiziente und zeitnahe Rettung** mit entsprechendem Rettungsgerät zu erwarten ist. In dem entschiedenen Fall hatte die Bauaufsicht von dem Eigentümer eines Mehrfamilienhauses gefordert, für rückwärtige Wohnungen eine Spindeltreppe als zweiten Rettungsweg herzustellen. Der Eigentümer argumentierte, dass auch die Fenster der in Rede stehenden rückwärtigen Wohnungen von einer hinter dem Haus gelegenen weiteren öffentlichen Straße angeleitert werden könnten. Dem traten die beklagte Bauaufsicht und ihm folgend das OVG mit dem Argument entgegen, dass die Einsatztaktik der Feuerwehr standardmäßig ein Anfahren und Aufstellen an der Gebäudevorderseite vorsehe. Dabei werde das Drehleiterfahrzeug mittig platziert. Ein Umsetzen des Leiterfahrzeuges zu der Gebäuderückseite sei deshalb mit einem nicht vertretbaren Zeitaufwand verbunden, so dass die Anleiterbarkeit im Bereich der Gebäuderückseite den vorstehend aufgezeigten Anforderungen an die Zuverlässigkeit des zweiten Rettungsweges nicht genüge.

38 Der zweite Rettungsweg über Rettungsgeräte der Feuerwehr ist schließlich nur dann zulässig, wenn **keine Bedenken wegen der Personenrettung** bestehen. In § 17 Abs. 3 BauO NRW 2000 war diese Regelung noch nicht erhalten. Bedenken bestehen insbesondere bei solchen Sonderbauten, bei denen wegen einer großen Zahl von Personen in einer Nutzungseinheit oder wegen einer erhöhten Hilfsbedürftigkeit der Personen (zum Beispiel Kranke oder Menschen mit Behinderung, Kleinkinder) eine Rettung über die Feuerwehrleiter so erschwert ist, dass sie nicht in vertretbarer Zeit durchgeführt werden kann (so die Begründung zu § 33 Abs. 2 Satz 3 BauO NRW). Für Gebäude, die keine Sonderbauten sind, bestehen dagegen **generell keine Bedenken** gegen den zweiten Rettungsweg über Rettungsgeräte der Feuerwehr (so die Begründung zu § 33 Abs. 3 Satz 2 MBO).

39 Dabei wird verbreitet davon ausgegangen, dass Bedenken wegen der Personenrettung ab ca. zehn **Personen je Nutzungseinheit** bestehen (Simon/Busse, Art. 31 Rn. 59; vgl. auch die dahingehende Regelung in § 33 Abs. 2 Satz 3 NBauO). Auch nach Auffassung des Arbeitskreises »Vorbeugender Brand- und Gefahrenschutz« der AGBF Bund ist die Sicherstellung des zweiten Rettungsweges für bis zu zehn Personen innerhalb einer Nutzungseinheit sachgerecht. Spätestens ab 30 Personen innerhalb einer Nutzungseinheit hält die AGBF Bund einen zweiten baulichen Rettungsweg auch bei sehr leistungsfähigen Feuerwehren für erforderlich (vgl. den Protokollauszug der Niederschrift der 90. Sitzung des AK VB/G der AGBF und des Fachausschusses Vorbeugender Brandschutz des DFV am 18. und 19.03.2013 in Siegburg, www.agbf.de).

Die Anforderungen an eine unbedenkliche Personenrettung aus **Altenwohnun-** 40
gen beschreibt für den Geltungsbereich der Bayerischen Bauordnung prägnant der
VGH München in seinem Urt. v. 05.02.2015 (2 BV 14.1202, juris, Rn. 35 ff.). Die
Entwicklung der Rechtsprechung in Nordrhein-Westfalen bleibt abzuwarten.

3.3 Entbehrlichkeit eines zweiten Rettungsweges

Ein zweiter Rettungsweg ist nicht erforderlich, wenn die Rettung über einen sicher 41
erreichbaren Treppenraum möglich ist, in den Feuer und Rauch nicht eindringen können
(**Sicherheitstreppenraum**). Auch für **zu ebener Erde liegende Räume**, die einen
unmittelbaren Ausgang ins Freie haben, der von jeder Stelle des Raumes in höchstens
15 m Entfernung erreichbar ist, ist ein zweiter Rettungsweg nicht erforderlich

3.3.1 Sicherheitstreppenraum

Was ein Sicherheitstreppenraum ist, definiert das Gesetz in § 33 Abs. 2 Satz 4 Nr. 2 42
BauO NRW nur rudimentär im Hinblick auf das **Ziel der Feuer- und Rauchfreihaltung**. Wann jedoch in technischer Hinsicht davon auszugehen ist, dass Feuer und
Rauch in einen Treppenraum nicht eindringen können, bleibt auf der gesetzlichen
Ebene offen. Auch **Teil 5 der SBauVO für Hochhäuser**, in denen Sicherheitstreppenräume regelmäßig zur Ausführung kommen, hilft hierbei nicht weiter. Für Hochhäuser gestatten die **Erläuterungen der Obersten Bauaufsicht zur SBauVO NRW vom
04.04.2018** unter § 99 eine gewisse Orientierung. Für die Anforderungen an **Druckbelüftungsanlagen** sei auf § 105 SBauVO sowie auf Nr. A. 2.1.21.4 VV TB NRW
verwiesen.

Bis 2006 waren die bautechnischen Anforderungen an Sicherheitstreppenräume 43
in **Nr. 37.43 VV BauO NRW** festgelegt. Diese Festlegungen gaben zumindest bis
zum Inkrafttreten der novellierten BauO die Meinung der Obersten Bauaufsichtsbehörde wieder. Welche Festlegungen in einer neu zu erlassenden Verwaltungsvorschrift zur BauO NRW 2018 erfolgen werden, bleibt abzuwarten. Bis zum Erlass
einer neuen Verwaltungsvorschrift, wird davon auszugehen sein, dass die Meinung
der Obersten Bauaufsichtsbehörde unverändert ist. Ergänzend kann zudem eine
Orientierung an den bestehenden Regelungen für Hochhäuser in §§ 99 und 105
SBauVO NRW und den hierzu ergangenen Erläuterungen der Obersten Bauaufsicht erfolgen.

Die baulichen Gegebenheiten oder die Situation im öffentlichen Verkehrsraum verhindern 44
bisweilen sowohl die Sicherstellung des zweiten Rettungsweges über das
Rettungsgerät der Feuerwehr als oftmals auch die Herstellung eines Sicherheitstreppenraumes nach den vorstehend aufgezeigten Maßstäben. Dem versuchen die Länder
Berlin (Ausführungsvorschrift über den Bau von Sicherheitstreppenräumen in der
Fassung vom 05.01.2018) und Hamburg (Bauprüfdienst 4/2016 »Sicherheitstreppenräume in Wohngebäuden«) durch die Etablierung eines sog. »**Sicherheitstreppenraum
light**« in ihren untergesetzlichen Vorschriften Rechnung zu tragen. Diese Regelungsansätze werden bisweilen als Aufweichung der Anforderung an Sicherheitstreppenräume und damit als »Angriff« auf die Erforderlichkeit eines zweiten Rettungsweges

§ 33 Erster und Zweiter Rettungsweg

empfunden. Auch insofern muss die weitere Entwicklung abgewartet werden. Entsprechende Regelungen bestehen in Nordrhein-Westfalen derzeit nicht. Es ist allerdings zu beobachten, dass im genehmigten Bestand immer wieder Not an geeigneten Maßnahmen besteht, die zumindest zu einer **Anhebung des Sicherheitsniveaus** in Bezug auf die Rettungswege führen könnten.

3.3.2 Räume zu ebener Erde

45 Insofern sei zur Erläuterung auf die Gesetzesbegründung verwiesen:

46 *»Zusätzlich wird für erdgeschossige Räume mit mindestens einem unmittelbaren Ausgang (Tür) ins Freie auf einen zweiten Rettungsweg verzichtet, wenn die Türe ins Freie von jeder Stelle des Raumes in **maximal 15 m** erreicht werden kann. Zur Begründung wird ausgeführt, dies entspreche beispielsweise dem Sicherheitsniveau von Nutzungseinheiten in Obergeschossen, die über bauliche Rettungswege verfügen, da auch hier eine Entfernung von 15 m und mehr aus einer Nutzungseinheit bis zu einem notwendigen Flur möglich ist. Der Verzicht auf einen zweiten Rettungsweg gilt nur für Räume mit direktem Ausgang ins Freie und nicht für Nutzungseinheiten mit mehreren Räumen, wie Wohnungen.«*

47 Dem ist aus hiesiger Sicht nichts hinzuzufügen.

4 Zu Abs. 3 – Zweiter Rettungsweg und Ausstattung der Feuerwehr

48 § 33 Abs. 3 BauO NRW konkretisiert die in Abs. 2 der Vorschrift enthaltene Möglichkeit, den zweiten Rettungsweg über das Rettungsgerät der Feuerwehr zu führen. Die Errichtung von Gebäuden wird insofern davon abhängig gemacht, dass die Feuerwehr über das erforderliche Rettungsgerät verfügt.

4.1 Brüstungshöhe

49 Gemäß § 33 Abs. 3 BauO NRW dürfen Gebäude, deren zweiter Rettungsweg über das Rettungsgerät der Feuerwehr führt und bei denen die Oberkante der Brüstung von zum Anleitern bestimmten Fenstern oder Stellen mehr als 8 m über der Geländeoberfläche liegt, nur errichtet werden, wenn die Feuerwehr über die erforderlichen Rettungsgeräte wie Hubrettungsfahrzeuge verfügt.

50 Die Zulässigkeit der Bebauung hängt danach von der **geplanten Brüstungshöhe** und der **Ausstattung der Feuerwehr** ab. Dabei nimmt das Gesetz mit der Nennung einer Brüstungshöhe von 8 m Bezug auf die Gebäudeklassen 1 bis 3 gemäß § 2 Abs. 3 BauO NRW. Den Gebäudeklassen 1 bis 3 gemeinsam ist eine Höhe von 7 m über der Geländeoberfläche im Mittel, bezogen auf die Fußbodenoberkante des höchstgelegenen Geschosses, in dem ein Aufenthaltsraum möglich ist. Unter weiterer Berücksichtigung einer Brüstungshöhe von 1 m, ergibt sich das von § 33 Abs. 3 BauO NRW genannte Maß von 8 m.

51 Gebäude mit zum Anleitern bestimmten Fenstern oder Stellen mit einer Brüstungshöhe von bis zu 8 m sollen sich mit der **4-teiligen Steckleiter** anleitern lassen, die

über eine Länge von 8,40 m verfügt und von der Feuerwehr auf jedem genormten Löschfahrzeug mitgeführt wird (vgl. die 12. Aufl. des vorliegenden Werkes, § 5 Rn. 3 bis 3b). Auf diese Leiter ist das Baurecht ausgerichtet (Klingsohr/Messerer, S. 197). Generell geht die Kommentarliteratur davon aus, dass sich Gebäude mit einer Brüstungshöhe von bis zu 8 m mit der 4-teiligen Steckleiter anleitern lassen (Simon/Busse, Art. 31 Rn. 57 und 65 f.; 12. Aufl. des vorliegenden Werkes, § 17 Rn. 55; Große-Suchsdorf, a.a.O. Rn. 7; Hornmann, HBO, § 13 Rn. 42).

Grundsätzlich ist festzuhalten, dass hier das Bauordnungsrecht (MBO 2002, BauO NRW 2018), die Feuerwehr-Dienstvorschriften (FWDV 10 »Die tragbaren Leitern« 1996, E-FWDV 10 »Die tragbaren Leitern« 2018) sowie die Normreihe der Löschfahrzeuge (DIN 14530) miteinander korrespondieren. Aus Sicht des Bauordnungsrechts kann grundsätzlich unterstellt werden, dass eine **den örtlichen Verhältnissen entsprechende leistungsfähige Feuerwehr** (vgl. § 3 Abs. 1 BHKG NRW) über genormte Löschfahrzeuge verfügt, die mindestens eine 4-teilige Steckleiter mitführen. Daraus folgt, dass für alle anzuleiternden Stellen bis zu 8 m als Regelfall unterstellt werden kann, dass die 4-teilige Steckleiter als Rettungsgerät zur Verfügung steht. 52

Oberhalb der im Bauordnungsrecht definierten Rettungshöhe von 8 m ist abweichend von diesem Regelfall eine Einzelfallprüfung durchzuführen, welches Rettungsgerät der Feuerwehr (z. B. **Hubrettungsfahrzeug**, 3-teilige Schiebleiter mit einer Rettungshöhe von ca. 12,20 m) geeignet ist und ob dies bei der örtlich zuständigen Feuerwehr vorgehalten wird. Da der **Einsatz der dreiteiligen Schiebeleiter** mit einem hohen Personalaufwand verbunden ist, neigen manche Feuerwehren dazu, die Einsetzbarkeit dieses Rettungsgerätes im Rahmen von Stellungnahmen in bauaufsichtlichen Verfahren außer Betracht zu lassen. Ob ein Hinweis auf die begrenzten personellen Ressourcen ausreicht, um die Errichtung eines Gebäudes mit einer Brüstungshöhe von mehr als 8 m trotz Vorhandenseins der 3-teiligen Schiebeleiter rechtmäßig ablehnen zu können, ist indessen zu bezweifeln. Das Gesetz macht die Genehmigungsfähigkeit von Gebäuden mit Brüstungshöhen von mehr als 8 m nicht von der **personellen Ausstattung der Feuerwehr** abhängig, sondern stellt lediglich darauf ab, dass die Feuerwehr über das erforderliche Rettungsgerät tatsächlich verfügt. 53

4.2 Besonderheiten im Bestand

Im Hinblick auf die Ausstattung der Feuerwehr können sich für den Bestand unter anderem die nachfolgenden rechtlichen Besonderheiten ergeben. 54

§ 14 BauO NRW und die Vorschriften über den 2. Rettungsweg setzen die **hinreichende Leistungsfähigkeit der Feuerwehr** im Sinne von § 3 Abs. 1 BHKG NRW voraus (Niederschrift der Dienstbesprechung mit den Bauaufsichtsbehörden 2012, S. 16). 55

Das OVG Münster hat anerkannt, dass das Papier »Qualitätskriterien für die Bedarfsplanung von Feuerwehren in Städten« der »Arbeitsgemeinschaft der Leiter der Berufsfeuerwehren (AGBF)« auf wissenschaftlichen und einsatztaktischen Erkenntnissen 56 basiert (Urt. v. 22.02.2010 – 07.12.1235/08, zitiert nach juris, Rn. 36). Auf dieser Basis geht das OVG Münster von einer **Hilfsfrist von 8 Minuten** aus.

57 Die Niederschrift über die Dienstbesprechung mit den Bauaufsichtsbehörden 2012 führt hierzu Folgendes aus (S. 17): »*Eine Überschreitung der im **Brandschutzbedarfsplan** der Gemeinde festgelegten Hilfsfrist um beispielsweise ein bis zwei Minuten kann jedoch nicht zwangsläufig dazu führen, einen zweiten baulichen Rettungsweg errichten zu müssen. Die Verpflichtung des Trägers des Feuerschutzes nach § 1 und 22 FSHG NRW (heute: § 3 Abs. 1 BHKG NRW), beinhaltet die Aufgabe, bei bekannten Abweichungen der Planungsziele, **Kompensationen** vorzunehmen. Eine Prüfung neuer Zuschnitte von Brandschutzbereichen oder die Aufgabenteilung im Wege der **interkommunalen Zusammenarbeit** (vgl. inzwischen § 2 Abs. 3 BHKG NRW) sind als erste Schritte naheliegend. Auch können, unter Berücksichtigung der Verhältnismäßigkeit, die Anpassung der Planungsziele selbst oder organisatorische und bauliche Maßnahmen im abwehrenden Brandschutz eine Lösung bieten. Im Hinblick auf bestehende Gebäude, bei denen eine Überschreitung der Hilfsfrist festgestellt wird, können nachträgliche Anforderungen nur im Rahmen des § 87 BauO NRW (heute: **§ 59 BauO NRW 2018**) gefordert werden, soweit es sich um bestandsgeschützte bauliche Anlagen handelt und die Tatbestandsvoraussetzungen des § 87 vorliegen. Dazu gehört insbesondere, dass sich die Vorschriften, an die das Bauvorhaben angepasst werden soll, seit Erteilung der Baugenehmigung geändert haben.*«

58 Maßgebend für die im Einzelfall zur Verfügung stehenden personellen und sachlichen Ressourcen ist nach der Rechtsprechung jedoch die **Einsatztaktik der örtlichen Feuerwehr**. Der Bauherr kann deshalb etwa keinen Anspruch auf den Einsatz eines weiteren Löschzuges erheben, wenn hierdurch das Sicherheitsniveau im sonstigen Stadtgebiet abgesenkt würde (OVG Münster, Urt. v. 22.02.2010 – 7 A 1235/08, juris, Rn. 34 ff., insbes. Rn. 39; VG Köln, Urt. v. 27.01.2009 – 2 K 245/08; juris, Rn. 43).

59 Nach dem Beschluss des VGH München vom 02.08.2010 (4 ZB 08.3007, juris, Rn. 12) zeigen die in Art. 31 Abs. 3 Satz 1 BayBO normierten Voraussetzungen für den Bestand allerdings, dass eine Gemeinde mit der erstmaligen Anschaffung eines Drehleiterfahrzeugs eine **dauerhafte Verpflichtung** eingeht, diese auch künftig vorzuhalten. Wurden aufgrund des Vorhandenseins eines Drehleiterfahrzeugen deshalb Gebäude mit einer Brüstungshöhe von mehr als 8 m genehmigt, so kann die Gemeinde verpflichtet sein, bei Abgängigkeit dieses Fahrzeuges entsprechenden Ersatz zu beschaffen.

60 Häufig stellt sich in diesem Zusammenhang in der Praxis das Problem, dass Drehleiterfahrzeuge, die als **Ersatz für ausgediente Fahrzeuge** beschafft werden, größer und/oder schwerer sind als der ursprüngliche Fahrzeugbestand bei Erteilung der Baugenehmigung. Eigentümer sehen sich deshalb bauaufsichtlichen Forderungen nach Herstellung eines zweiten baulichen Rettungsweges im Bestand gegenüber, weil etwa **unterkellerte Hofflächen** das Gewicht eines Drehleiterfahrzeuges nicht (mehr) tragen können oder eine **bestehende Toreinfahrt** mit dem Fahrzeug nicht (mehr) befahren werden kann. In diesen Fällen stellt sich regelmäßig die Frage, wer das Entfallen des zweiten Rettungsweges über das Rettungsgerät der Feuerwehr ordnungsrechtlich zu verantworten hat, der Eigentümer oder die Gemeinde. Entsprechend dem in der Vorauflage (§ 17 Rn. 57)

abgedruckten **Runderlass der Obersten Bauaufsichtsbehörde vom 29.08.2000 – II A 5-100/17.3** – darf jedoch eine Situation, wonach bei Erteilung der Baugenehmigung das Rettungsgerät der Feuerwehr den zweiten Rettungsweg sicherstellte, nicht nachträglich etwa durch **Umrüstung oder Neuorganisation der Feuerwehr** zu Lasten des Bauherrn verändert werden. Dies widerspräche dem Versorgungsgrundsatz des § 1 Abs. 1 FSHG NRW (heute: § 2 Abs. 1 BHKG NRW). In diesen Fällen wäre eine auf § 87 BauO NRW (jetzt: § 59) gestützte Ordnungsverfügung ermessensfehlerhaft.

Im Hinblick auf die Störereigenschaft des Grundstückseigentümers gilt bei **nachträglichen Veränderungen im öffentlichen Straßenraum** ebenfalls, dass primär der Verhaltensverantwortliche in Anspruch genommen werden muss. Ist der bauaufsichtlich genehmigte zweite Rettungsweg einer baulichen Anlage eine mit Rettungsgeräten der Feuerwehr erreichbare Stelle, die infolge von **nachträglich eingetretenen Behinderungen im öffentlichen Straßenraum** (zum Beispiel Baumkronen, Fahrbahnabspannungen von Straßenbahnen, Wegfall von Bordsteinabsenkungen, Werbetafeln und sonstige Möblierung des öffentlichen Straßenraums) auch nicht mehr mit Rettungsgeräten der Feuerwehr zu erreichen ist, kann nicht gegen den Eigentümer und/oder Nutzer der baulichen Anlage ordnungsbehördlich vorgegangen werden, weil diese Beeinträchtigungen nicht von ihnen beeinflusst werden können. **Handlungsstörer** ist hier regelmäßig der Verursacher der Beeinträchtigung. Die Feuerwehr muss sich in solchen Fällen an den **Straßenbaulastträger** wenden (Niederschrift über die Dienstbesprechung mit den Bauaufsichtsbehörden 2014, S. 12 f.). Eine baurechtliche Verpflichtung des Grundstückseigentümers zur Einrichtung eines (weiteren) zweiten Rettungsweges dürfte fehlen, wenn die Zufahrt eines Feuerwehrleiterfahrzeuges nur dadurch in Frage gestellt ist, dass die an sich **ausreichende Straßenfläche** zum Parken genutzt werden darf oder unter Verstoß gegen die Straßenverkehrsordnung tatsächlich zum **Parken** benutzt und gegen den Verstoß nicht eingeschritten wird (OVG Hamburg, Urt. v. 29.11.2001 – 2 B S 161/01, zitiert nach juris). Das gegenteilige Ergebnis des Beschlusses des VG Gelsenkirchen vom 09.01.2014 (5 L 1372/13, juris) rechtfertigt sich letztlich daraus, dass der dortige Bauherr Auflagen der Baugenehmigung zur Sicherstellung des Rettungsweges nicht erfüllt hatte und stattdessen ein Halteverbot im öffentlichen Straßenraum forderte.

§ 34 Treppen

(1) Jedes nicht zu ebener Erde liegende Geschoss und der benutzbare Dachraum eines Gebäudes müssen über mindestens eine Treppe zugänglich sein (notwendige Treppe). Statt notwendiger Treppen sind Rampen mit flacher Neigung zulässig.

(2) Einschiebbare Treppen und Rolltreppen sind als notwendige Treppen unzulässig. In Gebäuden der Gebäudeklassen 1 und 2 sind einschiebbare Treppen und Leitern als Zugang zu einem Dachraum ohne Aufenthaltsraum zulässig.

(3) Notwendige Treppen sind in einem Zuge zu allen angeschlossenen Geschossen zu führen. Sie müssen mit den Treppen zum Dachraum unmittelbar verbunden sein. Dies gilt nicht für Treppen

§ 34 Treppen

1. in Gebäuden der Gebäudeklassen 1 bis 3 und
2. nach § 35 Absatz 1 Satz 3 Nummer 2.

(4) Die tragenden Teile notwendiger Treppen müssen
1. in Gebäuden der Gebäudeklasse 5 feuerhemmend und aus nichtbrennbaren Baustoffen,
2. in Gebäuden der Gebäudeklasse 4 aus nichtbrennbaren Baustoffen sowie
3. in Gebäuden der Gebäudeklasse 3 aus nichtbrennbaren Baustoffen oder feuerhemmend

sein. Tragende Teile von Außentreppen nach § 35 Absatz 1 Satz 3 Nummer 3 für Gebäude der Gebäudeklassen 3 bis 5 müssen aus nichtbrennbaren Baustoffen bestehen.

(5) Die nutzbare Breite der Treppenläufe und Treppenabsätze notwendiger Treppen muss für den größten zu erwartenden Verkehr ausreichen. Abweichend von Satz 1 kann ein nachträglicher Einbau von Treppenliften gestattet werden, wenn
1. die Führungskonstruktion des Treppenliftes höchstens 0,20 m breit und 0,50 m hoch ist, gemessen von der unteren Begrenzung des Lichtraumprofils der Treppe,
2. bei einer Leerfahrt des Lifts eine zusammenhängende Restlaufbreite der Treppe von mindestens 0,60 m verbleibt und
3. der nicht benutzte Lift sich in einer Parkposition befindet, die den Treppenlauf nicht mehr als nach Nummer 1 zulässig einschränkt.

(6) Treppen müssen einen festen und griffsicheren Handlauf haben. Für Treppen sind Handläufe auf beiden Seiten und Zwischenhandläufe vorzusehen, soweit die Verkehrssicherheit dies erfordert.

(7) Eine Treppe darf nicht unmittelbar hinter einer Tür beginnen, die in Richtung der Treppe aufschlägt. Zwischen Treppe und Tür ist ein ausreichender Treppenabsatz anzuordnen, der mindestens so tief sein soll, wie die Tür breit ist.

(8) Die Absätze 3 bis 6 gelten nicht für Treppen innerhalb von Wohnungen.

Handlungsempfehlung des Ministeriums für Heimat, Kommunales, Bau und Gleichstellung des Landes NRW aus Januar 2019

zu Absatz 5

Nach Absatz 5 muss die nutzbare Breite der Treppenläufe und Treppenabsätze notwendiger Treppen für den größten zu erwartenden Verkehr ausreichen. Mit der Verwaltungsvorschrift Technische Baubestimmung Nordrhein-Westfalen (VV TB NRW) wird die DIN 18065:2015-03, die die Maßangaben zur Breite von Treppen enthält, als Technische Baubestimmung eingeführt. Darüber hinaus regelt Satz 2 den nachträglichen Einbau von Treppenliften. Hierzu ist die Anlage A 4.2/1 der VV TB NRW zusätzlich zu beachten.

Treppen § 34

Übersicht		Rdn.
0	Änderungen gegenüber der BauO NRW 2000	01
1	Allgemeines	1
1.1	Begriff der Treppe	1
1.2	Funktion der Norm	2
1.3	Technische Anforderungen	3
1.4	Weitere materielle Anforderungen	6
1.5	Wechselbezüge zu anderen Vorschriften	8
2	Zu Abs. 1 – Grundsätzliche Forderung nach einer notwendigen Treppe	9
3	Zu Abs. 2 – Zulässigkeit von einschiebbaren Treppen und Rolltreppen	10
4	Zu Abs. 3 – Ausbildung von Treppen in einem Zuge	11
5	Zu Abs. 4 – Ausbildung der tragenden Teile einer notwendigen Treppe	13
6	Zu Abs. 5 – Anforderungen an die Breite von Treppen und zur Zulässigkeit von Treppenliften	14
7	Zu Abs. 6 – Erforderlicher Handlauf bei Treppen	19
8	Zu Abs. 7 – Verhältnis von Treppen und Türen	24
9	Zu Abs. 8 – Erleichterungen für Treppen in Wohnungen	25

0 Änderungen gegenüber der BauO NRW 2000

Die Vorschrift wurde an die MBO angepasst. Sie gilt nach wie vor nicht für Treppen 01 innerhalb von Wohnungen. Die Möglichkeit, im Einzelfall weitere notwendige Treppen fordern zu können, ist mit Verweis auf § 33 Abs. 3 S. 2 BauO NRW entfallen. In diesem Zusammenhang bleibt aber zu beachten, dass, soll der 2. Rettungsweg über eine mit Rettungsgeräten der Feuerwehr erreichbare Stelle verlaufen, keine Bedenken wegen der Personenrettung bestehen dürfen (§ 33 Abs. 2 BauO NRW). Für Gebäude der Gebäudeklassen 1 bis 3 beinhaltet Abs. 3 eine materielle Erleichterung hinsichtlich der Bauausführung der Treppen. Die Mindestlaufbreite einer Treppe wird nun nicht mehr konkret vorgegeben, weil diese Vorgaben sowieso aus der als technische Baubestimmung eingeführten DIN 18065 folgen. Dies rechtfertigt auch den Wegfall weiterer technischer Details der Vorgängerregelung.

1 Allgemeines

1.1 Begriff der Treppe

Zur Überwindung des Höhenunterschiedes zwischen mindestens zwei unterschied- 1 lichen Ebenen werden in einem Bauwerk regelmäßig **Treppen als feste Bauteile** eingebaut. Man differenziert Treppen bzw. Geschosstreppen, notwendige bzw. nicht notwendige Treppen und offene und geschlossene Treppen. **In der Landesbauordnung findet sich keine Definition des Begriffs Treppe.** Das Bauordnungsrecht setzt diesen Begriff vielmehr voraus. Eine taugliche Begriffsdefinition findet sich aber in der DIN 18065 (Ziffer 3.1). Demnach ist eine Treppe **ein fest mit einem Bauwerk verbundenes – unbewegbares – Bauteil, bestehend aus mindestens einem Treppenlauf zur Überwindung des Höhenunterschiedes zwischen mindestens zwei**

§ 34 Treppen

unterschiedlichen Ebenen zur Verbindung verschiedener Geschosse oder Verbindung zu Ausgängen ins Freie. Eine Treppe ist darüber hinaus erst bei einem Treppenlauf als ununterbrochene **Folge von mindestens drei Stufen** gegeben. Sind es weniger als drei Stufen, wird von einer **Stufenfolge** und nicht von einem Lauf gesprochen. **Eine Treppe ist abzugrenzen von der Leiter und der Rampe.**

1.2 Funktion der Norm

2   Die in der Vorschrift enthaltenen materiellen Anforderungen an Treppen dienen insbesondere dem **vorbeugenden Brandschutz** (§ 14 BauO NRW) und der **Verkehrssicherheit** (§ 16 BauO NRW), sollen also vor allem den Schutz der Benutzer einer baulichen Anlage gewährleisten. Dies sind klassische Gründe der Gefahrenabwehr auf der Grundlage des § 3 BauO NRW. Durch die Regelung der Rahmenbedingungen für den Einbau von Treppenliften werden aber auch soziale Belange ganz im Sinne einer grundsätzlichen Forderung nach **Barrierefreiheit** in § 49 BauO NRW erfüllt. **Verantwortlich für die Einhaltung der materiellen Anforderungen an Treppen sind die am Bau Beteiligten**, insbesondere die Bauherrschaft (§ 53 BauO NRW), der Entwurfsverfassende (§ 54 BauO NRW) und letztlich auch der Unternehmer (§ 55 BauO NRW).

1.3 Technische Anforderungen

3   Die materiellen Vorgaben für Treppen in der Landesbauordnung regeln nur einige Grundsätze bzw. Teilaspekte. Konkrete Vorgaben für die nutzbare Breite der Treppen bzw. Treppenabsätze, Mindestmaße oder Geländerhöhen sind entfallen. **Näheres findet sich in der maßgeblichen DIN 18065, die bauaufsichtlich eingeführt und allgemein anerkannte Regeln der Technik bzw. die Regel der Baukunst darstellt.** Die Anwendung des technischen Regelwerkes ist für Treppen in Wohngebäuden der Gebäudeklassen 1 und 2 **und** in Wohnungen ausgeschlossen.

4   Die **DIN 18065** gibt genaue Anforderungen für den Treppenlauf, die Treppenlauflinie, das Treppenpodest, die Treppenstufe (-antrittsstufe, -austrittsstufe, -austritt, Trittstufe, Trittfläche, Setzstufe), das Treppenauge, den Treppenraum, das Treppenhaus, das Treppengeländer (Umwehrung), den Treppenhandlauf, die Treppenwange, den Treppenholm, die Treppenspindel usw. vor. Es folgen genaue Messregeln, Angaben zum Steigungsverhältnis, Aussagen über Toleranzen usw. einschließlich Erläuterungen zu den einzelnen Begriffen und Angaben zur Literatur.

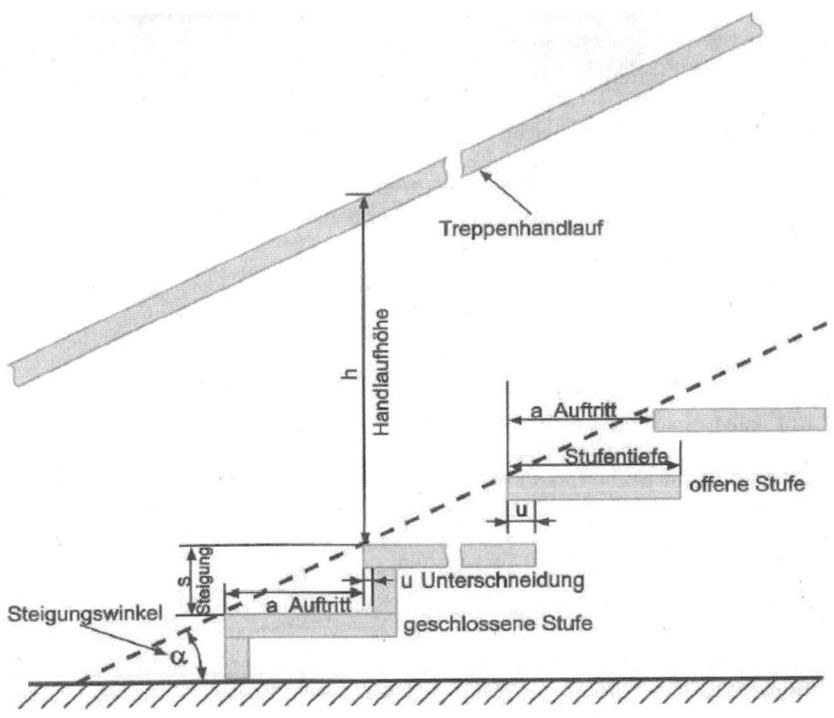

Entnommen aus: Technische Regeln für Arbeitsstätten – ASR A1.8 – Verkehrswege, Abb. 4.

Die vorgenannte DIN ist gem. § 3 Abs. 2 BauO NRW zu beachten und deren Einhaltung gem. § 71 Abs. 4 BauO NRW zu prüfen (zur Bedeutung der Beachtung technischer Regeln bei der Beurteilung der mangelfreien Erstellung einer Treppenanlage vgl.: OLG Brandenburg, Urt. v. 26.09.2013 – 12 U 115/12, BauR 2014, 1005, siehe hierzu auch: OLG Hamm, Urt. v. 18.04.1996 – 17 U 112/95, BauR 1997, 309, Zivilrecht!). Kann eine Treppe nicht verkehrssicher begangen werden, widerspricht sie den Vorgaben der Landesbauordnung und leidet auch unter einem Werkmangel i. S. d. Zivilrechts. Der Unternehmer hat die Pflicht zu einem entsprechenden Hinweis an den Auftraggeber, wenn die fehlende Verkehrssicherheit Folge der Planung des Entwurfsverfassers ist (OLG Saarbrücken, E. v. 10.05.2011 – 4 U 319/10).

1.4 Weitere materielle Anforderungen

Zur Bauausführung von Treppen bzw. deren Umfeld finden sich in der Landesbauordnung auch an anderer Stelle Vorgaben. So kann eine **abstandsrechtlich privilegierte Hauseingangstreppe** (= privilegierter Vorbau i.S.d. § 6 Abs. 6 BauO NRW) auch eine ins OG führende Außentreppe sein (OVG Saarland, Urt. v. 30.07.1991 – 2 R 451/88, BRS 52, Nr. 98; zu einem aufwendig gestalteten Hauseingang vgl. auch

§ 34 Treppen

OVG Saarland, Beschl. v. 28.06.2002 – 2 W 4/02, BRS 65, Nr. 123 = bejaht und OVG NRW, Urt. v. 17.01.2008 – 7 A 2761/06 = verneint). Letzteres Obergericht erlaubt nur eine **untergeordnete funktionale Zuordnung**. Zur abstandsflächenrechtlichen Beurteilung einer Außentreppe, die eine Wohnung im Dachgeschoss erschließt, wird auf das OVG Rh-Pf, Beschl. v. 13.05.1996 – 8 B 11088/93 (BRS 58, Nr. 196) verwiesen. Laut dem OVG M-V, Urt. v. 04.12.2013 – 3 L 143/10, ist eine Außentreppe abstandsflächenrechtlich kein privilegierter Vorbau, weil sie eigenständig ist. Allerdings darf eine **Außen- als Fluchttreppe innerhalb der Abstandsfläche** errichtet werden (VG Aachen 06.06.2006 – 3 K 54/06).

7   Gem. § 38 Abs. 2 BauO NRW müssen **unmittelbar an Treppen gelegene Fenster und deren Brüstungen gesichert werden**, wenn die erforderliche Umwehrungshöhe nicht eingehalten wird. Auch bei Sonderbauten (§ 50 BauO NRW) können sich besondere Anforderungen an Treppen ergeben. Näheres folgt bereits aus den verschiedenen Sonderbauverordnungen. Der VGH B-W, E. v. 13.10.1993 – 8 S 571/92 hat die nachträgliche bauaufsichtliche Forderung des Einbaus eines feuerhemmenden Rolladens zur Abtrennung des Verkaufsbereichs vom Zugangsbereich bestätigt, wenn ein Imbissraum, in dem auch warme Speisen zubereitet und angeboten werden, zugleich als Zugang zu einer notwendigen Treppe dient.

1.5 Wechselbezüge zu anderen Vorschriften

8   Bei **Sonderbauten** bleibt ferner die Möglichkeit ergänzender Anforderungen, die sich direkt aus einer Sonderbauverordnung ergeben. Nachrangig können besondere Anforderungen auf der Grundlage des § 50 Abs. 1 BauO NRW, NW unter Berücksichtigung der Bedürfnisse besonderer Benutzerkreise angeordnet werden können. Das OVG Nordrhein-Westfalen, Beschl. v. 12.01.2001 – 10 B 1827/00 (BRS 64, Nr. 162 = BauR 2001, 755) hat sich zu den höheren Anforderungen an Treppen bzw. Treppenräumen in einem Sonderbau (hier: Diskothek = Versammlungsstätte) geäußert. **Ferner sind von der Bauherrschaft für Arbeitsstätten grundsätzlich auch entsprechende bundesrechtliche Vorgaben zu beachten** (siehe hierzu: Technische Regeln für Arbeitsstätten – ASR A1.8 – Verkehrswege). Diese sind aber weder im einfachen (§ 64 BauO NRW) noch im »klassischen« Baugenehmigungsverfahren (§ 65 BauO NRW) zu prüfen. Laut dem OLG Hamm, E. v. 28.10.1999 – 6 U 29/99 muss im Übrigen jeder Gastwirt die Sicherheit des Gebäudes selbst im Auge haben und etwaige Mängel beheben. **Das Bauordnungsrecht gibt nur Mindestanforderungen an Treppen vor.** Bisherige Unfallfreiheit entlastet den Gastwirt bei einem aktuellen Vorfall nicht.

2 Zu Abs. 1 – Grundsätzliche Forderung nach einer notwendigen Treppe

9   Das Bauordnungsrecht verlangt aus Brandschutzgründen, dass jedes nicht ebenerdige Geschoss – einschließlich des benutzbaren Dachraumes – über mindestens eine Treppe erreichbar ist. Dies ist dann eine **notwendige Treppe**. Diese Norm steht in Verbindung mit der Forderung nach zwei voneinander unabhängigen Rettungswegen für jede Nutzungseinheit in jedem Geschoss (§ 33 BauO NRW). Nicht hiermit gemeint sind verschiedene Nutzungsebenen innerhalb eines Raumes (z.B. eine Galerie oder

Empore). Die Vorschrift erlaubt flach geneigte Rampen als Alternative. Für behinderte Personen werden sie aber in der Praxis aufgrund der allgemeinen Forderung nach Barrierefreiheit (§ 49 BauO NRW) zumeist zusätzlich vorgesehen. Die Neigung dieser Rampen darf dann nicht mehr als 6. v.H. betragen.

3 Zu Abs. 2 – Zulässigkeit von einschiebbaren Treppen und Rolltreppen

Einschiebbare Treppen und Rolltreppen können regelmäßig **nicht** notwendige Treppen i.S.d. der Landesbauordnung sein. Nur in Gebäuden der Gebäudeklassen 1 und 2 sind sie als Zugang zu einem Dachraum ohne Aufenthaltsraum zulässig. Einer besonderen behördlichen Entscheidung bedarf es hierzu nicht. Über die Vorgaben hinausgehende Einzelfälle bedürfen einer separaten und zu begründenden Abweichung (§ 69 BauO NRW).

10

4 Zu Abs. 3 – Ausbildung von Treppen in einem Zuge

Die Vorschrift äußert sich zur konkreten Bauausführung einer notwendigen Treppe. Treppen sind grundsätzlich **in einem Zuge zu allen angeschlossenen Geschossen** zu führen, d.h., **sie müssen vom untersten bis zum obersten Geschoss funktional als Einheit ausgestaltet sein**. In jedem Geschoss muss die Treppe mindestens einen Treppenabsatz aufweisen, der dem Zugang zur Nutzungseinheit bzw. zu Aufzügen dient. Zwischenabsätze sind zulässig. Andere Räume oder Raumteile dürfen eine notwendige Treppe nicht unterbrechen. Diese materielle Anforderung wird durch Vorgaben für Treppenräume flankiert (§ 35 BauO NRW). **Notwendige Treppen müssen grundsätzlich in einem durchgehenden Treppenraum liegen**. Ausnahmen hierzu sind in § 35 Abs. 1 BauO NRW geregelt.

11

Erforderlich ist nach der DIN 18065 auch der **Einbau von Podesten**. Hierbei handelt es sich um Ruhe-, Ausweich- und Sicherheitsebenen zwischen den Treppenläufen und am An- und Austritt. Notwendige Treppen müssen – außer in Wohngebäuden mit bis zu zwei Wohnungen – nach spätestens 18 Steigungen eine Podestfläche haben, die den Treppenlauf unterbricht.

12

5 Zu Abs. 4 – Ausbildung der tragenden Teile einer notwendigen Treppe

In Abhängigkeit von der Zugehörigkeit der Gebäude zu den verschiedenen Gebäudeklassen differieren die **materiellen Anforderungen an die tragenden Teile der Treppe**. Tragende Teile einer Treppe sind die **Spindel** (bei Spindeltreppen), **Wangen**, der **Holm** sowie die **Bolzen**. Konkrete Vorgaben gibt es für Gebäude der Gebäudeklassen 4 bis 5. Hier besteht das Verbot brennbarer Baustoffe. Auch die tragenden Teile von Außentreppen müssen aus nichtbrennbaren Baustoffen bestehen. Für Treppen in Gebäuden der Gebäudeklassen 1 bis 2 gibt es keine Anforderungen, für Treppen in Gebäuden der Gebäudeklassen 3 sind sie geringer. Hinsichtlich der verwendeten Begrifflichkeiten wird auf § 26 BauO NRW und die DIN 4102 verwiesen. Diese materiellen Vorgaben dienen dem **Brandschutz** und sind insoweit der Funktion der **Treppen als Rettungswege** (§ 33 BauO NRW) geschuldet. Im Brandfall müssen sie ausreichend lange standhalten.

13

§ 34 Treppen

6 Zu Abs. 5 – Anforderungen an die Breite von Treppen und zur Zulässigkeit von Treppenliften

14 Treppen müssen gut begehbar und verkehrssicher sein. Die Vorschrift gibt in diesem Sinne als Mindestziel vor, dass die **nutzbare Breite der Treppenläufe und Treppenabsätze notwendiger Treppen für den größten zu erwartenden Verkehr ausreichen muss** (zur hilfsweisen Orientierung wird in diesem Zusammenhang auf Ziffer 4.2, Tabelle 2 in der Technische Regeln für Arbeitsstätten – ASR A1.8 – Verkehrswege verwiesen). Eine Mindestbreite wird nicht mehr vorgeschrieben. Diese ist der eingeführten DIN 18065 zu entnehmen. Die nutzbare Breite wird dabei von der Wand bis zum Handlauf gemessen. Ist der zu erwartende Verkehr größer, muss die Laufbreite der Treppe entsprechend größer sein.

15 Das vorgenannte technische Regelwerk gibt folgende Laufbreiten vor:

Gebäude im Allgemeinen (DIN 18065, Ziffer 6.1.1, Bild 1)

Treppenart	nutzbare Laufbreite	Steigung s		Auftritt a	
	cm	mm	mm	mm	mm
	min	min	max	min	max
Baurechtlich notwendige Treppe	100	140	190	260	370
Baurechtlich nicht notwendige (zusätzliche) Treppe	50	140	210	210	370

Wohngebäude mit bis zu zwei Wohnungen und innerhalb von Wohnungen (DIN 18065, Ziffer 6.1.1, Bild 2, nur noch als Orientierungshilfe!)

Treppenart	nutzbare Laufbreite	Steigung s		Auftritt a	
	cm	mm	mm	mm	mm
	min	min	max	min	max
Baurechtlich notwendige Treppe	80	140	200	230	370
Baurechtlich nicht notwendige (zusätzliche) Treppe	50	140	210	210	370

16 Bei der Ausbildung von Treppen ist ein bestimmtes Lichtraumprofil zu wahren (beachte hierzu die eingefügte Zeichnung). Hierbei ist der lichte Raum gemeint, der eine ungehinderte Nutzung der Treppe erlaubt. So bedarf es z. B. einer lichten Durchgangshöhe von 2 m. Diese darf durch abgehängte Decken, Balken Rohre usw. nicht geschmälert werden. Dies gilt auch für die Breite der Treppe. Geländerteile, Handläufe, Wandbekleidungen usw. dürfen die Laufbreite der Treppe nicht reduzieren.

Treppen § 34

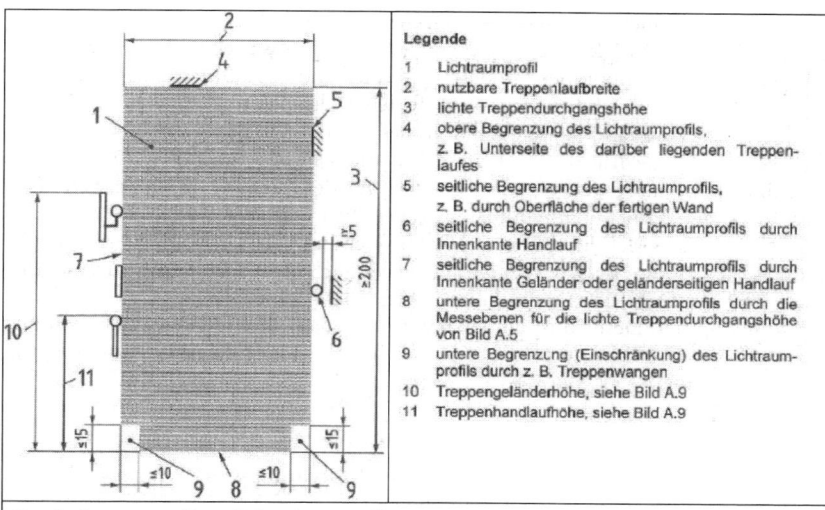

Das Lichtraumprofil in Gebäuden im Allgemeinen. Die Maße sind Zentimeter. Entnommen aus: DIN 18065, Bild A.7
Das Lichtraumprofil für Wohngebäude mit bis zwei Wohnungen und innerhalb von Wohnungen findet sich dort als Bild A.8, ist aber im Zusammenhang mit § 34 BauO NRW nicht relevant, da durch die VV TB nicht eingeführt.

Aufgrund der sich verändernden Altersstruktur der Gesellschaft ist der **nachträgliche Einbau von Treppenliften** ein aktuelles Thema. Die verwaltungsgerichtliche Rechtsprechung zu einer Reduzierung der Laufbreite notwendiger Treppen durch eine solche bauliche Maßnahme war bisher streng. Das OVG Niedersachsen, Urt. v. 24.06.1994 – 6 L 5528/92 lehnte z.B. eine geringere Laufbreite in einem Gebäude mit 7 Wohnungen ab (BRS 56, Nr. 118, hier Einbau eines Behindertenaufzuges – Schrägaufzug, zum Einbau eines Hängelifts vgl. VG Freiburg, Urt. v. 20.03.2001 – 7 K 521/00, BRS 64, Nr. 135 = BauR 2001, 1724). Auch laut dem OVG Nordrhein-Westfalen, E. v. 19.07.2002 – 10 A 2563/02 durfte ein nachträglich eingebauter Treppenlift nicht die Laufbreite einer notwendigen Treppe zu sehr einengen. Aufgrund des in der Praxis drängenden Bedarfs äußerte sich ein nicht veröffentlichter RdErl. des Ministeriums für Städtebau, Wohnen, Kultur und Sport NRW vom 17.11.2004 – II A 4. – 100/36 hierzu. Der Erlass gab die Voraussetzungen für eine Abweichungsentscheidung vor. Auch das VG Gelsenkirchen, Urt. v. 26.09.2012 – 5 K 2704/12 hat das bauaufsichtliche Beseitigungsverlangen eines Treppenliftes bestätigt. Dieser verengte die Treppe auf weniger als 1 m. Laut dem Gericht ist dies nicht zulässig. Eine Abweichung von der Mindestbreite für Treppen komme nur bei Atypik des Gebäudes in Frage. In dieser Entscheidung finden sich auch kritische Ausführungen zum vorgenannten Erlass. Dieser erlaubte im Einzelfall eine Treppenbreite von nur 80 cm. Das Gericht meinte aber, dass ein Erlass gesetzgeberische Anforderungen nicht außer Kraft setzen könne (vgl. hierzu aber auch: OVG NRW, Beschl. v. 25.11.2009 – 10 A 2849/08, vorher VG Düsseldorf, Urt. v. 01.10.2008 – 23 K 3193/08).

§ 34 Treppen

18   Auf diese Vorgeschichte reagiert nun der Gesetzgeber und regelt die Rahmenbedingungen für die **Zulässigkeit eines nachträglichen (!) Einbaus eines Treppenliftes** unter konkreter Benennung der mindestens verbleibenden Laufbreite (Restlaufbreite) der Treppe. Nähere Ausführungen hierzu fehlen in der Begründung der Novelle. Die w. o. abgedruckte Handlungsempfehlung des Fachministeriums verweist in diesem Zusammenhang ausdrücklich auf die durch die VV TB eingeführte DIN 18065. Hier finden sich auch weitere Anforderungen für den Einbau von Treppenliften, so muss z. B. dieser aus nichtbrennbaren Materialien bestehen, soweit das technisch möglich ist. **Da es sich hierbei um eine Abweichung von der technischen Vorgabe des § 34 Abs. 5 BauO NRW handelt, bedarf es auch einer förmlichen Abweichung gem. § 69 BauO NRW.** Der isolierte nachträgliche Einbau eines Treppenliftes ist genehmigungsfrei. Deshalb ist ein separater Antrag auf Erteilung einer Abweichung gem. § 69 BauO NRW erforderlich, da es sich nicht um einen reinen Zulässigkeitstatbestand handelt.

7 Zu Abs. 6 – Erforderlicher Handlauf bei Treppen

19   Zu den materiellen Anforderungen an die Bauausführung von Treppen gehört das Verlangen nach einem festen und griffsicheren Handlauf. Mit dieser Vorgabe soll die Verkehrssicherheit der Treppe(n) gewährleistet werden. Sie konkretisiert die in § 16 BauO NRW allgemeine Forderung nach der Verkehrssicherheit baulicher Anlagen. Unter einem Handlauf ist eine durchlaufende Festhalte- oder Führungsmöglichkeit für die Nutzer der Treppe zu verstehen. Der Handlauf kann z. B. aus einer fest montierten Stange (aus Holz oder Stahl) bestehen. **Ein Seil reicht nicht als Handlauf.** Bei großer nutzbarer Breite der Treppen können Handläufe auf beiden Seiten und Zwischenhandläufe gefordert werden. Beim Einbau einer notwendigen Treppe in einem vorhandenen Gebäude darf durch den nachträglichen Einbau eines zweiten Handlaufs die nutzbare Mindestlaufbreite um höchstens 10 cm unterschritten werden (siehe VV TB, Anlage A 4.2/1 zu DIN 18065, Ziffer 3).

20   Näheres regeln **Sonderbauvorschriften**, z.B. in § 8 SBauVO (Versammlungsstätten), § 52 SBauVO (Beherbergungsstätten), § 70 SBauVO (Verkaufsstätten). Zur **Höhe von Treppengeländern** äußert sich § 38 Abs. 4 BauO NRW. **Demnach beträgt die Mindesthöhe 0,90 m, bei Treppen mit mehr als 12 m muss die Absturzhöhe mindestens 1,10 m hoch sein.**

21   Weitere Anforderungen an **Handläufe** finden sich regelmäßig nicht in den verschiedenen Landesbauordnungen, sondern in der DIN 18065. Demnach müssen Handläufe so ausgestaltet sein, dass ein sicheres Umgreifen möglich ist. Ferner müssen sie in einer bequem erreichbaren Höhe angebracht werden. Der lichte Abstand zur benachbarten Wand muss einen Mindestabstand von 5 cm aufweisen. An den freien Seiten der Treppen sollen die Handläufe ohne Unterbrechung entlang geführt werden. Ferner darf man an den Enden der Handläufe nicht hängen bleiben. **Ab einer bestimmten Treppenbreite (ca. 1,50 m) bedarf es beidseitig entsprechender Handläufe.**

22   Für Treppen innerhalb von Wohnungen gelten die Anforderungen der Abs. 3–7 **nicht**, also ist auch kein Handlauf erforderlich. Wird aber ein solcher freiwillig

montiert, muss er dem gesetzlichen Mindestmaß entsprechen, weil sich die Benutzer dann nicht so vorsichtig erhalten, sich also auf die Sicherungsfunktion des Handlaufes verlassen.

Neben der öffentlich-rechtlichen gibt es auch eine zivilrechtliche Verkehrssicherungspflicht. Diese Anforderungen können auch über die öffentlich-rechtlichen Ansprüche hinausgehen (OLG Köln, E. v. 06.05.1976 – 12 U 79/75 und OLG Hamm, Urt. v. 28.10.1999 – 6 U 29/99). Ferner wird auf folgende Einzelentscheidungen verwiesen: 23

– zur Beurteilung der zivilrechtlichen Verkehrssicherungspflicht im Zusammenhang mit einem fehlendem Handlauf und einer unzureichenden Durchgangshöhe einer Treppe in einem Gebäude aus dem Jahr 1912 vgl.: OLG Hamm, Urt. v. 17.09.1996 – 9 U 54/96.

– zur abgelehnten Zulassung einer bauordnungsrechtlichen Abweichung mit Blick auf das Erfordernis beiderseitiger Handläufe bei notwendigen Treppen vgl.: VG Bremen, Urt. v. 14.10.2015 – 1 K 1232/13.

8 Zu Abs. 7 – Verhältnis von Treppen und Türen

Auch diese Vorschrift konkretisiert die allgemeine Forderung nach der **Verkehrssicherheit** baulicher Anlagen (§ 16 BauO NRW). Treppen dürfen demnach aus nachvollziehbaren Gründen nicht unmittelbar vor einer zum Treppenhaus aufschlagenden Tür beginnen bzw. enden. Verlangt wird der **Einbau eines Treppenabsatzes** zwischen Tür und Beginn der Treppe mit einem bestimmten Mindestmaß. Der Mindestabstand muss der Breite der jeweiligen Tür entsprechen. 24

9 Zu Abs. 8 – Erleichterungen für Treppen in Wohnungen

Für Treppen innerhalb von Wohnungen gelten die konkreten materiellen Anforderungen an Treppen nicht. Auch die DIN 18065 wurde für Treppen innerhalb von Wohnungen nicht eingeführt. Hier wird das Gefährdungspotential als gering bewertet, vor allem deshalb, weil die Nutzer mit internen Treppen vertraut sind und sich deshalb auf Risiken besser einstellen können. Diese Erleichterung gilt auch für Einfamilienhäuser, nicht aber für sonstige Nutzungseinheiten, z.B. ein Büro. 25

§ 35 Notwendige Treppenräume, Ausgänge

(1) Jede notwendige Treppe muss zur Sicherstellung der Rettungswege aus den Geschossen ins Freie in einem eigenen, durchgehenden Treppenraum liegen (notwendiger Treppenraum). Notwendige Treppenräume müssen so angeordnet und ausgebildet sein, dass die Nutzung der notwendigen Treppen im Brandfall ausreichend lang möglich ist. Notwendige Treppen sind ohne eigenen Treppenraum zulässig
1. in Gebäuden der Gebäudeklassen 1 und 2,
2. für die Verbindung von höchstens zwei Geschossen innerhalb derselben Nutzungseinheit von insgesamt nicht mehr als 200 m², wenn in jedem Geschoss ein anderer Rettungsweg erreicht werden kann, und

3. als Außentreppe, wenn ihre Nutzung ausreichend sicher ist und im Brandfall nicht gefährdet werden kann.

(2) Von jeder Stelle eines Aufenthaltsraumes sowie eines Kellergeschosses muss mindestens ein Ausgang in einen notwendigen Treppenraum oder ins Freie in höchstens 35 m Entfernung erreichbar sein. Übereinanderliegende Kellergeschosse müssen jeweils mindestens zwei Ausgänge in notwendige Treppenräume oder ins Freie haben. Sind mehrere notwendige Treppenräume erforderlich, müssen sie so verteilt sein, dass sie möglichst entgegengesetzt liegen und dass die Rettungswege möglichst kurz sind.

(3) Jeder notwendige Treppenraum muss einen unmittelbaren Ausgang ins Freie haben. Sofern der Ausgang eines notwendigen Treppenraumes nicht unmittelbar ins Freie führt, muss der Raum zwischen dem notwendigen Treppenraum und dem Ausgang ins Freie
1. mindestens so breit sein wie die dazugehörigen Treppenläufe,
2. Wände haben, die die Anforderungen an die Wände des Treppenraumes erfüllen,
3. rauchdichte und selbstschließende Abschlüsse zu notwendigen Fluren haben und
4. ohne Öffnungen zu anderen Räumen, ausgenommen zu notwendigen Fluren, sein.

(4) Die Wände notwendiger Treppenräume müssen als raumabschließende Bauteile
1. in Gebäuden der Gebäudeklasse 5 die Bauart von Brandwänden haben,
2. in Gebäuden der Gebäudeklasse 4 auch unter zusätzlicher mechanischer Beanspruchung hochfeuerhemmend und
3. in Gebäuden der Gebäudeklasse 3 feuerhemmend

sein. Dies ist nicht erforderlich für Außenwände von Treppenräumen, die aus nichtbrennbaren Baustoffen bestehen und durch andere an diese Außenwände anschließende Gebäudeteile im Brandfall nicht gefährdet werden können. Der obere Abschluss notwendiger Treppenräume muss als raumabschließendes Bauteil die Feuerwiderstandsfähigkeit der Decken des Gebäudes haben. Dies gilt nicht, wenn der obere Abschluss das Dach ist und die Treppenraumwände bis unter die Dachhaut reichen.

(5) In notwendigen Treppenräumen und in Räumen nach Absatz 3 Satz 2 müssen
1. Bekleidungen, Putze, Dämmstoffe, Unterdecken und Einbauten aus nichtbrennbaren Baustoffen bestehen,
2. Wände und Decken aus brennbaren Baustoffen eine Bekleidung aus nichtbrennbaren Baustoffen in ausreichender Dicke haben und
3. Bodenbeläge, ausgenommen Gleitschutzprofile, aus mindestens schwerentflammbaren Baustoffen bestehen.

(6) In notwendigen Treppenräumen müssen Öffnungen
1. zu Kellergeschossen, zu nicht ausgebauten Dachräumen, Werkstätten, Läden, Lager- und ähnlichen Räumen sowie zu sonstigen Räumen und Nutzungseinheiten mit einer Fläche von mehr als 200 m^2, ausgenommen Wohnungen, mindestens feuerhemmende, rauchdichte und selbstschließende Abschlüsse,

2. zu notwendigen Fluren rauchdichte und selbstschließende Abschlüsse,
3. zu sonstigen Räumen und Nutzungseinheiten, ausgenommen Wohnungen, mindestens dicht- und selbstschließende Abschlüsse und
4. zu Wohnungen mindestens dichtschließende Abschlüsse

haben. Die Feuerschutz- und Rauchschutzabschlüsse dürfen lichtdurchlässige Seitenteile und Oberlichte enthalten, wenn der Abschluss insgesamt nicht breiter als 2,50 m ist.

(7) Notwendige Treppenräume müssen zu beleuchten sein. Notwendige Treppenräume ohne Fenster müssen in Gebäuden mit einer Höhe nach § 2 Absatz 3 Satz 2 von mehr als 13 m eine Sicherheitsbeleuchtung haben.

(8) Notwendige Treppenräume müssen belüftet und zur Unterstützung wirksamer Löscharbeiten entraucht werden können. Sie müssen
1. in jedem oberirdischen Geschoss unmittelbar ins Freie führende Fenster mit einem freien Querschnitt von mindestens 0,50 m² haben, die geöffnet werden können, oder
2. an der obersten Stelle eine Öffnung zur Rauchableitung haben.

In den Fällen des Satzes 2 Nummer 1 ist in Gebäuden der Gebäudeklasse 5 an der obersten Stelle eine Öffnung zur Rauchableitung erforderlich. In den Fällen des Satzes 2 Nummer 2 sind in Gebäuden der Gebäudeklassen 4 und 5, soweit dies zur Erfüllung der Anforderungen nach Satz 1 erforderlich ist, besondere Vorkehrungen zu treffen. Öffnungen zur Rauchableitung nach den Sätzen 2 und 3 müssen in jedem Treppenraum einen freien Querschnitt von mindestens 1 m² und Vorrichtungen zum Öffnen ihrer Abschlüsse haben, die vom Erdgeschoss sowie vom obersten Treppenabsatz aus bedient werden können.

(9) In Geschossen mit mehr als vier Wohnungen müssen notwendige Flure angeordnet sein.

Handlungsempfehlung des Ministeriums für Heimat, Kommunales, Bau und Gleichstellung des Landes NRW aus Januar 2019

zu Absatz 1

Absatz 1 Satz 2 ermöglicht, dass notwendige Treppen ohne eigenen Treppenraum als Außentreppe errichtet werden können, wenn ihre Nutzung im Brandfall ausreichend sicher ist und im Brandfall nicht gefährdet werden kann.

Notwendige Außentreppen müssen auch unter winterlichen Bedingungen uneingeschränkt begehbar sein. Dieses kann z.B. durch eine teilweise oder komplette Einhausung, die Ausbildung von geschlossenen Brüstungen, einer Überdachung, rutsch-hemmenden Stufen (z. B. Riffelblech), aber auch durch organisatorische Maßnahmen sichergestellt werden. Dies ist für jeden Einzelfall in Abhängigkeit von der Lage, der Gebäudeklasse und -art gesondert zu beurteilen.

Ein möglicher Feuerüberschlag aus Außenwandöffnungen darf die Nutzung im Brandfall einer Außentreppe, die als erster Rettungsweg genutzt wird, nicht einschränken, d.h.

Öffnungen, aus denen es brennen kann, müssen ausreichend weit entfernt oder geschützt sein. Gemäß § 33 Absatz 2 Satz 2 BauO NRW 2018 kann der zweite Rettungsweg über eine weitere notwendige Treppe geführt werden. Wird lediglich der zweite Rettungsweg über eine Außentreppe geführt, sind an die Außentreppe als zweiter Rettungsweg keine höheren Anforderungen zu stellen, als an den Einsatz von Rettungsgeräten der Feuerwehr. Der Verlauf einer Außentreppe vor Fenstern der Nutzungseinheiten ist in solchen Fällen grundsätzlich möglich.

zu Absatz 8

Absatz 8 fordert, dass notwendige Treppenräume belüftet und zur Unterstützung wirksamer Löscharbeiten entraucht werden können müssen. Das der Rauchableitung zugrundeliegende Schutzziel ist die Unterstützung wirksamer Löscharbeiten durch die Feuerwehr. Die Evakuierung von Personen wird allein durch Maßnahmen der inneren Abschottung, der Gestaltung der Rettungswege und durch organisatorische Maßnahmen (ggf. in Verbindung mit anlagentechnischen Maßnahmen) sichergestellt.

Die Anforderungen an die Belüftung und Rauchableitung werden in der Regel durch öffenbare Fenster und/oder, wenn nicht vorhanden, eine Rauchableitungsöffnung an oberster Stelle mit manueller Bedienung erfüllt. Fenster dienen der Belüftung, Belichtung sowie der Rauchableitung und in Verbindung mit der geöffneten Haustür ggf. auch als Zuluftöffnung.

Für notwendige Treppenräume ohne Fenster können bei Gebäuden der Gebäude-klassen 4 und 5 nach Satz 4 im Einzelfall ggf. besondere Vorkehrungen notwendig werden, um eine Belüftung und Entrauchung zur Unterstützung wirksamer Löscharbeiten sicherzustellen.

Angesichts des vergleichbaren Risikoprofils notwendiger Treppenräume mit und ohne Fenster müssen zusätzliche Maßnahmen begründet und verhältnismäßig sein. Besondere Vorkehrungen können sich je nach Lage des Treppenraums im Gebäude beispielsweise auf die Zuluftzuführung erstrecken, da eine offene Haustür bei Treppenräumen im Inneren von Gebäuden nicht zur Verfügung steht.

Weiterhin kommen Maßnahmen in Betracht, die im Brandfall bei Betätigung der Auslösevorrichtung das sichere Öffnen der Rauchableitungsöffnung gewährleisten.

zu Absatz 9

Nach Absatz 9 müssen in Geschossen mit mehr als vier Wohnungen notwendige Flure angeordnet sein, weil Öffnungen zu Wohnungen in notwendigen Treppenräumen nur dichtschließende Abschlüsse haben müssen. Alle anderen Öffnungen zu notwendigen Treppenräumen müssen nach Absatz 6 Nummer 1 bis 3 immer selbstschließende Abschlüsse haben, so dass in solchen Fällen, unabhängig von der Anzahl der Öffnungen, auf die Anordnung eines notwendigen Flures verzichtet werden kann.

Übersicht

		Rdn.
0	Änderungen gegenüber der BauO NRW 2000	01
1	Allgemeines..	1
1.1	Funktion der Norm..	1

1.2	Bezüge zu anderen Normen	4
2	Zu Abs. 1 – Die Ausbildung notwendiger Treppenräume	5
2.1	Grundforderung nach einem notwendigen Treppenraum	5
2.2	Ausnahmen	7
2.3	Anordnung	14
2.4	Sicherheitstreppenraum als Alternative	16
3	Zu Abs. 2 – Zugang zum notwendigen Treppenraum	19
4	Zu Abs. 3 – Ausgang – ins Freie	22
5	Zu Abs. 4 – Anforderungen an Wände	26
6	Zu Abs. 5 – Vorgaben für Bekleidungen, Fußbodenbeläge usw.	33
7	Zu Abs. 6 – Anforderungen an Öffnungen	38
8	Zu Abs. 7 – Erfordernis der Beleuchtung	44
9	Zu Abs. 8 – Erfordernis der Belüftung	45
10	Zu Abs. 9 – Besondere Anforderungen für Geschosse mit mehr als vier Wohnungen	51

0 Änderungen gegenüber der BauO NRW 2000

Die Vorschrift wurde an die MBO angepasst und formuliert in Abs. 1 neu das Schutzziel 01
der entsprechenden Anforderungen. **Die Differenzierung zwischen außen- und innenliegenden Treppenräumen wurde aufgegeben.** Die Norm bezieht sich nur auf **notwendige** Treppenräume. In bestimmten Fällen sind aber notwendige Treppen ohne eigenen Treppenraum zulässig, dies galt bisher nur innerhalb derselben Nutzungseinheit.

1 Allgemeines

1.1 Funktion der Norm

Das Bauordnungsrecht dient vor allem der Abwehr von Gefahren für Schutzgüter 1
der öffentlichen Sicherheit und Ordnung. In diesem Zusammenhang sind z.B. Anforderungen an die Standsicherheit (§ 12 BauO NRW) und den **Brandschutz** (§ 14 BauO NRW) zu nennen. Ein wichtiges Element der brandschutztechnischen Anforderungen sind die Regelungen zur inneren Abschottung der Gebäude und zur konkreten Ausgestaltung der horizontalen und vertikalen **Rettungswege = Fluchtwege**. § 35 BauO NRW beinhaltet vor diesem Hintergrund die materiellen Anforderungen an notwendige Treppenräume und Ausgänge.

Da erste Rettungswege in mehrgeschossigen Gebäuden zwangsläufig über notwen- 2
dige Treppen führen, müssen diese – um auch im Brandfall ihre Funktion erfüllen zu können – grundsätzlich in eigenen Räumen liegen. Das Bauordnungsrecht spricht in diesem Zusammenhang von einem sogenannten **notwendigen** Treppenraum.

Ziel dieser Anforderung ist demnach die **Sicherstellung der Rettungswege aus den** 3
Geschossen ins Freie. Die Nutzung der so geschützten notwendigen Treppe muss im Brandfall ausreichend lang möglich sein. Es geht aber auch um die Zugänglichkeit des notwendigen Treppenraumes für die Feuerwehr. **Die materiellen Vorgaben** für notwendige Treppenräume **dienen insoweit dem Schutz der Bewohner** bzw. Besucher des entsprechenden Gebäudes, sie dienen **nicht dem Drittschutz**

§ 35 Notwendige Treppenräume, Ausgänge

(OVG Nordrhein-Westfalen, E. v. 29.07.2002 – 7 B 583/02, und OVG Sachsen-Anhalt, E. v. 19.10.2012 – 2 L 149/11).

1.2 Bezüge zu anderen Normen

4 In anderen Normen finden sich mit Blick auf Treppen bzw. Treppenräume ergänzende bzw. speziellere Vorgaben, z. B. für **Versammlungsstätten** in § 8 SBauVO, für **Beherbergungsstätten** in § 52 SBauVO, für **Verkaufsstätten** in §§ 70–71 SBauVO, für **Hochhäuser** in § 99 SBauVO und für **Garagen** in § 133 SBauVO. Ferner finden sich Regelungen in der Richtlinie über den baulichen Brandschutz im Industriebau – **Industriebaurichtlinie** – IndBauR NRW (RdErl. d. Ministeriums für Bauen, Wohnen, Stadtentwicklung und Verkehr – VI.1 – 190 v. 04.02.2015) und in der Richtlinie über bauaufsichtliche Anforderungen an Schulen – **Schulbaurichtlinie** – SchulBauR (RdErl. des Ministeriums für Wirtschaft, Energie, Bauen, Wohnen und Verkehr – X.1 – 170 – v. 05.11.2010, zurzeit liegt bereits ein Änderungsentwurf vor: E-SchulBauR).

2 Zu Abs. 1 – Die Ausbildung notwendiger Treppenräume

2.1 Grundforderung nach einem notwendigen Treppenraum

5 **Die Grundforderung lautet, dass jede notwendige Treppe i.S.d. § 34 Abs. 1 BauO NRW in einem eigenen und somit geschlossenen Treppenraum liegen muss.** Treppenraum und Flur sind nicht identische bauordnungsrechtliche Begrifflichkeiten. Ein **Flur** verbindet (horizontal) Nutzungseinheiten bzw. Räumlichkeiten mit einem Treppenraum. **Ein Treppenraum ist ein verschiedene Geschosse verbindender Gebäudeteil und dient demnach der inneren Erschließung.** Dessen Raumhöhe wird in der Regel von der Höhe des jeweiligen Gebäudes bestimmt. Ein Treppenraum muss von anderen Räumen (auch Fluren) abgeschottet sein, hierzu bedarf es der Ausbildung eines eigenen Raumes. Dessen Anordnung und Ausbildung muss bestimmten Kriterien entsprechen. Ziel ist es, durch eine besondere bauliche Ausgestaltung die Treppe als Rettungsweg im Brandfalle vor Feuer und Rauch zu schützen. Hierzu Schulte: »*Treppen durchbrechen regelmäßig das System der horizontalen Brandabschnitte eines mehrgeschossigen Gebäudes.... Es besteht die Gefahr, dass Feuer und Rauch über die für die Treppen notwendigen Deckenöffnungen in andere Geschosse übertragen werden. Auch deshalb müssen notwendige Treppen in eigenen Treppenräumen untergebracht werden*« (Boeddinghaus/Hahn/Schulte/Radaisen, § 37 BauO NRW 2000, Rdn. 2).

6 Notwendige Treppen sind gem. § 34 Abs. 3 BauO NRW in einem Zug zu allen angeschlossenen Geschossen zu führen. Der Treppenraum muss demzufolge **durchgehend sein**, d.h., die Wände des Treppenraumes müssen in allen Geschossen übereinander stehen. Der Treppenraum darf im Einzelfall auch versetzt ausgeführt werden, der Raumzusammenhalt muss aber gewährleistet bleiben und die (zusätzlichen) Deckenteile müssen die Funktion der Umfassungswände übernehmen, d.h., in bestimmter Art und Weise ausgebildet sein. **Abtrennungen innerhalb eines**

Treppenraumes sind unzulässig. Der Treppenraum darf aber nicht mehr als die Treppe (**Treppenlauf** einschließlich der **Treppenabsätze**) umfassen, also **keine Aufenthaltsbereiche**. Ein **Aufzug** darf jedoch ohne eigenen Fahrschacht innerhalb des notwendigen Treppenraumes liegen (§ 39 Abs. 1 BauO NRW). Dies gilt nicht für Hochhäuser.

2.2 Ausnahmen

In drei Fällen lässt die Vorschrift notwendige Treppen **ohne eigenen Treppenraum** zu: 7
a) in Gebäuden der Gebäudeklassen 1 und 2 (§ 2 Abs. 3 Nr. 1 und 2 BauO NRW), 8
b) zur inneren Verbindung von höchstens zwei Geschossen innerhalb einer Nutzungseinheit mit nicht mehr als 200 qm, wenn in jedem Geschoss ein anderer Rettungsweg erreicht werden kann, 9
c) als Außentreppe unter der Bedingung einer ausreichend sicheren und im Brandfall gefahrlosen Möglichkeit ihrer Nutzung. 10

zu a) In Gebäuden der Gebäudeklassen 1 und 2 wird das Gefahrenpotential als gering eingeschätzt. 11

zu b) Diese Ausnahme fand sich schon in § 37 Abs. 1 BauO NRW 2000, nunmehr wird allerdings die Größe der entsprechenden Nutzungseinheit begrenzt. 12

zu c) Die Handlungsempfehlung des Fachministeriums weist im Zusammenhang mit einer notwendigen Treppe als Außentreppe darauf hin, dass diese »auch unter winterlichen Bedingungen uneingeschränkt begehbar sein muss. Dieses kann z.B. durch eine teilweise oder komplette Einhausung, die Ausbildung von geschlossenen Brüstungen, einer Überdachung, rutsch-hemmenden Stufen (z. B. Riffelblech), aber auch durch organisatorische Maßnahmen sichergestellt werden. Dies ist für jeden Einzelfall in Abhängigkeit von der Lage und der Gebäudeklasse und -art gesondert zu beurteilen«. **Bei einer solchen Außentreppe (als notwendige Treppe) darf im Brandfall nicht Feuer aufschlagen.** Deshalb müssen Öffnungen in der entsprechenden Außenwand einen ausreichenden Abstand zur Treppe haben. 13

2.3 Anordnung

Die Norm differenziert nicht mehr zwischen außen- und innenliegenden Treppenräumen. Demnach müssen notwendige Treppenräume nicht mehr unbedingt an einer Außenwand liegen. Durch die Forderung nach unmittelbar ins Freie führenden und öffenbaren Fenstern mit einem freien Querschnitt von mindestens 0,50 m² (§ 35 Abs. 8 BauO NRW) ist aber zumindest die Anordnung dieser notwendigen Treppenräume an einer Außenwand vorgezeichnet. Die entsprechende Vorschrift erlaubt aber auch eine alternative – innenliegende – Anordnung eines notwendigen Treppenraumes. Für diesen Fall bedarf es dann aber an der obersten Stelle einer Öffnung zur Rauchableitung (§ 35 Abs. 8 BauO NRW). 14

15

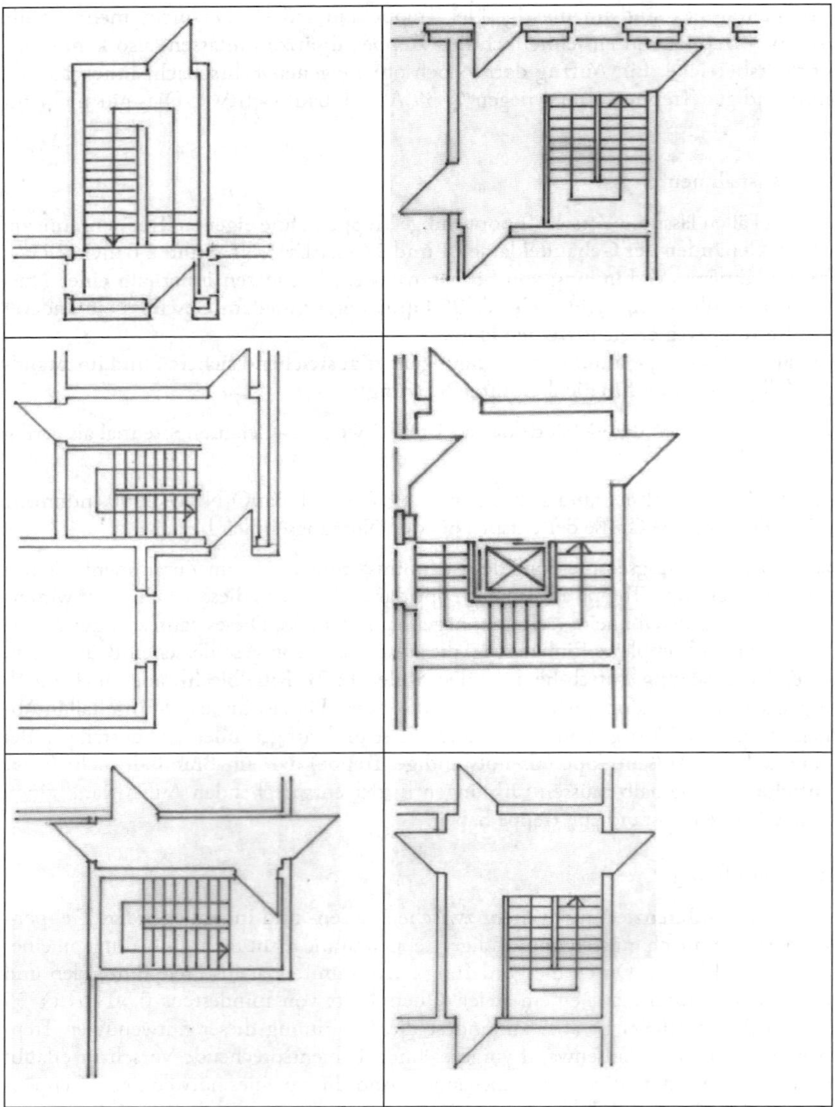

Beispiele für die verschiedenartige Anordnung von Treppenräumen: Oben links: Treppenraum an einer Außenwand gelegen. Oben rechts: Außenliegender Treppenraum, angrenzend Nutzungseinheiten. Mitte links und rechts sowie unten links: weitere außenliegende Treppenräume. Unten rechts: innenliegender Treppenraum.

2.4 Sicherheitstreppenraum als Alternative

Grundsätzlich fordert der vorbeugende Brandschutz zwei voneinander unabhängige Rettungswege aus jeder Nutzungseinheit in jedem Geschoss. Der erste Rettungsweg wird regelmäßig über eine notwendige Treppe führen. Der zweite Rettungsweg kann über eine mit Rettungsgeräten der Feuerwehr erreichbare Stelle (Fenster) führen. **Ein zweiter Rettungsweg ist aber nicht erforderlich, wenn die Rettung über einen Sicherheitstreppenraum möglich ist und wenn dieser besonderen baulichen Anforderungen entspricht** (§ 33 Abs. 2 BauO NRW). Nähere materielle Anforderungen finden sich aber weder in § 33 BauO NRW, noch in § 35 BauO NRW.

16

Der Sicherheitstreppenraum ist jedenfalls so anzuordnen bzw. auszubilden, dass Feuer und Rauch nicht eindringen können. Diese Anforderung wird vor allem durch die Ausbildung der Zugänge zum Sicherheitsraum erreicht. Dabei unterscheidet man **Sicherheitstreppenräume mit offenem Gang und mit Sicherheitsschleuse.** Für einen Sicherheitstreppenraum mit offenem Gang verlangte die Ziffer 37.4311 der ehemaligen VV zur BauO NRW 2000: »*Der Sicherheitstreppenraum muss in jedem Geschoss über einen unmittelbar davor liegenden offenen Gang erreichbar sein. Dieser Gang ist so im Windstrom anzuordnen, dass Rauch jederzeit ungehindert – und ohne in den Sicherheitstreppenraum zu gelangen – ins Freie entweichen kann; er darf daher nicht in Gebäudenischen oder -winkeln angeordnet sein*«. Für einen Sicherheitstreppenraum mit Sicherheitsschleuse verlangte die Ziffer 37.4321 der ehemaligen VV zur BauO NRW 2000: »*Der notwendige Treppenraum darf in jedem Geschoss nur über eine Sicherheitsschleuse erreichbar sein. Die Sicherheitsschleuse muss Wände und Decken der Feuerwiderstandsklasse F 90 und aus nichtbrennbaren Baustoffen (F 90-A), selbstschließende Türen der Feuerwiderstandsklasse T 30 sowie einen nichtbrennbaren Fußbodenbelag erhalten. Sie muss mindestens 1,5 m breit sein; die Türen müssen mindestens 3 m voneinander entfernt sein. Die Tür zwischen notwendigem Treppenraum und Sicherheitsschleuse kann eine rauchdichte und selbstschließende Tür sein*«. Im letzteren Fall bedarf es im Treppenraum und in der Schleuse einer Lüftungsanlage. Der Treppenraum muss mit seinen Zugängen und der Lüftungsanlage so beschaffen sein, dass Feuer und Rauch nicht in ihn eindringen können. Die Wirksamkeit der Lüftungsanlage muss nachgewiesen werden. Ein Sicherheitstreppenraum muss auch sicher erreichbar sein (§ 36 Abs. 3 BauO NRW). Für Sicherheitstreppenräume in Hochhäusern finden sich in § 99 SBauVO Regelungen.

17

§ 35 Notwendige Treppenräume, Ausgänge

18

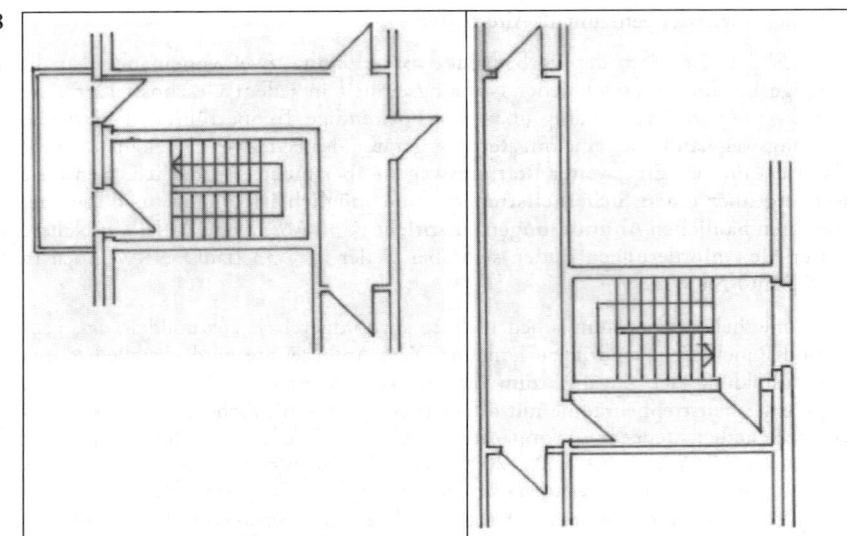

Beispiele für Sicherheitstreppenräume. Links mit offenem Gang. Rechts mit Sicherheitsschleuse.

3 Zu Abs. 2 – Zugang zum notwendigen Treppenraum

19 Die Vorschrift limitiert die **maximale Entfernung zwischen jeder Stelle eines Aufenthaltsraumes sowie eines Kellergeschosses und einem Ausgang in einen notwendigen Treppenraum** (oder ins Freie) auf 35 m. Damit wird die **Fluchtwegelänge** begrenzt. Verläuft dieser Fluchtweg nicht geradlinig, ist die tatsächliche Länge des Weges maßgeblich. Im Übrigen ist Ausgangspunkt der Messung stets die entfernteste Ecke in dem entferntesten Aufenthaltsraum. Aus dieser Anforderung wird in Abhängigkeit von der Anzahl der notwendigen Treppen in notwendigen Treppenräumen auch die Ausdehnung des jeweiligen Gebäudes begrenzt. Sie korrespondiert auch mit § 30 Abs. 2 Nr. 2 BauO NRW, wonach **innere Brandwände zur Unterteilung ausgedehnter Gebäude** in Abständen von nicht mehr als 40 m erforderlich sind.

20 Weist ein Gebäude mehrere notwendige Treppenräume auf, müssen sie entgegengesetzt angeordnet werden. Ziel sind alternative und möglichst kurze Fluchtwege, angestrebt wird demnach eine Optimierung der Rettungswege.

21 **Liegen Kellergeschosse übereinander, werden jeweils mindestens zwei alternative Ausgänge verlangt.** Diese Anforderung kannte schon die BauO NRW 2000, allerdings beinhaltet die Landesbauordnung nunmehr auch eine **Definition des Kellergeschosses** (§ 2 Abs. 5 BauO NRW). Führen diese Ausgänge nicht direkt ins Freie, werden sie jeweils in einen notwendigen Treppenraum münden. Dieser wird auch alle anderen Geschosse des jeweiligen Gebäudes erschließen.

4 Zu Abs. 3 – Ausgang – ins Freie

§ 35 Abs. 3 BauO NRW verlangt, dass jeder notwendige Treppenraum einen unmittelbaren Ausgang ins Freie haben muss. Aus dieser Forderung folgt die regelmäßige Situierung des notwendigen Treppenraumes an einer Außenwand. Führt der Ausgang eines notwendigen Treppenraumes nicht unmittelbar ins Freie, muss der Zwischenraum (Vorraum) bestimmten materiellen Anforderungen entsprechen, z.b. Wände haben, die die Anforderungen an Treppenräume erfüllen. 22

Liegt ein Treppenraum im Innern eines Gebäudes, soll der Weg im Idealfall vom Treppenraum direkt – oder über einen Windfang – ins Freie führen. Ist dies nicht der Fall, muss in einem anderen Geschoss ein entsprechender Ausgang geschaffen werden. 23

Türen des Ausganges müssen regelmäßig von innen jederzeit zu öffnen sein. Diese Forderung kollidiert aber mit anderen Interessen, z.B. Eigentumsschutz. Hier können sogenannte Panikverschlüsse Abhilfe schaffen. In der zivilrechtlichen Rechtsprechung wird z. B. eine Regelung (im Mietvertrag oder in einer Hausordnung) als unzulässig angesehen, die vorsieht, dass die Haustür verschlossen sein müsse (AG Frankfurt am Main, Urt. v. 15.4.2005 – 33 C 1726/04-13 und LG Köln, Urt. v. 25.7.2013 – 1 S 201/12). Hier wird der Schutz der Mieter bzw. Nutzer im Brandfall höher als ein etwaiger Einbruchsschutz bewertet. 24

Schlägt die Hauseingangstür nach innen auf, muss zwischen Haustür und Treppe genügend Freiraum sein. **Zur brandschutztechnischen Ausbildung des Ausganges beinhaltet die Vorschrift keine weiteren materiellen Anforderungen.** 25

5 Zu Abs. 4 – Anforderungen an Wände

Wände von notwendigen Treppenräumen sind raumabschließende Bauteile. In Abhängigkeit von den Gebäudetypen bzw. -klassen variieren die materiellen Anforderungen an die Bauausführung der Treppenraumwände (§ 35 Abs. 4 BauO NRW). Es handelt sich um ein abgestuftes System von Brandschutzanforderungen. Demnach müssen die Wände notwendiger Treppenräume als raumabschließende Bauteile 26
1. in Gebäuden der Gebäudeklasse 5 die Bauart von **Brandwänden** haben, 27
2. in Gebäuden der Gebäudeklasse 4 auch **unter zusätzlicher mechanischer Beanspruchung hochfeuerhemmend** und 28
3. in Gebäuden der Gebäudeklasse 3 **feuerhemmend** sein. 29

Hierzu heißt es in der Begründung der Novelle: »Die Anforderungen an die Wände werden (in Satz 1 Nummern 2 und 3) für Gebäude der Gebäudeklassen 3 und 4 auf die erforderliche Feuerwiderstandsfähigkeit der jeweiligen Tragkonstruktion reduziert (feuerhemmend, in Gebäuden der Gebäudeklasse 4 hochfeuerhemmend unter zusätzlicher mechanischer Beanspruchung)«. Dies ist nicht erforderlich für Außenwände von Treppenräumen, die aus nichtbrennbaren Baustoffen bestehen und durch andere an diese Außenwände anschließende Gebäudeteile im Brandfall nicht gefährdet werden können (Abs. 4 S. 2 der Vorschrift). Wird ein Treppenraum in einer Gebäudeecke angeordnet, gilt für Öffnungen in den angrenzenden Außenwänden § 30 Abs. 6 BauO NRW analog. Ferner ist zu beachten, dass »für Wände, die neu 30

§ 35 Notwendige Treppenräume, Ausgänge

aus brennbaren Baustoffen zulässig sind (betrifft feuerhemmende Wände, siehe Absatz 4), ... verlangt (wird), dass sie eine Bekleidung aus nichtbrennbaren Baustoffen in ausreichender Dicke erhalten. Für die ebenfalls neu zulässigen hochfeuerhemmenden Wände ergibt sich das bereits aus der standardmäßig erforderlichen Brandschutzbekleidung (siehe § 26 Absatz 2)« (Zitat aus der Begründung zu § 35 Abs. 4 BauO NRW).

31 Die besonderen Anforderungen an die Feuerwiderstandsklasse, Entflammbarkeit der Baustoffe und an die Standsicherheit sollen die besondere Schutzfunktion des Treppenraumes im Brandfalle gewährleisten (vgl. hierzu: OVG NRW, Beschl. v. 08.05.2007 – 10 B 2555/06, BRS 71, Nr. 182 = BauR 2007, 1720). Um diese Funktion nicht zu konterkarieren, müssen Öffnungen in Treppenraumwänden – z.B. Türen – eine bestimmte Bauausführung aufweisen. Zur bauaufsichtlichen Forderung des Verschließens von Fensteröffnungen zu Wohnungen in der Wand eines Treppenhauses vgl. VG München, Beschl. v. 25.02.2011 – M 8 S 10.5684. In diesem Fall wurde das Vorliegen einer erheblichen Gefahr verneint bzw. die behördlichen Argumente als unzureichend bewertet.

32 Abs. 4 S. 3 der Vorschrift regelt die materiellen Anforderungen an den oberen Abschluss des Treppenraumes und verlangt dort die jeweilige Feuerwiderstandsfähigkeit der Decken des Gebäudes. Eine besondere Vorschrift zum oberen Abschluss notwendiger Treppenräume (ehemals § 37 Abs. 8 BauO NRW 2000) ist damit entfallen. Die Begründung zur Novelle spricht hier von einer »Gleichschaltung« der Anforderungen an den oberen Abschluss an die Vorgaben für Decken und verweist auch auf die Erleichterung für Gebäude der Gebäudeklasse 4. Diese müssen nur noch hochfeuerhemmend sein (§ 32 Abs. 1 BauO NRW). Die Anforderungen an den oberen Abschluss gelten nicht, wenn dieser das Dach ist und die Wände bis unter die Dachhaut reichen.

6 Zu Abs. 5 – Vorgaben für Bekleidungen, Fußbodenbeläge usw.

33 In notwendigen Treppenräumen und etwaigen Vorräumen müssen
34 a) **Bekleidungen, Putze, Dämmstoffe, Unterdecken und Einbauten** aus nichtbrennbaren Baustoffen bestehen,
35 b) **Wände und Decken** aus brennbaren Baustoffen eine Bekleidung aus nichtbrennbaren Baustoffen in ausreichender Dicke haben und
36 c) **Bodenbeläge** – ausgenommen Gleitschutzprofile – aus mindestens schwerentflammbaren Baustoffen bestehen.

37 Daraus folgt mittelbar, dass auch sonstige Brandlasten im Treppenraum nicht zulässig sind. Eine (ungeschützte) Holzverkleidung der Wände im Treppenraum ist deshalb nicht zulässig (OVG NRW, E. v. 11.12.1987 – 10 A 363/86). Sollen die Wände eines Treppenraumes bekleidet werden, muss der Wandbelag den Vorgaben der DIN 4102 Teil 1 entsprechen. **Mit diesen Vorgaben will man die Brandausweitung verhindern bzw. hemmen** (vgl. hierzu: VGH Bayern, E. v. 28.03.2000 – 2 ZB 99.2907). Ein notwendiger Treppenraum darf auch nicht durch sonstige Brandlasten in seiner Funktion beeinträchtigt werden. Das VG Düsseldorf, E. v. 13.02.2009 – 25 K 7918/08

hat z. B. die Inanspruchnahme des Verwalters einer WEG im Zusammenhang mit der **Beseitigung von Gegenständen (Brandlasten) im Treppenhaus** (1. Rettungsweg) bestätigt. Laut dem OVG NRW, E. v. 20.02.2013 – 2 A 2397/12 darf **keine Verengung von Rettungswegen in einem Treppenraum mit Einbauten oder lediglich Möbelstücken** erfolgen (siehe auch: OVG NRW, E. v. 15.04.2009 – 10 B 304/09, BRS 74, Nr. 210). In einer Entscheidung vom 20.02.2013 hat das OVG NRW (Az. 2 A 239/12, BauR 2013, S. 1261 ff.) eine Anfechtungsklage gegen eine **bauaufsichtliche Aufforderung, Möbel aus einem Treppenraum** zu entfernen, abgewiesen. Gem. § 40 Abs. 2 BauO NRW sind **Leitungsanlagen** in notwendigen Treppenräumen nur zulässig, wenn eine Nutzung als Rettungsweg im Brandfall ausreichend lang möglich ist (zur brandschutztechnischen Bewertung der Bauausführung von Zählern, Anschlüssen und des Sicherungsbereichs – von Leitungen – in Treppenräumen vgl. VG München 26.07.1999 – M 8 K 98.894 und VGH Bayern 28.03.2000 – 2 ZB 99.2907).

7 Zu Abs. 6 – Anforderungen an Öffnungen

An Öffnungen in Treppenräumen werden bestimmte materielle Anforderungen gestellt. Hierbei wird zwischen feuerhemmenden, rauchdichten, selbst- und dichtschließenden Abschlüssen unterschieden. 38

Zu **Kellergeschossen** (§ 2 Abs. 5 BauO NRW), zu **nicht ausgebauten Dachräumen, Werkstätten, Läden, Lager- und ähnlichen Räumen** sowie zu **sonstigen Räumen und Nutzungseinheiten mit einer Grundfläche von mehr als 200 qm** bedarf es mindestens **feuerhemmender, rauchdichter und selbstschließender Abschlüsse.** Ziffer 17.1 der ehemaligen VV zur BauO NRW 2000 definierte **rauchdichte Türen** wie folgt: «Rauchdichte Türen (vgl. z.B. § 37 Abs. 5 und 10 sowie § 38 Abs. 2) sind solche nach DIN 18095 – Rauchschutztüren –«. 39

Wohnungen benötigen nur **dichtabschließende Abschlüsse.** Hierbei handelt es sich nicht um Rauchschutztüren. Laut Ziffer 17.1 der ehemaligen VV zur BauO NRW 2000 galten Türen als **dichtschließend,** wenn sie mit einem stumpf einschlagenden oder gefälzten Türblatt und einer mindestens dreiseitig umlaufenden Dichtung ausgestattet waren. Verglasungen in diesen Türen wurden als zulässig bezeichnet. Die Türen sind nicht selbstschließend. Diese Erleichterung wird in der Begründung zur Novelle wie folgt erläutert:»*Selbstschließende Türen widersprechen den Zielsetzungen der Barrierefreiheit insoweit, als vor allem behinderte oder ältere Menschen im alltäglichen Gebrauch eine erheblich größere Kraft aufwenden müssen, um die Türen zu betätigen*«. 40

Zu **sonstigen Räumen und Nutzungseinheiten** (z. B. Büros, Arztpraxen usw.) werden mindestens **dicht- und selbstschließende Abschlüsse** verlangt (zur Abschottung einer Anwaltspraxis vgl. OVG NRW, E. v. 21.08.1992 – 11 A 804/90, BRS 54, Nr. 86). 41

Öffnungen zu notwendigen Fluren (§ 36 BauO NRW) benötigen **rauchdichte und selbstschließende Abschlüsse** (vgl. hierzu: OVG NRW, E. v. 31.01.2001 – B 122/01). 42

43 Im Übrigen dürfen die Feuerschutz- und Rauchschutzabschlüsse lichtdurchlässige Seitenteile und Oberlichte enthalten, wenn der Abschluss insgesamt nicht breiter als 2,50 m ist. Diese Vorgabe »begrenzt die Breite von Türen zum Treppenraum auf 2,50 m, um übergroße Türanlagen ohne Rauch- bzw. Feuerschutz auszuschließen, bei denen die Wand zur Tür wird.« (Zitat aus der Begründung zu § 35 Abs. 6 BauO NRW).

8 Zu Abs. 7 – Erfordernis der Beleuchtung

44 Zur Unterstützung der Funktion des notwendigen Treppenraumes als vertikalen Rettungsweg verlangt § 35 Abs. 8 BauO NRWW eine **ausreichende Beleuchtung**. Die ausreichende Beleuchtung wird bei Lage des Treppenraumes an der Außenwand durch öffenbare Fenster in bestimmter Größe und durch eine (unabhängige) Beleuchtung gewährleistet. Liegt ein notwendiger Treppenraum ohne Fenster in einem Gebäude mit einer Höhe (§ 2 Abs. 3 S. 2 BauO NRW) von mehr als 13 m auf, bedarf es einer **Sicherheitsbeleuchtung** (zur Ersatzstromversorgung vgl. OVG Niedersachsen 28.09.2004 – 1 LA 23/04, BRS 67, Nr. 148). Nunmehr wird nicht mehr auf die Zahl der Geschosse, sondern auf die Höhe abgestellt (zur. Höhenermittlung für Gebäudeklasse 4 siehe: § 2 Absatz 3 S. 2 BauO NRW). **Die Sicherheitsbeleuchtung soll es Personen auch bei Stromausfall ermöglichen, im Brandfalle den in einem notwendigen Treppenraum situierten ersten Rettungsweg sicher zu benutzen und das Gebäude ungefährdet zu verlassen** (zur Sicherheitsbeleuchtung bei Treppenräumen bzw. Rettungswegen in **Versammlungsstätten** vgl. § 15 SBauVO, in **Beherbergungsstätten** vgl. § 54 SBauVO, in **Verkaufsstätten** vgl. § 77 SBauVO, in **Hochhäusern** vgl. § 108 SBauVO und in **Garagen** vgl. § 135 BauO NRW).

9 Zu Abs. 8 – Erfordernis der Belüftung

45 Ergänzend fordert § 35 Abs. 8 BauO NRW für notwendige Treppenräume eine **Belüftung** und die **Möglichkeit der Entrauchung**. Da die Differenzierung zwischen außen- und innenliegenden Treppenräumen aufgegeben wurde, sieht die Vorschrift wahlweise folgende Alternativen vor:

46 a) in jedem oberirdischen Geschoss **unmittelbar ins Freie führende – öffenbare – Fenster**

oder

47 b) an der obersten Stelle eine **Öffnung zur Rauchableitung**.

48 Für Gebäude der Gebäudeklasse 5 (§ 2 Abs. 3 Nr. 5 BauO NRW) bedarf es auch im Falle der ersten Alternative an der obersten Stelle zusätzlich einer **Öffnung zur Rauchableitung**. Wählt der Bauherr die zweite Alternative (= innenliegender Treppenraum), muss er bei Gebäuden der Gebäudeklassen 4 und 5 – soweit mit Blick auf das Schutzziel erforderlich – **besondere Vorkehrungen** (gegen Raucheintritt bzw. Verqualmung bzw. effektiver Entrauchung) treffen. Diese zusätzlichen Maßnahmen müssen aber **begründet** und **verhältnismäßig** sein. In diesem Zusammenhang weist die Handlungsempfehlung des Fachministeriums darauf hin, dass »besondere

Vorkehrungen... sich je nach Lage des Treppenraums im Gebäude beispielsweise auf die Zuluftzuführung erstrecken können, da eine offene Haustür bei Treppenräumen im Inneren von Gebäuden nicht zur Verfügung steht«. Nach der BauO 2000 waren innenliegende notwendige Treppenräume nur zulässig, wenn deren Benutzung im Brandfalle durch Raucheintritt nicht gefährdet sein könnte. Hierfür schuldete der Bauherr den entsprechenden Nachweis. Die ehemalige VV zu § 37 BauO 2000 stellte klar, welche allgemeinen Anforderungen erfüllt sein mussten, damit eine solche Gefährdung nicht besteht. Je nach Gebäudetyp oder in Abhängigkeit von der Anzahl der angeschlossenen Wohnungen bzw. Nutzungseinheiten wurden vorgelagerte Vorräume oder T 30 RS- Türen mit Freilauf-Türschließern verlangt oder eine Überdrucklüftungsanlage verlangt. In der Begründung der Novelle heißt es hierzu: »*Zur Erfüllung der Grundanforderung sind nach Satz 3 in Abhängigkeit von der Gebäudeklasse und der Beschaffenheit des Treppenraums zusätzliche Maßnahmen erforderlich. Diese können bei Treppenräumen ohne Fenster zum Beispiel darin bestehen, dass der Raucheintritt aus anschließenden Nutzungseinheiten begrenzt (Anordnung notwendiger Flure/Vorräume, qualifizierte Abschlüsse) und die Zuluftzufuhr verstärkt wird (ggf. maschinelle Spülluft)*«.

Öffenbare Fenster müssen einen freien Querschnitt von mindestens 0,50 m haben. 49
Es handelt sich nicht um Rettungsfenster, sie müssen aber zu öffnen sein. Sie sollen sicherstellen, dass der Treppenraum als Rettungsweg seine Funktion im Brandfalle erfüllen kann. **Es geht um die sogenannte Kaltentrauchung, damit die Selbstrettung der Bewohner bzw. Nutzer nicht gefährdet wird und der Treppenraum auch für die Feuerwehr zugänglich bleibt.** Das OVG Bln, E. v. 22.05.2002 – 2 S 10.02 (BRS 65, Nr. 137), hat im Übrigen die bauaufsichtliche Forderung zur Beseitigung von Schlössern an Fenstern in einem notwendigen Treppenraum bestätigt. Dem stand auch nicht die Verteilung der Schlüssel an die Mieter entgegen.

Die unter b) genannten Öffnungen zur Rauchableitung müssen in jedem Treppen- 50
raum einen freien Querschnitt von mindestens 1 qm haben und vom Erdgeschoss aus mittels einer Vorrichtung bedient werden können. Hierzu äußert sich die Begründung zur Novelle wie folgt: »Der Begriff »Rauchabzug« (§ 37 Absatz 12 BauO 2000) wird ersetzt durch »Öffnung zur Rauchableitung« um klarzustellen, dass keine Rauchabzugsanlage und auch keine automatische Einschaltung verlangt werden; das Öffnen erfolgt in der Regel durch die Feuerwehr, die auch die erforderliche Zuluftzufuhr (i. d. R. durch offene Haustür) herstellt. Die Öffnung muss einen freien Querschnitt von 1 m² haben; auf die Bemessung in Prozent der Grundfläche wurde verzichtet. Satz 5 bestimmt die Mindestgröße der Öffnungen für die Rauchableitung und regelt die Bedienung der Abschlüsse dieser Öffnungen.«. Diese Öffnung kann natürlich auch ein eingebautes **Dachflächenfenster** sein. Zur zulässigen bauaufsichtlichen Forderung nach einer nachträglichen Vergrößerung der vorhandenen Rauchabzugsöffnung (auf 5 % der Grundfläche des Treppenraumes) in einem mehrgeschossigen Wohnhaus mit 48 Eigentumswohnungen vgl. OVG Niedersachsen, E. v. 17.01.1986 – 6 B 1/86 (BauR 1986, 684 ff.).

10 Zu Abs. 9 – Besondere Anforderungen für Geschosse mit mehr als vier Wohnungen

51 Weisen Geschosse mehr als vier Wohnungen auf, müssen notwendige Flure angeordnet werden. Hierbei handelt es sich um Flure, über die Rettungswege aus Aufenthaltsräumen oder aus Nutzungseinheiten mit Aufenthaltsräumen zu Ausgängen in notwendige Treppenräume oder ins Freie führen (§ 36 Abs. 1 BauO NRW). Diese müssen so angeordnet und ausgebildet sein, dass die Nutzung im Brandfall ausreichend lang möglich ist. Um dieses Schutzziel zu erreichen, beinhalten die Abs. 2 ff. des § 36 BauO NRW entsprechende materielle Anforderungen. Die grundsätzliche Forderung wird damit begründet, dass Öffnungen zu Wohnungen in notwendigen Treppenräumen – auch aus Gründen der Barrierefreiheit – nur dichtschließende Abschlüsse haben müssen. Die Handlungsempfehlung des Fachministeriums weist aber in diesem Zusammenhang darauf hin, *»alle anderen Öffnungen zu notwendigen Treppenräumen ... nach Absatz 6 Nr. 1 bis 3 immer selbstschließende Abschlüsse haben müssen, so dass in solchen Fällen, unabhängig von der Anzahl der Öffnungen, auf die Anordnung eines notwendigen Flures verzichtet werden kann«.* Daraus lässt sich schließen, dass eine Abweichung zulässig sein könnte, wenn Türen selbstschließend eingestellt werden. Zur Doppelnutzung von Fluren vgl. OVG NRW, E. v. 07.07.1997 – 10 A 3367/94 (BRS 59, Nr. 124). Demnach setzt die Sicherstellung zweier alternativer tauglicher Rettungswege deren funktionale Unabhängigkeit voneinander voraus.

§ 36 Notwendige Flure, offene Gänge

(1) Flure, über die Rettungswege aus Aufenthaltsräumen oder aus Nutzungseinheiten mit Aufenthaltsräumen zu Ausgängen in notwendige Treppenräume oder ins Freie führen (notwendige Flure), müssen so angeordnet und ausgebildet sein, dass die Nutzung im Brandfall ausreichend lang möglich ist. Notwendige Flure sind nicht erforderlich
1. in Wohngebäuden der Gebäudeklassen 1 und 2,
2. in sonstigen Gebäuden der Gebäudeklassen 1 und 2, ausgenommen in Kellergeschossen,
3. innerhalb von Nutzungseinheiten mit nicht mehr als 200 m² und innerhalb von Wohnungen sowie
4. innerhalb von Nutzungseinheiten, die einer Büro- oder Verwaltungsnutzung dienen, mit nicht mehr als 400 m²; das gilt auch für Teile größerer Nutzungseinheiten, wenn diese Teile nicht größer als 400 m² sind, Trennwände nach § 29 Absatz 2 Nummer 1 haben und jeder Teil unabhängig von anderen Teilen Rettungswege nach § 33 Absatz 1 hat.

(2) Notwendige Flure müssen so breit sein, dass sie für den größten zu erwartenden Verkehr ausreichen. In den Fluren ist eine Folge von weniger als drei Stufen unzulässig.

(3) Notwendige Flure sind durch nichtabschließbare, rauchdichte und selbstschließende Abschlüsse in Rauchabschnitte zu unterteilen. Die Rauchabschnitte sollen nicht länger als 30 m sein. Die Abschlüsse sind bis an die Rohdecke zu führen. Sie dürfen bis an die Unterdecke der Flure geführt werden, wenn die Unterdecke feuerhemmend ist. Notwendige Flure mit nur einer Fluchtrichtung, die zu einem Sicherheitstreppenraum führen, dürfen nicht länger als 15 m sein. Die Sätze 1 bis 5 gelten nicht für offene Gänge nach Absatz 5.

(4) Die Wände notwendiger Flure müssen als raumabschließende Bauteile feuerhemmend, in Kellergeschossen, deren tragende und aussteifende Bauteile feuerbeständig sein müssen, feuerbeständig sein. Die Wände sind bis an die Rohdecke zu führen. Sie dürfen bis an die Unterdecke der Flure geführt werden, wenn die Unterdecke feuerhemmend und ein demjenigen nach Satz 1 vergleichbarer Raumabschluss sichergestellt ist. Türen in diesen Wänden müssen dicht schließen. Öffnungen zu Lagerbereichen im Kellergeschoss müssen feuerhemmende, dicht- und selbstschließende Abschlüsse haben.

(5) Für Wände und Brüstungen notwendiger Flure mit nur einer Fluchtrichtung, die als offene Gänge vor den Außenwänden angeordnet sind, gilt Absatz 4 entsprechend. Fenster sind in diesen Außenwänden ab einer Brüstungshöhe von 0,90 m zulässig.

(6) In notwendigen Fluren sowie in offenen Gängen nach Absatz 5 müssen
1. Bekleidungen, Putze, Unterdecken und Dämmstoffe aus nichtbrennbaren Baustoffen bestehen und
2. Wände und Decken aus brennbaren Baustoffen eine Bekleidung aus nichtbrennbaren Baustoffen in ausreichender Dicke haben und
3. Fußbodenbeläge mindestens schwerentflammbar sein.

Übersicht   Rdn.
0 Änderungen gegenüber der BauO NW 1984, der BauO NW 1995 und der
   BauO NW 2000 01
1 Allgemeines 1
2 Zu Abs. 1 – Der notwendige Flur 4
3 Zu Abs. 2 – Abmessungen; Zulässigkeit von Stufen 14
4 Zu Abs. 3 – Rauchabschnitte; Stichflure 18
5 Zu Abs. 4 – Flurtrennwände im Gebäudeinnern 24
6 Zu Abs. 5 – Flurwände im Bereich offener Gänge 42
7 Zu Abs. 6 – Bekleidungen, Unterdecken, Dämmstoffe 48

0 Änderungen gegenüber der BauO NW 1984, der BauO NW 1995 und der BauO NW 2000

Mit der **BauO NRW 1995** wurde § 34 BauO NW 1984 übernommen, jedoch ein neuer Abs. 1 mit der Begriffsbestimmung des notwendigen Flurs vorangestellt, wodurch sich die alten Absätze 1–4 zu den neuen Absätzen 2–5 verschoben haben. 01

02 Der bis 1995 verwendete Begriff »**allgemein zugänglicher Flur als Rettungsweg**« wurde ersetzt durch den neuen Begriff »**notwendiger Flur**«. Der bisherige Begriff war – anders als der Begriff »notwendige Treppe« – nicht definiert. Gleichwohl wurden in § 34 BauO NRW 1984 Anforderungen an den allgemein zugänglichen Flur als Rettungsweg gestellt, und zwar an die Breite, die Unterteilung, an die Feuerwiderstandsdauer der Wände sowie an die Entflammbarkeit der Baustoffe. Letztendlich ist jeder Flur allgemein zugänglich und fast jeder Flur dient auch als Rettungsweg, selbst der Flur einer Wohnung, in der Besuch empfangen wird.

03 An die Flure in Wohnungen oder in Nutzungseinheiten vergleichbarer Größe – als Anhaltswert hatte sich in der Anwendungspraxis der Vorschrift eine Größe bis zu 200 m² festgesetzt – wurden jedoch nur in seltenen Fällen Anforderungen gestellt. So ergab sich die Notwendigkeit, analog zu den Regelungen über die notwendige Treppe und deren Treppenraum, einer Legaldefinition dieses Flures.

04 Die Definition erfolgte durch die ARGEBAU in Zusammenarbeit mit den Vertretern der Feuerwehren, sie fand Eingang in § 33 MBO 1996 (s. Böckenförde/Temme/Krebs, Einführung S. XVI f.).

05 Eine weitere umfangreiche, mit der BauO NRW 1995 bewirkte Änderung betraf die Anforderungen an **Flurtrennwände im Bereich offener Gänge**. Die bisher in § 34 Abs. 3 BauO NRW 1984 enthaltenen Vorschriften wurden in § 38 Abs. 4 BauO NRW 1995 übernommen sowie materiell und redaktionell den Regelungen des vorangestellten Abs. 3 (Abs. 2 alt) und der MBO 1996 angepasst.

06 Die **BauO NRW 2000** hat § 38 BauO NRW 1995 übernommen, jedoch **Abs. 3** mit Regelungen zur **Längenbegrenzung notwendiger Flure und Stichflure** neu eingefügt. Hierdurch verschoben sich die alten Absätze 3–5 zu den neuen Absätzen 4–6. Im neuen **Abs. 4** wurde **Satz 3** um einen zusätzlichen Halbsatz mit **Anforderungen an Türen in Wänden notwendiger Flure** ergänzt. Dem neuen **Abs. 6** wurde **Satz 3** mit einer Anforderung an **Leitungsanlagen in notwendigen Fluren** angefügt.

07 Die BauO NRW 2018 ergänzt **Abs. 1 Satz 1** um die Formulierung des Schutzziels der Vorschrift. **Abs. 1 Satz 2** nimmt nun weitere Fälle von der Erforderlichkeit von notwendigen Fluren aus. Neu ist die Ausnahme für alle Gebäude der Gebäudeklassen 1 und 2 (**Nr. 1 und 2**). Zusätzlich nimmt **Nr. 3** nunmehr Nutzungseinheiten mit nicht mehr als 200 m² ausdrücklich aus und stellt zudem klar, dass innerhalb von Wohnungen notwendige Flure grundsätzlich nicht erforderlich sind. **Nr. 4** verzichtet auf die Beschränkung einer Büro- und Verwaltungsnutzung auf ein Geschoss. Neu aufgenommen wird die Möglichkeit, auch in Teilen großer Nutzungseinheiten unter bestimmten Voraussetzungen auf notwendige Flure zu verzichten. Der Maßstab der »Nutzfläche« für die Ermittlung der relevanten Flächengröße entfällt. Maßgebend ist nunmehr die Brutto-Grundfläche (vgl. § 2 Abs. 3 Satz 3 BauO NRW).

08 **Abs. 3** regelt nunmehr die Unterteilung von Fluren in Rauchabschnitte (Abs. 2 Satz 2 alt). **Abs. 3 Satz 3** stellt zusätzlich klar, dass Rauchabschlüsse bis an die Rohdecke zu führen sind. **Abs. 3 Satz 4** konkretisiert die allgemeine Anforderung »sicher

erreichbar« (vgl. § 33 Abs. 2 Satz 3 BauO NRW). Die Länge eines Flurs mit nur einer Fluchtrichtung wird auf 15 m begrenzt. Die Regelung gilt nur noch für Stichflure, die zu einem Sicherheitstreppenraum führen.

Abs. 4 enthält die Anforderungen an Wände notwendiger Flure. Die Wände müssen feuerhemmend, in Kellergeschossen ggf. feuerbeständig sein. Die Baustoffanforderung des bisherigen **Abs. 4 Satz 1 Nr. 2** entfällt. An ihre Stelle treten die Anforderungen an flurseitige Oberflächen gemäß dem neuen **Abs. 6**. 09

Die Anforderungen gemäß **Abs. 4** gelten gemäß **Abs. 5** bei offenen Gängen nur, wenn die Gänge lediglich über eine Fluchtrichtung verfügen. Die flurseitigen Baustoffanforderungen gemäß dem neuen Abs. 6 werden teilweise modifiziert. Für Wände aus brennbaren Baustoffen wird in Abs. 6 Nr. 2 verlangt, dass sie eine Bekleidung aus nichtbrennbaren Baustoffen in ausreichender Dicke erhalten. 010

Die Anforderungen an notwendige Flure und offene Gänge werden nunmehr unter A 2.1.12 der VV TB NRW konkretisiert. 011

1 Allgemeines

Als **Rettungsweg** dienende **notwendige** Flure sind wesentlicher Teil im System der Rettungswege (s. Anmerkungen zu § 14 Rdn. 14). Notwendige Flure sind die **horizontale Verbindung** einzelner Aufenthaltsräume oder Nutzungseinheiten mit Aufenthaltsräumen **mit dem Treppenraum oder dem Freien**. Damit notwendige Flure im Brandfall sowohl als Rettungsweg für denjenigen, der sich selbst retten kann als auch für die Feuerwehr als Rettungs- und Löschangriffsweg möglichst lange benutzbar bleiben, stellen die Bauordnungen an sie hohe Anforderungen. Die Anforderungen erstrecken sich auf die Abmessungen und Unterteilungen in »**Rauchabschnitte**«, auf die Feuerwiderstandsdauer der tragenden Bauteile, auf die Brennbarkeit der Baustoffe in Wänden, Decken, Unterdecken und Bekleidungen und auf die Dichtheit der Verschlüsse in den Flurwänden. 1

Ein **notwendiger Flur**, der als Rettungsweg dient, kann **nicht gleichzeitig Aufenthaltsraum** (z.B. als Warteraum in Kliniken, Gemeinschaftsraum in Heimen; vgl. nunmehr aber Nr. 4.3.4 der Richtlinie über bauaufsichtliche Anforderungen an den Bau und Betrieb von Einrichtungen mit Pflege- und Betreuungsleistungen NRW), Aktenkammer (z.B. in Verwaltungsgebäuden) oder Installationskanal sein. Er muss jederzeit seiner Funktion gerecht werden können, da er **im Gefahrenfall** als **Rettungsweg** dient. 2

Die Legaldefinition des notwendigen Flures gilt auch für Vorschriften aufgrund der BauO NRW. In der SBauVO NRW wurde nunmehr in konsequenter Weise der bisher in Sonderbauverordnungen verwendete Begriff »allgemein zugänglicher Flur« durch den Begriff »notwendiger Flur« ersetzt. In verschiedenen Vorschriften der SBauVO NRW (vgl. z.B. §§ 52, 69 und 100) werden gesonderte Anforderungen an notwendige Flure gestellt. 3

§ 36 Notwendige Flure, offene Gänge

2 Zu Abs. 1 – Der notwendige Flur

4   Abs. 1 enthält die **Legaldefinition** des »notwendigen Flures«. Ein **Flur** gilt als »notwendig«, wenn er dazu dient, **als Rettungsweg** Aufenthaltsräume mit Treppenräumen notwendiger Treppen oder mit Ausgängen ins Freie zu verbinden. Nach dem in § 36 Abs. 1 Satz 1 BauO NRW nunmehr festgelegten Schutzziel müssen notwendige Flure so angeordnet und ausgebildet sein, dass die Nutzung im Brandfall ausreichend lang möglich ist.

5   In den abschließend im Gesetz aufgezählten Fällen sind notwendige Flure **nicht erforderlich**. Hierzu zählen nach § 36 Satz 2 Nr. 1 und 2 BauO NRW zunächst alle Gebäude der **Gebäudeklassen 1 und 2** mit Ausnahme der Kellergeschosse von Gebäuden der Gebäudeklassen 1 und 2, die keine Wohngebäude sind.

6   Satz 2 Nr. 3 nimmt Nutzungseinheiten mit **nicht mehr als 200 m²** generell aus und stellt klar, dass **innerhalb von Wohnungen** notwendige Flure nicht erforderlich sind. Schon bislang nahm die Praxis eine vergleichbare Größe bei Nutzungseinheiten mit einer wohnungsähnlichen Nutzung und einer Größe bis zu 200 m² an (vgl. die Vorauflage § 38 Rn. 6). Der Gesetzgeber hat diese Annahme nun zum Gesetzesinhalt erhoben.

7   Gemäß § 2 Abs. 3 Satz 3 ist für die Ermittlung der Flächengröße die Brutto-Grundfläche maßgebend. Abweichend von der früheren Anknüpfung an die Nutzfläche, die gemäß DIN 277 zu ermitteln war, sind damit auch technische Funktionsflächen und Verkehrsflächen anzurechnen (vgl. § 2 Rdn. 208).

8   Nach Satz 2 Nr. 4 sind notwendige Flure ferner nicht erforderlich innerhalb von Nutzungseinheiten, die einer **Büro- oder Verwaltungsnutzung** dienen und die nicht größer als 400 m² sind. Dies gilt auch für Teile größerer Nutzungseinheiten, wenn die Teileinheit brandschutztechnisch einer selbstständigen Nutzungseinheit entspricht. Auch insofern ist nunmehr die Brutto-Grundfläche maßgebend (vgl. § 2 Abs. 3 S. 3).

9   Die **Wege innerhalb großer Räume**, wie in Großraumbüros oder Produktionsstätten, können zwar Rettungswege sein, die auch von anderen Aufenthaltsräumen zum Treppenraum führen. Diese Wege sind jedoch **keine notwendigen Flure** und brauchen somit nicht den Anforderungen des § 36 BauO NRW zu entsprechen. Die Rettungswegsituation in Großräumen ist häufig günstiger, weil überschaubarer, als z.B. in Verwaltungsgebäuden mit einer Vielzahl von einzelnen Büroräumen. Entstehungsbrände können in Großräumen frühzeitig erkannt und von den Benutzern des Raumes sofort bekämpft werden.

10   Mit der Regelung in § 36 Abs. 1 Satz 2 Nr. 4 BauO NRW ergibt sich eine wesentliche **Erleichterung** für die hiervon betroffenen Nutzungseinheiten nicht nur in materieller, sondern auch in **verfahrensrechtlicher Hinsicht**. Ist es doch häufig so, dass der Bauherr eines Büro- oder Verwaltungsgebäudes zum Zeitpunkt der Stellung eines Bauantrages noch nicht weiß, wie die einzelnen Geschosse bzw. Nutzungseinheiten seines Gebäudes später aufgeteilt werden. Oft kennt er noch nicht einmal die späteren Nutzer und deren Wünsche im Hinblick auf die Raumaufteilung. Sind die einzelnen Nutzungseinheiten nicht größer als 400 m², so bleibt es nach erfolgter Baugenehmigung dem

späteren Nutzer überlassen, wie er seine Raumaufteilung gestaltet, ob als Großraumbüro, als Kombination von Großraum- mit Einzelbüros oder als durch Flure erschlossene Einzelbüros.

Die Beschränkung der Fläche auf 400 m² innerhalb von Nutzungseinheiten, die einer 11
Büro- oder Verwaltungsnutzung dienen, bedeutet nicht, dass bei größeren Nutzungseinheiten verlangt wird, sie mit notwendigen Fluren auszustatten. Selbstverständlich sind nach wie vor größere Nutzungseinheiten als Großraumbüro zulässig, sofern – der Vorschrift des Abs. 2 entsprechend – von jeder Stelle dieses Büros mindestens ein notwendiger Treppenraum oder ein Ausgang ins Freie in höchstens 35 m Entfernung (Lauflinie) erreichbar ist. Der Bauherr bzw. der Nutzer eines Großraumbüros, bei dem diese Entfernung knapp bemessen ist, wird mit der Umgestaltung dieses Büros mit Fluren, die dann »notwendige« Flure wären, Probleme mit der zum notwendigen Treppenraum einzuhaltenden Entfernung haben.

Nicht notwendige Flure in den zuvor genannten Wohnungen bzw. Nutzungsein- 12
heiten können auch Zwecken dienen, zu denen ein notwendiger Flur nicht genutzt werden darf, z.B. als Empfangsraum, als Büroraum oder als Aktenraum. Wird eine solche Einheit durch Flurtrennwände unterteilt, so brauchen diese Wände keiner Feuerwiderstandsklasse anzugehören, so dass sie z.B. insgesamt aus Glas bestehen können.

Die Anforderungen des § 38 BauO NRW gelten grundsätzlich auch für notwendige 13
Flure in **Kindertageseinrichtungen**, die als sog. Spielflure genutzt werden. Nur wenn der Flur weder für die Rettung von Personen noch als Angriffsweg der Feuerwehr benötigt wird, z.B. weil die Rettungswege aller Räume über Ausgänge ins Freie geführt werden, kann auf die Ausbildung eines notwendigen Flures verzichtet werden (Niederschrift über die Besprechung mit den Bauaufsichtsbehörden 2013, S. 17).

3 Zu Abs. 2 – Abmessungen; Zulässigkeit von Stufen

Die **nutzbare Breite** von notwendigen Fluren richtet sich nach dem größten zu er- 14
wartenden Verkehr. Als Mindestmaß kann hier das für notwendige Treppen bislang in § 36 Abs. 5 BauO NRW 2000 vorgeschriebene Maß von 1 m gelten (so nun auch die Handlungsempfehlung zur BauO NRW 2018). Die Regelung zu der erforderlichen Breite notweniger Treppen ist nunmehr in § 34 Abs. 5 BauO NRW wegen der Einführung der DIN 18065 als Technische Baubestimmung nicht mehr enthalten. Die DIN 18065 enthält Maßangaben zur Breite von Treppen, so dass der bisherige Gesetzeswortlaut in § 36 Abs. 5 BauO 2000 entbehrlich wurde. Inhaltlich ergibt sich daraus jedoch keine Änderung für die erforderliche Breite von notwendigen Fluren.

Größere Abmessungen können zwar sinnvoll sein, können jedoch in der Regel nur 15
bei Sonderbauten aufgrund der Ermächtigung des § 50 Abs. 1 Nr. 9 BauO NRW gefordert werden. Nach der Handlungsempfehlung zur BauO NRW 2018 können sich größere Breiten auch durch Anforderungen aus der barrierefreien Nutzung eines Gebäudes ergeben.

Bei Arbeitsstätten ist in der Praxis zu beobachten, dass immer wieder Unsicherheit im 16
Hinblick auf die Beachtung der Anforderungen gemäß Zi. 5 Abs. 3 der Technischen

Regel für Arbeitsstätten »Fluchtwege und Notausgänge, Flucht- und Rettungswegplan« (ASR A 2.3 Ausgabe 2007, zuletzt geändert GMBl. 2017, S. 8) besteht. Aus Anlass von Nutzungsänderungen ergibt sich häufig das Problem, dass die Flurbreiten insbesondere in älteren Gebäuden die Mindestbreite der Fluchtwege gemäß Zi. 5 Abs. 3 der ASR A 2.3 unterschreiten. Die jüngere Rechtsprechung des OVG Münster, wonach die Anforderungen der ArbStättVO im Grundsatz zwingend zu beachten sind (Beschl. v. 17.01.2018 – 8 A 1648/16, juris), findet in diesen Fällen keine Anwendung, da die ArbStättVO selbst keine verbindlichen Anforderungen für die Fluchtwegbreite in Arbeitsstätten beinhaltet. Deshalb besteht für den Arbeitgeber die Möglichkeit, gemäß § 3 Abs. 1 ArbStättVO von den Mindestbreiten der ASR A 2.3 abzuweichen, wenn durch andere Maßnahmen die gleiche Sicherheit erreicht werden kann. In diesem Zusammenhang wird von Planern und Bauherren immer wieder bestritten, dass die Mindestbreiten gemäß ASR A 2.3 dem Stand der Technik entsprechen. Für die Begründung einer Abweichung kann neben der konkreten Ausstattung des Gebäudes (Anzahl der baulichen Rettungswege; dynamische Evakuierung) auch ein Vergleich mit den Rettungswegbreiten gemäß § 7 Abs. 3 SBauVO NRW für Versammlungsstätten argumentative Unterstützung bieten.

17 Innerhalb notwendiger Flure ist eine Folge von **weniger als drei Stufen** unzulässig. Hierdurch soll **Stolpergefahren** insbesondere im Gefahrenfall vorgebeugt werden. Es hat sich nämlich herausgestellt, dass Personen im Allgemeinen geringe Höhenunterschiede von lediglich ein oder zwei Stufen in Fluren leicht übersehen. Sollte ein derart geringer Höhenunterschied gebäudebedingt nicht zu umgehen sein, muss er durch eine Rampe überwunden werden.

4 Zu Abs. 3 – Rauchabschnitte; Stichflure

18 Um eine Rauchausbreitung über notwendige Flure zu behindern und eine Selbstrettung von Personen zu ermöglichen, müssen notwendige Flure gemäß § 36 Abs. 3 BauO NRW mit nicht abschließbaren, rauchdichten und selbstschließenden Abschlüssen (Rauchschutzabschlüssen) in maximal 30 m lange **Rauchabschnitte** unterteilt werden. Die Rauchschutzabschlüsse dürfen raumhoch und in Flurbreite ausgeführt werden sowie über feststehende Seitenteile und Oberlichter verfügen. Im Übrigen gelten die Anforderungen an Rauchschutzabschlüsse nach Abschnitt A 2.1.11 der VV TB NRW. Zur Erfüllung dieser Anforderungen ist die Technische Regel A 2.2.1.2 zu beachten (vgl. für das Vorstehende nunmehr A 2.1.12 VV TB NRW).

19 Durch die Forderungen von Rauchabschnitten soll einer raschen Rauchausbreitung zumindest in der Anfangsphase eines Brandes vorgebeugt werden. Die so entstehenden Rettungsweglängen innerhalb eines Rauchabschnitts betragen bei Fluchtmöglichkeit in zwei Richtungen höchstens 15 m. Die Türen dürfen während des »normalen« Betriebes offen gehalten werden, wenn sie mit einer auf Rauch ansprechenden **Feststellvorrichtung** versehen sind, sich also bei Rauchentwicklung selbsttätig schließen. Solche Feststellvorrichtungen sind immer dort zu empfehlen, wo im Verlauf von Fluren, als stark frequentierte Verkehrswege, Feuerschutztüren oder Rauchschutztüren anzuordnen sind.

§ 36 Abs. 3 Satz 4 BauO NRW nimmt Bezug auf die Ergänzung in § 34 Abs. 2 Satz 4 20
Nr. 1 BauO NRW, wonach der **Sicherheitstreppenraum** (s. Anmerkungen zu § 33
Rdn. 42 ff.) »sicher erreichbar« sein muss. Da der zweite vertikale Rettungsweg in
diesem Fall fehlt, muss der Sicherheitstreppenraum als einziger vertikaler Rettungsweg
so beschaffen sein, dass in ihn Feuer und Rauch nicht eindringen können. Für Sicherheitstreppenräume beschrieb bislang Nr. 37.43 VV BauO NRW die zu erfüllenden
Anforderungen. Ergänzend zu § 33 Abs. 2 Satz 4 Nr. 1 BauO NRW enthält § 36
Abs. 3 **Satz 4** BauO NRW nunmehr eine **Längenbegrenzung** von **15 m** für notwendige Flure mit nur einer Fluchtrichtung, die zu einem Sicherheitstreppenraum führen.

Die Längenbegrenzung ist erforderlich, weil nie ganz ausgeschlossen werden kann, 21
dass im Brandfall infolge menschlichen Fehlverhaltens oder technischer Mängel nicht
doch Rauch in den Flur eintritt. In diesem Fall besteht immer noch eine Chance, sich
durch den verrauchten Flur über die relativ kurze Distanz von 15 m, zum Sicherheitstreppenraum begeben zu können. Die Regelung orientiert sich nun wieder an dem
Maß gemäß § 36 Abs. 3 Satz 4 MBO, nachdem § 38 Abs. 3 BauO NRW 2000 das
zulässige Maß auf 10 m verkürzt hatte.

Der nach Satz 1 zulässige 15 m lange notwendige Flur muss nicht unmittelbar an den 22
notwendigen Treppenraum anschließen. Der dem notwendigen Treppenraum vorgelagerte **offene Gang** oder die **Schleuse** rechnet bereits zum »sicheren Bereich«, in den
Feuer und Rauch nicht eindringen können. Diese Gänge und Schleusen können daher
nicht auf die zulässige Länge des notwendigen Flures bzw. Stichflures zum Nachteil
des Bauherrn angerechnet werden. Voraussetzung ist allerdings, dass der offene Gang
bzw. die Schleuse tatsächlich gegen das Eindringen von Feuer und Rauch gesichert
sind (s. bislang Nr. 37.431 und Nr. 37.432 der ehemaligen VV BauO NRW; vgl. zu
der Maßgeblichkeit der ehemaligen VV BauO NRW die Ausführungen unter § 33
Rn. 43).

Die frühere Regelung für notwendige Flure, die als Stichflure nur eine Fluchtrichtung 23
haben, ohne zu einem Sicherheitstreppenraum zu führen, wurde mit der BauO NRW
2018 aufgehoben. Damit sind Stichflure, die nicht zu einem Sicherheitstreppenraum
führen, ohne Längenbegrenzung zulässig. Der Gesetzgeber geht insofern davon aus,
dass die Gebäudesicherheit durch die Erforderlichkeit eines zweiten Rettungsweges
der Nutzungseinheiten bzw. Räume, die an den notwendigen Flur anbinden, sowie
durch die Begrenzung der Rauchabschnitte auf 30 m erreicht wird (vgl. zu der Möglichkeit beide Rettungswege innerhalb eines Geschosses über einen gemeinsamen notwendigen Flur zu führen, § 33 Rdn. 17 ff.).

5 Zu Abs. 4 – Flurtrennwände im Gebäudeinnern

Auch die gesetzlichen Anforderungen an die Wände notwendiger Flure – nachfolgend 24
wegen ihrer besonderen Aufgabe im Brandfall als **Flurtrennwände** bezeichnet – und
an Türen in diesen Wänden haben gegenüber § 38 Abs. 4 BauO NRW 2000 durch
die Novellierung eine Änderung erfahren. Die frühere Unterscheidung der Anforderungen in Abhängigkeit vom Gebäudetyp ist entfallen.

25 Die Anforderungen gemäß § 36 Abs. 4 BauO NRW werden durch **A 2.1.12 VV TB NRW** wie folgt konkretisiert:

26 »*In Abhängigkeit von der Verwendung in der baulichen Anlage müssen Wände notwendiger Flure gemäß § 36 Abs. 4 Satz 1 BauO NRW 2018 zur Gewährleistung der Schutzziele bei Brandeinwirkung ausreichend lang den Raumabschluss gewährleisten, soweit erforderlich standsicher sein und den Anforderungen der Abschnitte A 2.1.3.2 und A 2.1.3.3 entsprechen.*

In den Wänden notwendiger Flure sind nur für die Nutzung erforderliche Türöffnungen zulässig. Die Türen müssen gemäß § 36 Abs. 4 Satz 4 BauO NRW 2018 dicht schließen, damit im Brandfall in einer oder in einer angrenzenden Nutzungseinheit ein Raucheintritt durch konstruktive Maßnahmen an den Türen über einen gewissen Zeitraum erschwert wird. Eine Tür ist dann dichtschließend, wenn sie ein formstabiles Türblatt hat und mit einer dreiseitig umlaufenden dauerelastischen Dichtung ausgestattet ist, die aufgrund ihrer Form (Lippen-/Schlauchdichtung) und des Dichtungsweges bei der geschlossenen Tür sowohl an der Zarge als auch am Türflügel anliegt.

Bei offenstehenden Türen bzw. nach dem Durchbrand geschlossener Türen darf es auf den Oberflächen der Decken und Wände des notwendigen Flures nicht zu einer Brandausbreitung kommen, um Rettungs- und Löschmaßnahmen nicht zu erschweren. Für den Fall, dass die Decken und Wände aus brennbaren Baustoffen bestehen, ist eine Bekleidung aus nichtbrennbaren Baustoffen ausreichender Dicke erforderlich, zum Beispiel in Form einer 12,5 mm dicken Gipsplatte.«

27 Flurtrennwände sind bis an die Rohdecke zu führen. Es genügt auch eine Führung bis an die Unterdecke des Flures, wenn die Unterdecke feuerhemmend und ein entsprechend Satz 1 vergleichbarer Raumabschluss sichergestellt ist (§ 36 Abs. 4 Satz 3). Die bisherige Definition dieser Lösung als »**Fluchttunnel**« (vgl. § 38 Abs. 4 Satz 2 BauO NRW 2000) ist im Gesetzestext entfallen. Ein Fluchttunnel ist nicht zu verwechseln mit dem Rettungstunnel, der einen im Gebäudeinneren angeordneten Treppenraum mit dem Freien verbindet. Für Fluchttunnel ist nach der Norm DIN 4102-2 Abschnitt 6.2.2.5 ein besonderes Prüfverfahren vorgeschrieben:

28 »*Dient eine Unterdecke dem Schutz des darunter liegenden Raumes gegen einen Brand im Zwischendeckenbereich, so ist die Oberseite der Unterdecke dem Feuer auszusetzen.*«

29 Hierzu ist folgende Fußnote zu beachten:

30 »*Werden an den unter einer Unterdecke liegenden Raum die Anforderungen an Rettungswege gestellt und ist dieser Raum durch bis zur Unterdecke reichende Wände begrenzt, die nicht nach DIN 1053 Teil 1 oder DIN 1045 bemessen sind, so kann die Brennbarkeit der den Rettungsweg begrenzenden Bauteile nicht allein nach dieser Norm beurteilt werden; es sind weitere Nachweise zu erbringen (z.B. im Rahmen einer allgemeinen bauaufsichtlichen Zulassung).*«

31 Auf dem Markt gibt es bereits eine große Zahl solcher Fluchttunnel mit allgemeinen bauaufsichtlichen Zulassungen des DIBt.

Zur Ausführung von Wänden in notwendigen Fluren als **Brandschutzverglasungen** 32
enthält A 2.1.12 VV TB NRW nunmehr folgende Konkretisierungen:

»Sofern Wände notwendiger Flure als Brandschutzverglasungen ausgeführt werden sol- 33
len, sind die Anforderungen mit Brandschutzverglasungen erfüllt, die bei Brandeinwir-
kung nach DIN 4102-13:1990-05, Abschnitt 6.1, über die mindestens erforderliche
Zeitdauer die Ausbreitung von Feuer und Rauch sowie der Durchtritt der Wärmestrah-
lung verhindern und die Kriterien gemäß DIN 4102-13:1990-05 einhalten. Damit
die Verhinderung der Brandausbreitung nicht beeinträchtigt wird, müssen abweichend
von § 36 Abs. 4 Satz 4 BauO NRW 2018 Abschlüsse von notwendigen Öffnungen
der Brandschutzverglasung mindestens der Feuerwiderstandsdauer der Brandschutzver-
glasung entsprechen. Im Übrigen gelten die Anforderungen nach Abschnitt A 2.1.6,
auch hinsichtlich des Offenhaltens dieser Feuerschutzabschlüsse. Zur Erfüllung dieser
Anforderungen ist die Technische Regel A 2.2.1.2 zu beachten.«

Türen in den Flurtrennwänden müssen **dicht schließen**. Damit können sie auch unter 34
weitestgehender Verwendung von Glas hergestellt werden. Bei diesen Anforderungen
geht der Gesetzgeber davon aus, dass es sich hier um Türen »normalen« Ausmaßes und
nicht um »Tore«, gar geteilten Ausmaßes handelt. Da nicht vorgeschrieben ist, wie
hoch Türen sein dürfen, sind Oberlichter oberhalb der Türen auch in Glas denkbar.
Die bislang weitergehenden Anforderungen für **Türen in den Wänden von Fluren**
nach Abs. 3 Satz 4, die zu einem Sicherheitstreppenraum führen (s. vorausgehende
Rdn. 20 ff.), sind ersatzlos entfallen. Für den Verschluss von Öffnungen zu Lagerbereichen im Kellergeschoss sieht § 36 Abs. 4 Satz 5 BauO NRW nun feuerhemmende,
dicht- und selbstschließende Abschlüsse vor.

In Verglasungen dürfen allerdings – im Gegensatz zu Abs. 4 Satz 3 – nur feuerhem- 35
mende **Türen** und nicht »nur« dichtschließende Türen eingebaut werden.

Feuerhemmende Verglasungen werden als raumabschließendes Bauteil geprüft. So- 36
fern unmittelbar angrenzend an ein solches Bauteil Öffnungen angeordnet werden,
verliert dieses Bauteil seine Feuerwiderstandsdauer, wenn der Verschluss der Öffnung
nicht mitgeprüft wurde.

Sofern der obere Bereich der Flurtrennwand als **durchlaufendes Lichtband**, also als 37
Oberlicht, ausgeführt werden soll, so bestanden seitens der Obersten Bauaufsichtsbehörde bereits nach dem früheren Recht keine Bedenken aus Gründen des Brandschutzes, wenn im Wege einer Abweichung nach § 69 BauO NRW Verglasungen
mindestens der Feuerwiderstandsklasse G 30 nach DIN 4102 Teil 5, die mit ihrer Unterkante mindestens 1,80 m über dem Fußboden angeordnet sind, zugelassen werden.

A 2.1.12 der VV TB NRW konkretisiert die Anforderungen an lichtdurchlässige Flä- 38
chen in Wänden notwendiger Flure nunmehr wie folgt:

»Dürfen in feuerhemmenden Wänden notwendiger Flure lichtdurchlässige Flächen als 39
Brandschutzverglasung ausgeführt werden, so müssen sie bei Brandeinwirkung nach
DIN 4102-13:1990-05, Abschnitt 6.1, über die mindestens erforderliche Zeitdauer
die Ausbreitung von Feuer und Rauch über mindestens 30 Minuten verhindern, nicht

aber den Durchtritt der Wärmestrahlung verhindern; die Kriterien gemäß DIN 4102-13:1990-05 müssen eingehalten werden. Sie sollen nur an Stellen ausgeführt werden, wo wegen der Personenrettung und der wirksamen Löscharbeiten keine Bedenken bestehen (zum Beispiel als Lichtöffnungen, wobei die Unterkante der Brandschutzverglasung mindestens 1,8 m über dem Fußboden angeordnet sein muss). Damit die Verhinderung der Brandausbreitung nicht gefährdet wird, sind Öffnungen in diesen Brandschutzverglasungen nicht zulässig. Zur Erfüllung dieser Anforderungen ist die Technische Regel A 2.2.1.2 zu beachten.«

40 Zu der Ausführung von **Überströmöffnungen** gilt gemäß A 2.1.12 VV TB:

41 »Dürfen Überströmöffnungen in Wänden notwendiger Flure im Rahmen einer Abweichung gemäß § 69 Abs. 1 BauO NRW 2018 ausgeführt werden, wenn wegen der Personenrettung und der wirksame Löscharbeiten keine Bedenken bestehen, müssen die Verschlüsse dieser Öffnungen mit einer Rauchauslöseeinrichtung versehen sein und mindestens bei Zugrundelegung des Normbrandes nach DIN 4102-2:1977-09 den Durchtritt von Feuer und Rauch verhindern. Zur Erfüllung dieser Anforderungen ist die Technische Regel A 2.2.1.2 zu beachten.«

6 Zu Abs. 5 – Flurwände im Bereich offener Gänge

42 Wenn **offene Gänge**, wie Laubengänge, die Funktion des notwendigen Flures übernehmen und als Rettungsweg die einzige Verbindung der Nutzungseinheiten oder Aufenthaltsräume mit dem Treppenraum darstellen, müssen die diesen Gang begrenzenden Bauteile den Anforderungen des **Abs. 5** entsprechen. Die Vorschrift stellt jedoch nunmehr klar, dass Anforderungen nur an solche offenen Gänge gestellt werden, die nur in einer Fluchtrichtung benutzt werden können.

43 Betroffene Bauteile sind die (Außen-)Wand, vor der der Gang liegt, und die **Brüstung**. Für die Beschaffenheit dieser Bauteile gelten die Anforderungen gemäß Abs. 4 entsprechend, d. h. sie müssen (raumabschließend) feuerhemmend sein. Unter »Brüstungen« sind hier insbesondere die **äußeren Umwehrungen** zu verstehen. Im Brandfall kommt diesen nämlich eine besondere Aufgabe zu. Bei einem Brand in einem tiefergelegenen Geschoss soll der darüber liegende offene Gang für eine bestimmte Zeit noch benutzbar bleiben.

44 In den Wänden der offenen Gänge sind (öffenbare) Fenster ohne Anforderungen an deren Brandschutzqualität zulässig, da Feuer und Rauch durch diese Fenster über den offenen Gang direkt entweichen können. Damit im Brandfall der Gang noch – wenn auch in gebückter Haltung oder auch kriechend – genutzt werden kann, sind Fenster in den Wänden des offenen Gangs nicht raumhoch, sondern erst ab einer Brüstungshöhe von 0,90 m zulässig. Die Brüstungselemente der Fenster selbst sind in der gleichen Feuerwiderstandsklasse wie die Wände herzustellen.

45 Die **Türen** in den begrenzenden Bauteilen müssen dicht schließen (vgl. § 36 Abs. 4 Satz 4 BauO NRW). Die (Fuß-)**Böden** dieser Gänge sind in der gleichen Feuerwiderstandsklasse zu erstellen wie die Decken des Gebäudes.

Probleme ergeben sich in aller Regel, wenn offene Gänge mit Fenstern in den Wänden 46
im Nachhinein, z.B. im Zuge von **Sanierungsmaßnahmen**, geschlossen werden sollen.

§ 36 Abs. 3 Satz 6 BauO NRW sieht als Erleichterungen für offene Gänge vor, dass 47
die Sätze 1 bis 5 (Unterteilung notwendiger Flure in Rauchabschnitte etc.) nicht für
offene Gänge nach Abs. 5 gelten. Hieraus wird ersichtlich, dass offensichtlich die
Rauchableitung ins Freie letztlich auch bei der Unterscheidung zwischen notwendigen Fluren und offenen Gängen von Bedeutung ist. Der für eine wirksame Rauchableitung erforderliche Anteil der Öffnungsflächen in den Wänden offener Gänge ist
in der BauO NRW 2018 nicht definiert. Als »offen« wird ein Gang aber wohl nur eingestuft werden können, wenn er »überwiegend offen« ist und der Öffnungsanteil somit mindestens 50 % der Wandfläche beträgt. Es bietet sich also nur ein Teilverschluss
(max. 50 %) an, z.B. durch offene Lamellen oder ein Verschließen mittels Fenster, die
von verschiedenen Stellen des Ganges mechanisch geöffnet werden können oder im
Brandfall automatisch öffnen.

7 Zu Abs. 6 – Bekleidungen, Unterdecken, Dämmstoffe

Wegen der besonderen Aufgaben, die notwendige Flure als Rettungswege zu erfüllen 48
haben, sowie zur Verhinderung einer Brandentstehung und zur Behinderung einer
Brandausbreitung innerhalb dieses Bereiches ist nach § 36 **Abs. 6** BauO NRW die Verwendung brennbarer Baustoffe für **Bekleidungen, Putze, Unterdecken** und **Dämmstoffe** untersagt. Diese Anforderungen gelten flurseitig und nunmehr ausnahmslos für
alle Gebäudeklassen.

Für Wände aus brennbaren Baustoffen verlangt nunmehr Abs. 6 Nr. 2, dass die Wän- 49
de eine Bekleidung aus nichtbrennbaren Baustoffen in ausreichender Dicke erhalten
haben.

Fußbodenbeläge müssen auch weiterhin schwerentflammbar sein. Insofern hat eine 50
Klassifizierung nach DIN 4102 bzw. nach DIN EN 13051 zu erfolgen (s. Anmerkungen zu § 26 Rdn. 9 ff.). Bodenbeläge sind in DIN EN 13051 in besonderen Klassen
(fl = floorings) unterteilt.

Die Regelung des früheren Abs. 6 Satz 3, der Leitungsanlagen in notwendigen Fluren 51
nur dann für zulässig erklärte, wenn keine Bedenken wegen des Brandschutzes bestehen, ist nunmehr entfallen. Dass damit eine Änderung im Hinblick auf die Zulässigkeit von Leitungsanlagen in notwendigen Fluren beabsichtigt ist, kann jedoch nicht
angenommen werden. Nach wie vor richtet sich die Zulässigkeit von Leitungsanlagen
deshalb nach der Leitungsanlagen-Richtlinie und der Muster-Systembödenrichtlinie
(s. Anmerkungen zu § 40 Rdn. 16 f.).

Vor diesem Hintergrund häufig umstritten ist die **Zulässigkeit von Einrichtungs-** 52
gegenständen in notwendigen Fluren. Nummer 4.3.4 der BetrRL NRW lässt Einrichtungsgegenstände in notwendigen Fluren unter genau definierten Voraussetzungen
zu. Abgesehen davon, gibt es zu dieser Frage keine ausdrücklichen Regelungen. Die
Rechtsprechung des OVG Münster zu Einrichtungsgegenständen in notwendigen
Treppenräumen (Beschl. v. 20.02.2013 – 2 A 239/12, juris, Rn. 38 f.) legt nahe,

dass – soweit ausdrückliche Regelungen fehlen – Einrichtungsgegenstände in notwendigen Fluren nur unter besonderen Umständen zulässig sein sollen. Das Gericht erwägt etwa selbst die Zulässigkeit eines Metallschrankes als Austauschmittel (§ 14, Rdn. 34).

53 Zu **notwendigen Fluren in Schulen** führt die Oberste Bauaufsicht in der Niederschrift über die Dienstbesprechung 2011 Folgendes aus (S. 23 f.): *« Nach der Schulbaurichtlinie darf die erforderliche nutzbare Breite der notwendigen Flure nicht durch offenstehende Türen, Einbauten oder Einrichtungen eingeengt werden. Darüber hinausgehende Anforderungen an die Nutzung der notwendigen Flure enthält die Schulbaurichtlinie nicht, insbesondere enthält sie kein Verbot zur Errichtung von Schülergarderoben in notwendigen Fluren. Bereits mit Erlass vom 3. April 1985 – V A 3. 170.5 des damaligen Ministeriums für Landes- und Stadtentwicklung NRW wurde ausgeführt, dass die der Schulbaurichtlinie zugrunde liegende Sicherheitsphilosophie von einer nutzungstypischen Inanspruchnahme der notwendigen Flure durch Aufstellen von Schülergarderoben während der Betriebszeit (Unterrichtszeit) ausgeht. Dies gilt für die aktuelle Fassung der Schulbaurichtlinie unverändert. Häufig werden Schulgarderoben durch Bauteile aus nichtbrennbaren Baustoffen vom notwendigen Flur abgetrennt. Auch diese Lösung entspricht den Vorgaben der Schulbaurichtlinie, zumal die Sicherheit damit erhöht wird. Insofern bestehen auch keine Bedenken, vergleichbare Einbauten aus nicht brennbaren Baustoffen im Einzelfall zuzulassen (z. B. Metallschränke zur Aufbewahrung von Arbeitsmaterial oder Spinde zur Unterbringung von Schulbüchern). Rettungswege müssen ihrer Funktion allerdings jederzeit gerecht werden können. Anderweitige Funktionen, die der Hauptfunktion entgegenstehen und diese gefährden, können damit nicht gestattet werden. Die Nutzung eines notwendigen Flurs zu Unterrichtszwecken, steht jedenfalls der Hauptfunktion als Rettungsweg entgegen.»*

54 Unabhängig davon gehören Brandlasten in Rettungswegen im Rahmen von Brandverhütungsschauen zu den wohl am häufigsten beanstandeten betrieblichen Mängeln. Die »Empfehlungen zur Risikoeinschätzung von Brandlasten in Rettungswegen« (2014-5) des AGBF Bund gibt Hinweise zur Ermessensausübung bei der Durchführung der Brandverhütungsschau und zeigt selbst die Möglichkeit der Duldung von bestimmten Brandlasten in Rettungswegen auf.

55 Bei Neubaumaßnahmen sollte vorrangig durch eine entsprechende **Auslegung von Foyer- und Empfangsbereichen** als Nutzungseinheiten, die nicht als Rettungswege dienen, das Aufstellen von brennbaren Materialien im Rettungsweg selbst vermieden werden. Als Orientierungshilfe bietet Nr. 3.2 der Schulbaurichtlinie NRW mit dem Begriff der »Halle« die Möglichkeit, einen von zwei erforderlichen baulichen Rettungswegen einer Nutzung zuzuführen. Bei einer schutzzielorientierten Betrachtung können vergleichbare Konzepte entwickelt werden. Dabei kann einer der baulichen Rettungswege über eine Halle geführt werden, für die zwar besondere bauliche Anforderungen zu berücksichtigen sind, deren Nutzung mit mobilen Brandlasten aber möglich ist. In einem Baugenehmigungsverfahren wäre zu prüfen, ob ein notwendiger Rettungsweg seiner Funktion trotz vorhandener Brandlasten gerecht werden kann. Hierzu wird eine brandschutztechnische Bewertung in Abhängigkeit von der Art der Rettungswege,

deren Anzahl sowie der sonstigen brandschutztechnischen Infrastruktur erforderlich. Neben den Anforderungen an die Brennbarkeit der Einrichtungsgegenstände (vgl. hierzu Plum, Brandlasten in Rettungswegen, Grundlagen für Einzelfallbetrachtungen, Ingenieurakademie West e. V., Brandschutztagung 2016) sind auch Anforderungen an die Positionierung im Raum zu stellen. So darf die erforderliche nutzbare Breite von Rettungswegen an keiner Stelle durch das Aufstellen von Möbeln eingeschränkt werden. Erforderliche Handläufe müssen jederzeit nutzbar sein. Gegebenenfalls muss der Aufstellbereich über eine Brandfrüherkennung (z.B. Brandmeldeanlage) verfügen. Im Brandschutzkonzept ist eine detaillierte Beschreibung der Systeme bzw. der geplanten Brandlasten erforderlich. Nach Umsetzung müssen nachvollziehbare Nachweise über die eingebrachten Produkte vorgelegt werden. Insbesondere bei der Anordnung von Möbeln in Rettungswegen wird die größte Schwierigkeit in der Durchsetzung der darüber hinaus erforderlichen Brandlastfreiheit im Betrieb des Gebäudes liegen.

§ 37 Fenster, Türen, sonstige Öffnungen

(1) Fensterflächen müssen gefahrlos gereinigt werden können.

(2) Glastüren und andere Glasflächen, die bis zum Fußboden allgemein zugänglicher Verkehrsflächen herabreichen, sind so zu kennzeichnen, dass sie leicht erkannt werden können. Weitere Schutzmaßnahmen sind für größere Glasflächen vorzusehen, wenn dies die Verkehrssicherheit erfordert.

(3) Eingangstüren von Wohnungen müssen eine lichte Durchgangsbreite von mindestens 0,90 m haben.

(4) Jedes Kellergeschoss ohne Fenster muss mindestens eine Öffnung ins Freie haben, um eine Rauchableitung zu ermöglichen. Gemeinsame Kellerlichtschächte für übereinanderliegende Kellergeschosse sind unzulässig.

(5) Fenster, die als Rettungswege nach § 33 Absatz 2 Satz 2 dienen, müssen im Lichten mindestens 0,90 m x 1,20 m groß und nicht höher als 1,20 m über der Fußbodenoberkante angeordnet sein. Liegen diese Fenster in Dachschrägen oder Dachaufbauten, so darf ihre Unterkante oder ein davorliegender Auftritt von der Traufkante horizontal gemessen nicht mehr als 1 m entfernt sein. Der Abstand kann in Abstimmung mit der Brandschutzdienststelle vergrößert werden. Von diesen Fenstern müssen sich Menschen zu öffentlichen Verkehrsfläche oder zu Flächen für Einsatzkräfte der Gefahrenabwehr bemerkbar machen können.

Handlungsempfehlung des Ministeriums für Heimat, Kommunales, Bau und Gleichstellung des Landes NRW aus Januar 2019

zu Absatz 4

Nach Absatz 4 muss jedes Kellergeschoss ohne Fenster mindestens eine Öffnung ins Freie haben, um eine Rauchableitung zu ermöglichen. Schutzziel dieser Forderung ist es, eine Rauchableitung aus Kellergeschossen zur Unterstützung der Brandbekämpfung der Feuerwehr zu ermöglichen. Es muss mindestens eine Entrauchungsöffnung geöffnet werden

§ 37 Fenster, Türen, sonstige Öffnungen

können bzw. permanent geöffnet sein, z.B. eine Kelleraußentür, ein Kellerfenster oder eine andere Öffnung, die möglichst entgegengesetzt zur Zuluftöffnung liegt. Die Öffnung soll eine Größe von 0,5 m² möglichst nicht unterschreiten.

zu Absatz 5

Absatz 5 Satz 4 fordert, dass sich Menschen zu öffentlichen Verkehrsflächen oder zu Flächen für Einsatzkräfte der Gefahrenabwehr bemerkbar machen können müssen. Mit diesen Fenstern sind Fenster in Dachschrägen oder Dachaufbauten nach Satz 2 gemeint.

Fenster die als Rettungswege dienen, müssen im Lichten mindestens 0,90 m x 1,20 m groß sein. Die Fenster können wahlweise stehend oder liegend angeordnet werden.

Übersicht

		Rdn.
0	Änderungen gegenüber der BauO NRW 2000	01
1	Allgemeines	1
1.1	Funktion der Norm	1
1.2	Begriff des Fensters	2
1.3	Verfahrensfragen	4
1.4	Andere rechtliche Bezügen	5
1.5	Fenster als zwingendes Ausstattungsmerkmal eines Aufenthaltsraumes	6
1.6	Fenster in Trenn- und Brandwänden	8
1.7	Dachfenster	10
1.8	Fenster an Treppen	11
1.9	Sonstige Anforderungen an Türen	12
2	Zu Abs. 1 – Verlangen einer gefahrlosen Reinigung von Fenstern	13
3	Zu Abs. 2 – Sicherheitsrelevante Anforderungen an Glastüren bzw. größeren Glasflächen	14
4	Zu Abs. 3 – Notwendige Breite von Eingangstüren von Wohnungen	16
5	Zu Abs. 4 – Notwendige Öffnungen von Kellergeschossen	17
6	Zu Abs. 5. – Anforderungen an Rettungsfenster	19

0 Änderungen gegenüber der BauO NRW 2000

01 Die Norm wurde an die MBO (§ 37) angepasst und sammelt unterschiedliche materielle Anforderungen an Fenster, Türen und sonstige Öffnungen.

1 Allgemeines

1.1 Funktion der Norm

1 Die Vorschrift dient in erster Linie der **Gefahrenabwehr** (§ 3 Abs. 1 BauO NRW) und insbesondere der Gewährleistung der **Verkehrssicherheit** (§ 16 BauO NRW). Sie bedient aber auch **Belange des Brandschutzes** (§ 14 BauO NRW). Mit der verbindlichen Festschreibung einer lichten Durchgangsbreite von 0,90 m für Eingangstüren von Wohnungen wird die Grundforderung nach einem **barrierefreien Bauen** (§ 49 BauO NRW) unterstützt. Es handelt sich nicht um drittschützende Vorgaben.

1.2 Begriff des Fensters

Fenster sind (abgeschirmte) Öffnungen in den Außenwänden eines Gebäudes und erfüllen verschiedene Funktionen: Sicherstellung von Sichtkontakt nach draußen, Gewährleistung einer ausreichenden Beleuchtung der Innenräume mit Tageslicht, Gewährleistung einer ausreichenden Belüftung der Innenräume, Schutz vor Schall und Sonneneinstrahlung sowie sonstigen Witterungseinflüssen, Brand und Einbruchsschutz. Eine mit Glasbausteinen verschlossene Wandöffnung ist kein Fenster und kann auch deshalb nicht die Funktion eines notwendigen Fensters übernehmen (VGH Hessen, Beschl. v. 13.03.1972 – IV TG 2/72, BRS 25, Nr. 110, und VGH B-W, Urt. v. 28.03.1979 – III 1455/77, BRS 35, Nr. 106, zum Verhältnis zwischen Glasbausteinen und einem üblichen Fenster als Entstehung eines Fensterrechtes vgl.: OLG Saarbrücken, E. v. 29.11.1995 – 5 U 10/96 – 66).

Einige wichtige **bautechnische Merkmale** für Fenster sind die Fensterart, das Fenstermaterial, die Fensterform und/oder die Fenstergröße. Es gibt Holz-, Kunststoff- bzw. PVC- bzw. Aluminiumfenster. Bei der Verglasung unterscheidet man Einfach-, Mehrfach-, Brandschutz-, Schallschutz-, Sonnenschutzglas und/oder Sicherheitsglas. Man unterscheidet ferner einflügelige Drehflügel-, Wende- Schwing- (mittig oder außenmittig angeschlagen), Vertikalschiebe-, Horizontalschiebe-, Schiebedreh-, Senkklappen-, Drehkipp-, Falt-, Klappflügel-, Kippflügel- und Lamellenfenster sowie verschiedene Kombinationen. Bei einem französischen Fenster (= Fenstertür) handelt es sich im Grunde um eine Balkontür ohne Balkon oder nur mit marginalem Austritt vor die Fassade. Die bodentiefe Öffnung ist mit einem unmittelbar davor befestigten Geländer zu sichern (§ 37 Abs. 2 BauO NRW). Die erforderliche Höhe der Umwehrung folgt aus § 38 BauO NRW.

1.3 Verfahrensfragen

Der Einbau von **Fenstern** und **Türen** ist regelmäßig **nicht genehmigungsbedürftig** (§ 62 Abs. 1 Nr. 11 c) BauO NRW). Dies gilt auch für die Schaffung einer Fensteröffnung als Änderung tragender oder aussteifender Bauteile, wenn die Standsicherheit durch die Baumaßnahme nicht berührt wird. Die Unbedenklichkeit der Maßnahme muss nicht mehr von einem Sachkundigen bescheinigt werden. Beim Einbau von Türen sind aber etwaige materielle Vorgaben zu beachten (§ 60 Abs. 2 BauO NRW), z.B. Anforderungen an Verschlüsse in Trennwänden (§ 29 Abs. 5 BauO NRW).

1.4 Andere rechtliche Bezügen

Für die Genehmigungsfreiheit spricht, dass die Veränderung von Fenstern und Türen das Erscheinungsbild des Hauses nicht unbedingt wesentlich verändert. Es können aber **durch eine örtliche Bauvorschrift** oder **eine Erhaltungssatzung gem. § 172 BauGB** oder aber durch **denkmalrechtliche Vorgaben** im Einzelfall **Beschränkungen** für eine entsprechende bauliche Veränderung bestehen (zu einem rechtmäßigen Beseitigungsverlangen von Kunststofffenstern aufgrund divergierender Vorgaben einer Gestaltungssatzung vgl. VG Ansbach, Urt. v. 18.07.2007 – AN 9 K 05.03821). Kunststofffenster können den Denkmalwert eines Gebäudes berühren (vgl. OVG Niedersachsen, Beschl. v. 22.09.2015 – 1 LA 54/15, BRS 83, Nr. 133 = BauR 2016, 91, vgl. ferner OVG NRW, Urt. v. 23.09.2013 – 10 A 971/12, hier behördliches Wiederherstellungsverlangen abgelehnt). Auch kann der Austausch von Sprossenfenstern durch neue Einscheibenfenster bei einer einheitlich gestalteten Fassade (VGH Bayern, E. v. 30.07.1979 – Nr. 89 XIV 78, BRS 35, Nr. 135) oder der Einbau eines abweichend gegliederten Kunststofffensters in einem Jugendstilgebäude (OVG Hamburg, Urt. v. 22.12.1983 – Bf II 80/82, BRS 42, Nr. 134 = BauR 1983, 624) verunstaltend wirken (§ 9 BauO NRW). Eine örtliche Bauvorschrift kann z.b. vorschreiben, dass bei der Erneuerung von Fenstern das Material des Originals – z.B. Holz – zu übernehmen ist (VG Schleswig-Holstein, Urt. v. 09.07.2015 – 8 A 138/13). **Auch der Arbeitsschutz beinhaltet materiell-rechtliche Vorgaben.** So verlangt Ziffer 3.4 des Anhanges zur Arbeitsstättenverordnung, das ein Arbeitgeber grundsätzlich nur solche Räume als Arbeitsräume betreiben darf, die möglichst ausreichend Tageslicht erhalten und die eine Sichtverbindung nach außen haben. (zu den Anforderungen an eine Arbeitsstätte – Sichtverbindung nach außen – vgl. BVerwG, Urt. v. 31.01.1997 – 1 C 20/95, DVBl 1997, 965). Der Arbeitsschutz ist aber im einfachen (§ 64 BauO NRW) und umfassenden Baugenehmigungsverfahren (§ 65 BauO NRW) nicht zu prüfen.

1.5 Fenster als zwingendes Ausstattungsmerkmal eines Aufenthaltsraumes

6 Aufenthaltsräume sind Räume, die zum nicht nur vorübergehenden Aufenthalt von Menschen bestimmt oder geeignet sind (§ 2 Abs. 7 BauO NRW). Sie müssen aber bestimmte qualitative Merkmale aufweisen, z.B. **Fenster** haben, die ausreichendes Tageslicht und die Möglichkeit der Belüftung gewährleisten (zum vorgegebenen Mindestrohbaumaß siehe § 46 Abs. 2 BauO NRW). Ehemals sprach die Landesbauordnung in diesem Zusammenhang von **notwendigen Fenstern**. Verglaste Vorbauten und Loggien vor diesen notwendigen Fenstern dürfen die ausreichende Belichtung und Belüftung nicht in Frage stellen und werden deshalb bei der Ermittlung der relevanten Grundfläche als Bezugswert für die erforderliche Fensterfläche berücksichtigt (§ 46 Abs. 2 BauO NRW).

7 Neben der belichtungs- und belüftungstechnischen Funktion haben Fenster auch eine wichtige **Kontaktfunktion** (OVG NRW, Urt. v. 30.06.1983 – 11 A 2491/82, BRS 40, Nr. 110 = WuM 1984, S. 58; OVG NRW, Beschl. v. 05.02.1998 – 10 A 3019/94, BRS 60, Nr. 136 und OVG NRW, E. v. 18.08.2003 – 10 A 3206/02). Diese Funktion gilt aber nur grundsätzlich, weil es auch auf die Art der Nutzung der entsprechenden Räumlichkeit ankommt, d.h., im Einzelfall sind auch Aufenthaltsräume ohne Fenster zulässig (§ 46 Abs. 3 BauO NRW, z.B. in einem Fotolabor oder Verkaufsraum).

1.6 Fenster in Trenn- und Brandwänden

8 Öffnungen in inneren Brandwänden sind zulässig, wenn sie wegen der Nutzung des Gebäudes erforderlich sind. Allerdings ist bei Gebäudeabschlusswänden eine Besonderheit zu beachten (§ 30 BauO NRW).

Äußere Brandwände (Gebäudeabschlusswände) schließen Gebäude voneinander bzw. 9
vom Umfeld ab. Sie dienen dem Brandschutz und haben in diesem Sinne eine nachbarschützende Funktion. Wann Gebäudeabschlusswände erforderlich sind, regelt
§ 30 Abs. 2 BauO NRW, z.b. bei aneinander gereihten Gebäuden auf demselben
Grundstück oder bei Gebäuden, die einen Grenzabstand von weniger als 2,50 m aufweisen. **Öffnungen in Gebäudeabschlusswänden sind nicht gestattet, also auch keine
Fenster** (zur Zulässigkeit von Öffnungen in einer Brandwand vgl. OVG Brandenburg,
Beschl. v. 17.06.2004 – 3 A 428/01/Z, BauR 2006, 1683 und negativ: OVG NRW,
Urt. v. 25.04.1973 – VII A 345/72). **Bei entsprechender Bauartzulassung** können
allerdings F 90 Brandschutzdrehflügelfenster den Anforderungen an eine Brandwand
genügen (VGH Hessen, Beschl. v. 08.03.2012 – 3 A 398/11, BRS 79, Nr. 131 =
BauR 2013, 458). In dem entsprechenden Fall war aufgrund der eingereichten Unterlagen davon auszugehen, »dass die beantragten F 90 Brandschutzdrehflügelfenster
im Falle eines Brandes selbsttätig schließen und dann für den geforderten Zeitraum
von 90 Minuten die Ausbreitung von Feuer und Rauch auf andere Gebäudeabschnitte
verhindern können«. Übrigens werden an das Brandverhalten von Fensterprofilen und
Dichtmitteln keine materiellen Anforderungen gestellt. Leichtentflammbare Baustoffe sind aber generell verboten (§ 26 Abs. 1 BauO NRW).

1.7 Dachfenster

Dachfenster belichten Räumlichkeiten im Dachbereich. Das Dach ist die obere 10
Gebäudeabdeckung. Für die Beschaffenheit von Dächern gelten besondere Anforderungen, insbesondere aus Gründen des Brandschutzes (§ 32 BauO NRW). Das Erfordernis der sogenannten harten Bedachung soll sicherstellen, dass bei benachbarten
Bränden das Dach nicht sofort Feuer fängt, z.B. durch Flugfeuer oder einfach nur
durch Hitzestrahlung. Die brandabweisende Qualität von Bedachungen wird durch
Öffnungen im Dach in Frage gestellt, aus diesem Grunde sind bestimmte Vorgaben zu
beachten. Die materiellen Anforderungen des § 32 Abs. 1 und 2 BauO NRW gelten
aber nicht für Dachflächenfenster, Oberlichte und Lichtkuppeln von Wohngebäuden
(§ 32 Abs. 3 BauO NRW). **§ 32 Abs. 5 BauO NRW** verlangt aber für **Dachflächenfenster, Oberlichte, Lichtkuppeln und Öffnungen in der Bedachung einen Abstand
von mindestens 1,25 m von der Außenfläche von Brandwänden und von der Mittellinie gemeinsamer Brandwände, wenn diese Wände nicht mindestens 0,30 m über
die Bedachung geführt sind.** Hierbei handelt es sich um nachbarschützende Vorgaben
(OVG Sachsen, Urt. 18.10.2018 – 1 A 84/16; VG Saarland, Urt. 06.05.2005 – 5
187/04, vgl. hierzu aber VGH B-W, Urt. v. 17.10.1978 – III 2032/77).

1.8 Fenster an Treppen

Fenster, die unmittelbar an Treppen liegen und deren Brüstungen unter der notwen- 11
digen Geländerhöhe liegen, sind zu sichern (vgl. z.B. § 38 Abs. 2 BauO NRW). Laut
dem OVG Bln, Beschl. v. 22.05.2002 – 2 S 10.02 (BRS 65, Nr. 137 = BauR 2003,
1355) dürfen erforderliche Fenster in Treppenräumen (§ 35 Abs. 8 BauO NRW) nicht
durch Riegel verschlossen sein, auch dann nicht, wenn Schlüssel an die Mietparteien
verteilt werden.

1.9 Sonstige Anforderungen an Türen

12 An Türen beinhaltet die Landesbauordnung an verschiedenen Stellen materielle Anforderungen, insbesondere im Zusammenhang mit dem vorbeugenden Brandschutz (vgl. z.B. § 35 Abs. 6 BauO NRW) und der Gewährleistung von Verkehrssicherheit (vgl. z.B. § 34 Abs. 7 BauO NRW). Die Landesbauordnung differenziert zwischen rauchdichten sowie selbst- und dichtschließenden Abschlüssen (§ 35 Abs. 6 BauO NRW, näheres siehe dort). Die Breite von Feuerschutz- und Rauchschutzabschlüssen dürfen in einem notwendigen Treppenraum einschließlich lichtdurchlässiger Seitenteile und Oberlichte insgesamt nicht breiter als 2,50 m sein (§ 35 Abs. 6 BauO NRW).

2 Zu Abs. 1 – Verlangen einer gefahrlosen Reinigung von Fenstern

13 Die Vorschrift fordert nicht mehr zwingend die Montage von Aufzügen oder Anschlagpunkten für ein Sicherheitsgeschirr, sondern überlässt dies dem Bauherrn. **Es verbleibt nur noch die Grundforderung, dass Fensterflächen gefahrlos gereinigt werden können.** Der Einsatz von Hubsteigern muss möglich sein bzw. darf nicht erschwert werden. Letztlich geht es um das Ausschalten eines Absturzrisikos. Ein Konzept für ein sicheres und gesundheitsgerechtes Reinigen von größeren Glasflächen an Gebäuden sollte bereits Teil des Planungskonzeptes sein. Hierbei sind auch die Vorgaben des Arbeitsschutzes und entsprechende Unfallverhütungsvorschriften der Berufsgenossenschaft korrespondierend zu beachten.

3 Zu Abs. 2 – Sicherheitsrelevante Anforderungen an Glastüren bzw. größeren Glasflächen

14 § 16 BauO NRW verlangt zum einen, dass Anlagen und die dem Verkehr dienenden nicht überbauten Flächen von bebauten Grundstücken verkehrssicher sind, zum anderen, dass durch bauliche Anlagen die Sicherheit oder Ordnung des öffentlichen Verkehrs nicht gefährdet werden. Aus dieser Norm folgt, dass Fenster (und Türen) nicht in den öffentlichen Verkehrsraum aufschlagen sollen. Fensterbänke sollen so geringfügig in den öffentlichen Verkehrsraum hineinragen, dass Passanten nicht gefährdet werden.

15 **§ 37 Abs. 2 BauO NRW konkretisiert die Anforderungen zur Verkehrssicherheit im Zusammenhang mit bodentiefen Glastüren/Glasflächen** an allgemein zugänglichen Verkehrsflächen. Verlangt wird eine Kennzeichnung, um sie leichter erkennen zu können. Die Vorgaben gelten für Glastüren/Glasflächen in Außenwänden und im Innern des Gebäudes gleichermaßen. **Sind die Glasflächen größer, sind weitere Schutzmaßnahmen (Geländer oder bruchsicheres Glas) vorzusehen.** Es handelt sich nicht um eine Ermessensvorschrift. In diesem Zusammenhang wird ergänzend auf die Information 208-014 zu Glastüren und Glaswänden der Deutschen Gesetzlichen Unfallversicherung e.V. aus Oktober 2010 hingewiesen.

4 Zu Abs. 3 – Notwendige Breite von Eingangstüren von Wohnungen

16 Die Anforderung korrespondiert mit der Forderung nach Barrierefreiheit für Wohnungen in Gebäuden der Gebäudeklassen 3 bis 5, gilt allerdings für alle

Gebäudeklassen. Insgesamt geht es hierbei laut der Begründung zur Novelle um die »Gewährleistung sozialer Mindeststandards für Familien mit Kindern und in ihrer Mobilität eingeschränkten Personen«. Die **Mindestbreite von 0,90 m** entstammt der DIN 18040-2 und erlaubt auch eine rollstuhlgerechte Nutzung.

5 Zu Abs. 4 – Notwendige Öffnungen von Kellergeschossen

Hierbei handelt es sich um eine **neue Vorgabe i. S. d. vorbeugenden Brandschutzes** (§ 14 BauO NRW). Sie soll auch die **Möglichkeit kompensieren, dass im Kellergeschoss auch Aufenthaltsräume ohne Fenster zulässig sein können** (§ 46 Abs. 3 BauO NRW). Ohne eine solche (geforderte) Öffnung ist eine Rauchableitung gar nicht möglich oder nur unter Inanspruchnahme des jeweiligen notwendigen Treppenraumes. Dies würde einen Löschangriff beeinträchtigen. Die entsprechenden Öffnungen sind aber so platzieren, dass sie auch für die Feuerwehr erreichbar sind. Laut der Handlungsempfehlung des Fachministeriums *»muss mindestens eine Entrauchungsöffnung geöffnet werden können bzw. permanent geöffnet sein, z.B. eine Kelleraußentür, ein Kellerfenster oder eine andere Öffnung, die möglichst entgegengesetzt zur Zuluftöffnung liegt. Die Öffnung soll eine Größe von 0,5 m² möglichst nicht unterschreiten«.* Auch eine mechanische Rauchabführung ist möglich. **In Gebäudeabschlusswänden sind aber Öffnungen (auch Kellerfenster) nicht zulässig** (OVG NRW, Beschl. v. 24.09.2014 – 2 B570/14, BRS 83, Nr. 90 = BauR 2016, 234).

17

Gemeinsame Kellerlichtschächte für übereinanderliegende Kellergeschosse sind unzulässig, d. h., dass die zur Belüftung und Belichtung notwendigen Öffnungen immer nur ein Kellergeschoss bedienen dürfen. Dieses Verbot soll den vertikalen Feuer- bzw. Brandüberschlag verhindern. Im Übrigen ist laut dem VG München, Beschl. v. 24.01.2013 – M 11 S 12.5940, ein Fenster zu einem Lichtschacht im Keller kein zweiter Rettungsweg ins Freie (hier: Wohnräume im KG).

18

6 Zu Abs. 5. – Anforderungen an Rettungsfenster

Bauordnungsrecht dient vor allem der Gefahrenabwehr (§ 3 BauO NRW). Eine wesentliche Aufgabe hierbei ist der vorbeugende – bauliche – Brandschutz. Die allgemeine Vorschrift hierzu ist § 14 BauO NRW. Die hier allgemein formulierten materiellen Anforderungen werden in den nachfolgenden Vorschriften konkretisiert.

19

Zum vorbeugenden Brandschutz gehört auch die Grundforderung nach zwei voneinander unabhängigen Rettungswegen (§ 33 Abs. 1 BauO NRW). Der 2. Rettungsweg muss mindestens eine mit Rettungsgeräten der Feuerwehr erreichbare Stelle (z.B. ein notwendiges Fenster) in einer Nutzungseinheit oder eine weitere notwendige Treppe sein (§ 33 Abs. 2 BauO NRW). Also müssen Rettungswege nicht immer über Türen ins Freie führen. **Das als Rettungsweg dienende Fenster muss bestimmte materielle Anforderungen erfüllen**, nämlich eine **Mindestgröße von 0,90 m x 1,20 m im Lichten unter Beachtung einer maximalen Brüstungshöhe von 1,20 m** (§ 37 Abs. 5 S. 1 BauO NRW). Die Fenster können wahlweise stehend oder liegend angeordnet werden (siehe die entsprechende Handlungsempfehlung des Fachministeriums zu § 37 Abs. 5 BauO NRW).

20

21 Die Feuerwehr braucht **ausreichend große Öffnungen, um Personen bergen zu können**. Auch müssen sich die betroffenen **Personen im Brandfalle öffentlichkeitswirksam bemerkbar machen können**. Die o.g. Anforderungen müssen unabhängig von der Lage der Rettungsfenster erfüllt werden. Fenster müssen sich deshalb voll öffnen lassen, d.h., unzulässig sind Fenster, die sich nur mittig drehen lassen. Auf das Flächenmaß als solches kommt es dann allein nicht an, also reicht insoweit kein dreieckiges Fenster, auch wenn es den gesetzlich vorgegebenen Flächenwert einhält. Laut dem OVG NRW, Urt. v. 25.08.2010 – 7 A 749/09, müssen die Stellen, an denen die Feuerwehr mit ihrem Rettungsgerät zum Einsatz kommen soll, so beschaffen sein, dass diese nach dem Eintreffen am Einsatzort ohne nennenswerten zusätzlichen Aufwand und ohne wesentliche Hindernisse innerhalb kurzer Zeit den Rettungseinsatz durchführen kann.

22 Das Unterschreiten der vorgenannten Maße schließt das OVG NRW, E. v. 28.01.2009 – 10 A 1075/08 (BRS 74, Nr. 156 = BauR 2009, S. 802 = DVBl 2009, S. 461) **bei der Neuerrichtung von Gebäuden grundsätzlich aus**. Im Zusammenhang mit einer solchen (letztlich bejahten) Abweichung wies das VG Gelsenkirchen, Urt. v. 27.02.2008 – 5 K 53/07 auf Folgendes hin:»Steht eine Abweichung von zwingendem Recht – wie beispielsweise bei Brandschutzvorschriften – im Raum, setzt die Zulassung einer Abweichung nach der vorzitierten Rechtsprechung eine atypische Situation voraus. Eine solche ist vorliegend in der atypischen Fensterform gegeben. § 40 Abs. 4 Satz 1 BauO NRW geht von einem rechteckigen Fenster mit einem lichten Maß von 0,90m x 1,20m aus. Wie die Anordnung zu erfolgen hat, ob die 0,90m in der Breite oder in der Höhe vorliegen müssen, lässt die BauO NRW offen. Der Vorschrift ist genügt, wenn das jeweils andere Maß 1,20m aufweist. Dem zugrunde liegt die übliche Vorgehensweise der Feuerwehr im Rettungsfall. Ausweislich der Stellungnahme der Brandschutzabteilung bei der Bezirksregierung B. erfolgt die Nutzung eines Rettungsfensters so, dass in die eine Fensterhälfte die Leiter mindestens 1m über die Austrittsstelle angeleitet wird und die Nutzer, sich an der Leiter festhaltend, über die andere freie Fensterhälfte aussteigen können. Bei 0,90m hohen und 1,20m breiten Fenstern steht dabei dem Nutzer nur der Raum seitlich der Leiter zur Verfügung. Bei 0,90m breiten und 1,20m hohen Fenstern auch noch ein geringerer Bereich über der Leiter, die mindestens 1,00m über die Austrittsstelle ragt und einen Haltepunkt bietet«. **Die Maße der Rettungsfenster müssen in die Bauzeichnungen eingetragen werden**. Dies gilt auch im einfachen Verfahren (OVG NRW, Beschl. v. 18.07.2013 – 7 A 1040/13).

23 **Die Platzierung des oder der Rettungsfenster ist jeweils besonders zu prüfen**. Unproblematisch ist der Fall, wenn die Vorderseite des entsprechenden Gebäudes direkt an einer öffentlichen Straße liegt und ein Heranfahren von Rettungsfahrzeugen der Feuerwehr ohne weiteres möglich ist. Liegt bei einem rückwärtigen Gebäude die zum Anleitern bestimmte Stelle aber mehr als 8 m über dem Gelände, bedarf es einer Feuerwehrzufahrt (§ 5 Abs. 1 BauO NRW). Die Rettungsfenster sind dann zu den entsprechenden Aufstell- und Bewegungsflächen für die Hubrettungsfahrzeuge auszurichten.

Der in § 37 Abs. 5 BauO NRW erwähnte **Auftritt dient nicht als Wartefläche für** 24
die in Not geratenen Personen im Gebäude, sondern als Auftritt für die Feuerwehr. Bezugspunkt ist die Unterkante der Fensteröffnung. In der Begründung der Novelle heißt es hierzu: « In § 37 Absatz 5 Satz 2 wird der Traufkantenabstand von 1,20 m auf 1,00 m reduziert, so wie dies auch in der MBO und allen anderen Ländern vorgesehen ist. Der Traufkantenabstand von 1,20 m zu Dachflächenfenstern hat sich insbesondere bei der Rettung über tragbare Leitern als nicht praktikabel erwiesen. Größere Abstände können in Abstimmung mit der Brandschutzdienststelle zugelassen werden (§ 37 Absatz 5 Satz 3).

§ 38 Umwehrungen

(1) In, an und auf baulichen Anlagen sind zu umwehren oder mit Brüstungen zu versehen:
1. Flächen, die im Allgemeinen zum Begehen bestimmt sind und unmittelbar an mehr als 1 m tiefer liegende Flächen angrenzen; dies gilt nicht, wenn die Umwehrung dem Zweck der Flächen widerspricht,
2. nicht begehbare Oberlichte und Glasabdeckungen in Flächen, die im Allgemeinen zum Begehen bestimmt sind, wenn sie weniger als 0,50 m aus diesen Flächen herausragen,
3. Dächer oder Dachteile, die zum auch nur zeitweiligen Aufenthalt von Menschen bestimmt sind,
4. Öffnungen in begehbaren Decken sowie in Dächern oder Dachteilen nach Nummer 3, wenn sie nicht sicher abgedeckt sind,
5. nicht begehbare Glasflächen in Decken sowie in Dächern oder Dachteilen nach Nummer 3,
6. die freien Seiten von Treppenläufen, Treppenabsätzen und Treppenöffnungen (Treppenaugen) sowie
7. Kellerlichtschächte und Betriebsschächte, die an Verkehrsflächen liegen, wenn sie nicht verkehrssicher abgedeckt sind.

(2) In Verkehrsflächen liegende Kellerlichtschächte und Betriebsschächte sind in Höhe der Verkehrsfläche verkehrssicher abzudecken. An und in Verkehrsflächen liegende Abdeckungen müssen gegen unbefugtes Abheben gesichert sein. Fenster, die unmittelbar an Treppen liegen und deren Brüstungen unter der notwendigen Umwehrungshöhe liegen, sind zu sichern.

(3) Fensterbrüstungen von Flächen mit einer Absturzhöhe bis zu 12 m müssen mindestens 0,80 m, von Flächen mit mehr als 12 m Absturzhöhe mindestens 0,90 m hoch sein. Geringere Brüstungshöhen sind zulässig, wenn durch andere Vorrichtungen wie Geländer die nach Absatz 4 vorgeschriebenen Mindesthöhen eingehalten werden.

(4) Andere notwendige Umwehrungen müssen folgende Mindesthöhen haben:

§ 38 Umwehrungen

1. Umwehrungen zur Sicherung von Öffnungen in begehbaren Decken und Dächern sowie Umwehrungen von Flächen mit einer Absturzhöhe von 1 m bis zu 12 m 0,90 m und
2. Umwehrungen von Flächen mit mehr als 12 m Absturzhöhe 1,10 m.

Handlungsempfehlung des Ministeriums für Heimat, Kommunales, Bau und Gleichstellung des Landes NRW aus Januar 2019

zu Absatz 1

Nach Absatz 1 Nummer 3 sind Dächer oder Dachteile, die auch nur zum zeitweiligen Aufenthalt bestimmt sind, mit Umwehrungen zu versehen. Damit sind solche Dächer oder Dachteile gemeint, auf denen sich Personen bestimmungsgemäß aufhalten können, z.B. auf einer Dachterrasse.

Im Übrigen gilt Absatz 1 Nummer 6 auch für Treppen innerhalb von Wohnungen. Eine Umwehrung ist von einem bloßen Handlauf zu unterscheiden. Eine Umwehrung muss in der konkreten Verwendungssituation vor einem Absturz sichern. Wie dieser Schutz zu bewirken ist und welche Anforderungen daher an eine solche Absturzsicherung zu stellen sind, hängt insbesondere in Wohngebäuden der Gebäudeklassen 1 und 2 und in Wohnungen, wo die DIN 18065:2015-03 (vgl. Anlage A 4.2/1 der VV TB NRW) nicht als Technische Baubestimmung eingeführt ist, vom konkreten Einzelfall ab.

Übersicht

		Rdn.
0	Änderungen gegenüber der BauO NRW 2000	01
1	Allgemeines	1
1.1	Funktion der Norm	1
1.2	Begriff der Umwehrung	2
1.3	Wechselbezüge zu anderen Vorschriften	3
1.4	Technische Anforderungen	4
1.5	Bedeutung von Umwehrungen im Abstandsflächenrecht	5
1.6	Nachträgliches Anpassungsverlangen	6
2	Zu Abs. 1 – grundsätzliche Forderung nach einer Umwehrung	7
3	Zu Abs. 2 – Absicherung von Kellerlicht- und Betriebsschächten	17
4	Zu Abs. 3 – Anforderungen an Fensterbrüstungen	18
5	Zu Abs. 4 – Höhengestaltung anderer notwendiger Umwehrungen	19

0 Änderungen gegenüber der BauO NRW 2000

01 Die Norm wurde an die MBO (§ 38) angepasst und sammelt die Anforderungen an Umwehrungen in geordneter und übersichtlicher Form.

1 Allgemeines

1.1 Funktion der Norm

1 Die Vorschrift dient der Gefahrenabwehr (§ 3 BauO NRW) und konkretisiert die in § 16 BauO NRW normierte Verkehrssicherheit. Ziel ist die Vermeidung von Unfällen,

und zwar durch Kenntlichmachung der Gefahrenzone. Es handelt sich nicht um eine nachbarschützende Norm, auch wenn sie dem Schutz der Besucher einer baulichen Anlage dient (VGH BW, Urt. v. 18.02.1981 – 3 S 2325/80, BRS 38, Nr. 127, und OVG Saarland, Urt. v. 28.01.1992 – 2 R 6/89, BRS 54, Nr. 195). Die Norm hat auch im Zivilrecht Bedeutung. Das OLG Celle, Urt. v. 03.12.2003 – 9 U 109/03 (NJW 2004, S. 1049 ff.) hat z.b. die Verkehrssicherungspflicht eines Betreibers einer Gaststätte unter Bezug auf die entsprechende bauordnungsrechtliche Vorschrift bejaht und diese als Schutznorm i.S.d. § 823 BGB bezeichnet. Es ging hierbei um die Verpflichtung einer Abschrankung für ein Podium in einer Gaststätte, welches nach hinten offen war und eine Absturzhöhe von 80 cm aufwies. Die Stühle hatten von der Kante einen Abstand von 0,40–0,50 m.

1.2 Begriff der Umwehrung

Die Landesbauordnung enthält keine Begriffsdefinition. Eine **Umwehrung ist ein Bauteil, welches als Absturzsicherung dient**, z.B. eine Brüstung oder ein Geländer. Geländer sind in der Regel filigraner ausgeführt als Brüstungen. Erstere können aus Holz, Stahl oder auch Glas bestehen. Der Oberbegriff der Umwehrung umfasst auch Abschrankungen. Umwehrungen sind demnach bauliche Vorrichtungen, die vor einem Höhenversatz angebracht werden und ein unbeabsichtigtes Abstürzen verhindern bzw. Halt geben sollen. Montierte Seile und Ketten erfüllen diese Funktion in der Regel nicht (vgl. hierzu OVG Bln, Urt. v. 10.01.1975 – II B 78.74, BRS 29, Nr. 92). 2

1.3 Wechselbezüge zu anderen Vorschriften

Die notwendige Höhe der Umwehrungen ist regelmäßig abhängig von der drohenden Absturztiefe. Anforderungen des Arbeitsschutzes sind zusätzlich zu beachten Handelt es sich hierbei um bundesrechtliche Normen, gehen diese dem Landesrecht vor. **Im Arbeitsschutz ist insbesondere die Verordnung über Arbeitsstätten (Arbeitsstättenverordnung – ArbStättV) zu beachten. Ziffer 2.1 des Anhanges beinhaltet Vorgaben für den Schutz vor Absturz und herabfallenden Gegenständen. Die Anforderungen werden in der ASR A2.1 – Schutz vor Absturz und herabfallenden Gegenständen, Betreten von Gefahrenbereichen konkretisiert.** 3

1.4 Technische Anforderungen

Umwehrungen müssen den allgemein anerkannten **Regeln der Technik** entsprechen (§ 3 Abs. 2 BauO NRW) und vor allem **standsicher** bzw. druck- und zugsicher, d.h. ihrer Zweckbestimmung entsprechend beanspruchbar, sein (§ 12 BauO NRW). Umwehrungen müssen somit stabil sein (vgl. hierzu: **ETB-Richtlinie »Bauteile, die gegen Absturz sichern«**). Nähere Regelungen zur Ausbildung der Umwehrungen fehlen in der Landesbauordnung, z.B. fehlen Vorgaben für Öffnungsgrößen, für Abstände von Geländerstäben usw. Näheres findet sich aber in der DIN 18065 (Gebäudetreppen, Geländer). Entspricht eine Umwehrung offensichtlich nicht diesen Vorgaben, hat die Bauaufsichtsbehörde die Möglichkeit, ein Einschreiten nach pflichtgemäßem Ermessen zu prüfen (§ 58 Abs. 2 BauO NRW). Die **Verantwortlichkeit** für die 4

§ 38 Umwehrungen

Übereinstimmung der Umwehrung mit den allgemein anerkannten Regeln der Technik trifft die am Bau Beteiligten, insbesondere den Bauleiter und den oder die Unternehmer. Zu absturzsichernden Verglasungen wird auf die entsprechende Technische Regel – TRAV aus Januar 2003 verwiesen (DIBt-Mitteilungen 2/2003, S. 58). Hierbei geht es um Vertikalverglasungen, tragende Glasbrüstungen mit durchgehendem Handlauf und Geländerausfachungen aus Glas, die auch dazu dienen, Personen auf Verkehrsflächen gegen seitlichen Absturz zu sichern.

1.5 Bedeutung von Umwehrungen im Abstandsflächenrecht

5   Oberer Bezugspunkt bei der Ermittlung der maßgeblichen **Wandhöhe** zur Berechnung der erforderlichen **Abstandsflächen** ist bei einem Balkon bzw. bei einer Dachterrasse der obere Punkt der jeweiligen Umwehrung, unabhängig davon, ob diese durchsichtig oder nicht transparent ist (OVG NRW, Urt. v. 12.09.2006 – 10 A 2980/05, BRS 70, Nr. 128 = BauR 2007, 350; OVG NRW, Beschl. v. 01.06.2007 – 7 A 3852/06, BRS 71, Nr. 127 und VG München, Urt. v. 29.07.2013 – M 8 K 12.341). Auch laut dem OVG Saarland, Beschl. v. 10.06.2013 – 2 B 30/13 (BRS 81, Nr. 144), ist die seitliche Umwehrung einer Dachterrasse bei der Ermittlung der Wandhöhe zur Berechnung der Abstandsflächen zu berücksichtigen. Auf die Bauausführung der Umwehrung kommt es grundsätzlich dabei nicht an.

1.6 Nachträgliches Anpassungsverlangen

6   Die Vorschriften der Landesbauordnungen gelten grundsätzlich für Neubauten. Im Einzelfall kann aber auch bauaufsichtliches Anpassungsverlangen gem. § 59 BauO NRW zulässig sein (siehe zum Verlangen der Erhöhung einer zu niedrigen – von 0,80 m auf 0,90 m – Balkonbrüstung: VG Berlin, Urt. 25.01.1991 – 13 A 118.89). Der VGH Bayern, Beschl. v. 20.02.2009 – 2 CS 08.3390 (BRS 74, Nr. 206) hatte allerdings gegen eine bauaufsichtliche Verfügung mit dem Ziel der Erhöhung eines Treppengeländers (von 0,90 m auf 1,10 m) Bedenken. Es handelte sich um ein bestandsgeschütztes Wohngebäude. Das Treppengeländer sollte zusätzlich so ausgebildet werden, dass Kleinkinder es nicht über- bzw. durchklettern können. Die sofortige Vollziehung wurde angeordnet. Ein besonderes Vollzugsinteresse wurde jedoch vom Obergericht nicht gesehen und auf das Willkürverbot hingewiesen, da im näheren Umfeld bei einer Vielzahl vergleichbarer Altbauten ähnliche Treppengeländer vorhanden waren und die Behörde hiergegen nicht einschritt. Der Verstoß gegen die maßgebliche DIN 18065 blieb aber unbestritten.

2 Zu Abs. 1 – grundsätzliche Forderung nach einer Umwehrung

7   § 38 BauO NRW verlangt für bestimmte Fallgestaltungen eine Umwehrung. Es handelt sich um eine umfassende Aufzählung.

8   zu 1) Alle **Flächen in, an und auf Flächen, die im Allgemeinen zum Begehen bestimmt sind und unmittelbar an tiefer gelegene Flächen angrenzen** (vgl. hierzu: OVG Saarland, Beschl. v. 22.02.2016 – 2 B 9/16). Hierbei kann es sich um Balkone, Emporen, Galerien, Loggien, Rampen (z.B. für Rollstuhlfahrer) handeln. Die Nutzung der

Flächen darf aber nicht durch eine solche Schutzvorrichtung konterkariert werden, z.B. bei den ursprünglich im Gesetz genannten Kais, Verladerampen oder Schwimmbecken. Umgekehrt sind aber auch Situationen denkbar, die bereits bei einer geringeren Höhendifferenz das Verlangen nach einer Umwehrung rechtfertigen, z.B. bei besonderen Nutzungssituationen von Sonderbauten (§ 50 Abs. 1 BauO NRW). Hier kommen Ausstellungsflächen, Bühnen, Podien in Versammlungsstätten in Betracht. Unter Absturzhöhe wird die Höhendifferenz zwischen der Lauf- und Standfläche und der nächst tiefer liegenden, ausreichend tragfähigen und breiten Fläche verstanden.

zu 2) Auch nicht begehbare Oberlichte und Glasabdeckungen in Flächen, die im Allgemeinen zum Begehen bestimmt sind, sind entsprechend abzusichern, wenn sie weniger als 0,50 m aus diesen Flächen herausragen. 9

zu 3) Dächer oder Dachteile, die zum auch nur zeitweiligen Aufenthalt von Menschen bestimmt sind, bedürfen einer Umwehrung. Dies gilt sowieso bereits für **Flachdächer**, wenn sie (ganz oder teilweise) zum Begehen bestimmt sind (Dachterrassen, vgl. auch den weiter oben abgedruckten Auszug aus der Handlungsempfehlung des Fachministeriums). Das Gesetz macht keine Aussage zur Häufigkeit der Nutzung, deshalb ist die Vorschrift sowohl für Dächer mit einer Aussichtsplattform als auch für Dächer, die durch eine Fläche für den Aufenthalt von Menschen im Brandfalle in das System der Rettungsweg eingebunden sind, anwendbar. Auch räumlich abgesetzte **Dachterrassen** müssen im Übrigen mit einer Umwehrung versehen werden, selbst wenn die restliche Fläche nicht zum allgemeinen Begehen bestimmt und z.B. als ein extensiv begrünter Randbereich gestaltet ist. Der nicht zum Begehen bestimmte Bereich muss abgesperrt sein. 10

zu 4) Für **Öffnungen in begehbaren Decken sowie in Dächern oder Dachteilen** nach Abs. 1 Nr. 3 der Norm, die nicht sicher abgedeckt sind, bedarf es einer Umwehrung. 11

zu 5) Umwehrt werden müssen auch **nicht begehbare Glasflächen in Decken sowie in Dächern oder Dachteilen** nach Abs. 1 Nr. 3 der Norm. 12

zu 6) Die **freien Seiten von Treppenläufen, Treppenabsätzen und Treppenöffnungen (Treppenaugen)** bedürfen – unabhängig von der Höhendifferenz – Absturzsicherungen, da Abs. 1 Nr. 1 der Norm diese Fälle nicht ausreichend abdeckt. Die Vorschrift meint alle Treppen in einem Gebäude bzw. auf einem Grundstück. Ein **Treppenauge** ist der von Treppen oder Podesten umschlossene freie Raum. Beträgt sein Durchmesser weniger als 20 cm (vgl. siehe Angaben in der Tabelle in Ziffer 6.8.2 der DIN 18065), sind für die Absicherung die niedrigeren Werte anzusetzen. Es geht um den Schutz der Nutzer der jeweiligen Treppe. Das Verlangen nach einem griffsicheren **Handlauf für Treppen** findet sich im Übrigen nach wie vor an anderer Stelle (§ 34 Abs. 6 BauO NRW). Die materiellen Anforderungen an Treppen – z.B. die vorgenannte Forderung nach einem Geländer – gelten allerdings nicht für Treppenanlagen, die Teil eines öffentlichen Weges sind (VGH Hessen, Beschl. v. 04.07.1983 – 4 TG 36/83, BRS 40, Nr. 174). 13

Die materiellen Anforderungen des § 34 BauO NRW gelten nicht für Treppen innerhalb von Wohnungen (§ 34 Abs. 8 BauO NRW), dies wiederum gilt aber nicht für die Forderung nach einer Umwehrung in § 38 Abs. 1 Nr. 6 BauO NRW. Ein Handlauf 14 ist keine klassische Absturzsicherung, sondern ein Personenführungselement. Zu niedrige **Brüstungen von an Treppen liegenden Fenstern** sind im Übrigen entsprechend abzusichern (vgl. § 38 Abs. 2 BauO NRW).

15 Zu 7) Zur erforderlichen Abdeckung von **Kellerlichtschächten und Betriebsschächten,** die in (!) Verkehrsflächen liegen, äußert sich ergänzend Abs. 2 der Norm.

16 Die ehemals genannten Gegenbeispiele (Verladerampen, Kais und Schwimmbecken) sind entfallen, da selbstverständlich.

3 Zu Abs. 2 – Absicherung von Kellerlicht- und Betriebsschächten

17 Kellerlicht- und Betriebsschächte, die an Verkehrsflächen liegen, müssen regelmäßig abgedeckt werden. Gemeint sind **öffentliche** oder *private* Verkehrsflächen. Verhindert werden soll ein Hineinstürzen. Kellerlicht- und Betriebsschächte in Verkehrsflächen sind regelmäßig abzudecken, weil Umwehrungen ja die Nutzung von Verkehrsflächen einschränken bzw. behindern würden (siehe Abs. 1 Nr. 7 der Norm). Hier geht es um an Verkehrsflächen unmittelbar angrenzende Kellerlicht- und Betriebsschächte, unabhängig davon, ob es sich um ein privates oder öffentliches Grundstück handelt. Deren Abdeckungen müssen verankert und so konstruktiv verschlossen sein, damit sie nicht von unbefugten Dritten geöffnet werden können. Hier ist auch alternativ eine Umwehrung denkbar.

4 Zu Abs. 3 – Anforderungen an Fensterbrüstungen

18 Bei **Fensterbrüstungen** handelt es sich zumeist um massive Umwehrungen und regelmäßig um einen Teil der jeweiligen Außenwand. Sie müssen bei einer Absturzhöhe von bis zu 12 m mindestens 0,80 m hoch sein, ist die Absturzhöhe größer, bedarf es Brüstungen mit einer Höhe von mindestens 0,90 m. Die Brüstungshöhe ist die Höhe der Brüstung über der Oberkante des vor dem Fenster liegenden Fertigfußbodens, also des höchsten begehbaren Punktes. Ein Sockel – z.B. eine verkleidete Heizung – unterhalb des Fenster ist hierbei als unterster Bezugspunkt zu berücksichtigen (OVG NRW, Beschl. v. 30.11.2001 – 10 B 1465/01, BRS 64, Nr. 137 = BauR 2002, S. 1230). Beträgt die Brüstungshöhe wegen der Trittstufenwirkung weniger als gesetzlich vorgeschrieben, darf vom Bauherrn eine zusätzliche Absturzsicherung verlangt werden. Auffällig ist, dass die Werte niedriger sind als bei den klassischen Umwehrungen. Offensichtlich vertraut der Landesgesetzgeber auf die psychologische Sperrwirkung der Brüstung. Die Fensterbrüstung gehört zur Außenwand und wird regelmäßig von der Oberkante des Fußbodens bis zur Oberkante der Fensterbank gemessen (Rohbaumaße). Geringere Höhenmaße der Brüstung sind zulässig, wenn die Differenz durch andere – brüstungsähnliche – Bauteile (z.B. Geländer) kompensiert wird und insgesamt die in Abs. 4 der Vorschrift vorgegebenen Mindesthöhen – nämlich 0,90 bzw. 1,10 m – eingehalten werden.

5 Zu Abs. 4 – Höhengestaltung anderer notwendiger Umwehrungen

19 Die Landesbauordnung gibt nur **Mindesthöhen** vor (vgl. hierzu: VG München, Beschl. v. 06.11.2012 – M 8 S 12.5209). Neben der ausreichenden **Stabilität** kann

eine Umwehrung ihre Schutzfunktion nur bei einer ausreichenden Höhe bewirken. Nähere Vorgaben zur Ausführungsart von Umwehrungen fehlen bzw. finden sich in den weiter oben genannten technischen Regelwerken. Diese entfalten über § 3 Abs. 2 i.V.m. § 88 BauO NRW rechtliche Wirkung. Insbesondere die Sicherung gegen das Überklettern von unbeaufsichtigten Kleinkindern ist ein Schutzziel der technischen Vorgaben. Dies gilt aber nur in Bereichen, in denen mit der Anwesenheit von unbeaufsichtigten Kleinkindern zu rechnen ist. Damit ein Kleinkind ein Geländer nicht hochklettern kann, sollen die Stäbe senkrecht angeordnet werden oder im unteren Bereich mit einer 70 cm hohen Scheibe gesichert werden. Ein Kleinkind darf sich auch bei einem Geländer nicht durchzwängen können. Deshalb soll z.B. der lichte Abstand von Geländerteilen nicht mehr als 12 cm betragen (Ziffer 6.8.3 der DIN 18065). Für Erwachsende würde übrigens ein Abstand von maximal 30 cm genügen. Das Geländer bzw. die Umwehrung sollte keine übereinanderliegenden Auftrittsmöglichkeiten aufweisen. Die einschlägige Rechtsprechung betont das Erfordernis für den weitergehenden Schutz für Kleinkinder, betont aber einschränkend, dass nicht jede Unvernunft der Kinder oder Nachlässigkeit der Eltern durch bauliche Vorkehrungen aufgefangen werden kann (OLG Köln, Urt. v. 20.12.1965 – 2 U 73/63 und VGH B-W, Urt. v. 04.12.1975 – III 905/73). Im Übrigen können zur Ausgestaltung von Umwehrungen aus anderen Vorschriften – vor allem Unfallverhütungsvorschriften – gesteigerte Anforderungen bestehen, z.B. für Kindertagesstätten oder Schulen (vgl. DGUV Vorschrift 81, § 9, DGUV Information 208-005, Bautechnische Anforderungen zur Verhütung von Unfällen, DIN 58125, Abschn. 3.5).

Sechster Abschnitt Technische Gebäudeausrüstung

Vor §§ 39–45

Der sechste Abschnitt des dritten Teils der BauO NRW fasst mit Regelungen zu Aufzügen, Leitungsanlagen, Installationsschächten und -kanälen, Lüftungsanlagen, Feuerungsanlagen, sonstigen Anlagen zur Wärmeerzeugung und Brennstoffversorgung, sanitären Anlagen, Wasserzähler, der Aufbewahrung fester Abfallstoffe und Blitzschutzanlagen, die Anforderungen an die **technische Gebäudeausrüstung** zusammen. 1

Bislang wurden Anforderungen zu haustechnischen Anlagen im fünften Abschnitt des dritten Teils der BauO NRW 2000 geführt. Mit der neuen Landesbauordnung werden nun durch eine klarere Gliederung auch Anforderungen zur technischen Gebäudeausrüstung, die sich bislang in anderen Abschnitten der BauO NRW 2000 befanden, im sechsten Abschnitt des dritten Teils zusammengefasst. Dies betrifft insbesondere die Anforderungen an Aufzüge, Leitungsanlagen und Blitzschutzanlagen. 2

Die Anforderungen an **Aufzüge, Leitungsanlagen, Lüftungsanlagen, Feuerungsanlagen und Blitzschutzanlagen** dienen insbesondere der Sicherstellung der Schutzziele zum **Brandschutz**. Um den möglichen Gefahren durch die Installation anlagentechnischer Gebäudeausrüstung entgegen zu wirken, regelt der Gesetzgeber im sechsten Abschnitt die grundsätzlichen Anforderungen an diese Anlagen. Der **Gesetzestext** 3

Vor §§ 39–45

bleibt dabei bewusst sehr grundsätzlich und wird im Detail durch Technische Baubestimmungen im Sinne des § 88 BauO NRW 2018 konkretisiert. Dabei liegen insbesondere mit der **Muster-Leitungsanlagenrichtlinie (MLAR)** und der **Muster-Lüftungsanlagenrichtlinie (M-LüAR)** zwei Technische Baubestimmungen vor, die im Detail die Anforderungen der §§ 40 und 41 BauO NRW konkretisieren. Der Konkretisierung der Anforderungen an Feuerungsanlagen, sonstigen Anlagen zur Wärmeerzeugung und Brennstoffversorgung in § 42 widmet der Gesetzgeber mit der **Feuerungsverordnung (FeuVO NRW)** eine eigene Verordnung aufgrund von § 87 Abs. 1 Nr. 1 und 5 BauO NRW. Darüber hinaus werden die Anforderungen an die technische Gebäudeausrüstung in der VV TB NRW entsprechend konkretisiert.

4   Die vorliegende Kommentierung berücksichtigt die zum Zeitpunkt der Drucklegung gültige **VV TB NRW** mit Stand Januar 2019. Die Verwaltungsvorschrift Technische Baubestimmungen wird voraussichtlich einem jährlichen Änderungsmodus unterliegen (s. Anmerkungen Vor §§ 26–32 Rdn. 6–7). In der nächsten Fassung der VV TB NRW werden voraussichtlich insbesondere im Hinblick auf die technische Gebäudeausrüstung umfassende Änderungen vorgenommen. Geplant ist die Ergänzung der MVV TB um einen **Anhang 14 »Technische Regel Technische Gebäudeausrüstung (TR TGA)«**. Diese technische Regel wird die Anforderungen an sicherheitstechnische Anlagen für den Bereich Brandschutz sowie für Feuerungsanlagen und Lüftungsanlagen zusammenfassen und dann voraussichtlich auch in die nächste Fassung der VV TB NRW übernommen. Zu den enthaltenen sicherheitstechnischen Anlagen gehören nach dem derzeitigen Entwurf im Redaktionsstand vom 06.12.2018 Brandmeldeanlagen, Alarmierungsanlagen, Sicherheitsbeleuchtungsanlagen, Sicherheitsstromversorgungsanlagen, Rauchabzugsanlagen und Rauchabzugsgeräte, Druckbelüftungsanlagen, CO-Warnanlagen und Feuerlöschanlagen.

5   Der sechste Abschnitt enthält mit § 43 Anforderungen an **sanitäre Anlagen und Wasserzähler** für Wohnungen. § 44 stellt Anforderungen an die Aufbewahrung **fester Abfallstoffe innerhalb von Gebäuden**. Dabei werden sowohl Anforderungen an den baulichen Brandschutz solcher Räume als auch an eine wirksame Lüftung gestellt, wobei letztere vorwiegend für ausreichende hygienische Randbedingungen erforderlich ist.

6   Anforderungen an **elektrische Anlagen** werden nach den Bestimmungen von § 40 für Leitungsanlagen, Installationsschächte und -kanäle sowie der dazugehörigen konkretisierenden Technischen Baubestimmung der MLAR gestellt. Entsprechende Anforderungen können sich darüber hinaus aus den Vorgaben der Sonderbauverordnung (SBauVO) zum Beispiel für Sicherheitsbeleuchtungs- oder Sicherheitsstromversorgungsanlagen ergeben. Dem Teil 6 der SBauVO sind entsprechende Anforderungen an Betriebsräume für elektrische Anlagen zu entnehmen. Dabei sind für Transformatoren und Schaltanlagen für Nennspannungen über 1 kV, ortsfeste Stromerzeugungsaggregate für bauordnungsrechtlich vorgeschriebene sicherheitstechnische Anlagen und Einrichtungen und zentrale Batterieanlagen für bauordnungsrechtlich vorgeschriebene sicherheitstechnische Anlagen und Einrichtungen entsprechende Anforderungen zu berücksichtigen, die vorwiegend der Erfüllung der brandschutztechnischen Schutzziele dienen.

§ 39 Aufzüge

(1) Aufzüge im Innern von Gebäuden müssen eigene Fahrschächte haben, um eine Brandausbreitung in andere Geschosse ausreichend lang zu verhindern. In einem Fahrschacht dürfen bis zu drei Aufzüge liegen. Aufzüge ohne eigene Fahrschächte sind zulässig
1. innerhalb eines notwendigen Treppenraumes, ausgenommen in Hochhäusern,
2. innerhalb von Räumen, die Geschosse überbrücken,
3. zur Verbindung von Geschossen, die offen miteinander in Verbindung stehen dürfen und
4. in Gebäuden der Gebäudeklassen 1 und 2.

Sie müssen sicher umkleidet sein.

(2) Die Fahrschachtwände müssen als raumabschließende Bauteile
1. in Gebäuden der Gebäudeklasse 5 feuerbeständig und aus nichtbrennbaren Baustoffen,
2. in Gebäuden der Gebäudeklasse 4 hochfeuerhemmend,
3. in Gebäuden der Gebäudeklasse 3 feuerhemmend

sein. Fahrschachtwände aus brennbaren Baustoffen müssen schachtseitig eine Bekleidung aus nichtbrennbaren Baustoffen in ausreichender Dicke haben. Fahrschachttüren und andere Öffnungen in Fahrschachtwänden mit erforderlicher Feuerwiderstandsfähigkeit sind so herzustellen, dass die Anforderungen nach Absatz 1 Satz 1 nicht beeinträchtigt werden.

(3) Fahrschächte müssen zu lüften sein und eine Öffnung zur Rauchableitung mit einem freien Querschnitt von mindestens 2,5 Prozent der Fahrschachtgrundfläche, mindestens jedoch 0,10 m² haben. Diese Öffnung darf einen Abschluss haben, der im Brandfall selbsttätig öffnet und von mindestens einer geeigneten Stelle aus bedient werden kann. Die Lage der Rauchaustrittsöffnungen muss so gewählt werden, dass der Rauchaustritt durch Windeinfluss nicht beeinträchtigt wird.

(4) Gebäude mit mehr als drei oberirdischen Geschossen müssen Aufzüge in ausreichender Zahl haben. Ein Aufzug muss von der öffentlichen Verkehrsfläche und von allen Wohnungen in dem Gebäude aus barrierefrei erreichbar sein. Von diesen Aufzügen muss in Gebäuden mit mehr als fünf oberirdischen Geschossen mindestens ein Aufzug Krankentragen, Rollstühle und Lasten aufnehmen können und Haltestellen in allen Geschossen haben. Haltestellen im obersten Geschoss und in den Kellergeschossen sind nicht erforderlich, wenn sie nur unter besonderen Schwierigkeiten hergestellt werden können. Führt die Aufstockung oder Nutzungsänderung eines Gebäudes dazu, dass nach Satz 1 ein Aufzug errichtet werden müsste, kann hiervon abgesehen werden, wenn ein Aufzug nur unter besonderen Schwierigkeiten hergestellt werden kann.

(5) Fahrkörbe zur Aufnahme einer Krankentrage müssen eine nutzbare Grundfläche von mindestens 1,10 m x 2,10 m und zur Aufnahme eines Rollstuhls von mindestens 1,10 m x 1,40 m haben. Türen müssen eine lichte Durchgangsbreite von mindestens 0,90 m haben. In einem Aufzug für Rollstühle und Krankentragen darf der für Rollstühle nicht

§ 39 Aufzüge

erforderliche Teil der Fahrkorbgrundfläche durch eine verschließbare Tür abgesperrt werden. Vor den Aufzügen muss eine ausreichende Bewegungsfläche vorhanden sein.

Übersicht		Rdn.
0	Änderungen gegenüber der BauO NRW 2000	01
1	Allgemeines	1
2	Begriffsdefinition	5
3	Abgrenzung zu technischen und betrieblichen Anforderungen an Aufzugsanlagen	9
4	Zu Abs. 1 – Schutzzielformulierung und Erfordernis von Fahrschächten	15
5	Zu Abs. 2 – Anforderungen an Fahrschachtwände und Türen	19
6	Zu Abs. 3 – Anforderungen an die Rauchableitung in Fahrschächten	29
7	Zu Abs. 4 – Notwendigkeit von Aufzügen	32
8	Zu Abs. 5 – Abmessungen von Aufzügen	38

0 Änderungen gegenüber der BauO NRW 2000

01 **Gemäß § 39 Abs. 1** BauO NRW 2000 mussten Aufzugsanlagen weitergehenden Anforderungen aufgrund des § 11 des Gerätesicherheitsgesetzes auch dann entsprechen, wenn diese weder gewerblichen noch wirtschaftlichen Zwecken dienten und in ihrem Gefahrenbereich keine Arbeitnehmer beschäftigt wurden. **Grundsätzlich gehen bundesgesetzliche Anforderungen dem Landesrecht vor** und soweit keine Abweichungen zugelassen werden, war § 39 Abs. 1 BauO 2000 entbehrlich. Eine Bezugnahme auf Anforderungen aufgrund des § 11 des Gerätesicherheitsgesetzes enthält Paragraph 39 Abs. 1 nicht mehr.

02 In § 39 **Abs. 1** Satz 1 wurde das Schutzziel, eine Brandausbreitung in andere Geschosse ausreichend lang zu verhindern, neu aufgenommen. Mit **§ 39 Abs. 1 Satz 3** wurden die Ausnahmefälle, in denen auf die Anordnung eines Schachtes verzichtet werden kann, gegenüber § 39 Abs. 2 BauO 2000 erheblich erweitert.

03 **§ 39 Abs. 2** enthält in Satz 1 Halbsatz 1 hinsichtlich der Feuerwiderstandsfähigkeit für den Raumabschluss die **Anforderungen an die Fahrschachtwände**. Die in § 39 Abs. 2 Satz 3 BauO NRW 2000 grundsätzlich feuerbeständigen Anforderungen werden nun, den Anforderungen an die tragenden Teile des Gebäudes folgend in Abhängigkeit von den neu gegliederten Gebäudeklassen, abgestuft und erleichtert. Für Fahrschachtwände, die in Gebäuden der Gebäudeklassen 3 und 4 nun auch aus brennbaren Baustoffen zulässig sind, wird in § 39 Abs. 2 Satz 2 verlangt, dass sie schachtseitig eine Bekleidung aus nichtbrennbaren Baustoffen in ausreichender Dicke erhalten.

04 In **§ 39 Abs. 3** Satz 1 wird die bisher in § 39 Abs. 3. Satz 1 BauO NRW 2000 verwendete Bezeichnung »Rauchabzugsvorrichtung« durch »**Öffnung zur Rauchableitung**« ersetzt und damit klargestellt, dass grundsätzlich keine Anlagentechnik erforderlich ist. Die Abmessungen werden beibehalten. Da aus Gründen der Energieeinsparung vermehrt die Öffnungen mit Verschlüssen versehen werden, regelt § 39 Absatz 3 Satz 2 nun, welche Anforderungen solche Abschlüsse erfüllen müssen.

05 **§ 39 Abs. 4** Satz 1 stellt zwar wie bisher auf die Zahl der Vollgeschosse ab, fordert nun aber Aufzüge bereits für Gebäude mit **mehr als drei oberirdischen Geschossen**. § 39

Abs. 4 Satz 2 stellt klar, dass ein Aufzug von der öffentlichen Verkehrsfläche und von allen Wohnungen in dem Gebäude aus barrierefrei erreichbar sein muss.

Der § 39 Abs. 5 BauO NRW wird an die MBO angepasst und entspricht hinsichtlich der Abmessungen den Anforderungen des bisherigen § 39 Abs. 6 BauO 2000. In § 39 Abs. 5 Satz 3 wurde eine neue Regelung zur **Aufteilung der Fahrkorbgrundfläche** aufgenommen. Der § 39 Abs. 5 Satz 4 nimmt die bisher in § 39 Abs. 6 BauO 2000 geregelte Anforderung bezüglich **Bewegungsflächen vor Aufzügen** auf. 06

Der bisherige § 39 Abs. 5 BauO NRW 2000 regelte Abweichungen unter anderem für außenliegende Aufzüge. Die Regelungen konnten entfallen, da § 39 Abs. 1 nun eindeutig auf Aufzüge im Innern von Gebäuden abstellt. Die in § 39 Abs. 5 BauO 2000 geregelte Abweichung für die Verbindung von Geschossen ist teilweise in § 39 Abs. 1 Satz 3 aufgenommen worden. Da beide Fälle – § 39 Abs. 1 Satz 3 Nr. 1 und 2 – nach wie vor einer behördlichen Gestattung bedürfen, war eine Regelung wie bisher im Hinblick auf § 69 entbehrlich. 07

1 Allgemeines

Die BauO NRW 2018 verlangt den **Einbau von Aufzügen** in Gebäuden ab einer bestimmten Gebäudehöhe. So soll den Nutzern eines Gebäudes und insbesondere Menschen mit körperlichen Einschränkungen die Möglichkeit gegeben werden, ein Gebäude selbstständig und mit noch zumutbaren Anstrengungen auch in den oberen Geschossen zu nutzen. Neben den Anforderungen in § 39 enthalten die Bauvorschriften für Sonderbauten teilweise höhere Anforderungen wie z.B. die Forderung nach einem **Feuerwehraufzug in Hochhäusern**. Darüber hinaus werden an Aufzugsanlagen **bundesrechtliche Anforderungen** gestellt (s. Anmerkungen Rdn. 9 ff.). 1

Die Regelungen für Aufzüge in der BauO NRW 2018 dienen in erster Linie der Abwehr von Gefahren im Brandfall. Aufzüge sind in vertikalen Schächten untergebracht, die mehrere Geschosse erschließen, wozu entsprechende Öffnungen in den Schachtwänden für die Aufzugstüren vorgesehen werden. Die Anforderungen von § 39 sollen die Gefahr der **Ausbreitung von Feuer und Rauch über Aufzugsschächte in andere Geschosse** ausreichend lange verhindern. 2

Während die Konzeptionierung der vertikalen Rettungswege innerhalb eines Gebäudes Aufzüge bislang kategorisch ausschloss, werden derzeit im Hinblick auf die Barrierefreiheit zunehmend auch die Möglichkeiten der Nutzung von Aufzügen für die Selbstrettung diskutiert. Erste vornormative Regelungen zur Selbstrettung über Aufzüge fasst die VDI 6017 »Brandfallsteuerung für Aufzüge« zusammen. Die VDI 6017 kann als Grundlage zur Planung der Selbstrettung von mobilitätseingeschränkten Personen über Aufzüge herangezogen werden. Ob und in welcher Qualität Aufzüge auch für die Selbstrettung bereitgestellt werden können, ist im Brandschutzkonzept darzustellen. Dabei werden diese Aufzüge i.d.R. nicht als Ersatz, sondern als Ergänzung zu den nach § 33 erforderlichen Rettungswegen vorgesehen. 3

4 Aufzüge sind bauliche Anlagen im Sinne des § 2 Abs. 1, deren nachträglicher Einbau in Sonderbauten nach § 50 BauO NRW genehmigungspflichtig ist (vgl. § 62 Abs. 1 Nummer 2 b).

2 Begriffsdefinition

5 Zur **vertikalen Erschließung** von Gebäuden und baulichen Anlagen werden Aufzüge eingesetzt, mit denen Personen und Lasten befördert werden können. Eine Legaldefinition des Begriffes »Aufzug« enthält die BauO NRW nicht, so dass sich zur Begriffsdefinition anderer Regelwerke bedient werden muss. Die Zwölfte Verordnung zum **Produktsicherheitsgesetz** (Aufzugsverordnung – 12. ProdSV) vom 06.04.2016 (BGBl. I S. 605) definiert den Aufzug in § 2 Satz 1 Nr. 1 als
- **ein Hebezeug**, das zwischen festgelegten Ebenen mittels eines Lastträgers verkehrt, der sich an starren, gegenüber der Horizontalen um mehr als 15 Grad geneigten Führungen entlang bewegt, oder
- **eine Hebeeinrichtung**, die sich nicht zwingend an starren Führungen entlang, jedoch in einer räumlich vollständig festgelegten Bahn bewegt.

6 Eine weiterführende Begriffsdefinition enthält die Verordnung über Sicherheit und Gesundheitsschutz bei der Verwendung von Arbeitsmitteln (**Betriebssicherheitsverordnung** vom 03.02.2015 (BGBl. I S. 49), die zuletzt durch Artikel 5 Absatz 7 der Verordnung vom 18.10.2017 (BGBl. I S. 3584) geändert worden ist – BetrSichV). Anhang 2 Abschnitt 2 Nr. 2 BetrSichV definiert auch **Maschinen** im Sinne des Anhangs IV Ziffer 17 der Richtlinie 2006/42/EG des Europäischen Parlaments und des Rates vom 17.05.2006 über Maschinen und zur Änderung der Richtlinie 95/16/EG (Neufassung) (ABl. L 157 vom 09.06.2006, S. 24) **als Aufzüge**, sofern es sich um Maschinen handelt, die
- vorübergehend ein- oder angebaut werden, um Personen oder Personen und Güter während Bau- oder Instandsetzungsarbeiten auf die unterschiedlichen Stockwerksebenen eines Gebäudes oder Ebenen eines Gerüsts oder Bauwerks zu befördern (**Baustellenaufzüge**), oder
- ortsfest und dauerhaft montiert, installiert und verwendet werden; hierzu gehören auch Gebäuden zugeordnete Anlagen, die dazu bestimmt sind, Personen mit und ohne Arbeitsgerät und Material aufzunehmen, und deren an Tragmitteln hängende Arbeitsbühnen durch Hubwerke oder durch Hubwerke und Fahrwerke bewegt werden (**Fassadenbefahranlagen**).

7 Anhang 2 Abschnitt 2 Nr. 2 BetrSichV nimmt u. a. folgende Maschinen aus:
- Geräte und Anlagen zur Regalbedienung,
- Fahrtreppen und Fahrsteige,
- Schrägbahnen, jedoch nicht Schrägaufzüge,
- handbetriebene Aufzugsanlagen,
- Fördereinrichtungen, die mit Kranen fest verbunden und zur Beförderung der Kranführer bestimmt sind.

8 Zudem werden **Personen-Umlaufaufzüge** als Aufzüge im Sinne der BetrSichV definiert (in Anhang 2 Abschnitt 2 Nr. 2).

3 Abgrenzung zu technischen und betrieblichen Anforderungen an Aufzugsanlagen

Auf der Basis der vorgenannten Regelwerke lassen sich die Anforderungen an Aufzugsanlagen grundsätzlich in drei Bereiche unterteilen: 9
- **Materielle bauliche Anforderungen** an den Aufzug als Teil des Gebäudes (§ 39 BauO NRW),
- **Anlagentechnische Anforderungen** an die Aufzugsanlage (12. ProdSV – Aufzugsverordnung) und
- Anforderungen an den **sicheren Betrieb** der Aufzugsanlage (BetrSichV).

Die baulichen Anforderungen sind in § 39 BauO NRW geregelt und betreffen ins- 10 besondere den Fahrschacht (s. nachfolgende Rdn. 19 ff.). Die bundesrechtlichen anlagentechnischen und betriebsbezogenen Anforderungen an Aufzugsanlagen gelten auch nach Wegfall der Bezugnahme auf § 11 des Gerätesicherheitsgesetzes in § 39 Abs. 1 BauO NRW parallel zu den bauordnungsrechtlichen Anforderungen.

Die **anlagentechnischen Anforderungen** an die Aufzugsanlage ergeben sich im We- 11 sentlichen aus der Zwölften Verordnung zum Produktsicherheitsgesetz – **12. ProdSV – Aufzugsverordnung** vom 06.04.2016 (BGBl. I S. 605). Diese Verordnung dient der Umsetzung der Richtlinie 2014/33/EU des Europäischen Parlaments und des Rates vom 26.02.2014 zur Angleichung der Rechtsvorschriften der Mitgliedstaaten über Aufzüge und Sicherheitsbauteile für Aufzüge (ABl. L 96 vom 29.3.2014, S. 251). In Abschnitt 1 der Aufzugsverordnung sind die allgemeinen Vorschriften enthalten. Abschnitt 1 beschreibt Anwendungsbereich und Ausnahmen der Verordnung und weist die erforderlichen Begriffsbestimmungen auf (s. Rdn. 5) und sieht eine **grundsätzliche Anwendung** der Aufzugsverordnung sowohl auf Personen- als auch auf Güteraufzüge sowie auf die zugehörigen Sicherheitsbauteile für Aufzüge vor. Abschnitt 2 der Aufzugsverordnung enthält Regelungen zu den Pflichten der Wirtschaftsakteure (Montagebetrieb, Hersteller, Bevollmächtigter, Einführer, Händler). Im Abschnitt 3 der Verordnung werden die jeweiligen Konformitätsbewertungsverfahren für Aufzüge bzw. Sicherheitsbauteile für Aufzüge geregelt. Schließlich enthalten die Abschnitte 4 und 5 Regelungen zur Marktüberwachung und Sanktionsmöglichkeiten. Mit **§ 4 der Aufzugsverordnung** wird das harmonisierte **europäische Normenwerk** eingebunden. In § 4 wird vermutet, dass bei denjenigen Aufzügen und Sicherheitsbauteilen für **Aufzüge, die harmonisierten Normen oder Teilen dieser Normen entsprechen**, die wesentlichen Gesundheitsschutz- und Sicherheitsanforderungen nach Anhang I der Richtlinie 2014/33/EU erfüllt werden, soweit diese von den betreffenden Normen oder von Teilen dieser Normen abgedeckt sind. Die Sicherheitsstandards für Personen- und Lastenaufzüge sind wesentlich durch die **Normenreihe DIN EN 81** geregelt. Die Normenreihe beschreibt **Sicherheitsregeln für die Konstruktion und den Einbau von Aufzügen**. Die DIN EN 81-20:2014-11 »Teil 20: Personen- und Lastenaufzüge« definiert Vorgaben für **Konstruktion und technische Eigenschaften von Aufzügen**.

Die **Anforderungen für einen sicheren Betrieb** sind ebenfalls nicht in der 12 BauO NRW 2018 geregelt. Diese ergeben sich im Wesentlichen aus der **Betriebssicherheitsverordnung**. Nach § 5 Abs. 2 BetrSichV darf der Arbeitgeber Arbeitsmittel nicht zur Verfügung stellen und verwenden lassen, wenn sie Mängel aufweisen, welche die sichere Verwendung beeinträchtigen. Nach § 6 Abs. 1 BetrSichV hat der Arbeitgeber dafür zu sorgen, dass die Arbeitsmittel sicher verwendet und dabei die Grundsätze der Ergonomie beachtet werden. Dabei sind die **besonderen Vorschriften für Aufzugsanlagen im Anhang 1**, Abschnitt 4 der BetrSichV zu beachten. Der Anhang 1 enthält in Abschnitt 4 besondere Vorschriften für Aufzugsanlagen, durch die z.B. Kommunikationssysteme, Notfallpläne, Notdienste und andere betriebliche Regelungen erforderlich werden.

13 Nach den Vorgaben von § 10 Abs. 1 BetrSichV hat der Arbeitgeber **Instandhaltungsmaßnahmen** zu treffen, damit die Arbeitsmittel während der gesamten Verwendungsdauer den für sie geltenden Sicherheits- und Gesundheitsschutzanforderungen entsprechen und in einem sicheren Zustand erhalten werden. § 15 BetrSichV regelt die **Prüfung vor Inbetriebnahme und vor Wiederinbetriebnahme nach prüfpflichtigen Änderungen**. Nach § 15 Abs. 1 BetrSichV hat der Arbeitgeber sicherzustellen, dass überwachungsbedürftige Anlagen vor erstmaliger Inbetriebnahme und vor Wiederinbetriebnahme nach prüfpflichtigen Änderungen geprüft werden. § 16 Abs. 1 BetrSichV regelt die wiederkehrende Prüfung. Nach § 16 Abs. 1 BetrSichV hat der Arbeitgeber sicherzustellen, dass überwachungsbedürftige Anlagen nach Maßgabe der in Anhang 2 genannten Vorgaben wiederkehrend auf ihren sicheren Zustand hinsichtlich des Betriebs geprüft werden. Anhang 2 enthält in Abschnitt 2 Anwendungsregeln für Aufzugsanlagen vor der erstmaligen Inbetriebnahme und nach prüfpflichtigen Änderungen sowie für wiederkehrende Prüfungen. Ziel der Prüfungen ist die **Gewährleistung des sicheren Betriebes der Aufzugsanlage** bis zur nächsten Prüfung. Zur Prüfung nach Anhang 2 Abschnitt 2 BetrSichV gehören auch alle aufzugsexternen Sicherheitseinrichtungen, die für die sichere Verwendung der Aufzugsanlage erforderlich sind, wie Überdrucklüftungsanlage oder Notstromversorgung von Feuerwehraufzügen. Die Prüfungen sollen gleichwertige Ergebnisse von Prüfungen nach anderen Rechtsvorschriften des Bundes und der Länder berücksichtigen. **Prüfaufzeichnungen und -bescheinigungen** werden in § 17 Abs. 1 BetrSichV geregelt. Demnach hat der Arbeitgeber dafür zu sorgen, dass das Ergebnis der Prüfung nach den §§ 15 und 16 BetrSichV aufgezeichnet wird. Aufzeichnungen und Prüfbescheinigungen sind während der gesamten Verwendungsdauer am Betriebsort der überwachungsbedürftigen Anlage aufzubewahren und der zuständigen Behörde auf Verlangen vorzulegen. Sie können auch in elektronischer Form aufbewahrt werden. Nach § 17 Abs. 2 muss unbeschadet der Aufzeichnungen und Prüfbescheinigungen in der Kabine von Aufzugsanlagen eine Kennzeichnung, zum Beispiel in Form einer Prüfplakette, deutlich sichtbar und dauerhaft angebracht sein, aus der sich Monat und Jahr der nächsten wiederkehrenden Prüfung sowie die prüfende Stelle ergibt.

14 Nach § 1 Abs. 1 BetrSichV gilt die Verordnung **für die Verwendung von Arbeitsmitteln**. Ziel dieser Verordnung ist es, die Sicherheit und den Schutz der Gesundheit von Beschäftigten bei der Verwendung von Arbeitsmitteln zu gewährleisten. In der Begründung zu § 39 BauO NRW wird darauf hingewiesen, dass für Aufzugsanlagen, die weder gewerblichen noch wirtschaftlichen Zwecken dienen, auf Grundlage des

§ 87 Abs. 8 BauO NRW **Regelungen zur Prüfung** in einer Rechtsverordnung aufgenommen werden.

4 Zu Abs. 1 – Schutzzielformulierung und Erfordernis von Fahrschächten

Mit § 39 Abs. 1 Satz 1 wird das **Schutzziel**, das den bauordnungsrechtlichen Anforderungen zugrunde liegt, formuliert. Demnach müssen Aufzüge im Innern von Gebäuden **eigene Fahrschächte** haben, um eine Brandausbreitung in andere Geschosse ausreichend lang zu verhindern. Es kann deshalb eindeutig eine Zuordnung zu dem Schutzziel gemäß § 14 erfolgen, wonach einer **Ausbreitung von Feuer und Rauch** vorzubeugen ist. Die Anforderungen des § 39 sind damit Teil des **Systems der inneren Abschottung** von Gebäuden (s. Anmerkungen zu § 14 Rdn. 4–15). § 39 Abs. 1 Satz 1 setzt zunächst grundsätzlich voraus, dass zur Erfüllung der Schutzziele eigene Fahrschächte erforderlich sind. Die Vorschrift stellt damit klar auf Aufzüge im Innern von Gebäuden ab. **Außenliegende Aufzüge** gehören nicht zum Regelungsbereich von § 39 BauO NRW und müssen im Einzelfall betrachtet werden. Bei außenliegenden Aufzügen stellen sich neben brandschutztechnischen Aspekten dabei regelmäßig abstandsflächen- und denkmalrechtliche Fragen. 15

Bei der brandschutztechnischen Bewertung von Aufzügen ist davon auszugehen, dass es ohne besondere Maßnahmen bei einem Brand in einem Geschoss zu einer Brandausbreitung über den Fahrschacht auf andere Geschosse kommen kann. Die Brandausbreitung durch eine **Brandentstehung im Fahrschacht** selbst, wird indes in der Regel nicht angenommen. Zur Erfüllung des in § 39 Abs. 1 Satz 1 formulierten Schutzzieles werden in § 39 Abs. 2 und 3 Anforderungen an die Feuerwiderstandsfähigkeit von **Fahrschachtwänden**, an **Fahrschachttüren** in diesen Wänden und an die **Rauchableitung** aus Fahrschächten gestellt, durch die in Kombination die Erreichung des Schutzzieles sichergestellt werden kann. Dabei kann das Schutzziel nach § 39 Abs. 1 Satz 2 auch bei der Anordnung von bis zu drei Aufzügen in einem Fahrschacht realisiert werden. 16

Aus der **Schutzzielformulierung** und den materiellen Anforderungen ist erkennbar, dass sich brandschutztechnische Anforderungen an den Fahrschacht erübrigen, wenn der Aufzug als **Vertikalverbindung von Ebenen innerhalb eines (überhohen) Raumes** dient (z.B. Atrium). § 39 Abs. 1 Satz 3 lässt daher zu, dass Aufzüge in bestimmten Fällen auch ohne eigene Fahrschächte innerhalb eines Raumes oder Treppenraumes zulässig sind und definiert entsprechende Ausnahmen. Demnach sind **ohne eigenen Schacht** zulässig: 17

– bis zur Hochhausgrenze Aufzüge in Treppenräumen, da erfahrungsgemäß keine vom Aufzug ausgehende Gefahr zu erwarten ist (Nr. 1),
– Aufzüge innerhalb von Räumen, die Geschosse überbrücken (Nr. 2),
– Aufzüge zur Verbindung von Geschossen, die offen miteinander in Verbindung stehen dürfen (Nr. 3), da die Geschosse in beiden Fällen bereits im Luftverbund sind,
– Aufzüge in Gebäuden der Gebäudeklassen 1 und 2 (Nr. 4).

§ 39 Aufzüge

18 Aufzüge ohne Fahrschächte müssen **sicher umkleidet** sein. Die sichere Umkleidung soll vermeiden, dass Personen unbeabsichtigt die Aufzugskabine oder andere technische Einrichtungen berühren. Die sichere Umkleidung kann auch aus **Glas** hergestellt werden, sofern dieses eine ausreichende Stabilität gegen mechanische Beanspruchungen aufweist wie z.B. Verbundsicherheitsglas. Weitere Anforderungen z.B. hinsichtlich des Brandverhaltens werden in § 39 Abs. 1 Satz 4 nicht definiert. Für sichere Umkleidungen von Aufzügen in notwendigen Treppenräumen sind jedoch die Anforderungen von § 35 Abs. 5 Satz 1 zu erfüllen, wonach **Einbauten aus nichtbrennbaren Baustoffen bestehen müssen.**

5 Zu Abs. 2 – Anforderungen an Fahrschachtwände und Türen

19 § 39 **Abs.** 2 legt die Anforderungen an (**notwendige**) **Fahrschachtwände** und **Fahrschachttüren** fest. Dabei **korrespondiert** die jeweilige Feuerwiderstandsdauer mit den **Anforderungen an tragende Wände und Stützen** gemäß § 27 Abs. 1. Für (nicht notwendige) Fahrschächte von Aufzügen, die nach § 39 Abs. 1 ohne Fahrschächte errichtet werden können, werden keine Anforderungen an die Feuerwiderstandsdauer der Fahrschachtwände gestellt. Der (**nicht notwendige**) **Fahrschacht** stellt in diesem Fall lediglich die **sichere Umkleidung** gemäß § 39 Abs. 1 Satz 4 dar.

20 Für alle Aufzüge, für die nach § **39 Abs.** 1 eigene Fahrschächte erforderlich sind, müssen diese je nach Gebäudeklasse als raumabschließende Bauteile eine bestimmte **Feuerwiderstandsklasse** erhalten. Die Feuerwiderstands- und Baustoffklassen für Fahrschachtwände sind in § 39 Abs. 2 Satz 1 wie folgt definiert:
– Fahrschächte in Gebäuden der Gebäudeklasse 5: feuerbeständige Fahrschachtwände aus nichtbrennbaren Baustoffen
– Fahrschächte in Gebäuden der Gebäudeklasse 4: hochfeuerhemmende Fahrschachtwände
– Fahrschächte in Gebäuden der Gebäudeklasse 3: feuerhemmende Fahrschachtwände

21 In Gebäuden der Gebäudeklassen 3 und 4 sind **Fahrschachtwände aus brennbaren Baustoffen** möglich. Diese müssen nach den Vorgaben von § 39 Abs. 2 Satz 2 schachtseitig eine Bekleidung aus nichtbrennbaren Baustoffen in ausreichender Dicke erhalten.

22 Eine weitere Konkretisierung der bauordnungsrechtlichen Anforderungen enthält Abschnitt A 2.1.13 Fahrschächte, Aufzüge der VV TB NRW: »*Müssen gemäß § 39 Abs. 1 BauO NRW 2018 Aufzüge im Innern von Gebäuden eigene Fahrschächte haben, so soll damit eine Brandausbreitung in andere Geschosse ausreichend lang behindert werden. Die Fahrschachtwände müssen zur Gewährleistung der Schutzziele bei Brandeinwirkung ausreichend lang den Raumabschluss gewährleisten, soweit erforderlich standsicher sein und den Anforderungen der Abschnitte A 2.1.3.2 und A 2.1.3.3 entsprechen. Fahrschachtwände aus brennbaren Baustoffen müssen schachtseitig eine Bekleidung aus nichtbrennbaren Baustoffen in ausreichender Dicke haben, damit es bei offen stehenden Fahrschachttüren bzw. nach dem Durchbrand geschlossener Türen auf den Oberflächen der Fahrschachtwände nicht zu einer Brandausbreitung kommt.*

Die Fahrschächte müssen so beschaffen sein, dass Feuer und Rauch nicht in andere Geschosse übertragen werden können. Diese Anforderung kann nur dann erfüllt werden, wenn die Fahrschächte ausreichend lang feuerwiderstandsfähig sind und
a) die Fahrschachttüren nachfolgenden Anforderungen genügen:
  – sie sind nach DIN 4102-5:1977-09 nachgewiesen und als Fahrschachtür klassifiziert und
  – sie werden in massive Wände aus Mauerwerk oder Beton eingebaut,
b) die Fahrkörbe überwiegend aus nichtbrennbaren Baustoffen hergestellt werden (Fahrkörbe gelten als überwiegend aus nichtbrennbaren Baustoffen hergestellt, wenn die tragenden und aussteifenden Teile des Fahrkorbs aus nichtbrennbaren Baustoffen bestehen und die übrigen Teile des Fahrkorbs (wie Wand- und Deckenbekleidungen, Fußbodenbeläge, Lüftungs- und Beleuchtungsabdeckungen) keinen höheren Anteil an brennbaren, mindestens normalentflammbaren Baustoffen aufweisen als 2,5 kg je m^2 Fahrkorbinnenfläche),
c) die Türen so gesteuert werden, dass sie nur so lange offen bleiben, wie es das Betreten oder Verlassen des Fahrkorbs erfordert; jeweils zwei übereinanderliegende Türen verhindern im geschlossenen Zustand eine Brandübertragung vom Brandgeschoss ins darüber liegende Geschoss,
d) die Türen, falls mehrere nebeneinander angeordnet werden, durch feuerbeständige Bauteile getrennt und an diesen befestigt werden, und
e) der Fahrschacht eine Öffnung zur Rauchableitung gemäß § 39 Abs. 3 Satz 1 BauO NRW 2018 aufweist.
Zur Erfüllung dieser Anforderungen ist die Technische Regel A 2.2.1.2 (Anhang 4 VV TB NRW) zu beachten.«

Fahrschachttüren und andere Öffnungen in Fahrschachtwänden mit erforderlicher Feuerwiderstandsfähigkeit sind nach den Vorgaben von § 39 Abs. 2 Satz 3 so herzustellen, dass eine Brandausbreitung in andere Geschosse ausreichend lang verhindert wird. Die Anforderungen an Fahrschachttüren werden in Abschnitt 5.3 der Technischen Regel A. 2.2.1.2 »Anhang 4 – Bauaufsichtliche Anforderungen, Zuordnung der Klassen, Verwendung von Bauprodukten, Anwendung von Bauarten« in der VV TB NRW wie folgt konkretisiert: 23

»Fahrschachttüren für Aufzüge für Fahrschächte mit Wänden der Feuerwiderstandsklasse F 90 nach den technischen Regeln gemäß VV TB Teil C lfd. Nrn. C 2.6.2 bis C 2.6.4 erfüllen die Anforderungen an feuerbeständige Abschlüsse in Fahrschachtwänden. EN 81-58 zum Einbau in feuerhemmende, hochfeuerhemmende oder feuerbeständige Fahrschachtwände erfüllen die Anforderungen an den Raumabschluss, eine Übertragung von Wärme (unter Brandeinwirkung) wird nicht behindert. Die Anforderungen nach A 2.1.13 für den Fahrschacht sind zu beachten. Hinsichtlich des Brandverhaltens der Komponenten der Fahrschachttüren gilt Abschnitt 1.3.« 24

Aus den zuvor zitierten Auszügen aus der VV TB NRW können die **Fahrschachttüren** nach den folgenden Technischen Regeln die Anforderungen von § 39 Abs. 2 Satz 3 zur Erfüllung der Anforderungen nach § 39 Abs. 1. Satz 1 erfüllen (vgl. auch 12. Auflage § 39 Rn. 20): 25

§ 39 Aufzüge

- **Fahrschachttüren**, die nach DIN 4102-5:1977-09 nachgewiesen und als Fahrschachtür klassifiziert sind und in massive Wände aus Mauerwerk oder Beton eingebaut sind,
- **Fahrschacht-Dreh- und -Falttüren** für Aufzüge in Fahrschächten mit Wänden der Feuerwiderstandsklasse F 90 nach DIN 18090:1997-01 (unter Beachtung von DIN 18089-1:1984-01),
- **Horizontal- und Vertikal-Schiebetüren** für Aufzüge in Fahrschächten mit feuerbeständigen Wänden nach DIN 18091:1993-07 (unter Beachtung von DIN 18089-1:1984-01),
- **Vertikal-Schiebetüren für Kleingüteraufzüge** in Fahrschächten mit Wänden der Feuerwiderstandsklasse F 90 nach DIN 18092:1992-04 (unter Beachtung von DIN 18089-1:1984-01) und
- **Fahrschachtabschlüsse mit der Klassifizierung** »E 30/60/90« nach DIN EN 81-58 zum Einbau in feuerhemmende, hochfeuerhemmende oder feuerbeständige Fahrschachtwände.

26 Die o. g. Fahrschachttüren erfüllen die Schutzziele aufgrund der **fehlenden Widerstandsfähigkeit gegen eine Übertragung von Wärme** nur in Verbindung mit den Anforderungen nach A 2.1.13 der VV TB NRW (Fahrkörbe überwiegend aus nichtbrennbaren Baustoffen, Türen müssen im Brandfall geschlossen bleiben, Fahrschacht mit Öffnung zur Rauchableitung gemäß § 39 Abs. 3 Satz 1).

27 Bei einer entsprechenden Auslegung der Fahrschachttüren werden die Anforderungen von § 39 Abs. 1 erfüllt. Eine **zusätzliche Abschottung des Aufzugsschachtes** z.B. durch vor den Aufzugstüren angebrachte Schleusen, Brandschutztüren oder Rauchschutzvorhänge ist nicht erforderlich. Sollten diese im Einzelfall dennoch zur Anwendung kommen (z.B. bei im Bestand vorhandenen Fahrschachttüren, die o. g. Anforderungen nicht erfüllen), ist im Einzelfall nachzuweisen, dass auch mit diesen Abschottungen ein **sicherer Betrieb der Aufzugsanlage** gewährleistet ist.

28 **Triebwerksräume** bilden in der Regel eine **Funktionseinheit mit dem Aufzugsschacht** und werden daher brandschutztechnisch nicht getrennt. Bei Aufzügen ohne Triebwerks- oder Maschinenraum wird die Antriebstechnik ohnehin im Fahrschacht angeordnet. Die Brandlast durch die Antriebstechnik im Fahrschacht oder im offen angebundenen Triebwerksraum kann auch unter Beachtung der weiteren Anforderungen der VV TB NRW im Hinblick auf die Herstellung der Fahrkörbe überwiegend aus nichtbrennbaren Baustoffen hingenommen werden.

6 Zu Abs. 3 – Anforderungen an die Rauchableitung in Fahrschächten

29 § 39 Abs. 3 regelt die Anforderungen an die **Rauchableitung in Fahrschächten**. Das bauordnungsrechtliche Brandschutzkonzept für Aufzugsschächte sieht vor, dass im Brandfall durch die Undichtigkeiten der Fahrschachttüren in den Schacht eindringender Rauch und Wärme abgeleitet werden. Die Öffnung zur Rauchableitung soll im Brandfall einen Überdruck im Fahrschacht vermeiden und so die Erfüllung des in § 39 Abs. 1 Satz 1 definierten Schutzziels unterstützen. Der in den Fahrschacht eingedrungene Rauch aus dem Brandgeschoss soll, vergleichbar mit einem Kamin

abgeführt werden. Eine Wirksamkeit der Fahrschachttür ist somit abhängig von der Rauchableitung des Fahrschachtes. Die Lage der Rauchaustrittsöffnungen muss so gewählt werden, dass der Rauchaustritt durch Windeinfluss nicht beeinträchtigt wird.

Fahrschächte müssen deshalb nach den Vorgaben von § 39 Abs. 3 BauO NRW zu lüften sein und eine Öffnung zur Rauchableitung mit einem freien Querschnitt von mindestens 2,5 % der Fahrschachtgrundfläche, mindestens jedoch 0,10 m² haben. Bei Aufzügen mit Triebwerksraum über dem Fahrschacht kann die Öffnung für die Rauchableitung auch im Triebwerksraum angeordnet sein. Die Öffnungsgrößen zwischen Triebwerksraum und Fahrschacht müssen dann ebenfalls die Anforderungen von § 39 Abs. 3 Satz 1 erfüllen. 30

Die Bezeichnung »**Öffnung zur Rauchableitung**« macht deutlich, dass die BauO NRW hier zunächst keine Anlagentechnik vorsieht. Der Gesetzgeber sieht hier eine permanente Öffnung vor, um die Wirksamkeit der Fahrschachttüren (Verhinderung einer Brandübertragung von Geschoss zu Geschoss) sicherzustellen. Da aus Gründen der Energieeinsparung vermehrt die Öffnungen mit Verschlüssen versehen werden, regelt § 39 Abs. 3 Satz 2, welche Anforderungen solche Verschlüsse erfüllen müssen. Die Öffnungen zur Rauchableitung dürfen demnach einen Abschluss haben, der im Brandfall selbsttätig öffnet und von mindestens einer geeigneten Stelle aus bedient werden kann. Eine geeignete Stelle ist in der Regel der Bereich vor der Fahrschachttür des Erdgeschosses bzw. der Zugangsebene des Gebäudes (vgl. Begründung zum Gesetzesentwurf, LT-Drucks. 17/2166 zu § 39 Abs. 3). 31

7 Zu Abs. 4 – Notwendigkeit von Aufzügen

§ 39 Abs. 4 legt fest, unter welchen Voraussetzungen die Herstellung **von Aufzügen** erforderlich ist. Nach den Vorgaben von § 39 Abs. 4 Satz 1 BauO NRW müssen Gebäude mit mehr als drei oberirdischen Geschossen Aufzüge in ausreichender Zahl haben. Der Gesetzestext lässt offen, welche Anzahl ausreichend ist oder wie diese zu ermitteln ist. Nach der 12. Auflage dieses Kommentars kann »*als ausreichend die Zahl der Aufzüge angesehen werden, wenn entsprechend einer bis 1984 geltenden Regelung die Gesamtfläche der Fahrkörbe so bemessen ist, dass für je 20 der Bewohner oder ständigen Benutzer des Gebäudes ein Platz zur Verfügung steht.*« Das Verhältnis von § 39 Abs. 4 BauO NRW (wonach in Gebäuden mit mehr als drei oberirdischen Geschossen Aufzüge in ausreichender Zahl vorhanden sein müssen) zu § 49 Abs. 1 BauO NRW (wonach in Gebäuden ab Gebäudeklasse 3 Wohnungen barrierefrei und eingeschränkt mit dem Rollstuhl nutzbar sein müssen) wird in einem Erlass des MHKBG vom 07.06.2019 erläutert. Für Gebäude mit bis zu drei oberirdischen Geschossen ergibt sich nach den Ausführungen im zuvor genanntem Erlass mithin keine Aufzugspflicht und kann auch nicht verlangt werden. § 39 Abs. 4 BauO NRW ist gemäß des zuvor genannten Erlasses eine lex specialis zum Paragraphen § 49 Abs. 1 BauO NRW. 32

Nach den Anforderungen von § 39 Abs. 4 Satz 2 muss ein Aufzug von der öffentlichen Verkehrsfläche und von allen Wohnungen in dem Gebäude aus **barrierefrei erreichbar** sein. Die Anforderung gilt auch für einen Aufzug nach § 39 Abs. 4 Satz 1. 33

34 Die Anforderungen an Zugänge, Bewegungsflächen, Türdurchgänge und Rampen werden in der Technischen Baubestimmung DIN 18040-2 geregelt.

35 § 39 Abs. 4 Satz 3 verlangt, dass von diesen Aufzügen in **Gebäuden mit mehr als fünf oberirdischen** Geschossen mindestens ein Aufzug Krankentragen, Rollstühle und Lasten aufnehmen können muss und Haltestellen in allen Geschossen hat. Die Anforderungen an die Größe von Fahrkörbern für solche Aufzüge werden in § 39 Abs. 5 geregelt. Haltestellen im obersten Geschoss und in den Kellergeschossen sind nicht erforderlich, wenn sie nur unter **besonderen Schwierigkeiten** hergestellt werden können.

36 Mit den Vorgaben von § 39 Abs. 4 Satz 5 soll nach der Gesetzesbegründung eine **Ausnahmeregelung** geschaffen werden, die zur Stärkung von Nachverdichtungspotential bei der Schaffung von Wohnraum beiträgt. Die Ausnahmeregelung sieht vor, dass im Rahmen einer Gebäudeaufstockung oder eines nachträglichen Dachgeschossausbaus, bei der die Verpflichtung nach § 39 Absatz 4 Satz 1 aufgrund der Aufstockung oder des Ausbaus eintreten würde, von der Anordnung eines Aufzuges abgesehen werden kann, wenn ein solcher nur unter besonderen Schwierigkeiten hergestellt werden kann.

37 Weder der Gesetzesbegründung noch der Handlungsempfehlungen zur BauO 2018 lässt sich entnehmen, unter welchen Voraussetzungen der Gesetzgeber vom Vorliegen besonderer Schwierigkeiten in Bezug auf die Anforderungen gemäß § 39 Abs. 4 Sätze 3 und 5 ausgeht. Es bleibt abzuwarten, ob hierzu Ausführungen in einer noch zu erlassenden Verwaltungsvorschrift erfolgen. Derzeit ist der unbestimmte Rechtsbegriff als Einladung für ein freies Argumentieren der am Bau Beteiligten aufzufassen.

8 Zu Abs. 5 – Abmessungen von Aufzügen

38 § 39 Abs. 5 enthält Regelungen für die **Abmessungen von Fahrkörben** zur Aufnahme von Krankentragen und Rollstühlen. Fahrkörbe zur Aufnahme einer Krankentrage müssen nach § 39 Abs. 5 Satz 1 BauO NRW eine nutzbare Grundfläche von mindestens 1,10 m x 2,10 m und zur Aufnahme eines Rollstuhls von mindestens 1,10 m x 1,40 m haben. Dabei handelt es sich um ein lichtes Innenraummaß. Türen müssen eine lichte Durchgangsbreite von mindestens 0,90 m haben. In einem Aufzug für Rollstühle und Krankentragen darf der für Rollstühle nicht erforderliche Teil der Fahrkorbgrundfläche durch eine verschließbare Tür abgesperrt werden. Vor den Aufzügen muss eine ausreichende Bewegungsfläche vorhanden sein. Die Bewegungsfläche ist auf eine Krankentrage abzustellen und so zu bemessen, dass eine Krankentrage problemlos aus dem Auszug heraus bewegt werden kann.

39 Die technischen Anforderungen hinsichtlich Planung, Bemessung und Ausführung der Barrierefreiheit gem. § 88 Abs. 2 BauO NRW werden in Abschnitt A 4.2.2 der VV TB NRW geregelt. Nach der dort in Bezug genommenen DIN 18040 (18040-1:2010-10 und DIN 18040-2:2011-09) dürfen gegenüber von Aufzugstüren keine abwärts führenden Treppen angeordnet werden. Sind Treppen dort unvermeidbar,

muss ihr Abstand mindestens 300 cm betragen. Vor den Aufzugstüren ist eine Bewegungs- und Wartefläche von mindestens 150 cm × 150 cm zu berücksichtigen. Bei einer Überlagerung dieser Fläche mit anderen Verkehrsflächen muss bei öffentlich zugänglichen Gebäuden ein Passieren des wartenden Rollstuhlnutzers möglich sein. Dies wird z.B. erreicht durch eine zusätzlich anzuordnende Durchgangsbreite von 90 cm. Aufzüge müssen mindestens dem Typ 2 nach DIN EN 81-70:2005-09, Tabelle 1, entsprechen. Die lichte Zugangsbreite muss mindestens 90 cm betragen. Für die barrierefreie Nutzbarkeit der Befehlsgeber siehe DIN EN 81-70:2005-09, Anhang G. Hervorzuheben ist allerdings, dass es sich bei den Anforderungen dieser Technischen Regeln um schutzzielorientierte Vorgaben handelt. Die mit den Anforderungen nach dieser Norm verfolgten Schutzziele können auch auf andere Weise als in der Norm festgelegt, erfüllt werden.

§ 40 Leitungsanlagen, Installationsschächte und -kanäle

(1) Leitungen dürfen durch raumabschließende Bauteile, für die eine Feuerwiderstandsfähigkeit vorgeschrieben ist, nur hindurchgeführt werden, wenn eine Brandausbreitung ausreichend lang nicht zu befürchten ist oder Vorkehrungen hiergegen getroffen sind. Dies gilt nicht
1. für Gebäude der Gebäudeklassen 1 und 2,
2. innerhalb von Wohnungen und
3. innerhalb derselben Nutzungseinheit mit nicht mehr als insgesamt 400 m² in nicht mehr als zwei Geschossen.

(2) In notwendigen Treppenräumen, in Räumen nach § 35 Absatz 3 Satz 2 und in notwendigen Fluren sind Leitungsanlagen nur zulässig, wenn eine Nutzung als Rettungsweg im Brandfall ausreichend lang möglich ist.

(3) Für Installationsschächte und -kanäle gelten Absatz 1 sowie § 41 Absatz 2 Satz 1 und 2 sowie Absatz 3 entsprechend.

Übersicht		Rdn.
0	Änderungen gegenüber der BauO NRW 2000	01
1	Allgemeines.	1
2	Zu Abs. 1 und 3 – Leitungsdurchführung, Installationsschächte und Kanäle	10
3	Zu Abs. 2 – Leitungsanlagen in Rettungswegen	16
4	Abweichungen von der MLAR	18

0 Änderungen gegenüber der BauO NRW 2000

§ 40 wurde mit seinem jetzigen Regelungsgegenstand mit der BauO NRW 2018 **neu** 01 **in das bauordnungsrechtliche Regelwerk in NRW** aufgenommen. Die Leitungsanlagen wurden in der BauO NRW 2000 in den einzelnen Vorschriften mit materiellen Anforderungen an Trennwände (§ 30 Abs. 2 Satz 2 BauO NRW 2000), Brandwände (§ 33 Abs. 5 BauO NRW 2000), Decken (§ 34 Abs. 5 Satz 3 BauO NRW 2000), notwendige Treppenräume (§ 37 Abs. 9 Satz 2 BauO NRW 2000) und notwendige

§ 40 Leitungsanlagen, Installationsschächte und -kanäle

Flure (§ 38 Abs. 6 Satz 3 BauO NRW 2000) behandelt. Mit dem neuen § 40 werden die **Anforderungen an Leitungsanlagen, Installationsschächte und -kanäle** wie in der **MBO** zusammengefasst geregelt. Dabei sieht § 40 Abs. 1 für Leitungen, die durch raumabschließende Bauteile des Systems der inneren Abschottung geführt werden, grundsätzlich vor, dass eine Brandausbreitung ausreichend lang verhindert wird. In den bisherigen materiellen Anforderungen war dies erst für Bauteile, für die die Feuerwiderstandsklasse F 90 vorgeschrieben war, erforderlich. Die Anforderungen an entsprechende Vorkehrungen (z.B. **Abschottungssysteme**) werden entsprechend der neuen Gliederung in Gebäudeklassen abgestuft. In § 40 Abs. 1 Satz 2 wurden entsprechende Ausnahmen definiert.

02 Der § **40 Abs.** 2 entspricht den bisherigen Anforderungen in § 37 Abs. 9 Satz 2 BauO 2000 und § 38 Abs. 6 Satz 3 BauO 2000. In § 40 Abs. 2 wird klargestellt, dass die Forderungen der **Nutzbarkeit der Rettungswege** im Brandfall dienen. Die bislang in § 37 und § 38 BauO NRW 2000 angeführten »Bedenken wegen des Brandschutzes« werden dahingehend weiter konkretisiert.

03 Der neu gestaltete § **40 Abs.** 3 erstreckt die Anforderungen nach Abs. 1 auch auf **Installationsschächte und -kanäle**. Darüber hinaus gelten § 41 Abs. 2 Satz 1 und Abs. 3 entsprechend. Der Verweis auf die Regelungen für Lüftungsanlagen in § 40 Absatz 3 entspricht der bisherigen Regelung für Installationsschächte und Installationskanäle in § 42 Abs. 5 Halbsatz 2 BauO 2000.

1 Allgemeines

1 Mit den Anforderungen gemäß § 40 werden die **grundlegenden bauordnungsrechtlichen Anforderungen an Leitungsanlagen sowie an Installationsschächte und -kanäle** definiert. Die Anforderungen des § 40 in Verbindung mit den **Technischen Baubestimmungen** sind von elementarer Bedeutung zur Erreichung der bauordnungsrechtlichen Schutzziele an den Brandschutz gemäß § 14 und insbesondere zur Gewährleistung des Prinzips der **inneren Abschottung**.

2 Die Gefahren durch **Leitungsanlagen, Installationsschächte und -kanäle**, die durch brandschutztechnisch qualifizierte, raumabschließende Bauteile oder in Rettungswegen (notwendige Flure, notwendige Treppenräume) geführt werden, sind vielfältig. Dabei kann grundsätzlich zwischen **brennbaren und nichtbrennbaren Leitungsanlagen** unterschieden werden. Brennbare Elektrokabel stellen aufgrund ihrer Funktion als Energieleiter eine eigene **zündfähige Quelle** dar und weisen durch entsprechende Isolierungen **Brandlasten** auf. Somit führen sie beim Einbau in ein Gebäude zu **Brandentstehungs- und Brandausbreitungsgefahren**.

3 **Rohrleitungsanlagen** (z.B. brennbare Kunststoffrohre für die Entwässerung) stellen zwar keine direkte zündfähige Quelle dar, führen aber häufig durch zusätzliche brennbare Dämmungen zu entsprechenden **Brandausbreitungsgefahren**. Bei einer Anordnung von **brennbaren Leitungsanlagen in Rettungswegen** (notwendige Treppenräume, notwendige Flure) besteht im Brandfall die Gefahr deren Verrauchung. Auch bei nichtbrennbaren Leistungsanlagen können Gefahren im Brandfall nicht

ausgeschlossen werden. So ist eine Brandübertragung durch **thermische Wärmeleitung** von Rohrleitungen aus metallischen Baustoffen möglich und durch **thermische Längenänderung** der Leitungsanlagen können raumabschließende Bauteile ihre Integrität verlieren. Weitere Gefahren können z.b. durch die in den Leitungsanlagen geführten Medien entstehen.

Um den Gefahren durch die Installation von Leitungsanlagen in Gebäuden entgegenzuwirken, stellt der Gesetzgeber in § 40 die grundsätzlichen Anforderungen an die Auslegung dieser Anlagen. Der Gesetzestext bleibt dabei bewusst sehr grundsätzlich und wird im Detail durch die als Technische Baubestimmung im Sinne des § 88 BauO NRW eingeführte Muster-Richtlinie über brandschutztechnische Anforderungen an Leitungsanlagen (**Muster-Leitungsanlagenrichtlinie** – MLAR: 2015-02, Redaktionsstand 05.04.2016) konkretisiert. Die VV TB NRW konkretisiert in Abschnitt A 2.1.14 die Anforderungen an Leitungsanlagen, Installationsschächte und Kanäle wie folgt: »*In baulichen Anlagen dürfen Leitungen, Installationsschächte und Kanäle gemäß § 40 BauO NRW 2018 durch raumabschließende Bauteile, für die eine Feuerwiderstandsfähigkeit vorgeschrieben ist, nur hindurchgeführt werden, wenn eine Brandausbreitung ausreichend lang nicht zu befürchten ist oder Vorkehrungen hiergegen getroffen werden. Die Technische Regel A 2.2.1.8 (MLAR) ist zu beachten. Werden in baulichen Anlagen Installationen in Hohlräumen von Systemböden geführt, ist die Technische Regel A 2.2.1.9 zu beachten. Zur Erfüllung dieser Anforderungen ist die Technische Regel A 2.2.1.2 (MSysBöR) zu beachten. Zum Schutz anderer Räume vor Bränden in elektrischen Betriebsräumen für Transformatoren oder Schaltanlagen ist die Sonderbauverordnung Teil 6 zu beachten.*« 4

Die Technische Regel A 2.2.1.8 der VV TB NRW enthält die **Muster-Leitungsanlagenrichtlinie**. Die MLAR gilt nach Abschnitt 1 der Richtlinie für drei Regelungsbereiche: 5
– Die **Führung von Leitungen durch raumabschließende Bauteile** (Wände und Decken), geregelt in § 40 Abs. 1 und 3 BauO NRW und konkretisiert in Abschnitt 4 der MLAR.
– **Leitungsanlagen in notwendigen Treppenräumen, in Räumen zwischen notwendigen Treppenräumen und Ausgängen ins Freie sowie in notwendigen Fluren**, ausgenommen offene Gänge vor Außenwänden, geregelt in § 40 Abs. 2 BauO NRW und konkretisiert in Abschnitt 3 der MLAR. Für bauordnungsrechtlich vorgeschriebene **Vorräume** und **Sicherheitsschleusen** gilt die Richtlinie entsprechend.
– Den **Funktionserhalt von elektrischen Leitungsanlagen** im Brandfall, unter anderem geregelt in § 50 Abs. 1 Satz 3 Nr. 7 und 10 und in der SBauVO NRW und konkretisiert in Abschnitt 5 der MLAR

Leitungsanlagen sind nach Abschnitt 2.1 der MLAR Anlagen aus Leitungen, insbesondere aus elektrischen Leitungen oder Rohrleitungen, sowie aus den zugehörigen Armaturen, Hausanschlusseinrichtungen, Messeinrichtungen, Steuer-, Regel- und Sicherheitseinrichtungen, Netzgeräten, Verteilern und Dämmstoffen für die Leitungen. Zu den Leitungen gehören deren Befestigungen und Beschichtungen. Lichtwellenleiter-Kabel und elektrische Kabel gelten als elektrische Leitungen. 6

§ 40 Leitungsanlagen, Installationsschächte und -kanäle

7   Abschnitt A 2.1.21 der VV TB NRW konkretisiert die Anforderungen an **sicherheitstechnische Einrichtungen und Anlagen.** Insbesondere bei Sonderbauten können nach § 50 oder nach der Sonderbauverordnung NRW entsprechend der Art oder Nutzung der baulichen Anlage zur Erfüllung der Schutzziele ergänzend zu baulichen Maßnahmen sicherheitstechnische Einrichtungen und Anlagen zur Abwehr von Gefahren im Brandfall erforderlich sein. Sicherheitstechnische Einrichtungen und Anlagen können auch im Rahmen einer bauordnungsrechtlichen Abweichungsentscheidung gemäß § 69 für bauliche Anlagen, die keine Sonderbauten sind (sog. Standardgebäude), als Kompensationsmaßnahmen gefordert werden. Sicherheitstechnische Einrichtungen und Anlagen müssen **wirksam** und **betriebssicher** sein, auch beim Zusammenwirken mehrerer Einrichtungen und Anlagen. Detaillierte Anforderungen enthält Kapitel A 2.1.21 der VV TB NRW für folgende sicherheitstechnische Einrichtungen und Anlagen:
    – Rauchabzugsgeräte und Rauchabzugsanlagen (A 2.1.21.2)
    – Wärmeabzugsgeräte (A 2.1.21.3)
    – Druckbelüftungsanlagen (Anlagen zur Rauchfreihaltung) (A 2.1.21.4)
    – Feuerlöschanlagen (A 2.1.21.5)
    – Brandmeldeanlagen (A 2.1.21.6)
    – Alarmierungseinrichtungen und Alarmierungsanlagen (A 2.1.21.7)
    – Feuerwehraufzüge (A 2.1.21.8)
    – Sicherheitsbeleuchtungen (A 2.1.21.9)
    – CO-Warnanlagen (A 2.1.21.10)
    – Sicherheitsstromversorgungen (A 2.1.21.11)
    – Objektfunkanlagen für die Feuerwehr (A 2.1.21.12)
    – Druckerhöhungsanlagen für die Löschwasserversorgung (A 2.1.21.13)
    – Brandfallsteuerung von Aufzügen (A 2.1.21.14)
    – Blitzschutzanlagen zum Schutz sicherheitstechnischer Einrichtungen und Anlagen im Innern von baulichen Anlagen (A 2.1.21.15)

8   Sofern die Schutzziele nach § 14 nicht mit der Technischen Regel A 2.2.1.2 (Anhang der VV TB NRW) erfüllt werden können, sind für den Nachweis der Erfüllung der Schutzziele die dafür notwendigen technischen Angaben in den Bauvorlagen (**insbesondere im Brandschutzkonzept**) darzustellen.

9   Abschnitt 5 der MLAR regelt den **Funktionserhalt von elektrischen Leitungsanlagen** im Brandfall. Elektrischen Leitungsanlagen für bauordnungsrechtlich vorgeschriebene sicherheitstechnische Anlagen müssen so beschaffen oder durch Bauteile abgetrennt sein, dass die sicherheitstechnischen Anlagen im Brandfall **ausreichend lang funktionsfähig** bleiben (Funktionserhalt). Abschnitt 5.2 der MLAR zeigt auf, wie der Funktionserhalt gewährleistet werden kann. In Abschnitt 5.3 wird die Dauer des Funktionserhalts für verschiedene sicherheitstechnische Einrichtungen geregelt.

2 Zu Abs. 1 und 3 – Leitungsdurchführung, Installationsschächte und Kanäle

10 Mit § 40 **Abs. 1 Satz 1** wird das **Schutzziel** für die nachfolgenden Anforderungen formuliert. Demnach dürfen Leitungen durch raumabschließende Bauteile, für die eine Feuerwiderstandsfähigkeit vorgeschrieben ist, nur hindurchgeführt werden, wenn

eine Brandausbreitung **ausreichend lang nicht zu befürchten** ist oder **Vorkehrungen hiergegen getroffen** sind (s. Rdn. 1)

§ 40 **Abs. 1 Satz 2** nennt Ausnahmen von den Anforderungen nach Satz 1. Danach dürfen Leitungen in Gebäuden der Gebäudeklassen 1 und 2, innerhalb von Wohnungen und innerhalb derselben Nutzungseinheit mit nicht mehr als insgesamt 400 m² in nicht mehr als zwei Geschossen auch **ohne besondere Vorkehrungen gegen eine Brandausbreitung** durch raumabschließende Bauteile (sowohl Wände als auch Decken), für die eine Feuerwiderstandsfähigkeit vorgeschrieben ist, hindurchgeführt werden. Auch wenn für diese Fälle keine Anforderungen hinsichtlich der Brandausbreitung und damit verbunden der Feuerwiderstandsfähigkeit in § 40 Abs. 1 bzw. in Abschnitt 4 MLAR gestellt werden, können Leitungsführungen durch raumabschließenden Bauteile, für die eine Feuerwiderstandsfähigkeit vorgeschrieben ist, in der Regel **aufgrund anderer Grundanforderungen** wie dem Schallschutz oder dem Wärmeschutz nach § 15 nicht ohne einen Verschluss durch mindestens normalentflammbare Baustoffe erfolgen. Selbst wenn in diesen Fällen keine bestimmte Feuerwiderstandsfähigkeit vorgegeben ist, kommt dieser Verschluss auch der Grundanforderung Brandschutz und insbesondere der in § 14 geforderten **Vorbeugung einer Brandausbreitung entgegen**. 11

Wann eine Brandausbreitung ausreichend lang nicht zu befürchten ist oder **welche Vorkehrungen** gegen eine Brandausbreitung getroffen werden müssen, konkretisieren die Abschnitte 4.1 bis 4.3 der MLAR. 12

Nach den Vorgaben von Abschnitt 4.1 der MLAR müssen die Leitungen 13
- durch **Abschottungen** geführt werden, die mindestens die gleiche Feuerwiderstandsfähigkeit aufweisen wie die raumabschließenden Bauteile oder
- **innerhalb von Installationsschächten oder -kanälen** geführt werden, die – einschließlich der Abschlüsse von Öffnungen – mindestens die gleiche Feuerwiderstandsfähigkeit aufweisen wie die durchdrungenen raumabschließenden Bauteile und aus nichtbrennbaren Baustoffen bestehen.

Abschnitt 4.1 MLAR regelt zudem den **Mindestabstand zwischen Abschottungen**, Installationsschächten oder -kanälen, anderen Durchführungen (z.B. Lüftungsleitungen) oder anderen Öffnungsverschlüssen (z.B. Feuerschutztüren). Abschnitt 4.2 und 4.3 regeln **Erleichterungen** für die Leitungsdurchführung durch feuerhemmende Wände bzw. für einzelne Leitungen. 14

Zum Nachweis der Feuerwiderstandsfähigkeit können **Bauarten mit Anwendbarkeitsnachweis** gemäß § 17 angewendet werden oder **Bauprodukte und Bausätze** nach harmonisierten technischen Spezifikationen nach der Verordnung (EU) Nr. 305/2011 gemäß Amtsblatt der Europäischen Union C 209/03 vom 10.06.2016 und C 172/4 vom 13.05.2016 verwendet werden. Einzelheiten können Abschnitt 6 »Kabel- und Rohrabschottungen« des Anhangs 4 (A 2.2.1.2) der VV TB NRW entnommen werden. 15

§ 40   Leitungsanlagen, Installationsschächte und -kanäle

3   Zu Abs. 2 – Leitungsanlagen in Rettungswegen

16   Nach den Vorgaben von § 40 Abs. 2 sind **Leitungsanlagen in notwendigen Treppenräumen** nach § 35 Abs. 1, in **Räumen nach § 35 Absatz 3 Satz 2** und in **notwendigen Fluren** nach § 36 Abs. 1 nur zulässig, wenn eine Nutzung als Rettungsweg im Brandfall ausreichend lang möglich ist. Die Voraussetzung einer ausreichend langen Nutzbarkeit als Rettungsweg ist erfüllt, wenn die Leitungsanlagen in diesen Räumen den Anforderungen der Abschnitte 3.1.2 bis 3.5.6 MLAR entsprechen. Dabei gelten für bauordnungsrechtlich vorgeschriebene Vorräume und Sicherheitsschleusen die Anforderungen wie an notwendige Treppenräume.

17   Die Anforderungen der MLAR an **Leitungsanlagen in Rettungswegen** basieren zunächst auf dem Grundsatz, dass in einem Rettungsweg neben nichtbrennbaren Leitungen mit nichtbrennbaren Medien nur solche elektrische Leitungen ohne brandschutztechnische Maßnahmen verlegt werden dürfen, die **ausschließlich der Versorgung der Rettungswege** dienen. Die MLAR regelt im Detail, wie Leitungsanlagen auszuführen sind, die in Rettungswegen geführt werden und nicht diesem Grundsatz entsprechen. Dabei unterscheidet die Richtlinie zwischen elektrischen Leitungsanlagen (Abschnitt 3.2 MLAR), Rohrleitungsanlagen für nichtbrennbare Medien (Abschnitt 3.3 MLAR), Rohrleitungsanlagen für brennbare oder brandfördernde Medien (Abschnitt 3.4 MLAR), Installationsschächten und -kanälen sowie Unterdecken und Unterflurkanälen (Abschnitt 3.5 MLAR).

4   Abweichungen von der MLAR

18   Während die Richtlinie über brandschutztechnische Anforderungen an Leitungsanlagen (Leitungsanlagen-Richtlinie – LAR NRW) in der Fassung März 2000 **Abweichungen von der LAR** im Rahmen eines genehmigten Brandschutzkonzeptes direkt über den Abschnitt 1.2 der Richtlinie vorsah, sind in der MLAR keine entsprechenden Abweichungsmöglichkeiten mehr beschrieben und aufgrund der bauordnungsrechtlichen Systematik von § 3, § 40 und § 88 BauO NRW auch nicht mehr erforderlich. Die MLAR ist als **Technische Baubestimmung** gemäß § 88 Abs. 1 BauO NRW über die VV TB NRW im Abschnitt A 2.2.1.8 bauaufsichtlich eingeführt. Von den in der Technischen Baubestimmung MLAR enthaltenen Planungs-, Bemessungs- und Ausführungsregeln kann nach § 88 Abs. 1 Satz 3 BauO NRW abgewichen werden, wenn mit einer anderen Lösung **in gleichem Maße** die Anforderungen nach § 3 erfüllt werden.

19   Der **Nachweis der Gleichwertigkeit** einer alternativen Lösung kann durch unterschiedliche am Bau Beteiligte erbracht werden, wobei in der Regel der **Fachplaner** oder **Fachbauleiter Brandschutz** entsprechende alternative Lösungen zusammen mit den Fachplanern für die technischen Gewerke bewertet und dokumentiert. Eines **formalen Abweichungsantrages** bedarf es nicht, wenn mit einer anderen Lösung in gleichem Maße die Anforderungen erfüllt werden. Eine solche Abweichung von den Vorgaben der MLAR ist hinsichtlich der formalen Behandlung im Genehmigungsverfahren **vergleichbar mit einer Erleichterung** nach § 50 Abs. 1. Wenn bei einem »kleinen« Sonderbau nach § 50 Abs. 1 als besondere Anforderung gemäß § 50 Abs. 1 Satz 3 Nr. 19 oder bei großen Sonderbauten nach § 50 Abs. 1 als erforderliche

Bauvorlage gemäß § 70 Abs. 2 Satz 3 ein **Brandschutzkonzept** erstellt wird, kann die Bewertung einer Abweichung nach § 88 Abs. 1 Satz 3 in diesem Brandschutzkonzept beschrieben werden. Die Abweichungen von der MLAR gelten in diesem Falle mit der Genehmigung des Brandschutzkonzeptes **gleichfalls als gestattet.**

Unklar ist hingegen, wie bei Bauvorhaben vorzugehen ist, die keines Brandschutz- 20 konzeptes bedürfen oder bei denen Abweichungen nach § 88 Abs. 1 Satz 3 erst **nach Erteilung der Genehmigung** im Rahmen der Ausführungsplanung oder der Bauausführung auftreten. Auch wenn eine formale Zustimmung der Unteren Bauaufsichtsbehörde bei dem **Nachweis der Gleichwertigkeit** einer Lösung nicht erforderlich ist, empfiehlt es sich zum einen zur Vermeidung zivilrechtlicher Auseinandersetzungen im Hinblick auf die Wertung von Abweichungen als Mangel und zum anderen zur Sicherstellung des Bestandsschutzes alle Abweichungen von den Vorgaben der MLAR **ausreichend zu dokumentieren** und in das Genehmigungsverfahren einzubringen. Es dürfte sich auch anbieten, eine Abweichung zum Gegenstand der behördlichen oder sachverständigen Bauüberwachung zu machen (vgl. § 88 Rdn. 22–24).

§ 41 Lüftungsanlagen

(1) Lüftungsanlagen müssen betriebssicher sein. Sie dürfen den ordnungsgemäßen Betrieb von Feuerungsanlagen nicht beeinträchtigen.

(2) Lüftungsleitungen sowie deren Bekleidungen und Dämmstoffe müssen aus nichtbrennbaren Baustoffen bestehen. Brennbare Baustoffe sind zulässig, wenn ein Beitrag der Lüftungsleitung zur Brandentstehung und Brandweiterleitung nicht zu befürchten ist. Lüftungsleitungen dürfen raumabschließende Bauteile, für die eine Feuerwiderstandsfähigkeit vorgeschrieben ist, nur überbrücken, wenn eine Brandausbreitung ausreichend lang nicht zu befürchten ist oder wenn Vorkehrungen hiergegen getroffen sind.

(3) Lüftungsleitungen sind so herzustellen, dass sie Gerüche und Staub nicht in andere Räume übertragen.

(4) Lüftungsanlagen dürfen nicht in Abgasanlagen eingeführt werden. Die gemeinsame Nutzung von Lüftungsleitungen zur Lüftung und Ableitung der Abgase von Feuerstätten ist zulässig, wenn keine Bedenken wegen der Betriebssicherheit und des Brandschutzes bestehen. Die Abluft ist ins Freie zu führen. Nicht zur Lüftungsanlage gehörende Einrichtungen sind in Lüftungsleitungen unzulässig.

(5) Die Absätze 2 und 3 gelten nicht
1. für Gebäude der Gebäudeklassen 1 und 2,
2. innerhalb von Wohnungen und
3. innerhalb derselben Nutzungseinheit mit nicht mehr als 400 m² in nicht mehr als zwei Geschossen.

(6) Für raumlufttechnische Anlagen und Warmluftheizungen gelten die Absätze 1 bis 5 entsprechend.

§ 41 Lüftungsanlagen

Übersicht

		Rdn.
0	Änderungen gegenüber der BauO NRW 2000	01
1	Allgemeines	1
2	Zu Abs. 1 – Betriebssicherheit	10
3	Zu Abs. 2 – Brandschutz	13
4	Zu Abs. 3 – Vermeidung der Geruchs- und Staubübertragung	19
5	Zu Abs. 4 – Lüftungsleitungen in Abgasanlagen	22
6	Zu Abs. 5 – Erleichterungen für bestimmte Gebäudeklassen und Nutzungen	24
7	Zu Abs. 6 – Anforderungen an RLT-Anlagen und Warmluftheizungen	27

0 Änderungen gegenüber der BauO NRW 2000

01 In § 41 werden Regelungen für **Lüftungsanlagen** in einem eigenen Paragraphen dargestellt. Die Regelungen unterscheiden sich hinsichtlich der Risikobetrachtung und der daraus resultierenden Anforderungen von den Anforderungen an Leitungsanlagen, Installationsschächte und Installationskanäle. § 41 wurde **vollumfänglich an die MBO angepasst**.

02 § 41 Abs. 1 entspricht dabei weitgehend § 42 Abs. 1 BauO 2000.

03 In § 41 **Abs. 2** wird als zentrale Anforderung die **Nichtbrennbarkeit** von Lüftungsleitungen, deren Bekleidungen und Dämmstoffen gestellt. In § 41 Abs. 2 BauO NRW 2000 war bei der Verwendung von **brennbaren Baustoffen** eine behördlichen Ermessenentscheidung vorgesehen. Bei § 41 Abs. 2 handelt es sich bei der Verwendung von brennbaren Baustoffen um einen gesetzesunmittelbaren **Zulässigkeitstatbestand**, der darauf abstellt, ob ein Beitrag der Lüftungsleitung zur **Brandentstehung und Brandweiterleitung** zu befürchten ist. Indem § 41 Abs. 2 Satz 3 auf »**raumabschließende Bauteile, für die eine Feuerwiderstandsfähigkeit vorgeschrieben ist**« abstellt, wird zukünftig berücksichtigt, dass für alle Bauteile, die im Brandfall gegen die Brandausbreitung widerstandsfähig sein müssen, die Überbrückung durch Lüftungsleitungen den Raumabschluss nicht gefährden darf. Die bisherige generelle Ausnahme der Anforderungen von § 42 Abs. 2 Satz 2 BauO NRW 2000 für **Gebäude geringer Höhe** entfällt. Neben der Frage der Durchführung durch diese Bauteile steht nach der Gesetzesbegründung im Vordergrund der Risikobetrachtung die mögliche Brandausbreitung durch die **Funktion bzw. Geometrie der Lüftungsanlage** (Transport von Feuer und Rauch).

04 In § 41 Abs. 3 wird nunmehr auf **Schallschutzanforderungen**, die bisher in § 42 Abs. 3 Satz 2 BauO NRW 2000 dargestellt wurden, verzichtet. Anforderungen an den Schallschutz werden nunmehr in § 15 Abs. 2 BauO NRW gestellt. Im Übrigen entsprechen die Anforderungen aus § 41 Abs. 3 den bisherigen Anforderungen gemäß § 42 Abs. 3 BauO NRW 2000.

05 Das Verhältnis zu Abgasanlagen wurde in § 41 **Abs.** 4 gegenüber § 42 Abs. 4 BauO NRW 2000 redaktionell angepasst. Insbesondere wird wie in der MBO auf die Begrifflichkeiten »Abgase« bzw. »Abgasanlagen« abgestellt.

§ 41 **Abs. 5** enthält die bisherigen Ausnahmen gemäß § 42 Abs. 6 BauO NRW 2000, die auf Gebäude der Gebäudeklassen 1 und 2, auf Wohnungen und auf zweigeschossige Nutzungseinheiten mit nicht mehr als 400 m² erweitert werden. 06

Die Anwendung der Anforderungen gemäß Abs. 1 bis 5 auf raumlufttechnische Anlagen und Warmluftheizungen war bisher in § 42 Abs. 5 BauO NRW 2000 enthalten und wird nun unter Berücksichtigung von Anpassungen, die sich aus diesem Gesetz ergeben, in § 41 **Abs. 6** aufgenommen. 07

1 Allgemeines

Lüftungsanlagen dienen der Be- und Entlüftung von Räumen mit unterschiedlichen Anforderungen durch Nutzer wie beispielsweise der Raumlufttemperatur und -feuchte sowie der Abfuhr von Schadstoffen. Die bauordnungsrechtlichen Anforderungen an Lüftungsanlagen dienen dem **Gesundheitsschutz** und der Wahrung der **Sicherheit** der Nutzer der baulichen Anlage sowie der **Erhaltung der baulichen Substanz** bzw. des baulichen Zustands. Mit den Anforderungen gemäß § 41 werden die **grundlegenden bauordnungsrechtlichen Anforderungen an Lüftungsanlagen** definiert. Dabei werden auch Anforderungen zur Vermeidung der Ausbreitung von **Gerüchen und Staub** gestellt. Die Anforderungen des § 41 in Verbindung mit den **technischen Baubestimmungen** sind von elementarer Bedeutung zur Erreichung der bauordnungsrechtlichen Schutzziele an den Brandschutz gemäß § 14, insbesondere zur Gewährleistung des Prinzips der **inneren Abschottung**. 1

Auch wenn § 41 keine Anforderungen zum Schallschutz regelt, müssen Lüftungsanlagen in Gebäuden die bauordnungsrechtlichen Schutzziele des § 15 Abs. 2 erfüllen und entsprechende Schallschutzmaßnahmen in Abhängigkeit von der Lage und Nutzung berücksichtigen. Nach § 15 Abs. 2 sind Gefahren und **unzumutbare Belästigungen**, die durch ortsfeste Einrichtungen in baulichen Anlagen oder auf Baugrundstücken erzeugt werden, einzudämmen. Des Weiteren wird in § 15 Abs. 3 beschrieben, dass **Schwingungen**, die durch ortsfeste Einrichtungen (bspw. Lüftungsanlagen, vgl. § 15 Rdn. 81) in baulichen Anlagen oder auf Baugrundstücken erzeugt werden, einzudämmen sind, damit durch diese keine Gefahren oder unzumutbare Belästigungen entstehen. 2

Eine **bauaufsichtliche Pflicht zum Einbau** von Lüftungsanalgen wird durch § 41 nicht begründet. Bauaufsichtliche Regelungen mit Anforderungen an die Lüftung von Räumen finden sich jedoch an diversen Stellen in der BauO NRW. Gemäß § 35 Abs. 8 müssen **notwendige Treppenräume** belüftet werden können. § 39 Abs. 3 fordert, dass **Fahrschächte von Aufzügen** zu lüften sind. Gemäß § 46 Abs. 2 müssen **Aufenthaltsräume** ausreichend belüftet werden können. Dabei wird jedoch nicht automatisch auf Lüftungsanlagen abgestellt. Die Lüftung kann ggf. auch über **Öffnungen** erfolgen. 3

Eine Verpflichtung zum Einbau von Lüftungsanlagen besteht zum Beispiel gemäß § 42 Abs. 8. Hiernach dürfen **Gasfeuerstätten** nur in Räumen aufgestellt werden, wenn durch besondere Vorrichtungen an den Feuerstätten oder durch **Lüftungsanlagen** sichergestellt ist, dass gefährliche Ansammlungen von unverbranntem Gas in den 4

§ 41 Lüftungsanlagen

Räumen vermieden werden. § 43 BauO NRW legt fest, dass fensterlose Bäder und Toiletten nur zulässig sind, wenn eine wirksame Lüftung gewährleistet ist. Hieraus ergibt sich für solche Fälle in der Regel eine **bauaufsichtliche Verpflichtung zum Einbau** von Lüftungsanlagen (wirksame Lüftung).

5   In Sonderbauten können sich nach § 50 Abs. 1 Satz 3 Nr. 11 besondere Anforderungen oder Erleichterungen nach § 50 Abs. 1 Satz 1 bzw. 2 auch auf die Lüftung erstrecken. Weitere Verpflichtungen zum Einbau von Lüftungsanlagen ergeben sich aus der **Sonderbauverordnung**. Nach § 17 Abs. 2 SBauVO muss jeder **Versammlungsraum** und jeder sonstige Aufenthaltsraum mit mehr als 200 m² Grundfläche eine Lüftungsanlage haben. § 136 Abs. 1 SBauVO fordert für **geschlossene Mittel- und Großgaragen** maschinelle Abluftanlagen und so große und so verteilte Zuluftöffnungen, dass alle Bereiche der Garage ausreichend belüftet werden können. Bei nicht ausreichenden Zuluftöffnungen muss eine maschinelle Zuluftanlage vorhanden sein. Nach § 147 Abs. 5 SBauVO müssen **elektrische Betriebsräume** unmittelbar oder über eigene Lüftungsleitungen wirksam aus dem Freien be- und in das Freie entlüftet werden. Lüftungsleitungen, die durch andere Räume führen, sind feuerbeständig herzustellen. Öffnungen von Lüftungsleitungen zum Freien müssen Schutzgitter haben. Darüber hinaus enthält auch die FeuVO Anforderungen an eine ausreichende Raumlüftung für Heizungsräume. Nach § 6 Abs. 4 FeuVO müssen **Heizräume** zur Raumlüftung jeweils eine obere und eine untere Öffnung ins Freie mit einem Querschnitt von mindestens je 150 cm² oder Leitungen ins Freie mit strömungstechnisch äquivalenten Querschnitten haben. Darüber hinaus enthält § 4 Abs. 3 FeuVO entsprechende Anforderungen für Räume mit Gasfeuerstätten (s. Anmerkungen § 42 Rdn. 18, 38).

6   Um den Gefahren durch die Installation von Lüftungsanlagen in Gebäuden entgegenzuwirken, stellt der Gesetzgeber in § 41 grundsätzliche Anforderungen an die Auslegung von Lüftungsanlagen. Der Gesetzestext bleibt dabei bewusst sehr grundsätzlich und wird im Detail durch die als Technische Baubestimmung im Sinne des § 88 eingeführte Muster-Richtlinie über brandschutztechnische Anforderungen an Lüftungsanlagen (**Muster-Lüftungsanlagen-Richtlinie M-LüAR**): 2005-09, zuletzt geändert am 11.12.2015, konkretisiert.

7   Die VV TB NRW führt in Abschnitt A 2.1.15 zu den Anforderungen an Lüftungsanlagen Folgendes aus: »*Lüftungsanlagen in baulichen Anlagen müssen gemäß § 41 Abs. 2 BauO NRW 2018 so ausgeführt werden, dass eine Brandweiterleitung über Lüftungsleitungen verhindert wird. Sie dürfen den ordnungsgemäßen Betrieb von Feuerungsanlagen nicht beeinträchtigen. Zur Konkretisierung dieser Anforderungen an Lüftungsanlagen sind die Anforderungen nach der Technischen Regel A 2.2.1.11 zu beachten. Zur Erfüllung dieser Anforderungen ist die Technische Regel A 2.2.1.2 zu beachten.*«

8   Die Technische Regel A 2.2.1.11 enthält die **Muster-Lüftungsanlagen-Richtlinie**. Die M-LüAR gilt nach Abschnitt 1 der Richtlinie für den Brandschutz von Lüftungsanlagen, an die Anforderungen nach § 41 BauO NRW gestellt werden. Sie gilt nicht für mit Luft arbeitende Transportanlagen (z. B. Späneabsaugung, Rohrpostanlagen). Die M-LüAR verweist noch auf die zwischenzeitlich durch die VV TB NRW abgelösten **Bauregellisten**. Die erforderlichen Verwendbarkeitsnachweise für Bauprodukte

oder Anwendbarkeitsnachweise für Bauarten, die zur Errichtung von Lüftungsanlagen verwendet werden, richten sich heute nach den Regelungen des §§ 17 ff. BauO NRW i.V.m. der VV TB NRW.

Nach § 62 Abs. 1 Satz 1 Nr. 2 c sind Lüftungsanlagen, raumlufttechnische Anlagen, Warmluftheizungen, Installationsschächte und -kanäle, die Gebäudetrennwände überbrücken oder die in Gebäuden der Gebäudeklassen 4 und 5 Geschosse überbrücken, **genehmigungspflichtig**. Bei der Planung und Ausführung von Lüftungsanlagen sind generell unabhängig von der Genehmigungspflicht die Anforderungen des § 3 Abs.1 sowie Anforderungen aus den Technischen Baubestimmungen und allgemein anerkannten Regeln der Technik, insbesondere der Muster-Lüftungsanlagenrichtlinie (M-LüAR) zu beachten und einzuhalten. Nach den Vorgaben von § 4 Abs. 2 Satz 1 Nr. 8 BauPrüfVO müssen in **Bauzeichnungen** Lüftungsleitungen und Installationsschächte, soweit sie baugenehmigungsbedürftig sind, eingezeichnet werden. Nach § 9 Abs. 2 Satz 1 Nr. 8 BauPrüfVO muss das **Brandschutzkonzept** Angaben über die Lage und Anordnung der Lüftungsanlagen mit Angaben zur brandschutztechnischen Ausbildung enthalten.

2 Zu Abs. 1 – Betriebssicherheit

Lüftungsanlagen, raumlufttechnische Anlagen und Warmluftheizungen können ihre Aufgaben nur zuverlässig erfüllen, wenn diese **betriebssicher** sind. § 41 Abs. 1 stellt hierzu eine grundsätzliche Anforderung an die Betriebssicherheit dieser Anlagen. **Lüftungsanlagen** bestehen nach Abschnitt 2 M-LüAR aus **Lüftungsleitungen** und allen zu ihrer Funktion erforderlichen Bauteilen und Einrichtungen. Lüftungsanlagen i. S. der M-LüAR sind auch **Klimaanlagen, raumlufttechnische Anlagen** und **Warmluftheizungen**. Raumlufttechnische Anlagen (RLT-Anlagen) sind Einrichtungen zum Lüften und Konditionieren (Heizen, Kühlen, Befeuchten und Entfeuchten) der Zuluft von Räumen. Die Aufgabe von RLT-Anlagen besteht darin, den Zustand der Raumluft hinsichtlich bestimmter Grenzen (Temperatur, Feuchte, Schadstoffkonzentrationen, etc.) konstant zu halten. **Warmluftheizungen** sind Einrichtungen, die kalte Luft erhitzen, um Räume, Nutzungseinheiten oder ganze Gebäude über das Medium Luft zu beheizen. Die Verteilung der Luft kann über Lüftungsleitungen erfolgen.

Die Betriebssicherheit setzt eine regelmäßige Wartung dieser Anlagen, insbesondere der Steuereinrichtungen und Aggregate, voraus. Die Anforderung an die Betriebssicherheit in § 41 Abs. 1 erfolgt dabei unabhängig vom Gebäudetyp und gilt generell. Für **Sonderbauten** sieht die Verordnung über die Prüfung technischer Anlagen und wiederkehrende Prüfungen von Sonderbauten (Prüfverordnung – PrüfVO NRW) vom 24.11.2009 mit Stand vom 05.01.2019 besondere Anforderung an den Nachweis der **Betriebssicherheit und Wirksamkeit** vor. Nach § 1 Abs. 1 Satz 2 Nr. 3 und 4 PrüfVO NRW sind lüftungstechnische Anlagen in Gebäuden nach § 1 Abs. 1 Satz 1 der Verordnung und maschinelle Lüftungsanlagen in geschlossenen Mittel- und Großgaragen durch Prüfsachverständige gemäß § 3 der Verordnung zu prüfen. Die Wirksamkeit und Betriebssicherheit müssen bescheinigt werden.

§ 41 Lüftungsanlagen

12 Eine wesentliche Gefahrenquelle ergibt sich aus möglichen Wechselwirkungen zwischen Lüftungsanlagen und **Feuerungsanlagen**. Lüftungsanlagen können den Betrieb von Feuerungsanlagen beeinträchtigen und eine Übertragung von Abgasen in andere Räume oder Nutzungseinheiten über Lüftungskanäle kann ohne besondere Vorkehrungen nicht ausgeschlossen werden (s. Rdn. 5).

3 Zu Abs. 2 – Brandschutz

13 Die Gefahren durch **Lüftungsleitungen**, die durch brandschutztechnisch qualifizierte, raumabschließende Bauteile geführt werden, sind vielfältig. Lüftungsleitungen überbrücken funktionsbedingt raumabschließende Bauteile. Durch besondere Anforderungen an diese Leitungen soll der **Ausbreitung von Feuer und Rauch** entgegengewirkt werden. Dabei unterscheiden sich Lüftungsanlagen allein schon aufgrund ihrer geometrischen Abmessungen aber auch durch den vorhandenen Luftverbund zwischen Räumen grundsätzlich von Leitungsanlagen.

14 **Lüftungsleitungen** bestehen nach Abschnitt 2 M-LüAR aus allen von Luft durchströmten Bauteilen, wie Lüftungsrohren, -formstücken, -schächten und -kanälen, Schalldämpfern, Ventilatoren, Luftaufbereitungseinrichtungen, Brandschutzklappen und anderen Absperrvorrichtungen gegen die Übertragung von Feuer und Rauch und Absperrvorrichtungen gegen Rauchübertragung (Rauchschutzklappen) sowie aus ihren Verbindungen, Befestigungen, Dämmschichten, brandschutztechnischen Ummantelungen, Dampfsperren, Folien, Beschichtungen und Bekleidungen.

15 Grundsätzlich kann zwischen **brennbaren und nichtbrennbaren Lüftungsleitungen** unterschieden werden. Brennbare Lüftungsleitungen bringen im Falle eines Brandes durch ihren Beitrag am Brandgeschehen besondere Gefahren mit sich, so dass an ihre Verwendung besondere Anforderungen gestellt werden müssen. Aber auch **nichtbrennbare Lüftungsleitungen** bringen Gefahren mit sich, denen entgegengewirkt werden muss. So ist eine Brandübertragung durch **thermische Wärmeleitung** von Lüftungskanälen aus metallischen Baustoffen möglich und durch **thermische Längenänderung** der Lüftungsleitungen können raumabschließende Bauteile ihre Integrität verlieren.

16 Anhang 4 Abschnitt 7 VV TB NRW legt für Lüftungsanlagen fest, dass zum **Nachweis der Feuerwiderstandsfähigkeit** von baulichen Anlagen bei Verwendung/Anwendung von Bauprodukten oder Bauteilen für Lüftungsanlagen mit **Verwendbarkeitsnachweisen** gemäß § 20 oder für Bauarten gemäß § 17, die Zuordnung der Feuerwiderstandsklassen nach der Normenreihe DIN 4102 bzw. den Verwendbarkeitsnachweisen zu den Anforderungen nach A 2.1.15 VV TB NRW den Abschnitten 7.2 und 7.4 Anhang 4 VV TB NRW entnommen werden. Zum Nachweis der Feuerwiderstandsfähigkeit von baulichen Anlagen bei Verwendung von Bauprodukten oder Bausätzen für Lüftungsanlagen, für die harmonisierte technische Spezifikationen nach der Verordnung (EU) Nr. 305/2011 vorliegen, kann die Zuordnung der Feuerwiderstandsklassen nach der Normenreihe DIN EN 13501 zu den Anforderungen nach A 2.1.15 VV TB NRW den Abschnitten 7.3 und 7.5 Anhang 4 VV TB NRW entnommen werden. Für die Verwendung von Bauprodukten oder Bausätzen, für die harmonisierte technische Spezifikationen nach der Verordnung (EU) Nr. 305/2011 gemäß

Amtsblatt der Europäischen Union C 209/03 vom 10.06.2016 und C 172/4 vom 13.05.2016 vorliegen, gelten die Anwendungsregeln der Abschnitte 7.3 und 7.5 Anhang 4 VV TB NRW.

In der **Muster-Lüftungsanlagen-Richtlinie** werden darüber hinaus 17
– Anforderungen an das **Brandverhalten von Baustoffen** (Abschnitt 3),
– Anforderungen an die **Feuerwiderstandsfähigkeit** von Lüftungsleitungen und Absperrvorrichtungen von Lüftungsanlagen (Abschnitt 4),
– Anforderungen an die **Installation von Lüftungsleitungen** (Abschnitt 5),
– Einrichtungen zur **Luftaufbereitung und Lüftungszentralen** (Abschnitt 6),
– Lüftungsanlagen für **besondere Nutzungen** (Abschnitt 7),
– Abluftleitungen von gewerblichen oder vergleichbaren **Küchen**, ausgenommen Kaltküchen (Abschnitt 8),
– gemeinsame Abführung von **Küchenabluft** und Abgasen aus **Feuerstätten** (Abschnitt 9),
– Anforderungen an Lüftungsanlagen in **Sonderbauten** (Abschnitt 10),
geregelt.

Abweichungen von der M-LüAR können analog zu Abweichungen von der LAR behandelt werden (s. Anmerkungen § 40 Rdn. 20). 18

4 Zu Abs. 3 – Vermeidung der Geruchs- und Staubübertragung

§ 41 **Abs. 3** fordert, dass Lüftungsanlagen so herzustellen sind, dass sie **Gerüche** und 19 **Staub** nicht in andere Räume übertragen. Dies bedarf einer sorgfältigen Planung hinsichtlich der Anordnung und Ausbildung. Hierbei sollten Räume mit starker Geruchsbelastung über ein separates Lüftungssystem entlüftet werden. Außenluftansaugungen von Lüftungsanlagen sollten in Bereichen angeordnet sein, bei denen eine Geruchsbelastung in der Außenluft z.B. durch Abgase von Autos, nicht von der Lüftungsanlage angesaugt und im Gebäude verteilt wird. Darüber hinaus muss die Anordnung der Außenluftmündung zur Fortluftmündung beachtet werden (s. 12. Auflage § 42 Rn. 18).

Eine Verteilung von Stäuben über Lüftungsanlagen kann durch geeignete **Filter** wirksam verhindert werden, z.B. bei hoher (Fein-)Staubbelastung in der Außenluft durch die Anordnung von geeigneten Außenluftfiltern. Nähere Angaben zur Anordnung und **Filterqualitäten** sind in den technischen Regeln DIN 16798- 3: 2017-11 und VDI 6022 angegeben. 20

Neben den zuvor genannten Anforderungen an Filter sind die Anforderungen der 21 Muster-Lüftungsanlagenrichtlinie (M-LüAR) an Filtermedien zu beachten. Da **Filtermedien aus brennbaren Baustoffen** bestehen können, muss im Luftstrom hinter dem Filter ein nachgeschaltetes engmaschiges Gitter (Maschenweite von 10 mm ausreichend) oder durch eine geeignete nachgeschaltete Luftaufbereitungseinrichtung aus nichtbrennbaren Baustoffen sichergestellt sein, so dass brennbare Teile nicht vom Luftstrom mitgeführt werden können.

5 Zu Abs. 4 – Lüftungsleitungen in Abgasanlagen

22 Nach § 41 Abs. 4 **Satz 1** dürfen Lüftungsanlagen nicht in **Abgasanlagen** eingeführt werden. Die Anforderungen dienen der Sicherstellung des erforderlichen **Auftriebs in Abgasanlagen** zur Ableitung von Abgasen der angeschlossenen Feuerungsanlagen und der Verhinderung eines Eintrages von **Abgasen** in die zu entlüftenden Räume. Eine gemeinsame Nutzung von Abgasanlagen zur Abfuhr von Abgasen und Fortluftleitungen von Lüftungsanlagen ist jedoch nach § 41 Abs. 4 **Satz 2** zulässig, wenn keine Bedenken wegen der Betriebssicherheit und des Brandschutzes bestehen. Diese Regelung ermöglicht beispielsweise die **gemeinsame Nutzung** eines Schachtes zur Führung von Entlüftung und Abgasen bei innenliegenden Bädern mit Gas-Wasserheizern. Zur Auslegung solcher Anlagen ist mit dem DVGW Arbeitsblatt G 626:2006-10 »Mechanische Abführung von Abgasen für raumluftabhängige Gasfeuerstätten in Abgas- bzw. Zentralentlüftungsanlagen« ein entsprechender Standard vorhanden.

23 Die Anforderungen aus § 41 Abs. 4 **Satz 3 und 4** gelten nicht nur für Lüftungsleitungen in Abgasanlagen, sondern sind für alle Lüftungsleitungen zu berücksichtigen. Die Abluft muss nach § 41 Abs. 4 **Satz 3** generell ins Freie zu führen. Nicht zur Lüftungsanlage gehörende Einrichtungen sind nach § 41 Abs. 4 **Satz 4** in Lüftungsleitungen unzulässig. In der M-LüAR wird unter Abschnitt 5.1.5 »Lüftungsleitungen und andere Installationen« konkretisiert, was innerhalb von Lüftungsleitungen zulässig ist.

6 Zu Abs. 5 – Erleichterungen für bestimmte Gebäudeklassen und Nutzungen

24 Für Gebäude der **Gebäudeklassen 1 und 2** sowie innerhalb von **Wohnungen** und innerhalb derselben Nutzungseinheit mit nicht mehr als 400 m² in nicht mehr als zwei Geschossen sind nach § 41 **Abs. 5** Lüftungsleitungen sowie deren Bekleidungen und Dämmstoffe aus brennbaren Baustoffen zulässig. Die Anforderungen von § 26 Abs. 1 Satz 2 bleiben davon unberührt. Die Verwendung von leichtentflammbaren Baustoffen ist damit unzulässig, wenn diese Baustoffe nicht in Verbindung mit anderen Baustoffen mindestens normalentflammbar sind (s. Anmerkungen § 26 Rdn. 15).

25 Die **Erleichterung** nimmt die Absätze 2 und 3 von der Anwendung für die o. g. Fälle aus. Damit werden auch keine direkten bauordnungsrechtlichen Anforderungen an den Brandschutz dieser Anlagen gestellt und die Anlagen fallen nicht in den Geltungsbereich der M-LüAR.

26 Eine Übertragung von **Gerüchen und Staub** in andere Räume innerhalb der o. g. Gebäudeklassen und Nutzungen ist zulässig. Jedoch sollte hier eine **Einzelfallbetrachtung** stattfinden und Anfall von Gerüchen oder Stäuben sowie deren Verteilung, auch wenn bauordnungsrechtlich nicht gefordert, vermieden werden. Dies ist insbesondere bei gewerblichen Nutzungen (bspw. Produktionsstätten) mit gleichzeitiger Büronutzung in derselben Nutzungseinheit relevant.

7 Zu Abs. 6 – Anforderungen an RLT-Anlagen und Warmluftheizungen

Eine eindeutige Erläuterung des Begriffs »Lüftungsanlagen« erfolgt in der Bauordnung nicht. Der Begriff der »Lüftungsanlagen« wird jedoch in der Muster-Lüftungsanlagenrichtlinie (MLüAR) eindeutig erläutert. Hierzu zählen laut Muster-Lüftungsanlagenrichtlinie auch Warmluftheizung und RLT-Anlagen. Die Anforderungen von § 41 Abs. 6 dienen somit unter Berücksichtigung der M-LüAR nur der Klarstellung. Für **raumlufttechnische Anlagen** (RLT-Anlagen) und Warmluftheizungen gelten die Absätze 1 bis 5 des § 41 BauO NRW entsprechend.

Da Lüftungsanlagen, raumlufttechnische Anlagen (RLT-Anlagen) und Warmluftheizungen mit dem Medium »Luft« arbeiten und alle sinngemäß die gleichen Aufgaben haben, nämlich den Zustand der Raumluft hinsichtlich bestimmter Grenzen (Temperatur, Feuchte, Schadstoffkonzentrationen, etc.) konstant zu halten, sollten die aufgezeigten Anforderungen aus § 41 für alle »Anlagenarten« (Lüftungsanlagen, RLT-Anlagen und Warmluftheizungen) prinzipiell gleich sein.

§ 42 Feuerungsanlagen, sonstige Anlagen zur Wärmeerzeugung, Brennstoffversorgung

(1) Feuerstätten und Abgasanlagen (Feuerungsanlagen) müssen betriebssicher und brandsicher sein. Feuerungsanlagen für feste Brennstoffe dürfen in einem Abstand von weniger als 100 m zu einem Wald nur errichtet oder betrieben werden, wenn durch geeignete Maßnahmen gewährleistet ist, dass kein Waldbrand entsteht.

(2) Für die Anlagen zur Verteilung von Wärme und zur Warmwasserversorgung gilt Absatz 1 entsprechend.

(3) Feuerstätten dürfen in Räumen nur aufgestellt werden, wenn nach der Art der Feuerstätte und nach Lage, Größe, baulicher Beschaffenheit und Nutzung der Räume Gefahren nicht entstehen.

(4) Abgase von Feuerstätten sind durch Abgasleitungen, Schornsteine und Verbindungsstücke (Abgasanlagen) so abzuführen, dass keine Gefahren oder unzumutbaren Belästigungen entstehen. Abgasanlagen sind in solcher Zahl und Lage und so herzustellen, dass die Feuerstätten des Gebäudes ordnungsgemäß angeschlossen werden können. Sie müssen leicht und sicher gereinigt werden können.

(5) Behälter und Rohrleitungen für brennbare Gase und Flüssigkeiten müssen betriebssicher und brandsicher sein. Diese Behälter sowie feste Brennstoffe sind so aufzustellen oder zu lagern, dass keine Gefahren oder unzumutbaren Belästigungen entstehen.

(6) Für die Aufstellung von ortsfesten Verbrennungsmotoren, Blockheizkraftwerken, Brennstoffzellen und Verdichtern sowie die Ableitung ihrer Verbrennungsgase gelten die Absätze 1, 3 und 4 entsprechend.

(7) Bei der Errichtung oder Änderung von Schornsteinen sowie beim Anschluss von Feuerstätten an Schornsteine oder Abgasleitungen hat die Bauherrin oder der

Bauherr sich von der bevollmächtigten Bezirksschornsteinfegermeisterin oder dem bevollmächtigten Bezirksschornsteinfegermeister bescheinigen zu lassen, dass die Abgasanlage sich in einem ordnungsgemäßen Zustand befindet und für die angeschlossenen Feuerstätten geeignet ist. Bei der Errichtung von Schornsteinen soll vor der Erteilung der Bescheinigung auch der Rohbauzustand besichtigt worden sein. Verbrennungsmotoren und Blockheizkraftwerke dürfen erst dann in Betrieb genommen werden, wenn sie die Tauglichkeit und sichere Benutzbarkeit der Leitungen zur Abführung von Verbrennungsgasen bescheinigt haben. Stellt die bevollmächtigte Bezirksschornsteinfegermeisterin oder der bevollmächtigte Bezirksschornsteinfegermeister Mängel fest, hat sie oder er diese Mängel der Bauaufsichtsbehörde mitzuteilen. Satz 1 und Satz 3 gelten nicht für Abgasanlagen, die gemeinsam mit der Feuerstätte in Verkehr gebracht werden und ein gemeinsames CE-Zeichen tragen dürfen.

(8) Gasfeuerstätten dürfen in Räumen nur aufgestellt werden, wenn durch besondere Vorrichtungen an den Feuerstätten oder durch Lüftungsanlagen sichergestellt ist, dass gefährliche Ansammlungen von unverbranntem Gas in den Räumen nicht entstehen.

Übersicht

		Rdn.
0	Änderungen gegenüber der BauO NRW 2000	01
1	Allgemeines	1
2	Abgrenzung zu technischen und betrieblichen Anforderungen an Feuerungsanlagen	6
3	Zu Abs. 1 und 2 – Grundanforderungen	13
4	Zu Abs. 3 – Anforderungen an Räume mit Feuerstätten	18
5	Zu Abs. 4 – Abgasanlagen	19
6	Zu Abs. 5 – Anforderungen an Behälter für brennbare Gase und Flüssigkeiten	26
7	Zu Abs. 6 – ortsfeste Verbrennungsmotoren, Blockheizkraftwerke, Brennstoffzellen	30
8	Zu Abs. 7 – Einbindung des bevollmächtigten Bezirksschornsteinfegende	32
9	Zu Abs. 8 – Gasfeuerstätten in Räumen	38

0 Änderungen gegenüber der BauO NRW 2000

01 Mit der Neufassung der BauO NRW 2018 wird § 42 auf die für die auf gesetzlicher Ebene erforderlichen Regelungen **reduziert und vollumfänglich an die MBO angepasst**. Durch die Benennung von »sonstigen Anlagen zur Wärmeerzeugung« in der Überschrift werden zukünftig auch Anlagen erfasst, die mit Hilfe von Verbrennungsprozessen (auch) Wärme erzeugen, aber keine Feuerstätten sind. Die bisher in § 43 BauO NRW 2000 geregelten Anforderungen an Feuerungsanlagen enthielten in den Abs. 5 und 6 Einzelregelungen zur Aufstellung von Gasfeuerstätten und für Abweichungen. Diese Regelungen waren entbehrlich, da entsprechende Regelungen bereits in der Feuerungsverordnung (FeuVO NRW) enthalten sind.

02 In § 42 **Abs. 1** wird die bisher in § 43 Abs. 1 enthaltene Grundsatzanforderung an Feuerungsanlagen aufgenommen, **betriebssicher und brandsicher** zu sein. Dabei

wird die bislang in § 43 Abs. 1 BauO NRW 2000 enthaltene Aufzählung wie in der MBO in § 42 Abs. 4 verlagert. Regelungen zum **Schallschutz** aus § 43 Abs. 1 Satz 2 BauO NRW 2000 werden nicht in die aktuelle Fassung übernommen. In der Begründung wird hierzu auf § 15 verwiesen. Die Anforderungen aus § 43 Abs. 1 Satz 3 BauO NRW 2000 werden nun in § 42 Abs. 4 aufgeführt. § 43 Abs. 1 Satz 4 BauO NRW 2000 wird unverändert in § 42 Abs. 1 Satz 2 aufgenommen (Abstand von Feuerungsanlagen für feste Brennstoffe zum Wald).

§ 42 **Abs. 2** enthält unverändert die bisherigen Anforderungen aus § 43 Abs. 2 BauO NRW 2000.   03

In § 42 **Abs. 3** werden die Grundsatzanforderung an die Aufstellung von Feuerstätten   04 geregelt und die Inhalte des bisherigen § 43 Abs. 3 BauO NRW 2000 aufgenommen. Anforderungen an **Behälter** und **Rohrleitungen** wurden an die MBO angepasst und in Abs. 5 verlagert.

Die grundsätzlichen Anforderungen an Abgasanalgen werden zukünftig in § 42 **Abs. 4**   05 geregelt. Dabei werden teilweise bisher in § 43 Abs. 1 BauO 2000 geregelte Anforderungen aufgenommen (s. Anmerkungen Rdn. 19 ff.).

§ 42 **Abs. 5** wurde neu gefasst und enthält die grundsätzlichen Anforderungen an   06 die **Brennstofflagerung** und an **Rohrleitungen** für brennbare Gase und Flüssigkeiten.

Ebenfalls neu gefasst wurde § 42 **Abs. 6**, der die entsprechende Anwendung der Absätze 1, 3 und 4 auch für die Aufstellung und die Ableitung der Verbrennungsgase von Verbrennungsmotoren, **Blockheizkraftwerken** und vergleichbaren Anlagen fordert.   07

Mit den Anpassungen der bisherigen Anforderungen aus § 43 Abs. 8 BauO NRW 2000   08 werden die Änderungen im **Schornsteinfegerrecht** berücksichtigt und in § 42 **Abs. 7** dargestellt. Satz 3 wurde neu eingefügt und stellt klar, dass **Verbrennungsmotoren** und **Blockheizkraftwerke** erst dann in Betrieb genommen werden dürfen, wenn die Tauglichkeit und die sichere Benutzbarkeit der Schornsteine und Abgasleitungen bescheinigt worden sind. Die Regelung in § 42 Abs. 7 Satz 5 trägt dem höherrangigen **EU-Recht** Rechnung: National dürfen keine Prüfungen über die Eignung der Abgasanlage für angeschlossene Feuerstätten vorgeschrieben werden, wenn die Abgasanlagen gemeinsam mit einer Feuerstätte in Verkehr gebracht werden und ein gemeinsames CE-Zeichen tragen dürfen.

In § 42 **Abs. 8** wird die bisherige Regelung des § 43 Abs. 9 BauO NRW 2000   09 aufgenommen.

1 Allgemeines

§ 42 fasst die bauordnungsrechtlichen Anforderungen an **Feuerungsanlagen**, an **sonstige Anlagen zur Wärmeerzeugung** und an die **Brennstoffversorgung** zusammen.   1 Dabei beschränkt sich die Vorschrift auf die grundsätzlichen Anforderungen an
– Feuerungsanlagen, bestehend aus Feuerstätten und Abgasanalgen wie Abgasleitungen, Schornsteine und Verbindungsstücke,
– Anlagen zur Verteilung von Wärme und zur Warmwasserversorgung,

§ 42   Feuerungsanlagen, sonstige Anlagen zur Wärmeerzeugung, Brennstoffversorgung

- Behälter und Rohrleitungen für brennbare Gase und Flüssigkeiten,
- ortsfeste Verbrennungsmotoren,
- Blockheizkraftwerke,
- Brennstoffzellen und
- Verdichter (Kompressoren).

2   Durch die Anforderungen des § 42 soll ein **sicherer Betrieb** dieser Anlagen gewährleistet werden. Die Anforderungen werden zur Erreichung eines entsprechenden Schutzniveaus auch um die Anforderungen des Dritten Abschnittes der BauO NRW 2018 (§§ 17 bis 25) ergänzt.

3   Es handelt sich bei diesen Anlagen häufig nicht um bauliche Anlagen im Sinne des § 2 Abs. 1, sondern um »**andere Anlagen und Einrichtungen**« nach § 1 Abs. 1. Für diese Anlagen gelten nach § 1 Abs. 1 Satz 1 die Anforderungen der BauO NRW 2018 sowie die Anforderungen der Feuerungsverordnung (FeuVO NRW) vom 10.12.2018, die als Vorschrift aufgrund von § 87 Abs. 1 Satz 1 Nr. 5 der BauO NRW erlassen wurde. Weiter konkretisiert werden die Anforderungen in der VV TB NRW. Darüber hinaus werden besondere Anforderungen an Feuerungsanlagen in den §§ 76, 114, 140 und 145 SBauVO für die dort geregelten Sonderbauten gestellt.

4   Anlagen der technischen Gebäudeausrüstung dürfen gemäß § 62 Abs. 1 Satz 1 weitgehend **genehmigungsfrei errichtet werden** (s. Anmerkungen § 62 Rdn. 19 ff.). Gemäß § 62 Abs. 1 Satz 1 sind in freistehende Abgasanlagen bis zu einer Höhe von 10 m (2b), in Serie hergestellte Blockheizkraftwerke, Brennstoffzellen und Wärmepumpen (Nr. 3d) sowie Anlagen zur Verteilung von Wärme und Wasserheizungsanlagen und Warmwasserversorgungsanlagen (Nr. 4c) unter der Voraussetzung genehmigungsfrei, dass sich die Bauherrenschaft für diese Anlagen vor der Benutzung von der Unternehmerin oder dem Unternehmer oder von einer oder einem Sachverständigen bescheinigen lässt, dass die Anlagen den öffentlich-rechtlichen Vorschriften entsprechen (s. § 62 Abs. 1 Satz 2 BauO NRW).

5   Die wesentlichen **Begriffsbestimmungen** für das Verständnis der in der BauO NRW bewusst allgemein gehaltenen Anforderungen an Feuerungsanlagen, sonstigen Anlagen zur Wärmeerzeugung und zur Brennstoffversorgung finden sich im Wesentlichen direkt im Gesetzestext der BauO NRW 2018 und werden nachfolgend erläutert. Darüber hinaus enthält die Kehr- und Überprüfungsordnung vom 16.06.2009 (BGBl. I S. 1292), die zuletzt durch Artikel 1 der Verordnung vom 08.04.2013 (BGBl. I S. 760) geändert worden ist (KÜO), im § 7 »Begriffsbestimmungen« einen Verweis auf die Anlage 4 der KÜO, in der weitere Begriffsbestimmungen für den vorliegenden Zusammenhang zu finden sind.

2 Abgrenzung zu technischen und betrieblichen Anforderungen an Feuerungsanlagen

6   An die in § 42 geregelten Anlagen werden weitere Anforderungen in anderen Rechtsbereichen gestellt. Hier sind insbesondere fünf Bereiche zu nennen: Das Bauplanungsrecht, das Immissionsschutzrecht, das Arbeitsschutzrecht, das Produktsicherheitsrecht und das Energieeinsparungsrecht.

Im **Bauplanungsrecht** können auf der Grundlage von § 9 Abs. 1 Nr. 23b BauGB 7
bauliche und sonstige technische Maßnahmen für die Erzeugung, Nutzung oder Speicherung von Strom, Wärme oder Kälte aus erneuerbaren Energien oder Kraft-Wärme-Kopplung festgesetzt werden.

Das Bundes-Immissionsschutzgesetz (BImSchG) in der Fassung der Bekanntmachung 8
vom 17.05 2013 (BGBl. I S. 1274), zuletzt geändert durch Artikel 3 des Gesetzes
vom 18.07.2017 (BGBl. I S. 2771), sieht in § 4 für **genehmigungspflichtige Anlagen**
die Anwendung der Verordnung über Großfeuerungs-, Gasturbinen- und Verbrennungsmotoranlagen vom 02.05.2013 (BGBl. I S. 1021, 1023, 3754) vor, die zuletzt
durch Artikel 1 der Verordnung vom 19.12.2017 (BGBl. I S. 4007) geändert worden
ist (13. BImSchV). Die 13. BImSchV gilt nach § 1 Abs. 1 für die Errichtung, die
Beschaffenheit und den Betrieb von Feuerungsanlagen, einschließlich Gasturbinen-
und Gasmotoranlagen sowie Gasturbinen- und Gasmotoranlagen zum Antrieb von
Arbeitsmaschinen, mit einer Feuerungswärmeleistung von 50 Megawatt oder mehr,
unabhängig davon, welche Brennstoffe oder welche Arten von Brennstoffen eingesetzt
werden. Aber auch für **nicht genehmigungsbedürftige Anlagen** nach § 4 BImSchG
sieht das Immissionsschutzrecht mit der Verordnung über kleine und mittlere Feuerungsanlagen vom 26.01.2010 (BGBl. I S. 38), die zuletzt durch Artikel 16 Abs. 4 des
Gesetzes vom 10.03.2017 (BGBl. I S. 420) geändert worden ist (1. BImSchV), Regeln
für die Errichtung, die Beschaffenheit und den Betrieb von Feuerungsanlagen vor,
die keiner Genehmigung nach § 4 BImSchG bedürfen. § 3 Abs. 1 der 1. BImSchV
regelt die zulässigen Brennstoffe. Andere Brennstoffe dürfen nur eingesetzt werden,
wenn sie den Anforderungen von § 3 Abs. 5 1. BImSchV genügen. Dazu zählt insbesondere die Erfüllung von genormten Qualitätsanforderungen und die Einhaltung
entsprechender Emissionsgrenzwerte unter Prüfbedingungen. Weitere Ausführungen
zum Vorrang des Gestattungsverfahrens nach BImSchG können den Anmerkungen
zu § 61 Abs. 1 Nr. 8 BauO NRW in den Rdn. 13 entnommen werden.

§ 14 Abs. 1 Satz 1 FeuVO sieht für die **Prüfung von Flüssiggas- und Dampfkesselan-** 9
lagen sowie Geräten und Schutzsystemen zur Verwendung in explosionsgefährdeten
Bereichen die Anwendung der §§ 15 und 16 der BetrSichV vor. § 15 **Betriebssicher-**
heitsverordnung (BetrSichV) vom 03.02.2015 (BGBl. I S. 49), zuletzt geändert durch
Artikel 5 Abs. 7 der Verordnung vom 18.10.2017 (BGBl. I S. 3584) regelt die Prüfung
der Anlagen vor Inbetriebnahme und vor Wiederinbetriebnahme nach prüfpflichtigen
Änderungen. Nach § 16 Abs. 1 BetrSichV hat der Arbeitgeber sicherzustellen, dass
überwachungsbedürftige Anlagen nach Maßgabe der in Anhang 2 genannten Vorgaben wiederkehrend auf ihren sicheren Zustand hinsichtlich des Betriebs geprüft
werden. Anhang 2 der BetrSichV enthält in Abschnitt 3 besondere Angaben zu Explosionsgefährdungen und in Abschnitt 4 besondere Angaben zu Druckanlagen. Ausgenommen von der **Prüfung** gemäß BetrSichV sind gemäß § 14 Abs. 1 Satz 2 FeuVO
die in der BetrSichV genannten Flüssiggasanlagen und Dampfkesselanlagen, auf die
die BetrSichV keine Anwendung findet. Eine sicherheitstechnische Bewertung der
Anlagen zur Ermittlung der Prüffristen ist nach § 14 Abs. 1 Satz 3 FeuVO nicht erforderlich, es gelten stets die Höchstfristen.

§ 42   Feuerungsanlagen, sonstige Anlagen zur Wärmeerzeugung, Brennstoffversorgung

10   Zuständige Behörden im Sinne der Vorschriften nach § 14 Abs. 1 FeuVO sind nach § 14 Abs. 2 FeuVO die Unteren Bauaufsichtsbehörden. Die Prüfaufzeichnungen und -bescheinigungen sollten sich an § 17 BetrSichV orientieren, auch wenn diese Vorschrift in der FeuVO nicht direkt in Bezug genommen wird. Nach § 17 Abs. 1 BetrSichV hat der Arbeitgeber dafür zu sorgen, dass das Ergebnis der Prüfung nach den §§ 15 und 16 BetrSichV aufgezeichnet wird. Aufzeichnungen und Prüfbescheinigungen sind während der gesamten Verwendungsdauer am Betriebsort der überwachungsbedürftigen Anlage aufzubewahren und der zuständigen Behörde (im vorliegenden Fall der Unteren Bauaufsichtsbehörde) auf Verlangen vorzulegen. Sie können auch in elektronischer Form aufbewahrt werden.

11   Das **Produktsicherheitsgesetz** vom 08.11.2011 (BGBl. I S. 2178, 2179; 2012 I S. 131), das durch Artikel 435 der Verordnung vom 31.08.2015 (BGBl. I S. 1474) geändert worden ist (ProdSG) und die entsprechenden Verordnungen wie z. B. die Siebte Verordnung zum Produktsicherheitsgesetz (Gasverbrauchseinrichtungsverordnung) vom 26.01.1993 (BGBl. I S. 133), die zuletzt durch Artikel 18 des Gesetzes vom 08.11.2011 (BGBl. I S. 2178) geändert worden ist (7. ProdSV), enthalten weitere Detailregelungen für die zur Verwendung kommenden Komponenten.

12   Die **Energieeinsparverordnung** vom 24.07.2007 (BGBl. I S. 1519), die zuletzt durch Artikel 3 der Verordnung vom 24.10.2015 (BGBl. I S. 1789) geändert worden ist (EnEV), widmet sich den Anlagen der Heizungs-, Kühl- und Raumlufttechnik sowie der Warmwasserversorgung insbesondere in Abschnitt 4. In § 13 EnEV wird die Inbetriebnahme von Heizkesseln geregelt und in § 14 werden Verteilungseinrichtungen und Warmwasseranlagen geregelt.

3 Zu Abs. 1 und 2 – Grundanforderungen

13   § 42 Abs. 1 legt die **Grundsatzanforderung für Feuerungsanlagen** fest. Feuerungsanlagen müssen demnach betriebssicher und brandsicher sein. Gemäß § 42 Abs. 1 bestehen Feuerungsanlagen aus Feuerstätten und den zugehörigen Abgasanlagen. Eine Legaldefinition für Feuerstätten findet sich in § 2 Abs. 9. Demnach sind Feuerstätten in oder an Gebäuden ortsfest benutzte Anlagen oder Einrichtungen, die dazu bestimmt sind, durch Verbrennung Wärme zu erzeugen. Der Begriff **Abgasanlagen** wird wiederum in § 42 Abs. 4 definiert. Abgasleitungen bestehen danach aus Abgasleitungen, Schornsteinen und Verbindungsstücken. Es ergibt sich somit direkt aus dem Gesetzestext die detailliertere Grundsatzanforderung, dass in oder an Gebäuden ortsfest benutzte Anlagen oder Einrichtungen und deren Abgasleitungen, Schornsteine und Verbindungsstücke betriebssicher und brandsicher sein müssen.

14   Konkretisiert wird diese grundsätzliche Anforderung durch die Regelungen in § 42 Abs. Absätze 2 bis 8 sowie weitergehend durch die Anforderungen von Abschnitt A 2.1.16 der VV TB NRW: »*Anforderungen an Feuerungsanlagen, sonstige Anlagen zur Wärmeversorgung, Brennstoffversorgung Feuerstätten und Abgasanlagen (Feuerungsanlagen) sowie ortsfeste Verbrennungsmotoren, Blockheizkraftwerke, Brennstoffzellen und Verdichter in baulichen Anlagen müssen gemäß § 42 BauO NRW 2018 betriebs- und brandsicher sein; sie dürfen nur dann in Räumen aufgestellt werden, wenn Gefahren nicht entstehen.*

Feuerungsanlagen, sonstige Anlagen zur Wärmeerzeugung, Brennstoffversorgung § 42

Anlagen zur Ableitung von Verbrennungsgasen müssen gemäß § 42 BauO NRW 2018 so ausgeführt werden, dass keine Gefahren oder unzumutbare Belästigungen entstehen. Zur Erfüllung dieser Anforderungen sind die Feuerungsverordnung NRW und die Technische Regel A 2.2.1.2 (Anhang 4) zu beachten.« Abschnitt 8 in Anhang 4 VV TB NRW konkretisiert weiter: »*Feuerungsanlagen (Feuerstätten und Abgasanlagen) müssen so aufgestellt und betrieben werden, dass sie aufgrund ihrer Beschaffenheit betriebs- und brandsicher sind und von ihnen sowie durch ihre Nutzung keine Gefahren oder unzumutbare Belästigungen ausgehen. Für die Anwendung von Bauprodukten oder Bauteilen, die zur Verwendung in Feuerungsanlagen geeignet sind und für die harmonisierte technische Spezifikationen nach der Verordnung (EU) Nr. 305/2011 vorliegen, sind die technischen Anforderungen A 2.1.16 und den nachfolgenden Regeln der Abschnitte 8.2 bis 8.4 zu entnehmen.«*

§ 42 Abs. 1 Satz 2 regelt den **Abstand von Feuerungsanlagen** für feste Brennstoffe zu Wald. Bei einem Abstand von weniger als 100 m zu Wald ist die Errichtung oder der Betrieb nur zulässig, wenn durch geeignete Maßnahmen gewährleistet ist, dass kein Waldbrand entsteht. Ohne geeignete Maßnahmen besteht bei Feuerungsanlagen für feste Brennstoffe die Gefahr, dass beim Betrieb Funkenflug entsteht, der zu einem Wandbrand führen kann. Flugfeuer, Funkenflug oder unkontrollierte Rußbrände in den Schornsteinen können Ursachen für Waldbrände sein. Geeignete Maßnahmen gegen Flugfeuer und Funkenflug sind nach den Vorgaben der VV BauO NRW 2000 in erster Linie die Ausstattung der Feuerungsanlagen mit Funkenfängern oder Rauchkammern über dem Schornstein. Funkenfänger sind z. B. trichterförmige oder korbartige Drahtgeflechte mit einer Maschenweite von 6 x 6 mm und einer Drahtdicke von 2,5 mm oder mehr in den Verbindungsstücken. Rauchkammern sind kammerartige Erweiterungen der Verbindungstücke, in denen die Abgasgeschwindigkeit durch die Querschnittsvergrößerung derartig sinkt, dass sich brennende Abgasbestandteile absetzen. Unkontrollierte Rußbrände in den Schornsteinen können nur durch häufiges Reinigen der Schornsteine verhindert werden; erforderlichenfalls sind dabei besondere Reinigungsverfahren zu verwenden. Rechtsgrundlage hierfür ist die Kehr- und Überprüfungsordnung (KÜO, vgl. hierzu oben Rdn. 5). In der Baugenehmigung sollen die Bauherren auf die Reinigungspflichten nach der KÜO hingewiesen werden. 15

Gemäß § 42 Abs. 2 werden Anlagen zur Verteilung von Wärme und zur Warmwasserversorgung den Feuerungsanlagen im Hinblick auf die Grundanforderungen gleichgestellt. Dabei handelt es sich z. B. um dauerhaft ortsfest eingebaute **Wasserheizungsanlagen**, bei denen von einem Wärmeerzeuger Rohrleitungen zur Verteilung des Wärmeträgers Wasser zu den Heizkörpern erfolgt (Verteilung von Wärme) oder auch um dauerhaft ortsfest eingebaute Brauchwassererwärmungsanlagen mit Wärmeerzeugern, Rohrleitungen zur Weiterleitung des Brauchwassers und entsprechende Entnahmeeinrichtungen (Warmwasserversorgung). 16

Werden die Anforderungen von § 42 der Feuerungsverordnung NRW sowie der oben gennannten konkretisierenden Technischen Baubestimmungen eingehalten, sind die genannten Anlagen **betriebs-** und **brandsicher**. 17

4 Zu Abs. 3 – Anforderungen an Räume mit Feuerstätten

18 § 42 Abs. 3 formuliert die **Grundanforderung an die Aufstellung von Feuerstätten.** Danach dürfen Feuerstätten in Räumen nur aufgestellt werden, wenn nach der Art der Feuerstätte und nach Lage, Größe, baulicher Beschaffenheit und Nutzung der Räume Gefahren nicht entstehen. Konkrete Anforderungen an die Aufstellräume für Feuerstätten ergeben sich aus § 4 bis 6 der FeuVO NRW. Die allgemeinen Anforderungen in § 4 sehen unter anderem ein **Aufstellungsverbot von Feuerstätten** in notwendigen Treppenräumen, in Räumen zwischen notwendigen Treppenräumen und Ausgängen ins Freie und in notwendigen Fluren vor. Zudem unterscheidet die FeuVO nach Aufstellräumen für Feuerstätten (§ 5 FeuVO NRW) und Heizräumen (§ 6 FeuVO NRW). Die Einstufung in entsprechende Raumkategorien erfolgt in Abhängigkeit von der Nennleistung und dem eingesetzten Brennstoff. Ab 100 kW Nennleistung für Feuerstätten mit flüssigen und gasförmigen Brennstoffen ist gemäß § 5 FeuVO ein Aufstellraum erforderlich. Ab 50 kW Nennleistung für Feuerstätten mit festen Brennstoffen wird ein Heizraum nach § 6 FeuVO erforderlich. Detailanforderungen an die Beschaffenheit dieser Räume können den entsprechenden Regelungen der FeuVO NRW entnommen werden.

5 Zu Abs. 4 – Abgasanlagen

19 Zur Erfüllung der **Grundanforderungen an die Betriebs- und Brandsicherheit** aus § 42 Abs. 1 Satz 1 müssen Abgase von Feuerstätten durch Abgasleitungen, Schornsteine und Verbindungsstücke (Abgasanlagen) gemäß § 42 Abs. 4 Satz 1 so abgeführt werden, dass keine Gefahren oder unzumutbaren Belästigungen entstehen. Konkrete Anforderungen an die Abgasführung für Feuerstätten ergeben sich aus § 7 bis 9 FeuVO NRW.

20 § 7 FeuVO NRW unterscheidet Abgasanlagen nach **Schornsteinen** und **Abgasleitungen.** § 8 legt Abstände von Abgasanlagen zu brennbaren Bauteilen fest. § 9 enthält Regeln für die Abführung von Abgasen wie z. B. die Lage von Mündungsöffnungen. Detailanforderungen an die Ausbildung der Abgasanlagen können den Regelungen der FeuVO NRW entnommen werden.

21 Als **Schornsteine** werden nach § 7 FeuVO rußbrandbeständige Schächte angesehen, die Abgase von Feuerstätten für feste Brennstoffe über Dach ins Freie leiten. Um **Abgasleitungen** gemäß § 9 FeuVO handelt es sich bei Leitungen oder Schächten, die nur Abgase von Feuerstätten für flüssige oder gasförmige Brennstoffe ableiten sollen, und zwar auch dann, wenn die Abgasanlage in der Bauart eines Schornsteins ausgeführt ist. Die Verwendbarkeit (§ 18 Abs. 1 BauO NRW) einer Abgasanlage für eine Feuerstätte hängt außer von der Brennstoffart auch von der Temperatur und dem Feuchtegehalt des Abgases sowie davon ab, ob die Abgase mit Überdruck oder Unterdruck gefördert werden. Welche Feuerstätten an Schornsteine oder Abgasleitungen im Einzelnen angeschlossen werden dürfen, ergibt sich bei Abgasanlagen mit Ü-Zeichen aus der Übereinstimmungsbestätigung (§ 24 BauO NRW) und bei Abgasanlagen mit CE-Kennzeichnung aus dem Konformitätsnachweis gemäß Richtlinie der Europäischen Gemeinschaft, die der CE-Kennzeichnung zugrunde liegt (vgl. 43.1 VV BauO NRW 2000).

Die Anforderungen an **Mündungen von Abgasanlagen** werden neben den Bestimmungen von § 9 FeuVO NRW auch in § 19 1. BImSchV geregelt. Dabei werden in beiden Verordnungen entsprechende Abstandsregeln definiert. Grundsätzlich ist davon auszugehen, dass die Anforderungen von § 19 1. BImSchV die immissionsschutzrechtlichen Anforderungen an Feuerungsanlagen regeln und die zur Erfüllung der diesbezüglichen Schutzziele entsprechenden Anforderungen enthält. Umstritten sind indes die Anforderungen nach entsprechenden Abstandsflächen in § 19 Abs. 1 Nr. 1a und 1b der 1. BImSchV. In der Drucks. 712/1/09 des Bundesrates vom 02.10.09 wird ausgeführt, dass die in § 19 Abs. 1 Nr. 1a und 1b 1. BImSchV genannten Abstände von Dachflächen keinen immissionsschutzrechtlichen Hintergrund haben, sondern auf brandschutztechnische Anforderungen zurückgehen. Die Anforderungen widersprechen in der aktuellen Fassung der 1. BImSchV den Regelungen der FeuVO NRW. Nach § 19 FeuVO NRW müssen die Mündungen von Abgasanlagen

— den First um mindestens 40 cm überragen oder von der Dachfläche mindestens 1 m entfernt sein. Ein Abstand von der Dachfläche von 40 cm genügt, wenn nur raumluftunabhängige Feuerstätten für flüssige oder gasförmige Brennstoffe angeschlossen sind, die Summe der Nennleistungen der angeschlossenen Feuerstätten nicht mehr als 50 kW beträgt und das Abgas durch Ventilatoren abgeführt wird;
— Dachaufbauten, Gebäudeteile, Öffnungen zu Räumen und ungeschützte Bauteile aus brennbaren Baustoffen, ausgenommen Bedachungen, um mindestens 1 m überragen, soweit deren Abstand zu den Abgasanlagen weniger als 1,5 m beträgt, und
— bei Feuerstätten für feste Brennstoffe in Gebäuden, deren Bedachung überwiegend nicht den Anforderungen des § 32 Abs. 1 BauO NRW 2018 entspricht, am First des Daches austreten und diesen um mindestens 80 cm überragen. Satz 1 Nummer 2 gilt nicht für Abgasleitungen untereinander, sofern diese die gleiche Temperaturklasse aufweisen und die Abgastemperaturen der Feuerstätten bei Nennleistung 160°C nicht überschreiten.

§ 19 Abs. 1 Satz 1 Nr. 1a und 1b 1. BImSchV regelt die Ableitbedingungen für Abgase in Abhängigkeit von der Dachneigung und fordert, dass die Austrittsöffnung von Schornsteinen bei Feuerungsanlagen für feste Brennstoffe, die ab dem 22.03.2010 errichtet oder wesentlich geändert werden,

— bei Dachneigungen bis einschließlich 20 Grad den First um mindestens 40 Zentimeter überragen oder von der Dachfläche mindestens 1 Meter entfernt sind,
— bei Dachneigungen von mehr als 20 Grad den First um mindestens 40 Zentimeter überragen oder einen horizontalen Abstand von der Dachfläche von mindestens 2,30 Meter haben.

Die Anforderungen von § 19 Abs. 2 und 3 1. BImSchV stellen gegenüber dem Bauordnungsrecht hinausgehende Anforderungen dar, die aus Gründen des Immissionsschutzes zu beachten sind.

Abgasanlagen sind nach den Vorgaben von § 42 Abs. 4 Satz 2 BauO NRW in solcher Zahl und Lage und so herzustellen, dass die Feuerstätten des Gebäudes ordnungsgemäß angeschlossen werden können. Sie müssen **leicht und sicher gereinigt werden** können. Eine leichte und sichere Reinigung erfordert ggf. entsprechende Reinigungsöffnungen. Das Erfordernis dieser Öffnungen wird insbesondere im Verwendbarkeitsnachweis von Feuerstätten oder Abgasanlagen geregelt. Bei modernen Feuerstätten sind Reinigungsöffnungen i.d.R. nur an der Sohle von Schornsteinen für feste Brennstoffe erforderlich. § 7 Abs. 7 Satz 1 Nr. 5 FeuVO NRW fordert entsprechend, dass Schornsteine für die Reinigung Öffnungen mit Schornsteinreinigungsverschlüssen haben müssen. Reinigungsöffnungen sind nicht zu verwechseln mit Prüföffnungen, die auch für nicht reinigungsbedürftige Abgasanlagen als Messöffnungen nach den Vorgaben von §§ 12 ff. der 1. BImSchV erforderlich werden.

6 Zu Abs. 5 – Anforderungen an Behälter für brennbare Gase und Flüssigkeiten

26 § 42 Abs. 5 BauO NRW 2018 sieht Anforderungen an die Betriebssicherheit und Brandsicherheit von **Behältern und Rohrleitungen** für brennbare Gase und Flüssigkeiten vor. Diese Behälter sowie feste Brennstoffe sind so aufzustellen oder zu lagern, dass keine Gefahren oder unzumutbaren Belästigungen entstehen.

27 Konkretisiert werden die Anforderungen in den §§ 11 bis 13 FeuVO NRW. In § 11 FeuVO NRW werden Anforderungen an die Brennstofflagerung in Brennstofflagerräumen definiert. Dabei werden in § 11 Abs. 1 FeuVO für unterschiedliche Brennstoffe (Holzpellets, sonstige feste Brennstoffe, Heizöl und Dieselkraftstoff, Flüssiggas) Mengenschwellwerte definiert, ab denen entsprechende Brennstofflagerräume erforderlich sind. § 11 Abs. 2 bis 6 regeln die Detailanforderungen an diese Brennstofflagerräume. § 12 FeuVO NRW regelt die Brennstofflagerung außerhalb von Brennstofflagerräumen. Dabei sieht § 12 Abs. 1 FeuVO NRW ein Lagerungs- und Aufstellverbot für feste Brennstoffe sowie Behälter zur Lagerung von brennbaren Gasen und Flüssigkeiten in notwendigen Treppenräumen, in Räumen zwischen notwendigen Treppenräumen und Ausgängen ins Freie und in notwendigen Fluren vor. Schließlich sieht § 13 FeuVO NRW auch für Flüssiggasanlagen und Dampfkesselanlagen, die weder gewerblichen noch wirtschaftlichen Zwecken dienen oder durch die keine Beschäftigten gefährdet werden können, die Anwendung der Druckgeräteverordnung vom 13.05.2015 (BGBl. I S. 692) vor, die durch Artikel 2 der Verordnung vom 06.04.2016 (BGBl. I S. 597) geändert worden ist.

28 Über die bauordnungsrechtlichen Anforderungen gemäß § 42 Abs. 5 BauO NRW hinaus sind zum Schutz der Gewässer für die Lagerung von flüssigen Brennstoffen besondere Anforderungen des **Wasserrechts** zu berücksichtigen. Insbesondere sind hierzu die Vorgaben der Verordnung über Anlagen zum Umgang mit wassergefährdenden Stoffen und über Fachbetriebe (VAwS) vom 20.03.2004 mit der dazu gehörigen Verwaltungsvorschriften zum Vollzug der Verordnung über Anlagen zum Umgang mit wassergefährdenden Stoffen und über Fachbetriebe (VV-VAwS) vom 16.07.2007 zu beachten.

29 Anlagen zum Lagern und Abfüllen wassergefährdender Stoffe müssen nach den Vorgaben von § 62 Abs. 1 des Wasserhaushaltsgesetzes vom 31.07.2009 (BGBl. I S. 2585), das zuletzt durch Artikel 2 des Gesetzes vom 04.12.2018 (BGBl. I S. 2254) geändert worden ist (WHG), so beschaffen sein und so errichtet, unterhalten, betrieben und

stillgelegt werden, dass eine nachteilige Veränderung der Eigenschaften von Gewässern nicht zu besorgen ist (Besorgnisgrundsatz).

7 Zu Abs. 6 – ortsfeste Verbrennungsmotoren, Blockheizkraftwerke, Brennstoffzellen

§ 42 Abs. 6 sieht die Umsetzung der Grundanforderungen aus Abs. 1, der Anforderungen an Räume mit Feuerstätten aus Abs. 3 und die Anforderungen an Abgasanlagen aus Abs. 4 auch für die Aufstellung von ortsfesten **Verbrennungsmotoren, Blockheizkraftwerken, Brennstoffzellen und Verdichtern** sowie die Ableitung ihrer Verbrennungsgase vor. Blockheizkraftwerke haben in den vergangenen Jahren eine zunehmende Bedeutung im Rahmen einer dezentralen Energieversorgung gewonnen, so dass diese erstmals in die BauO 2018 mit aufgenommen wurden. Dabei handelt es sich um lokale Anlagen zur Elektrizitäts- und Wärmeerzeugung. Blockheizkraftwerke (BHKW) bestehen in der Regel aus Verbrennungsmotor, stromerzeugendem Generator, Wärmetauschern zur Gewinnung von Heizwärme und Abgasanlagen. Bei den in den Anforderungen von § 42 Abs. 6 aufgeführten Verdichtern handelt es sich in der Regel um Teilanlagen von Wärmepumpen. 30

Konkretisiert werden die Anforderungen durch § 10 FeuVO NRW. § 10 Abs. 1 FeuVO NRW sieht für die Aufstellung von **Sorptionswärmepumpen** mit feuerbeheizten Austreibern, **Blockheizkraftwerken** in Gebäuden und **ortsfesten Verbrennungsmotoren** die Anwendung der Regelungen für die Verbrennungsluftversorgung von Feuerstätten gemäß § 3 Abs. 1 bis 5 FeuVO NRW sowie die allgemeinen Anforderungen an die Aufstellung von Feuerstätten und Gasleitungsanlagen gemäß § 4 Abs. 1 bis 7 FeuVO NRW vor. Darüber hinaus werden in § 10 Abs. 2 FeuVO NRW weitere Anforderungen an Anlagen gestellt, die einen dort definierten Schwellenwert für die Nennleistung überschreiten. Diese Räume sind auszulegen wie Aufstellräume für Feuerstätten nach § 5 FeuVO. § 10 Abs. 3 bis 5 FeuVO behandeln Regelungen für den Umgang mit Verbrennungsgasen. 31

8 Zu Abs. 7 – Einbindung des bevollmächtigten Bezirksschornsteinfegende

Nach § 42 Abs. 7 Satz 1 BauO NRW muss sich bei der Errichtung oder Änderung von Schornsteinen sowie beim Anschluss von Feuerstätten an Schornsteine oder Abgasleitungen die Bauherrin oder der Bauherr von der **bevollmächtigten Bezirksschornsteinfegermeisterin oder dem bevollmächtigten Bezirksschornsteinfegermeister (bBZSM)** nach entsprechender Prüfung bescheinigen lassen, dass sich die Abgasanlage in einem ordnungsgemäßen Zustand befindet und für die angeschlossenen Feuerstätten geeignet ist. 32

Die **Bescheinigung** des oder der bBZSM wird sowohl im Falle der Errichtung oder Änderung von Schornsteinen als auch beim Anschluss von Feuerstätten an Schornsteine oder Abgasleitungen erforderlich. Bei der Errichtung von Schornsteinen soll nach § 42 Abs. 7 Satz 2 vor der Erteilung der Bescheinigung auch der Rohbauzustand besichtigt worden sein. Die Errichtung oder Änderung von Schornsteinen ist damit auch dann bescheinigungspflichtig, wenn noch keine Feuerstätten angeschlossen werden. 33

§ 42 Feuerungsanlagen, sonstige Anlagen zur Wärmeerzeugung, Brennstoffversorgung

Die Anforderung dient der Gefahrenabwehr und soll insbesondere eine einwandfreie Ableitung der Abgase der Feuerstätte gewährleisten. Die Bescheinigungspflicht gilt auch für das Auswechseln einer Feuerstätte (OVG NRW, Beschl. v. 11.11.2003 – 9 A 2821/01, BauR 2004, 480 = BRS 66 Nr. 139). Es kommt dabei nicht darauf an, ob die jeweilige Maßnahme genehmigungspflichtig oder genehmigungsfrei ist. Änderungen, die nicht den Tatbestand eines Feuerstättenanschlusses erfüllen, wie z.B. das Auswechseln der Düse oder des Brenners, sind nicht bescheinigungspflichtig (vgl. VV BauO NRW 2000, 43.7).

34 § 42 Abs. 7 Satz 3 BauO NRW stellt klar, dass die Inbetriebnahme von **Verbrennungsmotoren und Blockheizkraftwerken** erst dann erfolgen darf, wenn die Tauglichkeit und die sichere Benutzbarkeit der Leitungen zur Abführung von Verbrennungsgasen durch die oder den bBZSM bescheinigt worden sind.

35 Eine Vorlage der bBZSM-Bescheinigung durch die Bauherrin oder den Bauherrn bei der **Bauaufsichtsbehörde** ist nur dann erforderlich, wenn die Bauaufsichtsbehörde die Vorlage ausdrücklich verlangt. In § 42 Abs. 7 Satz 4 wird die Mitteilungspflicht der oder des bBZSM gegenüber der Bauaufsichtsbehörde bei der Feststellung von Mängeln geregelt. Die VV BauO NRW 2000 regelte hierzu, dass die Mitteilung so zu erfolgen hat, dass die Bauaufsichtsbehörde ohne eigene Prüfung der Abgasanlage die zur Gefahrenabwehr erforderlichen Maßnahmen treffen kann. Dies schließt nicht aus, dass die oder der bBZSM vor der Meldung der Bauherrin oder dem Bauherrn angemessene Gelegenheit gibt, die Mängel abzustellen.

36 Bei den zu berücksichtigenden Angaben in der **bBZSM-Bescheinigung** nach § 42 Abs. 7 Satz 1 oder der Mängelmitteilung nach § 42 Abs. 7 Satz 4 kann eine Orientierung an den vom Ministerium für Heimat, Kommunales, Bau und Gleichstellung des Landes Nordrhein-Westfahlen als Anlagen 1a und 1b zur »Handlungsempfehlung auf der Grundalge der Dienstbesprechungen mit den Bauaufsichtsbehörden im Oktober/November 2018« veröffentlichten Mustern erfolgen. Bauherren und Hauseigentümer können die oder den bBZSM von sich aus mit der Wahrnehmung von Aufgaben beauftragen. Diese Möglichkeit besteht auch im Zusammenhang mit § 62 Abs. 1 Satz 2. Danach steht es dem Bauherrn frei, der Unteren Bauaufsichtsbehörde bei der Errichtung oder Änderung von Feuerungsanlagen anstelle einer Unternehmerbescheinigung eine Bescheinigung eines (neutralen) Sachverständigen vorzulegen. Soweit es sich um die Errichtung oder Änderung von Abgasanlagen oder von Feuerstätten einfacher Bauart (ohne Wärmetauscher) wie offene Kamine oder Kaminöfen handelt, kommen als Sachverständige im Sinne des § 62 Abs. 1 Satz 2 insbesondere auch die bBZSM in Betracht. Bei weitergehenden Bescheinigungen müssen von den bBZSM spezielle Sachkunde und Erfahrung für die bescheinigten Anlagen nachgewiesen sein. Eine Bescheinigung nach § 42 Abs. 7 steht der Ausstellung einer Sachverständigenbescheinigung nach § 62 Abs. 1 Satz 2 durch die oder den bBZSM – auch für dieselbe Anlage – nicht entgegen. (vgl. 43.7 VV BauO NRW 2000).

37 § 42 Abs. 7 Satz 5 nimmt schließlich Abgasanlagen, die gemeinsam mit der Feuerstätte in Verkehr gebracht werden und ein gemeinsames **CE-Zeichen** tragen dürfen, von der Anwendung von § 42 Abs. 7 Satz 1 und Satz 3 aus. Diese Regelung ist erforderlich, da

aufgrund des höherrangigen EU-Rechts national keine Prüfungen über die Eignung der Abgasanlage für angeschlossene Feuerstätten vorgeschrieben werden dürfen, wenn die Abgasanlagen gemeinsam mit einer Feuerstätte in Verkehr gebracht werden und ein gemeinsames CE-Zeichen tragen dürfen.

9 Zu Abs. 8 – Gasfeuerstätten in Räumen

§ 42 Abs. 8 regelt, dass **Gasfeuerstätten in Räumen** nur aufgestellt werden dürfen, wenn durch besondere Vorrichtungen an den Feuerstätten oder durch Lüftungsanlagen sichergestellt ist, dass gefährliche Ansammlungen von unverbranntem Gas in den Räumen nicht entstehen. Die Regelungen dienen der Umsetzung der Richtlinie 2009/142/EG des Europäischen Parlaments und des Rates vom 30.11.2009 über Gasverbrauchseinrichtungen. Konkretisiert werden die Anforderungen gemäß § 42 Abs. 8 durch die Vorgaben des § 4 FeuVO, der die Aufstellung von Feuerstätten und Gasleitungsanlagen regelt. Insbesondere ist hierbei § 4 Abs. 3 zu berücksichtigen, wonach Feuerstätten für gasförmige Brennstoffe ohne Flammenüberwachung nur in Räumen aufgestellt werden dürfen, wenn durch mechanische Lüftungsanlagen während des Betriebes der Feuerstätten stündlich mindestens ein fünffacher Luftwechsel sichergestellt ist. Für Gas-Haushalts-Kochgeräte genügt ein Außenluftvolumenstrom von 100 m³/h.

38

§ 43 Sanitäre Anlagen, Wasserzähler

(1) Jede Wohnung muss ein Bad mit Badewanne oder Dusche haben. Jede Wohnung und jede Nutzungseinheit mit Aufenthaltsräumen muss mindestens eine Toilette haben. Toilettenräume für Wohnungen müssen innerhalb der Wohnung liegen. Fensterlose Bäder und Toiletten sind nur zulässig, wenn eine wirksame Lüftung gewährleistet ist.

(2) Jede Wohnung muss einen eigenen Wasserzähler haben. Dies gilt nicht bei Nutzungsänderungen, wenn die Anforderung nach Satz 1 nur mit unverhältnismäßigem Mehraufwand erfüllt werden kann.

Übersicht	Rdn.
0 Änderungen gegenüber der BauO NRW 2000	01
1 Allgemeines	1
1.1 Funktion der Norm	1
1.2 Begriff der sanitären Anlagen	2
1.3 Wasserversorgung	4
1.4 Beseitigung von Abwasser	8
1.5 Betriebssicherheit von Wasserversorgungsanlagen	9
1.6 Gefahren und Belästigungen durch Wasserversorgungsanlagen	10
2 Zu Abs. 1 – Grundausstattung von Wohnungen mit einem Bad bzw. von Nutzungseinheiten mit einer Toilette	11
3 Zu Abs. 2 – Ausstattung von Wohnungen mit Wasserzähler	20

§ 43 Sanitäre Anlagen, Wasserzähler

0 Änderungen gegenüber der BauO NRW 2000

01 Die Vorschrift wurde an die MBO angepasst und konzentriert die materiellen Vorgaben für sanitäre Anlagen und Wasserzähler als Teil der technischen Ausstattung von Gebäuden. Der allgemeine Bezug zu Wasserversorgungsanlagen ist entfallen, die Forderung nach einer ausreichenden Löschwasserversorgung findet sich nun nur noch in § 4 Abs. 1 BauO NRW, § 14 BauO NRW und § 84 Abs. 8 BauO NRW.

1 Allgemeines

1.1 Funktion der Norm

1 § 43 BauO NRW beinhaltet nur Mindeststandards und soll gesunde Wohn- und Arbeitsverhältnisse sicherstellen.

1.2 Begriff der sanitären Anlagen

2 Sanitäre Anlagen sind Bäder und Toiletten sowie Anlagen, die der Wasserversorgung (Trink- und Nutzwasser, z.B. Löschwasser) und der Abwasserentsorgung (Schmutz- und Niederschlagswasser) dienen. Unter Sanitärtechnik versteht man einen Teilbereich der Haustechnik, der sich mit den technischen Installationen der Wasserversorgung und Abwasserentsorgung einschließlich der entsprechenden Einrichtungsgegenstände beschäftigt. Die Landesbauordnung beinhaltet nur allgemeine materielle Anforderungen an sanitären Anlagen. Auf öffentliche (!) Versorgungsleitungen ist die Landesbauordnung nicht anwendbar (§ 1 Abs. 2 BauO NRW). Die eigentlichen haustechnischen Anlagen sind regelmäßig genehmigungsfrei (§ 62 Abs. 1 Nr. 2 BauO NRW) bzw. werden von der Baugenehmigung mit erfasst.

3 Das Erfordernis sanitärer Anlagen setzt wiederum eine ausreichende Wasserversorgung und eine einwandfreie Entsorgung des Abwassers voraus.

1.3 Wasserversorgung

4 Rechtliche Grundlagen für Anlagen der Wasserversorgung- und Abwasserentsorgung finden sich vor allem im Wasserrecht (Bundesrecht: Wasserhaushaltsgesetz – WHG – und Landeswassergesetz – LWG). Es handelt sich um notwendige Anlagen der (bauplanungs- und bauordnungsrechtlichen) Erschließung.

5 Die Wasserversorgung und Abwasserentsorgung sind gemeindliche Aufgaben (§ 123 BauGB). Hierzu wird regelmäßig eine kommunale Satzung erlassen (§ 124 BauGB, siehe auch ergänzend die §§ 7, 8 und 9 GO NRW – GO NRW). Im Einzelfall besteht die Möglichkeit der Übertragung dieser Aufgabe auf einen Dritten (§ 11 BauGB, z.B. Versorgungsträger). Die planungsrechtliche Zulässigkeit von Vorhaben im Plan- (§ 30 BauGB), Innen- (§ 34 BauGB) und Außenbereich (§ 35 BauGB) ist nur dann gegeben, wenn die Erschließung gesichert ist. Auch das Bauordnungsrecht verlangt spätestens vor Inbenutzungsnahme von Gebäuden, dass die erforderlichen Anlagen zur Versorgung mit Trink- und Löschwasser vorhanden und benutzbar sind (§ 84 Abs. 8 BauO NRW). Dies gilt auch für die erforderlichen Abwasseranlagen.

Wasserversorgungsanlagen sind so anzuordnen, herzustellen und instand zu halten, 6
dass sie betriebssicher sind und Gefahren oder unzumutbare Belästigungen (z.B.
Wasseraustritt oder Verunreinigungen) nicht entstehen können. Davon kann dann
ausgegangen werden, wenn die entsprechenden Regeln der Technik beachtet worden
sind. Jede Wohnung bzw. sonstige Nutzungseinheit muss einen eigenen Wasserzähler
haben (vgl. z.B. § 43 Abs. 2 BauO NRW). Dies gilt auch für nicht in sich abgeschlossene Wohnungen. Hierbei geht es um die Schaffung der Voraussetzungen für einen
sparsamen Umgang mit Wasser.

Trinkwasser ist das Wasser im ursprünglichen Zustand oder nach Aufbereitung zur 7
Verwendung zum Trinken, zum Kochen, zur Körperpflege, zum Abwaschen usw. Nähere Vorgaben finden sich in der Trinkwasserverordnung – TrinkwV. Die Trinkwasserversorgung muss dauerhaft gesichert sein. Betriebs- und Brauchwasser muss mittels
getrennter Leitungssysteme zur Verfügung gestellt werden. Für besondere bauliche
Anlagen gibt es ergänzende Vorschriften, z.B. für Krankenhäuser. Dies gilt auch für
das Vorhalten von Löschwasser (vgl. hierzu die Fachempfehlung für Löschversorgung
aus Hydranten in öffentlichen Verkehrsflächen, Information der Arbeitsgemeinschaft
der Leiter der Berufsfeuerwehren und des Deutschen Feuerwehrverbandes in Abstimmung mit dem DVGW Deutscher Verein des Gas- und Wasserfaches e.V. aus Oktober
2018 und die Arbeitsblätter 331, 400 und 405 des DVGW).

1.4 Beseitigung von Abwasser

Abwasser ist vor allem Schmutzwasser. Auch Niederschlagswasser gehört zum Ab- 8
wasser. Zur Abwasserentsorgung wird auf die vorherigen grundsätzlichen Ausführungen verwiesen. Regelmäßig findet die Abwasserbeseitigung über öffentliche
Systeme (Sammelkanalisation) statt. Das Abwasser wird gesammelt, fortgeleitet und
behandelt, um in den natürlichen Wasserkreislauf zurückgeführt zu werden. Private
Abwasser- (Kleinkläranlagen, Abwassergruben) sollen – genauso wie private Wasserversorgungsanlagen (Brunnen) – die Ausnahme sein (z.B. im planungsrechtlichen
Außenbereich). Besondere Vorschriften zu Abwasseranlagen finden sich nicht mehr
in der Landesbauordnung, sondern im Wasserrecht. Auch sie müssen betriebssicher
sein und von ihnen dürfen keine Gefahren und unzumutbaren Belästigungen ausgehen (§ 60 WHG). Kleinkläranlagen und Abwassergruben müssen wasserdicht und
ausreichend groß sein. Abwasserleitungen müssen geschlossen, dicht (!) und zum
Reinigen eingerichtet sein.

1.5 Betriebssicherheit von Wasserversorgungsanlagen

Das konkrete Verlangen nach Betriebssicherheit der Wasserversorgungsanlagen ist 9
entfallen. Von einer Betriebssicherheit kann aber ausgegangen werden, wenn die in
Rede stehenden Anlagen nach den Regeln der Technik errichtet worden sind. Bereits
§ 3 Abs. 2 BauO NRW verlangt die Beachtung der allgemein anerkannten Regeln der
Technik. Insoweit schien offensichtlich ein nochmaliger Bezug auf das Erfordernis der
Betriebssicherheit entbehrlich.

§ 43 Sanitäre Anlagen, Wasserzähler

1.6 Gefahren und Belästigungen durch Wasserversorgungsanlagen

10 Die Vorschrift nimmt auch nicht mehr ausdrücklich Bezug auf etwaige Gefahren und Belästigungen durch Wasserversorgungsanlagen. Insoweit fehlt es an einer speziellen materiellen Norm. Damit verbleibt lediglich die allgemeine Generalklausel als Auffangtatbestand (§ 3 BauO NRW). Gefahren können z.B. durch Wasseraustritt oder Verunreinigungen des Trinkwassers entstehen (vgl. hierzu: DIN EN 806 »Technische Regeln für Trinkwasserinstallationen«). Aus Schallübertragungen durch Wasserversorgungs- und Abwasseranlagen können Belästigungen resultieren.

2 Zu Abs. 1 – Grundausstattung von Wohnungen mit einem Bad bzw. von Nutzungseinheiten mit einer Toilette

11 Gem. § 43 Abs. 1 BauO NRW muss jede Wohnung ein **Bad mit Badewanne oder Dusche** haben. Die Vorschrift gibt damit die Mindestausstattung der Wohnung vor und dient der Wohnhygiene.

12 Ein Bad ist ein (nicht verzichtbarer) Nebenraum zur Wohnung. Es handelt sich um einen Raum, der der Körperpflege dient. Die Forderung gilt unabhängig von der Größe der Wohnung, es handelt sich um eine Grundanforderung. Bestimmungen über die Größe des Bades beinhaltet die Landesbauordnung nicht.

13 Eine zwingende Trennung zwischen Bad und Toilette gibt es nicht. Voraussetzung ist aber stets eine ausreichende Wasserversorgung. Dies bedingt zwangsläufig auch eine einwandfreie Entsorgung der Abwässer. Hiermit ist regelmäßig der Anschluss an die öffentliche Kanalisation gemeint. Diese Ausstattung fordert schon der bauordnungsrechtliche Erschließungsbegriff. Ausnahmsweise sind auch Kleinkläranlagen gestattet.

14 Gem. § 43 Abs. 1 BauO NRW muss jede Wohnung und jede Nutzungseinheit mit Aufenthaltsräumen mindestens eine **Toilette** haben. Die Toilette muss mit einer Wasserspülung versehen sein, wenn sie an eine dafür geeignete Sammelkanalisation oder an eine Kleinkläranlage angeschlossen werden kann. Die Vorschrift schließt aber Trockentoiletten grundsätzlich nicht aus. In Bädern von Wohnungen dürfen allerdings ausschließlich nur Toiletten mit Wasserspülung angeordnet werden.

15 Toilettenräume für Wohnungen müssen **innerhalb** der Wohnung liegen. Bei fensterlosen Bädern und Toilettenräumen bedarf es einer wirksamen Lüftung. Hierbei ist die bauaufsichtliche Richtlinie über die Lüftung fensterloser Küchen, Bäder und Toilettenräume in Wohnungen (in der Fassung von 04/2009) zu beachten.

16 Sonstige Nutzungseinheiten müssen auch Toiletten aufweisen. Bezugspunkt ist die Nutzungseinheit (= eigenständiges Büro bzw. eigenständige Praxis). Toiletten sonstiger Nutzungseinheiten dürfen auch getrennt angelegt werden, d.h., sie müssen nicht innerhalb der Einheit gelegen sein.

17 Für Sonderbauten finden sich hierzu regelmäßig Vorgaben in den Sonderbauvorschriften. Nach dem Wegfall der Gaststättenbauverordnung NRW (GastBauVO) im Jahre 2002 entfielen auch die Vorgaben für **Kleinstgaststätten**, was mit Blick

auf die Toilettenpflicht in der bauaufsichtlichen Praxis zu Schwierigkeiten führte und führt (vgl. hierzu das Merkblatt zur Toilettenpflicht von Gaststätten der IHK Köln aus Mai 2016 sowie OVG NRW, Urt. v. 24.01.2012 – 7 A 1977/10, BRS 79, Nr. 135). Damit folgt die Vorgabe für die Anzahl baurechtlich erforderlicher Toiletten für Gaststätten aus § 12 der Sonderbauverordnung (SBauVO). Dies gilt aber erst für Gaststätten mit mehr als 200 Gastplätzen. Für kleinere Gaststätten gibt es keine spezielle Regelung. Denkbar wären aber konkrete Anforderungen an die Anordnung und die Anzahl notwendiger Toiletten (z.B. getrennt nach Toiletten für Frauen und Männer) auf der Grundlage des § 50 Abs. 1 BauO NRW (vgl. hierzu: VG Köln, Urt. v. 21.07.2010 – 23 K 7861/08). Auf alle Fälle müssen die Toilettenräume – ob nun von der Genehmigungsbehörde konkret gefordert oder nicht – gem. § 49 Abs. 2 BauO NRW behindertengerecht ausgebildet werden (vgl. hierzu OVG Sachsen, Beschl. v. 11.09.2012 – 1 A 131/12).

Zu **Toiletten auf Campingplätzen** wird auf § 8 der Camping- und Wochenendplatzverordnung (CW VO) verwiesen. 18

Ergänzend sind **arbeitsschutzrechtliche Bestimmungen** zu beachten. Auch in Arbeitsstätten müssen sanitäre Anlagen bestimmte Voraussetzungen erfüllen. Näheres hierzu findet sich in § 6 Abs. 2 der Arbeitsstättenverordnung (ArbStättV) und dem **technischen Regelwerk** »ASR A4.1 (Sanitärräume). Die Anforderungen des baulichen Arbeitsschutzes werden allerdings von der Bauaufsichtsbehörde im einfachen Baugenehmigungsverfahren (§ 64 Abs. 1 S. 2 BauO NRW) und auch bei großen Sonderbauten nicht geprüft (§ 65 S. 2 BauO NRW). 19

3 Zu Abs. 2 – Ausstattung von Wohnungen mit Wasserzähler

Gem. § 43 Abs. 2 BauO NRW muss jede Wohnung und jede sonstige Nutzungseinheit einen **eigenen** Wasserzähler haben. Sonstige Nutzungseinheiten können Büros, Läden, Praxen usw. sein. Diese Anforderung entfällt bei Nutzungsänderungen, wenn der Einbau separater Wasserzähler nur mit unverhältnismäßigem Aufwand erfüllt werden kann, z.B. bei baulichen Veränderungen, die den üblichen Aufwand für den Einbau von Wasserzählern übersteigen. 20

Eigene Wasserzähler müssen auch für nicht abgeschlossene Wohnungen eingebaut werden. Der Wasserzähler muss allerdings nicht in der Wohnung oder der Nutzungseinheit montiert werden, sondern z.B. im Keller. Die Norm verlangt nur die baulichen Voraussetzungen für eine verbrauchsabhängige Messung. 21

Das Gros der Trinkwassermenge wird von privaten Haushalten (und Kleingewerbe) verbraucht, nicht von der Industrie. Um den Umweltschutz und in diesem Zusammenhang dem Ressourcenschutz Rechnung zu tragen, verlangt die Landesbauordnung den Einbau von Wasserzählern in Wohnungen (und in sonstige Nutzungseinheiten). Die Verpflichtung gilt regelmäßig nur für Neubauten, insoweit wird der Bestandsschutz vorhandener baulicher Anlagen berücksichtigt. Die bauordnungsrechtlichen Vorschriften werden durch wasserrechtliche Normen ergänzt. 22

23 In Wasserversorgungsanlagen gibt es Wasserzähler und Durchflussmesser. Zähler werden zum Zählen oder Festhalten von in Pumpwerken geförderten oder an die Verbraucher gelieferten Wassermengen verwendet. Die Zähleranzeige bildet somit die Grundlage für die Berechnung der Wasserlieferung. Die Differenz zwischen einer vorherigen und einer neuen Ablesung des Zählers stellt den Verbrauch dar, der mit dem Preis der Mengeneinheit vervielfacht wird, um den Rechnungsbetrag für den Wasserkunden zu ermitteln. In Wasserwerken sind Zähler für einen ordnungsgemäßen technisch-wirtschaftlichen Betrieb notwendig. Zähler bei den Kunden sorgen für eine gerechte Verteilung der Kosten und beugen einer Wasservergeudung vor. Wurde ein Wasserzähler ausgebaut, liegt keine betriebsfertige Herstellung eines Wasseranschlusses vor. Dann kann auch nicht die Grundgebühr für die Trinkwasserversorgung verlangt werden (VG Gera, Urt. v. 14.06.2012 – 2 K 1726/10 Ge).

24 Wasserversorgungsanlagen sind grundsätzlich genehmigungsfrei (§ 62 Abs. 1 Nr. 2 BauO NRW), allerdings muss der Bauherr eine entsprechende Fachunternehmerbescheinigung vorhalten (§ 62 Abs. 1 letzter Satz BauO NRW). Hier muss auch der Einbau des Wasserzählers dokumentiert sein.

§ 44 Aufbewahrung fester Abfallstoffe

(1) Feste Abfallstoffe dürfen innerhalb von Gebäuden vorübergehend aufbewahrt werden, in Gebäuden der Gebäudeklassen 3 bis 5 jedoch nur, wenn die dafür bestimmten Räume
1. Trennwände und Decken als raumabschließende Bauteile mit der Feuerwiderstandsfähigkeit der tragenden Wände haben,
2. Öffnungen vom Gebäudeinnern zum Aufstellraum mit feuerhemmenden, dicht und selbstschließenden Abschlüssen haben,
3. unmittelbar vom Freien entleert werden können und
4. eine ständig wirksame Lüftung haben.

(2) Vorhandene Abfallschächte dürfen nicht betrieben werden. Der Betrieb von Abfallschächten, die zum Zeitpunkt des Inkrafttretens dieser Vorschrift betrieben werden, kann widerruflich unter der Voraussetzung genehmigt werden, dass der Betreiber den sicheren und störungsfreien Betrieb und eine wirksame Abfalltrennung ständig überwacht und dies dokumentiert. Den Bauaufsichtsbehörden sind diese Aufzeichnungen auf Verlangen vorzulegen.

Übersicht	Rdn.
0 Änderungen gegenüber der BauO NRW 2000	01
1 Allgemeines	1
1.1 Funktion der Norm	1
1.2 Begriff Abfall	2
1.3 Abfallrecht	4
1.4 Ausweisung von Flächen für die Abfallentsorgung im Planbereich	5
1.5 Wertstoffsammelbehältern im öffentlichen Bereich	6
1.6 Zuständigkeit bei rechtswidriger Abfalllagerung	7

| 2 | Zu Abs. 1 – Aufbewahrung fester Abfallstoffe in Gebäuden .... | 10 |
| 3 | Zu Abs. 2 – Verbot von Abfallschächten und die Voraussetzungen für eine ausnahmsweise Genehmigung .... | 11 |

0 Änderungen gegenüber der BauO NRW 2000

Die Vorschrift folgt der MBO und beinhaltet eine neue Regelung für die vorübergehende Aufbewahrung von festen Abfallstoffen innerhalb von Gebäuden. Es bleibt bei dem Verbot von Abfallschächten in neuen Gebäuden, allerdings ist für vorhandene Abfallschächte eine Genehmigung unter bestimmten Voraussetzungen möglich.   01

1 Allgemeines

1.1 Funktion der Norm

Bis spätestens zum 31.12.2003 waren Abfallschächte in Gebäuden außer Betrieb zu nehmen. Das Verbot von Abfallschächten resultierte aus Gründen der Gefahrenabwehr, insbesondere sollte ein Übergreifen des Feuers im Brandfalle auf untere oder obere Etagen verhindert werden. Solche Einrichtungen waren in den sechziger und siebziger Jahren vor allem in größeren Wohngebäuden durchaus üblich. In diesen wurde über zentrale oder in den Wohnungen vorhandene Schächte Müll entsorgt und zentral gesammelt. Diese Methode entspricht aber im Zeichen der Mülltrennung und dessen Verwertung nicht mehr den zeitgemäßen Anforderungen. Die Norm dient somit insbesondere dem Brandschutz, aber auch der Hygiene und der Ökologie.   1

1.2 Begriff Abfall

Der Begriff »Abfall« ist im § 3 Abs. 1 Kreislaufwirtschaftsgesetz (KrWG) definiert. Demnach kann jede bewegliche Sache Abfall werden. Für bestimmte Sachen gilt aber das KrW-/AbfG nicht, z.B. für Atommülle oder Abwasser (zum Begriff des Abfalls im abfallrechtlichen Sinn vgl. BVerwG, Beschl. v. 19.12.1989 – 7 B 157/89, NuR 1990, 408 ff. = UPR 1990, 192, hier: längeres Liegenlassen von Bauschutt. Siehe auch: VGH Hessen, Beschl. v. 11.04.1991 – 4 TH 3549/90, DÖV 1992, 272 ff. = UPR 1991, 457 ff., hier: Altreifenlagerplatz).   2

Bauabfälle sind Abfälle, die bei der Ausführung von Baumaßnahmen anfallen. Dabei ist der vorgenannte Abfallbegriff zugrunde zu legen. Auch sie müssen in der Regel dem öffentlich-rechtlich zur Beseitigung Verpflichteten überlassen werden (VGH Bayern, E. v. 03.02.1998 – 20 ZB 98.196 und VGH Bayern, Urt. v. 23.04.2001 – 20 B 99.1020, DVBl 2001, 1296 ff.). Das OLG Düsseldorf, Beschl. v. 18.06.1993 – 4 Ws 367/92 – juris hat sich zum Abfallbegriff bei Altölen geäußert. Demnach erfasst das Merkmal »Abfälle« neben den Stoffen, derer sich der Besitzer entledigen will, weil er sie nicht weiter zu verwenden beabsichtigt (»gewillkürter Abfall«), solche Stoffe, deren geordnete Entsorgung zur Wahrung des Gemeinwohls, insbesondere zum Schutze der Umwelt, geboten ist (»Zwangsabfall«). Altöl rechnet unter bestimmten Voraussetzungen zur letzteren Kategorie.   3

1.3 Abfallrecht

4 Das **Abfallrecht** ist ein **eigenständiges Rechtsgebiet und dem Umweltrecht zugehörig**. Berührungspunkte dieser Aufgabe der öffentlichen Daseinsvorsorge zum eigentlichen Baurecht gibt es nur wenige und nur diese sollen hier angesprochen werden. Vorschriften zur Vermeidung, Verwertung und Beseitigung von Abfällen finden sich im vorgenannten KrWG sowie auf Landesebene z.B. im Abfallgesetz für das Land NRW (Landesabfallgesetz – LAbfG NW). Die Gemeinden regeln Details für Hausabfälle (z. B. **Anschluss- und Benutzungszwang**, Abfallbehälter, Gebühren, Abholzeiten usw.) auf kommunalrechtlicher Grundlage regelmäßig mit einer Satzung (= Ortsrecht). Im Übrigen wird für die Beseitigung fester Abfälle auf die zahlreichen bundesrechtlichen Vorschriften verwiesen, z.B. die Altölverordnung, die Gülleverordnung, die Klärschlammverordnung, die Entsorgungsfachbetriebeverordnung, die Verpackungsverordnung usw.

1.4 Ausweisung von Flächen für die Abfallentsorgung im Planbereich

5 § 9 Abs. 1 Nr. 14 BauGB eröffnet die Möglichkeit, in einem **Bebauungsplan Flächen für die Abfallentsorgung, Abwasserbeseitigung und Ablagerungen** auszuweisen. Bereits im **Flächennutzungsplan** können diese Flächen dargestellt werden (§ 5 Abs. 2 Nr. 4 BauGB). Die öffentliche Hand muss nicht Träger dieser Einrichtungen sein, d.h., es kommt nicht auf die Rechtsform der Ver- und Entsorgungsanlage an. Eine **Abfallentsorgungsanlage (= Anlage zum Behandeln und Lagern von Abfall) ist eine genehmigungsbedürftige Anlage** (§ 4 BImSchG). Diese Genehmigung schließt die Baugenehmigung mit ein (**Konzentrationswirkung**). Für **Deponien** (= Abfallbeseitigungsanlagen für die unbefristete Ablagerung von Abfällen) ist die Deponieverordnung (DepV) zu beachten. Im planungsrechtlichen **Außenbereich** ist eine Abfallsortier- und -Recyclinganlage nicht nach § 35 Abs. 1 Nr. 4 BauGB privilegiert (VG Halle, Urt. v. 22.11.2012 – 4 A 80/11).

1.5 Wertstoffsammelbehälter im öffentlichen Bereich

6 Plätze mit **Wertstoffsammelbehältern im öffentlichen Bereich**, z. B. an Straßen oder auf Plätzen, unterfallen nicht dem Anwendungsbereich der Landesbauordnung (§ 1 Abs. 2 BauO NRW). Für deren Aufstellung bedarf es aber gem. Straßen- und Wegerecht regelmäßig einer **Sondernutzungserlaubnis** (zu einer – zumutbaren – **Müllsammelstelle** an der Nachbargrenze vgl. VG Neustadt, Urt. v. 09.12.2015 – 3 K 470/15.NW).

1.6 Zuständigkeit bei rechtswidriger Abfalllagerung

7 Die Bauaufsichtsbehörde ist nicht zuständig für Abfallentsorgungsanlagen (OVG NRW, Urt. v. 13.02.1987 – 10 A 29/87, BRS 47, Nr. 193). Fraglich ist aber, ob die Bauaufsichtsbehörde entsprechende Eingriffsmaßnahmen veranlassen darf, die durch die Lagerung von Abfall entstehen. Hier greift nach Landesrecht grundsätzlich die Zuständigkeit der Abfallwirtschaftsbehörden Die Bauaufsichtsbehörde kann aber unbeschadet hiervon eine entsprechende Beseitigungsverfügung zur Bekämpfung eines baurechtswidrigen Zustandes erlassen (vgl. hierzu: OVG NRW, Beschl. v. 31.10.1994 – 10 A 4084/92, BRS 56, Nr. 198 = BauR 1995, S. 372).

Werden z.B. im Gartenbereich auf einem Wohngrundstück Materialien (Fahrzeug- und Maschinenteile, sonstiges Schrott- und Altmaterial) in einem Maße gelagert, welches die üblichen Wohngewohnheiten bei weitem übersteigt und einer gewerblichen Nutzung nahe kommt, liegt abfallrechtlich eine – genehmigungsbedürftige – Abfallentsorgungsanlage vor. Auf Grund der fehlenden abfallrechtlichen Genehmigung hat die zuständige Abfallwirtschaftsbehörde die Möglichkeit, dieser illegalen Nutzung auf der Grundlage des § 35 LAbfG repressiv zu begegnen. Gleichzeitig handelt es sich bei der vorgenannten Lagerfläche um einen Lagerplatz, der in einem Wohngebiet (und im Außenbereich) unabhängig von seiner Größe immer genehmigungsbedürftig ist. 8

Die an sich erforderliche abfallrechtliche Genehmigung schließt die Baugenehmigung ein (**Konzentrationswirkung**). Insoweit könnte man sich auf den Standpunkt stellen, dass aus diesem Grunde die Eingriffsbefugnis allein bei der Abfallwirtschaftsbehörde liegt. Zumindest entsteht ein Kompetenzkonflikt. Eine solche Doppelzuständigkeit darf aber nicht dazu führen, dass eine effektive Gefahrenabwehr behindert wird. Durch die unkontrollierte Lagerung vor allem von Fahrzeugteilen besteht die Gefahr der Grundwasserverunreinigung. Gleichzeitig geht es auch um Stadtbildpflege und die Wahrung des Gebietscharakters. Haben mehrere Behörden die Möglichkeit des Eingreifens, können Rechtsverstöße zuverlässig verhindert werden. Die Bauaufsichtsbehörde darf deshalb auf der Grundlage von § 58 Abs. 2 BauO NRW i. V. m. § 82 BauO NRW ein **Nutzungsverbot einschließlich Räumungsverlangen** erlassen. Hinsichtlich der Entsorgung des Abfalls ist es in der Praxis die Abstimmung mit der Abfallwirtschaftsbehörde empfehlenswert. Eine Zuständigkeit der Bauaufsichtsbehörde besteht aber natürlich nicht, wenn die entsprechende Anlage gar nicht der Landesbauordnung unterfällt (VGH B-W, E. v. 04.05.1994 – 8 S 2850/93, zu den kollidierenden Zuständigkeiten zwischen Abfall- und Bauaufsichtsbehörde vgl. auch: OVG Saarland, Urt. v. 10.02.1989 – 2 R 193/86, BRS 49, Nr. 154, hier: Containerlagerplatz im planungsrechtlichen Außenbereich). Laut dem OVG Rh-Pf, Beschl. v. 06.05.1993 – 7 B 10796/93 (NVwZ 1994, 511 ff.), ist aber die Zuständigkeit der Bauaufsichtsbehörde für baurechtlich störende Stoffe gegeben. Die Abfallbehörde kann dann ergänzende ordnungsrechtliche Maßnahmen treffen. Auch nach dem OVG NRW, Beschl. v. 31.10.1994 – 10 A 4084/92 (BRS 56, Nr. 198 = BauR 1995, 372), kann die Bauaufsichtsbehörde die **Beseitigung von gelagertem Gerümpel** verlangen. Die Kompetenzen der für Abfall zuständigen Behörde bleiben hiervon unberührt. Der VGH Hessen, Beschl. v. 02.08.1995 – 4 UE 632/95 (BRS 57, Nr. 254) bejaht **nur vorläufige bauaufsichtliche Maßnahmen** (hier: Lagerung von Altmaterial und Unrat auf Wohngrundstück). 9

2 Zu Abs. 1 – Aufbewahrung fester Abfallstoffe in Gebäuden

Zum bauplanungs- und bauordnungsrechtlichen **Erschließungsbegriff** gehört nicht eine **geordnete Abfallbeseitigung**, in der Landesbauordnung fehlen entsprechende konkrete Forderungen. Deshalb gehört die Abfallbeseitigung **nicht zum Prüfprogramm im Baugenehmigungsverfahren**. Vor dem Inkrafttreten der BauO NRW 2000 wurden allerdings für die vorübergehende Aufbewahrung fester Abfälle dichte **Abfallbehälter** gefordert. Für diese galten bestimmte materielle Anforderungen. § 44 Abs. 1 10

§ 45 Blitzschutzanlagen

BauO NRW erlaubt unter bestimmten – vor allem **brandschutztechnischen** – **Voraussetzungen** die **vorübergehende** (!) **Aufbewahrung fester Abfallstoffe innerhalb von Gebäuden, aber nur innerhalb von Gebäuden der Gebäudeklassen 3 bis 5**. Voraussetzung ist u. a. auch eine **wirksame Lüftung**. Von Abfallbehältern spricht die Vorschrift nicht mehr, da die Aufbewahrung zumeist in (gelben) Säcken erfolgt.

3 Zu Abs. 2 – Verbot von Abfallschächten und die Voraussetzungen für eine ausnahmsweise Genehmigung

11   Die Norm erlaubt nach wie vor keine **Abfallschächte** in Gebäuden. Ehemals bestand für bestehende Abfallschächte eine Übergangslösung, bis spätestens zum **31.12.2003** waren sie außer Betrieb zu nehmen. Insbesondere Fragen des Brandschutzes spiel(t)en eine besondere Rolle bei Abfallschächten. Da diese das horizontale System der Brandabschnitte durchbrachen, mussten sie aus Bauteilen der Feuerwiderstandsklasse F 90 bestehen. Ferner mussten ihre Bekleidungen, Dämmstoffe usw. aus nichtbrennbaren Baustoffen hergestellt sein. Abfallschächte mussten in einem ausreichend großen Sammelraum münden. Mit Blick auf den Schutz der Nutzer bzw. Dritter galten bestimmte Anforderungen, vor allem durften Schall- und Staubbelästigungen nicht entstehen. Es bedurfte einer wirksamen Lüftung. Ferner durften die Einfüllöffnungen nicht in Aufenthaltsräumen gelegen sein, aus Brandschutzgründen auch nicht im Treppenraum, ferner nicht in notwendigen Fluren usw. Nach dem Verbot der Neuerrichtung und dem Gebot der Stilllegung auch vorhandener Abfallschächte sind diese materiellen Vorgaben überholt.

12   Für zurzeit noch betriebene bzw. vorhandene Abfallschächte bietet aber der Gesetzgeber eine widerrufliche Genehmigung an. Allerdings muss der Betreiber **den sicheren und störungsfreien Betrieb und eine wirksame Abfalltrennung ständig überwachen und dies auch dokumentieren**. Diese Aufzeichnungen sind auf Verlangen der Behörde vorzulegen. Die Vorschrift ist wohl so zu verstehen, dass für die vorgenannten Fälle auf der Grundlage der novellierten Landesbauordnung eine **Baugenehmigung für den Weiterbetrieb dieser Abfallschächte** zu beantragen ist. In diesem Verfahren sind die Voraussetzungen des Abs. 2 nachzuweisen. Die Genehmigung kann nur widerruflich erfolgen. Es handelt sich um eine Ermessensentscheidung.

13   Für ungenehmigte vorhandene Abfallschächte besteht die Möglichkeit des bauaufsichtlichen Einschreitens. So kann die Bauaufsichtsbehörde die **Außerbetriebnahme und Schließung von Abfallschächten** verlangen (vgl. OVG NRW, Urt. v. 09.03.2014 – 7 A 1844/12, BRS 82, Nr. 150 = BauR 2014, 1272, siehe hierzu auch die bestätigende Entscheidung des BVerwG, Beschl. v. 07.10.2014 – 4 B 22.14, BRS 82, Nr. 151).

§ 45 Blitzschutzanlagen

Bauliche Anlagen, bei denen nach Lage, Bauart oder Nutzung Blitzschlag leicht eintreten oder zu schweren Folgen führen kann, sind mit dauernd wirksamen Blitzschutzanlagen zu versehen.

Übersicht

		Rdn.
0	Änderungen gegenüber der BauO NRW 2000	01
1	Allgemeines	1
1.1	Funktion der Norm	1
1.2	Begriff	2
1.3	Verfahrensfragen	3
2	Voraussetzungen	4
3	Materielle Anforderungen	11

0 Änderungen gegenüber der BauO NRW 2000

Die Vorschrift wurde wie in der MBO (§ 46) als eigenständige Norm ausgestaltet, vorher war die Forderung in § 17 Abs. 4 BauO NRW 2000 zu finden. Inhaltlich wurden keine Änderungen vorgenommen.   01

1 Allgemeines

1.1 Funktion der Norm

§ 45 BauO NRW fordert für bauliche Anlagen, bei denen nach Lage, Bauart oder Nutzung Blitzschlag eintreten und zu schweren Folgen führen kann, die **Montage dauernd wirksamer Blitzschutzanlagen**. Es sollen Personen- und Sachschäden durch Brandentstehung nach Blitzeinschlag verhindert werden. Insoweit dient die Vorschrift der **Gefahrenabwehr** (§ 3 BauO NRW) und konkretisiert die Anforderungen des § 14 BauO NRW i. S. eines vorbeugenden Brandschutzes.   1

1.2 Begriff

Eine Blitzschutzanlage ist **Teil der technischen Gebäudeausrüstung**. Sie soll negativen Auswirkungen eines Blitzeinschlages entgegen wirken, in dem sie den direkten Blitzeinschlag abfängt, sicher zur Erde ableitet und den Blitzstrom so verteilt, dass keine gefährlichen Spannungen entstehen. Differenziert wird zwischen dem äußeren und dem inneren Blitzschutz. Der äußere Blitzschutz soll vor Blitzeinschlägen direkt in die bauliche Anlage bewahren, z.B. durch Fangeinrichtungen. Der innere Blitzschutz meint den Schutz vor Überspannung, z.B. durch die direkte Einwirkung des Blitzstromes auf elektrische Anlagen und Endgeräte.   2

1.3 Verfahrensfragen

Laut § 62 Abs. 1 Nr. 5 f) BauO NRW sind Blitzschutzanlagen nicht genehmigungsbedürftig. Dies gilt ohne Höhenbegrenzung.   3

2 Voraussetzungen

Die Vorschrift verlangt die Installation von Blitzschutzanlagen unter zwei alternativen Voraussetzungen, zum einen aufgrund der Lage, Bauart oder Nutzung einer baulichen Anlage, zum anderen aufgrund der schweren Folgen bei einem Blitzschlag.   4

§ 45 Blitzschutzanlagen

Im Übrigen ist die Ausrüstung einer baulichen Anlage mit einem Blitzschutz eine freiwillige Angelegenheit.

5 **Die Lage einer baulichen Anlage** kann eine entsprechende Ausrüstung erforderlich werden lassen, z.b. der Standort landwirtschaftlicher Hofstellen in der freien Landschaft.

6 Unter **Bauart** sind z.b. solche baulichen Anlagen zu fassen, die auf Grund ihrer Höhenentwicklung exponiert sind, z.B. Hochhäuser, Masten, Schornsteine oder Türme. Aber auch die besondere Bauweise (z.b. mit weicher Bedachung) kann die Montage von Blitzschutzanlagen notwendig machen.

7 Gründe für eine entsprechende Schutzeinrichtung können ferner in der **Nutzung einer baulichen Anlage** liegen, z.B. durch die Lagerung explosiver Stoffe. Sind bauliche Anlagen für große Veranstaltungen und entsprechend viele Nutzer vorgesehen, ist ebenso eine besondere Gefährdungslage gegeben. Hierzu gehören z. B. **Kindergärten**. Laut dem VGH Bayern, Beschl. v. 04.07.1984 – Nr. 2 B A.24 (BRS 42, Nr. 126), ist eine Blitzschutzanlage für Kindergärten zwingend, da sich dort tagsüber eine größere Anzahl noch nicht schulpflichtiger Kinder und damit im besonderen Maße schutzbedürftige Personen aufhalten.

8 Schwere Schäden drohen aber auch bei Gebäuden unter Denkmalschutz oder bei Archiv- und Museumseinrichtungen.

9 Im Einzelfall ist es denkbar, dass die nachträgliche Montage einer Blitzschutzanlage auch Gegenstand eines bauaufsichtlichen Anpassungsverlangens sein kann (§ 59 BauO NRW).

10 Die Verpflichtung zur Montage einer Blitzschutzanlage folgt auch aus verschiedenen Sonderbauvorschriften (zur Forderung nach dem Einbau einer Blitzschutzanlage in einem Sonderbau – hier: **Altenpflegeheim** – vgl. OVG NRW, Beschl. v. 31.08.2012 – 10 A 1841/11). Laut Ziffer 7 der Schulbaurichtlinie (SchulBauR) müssen z. B. Schulen Blitzschutzanlagen haben. Bei den übrigen Bauten bedarf es einer Gefahrenanalyse (vgl. für ein Hotel: OVG Niedersachsen, Beschl. v. 08.03.2010 – 1 ME 218/09 (BRS 76, Nr. 130). Hierbei wird versucht, das vorhandene **Risiko eines Blitzschadens** zu ermitteln, die Notwendigkeit für Anlagen zum Blitz- und Überspannungsschutz abzuschätzen und entsprechende Schutzmaßnahmen auszuwählen. Es kann sich dabei zum einen um **Maßnahmen zur Verringerung der Schadenswahrscheinlichkeit**, zum anderen um **Schutzmaßnahmen zur Begrenzung der Höhe des Verlustes** handeln. **Das Risiko-Management** folgt der DIN EN 62305-2 (VDE 0185-305-2).

3 Materielle Anforderungen

11 Ergänzend zu § 45 BauO NRW findet sich in verschiedenen **Sonderbauvorschriften** die Forderung nach einem ausreichenden Blitzschutz, und zwar in § 14 SBauVO (Versammlungsstätten), § 78 SBauVO (Verkaufsstätten) und § 109 SBauVO (Hochhäuser). Nähere **materielle Anforderungen für Blitzschutzanlagen** folgen aus technischen Regeln. Bis Ende 2002 galten für den Blitzschutz baulicher Anlagen die

DIN 57185 – 1 (VDE 0185-1) »Blitzschutzanlage – Allgemeines für das Errichten« und die DIN 57185 – 2 (VDE 0185-2) »Blitzschutzanlage – Errichten besonderer Anlagen«. Diese technisch überholten und unvollständigen Regelwerke wurden zunächst durch eine neue Vornormenreihe ersetzt: DIN V VDE V 185 (VDE V 0185) »Blitzschutz«. Diese bestand aus 5 Teilen und beruhte auf (internationalen) IEC-Normentwürfen. 2006 wurden die vier Teile der neuen Blitzschutz-Norm veröffentlicht (IEC 62305 bzw. EN 62305) und in Deutschland als **DIN EN 62305-1-4 mit der VDE-Klassifikation VDE 0185-305- 1 – 4** übernommen. Dieses Regelwerk gilt nunmehr für die Planung, Erweiterung und Änderung von Blitzschutzanlagen und umfasst im 1. Teil allgemeine Grundsätze, im 2. Teil Vorgaben zum Risiko-Management, im 3. Teil Angaben zum Schutz von baulichen Anlagen und Personen und im 4. Teil Parameter für elektrische und elektronische Systeme in baulichen Anlagen.

Siebenter Abschnitt Nutzungsbedingte Anforderungen

§ 46 Aufenthaltsräume

(1) Aufenthaltsräume müssen eine lichte Raumhöhe von mindestens 2,40 m haben. Für Aufenthaltsräume in Wohngebäuden der Gebäudeklassen 1 und 2 kann eine lichte Höhe von mindestens 2,30 m gestattet werden. Für Aufenthaltsräume im Dachraum und im Kellergeschoss, im Übrigen für einzelne Aufenthaltsräume und Teile von Aufenthaltsräumen genügt eine lichte Höhe von mindestens 2,20 m. Aufenthaltsräume unter einer Dachschräge müssen eine lichte Höhe von 2,20 m über mindestens der Hälfte ihrer Grundfläche haben. Raumteile mit einer lichten Höhe bis zu 1,50 m bleiben außer Betracht.

(2) Aufenthaltsräume müssen ausreichend belüftet und mit Tageslicht belichtet werden können. Sie müssen Fenster mit einem Rohbaumaß der Fensteröffnungen von mindestens ein Achtel der Netto-Grundfläche des Raumes einschließlich der Netto-Grundfläche verglaster Vorbauten und Loggien haben.

(3) Aufenthaltsräume, deren Nutzung eine Belichtung mit Tageslicht verbietet, sowie Verkaufsräume, Schank- und Speisegaststätten, ärztliche Behandlungs-, Sport-, Spiel-, Werk- und ähnliche Räume sind ohne Fenster zulässig.

Handlungsempfehlung des Ministeriums für Heimat, Kommunales, Bau und Gleichstellung des Landes NRW aus Januar 2019

zu Absatz 3

Nach § 48 Absatz 5 Satz 2 BauO NRW 2000 waren unter bestimmten Voraussetzungen (z.B. bei Verbindung mit einer in der Wohnung liegenden Treppe) einzelne Aufenthaltsräume, die dem Wohnen dienen, im Kellergeschoss zulässig.

Aufenthaltsräume sind unter den Voraussetzungen des § 46 BauO NRW 2018 zulässig, sowie als Abweichung genehmigungsfähig, zum Beispiel wenn sie zu einer Wohnung gehören und eine innere Verbindung besteht. Der Gesetzgeber hat ausdrücklich im

§ 46 Aufenthaltsräume

Zusammenhang mit der Neuformulierung des § 46 Absatz 3 BauO NRW 2018 auf die bisher in § 48 Absatz **4 und 5 BauO NRW 2000** enthaltenen Ausnahmeregelungen Bezug genommen.

Übersicht Rdn.
0 Änderungen gegenüber der BauO NRW 2000 01
1 Allgemeines.. 1
1.1 Funktion der Norm...................................... 1
1.2 Begriff des Aufenthaltsraumes 2
1.3 Eignungskriterien für Aufenthaltsräume 8
1.4 Wechselbezug mit dem Bauplanungsrecht 9
1.5 Andere rechtliche Bezüge................................ 10
2 Zu Abs. 1 – Erforderliche Raumhöhe von Aufenthaltsräumen als Eignungskriterium 11
3 Zu Abs. 2 – ausreichenden Belüftung und Belichtung von Aufenthaltsräumen ... 17
4 Zu Abs. 3 – Zulässige Räume ohne Fenster............................. 22

0 Änderungen gegenüber der BauO NRW 2000

01 Die Vorschrift wurde an die MBO (§ 47) angepasst und entsprechend reduziert. Das Verlangen nach einer für die Benutzung ausreichenden **Grundfläche** ist entfallen. Die Anforderungen an die **Mindestraumhöhe** wurde für Gebäude der Gebäudeklassen 1 und 2 gemindert. Die Vorgaben für eine ausreichende **Belichtung** und **Belüftung** wurden zwar als Grundforderung für alle Aufenthaltsräume beibehalten, aber vereinfacht. Auf zusätzliche besondere Regeln für **Aufenthaltsräume im Kellergeschoss** ist verzichtet worden.

1 Allgemeines

1.1 Funktion der Norm

1 Das Bauordnungsrecht dient nicht nur der Gefahrenabwehr (vgl. § 3 Abs. 1 BauO NRW und § 58 Abs. 1 BauO NRW), sondern gewährleistet durch die Vorgabe von Mindeststandards auch **gesunde Wohn- und Arbeitsverhältnisse**. Die Vorgabe konkreter Ausstattungsmerkmale und Eignungskriterien für Aufenthaltsräume (und Wohnungen) in den §§ 43, 46 und 47 BauO NRW verfolgt insoweit **Wohlfahrtsaufgaben**. Die Norm ist aber **nicht drittschützend**, auch nicht innerhalb einer Wohnungseigentümergemeinschaft nach dem Gesetz über das Wohnungseigentum und das Dauerwohnrecht (Wohnungseigentumsgesetz).

1.2 Begriff des Aufenthaltsraumes

2 Das Bauordnungsrecht differenziert zwischen **Aufenthaltsräumen** und anderen Räumen – z.B. **Nebenräumen** –, um durch besondere materielle Anforderungen eine sichere = gefahrenfreie und gesunde Nutzung zu gewährleisten. Hierbei geht es neben der grundsätzlichen Forderung nach einem ausreichenden **Wärme- und Schallschutz** (§ 15 BauO NRW) sowie **Brandschutz** (§ 14 BauO NRW) vor allem um

die Forderung nach einer ausreichenden **Belichtung** (= Besonnung), **Raumhöhe und Belüftung.**

Die Vorschrift benutzt den **Begriff des Aufenthaltsraumes,** setzt ihn also voraus. Dessen Legaldefinition findet sich in § 2 Abs. 7 BauO NRW, insoweit wird auf die dortigen Ausführungen verwiesen. An dieser Stelle sollen deshalb die nachfolgenden Anmerkungen genügen: 3

Aufenthaltsräume sind Räume, die zum **nicht nur vorübergehenden Aufenthalt von Menschen bestimmt oder geeignet** sind. Danach muss es sich um Räume handeln, in denen sich Menschen regelmäßig mehrere Stunden täglich aufhalten. Ein solche Zweckbestimmung ist sogar schon dann gegeben, wenn eine Räumlichkeit objektiv für einen nicht ganz kurzen Aufenthalt geeignet ist, selbst dann, wenn diese nur tagsüber oder nur im Sommer genutzt werden soll (VGH Bayern, Urt. v. 05.07.1982 – Nr. 72 XV 77, BRS 39, Nr. 147 und VG Frankfurt, Urt. v. 13.11.2012 – 7 K 1132/09). Nicht erforderlich ist, dass der Raum zu einem längeren Aufenthalt, etwa zum Bewohnen, geeignet ist (zur Bewertung eines Gartenhauses vgl. OVG NRW, Urt. v. 20.04.1998 – 7 A 1195/96). Ein als Gewächshaus genehmigter Raum umfasst keinen schutzwürdigen Aufenthaltsraum (VGH Hessen, Beschl. v. 30.09.2004 – 3 UZ 1788/03, BRS 67, Nr. 134). Dies gilt auch für einen Kinderspielturm (VG Neustadt, Urt. v. 17.04.2008 – 4 K 25/08.NW). 4

Als Aufenthaltsräume werden regelmäßig Wohn- und Schlafräume, Küchen, Wohndielen, Büroräume, Räume einer Gaststätte, Verkaufsräume, Werkstätten (OVG Niedersachsen, Urt. v. 09.01.87 – 6 A 6/85, BRS 47, Nr. 47), Unterrichts-, Sport-, Spiel-, Bastel- und Werkräume (VGH B-W, Urt. v. 19.08.1984 – 3 S 1586/84) sowie Hotel- und Gastzimmer und Schul- und Unterrichtsräume angesehen. Dies gilt auch für Krankenzimmer und Behandlungsräume sowie Wartezimmer einer **Arztpraxis.** Im Einzelfall können auch Galerien mit einer Nutzfläche von 12 bzw. 18 qm bereits als eigenständige Aufenthaltsräume zu werten sein (VGH B-W, Urt. v. 12.05.1982 – 3 S 1689/81, BRS 39, Nr. 145). Die Vorgaben zum Brandschutz sind dann zwingend zu beachten. Auch die zum Betrieb einer **Sauna** gehörenden Räume sind Aufenthaltsräume (VGH B-W, Urt. v. 01.10.1985 – 8 S 1658/85). 5

Für ein **Wochenendhaus** gilt kein anderer Begriff des Aufenthaltsraumes (VGH B-W, E. v. 16.12.1969 – 69 II 512/59). Ein eingerichteter **Wohnwagen** enthält stets einen Aufenthaltsraum (VGH B-W, Urt. v. 20.11.1970 – VIII 745/67, BRS 23, Nr. 69, und VGH Hessen, Beschl. v. 08.02.1985 – 3 OE 26/83, BRS 44, Nr. 135). Dies gilt auch für einen **Imbissstand** (OVG Saarland, Urt. v. 15.11.1985 – 2 R 135/84, BRS 44, Nr. 137). 6

Keine Aufenthaltsräume sind Flure, Futter-, Heiz-, Kessel-, Maschinen- und Treppenräume sowie Trocken-, Vorrats-, Wasch-, Abstell- und Lagerräume, ebenso wenig ein Hauswirtschaftsraum = Bügelraum (VGH B-W, Urt. v. 19.03.1986 – S 234/86) sowie eine Garage. »Die objektive Eignung eines Nebenraums ist dadurch gekennzeichnet, dass er sich außerhalb des (engeren) Wohnbereichs einer Wohnung befindet und nach seiner Ausstattung qualitativ unterhalb der Räume im Wohnbereich einer Wohnung liegt« (VGH B-W, Urt. v. 15.09.1999 – 3 S 1437/99 – juris). 7

1.3 Eignungskriterien für Aufenthaltsräume

8 Die Vorschrift beinhaltet grundsätzliche Eignungskriterien für Aufenthaltsräume. Verfügt ein Raum über die **objektive Eignung als Aufenthaltsraum**, ist eine etwaig anderweitige subjektive Bezeichnung (z.B. als Nebenraum, Hobbyraum usw.) nicht relevant (VGH B-W, Urt. v. 15.09.1999 – 3 S 1437/99). Der Vorschrift fehlt aber eine konkrete Vorgabe einer für die Benutzung zu Aufenthaltszwecken ausreichenden **Grundfläche**. In der Praxis wird häufig Bezug genommen auf die schon 1983 (Teil 2) bzw. 1989 (Teil 1) zurückgezogene DIN 283, Blatt 1 – Wohnungen, Begriffe –, die eine Mindestfläche von 6 qm verlangt (anders: FG B-W, Urt. v. 10.02.1998 – 7 K 41/96, vgl. hierzu auch: OVG Niedersachsen, Urt. v. 11.05.1978 – VI A 7/78, hier Ausführungen zum Minimum an Luftraum für den Schlaf einer Person). Für andere Aufenthaltsräume als Wohnräume können Anforderungen aus anderen Vorschriften resultieren. So verlangt § 14 Abs. 1 der Heimmindestbauverordnung (HeimMindBauV) für **Wohnplätze** für eine Person mindestens einen Wohnschlafraum mit einer Wohnfläche von 12 m². Wohnplätze für zwei Personen müssen einen solchen mit einer Wohnfläche von 18 m² umfassen. Das Wohnungsaufsichtsgesetz (WAG NRW) beinhaltet nicht nur Anforderungen für die Ausstattung von Wohnräumen (§ 4) sondern auch **Mindestwohnflächen** je Bewohner (9 qm) zur Verhinderung einer Überbelegung (§ 9).

1.4 Wechselbezug mit dem Bauplanungsrecht

9 Aufenthaltsräume sind auch im **Bauplanungsrecht** von Bedeutung. Eine eigenständige Definition des Begriffes findet sich hier aber nicht. Soll ein Vorhaben auf der Grundlage eines älteren Bebauungsplanes realisiert werden, ist der ehemals maßgebliche Begriffsinhalt zu Grunde zu legen. Nimmt nämlich ein Bebauungsplan auf bauordnungsrechtliche Begriffe Bezug (z.B. Aufenthaltsraum, Vollgeschoss), handelt es sich um statische Verweisungen. Die Existenz von Aufenthaltsräumen hat z.B. Einfluss bei der Ermittlung des Maßes der baulichen Nutzung (§ 20 BauNVO, zum Begriff des Geschosses im Dachraum, über dem keine Aufenthaltsräume mehr zulässig sein dürfen vgl. OVG NRW, Urt. v. 16.03.2012 – 2 A 2540/10, BRS 79, Nr. 133 = BauR 2012, 1930).

1.5 Andere rechtliche Bezüge

10 Neben dem Bauordnungsrecht beinhalten aber auch andere rechtliche Vorschriften Anforderungen an Aufenthaltsräume, z.B. in der Arbeitsstättenverordnung – ArbStättV Vorgaben für Pausen- und Bereitschaftsräume oder für Unterkünfte (OVG Niedersachsen, Urt. v. 09.01.1987 – 6 A 6/85, BRS 47, Nr. 47, hier Werkstatt). Die **Anforderungen des baulichen Arbeitsschutzes** werden allerdings von der Bauaufsichtsbehörde im einfachen Baugenehmigungsverfahren (§ 64 Abs. 1 S. 2 BauO NRW) und auch bei großen Sonderbauten nicht geprüft (§ 65 S. 2 BauO NRW).

2 Zu Abs. 1 – Erforderliche Raumhöhe von Aufenthaltsräumen als Eignungskriterium

11 Neben der subjektiven Zweckbestimmung als wesentliches Element der Begriffsbestimmung ist ein weiteres wichtiges Kriterium die objektive Eignung, d.h. ein Raum

muss für Aufenthaltszwecke geeignet sein (zur Abgrenzung zu einem Nebenraum: VGH B-W, Urt. v. 15.09.1999 – 3 S 1437/99). Für die Beurteilung der Eignung kommt es vor allem auf die Lage, die Größe und sonstige Beschaffenheit des Raumes vor dem Hintergrund der jeweiligen Zweckbestimmung an. Hierzu gibt die Vorschrift einige Parameter vor.

Aufenthaltsräume müssen eine **lichte Höhe** von **mindestens 2,40 m** aufweisen. In Gebäuden der Gebäudeklassen 1 und 2 (§ 2 Abs. 3 BauO NRW) kann eine lichte Höhe von mindestens 2,30 m gestattet werden. Für Aufenthaltsräume im **Dachraum** und im **Kellergeschoss** (zum Begriff vgl. § 2 Abs. 5 BauO NRW) ist eine weitere Reduzierung auf eine lichte Höhe von mindestens 2,20 m erlaubt. Dies gilt auch für einzelne Aufenthaltsräume oder Teile hiervon. Diese Reduzierung erscheint aber zumindest in den Fällen fraglich, wo einzelne Aufenthaltsräume nicht Teil einer anderen Nutzungseinheit sind bzw. jeweils eine Einraumwohnung darstellen. Das Fachministerium hat sich in seiner Handlungsempfehlung auch zur Zulässigkeit einzelner Aufenthaltsräume im Kellergeschoss geäußert (s.w.o.). 12

Zum Dachraum gehört auch der Spitzboden (zu Aufenthaltsräumen im Dachraum vgl. auch: OVG Niedersachsen, Urt. v. 16.12.1976 – I A 24/67, BRS 30, Nr. 88; BVerwG, Beschl. v. 30.12.1977 – IV B 132.77, BRS 32, Nr. 104; OVG NRW, Urt. v. 20.11.1979 – X A 995/79, BRS 35, Nr. 107 = BauR 1980, 343; VGH BW, Urt. v. 12.05.1982 – 3 S 1689/81, BRS 39, Nr. 145 und OVG NRW, Urt. v. 16.03.2012 – 2 A 2540/10). 13

Aufenthaltsräume im Dachgeschoss müssen auf alle Fälle zugänglich sein und über eine ausreichende Höhe und Belichtung verfügen (OVG Nordrhein-Westfalen, E. v. 06.08.2009 – 7 B 771/09). Bei Aufenthaltsräumen unter einer Dachschräge muss die o. g. lichte Höhe über mindestens der Hälfte ihrer Grundfläche eingehalten werden, Raumteile mit einer lichten Höhe von nur 1,50 m bleiben dabei unberücksichtigt. Zusätzlich sind in diesem Zusammenhang insbesondere die Fragen des 2. Rettungsweges (§ 33 Abs. 2 BauO NRW), die Abtrennung zum unausgebauten Dachboden (§ 29 Abs. 2 Nr. 4 BauO NRW), die Ausbildung der Decken (§ 31 BauO NRW), sowie die Frage des 1. Rettungsweges = notwendige Treppe (§ 35 Abs. 1, 2 BauO NRW) und die Ausbildung von Dachfenstern als Rettungswege (§ 37 Abs. 5 BauO NRW) zu beachten. 14

Das OVG Niedersachsen, Beschl. v. 16.03.1988 – 12 B 136/87 (NVwZ-RR 1989-15-16), lässt im Übrigen geringere materielle Anforderungen an Obdachlosenunterkünfte zu (z.B. zur lichten Höhe). 15

Die Landesbauordnung definiert den Begriff: **lichte Höhe** nicht, sondern setzt diesen voraus. Es handelt sich um eine Begrifflichkeit aus der Baukunst. Als lichte Höhe wird der (im Licht stehende) Raum zwischen Oberkante des Fußbodens und Unterkante der Decke verstanden. Bei Balkendecken wird die lichte Höhe gemessen ab der Oberkante des Fußbodens bis zur Unterkante der Balken (der Decke). Die lichte Höhe ist **nicht** identisch mit der Geschosshöhe. Hierbei wird nämlich gemessen ab Oberkante Fußboden bis Oberkante Fußboden der darüber liegenden Decke. 16

3 Zu Abs. 2 – Ausreichende Belüftung und Belichtung von Aufenthaltsräumen

17 Aufenthaltsräume müssen ausreichend belüftet werden können. Grundsätzlich setzt dies zu öffnende Fenster voraus. Dies wäre zumindest bei **Rettungsfenstern** i.S.d. § 37 Abs. 4 BauO NRW sowieso zwingend. In der Begründung zur Novelle wird darauf hingewiesen, dass »die Grundanforderung nach ausreichender Belüftung ... für alle Aufenthaltsräume (gilt); wie sie erfüllt wird, ist eine Frage des konkreten Einzelfalls, so dass auf die bisherigen detaillierten Regelungen (§ 48 Abs. 4 BauO 2000) verzichtet werden kann«. Dies erlaubt dann auch eine **mechanische Lüftung**. Auch für Wohnungen (§ 47 BauO NRW) gibt es nicht mehr die konkrete Forderung nach einer möglichen Durchlüftung (§ 48 Abs. 3 BauO 2000). **In der Praxis ist in diesem Zusammenhang auf die einschlägigen technischen Regeln zurück zu greifen.** Die Anforderungen an die Planung, die Ausführung und Inbetriebnahme, den Betrieb und die Instandhaltung der notwendigen Lüftungs-Komponenten von Wohngebäuden legt die **DIN 1946-6** fest. Die DIN 18017-3 beschäftigt sich mit Entlüftung von innenliegenden Räumen und gilt für die Entlüftung mit Ventilatoren zur Lüftung von Bädern und Toilettenräumen in Wohnungen.

18 Die Vorschrift verlangt für Aufenthaltsräume eine ausreichende Belichtung mit Tageslicht (!). Auf die explizite Forderung nach **unmittelbar ins Freie führenden Fenstern** wurde verzichtet, allerdings muss die Einwirkung von **Sonnenlicht** gewährleistet sein. Die Eignung von **Glasbausteinen** wurde in diesem Zusammenhang verneint (VGH B-W, Urt. v. 28.03.1979 – III 1455/77, BRS 35, Nr. 106). Fenster sollen grundsätzlich auch eine visuelle (soziale) Partizipation gewährleisten (OVG NRW, Urt. v. 30.06.1983 – 11 A 2491/82, BRS 40, Nr. 110). Oberlichte – z.B. Lichtkuppeln, Lichtbänder – an Stelle von Fenstern waren deshalb nur zulässig, wenn wegen der besonderen Nutzung des jeweiligen Aufenthaltsraumes keine Bedenken bestanden (Hörsäle, Sitzungssäle). Ansonsten kamen sie als alleinige Belichtung mit Tageslicht wegen des fehlenden Sichtkontaktes nicht in Betracht. Diese Anforderung ist nicht mehr unmittelbar aus der Vorschrift abzuleiten.

19 Die Ausstattung von Aufenthaltsräumen wird nun dem Einzelfall überlassen, es bleibt allerdings bei der Vorgabe eines bestimmten Verhältnisses zwischen dem Rohbaumaß der Fenster und der Grundfläche des jeweiligen Aufenthaltsraumes. Verglaste Vorbauten und Loggien vor diesen notwendigen Fenstern sind bei der Ermittlung der relevanten Grundfläche zu berücksichtigen. Wird diese zwingende Vorgabe eingehalten, ist von einer ausreichenden Belichtung auszugehen. Nur ausnahmsweise sind weitergehende Anforderungen im Einzelfall denkbar. Laut dem VGH Hessen 09.03.1973 – IV OE 4/71 (siehe auch: VGH Hessen, Urt. v. 11.10.1974 – IV TG 59/74; VGH Hessen, Urt. v. 30.10.1974 – IV OG 24/74) reicht für einen Aufenthaltsraum eine tägliche Besonnungszeit von 1–2 Stunden aus. Werden die Fenster eines Aufenthaltsraumes z.B. durch einen Baum so verschattet, dass an Besonnungszeit weniger als zwei Stunden verbleiben, muss der Baumschutz (durch Satzung) zurücktreten (VGH Hessen, Urt. v. 10.12.1993 – 3 UE 1772/93, BRS 55, Nr. 215). Die Zahl der Fenster ist nicht vorgegeben. Die Vorschrift ist auch bei baulichen Veränderungen zu beachten. Werden z.B. durch Baulückenschluss im unbeplanten Innenbereich (§ 34 BauGB) Fenster des benachbarten grenzständigen Gebäudes verschlossen und wird damit eine natürliche

Belichtung ohne Kompensationsmöglichkeit verhindert, ist die Bebauung rücksichtslos (OVG NRW, Urt. v. 17.01.2008 – 10 A 2795/05, BRS 73, Nr. 172).

Besondere Vorgaben zu notwendigen Abgrabungen für **Aufenthaltsräume im Kellergeschoss** sind entfallen (zu Aufenthaltsräumen im Kellergeschoss vgl. auch: VGH Bayern, Urt. v. 19.02.1975 – Nr. 194 II 71, BRS 29, Nr. 87; VGH Bayern, Urt. v. 20.05.1981 – Nr. 19 XIV 78, BRS 38, Nr. 116; OVG NRW, Urt. v. 30.06.1983 – 11 A 2491/82, BRS 40, Nr. 110). Das Gelände vor notwendigen Fenstern von Aufenthaltsräumen im Kellergeschoss musste ehemals ausreichend abgegraben werden. Eine ausreichende Belichtung von Aufenthaltsräumen im Kellergeschoss wurde dann als gewährleistet angesehen, wenn das Gelände auf dem in der Norm genannten Niveau vor notwendigen Fenstern in einer Tiefe von 0,5 m eben ist und die daran anschließende Böschung einen Lichteinfallswinkel von 33 Grad ermöglicht (vgl. hierzu: OVG Rh-Pf, Urt. v. 03.07.1997 – 1 A 11917/96; OVG NRW, Beschl. v. 05.02.1998 – 10 A 3019/94, BRS 60, Nr. 136 und OVG Bln, Beschl. v. 14.11.2003 – 2 B 6.02, hier: Gästezimmer eines Hotels). 20

Mit der Forderung einer ausreichenden Belichtung korrespondiert bei Wohnungen das Verbot der Nordlage aller Wohn- und Schlafräume (§ 47 Abs. 2 BauO NRW). Widerspricht ein Vorhaben dieser Anforderung, ist es nicht genehmigungsfähig. Wohnhygienische Missstände müssen dann nicht im konkreten Einzelfall von der Bauaufsichtsbehörde nachgewiesen werden (OVG Saarland, Urt. v. 02.02.1990 – 2 R 109/87, BRS 50, Nr. 116). 21

4 Zu Abs. 3 – Zulässige Räume ohne Fenster

Aufenthaltsräume ohne Fenster sind nur ausnahmsweise zulässig. Die Vorschrift gibt entsprechende Beispiele vor. Die Aufzählung ist nicht abschließend. Einer förmlichen Abweichung gem. § 69 BauO NRW bedarf es nicht. Auch fensterlose Bäder und Toiletten sind im Übrigen nur zulässig, wenn die Lüftung gewährleistet ist (§ 43 Abs. 2 BauO NRW). Nach Ziffer 3.4 des Anhangs zur **Verordnung über Arbeitsstätten** (Arbeitsstättenverordnung – ArbStättV) darf der Arbeitgeber als Arbeitsräume nur solche Räume betreiben, die möglichst ausreichend Tageslicht erhalten und die eine Sichtverbindung nach außen haben. Zu diesem Grundsatz gelten aber Ausnahmen, z.B. für Räume, bei denen betriebs-, produktions- oder bautechnische Gründe Tageslicht oder einer Sichtverbindung nach außen entgegenstehen. 22

§ 47 Wohnungen

(1) Jede Wohnung muss eine Küche oder Kochnische haben.

(2) Eine reine Nordlage aller Wohn- und Schlafräume ist unzulässig.

(3) In Wohnungen müssen Schlafräume und Kinderzimmer sowie Flure, über die Rettungswege von Aufenthaltsräumen führen, jeweils mindestens einen Rauchwarnmelder haben. Dieser muss so eingebaut oder angebracht und betrieben werden, dass Brandrauch frühzeitig erkannt und gemeldet wird. Die Betriebsbereitschaft der Rauchwarnmelder hat die unmittelbare besitzhabende Person sicherzustellen, es sei denn, die Eigentümerin oder der Eigentümer übernimmt diese Verpflichtung selbst.

(4) In Gebäuden der Gebäudeklassen 3 bis 5 mit Wohnungen sind leicht und barrierefrei erreichbare Abstellflächen für Kinderwagen und Mobilitätshilfen sowie für jede Wohnung ein ausreichend großer Abstellraum herzustellen.

(5) Gebäude mit Nutzungseinheiten zum Zwecke der Pflege oder Betreuung von Personen mit Pflegebedürftigkeit oder Behinderung, deren Selbstrettungsfähigkeit eingeschränkt ist, gelten nicht als Wohnungen, sondern als Sonderbauten nach § 50 Absatz 2, wenn die Nutzungseinheiten
1. einzeln für mehr als sechs Personen oder
2. für Personen mit Intensivpflegebedarf bestimmt sind oder
3. einen gemeinsamen Rettungsweg haben und für insgesamt mehr als zwölf Personen

bestimmt sind.

Handlungsempfehlung des Ministeriums für Heimat, Kommunales, Bau und Gleichstellung des Landes NRW aus Januar 2019

zu Absatz 4

§ 47 Absatz 4 BauO NRW 2018 schreibt nicht vor, dass die Abstellflächen innerhalb einer Wohnung liegen müssen. Sie können aber innerhalb einer Wohnung liegen. Die Abstellflächen müssen im Grundriss erkennbar sein. Eine Mindestgröße ist nicht mehr festgelegt. Außerdem fordert das Gesetz nicht mehr wie bisher »Abstellräume«, sondern »Abstellflächen«.

Abstellflächen für Kinderwagen und Mobilitätshilfen müssen in Gebäuden der Gebäudeklassen 3 bis 5 mit Wohnungen jedoch leicht und barrierefrei erreichbar sein.

Übersicht		Rdn.
0	Änderungen gegenüber der BauO NRW 2000	01
1	Allgemeines	1
1.1	Funktion der Norm	1
1.2	Begriff der Wohnung	2
1.3	Begriff des Wohnens	4
	1.3.1 Planungsrechtlicher Begriff des Wohnens	4
	1.3.2 Wohnähnliche Nutzungen	5
	1.3.3 Abgrenzung zu anderen Nutzungen	6
	1.3.4 Bedeutung für das Bauordnungsrecht	11
1.4	Mindestgröße einer Wohnung	12
1.5	Abgeschlossenheit von Wohnungen	13
	1.5.1 Baulichen Abgeschlossenheit	13
	1.5.2 Abgeschlossenheitsbescheinigung	14
1.6.	Sonstige Anforderungen an Wohnungen (Wärme-, Schallschutz usw.)	16
2	Zu Abs. 1 – Grundausstattung von Wohnungen	18
3	Zu Abs. 2 – Verbot reiner Nordlage	20
4	Zu Abs. 3 – Vorbeugender Brandschutz durch Rauchmelder	21
5	Zu Abs. 4 – Barrierefreie Abstellflächen und -räume	23
6	Zu Abs. 5 – Einordnung von Nutzungseinheiten zum Zwecke der Pflege und Betreuung von Personen	25

0 Änderungen gegenüber der BauO NRW 2000

Die Vorschrift enthält nur noch Mindeststandards. Die Anforderung der baulichen Abgeschlossenheit von Wohnungen ist entfallen. Einige materielle Vorgaben, z.B. zur Barrierefreiheit und zur Belüftung, finden sich in anderen Vorschriften.

01

1 Allgemeines

1.1 Funktion der Norm

Die §§ 46, 47 BauO NRW enthalten materielle – insbesondere wohnungshygienische und soziale – Anforderungen für Aufenthaltsräume und Wohnungen. Die Forderungen für Wohnungen gehen über die Anforderungen für Aufenthaltsräume hinaus bzw. ergänzen diese. Die Norm ist **nicht drittschützend**.

1

1.2 Begriff der Wohnung

Die Landesbauordnung benutzt die Begriffe **Wohnung** und **Wohngebäude**, bietet aber keine Definitionen an. Eine Definition findet sich aber in der ehemaligen DIN 283 1. Teil. Diese diente der Berechnung von Wohnflächen. Demnach ist »eine Wohnung ... die Summe der Räume, welche die Führung eines Haushaltes ermöglichen, darunter stets eine Küche oder ein Raum mit Kochgelegenheit. Zu einer Wohnung gehören außerdem Wasserversorgung, Ausguss und Abort«. Die Eigenschaft als Wohnung geht nicht dadurch verloren, dass einzelne Räume vorübergehend oder dauernd zu beruflichen oder gewerblichen Zwecken genutzt werden (VGH B-W, Beschl. v. 19.03.1991 – 5 S 582/91, BRS 52, Nr. 205 = BauR 1991, 591ff. = NVwZ 1991, 1004). Eine Wohnung besteht in der Regel aus mehreren Räumen, es gibt aber auch Einraumwohnungen, d.h., dort existiert nur ein Aufenthaltsraum.

2

Der Rückgriff auf das (zurückgezogene) vorgenannte technische Regelwerk erklärt aber noch nicht die baurechtlich relevanten Eigenschaften des Wohnens an sich. Hierzu ist hilfsweise auf den planungsrechtlichen Begriff des Wohnens zurückzugreifen. Dies ist laut dem VGH Bayern, Urt. v. 05.02.2015 – 2 BV 14.1202 (BRS 83, Nr. 109 = BauR 2015, 1134) auch zulässig. Einen bundeseinheitlichen Wohnungsbegriff gibt es aber nicht (BVerwG, Beschl. v. 08.01.2001 – 4 B 62/00, BRS 64, Nr. 64 = BauR 2001, 1698 ff., zum steuerrechtlichen Wohnungsbegriff – Kleinwohnung in einem Studentenwohnheim – vgl. BFH, Urt. v. 04.12.2014 – II R 20/14 (BFHE 248, 193, BStBl II 2015, 610).

3

1.3 Begriff des Wohnens

1.3.1 Planungsrechtlicher Begriff des Wohnens

Zum planungsrechtlichen Verständnis der Wohnnutzung gehört eine **auf Dauer angelegte Häuslichkeit, eine Eigengestaltung der Haushaltsführung und des häuslichen Wirkungskreises und die Freiwilligkeit des Aufenthalts** (BVerwG, Beschl. v. 25.03.1996 – 4 B 302.95, BRS 58, Nr. 56 BauR 1996, 676 = DÖV 1996, S. 746 und OVG Niedersachsen, Urt. v. 18.09.2014 – 1 KN 123/12, BRS 82,

4

Nr. 21= BauR 2015, 452). Eine Wohnnutzung liegt aber auch dann vor, wenn sich die Nutzer typischerweise (nur) **über mehrere Monate** in der jeweiligen Nutzungseinheit aufhalten (BVerwG, Urt. v. 29.04.1992 – 4 C 43/89, BRS 54, Nr. 53 = BauR 1992, S. 140, VG Würzburg, Urt. v. 19.05.2006 – W 5 K 05.711, OVG Bln-Bbg, Beschl. v. 06.07.2006 – 2 S 2.06, BRS 70, Nr. 67 = BauR 2006, S. 1711). Auch eine Zweitwohnung ist eine Wohnung i. S. d. Bauplanungsrechts (OVG Niedersachsen, Beschl. v. 12.12.2013 – 1 LA 123/13).

1.3.2 Wohnähnliche Nutzungen

5 Eine **studentische Wohngemeinschaft** von 11 Personen ist in einem reinen Wohngebiet (§ 3 BauNVO) mit vorwiegend Einfamilienhäusern zulässig (OVG Rh-Pf, Beschl. v. 08.12.2016 – 8 A 10680/16 und VGH Hessen, Beschl. v. 03.03.2016 – 4 B 403/16, BauR 2016, 1117). Bei der zeitweisen Unterbringung von Arbeitnehmern in Wohnungen ist allerdings eine differenzierte Betrachtung erforderlich. Das OVG Niedersachsen, Beschl. v. 18.09.2015 – 1 ME 126/15 (BRS 83, Nr. 102 = BauR 2015, 1961) hat **Wohngemeinschaften ausländischer Arbeitnehmer** in einem reinen Wohngebiet (§ 3 BauNVO) als zulässig bewertet, wenn die Räume mit nicht mehr als 2 Personen belegt sind. Allerdings handelt es sich »… bei einer einfach ausgestatteten und räumlich beengten Unterkunft für Monteure mit Ein- und Mehrbettzimmern sowie Gemeinschaftsbädern und -küchen ohne sonstige Aufenthaltsräume … nicht um eine Wohnnutzung« (OVG Niedersachsen, Beschl. v. 11.05.2015 – 1 ME 31/15, BRS 83, Nr. 101 = BauR 2015, 1317). Werden **Flüchtlinge** z.B. in vier Doppelhäusern untergebracht, handelt es sich hingegen um eine Wohnnutzung und nicht um eine Anlage für soziale Zwecke (OVG Nordrhein-Westfalen, Beschl. v. 23.09.2015 – 2 B 909/15, BRS 83, Nr. 119 = BauR 2016, 794). Das Bauplanungsrecht unterscheidet im Übrigen nicht Wohnen in **Einfamilienhäusern** und in **Mehrfamilienhäusern** (VGH Hessen, Beschl. v. 31.10.2012 – 3 B 1876/12, BRS 79, Nr. 77).

1.3.3 Abgrenzung zu anderen Nutzungen

6 Von dem klassischen Begriff der Wohnung bzw. des Wohngebäudes ist das **Ferienhaus** bzw. das **Wochenendhaus** abzugrenzen. Hierbei handelt es sich um eigenständige Nutzungsarten (zu Ferienwohnungen: VG Schwerin, Urt. v. 20.11.2014 – 2 A 90/13 und VG Berlin, Beschl. v. 02.08.2017 – 6 L 510.17). Auch der VGH B-W, Beschl. v. 26.01.2017 – 5 S 1791/16 (BRS 85, Nr. 58 BauR 2017, 861) ordnet die wiederkehrende Nutzung einer Wohnung durch Dritte als Ferienwohnung nicht dem Begriff des Wohnens zu. Die Umnutzung einer Wohnung als Ferienwohnung bedarf somit der Baugenehmigung (VG Leipzig, Beschl. v. 27.10.2015 – 4 L 712/15). Bis zur Einführung des § 13 a BauNVO galten Ferienwohnungen in Wohngebieten als unzulässig (OVG Niedersachsen, Urt. v. 15.01.2015 – 1 KN 61/14, BauR 2015, 630 ff.).

7 **Wohnräume in Wohnheimen** sind regelmäßig keine Wohnungen (VGH Bayern, Urt. v. 30.06.1978 – Nr. 2 II 75, BRS 33, Nr. 90, zum Begriff des Wohnheims vgl. VG München, Urt. v. 20.10.2011 – M 11 K 10.4405 und zur steuerrechtlichen Bewertung eines Pflegezimmers in einem Seniorenstift vgl. BFH,

E. v. 30.09.2003 – IX R 8/03). Wohnheime dienen aber auch dem Wohnen. Betreutes Wohnen ist eine zumindest wohnähnliche Nutzung und in einem Wohngebiet zulässig (OVG NRW, Urt. v. 23.11.2016 – 7 A 775/15). In diesem Zusammenhang ist auch § 3 Abs. 4 BauNVO zu beachten.

Wohnungen sind ferner zu einem **Beherbergungs-** bzw. **Pensionsbetrieb** abzugrenzen (vgl. hierzu: BVerwG, Urt. v.29.04.1992 – 4 C 43.89 (BRS 54, Nr. 53 = BauR 1992, 586). In einem festgesetzten oder faktischen Gewerbegebiet dürfen letztere nicht wohnähnlich genutzt werden. Werden möblierte Zimmer in einer Wohnung an Gäste einer Messe vermietet, handelt es sich um einen Beherbergungsbetrieb und nicht um eine Wohnung (OVG NRW, Beschl. v. 14.08.2007 – 10 A 1219/06, BRS 71, Nr. 52 = BauR 2007, 2033). Ein sogenanntes **Boardinghouse** wird als Übergangsform zwischen Wohnnutzung und Beherbergungsbetrieb bezeichnet (VGH B-W, Beschl. v. 17.01.2017 – 8 S 1641/16). Dessen Abgrenzung zu einem Beherbergungsbetrieb ist in der Praxis mitunter schwierig. **Hotelzimmer** gelten jedenfalls nicht als Wohnungen i. S. d. öffentlichen Baurechts (VGH Hessen, Beschl. v. 24.01.1974 – IV N 10/72, BRS 28, Nr. 68). 8

Werden Wohnungen zum Zwecke der **Prostitution** genutzt, handelt es sich um eine genehmigungsbedürftige Nutzungsänderung (VGH Bayern, Beschl. v. 08.11.2017 – 15 CS 17.1415). Wohnungsprostitution ist in Wohngebieten und selbst in einem Mischgebiet (§ 6 BauNVO) nicht zulässig (vgl. hierzu: VG Ansbach, Beschl. v. 29.03.2011 – AN 3 S 11.00641, VG Minden, Beschl. v. 06.06.2011 – 9 L 225/11, OVG NRW, Beschl. v. 13.01.2014 – 10 B 1415/13, zur Abgrenzung von Wohnungsprostitution und bordellartigem Betrieb vgl. OVG Rh-Pf, Beschl. v. 16.09.2013 – 8 A 10560/13). Einfach eingerichtete Arbeitsräume für Prostituierte werden aber nicht als Wohnräume bewertet und sind deshalb in einem festgesetzten oder faktischen Gewerbegebiet zulässig (VG Augsburg, Urt. v. 02.02.2012 – Au 5 K 11.607). 9

Eine **Einrichtung der Jugendhilfe** mit Kindern zwischen 6 und 12 Jahren ist ebenfalls kein Wohnen im engeren Sinne, wenn die Betreuer dort nicht auch selbst leben (OVG Hamburg, Beschl. v. 28.11.2012 – 2 Bs 210/12, BRS 79, Nr. 80). Auch eine **Strafvollzugseinrichtung** ist kein Wohnen im bauplanungsrechtlichen Sinne und in einem reinen Wohngebiet (§ 3 BauNVO) nur aufgrund einer Befreiung gem. § 31 Abs. 2 BauGB zulässig (OVG Sachsen, Beschl. v. 29.02.2012 – 1 B 317/11, BRS 79, Nr. 79 = BauR 2012, S. 1078 ff., hier: Wohnstätte des Jugendstrafvollzugs). 10

1.3.4 Bedeutung für das Bauordnungsrecht

Für **Ferienhäuser** und **Wochenendhäuser** kann – bauordnungsrechtlich – ein geringerer Ausbaustandard anerkannt werden. Auch **Unterkünfte für Obdachlose** müssen nicht exakt den bauordnungsrechtlichen Vorgaben entsprechen, weil sie nur übergangsweise zur Bekämpfung der Obdachlosigkeit dienen (OVG Niedersachsen, Beschl. v. 16.03.1988 – 12 B 136/87). Das VG Gelsenkirchen, Urt. v. 11.09.2014 – 5 K 873/13, hat sich zu den unterschiedlichen Anforderungen an Wohnnutzungen aus bauordnungsrechtlichem Blickwinkel geäußert. Demnach führt allein der Umstand, dass eine bestimmte Nutzung nach der Baunutzungsverordnung in einem 11 reinen Wohngebiet (§ 3 BauNVO) als »Wohnnutzung« zuzulassen ist, nicht zu dem Schluss, dass sie auch in bauordnungsrechtlicher Hinsicht lediglich den Anforderungen, die an reine Wohnnutzung gestellt werden, genügen muss. Dies kann auch höhere Anforderungen bedeuten, wie z.b. bei einem **betreuten Wohnen in einem Wohnstift** (VGH Bayern, Urt. v. 22.05.2006 – 1 B 04.3531, BRS 70, Nr. 68) oder einer **Betreuungseinrichtung für geistig eingeschränkte Personen** (OVG NRW, E. v. 23.09.2009 – 7 B 1065/09).

1.4 Mindestgröße einer Wohnung

12 Eine Vorgabe für die **Mindestgröße einer Wohnung** kennt die Landesbauordnung nicht, allerdings folgt eine entsprechende Anforderung indirekt aus den Eignungskriterien für einen Aufenthaltsraum. Laut dem VGH Bayern, Urt. v. 25.05.2000 – 2 B 93.3969, muss die ausreichende Größe für jede Wohnung unter Berücksichtigung ihrer konkreten Bestimmung ermittelt werden. Für eine Einraumwohnung mit Kochnische und Bad/WC kann z.b. eine Fläche von insgesamt ca. 16 qm ausreichen. **In der Regel besteht aber eine Wohnung aus mehreren Aufenthaltsräumen (Wohn-, Schlaf-, Kinderzimmer), einer Küche, einem oder mehreren Fluren und sonstigen Nebenräumen (Toilette, Bad ggf. mit einer Dusche, Abstell-, Trockenraum usw.). Die Toilette kann auch im Bad installiert sein.** Das Wohnungsaufsichtsgesetz (WAG NRW) verlangt z.b. für jede Bewohnerin oder jeden Bewohner eine Wohnfläche von mindestens 9 m², für jedes Kind bis sechs Jahren eine Wohnfläche von mindestens 6 m². Die Wohnfläche ist entsprechend der Verordnung zur Berechnung der Wohnfläche (Wohnflächenverordnung – WoFlV) vom 25. November 2003 in der jeweils geltenden Fassung zu berechnen.

1.5 Abgeschlossenheit von Wohnungen

1.5.1 Baulichen Abgeschlossenheit

13 Die Vorgängervorschrift verlangte ausdrücklich, dass jede Wohnung von anderen Wohnungen und fremden Räumen **baulich abgeschlossen** sein muss. Damit soll eine eigene Privatsphäre gewährleistet werden. Der eigene (wohnliche) Freiraum soll der Verfügung Dritter entzogen werden (OVG NRW, E. v. 01.03.1995 – 7 A 4128/94 und BVerwG, E. v. 25.03.1996 – 4 B 302.95, BRS 58, Nr. 56 = BauR 1996, 676 ff.). Erforderlich war vor diesem Hintergrund zudem ein eigener, abschließbarer Zugang unmittelbar vom Freien, von einem Treppenraum, einem Flur oder einem anderen Vorraum. Voraussetzung war hierfür ein baulicher Abschluss. Das Erfordernis der Abgeschlossenheit galt aber nicht für Wohngebäude mit nicht mehr als 2 Wohneinheiten. Hier wurden bauordnungsrechtlich relevante Gefahrentatbestände vom Gesetzgeber nicht gesehen. Bei Wohngebäuden mit nicht mehr als zwei Wohnungen konnten demnach z.B. Hauseingang, Vorraum, Treppenraum usw. gemeinsam genutzt werden. Die zweite Wohnung war dann eine sogenannte **Einliegerwohnung**.

1.5.2 Abgeschlossenheitsbescheinigung

Laut der Begründung zu § 47 BauO NRW konnte die Forderung nach der Abgeschlossenheit entfallen, weil sich eine solche Anforderung mittelbar aus den materiellen Anforderungen – Brand-, Wärme- und Schallschutz – an raumabschließende Trennwände (§ 29 BauO NRW) ergibt. 14

Unabhängig von dieser Änderung bleibt es zur Bildung von Sondereigentum nach dem Gesetz über das Wohnungseigentum und das Dauerwohnrecht (WEG) bei dem Erfordernis einer **Abgeschlossenheitsbescheinigung** (siehe hierzu auch den Anhang zum Wohnungs- und Teileigentum). Diese wird von der Unteren Bauaufsichtsbehörde erteilt. Der wohnungseigentumsrechtliche Begriff der Abgeschlossenheit ist eigenständiger rechtlicher Natur (Gemeinsamer Senat der Obersten Gerichtshöfe des Bundes, Beschl. v. 30.06.1992 – GmSOGB 1/91, BauR 1993, 91 = NJW 1992, 3290). Bei der Abgeschlossenheitsbescheinigung geht es insoweit um die Eigentumsabgrenzung im Sinne einer Rechtsklarheit. Deshalb kommt es nur auf die Erscheinungsform des Wohnungseigentums an, nicht auf bauordnungsrechtliche Anforderungen an Bauteile an. Im Zusammenhang mit einer Abgeschlossenheitsbescheinigung ist auch nicht der Brandschutz zu prüfen. Die Abgeschlossenheitsbescheinigung muss sich immer auf ganze Nutzungseinheiten beziehen, nicht auf einzelne Räume, z.B. Toiletten usw. (OLG Düsseldorf, E. v. 04.02.1976 – 3 W 315/75, NJW 1976, 1458). Nebenbestimmungen zu einer Abgeschlossenheitsbescheinigung sind nicht zulässig (OLG Hamm, E. v. 20.05.1976 – 15 W 255/72, NJW 1976, S. 1752). Es handelt sich auch nicht um einen Verwaltungsakt i.S.d. § 35 VwVfG. Das VG Hamburg, Beschl. v. 22.06.2010 – 11 E 1360/10, weist im Übrigen darauf hin, dass eine Abgeschlossenheitsbescheinigung nur eine sachenrechtliche Funktion (vgl. §§ 7 Abs. 4 S. 1 Nr. 2, 3 Abs. 2 S. 1 WEG) hat und nicht den planungsrechtlichen Wohnungsbegriff bestimmt. 15

1.6. Sonstige Anforderungen an Wohnungen (Wärme-, Schallschutz usw.)

Weitere Anforderungen an Wohnungen folgen aus anderen Vorschriften der Landesbauordnung. Diese kennt z.B. nur allgemeine Anforderungen an den **Wärmeschutz** (§ 15 Abs. 1 BauO NRW). Näheres folgt aus Fachgesetzen (= Energieeinspargesetz – EnEG und – Energieeinsparverordnung – EnEV) und technischen Regelwerken. Das Bauordnungsrecht beinhaltet zwar materielle Vorgaben für **Feuerungsanlagen** (§ 42 BauO NRW), verlangt aber nicht das Vorhandensein von **Heizungsanlagen** in Wohnungen. Fehlt z.B. eine Zentralheizung, ist ein bauaufsichtliches Einschreiten zunächst nicht erforderlich. Wenn aber Leitungen der Wasserversorgung zufrieren, kann doch ein Einschreiten auf der Grundlage des § 58 Abs. 2 BauO NRW notwendig werden. Im Übrigen ist es dem Eigentümer überlassen, ob und wie er seine Baulichkeit beheizt. Laut § 15 BauO NRW müssen Gebäude einen ihrer Lage und Nutzung entsprechenden **Schallschutz** haben. Näheres folgt aus technischen Regelwerken. Zur maximal zulässigen Lärmbelästigung in Wohnräumen hat sich das BVerwG, Beschl. v. 17.05.1995 – 4 NB 30.94 (BRS 57, Nr. 2 = BauR 1995, S. 654), geäußert. Demnach beträgt der höchstzulässige **Innenpegel** 40 dB(A) für Wohnräume und 30 dB(A) für Schlafräume. Unzureichender Schallschutz kann auch Gegenstand 16 zivilrechtlicher Auseinandersetzungen sein. Zum zivilrechtlichen (!) Verlangen nach einer ausreichenden Schallisolierung wird z.B. auf die Entscheidung des AG Schöneberg vom 30.07.2003 – 103 C 617/01 verwiesen. Demnach muss die Nutzung einer Wohnung ohne Gesundheitsbeeinträchtigung durch Geräuschquellen – z.B. **Trittschall** – gewährleistet sein.

17 Geht es um die Behebung von Missständen in Wohnungen, z.B. Defizite bei den Mindestanforderungen, ist die **Wohnungsaufsicht** auf der Grundlage des Wohnungsaufsichtsgesetzes – WAG NRW zuständig. **Solche Mängel können resultieren aus Feuchtigkeitsproblemen bis zur Schimmelbildung, defekten Fenstern, schadhaften Türen und Böden, schadhaften oder fehlenden sanitären Installationen, Verwahrlosung oder Überbelegung.** Durch eine fehlende Instandhaltung können aber auch Gefahren i.S.d. § 3 Abs. 1 BauO NRW entstehen (OVG NRW, E. v. 03.09.1991 – 10 A 2824/88). In diesen Fällen bedarf es dann der Abstimmung zwischen Wohnungs- und Bauaufsicht.

2 Zu Abs. 1 – Grundausstattung von Wohnungen

18 § 47 Abs. 1 BauO NRW fordert für jede Wohnung eine Ausstattung mit **Küche** bzw. einer **Kochnische**. Eine Kochnische ist stets Teil eines Aufenthaltsraumes. Im Grunde handelt es sich um eine **Kochstelle in einem Aufenthaltsraum**. Eine Kochmöglichkeit gehört unabdingbar zur selbständigen Haushaltsführung, die ja den Begriff des Wohnens maßgeblich bestimmt. Die Landesbauordnung enthält für eine Kochnische nicht die Forderung nach einer eigenen Entlüftung, diese erfolgt über die notwendigen Fenster des jeweiligen Aufenthaltsraumes. In der Praxis wird es sich häufig um Gebäude mit Kleinwohnungen (z.B. Studentenwohnungen) handeln. Bei fensterlosen Küchen ist die bauaufsichtliche Richtlinie über die Lüftung fensterloser Küchen, Bäder und Toilettenräume in Wohnungen (04.1988 i d. F. 08.1996, MBl. NRW 1997, S. 1057) zu beachten.

19 Das Erfordernis bestimmter sanitärer Einrichtungen in Wohnungen findet sich in § 43 Abs. 1 BauO NRW. Die sich in der Vorgängervorschrift (§ 49 Abs. 3 BauO NRW 2000) befindliche ausdrückliche Forderung nach einer ausreichenden Belüftung bzw. Durchlüftung einer Wohnung schien dem Gesetzgeber entbehrlich, allerdings müssen Aufenthaltsräume sowieso ausreichend belüftet werden können (§ 46 Abs. 1 BauO NRW).

3 Zu Abs. 2 – Verbot reiner Nordlage

20 Die Landesbauordnung **verbietet** nach wie vor **die ausschließliche Nordlage aller Wohn- und Schlafräume** (§ 47 Abs.2 BauO NRW, zu Anforderungen an Fenster vgl. § 37 BauO NRW). Dazu gehören auch der Nordwesten und der Nordosten, da es auch hier keine ausreichende Besonnung gibt. Laut der ehemaligen VV zur BauO NRW 2000, galt »als reine Nordlage... die Lage der Außenwand zwischen NO und NW« (Ziffer 49.32). Dieses Verbot gilt unabhängig von konkreten Missständen (OVG Saarland, Urt. v. 02.02.1990 – 2 R 109/87, BRS 50, Nr. 116). Es sollen gesunde Wohnverhältnisse erreicht werden. Es geht letztlich um eine **Mindestbesonnung**

(OVG NRW, E. v. 07.03.2001 – 7 A 815/01), die Einhaltung der bauordnungsrechtlichen Abstandsflächen allein reicht hierfür nicht aus. Das Verbot der reinen Nordlage der Fenster einer Wohnung ist auch bei Nutzungsänderungen zu beachten (OVG Saarland, Urt. v. 02.02.1990 – 2 R 109/87, BRS 50, Nr. 116).

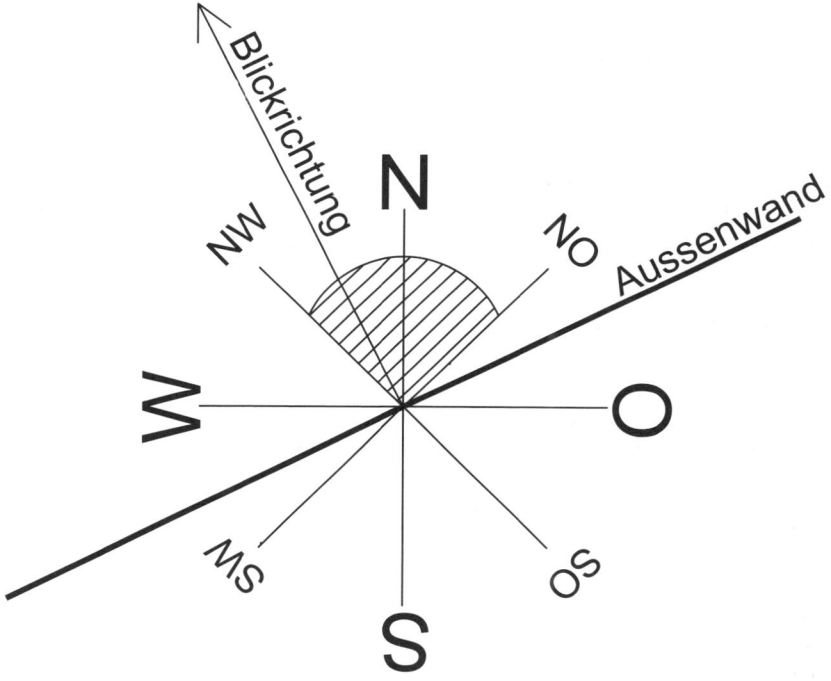

4 Zu Abs. 3 – Vorbeugender Brandschutz durch Rauchmelder

Seit dem 01.04.2013 gilt in NRW für alle Wohnungen eine Rauchmelderpflicht (zum entsprechenden Regelungsbedarf vgl. VGH Rh-Pf, Urt. v. 05.07.2005 – VGH B 28/04, BRS 69, Nr. 137). Für Bestandsbauten galt ehemals eine Übergangsfrist bis zum 01.01.2017. Übergangsfristen sind jetzt nicht mehr erforderlich. Die Vorschrift dient dem vorbeugenden Brandschutz. **Rauchmelder** sind technische Maßnahmen, die den vorbeugenden Brandschutz unterstützen. Solche Alarmierungseinrichtungen waren im privaten Bereich in der Regel freiwillige Maßnahmen. Unstrittig ist, dass Rauchmelder Lebensretter sind. Rauch- oder Brandmelder reagieren physikalisch (optisch oder photoelektrisch) auf einen Brand bzw. die entsprechende Rauchentwicklung. Die Alarmierung soll Personen innerhalb des betroffenen Gebäudes rechtzeitig warnen und Maßnahmen zur Brandbekämpfung auslösen. Es gibt Brandgas- oder Rauchgasmelder, Wärmemelder und klassische Rauchmelder. Technische Anforderungen finden sich in der DIN 14676 – Rauchwarnmelder für Wohnhäuser… (09/2012).

22 Die Rauchmelderpflicht gilt für jedes Schlafzimmer, für jedes Kinderzimmer und für jeden Flur, der als Rettungsweg für Aufenthaltsräume dient. Verantwortlich für die Anschaffung und Montage ist der Eigentümer, die Kosten der Wartung und Batterien trägt der Mieter. Die Kosten einer Neuanschaffung muss der Eigentümer tragen. Dem Nutzer = Mieter bzw. Pächter kommt eine Duldungspflicht der Installation zu (AG Hamburg-Wandsbek, Urt. v. 13.06.2008 – 716c C 89/08 –, juris). Er hat auch die Betriebsbereitschaft zu gewährleisten, außer der Eigentümer übernimmt diese Verpflichtung selbst.

5 Zu Abs. 4 – Barrierefreie Abstellflächen und -räume

23 § 47 Abs. 4 BauO NRW fordert in Gebäuden der Gebäudeklassen 3 bis 5 (siehe § 2 Abs. 3 BauO NRW) **Abstellflächen für Kinderwagen und Mobilitätshilfen**. Letztere sind z.B. Rollatoren und Rollstühle. Elektro-Scooter gehören nicht dazu. Die Abstellflächen müssen barrierefrei erreichbar sein, d. h., sie müssen der Vorgabe des § 2 Abs. 10 BauO NRW entsprechen. Die Forderung der **Barrierefreiheit der Wohnungen** findet sich in § 49 Abs. 1 BauO NRW, aber wiederum auf Gebäude der Gebäudeklassen 3 bis 5 beschränkt. Hierzu ist ergänzend die DIN 18040-2 in den Blick zu nehmen.

24 Ferner fordert die Vorschrift für jede Wohnung eine ausreichend große **Abstellfläche**, offenbar aber nur bezogen auf Wohnungen in Gebäuden der Gebäudeklassen 3 bis 5. **Die Vorschrift verlangt nicht mehr Abstellräume als Nebenräume zu einer Wohnung.** Laut der Handlungsempfehlung des Fachministeriums können die Abstellflächen innerhalb der Wohnung liegen, müssen es aber nicht (s.w.o.). **Auch die Vorgabe einer konkreten Mindestgröße ist entfallen.** Eine Abweichung von einer solchen Mindestgröße kam noch für den VGH Hessen, Urt. v. 20.01.1984 – IV OE 87/81 (BRS 42, Nr. 124), im Regelfall nicht in Betracht, weil es sich hierbei um einen notwendigen Bestandteil der Wohnung als Mittelpunkt des häuslichen Lebens handelt. Auf die Forderung nach Trockenräumen hat der Gesetzgeber verzichtet, da diese »angesichts des heute gängigen technischen Standards der Haushalte nicht mehr erforderlich« sind (siehe Begründung zu § 47 BauO NRW).

6 Zu Abs. 5 – Einordnung von Nutzungseinheiten zum Zwecke der Pflege und Betreuung von Personen

25 Laut § 47 Abs. 5 BauO NRW gelten Gebäude mit Nutzungseinheiten zum Zwecke der Pflege oder Betreuung von Personen mit Pflegebedürftigkeit oder Behinderung, deren Selbstrettungsfähigkeit eingeschränkt ist, nicht als Wohnungen, sondern als Sonderbauten nach § 50 BauO NRW, wenn die Nutzungseinheiten 1. einzeln für mehr als sechs Personen oder 2. für Personen mit Intensivpflegebedarf bestimmt sind oder 3. einen gemeinsamen Rettungsweg haben und für insgesamt mehr als zwölf Personen bestimmt sind. Damit antwortet der Gesetzgeber auf eine aktuelle Entwicklung und ein aufgrund der Altersstruktur der Gesellschaft auch zukünftig aktuelles Thema. Laut der Begründung zur aktuellen Novelle wird »mit der Einführung der Schwellenwerte… auf in der Praxis bestehende Probleme der Sonderbauabgrenzung bei einzelnen Nutzungseinheiten, die der Unterbringung pflegebedürftiger

bzw. behinderter Menschen dienen – sogenannte »Pflegewohngemeinschaften« – reagiert«. Je nach Ausgestaltung des jeweiligen Nutzungskonzeptes konnte bzw. kann im Einzelfall eine genehmigungsbedürftige Nutzungsänderung vorliegen, da es sich nicht mehr eine klassische Wohnnutzung-, sondern um eine Betreuungseinrichtung handelt. Demnach bedurfte es der Abgrenzung.

Grundsätzlich wird der Begriff Wohnnutzung – wie weiter oben ausgeführt – durch die Kriterien einer auf Dauer angelegten Häuslichkeit, der Eigengestaltung der Haushaltsführung und des häuslichen Wirkungskreises sowie der Freiwilligkeit des Aufenthaltes definiert (BVerwG, Beschl. v. 25.03.1996 – 4 B 302/95, BRS 58, Nr. 56 = BauR 1996, 676 und OVG NRW, Beschl. v. 14.08.2007 – 10 A 1219/06, BRS 71, Nr. 52 = BauR 2007, 2033). **Handelt es sich um eine Senioren-WG, in der sich mehrere ältere Personen zusammenschließen, um gemeinsam zu wohnen und es nur teilweise zur Inanspruchnahme von Pflegeleistungen kommen kann, ist eine Wohnnutzung anzunehmen.** Werden die Mitglieder einer Wohngemeinschaft einfach nur älter und nunmehr pflegebedürftig, bleibt es bei einer klassischen Wohnnutzung, d.h., bauordnungsrechtlich liegt keine Nutzungsänderung vor. 26

Keine Wohnung in o. g. Sinne liegt jedoch dann vor, wenn es sich um eine Nutzungseinheit oder um Teile einer Nutzungseinheit handelt, die dafür bestimmt sind, Personen aufzunehmen, die sowohl Pflege- oder Betreuungsleistungen benötigen oder in Anspruch nehmen. Eine überwiegende Präsenz von Pflegekräften muss ein wesentlicher Bestandteil des Nutzungskonzeptes sein. Demnach gilt: »Nutzungseinheiten zum Zwecke der Pflege oder Betreuung sind dann gegeben, wenn sie einer solchen Nutzung gewidmet werden. Somit wird zum Beispiel eine Wohnung, in der aufgrund eines Unfalls pflegebedürftig gewordene Ehepartner weiterleben, nicht zum Sonderbau. Derartige Nutzungseinheiten werden auch nicht in die Additionsregelung des Buchstaben c einbezogen« (Zitat aus der Begründung zur Novelle). 27

Zur Erleichterung der **Abgrenzung** beinhaltet § 47 Abs. 5 BauO NRW genaue Vorgaben, wann eine vorgenannte Nutzung als **großer Sonderbau** i. S. d. § 50 Abs. 2 BauO NRW gilt. In einem solchen Fall bedarf es der Vorlage eines Brandschutzkonzeptes (§ 70 Abs. 2 BauO NRW). Aber auch für einen kleinen Sonderbau können zusätzliche Anforderungen in Frage kommen (§ 50 Abs. 1 BauO NRW). Allein der Umstand, dass eine bestimmte Nutzung nach der BauNVO z.B. in einem reinen Wohngebiet (§ 3 BauNVO) als »Wohnnutzung« zuzulassen ist, führt nämlich nicht zu dem Schluss, dass sie auch in bauordnungsrechtlicher Hinsicht lediglich den Anforderungen, die an reine Wohnnutzung gestellt werden, genügen muss (VG Gelsenkirchen, Urt. v. 11.09.2014 – 5 K 873/13). Dahinter steht der Gedanke der **Gefahrenvorbeugung**, da das Brandrisiko und das sich daraus ergebende Gefahrenpotential in Einrichtungen mit Pflege- und Betreuungsleistungen erheblich größer als in »normalen« Wohnungen ist, weil die Bewohner vielfach in ihrer Mobilität eingeschränkt sind oder z.B. wegen Demenz-Erkrankungen in Gefahrensituationen nicht adäquat reagieren können und der Hilfe anderer bedürfen. Es bedarf dann erhöhter brandschutztechnischer Anforderungen. 28

Anhang
Wohnungs- und Teileigentum

Auszug aus dem Wohnungseigentumsgesetz – WEG
vom 15.03.1951 (BGBl. I S. 175, ber. S. 209), z. g. d. G v.
05.12. 2014 (BGBl. I S. 1962)

I. Teil. Wohnungseigentum

§ 1
Begriffsbestimmungen

(1) Nach Maßgabe dieses Gesetzes kann an Wohnungen das Wohnungseigentum, an nicht zu Wohnzwecken dienenden Räumen eines Gebäudes das Teileigentum begründet werden.

(2) Wohnungseigentum ist das Sondereigentum an einer Wohnung in Verbindung mit dem Miteigentumsanteil an dem gemeinschaftlichen Eigentum, zu dem es gehört.

(3) Teileigentum ist das Sondereigentum an nicht zu Wohnzwecken dienenden Räumen eines Gebäudes in Verbindung mit dem Miteigentumsanteil an dem gemeinschaftlichen Eigentum, zu dem es gehört.

(4) Wohnungseigentum und Teileigentum können nicht in der Weise begründet werden, daß das Sondereigentum mit Miteigentum an mehreren Grundstücken verbunden wird.

(5) Gemeinschaftliches Eigentum im Sinne dieses Gesetzes sind das Grundstück sowie die Teile, Anlagen und Einrichtungen des Gebäudes, die nicht im Sondereigentum oder im Eigentum eines Dritten stehen.

(6) Für das Teileigentum gelten die Vorschriften über das Wohnungseigentum entsprechend.

1. Abschnitt – Begründung des Wohnungseigentums

§ 2
Arten der Begründung

Wohnungseigentum wird durch die vertragliche Einräumung von Sondereigentum (§ 3) oder durch Teilung (§ 8) begründet.

§ 3
Vertragliche Einräumung von Sondereigentum

(1) Das Miteigentum (§ 1008 des Bürgerlichen Gesetzbuches) an einem Grundstück kann durch Vertrag der Miteigentümer in der Weise beschränkt werden, daß

jedem der Miteigentümer abweichend von § 93 des Bürgerlichen Gesetzbuches das Sondereigentum an einer bestimmten Wohnung oder an nicht zu Wohnzwecken dienenden bestimmten Räumen in einem auf dem Grundstück errichteten oder zu errichtenden Gebäude eingeräumt wird.

(2) Sondereigentum soll nur eingeräumt werden, wenn die Wohnungen oder sonstigen Räume in sich abgeschlossen sind. Garagenstellplätze gelten als abgeschlossene Räume, wenn ihre Flächen durch dauerhafte Markierungen ersichtlich sind.

§ 4
Formvorschriften

(1) Zur Einräumung und zur Aufhebung des Sondereigentums ist die Einigung der Beteiligten über den Eintritt der Rechtsänderung und die Eintragung in das Grundbuch erforderlich.

(2) Die Einigung bedarf der für die Auflassung vorgeschriebenen Form. Sondereigentum kann nicht unter einer Bedingung oder Zeitbestimmung eingeräumt oder aufgehoben werden.

(3) Für einen Vertrag, durch den sich ein Teil verpflichtet, Sondereigentum einzuräumen, zu erwerben oder aufzuheben, gilt § 311b Abs. 1 des Bürgerlichen Gesetzbuchs entsprechend.

§ 5
Gegenstand und Inhalt des Sondereigentums

(1) Gegenstand des Sondereigentums sind die gemäß § 3 Abs. 1 bestimmten Räume sowie die zu diesen Räumen gehörenden Bestandteile des Gebäudes, die verändert, beseitigt oder eingefügt werden können, ohne daß dadurch das gemeinschaftliche Eigentum oder ein auf Sondereigentum beruhendes Recht eines anderen Wohnungseigentümers über das nach § 14 zulässige Maß hinaus beeinträchtigt oder die äußere Gestaltung des Gebäudes verändert wird.

(2) Teile des Gebäudes, die für dessen Bestand oder Sicherheit erforderlich sind, sowie Anlagen und Einrichtungen, die dem gemeinschaftlichen Gebrauch der Wohnungseigentümer dienen, sind nicht Gegenstand des Sondereigentums, selbst wenn sie sich im Bereich der im Sondereigentum stehenden Räume befinden.

(3) Die Wohnungseigentümer können vereinbaren, daß Bestandteile des Gebäudes, die Gegenstand des Sondereigentums sein können, zum gemeinschaftlichen Eigentum gehören.

(4) Vereinbarungen über das Verhältnis der Wohnungseigentümer untereinander können nach den Vorschriften des 2. und 3. Abschnittes zum Inhalt des Sondereigentums gemacht werden. Ist das Wohnungseigentum mit der Hypothek,

Grund- oder Rentenschuld oder der Reallast eines Dritten belastet, so ist dessen nach anderen Rechtsvorschriften notwendige Zustimmung zu der Vereinbarung nur erforderlich, wenn ein Sondernutzungsrecht begründet oder ein mit dem Wohnungseigentum verbundenes Sondernutzungsrecht aufgehoben, geändert oder übertragen wird. Bei der Begründung eines Sondernutzungsrechts ist die Zustimmung des Dritten nicht erforderlich, wenn durch die Vereinbarung gleichzeitig das zu seinen Gunsten belastete Wohnungseigentum mit einem Sondernutzungsrecht verbunden wird.

§ 6
Unselbständigkeit des Sondereigentums

(1) Das Sondereigentum kann ohne den Miteigentumsanteil, zu dem es gehört, nicht veräußert oder belastet werden.

(2) Rechte an dem Miteigentumsanteil erstrecken sich auf das zu ihm gehörende Sondereigentum.

§ 7
Grundbuchvorschriften

(1) Im Falle des § 3 Abs. 1 wird für jeden Miteigentumsanteil von Amts wegen ein besonderes Grundbuchblatt (Wohnungsgrundbuch, Teileigentumsgrundbuch) angelegt. Auf diesem ist das zu dem Miteigentumsanteil gehörende Sondereigentum und als Beschränkung des Miteigentums die Einräumung der zu den anderen Miteigentumsanteilen gehörenden Sondereigentumsrechte einzutragen. Das Grundbuchblatt des Grundstücks wird von Amts wegen geschlossen.

(2) (weggefallen)

(3) Zur näheren Bezeichnung des Gegenstandes und des Inhalts des Sondereigentums kann auf die Eintragungsbewilligung Bezug genommen werden.

(4) Der Eintragungsbewilligung sind als Anlagen beizufügen:
1. eine von der Baubehörde mit Unterschrift und Siegel oder Stempel versehene Bauzeichnung, aus der die Aufteilung des Gebäudes sowie die Lage und Größe der im Sondereigentum und der im gemeinschaftlichen Eigentum stehenden Gebäudeteile ersichtlich ist (Aufteilungsplan); alle zu demselben Wohnungseigentum gehörenden Einzelräume sind mit der jeweils gleichen Nummer zu kennzeichnen;
2. eine Bescheinigung der Baubehörde, dass die Voraussetzungen des § 3 Abs. 2 vorliegen.

Wenn in der Eintragungsbewilligung für die einzelnen Sondereigentumsrechte Nummern angegeben werden, sollen sie mit denen des Aufteilungsplanes übereinstimmen. Die Landesregierungen können durch Rechtsverordnung bestimmen, dass und in welchen Fällen der Aufteilungsplan (Satz 1 Nr. 1) und die Abgeschlossenheit (Satz 1 Nr. 2) von einem öffentlich bestellten oder anerkannten Sachverständigen für das Bauwesen statt von der Baubehörde ausgefertigt und bescheinigt werden. Werden diese Aufgaben von dem Sachverständigen wahrgenommen, so gelten die Bestimmungen der Allgemeinen Verwaltungsvorschrift für die Ausstellung von Bescheinigungen gemäß § 7 Abs. 4 Nr. 2 und § 32 Abs. 2 Nr. 2 des Wohnungseigentumsgesetzes vom 19.03.1974 (BAnz. Nr. 58 vom 23.März 1974) entsprechend. In diesem Fall bedürfen die Anlagen nicht der Form des § 29 der Grundbuchordnung. Die Landesregierungen können die Ermächtigung durch Rechtsverordnung auf die Landesbauverwaltungen übertragen.

(5) Für Teileigentumsgrundbücher gelten die Vorschriften über Wohnungsgrundbücher entsprechend.

§ 8
Teilung durch den Eigentümer

(1) Der Eigentümer eines Grundstücks kann durch Erklärung gegenüber dem Grundbuchamt das Eigentum an dem Grundstück in Miteigentumsanteile in der Weise teilen, dass mit jedem Anteil das Sondereigentum an einer bestimmten Wohnung oder an nicht zu Wohnzwecken dienenden bestimmten Räumen in einem auf dem Grundstück errichteten oder zu errichtenden Gebäude verbunden ist.

(2) Im Falle des Absatzes 1 gelten die Vorschriften des § 3 Abs. 2 und der §§ 5, 6, § 7 Abs. 1, 3 bis 5 entsprechend. Die Teilung wird mit der Anlegung der Wohnungsgrundbücher wirksam.

§ 9
Schließung der Wohnungsgrundbücher

(1) Die Wohnungsgrundbücher werden geschlossen:
1. von Amts wegen, wenn die Sondereigentumsrechte gemäß § 4 aufgehoben werden;
2. auf Antrag sämtlicher Wohnungseigentümer, wenn alle Sondereigentumsrechte durch völlige Zerstörung des Gebäudes gegenstandslos geworden sind und der Nachweis hierfür durch eine Bescheinigung der Baubehörde erbracht ist;
3. auf Antrag des Eigentümers, wenn sich sämtliche Wohnungseigentumsrechte in einer Person vereinigen.

(2) Ist ein Wohnungseigentum selbständig mit dem Recht eines Dritten belastet, so werden die allgemeinen Vorschriften, nach denen zur Aufhebung des Sondereigentums die Zustimmung des Dritten erforderlich ist, durch Abs. 1 nicht berührt.

(3) Werden die Wohnungsgrundbücher geschlossen, so wird für das Grundstück ein Grundbuchblatt nach den allgemeinen Vorschriften angelegt; die Sondereigentumsrechte erlöschen, soweit sie nicht bereits aufgehoben sind, mit der Anlegung des Grundbuchblatts.

2. Abschnitt – Gemeinschaft der Wohnungseigentümer

...

§ 15
Gebrauchsregelung

(1) Die Wohnungseigentümer können den Gebrauch des Sondereigentums und des gemeinschaftlichen Eigentums durch Vereinbarung regeln.

(2) Soweit nicht eine Vereinbarung nach Abs. 1 entgegensteht, können die Wohnungseigentümer durch Stimmenmehrheit einen der Beschaffenheit der im Sondereigentum stehenden Gebäudeteile und des gemeinschaftlichen Eigentums entsprechenden ordnungsgemäßen Gebrauch beschließen.

(3) Jeder Wohnungseigentümer kann einen Gebrauch der im Sondereigentum stehenden Gebäudeteile und des gemeinschaftlichen Eigentums verlangen, der dem Gesetz, den Vereinbarungen und Beschlüssen und, soweit sich die Regelung hieraus nicht ergibt, dem Interesse der Gesamtheit der Wohnungseigentümer nach billigem Ermessen entspricht.

II. Teil. Dauerwohnrecht

§ 31
Begriffsbestimmungen

(1) Ein Grundstück kann in der Weise belastet werden, daß derjenige, zu dessen Gunsten die Belastung erfolgt, berechtigt ist, unter Ausschluß des Eigentümers eine bestimmte Wohnung in einem auf dem Grundstück errichteten oder zu errichtenden Gebäude zu bewohnen oder in anderer Weise zu nutzen (Dauerwohnrecht). Das Dauerwohnrecht kann auf einen außerhalb des Gebäudes liegenden Teil des Grundstücks erstreckt werden, sofern die Wohnung wirtschaftlich die Hauptsache bleibt.

(2) Ein Grundstück kann in der Weise belastet werden, daß derjenige, zu dessen Gunsten die Belastung erfolgt, berechtigt ist, unter Ausschluß des Eigentümers nicht zu Wohnzwecken dienende bestimmte Räume in einem auf dem Grundstück errichteten oder zu errichtenden Gebäude zu nutzen (Dauernutzungsrecht).

(3) Für das Dauernutzungsrecht gelten die Vorschriften über das Dauerwohnrecht entsprechend.

§ 32
Voraussetzung der Eintragung

(1) Das Dauerwohnrecht soll nur bestellt werden, wenn die Wohnung in sich abgeschlossen ist.

(2) Zur näheren Bezeichnung des Gegenstandes und des Inhalts des Dauerwohnrechts kann auf die Eintragungsbewilligung Bezug genommen werden. Der Eintragungsbewilligung sind als Anlagen beizufügen:
1. eine von der Baubehörde mit Unterschrift und Siegel oder Stempel versehene Bauzeichnung, aus der die Aufteilung des Gebäudes sowie die Lage und Größe der dem Dauerwohnrecht unterliegenden Gebäude- und Grundstücksteile ersichtlich ist (Aufteilungsplan); alle zu demselben Dauerwohnrecht gehörenden Einzelräume sind mit der jeweils gleichen Nummer zu kennzeichnen;
2. eine Bescheinigung der Baubehörde, daß die Voraussetzungen des Absatzes 1 vorliegen.

Wenn in der Eintragungsbewilligung für die einzelnen Dauerwohnrechte Nummern angegeben werden, sollen sie mit denen des Aufteilungsplans übereinstimmen. Die Landesregierungen können durch Rechtsverordnung bestimmen, dass und in welchen Fällen der Aufteilungsplan (Satz 2 Nr. 1) und die Abgeschlossenheit (Satz 2 Nr. 2) von einem öffentlich bestellten oder anerkannten Sachverständigen für das Bauwesen statt von der Baubehörde ausgefertigt und bescheinigt werden. Werden diese Aufgaben von dem Sachverständigen wahrgenommen, so gelten die Bestimmungen der Allgemeinen Verwaltungsvorschrift für die Ausstellung von Bescheinigungen gemäß § 7 Abs. 4 Nr. 2 und § 32 Abs. 2 Nr. 2 des Wohnungseigentumsgesetzes vom 19. März 1974 (BAnz. Nr. 58 vom 23. März 1974) entsprechend. In diesem Fall bedürfen die Anlagen nicht der Form des § 29 der Grundbuchordnung. Die Landesregierungen können die Ermächtigung durch Rechtsverordnung auf die Landesbauverwaltungen übertragen.

(3) Das Grundbuchamt soll die Eintragung des Dauerwohnrechts ablehnen, wenn über die in § 33 Abs. 4 Nr. 1 bis 4 bezeichneten Angelegenheiten, über die Voraussetzungen des Heimfallanspruchs (§ 36 Abs. 1) und über die Entschädigung beim Heimfall (§ 36 Abs. 4) keine Vereinbarungen getroffen sind.

*Allgemeine Verwaltungsvorschrift
für die Ausstellung von Bescheinigungen
gemäß § 7 Abs. 4 Nr. 2 und § 32 Abs. 2 Nr. 2
des Wohnungseigentumsgesetzes*

*Bekanntmachung des Bundesministers für Raumordnung, Bauwesen und Städtebau vom
19. März 1974 (BAnz Nr. 58 S. 2)*

Auf Grund des Artikels 84 Abs. 2 des Grundgesetzes werden mit Zustimmung des Bundesrates folgende Richtlinien für die Baubehörden über die Bescheinigung gemäß § 7 Abs. 4 Nr. 2 bzw. § 32 Abs. 2 Nr. 2 des Wohnungseigentumsgesetzes vom 15. März 1951 (BGBl. I S. 175, 209), zuletzt geändert durch das Gesetz zur Änderung des Wohnungseigentumsgesetzes und der Verordnung über das Erbbaurecht vom 30. Juli 1973 (BGBl. I S. 910), erlassen:

1. *Die Bescheinigung darüber, daß eine Wohnung oder nicht zu Wohnzwecken dienende Räume in sich abgeschlossen im Sinne des § 3 Abs. 2 bzw. des § 32 Abs. 1 des Wohnungseigentumsgesetzes sind, wird auf Antrag des Grundstückseigentümers oder Erbbauberechtigten durch die Bauaufsichtsbehörde erteilt, die für die bauaufsichtliche Erlaubnis (Baugenehmigung) und die bauaufsichtlichen Abnahmen zuständig ist, soweit die zuständige oberste Landesbehörde nichts anderes bestimmt hat.*
2. *Dem Antrag ist eine Bauzeichnung in zweifacher Ausfertigung im Maßstab mindestens 1:100 beizufügen; sie muss bei bestehenden Gebäuden eine Baubestandszeichnung sein und bei zu errichtenden Gebäuden den bauaufsichtlichen (baupolizeilichen) Vorschriften entsprechen.*
3. *Aus der Bauzeichnung müssen die Wohnungen, auf die sich das Wohnungseigentum, Wohnungserbbaurecht oder Dauerwohnrecht beziehen soll, oder die nicht zu Wohnzwecken dienenden Räume, auf die sich das Teileigentum, Teilerbbaurecht oder Dauernutzungsrecht beziehen soll, ersichtlich sein. Dabei sind alle zu demselben Wohnungseigentum, Teileigentum, Teilerbbaurecht, Dauerwohnrecht oder Dauernutzungsrecht gehörenden Einzelräume in der Bauzeichnung mit der jeweils gleichen Nummer zu kennzeichnen.*
4. *Eine Wohnung ist die Summe der Räume, welche die Führung eines Haushaltes ermöglichen, dazu gehören stets eine Küche oder ein Raum mit Kochgelegenheit sowie Wasserversorgung, Ausguss und WC. Die Eigenschaft als Wohnung geht nicht dadurch verloren, dass einzelne Räume vorübergehend oder dauernd zu beruflichen oder gewerblichen Zwecken benutzt werden. Räume die zwar zu Wohnzwecken bestimmt sind, aber die genannten Voraussetzungen nicht erfüllen, können nicht als Wohnung im Sinne der oben angeführten Vorschriften angesehen werden. Der Unterschied zwischen »Wohnungen« und »nicht zu Wohnzwecken dienenden Räumen« ergibt sich aus der Zweckbestimmung der Räume. Nicht zu Wohnzwecken dienende Räume sind z.B. Läden, Werkstatträume, sonstige gewerbliche Räume, Praxisräume, Garagen und dergleichen.*
5. *Aus der Bauzeichnung muss weiter ersichtlich sein, daß die »Wohnungen« oder »die nicht zu Wohnzwecken dienenden Räume« in sich abgeschlossen sind.*

a) *Abgeschlossene Wohnungen sind solche Wohnungen, die baulich vollkommen von fremden Wohnungen und Räumen abgeschlossen sind, z.B. durch Wände und Decken, die den Anforderungen der Bauaufsichtsbehörden (Baupolizei) an Wohnungstrennwände und Wohnungstrenndecken entsprechen und einen eigenen abschließbaren Zugang unmittelbar vom Freien, von einem Treppenhaus oder einem Vorraum haben. Zu abgeschlossenen Wohnungen können zusätzliche Räume außerhalb des Wohnungsabschlusses gehören. Wasserversorgung, Ausguss und WC müssen innerhalb der Wohnung liegen. Zusätzliche Räume, die außerhalb des Wohnungsabschlusses liegen, müssen verschließbar sein.*

b) *Bei »nicht zu Wohnzwecken dienenden Räumen« gelten diese Erfordernisse sinngemäß.*

6. *Bei Garagenstellplätzen muss sich im Falle des § 3 Abs. 2 Satz 2 des Wohnungseigentumsgesetzes aus der Bauzeichnung, gegebenenfalls durch zusätzliche Beschriftung ergänzt, ergeben, wie die Flächen der Garagenstellplätze durch dauerhafte Markierung ersichtlich sind. Als dauerhafte Markierung kommen in Betracht*

   a) *Wände aus Stein oder Metall,*

   b) *festverankerte Geländer oder Begrenzungseinrichtungen aus Stein oder Metall,*

   c) *festverankerte Begrenzungsschwellen aus Stein oder Metall,*

   d) *in den Fußboden eingelassene Markierungssteine,*

   e) *andere Maßnahmen, die den Maßnahmen nach den Buchstaben a bis d zumindest gleichzusetzen sind.*

7. *Bei Vorliegen der Voraussetzungen der Nummern 1 bis 6 ist die Bescheinigung nach dem Muster der Anlage zu erteilen. Die Bescheinigung ist mit Unterschrift sowie Siegel oder Stempel zu versehen. Mit der Bescheinigung ist eine als Aufteilungsplan bezeichnete und mit Unterschrift sowie mit Siegel oder Stempel versehene Ausfertigung der Bauzeichnung zu erteilen. Die Zusammengehörigkeit von Bescheinigung und Aufteilungsplan ist durch Verbindung beider mittels Schnur oder Siegel oder durch übereinstimmende Aktenbezeichnung ersichtlich zu machen.*

8. *Die Bescheinigung gemäß Nummer 7 ist bei zu errichtenden Gebäuden nicht zu erteilen, wenn die Voraussetzungen für eine bauaufsichtliche Genehmigung des Bauvorhabens nach Maßgabe der eingereichten Bauzeichnungen nicht gegeben ist.*

Die Richtlinien treten am ersten Tage des auf die Veröffentlichung folgenden Monats in Kraft. Die Richtlinien des Bundesministers für Wohnungsbau vom 03. August 1951 für die Ausstellung von Bescheinigungen gemäß § 7 Abs. 4 Nr. 2 und § 32 Abs. 2 Nr. 2 des Wohnungseigentumsgesetzes (Bundesanzeiger Nr. 152 vom 9. August 1951) treten gleichzeitig außer Kraft.

Anlage

Bescheinigung
auf Grund des § 7 Abs. 4 Nr. 2/§ 32 Abs. 2 Nr. 2*)
des Wohnungseigentumsgesetzes

Die in dem beiliegenden Aufteilungsplan

mit Nummer .... bis .... bezeichneten Wohnungen*)

mit Nummer .... bis .... bezeichneten nicht zu Wohnzwecken dienenden Räue*)

in dem bestehenden/zu errichtenden*) Gebäude auf dem Grundstück

in ....
          (Ort)   (Straße, Nr.)

(Katastermäßige Bezeichnung) ....

Grundbuch von ....

Band: .... Blatt: ....

sind/gelten als*) in sich abgeschlossen.

Sie entsprechen daher dem Erfordernis des § 3 Abs. 2/§ 32 Abs. 1*) des Wohnungseigentumsgesetzes

...., den ....
          (Ort)

(Siegel oder Stempel)

                         ....
                         (Unterschrift der Behörde)

---

*) Nichtzutreffendes streichen

Anmerkung (s. nachfolgende Rdn. 55)
Das Bundesverwaltungsgericht empfiehlt in seinem Urteil vom 11.12.1987 – 8 C 55.85, NJW 1988, 649, die Aufnahme des folgenden Zusatzes in die Bescheinigung:
»*Bei der Erteilung dieser Bescheinigung war die bebauungsrechtliche (bauplanungsrechtliche) Zulässigkeit der zu errichtenden oder errichteten Räume und ihre Nutzung von Rechts wegen nicht zu prüfen.*«

Übersicht   Rdn.
1 Entstehung und Voraussetzungen des Wohnungseigentums 29
2 Wohnungseigentumsrechtliches Abgeschlossenheitsgebot 40
3 Bauplanungsrechtliche Beschränkung des Wohnungseigentums. 47
4 Aufteilungsplan und Abgeschlossenheitsbescheinigung 51
5 Verfahren, Gebühren, Nachbarschutz 60

1 Entstehung und Voraussetzungen des Wohnungseigentums

Der **Vorläufer des Wohnungseigentums**, das »**Stockwerkseigentum**« nach früheren landesrechtlichen Vorschriften, hatte sich nicht bewährt und ist in die Rechtsgeschichte unter der Bezeichnung »**Streit- und Händelhäuser**« eingegangen. In das Bürgerliche Gesetzbuch (BGB) v. 18.08.1896 (RGBl. S. 195) wurde deshalb das Stockwerkseigentum nicht übernommen. Lediglich das Einführungsgesetz zum Bürgerlichen Gesetzbuch (EGBGB) v. 18.08.1896 (RGBl. S. 604) eröffnete mit seinem Artikel 218 den Ländern die Möglichkeit, bestehende Rechtsvorschriften zum Stockwerkseigentum zu ändern. In der Folge hat das frühere Stockwerkseigentum eine gewisse Bedeutung nur noch in Baden-Württemberg und Bayern behalten. Nach dem II. Weltkrieg ergab sich das Erfordernis zu einer wirksamen Förderung des Wohnungsbaus. Nach Verabschiedung des I. Wohnungsbaugesetzes v. 24.04.1950 (BGBl. S. 83) erkannte man bald, dass die Ankurbelung der Bautätigkeit weitere gesetzliche Maßnahmen erforderte. Ohne die bekannten Nachteile des früheren Landesrechts wieder heraufzubeschwören, gelang es in Anknüpfung an die §§ 741 f. und 1008 f. BGB eine neue Rechtskonstruktion für die Bildung von Wohnungseigentum und Eigentum an nicht zu Wohnzwecken dienenden Räumen eines Gebäudes zu finden. Das **Wohnungseigentumsgesetz – WoEigG** vom 15.03.1951 (BGBl. I S. 175) wurde zunächst nur zögerlich angenommen, hat sich aber nach einer Anlaufzeit von rund zehn Jahren durchgesetzt (vgl. Diester, Zwanzig Jahre Wohnungseigentum, NJW 1971, S. 1153 ff.). 29

Um die Nachteile des früheren Stockwerkseigentums zu vermeiden, enthält das WEG die Forderung nach **Abgeschlossenheit der Wohnung** bzw. der **nicht zu Wohnzwecken dienenden Räume**. Das Sondereigentum muss eindeutig und zweifelsfrei geregelt sein, so dass spätere Streitigkeiten über seinen Inhalt vermieden werden. In dieses Verfahren hat der Gesetzgeber die Baubehörden einbezogen, die nach einer vom Bundesminister für Wohnungsbau erstmals am 03.08.1951 (BAnz Nr. 152 v. 09.08.1951) erlassenen **Allgemeinen Verwaltungsvorschrift** zu prüfen haben, ob das Sondereigentum dem Abgeschlossenheitserfordernis entspricht und hierüber eine Bescheinigung ausstellen. Für die **Ausstellung der Bescheinigung** ist nach Nr. 1 der »Allgemeinen Verwaltungsvorschrift für die Ausstellung von Bescheinigungen gem. § 7 Abs. 4 Nr. 2 und § 32 Abs. 2 Nr. 2 des Wohnungseigentumsgesetzes« – Bekanntmachung des Bundesministers für Raumordnung, Bauwesen und Städtebau vom 19.03.1974 (B Nr. 58 vom 23.03.1974, S. 2) die **Bauaufsichtsbehörde zuständig**, die die bauaufsichtliche Erlaubnis (Baugenehmigung) erteilt und die bauaufsichtlichen Abnahmen vornimmt, soweit die oberste Landesbehörde nicht etwas anderes bestimmt. 30

31 **Sondereigentum** kann sowohl **an noch zu errichtenden** als auch **an bereits bestehenden Gebäuden** gebildet werden. Bei der Begründung von Sondereigentum an noch zu errichtenden Gebäuden ist es nicht erforderlich, dass die baurechtliche Zulässigkeit des Vorhabens bereits geklärt ist (s. Rdn. 55). Bei der Begründung von Sondereigentum an bestehenden Gebäuden prüfen die Bauaufsichtsbehörden auch, ob der Bestand des aufzuteilenden Gebäudes, wie er im Aufteilungsplan dargestellt ist, mit der Genehmigungslage übereinstimmt. Hierdurch wird sichergestellt, dass bei der Bildung des Sondereigentums keine illegal vorgenommenen Bestandsänderungen indirekt über den Weg der Abgeschlossenheitsbescheinigung sanktioniert werden.

32 Sondereigentum kann gemäß § 1 Abs. 1 WEG nur an »**Räumen eines Gebäudes**« begründet werden. »Raum« im Sinne des WEG ist stets ein nach außen abgeschlossener Raum als Teil eines Gebäudes. Es ist daher **nicht möglich, Sondereigentum an einer bloßen Grundstücksfläche zu begründen** (OLG Karlsruhe, Beschluss vom 27.01.1972 – 11 W 53/71, MDR 1972, 516). Der **Gebäudebegriff** nach dem WEG ist weitgehend deckungsgleich mit dem bauordnungsrechtlichen Begriff (zum Gebäudebegriff im Baurecht s. Anmerkungen zu § 2 Rdn. 118 ff.). Es ist jedoch zu beachten, dass sich das Gebäude, an dem Sondereigentum gebildet werden soll, gemäß § 1 Abs. 4 WEG **nicht auf mehrere Grundstücke** erstrecken darf, während das Bauordnungsrecht ein Gebäude auf mehreren Grundstücken durchaus ermöglicht, wenn zuvor eine »Vereinigungsbaulast« gemäß § 4 Abs. 2 BauO NRW zustande gekommen ist (s. Anmerkungen zu § 4 Rdn. 60 ff.). Bei der Begründung von Sondereigentum nach dem WEG ist deshalb eine grundbuchmäßige Vereinigung erforderlich. Diese Vereinigung kann zum einen durch Zuschreibung von Flurstücken zu einem weiteren Flurstück erfolgen und zum anderen durch Verschmelzung von Flurstücken. Bei einer Zuschreibung bleiben die Flurstücksnummern erhalten und werden fortan unter einer laufenden Nummer im Bestandsverzeichnis des Grundbuchblattes geführt. Die Verschmelzung erfolgt durch Zusammenlegen von Flurstücken zu einem neuen Flurstück. Scheitert die grundbuchmäßige Vereinigung, kann trotz einer eventuell bestehenden Vereinigungsbaulast kein Sondereigentum gebildet werden.

33 Anders als die Teilung von Grundstücken (Realteilung) ist die **Begründung von Sondereigentum** nicht auf eine Zerlegung eines zusammenhängenden unter einer laufenden Nummer im Bestandsverzeichnis des Grundbuches eingetragenen Teiles der Erdoberfläche, sondern auf die **Teilung des Eigentumsrechtes** an diesem Grundstück gerichtet. Hiervon begrifflich scharf zu trennen ist die ideelle Aufteilung eines Grundstückes durch Begründung von Bruchteilsberechtigungen. Dabei können mehrere Personen zu gleichen oder auch zu unterschiedlichen Anteilen Eigentümer eines Grundstückes mit den darauf befindlichen Aufbauten sein, wie es bei Ehepartnern häufig der Fall ist; hierdurch liegt noch kein Fall des Sondereigentums nach dem Wohnungseigentumsgesetz vor, vielmehr werden die Eigentumsverhältnisse eines jeden Grundstücks- und Gebäudeteils auf mehrere Eigentümer aufgeteilt. Erst durch Bildung von **Sondereigentum an Räumen** eines Gebäudes **in Verbindung mit dem Miteigentumsanteil an dem gemeinschaftlichen Eigentum** können Teile eines Gebäudes an unterschiedliche Eigentümer gelangen.

Das Wohnungseigentumsgesetz weist eine **irreführende Überschrift** auf; es müsste ei- 34
gentlich Sondereigentumsgesetz heißen. Denn **Sondereigentum** kann sein
- das **Wohnungseigentum an einer Wohnung** in Verbindung mit dem Miteigentumsanteil an dem gemeinschaftlichen Eigentum (§ 1 Abs. 2 WEG),
- das **Teileigentum an nicht zu Wohnzwecken dienenden Räumen** in Verbindung mit dem Miteigentumsanteil an dem gemeinschaftlichen Eigentum (§ 1 Abs. 3 WEG):

In Rechtsprechung und Literatur hat sich für beide Formen des Sondereigentums der Oberbegriff »**Raumeigentum**« etabliert. Wohnungs- bzw. Teileigentum kann nur an selbständigen Nutzungseinheiten gebildet werden. Als gängige Beispiele aus der Praxis sind zu nennen: Wohnung, Laden, Werkstatt, Praxis, Büro. Sondereigentum kann dagegen nicht an unselbständigen Räumen gebildet werden, die einer Nutzungseinheit dienend zugeordnet sind. So kann z.B. an notwendigen Toilettenräumen als Zubehör zu einer Wohnung kein Sondereigentum gebildet werden (OLG Düsseldorf, Beschluss vom 04.02.1976 – 3 W 315/75, NJW 1976, 1458). Sinn und Zweck des § 3 Abs. 1 WEG besteht darin, das Sondereigentum an einer Wohnung oder an nicht zu Wohnzwecken dienenden Räumen zu ermöglichen, nicht aber an völlig untergeordneten einzelnen Räumen, die alleine keine Nutzungseinheit darstellen. Zu abgeschlossenen Wohnungen bzw. sonstigen abgeschlossenen Nutzungseinheiten können jedoch **zusätzliche Räume außerhalb des Raumeigentumsabschlusses** gehören, wie z.B. (private) **Abstellräume** im Keller, die dann aber **verschließbar** sein müssen (s. Nr. 5 der Allgemeinen Verwaltungsvorschrift).

Sondereigentum kann auch an **dauerhaft markierten Stellplätzen in Garagengebäu-** 35
den oder Garagengeschossen begründet werden, obwohl diese nicht das Merkmal der Abgeschlossenheit im Sinne des § 3 Abs. 2 Satz 1 WEG erfüllen; insoweit enthält jedoch § 3 Abs. 2 Satz 2 WEG eine Sonderregelung in Form einer gesetzlichen Fiktion, wonach die Stellplätze als **abgeschlossen gelten,** wenn ihre Flächen durch eine dauerhafte Markierung ersichtlich sind. An **oberirdischen, nicht überdachten Stellplätzen im Freien** kann kein Sondereigentum begründet werden, da es sich hierbei nicht um ein Gebäude, sondern nur um eine Grundstücksfläche handelt (s. Rdn. 30). An solchen Stellplätzen, wie auch an sonstigen Grundstücksflächen, wie z.B. Terrassen und Gärten, können aber durch die Eigentümergemeinschaft nach Maßgabe des § 15 WEG **Gebrauchsregelungen** zugunsten eines Sondereigentums getroffen werden, die auch als »**Sondernutzungsrechte**« bezeichnet werden.

Beide **Sondereigentumsformen** stehen **gleichberechtigt** nebeneinander. Sinn des 36
WEG ist es nämlich zu ermöglichen, dass das Eigentum an Räumen eines Gebäudes erworben werden kann, gleichgültig ob sie Wohnungszwecken oder Nichtwohnungszwecken dienen. Die **Besonderheit dieser Eigentumsform** liegt darin begründet, dass der Eigentümer von Sondereigentum zwar die **alleinige Verfügungsberechtigung** über die Wohnung oder die nicht zu Wohnzwecken dienenden Räume besitzt, **nicht jedoch über das gemeinschaftliche Eigentum**, bestehend aus Grundstück sowie Teilen, Anlagen und Einrichtungen des Gebäudes, die nicht im Sondereigentum, sondern im gemeinschaftlichen Eigentum aller Sondereigentümer stehen. Zu letzteren zählen z.B.

die Fundamente, Außenwände, tragende Wände und Decken, Dach, Treppenraum, allgemein zugängliche Flure, Gemeinschaftsräume, Heiz-, Wasch- und Trockenräume, Fahrrad- und Kinderwagenabstellräume, Ver- und Entsorgungsanlagen. So kann zwar **Sondereigentum auch an sämtlichen Räumen eines Gebäudes** bestellt werden, wenn sich mehrere Gebäude auf demselben Grundstück befinden, seine Erstreckung auf die konstruktiven Teile dieses Gebäudes ist jedoch auch dann ausgeschlossen (BGH, Beschluss vom 03.04.1968 – V ZB 14/67, NJW 1968, 1230).

37 Das Sondereigentum kann entweder
– durch **vertragliche Einräumung** nach § 3 WEG oder
– durch **Teilung des Eigentümers** nach § 8 WEG
zustande kommen. Bei der vertraglichen Einräumung sind die Formvorschriften der §§ 4 und 7 WEG, § 313 BGB sowie § 29 GBO zu beachten. Die einseitige **Teilungserklärung des Grundstückseigentümers** nach § 8 WEG wird **in der Praxis bevorzugt**, da es so z.B. für Bauträger auf diese einfache Weise möglich ist, bereits vor Beginn der Baumaßnahme das Verhältnis der künftigen Wohnungs- bzw. Teileigentümer untereinander mit dinglicher Wirkung festzulegen. Vorteilhaft ist auch, dass die Bildung des Grundstücks im grundbuchrechtlichen Sinne noch nicht erfolgt sein muss; es genügt, dass sich die Teilungserklärung auf einen bestimmten räumlich abgegrenzten Teil der Erdoberfläche (ein Grundstück im wirtschaftlichen Sinne) bezieht, der als Grundstück im grundbuchrechtlichen Sinne eingetragen werden kann und soll (OLG Saarbrücken, Beschluss vom 08.07.1971 – 5 W 59/71, NJW 1972, 691).

38 Das Grundbuchamt legt von Amts wegen ein **besonderes Grundbuchblatt** (**Wohnungsgrundbuch, Teileigentumsgrundbuch**) an. Nur wenn keine Verwirrung zu befürchten ist, kann hiervon abgesehen werden. Es wird dann das Grundbuchblatt als **gemeinschaftliches Wohnungsgrundbuch** bzw. **Teileigentumsgrundbuch** bezeichnet. Steht das Eigentum an einem Grundstück mehreren Personen in Bruchteilsgemeinschaft zu, so hat eine Teilung nach dem WEG zur Folge, dass sich die Bruchteilsgemeinschaft an den einzelnen Raumeigentumsrechten fortsetzt (BayObLG, Beschluss vom 04.03.1969 – 2 Z 97/68, NJW 1969, 883).

39 Nach § 31 WEG ist es auch zulässig, an einer Wohnung ein **Dauerwohnrecht** bzw. an nicht zu Wohnzwecken dienenden Räumen ein **Dauernutzungsrecht** zu erlangen. Diese Nutzungsformen werden jedoch selten angewandt. Der Unterschied zwischen Raumeigentum und Dauerwohnrecht bzw. Dauernutzungsrecht liegt vor allem darin, dass der Nutzungsberechtigte kein Eigentümer ist, sondern lediglich nießbrauchähnliche Rechte an einer Wohnung (Dauerwohnrecht) oder an einer nicht zu Wohnzwecken dienenden Nutzungseinheit (Dauernutzungsrecht) besitzt. Diese Rechte sind ebenso wie das Raumeigentum veräußerlich und vererblich.

2 Wohnungseigentumsrechtliches Abgeschlossenheitsgebot

40 Wichtigstes Merkmal des Begriffs »Abgeschlossenheit« ist die **eindeutige Abgrenzung des Sondereigentums vom gemeinschaftlichen Eigentum**. Hierbei greift das WEG sowie die dazu ergangene Verwaltungsvorschrift auf **bauordnungsrechtliche Begriffe** zurück. Die §§ 29 und 31 BauO NRW regeln die Anforderungen an **Trennwände** und

Decken, durch die Nutzungseinheiten untereinander bzw. Nutzungseinheiten und andere, fremde Räume zu trennen sind. § 49 Abs. 1 BauO NRW 2000 normierte darüber hinaus ein bauordnungsrechtliches Abgeschlossenheitsgebot für Wohnungen. Dabei musste jedoch beachtet werden, dass der in § 49 Abs. 1 Satz 2 BauO NRW 2000 eingeräumte Verzicht auf das Abgeschlossenheitsgebot für Wohnungen in Gebäuden mit nicht mehr als zwei Wohnungen (**Einliegerwohnungsprivileg**) nur bauordnungsrechtliche Bedeutung besaß. Sofern die **Bildung von Wohnungseigentum** beabsichtigt war, **gingen die bundesrechtlichen Vorschriften des WEG vor**, in diesem Fall musste auch die Einliegerwohnung in sich abgeschlossen sein. Nach alten wie auch nach neuem Recht darf kein Wohnungseigentum begründet werden, wenn die Einliegerwohnung nur über die Hauptwohnung erreichbar ist, also keinen eigenen Zugang besitzt. Abgeschlossenheit bedeutet einfach ausgedrückt, dass eine Wohnung **alle Räume aufweist**, die **zur Führung eines Haushaltes erforderlich** sind, über zumindest Kochgelegenheit, Wasserversorgungs- und Abwasserbeseitigungseinrichtungen sowie WC verfügt, durch **Trennwände** und **Decken** baulich abgeschirmt ist und einen **direkten Ausgang in das Treppenhaus oder ins Freie** aufweist. Für andere Nutzungseinheiten, wie z.B. Büros, Läden, Praxen, gilt diese sondereigentumsrechtliche Bestimmung sinngemäß.

Die **materiellen Voraussetzungen** der Abgeschlossenheit orientieren sich zwar offensichtlich am Bauordnungsrecht, dennoch ist der Begriff der Abgeschlossenheit nach § 3 Abs. 2 WEG **zivilrechtlicher Natur**. Das **Erfordernis der Abgeschlossenheit** nach § 3 Abs. 2 WEG **dient allein der Abwehr von Streitigkeiten**, wie sie unter der Geltung des früheren Stockwerkseigentums als Folge unklarer rechtlicher Verhältnisse entstanden, weil z.B. Toiletten und Küchen nicht in jeder Wohnung vorhanden waren und daher gemeinschaftlich benutzt werden mussten. Die Verwaltungspraxis beschränkte sich demzufolge bis 1990 auch tatsächlich nur auf die Prüfung der materiellen Voraussetzungen nach dem WEG hinsichtlich Wohnungsausstattung und räumlicher Abgeschlossenheit. In dieser Zeit drängten jedoch Politiker in Großstädten mit Wohnungsnot die Bauverwaltungen zu einer verschärften Prüfung der Abgeschlossenheit nach bauordnungsrechtlichen Kriterien. Altbauten, die in Eigentumswohnungen umgewandelt werden sollten, wurden einer bauordnungsrechtlichen Qualitätsprüfung der Trennwände und Decken unterzogen. Als Ergebnis der Überprüfung konnte dann fast immer festgestellt werden, dass die Anforderungen des aktuell gültigen Bauordnungsrechts nicht eingehalten waren. Hierauf gestützt wurden die Anträge auf Erteilung einer Abgeschlossenheitsbescheinigung abgelehnt, obwohl die Trennwände und Decken aus dem Blickwinkel des sondereigentumsrechtlichen Abgeschlossenheitsgebots des WEG ausreichten. 41

Die **verwaltungsgerichtliche Rechtsprechung stützte** anfänglich die von München ausgehende **geänderte Verwaltungspraxis**, die in wenigen Monaten Nachahmer im gesamten Bundesgebiet fand. Das Urteil des BayVGH vom 08.05.1989 (– 2 B 87.01993, NJW-RR 1990, 27 = WuM 1989, 338), nach dem auch die **Qualität der Trennwände und Decken** zu prüfen sei, sorgte in der Fachwelt für Erstaunen. Dieses wuchs, als das BVerwG mit Beschluss vom 26.07.1989 (– 8 B 112.89, NJW 1990, 848) der Rechtsprechung des BayVGH folgte und als Voraussetzung für die Erteilung einer Abgeschlossenheitsbescheinigung verlangte, dass die bauordnungsrechtlichen Anforderungen an Trennwände und Decken erfüllt sein müssen, insbesondere hinsichtlich des Brand-, 42

Schall- und Wärmeschutzes. Dabei war nach dieser Rechtsprechung auf die Rechtslage zum Zeitpunkt der Erteilung der Abgeschlossenheitsbescheinigung abzustellen, so dass Altbausubstanz häufig diesen Anforderungen nicht genügte. Eine gegen diese Rechtsauslegung gerichtete Verfassungsbeschwerde wurde vom BVerfG mit Beschluss vom 03.11.1989 (– 1 BvR 1212/89, BBauBl. 1990, 295 = NJW 1990, 825) unter anderem mit der Begründung nicht zur Entscheidung angenommen, dass weder die eigentumsrechtliche Bestandsgarantie noch der Verhältnismäßigkeitsgrundsatz es verbieten, gewandelte Auffassungen über gesunde Wohnverhältnisse, die sich in Änderungen der Bauordnungen der Länder niederschlagen, bei der Neubegründung von Wohnungseigentum zu berücksichtigen und insoweit auch bei Altbauten die Erteilung einer Abgeschlossenheitsbescheinigung davon abhängig zu machen, dass die Wohnungen den heutigen Anforderungen des Bauordnungsrechtes an die Abgeschlossenheit genügen.

43 Die **Zivilgerichte teilten die Rechtsauslegung durch die Verwaltungsgerichte nicht**. Nach deren Auffassung verlangt das Abgeschlossenheitsgebot bei der Begründung von Wohnungseigentum an schon bestehenden Gebäuden nur, dass **feste Bauteile** zur **dauerhaften Begrenzung** und zum **Schutz vor unbefugtem Betreten** vorhanden sind. Der 5. Zivilsenat des BGH rief deshalb mit Beschluss vom 14.02.1991 (– V ZB 12/90, BauR 1991, 359 = BBauBl. 1991, 470) den Gemeinsamen Senat der obersten Gerichtshöfe des Bundes an. Dieser schloss sich im Ergebnis der Auffassung der Zivilgerichte an und stellte für die Zukunft klar, dass für die Bildung von Sondereigentum **keine weitergehenden Anforderungen gestellt werden dürfen, als dies im Wohnungseigentumsgesetz normiert** ist. Insbesondere dürfen keine zusätzlichen bauordnungsrechtlichen Regelungen berücksichtigt werden, weil dies zu unterschiedlichen Ergebnissen in den einzelnen Bundesländern führen würde.

44 Aufgrund dieser grundlegenden Entscheidung konnten fortan im gesamten Bundesgebiet Abgeschlossenheitsbescheinigungen für **Altbauten** erteilt werden, auch wenn die Trennwände und Decken **nicht** den **aktuellen bauordnungsrechtlichen Anforderungen** entsprechen, die das Bauordnungsrecht des jeweiligen Bundeslandes enthält. Die vom Gemeinsamen Senat der obersten Gerichtshöfe des Bundes festgestellte Rechtslage besteht bis heute unverändert fort. Der **Gesetzgeber hat diese Entscheidung akzeptiert** und nicht, wie im Verfahren des Investitionserleichterungs- und Wohnbaulandgesetzes vorgeschlagen, einen § 22a BauGB – Sicherung des Bestandes am Mietwohnungen – in das Bauplanungsrecht aufgenommen. Mit der Mietrechtsreform 2001 wurde bei der Wohnungseigentumsbildung an vermieteten Wohnungen das Vorkaufsrecht des Mieters (neu: § 577 BGB – alt: § 570b BGB) und die Kündigungsbeschränkung bei Wohnungsumwandlung (neu: § 577a BGB – alt: § 564b BGB) neu gefasst.

45 Am 01.07.2007 trat das **Gesetz zur Änderung des Wohnungseigentumsgesetzes und anderer Gesetze** vom 26.03.2007 (BGBl. I S. 370) in Kraft. Ziel dieses Gesetzes war in erster Linie die **Vereinfachung der Verwaltung** des Sondereigentums. Bei der **Instandhaltung des Gemeinschaftseigentums** wurde das Einstimmigkeitsprinzip aufgegeben und durch eine **Mehrheitsentscheidung** ersetzt. Weiter bewirkte die Novelle die Vereinheitlichung der Streitverfahren in Angelegenheiten des WEG mit anderen zivilrechtlichen Vorschriften; das Verfahren richtet sich nach der **ZPO**. Die

Informationsrechte über die Beschlüsse der Eigentümergemeinschaft wurden insofern erleichtert, als der **Verwalter** eine **Sammlung der Beschlüsse** zu führen hat, so dass sich Käufer leichter über die ihnen zukommenden Rechte und Pflichte informieren können. Die Rechtsstellung der Eigentümergemeinschaft gegenüber einzelnen Eigentümern, die ihren Zahlungsverpflichtungen bezüglich gemeinschaftlich zu tragender Kosten (Hausgeld) nicht nachkommen, wurde verbessert.

Schließlich ergänzte die Novelle die §§ 7 und 32 WEG durch Einführung einer **Rechts-** 46 **verordnungsermächtigung**, wonach die **Landesregierungen** die Abgeschlossenheitsprüfung auf »öffentlich bestellte oder anerkannte Sachverständige« für das Bauwesen übertragen können (zu den Änderungen im Einzelnen vgl. Niedenführ, Die WEG-Novelle 2007, NJW 2007, 1841). Hierdurch können die **Bauaufsichtsbehörden** von sachfremden Aufgaben **entlastet** werden. Die neue Vorschrift trägt dem Umstand Rechnung, dass die Länder ihr Bauordnungsrecht geändert und **genehmigungsfreie** Wohnbauvorhaben ermöglicht haben, bei denen nur noch die Gemeinde, nicht jedoch die Bauaufsichtsbehörde mitwirkt. Die Regelung stellt auf den **öffentlich bestellten** oder **anerkannten Sachverständigen** ab, und zwar insbesondere wegen dessen **Unabhängigkeit** gegenüber dem teilenden Eigentümer, da nur so die Genauigkeit der Angaben im Aufteilungsplan hinreichend sicher geprüft werden kann (so die Begründung in BT-Drucks. 16/887, S. 17). Von der Ermächtigung wurde bislang in Nordrhein-Westfalen noch kein Gebrauch gemacht, so dass für die Erteilung der Abgeschlossenheitsbescheinigung nach wie vor die Zuständigkeit der Bauaufsichtsbehörden gegeben ist.

3 Bauplanungsrechtliche Beschränkung des Wohnungseigentums

Eine **Möglichkeit zur Begrenzung der Wohnungseigentumsbildung** hat der Gesetz- 47 geber mit **§ 22 BauGB** geschaffen, um in **Kur- und Erholungsorten** Übernachtungsmöglichkeiten für Feriengäste zu erhalten und so die vorhandene Infrastruktur zu schützen (vgl. Ernst/Zinkhahn/Bielenberg, zu § 22 Rn. 9). Dies kann durch die Überhandnahme von Zweitwohnungen gefährdet sein, wenn Beherbergungsbetriebe und Wohngebäude in Eigentumswohnungen zur Nutzung als Zweitwohnsitz umgewandelt werden, da hierdurch die Tendenz zu einer so genannten »Rollladensiedlung« entsteht (BVerwG, Urteil vom 27.09.1995 – 4 C 28.94, BRS 57 Nr. 122 = DÖV 1996, 170 = DVBl. 1996, 52 = NVwZ-RR 1996, 373).

Voraussetzung zur Begründung des bauplanungsrechtlichen Genehmigungsvor- 48 behalts ist, dass der **Bebauungsplan** oder eine **sonstige Satzung** diesen bestimmt. Die sonstige Satzung kommt in Betracht, wenn für einen bereits vorhandenen Bestand kein Bebauungsplan erforderlich ist, für das Gebiet bereits ein rechtswirksamer Bebauungsplan existiert, der nicht geändert werden soll oder die Gemeinde gleich mehrere Bebauungsplanbereiche sichern möchte. Das Satzungsverfahren ist im Übrigen einfacher zu handhaben, da das aufwendige Bauleitplanverfahren nicht durchlaufen werden muss (vgl. auch Greiving, Die Satzung zur Sicherung von Gebieten mit Fremdenverkehrsfunktion gemäß § 22 BauGB und ihre gemeindliche Anwendungspraxis, DVBl. 2001, S. 336 ff.)

49 Von der Ermächtigung zur Einführung des Genehmigungsvorbehaltes kann die Gemeinde nur bei **Vorliegen der gesetzlichen Voraussetzungen** Gebrauch machen. Hierzu führt § 22 Abs. 1 Satz 3 und 4 BauGB aus:»Voraussetzung für die Bestimmung ist, dass durch die Begründung oder Teilung der Rechte die vorhandene oder vorgesehene Zweckbestimmung des Gebiets für den Fremdenverkehr und dadurch die geordnete städtebauliche Entwicklung beeinträchtigt werden kann. Die Zweckbestimmung eines Gebiets für den Fremdenverkehr ist insbesondere anzunehmen bei Kurgebieten, Gebieten für die Fremdenbeherbergung, Wochenend- und Ferienhausgebieten, die im Bebauungsplan festgesetzt sind, und bei im Zusammenhang bebauten Ortsteilen, deren Eigenart solchen Gebieten entspricht, sowie bei sonstigen Gebieten mit Fremdenverkehrsfunktionen, die durch Beherbergungsbetriebe und Wohngebäude mit Fremdenbeherbergung geprägt sind.«

Die Prägung eines »sonstigen Gebiets mit Fremdenverkehrsfunktionen« durch Beherbergungsbetriebe und Wohngebäude mit Fremdenbeherbergung wird grundsätzlich nicht dadurch aufgehoben, dass sich in ihm auch Gemeinbedarfsflächen und Flächen öffentlicher Nutzung befinden, die selbst nicht unmittelbar Fremdenverkehrszwecken dienen; solche Flächen müssen nicht aus dem Geltungsbereich der Satzung ausgeklammert werden (BVerwG, Urteil vom 15.05.1997 – 4 C 9.96, BRS 59 Nr. 104 = DVBl. 1997, 1126 = NVwZ 1998, 276 = UPR 1997, 464 = ZfBR 1997, 313).

50 Über den Antrag entscheidet gemäß § 22 Abs. 5 Satz 1 BauGB die **Baugenehmigungsbehörde im Einvernehmen mit der Gemeinde.** Die Baugenehmigungsbehörde darf die Genehmigung nur in den aus § 22 Abs. 4 BauGB abschließend genannten Gründen versagen. Hierbei muss jedoch die Härteregelung des § 22 Abs. 4 Satz 3 BauGB berücksichtigt werden, die es gestattet, Ausnahmen zu erteilen, um wirtschaftliche Nachteile zu vermeiden, die für den Eigentümer eine besondere Härte bedeuten. Die Handhabung dieser Vorschrift ist nicht unproblematisch, wie die Erfahrung mit § 35 Abs. 4 Nr. 5 BBauG 1979 gezeigt hat. Der Eigentümer muss in einem solchen Falle nachweisen, dass bei Versagung der Genehmigung die Aufrechterhaltung der bisherigen Nutzungsform nicht mehr möglich ist. Da er bei Versagung der Genehmigung und Erfüllung der in § 40 Abs. 2 BauGB genannten Voraussetzungen die Übernahme des Grundstückes zum Verkehrswert gemäß § 22 Abs. 7 BauGB verlangen kann, wird die Gemeinde einer schwierigen Situation in diesem Verfahren ausgesetzt. Über die Genehmigung ist gem. § 22 Abs. 5 Satz 2 BauGB innerhalb einer Monatsfrist zu entscheiden, ansonsten tritt eine Genehmigungsfiktion ein (sie gilt als erteilt). Die Frist kann mittels Zwischenbescheid um höchstens drei Monate verlängert werden, wenn die Behörde die Prüfung des Antrags nicht innerhalb der Monatsfrist abschließen kann (§ 22 Abs. 5 Satz 3 BauGB).

4 Aufteilungsplan und Abgeschlossenheitsbescheinigung

51 Die **Bauaufsichtsbehörden** (zur Zuständigkeit s. vorausgehende Rdn. 29) sind in das Verfahren nach dem WEG als »**Gehilfen der Grundbuchämter**« eingebunden. Da deren Bedienstete in aller Regel nicht über die Kenntnisse verfügen, um die bautechnischen Einzelheiten der Aufteilung beurteilen zu können, verlangen die §§ 7 Abs. 4 und 32 Abs. 2 WEG, dass der Eintragungsbewilligung ein »**Aufteilungsplan**«

und eine »**Abgeschlossenheitsbescheinigung**« beizufügen sind. Der Aufteilungsplan ist daraufhin zu prüfen, ob die Voraussetzungen des WEG erfüllt sind (hierzu vgl. Trendel, Die Abgeschlossenheitsbescheinigung nach dem Wohnungseigentumsgesetz, BauR 1984, S. 215 ff.). Die Baubehörde muss also zwangsläufig auch prüfen, welche Art von Sondereigentum in Betracht kommt (OVG Lüneburg, Urteil vom 30.06.1983 – 14 A 6/82, BauR 1984, 278 und OVG Lüneburg, Urteil vom 30.06.1983 – 14 A 69/82, BauR 1984, 280).

Mit der **Bescheinigung** und den zugehörigen Bauzeichnungen wird das Vorliegen 52 der Voraussetzungen für die Abgeschlossenheit bestätigt. Bei der Erteilung der Bescheinigung muss die **Bauaufsichtsbehörde größte Sorgfalt** walten lassen, da durch die Bezugnahme auf die Eintragungsbewilligung nach § 7 Abs. 3 WEG der zur Abgeschlossenheitsbescheinigung gehörende **Aufteilungsplan** einbezogen und somit **Inhalt des Grundbuchs** wird. Nur aus dem Aufteilungsplan lassen sich das Sondereigentum und das Gemeinschaftseigentum entnehmen und im Falle späterer Streitigkeiten die genauen Grenzen des jeweiligen Sondereigentums feststellen.

Der vom Antragsteller der Bauaufsichtsbehörde vorzulegende **Aufteilungsplan** muss 53 die **Aufteilung des Gebäudes**
– in Sondereigentum und
– das **gemeinschaftliche Eigentum**
in eindeutiger Weise erkennen lassen, anderenfalls liegt ein Verstoß gegen den Bestimmtheitsgrundsatz des § 3 Abs. 2 bzw. 32 Abs. 1 WEG vor (vgl. Sertl, Aufteilungspläne nach dem WEG in der Praxis, DAB 1994, S. 964 ff. mit Darstellungsbeispielen und Rechtsprechungsnachweisen). Danach soll Sondereigentum nur eingeräumt bzw. Dauerwohnrecht nur bestellt werden, wenn die Wohnung oder die sonstigen Räume in sich abgeschlossen sind. Der Aufteilungsplan besteht regelmäßig aus **Grundriss-**, **Schnitt- und Ansichtszeichnungen mindestens im Maßstab 1:100**, wie sie normalerweise auch im Baugenehmigungsverfahren erforderlich sind. Das BayObLG führt im Beschluss vom 31.07.1980 (2 Z 54/79, Rechtspfleger 1980, 435) aus:

»Die für Grundbucheintragungen erforderliche Bestimmtheit gebietet es, bei Begründung von Wohnungseigentum im Aufteilungsplan Sonder- und Gemeinschaftseigentum genau abzugrenzen. Hierzu ist es erforderlich, eine Bauzeichnung von allen Teilen des Gebäudes (z.B. auch des Dachgeschosses) vorzulegen, die regelmäßig auch Schnitte und Ansichten zu enthalten hat.«

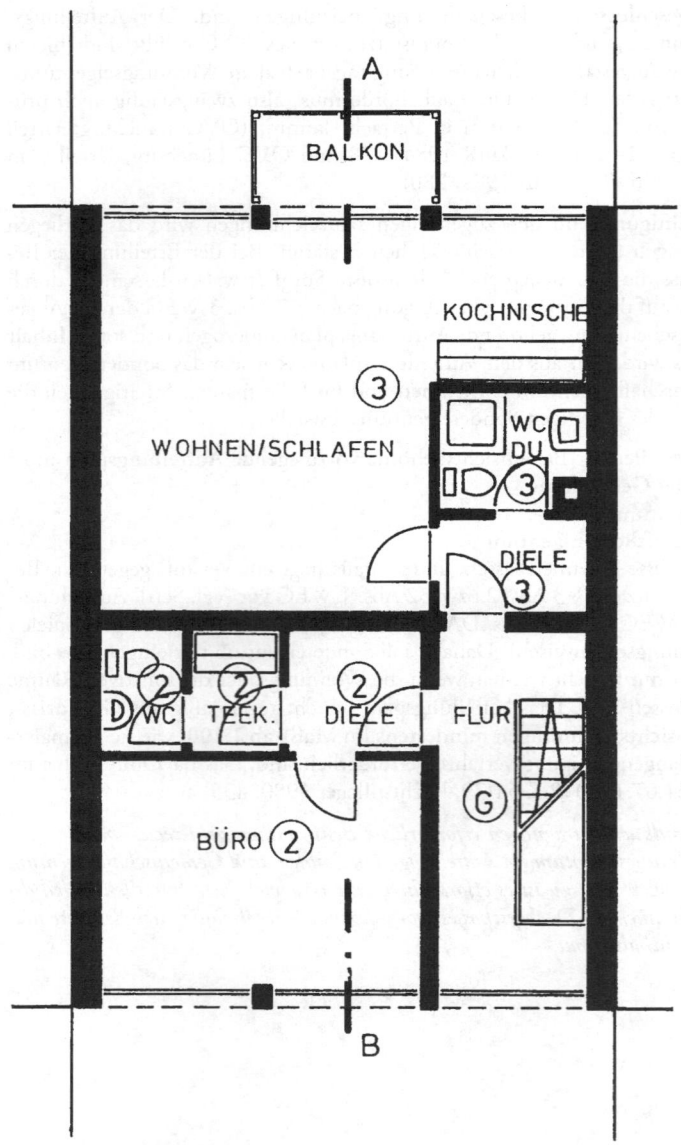

Abb. 47.1 Beispiel für die Darstellung im Grundriss – die im **Gemeinschaftseigentum** stehenden Räume sind mit **G**, die Räume der **Sondereigentumseinheiten** mit **Zahlen** gekennzeichnet (s. Rdn. 52).

Aus den **Bauzeichnungen** müssen die Sondereigentumseinheiten und die im gemein- 54
schaftlichen Eigentum verbleibenden Räume wie z.B. Treppen-, Heizungs-, Hausanschluss- oder Fahrradabstellraum eindeutig erkennbar sein. Nach § 7 Abs. 4 und § 32 Abs. 2 WEG in Verbindung Nr. 3 der Verwaltungsvorschrift müssen alle zu demselben Wohnungseigentum, Teileigentum, Dauerwohn- bzw. Dauernutzungsrecht gehörenden Räume mit der jeweils **gleichen Nummer** im Aufteilungsplan eindeutig gekennzeichnet sein. Sofern sich auf dem Grundstück mehrere Gebäude befinden, so z.B. außer dem Wohngebäude noch Garagengebäude, muss dem Aufteilungsplan ein **Lageplan** bzw. eine **Flurkarte** mit Eintragung der einzelnen Gebäude beigefügt werden, da sonst leicht Verwirrung über den Inhalt des Sondereigentums eintreten kann.

Bei bestehenden Gebäuden muss die Bauzeichnung den **Bestand genau darstellen** 55
(Baubestandszeichnung). Zu berücksichtigen bleibt in jedem Falle, dass Wohnungseigentum nur begründet werden darf, wenn die **Wohnung durch Bauteile ohne Öffnungen von fremden Nutzungseinheiten abgetrennt ist** und über Küche bzw. Kochnische sowie Wasserversorgung, Ausguss und WC verfügt – vgl. Nr. 4 und 5 der Allgemeinen Verwaltungsvorschrift. Bei der Abgeschlossenheit in bestehenden Gebäuden geht es um **dauerhafte** und **feste Wandkonstruktionen**, die zwar nicht dem derzeit geltenden Bauordnungsrecht entsprechen müssen (s. Rdn. 43), die aber einen hinreichenden **mechanischen Widerstand gegen unbefugtes Eindringen** gewährleisten. Ferner muss eine **Überstimmung der Baubestandszeichnung mit der seinerzeit erteilten Baugenehmigung** für das Gebäude gegeben sein (s. Rdn. 30).

Bei zu errichtenden Gebäuden muss die Bauzeichnung den **aktuellen bauordnungs-** 56
rechtlichen Anforderungen genügen. Anders als bei bestehenden Gebäuden, ist bei noch zu errichtenden Gebäuden das **geltende** Bauordnungsrecht **in vollem Umfang zu beachten**. Die Bauzeichnung muss deshalb eine Prüfung der bauordnungsrechtlichen Anforderungen durch die Bauaufsichtsbehörde zulassen. Diese Prüfungsmöglichkeit ist nur gegeben, wenn die Bauzeichnung den Vorgaben des § 4 BauPrüfVO genügt, also unter anderem Angaben über die Maße und das Brandverhalten der Baustoffe und die Feuerwiderstandsdauer der Bauteile enthält, soweit aus Gründen des Brandschutzes an diese Forderungen gestellt werden.

Es sind nur die wohnungseigentumsrechtlichen und bauordnungsrechtlichen Vo- 57
raussetzungen zu prüfen, **bauplanungsrechtliche Vorschriften** sind **kein Prüfungsgegenstand** (BVerwG, Urteil vom 11.12.1987 – 8 C 55.85, NJW 1988, 649; OVG Lüneburg, Urteil vom 30.06.1983 – 14 A 6/82, BauR 1984, 278). Eine darüberhinausgehende verbindliche Aussage über den Umfang der baurechtlich zulässigen Nutzung des Sondereigentums enthält die Abgeschlossenheitsbescheinigung von Gesetzes wegen nicht. Daher kann **aus einer Abgeschlossenheitsbescheinigung** auch **kein Anspruch auf Erteilung der Baugenehmigung** hergeleitet werden. Das Bundesverwaltungsgericht empfiehlt daher im Urteil vom 11.12.1987, a.a.O.):

»In einer Abgeschlossenheitsbescheinigung wird dementsprechend zweckmäßigerweise der klarstellende Zusatz aufzunehmen sein, dass bei der Erteilung dieser Bescheinigung die bebauungsrechtliche (bauplanungsrechtliche) Zulässigkeit der zu errichtenden oder errichteten Räume und ihrer Nutzung von Rechts wegen nicht zu prüfen war.«

58 Die **Abgeschlossenheitsbescheinigung** ist nach dem **Muster der Allgemeinen Verwaltungsvorschrift** zu erteilen. Hierbei handelt es sich nicht um einen feststellenden Verwaltungsakt, sondern lediglich um einen urkundlichen Nachweis gegenüber dem Grundbuchamt, dass die Wohnungen bzw. sonstigen Räume in sich abgeschlossen sind. Verweigert die Baubehörde die Ausstellung der Bescheinigung, so kann daher deren Erteilung vom Antragsteller nur mit der allgemeinen Leistungsklage verfolgt werden (BVerwG, Urteil vom 11.12.1987 – 8 C 55.85, NJW 1988, 649 und VG Berlin, Urteil vom 26.02.1997 – 19 A 766/95, NVwZ 1998, 1327).

59 **Zweck der Abgeschlossenheitsbescheinigung** ist es, **dem Grundbuchamt die Prüfung bautechnischer Fragen zu erleichtern bzw. zu ersparen.** Die Begründung des Entwurfes zum WEG führt zu § 7 Abs. 4 aus, dass die Bescheinigung dem Grundbuchrichter im Regelfall eine weitere Nachprüfung ersparen wird (BR-Drucksache 75/51). Dem Grundbuchamt steht ein materielles Prüfungsrecht zu. Es ist aber nicht seine Aufgabe, die Abgeschlossenheitsbescheinigung daraufhin zu überprüfen, ob die Baubehörde bei der Erteilung der Bescheinigung die Erfüllung der bautechnischen Anforderungen an die Wohnungstrennwände und -decken überprüft und zutreffend bejaht hat (BayObLG, Beschluss vom 30.11.1989 – 2 Z 114/89, NJW-RR 1990, 212).

Da der Abgeschlossenheitsbescheinigung die für die Annahme eines Verwaltungsaktes erforderliche rechtsverbindliche hoheitliche Einzelfallregelung durch eine Verwaltungsbehörde fehlt, können durch die Baubehörde **keine Nebenbestimmungen** getroffen werden (z.B. Auflage zur Schließung einer Wandöffnung), durch die ein Versagungstatbestand auszuräumen wäre. Entweder liegen die Voraussetzungen vor, um die Bescheinigung erteilen zu können, oder sie liegen nicht vor, dann muss der Antrag auf Erteilung abschlägig beschieden werden (OLG Hamm, Beschluss vom 20.05.1976 – 15 W 255/72, NJW 1976, 1752).

5 Verfahren, Gebühren, Nachbarschutz

60 Der **Antrag auf Erteilung der Abgeschlossenheitsbescheinigung** ist bei der zuständigen unteren Bauaufsichtsbehörde unter Beifügung des Aufteilungsplans in mindestens **zweifacher Ausfertigung** (**Antragsteller- und Behördenexemplar**) einzureichen. In der Praxis ist es üblich weitere Exemplare des Aufteilungsplans vorzulegen, um jeweils für alle beteiligten Sondereigentümer, den Verwalter, den Notar und das Grundbuchamt eine baubehördlich geprüfte Ausfertigung zu erhalten. Besondere Formvorschriften für den Antrag bestehen nicht, insbesondere ist **kein verbindlicher Antragsvordruck** eingeführt; viele Bauaufsichtsbehörden halten jedoch zur Erleichterung für den Antragsteller selbst ausgestaltete Antragsvordrucke bereit. Die Person, die den Aufteilungsplan fertigt, braucht **nicht** nach § 67 BauO NRW bauvorlageberechtigt zu sein, da es sich um ein Verfahren nach dem WEG handelt; weder das WEG noch die Allgemeine Verwaltungsvorschrift erklären die entsprechenden bauordnungsrechtlichen Bestimmungen für anwendbar. Erforderlich ist aber, dass die Zeichnungen den Anforderungen des WEG und der Allgemeinen Verwaltungsvorschrift entsprechen.

61 Den Antrag kann nur der **Grundstückseigentümer** oder der **Erbbauberechtigte** wirksam stellen (s. Nr. 1 der Allgemeinen Verwaltungsvorschrift). Der entsprechende

Nachweis ist durch **notariellen Vertrag** oder Vorlage eines **aktuellen Grundbuchauszugs** zu führen. Steht das Grundstück im Eigentum einer juristischen Person, müssen dem Antrag Urkunden beigefügt werden, aus welchen sich die Zeichnungsberechtigung ergibt. Die verfügungsberechtigte Person kann eine andere Person bevollmächtigen; in diesem Falle ist jedoch zusätzlich die **Vorlage der Vollmacht** erforderlich. Wird also durch einen Bauherrn, der noch nicht Eigentümer des Grundstückes ist (z.B. Bauträger), die Erteilung einer Abgeschlossenheitsbescheinigung für ein zu errichtendes Gebäude beantragt, muss dieser durch den Grundstückseigentümer entsprechend bevollmächtigt sein. Fehlt der Nachweis der Verfügungsberechtigung oder der Bevollmächtigung, hat die Bauaufsichtsbehörde den Antragsteller gemäß § 25 VwVfG. NRW. zur **Behebung der Antragsmängel unter Fristsetzung** aufzufordern. Nach **fruchtlosem Verstreichen der Frist** ist die Erteilung der Bescheinigung wegen **fehlender Antragsberechtigung** abzulehnen. Eine entsprechende Anwendung des § 71 Abs. 1 Satz 3 BauO NRW, wonach der Antrag als zurückgezogen gilt, wenn er nicht innerhalb der festgesetzten Frist vervollständigt worden ist, ist nicht möglich, da das Verfahren zur Erteilung einer Abgeschlossenheitsbescheinigung nicht unter den Anwendungsbereich der BauO NRW fällt.

In der Praxis kommt es regelmäßig vor, dass die Antragstellung zur Erteilung der Baugenehmigung und der Abgeschlossenheitsbescheinigung zeitgleich erfolgt. Zweckmäßigerweise werden beide Anträge von der Bauaufsichtsbehörde **gemeinsam bearbeitet und entschieden**. Es nützt dem Bauherrn nämlich wenig, wenn die Abgeschlossenheitsbescheinigung unverzüglich erteilt wird, der Bauantrag wegen entgegenstehender öffentlich-rechtlicher Vorschriften aber noch eine wesentliche Abänderung erfährt, die dann die bereits erteilte Abgeschlossenheitsbescheinigung in Widerspruch zur Baugenehmigung bringt. In diesem Falle wird die Abgeschlossenheitsbescheinigung unrichtig und kann von der Bauaufsichtsbehörde dem Grundbuchamt gegenüber für kraftlos erklärt werden. 62

Ändert sich im Zuge des Baufortschritts die Ausführung, was häufig vorkommt, sollte die Bauaufsichtsbehörde den Bauherrn auf die Folgen hinsichtlich der Abgeschlossenheitsbescheinigung hinweisen und ihn veranlassen, zusammen mit dem Bauantrag auf Genehmigung der **Änderung der Bauausführung** (Nachtragsbaugesuch) auch eine **neue Abgeschlossenheitsbescheinigung** zu beantragen. Die Bauaufsichtsbehörde hat ferner das **Grundbuchamt** bei einer vom genehmigten Aufteilungsplan erheblich abweichenden Bauausführung zu **benachrichtigen** (RdErl. vom 16.02.1977, MBl. NRW. S. 247). Denn es ist **kein gültiges Sondereigentum** entstanden, wenn nach den Grundbucheintragungen das Gebäude erheblich von der genehmigten Bauzeichnung abweichend errichtet wurde. Können die Räume einer im Aufteilungsplan ausgewiesenen Raumeinheit aufgrund abweichender Bauausführung nicht zugeordnet werden, entsteht an ihnen kein Sondereigentum, sondern **gemeinschaftliches Eigentum** (BGH, Urteil vom 05.12.2003 – V ZR 447/01, NJW 2004, 1798). Nur unwesentliche Änderungen, die auf die Abgrenzung des Sondereigentums vom Gemeinschaftseigentum keinen Einfluss haben, wie z.B. die Anordnung nichttragender Wände innerhalb einer Wohnung, sind unschädlich (BayObLG, Beschluss vom 20.01.1967 – 2 Z 64/66, NJW 1967, 986). Die Nichtentstehung des Sondereigentums hat die Nichtentstehung 63 des zugehörigen Teileigentums als Ganzes zur Folge; die Eintragung des Teileigentums im Grundbuch ist von Amts wegen insgesamt zu löschen (OLG Hamm, Beschluss vom 20.05.1976 – 15 W 255/72, NJW 1976, 1752).

64 Der **Prüfungsaufwand** ist bei zu errichtenden und bestehenden Gebäuden **unterschiedlich**. Bei **zu errichtenden Gebäuden** hat die beurteilende Behörde den Aufteilungsplan auf die Anforderungen des aktuellen Bauordnungsrechts zu überprüfen. Dies geschieht in der Praxis durch Abgleich mit den genehmigten oder zur Genehmigung anstehenden Bauvorlagen aus dem vorliegenden Bauantrag. Bei **bestehenden Gebäuden** entsteht der Bauaufsichtsbehörde ein erheblich höherer Aufwand, da zum einen die **Archivakte** beigezogen werden muss um zu prüfen, ob der Aufteilungsplan (Baubestandszeichnung) mit den genehmigten Bauvorlagen übereinstimmt und zum Zweiten durch **Ortsbesichtigung** zu prüfen ist, ob die Wohnungstrennwände und -decken der Sondereigentumseinheiten keine unzulässigen Öffnungen aufweisen. Der Zugang zu vermietetem Wohnraum kann aus Anlass der Prüfung der Abgeschlossenheit nicht hoheitlich erzwungen werden, da das WEG keine dem § 61 Abs. 6 BauO NRW (Einschränkung des Grundrechts auf Unverletzlichkeit der Wohnung) nachgebildete Bestimmung enthält. Es ist daher Sache des Antragstellers, der Bauaufsichtsbehörde den Zutritt zu vermietetem Wohnraum zwecks Überprüfung zu ermöglichen.

65 Nach Maßgabe der **AVerwGebO NRW** erheben die Bauaufsichtsbehörden für die Erteilung der Abgeschlossenheitsbescheinigung **Gebühren**, deren Höhe in Tarifstelle 2.7 des Allgemeinen Gebührentarifs angegeben ist. Für die erste Ausfertigung des Aufteilungsplans werden nach Tarifstelle 2.7.1 des Allgemeinen Gebührentarifs 100 €, für jede weitere Ausfertigung 30 € erhoben. Die Gebühr für die Erteilung der Abgeschlossenheitsbescheinigung selbst richtet sich nach Tarifstelle 2.7.2 des Allgemeinen Gebührentarifs. Danach kann die Behörde eine Gebühr bis zu 150 € für jede Sondereigentumseinheit nach pflichtgemäßem Ermessen festsetzen. Im Gegensatz zu der vorhergehenden Regelung mit starren Gebührensätzen wird nun der Behörde ein Handlungsspielraum eingeräumt, u. a. um den unterschiedlichen Aufwand (s. Rdn. 63) zwischen **zu errichtenden** und **bestehenden** Gebäuden zu werten. Daneben werden für jeden zu bescheinigenden Garagenplatz 20 € festgesetzt. Jede Mehrausfertigung der Abgeschlossenheitsbescheinigung schlägt mit 30 € zu Buche.

66 Das **öffentliche Baurecht** ist **grundstücksbezogen**, so dass nur der **Eigentümer** oder **dinglich Berechtigte** über **nachbarliche Abwehrrechte** in öffentlich-rechtlicher Hinsicht verfügt. Der **Sondereigentümer** kann, da er Miteigentümer des gemeinschaftlichen Grundbesitzes ist, wie der (alleinige) Grundstückseigentümer gegenüber der Bauaufsichtsbehörde geltend machen, dass durch eine dem Nachbarn erteilte Baugenehmigung in seine öffentlich-rechtlich geschützte Position eingegriffen wird (OVG Bln., Urteil vom 03.10.1975 – II B 38.74, BRS 29 Nr. 143). Eines Beschlusses der Eigentümergemeinschaft bedarf es insoweit nicht, da dieses Recht aus dem Miteigentumsanteil an dem gemeinschaftlichen Eigentum fließt (OVG NRW, Urteil vom 12.12.1991 – 7 A 172/89, BRS 54 Nr. 180). Der Miteigentümer kann als Nachbar Einwendungen gegen beeinträchtigende Bauvorhaben auch dann geltend machen, wenn die anderen Miteigentümer der Geltendmachung von Nachbarrechten widersprechen (OVG Saar, Urteil vom 06.11.1970 – II R 30/70, BRS 23 Nr. 161).

Das Sondereigentum nach dem Wohnungseigentumsgesetz schließt **öffentlich-recht-** 67
**liche Nachbarschutzansprüche innerhalb der Gemeinschaft der Miteigentümer
desselben Grundstücks** aus (BVerwG, Urteil vom 14.10.1988 – 4 C 1.86, BRS 48
Nr. 155 = DVBl. 1989, 356 = NVwZ 1989, 250). Dies gilt auch gegenüber Störungen, die ein nicht zur Eigentümerschaft gehörender Dritter bei der baulichen Nutzung des gemeinschaftlichen Grundstücks verursacht (BVerwG, Urteil vom 12.03.1998 – 4 C 3.97, BRS 60 Nr. 173 = DVBl. 1998, 893 = NVwZ 1998, 954 = UPR 1998, 349 = ZfBR 1998, 254).

§ 48 Stellplätze, Garagen und Fahrradabstellplätze

(1) Werden Anlagen errichtet, bei denen ein Zu- oder Abfahrtsverkehr zu erwarten ist, sind Stellplätze oder Garagen und Fahrradabstellplätze in ausreichender Zahl und Größe und in geeigneter Beschaffenheit herzustellen (notwendige Stellplätze). Fahrradabstellplätze müssen von der öffentlichen Verkehrsfläche ebenerdig, durch Rampen oder durch Aufzüge zugänglich sein. Bei Änderungen oder Nutzungsänderungen von Anlagen sind Stellplätze und Fahrradabstellplätze in solcher Zahl und Größe herzustellen, dass sie die durch die Änderung zusätzlich zu erwartenden Kraftfahrzeuge und Fahrräder aufnehmen können. Dies gilt nicht, wenn sonst die Schaffung oder Erneuerung von Wohnraum auch unter Berücksichtigung der Möglichkeit einer Ablösung erheblich erschwert oder verhindert würde.

(2) Das für Bauen zuständige Ministerium regelt durch Rechtsverordnung die Zahl der notwendigen Stellplätze nach Absatz 1 Satz 1 und Näheres über Zahl, Größe und Lage von Stellplätzen für Menschen mit Behinderungen. Wird die Zahl der notwendigen Stellplätze durch Bebauungsplan oder durch örtliche Bauvorschrift (§ 89 Absatz 1 Nummer 4) festgelegt, ist diese Zahl maßgeblich.

(3) Die Gemeinden können unter Berücksichtigung der örtlichen Verkehrsverhältnisse festlegen, ob und in welchem Umfang und in welcher Beschaffenheit bei der Errichtung, Änderung oder Nutzungsänderung von Anlagen, bei denen ein Zu- oder Abgangsverkehr zu erwarten ist, geeignete Garagen oder Stellplätze für Kraftfahrzeuge und Fahrradabstellplätze errichtet werden müssen, um den Erfordernissen des ruhenden Verkehrs zu genügen. Sie können insoweit durch Satzung regeln
1. die Herstellungspflicht bei der Errichtung der Anlagen,
2. die Herstellungspflicht des Mehrbedarfs bei Änderungen oder Nutzungsänderungen der Anlagen,
3. die Beschränkung der Herstellungspflicht auf genau begrenzte Teile des Gemeindegebiets oder auf bestimmte Fälle,
4. den vollständigen oder teilweisen Verzicht auf die Herstellung von notwendigen Garagen oder Stellplätzen, soweit der Stellplatzbedarf
   a) durch besondere Maßnahmen verringert wird oder
   b) durch nachträglichen Ausbau von Dach- und Kellergeschossen oder durch Aufstockung entsteht,

§ 48 Stellplätze, Garagen und Fahrradabstellplätze

5. die Einschränkung oder Untersagung der Herstellung von notwendigen oder nicht notwendigen Garagen oder Stellplätzen, soweit Gründe des Verkehrs oder städtebauliche Gründe dies erfordern,
6. die Verbindlichkeit bestimmter Konstruktionen von notwendigen und nicht notwendigen Garagen oder Stellplätzen,
7. dass bei der Errichtung von Anlagen, ggf. unter Berücksichtigung einer Quote, notwendige Stellplätze mit einer Vorbereitung der Stromleitung für die Ladung von Elektrofahrzeugen versehen werden sowie
8. die Ablösung der Herstellungspflicht in den Fällen der Nummer 1 bis 3 durch Zahlung eines in der Satzung festzulegenden Geldbetrags an die Gemeinde.

Macht die Gemeinde von der Satzungsermächtigung nach Satz 2 Nummer 1 bis 3 Gebrauch, hat sie in der Satzung Standort sowie Größe, Zahl und Beschaffenheit der notwendigen Stellplätze unter Berücksichtigung von Art und Zahl der vorhandenen und zu erwartenden Fahrzeuge der Personen zu bestimmen, die die Anlagen ständig benutzen oder sie besuchen. Die Gemeinde kann, wenn eine Satzung nach Satz 2 Nummer 1 bis 3 nicht besteht, im Einzelfall die Herstellung von Stellplätzen mit und ohne einer Vorbereitung der Stromleitung für die Auflandung von Batterien für die Ladung von Elektrofahrzeugen verlangen, wenn dies wegen der Sicherheit und Leichtigkeit des Verkehrs erforderlich ist. Statt notwendiger Stellplätze für Kraftfahrzeuge ist die Herstellung von Garagen zulässig. Die Herstellung von Garagen kann verlangt werden. Bis zu einem Viertel der notwendigen Stellplätze für Kraftfahrzeuge nach Satz 2 kann durch die Schaffung von Fahrradabstellplätzen ersetzt werden, dabei sind für einen Stellplatz vier Fahrradabstellplätze herzustellen.

(4) Die Gemeinde hat den Geldbetrag nach Absatz 3 Satz 2 Nummer 8 für die Ablösung von Stellplätzen zu verwenden für
1. die Herstellung zusätzlicher oder die Instandhaltung, die Instandsetzung oder die Modernisierung bestehender Parkeinrichtungen,
2. sonstige Maßnahmen zur Entlastung der Straßen vom ruhenden Verkehr einschließlich investiver Maßnahmen des öffentlichen Personennahverkehrs oder
3. andere Maßnahmen, die Bestandteil eines kommunalen oder interkommunalen Mobilitätskonzepts einer oder mehrerer Gemeinden sind.

	Übersicht	Rdn.
0	Änderungen gegenüber der BauO NRW 2000	01
1	Allgemeines	1
2	Zu Abs. 1 – Stellplatzpflicht bei der Errichtung und Änderung von Anlagen	19
2.1	Satz 1 – Grundforderung im Hinblick auf die Errichtung von Anlagen	19
2.2	Satz 2 – Beschaffenheit von Fahrradabstellplätzen	39
2.3	Satz 3 – Herstellungspflicht bei Änderungen oder Nutzungsänderungen von Anlagen	43
2.4	Satz 4 – Keine Stellplatzanforderung bei Erschwerung oder Verhinderung der Schaffung oder Erneuerung von Wohnraum	48
3	Zu Abs. 2 – Festlegung der Zahl der notwendigen Stellplätze	50
4	Zu Abs. 3 – Satzungsbefugnis der Gemeinden	56

4.1	Satz 1 – Grundsatz der Satzungsbefugnis	56
4.2	Satz 2 – Regelungsmöglichkeiten innerhalb der Stellplatzsatzung nach Satz 1	62
4.3	Satz 3 – Notwendiger Inhalt der Stellplatzsatzung	84
4.4	Satz 4–6 – Weitere Inhalte der Stellplatzpflicht	89
4.5	Satz 7 – Schaffung von Fahrradabstellplätzen anstatt notwendiger Kfz-Stellplätze ..	93
5	**Zu Abs. 4 – Verwendung der Ablösungsbeträge**	94
5.1	Allgemeines	94
5.2	Nr. 1 – Herstellung oder Unterhaltung von Parkeinrichtungen	102
5.3	Nr. 2 – sonstige Maßnahmen zur Entlastung der Straßen vom ruhenden Verkehr	105
5.4	Nr. 3 – andere Maßnahmen eines kommunalen oder interkommunalen Verkehrskonzepts	106
5.5	Frist zur Mittelverwendung	107
5.6	Rückforderung des Ablösebetrags	110

0 Änderungen gegenüber der BauO NRW 2000

Mit der BauO NRW 2018 wurde die Regelung über Stellplätze, Garagen und Fahrradabstellplätze des bisherigen § 51 BauO NRW 2000 neu konzipiert. Dabei orientierte sich der Gesetzgeber an dem Umstand, dass die Freihaltung des öffentlichen Verkehrsraums von ruhendem Verkehr kein spezifisch bauordnungsrechtliches Anliegen ist, sondern eine Frage der jeweiligen kommunalen Verkehrskonzeption und -politik (LT-Drucks. 17/2166, S. 142). Dies führte zu einer umfangreichen Satzungsbefugnis über Umfang und Erfüllungsmodalitäten zugunsten der Gemeinden. 01

In **Abs. 1 Satz 1** ist weiterhin die **grundsätzliche Pflicht zur Herstellung notwendiger Stellplätze** geregelt, im Vergleich zur Regelung des § 51 BauO NRW in gestraffter Form, jedoch ohne rechtliche Änderungen. **Abs. 1 Satz 2** enthält nun die Vorgabe, dass **Fahrradabstellplätze** von der öffentlichen Verkehrsfläche aus ebenerdig, durch Rampen oder Aufzüge zugänglich sein müssen. In **Abs. 1 Satz 3** ist für den Fall von **(Nutzungs-)Änderungen** von Anlagen die – zuvor in § 51 Abs. 2 BauO NRW 2000 enthaltene – Herstellungspflicht hinsichtlich des durch die Änderung zu erwartenden zusätzlichen Kraftfahrzeug- oder Fahrradverkehrs geregelt. Diese Pflicht wird durch den neu eingeführten **Abs. 1 Satz 4** für den Fall ausgeschlossen, wenn sonst die Schaffung oder Erneuerung von Wohnraum auch unter Berücksichtigung der Möglichkeit einer Ablösung erheblich erschwert oder verhindert würde. Der bisherige § 51 Abs. 1 Satz 3 BauO NRW 2000, wonach es gestattet werden konnte, dass die notwendigen Stellplätze oder Garagen innerhalb einer angemessenen Frist nach Fertigstellung der Anlagen hergestellt werden, wurde gestrichen. 02

Die Neuregelung des **Abs. 2 Satz 1** ermächtigt das für Bauen zuständige Ministerium, durch Rechtsverordnung die **Zahl der notwendigen Stellplätze nach Abs. 1 Satz 1 festzulegen** und Einzelheiten über Stellplätze für Menschen mit Behinderungen festzulegen. In Abs. 2 Satz 2 wird jedoch weiter geregelt, dass die **durch Bebauungsplan oder örtliche Bauvorschrift** gemäß § 89 Abs. 1 Nr. 4 BauO NRW **festgesetzte Zahl** der notwendigen Stellplätze – soweit vorhanden – der in der Rechtsverordnung ausgewiesenen Zahl **vorgeht**. 03

§ 48 Stellplätze, Garagen und Fahrradabstellplätze

04 **Abs. 3** regelt nunmehr ausführlich die in Abs. 2 bereits genannte Satzungsbefugnis bezüglich des **Ob und Wie der satzungsmäßigen Ausgestaltung der Stellplatzpflicht** hinsichtlich Umfang, Beschaffenheit und Standort der Stellplätze. Abs. 3 Satz 2 enthält dazu einen umfangreichen Katalog möglicher Regelungen, der u.a. auch die Möglichkeit einer Ablösung durch Zahlung eines Geldbetrags vorsieht (Abs. 3 Satz 2 Nr. 8), welche bisher in § 51 Abs. 5 BauO NRW 2000 gesetzlich geregelt war, sowie den Verzicht auf Stellplätze in Fällen des Dachgeschossausbaus (Abs. 3 Satz 2 Nr. 4 Buchstabe b) Alt. 1), der sich bisher in § 51 Abs. 9 BauO NRW 2000 befand. Auch **Abs. 3 Satz 3–6** regeln weitere Einzelheiten des möglichen Satzungsinhalts, wobei nach Abs. 3 Satz 3 jedenfalls Größe, Zahl und Beschaffenheit der notwendigen Stellplätze in der Satzung anzugeben sind. In § 51 Abs. 4 BauO NRW 2000 war bisher nur eine eingeschränkte Satzungsbefugnis hinsichtlich abgegrenzter Teile des Gemeindegebiets oder bestimmter Fälle zulässig, mit welcher entweder die Herstellung von Stellplätzen bei bereits bestehenden baulichen Anlagen oder die Einschränkung oder Untersagung der Herstellung von Stellplätzen geregelt werden konnte.

05 Nach **Abs. 4** ist für den Fall, dass in der gemeindlichen Satzung eine Ablösung vorgesehen ist, der auf diese Weise eingenommene Geldbetrag für einen der dort genannten Zwecke zu verwenden. Demnach kann das Geld in bestehende Parkeinrichtungen (Nr. 1) weitere Maßnahmen zur Entlastung der Straßen vom ruhenden Verkehr (Nr. 2) sowie zur Förderung von Mobilitätskonzepten (Nr. 3) investiert werden. Die Vorschrift entspricht weitgehend dem bisherigen § 51 Abs. 6 BauO NRW 2000.

06 Die bisherigen Regelungen über den Standort der herzustellenden Stellplätze (§ 51 Abs. 3 BauO NRW 2000), das Verbot der Zweckentfremdung von Stellplätzen (§ 51 Abs. 8 BauO NRW 2000) sowie den Wegfall der Stellplatzpflicht im Falle des Dachgeschossausbaus bei alten Wohnungen (§ 51 Abs. 9 BauO NRW 2000) finden sich in der neu konzipierten Vorschrift des § 48 BauO NRW nicht wieder. Der Wegfall der bauordnungsrechtlichen Zumutbarkeitsprüfung von Stellplätzen und ihren Zufahrten (§ 51 Abs. 7 BauO NRW) führt dazu dass die diesbezüglichen Kriterien (Lage, Anordnung Stellplätze, insbesondere Berücksichtigung etwaiger »rein gärtnerisch genutzter Ruhezonen«) beim bauplanungsrechtlichen Rücksichtnahmegebot zu prüfen sind.

1 Allgemeines

1 Das öffentliche Baurecht befasst sich sowohl unter **städtebaulichem** als auch unter **bauordnungsrechtlichem** Blickwinkel mit Stellplätzen und Garagen. Die städtebaulichen Vorgaben finden sich mit **Schwerpunkt** in § 12 und **§ 23 Abs. 5 BauNVO** (sämtliche Fassungen); diese Vorschriften regeln die bauplanungsrechtliche Zulässigkeit von Stellplätzen und Garagen in den unterschiedlichen Baugebieten und auf den nicht überbaubaren Grundstücksflächen. Mit der Festsetzung eines Baugebietes werden die **§§ 12 und 23 BauNVO** in den Bebauungsplan inkorporiert und entfalten dadurch **Rechtswirkungen mit Satzungsqualität** (zu übergeleiteten Plänen vgl. § 2 Rdn. 307). Unbeschadet dieser bauplanungsrechtlichen Vorschriften regelt das **Bauordnungsrecht** die **Pflicht zur Schaffung** von Stellplätzen durch § 48 BauO NRW; die baulichen und betrieblichen **Anforderungen** an Garagen und Stellplätze ergeben

sich aus der **SBauVO**. Daneben ist noch ergänzend **§ 8 Abs. 1 BauO NRW** insoweit zu beachten, als ein Mindestmaß an ausreichender Begrünung und Bepflanzung zu gewährleisten ist (zur Problematik insgesamt vgl. Hamb. OVG, Urt. v. 31.03.1994 – Bf II 114/91, BRS 56 Nr. 122 und OVG Schl-H, Urt. v. 21.09.1994 – 1 L 91/93, BRS 56 Nr. 69).

Die **Aufteilung der Rechtsmaterie** in Bundes- und Landesrecht ist in der Kompetenzordnung des GG begründet, das dem Bund nur die Zuständigkeit für das Bodenrecht einräumt, so dass im Übrigen die Länder zum Erlass von Bauvorschriften befugt sind. Die Übersichtlichkeit der Rechtsmaterie wird zusätzlich dadurch erschwert, dass die Länder in ihren Bauordnungen **Satzungsmöglichkeiten** zugunsten der Gemeinde enthalten. Die meisten Länder haben ferner »**Richtzahlen für den Stellplatzbedarf**« bekannt gemacht (vgl. die Anlage zu Nr. 51 VV BauO NRW 2000 oder z.B. die Anlage der Ausführungsbestimmungen zu § 47 NBauO). Der Bauherr und sein Entwurfsverfasser müssen somit bei der Planung eines Vorhabens gleich mehrere **bundes- und landesrechtliche Vorschriften** beachten (zu den Schnittstellenproblemen vgl. Reichel/Schulte, S. 113 Rn. 452–453).

2

Eine **Normierung des Garagen- und Stellplatzrechts** erfolgte erst nach 1930, als die beginnende Motorisierung zu ersten Problemen führte. Die Baupolizeiverordnungen enthielten bis dahin nur Bau- und Betriebsvorschriften für Garagen aus Gründen der Gefahrenabwehr. Städtebauliche Vorgaben fehlten ebenso wie die Pflicht zur Anlegung geeigneter Abstellflächen für Kraftfahrzeuge auf dem Grundstück. Die Verpflichtung des Bauherrn, mit der Errichtung eines Bauvorhabens Stellplätze und Garagen herzustellen, erfolgte erst mit den §§ 2 ff. der **Reichsgaragenordnung (RGaO)** vom 17.02.1939 (RGBl. I S. 219). Die Einleitungsformulierung der RGaO hat auch heute noch immer Bedeutung (so treffend Finkelnburg/Ortloff, Bd. II S. 60); sie lautet:

3

> »*Die Zunahme der Kraftfahrzeuge im Straßenverkehr erfordert, daß die öffentlichen Verkehrsflächen für den fließenden Verkehr freigemacht und möglichst wenig durch ruhende Kraftfahrzeuge belastet werden. Zu diesem Zweck müssen die Kraftfahrzeuge dort, wo sie regelmäßig längere Zeit stehen, außerhalb der öffentlichen Verkehrsflächen ordnungsgemäß eingestellt werden.*«

4

Die Vorschriften der RGaO in der späteren Fassung vom 13.09.1944 (RArbBl. I S. 325) sind – soweit sie in die Gesetzgebungskompetenz des Landes fallen – durch § 108 Abs. 1 Nr. 8 BauO NW 1962 aufgehoben und durch die Vorschriften des § 64 BauO NW 1962 ersetzt worden (vgl. § 2 Rdn. 308). Diese Vorschrift entsprach vom Grundsatz her noch § 51 BauO NRW 2000, erfuhr durch die neugefasste Vorschrift des § 48 BauO NRW jedoch einige Änderungen (vgl. Rdn. 01–06).

5

Der Landesgesetzgeber war befugt, die Vorschriften der RGaO zu ersetzen, soweit sie als Landesrecht fortgalten (vgl. BVerwG, Urt. v. 26.05.1955 – I C 86.54, BRS 4, VB 6 S. 325 = BBauBl. 1955, 478). Das GG hat dem **Bundesgesetzgeber keine Befugnis zur Regelung der Pflicht, Stellplätze herzustellen**, zugewiesen. Aus Art. 74 Nr. 18 GG ergibt sich **keine derartige Kompetenz**; das Stellplatz- und Garagenrecht gehört nicht

6

zum Bodenrecht im Sinne dieser Bestimmung (BVerwG, Beschl. v. 14.10.1958 – I CB 32/58, BVerwGE 2, 122 = BRS 8, VB 6 S. 166 = NJW 1968, 1842 sowie BVerwG, Urt. v. 13.07.1979 – 4 C 67.76, BVerwGE 29, 261 = BRS 35 Nr. 126). Die bauordnungsrechtliche Stellplatzpflicht besteht unabhängig von der Erschließungsbeitragspflicht (BVerwG, Urt. v. 13.07.1979 – 4 C 58.78, BRS 35 Nr. 127). Die Regelung der Stellplatzpflicht soll zwar Störungen vom Straßenverkehr fernhalten, sie wurde aber von Anfang an als Baupolizeirecht angesehen. Sie ist im Übrigen mit dem Baurecht eng verflochten und kann zweckmäßig nur von der Bauaufsicht vollzogen werden (vgl. Hamb. OVG, Urt. v. 13.11.1980 – Bf II 22/79, BauR 1981, 275 = BRS 36 Nr. 142).

7   Die Verpflichtung zur Schaffung privater Stellplätze findet ihre Begründung in der **Unzulässigkeit der über den Gemeingebrauch hinausgehenden Nutzung der öffentlichen Verkehrsflächen**. Es handelt sich dabei um eine **grundsätzlich zulässige Inhalts- und Schrankenbestimmung** des Eigentums (BVerfG, Beschl. v. 05.03.2009 – 2 BvR 1824/05, BauR 2009, 1119). Damit leistet das Bauordnungsrecht auch einen Beitrag zur Sicherheit und Leichtigkeit des fließenden Verkehrs (vgl. Jeromin, zu § 47 Rn. 1). Nach dem Grundgedanken der Stellplatzpflicht ist mit der Zweckbestimmung der öffentlichen Verkehrsflächen nicht vereinbar, dass der Eigentümer eines Grundstücks die Straßen mit dem Abstellen von Kraftfahrzeugen (Kfz) der Bewohner und Benutzer oder der Besucher seines Grundstücks belastet und sie insoweit dem fließenden Verkehr zeitweise entzieht. In Altbaubeständen ohne Abstellmöglichkeiten für Kraftfahrzeuge auf den privaten Grundstücken muss jedoch der öffentliche Straßenraum zwangsläufig zum Abstellen der Kraftfahrzeuge genutzt werden. Die Rechtsprechung hat sogar anerkannt, dass das **Dauerparken** noch dem **Gemeingebrauch** zuzurechnen ist (BVerwG, Urt. v. 12.12.1969 – VII C 76.68, NJW 1970, 962; OVG NRW, Urt. v. 04.12.2000 – 11 A 2870/97, NVwZ 2002, 218), was eigentlich dem Grundgedanken der Stellplatzpflicht widerspricht, da das übermäßige Abstellen von Kfz auf öffentlichen Verkehrsflächen den ungehinderten Verkehrsfluss beeinträchtigen kann. Daher muss dem Grundstückseigentümer die **bauordnungsrechtliche Verpflichtung** auferlegt werden, den Benutzern und Besuchern die notwendigen Stellplätze oder Garagen für die auf dem Grundstück errichtete bauliche Anlage zur Verfügung zu stellen. Unabhängig hiervon besteht nach § 1 Abs. 6 Nr. 9 BauGB die **bauplanungsrechtliche Verpflichtung** zur angemessenen Berücksichtigung der **Belange des Verkehrs** im Rahmen der Bauleitplanung. Den Verkehrsbelangen kommt eine **herausragende Bedeutung** zu, da die **Sicherung der Erschließung** Voraussetzung für die Zulässigkeit von Vorhaben ist (vgl. Battis/Krautzberger/Löhr, zu § 1 Rn. 75; vgl. § 4 Rdn. 1–13). Die Gemeinde hat die angemessene Bereitstellung **öffentlicher Parkplätze** im Straßenraum und **öffentlicher Parkplätze**, **Parkhäuser** und **Tiefgaragen** an Orten mit erhöhtem Parkraumbedarf planerisch vorzubereiten und durch Ausbau der Erschließungsanlagen umzusetzen. Die Berechtigung, für das Parken Gebühren zu erheben, bleibt von § 48 BauO NRW unberührt.

8   Den **auf der MBO beruhenden Ansatz** einer bauordnungsrechtlichen Stellplatzpflicht haben **nicht mehr alle Landesbauordnungen** in dieser Form übernommen. Zunehmend wird erkannt, dass die bauordnungsrechtliche Stellplatzpflicht erhebliche **städtebauliche** und **verkehrspolitische Bezüge** aufweist, da eine **optimale**

Bereitstellung privater Stellplätze zwangläufig **Rückwirkungen auf das Verkehrsverhalten** der Bevölkerung entfaltet und den Anteil des Individualverkehrs am Gesamtverkehr erhöht, was im Interesse des Gemeinwohls in stark verdichteten Räumen wegen der damit verbundenen Auswirkungen auf die Umwelt unerwünscht ist. Es zeigt sich daher eine Tendenz in der Landesgesetzgebung zum Überdenken der mit der RGaO eingeführten Stellplatzpflicht, um negativen städtebaulichen Tendenzen nicht auch noch durch das Bauordnungsrecht Vorschub zu leisten. So wurde z.B. mit § 50 HBO 1993 (= § 52 HBO 2018) die Stellplatzpflicht in die Regelungskompetenz der Gemeinden als Selbstverwaltungsangelegenheit entlassen (vgl. Allgeier/Rickenberg, S. 400 ff. Anm. 44–44.1.1), was die Rechtsprechung als verfassungsrechtlich unbedenklich bestätigte (Hess. VGH, Urt. v. 10.04.2000 – 9 UE 2459/96, BRS 63 Nr. 164 = DÖV 2001, 253). Berlin hat mit § 49 BauO Bln die Stellplatzpflicht auf Plätze für Behinderte bei der Errichtung öffentlich zugänglicher Gebäude begrenzt und ansonsten wegen seines optimalen öffentlichen Personennahverkehrsnetzes abgeschafft (vgl. Wilke/Dageförde/Knuth/Meyer, zu § 48 Rn. 5 ff.). Auch die neuen Bundesländer nahmen teilweise Änderungen vor (vgl. Bultmann, Neuregelung der Stellplatzablösung in den Bauordnungen der neuen Bundesländer unter besonderer Berücksichtigung der BbgBO und SächsBO, BauR 2001, S. 174 ff.). Auch im Rahmen des neu konzipierten § 48 BauO NRW hielt der Gesetzgeber fest, dass die **Freihaltung des öffentlichen Verkehrsraumes von ruhendem Verkehr** kein spezifisch bauordnungsrechtliches Anliegen ist, sondern letztlich eine **Frage der jeweiligen kommunalen Verkehrskonzeption und -politik** (LT-Drucks. 17/2166, S. 142). Als Konsequenz wurde die Satzungsbefugnis zugunsten der Gemeinden gegenüber der bisherigen Regelung des § 51 BauO NRW 2000 deutlich erweitert (vgl. § 48 Abs. 3 BauO NRW sowie Rdn. 04).

Die Regelungen des § 48 BauO NRW richten sich – außer an den Bauherrn – sowohl an die Bauaufsichtsbehörde als auch an die Gemeinde, die beim Vollzug eng zusammenarbeiten müssen. Die Vorschrift weist folgende **Struktur** auf:
- **Abs. 1** enthält die **Grundregel**, nämlich die **Herstellungspflicht** in Bezug auf neue Vorhaben.
  - Satz 1 regelt die **Verpflichtung zur Herstellung** von Stellplätzen oder Garagen und Fahrradabstellplätzen in ausreichender Zahl und Größe und in geeigneter Beschaffenheit im Falle der **Errichtung** baulicher Anlagen (**notwendige Stellplätze**).
  - Satz 2 enthält die Pflicht, Fahrradabstellplätze von der öffentlichen Verkehrsfläche ebenerdig, durch Rampen oder durch Aufzüge zugänglich zu errichten.
  - Satz 3 fordert im Falle von (Nutzungs-)Änderungen der baulichen Anlage die Herstellung weiterer Stellplätze, die hinsichtlich des zusätzlich erwarteten Verkehrsaufkommens notwendig sind.
  - Satz 4 schließt die Stellplatzpflicht für solche Fälle aus, in denen andernfalls die Schaffung oder Erneuerung von Wohnraum auch unter Berücksichtigung einer etwaigen Ablösungsmöglichkeit erheblich erschwert oder verhindert würde.
- **Abs. 2** regelt die Festlegung der **Anzahl notwendiger Stellplätze**.

§ 48 Stellplätze, Garagen und Fahrradabstellplätze

- Satz 1 sieht vor, dass das zuständige Ministerium durch **Rechtsverordnung** die Anzahl notwendiger Stellplätze sowie Näheres über Zahl, Größe und Lage von Stellplätzen für Menschen mit Behinderungen regelt.
- Satz 2 regelt den **Vorrang von Bebauungsplänen oder örtlichen Bauvorschriften** gegenüber dieser Rechtsverordnung für den Fall, dass diese die Zahl der notwendigen Stellplätze festlegen.
- **Abs. 3** regelt die **Befugnis der Gemeinden**, durch **Satzung** das Ob und Wie der Pflicht zur Herstellung von Stellplätzen, Garagen und Fahrradabstellplätzen zu bestimmen.
  - Satz 1 enthält den **allgemeinen Grundsatz**, dass Gemeinden unter Berücksichtigung der örtlichen Verkehrsverhältnisse festlegen können, ob und in welchem Umfang und in welcher Beschaffenheit geeignete Stellplätze errichtet werden müssen, um den Erfordernissen des ruhenden Verkehrs zu genügen.
  - Satz 2 enthält einen **Katalog von Regelungen**, welche in einer solchen Satzung aufgenommen werden können.
    - Nr. 1: über die Herstellungspflicht bei der Errichtung von Anlagen
    - Nr. 2: über die Herstellungspflicht des Mehrbedarfs bei (Nutzungs-)Änderungen
    - Nr. 3: über die Beschränkung der Herstellungspflicht auf begrenzte Teile des Gemeindegebiets oder auf bestimmte Fälle
    - Nr. 4: über den Verzicht auf die Herstellung notwendiger Stellplätze, soweit der Stellplatzbedarf durch besondere Maßnahmen verringert oder durch nachträglichen Dach- oder Kellergeschossausbau oder Aufstockung entsteht
    - Nr. 5: über die Einschränkung und Untersagung der Herstellung von Stellplätzen aus Gründen des Verkehrs oder des Städtebaus
    - Nr. 6: über die Verbindlichkeit bestimmter Konstruktion von Stellplätzen oder Garagen
    - Nr. 7: über Schaffung einer Vorbereitung der Stromleitung für die Ladung von Elektrofahrzeugen bei der Errichtung von Anlagen
    - Nr. 8: über die Ablösung der Herstellungspflicht in den Fällen der Nr. 1–3 durch Zahlung eines festgelegten Geldbetrags an die Gemeinde
  - Satz 3 verpflichtet die Gemeinde für den Fall des Gebrauchmachens von der Satzungsermächtigung nach Satz 2 Nr. 1–3, **Standort, Zahl, Größe und Beschaffenheit der notwendigen Stellplätze** zu bestimmen.
  - Satz 4 ermöglicht es der Gemeinde für den Fall des Nichtvorliegens einer Satzung nach Satz 2 Nr. 1–3, die **Herstellung von Stellplätzen mit und ohne einer Vorbereitung der Stromleitung für die Ladung von Elektrofahrzeugen** zu verlangen, wenn dies wegen der Sicherheit und Leichtigkeit des Verkehrs erforderlich ist.
  - Satz 5 regelt, dass statt notwendiger Stellplätze die Herstellung von Garagen zulässig ist.
  - Satz 6 besagt, dass die Herstellung von Garagen verlangt werden kann.
  - Satz 7 ermöglicht es für bis zu einem Viertel der nach Satz 2 notwendigen Stellplätze für Kraftfahrzeuge, durch die Schaffung von Fahrradabstellplätzen

ersetzt zu werden, wobei dabei für einen Stellplatz vier Fahrradabstellplätze herzustellen sind.
– **Abs. 4** bestimmt, wie der **Geldbetrag für die Ablösung** nach Abs. 3 Satz 2 Nr. 8 zu verwenden ist (alternativ).
  – **Nr. 1**: für die Herstellung, Instandhaltung oder -setzung oder Modernisierung von Parkeinrichtungen
  – **Nr. 2**: für sonstige Maßnahmen zur Entlastung der Straßen vom ruhenden Verkehr einschließlich investiver Maßnahmen des öffentlichen Personennahverkehrs
  – **Nr. 3**: für andere Maßnahmen, die Bestandteil eines kommunalen oder interkommunalen Mobilitätskonzepts einer oder mehrerer Gemeinden sind

Die **Legaldefinition** der **Begriffe** »**Stellplätze**« und »**Garagen**« enthält § 2 Abs. 8 BauO NRW. Danach sind **Stellplätze** Flächen, die dem Abstellen von Kraftfahrzeugen und Fahrrädern außerhalb der öffentlichen Verkehrsflächen dienen. **Garagen** sind Gebäude oder Gebäudeteile zum Abstellen von Kraftfahrzeugen und/oder Fahrrädern (vgl. § 2 Rdn. 310–315). Die im **Bundesrecht** gleichlautend verwendeten **Begriffe** Stellplätze und Garagen weisen keine eigenständige Bedeutung auf und gehen von der **Begriffsbestimmung des Landesrechts** aus (BVerwG, Urt. v. 04.10.1985 – 4 C 26.81, BauR 1986, 76 = BRS 44 Nr. 108). Im Bauplanungsrecht finden sich weitere Begriffe, wie **Garagengeschoss, Gemeinschaftsgarage** oder **Gemeinschaftsstellplatz** (vgl. § 2 Rdn. 309 und 319–325).   10

Die **SBauVO** enthält **weitere Begriffsbestimmungen** und konkrete **Einzelanforderungen** an den Bau und den Betrieb von Garagen. Diese Begriffe haben Bedeutung für die in den §§ 62 und 63 BauO NRW getroffenen Regelungen. Hinsichtlich ihrer Anforderungen unterscheidet **§ 122 Abs. 1 SBauVO** die Garagen nach der Größe ihrer Nutzflächen als   11
– **Kleingaragen** (bis 100 m^2),
– **Mittelgaragen** (über 100 bis 1000 m^2),
– **Großgaragen** (über 1000 m^2).

Vom Baugenehmigungsverfahren **freigestellt** sind nach **§ 62 Abs. 1 Satz 1 Nr. 14 Buchstabe c) und Nr. 15 Buchstabe a) BauO NRW**:   12
– nicht überdachte Stellplätze für Personenkraftwagen und Motorräder bis zu insgesamt 100 m^2,
– überdachte und nicht überdachte Fahrradabstellplätze bis zu insgesamt 100 m^2.

Garagen und überdachte Stellplätze sowie Fahrradabstellplätze bis zu 1000 m^2 Nutzfläche, die einem Wohngebäude dienen, bedürfen gemäß **§ 63 Abs. 2 und 5 BauO NRW** unter den dort genannten Voraussetzungen keiner Baugenehmigung. In der Freistellung nach § 63 BauO NRW sind bei der Errichtung von Garagen mit einer Nutzfläche von über 100 m^2 bis 1000 m^2 Nutzfläche bestimmte **Nachweispflichten** zu erfüllen (vgl. § 63 Abs. 5 BauO NRW).   13

Soweit nicht § 63 BauO NRW einschlägig ist, findet auf   14
– nicht überdachte Stellplätze für Personenkraftwagen und Motorräder mit mehr als 100 m^2,

§ 48   Stellplätze, Garagen und Fahrradabstellplätze

- nicht überdachte Stellplätze für andere Kraftfahrzeuge (als Personenkraftwagen und Motorräder), wie z.B. Lastkraftwagen und Omnibusse, und zwar unabhängig von der Flächengröße,
- überdachte und nicht überdachte Fahrradabstellplätze mit mehr als 100 m² sowie
- Garagen bis zu 1000 m² Nutzfläche

gemäß § 64 Abs. 1 Satz 1 BauO NRW das **einfache Baugenehmigungsverfahren** Anwendung. Garagen unterliegen **bei Überschreitung der Nutzfläche von 1000 m²** gemäß § 50 Abs. 2 Nr. 18 Satz BauO NRW als »**große**« Sonderbauten dem **normalen Genehmigungsverfahren** (§ 65 BauO NRW). Derartige Anlagen weisen ein **erhöhtes Sicherheitsrisiko** auf und bedürfen einer umfassenden bauaufsichtlichen Prüfung (vgl. § 50 Rdn. 2–6 und 83–87).

15   Nach § 3 Abs. 1 Nr. 14 BauPrüfVO sind im **Lageplan** unter anderem die Lage, Anzahl und Größe der Stellplätze für Kraftfahrzeuge und der Abstellplätze für Fahrräder darzustellen. Die Anlage zur BauPrüfVO enthält für diese Darstellung keine Vorgaben. Es hat sich für diese Darstellung die Praxis herausgebildet, auf die Umgrenzungsdarstellung nach Nr. 15.3 der Anlage zur PlanzV 90 zurückzugreifen (vgl. § 8 Rdn. 34 und das **Darstellungsbeispiel** in Abbildung 8.1). In der dem Bauantrag beizufügenden **Baubeschreibung** (vgl. Anlage I/7 zur VV BauPrüfVO) sind in den **Ziffern 5** und **6 und 10** außerdem Angaben zur Anzahl, Befestigung, Gestaltung und Eingrünung der Stellplätze für Kraftfahrzeuge und Fahrräder einschließlich der Zufahrten zu treffen.

16   Die Regelung der **Stellplatzpflicht nach Abs. 1 ist grundsätzlich nicht nachbarschützend** (OVG NRW, Urt. v. 10.07.1998 – 11 A 7238/95, BauR 1999, 237 = BRS 60 Nr. 123 = NVwZ-RR 1999, 365 und Beschl. v. 09.03.2007 – 10 B 2675/06, BauR 2007, 1550). Die Stellplatzregelung dient auch **nicht dem Schutz besonderer Belange der Kommunen** (OVG Rh-Pf, Urt. v. 26.04.2001 – 1 A 11339/00, BauR 2002, 74 = BRS 64 Nr. 139). **Nachbarschützende Wirkung** entfaltete bisher die Regelung des **§ 51 Abs. 7 Satz 1 BauO NRW**, wonach Stellplätze und Garagen so ausgeführt und angeordnet werden mussten, dass ihre Benutzung die Gesundheit nicht schädigt und Lärm oder Gerüche das Arbeiten und Wohnen, die Ruhe und Erholung in der Umgebung nicht über das zumutbare Maß hinaus stören. Die Regelung wurde jedoch nicht in die BauO NRW 2018 übernommen. Eine inhaltliche Änderung oder Minderung des Nachbarschutzes resultiert daraus jedoch nicht. So ist einerseits anerkannt, dass bauordnungsrechtliche Vorschriften über die Anordnung von Stellplätzen die Anwendung des § 15 Abs. 1 Satz 2 BauNVO nicht spezialgesetzlich ausschließen können (BVerwG, Urt. v. 07.12.2000 – 4 C 3/00, BauR 2001, 914), andererseits lag bei einem Verstoß gegen § 51 Abs. 7 BauO NRW 2000 gleichzeitig ein Verstoß gegen das in § 34 Abs. 1 BauGB verankerte Gebot der Rücksichtnahme vor (OVG NRW, Beschl. v. 13.06.2013 – 10 B 268/13, NVwZ-RR 2014, 33). Die bauplanungsrechtlichen Vorschriften der **§§ 12, 15 BauNVO und § 34 BauGB sichern somit weiterhin das bisher bestehende Niveau des Nachbarschutzes ab.**

17   Unbeschadet des Bauordnungsrechts kann eine nicht zur Verfügung stehende große Zahl von erforderlichen Stellplätzen gegenüber dem Nachbarn **im bauplanungsrechtlichen Sinne rücksichtslos** sein (OVG Bremen, Beschl. v. 18.10.2002 – 1 B 315/02, BauR 2003, 509 = BRS 65 Nr. 144 = NVwZ-RR 2003, 549 zu fehlenden Stellplätzen

für die Erweiterung einer Hochschule und OVG NRW, Beschl. v. 15.11.2005 –
7 B 1823/05, BRS 69 Nr. 168 = DÖV 2006, 305 = NVwZ-RR 2006, 306 zu fehlenden Stellplätzen eines Fußballstadions; OVG LSA, Beschl. v. 05.09.2016 – 2 M 49/16,
NVwZ-RR 2017, 283).

2 Zu Abs. 1 – Stellplatzpflicht bei der Errichtung und Änderung von Anlagen

2.1 Satz 1 – Grundforderung im Hinblick auf die Errichtung von Anlagen

Anlagen – also bauliche Anlagen (vgl. § 2 Rdn. 34–63) sowie andere Anlagen (vgl. 18
§ 1 Rdn. 42–43) –, bei denen ein Zu- oder Abfahrtverkehr zu erwarten ist, dürfen
nach § 48 Abs. 1 Satz 1 BauO NRW nur errichtet (vgl. § 3 Rdn. 24–26) werden,
wenn zugleich Stellplätze oder Garagen (vgl. § 2 Rdn. 307–325) und Fahrradabstellplätze in ausreichender Zahl und Größe und in geeigneter Beschaffenheit hergestellt
werden.

Die aufgrund der gesetzlichen Stellplatzpflicht herzustellenden Kfz-Einstellplätze 19
bezeichnet die BauO NRW als notwendige Stellplätze. Stellplätze oder Garagen, die
über den nach dem Bauordnungsrecht erforderlichen Bedarf zusätzlich geschaffen
werden, sind keine notwendigen Stellplätze.

Die Unterscheidung hat bauplanungsrechtliche Bedeutung. Nach § 12 Abs. 2 20
BauNVO (sämtliche Fassungen) sind in Kleinsiedlungsgebieten, reinen und allgemeinen Wohngebieten sowie Sondergebieten, die der Erholung dienen, Stellplätze und
Garagen nur für den durch die zugelassene Nutzung verursachten Bedarf zulässig.
Die Vorschrift stellt – wenn auch nicht ausschließlich – mit dem Begriff »zugelassene
Nutzung« auf die notwendigen Stellplätze ab. Sie meint jedoch nicht die notwendigen
Stellplätze des einzelnen Grundstücks bzw. den durch das einzelne Bauvorhaben ausgelösten Stellplatzbedarf, sondern den durch die Baugebietsfestsetzung insgesamt
hervorgerufenen Bedarf, zumal auch nach Bauordnungsrecht der Stellplatzbedarf
nicht nur auf dem Baugrundstück selbst, sondern auch in der näheren Umgebung auf einem dafür geeigneten Grundstück nachgewiesen werden darf (BVerwG,
Urt. v. 16.09.1993 – 4 C 28.91, BauR 1994, 223 = BRS 55 Nr. 167 und Beschl. v.
20.03.2003 – 4 B 59/02, NVwZ 2003, 1516; OVG Bln-Bbg, Beschl. v. 28.11.2017 –
OVG 2 S 20.17, juris).

In reinen Wohngebieten sind gemäß § 12 Abs. 3 Nr. 1 BauNVO (sämtliche Fassun- 21
gen) Stellplätze und Garagen für Lastkraftwagen und Kraftomnibusse sowie für Anhänger dieser Fahrzeuge (nur Fassungen 1990 und 1977) unzulässig. Nach Nr. 2 sind
in Kleinsiedlungsgebieten und allgemeinen Wohngebieten Stellplätze und Garagen
für Kraftfahrzeuge mit einem Eigengewicht über 3,5 Tonnen sowie für Anhänger
dieser Kraftfahrzeuge (nur Fassungen 1990 und 1977) unzulässig. Diese Vorgaben
der BauNVO finden gemäß § 34 Abs. 2 BauGB ebenfalls Anwendung auf Baugebiete,
für die kein Bebauungsplan besteht, die aber den vorgenannten Gebieten aufgrund
ihrer jeweiligen Nutzungsstruktur entsprechen.

Die Verpflichtung zur Herstellung notwendiger Stellplätze nach § 48 Abs. 1 Satz 1 22
BauO NRW wird im Sprachgebrauch kurz als Stellplatzpflicht bezeichnet. Die

§ 48 Stellplätze, Garagen und Fahrradabstellplätze

Erfüllung der Stellplatzpflicht in Bezug auf die Herstellung der Stellplätze oder Garagen und Fahrradabstellplätze ist **Voraussetzung** des Baurechtsanspruchs. Die Stellplatzpflicht folgt dem **Verursacherprinzip** und nimmt die Bauherren oder Eigentümer der Anlagen in Anspruch, deren Nutzung den ruhenden Verkehr erzeugt. Das BVerwG stellte in seinem Grundsatzurteil vom 26.05.1955 (– I C 86.54, BRS 4, VB 6 S. 325) fest, dass die durch die Stellplatzpflicht hervorgerufene **Belastung des Grundeigentums im Rahmen der Sozialpflichtigkeit des Eigentums** nach Art. 14 Abs. 1 Satz 2 und Abs. 2 GG liegt. § 48BauO NRW konkretisiert auch die Grundforderung des § 16 Abs. 2 BauO NRW, wonach die Sicherheit und Leichtigkeit des öffentlichen Verkehrs durch Anlagen oder deren Nutzung nicht gefährdet werden darf.

23 Die **ausreichende Größe** und **Beschaffenheit** des Stellplatzes hängt von der Art des abzustellenden Kraftfahrzeugs ab. Garagenstellplätze für Personenkraftwagen müssen nach § 125 Abs. 1 SBauVO mindestens 5 m lang und mindestens 2,45 m breit sein; für Fahrzeuge von Behinderten müssen sie mindestens 3,50 m breit sein. Für größere Kraftfahrzeuge, wie Fernlastzüge, Omnibusse oder Spezialfahrzeuge, muss die Größe der erforderlichen Stellplätze im Einzelfall ermittelt werden. Zu den Stellplatzflächen rechnen in aller Regel noch die notwendigen Verkehrsflächen und der nach § 123 Abs. 2 SBauVO erforderliche Stauraum. Die geeignete Beschaffenheit ergibt sich aus den Vorschriften der SBauVO. Die Stellplätze müssen – soweit erforderlich – angemessen befestigt und entwässert werden sowie insoweit frei zugänglich sein, als dass die sichere und jederzeitige Benutzbarkeit nicht vom Parkverhalten eines anderen Parkplatzbenutzers abhängig ist (vgl. Simon/Busse, zu Art. 47 Rn. 139). Dies setzt jedenfalls voraus, dass der jeweilige notwendige Stellplatz **ungehindert angefahren** werden kann, was bei **hintereinander angeordneten**, so genannten »gefangenen« Stellplätzen regelmäßig nicht gegeben ist (OVG Rh-Pf, Urt. v. 22.08.2002 – 1 A 10439/02, BRS 65 Nr. 142 = NVwZ-RR 2003, 548 und BayVGH, Beschl. v. 04.09.2015 – 1 ZB 14.1084, juris). Etwas anderes gilt jedoch, soweit beide Stellplätze einer Wohnung (z.B. wenn eine Gemeinde für eine Wohnung ab einer bestimmten Größe zwei notwendige Stellplätze fordert) zugeordnet sind. Weiterhin muss die Zufahrt zu einem notwendigen Stellplatz oder einer notwendigen Garage gefahrlos und jedenfalls so problemlos befahren werden können, dass der Fahrer nicht häufig mit Blick auf die fahrerischen Anforderungen auf die Benutzung verzichten wird (VG Düsseldorf, Urt. v. 14.06.2011 – 6 K 4130/09, juris). Die **ausreichende Anzahl** der notwendigen Stellplätze ergibt sich gemäß § 48 Abs. 2 BauO NRW aus Rechtsverordnung, Bebauungsplan oder örtlicher Bauvorschrift im Sinne des § 89 Abs. 1 Nr. 4 BauO NRW (vgl. Rdn. 49–54).

24 Eine Regelung über die **Lage der notwendigen Stellplätze** enthält die neugefasste Vorschrift des § 48 BauO NRW – im Gegensatz zu § 51 Abs. 3 BauO NRW 2000 – nicht mehr. Dennoch ist es weiterhin erforderlich, notwendige Stellplätze **auf dem Baugrundstück selbst oder in der näheren Umgebung** des Baugrundstücks herzustellen, da andernfalls Sinn und Zweck der Stellplatzpflicht, die ja gerade auf den Zu- und Abfahrtsverkehr des jeweiligen Grundstücks abstellt, verfehlt würde.

25 Die Erfüllung der Stellplatzpflicht **auf dem Baugrundstück** bildet in der Vielzahl der Fälle nach wie vor die Regel. Doch auch der Nachweis auf dem Baugrundstück selbst

setzt voraus, dass die **öffentlich-rechtlichen Vorschriften** in Bezug auf Stellplätze und Garagen **erfüllt** sind. Hier sind zunächst die **bauplanungsrechtlichen Vorgaben** zu nennen (vgl. Rdn. 35 und 36). Ebenso sind die **bauordnungsrechtlichen Beschränkungen** (insbesondere § 3 Abs. 1 Satz 1 BauO NRW) zu beachten. Schließlich kann die Zulässigkeit von Stellplätzen und Garagen durch **sonstige öffentlich-rechtliche Vorschriften** eingeschränkt sein, z.b. durch **straßenrechtliche, denkmalrechtliche** oder **naturschutzrechtliche Beschränkungen** (vgl. § 1 Rdn. 18–28).

Bei der Herstellung der Stellplätze in der näheren Umgebung auf einem Ersatzgrundstück muss dieses Grundstück sowohl in **öffentlich-rechtlicher** Hinsicht als auch in **sachlich-technischer** Hinsicht entsprechend geeignet sein. 26

In **öffentlich-rechtlicher** Hinsicht ist das Ersatzgrundstück nur dann geeignet, wenn insbesondere bauplanungsrechtliche Bestimmungen der Nutzung des Grundstücks für den Stellplatzzweck nicht entgegenstehen. So muss die Baugebietsverträglichkeit gegeben sein (OVG NRW, Urt. v. 11.08.1989 – 11 A 980/88, BRS 49 Nr. 141 zu einer im Kerngebiet gelegenen Spielhalle, deren notwendige Stellplätze unzulässigerweise in einem Mischgebiet hergestellt werden sollten). Die entsprechende Fläche darf nicht für andere Zwecke als die gewünschte Stellplatznutzung bestimmt sein (OVG NRW, Urt. v. 11.02.1983 – 10 A 1000/81, BRS 40 Nr. 137 zur Unzulässigkeit von Stellplätzen auf einer mit Geh-, Fahr- und Leitungsrechten belasteten Fläche). Die Nutzung eines Grundstücks als Stellplatzfläche ist ebenfalls ausgeschlossen, wenn in einem Bebauungsplan für die in Betracht kommende Fläche die Errichtung von Hauptanlagen vorgesehen ist und durch die Schaffung der Stellplätze ein städtebaulicher Missstand entstünde, z.b. wenn die im Bebauungsplan vorgesehene Schließung einer Blockrandbebauung unmöglich gemacht würde. In die öffentlich-rechtliche Prüfung der Eignungsfrage ist auch die Vorschrift des § 3 Abs. 1 Satz 1 BauO NRW einzubeziehen. Schließlich dürfen auch keine anderen öffentlich-rechtlichen Vorschriften entgegenstehen (vgl. Rdn. 25). 27

In **sachlich-technischer** Hinsicht ist zu prüfen, ob das Ersatzgrundstück die benötigten Flächen einschließlich der zugehörigen Fahrflächen in einer für den Stellplatzzweck geeigneten Lage und Beschaffenheit (z.B. topographische Beschaffenheit) aufweist, und ob die erforderlichen Zu- und Abfahrten ohne Gefährdung der Leichtigkeit und Sicherheit des fließenden öffentlichen Verkehrs angelegt werden können. Dabei ist zwischen den Stellplätzen für die Bewohner und Beschäftigten einerseits und den Stellplätzen für die Besucher andererseits zu differenzieren. Während z.B. dem Bewohner durchaus zugemutet werden kann, eine mechanische Doppelparkeranlage zu bedienen, müssen die Stellplätze für Besucher relativ einfach angefahren werden können, da diese mit den Bedienungsvorgängen mechanischer Hilfen nicht vertraut sind (vgl. OVG NRW, Urt. v. 21.08.1990 – 11 A 2085/88, BRS 50 Nr. 127 zur Untauglichkeit eines Parkliftes, um den Stellplatzbedarf einer Spielhalle zu befriedigen, ebenso VGH B-W, Urt. v. 29.09.1999 – 3 S 1163/99, BRS 62 Nr. 151 zur Untauglichkeit eines Parklifts für die Stellplatzandienung eines islamischen Zentrums; OVG NRW, Beschl. v. 14.12.2016 – 2 A 1847/16, juris zur Untauglichkeit eines Parklifts, um den Stellplatzbedarf eines Wettbüros zu decken). 28

29 Ob das Ersatzgrundstück noch eine ausreichende Nähe aufweist, damit die zu schaffenden Stellplätze von den Benutzern und Besuchern des stellplatzpflichtigen Baugrundstücks auch angenommen werden, muss nach den örtlichen Gegebenheiten und der Nutzung der baulichen Anlage beurteilt werden. Es erscheint durchaus vertretbar, die notwendigen Stellplätze z.B. eines Warenhauses auf verschiedenen und unterschiedlich weit vom Gebäude entfernten Grundstücken dergestalt unterzubringen, dass etwa die Stellplätze für die Bediensteten des betreffenden Warenhauses 500 bis 600, ja sogar bis 800 m weit, die Stellplätze für die Besucher dagegen höchstens 300 m weit entfernt liegen. In zentralen Bereichen der Großstädte verschieben sich die Relationen, und man wird als nähere Umgebung größere Bereiche und längere Wegstrecken annehmen können als in einer Stadtrandlage. Bei Großveranstaltungen sind sogar weit größere Entfernungen hinnehmbar. So werden z.B. bei Messeveranstaltungen auch weit entfernte Flächen geeignet sein, wenn spezielle Pendelbusse den Zubringerdienst übernehmen.

30 Daher ist auch nicht der pauschalen Aussage zu folgen, dass Stellplätze für Kraftfahrzeuge »nach allgemeiner Erfahrung« nur dann angenommen werden, wenn sie nicht mehr als 300 m vom Baugrundstück entfernt liegen (so jedoch LT-Drucks. 17/2166, S. 144). In Verwaltungspraxis und Rechtsprechung hat sich als vertretbare Entfernung für den **Regelfall** zwar das **Maß von 300 m** herausgebildet. Dieses Maß kann jedoch **nur als grober Anhalt** dienen (so der BGH im Urt. v. 27.11.1980 – III ZR 82/79, BauR 1981, 279 = BRS 36 Nr. 143) und nicht für alle Fälle bindend sein. Die **Beispiele aus der Rechtsprechung** belegen eine relativ enge Auslegung des Begriffs der näheren Umgebung:
– Die Entfernung von 240 m zwischen einer Gaststätte im Ortskern einer kleinen Gemeinde und den auf einem anderen Grundstück nachgewiesenen Stellplätzen ist noch zumutbar (VGH B-W, Urt. v. 23.10.1985 – 3 S 1434/85, BRS 44 Nr. 109); eine Entfernung von 500 m in einem vergleichbaren Fall (Gaststätte) dagegen bereits zu groß (BayVGH, Urt. v. 10.12.1985 – Nr. 26 B 83 A. 996, BRS 46 Nr. 117).
– Die Entfernung von 400 bis 450 m Fußweg für notwendige Stellplätze, die für Besucher eines Bürogebäudes herzustellen sind, ist nicht mehr zumutbar (Hess. VGH, Urt. v. 19.06.1981 – IV OE 70/80, BRS 38 Nr. 135).
– In einer Großstadt ist den Bediensteten eine Entfernung zwischen ihrer Arbeitsstätte und den zugehörigen Kraftfahrzeug-Stellplätzen von mehr als 1000 m regelmäßig nicht zumutbar (OVG Saar, Urt. v. 19.11.1991 – 2 R 65/90, BRS 52 Nr. 116).
– Die Entfernung von 800 m zwischen einer Spielhalle und den auf einem anderen Grundstück nachgewiesenen Stellplätzen ist zu groß (VGH B-W, Urt. v. 27.03.1985 – 3 S 2183/84, BRS 44 Nr. 110); ebenso entschieden im Falle der Spielhallennutzung für nur 300 m und auch für lediglich 230 m (OVG NRW, Beschl. v. 23.06.1988 – 7 B 649/88, n.v. und Urt. v. 15.01.1992 – 7 A 211/90, n.v.).
– Die Entfernung von über 1000 m zwischen einem Modellfluggelände und den auf einer Hofstelle nachgewiesenen Stellplätzen ist zu groß (OVG NRW, Urt. v. 14.06.2010 – 7 A 2836/08, juris).

31 Die Vorschrift des **Satzes 1** ist daran geknüpft, dass »**Zu- oder Abfahrtsverkehr**« zu **erwarten** sein muss. Durch den Wegfall des einschränkenden Zusatzes »mittels Kraftfahrzeug« ist nunmehr auch insbesondere der Fahrradverkehr erfasst.

Hinsichtlich der Fahrradabstellplätze ist davon auszugehen, dass diese in der Regel 32
nur dann angenommen werden, wenn der Weg vom Abstellplatz zur baulichen Anlage
nur wenige Schritte beträgt (vgl. LT-Drucks. 17/2166, S. 144). Die Möglichkeit der
Errichtung dieser Stellplätze an anderen Orten als dem Baugrundstück ist daher stark
eingeschränkt.

Zu erwarten ist Zu- oder Abfahrtsverkehr, wenn das Grundstück für diesen Ziel oder 33
Quelle ist (BVerwG, Beschl. v. 02.11.1961 – I B 34.61, NJW 1962, 508). **Satz 1**
dient unzweifelhaft der **Entlastung des öffentlichen Straßennetzes**. Das Gesetz
geht davon aus, dass die öffentlichen Straßen in erster Linie dem »**fließenden** Verkehr« dienen sollen, der durch den »**ruhenden** Verkehr« nicht gestört werden darf.
Der ruhende Verkehr ist deshalb grundsätzlich **außerhalb** des öffentlichen Straßenraumes auf den privaten Grundstücken unterzubringen (OVG Lüneburg, Urt. v.
29.06.1979 – I A 37/78, BauR 1979, 494 = BRS 35 Nr. 125; BVerwG, Urt. v.
16.09.2004 – 4 C 5/03, BVerwGE 122, 1). Bezüglich der Pflicht zur Herstellung
von Fahrradabstellplätzen ist jedoch Folgendes zu beachten: da Fahrräder erheblich
geringere Flächen als Kraftfahrzeuge in Anspruch nehmen, geht es hier nicht so sehr
um die Entlastung des öffentlichen Straßenraums, sondern vielmehr um **Anreize zur
Benutzung des Fahrrads** anstelle des Kraftfahrzeuges. Dabei spielt die Überlegung
eine gewichtige Rolle, dass derartige Anreize ausgelöst werden, wenn die Verkehrsteilnehmer nicht nur auf Wohnbaugrundstücken, sondern auch auf Grundstücken, die
anderen Zwecken dienen, Abstellflächen für Fahrräder vorfinden.

Dem Bauherrn ist es freigestellt, ob er – neben den Fahrradabstellplätzen – **Stell-** 34
plätze anlegt oder **Garagen** errichtet. Dieses **Wahlrecht** des Bauherrn kann in zweierlei
Hinsicht **eingeschränkt** sein:
- einerseits unmittelbar durch das **Bauplanungsrecht**, insbesondere durch die Festsetzungen des Bebauungsplans,
- andererseits durch das gemäß § 48 Abs. 3 Satz 6 BauO NRW geregelte **Verlangen der Bauaufsichtsbehörde** an den Bauherrn, anstelle von Stellplätzen Garagen herzustellen.

Die Gemeinde ist durch **§ 9 Abs. 1 Nr. 4 BauGB** i.V.m. **§§ 12 und 23 BauNVO** 35
ermächtigt, im **Bebauungsplan** für die zu bebauenden Flächen die **Anordnung von
Garagen und Stellplätzen** zu regeln. Die Anordnung der Stellplätze und Garagen
auf dem Grundstück kann durch Festsetzungen zur Art der baulichen Nutzung oder
über die nicht überbaubaren Grundstücksflächen gemäß § 12 Abs. 6 BauNVO i.V.m.
§ 23 Abs. 5 BauNVO eingeschränkt oder ausgeschlossen sein. Im **Bebauungsplan**
können nach § 9 Abs. 1 Nr. 22 BauGB auch Flächen für **Gemeinschaftsgaragen** oder
Gemeinschaftsstellplätze festgesetzt werden. Ebenso ist die Gemeinde gemäß § 12
Abs. 4 BauNVO ermächtigt, **Garagengeschosse** oder **Tiefgaragen** festzusetzen. Die
Auslegung eines Bebauungsplanes anhand der Festsetzungen überbaubarer Grundstücksflächen, von Gemeinschaftsstellplätzen sowie befahrbarer Wohnwege kann ergeben, dass in einem Baugebiet einzelne Stellplätze und Garagen auf den zu bebauenden
Grundstücken unzulässig sein sollen und daher diese in der Gemeinschaftsanlage angeordnet werden müssen (Bay VGH, Beschl. v. 16.05.1983 – Nr. 14 B 1294/79, BRS

§ 48 Stellplätze, Garagen und Fahrradabstellplätze

40 Nr. 129; OVG NRW vom 22.08.1996 – 7 A 3508/93, BauR 1997, 97 = BRS 58 Nr. 35 = ZfBR 1997, 46).

36 Besteht **kein Bebauungsplan**, richtet sich die bauplanungsrechtliche Zulässigkeit von Stellplätzen und Garagen nach den Vorschriften über das Bauen im nicht beplanten Innenbereich oder Außenbereich (§§ 34, 35 BauGB). Innerhalb der im Zusammenhang bebauten Ortsteile im Sinne des **§ 34 BauGB** müssen Garagen und Stellplätze dem **Einfügungsgebot** genügen. Im **Außenbereich** im Sinne des **§ 35 BauGB** dürfen durch die Errichtung dieser Anlagen keine **öffentlichen Belange** entgegenstehen bzw. beeinträchtigt werden.

37 Ist das **Wahlrecht** des Bauherrn **nicht** durch bauplanungsrechtliche Vorgaben **eingeschränkt**, kann der Bauherr **anstelle von ursprünglich beantragten** (und genehmigten) **Garagen** auch lediglich **Stellplätze** herrichten. Der Bauherr ist nämlich nicht verpflichtet, die Genehmigung zum Bau der Garagen auszunutzen, sondern muss nur seiner Stellplatzpflicht nachkommen, die er natürlich ebenso gut durch Herrichtung von Stellplätzen erfüllen kann. Er muss sich gegebenenfalls bei Überschreitung der Freistellungsgrenze nach § 62 Abs. 1 Satz 1 Nr. 14 Buchstabe c) BauO NRW für Stellplätze diese Änderung seiner Bebauungskonzeption genehmigen lassen, weil er sonst von der erteilten Baugenehmigung abweicht. Dieses gilt sinngemäß in der Genehmigungsfreistellung für Wohngebäude nach § 67 BauO NRW (vgl. Rdn. 12). Ist die Errichtung der Stellplatzanlage dagegen wegen Unterschreitung der Freistellungsgrenze genehmigungsfrei, reicht es aus, die Nichtausnutzung der Baugenehmigung in diesem Punkt, also den Ersatz der Garagen durch Stellplätze, der Bauaufsichtsbehörde lediglich mitzuteilen, um diese von der Änderung der Bebauungskonzeption in Kenntnis zu setzen. Auf diese Weise kann der Bauherr auch sicherstellen, nach Abschluss der Bauarbeiten an den Stellplätzen nicht noch von einem bauaufsichtlichen Verlangen gemäß § 48 Abs. 3 Satz 6 BauO NRW überrascht zu werden, denn die Bauaufsichtsbehörde ist verpflichtet, aus Gründen der Verhältnismäßigkeit zeitnah nach Bekanntgabe der geänderten Bebauungskonzeption zu prüfen, ob sie ein solches Verlangen ausspricht. Sie muss nämlich davon ausgehen, dass der Bauherr die geänderte Bebauungskonzeption auch kurze Zeit später realisiert, um seiner Stellplatzpflicht zu genügen.

2.2 Satz 2 – Beschaffenheit von Fahrradabstellplätzen

38 Satz 2 regelt die qualitativen **Anforderungen an Fahrradabstellplätze**. Diese müssen demnach von der öffentlichen Verkehrsfläche aus
– **ebenerdig**,
– **durch Rampen** oder
– **durch Aufzüge**
zugänglich sein.

39 Mit dieser Regelung wird der **wachsenden Bedeutung des Fahrrads** als zentralem Element der Nahmobilität Rechnung getragen, da durch die Anforderungen an die Zugänglichkeit der Abstellplätze die Nutzung des Fahrrads noch attraktiver gestaltet

werden soll; des Weiteren sollen Fahrräder möglichst nicht in Wohngebäuden untergebracht werden müssen (LT-Drucks. 17/2166, S. 143).

Gemäß § 1 Abs. 3 StVG gelten solche Fahrzeuge nicht als Kraftfahrzeuge, die durch 40 Muskelkraft fortbewegt werden und mit einem elektromotorischen Hilfsantrieb mit einer Nenndauerleistung von höchstens 0,25 kW ausgestattet sind, dessen Unterstützung sich mit zunehmender Fahrzeuggeschwindigkeit progressiv verringert und beim Erreichen einer Geschwindigkeit von 25 km/h oder früher und wenn der Fahrer im Treten einhält, unterbrochen wird. Gleiches gilt, soweit das entsprechende Fahrzeug zusätzlich über eine elektromotorische Anfahr- und Schiebehilfe verfügt, die eine Beschleunigung des Fahrzeuges auf eine Geschwindigkeit von bis zu 6 km/h, auch ohne gleichzeitiges Treten des Fahrers, ermöglicht. Die vorgenannten Fahrzeuge gelten gemäß § 1 Abs. 3 Satz 3 StVG als **Fahrräder**.

Die Vorschrift des § 48 Abs. 1 Satz 2 BauO NRW hat daher insbesondere vor dem 41 Hintergrund der zunehmenden Benutzung von Pedelecs und E-Bikes – sofern sie die vorstehenden Voraussetzungen erfüllen – Bedeutung, welche es einem immer größer werdenden Teil der Bevölkerung ermöglicht, auch längere Strecken – beispielsweise zur Arbeit – mit dem Fahrrad zurückzulegen. So werden **weitere Anreize zur Benutzung des Fahrrads anstelle von Kraftfahrzeugen** geschaffen (vgl. Rdn. 33).

2.3 Satz 3 – Herstellungspflicht bei Änderungen oder Nutzungsänderungen von Anlagen

Die Vorschrift schreibt bei **Änderungen** und **Nutzungsänderungen** von Anlagen die 42 Herstellung von Stellplätzen und Fahrradabstellplätzen in solcher Zahl und Größe vor, dass sie die durch die Änderung zusätzlich zu erwartenden Kraftfahrzeuge und Fahrräder aufnehmen können. Die ist eine **zulässige Bestimmung über Inhalt und Schranken des Eigentums** im Sinne von Art. 14 Abs. 1 Satz 2 GG (BVerwG, Beschl. v. 28.07.1992 – 4 B 57.92, BRS 54 Nr. 108). Lässt die (Nutzungs-)Änderung keinen erhöhten Stellplatzbedarf erwarten, so dürfen auch keine weiteren Stellplätze gefordert werden (VGH B-W, Urt. v. 23.08.2017 – 3 S 1102/17, juris). Dies hat zur Folge, dass im Falle einer Änderung oder Nutzungsänderung eine **zweifache Prognose** anzustellen ist: einerseits **ob die Änderung überhaupt einen zusätzlichen Bedarf an Stellplätzen auslöst**, andererseits bezüglich des Umfangs des ausgelösten Mehrbedarfs, also der **konkreten Zahl der notwendigen Stellplätze** (vgl. Sauter, zu § 37 Rn. 38). Zunächst ist also festzustellen, ob durch die Änderung oder Nutzungsänderung überhaupt ein Mehrbedarf an Stellplätzen erforderlich wird. Die Begriffe »Änderung« und »Nutzungsänderung« sind dabei im Sinne des § 60 Abs. 1 BauO zu verstehen (vgl. § 3, Rdn. 27–31 und 105–116). Handelt es sich nicht mehr um eine Änderung, sondern vielmehr um eine (Neu-)Errichtung (vgl. § 3, Rdn. 24–26), so sind die notwendigen Stellplätze für die gesamte bauliche Anlage nach Maßgabe des § 48 Abs. 1 Satz 1 BauO NRW herzustellen. Auf die **Genehmigungspflicht** der Änderung oder Nutzungsänderung **kommt es für die Anwendung des Satz 3 nicht an** (vgl. Simon/Busse, zu Art. 47 Rn. 68).

43 Ein **Mehrbedarf** ist dann anzunehmen, wenn der **durch die (Nutzungs-)Änderung verursachte Bedarf an notwendigen Stellplätzen den bisherigen Bedarf übersteigt.** Der Bauaufsichtsbehörde ist es im Rahmen von Änderungen nicht möglich, solche Stellplätze nachzufordern, die der baulichen Anlage bisher gefehlt hatten; so darf die beabsichtigte Nutzungsänderung nicht zum Anlass genommen werden, schon bislang fehlende Stellplätze nachzufordern (BayVGH, Beschl. v. 22.04.2004 – 20 B 03.2531, juris; VGH B-W, Urt. v. 23.08.2017 – 3 S 1102/17, juris). Wird beispielsweise eine Gaststätte, die bisher über keine Stellplätze verfügt hat, mit einem Anbau erweitert, so bemisst sich der Mehrbedarf lediglich an dem durch den Anbau verursachten Mehr an Kraftfahrzeug- und Fahrradverkehr (vgl. Sauter, zu § 37 Rn. 38). Im umgekehrten **Fall, in welchem die bisherige Anlage über mehr als die notwendigen Stellplätze verfügt,** ist dieser **Überschuss anzurechnen.** Im obigen Beispiel bedeutet dies, dass trotz der Erweiterung der Gaststätte durch den Anbau dann keine neuen Stellplätze herzustellen sind, wenn die bisherige Zahl an Stellplätzen auch den zusätzlichen durch den Anbau erwarteten Verkehr aufzunehmen vermag.

44 Auf **Modernisierungsmaßnahmen,** bei denen die **Bausubstanz und die Raumzusammenhänge erhalten** bleiben und bei denen **keine zusätzlichen** Nutzungseinheiten entstehen, finden die Vorschriften des Satz 3 keine Anwendung, auch wenn nach Abschluss der Arbeiten das Gebäude optisch als neuwertig erscheint. **Modernisierung im engeren Sinne** bedeutet nämlich begrifflich nichts anderes als **erhaltende Erneuerung,** die auf die Wiederherstellung eines ursprünglich vorhanden gewesenen Nutzwerts zielt, indem z.B. alte Installationsleitungen durch neue ausgetauscht, alte Bäder und Küchen durch neue ersetzt, Außenwände und Dächer mit verbessertem Wärmeschutz versehen oder anstelle von kleinen Dachflächenfenstern größere zur Verbesserung der Belichtung eingebaut werden. Es ist nicht erkennbar, dass durch derartige Maßnahmen ein erhöhter Stellplatzbedarf ausgelöst werden könnte. **Modernisierungen im weiteren Sinne,** die unter **Aufgabe der alten Baustruktur** zu völlig neuen Raumzusammenhängen und Nutzungseinheiten führen, sind dagegen bauliche Änderungen oder sogar Nutzungsänderungen.

45 Im Rahmen der **Berechnung der konkreten Zahl des Mehrbedarfs** ist ein **rechnerischer Vergleich** zwischen dem Stellplatzbedarf der geänderten Anlage und dem des genehmigten Altbestandes anzustellen; bei diesem Vergleich ist hinsichtlich des bisherigen Stellplatzbedarfs auf die zuletzt legal ausgeübte Nutzung abzustellen, auf die tatsächliche Nutzung vor der (Nutzungs-)Änderung kommt es hingegen nicht an (VGH B-W, Beschl. v. 26.06.1998 – 8 S 1661/98, BRS 60 Nr. 124). Bei der Bestimmung des bisherigen Bedarfs an notwendigen Stellplätzen ist dabei **auf die aktuelle Rechtslage abzustellen,** maßgeblich ist also, wie viele Stellplätze im Zeitpunkt der Entscheidung für die Anlage im bisherigen Zustand herzustellen wären (VGH B-W, Urt. v. 17.12.1999 – 5 S 50/97, BRS 62 Nr. 149).

46 Die **dargestellten Maßstäbe,** nach denen ein entsprechender Mehrbedarf festzustellen und zu berechnen ist, **unterscheiden sich von denen der bisherigen Regelung des § 51 Abs. 2 BauO NRW 2000.** Die Vorschrift rekurrierte auf »wesentliche Änderungen von Anlagen (…) oder wesentliche Änderungen ihrer Benutzung«. Die sich daraus

ergebenen Schwierigkeiten, das Merkmal der Wesentlichkeit im jeweiligen Einzelfall zu bestimmen, sind durch die Bezugnahme auf die geklärten Begrifflichkeiten der Änderung und Nutzungsänderung entfallen. Weitere Folge des Wegfalls des Wesentlichkeits-Erfordernisses ist die Ausdehnung des Anwendungsbereichs der Vorschrift des § 48 Abs. 1 Satz 3 BauO NRW. In diesem Zusammenhang ist jedoch zu beachten, dass die Ermittlung des Stellplatzbedarfs nach wesentlicher (»Nutzungs-)Änderung bisher nach dem Gesamtbedarf der Anlage in ihrem neuen Zustand erfolgte. Die neue Berechnungsmethode dürfte daher dazu führen, dass die Zahl der nachträglich geforderten Stellplätze Im Einzelfall geringer ausfallen wird als nach der bisherigen Rechtslage. Dies beruht auf dem Umstand, dass durch das weiter ansteigende Verkehrsaufkommen grundsätzlich auch die Zahl notwendiger Stellplätze ansteigt, im Rahmen der Berechnung des Mehrbedarfs jedoch diese Zahl auch hinsichtlich des Altbestandes nach aktuellen Maßstäben zu beurteilen ist, so dass die Differenz zwischen Alt- und Neubestand – also die nach Satz 2 herzustellenden Stellplätze – geringer ausfällt, als wenn bezüglich des Altbestandes die seinerzeitige geringere Anzahl notwendiger Stellplätze zugrunde gelegt würde.

2.4 Satz 4 – Keine Stellplatzanforderung bei Erschwerung oder Verhinderung der Schaffung oder Erneuerung von Wohnraum

Nach **Satz 4** gilt die Pflicht zur Herstellung von Stellplätzen nicht, wenn andernfalls die Schaffung oder Erneuerung von Wohnraum auch unter Berücksichtigung der Möglichkeit einer Ablösung erheblich erschwert oder verhindert würde. Die **Regelung gilt** trotz ihres missverständlichen Wortlauts, der eine Geltung nur für Herstellungspflicht im Falle von (Nutzungs-)Änderungen nach Satz 3 nahe legt, **für jede Form der Stellplatzpflicht**, also auch im Rahmen der Errichtung von Anlagen im Sinne des Satz 1. So soll es die Vorschrift laut der Gesetzesbegründung ermöglichen, vom Grundsatz des § 48 Abs. 1 Satz 1 BauO NRW abzuweichen, um die **tatsächliche Nutzung von Nachverdichtungspotenzialen** in den Ballungsräumen Nordrhein-Westfalens zu ermöglichen (vgl. LT-Drucks. 17/2166, S. 143). Nachverdichtung erfolgt jedoch in vielen Fällen durch die Nutzung freier Flächen im Bereich bereits bestehender Bebauung durch die Errichtung neuer baulicher Anlagen. Die bisherige Regelung des § 51 Abs. 9 BauO NRW 2000, die eine entsprechende Privilegierung nur für die Schaffung von Wohnungen durch den Ausbau von Dachgeschossen vorsah und dies auch nur bei Gebäuden, die vor dem 01.01.1993 fertiggestellt wurden, wurde somit erheblich erweitert. 47

Eine **Schaffung von Wohnraum** ist anzunehmen, **wenn durch die betreffende Maßnahme neuer Wohnraum entsteht**, nicht jedoch, wenn bestehender Wohnraum eine neue Aufteilung erfährt, beispielsweise in Fällen, in denen eine Wohnung in mehrere Wohnungen aufgeteilt wird. **Erheblich erschwert oder verhindert** wird die Schaffung von Wohnraum dann, wenn die **Pflicht zur Herstellung aus rechtlichen, tatsächlichen oder finanziellen Gründen unverhältnismäßig** wäre und die Anlage daher den Anforderungen des § 48 Abs. 1 BauO NRW nicht entsprechen würde (vgl. Simon/Busse, zu Art. 47 Rn. 87). Im Rahmen finanzieller Hinderungsgründe ist ein **krasses Missverhältnis** zwischen den Kosten für die Schaffung/Erneuerung des Wohnraums 48 einerseits und den Kosten zur Erfüllung der Stellplatzpflicht – sei es durch die tatsächliche Herstellung oder die Zahlung eines Ablösebetrages – erforderlich; maßgeblich dabei ist die Wertsteigerung des Grundstücks bzw. der Mietmehrerlös, nicht jedoch die gegenwärtigen persönlichen und finanziellen Verhältnisse des Eigentümers (vgl. Simon/Busse, zu Art. 47 Rn. 87). Daher ist auch die Umsetzung kostspieliger Stellplätze, z.B. in Form von Doppelparkeranlagen oder Parkliften, in Erwägung zu ziehen, auf die erst verzichtet werden kann, wenn ein entsprechendes Missverhältnis der Kosten vorliegt. Weiterhin muss die Schaffung oder Erneuerung des Wohnraums »**auch unter Berücksichtigung der Möglichkeit einer Ablösung**« erheblich erschwert oder verhindert sein. Soll die Privilegierung des Satz 4 eingreifen, darf also eine Ablösung nicht in Betracht kommen. Dabei ist zu beachten, dass die Vereinbarung einer Ablösung im pflichtgemäßen Ermessen der Gemeinde steht, diese die Ablösung also auch verweigern kann (BVerwG, Beschl. v. 27.09.1983 – 4 B 122/83, BRS 40, Nr. 146). Neben dem erwähnten Fall der unverhältnismäßigen Höhe des Ablösebetrages ist eine Ablösung daher auch dann nicht möglich, wenn der Abschluss eines Ablösevertrages seitens der Gemeinde abgelehnt wurde; dass der Gemeinde in diesen Fällen die Möglichkeit genommen wird, eigenverantwortlich über die Stellplatzablösung zu bestimmen ist angesichts des übergeordneten Interesses an der Schaffung von Wohnraum hinzunehmen (BayVGH, Urt. v. 23.08.2001 – 2 B 98.2905, BauR 2002, 72). Der Gemeinde wäre es im Rahmen ihres Ermessens im Vorhinein möglich gewesen, eine Ablösevereinbarung abzuschließen.

3 Zu Abs. 2 – Festlegung der Zahl der notwendigen Stellplätze

49 Gemäß § 48 Abs. 1 Satz 1 BauO NRW müssen die Stellplätze in ausreichender Zahl hergestellt werden. Die **korrekte Ermittlung der Zahl notwendiger Stellplätze** für ein konkretes Vorhaben erforderte vom Entwurfsverfasser **bisher erheblichen Arbeitsaufwand**. Es galt unter Berücksichtigung der **örtlichen Verkehrsverhältnisse** und des **öffentlichen Personennahverkehrs** die **richtige Zahl** notwendiger Stellplätze auszumachen. Dabei orientierten sich die am Bau Beteiligten an der – zwischenzeitlich aufgehobenen – Anlage zu Nr. 51.11 VV BauO NRW 2000. Die dort enthaltenen **Richtzahlen waren**, wie schon die Einordnung als **Verwaltungsvorschrift** verdeutlicht, **keine Rechtsnorm**. Ihnen kam auch **kein normergänzender Charakter** zu (BayVGH, Urt. v. 14.01.1986 – Nr. 8 B 80 A. 1734, BayVBl. 1986, 524). Sie waren jedoch als auf gesicherter Erfahrungsgrundlage beruhende **Anhaltspunkte** bzw. als **sachverständig festgestellte Erfahrungswerte** von Bedeutung (OVG NRW, Urt. v. 17.02.2009 – 10 A 793/07, BauR 2009, 1123).

50 Mit der **Neufassung der Vorschrift** in der BauO NRW 2018 wurde diese Art der Ermittlung der Zahl notwendiger Stellplätze zugunsten einer rechtsnormativen Regelung aufgegeben. **Nach § 48 Abs. 2 Satz 1 BauO NRW** wird die Zahl der notwendigen Stellplätze nach § 48 Abs. 1 Satz 1 BauO NRW **nunmehr durch Rechtsverordnung festgelegt**, welche durch das für Bauen zuständige Ministerium zu erlassen ist. Bisher existiert eine solche Rechtsverordnung jedoch noch nicht, beabsichtigt ist jedoch, mit der Verordnung lediglich das **unverzichtbare Minimum** an Stellplätzen festzuschreiben und weitergehende Anforderungen den Regelungen örtlicher Bauvorschriften

nach Satz 2 vorzubehalten (vgl. LT-Drucks. 17/2166, S. 144). Ein Blick auf die vergleichbare Gesetzeslage in Bayern zeigt, dass die dort per Rechtsverordnung (Garagenstellplatzverordnung – GaStellV) erlassenen Regelungen zur Zahl der notwendigen Stellplätze systematisch vergleichbar ist mit der bisher herangezogenen Anlage zu Nr. 51.11 VV BauO NRW 2000. Nach § 20 Satz 2 GaStellV ist für den Fall, dass eine Nutzung in der Anlage zur GaStellV nicht aufgeführt ist, die Zahl der notwendigen Stellplätze in Anlehnung an eine oder mehrere vergleichbare Nutzungen zu ermitteln.

Besteht darüber hinaus ein **Bebauungsplan oder eine örtliche Bauvorschrift** im Sinne 51 des § 89 Abs. 1 Nr. 4 BauO NRW, **welche die Zahl der notwendigen Stellplätze festlegen**, so ist gemäß § 48 Abs. 2 Satz 2 BauO NRW **diese Zahl maßgeblich**. Die in der **Rechtsverordnung** festgelegte Zahl ist insoweit **subsidiär**. Ob die in Bebauungsplan oder örtlicher Bauvorschrift festgelegte Zahl von derjenigen in der Rechtsverordnung nach oben oder unten abweicht ist unerheblich. Eine Abweichung kommt besonders unter den Gesichtspunkten des Städtebaus und der Sicherheit und Leichtigkeit des Verkehrs unter Berücksichtigung des Verhältnismäßigkeits- und des Gleichheitsgrundsatzes den Stellplatzschlüssel in Betracht (vgl. Simon/Busse, zu Art. 47 Rn. 117). Dies ist angesichts des Umstands nachvollziehbar, dass sich Erforderlichkeit und Zahl der notwendigen Stellplätze in hohem Maße nach den örtlichen Gegebenheiten und den verkehrspolitischen Konzepten der Gemeinden richten; die gesetzgeberische Alternative, die Regelung des Stellplatzerfordernisses generell den Gemeinden zu überlassen, wurde aufgrund deren Kritik im Rahmen des Gesetzgebungsverfahrens jedoch verworfen (vgl. LT-Drucks. 17/2166, S. 144).

Bei der Festlegung der Zahl der notwendigen Stellplätze in Bebauungsplänen ist ins- 52 besondere das **Abwägungsgebot** gemäß § 1 Abs. 7 BauGB zu beachten (vgl. BayVGH, Beschl. v. 30.10.2014 – 1 NE 14.1548, NVwZ-RR 2015, 176). Bei der Festlegung in örtlichen Bauvorschriften ist zu beachten, dass sich die Gemeinde an den **durch die tatsächliche Nutzung ausgelösten Bedarf** an Stellplätzen halten muss (OVG Rh-Pf, Urt. v. 27.06.2001 – 8 C 11919/00, juris). Auf diesen Bedarf haben insbesondere die örtlichen Gegebenheiten Einfluss. In dicht bebauten Wohnvierteln der Gründerzeit, in denen der zur Verfügung stehende Parkraum äußerst knapp ist, liegt der Pkw-Bestand je Haushalt niedriger als im locker bebauten Einfamilienhausgebiet. Auch wird jeder leicht aufgrund eigener Lebenserfahrung nachvollziehen können, dass der am Stadtrand gelegene Verbrauchermarkt wesentlich mehr Stellplätze benötigt, als eine gleich große Einrichtung im Hauptbahnhofsgebäude der gleichen Stadt. Die örtlichen Gegebenheiten sind ausschlaggebend für die **Erreichbarkeit mit öffentlichen Verkehrsmitteln**. Hiervon hängt wiederum die Benutzerhäufigkeit des ÖPNV ab. Je günstiger das Grundstück zu Haltestellen des ÖPNV liegt, umso mehr Benutzer und Besucher werden diesen und nicht den Pkw in Anspruch nehmen.

Die dargestellten gesetzlichen Änderungen haben zur Folge, dass nicht mehr – wie bis- 53 her – der **Bauherr nachweispflichtig** für die Zahl der notwendigen Stellplätze ist, sondern es **Aufgabe der Bauaufsichtsbehörde** ist, diese Ermittlungsaufgabe zu übernehmen.

Schließlich ist gemäß § 48 Abs. 2 Satz 1 BauO NRW in der zu erlassenen **Rechtsver-** 54 **ordnung** neben der Zahl der notwendigen Stellplätze auch **Näheres über Zahl, Größe** und Lage von **Stellplätzen für Menschen mit Behinderungen** zu regeln. Diesbezüglich ist es der Gemeinde nicht möglich, abweichende Regelungen festzulegen.

4 Zu Abs. 3 – Satzungsbefugnis der Gemeinden

4.1 Satz 1 – Grundsatz der Satzungsbefugnis

55 In § 48 Abs. 3 Satz 1 BauO NRW wird die bereits in Abs. 2 angesprochene Befugnis der Gemeinden zum Erlass einer Stellplatzsatzung konkretisiert. In **Satz 1** findet sich dabei der Grundsatz, dass die Gemeinden **unter Berücksichtigung der örtlichen Verkehrsverhältnisse** festlegen können, **ob und in welchem Umfang und in welcher Beschaffenheit** bei der **Errichtung, Änderung oder Nutzungsänderung** von Anlagen, bei denen ein **Zu- oder Abgangsverkehr zu erwarten** ist, geeignete **Garagen oder Stellplätze** für Kraftfahrzeuge und Fahrradabstellplätze errichtet werden müssen, um den Erfordernissen des ruhenden Verkehrs zu genügen.

56 Den Gemeinden wird so zunächst einmal ermöglicht, die Stellplatzthematik vor dem Hintergrund der **örtlichen Verkehrsverhältnisse** selbst zu regeln. Auf diese Weise kann die jeweilige Gemeinde bei der Festlegung entsprechender Regelungen ihre **eigene Verkehrskonzeption und -politik** zugrunde legen. Örtliche Besonderheiten wie beispielsweise ein gut ausgebautes und funktionierendes ÖPNV-Netz können so Berücksichtigung finden. Sofern die Anzahl der notwendigen Stellplätze im Rahmen der Satzung geregelt wird, geht diese der in der Rechtsverordnung nach § 48 Abs. 2 Satz 1 BauO NRW festgelegten Zahl vor (vgl. § 48 Abs. 2 Satz 2 BauO NRW).

57 Bezüglich des Umfangs und der Beschaffenheit der herzustellenden Stellplätze enthält § 48 Abs. 3 Satz 2 BauO NRW konkretisierende Regelungsmöglichkeiten (vgl. Rdn. 61–82). Zu- oder Abgangsverkehr ist zu erwarten, wenn das Grundstück für diesen Ziel oder Quelle ist (vgl. Rdn. 33; auch wenn in Abs. 1 Satz 1 von »Zu- oder Abfahrtsverkehr« die Rede ist, dürften die Begrifflichkeiten deckungsgleich sein).

58 Die Gemeinden können regeln, ob und wie **geeignete** Stellplätze oder Garagen errichtet werden müssen. Die Geeignetheit bezieht sich auf die **Erfordernisse des ruhenden Verkehrs**, so dass »geeignet« in diesem Zusammenhang bedeutet, dass die Stellplätze oder Garagen den ihnen zugedachten Zweck erfüllen müssen, die öffentlichen Verkehrsflächen von dem ruhenden Verkehr zu entlasten, der von baulichen Anlagen ausgelöst wird (vgl. LT-Drucks. 17/2166, S. 144).

59 Dafür ist es zunächst erforderlich, dass der **Standort des Stellplatzes** geeignet ist, er also auf dem Baugrundstück selbst oder – sofern die jeweilige Stellplatzsatzung dies vorsieht – in dessen Nähe errichtet wird (vgl. LT-Drucks. 17/2166, S. 144). Bis zu welcher Entfernung diese Nähe noch als ausreichend erachtet werden kann, muss nach den örtlichen Gegebenheiten und der Nutzung der baulichen Anlage beurteilt werden, wobei sich als vertretbare Entfernung für den **Regelfall** das **Maß von 300 m** herausgebildet hat (vgl. Rdn. 29–30).

60 Weiterhin dürfen der Nutzung als Stellplatz **keine Hindernisse tatsächlicher, planungsrechtlicher oder bauordnungsrechtlicher Art** oder **allgemeine Gründe der öffentlichen Sicherheit und Ordnung**, insbesondere des Verkehrs, entgegenstehen

(vgl. LT-Drucks. 17/2166, S. 144; bezüglich entsprechender Hindernisse vgl. auch Rdn. 26–27). »Gefangene Stellplätze« sind in aller Regel nicht als geeignet anzusehen, es sei denn die Gemeinde trifft in ihrer Stellplatzsatzung diesbezüglich abweichende Regelungen (vgl. LT-Drucks. 17/2166, S. 144).

4.2 Satz 2 – Regelungsmöglichkeiten innerhalb der Stellplatzsatzung nach Satz 1

Satz 2 enthält einen **Katalog mit Regelungspunkten**, die einer **eigenen Gestaltung durch die Gemeinde** im Rahmen der Stellplatzsatzung **zugänglich** sind. Der Katalog ist – ausweislich des Wortlautes »insoweit« – abschließend und bezieht sich nur auf die in Satz 1 genannte Regelungsmaterie: des »Ob«, des Umfangs und der Beschaffenheit der Stellplätze. 61

Nach **Nr. 1** können die Gemeinden in der Stellplatzsatzung die **Herstellungspflicht bei der Errichtung von Anlagen** regeln. Dies ermächtigt die betreffende Gemeinde im Grundsatz dazu, die Pflicht zur Herstellung von Stellplätzen anzuordnen. Der Begriff der Errichtung von Anlagen ist dabei im Sinne des § 48 Abs. 1 Satz 1 BauO NRW zu verstehen. Ein Nichtausnutzen dieser Ermächtigung führt jedoch nicht zu einem Wegfall der Stellplatzpflicht, auch wenn eine Stellplatzsatzung mit anderweitigen Regelungsinhalten vorliegt. Ein Verzicht auf die Herstellung notwendiger Garagen und Stellplätze kann nur auf § 48 Abs. 3 Satz 2 Nr. 4 BauO NRW unter den dort genannten Voraussetzungen gestützt werden (vgl. Rdn. 65 ff.). 62

Nach **Nr. 2** kann die **Herstellungspflicht des Mehrbedarfs bei Änderungen oder Nutzungsänderungen** der Anlagen in der Satzung geregelt werden. Ein Mehrbedarf ist dann anzunehmen, wenn der durch die (Nutzungs-)Änderung verursachte Bedarf an notwendigen Stellplätzen den bisherigen Bedarf übersteigt, wobei ein rechnerischer Vergleich zwischen dem Stellplatzbedarf der geänderten Anlage und des genehmigten Altbestandes durchzuführen ist (vgl. Rdn. 43–46). 63

Nr. 3 ermöglicht es der Gemeinde, die Herstellungspflicht auf **genau begrenzte Teile des Gemeindegebiets** oder auf **bestimmte Fälle zu beschränken**. Denkbar ist auch eine Kombination, um in abgegrenzten Gebieten nur bestimmte Fälle zu regeln, z.B. in Altstadtgebieten die Erleichterung von wesentlichen Nutzungsänderungen zu Wohnzwecken. Die »**genau begrenzten Teile**« des Gemeindegebiets müssen **eindeutig festgelegt** werden. Das kann durch textliche Aufzählung der erfassten Grundstücke nach den Ordnungsmerkmalen des Liegenschaftskatasters (Gemarkung, Flur, Flurstück) oder durch zeichnerische Darstellung des Geltungsbereichs in einer Karte geschehen. Die **Abgrenzung** muss **bestimmt** sein, so dass zweifelsfrei ermittelt werden kann, ob ein Grundstück von der Regelung erfasst wird oder nicht (vgl. BVerwG, Beschl. v. 04.01.1994 – 4 NB 30.93, BRS 56 Nr. 33 zu unscharfen Festsetzungen im Randbereich eines Bebauungsplans). Dieser Genauigkeitsgrad erfordert im Falle der zeichnerischen Darstellung eine Kartengrundlage die – wie die Deutsche Grundkarte – die Eigentumsgrenzen der Grundstücke enthält. Die »**bestimmten Fälle**« müssen eindeutig umschrieben sein, z.B. nach der Art der Nutzung (gewerbliche Betriebe, Wohngebäude, Verwaltungsgebäude oder ähnliche Nutzungskategorien) oder nach Tatbestandsmerkmalen. Bei der Verwendung 64 unbestimmter Rechtsbegriffe ist das von der Rechtsprechung herausgestellte Gebot angemessener Bestimmtheit zu beachten (vgl. BVerwG, Urt. v. 16.06.1994 – 4 C 2.94, BRS 56 Nr. 233, wonach mit der Formulierung »innerhalb der im Zusammenhang bebauten Ortsteile und des Geltungsbereichs der Bebauungspläne« der räumliche Geltungsbereich einer Baumschutzsatzung hinreichend bestimmt umschrieben wird).

65 Nach **Nr. 4** kann die Gemeinde vollständig oder teilweise auf die Herstellung von notwendigen Garagen oder Stellplätzen verzichten, soweit der Stellplatzbedarf
– entweder **durch besondere Maßnahmen verringert** wird (Buchstabe a)) oder
– durch **nachträglichen Ausbau von Dach- und Kellergeschossen** oder durch **Aufstockung** entsteht (Buchstabe b)).

66 Als **Verzicht** ist dabei der **Wegfall der Herstellungspflicht nach den Nr. 1–3** zu verstehen, wobei eine freiwillige Herstellung von Stellplätzen durch den in der Satzung geregelten Verzicht nicht ausgeschlossen wird; eine Ablösung nach Nr. 7 kommt jedoch nicht mehr in Betracht (vgl. LT-Drucks. 17/2166, S. 144). Laut Gesetzesbegründung wird ein gänzlicher Verzicht im Rahmen von baulichen Anlagen jedoch kaum in Frage kommen, auch die erforderliche Anzahl an Stellplätzen für Menschen mit Behinderungen dürfte demnach unverzichtbar sein (vgl. LT-Drucks. 17/2166, S. 144). Hat die Gemeinde von der Satzungsermächtigung nach Nr. 4 keinen Gebrauch gemacht, kann gleichwohl im Einzelfall aufgrund der Abweichungsregelung des § 69 BauO NRW ein Stellplatzverzicht ausgesprochen werden (vgl. Hornmann, zu § 52 Rn. 94).

67 Der Begriff der **besonderen Maßnahme** ist weit auszulegen und **umfasst jede Maßnahme, mit der die Zahl der notwendigen Stellplätze verringert wird**; die Satzungsermächtigung ist in diesem Zusammenhang als »**Experimentierklausel« im positiven Sinne** zu verstehen. Eine solche besondere Maßnahme kann z. B. die Verpflichtung des Bauherrn, allen in der baulichen Anlage (Bürogebäude) tätigen Personen Fahrkarten für den ÖPNV zur Verfügung zu stellen (**sog. Job-Ticket**), sein (vgl. LT-Drucks. 17/2166, S. 145).

68 »**Nachträglich**« ist der Ausbau von Dach- und Kellergeschossen dann, wenn fertiggestellte Gebäude ausgebaut werden. »**Aufstockung**« bezeichnet das Hinzufügen ein oder mehrerer Geschosse auf ein bereits bestehendes Gebäude. Im Gegensatz zur Vorgängerregelung des § 51 Abs. 9 BauO NRW 2000 über die Privilegierung bei Ausbau von Dachgeschossen kommt es nicht mehr darauf an, wann das entsprechende Gebäude fertiggestellt wurde, eine Begrenzung auf bestehende Gebäude sieht die Satzungsermächtigung nicht vor. § 51 Abs. 9 BauO NRW 2000 galt nur bei Gebäuden, die vor dem 01.01.1993 fertiggestellt wurden.

69 Nach **Nr. 5** kann die Gemeinde die **Herstellung** von notwendigen oder nicht notwendigen Garagen oder Stellplätzen **einschränken oder untersagen**, soweit
– **Gründe des Verkehrs** oder
– **städtebauliche Gründe**
dies erfordern.

Gründe des Verkehrs können bei fehlenden Zu- und Abfahrten vorliegen, oder 70
wenn die Herstellung von Fußgängerzonen, verkehrsberuhigten Bereichen oder von
Wohn- und Spielstraßen gesichert werden soll, wobei in diesen Fällen bereits bei Erlass der Satzung Gewissheit über diese Maßnahmen bestehen muss (vgl. Hornmann, zu § 52 Rn. 97). Auch das Verhindern von weiterem Quell- oder Zielverkehr kann einen entsprechenden Grund zur Beschränkung bzw. Untersagung von Stellplätzen darstellen, wenn dessen Zunahme die Sicherheit und Leichtigkeit des Verkehrs ernsthaft gefährden würde oder ein weiterer Ausbau des Straßennetzes nicht mehr von der kommunalen Verkehrskonzeption getragen wird (vgl. LT-Drucks. 17/2166, S. 145). Die Satzungsermächtigung der Nr. 5 dient damit in großem Maße der Umsetzung gemeindlicher Verkehrspolitik.

Städtebauliche Gründe liegen vor, wenn die Satzung der **Verfolgung bestimmter** 71
städtebaulicher Entwicklungsvorstellungen dienen soll. Diese können sich beispielsweise auf die Berücksichtigung des Belanges der Erhaltung, Erneuerung und Fortentwicklung vorhandener Ortsteile sowie die Gestaltung des Orts- und Landschaftsbildes und der Belange des Denkmalschutzes und der Denkmalpflege stützen (vgl. LT-Drucks. 17/2166, S. 145).

Nr. 6 ermöglicht es der Gemeinde, **bestimmte Konstruktionen** von notwendigen 72
oder nicht notwendigen Garagen oder Stellplätzen verbindlich vorzuschreiben. Beispielsweise können neben Stapelgaragen auch Stapelstellplätze als Maßnahmen des verdichteten Bauens vorgeschrieben werden (vgl. LT-Drucks. 17/2166, S. 145).

Nach **Nr. 7** kann die Gemeinde festlegen, dass bei der Errichtung von Anlagen not- 73
wendige Stellplätze mit einer **Vorbereitung der Stromleitung für die Ladung von**
Elektrofahrzeugen versehen werden. Dies kann auch unter Berücksichtigung einer Quote vollzogen werden. Auf diese Weise kann die Ladeinfrastruktur für Elektrofahrzeuge verbessert werden bzw. die Voraussetzungen für deren günstige Entwicklung geschaffen werden; dies beispielsweise durch Vorrichtungen wie Leerrohre, die einen weiteren Ausbau der Stromzuleitungen zu einem späteren Zeitpunkt ermöglichen und beschleunigen (vgl. LT-Drucks. 17/2166, S. 145).

Nr. 8 sieht die Möglichkeit vor, dass die Herstellungspflicht nach den Nr. 1–3 durch 74
Zahlung eines in der Satzung festzulegenden Geldbetrags an die Gemeinde **abgelöst**
werden kann. Durch den ausdrücklichen Verweis auf die Nr. 1–3 wird deutlich, dass eine Ablösung nicht für die Herstellungspflicht nach § 48 Abs. 1 BauO NRW gilt, sondern nur in den Fällen greift, in den eine gemeindliche Satzung im Sinne des § 48 Abs. 3 Satz 2 Nr. 1–3 BauO NRW besteht. Die Möglichkeit der Ablösung erstreckt sich dabei auch auf die Herstellungspflicht von Fahrradabstellplätzen. Bei der Entscheidung der Gemeinde über den Fortfall der Herstellungspflicht und über die Zahlung des Geldbetrages handelt es sich um eine **Ermessensentscheidung** (vgl. Hornmann, zu § 52 Rn. 189). Die Gemeinde ist nicht verpflichtet, eine Satzungsregelung nach § 48 Abs. 3 Satz 2 Nr. 7 BauO NRW zu erlassen, sie kann vielmehr frei bestimmen, ob sie die zusätzlichen Aufgaben – insbesondere die zweckgebundene Verwendung der Geldbeträge (vgl. Rdn. 80–81) –, die mit der Ablösung einhergehen, übernehmen kann und will (vgl. LT-Drucks. 17/2166, S. 145). Bei Ausübung dieses Ermessens ist

§ 48 Stellplätze, Garagen und Fahrradabstellplätze

§ 40 VwVfG. NRW. zu beachten. Im Zusammenspiel mit § 48 Abs. 3 Satz 2 Nr. 3 BauO NRW ist es auch möglich, nur für einen **bestimmten Teil des Gemeindegebiets** die Möglichkeit der Ablösung der Herstellungspflicht zu schaffen. Die Ablösung der Stellplatzpflicht steht als gleichrangiges Instrument zur Erfüllung der bauordnungsrechtlichen Anforderungen neben der tatsächlichen Herstellung der Stellplätze. Dies ergibt sich daraus, dass – sofern die Möglichkeit der Ablösung in der Satzung zugelassen worden ist – keine weiteren Einschränkungen bestehen, sondern der Bauherr vielmehr ein Wahlrecht zwischen Ablösung und tatsächlicher Herstellung hat. In der Vorgängerregelung des § 51 Abs. 5 Satz 1 BauO NRW 2000 war die Ablösung unter anderem an die Voraussetzung geknüpft, dass die tatsächliche Herstellung der notwendigen Stellplätze nicht oder nur unter großen Schwierigkeiten möglich war.

75 Die **Höhe des** zur Ablösung der Stellplatzpflicht zu entrichtenden **Geldbetrages** ist in der Satzung festzulegen. Die Ermächtigung ist **eng auszulegen** und betrifft lediglich die **Höhe** des Geldbetrages selbst, nicht jedoch Einzelheiten der Zahlungsabwicklung; diese Regelungen ergeben sich bereits aus dem Verwaltungsverfahrens- und Verwaltungsvollstreckungsrecht. Über die Höhe dieses Geldbetrages bestehen jedoch keine bindenden Angaben, so dass der Gemeinde hier ein großer Handlungsspielraum zukommt. Dieser wird jedoch durch den **Sinn und Zweck der Ablösung** beschränkt, die ja gerade als Ersatz der tatsächlichen Herstellung dient. Daher hat sich die jeweilige Höhe des zu zahlenden Geldbetrages an den **durchschnittlichen Herstellungskosten** eines Stellplatzes zu orientieren und darf im Ergebnis nicht gravierend unter diesen liegen, da andernfalls diejenigen Bauherren, die einer tatsächlichen Herstellung nicht nachkommen können, deutlich besser stünden als diejenigen, die die notwendigen Stellplätze mit entsprechendem finanziellen Aufwand herstellen (Hess. VGH, Urt. v. 14.07.2009 – 3 A 1584/08, BRS 74 Nr. 150). Aufgrund des Übermaß- und Gleichbehandlungsgebots darf der Bauherr, der die Möglichkeit der Ablösung in Anspruch nimmt, jedoch auch nicht schlechter gestellt werden als der Bauherr, der die notwendigen Stellplätze tatsächlich schafft. Die durch die Herstellung anfallenden Kosten bilden daher die Obergrenze für den festzusetzenden Geldbetrag. Ein **Abschlag** auf diese Herstellungskosten ist jedoch dann vorzunehmen, wenn dem grundsätzlich herstellungspflichtigen Bauherren **nicht zugleich ein Nutzungsrecht an gemeindlichen Stellflächen** eingeräumt wird, da die Gemeinde nicht berechtigt ist, einen erheblichen Teil der Kosten für im eigenen öffentlichen Interesse errichtete Parkeinrichtungen auf die zur Ablösezahlung verpflichtete Bauherrschaft abzuwälzen; demnach sind Abschläge in Höhe von 40 % üblich und praktikabel, angesichts des Verursacherprinzips bilden jedoch Abschläge in Höhe von 50 % die Untergrenze (VG Gießen, Urt. v. 03.09.2007 – 1 E 3950/06, juris). Eine **unterschiedliche, gestaffelte Höhe der Stellplatzablöse** kann gerechtfertigt oder sogar geboten sein, wenn die Herstellungskosten im Gemeindegebiet etwa aufgrund unterschiedlicher Grundstückspreise in erheblichem Maße voneinander abweichen (vgl. Hornmann, zu § 52 Rn. 150). Weiterhin ist es möglich, unterschiedliche Geldbeträge für nach Fahrzeugart unterschiedlich große Stellplätze festzulegen, beispielsweise für Krafträder, Personenkraftwagen, Lastkraftfahrzeuge oder Omnibusse (vgl. LT-Drucks. 2166/17, S. 145).

Für die gemeindliche Erklärung des **Verzichts** auf die Herstellung der notwendigen 76
Stellplätze bieten sich folgende Verfahrensvarianten an:
- Erlass eines **selbständigen Verwaltungsakts**,
- Beifügung einer **Nebenbestimmung zur Baugenehmigung**,
- **Regelung im Rahmen eines öffentlich-rechtlichen Vertrags** (Stellplatzablösungsvertrag).

Die zuerst genannte Alternative des **selbständigen Verwaltungsakts** zur Festsetzung 77
des Ablösebetrages wird in Nordrhein-Westfalen nicht mehr praktiziert, weil die
Rechtsprechung die Zulässigkeit dieser Variante kritisch beurteilt (vgl. OVG NRW,
Urt. v. 02.02.1983 – 11 A 2515/80, BRS 40 Nr. 148).

Die Variante der **Nebenbestimmung** zur Baugenehmigung beschränkt sich in der 78
Praxis auf **Ausnahmefälle**, da Anfechtungsmöglichkeiten durch den Bauherrn gegeben sind. Zumindest aber entfällt nicht die Zahlungspflicht des Bauherrn, wenn
dieser wechselt, sondern geht auf dessen Rechtsnachfolger über (OVG M-V, Urt. v.
25.11.2004 – 3 L 218/03, BRS 67 Nr. 156 = DÖV 2005, 920). Da Ablösebeträge keine öffentlichen Abgaben im Sinne des § 80 Abs. 2 Nr. 1 VwGO sind (vgl. OVG M-V,
Beschl. v. 12.10.2004 – 3 M 147/03, UPR 2005, 117), haben **Widerspruch und
Klage gegen die Nebenbestimmung** zur Baugenehmigung, einen Ablösebetrag
an die Gemeinde zu zahlen, grundsätzlich **aufschiebende Wirkung** (OVG NRW,
Beschl. v. 22.01.1985 – 11 B 2567/84, BRS 44 Nr. 115 und Hamb. OVG, Beschl. v.
19.05.1999 – 2 Bs 229/98, BRS 62 Nr. 154).

In der Praxis hat sich deshalb der **öffentlich-rechtliche Vertrag** (Stellplatzablösungs- 79
vertrag) durchgesetzt, weil er gegenüber den anderen Varianten erhebliche Vorteile
aufweist (vgl. Ehlers, Die Zulässigkeit von öffentlich-rechtlichen Verträgen über
die Ablösung der Stellplatz- oder Garagenbaupflicht, DVBl 1986, S. 529 ff.). Eine
Bauaufsichtsbehörde verletzt in Nordrhein-Westfalen die ihr einem Bauherrn gegenüber obliegende Amtspflicht nicht, wenn sie die Erteilung der Genehmigung zu
einer wesentlichen Erweiterung eines Geschäftshauses vom Abschluss eines öffentlich-rechtlichen Vertrages abhängig macht, durch den sich der Bauherr verpflichtet,
einen Geldbetrag in Höhe von 90 % der durchschnittlichen Herstellungskosten
(nach früherem Recht) für zusätzliche Parkeinrichtungen zu zahlen oder nach seiner
Wahl mittels Grundpfandrecht oder Bankbürgschaft sicherzustellen (OLG Düsseldorf, Urt. v. 16.07.1981 – 18 U 71/81, BRS 38 Nr. 136). Der **Stellplatzablösungsvertrag** zwischen Gemeinde und Bauherr ist **öffentlich-rechtlicher Natur** (BVerwG,
Urt. v. 13.07.1979 – 4 C 67.76, BRS 35 Nr. 126; Sächs. OVG, Urt. v. 18.08.2011 –
1 A 355/09, juris). Zur **Geschäftsgrundlage** des Stellplatzablösungsvertrages gehört
nicht nur die **Erteilung der Baugenehmigung**, sondern regelmäßig auch der **Umfang des durch das Vorhaben verursachten Stellplatzbedarfs** (OVG Rh-Pf, Urt. v.
13.11.2003 – 8 A 10878/03, BauR 2004, 477 = BRS 66 Nr. 144 = NVwZ-RR 2004,
243). Stellplatzablöseverträge verstoßen nicht gegen das **Koppelungsverbot**, das
den Verkauf hoheitlicher Maßnahmen untersagt, weil das Bauordnungsrecht die Ablösung als Surrogat ausdrücklich vorsieht (BVerwG, Urt. v. 13.07.1979 – 4 C 67.76,
BRS 35 Nr. 126 und Urt. v. 13.07.1979 – 4 C 58.78, BRS 35 Nr. 127; VGH B-W,

§ 48 Stellplätze, Garagen und Fahrradabstellplätze

Urt. v. 13.02.1980 – III 1696/79, BRS 36 Nr. 144; s.a. Ziegler, Zur Ablösung der Stellplatzpflicht, DÖV 1984, S. 831 ff.). Eine vertragliche Regelung ist daher nicht ausgeschlossen (OVG NRW, Urt. v. 24.08.1989 – 7 A 2552/87, BRS 49 Nr. 140).

80 Das **Austauschverhältnis** bei einem Stellplatzablösungsvertrag besteht darin, dass der Bauherr dafür, dass auf die Herstellung notwendiger Stellplätze verzichtet wird, die bei der Realisierung des geplanten Vorhabens nach der Rechtslage real angelegt werden müssten, an die Gemeinde einen von dieser **zweckgebunden zu verwendenden Geldbetrag** zu zahlen hat (OVG NRW, Urt. v. 05.09.1996 – 7 A 958/94, BauR 1997, 450 = BRS 58 Nr. 122 = NVwZ-RR 1998, 15). Die Ablösung notwendiger Stellplätze durch Zahlung eines vertraglich vereinbarten Geldbetrages wirkt grundstücks- und nicht nutzungsbezogen, wenn andere vertragliche Vereinbarungen nicht getroffen worden sind (OVG NRW, Urt. v. 26.02.1991 – 11 A 2284/88, BRS 52 Nr. 117; BayVGH, Beschl. v. 29.06.2009 – 15 ZB 08.1048, juris). Die abgelösten Stellplätze sind somit so zu behandeln, als wenn sie tatsächlich hergestellt worden wären. Die Rechtswirkungen der Ablösung sind dann unabhängig von einer eventuell **späteren Nutzungsänderung**, einem **Wechsel des Grundstückseigentümers** oder einem etwaigen **Untergang der baulichen Anlage**, die für die Stellplätze ursächlich gewesen ist (OVG NRW, Urt. v. 24.08.1989 – 7 A 2552/87, BRS 49 Nr. 140; BayVGH, Urt. v. 14.08.2008 – 2 BV 06.540, juris). Sie sind also auch in diesen Fällen in Ansatz zu bringen.

81 Der Verzicht auf die Herstellung notwendiger Stellplätze oder Garagen gegen Zahlung eines Geldbetrags (Ablösung) ist **Surrogat** (Ersatz) der Herstellungspflicht (BVerwG, Urt. v. 30.08.1985 – 4 C 10.81, BauR 1985, 668 = BRS 44 Nr. 114 und Urt. v. 16.09.2004 – 4 C 5/03, BVerwGE 122, 1). Die durch Nebenbestimmung in der Baugenehmigung verfügte Stellplatzablösung ist eine **zweckgebundene Sonderabgabe** (zu den Voraussetzungen für Sonderabgaben vgl. Simon, Der Rechtsgrund der Sonderabgaben, DÖV 2001, S. 63 ff. sowie BVerfG, Beschl. v. 09.11.1999 – 2 BvL 5/95, NVwZ 2000, 307 und Urt. v. 06.07.2005 – 2 BvR 2335/95 u.a., DÖV 2005, 912), die der Finanzierung einer besonderen Aufgabe – **Entlastung der Straßen vom ruhenden Verkehr** – dient. Da sie einem homogenen Personenkreis, nämlich den durch Bautätigkeit im weitesten Sinne Ziel- und Quellverkehr Verursachenden, auferlegt wird, ist sie **verfassungsrechtlich unbedenklich** (zur Qualifizierung der Stellplatzablösung als Sonderabgabe s. BVerwG, Urt. v. 16.09.2004 – 4 C 5.03, BauR 2005, 375 = BRS 67 Nr. 158 = UPR 2005, 108 = ZfBR 2005, 285; OVG NRW, Beschl. v. 22.01.1985 – 11 B 2567/84, BRS 44 Nr. 115 und OVG M-V, Beschl. v. 03.03.2006 – 3 L 226/04, juris). Die in einem **Stellplatzablösungsvertrag** zwischen Bauherr und Gemeinde vereinbarte Zahlung eines Ablösebetrages soll dagegen **keine** Sonderabgabe darstellen, weil die **Vertragsschließung freiwillig** erfolgt und es damit an einer für eine Abgabe kennzeichnenden hoheitlich auferlegten Zahlungspflicht fehlt (VGH B-W, Urt. v. 14.12.1995 – 5 S 896/95, NVwZ 1997, 204).

82 Die **Zahlung des Ablösebetrags** durch den Bauherrn oder seinen Rechtsnachfolger bereitet im Einzelfall immer wieder Probleme, wie nachfolgende **Beispiele aus der Rechtsprechung** belegen:

– Der auf eine bestandskräftige Auflage gestützte Anspruch auf Zahlung eines Ablösebetrages kann jedenfalls dann mit einer Leistungsklage geltend gemacht werden, wenn die Auflage keinen Vollstreckungstitel im Sinne des § 6 Abs. 1 Nr. 1 VwVG NRW darstellt; dem steht nicht entgegen, dass der durch die Auflage begründete Zahlungsanspruch auch durch Leistungsbescheid geltend gemacht werden kann (OVG NRW, Urt. v. 07.04.1986 – 7 A 819/86, BRS 46 Nr. 118).
– Die einer Baugenehmigung beigefügte Auflage, für notwendige Kraftfahrzeugstellplätze einen Ausgleichsbetrag zu zahlen, gilt nicht gegen den Rechtsnachfolger des Bauherrn und alle über die Bauanlage Verfügungsberechtigten (Hamb. OVG, Urt. v. 26.04.1990 – Bf II 51/89, BRS 50 Nr. 131; a.A.: OVG M-V, Urt. v. 25.11.2004 – 3 L 218/03, BRS 67 Nr. 156).
– Eine pflichtwidrige Verzögerung der Erteilung einer Baugenehmigung liegt noch nicht vor, wenn die Baubehörde als Sicherheit für die Stellplatzverpflichtung statt angebotener Grundpfandrechte eine Bankbürgschaft fordert (BayObLG, Urt. v. 29.10.1979 – RReg. 2 Z 84/78, BRS 35 Nr. 151).
– Hat der Bauherr mit der Gemeinde eine Ablösevereinbarung getroffen, so steht der Gemeinde der Anspruch auf vereinbarte Verzugszinsen nach Fälligkeit auch dann zu, wenn der Bauherr seine Stellplatzpflicht erst später auf andere Weise erfüllt (OVG Lüneburg, Urt. v. 23.02.1987 – 6 A 47/86, BRS 47 Nr. 116).
– Der zur Herstellung von Stellplätzen und damit ggf. zur Zahlung des Ablösebetrages Verpflichtete ist regelmäßig der Bauherr. Im Falle des Verkaufs kann auch der Erwerber herangezogen werden, wenn dieser sich gegenüber dem Bauherrn zur Übernahme der Stellplatzschuld verpflichtet hat; insoweit steht der Behörde ein Auswahlermessen zu (OVG Saar, Urt. v. 12.06.1987 – 2 R 247/85, BRS 47 Nr. 115).
– Bei einer Bauherrengemeinschaft haften die Gesellschafter als Gesamtschuldner, so dass sich die Gemeinde an jedes einzelne Mitglied zur Erfüllung der Zahlungspflicht wenden kann (OVG NRW, Urt. v. 12.09.1996 – 7 A 3131/95, BRS 58 Nr. 125).

4.3 Satz 3 – Notwendiger Inhalt der Stellplatzsatzung

Satz 3 enthält den notwendigen Regelungsinhalt von Stellplatzsatzungen; so hat die Gemeinde in der Satzung nach § 48 Abs. 3 Satz 2 Nr. 1–3 BauO NRW Standort sowie Größe, Zahl und Beschaffenheit der notwendigen Stellplätze zu bestimmen. Dabei hat sie Art und Zahl der vorhandenen und zu erwartenden Fahrzeuge der Personen zu berücksichtigen, die die Anlage ständig benutzen oder sie besuchen. 83

Mit der **Festlegung des Standortes der Stellplätze** kann beispielsweise bestimmt werden, ob die Stellplätze zwangsläufig auf dem Baugrundstück selbst liegen müssen oder ob diese auch in der weiteren Umgebung des Baugrundstücks liegen können (zu den Anforderungen an den Standort von Stellplätzen vgl. Rdn. 59–60). 84

Bezüglich **Größe und Beschaffenheit der notwendigen Stellplätze** sind insbesondere die Anforderungen des § 125 SBauVO zu beachten (vgl. hinsichtlich der Größe und Beschaffenheit von Stellplätzen Rdn. 23). Der Gemeinde bleibt es jedoch 85

§ 48 Stellplätze, Garagen und Fahrradabstellplätze

unbenommen, darüber hinausgehende Anforderungen an die notwendigen Stellplätze zu stellen. Insbesondere mit Hinblick auf die Art des zu erwartenden Verkehrs können hier Sonderregelungen sinnvoll sein, beispielsweise bei Einzelhandelsbetrieben, bei denen mit entsprechendem Anlieferungsverkehr durch Lastkraftfahrzeuge zu rechnen ist.

86 Hinsichtlich der festzulegenden **Zahl der notwendigen Stellplätze** ist der Bedarf insbesondere mit Rücksicht auf die vorhandene und zu erwartende Zahl der Fahrzeuge der Personen abzustellen, die die Anlage ständig benutzen oder sie besuchen. Da die jeweilige Zahl von der Art der jeweiligen Anlage abhängig ist, dürfte es sich anbieten, die Zahl der notwendigen Stellplätze vergleichbar dem Aufbau der mittlerweile außer Kraft getretenen Anlage zu Nr. 51.11 VV BauO NRW 2000 darzustellen. Danach wurden den in Betracht kommenden Nutzungen jeweils bestimmte Größen zugeordnet, anhand derer sich der gesamte Stellplatzbedarf errechnete (z.B. Wohngebäude – ein Stellplatz je Wohnung, Bürogebäude – ein Stellplatz je 30–40 m² Nutzfläche, Beherbergungsbetriebe – ein Stellplatz je 2–6 Betten etc.). Ein schematisches Festhalten an solchen Größenordnungen ist jedoch nicht erforderlich. So ist beispielsweise anerkannt, dass bei potentiellen Nutzergruppen, bei denen von einem erheblich niedrigeren Motorisierungsrad ausgegangen werden kann als bei anderen »durchschnittlichen« Nutzergruppen, eine niedrigere Stellplatzquote einschlägig ist (OVG NRW, Beschl. v. 13.01.2012 – 7 A 979/11, juris zur Zulässigkeit einer Stellplatzquote von 1:5 je Bewohnerplatz für ein Studentenwohnheim). Maßgebliche Bedeutung kommt auch den örtlichen Verkehrsverhältnissen, der Leistungsfähigkeit des bestehenden Nahverkehrssystems, dem Zustand des ÖPNV sowie der Erreichbarkeit von Arbeitsplätzen zu (vgl. auch Hornmann, zu § 52 Rn. 115).

87 **Ständige Benutzer** sind bei Wohngebäuden die Bewohner, bei gewerblichen oder industriellen Anlagen, bei Läden oder Gaststätten die dem Betrieb angehörenden Personen; **Besucher** sind die Personen, die die Anlagen jeweils nur für kürzere Verweildauer aufsuchen (OVG NRW, Urt. v. 17.02.2012, 2 D 49/10.NE, juris). Der Besucherverkehr ist häufig dadurch gekennzeichnet, dass Stellplätze nur vorübergehend beansprucht werden und sich die Abstellzeiten der Kraftfahrzeuge überschneiden (vgl. Hornmann, zu § 52 Rn. 108).

4.4 Satz 4–6 – Weitere Inhalte der Stellplatzpflicht

88 In den **Sätzen 4–6** sind **weitere Aspekte der Stellplatzpflicht** geregelt, welche jedoch – trotz ihrer unglücklichen Verortung hinter den Vorschriften über den Inhalt von Stellplatzsatzungen – das Vorliegen einer Stellplatzsatzung nicht voraussetzen.

89 Gemäß § 48 Abs. 3 Satz 4 BauO NRW können Gemeinden für den Fall, dass eine Stellplatzsatzung gemäß § 48 Abs. 3 Satz 2 Nr. 1–3 BauO NRW nicht vorliegt, **im Einzelfall** die **Herstellung von Stellplätzen** mit und ohne einer Vorbereitung der Stromleitung für die Aufladung von Batterien für die Ladung von Elektrofahrzeugen verlangen, wenn dies **wegen der Sicherheit und Leichtigkeit des Verkehrs erforderlich** ist (zum Begriff der Sicherheit und Leichtigkeit des Verkehrs vgl. § 16 Rdn. 8 ff.).

Die Ermächtigung besteht nur für den Einzelfall, zwingende Voraussetzung für die Forderung nach der Herstellung des Stellplatzes ist die Erforderlichkeit mit Hinblick auf die Sicherheit und Leichtigkeit des Verkehrs.

Dem insoweit veränderten Wortlaut zu § 48 Abs. 3 Satz 2 Nr. 7 BauO NRW (dort: »mit einer Vorbereitung der Stromleitung für die Ladung von Elektrofahrzeugen«) kommt keine Bedeutung zu, es handelt sich vielmehr um eine Ungenauigkeit des Gesetzgebers, da nicht ersichtlich ist, wie Elektrofahrzeuge sonst geladen werden sollen als über die »Aufladung von Batterien«. Die Vorschrift ermöglicht es – genau wie § 48 Abs. 3 Satz 2 Nr. 7 BauO NRW – die Ladeinfrastruktur für Elektrofahrzeuge zu verbessern bzw. die Voraussetzungen für deren günstige Entwicklung zu schaffen. 90

§ 48 Abs. 3 Satz 5 BauO NRW gestattet es, **anstatt notwendiger Stellplätze für Kraftfahrzeuge Garagen** herzustellen. Gemäß § 48 Abs. 3 **Satz 6** BauO NRW kann die **Herstellung von Garagen** sogar verlangt werden. Die beiden Sätze gelten allgemein, sowohl für Fälle, in denen eine gemeindliche Satzung zugrunde liegt, als auch für die grundsätzliche Stellplatzpflicht nach § 48 Abs. 1 Satz 1 BauO NRW. Ein entsprechendes gemeindliches Verlangen kommt insbesondere in Betracht, wenn von den Stellplätzen in größerem Umfang Lärm- und Geruchsbeeinträchtigungen ausgehen, die am jeweiligen Standort mit anderweitigen schützenswerten Belangen kollidieren. In die Abwägung im Rahmen der Ermessensentscheidung sind aber auch die Belange des Bauherrn einzustellen, insbesondere die Tatsache, dass die Herstellung einer Garage für ihn mit höheren Kosten verbunden ist als die Herstellung eines Stellplatzes (vgl. Sauter, zu § 37 Rn. 37). 91

4.5 Satz 7 – Schaffung von Fahrradabstellplätzen anstatt notwendiger Kfz-Stellplätze

Nach § 48 Abs. 3 **Satz 7** BauO NRW hat der Bauherr die Möglichkeit, bis zu einem Viertel der notwendigen Stellplätze nach Satz 2 durch die Schaffung von Fahrradabstellplätzen zu ersetzen, wobei für einen Stellplatz vier Fahrradabstellplätze herzustellen sind. Auf diese Weise soll ein Anreiz für die freiwillige Surrogation von Kfz-Stellplätzen geschaffen werden (vgl. LT-Drucks. 21566/17, S. 146). Diese Möglichkeit besteht aufgrund der Verweisung auf Satz 2 nur in den Fällen, in denen eine gemeindliche Stellplatzsatzung existiert. Auch wenn die Verweisung vom Gesetzgeber insoweit ungünstig gewählt ist, als dass Satz 2 lediglich mögliche Regelungsinhalte einer gemeindlichen Satzung auflistet und vielmehr in Satz 3 die Pflicht zur Festlegung der Anzahl notwendiger Stellplätze vorschreibt, so findet sich in Satz 2 dennoch die grundsätzliche Satzungsermächtigung. 92

5 Zu Abs. 4 – Verwendung der Ablösungsbeträge

5.1 Allgemeines

Die Vorschriften über die Verwendung der eingenommenen Ablösemittel waren mit der BauO NRW 2000 **neu gefasst** worden und haben mit der BauO 2018 weitere 93

Spezifizierungen erfahren. Der Katalog der Verwendungszwecke wurde bereits mit dem Vierten Änderungsgesetz zur BauO NW 1984 wesentlich erweitert und schöpft nach Auffassung des Gesetzgebers (vgl. LT-Drucks. 11/3928, S. 13) den von der Rechtsprechung (BVerwG, Urt. v. 30.08.1985 – 4 C 10.81, BRS 44 Nr. 114) gesetzten Rahmen voll aus. Bei genauer Analyse der Entscheidung wird man aber unschwer zu dem Ergebnis gelangen, dass einige der vorgesehenen Verwendungszwecke den Rahmen, den das BVerwG gesetzt hat, deutlich überschreiten. Es war daher ein Anliegen der Novelle, eine »**gruppennützige Verwendung**« der Ablösebeträge in den Vordergrund der Überlegungen zu stellen. Zur Neufassung im Rahmen der BauO NRW 2000 führte die Gesetzesbegründung aus (LT-Drucks. 12/3738, S. 79 f. zu Art. I Nr. 27 – § 51):

94 *»Abs. 6 (entspricht im Wesentlichen dem heutigen Abs. 4) regelt die Verwendung der Ablösebeträge. Die Regelung erlaubt nunmehr, die Ablösebeträge auch für investive Maßnahmen des öffentlichen Personennahverkehrs und des Fahrradverkehrs zu verwenden, weil auch derartige Maßnahmen grundsätzlich geeignet sind, das mit der Errichtung von Stellplätzen verfolgte Ziel – Entlastung der Straßen vom ruhenden Individualverkehr – ersatzweise zu erreichen. Bereits der geltende § 51 geht davon aus, dass eine vorhandene ÖPNV-Anbindung den Stellplatzbedarf mindert.*

Durch § 51 Abs. 6 Satz 2 wird eine gruppennützige Verwendung des Ablösebetrages gewährleistet, denn zwischen den von der Sonderabgabe bewirkten Belastungen für Bauherrinnen und Bauherren und den mit ihr finanzierten Begünstigungen muss eine sachgerechte Verknüpfung in der Weise bestehen, dass der Ablösebetrag Vorteile für die Erreichbarkeit des Bauvorhabens mit sich bringt. Gruppennützige Verwendung bedeutet, dass die Ablösebeträge überwiegend im Interesse der Gesamtgruppe verwendet werden. Es bedeutet nicht, dass das Aufkommen im spezifischen Interesse jedes einzelnen Abgabepflichtigen zu verwenden ist.«

95 Die **Neufassung** der Verwendungsmöglichkeiten muss jedoch – trotz aller Bemühungen des Gesetzgebers – nach wie vor **kritisch** betrachtet werden. Denn investive Maßnahmen zur Verbesserung des ÖPNV oder des Fahrradverkehrs mögen zwar langfristig zu einer Entlastung der öffentlichen Straßen vom ruhenden Verkehr beitragen, sie stellen aber nicht in jedem Fall **für die Erreichbarkeit des jeweiligen Vorhabens einen messbaren Vorteil** dar (vgl. Neuhausen, Zur Änderung des § 51 BauO NRW [Stellplätze und Garagen, Abstellplätze für Fahrräder], BauR 2000, S. 329 ff. und Otto, Neue Regelungen für die Stellplatzpflicht und ihre Ablösung in der Landesbauordnung Nordrhein-Westfalen, ZfBR 2001, S. 21 ff.). Jedenfalls gilt das für solche investiven Maßnahmen, die lediglich der Erneuerung älterer Anlagen dienen, ohne den Nutzwert zu erhöhen.

96 Die Gemeinde ist verpflichtet, die eingehenden **Geldbeträge zweckgebunden** zu verwenden. Sie darf die Stellplatzablösebeträge also unter keinen Umständen für andere als die in Abs. 4 aufgeführten Zwecke verwenden, was eine **sorgfältige Verwaltung** der vereinnahmten Beträge erfordert. Die Mittel sind im **Vermögenshaushalt** einzustellen und mit einem **haushaltsrechtlichen Zweckbindungsvermerk** zu versehen. Um zu vermeiden, dass die Mittel versehentlich für andere als die gesetzlich vorgesehenen

Zwecke ausgezahlt werden, empfiehlt sich die Einrichtung einer besonderen **internen Kontrolle**, dies auch schon deshalb, um jederzeit dem Rat oder der Kommunalaufsichtsbehörde gegenüber Rechenschaft ablegen zu können, darüber hinaus auch, um einen zeitnahen, gruppennützigen Einsatz der Mittel zu erzielen. Den Gemeinden ist aus Gründen der **besseren Akzeptanz** des ohnehin schwierig zu handhabenden Stellplatzablöseinstrumentariums die Öffentlichkeit – z.b. durch die örtliche Presse – in regelmäßigen Abständen über die Verwendung der Mittel zu informieren. In größeren Städten sollten die vereinnahmten Mittel entsprechend dem Aufkommen örtlich verteilt werden; hierzu empfiehlt sich eine Aufteilung nach Stadtbezirken. Die **Verwendungszwecke** zählt **Abs. 4** abschließend auf. Die Vorschrift findet auch Anwendung auf **nach altem Recht vereinnahmte Ablösebeträge**, da das Baurechtsmodernisierungsgesetz zur Änderung der Landesbauordnung vom 12.07.2018 (GV. NRW. S. 411) in seinem Art. II insoweit keine spezielle Überleitungsregelung enthält.

Die BauO NRW verlangt **keine bestimmte Art der Finanzierung** der zusätzlichen Parkeinrichtungen (vgl. hierzu auch BGH, Urt. v. 27.11.1980 – III ZR 82/79, BRS 36 Nr. 143 noch zu § 2 RGaO und VGH B-W, Urt. v. 13.02.1980 – III 1696/79, BRS 36 Nr. 144 zur LBO B-W). Deshalb sind die Gemeinden durch die Regelung des Abs. 4 auch in die Lage gesetzt, solche Stellflächen (z.B. durch Darlehen) zu finanzieren, zu bezuschussen oder zu fördern, die über die Stellplatzpflicht eines Grundstückseigentümers hinausgehen, wenn diese zusätzlichen Stellflächen der Entlastung des öffentlichen Straßenraums dienen. 97

Über die **Lage** bzw. **Entfernung** der zusätzlich zu schaffenden öffentlichen Parkeinrichtungen oder privaten Stellplätze und Garagen zu den ablösungspflichtigen Grundstücken enthält die Regelung keine Vorschriften. Gleichwohl ist die Gemeinde gehalten, Parkeinrichtungen dort zu schaffen, wo zur Entlastung der öffentlichen Verkehrsflächen entsprechender Bedarf besteht. Diese zusätzlichen Parkeinrichtungen können auch, sofern ein leistungsfähiges öffentliches Nahverkehrsnetz besteht oder aufgebaut wird, an dessen Haltestellen als P+R-Anlagen geschaffen werden. 98

Sinn der gesetzlich geregelten Stellplatzpflicht ist es, die öffentlichen Verkehrsflächen von dem ruhenden Verkehr zu entlasten. Daher genügt es für die ordnungsgemäße Verwendung der vereinnahmten Ablösebeträge, dass die zu schaffenden zusätzlichen öffentlichen Parkeinrichtungen auch uneingeschränkt dem öffentlichen Verkehr – ohne besonderes Nutzungsrecht des Stellplatzpflichtigen – zur Verfügung stehen. Die Verpflichtung zur Schaffung öffentlicher Parkeinrichtungen zur Entlastung der öffentlichen Verkehrsflächen kann nur im öffentlichen Interesse liegen und begründet sein. Eine Pflichterfüllung lediglich im öffentlichen Interesse schließt die Annahme eines **subjektiv-öffentlichen** Rechts aus (vgl. Ziegler, Zur Ablösung der Stellplatzpflicht – Ansprüche bei nicht zwecksprechender Verwendung der Beträge, DÖV 1984, S. 831). 99

Nachfolgende **Beispiele aus der Rechtsprechung** mögen Probleme, die sich aus der Verwendung der Ablösungsbeträge ergeben haben, darlegen: 100

- Die Rechtmäßigkeit der Erhebung eines Ausgleichsbetrages im Falle der Unmöglichkeit, Stellplätze auf einem Grundstück herzustellen, hängt nicht davon ab, dass dem den Ausgleichsbetrag zahlenden Bauherrn besondere Nutzungsrechte an den Anlagen zum Parken oder Abstellen von Kraftfahrzeugen, die unter Verwendung des Ausgleichsbetrags hergestellt worden sind, eingeräumt werden (Hamb. OVG, Urt. v. 13.11.1980 – Bf II 22/79, BRS 36 Nr. 142; Hess. VGH, Urt. v. 14.07.2009 – 3 A 1584/08, BRS 74 Nr. 150).
- Der stellplatzpflichtige Bauherr kann die Zahlung des Ablösebetrags nicht davon abhängig machen, dass die Gemeinde ein Objekt nachweist, für das der Geldbetrag verwendet wird (OVG NRW, Urt. v. 02.02.1983 – 11 A 2515/80, BRS 40 Nr. 148; OVG LSA, Urt. v. 10.12.1998 – C 2 S 477/96, juris).
- Der stellplatzpflichtige Bauherr kann die Zahlung des geforderten Ablösebetrags nicht vom Nachweis eines konkreten Objekts abhängig machen, für welches der Geldbetrag verwendet wird. Insoweit kommt ein Leistungsverweigerungsrecht jedenfalls dann nicht in Betracht, wenn nicht mit hinreichender Sicherheit feststeht, dass die Gemeinde nicht willens oder in der Lage ist, ihrer Pflicht zur Herstellung zusätzlicher Parkeinrichtungen innerhalb eines angemessenen Zeitraums nachzukommen (OVG NRW, Urt. v. 24.05.1983 – 7 A 591/82, BRS 40 Nr. 149).
- Eine Verzögerung in der Herstellung der Parkeinrichtung, für die ein vertraglich vereinbarter Ablösebetrag bestimmt ist, begründet für den Zahlungspflichtigen kein Leistungsverweigerungsrecht (OVG NRW, Urt. v. 23.01.1978 – X A 600/77, BRS 33 Nr. 102).
- Ein Stellplatzablösungsvertrag ist nicht deshalb ungültig, weil in ihm keine Vereinbarung über den Zeitpunkt getroffen worden ist, bis zu dem öffentliche Parkflächen als Ersatz für fehlende Stellplätze herzustellen sind (VGH B-W, Urt. v. 13.02.1980 – III 1696/79, BRS 36 Nr. 144).

5.2 Nr. 1 – Herstellung oder Unterhaltung von Parkeinrichtungen

101 Nach **Nr. 1** kann der Betrag zur **Herstellung zusätzlicher Parkeinrichtungen** oder zur Instandhaltung, Instandsetzung oder Modernisierung bestehender Parkeinrichtungen verwendet werden. Das können sowohl öffentliche als auch private Parkeinrichtungen sein. **Öffentliche Parkeinrichtungen** sind sowohl öffentliche Parkplätze – auch solche im Straßenraum – als auch privat betriebene Anlagen, sei es auf der Erdoberfläche oder innerhalb von Parkhäusern und Tiefgaragen, die der Öffentlichkeit zur allgemeinen Benutzung zur Verfügung stehen.

102 **Zusätzlich** sind öffentliche Parkeinrichtungen dann, wenn durch sie Stellflächen geschaffen werden, die über den bisherigen Bestand bzw. Bedarf hinausgehen, z.B. Flächen, die die Gemeinde nicht ohnehin schon als Trägerin der Straßenbaulast (§§ 3, 5 FStrG sowie §§ 9, 43, 44 StrWG NRW) und der Erschließungslast (§§ 123 ff. BauGB) schaffen würde und müsste. Diese zusätzlichen Anlagen müssen geeignet sein, zur Entlastung der öffentlichen Verkehrsflächen beizutragen und der Entlastung des innerhalb der Gemeinde insgesamt anfallenden ruhenden Verkehrs zu dienen. Die Anlagen müssen **nicht zwangsläufig im Gemeindegebiet**

liegen, wie dies noch die Vorgängerregelung des § 51 Abs. 6 Satz 1 Buchstabe a) BauO NRW 2000 ausdrücklich erforderte. Auch außerhalb des Gemeindegebietes hergestellte Parkeinrichtungen, insbesondere solche wie **P+R-Anlagen** in der Nähe von Haltestellen leistungsfähiger Verkehrsmittel des ÖPNV, können finanziert werden, solange diese eine Verminderung des ruhenden Verkehrs im Gemeindegebiet bewirken (vgl. LT-Drucks. 2166/17, S. 146). Derartige Anlagen tragen zur Verbesserung des öffentlichen Personennahverkehrs bei und sind geeignet, den Stellplatzbedarf in den zentralen Bereichen der Städte und Gemeinden zu mindern.

Die **Unterhaltung bestehender Parkeinrichtungen** in Form der Instandhaltung, Instandsetzung oder Modernisierung steht **gleichberechtigt** neben der Möglichkeit der Herstellung zusätzlicher Parkeinrichtungen. Sie ist demnach nicht von der Voraussetzung abhängig, dass eine Herstellung nicht möglich ist oder bereits eine ausreichende Zahl an Stellplätzen im Gemeindegebiet vorhanden ist ((vgl. LT-Drucks. 2166/17, S. 146). 103

5.3 Nr. 2 – sonstige Maßnahmen zur Entlastung der Straßen vom ruhenden Verkehr

Nach **Nr. 2** kann der Betrag für **sonstige Maßnahmen zur Entlastung der Straßen vom ruhenden Verkehr** einschließlich **investiver Maßnahmen des öffentlichen Personennahverkehrs** verwendet werden. Die Stellplatzablösebeträge könnten somit auch zur Finanzierung zum Ausbau von Straßenbahn- und Buslinien verwendet werden. Die offene Klausel der »sonstigen Maßnahmen« soll dazu dienen, den Gemeinden innovative Maßnahmen im Mobilitätsmanagement zu ermöglichen, also beispielsweise die Umstellung örtlicher Lieferverkehre im Wege von City-Konzepten auf eine umweltfreundliche Belieferung oder die Einrichtung von sog. Mobilstationen zur intermodalen Verknüpfung von Verkehrsträgern (vgl. LT-Drucks. 2166/17, S. 146). Auch die bisher in § 51 Abs. 6 Satz 1 Buchstabe c) BauO NRW 2000 geregelten investiven Maßnahmen zur Verbesserung des Fahrradverkehrs dürften als »sonstige Maßnahme« anzusehen sein, da auch sie geeignet sind, die Straßen vom ruhenden Verkehr zu entlasten. 104

5.4 Nr. 3 – andere Maßnahmen eines kommunalen oder interkommunalen Verkehrskonzepts

Nach **Nr. 3** kann der Betrag für **andere Maßnahmen, die Bestandteil eines kommunalen oder interkommunalen Mobilitätskonzepts einer oder mehrerer Gemeinden sind**, verwendet werden. Darunter fallen unter anderem Abstellanlagenkonzepte für Lastenfahrräder oder mobile Fahrradverleihsysteme sowie Carsharingsysteme. Die Vorschrift soll einen baurechtlichen Anreiz für eine Ausweitung und Attraktivitätssteigerung der interkommunalen Zusammenarbeit schaffen (vgl. LT-Drucks. 2166/17, S. 146). Inwieweit solche Maßnahmen nicht schon als »sonstige Maßnahmen zur Entlastung der Straßen vom ruhenden Verkehr« im Sinne der Nr. 2 gelten und ob der Nr. 3 darüber hinaus ein eigener Anwendungsbereich verbleibt, bleibt abzuwarten. 105

5.5 Frist zur Mittelverwendung

106 Über die **Frist zur Erfüllung** der Herstellungsverpflichtung durch die Gemeinde ist gesetzlich nichts bestimmt. Wenn auch im Allgemeinen gefordert werden muss, dass bei Ingebrauchnahme einer stellplatzpflichtigen baulichen Anlage die notwendigen Stellplätze gebrauchsfähig vorhanden sind, so kann dies im Falle der Ablösung in der Regel nicht erreicht werden. Die Gemeinden wären überfordert, wenn sie für die Schaffung der zusätzlichen Parkeinrichtungen nicht einen gewissen zeitlichen Spielraum hätten. Immerhin sollte die Realisierung der übernommenen Verpflichtung nicht auf unabsehbare Zeit hinausgeschoben werden. Ein angemessener Zeitraum muss jedoch den Gemeinden zur Herstellung der zusätzlichen Parkeinrichtungen eingeräumt sein. Das OLG Düsseldorf äußert sich hierzu mit Urt. v. 16.07.1981 (– 18 U 71/81, BRS 38 Nr. 136):

107 *»Im Übrigen ist zu berücksichtigen, dass die Verpflichtung der Gemeinde zur Schaffung abgelöster Stellplätze nicht im Interesse des einzelnen Bauherrn besteht, sondern ausschließlich im Interesse der Sicherheit und Leichtigkeit des Verkehrs. Durch die Anforderungen, die in diesem Zusammenhang an die Planungen der Gemeinde gestellt werden, soll im öffentlichen Interesse, nämlich im Interesse von Sicherheit und Leichtigkeit des Verkehrs, sichergestellt werden, dass der durch ein Bauvorhaben ausgelöste Stellplatzbedarf tatsächlich auch gedeckt wird. Da der Bauherr nach erfolgter Ablösung von der Verpflichtung, den Stellplatzbedarf zu decken, freigestellt ist, werden ausschließlich die Belange des öffentlichen Straßenverkehrs beeinträchtigt, wenn die Stellplatzplanung nicht innerhalb eines bestimmten Zeitraumes realisiert wird.«*

108 Welcher **Zeitraum angemessen** ist, bestimmt sich nach den Umständen des Einzelfalls. Hierbei haben die örtlichen Gegebenheiten, vor allem die sich bei der Planung und ihrer Durchführung ergebenden Probleme, besonderes Gewicht. Auch ein Zeitraum von zehn und mehr Jahren kann daher angemessen sein. Daraus folgt auch, dass die Zahlungsverpflichtung nicht davon abhängig gemacht werden kann, dass die Gemeinde eine geeignete zusätzliche Parkeinrichtung nachweist (OVG NRW, Urt. v. 05.05.1982 – 11 A 2554/79, BRS 39 Nr. 128 = NJW 1983, 2834).

5.6 Rückforderung des Ablösebetrags

109 Die Gemeinde ist zur **zweckentsprechenden Verwendung der Ablösungsbeträge** verpflichtet. Die Erfüllung dieser Verpflichtung ist keine tatbestandliche Voraussetzung der Ablösung, sondern nur deren **Folge**, die auf der Erklärung des Einvernehmens der Gemeinde basiert; diese Erklärung hat Tatbestandswirkung. Der Pflicht der Gemeinde entspricht kein subjektiv-öffentliches Recht (vgl. Rdn. 99). Die Erfüllung kann nur Gegenstand aufsichtsbehördlicher Maßnahmen sein (Ziegler, Zur Ablösung der Stellplatzpflicht – Ansprüche bei nicht zweckentsprechender Verwendung der Beträge, DÖV 1984, S. 831). Somit kann der Bauherr die Gemeinde nicht auf Herstellung der zusätzlichen öffentlichen Parkeinrichtungen verklagen. Danach kann auch **kein Anspruch auf Rückerstattung** der Ablösebeträge bestehen. Von der Verpflichtung zur zweckentsprechenden Verwendung der Ablösebeträge

kann niemand die Gemeinde befreien; allenfalls kann die Aufsichtsbehörde die Verwendung durchsetzen. Die Rechtsprechung hat sich zu diesem Problem eindeutig bzw. abschließend noch nicht geäußert. Das OVG NRW hat den Gedanken der Beständigkeit in seinem Urt. v. 05.05.1982 (– 11 A 2554/79, BRS 39 Nr. 128) in der Erörterung der Frage, ob Ablösungsbeträge überhaupt zurückgefordert werden können, einbezogen, aber nicht beantwortet (hierzu ausführlich: Ziegler, Zur Ablösung der Stellplatzpflicht – Ansprüche bei nicht zweckentsprechender Verwendung der Beträge, DÖV 1984, S. 831). Würde jedoch der Ablösebetrag von der Gemeinde zurückgezahlt, so entstünde damit automatisch für den Bauherrn bzw. den Eigentümer der Anlage die Stellplatzpflicht nach Abs. 1 mit all ihren Folgen. Die Rückforderung eines Ablösebetrages wegen Nichtigkeit der Stellplatzablösevereinbarung kann gegen Treu und Glauben verstoßen, wenn der Bauherr nicht gleichzeitig anbietet, auf welche baurechtlich zulässige Weise er seiner Stellplatzpflicht nachkommen will (BVerwG, Beschl. v. 05.03.1998 – 4 B 3.98, BRS 60 Nr. 127 = NJW 1998, 3135).

Dies liegt jedoch anders, wenn das genehmigte Vorhaben nicht oder nur in reduzierter Form zur Ausführung kommt, weil dann das Austauschverhältnis bei einem Stellplatzablösungsvertrag nicht mehr in der ursprünglich gegebenen Form gegeben ist (vgl. Rdn. 80). Die **Zahlungspflicht entfällt** und führt gegebenenfalls zu einem **Anspruch auf Erstattung bereits gezahlter Beträge**, wenn die **Rechtspflicht zur Herstellung** der Stellplätze, die abgelöst werden sollen, mangels Realisierung des geplanten Vorhabens **nicht zu erfüllen ist** (OVG NRW, Urt. v. 05.09.1996 – 7 A 958/94, BauR 1997, 450 = BRS 58 Nr. 122 = NVwZ-RR 1998, 15 und Beschl. v. 03.11.2000 – 10 A 1966/99, BauR 2001, 769 = BRS 63 Nr. 165). Die gegenteilige Auffassung des VGH B-W im Beschl. v. 11.07.1990 (– 5 S 357/90, BRS 50 Nr. 132) vermag nicht zu überzeugen. 110

Zur **Rückzahlung des Ablösebetrages Beispiele aus der Rechtsprechung**: 111
– Ein Schadensersatzanspruch entsteht nicht, wenn eine Bauaufsichtsbehörde ohne Aufgabe der gestellten Sicherheit die zusätzliche Parkeinrichtung während eines Zeitraums von acht Jahren nicht herstellt (OLG Düsseldorf, Urt. v. 16.07.1981 – 18 U 71/81, BRS 38 Nr. 136).
– Ein öffentlich-rechtlicher Erstattungsanspruch des Bauherrn gegen die Gemeinde auf Rückzahlung eines im Hinblick auf die Stellplatzpflicht geleisteten Ablösebetrages ist nicht wegen Fehlens des rechtlichen Grundes der Leistung begründet, wenn der Leistung eine bestandskräftige und nicht nichtige Zahlungsauflage zugrunde liegt. Einer als Zuschuss zur Schaffung zusätzlicher öffentlicher Stellplätze bezeichneten Ablösezahlung liegt objektiv nur der Zweck zugrunde, damit allgemein zur Errichtung zusätzlicher öffentlicher Stellplätze im Stadtgebiet beizutragen. Werden solche überhaupt irgendwo geschaffen, ist auch ein öffentlich-rechtlicher Erstattungsanspruch des Bauherrn wegen Nichteintritts des mit der Leistung bezweckten Erfolges nicht begründet. (Hess. VGH, Urt. v. 07.12.1981 – IV OE 1/81, BRS 38 Nr. 137).
– Ob ein Verstoß der Gemeinde gegen das Gebot, den Ablösebetrag zweckgebunden zu verwenden, überhaupt einen Rückanspruch des Bauherrn begründen kann, oder ob nur eine im öffentlichen Interesse (fort)bestehende Verpflichtung der Gemeinde

vorliegt, bleibt offen (OVG NRW, Urt. v. 05.05.1982 – 11 A 2554/79, BRS 39 Nr. 128 = NJW 1983, 2834).
– Ein öffentlich-rechtlicher Erstattungsanspruch des Bauherrn gegen die Gemeinde auf Rückzahlung eines im Hinblick auf die Stellplatzpflicht geleisteten Ablösebetrages ist nicht wegen Fehlens des rechtlichen Grundes der Leistung begründet, wenn die vom Ablösenden aufgrund eines öffentlich-rechtlichen Vertrages erbrachte Gegenleistung den gesamten Umständen nach angemessen ist und im sachlichen Zusammenhang mit der vertraglichen Leistung der Behörde steht. Angemessen ist die Leistung stets dann, wenn der gezahlte Betrag nicht kostendeckend ist (Hess. VGH, Urt. v. 28.01.1983 – IV OE 111/81, BRS 40 Nr. 150).
– Die Rückforderung des Ablösebetrags, den ein Bauherr aufgrund eines nichtigen Vertrages an die Gemeinde zur Schaffung öffentlicher Parkplätze gezahlt hat, kann gegen Treu und Glauben verstoßen, wenn das Bauvorhaben aufgrund des Vertrages genehmigt und errichtet worden ist (OVG Lüneburg, Urt. v. 18.05.1987 – 1 A 85/84, BRS 47 Nr. 117).
– Die Geschäftsgrundlage eines Ablösevertrags wird nicht dadurch berührt, dass sich die Rechtslage nach Bestandskräftigwerden der Baugenehmigung durch Änderung des Landesbauordnungsrechts ändert und dadurch anstelle einer Ablösung eine Abweichungsentscheidung ermöglicht wird (VGH B-W, Beschl. v. 10.11.1998 – 8 S 2581/98, BauR 1999, 1452 = BRS 60 Nr. 126).
– Wird der Bauherr nachträglich in die Lage versetzt, die von ihm abgelösten Stellplätze auf dem Baugrundstück oder in zumutbarer Entfernung herzustellen, kann er sich nicht darauf berufen, die Geschäftsgrundlage des mit der Gemeinde abgeschlossenen Ablösevertrags sei weggefallen, wenn eine solche Entwicklung nach den getroffenen Vereinbarungen in seinen Risikobereich fallen soll (VGH B-W, Urt. v. 09.03.1999 – 8 S 2877/98, BauR 2000, 716 = BRS 62 Nr. 153).

§ 49 Barrierefreies Bauen

(1) In Gebäuden der Gebäudeklassen 3 bis 5 mit Wohnungen müssen die Wohnungen barrierefrei und eingeschränkt mit dem Rollstuhl nutzbar sein.

(2) Bauliche Anlagen, die öffentlich zugänglich sind, müssen im erforderlichen Umfang barrierefrei sein. Öffentlich zugänglich sind bauliche Anlagen, wenn und soweit sie nach ihrem Zweck im Zeitraum ihrer Nutzung von im Vorhinein nicht bestimmbaren Personen aufgesucht werden können. Wohngebäude sind nicht öffentlich zugänglich im Sinne dieses Absatzes.

(3) Die Absätze 1 und 2 gelten jeweils nicht, soweit die Anforderungen wegen schwieriger Geländeverhältnisse oder wegen ungünstiger vorhandener Bebauung nur mit einem unverhältnismäßigen Mehraufwand erfüllt werden können.

Barrierefreies Bauen § 49

Übersicht

		Rdn.
0	Änderungen gegenüber der BauO NRW 2000	01
1	Allgemeines	1
1.1	Funktion der Norm	1
1.2	Begriff der Barrierefreiheit	2
1.3	Materielle Anforderungen und deren Rechtsgrundlagen	3
1.4	Rampen	29
1.5	Nachträglicher Einbau von Treppenliften	30
1.6	Verpflichtender Einbau von Aufzügen	31
1.7	Darstellung und Prüfung der Maßnahmen zur Barrierefreiheit	32
2	Zu Abs. 1 – Anforderungen im privaten Bereich (Wohnungen in Gebäuden der Gebäudeklassen 3 – 5)	33
3	Zu Abs. 2 – Anforderungen im öffentlichen Bereich	34
4	Zu Abs. 3 – Gesetzlich geregelte Ausnahmen	37

0 Änderungen gegenüber der BauO NRW 2000

Vor allem diese Vorschrift stand im Mittelpunkt der Diskussionen im Zusammenhang mit der Novelle der BauO NRW. In ihr wurden im Rahmen der Neufassung die entsprechenden Vorgaben für Wohnungen übernommen und insgesamt die Voraussetzungen für ein barrierefreies Bauen kodifiziert.   01

1 Allgemeines

1.1 Funktion der Norm

Das Bauordnungsrecht dient erkennbar nicht nur der Gefahrenabwehr, sondern auch anderen Zielen, z.B. sozialen Belangen. Deutlich wird dies bei der Forderung nach **barrierefreiem Bauen sowohl im privaten, als auch im öffentlichen Bereich**. Dies ist auch die Konsequenz aus den Behindertengleichstellungsgesetzen des Bundes und des Landes. Laut der Begründung der Novelle der BauO NRW geht es auch darum, »dass jeder in seiner gewohnten Umgebung so lange wie möglich selbstbestimmt zu Hause leben kann«. Damit reagiert der Staat auf den demographischen Wandel und den zahlenmäßigen Anstieg älterer Menschen in der Gesellschaft und kommt insoweit auch seiner Rolle als sozialer Rechtsstaat nach. Die Vorschrift dient nur öffentlichen Interessen, ist also **nicht drittschützend**. Ein **Anspruch Dritter auf bauaufsichtliches Einschreiten** bei einem entsprechenden Verstoß gegen die Norm **ist** deshalb **zu verneinen**.   1

1.2 Begriff der Barrierefreiheit

Eine Definition findet sich in § 2 Abs. 10 BauO NRW. Dort heißt es: »*Barrierefrei sind bauliche Anlagen, soweit sie für alle Menschen, insbesondere für Menschen mit Behinderungen, in der allgemein üblichen Weise, ohne besonderes Erschwernis und grundsätzlich ohne fremde Hilfe auffindbar, zugänglich und nutzbar sind*«. Die Definition in § 4 des Behindertengleichstellungsgesetzes – BGG geht weiter: »*Barrierefrei sind bauliche und sonstige Anlagen, Verkehrsmittel, Systeme der*   2

§ 49 Barrierefreies Bauen

Informationsverarbeitung, akustische und visuelle Informationsquellen und Kommunikationseinrichtungen sowie andere gestaltete Lebensbereiche, wenn sie für behinderte Menschen in der allgemein üblichen Weise, ohne besondere Erschwernis und grundsätzlich ohne fremde Hilfe zugänglich und nutzbar sind«. Barrierefreiheit verlangt z.b. weitgehende Stufenlosigkeit, elektrische Türöffner, beidseitige Handläufe in Treppenhäusern, aber auch optische und akustische Leitsysteme (»Zwei-Sinne-Prinzip«), aber auch den Einbau behindertengerechter Aufzüge und das Vorhalten von leicht erreichbaren Stellplätzen für Schwerbehinderte usw. Das Bundesverfassungsgericht (BVerfG, Beschl. v. 08.10.1997 – 1 BvR 9/97, NJW 1988, S. 131, und BVerfG, Beschl. v. 19.01.1999 – 1 BvR 2161/94, NJW 1999, S. 1853) hat sich zum **Begriff der Behinderung** geäußert. Demnach ist eine Behinderung als eine nicht nur vorübergehende Funktionsbeeinträchtigung anzusehen, die auf einem regelwidrigen körperlichen, geistigen oder seelischen Zustand beruht. Zu unterscheiden ist aber zwischen »**barrierefrei**« und »**rollstuhlgerecht**«. Die Anforderungen für letzteren Standard werden in den Normen gesondert mit dem Zusatz »R« gekennzeichnet. Sie erfüllen alle Anforderungen der Barrierefreiheit, gehen aber z.B. mit Blick auf den Platzbedarf von Bewegungsflächen in Fluren, Bädern und Küchen usw., die Nutzbarkeit von Bedienelementen (Anordnung von Schaltern in genormter Höhe), die Ausstattung von Sanitärräumen z.B. mit bodentiefen Duschen und nach außen aufschlagenden Türen, sowie die schwellenlose Erreichbarkeit von Terrassen und Balkonen über die Grundanforderungen für ein barrierefreies Bauen hinaus.

1.3 Materielle Anforderungen und deren Rechtsgrundlagen

3   Auch an anderer Stelle in der BauO NRW gibt es ergänzende Forderungen der Barrierefreiheit (s. u.). Besondere Anforderungen in Bezug auf bauliche Maßnahmen für besondere Personengruppen finden sich auch in der SBauVO, z.B. die Vorgaben für barrierefreie Stellplätze für Versammlungsstätten in § 13 SBauVO und zu barrierefreien Beherbergungsstätten in § 56 SBauVO.

4   **Eine nähere Konkretisierung der Vorgaben für ein barrierefreies Bauen fehlt aber in der Landesbauordnung.** Hierzu sind die entsprechenden **technischen Regelwerke** i. S. d. § 3 Abs. 2 BauO NRW zu beachten:
   – DIN 18040 – 1 – Barrierefreies Bauen – öffentlich zugängliche Gebäude,
   – DIN 18040 – 2 – Barrierefreies Bauen – Wohnungen,
   – DIN 18040 – 3 – Barrierefreies Bauen – Freiraum.

5   Die DIN 18040 – 1 und 2 wurden mit den nachfolgenden Einschränkungen bauaufsichtlich eingeführt (siehe hierzu Anlage 4.2/2 aus der Verwaltungsvorschrift technische Baubestimmungen für das Land Nordrhein-Westfalen – VV TB NRW, 65 ff.):

Zu DIN 18040-1 (ehemals DIN 18024-2: 1996-11)

6   Die Einführung bezieht sich auf die baulichen Anlagen oder die Teile baulicher Anlagen, die nach § 49 Abs. 2 BauO NRW 2018 im erforderlichen Umfang barrierefrei sein müssen.

Bei der Anwendung der Technischen Baubestimmung ist Folgendes zu beachten:
1. Abschnitt 4.3.7 (**Fahrtreppen und geneigte Fahrsteige**) ist von der Einführung ausgenommen. Die mit den Abschnitten 4.4 (**Warnen/Orientieren/Informieren/ Leiten**) und 4.7 (**Alarmieren und Evakuieren**) verbundenen Ziele sind, soweit erforderlich, zu berücksichtigen; die genannten Hinweise, Beispiele und Empfehlungen können somit im Einzelfall Anwendung finden.
2. Abschnitt 4.3.6 (**Treppen**) muss nur auf **notwendige Treppen** im Sinne von § 34 BauO NRW 2018 angewendet werden, soweit diese barrierefreie Bereiche erschließen.
3. Mindestens ein **Toilettenraum** muss Abschnitt 5.3.3 (**Toiletten**) entsprechen; Abschnitt 5.3.3 Satz 1 ist nicht anzuwenden. Zusätzliche Toilettenräume sind in Abhängigkeit von der Anzahl der darauf angewiesenen Personen vorzusehen. Die Toilettenräume sollen möglichst einfach erreichbar sein.
4. Mindestens 1 v. H. der **notwendigen Stellplätze**, mindestens jedoch ein Stellplatz müssen Abschnitt 4.2.2 Sätze 1 und 2 (**PKW-Stellplätze**) entsprechen.
5. Mindestens 1 v. H, mindestens jedoch einer der **Besucherplätze in Versammlungsräumen** mit festen Stuhlreihen müssen Abschnitt 5.2.1 entsprechen; sie können auf die nach § 10 Abs. 7 SBauVO erforderlichen Plätze für Rollstuhlbenutzer angerechnet werden.
6. Das in Abschnitt 4.3.3.2, Tabelle 1, Zeile 6 (**maßliche Anforderungen an Türen**) definierte Achsmaß der **Greifhöhe für Türdrücker** ist grundsätzlich nur bei Türen zu barrierefreien **Sanitärräumen** auszuführen. In allen anderen Fällen kann dieses in Abhängigkeit von Nutzung und Nutzerkreis der öffentlich zugänglichen Bereiche zwischen 85 cm und 105 cm über OFF betragen.
7. **Vertikale Plattformaufzüge** sind bei der Änderung baulicher Anlagen für die barrierefreie Erreichbarkeit zur Überwindung von höchstens einem Geschoss zulässig, wenn folgende Kriterien erfüllt sind:
   a) Die nutzbare Fläche der Förderplattform muss mindestens 110 cm x 140 cm betragen.
   b) Die Förderplattform muss über eine 110 cm hohe sichere Umwehrung verfügen, die auch in sitzender Position einen Durchblick ermöglichen muss.
   c) Die Nutzlast muss mindestens 360 kg betragen.
   d) Die Benutzbarkeit muss ohne fremde Hilfe und nicht ausschließlich für Rollstuhlnutzer möglich sein.
   e) Die räumlichen Bedingungen außerhalb des Plattformaufzuges sind entsprechend 4.3.5 (**Aufzugsanlagen**) auszuführen.
8. Abweichend von Abschnitt 4.5.2 ist das Achsmaß von Greifhöhen und Bedienhöhen grundsätzlich im Bereich von 85 cm bis 105 cm über OFF zulässig.
9. Für **barrierefreie Beherbergungsräume und die zugehörigen Sanitärräume** gemäß § 56 Satz 1 und Satz 2 Nummer 1 SBauVO ist DIN 18040-2 (ohne die Kennzeichnung »R«) anwendbar. Barrierefreie Beherbergungsräume und die zugehörigen Sanitärräume gemäß § 56 Satz 2 Nummer 2 SBauVO müssen den Abschnitten 5.1 und 5.3 entsprechen; für die Bewegungsflächen in den Wohn- und Schlafräumen ist auch DIN 18040-2 Abschnitt 5 mit den Anforderungen mit der Kennzeichnung »R« anzuwenden.

§ 49 Barrierefreies Bauen

17 Zu DIN 18040-2 (ehemals DIN 18025-1:1992-12 und DIN 18025-2:1992-12)
18 Die Einführung bezieht sich auf:
   – Die **Erreichbarkeit und Nutzbarkeit von Wohnungen** nach § 49 Abs. 1 BauO NRW 2018,
   – die **Erreichbarkeit von Aufzügen** nach § 39 Absatz 4 Satz 2 BauO NRW 2018,
   – die **Erreichbarkeit von Abstellflächen für Kinderwagen und Mobilitätshilfen** nach § 47 Absatz 4 Satz 1 BauO NRW 2018, und
   – die **Erreichbarkeit von Spielplätzen** nach § 8 Absatz 2 Satz 4 BauO NRW 2018.
19 Bei der **Anwendung der Technischen Baubestimmung** ist Folgendes zu beachten:
20 1. Alle Anforderungen mit der Kennzeichnung »R«, für die Erreichbarkeit von Wohnungen in Gebäuden ohne Aufzug der erste Satz des Abschnitts 4.3.1 (Innere Erschließung des Gebäude, Allgemeines), Abschnitt 4.3.3.1 Satz 3 (Türen, Allgemeines), auch in Verbindung mit Abschnitt 5.3.1 (Türen), die Abschnitte 4.3.4 (Bodenbeläge), 4.3.6.1 (Treppen, Allgemeines), 4.3.6.3 (Handläufe), 4.3.6.4 (Orientierungshilfen an Treppen und Einzelstufen), 4.4 (Warnen/Orientieren/Informieren/Leiten). und 4.5 (Bedienelemente, Kommunikationsanlagen sowie Ausstattungselemente), die Regeln für die Bewegungsfläche im Duschplatz nach Abschnitt 5.3.2 (Bewegungsflächen) für Wohnungen in öffentlich geförderten Studierendenwohnheimen, die auf der Grundlage eines institutionalisierten sozialen Förderkonzeptes ausschließlich an Studierende vermietet werden, Abschnitt 5.6. Satz 2 (Freisitz), soweit Freisitze danach schwellenlos erreichbar sein müssen.
21 2. Zu dem Abschnitten 4.2.1 (Gehwege, Verkehrsflächen) gilt: Der Abschnitt wird auch für die barrierefreie Erreichbarkeit von Spielplätzen eingeführt.
22 3. Zu den Abschnitten 4.3.3 (Türen) und 5.3.1 (Türen) gilt:
Für Greifhöhen und Bedienhöhen von Drückern, Griffen und Tastern an Türen ist stets ein Achsmaß im Bereich von 85 cm bis 105 cm über OFF zulässig. Bei Wohnungseingangstüren nach Abschnitt 5.3.1.1 muss wohnungsseitig Zeile 4 in Tabelle 1 des Abschnitts 4.3.3.2 (Türen, maßliche Anforderungen) nicht beachtet werden.
23 4. Zu Abschnitt 4.3.5 (Orientierungshilfen an Türen) Satz 1 gilt:
Der Satz wird wie folgt ersetzt: Gegenüber der lichten Öffnung von Aufzugstüren dürfen keine abwärts führenden Treppenläufe beginnen.
24 5. Zu Abschnitt 4.3.6.2 (Laufgestaltung und Stufenausbildung) gilt:
Der Abschnitt gilt ausschließlich für Treppen im Bereich der inneren Erschließung von Gebäuden ohne Aufzug. Die nutzbare Treppenbreite muss mindestens 120 cm und die Größe der Bewegungsfläche auf Zwischenpodesten mindestens 120 cm x 120 cm betragen.
25 6. Zu Abschnitt 5.3.2 Satz 2 (Fenster) gilt:
Es genügt, wenn je Wohnung ein Teil der Fenster der Wohnräume in sitzender Position einen Durchblick in die Umgebung ermöglichen.
26 7. Zu Abschnitt 5.4 (Wohn-, Schlafräume und Küchen) gilt:
Es genügt, wenn die Mindesttiefen von Bewegungsflächen entlang der Längsseiten von Betten bei mindestens einem Bett je Wohnung vorhanden sind.

8. Zu Abschnitt 5.5. (Sanitärräume) gilt:
In jeder Wohnung muss mindestens ein Sanitärraum vorhanden sein, der den Vorgaben der Abschnitte 5.5.1 bis 5.5.6 entspricht.
9. Zu Abschnitt 5.6 (Freisitz) gilt:
An Außentüren und Fenstertüren, die einen unmittelbaren Zugang von einer Wohnung zu einem ihr zugeordneten Freisitz ermöglichen, sind untere Anschläge oder Schwellen mit einer Höhe bis zu 2 cm zulässig. Die Abschnitte 4.3.3 (Türen) und 5.3.1 (Türen) bleiben unberührt.

Folgende Regelwerke sind im Zusammenhang mit der Barrierefreiheit ergänzend zu nennen (Quelle: Bundesministerium für Umwelt, Naturschutz, Bau und Reaktorsicherheit BMUB – Hrgb. – Leitfaden barrierefreies Bauen aus Februar 2016):
– DIN EN 81-70:2005-09: **Aufzüge: Sicherheitsregeln für die Konstruktion und den Einbau von Aufzügen**
– DIN 1450:2013-04 Schriften – Leserlichkeit
– DIN 18041:2004-05: **Hörsamkeit in kleinen und mittelgroßen Räumen** • DIN 32975:2009-12 Gestaltung visueller Informationen im öffentlichen Raum zur barrierefreien Nutzung
– DIN 32984:2011-10: Bodenindikatoren im öffentlichen Raum • DIN 32976:2007-08 Blindenschrift – Anforderungen und Maße
– DIN 32986:2015-01: **Taktile Schriften – Anforderung an die Darstellung und Anbringung von Braille- und erhabener Profilschrift**
– DIN Fachbericht 142: **Orientierungssysteme in öffentlichen Gebäuden** (2005)
– DIN 18065:2015-03: **Gebäudetreppen – Begriffe, Messregeln, Hauptmaße** • VDI 6008 Blatt 1:2012-12: Barrierefreie Lebensräume – Allgemeine Anforderungen und Planungsgrundlagen
– VDI 6008 Blatt 2:2012-12: **Barrierefreie Lebensräume – Möglichkeiten der Sanitärtechnik**
– VDI 6008 Blatt 3:2014-01: **Barrierefreie Lebensräume – Möglichkeiten der Elektrotechnik und Gebäudeautomation**
– VDI 6000 Blatt 2:2007-11: **Ausstattung von und mit Sanitärräumen – Arbeitsstätten und Arbeitsplätze**
– VDI 6000 Blatt 3:2011-06: **Ausstattung von und mit Sanitärräumen – Versammlungsstätten und Versammlungsräume**
– VDI 6000 Blatt 6:2006-11: **Ausstattung von und mit Sanitärräumen – Kindergärten, Kindertagesstätten, Schulen**

Im Einzelfall kann es zu einem Konflikt zwischen den Vorgaben in der Landesbauordnung und anderen rechtlichen Anforderungen kommen (zu einem **Konflikt zwischen Denkmalschutz und Barrierefreiheit** vgl. VG München, Urt. v. 02.03.2015 – M 8 K 13.3856 – juris, hier: Einbau eines Aufzugs in ein denkmalgeschütztes Treppenhaus, siehe hierzu auch: VGH Bayern, Urt. v. 16.01.2012 – 2 B 11.2408, BRS 79, Nr. 208). Das vorgenannte VG München wies in diesem Zusammenhang darauf hin, dass »*bei Maßnahmen, mit denen die Zugänglichkeit eines Denkmals erleichtert wird, ... die Eigentümerinteressen eine gewisse Verstärkung durch die Regelung des Art. 6 Abs. 4 DSchG erlangen (können), wonach bei Entscheidungen nach Art. 6 Abs. 1 – 3 DSchG auch die*

Belange von Menschen mit Behinderung und von Menschen mit sonstigen Mobilitätsbeeinträchtigungen zu berücksichtigen sind. Die Bestimmung enthält, wie der Bayerische Verwaltungsgerichtshof in der von den Beteiligten in ihrem Vortrag wiederholt angesprochenen Entscheidung vom 16. Januar 2012 – 2 B 11.2408 – ausgeführt hat, einen ausdrücklich festgeschriebenen öffentlichen Belang, der im Rahmen der zu treffenden Ermessensentscheidung zu berücksichtigen ist (Berücksichtigungsgebot), nicht aber ein Optimierungsgebot in dem Sinn, dass sich Maßnahmen zur Verbesserung der Barrierefreiheit in jedem Fall durchsetzen müssten«.

1.4 Rampen

29 § 34 Abs. 1 BauO NRW verlangt für die innere Erschließung für jedes nicht zu ebener Erde liegende Geschoss und den nutzbaren Dachraum eines Gebäudes mindestens eine Treppe. **Flach geneigte Rampen sind als Alternative zu notwendigen Treppen zulässig.** Für behinderte Personen werden sie aber in der Praxis eher zusätzlich vorgesehen, z.b. als Profilrampe aus Stahl mit Podest und beiderseitigem Handlauf. Die Neigung dieser Rampen darf dann nicht mehr als 6. v. H. betragen. Aus dieser Forderung ergeben sich aber sehr große Rampenlängen. Bei einer Neigung von mehr als 8 % würde für Rollstuhlfahrer eine Kippgefahr gegeben sein.

1.5 Nachträglicher Einbau von Treppenliften

30 Zum **nachträglichen Einbau von Sitztreppenliften in Treppenhäusern** gibt es eine Reihe von obergerichtlicher Rechtsprechung. Laut dem OVG Nordrhein-Westfalen, Beschl. v. 19.07.2002 – 10 A 2563/02 darf ein nachträglich eingebauter Treppenlift **die Laufbreite einer notwendigen Treppe nicht zu sehr einengen** (siehe auch: OVG Niedersachsen, Urt. v. 24.06.1994 – 6 L 5528/92, BRS 56, Nr. 118 und VG Freiburg, Urt. v. 20.03.2001 – 7 K 521/00, BRS 64, Nr. 135 = BauR 2001, 1724). Zu dieser Thematik äußerte sich auch der Erlass des Ministeriums für Städtebau und Wohnen, Kultur und Sport NRW vom 17.11.2004 (II A 4.R – 100/36). Da diese Thematik aber unabweisbar ist, beinhaltet nun § 34 Abs. 5 BauO NRW eine entsprechende Regelung und gibt eine **Restlaufbreite** der Treppe nach Einbau eines Treppenliftes von mindestens 0,60 cm (Leerfahrt) vor.

1.6 Verpflichtender Einbau von Aufzügen

31 Für Gebäude mit mehr als 3 oberirdischen Geschossen ist der Einbau von einer ausreichenden Anzahl von Aufzugsanlagen verpflichtend (§ 39 Abs. 4 BauO NRW). Ein Aufzug muss von der öffentlichen Verkehrsfläche und von allen Wohnungen aus im Gebäude barrierefrei erreichbar sein. Diese Vorgaben sollen eine barrierefreie Bauausführung garantieren und damit eine bauliche Anlage auch für behinderte Menschen nutzbar machen. Damit wird die Zielrichtung des § 49 BauO NRW ergänzt (zur Versagung der beantragten Baugenehmigung für eine Arztpraxis in einem Dachgeschoss aufgrund des fehlenden Aufzugs für behinderte Besucher vgl. OVG Niedersachsen, Beschl. v. 25.04.2006 – 1 LA 264/05, BRS 70, Nr. 135 = BauR 2006, 1285 ff. = NVwZ-RR 2007, 155 ff.). In einem Erlass vom 07.06.2019 (Az. 613-100/39-49) hat sich das MHKBG zum Verhältnis des § 39 Abs. 4 zu § 49 Abs. 1 BauO NRW 2018

klärend geäußert. Demnach besteht für Gebäude bis zu drei oberirdischen Geschossen keine Aufzugspflicht und kann auch nicht verlangt werden. § 39 Abs. 4 BauO NRW wird insoweit als eine lex specialis im Verhältnis zu § 49 Abs. 1 BauO NRW verstanden. **Für vor dem 01.01.2019 zulässigerweise errichtete Gebäude erlaubt – unter bestimmten Voraussetzungen – § 6 Abs. 9 BauO NRW die nachträgliche Errichtung von Aufzügen vor einer Außenwand auch bei Unterschreitung der eigentlich erforderlichen Abstandsflächen.** Auch diese Erleichterung unterstützt das gesetzliche Ziel der Barrierefreiheit.

1.7 Darstellung und Prüfung der Maßnahmen zur Barrierefreiheit

Sind die Maßnahmen zur Barrierefreiheit nicht in den Bauvorlagen darstellbar, muss die Bauaufsichtsbehörde im Rahmen der Bauüberwachung und der Bauzustandsbesichtigung(en) sicherstellen, dass sie auch wirklich umgesetzt worden sind. Im Baugenehmigungsverfahren selbst mag es Sinn machen, im Einzelfall den örtlich zuständigen Behindertenbeauftragten zu beteiligen (vgl. hierzu auch: § 72 Abs. 7 BauO NRW). **Die (novellierte) Fassung der BauPrüfVO sieht in § 9 a für neu zu errichtende öffentlich-zugängliche Gebäude i. S. d. § 49 Abs. 2 BauO NRW, die zugleich große Sonderbauten sind, die verpflichtende Vorlage eines Barrierefrei-Konzeptes vor.** Die Vorschrift gilt aber erst ab dem 01.01.2020. Hierbei handelt es sich um »eine schutzzielorientierte objektkonkrete Bewertung der baulichen, technischen und organisatorischen Anforderungen der Barrierefreiheit, die für die Prüfung im Genehmigungsverfahren relevant sind« (§ 9a Abs. 2 BauPrüfVO). Insbesondere werden Angaben verlangt zur barrierefreien Erreichbarkeit der baulichen Anlage und zu den barrierefreien Gebäudezugängen, zu den Türbreiten, Türschwellen, Türanschlägen und Türöffnungsmöglichkeiten, zu den Rampen einschließlich ihrer Neigungswinkel, Borden, Übergangsstellen und zu deren Gefälle, zu den Aufzügen und Fahrtreppen, zu den Treppen und Handläufen, zu den Orientierungshilfen und zur Beschilderung, zur Anordnung der Tastaturen und Bedienungstableaus, zu den Abmessungen der Bewegungsflächen und Flurbereiten, zu den barrierefreien Sanitärräumen und zur barrierefreien Anordnung der Sanitärobjekte, zur Ausbildung der PKW-Stellplätze und deren Abmessungen sowie Ausführungen zu § 49 Abs. 3 BauO NRW. **Verlangt werden dazu ein schriftlicher Erläuterungsbericht und ergänzende zeichnerische Darstellungen der baulichen Anforderungen unter Angabe der technischen Anforderungen.** Die Barrierefreiheit muss jedoch jetzt schon geprüft werden. Sie gehört auch zum Prüfprogramm im einfachen Verfahren (§ 64 Abs. 1 BauO NRW 2018). **Kann auf der Grundlage der vorgelegten Bauvorlagen z.B. nicht die Barrierefreiheit einer Stellplatzanlage beurteilt werden, sind diese mangelhaft** i.S.d. §§ 71 Abs. 1 BauO NRW 2018 (OVG NRW, Beschl. v. 09.05.2017 – 7 A 769/16).

2 Zu Abs. 1 – Anforderungen im privaten Bereich (Wohnungen in Gebäuden der Gebäudeklassen 3 – 5)

Die Vorschrift verlangt barrierefreies Bauen auch im privaten Bereich, allerdings dies nur für **Wohnungen in den Gebäuden der Gebäudeklassen 3 bis 5.** Die Wohnungen müssen auch **eingeschränkt mit dem Rollstuhl nutzbar** sein. Diese Forderung schließt die Wohnungseingangstür mit ein. § 37 Abs. 3 BauO NRW schreibt für die

32

33

§ 49 Barrierefreies Bauen

Eingangstüren für **alle Wohnungen in allen** (!) Gebäudeklassen bereits eine (lichte) **Mindestbreite von 0,90 m vor**. Der Zugang zu den Wohnungen muss stufenlos sein. Korrespondierend hierzu fordert § 47 Abs. 4 BauO NRW für Gebäude der Gebäudeklassen 3 bis 5 mit Wohnungen **leicht und barrierefrei erreichbare Abstellflächen für Kinderwagen und Mobilitätshilfen**. Näheres zur barrierefreien Anlage und Ausstattung von Wohnungen folgt aus der **DIN 18040 – 2 – Barrierefreies Bauen – Wohnungen**. Auch die im Zusammenhang mit der Errichtung von Gebäuden mit mehr als zwei Wohnungen anzulegenden **Kinderspielplätze** müssen barrierefrei sein (§ 8 Abs. 2 BauO NRW).

3 Zu Abs. 2 – Anforderungen im öffentlichen Bereich

34 Diese Norm gibt entsprechende Anforderungen für den **öffentlichen Bereich** vor, wobei die baulichen Anlagen nur **im erforderlichen Umfang barrierefrei** sein. Damit sind die vom Öffentlichkeitsverkehr betroffenen Teile des Gebäudes und auch ihre Zuwegungen gemeint. Der Gesetzgeber arbeitet nicht mehr mit konkreten Beispielen, sondern nur noch mit einer Definition. Demnach sind bauliche Anlagen **öffentlich zugänglich**, wenn und soweit sie nach ihrem Zweck im Zeitraum ihrer Nutzung von im Vornherein nicht bestimmbaren Personen aufgesucht werden können. Diese dürften aber auf die ehemals gebrachten Beispiele nach wie vor zutreffen: Einrichtungen des Kultur- und Bildungswesens, Sport- und Freizeitstätten, Einrichtungen des Gesundheitswesens, Büro-, Verwaltungs- und Gerichtsgebäude, Verkaufs- und Gaststätten Stellplätze, Garagen und Toilettenanlagen (siehe hierzu auch § 50 Abs. 2 MBO).

35 Zu **Sportstätten** gehören Hallenbauten, aber auch Sportplätze. Auch ein **Fitnessstudio** gehört hierher (siehe hierzu: VGH B-W, Urt. v. 27.09.2004 – 3 S 1719/03, BRS 67, Nr. 147 und BRS 69, Nr. 136 = BauR 12/2005, 1903 ff. und VG Freiburg, Urt. v. 27.11.2002 – 7 K 1903/01). **Einrichtungen des Gesundheitswesens** wie z.B. Arztpraxen und Besuchsräume von Krankenversicherungen und auch **Büro- und Verwaltungsgebäude** sind regelmäßig öffentlich zugänglich, hierzu gehören ferner **Banken und Sparkassengebäude**. Verkaufsstätten – wie **Kaufhäuser** und auch **kleinere Läden** – sind auch öffentlich zugängliche bauliche Anlagen. Auf den Umstand, ob die SBauVO NW anwendbar ist, kommt es hierbei nicht an. Bei den **Stellplätzen, Garagen und Toilettenanlagen** ist zu beachten, dass **es öffentliche Anlagen** sein müssen.

36 Die Barrierefreiheit möglichst vieler Gebäude und Anlagen ist im öffentlichen Interesse. Die Vorschrift verfolgt das Ziel weitergehender Erleichterungen für den durch Art. 3 Abs. 3 GG geschützten Personenkreis. **Die bauordnungsrechtliche Forderung ist folglich nicht auf öffentliche Einrichtungen beschränkt.** Das öffentliche Interesse an der Barrierefreiheit möglichst vieler Gebäude und Anlagen hat ein erhebliches Gewicht, das wirtschaftliche Interesse (Kostenvermeidung) des Eigentümers ist im Verhältnis hierzu nachrangig. Da seit der Abschaffung der GastBauVO (NW) keine ergänzenden Bestimmungen zur Barrierefreiheit dieser Nutzungsart mehr existieren, gelten die Vorgaben der Landesbauordnung. § 49 BauO NRW ist auch im einfachen Verfahren zu prüfen und hat zur Folge, dass auch **kleinere Gaststätten** insgesamt barrierefrei zu errichten sind (vgl. auch § 4 Abs. 1 Nr. 2a GaststättenG). Errichtet z.B. der

Betreiber bzw. die Betreiberin eines Bäckereifachgeschäftes nebst Café auch Toiletten, müssen diese barrierefrei und vor allem rollstuhlgerecht sein. Dies gilt unabhängig davon, ob die Toiletten von der Genehmigungsbehörde gefordert wurden oder diese freiwillig angeboten werden (OVG NRW, Urt. v. 24.01.2012 – 7 A 1977/10, BRS 79, Nr. 135 = BauR 2012, 785, vgl. hierzu auch: VG Berlin, Urt. v. 22.03.2018 – 13 K 117.15). Der VGH B-W, Urt. v. 21.04.2005 – 5 S 1410/04 (UPR 2005, S. 443 ff.), sieht im Übrigen keine rechtliche Verpflichtung der Bahn, die Zugänge zu den Bahnhöfen barrierefrei zu gestalten.

4 Zu Abs. 3 – Gesetzlich geregelte Ausnahmen

Die grundsätzliche Forderung nach einem barrierefreien Bauen gilt jeweils nicht, 37 »soweit die Anforderungen wegen **schwieriger Geländeverhältnisse** oder **wegen ungünstiger vorhandener Bebauung** nur mit einem **unverhältnismäßigen Mehraufwand** erfüllt werden können«. Laut der Begründung zur Novelle der BauO NRW stellt »die neugebildete Vorschrift… klar, dass sich die Ausnahmen grundsätzlich auf Teile des Gebäudes oder die technischen Einrichtungen beschränken, die für die Tatbestände der Ausnahme zutreffen«. Dieses Verständnis koppelt an die einschränkenden Formulierungen im Gesetzestext (»jeweils« und »soweit«) an. Damit dürfte die vollständige Freistellung einer baulichen Anlage von den Anforderungen des § 49 BauO NRW grundsätzlich ausgeschlossen sein. Die Ausnahmen gelten auch bei der **Änderung** und der **Nutzungsänderung** von Gebäuden, z.B. bei Altbauten. Fraglich ist, ab wann ein unverhältnismäßiger Mehraufwand gegeben ist. Hierzu hat das OVG Sachsen, Beschl. v. 11.09.2012 – 1 A 131/12, als Schwelle der Unverhältnismäßigkeit einen **Mehraufwand von 20 %** angenommen (siehe auch: VG Freiburg, Urt. v. 27.11.2002 – 7 K 1903/01, sowie: Jeromin, LBauO Rh-Pf. Kommentar, 4. Auflage, S. 607). In dem konkreten Fall wurde die Auflage der Genehmigungsbehörde bestätigt, ein WC in einer Gaststätte auch behindertengerecht anzulegen.

Die Vorschrift ist **nicht als Abweichungstatbestand mittels einer behördlichen Entscheidung** ausgestattet. Dennoch liegt die **Beweislast** im Zweifel **beim Bauherrn**. Im 38 Übrigen kann nur im Rahmen einer Nachtragsgenehmigung erreicht werden, dass auf einen barrierefreien Zugang verzichtet werden kann, wenn es schon eine bestandskräftige Baugenehmigung mit einer entsprechenden Vorgabe gibt (OVG Sachsen-Anhalt, Beschl. v. 16.12.2010 – 2 L 246/09).

§ 50 Sonderbauten

(1) An Anlagen und Räume besonderer Art oder Nutzung (Sonderbauten) können im Einzelfall zur Verwirklichung der allgemeinen Anforderungen nach § 3 Absatz 1 besondere Anforderungen gestellt werden. Erleichterungen können gestattet werden, soweit es der Einhaltung von Vorschriften wegen der besonderen Art oder Nutzung baulicher Anlagen oder Räume oder wegen besonderer Anforderungen nicht bedarf. Die Anforderungen und Erleichterungen nach den Sätzen 1 und 2 können sich insbesondere erstrecken auf
1. die Anordnung der baulichen Anlagen auf dem Grundstück,

2. die Abstände von Nachbargrenzen, von anderen baulichen Anlagen auf dem Grundstück und von öffentlichen Verkehrsflächen sowie auf die Größe der freizuhaltenden Flächen der Grundstücke,
3. die Öffnungen nach öffentlichen Verkehrsflächen und nach angrenzenden Grundstücken,
4. die Anlage von Zu- und Abfahrten,
5. die Anlage von Grünstreifen, Baumpflanzungen und anderen Pflanzungen sowie die Begrünung oder Beseitigung von Halden und Gruben,
6. die Bauart und Anordnung aller für die Stand- und Verkehrssicherheit, den Brand-, Wärme-, Schall- oder Gesundheitsschutz wesentlichen Bauteile und die Verwendung von Baustoffen,
7. Brandschutzanlagen, -einrichtungen und -vorkehrungen,
8. die Löschwasserrückhaltung,
9. die Anordnung und Herstellung von Aufzügen, Treppen, Treppenräumen, Fluren, Ausgängen, sonstigen Rettungswegen,
10. die Beleuchtung und Energieversorgung,
11. die Lüftung und Rauchableitung,
12. die Feuerungsanlagen und Heizräume,
13. die Wasserversorgung für Löschzwecke,
14. die Aufbewahrung und Entsorgung von Abwasser und festen Abfallstoffen,
15. die Stellplätze und Garagen mit und ohne einer Stromzuleitung für die Aufladung von Batterien für Elektrofahrzeuge sowie Fahrradabstellplätze,
16. die barrierefreie Nutzbarkeit,
17. die zulässige Zahl der Benutzerinnen und Benutzer, Anordnung und Zahl der zulässigen Sitz- und Stehplätze bei Versammlungsstätten, Gaststätten, Vergnügungsstätten, Tribünen und Fliegenden Bauten,
18. die Zahl der Toiletten für Besucherinnen und Besucher,
19. Umfang, Inhalt und Zahl besonderer Bauvorlagen, insbesondere eines Brandschutzkonzepts,
20. weitere zu erbringende Bescheinigungen,
21. die Bestellung und Qualifikation der Bauleitenden und der Fachbauleitenden,
22. den Betrieb und die Nutzung einschließlich der Bestellung und der Qualifikation einer oder eines Brandschutzbeauftragten,
23. Erst-, Wiederholungs- und Nachprüfungen und die Bescheinigungen, die hierüber zu erbringen sind und
24. Gebäudefunkanlagen für die Feuerwehr.

(2) Große Sonderbauten sind
1. Hochhäuser (Gebäude mit einer Höhe nach § 2 Absatz 3 Satz 2 von mehr als 22 m),
2. bauliche Anlagen mit einer Höhe von mehr als 30 m,
3. Gebäude mit mehr als 1.600 m² Grundfläche des Geschosses mit der größten Ausdehnung; ausgenommen Gewächshäuser ohne Verkaufsstätten, die einem land- oder forstwirtschaftlichen Betrieb oder einem Betrieb der gartenbaulichen Erzeugung dienen sowie Wohngebäude,

4. Verkaufsstätten, deren Verkaufsräume und Ladenstraßen eine Grundfläche von insgesamt mehr als 2.000 m² haben,
5. Büro- und Verwaltungsgebäude mit mehr als 3.000 m² Geschossfläche,
6. Versammlungsstätten
    a) mit Versammlungsräumen, die insgesamt mehr als 200 Besucherinnen und Besucher fassen, wenn diese Versammlungsräume gemeinsame Rettungswege haben,
    b) im Freien mit Szenenflächen oder Freisportanlagen mit Tribünen, die keine Fliegenden Bauten sind, und insgesamt mehr als 1.000 Besucherinnen und Besucher fassen,
7. Schank- und Speisegaststätten mit mehr als 200 Gastplätzen in Gebäuden oder mehr als 1.000 Gastplätzen im Freien, Beherbergungsstätten mit mehr als 30 Betten und Vergnügungsstätten,
8. Krankenhäuser,
9. Wohnheime,
10. Tageseinrichtungen für Kinder, Menschen mit Behinderung und alte Menschen, sonstige Einrichtungen zur Unterbringung und Pflege von Personen, ausgenommen Tageseinrichtungen einschließlich der Tagespflege für nicht mehr als zehn Kinder, § 47 Absatz 5 gilt entsprechend,
11. Schulen, Hochschulen und ähnliche Einrichtungen,
12. Justizvollzugsanstalten und bauliche Anlagen für den Maßregelvollzug,
13. Camping- und Wochenendplätze,
14. Freizeit- und Vergnügungsparks,
15. Fliegende Bauten, soweit sie einer Ausführungsgenehmigung bedürfen,
16. Regallager mit einer Oberkante Lagerguthöhe von mehr als 9 m,
17. bauliche Anlagen, deren Nutzung durch Umgang oder Lagerung von Stoffen mit Explosions- oder erhöhter Brandgefahr verbunden ist,
18. Garagen mit mehr als 1.000 m² Nutzfläche.

Handlungsempfehlung des Ministeriums für Heimat, Kommunales, Bau und Gleichstellung des Landes NRW aus Januar 2019

zu Absatz 1

Die Möglichkeit der Forderung nach einer bestimmten Anzahl von Toiletten in Absatz 1 Satz 3 Nummer 18 richtet sich an Gebäude mit Besucherinnen und Besucher, zum Beispiel in Versammlungs-oder Verkaufsstätten. Toiletten, die nach Arbeitsschutzvorschriften für Arbeitnehmerinnen und Arbeitnehmer vorgehalten werden müssen, sind damit nicht gemeint.

zu Absatz 2

Hochhäuser werden in Absatz 2 Nummer 1 definiert. Hochhäuser sind Gebäude mit einer Höhe nach § 2 Absatz 3 Satz 2 von mehr als 22 m. Nach § 2 Absatz 3 Satz 2 ist die Höhe das Maß der Fußbodenoberkante des höchstgelegenen Geschosses, in dem ein Aufenthaltsraum möglich ist, über der Geländeoberfläche im Mittel. Damit sind im hängigen Gelände anleiterbare Stellen von Aufenthaltsräumen oder Nutzungseinheiten über 22 m

§ 50 Sonderbauten

möglich, ohne dass es sich dabei um ein Hochhaus und damit einen Sonderbau handeln muss, an den, z.B. in Hinblick auf die Rettungsweg-führung, besondere Anforderungen gestellt werden können.

Da § 33 Absatz 2 BauO NRW 2018 vorsieht, dass zweite Rettungswege über Leitern nur möglich ist sind, wenn Bedenken wegen der Personenrettung nicht bestehen, können aber auch bei Standardgebäuden ausschließlich bauliche Rettungswege gefordert werden, soweit dies erforderlich ist.

Übersicht

		Rdn.
0	Änderungen gegenüber der BauO NRW 2000	01
1	Allgemeines	1
1.1	Funktion der Norm	1
1.2	Begriff »Sonderbau«	2
1.3	Verfahrensfragen	3
1.4	Materielle Anforderungen an Sonderbauten	7
1.5	Bußgeldtatbestände	10
2	Zu Abs. 1 – Definition des Begriffs Sonderbau und Ermächtigung zu besonderen Anforderungen und Erleichterungen	12
2.1	Definition des Begriffs Sonderbau	12
2.2	Ermächtigung zu besonderen Anforderungen und Erleichterungen	13
2.3	Zu Fragen des Verfahrens	17
2.4	Wiederkehrende Prüfungen	19
3	Zu Abs. 2 – Katalog großer Sonderbauten	22
3.1	Vorbemerkungen	22
3.2	Hochhäuser (Nr. 1)	23
3.3	Bauliche Anlagen mit mehr als 30 m Höhe (Nr. 2)	27
3.4	Gebäude mit mehr als 1.600 qm Grundfläche (…) (Nr. 3)	29
3.5	Verkaufsstätten, deren Verkaufsräume und Ladenstraßen eine Grundfläche von insgesamt mehr als 2.000 qm haben (Nr. 4)	30
3.6	Büro- und Verwaltungsgebäude mit mehr als 3.000 qm Geschossfläche (Nr. 5)	40
3.7	Versammlungsstätten (…) (Nr. 6)	41
3.8	Schank- und Speisegaststätten (…) (Nr. 7)	51
3.9	Krankenhäuser (Nr. 8)	56
3.10	Wohnheime (Nr. 9)	57
3.11	Tageseinrichtungen (…) (Nr. 10)	58
3.12	Schulen, Hochschulen und ähnliche Einrichtungen (Nr. 11)	61
3.13	Justizvollzugsanstalten und bauliche Anlagen für den Maßregelvollzug (Nr. 12)	66
3.14	Camping- und Wochenendplätze (Nr. 13)	67
3.15	Freizeit- und Vergnügungsparks (Nr. 14)	72
3.16	Fliegende Bauten, soweit sie einer Ausführungsgenehmigung bedürfen (Nr. 15)	73
3.17	Regallager mit einer Oberkante Lagerguthöhe von mehr als 9 m (Nr. 16)	74
3.18	Bauliche Anlagen, deren Nutzung durch Umgang oder Lagerung von Stoffen mit Explosions- oder erhöhter Brandgefahr verbunden ist (Nr. 17)	75
3.19	Garagen mit mehr als 1.000 qm Nutzfläche (Nr. 18)	83

0 Änderungen gegenüber der BauO NRW 2000

Abs. 1 der **Vorschrift entspricht der Vorgängernorm** (§ 54 Abs. 1 BauO NRW 2000). Neben der Definition des Begriffs des Sonderbaus findet sich hier die **Ermächtigungsgrundlage für (besondere) Anforderungen und Erleichterungen im Einzelfall**. Es folgt der nicht abschließende Katalog möglicher Anwendungsbereiche für solche Einzelentscheidungen. Dieser wurde redaktionell an die Musterbauordnung (MBO) angepasst und nur teilweise ergänzt. Im **Abs. 2** der Vorschrift findet sich richtigerweise nun der abschließende **Katalog der großen Sonderbauten** (vorher § 68 Abs. 2 BauO NRW 2000). Die Auflistung ist verfahrensleitend, da nur für die großen Sonderbauten das umfassende Baugenehmigungsverfahren (§ 65 BauO NRW) durchgeführt wird.

1 Allgemeines

1.1 Funktion der Norm

Grundsätzlich finden sich in der Landesbauordnung Vorgaben für »normale« bauliche Anlagen. Die Regelungen genügen aber unter Umständen nicht bei vom Normalfall abweichenden Vorhaben. Aus diesem Grund eröffnet die Landesbauordnung für bauliche Anlagen und Räume besonderer Nutzung die Möglichkeit von – an den jeweiligen Einzelfall angepassten – besonderen Anforderungen und Erleichterungen. Die baulichen Anlagen und Räume besonderer Art und Nutzung werden **Sonderbauten** genannt. **Die besonderen materiellen Anforderungen resultieren aus dem besonderen Gefahrenpotenzial der Sonderbauten.** Für große Sonderbauten finden sich diese regelmäßig bereits in sogenannten Sonderbauverordnungen. Diese basieren auf § 87 BauO NRW und sind vorrangig zu beachten. Zumeist geht es hierbei – aufgrund der **Ausdehnung** oder der **Höhenentwicklung** der baulichen Anlage oder wegen einer **großen Zahl von Personen als Nutzer bzw. Besucher** – um Sicherheitsfragen, vor allem mit Blick auf den baulichen und betrieblichen Brandschutz oder auf besondere statisch-konstruktive Probleme.

1.2 Begriff »Sonderbau«

Die Vorschrift nennt Anlagen und Räume besonderer Art oder Nutzung kurz Sonderbauten. Der Begriff findet sich auch in der Überschrift der Norm. Abs. 2 listet dann die sogenannten **großen Sonderbauten** auf. Im Umkehrschluss sind dann alle weiteren denkbaren Anlagen und Räume besonderer Art oder Nutzung **kleine Sonderbauten**. Es muss sich hierbei **nicht immer um ganze Gebäude** handeln, sondern es können **auch einzelne Räume** betroffen sein (z.B. ein Labor). Wird ein Sonderbau geändert, ist diese Änderung dann wie ein Sonderbau zu behandeln bzw. zu prüfen, ob Eigenschaften des Vorhabens berührt werden, die für die Eigenschaft als Sonderbau maßgeblich sind, z.B. wenn Fragen des Brandschutzes oder der Standsicherheit betroffen sind (VGH Bayern, Urt. v. 25.11.2010 – 9 B 10.531, BRS 78, Nr. 155 = BauR 2011, 1644).

1.3 Verfahrensfragen

Durch die Ausweitung des einfachen Genehmigungsverfahrens (§ 64 BauO NRW) auf das Gros der Bauvorhaben ergab sich für den Gesetzgeber die Notwendigkeit, nach

§ 50 Sonderbauten

wie vor im umfassenden Baugenehmigungsverfahren (§ 65 BauO NRW) abzuhandelnden Sonderbauten konkret zu benennen. **Die Liste in Abs. 2 der Vorschrift ist abschließend,** denn der Wortlaut ist eindeutig (sind!) und es fehlt, im Gegensatz zur Liste der möglichen Anforderungen und Erleichterungen in § 50 Abs. 1 S. 3 BauO NRW eine Öffnungsklausel wie z.b. durch das Wort: insbesondere. Die Liste beinhaltet auch keinen Auffangtatbestand, der es ermöglichen würde, weitere (neue Formen) von Anlagen bzw. deren Nutzungen als große Sonderbauten zu titulieren. **Ergänzend ist aber § 47 Abs. 5 BauO NRW zu beachten,** wo Gebäude mit Nutzungseinheiten zum Zwecke der Pflege oder Betreuung von Personen mit Pflegebedürftigkeit oder Behinderung, deren Selbstrettungsfähigkeit eingeschränkt ist, unter bestimmten Voraussetzungen den großen Sonderbauten (und nicht den Wohnungen) zugerechnet werden.

4   Für große Sonderbauten ist das einfache Genehmigungsverfahren nicht anwendbar (§ 64 Abs. 1 BauO NRW). Zu den für große Sonderbauten erforderlichen Bauvorlagen gehört zwingend (!) auch ein Brandschutzkonzept (§ 70 Abs. 2 S. 2 BauO NRW). Näheres zum Inhalt des Brandschutzkonzeptes folgt aus § 9 BauPrüfVO. Auf die Vorlage des Brandschutzkonzeptes darf nicht verzichtet werden (§ 1 Abs. 2 BauPrüfVO). Brandschutzkonzepte für bauliche Anlagen werden von staatlich anerkannten Sachverständigen nach § 87 Abs. 2 S. 1 Nr. 4 BauO NRW für die Prüfung des Brandschutzes, von öffentlich bestellten und vereidigten Sachverständigen für vorbeugenden Brandschutz nach § 36 der Gewerbeordnung oder von Personen aufgestellt, die im Einzelfall für die Aufgabe nach Sachkunde und Erfahrung vergleichbar geeignet sind (§ 54 Abs. 4 BauO NRW). Bei großen Sonderbauten ist die Benennung eines **Fachbauleiters** für den Brandschutz regelmäßig sinnvoll (§ 56 Abs. 2 BauO NRW). Dieser soll die Umsetzung der Vorgaben des Brandschutzkonzeptes überwachen.

5   Für kleine Sonderbauten kann auf der Grundlage des § 50 Abs. 1 S. 3 Nr. 19 BauO NRW die Vorlage eines Brandschutzkonzeptes auch ergänzend gefordert werden.

6   Sonderbauten können nicht Gegenstand der Vorlage von Unterlagen im Rahmen der Genehmigungsfreistellung sein (§ 63 Abs. 1 S. 2 BauO NRW), d.h., es bedarf eines Baugenehmigungsverfahrens. (Kleine) Sonderbauten werden nicht im umfassenden, sondern im einfachen Baugenehmigungsverfahren (§ 64 BauO NRW) **geprüft**. Hier gilt ein **eingeschränktes Prüfprogramm**, allerdings ist bei Sonderbauten auch stets der **Brandschutz** zu prüfen (§ 64 Abs. 1 S. 1 Nr. 3 BauO NRW). Im Einzelfall sind auf der Grundlage des § 50 Abs. 1 BauO NRW besondere Anforderungen (und Erleichterungen) auch zu Themenbereichen möglich, die eigentlich nicht zum Prüfprogramm gehören. **Der bauliche Arbeitsschutz ist aber sowohl im einfachen (§ 64 Abs. 1 S. 2 BauO NRW), als auch im umfassenden Baugenehmigungsverfahren (§ 65 S. 2 BauO NRW) ausgeklammert.**

1.4 Materielle Anforderungen an Sonderbauten

7   Zunächst einmal gilt sowohl für kleine als auch für große Sonderbauten das materielle Standardprogramm der Landesbauordnung. Da aber diese Vorgaben für Anlagen und Räume besonderer Art oder Nutzung im Einzelfall nicht ausreichend sind, ist zu prüfen, ob erhöhte Anforderungen (oder Erleichterungen) i.S.d. § 50 Abs. 1 BauO

NRW in Betracht kommen. Solche Mehrforderungen bedingen bauliche oder betriebliche Umstände, die andernfalls eine **konkrete Gefahr für Schutzgüter i.S.d. § 3 BauO NRW** eintreten lassen. Bei Vorliegen einer solchen Situation dürfte das bauaufsichtliche **Ermessen nur noch eingeschränkt gegeben** sein, allenfalls mit Blick auf die Auswahl der Mittel oder den Ausgleich zwischen erhöhten Anforderungen und Erleichterungen i. S. eines Gesamtkonzepts. **Neben den Landesbauordnungen müssen bei Errichtung, Änderung usw. von Sonderbauten die jeweils einschlägigen Sonderbauverordnungen und -richtlinien berücksichtigt werden.** Diese orientieren sich inhaltlich regelmäßig an den Muster-Sonderbauverordnungen und -richtlinien und gehen den allgemeinen materiellen Anforderungen der Landesbauordnung vor, d.h., sie regeln bereits die für die jeweiligen Kategorien der Sonderbauten erforderlichen erhöhten Anforderungen **abschließend**. Sonderbaurichtlinien (= Verwaltungsvorschriften) haben anders als Sonderbauverordnungen (= Rechtsverordnungen) nicht die unmittelbare Außenwirkung. Diese tritt aber mittelbar durch deren Anwendung in der Praxis aufgrund des zu beachtenden Grundsatzes der Gleichbehandlung (Art. 3 GG) ein.

Folgende **Sonderbauverordnungen und -richtlinien sind zu beachten.** 8
– Camping- und Wochenendplatzverordnung (CW VO)
– Fliegende Bauten (FlBau NRW)
– Industriebau-Richtlinie (IndBauR, MBl. NRW 2001, S. 924)
– Richtlinie über bauaufsichtliche Anforderungen an den Bau und Betrieb von Einrichtungen mit Pflege- und Betreuungsleistungen vom 17.03.2011 (MBl. NRW 2001, S. 121 ff.)
– Schulbau-Richtlinie
– Sonderbauverordnung (SBauVO)
– Hohlraum- und Doppelboden-Richtlinie
– Leitungsanlagen-Richtlinie (zwischenzeitlich aufgehoben)
– Lüftungsanlagen-Richtlinie (zwischenzeitlich aufgehoben)
– VO über den Bau von Betriebsräumen für elektrische Anlagen (EltBauVO)
– VO über die Prüfung technischer Anlagen und wiederkehrende Prüfungen von Sonderbauten (PrüfVO NRW).

Die **Verordnung über den Bau und Betrieb von Gaststätten (Gaststättenbauverordnung – GastBauVO)** und die **Verordnung über den Bau und Betrieb von Krankenhäusern (Krankenhausbauverordnung – KhBauVO)** sind zwischenzeitlich nicht mehr gültig bzw. aufgehoben worden und wurden bisher nicht durch vergleichbare Regelwerke ersetzt. In diesen Fällen kann in der Praxis zur Orientierung auf entsprechende Muster-Verordnungen oder auf andere Landesrechte zurückgegriffen werden. Dies gilt auch für Leitungen (**Muster-Leitungsanlagen-Richtlinie MLAR aus Februar 2015**) und Lüftungen (**Muster-Lüftungsanlagen – Richtlinie MLüAR aus Dezember 2015**). 9

1.5 Bußgeldtatbestände

Gem. § 86 Abs. 1 Nr. 20 BauO NRW handelt ordnungswidrig, wer vorsätzlich oder 10 fahrlässig einer aufgrund dieses Gesetzes ergangenen Rechtsverordnung oder örtlichen Bauvorschrift zuwiderhandelt, sofern die Rechtsverordnung oder die örtliche Bauvorschrift für einen bestimmten Tatbestand auf diesen Bußgeldtatbestand verweist.

§ 50 Sonderbauten

Hierbei handelt es sich um eine sogenannte Blankettvorschrift, die eigentlichen Bußgeldtatbestände finden sich in den vorgenannten Rechtsverordnungen bzw. (seltener) in den örtlichen Bauvorschriften. Hierfür bedarf es aber einer ausdrücklichen Rückverweisung auf die Ermächtigung des § 84 Abs. 1 Nr. 20 BauO NRW, NW.

11 Separate Bußgeldtatbestände finden sich auch in den sogenannten Sonderbauvorschriften:
§ 46 SBauVO – Ordnungswidrigkeiten bei Versammlungsstätten
§ 59 SBauVO – Ordnungswidrigkeiten bei Beherbergungsstätten
§ 91 SBauVO – Ordnungswidrigkeiten bei Verkaufsstätten
§ 120 SBauVO – Ordnungswidrigkeiten bei Hochhäusern
§ 141 SBauVO – Ordnungswidrigkeiten bei Garagen
§ 9 PrüfVO – Ordnungswidrigkeiten

2 Zu Abs. 1 – Definition des Begriffs Sonderbau und Ermächtigung zu besonderen Anforderungen und Erleichterungen

2.1 Definition des Begriffs Sonderbau

12 Die Vorschrift bezeichnet **Anlagen und Räume besonderer Art oder Nutzung** als Sonderbauten. Es muss sich also um bauliche Anlagen bzw. um deren Nutzungen handeln, die Anforderungen stellen, die mit dem üblichen bauordnungsrechtlichen Standardprogramm nicht ausreichend bewältigt werden können. Dieses ist lediglich für Wohngebäude oder Gebäude mit wohnähnlichen bzw. vergleichbaren Nutzungen zureichend. Eine abschließende Aufzählung möglicher Sonderbauten ist angesichts der Vielgestaltigkeit denkbarer Bauvorhaben bzw. deren Nutzungen nicht möglich, auch der Katalog der großen Sonderbauten beinhaltet nur einen Ausschnitt, allerdings eben die Sonderbauten, die – z.B. aufgrund besonderer brandschutztechnischer oder statisch-konstruktiver Herausforderungen – eine umfassende präventive materielle Prüfung erforderlich machen. **Wird ein Sonderbau geändert und betrifft die Änderung auch Eigenschaften, die den Sonderbau ausmachen, ist das Vorhaben auch als Sonderbau zu prüfen.** Dies gilt nicht, wenn es sich nur um eine Nebenanlage zum Sonderbau handelt (VGH Bayern, Urt. v. 25.11.2010 – 9 B 10.531, BRS 78, Nr. 155 = BauR 2011, 1644). Zur Sonderbaueigenschaft sei abschließend auf einige ausgewählte Einzelentscheidungen verwiesen:
– Laut dem VG Minden, Urt. v. 17.04.2013 – 3 K 2832/12, ist eine **Solarenergieanlage** im bauordnungsrechtlichen Sinne ein Sonderbau.
– Der VGH Bayern, Urt. v. 05.02.2015 – 2 BV 14.1202 (BRS 83, Nr. 109 = BauR 2015, 1134), verlangt bei der **Abgrenzung eines Wohngebäudes zu einem Sonderbau** beim Wohnungsbegriff im Bauordnungsrecht einen Rückgriff auf die Begriffsbedeutung im Bauplanungsrecht. Das VG Gelsenkirchen, Urt. v. 11.09.2014 – 5 K 873/13 weist aber in diesem Zusammenhang darauf hin, dass allein der Umstand, dass bei einer bestimmten Nutzung, die nach der Baunutzungsverordnung in einem reinen Wohngebiet (WR) als »Wohnnutzung« zuzulassen ist (§ 3 Abs. 4 BauO NRW), nicht auch in bauordnungsrechtlicher Hinsicht nur Anforderungen für eine reine Wohnnutzung zu stellen sind (hier:

Nutzung eines als Wohnhaus genehmigten Gebäudes in einem reinen Wohngebiet als Alten- und Pflegeeinrichtung).
- Laut dem VG Gelsenkirchen, Urt. v. 23.08.2007 – 5 K 3561/06, können auch **Wohn- und Geschäftsgebäude** einen Sonderbau darstellen, wenn die Nutzungen Besucherverkehr hervorrufen.

2.2 Ermächtigung zu besonderen Anforderungen und Erleichterungen

Für Sonderbauten können im Einzelfall besondere Anforderungen gestellt werden. Diese Mehrforderungen müssen der Verwirklichung der allgemeinen Anforderungen nach § 3 Abs. 1 BauO NRW dienen. Nach dieser materiellen Generalklausel sind Anlagen so anzuordnen, zu errichten, zu ändern und instand zu halten, dass die öffentliche Sicherheit und Ordnung, insbesondere Leben, Gesundheit und die natürlichen Lebensgrundlagen, nicht gefährdet werden. Dies gilt auch für die Beseitigung von Anlagen und die Änderung der Nutzung von Anlagen (§ 3 Abs. 3 BauO NRW). **Unter Gefahr ist in diesem Zusammenhang ein Zustand zu verstehen, der (nach verständigem Ermessen) den Eintritt eines Schadens mit Wahrscheinlichkeit erwarten lässt.** Hierbei ist von objektiven Gegebenheiten und nicht von persönlichen Befindlichkeiten auszugehen. Die Gefahr ist demnach von der bloßen Beeinträchtigung bzw. Belästigung abzugrenzen. § 50 BauO NRW dient insoweit der Gefahrenabwehr.

13

Erforderlich für besondere Anforderungen ist also, dass die materiellen Vorschriften der Landesbauordnung nicht genügen, um die Schutzziele der vorgenannten bauaufsichtlichen Generalklausel in dem jeweiligen Einzelfall zu erfüllen. Besondere Anforderungen bzw. Erleichterungen können sowohl für kleine, als auch für große Sonderbauten gefordert bzw. zugelassen werden (OVG NRW, Beschl. v. 11.01.2008 – 10 A 1277/07, BRS 73, Nr. 190 = BauR 2008, 977). Finden sich für bestimmte Sonderbauten bereits die besonderen Anforderungen in Sonderbauverordnungen, gehen diese vor bzw. gelten als abschließend. Es sei denn, in der jeweiligen Rechtsverordnung existiert eine Öffnungsklausel. Dies gilt im Ergebnis auch für Sonderbaurichtlinien. Besondere Anforderungen können sich auch aus materiellen Vorgaben auch aus **berufsgenossenschaftlichen Unfallverhütungsvorschriften** ergeben (OVG Rh-Pf, Urt. v. 24.01.2002 – 1 A 11023/01, BRS 65, Nr. 139 = BauR 2002, 927 ff., hier: brandschutztechnische Abtrennung eines Lackierbereiches in einer Werkstatthalle von dem Bereich für Karosseriearbeiten).

14

Eine Erleichterung kommt nur in Betracht, wenn die besondere Art oder Nutzung der baulichen Anlage oder Räume der Einhaltung der entsprechenden Vorschrift aufgrund der Atypik des Vorhabens nicht bedarf oder das gesetzliche Ziel der Vorschrift durch besondere Maßnahmen kompensiert wird, z.B. automatische Feuerlöschanlagen bei größeren Brandabschnitten oder Maßnahmen zur Entrauchung für wirksame Löscharbeiten. Hier wird also umgekehrt eine Abweichung vom bauordnungsrechtlichen Standardprogramm erlaubt, was auch dem zu beachtenden Grundsatz der Verhältnismäßigkeit entspricht (§ 15 OBG). **Es handelt sich aber nicht um eine förmliche Abweichung i.S.d. § 69 BauO NRW.**

15

16 In jedem Fall bedarf es der Einzelfallprüfung. So hat die Bauaufsichtsbehörde bei einer Umnutzung von Wohnraum in eine Betreuungseinrichtung für geistig eingeschränkte Personen zu prüfen, ob ggf. ein Sonderbau vorliegt und ob es besonderer materieller Anforderungen (Brandschutz) bedarf (OVG NRW, Urt. v. 21.12.2009 – 7 B 1065/09). Mögliche Anwendungsbereiche folgen aus § 50 Abs. 1 S. 3 BauO NRW. **Dieser Katalog ist nicht abschließend**, die dort genannten Tatbestände dürfen noch ergänzt werden (OVG NRW, Beschl. v. 11.01.2008 – 10 A 1277/07, BRS 73, Nr. 190). Besondere Anforderungen können sich auch auf die **Benutzung der jeweiligen Anlage bzw. auf Teile einer Anlage (Räume)** beziehen. Zum Inhalt und zur Reichweite besonderer Anforderungen sei abschließend auf einige ausgewählte **Einzelentscheidungen** verwiesen:
   – Das VG Dessau, Urt. v. 26.06.1997 – 1 A 169/85, hat die **Forderung nach automatischen Brandmeldern bei einer Einrichtung zur Unterbringung geistig behinderter Menschen** gestützt.
   – Laut dem OVG Niedersachsen, Urt. v. 18.09.2002 – 1 LB 2855/01 (BRS 65, Nr. 138 = BauR 2003, 226) ist die Bauaufsichtsbehörde befugt, bei **Verkaufsstätten** mit einer bis zu 2000 qm im Einzelfall besondere Brandschutzanforderungen zu stellen (hier: **rauchfreie Schicht**).
   – Das OVG NRW, Urt. v. 11.01.2008 – 10 A 1277/07 (BRS 73, Nr. 190 = BauR 2008, 977), hat besondere Anforderungen – hier: **Brandschutzeinrichtungen und -vorkehrungen** – auch **für Verkaufsstätten** mit bis zu 700 qm Verkaufsfläche für zulässig bewertet.
   – Das VG Hannover, Urt. v. 08.12.2011 – 12 A 5532/09, hat die bauaufsichtliche Befugnis, bei Sonderbauten **besondere Brandschutzanforderungen** – hier z.B. in Bezug auf die Brand- und Rauchschutztüren, die Trennwände, die Decke und die Rauchableitung **in einem Lebensmittelmarkt mit Bäckerei** – zu fordern, bestätigt.
   – Das OVG NRW, Urt. v. 21.09.2012 – 2 A 182/11 (BRS 79, Nr. 130), ist der bauaufsichtlichen Forderung nach ergänzenden baulich **ausreichenden Rauchabzugsmöglichkeiten für einen Lebensmittelmarkt** mit einer Verkaufsfläche von mehr als 700 qm gefolgt (vgl. auch: OVG Nordrhein-Westfalen, Urt. v. 21.09.2009 – 7 B 1065/09, BRS 79 Nr. 130 = BauR 2013, 218).
   – Das OVG Niedersachsen, Beschl. v. 28.09.2004 – 1 LA 23/04 (BRS 67, Nr. 148), hat in einem Einzelfall die Anforderungen an die **Ausführung einer Sicherheitsstromversorgungsanlage** bestätigt. Diese muss von der öffentlichen Stromversorgung unabhängig sein.
   – Laut dem OVG NRW, Beschl. v. 31.08.2012 – 10 A 1841/11, ist die Forderung nach dem Einbau einer **Blitzschutzanlage in einem Altenpflegeheim** gerechtfertigt.

2.3 Zu Fragen des Verfahrens

17 Die besonderen Anforderungen bzw. die Erleichterungen werden mit dem Bauantrag nicht mit beantragt. Sie müssen auch – anders als bei Ausnahmen gem. § 31 Abs. 1 BauGB, Befreiungen gem. § 31 Abs. 2 BauGB und Abweichungen gem. § 69 BauO NRW – nicht gesondert beantragt und begründet werden. Sie sind aber

ausdrücklich im Bauschein zu gewähren. Entsprechende Nebenbestimmungen sollten zudem sinnvollerweise auch im Bescheid begründet werden, auch wenn es einer solchen Begründung gem. § 74 Abs. 2 BauO NRW eigentlich nicht bedarf. Einer vorherigen Anhörung gem. § 28 VwVfG bedarf es nicht, da diese Vorschrift als allgemeine Norm nachgeht. Besteht für das jeweilige Bauvorhaben bzw. deren Nutzung Genehmigungsfreiheit, kann eine besondere Anforderung auch Gegenstand eines eigenständigen Verwaltungsaktes sein.

Besondere Anforderungen und Erleichterungen gem. § 50 Abs. 1 BauO NRW sind von Abweichungen gem. § 69 BauO NRW abzugrenzen. Laut Jäde besteht der Unterschied darin, »dass – jedenfalls typischerweise – die Abweichung nach § 66 Abs. 1 Satz 1 BauO LSA gewissermaßen punktuell auf die Einzelforderung bezieht, während die für den einzelnen Sonderbau herausgearbeiteten materiell-rechtlichen Anforderungen konzeptionell, als ein Gesamtkonzept zu verstehen sind« (Jäde/Dirnberger, Bauordnungsrecht Sachsen-Anhalt. Kommentar zu § 50 BauO LSA, Rn. 5). Es handelt sich ja auch nicht um eine Abweichung vom üblichen bauordnungsrechtlichen Standardprogramm, sondern um eine – resultierend aus den baulichen bzw. nutzungsbedingten Gegebenheiten – gesteigerte oder reduzierte materielle Anforderung. Die Unterschiede soll die nachfolgende Tabelle verdeutlichen: 18

	§ 50 BauO NRW	§ 69 BauO NRW
Anwendungsbereich	Sonderbauten	Sämtliche genehmigungsbedürftigen und -freien baulichen Anlagen
Von welchen Vorschriften?	Materielle Vorschriften der Landesbauordnung, nicht von Sonderbauvorschriften, auch nicht von planungsrechtlichen Normen. Ansonsten alle Gegenstände des Abs. 1. Der Katalog ist aber nicht vollständig. Besondere Regelungen in einer Sonderbauverordnung gehen vor!	Materielle Vorschriften der Landesbauordnung und der aufgrund der Landesbauordnung erlassenen Vorschriften, also auch von örtlichen Bauvorschriften
Einzelfallentscheidung?	ja	ja
Atypik erforderlich?	Ja, die besondere Anforderung bzw. die Erleichterung muss mit der besonderen Art oder Nutzung der baulichen Anlage und Räume vor dem Hintergrund der Schutzziele des § 3 Abs. 1 BauO NRW begründet werden.	Nein, eine besondere Fallkonstellation ist nicht erforderlich, wird aber teilweise von der verwaltungsgerichtlichen Rechtsprechung z.B. in Abstandsflächenfragen immer noch verlangt.

§ 50 Sonderbauten

	§ 50 BauO NRW	§ 69 BauO NRW
Kompensationen erforderlich?	Eine Erleichterung von materiellen Vorschriften kann sich aus besonderen Anforderungen für Sonderbauten im Einzelfall ergeben. Hierbei können von der Behörde geforderte oder vom Bauherrn angebotene Kompensationsmaßnahmen Voraussetzung für eine solche Erleichterung sein.	Bei der Abweichung von technischen Anforderungen ist nachzuweisen, dass dem Zweck dieser Anforderung auf andere Weise entsprochen wird. Bringschuld des Bauherrn.
Besondere Voraussetzungen?	Besondere Anforderungen bzw. Erleichterungen müssen aus der besonderen Art oder Nutzung folgen und sind im Einzelfall vor dem Hintergrund der Zielrichtung der o. g. bauaufsichtlichen Generalklausel zu rechtfertigen.	Keine besonderen Voraussetzungen, aber es bedarf einer Würdigung der öffentlich-rechtlich geschützten nachbarlichen mit den öffentlichen Belangen.
Rangfolge	Es handelt sich um ein besonderes Rechtsinstitut für Sonderbauten. Dieses steht eigenständig neben der Abweichung nach § 69 BauO NRW. Es bietet sich aber an, zunächst die Voraussetzungen des § 50 Abs. 1 BauO NRW zu prüfen.	Sind die Voraussetzungen des § 50 Abs. 1 BauO NRW gegeben, bedarf es keiner zusätzlichen förmlichen Abweichung. Liegen diese nicht vor, ist dennoch eine Abweichung nach § 69 BauO NRW möglich, wenn die Voraussetzungen dieser Vorschrift erfüllt sind.
Anspruch auf Erleichterung/ Abweichung?	Nein, es handelt sich um eine Ermessensvorschrift. Vor dem Hintergrund der vorrangigen Aufgabe der Gefahrenabwehr ist für besondere Anforderungen von einem intendierten (vorgeprägten) Ermessen auszugehen. Bei Erleichterungen kann eine Selbstbindung der Genehmigungsbehörde aufgrund des Gleichheitsgrundsatzes gegeben sein.	Nein, es handelt sich um eine Ermessensvorschrift. Dient die Abweichung aber der Einsparung von Wasser und Energie oder der Schaffung oder Erneuerung von Wohnraum, ist sie zuzulassen.
Verfahren	Im Baugenehmigungsverfahren bedarf es keines besonderen Antrages. Besondere Anforderungen werden regelmäßig als Nebenbestimmungen im Bauschein erscheinen.	Erforderlich ist ein besonderer Antrag. Dieser ist separat zu begründen.
Gebühren	nein	ja

2.4 Wiederkehrende Prüfungen

Ergänzend zum Sicherheitssystem der allgemeinen Bauüberwachung (§ 83 BauO NRW) und vorgeschriebenen Bauzustandsbesichtigungen (§ 84 BauO NRW) sieht die **Verordnung über die Prüfung technischer Anlagen und wiederkehrende Prüfungen von Sonderbauten (Prüfverordnung – PrüfVO NRW)** eine zusätzliche Prüfung von technischen Anlagen in Sonderbauten vor. Die für diese sogenannten **wiederkehrenden Prüfungen** in Frage kommenden Sonderbauten listet § 1 Abs. 1 Nr. 1–10 PrüfVO auf. Für die sonstigen baulichen Anlagen und Räume besonderer Art oder Nutzung bedarf es für wiederkehrende Prüfungen der besonderen Anordnung (§ 50 Abs. 1 S. 3 Nr. 23 BauO NRW). Dies geschieht meist durch eine Nebenbestimmung in der Baugenehmigung. Die zu prüfenden Anlagen nennt § 1 Abs. 1 S. 2 PrüfVO. Die dort aufgezählten technischen Anlagen sowie die dafür bauordnungsrechtlich geforderten Brandschutzmaßnahmen müssen von Prüfsachverständigen gemäß § 3 PrüfVO auf ihre Wirksamkeit und Betriebssicherheit einschließlich des bestimmungsgemäßen Zusammenwirkens von Anlagen geprüft werden. **Für die Prüfungen bzw. die Vorlage entsprechender Bescheinigungen gibt die PrüfVO bestimmte Fristen** vor. Diese können aber auch gekürzt werden (§ 2 Abs. 2 PrüfVO). Die §§ 3–8 PrüfVO beinhalten Vorschriften über die sogenannten Prüfsachverständigen. Diese sind z.B. verpflichtet, die ordnungsgemäße Beschaffenheit und Betriebssicherheit der o.g. technischen Anlagen eigenverantwortlich zu prüfen. Sie haben die Prüfungen selbst durchzuführen und in Prüfberichten festzuhalten (§ 8 PrüfVO). 19

In bestimmten gestaffelten Zeitabständen finden ergänzend **Überprüfungen bestimmter Sonderbauten durch die Bauaufsichtsbehörden** statt (§ 10 PrüfVO). Dabei ist auch die Einhaltung der Betriebsvorschriften zu überwachen und festzustellen, ob die Prüfungen der technischen Anlagen fristgerecht durchgeführt und etwaige Mängel beseitigt worden sind. 20

Diese Prüfungen vor Ort sind nicht mit den durch die Berufsfeuerwehr durchgeführten Brandverhütungsschauen nach dem Gesetz über den Brandschutz, die Hilfeleistung und den Katastrophenschutz (BHKG) zu verwechseln, finden aber in der Praxis oft gemeinsam statt. »Im Rahmen der Brandschau werden regelmäßig komplexe bauliche Anlagen beurteilt, die häufig mit einer Vielzahl von sicherheitstechnischen und brandschutztechnischen Anlagen ausgestattet sind. Zweck der Brandschau ist es, brandschutztechnische Mängel und Gefahrenquellen festzustellen. Diese Mängel sind zu protokollieren, bei Fällen in denen eine konkrete Gefahr besteht, sind unverzüglich Maßnahmen zu veranlassen« (Institut der Feuerwehr NRW, Vorbeugender Brandschutz, PrüfVO und Brandschau (FSHG), 2010, 4). Die bei den Prüfungen nach der PrüfVO und den Brandschauen festgestellten und nicht unverzüglich abgestellten Mängel können in der Folge Gegenstand bauaufsichtlicher Eingriffsmaßnahmen auf der Grundlage des § 58 Abs. 2 BauO NRW werden. 21

3 Zu Abs. 2 – Katalog großer Sonderbauten

3.1 Vorbemerkungen

22   Abs. 2 der Vorschrift beinhaltet einen **abschließenden Katalog großer Sonderbauten**. Die Aufzählung umfasst keinen Auffangtatbestand für Fälle, die momentan noch nicht als große Sonderbauten eingestuft werden bzw. aufgrund neuer Entwicklungen erst noch entstehen. Lediglich in § 47 Abs. 5 BauO NRW findet sich eine zu beachtende Ergänzung. Demnach zählen unter bestimmten Voraussetzungen auch **Gebäude mit Nutzungseinheiten zum Zwecke der Pflege oder Betreuung von Personen mit Pflegebedürftigkeit oder Behinderung, deren Selbstrettungsfähigkeit eingeschränkt ist**, zu den großen Sonderbauten. Die Nennung derjenigen baulichen Anlagen bzw. deren Nutzungen, die große Sonderbauten sind, ist **verfahrensleitend**. Diese werden ohne Ausnahme im umfassenden Baugenehmigungsverfahren geprüft (§ 65 BauO NRW).

3.2 Hochhäuser (Nr. 1)

23   § 50 Abs. 2 Nr. 1 BauO NRW, NW zählt Hochhäuser zu den großen Sonderbauten und beinhaltet zugleich die Legaldefinition des Hochhauses. Diese war vorher in § 2 Abs. 3 S. 3 BauO NRW 2000 zu finden. Nach Einführung des Systems verschiedener **Gebäudeklassen (§ 2 Abs. 3 BauO NRW)** ist die bisherige Differenzierung zwischen Gebäude geringer und mittlerer Höhe sowie Hochhäuser entfallen. Wie zuvor wird aber mit den verschiedenen Gebäudeklassen ein bestimmter Grad an Gefährdung verbunden und entsprechend variieren die materiellen Anforderungen, vor allem mit Blick auf den Brandschutz.

24   **Hochhäuser sind Gebäude mit einer Höhe von mehr als 22 m über der Geländeoberfläche.** Das zentrale Merkmal zur Bestimmung der Höhe ist der Fußboden eines möglichen höchstgelegenen **Aufenthaltraum**es in Relation zur **Geländeoberfläche**. Der Begriff des Aufenthaltsraumes findet sich in § 2 Abs. 7 BauO NRW, dessen materielle Voraussetzungen in § 46 BauO NRW genannt sind. Was unter Geländeoberfläche zu verstehen ist, regelt § 2 Abs. 4 BauO NRW.

25   Bei Hochhäusern wird vom Gesetzgeber ein besonderes Gefahrenpotential angenommen. Aus diesem Grunde stellt das Bauordnungsrecht bei der Errichtung von Hochhäusern **besondere materielle Anforderungen**. Die besonderen Anforderungen beziehen sich vor allem auf die Feuerwiderstandsdauer der Bauteile und die Ausbildung der hausinternen Rettungswege. Bis 1970 waren diese Anforderungen in der Landesbauordnung geregelt. Näheres findet sich aktuell in der **SBauVO**:
  - § 93 – Zufahrten, Durchfahrten, Bewegungsflächen und Eingänge für die Feuerwehr
  - § 94 – Bauteile
  - § 95 – Öffnungen von raumabschließenden Bauteilen
  - § 96 – Dächer
  - § 97 – Anforderungen an Baustoffe
  - § 98 – Führung und Bemessung von Rettungswegen
  - § 99 – Notwendige Treppenräume, Sicherheitstreppenräume

- § 100 – Notwendige Flure
- § 101 – Türen in Rettungswegen
- § 102 – Räume mit erhöhter Brandgefahr
- § 103 – Feuerwehraufzüge
- § 104 – Vorräume der Fahrschächte von Feuerwehraufzügen
- § 105 – Druckbelüftungsanlagen
- § 106 – Feuerlöschanlagen
- § 107 – Brandmelde- und Alarmierungsanlagen, Brandmelder- und Alarmzentrale, Brandfallsteuerung der Aufzüge
- § 108 – Sicherheitsbeleuchtung
- § 109 – Sicherheitsstromversorgungsanlagen, Blitzschutzanlagen, Gebäudefunkanlagen
- § 110 – Rauchableitung
- § 111 – Aufzüge
- § 112 – Leitungen, Installationsschächte und -kanäle
- § 113 – Lüftungsanlagen
- § 114 – Feuerstätten, Brennstofflagerung
- § 115 – Erleichterungen für Hochhäuser mit nicht mehr als 60 m Höhe
- § 116 – Freihaltung der Rettungswege
- § 117 – Brandschutzordnung, Feuerwehrpläne, Flucht- und Rettungswegepläne
- § 118 – Verantwortliche Personen

Die Regelungen in der SBauVO sind abschließend (VGH Hessen, E. v. 13.02.1981 – IV OE 68/77, BRS 38, Nr. 118), d.h. es bedarf keiner besonderen Einzelanforderungen bzw. -erleichterungen i.S.d. § 50 Abs. 1 BauO NRW (vgl. § 92 SBauVO). In Hochhäusern lassen sich mitunter die Fenster nicht öffnen (Festverglasung). Sie dienen dann nur der Beleuchtung der Räume. Die Belüftung der Räume muss dann anderweitig – künstlich – sichergestellt werden. **Im Baugenehmigungsverfahren für ein Hochhaus ist stets ein Brandschutzkonzept vorzulegen** (§ 70 Abs. 2 BauO NRW). Hier ist auch das System der Rettungswege offenzulegen. Bei Hochhäusern wird die Feuerwehr die oberen Etagen regelmäßig nicht anleitern können. Aus diesem Grunde stellt § 98 SBauVO an die **Führung und Bemessung der Rettungswege** in Hochhäusern besondere Anforderungen. In Hochhäusern mit nicht mehr als 60 m Höhe genügt anstelle zweier voneinander unabhängiger Treppenräume ein **Sicherheitstreppenraum** (§ 99 SBauVO). Wird diese Höhe überschritten, müssen alle notwendigen Treppenräume als Sicherheitstreppenräume ausgebildet sein. Die Vorschriften der SBauO gelten nach einer Übergangszeit auch für **bestehende Hochhäuser** (§ 119 SBauVO). **Verstöße** gegen diese Vorgaben **können** auf der Grundlage des § 120 SBauVO i.V.m. § 86 Abs. 1 Nr. 20 BauO NRW **geahndet werden**. 26

3.3 Bauliche Anlagen mit mehr als 30 m Höhe (Nr. 2)

Hierunter sind hohe bauliche Anlagen, die selbst keine Gebäude sind, zu fassen, z.B. **Industrieschornsteine, Sendemasten** (z.B. für Mobilfunk), **Windkraftanlagen**, usw. Abzustellen ist hierbei als unterer Bezugspunkt auf die tatsächliche Geländeoberfläche (OVG Sachsen, Beschl. v. 25.03.2009 – 1 B 250/08, BRS 74, Nr. 134). **Aufgrund** 27

§ 50 Sonderbauten

der Höhenentwicklung ist mit besonderen statisch-konstruktiven Schwierigkeiten zu rechnen, z.B. mit Blick auf Windlasten. Im Zusammenhang mit Windenergieanlagen sei auf den Erlass für die Planung und Genehmigung von Windenergieanlagen und Hinweise für die Zielsetzung und Anwendung – **Windenergie-Erlass** – vom 08.05.2018 verwiesen (Gemeinsamer Runderlass des Ministeriums für Wirtschaft, Innovation, Digitalisierung und Energie, Az. VI.A-3 – 77-30 – Windenergieerlass, des Ministeriums für Umwelt, Landwirtschaft, Natur- und Verbraucherschutz, Az. VII.2-2 – 2017/01 – Windenergieerlass, und des Ministeriums für Heimat, Kommunales, Bau und Gleichstellung des Landes Nordrhein-Westfalen, Az. 611 – 901.3/202). In der dortigen Ziffer 5.2.3 werden bauordnungsrechtliche Anforderungen zu **Abstandsflächen**, zum **Brandschutz**, zur **Beachtung technischer Baubestimmungen**, zur **Standsicherheit** und zum **Eiswurf** geregelt. Beim Thema Standsicherheit geht es auch um das Verhältnis verschiedener Windenergieanlagen untereinander. »Wird eine Windenergieanlage in Windrichtung vor einer bereits bestehenden Windenergieanlage errichtet, kann sie durch Erhöhung der **Turbulenzintensität** einen schnelleren Verschleiß von Anlagenteilen der nachgesetzten Anlage bewirken und damit auf Dauer deren Standsicherheit beeinträchtigen (siehe auch OVG NRW, Beschl. v. 01.02.2000 – 10 B 1831/99). Um den bauordnungsrechtlichen Anforderungen unter Beachtung der Technischen Baubestimmungen Rechnung zu tragen, ist für freistehende Windenergieanlagen mit Turm und Gründung ein ausreichender Abstand untereinander und zu anderen vergleichbar hohen Bauwerken erforderlich« (Ziffer 2.3.4). Da es sich bei dem Windenergie-Erlass aber »nur« um eine Verwaltungsvorschrift handelt, ist in Bezug auf die erforderlichen **Abstandsflächen** vorrangig die Sonderregelung in § 6 Abs. 13 BauO NRW in den Blick zunehmen.

28 In Bezug auf **Mobilfunkmasten** wird bei Drittklagen häufig die **Verträglichkeit der elektromagnetischen Funkwellen** thematisiert. Hierbei handelt es sich in erster Linie um eine umweltrechtliche Fragestellung vor dem Hintergrund des planungsrechtlichen Gebotes der Rücksichtnahme (§ 15 BauNVO, § 34 Abs. 1 BauGB, § 35 Abs. 3 BauGB). Für die Bewertung der gesundheitlichen Unbedenklichkeit wurden die Grenzwerte der 26. Verordnung zur Durchführung des Bundes-Immissionsschutzgesetzes – Verordnung über elektromagnetische Felder – als Grundlage weitgehend anerkannt. Werden die Grenzwerte bzw. Sicherheitsabstände eingehalten, beurteilt die Verwaltungsgerichtsbarkeit die im Zusammenhang mit Mobilfunkanlagen stehenden Immissionen regelmäßig als zumutbar (vgl. hierzu z.B. OVG Niedersachsen, Beschl. v. 19.01.2001 – 1 O 2761/00, BRS 64, Nr. 136). Laut dem Beschl. des VG Münster v. 01.09.2004 – 2 L 1149/04 handelt es sich bei der in diesem Zusammenhang erforderlichen **Standortbescheinigung der Regulierungsbehörde (Bundesnetzagentur)** um eine in einem speziellen bundesrechtlich geregelten Gebiet des Immissionsschutzes – materiell abschließend – getroffene formalisierte Entscheidung. Eine eigene – zusätzliche – Prüfungs- und Entscheidungskompetenz der Bauaufsichtsbehörde zur Frage der Grenzwerteinhaltung wurde vom Gericht nicht gesehen. Die Standortbescheinigung ist aber – wenn die Mobilfunkanlage genehmigungsbedürftig ist (beachte: § 62 Abs. 1 Nr. 5 BauO NRW) – zur Bauakte zu nehmen. Dies gilt natürlich auch für Mobilfunkmasten mit einer Höhe von mehr als 30 m, z.B.

als privilegierte Vorhaben gem. § 35 Abs. 1 Nr. 3 BauGB im planungsrechtlichen Außenbereich.

3.4 Gebäude mit mehr als 1.600 qm Grundfläche (...) (Nr. 3)

Der hier vorgegebene Flächenwert orientiert sich an der Größe eines **Brandabschnittes** (§ 30 Abs. 2 Nr. 2 BauO NRW). **Maßgeblich ist bei einem Gebäude mit mehreren Geschossen immer dasjenige mit der größten Ausdehnung.** Wird die Grundfläche überschritten, kann ein größerer Brandabschnitt ggf. mit kompensatorischen Maßnahmen gestattet werden (§ 50 Abs. 1 BauO NRW). Dies ist eine Frage des Einzelfalles. Hierauf muss das Brandschutzkonzept (§ 9 BauPrüfVO) eine Antwort geben. Gewächshäuser ohne Verkaufsstätten, die einem land- oder forstwirtschaftlichen Betrieb oder einem Betrieb der gartenbaulichen Erzeugung dienen und Wohngebäude bleiben ausgeklammert, auch wenn sie den o. g. Schwellenwert überschreiten. Der Begriff der **Landwirtschaft** ist in § 201 BauGB definiert. Die Vorhabengruppe der land- oder forstwirtschaftlichen Betriebe findet in § 35 Abs. 1 Nr. 1 BauGB Erwähnung. Diese sind im planungsrechtlichen Außenbereich privilegiert und zur Hobbytierhaltung, zu bestimmten Vertriebsformen und zu besonderen Produktionsarten und –formen abzugrenzen. Land- oder fortwirtschaftliche Betriebe sind z.B. auch in einem festgesetzten (§ 5 BauNVO) oder faktischen (§ 34 Abs. 2 BauGB) Dorfgebiet zulässig. Der **Begriff des Wohngebäudes** ist nicht in der Landesbauordnung definiert, es ist aber davon auszugehen, dass hierzu auch Gebäude rechnen, die neben Wohnungen auch wohnähnliche bzw. vergleichbare Nutzungsformen aufweisen, wie freiberufliche Berufe i. S. d. § 13 BauNVO. 29

3.5 Verkaufsstätten, deren Verkaufsräume und Ladenstraßen eine Grundfläche von insgesamt mehr als 2.000 qm haben (Nr. 4)

Verkaufsstätten, deren Verkaufsräume und Ladenstraßen eine Grundfläche von insgesamt mehr als 2.000 qm haben, gelten als großer Sonderbau (vgl. hierzu: VG Dresden, Urt. v. 24.01.2012 – 7 K 562/09). Die Norm stellt dabei auf die **Brutto-Grundfläche ab** (§ 2 Abs. 3 BauO NRW). Der ehemals maßgebliche Schwellenwert von 700 qm orientierte sich an der zwischenzeitlich überholten verwaltungsgerichtlichen Rechtsprechung zu großflächigen Einzelhandelsläden (nunmehr: 800 qm, vgl. BVerwG, Urt. v. 24.11.2005 – 4 C 10.04, BRS 69, Nr. 71 = BauR 2006, 639). **Der Begriff der Verkaufsfläche ist allerdings in diesem Zusammenhang nicht mehr relevant.** 30

Die Landesbauordnung definiert den Begriff der Verkaufsstätte nicht, dieser findet sich in § 61 Abs. 1 SBauVO. Demnach handelt es sich hierbei um Gebäude oder Gebäudeteile, die 31
1. ganz oder teilweise dem Verkauf von Waren dienen, 32
2. mindestens einen Verkaufsraum haben und 33
3. keine Messebauten sind. 34

Zu einer Verkaufsstätte gehören dabei alle Räume, die unmittelbar oder mittelbar, insbesondere durch Aufzüge oder Ladenstraßen, miteinander in Verbindung stehen; als Verbindung gilt nicht die Verbindung durch notwendige Treppenräume sowie durch 35

Leitungen, Schächte und Kanäle haustechnischer Anlagen. **Ladenstraßen** gelten in diesem Zusammenhang nicht als Verkaufsräume. Es sind überdachte oder überdeckte Flächen, an denen Verkaufsräume liegen und die dem Kundenverkehr dienen.

36 Im Bauplanungsrecht ist nicht der Begriff der Verkaufsstätte, sondern der des **Ladens** die städtebaulich relevante Kategorie der Art der baulichen Nutzung und wird in verschiedenen graduellen Ausprägungen bei den zulässigen/ausnahmsweise zulässigen Vorhaben im Rahmen der Baugebietsvorschriften genannt. Soweit die BauNVO den Begriff des Ladens benutzt, ist er gleichbedeutend mit dem Einzelhandelsbetrieb (BVerwG, Urt. v. 22.05.1987 – 4 C 19.85, BRS 47, Nr. 56). Ein Laden ist in diesem Zusammenhang als eine für jedermann offene Verkaufsstelle, in der gewerbsmäßig Waren zum Verkauf angeboten werde (zum Begriff vgl. auch: VGH B-W, Urt. v. 07.02.1979 – III 933/78, BRS 35, Nr. 33) zu verstehen.

37 In der SBauVO finden sich umfängliche, in erster Linie brandschutztechnische Anforderungen an den Bau und Betrieb von Verkaufsstätten, und zwar:
  – § 62 Tragende Wände, Pfeiler und Stützen
  – § 63 Außenwände
  – § 64 Trennwände
  – § 65 Brandabschnitte
  – § 66 Decken
  – § 67 Dächer
  – § 68 Bekleidungen, Dämmstoffe
  – § 69 Rettungswege in Verkaufsstätten
  – § 70 Treppen
  – § 71 Notwendige Treppenräume, Treppenraumerweiterungen
  – § 72 Ladenstraßen, Flure, Hauptgänge
  – § 73 Ausgänge
  – § 74 Türen in Rettungswegen
  – § 75 Rauchableitung
  – § 76 Beheizung
  – § 77 Sicherheitsbeleuchtung
  – § 78 Blitzschutzanlagen
  – § 79 Feuerlöscheinrichtungen und -anlagen, Brandmeldeanlagen und Alarmierungseinrichtungen, Brandfallsteuerung der Aufzüge
  – § 80 Gebäudefunkanlagen, Sicherheitsstromversorgungsanlagen
  – § 81 Lage der Verkaufsräume
  – § 82 Räume für Abfälle
  – § 83 Gefahrenverhütung
  – § 84 Rettungswege auf dem Grundstück, Flächen für die Feuerwehr
  – § 85 Verantwortliche Personen
  – § 86 Brandschutzordnung und Räumungskonzept
  – § 87 entfallen
  – § 88 Barrierefreie Stellplätze
  – § 89 Weitergehende Anforderungen

Gem. § 90 SBauVO sind die §§ 72 Absatz 4 und 5 sowie die §§ 83 bis 86 SBauVO **38** auf die zum Zeitpunkt des Inkrafttretens der Verordnung bestehenden Verkaufsstätten anzuwenden. **Diese Vorschrift verdrängt eine etwaige Einrede bezogen auf den Bestandsschutz.** Innerhalb von zwei Jahren sind die betrieblichen und organisatorischen Brandschutzmaßnahmen nach § 86 Absatz 1 und 2 SBauVO umzusetzen. Verstöße gegen die materiellen Vorgaben der SBauVO können auf der Grundlage des § 120 SBauVO i. V. m. § 86 Abs. 1 Nr. 20 BauO NRW geahndet werden. § 1 Abs. 1 Nr. 1 der Verordnung über die Prüfung technischer Anlagen und wiederkehrende Prüfungen von Sonderbauten (Prüfverordnung – PrüfVO NRW) vom 24.11.2009 schreibt für Verkaufsstätten ergänzend **wiederkehrende Prüfungen** vor. Damit soll die Betriebssicherheit und Gefahrenverhütung dauerhaft gesichert werden.

An eine Verkaufsstätte bis zu 2.000 qm können besondere Brandschutzanforderungen nur auf der Grundlage des § 50 Abs. 1 BauO NRW gestellt werden (OVG Niedersachsen, Urt. v. 18.09.2002 – 1 LB 2855/01, BRS 65, Nr. 138 und OVG NRW, Beschl. v. 11.01.2008 – 10 A 1277/07, BRS 73, Nr. 190 = BauR 2008,S. 977 ff.). Das OVG NRW, Urt. v. 21.09.2012 – 2 A 182/11 (BRS 79, Nr. 130) hat z.B. die bauaufsichtliche Forderung eines **Rauchabzuges** für einen Lebensmittelmarkt mit einer Verkaufsfläche von mehr als 700 qm auf der Basis des § 54 BauO NRW 2000 (jetzt § 50 Abs. 1 BauO NRW) bestätigt. Auch der VGH Bayern, Urt. v. 01.02.2010 – 1 B 09.2336 (BRS 76, Nr. 128) hat sich zu Brandschutzanforderungen an erdgeschossige Verkaufsstätten geäußert. **39**

3.6 Büro- und Verwaltungsgebäude mit mehr als 3.000 qm Geschossfläche (Nr. 5)

Büro- und Verwaltungsgebäude sind regelmäßig als Sonderbauten zu bewerten, und **40** zwar unabhängig von ihrer Größe (OVG NRW, Beschl. v. 07.02.2008 – 9 A 2864/07, BRS 73, Nr. 130). Dies ist auch unabhängig davon, ob Besucherverkehr erfolgt. **Überschreiten Büro- und Verwaltungsgebäude eine Geschossfläche von 3.000 qm, handelt es sich um große Sonderbauten.** Was ein **Geschoss** ist, gibt § 2 Abs. 5 BauO NRW vor. Die Definition des **Vollgeschoss**es beinhaltet § 2 Abs. 6 BauO NRW. Wie die **Geschossfläche** berechnet wird, findet sich aber nicht in der Landesbauordnung. Hier ist auf § 20 BauNVO zurückzugreifen. Nach Abs. 3 dieser Vorschrift ist die Geschossfläche nach den Außenmaßen der Gebäude in allen Vollgeschossen zu ermitteln. **Die Zurechnung von Büro- und Verwaltungsgebäuden zu den großen Sonderbauten erfolgt erst ab einer bestimmten (beträchtlichen) Ausdehnung,** weil bei der wohnähnlichen Nutzung bei kleineren Gebäuden das bauordnungsrechtliche Standardprogramm für ausreichend gehalten wird. Hier ist auch nicht mit Übernachtungen zu rechnen.

3.7 Versammlungsstätten (…) (Nr. 6)

Zu a) Versammlungsstätten sind bauliche Anlagen (oder Teile baulicher Anlagen), **41** die für die gleichzeitige Anwesenheit vieler Menschen bei Veranstaltungen erzieherischer, wirtschaftlicher, geselliger, kultureller, künstlerischer, politischer, sportlicher oder unterhaltender Art bestimmt sind, auch Gaststätten, sowie Schank- und

§ 50 Sonderbauten

Speisewirtschaften (§ 2 Abs. 1 SBauVO). Beispiele für Versammlungsstätten sind: Diskothek, Freilichttheater, Festivalgelände (strittig), Fußballplatz, Gaststätte (Restaurants), Kino, Kirche, Konzertsaal, Mehrzweckhalle, Museum, Reitbahnen, Schule, Sportplatz, Stadthalle, Theater, Turnhalle usw., aber auch für sich betrachtet: Aulen, Feiersäle (für Familienfeiern oder Tagungen), Foyers (Empfangs- und Pausenräume), Hörsäle, Studios.

42 **Die besonderen Anforderungen für Versammlungsstätten sind nicht aus der Landesbauordnung, sondern der SBauVO zu entnehmen.** Die ursprüngliche VStättVO datierte vom 01.07.1969 und ging auf ein Muster zurück, das von der Fachkommission »Bauaufsicht« der Arbeitsgemeinschaft der für das Bau-, Wohnungs- und Siedlungswesen zuständigen Minister der Länder (ARGEBAU) aufgestellt worden war. Die VersammlungsstättenVO in der Fassung vom 20.02.2000 wurde mit Wirkung vom 09.02.2002 durch eine völlig überarbeitete Fassung ersetzt. Die SBauVO vom 17.11.2009 fasste dann eine Reihe von Sonderbauverordnungen zusammen.

43 **In der SBauVO NW finden sich Vorschriften für den Bau und Betrieb von Versammlungsstätten.** Die vorherrschende Intention ist hierbei **Gefahrenabwehr**.

44 Die SBauVO gilt für:
– Versammlungsstätten mit einzelnen Versammlungsräumen für mehr als 200 Besucher
– Versammlungsstätten mit mehreren Versammlungsräumen mit zusammen mehr als 200 Besucher, wenn diese Versammlungsräume gemeinsame Rettungswege haben
– Versammlungsstätten im Freien mit Szenenflächen für mehr als 1.000 Besucher, wenn sie ganz oder teilweise aus baulichen Anlagen bestehen
– Sportstadien und Freisportanlagen mit Tribünen für jeweils mehr als 5.000 Besucher
– nicht erfasst sind Räume für Gottesdienste/Kirchen,
– nicht erfasst sind Unterrichtsräume in allgemein- und berufsbildenden Schulen,
– Seminarräume mit Sitzplätzen an Tischen und nicht mehr als 100 qm Grundfläche in Hochschulen usw. (außer sie haben einen gemeinsamen Rettungsweg mit anderen Seminarräumen in demselben Geschoss)
– nicht erfasst sind Ausstellungsräume in Museen
– nicht erfasst sind Fliegende Bauten (§ 78 BauO NRW).

45 **Die SBauVO regelt folgende materielle Themen:**
– § 3 Bauteile
– § 4 Dächer
– § 5 Dämmstoffe, Unterdecken, Bekleidungen und Bodenbeläge
– § 6 Führung der Rettungswege
– § 7 Bemessung der Rettungswege
– § 8 Treppen
– § 9 Türen und Tore
– § 10 Bestuhlung, Gänge und Stufengänge
– § 11 Abschrankungen und Schutzvorrichtungen

- § 12 Toilettenräume
- § 13 Barrierefreie Stellplätze
- § 14 Sicherheitsstromversorgungsanlagen, elektrische Anlagen und Blitzschutzanlagen
- § 15 Sicherheitsbeleuchtung
- § 16 Rauchableitung
- § 17 Heizungsanlagen und Lüftungsanlagen
- § 18 Stände und Arbeitsgruben für Licht-, Ton-, Bild- und Regieanlagen
- § 19 Feuerlöscheinrichtungen und -anlagen
- § 20 Brandmelde- und Alarmierungsanlagen, Brandmelder- und Alarmzentrale, Brandfallsteuerung der Aufzüge
- § 21 Werkstätten, Magazine und Lagerräume von Versammlungsstätten
- § 22 Bühnenhaus
- § 23 Schutzvorhang
- § 24 Feuerlösch- und Brandmeldeanlagen von Großbühnen
- § 25 Platz für die Brandsicherheitswache
- § 26 Räume für Lautsprecherzentrale, Polizei, Feuerwehr, Sanitäts- und Rettungsdienst
- § 27 Abschrankung und Blockbildung in Sportstadien mit mehr als 10.000 Besucherplätzen
- § 28 Wellenbrecher
- § 29 Abschrankung von Stehplätzen von Szenenflächen
- § 30 Einfriedungen und Eingänge
- § 31 Rettungswege, Flächen für die Feuerwehr
- § 32 Besucherplätze nach dem Bestuhlungs- und Rettungswegeplan, Abschränkungen von Stehplätzen
- § 33 Vorhänge, Sitze, Ausstattungen, Requisiten und Ausschmückungen
- § 34 Aufbewahrung von Ausstattungen, Requisiten, Ausschmückungen und brennbarem Material
- § 35 Rauchen, Verwendung von offenem Feuer und pyrotechnischen Gegenständen
- § 36 Bedienung und Wartung der technischen Einrichtungen von Versammlungsstätten
- § 37 Laseranlagen
- § 38 Pflichten der Betreiber, Veranstalter und Beauftragten von Versammlungsstätten
- § 39 Verantwortliche für Veranstaltungstechnik
- § 40 Aufgaben und Pflichten der Verantwortlichen für Veranstaltungstechnik, technische Probe
- § 41 Brandsicherheitswache, Rettungsdienst und Sanitätswachdienst
- § 42 Brandschutzordnung, Feuerwehrpläne
- § 43 Sicherheitskonzept, Ordnungsdienst

Bei der **Bemessung der Rettungswege** nach § 7 Abs. 4 SBauVO ist die größtmögliche Anzahl der auf die Rettungswege angewiesenen Personen zu berücksichtigen. Dazu zählen auch Personen aus anderen Nutzungsbereichen eines Gebäudes (z.B. Versammlungsstätte die zugleich auch Büroräume aufweist), also nicht nur die Besucher. 46

47 Die Anwendung der Vorschriften der neuen SBauVO,NW auf **bestehende Versammlungsstätten** regelt deren § 45 SBauVO. § 46 SBauVO beinhaltet Vorschriften für **Ordnungswidrigkeiten**.

48 Zu b) Als Versammlungsstätten gelten auch solche, die – im Freien – Szenenflächen oder Freisportanlagen mit Tribünen, die keine Fliegenden Bauten sind, und insgesamt mehr als 1.000 Besucherinnen und Besucher umfassen. In diesem Zusammenhang sind seit den Ereignissen der Love Parade 2010 in Duisburg vor allem vergleichbare Großveranstaltungen im besonderen Fokus der Behörden, welche die Gefahrenabwehr zu ihren Aufgaben zählen. **Die SBauVO findet auch auf Versammlungsstätten im Freien mit Szenenflächen Anwendung, deren Besucherbereich für mehr als 1.000 Besucher bestimmt ist und die ganz oder teilweise aus baulichen Anlagen bestehen** (§ 1 Abs. 1 Nr. 2 SBauVO). Laut der Begründung zur aktuellen Novelle der Landesbauordnung sollen damit auch **temporäre Veranstaltungen wie Musikfestivals auf Freiflächen** erfasst sein. Dies ist nicht ganz widerspruchsfrei, vor allem, wenn diese Veranstaltungen im öffentlichen Raum stattfinden sollen. Nach § 1 Abs. 2 Nr. 1 BauO NRW gilt die Landesbauordnung nicht für Anlagen des öffentlichen Verkehrs einschließlich Zubehör, Nebenanlagen und Nebenbetriebe, mit Ausnahme von Gebäuden. Zu den Anlagen des öffentlichen Verkehrs gehören insbesondere Bundesfern-, Landes-, Kreis-, Gemeinde- und sonstige öffentliche Straßen. Die Begriffsbestimmung der öffentlichen Straße folgt aus § 2 Abs. 1 StrWG NRW. Öffentliche Straßen sind demnach die dem öffentlichen Verkehr gewidmeten Straßen, Wege und Plätze (!). Eine über den üblichen Straßengebrauch hinausgehende Benutzung bedarf anderweitiger Erlaubnisse bzw. Gestattungen, z.B. nach § 18 StrWG NRW bzw. nach §§ 69/69a GewO. Großveranstaltungen auf öffentlichen Straßen unterfallen deshalb grundsätzlich nicht dem Anwendungsbereich der Landesbauordnung (vgl. hierzu auch Anhang II, Ziffer 2 des Orientierungsrahmens des Ministeriums für Inneres und Kommunales NRW für die kommunale Planung, Genehmigung, Durchführung und Nachbereitung von Großveranstaltungen im Freien vom 15.12.2012). Aber unter den vorgenannten Voraussetzungen (§ 1 Abs. 1 Nr. 2 BauO NRW) sollen diese Veranstaltungen dennoch der Ägide bauaufsichtlicher Prüfung unterliegen. An Großveranstaltungen, die außerhalb von Anlagen des öffentlichen Verkehrs – z.B. auf Privatgelände – stattfinden, sind – unter bestimmten Voraussetzungen – auf alle Fälle bauordnungsrechtliche Anforderungen zu stellen. Diese folgen vor allem aus Sonderbauvorschriften, insbesondere aus den Vorgaben der SBauVO. Handelt es sich um Großveranstaltungen auf öffentlichen Straßen oder öffentlichen oder privaten Grünflächen und sind diese nicht eingezäunt und können deshalb jederzeit und ungehindert über öffentliche Verkehrsflächen betreten oder verlassen werden, ist die SBauVO nicht anwendbar, auch wenn ggf. Szenenflächen oder Tribünen auf der Veranstaltung existieren sollten. Für die letzteren baulichen (= fliegenden) Anlagen sind jedoch die Vorgaben der Landesbauordnung einschlägig (§ 78 BauO NRW). Die zuständigen Ordnungs- Behörden können aber durchaus Auflagen in der entsprechenden Sondernutzungserlaubnis den Vorgaben der SBauVO nachbilden. Werden von der zuständigen (Ordnungs-) Behörde jedoch Abschrankungen verlangt, soll wiederum die SBauVO anzuwenden sein. Dann wäre folgerichtig auch die entsprechende Bauaufsichtsbehörde zuständig, selbst wenn die Großveranstaltung auf öffentlichen Straßen

oder öffentlichen Grünflächen stattfindet (strittig). Zu dieser Problematik äußert sich nun der Entwurf der aktuell beabsichtigten Novelle der SBauVO im Zusammenhang mit § 1 Abs. 1 SBauVO wie folgt: »Der Anwendungsbereich der Sonderbauverordnung wird daher konsequent an den der Muster-Versammlungsstättenverordnung angepasst. Veranstaltungen im Freien sollten ebenso wenig in den Anwendungsbereich der Sonderbauverordnung fallen wie Stadtfeste oder Weihnachtsmärkte, sondern wie Letztere anhand eines Sicherheitskonzeptes zur Durchführung der Veranstaltung von den örtlichen Ordnungsbehörden beurteilt werden. Eine Beurteilung durch die Bauaufsichtsbehörde wäre unter dieser Voraussetzung richtigerweise nur noch dann erforderlich und geboten, wenn die Veranstaltung im Freien genehmigungspflichtige bauliche Anlagen umfasst, die dann nicht als Versammlungsstätten, sondern als »ungeregelte« Sonderbauten im Einzelfall zu beurteilen wären«. Es fehlt aber nach wie vor eine klarstellende Definition z.B. in § 2 BauO NRW.

§ 43 SBauVO verlangt in Abhängigkeit von der Art der Veranstaltung ein sogenanntes **Sicherheitskonzept**. Dieses ist von dem Betreiber zu erstellen. **Das Sicherheitskonzept hat in diesem Zusammenhang alle baulichen, technischen und organisatorischen Maßnahmen aufzuzeigen, die für eine gefahrenfreie Durchführung der jeweiligen Veranstaltung relevant sind. Hierzu gehören auch die Kontakte und Schnittstellen zu den verschiedenen Verwaltungsbehörden.** Die Verantwortlichen z.B. für einen etwaigen privaten Ordnungs- und Sicherheitsdienst sind zu benennen. Das Gefahrenpotential der Veranstaltung ist zu analysieren und einzuschätzen. Vor diesem Hintergrund sind vor allem nachfolgende Themen abzuarbeiten: Wer ist Veranstalter? Welche Art von Veranstaltung liegt vor? Wie ist die Veranstaltungsfläche beschaffen (gibt es Aufbauten, z.B. Bühnen oder Zelte, Zäune oder Abschrankungen)? Wie erfolgt die An- und Abreise der Besucherströme? Welches Besucherverhalten ist zu erwarten? Gibt es Besucherleitsysteme und entsprechende Ausschilderungen? Wie ist die Beleuchtung und Beschallung geartet? Wie wird die Stromversorgung realisiert? Wie funktioniert die Versorgung mit Zu- und Abwasser? Sind Toiletten – auch für Behinderte – vorhanden? Wie sind die Flucht- und Rettungswege und die Zufahrten für Rettungswege beschaffen? Wie sind die Warteflächen für die Besucher und die Parkplätze ausgestaltet? usw. 49

Im Zuge der Bearbeitung des Bauantrages stellt sich in der Praxis immer die **Frage der Prüfungstiefe**. Eine materielle Prüfung des Sicherheitskonzeptes könnte aber eine klassisch ausgestattete Bauaufsichtsbehörde kaum leisten, **insofern kann die Behörde auch einen externen Gutachter = Sachverständigen zur Mithilfe verpflichten (§ 58 Abs. 5 BauO NRW).** Ferner sind die verschiedenen Dienststellen zwingend zu beteiligen, insbesondere das Ordnungsamt, die Feuerwehr/Sanitätsdienste und die Polizei. **Das so geprüfte Sicherheitskonzept wird Bestandteil der erforderlichen Baugenehmigung.** Die vorgenannten Dienststellen werden später die Veranstaltung auch vor Ort durch Einsatzkräfte begleiten. 50

3.8 Schank- und Speisegaststätten (...) (Nr. 7)

Schank- und Speisegaststätten zählen ab einer bestimmten Anzahl an Gastplätzen im Innern oder im Freien zu den großen Sonderbauten. Den Begriff der Schank- und 51

§ 50 Sonderbauten

Speisegaststätte setzt die Vorschrift voraus. Näheres ist dem Gaststättengesetz (GastG) zu entnehmen. **Nach § 1 Abs. 1 GastG betreibt ein Gaststättengewerbe, wer im stehenden Gewerbe Getränke zum Verzehr an Ort und Stelle (Schankwirtschaft) oder zubereitete Speisen zum Verzehr an Ort und Stelle verabreicht (Speisewirtschaft), wenn der Betrieb jedermann oder bestimmten Personenkreisen zugänglich ist.** Das Bauplanungsrecht benutzt den Begriff der **Schank- und Speisewirtschaft** (vgl. z.B. § 4 Abs. 2 Nr. 2 BauNVO). Der Begriffsinhalt dürfte identisch sein. Demnach sind unter Schank- und Speisewirtschaften zum Verzehr von Speisen und Getränken bestimmte Gaststätten zu verstehen. **Darunter fallen Restaurants, Cafes, Konditoreien, Kneipen, Weinstuben, Bierlokale, Eisdielen, Milchstuben, Trinkhallen.** Strittig bzw. offen geblieben ist aber, ob ein Imbissraum mit einem Schalter, durch den Getränke und Speisen ins Freie gereicht werden, als eine Schank- und Speisewirtschaft i.S.d. Bauplanungsrechts zu bewerten ist (OVG Saarland, Urt. v. 02.07.1992 – 2 R 27/90, BRS 54, Nr. 44).

52 Allerdings sind bauplanungsrechtlich die Nutzungsarten *Gaststätte* und *Diskothek* zu differenzieren (VG Magdeburg, Urt. v. 05.11.2012 – 4 A 288/11). Die Baugenehmigung für eine Gaststätte mit Saal berechtigt z.b. nicht zum Betrieb einer Diskothek (VGH Hessen, Beschl. v. 25.04.1983 – 4 TH 12/83, BRS 40, Nr. 166). Eine **Diskothek** (oder ein **Barbetrieb**) gehört im Bauplanungsrecht zur Kategorie der Vergnügungsstätten und ist deshalb bereits unabhängig von der Anzahl etwaiger Gastplätze bauordnungsrechtlich als großer Sonderbau zu bewerten. Sowohl eine Schank- und Speisegaststätte als auch eine Diskothek können eine **Versammlungsstätte** i.S.d. § 1 SBauVO sein und müssen sich dann an den materiellen Vorgaben der §§ 2 ff. SBauVO messen lassen. Das OLG Celle, Urt. v. 03.12.2003 – 9 U 109/03 (NJW 2004, 1049), hat die materiellen Vorgaben der (früheren) VersammlungsstättenVO auch als **Schutzgesetz** im Zivilrecht (§ 823 BGB) bewertet (hier: Verkehrssicherungspflicht eines Gaststättenbetreibers im Zusammenhang mit einem Podium anlässlich einer Festveranstaltung). Handelt es sich bei der jeweiligen Schank- und Speisegaststätte nicht um eine Versammlungsstätte, gelten zunächst die allgemeinen und besonderen Anforderungen der Landesbauordnung, die im Einzelfall durch besondere Anforderungen (oder Erleichterungen) ergänzt oder ersetzt werden können (§ 50 Abs. 1 BauO NRW). Die Verordnung über den Bau und Betrieb von Gaststätten (Gaststättenbauverordnung – GastBauVO –) vom 09.12.1983 gilt nicht mehr.

53 § 50 Abs. 2 Nr. 7 BauO NRW nennt auch **Beherbergungsbetriebe**. Beherbergungsbetriebe gelten aber erst ab einer Schwelle von 30 Betten als große Sonderbauten. Um eine entsprechende Nutzung bauordnungsrechtlich richtig einzustufen, ist deshalb der Begriff des Beherbergungsbetriebes zu hinterfragen und abzugrenzen. Hierbei werden wieder Berührungspunkte zum Bauplanungsrecht deutlich, da die Landesbauordnung eine entsprechende Begriffsdefinition nicht beinhaltet. Beherbergungsbetriebe werden als Art der baulichen Nutzung z.B. in § 3 Abs. 3 Nr. 1 oder § 4 Abs. 2 Nr. 1 BauNVO genannt. **Laut dem BVerwG liegt ein Beherbergungsbetrieb nur vor, wenn Räume ständig wechselnden Gästen zum vorübergehenden Aufenthalt zur Verfügung gestellt werden, ohne dass diese dort ihren häuslichen Wirkungskreis unabhängig gestalten können** (BVerwG, Beschl. v. 08.05.1989 – 4 B 78.89,

BRS 49, Nr. 66 = BauR 1989, 440 = DÖV 1989, 861, zur Abgrenzung einer Wohnung von den Zimmern eines Hotels oder einer Pension vgl. auch: BVerwG, Urt. v. 29.04.1992 – 4 C 43.89, BRS 54, Nr. 53 = BauR 1993, 194). **Eine Wohnnutzung und nicht ein Beherbergungsbetrieb liegt – bei entsprechender Ausstattung – bereits dann vor, wenn sich die Nutzer typischerweise (nur) über mehrere Monate in der jeweiligen Nutzungseinheit aufhalten** (BVerwG, Urt. v. 29.04.1992 – 4 C 43/89, BRS 54, Nr. 53 = BauR 1992, 140; VG Würzburg, Urt. v. 19.05.2006 – W 5 K 05.711; OVG Bln-Bbg, Beschl. v. 06.07.2006 – 2 S 2.06, BRS 70, Nr. 67 BauR 2006, 1711). Bei einem Beherbergungsbetrieb kann es sich um eine Pension, ein Hotel garni (= Frühstückspension, vgl. hierzu: VGH B-W, Urt. v. 31.01.1997 – 8 S 3167/96 (BRS 59, Nr. 58) oder ein kleineres oder größeres Hotel handeln. Die Abgrenzung zwischen dem sogenannten **Boardinghouse** und einer Wohnnutzung kann in der Praxis schwierig sein. **Im Boardinghouse werden – im Unterschied zum Hotel – keine nennenswerten Dienstleistungen angeboten, es wird aber auch nicht dauerhaft gewohnt** (vgl. VG Würzburg, Urt. v. 19.05.2006 – W 5 K 05.711). Laut dem OVG Bln-Bbg, Urt. v. 06.07.2006 – 2 S 2/06, BRS 70, Nr. 67) handelt es sich hierbei um eine **Übergangsform zwischen Wohnnutzung und Beherbergungsbetrieb** (siehe hierzu auch: VGH B-W, Beschl. v. 17.01.2017 – 8 S 1641/16.). Im Übrigen umfasst der Begriff des Beherbergungsbetriebes auch das Vermieten von **Ferienwohnungen** für Feriengäste (OVG Niedersachsen, Urt. v. 20.05.1987 – 1 A 124/86, BRS 47, Nr. 37, siehe hierzu auch VG Schwerin, Urt. v. 20.11.2014 – 2 A 90/13). Werden Zimmer in einer Wohnung an Gäste einer Messe vermietet, handelt es sich um einen Beherbergungsbetrieb und nicht um eine Wohnung (OVG NRW, Urt. v. 14.08.2007 – 10 A 1219/06, BRS 71, Nr. 52). Ein **Wohnheim für Um- und Aussiedler** ist kein Betrieb des Beherbergungsgewerbes (VGH Hessen, Beschl. v. 29.11.1989 – 4 TG 3185/89, BRS 49, Nr. 53). Für die Frage des Brandschutzes (§ 33 BauO NRW, Rettungswege) ist von Interesse, dass **Hotelzimmer als (eigene) Nutzungseinheit** bewertet werden (OVG NRW, E. v.07.07.1991 – 10 A 3367/94, BRS 59, Nr. 124, zur Zulässigkeit von **Aufenthaltsräumen im Kellergeschoss eines Hotels** vgl. OVG Bln, Beschl. v. 14.11.2003 – 2 B 6.02). Auch ein **Stundenhotel** ist kein Beherbergungsgewerbe (BVerwG, Beschl. v. 31.07.2013 – 4 B 8.13, BRS 81, Nr. 86 = BauR 2013, S. 1996 ff.). **Beherbergungsstätten mit mehr als 60 Betten müssen in Zeitabständen von höchstens 6 Jahren von der zuständigen Bauaufsichtsbehörde geprüft werden (§ 10 PrüfVO).** Dies kann bei einem mangelhaften Prüfergebnis auch zu einem **sofort vollziehbaren Nutzungsverbot** führen (OVG NRW, Beschl. v. 04.07.2014 – 2 B 666/14, hier Hotel).

Wie bereits in der BauO NRW 2000 zählen auch die **Vergnügungsstätten** zu den großen Sonderbauten, wobei Schwellenwerte fehlen. Auch dieser Begriff ergibt sich nicht aus der Landesbauordnung, es ist eine bauplanungsrechtliche Vokabel. Demnach handelt es sich bei **Vergnügungsstätten** um gewerbliche Anlagen besonderer Art. Der städtebaulich relevante Begriff *Vergnügungsstätte* ist insbesondere von der Schank- und Speisewirtschaft und von Anlagen für kulturelle und/oder sportliche Zwecke abzugrenzen. Unter Vergnügungsstätten sind Anlagen, Betriebe und Nutzungen unterschiedlicher Ausprägung zu verstehen, die der Befriedigung bestimmter Triebe

54

und Bedürfnisse oder der (schlichten) Zerstreuung dienen, und zwar durch eine die Sinne in bestimmter Weise anregende und beanspruchende Unterhaltung. Bei einer **Vergnügungsstätte** steht die kommerzielle Unterhaltung der Besucher im Vordergrund der Nutzung. Hierunter sind Nachtlokale jeglicher Art, Diskotheken, Nonstopkinos, Spiel- und Automatenhallen und Vorführ- und Geschäftsräume, deren Zweck auf Darstellungen mit sexuellem Charakter, wie Video-Peepshows gerichtet sind (nicht bei Beschränkung auf den Verkauf von entsprechenden Waren), zu fassen. Soll eine Lagerhalle für **Lasertag-Spiele** genutzt werden, ist diese Nutzung als Vergnügungsstätte zu bewerten (OVG NRW, Beschl. v. 21.03.2017 – 7 B 221/17). **Wettannahmestellen** bzw. **Wettbüros** sind nur dann als Vergnügungsstätte einzustufen, wenn bestimmte Ausstattungsmerkmale vorliegen. Und zwar immer dann, wenn die Räumlichkeiten die Möglichkeit bieten, sich dort länger aufzuhalten, Wetten zu platzieren und das Ergebnis mit anderen Wettern abzuwarten (VGH Hessen, Beschl. v. 25.08.2008 – 3 UZ 2566/07, BRS Informationsdienst 2/2009, 5 ff. = BRS 74, Nr. 202 = BauR 2010, 449; OVG Saarland, Beschl. v. 24.04.2009 – 2 B 265/09, BauR 3/2010, 449 ff.; VG Berlin, Urt. v. 28.04.2014 – 19 K 146.13; VG Saarland, Urt. v. 19.11.2014 – 5 K 2185/13). Ein **Bordell** gilt städtebaulich nicht als Vergnügungsstätte, sondern als Gewerbebetrieb aller Art (vgl. VG Hamburg, E. v. 22.11.2011 – 11 K 1237/09, hierzu aber: OVG Saarland, Beschl. v. 08.01.2014 – 2 A 437/13). Auch eine **Festhalle für nur geschlossene Veranstaltungen** kann als Vergnügungsstätte qualifiziert werden (BVerwG, Beschl. v. 20.11.2006 – 4 B 56/06, BRS 70, Nr. 71), ggfls. ist sie aber bereits aufgrund der möglichen Besucherzahl als Versammlungsstätte und damit schon deshalb als großer Sonderbau zu qualifizieren.

55 Bis zur Novellierung der BauNVO im Jahre 1990 war die Vergnügungsstätte kein selbstständiger städtebaulicher Rechtsbegriff und unterfiel dem Oberbegriff Gewerbebetrieb. Seit der BauNVO/1990 gilt die Vergnügungsstätte städtebaulich als eine besondere Nutzungsart und ist planungsrechtlich nur dort zulässig, wo sie – in den Vorschriften über die Art der baulichen Nutzung (§§ 2–15 BauNVO) – ausdrücklich genannt wird. Ob eine Vergnügungsstätte ein störender oder ein nicht störender Gewerbebetrieb ist, ist demnach nicht mehr von Belang. **Die BauNVO unterscheidet zwischen kerngebiets- und nicht kerngebietstypischen Vergnügungsstätten.** Diese Differenzierung ist bauordnungsrechtlich nicht von Interesse.

3.9 Krankenhäuser (Nr. 8)

56 Krankenhäuser sind bauliche Anlagen mit Einrichtungen, in denen durch ärztliche und pflegerische Hilfeleistung Krankheiten, Leiden oder Körperschäden festgestellt, geheilt oder gelindert werden sollen oder Geburtshilfe geleistet wird und in denen die zu versorgenden Personen untergebracht und verpflegt werden können (§ 2 Nr. 1 KhBauVO). Unterfälle sind laut der nicht mehr gültigen Verordnung über den Bau und den Betrieb von Krankenhäusern – Krankenhausbauverordnung (KhBauVO) – **Fach- und Sonderkrankenhäuser**. Die KhBauVO vom 21.02.1978 ging zurück auf das Muster einer Verordnung über den Bau und Betrieb von Krankenhäusern (Krankenhausbauverordnung – KhBauV0) in der Fassung vom Dezember 1976. Neben allgemeinen Vorschriften beinhaltete das Regelwerk Bauvorschriften für

Wände, Decken, Dächer usw., Anforderungen an Räume und Raumgruppen, besondere Vorgaben für Fach- und Sonderkrankenhäuser und entsprechende Fachabteilungen sowie Betriebsvorschriften. Die materiellen Vorgaben beschäftigten sich – neben dem Brandschutz – insbesondere mit den erhöhten Anforderungen an die Hygiene in einem Krankenhaus. In Ermangelung eines aktuellen Regelwerkes für Krankenhäuser können sich besondere Anforderungen i.S.d. § 50 Abs. 1 BauO NRW hilfsweise an der ehemaligen KhBauVO orientieren. Die **Richtlinie über bauaufsichtliche Anforderungen an den Bau und Betrieb von Einrichtungen mit Pflege- und Betreuungsleistungen** (RdErl. d. Ministeriums für Wirtschaft, Energie, Bauen, Wohnen und Verkehr – X.1 – 141.01 – v. 17.3.2011) **gilt nicht für Krankenhäuser**. Im Übrigen müssen Krankenhäuser in Zeitabständen von höchstens 6 Jahren von der zuständigen Bauaufsichtsbehörde geprüft werden (§ 10 PrüfVO).

3.10 Wohnheime (Nr. 9)

Die Landesbauordnung rechnet Wohnheime zu den großen Sonderbauten. **Wohnheime sind Wohngebäude, die für bestimmte Bevölkerungsgruppen bestimmt sind und von einer Heimleitung betreut werden. Die Betreuung der Bewohner steht aber nicht im Mittelpunkt.** Ferner gibt es in Wohnheimen Gemeinschaftsräume bzw. -einrichtungen. Die Bewohner wirtschaften allerdings für sich und führen eigene Haushalte. **Wohnheime sind aber dann wie Wohngebäude zu bewerten, wenn die einzelnen Nutzungseinheiten selbständigen Charakter haben und eine autonome Versorgung ermöglichen** (OVG Niedersachsen, Urt. v. 20.08.1987 – 6 A 166/85, BRS 47, Nr. 40). Beispiele sind vor allem **Alten-**, **Arbeiter-** (VGH Bayern, Urt. v. 30.06.1978 – Nr. 278 II 75, BRS 33, Nr. 90), **Lehrlings-** (zu einem Ledigenheim: OVG NRW, Urt. v. 14.03.1997 – 7 A 5179/95, BRS 59, Nr. 149 = BauR 1997, 811), **Studenten-** (VGH B-W, Beschl. v. 04.10.1991 – 3 S 2087/91, BRS 52, Nr. 188), **Schwesternheime**. Geht es bei der jeweiligen baulichen Anlage um die Betreuung und Pflege der Bewohner, handelt es sich nicht um ein Wohnheim, z.B. ein Altenpflegeheim im Gegensatz zum **Altenwohnheim**, wobei die Übergänge fließend sein können. Auch wenn ein **Wohnstift** (VGH Bayern, Urt. 22.05.2006 – 1 B 04.3531, BRS 70, Nr. 68) oder ein **Studentenheim** (VG Düsseldorf, Urt. v. 10.05.2012 – 4 K 5269/11) bauplanungsrechtlich der Wohnnutzung zugeordnet wird, bleiben sie bauordnungsrechtlich große Sonderbauten. **Ob die Einrichtung auch bauordnungsrechtlich als ein Gebäude mit Wohnungen zu werten ist, hängt vom jeweiligen Nutzungskonzept und der entsprechenden Ausstattung ab.** Laut den Vorbemerkungen zur Richtlinie über bauaufsichtliche Anforderungen an den Bau und Betrieb von Einrichtungen mit Pflege- und Betreuungsleistungen (RdErl. d. Ministeriums für Wirtschaft, Energie, Bauen, Wohnen und Verkehr – X.1 – 141.01 – v. 17.3.2011) **sind für die Beurteilung der Frage, ob eine Wohnnutzung vorliegt, folgende Kriterien maßgeblich: bauliche Abgeschlossenheit, eine auf Dauer angelegte Häuslichkeit, selbständige Haushaltsführung, Rückzugsmöglichkeiten in die Privatsphäre und Freiwilligkeit der Haushaltsführung.** Das VG Düsseldorf, Beschl. V. 01.03.2004 – 4 L 177/04 hat im Übrigen das bauaufsichtliche Verlangen nach einer **Feuermeldeeinrichtung** in Anlehnung an die Vorgaben der damals noch gültigen KhBauVO bestätigt. Ferner ist ein **Rettungsweg** in einem Altenheim dann nicht zulässig, wenn er durch ein Zimmer belegt mit Pflegebedürftigen verläuft (OVG Niedersachsen, Beschl. v. 16.04.2014 – 1 LA 131/13, BRS 82, Nr. 149). Ergänzend müssen die nach dem **Heimgesetz (HeimG)** zuständigen Behörden auch die Vorgaben der **Verordnung über bauliche Mindestanforderungen für Altenheime, Altenwohnheime und Pflegeheime für Volljährige (Heimmindestbauverordnung – HeimMindBauV)** im Blick haben.

3.11 Tageseinrichtungen (…) (Nr. 10)

58 Auch die hier genannten Einrichtungen sind dadurch geprägt, dass sich in ihnen viele Menschen aufhalten und hieraus besondere Anforderungen vor allem im Brandfalle entstehen. Erschwert wird dies durch die besondere Hilfsbedürftigkeit aufgrund von körperlichen Einschränkungen oder durch eine gesteigerte Schutzbedürftigkeit (Kinder). § 47 Abs. 5 BauO NRW ergänzt bereits den Katalog der großen Sonderbauten (siehe dort) und gilt darüber hinaus entsprechend.

59 Bisher galten Kindergärten und -horte erst mit mehr als 2 Gruppen als großer Sonderbau (§ 68 Abs. 1 S. 3 Nr. 10 BauO 2000). Dieser Schwellenwert ist entfallen. Nur noch Tageseinrichtungen einschließlich der Tagespflege für nicht mehr als 10 Kinder gelten als kleine Sonderbauten. **Größere Kindergärten und -horte können auch Versammlungsstätten i.S.d. § 2 SBauVO sein.** Dann folgen entsprechende materielle Anforderungen aus diesem Regelwerk. Im Übrigen wird zum Brandschutz bei Kindergärten auf die **Fachempfehlung** der Arbeitsgemeinschaft der Leiter der Berufsfeuerwehren in NRW (AGBF NRW), der Arbeitsgemeinschaft der Leiter hauptamtlicher Feuerwachen (AGHF NRW) und des Verbandes der Feuerwehren in NRW e.V. (VdF NRW) **zur brandschutztechnischen Beurteilung von Kindertagesstätten** (Wuppertal 2016) verwiesen. Besondere Anforderungen können im Einzelfall auf § 50 Abs. 1 BauO NRW basieren. So wird vom VGH Bayern, E. v. 04.07.1984 – Nr. 2 B A.24 (BRS 42, Nr. 126) eine **Blitzschutzanlage** für einen Kindergarten als zwingend bewertet, da sich dort tagsüber eine größere Anzahl noch nicht schulpflichtiger Kinder und damit im besonderen Maße schutzbedürftige Personen sich aufhalten (siehe bereits: § 45 BauO NRW). Die **Richtlinie über bauaufsichtliche Anforderungen an den Bau und Betrieb von Einrichtungen mit Pflege- und Betreuungsleistungen** (RdErl. d. Ministeriums für Wirtschaft, Energie, Bauen, Wohnen und Verkehr – X.1 – 141.01 – v. 17.3.2011) **gilt nicht für Kindertageseinrichtungen und Einrichtungen der Kindertagespflege** (§ 1). Hier sei z.B. auf die Arbeitshilfe zur Planung und Gestaltung von Kindertageseinrichtungen der Unfallkasse NRW verwiesen. Laut dem VG Karlsruhe, E. v. 27.02.2017 – 3 K 412/17, **hat allerdings die Bauaufsichtsbehörde die räumlichen Voraussetzungen für die Einrichtung einer Kindertagesstätte nicht zu prüfen.** Dies ist nämlich einem gesonderten Verfahren auf der Grundlage des Sozialgesetzbuchs – SGB III vorbehalten. Im Übrigen müssen Kindergärten und Horte mit mehr als 4 Gruppen in Zeitabständen von höchstens 6 Jahren von der zuständigen Bauaufsichtsbehörde geprüft werden (§ 10 PrüfVO).

Erfährt eine bauliche Anlage mit vorheriger Wohnnutzung eine solche Entwicklung, dass hier nunmehr auch Personen mit beschränkter körperlicher oder geistiger Leistungsfähigkeit betreut werden sollen, liegt ein Sonderbau vor. Dieser muss dann besonderen Anforderungen genügen (OVG NRW, E. v. 23.09.2009 – 7 B 1065/09, zum **Erfordernis eines zweiten baulichen Rettungsweges** bei Anlagen des betreuten Wohnens vgl. VG Bayreuth, Urt. v. 03.05.2012 – B 11.779). Einrichtungen mit Räumen für Pflege- und Betreuungsleistungen von mehr als insgesamt 1 600 m² Bruttogrundfläche in einem Gebäude sind ebenso **wiederkehrend zu prüfen** (§ 10 PrüfVO). Zur Durchsetzung einer solchen Prüfung gegen den Willen des Betreibers kann eine **Betretungs- und Besichtigungsverfügung zulässig sein** (OVG NRW, Urt. v. 21.03.2007 – 10 A 2699/06, BRS 71, Nr. 184 = BauR 2008, 1594, hier: Altenpflegeheim). 60

3.12 Schulen, Hochschulen und ähnliche Einrichtungen (Nr. 11)

Schulen, Hochschulen und ähnliche Einrichtungen gelten als große Sonderbauten, da sich in ihnen in der Regel viele Personen aufhalten, in Grundschulen z.B. auch Personen mit besonderer Schutzbedürftigkeit (Kinder). **Gemeint sind dabei alle Schulgattungen.** Zu den Hochschulen gehören auch Fachhochschulen. Ähnliche Einrichtungen sind z.B. Volkshochschulen. **Der Träger der jeweiligen Schule spielt keine Rolle.** Besondere materielle Vorgaben für Schulen folgen aus der **Richtlinie über bauaufsichtliche Anforderungen an Schulen Schulbaurichtlinie – SchulBauR** – (RdErl. des Ministeriums für Heimat, Kommunales, Bau und Gleichstellung v. 16.05.2019, MBl. NRW 10/19, S. 218). **Die Schulbaurichtlinie ist auf allgemein bildende und berufsbildende Schulen** – nicht wenn ausschließlich Erwachsenenbildung – **anwendbar. Sie beinhaltet besondere materielle Anforderungen.** Die Grundsätze der Schulbaurichtlinie können aber auch zur bauaufsichtlichen Beurteilung von Hochschulen (Universitäten, Fachhochschulen usw.) heran gezogen werden. **Schulen, Hochschulen usw. sind auch Versammlungsstätten** i.S.d. § 2 SBauVO. Die speziellen Vorgaben für Versammlungsstätten gelten aber nur für Räume mit einer bestimmten Kapazität innerhalb von Schulen und Hochschulen. 61

Die Schulbaurichtlinie deckt Anforderungen ab, die aus der besonderen Art oder Nutzung der Schule resultieren und will damit der besonderen Gefährdungssituation Rechnung tragen. Die Anforderungen beziehen sich auf: 62
– Anforderungen an Bauteile (Ziffer 2)
– Rettungswege (Ziffer 3)
– Treppen, Geländer und Umwehrungen (Ziffer 4)
– Türen (Ziffer 5)
– Rauchableitung (Ziffer 6)
– Blitzschutzanlagen (Ziffer 7)
– Sicherheitsbeleuchtung (Ziffer 8)
– Alarmierungsanlagen (Ziffer 9)
– Sicherheitsstromversorgung (Ziffer 10)
– Feuerwehrplan, Brandschutzordnung (Ziffer 11)

§ 50 Sonderbauten

63 Soweit die Schulbaurichtlinie keine besonderen Regelungen beinhaltet, gelten die Vorschriften der Landesbauordnung. Anderweitige Unfallverhütungsvorschriften werden durch die Schulbaurichtlinie nicht berührt. In diesem Zusammenhang sei auf die Entscheidung des VG München v. 22.01.2004 – M 11 K 03.1394 verwiesen. Das Gericht hatte sich mit der Klage des Betreibers eines privaten Gymnasiums auseinanderzusetzen. Die Klage richtete sich gegen zusätzliche bauaufsichtliche Anforderungen (Überdachung) in der Baugenehmigung für eine Spindel-Außentreppe als zusätzliche Rettungsweg. Hier finden sich auch Ausführungen zum Prüfungsumfang bei einem Sonderbau auch vor dem Hintergrund der Muster-Schulbaurichtlinie. Das Rechtsmittel hatte Erfolg.

64 Fraglich ist, ob die Anforderungen der Schulbaurichtlinie auch ohne weiteres auf ältere Schulgebäude übertragen werden können. Soweit es an einer Überleitungsvorschrift mangelt, ist hierbei der Gesichtspunkt des Bestandsschutzes zu beachten. Die Landesbauordnung und die auf ihrer Grundlage erlassenen Vorschriften beinhalten regelmäßig nur Vorschriften, die bei Errichtung, Änderung oder Nutzungsänderung baulicher Anlagen zu berücksichtigen sind. **Im Einzelfall besteht aber die Möglichkeit, eine Anpassung rechtmäßig bestehender baulicher Anlagen an aktuelle bauordnungsrechtliche Anforderungen auszusprechen** (§ 59 BauO NRW). Hierfür bedarf es aber einer konkreten Gefahr i.S.d. § 3 BauO NRW für die Sicherheit von Leben und Gesundheit der Benutzer (OVG Niedersachsen, Urt. v. 23.09.1976 – I A 94/74, BRS 30, Nr. 163). Mit Blick auf die Schulbaurichtlinie hat vor allem die Forderung eines 2. Baulichen Rettungsweges für jeden Unterrichtsraum zur Frage der Nachrüstung älterer Schulen geführt. Im Übrigen müssen allgemeinbildende und berufsbildende Schulen, soweit sie nicht ausschließlich der Unterrichtung Erwachsener dienen, in Zeitabständen von höchstens 6 Jahren von der zuständigen Bauaufsichtsbehörde geprüft werden (§ 10 PrüfVO).

65 Zu **zeitlich begrenzten Übernachtungen** im Rahmen von erzieherischen, kulturellen, künstlerischen, politischen oder sportlichen Veranstaltungen in Schulen ist nunmehr § 62 Abs. 2 BauO NRW, NW zu beachten. Hier besteht Verfahrensfreiheit, allerdings ist hierbei die jeweilige Rettungswegesituation (§ 33 BauO NRW) in den Blick zu nehmen.

3.13 Justizvollzugsanstalten und bauliche Anlagen für den Maßregelvollzug (Nr. 12).

66 Bei dieser Nutzungskategorie wird es sich stets um **Vorhaben öffentlicher Bauherrn** handeln. Insoweit ist verfahrenstechnisch **§ 79 BauO NRW (Bauaufsichtliche Zustimmung)** in den Blick zu nehmen. **Aus diesem Grunde wird die Durchführung eines Baugenehmigungsverfahrens gem. § 65 BauO NRW nicht die Regel sein.** In der Genehmigungspraxis spielt bauplanungsrechtlich § 37 BauGB (Bauliche Maßnahmen des Bundes und der Länder) **vor allem im Konfliktfall, z.B. mit der betroffenen Gemeinde eine bedeutsame Rolle.** Die Zuordnung von Justizvollzugsanstalten und baulichen Anlagen für den Maßregelvollzug zu den großen Sonderbauten erklärt sich natürlich insbesondere durch die eingeschränkte Möglichkeit der Selbstrettung der

in dieser Einrichtung untergebrachten Personen. Es geht also um den **Brandschutz**. Demnach bedarf es im Rahmen eines Brandschutzkonzeptes auch entsprechender **Evakuierungspläne** für den Brandfall. Aus der spezifischen Nutzungsart mit dem Schutzziel der Gewährleistung einer Ausbruchsicherheit folgen komplexe Probleme. **Besondere Sonderbauvorschriften sind nicht existent** (vgl. hierzu: Matthias Otto, Brandschutz in Justizvollzugsanstalten, 2012).

3.14 Camping- und Wochenendplätze (Nr. 13)

Die Landesbauordnung gilt nur für bauliche Anlagen und Bauprodukte sowie Grundstücke (§ 1 Abs. 1 BauO NRW). Den Begriff der baulichen Anlagen gibt § 2 Abs. 1 BauO NRW vor. Durch § 2 Abs. 1 Satz 3 Nr. 4 BauO NRW,NW werden ergänzend eine Reihe von Einrichtungen zu baulichen Anlagen unabhängig davon erklärt, ob sie die für eine klassische bauliche Anlage vorgegebenen Merkmale aufweisen. Hierzu gehören auch Camping-, Wochenend- und Zeltplätze. **Camping- und Wochenendplätze gehören zu den großen Sonderbauten**. Eine nähere Erklärung des Begriffes Campingplatz findet sich nicht in der Landesbauordnung. Hier ist die Camping- und WochenendplatzVO (CW VO) vom 24.03.2011 in der Fassung vom 10.12.2018 (GV. NRW S. 680) zu Rate zu ziehen. Nach § 2 Abs. 1 CW VO sind **Campingplätze Plätze, die ständig oder wiederkehrend während bestimmter Zeiten des Jahres betrieben werden und die zum vorübergehenden Aufstellen und Bewohnen von Wohnwagen oder Zelten bestimmt sind**. Zeltlager, die gelegentlich oder nur vorübergehend eingerichtet werden, sowie kommunale Stellplätze für Wohnmobile, die nur zu einem vorübergehenden Übernachten eingerichtet werden, sind keine Campingplätze im Sinne dieser Verordnung.

67

Die CW VO beinhaltet materielle Vorgaben für die Errichtung eines Camping- und Wochenendhausplatzes. Diese beziehen sich auf:
– § 2 Zufahrt, innere Fahrwege
– § 3 Standplätze, Aufstellplätze und Stellplätze
– § 4 Brandschutz
– § 5 Trinkwasserversorgung, Abwasserbeseitigung und Abfallentsorgung
– § 6 Wascheinrichtungen
– § 7 Sonstige Einrichtungen und Einrichtungen für Menschen mit Behinderungen

68

Ferner beinhaltet die CW VO Betriebsvorschriften (§ 8). Ergänzende Regelungen für Wochenendhäuser und Wochenendplätze finden sich in § 9.

69

Bauplanungsrechtlich ist zu beachten, dass Campingplätze im Flächennutzungsplan (FNP) nicht als Grünfläche dargestellt werden, sondern es handelt sich stets um ein **Sonderbaugebiet** i.S.d. § 10 BauNVO (VGH Hessen, Urt. v. 16.01.1991 – 4 UE 681/87, BRS 52, Nr. 7 = NVwZ-RR 1992, 230). **Campingplätze sind insgesamt genehmigungsbedürftig**. Als große Sonderbauten sind sie im umfassenden Baugenehmigungsverfahren abzuhandeln (§ 65 BauO NRW). Dies gilt auch für Wochenendplätze. **Auf genehmigten Wochenendplätzen ist die Errichtung von Wochenendhäusern genehmigungsfrei** (§ 62 Abs. 1 Nr. 1 i) BauO NRW). Der Wochenendplatz selbst muss aber genehmigt sein (VGH Hessen, Beschl. v. 22.10.1985 – 4 TH 1864/85, BRS 44,

70

§ 50 Sonderbauten

Nr. 136, und VGH Hessen, Beschl. v. 20.03.1987 – 4 TH 2828/86, BRS 47, Nr. 135). Die Wochenendhäuser dürfen aber nur eine **Grundfläche** von maximal 50 qm und eine Gesamthöhe von 3,50 m aufweisen (§ 1 Abs. 4 CW VO). Ein überdachter Freisitz bzw. ein Vorzelt mit einer Grundfläche von maximal 10 qm bleibt bei der Ermittlung der Grundfläche unberücksichtigt (zu den Voraussetzungen für die Zulässigkeit von Vorbauten bzw. -zelten vor Wohnwagen auf einem Campingplatz vgl. OVG Niedersachsen, Beschl. v. 12.06.2014 – 1 LA 219/13, BRS 82, Nr. 89). **Die Umnutzung eines Wochenendhauses in einen Dauerwohnsitz auf einem Wochenendplatz ist im Übrigen genehmigungsbedürftig und regelmäßig nicht genehmigungsfähig** (VG Münster, E. v. 27.07.2010 – 2 K 2694/08, zur Untersagung der Nutzung eines Wochenendhauses zur dauerhaften Nutzung siehe OVG NRW, Urt. v. 23.10.2006 – 7 A 4947/05, BRS 70, Nr. 74, 187 und OVG Bln-Bbg, Beschl. v. 27.12.2013 – OVG 10 S 26.13).

71 **Dem Betreiber eines Camping- bzw. Wochenendplatzes kommen einige Pflichten zu.** Insbesondere muss er dafür Sorge tragen, dass die in der CW VO genannten erforderlichen Anlagen und Einrichtungen betriebsbereit sind. Für die geordnete Nutzung bzw. den geordneten Betrieb hat der Betreiber oder ein von ihm beauftragter Dritter (Platzwart) zu sorgen. In einer Platzordnung sind bestimmte Mindestinhalte zu regeln, z.B. das Benutzen und Sauberhalten der Plätze, der Anlagen und Einrichtungen, das Beseitigen von Abfällen und Abwasser und der Umgang mit Feuer. Die notwendigen Brandschutzstreifen müssen ständig frei gehalten werden. Die Feuerlöscher, die Hydranten und die besonderen Einrichtungen für die Löschwasserentnahme müssen mindestens binnen einem Jahresfrist durch einen Wartungsdienst bzw. durch die Feuerwehr überprüft werden. Diese Betriebsvorschriften gelten auch für alte Plätze. Zum Brandschutz auf Wochenendplätzen hat sich das OVG NRW, Beschl. v. 15.04.2009 – 10 B 186/09 (BRS 74, Nr. 147 = BauR 2009, 1436 ff.) geäußert. Demnach unterfallen bauliche Anlagen, die mit Blick auf Nutzung bzw. Größe nicht der CWVO unterliegen, in vollem Umfang den Vorgaben der Landesbauordnung, z.B. zu Abstandsflächen und Brandschutzanforderungen.

3.15 Freizeit- und Vergnügungsparks (Nr. 14)

72 Freizeit- und Vergnügungsparks werden pauschal zu großen Sonderbauten erklärt, etwaige Schwellenwerte fehlen. Offensichtlich werden sie als **einheitliche bauliche Anlage** begriffen. Sie fehlen aber in der Aufzählung der fiktiven baulichen Anlagen in § 2 Abs. 1 S. 3 BauO NRW (vgl. z. B. § 2 Abs. 1 MBO). **Die Aufnahme in den Katalog der großen Sonderbauten dient der Klarstellung, um solche Einrichtungen umfassend prüfen und an sie ggfls. besondere Anforderungen i.S.d. § 50 Abs. 1 BauO NRW stellen zu können.**

3.16 Fliegende Bauten, soweit sie einer Ausführungsgenehmigung bedürfen (Nr. 15)

73 Fliegende Bauten gelten als bauliche Anlagen besonderer Art und Nutzung. Die Landesbauordnung beinhaltet für diese Vorhabengruppe eine besondere Vorschrift (§ 78

BauO NRW). Nach Abs. 1 dieser Vorschrift sind Fliegende Bauten bauliche Anlagen, die geeignet und bestimmt sind, an verschiedenen Orten wiederholt aufgestellt und zerlegt zu werden (Näheres siehe dort). Für diese Anlagen wird grundsätzlich kein Baugenehmigungsverfahren durchgeführt, d. h., es bedarf einer besonderen Ausführungs- und Gebrauchsgenehmigung. Um eine erforderliche Genehmigung nicht ständig wiederholen zu müssen, ersetzt demnach die Ausführungsgenehmigung die Baugenehmigung. Für bestimmte fliegende Bauten bedarf es keiner Ausführungsgenehmigung (§ 78 Abs. 2 BauO NRW), z.B. Fliegende Bauten mit einer Höhe bis zu 5 m, die für Kinder betrieben werden und eine Geschwindigkeit vom höchstens 1 m/s haben. Bedarf es aber für einen Fliegenden Bau einer Ausführungsgenehmigung, handelt es sich um einen großen Sonderbau. Zusätzlich zu den Vorgaben der Landesbauordnung ist der RdErl. d. Ministeriums für Bauen und Verkehr – VI A 3 – 125 – v. 20.02.2008: Fliegende Bauten (FlBau NRW) zu beachten.

3.17 Regallager mit einer Oberkante Lagerguthöhe von mehr als 9 m (Nr. 16)

Regale mit einer Lagerhöhe von (Oberkante Lagergut) bis zu 7,50 m sind genehmigungsfrei. Bei einer größeren Höhenentwicklung bedarf es einer Baugenehmigung. Beträgt die Oberkante der Lagerguthöhe mehr als 9 m, handelt es sich um einen großen Sonderbau. **Bei dieser Vorhabengruppe resultieren besondere Probleme vor allem mit Blick auf den Brandschutz und die Standsicherheit.** Regaleinrichtungen müssen in erster Linie für die für sie vorgesehene Nutzung standsicher sein (§ 12 BauO NRW). In diesem Zusammenhang sind vor allem die maßgeblichen technischen Baubestimmungen zu beachten. »Hierzu zählen vornehmlich die Güte- und Prüfbestimmungen RAL-RG 614, die Richtlinien für Lagereinrichtungen und -geräte ZH 1/428, die Unfallverhütungsvorschriften, die DIN und die VDE-Vorschriften« (Klose). Zur **DGUV Regel 108-007** wird auf die Handlungsempfehlung der VBG (= gesetzliche Unfallversicherung) für Lagereinrichtungen und -geräte verwiesen. Beim Brandschutz ist zu beachten, dass die **DIN 18230 (Brandschutz im Industriebau)** nicht für Hochregale gilt. Dafür bietet aber die **Richtlinienreihe VDI 3564 (Empfehlungen für Brandschutz in Hochregallagern)** eine Beurteilungsgrundlage. »Die Richtlinie VDI 3564 beschreibt eine risikogerechte Zusammenstellung von Brandschutzmaßnahmen in Hochregalanlagen, welche aufgrund der hohen Materialkonzentration und der eingeschränkten Zugänglichkeit für die Brandbekämpfung besonderer Anforderungen unterliegen, die bereits bei der Konzeption solcher Anlagen in Zusammenarbeit mit allen Beteiligten, z.B. dem Brandschutzgutachter und dem Sachversicherer, abgestimmt werden sollten. Die Richtlinie richtet sich an Planer, Errichter und Betreiber von Hochregalanlagen, Feuerwehren und Genehmigungsbehörden« (VDI). Näheres ist jeweils dem für große Sonderbauten erforderlichen **Brandschutzkonzept** zu entnehmen (§ 70 Abs. 2 BauO NRW).

3.18 Bauliche Anlagen, deren Nutzung durch Umgang oder Lagerung von Stoffen mit Explosions- oder erhöhter Brandgefahr verbunden ist (Nr. 17)

Ist eine bauliche Anlage durch den Umgang oder die Lagerung von Stoffen mit Explosions- oder erhöhter Brandgefahr, geprägt, handelt es sich um einen großen

§ 50 Sonderbauten

Sonderbau. Die Zuordnung zu dieser Nutzungskategorie ist durch Tatbestandsmerkmale bestimmt, die als unbestimmte Rechtsbegriffe der Auslegung bedürfen. Es wird sich in der Regel um gewerbliche Anlagen handeln, z.B. eine **Biogasanlage**, eine **Feuerwerks- oder Munitionsfabrik**, ein **Öllager**, eine **Tankstelle** usw.. Auch wenn die Vorschrift nur von baulichen Anlagen spricht, dürfte sie auch dann einschlägig sein, wenn nur einzelne Räume einer baulichen Anlage betroffen sind (siehe: § 50 Abs. 1 BauO NRW), z.b. eine Kfz-Werkstatt mit einem Lackierraum. **Maßgeblich ist, ob die Gefahrensituation aus dem Umgang bzw. aus der Lagerung mit Stoffen von Explosions- oder erhöhter Brandgefahr resultiert, und nicht aus der Nutzung als solcher.** Solche Stoffe können Flüssiggas, Kraftstoff, Lack, Lösungsmittel, Sprengstoff oder Öl sein. Auf eine besondere Verkehrsgefahr wird nicht abgestellt. Beim Umgang mit **Gefahrstoffen** ist das technische Regelwerk **TRGS 800 – Brandschutzmaßnahmen** (Dez. 2010) zu beachten. Dort heißt es Eingangs:»Die Technischen Regeln für Gefahrstoffe (TRGS) geben den Stand der Technik, Arbeitsmedizin und Arbeitshygiene sowie sonstige gesicherte arbeitswissenschaftliche Erkenntnisse für Tätigkeiten mit Gefahrstoffen, einschließlich deren Einstufung und Kennzeichnung, wieder«. Die TRGS 800 werden vom Ausschuss für Gefahrstoffe (AGS) ermittelt bzw. angepasst und vom Bundesministerium für Arbeit und Soziales im Gemeinsamen Ministerialblatt bekannt gegeben. **Im Übrigen verlangt bereits § 29 Abs. 2 Nr. 2 BauO NRW die Errichtung von Trennwänden zum Abschluss von Räumen mit Explosions- oder erhöhter Brandgefahr.**

76 In dem Katalog des § 50 Abs. 3 BauO NRW werden **Industriebauten** nicht ausdrücklich erwähnt, aber häufig wird es sich hierbei um bauliche Anlagen handeln, die der in Rede stehenden Nutzungskategorie zuzuordnen sind. Im Zusammenhang mit Industriebauten kommt der **Industriebaurichtlinie (IndBauR NRW)** Relevanz zu. In der Industriebaurichtlinie vom 04.02.2015 (MBl.NRW Nr. 8 vom 07.04.2015, S. 204) werden für bestimmte Sonderbauten (= Industriebauten) zusätzliche bzw. spezielle (Mindest-) Anforderungen zum Brandschutz gestellt.

77 Als Industriebauten i.S.d. in Rede stehenden Richtlinie sind Gebäude bzw. Gebäudeteile zu verstehen, die – im Bereich von Industrie bzw. Gewerbe angesiedelt sind und – der Produktion oder – der Lagerung von Produkten oder Gütern dienen. In Ziffer 3 der Industriebaurichtlinie werden eine Reihe grundsätzlicher Begriffe, z.B. Brandabschnitt, Brandabschnittsfläche, Brandbekämpfungsabschnitt, Geschoss usw. definiert. Besonders wichtig ist die Aufteilung in **Sicherheitskategorien**. Dies sind Kategorien für die brandschutztechnische Infrastruktur. Die Sicherheitskategorie beeinflusst die materiellen Anforderungen bzw. die erforderlichen Maßnahmen. Die Industriebaurichtlinie gibt auch Verfahren vor, in denen die zulässige Brandabschnittsfläche für einen Brandabschnitt und die zulässige Fläche und die Anforderungen an die Bauteile nach den Brandsicherheitsklassen für einen Brandbekämpfungsabschnitt bestimmt werden. Näheres folgt aus den Abschnitten 6 und 7 der Industriebaurichtlinie. **Rechengrundlage hierfür ist die DIN 18230 – Baulicher Brandschutz im Industriebau – Teil 1: rechnerisch erforderliche Feuerwiderstandsdauer (1998).**

Die Industriebaurichtlinie gliedert sich im materiellen Teil wie folgt: 78
- Ziffer 5 Allgemeine Anforderungen
- Ziffer 5.1 Löschwasserbedarf
- Ziffer 5.2 Lage und Zugänglichkeit
- Ziffer 5.3 Zweigeschossige Industriebauten mit Zufahrten
- Ziffer 5.4 Geschosse unter der Geländeoberfläche
- Ziffer 5.5 Rettungswege
- Ziffer 5.6 Rauchabzug
- Ziffer 5.7 Selbsttätige Feuerlöschanlage
- Ziffer 5.8 Brandwände und Wände zur Trennung von Brandbekämpfungsabschnitten
- Ziffer 5.9 Feuerüberschlagsweg
- Ziffer 5.10 Nichttragende Außenwände und Außenwandbekleidungen
- Ziffer 5.11 Bedachungen
- Ziffer 5.12 Sonstige Brandschutzmaßnahmen, Gefahrenverhütung
- Ziffer 6 Anforderungen an Baustoffe und Bauteile sowie Größe der Brandabschnitte im Verfahren ohne Brandlastermittlung
- Ziffer 6.1 Zulässige Brandabschnittsflächen und Anforderungen an Wände, Pfeiler und Stützen sowie an Decken und an das Haupttragwerk des Daches
- Ziffer 6.2 Besondere Anforderungen an Lagergebäude
- Ziffer 7 Anforderungen an Baustoffe und Bauteile sowie an die Größe der Brandbekämpfungsabschnitte unter Verwendung des Rechenverfahrens nach DIN 18 230-1
- Ziffer 7.1 Grundsätze des Nachweises
- Ziffer 7.2 Brandsicherheitsklassen
- Ziffer 7.3 Brandschutzklassen
- Ziffer 7.4 Brandbekämpfungsabschnitte
- Ziffer 7.5 Flächen von Brandbekämpfungsabschnitten
- Ziffer 7.6 Anforderungen an die Bauteile

Im Baugenehmigungsverfahren für einen Industriebau muss zusätzlich aus den Bauvorlagen u. A. erkennbar sein, welcher Sicherheitskategorie der Industriebau zuzuordnen ist. Auch müssen die Länge der Rettungswege dargestellt und Angaben zur Gebäudefunkanlage gemacht werden. Ferner müssen die Größe der Brandabschnitte, die Lage der Brandwände und die Freiflächen bei Lagergebäuden aufgezeigt werden. Die Brandbelastung ist rechnerisch zu ermitteln bzw. zu dokumentieren sowie die Brandschutzschutzklassen sind festzulegen. **Die Betreiber eines Industriebaues haben bei baulichen Änderungen oder Nutzungsänderungen zu beachten, ob sich hierdurch die brandschutztechnische Infrastruktur ändert oder die Brandlast erhöht.** In einem solchen Fall bedarf es einer Änderung des Brandschutzkonzeptes, d.h., der Betreiber muss einem erhöhten Brandrisiko gegensteuern. Folgt aus den Änderungen eine Sicherheitskategorie, handelt es sich um eine genehmigungsbedürftige Nutzungsänderung. Es bedarf also eines Folgebauantrages. 79

80 Abschließend sei zu dieser Thematik auf folgende Rechtsprechung verwiesen:

81 Laut dem OVG NRW, E. v. 01.04.2008 – 10 B 2115/07, kann die in der Industriebaurichtlinie geforderte Umfahrt für Feuerwehrfahrzeuge auch über öffentliche Verkehrsflächen führen und mit einer automatischen Brandmeldeanlage kompensiert werden.

82 Das VG Lüneburg, Urt. v. 11.02.2010 – 2 A 348/08, äußert sich zu brandschutztechnischen Auflagen auf der Grundlage der Industriebaurichtlinie.

3.19 Garagen mit mehr als 1.000 qm Nutzfläche (Nr. 18)

83 Garagen mit einer Nutzfläche von mehr als 1.000 qm sind große Sonderbauten. Unterhalb dieses Schwellenwertes könnte eine solche Garage bei Zuordnung zu einem Wohngebäude i.S.d. § 63 Abs. 1 BauO NRW auch Gegenstand der Vorlage von Unterlagen im Rahmen der Genehmigungsfreistellung sein.

84 Die Begriffsdefinition der Garage ist § 2 Abs. 8 BauO NRW zu entnehmen. **Demnach sind Garagen Gebäude oder -teile zum Abstellen von Kraftfahrzeugen und/oder Fahrrädern** (vgl. zum Begriff: OVG NRW, Urt. v. 05.02.1996 – 10 A 3624/92, BRS 58, Nr. 113, beim Abstellen ausschließlich historischer Fahrzeuge zweifelhaft: VGH Bayern, E. v. 29.01.1998 – 26 B 92.3922). **Eigenständige Garagen sind auch immer Gebäude** (OVG Sachsen, Beschl. v. 22.08.2007 – 1 B 862/06). Ein vollständig umschlossener Raum ist nicht erforderlich, folglich ist ein Carport – also ein überdachter Stellplatz – ein Unterfall der Garage (= offene Kleingarage). Diese (Stellplätze mit Schutzdächern) werden z.B. in § 122 Abs. 2 SBauVO als offene Kleingaragen bewertet, wenn sie unmittelbar ins Freie führende unverschließbare Öffnungen in einer Größe von insgesamt mindestens einem Drittel der Gesamtfläche der Umfassungswände haben. Ein Dach ist aber immer erforderlich. **Ein Carport erfüllt deshalb auch den Gebäudebegriff.** Ein Carport ist einer Garage auch als im Grenzbereich zulässiges Vorhaben gleichgestellt (VGH Hessen, Urt. v.18.03.1999 – 4 UE 997/95, BRS 63, Nr. 159). Allein ein Raum, der für die Unterbringung eines Kfz ausreichend groß ist, macht allerdings aus einer baulichen Anlage noch keine Garage (OVG NRW, Beschl. v.24.10.2000 – 7 B 1265/00, BRS 63, Nr. 156). **Aber auch die Auswahl der Bauprodukte und die architektonische Gestaltung allein bestimmen noch nicht den Garagenbegriff** (OVG NRW, Urt. v. 20.06.2006 – 10 A 80/04, BRS 70, Nr. 136, OVG NRW, Beschl. v. 24.10.2000 – 7 B 1265/00, BRS 63, Nr. 156).

85 Die SBauO (§ 122) definiert verschiedene **Garagentypen** in Abhängigkeit von deren Nutzfläche:
 – Kleingaragen: bis 100 qm
 – Mittelgaragen: 100 qm bis 1.000 qm
 – Großgaragen: über 1.000 qm

86 **Demnach sind Großgaragen auch große Sonderbauten.** Die Nutzfläche einer Garage ist dabei die Summe aller miteinander verbundenen Flächen der Garageneinstellplätze und der Verkehrsflächen. Die Verkehrsflächen von Zu- und Abfahrten außerhalb

einer Garage im Freien werden der Nutzfläche nicht zugerechnet (§ 122 Abs. 8 BauO NRW). Je nach Garagentyp variieren die materiellen Anforderungen. Diese gibt die SBauVO für folgende Bereiche vor:
– Zu- und Abfahrten (§ 123 SBauVO)
– Rampen (§ 124 SBauVO)
– Einstellplätze und Fahrgassen (§ 125 SBauVO)
– Lichte Höhe (§ 126 SBauVO)
– Tragende Wände, Decken, Dächer (§ 127 SBauVO)
– Außenwände (§ 128 SBauVO)
– Trennwände, sonstige Innenwände und Tore (§ 129 SBauVO)
– Gebäudeabschlusswände (§ 130 SBauVO)
– Wände und Decken von Kleingaragen (§ 131 SBauVO)
– Rauchabschnitte, Brandabschnitte (§ 132 SBauVO)
– Verbindungen zu Garagen und zwischen Garagengeschossen (§ 133 SBauVO)
– Rettungswege (§ 134 SBauVO)
– Beleuchtung, Sicherheitsbeleuchtung, Gebäudefunkanlagen (§ 135 SBauVO)
– Lüftung (§ 136 SBauVO)
– Brandmeldeanlagen (§ 137 SBauVO)
– Feuerlöscheinrichtungen und -anlagen (§ 138 SBauVO)
– Betriebsvorschriften für Garagen (§ 139 SBauVO)
– Abstellen von Kraftfahrzeugen in anderen Räumen als Garagen (§ 140 SBauVO)
– Ordnungswidrigkeiten (§ 141 SBauVO)
– Anwendung der Vorschriften auf bestehende Garagen (§ 142 SBauVO)
– Wiederkehrende Prüfungen (PrüfVO)

Die genannten Vorschriften dienen in erster Linie der **Gefahrenabwehr** (Brandschutz usw.). § 141 SBauOVO ermöglicht i.V.m. § 86 BauO NRW die **Ahndung von entsprechenden Verstößen** (Ordnungswidrigkeiten). § 142 SBauVO regelt die **Anwendung der Vorschriften auf bestehende Garagen** und geht damit § 59 BauO NRW vor.

§ 51 Behelfsbauten und untergeordnete Gebäude

(1) Die §§ 26 bis 50 gelten nicht für Anlagen, die nach ihrer Ausführung für eine dauernde Nutzung nicht geeignet sind oder die für eine begrenzte Zeit aufgestellt werden sollen (Behelfsbauten). Behelfsbauten, die überwiegend aus brennbaren Baustoffen bestehen, dürfen nur erdgeschossig hergestellt werden. Ihre Dachräume dürfen nicht nutzbar sein und müssen von der Giebelseite oder vom Flur aus für die Brandbekämpfung erreichbar sein. Brandwände (§ 30) sind mindestens alle 30 m anzuordnen und stets 0,30 m über Dach und vor die Seitenwände zu führen.

(2) Absatz 1 gilt auch für freistehende andere Gebäude, die eingeschossig sind und nicht für einen Aufenthalt oder nur für einen vorübergehenden Aufenthalt bestimmt sind wie Lauben und Unterkunftshütten.

§ 51 Behelfsbauten und untergeordnete Gebäude

Übersicht

		Rdn.
0	Änderungen gegenüber der BauO NRW 2000	01
1	Allgemeines	1
1.1	Funktion der Norm	2
1.2	Verfahrensfragen	3
1.3	Rechtsfolge	4
2	Zu Abs. 1 – Wegfall materieller Anforderungen für Behelfsbauten	5
3	Zu Abs. 2 – Erleichterung für weitere eingeschossige Gebäude mit begrenzter Nutzungsintensität	8

0 Änderungen gegenüber der BauO NRW 2000

01 Es handelt sich um die verkürzte Fassung der Vorgängervorschrift mit etwa gleichem Inhalt, findet aber in der Musterbauordnung (MBO) keine Entsprechung.

1 Allgemeines

1 Die Vorschrift beinhaltet **Erleichterungen** für Behelfsbauten und untergeordnete Gebäude und reduziert mit Blick auf die begrenzte Standdauer und geringere Bedeutung der in Rede stehenden baulichen Anlagen die materiellen Anforderungen auch aus Gründen der Verhältnismäßigkeit.

1.1 Funktion der Norm

2 § 51 Abs. 1 BauO NRW erklärt eine Reihe von bauordnungsrechtlichen materiellen Vorschriften für Anlagen, die für eine dauernde Nutzung nicht geeignet sind oder die für eine begrenzte Zeit aufgestellt werden, für nicht anwendbar.

1.2 Verfahrensfragen

3 Die Genehmigungsbedürftigkeit von Behelfsgebäuden und untergeordneten Gebäuden ist vom Einzelfall abhängig. Hierbei ist insbesondere der Katalog des § 62 BauO NRW zu Rate zu ziehen. § 62 Abs. 1 Nr. 13 d) BauO NRW schreibt bereits für Behelfsbauten, die der Landesverteidigung, dem Katastrophenschutz oder der Unfallhilfe dienen, die Freiheit von einem formellen Baugenehmigungsverfahren fest. **Wenn dies nicht zutrifft und der Behelfsbau genehmigungsbedürftig ist, ist die Befristung der Baugenehmigung oder aber ein Widerrufsvorbehalt (§ 36 VwVfG NRW) in den Bauschein zwingend** (zum Erlöschen einer Baugenehmigung für einen Behelfsbau vgl. VG Freiburg, Urt. v. 06.11.2007 – 1 K 1482/06). Die in Abs. 1 der Vorschrift genannten Erleichterungen sind im Übrigen **nicht abhängig von einer behördlichen Entscheidung**. Insoweit ist auch **keine Abweichung** gem. § 69 BauO NRW erforderlich.

1.3 Rechtsfolge

4 Die in § 51 Abs. 1 BauO NRW genannten Bestimmungen (§§ 26 bis 50) sind nicht relevant, aber andere materielle Anforderungen müssen natürlich beachtet werden,

z.B. Abstandsflächen (§ 6 BauO NRW), Standsicherheit (§ 12 BauO NRW), der Schutz gegen schädliche Einflüsse (§ 13 BauO NRW), Verkehrssicherheit (§ 16 BauO NRW) usw. Auch planungsrechtliche Bedingungen können eine Rolle spielen, z.b. die Vorgabe von Baulinien, Baugrenzen und Bebauungstiefen gem. 23 BauNVO im Planbereich oder das grundsätzliche Verbot von sonstigen Vorhaben im Außenbereich (§ 35 Abs. 2 BauGB).

2 Zu Abs. 1 – Wegfall materieller Anforderungen für Behelfsbauten

Die Norm suspendiert für **Behelfsbauten** (Abs. 1) und **untergeordnete Gebäude** 5 (Abs. 2) die Anwendung bestimmter materieller Anforderungen. Grundsätzlich ist davon auszugehen, dass bauliche Anlagen dauerhaft errichtet werden. Dies gilt aber nicht für fliegende Bauten (§ 78 BauO NRW). **Dauerhaft errichtete bauliche Anlagen müssen den Vorgaben der Landesbauordnung in jeder Hinsicht genügen.** Geht es aber tatsächlich um nur **für eine begrenzte Zeit errichtete bauliche Anlagen oder untergeordnete Gebäude**, soll nach dem Willen des Gesetzgebers das materielle Bauordnungsrecht aus Gründen der Verhältnismäßigkeit nicht bis zur letzten Konsequenz Anwendung finden. Aus diesem Grunde beinhaltet die Vorschrift für eine genau definierte Vorhabengruppe praktisch eine Privilegierung.

Die Vorschrift beinhaltet eine **Legaldefinition** des Begriffs **Behelfsbau**. Es geht um 6 die Neuerrichtung von Behelfsbauten, **nicht gemeint sind** ältere **vorhandene Behelfsheime aus der Kriegs- oder Nachkriegszeit**. Auch diese hatten einen provisorischen Charakter (siehe hierzu: OVG Schleswig-Holstein, Urt. v. 25.11.1991 – 1 L 115/91). Eine Anlage ist **für eine dauernde Nutzung nicht geeignet**, wenn sie nach ihrer Ausführung nur für eine vorübergehende Nutzung ausgestattet ist. Ein Behelfsbau ist dann gegeben, wenn eine bauliche Anlage **nur einem zeitlich begrenzten Nutzungszweck dient** bzw. dienen kann. Die bauliche Anlage kann also **nur eine vorübergehende Bedeutung** haben. Der Bauherr hat in den Bauvorlagen neben dem Verwendungszweck auch die Nutzungsdauer anzugeben. Demnach können subjektive oder objektive Umstände eine Rolle spielen. Der Begriff ist nicht an einer bestimmten Größenordnung bzw. Kubatur festzumachen. Es kann sich hierbei um **Container** als Unterkunft für Asylsuchende oder **Ersatzbauten** während der Sanierung oder der Änderung eines bereits vorhandenen Gebäudes handeln. Nicht gemeint sind **Wochenendhäuser** oder **Mobilheime**, da diese **Aufenthaltsräume** i.S.d. § 2 Abs. 7 BauO NRW beinhalten. Abzugrenzen sind Behelfsbauten auch von fliegenden Bauten (§ 78 BauO NRW). Ein als Erweiterung einer Gastwirtschaft genutztes **Zelt** mit einer Grundfläche von 60 qm (Überdachung der Außengastronomie) ist weder ein fliegender Bau i.S.d. § 78 BauO NRW noch ein Behelfsbau i.S.d. § 51 BauO NRW (VG Köln, Beschl. v. 27.03.2014 – 23 L 485/14).

Das Gros der materiellen Anforderungen – insbesondere zum Brandschutz – entfällt. 7 Allerdings gibt Abs. 2 für untergeordnete Gebäude **gewisse Mindestanforderungen** vor, um den Brandschutz nicht gänzlich auszublenden. Sind die Gebäude überwiegend aus brennbaren Baustoffen hergestellt (nicht nur in den tragenden Teilen), dürfen sie nur **erdgeschossig** nutzbar sein. Das Geschoss muss aber oberirdisch sein.

§ 51 Behelfsbauten und untergeordnete Gebäude

Das Dachgeschoss darf nicht ausgebaut (und damit nutzbar) werden. Diese Dachräume müssen aber trotzdem erreichbar bleiben, z.b. zur Einführung eines Wasserschlauchs zur Brandbekämpfung. Bei bestimmten Längenverhältnissen bedarf es der Errichtung von **Brandwänden** (§ 30 BauO NRW). Die **Brandabschnitte** dürfen nicht länger als 30,0 m sein. Letztere Vorgabe konkurriert ein wenig mit dem Begriff der Unterordnung, zeigt aber auch, dass das jeweilige Gebäude immer in Bezug auf die Hauptnutzung gesehen werden muss. Im Übrigen müssen die Brandwände stets 0,30 m über Dach und vor die Seitenwände geführt werden. **Eingeschossig meint, dass das Gebäude nur ein Geschoss hat,** es kommt nicht darauf an, ob es sich hierbei um ein Vollgeschoss handelt. Zum Geschossbegriff wird auf § 2 Abs. 5 BauO NRW verwiesen.

3 Zu Abs. 2 – Erleichterung für weitere eingeschossige Gebäude mit begrenzter Nutzungsintensität

8 § 51 Abs. 2 BauO NRW erklärt Abs. 1 auch anwendbar für freistehende andere Gebäude, die eingeschossig und nicht für einen Aufenthalt oder nur für den vorübergehenden Aufenthalt bestimmt sind. Hier ist die Zweckbestimmung durch den Bauherrn maßgeblich, wobei allerdings die Ausstattung des Gebäudes dem durchaus eine Grenze setzen kann. Das Vorhandensein klassischer und entsprechend ausgestatteter Aufenthaltsräume i.S.d. §§ 2 Abs. 7, 46 BauO NRW würde gegen eine solche Annahme sprechen. Der Gesetzgeber gibt **Lauben** und **Unterkunftshütten** als Beispiele vor. Erstere können z.B. Gartenlauben sein (vgl. hierzu: § 62 Abs. 1 Nr. h BauO NRW). Bei letzteren kann es sich z.B. um im planungsrechtlichen Außenbereich privilegierte Schutzhütten für Wanderer i.S.v. § 35 Abs. 1 Nr. 4 BauGB (vgl. hierzu: § 62 Abs. 1 Nr. f) BauO NRW) oder privilegierte Fischerhütten i.S.v. § 35 Abs. 1 Nr. 1 i.V.m. § 201 BauGB handeln, ggfls. auch um Bootshäuser, z.B. in einem festgesetzten Sondergebiet gem. § 10 BauNVO. Hieran ist bereits abzulesen, dass es sich um **untergeordnete Gebäude** handeln muss. Diese Eigenschaft findet sich auch in der Überschrift der Norm wieder. Letztlich wird es sich in der Regel um Nebengebäude z.B. zum Schutz von Arbeitsgeräten, handeln.

Vor §§ 52–56

Vierter Teil Die am Bau Beteiligten

Vor §§ 52–56

An der **Planung und Realisierung** eines Bauvorhabens wirken **viele Beteiligte** mit. Neben dem Grundstückseigentümer, dem Bauherrn und den in den §§ 54–56 BauO NRW 2018 erwähnten Personen sind z.b. Notare, Öffentlich bestellte Vermessungsingenieure und Sachverständige zu nennen. Von den Vorschriften des Vierten Teils (§§ 52–56 BauO NRW 2018) sind jedoch nur **wenige ausgewählte am Bau Beteiligte betroffen**. Diesen wird die **Verantwortung** für die **Einhaltung der öffentlich-rechtlichen Vorschriften** auferlegt. Für die in der BauO NRW 2018 nicht erwähnten am Bau Beteiligten ergeben sich zahlreiche Pflichten aus anderen Rechtsvorschriften, so z.B. für Öffentlich bestellte Vermessungsingenieure aus § 2 Abs. 2 VermKatG NRW in Verbindung mit ihrer Berufsordnung. 1

Die Landesbauordnung folgt grundsätzlich den Regelungen der MBO 2002, zuletzt geändert durch Beschluss der Bauministerkonferenz vom 13.05.2016, die nach wie vor auf den traditionellen Vorstellungen vom Bauablauf basieren, seit 1962 im Wesentlichen unverändert geblieben sind und die Rechtsfigur des staatlich anerkannten Sachverständigen außen vor lassen. Diese Regelungen haben schwerpunktmäßig 2
- die **Planungs- und Genehmigungsphase** und
- die **Bauausführungsphase**

im Auge. Auf diese beiden Phasen sind auch die Regelungen der §§ 52–56 BauO NRW 2018 ausgerichtet. **Sie erfassen nicht die nachfolgende Nutzungsphase**, in der allerdings aufgrund **von Sonderbauverordnungen weitere Ordnungspflichten** für bestimmte Personen begründet sein können (s. Anmerkungen zu § 52 Rdn. 8).

Die nach der SV-VO und der PrüfVO bestellten **staatlich anerkannten Sachverständigen** werden erst in jüngerer Zeit **im Vierten Teil** erwähnt. Gerade diese Personen übernehmen bei der Realisierung von genehmigten oder nach § 63 BauO NRW 2018 freigestellten Bauvorhaben – ähnlich dem Bauleiter – **wichtige Überwachungsfunktionen** und werden wie die übrigen am Bau Beteiligten **direkt vom Bauherrn beauftragt**. Mit dem **§ 54 Absatz 3 BauO NRW 2018** berücksichtigt der Gesetzgeber die mit der BauO NW 1995 geschaffene Rechtsfigur des **staatlich anerkannten Sachverständigen** in seiner **Funktion als Fachplaner für das Brandschutzkonzept** nach § 9 BauPrüfVO. Nunmehr wird durch die neu eingefügte Vorschrift des **§ 54 Absatz 4 BauO NRW** auch der **Tragwerksplaner als Aufsteller des Standsicherheitsnachweises** in das Regelwerk der Bauordnung integriert. 3

Die **Regelungen des Vierten Teils** stehen in **Verbindung** mit dem **BGB** (Werk- und Dienstvertragsrecht), der **HOAI** (Honorarrecht der Architekten und Ingenieure), dem **BauKaG NRW**, dem **ArbSchG** und den hierzu erlassenen Verordnungen, insbesondere der **BaustellV** sowie den Unfallverhütungsvorschriften der Bauberufsgenossenschaften – **UVV**. Es wird vorausgesetzt, dass zwischen dem Bauherrn und den sonstigen am Bau Beteiligten entsprechende **zivilrechtliche Vertragsverhältnisse** begründet werden. 4

5 Das **Verhältnis zwischen** dem **Bauherrn** und den anderen am **Bau Beteiligten** ist **zivilrechtlicher Art** und richtet sich nach den Vorschriften des **BGB**, insbesondere dem **Werk-** und **Dienstvertragsrecht**. Im Regelfall wird die ordnungsrechtliche Beauftragung eines anderen am Bau Beteiligten durch den Bauherrn (s. § 53 Absatz 1 Satz 1 BauO NRW 2018) gleichzeitig mit oder nach einem zivilrechtlichen Vertrag vorgenommen. Denkbar ist auch ein Tätigwerden ohne eine vertragliche Grundlage, z.b. bei Nachbarschafts-, Freundschafts- oder Verwandtenhilfe. Die Rechtsbeziehungen zwischen diesen Personen im Innenverhältnis sind für die Bauaufsichtsbehörde jedoch ohne Belang. **Zivilrechtliche Vereinbarungen bewirken keine Einschränkung der Verantwortlichkeit** der am Bau Beteiligten gemäß §§ 52–56 BauO NRW 2018 gegenüber der Bauaufsichtsbehörde (s. Boeddinghaus/Hahn/Schulte, zu § 56 Rn. 9).

6 Die §§ 52–56 BauO NRW 2018 ordnen unter Berücksichtigung der nachfolgenden verfahrensrechtlichen Vorschriften den am Bau Beteiligten bestimmte Pflichten und Verantwortlichkeiten zu. Hierdurch ist es für die Bauaufsichtsbehörde einfacher zu erkennen, welche Person im Zuge des Bauablaufs gegen bauordnungsrechtliche Vorschriften verstoßen hat. Ohne diese Regelungen müsste die Bauaufsichtsbehörde im Rahmen der Eingriffsverwaltung auf die **Bestimmungen des OBG** zurückgreifen, das als allgemeines Ordnungsrecht der **speziellen Problematik des Bauablaufs** mit seinen Gefahren für die öffentliche Sicherheit und Ordnung kaum geeignet ist.

7 Das **OBG** ist lediglich **subsidiär** neben der BauO NRW anwendbar (s. § 58 Absatz 1 BauO NRW 2018 und § 1 Abs. 2 OBG). Daraus ergeben sich folgende Konsequenzen: Die Vorschriften der §§ 52–56 BauO NRW 2018 gehen einerseits dem allgemeinen Ordnungsrecht als spezielle Vorschriften vor, soweit sie eine **Begrenzung der Verantwortlichkeit** der am Bau Beteiligten **auf deren Wirkungskreis** anordnen. Andererseits gehen sie auch über die Vorschriften des OBG zur Verhaltenshaftung hinaus, da eine Verantwortlichkeit unabhängig von einem konkreten Verhalten an die Funktion des am Bau Beteiligten anknüpft (vgl. Hess. VGH, Urt. v. 26.02.1982 – IV OE 43/79, BRS 39 Nr. 98). Die **Verantwortlichkeit** im Sinne des OBG **anderer Personen** als der in den §§ 52–56 BauO NRW 20108 aufgeführten am Bau Beteiligten **bleibt ebenso unberührt**, wie auch die des Eigentümers, eines dinglich Berechtigten (z.B. Nießbrauchers, Erbbauberechtigten) oder des Besitzers.

8 **Verstöße** gegen die Bestimmungen des Vierten Teils sind nur zum Teil **Ordnungswidrigkeiten** im Sinne des § 86 BauO NRW 2018. Diese Begrenzung war vertretbar, da einerseits sonstige öffentlich-rechtliche Vorschriften, insbesondere die des Arbeitsschutzrechts, Ordnungswidrigkeitentatbestände beinhalten, andererseits auch das **Strafrecht** dafür sorgt, dass die am Bau Beteiligten ihre Verantwortung ernst nehmen (s. Anmerkungen zu § 52 Rdn. 21).

§ 52 Grundpflichten

Bei der Errichtung, Änderung, Nutzungsänderung und der Beseitigung von Anlagen sind die Bauherrin oder der Bauherr und im Rahmen ihres Wirkungskreises die anderen am Bau Beteiligten (§§ 54 bis 56) dafür verantwortlich, dass die öffentlich-rechtlichen Vorschriften eingehalten werden.

Grundpflichten § 52

Übersicht	Rdn.
0 Änderungen gegenüber der BauO NW 1984, der BauO NW 1995 und der BauO NRW 2000	01
1 Allgemeines	1
2 Verantwortungsbereich der am Bau Beteiligten	8
3 Zusammenfassung von Funktionen in einer Person	19
4 Zivilrechtliche Haftung und strafrechtliche Verantwortlichkeit	21

0 Änderungen gegenüber der BauO NW 1984, der BauO NW 1995 und der BauO NRW 2000

Die Vorschrift entspricht inhaltlich im Wesentlichen § 52 BauO NW 1984. Änderungen ergaben sich mit der BauO NW 1995 durch die Aufnahme des Begriffs der **Instandhaltung** und die im Gesetz verwendeten **gleichstellungsgerechten Formulierungen**. Mit der BauO NW 1995 entfiel auch die Vorschrift über den Bauleiter (§ 56 BauO NW 1984) und damit auch die Erwähnung des Bauleiters in § 56 BauO NW 1995. Infolge der **Wiederaufnahme der Bestimmung über den Bauleiter in § 59a BauO NRW 2000** wurden die Paragraphen in der Klammeraufzählung des § 56 BauO NRW angepasst. 01

02

Mit der **BauO NRW 2018** wurde der Titel der Vorschrift dem Regelungsinhalt angepasst, der **Begriff der Instandhaltung gestrichen** und dahingehend pauschaliert, dass die nachfolgenden Vorschriften für **Anlagen** gelten sollen. Damit konnte der bisherige Wortlaut gekürzt werden, ohne an Regelungsgehalt zu verlieren. 03

1 Allgemeines

Anknüpfend an sonstige Vorschriften außerhalb des Bauordnungsrechts (s. Anmerkungen Vor §§ 52–56 Rdn. 4) regelt § 52 BauO NRW 2018 die **öffentlich-rechtlichen Pflichten der am Bau Beteiligten**. Der Grundsatz, dass der **Bauherr** (§ 53 BauO NRW 2018) und neben ihm **im Rahmen ihres Wirkungskreises** auch 1

– der **Entwurfsverfassende** nebst **Fachplanerinnen und Fachplanern** (§ 54 BauO NRW 2018),
– der **Unternehmende** (§ 55 BauO NRW 2018) und
– der **Bauleitende** nebst **Fachbauleiterinnen und Fachbauleitern** (§ 56 BauO NRW 2018)

für die **Einhaltung der öffentlich-rechtlichen Vorschriften** verantwortlich sind, besteht seit der ersten Bauordnung für Nordrhein-Westfalen aus dem Jahr 1962. Die Begründung zum Regierungsentwurf der BauO NW 1962 (LT-Drucks. 4/327 S. 119 f.) bemerkte zu Teil VIII »Die am Bau Beteiligten« (§§ 71–75):

»Diese Vorschriften legen die Verantwortlichkeit der am Bau beteiligten Personen gegenüber der Bauaufsichtsbehörde fest. Die gesetzliche Klarstellung ist erforderlich, damit einwandfrei feststeht, an welche der am Bau beteiligten Personen die Bauaufsichtsbehörde Verfügungen richten kann. Darüber hinaus wird weiter klargestellt, welche verantwortlichen Personen bei einem Bauvorhaben aus Gründen der öffentlichen

§ 52 Grundpflichten

Sicherheit und Ordnung bestellt werden müssen ... Die Vorschriften tragen dem Umstand Rechnung, daß die Bautechnik schwieriger geworden ist und sich mehr und mehr spezialisiert hat. Besonders ist darauf hinzuweisen, daß die in dieser Vorschrift festgelegten und gegeneinander abgegrenzten Verantwortlichkeiten zu einer wesentlichen Entlastung des Bauherrn führen werden. Aus dem vorstehend Dargelegten ergibt sich, daß es sich bei den §§ 71–75 um reines Ordnungsrecht handelt, nicht aber um Regelungen des Berufsrechts oder des Berufsausübungsrechts. Ebensowenig wird durch diese Vorschriften die strafrechtliche oder die zivilrechtliche Verantwortlichkeit der genannten Personen berührt.«

2   Dieser Grundsatz gilt bei der **Errichtung, Änderung, Nutzungsänderung** und der **Beseitigung** baulicher Anlagen (s. Anmerkungen zu § 3 Rdn. 18 ff. und 102 ff.). Die Verantwortlichkeit von Personen für andere als diese Tätigkeiten richtet sich nach den Vorgaben des allgemeinen Ordnungsrechts (s. Anmerkungen Vor §§ 52–56 Rdn. 5 und 6), soweit nicht öffentlich-rechtliche Vorschriften außerhalb des Bauordnungsrechts oder aufgrund der BauO NRW 2018 erlassene Rechtsvorschriften weitergehende Anforderungen enthalten. Handelt es sich dabei um **Boden- und Grundwasserverunreinigungen** sind die bodenschutz- und wasserrechtlichen Vorschriften einschlägig (zur bodenschutzrechtlichen Verantwortlichkeit s. BayVGH, Beschl. v. 15.09.2000 – 22 ZS 00.1994, UPR 2001, 271 und VGH B-W, Beschl. v. 11.12.2000 – 10 S 1188/00, UPR 2001, 274).

3   Die ordnungsbehördliche **Störerauswahl** bei Verstößen der am Bau beteiligten Personen gegen öffentlich-rechtliche Vorschriften **hinsichtlich der Nutzung** baulicher Anlagen und anderer Anlagen und Einrichtungen im Sinne des § 1 Absatz 1 Satz 2 BauO NRW 2018 richtet sich nach den Bestimmungen der **§§ 17 und 18 OBG**. Wird ein Verstoß gegen öffentlich-rechtliche Vorschriften durch die Nutzung selbst ausgelöst, beispielsweise durch Nichtbeachtung der Vorschriften über die Freihaltung der Rettungswege für die Feuerwehr, so kann die Bauaufsichtsbehörde nicht automatisch den Bauherrn in Anspruch nehmen, sondern muss zunächst erforschen, welche Person als **Störer in Erscheinung getreten** ist. Dabei ist zu unterscheiden zwischen dem **Handlungsstörer** und dem **Zustandsstörer**. Die Bauherreneigenschaft endet nämlich mit abschließender Fertigstellung der Baumaßnahme gemäß § 84 Absatz 3 Satz 3 BauO NRW 2018, so dass ein Bauherr im Sinne des § 53 BauO NRW 2018 nicht mehr auszumachen ist. Dies gilt auch für einen während der Nutzungsphase auftretenden **Instandhaltungsmangel**. Erst wenn dieser Mangel durch eine bauliche **Instandhaltungsmaßnahme** im Sinne eines Bauvorgangs beseitigt wird, greift wiederum als Spezialregel § 52 BauO NRW 2018 ein.

4   Als **Handlungsstörer** bezeichnet man die Person, deren Handlung die Störung auslöst. Als Handlung in diesem Sinne gilt auch eine pflichtwidrige Unterlassung. Ein **Zustandsstörer** verursacht die Störung durch einen von ihm verursachten Zustand. Als Zustandsstörer kommt in erster Linie der Grundstückseigentümer, der Inhaber der tatsächlichen Gewalt über das Grundstück bzw. die bauliche Anlage oder ein sonstiger Berechtigter in Frage.

Wie im allgemeinen Ordnungsrecht hat die Bauaufsichtsbehörde **bei mehreren bau-** **ordnungsrechtlich verantwortlichen Personen** ein **Auswahlermessen** (OVG NRW, Urt. v. 10.12.1996 – 10 A 4248/92, BRS 58 Nr. 216). Eine wesentliche Folge der Regelungen der §§ 52 bis 56 BauO NRW 2018 besteht darin, dass die Bauaufsichtsbehörde ihre **Verfügungen unmittelbar an** die im Rahmen ihres Wirkungskreises verantwortlichen **am Bau Beteiligten** richten kann. Das bedeutet z.b., dass Beanstandungen fehlerhafter oder unvollständiger Bauvorlagen unmittelbar an den Entwurfsverfasser (§ 54 BauO NRW 2018) und fehlerhafter Bauausführungen unmittelbar an den Bauunternehmer (§ 55 BauO NRW 2018) gerichtet werden können. Daneben bleibt natürlich im Rahmen des Auswahlermessens die Möglichkeit der Bauaufsichtsbehörde bestehen, ihre Verfügung direkt an den Bauherrn zu richten, weil diesen eine Hauptverantwortung trifft. Zur Störerauswahl bei Verstößen im Zusammenhang mit der Realisierung von nach § 62 BauO NRW 2018 freigestellten haustechnischen Anlagen vgl. Rdn. 17.

5

Nach dem Wortlaut des § 52 BauO NRW 2018 ist in Übereinstimmung mit dem allgemeinen Ordnungsrecht in erster Linie der **Bauherr für die Einhaltung der öffentlich-rechtlichen Vorschriften** (zum Begriff »öffentlich-rechtliche Vorschriften« s. Anmerkungen zu § 74 Rdn. 131) verantwortlich, und zwar als **Handlungsstörer** und meist – als Eigentümer oder Besitzer – auch als **Zustandsstörer** (vgl. §§ 17 und 18 OBG). Wenn die BauO NRW 2018 darüber hinaus auch den Entwurfsverfasser, den Unternehmer und den Bauleiter aufgrund ihrer – zivilrechtlichen – Beauftragung durch den Bauherrn (s. § 53 Absatz 1 Satz 1 BauO NRW 2018) im Rahmen ihres jeweiligen Wirkungskreises zu ordnungspflichtigen Personen bestimmt, so entspricht auch das den **Grundsätzen des allgemeinen Ordnungsrechts über die Haftung des Handlungsstörers**.

6

Der mit der BauO NRW 2018 gegenüber den Vorgängerregelungen erneut weiter geführte Abbau bauaufsichtlicher Prüftätigkeiten führt zwangsläufig zu einer stärkeren Betonung der Verantwortlichkeit der am Bau Beteiligten. Deutlich wird dies in der Ausweitung des Katalogs der genehmigungsfreien Vorhaben bzw. Anlagen, bei deren Ausführung gleichwohl das materielle Bauordnungsrecht eingehalten werden muss (s. § 60 Absatz 2 BauO NRW 2018). Dies gilt verstärkt auch im Hinblick auf § 63 BauO NRW 2018, der bei bestimmten Wohnungsbauvorhaben in qualifiziert beplanten Gebieten auf eine Baugenehmigung gänzlich verzichtet und damit insbesondere dem Entwurfsverfasser und den vom Bauherrn privat zu beauftragenden staatlich anerkannten Sachverständigen die Verantwortlichkeit für die Rechtmäßigkeit des Vorhabens zuweist.

7

2 Verantwortungsbereich der am Bau Beteiligten

Die Vorschriften der §§ 52–56 BauO NRW 2018 gelten nur für die eigentliche **Planungs- und Bauausführungsphase**, erfassen also nicht vorlaufende Grundstücks- und Finanzierungsfragen und auch nicht nachfolgende, für die Sicherheit unbedeutende Mängelbeseitigungen nach zivilrechtlichen Haftungs- bzw. Gewährleistungsansprüchen (s. Rdn. 2). Die **Verantwortlichkeit** des Bauherrn und der anderen am Bau

8

Beteiligten **beginnt mit der Aufnahme der Tätigkeiten**, die nach der Grundsatzregelung des § 52 BauO NRW 2018 die Verantwortlichkeit begründet und **endet grundsätzlich mit dem endgültigen Abschluss** der jeweiligen Tätigkeit. So sind z.b. in der Regel mit dem Übergang der ausschließlichen Verfügungsmacht des Bauträgers auf die Wohnungseigentümer diese für den bauordnungsrechtlichen Zustand der Wohnanlage verantwortlich (BayVGH, Urt. v. 10.10.1979 – Nr. 12 XV 76, BRS 35 Nr. 211). Nach der im Sinne des Bauordnungsrechts **mängelfreien Fertigstellung** einer baulichen Anlage richtet sich die **Verantwortlichkeit** von Personen **für den ordnungsgemäßen Zustand** einer baulichen Anlage wieder **nach** den allgemeinen Regelungen des **OBG**, soweit nicht Sonderbauvorschriften besondere Verantwortlichkeiten für bestimmte Personen **begründen**, wie z.b. während der **Betriebszeit**
– von **Versammlungsstätten** für den **Betreiber** nach § 38 SBauVO oder
– von **Verkaufsstätten** für den **Betreiber** nach § 85 SBauVO.

9 Für die **Beendigung eines Verantwortungsbereichs** wird ein für alle Beteiligten gleicher Zeitpunkt kaum angegeben werden können. Abzustellen ist darauf, ob der einzelne am Bau Beteiligte seine sich aus dem Bauordnungsrecht und sonstigen öffentlich-rechtlichen Vorschriften in Bezug auf das konkrete Bauvorhaben ergebenden Pflichten erfüllt hat. Hat ein am Bau Beteiligter eine Gefahr verursacht, so bleibt seine Verantwortlichkeit bestehen, auch wenn seine Tätigkeit inzwischen beendet ist (vgl. Boeddinghaus/Hahn/Schulte, zu § 56 Rn. 3; Hess. VGH, Urt. v. 26.02.1982 – IV OE 43/79, BRS. 39 Nr. 98 zur Verpflichtung des Unternehmers zur Belassung der Baustellenabsicherung bei Einstellung der Bauarbeiten; Nds. OVG, Beschl. v. 11.08.1993 – 1 L 5267/92, BRS 55 Nr. 212 zur Verantwortlichkeit des Bauherrn auch nach Abschluss der Bauarbeiten für eine widerrechtlich vorgenommene Auffüllung mit belastetem Bodenmaterial). Der BGH bejaht im Urt. v. 11.12.1984 (VI ZR 292/82, NJW 1985, 1078) die Verantwortlichkeit des Rohbauunternehmers zum Schutz der nach ihm tätigen Handwerker für die Ausbaugewerke und andere Personen, welche die Baustelle betreten, auch nach Fertigstellung der Rohbauarbeiten, wenn die Belassung von Schutzeinrichtungen auf der Baustelle vereinbart worden ist.

10 Verantwortlich nach §§ 52–56 BauO NRW 2018 kann jede **natürliche oder juristische Person des privaten oder öffentlichen Rechts** sein, z.B. eine GmbH, eine AG, eine Gemeinde oder ein Landkreis. Bei **juristischen Personen** müssen die gesetzlichen Voraussetzungen an Sachkunde und Erfahrung von deren **Organen** erfüllt sein. Mehrere Personen können eine **Bauherrengemeinschaft** bilden, die aber **keine juristische Person**, sondern eine **Gesellschaft bürgerlichen Rechts** ist, wobei jeder einzelne Gesellschafter gegenüber der Bauaufsichtsbehörde verantwortlich bleibt.

11 Die **BauO NRW 2018 schließt nicht aus**, dass eine Mehrheit von Personen als am Bau Beteiligter fungiert. Dies wird regelmäßig nur bei der Rechtsfigur des **Bauherrn** auftreten; der Fall kann bereits eintreten bei einem **Ehepaar**, einer **Miteigentümergemeinschaft** oder einer **Bauherrengemeinschaft**. Treten mehrere Personen als **Bauherr** auf, so **kann** die Bauaufsichtsbehörde **verlangen**, dass gemäß § 53 Absatz 3 BauO NRW 2018 gegenüber der Behörde ein **Vertreter** bestellt wird, der die einem Bauherrn nach den öffentlich-rechtlichen Vorschriften obliegenden Verpflichtungen zu erfüllen hat.

Relativ häufig tritt der Fall auf, dass **verschiedene Personen** in der **gleichen Funktion** 12
gleichzeitig oder nacheinander tätig werden, z.b. wird bisweilen der Genehmigungsentwurf durch einen Entwurfsverfasser, die Ausführungsplanung durch einen anderen Entwurfsverfasser erstellt. Auch die Ausführung des Baus erfolgt regelmäßig entsprechend den ausgeschriebenen Gewerken durch verschiedene Unternehmer, sofern nicht ein Generalunternehmer oder eine Fertighausfirma tätig wird.

In der **Grundsatzregelung des** § 52 BauO NRW 2018 und **in den** §§ 53 **bis** 56 13
BauO NRW 2018 sind die **Verantwortungsbereiche** der am Bau Beteiligen im Einzelnen **näher bestimmt** und **gegeneinander abgegrenzt**. Hierbei handelt es sich um **ordnungsrechtliche Verantwortungszuweisungen** ohne Berücksichtigung von evtl. nach anderen Rechtsgebieten vorhandenen Verantwortlichkeiten. Die **Verantwortungsbereiche** der Beteiligten sind **unterschiedlich verteilt** und können folgendermaßen **vereinfachend charakterisiert** werden:
– § 53 BauO NRW 2018 begründet die **umfassende Verantwortung des Bauherrn**,
– § 54 BauO NRW 2018 macht den **Entwurfsverfassers für den Entwurf verantwortlich**,
– § 55 BauO NRW 2018 regelt die **Verantwortung des Unternehmers für die Ausführung**,
– § 56 BauO NRW 2018 regelt die **Verantwortung des Bauleiters für den Bauablauf**.

Der jeweilige **Verantwortungsbereich** umfasst sämtliche damit im Zusammenhang stehenden **Tätigkeiten**. So ist z.B. der Unternehmer neben der ordnungsgemäßen Ausführung seiner Arbeiten auch für die sichere Lagerung des Baumaterials, der Werkzeuge und der Maschinen auf dem Grundstück verantwortlich.

Der Grundsatz des § 52 BauO NRW 2018 **gilt unabhängig** davon, **ob** das Vorhaben 14
genehmigungsbedürftig ist **oder nicht**. Dies ergibt sich eindeutig aus dem Wortlaut der Vorschrift. Die in § 52 BauO NRW 2018 aufgeführten **Tätigkeiten** werden nämlich **ohne den Zusatz** »genehmigungsbedürftigen« benutzt. Dagegen setzt die Verpflichtung des Bauherrn zur Bestellung eines Entwurfsverfassers, Unternehmers und Bauleiters nach § 53 Absatz 1 Satz 1 BauO NRW 2018 die Genehmigungsbedürftigkeit des Vorhabens voraus.

Bei der **Realisierung nach** §§ 62 BauO NRW 2018 **freigestellter Anlagen**, für die 15
kein Entwurfsverfasser bzw. kein Bauleiter zu bestellen ist und die häufig in Selbst- oder Nachbarschaftshilfe ausgeführt werden, trifft den Bauherrn allein gemäß § 52 BauO NRW 2018 die Verantwortung für die Einhaltung der öffentlich-rechtlichen Vorschriften. Beauftragt der Bauherr für eine freigestellte Anlage (freiwillig) einen Entwurfsverfasser, Unternehmer oder Bauleiter, so trifft diese Personen wiederum die Verantwortung im Rahmen ihres Wirkungskreises, da die durch § 52 BauO NRW 2018 in Bezug genommenen §§ 54 bis 56 BauO NRW 2018 ihrerseits nicht darauf abstellen, dass die zur Ausführung kommende Anlage genehmigungsbedürftig ist.

Bei der **Realisierung** von nach § 62 Absatz 1 Satz 1 Nr. 3 d) und Nr. 4 c) 16
BauO NRW 2018 **freigestellten Anlagen** gilt die **Besonderheit**, dass der Bauherr allein nicht die Verantwortung für die Einhaltung des öffentlichen Rechts übernehmen

kann und darf. Vielmehr hat sich der Bauherr gemäß § 62 Satz 2 BauO NRW 2018 vom **Unternehmer** oder einem **Sachverständigen** die **Einhaltung der öffentlich-rechtlichen Vorschriften förmlich bescheinigen** zu lassen; das Erfordernis besteht nach dem Gesetz ausnahmslos. Die spezielle Regel des § 62 Absatz 1 Satz 2 BauO NRW 2018 verdrängt die allgemeinere des § 52 BauO NRW 2018, die primär auf die Ordnungspflicht des Bauherrn abstellt. Insofern übernimmt bei den nach § 62 Absatz 1 Satz 1 Nr. 3 d) und Nr. 4 c) BauO NRW 2018 freigestellten Anlagen nicht der Bauherr, sondern der **Unternehmer** bzw. der **Sachverständige** die **volle Verantwortung für die Einhaltung des öffentlichen Rechts.**

17 Diese gesetzliche Privilegierung des Unternehmers oder Sachverständigen kann **Auswirkungen auf** die **Störerauswahl** haben, wenn sich später herausstellt, dass die Bescheinigung falsch war. Hat **beispielsweise** der ausführende **Unternehmer** eine nach § 62 Absatz 1 Satz 1 Nr. 3 d) BauO NRW 2018 freigestellte **Anlage rechtswidrig** ausgeführt und **dennoch** dem Bauherrn die nach § 62 Absatz 1 Satz 2 BauO NRW 2018 vorgeschriebene **Bescheinigung ausgestellt**, kann die Bauaufsichtsbehörde – natürlich vorausgesetzt, das Unternehmen besteht später überhaupt noch – die **Ordnungsverfügung auf Herstellung eines rechtmäßigen Zustandes unmittelbar an den Unternehmer** richten.

18 Die §§ 52–56 BauO NRW 2018 finden auf **Fliegende Bauten** nach § 78 BauO NRW 2018 keine Anwendung, da diese eben gerade nicht dem üblichen Bauablauf unterliegen. Vielmehr handelt es sich um eine Spezialmaterie, für die ausschließlich § 78 **BauO NRW 2018** in Verbindung mit den Verwaltungsvorschriften über Ausführungsgenehmigungen für Fliegende Bauten und deren Gebrauchsabnahme – FlBauVV einschlägig ist. Die §§ 52–56 BauO NRW 2018 finden auch keine Anwendung im **Zustimmungsverfahren nach** § 79 **BauO NRW 2018.** Da der Gesetzgeber in § 79 Absatz 4 BauO NRW 2018 eine **Alleinverantwortlichkeit des öffentlichen Bauherrn** normiert hat, bedarf es für Vorhaben, die nach der Entscheidung des öffentlichen Bauherrn nicht im Genehmigungsverfahren, sondern im Zustimmungsverfahren realisiert werden sollen, keines Rückgriffs auf die Bestimmungen des Vierten Teils. Wählt der öffentliche Bauherr anstelle des Zustimmungsverfahrens das Baugenehmigungsverfahren, so braucht er eine spezielle Baudienststelle nicht zu beauftragen, aber er muss die §§ 52–56 BauO NRW 2018 beachten.

3 Zusammenfassung von Funktionen in einer Person

19 Wenn die BauO NRW 2018 in den §§ 52–56 die Verantwortungsbereiche gegeneinander abgrenzt, so legt sie damit **nur bestimmte Funktionen beim Bauen** fest; sie **verbietet nicht** die **Übernahme mehrerer Verantwortungsbereiche durch ein und dieselbe Person.** Beispielsweise übernehmen »auf Vorrat« bauende Bauträger die Bauherrenfunktion und daneben häufig auch die Funktion des Entwurfsverfassers. Die Zusammenfassung der Funktionen darf nicht verwechselt werden mit der im Eigenheimbau üblichen Selbst- oder Nachbarschaftshilfe (§ 53 Absatz 2 Satz 1 BauO NRW 2018).

Voraussetzung für die Zusammenfassung mehrerer Funktionen nach den §§ 54–56 20
BauO NRW 2018 **in einer Person** ist, dass diese über die jeweils vorausgesetzten
Eigenschaften bzw. über die jeweils dort geforderten **Qualifikationen** verfügt. Hinsichtlich der erforderlichen **Qualifikation des Entwurfsverfassers** sind die den § 54
BauO NRW 2018 ergänzenden Regelungen des § 67 BauO NRW 2018 über die
Bauvorlageberechtigung ebenfalls zu beachten.

4 Zivilrechtliche Haftung und strafrechtliche Verantwortlichkeit

Die §§ 52–56 BauO NRW 2018 regeln ausschließlich die **bauordnungsrecht-** 21
liche Verantwortlichkeit und lassen sowohl die **zivilrechtliche Haftung** als auch die
strafrechtliche Verantwortlichkeit der am Bau Beteiligten **unberührt** (so schon die
Begründung zur BauO NW 1962 – s. Rdn. 1). Die Pflichten nach den §§ 52–56
BauO NRW 2018 gehören allerdings zu den **zivilrechtlichen Sorgfalts- und Verkehrssicherungspflichten**, deren Verletzung einen Schadenersatz gemäß § 823 Abs. 1 BGB
nach sich ziehen kann.

Die gesetzgeberische Zurückhaltung bei der Sanktionierung von Verstößen gegen die 22
in den Vorschriften des Vierten Teils verankerten Pflichten der am Bau Beteiligten wird
im Hinblick auf die gesetzlichen Vorschriften über **die Haftpflicht** verständlicher (vgl.
Schmalzl, Die Haftpflichtversicherung der Baubeteiligten, BauR 1981, 505 ff.). Aufgrund der in § 22 Abs. 2 Nr. 5 und § 35 Satz 3 BauKaG NRW geregelten **Pflicht zum
Abschluss einer Haftpflichtversicherung für Architekten und Ingenieure** entfiel die
in § 65 Abs. 5 BauO NW 1984 enthaltene Regelung bereits mit der BauO NW 1995.

Für die **strafrechtliche Verantwortlichkeit** der am Bau Beteiligten sind vor allem drei 23
Vorschriften einschlägig, nämlich **§ 319 StGB – Baugefährdung** (vor der Neufassung
in § 323 StGB verortet), **§ 222 StGB – Fahrlässige Tötung** und **§ 229 StGB – Fahrlässige Körperverletzung**. Die strafrechtliche Verantwortung ist nur gegeben, wenn der
am Bau Beteiligte durch sein Verhalten den **Tatbestand** einer dieser Strafvorschriften
rechtswidrig und **schuldhaft** erfüllt (hierzu s. Gallas, Die strafrechtliche Verantwortung
der am Bau Beteiligten, 1963 und Schünemann, Grundfragen der strafrechtlichen Zurechnung im Tatbestand der Baugefährdung, ZfBR 1980, 4 ff., 113 ff. und 159 ff).

§ 53 Bauherrschaft

(1) Die Bauherrin oder der Bauherr hat zur Vorbereitung, Überwachung und Ausführung eines genehmigungsbedürftigen Bauvorhabens sowie der Beseitigung von
Anlagen geeignete Beteiligte nach Maßgabe der §§ 54 bis 56 zu bestellen, soweit sie
oder er nicht selbst zur Erfüllung der Verpflichtungen nach diesen Vorschriften geeignet ist. Der Bauherrin oder dem Bauherrn obliegen außerdem die nach den öffentlich-rechtlichen Vorschriften erforderlichen Anträge, Anzeigen und Nachweise. Sie
oder er hat die zur Erfüllung der Anforderungen dieses Gesetzes oder aufgrund dieses
Gesetzes erforderlichen Nachweise und Unterlagen zu den verwendeten Bauprodukten und den angewandten Bauarten bereitzuhalten. Werden Bauprodukte verwendet,
die die CE-Kennzeichnung nach der Verordnung (EU) Nr. 305/2011 tragen, ist die

Leistungserklärung bereitzuhalten. Die Bauherrin oder der Bauherr hat vor Baubeginn den Namen der Bauleiterin oder des Bauleiters und während der Bauausführung einen Wechsel dieser Person unverzüglich der Bauaufsichtsbehörde schriftlich mitzuteilen. Wechselt die Bauherrin oder der Bauherr, hat der oder die neue Bauherrin oder der neue Bauherr dies der Bauaufsichtsbehörde unverzüglich schriftlich mitzuteilen.

(2) Bei Bauarbeiten, die unter Einhaltung des Gesetzes zur Bekämpfung der Schwarzarbeit in Selbst- oder Nachbarschaftshilfe ausgeführt werden, ist die Beauftragung von Unternehmen nicht erforderlich, wenn dabei genügend Fachkräfte mit der nötigen Sachkunde, Erfahrung und Zuverlässigkeit mitwirken. Die genehmigungsbedürftige Beseitigung von Anlagen darf nicht in Selbst- oder Nachbarschaftshilfe ausgeführt werden.

(3) Treten bei einem Bauvorhaben mehrere Personen als Bauherrin oder als Bauherr auf, so kann die Bauaufsichtsbehörde verlangen, dass ihr gegenüber eine Vertreterin oder ein Vertreter bestellt wird, der oder die die der Bauherrin oder dem Bauherrn nach den öffentlich-rechtlichen Vorschriften obliegenden Verpflichtungen zu erfüllen hat. Im Übrigen findet § 18 Absatz 1 Satz 2 und 3 sowie Absatz 2 des Verwaltungsverfahrensgesetzes für das Land Nordrhein-Westfalen vom 12. November 1999 (GV. NRW. S. 602), das zuletzt durch Artikel 2 des Gesetzes vom 15. November 2016 (GV. NRW. S. 934) geändert worden ist, entsprechende Anwendung.

Handlungsempfehlung des Ministeriums für Heimat, Kommunales, Bau und Gleichstellung des Landes Nordrhein-Westfalen auf der Grundlage der Dienst-besprechungen mit den Bauaufsichtsbehörden im Oktober/November 2018:

§ 53 BauO NRW 2018 regelt Facetten der Rechtsstellung der Bauherrschaft. Die Rechtsstellung der Bauherrschaft wird maßgeblich durch § 52 BauO NRW 2018 (»Grundpflichten«) bestimmt, wonach die Bauherrschaft umfassend für die Einhaltung öffentlich-rechtlicher Vorschriften beim Bau verantwortlich ist. Die Bauherrschaft hat – anders als die übrigen Baubeteiligten – keinen Wirkungskreis im Sinne des § 52 BauO NRW 2018, der die Grenzen ihrer Verantwortlichkeit abstecken könnte.

§ 53 BauO NRW 2018 bestimmt nicht etwa solch einen Wirkungskreis, sondern regelt einzelne, besonders wichtige Pflichten der Bauherrschaft, zu denen zahlreiche andere treten.

zu Absatz 1

Gemäß § 53 Absatz 1 Satz 1 BauO NRW 2018 hat die Bauherrschaft zur Vorbereitung, Überwachung und Ausführung eines genehmigungsbedürftigen Bauvorhabens sowie der Beseitigung von Anlagen geeignete Beteiligte nach Maßgabe der §§ 54 bis 56 zu bestellen, soweit sie oder er nicht selbst zur Erfüllung der Verpflichtungen nach diesen Vorschriften geeignet ist.

Mit dieser Bestellungspflicht soll sichergestellt werden, dass »qualifizierte« Personen das Baugeschehen gestalten und die Einhaltung der öffentlich-rechtlichen Vorgaben an das Vorhaben gewährleisten.

Die Bauherrschaft muss geeignete Beteiligte nach Maßgabe der §§ 54 bis 56 bestellen, das heißt einen (oder mehrere) geeigneten Entwurfsverfassenden, einen (oder mehrere) geeignete Unternehmer und einen geeigneten Bauleitenden.

§ 54 Absatz 1 Satz 1 BauO NRW 2018 nennt »Sachkunde und Erfahrung« als Eignungskriterien für den Entwurfsverfassenden, § 55 Absatz 2 BauO NRW 2018 setzt »Sachkenntnis und Erfahrung« für die Eignung eines Unternehmens voraus, § 56 Absatz 2 nennt für Bauleitende »Sachkunde und Erfahrung«. Dabei geht es um die »formelle Qualifikation« des Entwurfsverfassenden und des Bauleitenden sowie die »materielle Qualifikation« mit Blick auf das konkrete Vorhaben.

Eine mangelnde Eignung von Beteiligten nach Maßgabe der §§ 54 bis 56 kann sich in Rechtsverstößen niederschlagen, die schon für sich genommen eine Baueinstellung nach § 81 BauO NRW 2018 ermöglichen.

Der Verstoß gegen die Bestellungspflicht stellt eine Ordnungswidrigkeit nach § 86 Absatz 1 Nummer 6 BauO NRW 2018 dar.

Nach § 53 Absatz 1 Satz 2 BauO NRW 2018 obliegen der Bauherrschaft die nach öffentlich-rechtlichen Vorschriften erforderlichen Anträge, Anzeigen und Nachweise. Die Bauherrschaft kann andere Baubeteiligte (§ 53 Absatz 1 Satz 1 BauO NRW 2018) oder Dritte dazu bevollmächtigen (§ 14 VwVfG NRW), ihnen aber diese Pflicht nicht übertragen.

In § 53 Absatz 1 Satz 3 BauO NRW 2018 wird klargestellt, dass die Darlegungslast für die Einhaltung der Anforderungen bei der Bauherrschaft liegt. Sofern insoweit Angaben zu den verwendeten Bauprodukten erforderlich sind, hat die Bauherrschaft entsprechende Belege bereitzuhalten.

Sofern Bauprodukte verwendet werden, die eine CE-Kennzeichnung nach der Verordnung Nr. 305/2011 tragen, ist die Leistungserklärung bereitzuhalten. Die Pflicht wird eingeführt, um auch für Bauprodukte mit dem CE-Zeichen nach der BauPVO deren Eignung auf Erfüllung der bauwerksseitigen Anforderungen im konkreten Anwendungsfall darlegen zu können. Das Bereithalten der Leistungserklärung kann entsprechend der Gesetzesbegründung auch elektronisch erfolgen.

Die Leistungserklärung ist vom Hersteller für Bauprodukte auszustellen, die von einer harmonisierten Norm erfasst werden oder die einer Europäischen Technischen Bewertung entsprechen und in den Verkehr gebracht werden (Artikel 4 Absatz 1 VO (EU) Nr. 305/2011). Die Leistungserklärung gibt die Leistung des Bauproduktes hinsichtlich wesentlicher Merkmale gemäß den einschlägigen harmonisierten technischen Spezifikationen an (zum Inhalt: Artikel 6 VO (EU) Nr. 305/2011). Eine Abschrift der Leistungserklärung muss in gedruckter oder in elektronischer Weise durch den Hersteller zur Verfügung gestellt werden (Artikel 7 Absatz 1 VO (EU) Nr. 305/2011).

Hinweis:

Die Bestellung geeigneter Beteiligter nach Maßgabe der §§ 54 bis 56 BauO NRW 2018 ist (anders als in der BauO 2000) für Vorhaben, die von der Genehmigungspflicht nach § 63 BauO NRW 2018 freigestellt sind, nicht vorgesehen.

(Durch § 63 Absatz 8 i. V. m. § 67 BauO NRW 2018 gilt allerdings auch im Freistellungsverfahren, dass die Bauvorlagen von einem bauvorlageberechtigten Entwurfsverfasser unterschrieben sein müssen.)

zu Absatz 3

Gemäß § 53 Absatz 3 Satz 1 BauO NRW 2018 (vgl. § 69 Absatz 3 BauO NRW 2000) kann die Bauaufsichtsbehörde bei mehreren Bauherren verlangen, dass ihr gegenüber eine Vertreterin oder ein Vertreter bestellt wird. Die Vertreterin oder der Vertreter muss die Pflichten der Bauherrschaft erfüllen.

Nach § 53 Absatz 3 Satz 2 BauO NRW 2018 finden § 18 Absatz 1 Satz 2 und 3 VwVfG NRW sowie § 18 Absatz 2 VwVfG NRW Anwendung. Die Bauaufsichtsbehörde kann bei Verstreichen einer angemessenen Frist von Amts wegen eine Vertreterin oder einen Vertreter bestellen. Da die Vertreterin oder der Vertreter die der Bauherrschaft obliegenden öffentlich-rechtlichen Vorgaben zu erfüllen hat, ist sie oder er umfassend für das Bauvorhaben verantwortlich; bauaufsichtliche Maßnahmen können an sie oder ihn gerichtet werden.

Zweck der Übernahme dieser Regelung aus der MBO in das nordrhein-westfälische Bauordnungsrecht ist die Vereinfachung des bauaufsichtlichen Verfahrens. Daher muss die Behörde bei ihrer Ermessensentscheidung Gesichtspunkte der Verfahrensökonomie und die Interessen der Bauherrschaft berücksichtigen.

Übersicht	Rdn.
0 Änderungen gegenüber der BauO NW 1984, der BauO NW 1995 und der BauO NRW 2000	01
1 Allgemeines	1
2 **Begriff des Bauherrn**	4
3 Zu Absatz 1 – Pflichten des Bauherrn	13
3.1 Satz 1 – Beauftragung der anderen am Bau Beteiligten	15
3.2 Satz 2 bis 4 – Mitteilungs-, Anzeige-, Nachweispflichten, sonstige Pflichten	25
3.3 Satz 5 und 6 – Mitteilungspflichten (Bauleiter, -wechsel und Bauherrnwechsel)	29
4 Zu Absatz 2 – Bauarbeiten in Selbst- oder Nachbarschaftshilfe	32
5 Zu Absatz 3 – Personenmehrheit als Bauherren	36

0 Änderungen gegenüber der BauO NW 1984, der BauO NW 1995 und der BauO NRW 2000

01 § 57 **BauO NW 1995** entspricht weitgehend § 53 BauO NW 1984. Mit der BauO NW 1995 fanden gleichstellungsgerechte Formulierungen Eingang in den Text der Vorschrift. Da mit der BauO NW 1995 die **Bauleiterbestimmung** (§ 56 BauO NW 1984) entfiel, mussten in der Vorschrift die Bezüge auf den Bauleiter gestrichen werden.

In **Abs. 3 Satz 1** wurde der Begriff »herangezogen« durch den Begriff »beauftragt« ersetzt, da die Sachverständigen aufgrund eines Privatrechtsverhältnisses tätig werden.

Abs. 4 wurde neu eingefügt, um zu gewährleisten, dass bei der Planung und Durchführung von nach § 67 BauO NRW genehmigungsfreien Vorhaben ebenfalls Entwurfsverfasser und Unternehmer beauftragt werden müssen.

In **Abs. 6 Nr.** 2 wurde die Kostentragungspflicht des Bauherrn ergänzt, um klarzustellen, dass hierunter auch die Kosten für Sachverständige fallen, die gemäß § 61 Abs. 3 BauO NRW von der Bauaufsichtsbehörde herangezogen werden. Die noch in der BauO NW 1984 enthaltene Regelung der alten Nr. 3 (Kostentragungspflicht für wiederkehrende Prüfungen) entfiel, da wiederkehrende Prüfungen von technischen Anlagen vom späteren Betreiber und nicht vom Bauherrn zu veranlassen sind.

Mit der **BauO NRW 2000** fand die Bauleiterbestimmung als § 59a wieder Eingang in die Bauordnung. Daher mussten die Bezüge auf den Bauleiter in Abs. 1 Satz 1 und Satz 2 sowie in Abs. 2 Satz 1 ergänzt werden. In Abs. 5 wurde der neue Satz 1 eingefügt. 02

In der **BauO NRW 2018** wird auch für die Beseitigung von Anlagen die Beauftragung von geeigneten Beteiligten nach den Vorschriften der §§ 54–56 gefordert. Gleichzeitig wird bestimmt, dass auf die Beauftragung dann verzichtet werden kann, wenn die Bauherrschaft selber entsprechende Eignung vorweisen kann. Darüber hinaus wird klargestellt, dass Nachweise und Unterlagen zu den verwendeten Bauprodukten und angewandten Bauarten vorzuhalten sind. Letztlich wird die Nennung eines Vertreters der Bauherrschaft auf Anforderung durch die Behörde für den Fall normiert, dass die Bauherrschaft aus mehreren Personen besteht (bisher war diese Vorschrift in § 69 BauO NRW 2000 verortet). Verzichtet wird hingegen auf die Möglichkeit, dass die Behörde verlangen kann, ungeeignete Kräfte zu ersetzen. 03

1 Allgemeines

Während § 52 BauO NRW 2018 allgemein die bauordnungsrechtliche Verantwortlichkeit des **Bauherrn** dafür begründet, dass die Baumaßnahme dem öffentlichen Recht entspricht (vgl. Anmerkungen zu § 52 Rdn. 1, 5 und 12), regelt § 53 die **besonderen Pflichten**. Diese bestehen vor allem darin, dass der **Bauherr für genehmigungsbedürftige Vorhaben sowie für die Beseitigung von Anlagen** 1
– geeigneter Beteiligte nach Maßgabe der §§ 54 (**Entwurfsverfasser**), 55 (**Unternehmer**) und 56 (**Bauleiter**) **beauftragen muss** (Absatz 1 Satz 1, 1. Halbsatz), soweit dieser nicht selbst zur Erfüllung der Verpflichtungen nach der BauO NRW geeignet ist (Absatz 1 Satz 1, 2. Halbsatz) oder besondere Fachkräfte im Falle der Selbst- oder Nachbarschaftshilfe mitwirken (Absatz 2 Satz 1) und
– bestimmte **Anzeige- und Mitteilungspflichten** erfüllen muss (Absatz 1 Satz 2 bis 6 und Absatz 3).

Der **Bauherr** übernimmt unter den am Bau Beteiligten die **Hauptverantwortung**. Die übrigen am Bau Beteiligten, der **Entwurfsverfasser**, **Unternehmer** und der **Bauleiter** sind nämlich lediglich von ihm für bestimmte Aufgaben herangezogene **Erfüllungsgehilfen**, denen allein schon deshalb nur eine eingeschränkte bauordnungsrechtliche Verantwortung zugewiesen werden kann. Die Regelung des § 53 BauO NRW 2018 2 lässt die anderweitig geregelte **zivilrechtliche Haftung** des Bauherrn sowie seine **strafrechtliche Verantwortlichkeit unberührt** (s. Anmerkungen zu § 52 Rdn. 21 ff.).

3 Einem besonderen Vollzugsproblem der Bauaufsichtsbehörden trug die in der Vorgängernorm enthaltene **Ersetzungsbefugnis ungeeigneter Entwurfsverfasser, Unternehmer** oder **Bauleiter** Rechnung, da zwischen dem Bauherrn und den anderen am Bau Beteiligten in aller Regel **zivilrechtliche Vertragsverhältnisse** bestehen und sich hieraus Rechte und Pflichten ergeben. Der neue § 53 verzichtet auf die Möglichkeit, da sich in aller Regel **eine mangelnde Qualifikation in Rechtsverstößen niederschlägt** und daher schon eine Baueinstellung ermöglicht wird. Dadurch kann **mittelbar auch der Austausch** von ungeeigneten am Bau Beteiligten erzwungen werden.

2 Begriff des Bauherrn

4 Der **Begriff ist weder in der MBO noch in der BauO NRW 2018 definiert**. Die Rechtsprechung hat sich deshalb schon früh mit diesem Begriff befassen müssen, zumal er einer der zentralen Begriffe des materiellen und formellen Bauordnungsrechts darstellt. Auf die – soweit ersichtlich – erste Entscheidung durch das OVG Rh-Pf (Urt. v. 14.07.1966 – 1 A 78/65, BRS 17 Nr. 146) griffen später auch andere Gerichte zurück:

»*Bauherr im Sinne der Landesbauordnung ist derjenige, auf dessen Veranlassung und in dessen Interesse die bauliche Anlage errichtet wird.*«

5 **Begriffsbestimmungen außerhalb des öffentlichen Baurechts dürfen nicht mit dem bauordnungsrechtlichen Begriff gleichgesetzt werden**. Für das Bauordnungsrecht ist es beispielhaft unerheblich, wer die Baumaßnahme bezahlt. So kommt es vor, dass Eltern für das Bauvorhaben ihres Kindes wesentliche Kosten der Baumaßnahme tragen, selbst aber bei der Realisierung nicht mitwirken, also weder vorbereiten noch durchführen. Daher sind die einkommensteuerrechtliche und die gewerberechtliche Definition wenig hilfreich (zum Begriff des Bauherrn im Gewerberecht s. BVerwG, Urt. v. 10.06.1986 – 1 C 9.85, NJW 1987, 511).

6 Die **Literatur greift die o. g. Entscheidung des OVG Rh-Pf auf** und sieht als Bauherrn den an, auf dessen Veranlassung und in dessen Interesse eine Baumaßnahme oder Nutzungsänderung vorbereitet und durchgeführt wird (vgl. Boeddinghaus/ Hahn/Schulte, zu § 57 Rn. 5 und Jeromin, zu § 55 Rn. 2).

7 Als Bauherr muss sich auch behandeln lassen, **wer sich gegenüber der Bauaufsichtsbehörde** durch Verhandlungen oder durch das Einreichen eines von ihm **unterschriebenen Bauantrags als solcher ausgibt** (VGH B-W, Urt. v. 26.11.1980 – 3 S 2005/80, BauR 1981, 185 = BRS 36 Nr. 209). Dies gilt auch für das **bauaufsichtliche Einschreiten**. Wer nämlich durch **persönliches Verhalten den Eindruck erweckt, für einen ordnungswidrigen Zustand verantwortlich zu sein**, ohne auf eine Organstellung oder auf ein Vertretungsverhältnis bezüglich einer juristischen Person des Privatrechts hinzuweisen, darf im Rahmen des **Auswahlermessens** der Behörde als **verantwortlicher Bauherr** in Anspruch genommen werden (OVG NRW, Urt. v. 06.09.1993 – 11 A 694/90, NVwZ-RR 1994, 386).

Der **Bauherr** braucht zur **Vorbereitung** eines Vorhabens **nicht Eigentümer** des Grund- 8
stücks zu sein, da das Eigentum oder ein vergleichbares Recht **keine Voraussetzung für
die Antragstellung** ist (BVerwG, Urt. v. 23.03.1973 – IV C 49.71, BRS 27 Nr. 130;
OVG Schl-H, Urt. v. 27.06.1995 – 1 L 89/94, BRS 57 Nr. 199). Aus § 70 Absatz 3 Satz 3 BauO NRW 2018 ergibt sich für den Fall, dass der Bauherr nicht Eigentümer des Grundstücks ist, dass die Bauaufsichtsbehörde die Zustimmung des Eigentümers zum Bauvorhaben verlangen kann (s. Anmerkungen zu § 70 Rdn. 86 und 87). Die Vorschrift des § 74 Absatz 4 BauO NRW 2018 trägt dem ebenfalls Rechnung, wenn auch bei Vorliegen offensichtlicher zivilrechtlicher Hinderungsgründe das Sachbescheidungsinteresse an der Erteilung der Baugenehmigung fehlen mag (s. Anmerkungen zu § 74 Rdn. 252). Selbst die **Durchführung** einer Maßnahme **erfordert nicht das Eigentum am Grundstück**. Denn auch ein Pächter, Mieter oder sonstiger Nutzungsberechtigter (z.b. ein Bauträger) kann Bauherr sein, wenn er nur die erforderliche »**Sachherrschaft**« hat (BVerwG, Beschl. v. 10.11.1993 – 4 B 185.93, BRS 55 Nr. 197). Demzufolge ist auch ein Wechsel in der Person des Bauherrn nicht an einen gleichzeitigen Wechsel im Eigentum gebunden (VGH Hessen, Beschl. v. 06.01.2011 – 3 A 2579/10.Z, JurionRS 2011, 10856).

Bauherr kann eine **natürliche Person**, eine **juristische Person** und auch eine **Perso-** 9
nenmehrheit sein (s. Anmerkungen zu § 52 Rdn. 10 und 11). Treten jedoch **mehrere
Personen als Bauherrschaft** auf, so kann die Bauaufsichtsbehörde verlangen, dass ihr
gegenüber ein Vertreter benannt wird, der die nach den öffentlich-rechtlichen Vorschriften dem Bauherrn obliegenden Verpflichtungen zu erfüllen hat (s. Anmerkungen zu Rdn. 36–38). Wird bei **Personenmehrheit** gegenüber der Bauaufsichtsbehörde kein solcher **Vertreter** bestellt, so ist jedes einzelne Mitglied der Personenmehrheit als Bauherr zur Einhaltung der entsprechenden Vorschriften verpflichtet (BayVGH vom 03.11.1972 – Nr. 218 I 72, BayVBl. 1973, 102). Unabhängig von dieser auf die Personenmehrheit ausgerichteten Regelung können **Vertreter** oder **Bevollmächtigte des Bauherrn** bestellt sein (hierzu s. Meissner, Vertretung und Vollmacht in den Rechtsbeziehungen der am Bau Beteiligten, BauR 1987, S. 497 ff.). Selbst eine nicht als Bevollmächtigter bestellte Person kann gegenüber der Bauaufsichtsbehörde wirksam als Bevollmächtigter auftreten, wenn der von ihm durch sein Auftreten erzeugte Rechtsschein der Bevollmächtigung dem Vertretenen zurechenbar ist (OVG NRW Beschl. v. 22.08.2014, 7B 621/14, JurionRS 2014, 22952 zu der Frage, ob die Erklärung des Verzichts zur Ausnutzung einer Baugenehmigung durch den Ehemann der Eigentümerin ihr zurechenbar ist, wenn dieser im Antrag als Vertreter namentlich genannt ist)

Zur Ausnutzung von **Steuervorteilen** wurden unterschiedliche **Bauherrenmodelle** 10
entwickelt, bei denen eine **Bauherrengemeinschaft** anstelle eines einzelnen Bauherrn
auftritt. Zwar hat eine als Gesellschaft bürgerlichen Rechts nach den §§ 705 ff. BGB
gegründete Bauherrengemeinschaft keine eigene Rechtspersönlichkeit im Sinne einer
juristischen Person, was aber nicht ausschließt, dass die Personenverbindung als solche
dazu befähigt ist, am Rechtsverkehr teilzunehmen und gesamthänderisch Rechte zu
erwerben und Verbindlichkeiten einzugehen. (Hess. VGH, Beschl. v. 23.01.1997 –
4 TG 4829/96, BRS 59 Nr. 159; OVG NRW, Urt. v. 12.09.1996 – 7 A 3131/95,

BRS 58 Nr. 125 zur Inanspruchnahme einer Bauherrengemeinschaft zur Ablösung der Stellplatzpflicht; OVG NRW, Urt. v. 05.08.1996 – 9 A 5293/93, BRS 58 Nr. 134 zur Gebührenschuld im Baugenehmigungsverfahren).

11 Der **Bauherr kann Rechte und Pflichten aus der Baugenehmigung auf eine andere Person übertragen**, etwa auf den Käufer des Baugrundstücks und so einen Wechsel der Bauherreneigenschaft herbeiführen. Ein Wechsel des Bauherrn liegt auch dann vor, wenn an die Stelle des ursprünglichen Bauherrn eine Bauherrengemeinschaft tritt, welcher der bisherige Bauherr angehört (VGH B-W, Urt. v. 13.12.1989 – 3 S 2489/89, BRS 50 Nr. 158). Die Bauherreneigenschaft kann unabhängig von der Grundeigentumsfrage durch eine rechtsgeschäftliche Vereinbarung übertragen werden (VGH B-W, Urt. v. 17.09.1993 – 8 S 1589/92, BRS 55 Nr. 147 zu einem Nachtragsbaugesuch, das vom ursprünglichen Bauherrn und vom Erwerber des Grundstücks unterzeichnet war und in dem der Erwerber ausdrücklich als neuer Bauherr bezeichnet war). Mit der Übertragung geht die Verantwortlichkeit kraft Gesetzes auf die neue Person über. **Maßgebender Zeitpunkt** ist das **Wirksamwerden der entsprechenden Vereinbarung** zwischen altem und neuem Bauherrn und nicht etwa der Zeitpunkt der nach Abs. 1 Satz 6 vorgeschriebenen Mitteilung des Wechsels (VGH B-W, Urt. v. 26.11.1980 – 3 S 2005/80, BauR 1981, 185 = BRS 36 Nr. 209).

12 Die **Verantwortlichkeit des Bauherrn endet** mit dem **Abschluss der Bauarbeiten** bzw. der Arbeiten zur Verwirklichung einer **Nutzungsänderung**, soweit nicht aus der Durchführungsphase noch **Pflichten nachwirken** (s. Anmerkungen zu § 52 Rdn. 8 und 9). Daher kann eine Baugenehmigung nicht mehr gegenüber dem Bauherrn widerrufen werden, der nach Abschluss der Maßnahme keinerlei rechtliche Beziehungen zum Grundstück hat, weil inzwischen das Objekt an eine andere Person übergegangen ist (OVG Lüneburg, Urt. v. 08.12.1978 – I A 24/78, BRS 35 Nr. 168). Der Bauherr bleibt jedoch gegenüber solchen Störungen der öffentlichen Ordnung verantwortlich, die durch sein Verhalten verursacht worden sind (OVG Rh-Pf, Urt. v. 14.07.1966 – 1 A 78/65, BRS 17 Nr. 146; s.a. Thür. OVG, Beschl. v. 27.02.1997 – 1 EO 233/96, BRS 59 Nr. 217).

3 Zu Absatz 1 – Pflichten des Bauherrn

13 Die **Pflichten** des Bauherrn **regelt § 53 BauO NRW nicht abschließend**. Neben den nachfolgend erläuterten, als besonders wichtig hervorgehobenen Pflichten trägt der **Bauherr** für das von ihm veranlasste Bauvorhaben eine **umfassende Verantwortung**. Diese Verantwortung resultiert aus der hervorgehobenen Nennung des Bauherrn in § 52 BauO NRW und damit letztlich aus dem im Ordnungsrecht allgemein geltenden **Verursacherprinzip**.

14 Damit der Bauherr seiner umfassenden Verantwortung auch tatsächlich gerecht werden kann, obwohl er nur selten über die für das Bauen notwendigen Fachkenntnisse verfügt, ferner um zu vermeiden, dass unbeteiligte Dritte zu Schaden kommen und schließlich zur Entlastung der Bauaufsichtsbehörden normiert § 53 Absatz 1 BauO NRW 2018 **besondere Pflichten**. Innerhalb dieser besonderen Pflichten sind

die **Bestellungspflichten** der übrigen am Bau Beteiligten nach § 53 Absatz 1 Satz 1 BauO NRW 2018 nochmals in ihrer Bedeutung **hervorgehoben**.

3.1 Satz 1 – Beauftragung der anderen am Bau Beteiligten

In aller Regel wird es so sein, dass der **Bauherr über keine hinreichenden Kenntnisse** verfügt, um die Bauvorlagen selbst anfertigen sowie die Ausführung des Bauvorhabens und die Bauleitung selbst übernehmen zu können. Unbeschadet seiner generellen bauaufsichtlichen Verantwortlichkeit nach § 52 BauO NRW 2018 hat er deshalb nach § 53 Absatz 1 Satz 1 BauO NRW 2018 zur **Vorbereitung, Überwachung** und **Ausführung** eines genehmigungsbedürftigen Vorhabens sowie der **Beseitigung von Anlagen** geeignete Beteiligte (**Entwurfsverfasser, Unternehmer** und **Bauleiter**) zu beauftragen. Durch die Verwendung des Begriffs »**beauftragen**« (s. Rdn. 01) wird hervorgehoben, dass es keines öffentlich-rechtlichen Bestellungsaktes bedarf, sondern die **zivilrechtliche Beauftragung** ausreicht um die öffentlich-rechtliche Verantwortlichkeit zu begründen. 15

Wesentlich ist die **gesetzliche Verpflichtung des Bauherrn**, sich der Hilfe der sachverständigen Personen zu bedienen, soweit die Vorschrift des § 53 BauO NRW 2018 nicht ausdrücklich **Erleichterungen** einräumt. Soweit die dort normierten Voraussetzungen nicht vorliegen, darf von der Bestellung nicht abgesehen werden. Die bauordnungsrechtliche **Verantwortlichkeit** (im Rahmen ihres Wirkungskreises) von Entwurfsverfasser, Unternehmer und Bauleiter **entsteht mit der Annahme des »Auftrages«** des Bauherrn, der zumeist die Form eines **Werk- oder Dienstvertrags** aufweist. Mit dieser **Auftragsannahme** ergeben sich auch die **zivilrechtlichen** und ggf. **strafrechtlichen Konsequenzen**. Die **Ordnungspflicht der Beauftragten** ist Folge **der zivilrechtlichen Funktionsübernahme** und entsteht in dem sich aus dem Bauordnungsrecht ergebenden Umfang, der **durch zivilrechtliche Vereinbarungen nicht veränderbar** ist. 16

Die **Verträge** des Bauherrn mit den Beauftragten sollten **so gestaltet** sein, dass sie den durch die **§§ 54 bis 56 BauO NRW 2018** begründeten **Umfang der Verantwortlichkeit** abdecken. So ändert eine anderslautende Beauftragung nichts an den Verantwortlichkeiten (vgl. Jeromin, zu § 55 Rn. 10). Jedenfalls sind die beauftragten Personen ordnungsrechtlich im Rahmen dieser Vorschriften verantwortlich, wenn und sobald sie die Funktionen erfüllen. Sind die vom Bauherrn Beauftragten an der Wahrnehmung ihrer öffentlich-rechtlichen Pflichten zivilrechtlich gehindert, ergibt sich für sie die **Verpflichtung**, entweder den **Auftrag** mit Hinweis auf den Rechtsverstoß **zurückzugeben** oder aber zumindest die **Bauaufsichtsbehörde** unverzüglich **zu informieren**, damit diese die nach § 58 Absatz 2 BauO NRW 2018 gebotenen Maßnahmen ergreifen kann. 17

Einer **Beauftragung bedarf es nicht, wenn die Bauherrschaft selbst** zur Erfüllung der Verpflichtungen nach der BauO NRW 2018 **geeignet** ist. Diese Erleichterung wurde neu in das Regelwerk der BauO NRW aufgenommen, um zu verdeutlichen, dass beispielsweise ein Bauunternehmer sein Bauvorhaben selber errichten kann und nicht einen anderen Unternehmer beauftragen muss. Bei einem **technisch anspruchsvollen** 18

Bauvorhaben kann diese Möglichkeit **nur in Betracht gezogen** werden, wenn der Bauherr selbst den **Nachweis der Geeignetheit** führen kann (z. B. durch **Mitgliedschaft in der Architektenkammer**).

19 Bei technisch **einfachen** Bauvorhaben ist die Messlatte niedriger anzusetzen. Letztlich liegt es in der **Verantwortung des Bauherrn** zu entscheiden, ob er die Hilfe anderer am Bau Beteiligten benötigt oder er die Aufgaben selbst erledigen kann. Die bisher in § 57 Abs. 2 Satz 1 BauO NRW 2000 für solche Fälle verankerte Ermessensentscheidung der Bauaufsichtsbehörde über den Verzicht, einen Entwurfsverfasser und/ oder einen Bauleiter zu beauftragen, ist entfallen.

20 **Technisch einfache Anlagen** sind solche, bei denen keine größeren Risiken auftreten können, wie z.b. auf ebenem Gelände zu errichtende Schuppen. Diese Anlagen können gleichwohl erhebliche **rechtliche** Probleme verursachen, z.b. solche abstandsrechtlicher Art. Zu den technisch einfachen Anlagen gehören neben überdachten Stellplätzen über 30 m^2 sowie überdachten Fahrradabstellplätzen über 100 m^2 auch Behelfsbauten und untergeordnete Gebäude im Sinne des § 51 BauO NRW 2018.

21 Die **Ausnahmeregelung** des § 67 Absatz 2 BauO NRW 2018 vom Erfordernis der Bauvorlageberechtigung des Entwurfsverfassers kann auch **herangezogen** werden, um **zu bewerten, ob eine Baumaßnahme technisch einfach** ist.

22 Aus dem Wortlaut des Absatz 1 Satz 1 geht hervor, dass die Beauftragung der genannten Personen nur bei **genehmigungsbedürftigen Vorhaben und bei der Beseitigung von Anlagen** erforderlich ist, nicht aber bei den nach § 62 Absatz 1 und 2 BauO NRW 2018 genehmigungsfreien Vorhaben. Die Beauftragung ist auch erforderlich für Vorhaben, deren Zulassung in einem **anderen öffentlich-rechtlichen Verfahren** erfolgt, **das die Baugenehmigung einschließt** (so auch Jeromin, zu § 55 Rn. 14). Ein Verstoß gegen dieses Gebot stellt gemäß § 86 Absatz 1 Nr. 6 BauO NRW 2018 eine **Ordnungswidrigkeit** dar.

23 Bei nach § 62 BauO NRW 2018 **genehmigungsfreien Vorhaben** ist der **Bauherr** nach der gesetzlichen Konzeption grundsätzlich **allein ordnungspflichtig**. Dies geht bereits aus der Generalklausel des § 1 hervor. Es bleibt ihm aber unbenommen, freiwillig eine Beauftragung verantwortlicher Personen vorzunehmen (so auch Boeddinghaus/Hahn/ Schulte, zu § 57 Rn. 13). Dies hat zur Folge, dass die durch den Bauherrn **beauftragten Personen** wiederum **im Rahmen ihres Wirkungskreises bauordnungsrechtlich verantwortlich** sind siehe Anmerkungen zu § 52 Rdn. 15). Bei nach § 62 BauO NRW 2018 **genehmigungsfreien Anlagen** kann der **Bauherr** nach der gesetzlichen Konzeption grundsätzlich **nicht allein verantwortlich** sein, da diese Vorschrift zwingend die **Bescheinigung** eines Unternehmers oder Sachverständigen vorschreibt (s. Anmerkungen zu § 52 Rdn. 16). Ein »genehmigungsbedürftiges« Vorhaben im Sinne des § 53 Absatz 1 Satz 1 BauO NRW 2018 liegt nicht vor im Falle der **Ausführungsgenehmigung für Fliegende Bauten** nach § 78 Absatz 2 Satz 1 BauO NRW 2018, ebenso nicht im Falle der **bauaufsichtlichen Zustimmung zu Vorhaben öffentlicher Bauherren** nach § 79 Absatz 1 Satz 2 BauO NRW 2018 (s. Anmerkungen zu § 52 Rdn. 18).

Die Pflicht zur Beauftragung bestimmter am Bau Beteiligter bezieht sich nicht ohne 24
weiteres auf die von diesen gegebenenfalls hinzuzuziehenden **Fachplaner, Fachunternehmer** und **Fachleute** sowie **Fachbauleiter**. Entwurfsverfasser und Bauleiter haben zwar, wenn ihnen auf einzelnen Fachgebieten die erforderliche Sachkunde und Erfahrung fehlt, dafür zu sorgen, dass Fachplaner (§ 54 Absatz 2 BauO NRW 2018) bzw. Fachbauleiter (§ 56 Absatz 2 BauO NRW 2018) herangezogen werden, dies bedingt jedoch nicht immer ein unmittelbares Vertragsverhältnis zwischen dem Bauherrn und den Fachpersonen. Vielmehr kann vertraglich vereinbart sein, dass z.B. der Entwurfsverfasser berechtigt ist, geeignete Fachplaner zu beauftragen. Besteht keine derartige Ermächtigung, ist der Bauherr verpflichtet, auf Anforderung des Entwurfsverfassers den Fachplaner zu beauftragen. Gleiches gilt auch für die Beauftragung von Fachunternehmern – obwohl dies nicht mehr explizit in der Vorschrift des § 55 BauO NRW 2018 enthalten ist – durch die generelle Verantwortlichkeit in § 52 BauO NRW 2018 (zu den Folgen bei Weigerung des Bauherrn s. Rdn. 16).

3.2 Satz 2 bis 4 – Mitteilungs-, Anzeige-, Nachweispflichten, sonstige Pflichten

Zur Pflicht des Bauherrn gehört die **Erstattung von Anzeigen** und **Mitteilungen** sowie die **Führung von Nachweisen** nach den bauordnungsrechtlichen und sonstigen 25
öffentlich-rechtlichen Vorschriften gegenüber der Bauaufsichtsbehörde. Nach der BauO NRW kommen z.B. in Betracht:
– nach § 53 Absatz 1 Satz 5 BauO NRW 2018 die **Benennung des Bauleiters** bzw. der **Fachbauleiter** und ein **Wechsel dieser Personen**,
– nach § 53 Absatz 1 Satz 6 BauO NRW 2018 die **Mitteilung über den Bauherrenwechsel** durch den neuen Bauherrn,
– nach § 63 Absatz 8 bzw. § 74 Absatz 9 Satz 1 BauO NRW 2018 die **Mitteilung des Ausführungsbeginns** genehmigungsfreier Wohnbauvorhaben bzw. genehmigungsbedürftiger Vorhaben,
– nach § 83 Absatz 3 Satz 1 BauO NRW 2018 der **Nachweis über die Einhaltung der Grundrissflächen und Höhenlagen** der baulichen Anlagen,
– nach § 83 Absatz 3 Satz 2 BauO NRW 2018 **auf Anforderung** der Bauaufsichtsbehörde die Vorlage eines **amtlichen Nachweises** der Einhaltung der Grundrissflächen und Höhenlagen,
– nach § 84 Absatz 2 Satz 2 BauO NRW 2018 die **Anzeige der Fertigstellung des Rohbaus** und der **abschließenden Fertigstellung** genehmigter baulicher Anlagen.

Neben den vorstehend behandelten Pflichten werden in der BauO NRW 2018 dem 26
Bauherrn auch noch **sonstige Pflichten** auferlegt, hierzu rechnen beispielsweise:
– nach § 11 Absatz 3 BauO NRW 2018 die **Aufstellung eines Baustellenschilds**,
– nach § 42 Absatz 7 BauO NRW 2018 die **Beschaffung der Bescheinigung des Bezirksschornsteinfegermeisters** über den ordnungsgemäßen Zustand der Abgasanlage,
– nach § 62 Absatz 1 Satz 2 BauO NRW 2018 die **Beschaffung von Unternehmer- oder Sachverständigenbescheinigungen** über den ordnungsgemäßen Zustand bestimmter Anlagen,

§ 53 Bauherrschaft

- nach § 63 Absatz 4 und Absatz 5 BauO NRW 2018 das **Vorhalten bestimmter bautechnischer Nachweise und Bescheinigungen** für nach § 63 BauO NRW 2018 freigestellte Wohnbauvorhaben, Stellplätze und Garagen,
- nach § 63 Absatz 4 Satz 3 BauO NRW 2018 die **Unterrichtung der Angrenzer** über die Durchführung eines nach § 67 BauO NRW 2018 freigestellten Wohnbauvorhabens,
- nach § 68 Absatz 1 BauO NRW 2018 die **Vorlage von bestimmten bautechnischen Nachweisen und Bescheinigungen.**

27 Auch **sonstige öffentlich-rechtliche Vorschriften** enthalten Pflichten, die an Baumaßnahmen anknüpfen:
- nach § 4 **BaustellV** hat der Bauherr die nach § 2 und § 3 Abs. 1 Satz 1 BaustellV vorgeschriebenen Maßnahmen zu treffen, soweit er hierzu nicht Dritte beauftragt hat; zu diesen Maßnahmen zählen insbesondere die Übermittlung der **Vorankündigung** der Baustelle an die Arbeitsschutzverwaltung, die Erstellung eines **Sicherheits- und Gesundheitsschutzplans** bei besonders gefährlichen Arbeiten und die **Bestellung eines Koordinators**,
- nach § 202 **BauGB** ist der Mutterboden, der bei der Errichtung und Änderung baulicher Anlagen sowie bei wesentlichen anderen Veränderungen der Erdoberfläche ausgehoben wird, in nutzbarem Zustand zu erhalten und vor Vernichtung oder Vergeudung zu **schützen**, wobei die **Ordnungspflicht** den **Bauherrn** bzw. im Rahmen seines Wirkungskreises auch den **Unternehmer** trifft (vgl. Ernst/Zinkahn/Bielenberg/Krautzberger, zu § 202 Rn. 14),
- nach § 16 Abs. 2 VermKatG NRW besteht eine gesetzliche **Einmessungspflicht** für neu errichtete Gebäude und solche, die in ihrem Grundriss verändert werden; diese Pflicht obliegt dem Bauherrn jedoch nur, wenn er auch **Eigentümer** oder **Erbbauberechtigter** des Grundstücks ist, da sich die vermessungsrechtliche Vorschrift ausdrücklich an diese Personen richtet.

28 Neu aufgenommen wurde die **Verpflichtung** der Bereithaltung von **Nachweisen und Unterlagen** zu den verwendeten **Bauprodukten** und den angewandten **Bauarten**. Sofern Bauprodukte nach der Bauproduktenverordnung eine CE-Kennzeichnung tragen, ist der maßgebliche Beleg die Leistungserklärung (s. Anmerkungen zu § 19 Rdn. 14). Ansonsten handelt es sich um die in § 20 BauO NRW vorgeschriebenen Verwendbarkeitsnachweise (s. Anmerkungen zu § 20 Rdn. 3 ff.).

3.3 Satz 5 und 6 – Mitteilungspflichten (Bauleiter, -wechsel und Bauherrnwechsel)

29 Satz 5 wurde infolge des in der Vorgängervorschrift wieder aufgenommenen Bauleiterparagraphen (§ 56 BauO NRW 2018) erforderlich (s. Rdn. 02). Nach dieser Vorschrift sind vom Bauherrn stets **vor Baubeginn** die **Namen des Bauleiters** bzw. **Fachbauleiters** der Bauaufsichtsbehörde **mitzuteilen**, ebenso ein Wechsel dieser Personen während der Bauausführung. Die **Verletzung der Mitteilungspflicht** ist gemäß § 86 Absatz 1 Nr. 8 BauO NRW 2018 eine **Ordnungswidrigkeit**.

30 Gemäß **Satz 6** ist der **Wechsel des Bauherrn** der Bauaufsichtsbehörde anzuzeigen. Da der **Bauherr** nach § 53 BauO NRW 2018 **immer Ordnungspflichtiger** für sein

Vorhaben ist, muss die Bauaufsichtsbehörde stets wissen, wer Bauherr ist. Durch falsch adressierte Ordnungsverfügungen kann wichtige Zeit zur Beseitigung gefahrdrohender Zustände verstreichen. Die ordnungsrechtliche Verantwortung geht aber – schon oder erst – in dem Zeitpunkt über, und zwar unabhängig von dem Eingang der Mitteilung bei der Bauaufsichtsbehörde, in dem der neue Bauherr die Sachherrschaft als Anknüpfungspunkt der Ordnungspflicht erlangt (OVG Lüneburg, Urt. v. 08.12.1978 – I A 24/78, BRS 35 Nr. 168). Eine Baugenehmigung darf nicht an einen Antragsteller erteilt werden, der vor der Aushändigung seine Stellung als Bauherr aufgegeben hat; jedoch kann die Bauaufsichtsbehörde einen Antragsteller, dem die Baugenehmigung erteilt ist, als Pflichtigen in Anspruch nehmen, solange ihr ein Wechsel in der Person des Bauherrn nicht mitgeteilt wurde und sie von diesem Wechsel nicht in ausreichender Weise anderweitig Kenntnis erlangt (Hess. VGH, Beschl. v. 03.02.1984 – 4 TG 76/83, BRS 42 Nr. 166).

Der **Wechsel** des Bauherrn ist der Bauaufsichtsbehörde **vom neuen Bauherrn schriftlich mitzuteilen**. Allerdings kann diese Mitteilung in dessen Vertretung durch den bisherigen Bauherrn erfolgen. Das Erfordernis der **Schriftform für die Mitteilung** des Bauherrenwechsels unterstreicht die zentrale Bedeutung des Bauherrn für die Bauaufsichtsbehörde. Vom Sinn der Vorschrift her ist eine Einverständniserklärung des alten Bauherrn für die Anzeige durch den neuen Bauherrn nicht erforderlich. Die **Verletzung der Mitteilungspflicht** ist gemäß § 84 Absatz 1 Nr. 8 BauO NRW 2018 eine **Ordnungswidrigkeit**. 31

4 Zu Absatz 2 – Bauarbeiten in Selbst- oder Nachbarschaftshilfe

Die BauO NRW 2018 will und kann die Ausführung von Bauarbeiten ohne Heranziehung von Unternehmern in Selbst- oder Nachbarschaftshilfe nicht verbieten. Die Bauausführung in Selbst- oder Nachbarschaftshilfe ist im Einfamilienhausbau immer noch üblich und sehr häufig bei der Realisierung von Nebenanlagen beliebt. Rechtlich ist sie **nicht auf technisch einfache Bauten beschränkt**. Die Ausführung der Selbst- oder Nachbarschaftshilfe ist aber an die **Bedingung** geknüpft, dass die Bauarbeiten entweder unmittelbar von **sachkundigen, erfahrenen und zuverlässigen Facharbeitern** ausgeführt werden **oder** aber **entsprechende Personen daran »mitwirken«**. 32

Die **Mitwirkung** (§ 72 Abs. 2 Satz 1 BauO NW 1970 sprach noch von »beaufsichtigen«) ist einer **Anleitung gleichzusetzen**. Der Bauherr muss die Erfüllung dieser Bedingung der Bauaufsichtsbehörde gegenüber nachweisen können, da er auch erklären muss, dass er keinen Unternehmer beauftragen will (vgl. Rdn. 18 ff.). Die Entscheidung liegt auch bei technisch anspruchsvollen baulichen Anlagen beim Bauherrn selbst; es bedarf anders als im Vorgängerrecht bei den technisch einfachen baulichen Anlagen keiner Ermessensentscheidung der Bauaufsichtsbehörde, da Satz 1 insoweit die Beauftragung eines Unternehmers als nicht erforderlich erklärt. Haben die bei Selbst- oder Nachbarschaftshilfe beschäftigten Personen nicht die erforderlichen Sachkenntnisse oder wirken keine entsprechenden Fachkräfte mit, kann die Stilllegung der Bauarbeiten durch die Bauaufsichtsbehörde gerechtfertigt sein (OVG Lüneburg, Beschl. v. 04.02.1975 – VI B 97/74, BauR 1975, 202 = BRS 29 Nr. 180). 33

34 Um **Selbst- oder Nachbarschaftshilfe** handelt es sich nur, wenn es um **Bauarbeiten für den eigenen Bedarf** geht. Dem eigenen Bedarf dienen nicht nur Wohn- oder gewerbliche Räume für den Bauherrn selbst, sondern auch für nahe Verwandte. Schließlich gehört begrifflich hierzu auch, dass die Bauarbeiten vom Bauherrn selbst oder mit nachbarschaftlicher Hilfe durchgeführt werden. Begrifflich gehören zur Nachbarschaftshilfe die **grundsätzliche Unentgeltlichkeit** und eine **persönliche Beziehung** zum Nachbarn (nicht im baurechtlichen Sinne gemeint) und seiner Familie. Die Grenze für erlaubte Nachbarschaftshilfe wird durch das **Gesetz zur Bekämpfung der Schwarzarbeit und illegalen Beschäftigung – SchwarzArbG** vom 23.07.2004 (BGBl. I S. 1842), z.g.d. G vom 22.04.2009 (BGBl. I S. 818) gezogen. Schwarzarbeit im Sinne des § 1 Abs. 2 SchwarzArbG kann mit Geldbuße geahndet werden (§ 8 SchwarzArbG) und ist bei Erfüllung der tatbestandlichen Voraussetzungen der §§ 10–11 SchwarzArbG strafbar. Die Vorschriften über Schwarzarbeit finden nach § 1 Abs. 3 SchwarzArbG keine Anwendung für nicht nachhaltig auf Gewinn gerichtete Dienst- oder Werkleistungen, die
1. von Angehörigen im Sinne des § 15 der Abgabenordnung oder Lebenspartnern,
2. aus Gefälligkeit,
3. im Wege der Nachbarschaftshilfe, oder
4. im Wege der Selbsthilfe im Sinne des § 36 Abs. 2 und 4 II. WoBauG oder des § 12 Abs. 1 Satz 2 WoFG,

erbracht werden. Als nicht nachhaltig auf Gewinn gerichtet gilt insbesondere eine Tätigkeit, die gegen geringes Entgelt erbracht wird.

35 Für die **genehmigungsbedürftige Beseitigung von Anlagen** ist die **Selbst- oder Nachbarschaftshilfe** nach **Satz 2 ausgeschlossen.** Der behördliche Umgang mit der Beseitigung von Anlagen ist in § 62 Absatz 3 BauO NRW 2018 vorgegeben. Danach ist die Beseitigung grundsätzlich von einer Genehmigung freigestellt; stattdessen ist ein Anzeigeverfahren installiert worden (vgl. Anmerkungen zu § 62 Rdn. 223 ff.). Bisher war zur Realisierung genehmigungsbedürftiger Beseitigungsarbeiten **stets ein geeigneter Abbruchunternehmer** zu beauftragen, dessen Eignung im Genehmigungsverfahren durch die Bauaufsichtsbehörde geprüft wurde. Im Vordruck für einen Antrag auf Abbruchgenehmigung war daher stets der **beauftragte Abbruchunternehmer** zu benennen. Diese Verfahrensweise ist vollständig entfallen. Einer Beauftragung und Benennung eines Unternehmens bedarf es nach neuer Rechtslage nicht mehr, so dass alle Beseitigungsarbeiten unter Beachtung der Regelungen in § 62 Absatz 3 BauO NRW 2018 fortan in Selbst- oder Nachbarschaftshilfe ausgeführt werden können. Satz 2 ist daher irreführend und entbehrlich.

5 Zu Absatz 3 – Personenmehrheit als Bauherren

36 Absatz 3 trägt einem in der Praxis häufiger auftretenden Bedürfnis der Bauaufsichtsbehörde Rechnung. Treten **mehrere natürliche oder juristische Personen** zusammen **als Bauherren** auf, so kann die Bauaufsichtsbehörde verlangen, ihr gegenüber **einen Vertreter** zu bestellen, dem die **Pflichten des Bauherrn** im Sinne der §§ 52 und 53 BauO NRW 2018 obliegen. Dem Vertreter können wirksam Verwaltungsakte bekannt gegeben und zugestellt werden, da es gerade Sinn der Bestimmung ist, bei einer Mehrheit von Bauherren gegenüber nur einem baurechtliche Verpflichtungen zu begründen.

Im Gegensatz zu der Vorgängervorschrift, die in § 69 Abs. 3 BauO NRW 2000 verortet war, ist nunmehr die Bestellung eines Vertreters wieder in das Ermessen der Bauaufsichtsbehörde gestellt. Dies war auch in der Vorschrift des § 63 Abs. 4 BauO NRW 1984 bereits der Fall. Demzufolge entsteht nun erst durch Erlass eines Verwaltungsaktes das Erfordernis, einen Vertreter zu bestellen. Insbesondere ist bei aus mehreren Personen gebildeten **Bauherrengemeinschaften** aus unterschiedlichen Gründen auf die Bestellung eines Vertreters zu achten (vgl. OVG NRW, Urt. v. 05.08.1996 – 9 A 5293/93, BRS 58 Nr. 134 = NVwZ-RR 1998, 71 und OVG Bbg, Beschl. v. 02.12.1997 – 1 S 32/97, NVwZ 1998, 656 zur Gebührenzahlungspflicht der einzelnen beteiligten Personen und Hess. VGH, Beschl. v. 23.01.1997 – 4 TG 4829/96, BauR 1998, 1222 = BRS 59 Nr. 159 zur Beteiligungsfähigkeit im Streit um die Wirksamkeit einer ihr erteilten Baugenehmigung). 37

Der neu in das Regelwerk aufgenommene Verweis auf die Vorschrift des § 18 Abs. 1 Satz 2 und 3 sowie Abs. 2 VwVfG NRW enthält Regelungen zum 38
– Recht der Bauaufsichtsbehörde, von Amts wegen selber eine natürliche Person als Vertreter zu bestellen, sofern dem entsprechenden Verlangen innerhalb einer angemessenen Frist nicht nachgekommen wurde.
– Erlöschen der Vertretungsmacht
(dazu detailliert: Ramsauer, Verwaltungsverfahrensgesetz, zu § 18 Rn. 12–14).

§ 54 Entwurfsverfassende

(1) Die Entwurfsverfasserin oder der Entwurfsverfasser muss nach Sachkunde und Erfahrung zur Vorbereitung des jeweiligen Bauvorhabens geeignet sein. Sie oder er ist für die Vollständigkeit und Brauchbarkeit ihres oder seines Entwurfs verantwortlich. Die Entwurfsverfasserin oder der Entwurfsverfasser hat dafür zu sorgen, dass die für die Ausführung notwendigen Einzelzeichnungen, Einzelberechnungen und Anweisungen geliefert werden und dem genehmigten Entwurf und den öffentlich-rechtlichen Vorschriften entsprechen.

(2) Hat die Entwurfsverfasserin oder der Entwurfsverfasser auf einzelnen Fachgebieten nicht die erforderliche Sachkunde und Erfahrung, so sind geeignete Fachplanerinnen und Fachplaner heranzuziehen. Diese sind für die von ihnen gefertigten Unterlagen, die sie zu unterzeichnen haben, verantwortlich. Für das ordnungsgemäße Ineinandergreifen aller Fachplanungen bleibt die Entwurfsverfasserin oder der Entwurfsverfasser verantwortlich.

(3) Brandschutzkonzepte für bauliche Anlagen werden von staatlich anerkannten Sachverständigen nach § 87 Absatz 2 Satz 1 Nummer 4 für die Prüfung des Brandschutzes, von öffentlich bestellten und vereidigten Sachverständigen für vorbeugenden Brandschutz nach § 36 der Gewerbeordnung in der Fassung der Bekanntmachung vom 22. Februar 1999 (BGBl. I S. 202), die zuletzt durch Artikel 1 des Gesetzes vom 17. Oktober 2017 (BGBl. I S. 3562) geändert worden ist, oder

§ 54 Entwurfsverfassende

von Personen aufgestellt, die im Einzelfall für die Aufgabe nach Sachkunde und Erfahrung vergleichbar geeignet sind.

(4) Standsicherheitsnachweise für bauliche Anlagen werden von Personen mit einem berufsqualifizierenden Hochschulabschluss eines Studiums der Fachrichtung Architektur, Hochbau oder des Bauingenieurwesens mit einer mindestens dreijährigen Berufserfahrung in der Tragwerksplanung aufgestellt, die als Mitglied einer Architektenkammer in einer von der Architektenkammer Nordrhein-Westfalen zu führenden Liste oder als Mitglied einer Ingenieurkammer in einer von der Ingenieurkammer-Bau Nordrhein-Westfalen zu führenden Liste eingetragen sind (qualifizierte Tragwerksplanerin oder qualifizierter Tragwerksplaner). Eintragungen anderer Länder gelten auch im Land Nordrhein-Westfalen. § 67 Absatz 4 bis 6 gilt entsprechend.

Übersicht

		Rdn.
0	Änderungen gegenüber der BauO NW 1984, der BauO NW 1995 und der BauO 2000	01
1	Allgemeines	1
2	Zu Absatz 1 – Eignung und Verantwortlichkeit des Entwurfsverfassers	9
2.1	Satz 1 – Eignung des Entwurfsverfassers	9
2.2	Satz 2 – Verantwortlichkeit des Entwurfsverfassers	13
2.3	Satz 3 – Pflicht zur Ausführungsplanung	22
2.4	Konsequenzen bei Nichteignung des Entwurfsverfassers	24
3	Zu Absatz 2 – Heranziehung von Fachplanern	26
4	Zu Absatz 3 – Fachplaner für Brandschutzkonzepte	32
5	Zu Absatz 4 – Fachplaner für Standsicherheitsnachweise	40

0 Änderungen gegenüber der BauO NW 1984, der BauO NW 1995 und der BauO 2000

01 Die **BauO NW 1995** hat § 54 BauO NW 1984 übernommen und um gleichstellungsgerechte Formulierungen ergänzt.

02 Die **BauO NRW 2000** fügte Abs. 3 an, der **Anforderungen** an den **Fachplaner für das Brandschutzkonzept** enthält (s. LT-Drucks. 12/3738 S. 82 zu Art. I Nr. 33 – § 58).

03 In der **BauO NRW 2018** werden die **Anforderungen** an den Aufsteller von **Brandschutzkonzepten** modifiziert (**Absatz 3**) und erstmals der **Personenkreis** festgelegt, der **Standsicherheitsnachweise** erstellen darf (**Absatz 4**).

1 Allgemeines

1 Die BauO NRW 2018 regelt grundsätzlich **kein Berufsrecht**, obwohl § 67 BauO NRW 2018 (Bauvorlageberechtigung) durchaus Elemente einer berufsrechtlichen Regelung in Ergänzung des Baukammerngesetzes NRW aufweist. Eben weil die BauO NRW grundsätzlich keine berufsrechtlichen Regelungen treffen will, sind in §§ 52–56 BauO NRW 2018 auch **keine bestimmten Berufe** angesprochen, sondern nur **Träger bestimmter Funktionen** bei der Ausführung eines Baus. Das erklärt,

warum in § 54 z.B. nicht vom Architekten oder Bauingenieur bzw. vom Vermessungsingenieur oder Statiker die Rede ist, sondern vom **Entwurfsverfasser** bzw. **Fachplaner**.

Der **Entwurfsverfasser** ist derjenige, der für das Vorhaben den **Entwurf** mit den zugehörigen **Ausführungsunterlagen anfertigt** oder **unter seiner Leitung** durch Mitarbeiter oder Dritte **anfertigen lässt** sowie dafür sorgt, dass geeignete Fachplaner herangezogen werden und dass deren **Fachentwürfe** auf den Entwurf **abgestimmt** sind. Insofern verfügt der Entwurfsverfasser über die Übersicht über das gesamte Bauvorhaben. Der **Entwurfsverfasser** ist nach Absatz 1 Satz 2 für **seinen Entwurf**, der **Fachplaner** nach Absatz 2 Satz 2 für **seinen Fachentwurf** in öffentlich-rechtlicher Hinsicht **verantwortlich**. Dem **Entwurfsverfasser** als **Hauptverantwortlichem** obliegt die **Koordination der Fachentwürfe**. 2

Die BauO NRW 2018 definiert nicht, was unter einem **Entwurf** oder einem **Fachentwurf** im öffentlich-rechtlichen Sinne zu verstehen ist. Das öffentliche Baurecht setzt einfach voraus, dass das private Baurecht, das unter anderem auch die Rechtsbeziehungen zwischen dem Bauherrn und dem Entwurfsverfasser zum Gegenstand hat, hierzu ausreichende Regelungen enthält. Doch auch im zivilen Baurecht bestehen keine Vorschriften, die den Umfang oder den Inhalt des Entwurfs bzw. Fachentwurfs verbindlich regeln. Erlassen wurden lediglich **Honorarvorschriften**, die selbst wiederum bei der Festlegung der Honorarsätze an das **Leistungsbild** der **Architekten** und **Ingenieure** anknüpfen. Diese Vorschriften erfassen mehr als die eigentliche Entwurfstätigkeit, die nur einen Teil der Aufgaben der Architekten und Ingenieure darstellt und können daher nur **hilfsweise herangezogen** werden, um zu einer Begriffsklärung beizutragen. 3

Aus Absatz 1 Satz 2 und 3 ergibt sich, dass der **Entwurf** die notwendigen **Unterlagen zur Erlangung der Baugenehmigung** beinhaltet, auf dem die **zugehörige Ausführungsplanung** aufbaut. Die für die Ausführung notwendigen Einzelzeichnungen, Einzelberechnungen und Anweisungen können erst auf der Grundlage des **genehmigten** Entwurfs angefertigt werden. In öffentlich-rechtlicher Hinsicht umfasst die Ausführungsplanung alle Darstellungen, die zur ordnungsgemäßen Beschaffenheit erforderlich sind, mithin ein gefahrenvermeidendes gesetzeskonformes Ausführen der Maßnahme ermöglichen (so auch Jeromin, zu § 56 Rn. 17). Die bauaufsichtlichen Anforderungen können sich im Einzelfall auch auf die Inneneinrichtung erstrecken, z.B. müssen gemäß § 72 Abs. 4 Satz 4 SBauVO in Verkaufsstätten Verkaufsstände an Hauptgängen unverrückbar und gemäß § 10 Abs. 1 Satz 1 SBauVO in Versammlungsstätten in Reihen angeordnete Sitzplätze unverrückbar befestigt bzw. fest miteinander verbunden sein. Die **Sonderbauverordnung** schreibt vereinzelt sogar die Erstellung **besonderer Ausführungszeichnungen** für die Inneneinrichtung und deren Prüfung durch die Bauaufsichtsbehörde vor (z.B. der Bestuhlungsplan nach § 32 SBauVO). 4

Aus § 54 folgt nicht, dass der Entwurfsverfasser nur eine Person sein darf. **Einzelne Leistungsphasen** können von **verschiedenen Personen** bearbeitet werden. So ist relativ häufig zu beobachten, dass Voranfrage und Genehmigungsplanung auseinanderfallen. Nicht selten besteht die Praxis, die Ausführungsplanung an einen auf ein derartiges Leistungsbild spezialisierten Planer zu vergeben. Es ist **zulässig, die Einzelfunktionen** 5

Wenzel 1105

§ 54   Entwurfsverfassende

der am Bau Beteiligten in einer Person zu vereinigen (vgl. Anmerkungen zu § 52 Rdn. 19 und 20). Auch der Bauherr selbst kann als Entwurfsverfasser tätig werden, soweit er nur ausreichend sachkundig und erfahren ist (Abs. 1 Satz 1). Neben Absatz 1, der materiell-rechtliche Anforderungen an die Qualifikation eines Entwurfsverfassers festlegt, sind für bestimmte genehmigungsbedürftige Vorhaben die in § 67 BauO NRW 2018 (Bauvorlageberechtigung) festgelegten »formellen« Anforderungen zu berücksichtigen.

6   Eine sachgerechte Anwendung des § 54 erfordert die Berücksichtigung der §§ 52 und 53 BauO NRW 2018. Gemäß § 52 BauO NRW 2018 ist der **Entwurfsverfasser in seinem Wirkungsbereich**, der in § 54 näher beschrieben wird, **neben dem Bauherrn öffentlich-rechtlich verantwortlich**. In § 53 BauO NRW 2018 ist ausdrücklich geregelt, dass der Bauherr bei **genehmigungspflichtigen Vorhaben** einen **Entwurfsverfasser bestellen muss, sofern er nicht selbst entsprechend geeignet ist** (zur Frage der Entscheidung darüber s. Anmerkungen zu § 53 Rdn. 18–22).

7   Die nach § 53 BauO NRW 2018 grundsätzlich **vorgeschriebene Beauftragung** des Entwurfsverfassers für genehmigungsbedürftige Vorhaben sagt nichts über das Erfordernis der **Bauvorlageberechtigung** aus. Zu den genehmigungsbedürftigen Vorhaben rechnen nämlich auch solche, für die **keine** Bauvorlageberechtigung nach § 67 BauO NRW 2018 verlangt wird, beispielsweise für die **Errichtung** eines **untergeordneten Gebäudes**. Traut er sich dies zu, kann der Bauherr für genehmigungsbedürftige, aber **technisch einfache** Vorhaben die Entwurfsbearbeitung selbst übernehmen, sollte dann aber auch im Antragsvordruck den Verzicht nach § 53 Absatz 1 Satz 1 BauO NRW 2018 durch einen entsprechenden Zusatz beantragen.

8   Niemand hindert den Bauherrn, einen Entwurfsverfasser **freiwillig** zu beauftragen, weil er sich z.B. nicht in der Lage sieht, die gesamte **Verantwortung für die ordnungsgemäße Ausführung** eines freigestellten Vorhabens zu übernehmen. Obwohl die Beauftragung eines Entwurfsverfassers für die nach § 62 BauO NRW 2018 nicht genehmigungsbedürftigen Vorhaben nicht vorgeschrieben ist, greifen dennoch die Vorschriften des § 54, wenn der Bauherr einen Entwurfsverfasser einschaltet (s. Anmerkungen zu § 53 Rdn. 23).

2 Zu Absatz 1 – Eignung und Verantwortlichkeit des Entwurfsverfassers

2.1 Satz 1 – Eignung des Entwurfsverfassers

9   Satz 1 schreibt vor, dass der Entwurfsverfasser **nach Sachkunde und Erfahrung** zur Vorbereitung des jeweiligen Bauvorhabens **geeignet sein muss**. Hierbei handelt es sich um eine **materielle** und keine formelle **Qualifikationsanforderung**. Dadurch wird zunächst deutlich, dass **die Bauvorlageberechtigung** nach § 67 BauO NRW 2018 für sich allein noch **keine Garantie für ausreichende Sachkunde und Erfahrung** darstellt. Die Bauvorlageberechtigung bildet lediglich eine **zusätzliche formelle Voraussetzung** für den Entwurfsverfasser, Bauvorlagen im bauaufsichtlichen Verfahren durch Unterschrift anerkennen zu dürfen. Erkennt der Bauvorlageberechtigte den von einem **anderen**, nicht bauvorlageberechtigten **Entwurfsverfasser** gefertigten Entwurf durch

seine Unterschrift **an, ist er** in zivilrechtlicher Hinsicht für Mängel dieses Entwurfs haftbar (BGH, Urt. v. 08.02.2001 – VII ZR 152/00, ZfBR 2001, 316 zur unterlassenen Überprüfung der Höheneintragungen im Lageplan mit der Folge zusätzlicher Umplanungs- und Bauarbeiten).

In erster Linie müssen die **Fähigkeiten des Entwurfsverfassers** den **im Einzelfall gestellten Anforderungen** entsprechen. Welches **Maß an Sachkunde und Erfahrung** erforderlich ist, ergibt sich **im Einzelfall für das konkrete Vorhaben** aus den **öffentlich-rechtlichen Anforderungen an den Entwurf**. Dabei handelt es sich um ein Begriffspaar, das eine **Qualifikationsanforderung** umschreibt. **Sachkunde** kann durch **Ausbildung**, aber auch durch **langjährige Anwendungspraxis** gewonnen werden; **Erfahrung** in der Anwendungspraxis setzt eine bestimmte **Sachkenntnis** voraus. So sind die öffentlich-rechtlichen Anforderungen an Sachkunde und Erfahrung beim Entwurf für ein Fußballstadion deutlich höher als die für ein Wohnhaus. Ein Entwurfsverfasser, der sich jahrelang ausschließlich dem Wohnungsbau zugewandt hat, wird erhebliche Probleme mit dem Entwurf eines derartigen Sonderbaus haben (vgl. Boeddinghaus/Hahn/Schulte/Radeisen, zu § 58 Rn. 6 und Jeromin, zu § 56 Rn. 7). 10

Ob der **Entwurfsverfasser** den in Satz 1 genannten **Voraussetzungen genügt**, muss er **selbstverantwortlich entscheiden** (zu den Anforderungen s. Rdn. 15–19). Durch die Regelung soll die Qualifikation des Entwurfsverfassers für das jeweilige Bauvorhaben gesichert werden. Die Einhaltung dieser Vorschrift wird indirekt durch die Prüfung der Bauvorlagen durch die Bauaufsichtsbehörde und durch die Vorschrift des § 71 Abs. 1 Satz 2 und 3 BauO NRW gewährleistet, nach der bei erheblichen Mängeln eine Nachbesserungsfrist eingeräumt werden soll, nach deren fruchtlosen Verstreichen der Antrag als zurückgezogen gilt (s. Anmerkungen zu § 71 Rdn. 61–77). 11

Die Forderung nach **Eignung** des Entwurfsverfassers **bezieht sich auf den Entwurf als Ganzes**, nicht jedoch auf sämtliche mit der Entwurfsbearbeitung verbundenen Fachbereiche. Deshalb darf nicht der Fehlschluss gezogen werden, dass das Fehlen von Sachkunde und Erfahrung in Bezug auf die gesamte Entwurfsaufgabe durch die Heranziehung von Fachplanern nach Absatz 2 Satz 2 kompensiert werden könnte. Diese Vorschrift trägt lediglich dem Umstand Rechnung, dass kaum ein Entwurfsverfasser auf allen Fachgebieten über Sachkunde und Erfahrung verfügen kann. Die **Spezialisierung im Bauwesen** hat zu einer **Vielzahl von Fachgebieten** geführt. Daher sind für Fachaufgaben, wie z.B. Baugrunduntersuchungen, Vermessungen, bauphysikalische Untersuchungen, Tragwerksplanungen, Brandschutzkonzepte, Eingriffsbewertungen nach dem Naturschutzrecht oder Begrünungsplanungen, Fachplaner heranzuziehen. Der Entwurfsverfasser kann unmöglich in all diesen Fachgebieten über ausreichendes Detailwissen verfügen, er muss aber den **Überblick behalten** und **fähig sein zu erkennen, ob** ein oder mehrere **Fachplaner** notwendigerweise **einzuschalten sind**. 12

2.2 Satz 2 – Verantwortlichkeit des Entwurfsverfassers

Die **öffentlich-rechtlichen Pflichten des Entwurfsverfassers** und damit dessen **Verantwortlichkeit** bestimmen sich nach Art und Nutzung der zu planenden baulichen Anlage und der hierfür geltenden baurechtlichen Vorschriften. Der **Entwurfsverfasser** 13 haftet zivilrechtlich für die öffentlich-rechtliche Genehmigungsfähigkeit seiner Planung (BGH, Beschl. v. 26.05.1983 – III ZR 212/82, VersR 1983, 980; OLG München, Urt. v. 02.07.1990 – 28 U 6783/89, BauR 1992, 534; vgl. Maser, Die Haftung des Architekten für die Genehmigungsfähigkeit der Planung, BauR 1994, S. 180 ff. und Locher, Die Haftung des Planers für eine nicht genehmigungsfähige Planung, BauR 2002, S. 1303 ff.).

14 Die **Eigenverantwortlichkeit des Entwurfsverfassers** ist infolge der **Freistellung** von Wohnbauvorhaben nach § 63 BauO NRW 2018, aber auch durch die **Prüfeinschränkungen** für Vorhaben im **vereinfachten Genehmigungsverfahren** nach § 64 BauO NRW 2018 **wesentlich gesteigert** (BGH, Urt. v. 27.09.2001 – VII ZR 391/99, BauR 2002, 114). Dies gilt insbesondere auch für die Verantwortung des Entwurfsverfassers in Bezug auf die Standsicherheit und den Schall-, Wärme- und ggf. Brandschutz. Sofern er nicht selber die notwendige Eignung besitzt, hat er entsprechende Fachplaner hinzuziehen zu lassen, die ihrerseits die nach § 63 Absatz 4 Satz 1 und 2 BauO NRW 2018 notwendigen Nachweise und Bescheinigungen erbringen müssen. Mit dieser Gesamtverantwortung einher geht auch eine Ausweitung der zivilrechtlichen Haftung gegenüber dem Bauherrn (hierzu s. Schulte, Die erweiterte Haftung für Architekten durch die Entwicklung im Bauordnungsrecht, BauR 1996, S. 599 ff.).

15 Der Entwurfsverfasser **schuldet** eine **Planung**, die zu einer **dauerhaften** und **nicht mehr rücknehmbaren Baugenehmigung** führt (OLG Düsseldorf, Urt. v. 31.05.1996 – 22 U 176/95, BauR 1997, 159). Vom Entwurfsverfasser wird erwartet, dass er **aufgrund Ausbildung und Berufspraxis über die zur Lösung der übernommenen Planungsaufgabe erforderlichen Kenntnisse und Fähigkeiten verfügt** (BGH, Urt. v. 17.04.1980 – III ZR 167/78, NJW 1980, 2576). Soll die Genehmigungsfähigkeit ausnahmsweise nicht geschuldet sein, so setzt dies eine ausdrückliche Vereinbarung voraus, die nicht schon aus der Vereinbarung eines für die Planung einzuhaltenden Maßes der baulichen Nutzung abgeleitet werden kann (KG Bln, Urt. v. 11.01.2000 – 27 U 5302/99, BauR 2002, 111). Die Genehmigungsfähigkeit wird ausnahmsweise nicht geschuldet, wenn der Auftrag nur den Versuch zur Erlangung der Baugenehmigung enthält und der Architekt über die Risiken der Genehmigungsfähigkeit und die Möglichkeit einer kostensparenden Bauvoranfrage zur Klärung der Genehmigungsfähigkeit umfassend aufgeklärt hat (OLG Düsseldorf, Urt. v. 12.12.1995 – 21 U 53/95, BauR 1996, 287).

16 Der **Entwurfsverfasser trägt** für die Planung die **Verantwortung, auch wenn die Bauaufsichtsbehörde Fehler übersieht** und daraufhin die Baugenehmigung zurückgenommen werden muss (BGH, Urt. v. 09.03.1992 – III ZR 117/90, NVwZ 1992, 911 zu nicht beachteten Abstandflächenvorschriften). Diese auf den ersten Blick erstaunliche Entscheidung findet ihre Grundlage jedoch im **Verweisungsprivileg** des **§ 839 BGB**. Die **öffentliche Hand haftet** danach **nur nachrangig für Fehler von Amtsträgern, sofern kein Vorsatz vorliegt.** Solange der Entwurfsverfasser aus seiner zivilvertraglichen Verpflichtung zur Erstellung einer dauerhaft genehmigungsfähigen Planung in Anspruch genommen werden kann, scheidet ein Anspruch gegen die Anstellungskörperschaft des fehlerhaft handelnden Amtsträgers aus (hierzu s. Troidl, Die

Haftung des Architekten für eine »haltbare« Planung – muss er klüger sein als das Bauordnungsamt?, BauR 2007, S. 12 ff.).

Der **Entwurfsverfasser muss sämtliche öffentlich-rechtlichen Aspekte des Bundes- und Landesbaurechts** im Rahmen der Entwurfsbearbeitung **berücksichtigen**. Dazu rechnen auch die nach § 3 Absatz 2 Satz 1 BauO NRW 2018 zu beachtenden **allgemein anerkannten Regeln der Technik**, soweit diese der **Wahrung der Belange der öffentlichen Sicherheit oder Ordnung** dienen und soweit sie überhaupt Vorgaben enthalten, die sich an die Planung richten. So hat der Entwurfsverfasser die Festsetzungen zum Maß der baulichen Nutzung zu beachten (OLG Hamm, Urt. v. 23.01.2001 – 34 U 124/99, BauR 2001, 984). Er muss die Abstandflächen eines zu errichtenden Gebäudes prüfen und entweder einhalten oder den Bauherrn auf die mit der Nichteinhaltung verbundenen Risiken und das Erfordernis der Nachbarzustimmung mit der erforderlichen Deutlichkeit hinweisen (OLG Hamm, Urt. v. 26.11.1999 – 25 U 56/99, BauR 2000, 918). Ist die Genehmigungsfähigkeit zweifelhaft, darf der Entwurfsverfasser nicht ohne weiteres den Vorentwurf, den Entwurf und die Bauvorlagen fertigen, sondern muss den Bauherrn über die kostensparende **Möglichkeit einer Bauvoranfrage** belehren (OLG Köln, Urt. v. 21.10.1992 – 11 U 84/92, BauR 1993, 358). Verzichtet der Bauherr dennoch auf die Voranfrage, kann er von dem Entwurfsverfasser später keinen Schadenersatz für Kosten der Tragwerksplanung verlangen, wenn die Baugenehmigung verweigert wird (OLG Celle, Urt. v. 13.09.2001 – 13 U 68/01, BauR 2002, 116).

17

Die **Beurteilung, ob** der **Entwurf vollständig und brauchbar** im Sinne von Absatz 1 Satz 2 ist, richtet sich ausschließlich nach öffentlich-rechtlichen Vorschriften, nicht etwa danach, ob der Entwurf zivilrechtlichen oder wirtschaftlichen Anforderungen genügt oder praktisch durchführbar ist oder künstlerischen Wünschen entspricht (vgl. Boeddinghaus/Hahn/Schulte, zu § 58 Rn. 7). Die Bauvorlagen müssen insbesondere den Vorschriften der BauPrüfVO und der SBauVO entsprechen und weitergehenden Anforderungen anderer öffentlich-rechtlicher Vorschriften genügen.

18

Der Entwurf ist **vollständig**, wenn er alle zur Prüfung des Vorhabens nach den öffentlich-rechtlichen Vorschriften erforderlichen Zeichnungen, Beschreibungen und sonstigen Angaben enthält (s. Anmerkungen zu § 70 Rdn. 49–59). Der Entwurf ist **brauchbar**, wenn er die öffentlich-rechtlichen Vorschriften zumindest insoweit einhält, dass auf seiner Grundlage eine zur Ausräumung geringfügiger Verstöße mit Nebenbestimmungen versehene Baugenehmigung erteilt werden kann (OVG NRW, Urt. v. 22.07.1987 – 11 A 958/85, BRS 47 Nr. 139 und Urt. v. 11.12.1992 – 11 A 1823/90, BRS 55 Nr. 141). Die zivilrechtlichen Anforderungen erfassen weitergehend auch die Gewährleistung eines mängelfreien, zweckgerechten Werks (BGH, Urt. v. 06.05.1985 – VII ZR 304/83, BauR 1985, 567; OLG Düsseldorf, Urt. v. 30.03.1990 – 22 U 203/89, BauR 1992, 536).

19

Die **Folge eines unvollständigen Entwurfs** ist nach fruchtlosem Nachbesserungsverlangen der Bauaufsichtsbehörde die Rücknahmefiktion (s. Anmerkungen zu § 71 Rdn. 62–77). Die **Folge eines unbrauchbaren Entwurfs** ist nach erfolglosem Änderungsverlangen der Bauaufsichtsbehörde die **Ablehnung des Bauantrags**.

20

21 Die Verantwortlichkeit für den Entwurf bedingt nicht, dass der Entwurfsverfasser alle Zeichnungen, Berechnungen und Beschreibungen persönlich verfasst. Er behält aber die **Verantwortung für die von seinen Hilfskräften oder von ihm beauftragten Dritten angefertigten Unterlagen** (s. Rdn. 2 und Boeddinghaus/Hahn/Schulte, zu § 58 Rn. 4 unter Hinweis auf BayObLG, Beschl. v. 08.08.1979, BayVBl. 1979, 731). Zur **Vollständigkeit** und **Brauchbarkeit des Entwurfs** gehören **Detailzeichnungen der Konstruktion**. Es ist Aufgabe des Entwurfsverfassers und der Fachplaner, die Erreichung der in den einschlägigen Rechtsvorschriften und technischen Baubestimmungen festgelegten **Mindestanforderungen nachzuweisen**.

2.3 Satz 3 – Pflicht zur Ausführungsplanung

22 Nach **Satz 3** hat der Entwurfsverfasser dafür zu sorgen, dass die **für die Bauausführung notwendigen Einzelzeichnungen, Einzelberechnungen** und **Anweisungen, die dem genehmigten Entwurf und den öffentlich-rechtlichen Vorschriften entsprechen müssen**, geliefert und den ausführenden Unternehmern zur Verfügung gestellt werden. Die **Ausführungsplanung ist das Bindeglied zwischen genehmigtem Entwurf und Bauausführung** und bezweckt, dass der Unternehmer gefahrlos und mit der erforderlichen Genauigkeit bauen kann (vgl. OLG Hamm, Beschl. v. 18.08.1976 – IV Ss OWi 976/76, BRS 30 Nr. 188).

23 In der Regel sind die zur bauaufsichtlichen Prüfung eines Vorhabens eingereichten **Bauvorlagen zur praktischen Bauausführung nicht geeignet**, da sie nach § 4 Abs. 1 BauPrüfVO im Maßstab 1 : 100 anzufertigen sind, nur die für die öffentlich-rechtliche Prüfung erforderlichen Angaben enthalten sollen und schon allein deshalb nicht sämtliche, zur Umsetzung notwendige Details darstellen können. Zur einwandfreien Bauausführung im Sinne gefahrenfreien Bauens gehören aber ergänzende Ausführungszeichnungen im Maßstab 1 : 50 oder in noch kleineren Maßstäben mit Angabe sämtlicher Details, ohne die der Unternehmer unmöglich mit der erforderlichen Genauigkeit arbeiten kann. Nur in wenigen Ausnahmefällen wird für einfache Vorhaben auf Detailangaben verzichtet werden können.

2.4 Konsequenzen bei Nichteignung des Entwurfsverfassers

24 Wie dargestellt, ist es die Aufgabe des Entwurfsverfassers, genehmigungsfähige Bauvorlagen herzustellen. Dafür wird er vom Bauherrn bezahlt. Von den Bauaufsichtsbehörden wird jedoch immer wieder bemängelt, dass **unvollständige und unbrauchbare Entwürfe** eingereicht werden. Die Behörde sollte sich in keinem Fall dazu drängen lassen, Bauvorlagen selbst zu vervollständigen oder zu korrigieren. Dies ist durch die Gebühreneinnahmen nicht gedeckt und im Grunde genommen ein **unzulässiger Einsatz von Steuermitteln**. Daneben hält diese Tätigkeit die Bauaufsichtsbehörde davon ab, vollständige und brauchbare Bauanträge zügig zu bearbeiten und zu genehmigen. Letztlich führt dies zu einer allgemeinen, auch von Entwurfsverfassern selbst immer wieder beklagten Verzögerung der Baugenehmigungsverfahren.

25 **Bessert der Entwurfsverfasser** trotz Aufforderung der Bauaufsichtsbehörde **beanstandete Unterlagen** nur **unzureichend nach** oder enthalten aufgrund von **Beanstandungen**

neu vorgelegte Unterlagen wiederum gravierende Verstöße gegen öffentlich-rechtliche Vorschriften, so greift die in § 71 Absatz 2 Satz 3 BauO NRW 2018 neu eingefügte **Rücknahmefiktion**.

3 Zu Absatz 2 – Heranziehung von Fachplanern

Schon die BauO NW 1984 verwendete anstelle des **Begriffs »Sachverständiger«** den Begriff »**Fachplaner**«. Dies entspricht dem Sprachgebrauch der Praxis und berücksichtigt, dass der Begriff Sachverständiger im Allgemeinen nur dort Anwendung findet, wo es nicht um das Tätigwerden eines am Bau Beteiligten geht, sondern das Tun dieser Personen sachverständig beurteilt wird (zum Begriff des Sachverständigen s. Anmerkungen Vor §§ 52–56 Rdn. 1). 26

Fehlt dem Entwurfsverfasser auf einzelnen Fachgebieten die **erforderliche Sachkunde und Erfahrung**, muss er gemäß **Satz 1** einen oder mehrere **Fachplaner** hinzuziehen. Für Brandschutzkonzepte hat der Gesetzgeber mit dem Abs. 3 eine Sonderregelung getroffen (s. Rdn. 32–39). Der Entwurfsverfasser wird insbesondere die für die technische Ausarbeitung einzelner Bauteile oder für besondere Berechnungen oder technische Nachweise erforderlichen Fachplaner, etwa den Vermessungsingenieur, Bodengutachter, Statiker oder Heizungs- und Lüftungsingenieur hinzuziehen. Es gehört zu seinen Pflichten, die entsprechenden Fachbeiträge entweder selbst zu erstellen oder für einen Fachplaner zu sorgen (s. auch OVG Bln, Beschl. v. 19.11.1996 – 2 S 23.96, BRS 58 Nr. 200, wonach die Berücksichtigung der Bodenverhältnisse zu den zentralen Aufgaben des Entwurfsverfassers gehört). Allerdings kann und muss der Entwurfsverfasser zunächst selbst entscheiden, inwieweit seine eigene Tätigkeit der Ergänzung durch Fachplaner bedarf (s. Rdn. 14), haftet aber auch, wenn er es versäumt, einen erforderlichen Fachbeitrag einzuholen (OLG Frankfurt, Urt. v. 20.12.1995 – VI ZR 33/96, BauR 1997, 330 zu einer bei Ausschachtung der Baugrube ausgelösten Hangrutschung). 27

Die **Bauaufsichtsbehörde** kann die Hinzuziehung eines Fachplaners gestützt auf Absatz 2 Satz 1 **nicht verlangen**, jedoch die **Ungeeignetheit der vorgelegten Unterlagen** im Hinblick auf genau bezeichnete öffentlich-rechtliche Vorschriften **feststellen** und eine **Ergänzung** des Bauantrags **durch Fachentwürfe verlangen**. Nach fruchtlosem Verstreichen der eingeräumten Frist zur Vorlage ergänzender Unterlagen kommt dann wiederum als Folge die **Rücknahmefiktion** nach § 71 Absatz 1 Satz 3 BauO NRW 2018 zum Tragen. 28

Der **Fachplaner** ist nach **Satz 2** für die Vollständigkeit und Brauchbarkeit der von ihm gefertigten Unterlagen ausschließlich **selbst verantwortlich** und tritt insoweit an die Stelle des Entwurfsverfassers. Seine Fachpläne sind von ihm zu unterschreiben. Mit seiner **Unterschrift** übernimmt der Fachplaner die öffentlich-rechtliche **Verantwortung** für die vollständige Bearbeitung nach den technischen Erfordernissen des jeweiligen Vorhabens und für die Beachtung der öffentlich-rechtlichen Vorschriften bei der Lösung der Planungsaufgabe. Der Fachplaner muss berücksichtigen, dass der Entwurfsverfasser bei der weiteren Planung auf dem Fachbeitrag aufbaut. Erweisen sich später die Vorgaben als unzutreffend, kann dem Entwurfsverfasser kein Vorwurf 29 schuldhaften Verhaltens gemacht werden, sofern aufgrund der ihm möglichen Prüfung kein Anlass bestand, den Feststellungen und Schlussfolgerungen des Gutachtens zu misstrauen (BGH, Urt. v. 26.01.1996 – V ZR 264/94, BauR 1996, 404 zu fehlerhaften Angaben eines Boden- und Gründungsgutachtens). Dies ist folgerichtig, da der Fachplaner ja mangels Detailwissen des Entwurfsverfassers hinzugezogen worden ist.

30 Dem Fachplaner obliegt die gleiche **Sorgfaltspflicht** für seine Fachplanung wie dem Entwurfsverfasser für den Entwurf als Ganzes (s. Rdn. 13–21). So muss z. B. ein Öffentlich bestellter Vermessungsingenieur bei der Verwendung eines älteren Lageplans für ein neues Vorhaben diesen auf seine Richtigkeit hin überprüfen, da er als Fachplaner nicht zu den Personen zählt, die dem öffentlichen Glauben des alten Plans vertrauen dürfen. Vielmehr vertraut das Publikum seinen Angaben, deren Richtigkeit er bescheinigt hat, ohne zwischen eigenen Messungen und der Übernahme vorhandener Zahlen zu unterscheiden (KG Bln, Urt. v. 30.04.1996 – 21 U 8014/95, Forum 1996, 435 zu einem nicht überprüften älteren Lageplan mit fehlerhaften Höhenangaben; auf dem Lageplan hatte der Öffentlich bestellte Vermessungsingenieur vermerkt: »Angefertigt auf Grund des Lageplans vom 10.05.1965 – letzte Eintragung vom 13.03.1981 – und örtlicher Messung ... Erste Anfertigung durch Dipl.-Ing. S. am 18.03.1987« – unter dem Vermerk war, die Richtigkeit bescheinigend, das Dienstsiegel angebracht).

31 Der beauftragte **Entwurfsverfasser** ist nach **Satz 3 für das ordnungsgemäße Ineinandergreifen aller Fachentwürfe verantwortlich.** Diese auch als **Koordinierungspflicht** bezeichnete Aufgabe erfordert große Sorgfalt, da der Entwurfsverfasser gezwungen ist, die Fachentwürfe auf Übereinstimmung mit seiner Planung bzw. mit seinen gelieferten Ausgangsunterlagen und möglicherweise inzwischen eingetretenen Planungsänderungen zu überprüfen. Er darf deshalb den Fachbeiträgen nicht einfach blind vertrauen. Der Entwurfsverfasser hat insbesondere die Fachbeiträge daraufhin zu untersuchen, ob sich **Auswirkungen auf andere Fachplanungen** ergeben, beispielsweise ob der Statiker die Angaben des Bodengutachters entsprechend berücksichtigt hat (BGH, Urt. v. 15.12.1966 – VII ZR 151/64, VersR 1967, 260).

4 Zu Absatz 3 – Fachplaner für Brandschutzkonzepte

32 Der Bauherr ist generell verpflichtet, für die hinsichtlich ihres Gefahrenpotentials besonders bedeutsamen **großen Sonderbauten**, die dem (normalen) Genehmigungsverfahren unterliegen, ein Brandschutzkonzept nach § **70 Absatz 2 Satz 3** BauO NRW 2018 erstellen zu lassen (s. Anmerkungen zu § 70 Rdn. 58–59). Hierdurch wird den Bauaufsichtsbehörden und den im Genehmigungsverfahren zu beteiligenden Brandschutzdienststellen eine bessere Beurteilungsgrundlage verschafft, um entscheiden zu können, ob für das Sonderbauvorhaben besondere Anforderungen gestellt werden müssen oder Erleichterungen zugelassen werden können. Die **hierunter fallenden Vorhaben führt § 50 Absatz 2 BauO NRW 2018 abschließend auf**, indem die dort in insgesamt **18 Nummern** bezeichneten baulichen Anlagen nach der Vorschrift des § 65 BauO NRW 2018 dem **Bau**genehmigungsverfahren mit einer **uneingeschränkten präventiven Prüfung** durch die Bauaufsichtsbehörde zugewiesen werden (zum Katalog der »großen« Sonderbauten, s. Anmerkungen zu § 50 Rdn. 22 ff.).

Nach § 50 Absatz 1 Satz 1 BauO NRW 2018 können für **Sonderbauten** zur Verwirklichung der allgemeinen Anforderungen nach § 3 Absatz 1 BauO NRW 2018 **im Einzelfall** besondere **Anforderungen** gestellt werden. Nach § 50 Absatz 1 Satz 3 Nr. 19 BauO NRW 2018 zählen zu diesen Anforderungen auch **Umfang und Inhalt eines Brandschutzkonzeptes**. Diese Regelung ist im Zusammenhang mit § 70 Absatz 2 Satz 3 BauO NRW 2018 zu sehen, der zwingend die Vorlage des Brandschutzkonzepts für **große Sonderbauten** verlangt. Für die nicht von § 50 Absatz 2 BauO NRW 2018 erfassten »**kleinen**« Sonderbauten, die nach § 64 Absatz 1 BauO NRW 2018 dem einfachen Genehmigungsverfahren unterliegen, **kann** die Bauaufsichtsbehörde, gestützt auf die **Ermächtigung** des § 50 Absatz 1 BauO NRW, **im Einzelfall** die **Erstellung eines Brandschutzkonzepts verlangen**, wenn sie dieses zur Beurteilung benötigt. 33

Die Vorschrift des Absatz 3 ordnet an, dass **Brandschutzkonzepte** nur von **bestimmten Fachplanern** aufgestellt werden dürfen, gleichgültig ob es sich um solche für **kleine** oder **große** Sonderbauten handelt. Im Regelfall ist das Brandschutzkonzept von einem **staatlich anerkannten Sachverständigen für die Prüfung des Brandschutzes** aufzustellen. § 16 SV-VO regelt die Aufgabenerledigung der staatlich anerkannten Sachverständigen für die Prüfung des Brandschutzes. Wie sich aus dieser Vorschrift, aber auch aus der **Bezeichnung** der staatlich anerkannten Sachverständigen ergibt, sind sie für die **Prüfung** des Brandschutzes und die Ausstellung von Bescheinigungen nach § 63 Absatz 4 Satz 2 BauO NRW 2018 zuständig. Die Prüfung des Brandschutzes und die Ausstellung von Bescheinigungen ist allerdings **auf Wohngebäude beschränkt**, da auch »kleine« Sonderbauten gemäß § 64 Absatz 1 Satz 1 Nr. 3 BauO NRW 2018 von der Bauaufsichtsbehörde hinsichtlich der Vereinbarkeit mit den Brandschutzvorschriften geprüft werden müssen. 34

Mit Absatz 3 hat der Gesetzgeber den **staatlich anerkannten Sachverständigen** für die Prüfung des Brandschutzes ein **weiteres Aufgabenfeld** zugewiesen. Außer der auf Wohngebäude beschränkten Prüfung des Brandschutzes sollen sie nach der gesetzgeberischen Konzeption **Brandschutzkonzepte aufstellen**. Hierbei kommt ihnen – anders als bei den Wohngebäuden – **keinerlei Prüfungskompetenz** zu, was mitunter insofern verkannt wird, als Bauherrn oder Entwurfsverfasser annehmen, die im Brandschutzkonzept enthaltenen Darlegungen zur Zulässigkeit einer begehrten Erleichterung seien für die Bauaufsichtsbehörde bindend. Der staatlich anerkannte Sachverständige für die Prüfung des Brandschutzes wird bei der Aufstellung des Brandschutzkonzepts **nicht** als Sachverständiger mit Prüfungsbefugnissen tätig, um damit eine bauaufsichtliche Prüfung entbehrlich zu machen, sondern tritt lediglich als **Fachplaner** zur Erstellung eines Fachbeitrages zum baulichen Brandschutz – dem so bezeichneten Brandschutzkonzept – in Erscheinung. Als solcher unterfällt der staatlich anerkannte Sachverständige für die Prüfung des Brandschutzes der **Regelung über den Entwurfsverfasser** (vgl. die Begründung zur BauO NRW 2000, LT-Drucks. 12/3738 S. 82 zu Art. I Nr. 33 – § 58). 35

Hinsichtlich des Personenkreises, welcher für die Erstellung von Brandschutzkonzepten zugelassen ist, nennt Absatz 3 insgesamt drei Varianten. Wie bisher ist der staatlich anerkannte Sachverständige für die Prüfung des Brandschutzes für die Erstellung 36 von Brandschutzkonzepten zuständig. Daneben dürfen auch öffentlich bestellte und vereidigte Sachverständige für vorbeugenden Brandschutz nach § 36 Gewerbeordnung diese Aufgaben wahrnehmen. Die Aufnahme dieser Personengruppe folgt der früheren Verwaltungsvorschrift zur BauO NRW 2000, weil sie dort bereits den staatlich anerkannten Sachverständigen gleichgestellt waren (vgl. die Begründung, LT-Drucks. 17/2166 S. 154 zu Nr. 54 – § 54). Letztlich sind auch Personen zugelassen, die aufgrund Sachkunde und Erfahrung bezogen auf das jeweilige Bauvorhaben vergleichbar geeignet sind. Damit werden auch Personen, die weder über eine staatliche Anerkennung noch eine öffentliche Bestellung und Vereidigung verfügen, als geeignet angesehen, sofern sie praktische Erfahrung mit der Brandschutzplanung vergleichbarer Objekte nachweisen können.

37 Den staatlich anerkannten Sachverständigen für die Prüfung des Brandschutzes waren bisher durch § 9 Abs. 1 Satz 3 BauPrüfVO die **gemäß § 36 GewO öffentlich bestellten und vereidigten Sachverständigen für den baulichen Brandschutz** insoweit **gleichgestellt** als sie ebenfalls Brandschutzkonzepte aufstellen konnten, ohne in der Bauordnung selbst dazu ermächtigt gewesen zu sein. Dies ist nun bereits in der Bauordnung selbst geregelt, so dass es des Umwegs über die BauPrüfVO nicht mehr bedarf.

38 Letztlich sind nunmehr auch **Personen**, die **im Einzelfall** für die Aufgabe **nach Sachkunde** und **Erfahrung vergleichbar geeignet** sind, zur Aufstellung von Brandschutzkonzepten berechtigt. Die Ergänzung der berechtigten Personen um diesen Personenkreis **folgt den Ausführungen der früheren VV BauO NRW (Nr. 58.3)**, wonach Brandschutzkonzepte von den Bauaufsichtsbehörden akzeptiert werden, wenn die aufstellende Person durch seine jeweilige **Ausbildung und berufliche Erfahrung hinreichend qualifiziert** im Sinne des Regelungsziels erscheint. Dazu waren in der früheren VV beispielhaft Personen aufgelistet, die
– zu dem Zeitpunkt, an dem die Änderung der Landesbauordnung in Kraft tritt, bereits regelmäßig Brandschutzgutachten für Sonderbauten aufgestellt haben,
– sich als Lehrer an einer deutschen Hochschule mit der Erforschung des baulichen Brandschutzes befassen,
– als von anderen Ländern der Bundesrepublik anerkannten Sachverständige den staatlich anerkannten Sachverständigen für die Prüfung des Brandschutzes vergleichbar sind,
– die Befähigung zum höheren oder gehobenen bautechnischen Verwaltungsdienst besitzen, für ihre dienstliche Tätigkeit,
– die Befähigung zum höheren oder gehobenen feuerwehrtechnischen Dienst besitzen und eine mindestens fünfjährige Tätigkeit im vorbeugenden Brandschutz und bei der Erstellung von Brandschutzkonzepten nachweisen können,
– als Angehörige von Werksfeuerwehren aufgrund ihrer Ausbildung auch den vorbeugenden Brandschutz der baulichen Anlagen ihres Betriebes beurteilen können.

Im Zweifel kann sich die Bauaufsichtsbehörde die erforderliche Sachkunde und Erfahrung nachweisen lassen. Die **Qualifikationsanforderungen**, um von **ausreichender**

Sachkunde und Erfahrung ausgehen zu können, können sinngemäß § 13 SV-VO entnommen werden:
- 5 Jahre Berufserfahrung in der brandschutztechnischen Fachplanung von Sonderbauten,
- Kenntnisse der Baustofftechnologie und des Brandverhaltens der Bauprodukte,
- Kenntnisse des vorbeugenden baulichen Brandschutzes,
- Kenntnisse der Nachweis- und Berechnungsmethoden des Brandschutzingenieurwesens,
- Grundkenntnisse des abwehrenden Brandschutzes.

Die Personen, die Brandschutzkonzepte aufstellen, sind **Fachplaner** im Sinne des Absatz 2 und damit wie Entwurfsverfasser **verantwortlich**. Ob die Person die für das jeweilige Vorhaben ausreichende **Sachkunde** und **Erfahrung** hat, muss sie – wie der Entwurfsverfasser – **eigenverantwortlich** entscheiden (s. Rdn. 13). Dabei ist die Verantwortlichkeit und die sich hieraus ergebende **Haftungsproblematik** zu berücksichtigen (s. Rdn. 15–21 und KG Bln, Urt. v. 05.06.2001 – 7 U 6697/00, ZfBR 2001, 474 zur Aufklärungspflicht in Bezug auf kostengünstige Brandschutzmaßnahmen). Es kann durchaus sein, dass ein staatlich anerkannter Sachverständiger für die Prüfung des Brandschutzes die Aufstellung des Brandschutzkonzepts für ein kompliziertes Sonderbauvorhaben nach Selbsteinschätzung ablehnt, weil es ihm an der erforderlichen Sachkunde und Erfahrung für ein derartiges Vorhaben mangelt. 39

5 Zu Absatz 4 – Fachplaner für Standsicherheitsnachweise

Nach der Vorschrift des § **12 Absatz 1 BauO NRW 20018** muss jede bauliche Anlage im Ganzen und in ihren einzelnen Teilen sowie für sich allein **standsicher** sein. Um dies zu gewährleisten, hat der Bauherr dafür zu sorgen, dass entsprechende Berechnungen erstellt und bei der Ausführung des Bauvorhabens berücksichtigt werden. Dazu wird es in der Regel notwendig sein, einen **Fachplaner** zu beauftragen. 40

Hierzu hat der Gesetzgeber mit dem neuen **Absatz 4** den **Personenkreis** definiert, der zur **Aufstellung von Standsicherheitsnachweisen berechtigt** ist. Dies sind Personen, die in der bei der **Architektenkammer Nordrhein-Westfalen** oder der **Ingenieurkammer-Bau Nordrhein-Westfalen** geführten **Liste der qualifizierten Tragwerksplaner** eingetragen sind. 41

In die **Liste** kann **eingetragen** werden, wer einen **berufsqualifizierenden Hochschulabschluss** eines Studiums der Fachrichtung **Architektur, Hochbau** oder des **Bauingenieurwesens** sowie eine mindestens **dreijährige Berufserfahrung** in der **Tragwerksplanung** nachweisen kann. Zusätzlich muss die Person **Mitglied** einer **Architektenkammer** oder einer **Ingenieurkammer** sein. Obwohl die Ausbildung und der Abschluss durch die aufstellende Person durchaus selbst nachgewiesen werden kann, ist ein Verzicht auf die Listeneintragung nicht möglich, da für den Bauherrn vor Beauftragung zumindest die Forderung nach der Berufserfahrung nicht erkennbar ist (vgl. LT-Drucks. 17/2166, S. 154 zu § 54 Bst. c)). Dem genannten Personenkreis gleichgestellt sind nach Satz 2 Tragwerksplaner, die in anderen Bundesländern eingetragen sind. 42

43 Der Verweis in Satz 3 auf die entsprechende Geltung der Vorschriften des § 67 Absatz 4 bis 6 BauO NRW 2018 zielt auf die Voraussetzungen ab, die für die Eintragung in die Liste der Bauvorlageberechtigten zu erfüllen sind (vgl. Anmerkungen zu § 67, Rdn. 40–44).

§ 55 Unternehmen

(1) Jedes Unternehmen ist für die mit den öffentlich-rechtlichen Anforderungen übereinstimmende Ausführung der von ihm übernommenen Arbeiten und insoweit für die ordnungsgemäße Einrichtung und den sicheren Betrieb der Baustelle sowie für die Einhaltung der Arbeitsschutzbestimmungen verantwortlich. Es hat die zur Erfüllung der Anforderungen dieses Gesetzes oder aufgrund dieses Gesetzes erforderlichen Nachweise und Unterlagen zu den verwendeten Bauprodukten und den angewandten Bauarten zu erbringen und auf der Baustelle bereitzuhalten. Bei Bauprodukten, die die CE-Kennzeichnung nach der Verordnung (EU) Nr. 305/2011 tragen, ist die Leistungserklärung bereitzuhalten.

(2) Jedes Unternehmen hat auf Verlangen der Bauaufsichtsbehörde für Arbeiten, bei denen die Sicherheit der Anlage in außergewöhnlichem Maße von der besonderen Sachkenntnis und Erfahrung des Unternehmens oder von einer Ausstattung des Unternehmens mit besonderen Vorrichtungen abhängt, nachzuweisen, dass es für diese Arbeiten geeignet ist und über die erforderlichen Vorrichtungen verfügt.

Handlungsempfehlung des Ministeriums für Heimat, Kommunales, Bau und Gleichstellung des Landes Nordrhein-Westfalen auf der Grundlage der Dienst-besprechungen mit den Bauaufsichtsbehörden im Oktober/November 2018:

§ 55 BauO NRW 2018 wurde inhaltlich gegenüber § 59 BauO NRW 2000 gestrafft und an § 55 MBO angeglichen. Weggefallen ist insbesondere die bisher in § 59 Absatz 3 BauO NRW 2000 explizit geregelte Pflicht der Unternehmerin bzw. des Unternehmers, die Einschaltung von Fachunternehmen zu veranlassen, soweit die Unternehmerin bzw. der Unternehmer für einzelne Arbeiten nicht über die erforderliche Sachkunde und Erfahrung verfügt. Diese sind schon nach § 53 Absatz 1 BauO NRW 2018 durch die Bauherrschaft einzuschalten, wenn nur sie die Einhaltung der öffentlich-rechtlichen Vorschriften gewährleisten kann. Die bisher ebenfalls ausdrücklich geregelte Koordinationspflicht des Unternehmers (§ 59 Absatz 3 Satz 2 BauO NRW 2000) ergibt sich aus § 55 Absatz 1 Satz 1 BauO NRW 2018 und bedarf keiner weiteren gesonderten Nennung.

Nach § 52 BauO NRW 2018 ist die Unternehmerin bzw. der Unternehmer bauordnungsrechtlich nur im Rahmen ihres bzw. seines Wirkungskreises verantwortlich. Nach § 55 Absatz 1 Satz 1 BauO NRW 2018 ist die Unternehmerin bzw. der Unternehmer dafür verantwortlich, dass die von ihr bzw. ihm übernommenen Arbeiten im Einklang mit den öffentlich-rechtlichen Anforderungen ausgeführt werden. Damit werden alle Vorschriften in Bezug genommen, die das Bauen betreffen, also nicht nur Bauordnungs-und Bauplanungsrecht, sondern etwa auch wasser-, straßen-oder immissionsschutzrechtliche Regelungen. § 3 Absatz 2 BauO NRW 2018 schreibt auch die Beachtung der als Technische

Baubestimmung eingeführten technischen Regeln vor (so auch BeckOK BauordnungsR Bayern/Michl BayBO Art. 52 Rn. 18).

Nach § 55 Absatz 1 Satz 1 BauO NRW 2018 ist die Unternehmerin bzw. der Unternehmer im Rahmen der übernommenen Arbeiten für die ordnungsgemäße Einrichtung und den sicheren Betrieb der Baustelle sowie für die Einhaltung der Arbeitsschutzbestimmungen verantwortlich.

Nach § 55 Absatz 1 Satz 2 BauO NRW 2018 hat die Unternehmerin bzw. der Unternehmer die Nachweise über die Verwendbarkeit von Bauprodukten und Bauarten zu erbringen und auf der Baustelle bereitzuhalten, so dass die Bauaufsichtsbehörde die Verwendung leichter überwachen kann (vgl. § 83 Absatz 1 und 4 BauO NRW 2018). Die Ausführungen zu § 53 Absatz 1 BauO NRW 2018 gelten entsprechend für die Unternehmerin bzw. den Unternehmer.

Übersicht	Rdn.
0 Änderungen gegenüber der Bau ONW 1984, der BauO NW 1995 und der BauO NRW 2000	01
1 Allgemeines	1
1.1 Begriff des Unternehmers	7
1.2 Verhältnis des Unternehmens zu den anderen am Bau Beteiligten	9
2 Zu Absatz 1 – Verantwortlichkeit des Unternehmens	14
3 Zu Absatz 2 – Besonderes Verlangen der Bauaufsichtsbehörde	29

0 Änderungen gegenüber der Bau ONW 1984, der BauO NW 1995 und der BauO NRW 2000

Die **BauO NW 1995** hat die Vorschrift des § 55 BauO NW 1984 inhaltlich übernommen. Neben den neuen, gleichstellungsgerechten Formulierungen wurden lediglich in Abs. 1 Satz 2 Folgeänderungen zu § 2 Abs. 9 und 10 BauO NW über Begriffsbestimmungen zu Bauprodukten und Bauarten vorgenommen. 01

Die Fassung des § 59 **BauO NRW 2000** entspricht wörtlich § 59 BauO NW 1995. 02

In der **BauO NRW 2018** sind die modifizierten Vorschriften des Bauproduktenrechts eingearbeitet worden und der bisherige Absatz 3 ist entfallen. 03

1 Allgemeines

Die Realisierung eines **genehmigungsbedürftigen Bauvorhabens** oder **nach § 63 BauO NRW 2018** freigestellten **Wohnbauvorhabens** erfordert regelmäßig vom Bauherrn die **Beauftragung von Unternehmern** für die **unterschiedlichen Gewerke**. Dies erfolgt aufgrund der in Deutschland traditionell üblichen, dem Handwerksrecht und der VOB entsprechenden **Vergabe nach Gewerken**, obwohl in der Praxis vielfach ein einziges Unternehmen als »**Generalunternehmer**« beauftragt wird. 1

Es spielt für das öffentliche Recht keine Rolle, ob der Bauherr **mehrere** Unternehmer oder **einen** Generalunternehmer beauftragt, da er durch seine zivilrechtliche 2

§ 55 Unternehmen

Vertragsgestaltung die öffentlich-rechtlichen Vorschriften des § 55 nicht beeinflussen kann. Wer **als Unternehmer** oder **als Subunternehmer** (vgl. Hök, Arbeitskräfteüberlassung und Subunternehmerleistungen im Baugewerbe unter besonderer Berücksichtigung der Rechtsprechung des Kammergerichtes in Ordnungswidrigkeitensachen, BauR 1995 S. 45 ff.) Bauarbeiten durchführt, ist nach § 55 für die von ihm ausgeführten Bauarbeiten in öffentlich-rechtlicher Hinsicht **verantwortlich**. Dies wird deutlich durch den Wortlaut des Absatz 1 Satz 1, da vor dem Wort Unternehmen ausdrücklich den Zusatz »**jedes**« verwendet wird. Damit wird in Bezug auf die traditionelle Baumethode ausgedrückt, dass es »den« sämtliche Gewerke ausführenden Unternehmer schon nach dem Handwerksrecht nicht gibt und demnach das zivilrechtliche Auftragsverhältnis als General- oder Subunternehmer nicht von Bedeutung sein kann. Anderes gilt für Fertighäuser, Fertiggaragen und vergleichbare Bauprodukte, weil dort in der Regel der **Fertighausunternehmer** von der Werksmontage bis zur Aufstellung auf dem Grundstück sämtliche Bauleistungen übernimmt (s. Rdn. 8).

3 Für die Bauaufsichtsbehörde und für den Bauleiter muss der **ein Gewerk tatsächlich fehlerhaft ausführende Unternehmer** der zutreffende **Ansprechpartner** sein, wenn es darum geht, gefahrenträchtige Zustände abzuwehren. Im Interesse eines **wirksamen Vollzugs** der öffentlich-rechtlichen Vorschriften **zur Gefahrenabwehr**, muss der auf der Baustelle rechtswidrig handelnde Unternehmer **während der Ausführung** in Anspruch genommen werden können. Wenn dieser die Möglichkeit hätte, sich aus der Verantwortung heraus zu stehlen, nur weil er Subunternehmer ist, wäre eine im öffentlichen Interesse wirksame Bauüberwachung schlichtweg undurchführbar.

4 Die Vorschriften des § 55 gelten auch, wenn der Bauherr – ohne dazu verpflichtet zu sein – **für nach § 62 BauO NRW 2018 freigestellte Vorhaben** Unternehmer beauftragt (vgl. Boeddinghaus/Hahn/Schulte, zu § 59 Rn. 2). Für die Realisierung der **nach § 62 Absatz 1 Nr. 3 Bst. d und Nr. 4 Bst. c BauO NRW 2018 freigestellten Anlagen** wird der Bauherr jedoch indirekt von Gesetzes wegen bereits angehalten, einen Unternehmer zu beauftragen, da er sich von diesem oder aber einem Sachverständigen eine **den öffentlich-rechtlichen Vorschriften entsprechende Ausführung** bescheinigen lassen muss. Hierbei tritt der **Unternehmer zusätzlich zu seiner eigentlichen Verantwortlichkeit** als **Sachwalter des öffentlichen Rechts** – vergleichbar der Funktion der Bauaufsichtsbehörde im Baugenehmigungsverfahren – in Erscheinung und trägt dabei eine **erhebliche weitergehende Verantwortung** (s. Anmerkungen zu § 52 Rdn. 16).

5 Nach § 53 Absatz 1 Satz 1 BauO NRW 2018 kann der Bauherr bei genehmigungspflichtigen Bauvorhaben und der Beseitigung von Anlagen von der Beauftragung von Unternehmen absehen, wenn er selbst geeignet ist, die Aufgaben wahrzunehmen. Weiterhin kann von der Beauftragung von Unternehmen abgesehen werden, wenn gemäß § 53 Absatz 2 Satz 1 BauO NRW 2018 **Bauarbeiten in Selbst- oder Nachbarschaftshilfe** ausgeführt werden, da für diesen Fall das Gesetz ausdrücklich darauf verzichtet, dass Unternehmen bestellt werden (vgl. auch Anmerkungen zu § 53 Rdn. 32–35 und OVG Lüneburg, Beschl. v. 04.02.1975 – VI B 97/74, BRS 29 Nr. 180).

6 Nach § 55 obliegen dem **Unternehmer Pflichten**. Der Unternehmer

- ist für die **mit den öffentlich-rechtlichen Anforderungen übereinstimmende Ausführung** der von ihm übernommenen Arbeiten **verantwortlich** (Absatz 1 Satz 1),
- ist für die **ordnungsgemäße Einrichtung** und den **sicheren Betrieb der Baustelle** in Bezug auf die von ihm übernommenen Arbeiten **verantwortlich** (Absatz 1 Satz 1),
- ist für die **Einhaltung der Arbeitsschutzbestimmungen** in Bezug auf die von ihn übernommenen Arbeiten **verantwortlich** (Absatz 1 Satz 1),
- hat die erforderlichen **Nachweise und Unterlagen** zu den **verwendeten Bauprodukten** und den **angewandten Bauarten zu erbringen** und auf der Baustelle **bereitzuhalten** (Absatz 1 Satz 2),
- hat bei **Bauprodukten**, die die **CE-Kennzeichnung** nach der **Verordnung (EU) Nr. 305/2011** tragen, die **Leistungserklärung** bereitzuhalten (Absatz 1 Satz 3),
- hat auf **Verlangen der Bauaufsichtsbehörde** für bestimmte **sicherheitsrelevante Arbeiten seine Eignung** und die **Verfügungsgewalt** über erforderliche Vorrichtungen nachzuweisen (Absatz 2),

1.1 Begriff des Unternehmers

Unternehmer im Sinne des § 55 ist, wer **mit der selbständigen Ausführung von Bauarbeiten auf der Baustelle** betraut ist (so Jeromin zu § 57 Rn. 3), egal ob er dabei **selber** oder **durch sein Personal als selbständiger Handwerker** oder **als Gewerbetreibender** tätig wird. Die Unternehmereigenschaft ist unabhängig davon, ob die Bauarbeiten auf der Baustelle **handwerklich** oder **industriell** ausgeführt werden. Bei entsprechender **Eignung** kann der Bauherr auch zugleich Unternehmer sein, wie dies z.B. bei **Bauträgern** der Fall ist. Ansonsten ist die **Beauftragung zur Ausführung von Bauarbeiten** durch den Bauherrn Voraussetzung für die Unternehmereigenschaft. Der Inhaber eines Baugeschäfts wird deshalb noch nicht dadurch zum Unternehmer im Sinne des § 55, dass er zur Durchführung eines Bauvorhabens einem Bauherrn lediglich **Arbeiter** seines Betriebes in einem **Leiharbeitsverhältnis** zur Verfügung stellt (OLG Karlsruhe, Beschl. v. 21.06.1977 – 3 Ss [B] 78/77, DÖV 1978, 148). 7

Zu den **Arbeiten** für die Ausführung eines Bauvorhabens, die dem Unternehmer in Auftrag gegeben werden, rechnen neben den **Rohbauarbeiten**, den **Ausbauarbeiten** und den **Instandhaltungs-/Instandsetzungsarbeiten** auch die **Abbrucharbeiten**. Arbeiten zur Ausführung eines Bauvorhabens sind nur die **Arbeiten auf der Baustelle**, nicht aber die Herstellungsarbeiten in einem Fertighauswerk oder in einer von der Baustelle getrennten Betriebsstelle zur Vorfertigung (zum Baustellenbegriff s. Anmerkungen zu § 11 Rdn. 3). Unternehmer im Sinne des § 55 ist nur die Person, die **Bauarbeiten** zur Realisierung eines Vorhabens **auf der Baustelle** ausführt, nicht jedoch derjenige, der Baustoffe, Bauteile oder Anlagen bzw. aus Baustoffen und Bauteilen vorgefertigte Anlagen herstellt (s. Anmerkungen zu § 2 Rdn. 343 ff.). Diese Hersteller unterliegen bereits den Überwachungsvorschriften der §§ 17 bis 25 BauO NRW. Der Hersteller eines Fertighauses, einer Fertiggarage oder eines ähnlichen Fertigprodukts kann zugleich Unternehmer im Sinne des § 55 sein, wenn er die Montagearbeiten auf der Baustelle durchführt, was die Regel ist. 8

§ 55   Unternehmen

1.2 Verhältnis des Unternehmens zu den anderen am Bau Beteiligten

9 Die Vorschrift des § 55 regelt nur die öffentlich-rechtliche Verantwortlichkeit **des Unternehmers**. Dessen **Pflichten** können sich mit denen des **Bauherrn** nach § 53 BauO NRW 2018, des **Entwurfsverfassers** nach § 54 BauO NRW 2018, vor allem jedoch mit denen des **Bauleiters** nach § 56 BauO NRW 2018 **überschneiden**. Ähnlich dem Unternehmer hat der Bauleiter auf den sicheren bautechnischen Betrieb der Baustelle und die Einhaltung der öffentlich-rechtlichen Anforderungen zu achten (vgl. den ähnlichen Wortlaut von § 55 Absatz 1 Satz 1 und § 56 Absatz 1 Satz 1 und2 BauO NRW 2018). Für die Eingriffsmöglichkeiten der Bauaufsichtsbehörde stellt eine solche Überschneidung kein besonderes Problem dar, da sie bei Verstößen gegen öffentlich-rechtliche Pflichten hinsichtlich der **Inanspruchnahme des Störers** ein **Auswahlermessen** hat (s. Anmerkungen zu § 52 Rdn. 3 bis 5).

10 Das Verhältnis zwischen dem Bauherrn und dem Unternehmer ist **zivilrechtlicher Art** (im Regelfall Werkvertrag im Sinne des BGB). Ein ausdrücklicher **öffentlich-rechtlicher Bestellungsakt** durch den Bauherrn ist **nicht vorgeschrieben**. Die öffentlich-rechtliche **Stellung des Unternehmers** ergibt sich in der Regel – wie die des Entwurfsverfassers und des Bauleiters – allein aus der **zivilrechtlichen Beauftragung** durch den Bauherrn (s. Anmerkungen Vor §§ 52–56 Rdn. 5 und zu § 53 Rdn. 16); sie ist allerdings auf die jeweils **auszuführenden Arbeiten beschränkt**.

11 Die öffentlich-rechtliche **Verantwortung des Unternehmers** setzt mit **der Vorbereitung der Arbeitsausführung auf der Baustelle** ein (zur zivilrechtlichen Haftung und strafrechtlichen Verantwortlichkeit s. Anmerkungen zu § 52 Rdn. 21–23). Da regelmäßig **verschiedene** Unternehmer auf der Baustelle tätig werden, ist es im zivilrechtlichen Auftragsverhältnis üblich, dem **Rohbauunternehmer** auch die Arbeiten für die **Einrichtung und die Sicherung der Baustelle** zu übertragen. Dieser hat dann – wofür er bezahlt wird – bis zur Fertigstellung des Bauvorhabens die für die Baustelle und deren Sicherung erforderlichen Einrichtungen zur Verfügung zu stellen, auch wenn nach Fertigstellung des Rohbaus noch lange Zeit bis zum Abschluss der Bauarbeiten verstreichen kann; hierzu bemerkt der Hess. VGH im Urt. v. 26.02.1982 (– IV OE 43/79, BRS 39 Nr. 98):

> *»Endet die privat-rechtliche Verpflichtung des Unternehmers gegenüber dem Bauherrn während der begonnenen und noch nicht abgeschlossenen Bauausführung, besteht die Verantwortlichkeit des Unternehmers (hier Baustellensicherung) während eines Abwicklungsstadiums fort.«*

12 **Fehlt** einem Unternehmer für einzelne Arbeiten die erforderliche **Sachkunde und Erfahrung**, tut er wegen der Verantwortlichkeit für übernommene Arbeiten gut daran, sich um die **Beauftragung** eines geeigneten **Fachunternehmers** oder geeigneter **Fachleute** zu bemühen. Er bleibt dann trotzdem für das **ordnungsgemäße Ineinandergreifen** seiner Arbeiten mit denen des Fachunternehmers oder denen der Fachleute **verantwortlich**.

13 Die Vorschrift des § 55 **findet auch Anwendung**, wenn der **Bauherr** – z.B. als Bauträger – die **Funktion des Unternehmers** übernimmt (s. Rdn. 7), sie **findet** jedoch **keine**

Anwendung bei der Ausführung von **Bauarbeiten in Selbst- oder Nachbarschaftshilfe** (s. Rdn. 5), da in diesem Fall die Beauftragung eines Unternehmers nicht erforderlich ist. **Genehmigungsbedürftige Abbrucharbeiten dürfen nicht in Selbst- oder Nachbarschaftshilfe** ausgeführt werden (s. Anmerkungen zu § 53 Rdn. 35). Werden bei einem Bauvorhaben, das an sich in Selbst- oder Nachbarschaftshilfe ausgeführt wird, einzelne komplizierte Gewerke doch an einen Unternehmer vergeben, so greift für diese Arbeiten wiederum § 55.

2 Zu Absatz 1 – Verantwortlichkeit des Unternehmens

Die **Verantwortlichkeit des Unternehmens** erstreckt sich nach **Satz 1** auf eine **mit den öffentlich-rechtlichen Anforderungen übereinstimmende Ausführung** der von ihm übernommenen Arbeiten. Im Gegensatz zu der bisherigen Rechtslage, wonach lediglich eine den allgemein anerkannten Regeln der Technik und den genehmigten Bauvorlagen entsprechende ordnungsgemäße Ausführung verantwortet war, wird nun eine umfassendere Verantwortung normiert. Die Einhaltung der öffentlich-rechtlichen Anforderungen geht über die frühere Verantwortungsspanne des Unternehmens hinaus, da nunmehr auch solche Anforderungen enthalten sind, die nicht in den allgemein anerkannten Regeln der Technik oder in den der Genehmigung zugrunde liegenden Bauvorlagen enthalten sind, sondern bereits gesetzlich normiert oder in Rechtsverordnungen etc. verankert sind. Mit der neuen Formulierung hat sich der Gesetzgeber an die Vorgaben der Musterbauordnung gehalten. 14

Die umfassende Verantwortlichkeit des Unternehmens kann insofern eingegrenzt bzw. definiert werden, als es zunächst für die bauliche **Umsetzung der von der Bauaufsichtsbehörde genehmigten Bauvorlagen** bzw. der in der **Freistellung der Gemeinde vorgelegten Bauvorlagen** anhand der **Ausführungspläne des Entwurfsverfassers** verantwortlich ist. Es hat also vor jeder einzelnen Ausführung eines Bauteils zu kontrollieren, ob die Ausführungspläne des Entwurfsverfassers mit den genehmigten Bauvorlagen übereinstimmen. Ist dies der Fall, so kann dem Unternehmen kein Vorwurf gemacht werden, wenn sich später herausstellt, dass die von der Bauaufsichtsbehörde genehmigten Pläne Verstöße gegen öffentlich-rechtliche Vorschriften enthalten. Der Unternehmer darf nämlich darauf vertrauen, dass die Bauaufsichtsbehörde das öffentliche Baurecht uneingeschränkt beachtet (soweit es zum Prüfumfang der Behörde entsprechend dem anzuwendenden Genehmigungsverfahren gehört) und die erforderlichen Nebenbestimmungen trifft, um einen evtl. gegebenen Rechtsverstoß auszuräumen. Ansonsten wäre die präventive Prüfung überflüssig (zum Verantwortungsbereich der Bauaufsichtsbehörde in Abgrenzung zu der des Unternehmers s. BGH, Beschl. v. 29.03.1990 – III ZR 145/88, BRS 53 Nr. 58). 15

Da die **Prüfung im einfachen Genehmigungsverfahren** nach § 64 BauO NRW 2018 **eingeschränkt** erfolgt und in der **Freistellung** nach § 63 BauO NRW 2018 sogar **entfällt**, besteht für das Unternehmen das **Problem** der **Einschätzung**, ob die Ausführungsplanung hinsichtlich der nicht präventiv geprüften Bestandteile der Bauvorlagen in allen Einzelheiten dem öffentlichen Recht entspricht. Soweit keine präventive bauaufsichtliche Prüfung erfolgte, sind gemäß § 52 BauO NRW 2018 im Rahmen 16

§ 55 Unternehmen

ihres **Wirkungskreises** der **Bauherr** und der **Entwurfsverfasser** für dem öffentlichen Recht entsprechende Pläne verantwortlich. Es kann dem Unternehmer nicht abverlangt werden, jedes nicht präventiv geprüfte Planungsdetail auf Übereinstimmung mit den öffentlich-rechtlichen Vorschriften zu untersuchen, da die Verantwortung für die **Vollständigkeit** und **Brauchbarkeit des Entwurfs** in den **Wirkungskreis des Entwurfsverfassers** fällt (s. Anmerkungen zu § 54 Rdn. 13–21).

17   Der Unternehmer trägt eine **Mitverantwortung** für **offensichtliche Rechtsverstöße**, die er aufgrund seiner **Befähigung zur Berufsausübung** erkennen muss. So ist auch für den Unternehmer ersichtlich, dass ein Fensterrohbaumaß von lediglich 0,5 m² für ein 10 m² großes Kinderzimmer unzureichend ist. Bei derart offensichtlichen Rechtsverstößen muss er vor der Ausführung auf **der Änderung der Ausführungsplanung** durch den Entwurfsverfasser oder aber der **Vorlage des Abweichungsbescheids** der Bauaufsichtsbehörde nach § 69 BauO NRW 2018 bestehen, da gemäß § 64 Absatz 1 Nr. 2 BauO NRW 2018 im **einfachen Genehmigungsverfahren die Vereinbarkeit des Vorhabens mit beantragten Abweichungen** geprüft wird. Eine Genehmigungsfreistellung nach § 63 BauO NRW 2018 ist dagegen nach Absatz 2 Satz 1 Nr. 4 nicht mehr möglich, wenn eine Abweichung erforderlich ist.

18   Weiterhin trägt der **Unternehmer** bei der **Umsetzung der Ausführungsplanung** die **Verantwortung** für die **Einhaltung der allgemein anerkannten Regeln der Technik** (s. Anmerkungen zu § 3 Rdn. 77 ff.). Die Beachtung der allgemein anerkannten Regeln der Technik obliegt, soweit darin **Vorgaben für die Planung** gemacht sind, selbstverständlich dem **Entwurfsverfasser**, da sein Entwurf insoweit gemäß § 54 Absatz 1 Satz 2 BauO NRW 2018 vollständig und brauchbar sein muss (s. Anmerkungen zu § 54 Rdn. 18 f.). Die Zuweisung der Verantwortung für diesen Bereich an den Unternehmer findet ihre Rechtfertigung darin, dass sich **zahlreiche Vorgaben in technischen Regeln** nicht oder nur schwer in Bauvorlagen darstellen lassen, weil sie direkt die **Art der Ausführung der Arbeiten** betreffen, wie z.B. das gefahrlose Unterfangen eines an der Grundstücksgrenze befindlichen Nachbargebäudes, die technisch einwandfreie Verbindung und Abdichtung von Abwasserrohren oder der ausreichende Schutz von Warmwasserleitungen vor Wärmeverlusten.

19   Der Unternehmer hat im Hinblick auf die Ausführung die **allgemein anerkannten Regeln der Technik** bereits nach den **zivil- und strafrechtlichen Vorschriften** zu beachten. Strafrechtlich gilt ohnehin **§ 319 Abs. 1 StGB**, der direkt einen Verstoß gegen die allgemein anerkannten Regeln der Technik sanktioniert, wenn hierdurch Leib oder Leben eines anderen gefährdet wird. Weder die zivilrechtlichen noch die strafrechtlichen Vorschriften decken aber sämtliche **bauordnungsrechtlichen Schutzgüter** ab, die u.a. der **Erreichung sozialer Ziele** dienen. Beispielsweise deckt weder das Zivilrecht noch das Strafrecht die Berücksichtigung der für Menschen mit körperlichen Behinderungen erforderlichen baulichen Ausgestaltung baulicher Anlagen ab, wie sie sich aus § 49 BauO NRW 2018 ergibt (s. Anmerkungen zu § 49 Rdn. 3 ff.).

20   Die **bauordnungsrechtliche Beachtungspflicht** zielt unabhängig vom Zivil- und Strafrecht auf die durch Vorgaben in allgemein anerkannten Regeln der Technik bewirkte **Wahrung der Belange der öffentlichen Sicherheit oder Ordnung im Sinne**

des § 3 Absatz 1 Satz 1 BauO NRW 2018. Ein Verstoß gegen diese Vorgaben kann Schäden hervorrufen, die einfache Schutzgüter betreffen, wie z.b. den Schutz von zu erhaltenden Bäumen, Sträuchern und sonstigen Bepflanzungen nach § 11 Absatz 4 BauO NRW 2018. Er kann aber auch hochrangige Schutzgüter tangieren, wie z.b. die Standsicherheit des Nachbargebäudes bei unsachgemäßer Unterfangung der Nachbarfundamente. Kommt es im zuletzt genannten Fall dabei zu einer Gefährdung von Leib oder Leben, greift zugleich die strafrechtliche Sanktionierung. Die Beispiele zeigen, dass die Bedeutung der bauordnungsrechtlichen Beachtungspflicht keineswegs untergeordneter Natur ist. Soweit diese technischen Regeln **planerische Vorgaben** enthalten, ist der **Entwurfsverfasser** für die Einhaltung **verantwortlich**, soweit sie **unmittelbar Ausführungsdetails** betreffen, trägt der **Unternehmer Verantwortung**.

Der **Unternehmer darf** gemäß § 3 Absatz 2 Satz 2 BauO NRW 2018 bei der Ausführung von den technischen Regeln **abweichen**, wenn eine **andere Lösung in gleicher Weise** die **Anforderungen des § 3 Absatz 1 Satz 1 BauO NRW 2018 erfüllt** (s. Anmerkungen zu § 3 Rdn. 88 ff.). Diese gesetzliche Abweichungsermächtigung berücksichtigt, dass **allgemein anerkannte Regeln der Technik keine Rechtsnormen** sind (s. BVerwG, Urt. v. 29.08.1961 – I C 14.61, DVBl 1962, 137 und Beschl. v. 30.09.1996 – 4 B 175.96, BRS 58 Nr. 99). Es handelt sich bei dieser Abweichung nicht um eine, die einer förmlichen Entscheidung der Bauaufsichtsbehörde gemäß § 69 BauO NRW 2018 (gilt nur für Abweichungen von Rechtsvorschriften) bedarf, sondern um eine **materielle Abweichungsklausel**. Der Unternehmer hat deshalb **eigenverantwortlich** unter Beachtung der **Sorgfaltspflicht** über die **Gleichwertigkeit der Alternativlösung** zu **entscheiden**; er muss sie dann im evtl. Streitfall aber auch begründen und die Gleichwertigkeit nachweisen. Daher kommt dieser Fall in der Praxis nur selten zur Anwendung. 21

Eine Verantwortlichkeit des Unternehmers für die Einhaltung von Vorgaben in allgemein anerkannten Regeln der Technik, die nicht der Wahrung der Sicherheits- oder Ordnungsbelange dienen, lässt sich aus Satz 1 nicht herleiten, obwohl diese in ihrer Gesamtheit unter den Begriff der öffentlich-rechtlichen Anforderungen fallen. Solche nicht sicherheitstechnisch oder ordnungsrechtlich relevanten Vorgaben werden auch durch die Bauaufsichtsbehörde im Nachhinein nicht verfolgt. Möchte der Bauherr die Einhaltung sämtlicher, also auch der nicht den bauordnungsrechtlichen Belangen dienenden rein **zivilrechtlich motivierten Vorgaben in allgemein anerkannten Regeln der Technik** durch den Unternehmer erreichen, muss er dies im **Bauvertrag** mit dem Unternehmer vereinbaren. Bei Vertragsverletzungen ist dann aber nicht das öffentliche Recht anwendbar, so dass hierbei dem Bauherrn weder die Bauaufsichtsbehörden noch die Verwaltungsgerichte beistehen können, da allein der **Zivilrechtsweg** offen steht. Die Bauaufsichtsbehörde hat bei gerügten Verstößen gegen Vorgaben allgemein anerkannter Regeln der Technik sorgfältig zu prüfen, ob bauordnungsrechtliche Belange im Sinne des § 3 Absatz 1 Satz 1 BauO NRW berührt sind und bei Verneinung auf den Zivilrechtsweg zu verweisen. 22

Welche allgemein anerkannten Regeln der Technik **zweifelsohne** den in § 3 Absatz 1 Satz 1 BauO NRW angesprochenen Belangen dienen, kann der Unternehmer 23 dem RdErl. vom 08.11.2006 (MBl. NRW S. 582), zuletzt geändert durch RdErl. v. 04.02.2015 (MBl. NRW 2015 S. 166) entnehmen, der die **eingeführten technischen Baubestimmungen** aufführt. Darüber hinaus gelten nach § 3 Absatz 2 BauO NRW 2018 die als technische Baubestimmung eingeführten technischen Regeln.

24 Die **weiteren in Satz 1 angesprochenen Zielsetzungen** betreffen
- die **ordnungsgemäße Einrichtung der Baustelle**,
- den **sicheren Betrieb der Baustelle** und
- die **Einhaltung der Arbeitsschutzbestimmungen**.

Die **Anforderungen nach ordnungsgemäßer Einrichtung der Baustelle** ergeben sich aus **§ 11 BauO NRW 2018**. Die Pflicht zur Anbringung des **Baustellenschilds** ist gemäß § 11 Absatz 3 BauO NRW 2018 dem **Bauherrn** auferlegt, der vertraglich hierzu den Unternehmer beauftragen kann (s. Anmerkungen zu § 11 Rdn. 28 ff.). Der **sichere bautechnische Betrieb** ist in der BauO NRW 2018 selbst nicht geregelt und kann sowohl **bauliche** Anforderungen als auch **betriebliche** Anforderungen beinhalten. Die **betrieblichen Anforderungen** ergeben sich aus dem **Immissionsschutzrecht** und dem **Arbeitsschutzrecht** (s. Rdn. 25). Als **bauliche Anforderungen** sind die **allgemein anerkannten Regeln der Technik** für Gerüste zu nennen. Bereits mit der BauO NW 1984 wurden die Worte »insbesondere für die Tauglichkeit und Betriebssicherheit der Gerüste, Geräte und sonstigen Baustelleneinrichtungen« gestrichen, da entsprechende technische Regeln bestehen.

25 Der **Unternehmer** ist nach **Satz 1** auch für die Einhaltung der **Arbeitsschutzbestimmungen verantwortlich** Hier sind in erster Linie die **baustellenspezifischen Arbeitsschutzbestimmungen** der **Baustellenverordnung** hervorzuheben. Soweit für die Betriebssicherheit der Baustelle andere als bauordnungsrechtliche Bestimmungen zu beachten sind, ergibt sich die Pflicht des Unternehmers zu deren Beachtung nicht unmittelbar aus dem Bauordnungsrecht. Deren **Verbindlichkeit beruht auf Ermächtigungen** des **Sozialgesetzbuchs** bzw. des **ArbSchG**. Als solche vom Unternehmer einzuhaltende Vorgaben sind z.B. zu nennen
- die Bestimmungen der **ArbStättV** über Baustellen und die hierzu ergangenen **Technischen Regeln für Arbeitsstätten**
  - ASR A2.1 – »Schutz vor Absturz und herabfallenden Gegenständen, Betreten von Gefahrenbereichen«,
  - ASR A2.2 – »Maßnahmen gegen Brände«,
  - ASR A2.3 – »Fluchtwege, Notausgänge, Flucht- und Rettungsplan«,
  - ASR A3.4 – »Beleuchtung«,
  - ASR A3.4/3 – »Sicherheitsbeleuchtung, optische Sicherheitsleitsysteme«,
  - ASR A3.5 – »Raumtemperatur«, ASR A3.6 – »Lüftung«,
  - ASR A4.1 – »Sanitärräume«,
  - ASR A 4.2 – »Pausen- und Bereitschaftsräume«,
  - ASR A4.3 – »Erste-Hilfe-Räume, Mittel und Einrichtungen zur Ersten Hilfe«,
  - ASR A4.4 – »Unterkünfte« sowie
  - ASR V3 – »Gefährdungsbeurteilung«.
- die **Unfallverhütungsvorschriften der Berufsgenossenschaften**.

Die **rechtssystematische Einordnung** der Arbeitsschutzbestimmungen ist nicht immer einfach, zumal sich die bauordnungsrechtlichen Pflichten mit denen, die dem Unternehmer nach dem Arbeitsschutzrecht obliegen, teilweise **überschneiden**. Aufgrund der nicht eindeutigen Abgrenzung ergeben sich bei der behördlichen Kontrolle, ob der Unternehmer seine Pflichten einhält, mitunter Vollzugsprobleme. Grundsätzlich besteht für die Baustelle einerseits die **Zuständigkeit der Bauaufsichtsbehörden** in Bezug auf die Anforderungen an Baustellen, wie sie § 11 BauO NRW 2018 im Einzelnen bezeichnet und andererseits die **Zuständigkeit der Bezirksregierung** für den sozialen Arbeitsschutz sowie der Berufsgenossenschaften für den Arbeitsvertragsschutz.

Zu den Pflichten des Unternehmers gehört gemäß **Satz 2**, dass er die erforderlichen **Nachweise und Unterlagen zu den verwendeten** Bauprodukten **und den** angewandten Bauarten erbringt und auf der Baustelle bereithält. Die **Bereithaltung** der Nachweise und Unterlagen auf der Baustelle **ist erforderlich**, um der Bauaufsichtsbehörde bei der Durchführung der Bauüberwachung jederzeit eine Kontrolle zu ermöglichen (vgl. Anmerkungen zu § 83 Rdn. 46). 26

Satz 3 konkretisiert den Begriff der erforderlichen Nachweise und Unterlagen für solche Bauprodukte, die die CE-Kennzeichnung nach der Verordnung (EU) Nr. 3305/2011 tragen. In diesen Fällen ist die Leistungserklärung bereitzuhalten (s. Anmerkungen zu § 19 Rdn. 14). 27

Hinsichtlich der **Beurteilung der notwendigen Unterlagen und Anweisungen für die Ausführung** bestimmter Bauarbeiten oder Bauteile ist der **Unternehmer als qualifizierter Fachmann** angesprochen. Er muss **selbstverantwortlich** beurteilen, ob alle notwendigen Unterlagen vorhanden und geeignet sind, und kann seine Verantwortung nicht auf den Entwurfsverfasser oder den Fachplaner abwälzen. Ein Verschulden des Unternehmers kommt in Betracht, wenn er bei der Errichtung des Bauwerks erkennen musste, dass dessen ordnungsgemäße Funktionstauglichkeit aufgrund der unzureichenden Planung nicht gewährleistet ist (BGH, Urt. v. 10.05.2001 – VII ZR 248/00, ZfBR 2001, 408 zu einer nicht ordnungsgemäßen Entwässerungsplanung). Eine besondere Sorgfaltspflicht obliegt dem Unternehmer bei der Ausführung von Arbeiten, die typischerweise als gefährlich einzuschätzen ist (BGH, Urteil von dem 12.07.1996 – V ZR 280/94, BauR 1996, 877 zu unzureichenden Vorkehrungen beim Aushub der Baugrube). Zwar ist der Entwurfsverfasser gemäß § 58 Absatz 1 Satz 3 BauO NRW 2018 verpflichtet, alle für die Ausführung notwendigen Unterlagen zu liefern (s. Anmerkungen zu § 54 Rdn. 22–23), eine Verletzung dieser Pflicht entheb den Unternehmer jedoch nicht von der Verantwortung, wenn er Bauarbeiten aufgrund unzulänglicher Unterlagen ausführt. 28

3 Zu Absatz 2 – Besonderes Verlangen der Bauaufsichtsbehörde

Nach Absatz 2 bestehen besondere **Nachweispflichten**, soweit dies die **Bauaufsichtsbehörde ausdrücklich verlangt**. Das Verlangen ist an die Voraussetzung gebunden, dass entweder in außergewöhnlichem Maße die Sicherheit des Vorhabens von einer **besonderen Sachkenntnis und Erfahrung des Unternehmers** oder von der **Ausstattung des Unternehmens mit besonderen Vorrichtungen** abhängt. Hierbei handelt es sich um 29 problematische Arbeiten, die sich bei fehlerhafter Ausführung insbesondere auf die Standsicherheit der baulichen Anlage nachteilig auswirken können, wie z.b. das Schweißen von Stahlbauteilen oder von Aluminiumbauteilen und das Herstellen von Spannbeton.

30   Die Bauaufsichtsbehörde kann die Anforderungen im Einzelfall durch Auflage in der Baugenehmigung stellen. Es ist jedoch auch möglich, dass die Behörde eine solche Anforderung auch nach bereits erteilter Baugenehmigung stellt, wenn sie die entsprechende Notwendigkeit erst später erkennt. Die Bauaufsichtsbehörden haben den **Eignungsnachweis regelmäßig** zu **verlangen**, soweit ein solcher für bestimmte Arbeiten in **Rechtsverordnungen** oder **technischen Bezugsdokumenten** vorgeschrieben ist (s. Anmerkungen zu § 18 Rdn. 16–18).

§ 56 Bauleitende

(1) Die Bauleiterin oder der Bauleiter hat darüber zu wachen, dass die Baumaßnahme entsprechend den öffentlich-rechtlichen Anforderungen durchgeführt wird, und die dafür erforderlichen Weisungen zu erteilen. Sie oder er hat im Rahmen dieser Aufgabe auf den sicheren bautechnischen Betrieb der Baustelle, insbesondere auf das gefahrlose Ineinandergreifen der Arbeiten der Unternehmen zu achten. Die Verantwortlichkeit der Unternehmen bleibt unberührt.

(2) Die Bauleiterin oder der Bauleiter muss über die für ihre oder seine Aufgabe erforderliche Sachkunde und Erfahrung verfügen. Verfügt er oder sie auf einzelnen Teilgebieten nicht über die erforderliche Sachkunde und Erfahrung, sind eine geeignete Fachbauleiterin oder ein geeigneter Fachbauleiter heranzuziehen. Diese treten insoweit an die Stelle der Bauleiterin oder des Bauleiters. Die Bauleiterin oder der Bauleiter hat die Tätigkeit der Fachbauleiterinnen und Fachbauleiter und ihre oder seine Tätigkeit aufeinander abzustimmen.

Übersicht

		Rdn.
0	Änderungen gegenüber der BauO NW 1984, der BauO NW 1995 und der BauO NRW 2000	01
1	Allgemeines	1
2	Zu Absatz 1 – Pflichten des Bauleiters	5
2.1	Begriff und Funktion des Bauleiters	5
2.2	Überwachungspflicht	10
2.3	Weisungsrecht	14
3	Zu Absatz 2 – Eignung des Bauleiters, Heranziehung von Fachbauleitern	16

0 Änderungen gegenüber der BauO NW 1984, der BauO NW 1995 und der BauO NRW 2000

01   Eine Vorschrift über den Bauleiter enthielt noch § 56 BauO NW 1984. Der Gesetzentwurf der Landesregierung zur Novelle 1995 wollte die Vorschrift übernehmen und sah gleichzeitig eine Ausweitung der Befugnisse des Bauleiters vor. Diese beabsichtigte **Aufgabenausweitung** stand im Zusammenhang mit der angestrebten **Liberalisierung**

und **Entstaatlichung des Bauordnungsrechts**, mit der generell die Verantwortlichkeit der am Bau Beteiligten gestärkt werden sollte, um die Bauaufsichtsbehörden zu entlasten (vgl. LT-Drucks. 11/7153 S. 138 und S. 176 f.).

Für die Fachöffentlichkeit überraschend, strich der Landtag jedoch – ohne nähere Begründung – die im Gesetzentwurf enthaltene Vorschrift über den Bauleiter ersatzlos (LT-Drucks. 11/8435 S. 90), so dass die mit der **BauO NW 1995** erfolgte Ausweitung des vereinfachten Genehmigungsverfahrens und der Einführung der Freistellung von Wohnbauvorhaben nicht durch die von der Landesregierung vorgeschlagene Stärkung der Verantwortlichkeit der am Bau Beteiligten kompensiert werden konnte. Nach **Abschaffung der Bauleitervorschrift** zeigten sich in der Praxis dann auch bald **negative Auswirkungen** der Streichung der Vorschrift. 02

Diese negativen Auswirkungen führten im Wesentlichen zur Wiederaufnahme einer Bauleitervorschrift in die **BauO NRW 2000**. Die Begründung (LT-Drucks. 12/3738 S. 82 zu Art. I Nr. 34 – § 59a) führt hierzu aus: 03

»Mit der Wiedereinführung der Bauleiterregelung, die dem § 56 BauO NW 1984 entspricht, wird nicht nur Anregungen des Städtetages NW und der Bauaufsichtsbehörden, sondern auch der Baukammern und der Architekten- und Ingenieurverbände Rechnung getragen. Sie berücksichtigt, dass es einer gesetzlichen Vorgabe vor allem im Hinblick auf die kleineren, von Privatpersonen durchgeführten Bauvorhaben bedarf. Nach den Feststellungen der Bauaufsichtsbehörden hat der Wegfall der Bauleiterregelung dazu geführt, dass in vielen Gemeinden die Anzahl der wegen Verstößen gegen baurechtliche Vorschriften bei der Bauausführung eingeleiteten Ordnungswidrigkeitenverfahren um mehrere hundert Prozent gestiegen ist, weil vor allem Bauherrinnen und Bauherren kleinerer Vorhaben in der Meinung, Kosten zu sparen, darauf verzichteten, die Bauausführung durch fachlich qualifizierte Personen koordinieren zu lassen. Dies habe häufig erhebliche wirtschaftliche Schäden durch mangelhafte Bauausführung, Rechtsstreitigkeiten, Stilllegung des Bauvorhabens, Bußgelder etc. zur Folge gehabt. Die von der Bauordnung vorgeschriebenen stichprobenhaften Kontrollen staatlich anerkannter Sachverständiger konnten die durch den Wegfall der Bauleiterregelung entstandenen Lücken nicht schließen, da sie sich nur auf Einzelgesichtspunkte des Bauvorhabens beziehen.

Einer gesetzlich festgeschriebenen Mindestqualifikation, wie sie von den Baukammern und den Interessenverbänden der Architekten und Ingenieure gefordert wird, bedarf es dagegen nicht, entscheidend ist vielmehr, dass als Bauleiter Personen tätig werden, die über hinreichend praktische Erfahrungen bei der Bauausführung verfügen. Außerdem bleibt durch eine allgemein auf die erforderliche Sachkunde und Erfahrung abstellende Regelung die Möglichkeit erhalten, dass ein Bauleiter auch Mitarbeiter eines bauausführenden Unternehmens sein kann, was vor allem dann praktisch bedeutsam werden könnte, wenn ein Generalunternehmer mit der schlüsselfertigen Erstellung eines Gebäudes beauftragt worden ist.«

Die **BauO NRW 2018** führt die Regelung mit der Einschränkung fort, als auf den bisherigen Abs. 2 unter Hinweis auf die Grundpflichten des § 52 BauO NRW 2018 verzichtet wird. 04

§ 56 Bauleitende

1 Allgemeines

1 Der Gesetzgeber hat es wegen der immer **komplizierter gewordenen Bautechnik**, der sich daraus ergebenden **erhöhten Risiken** und der schlechten Erfahrungen der Bauaufsichtsbehörden in der »bauleiterlosen Phase der Gesetzesanwendung« (s. Rdn. 02) für erforderlich erachtet, die **Bauausführung** insgesamt, unter eine **zusätzliche Überwachung durch eine am Bau beteiligte Person** zu stellen, die unbeschadet der baubehördlichen Überwachung tätig wird. Für den bauordnungsrechtlichen Bereich bestimmt § 53 Absatz 1 BauO NRW 2018 deshalb, dass der **Bauherr** als der, welcher mit seinem Bauvorhaben den **gefährlichen Betrieb** eröffnet, geeignete Beteiligte nach den §§ 54 bis 56 BauO NRW 2018 und somit für die Überwachung einen **Bauleiter beauftragen** muss. Der **Verzicht auf die Beauftragung eines Bauleiters** erfordert gemäß § 53 Absatz 1 Satz 1 BauO NRW 2018 eine sachgerechte Einschätzung des Bauherrn, dass er die Aufgabe selber wahrnehmen kann (vgl. Anmerkungen zu § 53 Rdn. 18 ff.).

2 Mit der **zivilrechtlichen Beauftragung** durch den Bauherrn wird für den **bauordnungsrechtlichen Bereich** eindeutig klargestellt, **welche Person die Funktion des Bauleiters ausübt** und die bauordnungsrechtliche Verantwortung für die Überwachung der Bauausführung trägt. Eine Notwendigkeit, dass die »Bestellung« des Bauleiters durch den Bauherrn gegenüber der Bauaufsichtsbehörde vom Bauleiter mitunterzeichnet wird, wie sie noch § 72 Abs. 5 BauO NW 1970 vorsah, besteht nicht. Was **Inhalt der Bauleitung** im bauordnungsrechtlichen Sinne ist und welche Pflichten den Bauleiter treffen, bestimmt § 56 und grenzt diese gegenüber den Pflichten der übrigen am Bau Beteiligten entsprechend der Funktion des Bauleiters und seines Wirkungskreises ab (hierzu s. Lotz, Der Bauleiter und Fachbauleiter im Sinne der Landesbauordnungen, BauR 2003, S. 957 ff.). In der Praxis wird häufig der Entwurfsverfasser (Architekt, Bauingenieur) vom Bauherrn auch mit der »**Objektüberwachung**« beauftragt. Dieser Aufgabenbereich weist viele Gemeinsamkeiten mit dem nach § 56 auf. Bauherren und objektüberwachende Entwurfsverfasser betrachten daher den entsprechenden zivilrechtlichen Werkvertrag (s. Anmerkungen vor §§ 52–56 Rdn. 5 und zu § 54 Rdn. 9 und 10) als ausreichend, obwohl die Aufgaben nach § 56 nicht immer ausdrücklich geregelt sind.

3 Bauleiter kann jemand sein, der bereits als Unternehmer oder als Entwurfsverfasser ein am Bau Beteiligter ist, es muss nicht eine zusätzliche Person sein (s. Anmerkungen zu § 53 Rdn. 17–18). So ist in der Praxis auch häufig der **Entwurfsverfasser** oder der vom Unternehmer eingesetzte **Firmenbauführer** bzw. **Polier** der Bauleiter im Sinne des § 56. Bauordnungsrechtlich ist es gleichgültig, wen der Bauherr mit der Bauleitung beauftragt, wenn dieser nur die **ausreichende Qualifikation** besitzt (s. Rdn. 16–18). Die Pflichten des Bauleiters beginnen mit seiner zivilrechtlichen Beauftragung durch den Bauherrn und dem tatsächlichen Beginn der Bauarbeiten, ohne dass es einer behördlichen Mitwirkung bedarf. Die **Pflichten** setzen auch ein, wenn der Bauherr die vorgeschriebene Mitteilung des Namens an die Bauaufsichtsbehörde nach Abs. 1 Satz 5 versehentlich unterlassen hat, da diese Mitteilung lediglich für die Abgrenzung der Verantwortlichkeiten gegenüber der Behörde und zur Bekanntgabe

der Ansprechpartner wichtig ist. Die Pflichten des Bauleiters enden mit der ordnungsgemäßen Fertigstellung des Bauvorhabens oder der vorzeitigen Auflösung des Vertragsverhältnisses. Im Falle der vorzeitigen Beendigung entfallen die Pflichten des Bauleiters, ohne dass es auf eine entsprechende Mitteilung gegenüber der Bauaufsichtsbehörde ankommt (OLG Karlsruhe, Beschl. v. 05.09.1978 – 3 Ss [B] 156/78; s.a. Rdn. 15).

Nach § 56 obliegen dem **Bauleiter verschiedene Pflichten.** Der Bauleiter 4
- hat darüber **zu wachen,** dass die Baumaßnahme den **öffentlich-rechtlichen Anforderungen** entsprechend durchgeführt wird (Absatz 1 Satz 1),
- hat auf den **sicheren bautechnischen Betrieb** der Baustelle **zu achten** (Absatz 1 Satz 2),
- hat insbesondere auf das **gefahrlose Ineinandergreifen der Arbeiten der Unternehmen zu achten** (Absatz 1 Satz 2),
- hat hinsichtlich von **Teilgebieten,** für die er nicht über die erforderliche Sachkunde und Erfahrung verfügt, für die Heranziehung von Fachbauleitern durch den Bauherrn **zu sorgen** (konkludent aus Absatz 2 Satz 2),
- hat die **Tätigkeit der Fachbauleiter** und **seine Tätigkeit aufeinander abzustimmen** (Absatz 2 Satz 4).

2 Zu Absatz 1 – Pflichten des Bauleiters

2.1 Begriff und Funktion des Bauleiters

Der **Begriff des Bauleiters** ist durch die Beschreibung seiner Aufgaben in Absatz 1 in 5 Übereinstimmung mit den entsprechenden Bestimmungen in den meisten Landesbauordnungen **öffentlich-rechtlich** festgelegt. Hiernach ist Bauleiter, wer die öffentliche Pflicht übernommen hat, »darüber zu **wachen,** dass die Baumaßnahme den öffentlich-rechtlichen Anforderungen entsprechend durchgeführt wird, und die dafür erforderlichen **Weisungen** zu erteilen«. Aus der Formulierung des Aufgabenbereichs wird deutlich, dass der Bauleiter **nicht als Organ der Bauaufsichtsbehörde,** sondern in eigener Verantwortung tätig wird. Der **ordnungsgemäß tätige Bauleiter** entlastet gleichwohl die Bauaufsichtsbehörde erheblich, da dann keine dem öffentlichen Baurecht widersprechende Bauausführung erfolgen kann und der sichere bautechnische Betrieb der Baustelle gewährleistet ist. Trotz dieser faktischen Entlastungsfunktion werden durch die Beauftragung des Bauleiters die **Überwachungsbefugnis** und die **Überwachungspflicht der Bauaufsichtsbehörde nicht eingeschränkt** (BVerfG, Beschl. v. 27.05.1970 – 2 BvR 117/65, BVerfGE 28, 364).

Der **Umfang der Überwachung** in **sachlicher** Hinsicht lässt sich nicht generell regeln. 6 Wie weit die Überwachung gehen kann und muss, lässt sich nur für den **Einzelfall** bestimmen. Hierbei werden sowohl der **Schwierigkeitsgrad des Bauvorhabens,** die **örtlichen Verhältnisse** auf dem Grundstück als auch das **angewandte Bauverfahren** von Bedeutung sein. Handelt es sich z.B. um ein schwieriges Vorhaben, bei dem neue Baustoffe, Bauteile und Einrichtungen oder neue Bauarten zum Einsatz kommen, so wird die Überwachung intensiver sein müssen als bei herkömmlicher Bauweise (vgl. OLG Brandenburg, Urt. v. 11.01.2000 – 11 U 197/98, BauR 2001, 283). Der

Überwachungsumfang richtet sich weiter nach der beabsichtigten Nutzung des in Ausführung befindlichen Vorhabens. Der Bauleiter hat deshalb die Pflicht, Vorsorge gegen schädigende Auswirkungen des fertigen Bauwerks auf die Rechtsgüter der Personen zu treffen, »die bestimmungsgemäß mit dem Bauwerk in Berührung kommen«; dazu gehören auch die Nachbarn, die von den Auswirkungen unmittelbar betroffen sind (OLG Köln, Urt. v. 09.03.1994 – 11 U 204/93, BauR 1994, 649). Ferner ist für das Ausmaß der Überwachung ausschlaggebend, ob es sich um **erfahrene Unternehmer** mit einem **Facharbeiterstamm** handelt oder nur um Unternehmer mit angelernten Kräften. Die Beurteilung des erforderlichen Einsatzes richtet sich danach, ob nach den **gesamten Umständen**, den **örtlichen Verhältnissen**, der **Art der** jeweils zur Ausführung gelangenden **Arbeiten**, der **Zuverlässigkeit der Unternehmer**, seiner Beauftragten und Arbeiter Veranlassung dazu besteht, entweder sehr intensiv oder nur beschränkt die Baustelle zu überwachen. Es gehört zur Eigenverantwortlichkeit des Bauleiters, der Sache nach zu entscheiden, welche Bauvorgänge er an Ort und Stelle überwachen muss, und welche er, ohne den Tatbestand der Fahrlässigkeit zu schaffen, unbeaufsichtigt durchführen lassen kann. Der Bauleiter kann sich durch Mitarbeiter vertreten lassen, so z.B. bei Großbaustellen mit Mehrschichtbetrieb, was aber nichts an der Verantwortlichkeit des Bauleiters ändert (vgl. Boeddinghaus/Hahn/Schulte/Radeisen, zu § 59a Rn. 15). Spezielle Anweisungen des Bauleiters an den Unternehmer bezüglich der während der Abwesenheit durchzuführenden Arbeiten sollten in einem **Bautagebuch beweiskräftig fixiert** werden, da sie unter Würdigung der Zuverlässigkeit des Weisungsempfängers als **Sicherstellung der Überwachungsaufgabe** angesehen werden können.

7 Den Bauleiter trifft **keine ständige Anwesenheitspflicht** auf der Baustelle. Der **zeitliche Umfang** der Überwachungspflicht hängt von den besonderen Gegebenheiten des Einzelfalls ab. Die Bauaufsichtsbehörde darf daher eine ständige Anwesenheit des Bauleiters auf der Baustelle nicht fordern. Der Bauleiter muss die Arbeiten jedoch in angemessener und zumutbarer Weise überwachen und sich durch **häufige Kontrollen** vergewissern, dass seine **Anweisungen sachgerecht erledigt** werden (BGH, Urt. v. 15.06.1978 – VII ZR 15/78, BauR 1978, 498 = ZfBR 1978, 17). Darüber hinaus ist seine Anwesenheit erforderlich, wenn mit neuen Arbeitsvorgängen, die mit Gefahren verbunden oder bei denen Schwierigkeiten voraussehbar sind, begonnen wird (BGH, Urt. v. 26.09.1985 – VII ZR 50/84, BauR 1986, 112 = ZfBR 1986, 17 und BGH, Urt. v. 09.11.2000 – VII ZR 362/99, BauR 2001, 273). Bei erkannter **Unzuverlässigkeit des Unternehmens** hat der Bauleiter die **Überwachungsintervalle** so zu **verdichten**, dass zumindest keine gefahrträchtigen Zustände für die Arbeiter auf der Baustelle und unbeteiligte Dritte entstehen können. Unbeschadet des zivilrechtlichen Vertragsverhältnisses mit dem Bauherrn gehört es zur Pflicht des Bauleiters, dem Bauherrn und gegebenenfalls der Bauaufsichtsbehörde über unzuverlässige oder sogar unfähige Unternehmer zu berichten, damit diese abgelöst werden können, bevor Menschen zu Schaden kommen.

8 Die **öffentlich-rechtliche Funktion des Bauleiters** nach der BauO NRW 2018 ist begrifflich zu unterscheiden von der **öffentlich-rechtlichen Funktion des Koordinators** nach § 3 BaustellV. Die BaustellV enthält **baustellenspezifische**

Arbeitsschutzbestimmungen, die der Bauherr und die beteiligten Unternehmer beachten müssen (s. Anmerkungen zu § 55 Rdn. 25). Der Koordinator ist gemäß § 3 Abs. 1 Satz 1 BaustellV bereits auf Baustellen erforderlich, auf denen Beschäftigte mehrerer Arbeitgeber tätig werden. Obwohl der Bauherr gemäß § 3 Abs. 1 Satz 2 BaustellV die Aufgaben des Koordinators auch selbst wahrnehmen darf, hat sich in der Praxis die Beauftragung des Bauleiters mit diesen Aufgaben als zweckmäßig erwiesen, da der Bauleiter nach Satz 2 auch auf die Einhaltung der Arbeitsschutzbestimmungen durch den Unternehmer zu achten hat.

Die **öffentlich-rechtliche Bauleiterfunktion** darf nicht mit der **zivilrechtlichen Aufgabenstellung** bei der »**Objektüberwachung**« nach den Vorgaben der HOAI und der **strafrechtlichen Verantwortlichkeit** nach § 319 StGB (s. Anmerkungen zu § 52 Rdn. 23) gleichgesetzt werden. Diese **Rechtsgebiete** weisen insoweit **Eigenständigkeit** auf, als Rechtsverletzungen auf dem einen Rechtsgebiet noch keine unmittelbaren Rechtswirkungen auf das andere entfalten (vgl. Rabe, Die Verantwortlichkeit des Bauleiters, BauR 1981, S. 332 ff.). 9

2.2 Überwachungspflicht

Die Pflicht zur Überwachung der Baumaßnahme durch den vom Bauherrn beauftragten Bauleiter steht ausschließlich unter bauordnungsrechtlichen Grundsätzen und erstreckt sich insbesondere auf die Gewährleistung einer gefahrenfreien Bauausführung. Hierdurch soll die Entstehung einer Gefahr verhindert und etwa entstandene Gefahrensituationen beseitigt werden, bevor es zu einem Schaden kommt. Das gilt auch hinsichtlich der nachbarlichen Beeinträchtigung. Während der Unternehmer zur Einhaltung der genehmigten Bauvorlagen und zur Beachtung der allgemein anerkannten Regeln der Technik im Rahmen der Bauausführung verantwortlich ist (s. Anmerkungen zu § 55 Rdn. 14–25), besteht für den **Bauleiter** – nur – die bauordnungsrechtliche Aufgabe, diese **Pflichterfüllung des Unternehmers** zu **überwachen**. Zwischen unmittelbarer Erfüllung und Überwachung besteht ein erkennbarer Unterschied. Die Bezeichnung Bauleiter könnte deshalb auch in gewisser Weise missverstanden werden, da dieser im engeren Sinne **nur überwachende**, jedoch **keine leitenden Aufgaben** am Bau hat. Dies darf nicht in der Weise missverstanden werden, dass dem Bauleiter nur eine beobachtende Funktion zukommt. Er hat vielmehr nach Satz 1 die Baustelle zu »überwachen« und den Unternehmern »Weisungen« zu erteilen, um so auch tatsächlich eine **Beseitigung festgestellter Mängel** zu erreichen (vgl. Boeddinghaus/Hahn/Schulte/Radeisen, zu § 59a Rn. 17). 10

Der Gesetzgeber bringt mit Absatz 1 **kein grundsätzliches Misstrauen gegenüber dem Unternehmer** zum Ausdruck, sondern berücksichtigt, dass im Regelfall **mehrere** Unternehmer an einem Vorhaben tätig werden (s. Anmerkungen zu § 55 Rdn. 1–3). Der einzelne Unternehmer hat aber lediglich die bauordnungsrechtliche Pflicht, seine eigenen Arbeiten ordnungsgemäß auszuführen und diese mit den Arbeiten der Fachunternehmer abzustimmen (s. Anmerkungen zu § 55 Rdn. 12). Er ist also bauordnungsrechtlich weder für die Arbeiten eines anderen Unternehmers noch für die Abstimmung der Arbeiten anderer Unternehmer mit seinen eigenen verantwortlich. 11

§ 56 Bauleitende

So können auf der Baustelle Gefahrensituationen entstehen, wenn bestimmte Arbeiten für unterschiedliche Gewerke sich gegenseitig ausschließen oder bestimmte Abfolgen einzuhalten sind. Das **gefahrlose Ineinandergreifen** der Arbeiten der Unternehmer und damit die **Koordinierung dieser Arbeiten** ist deshalb eine **wesentliche Aufgabe** des Bauleiters. Der Gesetzgeber hat wohl auch der praktischen Lebenserfahrung Rechnung tragen wollen, die wegen der Vielschichtigkeit der Bauvorgänge bei Großbauten und bei Anwendung moderner Baumethoden sowie in Anbetracht der Interessenbindung der Unternehmer eine **Kontrollfunktion unumgänglich** erscheinen ließ.

12 Die Überwachung erstreckt sich nach Satz 1 insbesondere auf die den **öffentlich-rechtlichen Anforderungen entsprechende Durchführung** der Baumaßnahme. Damit ist einerseits eine Ausführung entsprechend der genehmigten Bauvorlagen gemeint, andererseits ist auch die Überwachung der Einhaltung anderer öffentlich-rechtlicher Vorgaben, die nicht Prüfgegenstand im Genehmigungsverfahren sind, Bestandteil des Aufgabengebietes eines Bauleiters. Wenn ein Bauleiter feststellt, dass von den öffentlich-rechtlichen Anforderungen nicht nur unwesentlich und somit gefahrbringend abgewichen worden ist, hat er die Bauaufsichtsbehörde von seinen Bedenken gegen den geschaffenen Zustand zu unterrichten, wenn er nicht selbst für die Herstellung des ordnungsgemäßen Zustands sorgen kann. Insofern ist er unbeschadet der rechtlichen Konstellation (s. Rdn. 5) faktisch eine **Hilfe für die Bauaufsichtsbehörde** bei der Bauüberwachung. Von seiner Verantwortlichkeit befreit ihn weder der Umstand, dass er dem Bauherrn gegenüber die Verantwortung für die Planabweichung ablehnt, noch die Zusicherung des Bauherrn, dass bestimmte und an sich geeignete Maßnahmen zur Sicherung ergriffen würden (BayObLG, Urt. v. 17.01.1964 – 3 St 135a/b 63, Bauwelt 1964, 898). Der Bauleiter muss auch Fehler in der Ausführungsplanung erkennen und deren Korrektur verlangen (OLG Bamberg, Urt. v. 09.11.1994 – 8 U 133/93, BauR 1996, 284).

13 Satz 2 beschreibt als wesentlichen Bestandteil der Überwachungspflicht die Sorge für den **sicheren bautechnischen Betrieb**. Die Formulierung »im **Rahmen dieser Aufgabe**« macht deutlich, dass der Bauleiter nicht selbst primär bauordnungsrechtlich verantwortlich ist, sondern dass er hierauf zu achten hat. Allein dies wird auch der **Wirklichkeit des Baualltags** gerecht, da kein Bauleiter überall gleichzeitig sein kann. Dies ist insofern von Bedeutung, als die **Verantwortlichkeit** für den sicheren Baustellenbetrieb **primär beim Unternehmer** liegt. Einem Bauleiter, der jedoch bei der Überwachung feststellt, dass der oder die Unternehmer auf die Sicherheit des Baustellenbetriebs nicht ausreichend achten, erwächst die besondere Verantwortung, auf **Abstellung der Mängel** zu dringen und notfalls den Bauherrn und die Bauaufsichtsbehörde zu informieren. Wenn **Satz 3** bestimmt, dass die **Verantwortlichkeit des Unternehmers unberührt** bleibt, ist dies nur eine logische Konsequenz aus der zuvor beschriebenen Rechtslage.

2.3 Weisungsrecht

14 Satz 1 bestimmt, dass der Bauleiter zur Durchführung der ihm obliegenden Überwachungspflicht »**die dafür erforderlichen Weisungen zu erteilen**« hat. Diese

Bestimmung begründet kein öffentlich-rechtliches Weisungsrecht gegenüber den am Bau Beteiligten; der Bauleiter wird nicht zum Organ der Bauaufsichtsbehörde. Das Weisungsrecht ist ausschließlich zivilrechtlicher Natur, dessen Umfang von dem konkreten Vertrag zwischen ihm und dem Bauherrn abhängt. Der Vertrag darf nicht so gestaltet sein, dass er seinen öffentlich-rechtlichen Pflichten als Bauleiter generell nicht nachkommen könnte.

Der Bauleiter darf keine Weisungen erteilen, deren Ausführung einen Verstoß gegen die öffentlich-rechtlichen Bauvorschriften oder die Regeln der Technik darstellt. Halten sich dagegen Weisungen in den Grenzen des Zulässigen, so ergibt sich ihre Durchsetzbarkeit aus dem Zivilrecht und dem Bauordnungsrecht. Befolgt der Unternehmer die Weisungen des Bauleiters nicht, so muss der Bauleiter – soweit gegeben – kraft seiner zivilrechtlichen Vertretungsmacht für den Bauherrn die **Weiterführung der Arbeiten unterbinden** und notfalls, soweit bauordnungsrechtliche Belange tangiert sind, die **Hilfe der Bauaufsichtsbehörde in Anspruch nehmen**; diese kann dann zur Gefahrenabwehr mit einer Ordnungsverfügung gegen den Unternehmer vorgehen. Mit der Mitteilung an die Bauaufsichtsbehörde hat der Bauleiter seiner Überwachungspflicht genügt. Das Gleiche gilt bei Anordnungen des Bauherrn selbst, die den Grundpflichten des Bauleiters gemäß § 52 BauO NRW 2018 widersprechen. Es genügt nicht, wenn der Bauleiter nur seinen Vertrag kündigt, vielmehr muss er zumindest die Kündigung der Bauaufsichtsbehörde mitteilen, damit diese geeignete Maßnahmen treffen kann. Ansonsten wäre der Zweck der Bauleiterregelung nur unvollkommen erreicht.

3 Zu Absatz 2 – Eignung des Bauleiters, Heranziehung von Fachbauleitern

Nach **Satz 1** muss der Bauleiter über die für seine Aufgabe erforderliche **Sachkunde und Erfahrung** verfügen, was in Bezug auf die jeweilige Baumaßnahme zu beurteilen ist (Hess. VGH, Beschl. v. 13.11.1978 – IV TH 87/78, BRS 33 Nr. 100).

Der Bauleiter muss über **keine formale Qualifikation** verfügen, wie dies § 57 Absatz 2 BauO NRW 2018 für das Personal der Bauaufsichtsbehörden verlangt (vgl. BVerwG, Urt. v. 27.01.1998 – 1 C 5.97, GewArch 1998, 247). Er muss die Ausführungspläne des Entwurfsverfassers lesen und überprüfen können (OLG Köln, Urt. v. 12.09.1996 – 18 U 171/95, BauR 1997, 505). Für einfache Bauvorhaben wird ein erfahrener Polier die Funktion des Bauleiters wahrnehmen können, **umfangreiche Baumaßnahmen** erfordern aber im Hinblick auf die gesetzlich festgelegte Funktion des Bauleiters (s. Rdn. 5 und 6) auf jeden Fall **vertiefte Kenntnisse** auf den Gebieten des Bauentwurfs, der Baukonstruktion und der Bauphysik, wie sie normalerweise nur in einem Studium an einer Hochschule erlangt werden können (so Hess. VGH, Beschl. v. 13.11.1978 – IV TH 87/78, BRS 33 Nr. 100), darüber hinaus auch eine mehrjährige praktische Erfahrung mit dem Baustellenbetrieb (vgl. Jeromin, zu § 56a Rn. 4).

Nach der Regelung in **Satz 2** hat der Bauleiter **selbstverantwortlich** zu entscheiden, inwieweit seine Sachkunde und Erfahrung ausreichen. Sind **spezielle Erfahrungen** und **Kenntnisse** erforderlich, wie z.B. bei Tiefgründungen, Verbundbauten, Flächentragwerken, Lüftungsanlagen oder besonderen Brandschutzausrüstungen, muss der

§ 56 Bauleitende

Bauleiter dafür sorgen, dass **geeignete Fachbauleiter** herangezogen werden. Die bauliche Umsetzung von Brandschutzkonzepten für »große« Sonderbauten erfordert für die Fachbauleitung die gleiche Sachkunde und Erfahrung, die auch für die Erstellung des Brandschutzkonzepts selbst erforderlich ist (s. Anmerkungen zu § 54 Rdn. 32–39). Fachbauleiter sind erforderlich, wenn es darum geht, gefährliche Bauprodukte (Asbest, PCB, PCP) aus bestehenden baulichen Anlagen zu entfernen.

19 Nach **Satz 3** sind beauftragte **Fachbauleiter** im Rahmen ihres Wirkungskreises unmittelbar und allein verantwortlich im bauordnungsrechtlichen Sinne. Eine Ordnungspflicht des Bauleiters besteht insoweit nicht (mehr). Dem Bauleiter kommt dementsprechend auch **kein sachliches Weisungsrecht** gegenüber den **Fachbauleitern** zu.

20 Nach **Satz 4** ist der Bauleiter für die **Koordinierung seiner Bauleitungstätigkeit mit der Tätigkeit der Fachbauleiter** verantwortlich. Nur hierbei kann er diesen Weisungen erteilen, z.B. über den Zeitpunkt der zu überwachenden Spezialarbeiten, über die Beschränkung ihres Baustellenbereichs oder die Mitbenutzung von Baustelleneinrichtungen. Ein Koordinierungsversagen des Bauleiters kann zivilrechtliche Schadenersatzansprüche auslösen (BGH, Urt. v. 07.02.1977 – VII ZR 10/75, BauR 1977, 220).

Fünfter Teil Bauaufsichtsbehörden, Verfahren

1 Seit der **BauO NRW 2000** wurde der vorher ungegliederte fünfte Teil, der nunmehr die §§ 57–85 und damit das formelle Bauordnungsrecht im Wesentlichen umfasst, durch Einfügung von **Abschnittsüberschriften** zur Verbesserung der **Übersichtlichkeit** für den Rechtsanwender unterteilt. Diese Unterteilung wurde mit der BauO NRW 2018 weiter verfeinert und umfasst nunmehr die folgenden 6 Abschnitte:

Erster Abschnitt: Bauaufsichtsbehörden (§§ 57–59)

Zweiter Abschnitt: Genehmigungspflicht, Genehmigungsfreiheit (§§ 60–63)

Dritter Abschnitt: Genehmigungsverfahren (§§ 64–79)

Vierter Abschnitt: Bauaufsichtliche Maßnahmen (§§ 80–82)

Fünfter Abschnitt: Bauüberwachung (§§ 83–84)

Sechster Abschnitt: Baulasten (§ 85).

Diese Gliederung entspricht der MBO, die ihrerseits seit 2002 ebenso unterteilt ist.

2 Der **erste Abschnitt** enthält die Vorschriften über die **Struktur der Bauaufsichtsbehörden** sowie die Sachliche Zuständigkeit (§ 57), über deren **Aufgaben** und **Befugnisse** (§ 58) sowie über den Umgang mit **rechtmäßig bestehenden Anlagen** (§ 59).

3 Der **zweite Abschnitt** enthält die Vorschriften über die grundsätzliche **Genehmigungspflicht** (§ 60) und die **Genehmigungsfreit** von Vorhaben (§§ 62 und 63). Daneben werden Regelungen zum **Vorrang anderer Gestattungsverfahren** (§ 61) getroffen.

Der **dritte Abschnitt** umfasst sehr unterschiedliche Regelungen, wobei die Vor- 4
schriften zum Genehmigungsverfahren einen Schwerpunkt bilden. Die Verfahrensbestimmungen enthalten gemeinsam mit den Vorschriften zur Genehmigungsfreiheit des zweiten Abschnittes ein bereits mit der BauO NW 1984 eingeführtes und später fortentwickeltes **dreistufiges System**:
- das **einfache** Genehmigungsverfahren mit **Prüfeinschränkungen** (§ 64),
- das »**normale**« Baugenehmigungsverfahren mit einer **umfassenden Prüfung** (§ 65) und
- die **Freistellungsvorschriften**, entweder **ohne** oder **mit Verfahrenskomponente** (vgl. Rdn. 3).

Daneben werden in diesem Abschnitt Regelungen zur **Bauvorlageberechtigung** (§ 67), den erforderlichen **bautechnischen Nachweisen** (§ 68), möglichen **Abweichungen** (§ 69), zum **Bauantrag**, dessen **Behandlung** und dem **behördlichen Verfahren** sowie der **Baugenehmigung** (§§ 70–79) normiert.

Der **vierte Abschnitt** befasst sich mit den **Möglichkeiten** der Bauaufsichtsbehörde, 5 **unrechtmäßige Zustände** zu **unterbinden**. Besondere dezidierte Vorschriften über bauaufsichtliche Maßnahmen fehlten in der BauO NRW bisher, da seit der Novelle 1984 die Rechtsauffassung vertreten wurde, dass für die Einstellung von Arbeiten, die Beseitigung von Anlagen und für die Nutzungsuntersagung die bauaufsichtliche Generalklausel des alten § 61 BauO NRW ausreicht. Die neuen Regelungen wurden in Anlehnung an die MBO eingefügt. Dieser Abschnitt steht in enger Verbindung mit dem Ordnungsbehördengesetz (OBG). Die Regelungen des ersten Abschnitts sind keineswegs umfassend, so dass für bauaufsichtliche Maßnahmen der Gefahrenabwehr neben den in erster Linie heranzuziehenden speziellen Vorschriften des Bauordnungsrechts auch die **allgemeinen Bestimmungen des OBG** maßgebend sind.

Im **fünften Abschnitt** sind die Rechtsgrundlagen für die örtlichen Überwachungen 6 durch die Bauaufsichtsbehörde geregelt. Dabei geht es um die **Bauüberwachung** (§ 83) und die **Bauzustandsbesichtigung** (§ 84).

Der **sechste Abschnitt** befasst sich mit dem Thema **Baulasten**. 7

Erster Abschnitt Bauaufsichtsbehörden

Vor §§ 57–59

Mit dem Inkrafttreten des Ordnungsbehördengesetzes – **OBG** am 01.01.1957 wurden 1
- die **Gemeinden** zu **örtlichen Ordnungsbehörden**,
- die **Kreise** und kreisfreien Städte zu **Kreisordnungsbehörden**, und
- die **Bezirksregierungen** zu **Landesordnungsbehörden**.

bestimmt. Die örtlichen Ordnungsbehörden und die Kreisordnungsbehörden nehmen die ihnen übertragenen ordnungsbehördlichen Aufgaben gemäß § 3 OBG als **Pflichtaufgaben zur Erfüllung nach Weisung** wahr; dies gilt auch für die ihnen als Sonderordnungsbehörden übertragenen Aufgaben. Die **Gefahrenabwehr** ist nach § 1

Abs. 1 OBG die eigentliche Aufgabe der Ordnungsbehörden. Nach § 1 Abs. 3 OBG nehmen sie darüber hinaus Aufgaben wahr, die ihnen **durch Gesetz oder Verordnung übertragen** worden sind. Die früheren Sonder**polizei**behörden wurden aufgrund § 49 OBG in Sonder**ordnungs**behörden umgewandelt. Das bis dahin geltende Polizeiverwaltungsgesetz fand gemäß § 51 Abs. 1 OBG auf ordnungsbehördliche Aufgaben der Gefahrenabwehr keine Anwendung mehr (s. Anmerkungen zu § 58 Rdn. 1–2).

2   Die Ordnungsbehörden erfüllen ihre **Aufgaben** in erster Linie nach den **Rechtsvorschriften** für das jeweilige **Sachgebiet**. Das **Bauordnungsrecht** bildet als **Sonderordnungsrecht** einen **Teil des allgemeinen Ordnungsrechts**. Die Bauaufsichtsbehörden sind deshalb **Sonderordnungsbehörden**. Als solche haben die unteren Bauaufsichtsbehörden, wie auch die allgemeinen Ordnungsbehörden und die übrigen Sonderordnungsbehörden, **Pflichtaufgaben zur Erfüllung nach Weisung des Landes** wahrzunehmen. Bei der Wahrnehmung dieser Weisungsbefugnis ist der durch § 57 Absatz 1 Satz 1 BauO NRW 2018 festgelegte Aufbau der Bauaufsichtsverwaltung einschließlich der sachlichen Zuständigkeitsbestimmung des § 57 Absatz 1 Satz 2 BauO NRW 2018 maßgebend.

3   Soweit die BauO NRW keine speziellen Regelungen über die **Befugnisse** der Bauaufsichtsbehörden enthält, sind nach § 1 Abs. 2 OBG die allgemeinen **Vorschriften des OBG subsidiär** anzuwenden. Daraus folgt beispielsweise, dass die **Befugnisnorm** des **§ 58 BauO NRW 2018** zum ordnungsbehördlichen Einschreiten der Bauaufsicht § 14 OBG insoweit verdrängt. Die **Polizei** hat den Ordnungsbehörden gemäß § 2 OBG **Vollzugshilfe** bei der Anwendung unmittelbaren Zwanges nach den Bestimmungen des **PolG NRW** zu leisten. Vollstreckungsmaßnahmen richten sich nach dem Verwaltungsvollstreckungsgesetz für das Land Nordrhein-Westfalen – **VwVG NRW**. Zu diesen Landesgesetzen sind umfangreiche **Verwaltungsvorschriften** ergangen, um ein rechtmäßiges Handeln der Behörden im Einzelfall sicherzustellen.

4   Für durch **schuldhaft rechtswidrige Amtshandlungen** erlittene Vermögensschäden haften die Bauaufsichtsbehörden im Falle von **Amtspflichtverletzungen** nach Maßgabe des **Art. 34 GG** in Verbindung mit **§ 839 BGB**. Daneben besteht mit den **§§ 39–43 OBG** eine **verschuldensunabhängige Entschädigungsregelung** (s. Anmerkungen zu § 74 Rdn. 113 ff.).

§ 57 Aufbau und Zuständigkeit der Bauaufsichtsbehörden

(1) Bauaufsichtsbehörden sind als Ordnungsbehörden:
1. Oberste Bauaufsichtsbehörde: das für die Bauaufsicht zuständige Ministerium,
2. Obere Bauaufsichtsbehörden: die Bezirksregierungen für die kreisfreien Städte und Kreise sowie in den Fällen des § 79, im Übrigen die Landräte als untere staatliche Verwaltungsbehörden und
3. Untere Bauaufsichtsbehörden:
   a) die kreisfreien Städte, die Großen kreisangehörigen Städte und die Mittleren kreisangehörigen Städte als untere Bauaufsichtsbehörden sowie
   b) die Kreise für die übrigen kreisangehörigen Gemeinden.

Für den Vollzug dieses Gesetzes sowie anderer öffentlich-rechtlicher Vorschriften für die Errichtung, Änderung, Nutzungsänderung und Beseitigung sowie die Nutzung und die Instandhaltung von Anlagen ist die untere Bauaufsichtsbehörde zuständig. Die gesetzlich geregelten Zuständigkeiten und Befugnisse anderer Behörden bleiben unberührt.

(2) Die Bauaufsichtsbehörden sind zur Durchführung ihrer Aufgaben ausreichend mit geeigneten Fachkräften zu besetzen und mit den erforderlichen Vorrichtungen auszustatten. Geeignete Fachkräfte sind Personen, die aufgrund eines Hochschulabschlusses der Fachrichtungen Architektur oder Bauingenieurwesen die Berufsbezeichnung »Ingenieurin« oder »Ingenieur« führen dürfen und die insbesondere die erforderlichen Kenntnisse des öffentlichen Baurechts, der Bautechnik und der Baugestaltung haben. Die oberste Bauaufsichtsbehörde wird ermächtigt, durch Rechtsverordnung weitere berufsqualifizierende Abschlüsse als eine Voraussetzung für eine Eignung als Fachkraft im Sinne des Satzes 1 zu bestimmen.

Übersicht		Rdn.
0	Änderungen gegenüber der BauO NW 1984, der BauO NW 1995 und der BauO NRW 2000	01
1	Allgemeines	1
2	Zu Absatz 1 – Bestimmung und Zuständigkeiten der Bauaufsichtsbehörden	3
3	Zu Absatz 2 – Personelle Besetzung der Bauaufsichtsbehörde	24

0 Änderungen gegenüber der BauO NW 1984, der BauO NW 1995 und der BauO NRW 2000

Die Vorschrift des § 60 BauO NW 1995 entsprach § 57 BauO NW 1984 und blieb abgesehen von redaktionellen Änderungen unverändert. In **Abs. 3** entfiel die Anforderung, wonach den Bauaufsichtsbehörden insbesondere Beamte des »höheren« bautechnischen Verwaltungsdienstes angehören müssen. 01

Die **BauO NRW 2000** hat § 60 BauO NW 1995 übernommen, **Abs. 3** jedoch mit folgender Begründung **neu gefasst** (LT-Drucks. 12/3738 S. 82, zu Art. I Nr. 36 – § 60): 02

»Die erneute Änderung des Abs. 3 führt die bereits mit der BauO NW vom 07.03.1995 begonnene Reduzierung von Personalstandards für die Bauaufsichtsbehörden fort. Durch das Erfordernis des Ingenieurabschlusses wird klargestellt, dass die für eine Tätigkeit in der Bauaufsichtsbehörde notwendigen Fachkenntnisse durch eine fachspezifische Ausbildung auf Hochschulniveau erlangt sein müssen. Da das Qualifikationsniveau des in den Bauaufsichtsbehörden zu beschäftigenden Fachpersonals nicht gesenkt werden soll, muss weiterhin dafür gesorgt werden, dass die Beschäftigten insbesondere die erforderlichen Kenntnisse des öffentlichen Baurechts, der Bautechnik und der Baugestaltung haben. Die Neuformulierung der Vorschrift ermöglicht es damit den Kommunen innerhalb der von Art. 33 Abs. 4 GG gesetzten Grenzen, bei gleichbleibendem Qualifikationsniveau auch nicht beamtete Fachkräfte zu beschäftigen.«

§ 57   Aufbau und Zuständigkeit der Bauaufsichtsbehörden

03   Mit der **BauO 2018** wurde der **bisherige** § 62 BauO 2000 in den § **57 Absatz 1 als Satz 2** integriert und der bisherige **Abs. 2 gestrichen**, weil das Bauordnungsrecht an sich schon ein Recht zur Gefahrenabwehr ist (vgl. LT-Drucks. 17/2166 S. 156, Zu Art. 1 Nr. 57). Dem neuen Absatz 2 ist Satz 3 mit der Möglichkeit hinzugefügt worden, weitere Berufsqualifizierungen zuzulassen.

1 Allgemeines

1   Die §§ 57–59 BauO NRW 2018 müssen im Zusammenhang betrachtet werden, da diese in Ergänzung des OBG und des VwVfG NRW die **instanzielle** und **sachliche Zuständigkeit** der Bauaufsichtsbehörden sowie deren **Aufgabenbereich** festlegen. Die Bauordnungen der meisten **Flächenländer** sehen, dem Vorbild des § 57 MBO 2002 folgend, einen **dreistufigen Aufbau** der Bauaufsichtsbehörden vor. Soweit die Gemeinden als untere Bauaufsichtsbehörde zuständig sind, nehmen sie die Aufgaben der Bauaufsicht nicht als Selbstverwaltungsangelegenheit, sondern als **Pflichtaufgaben zur Erfüllung nach Weisung** (des Landes) wahr.

2   Die Vorschrift des § 57 regelt unter der Überschrift »Aufbau und Zuständigkeit der Bauaufsichtsbehörden«
 – in **Absatz 1 Satz 1** den **dreistufigen Aufbau der Bauaufsichtsverwaltung** und die Bestimmung von bestimmten Behörden zu Bauaufsichtsbehörden,
 – in **Absatz 1 Satz 2** die **sachliche Zuständigkeit** der Bauaufsichtsbehörden,
 – in **Absatz 2** die **personelle Besetzung** der Bauaufsichtsbehörden.

2 Zu Absatz 1 – Bestimmung und Zuständigkeiten der Bauaufsichtsbehörden

3   Nach **Satz 1 Nr. 1** ist die »**oberste Bauaufsichtsbehörde**« das für die Bauaufsicht zuständige Ministerium. Dies ist in Nordrhein-Westfalen das »**Ministerium für Heimat, Kommunales, Bau und Gleichstellung**«.

4   Nach **Satz 1 Nr. 2** sind »**obere Bauaufsichtsbehörde**«:
 a) die fünf **Bezirksregierungen**
  – für die kreisfreien Städte,
  – für die Kreise, jeweils in deren Funktion als untere Bauaufsichtsbehörde,
  – für alle Vorhaben, die unter § 79 BauO NRW fallen;
 b) die **Landräte als untere staatliche Verwaltungsbehörden**.

5   Nach **Satz 1 Nr. 3** sind »**untere Bauaufsichtsbehörden**«:
 – die **kreisfreien Städte**,
 – die **Großen kreisangehörigen Städte** – das sind gemäß § 4 GO NRW Städte mit mehr als 60 000 Einwohnern,
 – die **Mittleren kreisangehörigen Städte** – das sind gemäß § 4 GO NRW Städte mit mehr als 25 000 Einwohnern,
 – die **Kreise** für die kreisangehörigen Gemeinden, die nicht mehr als 25 000 Einwohner haben.

6   Die »Verordnung zur Bestimmung der maßgebenden Einwohnerzahl nach § 96 Abs. 1 des Verwaltungsverfahrensgesetzes« vom 17. Juli 2013 (GV.NRW. S. 461) legt,

wie die Bezeichnung bereits aussagt, unter anderem auch mit Wirkung für die BauO NRW fest, wie die Einwohnerzahl zu ermitteln ist. Welche Gemeinden die Aufgaben einer Großen oder einer Mittleren kreisangehörigen Stadt wahrnehmen, ergibt sich aus §§ 1 und 2 der »Verordnung zur Bestimmung der Großen kreisangehörigen Städte und der Mittleren kreisangehörigen Städte nach § 4 der GO NRW« vom 13.11.1979 (GV. NRW. S. 867), z.g.d. VO v. 27.10.2009 (GV. NRW. S. 679); in Kraft getreten am 01.01.2011. Eine **freiwillige Rückübertragung** der Aufgaben der unteren Bauaufsichtsbehörde durch eine Gemeinde auf den Kreis ist **nicht zulässig** (OVG NRW, Urt. v. 06.05.1985 – 15 A 943/82, StGR 1987, 30).

Die Fragen der **Aufsicht über die Tätigkeit der Bauaufsichtsbehörden** sind nicht in der BauO NRW 2018 geregelt. Hier sind zunächst zu unterscheiden 7
– die **Fachaufsicht**: Das ist die Aufsicht staatlicher Behörden über staatliche Behörden gemäß § 13 LOG NRW oder über kommunale Behörden bei Auftragsangelegenheiten, zu denen jedoch die Aufgaben der Bauaufsicht nicht zählen, und
– die **Sonderaufsicht**: Das ist die Aufsicht staatlicher Behörden über kommunale Behörden gemäß § 119 Abs. 2 GO NRW bei Aufgaben, die zur Erfüllung nach Weisung übertragen worden sind.

Die Aufgaben der **oberen** Bauaufsichtsbehörden sind Staatsaufgaben, für deren Bereich **Fachaufsicht** stattfindet. Die Zuständigkeit für die Fachaufsicht ist in § 13 LOG geregelt. Das unbeschränkte Weisungsrecht und das Recht auf Selbsteintritt im Rahmen der **Aufsichtsbefugnisse** nach § 13 Abs. 3 LOG NRW gehen weiter als bei der Sonderaufsicht. 8

Die Aufgaben der **unteren** Bauaufsichtsbehörden sind gemäß § 3 OBG »**Pflichtaufgaben zur Erfüllung nach Weisung**«. Im Bereich der Pflichtaufgaben zur Erfüllung nach Weisung findet **Sonderaufsicht** statt. Die **Zuständigkeiten für die Sonderaufsicht** sind in § 7 OBG, die sich bei der Sonderaufsicht ergebenden Aufsichtsbefugnisse sind in den §§ 8 bis 10 OBG geregelt. Hierzu zählt insbesondere das **Unterrichtungsrecht** nach § 8 OBG, das nicht nur im Einzelfall greift, sondern darüber hinaus **Geschäftsprüfungen** ermöglicht (s. den RdErl. vom 22.06.2006 – VI A 2 – 10.2, n.v., wonach Geschäftsprüfungen nur noch aus besonderem Anlass erfolgen, jedoch die Aufgabenerfüllung in Bezug auf Sonderbauten regelmäßig zu überprüfen ist). Die **Weisungsrechte** der staatlichen Aufsichtsbehörde gegenüber der kommunalen Behörde sind – das ist ein wichtiger Unterschied zur Fachaufsicht – gemäß § 9 OBG **begrenzt**. Weist die obere die untere Bauaufsichtsbehörde zur Rücknahme eines rechtswidrigen Verwaltungsaktes an, muss sie, weil sie als Aufsichtsbehörde nur die Recht- und Zweckmäßigkeit eines Verwaltungsakts zu prüfen hat und kein Ermessen anstelle der unteren Bauaufsichtsbehörde ausüben darf, wiederum **im Rahmen der aufsichtsbehördlichen Weisung Ermessen** im Sinne des § 48 Abs. 1 Satz 1 VwVfG. NRW. ausüben. Die untere Bauaufsichtsbehörde hat sich diese Ermessensausübung wegen der Weisung zuzueignen; man spricht in diesem Zusammenhang von einer **gestuften Ermessensbetätigung** (vgl. OVG NRW, Urt. v. 14.01.1992 – 10 A 111/88, BauR 1992, 347 = BRS 54 Nr. 164). 9

§ 57 Aufbau und Zuständigkeit der Bauaufsichtsbehörden

10　Neben der Sonderaufsicht besteht die **allgemeine Kommunalaufsicht** über Gemeinden und Gemeindeverbände. Die Befugnisse der Kommunalaufsicht nach §§ 119–128 GO NRW bleiben gemäß § 11 OBG unberührt. Die Kommunalaufsicht ist in Bezug auf das kommunale Handeln lediglich **Rechtsaufsicht** (hierzu s. Oebbecke, Kommunalaufsicht – nur Rechtsaufsicht oder mehr?, DÖV 2001, S. 406 ff.).

11　Nach Satz 2 ist für den **Vollzug der BauO NRW** sowie anderer **öffentlich-rechtlicher Vorschriften für die Errichtung, Änderung, Nutzungsänderung und Beseitigung sowie die Nutzung und Instandhaltung von Anlagen** die untere Bauaufsichtsbehörde zuständig. Nach Satz 3 bleiben die gesetzlich geregelten **Zuständigkeiten anderer Behörden** unberührt. Die **Abgrenzung der Zuständigkeit** zwischen Bauaufsichtsbehörden und Fachbehörden richtet sich nach dem OBG. Hiernach wird unterschieden zwischen **instanzieller, sachlicher** und **örtlicher** Zuständigkeit. Die genaue Beachtung der einschlägigen Vorschriften ist von erheblicher Bedeutung für die Bestandskraft der Verwaltungsakte. Bei Unzuständigkeit der Bauaufsichtsbehörde kann ein von ihr dennoch erlassener Verwaltungsakt rechtswidrig oder sogar nichtig sein. Es ist deshalb stets erforderlich, zu Beginn eines Verwaltungsverfahrens genauestens die Zuständigkeitsfragen zu klären und gegebenenfalls die Sache an die zuständige Behörde abzugeben. Soweit die BauO NRW oder die auf ihrer Grundlage erlassenen Rechtsverordnungen Zuständigkeitsregelungen enthalten, gehen diese als Spezialrecht anderen allgemeinen Zuständigkeitsregelungen vor.

12　Die **Bauaufsichtsbehörden** sind **Sonderordnungsbehörden**. Für sie gelten daher bezüglich ordnungsbehördlicher Tätigkeiten die Vorschriften des OBG, soweit nicht die BauO NRW spezielle Regelungen trifft (s. Anmerkungen zu § 58 Rdn. 8–11). Vorschriften über die **örtliche**, die **sachliche** und die **außerordentliche** Zuständigkeit der Ordnungsbehörden finden sich in den §§ 4–6 OBG. Eine die sachliche Zuständigkeitsregelung des § 5 OBG verdrängende Vorschrift stellt Satz 2 dar. Zur örtlichen Zuständigkeit bestimmt § 4 Abs. 1 OBG, dass die Ordnungsbehörde zuständig ist, in deren Bezirk die zu schützenden Interessen verletzt oder gefährdet werden. Nach § 4 Abs. 2 OBG kann die gemeinsame Aufsichtsbehörde eine bestimmte Ordnungsbehörde für zuständig erklären, wenn es zweckmäßig ist, ordnungsbehördliche Aufgaben in benachbarten Bezirken einheitlich zu erfüllen; hiervon ist nach Nr. 4 VV OBG »nur in zwingend gebotenen Ausnahmefällen Gebrauch zu machen«, die in bauaufsichtlichen Angelegenheiten wohl kaum vorliegen dürften. Den Fall, dass ein Vorhaben die örtliche Zuständigkeitsgrenze überschreitet (z.B. Mühle über Bachlauf, dessen Mitte die Zuständigkeitsgrenze bildet), regelt § 4 OBG nicht; vielmehr ist § 3 VwVfG. NRW. einschlägig. Eine außerordentliche Zuständigkeit kann nach § 6 OBG nur »bei Gefahr im Verzug« vorliegen; sie berechtigt ausnahmsweise zum Tätigwerden abweichend von den Vorschriften über die örtliche und sachliche Zuständigkeit (vgl. Nr. 6 VV OBG).

13　Die Bestimmungen des OBG und VwVfG. NRW. über die örtliche und sachliche Zuständigkeit sind **im Bußgeldverfahren** nicht anzuwenden, da die §§ 36, 37 **und 39 OWiG** abschließende Regelungen enthalten (s. Anmerkungen zu § 86 Rdn. 12–14).

Die Vorschrift des Satz 2 und 3 bewirkt die **Konzentration** aller Aufgaben der Bau- 14
aufsicht **bei den unteren Bauaufsichtsbehörden**, soweit nicht andere Zuständigkeiten
gesetzlich geregelt sind. Die BauO NRW enthält an mehreren Stellen Zuständigkeitsregelungen in instanzieller und zugleich sachlicher Hinsicht (z.b. in § 3 Absatz 2 oder
in § 23 Absatz 1 BauO NRW 2018), sie enthält aber auch vereinzelt örtliche Zuständigkeitsregelungen (z.b. § 78 Absatz 7 Satz 1 BauO NRW 2018). Soweit die
BauO NRW 2018 nur von der Bauaufsichtsbehörde spricht, ergibt sich aufgrund des
Satz 2 die sachliche Zuständigkeit der **unteren** Bauaufsichtsbehörde.

Behördenintern werden die bauaufsichtlichen Aufgaben in aller Regel von einem Amt 15
der Verwaltung (»Bauaufsichtsamt«) als organisatorischer Einheit bearbeitet. Der Or-
ganisationsbegriff »Amt« darf nicht mit dem Behördenbegriff »Bauaufsichtsbehörde«
verwechselt werden. Durchweg handelt es sich um **Geschäfte der laufenden Verwaltung** im Sinne des § 41 Abs. 3 GO NRW. Überschreitet ein Bauvorhaben, über das
entschieden werden soll, den Rahmen dessen, was in der Gemeinde noch als Geschäft
der laufenden Verwaltung anzusehen ist, etwa nach entsprechenden Bestimmungen
der Hauptsatzung oder Beschluss des Rates im Einzelfall, so muss die Sache dem Rat,
einem Ausschuss oder der Bezirksvertretung zur Beschlussfassung vorgelegt werden.
Die Ausführung des Beschlusses obliegt dann wiederum der Verwaltung.

Neben Satz 2 ist stets § 58 Absatz 2 Satz 1 BauO NRW 2018 als generelle Aufgaben- 16
zuweisung an die Bauaufsichtsbehörden zu beachten, soweit nicht nach Satz 3 die
gesetzlich geregelten Zuständigkeiten und Befugnisse anderer Behörden unberührt
bleiben bzw. nach § 58 Absatz 2 Satz 1 2. Halbsatz BauO NRW 2018 die Zuständigkeit der Bauaufsichtsbehörde ihre **Grenzen in den Zuständigkeitsbereichen anderer
Behörden** hat. Die sachliche Zuständigkeit mehrerer Behörden kann hinsichtlich des
gleichen Gegenstandes gegeben sein. So besteht für ein im Landschaftsschutzgebiet
beantragtes Vorhaben eine sachliche Zuständigkeit der unteren Bauaufsichtsbehörde
für die Baugenehmigung nach § 74 BauO NRW 2018 und eine sachliche Zuständigkeit der unteren Naturschutzbehörde für die Befreiung vom Naturschutz nach § 75
LNatSchG NRW. Die sachliche Zuständigkeit der unteren Bauaufsichtsbehörde endet dort, wo das Bauordnungsrecht selbst eine andere Zuständigkeit regelt oder sich
eine solche zugunsten einer anderen Behörde aus anderen öffentlich-rechtlichen Vorschriften ergibt. Umgekehrt sind ordnungsbehördliche Maßnahmen anderer Behörden ausgeschlossen, die eine bauaufsichtliche Zulassungsentscheidung voraussetzen
(OVG NRW, Beschl. v. 17.03.1986 – 7 B 150/86, BRS 46 Nr. 189 zu von einer nicht
bauaufsichtlich privilegierten Gemeinde angeordneten baugenehmigungsbedürftigen
Sicherungsmaßnahmen an einem Denkmal). Jeder von einem Verwaltungsakt Betroffene kann die sachliche Unzuständigkeit der erlassenden Behörde rügen (BayVGH,
Beschl. v. 13.08.1996 – 20 CS 96.2369, BRS 58 Nr. 184).

Sachliche **Zuständigkeitsprobleme** entstehen immer wieder beim **Vollzug anderer** 17
öffentlich-rechtlicher Vorschriften, die durch bauliche Vorgänge berührt werden.
Solange die einschreitende Behörde, z.B. eine kreisfreie Stadt, auch für den Vollzug
anderer öffentlich-rechtlicher Vorschriften zuständig ist, spielt es keine Rolle, welches
»Amt« innerhalb der Behörde tätig wird, so dass es in verfahrensrechtlicher Hinsicht

§ 57 Aufbau und Zuständigkeit der Bauaufsichtsbehörden

von dem Betroffenen nicht beanstandet werden kann, wenn z.b. das »Bauaufsichtsamt« wasser-, abfall- oder landschaftsrechtliche Verstöße im Rahmen baulicher Vorgänge mit verfolgt. Kompetenzprobleme können jedoch bei aufeinandertreffenden Zuständigkeiten verschiedener Behörden bezüglich des gleichen Gegenstandes entstehen. Entscheidend für die jeweilige Zuständigkeit ist die **Zielrichtung des behördlichen Handelns**; geht es darum, dem Baurecht auf dem in Anspruch genommenen Grundstück Geltung zu verschaffen, ist die Bauaufsichtsbehörde zuständig, geht es um die abfallwirtschaftliche Entsorgung, ist die Zuständigkeit der Abfallwirtschaftsbehörde begründet (so OVG NRW, Beschl. v. 31.10.1994 – 10 A 4084/92, BRS 56 Nr. 198).

18 Die **oberste Bauaufsichtsbehörde** ist im Wesentlichen zuständig für
 – die Wahrnehmung der **Fachaufsicht** über die oberen Bauaufsichtsbehörden,
 – die **Einführung Technischer Baubestimmungen** nach § 3 Absatz 2 Satz 3 BauO NRW 2018,
 – die **Festlegung von Ausnahmen** zum Erfordernis des Vorliegens einer **Bauartgenehmigung** (§ 17 Absatz 4 BauO NRW 20018) und die Festlegung **von Überwachungstätigkeiten** (§ 17 Absatz 7 BauO NRW 2018),
 – die **Festlegung von bestimmten Fachkräften und Vorrichtungen** bei der **Verwendung von** verschiedenen **Bauprodukten** (§ 18 Absatz 3 BauO NRW 2018) und die Festlegung **von Überwachungstätigkeiten** (§ 18 Absatz 4 BauO NRW 2018),
 – die **Erteilung einer Zustimmung im Einzelfall** und der **Verzicht auf die Zustimmung im Einzelfall** gemäß § 23 Absatz 1 BauO NRW 2018, soweit nicht gemäß § 23 Absatz 2 BauO NRW 2018 bei Baudenkmälern die untere Bauaufsichtsbehörde zuständig ist,
 – den **Verzicht auf eine erforderliche Zertifizierung** bei der Verwendung von Bauprodukten gemäß § 24 Absatz 2 Nr. 3 BauO NRW 2018,
 – die **Anerkennung** als **Prüf-, Zertifizierungs- oder Überwachungsstelle** (§ 25 Absatz 1 BauO NRW 2018)
 – die **Bestimmung** weiterer **Berufsabschlüsse** für die Eignung als Fachkraft **für Bauaufsichtsbehörden** (§ 57 Absatz 2 Satz 3 BauO NRW 2018),
 – die **Erteilung einer Typengenehmigung** gemäß § 66 Absatz 1 BauO NRW 2018,
 – die **Bestimmung der zuständigen Bauaufsichtsbehörden** für die Erteilung von **Ausführungsgenehmigungen** für **Fliegende Bauten** nach § 78 Absatz 4 BauO NRW 2018,
 – den **Erlass von Rechtsverordnungen** und **Verwaltungsvorschriften** gemäß dem 3. Abschnitt und § 87 BauO NRW 2018,
 – die **Bestimmung der Prüfämter für Baustatik** gemäß § 21 Abs. 1 BauPrüfVO,
 – die **Anerkennung von Prüfingenieuren für Baustatik** nach § 21 Abs. 3 BauPrüfVO.

19 Die **oberen Bauaufsichtsbehörden** haben nur noch beschränkte Aufgaben und Zuständigkeiten, nachdem die baurechtlichen Zustimmungsvorbehalte entfallen sind. In Bezug auf die Zuständigkeit ist zwischen den **Bezirksregierungen** und den **Landräten als untere staatliche Verwaltungsbehörden** zu differenzieren.

Die **Bezirksregierungen als obere Bauaufsichtsbehörde** sind im Wesentlichen zuständig für die **Fachaufsicht über die Landräte** als untere staatliche Verwaltungsbehörden in deren Eigenschaft als obere Bauaufsichtsbehörden, für die **Sonderaufsicht** über die **kreisfreien Städte** und **Kreise** sowie für die **Erteilung von Zustimmungen im Zustimmungsverfahren** nach § 79 BauO NRW 2018. 20

Die **Landräte** als untere staatliche Verwaltungsbehörde in ihrer Eigenschaft **als obere Bauaufsichtsbehörde** sind im Wesentlichen zuständig für die **Sonderaufsicht** über die **Großen** und **Mittleren kreisangehörigen Städte**. 21

Die örtliche Zuständigkeit bezeichnet den räumlichen Bereich, innerhalb dessen eine sachlich und instanziell zuständige Behörde zu handeln befugt ist. Die **örtliche Zuständigkeit** der Bauaufsichtsbehörde richtet sich, abgesehen von den in § 78 Absatz 3 BauO NRW 2018 geregelten Sonderfällen für Fliegende Bauten, nach § 3 Abs. 1 Nr. 1 VwVfG. NRW. und damit nach der **Belegenheit des Grundstücks**, da es sich bei der Bauaufsicht um Angelegenheiten handelt, die sich auf **unbewegliches Vermögen** beziehen (s. Rdn. 2). Sind mehrere Bauaufsichtsbehörden örtlich zuständig, so entscheidet nach § 3 Abs. 2 Satz 1 VwVfG. NRW. die Bauaufsichtsbehörde, die **zuerst** mit der Sache befasst worden ist (**Grundsatz des ersten Zugriffs**), es sei denn, die gemeinsame fachlich zuständige Aufsichtsbehörde bestimmt, dass eine andere örtlich zuständige Behörde zu entscheiden hat. Das Merkmal »zuerst« bedeutet nicht, dass überhaupt zwei Behörden mit der Angelegenheit »befasst« werden müssen (OVG NRW, Urt. v. 19.12.1989 – 10 A 2177/87, BauR 1990, 336, = BRS 50 Nr. 156). Dieses Merkmal soll gerade im Interesse der Beschleunigung des Verwaltungsverfahrens **Kompetenzkonflikte vermeiden**. Deshalb ist nicht einmal das Einvernehmen mit der anderen Behörde zur Sachentscheidung erforderlich. Trifft auf Anregung eines Beteiligten oder einer der Bauaufsichtsbehörden die nächsthöhere Bauaufsichtsbehörde eine Zuständigkeitsregelung, so handelt es sich hierbei um einen nicht unmittelbar anfechtbaren innerdienstlichen Vorgang (BVerwG, Urt. v. 16.07.1965 – IV C 82.63, BVerwGE 21, 352). 22

Eine § 3 VwVfG. NRW. vorgehende Regelung hinsichtlich der **örtlichen** Zuständigkeit enthält § **206 Abs. 1 BauGB** für Verwaltungsverfahren nach dem BauGB im Hinblick auf das vom Verfahren »**betroffene**« **Grundstück**. Diese Vorschrift verlangt, dass bei Grundstücken im örtlichen Zuständigkeitsbereich mehrerer Bauaufsichtsbehörden die nächsthöhere gemeinsame Bauaufsichtsbehörde die zuständige Behörde bestimmt, so dass für bauplanungsrechtlich relevante Vorgänge der in § 3 Abs. 2 Satz 1 VwVfG. NRW. normierte Grundsatz des ersten Zugriffs nicht gilt. Bedeutung kann diese Vorschrift nur entfalten, wenn von dem Vorhaben Grundstücke betroffen sind, die »örtlich oder wirtschaftlich zusammenhängen und **demselben Eigentümer** gehören«, wie dies bei landwirtschaftlichen Betrieben mitunter der Fall ist, die sich über die Zuständigkeitsgrenzen der Bauaufsichtsbehörden hinaus erstrecken. Wenn die Grundstücke **verschiedenen Eigentümern** gehören, sind wiederum allein die Vorschriften des § 3 Abs. 2 VwVfG. NRW. zu beachten. 23

3 Zu Absatz 2 – Personelle Besetzung der Bauaufsichtsbehörde

24 Absatz 2 stellt zwei Forderungen zur personellen Ausstattung auf, und zwar im Hinblick auf
– die **quantitative** Ausstattung und
– die **qualitative** Ausstattung
der Bauaufsichtsbehörden. Über die genaue **Personalstärke** einer Bauaufsichtsbehörde konnte und wollte der Gesetzgeber **keine zahlenmäßigen** Angaben machen.

25 Zu einer »ausreichend« und mit »geeigneten Fachkräften« ausgestatteten Bauaufsichtsbehörde gehören Hochbauingenieure, Bauingenieure und Ingenieure für Versorgungstechnik (jeweils mit mindestens Fachhochschulabschluss) sowie Baukontrolleure. Schließlich sind Bedienstete des gehobenen und mittleren Verwaltungsdienstes erforderlich. Die Aufgabe der **Prüfung der Anträge** sowie die Durchführung der **Bauüberwachung** und der **Bauzustandsbesichtigungen** sollten den **technischen** Sachbearbeitern obliegen. Das gilt auch für die Durchführung von **Wiederkehrenden Prüfungen bei Sonderbauten** (s. Anmerkungen zu § 50 Rdn. 19 ff.), die **fundierte Information** der Bürger im Rahmen einer **Bauberatung** sowie die Bearbeitung der **materiell-rechtlichen** Vorgaben im Rahmen des **Ordnungsbehördenrechts**.

26 Aufgrund des mit der BauO NW 1984 eingeleiteten und mit den darauf folgenden Landesbauordnungen verstärkt fortgeführten Abbaus präventiver Prüfaufgaben haben viele Träger unterer Bauaufsichtsbehörden in den letzten Jahren Personal abgebaut, weil bei den für die Organisation zuständigen Dienststellen die Erwartungshaltung bestand, dass eine Entlastung eintreten werde. Dies war aber keineswegs das Anliegen des Gesetzgebers, der die Reform vorantrieb, weil ihm aus Geschäftsprüfungen bekannt war, dass die unteren Bauaufsichtsbehörden aufgrund ihrer personellen Ausstattung kaum mehr in der Lage waren, die ihnen übertragenen Aufgaben sachgerecht zu erfüllen, vor allem aber Genehmigungsverfahren innerhalb angemessener Zeiträume abzuschließen (so die Amtliche Begründung zur BauO NW 1995, LT-Drucks. 11/7153 S. 138). Die **tatsächlich nicht eingetretene Entlastung** der unteren Bauaufsichtsbehörden kann im Wesentlichen auf folgende Faktoren zurückgeführt werden:
– die am Bau Beteiligten nehmen die **Bauberatung** in einem sehr viel stärkeren Maße in Anspruch, als dies vor 1995 der Fall war, da ihnen durch den Gesetzgeber mehr Verantwortung auferlegt wurde und sie mangels ausreichender Rechtskenntnisse nicht Gefahr laufen möchten, rechtswidrige Bauvorhaben zu realisieren,
– der Düsseldorfer Flughafenbrand hat die Einsicht in das **Erfordernis der Bauüberwachung** und **wiederkehrender Prüfungen** von Sonderbauten wesentlich gestärkt,
– das »**Baunebenrecht**« wurde weiter ausgebaut,
– der **Informationsbedarf** aus der bauaufsichtlichen **Archivakte** und dem **Baulastenverzeichnis** ist stark **angestiegen**,
– die Hemmschwelle zum **Bauen ohne** oder **abweichend** von der **Baugenehmigung** hat abgenommen.

Auch außerhalb der originären Aufgaben der Bauaufsichtsbehörden liegende Tätigkeiten haben in den vergangenen Jahren erheblich zugenommen. Beispielsweise ist der Informationsbedarf der kommunalpolitischen Gremien stark angestiegen, wurden

Querschnittsaufgaben dezentralisiert und haben projektbezogene fachbereichsübergreifende Arbeitsgruppen verstärkt ihre Tätigkeit aufgenommen.

Die von präventiven Prüfaufgaben entlasteten Bediensteten sind infolge dieser so nicht erwarteten Entwicklung mit beratenden und überwachenden Tätigkeiten stärker als je zuvor belastet, was bei der Personalbemessung nicht übersehen werden darf.

Hinsichtlich der **Anzahl der bei der unteren Bauaufsichtsbehörde zu beschäftigenden Bediensteten** wurden in den Vorauflagen Werte genannt, die auf der Überlegung beruhten, dass ein technischer Sachbearbeiter als Hochbauingenieur in der Lage sein sollte, täglich einen Bauantrag (vgl. die 8. Auflage, zu § 57 Rn. 14) bzw. aufgrund den mit der BauO NW 1995 bewirkten Prüfeinschränkungen 1,5 Bauanträge zu prüfen (vgl. die 9. Auflage, zu § 60 Rn. 14). Derartige Werte können jedoch niemals die Grundlage einer **seriösen** Organisationsuntersuchung bilden, da sie allenfalls als Anhalt brauchbar sind, zumal sich der **Aufgabenschwerpunkt** weg von der präventiven Prüfung hin zur Beratung, Überwachung und zum repressiven Vorgehen **verlagert hat**. Die Bauaufsichtsbehörden, die sich bei der Besetzung allein an diesen Anhaltswerten orientiert haben, laufen Gefahr, die nach der **Sicherheitsphilosophie des Bauordnungsrechts** unumgängliche Überwachung des Baugeschehens infolge Unterbesetzung nicht ordnungsgemäß wahrnehmen zu können. Dies wurde nach dem **Düsseldorfer Flughafenbrand** besonders deutlich, so dass sich die oberste Bauaufsichtsbehörde veranlasst sah, die unteren Bauaufsichtsbehörden nachhaltig auf die **Pflicht zur Durchführung wiederkehrender Prüfungen** nach den Sonderbauverordnungen hinzuweisen. Bei der Personalbemessung genießt der **Sicherheitsgedanke Vorrang vor möglichen Kostenreduzierungen.** Darüber hinaus muss der im Gebiet der jeweiligen Bauaufsichtsbehörde vorhandene Baubestand, die angestrebte städtebauliche Entwicklung unter Berücksichtigung der Sanierungsgebiete und Denkmäler sowie auch der **Beratungsbedarf** der am Bau Beteiligten aufgrund des **örtlichen** Satzungsrechts in die Überlegungen Eingang finden. Weiter ist zu berücksichtigen, dass Personal mit technischen Spezialkenntnissen vorhanden sein sollte, um auch beispielsweise Standsicherheitsfragen oder Aspekte der Haustechnik beurteilen zu können.

Den Bauaufsichtsbehörden müssen technisch vorgebildete Personen angehören, die über die erforderlichen **Kenntnisse** des **öffentlichen Baurechts**, der **Bautechnik** und der **Baugestaltung** verfügen. Diese Präzisierung der Anforderungen, die schon mit § 57 Abs. 2 Satz 2 BauO NW 1984 erfolgte, war die notwendige Konsequenz einer immer schwieriger werdenden Bautechnik.

Kenntnisse über die Bautechnik und die Baugestaltung sind stets vorhanden, wenn die betreffenden Personen aufgrund eines Hochschulabschlusses der Fachrichtungen Architektur oder Bauingenieurwesen die Berufsbezeichnung »Ingenieur« führen dürfen. Hier kann regelmäßig unterstellt werden, dass sie im Rahmen ihrer Ausbildung ausreichende Kenntnisse der Bautechnik und der Baugestaltung erlangt haben. Sie müssen jedoch – und das ist eine wesentliche gesetzliche Bedingung – zusätzlich über die erforderlichen **Kenntnisse des öffentlichen Baurechts** verfügen. **Kenntnisse des öffentlichen Baurechts** in dem für die Bauaufsicht erforderlichen Umfang werden an Hochschulen nicht vermittelt (vgl. Böckenförde/Hindermann, Novellierung der Bauordnung NW, 1996, Rn. 18). Das Versagen der Hochschulen bei der Vermittlung eines ausreichenden Kenntnisstandes des öffentlichen Baurechts war früher von den Ländern im Rahmen der Beamtenausbildung aufgefangen worden. Doch hat sich der Staat auch hier zurückgezogen, da die Ausbildung von Beamten für die Laufbahn des höheren bautechnischen Verwaltungsdienstes der Fachrichtung Hochbau eingestellt wurde.

30   Für die Beurteilung der erforderlichen Fachkenntnisse im öffentlichen Baurecht kann dann im Wesentlichen nur auf den bisherigen beruflichen Werdegang abzustellen sein. Personen mit gerade erst erworbenem Hochschulabschluss müssen für den Einsatz in einer Bauaufsichtsbehörde sorgfältig vorbereitet werden. Es bleibt daher nur zu hoffen, dass die Baukammern und unter anderem von der öffentlichen Hand getragene Einrichtungen, wie z.B. die kommunalen Studieninstitute oder die technischen Akademien, das Angebot spezieller Fortbildungsveranstaltungen zum Bauordnungsrecht künftig noch intensivieren, um die Ausbildungslücke schließen zu können.

31   Besondere Schwierigkeiten bei der Fortbildung der Mitarbeiter auf dem Gebiet des öffentlichen Baurechts bereiten den Bauaufsichtsbehörden zunehmend die knappen Budgets. Trotz der leeren Kassen in den Kommunen darf hier aber nicht gespart werden, da ansonsten die Gefahr besteht, die gesetzlichen Anforderungen des Absatz 2 nicht mehr erfüllen zu können.

32   Mit der Novellierung der Bauordnung hat der Gesetzgeber die oberste Bauaufsichtsbehörde ermächtigt, durch Rechtsverordnung **weitere berufsqualifizierende Abschlüsse** als Voraussetzung für eine Eignung als Fachkraft im Sinne des Satz 1 zu bestimmen (Satz 3). Mit dieser Vorschrift wird der Erweiterung des Ausbildungsspektrums Rechnung getragen und auch Absolventen innovativer Studiengänge erhalten die Möglichkeit, für die Tätigkeit bei der Bauaufsichtsbehörde zugelassen zu werden.

33   Zusätzlich zu der bisherigen Forderung zur Personalausstattung (vgl. Anmerkungen zu Rdn. 24) wird in Satz 1 auch gefordert, die Bauaufsichtsbehörden mit den **erforderlichen Vorrichtungen** auszustatten. Unter Vorrichtung ist etwas für einen bestimmten Zweck oder für eine bestimmte Funktion Hergestelltes zu verstehen. Es handelt sich also um Geräte, die zur Erfüllung der Aufgaben der Bauaufsichtsbehörde erforderlich sind. Damit sind sowohl die Büroausstattung als auch auf der Baustelle zur Überwachung der Einhaltung der Genehmigung erforderliche Gerätschaften erfasst. Zusätzlich gehören dazu auch Vorrichtungen zur Durchsetzung ordnungsbehördlicher Maßnahmen, wie z.B. Absperrungen oder Versiegelungen.

§ 58 Aufgaben und Befugnisse der Bauaufsichtsbehörden

(1) Die den Bauaufsichtsbehörden obliegenden Aufgaben gelten als solche der Gefahrenabwehr. § 89 bleibt unberührt.

(2) Die Bauaufsichtsbehörden haben bei der Errichtung, Änderung, Nutzungsänderung und Beseitigung sowie bei der Nutzung und Instandhaltung von Anlagen

darüber zu wachen, dass die öffentlich-rechtlichen Vorschriften und die aufgrund dieser Vorschriften erlassenen Anordnungen eingehalten werden, soweit nicht andere Behörden zuständig sind. Sie haben in Wahrnehmung dieser Aufgaben nach pflichtgemäßem Ermessen die erforderlichen Maßnahmen zu treffen.

(3) Bauaufsichtliche Genehmigungen und sonstige Maßnahmen gelten auch für und gegen Rechtsnachfolgerinnen oder gegen Rechtsnachfolger.

(4) Die Bauaufsichtsbehörden können bei der Errichtung oder Änderung baulicher Anlagen verlangen, dass die Geländeoberfläche erhalten oder verändert wird, um eine Störung des Straßen-, Orts- oder Landschaftsbildes zu vermeiden oder zu beseitigen oder um die Geländeoberfläche der Höhe der Verkehrsflächen oder der Nachbargrundstücke anzugleichen.

(5) Die Bauaufsichtsbehörden können zur Erfüllung ihrer Aufgaben Sachverständige und sachverständige Stellen, insbesondere für die Prüfung von Brandschutzkonzepten staatlich anerkannte Sachverständige, heranziehen.

(6) Auch nach Erteilung einer Baugenehmigung nach § 74 oder einer Zustimmung nach § 79 können Anforderungen gestellt werden, um dabei nicht vorsehbare Gefahren oder unzumutbare Belästigungen von der Allgemeinheit oder denjenigen, die die bauliche Anlage benutzen, abzuwenden. Satz 1 gilt entsprechend, wenn Anlagen ohne Genehmigung oder Zustimmung errichtet werden dürfen oder sie im Rahmen eines Verfahrens nach § 66 Absatz 5 als genehmigt gelten.

(7) Die mit dem Vollzug dieses Gesetzes beauftragten Personen sind berechtigt, in Ausübung ihres Amtes Grundstücke und Anlagen einschließlich der Wohnungen zu betreten. Das Grundrecht der Unverletzlichkeit der Wohnung nach Artikel 13 des Grundgesetzes wird insoweit eingeschränkt.

Handlungsempfehlung des Ministeriums für Heimat, Kommunales, Bau und Gleichstellung des Landes Nordrhein-Westfalen auf der Grundlage der Dienst-besprechungen mit den Bauaufsichtsbehörden im Oktober/November 2018:

zu Absatz 2

Die Regelung des § 58 Absatz 2 letzter Halbsatz BauO NRW 2018 ist gegenüber der bisherigen Regelung in § 61 Absatz 1 Satz 3 BauO NRW 2000 (»Die gesetzlich geregelten Zuständigkeiten und Befugnisse anderer Behörden bleiben unberührt.«) anders formuliert. Nach der Gesetzesbegründung ist damit beabsichtigt, einen »positiven Zuständigkeitskonflikt zu vermeiden«. Aufgrund dieser Neuformulierung dürfte keine Änderung der bisherigen Praxis eintreten, bspw. beim Vollzug von Nebenbestimmungen immissionsschutzrechtlicher Bescheide (vgl. insoweit Erlass des MUNLV NRW zum Immissionsschutzrechtliches Genehmigungsverfahren -Vollzug von Nebenbestimmungen des Genehmigungsbescheides -vom 01. März 2010). Auch in dem umgekehrten Fall, in dem bspw. ein Verstoß gegen eine in die Baugenehmigung aufgenommene Anforderung des Immissionsschutzrechts zu prüfen ist, würde die Bauaufsichtsbehörde die Fachbehörde in die Überwachung und die Beseitigung des Verstoßes einbeziehen, eine eventuelle Anordnung zur Durchsetzung der Auflage wäre aber wie bisher regelmäßig von der Bauaufsichtsbehörde zu erlassen.

§ 58 Aufgaben und Befugnisse der Bauaufsichtsbehörden

Nach der Rechtsprechung des OVG NRW (Beschl. v. 27.08.2002, 10 B 1233/03) kann die Bauaufsichtsbehörde auf der Grundlage des bisherigen § 61 Absatz 1 Satz 2 BauO 2000 Bauvorlagen für ein formell illegal durchgeführtes Vorhaben nur insoweit anfordern, als dies zur Beurteilung einer konkret zu prüfenden Gefährdungssituation notwendig ist, die –über die Stilllegung oder Nutzungsuntersagung hinaus –ein Einschreiten erfordern könnte. Sie kann aber nicht die Beantragung einer Baugenehmigung erzwingen. Mit § 58 Absatz 2 Satz 2 BauO NRW 2018 ist insoweit keine Änderung der Rechtslage eingetreten.

zu Absatz 6

Die Regelung entspricht im Wesentlichen § 61 Absatz 2 BauO NRW 2000 und ist anzuwenden im Zeitraum zwischen Erteilung der Baugenehmigung bzw. Zustimmung und der abschließenden Fertigstellung. (Genießt die bauliche Anlage bereits Bestandsschutz, ist § 59 BauO NRW 2018 anwendbar.) Handelt es sich um ein Vorhaben, für das eine Zustimmung gem. § 80 BauO NRW 2000 erteilt wurde oder gem. § 79 Absätze 2 und 3 BauO NRW 2018 erteilt wird, ist die für die Erteilung der Zustimmung zuständige Bezirksregierung (§ 57 Absatz 1 Nummer 2 BauO NRW 2018) grundsätzlich zuständig.

Nur bei ordnungsbehördlichen Verfahren ist auch für Vorhaben, die mit einer bauaufsichtlichen Zustimmung errichtet werden, die Zuständigkeit der unteren Bauaufsichtsbehörde gegeben.

Übersicht

		Rdn.
0	Änderungen gegenüber der Bauordnung 1984, der BauO NW 1995 und der BauO NRW 2000	01
1	Allgemeines	1
2	Zu Absatz 1 – Ordnungsbehördliche Aufgaben der Bauaufsicht	8
3	Zu Absatz 2 – Aufgabenzuweisung und allgemeine Befugnisse	12
3.1	Zu Satz 1 – Generelle Aufgabenbeschreibung	12
3.2	Zu Satz 2 – Befugnisse der Bauaufsichtsbehörde	22
3.2.1	Generalermächtigung und Spezialermächtigungen	22
3.2.2	Vorgaben für das ordnungsbehördliche Handeln	27
3.3	Anforderungen an Ordnungsverfügungen	32
3.3.1	Sachverhaltsermittlung, Information, Beratung und Anhörung	32
3.3.2	Formvorschriften, Bestimmtheitsgebot	35
3.3.3	Adressat, Bekanntgabe, Zustellung	38
3.4	Ermessen	44
3.4.1	Grundregeln für die Ermessensausübung	44
3.4.2	Entschließungsermessen	48
3.4.3	Auswahlermessen bezüglich verschiedener Mittel	55
3.4.4	Auswahlermessen bei mehreren Störern	57
3.5	Formelle und materielle Illegalität	61
3.6	Durchsetzung von Ordnungsverfügungen	69
3.6.1	Sofortige Vollziehung nach § 80 Abs. 2 Nr. 4 VwGO	71
3.6.2	Sofortvollzug nach § 55 Abs. 2 VwVG NRW	74
3.6.3	Vorgaben für die Anwendung von Verwaltungszwang	76
3.6.4	Ersatzvornahme	79
3.6.5	Zwangsgeld	83
3.6.6	Unmittelbarer Zwang	87

4	Zu Absatz 3 – Geltung für und gegen Rechtsnachfolger...................	94
5	Zu Absatz 4 – Erhaltung oder Veränderung der Geländeoberfläche	95
5.1	Verfahrensrechtliche Behandlung.....................................	97
5.2	Materielle Voraussetzungen	103
6	Zu Absatz 5 – Heranziehung von Sachverständigen	107
7	Zu Absatz 6 – Nachträgliche Anforderungen	118
8	Zu Absatz 7 – Wohnungsbetretungsrecht	122

0 Änderungen gegenüber der Bauordnung 1984, der BauO NW 1995 und der BauO NRW 2000

Die Vorschrift des § 61 **BauO NW 1995** entsprach § 58 BauO NW 1984, wurde jedoch in Anpassung an die MBO wie folgt geändert und ergänzt: 01
- **Abs. 1** blieb abgesehen von der Folgeänderung zu § 3 Abs. 1 (»Instandhaltung«) unverändert.
- **Abs. 2** wurde neu eingefügt und nahm mit **Satz 1** die Regelung des früheren § 88 Abs. 4 BauO NW 1970 auf. Die Vorschrift war in die BauO NW 1984 im Hinblick auf die §§ 48 und 49 VwVfG. NRW. nicht übernommen worden. Ihre Wiedereinfügung erfolgte zur Verbesserung der Rechtssicherheit. Satz 2 trägt dem Umstand Rechnung, dass nachträgliche Anforderungen auch für zulässigerweise ohne Genehmigung errichtete bauliche Anlagen oder sonstige Anlagen und Einrichtungen im Sinne des § 1 Abs. 1 Satz 2 in Betracht kommen können (vgl. LT-Drucks. 11/7153 S. 177).
- **Abs. 3** übernahm den früheren Abs. 2 unverändert.
- Die **Absätze 4 und 5** wurden neu eingefügt. Sie bieten der Bauaufsichtsbehörde die ausdrückliche Ermächtigung, die unberechtigte Kennzeichnung von Bauprodukten mit dem Ü-Zeichen und die Verwendung, unberechtigt mit der CE-Kennzeichnung oder dem Ü-Zeichen versehener Bauprodukte, durch ordnungsbehördliche Maßnahmen zu unterbinden (vgl. LT-Drucks. 11/7153 S. 178).
- **Abs. 6** übernahm den früheren Abs. 3 unverändert.

Die **BauO NRW 2000** hat § 61 BauO NW 1995 unverändert beibehalten. 02

Die **BauO NRW 2018** hat den § 58 zum Teil neu gefasst. Die Vorschriften des bisherigen 03 § 61 Abs. 1 (heute: § 58 Absatz 2), § 61 Abs. 2 (heute: § 58 Absatz 6), § 61 Abs. 3 (heute: § 58 Absatz 5) und § 61 Abs. 6 (heute: § 58 Absatz 7) wurden im Wesentlichen beibehalten. Die Vorschriften des § 61 Abs. 4 und 5 BauO NRW 2000 wurden gestrichen, weil sich die entsprechenden Befugnisse bereits aus dem Bauproduktenrecht ergibt. Der neue § 58 Absatz 1 BauO NRW 2018 entspricht der Vorschrift des § 60 Abs. 2 BauO NRW 2000, der § 58 Absatz 4 entspricht dem § 9 Abs. 3 BauO NRW 2000. Der Absatz 3 ist neu in das Regelwerk aufgenommen worden.

1 Allgemeines

Die Vorschrift des § 58 BauO NRW 2018 regelt die **rechtliche Qualifizierung der** 1 **Aufgaben** der Bauaufsichtsbehörden und bildet gleichzeitig die **Generalermächtigung zum ordnungsbehördlichen Einschreiten der Bauaufsichtsbehörden**. Vergleichbare

§ 58 Aufgaben und Befugnisse der Bauaufsichtsbehörden

Ermächtigungen enthalten das **OBG** und das **PolG NRW**. Die genaue Bedeutung dieser Bestimmung lässt sich erst vor dem Hintergrund der Rechtsentwicklung richtig einordnen. Alle diese Vorschriften gehen zurück auf § 14 des preußischen Polizeiverwaltungsgesetzes vom 01.06.1931. Die Aufgaben der Polizeibehörden umschrieb die Generalklausel des § 14 Polizeiverwaltungsgesetz wie folgt:

(1) Die Polizeibehörden haben im Rahmen der geltenden Gesetze die nach pflichtgemäßem Ermessen notwendigen Maßnahmen zu treffen, um von der Allgemeinheit oder dem einzelnen Gefahren abzuwehren, durch die die öffentliche Sicherheit oder Ordnung bedroht wird.

(2) Daneben haben die Polizeibehörden diejenigen Aufgaben zu erfüllen, die ihnen durch Gesetz besonders übertragen sind.

2 Nach § 2 des preußischen Polizeiverwaltungsgesetzes gliederte sich die Polizei in die Landes-, Kreis- und Ortspolizeibehörden. Daneben bestanden aufgrund spezieller Rechtsvorschriften **Sonderpolizeibehörden** zur Wahrnehmung spezieller Aufgaben, wie z.B. die **Baupolizei**, die Bergpolizei, die Gewerbepolizei oder die Feld- und Forstpolizei. Während der nationalsozialistischen Herrschaft nach 1933 spielten rechtliche Bindungen keine Rolle mehr, was sich auch in der Rechtsetzung niederschlug, so dass unter Missachtung der Reichsverfassung und der Polizeigesetze der Länder die Polizeibehörden für unterschiedlichste Aufgaben eingesetzt wurden. Nach Kriegsende führte die Britische Militärregierung im Lande Nordrhein-Westfalen schrittweise bis 1948 einen Polizei- und Verwaltungsaufbau nach britischem Vorbild ein und schränkte die polizeilichen Befugnisse wieder ein. Schließlich wurden mit dem ersten Ordnungsbehördengesetz – OBG – vom 16.10.1956 (GV. NRW. S. 216) die **Verwaltungsbehörden »entpolizeilicht«**, so dass aus der »**Baupolizei**« die »**Bauaufsicht**« hervorging. Die Ordnungsbehörden – und damit auch die Bauaufsichtsbehörden – nehmen seitdem die ihnen übertragenen Aufgaben als »**Pflichtaufgaben zur Erfüllung nach Weisung**« wahr (s. Anmerkungen zu § 57 Rdn. 9). In Abstimmung mit den anderen Bundesländern schloss Nordrhein-Westfalen den Vereinheitlichungsprozess des Polizei- und Ordnungsbehördenrechts mit dem »Gesetz zur Neuordnung des Polizei-, Ordnungs-, Verwaltungsvollstreckungs- und Melderechts« vom 25.03.1980 (GV. NRW. S. 234) ab und erließ für die Polizei- und Ordnungsbehörden unter Novellierung bestehender Gesetze voneinander getrennte, aber inhaltlich aufeinander abgestimmte Rechtsgrundlagen. Trotz nachfolgender Änderungen einzelner Bestimmungen bilden diese Rechtsvorschriften, insbesondere das **OBG** und das **VwVG NRW** bis heute die wesentliche **Grundlage für die Vollzugstätigkeit** der Ordnungsbehörden und damit auch der Bauaufsichtsbehörden.

3 Parallel hierzu erfolgte die **Kodifikation des Verwaltungsverfahrensrechts** nach dem im Jahre 1964 veröffentlichten Musterentwurf eines Verwaltungsverfahrensgesetzes. Bund und Länder haben weitgehend inhaltsgleiche Verwaltungsverfahrensgesetze nach diesem Muster erlassen. Das **allgemeine Verwaltungsverfahren** und das **verwaltungsgerichtliche Verfahren** werden seitdem als **einheitliches System** betrachtet, das stärker an den Bedürfnissen der Bürger orientiert ist. Die Bedeutung des VwVfG. NRW. für die Durchführung ordnungsbehördlicher Maßnahmen liegt in der Regelung des

Verwaltungsverfahrens, da weder das OBG noch das VwVG. NRW. insoweit Vorschriften enthalten. Das **Verwaltungsverfahren** nach dem VwVfG. NRW. wird von folgenden **Grundsätzen** geprägt:
- **Nichtförmlichkeit** des Verfahrens (§ 10 VwVfG. NRW.),
- **Sachverhaltsermittlung von Amts wegen** durch die Behörde (§ 24 VwVfG. NRW.),
- **Beratungs- und Auskunftsrecht** der Beteiligten (§ 25 VwVfG. NRW.),
- **Anhörung der Beteiligten** durch die Behörde (§ 28 VwVfG. NRW.),
- **Akteneinsichtsrecht** der Beteiligten (§ 29 VwVfG. NRW.).

Neu geschaffen wurde mit dem VwVfG. NRW. eine sichere Rechtsgrundlage zum Abschluss **öffentlich-rechtlicher Verträge** (§§ 54–62 VwVfG. NRW.), die auch im ordnungsbehördlichen Bereich genutzt werden können. Es war ein wesentliches Anliegen des Gesetzgebers, einseitiges obrigkeitsstaatliches Verwaltungshandeln zurückzudrängen und **einvernehmliche Handlungsformen zu begünstigen**. Es ist – und dies kann nicht deutlich genug hervorgehoben werden – nach § 54 VwVfG. NRW. zulässig, dass **anstelle einer Ordnungsverfügung** zwischen der Bauaufsichtsbehörde und dem Ordnungspflichtigen ein **öffentlich-rechtlicher Vertrag** abgeschlossen wird, weil weder das OBG noch die BauO NRW entgegenstehende Vorschriften enthalten. Ein solcher Vertrag kann das Ergebnis einer informellen Streitbeilegung sein, wie z.B. der **Mediation** als Methode zur Regelung von Konflikten. Der öffentlich-rechtliche Vertrag kann und sollte in einem solchen Fall auch unter **Einbeziehung des Nachbarn** abgeschlossen werden. 4

Die Neuregelung des Ordnungsbehörden- und Verwaltungsvollstreckungsrechts ging einher mit der **Trennung des Straf- und Ordnungswidrigkeitenrechts**, weil aufgrund des **Rechtsprechungsmonopols** des Art. 92 GG die Strafrechtsanwendung den Richtern vorbehalten ist (s. Anmerkungen zu § 86 Rdn. 2–3). Es ist deshalb im Rahmen des bauaufsichtlichen Einschreitens sorgfältig zu trennen zwischen 5
- der **Durchsetzung von Ordnungsverfügungen** mittels **Verwaltungszwang** und
- der **Ahndung von Ordnungswidrigkeiten** mittels **Verwarnung** oder **Geldbuße**.

Die Unterscheidung ist nicht nur wegen der unterschiedlichen Rechtsgrundlagen (VwVfG NRW und OWiG) und der unterschiedlichen Gerichtsbarkeit (Verwaltungsgerichte und Strafgerichte), sondern auch deshalb von erheblicher Bedeutung, weil das zur Durchsetzung von Ordnungsverfügungen nach § 60 VwVG NRW mögliche **Zwangsgeld** der zur Ahndung von Ordnungswidrigkeiten zu verhängenden **Geldbuße** für den Betroffenen **in der Wirkung** gleichkommt; in beiden Fällen hat er an die Behörde einen Geldbetrag zu zahlen. Es ist wichtig dem Ordnungspflichtigen deutlich zu machen, aus welchem Grund Zwangsgeld oder Geldbuße gezahlt werden soll, zumal die Rechtsordnung es ermöglicht, beides gleichzeitig anzuwenden (s. Anmerkungen zu § 86 Rdn. 1). Für die Verhängung einer Geldbuße sind ausschließlich die Vorschriften des OWiG maßgebend, die auch das Verfahren regeln.

Neben der präventiven Prüftätigkeit, die noch bis 1995 wegen der Genehmigungsbedürftigkeit der meisten baulichen Vorgänge den Schwerpunkt der Tätigkeit 6 bildete, gewinnt aufgrund der ausgeweiteten **Freistellungsvorschriften** (s. Anmerkungen Vor §§ 60–63) das **repressive Vorgehen** immer mehr an **Bedeutung**, so dass § 58 BauO NRW 2018 auch als »**zweite Säule**« der Bauaufsicht bezeichnet werden kann (so Boeddinghaus/Hahn/Schulte/Radeisen, zu § 61 Rn. 1). Dem trägt auch Tarifstelle 2.8.2 des Allgemeinen Gebührentarifs zur AVerwGebO NRW Rechnung, wonach für verschiedene repressive Maßnahmen **Gebühren** erhoben werden. Die Überschrift des § 58 BauO NRW nennt seit der BauO NW 1984 neben den »**Aufgaben**« auch die »**Befugnisse**« der Bauaufsichtsbehörden. Hierdurch wird deutlich, dass nicht schon aus gesetzlich formulierten Aufgaben auf entsprechende gesetzliche Befugnisse geschlossen werden kann, in die Rechte des Bürgers einzugreifen. Die Eingriffsbefugnis muss vielmehr gesetzlich ausdrücklich genannt werden, was auch im Rahmen der einzelnen Vorschriften des Bauordnungsrechts erfolgen kann. Soweit **spezielle Befugnisse** fehlen, fungiert Absatz 2 als **Auffangnorm** (so auch Jeromin, zu § 59 Rn. 2). Die BauO NRW selbst und die Verordnungen aufgrund der BauO NRW enthalten an mehreren Stellen **Spezialermächtigungen** (s. Rdn. 26).

7 Die **Generalermächtigung zum ordnungsbehördlichen Einschreiten** steht im engen **Zusammenhang** mit der **materiellen Grundnorm** des § 3 Absatz 1 Satz 1 BauO NRW 2018 (s. Anmerkungen zu § 3 Rdn. 6 ff.). Während die materielle Grundnorm die bauaufsichtlichen Anforderungen an bauliche Anlagen und andere Anlagen und Einrichtungen im Sinne des § 1 Absatz 1 Satz 2 BauO NRW 2018 generell beschreibt, legt § 58 als **Aufgabe der Bauaufsichtsbehörde** fest, dass diese die Einhaltung der baurechtlichen Bestimmungen und der auf ihrer Grundlage erlassenen Anordnungen zu überwachen hat. Durch Absatz 2 Satz 2 wird den Bauaufsichtsbehörden in allgemeiner Form zugleich die **Befugnis** übertragen, in Wahrnehmung ihrer Aufgaben **nach pflichtgemäßem Ermessen** die **erforderlichen Maßnahmen** zu treffen. Die Bauaufsicht ist **gesetzesakzessorische Verwaltung**. Die anzuwendenden gesetzlichen Bestimmungen bezeichnen nicht nur Inhalt und Schranken der bauaufsichtlichen Tätigkeit, sondern auch die möglichen Grenzen ihrer Untätigkeit (so Hess. VGH, Urt. v. 25.11.1999 – 4 UE 2222/92, BauR 2000, 873 = BRS 62 Nr. 184). Die **Überschreitung** der Ermächtigung stellt eine **rechtswidrige Maßnahme** dar und kann **Schadenersatzansprüche aus Amtspflichtverletzungen** nach Art. 34 GG in Verbindung mit § 839 BGB oder **Entschädigungsansprüche** nach § 39 Abs. 1 OBG auslösen (s. Rdn. 17).

2 Zu Absatz 1 – Ordnungsbehördliche Aufgaben der Bauaufsicht

8 Schon durch § 57 Absatz 1 BauO NRW 2018 ist klargestellt, dass es sich bei den Aufgaben der Bauaufsichtsbehörde um ordnungsbehördliche Aufgaben handelt, da die Gemeinden und Kreise »**als Ordnungsbehörden**« zu Bauaufsichtsbehörden erklärt werden; Absatz 1 hat somit nur deklaratorischen Charakter. Bei den Aufgaben der Bauaufsicht handelt es sich um Pflichtaufgaben zur Erfüllung nach Weisung (zu deren Charakter s. OVG NRW, Urt. v. 15.07.1958 – VII A 1063/56, OVGE 13, 356 = DVBl 1958, 803 = DÖV 1960, 431). Dies gilt unabhängig davon, ob die Bauaufsichtsbehörden Bauordnungsrecht oder andere öffentlich-rechtliche Bauvorschriften anwenden.

Absatz 1 ist eine **gesetzliche Fiktion**, um im Einzelfall Zweifel auszuschließen, ob es sich 9
bei den bauordnungsrechtlichen Anforderungen um solche der Gefahrenabwehr handelt
oder nicht. Unter **Gefahrenabwehr** sind alle **Maßnahmen** zu verstehen, die geeignet
sind, **Gefahren durch Personen oder Sachen zu vermeiden.** Somit dient die Gefahrenabwehr **der Sicherung und Aufrechterhaltung** der öffentlichen Sicherheit und Ordnung.
In der Tat dienen nicht alle Vorschriften der Gefahrenabwehr, sondern wie z.b. §§ 9 und
10 BauO NRW 2018 der Gestaltung oder wie z.b. §§ 47 Absatz 2 BauO NRW 2018
der Wohlfahrtspflege. Auch einige der ökologischen Vorschriften dienen weitgehend
nicht der Gefahrenabwehr im engeren Sinne (vgl. z.b. § 8 Absatz 1, § 11 Absatz 4, § 43
Absatz 2 BauO NRW 2018). Dass die Übertragung auch anderer als Gefahrenabwehraufgaben auf Ordnungsbehörden nicht untypisch ist, macht § 1 Abs. 3 OBG deutlich.

Die **wesentliche Konsequenz** aus § 58 ist die **subsidiäre Geltung des OBG** (s. § 1 10
Abs. 2 OBG). Aber auch materiell-rechtlich kommt den Vorschriften des OBG im
Rahmen der Gefahrenabwehr (§ 14 Abs. 2 Befugnisse, § 15 Verhältnismäßigkeitsgrundsatz, § 21 Wahl der Mittel) erhebliche Bedeutung zu.

Von der Fiktion, dass alle sich aus der Bauordnung ergebenden Aufgaben Gefahren- 11
abwehraufgaben sind, nimmt Absatz 1 Satz 2 den **Erlass von örtlichen Bauvorschriften** als Satzungen gemäß § 89 BauO NRW 2018 aus. Für den Erlass dieser Satzungen
besteht **keine Zuständigkeit der Bauaufsichtsbehörden**, vielmehr sind hierfür allein
die **Gemeinden** zuständig (s. Anmerkungen zu § 89 Rdn. 4).

3 Zu Absatz 2 – Aufgabenzuweisung und allgemeine Befugnisse

3.1 Zu Satz 1 – Generelle Aufgabenbeschreibung

Satz 1 bestimmt in allgemeiner Form die Aufgaben der Bauaufsichtsbehörde. Deren 12
Aufgaben bestehen danach in der **Überwachung baulicher Maßnahmen** hinsichtlich
der Übereinstimmung mit den öffentlich-rechtlichen Vorschriften und den aufgrund
dieser Vorschriften im Einzelfall getroffenen Anordnungen. Der Begriff »Überwachung« wird in Absatz 1 Satz 1 **im allgemeinen Sinne** verwendet und darf nicht verwechselt werden mit den Überwachungstätigkeiten für Bauprodukte und Bauarten,
mit der Überwachungspflicht des öffentlichen Bauherrn nach § 79 BauO NRW 2018
und mit der Bauüberwachung der Ausführung genehmigter Vorhaben nach §§ 83
BauO NRW 2018 (s. Anmerkungen zu § 83 Rdn. 1–3).

Die allgemeine **Überwachung** bezieht sich nicht nur auf die **baulichen Vorgänge** 13
selbst, sondern auch auf den **ordnungsgemäßen Zustand**
– **baulicher Anlagen** (s. Anmerkungen zu § 2 Rdn. 34 ff.) sowie
– **anderer Anlagen und Einrichtungen im Sinne des § 1 Abs. 1 Satz 2 BauO NRW**
 (s. Anmerkungen zu § 1 Rdn. 42–43).

Zu den Aufgaben gehört auch die Überwachung des **ordnungsgemäßen Zustands der
Grundstücke**, soweit das Bauordnungsrecht Anforderungen an diese stellt (s. Anmerkungen zu § 1 Rdn. 29). Zu überwachende **bauliche Vorgänge** sind
– die **Errichtung** (s. Anmerkungen zu § 3 Rdn. 24–26),
– die **Änderung** (s. Anmerkungen zu § 3 Rdn. 27–31),

- die Beseitigung (s. Anmerkungen zu § 3 Rdn. 102–104),
- die **Nutzungsänderung** (s. Anmerkungen zu § 3 Rdn. 105–116) und
- die **Instandhaltung** (s. Anmerkungen zu § 3 Rdn. 32–37).

Die allgemeine Aufgabenbeschreibung wäre unvollständig, wenn Satz 1 nicht auch die Überwachung der zulässigen **Nutzung** einer rechtmäßig errichteten Anlage in den Blick nähme, die vom passiven Bestandsschutz gedeckt wird (s. Anmerkungen zu § 74 Rdn. 171 ff.).

14 Mit der **ordnungsgemäßen Nutzung** ist nicht die Pflicht verbunden, die Anlage jeweils den neuen materiellen Rechtsvorschriften anzupassen, weil insoweit für **Eingriffe in den Bestandsschutz** mit § 59 BauO NRW 2018 besondere Regelungen bestehen. Bezüglich bestehender baulicher Anlagen besteht auch **keine Verpflichtung** der Bauaufsichtsbehörden **zur ständigen und lückenlosen Überwachung des Bestandes**. Das wäre **praxisfremd** und gilt – wie § 83 BauO NRW 2018 ergibt – nicht einmal für die Bauüberwachung bei der Errichtung, der Änderung und dem Abbruch baulicher Anlagen (vgl. OVG Bremen, Urt. v. 26.02.1985 – 1 BA 56/84, BRS 44 Nr. 190). Die **Überwachungspflicht** verdichtet sich jedoch, wenn durch **Hinweise aus der Nachbarschaft** oder durch **Mitteilungen anderer Behörden** baurechtswidrige Zustände bekannt werden. Die Bauaufsichtsbehörde hat dann aufzuklären, ob unter Ausübung pflichtgemäßem Ermessens (zum Ermessen s. Anmerkungen zu Rdn. 44–60) Anlass zum Einschreiten besteht (so Boeddinghaus/Hahn/Schulte/Radeisen, zu § 61 Rn. 9 unter Bezug auf OVG NRW, Beschl. v. 10.12.1985 – 7 B 2500/85, n.v.).

15 Die Aufgabe der Überwachung bezieht sich auf die **Einhaltung der öffentlich-rechtlichen Vorschriften**. Der zu überwachende Rechtskreis ist mit dem identisch, den auch die Bauherrn bei der Realisierung freigestellter Vorhaben zu beachten haben (s. Anmerkungen zu § 60 Rdn. 15–16). Zu diesen zählen nicht nur die BauO NRW 2018 oder die auf sie gestützten Rechtsverordnungen und Satzungen, vielmehr gehören hierzu **alle Vorschriften des öffentlichen Baurechts**, insbesondere auch das **Bauplanungsrecht** (BVerwG, Urt. v. 25.11.1983 – 4 C 21.83, BRS 40 Nr. 52). Der Bund hat es nämlich insoweit dem Landesrecht überlassen, dafür Sorge zu tragen, dass die bauplanungsrechtlichen Vorgaben beachtet werden und weist deshalb in §§ 14 Abs. 2, 15 Abs. 1, 22 Abs. 5, 36 Abs. 1 und 173 Abs. 1 Satz 2 BauGB den »**Baugenehmigungsbehörden**« die Aufgabe zu, die jeweiligen Entscheidungen zu treffen. Das Bauen wird ferner durch das Landschafts-, Wasser-, Immissionsschutz-, Straßen- und Denkmalrecht in starkem Maße beeinflusst, um nur einige praxisrelevante Rechtsgebiete aufzuzählen. Letzteres wird häufig begrifflich unscharf als »**Baunebenrecht**« bezeichnet. Infolge der starken Ausweitung des Baunebenrechts (s. Anmerkungen zu § 71 Rdn. 5–9) ist der Überwachungsauftrag, soweit keine spezialgesetzliche Zuständigkeit der Fachbehörde besteht, jedoch nur durchführbar, wenn die Fachbehörden die Bauaufsichtsbehörden hierbei auch nachhaltig mit ihrem besonderen Fachwissen unterstützen.

16 Aus § 57 Absatz 1 Satz 1 Nr. 3 in Verbindung mit § 57 Absatz 1 Satz 2 und § 58 Absatz 2 BauO NRW 2018 ergibt sich die **Zuständigkeit** der **unteren** Bauaufsichtsbehörde **als**

Ordnungsbehörde (s. Anmerkungen zu § 57 Rdn. 11–14). Denn § 1 Abs. 2 OBG bestimmt, dass die Ordnungsbehörden die Aufgaben der Gefahrenabwehr nach den hierfür erlassenen besonderen Gesetzen und Verordnungen durchführen. In erster Linie sind die Rechtsvorschriften für das jeweilige Sachgebiet maßgebend. Nur soweit besondere Vorschriften zur Gefahrenabwehr fehlen oder diese besonderen Gesetze oder Verordnungen keine abschließenden Regelungen hierzu enthalten, kommt das **OBG subsidiär** zur Anwendung. Da das Bauordnungsrecht eingehende und weitreichende Regelungen zur Gefahrenabwehr enthält, ist ein Rückgriff auf das OBG nur hinsichtlich weniger Bestimmungen erforderlich. Die Funktion der unteren **Bauaufsichtsbehörde als Sonderordnungsbehörde** nach § 12 OBG hat aber zur Folge, dass die **Aufsichtsbefugnisse der oberen Bauaufsichtsbehörde** nach den §§ 7–11 OBG gelten. Für die den unteren Bauaufsichtsbehörden durch Gesetz oder besondere Zuständigkeitsverordnung übertragenen Entscheidungen aufgrund des BauGB und des »Baunebenrechts« gelten diese Aufsichtsbefugnisse ebenso.

Die unteren Bauaufsichtsbehörden können nur ordnungsbehördlich tätig werden, soweit ihre **instanzielle, sachliche** und **örtliche Zuständigkeit** gegeben ist (s. Anmerkungen zu § 57 Rdn. 11 ff.). Auf die **strikte Einhaltung** dieser rechtlichen Vorgaben muss aus rechtsstaatlichen Gründen in der Vollzugspraxis außerordentlicher Wert gelegt werden. Es stellt vor dem Hintergrund der historischen Entwicklung (s. Rdn. 1–2) **keinen bloßen Formalismus** dar, wenn die Aufsichtsbehörden oder die Verwaltungsgerichte Ordnungsverfügungen der unteren Bauaufsichtsbehörden wegen Verletzung der Bestimmungen über die Zuständigkeit aufheben (müssen). Im Rahmen des repressiven Vorgehens besteht ein **Zwang zur genauen Beachtung der Eingriffsermächtigungen** und der **Voraussetzungen zum Einschreiten**, also damit zu einem »**bürokratischen**« Vorgehen im positiven Sinne. Aus diesem Grunde – und auch wegen der **Vorgaben des § 57 Absatz 2 BauO NRW 2018** – hat das bauaufsichtliche Einschreiten stets durch entsprechend **ausgebildetes Personal** zu erfolgen (s. Anmerkungen zu § 57 Rdn. 24 ff.). Die **Amtsträger** müssen nämlich über die zur Führung ihres Amtes **notwendigen Rechts- und Verwaltungskenntnisse** verfügen (BGH, Beschl. v. 28.09.1995 – III ZR 202/94, BRS 57 Nr. 119). Eine Anstellungskörperschaft, die nicht ausreichend geschulte Bedienstete mit ordnungsbehördlichen Aufgaben der Eingriffsverwaltung betraut und auch für deren fachliche Fortbildung keine Sorge trägt, kann bei Amtspflichtverletzungen, die von diesen Personen verursacht werden, keinen Rückgriff nehmen, da insoweit ein schwerwiegendes Organisationsverschulden vorliegt.

17

Nach Satz 1 letzter Teilsatz bleiben die **Zuständigkeiten anderer Behörden unberührt**. Hierdurch sollen Zweifelsfragen vermieden werden, die sich sonst bei der Anwendung des Grundsatzes ergäben, dass das spezielle Gesetz dem allgemeinen vorgeht. Als relativ deutlich abgegrenzte Zuständigkeiten sind unter anderem die der Wasserbehörden, Bergbehörden und Forstbehörden nach den einschlägigen Rechtsvorschriften zu nennen. Weniger klar sind die **konkurrierenden Zuständigkeiten** geregelt, wenn sich die Notwendigkeit zu behördlichen Maßnahmen aus anderen Rechtsgebieten ergeben kann, z.B. hinsichtlich landschafts-, denkmal- oder immissionsschutzrechtlicher Maßnahmen, und damit auch die Zuständigkeit anderer Behörden neben der

18

Bauaufsichtsbehörde in Betracht kommt (s. Anmerkungen zu § 74 Rdn. 144 ff.). Stellt die beabsichtigte ordnungsbehördliche Maßnahme nicht zugleich eine baugenehmigungsbedürftige Maßnahme dar, darf die nach dem Fachrecht zuständige Behörde ohne Beteiligung der Bauaufsichtsbehörde tätig werden; jedoch sollte sie die Bauaufsichtsbehörde zumindest nachträglich unterrichten.

19 Probleme können unter anderem auftreten, wenn es sich um eine ordnungsbehördliche **Maßnahme einer anderen Behörde handelt, die zugleich formelles Bauordnungsrecht berührt.** So kann z.b. die für den Immissionsschutz zuständige Behörde zum Schutz der Nachbarschaft vor erheblichen Belästigungen durch Luftverunreinigungen, gestützt auf § 22 BImSchG, nachträglich die Erhöhung des Schornsteins eines bauaufsichtlich genehmigten Wohnhauses ohne Beteiligung der Bauaufsichtsbehörde verlangen (BVerwG, Beschl. v. 09.03.1988 – 7 B 34.88, DVBl 1988, 541 = DÖV 1988, 560). Anders hat das OVG NRW (Beschl. v. 17.03.1986 – 7 B 150/86, BRS 46 Nr. 189 = NVwZ 1987, 430) entschieden:

» *Wird eine denkmalschutzrechtliche Anordnung nach § 7 Abs. 2 Denkmalschutzgesetz, die baugenehmigungspflichtige Maßnahmen zum Gegenstand hat, von einer Behörde erlassen, der die bauaufsichtliche Zuständigkeit fehlt, so ist die Maßnahme rechtswidrig, wenn nicht zumindest eine Zustimmung der Bauaufsichtsbehörde erteilt wird.*«

20 **Konkurrierende Zuständigkeiten** treten nicht selten auf. Eine **geordnete** Verwaltung wird dafür Sorge tragen, dass nicht mangels Abstimmung unterschiedliche Anordnungen ergehen. Insofern sollte bei denkbaren konkurrierenden Zuständigkeiten die jeweils andere Behörde unterrichtet werden. Es erscheint rechtlich nicht erforderlich und ist auch wenig zweckmäßig, dass die Bauaufsichtsbehörde selbst die erforderlichen Maßnahmen verfügt. Auch wäre es systemfremd, den Betroffenen zu zwingen, vor Durchführung der von der Fachbehörde angeordneten Maßnahme eine Baugenehmigung oder eine Abbruchgenehmigung zu beantragen (vgl. OVG NRW, Urt. v. 07.04.1987 – 7 A 508/87, BRS 47 Nr. 187; OVG NRW, Urt. v. 12.05.1987 – 7 A 1979/86, BRS 47 Nr. 188; BVerwG, Urt. v. 15.06.1960 – VIII C 20.60, BVerwGE 11, 18).

21 Hinsichtlich der **Zusammenarbeit der unteren Bauaufsichtsbehörde mit den örtlichen Ordnungsbehörden und der Polizei** fehlt es an einer dem § 78 BauO NW 1970 entsprechenden Vorschrift. Diese Vorschrift lautete:

» *Ist die örtliche Ordnungsbehörde nicht zugleich untere Bauaufsichtsbehörde, so hat sie die untere Bauaufsichtsbehörde von allen Vorgängen unverzüglich zu unterrichten, die deren Eingreifen erfordern. Die Befugnisse der örtlichen Ordnungsbehörde und der Polizei, zur Gefahrenabwehr die notwendigen unaufschiebbaren Maßnahmen zu treffen, bleiben unberührt.*«

In der Sache gilt diese Bestimmung nach wie vor. Die Unterrichtungspflicht gegenüber der Bauaufsichtsbehörde ergibt sich nach allgemeinem Verwaltungs- und Organisationsrecht (§ 3 Abs. 4 Satz 2 VwVfG. NRW., s.a. für die Polizei § 1 Abs. 1 Satz 4 PolG NRW). Das Recht zum Einschreiten der Polizei und der örtlichen Ordnungsbehörde (soweit diese nicht selbst Bauaufsichtsbehörde ist) bei Gefahr im Verzug ist in § 1 Abs. 1 Satz 3 PolG NRW für die Polizei und in § 6 Abs. 1 Satz 1 OBG für die örtliche Ordnungsbehörde hinreichend geregelt. Bei den heutigen kommunikationstechnischen Möglichkeiten sind nur wenige Fälle denkbar, in denen die Bauaufsichtsbehörde nicht noch rechtzeitig tätig werden kann.

3.2 Zu Satz 2 – Befugnisse der Bauaufsichtsbehörde

3.2.1 Generalermächtigung und Spezialermächtigungen

Satz 2 regelt die **Befugnisse** der Bauaufsichtsbehörde bezüglich der wahrzunehmenden Aufgaben. Die Befugnisse ergeben sich in allgemeiner Form aus der – unbestimmte Rechtsbegriffe enthaltenden – Formulierung »… **in Wahrnehmung dieser Aufgaben nach pflichtgemäßem Ermessen die erforderlichen Maßnahmen … treffen**«. Hierdurch soll sichergestellt werden, dass »die öffentlich-rechtlichen **Vorschriften** und die aufgrund dieser Vorschriften erlassenen **Anordnungen**« eingehalten werden. Unter »**Vorschriften**« sind alle Bestimmungen in Gesetzen, Verordnungen oder Satzungen gemeint, die in Beziehung zu baulichen Vorgängen oder zur Nutzung baulicher Anlagen stehen (s. Rdn. 15). Mit »**Anordnungen**« meint der Gesetzgeber vornehmlich die **Nebenbestimmungen in Baugenehmigungen** für Sonderbauten, die dem Bauherrn für die Nutzungsphase Pflichten auferlegen, z.B. bestimmte technische Anlagen oder Einrichtungen wiederkehrend prüfen zu lassen oder bei bestimmten Veranstaltungen eine Feuersicherheitswache zu stellen. 22

Voraussetzung für ein Einschreiten der Bauaufsichtsbehörde ist in jedem Fall, dass die entsprechende bauliche Anlage bzw. andere Anlage und Einrichtung im Sinne des § 1 Absatz 1 Satz 2 BauO NRW 2018 oder die entsprechende Baumaßnahme, gegen die eingeschritten werden soll, in **Widerspruch zu dem zu überwachenden öffentlichen Baurecht oder zu einer Anordnung** steht. Je nach **Art des Einschreitens** muss unterschieden werden, ob ein Verstoß gegen **formelles** öffentliches Baurecht bereits ausreicht, oder ob vielmehr auch noch ein Verstoß gegen **materielles** Recht hinzutreten muss, um die angeordnete bauaufsichtliche Maßnahme zu rechtfertigen. Die angeordneten Maßnahmen werden auf Satz 2 in Verbindung mit der verletzten Vorschrift gestützt. Das **Einschreiten** ist **nicht davon abhängig**, dass durch die **Nichteinhaltung der Vorschrift** oder der Anordnung eine **konkrete Gefahr** entsteht, es sei denn, das Vorliegen einer konkreten Gefahr ist Tatbestandsmerkmal der verletzten Bestimmung, wie dies z.B. in § 11 Absatz 1, § 15 Absatz 2 oder § 16 Absatz 2 BauO NRW 2018 gegeben ist. Ist z.B. die Standsicherheit einer baulichen Anlage nicht gewährleistet, kann die Bauaufsichtsbehörde auch dann Maßnahmen zu ihrer Wiederherstellung anordnen, wenn keine akute Gefahr eines Einsturzes besteht (VGH B-W, Beschl. v. 12.05.1999 – 8 S 963/99, BRS 62 Nr. 201). Ebenso wenig ist die Wahrscheinlichkeit eines unmittelbar bevorstehenden Brandereignisses Voraussetzung für eine Verfügung zur Unterlassung der Lagerung brennbarer Materialien in einer Mittelgarage (OVG NRW – Beschl. v. 30.01.2013, 7 B 51/13, BauR 2013, 933f.). Eine **konkrete Gefahr** ist jedoch **Eingriffsvoraussetzung**, wenn die bauaufsichtliche Maßnahme allein auf die **materielle Grundnorm** des § 3 Absatz 1 BauO NRW 2018 gestützt wird, weil eine spezielle Vorschrift fehlt. 23

24 Aufgrund der seit der Bauordnung 1984 vorhandenen Rechtslage ist ein Rückgriff auf § 14 Abs. 1 OBG für ein Einschreiten im Rahmen der Aufgabenzuweisung nach Satz 1 nicht erforderlich; es reicht aus, die entsprechende Ordnungsverfügung auf **Satz 2** zu stützen (vgl. Boeddinghaus/Hahn/Schulte/Radeisen, zu § 61 Rn. 11 und 24). Als Ermächtigungsgrundlage kommt § 14 Abs. 1 OBG nur noch in Betracht, wenn und soweit die baurechtlichen Vorschriften dazu Raum lassen (OVG NRW, Urt. v. 19.09.1991 – 11 A 1178/89, BRS 52 Nr. 226). Angesichts der umfassenden Regelungen der BauO NRW können dies nur solche seltenen Ausnahmefälle sein, in denen die Bauaufsichtsbehörde in Anwendung des § 6 OBG wegen Gefahr im Verzug die Befugnisse einer anderen Ordnungsbehörde ausübt oder im Zusammenhang mit einem Bauvorhaben Verstöße gegen **Vorschriften nichtbaurechtlicher Art** unterbunden werden sollen (vgl. OVG NRW, Urt. v. 27.09.2000 – 5 A 4916/98, BauR 2001, 381 zu einer auf § 14 Abs. 1 OBG gestützten Ordnungsverfügung, mit der Spielabläufe in einem »Laserdrom« untersagt wurden, die ein »spielerisches Töten« von Menschen zum Gegenstand haben).

25 Die **Ermächtigung** des Satz 2 **deckt alle Maßnahmen** ab, die nach objektiven Gesichtspunkten **erforderlich** sind, um **ordnungsgemäße Zustände** oder **ordnungsgemäßes Verhalten** herbeizuführen. Das wichtigste **Handlungsinstrument** bildet dabei die **Ordnungsverfügung**, zu deren richtiger Anwendung neben der umfangreichen Literatur vor allem zahllose gerichtliche Entscheidungen zu beachten sind, die kaum noch überblickt werden können, aber von den Gerichten entwickelte Grundsätze für das bauaufsichtliche Einschreiten enthalten (kritisch hierzu Mampel, Bauordnungsverfügungen, BauR 2000, S. 996 ff.). Von der Ermächtigung gedeckt sind keineswegs nur die »klassischen« Ordnungsverfügungen mit dem Ziel
- der **Einstellung unzulässiger Bauarbeiten,**
- der **Einstellung einer unzulässigen Nutzung** oder
- der **Beseitigung unzulässiger baulicher Anlagen,**

wenn auch diese **Standardmaßnahmen der repressiven Kontrolle** in der Praxis am häufigsten vorkommen. Es werden jedoch ausdrücklich weitere Maßnahmen genannt. So kann die Behörde
- bei der Errichtung oder Änderung baulicher Anlagen verlangen, dass die **Geländeoberfläche erhalten oder verändert wird** (Absatz 4)
- **Sachverständige und sachverständige Stellen** und auch **staatlich anerkannte Sachverständige** zur Erfüllung ihrer Aufgaben **hinzuziehen** (Absatz 5)

26 **Weitere Befugnisse** der Bauaufsichtsbehörden sind außer den im Rahmen der Bauüberwachungen und Bauzustandsbesichtigungen nach §§ 83 und 84 BauO NRW 2018 genannten sowohl in der BauO NRW 2018 als auch in einzelnen Bestimmungen von Verordnungen aufgrund der BauO NRW ausdrücklich festgehalten. Hierzu gehören u.a.
- das **Verlangen nach Bereitstellung von Spielflächen für Kleinkinder für bestehende Gebäude mit mehr als drei Wohnungen** gemäß § 8 Absatz 2 Satz 3 BauO NRW 2018 (s. Anmerkungen zu § 8 Rdn. 67–74), das auch durch Satzung nach § 89 Absatz 1 Nr. 3 BauO NRW 2018 begründet sein kann (s. Anmerkungen zu § 89 Rdn. 42–48),

- das an die Bauherrschaft gemäß § 53 Absatz 3 Satz 1 BauO NRW 2018 gerichtete **Verlangen nach Benennung eines Vertreters bei Personenmehrheit** (s. Anmerkungen zu § 53 Rdn. 36),
- die **Untersagung der Aufstellung oder des Gebrauchs Fliegender Bauten** gemäß § 78 Absatz 8 BauO NRW 2018, die mit der **Einziehung des Prüfbuchs** verbunden werden kann (s. Anmerkungen zu § 79 Rdn. 20–23),
- das **Verlangen nach Anpassung rechtmäßig bestehender Anlagen an neues Bauordnungsrecht** gemäß § 59 Absatz 1 BauO NRW 2018 (s. Anmerkungen zu § 59 Rdn. 10–19),
- das **Verlangen nach Vorlage der Prüfberichte über die wiederkehrende Prüfung bestimmter technischer Anlagen** oder der **Anerkennungsbescheide der Sachverständigen** gemäß § 2 Abs. 2 Nr. 7 und 8 PrüfVO,
- das **Verlangen nach** weitergehenden Anforderungen hinsichtlich **der Mündung von Abgasleitungen** gemäß § 9 Abs. 3 FeuVO NRW.

3.2.2 Vorgaben für das ordnungsbehördliche Handeln

Die **Art des Vorgehens** schreibt die Generalermächtigung nicht vor. Die Auswahl steht im »pflichtgemäßen Ermessen« der Bauaufsichtsbehörde. Aus der Einräumung eines Ermessens folgt, dass die Bauaufsichtsbehörde **auf ein Einschreiten verzichten** kann, weil sie dieses angesichts der **Geringfügigkeit** des Verstoßes nicht für erforderlich erachtet. Es kommt zudem jede »**Maßnahme**« in Betracht, die zur Beseitigung des ordnungswidrigen Zustands oder Verhaltens geeignet ist. Unter Maßnahme versteht die BauO NRW in Anlehnung an die Diktion des Ordnungs- und Polizeirechts nicht nur den »**Verwaltungsakt**«, sondern vielmehr auch den »**Realakt**«, der eine rein tatsächliche Handlung meint, die auf einen bestimmten Erfolg zielt, wie z.B. die **Belehrung der am Bau Beteiligten** über ein ordnungswidriges Verhalten. In manchen Fällen wird **regelmäßiges Kontrollieren**, ein geeigneter **Hinweis** oder auch eine **Ermahnung** ausreichen, um die Einhaltung des öffentlichen Baurechts zu gewährleisten. Oft wird aber auch die zwangsweise Durchsetzung des öffentlichen Rechts unumgänglich sein.

27

Anordnungen der Ordnungsbehörde,

28

- durch die **von bestimmten Personen** oder **von einem bestimmten Personenkreis** ein **Handeln, Dulden** oder **Unterlassen** verlangt wird oder
- durch die die **Versagung, Einschränkung** oder **Zurücknahme** einer rechtlich vorgesehenen, ordnungsbehördlichen Erlaubnis oder Bescheinigung ausgesprochen wird,

werden nach § 20 Abs. 1 OBG als **Ordnungsverfügungen** bezeichnet. Sie erfüllen zugleich den **Begriff des** »**Verwaltungsaktes**« im Sinne des § 35 VwVfG. NRW. und sind somit **belastende** Verwaltungsakte. Wird eine in den Zuständigkeitsbereich der Bauaufsichtsbehörde fallende ordnungsbehördliche Erlaubnis oder Bescheinigung, wie z.B. die Baugenehmigung, die Teilbaugenehmigung oder der Vorbescheid, versagt, eingeschränkt oder zurückgenommen, soll dieser Verwaltungsakt ausdrücklich als Ordnungsverfügung bezeichnet werden. Aus § 20 Abs. 1 OBG ergibt sich im Umkehrschluss, dass **begünstigende** Verwaltungsakte, wie z.B. die antragsgemäß erteilte Baugenehmigung oder Teilbaugenehmigung, **keine** Ordnungsverfügungen sind.

29 Im Rahmen der Aufgabenwahrnehmung nach Abs. 2 wird »eingeschritten«
- in der Regel nach § 20 Abs. 1 Satz 1 OBG durch den **Erlass einer schriftlichen Ordnungsverfügung** als Abschluss des Verwaltungsverfahrens nach dem VwVfG. NRW. und gegebenenfalls bei Nichtbefolgung durch anschließende zwangsweise Durchsetzung der angeordneten Maßnahmen mit den Mitteln der **Verwaltungsvollstreckung** nach den §§ 55 ff. VwVG NRW, oder
- in seltenen Fällen nach § 20 Abs. 1 Satz 2 OBG durch den **Erlass einer mündlichen Ordnungsverfügung** »bei Gefahr im Verzug« und gegebenenfalls bei Nichtbefolgung durch Anwendung von **Verwaltungszwang ohne vorausgehenden Verwaltungsakt** nach § 55 Abs. 2 VwVG NRW, wenn die Behörde »innerhalb ihrer gesetzlichen Befugnisse« handelt und das zur Abwehr einer »gegenwärtigen Gefahr« notwendig ist.

Abweichungen vom Grundsatz der Schriftform sind gemäß § 20 Abs. 1 Satz 2 OBG lediglich »**bei Gefahr im Verzug**« zulässig. So kann z.B. der Bedienstete der Bauaufsichtsbehörde, der vor einer Baustelle auf dem Gehweg liegende einzelne Holzpfosten vorfindet, die Bauarbeiter auffordern, diese sofort auf die Baustelle zu verbringen. Die getroffene **mündliche Anordnung** ist nachträglich **auf Verlangen schriftlich zu bestätigen**. Auch ohne Verlangen des Betroffenen soll jedoch von Amts wegen geprüft werden, ob eine **nachträgliche schriftliche Bestätigung** erfolgt, da diese vor allem im Hinblick auf eine sichere Grundlage für den **Lauf der Rechtsmittelfrist** zweckmäßig ist. Die mündliche Ordnungsverfügung darf nicht mit der Anwendung von Verwaltungszwang ohne vorausgehenden Verwaltungsakt nach § 55 Abs. 2 VwVG NRW verwechselt werden. Der Bedienstete der Bauaufsichtsbehörde hätte aufgrund des regen Fußgängerverkehrs wegen der gegenwärtigen Gefahr des Stolperns von Passanten die Holzpfosten sofort selbst auf die Baustelle verbringen können, weil z.B. keine Bauarbeiter auf der Baustelle waren. In diesem Falle greift er zum Mittel der Verwaltungsvollstreckung, ohne zuvor eine Ordnungsverfügung ausgesprochen zu haben (s. Rdn. 74–75).

30 Die Bauaufsichtsbehörden erfüllen als Sonderordnungsbehörden ordnungsbehördliche Aufgaben nach Maßgabe des Absatz 2 in Verbindung mit § 14 Abs. 2 Satz 2 OBG. Insoweit sind sie wegen der **Verweisungen in § 24 OBG** auch befugt, bestimmte Vorschriften des **PolG NRW** anzuwenden, soweit sich dies als erforderlich erweist. Die **Vollstreckung** von bauaufsichtlichen Maßnahmen richtet sich nach dem **VwVG NRW**, wobei **Zwangsmittel** zum Einsatz kommen.

Vereinzelt leisten Betroffene bei der Anwendung der Ersatzvornahme oder des unmittelbaren Zwangs **Widerstand**, der gemäß § 65 Abs. 2 VwVG NRW mit Gewalt gebrochen werden kann. Hierbei können und sollten die Bauaufsichtsbehörden die **Amtshilfe der Polizei** in Anspruch nehmen. Bei Anwendung des OBG, des VwVG NRW und des PolG NRW kann im Einzelfall recht massiv in die Rechte der am Bau Beteiligten eingegriffen werden.

Die zuständigen obersten Landesbehörden haben zur **Sicherstellung eines rechtsstaatlichen Vollzugs** dieser Rechtsvorschriften für die **Eingriffsverwaltung** folgende

Verwaltungsvorschriften erlassen, die auch von den Bediensteten der Bauaufsichtsbehörden zu beachten sind:
- die Verwaltungsvorschrift zur Durchführung des Ordnungsbehördengesetzes – **VV OBG** vom 04.09.1980 (MBl. NRW. S. 2114), z.g.d. RdErl. vom 30.12.2008 (MBl. NRW. 2009 S. 62),
- die Verwaltungsvorschrift zum Verwaltungsvollstreckungsgesetz – **VV VwVG NRW** vom 09.10.2004 (MBl. NRW. S. 890),
- die Verwaltungsvorschrift zum Polizeigesetz – **VV PolG NRW** vom 19.12.2003 (MBl. NRW. 2004 S. 82),

Da die **mit Überwachungsaufgaben betrauten Bediensteten** der Bauaufsichtsbehörden unmittelbar vor Ort den am Bau Beteiligten gegenübertreten und in ihrer **ordnungsbehördlichen Funktion** auch befugt sind **Verwaltungszwang** anzuwenden, müssen sie gemäß § 13 Satz 2 OBG in Verbindung mit § 68 Abs. 2 VwVG NRW einen **behördlichen Ausweis** (Dienstausweis) bei sich führen. Der von der Anstellungs- bzw. Beschäftigungsbehörde auszustellende **Dienstausweis** sollte – anders als ein allgemeiner Dienstausweis – die Berechtigung des Bediensteten zur Ausübung des Verwaltungszwangs beinhalten, um mögliche Zweifel über die Befugnisse der Bediensteten von vornherein auszuschließen, und ist **bei örtlichen Baustellenkontrollen** stets **unaufgefordert vorzuzeigen**. 31

3.3 Anforderungen an Ordnungsverfügungen

3.3.1 Sachverhaltsermittlung, Information, Beratung und Anhörung

Bevor die Bauaufsichtsbehörde das ihr eingeräumte Ermessen über die Einleitung ordnungsbehördlicher Maßnahmen (**Entschließungsermessen** und **Auswahlermessen**) ausüben kann, ist entsprechend dem **Untersuchungsgrundsatz** die **Erforschung des genauen Sachverhalts** von Amts wegen durchzuführen. Dies ist besonders für beabsichtigte **Ordnungsverfügungen** mit dem Ziel der Beseitigung, der Nutzungsuntersagung oder der Baueinstellung von größter Bedeutung, weil diese Maßnahmen stark in die Position des Ordnungspflichtigen eingreifen und daher erfahrungsgemäß von den Betroffenen mit Rechtsmitteln angegriffen werden. In einem solchen Verfahren prüft das Verwaltungsgericht, ob die Bauaufsichtsbehörde im Rahmen der Ermächtigung gehandelt hat. Zu diesem Zweck sind regelmäßig erforderlich: 32
- die **Besichtigung der Örtlichkeit**,
- die **Feststellung der Rechtsverletzung**,
- die **Ermittlung der Beteiligten**, und
- die **Befragung von Zeugen, sofern vorhanden**.

Es versteht sich von selbst, dass die **Ergebnisse** der Untersuchungen **vollständig zu den Akten** genommen werden müssen, weil sie die **Grundlage jeder Ermessensentscheidung** bilden. Nach Anordnung einer Maßnahme, also nachdem bereits eine Ermessensentscheidung vorliegt, lässt sich eine zur Begründung der Ermessensentscheidung erforderliche Sachaufklärung nicht mehr nachholen. Die Bauaufsichtsbehörde läuft dann Gefahr, dass im Zuge der verwaltungsgerichtlichen Kontrolle die Ordnungsverfügung aufgehoben werden muss, weil **aufgrund ungenügender Sachaufklärung** das **Ermessen nicht richtig ausgeübt** werden konnte.

33 Die Bauaufsichtsbehörde muss nicht sofort eine schriftliche Ordnungsverfügung erlassen, wenn für die Beseitigung des ordnungswidrigen Zustands das Verstreichen eines gewissen Zeitraums in Kauf genommen werden kann. Sie sollte sich in einem solchen Fall zunächst darauf beschränken, den **Ordnungspflichtigen** über den festgestellten ordnungswidrigen Zustand zu **informieren**. Die Information kann zusammen mit einer **Beratung** im persönlichen Gespräch aus Anlass einer Kontrolle vor Ort erfolgen, wenn dies nicht durch das Verhalten des Betroffenen unmöglich gemacht wird, was in der Vollzugspraxis leider immer wieder zu beobachten ist. Erfolgt die **Unterrichtung** über einen festgestellten ordnungswidrigen Zustand in einem **einfachen Schreiben**, sollte zugleich die Herstellung eines ordnungsgemäßen Zustands empfohlen werden, um ein ordnungsbehördliches Einschreiten zu erübrigen. Manche Bürger empfinden es geradezu als ehrverletzend, wenn die Bauaufsichtsbehörde sofort ordnungsbehördliche Schritte einleitet, ohne nicht zuvor die Möglichkeit zur freiwilligen Beseitigung des festgestellten Mangels einzuräumen. Der Bauaufsichtsbehörde geht auch keineswegs »kostbare Zeit« für das eventuell dennoch erforderlich werdende ordnungsbehördliche Einschreiten verloren, weil das Schreiben als Anhörung im Sinne des § 28 VwVfG. NRW. fungiert, die im Regelfall vor Erlass einer Ordnungsverfügung ohnehin erforderlich wird.

34 **Vor Erlass einer schriftlichen Ordnungsverfügung**, die als belastender Verwaltungsakt zu qualifizieren ist (s. Rdn. 28), sind die Beteiligten gemäß § 28 VwVfG. NRW. **anzuhören**. Auf die **Anhörung** besteht im modernen Rechtsstaat ein **Rechtsanspruch**. Sie ist **keine bloße Formalie** und auch nicht dazu bestimmt, den Beteiligten eine verbesserte Möglichkeit zur Abwehr der beabsichtigten Maßnahme zu verschaffen oder durch übertriebene Ausnutzung dieses Rechtsinstituts die abschließende Entscheidung hinauszuzögern. Die Anhörung dient dem Ziel der **Sachaufklärung**. Denn es gibt in jedem Verwaltungsverfahren wichtige Gesichtspunkte, die der Bauaufsichtsbehörde trotz gründlicher Ermittlungen noch nicht bekannt sind, die aber bei einer Ermessensentscheidung berücksichtigt werden müssen, wie z.B. nur dem Bauherrn bekannte Besonderheiten der baulichen Anlage. Dennoch sind bei der Anhörung bereits die von der Behörde angedachten weiteren ordnungsbehördlichen Schritte zu benennen, um dem Ordnungspflichtigen den weiteren Verlauf des Verfahrens bei Nichtbeachtung mitzuteilen. Von einer Anhörung kann unter den Voraussetzungen des § 28 Abs. 2 und Abs. 3 VwVfG. NRW. abgesehen werden. Im bauaufsichtlichen Bereich wird von den in § 28 Abs. 2 VwVfG. NRW. genannten Fällen lediglich Nr. 1 Anwendung finden, wenn nämlich die sofortige Entscheidung »wegen Gefahr im Verzug oder im öffentlichen Interesse notwendig« erscheint. Eine unterbliebene Anhörung kann zwar nach § 45 Abs. 2 VwVfG. NRW. bis zum Abschluss des erstinstanzlichen, verwaltungsgerichtlichen Verfahrens nachgeholt werden, dabei besteht aber die Möglichkeit, dass wichtige Aspekte nachträglich bekannt werden, die die bereits getroffene Ermessensentscheidung rechtswidrig machen.

3.3.2 Formvorschriften, Bestimmtheitsgebot

35 Mit wenigen Ausnahmen (s. Rdn. 29) sind Ordnungsverfügungen **schriftlich** zu erlassen (zur Abfassung von Ordnungsverfügungen vgl. Rüssel/Sensburg, Bescheidtechnik im Verwaltungsverfahren, VR 2004, S. 37 ff.). Nach Nr. 20.11 VV OBG

sollen die in § 20 Abs. 1 Satz 1 OBG genannten Verfügungen zur Vermeidung von Zweifeln hinsichtlich Form, Inhalt und anwendbarer Rechtsmittel ausdrücklich als »**Ordnungsverfügungen**« bezeichnet werden. Wenngleich es sich bei der VV OBG um eine allgemeine Weisung nach § 9 Abs. 2 Buchstabe a OBG handelt, macht das Fehlen dieser Bezeichnung die Ordnungsverfügung nicht formell rechtswidrig. Das Schreiben der Behörde enthält zweckmäßigerweise in Ausfüllung dieser Vorgabe nach der Anrede und dem einleitenden Satz mit den **Zitaten der anzuwendenden Rechtsvorschriften** eine entsprechend fett gedruckte Überschrift, an die sich die Schilderung der angeordneten Maßgabe anschließt. Die schriftliche Ordnungsverfügung ist gemäß § 39 VwVfG. NRW. zu **begründen**. In die Begründung aufzunehmen sind der Sachverhalt, der Rechtsverstoß und die Beweggründe für das bauaufsichtliche Einschreiten. Dazu gehört auch eine Darlegung der Gesichtspunkte, von denen die Bauaufsichtsbehörde bei der Ausübung des Ermessens ausgegangen ist (s. Rdn. 45). Das Fehlen der Begründung kann nur nach Maßgabe der §§ 45 und 46 VwVfG. NRW. nachträglich geheilt werden. Die Ordnungsverfügung ist nach § 20 Abs. 2 OBG mit einer **Rechtsmittelbelehrung** zu versehen. Sie muss nach § 37 Abs. 3 VwVfG. NRW. die **erlassende Behörde** erkennen lassen und die **Unterschrift** oder die **Namenswiedergabe des Behördenleiters**, seines **Vertreters** oder **Beauftragten** enthalten. Werden Vordrucke der Verlage verwendet, ist unbedingt darauf zu achten, dass die erlassende Behörde eingetragen wird, da die Verfügung anderenfalls gemäß § 44 Abs. 2 Nr. 1 VwVfG. NRW. nichtig ist.

Die in der Ordnungsverfügung aufgegebene bauaufsichtliche Maßnahme muss **hinreichend bestimmt** formuliert sein (§ 37 Abs. 1 VwVfG. NRW.). So ist eine Verfügung unzureichend bestimmt, die dem Bauherrn aufgibt, gefahrdrohende Teile bei Einsturzgefahr zu beseitigen (OVG NRW, Beschl. v. 12.04.1951 – IV B 537/50, BRS 2 VA1b S. 79). Die nach § 23 Abs. 1 VwVfG. NRW. für Behörden verbindliche **Amtssprache** umfasst die **deutsche Umgangssprache** und die **Fachsprache**; die Verwendung fremdsprachiger Begriffe der Fachsprache ist zulässig, wenn diese Begriffe in einem Fachgebiet allgemein geläufig sind, wenn sich eine einheitliche und bedeutungsgleiche Übersetzung (noch) nicht herausgebildet hat oder wenn auch dem (nur) deutsch sprechenden Fachmann ihre Bedeutung ohne weiteres klar ist (OVG NRW, Beschl. v. 08.04.2005 – 10 B 2730/04, BauR 2005, 1309 = BRS 69 Nr. 193 zu einem »Showroom«). 36

Das **Bestimmtheitsgebot** beruht auf dem **Grundsatz der Rechtsstaatlichkeit**. Die Verfügung ist rechtswidrig, wenn z.B. der Betroffene nur durch Befragung eines Sachverständigen wissen kann, was von ihm verlangt wird (OVG Bln, Urt. v. 4.03.1955 – III B 86.54, BRS 4 VA1 b S. 122 und OVG NRW, Urt. v. 24.01.1983 – 7 A 1742/82, Eildienst Landkreistag Nordrhein-Westfalen 1984, 137). Die angeordnete Handlung ist so eindeutig festzulegen, dass sowohl der Pflichtige als auch die Vollstreckungsbehörde den genauen Umfang der Verpflichtungen **zweifelsfrei** entnehmen kann (BayVGH, Urt. v. 12.03.1976 – Nr. 230 II 74, BRS 30 Nr. 167 und OVG NRW, Urt. v. 25.03.1985 – 11 A 2823/84, n.v.). **Unklarheiten** gehen **zu Lasten der Bauaufsichtsbehörde**; gibt z.B. diese dem Bauherrn die Beseitigung einer Überdachung auf, obwohl sie eigentlich die Niederlegung des Gesamtbauwerks erreichen 37 wollte, so folgt aus der Ordnungsverfügung nicht, dass auch die Seitenwände entfernt werden müssen (VGH B-W, Urt. v. 26.06.1975 – III 995/74, BRS 29 Nr. 91). Das Bestimmtheitsgebot ist in jedem Stadium des Vollstreckungsverfahrens zu beachten; dies gilt auch bei Bestandskraft der Grundverfügung sowie in Fällen, in denen der Pflichtige in einem vorausgegangenen, auf die Grundverfügung bezogenen Hauptsacheverfahren die Bestimmtheit nicht in Zweifel gezogen hat (OVG NRW, Beschl. v. 16.01.1998 – 10 B 3029/97, BRS 60 Nr. 171).

3.3.3 Adressat, Bekanntgabe, Zustellung

38 Ordnungsverfügungen können **nur gegen ordnungspflichtige Personen** ergehen, die **verwaltungsverfahrensrechtlich beteiligungsfähig** sind. Dabei ist es gleichgültig, ob es sich um **natürliche** oder **juristische** Personen handelt. Den juristischen Personen stehen **Organisationen mit körperschaftlicher Verfassung** gleich (hierzu s. OVG Lüneburg, Urt. v. 29.03.1978 – I A 111/76, BRS 33 Nr. 180 zu einem nicht rechtsfähigen Verein). Fehlt eine solche, sind die einzelnen Berechtigten in Anspruch zu nehmen (BayVGH, Urt. v. 31.03.1978 – Nr. 40 II 75, BRS 33 Nr. 181 zu einer Bruchteilsgemeinschaft). Nach den **allgemeinen Regeln** (§§ 17 und 18 OBG) kommen sowohl der **Verhaltensstörer** als auch der **Zustandsstörer** in Betracht, soweit die BauO NRW keine speziellen Regeln enthält (vgl. Rabe/Pauli/Wenzel, S. 428 ff. Rn. 70–73).

39 **Spezielle Regeln** über die **Verantwortlichkeit der am Bau Beteiligten** bestehen mit den **§§ 52 bis 56 BauO NRW 2018** (s. Anmerkungen Vor §§ 52–56 Rdn. 6 und 7), die nur die eigentliche **Phase des Bauens** erfassen, nicht jedoch die danach folgende Nutzungsphase. Weitergehend legt die **Sonderbauverordnung** die **Verantwortlichkeit bestimmter Personen** für bestimmte Aufgaben während der **Nutzungsphase** fest. So verlangt z.B. § 85 Abs. 1 SBauVO, dass während der **Betriebszeit** einer Verkaufsstätte der **Betreiber** oder eine von ihm bestimmte Vertretung **ständig anwesend** sein muss. Maßnahmen zur Beseitigung baurechtswidriger Zustände sind **während der Bauzeit grundsätzlich** gegen den **Bauherrn** (§ 53 BauO NRW 2018) in seiner Eigenschaft als **Verhaltensstörer** zu richten. Als Ordnungspflichtige kommen **daneben** aber auch der **Entwurfsverfasser** (§ 54 BauO NRW 2018), der **Unternehmer** (§ 55 BauO NRW 2018) und der **Bauleiter** (§ 56 BauO NRW 2018) **insoweit** in Betracht, **als diesen Personen** durch die entsprechenden Bestimmungen **Pflichten auferlegt** sind.

40 Bei **bestehenden Bauten**, das heißt nach endgültigem Abschluss der Bauarbeiten, sind Ordnungsverfügungen zur Beseitigung rechtswidriger Nutzungen oder zur Beseitigung von Mängeln gemäß § 18 OBG gegen den **Eigentümer** oder den **Besitzer** als **Zustandsstörer** zu richten (s. Anmerkungen Vor §§ 52 bis 56 und zu § 52), soweit nicht die Sonderbauverordnung spezielle Regeln enthält, die dann wegen der Subsidiarität des OBG vorgehen (s. Rdn. 16). Für den ordnungsgemäßen Zustand einer baulichen Anlage ist der Eigentümer grundsätzlich ohne Rücksicht auf seine Leistungsfähigkeit verantwortlich (BVerwG, Beschl. v. 11.04.1989 – 4 B 65.89, BRS 49 Nr. 143). **Polizeilicher und zivilrechtlicher Eigentumsbegriff stimmen überein.** Bei einer rechtsgeschäftlichen Eigentumsübertragung endet daher die Zustandshaftung des bisherigen Eigentümers erst mit der Eintragung des neuen Eigentümers im

Grundbuch (VGH B-W, Urt. v. 30.04.1996 – 10 S 2163/95, DÖV 1996, 1057). Die **Zustandshaftung** des Eigentümers ist allerdings mit Blick auf Art. 14 Abs. 1 GG **nicht unbegrenzt** (BVerfG, Beschl. v. 16.02.2000 – 1 BvR 242/91 und 1 BvR 315/99, BRS 63 Nr. 212 zu den Grenzen der Zustandshaftung für die Grundstückssanierung bei Altlasten). Gemäß § 18 Abs. 2 OBG kann die Bauaufsichtsbehörde die Maßnahme gegen den **Inhaber der tatsächlichen Gewalt** richten und muss dies sogar tun,
– wenn dieser gegen den Willen des Eigentümers oder eines anderen Verfügungsberechtigten die tatsächliche Gewalt ausübt oder
– auf einen im Einvernehmen mit dem Eigentümer schriftlich oder protokollarisch gestellten Antrag von der Bauaufsichtsbehörde als allein verantwortlich anerkannt wird.

Zur Auslegung des Begriffs »Inhaber der tatsächlichen Gewalt« können die Bestimmungen der §§ 854–856 BGB herangezogen werden (OVG NRW, Urt. v. 13.05.1976 – X A 1076/74, BRS 30 Nr. 164). Im Falle einer bordellartigen Nutzung von Räumlichkeiten ist es ermessensfehlerfrei, die Verfügung an den Grundstückseigentümer und nicht vorrangig an den Mieter zu richten (Hamb. OVG, Beschl. v. 10.06.2005 – 2 Bs 144/05, BauR 2005, 1911 = BRS 69 Nr. 187). Auch Erbbauberechtigte können als Zustandsstörer eines illegal errichteten Gebäudes richtiger Adressat einer Ordnungsverfügung sein (OVG NRW, Beschl. v. 18.11.2008 – 7 A 103/08, BRS 73 Nr. 194).

Zu berücksichtigen hat die Bauaufsichtsbehörde stets, ob an der baulichen Anlage, deren rechtswidriger Zustand oder rechtswidrige Nutzung Anlass zum Einschreiten bietet, **Rechte Dritter** bestehen. Dem Verantwortlichen kann nur etwas rechtlich Mögliches aufgegeben werden, so dass gegebenenfalls entgegenstehende private Rechte Dritter an dem betreffenden Bauwerk durch eine so genannte **Duldungsverfügung** (nicht zu verwechseln mit der Duldung einer rechtswidrigen baulichen Anlage, s. Rdn. 49–50) überwunden werden müssen. Derartige Verfügungen können auf die Befugnisnorm des § 58 Abs. 2 BauO NRW gestützt werden (BVerwG, Beschl. v. 13.07.1994 – 4 B 129/94, BauR 1994, 494 = BRS 56 Nr. 203; Hess. VGH, Beschl. v. 15.09.1994 – 4 TH 655/94, BRS 56 Nr. 200; OVG Saar, Beschl. v. 25.06.1990 – 1 W 13/90, BRS 50 Nr. 211; Thür. OVG, Beschl. v. 27.02.1997 – 1 EO 235/96, BRS 59 Nr. 216 = DÖV 1997, 555). So ist z.B. dem Mieter eines zu beseitigenden Hauses aufzugeben, den Abriss des Hauses zu dulden (BVerwG, Beschl. v. 13.07.1994 – 4 B 129.94, BauR 1994, 740 = BRS 56 Nr. 203). Ein **Nutzungsverbot** ist gegebenenfalls gegenüber dem Mieter auszusprechen; eine Verfügung, die dem Vermieter aufgibt, den Mieter aus dem Mietobjekt zu setzen, ist rechtswidrig (OVG NRW, Urt. v. 24.11.1988 – 7 B 2677/88, n.v.). Der Mieter, dem die Duldung einer gegen den Eigentümer erlassenen vollziehbaren Anordnung auf Beseitigung einer baurechtswidrigen Anlage aufgegeben wird, kann sich gegenüber dieser Duldungsanordnung grundsätzlich nicht mehr auf Mängel berufen, die der Beseitigungsanordnung anhaften (OVG Bln, Beschl. v. 28.02.1997 – 2 S 28.96, BRS 59 Nr. 208). Verfügungen gegen nur einen Miteigentümer oder einen sonstigen Verantwortlichen sind nicht rechtswidrig, sondern können nur bis zum Erlass einer vollziehbaren Duldungsverfügung gegen die übrigen Eigentümer oder Dritte nicht vollstreckt werden (vgl. Hess. VGH, Beschl. v. 05.07.1982 – IV TH 14/82, BRS 39 Nr. 221).

42 Die bauaufsichtliche Eingriffsverfügung wirkt grundsätzlich auch gegen den **Rechtsnachfolger des Adressaten** (BVerwG, Urt. v. 28.04.1972 – IV C 42.69, BRS 25 Nr. 205; OVG Rh-Pf, Urt. v. 26.07.1983 – 8 A 62/83, BRS 40 Nr. 234; OVG NRW, Urt. v. 09.09.1986 – 11 A 1538/86, BRS 46 Nr. 196 = NVwZ 1987, 427). Diese Wirkung besteht unabhängig davon, ob es sich um Gesamtrechtsnachfolge (z.b. Erbschaft), Einzelrechtsnachfolge (z.b. Kaufvertrag, OVG NRW, Urt. v. 09.09.1986, a.a.O., unter Ablehnung der gegenteiligen Meinung des OVG Lüneburg, Urt. v. 04.05.1979 – I A 66/78, BRS 35 Nr. 132; vgl. Schoch, Rechtsnachfolge in die bauordnungsrechtliche Beseitigungsverfügung, BauR 1983, S. 53 ff.) oder um einen »originären« Erwerb im Rahmen der Zwangsversteigerung handelt.

43 Ordnungsverfügungen sind Verwaltungsakte und bedürfen gemäß § 41 Abs. 1 Satz 1 VwVfG. NRW. der **Bekanntgabe an den Adressaten**. Nach § 41 Abs. 1 Satz 2 VwVfG. NRW. kann die Bekanntgabe auch an einen **Bevollmächtigten** erfolgen. Wurde ein Verwaltungsakt einem Nichtbevollmächtigten bekannt gegeben, bleibt dieser Mangel unbeachtlich, wenn der nunmehr Bevollmächtigte Widerspruch einlegt, ohne den Bekanntgabefehler zu rügen (OVG Bln, Beschl. v. 17.08.2000 – 2 SN 21.00, BRS 63 Nr. 217). Weder das OBG noch die BauO NRW enthalten Vorgaben zur **Form** der Bekanntgabe, so dass theoretisch die Übersendung als einfacher Brief ausreicht. Die Ordnungsverfügung gilt dann gemäß § 41 Abs. 2 VwVfG. NRW. mit dem dritten Tage nach der Aufgabe zur Post als bekannt gegeben, außer wenn der Brief nicht oder zu einem späteren Zeitpunkt zugegangen ist; im Zweifel hat die Bauaufsichtsbehörde den Zugang des Briefes und den Zeitpunkt des Zuganges nachzuweisen. Mit der Bekanntgabe mittels einfachem Brief sind also Unsicherheiten verbunden, weshalb sich eine formelle **Zustellung** nach den Vorschriften des LZG in Verbindung mit dem VwZG empfiehlt (s. Anmerkungen zu § 74 Rdn. 226–228). Sofern die Ordnungsverfügung zugleich mit der Androhung eines Zwangsmittels verbunden wird, ist die Zustellung zwingend vorgeschrieben (s. Rdn. 77).

3.4 Ermessen

3.4.1 Grundregeln für die Ermessensausübung

44 Die Bauaufsichtsbehörden sind zur Durchführung ihrer Aufgaben nach Satz 1 verpflichtet. Insoweit haben sie keine Wahl, ob sie die Überwachungsaufgaben durchführen wollen oder nicht. Jedoch werden sie durch Satz 2 bei ihren Maßnahmen in Durchführung dieser Aufgaben ausdrücklich auf die **Anwendung des pflichtgemäßen Ermessens** verwiesen. Das ihr eingeräumte Ermessen bezieht sich auf zwei wesentliche Fragen, nämlich darauf,
– **ob** sie einschreiten soll (**Entschließungsermessen**) und
– **wie** sie einschreiten soll (**Auswahlermessen**).

Bei der letztgenannten Frage geht es wiederum um die Auswahl
– des **geeigneten Mittels** (Auswahlermessen unter verschiedenen Mitteln) und

– der **heranzuziehenden Person** (Auswahlermessen unter mehreren Störern). Zu berücksichtigen ist hierbei § 40 VwVfG. NRW., der vorschreibt, dass die Behörde ihr Ermessen entsprechend dem **Zweck der Ermächtigung** auszuüben und dabei die **gesetzlichen Grenzen** des Ermessens einzuhalten hat. Missachtet die Bauaufsichtsbehörde den Zweck der Ermächtigung, liegt **Ermessensfehlgebrauch** vor, überschreitet sie die gesetzlichen Grenzen, spricht man von **Ermessensüberschreitung**. In beiden Fällen erweist sich die Ordnungsverfügung als rechtswidrig. Eine Ermessensausübung ist ebenfalls rechtswidrig, wenn ihr ein **unrichtiger Sachverhalt** zugrunde liegt (BVerwG, Urt. v. 24.02.1960 – VIII C 47.59, BVerwGE 10, 173; OVG NRW, Urt. v. 15.08.1995 – 11 A 850/92, BRS 57 Nr. 258). Bei der **gerichtlichen Kontrolle** einer Ermessensentscheidung nach § 114 Satz 1 VwGO kommt der **Begründung** der Ordnungsverfügung insoweit Bedeutung zu, als das Verwaltungsgericht auch zu prüfen hat, ob Ermessensfehlgebrauch oder Ermessensüberschreitung vorliegt. Nach § 114 **Satz 2 VwGO** kann die Verwaltungsbehörde ihre **Ermessenserwägungen** hinsichtlich des Verwaltungsaktes auch noch **im verwaltungsgerichtlichen Verfahren ergänzen**. Aufgrund dieser Bestimmung wird das **Nachschieben von Gründen** erleichtert, sofern denn solche zum Zeitpunkt des Erlasses des Verwaltungsaktes bereits bestanden haben. Ohnehin sind die Anforderungen an die Darlegung der Beweggründe zum Erlass der Ordnungsverfügung nicht allzu hoch. Bei einem Einschreiten gegen einen ordnungswidrigen Zustand ist der Begründungspflicht regelmäßig damit genügt, dass die Behörde zum Ausdruck bringt, der beanstandete Zustand müsse wegen seiner Rechts- oder Ordnungswidrigkeit beseitigt werden (BVerwG, Beschl. v. 28.08.1980 – 4 B 67.80, BRS 36 Nr. 93).

Zum **pflichtgemäßen** Ermessen gehört, dass die Entscheidung von **sachlichen Beweggründen** getragen wird. Das »**Opportunitätsprinzip**« schließt jede Willkür aus und verpflichtet auch nicht wie das Legalitätsprinzip nach der StPO in jedem Fall zum Tätigwerden. Die für oder gegen eine bestimmte Entscheidung sprechenden Gründe müssen von der Bauaufsichtsbehörde abgewogen werden. Auch ist gemäß § 15 OBG im Hinblick auf die Erforderlichkeit der Maßnahme eine sorgfältige Abwägung nach dem **Grundsatz der Verhältnismäßigkeit** des Mittels vorzunehmen, dem **mit Rücksicht auf die Verfassung besonderer Stellenwert** zukommt (BVerfG, Beschl. v. 15.12.1965 – 1 BvR 513/65, BVerfGE 19, 342 und Beschl. v. 14.11.1969 – 1 BvR 253/68, BVerfGE 27, 211). Das Übermaßverbot bezieht sich zunächst auf die Auswahl des geeigneten Mittels, das den Einzelnen und die Allgemeinheit voraussichtlich am wenigsten beeinträchtigt (§ 15 Abs. 1 OBG). So ist eine Beseitigungsanordnung unzulässig, wenn eine Nutzungsuntersagung ausreicht (OVG NRW, Urt. v. 23.09.1976 – X A 1350/75, BRS 30 Nr. 175 und Urt. v. 20.11.1979 – X A 995/79, BRS 35 Nr. 107). Die Maßnahme darf auch bei richtiger Wahl des Mittels nicht zu einem Nachteil führen, der zu dem erstrebten Zweck erkennbar außer Verhältnis steht (§ 15 Abs. 2 OBG). Daher darf der Adressat nicht zu einem Tun oder Unterlassen verpflichtet werden, das ihm physisch oder psychisch unmöglich ist; s.a. VGH B-W, Urt. v. 06.09.1974 – III 224/74, BRS 28 Nr. 174). Wirtschaftliches Unvermögen begründet keine Unmöglichkeit in diesem Sinne, da es dem Ordnungspflichtigen durchaus zugemutet werden kann, einen Kredit zur Finanzierung der angeordneten

Maßnahme aufzunehmen. Allerdings darf die Maßnahme nicht zu einem wirtschaftlichen »Ruin« führen. Zu berücksichtigen ist ebenfalls die Dauer der Anwendung, da eine Maßnahme nur solange zulässig ist, bis ihr Zweck erreicht ist oder aber sich zeigt, dass er eben nicht erreicht werden kann (§ 15 Abs. 3 OBG). Eine bauaufsichtliche Verfügung ist nicht deshalb ermessensfehlerhaft oder unverhältnismäßig, weil die Bauaufsichtsbehörde keine persönlichen oder wirtschaftlichen Umstände in ihre Entscheidung eingestellt hat (OVG Rh-Pf, Urt. v. 11.10.2007 – 1 A 10555/07, NVwZ-RR 2008, Heft 3 S. 164), die ihr auch nicht bekannt sein müssen.

46 Schließlich hat die Bauaufsichtsbehörde den **Grundsatz der Gleichbehandlung** zu beachten. Hiernach dürfen gleichgelagerte Fälle nicht verschieden behandelt werden. Hat sich eine Ordnungsbehörde selbst feste Richtlinien gegeben, so darf sie davon nicht ohne vernünftigen Grund abweichen. Der Gleichbehandlungsgrundsatz hindert die Bauaufsichtsbehörde jedoch nicht, eine ständig geübte – rechtmäßige – Verwaltungspraxis zu ändern, wenn für die Änderung überzeugende sachliche Gründe sprechen (OVG NRW, Bescheid vom 25.11.1952 – VII A 1617/51, OVGE 6, 197 und Urt. v. 23.11.1954 – VII A 238/54, OVGE 9, 180). Allerdings muss sie, wenn sie die bisherige Verwaltungspraxis aufgibt, das deutlich machen und gleichgelagerte Fälle auf der neuen Linie wiederum in gleicher Weise entscheiden. Der Gleichbehandlungsgrundsatz zwingt die Bauaufsichtsbehörde nicht, mit Rücksicht auf eine frühere Praxis eine gesetzwidrige Amtshandlung vorzunehmen (BVerwG, Urt. v. 03.06.1977 – IV C 29.75, BauR 1977, 402 = BRS 32 Nr. 129; BGH, Urt. v. 20.09.1984 – III ZR 58/83, BRS 42 Nr. 164). Wer gegen die Vorschriften des Baurechts verstoßen hat, kann demnach keinen Anspruch darauf geltend machen, dass die Bauaufsichtsbehörde den rechtswidrigen Zustand weiterhin duldet, weil sie bisher nicht eingeschritten ist (OVG NRW, Urt. v. 25.11.1952 – VII A 315/52, BBauBl. 1953, 101 = BRS 2 VB2 S. 254 und Urt. v. 23.11.1954, VII A 238/54, BBauBl. 1955, 320 = BRS 4 VA1 a S. 96) oder nicht auch gegen vergleichbare Verstöße vorgegangen ist (OVG NRW, Urt. v. 22.03.1983 – 7 A 2029/81, BRS 40 Nr. 239 zur Stilllegung eines materiell rechtswidrigen Schwarzbaus).

47 Es bedeutet keinen Verstoß gegen den Gleichbehandlungsgrundsatz, wenn die Behörde nicht gleichzeitig gegen alle Schwarzbauten eines bestimmten Gebiets vorgeht; **gleichheitswidrig** ist ein unterschiedliches Verhalten erst dann, wenn es **systemlos** und **willkürlich** ist (OVG NRW, Urt. v. 25.07.1974 – VII A 753/73, BRS 28 Nr. 165 = DÖV 1975, 721). Sie kann sich auf die **Regelung von Einzelfällen** beschränken, wenn hierfür **sachliche Gründe** vorliegen (BVerwG, Beschl. v. 23.11.1998 – 4 B 99.98, BauR 1999, 734 = BRS 60 Nr. 163).

Der Gleichbehandlungsgrundsatz erfordert nicht, dass die Behörde alle in ihrem Zuständigkeitsbereich liegenden Grundstücke regelmäßig und gezielt daraufhin überprüft, ob ungenehmigte bauliche Anlagen errichtet worden sind. Es reicht aus, dass sie Schwarzbauten überprüft, wenn ihr diese z.B. aufgrund von Hinweisen bekannt werden (OVG Bremen, Urt. v. 26.02.1985 – 1 BA 56/84, NVwZ 1986, 61; OVG Saar, Beschl. v. 07.06.1985 – 2 R 35/84, BRS 44 Nr. 191; VGH B-W, Urt. v. 29.02.1996 – 8 S 3371/95, BauR 1996, 699 = BRS 58 Nr. 210). Ist durch rechtskräftiges Urteil festgestellt, dass eine bauliche Anlage im Außenbereich nicht genehmigungsfähig ist, kann sich das Ermessen der Bauaufsichtsbehörde einzuschreiten, so verdichten, dass selbst die rechtswidrige Baugenehmigung für ein vergleichbares Vorhaben in der Nachbarschaft nicht zur Rechtswidrigkeit der Beseitigungsanordnung führt (Nds. OVG, Urt. v. 31.03.1995 – 1 L 4223/93, BRS 57 Nr. 250). Geht die Bauaufsichtsbehörde gegen eine grenznah errichtete Gartenhütte vor, obgleich in der Umgebung grenznahe Gartenhütten unbeanstandet geblieben sind, so liegt kein Verstoß gegen den Gleichheitssatz vor, wenn das Ermessen auf Null reduziert ist, weil der Nachbar einen Anspruch auf Erlass einer Beseitigungsverfügung gegen das grenznahe Gebäude hat (Hess. VGH, Urt. v. 04.03.1999 – 4 UE 3309/94, BRS 62 Nr. 209).

3.4.2 Entschließungsermessen

Ob die Bauaufsichtsbehörde einschreiten soll, lässt sich nur anhand der genauen Umstände des Einzelfalls richtig beurteilen. Da die **Überwachung** des Baugeschehens zu den **Pflichtaufgaben** gehört, auf deren Wahrnehmung nicht verzichtet werden darf (s. Rdn. 6 und 12–15), stellt das **Einschreiten** in Wahrnehmung der Überwachungsaufgaben die **Regel** dar. Ein **Verzicht** auf die Anordnung von Maßnahmen kann **nur in begründeten Ausnahmefällen** in Betracht kommen. Dabei dürfen nur baurechtliche Gesichtspunkte entscheidungsrelevant sein. Eine Bauaufsichtsbehörde, die personalwirtschaftliche Überlegungen zum Anlass nimmt, nicht tätig zu werden, weil z.B. die Kosten des Personaleinsatzes durch Gebühreneinnahmen nicht abzudecken sind, handelt rechtswidrig. Die **Sachbezogenheit des Baurechts** ist ein **wesentliches Kriterium** für die Beurteilung der Frage, ob eingeschritten werden soll. Bei Heranziehung **persönlicher Gesichtspunkte** im Rahmen des Entschließungsermessens würde derjenige, der gegen formelles und materielles Baurecht verstößt, bessergestellt als der rechtstreue Bauherr, der die Ablehnung eines Bauantrags hinnimmt. Aus rechtsstaatlichen Gesichtspunkten ist es nicht gerechtfertigt, wenn dem rechtswidrig handelnden Bauherrn mit Rücksicht auf seine persönlichen Verhältnisse ein Bauwerk belassen wird, dessen Genehmigung im bauaufsichtlichen Verfahren nicht hätte erreicht werden können (OVG Saar, Urt. v. 26.09.1975 – II R 39/75, BRS 29 Nr. 171). Es kann auch **keine Kompensation mit sachfremden Gesichtspunkten** erfolgen, die auf einem bestimmten positiven Verhalten des Ordnungspflichtigen beruhen, wie z.B. der unentgeltlichen Abtretung eines Grundstücks für öffentliche Zwecke (VHG B-W, Urt. v. 21.10.1975 – III 1221/74, BRS 29 Nr. 167). Ausreichend Raum zur Berücksichtigung der besonderen persönlichen Verhältnisse verbleibt dagegen bei der Vollstreckung von Maßnahmen (VGH B-W, Urt. v. 07.04.1982 – 3 S 2352/81, BRS 39 Nr. 223).

Gerade weil der Gesetzgeber der Bauaufsichtsbehörde ein Entschließungsermessen einräumt, liegt darin zugleich auch die **Befugnis im Einzelfall** ausnahmsweise **nicht einzuschreiten**. Dabei dürfen aber nur sachliche Gesichtspunkte eine Rolle spielen, wobei z.B. auf die Geringfügigkeit eines Verstoßes abgestellt werden kann. Es entspricht ständiger Rechtsprechung, dass für eine rechtsfehlerfreie Ermessensausübung das **Ausmaß** und die **Schwere der Störung oder Gefährdung** eine **maßgebende Bedeutung** haben (vgl. BVerwG, Urt. v. 18.08.1960 – I C 42/59, NJW 1961, 793 und

Beschl. v. 27.04.1988 – 4 B 67/88, NVwZ 1988, 824). Bei dem Verzicht auf das Einschreiten gegen eine formell und materiell rechtswidrige bauliche Anlage handelt es sich um die **Duldung** eines rechtswidrigen Zustands, wobei zu unterscheiden ist, ob diese
- durch einfaches **Nichttätigwerden** oder
- durch **ausdrücklichen schriftlichen Verwaltungsakt**

erfolgt.

50 Bei einer **Duldung durch bloßes Nichttätigwerden** verliert die Bauaufsichtsbehörde keineswegs die Berechtigung zu einem späteren Zeitpunkt das Einschreiten erneut zu prüfen (OVG NRW, Beschl. v. 03.02.1959 – VII A 1193/57, BRS 9 VA1 b S. 72 und Urt. v. 21.09.1973 – X A 4/72, BRS 27 Nr. 204), auch dann nicht, wenn diese Prüfung aufgrund einer aufsichtsbehördlichen Weisung erfolgen muss (Nds. OVG, Beschl. v. 31.08.1993 – 6 M 3482/93, BRS 55 Nr. 206). Die Bauaufsichtsbehörde kann z.b. den Ablauf eines auf die nachträgliche Legalisierung gerichteten Baugenehmigungsverfahrens abwarten, ohne ihre Berechtigung zum Einschreiten zu verlieren (BayVGH, Urt. v. 26.02.1969 – 241 II 67, BayVBl. 1970, 70 und Beschl. v. 19.07.1999 – 14 B 99.675, n.v.). Das Einschreiten ist auch noch nach Jahrzehnten des Duldens zulässig, setzt dann aber besondere Ermessenserwägungen voraus (Nds. OVG, Beschl. v. 18.02.1994 – 1 M 5097/93 und OVG NRW, Urt. v. 27.04.1998 – 7 A 3818/96, BRS 60 Nr. 165), wobei insbesondere die Schwere des materiellen Rechtsverstoßes zu berücksichtigen ist (OVG NRW, Urt. v. 19.12.1966 – X A 1239/64, BRS 17 Nr. 143). Die **Befugnis** und Verpflichtung der für die Gefahrenabwehr zuständigen Behörden, zur Einhaltung der öffentlich-rechtlichen Vorschriften belastende Verwaltungsakte zu erlassen und durchzusetzen, **kann nicht verjähren oder durch Untätigkeit verwirkt werden** (Hess. VGH, Beschl. v. 12.07.1985 – 4 TH 530/85, BRS 44 Nr. 198; s.a. Martensen, Die Verjährung als Grenze polizeilicher Verantwortlichkeit, NVwZ 1997, S. 442 ff.).

51 Dagegen ist die ausdrückliche schriftliche Duldung **ohne Vorbehalte** als **Zusicherung auf Nichteinschreiten** zu werten, die in Betracht kommt, wenn eine formell illegale bauliche Anlage **Bestandsschutz aufgrund früherer materieller Legalität** genießt (Hess. VGH, Beschl. v. 10.11.1994 – 4 TH 1864/94, BRS 57 Nr. 259; das Gericht verlangt dabei, dass der Ordnungspflichtige zusammen mit dem Antrag auf Erlass des Duldungsverwaltungsakts sämtliche Bauvorlagen einreicht, die es der Bauaufsichtsbehörde ermöglicht, die Feststellung zu treffen, dass die Anlage über einen maßgeblichen Zeitraum baurechtlich genehmigungsfähig war). Da aber neben Baugenehmigung und Vorbescheid für andere »genehmigungsartige Gestattungen« kein Raum ist, soll eine solche Duldung wiederum nicht uneingeschränkt ausgesprochen werden können (so Hess. VGH, Beschl. v. 29.03.1993 – 4 UE 470/90, BRS 55 Nr. 205; zum Problem der nicht mehr möglichen Erteilung einer nachträglichen Baugenehmigung wegen aktuell entgegenstehender öffentlich-rechtlicher Vorschriften. Die **unbefristete Duldung** eines rechtswidrigen Zustandes in Form der schriftlichen Zusicherung nach § 38 VwVfG. NRW. schafft einen **positiven Vertrauenstatbestand** und ist deshalb einer Baugenehmigung sehr weit angenähert; wird eine derartige Zusicherung

zu einer baulichen Anlage im Sinne des § 29 Abs. 1 BauGB ohne das erforderliche Einvernehmen der Gemeinde gemäß § 36 Abs. 1 BauGB erteilt, ist diese unwirksam (OVG NRW, Urt. v. 28.09.1976 – VII A 1538/75, BRS 30 Nr. 169). Eine **Verwirkung der Befugnis zum Einschreiten** tritt ein, wenn die **Bauaufsichtsbehörde am Zustandekommen des beanstandeten Zustands aktiv beteiligt** war (VGH B-W, Urt. v. 05.07.1996 – 8 S 1289/96, BRS 58 Nr. 212 = NVwZ-RR 1997, 464).

Eine **Duldung** kann auch in Betracht gezogen werden, wenn das illegal errichtete **Gebäude** bereits relativ **alt** ist. Das OVG NRW hat dazu entschieden (Urt. v. 24.02.2016 – 7 A 19/14, *https://www.justiz.nrw.de/nrwe/ovgs/ovg_nrw/.../7_A_19_14_Urteil_20160224.html*), dass die Behörde eine »**Stichtagsregelung**« in Betracht ziehen kann um bei Gebäuden, für die eine Genehmigung nicht nachgewiesen werden kann, von einem Abriss abzusehen. Dies gilt insbesondere für Gebäude, die bereits vor oder während des 2. Weltkrieges entstanden sind und daher die Möglichkeit eines Abhandenkommens der Original-Baugenehmigung und auch des Behördenexemplars recht hoch erscheint. Wird eine solche Überlegung seitens der Behörde nicht angestellt, handelt sie ermessensfehlerhaft, wobei auch eine Entscheidung gegen die Duldung bei Gebäuden, die vor dem Stichtag errichtet wurden, möglich sein kann, sofern eine ausreichende Begründung dokumentiert ist. In der Folge hat sich als gängiger Stichtag der 01.01.1960 herausgebildet. 52

Eine **Pflicht zum Tätigwerden**, das heißt eine Situation, in der die Ermessensfreiheit derart zusammenschrumpft, dass nur eine einzige ermessensfehlerfreie Entscheidung denkbar ist und höchstens für die Art des Einschreitens noch ein Ermessensspielraum der Behörden offenbleibt (»Ermessensreduzierung auf Null«; hierzu s. Gern, Die Ermessensreduzierung auf Null, DVBl 1987, S. 1194 ff.), wird allgemein bei Vorliegen von **zwei Fallgruppen** angenommen: 53
– wenn **besonders wichtige Rechtsgüter**, wie Leben oder Gesundheit, **unmittelbar gefährdet** werden OVG NRW, Beschl. v. 14.02.2012 – 2 A 2463/11, JurionRS 2012, 11306),
– wenn ein so **erheblicher Schaden droht**, dass eine Untätigkeit der Behörde ermessensfehlerhaft wäre, da ihr Verhalten mit den an eine ordnungsgemäße Verwaltung zu stellenden Anforderungen schlechterdings unvereinbar wäre (OVG NRW, Urt. v. 11.05.1950 – IV A 265/49, OVGE 2, 107; BVerwG, Urt. v. 18.08.1960 – I C 42/59, BBauBl. 1961, 25 = BRS 12 B5 S. 174 = DVBl 1961, 125).

Bei formell und materiell rechtswidrigen Bauten besteht regelmäßig kein Ermessensspielraum; die Bauaufsichtsbehörde muss einschreiten, wenn keine besonderen Umstände vorliegen, die dem entgegenstehen (s. Rdn. 37 und OVG NRW, Urt. v. 17.05.1983 – 7 A 330/81, BRS 40 Nr. 191; BVerwG, Beschl. v. 28.08.1980 – 4 B 67.80, BRS 36 Nr. 93). Dies gilt insbesondere, wenn das Einschreiten dazu dient, **nachbarrelevante Störungen** abzuwenden (vgl. zur Einschränkung des Ermessens in derartigen Fällen BVerwG, Urt. v. 04.06.1996 – 4 C 15/95, BRS 58 Nr. 206 = NVwZ-RR 1997, 271; OVG Lüneburg, Urt. v. 04.10.1985 – 1 A 34/85, BRS 44 Nr. 195; Bay VGH, Urt. v. 06.10.1983 – Nr. 125 II 78, BRS 40 Nr. 237; OVG NRW, Urt. v. 17.05.1983 – 7 A 330/81, BRS 40 Nr. 191 und Urt. v. 27.11.1989 – 11 A 195/88,

BauR 1990, 341 = BRS 50 Nr. 185; OVG Bremen, Urt. v. 04.05.2001 – 1 A 436/00, NVwZ-RR 2002, 488).

54 In den Fällen, in denen hiernach der Ermessensspielraum so zusammenschrumpft, dass nur eine bestimmte Entscheidung, nämlich tätig zu werden, ermessensfehlerfrei ist, besteht auch ein entsprechender **Anspruch** des Betroffenen **auf Einschreiten** gegen die Ordnungsbehörde (grundlegend: BVerwG, Urt. v. 18.08.1960 – I C 42/59, BBauBl. 1961, 25 = BRS 12 B5 S. 174 = DVBl 1961, 125; OVG NRW, Urt. v. 17.05.1983 – 7 A 330/81, BRS 40 Nr. 191; OVG NRW, Urt. v. 27.11.1989 – 11 A 195/88, BauR 1990, 341 = BRS 50 Nr. 185; s. auch BVerwG, Beschl. v. 24.05.1988 – 4 B 93.88, BRS 48 Nr. 161). Letzteres wird häufig aktuell, wenn der Nachbar gegen ein rechtswidriges Bauvorhaben vorgehen will oder die **Nachbarklage mit Erfolg durchgeführt** worden ist (OVG NRW, Urt. v. 23.04.1982 – 10 A 645/80, BRS 39 Nr. 178). Zu berücksichtigen ist dabei, dass die Beachtung und Durchsetzung des materiellen Bauplanungsrechts im Rahmen landesrechtlich geregelter Verfahren nach der »**Wyhl-Entscheidung**« (BVerwG, Urt. v. 19.12.1985 – 7 C 65.82, BVerwGE 72, 300 = DVBl 1986, 190) grundsätzlich nicht zur Disposition des Landesgesetzgebers steht. Dies hat Bedeutung auch für die Beantwortung der Frage, ob und gegebenenfalls in welchen Grenzen die Bauaufsichtsbehörde ein Entschließungsermessen besitzt, wenn es sich um die Wahrung der nach revisiblem Bundesrecht zu beurteilenden, bauplanungsrechtlichen Zustände handelt (BVerwG, Beschl. v. 17.04.1998 – 4 B 144.97, BauR 1999, 735 = BRS 60 Nr. 169). Für den Nachbarn, der durch eine rechtswidrige und im gerichtlichen Verfahren aufgehobene Baugenehmigung in seinen Rechten verletzt wird, kann sich aus einer an Art. 14 Abs. 1 GG auszurichtenden Auslegung der landesrechtlichen Ermächtigungsgrundlage gegen die Bauaufsichtsbehörde ein Anspruch ergeben, dass diese eine Beseitigungsanordnung oder eine Nutzungsuntersagung erlässt. Die **ermessensreduzierende Wirkung des Art. 14 Abs. 1 GG** und des **Anspruchs auf Folgenbeseitigung** geht aber nicht weiter, **als eine beeinträchtigende Rechtsposition gegeben ist** (BVerwG, Beschl. v. 09.02.2000 – 4 B 11.00, BauR 2000, 1318 = BRS 63 Nr. 210).

3.4.3 Auswahlermessen bezüglich verschiedener Mittel

55 Hinsichtlich der **anzuwendenden Mittel** hat die Bauaufsichtsbehörde ein Auswahlermessen. Sie muss klären, welche Mittel überhaupt erforderlich sind, denn nach Satz 2, sind nur die »**erforderlichen**« Maßnahmen zulässig. Bei dieser Erforderlichkeit geht es um die **Herbeiführung rechtmäßiger Zustände**, also um »das Verhältnis des beabsichtigten Mittels zu dem zu erreichenden Erfolg« (so treffend Boeddinghaus/Hahn/Schulte/Radeisen, zu § 61 Rn. 75). Dass durch die angeordnete Maßnahme **keine rechtswidrigen Verhältnisse** (neu) entstehen dürfen, versteht sich von selbst; diese Gefahr besteht vor allem bei angeordneten Teilabbrüchen. Die Bauaufsichtsbehörde hat darauf zu achten, dass sie keine Maßnahme auswählt, die von dem Ordnungspflichtigen **tatsächlich** oder **rechtlich Unmögliches** verlangt, wie z.B. den nach § 9 DSchG genehmigungsbedürftigen Eingriff in ein Baudenkmal. Vielfach wird sie feststellen, dass nur ein bestimmtes Mittel zur Anwendung kommen kann, also kein Ermessensspielraum besteht. Das Auswahlermessen besteht in dieser Hinsicht nur, wenn

zur Beseitigung des Rechtsverstoßes mehrere Mittel **gleichermaßen geeignet** und **zulässig** sind. Die Frage ist mit dem Grundsatz der **Verhältnismäßigkeit** verbunden, da nur das »**mildeste**« Mittel zur Zielerreichung ausgewählt werden darf (OVG NRW, Urt. v. 24.02.1986 – 11 A 1709/84, BRS 46 Nr. 188). Kommen zur Gefahrenabwehr mehrere Mittel in Betracht, genügt nach § 21 OBG, wenn **eines** davon ausgewählt wird; dem Betroffenen ist auf Antrag zu gestatten, ein anderes ebenso wirksames Mittel anzuwenden, sofern die Allgemeinheit dadurch nicht stärker beeinträchtigt wird (zum **Austauschmittel** s. OVG NRW, Beschl. v. 18.03.1997 – 10 A 853/93, BRS 59 Nr. 209; Beschl. v. 18.03.1997 – 10 A 853/93, BRS 59 Nr. 209 und Beschl. v. 12.05.1997 – 7 B 830/97, BRS 59 Nr. 210). Das angebotene Austauschmittel darf seinerseits keine rechtswidrigen Zustände (neu) hervorrufen (OVG NRW, Beschl. v. 28.10.1964 – VII B 481/64, BRS 15 Nr. 121).

Manche Ordnungsverfügungen erweisen sich nicht wegen fehlerhaften Auswahlermessens, sondern wegen der **Nichterforderlichkeit der Maßnahme** zur Zielerreichung als rechtswidrig. Sie scheitern demnach bereits an einer wichtigen rechtlichen Voraussetzung. Besteht ein öffentlich-rechtlicher Vertrag über die Beseitigung einer baulichen Anlage, so ist der nachträgliche Erlass einer Beseitigungsanordnung regelmäßig nicht mehr erforderlich, sofern sich der Ordnungspflichtige der sofortigen Vollstreckung aus dem Vertrag unterworfen hat (BayVGH, Urt. v. 28.10.1996 – 14 B 94.1294, BRS 58 Nr. 219). Nicht erforderlich ist auch ein an den Vermieter bzw. Verpächter gerichtetes Gebot, ein gegenüber dem Mieter oder Pächter ausgesprochenes Nutzungsverbot zu dulden, weil dieser nicht verhindern kann, dass der Mieter bzw. Pächter sich an das Nutzungsverbot hält (Hess. VGH, Beschl. v. 15.09.1994 – 4 TH 655/94, BRS 56 Nr. 200 und BayVGH, Beschl. v. 09.06.1986 – 2 CB 85 A.1564, BRS 46 Nr. 198). 56

3.4.4 Auswahlermessen bei mehreren Störern

Welche Person als Verhaltens- oder Zustandsstörer heranzuziehen ist, richtet sich in erster Linie nach den bauordnungsrechtlichen Bestimmungen und nur subsidiär nach den §§ 17 und 18 OBG (s. Rdn. 38). In der bauaufsichtlichen Vollzugspraxis wird in der **Bauphase** (zu deren Ende s. Anmerkungen zu § 57 Rdn. 12), in der relativ häufig Abweichungen von der Baugenehmigung vorkommen, fast immer die **Heranziehung der am Bau Beteiligten** möglich sein. Als Verhaltensstörer darf die Bauaufsichtsbehörde bei einer abweichend von der Baugenehmigung errichteten baulichen Anlage die Person in Anspruch nehmen, die im Außenverhältnis wirtschaftlich als Verantwortlicher auftritt (Thür. OVG, Beschl. v. 27.02.1997 – 1 EO 233/96, BRS 59 Nr. 217) und der damit in Wahrheit die Bauherreneigenschaft zukommt (s. Anmerkungen zu § 53 Rdn. 4–7). Um zu vermeiden, dass die Bauaufsichtsbehörde bei **Personenmehrheit als Bauherren** zwischen verschiedenen Verhaltensstörern auswählen muss, kann die Behörde nach § 53 Absatz 3 BauO NRW 2018 die **Bestellung eines Vertreters** ihr gegenüber verlangen (s. Anmerkungen zu § 53 Rdn. 36–38). Nach wie vor kann es jedoch erforderlich werden Auswahlermessen auszuüben, wenn dieses Verlangen missachtet wird, bei Schwarzbauten Personenmehrheiten als Handlungsstörer aktiv werden oder in der späteren Nutzungsphase zwischen mehreren Zustandsstörern auszuwählen ist. Die Bauaufsichtsbehörde ist nicht verpflichtet – gewissermaßen als Vorstufe des 57

Auswahlermessens – alle möglicherweise für eine Inanspruchnahme in Betracht kommenden Störer zu ermitteln, sondern kann sich an den ihr bereits bekannten Störer wenden (BayVGH, Urt. v. 16.12.1981 – 15 B 81 A.896, BayVBl. 1982, 435).

58 Auch im Rahmen des Auswahlermessens bei mehreren in Betracht kommenden Störern ist der **Grundsatz der Verhältnismäßigkeit** zu beachten (§ 15 OBG). Der **Doppelstörer**, der zugleich Verhaltens- und Zustandsstörer ist, kann vor dem einfachen Störer herangezogen werden (OVG NRW, Urt. v. 09.12.1994 – 10 A 1753/91, BRS 57 Nr. 249 zur Verpflichtung des Betreibers eines illegalen Camping- und Wochenendplatzes, sämtliche illegalen baulichen Anlagen zu beseitigen). Nach dem **Grundsatz der Effektivität** handelt die Bauaufsichtsbehörde sachgerecht, wenn sie die Person in Anspruch nimmt, die die Gefahr am schnellsten und wirksamsten zu beseitigen in der Lage ist. Insofern muss sich die Störerauswahl maßgeblich am Grundsatz der **Effektivität der Gefahrenabwehr** orientieren (OVG NRW, Beschl. v. 19.04.2016, 2 A 1778/15, JurionRS 2016, 16111).

59 In der **Realisierungsphase** von Bauvorhaben ist zumeist zu beobachten, dass Störungen durch die am Bau Beteiligten verursacht werden, beispielsweise durch den Unternehmer ein Bauteil abweichend von den allgemein anerkannten Regeln der Technik ausgeführt wird. **Grundsätzlich** ist dann von der Bauaufsichtsbehörde der **Verhaltensstörer vor dem Zustandsstörer** heranzuziehen. Ist ein baurechtswidriger Zustand von einem anderen als dem Grundstückseigentümer, der nicht zugleich der Bauherr sein muss, geschaffen worden und hat der Eigentümer kein eigenes Interesse an der baulichen Anlage, handelt die Bauaufsichtsbehörde ermessensfehlerhaft, wenn sie den Eigentümer als Zustandsstörer anstelle des ihr bekannten Handlungsstörers (Bauherr oder Unternehmer) in Anspruch nimmt, obwohl dies zur wirksamen und schnellen Gefahrenbeseitigung nicht erforderlich ist (OVG Rh-Pf, Urt. v. 25.01.1990 – 1 A 77/87, BRS 50 Nr. 213; zur Erforderlichkeit vgl. auch Rdn. 56). Bei Unzweckmäßigkeit sind allerdings Abweichungen von diesem Grundsatz zulässig (BayVGH, Urt. v. 22.04.1992 – 2 B 90.1348, NJW 1993, 81 zur Inanspruchnahme des Grundstückseigentümers bei Zahlungsunfähigkeit des Bauherrn). Die Bauaufsichtsbehörde kann jedoch von der Inanspruchnahme des Gesamtrechtsnachfolgers des (wahrscheinlichen) Handlungsstörers anstelle des Zustandsstörers mit der Begründung absehen, die Möglichkeit einer Gesamtrechtsnachfolge in abstrakte Polizeipflichten sei umstritten, weshalb im Fall der Inanspruchnahme des Gesamtrechtsnachfolgers eine langwierige prozessuale Auseinandersetzung mit ungewissem Ausgang zu befürchten ist (VGH B-W, Beschl. v. 25.10.1999 – 8 S 2407/99, BRS 62 Nr. 212).

60 In der **späteren Nutzungsphase** eines Bauwerks, also nach der ordnungsgemäßen Beendigung der Bauarbeiten, wird zumeist nur noch der Grundstückseigentümer in Anspruch genommen werden können, da ein Handlungsstörer nicht (mehr) auszumachen ist. Will die Bauaufsichtsbehörde den Grundstückseigentümer in Anspruch nehmen, muss sie regelmäßig Einblick in das Grundbuch nehmen, um sich davon zu überzeugen, wer der richtige Adressat des beabsichtigten Verwaltungshandelns ist (OVG NRW, Beschl. v. 07.08.2002 – 10 B 761/02, BauR 2003, 87 = BRS 65 Nr. 200; s. auch Anmerkungen zu § 1 Rdn. 29–30). **§ 18 OBG** bestimmt, dass wenn von einer

Sache oder einem **Tier** eine Gefahr ausgeht, die entsprechende Maßnahme zur Gefahrenabwehr gegen den **Eigentümer** zu richten ist. Nach § 94 Abs. 1 BGB gehören die mit Grund und Boden fest verbundenen Sachen, das sind die baulichen Anlagen und die Gebäude, zu den wesentlichen Bestandteilen eines Grundstücks (s. Anmerkungen zu § 2 Rdn. 114), so dass der Grundstückseigentümer auch deren Eigentümer ist. Der Eigentümer haftet ferner für den gefahrlosen Zustand im Rahmen der so genannten **Zustandsverantwortung** des Grundstücks selbst, so beispielsweise für die Beseitigung vermuteter Kampfmittel aus dem II. Weltkrieg, deren genaue Lage auf einem Grundstück aufgrund von Auswertungen von Luftbildern der alliierten Streitkräfte, die Jahrzehnte unter Verschluss geblieben sind, heute erst festgestellt werden kann. Bei Gefahren durch **Tiere** muss diese jedoch **ursächlich** mit einer baulichen Anlage in Verbindung stehen, um den Eigentümer des Grundstücks in Anspruch nehmen zu können (OVG NRW, Beschl. v. 06.09.2004 – 13 A 3802/02, EildStNW 2004, 183 zur gescheiterten Inanspruchnahme der Deutschen Bahn AG als Zustandsstörer beim Fernhalten von Tauben unter einer Bahnbrücke).

3.5 Formelle und materielle Illegalität

Die **Standardmaßnahmen** der repressiven Kontrolle nach dem Vorbild der MBO sind dazu bestimmt, das **rechtswidrige Bauen** und **Nutzen** schnell und wirksam unterbinden zu können, um sicherzustellen, dass der rechtswidrig handelnde Bauherr keine Vorteile aus seinem Handeln gegenüber dem rechtstreuen Bauherrn ziehen kann. Diese Eingriffsermächtigungen, die ebenfalls auf Absatz 2 gestützt werden, sind zu unterscheiden von den seltener zur Anwendung gelangenden Eingriffsermächtigungen, die auch die rechtmäßig bestehende bauliche Anlage zum Gegenstand haben können (s. Rdn. 25 und 26). Bei den Standardmaßnahmen handelt es sich um seit jeher bestehende Aufgaben der **Gefahrenabwehr**, die bereits im früheren preußischen Baupolizeirecht verankert waren (hierzu s. Heintzen, Was standardisieren Standardmaßnahmen?, DÖV 2005, S. 1038 ff.). Die Besonderheit der Standardmaßnahmen liegt darin begründet, dass bereits die **abstrakte Gefährlichkeit** einer rechtswidrig errichteten baulichen Anlage **als Eingriffsvoraussetzung** ausreicht, während ein Eingriff in rechtmäßig bestehende bauliche Anlagen stets das Vorliegen einer konkreten Gefahr erfordert (s. Rdn. 23). Die abstrakte Gefahr besteht bereits dann, wenn gegen Vorschriften des **formellen** oder **materiellen** Baurechts verstoßen wird, so dass formelle oder materielle Illegalität vorliegt (zum Begriff der abstrakten Gefahr s. Anmerkungen zu § 3 Rdn. 46–49). Im Zusammenhang mit den bauaufsichtlichen Standardmaßnahmen sind die im Gesetz nicht definierten, von Lehre und Rechtsprechung aber allgemein verwendeten Begriffe der **formellen** und **materiellen Illegalität** von erheblicher Bedeutung (vgl. Kischel, Formelle und materielle Illegalität im Recht der Gefahrenabwehr, DVBl 1996, S. 185 ff.; Mampel, Formelle und materielle Illegalität?, BauR 1996, S. 13 ff.; Jäde, »Schwarzbau« und Bauaufsicht – Grundprobleme bei Beseitigungsanordnung, Nutzungsuntersagung und Baueinstellung, ThürVBl. 1993, S. 82 ff.).

Von **formeller Illegalität** oder umgangssprachlich von »**Schwarzbau**« spricht man, wenn eine bauliche Anlage **ohne** eine erforderliche **bauaufsichtliche Gestattung** (Baugenehmigung oder Zustimmung) errichtet, geändert, abgebrochen, benutzt oder deren

Nutzung geändert wird. Dem Fall der fehlenden, aber im Einzelfall erforderlichen Baugenehmigung ist der Tatbestand gleichzustellen, dass von der Baugenehmigung **nicht nur unwesentlich abgewichen** wird (OVG NRW, Urt. v. 11.07.1977 – X A 2101/76, BRS 32 Nr. 88 und Urt. v. 13.02.1987 – 10 A 29/87, BRS 47 Nr. 193 = NWVBl. 1987, 19; OVG Saar, Urt. v. 03.12.1982 – 2 R 182/81, BRS 39 Nr. 220; Bay VGH, Urt. v. 02.08.1982 – Nr. 2 B 81 A. 984, BRS 39 Nr. 228). Eine **wesentliche** Abweichung von der Baugenehmigung liegt z.b. vor, wenn eine Garage mit einer Höhe von 3,10 m anstatt mit einer genehmigten Höhe von 2,70 m ausgeführt wird (Hess. VGH, Urt. v. 08.02.1990 – 3 UE 7/86, BRS 50 Nr. 207). Ein planabweichend ausgeführtes Vorhaben ist unter baurechtlichen Gesichtspunkten ein »aliud«, wenn durch die Abweichung Belange, die bei der Genehmigung des Vorhabens zu berücksichtigen sind, so erheblich berührt werden, dass die **Genehmigungsfrage erneut aufgeworfen** wird (BayVGH, Beschl. v. 26.07.1991 – 20 CS 89.1224, BRS 52 Nr. 147 und OVG Bln, Beschl. v. 26.01.1995 – 2 S 35.94, BRS 57 Nr. 193).

63 Für die Frage, ob die Errichtung eines Baues, seine Änderung bzw. seine Nutzungsänderung ohne die erforderliche Genehmigung, das heißt formell illegal, ausgeführt wurde, ist das zum **Zeitpunkt der Errichtung** oder **Änderung** bestehende Baurecht zugrunde zu legen (PrOVG, Urt. v. 12.05.1938 – IV C 187/36, PrOVGE 102, 253). Grundsätzlich hat der Ordnungspflichtige den Nachweis einer Baugenehmigung zu führen, vor allem wenn er behauptet, sein Bauwerk sei formell baurechtmäßig (BVerwG, Urt. v. 23.02.1979 – 4 C 86.76, NJW 1980, 252 = BRS 35 Nr. 206 und OVG NRW, Beschl. v. 18.01.2001 – 10 B 1898/00, BauR 2001, 758 = BRS 64 Nr. 161 = EildStNW 2001, 269 = ZfBR 2001, 354). Ist bei **sehr alten Anlagen** jedoch die Erteilung einer Baugenehmigung nicht mehr nachzuweisen, so spricht eine Vermutung dafür, dass **bauliche Anlagen, die seit unvordenklicher Zeit unter den Augen der Behörde bestanden haben** und von dieser als zu Recht bestehend angesehen und behandelt worden sind, seinerzeit auch ordnungsgemäß und in Übereinstimmung mit den damals bestehenden Gesetzen errichtet worden sind (PrOVG, Urt. v. 4.05.1915 – IX.A.50/14, PrOVGE 68, 362; OVG NRW, Urt. v. 23.07.1964 – VII A 656/62, BRS 15 Nr. 25).

64 Ein unfertiges, längere Zeit nicht vollendetes Vorhaben ist formell illegal, weil mit der Baugenehmigung ein nach den Bauvorlagen fertiges Gebäude genehmigt wird; ein **Gebäudetorso** wird von der Baugenehmigung nicht gedeckt (BVerwG, Beschl. v. 22.02.1965 – IV B 22/65, BRS 16 Nr. 128 = NJW 1965, 1195). Der **Schlussabnahmeschein** nach früherem Recht oder die **Bescheinigung über die Bauzustandsbesichtigung** nach § 84 Absatz 5 Satz 2 BauO NRW 2018 ersetzt bei abweichender Bauausführung von den genehmigten Bauvorlagen **keine Baugenehmigung**, vermittelt daher **keine formelle Legalität** (s. Anmerkungen zu § 84 Rdn. 46). Schließlich wird ein ursprünglich genehmigtes Vorhaben formell illegal, wenn **Nutzung** und **Funktion** in baurechtlich relevanter Weise ohne erforderliche Baugenehmigung **geändert** werden.

65 Formelle Illegalität tritt nachträglich ein, wenn die Baugenehmigung befristet, auflösend bedingt oder widerruflich erteilt war und die Frist abgelaufen, die auflösende Bedingung eingetreten oder von der Widerrufsmöglichkeit unanfechtbar Gebrauch

gemacht worden ist. Die gegebenenfalls unter Anordnung der sofortigen Vollziehung verfügte **Rücknahme** (OVG Bln, Beschl. v. 18.02.1999 – 2 SN 1.99, BRS 62 Nr. 202) und der – nicht schon ausdrücklich vorbehaltene – **Widerruf** einer Baugenehmigung gemäß §§ 48 und 49 VwVfG. NRW. führen ebenfalls zur formellen Illegalität. Gleiches gilt für die **gerichtliche Aufhebung** der Baugenehmigung aufgrund einer Nachbarklage.

Bei **genehmigungsfreien** Bauvorhaben kommt eine formelle Illegalität nicht in Betracht, weil eben **keine bauaufsichtliche Gestattung** vorgeschrieben ist. Das gilt auch in den Fällen des § 63 BauO NRW 2018, obwohl die **Freistellung an formelle Voraussetzungen geknüpft** ist, nämlich an das **Einreichen von Bauvorlagen bei der Gemeinde** (nicht bei der Bauaufsichtsbehörde) und vor allem das **Abwarten einer Frist**, ohne dass damit aber eine der Baugenehmigung vergleichbare formelle Legalisierungswirkung verbunden ist, weil allein der Bauherr für die Einhaltung des materiellen Rechts verantwortlich bleibt (BayVGH, Beschl. v. 13.01.2000 – 26 CS 99.2149, BRS 63 Nr. 127). Vorhaben nach § 63 BauO NRW 2018, die unter Missachtung der **formellen Freistellungsbedingungen** (Einreichung von Bauvorlagen bei der Gemeinde und Abwarten der Frist), errichtet oder geändert werden, können allein deswegen stillgelegt werden, da sichergestellt werden muss, dass Bauherrn auch diese formellen Bestimmungen beachten. Ein **Sonderfall** besteht für freigestellte Vorhaben insoweit, als sie bei Abweichung vom materiellen Baurecht nach § 69 Absatz 2 BauO NRW 2018 der »isolierten« Abweichungsentscheidung bedürfen (s. Anmerkungen zu § 69 Rdn. 64 ff.). Eine **Abweichungsentscheidung** verschafft dem freigestellten Vorhaben nur in Bezug auf den Abweichungsgegenstand formelle Legalität; liegt diese nicht vor, obwohl sie erforderlich wäre, kann wegen dieses Umstandes eingeschritten werden (Hess. VGH, Beschl. v. 27.01.1989 – 4 TG 3800/88, BRS 49 Nr. 176). 66

Materielle Illegalität liegt vor, wenn eine bauliche Anlage in **Widerspruch zum materiellen, öffentlichen Baurecht** errichtet, geändert, beseitigt, genutzt, oder deren Nutzung geändert wird. Für die **materielle** Legalität oder aber Illegalität spielt es keine Rolle, ob das Vorhaben einer bauaufsichtlichen Gestattung bedarf, da auch genehmigungsfreie Vorhaben gemäß § 60 Absatz 2 BauO NRW 2018 den materiellen baurechtlichen Bestimmungen entsprechen müssen (s. OVG NRW, Urt. v. 22.08.1996 – 7 A 3508/93, BRS 58 Nr. 35 und Anmerkungen zu § 60 Rdn. 14 ff.). 67

Eine zunächst nicht gegebene materielle Legalität kann infolge Änderung der Rechtslage später eintreten, oder ein materiell ursprünglich legales Vorhaben kann im Laufe der Zeit durch Rechtsänderung nunmehr dem aktuellen Recht widersprechen. Herrschende Rechtsprechung und Meinung gehen davon aus, dass **materielle Illegalität** nur dann anzunehmen ist, wenn die bauliche Anlage **zu keinem Zeitpunkt mit dem materiellen Recht vereinbar** war; dies ist die Folge des sich aus der Baufreiheit ergebenden Bestandsschutzes (s. BVerwG, Urt. v. 28.06.1956 – I C 93/54, NJW 1957, 557; Urt. v. 31.07.1964 – I C 132.59, BRS 15 Nr. 117; Urt. v. 22.01.1971 – IV C 62/66, NJW 1971, 1624; OVG Lüneburg, Urt. v. 28.03.1966 – I A 198/63, 199/63, 200/63 und 209/63, BRS 17 Nr. 150). Der **passive Bestandsschutz** beinhaltet das Recht, eine Anlage, die im Laufe des Bestehens – wenn auch lediglich für einen 68 nennenswerten Zeitraum von wenigen Monaten – materiell legal war, weiter zu nutzen und zu erhalten, auch wenn es nach dem geltenden materiellen Recht nunmehr ausgeschlossen ist, die Anlage neu zu errichten (s. Anmerkungen zu § 74 Rdn. 166 ff.). Vom Bestandsschutz bleibt das Recht der Bauaufsicht unberührt, unter den Voraussetzungen des § 59 BauO NRW 2018 die Anpassung der Anlage an neues Bauordnungsrecht zu verlangen (s. Anmerkungen zu § 59 Rdn. 1–9).

3.6 Durchsetzung von Ordnungsverfügungen

69 Bei **Anwendung des Verwaltungszwanges** sind die **gesetzlichen Voraussetzungen** und **Verfahrensvorschriften** genauestens zu beachten. Für den bauaufsichtlichen Vollzug ist der zweite Abschnitt des VwVG NRW von Bedeutung, der das **Verfahren** und die **gesetzlich zugelassenen Zwangsmittel** regelt. Als Zwangsmittel kommen
– die **Ersatzvornahme**,
– das **Zwangsgeld**, und
– der **unmittelbare Zwang**
in Betracht. Die **Zwangsmittel** sind **in einem dreistufigen Verfahren** anzuwenden:
– die **Androhung unter Fristsetzung**,
– die **Festsetzung** und
– die **Ausführung**.
Neben diesen allgemeinen Vorgaben, sind zwei wesentliche Aspekte zu beachten. Zunächst ist stets zu prüfen, ob etwaige **Vollstreckungshindernisse** bestehen. Ist der Ordnungspflichtige zur Erfüllung der Verfügung nicht in der Lage, weil er in Rechte Dritter eingreifen müsste, so führt dies zwar nicht zur Rechtswidrigkeit der Grundverfügung, hindert aber ihre Durchsetzbarkeit und zwar so lange, bis eine vollziehbare **Duldungsverfügung** gegen den Dritten erlassen ist. So kann z.B. dem Ordnungspflichtigen die Ausführung einer Beseitigungsanordnung unmöglich sein, wenn eine Person das abzubrechende Gebäude möglicherweise ohne wirksamen Mietvertrag, aber im Einverständnis mit dem Pflichtigen bewohnt und ohne diese Unterkunft obdachlos würde (OVG NRW, Beschl. v. 10.10.1996 – 11 B 2310/96, BRS 58 Nr. 223 = NVwZ-RR 1998, 76). Auch das sich aus dem Miteigentum ergebende Vollstreckungshindernis kann durch Erlass einer Anordnung gegen den nicht beigeladenen Miteigentümer ausgeräumt werden (BVerwG, Beschl. v. 24.07.1998 – 4 B 69.98, BRS 60 Nr. 170 = UPR 1998, 458). Sodann ist darauf zu achten, dass es der **Beugecharakter der Zwangsmittel** nicht erlaubt, diese überhaupt oder weiterhin anzuwenden, wenn der Ordnungspflichtige der Ordnungsverfügung nachkommt.

70 Die Anwendung des Verwaltungszwanges darf nach § 55 Abs. 1 VwVG NRW nur erfolgen, wenn die **Bestandskraft des Eingriffsverwaltungsaktes** eingetreten ist, also eine bestandskräftige **Grundverfügung** vorliegt, oder aber **Rechtsmitteln keine aufschiebende Wirkung** zukommt. Nach § 80 Abs. 1 Satz 1 VwGO haben Rechtsmittel grundsätzlich aufschiebende Wirkung (**Suspensiveffekt**), jedoch kann ihnen nach § 80 Abs. 2 Nr. 4 VwGO durch behördliche **Anordnung der »sofortigen Vollziehung«** die aufschiebende Wirkung genommen werden. Ferner darf die Anwendung von **Verwaltungszwang** gemäß § 55 Abs. 2 VwVG NRW **ohne vorausgehenden Verwaltungsakt**

erfolgen, wenn ein solches Vorgehen **zur Abwehr einer gegenwärtigen Gefahr notwendig** ist und die Vollzugsbehörde hierbei **innerhalb ihrer Befugnisse** handelt. Dies wird als »**sofortiger Vollzug**« oder abkürzend als »**Sofortvollzug**« bezeichnet und stellt einen Sonderfall des Verwaltungszwangs dar. Wegen der fast identischen Formulierungen »sofortige Vollziehung« nach der VwGO und »sofortiger Vollzug oder abkürzend Sofortvollzug« nach dem VwVG NRW kommt es mitunter zu Verwechslungen, obwohl zwischen beiden Rechtsinstituten begrifflich scharf zu trennen ist.

3.6.1 Sofortige Vollziehung nach § 80 Abs. 2 Nr. 4 VwGO

Rechtsbehelfe haben nach § 80 Abs. 1 VwGO grundsätzlich **aufschiebende Wirkung**, so dass die Ordnungsverfügung bereits bei deren Einlegung keine Bestandskraft erlangt. Aufgrund der Dauer von Rechtsbehelfsverfahren können längere Zeiträume verstreichen, in denen die behördlich festgestellte Ordnungswidrigkeit nicht geahndet wird. Ist der Vollzug der Maßnahme zur Gefahrenabwehr dringlich, so kann die Bauaufsichtsbehörde die **sofortige Vollziehung** gemäß § 80 Abs. 2 Nr. 4 VwGO anordnen. Die Behörde kann entweder bereits die Grundverfügung mit der Anordnung der sofortigen Vollziehung versehen oder eine selbständige Verfügung erlassen, wobei in beiden Fällen das **besondere Interesse** gemäß § 80 Abs. 3 VwGO **zu begründen** ist. Die Begründung muss auf die **besonderen Umstände des Einzelfalls** eingehen und eine Aussage darüber enthalten, warum die Behörde den Suspensiveffekt ausschließt (vgl. Kopp/Schenke, zu § 80 Rn. 84–88).

71

Die Anordnung der sofortigen Vollziehung setzt **tatbestandlich** entweder das Vorliegen eines **öffentlichen Interesses** oder eines **überwiegenden Interesses eines Beteiligten** voraus, letzteres hat im Bereich der Eingriffsverwaltung kaum praktische Bedeutung. Das öffentliche Interesse bzw. das überwiegende Interesse eines Beteiligten an der Vollziehung muss das Interesse des vom Verwaltungsakt Belasteten, von der Vollziehung (zunächst) verschont zu bleiben, deutlich überwiegen und damit verdrängen. So können drohende erhebliche Nachteile oder Gefahren für die Allgemeinheit das **öffentliche Interesse** begründen, z.B. bei der Abbruchverfügung eines einsturzgefährdeten Gebäudes (Hess. VGH, Beschl. v. 22.03.2000 – 4 TG 4287/99, BRS 63 Nr. 213), bei der Nutzungsuntersagung bestimmter Räume im Falle einer illegal vorgenommenen Nutzungsänderung (OVG NRW, Beschl. v. 25.06.1987 – 7 B 1183/87, BRS 47 Nr. 198), zumal wenn damit auch noch Brandschutzmängel verbunden sind (OVG Bln, Beschl. v. 08.06.2000 – 2 SN 4.00/2 L 9.00, BRS 63 Nr. 216), bei wiederholt illegalen Bauarbeiten (OVG NRW, Beschl. v. 10.05.1989 – 11 B 1262/89, BRS 49 Nr. 231), bei der Beseitigungsanordnung einer Holzhütte im Außenbereich, wenn dies ohne wesentlichen Substanzverlust möglich ist und von der baulichen Anlage eine erhebliche Nachahmungswirkung ausgeht (OVG NRW, 28.08.1995 – 11 B 1957/95, BauR 1996, 236 = BRS 57 Nr. 252 = NVwZ-RR, 192) oder bei formal illegalen Werbeanlagen (OVG NRW, Beschl. v. 17.05.2000, a.a.O. Rdn. 71). Dagegen reicht das öffentliche Interesse, das den Erlass des Verwaltungsakts als solchen rechtfertigt, regelmäßig nicht aus, gegenüber dem vom Gesetz vorgegebenen Interesse des Betroffenen an der Erhaltung des Suspensiveffektes zu überwiegen, wenn es um einschneidende Maßnahmen geht, die einen nennenswerten Substanzverlust zur Folge

72

haben oder sogar bauliche Maßnahmen zur Wiederherstellung des ursprünglichen Bauzustands erfordern (OVG NRW, Beschl. v. 12.01.1998 – 10 B 3025/97, BauR 1998, 537 = BRS 60 Nr. 166 zur Rechtswidrigkeit einer für sofort vollziehbar erklärten Ordnungsverfügung, mit der die Beseitigung der Schließung einer Eingangsloggia und die Wiederherstellung der ursprünglich vorhandenen Treppenanlage verlangt wurde). Ein öffentliches Interesse an der sofortigen Vollziehung einer Beseitigungsanordnung, die mit der Vernichtung wesentlicher Bausubstanz verbunden ist, besteht regelmäßig nicht (Thür. OVG, Beschl. v. 13.05.1997 – 1 EO 609/96, BRS 59 Nr. 211), ausnahmsweise kann es gegeben sein, wenn es um die Beseitigung von nicht genehmigungsfähigen Bauwerken in landschaftlich reizvoller Gegend geht (BayVGH, Beschl. v. 13.01.1997 – 1 Cs 96.3580, BRS 59 Nr. 212).

73 Die Aufhebung der Anordnung der sofortigen Vollziehung kann der Betroffene nur mit den Rechtsbehelfen nach den §§ 80 ff. VwGO, nicht jedoch mit der Anfechtungsklage erreichen (BVerwG, Beschl. v. 30.11.1994 – 4 B 243.94, BRS 56 Nr. 213). Die **Ausgangsbehörde** kann gemäß § 80 Abs. 4 VwGO die **Vollziehung aussetzen**. Nach § 80 Abs. 5 VwGO kann sich der Betroffene auch an das **Verwaltungsgericht** wenden, um die Wiederherstellung der aufschiebenden Wirkung zu erreichen. Bei der Prüfung des Aussetzungsantrages ist das öffentliche Interesse an der sofortigen Vollziehung des Verwaltungsaktes gegen das Interesse des Betroffenen an einem möglichst weitgehenden, durch Art. 19 IV GG verbürgten Rechtsschutz abzuwägen. Bei der Beurteilung der Erfolgsaussichten eines Rechtsbehelfs im Aussetzungsverfahren ist im Übrigen mit der gebotenen Zurückhaltung zu verfahren, denn die Entscheidung in der Hauptsache soll grundsätzlich dem Hauptverfahren vorbehalten bleiben (VGH B-W, Beschl. v. 17.02.1970 – III 725/69, BRS 23 Nr. 202). So würde beispielsweise durch die sofortige Vollziehung einer Abbruchanordnung das Ergebnis in der Hauptsache vorweggenommen, denn durch den Abbruch eines Gebäudes würde insoweit ein irreparabler Zustand eintreten, den § 80 Abs. 1 VwGO jedoch verhindern will. Die Befürchtung der Behörde, andere Bauherren würden das rechtswidrige Vorhaben nachahmen und ebenfalls ohne Genehmigung bauen, ist regelmäßig kein ausreichender Grund für die sofortige Vollziehung, denn diese hat keinen Strafcharakter und dient auch nicht der Abschreckung (VGH B-W, Beschl. v. 19.06.1975 – III 766/75, BRS 29 Nr. 173).

3.6.2 Sofortvollzug nach § 55 Abs. 2 VwVG NRW

74 Der sofortige Vollzug im Sinne des § 55 Abs. 2 VwVG NRW, nachfolgend kurz als »Sofortvollzug« bezeichnet, zielt auf die **sofortige Verwirklichung eines Zwangsmittels, ohne vorausgehenden,** erst noch **zu vollziehenden Verwaltungsakt** (vgl. Boeddinghaus/Hahn/Schulte/Radeisen, zu § 61, Rn. 197). Die Bauaufsichtsbehörde muss dabei innerhalb ihrer gesetzlichen Befugnisse handeln, das heißt, sie müsste aufgrund einer Rechtsvorschrift berechtigt sein, einen entsprechenden Verwaltungsakt zu erlassen, wenn sie unter normalen Umständen Zeit und Gelegenheit dazu hätte. Der Sofortvollzug muss in solchen Fällen zur Abwehr einer gegenwärtigen Gefahr notwendig sein, so dass auf die Zustellung eines schriftlichen Bescheides nicht gewartet werden kann. Eine solche liegt vor, wenn die Einwirkung des schädigenden Ereignisses bereits begonnen hat oder unmittelbar oder in allernächster Zeit mit an Sicherheit grenzender

Wahrscheinlichkeit bevorsteht. Bei der Wahl der Zwangsmittel kommen nur die **Ersatzvornahme** oder der **unmittelbarere Zwang** in Betracht, da das Zwangsgeld von der Natur der Sache her nicht zur Herbeiführung des unmittelbaren Erfolgs der Maßnahme geeignet ist. So kann z.b. aus Anlass örtlicher Kontrollen die **Absperrung** eines Gehwegs für Passanten vorgenommen werden, weil sich Putzteile von der Fassade gelöst haben und abzufallen drohen. Zu denken ist auch an die **Versiegelung** von in Ausführung befindlichen, illegalen baulichen Anlagen, um die Fortführung der Bauarbeiten sofort zu unterbinden (vgl. Rasch, Die Versiegelung – ein Instrument der Bauaufsicht, BauR 1989, S. 1 ff.).

Gemäß § 18 Abs. 2 VwVG NRW sind gegen die Anwendung von Zwangsmitteln ohne vorausgehenden Verwaltungsakt die **Rechtsmittel** zulässig, die auch gegen Verwaltungsakte ergriffen werden können. **Vorläufiger Rechtsschutz** gegen eine im Wege des Sofortvollzugs vorgenommene Zwangsmaßnahme ist **nach § 80 Abs. 5 VwGO** gegeben. Die Maßnahme ist entsprechend § 37 Abs. 2 Satz 2 VwVfG. NRW. einer Bestätigung zugänglich, die selbst keinen eigenständigen Verwaltungsakt darstellt (OVG NRW, Beschl. v. 25.11.1993 – 10 B 360/93, BRS 55 Nr. 207 mit weiteren Ausführungen zur Rechtsnatur des Sofortvollzugs). 75

3.6.3 Vorgaben für die Anwendung von Verwaltungszwang

Für die Vollziehung von Verwaltungsakten im Aufgabenbereich der Bauaufsicht sind die **unteren Bauaufsichtsbehörden** zuständig. Die Aufsichtsbehörde kann der unteren Bauaufsichtsbehörde unter den einschränkenden Voraussetzungen des § 9 OBG Weisungen zum Vollzug erteilen. Die **Zwangsmittel**, die § 57 VwVG NRW abschließend aufführt (s. Rdn. 69), müssen in einem angemessenen Verhältnis zum angestrebten Erfolg stehen und dürfen nur dazu eingesetzt werden den entgegenstehenden Willen des Ordnungspflichtigen auszuschalten (**Beugemittel**). Die Wahl des Zwangsmittels ist in das pflichtgemäße Ermessen der Behörde gestellt, wobei jedoch der **Verhältnismäßigkeitsgrundsatz** des § 58 VwVG NRW zu beachten ist. Voraussetzung der Anwendung der Zwangsmittel ist, dass die Gründe, die zum Erlass der Ordnungsverfügung geführt haben, nach wie vor fortbestehen, dass also die **Sach- und Rechtslage unverändert** geblieben ist. Von Bedeutung ist diese Prüfung insbesondere bei **Nachbarstreitigkeiten**, die Anlass zum bauordnungsrechtlichen Einschreiten waren, vor allem solcher um die Einhaltung der **Abstandflächenvorschriften**. Es kann angesichts relativ lang andauernder Nachbarstreitverfahren der Fall eintreten, dass der unterlegene Bauherr eine genehmigungsfähige Änderung seines Bauentwurfs einreicht, so dass z.B. die vom Nachbarn erstrittene Beseitigungsanordnung ihre Grundlage verliert und daher nicht mehr durchgesetzt werden darf. Ein gleichwohl vom Nachbarn gestellter Vollstreckungsantrag kann dann gegen das auch im öffentlichen Baurecht geltende **Schikaneverbot** nach § 226 BGB verstoßen (OVG NRW, Beschl. v. 12.06.1995 – 7 E 1130/94, NVwZ-RR 1996, 126;). Grundsätzlich löst allein die Nichteinhaltung der erforderlichen Abstandflächen unabhängig vom Grad der mit der Unterschreitung verbundenen Beeinträchtigung einen nachbarlichen Abwehranspruch aus, dem die Bauaufsichtsbehörde mit einer Abrissverfügung Rechnung zu tragen hat; es ist dann 76

Sache des Bauherrn zur Abwehr der Vollstreckung geeignete Austauschmittel vorzuschlagen (OVG NRW, Urt. v. 13.10.1999 – 7 A 998/99, NVwZ-RR 2000, 205).

77 Der Anwendung von **Zwangsmitteln** muss nach § 63 VwVG NRW die **Androhung** vorausgehen. Sie ist als Kernstück des Verwaltungszwangs zu bezeichnen. Durch sie soll psychologisch auf den Ordnungspflichtigen eingewirkt werden, damit dieser den Widerstand gegen die verfügte Maßnahme möglichst aufgibt und sich dadurch die Anwendung der Zwangsmaßnahmen erübrigt. An Form und Inhalt der Androhung stellt § 63 VwVG NRW besondere Anforderungen. Die Rechtmäßigkeit der Androhung ist Voraussetzung für die Rechtmäßigkeit der nachfolgenden Festsetzung und Anwendung des Zwangsmittels. Zu beachten ist, dass
 – die **Schriftform** gewählt,
 – nach §§ 3 bis 5 VwZG **zugestellt**, und
 – eine **angemessene Frist** gesetzt
werden muss. Einer Fristsetzung bedarf es gemäß § 63 Abs. 1 Satz 2 VwVG NRW nicht, wenn eine Duldung oder Unterlassung aufgegeben wird. Der Ordnungspflichtige soll sich auf den beabsichtigten Verwaltungszwang einstellen können. Aus diesem Grund muss in der Androhung angeführt werden:
 – das **vorgesehene Zwangsmittel**, wenn nur ein bestimmtes angewendet werden soll,
 – bei **mehreren Zwangsmitteln**, in **welcher Reihenfolge** sie anzuwenden sind.

Wird die **Ersatzvornahme** angedroht, so sind die **voraussichtlichen Kosten** mitzuteilen. Bei Androhung von **Zwangsgeld** ist dessen **genaue Höhe** anzugeben.

78 Verstreicht die in der Androhung genannte Frist, ohne dass der Ordnungspflichtige den angeordneten Maßnahmen nachkommt, ist das **Zwangsmittel** gemäß § 64 VwVG NRW **festzusetzen**. Ist eine Fristsetzung im Rahmen der Androhung nicht möglich, weil z.B. eine Unterlassung oder Duldung gefordert wird, kann festgesetzt werden, sobald der Ordnungspflichtige der Anordnung zuwiderhandelt. Die **Festsetzung** des Zwangsmittels bildet die eigentliche **Vollstreckungsanordnung** und muss dem Ordnungspflichtigen mitgeteilt werden, das geschieht in aller Regel schriftlich. Eine förmliche Zustellung ist hierfür nicht vorgeschrieben. Nach der Festsetzung kann unmittelbar mit der Anwendung der Zwangsmittel gemäß § 65 VwVG NRW begonnen werden. Die **Anwendung darf der Festsetzung direkt folgen**, jedoch nur in deren Umfang. **Rechtsbehelfe gegen Maßnahmen der Vollstreckung** haben gemäß § 8 AG VwGO **keine aufschiebende Wirkung**. Will der Ordnungspflichtige die aufschiebende Wirkung dennoch erreichen, muss er die Wiederherstellung der aufschiebenden Wirkung nach § 80 Abs. 4 oder 5 VwGO beantragen.

3.6.4 Ersatzvornahme

79 Wurde eine »**vertretbare Handlung**« aufgegeben und führt der Ordnungspflichtige diese nicht selbst aus, kann die Bauaufsichtsbehörde gemäß § 59 VwVG NRW die Handlung selbst vornehmen (**Selbstvornahme**) oder eine andere Person mit der Ausführung beauftragen (**Fremdvornahme**); die Kosten muss der Ordnungspflichtige tragen. Der Begriff »vertretbare Handlung« meint, dass die Vornahme der Handlung durch eine andere Person möglich ist. Kann nur der Betroffene die Handlung

vornehmen, z.b. wenn er eine Erklärung abgeben soll, scheidet dieses Zwangsmittel der Ersatzvornahme von vornherein aus.

Nach § 59 Abs. 2 VwVG NRW können die **voraussichtlichen Kosten** der Maßnahme 80 im **Voraus** erhoben und nötigenfalls im **Verwaltungszwangsverfahren** beigetrieben werden. Sollen die voraussichtlichen Kosten der Ersatzvornahme im Voraus erhoben werden, sind diese in der **Androhung unter Fristsetzung zur Zahlung** anzufordern und **nach Fristablauf festzusetzen**. Die Ersatzvornahme beginnt mit der **Beitreibung der Kosten**. Dabei sind nach Durchführung der Maßnahme evtl. überzahlte Beträge zu erstatten, eine Restforderung kann nachträglich erhoben werden. Einer Anforderung der vorläufigen Kosten der Ersatzvornahme stehen die **Vollstreckungsverbote** aus § 89 Abs. 1 und § 210 der **Insolvenzordnung** regelmäßig **nicht** entgegen (OVG NRW, Urt. v. 01.06.2006 – 8 A 4495/04, UPR 2006, 456 zu einer immissionsschutzrechtlichen Anordnung; s. auch Kley, Die Rechtsprechung des Bundesverwaltungsgerichts zu Ordnungspflichten in der Insolvenz, DVBl 2005, S. 727 ff.).

Wird eine baurechtliche Beseitigungsverfügung im Wege der Ersatzvornahme voll- 81 streckt, so gehören die Kosten für eine ordnungsgemäße Entsorgung des entstehenden Abbruchmaterials grundsätzlich zu den erstattungsfähigen Kosten der Ersatzvornahme (Sächs. OVG, Urt. v. 20.08.2008 – 1 B 186/07, BRS 73 Nr. 197).

Die Anforderungen an die **hinreichende Bestimmtheit** von Ordnungsverfügungen 82 im Rahmen der Ersatzvornahme dürfen nicht unterschätzt werden. Die Verpflichtung zur **genauen Beschreibung der angeordneten Handlung** ergibt sich aus § 37 VwVfG NRW. Der Betroffene muss **ohne Einschaltung von Fachkundigen oder Sachverständigen** die angeordnete Maßnahme verstehen können. Erfordert die Ordnungsverfügung zu ihrer Ausführung noch zusätzlicher Erläuterungen, so ist sie für Vollstreckungsmaßnahmen ungeeignet. Umfangreiche »Rückbaumaßnahmen« erfordern genaue maßliche Angaben sowie Darstellungen in Bauzeichnungen, damit die angeordnete Handlung auch zweifelsfrei verständlich wird. Das OVG NRW hat in einem solchen Fall die durch Ordnungsverfügung angedrohte Rückbaumaßnahme eines illegal ausgeführten 3. Obergeschosses, verbunden mit der Rekonstruktion eines Dachstuhles an einem unter Denkmalschutz stehenden Gebäude – durch Angabe genauer Maße sowie unter Bezug auf genaue Bauzeichnungen – als ausreichend für die Vollstreckung anerkannt (OVG NRW, Urt. v. 07.04.1987 – 7 A 1545/85, n.v.).

3.6.5 Zwangsgeld

Die Anwendung von Zwangsgeld nach § 60 VwVG NRW ist zulässig, um Hand- 83 lungen, Unterlassungen oder Duldungen zu erzwingen. Die Bauaufsichtsbehörden wählen dieses Mittel im Rahmen des ihnen eingeräumten Auswahlermessens bevorzugt, da es von den Ordnungspflichtigen gegenüber der Ersatzvornahme und dem unmittelbaren Zwang als »**milder**« empfunden wird. Zwangsgeld ist aber nur Beugemittel und darf anders als die **Geldzahlungen** nach den Straf- und Bußgeldvorschriften nie zur Ahndung eingesetzt werden. Mitunter kann die Bauaufsichtsbehörde nur das Zwangsgeld auswählen, da die anderen Mittel von vornherein nicht in Betracht kommen. Das ist der Fall wenn »**unvertretbare Handlungen**« erzwungen werden sollen, wie z.B. die Erteilung von Auskünften oder die Herausgabe von Plänen. Zwangsgeld ist aber auch das geeignete Mittel, um **Duldungspflichten**, vor allem aber **Unterlassungspflichten** (Verbote) durchzusetzen. Die Auswahl des Zwangsgeldes kann auch erforderlich sein, um die Voraussetzung zur Anwendung unmittelbaren Zwanges zu schaffen, der gemäß § 62 Abs. 1 Satz 1 VwVG NRW erst angewendet werden darf, wenn die anderen Zwangsmittel nicht in Betracht kommen oder keinen Erfolg versprechen oder unzweckmäßig sind. Der Nachweis dieser Ausschlusskriterien kann im Zweifel nur durch (erfolglose) Anwendung erfolgen.

84 Bei der **Bemessung der Höhe** des Zwangsgeldes sind die **Bedeutung** des ordnungsbehördlichen Zwecks, das **Verhalten** des Ordnungspflichtigen, der dem Ordnungspflichtigen erwachsende **Vorteil** aus seinem rechtswidrigen Verhalten und die wirtschaftliche **Leistungsfähigkeit** des Ordnungspflichtigen zu berücksichtigen. Somit bedarf der durch § 60 Abs. 1 Satz 1 VwVG NRW gesetzte Rahmen der Ausfüllung im Einzelfall. »**Zwangsgeldkataloge**« sind ungeeignet, da sie zu einer **fehlerhaften**, weil schematischen **Ermessensausübung** verleiten. Das Zwangsgeld ist so hoch zu bemessen, dass der Betroffene der Verfügung nachkommt, andererseits diesem noch die Geldmittel verbleiben, seiner Ordnungspflicht zu genügen und seinen sonstigen Zahlungsverpflichtungen zu entsprechen. Zwangsgeldfestsetzungen, die den Pflichtigen überfordern, sind als Beugemittel ebenso ungeeignet wie zu niedrige. Da das Zwangsgeld ein Beugemittel ist, kann es so oft **wiederholt** werden, bis der Betroffene die Ordnungsverfügung vollinhaltlich erfüllt hat. Die **Zwangsgeldbeträge** können **bei Hartnäckigkeit** des Betroffenen **erhöht** werden, da Artikel 103 Abs. 3 GG auf Beugemittel keine Anwendung findet. Die Ausschöpfung des als **Zwangsgeldobergrenze** im Gesetz vorgesehenen Höchstsatzes kommt nach dem Verhältnismäßigkeitsgrundsatz nur unter besonderen Voraussetzungen und regelmäßig erst nach Wiederholung des Zwangsmittels in Betracht (VG Koblenz, Beschl. v. 29.12.2004 – 7 L 3443/04, NVwZ-RR 2005, 762).

85 Die Bauaufsichtsbehörde hat die **genaue Höhe** des Zwangsgeldes unter Einräumung angemessener **Frist zur Zahlung** festzusetzen. Eine Androhung von Zwangsgeld »bis« zu einem bestimmten Betrag ist unwirksam. Nach fruchtlosem Verstreichen der Frist kann unmittelbar aus dem **Festsetzungsbescheid** vollstreckt werden, da dieser **als Leistungsbescheid** fungiert. Richtet sich eine Ordnungsverfügung auf die Vornahme einer Handlung, darf ein angedrohtes Zwangsgeld nicht mehr festgesetzt werden, wenn der Ordnungspflichtige seiner Handlungspflicht zwar nicht innerhalb der ihm gesetzten Frist, wohl aber nach deren Ablauf nachgekommen ist (OVG NRW, Beschl. v. 11.05.2000 – 10 B 306/00, BauR 2000, 1477 = BRS 63 Nr. 220). Die Beitreibung richtet sich nach den §§ 1–54 VwVG NRW über die Vollstreckung von Geldforderungen. Kommt der Betroffene seiner Ordnungspflicht jetzt endlich nach, ist die Beitreibung sofort einzustellen, da das Zwangsgeld eben nur Beugemittel und keine Strafe ist. Eine Rückzahlung von gezahlten Zwangsgeldern nach Erfüllung der Ordnungspflicht ist jedoch ausgeschlossen.

86 Kann das Zwangsgeld nicht eingebracht werden, kann das Verwaltungsgericht auf Antrag der Bauaufsichtsbehörde **Ersatzzwangshaft** nach § 61 VwVG NRW anordnen,

worauf in der **Androhung** bereits **hinzuweisen** ist, da ansonsten dieses Mittel nicht angewendet werden kann (vgl. Weber, Zur Zwangshaft im Verwaltungsvollstreckungsverfahren, VR 2004, S. 363 ff.). Die Ersatzzwangshaft ist **Beugehaft**, nicht Strafe und nicht Ersatzahndungsmittel wie etwa die »anstelle einer an sich verwirkten Geldstrafe« tretende Haft. Wegen des Eingriffs in das Grundrecht auf Freiheit der Person nach Art. 2 Abs. 2 GG, ist Ersatzzwangshaft **nur als letztes Mittel** anzuwenden (BVerwG, Beschl. v. 06.12.1956 – I C 10.56, DÖV 1957, 88 = DVBl 1957, 204 = NJW 1957, 602). Dies kann bei der Durchsetzung einer Verfügung der Fall sein, die den Schutz von Leben und Gesundheit bezweckt (OVG NRW, Beschl. v. 30.01.2006 – 5 E 1392/05, NJW 2006, 2569). Zur Erzwingung vertretbarer Handlungen scheidet dieses Beugemittel ohnehin aus, da auf die Ersatzvornahme ausgewichen werden kann (so Boeddinghaus/Hahn/Schulte/Radeisen, zu § 61 Rn. 198 unter Bezug auf OVG NRW, Beschl. v. 02.03.1990 – 7 B 3584/89, n.v.). Die vom Verwaltungsgericht verhängte Beugehaft kann zwischen einem Tag und zwei Wochen betragen und wird gemäß § 61 Abs. 2 VwVG NRW auf Antrag der Bauaufsichtsbehörde von der Justizverwaltung nach den Bestimmungen der §§ 901–914 ZPO vollstreckt.

3.6.6 Unmittelbarer Zwang

Für dieses Zwangsmittel enthält das VwVG NRW **ausführliche Vorschriften über die** 87 **Zulässigkeit** und die **Anwendung** unmittelbaren Zwangs. Die **Begriffsbestimmung** ergibt sich aus § 67 Abs. 1 VwVG NRW:

»Unmittelbarer Zwang ist die Einwirkung auf Personen oder Sachen durch körperliche Gewalt, ihre Hilfsmittel und durch Waffen.«

Die **Zulässigkeit** des unmittelbaren Zwangs regelt § 62 VwVG NRW, seine **Anwendung** regeln die §§ 66 bis 76 VwVG NRW. Unmittelbarer Zwang ist nach § 62 Abs. 1 VwVG NRW **nur erlaubt**, wenn die anderen Zwangsmittel nicht in Betracht kommen, keinen Erfolg versprechen oder unzweckmäßig sind; nach § 62 Abs. 2 VwVG NRW ist er zur **Abgabe** einer **Erklärung ausgeschlossen**. Daneben ist der Verhältnismäßigkeitsgrundsatz des § 58 Abs. 3 VwVG NRW besonders zu beachten, der (ähnlich dem § 62 Abs. 1 VwVG NRW) die Anwendung unmittelbaren Zwangs nur erlaubt, wenn andere Zwangsmittel nicht zum Ziele führen oder untunlich sind und darüber hinaus vorschreibt, dass unter mehreren möglichen und geeigneten Maßnahmen diejenigen auszuwählen sind, die den Einzelnen und die Allgemeinheit am wenigsten belasten. Hierdurch wollte der Gesetzgeber die **Subsidiarität des unmittelbaren Zwanges** als des regelmäßig schwerwiegendsten Zwangsmittels verdeutlichen und zusätzlich vorgeben, dass bei seiner Anwendung jeweils das **mildeste Mittel** auszuwählen ist. Selbst wenn die Anwendung unmittelbaren Zwangs nicht zu umgehen ist, bedarf es der weiteren Prüfung, ob der Einsatz körperlicher Gewalt (§ 67 Abs. 2 VwVG NRW) oder von Hilfsmitteln der körperlichen Gewalt (§ 67 Abs. 3 VwVG NRW) erforderlich ist.

In der bauaufsichtlichen Vollzugspraxis kommt vor allem dem **Zwangsmittel der Ver-** 88 **siegelung** Bedeutung zu (vgl. Rasch, Die Versiegelung – ein Instrument der Bauaufsicht, BauR 1989, S. 1 ff.). Die Versiegelung ist eine Form des unmittelbaren Zwangs (OVG NRW, Beschl. v. 30.12.1971 – X B 506/71, BRS 24 Nr. 204 und OVG M-V,

Beschl. v. 19.07.1994 – 3 M 12/94, DÖV 1996, 81 = NVwZ 1996, 488). Die Anwendung setzt voraus, dass der Ordnungspflichtige die schriftlich oder mündlich verfügte Baueinstellung oder Einstellung der Nutzungsausübung **nicht** von sich aus **beachtet** (VGH B-W, Beschl. v. 25.10.1988 – 8 S 2639/88, BRS 49 Nr. 155).

89 Das eigentliche **Problem der Anwendung** der Versiegelung liegt in seiner **richtigen Ausführung**, so dass der Ordnungspflichtige die Maßnahme nicht unterlaufen kann. Mit dem Siegel soll auf den Ordnungspflichtigen derart eingewirkt werden, dass er die Fortsetzung der untersagten Tätigkeit unterlässt. Daher muss es bei Betreten der Baustelle oder der baulichen Anlage deutlich in Erscheinung treten. Ist dem Ordnungspflichtigen die Versiegelung gegenwärtig, kommt es jedoch nicht darauf an, ob das Siegel bei Betreten der Baustelle aus jeder Himmelsrichtung sofort wahrgenommen werden kann (OVG NRW, Beschl. v. 27.12.1999 – 7 B 2016/99, BauR 2000, 1859 = BRS 63 Nr. 215). Die Versiegelung von Bauteilen hat so zu erfolgen, dass eine Fortsetzung der Bauarbeiten bzw. der Nutzungsausübung nur durch Siegelbeschädigung oder Beseitigung des Siegels möglich ist (OVG NRW, Beschl. v. 20.10.1965 – VII B 691/65, MBR 1966, 537).

90 Die Versiegelung ist ein Realakt im Zusammenhang mit der Vollstreckung einer Stilllegungsverfügung oder mit dem Sofortvollzug der Stilllegung ohne vorausgehenden, hierauf gerichteten Verwaltungsakt (OVG NRW, Beschl. v. 25.11.1993 – 10 B 360/93, BauR 1994, 233 = BRS 55 Nr. 207). Will der Bauherr an einem versiegelten Gebäude wieder rechtmäßige Zustände durch Rückbau illegaler Bauteile herstellen und damit seiner Ordnungspflicht genügen, muss er zuvor einen **Antrag auf Änderung der Stilllegungsverfügung** gemäß § 22 OBG an die Bauaufsichtsbehörde richten (OVG NRW, Beschl. v. 27.12.1999, a.a.O.).

91 Die **Dienstkräfte der Vollzugsbehörden** sind gemäß § 68 Abs. 4 VwVG NRW **nicht berechtigt**, bei der Durchführung unmittelbaren Zwanges ohne besondere gesetzliche Ermächtigung **Waffengewalt** anzuwenden (zum Begriff der Waffe s. § 67 Abs. 4 VwVG NRW). Eine solche gesetzliche Ermächtigung liegt für den Bereich der Bauaufsicht **nicht** vor. Wird dennoch der Einsatz von Waffen erforderlich, so ist gemäß § 65 Abs. 2 VwVG NRW die **Polizei um Amtshilfe** zu ersuchen. Sie ist zum Gebrauch zugelassener Waffen ermächtigt (s. § 57 ff. PolG NRW). Dies kann z.B. erforderlich werden, wenn der Ordnungspflichtige sich mit Gewalt einer Versiegelungsmaßnahme oder dem Betreten von Grundstücken, Wohnungen und Geschäftsräumen widersetzt.

92 Die Anwendung unmittelbaren Zwangs ist auch im bauaufsichtlichen Bereich nach § 66 Abs. 1 VwVG NRW nur den **Vollzugsdienstkräften** in rechtmäßiger Ausübung öffentlicher Gewalt erlaubt. Nach § 68 Abs. 1 Nr. 2 VwVG NRW rechnen zu den Vollzugsdienstkräften die Dienstkräfte der Ordnungsbehörden im Sinne des § 13 OBG. Die unteren Bauaufsichtsbehörden sind gemäß § 60 Absatz 1 Nr. 3 BauO NRW 2018 zugleich Ordnungsbehörden und nehmen gemäß §§ 3 und 12 Abs. 1 OBG die ihnen übertragenen Pflichtaufgaben zur Erfüllung nach Weisung als »Sonderordnungsbehörden« wahr (s. Anmerkungen zu § 57 Rdn. 9 und 11). Die **Dienstkräfte der Bauaufsichtsbehörden** sind somit **Vollzugsdienstkräfte** im Sinne des § 68 Abs. 1 Nr. 2 VwVG NRW. Die Vollzugsdienstkräfte der Bauaufsichtsbehörden sind aufgrund der

Vorschriften des VwVG NRW ermächtigt, auf Personen oder Sachen **durch körperliche Gewalt und ihre Hilfsmittel** einzuwirken. Sie dürfen z.b.
– sich gewaltsam Zugang auf Baustellen oder in Gebäude verschaffen,
– Baustellen, Räume oder Gebäude versiegeln oder
– Baugeräte oder Bauprodukte sicherstellen.

Bei Anwendung des unmittelbaren Zwanges haben die **Vollzugsdienstkräfte in eigener Verantwortung** zu prüfen, ob das ausgewählte Zwangsmittel eingesetzt werden darf, oder ob nicht ein anderes geeigneter erscheint. Diese Prüfpflicht aus eigener Verantwortung trifft gemäß § 71 Abs. 1 Satz 1 VwVG NRW die Vollzugsdienstkräfte nicht, wenn eine **dienstliche Anordnung** zur Anwendung unmittelbaren Zwanges durch einen Weisungsberechtigten ergeht. Sie entfällt bei der **Ausführung von Vollstreckungsmaßnahmen aufgrund von Entscheidungen der Gerichte** (s. § 66 Abs. 1 Nr. 2 VwVG NRW), z.B. wenn das Verwaltungsgericht auf den Antrag des Nachbarn hin entscheidet, der Bauaufsichtsbehörde aufzugeben, die Bauarbeiten für das streitige Vorhaben einzustellen oder eine streitige Nutzung zu unterbinden. 93

4 Zu Absatz 3 – Geltung für und gegen Rechtsnachfolger

Absatz 3 wurde neu in das Regelwerk des § 58 BauO NRW 2018 aufgenommen. Er regelt, dass die **bauaufsichtlichen Genehmigungen und sonstigen Maßnahmen** auch **für** und **gegen** etwaige **Rechtsnachfolger** gelten. Damit soll die aus der Grundstücksbezogenheit folgenden »Dinglichkeit« bauaufsichtlicher Entscheidungen verdeutlicht werden, die bisher nicht allgemeingültig festgehalten war, gleichwohl aber in der verwaltungsgerichtlichen Rechtsprechung anerkannt ist (vgl., LT.-Drucks. 17/2166 S. 156). Eine gleichlautende Regelung war in der **Vorgängervorschrift** nur in § 75 Abs. 2 BauO NRW 2000 enthalten und **galt somit nur für die Baugenehmigung**. Mit der Einfügung der Vorschrift in den § 58 BauO NRW 2018 wird deutlich, dass die Regelung für **alle Entscheidungen** der Bauaufsichtsbehörde gilt. 94

5 Zu Absatz 4 – Erhaltung oder Veränderung der Geländeoberfläche

Regelungsgegenstand ist das Geländeniveau des Grundstücks vor Durchführung der Bauarbeiten; somit die natürliche Geländeoberfläche im Sinne des § 2 Absatz 4 BauO NRW 2018. Dies zum Ausgangspunkt der Überlegungen nehmend, ermächtigt Absatz 4 die Bauaufsichtsbehörde bei der Errichtung oder Änderung von baulichen Anlagen unter genau festgelegten Voraussetzungen zu verlangen, dass die natürliche Geländeoberfläche entweder erhalten oder aber verändert wird. Diese Ermächtigung zielt auf eine tatsächliche Beibehaltung oder Änderung der Geländeoberfläche, nicht dagegen auf eine fiktive Regelung, um durch ein lediglich auf dem Papier festgeschriebenes Geländeniveau eine günstigere Berechnungsgrundlage z.B. für die Abstandsflächenregeln zu erlangen. Die von der Bauaufsichtsbehörde getroffene Anordnung muss nach Abschluss der Bauarbeiten tatsächlich realisiert worden sein. Die Vorschrift ist die normative Vorgabe für zulässige Geländeveränderungen und daher nicht nur auf ausdrückliches Verlangen der Bauaufsichtsbehörde anzuwenden; vielmehr stellt sie auch eine rechtliche Grenze für die Befugnis der Bauaufsichtsbehörde dar, im Wege 95 der Erteilung einer Baugenehmigung die herzustellende Geländeoberfläche festzulegen (OVG NRW, Beschl. v. 17.02.2009 – 10 A 3416/07, zitiert bei juris). Zu einem nicht anlassbezogenen Verlangen nach einer Geländeangleichung ist die Bauaufsichtsbehörde auf dieser gesetzlichen Grundlage auch aus Verhältnismäßigkeitsgesichtspunkten nicht berechtigt. Daraus folgt zugleich, dass sich eine Geländeangleichung jedenfalls nicht notwendig auf über das Bauvorhaben hinausgehende Bereiche des Vorhabens erstrecken muss (OVG NRW, Urt. v. 26.04.2010 – 7 A 2162/09, zitiert bei juris).

96 Voraussetzung für das Verlangen ist die Errichtung oder Änderung baulicher Anlagen, nicht aber deren Nutzungsänderung oder Beseitigung. Die Bestimmung kann im Umkehrschluss nicht herangezogen werden, um unabhängig von der Errichtung oder der Änderung baulicher Anlagen Geländeanpassungen zu verlangen. Unter die bauliche Anlage fallen auch die nach § 2 Absatz 1 Satz 3 BauO NRW 2018 fingierten, wie z. B. Aufschüttungen, Lager- und Stellplätze sowie Gerüste. Im Hinblick auf den Regelungsgehalt des § 58 Absatz 4 BauO NRW 2018 wird ein Verlangen in der Praxis vor Allem aus Anlass der Errichtung bzw. Änderung »echter« baulicher Anlagen, insbesondere von Gebäuden ausgesprochen. Nicht gefordert ist die Genehmigungsbedürftigkeit der baulichen Anlage, so dass die Behörde ein entsprechendes Verlangen auch dann aussprechen kann, wenn ein genehmigungsfreies oder freigestelltes Vorhaben nach §§ 62 oder 63 BauO NRW 2018 verwirklicht werden soll.

5.1 Verfahrensrechtliche Behandlung

97 Es ist dem Bauherrn unbenommen, von sich aus eine Änderung der Geländeoberfläche vorzusehen, soweit keine Festsetzungen des Bebauungsplans entgegenstehen. Aus Absatz 4 folgt weder direkt noch indirekt, dass jede Veränderung der Geländeoberfläche unzulässig ist. Die Änderung der Geländeoberfläche durch Aufschüttung oder Abgrabung gilt nach § 2 Absatz 1 Satz 3 Nr. 1 BauO NRW 2018 als bauliche Anlage, die den baurechtlichen Anforderungen entsprechen muss, das heißt, sie darf u. a. keine Gefahren verursachen, das Orts- und Landschaftsbild nicht verunstalten und die nachbarlichen Rechte nicht verletzen.

98 Die Beibehaltung oder Veränderung der Geländeoberfläche ist in den Bauvorlagen darzustellen (s. Anmerkungen zu § 2 Rdn. 227). Soweit öffentlich-rechtliche Vorschriften der Absicht des Bauwilligen nicht entgegenstehen, bestätigt die Bauaufsichtsbehörde mit der Baugenehmigung das in den Bauvorlagen dargestellte vorhandene oder zur Änderung beantragte Geländeniveau. In diesem Fall kommt es erst gar nicht zu einem baubehördlichen Verlangen. Erkennt die Bauaufsichtsbehörde, dass das in den Bauvorlagen dargestellte Geländeniveau den bauordnungsrechtlichen Bestimmungen zuwiderläuft, kann sie von der Ermächtigung des Absatz 4 Gebrauch machen. Grundsätzlich sind dabei folgende Fälle zu unterscheiden:
– das in den Bauvorlagen zu ändern dargestellte Geländeniveau soll nicht zugelassen und stattdessen eine Erhaltung des natürlichen Geländeniveaus verlangt werden,
– es soll eine Änderung des Geländeniveaus verlangt werden, obwohl die Darstellung in den Bauvorlagen von der Beibehaltung des natürlichen Geländeniveaus ausgeht.

Wegen des dann notwendigen Eingriffs in die Entwurfskonzeption ist dem Bauwilligen die Rechtsauffassung der Bauaufsichtsbehörde unter Nennung der Gründe bekannt zu geben, um diesem die Möglichkeit zu eröffnen, seine Bauvorlagen abzuändern.

Erst eine vom Antrag abweichende Entscheidung durch Nebenbestimmung in der Baugenehmigung stellt ein förmliches Verlangen im Sinne des Absatz 4 dar, gegen die Rechtsmittel eingelegt werden können. Derartige Fälle kommen jedoch sehr selten vor, da die Baugenehmigungsbehörde zulässigerweise nur solche Nebenbestimmungen treffen darf, die nicht modifizierend in die Bauvorlagen eingreifen und den Antraginhalt nicht wesentlich verändern. Eine modifizierende Auflage liegt vor, wenn als Folge des Verlangens eine geänderte Höhenlage der baulichen Anlage eintritt oder wenn sich bei Beibehaltung der Höhenlage der baulichen Anlage infolge des geänderten Geländeniveaus andere Ansichten ergeben, z.B. bei einer Anhebung des Geländeniveaus zuvor als freiliegend geplante Haussockelbereiche und Kelleroberlichtfenster verdeckt werden. Derartige Entwurfsmodifizierungen können nur einvernehmlich zwischen Behörde und Antragsteller vorgenommen werden (s. Anmerkungen zu § 74 Rdn. 236 und 240). 99

Im Vorbescheidverfahren kann dagegen eine Nebenbestimmung im Sinne eines Verlangens nach Absatz 4 zulässig und auch geboten sein, weil z. B. der Antrag nur die Lage des Vorhabens auf dem Grundstück darstellt, aber noch keine weiteren detaillierten Bauvorlagen beigefügt sind. Erkennt die Bauaufsichtsbehörde, dass eine Veränderung der Geländeoberfläche aus den in Absatz 4 BauO NRW 2018 dargestellten Gründen oder aber auch wegen der Festsetzungen eines Bebauungsplanes erforderlich wird, darf und sollte sie bereits im Vorbescheid die Anpassung des Geländeniveaus verlangen, damit dies bei der weiteren Bearbeitung des Entwurfs berücksichtigt werden kann. 100

Für nach § 63 BauO NRW 2018 freigestellte Wohnbauvorhaben ergeben sich unterschiedliche Verfahrensvarianten: 101
– die Gemeinde kann, wenn sie bezüglich der Zulässigkeit des dargestellten Geländeniveaus Zweifel hegt, die Durchführung eines Genehmigungsverfahrens verlangen,
– die Gemeinde kann die Bauaufsichtsbehörde darüber informieren, dass sie zwar aus planungsrechtlicher Sicht das Vorhaben für zulässig erachtet und deshalb nicht die Durchführung eines Genehmigungsverfahrens verlangt, gleichwohl aber eine Überprüfung des Vorhabens mit Absatz 4 anheimstellt,
– die Gemeinde kann die Einhaltung der Vorgaben des Absatz 4 unbeachtet lassen und die Ausführung des Vorhabens tolerieren, da für das Bauordnungsrecht die Bauaufsichtsbehörde zuständig ist.

Verlangt die Gemeinde die Durchführung eines Genehmigungsverfahrens, besteht für die Bauaufsichtsbehörde die Möglichkeit der präventiven Prüfung. Zu der von Bauherrn beabsichtigten Änderung der Geländeoberfläche für ein nach § 63 BauO NRW 2018 freigestelltes Wohnbauvorhaben ist gem. Absatz 4 die Festlegung der neuen Geländeoberfläche durch die Bauaufsichtsbehörde erforderlich OVG NRW, Beschl. v. 02.10.1998 – 11 B 845/98, BRS 60 Nr. 207). Kommt es nicht hierzu, kann die Bauaufsichtsbehörde ordnungsbehördlich im Rahmen der Ermächtigung des 102

Absatz 2 einschreiten. Insofern unterscheidet sich die Rechtslage nicht von der, wie sie sich für die nach § 62 BauO NRW 2018 genehmigungsfrei gestellten Vorhaben darstellt, wenn auch die Vorhaben nach § 63 BauO NRW 2018 ungleich schwerer ins Gewicht fallen und Änderungen des Geländeniveaus – zumindest in Teilbereichen solcher Grundstücke – öfter denkbar sind, als bei den relativ kleinen Baumaßnahmen nach § 62 BauO NRW 2018.

5.2 Materielle Voraussetzungen

103 Die Ermächtigung des Absatz 4 greift nur ein, soweit das Bauplanungsrecht keine verbindlichen Vorgaben enthält. Derartige Festsetzungen in Bebauungsplänen bilden jedoch nicht die Regel. Absatz 4 übernimmt beim Fehlen bauplanungsrechtlicher Festsetzungen eine Auffangfunktion, wie diese auch anderen bauordnungsrechtlichen Vorgaben mit deutlichem Bezug zum Planungsrecht zukommt (zur Verzahnung von Bauplanungs- und Bauordnungsrecht vgl. Schulte, Rechtsgüterschutz durch Bauordnungsrecht, Schriften zum öffentlichen Recht, Band 404, S. 199 f.). Dies wird vor allem an den die Ermächtigung für ein Verlangen nach Erhaltung oder Änderung der Geländeoberfläche eingrenzenden materiellen Vorschriften deutlich. Es sind nämlich im Wesentlichen die gleichen, die für entsprechende bauplanungsrechtliche Festsetzungen gelten.

104 Die Erhaltung oder Änderung der Geländeoberfläche kann nur aus zwei Gründen verlangt werden, nämlich um
1. eine Störung des Straßen-, Orts- oder Landschaftsbildes zu vermeiden oder zu beseitigen oder
2. die Geländeoberfläche der Höhe der Verkehrsflächen oder aber der Höhe der Nachbargrundstücke anzugleichen.

Nach den unter 1. Aufgeführten Voraussetzungen geht es darum, atypische Geländeverläufe zur Optimierung des Straßen-, Orts- oder Landschaftsbildes zu eliminieren. Dies wird aus der Formulierung »eine Störung … zu vermeiden oder zu beseitigen« deutlich. Man kann auch von einer harmonischen Einfügung der Geländeoberfläche in das Gesamtbild sprechen und damit eine bauordnungsrechtliche Parallele zu dem § 34 Abs. 1 BauGB innewohnenden planungsrechtlichen Einfügungsgrundsatz sehen.

105 Ein fast identisches Ziel verfolgen die unter Ziffer 2. genannten Voraussetzungen. Ihnen liegt lediglich eine kleinräumigere Betrachtungsweise zugrunde, nämlich die Anpassung der Geländeoberfläche eines Grundstücks an das direkt angrenzende Verkehrsflächenniveau oder das Nachbargrundstücksniveau. Hinsichtlich der Anpassung an die Höhenlage der Verkehrsfläche geht es um die Gewährleistung ordnungsgemäßer Zugänge und Zufahrten. Daneben soll auch eine mit der Straßenfläche harmonierende Vorgartenzone oder in dicht bebauten Gebieten eine an den Gehwegbelag höhengleich anschließende Grundstücksbefestigung erzielt werden. Eine Angleichung der Geländeoberfläche an die der Nachbargrundstücke dient dazu, Geländeversprünge zu vermeiden und zu gewährleisten, dass beide Grundstücke gleiche Bezugsebenen für bauliche Anlagen im Grenzbereich aufweisen (OVG NRW,

Beschl. v. 17.02.2009 – 10 A 3416/07, zitiert bei juris). Auch hier geht es letztlich um gestalterische Ziele.

Im Zusammenhang mit den Abstandsflächenregelungen kommt Absatz 4 nachbarschützende Wirkung zu, zumindest wenn Anschüttungen Abstandsflächen auslösen (OVG NRW, Urt. v. 27.11.1989 – 11 A 195/88, BauR 1990, 341 = BRS 50 Nr. 185 und Beschl. v. 29.09.1995 – 11 B 1258/95, BauR 1996, 230 = BRS 57 Nr. 162). 106

6 Zu Absatz 5 – Heranziehung von Sachverständigen

Absatz 5 ermächtigt die Bauaufsichtsbehörde, zur Erfüllung ihrer Aufgaben Sachverständige und sachverständige Stellen heranzuziehen. Die Begriffe »**Sachverständiger**« und »**sachverständige Stelle**« sind in der BauO NRW nicht näher erläutert. Sachverständige können nach unterschiedlichen Vorschriften bestellt werden (s. Anmerkungen Vor §§ 52–56 Rdn. 1). Von den **Rechtsverordnungsermächtigungen** des § 87 Absatz 2 Satz 1 Nr. 3 bis 5 BauO NRW 2018 wurde mit der **SV-VO** und der **PrüfVO** Gebrauch gemacht (s. Anmerkungen zu § 87 Rdn. 11 und 12). Die nach diesen Verordnungen staatlich anerkannten Sachverständigen können von den Bauaufsichtsbehörden zur Erfüllung ihrer Aufgaben in den Sachbereichen, für die sie anerkannt sind, gemäß Absatz 5 herangezogen werden. **Sachverständige für Fragen der Standsicherheit** sind auch die **Prüfingenieure für Baustatik**. Aufgrund der §§ **21 ff. BauPrüfVO** können natürliche Personen als Prüfingenieure anerkannt werden. Die von anderen Ländern der Bundesrepublik Deutschland anerkannten Prüfingenieure gelten auch in Nordrhein-Westfalen als anerkannt (§ 22 Abs. 5 BauPrüfVO). Nach der BauPrüfVO anerkannte **Prüfingenieure** werden **auf Antrag** von der Ingenieurkammer-Bau auch als **Sachverständige für die Prüfung der Standsicherheit** anerkannt, ohne dass es einer weiteren Prüfung der fachlichen Anerkennungsvoraussetzungen bedarf (§ 22 Abs. 4 BauPrüfVO, § 9 Abs. 2 SV-VO). Dies gilt entsprechend für **von anderen Ländern** der Bundesrepublik Deutschland **anerkannte Prüfingenieure für Baustatik**. Generell stehen den Anerkennungen als staatlich anerkannte Sachverständige nach § 3 Abs. 2 SV-VO **vergleichbare Anerkennungen anderer Länder** der Bundesrepublik Deutschland gleich. 107

Als »**sachverständige Stellen**« sind unter anderem die in den **Listen des Deutschen Instituts für Bautechnik** eingetragenen **Institute** zu nennen. Ferner enthalten verschiedene **Einführungserlasse** zu den Technischen Baubestimmungen Hinweise auf entsprechende Stellen. 108

Soweit Sachverständige und sachverständige Stellen nicht durch oder aufgrund von Rechts- oder Verwaltungsvorschriften bestimmt werden, trifft die untere Bauaufsichtsbehörde die Entscheidung über die **Eignung** und **Auswahl** von Sachverständigen und sachverständigen Stellen. Für die Auswahl hatte die frühere Verwaltungsvorschrift zur Bauordnung 2000 Eignungskriterien benannt. Danach kam es für die Eignung auf die durch eine **berufliche Ausbildung** erworbene Befähigung und auf die durch **mindestens fünfjährige Berufspraxis** zugewachsene Erfahrung an. Wichtig war nach dieser Verwaltungsvorschrift weiterhin, dass Sachverständige **nicht mit einem am Bau Beteiligten identisch** sein dürfen, da die Sachverständigeneigenschaft zwingend die **Unparteilichkeit** in dem betreffenden Einzelfall voraussetzt. 109

110 Die Ermächtigung ist nicht auf **materielle Fragen** beschränkt, wenngleich auch diese den **Hauptanwendungsbereich** bilden, so dass auch zu besonders schwierigen **Verfahrensaspekten** sachverständiger Rat eingeholt werden kann, z.b. hinsichtlich der rechtssicheren Ausgestaltung öffentlich-rechtlicher Verträge. Die **allgemeine** Ermächtigung tritt zurück, soweit in der BauO NRW selbst oder in Vorschriften aufgrund der BauO NRW **spezielle** Vorschriften über die Heranziehung von Sachverständigen bestehen, wie z.b. in **§ 62 Absatz 1 Satz 2 BauO NRW 2018**, wonach sich der Bauherr von einem Unternehmer oder einem Sachverständigen die ordnungsgemäße Errichtung oder Änderung bestimmter haustechnischer Anlagen vor deren Benutzung bescheinigen lassen muss (s. Anmerkungen zu § 62 Rdn. 62 und 70).

111 (nicht besetzt)

112 Die **allgemeine Ermächtigung** zur Heranziehung darf nicht isoliert betrachtet werden, da sie nur im **Zusammenhang mit den übrigen Verfahrensvorschriften** richtig eingeordnet werden kann. Grundsätzlich haben die Bauaufsichtsbehörden die gesetzliche Verpflichtung, die ihnen übertragenen Aufgaben der Prüfung von Baugesuchen und der Überwachung des Baugeschehens in der gebotenen Qualität und Schnelligkeit durchzuführen. Aus diesem Grunde verlangt § 57 Absatz 2 BauO NRW 2018 eine **ausreichende Besetzung** mit qualifiziertem Personal (s. Anmerkungen zu § 57 Rdn. 24–33). Die Dienstkräfte müssen in der Lage sein, die baurechtlichen Prüf- und Überwachungsaufgaben **uneingeschränkt** abwickeln zu können. Die Besetzungsvorschrift des § 57 Absatz 2 BauO NRW 2018 will gewährleisten, dass die **Regelfälle von eigenen Dienstkräften** der Bauaufsichtsbehörde bewältigt werden können. Vor allem in technischen Sonderfragen kann es jedoch immer wieder vorkommen, dass der technische Ausbildungsstand der Bediensteten nicht ausreicht, um eine **komplizierte Fachfrage** hinreichend sicher beurteilen zu können. Lediglich für diesen **Sonderfall** ermächtigt Absatz 5 die Bauaufsichtsbehörde zur Heranziehung von Sachverständigen oder sachverständigen Stellen. Es ist daher **von der Ermächtigung nicht gedeckt**, wenn die Bauaufsichtsbehörde Sachverständige oder sachverständige Stellen für Prüfaufgaben heranzieht, die nicht nur im Sonderfall sondern regelmäßig anfallen und ihr selbst obliegen, wie z.B. die Prüfung der Einhaltung der Abstandsflächen, der Einhaltung des Verunstaltungsverbots, die Prüfung des baulichen Brandschutzes oder die Prüfung des Stellplatznachweises. Erst recht ausgeschlossen ist die Heranziehung von Sachverständigen, um personellen Engpässen zu begegnen oder den Prüfaufwand für die Behördenbediensteten zu verringern bzw. die Arbeit der Bauaufsichtsbehörde zu erleichtern (so Boeddinghaus/Hahn/Schulte/Radeisen, zu § 61 Rn. 211).

113 Durch die Heranziehung ergibt sich **keine Verlagerung der Verantwortung**. Die Bauaufsichtsbehörde bleibt nämlich gegenüber dem Bürger für ihre Entscheidungen verantwortlich, auch wenn Baugenehmigungen oder Ordnungsverfügungen auf Aussagen von Sachverständigen oder von sachverständigen Stellen beruhen. Insofern ist die **Heranziehung** von Sachverständigen oder sachverständigen Stellen **durch die Bauaufsichtsbehörde** zu unterscheiden von der **Übertragung von Aufgaben** auf Sachverständige z. B. aufgrund der §§ 63 und 68 BauO NRW 2018 in Verbindung mit den Regelungen der SV-VO und der PrüfVO **durch den Gesetz- bzw. Verordnungsgeber**.

Danach werden für bestimmte Prüfaufgaben die Sachverständigen nicht von der Bauaufsichtsbehörde, sondern direkt vom Bauherrn beauftragt und tragen nach der Konstruktion dieser Vorschriften gegenüber dem Bauherrn die Verantwortung für die Richtigkeit ihrer Bescheinigungen. Dagegen wird der Sachverständige oder die sachverständige Stelle bei der Heranziehung gemäß Absatz 5 als **Gutachter** tätig, um der Bauaufsichtsbehörde für die zu treffende Entscheidung (Baugenehmigung oder Ordnungsverfügung) die erforderlichen **Beweismittel für die Richtigkeit einer Annahme** zu verschaffen.

Dass die Bauaufsichtsbehörde unabhängig von der Ermächtigung des Absatz 5 im Rahmen der **Bauberatung** dem Bauherrn **empfehlen** kann, zur Untermauerung einer beabsichtigten Abweichung nach § 69 BauO NRW 2018 ein **Sachverständigengutachten** in Auftrag zu geben und den Bauvorlagen beizufügen, ergibt sich bereits aus der Beratungspflicht der Bauaufsichtsbehörde nach § 25 VwVfG. NRW. Es dürfte im Vorfeld einer Antragstellung wohl kaum vorkommen, dass die Bauaufsichtsbehörde, gestützt auf die Ermächtigung des Absatz 5, von sich aus einen Sachverständigen heranzieht, zumal zu einem solchen Zeitpunkt noch unsicher ist, ob der Antrag überhaupt gestellt wird. Die Beauftragung von Sachverständigen aufgrund vorausgegangener Beratung unmittelbar durch den Bauherrn ist dagegen gängige Praxis. **Bedeutung** erlangen Sachverständigengutachten vor allem 114

– zur **Ausräumung der widerlegbaren Vermutung der Zentrenschädlichkeit großflächiger Handelsbetriebe** nach § 11 Abs. 3 BauNVO,
– für die **Ermittlung der erforderlichen Ausgleichsmaßnahmen** für Eingriffe in Natur und Landschaft nach §§ 4–6 LG,
– zum **Nachweis der Aufnahmefähigkeit des Untergrundes zur Beseitigung des Niederschlagswassers** oder bei fehlender Sammelkanalisation die Möglichkeit zur ordnungsgemäßen Beseitigung des Schmutzwassers nach den wasserrechtlichen Vorschriften,
– im Rahmen einer **Gefährdungsabschätzung Asbest-, PCB- oder PCP-haltiger Bauteile** in Gebäuden,
– im Rahmen eines **Gefahrerforschungsverlangens hinsichtlich verunreinigten Baugrunds** bei Altlastenverdacht,
– im Rahmen einer **Gefährdungsabschätzung bei Befall von Bauteilen durch Hausbock, Termiten und Hausschwamm**,
– zum Nachweis der **Einhaltung immissionsschutzrechtlicher Anforderungen** im Hinblick auf den Schutz benachbarter Wohngebäude vor Lärm und Erschütterungen, die durch gewerbliche Vorhaben verursacht werden,
– zur **Einschätzung des Stellplatzbedarfs größerer Vorhaben** mit zeitlich sich überlagernden unterschiedlichen Nutzungen.

Bei der Ausübung des **pflichtgemäßen Ermessens** über die Heranziehung muss berücksichtigt werden, dass der **Bauherr** gemäß Tarifstelle 2.2.1 des Allgemeinen Gebührentarifs zur AVwGebO NRW die **Kosten für die Tätigkeit** des Sachverständigen oder der sachverständigen Stelle zusätzlich zu den »normalen« Gebühren z. B. für die Erteilung der Baugenehmigung zu tragen hat. Die Bauaufsichtsbehörde, die einen Sachverständigen oder eine sachverständige Stelle **unnötig** heranzieht, obwohl sie 115 angesichts des Schwierigkeitsgrades der Prüfung durchaus in der Lage sein müsste, die entsprechenden Aspekte selbst richtig beurteilen zu können, läuft Gefahr, die **Kosten selbst tragen** zu müssen. In einem solchen Fall kann der Bauherr notfalls im Klageverfahren erreichen, dass die Bauaufsichtsbehörde die Gebühren für die Erteilung der Baugenehmigung um die unnötig verursachten Kosten des Sachverständigen zu ermäßigen hat (vgl. Hörstel, Kostendeckungs- und Äquivalenzprinzip als Schranke öffentlich-rechtlicher Gebühren- und Beitragssätze, BauR 1997, S. 14 ff.). Um derartige Probleme nicht aufkommen zu lassen, ist es ratsam, dass die Bauaufsichtsbehörde sich mit dem Bauherrn über das Erfordernis eines Sachverständigengutachtens verständigt. Der Bauherr kann dann von sich aus einen Auftrag an den Sachverständigen erteilen und dessen Kosten unmittelbar begleichen. Beauftragt dagegen die Bauaufsichtsbehörde in Anwendung des Absatz 5 in Verbindung mit § 26 Abs. 1 Satz 2 Nr. 2 VwVfG. NRW. einen Sachverständigen, so richten sich dessen Kosten gemäß § 26 Abs. 3 Satz 2 VwVfG. NRW. nach dem Justizvergütungs- und -entschädigungsgesetz vom 05.05.2004 z.g.d. Gesetz v. 22.12.2006 (BGBl I 3416) soweit nicht die speziellen Vorschriften der SV-VO über die Honorierung der staatlich anerkannten Sachverständigen bzw. die Bestimmungen der AVwGebO NRW über die Gebühren und Auslagen der Prüfingenieure für Baustatik Anwendung finden (zur Frage, ob und in welchem Umfang die Bauaufsichtsbehörde die Vergütung des von ihr beauftragten Prüfingenieurs für Baustatik vom Bauherrn als Auslage erheben kann s. OVG NRW, Urt. v. 15.07.1986 – 12 A 1593/84, BRS 46 Nr. 167).

116 Aus vorstehenden Gesichtspunkten ergibt sich, dass die Heranziehung von Sachverständigen oder sachverständigen Stellen in **Sonderfällen** gerechtfertigt ist, um **fehlendes Fachwissen** zu kompensieren, das benötigt wird, um eine **rechtmäßige Entscheidung** treffen zu können; es handelt sich dabei regelmäßig um schwierige und ungewöhnliche Baumaßnahmen (so Boeddinghaus/Hahn/Schulte/Radeisen, zu § 61 Rn. 211). Fehlendes Fachwissen kann sich vor allem ergeben, wenn Rechtsfragen außerhalb des eigentlichen Baurechts zu klären sind, wie z.B. Fragen des Bodenschutzes oder des Immissionsschutzes (vgl. OVG Lüneburg, Urt. v. 11.02.1985 – 6 A 127/83, BRS 44 Nr. 148 zu immissionsschutzrechtlichen Fragen der Ansiedlung einer Tischlereiwerkstatt). Selbst dann bedarf es jedoch nicht ausnahmslos der Einholung eines Sachverständigengutachtens (BVerwG, Beschl. v. 14.08.1989 – 4 NB 24.88, BRS 49 Nr. 22 zum Erfordernis im Bauleitplanverfahren).

117 In diesem Zusammenhang ist auf die **Problematik der Heranziehung von Sachverständigen zur Prüfung des Brandschutzkonzepts** einzugehen. Aus § 64 Absatz 1 Satz 1 Nr. 3 BauO NRW 2018 ergibt sich unmissverständlich, dass bei »kleinen« und »großen« Sonderbauten die Prüfung des Brandschutzes und damit auch die Prüfung des Brandschutzkonzepts zu den **zentralen Kernaufgaben** rechnet. Das **Brandschutzkonzept** als **Bauvorlage** (s. Anmerkungen zu § 70 Rdn. 58–59), das gemäß § 54 Absatz 3 BauO NRW 2018 von einem staatlich anerkannten Sachverständigen für die Prüfung des Brandschutzes oder vergleichbar ausgebildeten Personen aufgestellt werden soll (s. Anmerkungen zu § 54 Rdn. 32–39), **erleichtert** gegenüber früherem Recht **die Prüfung**, da in diesem alle Brandschutzaspekte nach Maßgabe des § 9 BauPrüfVO darzustellen sind. Die Bauaufsichtsbehörde findet daher im Brandschutzkonzept

die zu prüfenden Brandschutzfragen systematisch zusammengefasst vor. Es ist auch nicht ansatzweise zu erkennen, warum eine ausreichend besetzte Bauaufsichtsbehörde diese Prüfung des Brandschutzes nicht selbst mit eigenen Dienstkräften durchführen kann. Denn wegen der Anforderungen an die Qualifikation des Fachplaners für das Brandschutzkonzept, der ja im Regelfall selbst Sachverständiger ist, wird es nur in seltenen Fällen überhaupt zu Beurteilungsproblemen kommen können. Eine **besondere Schwierigkeit** bei der Prüfung des Brandschutzkonzepts könnte sich allenfalls ergeben, wenn die in § 9 Abs. 2 Nr. 18 BauPrüfVO genannten **Rechenverfahren** zur Ermittlung der Brandschutzklassen nach Methoden des Brandschutzingenieurwesens zur Anwendung gelangen. Im Übrigen ist davon auszugehen, dass die Aspekte des Brandschutzes von der Bauaufsichtsbehörde im Zweifel unter Beteiligung der Brandschutzdienststelle beurteilt werden müssen.

7 Zu Absatz 6 – Nachträgliche Anforderungen

Mit der **BauO NW 1995** wurde die Bestimmung über die Zulässigkeit nachträglicher Forderungen zur **Erhöhung der Rechtssicherheit** und in Anpassung an § 69 Abs. 9 MBO 1993 aufgenommen, um keine Zweifel aufkommen zu lassen, dass im Interesse einer wirksamen Abwehr von Gefahren oder unzumutbaren Belästigungen auch nachträgliche Forderungen gestellt werden dürfen (s. Rdn. 01). Die amtliche Begründung nennt als Beispiel die Entdeckung von Altlasten trotz sorgfältiger Nachforschungen vor Erteilung der Baugenehmigung im Zuge der Bauarbeiten (LT-Drucks. 11/7153 S. 177). Derartige »Überraschungen« können es erforderlich machen, zumindest die Beseitigung der schädlichen Wirkungen der Altlast zu verlangen, sofern der Bauherr nicht schon von sich aus die Initiative ergreift und die notwendigen Schritte unter Beteiligung der für den Bodenschutz zuständigen Behörden einleitet. 118

Satz 1 betrifft Anforderungen nach Erteilung der **Baugenehmigung** (§ 74) oder der **Zustimmung** (§ 79), wobei die Vorschrift bedauerlicherweise nur den **zeitlichen Beginn** der Befugnis, aber **kein zeitliches Ende** angibt. Hierdurch kann es zu erheblichen **Irritationen** bei den Rechtsanwendern kommen, weil das Gesetz nämlich mit **§ 59 BauO NRW 2018** noch eine **weitere Befugnis für nachträgliche Anforderungen** enthält, die allerdings nur eingreift, wenn der Bau bereits Bestandsschutz genießt, das heißt im Wesentlichen fertiggestellt und nutzbar ist (BVerwG, Urt. v. 22.01.1971 – IV C 62.66, BRS 24 Nr. 29), sich aber später ergibt, dass ein nachträgliches Anpassungsverlangen an geändertes Bauordnungsrecht aus Gründen der Gefahrenabwehr erforderlich wird (s. Anmerkungen zu § 59 Rdn. 1–3). Im Unterschied zu § 59 BauO NRW 2018, der das rechtmäßig bestehende Bauwerk zum Ziel hat, gestattet es Satz 1 in dem Zeitraum zwischen der Erteilung der Baugenehmigung oder der Zustimmung und der abschließenden Fertigstellung einzugreifen (s. Anmerkungen zu § 59 Rdn. 4). Dafür, dass Satz 1 auch noch nach Fertigstellung der baulichen Anlage herangezogen werden können soll (so Boeddinghaus/Hahn/Schulte/Radeisen, zu § 61 Rn. 204), spricht lediglich die fehlende zeitliche Begrenzung der Befugnis im Gesetzeswortlaut, nicht aber die Gesetzessystematik. Die Vorschrift findet keine Anwendung, wenn die Bauaufsichtsbehörde einen Instandhaltungsmangel feststellt, z.B. durch abfallende Verputzteile, undichte Regenrinnen 119 oder sogar Baufälligkeit schlechthin. In einem solchen Fall bildet Absatz 2 die Eingriffsermächtigung.

120 Die nachträglichen Anforderungen sind nur zur **Abwehr**
– nicht voraussehbarer **Gefahren** (s. Anmerkungen zu § 3 Rdn. 40 ff.) oder
– nicht voraussehbarer unzumutbarer **Belästigungen** (s. Anmerkungen zu § 3 Rdn. 11)

von der Allgemeinheit oder den Benutzern der baulichen Anlage anzuwenden. Aus den Worten »**nicht voraussehbarer**« wird deutlich, dass es bei einem ordnungsgemäßen Ablauf des Baugenehmigungs- oder Zustimmungsverfahrens nicht möglich gewesen sein kann, den Mangel zu erkennen. Die Bestimmungen des Satz 1 bieten **keine Grundlage zur Korrektur fehlerhafter Baugenehmigungen**, die aufgrund einer nicht ausreichend sorgfältigen Prüfung ergangen sind. Ist die Baugenehmigung infolge des Übersehens (= Nichterkennens trotz Vorhersehbarkeit) tatsächlicher oder rechtlicher Gesichtspunkte rechtswidrig, kann sie nach den Vorschriften des VwVfG. NRW. ganz oder teilweise aufgehoben werden (s. Anmerkungen zu § 74 Rdn. 47 ff.). Jedenfalls bietet Satz 1 keine Rechtsgrundlage für die Aufhebung einer Baugenehmigung (OVG NRW, Beschl. v. 08.11.2000 – 10 B 986/00, n.v.), sondern nur für nachträgliche Anforderungen unter Aufrechterhaltung der erteilten Baugenehmigung oder Zustimmung.

121 Satz 2 erstreckt die **Befugnis** nach Satz 1 einerseits auf **freigestellte Vorhaben**, die keiner Baugenehmigung oder Zustimmung bedürfen, erfasst somit also die in den §§ 62 und 63 BauO NRW 2018 aufgeführten Vorhaben. Andererseits gilt die Befugnis auch für Anforderungen, die an **Bauvorhaben** gestellt werden können, **welche** nach § 66 Absatz 5 BauO NRW 2018 (vgl. Anmerkungen zu § 66 Rdn. 24–29) **als genehmigt gelten**. Das ist eine selbstverständliche Konsequenz aus der Regelung des § 60 Absatz 2 BauO NRW 2018, wonach auch nicht genehmigungsbedürftige Vorhaben dem materiellen Recht entsprechen müssen (s. Anmerkungen zu § 60 Rdn. 14–20). Über die Erforderlichkeit dieser Vorschrift gibt es mehrere Auffassungen. Hinsichtlich freigestellter Vorhaben oder solche mit einer Genehmigungsfiktion steht mit Absatz 2 eine eigene Rechtsgrundlage zum Einschreiten zur Verfügung.

8 Zu Absatz 7 – Wohnungsbetretungsrecht

122 Das Betreten privater Grundstücke, baulicher Anlagen und Wohnungen durch Dienstkräfte der Bauaufsichtsbehörde kann notwendig werden
– zur Prüfung eines Bauantrags (Ortsbesichtigung),
– zur Prüfung der Absteckung baulicher Anlagen (vgl. § 74 Absatz 8 BauO NRW 2018),
– zur Bauüberwachung und Bauzustandsbesichtigung (§§ 83 und 84 BauO NRW 2018),
– zur Kontrolle eines bekannt gewordenen Gefahrenzustands, eines Schwarzbaus oder einer rechtswidrigen Nutzung (Absatz 2 Satz 2).

Das **Betretungsrecht** besteht **für alle Vollzugsaufgaben nach der BauO NRW** (so auch Boeddinghaus/Hahn/Schulte/Radeisen, zu § 61 Rn. 214).

Absatz 7 gestattet nicht die Durchsuchung (= das ziel- und zweckgerichtete Suchen staatlicher Organe in einer Wohnung zur Ausforschung eines für die freie Entfaltung der Persönlichkeit wesentlichen Lebensbereichs, so BVerwG, Urt. v. 06.09.1974 – I C 17/73, NJW 1975, 130 = DVBl 1974, 846; BVerfG, Beschl. v. 03.04.1997 – 1 BvR 994/76, NJW 1979, 1539; s. auch BayVGH, Urt. v. 10.04.1986 – Nr. 2 B 85 A. 630, BRS 46 Nr. 199 und Hamb. OVG, Beschl. v. 23.10.1996 – BfV 21/96, DÖV 1997, 384). Das wird aber regelmäßig auch nicht in Betracht kommen, da das Betretungsrecht der Feststellung dient, ob bauliche Anlagen dem öffentlichen Baurecht entsprechen, nicht aber der Erkundung persönlicher Verhältnisse. Das **bauaufsichtliche Betreten** und **Besichtigen einer Wohnung** ist **keine Durchsuchung** im Sinne von Art. 13 Abs. 2 GG, sondern fällt in den Anwendungsbereich von Art. 13 Abs. 7 GG (BVerwG, Beschl. v. 07.06.2006 – 4 B 36.06, BauR 2006, 1460 = BRS 70 Nr. 185 = NJW 2006, 2504 = UPR 2006, 356 = ZfBR 2006, 688; s. hierzu auch Suttmann, Baubehördliche Betretungsrechte und Privatwohnungen, BauR 2006, S. 1986 ff.). 123

Ob bei der **Prüfung eines Bauantrags** eine Ortsbesichtigung auch innerhalb der Gebäude und eventuell auch der Wohnungen erforderlich ist, entscheidet die mit dem Antrag befasste Bauaufsichtsbehörde. Da der Bauherr die Baugenehmigung begehrt, muss er der Bauaufsichtsbehörde auch gestatten, die Gebäude zu betreten, um alle zur Beurteilung des Bauvorhabens erforderlichen Feststellungen treffen zu können, die nicht aus den Bauvorlagen zu ersehen sind. Bezieht sich der Bauantrag auf ein noch nicht baulich genutztes Grundstück, ergibt sich das Recht, das Grundstück zwecks Ortsbesichtigung zu betreten, unmittelbar aus Satz 1. 124

Während der Bauausführung braucht die Bauaufsichtsbehörde die von ihr für notwendig erachteten Baustellenkontrollen dem Bauherrn nicht anzukündigen. Es ist auch nicht vorgeschrieben, den Bauherrn bei der Durchführung der Bauzustandsbesichtigungen zu beteiligen, wenngleich die Anwesenheit des Bauherrn oder seines Beauftragten bei der Durchführung der Bauzustandsbesichtigung in der Regel zweckmäßig sein wird. 125

Die Bauaufsichtsbehörden sollten, wenn sie das Grundstück und bauliche Anlagen einschließlich der Wohnungen **nach der abschließenden Bauzustandsbesichtigung** betreten wollen, den **Zeitpunkt der Ortsbesichtigung** dem Eigentümer und dem unmittelbaren Besitzer **rechtzeitig vorher mitteilen**. Bei rechtzeitiger Ankündigung darf der Eigentümer oder unmittelbare Besitzer der Bauaufsichtsbehörde den Zutritt nicht verweigern. Das **Betretungsrecht** steht nicht nur den Bediensteten der Bauaufsichtsbehörden zu, sondern **allen »mit dem Vollzug dieses Gesetzes beauftragten Personen ... in Ausübung ihres Amtes«**. Das können somit auch Prüfingenieure oder im Einzelfall von der Bauaufsicht beauftragte Sachverständige (z. b. Statiker) oder Personen sein, z.B. private Unternehmer und deren Arbeitnehmer im Rahmen einer behördlich angeordneten Ersatzvornahme. Das Betretungsrecht wird man aber den **zivilrechtlich** vom Bauherrn **beauftragten, staatlich anerkannten Sachverständigen** nicht zugestehen können. Hier ist der Bauherr verantwortlich, dafür zu sorgen, dass diese Sachverständigen das Grundstück, die baulichen Anlagen einschließlich der Wohnungen im Rahmen ihrer Aufgaben betreten dürfen. 126

127 Absatz 7 ist auch einschlägig, wenn aufgrund der **Sonderbauverordnung** nach der abschließenden Bauzustandsbesichtigung von Zeit zu Zeit **wiederkehrende Prüfungen** bestimmter Anlagen und Einrichtungen erforderlich sind. Solche wiederkehrenden Prüfungen können, sofern sie nicht ohnehin vorgesehen sind, im Einzelfall durch **Auflage zur Baugenehmigung** als **besondere Anforderung** gemäß § 50 Absatz 1 Nr. 23 BauO NRW 2018 vorgeschrieben werden.

128 Die **Ankündigung der Besichtigung oder die Besichtigung selbst** ist noch kein Verwaltungsakt, da kein Einzelfall auf dem Gebiet des öffentlichen Rechts geregelt wird. Der Eigentümer oder unmittelbare Besitzer kann um Vereinbarung eines anderen ihm passenden Zeitpunktes nachsuchen. Verweigert er den Zutritt, ist der Erlass einer Ordnungsverfügung erforderlich, um die Besichtigung zu erzwingen, soweit nicht § 55 Abs. 2 VwVG NRW Anwendung findet (zu den Voraussetzungen, unter denen die Bauaufsichtsbehörde bei ungenehmigten Bauarbeiten berechtigt ist, ein Grundstück ohne vorausgehenden Verwaltungsakt zu betreten, s. OVG Bln, Beschl. v. 24.11.1987 – 2 S 51.87, BauR 1988, 333 = BRS 47 Nr. 189 = DÖV 1988, 385).

129 Die **Unverletzlichkeit der Wohnung** ist durch Art. 13 GG gewährleistet. Entsprechend Art. 19 Abs. 1 Satz 2 GG bestimmt **Satz 2**, dass durch das Betretungsrecht nach Satz 1 das Grundrecht insoweit eingeschränkt wird. Allerdings sind beim Betreten von Wohnungen die einschränkenden Voraussetzungen des Art. 13 Abs. 3 GG zu beachten: Eingriffe und Beschränkungen (hier das **Betreten wider den Willen des Verfügungsberechtigten**) dürfen nur **zur Abwehr einer gemeinen Gefahr oder einer Lebensgefahr für einzelne Personen**, aufgrund eines Gesetzes (hier Satz 1) auch **zur Verhütung dringender Gefahren für die öffentliche Sicherheit oder Ordnung** ... vorgenommen werden. Der Begriff **Wohnung im Sinne des Art. 13 GG** meint nicht nur Wohnräume im engeren Sinne, sondern auch Arbeits-, Geschäfts- und Betriebsräume, und zwar auch dann, wenn sie für die Öffentlichkeit zugänglich sind.

130 Eine **gemeine Gefahr** liegt vor, wenn der Umfang des drohenden Schadens sich auf eine unbestimmte Menge an Personen oder hohe Sachwerte bezieht.

131 Von einer **dringenden Gefahr** wird gesprochen, wenn sie sowohl hinsichtlich ihrer zeitlichen Nähe wie hinsichtlich der Erheblichkeit des verletzten Rechtsgutes von besonderem Gewicht ist (BVerwG, Urt. v. 12.12.1967 – I C 112.64, DVBl 1968, 752). Sie braucht nicht bereits eingetreten zu sein; es genügt, dass die Maßnahme dem Zweck dient, einen Zustand nicht eintreten zu lassen, der seinerseits eine dringende Gefahr für die öffentliche Sicherheit und Ordnung darstellen würde (BVerfG, Urt. v. 13.02.1964 – 1 BvL 17/61 u.a., DÖV 64, 452). Nicht jeder Widerspruch gegen öffentlich-rechtliche Vorschriften erfüllt damit die Voraussetzungen des Betretungsrechtes einer Wohnung gegen den Willen der Betroffenen; es muss ein erhebliches Rechtsgut sein. Gegen den Willen der Bewohner ist das Betreten nur in relativ engen Grenzen zulässig (vgl. Hess. VGH, Beschl. v. 26.10.1990 – 4 TH 1480/90, BRS 50 Nr. 202). Die Verletzung der baurechtlichen Genehmigungspflicht reicht in der Regel aus, um das Betreten einer Wohnung zum Zwecke der Besichtigung ihres baulichen

Zustandes zu rechtfertigen (OVG Rh-Pf, Urt. v. 15.02.2006 – 8 A 11500/05, BauR 2006, 971 = BRS 70 Nr. 184).

Die **zwangsweise Durchsetzung** des Wohnungsbetretungsrechts setzt in der Regel den Erlass einer **Duldungsverfügung** voraus (s. BayVGH, Urt. v. 10.04.1986 – Nr. 2 B 85 A. 630, BauR 1987, 306 = BRS 46 Nr. 199; OVG Bremen, Beschl. v. 25.08.1992 – 1 B 54/92, BRS 54 Nr. 213). Diese kann auch mündlich ergehen, muss dann aber auf Verlangen schriftlich bestätigt werden (BayVGH, Beschl. v. 09.06.1986 – Nr. 2 CB 85 A. 1564, BRS 46 Nr. 198). Die Duldungsanordnung muss die Gründe angeben, die die Bauaufsichtsbehörde zur Ausübung des Betretungsrechts veranlassen (OVG Bremen, a.a.O.). Bei Vorliegen einer gegenwärtigen Gefahr kann nach § 55 Abs. 2 VwVG NRW ohne vorhergehenden Verwaltungsakt die Wohnung betreten werden (vgl. OVG Bln, Beschl. v. 24.11.1987 – 2 S 51.87, BRS 47 Nr. 189). 132

§ 59 Bestehende Anlagen

(1) Entsprechen rechtmäßig bestehende Anlagen nicht den Vorschriften dieses Gesetzes oder Vorschriften, die aufgrund dieses Gesetzes erlassen worden sind, so kann verlangt werden, dass die Anlagen diesen Vorschriften angepasst werden, wenn dies im Einzelfall wegen der Abwehr von Gefahren für Leben und Gesundheit erforderlich ist.

(2) Sollen Anlagen wesentlich geändert werden, so kann gefordert werden, dass auch die nicht unmittelbar berührten Teile der Anlage mit diesem Gesetz oder den aufgrund dieses Gesetzes erlassenen Vorschriften in Einklang gebracht werden, wenn
1. die Bauteile, die diesen Vorschriften nicht mehr entsprechen, mit den Änderungen in einem konstruktiven Zusammenhang stehen und
2. die Durchführung dieser Vorschriften bei den von den Änderungen nicht berührten Teilen der Anlage keinen unverhältnismäßigen Mehraufwand verursacht.

In diesem Zusammenhang sind angemessene Regelungen zur Barrierefreiheit zu treffen.

Handlungsempfehlung des Ministeriums für Heimat, Kommunales, Bau und Gleichstellung des Landes Nordrhein-Westfalen auf der Grundlage der Dienstbesprechungen mit den Bauaufsichtsbehörden im Oktober/November 2018:

zu Absatz 2

§ 59 Absatz 2 BauO NRW 2018 knüpft an die wesentliche Änderung rechtmäßig bestehender Anlagen an. Für die wesentliche Änderung selbst gilt das im Zeitpunkt der Entscheidung geltende Recht. Die Begrifflichkeit ist einerseits zur Errichtung eines Neubaus und andererseits zu Änderungen unterhalb der Wesentlichkeitsschwelle abzugrenzen. Die Schwelle zur Erheblichkeit ist nur dann überschritten, wenn in erheblicher Weise in den Bestand eingegriffen wird. Ob eine wesentliche Veränderung vorliegt, ist anhand der konkreten Umstände des Einzelfalls zu bewerten. Im Rahmen des Anpassungsverlangens nach § 59 Absatz 2 BauO NRW 2018 sind bei wesentlicher Änderung von Anlagen nach Satz 2 angemessene Regelungen zur Barrierefreiheit zu treffen (vgl. dazu Ausnahme nach § 39

§ 59 Bestehende Anlagen

Absatz 4 Satz 5 BauO NRW 2018). Im Rahmen des Anpassungsverlangens ist hinsichtlich der Barrierefreiheit nicht zwingend eine vollständige Erfüllung der gültigen Rechtslage zu fordern. Vielmehr ist einzelfallbezogen zu prüfen, in welchem Umfang eine Anpassung auch wirtschaftlich angemessen ist. Es bedarf eines angemessenen Verhältnisses zwischen den Kosten der anstehenden wesentlichen Änderung und der Mehrkosten. Bei einer diesbezüglichen Bewertung müssen sämtliche Umstände des Einzelfalls betrachtet werden. Dabei sind auch die wirtschaftlichen Verhältnisse des Adressaten und die durch die Anpassung zu erlangende Vorteile sowie Art und Umfang der zu korrigierenden Nichtkonformität mit bestehenden Bauordnungsvorschriften und das öffentliche Interesse hieran zu betrachten (vgl. BeckOK BauordnungsR BW/Singer BWLBO § 76 Rn. 14).*

Übersicht

		Rdn.
0	Änderungen gegenüber der BauO NW 1984 und der BauO NW 1995	01
1	Allgemeines	1
2	Zu Absatz 1 – Anpassung an geltendes Baurecht bei konkreter Gefahr	10
3	Zu Absatz 2 – Anpassung bei wesentlichen Änderungen	20

0 Änderungen gegenüber der BauO NW 1984 und der BauO NW 1995

01 Die Vorschrift des § 87 **BauO NW 1995** entsprach im Wesentlichen § 82 BauO NW 1984. Die Umformulierung des **Abs.** 1 wurde aufgrund der Rechtsprechung erforderlich (OVG NRW, Beschl. v. 13.07.1990 – 7 B 855/90, BRS 50 Nr. 203 = NWVBl. 1991, 11), die den Wortlaut so auslegte, dass nur Änderungen erfasst wurden, die gegenüber der aufgehobenen BauO NW 1970 eingetreten waren. Nach früherem Recht genehmigte Anlagen, z.B. nach der BauO NW 1962, konnten nicht den jeweils geltenden Bauvorschriften angepasst werden, auch wenn dies wegen der Sicherheit von Leben und Gesundheit erforderlich war. Die mit der BauO NW 1995 bewirkte Neufassung ermöglicht eine Anpassung bestehender Anlagen an neues Bauordnungsrecht, ohne dass es rechtserheblich ist, nach welchem Vorgängerrecht die Anlage Bestandsschutz genießt (s. Begründung, LT-Drucks. 11/7153 S. 205). **Abs.** 2 blieb **unverändert**.

02 Die **BauO NRW 2000** hat § 87 BauO NW 1995 **unverändert** übernommen.

03 In der BauO NRW 2018 sind die bisherigen Regelungen inhaltlich übernommen worden; die zur Barrierefreiheit wurden neu eingefügt. Insgesamt wurde die Vorschrift vom Sechsten Teil in den Fünften Teil integriert, was durch die Verortung in den Ersten Abschnitt (Bauaufsichtsbehörden) sachgerecht erscheint.

1 Allgemeines

1 Die BauO NRW 2018 enthält in erster Linie Vorschriften für die **Errichtung neuer** baulicher Anlagen. Mit § 59 wurde eine Vorschrift geschaffen, um ein **nachträgliches Anpassungsverlangen** im Falle einer **rechtmäßig bestehenden** baulichen Anlage aus Gründen der Gefahrenabwehr zu ermöglichen. Die Vorschrift entspricht der Rechtslage, die bereits durch § 35 PrEBO festgelegt wurde. Es besteht der **Grundsatz**, dass die

Bauaufsichtsbehörden in Bezug auf **vorhandene Bauten nur ausnahmsweise Änderungen verlangen** dürfen, die sich aus einer **geänderten Rechtslage** ergeben (s. PrOVG, Endurteil vom 18.04.1893 – IV. B. 75/92, PrOVGE 24, 362). Wurde nämlich eine Anlage in Übereinstimmung mit dem materiellen Baurecht errichtet oder bestand zu einem späteren Zeitpunkt Übereinstimmung mit dem materiellen Baurecht, wird sie durch eine nachfolgende Änderung des maßgeblichen materiellen Rechts nicht zu einer illegalen Anlage (OVG Lüneburg, Urt. v. 28.03.1966 – I A 198/63 u.a., BRS 17 Nr. 150 und BVerwG, Urt. v. 21.01.1972 – IV C 212.65, BauR 1972, 152 = BRS 25 Nr. 155 = DÖV 1972, 494 = DVBl 1972, 219; BGH, Urt. v. 20.09.1984 – III ZR 58/83, BauR 1985, 287 = BRS 42 Nr. 164 = UPR 1985, 123).

Die rechtmäßige Ausnutzung des Eigentums verleiht der Anlage einen sich aus **Art. 14 Abs. 1 Satz 1 GG** als Ausfluss der Baufreiheit ergebenden **Bestandsschutz** (s. Anmerkungen zu § 74 Rdn. 16 und 166 ff.). Eine Bestandsgarantie ergibt sich zusätzlich und teilweise deckungsgleich aus dem **Vertrauensschutz**, den ein rechtmäßiger, begünstigender Verwaltungsakt begründet (§ **49 VwVfG. NRW.**). Die **Bestandsgarantie gegenüber Rechtsänderungen** gilt nicht uneingeschränkt, da § 59 als einfachgesetzliche Regelung entsprechend Art. 14 Abs. 1 Satz 2 GG die **Einschränkungen** regelt, die als Ausfluss der Sozialpflichtigkeit des Eigentums verfassungsgemäß sind (s. BVerwG, Urt. v. 07.11.1997 – 4 C 7.97, BauR 1998, 533 = BRS 59 Nr. 109 = DVBl 1998, 587 = NVwZ 1998, 735 = ZfBR 1998, 158 und Anmerkungen zu § 74 Rdn. 197 ff.). Da das Anpassungsverlangen **entschädigungslos** in den legalen Bestand eingreift, sind an die **Notwendigkeit der Maßnahmen** hohe Anforderungen zu stellen (Hamb. OVG, Beschl. v. 04.01.1996 – Bs II 61/95, BRS 58 Nr. 112 = NVwZ-RR 1997, 466).

Von § 59 erfasst werden **Anpassungsverlangen** der Bauaufsichtsbehörde für **rechtmäßig** bestehende Anlagen an **gewandelte materiell – rechtliche Anforderungen** des Bauordnungsrechts im weitesten Sinne, z.B. an Bestimmungen hinsichtlich des baulichen Brandschutzes. Die jeweilige Anforderung muss sich gegenüber dem Rechtszustand, der zum Zeitpunkt der Errichtung der baulichen Anlage galt, **verschärfend** auswirken (vgl. OVG NRW, Beschl. v. 28.12.1994 – 7 B 2890/94, BRS 57 Nr. 245).

Zu den bestehenden Anlagen gehören solche, die unter der Geltung **früherer Fassungen der BauO NRW** oder deren **Vorgängervorschriften** (s. die Aufhebungsvorschrift des § 108 BauO NW 1962) errichtet worden sind. Die Vorschrift greift auch dann ein, wenn die Bauaufsichtsbehörde eine Anpassung an **neu hinzugetretene materiell-rechtliche Anforderungen** verlangt, die so zum Zeitpunkt der Errichtung der betreffenden Anlage überhaupt noch nicht bestanden haben. Bei den gewandelten materiell-rechtlichen Anforderungen muss es sich um **Rechtsvorschriften** handeln, also um Rechtsverordnungen der obersten Bauaufsichtsbehörde nach § 87 BauO NRW 2018, um technische Bauvorschriften nach § 88 BauO NRW 2018 oder um bauordnungsrechtliche Satzungen der Gemeinde nach § 89 BauO NRW 2018. Runderlasse oder bauaufsichtliche Richtlinien, ausgenommen solche, die als Technische Baubestimmungen nach § 3 Absatz 2 BauO NRW 2018 eingeführt wurden (zu deren besonderem Rechtscharakter s. Anmerkungen zu § 3 Rdn. 94 ff.), sind keine Rechtsvorschriften, sondern Verwaltungsvorschriften, die eine gleichmäßige

2

Durchführung der bauaufsichtlichen Aufgaben im ganzen Land sicherstellen sollen; auf sie allein kann ein Anpassungsverlangen daher nicht gestützt werden, selbst wenn ihnen normkonkretisierende Wirkung zukommt.

3 **Nicht anwendbar** ist § 59, wenn sich herausstellt, dass eine **bauliche Anlage im Wesentlichen abweichend von der Baugenehmigung** oder der Zustimmung ausgeführt wurde, wenn sie also nicht rechtmäßig ist. Mit »**bestehenden baulichen Anlagen**« sind alle diejenigen gemeint, die Bestandsschutz genießen; das sind bauliche Anlagen, die entweder
- materiell und formell legal oder
- materiell illegal und formell legal (rechtswidrige Baugenehmigungen) oder
- materiell legal und formell illegal sind.

Der zuletzt genannte Fall wurde in der Literatur teilweise anders beurteilt und damit die Anwendbarkeit des § 104 BauO NW 1970 (entspricht § 59) verneint. Hierzu ist aber Folgendes zu bedenken: **Maßgebender Zeitpunkt für die Feststellung der formellen Illegalität** ist die **Rechtslage bei der Errichtung oder Änderung der Anlage** (so schon das PrOVG, Urt. v. 29.10.1936 – IV. C. 133/35, PrOVGE 99, 212 und Urt. v. 12.05.1938 – IV. C. 187/36, PrOVGE 102, 253). Wird eine ohne Baugenehmigung errichtete, also formell illegale im Zeitpunkt der Errichtung jedoch materiell legale Anlage durch eine Rechtsänderung nunmehr materiell illegal, so kann im Hinblick auf die Eigentumsgarantie des Art. 14 GG die materielle Rechtslage bei der Errichtung nicht außer Betracht gelassen werden (BVerwG, Urt. v. 28.06.1956 – I C 93/54, BVerwGE 3, 351 = BRS 6 IV 2 S. 78). Zwar fehlt in solchen Fällen der sich aus einer Baugenehmigung ergebende Vertrauensschutz, jedoch ist der auf die Eigentumsgarantie gestützte **Bestandsschutz** als schwerwiegender anzusehen. Der durch die materielle Legalität begründete Bestandsschutz setzt nicht voraus, dass die Anlage zur Zeit ihrer Errichtung materiell legal war; es genüge, wenn sie zu **irgendeiner Zeit ihres Bestehens** dem materiellen Recht entsprochen hat (OVG Lüneburg, Urt. v. 28.03.1966 – I A 198/63 u.a., BRS 17 Nr. 150). Ein durch Art. 14 Abs. 1 GG bewirkter Bestandsschutz liegt nur vor, wenn der Bestand zu irgendeinem Zeitpunkt genehmigt wurde oder jedenfalls genehmigungsfähig war (BVerfG, Beschl. v. 24.07.2000 – 1 BvR 151/99, NVwZ 2001, 424). **Beweispflichtig** für das Vorliegen einer Baugenehmigung ist der **Bürger**, wenn er sich gegenüber einer Beseitigungsanordnung darauf beruft, das Bauwerk sei genehmigt und deshalb formell baurechtmäßig (OVG NRW, Beschl. v. 18.01.2001 – 10 B 1898/00, BauR 2001, 758 = EildStNW 2001, 269 = ZfBR 2001, 354).

4 **Ebenfalls nicht anwendbar** ist § 59, wenn die Bauausführung begonnen hat, aber der **Bau noch nicht fertiggestellt** ist, weil für diesen Fall mit § **58 Absatz 6** BauO NRW 2018 eine spezielle Regel zur Verfügung steht (s. Anmerkungen zu § 58 Rdn. 118–121; wegen des Sonderfalls, dass die Baugenehmigung widerrufen und der Bauherr nur aus diesem Grunde die Bauarbeiten nicht aufgenommen oder unterbrochen hat, s. Hess. VGH, Urt. v. 22.12.1971 – IV OE 82/69, BRS 24 Nr. 138). Auch nach Erteilung der Baugenehmigung oder der Zustimmung kann die Bauaufsichtsbehörde nach § 58 Absatz 6 BauO NRW 2018 Anforderungen stellen, um

dabei nicht voraussehbare Gefahren oder bestimmte unzumutbare Belästigungen abzuwehren. Hierbei handelt es sich nicht um einen Eingriff in den Bestandsschutz, da dieser erst eintritt, wenn die bauliche Anlage im Wesentlichen fertiggestellt und nutzbar ist (BVerwG, Urt. v. 22.01.1971 – IV C 62.66, BRS 24 Nr. 29). Stellt sich heraus, dass eine bauliche Anlage zwar der Baugenehmigung oder der Zustimmung entspricht, im Verfahren aber materielle Anforderungen des Bauordnungsrechts außer Acht gelassen wurden, liegt eine **rechtswidrige Baugenehmigung** oder Zustimmung vor. Die Bauaufsichtsbehörde wendet in diesem Fall nicht § 59 an, sondern prüft, ob die **Rücknahme** der Baugenehmigung oder der Zustimmung nach **§ 48 VwVfG. NRW.** auszusprechen ist (s. Anmerkungen zu § 74 Rdn. 48 ff.). Eine Rücknahme kann bei erfolgreicher Nachbarklage erforderlich werden. Dass § 59 in besonderen Fällen auch nachbarschützende Funktion zukommen kann, weil die Vorschrift, an die angepasst werden soll, nachbarschützende Wirkung entfaltet, dürfte kaum gegeben sein. Immerhin bestand das Bauwerk nach den baurechtlichen Bestimmungen bis dahin rechtmäßig, hat also zuvor keine nachbarschützenden Vorschriften verletzt. Insofern wird die Ermessensreduzierung zum Einschreiten, wie sie bei einer rechtswidrigen, weil nachbarrechtsverletzenden Baugenehmigung gegeben sein kann (vgl. BVerwG, Beschl. v. 13.07.1994 – 4 B 129.94, BRS 56 Nr. 203 und OVG NRW, Urt. v. 19.05.1983 – 11 A 1128/82, BRS 40 Nr. 122), nicht zum Tragen kommen.

Nicht anwendbar ist § 59 auch, wenn zwar die Rechtslage unverändert fortbesteht, 5 aber die bauliche Anlage wegen **geänderter tatsächlicher Verhältnisse** nicht mehr dem Baurecht entspricht und dadurch eine Gefahr droht, wie z.B. bei eintretender Baufälligkeit eines Hauses. Auf derartige Gefahrenlagen ist nicht § 59, sondern **§ 58 Absatz 2 Satz 2 BauO NRW 2018** anwendbar (OVG NRW, Beschl. v. 13.07.1990 – 7 B 855/90, BRS 50 Nr. 203 = NWVBl. 1991, 11). Im Übrigen ist der Bauherr bzw. nach erfolgreicher Beendigung der Bauarbeiten der Grundstückseigentümer dafür verantwortlich, dass sein Bauvorhaben den Sicherheitsanforderungen entspricht (s. Anmerkungen zu § 52 insbesondere Rdn. 8 und 9 sowie 21–23). Dies gilt selbst dann, wenn die Bauaufsichtsbehörde einen wichtigen Aspekt übersehen hat (vgl. BGH, Beschl. v. 30.07.1997 – III ZR 166/96, BRS 59 Nr. 161). Werden Sicherheitsmängel festgestellt, kann der Grundstückseigentümer von der Bauaufsichtsbehörde als **Zustandsstörer** in Anspruch genommen werden. Dessen Inanspruchnahme kann, gestützt auf **§ 58 Absatz 2 Satz 2** BauO NRW 2018, auch für **Mängel am Grundstück** erfolgen, die **von § 59 nicht erfasst** werden, weil sich die Vorschrift nur auf bauliche Anlagen sowie andere Anlagen und Einrichtungen im Sinne des § 1 Absatz 1 Satz 2 BauO NRW 2018 bezieht. Hierzu rechnet auch eine erst lange nach Fertigstellung der baulichen Anlage entdeckte **Altlast**, deren Beseitigung nach § 4 BBodSchG vom Grundstückseigentümer aufgrund dessen Zustandshaftung verlangt werden kann (BVerfG, Beschl. v. 16.02.2000 – 1 BvR 242/91 und 1 BvR 315/99, BRS 63 Nr. 212).

Darüber hinaus ist § 59 **nicht anwendbar** auf **Änderungen sonstiger öffentlich-recht-** 6 **licher Vorschriften** mit Bezug auf bauliche Anlagen und sonstige Anlagen und Einrichtungen im Sinne des § 1 Absatz 1 Satz 2 BauO NRW 2018. Es sind dann die jeweiligen **spezialgesetzlichen Bestimmungen** zu beachten, die Bestandsanpassungen zum Gegenstand haben, wie z.b. §§ 17 und 24 BImSchG oder § 10 EnEV 2007. Die Ermächtigungsgrundlage zum Einschreiten der Bauaufsichtsbehörde bildet § 58 Absatz 2 BauO NRW 2018 in Verbindung mit der Spezialregel des sonstigen öffentlichen Rechts.

7 Anpassungsverlangen aufgrund Änderungen der **bauplanungsrechtlichen Rechtslage** sind, gestützt auf § 59, **nicht durchsetzbar**. Derartige Rechtsänderungen treten in aller Regel ein, wenn ein Bebauungsplan in Kraft tritt, der bestehende bauliche Anlagen ganz oder teilweise überplant. Um die Anpassung derartiger Anlagen an das geänderte Bauplanungsrecht zu erzwingen, stehen der Gemeinde die **städtebaulichen Gebote** der **§§ 175–179 BauGB** zur Verfügung. Für die Bauaufsichtsbehörde zu beachten bleibt daneben § **32 BauGB**, der Nutzungsbeschränkungen für Vorhaben auf künftigen Gemeinbedarfs-, Verkehrs-, Versorgungs- und Grünflächen zum Gegenstand hat und eingreift, wenn rechtmäßig bestehende bauliche Anlagen **wertsteigernde Änderungen** erfahren sollen (vgl. Ernst/Zinkahn/Bielenberg, zu § 32 Rn. 17–21). Im Übrigen genießen im Außenbereich gelegene privilegierte bauliche Anlagen nur Bestandsschutz, soweit die Privilegierung fortbesteht; bei deren Fortfall kann die Bauaufsichtsbehörde deren Beseitigung anordnen (vgl. Nds. OVG, Urt. v. 21.01.2000 – 1 L 4202/99, BRS 63 Nr. 120 = ZfBR 2000, 349, bestätigt durch BVerwG, Beschl. v. 21.11.2000 – 4 B 36.00, BRS 63 Nr. 121 zum Fortfall der Privilegierung einer militärischen Nachrichtenstation), soweit nicht eine zulässige Nachfolgenutzung aufgrund eines der Begünstigungstatbestände des § **35 Abs. 4 BauGB** beantragt wird.

8 Die Vorschrift des § 59 stellt eine **generelle, nicht abschließende** Regelung dar. Die BauO NRW 2018 enthält darüber hinaus **spezielle Anpassungsregeln** für nachträgliche Anforderungen:
 – nach § **8 Absatz 2 Satz 3** kann die Bauaufsichtsbehörde bei bestehenden Gebäuden mit Wohnungen die nachträgliche Bereitstellung von Kinderspielflächen für Kleinkinder verlangen (s. Anmerkungen zu § 67 Rdn. 67 ff.),
 – nach § **44 Absatz 2 Satz 1** dürfen bestehende Abfallschächte nicht betrieben werden, sofern keine Ausnahmegenehmigung vorliegt (s. Anmerkungen zu § 44 Rdn. 11 ff.),
 – nach § **48 Absatz 1 Satz 3** greift bei der wesentlichen Änderung oder Nutzungsänderung einer baulichen Anlage die Stellplatzpflicht (s. Anmerkungen zu § 48 Rdn. 42 ff.).

Die **Sonderbauverordnung** enthält ebenfalls Anpassungsregelungen, die auf rechtmäßig bestehende bauliche Anlagen Anwendung finden.

9 Ein **Anpassungsverfahren** ist in § 59 **nicht geregelt**, sondern richtet sich nach allgemeinen Verfahrensgrundsätzen. Das Anpassungsverlangen bei genehmigten Anlagen setzt nicht den Widerruf der bestehenden Baugenehmigung voraus, da § 59 insofern eine spezialgesetzliche Regelung darstellt. In den Fällen des **Absatz 2** wird die Forderung nach Anpassung zumeist aufgrund eines eingereichten Bauantrags ausgelöst. Erst in der Phase der Hauptprüfung wird von der Bauaufsichtsbehörde festgestellt werden können, dass Bauteile anzupassen sind. Ob das Anpassungsverlangen auch als Nebenbestimmung in die Baugenehmigung aufgenommen werden kann, ist nicht

eindeutig geklärt (grundsätzliche Bedenken gegen die Nebenbestimmungslösung hat das Hamb. OVG im Urt. v. 24.09.1998 – Bf II 47/96, BRS 60 Nr. 141 nicht erhoben, sondern nur die materiellen Voraussetzungen im zugrundeliegenden Fall verneint und deshalb die entsprechenden Nebenbestimmungen aufgehoben – s. auch Rdn. 11; Boeddinghaus/Hahn/Schulte/Radeisen, zu § 87 Rn. 41 halten die Zulässigkeit von Nebenbestimmungen für fraglich). Besser erfolgt eine **Abstimmung zwischen Bauaufsichtsbehörde, Bauherr** und **Entwurfsverfasser** bzw. **Fachplaner über die erforderlichen Maßnahmen** und eine entsprechende **Änderung** oder **Ergänzung der Bauvorlagen.** In aller Regel laufen derartige Vorgänge unproblematisch ab, weil bei der ohnehin vorzunehmenden Änderung einer baulichen Anlage auch die betroffenen Bauteile mit an das aktuelle Recht angepasst werden können. Darüber hinaus besteht bei größeren Bauvorhaben fast immer Einsicht in das Anpassungserfordernis, zumal der Bauherr ein eigenes Interesse an einem ausreichenden Sicherheitsniveau hat, weil dies auch die Vermarktbarkeit der Immobilie positiv beeinflusst. Dagegen bereiten **Anpassungsverlangen** nach **Absatz 1** deshalb **Vollzugsprobleme,** weil die Maßnahme nicht in einen finanziellen Gesamtrahmen eingepasst werden kann – sie trifft den Eigentümer überraschend und in der Regel außerhalb einer ohnehin beabsichtigten Baumaßnahme und schmälert den aus der Immobilie fließenden Ertrag. Das Verlangen der Bauaufsichtsbehörde wird in diesen Fällen durch **Anhörung** nach § 28 VwVfG. NRW. und **Ordnungsverfügung** ausgesprochen. Das Anpassungsverlangen muss **bestimmt** und **inhaltlich präzise formuliert** sein, so dass einem Dritten die Ausführung möglich ist.

2 Zu Absatz 1 – Anpassung an geltendes Baurecht bei konkreter Gefahr

Die **Anpassung** kann bei bestehenden Bauten nach Absatz 1 nur verlangt werden, wenn dies **im Einzelfall wegen der Sicherheit für Leben oder Gesundheit erforderlich** ist. Der Bestandsschutz steht dann einem Anpassungsverlangen nicht entgegen (OVG Lüneburg, Beschl. v. 14.12.1971 – I B 88/71, BRS 24 Nr. 202 zur Anpassung einer »uralten« Dungstätte mit einem wasserdichten Boden zum Schutz des Grundwassers). Die Formulierung »im Einzelfall« bedeutet, es muss sich um eine **konkrete Gefahr** handeln; diese ist dann anzunehmen, wenn im konkreten Einzelfall in überschaubarer Zukunft mit dem Schadeneintritt hinreichend wahrscheinlich gerechnet werden muss (s. Anmerkungen zu § 3 Rdn. 45). Die Abweichung des vorhandenen Zustands vom neuen Bauordnungsrecht allein – also das Vorliegen einer abstrakten Gefahr – reicht für ein Anpassungsverlangen nicht aus, hinzutreten muss eine konkrete Gefahr (OVG Lüneburg, Urt. v. 23.09.1976 – I A 94/74, BRS 30 Nr. 163). Anpassungen an örtliche Bauvorschriften werden nur selten verlangt werden können, weil dies am Nachweis einer konkreten Gefahr scheitert (so auch Boeddinghaus/Hahn/Schulte/Radeisen, zu § 87 Rn. 19). 10

Die **konkrete Gefahr** muss nicht nur **objektiv gegeben** sein, sondern auch von der Bauaufsichtsbehörde zur **Grundlage ihrer Ermessensentscheidung** zum Einschreiten gemacht werden (OVG NRW vom 18.05.1994 – 7 A 2533/91, n.v.). Das OVG NRW bemerkt im Urt. v. 28.12.1994 (– 7 B 2890/94, BauR 1995, 528 = BRS 57 Nr. 245): 11

> »*Dabei gibt es allerdings Sachverhalte, in denen die vom Gesetzgeber zum Anlass normativer Regelungen genommene allgemeine Gefährlichkeit bestimmter Sachverhalte ohne weiteres das Vorliegen auch einer konkreten Gefahr im Einzelfall indiziert. In diesen Fällen kann häufig schon aus der ohne weiteres feststellbaren Nichteinhaltung einer Norm, die generelle Anforderungen an die Abwehr von Gefahren durch bestimmte, normativ vorgeschriebene Sicherheitsstandards stellt, zugleich der Schluss gezogen werden, dass bei einem Fehlen solcher Standards im jeweiligen Einzelfall auch mit hinreichender Wahrscheinlichkeit in überschaubarer Zukunft mit einem Schadenseintritt gerechnet werden muss und deshalb auch die für das Einschreiten im Einzelfall erforderliche konkrete Gefahr gegeben ist.*«

Liegen die materiellen Voraussetzungen für ein Anpassungsverlangen vor, so kann eine entsprechende Ordnungsverfügung dennoch rechtsfehlerhaft erlassen worden sein, weil die Bauaufsichtsbehörde **von dem ihr eingeräumten Ermessen keinen Gebrauch** gemacht hat. Zu einer korrekten Ermessensausübung gehört nicht nur die Erwägung der **für** ein Anpassungsverlangen sprechenden Gründe. Vielmehr sind auch **dagegen** sprechende Gesichtspunkte in die Prüfung einzubeziehen, sofern solche erkennbar sind (Hamb. OVG, Urt. v. 24.09.1998 – Bf II 47/96, BRS 60 Nr. 141 – in dem entschiedenen Fall hatte die Bauaufsichtsbehörde aus Anlass der Genehmigung des Um- und Ausbaus einer bestehenden Dachgeschosswohnung in einem im Jahre 1908 im Jugendstil errichteten Gebäude die Herrichtung der sehr schönen, mit Glasausschnitten versehenen Eingangstüren der bestehenden Wohnungen zum Treppenhaus als T-30-Türen nach DIN 4102 entsprechend den Vorgaben der von der obersten Bauaufsichtsbehörde erlassenen – Fachlichen Weisung zum Dachraumausbau – BOA 3/1990 – verlangt, war dabei nicht auf die von den Klägern vorgetragenen nachteiligen gestalterischen Auswirkungen eingegangen). Fehlt es bei einem im Ermessen der Bauaufsichtsbehörde stehenden Einschreiten an den erforderlichen tatsächlichen Feststellungen und fachlichen Prüfungen, können diese Defizite nicht vom Gericht nachgebessert werden (OVG NRW, Beschl. v. 28.12.1994, a.a.O.).

Einzelfälle, bei denen eine **konkrete Gefahr** angenommen wurde:
- **Aufzug ohne Fahrkorbtür** (BVerwG, Urt. v. 12.07.1973 – I C 23.72, DVBl 1973, 857),
- **zu steile Treppe** (OVG Lüneburg, Urt. v. 23.09.1976 – I A 94/74, BRS 30 Nr. 163),
- **unsichere Wendeltreppe** (BayVGH, Urt. v. 01.02.1980 – Nr. 53 II 77, BRS 36 Nr. 211),
- **funktionsuntüchtiges Treppenhaus** eines Hotels (OVG NRW, Urt. v. 29.03.1983 – 7 A 1549/82, n.v.),
- **Einbau einer Rauchabzugsöffnung** in den Treppenraum eines achtgeschossigen Wohnhauses (OVG Lüneburg, Beschl. v. 17.01.1986 – 6 B 1/86, BauR 1986, 684 = BRS 46 Nr. 166),
- **Anbringung einer Nottreppe** infolge fehlendem zweiten Rettungsweg (OVG NRW, Urt. v. 28.08.2001 – 10 A 3051/99, BauR 2002, 763 = BRS 64 Nr. 201, Beschl. v. 22.07.2002 – 7 B 508/01, BRS 65 Nr. 140 = NVwZ-RR 2003, 722, Beschl. v.

15.12.2004 – 7 B 2142/04, BauR 2005, 845 = BRS 67 Nr. 152 = NVwZ-RR 2006, 10).

Abstrakte und konkrete Gefahr decken sich, wenn die Anlage in ihrer Gefahrenträchtigkeit nicht von dem typischen Zustand abweicht, den der Normgeber mit sicherheitsrechtlichen Anforderungen in den Griff zu bekommen sucht (z.B. Pflicht zum Einbau einer Fahrkorbtür in Aufzügen). Dem einzelnen Betroffenen bleibt es überlassen, besondere Tatsachen für die Ungefährlichkeit seiner Anlage im Anhörungsverfahren nach § 28 VwVfG. NRW. geltend zu machen, die die Bauaufsichtsbehörde bei ihrer Entscheidung gegebenenfalls zu berücksichtigen hat. Eine **erhöhte Gefahr** im Sinne einer gesteigerten Wahrscheinlichkeit des Schadeneintritts oder der Gefährdung nur bestimmter Rechtsgüter **setzt Absatz 1 nicht voraus** (BVerwG, Urt. v. 12.07.1973 – I C 23.72, DVBl 1973, 857 und OVG Lüneburg, Urt. v. 23.09.1976 – I A 94/74, BRS 30 Nr. 163).

12

Hinter der Regelung des Absatz 1 verbirgt sich auch die Erfahrung, dass sich die **Maßstäbe** dafür, wann eine bauliche Anlage die Sicherheit für Leben und Gesundheit gefährdet bzw. welche Maßnahmen erforderlich sind, um eine solche Gefährdung zu vermeiden, aus verschiedenen Gründen **wandeln** können. Das OVG Lüneburg führt im Urt. v. 23.09.1976 (– I A 94/74, BRS 30 Nr. 163) hierzu aus:

13

»Die Anforderungen an bauliche Anlagen steigen mit fortschreitender technischer Entwicklung, wenn z.B. neue Gefahrenherde erkennbar werden; sie sinken, wenn sich etwa das Material als stärker belastbar erweist. Auch kann eine allgemein verbreitete Ausstattung oder Ausführung baulicher Anlagen dazu führen, dass sich die Benutzer baulicher Anlagen an diesen Standard so gewöhnen, dass die Benutzung von Anlagen, die hinter diesem Standard zurückbleiben, mit Gefahren verbunden ist. Die Anforderungen zur Gewährleistung der öffentlichen Sicherheit sind auf dem Gebiet des Baurechts keine statischen Größen, sondern abhängig von den Erkenntnissen und Wertungen der Zeit.«

Bei der hinreichenden **Wahrscheinlichkeit eines Schadeneintritts** (als Voraussetzung einer abstrakten wie auch einer konkreten Gefahr) muss hinsichtlich des Grades der Wahrscheinlichkeit differenziert werden, welches **Schutzgut** auf dem Spiel steht. Ist der möglicherweise eintretende **Schaden sehr groß**, sind an die Wahrscheinlichkeit des Schadeneintritts **keine übermäßig hohen Anforderungen** zu stellen; unter Umständen reicht auch die **entfernte Möglichkeit** eines Schadeneintritts aus (BVerwG, Urt. v. 26.06.1970 – IV C 99/67, NJW 1970, 1890 zur Lagerung von Heizöl im engeren Schutzbereich eines Wasserschutzgebiets). Im Hinblick darauf, dass **brandschutzrechtliche Vorschriften** vorsorgliche Schutzbestimmungen für Leben und Gesundheit treffen und dass es nach Ausbruch eines Brandes für die Anordnung von Schutzmaßnahmen zu spät ist, kann die nachträgliche Forderung von Maßnahmen des Brandschutzes nicht davon abhängig gemacht werden, dass eine konkrete Gefahr im Sinne der herkömmlichen allgemeinen polizeirechtlichen Definition vorhanden ist, das heißt, ein Schadeneintritt in überschaubarer Zukunft hinreichend wahrscheinlich ist; es genügt die **fachkundige Feststellung**, dass nach den örtlichen Gegebenheiten der Eintritt eines erheblichen Schadens nicht ganz unwahrscheinlich ist (Hess. OVG, Beschl. v. 18.10.1999 – 4 TG 3007/97, BauR

14

2000, 553 = BRS 62 Nr. 144 = DÖV 2000, 338 = NVwZ-RR 2000, 581 = ZfBR 2000 S. 570; OVG NRW, Urt. v. 28.08.2001 – 10 A 3051/99, BauR 2002, 763 = BRS 64 Nr. 201). Der Hess. VGH stellt in seinem Beschluss, mit dem er eine Ordnungsverfügung zur Anbringung von Feuerleitern nach DIN 14094 wegen des fehlenden zweiten Rettungswegs rückwärtiger Wohnungen eines im Jahre 1952 errichteten Wohnhauses aufhob, folgende **Anforderungen an die Erforschung der Gefahrenlage:**

»Wegen der in Rede stehenden wichtigen Rechtsgüter muß es der Bauaufsichtsbehörde jedoch möglich sein, bei Feststellung einer erheblichen Gefahrensituation im Einzelfall, die dadurch gekennzeichnet ist, daß Gefahrbekämpfungs- oder Rettungsmöglichkeiten nach heutiger Kenntnis typischer Schadensabläufe unzugänglich sind, auch dann zusätzliche Schutzvorkehrungen bei rechtmäßig bestehenden Gebäuden zu verlangen, wenn keine hohe Wahrscheinlichkeit für einen Schadeneintritt in absehbarer Zeit vorliegt, dieser andererseits aber auch nicht ganz unwahrscheinlich ist. Um festzustellen, ob im vorliegenden Fall eine erhebliche Gefahrensituation gegeben ist, müßte die Antragstellerin die Brandlasten im Kellergeschoß der streitigen Liegenschaft, im Treppenhaus und in den Wohneinheiten, die Gefährdungspotentiale durch die Heizungseinrichtung sowie das Maß der Rauchdichtigkeit der Kellerabschlußtür sowie der Wohnungstüren ermitteln. Ferner müßte die konkrete Tauglichkeit des ersten Rettungsweges und die Möglichkeit der Rettung der Bewohner der rückwärtigen Wohnungen im 3. und 4. Obergeschoß durch die straßenseitigen Wohnungen hindurch näher geprüft werden, zumal die Wohnungstüren nach den vorliegenden Bauzeichnungen einander gegenüber und in einem vom Treppenhaus etwas abgesetzten kleinen Seitenflur liegen. Diese noch näher zu ermittelnden Tatsachen müßten einer fachkundigen brandschutztechnischen Bewertung unterzogen werden. Ergibt sich dabei, daß zur Wahrung von Leben und Gesundheit die Einrichtung eines zweiten Rettungsweges notwendig ist, so sind die Voraussetzungen für ein Einschreiten gemäß § 61 Abs. 3 HBO 1993 (Anmerkung: entspricht im Wesentlichen § 59 Abs. 1 BauO NRW) *gegeben.*

In diesem Fall wäre im Hinblick auf den gebotenen Schutz der in Rede stehenden hohen Rechtsgüter der Gleichheitssatz auch dann noch ausreichend gewahrt, wenn die Antragsgegnerin konkret darlegen kann, daß sie immer, wenn ihr Bauakten zur Genehmigung eines Um- oder Ausbaus oder einer Nutzungsänderung vorliegen, zugleich individuell örtlich überprüft, ob hinsichtlich der brandschutzrechtlichen Situation des Altbestandes zum Schutz von Leben und Gesundheit erhöhte Anforderungen notwendig sind, und daß sie solche Maßnahmen im erforderlichen Umfang trifft und durchsetzt.«

15 Eine konkrete Gefahr kann nicht schon allein wegen eines **bislang schadenfreien Zeitablaufs** ausgeschlossen werden (OVG NRW, Urt. v. 29.03.1983 – 7 A 1549/82, n.v.). Das OVG Lüneburg führt im Urt. v. 23.09.1976 (– I A 94/74, BRS 30 Nr. 163), das zum Verlangen der Bauaufsichtsbehörde erging, eine zu steile Treppe mit einem Steigungsverhältnis von 19/12 cm als Zugang zu Aufenthaltsräumen an neues Bauordnungsrecht anzupassen, aus:

»Eine solche Treppe birgt besonders beim Abwärtsgehen eine hohe Stolpergefahr. Weil nur ein Bruchteil des Fußes – bei Schuhgröße 43 (30 cm Länge) weniger als ½ – auf

der Stufe Platz hat, ist ein sicheres Auftreten nur bei vorsichtigem Gehen möglich. Damit verliert die Treppe auch ihre Eignung als Fluchtweg im Brandfall. Der Hinweis der Klägerin, daß seit der Errichtung des Hauses noch nichts passiert ist, entkräftet diese Argumentation nicht. Ebenso wenig wie der tatsächliche Eintritt des befürchteten Schadens zur konkreten Gefahr gehört, vielmehr der Schadenseintritt in Zukunft nur wahrscheinlich sein muß, beweist ein schadensfreier Zeitablauf, daß keine Gefahr besteht. Die Klägerin hat lediglich bisher Glück gehabt, daß nichts passiert ist. Da die Entstehung eines Brandes nicht außerhalb der allgemeinen Erfahrungen liegt – bei großem Schaden ist der vorauszusetzende Wahrscheinlichkeitsgrad geringer (BVerwG, Urt. v. 26.06.1970 – IV C 99.67, NJW 1970, 1890) – besteht eine konkrete Gefahr.«

Selbst wenn die Voraussetzungen für eine Anpassung grundsätzlich gegeben sind, besteht **keine Verpflichtung** für die Bauaufsichtsbehörde, diese auch zu verlangen; das ergibt sich unzweifelhaft aus der Gesetzesfassung (»kann«). Das Anpassungsverlangen steht im **pflichtgemäßen Ermessen** der Bauaufsichtsbehörde; für die Ermessensausübung gelten die gleichen Grundsätze, wie sie für eine auf die Beseitigung einer Gefahrensituation gerichtete bauaufsichtliche Verfügung nach § 58 Absatz 2 in Verbindung mit Absatz 6 BauO NRW 2018 Anwendung finden. Bei ihrer Entscheidung hat die Bauaufsichtsbehörde die **gesamten Umstände des Einzelfalls** zu beachten. Hierbei werden vor allem zu berücksichtigen sein:
– das Alter und die Beschaffenheit der baulichen Anlage,
– die Schwere der Gefahr und
– die Folgen für den Anpassungsverpflichteten.

Das Anpassungsverlangen muss **nicht unbedingt zur vollständigen Übereinstimmung mit der geltenden Bestimmung** führen und dem **Grundsatz der Verhältnismäßigkeit** (§ 15 OBG) entsprechen. Von besonderer Bedeutung wird in diesen Fällen das Recht des Anpassungsverpflichteten sein, gemäß **§ 21 OBG ein anderes** als das angeordnete **Mittel** zur Gefahrenabwehr anzubieten. Im Rahmen der Ermessensentscheidung hat die Bauaufsichtsbehörde zu berücksichtigen, ob es weniger belastende Möglichkeiten zur Erreichung des Ziels gibt, als die vollständige Anpassung an neues Bauordnungsrecht (Hamb. OVG, Beschl. v. 04.01.1996 – Bs II 61/95, BRS 58 Nr. 112, NVwZ-RR 1997, 466). Ein Anpassungsverlangen erfordert eine Ermessensentscheidung, bei der neben den für die Anpassung sprechenden Gründen auch die **Kosten** und **andere aus Sicht des Bauherrn gegen die Anpassung sprechenden Gründe** zu berücksichtigen sind. Die Abwägung kann insbesondere das **Auswahlermessen** berühren und dazu führen, dass aus Gründen der **Verhältnismäßigkeit** auch **weniger kostenträchtige Lösungen**, die nicht dem Maßnahmeniveau des neuen Rechts entsprechen, in Betracht zu ziehen sind; **Voraussetzung** ist ihre **funktionelle Gleichwertigkeit** (OVG Bremen, Beschl. v. 28.06.2004 – 1 B 130/04, BauR 2005, 1151 = BRS 67 Nr. 153 = NVwZ-RR 2005, 314).

Umfang und Grenzen des Anpassungsverlangens werden maßgeblich durch das Ausmaß der konkreten Gefahr bestimmt. Da die Anpassung baulicher Anlagen nach Abs. 1 ein Mittel zur Vermeidung einer konkreten Gefährdung der Sicherheit darstellt, kommt es im Wesentlichen auf die Wahrung des Schutzzwecks für das berührte

Schutzgut an. Ein Anpassungsverlangen ist jedenfalls durch Absatz 1 gedeckt, wenn es lediglich in der **Zielrichtung** der Anpassung an Vorschriften des Baurechts dient und die Vermeidung einer konkreten Gefährdung des bedrohten Schutzgutes dieser Vorschrift bezweckt (so OVG NRW, Urt. v. 29.03.1983 – 7 A 1549/82, n.v.). Die **generelle Eignung** der Maßnahme in dieser Zielrichtung muss selbstverständlich entsprechend dem **Schutzziel der Vorschrift** gegeben sein. So erachtet das OVG NRW im Urt. v. 28.08.2001 (– 10 A 3051/99, BauR 2002, 763 = BRS 64 Nr. 201) an der Hauswand montierte Notleitern als zweiten Rettungsweg für ungeeignet, weil gemäß § 33 Absatz 2 Satz 2 BauO NRW 2018 im Falle einer nicht vorhandenen Anleitermöglichkeit für Rettungsgeräte der Feuerwehr ein zweiter **baulicher** Rettungsweg (weitere notwendige Treppe) grundsätzlich so beschaffen sein muss, dass er auch von älteren, gebrechlichen Personen und Kindern **ohne Schaffung neuer zusätzlicher Gefahrenquellen** genutzt werden kann.

19 In regelmäßigen Abständen führt die Bekanntmachung neuer bauaufsichtlicher Richtlinien zu Irritationen, weil die Brandschutzdienststellen und die Bauaufsichtsbehörden im Rahmen von **wiederkehrenden Prüfungen** und **Brandschauen** (s. Anmerkungen zu § 50 Rdn. 19 ff.) den Rechtscharakter dieser nicht an den Bürger, sondern an die Verwaltung gerichteten »Vorschriften« (s. Rdn. 2) verkennen. Beispiel hierfür ist die mit RdErl. vom 05.11.2010 (MBl. NRW. 2010 S. 830) bekannt gemachte **Richtlinie über bauaufsichtliche Anforderungen an Schulen – Schulbaurichtlinie – SchulBauR** (s. Anmerkungen zu § 50 Rdn. 61 ff.). Diese Richtlinie, die keine Technische Baubestimmung im Sinne des § 3 Absatz 3 BauO NRW 2018 darstellt, ist als besondere Verwaltungsvorschrift zu § 50 BauO NRW 2018 ergangen und gilt **vorrangig** für Schul**neu**bauten. Sie konkretisiert lediglich, welche besonderen Anforderungen gestellt oder welche Erleichterungen im Sinne des § 50 Absatz 1 BauO NRW 2018 gestattet werden können. Wird bei wiederkehrenden Prüfungen und Brandschauen festgestellt, dass rechtmäßig bestehende Schulbauten nicht der SchulBauR entsprechen, kann ein Anpassungsverlangen nur gemäß Absatz 1 bei Vorliegen einer konkreten Gefahr gestellt werden. Der aktuellen SchulBauR liegt ein anderes Sicherheitskonzept zugrunde, als früheren Regelungen. Sie erlaubt größere Brandabschnitte und stellt geringere Anforderungen an die Beschaffenheit der Bauteile, kompensiert dies jedoch durch den zwingend erforderlichen **zweiten baulichen** Rettungsweg. Daraus folgt nicht, dass bei allen Schulen ohne zweiten baulichen Rettungsweg eine Anpassung verlangt werden muss. Es ist vielmehr in jedem Einzelfall erforderlich, zunächst das dem jeweiligen Schulbau zugrunde liegende Sicherheitskonzept nach den seinerzeit gültigen Vorschriften zu ermitteln, um sodann unter Berücksichtigung der Anforderungen der Rechtsprechung an die Tatsachenermittlung (s. Rdn. 11) eine fachlich untermauerte Gefahrenprognose erstellen und eine Ermessensentscheidung treffen zu können.

3 Zu Absatz 2 – Anpassung bei wesentlichen Änderungen

20 Absatz 2 trifft **zwei verschiedene Regelungen** und steht im **pflichtgemäßen Ermessen der Bauaufsichtsbehörde** (s. Rdn. 16–18). Zunächst enthält die Vorschrift die Aussage, dass bei Änderungen, die an einer bestehenden baulichen Anlage vorgenommen werden, die Bauaufsichtsbehörde verlangen kann, dass diese einem gegebenenfalls

geänderten Recht entsprechen müssen. Dies gilt jedoch ohne Einschränkung nur für die durch die **bauliche Änderung unmittelbar berührten Teile**. Darüber hinaus enthält Absatz 2 **bei wesentlichen Änderungen** der baulichen Anlage die Regelung, dass auch für **diejenigen durch die Änderung nicht unmittelbar berührten Teile** der Anlage die Anpassung an das geänderte Recht verlangt werden kann, wenn **zwei Voraussetzungen** erfüllt sind:
- nach **Nr.** 1 müssen die Bauteile, für die geänderte Vorschriften gelten, mit den ohnehin zu ändernden Teilen »**in einem konstruktiven Zusammenhang**« stehen,
- nach **Nr.** 2 darf durch das – auf die durch die geplante Änderung eigentlich nicht berührten Teile bezogene – Änderungsverlangen **kein unverhältnismäßiger Mehraufwand** verursacht werden.

Eine **konkrete Gefährdung** wichtiger Rechtsgüter wird dabei **nicht vorausgesetzt**. Ein solches Verlangen wird jedoch regelmäßig nur zu stellen sein, wenn der Zustand der von der Veränderung selbst nicht berührten Bauteile eine Umgestaltung aus Gründen der öffentlichen Sicherheit dringend erforderlich macht.

Was »**wesentliche**« Änderung im Sinne des Absatz 2 ist, lässt sich nur im Einzelfall aufgrund der konkreten Verhältnisse entscheiden. Eine wesentliche, umgestaltende Änderung eines Gebäudes liegt nicht nur dann vor, wenn die äußere Form des Gebäudes geändert wird, sondern auch dann, wenn das Material des Gebäudes zu wesentlichen Teilen durch ein anderes ersetzt wird (PrOVG, Urt. v. 22.06.1939 – IV. C. 100/38, PrOVGE 104, 223). Wesentlich ist eine Änderung, wenn es sich um eine **eingreifende, das Bauwerk umgestaltende Bauausführung** handelt, wie z.B. die Umgestaltung der Grundrisse eines Gebäudes. **Instandsetzungsarbeiten**, die den alten Zustand nicht umgestalten, sondern nur erhalten, sind nicht als wesentliche Änderung anzusehen (OVG NRW, Beschl. v. 13.07.1990 – 7 B 855/90, BRS 50 Nr. 203 = NWVBl. 1991, 11; ebenso Jeromin, zu § 85 Rn. 16). 21

Ob eine **Änderung genehmigungsbedürftig** ist oder nicht, mag ein **Indiz** für eine wesentliche oder nicht wesentliche Änderung sein, obwohl dieser Unterschied nicht rechtlich ausschlaggebend ist. Die Änderungsarbeiten an einer baulichen Anlage dürfen nicht in einzelne Teile zerlegt werden, um die Merkmale einer wesentlichen Änderung zu umgehen. Führen die Änderungsarbeiten zusammengenommen im Ergebnis zu einer wesentlich umgestaltenden Veränderung der baulichen Anlage, sind sie als eine Einheit zu behandeln (so bereits PrOVG, Urt. v. 07.11.1935 – IV. C. 102/34, PrOVGE 97, 207). 22

Die in einem »**konstruktiven Zusammenhang**« stehenden Teile, die durch die geplante Änderung nicht unmittelbar berührt wären, können in das Anpassungsverlangen einbezogen werden. Das ist anzunehmen, wenn die nach dem neuen Bauordnungsrecht nicht mehr genehmigungsfähigen Bauteile in ihrer statisch-technischen Konstruktion von den geänderten Bauteilen abhängig oder beide aufeinander angewiesen sind (OVG Bln, Urt. v. 10.08.1979 – II B 47.78, BRS 35 Nr. 111 zur Genehmigung der Umstellung einer Koksheizung in eine Ölheizung, verbunden mit der Auflage, die Decke des Heizraums zu putzen und undurchlässig für Gas herzustellen). Beim **nachträglichen Dachgeschossausbau** sollten keine überzogenen **brandschutztechnischen** 23

Anforderungen an die **Decke** gestellt werden, sondern nur soviel wie zum Erreichen der Schutzziele des § 14 BauO NRW 2018 erforderlich ist, da die punktuelle Anpassung des Brandschutzes einer einzelnen Decke nicht insgesamt das Sicherheitsniveau des bestehenden Gebäudes verbessert.

24 Die Erstreckung des Anpassungsverlangens auf die durch die geplante Änderung nicht unmittelbar berührten Teile der baulichen Anlage ist nur zulässig, wenn der dadurch verursachte **Mehraufwand nicht unverhältnismäßig** ist. Die Verhältnismäßigkeit des Mehraufwands, das heißt der Kosten, die bei Ausdehnung der Änderungsmaßnahmen auf die durch die zunächst geplante Änderung nicht berührten Teile zusätzlich entstehen, ist in Nordrhein-Westfalen rechtlich nicht begrenzt. Der Begriff der Verhältnismäßigkeit enthält neben dem objektiven Gesichtspunkt der Mehrkosten eine **subjektive Seite**. Die Mehrkosten müssen **für den Anpassungsverpflichteten wirtschaftlich tragbar** sein. Diesem Gesichtspunkt kommt im Hinblick auf Art. 14 Abs. 1 GG besondere Bedeutung zu (BVerfG, Beschl. v. 14.02.1967 – 1 BvL 17/63, BVerfGE 21, 150).

25 Satz 2 normiert, dass im Zusammenhang mit den Forderungen nach Satz 1 auch angemessene **Regelungen zur Barrierefreiheit** zu schaffen sind. Dabei kann vielfach naturgemäß **keine vollständige Anpassung** an das derzeit geltende Recht erfolgen, weil die baulichen Voraussetzungen nicht vorliegen. Es ist auch hier auf die **Angemessenheit** der geforderten Maßnahmen, also auf das **ausgewogene Verhältnis** zwischen dem Erreichen der **Schutzziele** und dem damit verbundenen **Aufwand** abzustellen (vgl. Anmerkungen zu Rdn. 23–24).

Zweiter Abschnitt Genehmigungspflicht, Genehmigungsfreiheit

Vor §§ 60–63

1 Wie die Begründung zur BauO NW 1995 hervorhebt (s. LT-Drucks. 11/7153 S. 136), waren im Zeitpunkt der Beratungen über die Novellierung der Musterbauordnung insbesondere auf dem Gebiet der Verfahrensvorschriften **deutliche Unterschiede der einzelnen Länderregelungen** festzustellen. Im Herbst 1993 wurde bekannt, dass Bayern weitgehende, von der MBO abweichende Verfahrenserleichterungen beabsichtigte. Deswegen unternahm Nordrhein-Westfalen den Versuch, innerhalb der ARGEBAU ein einheitliches Vorgehen der Länder zu erreichen. Die ARGEBAU – Ministerkonferenz am 10./11.12.1993 konnte sich aber nicht auf von allen Ländern getragene Verfahrensvorschriften einigen und beschloss lediglich eine Änderung der MBO (Fassung Dezember 1993). Das magere Ergebnis bestand in der **Ergänzung der Rechtsverordnungsermächtigung nach § 81 Abs. 2 MBO 1993** um eine **neue Nr. 2**, die praktisch jede Verfahrensvariante abdeckte, die in der Folgezeit von einem Land erlassen wurde.

2 Die **Novellierungsüberlegungen** liefen **in Nordrhein-Westfalen** deswegen weitgehend unabhängig von denen der anderen Länder, orientierten sich allerdings stark an den

Reformbemühungen in Bayern. Für das Gesetzgebungsverfahren der **BauO NW 1995** stand von vornherein fest, dass die **Entstaatlichung der Bauaufsicht** durch Freistellungsregelungen und Ausweitung des Sachverständigenwesens voranzutreiben war. Auch sollte das **Bauanzeigeverfahren** nicht wieder eingeführt werden. Einerseits hatte sich das Bauanzeigeverfahren in der Praxis **nicht bewährt**. Andererseits erschien die Fiktion der Übereinstimmung des Vorhabens mit dem gesamten öffentlichen Recht nach Ablauf einer relativ kurz bemessenen Frist grundsätzlich unvertretbar. Zu diesem Ergebnis gelangt auch der Bericht der Unabhängigen Expertenkommission zur Vereinfachung und Beschleunigung von Planungs- und Genehmigungsverfahren (»Investitionsförderung durch flexible Genehmigungsverfahren«, 1994, Rn. 727):

> *»Dabei hat sich ergeben, dass eine solche Genehmigungsfiktion praktisch kaum eine wirksame Beschleunigung verspricht, in heiklen Genehmigungsfällen die Behörden zur Untätigkeit verleiten kann und außerdem schwerwiegenden rechtlichen Bedenken unterliegt, die sie nur unter weitreichenden Kartellen als tragbar erscheinen lassen.«*

Für den **Landesgesetzgeber** stellte im Übrigen das seinerzeit gegebene **Bauplanungsrecht** eine **starke Bindung** dar. Nach § 29 BauGB 1986 **galten die §§ 30 bis 37 BauGB nämlich nur**, also die Vorschriften über die bauplanungsrechtliche Zulässigkeit von Vorhaben, welche die Errichtung, Änderung oder Nutzungsänderung von baulichen Anlagen (der bundesrechtliche Begriff »bauliche Anlagen« ist nicht mit dem in den Landesbauordnungen verwendeten identisch; s. Anmerkungen zu § 2 Rdn. 13 ff.) zum Inhalt haben, **wenn die Vorhaben – nach Landesrecht – einer bauaufsichtlichen Genehmigung oder Zustimmung bedurften.** Der Abbruch baulicher Anlagen wird von den §§ 29 ff. BauGB nicht erfasst, da er regelmäßig – abgesehen von den in §§ 172 ff., 179 BauGB geregelten Fällen – städtebaulich irrelevant ist (OVG NRW, Urt. v. 26.05.1982 – 11 A 15/80, BRS 39 Nr. 172). Eine **Ausnahme** galt nur für **genehmigungsfreie Vorhaben im Geltungsbereich von Bebauungsplänen**, weil die Festsetzungen dieser Pläne als **Satzungsrecht** aus sich heraus gelten (vgl. § 65 Abs. 4 BauO NW 1995). Da der Bundesgesetzgeber somit alle bodenrechtlich relevanten Fälle von einigem Gewicht erfassen wollte, durfte der Landesgesetzgeber nur solche Vorhaben freistellen, die bodenrechtlich nur von geringem Gewicht sind (so BVerwG, Urt. v. 19.12.1985 – 7 C 65.82, BVerwGE 72, 300 = DVBl 1986, 190 – »Wyhl-Entscheidung«). Weil **städtebaulich relevante Vorhaben** daher zumindest einer **bauplanungsrechtlichen Kontrolle durch die Bauaufsichtsbehörden** nicht entzogen werden durften, konnte der Katalog der generell freigestellten Vorhaben (§ 65 BauO NW 1995) nur relativ geringfügig erweitert werden. Die **Benutzungsgenehmigung für haustechnische Anlagen** nach § 60 Abs. 2 BauO NW 1984 **entfiel** zugunsten einer in § 66 BauO NW 1995 geregelten »bedingten« Freistellung; nach dieser Regelung hatte der Bauherr Unternehmer- oder Sachverständigenbescheinigungen vor Aufnahme der Benutzung (Inbetriebnahme) der haustechnischen Anlagen der Bauaufsichtsbehörde vorzulegen.

Nordrhein-Westfalen folgte im Übrigen dem Weg, der mit der seit Juli 1994 in Bayern geltenden Bauordnung eingeschlagen war: gemäß § 67 **BauO NW 1995** wurde für **Wohngebäude** im Geltungsbereich eines **qualifizierten Bebauungsplans** nach § 30

Abs. 1 BauGB 1986 oder eines **Vorhaben- und Erschließungsplans** nach § 7 BauGB-MaßnahmenG unter bestimmten Voraussetzungen auf ein **Baugenehmigungsverfahren verzichtet.** Diese Regelung erfasst Wohngebäude **geringer** und **mittlerer Höhe** ohne Beschränkung der Zahl der Wohnungen einschließlich ihrer Nebengebäude und Nebenanlagen.

5 Nach § 64 BauO NW 1984 blieben **bauordnungsrechtlich nicht relevante Vorhaben,** die eigentlich baugenehmigungsfrei gestellt werden könnten, gleichwohl baugenehmigungsbedürftig, soweit ein Verzicht auf eine bauplanungsrechtliche Kontrolle nach Bundesrecht unzulässig war. Für sie wurde seinerzeit das **vereinfachte Genehmigungsverfahren** geschaffen. Diese Verfahrensart ist dadurch charakterisiert, dass das materielle Bauordnungsrecht im Wesentlichen nicht mehr geprüft wird. Neben dem Bauplanungsrecht unterliegen der Kontrolle im Wesentlichen nur die die bauordnungsrechtlichen Regelungen über die Erschließung, die Abstandflächen, die Gestaltung, die Stellplatzverpflichtung sowie eventuell vorhandene örtliche Bauvorschriften. Dem vereinfachten Genehmigungsverfahren gemäß § 68 BauO NW 1995 unterfielen vor allem Wohngebäude **geringer** und **mittlerer Höhe** ohne Beschränkung der Zahl der Wohnungen einschließlich ihrer Nebengebäude und Nebenanlagen.

6 Die Freistellung von Wohngebäuden mittlerer Höhe in beplanten Gebieten (§ 67 BauO NW 1995) und die Ausweitung des Katalogs der dem vereinfachten Genehmigungsverfahren unterliegenden Vorhaben (§ 68 BauO NW 1995) erforderten, dass vor Ausführungsbeginn eine **Kontrolle wichtiger Sicherheitsaspekte** des Bauordnungsrechts durch **private Dritte** erfolgt. Für Teilbereiche war schon bisher die Einschaltung von Privaten im Baurecht längst selbstverständlich. Der Prüfingenieur für Baustatik, der Öffentlich bestellte Vermessungsingenieur und der Bezirksschornsteinfegermeister üben als Beliehene, also mit öffentlich-rechtlichem Status, anstelle der – nicht für die – Bauaufsicht Kontrollen aus. Da der Gesetzgeber eine Entlastung der Bauaufsichtsbehörden anstrebte, war es nur folgerichtig, diese **Kontrollen** im Auftrage des Bauherrn – **privatrechtlich** – durchführen zu lassen. Diese Entscheidung führte zur **Einführung** der Rechtsfigur **des staatlich anerkannten Sachverständigen.** Der staatlich anerkannte Sachverständige wird zwar privatrechtlich tätig, seine Bescheinigungen begründen nach § 72 Abs. 7 BauO NW 1995 gleichwohl aber die Vermutung, dass die bauaufsichtlichen Anforderungen im Hinblick auf den bescheinigten Gegenstand erfüllt sind. Obwohl der staatlich anerkannte Sachverständige nicht wie der Prüfingenieur für Baustatik Beliehener ist, **haftet** er dem Bauherrn gegenüber **für die Richtigkeit** seiner Bescheinigung. Da die **Bauaufsichtsbehörde** nicht zur Nachprüfung verpflichtet ist, **haftet** sie in Konsequenz dessen auch **nicht für die Folgen einer eventuell unrichtigen Bescheinigung.** Aufgrund der Ermächtigungen des § 85 Abs. 2 Satz 1 Nr. 3 und 4 BauO NW 1995 hat die oberste Bauaufsichtsbehörde mit der **SV-VO** und der **TPrüfVO** die rechtlichen Grundlagen für die staatliche Anerkennung der Sachverständigen noch im Jahre 1995 geschaffen.

7 Die Vorschriften über **genehmigungsbedürftige** und **genehmigungsfreie** Vorhaben wurden mit der **BauO NW 1995 neu strukturiert:**

– Entsprechend § 60 BauO NW 1984 normiert § 63 BauO NW 1995 den **Grundsatz**, dass die Errichtung, die Änderung, die Nutzungsänderung und der Abbruch baulicher Anlagen sowie anderer Anlagen und Einrichtungen im Sinne des § 1 Abs. 1 Satz 2 BauO NW 1995 **der Baugenehmigung** bedürfen, soweit in den nachfolgenden Vorschriften nichts anderes geregelt ist; die Vorschrift ordnet ferner an, dass bestimmte **Genehmigungen** bzw. **Erlaubnisse nach anderen Rechtsvorschriften die Baugenehmigung einschließen** und dass die **Vorschriften über Planfeststellungsverfahren unberührt** bleiben.
– Wie bereits § 61 BauO NW 1984 stellt § 64 BauO NW 1995 Wasserbauten, Anlagen der öffentlichen Versorgung, Sprengstoffanlagen und Atomanlagen **unter der Bedingung verfahrensfrei**, dass diese Anlagen einem anderen öffentlichen Verfahren oder der staatlichen Aufsicht unterliegen.
– Wie zuvor § 62 BauO NW 1984 enthält § 65 BauO NW 1995 einen gegenüber dem Vorgängerrecht ausgeweiteten **Katalog der genehmigungsfreien Vorhaben**; die Freistellung ist mit Ausnahme statischer Eingriffe, für die ein Sachkundiger die Unbedenklichkeit bescheinigen muss, nicht an verfahrensmäßige Bedingungen geknüpft, jedoch ausdrücklich mit der **Verpflichtung zur Beachtung des materiellen Baurechts** verbunden.
– Die in § 66 BauO NW 1995 aufgeführten **haustechnischen Anlagen** sind vom bauaufsichtlichen Verfahren befreit; diese **Freistellung** ist für den Bauherrn mit der **Verpflichtung** verbunden, für die betreffende haustechnische Anlage die **Bescheinigung** eines Fachunternehmers oder Sachverständigen zu beschaffen und diese sodann **der Bauaufsichtsbehörde vorzulegen.**
– Die in § 67 BauO NW 1995 genannten, in einem qualifiziert beplanten Gebiet liegenden **Wohngebäude** einschließlich der **Nebengebäude** und **Nebenanlagen** sind von einem präventiven bauaufsichtlichen Verfahren befreit, wenn sie den Festsetzungen des Plans entsprechen; die Freistellung ist für den Bauherrn mit der **Verpflichtung** verbunden, **der Gemeinde Bauvorlagen einzureichen** und abzuwarten, ob diese die Durchführung eines Baugenehmigungsverfahrens anordnet.
– Entsprechend § 64 BauO NW 1984 regelt § 68 BauO NW 1995 das **vereinfachte Genehmigungsverfahren** für **Wohngebäude** und **bestimmte kleinere Vorhaben**, für die eine **bauordnungsrechtliche Vollprüfung nicht erforderlich ist.**

Wegen der tiefgreifenden Veränderungen des Verfahrensrechts durch die BauO NW 1995 bestand von Anfang an Klarheit darüber, dass die praktischen Auswirkungen der Reform einer **Überprüfung** bedurften und dass auch weitere Rechtsänderungen erforderlich sein würden. Trotz anfänglicher Kritik in der Fachöffentlichkeit an der mit der BauO NW 1995 bewirkten Verfahrensreform gewöhnten sich die am Bau Beteiligten und die Bauaufsichtsbehörden relativ rasch an das neue Recht. Nicht anders als vermutet, zeigten sich in der praktischen Anwendung **Schwächen** einzelner Vorschriften. Die oberste Bauaufsichtsbehörde ermittelte in Dienstbesprechungen mit den unteren Bauaufsichtsbehörden und mit den Baukammern den unumgänglichen **Nachbesserungsbedarf**. Hinzu kam das Bestreben nach einem **Ausbau des vereinfachten Genehmigungsverfahrens zum Regelverfahren** und nach **Umsetzung der Ergebnisse** der »Unabhängigen Sachverständigenkommission beim Ministerpräsidenten

8

Vor §§ 60–63

des Landes Nordrhein-Westfalen zur Prüfung der Konsequenzen aus dem Brand auf dem Rhein-Ruhr-Flughafen Düsseldorf«.

9 Neben erforderlichen **Rechtsanpassungen** einzelner Verfahrensvorschriften **zur Behebung von Vollzugsproblemen** (§§ 67 und 68 BauO NW 1995), der Aufnahme der Gegenstände des § 64 BauO NW 1995 in den Freistellungskatalog des § 65 und der Streichung der noch in § 66 BauO NW 1995 enthaltenen Pflicht zur Vorlage bei der Bauaufsichtsbehörde von Bescheinigungen der Sachverständigen bzw. Unternehmer bezüglich der Errichtung und Änderung haustechnischer Anlagen verfolgte die **BauO NRW 2000** im Wesentlichen zwei verfahrensrechtliche Hauptziele:
– **Aufwertung des vereinfachten Genehmigungsverfahrens zum »Regelverfahren«**,
– **Pflicht zur Vorlage eines Brandschutzkonzepts für Sonderbauten**.

Um das vereinfachte Genehmigungsverfahren aufwerten zu können, sollten gewerbliche Vorhaben und öffentlichen Zwecken dienende Vorhaben in dieses einbezogen werden. Aus diesem Grunde war es erforderlich, in den Verfahrensvorschriften eine **Differenzierung zwischen den Sonderbauten nach ihrem Gefahrenpotenzial** vorzunehmen. Nur Sonderbauten mit geringem Gefahrenpotenzial konnten nämlich dem vereinfachten Genehmigungsverfahren mit seinem eingeschränkten Prüfumfang zugeordnet werden. Die Differenzierung erfolgte durch **Aufnahme eines Katalogs** der vom vereinfachten Genehmigungsverfahren ausgenommenen »großen« Sonderbauten in § 68 Abs. 1 Satz 3 BauO NRW 2000, woraus im Umkehrschluss folgt, welche Vorhaben »kleine« Sonderbauten sind. In § 54 Abs. 2 BauO NRW 2000 wurde mit der neuen Nr. 19 die Ermächtigung für die Bauaufsichtsbehörde aufgenommen, für »kleine« Sonderbauten die **Vorlage eines Brandschutzkonzepts** verlangen zu können. Die entsprechende Vorlagepflicht für »große« Sonderbauten wurde in § 69 Abs. 1 Satz 2 BauO NRW 2000 gesetzlich begründet.

10 Das am 15.04.**2007** in Kraft getretene **Bürokratieabbaugesetz I** hat in das so geschaffene Verfahrensrecht erneut eingegriffen. Für Nutzungsänderungen und die Errichtung von Kleingaragen wurde ein **Anzeigeverfahren** eingeführt, das die ursprünglichen Reformüberlegungen ignoriert (s. Rdn. 2).

11 In der Folgezeit hat der Gesetzgeber weitere Modifizierungen hinsichtlich der Genehmigungserfordernisse in die Vorschriften des zweiten Abschnitts mit dem Ziel eingearbeitet, die Verfahren zu entbürokratisieren und zu beschleunigen. Der **Katalog** der **genehmigungsfreien Vorhaben** wurde wiederum **erweitert** und die Durchführung des **normalen Genehmigungsverfahrens** weiter **reduziert**. Diesem Ansatz folgt die BauO NRW 2018 durch eine weitere Entschlackung der verschiedenen Genehmigungsverfahren.

§ 60 Grundsatz

(1) Die Errichtung, Änderung, Nutzungsänderung und Beseitigung von Anlagen bedürfen der Baugenehmigung, soweit in den §§ 61 bis 63, 78 und 79 nichts anderes bestimmt ist.

(2) Die Genehmigungsfreiheit nach den §§ 61 bis 63, 78 und 79 Absatz 1 Satz 1 sowie die Beschränkung der bauaufsichtlichen Prüfung nach § 64 entbinden nicht von der Verpflichtung zur Einhaltung der Anforderungen, die durch öffentlich-rechtliche Vorschriften an Anlagen gestellt werden, und lassen die bauaufsichtlichen Eingriffsbefugnisse unberührt.

Übersicht	Rdn.
0 Änderungen gegenüber der BauO NW 1984, der BauO NW 1995 und der BauO NRW 2000	01
1 Allgemeines	1
2 Zu Absatz 1 – Grundsatz der präventiven Prüfung	5
3 Zu Absatz 2 – Beachtung der öffentlich-rechtlichen Vorschriften	14

0 Änderungen gegenüber der BauO NW 1984, der BauO NW 1995 und der BauO NRW 2000

Die Vorschrift des § 63 Abs. 1 Satz 1 BauO NW 1995 entsprach im Wesentlichen § 60 BauO NW 1984. Es war lediglich auf die neu hinzugekommenen Vorschriften der Landesbauordnung hinzuweisen, nach denen Vorhaben genehmigungsfrei errichtet werden dürfen. 01

Die **BauO NRW 2000** hat § 63 Abs. 1 Satz 1 BauO NW 1995 ohne Änderungen übernommen. 02

Die Vorschrift des § 65 Abs. 4 **BauO NW 1995** blieb gegenüber der Vorgängervorschrift des § 62 BauO NW 1984 unverändert. 03

Auch § 65 Abs. 4 BauO NRW 2000 behielt die Regelung bei. 04

Mit der BauO NRW 2018 wurde die Vorschrift in den neuen § 60 BauO NRW 2018 als Absatz 2 überführt und um den Tatbestand erweitert, dass auch die Prüfung nach dem einfachen Genehmigungsverfahren nicht von der Einhaltung der übrigen öffentlich-rechtlichen Vorschriften entbindet. Sie bildet somit mit der Regelung des Absatz 1 den Grundsatz zur Genehmigungspflicht von Anlagen bzw. der Notwendigkeit der Einhaltung der öffentlich-rechtlichen Forderungen. 05

1 Allgemeines

Nach dem in Absatz 1 postulierten **Grundsatz**, der seit jeher Bestandteil des Bauordnungsrechts war, bedürfen baulich relevante Vorgänge der **Baugenehmigung**, sofern 1
– das **Bauordnungsrecht** gemäß § 1 BauO NRW 2018 überhaupt **Anwendung** findet und

§ 60 Grundsatz

– nachfolgende Verfahrensvorschriften **keine Genehmigungsfreiheit** oder vom Baugenehmigungsverfahren **abweichende Verfahrensarten** vorsehen.

Damit wird ein **Regel-Ausnahme-Verhältnis** festgelegt:
– die **Genehmigungsbedürftigkeit ist die Regel**,
– die **Genehmigungsfreiheit** und vom Baugenehmigungsverfahren **abweichende Verfahrensarten** bedürfen ausdrücklicher gesetzlicher Bestimmungen.

2 Als baulich relevante Vorgänge nennt § 60 Absatz 1 BauO NRW 2018:
– die **Errichtung** (s. Anmerkungen zu § 3 Rdn. 24 ff.),
– die **Änderung** (s. Anmerkungen zu § 3 Rdn. 27 ff.),
– die **Nutzungsänderung** (s. Anmerkungen zu § 3 Rdn. 105 ff.) und
– die **Beseitigung** (s. Anmerkungen zu § 3 Rdn. 102 ff.)

von Anlagen (s. Anmerkungen zu § 2 Rdn. 34 ff.). Nicht erwähnt ist die **Instandhaltung** (s. Anmerkungen zu § 3 Rdn. 32 ff.). Die Instandhaltung, also die Aufrechterhaltung des ordnungsgemäßen qualitativen baulichen Zustandes, ist eine sich aus § 3 Absatz 1 Satz 1 BauO NRW 2018 ergebende Rechtspflicht, um zu vermeiden, dass Gefahren für Bewohner, Nutzer oder Passanten entstehen können. Die Ausübung der zulässigen **Nutzung** einer rechtmäßig errichteten Anlage wird vom Bestandsschutz erfasst (s. Anmerkungen zu § 74 Rdn. 171).

3 Die verfassungsrechtlich garantierte materielle »Baufreiheit« schließt einen **Genehmigungsvorbehalt** nicht aus. Durch den Grundsatz des Absatz 1 wird **in verfassungsrechtlich zulässiger Weise** das Bauen unter ein **Verbot mit Erlaubnisvorbehalt** gestellt, um im öffentlichen Interesse zu klären, ob das Verhalten des Bürgers rechtmäßige Grundrechtsausübung ist (BVerfG, Urt. v. 05.08.1966 – 1 BvL 1/61, BVerfGE 20, 150). Die Einschränkung der allgemeinen Handlungsfreiheit durch Einführung einer vorbeugenden Verwaltungskontrolle greift nicht in verfassungsrechtlich geschützte Grundrechte des Bürgers ein, soweit dies im Rahmen einer sinnvollen, dem Wohl der Allgemeinheit dienenden Ordnung erforderlich ist (BVerfG, Beschl. v. 12.06.1979 – 1 BvL 19/76, BVerfGE 52, 1). Die Landesbauordnung trägt der Anforderung der Erforderlichkeit Rechnung, indem sie in erheblichem Umfang bauliche Vorgänge verfahrensfrei stellt.

4 Die **Verfahrensfreiheit** bestimmter, aus Sicht des Bauordnungsrechts unbedeutender Vorhaben stellt **keine Freistellung vom materiellen Recht** dar. Dies ergibt ein Blick in den bedeutsamen **Absatz 2**, der mit der Novellierung des Bauordnungsrechts nunmehr grundsätzlich mit in den Zweiten Abschnitt einleitet, wie dies bereits in der Vorauflage angeraten wurde (vgl. dort Anmerkungen zu § 65 Rn. 2). Freistellung bedeutet nämlich nur eine Entbindung von der Pflicht, einen Bauantrag mit den erforderlichen Bauvorlagen einreichen und die Erteilung der Baugenehmigung abwarten zu müssen. Darin liegt die wesentliche Wirkung der Genehmigungsfreiheit für den Bauherrn. Eine **Erleichterung** ist damit **nicht in jedem Fall** verbunden, da der ordnungsgemäß handelnde Bauherr die zu beachtenden **materiellen Bauvorschriften** erst mühsam **bei den zuständigen Behörden erfragen** muss. Dieser Prozess kann mitunter länger dauern als ein einfaches Genehmigungsverfahren, zumal mangels Baugenehmigung deren Konzentrationseffekt hinsichtlich eingeschlossener öffentlich-rechtlicher Gestattungen

entfällt, der Bauherr also gezwungen ist, **selbständige Genehmigungen oder Erlaubnisse** (z.b. nach Straßen-, Denkmal-, Landschafts- oder Baumschutzrecht) bei den dafür zuständigen Behörden einzuholen. Das ergibt sich mittelbar aus § 74 Absatz 3 Satz 2 BauO NRW 2018, da dies auch für baugenehmigungsbedürftige Vorhaben gilt (argumentum a maiore ad minus; s.a. Anmerkungen zu § 74 Rdn. 244 und 245).

2 Zu Absatz 1 – Grundsatz der präventiven Prüfung

Die **grundsätzliche Genehmigungsbedürftigkeit** erstreckt sich auf **alle Anlagen** (vgl. § 2 Absatz 1 Satz 4 BauO NRW 2018), also auf bauliche Anlagen nach § 2 Absatz 1 Satz 1 BauO NRW 2018, auf diejenigen, die nach § 2 Absatz 1 Satz 3 BauO NRW 2018 auch als bauliche Anlagen definiert werden sowie auf andere Anlagen und Einrichtungen nach § 1 Absatz 1 Satz 2 BauO NRW 2018 (s. Anmerkungen zu § 2 Rdn. 42 ff.). Der **Genehmigungsvorbehalt** für die Errichtung, die Änderung, die Nutzungsänderung und die Beseitigung von Anlagen besteht **nicht uneingeschränkt**. Gemäß § 1 Absatz 2 BauO NRW 2018 **gilt die Bauordnung** nämlich **nicht** für die dort aufgeführten Vorhaben, weil diese anderen Rechtsvorschriften unterliegen, die ebenfalls eine präventive Prüfung des öffentlich Rechts verlangen (s. Anmerkungen zu § 1 Rdn. 47 ff.). Der Verzicht auf die Genehmigungspflicht nach der BauO NRW 2018 gilt für diese Anlagen nicht grenzenlos, vielmehr ordnet die BauO NRW 2018 **Rückausnahmen für Gebäude** an, weil gerade bezüglich dieser baulichen Anlagen die Einhaltung des materiellen Bauordnungsrechts nur sichergestellt werden kann, wenn die Bauaufsichtsbehörden präventiv prüfen (s. Anmerkungen zu § 1 Rdn. 137 ff.).

5

Neben den in Absatz 1 aufgeführten Vorschriften der BauO NRW 2018, die hinsichtlich der generellen Genehmigungsbedürftigkeit abweichende Bestimmungen treffen, ist § 87 **Absatz 2 Satz 1 Nr. 1** BauO NRW 2018 zu beachten, wonach die oberste Bauaufsichtsbehörde ermächtigt wird, **durch Rechtsverordnung weitere und weitergehende Ausnahmen von der Genehmigungspflicht** festzulegen.

6

Im **2. Halbsatz** sind die Vorschriften aufgelistet, die **Ausnahmen von der Genehmigungspflicht** beinhalten. Nach § 61 BauO NRW 2018 schließen bestimmte Gestattungen aus anderen Rechtsgebieten die Baugenehmigung ein. Dies kann sich beispielsweise aus dem Wasserrecht, dem Abfallrecht oder dem Immissionsschutz ergeben (vgl. Anmerkungen zu § 61 Rdn. 3–19)

Die Baugenehmigungsbedürftigkeit entfällt gemäß § 62 BauO NRW 2018 bei **Vorhaben**, die **nur geringe Auswirkungen auf die öffentliche Sicherheit und Ordnung** haben. Es ist im Wesentlichen die **bauordnungsrechtliche Geringfügigkeit** der Baumaßnahmen, die zur Aufnahme in den Katalog der baugenehmigungsfreien Vorhaben berechtigt, auch um die Bauaufsichtsbehörden zu entlasten (vgl. Jeromin, zu § 62, Rn. 1).

7

Auch bestimmte **technische Anlagen** sind nach § 62 BauO NRW 2018 vom Baugenehmigungsverfahren freigestellt. Hierbei handelt es sich um Anlagen, die ohnehin kaum einer präventiven Prüfung durch die Bauaufsichtsbehörde zugänglich sind oder bei denen eine solche wenig zweckmäßig wäre. An die Stelle einer bauaufsichtlichen Prüfung mit abschließender Baugenehmigung tritt bei einzelnen Anlagen die

8

§ 60 Grundsatz

Bescheinigung des Unternehmers oder eines Sachverständigen, dass die Anlage den öffentlich-rechtlichen Vorschriften entspricht. Somit handelt es sich hierbei um eine lediglich »bedingte« Freistellung.

9 Nach § 63 BauO NRW 2018 entfällt die Baugenehmigung für **genehmigungsfreie Wohngebäude** im Geltungsbereich eines qualifizierten oder vorhabenbezogenen Bebauungsplans, wenn kein Widerspruch zu den Planfestsetzungen gegeben ist und die Gemeinde aufgrund der vorzulegenden Bauvorlagen die Einleitung eines Baugenehmigungsverfahrens nicht anordnet. Die von der Vorschrift erfassten Wohngebäude der Gebäudeklassen 1 bis 3, sonstigen Gebäude der Gebäudeklassen 1 und 2 sowie deren Nebengebäude und Nebenanlagen bedürfen der Baugenehmigung im vereinfachten Genehmigungsverfahren,
– wenn die Gemeinde entsprechend § 63 Absatz 2 Satz 1 Nr. 5 BauO NRW 2018 erklärt, dass ein Genehmigungsverfahren durchgeführt werden soll,
– oder aber der Bauherr von sich aus nach § 63 Absatz 2 Satz 2 BauO NRW 2018 die Durchführung des Baugenehmigungsverfahrens beantragt, was ihm freisteht.

10 Schließlich bedarf es keiner Baugenehmigung für solche Bauvorhaben, die nach **einer abweichenden Verfahrensart durch die Bauaufsichtsbehörde** geprüft werden:
– **Fliegende Bauten** gemäß **§ 78 BauO NRW 2018** und
– **Vorhaben, die einer bauaufsichtlichen Zustimmung** gemäß **§ 79 BauO NRW 2018** bedürfen.

Bei diesen Verfahren handelt es sich um **speziell ausgebildete Verfahren**, die dem besonderen Verwendungszweck bzw. der besonderen Bauherreneigenschaft Rechnung tragen. Diese Vorschriften stellen sicher, dass die im Baugenehmigungsverfahren zu prüfenden Sachverhalte auch in diesen speziellen Verfahrensvarianten Beachtung finden. Somit handelt es sich hierbei lediglich um besondere Verfahrensformen, eben um **spezielle** Baugenehmigungsverfahren.

11 Für das **Baugenehmigungsverfahren** enthält das Bauordnungsrecht **drei Varianten**:
– das »**normale**« Genehmigungsverfahren mit einer **uneingeschränkten Prüfung** des öffentlichen Rechts, das sich aus § 65 BauO NRW 2018 in Verbindung mit § 74 Absatz 1 BauO NRW 2018 ergibt, weil die nachfolgenden Vorschriften insoweit keine abweichenden Bestimmungen oder Einschränkungen enthalten und
– das **einfache** Genehmigungsverfahren nach **§ 64 BauO NRW 2018** mit den in dieser Vorschrift festgelegten **Prüfeinschränkungen** in Bezug auf bestimmte Vorschriften des Bauplanungs- und Bauordnungsrechts sowie bestimmten anderen öffentlich-rechtlichen Vorschriften.
– Als **Unterpunkt** des **einfachen Genehmigungsverfahrens** die **referenzielle Baugenehmigung** nach **§ 66 Absatz 5 BauO NRW 2018** für mehrere gleiche Bauvorhaben im Geltungsbereich eines Bebauungsplanes. Wenn für eines dieser Bauvorhaben eine Genehmigung nach § 64 BauO NRW 2018 erteilt wurde, gelten die weiteren gleichen Vorhaben unter Umständen ebenfalls als genehmigt.

12 Welche dieser **Verfahrensvarianten** Anwendung findet, regeln die Vorschriften der §§ 64, 65 i. V. m. 50 Absatz 2 und 66 BauO NRW 2018. Die in § 50 Absatz 2

BauO NRW 2018 unter Nr. 1 – 18 aufgeführten Vorhaben unterliegen dem Baugenehmigungsverfahren nach § 65 BauO NRW 2018. Dem einfachen Genehmigungsverfahren nach § 64 BauO NRW 2018 unterliegen alle übrigen genehmigungspflichtigen Vorhaben, soweit sie nicht nach § 66 BauO NRW 2018 als genehmigt gelten. Die Vorhaben, die nicht dem »normalen« Genehmigungsverfahren unterliegen sind nach den Erfahrungen, die bislang mit dem neuen Recht gemacht werden konnten, weit mehr als 80 % aller Vorhaben. Damit hat sich das **einfache Genehmigungsverfahren** mit der stark eingeschränkten Prüfung des materiellen Bauordnungsrechts zum »**Regelverfahren**« entwickelt.

Die dem prüfintensiveren Genehmigungsverfahren nach § 65 BauO NRW 2018 unterfallenden Vorhaben sind die **großen Sonderbauten**, die wegen der besonderen Gefahrensituation noch einer **Vollprüfung des materiellen Bauordnungsrechts** bedürfen (s. Anmerkungen zu § 50 Rdn. 7). Die im allgemeinen Sprachgebrauch häufig verwendete Bezeichnung »**normales**« Genehmigungsverfahren ist hierfür eher irreführend, weil nach der Bauordnungsrechtsreform 2000 nur noch wenige Vorhaben der Vollprüfung unterliegen, also dieses Verfahren nunmehr die »Ausnahme« von der Regel bildet. Die Bezeichnung will mit dem Wort »normal« zum Ausdruck bringen, dass in diesem Verfahren nicht nur einige wenige, sondern grundsätzlich alle bauordnungsrechtlichen Vorschriften geprüft werden, es sich eben um eine »normale« und nicht um eine eingeschränkte »einfache« Prüfung handelt. In der Tat unterfiel in der Vergangenheit – zumindest in den Großstädten des Landes – nur eine Minderheit der Vorhaben dem vereinfachten Genehmigungsverfahren, so dass die fachsprachliche Bezeichnung »normales« Genehmigungsverfahren in vielen Regionen noch zutraf. Es bleibt abzuwarten, ob die historisch gewachsene Bezeichnung noch lange erhalten bleibt. Vielleicht differenziert die Fachsprache künftig nur noch zwischen »einfachen Genehmigungsverfahren« und »Sonderverfahren«, was der Rechtslage eher entsprechen würde. 13

3 Zu Absatz 2 – Beachtung der öffentlich-rechtlichen Vorschriften

Der Wegfall der Genehmigungspflicht und die Einführung des einfachen Genehmigungsverfahrens führen dazu, dass die Behörde vor Baubeginn die Einhaltung der öffentlich-rechtlichen Vorschriften nicht oder nicht vollständig überprüft und die am Bau Beteiligten, insbesondere der Bauherr, in erhöhtem Maß die Verantwortung dafür tragen, dass diese Vorschriften beachtet werden (OVG Sachsen-Anhalt, Beschl. v. 26.05.2009 – 2 L 164/08, ZfBR 6/2009 S. 594 f.). Abs. 2 enthält insofern eine wichtige **Klarstellung**, die Missverständnisse ausräumen soll, die in der Praxis immer wieder auftreten. Eine rechtlich erforderliche Regelung enthält die Vorschrift zwar nicht, da auch ohne sie feststeht, dass der Bauherr die Anforderungen des öffentlichen Baurechts einzuhalten hat, ihre rechtstechnische Verortung ist aber angesichts der für den Rechtsanwender bedeutsamen **Hinweisfunktion** durch die Aufnahme in den in den Zweiten Abschnitt einleitenden Grundsatzparagraph nun gut gewählt und entspricht der Intention des Gesetzgebers besser als dies bei der Vorgängervorschrift der Fall war (s. Rdn. 2). 14

§ 60 Grundsatz

15 Vom Bauherrn zu beachten sind **alle das Bauen berührenden öffentlich-rechtlichen Bestimmungen**, seien sie im engeren Sinne **baurechtlicher Art**, das heißt bauplanungs- oder bauordnungsrechtlicher Natur, oder sei es, dass sie zum **Baunebenrecht** gehören. Die bauordnungsrechtliche Freistellung und die eingeschränkte Prüfung im einfachen Genehmigungsverfahren entbinden den Bauherrn auch nicht von der Beachtung der mit den einzelnen Tatbeständen verbundenen Bedingungen und ferner nicht davon, nach anderen öffentlich-rechtlichen Vorschriften eventuell erforderliche Erlaubnisse, Genehmigungen oder sonstige öffentlich-rechtliche Gestattungen bei den jeweils hierfür zuständigen Behörden einzuholen.

16 Die Freistellung nach § 62 BauO NRW und das einfache Genehmigungsverfahren nach § 64 BauO NRW 2018 entlasten somit einerseits von der Verpflichtung eine Baugenehmigung einholen zu müssen, bürden dem **Bauherrn** aber andererseits die **alleinige Verantwortung** für die Einhaltung der öffentlich-rechtlichen Vorschriften auf (vgl. Boeddinghaus/Hahn/Schulte/Radeisen, zu § 65 Rn. 275), was besonders in bauplanungsrechtlicher Hinsicht bei der Realisierung von Nebenanlagen im Geltungsbereich eines Bebauungsplans Schwierigkeiten bereiten kann (s. Rdn. 15).

17 Der Bauherr kann sich nach Realisierung eines freigestellten Vorhabens, das gegen öffentlich-rechtliche Vorschriften verstößt, gerade wegen des Hinweises in Absatz 2 nicht darauf berufen, er habe die Freistellung als »Entbindung« vom öffentlichen Baurecht verstanden. Entsprechendes gilt auch für Vorhaben im einfachen Genehmigungsverfahren, welche gegen nicht zum Prüfumfang gehörende öffentlich-rechtliche Vorschriften verstoßen. Um zu verhindern, dass verantwortungslos handelnde Bauherrn die Einschränkung der präventiven Prüfung als Ermunterung zur Ausnutzung eines rechtsfreien Raumes verstehen, kommt den **Bauaufsichtsbehörden erhebliche Verantwortung** zu. Sie haben gegebenenfalls, gestützt auf die Ermächtigung des § 58 BauO NRW 2018, **repressive Maßnahmen** zu ergreifen, um die **Einhaltung der (Bau-)Rechtsordnung** zu erzwingen (so auch Jeromin, zu § 62 Rn. 115).

18 Bei der Planung eines freigestellten Vorhabens wird der Bauherr oder der von ihm beauftragte Entwurfsverfasser mitunter feststellen, dass bauordnungsrechtliche Vorschriften bestehen, die das Vorhaben wesentlich erschweren oder sogar unmöglich machen. Hier bietet es sich an zu prüfen, ob eine Abweichung von diesen Vorschriften möglich erscheint.

Nach **§ 69 Absatz 2 BauO NRW 2018** ist auch für freigestellte Vorhaben eine **Abweichung** bei der Bauaufsichtsbehörde **schriftlich zu beantragen**. Diese Bestimmung stellt ausdrücklich klar, dass das **Abweichungsrecht auch für freigestellte Vorhaben** Anwendung findet (s. Anmerkungen zu § 69 Rdn. 64 ff.). Das freigestellte Vorhaben wird durch das Abweichungsverfahren nicht etwa genehmigungsbedürftig, sondern bleibt nach wie vor freigestellt. Die Entscheidung über die Abweichung ergeht durch einen »**isolierten**« **Abweichungsbescheid** der Bauaufsichtsbehörde.

19 Soweit eine Abweichung ausscheidet, kann geprüft werden, ob sich eventuell über eine **Baulast** nach § 85 BauO NRW 2018 Rechtsverstöße ausräumen lassen. So kann z.B. ein Gebäude mit Abstellraum an der Nachbargrenze eine Abstandfläche auslösen, weil die abstandrechtlichen Privilegierungsvoraussetzungen des § 6 Absatz 8

BauO NRW 2018 trotz Einhaltung eines Brutto-Rauminhalts von 30 m³ nicht eingehalten sind; sofern der Nachbar bereit ist eine entsprechende Abstandsflächenbaulast auf sein Grundstück zu übernehmen, lässt sich so der Verstoß gegen § 6 Absatz 2 Satz 1 BauO NRW 2018 ausräumen. Das Rechtsinstitut der Baulast kann nämlich auch für freigestellte Vorhaben genutzt werden, da seine Anwendung nicht auf genehmigungsbedürftige Vorhaben beschränkt ist. Kommt eine Baulast zum Tragen, muss der Bauherr allerdings die hierfür geltenden besonderen **Verfahrensvorschriften** des § 85 BauO NRW 2018 i.V.m. § 18 BauPrüfVO beachten. Das freigestellte Vorhaben selbst bleibt jedoch auch bei Durchführung des Baulastverfahrens wie im Falle der isolierten Abweichung verfahrensfrei.

Soweit mit einem freigestellten Vorhaben **Ausnahmen** oder **Befreiungen** 20
– von den **Festsetzungen eines Bebauungsplans**,
– von **Festsetzungen einer sonstigen städtebaulichen Satzung** oder
– von **Regelungen der Baunutzungsverordnung**
verbunden sind, müssen diese nach Maßgabe des § **69 Absatz 2 BauO NRW 2018** schriftlich bei der Bauaufsichtsbehörde beantragt werden. Der Antrag muss **begründet** werden. Über diesen Antrag hat die Bauaufsichtsbehörde gem. § 69 Absatz 3 BauO NRW 2018 innerhalb von 6 Wochen (mit einer Verlängerungsoption auf bis zu 12 Wochen) zu entscheiden. Erst **nach** einer **positiven Entscheidung** kann die **Ausführung** des freigestellten Vorhabens erfolgen.

§ 61 Vorrang anderer Gestattungsverfahren

(1) Folgende Gestattungen schließen eine Baugenehmigung nach § 60 sowie eine Zustimmung nach § 79 ein:
1. für nach anderen Rechtsvorschriften zulassungsbedürftige Anlagen in, an, über und unter oder an oberirdischen Gewässern und Anlagen, die dem Ausbau, der Unterhaltung oder der Nutzung eines Gewässers dienen oder als solche gelten, ausgenommen Gebäude, die Sonderbauten sind,
2. für nach anderen Rechtsvorschriften zulassungsbedürftige Anlagen für die öffentliche Versorgung mit Elektrizität, Gas, Wärme, Wasser und für die öffentliche Verwertung oder Entsorgung von Abwässern, ausgenommen Gebäude, die Sonderbauten sind,
3. für Werbeanlagen, soweit sie einer Ausnahmegenehmigung nach Straßenverkehrsrecht oder einer Zulassung nach Straßenrecht bedürfen,
4. für Anlagen, die nach § 35 Absatz 3 des Kreislaufwirtschaftsgesetzes vom 24. Februar 2012 (BGBl. I. S 212), das zuletzt durch Artikel 2 des Gesetzes vom 20. Juli 2017 (BGBl. I S. 2808) geändert worden ist, einer Genehmigung bedürfen,
5. für Anlagen, die nach Produktsicherheitsrecht einer Genehmigung oder Erlaubnis bedürfen,
6. für Anlagen, die einer Errichtungsgenehmigung nach § 7 des Atomgesetzes in der Fassung der Bekanntmachung vom 15. Juli 1985 (BGBl. I S. 1565),

§ 61 Vorrang anderer Gestattungsverfahren

das zuletzt durch Artikel 2 Absatz 2 des Gesetzes vom 20. Juli 2017 (BGBl. I S. 2808) geändert worden ist, bedürfen,

7. für Anlagen, die einer Genehmigung nach § 8 des Gentechnikgesetzes in der Fassung der Bekanntmachung vom 16. Dezember 1993 (BGBl. I S. 2066), das zuletzt durch Artikel 3 des Gesetzes vom 17. Juli 2017 (BGBl. I S. 2421) geändert worden ist, bedürfen,

8. für Anlagen, die nach § 4 und § 16 Absatz 1 des Bundes-Immissionsschutzgesetzes in der Fassung der Bekanntmachung vom 17. Mai 2013 (BGBl. I S. 1274), das zuletzt durch Artikel 3 des Gesetzes vom 18. Juli 2017 (BGBl. I S. 2771) geändert worden ist, einer Genehmigung bedürfen, auch wenn sie im vereinfachten Verfahren nach § 19 des Bundes-Immissionsschutzgesetzes erteilt wird.

9. für Anlagen, die von der Verbindlichkeitserklärung eines Sanierungsplans nach § 13 Absatz 6 des Bundes-Bodenschutzgesetzes vom 17. März 1998 (BGBl. I S. 502), das zuletzt durch Artikel 3 Absatz 3 der Verordnung vom 27. September 2017 (BGBl. I S. 3465) geändert worden ist, oder nach § 15 Absatz 3 des Landesbodenschutzgesetzes vom 9. Mai 2000 (GV. NRW. S. 439), das zuletzt durch Artikel 5 des Gesetzes vom 20. September 2016 (GV. NRW. S. 790) geändert worden ist, umfasst sind.

Handelt es sich bei dem genehmigungsbedürftigen Vorhaben um ein solches, das nach dem Gesetz über die Umweltverträglichkeitsprüfung in der Fassung der Bekanntmachung vom 24. Februar 2010 (BGBl. I S. 94), das zuletzt durch Artikel 2 des Gesetzes vom 8. September 2017 (BGBl. I. S. 3370) geändert worden ist, oder nach dem Gesetz über die Umweltverträglichkeitsprüfung im Lande Nordrhein-Westfalen vom 29. April 1992 (GV. NRW. 1992 S. 175), das zuletzt durch Artikel 4 des Gesetzes vom 15. November 2016 (GV. NRW. S. 934) geändert worden ist, einer Umweltverträglichkeitsprüfung bedarf, so muss das Genehmigungsverfahren den Anforderungen des Gesetzes über die Umweltverträglichkeitsprüfung im Lande Nordrhein-Westfalen entsprechen.

(2) Die Vorschriften über gesetzlich geregelte Planfeststellungsverfahren bleiben unberührt.

Handlungsempfehlung des Ministeriums für Heimat, Kommunales, Bau und Gleichstellung des Landes Nordrhein-Westfalen auf der Grundlage der Dienstbesprechungen mit den Bauaufsichtsbehörden im Oktober/November 2018:

zu Absatz 1

§ 61 Absatz 1 regelt nun – über den bisherigen § 63 Absatz 2 BauO NRW 2000 hinaus –, dass bestimmte Gestattungen nach anderem Recht eine Baugenehmigung bzw. eine bauaufsichtliche Zustimmung einschließen. Dies gilt nun beispielsweise auch für bestimmte wasserrechtlich zu gestattende Anlagen (Nummer 1), für Werbeanlagen, die straßenverkehrs- oder straßenrechtlich zu gestatten sind (Nummer 3) oder auch für Anlagen, die einer Genehmigung oder Erlaubnis nach Produktsicherheitsgesetz bedürfen (Nummer 5). Die jeweils zuständigen Fachbehörden haben im Rahmen der von ihnen durchzuführenden Verfahren die Bauaufsichtsbehörden zu beteiligen, damit die bauplanungs- und

bauordnungsrechtlichen Belange geprüft werden können. Weitere Hinweise werden nach Abschluss der Abstimmung mit den zuständigen obersten Landesbehörden zur Verfügung gestellt.

Übersicht

		Rdn.
0	Änderungen gegenüber der BauO NW 1984, der BauO NW 1995 sowie der BauO NRW 2000	01
1	Allgemeines	1
2	Zu Absatz 1 Satz 1 – Konzentrationswirkung anderer Genehmigungen	3
3	Zu Absatz 1 Satz 2 – Umweltverträglichkeitsprüfung	20
4	Zu Absatz 2 – Verhältnis zu Planfeststellungsverfahren	39

0 Änderungen gegenüber der BauO NW 1984, der BauO NW 1995 sowie der BauO NRW 2000

Die Vorschrift des § 63 BauO NW 1995 entsprach im Wesentlichen § 60 BauO NW 1984. Folgende Änderungen und Ergänzungen erfolgten: **01**
- In Abs. 1 war auf die neu hinzugekommenen Vorschriften der Landesbauordnung hinzuweisen, nach denen Vorhaben genehmigungsfrei errichtet werden dürfen.
- Das in § 60 Abs. 2 BauO NW 1984 geregelte **Rechtsinstitut der Benutzungsgenehmigung** für haustechnische Anlagen wurde **nicht übernommen.** Regelungen über die »bedingte« Genehmigungsfreiheit dieser Anlagen wurden mit § 66 BauO NW 1995 getroffen.
- Abs. 2 wurde als Folge der Aufhebung des § 24 Gewerbeordnung und der Schaffung anderer Rechtsgrundlagen für überwachungsbedürftige Anlagen nach dem Gerätesicherheitsgesetz umformuliert. Auch die Anlagengenehmigung nach § 8 des Gentechnikgesetzes wurde berücksichtigt, da sie die Baugenehmigung einschließt.

Die **BauO NRW 2000** hat § 63 BauO NW 1995 mit folgenden Änderungen übernommen: **02**
- In Abs. 1 erfolgte eine Anpassung der Verweisungen an den fortgefallenen § 64.
- In Abs. 2 wurden die spezialrechtlichen Verfahren des Bundes-Bodenschutzgesetzes und des Landesbodenschutzgesetzes erwähnt, die die Baugenehmigung einschließen.

Durch Art. 9 des Gesetzes zur Umsetzung der UVP-Änderungsrichtlinie im Lande Nordrhein-Westfalen vom 04.05.2004 (GV. NRW. S. 259) wurde § 63 Abs. 1 BauO NRW ein **neuer Satz 2** angefügt, der für **wenige bauliche Vorhaben** die Durchführung einer **Umweltverträglichkeitsprüfung** im Baugenehmigungsverfahren anordnet. **03**

Durch § 2 Nr. 4 Buchstabe c) Bürokratieabbaugesetz I vom 13.03.2007 (GV. NRW. S. 133) wurde ein **Anzeigeverfahren** in Bezug auf **04**
- **Nutzungsänderungen baulicher Anlagen** und
- die **Errichtung von Kleingaragen**

§ 61 Vorrang anderer Gestattungsverfahren

eingeführt. Das Anzeigeverfahren gilt **abweichend** von § 63 Abs. 1 Satz 1 BauO NRW und ist aufgrund § 5 Abs. 3 Bürokratieabbaugesetz I **bis zum 31.12.2010 befristet.**

05 Mit der **BauO NRW 2018** wird der § 61 insoweit modifiziert, als der bisherige Abs. 1 Satz 1 in den § 60 integriert ist und die Aufzählung des Abs. 2 erweitert, strukturiert und mit dem alten § 63 Abs. 1 Satz 2 BauO NRW 2000 in den neuen Absatz 1 zusammengefügt wird. Absatz 2 übernimmt den bisherigen Abs. 3 wörtlich.

1 Allgemeines

1 Der neu strukturierte § 61 BauO NRW 2018 enthält zunächst Regelungen zum Vorrang von parallel ablaufenden Anlagengenehmigungsverfahren und stellt diese im Einzelnen dar. Wesentliche Inhaltliche Änderungen gegenüber dem Vorgängerrecht sind damit nicht verbunden, die Auflistung wird lediglich vervollständigt.

2 Die Vorschrift entspricht nun der Musterbauordnung und enthält Vorschriften, nach denen eine Baugenehmigung aufgrund der anderen Verfahren nicht erforderlich ist. Die für die Bescheidung und Gestattung nach der anderen Vorschrift zuständige Behörde übernimmt insoweit die Funktion und die Aufgaben der unteren Bauaufsichtsbehörde.

2 Zu Absatz 1 Satz 1 – Konzentrationswirkung anderer Genehmigungen

3 Die in Absatz 1 behandelten Rechtsfragen hängen mit der **Spezialisierungstendenz** des öffentlichen Rechts zusammen. Das Kernproblem liegt darin begründet, dass verschiedene Gesetze den gleichen Gegenstand zum Ziel unterschiedlicher Anforderungen haben können. Dabei sind sowohl **Konflikte** hinsichtlich des materiellen Rechts als auch der Verfahrensregeln denkbar. Im schlimmsten Fall muss sich der Bauherr **mehrere** Genehmigungen oder Erlaubnisse nach öffentlich-rechtlichen Vorschriften beschaffen und kann dennoch den Bau **nicht ausführen**, weil sich Nebenbestimmungen widersprechen, so dass die Befolgung der einen Nebenbestimmung einen Rechtsverstoß gegen die andere nach sich ziehen würde.

4 Ursprünglich bestanden neben dem Baupolizeirecht nur wenige Spezialgesetze, die zusätzliche Anforderungen an bauliche Anlagen enthielten. So nahm noch § 90 Abs. 4 MBO 1960 lediglich auf die §§ 16 und 24 GewO Bezug und bestimmte, dass die für die gewerberechtliche Genehmigung zuständige Behörde neben der gewerberechtlichen Genehmigung auch die Baugenehmigung im Einvernehmen mit der Bauaufsichtsbehörde zu erteilen hat. Nach damaligem Verständnis waren beide Genehmigungen nebeneinander erforderlich. Denkbaren Konflikten wurde durch die **Zuständigkeitsregelung** für die Genehmigungserteilung entgegengewirkt. Nach 1960 setzte dann ein Fortentwicklungsprozess ein, der zur Folge hatte, dass zunehmend einzelne gewerberechtliche Vorschriften durch neue Gesetze abgelöst wurden. Dabei begründete der Gesetzgeber neue Zulassungen nach Fachrecht, die mit **Konzentrationswirkung** ausgestattet waren (vgl. grundlegend hierzu Gaentzsch, Konkurrenz paralleler Anlagegenehmigungen, NJW 1986 S. 2787 ff.).

Die Vorschrift des Absatz 1 hat in erster Linie **klarstellenden Charakter** und regelt, 5
dass eine Baugenehmigung oder Zustimmung neben der spezialgesetzlichen Zulassungsentscheidung weder nötig noch möglich ist. Auch ohne ausdrückliche Erwähnung in der BauO NRW 2018 werden die Baugenehmigung sowie die Zustimmung von einer anderen Zulassungsentscheidung eingeschlossen, wenn dies das jeweilige Fachgesetz bestimmt.

Den **Einschluss** anderer öffentlich-rechtlicher Genehmigungen, Zulassungen, Verleihungen, Erlaubnisse und Bewilligungen und damit auch der Baugenehmigung oder Zustimmung ordnen ausdrücklich an:
– § 13 BImSchG für die **immissionsschutzrechtliche Genehmigung**,
– § 22 Abs. 1 GenTG für die **gentechnische Anlagengenehmigung** und
– § 13 Abs. 6 BBodSchG und § 15 Abs. 3 LBodSchG für den **Sanierungsplan**.

In **Nr. 1** werden alle wasserrechtlichen Vorhaben erfasst, die einer Bewilligung oder ei- 6
ner Erlaubnis nach den Vorschriften der §§ 7 und 8 des Wasserhaushaltsgesetzes vom 31. Juli 2009 (BGBl. I S. 2585), z.g.d. Art. 1 des Gesetzes vom 18. Juli 2017 (BGBl. I S. 2771) oder einer Anlagengenehmigung nach § 22 des Wassergesetzes für das Land Nordrhein-Westfalen vom 25. Juli 1995 (GV. NW. 1995 S. 926) z.g.d. Gesetz vom 8. Juli 2016 (GV. NRW. S. 559) bedürfen. Ausgenommen von der Vorrangnorm sind Gebäude, die Sonderbauten im Sinne des § 50 BauO NRW 2018 sind, da hierbei ein besonderer Schwerpunkt der behördlichen Prüfung auf dem Gebiet des Bauordnungsrechts gesehen wird.

Nr. 2 regelt nach spezialgesetzlichen Vorschriften zulassungsbedürftige Anlagen für die 7
öffentliche Versorgung mit Elektrizität, Gas, Wärme, Wasser und solche für die öffentliche Verwertung und Entsorgung von Abwässern. Hierbei handelt es sich beispielhaft um Anlagen, die nach § 10 des Gesetzes für die Erhaltung, die Modernisierung und den Ausbau der Kraft-Wärme-Kopplung vom 21. Dezember 2015 (BGBl. I S. 2498) z.g.d. Gesetz vom 17. Juli 2017 (BGBl. I S. 2532) einer Zulassung durch das Bundesamt für Wirtschaft und Ausfuhrkontrolle bedürfen. Auch hier gilt als Ausnahme, dass Gebäude, die Sonderbauten sind, von dem Vorrang anderer Gestattungen ausgenommen sind (vgl. Anmerkungen zu Rdn. 6).

Nach **Nr. 3** sind Werbeanlagen, die einer straßenrechtlichen Zulassung oder einer 8
straßenverkehrsrechtlichen Ausnahmegenehmigung bedürfen ebenfalls von der zusätzlichen Baugenehmigungspflicht befreit. Dies können Werbeanlagen sein, die nach der Vorschrift des § 46 Abs. 1 Nr. 10 der Straßenverkehrsordnung vom 6. März 2013 (BGBl. I S. 367), z.g.d. Verordnung vom 6. Oktober 2017 (BGBl. I S. 3549) durch eine Ausnahmegenehmigung der Straßenverkehrsbehörde zugelassen werden. Hier würde ein Baugenehmigungsverfahren lediglich die straßenverkehrsrechtlichen Belange umsetzen; zu einer baurechtlichen Prüfung würde es nicht mehr kommen (vgl. Begründung, LT-Drucks. 17/2166, S. 158). Dagegen sind Werbeanlagen, die den genannten Restriktionen im Straßen(verkehrs)recht nicht unterliegen, weiterhin baugenehmigungspflichtig, soweit sie nicht unter die genehmigungsfreien Bauvorhaben des § 62 BauO NRW 2018 fallen.

9   Auch Anlagen, die nach § 35 Absatz 3 des Kreislaufwirtschaftsgesetzes vom 24. Februar 2012 (BGBl. I. S 212), z.g.d. Gesetz vom 20. Juli 2017 (BGBl. I S. 2808) genehmigt werden müssen, sind nicht zusätzlich baugenehmigungsbedürftig (**Nr. 4**). Dies sind unter bestimmten Voraussetzungen Deponien, die als unbedeutend einzustufen sind oder die ausschließlich oder zumindest überwiegend der Entwicklung und Erprobung neuer Verfahren dienen und Änderungen von Deponien ohne nachteilige Auswirkungen nach dem Gesetz über die Umweltverträglichkeitsprüfung.

10 Nach **Nr.** 5 ist die Baugenehmigung ebenfalls in einer Genehmigung oder Erlaubnis nach dem Produktsicherheitsrecht eingeschlossen. Dies können u.a. Anlagen sein, die den Bestimmungen der Verordnung über brennbare Flüssigkeiten vom 13. Dezember 1996 (BGBl. I S. 1937; 1997 I S. 447), z.g.d. Verordnung vom 2. Juni 2016 (BGBl. I S. 1257) unterliegen.

11 Die Genehmigung zur Errichtung, zum Betrieb und zur wesentlichen Änderung von ortsfesten Anlagen zur Erzeugung oder zur Bearbeitung oder zur Spaltung von Kernbrennstoffen oder zur Aufarbeitung bestrahlter Kernbrennstoffe enthält zwar keine ausdrückliche Bestimmung über den Einschluss baurechtlicher Entscheidungen, wird jedoch gemäß § 7 Abs. 4 des Atomgesetzes vom 15. Juli 1985 (BGBl. I S. 1565), z.g.d. Gesetz vom 10. Juli 2018 (BGBl. I S. 1122, 1124) unter Beteiligung aller Behörden des Bundes, der Länder, der Gemeinden und der sonstigen Gebietskörperschaften erteilt, deren Zuständigkeitsbereich berührt ist. Somit sind diese Anlagen ebenfalls in § 61 als **Nr. 6** aufgeführt. Diese Vorschrift ersetzt den bisherigen § 65 Abs. 1 Satz 1 Nr. 18 BauO NRW 2000.

12 **Nr. 7** bestimmt, dass Anlagen, die einer Genehmigung nach § 8 des Gentechnikgesetzes vom 16. Dezember 1993 (BGBl. I S. 2066), z. g. d. Gesetz vom 17. Juli 2017 (BGBl. I S. 2421) bedürfen, ebenfalls keine weitere Genehmigung oder Zustimmung durch die Bauaufsichtsbehörde erfordern. Diese Genehmigung ist erforderlich bei der Errichtung und dem Betrieb von Anlagen in denen gentechnische Arbeiten der Sicherheitsstufen 3 oder 4 durchgeführt werden sollen. Anlagen, in denen Arbeiten der Stufen 1 und 2 durchgeführt werden sollen, sind lediglich anzuzeigen bzw. anzumelden. Für Änderungen der Lage der Anlagen oder deren Beschaffenheit gilt Entsprechendes. Die Ziffern der Sicherheitsstufen steigen mit zunehmendem Risiko für die menschliche Gesundheit oder der Umwelt (kein Risiko, geringes Risiko, mäßiges Risiko und hohes Risiko).

13 In **Nr. 8** ist der am weitesten verbreitete Tatbestand geregelt, nämlich das Erfordernis einer Genehmigung nach dem Bundes-Immissionsschutzgesetz vom 17. Mai 2013 (BGBl. I S. 1274), z.g.d. Gesetz vom 18. Juli 2017 (BGBl. I S. 2771). Nach den Vorschriften der §§ 4 und 16 Abs. 1 BImschG sind dies Anlagen, die in besonderem Maße schädliche Umwelteinwirkungen hervorrufen oder die Allgemeinheit oder die Nachbarschaft erheblich gefährden oder belästigen sowie ortsfeste Abfallentsorgungsanlagen. Ebenfalls unter Nr 8 zu subsummieren sind Anlagen, die im vereinfachten Verfahren nach § 19 BImschG genehmigt worden sind.

Nach **Nr. 9** sind Anlagen, die von der Verbindlichkeitserklärung eines Sanierungs- 14
planes erfasst sind, ebenfalls nicht baugenehmigungspflichtig. Nach der Vorschrift des
§ 13 Abs. 6 des Bundes-Bodenschutzgesetzes vom 17. März 1998 (BGBl. I S. 502),
z.g.d. Verordnung vom 27. September 2017 (BGBl. I S. 3465) kann die zuständige
Behörde den von dem Verpflichteten vorzulegenden Sanierungsplan zur Beseitigung
von Altlasten für verbindlich erklären, so dass die dortigen Vorgaben einzuhalten sind.

Trotz der gegenüber § 63 Abs. 2 BauO NRW 2000 erweiterten Aufzählung ist die 15
Liste **in Absatz 1 dennoch nicht vollständig**. Als **bundesrechtliche** Vorschrift wäre
eigentlich auch noch § 17 des Sprengstoffgesetzes vom 10. September 2002 (BGBl. I
S. 3518), z. g. d. Gesetz vom 11. Juni 2017 (BGBl. I S. 1586) zu nennen. Nach dieser
Vorschrift bedarf die Genehmigung zur Errichtung, zum Betrieb und zur wesentlichen
Änderung von Lagern, in denen explosionsgefährliche Stoffe zu gewerblichen Zwe-
cken, im Rahmen einer wirtschaftlichen Unternehmung oder eines land- oder forstwirtschaftlichen Betriebs oder bei der Beschäftigung von Arbeitnehmern aufbewahrt
werden sollen einer Genehmigung, welche Entscheidungen aufgrund baurechtlicher
Vorschriften einschließt.

Landesrechtliche Vorschriften enthalten entsprechende **Bestimmungen im jeweiligen** 16
Fachgesetz, dessen Genehmigungstatbestände die Baugenehmigung einschließen, wie
z.B. § 7 Abs. 3 des Abgrabungsgesetzes vom 23. November 1979, z.g.d. Gesetz vom
15. November 2016 (GV.NRW. S. 934). Das Landesrecht kennt umgekehrt auch
Fälle, in denen die **Baugenehmigung** die **fachgesetzliche Entscheidung einschließt**:
So schließt nach § 9 Abs. 3 Satz 1 des Denkmalschutzgesetzes vom 11. März 1980
(GV. NW. 1980 S. 226, ber. S. 716) z.g.d. Gesetz vom 15. November 2016 (GV.
NRW. S. 934) die Baugenehmigung oder Zustimmung die denkmalschutzrechtliche
Erlaubnis ein, sofern letztere nicht isoliert beantragt wird.

Die nach den in Absatz 1 aufgeführten Vorschriften erforderliche öffentlich-rechtliche 17
Zulassungsentscheidung **schließt die Baugenehmigung oder die Zustimmung mit**
ein, soweit die **bauaufsichtliche** Prüfung des Vorhabens durch die **im Verfahren zu**
beteiligende Bauaufsichtsbehörde keine Hinderungsgründe ergeben hat. Etwa von
der Bauaufsichtsbehörde für erforderlich gehaltene Nebenbestimmungen zur Ausräumung von Verstößen gegen **baurechtliche** Vorschriften, z.B. Festsetzungen eines
Bebauungsplanes, Anforderungen an die Standsicherheit oder den Brandschutz, sind
von der Genehmigungsbehörde in deren konzentrierende Entscheidung mit aufzunehmen. Für die Mitwirkung im spezialgesetzlichen Verfahren können von der Bauaufsichtsbehörde keine Gebühren erhoben werden.

Die Konzentrationswirkung erfasst nur die bauaufsichtliche Genehmigung oder Zu- 18
stimmung, nicht jedoch auch die Bauüberwachung. Die **Bauüberwachung** (§ 83
BauO NRW 2018) und die **Bauzustandsbesichtigungen** (§ 84 BauO NRW 2018)
sind daher **weiterhin durch die Bauaufsichtsbehörde** durchzuführen. Für die damit
im Zusammenhang stehenden Amtshandlungen stehen die **Gebühren** den Bauaufsichtsbehörden zu (s. Anmerkungen zu § 83 Rdn. 7 und 9–16 sowie zu § 84 Rdn. 9
und 12–13).

§ 61   Vorrang anderer Gestattungsverfahren

19   Die Vorschrift des Absatz 1 steht im Zusammenhang mit § 58 Absatz 2 Satz 1 BauO NRW 2018, wonach die Zuständigkeiten anderer Behörden als der Bauaufsichtsbehörde unberührt bleiben. Die **Zuständigkeiten** für die spezialgesetzlichen Genehmigungen oder Erlaubnisse ergeben sich aus den einschlägigen Zuständigkeitsverordnungen; hier relevant ist insbesondere die Zuständigkeitsverordnung Umweltschutz vom 03. Februar 2015, z.g.d. Verordnung vom 17. April 2018 (GV.NRW. S 206).

3 Zu Absatz 1 Satz 2 – Umweltverträglichkeitsprüfung

20   Die Vorschrift geht zurück auf EU-Recht. Sowohl das Bundesgesetz über die Umweltverträglichkeitsprüfung (UVPG) als auch das dieses Gesetz ergänzender Gesetz über die Umweltverträglichkeitsprüfung im Lande Nordrhein-Westfalen (UVPG NW) dienen der Umsetzung verschiedener Richtlinien des Europäischen Parlamentes und des Rates in deutsches Recht (Bundes- und Landesrecht).

Zweck des Bundesgesetzes (UVPG) ist es, durch Umweltprüfungen sicherzustellen, dass **bei bestimmten öffentlichen und privaten Vorhaben** sowie **bei bestimmten Plänen und Programmen, die in § 1 UVPG ausdrücklich genannt sind,** zur wirksamen **Umweltvorsorge** nach einheitlichen Grundsätzen und unter Beteiligung der Öffentlichkeit die Auswirkungen auf die **Schutzgüter** ermittelt, beschrieben und bewertet werden (§ 3 UVPG). Gem. § 4 UVPG ist die Umweltverträglichkeitsprüfung unselbständiger Teil von verwaltungsbehördlichen Verfahren, die Zulassungsentscheidungen dienen.

Nach § 2 Abs. 1 UVPG sind **Schutzgüter** im Sinne des Gesetzes
1. Menschen, insbesondere die menschliche Gesundheit,
2. Tiere, Pflanzen und die biologische Vielfalt,
3. Fläche, Boden, Wasser, Luft, Klima und Landschaft,
4. Kulturelles Erbe und sonstige Sachgüter sowie
5. Die Wechselwirkung zwischen den vorgenannten Schutzgütern.

21   Die der UVP unterliegenden Vorhaben ergeben sich aus § 1 Abs. 1 UVPG und **Anlage 1**. Diese umfasst **19 Nummern mit einer Vielzahl von Unterpunkten** und enthält **Merkmale** bzw. **Größen- oder Leistungswerte**, bei deren Erfüllung bzw. Erreichung ausgelöst wird
   – die unmittelbare **Durchführung** einer **Umweltverträglichkeitsprüfung**
   – nach Maßgabe des § 7 Abs. 1 UVPG eine **allgemeine Vorprüfung,**
   – nach Maßgabe des § 7 Abs. 2 UVPG eine **standortbezogene Vorprüfung** oder
   – nach Maßgabe des § 7 Abs. 3 UVPG eine **Umweltverträglichkeitsprüfung,**

22   Nach § 2 Abs. 6 UVPG sind **Zulassungsentscheidungen** im Sinne des § 4 UVPG
   1. die Bewilligung, Erlaubnis, Genehmigung, Planfeststellungsbeschluss und sonstige behördliche Entscheidungen über die Zulässigkeit von Vorhaben, die in einem Verwaltungsverfahren getroffen werden, einschließlich des Vorbescheides, der Teilgenehmigung und anderer Teilzulassungen, mit Ausnahme von Anzeigeverfahren,

2. Linienbestimmungen und Entscheidungen in vorgelagerten Verfahren nach den §§ 47 und 49,
3. Beschlüsse nach § 10 des Baugesetzbuchs über die Aufstellung, Änderung oder Ergänzung von Bebauungsplänen, durch die die Zulässigkeit von bestimmten Vorhaben im Sinne der Anlage 1 begründet werden soll, sowie Beschlüsse nach § 10 des Baugesetzbuchs über Bebauungspläne, die Planfeststellungsbeschlüsse für Vorhaben im Sinne der Anlage 1 ersetzen.

Unter **Plänen** und **Programmen** sind nach § 2 Abs. 7 UVPG **bundesrechtlich oder durch Rechtsakte der Europäischen Union** vorgesehene Pläne und Programme zu verstehen, die 23
1. von einer Behörde ausgearbeitet und angenommen werden,
2. von einer Behörde zur Annahme durch eine Regierung oder im Wege eines Gesetzgebungsverfahrens ausgearbeitet werden oder
3. von einem Dritten zur Annahme durch eine Behörde ausgearbeitet werden.

Nach § 50 UVPG wird die Umweltverträglichkeitsprüfung bereits auf der Ebene der Bauleitplanung durchgeführt. Im Aufstellungsverfahren von Bebauungsplänen sind dazu die Vorschriften der §§ 1 Abs. 6 Nr. 7, 1a und 2 Abs. 4 BauGB zu beachten. Die **Ergebnisse** finden nach § 1 Abs. 7 BauGB Eingang in die **Abwägung** der öffentlichen und privaten Belange und bedürfen gemäß § 2a BauGB einer Darlegung im **Umweltbericht** als **gesondertem Teil der Begründung**. 24

Im **nachfolgenden Zulassungsverfahren** soll dann gemäß § 50 Abs. 3 UVPG die Umweltverträglichkeitsprüfung auf zusätzliche oder andere erhebliche Umweltauswirkungen des Vorhabens **beschränkt** bleiben und demnach nur solche Umweltaspekte erfassen, die im Bauleitplanverfahren noch nicht geprüft worden sind. Soweit also die Umweltverträglichkeit bereits im Bauleitplanverfahren geprüft wurde, ist eine UVP im Baugenehmigungsverfahren nicht erforderlich. 25

Gem. § 1 Abs. 4 UVPG findet das Gesetz nur Anwendung, sofern Rechtsvorschriften des Bundes oder der Länder keine näheren Bestimmungen zur Umweltverträglichkeitsprüfung beinhalten. Der Landesgesetzgeber hat mit dem UVPG NRW eine eigenständige Regelung erlassen. 26

Das **UVPG NW** enthält – ebenfalls in einer Anlage 1 – eine eigene Auflistung von Vorhaben, die einer Umweltverträglichkeitsprüfung oder einer Vorprüfung bedürfen. Die Vorschrift des § 1 UVPG NRW ordnet die Geltung der Bundesvorschrift für die Fälle an, nach denen eine Umweltverträglichkeitsprüfung erforderlich ist, soweit nachfolgend keine anderen Bestimmungen enthalten sind. Durch diesen Verweis auf die **Verfahrensregelungen** des UVPG ist sichergestellt, dass die **UVP** sowohl nach Bundes- als auch nach Landesrecht den **gleichen Kriterien und Verfahrensvorschriften** unterliegt (vgl. LT-Drucks. 13/4784 S. 23). 27

Verfahrensrechtlich ergeben sich aus den Vorschriften des UVPG NW **zwei Prüfvorgänge:** 28
– für **größere Vorhaben** direkt die **UVP**,

§ 61 Vorrang anderer Gestattungsverfahren

- für **mittlere** und **kleinere Vorhaben** zunächst eine **allgemeine** oder **standortbezogene Vorprüfung des Einzelfalls**, erst bei Bestätigung der UVP-Relevanz im Anschluss daran die eigentliche UVP

29 Die Vorprüfung des Einzelfalls erfolgt nach den **Kriterien der Anlage 2**, die inhaltlich der Anlage 2 des UVPG entspricht und sich in drei Nummern gliedert:
1. I. Merkmale der Vorhaben,
2. II. Standort der Vorhaben,
3. III. Merkmale der möglichen Auswirkungen.

30 Die **allgemeine** Vorprüfung erfolgt nach **sämtlichen Kriterien** der Anlage 2. Die **standortbezogene** Vorprüfung erfolgt nur nach den **Kriterien** der **Nr. 2** der Anlage 2.

31 Die **Vorprüfung** anhand der Kriterien der Anlage 2 ergibt entweder ein Erfordernis zur Durchführung der UVP oder eine fehlende UVP-Relevanz des Vorhabens (hierzu s. Schink – Die Vorprüfung in der Umweltverträglichkeitsprüfung nach § 3 c UVPG, NVwZ 2004, S. 1182 ff.), was von der zuständigen Behörde festzustellen ist. Diese Feststellung – genauer die **Begründung** des Prüfergebnisses – muss gemäß § 5 Satz 2 UVPG der **Öffentlichkeit bekannt gemacht werden**. Das **Ergebnis** der Vorprüfung ist gemäß § 5 Abs. 3 Satz 1 UVPG **nicht selbständig anfechtbar** und nach Satz 4 nur eingeschränkt der verwaltungsgerichtlichen Kontrolle unterworfen.

32 Die **UVP** richtet sich entsprechend nach den **§§ 15–28 UVPG**. Nur in seltenen Fällen wird die Bauaufsichtsbehörde allein für die UVP zuständig sein. Sofern nämlich neben der Baugenehmigung weitere selbständige Entscheidungen erforderlich sind, bestimmt das Landesrecht die **federführende** Behörde. Die entsprechenden Regelungen hierzu enthält § 3 UVPG NW. Nach § 4 UVPG NW ist die **Hinzuziehung von Sachverständigen** auf Kosten des Trägers des Vorhabens zulässig.

33 Die im **Rahmen der UVP** erforderlich werdende **Öffentlichkeitsbeteiligung** sah das Baugenehmigungsverfahren bislang nicht vor, da es auf zügige Durchführung angelegt ist. Infolge dieser Öffentlichkeitsbeteiligung ergeben sich **erhebliche Verzögerungen** des Verfahrens, da nach vorausgehender Bekanntmachung die **Auslegung** der Unterlagen mit daran anschließender Äußerungsmöglichkeit einschließlich **Erörterungstermin** selbst bei rascher Abwicklung mindestens **drei bis vier Monate** in Anspruch nimmt.

34 Die Erarbeitung des abschließenden UVP-Berichtes erfordert schon deshalb große Sorgfalt, weil die zusammenfassende Darstellung nach § 24 UVPG die Grundlage für die **Bewertung der Umweltauswirkungen** bildet, die wiederum **Berücksichtigung bei der Zulassungsentscheidung** finden muss. Die Bewertung und Berücksichtigung bereiten in der Praxis seit Erlass des UVPG Probleme, da von Anfang an umstritten war, ob ein fachlicher oder ein rechtlicher Bewertungsmaßstab anzuwenden ist.

35 Den **Bewertungsmaßstab** können nur die **einschlägigen Vorschriften des Fachrechts** bilden, wie sich aus dem Wortlaut des § 25 Abs. 1 UVPG ergibt:

»Auf der Grundlage der zusammenfassenden Darstellung bewertet die zuständige Behörde die Umweltauswirkungen des Vorhabens im Hinblick auf eine wirksame

Umweltvorsorge im Sinne des § 3 nach Maßgabe der geltenden Gesetze. Die Bewertung ist zu begründen.«

Bei der **Baugenehmigung** handelt es sich um eine **gebundene Erlaubnis**, die nach § 74 Abs. 1 BauO NRW 2018 erteilt werden muss, wenn keine öffentlich-rechtlichen Vorschriften entgegenstehen, so dass eine **rechtliche Bewertung** der Umweltauswirkungen vorzunehmen ist (vgl. Hamann, Die Umweltverträglichkeitsprüfung im Baugenehmigungsverfahren, ZfBR 2006, S. 537 ff.). Aus der **Heranziehung der Fachgesetze** als Bewertungsmaßstab resultiert zwar klare Ergebnisse im Hinblick auf den jeweiligen Umweltaspekt (z.B. Wasserrecht, Immissionsschutzrecht, Landschaftsrecht); auf der Strecke bleibt bei dieser Methode allerdings die **medienübergreifende Bewertung**, also die Berücksichtigung der **Wechselwirkungen** zwischen den einzelnen Umweltaspekten. Das EU-Umweltrecht will eigentlich durch ihre Vorgaben für die Gesetzgebung der Mitgliedstaaten erreichen, dass nicht ein bestimmter Umweltaspekt in den Vordergrund der Bewertung geschoben wird und dadurch ein oder gleich mehrere andere Umweltaspekte Nachteile erleiden. So kann z.B. eine Lärmschutzwand optimal für den Immissionsschutz, jedoch nachteilig für den Landschaftsschutz sein. Eine medienübergreifende Bewertung erfordert im Grunde eine **Abwägung**, wie sie im Rahmen der Bauleitplanung möglich ist, im Baugenehmigungsverfahren aber naturgemäß nicht geleistet werden kann. 36

Es bleibt somit dem Geschick der zuständigen bzw. der federführenden Behörde überlassen, zwischen den beteiligten Fachbehörden möglichst einen Konsens über die im Sinne des vorsorgenden Umweltschutzes bestmögliche Lösung herbeizuführen, so dass diese eventuell bestehenden Spielräume bei der jeweils eigenen Entscheidung auch tatsächlich nutzen. 37

Für UVP-pflichtige Vorhaben darf gemäß § 13 UVPG ein **Vorbescheid** oder eine **Teilzulassung erst nach Durchführung der UVP** erteilt werden. Diese verfahrensrechtliche Maßgabe findet auf Vorbescheide nach § 71 BauO NRW 2018 und auch auf Teilbaugenehmigungen nach § 76 BauO NRW 2018 Anwendung. 38

Nach § 26 Abs. 1 UVPG muss der Zulassungsbescheid mindestens folgende Angaben enthalten:
1. die umweltbezogenen Nebenbestimmungen, wenn sie mit der Zulassungsentscheidung verbunden sind,
2. eine Beschreibung der vorgesehenen Überwachungsmaßnahmen sowie
3. eine Begründung, aus der die wesentlichen tatsächlichen und rechtlichen Entscheidungsgründe hervorgehen; hierzu gehören Angaben zu dem Verfahren der Öffentlichkeitsbeteiligung, die zusammenfassende Darstellung, die begründete Bewertung und eine Erläuterung über die Berücksichtigung der vorstehenden Sachverhalte.

4 Zu Absatz 2 – Verhältnis zu Planfeststellungsverfahren

Absatz 2 stellt eine Parallelvorschrift zu § 38 BauGB dar, der Vorhaben, die einer fachgesetzlichen Planfeststellung bedürfen, von der Anwendung der §§ 29–37 BauGB 39 ausnimmt, weil über die Zulässigkeit dieser Vorhaben materiell und formell im **Planfeststellungsbeschluss** entschieden wird. Die Planfeststellung entfaltet gemäß § 75 VwVfG. NRW. **formelle Konzentrationswirkung** in Bezug auf andere behördliche Entscheidungen, insbesondere öffentlich-rechtliche Genehmigungen, Verleihungen, Erlaubnisse, Bewilligungen und Zustimmungen, soweit das jeweilige Fachrecht keine hiervon abweichenden Regelungen trifft.

40 Im Fachplanungsrecht wurde auch das **Rechtsinstitut der Plangenehmigung** eingeführt (s. Anmerkungen zu § 1 Rdn. 53). Die Plangenehmigung, die – vereinfachend ausgedrückt – einer »vereinfachten« Planfeststellung gleichkommt, entfaltet gemäß § 74 Abs. 6 Satz 2 VwVfG. NRW. die **Rechtswirkungen der Planfeststellung** und schließt die Baugenehmigung mit ein. Unabhängig von der Prüfung, ob ein Planfeststellungs- oder Plangenehmigungsverfahren noch Raum für eine Baugenehmigung lässt, ist zunächst zu untersuchen, ob im Hinblick auf § 1 Absatz 2 BauO NRW 2018 das Bauordnungsrecht überhaupt gilt oder nach § 62 und 63 BauO NRW 2018 eine Baugenehmigung erforderlich ist. Nur soweit diese Vorschriften **nicht** greifen, kann eine Ersetzung der Baugenehmigung durch eine Planfeststellung oder Plangenehmigung in Betracht kommen.

41 **Gesetzlich geregelte Planfeststellungsverfahren** gibt es z.B. nach:
- § 17 FStrG für **Bundesfernstraßen**,
- § 38 StrWG NRW für **Landesstraßen** und **Kreisstraßen** sowie **Gemeindestraßen im Außenbereich**,
- § 18 AEG für **Eisenbahnbetriebsanlagen**,
- § 3 SeilbG NRW für **Seilbahnen** (Standseilbahnen, Seilschwebebahnen, Schleppaufzüge) sowie **Zahnradbahnen des öffentlichen Verkehrs**,
- § 14 WaStrG für **Bundeswasserstraßen**.

42 Die **Unberührtheitsklausel** des Absatz 2 für die Vorschriften über die gesetzlich geregelten Planfeststellungsverfahren hat wegen der jeweils inhaltlich unterschiedlichen Regelungen in den entsprechenden Fachgesetzen auch für das Baugenehmigungsverfahren verschiedene Bedeutung. Überwiegend ersetzt das Planfeststellungsverfahren die Baugenehmigung. Zu beachten ist jedoch stets, ob das Planfeststellungsverfahren alle (baulichen) Anlagen einbezieht oder für bestimmte (Neben-) Anlagen das bauaufsichtliche Verfahren unberührt lässt. So unterliegen z.B. nach § 28 Abs. 1 PBefG nur Anlagen, die **Betriebsanlagen** sind, der Planfeststellung. Im Umkehrschluss unterliegen alle Anlagen, die nicht Betriebsanlagen sind, weiterhin dem Baugenehmigungserfordernis.

43 **Besondere Aktualität** erlangt die Vorschrift des Absatz 2 aufgrund der Bemühungen der **Deutschen Bahn AG** zur **Verwertung ihrer Liegenschaften**. Dabei kommt es mitunter zu erheblichen Meinungsverschiedenheiten zwischen den zuständigen Bauaufsichtsbehörden und der Deutschen Bahn AG sowie dem Eisenbahnbundesamt als Bahnaufsichtsbehörde. Diese Meinungsverschiedenheiten können immer dann auftreten, wenn eine planfestgestellte Eisenbahnanlage nicht mehr entsprechend dem ursprünglichen Zweck der Planfeststellung genutzt wird und nunmehr neue Nutzungen gesucht werden, um die Anlagen einer wirtschaftlichen Verwertung zuzuführen. In

derartigen Fällen ist rechtlich die **Entwidmung der Eisenbahnanlage** zu fordern, um diese aus der Eisenbahnaufsicht wieder in die **Planungshoheit der Gemeinde** und damit auch in die **Zuständigkeit der Bauaufsichtsbehörde** zu überführen.

§ 62 Genehmigungsfreie Bauvorhaben, Beseitigung von Anlagen

(1) Nicht genehmigungsbedürftig sind:
1. folgende Gebäude:
   a) Gebäude bis zu 75 m³ Brutto-Rauminhalt ohne Aufenthaltsräume, Ställe, Toiletten oder Feuerstätten, im Außenbereich nur, wenn sie einem land- oder forstwirtschaftlichen Betrieb (§ 35 Absatz 1 Nummer 1 des Baugesetzbuchs in der Fassung der Bekanntmachung vom 3. November 2017 (BGBl. I S. 3634) und weder Verkaufs- noch Ausstellungszwecken dienen,
   b) Garagen einschließlich überdachter Stellplätze mit einer mittleren Wandhöhe bis zu 3 m und einer Brutto-Grundfläche bis zu 30 m², außer im Außenbereich,
   c) Gebäude bis zu 4 m Firsthöhe, die nur zum vorübergehenden Schutz von Pflanzen und Tieren bestimmt sind und die einem land- oder forstwirtschaftlichen Betrieb dienen,
   d) Gewächshäuser ohne Verkaufsstätten mit einer Firsthöhe bis zu 5 m und nicht mehr als 1.600 m² Grundfläche, die einem land- oder forstwirtschaftlichen Betrieb oder einem Betrieb der gartenbaulichen Erzeugung im Sinne des § 35 Absatz 1 Nummer 1 und 2 und des § 201 des Baugesetzbuchs dienen,
   e) Fahrgastunterstände des öffentlichen Personenverkehrs oder der Schülerbeförderung,
   f) Schutzhütten für Wanderer,
   g) Terrassenüberdachungen mit einer Fläche bis zu 30 m² und einer Tiefe bis zu 4,50 m, Balkonverglasungen sowie Balkonüberdachungen bis 30 m² Grundfläche, Wintergärten bis 30 m² Brutto-Grundfläche bei Gebäuden der Gebäudeklassen 1 bis 3 mit einem Mindestabstand von 3 m zur Nachbargrenze
   h) Gartenlauben in Kleingartenanlagen nach dem Bundeskleingartengesetz vom 28. Februar 1983 (BGBl. I S. 210), das zuletzt durch Artikel 11 des Gesetzes vom 19. September 2006 (BGBl. I S. 2146) geändert worden ist,
   i) Wochenendhäuser auf genehmigten Wochenendplätzen, die nicht zu Dauerwohnzwecken dienen dürfen,
2. Anlagen der technischen Gebäudeausrüstung, ausgenommen
   a) freistehende Abgasanlagen mit einer Höhe von mehr als 10m,
   b) Aufzüge in Sonderbauten (§ 50),
   c) Lüftungsanlagen, raumlufttechnische Anlagen, Warmluftheizungen, Installationsschächte und -kanäle, die Gebäudetrennwände und, außer in Gebäuden der Gebäudeklasse 1 bis 3, Geschosse überbrücken;
3. folgende Anlagen zur Nutzung erneuerbarer Energien:
   a) Solaranlagen in, an und auf Dach- und Außenwandflächen ausgenommen bei Hochhäusern sowie die damit verbundene Änderung der Nutzung oder der äußeren Gestalt des Gebäudes,

b) gebäudeunabhängige Solaranlagen mit einer Höhe bis zu 3 m und einer Gesamtlänge je Grundstücksgrenze bis zu 9 m,
c) Kleinwindanlagen bis zu 10 m Anlagengesamthöhe sowie die damit verbundene Änderung der Nutzung oder der äußeren Gestalt des Gebäudes, außer in reinen, allgemeinen und besonderen Wohngebieten sowie Mischgebieten,
d) in Serie hergestellte Blockheizkraftwerke und in Serie hergestellte Brennstoffzellen sowie Wärmepumpen jeweils unter den Voraussetzungen des Satz 2 und des § 42 Absatz 7 Satz 3,

4. folgende Anlagen zur Ver- und Entsorgung:
a) Brunnen
b) bauliche Anlagen, die der Telekommunikation, der allgemeinen Versorgung mit Elektrizität, Gas, Öl, Wärme und Wasser dienen, wie Transformatoren-, Schalt-, Regler oder Pumpstationen, bis 20 m² Grundfläche und 5 m Höhe,
c) Anlagen zur Verteilung von Wärme bei Wasserheizungsanlagen einschließlich der Wärmeerzeuger, Wasserversorgungsanlagen einschließlich der Warmwasserversorgungsanlagen und ihre Wärmeerzeuger sowie Abwasseranlagen, mit Ausnahme von Abwasserbehandlungsanlagen von Gebäuden, jeweils unter der Voraussetzung des Satz 2,

5. folgende Masten, Antennen und ähnliche Anlagen:
a) Parabolantennen mit Reflektorschalen bis zu einem Durchmesser von 1,20 m und bis zu einer Höhe von 10 m, sonstige Antennen und Sendeanlagen einschließlich der Masten mit einer Höhe bis zu 10 m, zugehörige nach der Nummer 4 Buchstabe b zulässige Versorgungseinheiten, der Austausch einzelner Antennen an bestehenden Masten und die Änderung der Nutzung oder der äußeren Gestalt der baulichen Anlage, wenn die Antenne, Sendeanlage oder die Versorgungseinheit in, auf oder an einer bestehenden baulichen Anlage errichtet wird,
b) ortsveränderliche Antennenträger, die nur vorübergehend aufgestellt werden,
c) Masten und Unterstützungen für Telekommunikationsleitungen, für Leitungen zur Versorgung mit Elektrizität einschließlich der Leitungen selbst, für Seilbahnen, für Leitungen sonstiger Verkehrsmittel und für Sirenen sowie für Fahnen,
d) Masten, die aus Gründen des Brauchtums errichtet werden,
e) Flutlichtmasten auf Sportanlagen, ansonsten bis zu einer Höhe von 10
f) Blitzschutzanlagen,

6. folgende Behälter:
a) ortsfeste Behälter für Flüssiggas mit einem Fassungsvermögen von weniger als 3 t, für sonstige verflüssigte oder nicht verflüssigte Gase mit einem Brutto-Rauminhalt von bis zu 6 m³,
b) ortsfeste Behälter für brennbare oder wassergefährdende Flüssigkeiten mit einem Brutto-Rauminhalt bis zu 10 m³,
c) ortsfeste Behälter sonstiger Art mit einem Brutto-Rauminhalt bis zu 50 m³ und einer Höhe bis zu 3 m, außer offenen Behältern für Jauche und Flüssigmist,

d) Gärfutterbehälter mit einer Höhe bis zu 6 m und Schnitzelgruben,
e) Kompost- und ähnliche Anlagen sowie
f) Wasserbecken mit einem Beckeninhalt bis zu 100 m³,
7. folgende Mauern und Einfriedungen:
   a) Mauern einschließlich Stützmauern und Einfriedungen mit einer Höhe bis zu 2 m, außer im Außenbereich,
   b) offene, sockellose Einfriedungen für Grundstücke, die einem land- oder forstwirtschaftlichen Betrieb im Sinne der §§ 35 Absatz 1 Nummer 1, 201 Baugesetzbuch dienen,
8. private Verkehrsanlagen einschließlich Brücken und Durchlässen mit einer lichten Weite bis zu 5 m und Untertunnelungen mit einem Durchmesser bis zu 3 m,
9. Aufschüttungen und Abgrabungen mit einer Höhe oder Tiefe bis zu 2 m und einer Grundfläche bis zu 30 m², im Außenbereich bis zu 400 m²,
10. folgende Anlagen in Gärten und zur Freizeitgestaltung:
    a) Schwimmbecken mit einem Beckeninhalt bis zu 100 m³ einschließlich dazugehöriger luftgetragener Überdachungen, außer im Außenbereich,
    b) Sprungschanzen, Sprungtürme und Rutschbahnen mit einer Höhe bis zu 10 m,
    c) Anlagen, die der zwecksentsprechenden Einrichtung von Spiel-, Abenteuerspiel-, Bolz- und Sportplätzen, Reit- und Wanderwegen, Trimm- und Lehrpfaden dienen, ausgenommen Gebäude und Tribünen,
    d) Wohnwagen, Zelte und bauliche Anlagen, die keine Gebäude sind, auf Camping-, Zelt- und Wochenendplätzen,
    e) bauliche Anlagen, die der Gartengestaltung oder der zwecksentsprechenden Einrichtung von Gärten dienen, wie Bänke, Sitzgruppen, Pergolen,
    f) Freischankflächen bis zu 40 m² einschließlich einer damit verbundenen Nutzungsänderung einer Gaststätte oder einer Verkaufsstelle des Lebensmittelhandwerks,
11. folgende tragende und nichttragende Bauteile:
    a) nichttragende oder nichtaussteifende Bauteile innerhalb baulicher Anlagen; dies gilt nicht für Wände, Decken und Türen von notwendigen Fluren als Rettungswege,
    b) eine geringfügige, die Standsicherheit nicht berührende Änderung tragender oder aussteifender Bauteile innerhalb Gebäuden,
    c) Fenster und Türen sowie die dafür bestimmten Öffnungen, Nummer 11 a Halbsatz 2 gilt entsprechend,
    d) Außenwandbekleidungen einschließlich Maßnahmen der Wärmedämmung, ausgenommen bei Hochhäusern, Verblendungen und Verputz baulicher Anlagen; örtliche Bauvorschriften nach § 89 sind zu beachten,
    e) Bedachung einschließlich Maßnahmen der Wärmedämmung ausgenommen bei Hochhäusern,
    f) Verkleidungen von Balkonbrüstungen,
12. folgende Werbeanlagen:
    a) Werbeanlagen und Hinweiszeichen nach § 10 Absatz 3 Nummer 3 bis zu einer Größe von 1 m²,

b) Warenautomaten,
c) Werbeanlagen, die nach ihrem Zweck nur vorübergehend für höchstens zwei Monate angebracht werden, außer im Außenbereich,
d) Schilder, die Inhaber und Art gewerblicher Betriebe kennzeichnen (Hinweisschilder), wenn sie vor Ortsdurchfahrten auf einer einzigen Tafel zusammengefasst sind,
e) Werbeanlagen in durch Bebauungsplan festgesetzten Gewerbe-, Industrie- und vergleichbaren Sondergebieten an der Stätte der Leistung mit einer Höhe bis zu 10m

sowie, soweit sie in, auf oder an einer bestehenden baulichen Anlage errichtet werden, die damit verbundene Änderung der Nutzung oder der äußeren Gestalt der Anlage,

13. folgende vorübergehend aufgestellte oder benutzbare Anlagen:
    a) Baustelleneinrichtungen einschließlich der Lagerhallen, Schutzhallen und Unterkünfte,
    b) Gerüste,
    c) Toilettenwagen,
    d) Behelfsbauten, die der Landesverteidigung, dem Katastrophenschutz oder der Unfallhilfe dienen,
    e) bauliche Anlagen, die für höchstens drei Monate auf genehmigten Messe- und Ausstellungsgeländen errichtet werden, ausgenommen Fliegende Bauten,
    f) bauliche Anlagen die zu Straßenfesten, Märkten oder ähnlichen Veranstaltungen nur für kurze Zeit aufgestellt werden und die keine Fliegenden Bauten sind,
    g) ortsveränderliche und fahrbereit aufgestellte Anlagen zur Haltung von Geflügel, die einem land- oder forstwirtschaftlichen Betrieb zur Aufstallung von maximal 800 Hühnern dienen, sofern die Anlage maximal vier Wochen an einem Standort verbleibt und frühestens nach acht Wochen wieder auf diesen umgesetzt wird,
14. folgende Plätze:
    a) unbefestigte Lager- und Abstellplätze, die einem land- oder forstwirtschaftlichen Betrieb im Sinne der §§ 35 Absatz 1 Nummer 1, 201 Baugesetzbuch dienen,
    b) Ausstellungsplätze, Abstellplätze und Lagerplätze bis zu 300 m² Fläche, außer in Wohngebieten und im Außenbereich,
    c) nicht überdachte Stellplätze für Personenkraftwagen und Motorräder bis zu insgesamt 100 m²,
    d) Kinderspielplätze im Sinne des § 8 Absatz 2 Satz 1,
15. folgende sonstige Anlagen:
    a) überdachte und nicht überdachte Fahrradabstellplätze bis zu insgesamt 100 m²,
    b) Füllanlagen für Kraftfahrzeuge an Tankstellen,
    c) Regale mit einer Lagerhöhe (Oberkante Lagergut) von bis zu 7,50 m Höhe,
    d) Denkmale, Skulpturen und Brunnenanlagen sowie Grabdenkmale und Grabsteine auf Friedhöfen,

e) andere unbedeutende Anlagen oder unbedeutende Teile von Anlagen wie Hauseingangsüberdachungen, Markisen, Rollläden, Terrassen, Maschinenfundamente, Straßenfahrzeugwaagen, Pergolen, Jägerstände, Wildfütterungen, Bienenfreistände, Taubenhäuser, Hofeinfahrten und Teppichstangen.

Die Bauherrschaft hat sich für Anlagen gemäß Nummer 3 Buchstabe d und Nummer 4 Buchstabe c vor der Benutzung der Anlage von der Unternehmerin oder dem Unternehmer oder von einer oder einem Sachverständigen bescheinigen zu lassen, dass die Anlagen den öffentlich- rechtlichen Vorschriften entsprechen. § 74 Absatz 5 Satz 1 und 2 gelten entsprechend.

(2) Nicht genehmigungsbedürftig ist die Änderung der Nutzung von Anlagen, wenn
1. für die neue Nutzung keine anderen öffentlich-rechtlichen Anforderungen nach den §§ 64, 65 in Verbindung mit § 68 als für die bisherige Nutzung in Betracht kommen,
2. die Errichtung oder Änderung der Anlagen nach Absatz 1 verfahrensfrei wäre.

Nicht genehmigungsbedürftig ist eine zeitlich begrenzte Änderung der Nutzung von Räumen zu Übernachtungszwecken im Rahmen von erzieherischen, kulturellen, künstlerischen, politischen oder sportlichen Veranstaltungen. § 33 ist zu beachten.

(3) Nicht genehmigungsbedürftig ist die Beseitigung von
1. Anlagen nach Absatz 1,
2. freistehenden Gebäuden der Gebäudeklassen 1 bis 3,
3. sonstigen Anlagen, die keine Gebäude sind, mit einer Höhe bis zu 10 m.

Im Übrigen ist die beabsichtigte Beseitigung von Anlagen mindestens einen Monat zuvor der Bauaufsichtsbehörde schriftlich durch die Bauherrin oder den Bauherrn anzuzeigen. Der Anzeige muss bei nicht freistehenden Gebäuden eine Bestätigung einer qualifizierten Tragwerksplanerin oder eines qualifizierten Tragwerkplaners über die Standsicherheit des Gebäudes oder der Gebäude, an die das zu beseitigende Gebäude angebaut ist, beigefügt werden; die Beseitigung ist, soweit notwendig, durch die qualifizierte Tragwerkplanerin oder den qualifizierten Tragwerkplaner zu überwachen. Die Bauaufsichtsbehörde bestätigt der Bauherrin oder dem Bauherrn den Eingang der Anzeige oder fordert ihn im Fall einer unvollständigen oder sonst mangelhaften Anzeige zur Vervollständigung der Anzeige oder zur Behebung des Mangels auf. Ist die Anzeige vervollständigt oder der Mangel behoben worden, so teilt die Bauaufsichtsbehörde dies der Bauherrin oder dem Bauherrn mit. Mit den Baumaßnahmen nach Satz 1 darf nicht vor Ablauf eines Monats begonnen werden, nachdem die Bauaufsichtsbehörde der Bauherrin oder dem Bauherrn den Eingang der Anzeige nach Satz 4 bestätigt hat oder die Mitteilung nach Satz 5 erfolgt ist.

(4) Verfahrensfrei sind Instandhaltungsarbeiten.

Handlungsempfehlung des Ministeriums für Heimat, Kommunales, Bau und Gleichstellung des Landes Nordrhein-Westfalen auf der Grundlage der Dienstbesprechungen mit den Bauaufsichtsbehörden im Oktober/November 2018:

Absatz 1 bezieht sich auf die Errichtung und Änderung, Absatz 2 auf die Nutzungsänderung und Absatz 3 auf die Beseitigung von Anlagen.

Die Genehmigungsfreiheit kommt zur Anwendung bei isolierten Einzelvorhaben, die nicht in einem zeitlichen, planerischen oder räumlichen, insbesondere einem funktionellen Zusammenhang mit einem anderen Vorhaben stehen. Einheitliche Vorhaben, die aus einem genehmigungsfreien und genehmigungsbedürftigen Teil zusammensetzen, unterliegen insgesamt dem Genehmigungserfordernis, wenn eine isolierte Betrachtung ausscheidet und sie nach ihrer Funktion in einem Zusammenhang stehen.

Wie auch bisher entbindet die Genehmigungsfreiheit nicht von der Verpflichtung zur Einhaltung der Anforderungen, die durch öffentlich-rechtliche Vorschriften an Anlagen gestellt werden; die bauaufsichtlichen Eingriffsbefugnisse bleiben unberührt (§ 60 Absatz 2 BauO NRW 2018). Halten genehmigungsfreie Bauvorhaben materielle Vorschriften, bspw. bauplanungsrechtliche Vorgaben, Abstandsflächen oder örtliche Bauvorschriften, nicht ein, sind sie unzulässig. Ggfs. muss repressiv nach § 58 Absatz 2 BauO NRW 2018 eingeschritten werden.

zu Absatz 1 Satz 1 Nummer 1 Buchstabe a

Nach Buchstabe a) könnte jetzt beispielsweise ein Abstellraum bis 75 m³ genehmigungsfrei errichtet werden. In Abstandsflächen wäre er aber nach § 6 Absatz 8 BauO NRW 2018 nur bis 30 m³ privilegiert zulässig (s.o., Vorbemerkung).

Buchstabe b

Buchstabe b) stellt eine Spezialregelung für Garagen und überdachte Stellplätze dar und geht der Regelung des § 62 Absatz 1 Nummer 1 a) insoweit vor.

Nicht genehmigungsbedürftig sind Garagen einschließlich überdachter Stellplätze mit einer mittleren Wandhöhe bis zu 3 m und einer Brutto-Grundfläche bis zu 30 m².

Die mittlere Wandhöhe jeder Wand ist einzeln zu ermitteln. Keine der Wände darf die mittlere Wandhöhe von 3 m überschreiten. Dies stellt keinen Widerspruch zur Ermittlung der mittleren Wandhöhe im Abstandsflächenrecht (§ 6 Absatz 8 BauO NRW 2018) dar. Sinn und Zweck beider Vorschriften ist unterschiedlich. Im Abstandsflächenrecht geht es um die Wahrung nachbarlicher Belange und insoweit nur um die Grenzwand, während es hier bei den genehmigungsfreien Tatbeständen auch um andere Belange geht. Zur Berücksichtigung von Dächern bei der Berechnung der mittleren Wandhöhe s. zu § 6 Absatz 8.

Sollte die Einhaltung der Höhe Streitgegenstand z.B. einer Nachbarbeschwerde sein, so hat der Bauherr im Anhörungsverfahren die Einhaltung der maximal zulässigen mittleren Wandhöhe nachzuweisen.

§ 62 Absatz 1 Nummer 1 b) BauO NRW 2018 beschränkt nicht die Anzahl der Garagen, die genehmigungsfrei auf einem Grundstück errichtet werden dürfen, allerdings darf die Brutto-Grundfläche aller Garagen und überdachter Stellplätze, die genehmigungsfrei errichtet werden sollen, 30 m² nicht überschreiten. Es handelt sich insoweit um eine maximale

Flächenbegrenzung, d. h., die Flächen von Garagen und überdachten Stellplätzen auf dem Grundstück werden zusammengezählt.

Buchstabe g

Nach Buchstabe g) können Terrassenüberdachungen mit einer Fläche bis zu 30 m² und einer Tiefe bis zu 4,50 m, Balkonverglasungen sowie Balkonüberdachungen bis 30 m² Grundfläche, Wintergärten bis 30 m² Brutto-Grundfläche bei Gebäuden der Gebäudeklassen 1 bis 3 mit einem Mindestabstand von 3 m zur Nachbargrenze genehmigungsfrei errichtet werden.

Es ist davon auszugehen, dass die Voraussetzungen bezüglich der Gebäudeklassen und des Abstandes von 3 m zur Nachbargrenze nur für Wintergärten gilt. (Der Satzteil »Balkonverglasungen sowie Balkonüberdachungen bis 30 m² Grundfläche, Wintergärten bis 30 m² Brutto-Grundfläche bei Gebäuden der Gebäudeklassen 1 bis 3 mit einem Mindestabstand von 3 m zur Nachbargrenze« ist nachträglich aufgrund des Änderungsantrages LT-Drucks. 17/3036 in das Gesetz aufgenommen worden).

Bei einem Wintergarten im Sinne des § 62 Absatz 1 Nummer 1 g) BauO NRW 2018 handelt es sich nicht um eine Erweiterung der Gebäudehülle, sondern um einen verglasten, unbeheizten Anbau.

Soweit Wintergärten genehmigungsfrei errichtet werden können, sind keine Bauvorlagen bei der unteren Bauaufsichtsbehörde vorzulegen. In diesen Fällen bedarf es daher auch keiner Bauvorlageberechtigung nach § 67 Absatz 2 Nummer 3 BauO NRW 2018.

Terrassen sind befestigte Flächen, die ebenerdig oder allenfalls geringfügig erhöht dem Aufenthalt im Freien dienen und nicht durch massive Außenwände abgeschlossen sind. Nur die Überdachung solcher ebenerdigen Terrassen ist von § 62 Absatz 1 Nummer 1 Buchstabe g) BauO NRW 2018 erfasst, nicht aber die Überdachung von »Terrassen« auf Dächern.

Nummer 6 Buchstabe f/Nummer 10 Buchstabe a

Unter Nummer 6 werden genehmigungsfreie »Behälter« aufgezählt. Nach Buchstabe f) können Wasserbecken mit einem Beckeninhalt bis zu 100 m³ genehmigungs-frei errichtet werden. Hierunter fallen Behälter, wie bspw. Löschwasserbecken, Regenrückhaltebecken. Solche Wasserbecken können nach Nummer 6 f) auch im Außenbereich genehmigungsfrei errichtet werden.

Dienen Wasserbecken dem Schwimmen und damit der Freizeitgestaltung, so handelt es sich um Schwimmbecken, für die die Spezialregelung des § 62 Absatz 1 Nummer 10 a) BauO NRW 2018 gilt. Dies hat u. a. zur Folge, dass diese im Außenbereich nicht genehmigungsfrei errichtet werden können (»Schutz des Außenbereichs«).

Für die Frage, ob es sich um ein Wasserbecken oder ein Schwimmbecken handelt, kommt es demnach auf den bestimmungsgemäßen Gebrauch an.

Es ist grundsätzlich davon auszugehen, dass auch ein Naturschwimmteich mit Bauprodukten (z. B. Folie, sonstige Befestigung) künstlich hergestellt wird. Wenn der Naturschwimmteich dem »Schwimmen« dient, handelt es sich um ein Schwimmbecken.

Nummer 9

Nach § 62 Absatz 1 Nummer 9 BauO NRW 2018 können Aufschüttungen und Abgrabungen mit einer Höhe oder Tiefe bis zu 2 m und einer Grundfläche bis zu 30 m², im Außenbereich bis zu 400 m², genehmigungsfrei errichtet werden.

Bei der Größenbeschränkung (Grundfläche bis zu 30 m²) handelt es sich um eine Anpassung an die MBO.

§ 65 Absatz 1 Nummer 42 BauO NRW 2000 stellte ausdrücklich nur selbständige Aufschüttungen oder Abgrabungen genehmigungsfrei. Insoweit ist trotz anderen Wortlauts keine Rechtsänderung eingetreten, denn bei Vorhaben nach § 62 muss es sich stets um selbständige Vorhaben handeln, die eine eigene Funktion und eine eigene Zweckbestimmung haben (s.o.). Werden Aufschüttungen und Abgrabungen im räumlichen oder funktionalen Zusammenhang mit einem anderen baulichen Vorhaben durchgeführt, wie z. B. Anschüttungen für Terrassen oder Abgrabungen für die Belichtung des Kellers, handelt es sich nicht um selbständige Aufschüttungen und Abgrabungen. Sie stehen im funktionellen Zusammenhang mit der anderen baulichen Anlage. In diesem Fall müsste das Vorhaben insgesamt (in Bezug auf jeden zur Anwendung kommenden Tatbestand) genehmigungsfrei sein; ansonsten unterliegt es insgesamt der Genehmigungspflicht.

Nummer 10 Buchstabe f

Nach Nummer 10 f) ist die Errichtung und Änderung von Freischankflächen bis zu 40 m² einschließlich einer damit verbundenen Nutzungsänderung einer Gaststätte oder einer Verkaufsstelle des Lebensmittelhandwerks genehmigungsfrei. Der Gesetzgeber geht davon aus, dass derart kleine Freischankflächen – soweit sie bauplanungsrechtlich zulässig sind, andernfalls eine Ausnahme oder Befreiung nach § 31 BauGB i. V. m. § 69 Absatz 2 BauO NRW 2018 erforderlich wäre – auch unter nachbarrechtlichen Gesichtspunkten nicht so problematisch sind, dass sie zwingend einem präventiven Kontrollverfahren unterworfen werden müssten.

Unter Freischankflächen im Sinne des § 62 Absatz 1 Nummer 10 f) BauO NRW 2018 ist der im Freien gelegene Teil einer Gaststätte oder einer Verkaufsstelle des Lebensmittelhandwerks, der zum Verzehr von Speisen oder Getränken bestimmt ist, zu verstehen.

Wenn neben Tischen und Stühlen weitere Einrichtungen zur ortsfesten Nutzung aufgestellt werden oder die Fläche zusätzlich durch Einrichtungen wie Blumenkübel o.ä. abgegrenzt wird, kann es sich um bauliche Anlagen handeln.

Nummer 11 Buchstabe c

Anders als bisher, ist der Einbau und der Austausch von Fenster und Türen auch dann genehmigungsfrei, wenn das Vorhaben im Gebiet einer örtlichen Bauvorschrift liegt. Zulässig ist der Austausch aber nach wie vor nur, wenn es dem materiellen Recht entspricht (s.o., Vorbemerkung).

Durch örtliche Bauvorschrift können nach § 89 Absatz 1 Nummer 1 BauO NRW 2018 (äußere Gestaltung baulicher Anlagen) auch Anforderungen an Fenster und Türen gestellt werden. *Diese örtlichen Bauvorschriften sind zu beachtende öffentlich-rechtliche Vorschriften im Sinne des § 60 Absatz 2 BauO NRW 2018.*

Wenn also z.B. Fenster eingebaut werden sollen, die nach der Gestaltungssatzung der Gemeinde nicht zulässig sind, führt dies dazu, dass der Einbau materiell illegal ist und die untere Bauaufsichtsbehörde hiergegen einschreiten kann.

Nummer 12

Die Tatbestände, bei deren Vorliegen Werbeanlagen genehmigungsfrei errichtet werden können, wurden an die MBO angepasst.

Klarstellend wird darauf hingewiesen, dass Einschränkungen, aber auch Erweiterungen der Genehmigungsfreiheit, die in der BauO NRW 2000 enthalten waren, nicht mehr gelten.

Genehmigungsfrei können Werbeanlagen ab dem 01. Januar 2019 dann errichtet werden, wenn einer der Tatbestände des § 62 Absatz 1 Nummer 12 a) – e) BauO NRW 2018 vorliegt.

So können nunmehr Werbeanlagen, die nach ihrem Zweck nur vorübergehend für höchstens zwei Monate angebracht werden, außer im Außenbereich, nach § 62 Absatz 1 Nummer 12 c) BauO NRW 2018 genehmigungsfrei errichtet werden. In diesem Rahmen kann beispielsweise auch für Veranstaltungen (nicht mehr nur »an der Stätte der Leistung« (vgl. § 65 Absatz 1 Nummer 35 BauO NRW 2000) genehmigungsfrei geworben werden.

Aber auch hier gilt: Die Genehmigungsfreiheit entbindet nicht von der Einhaltung der materiellen Anforderungen (s.o., Vorbemerkung), wie z.B. § 10 Absatz 2 – 4 BauO 2018 NRW.

Nummer 13 Buchstabe f

Nach § 62 Absatz 1 Nummer 13 f) BauO NRW 2018 können bauliche Anlagen, die zu Straßenfesten, Märkten oder ähnlichen Veranstaltungen nur für kurze Zeit aufgestellt werden und die keine Fliegenden Bauten sind, genehmigungsfrei errichtet werden. Der Tatbestand entspricht § 65 Absatz 1 Nummer 40 BauO NRW 2000.

Nummer 15 Buchstabe e

Nach § 62 Absatz 1 Nummer 15 e) BauO NRW 2018 sind andere unbedeutende Anlagen oder unbedeutende Teile von Anlagen wie Hauseingangsüberdachungen, Markisen, Rollläden, Terrassen, Maschinenfundamente, Straßenfahrzeugwaagen, Pergolen, Jägerstände, Wildfütterungen, Bienenfreistände, Taubenhäuser, Hofeinfahrten und Teppichstangen genehmigungsfrei.

Terrassen können demnach wie bisher nur dann baugenehmigungsfrei errichtet werden, wenn sie unbedeutend sind. Hinsichtlich der Größenordnung ist auf die in dieser Vorschrift aufgeführten Anlagen abzustellen. Nach Sinn und Zweck der Regelung handelt es sich also typischerweise auch hinsichtlich der Flächenausdehnung um kleinere Anlagen.

Eine Änderung der Rechtslage geht mit dem teilweise veränderten Beispielkatalog nicht einher. (Terrassenüberdachungen sind im Rahmen von Nummer 1 Buchstabe g) freigestellt.)

§ 62 Absatz 1 Nummer 15 e) BauO NRW 2018 erfasst nun ausdrücklich kleine Taubenhäuser. Wie in Bezug auf die Kleintierställe nach BauO NRW 2000 greift dieser Freistellungstatbestand nicht, wenn sich das Taubenhaus in einem größeren Gebäude nach Nummer 1a befindet. Das Gesetz unterscheidet nicht zwischen privaten und öffentlichen Taubenhäusern.

zu Absatz 1 Satz 2

In § 62 Absatz 1 Satz 2 wird verlangt, dass sich die Bauherrschaft vor der Benutzung von in Serie hergestellten Blockheizkraftwerken und in Serie hergestellten Brennstoffzellen sowie Wärmepumpen (vgl. Satz 1 Nummer 3 Buchstabe d) und von Anlagen zur Verteilung von Wärme bei Wasserheizungsanlagen einschließlich der Wärmeerzeuger, Wasserversorgungsanlagen einschließlich der Warmwasserversorgungsanlagen und ihren Wärmeerzeuger sowie Abwasseranlagen (mit Ausnahme von Abwasserbehandlungsanlagen von Gebäuden) (vgl. Satz 1 Nummer 4 Buchstabe c)) von der Unternehmerin oder dem Unternehmer oder von einer oder einem Sachverständigen bescheinigen lassen muss, dass die Anlagen den öffentlichrechtlichen Vorschriften entsprechen (s. Anlage 2).

zu Absatz 3

§ 62 Absatz 3 BauO NRW 2018 unterscheidet hinsichtlich der Beseitigung zwischen »nicht genehmigungsbedürftigen« (Absatz 3 Satz 1) und »anzeigepflichtigen« (Absatz 3 Satz 2 ff.) Beseitigungen. Sind die Voraussetzungen des Absatzes 3 Satz 1 nicht erfüllt, bedarf es für die Beseitigung nicht der Baugenehmigung; sie ist vielmehr anzeigepflichtig (vgl. auch im Folgenden: BeckOK BauordnungsR Bayern/Weinmann BayBO Art. 57 Rn. 271–272).

Der Begriff der »Beseitigung« schließt den des Abbruchs mit ein. Mit der BauO NRW 2018 hat der Gesetzgeber den bisher verwendeten Begriff des Abbruches – unter Anpassung an die Formulierung in der MBO – gestrichen. Unter Beseitigung im Sinne des Absatzes 3 ist nur die vollständige Beseitigung einer Anlage zu verstehen. Wird eine Anlage nur teilweise beseitigt, handelt es sich um die Änderung einer (baulichen) Anlage.

Die baurechtliche Genehmigungsfreiheit lässt – wie auch das Anzeigeverfahren – andere Genehmigungserfordernisse unberührt. Hierzu zählen insbesondere:
– die Ausnahme von der Veränderungssperre (§ 14 Absatz 1 Nummer 1 BauGB, § 14 Absatz 2 BauGB),
– die Genehmigung für Anlagen in förmlich festgelegten Sanierungsgebieten (§ 144 Absatz 1 Satz 1 Nummer 1 BauGB),
– die Genehmigung für Anlagen im städtebaulichen Entwicklungsbereich (§ 169 Absatz 1 Nummer 3 BauGB),
– die Genehmigung für Anlagen im Geltungsbereich einer Erhaltungssatzung (§ 172 Absatz 1 BauGB, § 173 BauGB),

- die Genehmigung für die Zweckentfremdung von Wohnraum, wenn das Gebäude im Geltungsbereich einer derartigen Satzung liegt (§ 10 WAG NRW i.V.m. mit einer örtlichen Satzung) und
- die Erlaubnis zur Beseitigung von Baudenkmälern (§ 9 Absatz 1 DSchG NRW).

Somit gilt auch für die genehmigungsfreie Beseitigung baulicher Anlagen § 60 Absatz 2 BauO NRW 2018. Die Verantwortung liegt bei der Bauherrschaft.

zu Absatz 3 Satz 1

In Absatz 3 Satz 1 wird die Beseitigung von Anlagen genehmigungsfrei gestellt, da »(…) deren Beseitigung zumindest in aller Regel keine statisch-konstruktiven Schwierigkeiten aufwirft und auch mit Blick auf das Nachbarschaftsverhältnis keiner formalisierten bauaufsichtlichen Handhabung bedarf« (Auszug aus der Gesetzesbegründung).

Nach Absatz 3 Satz 1 Nummer 1 ist die Beseitigung von solchen Anlagen nicht genehmigungsbedürftig, die nach Absatz 1 genehmigungsfrei errichtet oder geändert werden dürfen. Entscheidend ist, ob die Anlage zum Zeitpunkt der Beseitigung genehmigungsfrei errichtet oder geändert werden darf.

Der Genehmigungsfreiheit nach Absatz 3 Satz 1 Nummer 2 unterliegen freistehende Gebäude der Gebäudeklassen 1 bis 3. Dies sind nach § 2 Absatz 3 Satz 1 Nummer 1 bis Nummer 3:
- *freistehende Gebäude mit einer Höhe bis zu 7 m und nicht mehr als zwei Nutzungseinheiten von insgesamt nicht mehr als 400 m² (§ 2 Absatz 3 Satz 1 Nummer 1 Buchstabe a),*
- *freistehende land- oder forstwirtschaftlich genutzte Gebäude und Gebäude vergleichbarer Nutzung (§ 2 Absatz 3 Satz 1 Nummer 1 Buchstabe b) und*
- *sonstige Gebäude mit einer Höhe bis zu 7 m (§ 2 Absatz 3 Satz 1 Nummer 3).*

Gemäß Absatz 3 Satz 1 Nummer 3 ist die Beseitigung sonstiger Anlagen (§ 2 Absatz 1 Satz 4 BauO NRW 2018), die keine Gebäude sind (§ 2 Absatz 2 BauO NRW 2018), mit einer Höhe bis zu 10 m genehmigungsfrei. Es ist hierbei nicht auf die »freie« Höhe abzustellen, sondern das entsprechende Maß berechnet sich von der Geländeoberfläche bis zum höchsten Punkt der Anlage (vgl. BeckOK BauordnungsR Bayern/Weinmann BayBO Art. 57 Rn. 276).

Die Beseitigung der in Satz 1 genannten Anlagen bedarf weder einer Genehmigung noch muss die Beseitigung angezeigt werden. Die Beseitigung aller anderen baulichen Anlagen ist anzuzeigen (Sätze 2 bis 6).

Handelt es sich um die Beseitigung eines nicht freistehenden Gebäudes, das angezeigt werden muss, ist der Anzeige eine Bestätigung eines qualifizierten Tagwerkplaners gemäß Satz 3 beizufügen. Bautechnische Nachweise sind nicht vorzulegen.

Auch wenn keine Prüfpflicht der Bauaufsichtsbehörde mehr besteht, hat die Bauaufsichtsbehörde in den Fällen, in denen ihr die Beseitigung einer baulichen Anlage nach § 62 Absatz 3 Satz 2 BauO NRW 2018 angezeigt wird, die Gemeinde und folgende Behörden in geeigneter Weise in Kenntnis zu setzen:
- *die untere Umweltschutzbehörde,*
- *die untere Abfallwirtschaftsbehörde,*

§ 62 Genehmigungsfreie Bauvorhaben, Beseitigung von Anlagen

- *die untere Denkmalbehörde,*
- *die Katasterbehörde,*
- *das für Arbeitsschutz zuständige Dezernat der jeweiligen Bezirksregierung,*
- *die Bauberufsgenossenschaft.*

Übersicht

		Rdn.
0	Änderungen gegenüber der BauO NW 1984, der BauO NW 1995 und der BauO NRW 2000	01
1	Allgemeines	1
2	Zu Absatz 1 – Katalog der genehmigungsfreien Vorhaben	19
2.1	Gebäude	21
2.2	Anlagen der technischen Gebäudeausrüstung	52
2.3	Anlagen zur Nutzung erneuerbarer Energien	56
2.4	Anlagen zur Ver- und Entsorgung	63
2.5	Masten, Antennen und ähnliche Anlagen	71
2.6	Behälter	93
2.7	Mauern und Einfriedungen	106
2.8	Private Verkehrsanlagen	120
2.9	Aufschüttungen und Abgrabungen	125
2.10	Anlagen in Gärten und zur Freizeitgestaltung	130
2.11	Tragende und nichttragende Bauteile	142
2.12	Werbeanlagen	159
2.13	vorübergehend aufgestellte oder benutzbare Anlagen	177
2.14	Plätze	190
2.15	Sonstige Anlagen	203
3	Zu Absatz 2 – Freistellung von Nutzungsänderungen	218
4	Zu Absatz 3 – Beseitigungsmaßnahmen	223
5	Zu Absatz 4 – Instandhaltungsarbeiten	240

0 Änderungen gegenüber der BauO NW 1984, der BauO NW 1995 und der BauO NRW 2000

01 Die Vorschrift des § 65 **BauO NW 1995** übernahm § 62 BauO NW 1984 in geänderter und ergänzter Form. In **Abs. 1** wurde der Katalog der freigestellten Vorhaben in Anpassung an den Anhang zu § 62 MBO der besseren Übersichtlichkeit und Lesbarkeit wegen **systematisch neu geordnet**, mit **Zwischenüberschriften** versehen und um **Nr. 7, 12, 23, 25, 27, 32, 33, 37, 39, 40, 41, 44 und 46 erweitert**. In **Abs. 2** wurden **Nr. 5** und **6 angefügt**. In **Abs. 3** Satz 2 wurden die Abbruch- und Beseitigungstatbestände aus Gründen der Übersichtlichkeit neu gegliedert und durch **Nr. 4 bis 11 ergänzt**. **Abs. 4** blieb unverändert.

02 Die **BauO NRW 2000** hat am systematischen Aufbau des § 65 BauO NW 1995 festgehalten. Die Annäherung an § 62 MBO 1997 erfolgte durch **Einbeziehung** der Tatbestände des aufgehobenen § 64 BauO NW 1995; hierbei handelt es sich in **Abs. 1** um die Nummern **7a, 9a, 12b** und **12c**. Entsprechend dem Gesetzentwurf der Landesregierung (s. die Begründung in LT-Drucks. 12/3738 S. 83 ff. zu Art. I Nr. 40 – § 65) wurden in Abs. 1 die Nummern **8a, 12a, 12d, 33a, 33b** und **41a** zusätzlich

aufgenommen und die Beschränkung in **Nr. 36** auf bestimmte Warenautomaten gestrichen. In **Abs. 2** wurde **Nr. 2 erweitert.** In **Abs. 3** wurde **Nr. 10 neu eingefügt,** wodurch sich die alten Nr. 10 und 11 zu den neuen Nr. 11 und 12 verschoben; in Nr. 12 (neu) konnten die Warenautomaten wegen der Neufassung von Abs. 1 Nummer 36 gestrichen werden.

In **Abs. 1** erhielt **Nr. 18** durch das Gesetz zur Änderung der Landesbauordnung vom 22.07.2003 (GV. NRW. S. 434) eine neue Fassung, um die Errichtung von **Mobilfunk-Basisstationen verfahrensrechtlich zu erleichtern** und damit die Bauaufsichtsbehörden zu entlasten, wenn dies mit einer Nutzungsänderung bestehender baulicher Anlagen verbunden ist (so die Begründung in LT-Drucks. 13/4044 S. 1). Gegenstand des Gesetzes war zugleich die Aufnahme eines neuen § 74a – Ausnahmen und Befreiungen nach dem Bauplanungsrecht – in die Landesbauordnung. 03

Durch **§ 2 Nr. 4 Buchstabe b) Bürokratieabbaugesetz I** vom 13.03.2007 (GV. NRW. S. 133) wurde in **Abs. 1** der Anwendungsbereich des Freistellungstatbestandes der **Nr. 33a** dadurch befristet (hierzu s. Anmerkungen zu § 63 Rdn. 11–11a) ausgedehnt, dass der Freistellungstatbestand auch Anwendung findet, wenn die Gewerbe-, Industrie- oder vergleichbaren Sondergebiete **nicht** durch Bebauungsplan festgesetzt sind. 04

Durch Art. I des Dritten Gesetzes zur Änderung der Bauordnung für das Land Nordrhein-Westfalen vom 28.10.2008 (GV. NRW. S. 232) erhielt die Nr. 5 des Abs. 1 die heutige Fassung, indem die Firsthöhe der Gewächshäuser ohne Verkaufsstätten auf 5 m angehoben, deren Grundfläche auf 1 600 m^2 begrenzt und deren Verwendung um einen Betrieb der gartenbaulichen Erzeugung im Sinne des BauGB erweitert wurde. Gleichzeitig wurde der Freistellungskatalog um die Nr. 8 b erweitert. Danach sind auch Terrassenüberdachungen bis 30 m^2 Fläche und 3 m Tiefe genehmigungsfrei. 05

Die **BauO NRW 2018 fasst die Vorschriften der §§ 65 und 66 BauO NRW 2000 zusammen** und regelt somit die Genehmigungsfreiheit von Bauvorhaben umfassend. Dabei wurden die genehmigungsfreien Maßnahmen an sich und deren Strukturierung modifiziert, wobei man sich an der MBO orientiert hat. **Neu aufgenommen in den Katalog** der genehmigungsfreien Bauvorhaben des Absatz 1 wurden bestimmte Garagen und überdachte Stellplätze (**Nr. 1. b)**), bestimmte freistehende **Abgasanlagen** (**Nr. 2. a)**), bestimmte gebäudeunabhängige Solaranlagen (**Nr. 3. b)**), Brauchtumsmasten (**Nr. 5. d)**), Gärfutterbehälter und Schnitzelgruben (**Nr. 6. d)**), Kompost- und ähnliche Anlagen (**Nr. 6. e)**), bestimmte Wasserbecken (**Nr. 6. f)**), Wohnwagen, Zelte u. a. auf Camping-, Zelt- oder Wochenendplätzen (**Nr. 10. d)**), bestimmte Freischankflächen (**Nr. 10. f)**), bestimmte, auf einer Tafel zusammengefasste Hinweisschilder auf gewerbliche Betriebe (**Nr. 12. d)**), Toilettenwagen (**Nr. 13. c)**), bestimmte ortsveränderliche Anlagen zur Geflügelhaltung (**Nr. 13. g)**) und Kinderspielplätze (**Nr. 14. d)**). 06

Aus dem bisherigen Katalog entfernt wurden die Vorhaben nach § 65 Abs. 1 Nr. 7a, 12b, 12c, 21, 31, 33b und 35 sowie § 66 Nr. 2 BauO NRW 2000. 07

Der neue Absatz 3 regelt die Genehmigungsfreiheit von Beseitigungsmaßnahmen von Anlagen; er stellt alle Abbrüche genehmigungsfrei und bestimmt für die Beseitigung bestimmter Anlagen ein Anzeigeverfahren. 08

§ 62 Genehmigungsfreie Bauvorhaben, Beseitigung von Anlagen

1 Allgemeines

1 Wenn Absatz 1 Satz 1 eingangs formuliert: »Nicht genehmigungsbedürftig sind:«, so ist der Begriff in seiner umfassenden Bedeutung gemeint. Für die von § 62 BauO NRW 2018 erfassten Vorhaben bzw. Vorgänge ist daher **weder eine Baugenehmigung noch eine** die Baugenehmigung ersetzende **Zustimmung** nach § 79 BauO NRW 2018 erforderlich. Die Freistellung von der Genehmigungspflicht bewirkt zugleich, dass auch die Bauüberwachung und die Bauzustandsbesichtigungen entfallen. Es handelt sich dabei also um eine vollständige Verfahrensfreistellung.

2 **Verfahrensfreistellungen bewirken nicht stets eine Entlastung der Bauaufsichtsbehörden.** Zwar tritt ein Fortfall der präventiven Prüfaufgaben, der Bauüberwachung und der Bauzustandsbesichtigungen bezüglich verfahrensfreier Vorhaben ein, dieser Entlastungseffekt wird aber nicht selten durch **erforderliche repressive bauaufsichtliche Maßnahmen** zunichtegemacht, vor allem, wenn die Verletzung nachbarschützender Vorschriften gerügt und ein Einschreiten verlangt wird (zum Nachbarschutz s. Anmerkungen zu § 63 Rdn. 8; zur Pflicht zum Einschreiten s. Anmerkungen zu § 58 Rdn. 53–54). Es erstaunt daher immer wieder, mit jeder Baurechtsnovelle das Anwachsen der Freistellungskataloge beobachten zu können, was vermeintlich die Bauaufsichtsbehörden entlasten soll, ohne dass die damit verbundenen Nachteile zumindest erwähnt werden.

3 Bei der **Freistellung** ist einerseits aus bauordnungsrechtlicher Sicht die **Grenze** zu berücksichtigen, die **durch mögliche Gefahren** für die öffentliche Sicherheit oder Ordnung gezogen wird. Viele unbedeutende Vorhaben und Vorgänge sind in dieser Hinsicht unproblematisch, wie z.B. Instandhaltungsarbeiten an baulichen Anlagen, die Montage eines Weidezaunes, die Errichtung kleiner Nebengebäude, oder die Herstellung bzw. Beseitigung nichttragender Wände. Derartige Maßnahmen waren schon immer verfahrensfrei (vgl. die preußischen Mustervorschriften für Baupolizeiverordnungen: jeweils § 1 Buchstabe B der »Einheitsbauordnung für Städte« vom 25.04.1919 und der »Bauordnung für das platte Land« vom 22.03.1931). Andererseits kann eine Freistellung auch erfolgen, wenn für das Vorhaben ein **anderes öffentlich-rechtliches Genehmigungs- oder Erlaubnisverfahren** vorgeschrieben ist, in dem die bauordnungsrechtlichen Belange mit geprüft werden. Hierdurch wird **dem Bauherrn** eine **doppelte Antragstellung** erspart.

4 Der Gesichtspunkt der Vermeidung einer für den Bauherrn doppelten Antragstellung liegt ebenso der bauplanungsrechtlichen Zulässigkeitsprüfung städtebaulich relevanter Vorhaben zugrunde. Der Bund hätte kompetenzrechtlich im Bundesbaurecht zur Kontrolle der Einhaltung des materiellen Zulässigkeitsrechts für Vorhaben auch abschließende verfahrensrechtliche Bestimmungen treffen können. Mit Blick auf die seit jeher bestehenden baupolizeilichen Verfahren zur präventiven Kontrolle des öffentlichen Baurechts hat er **kein eigenständiges städtebauliches Genehmigungsverfahren** durch die Gemeinde vorgesehen, sondern lediglich ergänzende Verfahrensvorschriften erlassen, die die Beteiligung der Gemeinde absichern. Seit dem Inkrafttreten des BBauG 1960 bestand die bundesrechtliche Konzeption der **Einbettung der bauplanungsrechtlichen Zulässigkeitsprüfung von Vorhaben in das bauordnungsrechtliche**

Genehmigungs-, Zustimmungs- oder Anzeigeverfahren (s. § 29 BBauG 1960 bzw. § 29 BauGB 1986). Diese Vorgabe erlaubt es den Ländern nicht, städtebaulich relevante Vorhaben verfahrensfrei zu stellen (s. Anmerkungen Vor §§ 60–63 Rdn. 3). Dies berücksichtigte § 86 MBO 1960 mit einem »moderaten« Freistellungskatalog.

Die auf das Bundesbaurecht abgestimmte **Freistellungsregelung** in § 86 MBO 1960 wurde **in späteren Jahren erheblich ausgeweitet**. Es entsprach einer allgemeinen **Tendenz zur Deregulierung**, mit jeder Bauordnungsnovelle neue Freistellungstatbestände zu schaffen. Dabei wurde von den Ländern nicht immer § 29 BBauG = § 29 BauGB 1986 berücksichtigt, bis das BVerwG schließlich eingriff und in seiner »**Wyhl – Entscheidung**« (Urt. v. 19.12.1985 – 7 C 65.82, BVerwGE 72, 300 = DVBl 1986, 190) deutlich die **bei der Freistellung zu beachtenden Grenzen** aufzeigte. Diese Entscheidung hinderte die Länder nicht, ihre Freistellungsbemühungen fortzusetzen und sogar die **Freistellung für bebauungsplankonforme Wohngebäude** einzuführen (vgl. Jäde, Zum Stand der Bauordnungsreform, ZfBR 2000, S. 519 ff.). Die Vorschriften zur Genehmigungsfreistellung »bebauungsplankonformer Wohngebäude« nach dem Muster Bayerns, dem § 67 BauO NW 1995 entsprach, sahen jedoch **mit Rücksicht auf das Bauplanungsrecht** eine Einschaltung der Gemeinde vor, so dass diese ihre Planungshoheit nach wie vor ausüben konnte.

5

Dagegen stellten einzelne Landesbauordnungen derartige Wohngebäude frei, ohne dass die Gemeinde Kenntnis von dem Vorhaben erhielt, was den **Bund** schließlich zu **gesetzgeberischen Reaktionen** veranlasste. Mit dem **BauROG** wurden die Vorschriften des **§ 15 Abs. 1 Satz 2 und 3**, des **§ 29 Abs. 1 und des § 36 Abs. 1 Satz 3 BauGB** geändert bzw. neu eingefügt, um so der Gemeinde die Möglichkeit zu erhalten, bezüglich freigestellter Wohnbauvorhaben von den Instrumenten der Zurückstellung wirksam Gebrauch machen zu können (hierzu s. Jäde, Bauordnungsrecht und Bundesbaurecht – Lösungen und Probleme des BauGB 1998, ZfBR 1998, S. 129 ff. und Uechtritz/Schladebach, Die vorläufige Untersagung nach § 15 Abs. 1 Satz 2 BauGB: Probleme bei der Harmonisierung von Planungsrecht und »deregulierten« Verfahren, BauR 2001, S. 37 ff.).

6

Mit dem BauROG wurde vor allem durch Änderung des § 29 BauGB 1986 die **Geltung des materiellen Bauplanungsrechts vom Verfahrensrecht der Landesbauordnungen entkoppelt**, um so auch der Rechtsprechung des BVerwG Rechnung zu tragen (vgl. BVerwG, Beschl. v. 04.03.1997 – 4 B 233.96, BRS 59 Nr. 127 = DÖV 1997, 643 = UPR 1997, 326 = ZfBR 1997, 218 zur planungsrechtlichen Unzulässigkeit eines nach Bauordnungsrecht freigestellten Stellplatzes; zu den Beweggründen des Gesetzgebers vgl. Lüers, Die Änderungen des Baugesetzbuchs durch das Bau- und Raumordnungsgesetz 1998 – BauROG – Teil 2, ZfBR 1997, S. 275 ff.). Das materielle Zulässigkeitsrecht für Vorhaben nach den §§ 29–37 BauGB ist dadurch seit dem 01.01.1998 unabhängig vom Verfahrensrecht der Landesbauordnungen stets zu beachten, wenn der **bauplanungsrechtliche Begriff der baulichen Anlage** erfüllt ist (s. Anmerkungen zu § 2 Rdn. 13 ff.). Diese Entkoppelung schließt insoweit nunmehr aus, dass den Ländern weiterhin noch eine Dispositionsbefugnis zusteht, über Freistellungstatbestände die Anwendung des materiellen Bauplanungsrechts beeinflussen zu können.

7

§ 62 Genehmigungsfreie Bauvorhaben, Beseitigung von Anlagen

Die hierdurch bewirkte Beschneidung der Landeskompetenz und die in gewisser Weise eintretende »**Verschärfung**« der materiellen Rechtslage waren dem Bundesgesetzgeber durchaus bewusst. Allerdings nahm die Bundesregierung noch an, dass die in den Freistellungskatalogen der Landesbauordnungen aufgeführten »unbedeutenden« baulichen Anlagen regelmäßig nach den materiellen bauplanungsrechtlichen Vorschriften zulässig sein würden (vgl. BT-Drucks. 13/6392 S. 55). Dieser Auffassung ist das BVerwG entgegengetreten (Urt. v. 07.05.2001 – 6 C 18.00, BauR 2001, 1558 = BRS 64 Nr. 89 = NVwZ 2001, 1046 zur Zulässigkeit einer nach der LBO Rh-Pf freigestellten Gerätehütte aus Holz im Außenbereich und im Landschaftsschutzgebiet).

8   Folgen für die Gesetzgebungstätigkeit der Länder auf dem Gebiet des Bauordnungsrechts entfaltet auch der mit dem BauROG neu geschaffene § 36 Abs. 1 **Satz 3** BauGB:

»*Richtet sich die Zulässigkeit von Vorhaben nach § 30 Abs. 1, stellen die Länder sicher, dass die Gemeinde rechtzeitig vor Ausführung des Vorhabens über Maßnahmen zur Sicherung der Bauleitplanung nach den §§ 14 und 15 entscheiden kann.*«

Über § **36 BauGB** wird an und für sich nur die **Beteiligung der Gemeinde** zur Sicherung ihrer Planungshoheit in nicht beplanten Bereichen bzw. im Falle der Abweichung von Bebauungsplanfestsetzungen geregelt (s. Anmerkungen zu § 71 Rdn. 25). Der neue **Satz 3**, der als wenig geglückt bezeichnet werden kann, will gewährleisten, dass bei einem landesrechtlichen Verzicht auf ein präventives Prüfverfahren für Vorhaben im Geltungsbereich eines qualifizierten Bebauungsplans die Gemeinde Kenntnis von der Ausführung des Vorhabens erhält, wobei dieser **Informationsanspruch durch Landesrecht auszugestalten** ist (so BR-Drucks. 635/96 S. 60). Die Bundesregierung wollte indessen mit dieser Gesetzesänderung nur die entsprechend § 63 BauO NRW freigestellten Wohnbauvorhaben und nicht etwa auch die im Freistellungskatalog des § 62 BauO NRW enthaltenen Kleinstvorhaben erfassen. Das kann jedoch der Formulierung des § 36 Abs. 1 **Satz 3** BauGB so nicht entnommen werden. In der geltenden Fassung wird man die bundesrechtliche Maßgabe auch vor dem Hintergrund der Rechtsprechung des BVerwG nur so auslegen können, dass die Länder verpflichtet sind, nicht nur für Wohnbauvorhaben, sondern vielmehr für **alle** städtebaulich relevanten Vorhaben im beplanten Bereich eine Mitwirkung der Gemeinde anzuordnen. Dass auch einzelne der im Freistellungskatalog des § 62 BauO NRW enthaltenen Vorhaben städtebauliche Relevanz entfalten können, ergibt sich zweifellos bereits dadurch, dass die Gemeinde gemäß §§ 12, 14 und 23 Abs. 5 BauNVO ermächtigt ist, durch Festsetzung die Zulässigkeit von Nebenanlagen sowie von Stellplätzen und Garagen außerhalb der überbaubaren Grundstücksflächen im Bebauungsplan einzuschränken oder diese Anlagen sogar auszuschließen. Dieser bauplanungsrechtliche Gesichtspunkt hat auch Folgen für das Verhältnis der Vorschriften des § 62 zu denen des §§ 63 BauO NRW 2018 (s. Rdn. 15–17).

9   Die richtige **Einordnung der Freistellungstatbestände** des § 62 bereitet seit jeher **Schwierigkeiten in der Vollzugspraxis**, weil nicht nur das Verhältnis zum **Anwendungsbereich** des Bauordnungsrechts nach § 1 BauO NRW 2018 und zum **verfahrensrechtlichen Grundsatz** des § 60 BauO NRW 2018, sondern auch das **Verhältnis zu den übrigen Verfahrensvorschriften** zu beachten ist, deren Umfang sich durch die

Einführung des vereinfachten Genehmigungsverfahrens und der Genehmigungsfreistellung für Wohnbauvorhaben erhöht hat. Die Materie ist derart komplex, dass die Bediensteten der Bauaufsichtsbehörden im Rahmen der Bauberatung sehr genau aufpassen müssen, um den anfragenden Bürger nicht auf die falsche Fährte zu locken. Aus diesem Grunde schon sollten nur erfahrene Bedienstete mit der Bauberatung betraut werden.

Ein Vorhaben kann nur dann der Freistellungsvorschrift unterfallen oder genehmigungsbedürftig sein, wenn das Bauordnungsrecht überhaupt nach § 1 BauO NRW 2018 **Anwendung** findet. Diese Frage ist nicht immer einfach zu klären, weil die Regeln des **Absatz 2** dieser Vorschrift (»Dieses Gesetz gilt nicht ...«) auf die **Erfüllung von Tatbeständen** abstellen, die genauestens zu beachten sind, darüber hinaus selbst bei deren Erfüllung wiederum **Rückausnahmen für Gebäude** greifen und schließlich noch die versteckt angeordnete Anwendungsvorschrift des **§ 10 Absatz 6 BauO NRW 2018** für Werbeanlagen nicht übersehen werden darf. Vor allem bei der Privatisierung nicht benötigter Bahnanlagen treten hierbei Unsicherheiten auf (s. Anmerkungen zu § 61 Rdn. 24). 10

Die **Genehmigungsfreiheit** nach § 62 greift jeweils **nur isoliert in Bezug auf den einzelnen Tatbestand**. Das schließt nicht aus, gleichzeitig mehrere Freistellungstatbestände zu nutzen, z.B. im Wohngarten eines Wohngebäudes ein nach Absatz 1 Nr. 1 freigestelltes Kleingebäude ohne Aufenthaltsraum zum Abstellen der Gartengeräte und Gartenmöbel sowie im Vorgarten einen nach Absatz 1 Nr. 14 Bst. c freigestellten Stellplatz für das Motorrad zu errichten. Es ist aber Vorsicht geboten, wenn für die Realisierung ein und desselben Vorhabens mehrere Freistellungstatbestände kombiniert herangezogen werden, um die Genehmigungsfreiheit zu begründen. In einem derartigen Fall muss das Vorhaben insgesamt nach jedem einzelnen der zur Anwendung kommenden Tatbestände genehmigungsfrei sein, weil es nicht in einzelne jeweils für sich genehmigungsfreie Teile »zerlegt« werden kann (Nds. OVG, Urt. v. 18.02.1993 – 1 L 246/89, BRS 55 Nr. 84 zu einer freigestellten Dungstätte mit einer freigestellten Begrenzungsmauer, die beide deshalb als bauliche Einheit vom Gericht gewertet wurden, weil die Mauer nicht nur als bloße Einfriedung fungierte, sondern vielmehr auch dazu diente, das Fassungsvermögen der Dungstätte zu steigern). 11

Der **Gesichtspunkt des Funktionszusammenhangs** muss auch bei der Einbeziehung an und für sich genehmigungsfreier Teile in ein genehmigungsbedürftiges Vorhaben beachtet werden. Nahezu jedes **genehmigungsbedürftige Vorhaben** umfasst auch **genehmigungsfreie Teile**, wie z.B. Fenster und Türen sowie die dafür bestimmten Öffnungen nach Absatz 1 Nr. 11 Bst. c. Ein **genehmigungsbedürftiges Vorhaben lässt sich jedoch nicht in genehmigungsbedürftige und genehmigungsfreie Teile aufspalten**, wenn damit zugleich **Auswirkungen auf die Nutzung** verbunden sind (OVG NRW, Urt. v. 12.08.1968 – VII A 738/67, BRS 20 Nr. 149 zur Unzulässigkeit der Aufspaltung einer Umbaumaßnahme in genehmigungsbedürftige und lediglich anzeigepflichtige oder genehmigungsfreie Teile). Wird z.B. die Errichtung eines Gebäudes mit gewerblichem Lagerteil und privatem Garagenteil genehmigt und soll die innere Aufteilung zur Vergrößerung des Lagerteils durch verschobene Anordnung einer 12 nichttragenden Wand abweichend von den genehmigten Bauvorlagen ausgeführt werden, so ist ein Nachtragsbauantrag erforderlich, weil Absatz 2 Nr. 2 (genehmigungsfreie Nutzungsänderung) nur greift, wenn das Vorhaben insgesamt genehmigungsfrei wäre.

13 **Genehmigungsbedürftige Nutzungsvorgänge** können auch mit der Errichtung einzelner freigestellter Anlagen verbunden sein. So sind Gewächshäuser ohne Verkaufsstätten bis zu 5,0 m Firsthöhe, die einem land- oder forstwirtschaftlichen Betrieb dienen, gemäß Absatz 1 Nr. 1 Bst. d genehmigungsfrei, sofern sie eine Grundfläche von 1 600 m^2 nicht überschreiten. Vorausgesetzt wird dabei aber eine entsprechend legale Bodennutzung. Soll diese erst noch genehmigt werden, so sind auch die auf dieser Fläche zu errichtenden Gewächshäuser genehmigungsbedürftig (OVG Bln, Beschl. v. 23.08.1988 – 2 S 7.88, BRS 48 Nr. 125 zu Gewächshäusern als unselbständige Teile eines beantragten Gartenbaubetriebs, die nach der Konzeption des Bauherrn und nach ihrer Funktion in einem engen baulichen und zeitlichen Zusammenhang mit dem Gesamtvorhaben standen).

14 **Einheitliche Vorhaben**, die aus **genehmigungsfreien** und **genehmigungsbedürftigen Teilen zusammengesetzt** sind, unterliegen **insgesamt dem Genehmigungserfordernis**, wenn sie nach ihrer Funktion in einem Zusammenhang stehen und eine isolierte Betrachtung ausscheidet (vgl. Boeddinghaus/Hahn/Schulte/Radeiswen, zu § 62 Rn. 8). Es ist **kein »Splitting« zwischen den Einzelteilen** möglich (so Jeromin, zu § 62 Rn. 13 unter Bezug auf OVG NRW, Urt. v. 12.08.1968 – VII A 738/67, BRS 20 Nr. 149; s.a. Rdn. 11).

15 Bei den **Freistellungsvorschriften** gilt der **Grundsatz der Spezialität**. Danach verdrängt die speziellere die allgemeinere Regelung. So geht z.B. Absatz 1 Nr. 1 Bst. e (Fahrgastunterstände) gegebenenfalls der Nr. 1 Bst. a (Gebäude bis 75 m^3 Brutto-Rauminhalt) vor, selbst wenn der Fahrgastunterstand größer sein sollte. Oft kann aber nicht auf Anhieb erkannt werden, welcher Tatbestand allgemein und welcher andere speziell ist. Erst recht treten Probleme im Verhältnis der Freistellungsvorschriften der §§ 62 und 63 BauO NRW 2018 untereinander auf, weil der Gesetzgeber hierzu keine Regelungen getroffen hat.

16 Im **Verhältnis** zwischen den Tatbeständen der **§§ 62 und 63 BauO NRW 2018** muss die bundesrechtliche Vorgabe des § 36 Abs. 1 Satz 3 BauGB 1997 berücksichtigt werden (s. Rdn. 8). Hierbei handelt es sich um eine Regelungsvorgabe des Bundes an die Länder, ohne dass der Bund damit eine Frist zur Umsetzung in Landesrecht verbunden hat. Die bereits mit der BauO NW 1995 eingeführten und mit der BauO NRW 2000 fortentwickelten Regelungen des § 63 BauO NRW 2018 entsprechen der erst mit dem BauROG im Jahre 1997 geschaffenen **bundesrechtlichen Vorgabe zur Sicherstellung der Gemeindebeteiligung**. Man wird unter Berücksichtigung des Bundesrechts nur zu der Auffassung gelangen können, dass die Bestimmungen des § 63 BauO NRW 2018 in Ausführung des Bundesrechts den Freistellungstatbeständen des § 62 vorgehen. Im Geltungsbereich eines Bebauungsplans sind somit Vorhaben oder Vorgänge, die sowohl § 62 als auch § 63 BauO NRW 2018 unterfallen, nur nach den insoweit **spezielleren** Regelungen des § 63 BauO NRW 2018 freigestellt.

Die Regelungen des § 63 BauO NRW 2018 sind **deshalb spezieller,** weil sie dem Bauherrn **verfahrensrechtliche Pflichten** auferlegen, während die Pflicht zur Beachtung des materiellen Rechts – und damit auch der Festsetzungen des Bebauungsplans – nach beiden Vorschriften gleichermaßen besteht. Auch nach der Ursprungskonzeption des Bundesbaurechts galt nämlich bislang schon, dass die nach dem Bauordnungsrecht freigestellten Vorhaben den **Festsetzungen eines Bebauungsplanes** nicht widersprechen dürfen, da diese Festsetzungen als **Rechtssätze** aus sich heraus gelten und nicht erst einer Wirkungsvermittlung über § 29 BBauG 1960 = BauGB 1986 bedürfen (vgl. BVerfG, Beschl. v. 14.05.1985 – 2 BvR 397/82 u.a., BRS 44 Nr. 24; BVerwG, Urt. v. 04.11.1966 – IV C 36.65, BRS 17 Nr. 1 sowie Urt. v. 28.04.1978 – 4 C 59.75, BRS 33 Nr. 31 und Beschl. v. 04.03.1997 – 4 B 233.96, BRS 59 Nr. 127 = DÖV 1997, 643 = UPR 1997, 326 = ZfBR 1997, 218 für baugebietswidrige Nutzungen; OVG NRW, Urt. v. 22.08.1996 – 7 A 3508/93, BauR 1997, 97 = BRS 58 NR. 35; VGH B-W, Urt. v. 27.06.1990 – 3 S 2655/89, BRS 50 Nr. 189).

17

Nachdem nunmehr das BVerwG auch **freigestellte Kleinvorhaben als städtebaulich relevante Anlagen** ansieht (s. Rdn. 7), muss der Gemeinde die Möglichkeit eröffnet sein, auch in Bezug auf solche Vorhaben ihre Planungshoheit wirksam durchsetzen zu können. Diese Möglichkeit hat die Gemeinde jedoch nur im Freistellungsverfahren nach § 63 BauO NRW 2018, da ihr nach § 62 keine Mitteilung vom Bauherrn erstattet werden muss.

Der **Entscheidungsspielraum** wird erst vor dem Hintergrund des **§ 23 Abs. 5 BauNVO** richtig verständlich. Häufig sind freigestellte Kleinvorhaben nämlich **Nebenanlagen im Sinne des § 14 Abs. 1 Satz 1 BauNVO,** die auf den **nicht überbaubaren Grundstücksflächen** nicht etwa von vornherein zulässig sind, sondern nur »zugelassen werden können«, es sei denn, in dem Bebauungsplan wird die Zulässigkeit von Nebenanlagen eingeschränkt oder sogar völlig ausgeschlossen. Da bezüglich dieser Kleinvorhaben aber kein Baugenehmigungsverfahren vorgesehen ist, andererseits aber die städtebauliche Relevanz z.B. eines Abstellschuppens oder eines Kleingewächshauses als Nebengebäude (s. Anmerkungen zu § 2 Rdn. 147 ff.) eines im Geltungsbereich eines Bebauungsplans gelegenen Wohnhauses angesichts der Rechtsprechung des BVerwG nicht negiert werden kann (s. Rdn. 8), zwingt dies zu der Auffassung, dass auch die isolierte Errichtung oder Änderung solcher Vorhaben dem Verfahrensregime des § 63 BauO NRW 2018 unterliegt.

18

2 Zu Absatz 1 – Katalog der genehmigungsfreien Vorhaben

Absatz 1 enthält den Katalog derjenigen Gebäude und anderen Anlagen, die nicht genehmigungsbedürftig sind.

19

Nutzungsänderungen baulicher Anlagen sind gemäß § 60 Absatz 1 BauO NRW 2018 in der Regel stets genehmigungsbedürftig und nach Absatz 2 nur in Bezug auf die in Absatz 1 aufgeführten Anlagen und nur dann freigestellt, wenn an die neue Nutzung keine anderen öffentlich-rechtlichen Anforderungen nach den §§ 64 und 65 i. V. m. 68 BauO NRW 2018 als für die bisherige Nutzung beachtet werden müssen. Eine Sonderregelung in Bezug auf Nutzungsänderungen besteht mit Absatz 1 Nr. 5 Bst. a

20

für Mobilfunk-Basisstationen. Inwieweit der **Abbruch** und die **Beseitigung** von Anlagen genehmigungsfrei erfolgen dürfen, ergibt sich aus Absatz 3.

2.1 Gebäude

21 Nr. 1 erfasst mit seinen Buchstaben a) bis i) nicht genehmigungsbedürftige **Gebäude**. In Bst. a) sind solche bis zu 75 m³ Brutto – Rauminhalt ohne Aufenthaltsräume, Ställe, Toiletten oder Feuerstätten, im Außenbereich nur, wenn sie einem land- oder forstwirtschaftlichen Betrieb und weder Verkaufs- noch Ausstellungszwecken dienen.

22 Die Vorschrift erfasst aus bauordnungsrechtlicher Sicht relativ **unbedeutende Gebäude** (zur städtebaulichen Relevanz s. Rdn. 16–18), was bereits die **tatbestandlichen Anwendungsbeschränkungen** verdeutlichen:
- Brutto-Rauminhalt nur bis maximal 75 m³,
- keine **Aufenthaltsräume** (s. Anmerkungen zu § 2 Rdn. 289 ff.); eine Aufenthaltsraumnutzung ist schon gegeben, wenn der Raum objektiv für einen nicht ganz kurzen Aufenthalt, sei es auch nur tagsüber und in der warmen Jahreszeit, geeignet ist, so der BayVGH, Urt. v. 05.07.1982 – Nr. 72 XV 77, BRS 39 Nr. 147),
- keine **Ställe** (s. Anmerkungen zu § 52 Rdn. 1–5); zu beachten ist jedoch, dass nach § 65 Absatz 1 Nr. 49 BauO NRW 2018 Kleintierställe bis zu 5 m³ freigestellt sind, wobei dieser Freistellungstatbestand nicht greift, wenn sich der Kleintierstall in einem größeren Gebäude nach Nr. 1 befindet,
- keine **Toiletten**; die Bestimmung ist weit auszulegen, so dass auch Trockenaborte ohne Anschluss an eine Abwasserleitung oder Grube gemeint sind (so auch Jeromin, zu § 62 Rn. 16),
- keine **Feuerstätten** (s. Anmerkungen zu § 42 Rdn. 13).

Zusätzliche Anwendungsbeschränkungen resultieren aus dem **Ausschluss** von **Verkaufs- und Ausstellungszwecken**.

23 **Hauptanwendungsfall** des Freistellungstatbestands nach Nr. 1 Bst. a) sind die durch § 6 Absatz 8 BauO NRW 2018 an der Nachbargrenze abstandrechtlich privilegierten **Gebäude ohne Aufenthaltsräumen**. Durch die Ausweitung des Brutto-Rauminhalts dieser Gebäude auf 75 m³ geht der Freistellungstatbestand nun deutlich weiter als der abstandsrechtlich zulässige Gebäudekörper.

24 Die Vorschrift **differenziert** auch **in bauplanungsrechtlicher Hinsicht**. Die Freistellung der hier erfassten Gebäude gilt einschränkend im **Außenbereich** (§ 35 BauGB) **nur für die Nutzung im Rahmen eines land- oder forstwirtschaftlichen Betriebs** (zum Begriff der Landwirtschaft s. § 201 BauGB und Ernst/Zinkahn/Bielenberg/Krautzberger, zu § 201 Rn. 11–23). Die Fassung schließt aus, dass Nicht-Land- oder Forstwirte solche baulichen Anlagen ohne Baugenehmigung errichten dürfen. Die **Legaldefinition des § 201 BauGB** des **Begriffs Landwirtschaft** und die dazu ergangene Rechtsprechung kann zur Auslegung des Freistellungstatbestandes herangezogen werden (so auch Jeromin, zu § 62 Rn. 19). Zu beachten ist, dass Landwirtschaft nur bei **unmittelbarer Bodenertragsnutzung** vorliegt (BVerwG, Urt. v. 14.05.1969 – IV

C 19.68, BRS 22 Nr. 68). Hinzukommen muss eine **planmäßige, eigenverantwortliche Bodenbewirtschaftung** (BVerwG, Urt. v. 13.12.1974 – IV C 22.73, BRS 28 Nr. 45). Zur »**dienenden Funktion**« und zum Begriff »**Betrieb**« hat das BVerwG im Urt. v. 03.11.1972 (– IV C 9.70, BRS 25 Nr. 60) folgende Grundsätze herausgestellt:
– Ein Vorhaben »**dient**« der Landwirtschaft nur dann, wenn ein »vernünftiger Landwirt« auch und gerade unter Berücksichtigung des Gebots größtmöglicher Schonung des Außenbereichs dieses Vorhaben mit etwa gleichem Verwendungszweck und mit etwa gleicher Gestaltung und Ausstattung für einen entsprechenden Betrieb errichten würde und das Vorhaben durch diese Zuordnung zu dem konkreten Betrieb auch äußerlich erkennbar geprägt wird.
– Ein landwirtschaftlicher »**Betrieb**« liegt nur dann vor, wenn die Landwirtschaft nachhaltig, das heißt auf eine dem Wesen der Landwirtschaft entsprechend langen Dauer betrieben werden soll.

Auch ein landwirtschaftlicher »**Nebenerwerbsbetrieb**« kann diese Voraussetzungen erfüllen, wenn er einen notwendigen, gemessen am Gesamtaufwand nicht unbedeutenden Bestandteil der Existenzgrundlage des Betreibers darstellt und Erträge erwirtschaftet werden können, die über die bloße Selbstversorgung deutlich hinausgehen (BVerwG, Beschl. v. 27.09.1973 – IV B 90.73, BRS 27 Nr. 63). 25

Zum Begriff **Forstwirtschaft** fehlt eine Legaldefinition. Der Begriff zielt auf **Betriebe**, die den planmäßigen Anbau, die Pflege und den Abschlag von Hoch-, Mittel- oder Niederwald **zum Zwecke der Holzgewinnung** verfolgen (BVerwG, Urt. v. 04.03.1983 – 4 C 69.79, BRS 40 Nr. 71). Die Anerkennung eines forstwirtschaftlichen Betriebs setzt die forstwirtschaftliche Nutzung **größerer** Waldflächen und eine gewisse **Betriebsintensität** voraus (BVerwG, Urt. v. 13.01.1967 – IV C 47.65, BRS 18 Nr. 32). 26

Der **Brutto-Rauminhalt** bezieht sich nur auf das **einzelne** Gebäude und nicht etwa auf die Summe aller auf dem Grundstück vorhandenen freigestellten Gebäude (VGH B-W, Beschl. v. 11.01.2001 – 5 S 2545/00, BauR 2001, 1410 = BRS 64 Nr. 153) und ist nach **DIN 277 Teil 1** zu ermitteln (s. § 6 BauPrüfVO). Hierbei kommt es entscheidend auf die **Außenmasse** an (Hess. VGH, Urt. v. 28.06.1972 – IV OE 45/69, BRS 25 Nr. 145). Nur übliche Dachüberstände bleiben unberücksichtigt (BayVGH, Urt. v. 14.04.1976 – Nr. 297 II 74, BRS 30 Nr. 118). Ein umbauter Raum liegt bereits dann vor, wenn die überdachten oder überdeckten Grundrissflächen nicht oder nur teilweise von Wänden umschlossen sind (OVG Rh-Pf, Urt. v. 27.10.1977 – 1 A 131/76, BRS 32 Nr. 125). Bei einem Gebäude mit überdachtem Freisitz oder Unterstellplatz ist der Raum unter dem vorspringenden Dach einzubeziehen (BayVGH, Urt. v. 05.07.1982 – Nr. 72 XV 77, BRS 39 Nr. 147). 27

Nr. 1 Bst. b) erfasst Garagen einschließlich überdachter Stellplätze mit einer mittleren Wandhöhe bis zu 3 m und einer Brutto-Grundfläche bis zu 30 m². Dieser neu eingeführte Freistellungstatbestand ist ebenfalls ein wesentlicher Anwendungsfall für die in § 6 Absatz 8 BauO NRW 2018 privilegierten Grenzgaragen (vgl. Anmerkungen zu Rdn. 20), wobei die größtmögliche Ausnutzung der Grundfläche im Grenzbereich 28

§ 62 Genehmigungsfreie Bauvorhaben, Beseitigung von Anlagen

nicht über die Länge der Garage, sondern nur über deren Breite möglich sein wird, da die privilegierte Länge abstandsrechtlich auf 9 m und deren Höhe auf 3 m begrenzt ist.

29 Die Freistellung nach Bst. b) ist begrenzt auf den beplanten und unbeplanten Innenbereich. Im Außenbereich sind Garagen und überdachte Stellplätze stets genehmigungspflichtig, unabhängig von deren Größe.

30 Nr. 1 Bst. c) erfasst **Gebäude bis zu 4,0 m Firsthöhe, die nur zum vorübergehenden Schutz von Pflanzen und Tieren bestimmt sind und die einem land- oder forstwirtschaftlichen Betrieb dienen.** Die Genehmigungsfreiheit ist stets – nicht nur im Außenbereich (§ 35 BauGB) – davon abhängig, dass die Anlage einem land- oder forstwirtschaftlichen Betrieb dient (s. Rdn. 24–26).

31 Die in Nr. 1 Bst. c) aufgeführten baulichen Anlagen sind wohl stets **Behelfsbauten** oder **untergeordnete Gebäude** im Sinne des § 51 BauO NRW 2018 mit der besonderen Zweckbestimmung, dass sie nicht Menschen, sondern Pflanzen oder Tieren zum **vorübergehenden Schutz** dienen sollen. Es handelt sich z.B. um die auf Viehweiden üblichen, ohne Fundament und leicht gebauten Schutzhütten, aber auch um zerlegbare, transportable Gewächshäuser, die je nach Bedarf auf den Gartenbauflächen über schutzbedürftige Frühkulturen aufgestellt werden. Auf die Größe der Grundfläche kommt es nicht an, nur auf die maximale Firsthöhe von 4,0 m. Das Gebäude muss nach objektiven Merkmalen geeignet sein, lediglich vorübergehenden Zwecken zu dienen, was eine **einfache Ausführung** erfordert (OVG Saar, Beschl. v. 29.01.1988 – 2 R 363/86, BRS 48 Nr. 52; OVG Rh-Pf, Beschl. v. 25.02.2004 – 8 A 10256/04, BauR 2004, 1284 = BRS 67 Nr. 167).

32 In Nr. 1 Bst. d) werden **Gewächshäuser ohne Verkaufsstätten bis zu 5,0 m Firsthöhe und nicht mehr als 1 600 m² Grundfläche, die einem land- oder forstwirtschaftlichen Betrieb oder einem Betrieb der gartenbaulichen Erzeugung im Sinne des § 35 Abs. 1 Nrn. 1 und 2 und des § 201 BauGB dienen, erfasst.** Ein Gewächshaus ist ein Tragwerk mit sehr hohem Anteil an Glasflächen, damit von möglichst vielen Seiten wärmendes Sonnenlicht eindringen kann, um der Anzucht solcher Pflanzen zu dienen, die aus klimatischen Gründen geschützt werden müssen. Das Gewächshaus muss einem land- oder forstwirtschaftlichen Betrieb (vgl. Rdn. 24) oder einem Betrieb der gartenbaulichen Erzeugung im Sinne des § 35 Abs. 1 Nrn. 1 und 2 und des § 201 BauGB dienen. Ein Gewächshaus, das lediglich dem Gartenbau zum Zwecke der Selbstversorgung dient, wird von der Vorschrift nicht erfasst (VGH B-W, Urt. v. 20.04.1977 – III 1424/75, BRS 32 Nr. 106). Das Gewächshaus muss äußerlich erkennbar der Land- oder Forstwirtschaft dienen (VGH B-W, Urt. v. 18.03.1988 – 8 S 54/88, BRS 48 Nr. 126 zu einer Terrassenüberdachung aus Glas an ein im Außenbereich gelegenes Wohnhaus).

33 Im Gewächshaus darf **keine Verkaufsstätte** – z.B. für Blumen oder für Obst – angeordnet sein, anderenfalls unterfällt die bauliche Anlage insgesamt dem Baugenehmigungsverfahren, selbst wenn die Verkaufsstelle im Verhältnis zum Gewächshaus völlig untergeordnet ist. Im Gegensatz zu früheren Regelungen ist nunmehr mit der Freistellung eine **Flächenbegrenzung** (nicht mehr als 1 600 m²) verbunden, so dass die früheren brandschutztechnischen Probleme (s. den RdErl. vom 12.11.2007 – VI A

4-100/54, n. v.) ausgeräumt wurden. Damit sind die im Erwerbsgartenbau üblichen, großflächigen Gewächshäuser nicht mehr von der Freistellung erfasst.

Nr. 1 Bst. e) erfasst Fahrgastunterstände des öffentlichen Personenverkehrs oder der Schülerbeförderung. Die Vorschrift entspricht § 62 Abs. 1 Nr. 5 BauO NW 1984. Fahrgastunterstände des öffentlichen Personenverkehrs (s. § 22 PBefG) oder der Schülerbeförderung (s. § 45 PBefG) sind Vorhaben, die trotz der generellen Nichtgeltung der BauO NRW 2018 für Anlagen des öffentlichen Verkehrs gemäß § 1 Absatz 2 Nr. 1 BauO NRW 2018 wegen der Rückausnahme für Gebäude dem Bauordnungsrecht unterfallen. Als Haltestellenbestandteil der Eisenbahnen und Straßenbahnen werden Fahrgastunterstände in der Regel von der Konzentrationswirkung der Planfeststellung oder Plangenehmigung erfasst, so dass dem Freistellungstatbestand praktische Bedeutung vorwiegend für die Haltestellen der Omnibusse zukommt (s. Anmerkungen zu § 1 Rdn. 109). 34

Die Fahrgast**unterstände** sind nur freigestellt, wenn sie insgesamt dem **Witterungsschutz** für die Wartenden dienen, so dass einbezogene Zeitschriftenverkaufsstellen oder Kioske die Anlage baugenehmigungsbedürftig machen. 35

Werden Fahrgastunterstände auf der öffentlichen Verkehrsfläche **an der Grenze zum Anliegergrundstück** errichtet, so erstreckt sich die **Abstandfläche** auf dieses Grundstück (zur Atypik und den Abweichungsvoraussetzungen s. OVG NRW, Urt. v. 29.05.1995 – 7 A 2181/93, BRS 57 Nr. 163). 36

Für eine **Immissionsabwehrklage**, die auf eine nur mit behördlicher Genehmigung mögliche Haltestellenverlegung eines privatrechtlich betriebenen Omnibusunternehmens abzielt, ist der **Rechtsweg vor den Zivilgerichten** eröffnet (BGH, Urt. v. 11.11.1983 – V ZR 231/82, DVBl 1984, 472). 37

Nr. 1 Bst. f) erfasst Schutzhütten für Wanderer. Die Vorschrift wurde mit der BauO NW 1995 eingefügt und bezieht sich nur auf reine **Schutzhütten**, nicht aber auf Gebäude, die anderen Zwecken dienen. Die Hütten dürfen insbesondere keine Aufenthaltsräume, wie z.B. Übernachtungsmöglichkeiten oder Spielräume für Kinder aufweisen. Die Zweckbestimmung wird nur anzunehmen sein, wenn Schutzhütten an gekennzeichneten Wanderwegen liegen. 38

Eine **Größenbeschränkung** der Schutzhütten für Wanderer in der Fläche oder im Volumen ist **nicht geregelt**. Eine solche lässt sich aber indirekt aus der Funktion und der unterzubringenden Personenzahl ableiten, auch um dem Gebot des § 35 Abs. 5 Satz 1 BauGB zu entsprechen, das Vorhaben in einer flächensparenden, die Bodenversiegelung auf das notwendige Maß begrenzenden und den Außenbereich schonenden Weise auszuführen. Schutzhütten zur Unterbringung einer Wandergruppe mit bis zu 15 – 20 Personen dürften grundsätzlich von der Freistellung noch gedeckt sein, was unter Berücksichtigung der Sitzplatz- und Bewegungsflächen eine Raumgröße von rund 12 m² (3 × 4 m) erfordert. Es sind durchaus auch Fälle denkbar, die eine größere Schutzhütte notwendig werden lassen, nämlich wenn diese an einem stark frequentierten Wanderweg in großer Entfernung zu der nächsten Schutzmöglichkeit errichtet 39 werden soll. Das Volumen eines derartigen Gebäudes wird insbesondere durch deren Anhebung auf 75 m³ innerhalb der Freistellungsgrenze nach Nr. 1 Bst. a) liegen.

40 Nr. 1 Bst. g) erfasst **Terrassenüberdachungen mit einer Fläche bis zu 30 m²** und einer Tiefe bis zu 4,50 m, **Balkonverglasungen** sowie **Balkonüberdachungen bis zu 30 m² Grundfläche**, **Wintergärten bis zu 30 m² Brutto-Grundfläch3e** bei Gebäuden der Gebäudeklassen 1 bis 3 mit einem Mindestabstand von 3 m zur Nachbargrenze. Die Freistellung für **Terrassenüberdachungen** wurde im Jahr 2008 eingeführt und entspricht der MBO. Zur Begründung wurde ausgeführt, dass mit der Aufnahme kleiner Terrassenüberdachungen (wiederum) die Bauaufsichtsbehörden entlastet werden sollten und baurechtlich unproblematische und in der Praxis verbreitete Änderungen an Gebäuden ohne zusätzliche Kosten durchgeführt werden können (vgl. Lt. Drucks. 14/6887 S. 17). Mit der Novellierung der Bauordnung 2018 wurde lediglich die zulässige Tiefe der Terrassenüberdachung von 3 m auf 4,50 m erweitert, ohne jedoch die höchst mögliche Fläche anzupassen, so dass die Terrassenüberdachung bei einer Ausladung von 4,50 m nur 6,66 m breit sein darf.

41 Durch die **Größenbegrenzung** mag für gewerbliche Terrassenüberdachungen (z.B. für Biergärten) tatsächlich nur eine kleine Überdachung freigestellt sein, für Wohngebäude bedeutet das zulässige Höchstmaß jedoch bereits eine relativ große Terrassenüberdachung, die nicht immer als baurechtlich unproblematisch angesehen werden kann. Dies gilt umso mehr, als die **abstandsflächenrechtlichen und brandschutzrechtlichen Anforderungen** beachtet werden müssen.

42 Neu eingeführt wurde die Freistellung von **Balkonverglasungen** und **Balkonüberdachungen bis 30 m² Grundfläche** sowie von bestimmten **Wintergärten bis zu 30 m² Brutto-Grundfläche**. Das Einbeziehen von **Balkonüberdachungen** in die Freistellung ist angesichts der Freistellung von **Terrassenüberdachungen** wegen der **Gleichbehandlung** folgerichtig und überfällig. Wenn auch **Balkonverglasungen freigestellt** werden **sind ebenfalls Wintergärten** mit **einzubeziehen**. Wintergärten im Sinne des Absatz 1 Nr. 1 Bst. g) sind verglaste unbeheizte Anbauten an bestehende Gebäude und nicht um Erweiterungen der Gebäudehüllen (s. oben abgedruckte Handlungsanweisungen).

43 **Unterschiede in der Behandlung** von Wintergärten einerseits und Balkonverglasungen im Zusammenhang mit Balkonüberdachungen werden jedoch deutlich, wenn man die **Zulässigkeitsvoraussetzungen** vergleicht. Während die Schließung von Balkonen (Verglasung und Überdachung) bei allen Gebäuden – egal welcher Nutzung sie dienen und wie hoch sie sind – freigestellt sind, ist die bei Wintergärten nur bei Gebäuden der Gebäudeklassen 1 bis 3 und nur mit einem Mindestabstand von 3 m zur Nachbargrenze der Fall. Diese **Unterscheidungen** sind **angemessen**, da es sich bei einem **Balkon** um ein bereits **bestehendes Bauteil** im Luftraum handelt, welches bei Errichtung **genehmigungspflichtig** war. Mit der Ausnutzung des Freistellungstatbestandes wird dieses Bauteil lediglich »**wetterfest**« gemacht. Wenn also bei Errichtung des Balkons kein Abstand von 3 m zur Nachbargrenze eingehalten wurde, kann dies bei seiner Verglasung und Überdachung auch nicht mehr der Fall sein. Hingegen wird ein **Wintergarten** erstmalig neu errichtet. Dabei ist es unerheblich, ob bereits vorher

an der Stelle eine Terrasse vorhanden war oder nicht. In jedem Fall **wirkt** ein Wintergarten **wie ein Anbau** an ein bestehendes Gebäude. Soll dieser Anbau freigestellt sein, müssen die Anforderungen an den Nachbarschutz und den Brandschutz auch ohne präventive behördliche Prüfung eingehalten werden. Somit ist der Mindestabstand von 3 m gerechtfertigt. Die feste Vorgabe des Mindestabstandes wiederum rechtfertigt auch die Beschränkung der Freistellung auf Gebäude der Gebäudeklassen 1 bis 3. Diese Gebäude weisen eine maximale Höhe im Sinne von § 2 Absatz 3 Satz 2 BauO NRW 2018 von 7 m auf und werden daher selber eine Abstandsfläche auslösen, die nicht wesentlich über die hier geforderten 3 m hinausgehen wird.

Die **Unterscheidung zwischen** den Begriffen **Grundfläche** bei der Größenbegrenzung von Überdachungen **und Brutto-Grundfläche** bei der Größenbegrenzung von Wintergärten ergibt sich aus den einzubeziehenden Wänden der Wintergärten, wogegen eine bloße Überdachung keinen Unterschied zwischen Brutto- und Netto-Flächen kennt. 44

Nr. 1 Bst. h) erfasst **Gartenlauben in Kleingartenanlagen nach dem Bundeskleingartengesetz – BKleingG.** Sowohl die Gartenlaube selbst als auch die Kleingartenanlage in der sie liegt, muss den Bestimmungen des BKleingG entsprechen. Liegen die Lauben nicht in einer Kleingartenanlage nach dem BKleingG oder entsprechen sie nicht den Vorschriften des BKleingG, so sind sie auch nicht nach Nr. 1 Bst. h) freigestellt. 45

Nach § 1 Abs. 1 Nr. 1 BKleingG ist ein **Kleingarten** ein Garten, der dem Nutzer (Kleingärtner) zur nichterwerbsmäßigen gärtnerischen Nutzung, insbesondere zur Gewinnung von Gartenbauerzeugnissen für den Eigenbedarf, und zur Erholung dient (kleingärtnerische Nutzung) und in einer Kleingartenanlage liegt. Nach § 1 Abs. 1 Nr. 2 BKleingG ist eine **Kleingartenanlage** eine Anlage, in der mehrere Einzelgärten mit gemeinschaftlichen Einrichtungen, zum Beispiel Wegen, Spielflächen und Vereinshäusern, zusammengefasst sind. Eine **Kleingartenanlage** ist eine **bauliche Anlage** im Sinne des § 2 Absatz 1 BauO NRW 2018 und als solche **genehmigungsbedürftig** (OVG NRW, Beschl. v. 30.11.1987 – 7 B 3066/87, NWVBl. 1988, 115). Aus § 1 Abs. 2 BKleingG ergibt sich, wann **kein** Kleingarten vorliegt; danach unterfallen Eigentümer-, Wohnungs- und Arbeitnehmergärten sowie Grundstücke, auf denen vertraglich nur bestimmte Gartenbauerzeugnisse angebaut werden dürfen oder die vertraglich nur mit einjährigen Pflanzen bestellt werden dürfen (Grabeland) nicht diesem Begriff. 46

Nach § 3 Abs. 2 Satz 1 BKleingG ist **im Kleingarten** »eine **Laube** in einfacher Ausführung mit höchstens **24 m² Grundfläche** einschließlich überdachtem Freisitz« zulässig; die §§ 29 bis 36 BauGB bleiben unberührt. Sie darf gemäß § 3 Abs. 2 Satz 2 BKleingG nach ihrer Beschaffenheit, insbesondere nach ihrer Ausstattung und Einrichtung, **nicht zum dauernden Wohnen geeignet** sein. 47

Die Bestimmungen über die Größe und die Beschaffenheit grenzen den Freistellungstatbestand enger ein, als dies bei Absatz 1 Nr. 1 Bst. a) der Fall ist. Ein Kleingartengebiet ist nämlich **kein Baugebiet**, in dem Wochenendhäuser zulässig sind, sondern eine **Grünfläche**, die für die individuelle **gärtnerische Nutzung** bestimmt ist (Hess. VGH, 48

§ 62 Genehmigungsfreie Bauvorhaben, Beseitigung von Anlagen

Urt. v. 25.01.1974 – IV OE 45/72, BRS 28 Nr. 21). Die vorausgegangene **baurechtliche Kontrolle der Kleingartenanlage** im Baugenehmigungsverfahren, die das Bauplanungsrecht einschließt, rechtfertigt es erst, die Lauben vom Baugenehmigungserfordernis freizustellen. Dabei ist zu beachten, dass Festsetzungen des Bebauungsplans die zulässige Grundfläche der Lauben **einengen** können. Die Gemeinde darf auch für bestehende Kleingartenanlagen einengende Festsetzungen treffen, soweit dies nach § 1 Abs. 3 BauGB erforderlich ist (vgl. OVG NRW, Urt. v. 30.01.1996 – 11a D 127/92.NE, BRS 58 Nr. 15 zur Abwägung bei der Überplanung einer Gartenkolonie mit der Festsetzung »Private Grünfläche – Dauerkleingärten«).

49 In Kleingärten sind neben der üblichen Laube **weitere Kleingebäude zum Abstellen der Gartengeräte unzulässig** (vgl. Ernst/Zinkahn/Bielenberg/Krautzberger, zu § 3 BKleingG Rn. 9). **Lauben**, die größer sind als für die kleingärtnerische Nutzung erforderlich, sind im Außenbereich unzulässig, weil sie die Entstehung einer Splittersiedlung befürchten lassen (BVerwG, Urt. v. 17.02.1984 – 4 C 55.81, BRS 42 Nr. 94). Lauben dürfen **nur eingeschossig** und **nicht vollständig unterkellert** sein (OVG Bremen, Urt. v. 05.05.1981 – 1 BA 7/81, BRS 38 Nr. 74). Baurechtswidrige Nutzungen in Kleingartenanlagen, vor allem zu groß dimensionierte Gebäude als Behelfsheime, sind nicht selten Anlass für ein bauaufsichtliches Einschreiten (zum Nutzungsverbot eines Behelfsheims in einer Kleingartenanlage s. OVG Bremen, Urt. v. 08.10.1985 – 1 BA 30/85, BRS 44 Nr. 205; zum Bereinigungskonzept unter Beachtung des Gleichbehandlungsgrundsatz s. OVG Bremen, Urt. v. 06.09.1994 – 1 BA 24/93, BRS 56 Nr. 206).

50 Nr. 1 Bst. i) erfasst **Wochenendhäuser auf genehmigten Wochenendplätzen**. Die Vorschrift entspricht § 62 Abs. 1 Nr. 3 BauO NW 1984. Wochenendhäuser sind bereits durch § 14 Abs. 1 CW VO vom 10.11.1982 freigestellt, wenn sie auf genehmigten Wochenendplätzen errichtet werden. Diese verordnungsrechtliche Freistellung wird durch die gesetzliche Regelung nach Absatz 1 Nr. 1 Bst. i) verdrängt. Die Freistellung ist davon abhängig, dass der Wochenendplatz selbst **genehmigt** ist (Hess. VGH, Beschl. v. 22.10.1985 – 4 TH 1864/85, BRS 44 Nr. 136 und Beschl. v. 20.03.1987 – 4 TH 2828/86, BRS 47 Nr. 135). Nach § 1 Abs. 4 CW VO sind **Wochenendplätze** »Plätze«, die nur zum Aufstellen oder Errichten von Wochenendhäusern mit einer Grundfläche von höchstens 40 m² und einer Gesamthöhe von höchstens 3,50 m dienen und die ständig oder wiederkehrend während bestimmter Zeiten des Jahres betrieben werden. Wochenendplätze gelten nach § 2 Abs. 1 Nr. 4 BauO NRW als bauliche Anlagen und sind als solche genehmigungspflichtig (s. Anmerkungen zu § 2 Rdn. 89 ff.).

51 Bei der Ermittlung der Grundfläche von Wochenendhäusern bleibt ein überdachter Freisitz bis zu 10 m² Grundfläche oder ein Vorzelt unberücksichtigt. Als Wochenendhaus **gelten** nach § 1 Abs. 4 **Satz 2** CW VO »**nicht jederzeit ortsveränderlich aufgestellte Wohnwagen und Mobilheime**«. Das BVerwG beurteilt Wochenendhäuser und ortsfest aufgestellte Wohnwagen trotz der landesrechtlichen Fiktion in bodenrechtlicher Hinsicht unterschiedlich, weil bei ortsfest aufgestellten Wohnwagen der Bezug zum Standort durch die Möglichkeit, sie ohne nennenswerten Zeit- und

Kostenaufwand sowie ohne Verlust an Substanz wieder zu entfernen, weniger dauerhaft ist (BVerwG, Urt. v. 03.04.1987 – 4 C 43.84, BRS 47 Nr. 76).

2.2 Anlagen der technischen Gebäudeausrüstung

Die neue **Nr. 2** stellt **grundsätzlich Anlagen der technischen Gebäudeausrüstung** von der Genehmigungspflicht frei. Darunter fallen die im Sechsten Abschnitt in den Vorschriften der §§ 39 bis 45 BauO NRW 2018 genannten Anlagen, die somit zwar den Anforderungen der BauO NRW 2018 unterliegen, aber nicht durch die Bauaufsicht präventiv geprüft werden. **Ausnahmen** von dieser Genehmigungsfreiheit sind in den Bst. a) bis c) formuliert. Mit dieser Ausnahmeregelung wird die Systematik der übrigen Ziffern dieser Vorschrift durchbrochen, da dort stets die genehmigungsfreien Vorhaben und Anlagen benannt sind. 52

Nr. 2 Bst. a) nimmt **freistehende Abgasanlagen mit einer Höhe von mehr als 10 m** von der Freistellung aus. In der Vorgängerregelung waren Abgasanlagen insgesamt nicht freigestellt, so dass diese Vorschrift nunmehr den freigestellten Katalog insofern erweitert als freistehende Abgasanlagen bis zu einer Höhe von 10 m nicht mehr der Genehmigungspflicht unterliegen. 53

Nr. 2 Bst. b) nimmt **Aufzüge in Sonderbauten nach § 50 BauO NRW 2018** von der Freistellung aus. Dieser Freistellungstatbestand wurde mit der BauO NRW 2000 neu aufgenommen. Aufzüge, die gewerblichen oder wirtschaftlichen Zwecken dienen oder durch die Beschäftigte gefährdet werden können, gehören zu den **überwachungsbedürftigen Anlagen** u. a. nach den Vorschriften der Aufzugsverordnung (zum Begriff »Aufzug« s. Anmerkungen zu § 39 Rdn. 5 ff.). Für sie gelten umfangreiche bundesrechtliche Vorschriften, die das **Inverkehrbringen**, die **Inbetriebnahme** und **regelmäßige Überprüfungen** durch Sachverständige regeln, was eine bauordnungsrechtliche Freistellung rechtfertigt. Beim nachträglichen Einbau von **Treppenliften**, die ebenfalls unter den Aufzugsbegriff fallen, kommt es immer wieder zu Konflikten mit den materiell-rechtlichen Anforderungen an die erforderliche Breite von Treppen.

Ausgenommen sind **Aufzüge in Sonderbauten**, das sind bauliche Anlagen und Räume besonderer Art oder Nutzung. Die Ausnahme besteht unabhängig davon, ob es sich um »kleine« oder »große« Sonderbauten handelt. Für Sonderbauten können gemäß § 50 Absatz 1 BauO NRW 2018 besondere Anforderungen gestellt oder Erleichterungen gestattet werden. **Gegenstand besonderer Anforderungen oder Erleichterungen** können nach § 50 Absatz 1 **Nr. 9** BauO NRW 2018 auch die Anordnung und Herstellung der Aufzüge sein. Da bundesrechtliche Vorschriften weder eine Genehmigungs- noch eine Erlaubnispflicht für Aufzugsanlagen vorsehen, entfaltet § 61 Absatz 1 BauO NRW 2018 keine Wirkung, so dass die Ausnahme von der Freistellung zur Folge hat, dass Aufzüge in Sonderbauten **baugenehmigungsbedürftig** sind. 54

Nr. 2 Bst. c) nimmt **Lüftungsanlagen, raumlufttechnische Anlagen, Warmluftheizungen, Installationsschächte und -kanäle, die Gebäudetrennwände und außer in Gebäuden der Gebäudeklasse 1 bis 3, Geschosse überbrücken** von der Freistellung aus. Der in der BauO NRW 2000 noch vorhandene Freistellungstatbestand für

§ 62   Genehmigungsfreie Bauvorhaben, Beseitigung von Anlagen

Lüftungsanlagen, raumlufttechnische Anlagen und Warmluftheizungen **in Wohnungen oder ähnlichen Nutzungseinheiten** mit Einrichtungen zur Wärmerückgewinnung ist entfallen. Somit ist auch eine Sachverständigenbescheinigung nicht mehr erforderlich.

55 Voraussetzung für die Freistellung ist, dass die Anlagen **weder Gebäudetrennwände** nach § 29 BauO NRW **noch Geschosse überbrücken** (zum Geschossbegriff s. Anmerkungen zu § 2 Rdn. 228 ff.). Bei der Geschossüberbrückung muss es sich nicht um Vollgeschosse handeln, da diesem Begriff ausschließlich bauplanungsrechtliche Bedeutung zukommt (s. Anmerkungen zu § 2 Rdn. 251 ff.). In Gebäuden der Gebäudeklassen 1 bis 3 kommt der Geschossüberbrückung keine einschränkende Bedeutung für diesen Freistellungstatbestand zu – und zwar unabhängig von der Nutzung der Gebäude.

2.3 Anlagen zur Nutzung erneuerbarer Energien

56 In **Nr. 3** werden bestimmte **Anlagen zur Nutzung erneuerbarer Energien** von der Genehmigungspflicht ausgenommen. Bst. a) erfasst **Solaranlagen in, an und auf Dach- und Außenwandflächen ausgenommen bei Hochhäusern sowie die damit verbundene Änderung der Nutzung oder der äußeren Gestalt des Gebäudes.** Solaranlagen sind Anlagen, die entweder durch Austausch von Sonnenenergie direkt oder durch Umwandlung in elektrischen Strom (Fotovoltaikanlagen) Energie erzeugen. Eine Größen- oder Höhenbeschränkung ist nicht vorgegeben, es besteht ferner auch **keine Beschränkung auf den Bebauungszusammenhang oder das Vorliegen denkmal- oder landschaftsrechtlicher Baubeschränkungen.** Die Anbringung der Solarenergieanlage ist demnach auch auf einem unter Denkmalschutz stehenden, im Außenbereich und im Landschaftsschutzgebiet gelegenen Gebäude genehmigungsfrei.

57 Der Anbringung von Solarenergieanlagen können im Einzelfall **örtlichen Bauvorschriften** entgegenstehen. Es ist dann zu prüfen, ob nicht eine **Abweichung** nach § 69 BauO NRW 2018 in Betracht kommt. Nach § 69 Absatz 1 **Satz 2** BauO NRW 2018 sind Abweichungen unter den Voraussetzungen des Satzes 1 dieser Vorschrift zuzulassen, wenn sie der Verwirklichung von Vorhaben zur Einsparung von Energie dienen (s. Anmerkungen zu § 69 Rdn. 43 ff.). Weiterhin ist zu beachten, ob **denkmalrechtliche** oder **landschaftsrechtliche** Vorschriften berührt werden, die ein denkmalrechtliches bzw. landschaftsrechtliches Genehmigungserfordernis auslösen. Die Solarenergieanlage bleibt jedoch auch in einem solchen Fall nach Bauordnungsrecht genehmigungsfrei, so dass der Bauherr gegebenenfalls eine **gesonderte** denkmalrechtliche oder landschaftsrechtliche Genehmigung bei der dafür zuständigen Behörde einholen muss.

58 Bst. b) erfasst **gebäudeunabhängige Solaranlagen mit einer Höhe bis zu 3 m und einer Gesamtlänge je Grundstücksgrenze bis zu 9 m.** Dieser Freistellungstatbestand ersetzt die bisherige Formulierung in § 65 Abs. 1 Nr. 44 Bst. a) BauO NRW 2000, wonach Solaranlagen als untergeordnete Nebenanlagen freigestellt waren. Die neue Vorschrift **erweitert die Möglichkeit der genehmigungsfreien Errichtung** einer gebäudeunabhängigen Solaranlage insoweit, als eine untergeordnete Nebenanlage voraussetzt, dass die Solaranlage der eigentlichen **Hauptnutzung** des Grundstücks

und der hierfür benötigten Bebauung **dienend zu- und untergeordnet** ist (BVerwG, Urt. v. 17.12.1976 – IV C 6.75, BRS 30 Nr. 117). Diese Einschränkung ist nunmehr ersetzt worden durch **festgeschriebene Höchstmaße** solcher Anlagen. Sie dürfen **nicht höher als 3 m und nicht länger als 9 m je Nachbargrenze** sein. Damit werden die Solaranlagen den abstandsrechtlichen Höhen- und Längenmaßen des § 6 Absatz 8 BauO NRW 2018 (s. Anmerkungen zu § 6 Rdn. 506 ff.) angeglichen und gleichzeitig ist das Unterordnungsprinzip entfallen. Somit können auch gebäudeunabhängige Solaranlagen genehmigungsfrei errichtet werden, die nicht einer Hauptnutzung untergeordnet sind, sondern gegenüber dieser überwiegen oder auch solche, die ohne Hauptnutzung auf einem unbebauten Grundstück errichtet werden sollen.

Bst. c) erfasst **Kleinwindanlagen bis zu 10 m Anlagengesamthöhe sowie die damit verbundene Änderung der Nutzung oder der äußeren Gestalt des Gebäudes, außer in reinen, allgemeinen und besonderen Wohngebieten sowie Mischgebieten.** Diese Vorschrift wurde im Zuge der zunehmenden Bedeutung alternativer Energieformen erst Ende 2011 in das Regelwerk der freigestellten Anlagen aufgenommen. Dabei handelt es sich um **Windgeneratoren, die entweder an oder auf Gebäuden,** aber auch **gebäudeunabhängig** aufgestellt werden können. Die **Gesamthöhe** der Anlage bemisst sich **von der Geländeoberfläche bis zum höchsten Punkt der Rotorblätter.** Wird die Anlage also auf einem Gebäude montiert, so zählt die Höhe des Gebäudes insoweit mit, als sie die Entfernung der Anlage von der Geländeoberfläche beeinflusst. Um die Gesamtmaßnahme von der Genehmigungspflicht zu befreien, war es erforderlich, auch die mit der Montage der Kleinwindanlagen an oder auf Gebäuden verbundenen Änderungen der äußeren Gestalt des Gebäudes und die Änderung der Nutzung mit in die Freistellung einzubeziehen.

Die **Freistellung** gilt **nicht in reinen, allgemeinen und besonderen Wohngebieten** sowie in **Mischgebieten.** In diesen festgesetzten oder durch Anwendung des § 34 Abs. 2 BauGB ermittelten Baugebieten ist die Errichtung einer Kleinwindanlage ebenso baugenehmigungspflichtig, wie es auch bei Anlagen mit einer Gesamthöhe von über 10 m der Fall ist.

Bst. d) erfasst **in Serie hergestellte Blockheizkraftwerke und in Serie hergestellte Brennstoffzellen sowie Wärmepumpen** jeweils unter den Voraussetzungen des Satz 2 und des § 42 Absatz 7 Satz 3 BauO NRW 2018. In Serie hergestellte Blockheizkraftwerke sind lokale Einheiten zur Elektrizitäts- und Wärmeerzeugung. Die Anlagen bestehen regelmäßig aus einem Verbrennungsmotor, einem Generator zur Stromerzeugung, Wärmetauschern und der Abgasanlage. In Serie hergestellte Brennstoffzellen befinden sich noch in der Markteinführungsphase, werden aber künftig in der Antriebstechnik für Kraftfahrzeuge und der Strom- und Wärmeversorgung von Gebäuden an Bedeutung gewinnen. Wärmepumpen dienen der Energiegewinnung auf niedrigem Temperaturniveau durch Entzug von Wärme aus dem Boden, dem Grundwasser, der Luft oder den Abgasen von Feuerstätten. Anforderungen an die Aufstellung von Wärmepumpen und die Abführung der Abgase enthält § 10 FeuVO NW. Der Freistellungstatbestand betrifft nur die technischen Anlagen, nicht auch das Gebäude, in das diese eingebaut werden.

§ 62 Genehmigungsfreie Bauvorhaben, Beseitigung von Anlagen

62   Die Einschränkung im zweiten Halbsatz bedeutet, dass diese Anlagen erst benutzt werden dürfen, wenn eine Unternehmer- oder Sachverständigenbescheinigung über die Übereinstimmung der Anlage mit den öffentlichen Vorschriften sowie ggf. eine Bescheinigung des Bezirksschornsteinfegermeisters über die Tauglichkeit und die sichere Benutzbarkeit der Leitungen zur Abführung von Verbrennungsgasen gem. § 42 Absatz 7 Satz 3 BauO NRW 2018 vorliegt. Nach § 74 Absatz 5 BauO NRW 2018 sind diese Bescheinigungen durch den Bauherrn aufzubewahren und an den jeweiligen Rechtsnachfolger weiterzugeben.

2.4 Anlagen zur Ver- und Entsorgung

63   In Nr. 4 werden bestimmte Anlagen zur Ver- und Entsorgung genehmigungsfrei gestellt. Darunter fallen in **Bst. a) Brunnen**. Dieser Freistellungstatbestand wurde mit der BauO NW 1995 im Hinblick auf die wasserrechtlichen Erlaubnisvorbehalte nach § 3 Abs. 1 Nr. 6 WHG aufgenommen und zielt auf Wassergewinnungsanlagen. Das Entnehmen von Grundwasser ist eine Benutzung im Sinne des Wasserrechts, die nach § 2 Abs. 1 WHG einer wasserbehördlichen Erlaubnis bedarf. Diese Erlaubnis ist nach § 33 Abs. 1 Nr. 1 WHG nicht erforderlich, wenn Grundwasser »für den Haushalt« entnommen wird.

64   **Bst. b)** erfasst **bauliche Anlagen, die der Telekommunikation, der allgemeinen Versorgung mit Elektrizität, Gas, Öl, Wärme und Wasser dienen, wie Transformatoren, Schalt-, Regler- oder Pumpstationen, bis 20 m² Grundfläche und 5 m Höhe**. Zu beachten ist die Ausnahme nach § 1 Absatz 2 Nr. 3 BauO NRW 2018 vom Anwendungsbereich der Bauordnung für entsprechende **Leitungen** (s. Anmerkungen zu § 1 Rdn. 150 ff.).

65   Bei den Versorgungsanlagen ist von ausschlaggebender Bedeutung, dass sie der **allgemeinen Versorgung** dienen, was einer **öffentlichen Zweckbestimmung** gleichkommt. Es muss sich um **bauliche Anlagen** handeln. Die Aufzählung (Transformatoren, Schalt-, Regler- oder Pumpstationen) nennt nur Beispiele, so dass auch andere bauliche Anlagen erfasst werden, z.B. Versorgungseinheiten von Mobilfunk-Basisstationen. Die Einschränkung des Volumens (20 m² × 5 m = 100 m³) sorgt dafür, dass **größere Wasser- oder Gasbehälter nicht freigestellt** sind.

66   **Bst. c)** erfasst **Anlagen zur Verteilung von Wärme bei Wasserheizungsanlagen einschließlich der Wärmeerzeuger, Wasserversorgungsanlagen einschließlich der Warmwasserversorgungsanlagen und ihre Wärmeerzeuger sowie Abwasseranlagen, mit Ausnahme von Abwasserbehandlungsanlagen von Gebäuden**, jeweils unter der **Voraussetzung des Satz 2**. Als Bestandteile der Anlagen zur Verteilung von Wärme sind das Rohrsystem zur Weiterleitung des erwärmten Wassers, die Heizkörper und die wärmeabgebenden Leitungen einer Fußbodenheizung anzusehen. Bst. c) betrifft ausdrücklich nur Wasserheizungsanlagen, nicht auch Warmluftanlagen, die von Absatz 1 Nr. 2 Bst. c) erfasst werden. Die Vorschrift bezieht sich ausdrücklich die Wärmeerzeuger ein. Auf die Art der Wärmebereitstellung kommt es nicht an. Sie erfolgt in den meisten Fällen noch immer durch Verbrennung von Kohle, Öl oder Gas, aber auch durch Fern- und Nahwärme. Die Wärmeerzeugung kann umweltfreundlich z.B.

mittels Wärmepumpen (s. Absatz 1 Nr. 3 Bst. d)) oder mittels Solarenergieanlagen erfolgen. Solarenergieanlagen sind nach Absatz 1 Nr. 3 Bst. d) baugenehmigungsfrei. Für die dem Bst. c) unterfallenden Anlagen besteht nach der EnEV in Verbindung mit der EnEV-UVO, die Pflicht des Fachunternehmens, eine Unternehmererklärung im Sinne des § 26a Abs. 1 EnEV abzugeben (s. § 2 Abs. 3 EnEV-UVO) und dem Eigentümer damit zu bestätigen, dass die von ihm geänderten oder eingebauten Bau- oder Anlagenteile den Anforderungen der EnEV entsprechen. Der Eigentümer hat diese Bescheinigung fünf Jahre aufzubewahren und auf Verlangen der Bauaufsichtsbehörde vorzulegen (s. § 26a EnEV).

Der **Begriff** »Wasserversorgungsanlagen« erfasst alle Anlagen zur Versorgung mit Trinkwasser, Löschwasser und Brauchwasser. Soll die Entnahme von Wasser über eine Eigenversorgungsanlage erfolgen, besteht gegebenenfalls eine wasserbehördliche Erlaubnispflicht und im Falle der Trinkwassergewinnung eine Anzeige- und Untersuchungspflicht nach der Trinkwasserverordnung. Hier werden Warmwasserversorgungsanlagen und wiederum die Wärmeerzeuger einbezogen (vgl. hierzu Anmerkungen zu Rdn. 66).

Die **Begriffe** »Abwasseranlagen« und »Abwasserbehandlungsanlagen« erfassen alle Anlagen zur Beseitigung von Schmutz- und Niederschlagswasser. **Abwasserbehandlungsanlagen** sind begrifflich den Abwasseranlagen zuzuordnen und dienen der abwassermäßigen Erschließung. Nach § 51 Abs. 3 Satz 1 LWG sind hierunter Einrichtungen zu verstehen, die dazu dienen,
1. die Schadwirkung des Abwassers zu vermindern oder zu beseitigen oder
2. den im Zusammenhang mit der Abwasserbehandlung anfallenden Klärschlamm für eine ordnungsgemäße Beseitigung aufzubereiten.

Die **Anforderungen an Abwasseranlagen** ergeben sich aus § 61a LWG und den technischen Regeln. Da § 58 Abs. 2 LWG für Abwasserbehandlungsanlagen eine Genehmigung der Wasserbehörde vorschreibt, die die Baugenehmigung einschließt, konnte auf ein bauaufsichtliches Verfahren verzichtet werden. Eine wasserrechtliche Genehmigungspflicht entfällt gemäß § 58 Abs. 2 Satz 2 bis 4 LWG für serienmäßig hergestellte Abwasserbehandlungsanlagen, die der Bauart nach zugelassen werden. Keiner wasserrechtlichen Genehmigungspflicht bedürfen gemäß § 58 Abs. 2 Satz 5 LWG schließlich durch Rechtsverordnung festgelegte Abwasserbehandlungsanlagen einfacher Bauart und solche Abwasserbehandlungsanlagen, die nach bauproduktenrechtlichen Vorschriften in den Verkehr gebracht werden. Diese Bestimmung hat insbesondere Bedeutung für Kleinkläranlagen.

Das Verfahren nach Satz 2 soll die ordnungsgemäße technische Ausführung der Abwasseranlagen gewährleisten. Für im Erdreich oder unzugänglich verlegte Abwasserleitungen zum Sammeln oder Fortleiten, ausgenommen Niederschlagswasserleitungen und Leitungen, die in dichten Schutzrohren so verlegt sind, dass austretendes Abwasser aufgefangen und erkannt wird, schreibt § 61a LWG eine **erstmalig** und **wiederkehrend** durchzuführende »**Dichtheitsprüfung durch Sachkundige**« vor.

2.5 Masten, Antennen und ähnliche Anlagen

71 In Nr. 5 sind **Masten, Antennen und ähnliche Anlagen** erfasst und von der Verpflichtung zur Einholung einer Baugenehmigung befreit.

Bst. a) erfasst **Parabolantennenanlagen mit Reflektorschalen bis zu einem Durchmesser von 1,20 m und bis zu einer Höhe von 10,0 m, sonstige Antennen und Sendeanlagen einschließlich der Masten mit einer Höhe bis zu 10,0 m,** zugehörige nach der Nummer 4 Buchstabe b zulässige Versorgungseinheiten, der Austausch einzelner Antennen an bestehenden Masten und die Änderung der Nutzung oder der äußeren Gestalt der baulichen Anlage, wenn die Antenne, Sendeanlage oder die Versorgungseinheit **in, auf oder an** einer bestehenden baulichen Anlage errichtet wird. Der Freistellungstatbestand gilt sowohl für **Antennen zum Empfang** als auch **zur Sendung** elektromagnetischer Schwingungen.

72 **Funkstationen der Eisenbahnen** des öffentlichen Verkehrs sind **als Betriebsanlagen** gemäß § 1 Absatz 2 Nr. 1 BauO NRW 2018 vom Anwendungsbereich des Bauordnungsrechts ausgeschlossen. Diese Anlagen werden im Wege der Plangenehmigung nach § 18 AEG zugelassen (hierzu s. BVerwG, Urt. v. 10.12.2003 – 9 A 73.02, UPR 2004, 265).

73 Antennen zur **Sendung** elektromagnetischer Schwingungen (**Funkanlagen**) müssen den **Anforderungen der 26. BImSchV** entsprechen. Die Einhaltung der Anforderungen wird in der »**Verordnung über das Nachweisverfahren zur Begrenzung elektromagnetischer Felder – BEMFV**« vom 20.08.2002 (BGBl. I S. 3366) geregelt.

74 Wenn Antennen **höher als 2 m** sind **und** von ihnen **Wirkungen wie von Gebäuden** ausgehen, lösen sie gemäß § 6 Abs. 1 Satz 2 BauO NRW grundsätzlich **Abstandflächen** aus (s. Anmerkungen zu § 6 Rdn. 172 ff.).

75 Für Antennenanlagen enthält der Freistellungstatbestand des Bst. a) eine **Begrenzung der Höhe auf 10,0 m**. Diese **Höhenbegrenzung** erfolgte aus **statisch-konstruktiven** Gesichtspunkten. Daher darf bei der Berechnung der Höhe einer Dachantennenanlage nur die Höhe der Antenne selbst, gegebenenfalls einschließlich des Sockels, nicht aber zusätzlich die Höhe des Gebäudes, auf dem sie errichtet werden soll, berücksichtigt werden (OVG Lüneburg, Urt. v. 18.10.1985 – 1 A 15/84, BRS 44 Nr. 41; VGH B-W, Urt. v. 27.06.1990 – 3 S 2655/89, BauR 1990, 703 = BRS 50 Nr. 189). Bei Überschreitung des Höhenmaßes von 10,0 m bedarf eine Antennenanlage stets einer Baugenehmigung. Soll sie freistehend auf dem Grundstück angeordnet werden, so bemisst sich die Höhe ab der Geländeoberfläche.

76 Die **bauplanungsrechtliche Einordnung** von Antennenanlagen bereitet – ähnlich der von Werbeanlagen – seit jeher Probleme. Die Schwierigkeiten beruhen darauf, dass die jeweilige Anlage überhaupt **städtebauliche Relevanz** aufweisen muss, was **bei kleinen Antennen** zum Rundfunk- und Fernsehempfang **zu verneinen** ist (s. Anmerkungen zu § 2 Rdn. 13 ff.). Darüber hinaus benutzt der Verordnungsgeber den Begriff »**Nebenanlage**« in § 14 BauNVO mit **unterschiedlichem Inhalt** und definiert den Begriff »Hauptanlage« überhaupt nicht. Die Bedeutung des Begriffs »**Hauptanlage**«

erschließt sich nur als **Gegenstück zur Nebenanlage**. Für »Hauptgebäude« und »Nebengebäude« ist die Unterscheidung noch relativ einfach zu treffen (s. Anmerkungen zu § 2 Rdn. 174 ff.). Bei der Einordnung **technischer Anlagen** oder **Einrichtungen** sind dagegen schwer verständliche Besonderheiten und Differenzierungen in Bezug auf die Baugebietscharakteristik und den Anbringungsort der Anlage zu beachten.

Wird eine städtebaulich relevante Antennenanlage **in, auf** oder **an** einem **Gebäude** der Hauptnutzung angebracht, stellt sich zunächst die Frage, ob sie **Teil dieser Hauptanlage** ist. Für übliche Antennen zum **Rundfunk- und Fernsehempfang** ist dies zu bejahen, da derartige Anlagen wie Wasserversorgung, Heizung oder Telefonanschluss – **nach heutigem Verständnis** – zum **Wohnen**, zum **Arbeiten** und zur Freizeitgestaltung **unabdingbar** sind. Zudem besteht kein funktioneller Unterschied, ob der Empfang von Rundfunk- und Fernsehprogrammen über einen Breitbandkabelanschluss im Keller oder eine Antenne auf dem Dach des Gebäudes erfolgt. Eine mit dem Hauptgebäude konstruktiv verbundene Anlage stellt einen Teil der Hauptanlage und keine Nebenanlage dar. Eine **Nebenanlage** kann **nur bei ausreichender räumlicher Trennung** von der Hauptanlage angenommen werden (BVerwG, Beschl. v. 13.06.2005 – 4 B 27.05, BauR 2005, 1755 = BRS 69 Nr. 87 = ZfBR 2005, 698 zu einer Sonnenschutzanlage). 77

Wird eine städtebaulich relevante Antennenanlage getrennt vom Gebäude der Hauptnutzung entweder **auf dem Grundstück** oder **in, auf** oder **an** einem **Nebengebäude** angebracht, stellt sich die Frage ihrer Zulässigkeit als Nebenanlage. Eine Nebenanlage im Sinne des § 14 Abs. 1 Satz 1 BauNVO muss sich **funktionell** und **räumlich-gegenständlich** der Hauptanlage **unterordnen**, mit ihr in einem **Funktionszusammenhang** stehen oder eine zumindest **zubehörähnliche Hilfsfunktion** aufweisen (BVerwG, Urt. v. 07.05.1976 – IV C 43.74, BRS 30 Nr. 56 und Urt. v. 28.04.2004 – 4 C 10.03, BRS 67 Nr. 68). Übliche **Antennen** für den **Rundfunk- und Fernsehempfang** erfüllen diese Voraussetzung. Als **weitere Beispiele** für Antennen, entweder als Bestandteil der Hauptnutzung oder als getrennt angeordnete Nebenanlage, sind zu nennen: 78
– privat genutzte Antennenanlage eines **Funkamateurs**,
– **betriebseigene Funkanlage** eines Versorgungs- oder Verkehrsunternehmens, die benötigt werden, um außerhalb des Betriebs tätige Mitarbeiter erreichen zu können.

Sehr hohe Anlagen können dabei aufgrund ihrer Dominanz im **Widerspruch zur Eigenart des Baugebiets** stehen und trotz Erfüllung der sonstigen Voraussetzungen für Nebenanlagen nach § 14 Abs. 1 Satz 1 BauNVO unzulässig sein (vgl. OVG NRW, Urt. v. 27.07.2000 – 7 A 3558/96, BauR 2001, 232 = BRS 63 Nr. 148 zu einem von einem Amateurfunker genutzten Stahlgittermast mit Sendeanlage, der aus mehreren Segmenten besteht und auf eine Höhe von 18 m ausfahrbar ist, in einem Umfeld, das durch straßennahe, relativ kleinmaßstäbliche Wohnhäuser mit typischem Siedlungscharakter und weit in die Tiefe bis zu einem Bach und teilweise darüber hinausreichende Gärten mit ausgeprägter Aufenthaltsqualität geprägt ist). 79

Die Rechtsprechung hat inzwischen erkannt, dass Mobilfunkanlagen als Infrastruktureinrichtungen aufgrund der technischen Zwänge auf bestimmte Standorte angewiesen sind, um störungsfreie Sende- und Empfangsleistungen zu gewährleisten. Mobilfunkanlagen werden als fernmeldetechnische Nebenanlagen auch in reinen 80

Wohngebieten für zulassungsfähig angesehen, wie folgende **Beispiele** aus der **Rechtsprechung** belegen:
- Gibt es keine städtebaulichen Gründe, die der Zulassung einer Ausnahme widersprechen könnten, bleibt für eine ablehnende Ermessensentscheidung kein Raum mehr (VGH B-W, Urt. v. 19.11.2003 – 5 S 2726/02, BRS 66 Nr. 75 = DÖV 2004, 306).
- Sind keine städtebaulichen Gesichtspunkte ersichtlich, die einer ausnahmsweisen Zulassung einer Mobilfunkbasisstation in einem reinen Wohngebiet entgegenstehen könnten, besteht ein Anspruch auf Genehmigung (Hess. VGH, Urt. v. 06.12.2004 – 9 UE 2582/03, BauR 2005, 983 = BRS 67 Nr. 65).

81 Das Allgemeinwohlinteresse an einer flächendeckenden angemessenen und ausreichenden Versorgung mit Telekommunikationsdienstleistungen kann im Einzelfall die Befreiung von Bebauungsplanfestsetzungen rechtfertigen, die der Errichtung eines Antennenträgers für Mobilfunkanlagen entgegenstehen (OVG NRW, Urt. v. 08.10.2003 – 7 A 1397/02, BauR 2004, 649 = BRS 66 Nr. 92 = NVwZ-RR 2004, 404).
- Bei der Ermessensentscheidung über die Erteilung einer Ausnahme ist neben der Wertung des Verordnungsgebers in § 14 Abs. 2 Satz 2 BauNVO zu berücksichtigen, dass der Nutzungszweck des reinen Wohngebiets als Regelfall erhalten bleiben und der gewerbliche Nutzungszweck der Mobilfunkstation den Charakter einer Ausnahmeerscheinung in dem betroffenen Gebiet behalten muss (OVG NRW, Beschl. v. 06.05.2005 – 10 B 2622/04, BauR 2005, 1284 = BRS 69 Nr. 83 = NVwZ-RR 2005, 608).
- Fernmeldetechnische Nebenanlagen können in allen Baugebieten – auch reinen Wohngebieten – als Ausnahme zugelassen werden. Die Versagung einer Ausnahme kommt nur aus städtebaulichen Gründen in Betracht (OVG NRW, Beschl. v. 06.05.2005 – 7 B 2752/04, BauR 2005, 1425 = BRS 69 Nr. 84 = ZfBR 2005, 474).

82 Den städtebaulichen Vorschriften Rechnung tragend, musste zugleich aus Anlass des Nutzungsänderungen betreffenden neuen Freistellungstatbestandes ein **bauordnungsrechtliches Verfahren** eingeführt werden, um zu gewährleisten, dass über eine eventuell erforderliche Ausnahme nach § 14 Abs. 2 Satz 2 BauNVO 1990 von der Bauaufsichtsbehörde entschieden werden kann. Dieses zur Prüfung der **städtebaulichen Zulässigkeit der Ausnahme** dienende Verfahren wurde mit § **74a BauO NRW 2000** neu eingeführt und ist nunmehr in § 69 Absatz 3 BauO NRW 2018 verortet (s. Anmerkungen zu § 69 Rdn. 85 ff.). Es ist auch auf **Befreiungen** nach § 31 Abs. 2 BauGB anzuwenden, wenn eine freigestellte Antennenanlage entgegen den Festsetzungen eines Bebauungsplans zugelassen werden soll.

83 Ebenfalls freigestellt ist der **Austausch von einzelnen Antennen an bestehenden Masten**. Der Regelungsgehalt dieser Ergänzung ist nicht bedeutsam. Das Errichten einer neuen Anlage ist freigestellt und die Erneuerung nur der Antenne stellt lediglich einen Teil der Gesamtmaßnahme dar und kann bereits daher nicht der Genehmigungspflicht unterliegen. Dies gilt jedoch nur insoweit, als die **vorgegebenen Höchstmaße** auch mit der neuen Antenne **eingehalten** werden.

Bst. b) erfasst **ortsveränderliche Antennenträger, die nur vorübergehend aufgestellt** 84
werden. Die Vorschrift bezieht sich nur auf vorübergehend aufgestellte Antennenträger und im Übrigen nicht nur auf solche der »Deutschen Bundespost« bzw. ihrer Nachfolgerin, der »Deutschen Telekom AG«. Die Tatbestandsmerkmale »ortsveränderliche« und »nur vorübergehend aufgestellt« entsprechen den Definitionsmerkmalen, die für Fliegende Bauten (s. § 78 BauO NRW 2018) maßgeblich sind. Sind solche Antennen zwar geeignet, aber nicht dazu bestimmt, ortsveränderlich aufgestellt zu werden, gilt die Freistellung nicht, allenfalls können sie nach Bst. a) freigestellt sein.

Bst. c) erfasst **Masten und Unterstützungen für Telekommunikationsleitungen, für** 85
Leitungen zur Versorgung mit Elektrizität einschließlich der Leitungen selbst, für
Seilbahnen, für Leitungen sonstiger Verkehrsmittel und für Sirenen sowie für Fahnen. Damit werden aus § 65 Abs. 1 BauO NRW 2000 die Freistellungstatbestände der Nrn. 10, 17 und 22 zusammengefasst.

Aus der Erwähnung der **Masten** und **Unterstützungen** kann nicht rückgeschlossen 86
werden, dass die Leitungen nur bei oberirdischem Verlauf freigestellt sind, vielmehr will der Gesetzgeber nur verdeutlichen, dass bei oberirdischem Verlauf auch das **Traggerüst** der Leitungen an der Freistellung teilnimmt. Die Aufzählung der Leitungsarten und Nutzungen erfasst demnach nur die Telekommunikation, die Versorgung mit Elektrizität, die Seilbahnen, und sonstigen Verkehrsmittel sowie die Sirenen und Fahnen, nicht jedoch die leitungsgebundene Wärmeversorgung (Fernwärme). Es ist aber nicht erkennbar, dass der Gesetzgeber die **leitungsgebundene Wärmeversorgung** ausnehmen und einem Genehmigungserfordernis unterwerfen wollte. Soweit Energieleitungen der öffentlichen Versorgung dienen, sind sie nach § 1 Absatz 2 Nr. 3 BauO NRW 2018 vom Anwendungsbereich der BauO NRW 2018 ausgenommen (s. Anmerkungen zu § 1 Rdn. 163 ff.). Daher entfaltet der Freistellungstatbestand, soweit er die Energieversorgung im Blick hat, nur Bedeutung für »private« Energieleitungen einschließlich deren Masten und Unterstützungen.

Die »**privaten**« Energieleitungen können sowohl **oberirdisch** als auch **unterirdisch** 87
verlaufen. Es muss sich um eine Energie**leitung** handeln (s. Anmerkungen zu § 1 Rdn. 150 ff.). Daher sind **Energieerzeugungseinrichtungen**, wie z.B. Wasserkraft- oder Windenergieanlagen, von diesem Freistellungstatbestand **nicht erfasst**, ebenso nicht die **Beleuchtungsmaste** eines privaten Parkplatzes (OVG Lüneburg, Beschl. v. 28.02.1974 – I B 160/73, BRS 28 Nr. 93).

Seilbahnen unterliegen dem SeilbG NRW. Gemäß § 1 Absatz 2 Nr. 1 BauO NRW 2018 88
gilt für Seilbahnen des öffentlichen Verkehrs das Bauordnungsrecht nicht (s. Anmerkungen zu § 1 Rdn. 100). Der Freistellungstatbestand erfasst somit lediglich **private** Seilbahnen, wie z.B. nicht dem öffentlichen Verkehr dienende Transportseilbahnen. Gleiches gilt für die ebenfalls freigestellten Masten und Unterstützungen für sonstige Verkehrsmittel. Freigestellt sind dabei auch nur die Tragmasten des Seils oder der sonstigen Führung des Verkehrsmittels, nicht dagegen sonstige bauliche Anlagen, die zum deren Betrieb erforderlich sind, wie z.B. Gebäude zur Aufnahme der Motor- und Steuereinrichtungen.

§ 62   Genehmigungsfreie Bauvorhaben, Beseitigung von Anlagen

89   **Fahnenmasten** sind ohne Höhenbeschränkungen freigestellt. Soll an einem Fahnenmast ein Werbeträger im Sinne des § 10 Absatz 1 Satz 1 BauO NRW 2018 angebracht werden, so ist die Anlage insgesamt baugenehmigungsbedürftig (OVG NRW, Beschl. v. 24.07.2006 – 10 B 785/06, BRS 70 Nr. 142 = NVwZ-RR 2006, 773), sofern nicht einer der Tatbestände des Absatz 1 Nr. 12 greift.

90   Bst. d) erfasst **Masten, die aus Gründen des Brauchtums errichtet werden.** Dies sind Masten, die vorübergehend unterschiedliche Anlagen aufnehmen sollen. Zu den Anwendungsfällen gehören z. B. Weihnachtsmärkte, Karnevalsveranstaltungen oder Schützenfeste.

91   Bst. e) erfasst **Flutlichtmasten auf Sportanlagen, ansonsten bis zu einer Höhe von 10 m.** Die Freistellung ist grundsätzlich nicht auf einen bestimmten Aufstellungsort, etwa einen Sportplatz oder ein Sportstadion, beschränkt, jedoch sind Flutlichtmasten außerhalb von Sportanlagen nur bis zu einer Höhe von 10 m freigestellt. Die Höhe wird von der Geländeoberfläche aus gemessen (zum Begriff der Geländeoberfläche s. Anmerkungen zu § 2 Rdn. 209 ff.), unabhängig davon wo die eigentliche Flutlichtanlage angebracht ist. Wird sie z. B. auf einer baulichen Anlage errichtet, ist die Höhe der darunterliegenden Anlage hinzuzurechnen.

92   Bst. f) erfasst **Blitzschutzanlagen.** Der Tatbestand enthält weder eine Höhenbegrenzung für die Blitzschutzanlagen noch sonstige Einschränkungen.

2.6 Behälter

93   Nr. 6 stellt verschiedene **Behälter** von der Baugenehmigung frei. Bst. a) betrifft **ortsfeste Behälter für Flüssiggas mit einem Fassungsvermögen von weniger als 3 t, für sonstige verflüssigte oder nicht verflüssigte Gase mit einem Brutto-Rauminhalt von bis zu 6 m³**.

94   Ein Behälter ist **ortsfest**, wenn er nach seinem Zweck dazu bestimmt ist, überwiegend stationär genutzt zu werden; eine feste Verbindung mit dem Boden ist nicht erforderlich, es genügt vielmehr, wenn der Behälter infolge seines Gewichts, seiner Größe und Form oder anderer Umstände unverrückbar aufgestellt ist.

95   Soweit in den einzelnen Rechtsgrundlagen das **Fassungsvermögen** von Bedeutung ist, muss das tatsächliche Fassungsvermögen, wenn dieses uneingeschränkt nach rechtlichen Vorschriften und technischen Regeln genutzt werden darf, zugrunde gelegt werden. Bei Zweifeln hinsichtlich des anzusetzenden Fassungsvermögens und der eventuell gegebenen Genehmigungspflicht nach anderen öffentlich-rechtlichen Vorschriften, ist eine Kontaktaufnahme mit der jeweils zuständigen Genehmigungsbehörde anzuraten, um die nötige Rechtssicherheit zu erlangen.

96   Bst. b) erfasst **ortsfeste Behälter für brennbare oder wassergefährdende Flüssigkeiten mit einem Brutto-Rauminhalt von bis zu 10 m³**.

97   Die Errichtung oder Änderung ortsfester Behälter für brennbare oder wassergefährdende Flüssigkeiten unterliegt größtenteils Verwaltungsverfahren oder Sachverständigenprüfungen nach anderen öffentlich-rechtlichen Vorschriften (Genehmigung

nach BImSchG, Anzeige, Erlaubnis und Sachverständigenprüfung für überwachungsbedürftige Behälter im Sinne von § 13 BetrSichV, Eignungsfeststellung nach WHG).

Der Begriff »**brennbare Flüssigkeiten**« geht zurück auf die **Definition** in § 3 der aufgehobenen Verordnung über brennbare Flüssigkeiten – VbF und erfasst Stoffe mit Flammpunkt, die bei 35^0 C weder fest noch salbenförmig sind, bei 50^0 C einen Dampfdruck von 3 bar oder weniger haben und zu einer der Gefahrklassen A und B gehören. Die anstelle der VbF anwendbare BetrSichV verwendet die Begriffe entzündliche, leichtentzündliche und hochentzündliche Flüssigkeiten (s. § 2 Abs. 11 und 12 BetrSichV), die in **Anhang I** der **GefStoffV** näher beschrieben sind. Hauptanwendungsfall sind die Behälter zur Lagerung von Heizöl, Diesel oder Benzin. 98

Zu den **wassergefährdenden Flüssigkeiten** rechnen nach § 62 Abs. 3 WHG diejenigen, die geeignet sind, dauernd oder in einem nicht nur unerheblichen Ausmaß nachteilige Veränderungen der Wasserbeschaffenheit herbeizuführen wie z.B. Säuren, Laugen, Mineral- und Teeröle, flüssige Kohlenwasserstoffe oder Gifte. 99

Bst. c) erfasst **ortsfeste Behälter sonstiger Art** mit einem Brutto-Rauminhalt bis zu 50 m^3 und einer Höhe bis zu 3 m außer offenen Behältern für Jauche und Flüssigmist. Die für die Freistellung als höchstzulässig festgelegten **Maße** der ortsfesten Behälter von 50 m^3 Behälterinhalt und bis zu 3,0 m Höhe sind **nicht kumulativ** gemeint; wird eines dieser Maße überschritten, so wird der Behälter baugenehmigungsbedürftig. Das **Fassungsvermögen** richtet sich nach der Aufnahmekapazität des Innenraums des einzelnen Behälters. Werden mehrere Behälter durch kommunizierende Leitungen miteinander verbunden, gilt das Gesamtfassungsvermögen aller Behälter. 100

Von der Freistellung ausdrücklich ausgenommen sind **offene Behälter** für Jauche und Flüssigmist, diese sind stets genehmigungsbedürftig. Ein Behälter ist **offen**, wenn er über keine vollständig geschlossene Abdeckung verfügt. 101

Bst. d) erfasst Gärfutterbehälter mit einer Höhe bis zu 6 m und Schnitzelgruben. Diese Vorschrift ist an der MBO angelehnt. Unter Gärfutterbehälter sind Silos zu verstehen, die bis zu einer Höhe von 6 m genehmigungsfrei sind. Silos bis zu einer Höhe von 3 m sind bereits in Bst. c) erfasst; daher sind hier nur die Gärfutterbehälter mit einer Höhe von über 3 m bis zu 6 m relevant. Die bisherige Regelung in § 65 Abs. 1 Nr. 11 BauO NRW 2000, wonach nur Flachsilos bis zu einer Höhe von 3 m freigestellt waren, wird insoweit ausgeweitet. 102

Bst. e) erfasst Kompost- und ähnliche Anlagen. Diese in NRW neu eingeführte Freistellung korrespondiert mit den Vorgaben der MBO und entspricht letztlich auch den immissionsschutzrechtlichen Vorschriften. Beispielsweise sind nach der 4. BImSchV Anlagen zur Erzeugung von Kompost aus organischen Abfällen mit einer Durchsatzkapazität an Einsatzstoffen von weniger als 10 Tonnen je Tag (Umkehrschluss aus Ziffer 8.5 der Anhang 1) verfahrensfrei (vgl. Begründung LT-Drucks. 17/2166 Seite 162). 103

Bst. f) erfasst **Wasserbecken** mit einem Beckeninhalt bis zu 100 m^3. Die Freistellung betrifft generell Wasserbecken unabhängig von ihrer Nutzung. Da für Schwimmbecken 104 mit Absatz 1 Nr. 10 Bst. a) eine Sonderregelung vorhanden ist, fallen unter Bst. f) nur andere Wasserbecken, wie **Fischteiche, Regenrückhaltebecken, Löschwasserbecken** oder Wasserbecken für sonstige Nutzungszwecke. Wasserbecken sind **nur bis zu 100 m³ Fassungsvermögen freigestellt.**

105 Die Freistellung gilt unabhängig davon, ob die Wasserbecken offen sind, oder über eine **Abdeckung** verfügen. Soweit Wasserbecken eine **Überdachung** aufweisen, die nicht nur dicht über der Wasserfläche angebracht ist, sondern einen **begehbaren Raum** abschließt, der von Menschen betreten werden kann, handelt es sich um ein **Gebäude**, das z.B. als überdachte Schwimmhalle einer Baugenehmigung bedarf, da wohl kaum die Freistellungsgrenze nach Nr. 1 von 30 m³ Brutto – Rauminhalt unterschritten werden dürfte (s.a. OVG NRW, Urt. v. 02.08.1993 – 11 A 1347/91, BRS 55 Nr. 87 zu einer unterirdischen Schwimmhalle als Anbau an ein Wohnhaus).

2.7 Mauern und Einfriedungen

106 Bst. a) erfasst **Mauern einschließlich Stützmauern und Einfriedungen mit einer Höhe bis zu 2,0 m, außer im Außenbereich.** Diese Vorschrift fasst im Wesentlichen die Vorgängervorschriften des § 65 Abs. 1 Nr. 13 und 16 BauO NRW 2000 zusammen.

107 Stützmauern stehen relativ häufig in Verbindung mit Anlagen des öffentlichen Verkehrs. Als Bestandteil derartiger Anlagen sind sie gemäß § 1 Abs. 2 Nr. 1 BauO NRW vom Anwendungsbereich des Bauordnungsrechts ausgenommen (s. Anmerkungen zu § 1 Rdn. 50 ff.; s. auch VGH B-W, Urt. v. 16.01.1996 – 3 S 769/95, BRS 58 Nr. 98). Der Freistellungstatbestand kann daher nur Bedeutung für Stützmauern auf dem Grundstück selbst entfalten, um entweder das Gelände abzufangen oder bauliche Anlagen in hängigem Gelände gegen Abrutschen zu sichern. Daneben kommen Stützmauern auch in Betracht, um Geländeabgrabungen vor der Kelleraußenwand zur Verbesserung der Belichtung oder Geländeanschüttungen zum Bau einer Terrasse zu ermöglichen.

108 Stützmauern im Sinne des Bst. a) dienen dem **Erhalt der natürlichen Geländeoberfläche** (s. Anmerkungen zu § 2 Rdn. 209 ff.), um bauliche Anlagen erst zu ermöglichen und weisen damit **dienende Funktion** auf (so Boeddinghaus/Hahn/Schulte/ Radeisen, zu § 65 Rn. 121). Stützmauern zur Erhöhung oder Absenkung der Geländeoberfläche des gesamten Grundstücks oder großer Teile desselben sind nicht baugenehmigungsfrei, da sie mit der Anschüttung oder Abgrabung in funktionaler Verbindung stehen (OVG NRW, Urt. v. 27.11.1989 – 11 A 195/88, BRS 50 Nr. 185 zu einer im rückwärtigen Grundstücksbereich mit Hilfe von Stützmauern errichteten Hügelanlage in der Nähe der Grundstücksgrenze zum Nachbarn). Werden **Stützmauern für bauliche Anlagen** ausgeführt, sind sie als Bestandteil dieser baulichen Anlagen anzusehen und mit diesen genehmigungspflichtig.

109 Neben den Stützmauern sind nunmehr auch Mauern, die keine abstützende Funktion innehaben, von der Genehmigungspflicht ausgenommen, sofern sie die Voraussetzungen des Bst. a) einhalten.

Als weiterer Tatbestand des Bst. a) sind Einfriedungen von der Genehmigungspflicht 110
ausgenommen. Nicht selten stehen öffentlich-rechtliche Vorschriften der Errichtung
von Einfriedungen entgegen. Die Gemeinden verfolgen mitunter in Wohngebieten
das Ziel einer harmonisch aufeinander abgestimmten Gestaltung der öffentlichen
und privaten Flächen. Diesem Zweck dienen gestalterische Festsetzungen der **Bebauungspläne** oder selbständige **Gestaltungssatzungen**. Nach § 89 Absatz 1 Nr. 5
BauO NRW 2018 kann die Gemeinde örtliche Bauvorschriften über die Notwendigkeit, Art, Gestaltung und Höhe von Einfriedungen erlassen (s. Anmerkungen zu
§ 89 Rdn. 59–63). Derartige Gestaltungsvorschriften können je nach Zielrichtung
auch dem **Nachbarschutz** dienen (BayVGH, Urt. v. 11.08.1988 – Nr. 2 B 87.02300,
BRS 48 Nr. 171).

Der Begriff »**Einfriedung**« ist in der BauO NRW nicht definiert (hierzu vgl. Wolff, Der 111
Begriff Einfriedung im Baurecht, BauR 2001, S. 1046 ff.). Nach der Rechtsprechung
ist darunter eine Anlage zu verstehen, die dazu bestimmt ist, ein Grundstück vollständig oder teilweise zu umschließen und nach außen abzuschirmen, um unbefugtes
Betreten oder Verlassen oder sonstige störende Einwirkungen, z.B. Lärm, Wind oder
Straßenschmutz, abzuwehren (vgl. OVG NRW, Urt. v. 27.02.1970 – X A 7/69, BRS
23 Nr. 132; Hess. VGH, Beschl. v. 17.05.1990 – 4 TG 510/90, BRS 50 Nr. 121;
OVG Rh-Pf, Beschl. v. 05.07.2006 – 8 B 10574/06, BauR 2006, 1734 = BRS 70
Nr. 190). Als Einfriedung ist deshalb alles anzusehen, was ein Grundstück oder einen
Grundstücksteil gegenüber der Außenwelt schützen und ein Hindernis für alles sein
soll, was von außen her den Frieden des Grundstücks stören und dessen Nutzung beeinträchtigen könnte (OVG NRW, Urt. v. 12.07.1982 – 7 A 2198/80, BauR 1982,
562 = BRS 39 Nr. 111). Auf die Frage, aus welchem Material die Einfriedung besteht
und ob sie »offenen« oder »geschlossenen« Charakter aufweist, kommt es nicht an. Es
muss sich nur um eine bauliche Anlage im Sinne des § 2 Absatz 1 BauO NRW 2018
handeln, die aus Bauprodukten hergestellt ist (s. Anmerkungen zu § 2 Rdn. 39 ff.),
wie z.B. ein 2 m hoher **Bretterzaun** (OVG NRW, Urt. v. 20.04.1972 – VII A 250/70,
BRS 25 Nr. 125) oder ein **Maschendrahtzaun** mit Holzpfosten (Hess. VGH, Urt. v.
02.08.1985 – 4 OE 2/83, BRS 44 Nr. 73).

Eine **Hecke als Einfriedung** fällt regelmäßig nicht unter den Begriff der baulichen 112
Anlage, da sie nicht aus Bauprodukten hergestellt ist. Gleichwohl kann sie dem
Anwendungsbereich des Bauordnungsrechts unterfallen, nämlich dann, wenn eine
Rechtsvorschrift aufgrund der Landesbauordnung entsprechende Anforderungen
enthält. In einem solchen Fall wird die Hecke dann zu einer **anderen Anlage und Einrichtung** im Sinne des § 1 Absatz 1 Satz 2 BauO NRW 2018. Anforderungen an die
Gestaltung von Einfriedungen können insoweit örtliche Bauvorschriften enthalten
(s. Rdn. 110), indem diese als **Art** der Ausführung gerade die Verwendung von Bauprodukten verbieten und stattdessen eine pflanzliche Beschaffenheit verlangen.

Einfriedungen, die dem **städtebaulichen Begriff der baulichen Anlage** unterfallen, 113
sind **Vorhaben im Sinne des § 29 Abs. 1 BauGB** und unterliegen deshalb den Zulässigkeitsvorschriften der §§ 30–37 BauGB. Sie sind als **Nebenanlagen im Sinne des
§ 14 Abs. 1 Satz 1 BauNVO** zu qualifizieren. Die bauplanungsrechtliche Zulässigkeit

solcher Nebenanlagen kann durch Festsetzung nach § 9 Abs. 1 BauGB in Verbindung mit § 23 Abs. 5 BauNVO außerhalb der überbaubaren Grundstücksflächen ausgeschlossen oder eingeschränkt sein. Die Höhenbegrenzung von Einfriedungen kann auch aus bauplanungsrechtlichen Gründen beschränkt werden (OVG Lüneburg, Urt. v. 10.07.1976 – I A 12/76, BRS 30 Nr. 13). Bauplanungsrechtliche Beschränkungen können auch im Bebauungsplan nach § 9 Abs. 1 Nr. 25 BauGB (**Anpflanzen** von oder **Bindungen** für die Erhaltung von **sonstigen Bepflanzungen**) festgesetzt sein.

114 Die **Freistellungsgrenze** von Mauern einschließlich Stützmauern und Einfriedungen beläuft sich auf eine Höhe von 2,0 m. Gemessen wird die **Höhe** von der **Geländeoberfläche** auf dem Grundstück am Standort der Einfriedung. Die Höhenbegrenzung ist als tatbestandliches Element der Freistellung eng auszulegen. Die Höhe darf **an keiner Stelle** im Verlauf der Einfriedung überschritten werden; auch nicht, wenn etwa eine Senke überbrückt werden soll. Eine **Mitteilung** der Höhen entsprechend § 6 Absatz 4 Satz 4 BauO NRW 2018 hat der Gesetzgeber **nicht vorgesehen**. Bei Überschreitung der Höhen wird eine Baugenehmigung erforderlich, dies schon wegen der notwendigen Prüfung der bauplanungsrechtlichen Vorgaben. Nach § 6 Absatz 1 Satz 2 Nr. 1 BauO NRW 2018 lösen **Einfriedungen bis zu einer Höhe von 2,0 m** über der Geländeoberfläche **keine abstandrechtlichen Wirkungen** aus (s. Anmerkungen zu § 6 Rdn. 175 ff.).

115 **Einfriedungen im Außenbereich** sind vom Freistellungstatbestand **ausgenommen**, und zwar unabhängig von der Höhe, so dass diese grundsätzlich dem Genehmigungsvorbehalt des § 60 Absatz 1 BauO NRW 2018 unterfallen. Der Begriff **Außenbereich** ist im Sinne des § **35 BauGB** zu verstehen. Die weitgehende Genehmigungspflicht für Einfriedungen im Außenbereich ist verfassungsrechtlich unbedenklich (BVerwG, Beschl. v. 31.10.1969 – IV B 131.69, BRS 22 Nr. 89).

116 **Bst b)** erfasst **offene, sockellose Einfriedungen für Grundstücke, die einem land- oder forstwirtschaftlichen Betrieb im Sinne der §§ 35 Abs. 1 Nr. 1, 201 Baugesetzbuch dienen**. Es genügt nicht, dass das Grundstück zu einem land- oder forstwirtschaftlichen Betrieb gehört; das Grundstück selbst muss vielmehr entsprechend **dienen, also genutzt** werden. Das Grundstück muss nicht zwingend im Außenbereich liegen, obwohl für im Innenbereich gelegene land- oder forstwirtschaftlich genutzte Grundstücke auch Bst. a) greift, jedoch nur bis zu einer Höhe von 2 m.

117 Der Begriff der »**offenen**« Einfriedung steht in enger Verbindung mit einer sinnvollen landwirtschaftlichen bzw. forstwirtschaftlichen Nutzung der Grundstücke (zum Begriff Einfriedung im bauordnungsrechtlichen und bauplanungsrechtlichen Sinne s. Rdn. 111–113). Hierunter fallen nur solche Einfriedungen, die als **Nebenanlagen** zur Hauptnutzung der entsprechenden Grundstücke der Bodenertragsnutzung dienen und die ein Land- oder Forstwirt vernünftigerweise aus wirtschaftlichen Aspekten benötigt; das sind also vor allem Weidezäune, Gatter und Drahtzäune für Schonungen. Die Einfriedung nimmt deshalb an der **Privilegierung im Sinne des § 35 Abs. 1 Nr. 1 BauGB** teil (so auch Jeromin, zu § 62 Rn. 61). Die Verknüpfung mit dem Bauplanungsrecht stellt sicher, dass die Ausgestaltung der Einfriedung zwangsläufig auf die Privilegierungserfordernisse abgestimmt ist, so dass eine Höhenbeschränkung

nicht erforderlich war. Gefordert wird nur, dass es sich um eine »offene« Einfriedung handelt; sie muss – wie z.b. Weidezäune oder Maschendrahtzäune – durchsichtig sein und darf nicht wie eine geschlossene Wand wirken.

Sind die Zaunteile breiter als die Zwischenräume, wird man nicht mehr von einer offenen Einfriedung sprechen können. Ein derartiger Zaun verunstaltet wegen seiner optischen Massivität das Landschaftsbild (BayVGH, Urt. v. 27.10.1995 – 2 B 93.2417, BRS 57 Nr. 103 zu einem Weidezaun aus doppelt übereinander angebrachten Straßenleitplanken). Von einer Privilegierung kann auch nicht mehr ausgegangen werden, wenn die Einfriedung über einen durchgehenden massiven Sockel verfügt. Ein vernünftiger Land- oder Forstwirt wird stets bemüht sein, die Kosten der Einfriedung in Grenzen zu halten, um noch einen ausreichenden Bodennutzungsertrag erzielen zu können. Daher ist es sachgerecht, zu unterstellen, dass eine privilegierte offene Einfriedung ohne durchgehenden massiven Sockel errichtet wird. 118

Der Freistellungstatbestand nach **Bst. b)** ist **eng auszulegen** und gilt nicht für Nutzungen, die der privilegierten Landwirtschaft ähneln, jedoch nicht im Sinne des § 35 Abs. 1 Nr. 1 BauGB privilegiert sind. Hier hält der Gesetzgeber weiterhin eine präventive Kontrolle durch die Bauaufsichtsbehörde für erforderlich. Nicht freigestellt sind daher offene Einfriedungen für landwirtschaftliche Hobbynutzungen, wie z.b. der Zaun für die Weide einer nichtprivilegierten Person zur Haltung eines Reitpferdes (OVG NRW, Urt. v. 18.12.1969 – X A 867/68, BRS 22 Nr. 64). Es reicht auch nicht aus, dass neben der Hobbynutzung einem Landwirt ein Nutzungsrecht eingeräumt wird (BayVGH, Urt. v. 10.09.1965 – Nr. 27 I 64, BRS 16 Nr. 82). Die Einfriedung von Damwildgehegen ist nicht privilegiert, wenn diese Haltung nicht für Zwecke der Landwirtschaft betrieben wird (BayVGH, Urt. v. 17.10.1983 – Nr. 14 B 82 A.456, BRS 40 Nr. 163 und OVG Rh-Pf, Urt. v. 11.06.1986 – 1 A 125/83, BRS 46 Nr. 86). 119

2.8 Private Verkehrsanlagen

Nr. 8 erfasst **private Verkehrsanlagen einschließlich Brücken und Durchlässen mit einer lichten Weite bis zu 5,0 m und Untertunnelungen mit einem Durchmesser bis zu 3 m**. Mit den privaten Verkehrsanlagen sind die Zugänge und Zufahrten zwischen der öffentlichen Verkehrsfläche und den Gebäuden und sonstigen baulichen Anlagen auf dem Grundstück gemeint, wie z.b. die Hauszugangswege oder die Zufahrten zu den Garagen, Stellplätzen oder Lager- und Abstellplätzen. Die materiellen Anforderungen an die Oberflächengestaltung ergeben sich aus § 8 Absatz 1 BauO NRW 2018, wonach diese Flächen vor allem wasseraufnahmefähig zu belassen oder herzustellen sind. 120

Von der Freistellung **ausgenommen** waren in der Vorgängervorschrift solche **Zugänge und Zufahrten**, die nach § 5 BauO NRW 2000 **für die Feuerwehr** bestimmt sind, die also dem **Einsatz von Feuerlösch- und Rettungsgeräten** dienen. Diese Rückausnahme von der Freistellung wurde aufgegeben, weil in § 5 Absatz 2 BauO NRW 2018 die Voraussetzungen für die Beschaffenheit von Rettungswegen definiert sind. Einer präventiven Prüfung durch die Bauaufsichtsbehörde ist daher nicht erforderlich. Mit dieser Änderung erfolgt gleichzeitig eine Anpassung an die MBO. 121

122 Unter Brücken bzw. Durchlässen versteht man bauliche Anlagen, die dazu dienen, den Verkehrsweg über ein künstliches oder natürliches Hindernis zu führen (VGH B-W, Urt. v. 19.01.1971 – II 670/68, BRS 24 Nr. 130 zu einem Anlegesteiger der Personenschifffahrt, der vom Ufer zu einem schwimmenden Ponton verläuft und den das Gericht nicht als Brücke einstuft). Sie sind bis zu einer lichten Weite von 5 m von dem Erfordernis einer Baugenehmigung befreit.

123 Brücken und Durchlässe als Bestandteil von **Anlagen des öffentlichen Verkehrs** sind nach § 1 Abs. 2 Nr. 1 BauO NRW ohnehin vom Anwendungsbereich des Bauordnungsrechts **ausgenommen**. Daher hat dieser Freistellungstatbestand nur Bedeutung für »**private**« Verkehrsanlagen, wie z.b. Zugänge oder Zufahrten nach den §§ 4 und 5 BauO NRW 2018. Die entsprechende Eingrenzung in Nr. 8 wäre daher nicht zwingend erforderlich, dient jedoch der Klarstellung.

124 Neu in den Katalog der Freistellungen aufgenommen wurden Untertunnelungen mit einem Durchmesser von höchstens 3 m. Auch dies erfolgte in Anlehnung an die MBO und vervollständigt die vorangegangene Aufzählung (Brücken und Durchlässe).

2.9 Aufschüttungen und Abgrabungen

125 Nr. 9 erfasst **Aufschüttungen oder Abgrabungen mit einer Höhe oder Tiefe bis zu 2,0 m und einer Grundfläche bis zu 30 m^2, im Außenbereich bis zu 400 m^2. Aufschüttungen** sind künstliche Erhöhungen eines bestehenden Zustandes der Erdoberfläche, z.B. Schlacken- und Abraumhalden, Ablagerungen am Hang und die Auffüllung eines Grundstücks (s. Anmerkungen zu § 2 Rdn. 65). **Abgrabungen** sind künstliche Vertiefungen eines bestehenden Zustandes der Erdoberfläche, z.B. Sand-, Kies- und Lehmgruben (s. Anmerkungen zu § 2 Rdn. 66).

126 Die Freistellung betrifft nur **selbständige** Aufschüttungen und Abgrabungen, das heißt solche, die eine eigene Funktion und eine eigene Zweckbestimmung haben (vgl. Hess. VGH, Beschl. v. 14.06.1982 – III TG 1/82, BRS 39 Nr. 101, und Beschl. v. 28.10.1982 – IV TG 68/82, BRS 39 Nr. 102). Der Begriff der Selbständigkeit ist zwar aus der Vorschrift entfernt worden, aber dennoch relevant. Aufschüttungen und Abgrabungen, die im räumlichen oder funktionalen Zusammenhang mit einer anderen baulichen Anlage durchgeführt werden, wie z.B. Anschüttungen für Terrassen oder Abgrabungen für die Belichtung des Kellers, müssen im Zusammenhang mit der anderen baulichen Anlage gesehen werden, und sind somit mit der Baugenehmigung für diese abgedeckt oder sie sind, wenn die andere bauliche Anlage selbst genehmigungsfrei ist, wie diese auch genehmigungsfrei (vgl. VGH B-W, Beschl. v. 07.08.1986 – 8 S 1575/86, BRS 46 Nr. 137 zu einer Baugrube für ein Gebäude). So ist auch ein Erdwall, der dazu dient, eine Lärmschutzwand zu tragen, keine – isoliert zu sehende – bloße Aufschüttung, sondern bildet zusammen mit der Lärmschutzwand eine einheitliche bauliche Anlage (OVG Lüneburg, Urt. v. 29.09.1988 – 1A 75/, BRS 48 Nr. 164).

127 Aufschüttungen und Abgrabungen sind nur dann freigestellt, wenn sie in der **Höhe** oder **Tiefe 2,0 m** nicht überschreiten. Dazu kommt es auf die Flächengröße der

§ 62 Genehmigungsfreie Bauvorhaben, Beseitigung von Anlagen

Aufschüttungen und Abgrabungen an. soweit sie nicht im Außenbereich liegen, beträgt die maximale Ausdehnung 30 m². Der Begriff Außenbereich wird im bauplanungsrechtlichen Sinne des § 35 BauGB benutzt. **Im Außenbereich** gilt die Freistellung nur, wenn die Aufschüttungen oder Abgrabungen **neben** der maximalen Höhe oder Tiefe von 2,0 m **nicht mehr als 400 m² Fläche** aufweisen. Soweit nur eine dieser **größenmäßigen Beschränkungen überschritten** sind, besteht ein Genehmigungserfordernis (OVG Rh-Pf, Urt. v. 12.12.2001 – 8 A 10806/01, BauR 2002, 608 = DÖV 2002, 621 zu einer 900 m² umfassenden Aufschüttung von lediglich 10 cm Höhe).

Ob Aufschüttungen oder Abgrabungen **zulässig** sind, richtet sich **nicht** nach der Freistellungsregelung der Nr. 9, was häufig übersehen wird. **Bauplanungsrechtliche Beschränkungen** können sich vor allem aus den **Festsetzungen** der Bebauungspläne, dem **Einfügungsgebot** des § 34 BauGB oder den im Außenbereich entgegenstehenden **öffentlichen Belangen** ergeben. **Bauordnungsrechtliche Beschränkungen** können sich aus § 8 Absatz 3 BauO NRW 2018 und den Regeln des § 6 BauO NRW 2018 ergeben. 128

Aufschüttungen, die zwecks Abfallbeseitigung vorgenommen werden, unterliegen dem **Kreislaufwirtschafts- und Abfallgesetz**. Abgrabungen, die der oberirdischen Gewinnung von Bodenschätzen dienen, die im Verfügungsrecht des Grundeigentümers stehen (anderenfalls ist das BBergG einschlägig), bedürfen einer Genehmigung nach dem **Abgrabungsgesetz**. **Auskiesungen** und **Verfüllungen**, die das Grundwasser berühren, bedürfen einer **wasserrechtlichen Erlaubnis**. 129

2.10 Anlagen in Gärten und zur Freizeitgestaltung

Bst. a) erfasst Schwimmbecken mit einem Beckeninhalt bis zu 100 m³ einschließlich dazugehöriger luftgetragener Überdachungen, außer im Außenbereich. Dieser Freistellungstatbestand korrespondiert mit dem der Nummer 6 Bst. f). Dort sind ebenfalls Wasserbecken mit einem Beckeninhalt von 100 m³ freigestellt (vgl. Rdn. 104 und 105). Bei Bst. a) handelt es sich somit um eine Spezialvorschrift, die für eine bestimmte Nutzungsart für Wasserbecken eine besondere Regelung trifft. Dient also das Wasserbecken dem Schwimmen im weiteren Sinn, ist nicht Absatz 1 Nr. 6 Bst. f) sondern Absatz 1 Nr. 10 Bst. a) einschlägig. 130

Unterscheidungen zwischen diesen beiden Tatbeständen ergeben sich im Detail. Während Nummer 6 Bst. f) nur Wasserbecken ohne Überdachungen freistellt, werden hier in Bst. a) auch luftgetragene Überdachungen erfasst. Unter einer luftgetragenen Überdachung ist eine Überdachung zu verstehen, die zwar mit dem Erdboden verbunden und dort abgedichtet ist, aber ihre Form durch einen leichten Überdruck erhält und hält, der mittels Gebläse erzeugt wird. 131

Darüber hinaus sind im Außenbereich Schwimmbecken bei Bst. a) im Gegensatz zu Nummer 6 Bst. f) nicht freigestellt. Das heißt, dass im Außenbereich zwar andere Wasserbecken der Freistellung unterfallen, nicht jedoch Schwimmbecken. Dabei ist auf den primären Zweck des Beckens abzustellen. Es reicht nicht aus, einige wenige 132

Fische in dem Becken zu halten, wenn erkennbar ist, dass das Becken in erster Linie dem Schwimmen dienen soll.

133 Bst. b) erfasst **Sprungschanzen, Sprungtürme und Rutschbahnen mit einer Höhe bis zu 10,0 m**. Die Vorschrift erfasst nur Anlagen im Freien, da Sprungtürme in Hallenbädern oder Rutschbahnen in Spielhäusern Bestandteil des genehmigungsbedürftigen Gebäudes sind. Die Zweckbestimmung gilt für Sprungtürme in Freibädern, Sprungschanzen des Wintersports und Rutschbahnen in Freibädern oder Freizeitparks. Da sowohl Freibäder als auch Wintersportanlagen oder Freizeitparks regelmäßig im Außenbereich liegen ist diese Freistellung nicht recht verständlich, zumal gerade bei Wintersportanlagen der Eingriffs- und Ausgleichsproblematik nach dem Bundesnaturschutzrecht erhebliche Bedeutung zukommt

134 Die Freistellung ist **auf eine Höhe bis zu 10,0 m beschränkt**, wobei auf die **Geländeoberfläche** abzustellen ist. Aufgrund der Höhenbeschränkung werden nur kleinere Anlagen freigestellt. Bei höheren Anlagen werden zwangsläufig Belange des Orts- und Landschaftsbildes sowie Standsicherheits- und Verkehrssicherheitsaspekte berührt, so dass auf eine präventive bauaufsichtliche Prüfung nicht verzichtet werden kann.

135 Bst. c) erfasst **Anlagen, die der zweckentsprechenden Einrichtung von Spiel-, Abenteuerspiel-, Bolz- und Sportplätzen, Reit- und Wanderwegen, Trimm- und Lehrpfaden dienen, ausgenommen Gebäude und Tribünen**. Öffentliche Sport- und Spielflächen sind nach § 60 Absatz 1 in Verbindung mit § 2 Absatz 1 Satz 1 BauO NRW 2018 baugenehmigungsbedürftig (vgl. OVG Saar, Urt. v. 14.09.1984 – 2 R 248/83, BRS 42 Nr. 70 zu einer Tennisübungswand und OVG Lüneburg, Urt. v. 06.02.1984 – 6 A 40/83, BRS 42 Nr. 154 zu einem Dressurplatz); dies gilt auch für die fiktiven baulichen Anlagen nach § 2 Absatz 1 Satz 3 Nr. 3 BauO NRW 2018 (s. Anmerkungen zu § 2 Rdn. 77 ff.). **Private Kleinkinderspielflächen** im Sinne des § 8 Absatz 2 BauO NRW 2018 können als **Teil der Gartengestaltung** nach Bst. e) freigestellt sein, für die gegebenenfalls die Vorgaben **örtlicher Bauvorschriften** nach § 89 Absatz 1 Nr. 3 BauO NRW 2018 zu beachten sind (s. Anmerkungen zu § 89 Rdn. 42–48).

136 Die Anlagen müssen in einem funktionellen Zusammenhang z. B. mit der Sport- oder Spielfläche stehen. Dies können beispielhaft die noch in der Vorgängervorschrift aufgezählten Tore für Ballspiele, Schaukeln und Klettergerüste **sein, jedoch auch andere Anlagen**.

137 Im Zuge der Ausweitung des Freistellungstatbestandes auf Einrichtungen für Reit- und Wanderwege sowie für Trimm- und Lehrpfade wurde auch die Rückausnahme ergänzt, nämlich um Gebäude. **Gebäude und Tribünen** sind ausdrücklich **von der Freistellung ausgenommen**, und zwar unabhängig von ihrer Größe. Für die Genehmigungspflicht von Tribünen sprach die Tatsache, dass Tribünen insbesondere unter Standsicherheitsaspekten nicht ungefährlich sind und deswegen einem Baugenehmigungsverfahren unterliegen sollen. Auch **Flutlichtanlagen**, mögen sie auch der zweckentsprechenden Einrichtung von Sport- und Spielflächen dienen, sind – obwohl sie

nicht wie die Tribünen ausdrücklich ausgenommen sind – gleichwohl aus denselben Gründen nach dieser Vorschrift nicht genehmigungsfrei, da **Nr. 23 als spezieller Freistellungstatbestand** vorgeht (OVG NRW, Urt. v. 25.04.1983 – 10 A 2080/80, n.v., und Beschl. v. 02.08.1982 – 11 B 37/82, n.v.). Da die in Bst. c) genannten Reit- und Wanderwege sowie die Trimm- und Lehrpfade regelmäßig im Außenbereich gelegen sind, war die Rückausnahme bezüglich der Gebäude folgerichtig.

Bst. d) erfasst **Wohnwagen, Zelte und bauliche Anlagen, die keine Gebäude sind, auf Camping-, Zelt- und Wochenendplätzen.** Dieser Freistellungstatbestand wurde neu in das Regelwerk des § 62 BauO NRW 2018 aufgenommen und findet ein Vorbild in der MBO. Im Sinne dieser Vorschrift sind Zelte für die Freizeitgestaltung bzw. den Urlaub gemeint. Dabei handelt es sich nicht um fliegende Bauten im Sinne des § 78 BauO NRW 2018. Bauliche Anlagen, die keine Gebäude sind, können auf den Camping-, Zelt- und Wochenendplätzen beispielhaft Wasser- und Stromanschlusseinrichtungen, befestigte Stellplätze für Wohnwagen oder Hinweistafeln oder Wegweiser sein. Da an diese Anlagen keine Anforderungen gestellt werden, kann auch kein Genehmigungsverfahren durchgeführt werden; die Freistellung ist somit folgerichtig.

138

Bst. e) erfasst **bauliche Anlagen, die der Gartengestaltung oder der zweckentsprechenden Einrichtung von Gärten dienen, wie Bänke, Sitzgruppen, Pergolen.** Der Freistellungstatbestand stellt entscheidend auf die **dienende Funktion** dieser baulichen Anlagen bezüglich der Garten**gestaltung** und der **zweckentsprechenden Einrichtung** von Gärten ab. Gärten sind nach den Vorgaben der BauNVO grundsätzlich nicht dazu bestimmt überbaut zu werden. Auch die Bestimmungen des § 8 Absatz 1 BauO NRW 2018 machen deutlich, dass diese Flächen nicht bebaut, sondern begrünt werden sollen (s. Anmerkungen zu § 8 Rdn. 8 ff.). Die übermäßige Anhäufung baulicher Anlagen, wie auch die Ablagerung von Gerümpel (s. Anmerkungen zu § 8 Rdn. 19) ist vom Freistellungstatbestand nicht abgedeckt.

139

Die **Aufzählung** »Bänke, Sitzgruppen, Pergolen« ist **nicht abschließend, wie das Wort »wie« bereits aussagt.** So sind z.B. auch die in Bst. e) nicht als Beispiele aufgeführten Trockenmauern (s. noch § 1 Abs. 1 Nr. 27 der Freistellungsverordnung vom 05.09.1978, GV. NRW. S. 526) nach wie vor baugenehmigungsfrei, desgleichen etwa Müllboxen, Kompostanlagen, Wege, künstliche Teiche und Grillplätze. Auch **Kleinkinderspielflächen** dienen der zweckentsprechenden Einrichtung von Gärten der Gebäude mit Wohnungen. Ebenso rechnen **Mauern** dazu, die errichtet werden, um innerhalb des Gartens windgeschützte Sitzecken zu schaffen oder beispielsweise Stellplätze für Kraftfahrzeuge oder Kompostanlagen abzugrenzen. Auch können Mauern als einseitige seitliche Begrenzung einer Pergola dienen. Eine **Pergola** ist ein nach oben offener Laubengang, der zum Ranken von Pflanzen dient (BayVGH, Urt. v. 29.11.1977 – Nr. 323 I 74, BRS 32 Nr. 102). Von einer Pergola kann nicht mehr die Rede sein, wenn sie mit einer Bedachung ausgeführt ist. **Gebäude mit Abstellräumen** und **Einfriedungen** fallen nicht unter Bst. e), da hierzu mit Nr. 1 und Nr. 7 **besondere** Freistellungstatbestände bestehen.

140

141 Bst. f) erfasst **Freischankflächen bis zu 40 m² einschließlich einer damit verbundenen Nutzungsänderung einer Gaststätte oder einer Verkaufsstätte des Lebensmittelhandwerks.** Dieser Tatbestand ist neu in die Bauordnung NRW aufgenommen worden. Er meint Flächen im Freien, die für die Bewirtung und Bedienung von Gästen und Kunden befestigt und möbliert worden sind. In erster Linie fallen kleine Biergärten oder sonstige Außengastronomieflächen, z. B. von Bäckereien oder Cafés unter diesen Freistellungstatbestand. Die Freistellung ist begrenzt auf eine Fläche von maximal 40 m².

2.11 Tragende und nichttragende Bauteile

142 Nr. 11 erfasst bestimmte **tragende und nicht tragende Bauteile** in, an oder auf baulichen Anlagen. Soweit **Änderungen der äußeren Gestaltung** freigestellt sind (Bst. c) bis Bst. f)), sind diese in den einzelnen Buchstaben **abschließend aufgezählt.** Andere als die aufgeführten Maßnahmen sind von der Freistellung nicht erfasst. Die »äußere Gestaltung« kann nicht nur die **Fassade**, sondern auch die **Dacheindeckung** betreffen.

143 Bst. a) erfasst **nichttragende oder nichtaussteifende Bauteile innerhalb baulicher Anlagen;** dies **gilt nicht für Wände, Decken und Türen von notwendigen Fluren als Rettungswegen.** Da solche Bauteile stets bei der Errichtung von Gebäuden ausgeführt werden, werden sie auch regelmäßig von der Baugenehmigung für diese mit erfasst (zur geänderten Ausführung unter dem Gesichtspunkt des Funktionszusammenhangs s. Rdn. 12). Daher hat Bst. a) nur Bedeutung beim nachträglichen Einbau oder beim nachträglichen Umbau.

144 Der Freistellungstatbestand des Bst. a) stellt nicht darauf ab, ob irgendwelche Anforderungen an die Feuerwiderstandsdauer oder an die Brennbarkeit der verwendeten Baustoffe gestellt werden. Derartige Anforderungen können aber von erheblicher brandschutztechnischer Bedeutung sein, wenn nichttragende oder nichtaussteifende Bauteile Nutzungseinheiten von notwendigen Fluren abtrennen. Die Freistellung gilt daher nicht für Wände, Decken und Türen von »**notwendigen Fluren als Rettungswege**«. Der Zusatz »als Rettungswege« ist entbehrlich, da »**notwendige**« Flure stets Rettungswege sind (zum Begriff »notwendige Flure« s. Anmerkungen zu § 36 Rdn. 4 ff.). Für sonstige Wände, Decken und Türen innerhalb von Gebäuden ist der Freistellungstatbestand jedoch anwendbar, so dass ein Raum durch Einziehen einer Wand mit einer Tür in zwei Räume aufgeteilt werden soll. Auch das Einziehen einer abgehängten Decke ist freigestellt.

145 Bst. b) erfasst **eine geringfügige, die Standsicherheit nicht berührende Änderung tragender oder aussteifender Bauteile innerhalb von Gebäuden.** Im Hinblick auf die durch § 60 Abs. 1 BauO NRW vorgenommene Unterscheidung zwischen Errichtung, Änderung, Nutzungsänderung und Beseitigung baulicher Anlagen, die grundsätzlich baugenehmigungsbedürftig sind, muss genau beachtet werden, dass Bst. b) nur die **Änderung** freistellt, die **Errichtung** der genannten Bauteile in Gebäuden jedoch **baugenehmigungsbedürftig** bleibt.

Der Tatbestand betrifft die Änderung tragender oder aussteifender Bauteile. Handelt es sich dagegen um nichttragende oder nichtaussteifende Bauteile ist der Tatbestand nach Bst. a) einschlägig (s. Rdn. 142 und 143). 146

Das tragende oder aussteifende Bauteil, das geändert wird, muss in seiner wesentlichen **tragenden oder aussteifenden Funktion** erhalten bleiben. Eine freigestellte »Änderung« ist nicht gegeben, wenn die statische Funktion eines bisher tragenden oder aussteifenden Bauteils von einem anderen Bauteil (z.b. von einem Unterzug) übernommen werden muss. Die Beseitigung eines tragenden oder aussteifenden Bauteils ist in Absatz 3 (vgl. Rdn. 223–239) geregelt und die Ersetzung desselben durch ein neues Bauteil unterfällt nicht der Freistellungstatbestände und ist somit genehmigungspflichtig. Die Freistellung der Änderung der genannten Bauteile hat den Sinn, Modernisierungsvorhaben verfahrensmäßig zu erleichtern, die ohne solche Änderungen, z.b. durch Schlitze oder Durchbrüche für Leitungen oder durch Schaffung neuer Öffnungen für Türen und Fenster, kaum möglich sind. 147

Die Vorschrift stellt die Änderung tragender oder aussteifender Bauteile nur **innerhalb von Gebäuden** frei. Ein Bauteil liegt **innerhalb** eines Gebäudes, wenn es nicht der äußeren Umschließung dient; unschädlich ist dabei, wenn das innere Bauteil mit einem äußeren fest verbunden ist oder in ein äußeres Bauteil eingreift. Diese Sichtweise ist deshalb schon geboten, weil tragende oder aussteifende Bauteile regelmäßig mit äußeren Bauteilen in Verbindung stehen. Bei einer einengenden Auslegung könnte ansonsten der Freistellungstatbestand nur äußerst selten genutzt werden, was aber ersichtlich nicht das Anliegen des Gesetzgebers gewesen sein kann, da er anderseits auch die erstmalige Schaffung von Fenstern und Türen in äußeren Bauteilen nach Absatz 1 Nr. 11 Bst. c) genehmigungsfrei gestellt hat, ohne damit verfahrensrechtliche Bedingungen zu verknüpfen (s. Rdn. 152–154). 148

Die Änderung ist nur unter der Voraussetzung baugenehmigungsfrei, dass durch diese die **Standsicherheit nicht berührt** wird. Der Begriff »**tragende oder aussteifende Bauteile**« umfasst sowohl **Wände** und **Stützen** (s. § 27 Absatz 1 BauO NRW 2018) als auch **Decken** (s. § 31 Absatz 1 BauO NRW 2018). 149

Für die Freistellung darf die Änderung des Bauteils nur geringfügig sein. Dieser unbestimmte Rechtsbegriff knüpft an den Aspekt der **Standsicherheit** an, was mit der Vorgabe »die Standsicherheit nicht berührende« verdeutlicht wird. Das Vorliegen der Voraussetzungen lässt sich tatbestandlich anhand des technischen Regelwerks (s. Anmerkungen zu § 12 Rdn. 12 ff.) bzw. anhand des **Standsicherheitsnachweises** für das zu ändernde tragende oder aussteifende Bauteil mit hinreichender Sicherheit beurteilen. 150

Geringfügige Änderungen können ohne statische Hilfsmaßnahmen durchgeführt werden, so dass die tragende oder aussteifende Funktion des Bauteils unberührt bleibt. Hierzu rechnen kleinflächige Öffnungen in einem tragenden oder aussteifenden Bauteil (s. Anmerkungen zu § 12 Rdn. 3 und 4). Bei Stützen mit ihrem relativ geringen tragenden Querschnitt und ihrer Empfindlichkeit gegen Ausknicken bei Querschnittsänderungen ist diese Frage anders zu beurteilen als bei Wänden und Decken. 151

Nicht geringfügige Änderungen sind solche, die statischer Maßnahmen bedürfen. Wird z.b. eine Tür in eine Wand gebrochen, so muss der über dem Durchbruch liegende Wandteil dauerhaft abgestützt werden, z.B. durch einen Träger. Diese Maßnahmen sind in Bst. c) geregelt.

152 Bst. c) erfasst **Fenster und Türen sowie die dafür bestimmten Öffnungen**. Dies gilt sowohl für den erstmaligen Einbau dieser Bauteile als auch für deren Ersatz. Unerheblich ist, ob durch den Einbau oder den Austausch von Fenstern und Türen die äußere Gestaltung beeinflusst wird. Es spielt auch keine Rolle, ob mit der erstmaligen Schaffung von Tür- oder Fensteröffnungen **statische Eingriffe** vorgenommen werden müssen, da insoweit Bst. c) – anders als Bst. b) – **keine verfahrensrechtlichen Vorbehalte** kennt. Obwohl diese Ungleichbehandlung an und für sich gleich zu beurteilender Standsicherheitsaspekte nicht nachvollziehbar ist, besteht für den Bauherrn keine Verpflichtung, sich die Ungefährlichkeit der Maßnahme durch einen Sachkundigen bescheinigen zu lassen. Gleichwohl müssen die materiellen Anforderungen, z.B. an die Standsicherheit beachtet werden (s. § 60 Absatz 2 in Verbindung mit § 12 Absatz 1 Satz 1 BauO NRW 2018), da eine bauliche Anlage nicht nur im Ganzen, sondern auch in ihren (einzelnen) Teilen standsicher sein muss (s. Anmerkungen zu § 12 Rdn. 1). Auch müssen ggf. vorhandene örtliche Bauvorschriften nach § 89 Absatz 1 Nr. 1 BauO NRW 2018 beachtet werden.

153 Der 2. Halbsatz in Bst. c) bestimmt, dass die Freistellung analog zu Bst. a) nicht für Türen von notwendigen Fluren als Rettungswegen gilt (vgl. dazu Rdn. 143).

154 Unberührt bleiben §§ 172, 173 BauGB, so dass die nach diesen Vorschriften in **Erhaltungsgebieten** notwendige **städtebauliche Genehmigung** für die Änderung baulicher Anlagen vom Bauherrn eingeholt werden muss. Für diese besondere Genehmigung ist grundsätzlich die **Gemeinde** zuständig. Ist die Gemeinde nicht zugleich auch Baugenehmigungsbehörde, wird die Genehmigung durch die Baugenehmigungsbehörde im Einvernehmen mit der Gemeinde erteilt (s. § 173 Abs. 1 BauGB). Die Genehmigungsfreiheit nach Bst. c) berührt auch nicht die Verpflichtung, eine nach § 9 DSchG erforderliche **denkmalrechtliche Erlaubnis** einzuholen, wenn das betroffene Gebäude ein Denkmal ist oder den denkmalrechtlichen Umgebungsschutz berührt.

155 Bst. d) erfasst **Außenwandbekleidungen einschließlich Maßnahmen der Wärmedämmung, ausgenommen bei Hochhäusern, Verblendungen und Verputz baulicher Anlagen; örtliche Bauvorschriften nach § 89 BauO NRW 2018 sind zu beachten.** Außenwandbekleidungen waren in früheren Regelungen einmal bis zu 8 m Höhe über der Geländeoberfläche, dann ohne Höhenbegrenzung freigestellt und sind nun bis zur Hochhausgrenze genehmigungsfrei. Diese neuerliche Beschränkung erfolgte aufgrund der Brandschutzvorschriften und der Erkenntnisse aus dem Ereignisfall des Grenfell-Tower in London bzw. den im Anschluss daran erfolgten Untersuchungen. Daneben sind Verblendungen (z.B. durch Klinker) und der Verputz von Außenwänden – auch bei Hochhäusern – freigestellt.

156 Die Freistellung entfällt, wenn die Maßnahme in einem Gebiet durchgeführt werden soll, für das eine **örtliche Bauvorschrift** (Gestaltungssatzung) nach § 89 Absatz 1 Nr. 1

oder 2 BauO NRW 2018 besteht. Dabei ist es unerheblich, ob die örtliche Bauvorschrift als selbständige Satzung erlassen ist. Örtliche Bauvorschrift können nämlich auch als **gestalterische Festsetzungen** gemäß § 89 Absatz 2 BauO NRW 2018 in Verbindung mit § 9 Abs. 4 BauGB Bestandteil eines Bebauungsplans sein (s. Anmerkungen zu § 89 Rdn. 70–72). Selbstverständlich dürfen die freigestellten Maßnahmen nicht zu **Verunstaltungen** der baulichen Anlage im Sinne des § 9 BauO NRW führen.

Bst. e) erfasst **Bedachung einschließlich Maßnahmen zur Wärmedämmung ausgenommen bei Hochhäusern**. Unter Bedachung ist der noch in der Vorgängervorschrift des § 65 Abs. 2 Nr. 2 BauO NRW 2000 verwendete Begriff Dacheindeckung zu verstehen. Dabei handelt es sich um die oberste Schicht der Dachkonstruktion und umfasst die in den Brandschutzvorschriften gängigen Begriffe der weichen und der harten Bedachung. Auch in Bst. e) sind Maßnahmen zur Wärmedämmung eingeschlossen und Hochhäuser von der Freistellung ausgenommen. 157

Bst. f) erfasst **Verkleidungen von Balkonbrüstungen**. An **Balkone** werden **keine brandschutztechnischen Anforderungen** gestellt, weil sie grundsätzlich anders zu bewerten sind als die Außenwände des Gebäudes (s. Anmerkungen zu § 27 Rdn. 13), insofern ist die Freistellung der Verkleidungen nachvollziehbar. Die Anbringung oder Änderung der Verkleidung einer Balkonbrüstung ist im Gegensatz zu den Maßnahmen nach Bst. d) auch dann freigestellt, wenn eine örtliche Bauvorschrift besteht; sie darf aber natürlich nicht gegen deren Bestimmungen verstoßen. 158

2.12 Werbeanlagen

Werbeanlagen unterfallen unabhängig davon, ob sie im Sinne des § 2 Absatz 1 BauO NRW 2018 bauliche Anlagen sind, gemäß § 1 Absatz 1 Satz 2 BauO NRW 2018 dem Bauordnungsrecht, da an Werbeanlagen gemäß § 10 BauO NRW 2018 »Anforderungen gestellt werden«. Im Zusammenhang mit der Freistellung nach Nr. 12 steht der **Anwendungsausschluss** vom Bauordnungsrecht gemäß § 10 Absatz 6 BauO NRW 2018 (s. Anmerkungen zu § 10 Rdn. 176 ff.). 159

Bei **Werbeanlagen** und **Warenautomaten** muss beachtet werden, dass die Gemeinde durch **Satzung** nach § 89 Absatz 1 Nr. 1 BauO NRW 2018 für **besondere Anforderungen an die äußere Gestaltung von Werbeanlagen und Warenautomaten erlassen kann** und damit die gesetzliche Freistellung durch eine satzungsrechtliche Bestimmung ergänzen kann (s. Anmerkungen zu § 89 Rdn. 33–36). 160

Soweit Werbeanlagen nicht freigestellt sind, ist die **Errichtung** oder **Änderung**, insbesondere der **Austausch der die Werbeinformation tragenden Bauteile**, regelmäßig baugenehmigungsbedürftig. Dies gilt nur dann nicht, wenn die Werbeanlage von Anfang an als Träger für wechselnde Werbung, z.B. als Plakattafel, genehmigt worden ist (OVG NW, Urt. v. 20.03.1992 – 11 A 610/90, BRS 54 Nr. 135). Auch Baustellenschilder können zugleich Werbeanlagen sein (OVG NRW, Beschl. v. 28.09.1988 – 11 B 849/88, BRS 49 Nr. 150; s. auch Anmerkungen zu § 11 Rdn. 31). 161

Sofern die freigestellten Werbeanlagen auf oder an einer bestehenden baulichen Anlage errichtet werden sollen, ist nach Nr. 12 auch die damit verbundene Änderung der 162

Nutzung sowie die damit verbundene Änderung der äußeren Gestalt der in Anspruch genommenen baulichen Anlage genehmigungsfrei. Damit folgt der Gesetzgeber der Richtung, die er selbst u.a. mit der Freistellung von Nutzungsänderungen im Zusammenhang mit der Errichtung von Solaranlagen nach Nr. 3 Bst. a) (vgl. Anmerkungen zu Rdn. 56 und 57) eingeschlagen hat.

163 Bst. a) erfasst **Werbeanlagen und Hinweiszeichen nach § 10 Abs. 3 Nr. 3 bis zu einer Größe von 1 m²**. Mit der BauO NRW 2000 wurde die Größe von 0,5 m² für Werbeanlagen auf 1 m² heraufgesetzt, um einem Bedürfnis der bauaufsichtlichen Praxis zu entsprechen und dem Umstand Rechnung zu tragen, dass bauordnungsrechtlich relevantere Vorhaben ebenfalls ohne Baugenehmigung errichtet werden dürfen (so LT-Drucks. 12/3738 S. 84).

164 Der Freistellungstatbestand des Bst. a) stellt auf die **Größe von 1 m²** der **Werbeanlagen** bzw. der **Hinweiszeichen** ab. Die **Größe** der freigestellten Anlagen ergibt sich aus dem einfachen Flächenmaß. Dies gilt sowohl für einseitig wirkende Anlagen als auch bei einer von beiden Seiten eines Schildes wirksamen Werbung (**zweidimensionale Werbeanlage**; vgl. OVG NRW, Urt. v. 11.03.1985 – 11 A 1030/84, BauR 1986, 549, unter ausdrücklicher Aufgabe der in den Urteilen vom 22.02.1968 – X A 947/66, BRS 20 Nr. 119 und vom 19.11.1971 – XII A 851/69, n.v., vertretenen Auffassung). Wird die Werbeanlage ohne eigene Unterlage unmittelbar auf einer Wand angebracht, bemisst sich ihre Ansichtsfläche bei unregelmäßiger Form nach dem Rechteck, das die Anlage umschließt.

165 Das Urteil des OVG NRW vom 11.03.1985 (a.a.O. Rn. 164) lässt die Frage, ob demgegenüber bei **räumlich gestalteten (dreidimensionalen)** Anlagen der Außenwerbung, wie **Würfeln, Prismen, Säulen** oder **Kugeln**, auf das Gesamtmaß aller werbewirksamen Flächen abzustellen ist, ausdrücklich unentschieden. Bei räumlich gestalteten Werbeanlagen und bei zusammenhängend wirkenden Werbeanlagen kommt es auf die Flächenmaße der gesamten Anlage an (so auch Boeddinghaus/Hahn/Schulte, zu § 65 Rn. 178), weil anderenfalls zu leicht das Genehmigungserfordernis umgangen werden könnte.

166 Bst. b) erfasst **Warenautomaten**. Die frühere **Beschränkung**, wonach die Warenautomaten in räumlicher Verbindung mit einer offenen Verkaufsstelle stehen und deren Anbringungs- oder Aufstellungsort innerhalb der Grundrissfläche des Gebäudes liegen müssen, wurde bereits mit der BauO NRW 2000 **aufgehoben**. Es handelt sich bei Warenautomaten um Anlagen, die keiner präventiven bauaufsichtlichen Kontrolle bedürfen.

167 Bst. c) erfasst **Werbeanlagen die nach ihrem Zweck nur vorübergehend für höchstens zwei Monate angebracht werden, außer im Außenbereich.** Diese Vorschrift nimmt aus den Vorgängerregelungen des § 65 Abs. 1 Nr. 34 und 35 BauO NRW 2000 bestimmte Aussagen auf und fügt sie zu einem neuen Freistellungstatbestand zusammen. Wie bisher werden Werbeanlagen, die nur vorübergehend aufgestellt werden freigestellt, wobei der unbestimmte Rechtsbegriff »vorübergehend« nunmehr insofern konkretisiert wird, als eine Höchstdauer festgeschrieben wird (zwei Monate). Die Formulierung »nach ihrem Zweck« entspricht zusammen mit der zeitlichen Begrenzung

im Wesentlichen der früheren Fassung »**für zeitlich begrenzte Veranstaltungen, insbesondere für Ausverkäufe und Schlussverkäufe an der Stätte der Leistung**« und sagt aus, dass die Werbeanlage nur zweckgerichtet eingesetzt werden darf. Dies ist bei zeitlich begrenzten Veranstaltungen der Zeitraum der Veranstaltung selbst und eine gewisse Vorlaufzeit, in der bereits Werbung für diese Veranstaltung gemacht werden kann. Die Werbeanlage muss nicht fest auf dem Boden stehen, sondern kann auch an anderen baulichen Anlagen befestigt sein. Auch freistehende Werbeanlagen sind denkbar.

Beispiele für solche Veranstaltungen sind Ausverkäufe, Schlussverkäufe, Märkte, Messen, Verkaufsausstellungen, Volksfeste, Straßenmusik- oder kulturelle Veranstaltungen. Diese Auflistung ist nicht abschließend. Vielmehr können zeitlich begrenzte Veranstaltungen jeglicher Art zum Anlass für die Aufstellung oder Anbringung einer Werbeanlage genommen werden. 168

Der Freistellungstatbestand des Bst. c) greift ohne Größenbeschränkung der Werbeanlage und geht insofern weiter als der Tatbestand nach Bst. a). Andererseits gilt er nicht für Werbeanlagen im Außenbereich und grenzt das freigestellte Gebiet somit ein. 169

Bst. d) erfasst **Schilder, die Inhaber und Art gewerblicher Betriebe kennzeichnen (Hinweisschilder), wenn sie vor Ortsdurchfahrten auf einer einzigen Tafel zusammengefasst sind.** Dieser neue Tatbestand trägt dem Umstand Rechnung, dass immer häufiger solche zusammengefassten Hinweisschilder am Ortseingang vorzufinden sind. Sofern diese nicht die Größenbeschränkung des Bst. a) überschreiten, sind sie bereits nach den dortigen Regelungen freigestellt; Bst. d) nimmt daher nur größere Werbeanlagen von der Genehmigungspflicht aus. Eine Regelung, wonach die Freistellung im Außenbereich nicht gilt, ist hier nicht vorgesehen, was angesichts der Regelung in § 10 Absatz 3 Nr. 3 BauO NRW 2018 folgerichtig ist, da solche Hinweisschilder im Außenbereich ausdrücklich zugelassen sind. Es ist daher nicht ersichtlich, aus welchen Gründen unterschiedliche Freistellungsregelungen gelten sollten. 170

Bst. e) erfasst **Werbeanlagen in durch Bebauungsplan festgesetzten Gewerbe-, Industrie- und vergleichbaren Sondergebieten an der Stätte der Leistung mit einer Höhe bis zu 10 m.** Die Vorschrift wurde mit der BauO NRW 2000 eingefügt und zielt auf Werbeanlagen, die aufgrund ihres Aufstellungs- oder Anbringungsortes das Stadtbild nicht merklich nachteilig beeinflussen können. Es besteht **keine Größenbeschränkung** jedoch eine maximale Höhe von 10 m. Die Höhenbeschränkung erscheint angesichts der zunehmenden Standsicherheitsrelevanz höherer Anlagen durchaus angemessen. 171

Bei Werbeanlagen an der Stätte der Leistung in durch Bebauungsplan festgesetzten Gewerbe-, Industrie- und vergleichbaren Sondergebieten hat die Gemeinde bereits im Rahmen der Planaufstellung die Belange des Landschaftsbildes zu berücksichtigen und gegebenenfalls durch einschränkende Festsetzungen Vorsorge gegen verunstaltende Werbeanlagen zu treffen. 172

Zur Auslegung des Begriffs »**Werbung an der Stätte der Leistung**« kann die gleichlautende Formulierung des § 10 Absatz 3 Satz 2 Nr. 1 BauO NRW 2018 herangezogen werden (s. Anmerkungen zu § 10 Rdn. 151). 173

174 Wenn die Vorschrift vom »**Bebauungsplan**« spricht, so ist dies im umfassenden Sinne zu verstehen. Es spielt keine Rolle, ob der entsprechende Plan qualifiziert, vorhabenbezogen oder einfach ist (§ 30 Abs. 1–3 BauGB). Der Bebauungsplan muss aber eine entsprechende Gebietsfestsetzung nach den §§ 8, 9 oder 11 BauNVO enthalten.

175 Bst. e) geht davon aus, dass Genehmigungsverfahren für Werbeanlagen jedenfalls dort überflüssig sind, wo ein Bebauungsplan detailliert die Voraussetzungen für ihre Zulässigkeit regelt; entspricht die Werbeanlage den Festsetzungen nicht, so ist sie auch formell illegal (so LT-Drucks. 12/3738 S. 84 als Begründung für die BauO NRW 2000).

2.13 vorübergehend aufgestellte oder benutzbare Anlagen

176 Durch **Nr. 13** werden bestimmte **vorübergehend aufgestellte oder vorübergehend benutzbare bauliche Anlagen** freigestellt. Diese Freistellungen betreffen, obwohl es die Überschrift vermuten lassen könnte, **nicht die fliegenden Bauten. Bst. a)** erfasst **Baustelleneinrichtungen einschließlich der Lagerhallen, Schutzhallen und Unterkünfte.** Anforderungen an die Baustelle und deren Einrichtung enthält § 11 BauO NRW 2018 (zu den Begriffen »Baustelle« und »Baustelleneinrichtung« s. Anmerkungen zu § 11 Rdn. 3 ff.). Die zu den Baustelleneinrichtungen gehörenden Gerüste sind durch Bst. b) erfasst.

177 Die Freistellung der Lagerhallen, Schutzhallen und der Unterkünfte ist davon abhängig, dass sie einen **räumlichen** und **zeitlichen Bezug zu einer Baustelle** haben, der sie dienen. Fehlt es an diesem räumlichen und zeitlichen Zusammenhang, sind Lagerhallen, Unterkünfte und ähnliche Einrichtungen nicht als Baustelleneinrichtungen freigestellt, sondern grundsätzlich baugenehmigungspflichtig; in der Regel müssen die Anlagen auf dem Baugrundstück oder in unmittelbarer Nähe liegen. Die Genehmigungsfreiheit greift nur bei solchen Baustelleneinrichtungen, die bauliche Vorgänge betreffen, die auch dem Anwendungsbereich der BauO NRW unterliegen (OVG NRW, Beschl. v. 28.12.1994 – 7 B 2739/94, BRS 57 Nr. 183). Stellt eine Baustelleneinrichtung eine nach den immissionsschutzrechtlichen Bestimmungen genehmigungspflichtige Anlage dar, wird man wegen des Vorrangs des Bundesrechts nicht von einer nach Bauordnungsrecht genehmigungsfreien baulichen Anlage ausgehen können (vgl. BVerwG, Beschl. v. 22.02.1988 – 7 B 28.88, DVBl 1988, 540).

178 **Bst. b)** erfasst **Gerüste.** Sie sind unabhängig von ihrer Funktion, ihrer Größe und der Tatsache, ob sie technischen Baubestimmungen oder allgemeinen bauaufsichtlichen Zulassungen entsprechen, generell von der Baugenehmigungspflicht freigestellt. Die maßgebliche Begründung hierfür liegt in dem Gedanken, dass die Gerüste **Arbeitsschutzgesichtspunkten** bauaufsichtlich relevant waren, dass aber die Überwachung der Einhaltung der Vorschriften über Gerüste in erster Linie zum **Aufgabenbereich der Staatlichen Ämter für Arbeitsschutz** und der **Bau – Berufsgenossenschaften** rechnet. Baugerüste gelten gemäß § 78 Absatz 1 Satz 2 BauO NRW 2018 **nicht** als Fliegende Bauten. Für Gerüste enthält die BauO NRW keine materiellen Anforderungen; sie müssen aber den **Technischen Baubestimmungen** entsprechen.

Die in der Vorgängervorschrift des § 65 Abs. 1 Nr. 37b BauO NRW 2000 ebenfalls noch freigestellten Hilfseinrichtungen zur statischen Sicherung von Bauzuständen wurden nunmehr aus dem Freistellungskatalog entfernt, weil es sich dabei um technisch anspruchsvollere Maßnahmen handelt (vgl. LT-Drucks. 17/2166, S. 164). 179

Bst. c) erfasst **Toilettenwagen.** Diese Freistellungsvorschrift wird neu in das Regelwerk der BauO NRW 2018 aufgenommen. Da die Bauordnung keine Anforderungen an Toilettenwagen stellt, ist die Freistellung angezeigt. Unter einem Toilettenwagen ist nicht die mobile Toilettenkabine gemeint, die z. B. auf Baustellen häufig zum Einsatz kommt, sondern die Fahrzeuge oder Anhänger, in denen (meist mehrere) Toilettenanlagen fest installiert sind. Die Freistellung gilt unabhängig von der Dauer der Aufstellung dieser Anlagen. 180

Bst. d) erfasst **Behelfsbauten, die der Landesverteidigung, dem Katastrophenschutz oder der Unfallhilfe dienen.** Behelfsbauten sind gemäß § 51 Absatz 1 BauO NRW 2018 Anlagen, die sich nach ihrer Ausführung für eine dauernde Nutzung nicht eignen oder die für eine begrenzte Zeit aufgestellt werden sollen (s. Anmerkungen zu § 51 Rdn. 6). Behelfsbauten sind gemäß § 78 Absatz 1 BauO NRW 2018 begrifflich keine Fliegenden Bauten. Beschränkungen hinsichtlich der Größe oder Lage der Behelfsbauten werden für die Freistellung nicht gemacht. 181

Die Freistellung gilt nur, wenn die Behelfsbauten dem besonderen Zweck dienen. »Dienen« ist hierbei **funktional zu verstehen**, das heißt, werden die Behelfsbauten lediglich von Kräften der Landesverteidigung, des Katastrophenschutzes oder der Unfallhilfe zu anderen als den ureigenen Nutzungszwecken, z.B. auf Märkten, Volksfesten, Werbeveranstaltungen (für den eigenen Dienst) oder dergleichen aufgestellt, so ist nicht Bst. d), sondern Bst. f) einschlägig (vgl. Rdn. 185–186). 182

Bst. e) erfasst **bauliche Anlagen, die für höchstens drei Monate auf genehmigten Messe- und Ausstellungsgeländen errichtet werden, ausgenommen Fliegende Bauten.** Bst. e) gilt **nur für solche Anlagen, die keine Fliegenden Bauten** sind. Eine Beschränkung der Größe der baulichen Anlagen ist nicht vorgenommen worden. Voraussetzung für die Freistellung ist, dass sie auf einem **genehmigten** Messe- oder Ausstellungsgelände errichtet werden. Im Übrigen ist die Freistellung daran gebunden, dass die baulichen Anlagen **nicht länger als drei Monate** stehen bleiben sollen, andernfalls sind die Anlagen also genehmigungsbedürftig. 183

Der **Ausschluss Fliegender Bauten** betrifft nur solche, die einer **Ausführungsgenehmigung** bedürfen, was die Vorschrift so aber nicht zum Ausdruck bringt. Würde man Bst. e) wörtlich nehmen, könnten die angesprochenen Messen und Ausstellungen auf entsprechenden Geländen praktisch nicht durchgeführt werden, weil zu deren Durchführung kleine Stände und ähnliche Bauten benötigt werden, die gerade die Begriffsbestimmung des Fliegenden Baus erfüllen (s. Anmerkungen zu § 78 Rdn. 6 ff.). Fliegende Bauten bis zu 5 m Höhe, die nicht dazu bestimmt sind, von Besuchern betreten zu werden, sowie erdgeschossige Zelte und betretbare Verkaufsstände bis zu einer Grundfläche von 75 m² bedürfen gemäß § 78 Absatz 2 Satz 2 BauO NRW 2018 keiner Ausführungsgenehmigung. 184

185 Bst. f) erfasst **bauliche Anlagen, die zu Straßenfesten, Märkten und ähnlichen Veranstaltungen nur für kurze Zeit aufgestellt werden und die keine Fliegenden Bauten sind.** Neben den Straßenfesten sind Märkte als Beispiel genannt. Hierdurch wird deutlich, dass dieser Freistellungstatbestand insbesondere für **Wochen-** und **Weihnachtsmärkte** gilt, aber auch für sonstige räumlich und zeitlich begrenzte Veranstaltungen, die meist am Wochenende stattfinden z.b. Trödelmärkte oder Schützenfeste, angewendet werden kann. Wie auch bereits bei Bst. e) gilt die Freistellung nach Bst. f) nur bei baulichen Anlagen, die keine Fliegenden Bauten sind.

186 Tatbestandliche Voraussetzung dieser Freistellung ist ein **eng begrenzter Zeitraum**, wie er für die beispielhaft aufgeführten Straßenfeste und Märkte typisch ist. Von einer »kurzen Zeit« kann nicht mehr gesprochen werden, wenn zwei Monate überschritten werden. Ggf. wird die Zeitdauer durch in der Regel erforderliche Genehmigungen nach anderen Rechtsvorschriften, insbesondere der straßenrechtlichen Sondernutzungserlaubnis begrenzt sein.

187 Bst. g) erfasst **ortsveränderliche und fahrbereit aufgestellte Anlagen zur Haltung von Geflügel, die einem land- oder forstwirtschaftlichen Betrieb zur Aufstallung von maximal 800 Hühnern dienen, sofern die Anlage maximal vier Wochen an einem Standort verbleibt und frühestens nach acht Wochen wieder auf diesen umgesetzt wird.** Dieser Freistellungstatbestand ist neu in den § 62 BauO NRW 2018 aufgenommen worden. Diese als Geflügelställe genutzten Fahrzeuge oder Anhänger werden zur Förderung der Freilandhaltung und der ökologisch-biologischen Haltung von Hühnern von der Genehmigungspflicht freigestellt. Da für diese Form der Geflügelhaltung freie Auslaufflächen von mindestens 4 m² pro Huhn vorgeschrieben sind, können die Tiere in den mobilen Ställen problemlos »umgezogen« werden. Die zeitliche Begrenzung eines Standortes (maximal vier Wochen an einer Stelle und frühestens nach acht Wochen wieder an diese Stelle) erfordert für jeden dieser Mobilställe mindestens drei unterschiedliche potentielle Standorte, die auch tatsächlich regelmäßig genutzt werden müssen. Für die konventionelle Geflügelhaltung eignet sich ein solches Verfahren nicht, da regelmäßig eine weitaus größere Anzahl gehalten wird und ein fester Stall günstiger ist.

188 Trotz der Freistellung von der Baugenehmigungspflicht sind gemäß § 58 Absatz 2 BauO NRW 2018 die öffentlich-rechtlichen Vorschriften einzuhalten. Da es sich bei den hier in Rede stehenden Mobilställen in der Regel um Anlagen im Außenbereich handelt, sind die einschlägigen Vorschriften des Bauplanungsrechts selbstverständlich einzuhalten. Verantwortlich dafür ist der Landwirt.

189 Da in der Forstwirtschaft als Zweig der Landwirtschaft, der sich mit der wirtschaftlichen Nutzung, der Pflege und dem Anbau von Wald befasst, mobile Hühnerställe wohl nicht als dienend bezeichnet werden können, erscheint die Nennung dieses landwirtschaftlichen Betriebszweiges nicht erforderlich.

2.14 Plätze

190 Nr. 14 regelt die Genehmigungsfreiheit von bestimmten Freiflächen. Der Begriff »Plätze« könnte insoweit irrtümlich aufgefasst werden, als man annehmen könnte,

es handele sich um solche im städtebaulichen Sinn, welche in der Regel eine von Gebäuden umgebene freie Fläche innerhalb eines Stadtgebietes ist. Dies ist jedoch nicht gemeint. Bst. a) erfasst **unbefestigte Lager- und Abstellplätze, die einem land- oder forstwirtschaftlichen Betrieb im Sinne der §§ 35 Absatz 1 Nummer 1, 201 Baugesetzbuch dienen**. Aus dem Bezug auf die Vorschriften der §§ 35 und 201 BauGB folgt, dass der Betrieb im Außenbereich liegen muss.

Aus der Anknüpfung an die einem land- oder forstwirtschaftlichen Betrieb **dienende** Lagernutzung folgt nicht zwingend, dass es sich um **eigene (selbst hergestellte oder erwirtschaftete)** Produkte handeln muss. Es ist auch die Lagerung von erworbenen Produkten denkbar, wenn diese dem Betrieb dienen. Erwirbt ein Forstwirt z.B. von einem anderen Waldbauern Holzbestände, um sie abzulagern und zu einem späteren Zeitpunkt weiter zu veräußern, so ist diese Lagerung nicht von Bst. a) erfasst. Zu differenzieren ist, wenn ein Land- oder Forstwirt keine land- bzw. fortwirtschaftlichen Produkte, sondern Sand, Kies oder Schotter für den Wegebau lagert. Soll damit ein bestehender Weg zu einer Wiese, einem Acker oder einem Waldstück angelegt oder erneuert werden, kann durchaus von einer dienenden Funktion ausgegangen werden. Soll das Material jedoch verwendet werden um einen Weg anzulegen, der außerhalb der land- oder forstwirtschaftlichen Nutzung anzusiedeln ist, ist die Lagerung nicht nach Bst. a) freigestellt. Die Lagerung von erworbenen Bäumen mit Erdballen dient dann dem forstwirtschaftlichen Betrieb, wenn diese ausschließlich zum Aufforsten eines eigenen Waldstückes bestimmt sind. 191

Eine Beschränkung hinsichtlich der Größe besteht nicht. Allerdings ist die Freistellung abhängig davon, dass die Lager- und Abstellplätze **unbefestigt** sind und damit als fiktive bauliche Anlagen nach § 2 Absatz 1 Satz 3 Nr. 2 BauO NRW 2018 eingestuft werden können (s. Anmerkungen zu § 2 Rdn. 73 ff.). Nur deshalb ist auch angesichts der fehlenden Größenbeschränkung die Freistellung überhaupt zu rechtfertigen. Der Gesetzgeber unterstellt dabei, dass der Land- oder Forstwirt vernünftigerweise nur im Zusammenhang mit der Bodenertragsnutzung land- oder forstwirtschaftliche Produkte zur weiteren Verwertung zwischenlagert, so dass es nur zu einer **zeitlich begrenzten** Lagerung und damit auch zu **keiner wirklichen Verfestigung** kommt. Bezogen auf die Abstellplätze wird unterstellt, dass nur land- oder forstwirtschaftlich zu nutzende Fahrzeuge und sonstige Gerätschaften dort abgestellt werden. Sollten dort andere Fahrzeuge abgestellt werden, ist nicht Bst. a) einschlägig. 192

Bst. b) erfasst **Ausstellungsplätze, Abstellplätze und Lagerplätze bis zu 300 m² Fläche außer in Wohngebieten und im Außenbereich**. Der Begriff »Plätze« meint die Fläche, die dem Ausstellungs-, Abstell- oder Lagerzweck zu dienen bestimmt ist. Diese Fläche muss von der des Grundstücks unterschieden werden, auf denen die Plätze eingerichtet werden, was nicht ausschließt, dass auch ein gesamtes Grundstück in Anspruch genommen wird. Für die Genehmigungsfreiheit von Lager- und Abstellplätzen bis zu 300 m² ist nicht nur die jeweils konkret beanspruchte Lagerfläche, sondern der Umfang der Gesamtanlage (des »Platzes«) maßgebend (BayObLG, Beschl. v. 04.07.1989 – 3 ObWi 90/89, BayVBl. 1989, 730 = NuR 1990, 382). Die Nutzung eines maximal 300 m² großen Teiles einer größeren Hoffläche als Lagerplatz ist allenfalls 193

§ 62 Genehmigungsfreie Bauvorhaben, Beseitigung von Anlagen

dann genehmigungsfrei, wenn die Teilfläche vom Antragsteller konkret bezeichnet ist (OVG NRW, Beschl. v. 06.07.2009 – 10 B 617/09 – BauR 2009 S. 1719). Bei grundstücksübergreifenden Lagerplätzen richtet sich die Frage der Genehmigungsbedürftigkeit aufgrund der Größenbeschränkung danach, ob es sich um eine Gesamtanlage handelt, die nach Größe, Zuschnitt, Zweckbestimmung und Lage eine wirtschaftliche Einheit bildet und einen Nutzungszusammenhang aufweist (OVG Bln-Bbg, Beschl. v. 16.06.2008 – 2 S 34.08, BRS 73 Nr. 144). Bei **fiktiven** Anlagen kann die Beurteilung, welche Grundstücksfläche der Ausstellungs-, Abstell- oder Lagernutzung zu dienen bestimmt ist, schwierig sein. Dies gilt vor allem, wenn klar zu erkennende Abgrenzungen in der Örtlichkeit fehlen. Befindet sich das entsprechende Ausstellungs-, Abstell- oder Lagergut locker verteilt auf dem Grundstück, so ist die gesamte Grundstücksfläche anzusetzen. Im Gegensatz zu den Regelungen des Bst. a) sind die Flächen in Bst. b) auch dann freigestellt, wenn sie nicht unbefestigt sind.

194 Die Freistellung gilt **nicht** für Plätze in **Wohngebieten** und im **Außenbereich**. Zu den »**Wohngebieten**« gehören alle Baugebiete, die in ihrer Kurzkennzeichnung nach § 1 Abs. 2 BauNVO ein »W« aufweisen, also die Kleinsiedlungsgebiete (WS), die reinen Wohngebiete (WR), die allgemeinen Wohngebiete (WA) und die besonderen Wohngebiete (WB); die übrigen Baugebiete, also auch die Dorfgebiete (MD), gehören nicht dazu. Der Begriff **Außenbereich** wird im bauplanungsrechtlichen Sinne benutzt (§ 35 BauGB). Lagerplätze, die einem land- oder forstwirtschaftlichen Betrieb dienen, sind jedoch unter der Voraussetzung, dass sie unbefestigt sind, nach Bst. a) freigestellt (s. Rdn. 190 bis 192).

195 Bst c) erfasst **nicht überdachte Stellplätze für Personenkraftwagen und Motorräder bis zu insgesamt 100 m**. Nicht überdachte Stellplätze für Personenkraftwagen und Motorräder wurden, um keine planungsrechtlichen Probleme auszulösen, nur bis zu einer Größenordnung von insgesamt 100 m^2 freigestellt. Das darf aber nicht darüber hinwegtäuschen, dass auch bereits ein einzelner nach Bauordnungsrecht freigestellter Stellplatz bauplanungsrechtlich unzulässig sein kann, wenn der Bebauungsplan gemäß § 12 Abs. 6 BauNVO Stellplätze ausschließt (BVerwG, Beschl. v. 04.03.1997 – 4 B 233.96, BRS 59 Nr. 127 = DÖV 1997, 643 = UPR 1997, 326 = ZfBR 1997, 218). Der Begriff »Stellplatz« ist in § 2 Abs. 8 BauO NRW definiert (s. Anmerkungen zu § 2 Rdn. 98 ff.). Unerheblich ist es, ob die nicht überdachten Stellplätze »notwendig« im Sinne des § 48 Absatz 1 BauO NRW 2018 sind (zum Begriff des »notwendigen Stellplatzes« s. Anmerkungen zu § 48 Rdn. 20).

196 Die Freistellung steht unter **drei Vorbehalten:**
 – die Stellplätze müssen entweder für **Personenkraftwagen** oder für **Motorräder** bestimmt sein,
 – die Stellplätze dürfen **nicht überdacht** sein,
 – die Stellplatzfläche darf insgesamt **100 m^2 nicht überschreiten**.

Wird nur eine dieser Bedingungen nicht eingehalten, so ist die Stellplatzanlage genehmigungsbedürftig. Die **Genehmigungsbedürftigkeit** ist gegeben, wenn die Stellplätze dem Abstellen von **Lastkraftwagen**, **Omnibussen** oder **Anhängern** dienen. Die Freistellungsregelung kann für ein Grundstück bei Einhaltung der Bedingungen **mehrfach** genutzt werden, sofern die einzelnen Stellplatzanlagen **deutlich voneinander getrennt** sind. Das **stückweise Erweitern** um jeweils einen freigestellten Stellplatz macht eine Gesamtanlage bei Überschreitung der Fläche von 100 m² insgesamt genehmigungsbedürftig. Auch nicht überdachte freigestellte Stellplätze können im Widerspruch zu den bauplanungsrechtlichen Zulässigkeitsbeschränkungen stehen. Darüber hinaus sind die bauordnungsrechtlichen Einschränkungen im Hinblick auf die Wohnruhe zu beachten.

Das Gegenstück zu »nicht überdachten« Stellplätzen sind »überdachte« Stellplätze, die begrifflich den Garagen zugeordnet werden. Gemäß § 122 Abs. 2 SBauVO sind **offene Kleingaragen** Kleingaragen, die unmittelbar ins Freie führende unverschließbare Öffnungen in einer Größe von insgesamt mindestens einem Drittel der Gesamtfläche der Umfassungswände haben. Die Definition für Kleingaragen ist daher relevant, weil eine Kleingarage eine Garage bis 100 **m²** Nutzfläche ist (§ 122 Abs. 1 SBauVO) 197

Vorhandene, nicht überdachte Stellplätze werden insgesamt baugenehmigungsbedürftig, wenn sie **nachträglich** überdacht werden sollen. Die Freistellung erfasst nur nicht überdachte Stellplätze **auf der Geländeoberfläche**, nicht dagegen über Zufahrtsrampen erreichbare Einstellplätze auf dem Dach eines Gebäudes, die als **Dacheinstellplätze** den Bestimmungen der SBauVO unterfallen (s. § 122 Abs. 8 Satz 4 SBauVO). Mitunter versuchen Bauherren die Voraussetzung, wonach die Fläche nicht überdacht sein darf, dadurch zu umgehen, dass sie lediglich eine »Pergola« errichten, die nach Absatz 1 Nr. 10 Bst. e) freigestellt ist. Dabei darf jedoch nicht übersehen werden, dass eine Pergola nach dieser Bestimmung nur freigestellt ist, wenn sie der Gartengestaltung oder der zweckentsprechenden Einrichtung von Gärten dient. Das setzt einerseits voraus, dass die Stellplatzanlage überhaupt Teil des Gartens ist und sich nicht abgesetzt von diesem befindet. Andererseits muss die Pergola aus Gründen der Gartengestaltung errichtet sein, um z.B. die Stellplatzanlage in den Garten zu integrieren und eine unschöne optische Wirkung zu kaschieren, indem die Pergola als Rankgerüst für Pflanzen dient. Verfügt die **Pergola** (s.a. Rdn. 139 und 140) dagegen über ein dachähnliches enges Rankgitter, das einen nahezu lückenlosen Bewuchs ermöglicht, so kann nicht mehr von einer Freistellung ausgegangen werden, da die Anlage **als Überdachungsersatz** fungiert (OVG NRW, Beschl. v. 09.05.1996 – 7 B 934/96, BRS 58 Nr. 118, und Urt. v. 06.07.1998 – 7 A 5721/96, n.v.). 198

Die **Freistellungsgrenze von 100 m²** verursacht in der Vollzugspraxis immer wieder **Beurteilungsprobleme**, weil der Gesetzgeber keine klaren Vorgaben über die Anrechnungsmodalitäten von Verkehrsflächen getroffen hat. Fraglich ist, ob nur die reine Fläche der Einstellplätze anzusetzen ist. Der Freistellungstatbestand BauO NRW 2018 **orientiert** sich nicht am Bauplanungsrecht, sondern an der in § 122 Abs. 1 SBauVO definierten **Kleingarage**, die **100 m² Nutzfläche** nicht überschreiten darf. Nach § 122 Abs. 8 Satz 1 SBauVO ist die **Nutzfläche einer Garage** die **Summe** aller miteinander verbundenen Flächen der **Garageneinstellplätze** und der **Verkehrsflächen**. Diese Überlegung wird bestätigt durch die Gesetzesbegründung (LT-Drucks. 17/2166, S. 165), in der es heißt: 199

§ 62 Genehmigungsfreie Bauvorhaben, Beseitigung von Anlagen

»Nummer 14 Buchstabe c vereint Regelungen, die sich in der BauO 2000 an zwei Stellen in den Genehmigungsfreiheiten finden: § 65 Absatz 1 Nummer 24 und 41a BauO 2000. Mit Nummer 14 Buchstabe c werden nicht überdachte Stellplätze bis zu einer Größe von 100 m² und deren Zugänge und Zufahren, mit Ausnahme solcher nach § 5, genehmigungsfrei gestellt. Die Regelung betrifft (nur noch) »freiwillige«, also nicht nach § 48 Absatz 1 in Verbindung mit der örtlichen Bauvorschrift erforderliche Stellplätze. Denn diese notwendigen Stellplätze sind Bestandteil desjenigen Bauvorhabens, dem sie funktional zugeordnet sind, und unterliegen daher bereits ggf. der Genehmigungsfreistellung (§ 62) oder den sich aus § 63 ergebenden Verfahrenserleichterungen.«

Somit sind sowohl die eigentliche Stellplatzfläche als auch deren Zufahrt ab der öffentlichen Verkehrsfläche in die maximal zulässige Fläche einzubeziehen, sofern diese Wegefläche nicht gleichzeitig ein Zugang oder eine Zufahrt gem. § 5 BauO NRW 2018 ist.

200 Weiterhin wird in der Begründung verdeutlicht, dass die Freistellung nach Bst. c) nur Stellplätze betreffen kann, die nicht nach § 48 Abs. 1 BauO NRW 2018 als notwendige Stellplätze eingestuft werden müssen, da solche Stellplätze im Beurteilungszusammenhang mit dem dazugehörenden Bauvorhaben stehen und entsprechend freigestellt sind oder aber einem Genehmigungsverfahren unterliegen.

201 Bst. d) erfasst **Kinderspielplätze im Sinne des § 8 Absatz 2 Satz 1 BauO NRW 2018.** Dies sind Spielplätze für Kleinkinder, die bei der Errichtung von Gebäuden mit mehr als drei Wohnungen auf dem Baugrundstück oder in unmittelbarer Nähe auf einem anderen geeigneten Grundstück anzulegen sind. Kleinkinder im Sinne des § 8 Absatz 2 BauO NRW 2018 sind Kinder im Vorschulalter. Der Spielplatz ist daher für Kinder in diesem Alter zu konzipieren und auszugestalten. Spielplätze, die erkennbar für ältere Kinder gedacht sind, können daher nicht an der Freistellung nach Bst. d) teilnehmen.

202 Da auch die Kleinkinderspielplätze nach § 8 Absatz 2 BauO NRW 2018 bei neu zu errichtenden Gebäuden gemeinsam mit diesen beurteilt und ggf. geprüft werden (vgl. Rdn. 200), kann der Freistellungstatbestand des Bst. d) nur Kleinkinderspielplätze erfassen, die entsprechend der Vorschrift des § 8 Absatz 2 Satz 3 BauO NRW 2018 bei bestehenden Gebäuden nachträglich verlangt oder solche, die über das Erfordernis der Bauordnung und evtl. bestehender örtlicher Bauvorschriften nach § 89 Absatz 1 Nr. 3 BauO NRW 2018 hinaus freiwillig errichtet werden.

2.15 Sonstige Anlagen

203 Unter dem Sammelbegriff der sonstigen Anlagen werden Anlagen subsummiert, die nicht in den 14 vorangegangenen Rubriken verortet werden konnten. Bst. a) erfasst **überdachte** und **nicht überdachte Fahrradabstellplätze bis zu insgesamt 100 m².** Fahrradabstellplätze dürfen nicht mit Stellplätzen für Kraftfahrzeuge verwechselt werden. Fahrradabstellplätze sind Flächen, die dem Abstellen von Fahrrädern außerhalb der öffentlichen Verkehrsflächen dienen (§ 2 Absatz 8 Satz 1 BauO NRW 2018).

Nach § 48 Absatz 1 Satz 1 BauO NRW 2018 sind bei der Errichtung von Anlagen, bei denen ein Zu- und Abgangsverkehr zu erwarten ist, nicht nur Stellplätze für Kraftfahrzeuge, sondern auch Fahrradabstellplätze herzustellen (s. Anmerkungen zu § 48 Rdn. 18).

Die Freistellung ist auf eine Größe bis zu 100 m² beschränkt, wobei es keine Rolle spielt, ob die Abstellanlage **überdacht** oder **nicht überdacht** ist. Zu der bei diesem Freistellungstatbestand erlaubten Überdachung dürfen keine **seitlichen Umschließungen** hinzutreten, da dann ggf. ein Genehmigungserfordernis ausgelöst wird. Bei der Flächenermittlung ist analog der Freistellung von PKW-Stellplätzen nach Nr. 14 Bst. c) (vgl. Rdn. 199) auf die Gesamtanlage abzustellen, deren Fläche sich aus den Abstellplätzen und den Verkehrsflächen zusammensetzt. 204

Da auch Fahrradabstellplätze als notwendige Stellplätze gem. § 48 Absatz 1 Satz 1 BauO NRW 2018 bei der Errichtung von Anlagen gefordert sein können und damit bei der Beurteilung der Zulässigkeit des gesamten Vorhabens berücksichtigt werden, können von der Freistellung nach Bst. a) nur solche Abstellplätze profitieren, die einzeln und unabhängig von einem Vorhaben errichtet werden sollen. 205

Bst. b) erfasst **Füllanlagen für Kraftfahrzeuge an Tankstellen**. Der Tatbestand wurde mit der BauO NRW 2000 neu aufgenommen, weil die Errichtung und alle Änderungen, durch die die Sicherheit beeinträchtigt werden kann, zum damaligen Zeitpunkt noch der Erlaubnis nach §§ 9 und 10 der Verordnung über Anlagen zur Lagerung, Abfüllung und Beförderung brennbarer Flüssigkeiten zu Lande – VbF – bedurften. Diese Vorschrift ist durch die Erlaubnis nach § 18 BetrSichV ersetzt worden Die Prüfung im Erlaubnisverfahren schließt alle denkbaren Sicherheitsaspekte ein, so dass eine bauaufsichtliche Prüfung entbehrlich ist. 206

Unter der Bezeichnung »Füllanlagen für Kraftfahrzeuge an Tankstellen« sind die **Zapfsäulen** einschließlich der Leitungen zu den Lagerbehältern zu verstehen. Die Lagerbehälter und baulichen Anlagen der Tankstelle werden vom Freistellungstatbestand **nicht** erfasst. Die Kraftstofflagerbehälter von Tankstellen haben regelmäßig ein Fassungsvermögen, das die Freistellungsgrenze nach Absatz 1 Nr. 6 Bst. a) und b) überschreitet. 207

Bst. c) erfasst **Regale mit einer Lagerhöhe (Oberkante Lagergut) von bis zu 7,50 m Höhe**. Die Konkretisierung im Klammerzusatz soll den Begriff der Lagerhöhe verdeutlichen. Damit ist also nicht die Höhe des Lagers (also der das Lagergut tragenden Regalkonstruktion) gemeint, sondern die maximale Höhe des darauf lagernden Materials. 208

Die Vorschrift betrifft nur solche Regale, die **selbständige bauliche Anlagen im Freien** sind, also nicht Regale als Teil einer baulichen Anlage und schon gar nicht Regale als Einrichtungsgegenstände in Gebäuden. Soweit ein Regal mit zur Unterstützung des umgebenden Gebäudes herangezogen wird, ist es konstruktiver Bestandteil des Gebäudes und als solches zu behandeln, also nicht von vornherein als Regal baugenehmigungsfrei (vgl. Boeddinghaus/Hahn/Schulte/Radeisen, zu § 65 Rn. 209). 209

§ 62 Genehmigungsfreie Bauvorhaben, Beseitigung von Anlagen

Werden Regale mit zusätzlichen Einrichtungen, z.B. Treppen, Aufzügen, Arbeitsbühnen, verbunden, unterfallen sie nicht mehr der Freistellung nach Bst. c), sondern sind baugenehmigungsbedürftig.

210 Wie bereits in der Vorgängervorschrift der BauO NRW 2000 ist der Anwendungsbereich der einzelnen Genehmigungsverfahren und Freistellungstatbeständen recht eng gefasst.
- Regale mit einer Lagerhöhe (Oberkante Lagergut) von bis zu 7,50 m sind von der Genehmigung nach Bst. c) freigestellt
- Regallager mit einer Oberkante Lagerguthöhe von mehr als 7,50 m bis zu 9 m unterfallen gem. § 64 BauO NRW dem einfachen Genehmigungsverfahren
- Regallager mit einer Oberkante Lagerguthöhe von mehr als 9 m unterfallen als großer Sonderbau nach § 50 Abs. 2 Nr. 16 BauO NRW dem (normalen) Genehmigungsverfahren

211 Die Freistellung ohne Bezugnahme auf bestimmte ungefährliche Lagergüter kann **aus brandschutztechnischer Sicht problematisch** sein, z. B. wenn Regale der Lagerung von Papier oder Holz dienen (s. Anmerkungen zu § 50 Rdn. 74).

212 Bst. d) erfasst **Denkmale, Skulpturen und Brunnenanlagen sowie Grabdenkmale und Grabsteine auf Friedhöfen.** Der hier verwendete Begriff »Denkmale« zielt nicht auf solche im Sinne des DSchG, sondern meint die auf öffentlichen Plätzen oder Grünanlagen aufgestellten Monumentalfiguren (hierzu s.a. BVerwG, Beschl. v. 27.06.1991 – 4 B 138.90, BRS 52 Nr. 118 und Beschl. v. 13.04.1995 – 4 B 70.95, BRS 57 Nr. 109), Ehrenmale, Gedenksteine, Siegessäulen, Plastiken oder Reiterstandbilder, die an ein Ereignis oder eine Person erinnern sollen. Sie sind unabhängig von ihrer Höhe freigestellt.

213 **Skulpturen** sind Arbeiten von Bildhauern, das heißt Werke der bildenden Kunst, die im Freien aufgestellt werden und wegen ihrer Größe oder sonstigen Beschaffenheit standsicher sein müssen, wie z.B. Freiplastiken. Eine klare Abgrenzung der Begriffe Denkmal und Skulptur ist kaum möglich. Unter **Brunnenanlagen** sind im Hinblick auf Nr. 4 Bst. a), die Brunnen zur Wassergewinnung erfasst, Zier- und Springbrunnen zu verstehen, und zwar ohne Beschränkung ihrer Ausmaße, die etwa bei Brunnenanlagen mit stadtbildprägendem Charakter durchaus beachtlich sein können.

214 In Bezug auf **Grabdenkmale und Grabsteine** sind etwaige Bestimmungen kommunaler oder kirchengemeindlicher Satzungen (Friedhofsordnungen) zu beachten. Die Befugnis der Gemeinden, die Benutzung ihrer Friedhöfe durch Satzungen zu regeln, wird durch Art. 2 GG begrenzt; dunkle, polierte Grabsteine dürfen nicht verboten werden, sofern der Friedhofsbenutzer nicht an anderer Stelle des Friedhofs einen solchen Grabstein aufstellen kann (BVerwG, Urt. v. 08.11.1963 – VII C 148.60, DVBl 1964, 235). Mausoleen und Grüfte sind bauliche Anlagen, unter Umständen sogar »Gebäude« im Sinne des § 2 Absatz 2 BauO NRW 2018 und baugenehmigungspflichtig, wenn nicht der Freistellungstatbestand des § 62 Absatz 1 Nr. 1 Bst. a) BauO NRW 2018 zutrifft.

Bst. e) erfasst **andere unbedeutende Anlagen oder unbedeutende Teile von Anlagen** 215
wie **Hauseingangsüberdachungen, Markisen, Rollläden, Terrassen, Maschinenfundamente, Straßenfahrzeugwaagen, Pergolen, Jägerstände, Wildfütterungen, Bienenfreistände, Taubenhäuser, Hofeinfahrten und Teppichstangen.** Der **Katalog** der
»anderen unbedeutenden« Anlagen ist **nur beispielhaft, also nicht abschließend.** Bst.
e) erweist sich, wie der Gesetzestext unmissverständlich festlegt, als ein zusätzlicher
Auffangtatbestand zu der Nr. 15, der ohnehin nur genutzt werden kann, wenn eine
spezielle Bestimmung in den Nrn. 1–14 nicht greift.

Ob eine Anlage oder Einrichtung **unbedeutend** ist, muss nach bauordnungsrechtlichen und bauplanungsrechtlichen Kriterien beurteilt werden. Hierbei dienen die 216
Beispiele als Orientierung. Neben den beispielhaft angeführten unbedeutenden Anlagen kommen in Betracht etwa Mülltonnenschränke oder freistehende Briefkästen.
Ferner wird man auf die durch die übrigen Freistellungstatbestände gegebenen Beurteilungsmaßstäbe vergleichsweise zurückgreifen können.

Hauseingangsüberdachungen dienen dem Schutz von das Haus betretenden oder verlassenden Personen. 217

Markisen sind aufrollbare oder faltbare Sonnendächer (vgl. OVG NRW, Beschl. v.
02.03.1990 – 7 B 537/90, n.v.).

Rollläden sind manuell oder elektrisch betriebene Schutzlamellen vor Fenstern oder
Balkon-/ Terrassentüren

Terrassen sind befestigte Flächen, die ebenerdig oder allenfalls geringfügig erhöht,
dem Aufenthalt im Freien dienen und nicht durch massive Außenwände abgeschlossen sind (OVG NRW, Urt. v. 19.03.1983 – 11 A 1128/82, BRS 40 Nr. 122). Die Freistellung greift nur, wenn die Terrasse **nicht** (oder nur in den Grenzen der Nummer 1
Bst. g) **überdacht** ist, wobei ein Sonnenschutz, wie z.B. eine Markise, die Freistellung
nicht aufhebt. Auch eine – in der Praxis durchaus häufige – Abgrenzung der Terrasse
durch eine Einfriedung zur Grundstücksgrenze, z.B. als Sichtschutz gegenüber den
Nachbarn, macht die Anlage nicht genehmigungsbedürftig.

Maschinenfundamente sind vollständig oder weitgehend in den Boden eingelassene,
in der Regel aus Beton gegossene Anlagen, auf denen Maschinen befestigt werden um
Vibrationen oder andere Bewegungen der Maschinen zu verhindern.

Straßenfahrzeugwaagen sind Wiegevorrichtungen, sowie dazugehörige bauliche Anlagen zur Aufnahme der Messgeräte. Befinden sich die Messeinrichtungen in einem
Gebäude, so besteht, wenn die übrigen Voraussetzungen gegeben sind, bei Einhaltung des maximalen Brutto – Rauminhalts von 75 m^3 eine Freistellung nach Nr. 1
Bst. a),

Pergolen sind raumbildende Säulen oder Pfeilerkonstruktionen ohne geschlossene
Überdachung.

Jägerstände sind Jagdeinrichtungen, die ausschließlich der **Jagdausübung** dienen, das
sind hochgestellte, alleinstehende oder an Bäume angelehnte Sitze, die dem Jäger das

Beobachten und Erlegen des Wildes durch die Gewährleistung von ausreichender Sicht und genügendem Wetterschutz zu erleichtern (Hess. VGH, Beschl. v. 07.03.1996 – 4 TH 3212/95, BRS 58 Nr. 240).

Wildfütterungen sind Anlagen zur Aufnahme von Wildfutter, wie z.b. Heu oder Grünfutter, die von den Wildtieren gut erreicht werden können.

Bienenfreistände sind einfache, oft mobile Ausführungen von Bienenhäusern. Bienenhäuser sind nicht von der Freistellung nach Bst. e) erfasst.

Taubenhäuser oder Taubenschläge sind z.T. auf Pfeilern aufgesetzte Behausungen für Haustauben.

Hofeinfahrten sind überbaute oder nicht überbaute Zuwegungen zu dem rückwärtigen Teil eines straßenseitig bebauten Grundstückes. Von der Freistellung ist nur die reine Einfahrt, nicht jedoch eine mögliche Überbauung erfasst.

Teppichstangen dienen der Reinigung und Lüftung der Teppiche.

3 Zu Absatz 2 – Freistellung von Nutzungsänderungen

218 Nach Absatz 2 ist die Änderung der Nutzung von Anlagen unter bestimmten Voraussetzungen genehmigungsfrei. Dies ist gegeben, wenn entweder
1. für die neue Nutzung keine anderen öffentlich-rechtlichen Anforderungen nach den §§ 64, 65 in Verbindung mit 68 BauO NRW als für die bisherige Nutzung in Betracht kommen, oder
2. die Errichtung oder Änderung der Anlagen nach Absatz 1 verfahrensfrei ist.

Für die **Ziffer 1** gilt, dass **sowohl die alte als auch die neue Nutzung** dem Grunde nach **genehmigungspflichtig** sind. Für die **alte** Nutzung wurde eine **Genehmigung** erteilt und die neue Nutzung **wird nach den gleichen Kriterien** der genannten Vorschriften beurteilt. Beispielsweise dürfen für die neue Nutzung keine anderen Abweichungen nach § 64 Absatz 1 Nr. 2 BauO NRW 2018 erforderlich werden als dies bereits für die alte Nutzung der Fall war oder gewesen wäre. Wenn auch bereits die alte Nutzung nicht baugenehmigungspflichtig war, ist Ziffer 1 nicht einschlägig; vielmehr ist Ziffer 2 zu Rate zu ziehen.

219 Ziffer 2 erfasst **Nutzungsänderungen, wenn die Errichtung oder Änderung der Anlage für die neue Nutzung genehmigungsfrei wäre.** Der Freistellungstatbestand soll das Verfahren bei Nutzungsänderungen vereinfachen und beschleunigen. **Bezugspunkt ist die neue Nutzung.** Wäre eine Anlage mit der neuen Nutzung, würde sie neu errichtet, nach den Vorgaben des Absatz 1 baugenehmigungsfrei, so ist auch die Nutzungsänderung baugenehmigungsfrei (zum Begriff »Nutzungsänderung« s. Anmerkungen zu § 3 Rdn. 105 ff.).

220 Unabhängig von der bauordnungsrechtlichen Freistellung ist das **Bauplanungsrecht** zu beachten. Eine bauplanungsrechtlich relevante Nutzungsänderung im Sinne des § 29 BauGB liegt bereits vor, wenn die jeder Nutzung eigene tatsächliche Variationsbreite überschritten wird und der neuen Nutzung unter städtebaulichen Gesichtspunkten

eine andere Qualität zukommt (BVerwG, Beschl. v. 14.04.2000 – 4 B 28/00, BRS 63 Nr. 173 = NVwZ-RR 2000, 758 zur Nutzungsänderung des Lagerplatzes einer Baufirma in einen Sammel- und Umschlagplatz für gebrauchte Maschinen, Fahrzeuge und Fahrzeugteile).

Darüber hinaus sind nunmehr auch Nutzungsänderungen freigestellt, die eine zeitlich begrenzte Änderung der Nutzung von Räumen zu Übernachtungszwecken im Rahmen von erzieherischen, kulturellen, künstlerischen, politischen oder sportlichen Veranstaltungen zum Gegenstand haben. Von dieser neuen Regelung betroffen sind in der Regel Turn- und Sporthallen, u.a. von Schulen oder Kindergärten, die aufgrund einer der aufgelisteten Veranstaltungen als Schlafsaal genutzt werden sollen. Als begünstigte Veranstaltung ist beispielhaft eine gemeinsame Übernachtung von Kindergartengruppen oder Grundschulklassen ebenso denkbar, wie eine kirchliche Massenveranstaltung wie die regelmäßig stattfindenden Katholikentage oder evangelischen Kirchentage. Für diese Großveranstaltungen werden stets Übernachtungsmöglichkeiten für einige wenige Tage gesucht, da die vorhandenen Kapazitäten an Beherbergungsbetrieben bei Weitem nicht ausreichen und vom Preisniveau her auch nicht der Intention der Veranstaltungen entsprechen. Zum zeitlichen Rahmen der vorübergehenden Nutzungsänderung werden in der Vorschrift keine Aussagen getroffen, man kann jedoch davon ausgehen, dass je nach Dauer des die Nutzungsänderung auslösenden Ereignisses die Übernachtungsmöglichkeiten für eine Nacht (z. B. bei Schulklassen) oder bis zu einer Woche (z. B. bei Kirchentagen) erforderlich sind. Diese überschaubaren Zeitspannen sind von der Freistellung abgedeckt. Soll die Nutzung für einen längeren Zeitraum geändert werden, ist nach wie vor eine Baugenehmigung erforderlich. 221

Auch bei freigestellten Nutzungsänderungen ist zu beachten, dass die Rettungswege nach § 33 BauO NRW vorhanden und nutzbar sein müssen. Verantwortlich für die Einhaltung der Vorschriften ist der Eigentümer der nutzungsgeänderten Immobilie bzw. der Veranstalter. 222

4 Zu Absatz 3 – Beseitigungsmaßnahmen

Während Absatz 1 bestimmt, welche Vorhaben ohne Baugenehmigung errichtet und geändert werden können, Absatz 2 Aussagen über genehmigungsfreie Nutzungsänderungen trifft, betrifft **Absatz 3 die Beseitigung von Anlagen**. Die Vorschrift bestimmt grundsätzlich, dass die Beseitigung von Anlagen keiner Genehmigung durch die Bauaufsichtsbehörde bedarf. Soweit die Beseitigung nicht vollständig verfahrensfrei gestellt ist, bedarf dieser Vorgang eines **Anzeigeverfahrens**. 223

Die freigestellten Beseitigungsvorgänge sind zwar nicht nach Bauordnungsrecht, mitunter jedoch **nach anderen Rechtsvorschriften genehmigungsbedürftig**, was vom Bauherrn im Hinblick auf § 60 Absatz 2 BauO NRW 2018 beachtet werden muss. So bedarf nach **§ 9 Abs. 1 DSchG** die Beseitigung von Baudenkmälern der **denkmalrechtlichen Erlaubnis** (s. Anmerkungen zu § 3 Rdn. 104). 224

Das **Städtebaurecht** verwendet den Begriff »Rückbau«, um klarzustellen, dass ein Beseitigungsgebot der Gemeinde auch für Teile baulicher Anlage erlassen werden kann. 225

§ 62   Genehmigungsfreie Bauvorhaben, Beseitigung von Anlagen

Die Beseitigung von Anlagen ist kein Vorhaben im Sinne des § 29 Abs. 1 BauGB, kann aber dennoch **städtebauliche Bedeutung** in Gebieten erlangen, z.b.
- für die eine **Veränderungssperre als Satzung** gemäß § 16 BauGB erlassen wurde, weil bauliche Anlagen dort nach § 14 Abs. 1 Nr. 1 BauGB nicht beseitigt werden dürfen,
- für die eine **Sanierungssatzung** gemäß § 142 BauGB erlassen wurde, weil bauliche Anlagen dort nach § 144 Abs. 1 Nr. 1 i.V.m. § 14 Abs. 1 BauGB nicht beseitigt werden dürfen,
- für die eine **Entwicklungssatzung** gemäß § 165 BauGB erlassen wurde, weil bauliche Anlagen dort nach § 169 Abs. 1 Nr. 3 i.V.m. § 144 Abs. 1 Nr. 1 und § 14 Abs. 1 BauGB nicht beseitigt werden dürfen,
- für die eine **Erhaltungssatzung** gemäß § 172 Nr. 1 BauGB erlassen wurde, die den Rückbau baulicher Anlagen der Genehmigungspflicht nach § 173 BauGB unterwirft.

226   Das Verbot des § 53 Absatz 2 Satz 2 BauO NRW 2018, genehmigungspflichtige Beseitigungsarbeiten in **Selbst- oder Nachbarschaftshilfe** auszuführen, geht ins Leere, da es nach Absatz 3 keine Genehmigungspflicht für die Beseitigung von Anlagen mehr gibt.

227   Nach **Satz 1** ist die **Beseitigung** von
1. Anlagen nach Absatz 1
2. Freistehenden Gebäuden der Gebäudeklassen 1 bis 3 und
3. Sonstigen Anlagen, die keine Gebäude sind, mit einer Höhe bis zu 10 m

genehmigungsfrei. Auch hier wird wiederum der Begriff der Genehmigung verwendet, was allerdings nicht nur für die in der Aufzählung genannten Anlagen zutrifft, sondern für alle Beseitigungsmaßnahmen. Zutreffender wäre hier der Begriff »verfahrensfrei«, der im weiteren Verlauf auch verwendet wird. Bei der Beurteilung ist auf die Rechtslage zum Zeitpunkt der Beseitigung abzustellen und nicht etwa auf den Zeitpunkt der Errichtung der Anlage.

228   Nr. 1 erfasst **Anlagen nach Absatz 1** und somit alle Anlagen, deren Errichtung ebenfalls keiner Genehmigung bedürfen.

229   Nr. 2 erfasst **freistehende Gebäude der Gebäudeklassen 1 bis 3**. Die Einteilung von Gebäuden in Gebäudeklassen ist in § 2 Absatz 3 BauO NRW 2018 vorgenommen worden. Danach unterfallen
- der **Gebäudeklasse 1**
  - Freistehende Gebäude mit einer Höhe bis zu 7 m und nicht mehr als zwei Nutzungseinheiten von insgesamt nicht mehr als 400 m^2 und
  - Freistehende land- oder forstwirtschaftlich genutzte Gebäude und Gebäude vergleichbarer Nutzung
- der **Gebäudeklasse 2** Gebäude mit einer Höhe bis zu 7 m und nicht mehr als zwei Nutzungseinheiten von insgesamt nicht mehr als 400 m^2
- der **Gebäudeklasse 3** sonstige Gebäude mit einer Höhe bis zu 7 m.

230   Nach der dargestellten Einteilung ist die Beseitigung von Gebäuden der Gebäudeklasse 2, obwohl in Nr. 2 aufgeführt, nicht verfahrensfrei, da nur freistehende Gebäude dort erfasst sind. Wenn ein Gebäude der Gebäudeklasse 2 aber freistehend errichtet

wurde, unterfällt es der Gebäudekasse 1, 1. Alternative und nicht der Gebäudeklasse 2. Die Nr. 2 sollte daher richtigerweise lauten: »Freistehenden Gebäuden der Gebäudeklassen 1 und 3«.

Nr. 3 erfasst sonstige Anlagen, die keine Gebäude sind, bis zu einer Höhe von 10 m. 231
Hierunter fallen alle Anlagen bis zu der genannten Höhe, die nicht bereits in Nr. 1 erfasst sind. Nr. 2 erfasst nur Gebäude, so dass dort keine Konkurrenz zu Nr. 3 entstehen kann. Nach Nr. 3 ist demnach nur die Beseitigung von Anlagen verfahrensfrei gestellt, die nicht Gebäude sind, nicht in dem Katalog des Absatzes 1 enthalten sind und die Höhe von 10 m nicht überschreiten. Dies können sein:
– gebäudeunabhängige Solaranlagen mit einer Höhe von mehr als 3 m,
– bauliche Anlagen der Telekommunikation mit einer Höhe über 5 m,
– Behälter, die die Freistellungsgrenze des Absatzes 1 Nr. 6 übersteigen oder
– Werbeanlagen, die die Freistellungsgrenze des Absatzes 1 Nr. 12 übersteigen.

Die Aufzählung ist beispielhaft und nicht abschließend. Es gibt eine Vielzahl weiterer Anlagen, deren Beseitigung nach Nr. 3 nicht verfahrenspflichtig ist.

Die Verfahrensfreiheit des Satzes 1 betrifft also Anlagen, deren Beseitigung in der Regel keine statisch-konstruktiven Schwierigkeiten und auch keine nachbarlichen Beeinträchtigungen erwarten lassen (vgl. LT-Drucks. 17/2166, S. 168).

Sofern vor der Beseitigung von Anlagen ein bauaufsichtliches Verfahren durchlaufen 232
werden muss, regeln die Sätze 2 – 6 die Anforderungen daran. Nach Satz 2 sind alle Beseitigungsarbeiten, die nicht unter die vollständige Freistellung des Satzes 1 fallen, mindestens einen Monat zuvor der Bauaufsichtsbehörde schriftlich anzuzeigen. Diese Anzeige hat durch den Bauherrn mittels eingeführten Vordrucks zu erfolgen. Mit dieser Anzeige übernimmt der Bauherr auch die Verantwortung für die durchzuführenden Maßnahmen (vgl. § 53 Rdn. 13 ff.). Da nach § 60 Absatz 2 BauO NRW 2018 trotz Freistellung von der Genehmigungspflicht die öffentlich-rechtlichen Bauvorschriften beachtet werden müssen, kommt der Verantwortung für die Maßnahme eine besondere Bedeutung zu. Insofern ist der Bauherr gut beraten, wenn er – sofern er sich nicht selber ganz sicher ist, dass die relevanten Vorschriften eingehalten werden – auf professionelle Hilfe zurückgreift.

Nach Satz 3 Halbsatz 1 muss bei nicht freistehenden Gebäuden der Anzeige eine 233
Bestätigung eines qualifizierten Tragwerkplaners beigefügt werden, in der die Standsicherheit des Gebäudes oder der Gebäude an die das zu beseitigende Gebäude angebaut ist, bescheinigt wird. In Halbsatz 2 wird bestimmt, dass die Beseitigung, soweit notwendig, durch den qualifizierten Tragwerkplaner zu überwachen ist. Wie bisher wird dies auch bei der neuen Rechtslage nur durch Erstellung eines Abbruchkonzeptes möglich sein. Nur dann kann der Tragwerkplaner entscheiden, ob die geplante Maßnahme die Standsicherheit der angrenzenden Gebäude gewährleistet und bei Bedarf rechtzeitig nachjustieren. Ob es dazu erforderlich ist, die Beseitigungsmaßnahmen zu überwachen liegt in der Verantwortung des qualifizierten Tragwerksplaners.

Nach Satz 4 bestätigt die Bauaufsichtsbehörde dem Bauherrn den Eingang der An- 234
zeige. Sofern diese nicht vollständig oder sonst wie mangelhaft ist, fordert sie zur

Vervollständigung bzw. zur Mängelbeseitigung auf. Sollte der Bauherr keine anderen am Bau Beteiligten hinzugezogen haben, sollte er dies spätestens zum jetzigen Zeitpunkt nachholen, um die Anforderungen zu erfüllen.

235 Satz 5 bestimmt, dass die Bauaufsichtsbehörde im Fall der vorgenommenen Vervollständigung bzw. Mängelbehebung dem Bauherrn dies mitteilt.

236 In Satz 6 ist schließlich festgehalten, dass mit den Baumaßnahmen (Beseitigungsmaßnahmen) erst einen Monat, nachdem die Behörde den Eingang der Anzeige nach Satz 4 bestätigt oder aber nach Satz 5 die vollzogene Vervollständigung oder Mängelbeseitigung mitgeteilt hat, begonnen werden darf.

237 Das neu eingeführte Anzeigeverfahren für die Beseitigung von Anlagen, die nicht unter die Verfahrensfreiheit des Satzes 1 fallen, stellt zwar kein förmliches Genehmigungsverfahren dar, es ähnelt einem solchen aber doch recht stark. Zunächst ist eine Anzeige als Surrogat eines Antrags erforderlich, wofür ein entsprechender formaler Vordruck entwickelt worden ist. Sofern der Bauaufsichtsbehörde die eingereichten Unterlagen nicht ausreichen, ist eine entsprechende Nachforderung vorgesehen und letztlich darf der Bauherr mit den Beseitigungsarbeiten nicht beginnen, wenn die Behörde nicht eine Eingangsbestätigung über die vollständige und mängelfreie Anzeige ausgestellt hat. Daher ist der Bauherr auch durch dieses Anzeigeverfahren durchaus auf die Mitwirkung der Bauaufsichtsbehörde angewiesen.

238 Andererseits stellt das Antragsformular selbst zunächst keine sehr hohen Anforderungen an die erforderlichen Angaben und beizufügenden Unterlagen. Neben den persönlichen Angaben des Bauherrn und den katastermäßigen und postalischen Angaben zu dem Baugrundstück sind Angaben zu der Gebäudeklasse (sofern zutreffend) und eine genaue Bezeichnung des Beseitigungsvorhabens notwendig. Daneben ist die Beifügung einer Flurkarte und des Erhebungsbogens für die Abgangsstatistik nach dem Hochbaustatistikgesetz vorgesehen. Darüber hinaus ist im Falle der Beseitigung eines nicht unter Absatz 1 fallenden und nicht freistehenden Gebäudes die Beifügung der Bestätigung des qualifizierten Tragwerkplaners erforderlich. Es ist nicht ersichtlich, dass die Bauaufsichtsbehörde darüber hinaus Anforderungen an die Anzeige stellen kann. Da eine Prüfung des Beseitigungsvorhabens durch die Behörde nicht erfolgt, sind auch die nach dem Vorgängerrecht noch erforderlichen Unterlagen nicht länger einzufordern. Somit bleiben der Bauaufsichtsbehörde lediglich die nach § 60 Absatz 2 BauO NRW 2018 festgeschriebenen bauaufsichtlichen Eingriffsbefugnisse. Nach § 86 Absatz 1 Nr. 10 BauO NRW 2018 kann ein Bußgeldverfahren eingeleitet werden, wenn die Beseitigungsmaßnahme entgegen den Vorschriften des Absatz 3 vorgenommen wird.

239 Nach § 87 Absatz 3 BauO NRW 2018 kann die oberste Bauaufsichtsbehörde durch Rechtsverordnung Vorschriften erlassen über den Umfang und den Inhalt von Bauvorlagen, die erforderlichen Anträge, Anzeigen, Nachweise und Bescheinigungen sowie das Verfahren im Einzelnen. Durch § 15 BauPrüfVO ist dies erfolgt, ohne aber über die im Anzeigevordruck genannten Angaben hinaus weitere zu fordern. Durch den Verweis auf die sinngemäße Geltung des § 10 Abs. 1 Satz 3 BauPrüfVO kann die

Bauaufsichtsbehörde allerdings weitere Ausfertigungen der eingereichten Unterlagen verlangen.

5 Zu Absatz 4 – Instandhaltungsarbeiten

Absatz 4 regelt, dass Instandhaltungsarbeiten verfahrensfrei sind. Die Instandhaltung von Anlagen »im engeren Sinne« des Begriffs zielt auf die Erhaltung der einmal geschaffenen Substanz. Derartige Maßnahmen im engeren Sinne beschränken sich auf die Pflege der Substanz (s. Anmerkungen zu § 3 Rdn. 32 ff.), z.B. durch die Erneuerung von Anstrichen ohne Änderung der Farbgebung, das Ersetzen einzelner undicht gewordener Dachpfannen ohne Material- und Farbwechsel oder den Austausch verrosteter Türbeschläge können unter keinem denkbaren Gesichtspunkt bauordnungsrechtliche Anforderungen negativ berühren. Ohnehin ergibt sich aus § 3 Absatz 1 Satz 1 BauO NRW 2018 die Rechtspflicht zur ordnungsgemäßen Instandhaltung. Auch enthalten andere öffentlich-rechtliche Vorschriften vergleichbare Anforderungen (s. Anmerkungen zu § 3 Rdn. 35 ff.). Darüber hinaus sind **Unterhaltungs- und Instandsetzungsarbeiten vom passiven Bestandsschutz gedeckt** (BVerwG, Urt. v. 18.10.1974 – IV C 75.71, BauR 1975, 114 = BRS 28 Nr. 114 = DVBl 1975, 501), sie dürfen jedoch auch nicht darüber hinaus gehen, sollen sie von der Freistellung erfasst sein.

240

Mitunter wird der Begriff Instandhaltung »im weiteren Sinne« gebraucht, um die genehmigungsfreie Durchführung von Änderungen oder Erneuerungen im Sinne einer **Modernisierung** zu rechtfertigen. Bei der Freistellung nach Absatz 4 muss stets die Abgrenzung zu anderen baulichen Vorgängen beachtet werden. Soweit eine Änderung oder eine Neuerrichtung nicht nach anderen Tatbeständen des § 62 freigestellt ist, kann eine solche Maßnahme **nicht** auf die Freistellung der Instandhaltung nach Absatz 4 gestützt werden (vgl. OVG Bln, Urt. v. 20.11.1992 – 2 B 33.90, BRS 54 Nr. 117 zur vollständigen Auswechslung einer Hauseingangstür, die nach der früheren BauO Bln nicht freigestellt war).

241

§ 63 Genehmigungsfreistellung

(1) Keiner Baugenehmigung bedarf unter den Voraussetzungen des Absatzes 2 die Errichtung, Änderung oder Nutzungsänderung von
1. Wohngebäuden der Gebäudeklassen 1 bis 3,
2. sonstigen Gebäuden der Gebäudeklassen 1 und 2 und
3. Nebengebäuden und Nebenanlagen für Gebäude nach Nummer 1 und 2.

Satz 1 gilt nicht für Sonderbauten nach § 50 sowie für die Errichtung, Änderung oder Nutzungsänderung
1. eines oder mehrerer Gebäude, wenn dadurch dem Wohnen dienende Nutzungseinheiten mit einer Größe von insgesamt mehr als 5 000 m² Brutto-Grundfläche geschaffen werden, und
2. baulicher Anlagen, die öffentlich zugänglich sind, wenn dadurch die gleichzeitige Nutzung durch mehr als 100 zusätzliche Besucher ermöglicht wird,

§ 63 Genehmigungsfreistellung

sofern die Gebäude und baulichen Anlagen innerhalb des angemessenen Sicherheitsabstands eines Betriebsbereichs im Sinne des § 3 Absatz 5 a und 5 c des Bundes-Immissionsschutzgesetzes in der Fassung der Bekanntmachung vom 17. Mai 2013 (BGBl. I S. 1274), das zuletzt durch Gesetz vom 18. Juli 2017 (BGBl. I S. 2771) geändert worden ist, oder, wenn der angemessene Sicherheitsabstand nicht bekannt ist, innerhalb des Achtungsabstands des Betriebsbereichs liegen. Satz 2 Nummer 1 gilt nicht, wenn dem Gebot, den angemessenen Sicherheitsabstand zu wahren, bereits in einem Bebauungsplan Rechnung getragen worden ist. Satz 1 gilt auch für Änderungen und Nutzungsänderungen von Anlagen, deren Errichtung oder Änderung nach vorgenommener Änderung oder bei geänderter Nutzung nach dieser Vorschrift baugenehmigungsfrei wäre.

(2) Nach Absatz 1 ist ein Bauvorhaben genehmigungsfrei gestellt, wenn
1. es im Geltungsbereich eines Bebauungsplans im Sinne des § 30 Absatz 1 oder der §§ 12, 30 Absatz 2 Baugesetzbuch liegen,
2. sie keiner Ausnahme oder Befreiung nach § 31 des Baugesetzbuchs bedürfen,
3. die Erschließung im Sinne des Baugesetzbuchs gesichert ist,
4. sie keiner Abweichung nach § 69 bedürfen und
5. die Gemeinde nicht innerhalb der Frist nach Absatz 3 Satz 4 erklärt, dass ein Baugenehmigungsverfahren durchgeführt werden soll, oder eine vorläufige Untersagung nach § 15 Absatz 1 Satz 2 Baugesetzbuch beantragt.

Die Bauherrschaft kann beantragen, dass für die in Satz 1 genannten Bauvorhaben das Baugenehmigungsverfahren durchgeführt wird.

(3) Die Bauherrschaft hat die erforderlichen Unterlagen bei der Gemeinde einzureichen. Die Gemeinde legt, soweit sie nicht selbst Bauaufsichtsbehörde ist, eine Fertigung der Unterlagen unverzüglich der unteren Bauaufsichtsbehörde vor. Eine Prüfpflicht der Gemeinde und der Bauaufsichtsbehörde besteht nicht. Mit dem Bauvorhaben darf einen Monat nach Vorlage der erforderlichen Unterlagen bei der Gemeinde begonnen werden. Teilt die Gemeinde der Bauherrschaft vor Ablauf der Frist schriftlich mit, dass kein Genehmigungsverfahren durchgeführt werden soll und sie eine Untersagung nach § 15 Absatz 1 Satz 2 Baugesetzbuch nicht beantragen wird, darf die Bauherrschaft mit der Ausführung des Bauvorhabens beginnen; von der Mitteilung nach Halbsatz 1 hat die Gemeinde die Bauaufsichtsbehörde zu unterrichten. Will die Bauherrschaft mit der Ausführung des Bauvorhabens mehr als drei Jahre, nachdem die Bauausführung nach den Sätzen 4 und 5 zulässig geworden ist, beginnen, gelten die Sätze 1 bis 3 entsprechend.

(4) Bei Wohngebäuden mit mehr als zwei Wohnungen, jedoch nicht ihren Nebengebäuden und Nebenanlagen, müssen vor Baubeginn ein von einer oder einem staatlich anerkannten Sachverständigen im Sinne des § 87 Absatz 2 Satz 1 Nummer 4 geprüfter Nachweis über die Standsicherheit und von einer oder einem staatlich anerkannten Sachverständigen aufgestellte oder geprüfte Nachweise über den Schallschutz und den Wärmeschutz vorliegen. Bei Wohngebäuden der Gebäudeklasse 3

muss zusätzlich von einer oder von einem staatlich anerkannten Sachverständigen geprüft und bescheinigt werden, dass das Vorhaben den Anforderungen an den Brandschutz entspricht. Die Bauherrschaft hat den Angrenzern (§ 72 Absatz 1) vor Baubeginn mitzuteilen, dass ein genehmigungsfreies Bauvorhaben nach Absatz 1 oder Absatz 5 durchgeführt werden soll, zudem die Gemeinde keine Erklärung nach Absatz 2 Nummer 5 abgegeben hat.

(5) Die Absätze 1 bis 3 gelten auch für Garagen und überdachte Stellplätze sowie für Fahrradabstellplätze bis 1 000 m² Nutzfläche, wenn sie einem Wohngebäude im Sinne des Absatzes 1 dienen. Bei Garagen mit einer Nutzfläche über 100 m² bis 1 000 m² muss vor Baubeginn ein von einer oder von einem staatlich anerkannten Sachverständigen geprüfter Nachweis über die Standsicherheit vorliegen sowie zusätzlich von einer oder von einem staatlich anerkannten Sachverständigen geprüft und bescheinigt worden sein, dass ein Vorhaben den Anforderungen an den Brandschutz entspricht. Für diese Garagen gilt zusätzlich Absatz 4 Satz 3. § 68 Absatz 1 Satz 3 gilt entsprechend.

(6) Die Erklärung der Gemeinde nach Absatz 2 Nummer 5 erste Alternative kann insbesondere deshalb erfolgen, weil sie eine Überprüfung der sonstigen Voraussetzungen des Absatzes 2 oder des Bauvorhabens aus anderen Gründen für erforderlich hält. Darauf, dass die Gemeinde von ihrer Erklärungsmöglichkeit keinen Gebrauch macht, besteht kein Rechtsanspruch. Erklärt die Gemeinde, dass das einfache Baugenehmigungsverfahren durchgeführt werden soll, hat sie der Bauherrschaft die vorgelegten Unterlagen zurückzureichen. Hat die Bauherrschaft bei der Vorlage der Unterlagen bestimmt, dass seine Vorlage im Fall der Erklärung nach Absatz 2 Nummer 5 als Bauantrag zu behandeln ist, leitet sie die Unterlagen gleichzeitig mit der Erklärung an die Bauaufsichtsbehörde weiter.

(7) Wird nach Durchführung des Bauvorhabens die Nichtigkeit des Bebauungsplans festgestellt, so bedarf das Bauvorhaben auch keiner Baugenehmigung. Seine Beseitigung darf wegen eines Verstoßes gegen bauplanungsrechtliche Vorschriften, der auf der Nichtigkeit des Bebauungsplans beruht, nicht verlangt werden, es sei denn, dass eine Beeinträchtigung von Rechten Dritter dies erfordert.

(8) §§ 67 und 68 bleiben unberührt. §§ 70 Absatz 2 Satz 1, Absatz 3 Sätze 1 und 2, 74 Absatz 5 Satz 1 und 2, Absatz 8 und 9 sind entsprechend anzuwenden.

Handlungsempfehlung des Ministeriums für Heimat, Kommunales, Bau und Gleichstellung des Landes Nordrhein-Westfalen auf der Grundlage der Dienstbesprechungen mit den Bauaufsichtsbehörden im Oktober/November 2018:

Mangels entsprechender Regelung in § 86 BauO NRW 2018 können Verstöße gegen § 63 BauO NRW 2018 nicht mehr als Ordnungswidrigkeit geahndet werden.

Die Einleitung von ordnungsbehördlichen Verfahren ist allerdings weiterhin möglich, § 60 Absatz 2 BauO NRW 2018.

§ 63 Genehmigungsfreistellung

zu Absatz 1

Unter »sonstigen Gebäuden der Gebäudeklassen 1 und 2« im Sinne des § 63 Absatz 1 Nummer 2 BauO NRW 2018 sind Gebäude zu verstehen, die weder Wohngebäude noch Sonderbau sind.

Nach § 50 Absatz 1 BauO NRW 2018 sind Sonderbauten Anlagen und Räume besonderer Art oder Nutzung. Nach der Rechtsprechung des OVG NRW (Beschl. v. 11.01.2008, 10 A 1277/07) zur BauO NRW 2000, die insoweit ohne weiteres auch auf das neue Recht übertragbar ist, unterscheiden sich Sonderbauten von dem »Normalfall« eines Wohngebäudes geringer oder mittlerer Höhe insbesondere in der Brandbekämpfung, häufig wechselndem Benutzer- oder Besucherkreis, Besonderheiten der körperlichen oder geistigen Leistungsfähigkeit von Benutzern oder Besuchern o.ä. Es kommt also darauf an, ob ein Gebäude in seiner Nutzung hinsichtlich des Gefahrenrisikos und der Gefahrentatbestände einem Wohngebäude ähnlich ist.

Beispielsweise können daher »sonstige Gebäude der Gebäudeklasse 1 und 2« auch Nutzungseinheiten, die für eine berufliche Tätigkeit mit typischerweise wenig Besuchern oder Kundenverkehr genutzt werden, enthalten, ohne Sonderbauten zu sein.

Dies ist immer anhand des Einzelfalls zu beurteilen.

zu Absatz 2

Der Gemeinde soll durch § 63 Absatz 2 Satz 1 Nummer 5 Alternative 1 BauO NRW 2018 die Gelegenheit gegeben werden, das Bauvorhaben in das einfache Genehmigungsverfahren umzusteuern. Wie bisher soll der Gemeinde also bei Zweifeln jedweder Art gestattet sein, die Rechtmäßigkeit des Bauvorhabens mittels Erklärung, dass ein Genehmigungsverfahren durchgeführt werden soll, überprüfen zu lassen. Grenze für eine solche Erklärung dürfte wie bisher das Willkürverbot sein (siehe weitergehende Erläuterungen zu Absatz 6).

Hinweis: Allein der Umstand, dass das Gesetz für freigestellte Vorhaben nicht mehr die Beauftragung geeigneter Beteiligter gem. §§ 54 bis 56 BauO NRW 2018 vorsieht, dürfte als Begründung für die Durchführung eines Genehmigungsverfahrens nicht ausreichen.

zu Absatz 3

Gemäß § 63 Absatz 3 BauO Satz 1 NRW 2018 hat die Bauherrschaft die erforderlichen Unterlagen – vollständig – bei der Gemeinde einzureichen. Die Anlage I/3 zur VVBauPrüfVO ist von der Bauherrschaft (§ 63 Absatz 8 i.V.m. § 70 Absatz 3 Satz 1 und 2) und dem Entwurfsverfassenden, die Bauvorlagen sind gemäß § 63 Absatz 8 i.V.m. mit § 67 Absatz 1 BauO NRW 2018 von dem Entwurfsverfassenden, der bauvorlagenberechtigt ist, zu unterschreiben.

Die Einbindung der Gemeinde in die Genehmigungsfreistellung ist erforderlich, um die Konformität dieser Regelung mit dem Bundesrecht, hier dem Bauplanungsrecht zu wahren. Denn die Gemeinde ist durch die Regelungen in die Lage versetzt, im eigenen Interesse zur Wahrung ihrer Belange, vor allem ihrer Planungshoheit tätig zu werden. Dies wird durch die Verpflichtung der Bauherrschaft die erforderlichen Unterlagen bei der Gemeinde einzureichen, mit der Monatsfrist nach § 63 Absatz 3 Satz 4 BauO NRW 2018 sowie der Möglichkeit, nach § 63

Absatz 3 Satz 5 BauO NRW 2018 die Durchführung eines Baugenehmigungsverfahren zu verlangen oder die vorläufige Untersagung zu beantragen, deutlich. Weder die Gemeinde noch die untere Bauaufsichtsbehörde sind verpflichtet, die vom Bauherrn bei der Gemeinde vorzulegenden erforderlichen Unterlagen zu prüfen (Satz 3). Die Pflicht und das Recht der Bauaufsichtsbehörde, gegen Rechtsverstöße, nach pflichtgemäßen, zumeist intendiertem Ermessen die notwendigen Maßnahmen zu treffen, bleibt unberührt (§ 60 Absatz 2 BauO NRW 2018).

Durch § 63 Absatz 3 Satz 3 BauO NRW 2018 wird zum Ausdruck gebracht, dass die Verantwortung und das Risiko, dass das Bauvorhaben die Voraussetzungen der Genehmigungsfreiheit und auch die materiellen Anforderungen des Baurechts und des maßgeblichen sonstigen öffentlichen Rechts erfüllt, ausschließlich bei der Bauherrschaft und den zu ihrer Unterstützung Beauftragten liegt. Hintergrund der Regelung des § 63 Absatz 3 Satz 3 BauO NRW 2018 ist, soweit die Gemeinde betroffen ist, dass die Gemeinde von Haftungen verschont bleiben soll.

§ 63 Absatz 3 Satz 3 BauO NRW 2018 verbietet es andererseits den Gemeinden nicht, das Vorhaben derart zu prüfen, ob die Voraussetzungen für die Genehmigungs-freistellung erfüllt sind und ob es materiell rechtmäßig ist. Die Überprüfung des Vorhabens in bauplanungsrechtlicher Hinsicht entspricht ihrem eigenen Interesse. Nur dies ist der Zweck der Beteiligung der Gemeinde: Sie wird dadurch in die Lage versetzt, darüber zu wachen, ob ihre Bebauungspläne und ggf. vorhandene örtliche Bauvorschriften eingehalten werden. Die städtebauliche Ordnung ist nach §§ 1 Absatz 1, 2 BauGB originäre Aufgabe der Gemeinde.

Sobald der Gemeinde die erforderlichen Unterlagen –vollständig– im Sinne von § 63 Absatz 3 Satz 1 BauO NRW 2018 vorliegen, wird die Monatsfrist nach § 63 Absatz 3 Satz 4 BauO NRW 2018 ausgelöst (Ereignisfrist). Die Gemeinde hat sodann folgende Reaktionsmöglichkeiten, die dem Schutz ihrer Planungshoheit dienen:
1. *Sie kann keine Erklärung abgeben und die Monatsfrist nach § 63 Absatz 3 Satz 4 BauO NRW 2018 verstreichen lassen. Gemäß § 63 Absatz 3 Satz 4 BauO NRW 2018 darf die Bauherrschaft – unter Beachtung der weiteren Voraussetzungen aus § 63 Absatz 8 BauO NRW 2018 – innerhalb der 3-Jahres-Frist nach § 63 Absatz 3 Satz 6 BauO NRW 2018 mit der Bauausführung beginnen. Ein möglicher Mangel bei den sonstigen Voraussetzungen der Genehmigungsfreistellung oder sonstigen Anforderungen an das Bauvorhaben geht jedoch zulasten des Bauherrn.*
2. *Die Gemeinde kann der Bauherrschaft innerhalb der Monatsfrist nach § 63 Absatz 3 Satz 4 BauO NRW 2018 schriftlich mitteilen, dass sie weder die Durchführung eines (einfachen) Baugenehmigungsverfahrens verlangen noch eine Untersagung nach § 15 Absatz 1 Satz 2 BauGB beantragen wird. In diesem Fall darf gemäß § 63 Absatz 3 Satz 5 Halbsatz 1 BauO NRW 2018 die Bauherrschaft bereits nach Zugang der Erklärung und vor Ablauf der Monatsfrist nach § 63 Absatz 3 Satz 3 BauO NRW 2018 mit der Bauausführung – unter Beachtung der weiteren Voraussetzungen aus § 63 Absatz 8 BauO NRW 2018 – mit der Bauausführung beginnen. Die Gemeinde hat die Bauaufsichtsbehörde über die Mitteilung gemäß § 63 Absatz 3 Satz 5 Halbsatz 2 BauO NRW 2018 zu unterrichten. Ein möglicher Mangel bei den sonstigen*

§ 63 Genehmigungsfreistellung

Voraussetzungen der Genehmigungsfreistellung oder sonstigen Anforderungen an das Bauvorhaben geht jedoch zulasten des Bauherrn.

3. *Die Gemeinde kann innerhalb der Monatsfrist nach § 63 Absatz 3 Satz 3 BauO NRW 2018 verlangen, dass ein (einfaches) Baugenehmigungsverfahren (§ 63 Absatz 2 Satz 1 Nummer 5 Alternative 1 BauO NRW 2018) durchgeführt wird. Diese Erklärung muss der Bauherrschaft innerhalb der Monatsfrist zugehen. Zum Verfahren siehe § 63 Absatz 6 BauO NRW 2018.*
4. *Die Gemeinde kann innerhalb der Monatsfrist nach § 63 Absatz 3 Satz 3 BauO NRW 2018 die vorläufige Untersagung des Vorhabens nach § 15 Absatz 1 Satz 2 BauGB beantragen (§ 63 Absatz 2 Satz 1 Nummer 5 Alternative 2 BauO NRW 2018).*

zu Absatz 6

§ 63 Absatz 6 Satz 1 BauO NRW 2018 führt beispielhaft zwei Gründe auf, aus denen eine Gemeinde erklären kann, dass ein (einfaches) Baugenehmigungsverfahren durchgeführt werden soll:
1. *Die aus Sicht einer Gemeinde bestehende Erforderlichkeit einer Überprüfung der Voraussetzungen nach § 63 Absatz 2 Satz 1 Nummer 1 bis 4 BauO NRW 2018 oder*
2. *Die aus Sicht einer Gemeinde bestehende Erforderlichkeit einer Überprüfung des Bauvorhabens aus anderen – nicht näher spezifizierten – Gründen.*

Das Gesetz stellt es einer Gemeinde frei, sich überhaupt zu dem Vorhaben zu äußern (siehe § 63 Absatz 3 Satz 3 BauO NRW 2018 – Möglichkeit des Verstreichenlassens der Monatsfrist). Bis zur Grenze der Willkür ist eine Gemeinde grundsätzlich frei, ob und aus welchen Gründen sie die Durchführung eines (einfachen) Baugenehmigungsverfahrens verlangt. Folglich besteht gemäß § 63 Absatz 6 Satz 2 BauO NRW 2018 kein Anspruch, dass eine Gemeinde die Durchführung eines (einfachen) Baugenehmigungsverfahrens ausdrücklich oder durch Verstreichenlassen der Monatsfrist nicht verlangt.

Die Verantwortung für das Vorliegen der Voraussetzungen für eine Genehmigungs-freistellung nach § 63 Absatz 2 Satz 1 Nummer 1 bis 4 BauO NRW 2018 sowie der sonstigen materiell-rechtlichen Anforderungen an das Bauvorhaben trägt die Bauherrschaft.

zu Absatz 8

Die Bestellung geeigneter Beteiligter nach Maßgabe der §§ 54 bis 56 BauO NRW 2018 ist für die Genehmigungsfreistellung nach § 63 BauO NRW 2018 nicht vorgesehen (s.o., zu § 53).

Durch § 63 Absatz 8 Satz 1 i.V.m. § 67 BauO NRW 2018 wird allerdings geregelt, dass ein bauvorlageberechtigter Entwurfsverfasser (§ 54 Absatz 1) die Bauvorlagen unterzeichnen muss (siehe hierzu auch Ausführungen zu § 63 Absatz 3 Satz 1 BauO NRW 2018).

Gemäß § 63 Absatz 8 i.V.m. § 74 Absatz 9 BauO NRW 2018 ist bei einem freigestellten Vorhaben der Baubeginn anzuzeigen.

Bei freigestellten Vorhaben findet keine Bauüberwachung und Bauzustandsbesichtigung durch die Bauaufsichtsbehörde statt, weil beides »auf den Umfang der im

Baugenehmigungsverfahren zu prüfenden Bauvorlagen« beschränkt ist (§ 83 Absatz 2 Satz 1, § 84 Absatz 1 Satz 2) und im Freistellungsverfahren die Bauvorlagen nicht geprüft werden.

Gemäß § 63 Absatz 8 i. V. m. § 68 Absatz 2 müssen in den dort enumerativ aufgeführten Fällen, unter anderem bei Wohngebäuden der Gebäudeklasse 1 und 2, die qualifizierte Tragwerksplanerin oder der qualifizierte Tragwerksplaner die Übereinstimmung des Standsicherheitsnachweises mit der Bauausführung anhand von persönlichen stichprobenhaften Kontrollen der Baustelle bescheinigen. Die Beauftragung eines staatlich anerkannten Sachverständigen bleibt der Bauherrschaft unbenommen.

Gemäß § 13 Absatz 1 Satz 2 BauPrüfVO NRW ist bei Gebäuden der Gebäudeklassen 1 und 2 eine Erklärung der Entwurfsverfassenden beizufügen, dass das Vorhaben den Anforderungen an den Brandschutz entspricht.

Übersicht

		Rdn.
0	Änderungen gegenüber der BauO NW 1984, der BauO NW 1995 und der BauO NRW 2000	01
1	Allgemeines	1
2	Zu Absatz 1 – Freigestellte Anlagen	13
3	Zu Absatz 2 – Voraussetzungen für die Genehmigungsfreistellung	28
4	Zu Absatz 3 – Beteiligung der Gemeinde und Baubeginn	46
5	Zu Absatz 4 – Bautechnische Nachweise/Unterrichtung der Angrenzer	56
6	Zu Absatz 5 – Garagen, überdachte Stellplätze und Fahrradabstellplätze	69
7	Zu Absatz 6 – Gründe für die gemeindliche Erklärung	77
8	Zu Absatz 7 – Folgen der Nichtigkeit des Bebauungsplans	85
9	Zu Absatz 8 – Pflichten im Rahmen der Bauausführung	97

0 Änderungen gegenüber der BauO NW 1984, der BauO NW 1995 und der BauO NRW 2000

Die Vorschrift wurde mit der **BauO NW 1995** neu eingeführt. 01

Die **BauO NRW 2000** hat § 67 BauO NW 1995 mit Änderungen übernommen: 02
– **Abs. 1 Satz 1** wurde an das durch das BauROG geänderte Bauplanungsrecht angepasst, da der Bundesgesetzgeber das Instrument des Vorhaben- und Erschließungsplans (§ 7 BauGB-MaßnahmenG) in das Dauerrecht als **vorhabenbezogener Bebauungsplan** übernommen hat (§ 12 in Verbindung mit § 30 Abs. 2 BauGB).
– In Satz 1 **Nr. 1** entfiel die **Erwähnung örtlicher Bauvorschriften** so dass es nur noch darauf ankommt, ob das Vorhaben bebauungsplankonform ist. Die **Forderung**, wonach das Vorhaben den Bebauungsplanfestsetzungen **entsprechen** muss, wurde **entschärft**: das Vorhaben darf den Festsetzungen **nicht widersprechen**.
– **Nr. 2** knüpft ausschließlich an die Erschließung **im Sinne des Baugesetzbuchs** an.
– Nach Satz 2 wurde in Abs. 1 ein **neuer Satz 3** angefügt, der ein **Wahlrecht** zwischen der Freistellung und dem vereinfachtem Genehmigungsverfahren vorsieht.
– Der **alte Satz 3** des Abs. 1 ging im **neu angefügten Abs. 8** auf.

§ 63 Genehmigungsfreistellung

- In **Abs.** 5 wurden die für den Rechtsanwender schwer lesbaren Verweisungen auf andere Vorschriften durch einen besser verständlichen **Volltext** ersetzt, soweit dies möglich und sinnvoll war. Die Verpflichtung des Bauherrn gegenüber der Bauaufsichtsbehörde, die staatlich anerkannten Sachverständigen zu **benennen**, die mit den Kontrollen beauftragt wurden, fand neu Aufnahme in die Vorschrift.
- In **Abs.** 6 wurden neben dem Bauherrn auch die **späteren Eigentümer** verpflichtet, die Bauvorlagen, Nachweise und Bescheinigungen aufzubewahren.
- In **Abs.** 7 wurde ein **neuer Satz 3** eingefügt, wodurch sich die alten Sätze 3 und 4 zu den neuen Sätzen 4 und 5 verschoben. Der neue Satz 3 ordnet für Mittelgaragen die Geltung von Abs. 4 Satz 3 (Benachrichtigung der Angrenzer) und Abs. 6 (Aufbewahrungspflicht von Unterlagen) an.
- Der **neu angefügte Abs.** 8 ersetzte den alten Abs. 1 Satz 3 durch eine weniger missverständliche Formulierung, welche die ordnungsbehördliche Befugnis der Bauaufsichtsbehörde im Falle der **Nichtigkeit des Bebauungsplans** begrenzt.

03 Die **BauO NRW 2018** passt die Freistellungstatbestände an die geänderten Gebäudeklassen an und schränkt die Freistellung ein, indem die früheren Gebäude mittlerer Höhe nunmehr einer Genehmigung bedürfen und die Errichtung und Änderung von Gebäuden innerhalb des Sicherheitsabstandes zu Störfallbetrieben nicht freigestellt ist. Andererseits wird die Freistellung auf Nichtwohngebäude der Gebäudeklassen 1 und 2 ausgedehnt, sofern diese nicht Sonderbauten im Sinne des § 50 BauO NRW 2018 sind.

1 Allgemeines

1 Die Genehmigungsfreistellung von Wohngebäuden ist im Bundesdeutschen Recht seit dem Jahr 1990 bekannt (Baden Württembergische Verordnung über den Wegfall der Genehmigungspflicht bei Wohngebäuden und Nebenanlagen – Baufreistellungsverordnung« – vom 26.04.1990 (GBl. S. 144)). **Nordrhein-Westfalen** hat das Freistellungsverfahren mit der Vorschrift des § 67 BauO NW 1995 erstmals eingeführt.

2 Die beabsichtigte Einführung der **Freistellung** von Wohngebäuden stieß bereits im Vorfeld des Gesetzentwurfs auf Kritik der kommunalen Spitzenverbände, weil die **Begründung** für die neue Regelung in einem schon damals erkennbaren Widerspruch zum Inhalt und zum Umfang der beabsichtigten Regelung stand. Die Vorschrift sollte nämlich nach der Begründung (LT-Drucks. 11/7153 S. 182) das Ziel haben,
- Genehmigungsverfahren abzubauen und dadurch die Bauaufsichtsbehörden zu entlasten sowie
- dem Bauherrn eine rasche Durchführung des von ihm geplanten Bauvorhabens zu ermöglichen und damit die ansonsten häufig im Laufe eines längeren Baugenehmigungsverfahrens eintretenden Baukostensteigerungen zu vermeiden.

3 **Diese** angestrebten **Ziele** – und das ist nach mittlerweile langjähriger Erfahrung mit dem neuen Recht in der Praxis deutlich herauszustellen – wurden **verfehlt**,
- da die Bauaufsichtsbehörden einen **überproportional hohen Beratungsbedarf** der Bauherren und Entwurfsverfasser verzeichnen und das zunehmende **repressive** Vorgehen in erheblichem Umfang Arbeitskraft bindet,

– das »Freistellungsverfahren« wie das frühere Bauanzeigeverfahren regelmäßig **vier Wochen** Bearbeitungszeit in Anspruch nimmt und bei Anordnung des Genehmigungsverfahrens durch die Gemeinde die anschließende Durchführung des einfachen Genehmigungsverfahrens bei der Bauaufsichtsbehörde sogar noch um die für den Bauherrn **nutzlos verstrichene** Wartezeit bis zur Anordnung der Gemeinde **verlängert** wird und
– ein **Zusammenhang zwischen** einer **längeren** Verfahrensdauer gegenüber dem einfachen Genehmigungsverfahren mit seiner Bearbeitungsfrist von sechs Wochen und dadurch eintretenden **Baukostensteigerungen** überhaupt **nicht nachweisbar** ist.

Das **wahre Ziel** der Freistellung ist vielmehr **rechtspolitischer Natur** und in dem Bestreben zu sehen, die **Verantwortung** für die Einhaltung des öffentlichen Rechts **auf den Bauherrn zu verlagern** (zu der gesteigerten Verantwortlichkeit des Bauherrn s. VG Münster, Urt. v. 26.11.1998 – 2 K 819/98, BauR 1999, 626 = BRS 60 Nr. 161; OVG NRW Beschl. v. 18.01.2005 – 7 B 2751/04, BauR 2005, 1452 = BRS 69 Nr. 126). umso auf lange Sicht eine **Verschlankung der Bauaufsichtsverwaltung** zu erreichen. Dieses Ziel ist zwar angesichts der knappen Kassen bei den Kommunen verständlich, es konnte jedoch aus den genannten Gründen nicht erreicht werden. 4

Das darf nicht darüber hinwegtäuschen, dass der **typische Einfamilienhausbau im Geltungsbereich eines Bebauungsplanes** durch die Genehmigungsfreistellung **vereinfacht** wurde, denn diese Vorhaben können als Gebäude der Gebäudeklassen 1 bis 3 vom Entwurfsverfasser allein und **ohne Einschaltung staatlich anerkannter Sachverständiger** für die Prüfung der Standsicherheit bzw. für die Prüfung des Brandschutzes errichtet und – was noch wichtiger ist – **geändert** werden. Da die meisten bauvorlageberechtigten Entwurfsverfasser auch als staatlich anerkannte Sachverständige für Schall- und Wärmeschutz anerkannt sind, braucht der Bauherr regelmäßig nur diesen Entwurfsverfasser zu beauftragen und kann allein mit dessen Hilfe sein gesamtes Bauvorhaben abwickeln. Auch sehen sich die meisten Entwurfsverfasser bei der Anwendung baurechtlicher Vorschriften in Bezug auf Gebäude geringer Höhe mit nicht mehr als zwei Wohnungen nicht vor Probleme gestellt, die nur mit andauernder Hilfe der beratenden Bauaufsicht gelöst werden könnten. Es stellt sich daher die Frage, ob nicht die Genehmigungsfreistellung für diesen Gebäudetyp auf weitere Anwendungsfälle ausgedehnt werden kann, in denen die **Gemeinde** ihre **Planungshoheit bereits ausgeübt** hat, beispielsweise auf den Fall des vorausgegangenen Vorbescheids zum Planungsrecht, der so genannten Bebauungsgenehmigung. Immer dort, wo keine bauplanungsrechtlichen Fragen mehr offenbleiben und wo unproblematische Baumaßnahmen anstehen, kann der Staat auf eine präventive bauaufsichtliche Kontrolle im Rahmen seiner Deregulierungsbemühungen verzichten, zumal dort in aller Regel auch keine Konflikte mit Nachbarn auftreten. 5

Demgegenüber darf auch nicht verkannt werden, dass eine allzu weit reichende Entlassung in die »Freiheit« von vielen Bauherren **überhaupt nicht erwünscht** ist, weil sie nicht so sehr auf Verfahrensbeschleunigung setzen, sondern vielmehr **Rechtssicherheit** erstreben, die ihnen das Bauen in der Freistellung nicht vermitteln kann (s. Rdn. 85–96). 6

§ 63 Genehmigungsfreistellung

In der Diskussion über die Genehmigungsfreistellung wurde als **schwerwiegendes Argument** vorgebracht, dass die **Baugenehmigung** insoweit Vorteile bringe, als am Ende des Verfahrens eine **verbindliche Aussage über die Rechtmäßigkeit des Bauvorhabens** steht. Es liegt auf der Hand, dass dort, wo dieses Genehmigungsverfahren nicht mehr stattfindet, auch diese Aussage zugunsten der Bauherren nicht mehr getroffen wird und für Bauherren und Architekten Risiken bestehen (vgl. Ortloff, Genehmigungsfreies Bauen: Neue Haftungsrisiken für Bauherren und Architekten, NJW 1996, S. 2346 ff. und Mampel, Ver[de]reguliert: Einige Überlegungen zum Baugenehmigungs-Freistellungsverfahren, NVwZ 1996, S. 1160 ff.). Um dem Bauherrn zu ermöglichen, diese Unsicherheit zu umgehen, ist mit **§ 63 Absatz 2 Satz 2** BauO NRW 2018 dem Bauherrn die Möglichkeit eröffnet, das Freistellungsverfahren **abzuwählen**, wenn er eine Baugenehmigung erstrebt. In diesem Fall wird das **einfache Genehmigungsverfahren** nach § 64 BauO NRW 2018 durchgeführt. Die tatsächlichen Fallzahlen belegen, dass dem Freistellungsverfahren nicht die Bedeutung zugewachsen ist, die der Gesetzgeber der BauO NW 1995 unterstellt hat. In den Großstädten, mit ihren häufig gemischt genutzten Baustrukturen, kommt es weniger als in den vorstädtischen Bereichen und in den ländlichen Räumen zur Anwendung.

7   Im Hinblick auf den **Nachbarschutz** ist die Genehmigungsfreistellung nach § 63 BauO NRW 2018 nicht anders zu betrachten als die Genehmigungsfreiheit nach den § 62 BauO NRW 2018. **Der Unterschied** liegt nur in der **Art und Größe der Vorhaben**. Die Durchsetzung nachbarlicher Abwehransprüche gestaltet sich komplizierter als im Baugenehmigungsverfahren (vgl. Uechtritz, Nachbarrechtsschutz bei der Errichtung von Wohngebäuden im Freistellungs-, Anzeige- und vereinfachten Genehmigungsverfahren, NVwZ 1996, S. 640 ff.; Degenhardt, Genehmigungsfreies Bauen und Rechtsschutz des Nachbarn, NJW 1996, S. 1433 ff.; Borges, Der Nachbarrechtsschutz im Freistellungsverfahren, DÖV 1997, S. 900 ff.; Winkler, Das vereinfachte Genehmigungsverfahren nach Art. 80 BayBO [Art. 73 BayBO 1998], BayVBl. 1997, S. 744 ff.; Preschel, Abbau aber präventiven bauaufsichtlichen Prüfung und Rechtsschutz, DÖV 1998, S. 45 ff.). Da eine Baugenehmigung in der Genehmigungsfreistellung nach § 63 BauO NRW entfällt und keine in der Rechtswirkung vergleichbare bauaufsichtliche Gestattung vorliegt, kann der **Nachbar** auch keine solche anfechten; er hat **keinen verfahrensrechtlichen Anspruch** auf Durchführung des Baugenehmigungsverfahrens, selbst wenn die Gemeinde das Vorhaben zu Unrecht als freigestellt behandelt (OVG NRW, Beschl. v. 08.12.1998 – 10 B 2255/98, BauR 1999, 628 = BRS 60 Nr. 208). Ebenso entfällt die Möglichkeit, einstweiligen Rechtsschutz nach den §§ 80 und 80a VwGO in Anspruch zu nehmen. Der Nachbar kann auch nicht unmittelbar auf dem Verwaltungsrechtsweg gegen den Bauherrn vorgehen (diese Möglichkeit sieht dagegen Ortloff, Verwaltungsrechtsschutz zwischen Privaten?, NVwZ 1998, S. 932 ff.).

8   Will der Nachbar gegen ein freigestelltes Wohnbauvorhaben vorgehen, das **materiell baunachbarrechtswidrige Verstöße** aufweist, wie z.B. gegen die Abstandflächenvorschriften, kann er sich an die Bauaufsichtsbehörde wenden, um ein **bauaufsichtliches Einschreiten** zu erwirken (BVerwG, Beschl. v. 16.01.1997 – 4 B 244.96, BRS 59 Nr. 185; zum Anspruch des Nachbarn bei Feststellung der Nichtigkeit des

Genehmigungsfreistellung § 63

Bebauungsplans nach Abschluss der Bauarbeiten s. Rdn. 85–96). Das **Entschließungsermessen** der Bauaufsichtsbehörde zum Einschreiten ist bei Verletzungen gegen öffentlich-rechtliche, **dem Nachbarschutz dienende** Vorschriften regelmäßig **verdichtet**, so dass ein Rechtsanspruch des Nachbarn auf Einschreiten gegeben sein kann (s. Anmerkungen zu § 61 Rdn. 53–54). Andererseits hat die Rechtsprechung anerkannt, dass **zivilrechtliche Abwehrmöglichkeiten** von Störungen nach den §§ 823, 906 und 1004 BGB durchaus in die Ermessensentscheidung einfließen können, um im Einzelfall ein Einschreiten trotz materiell baunachbarrechtswidriger Verstöße abzulehnen (BVerwG, Beschl. v. 10.12.1997 – 4 B 204.97, BRS 59 Nr. 188 und Beschl. v. 09.02.2000 – 4 B 11.00, BauR 2000, 1318 = BRS 63 Nr. 210; s.a. Schmaltz, Die Freistellung von Wohngebäuden vom Genehmigungsvorbehalt nach § 69a NBauO, NdsVBl. 1995, S. 241 ff.; Uechtritz, Vorläufiger Rechtsschutz eines Nachbarn bei genehmigungsfreigestellten Bauvorhaben – Konkurrenz zwischen Zivil- und Verwaltungsprozess?, BauR 1998, S. 719 ff. und Sarnighausen, Behördliche Ermessensbindungen zum Schutz des Nachbarn gegen genehmigungsfreies Bauen, UPR 1998, S. 329 ff.).

Verwehrt die Bauaufsichtsbehörde ein Einschreiten, so ist die **Verpflichtungsklage** das geeignete Mittel, um den nachbarlichen Anspruch durchzusetzen. Entsprechend der in Betracht kommenden Verpflichtungsklage richtet sich der **vorläufige Rechtsschutz** nach § 123 VwGO (VGH B-W, Beschl. v. 26.10.1994 – 8 S 2763/94, BauR 1995, 219 = BRS 52 Nr. 148; Hamb. OVG, Beschl. v. 21.11.1995 – Bs II 307/95, BauR 1996, 229 = BRS 57 Nr. 134; OVG NRW, Beschl. v. 10.03.1997 – 7 B 192/97, BRS 59 Nr. 201 und Beschl. v. 02.10.1998 – 11 B 845/98, BRS 60 Nr. 20; s.a. Bamberger, Die verwaltungsgerichtliche vorläufige Einstellung genehmigungsfreier Bauvorhaben, NVwZ 2000, S. 983 ff.). Allerdings können im Rahmen des Rechtsschutzes nach § 123 VwGO im Genehmigungsfreistellungsverfahren hinsichtlich eines Anspruchs des Nachbarn auf behördliches Einschreiten nicht dieselben Anforderungen an die Ermessensreduzierung auf Null gestellt werden wie im Baugenehmigungsverfahren (BayVGH, Beschl. v. 24.05.1996 – M 1 E 96.2516, NVwZ 1997, 928; zu den Maßstäben im Verfahren nach § 123 VwGO bei freigestellten Vorhaben nach § 67 BauO NRW s.a. OVG NRW, Beschl. v. 31.01.1997 – 10 B 3207/96, NVwZ-RR 1998, 218).

9

Das »**Freistellungsverfahren**« nach Absatz 1 Satz 1 erfasst dem Grunde nach die **Errichtung, Änderung** und **Nutzungsänderung** von **Wohngebäuden der Gebäudeklassen 1 bis 3**, sonstigen **Gebäuden der Gebäudeklassen 1 und 2** einschließlich ihrer **Nebengebäude** und **Nebenanlagen**.

10

Die **Beseitigung** erwähnt § 63 **nicht**. Diese baulichen Vorgänge sind nach § 62 Absatz 3 BauO NRW 2018 **genehmigungsfrei** (s. Anmerkungen zu § 62 Rdn. 223–239).

Die §§ 1 bis 9 BauPrüfVO regeln die **Anforderungen an die Bauvorlagen**. Welche Bauvorlagen in der Freistellung nach § 63 BauO NRW erforderlich werden, regelt § **13 BauPrüfVO**. Danach hat der Bauherr der Gemeinde zusammen mit dem Antragsvordruck lediglich den Lageplan und die Bauzeichnungen in **einfacher** Ausfertigung einzureichen. Die **inhaltlichen Anforderungen** an den **Lageplan** und die **Bauzeichnungen** unterscheiden sich nicht von denen im einfachen Baugenehmigungsverfahren

11

§ 63 Genehmigungsfreistellung

(s. Anmerkungen zu § 64 Rdn. 9). Will der Bauherr erreichen, dass die eingereichten Bauvorlagen bei Anordnung der Durchführung des Genehmigungsverfahrens gleich im vereinfachten Genehmigungsverfahren weiterbearbeitet werden, muss er alle Bauvorlagen nach § 10 BauPrüfVO in dreifacher Ausfertigung vorlegen. Die Bauvorlagen für Wohngebäude müssen von einem **bauvorlageberechtigten Entwurfsverfasser** durch Unterschrift anerkannt sein. Für die Gemeinde besteht hinsichtlich der Vollständigkeit und Richtigkeit der Bauvorlagen keine Prüfpflicht, weil durch das Beteiligungsverfahren der Gemeinde nur die Gelegenheit geboten werden soll, eigene Rechte und Interessen im von ihr gewünschten Umfange wahrzunehmen. Die Verantwortung für die Ordnungsgemäßheit und Vollständigkeit der Bauvorlagen liegt ausschließlich beim Bauherrn und seinem Entwurfsverfasser; das gilt auch hinsichtlich der Angaben nach dem HBauStatG (s. Anmerkungen zu § 70 Rdn. 52). Erkennt die Gemeinde, ohne dass eine Prüfung im eigentlichen Sinne stattgefunden hat, die **Unrichtigkeit oder Unvollständigkeit der Bauvorlagen** oder bemerkt sie das **Fehlen der Bauvorlageberechtigung**, hat sie das Recht, durch eine entsprechende Erklärung die **Durchführung des Baugenehmigungsverfahrens zu verlangen**, was sie im eigenen Interesse aber dann auch sollte.

12 Die Einreichung der Bauvorlagen nach § 13 BauPrüfVO hat für den Bauherrn normalerweise **keine gebührenrechtliche Folge**, selbst dann nicht, wenn die Gemeinde **von Amts wegen** die Erklärung nach Absatz 3 Satz 5 abgibt, dass mit dem Vorhaben auch schon vor Ablauf der Wartefrist begonnen werden darf. Nach **Tarifstelle 2.4.9.1** des Allgemeinen Gebührentarifs zu AVwGebO NRW wird jedoch eine **Gebühr von 50 Euro** fällig, wenn diese **vorzeitige Mitteilung auf Antrag** des Bauherrn abgegeben wurde. Die gleiche Gebühr wird nach **Tarifstelle 2.4.9.2** erhoben für die **auf Antrag** des Bauherrn ausgestellte **Bestätigung** der Gemeinde, keine Erklärung nach Absatz 2 Satz 1 Nr. 5 über die Anordnung der Durchführung des vereinfachten Genehmigungsverfahrens abgegeben zu haben.

2 Zu Absatz 1 – Freigestellte Anlagen

13 Absatz 1 Satz 1 sieht die **genehmigungsfreie Errichtung, Änderung und** Nutzungsänderung von
1. Wohngebäuden der Gebäudeklassen 1 bis 3,
2. sonstigen Gebäuden der Gebäudeklassen 1 und 2 und
3. Nebengebäuden und Nebenanlagen für Gebäude nach Nr. 1 und 2
vor.

14 Die BauO NRW 2018 definiert den Begriff Wohngebäude nicht; sie enthält insbesondere **nicht** die Aussage, dass es sich dabei um **ausschließlich dem Wohnen dienende Gebäude** handeln muss. Nach § 13 BauNVO (sämtliche Fassungen) sind in den Baugebieten nach den §§ 2 bis 4 BauNVO **Räume**, in den Baugebieten nach den §§ 4a–9 BauNVO auch **Gebäude** für die Berufsausübung freiberuflich Tätiger und solcher Gewerbetreibender, die ihren Beruf in ähnlicher Art ausüben, zulässig. Im Hinblick auf § 13 BauNVO darf jedoch nicht übersehen werden, dass diese Vorschrift einen rein **bauplanungsrechtlichen** Ansatz hat. Daneben ist aber einschränkend unbedingt

der **Gefahrenabwehraspekt des Bauordnungsrechts** zu berücksichtigen. Die Vergleichbarkeit der in § 13 BauNVO genannten Tätigkeiten wird man dann nur für diejenigen Tätigkeiten bejahen können, die gegenüber einer reinen Wohnnutzung keine besonderen baulichen Probleme aufwerfen oder keine weitergehenden technischen Anforderungen an Planung und Ausführung des Gebäudes stellen.

In einem »**Wohngebäude**« im Sinne des § 63 BauO NRW 2018 sind keine Nutzungseinheiten zulässig, die ausschließlich nicht dem Wohnen dienen. Einzelne Räume, die der freiberuflichen Berufs- oder Gewerbeausübung (vgl. Anmerkungen zu Rdn. 14) dienen, sind jedoch unschädlich. Darüber hinaus muss der **Anteil der Wohnnutzung deutlich überwiegen**, so dass Gebäude im Sinne des § 13 BauNVO nicht mehr den bauordnungsrechtlichen Begriff des Wohngebäudes erfüllen. Gebäude, in denen gemischt genutzte Nutzungseinheiten vorhanden sind, werden dann von der Genehmigungsfreistellung erfasst, wenn der Wohnteil eindeutig überwiegt. 15

In Nr. 2 sind **sonstige Gebäude der Gebäudeklassen 1 und 2** freigestellt. Unter Berücksichtigung des Satzes 2, wonach die Freistellung nicht für Sonderbauten gilt, handelt es sich bei der Nr. 2 im Wesentlichen um Gebäude der Gebäudeklasse 1, die nicht dem Wohnen dienen. Das sind freistehende land- und forstwirtschaftlich genutzte Gebäude und Gebäude mit einem dem Wohnen vergleichbaren Gefährdungseinschätzung. Weiterhin fallen unter diesen Freistellungstatbestand die gemischt genutzten Gebäude, die nicht mehr unter Nr. 1 subsumiert werden können, jedoch noch keine Sonderbauten im Sinne des § 50 BauO NRW 2018 sind. Andere denkbare Freistellungstatbestände sind bereits mit § 62 BauO NRW 2018 erfasst. 16

Die in Nr. 3 einbezogenen **Nebengebäude** und **Nebenanlagen** müssen den Gebäuden der Nr. 1 oder 2 **räumlich und funktional zugeordnet** und im Vergleich zu dem jeweiligen Wohngebäude **von der Größe her untergeordnet** sein. Dieses Begriffspaar zielt somit auf **Anlagen im Sinne des § 14 BauNVO** (s. Anmerkungen zu § 2 Rdn. 174 ff.). 17

Abs. 5 erweitert die Anwendbarkeit des Freistellungsverfahrens auf **Garagen, überdachte Stellplätze und Fahrradabstellplätze bis 1.000 m² Nutzfläche**, wenn sie einem Wohngebäude im Sinne des Absatzes 1 **dienen** (vgl. Anmerkungen zu Rdn. 69–76). 18

Die Errichtung oder Änderung der Nebengebäude, Nebenanlagen, Garagen oder überdachten Stellplätze **braucht nicht zeitgleich** mit der des Wohngebäudes zu erfolgen. Auch die **spätere Realisierung** unterfällt ebenfalls dem Freistellungsverfahren. 19

Von der Genehmigungsfreistellung ausgenommen sind nach Satz 2 20
– Sonderbauten nach § 50 BauO NRW 2018 und
– die Errichtung, Änderung oder Nutzungsänderung
  – eines oder mehrerer Gebäude, wenn dadurch dem Wohnen dienende Nutzungseinheiten mit einer Größe von insgesamt mehr als 5000 m² Bruttogrundfläche geschaffen werden und
  – baulicher Anlagen, die öffentlich zugänglich sind, wenn dadurch die gleichzeitige Nutzung durch mehr als 100 zusätzliche Besucher ermöglicht wird, sofern die Gebäude innerhalb des Sicherheitsabstandes oder Achtungsabstandes nach dem Immissionsschutzrecht liegen.

21 Welche Anlagen unter den Begriff des **Sonderbaus** fallen, ist in § 50 BauO NRW 2018 definiert. Danach sind alle **Anlagen und Räume besonderer Art und Nutzung** Sonderbauten in Sinne der Vorschrift. Dies trifft insbesondere auf die in § 50 Absatz 2 BauO NRW 2018 aufgelisteten Anlagen zu, auch wenn sie die dort beschriebenen Abgrenzungen für ein Unterfallen unter den Begriff des **großen** Sonderbaus nicht erreichen. Bleiben sie unter den Schwellenwerten, handelt es sich um **kleine** Sonderbauten, die aber dennoch von der Freistellung ausgenommen sind. Diese Abgrenzung ist sinnvoll, da die Anforderungen an diese besondere Art von Anlagen höher sind, als dies bei Wohngebäuden oder den übrigen in §§ 62 und 63 BauO NRW 2018 aufgezählten Anlagen der Fall ist.

22 Bei der weiteren Ausnahme von der Freistellung geht es um die **Umsetzung der Seveso-III-Richtlinie**. Diese Richtlinie verpflichtet die Mitgliedsstaaten zur Einhaltung von **Mindestabständen** u. a. **zwischen Wohngebieten bzw. öffentlich genutzten baulichen Anlagen zu Betrieben, die mit gefährlichen Stoffen umgehen**. Wenn also in einem fest umgrenzten Gebiet **Wohnnutzungen** mit insgesamt **mehr als 5000 m²** (Nr. 1) oder aber **öffentlich zugängliche bauliche Anlagen** für **mehr als 100 gleichzeitigen Besuchern (Nr. 2)** geschaffen werden, ist zur Sicherstellung der Rechtmäßigkeit ein **Genehmigungsverfahren** zu durchlaufen. Ob in dem Wohngebiet außer Wohnnutzungen auch andere Nutzungen entstehen, ist für die Bestimmung des Ausnahmetatbestandes unerheblich. Mit dem Begriff der öffentlich genutzten baulichen Anlage ist die Anlage nach § 49 Absatz 2 BauO NRW 2018 gemeint. Ggf. sind bei Neubaumaßnahmen jedoch bauplanungsrechtliche Instrumente angezeigt. Die Größe der Schwellenwerte ist dabei auf die Folgen eines Unfalls abgestellt. Es geht dabei nicht um die Gefährdung einzelner Personen sondern um eine massive Gefährdungserhöhung. Die Gesetzesbegründung (vgl. LT-Drucks. 17/2166 S. 170 f.) führt dazu aus:

> *Wohngebiete im Sinne der Richtlinie sind nicht ausschließlich im Sinne der Gebietskategorien der Baunutzungsverordnung zu verstehen. Vielmehr geht es um Vorsorge, dass nicht durch eine Neuansiedlung einer größeren Zahl von Menschen die Folgen eines Unfalls im Betriebsbereich erheblich verschärft werden. Abstrakt lassen sich Wohngebiete im Sinne der Richtlinie daher dahingehend definieren, dass es sich um Flächen handeln muss, die zumindest überwiegend dem Wohnen dienen oder die in einer Weise genutzt werden, die unter Gesichtspunkten des Immissions- oder Störfallschutzes ähnlich wie das Wohnen eines besonderen Schutzes bedürfen. Daher ist die Errichtung einzelner Wohngebäude oder die Schaffung von Wohnraum durch Umbaumaßnahmen und Nutzungsänderungen nur dann erfasst, wenn sie eine einem Wohngebiet vergleichbare Nutzungsintensität aufweisen; um die betroffenen Vorhaben rechtssicher und vollzugstauglich zu bestimmen, werden Schwellenwerte eingeführt: Für die Festlegung des Schwellenwerts von 5.000 m² Brutto-Grundfläche (§ 62 Absatz 1 Satz 2 Nummer 1) ist maßgeblich: Die Seveso-III-Richtlinie führt als schutzbedürftige Nutzungen Wohngebiete, öffentlich genutzte Gebäude und Gebiete, Erholungsgebiete und Hauptverkehrswege auf. Dabei handelt es sich typischerweise um Vorhaben mit einer größeren Nutzungsintensität. Die größere Nutzungsintensität kann Auswirkungen auf den in Artikel 13 Absatz 1 Satz 2 Buchstabe c der Seveso-III-Richtlinie genannten Schutzzweck (nicht das Risiko eines schweren Unfalls zu vergrößern oder die Folgen eines*

solchen Unfalls zu verschlimmern) haben. Durch die Ansiedlung einzelner Personen ist in den meisten Fällen nicht mit einer signifikanten Gefahrerhöhung zu rechnen, da ein Schutz dieser Personen durch die vorhandenen Sicherungen des Katastrophenschutzes (Möglichkeiten der Warnung und/oder Evakuierung) möglich ist.

Ab einer Zahl von mehr als 100 Personen (§ 63 Absatz 1 Satz 2 Nummer 2), die sich bei Verwirklichung eines Bauvorhabens zusätzlich im Gefahrenbereich eines Betriebs befinden, ist dagegen damit zu rechnen, dass nicht nur in Einzelfällen das Gefährdungspotenzial signifikant ansteigt und daher auch zusätzliche Überlegungen zur Warnung und Evakuierung der betroffenen Personen erforderlich sind.

Die Gleichstellung der Schwellenwerte 5000 m^2 und 100 Besucher resultiert dabei aus der Vorstellung, dass in einem Wohngebiet durchschnittlich 50 m^2 Wohnfläche pro Bewohner realisiert werden.

Der angemessene Sicherheitsabstand ist derzeit noch nicht bundeseinheitlich geregelt; dies soll im Laufe des Jahres 2019 durch die geplante Verwaltungsvorschrift Technische Anleitung (TA) Abstand erfolgen. Bis dahin muss die Definition des § 3 Absatz 5c BImSchG herangezogen werden. Danach ist der angemessene Sicherheitsabstand »der **Abstand zwischen einem Betriebsbereich oder einer Anlage, die Betriebsbereich oder Bestandteil eines Betriebsbereiches ist, und einem benachbarten Schutzobjekt, der zur gebotenen Begrenzung der Auswirkungen auf das benachbarte Schutzobjekt, welche durch schwere Unfälle im Sinne des Artikels 3 Nummer 13 Seveso-III-Richtlinie hervorgerufen werden können, beiträgt.«** Zur Umsetzung dieser Vorschrift dienen die »**Empfehlungen für Abstände zwischen Betriebsbereichen nach der Störfall-Verordnung und schutzbedürftigen Gebieten im Rahmen der Bauleitplanung – Umsetzung § 50 BImSchG«** 23

Sofern der angemessene **Sicherheitsabstand** auf der dargestellten Grundlage nicht ermittelt werden kann, ist auf den sog. **Achtungsabstand** abzustellen. Die Ermittlung des Achtungsabstandes erfolgt derzeit nach dem von der Kommission für Anlagensicherheit entwickelten Leitfaden »**Empfehlungen für Abstände zwischen Betriebsbereichen nach der Störfall-Verordnung und schutzbedürftigen Gebieten im Rahmen der Bauleitplanung – Umsetzung § 50 BImSchG«.** Diesem Leitfaden liegt der Gedanke zugrunde, einen Abstand zu schaffen, bei dem das Risiko eines schweren Unfalls nicht vergrößert und die Folgen eines solchen Unfalls nicht verschlimmert werden. 24

Die Ausnahme von der Genehmigungsfreistellung für Wohngebiete ist nach Satz 3 jedoch nur dann anzuwenden, wenn der angemessene Sicherheitsabstand nicht bereits in einem vorangegangenen Verfahren zur Aufstellung oder Änderung des Bebauungsplanes berücksichtigt worden ist. 25

Satz 4 sieht die Genehmigungsfreistellung auch **für Änderungen und Nutzungsänderungen** von Anlagen vor, deren Errichtung oder Änderung nach vorgenommener Änderung oder bei geänderter Nutzung nach § 63 genehmigungsfrei wäre. Die Formulierung »wäre« bedeutet, dass **auf das Ergebnis der Änderung oder Nutzungsänderung abzustellen** ist. Die Genehmigungsfreistellung tritt danach ein, wenn durch 26

§ 63 Genehmigungsfreistellung

die geplante Änderung oder Nutzungsänderung die Anlage begrifflich als Anlage nach Satz 1 Nr. 1 bis 3 angesehen werden kann, unabhängig davon, wie das Gebäude zuvor genutzt wurde. Wird z.b. ein im Geltungsbereich eines qualifizierten Bebauungsplans gelegenes Bürogebäude geringer Höhe durch Nutzungsänderung vollständig in Wohnraum umgewandelt, findet das Freistellungsverfahren Anwendung, da auch die Errichtung dieses Wohngebäudes § 63 unterfällt.

27 Voraussetzung ist, dass die Anlage »nach dieser Vorschrift baugenehmigungsfrei« ist. Damit ist – im Gegensatz zu der Vorgängervorschrift, die **ohne den klarstellenden Zusatz** »nach dieser Vorschrift« auskam – verdeutlicht, dass nur Änderungen und Nutzungsänderungen von solchen Anlagen von dieser Freistellungsregelung betroffen sind, die nach § 63 freigestellt sind und nicht etwa solche, die nach § 62 BauO NRW 2018 keiner Genehmigungspflicht unterliegen.

3 Zu Absatz 2 – Voraussetzungen für die Genehmigungsfreistellung

28 Absatz 2 bestimmt, unter welchen Voraussetzungen das Freistellungsverfahren angewandt werden kann. Die genannten Gebäude und Anlagen müssen im Geltungsbereich eines **qualifizierten** Bebauungsplans im Sinne des § 30 Abs. 1 BauGB oder eines **vorhabenbezogenen** Bebauungsplans im Sinne des § 30 Abs. 2 i.V.m. § 12 BauGB liegen. Dieser **zentralen Voraussetzung** der Genehmigungsfreistellung liegt der Gedanke zugrunde, dass die **Bebaubarkeit des Grundstücks** bereits **abschließend und rechtsverbindlich** durch die Gemeinde geregelt ist, so dass die bauplanungsrechtlichen Voraussetzungen dem Bebauungsplan unmittelbar entnommen werden können (vgl. Böckenförde/Hindermann, Novellierung der Bauordnung NW, 1996, Rn. 43–51).

29 Es muss sich um einen **rechtsverbindlichen Bebauungsplan** handeln. Das hat zur Folge, dass die während der Planaufstellung **gemäß § 33 BauGB zulässigen Bauvorhaben** nicht Gegenstand des Freistellungsverfahrens nach § 63 sein können, selbst dann nicht, wenn die Voraussetzungen des § 33 Abs. 1 BauGB vorliegen

30 Die Bezugnahme auf § 30 **Abs. 1** BauGB besagt, dass der Bebauungsplan **mindestens Festsetzungen über**
– die **Art** und das **Maß der baulichen Nutzung,**
– die **überbaubaren Grundstücksflächen** und
– die **örtlichen Verkehrsflächen**
enthalten muss und damit als **qualifizierter** Bebauungsplan gilt. Es ist nicht erforderlich, dass der Bebauungsplan noch weitere oder sogar alle nach § 9 BauGB möglichen Festsetzungen trifft, da § 30 Abs. 1 BauGB nur von Festsetzungen über die genannten Kriterien spricht (vgl. Ernst/Zinkahn/Bielenberg/Krautzberger, zu § 30 Rn. 14). Geht aus den Festsetzungen des Bebauungsplans hervor, dass z.B. hinsichtlich der überbaubaren Flächen bewusst nur Teilregelungen – etwa durch Festsetzung nur einer Baulinie oder einer Baugrenze – getroffen werden sollten, sind die Voraussetzungen des § 30 Abs. 1 BauGB gleichwohl erfüllt (BVerwG, Urt. v. 12.01.1968 – IV C 167.65, BRS 20 Nr. 8).

Der **vorhabenbezogene** Bebauungsplan nach § 30 **Abs.** 2 in Verbindung mit § 12 BauGB ist dem qualifizierten Bebauungsplan **gleichgestellt**, weil auch durch diesen Plan eine **abschließende Zulässigkeitsregelung** für Vorhaben getroffen wird. Darüber hinaus besteht für den Vorhabenträger eine **vertragliche Durchführungsverpflichtung**.

31

In der Vorgängervorschrift des § 67 BauO NRW 2000 war noch geregelt, dass das Vorhaben den Festsetzungen des Bebauungsplans **nicht widersprechen darf**. Nunmehr greift die Freistellung, wenn das Vorhaben keiner Ausnahme oder Befreiung nach § 31 BauGB bedarf. Inhaltlich ist damit das Gleiche gemeint, weil ein Widersprechen gleichbedeutend ist mit dem Erfordernis einer Entscheidung, dass von einer Planfestsetzung abgewichen werden darf. Sofern dies der Fall ist, kann das Vorhaben nicht mehr ohne ein bauaufsichtliches Verfahren rechtmäßig ausgeführt werden.

32

Die Freistellung nach § 63 BauO NRW 2018 ist **nicht** mehr gegeben, wenn hinsichtlich der bauplanungsrechtlichen Zulässigkeit eine **gesonderte Entscheidung über** die Erteilung einer **Ausnahme** oder einer **Befreiung** getroffen werden muss. Eine derartige Entscheidung ist in den Fällen des § 23 Abs. 2 Satz 2 und § 23 Abs. 3 Satz 2 BauNVO gerade nicht vorgesehen, weil die Über- bzw. Unterschreitungsermächtigung mit der Festsetzung von Baulinien oder Baugrenzen Bestandteil des Bebauungsplans wird. Daher ist heute z.b. eine genehmigungsfreie Errichtung von Wohngebäuden mit einer geringfügigen Überschreitung der Baugrenze möglich, weil die Überschreitung zwar nicht dem Bebauungsplan entspricht, ihm aber auch nicht insoweit widerspricht, als dadurch eine Abweichungsentscheidung erforderlich würde. Die genehmigungsfreie Errichtung oder Änderung ist dagegen **nicht möglich** ist, wenn eine **bauplanungsrechtliche Ausnahme oder Befreiung nach § 31 BauGB** erteilt werden muss. Da in **Gewerbe- und Industriegebieten** Wohngebäude für Aufsichts- und Bereitschaftspersonen sowie für Betriebsinhaber und Betriebsleiter nur ausnahmsweise zugelassen werden können, greift in diesen Baugebieten die Freistellung nicht.

33

Weitere Voraussetzung der Genehmigungsfreistellung ist die **gesicherte Erschließung im bauplanungsrechtlichen Sinne**. Das stellt die Formulierung der **Nr. 3** ausdrücklich klar. Die bauordnungsrechtlichen Anforderungen an die Erschließung gemäß § 4 BauO NRW 2018 sind nicht Gegenstand der Frage, ob das Vorhaben freigestellt ist. **Von** einer **gesicherten Erschließung** ist nach allgemeiner Auffassung dann **auszugehen**, wenn aufgrund von Anhaltspunkten vernünftigerweise erwartet werden kann, dass die erforderlichen Erschließungsanlagen zum **Zeitpunkt der Nutzungsaufnahme** der baulichen Anlagen vorhanden und benutzbar sind (BVerwG, Urt. v. 21.02.1986 – 4 C 10.83, BauR 1986, 305 = BRS 46 Nr. 106).

34

Die **ordnungsgemäße Erschließung umfasst** unter heutiger Betrachtung im Wesentlichen das Vorhandensein von **Straßen**. Bei Straßen in Wohngebieten wird nicht nur die Befestigung der Fahrbahn, sondern auch die Beleuchtung und die Straßenentwässerung gefordert (BVerwG, Urt. v. 28.10.1981 – 8 C 4.81, BRS 38 Nr. 58), die Anlagen zur **Versorgung** mit Energie und Trinkwasser sowie die **Entsorgung** des Abwassers (s. BVerwG, Urt. v. 13.02.1976 – IV C 53.74, BRS 30 Nr. 40; OVG NRW, Urt. v. 24.08.1979 – XI A 611/79, BRS 35 Nr. 150). **Nicht** zu einer gesicherten

35

Erschließung gehört die Abfallentsorgung, ebenfalls nicht die Anschlussmöglichkeit von Telefon- und Kabelfernsehanschlüssen.

36 Wegen des Grundsatzes der Verhältnismäßigkeit kann nicht mehr, aber auch nicht weniger als das Vorhandensein oder die Sicherung einer **im Einzelfall »ausreichenden« Erschließung** verlangt werden. Die Betrachtung kann sich demnach auf das **konkrete Baugrundstück** und das **konkrete Bauvorhaben beziehen**. Im Geltungsbereich eines Bebauungsplans richten sich die Anforderungen an die Erschließung des konkreten Baugrundstücks nach dessen verbindlichen Festsetzungen. Die BauO NRW 2018 geht davon aus, dass der Bauherr in der Lage sein muss, die Erschließungssituation in einem Plangebiet zu beurteilen.

37 Hinsichtlich der **Abwassersituation** hat § 51a LWG, der die Verpflichtung einer **ortsnahen Beseitigung des Niederschlagwassers** beinhaltet, die Beurteilung der gesicherten Erschließung verkompliziert.

38 **Nr. 4** bestimmt, dass das Vorhaben **keiner Abweichung** nach § 69 BauO NRW 2018 bedürfen muss um im Freistellungsverfahren realisiert zu werden. Im Gegensatz zu dem Erfordernis, dass keine Ausnahme oder Befreiung notwendig sein darf (Nr. 2), handelt es sich hier um eine **bauordnungsrechtliche Vorgabe**. § 69 BauO NRW 2018 bestimmt, dass die Bauaufsichtsbehörde Abweichungen von Anforderungen dieses Gesetzes und aufgrund dieses Gesetzes erlassener Vorschriften zulassen kann, wenn bestimmte Voraussetzungen erfüllt sind. Mit diesen beiden Ausnahmetatbeständen wird deutlich, dass sich das Vorhaben im Geltungsbereich eines Bebauungsplanes vollständig an die bestehende Rechtsordnung halten muss.

39 Nach **Nr. 5** darf die Gemeinde nicht **innerhalb eines Monats nach Eingang der Bauvorlagen** erklärt haben, dass das **Baugenehmigungsverfahren** durchgeführt werden soll oder **eine vorläufige Untersagung nach** § 15 Abs. 1 Satz 2 BauGB beantragt. Die Erklärung setzt wiederum voraus, dass die Bedingungen für die Anwendung des § 63 erfüllt sind, also das Vorhaben nach Nr. 1 und 2 den Festsetzungen des Bebauungsplans nicht widerspricht und dass nach Nr. 3 die Erschließung gesichert ist. Fehlt nur eine dieser Voraussetzungen, unterfällt das Vorhaben nicht dem Freistellungsverfahren nach § 63 mit der Folge, dass die Unterlagen dem Bauherrn mit dem Hinweis auf die Genehmigungsbedürftigkeit zurückzugeben sind. Es liegt dann kein Fall der Erklärung nach Nr. 5 vor, vielmehr handelt es sich hierbei um eine Beratung im Sinne des § 25 VwVfG. NRW., da die Behörde nach dieser Vorschrift den Bauherrn über die richtige Antragstellung aufklären soll, wenn der Antrag versehentlich oder aus Unkenntnis unrichtig abgegeben oder gestellt wurde.

40 Abs. 3 Satz 2 sieht eine **Rückgabe der Bauvorlagen an den Bauherrn** vor, wenn die Gemeinde die Erklärung abgibt, dass ein Baugenehmigungsverfahren durchgeführt werden soll. Nach **Satz 3, Halbsatz 1** sind die **Bauvorlagen** von der Gemeinde **an die Bauaufsichtsbehörde weiterzuleiten**, wenn der Bauherr bei ihrer Einreichung bestimmt hat, dass diese im Falle der Erklärung der Gemeinde als Bauantrag weiter zu behandeln sind und für diesen Fall vorsorglich die erforderlichen Bauvorlagen für das vereinfachte Genehmigungsverfahren beigefügt hat (s. Rdn. 10). Um das Verfahren

zu verkürzen, hat die **Gemeinde zeitgleich** mit den Bauvorlagen der Bauaufsichtsbehörde auch **ihre Stellungnahme zum Bauantrag** zuzuleiten, wie sich aus **Satz 3, Halbsatz 2** ergibt, der eine erneute Beteiligung der Gemeinde durch die Bauaufsichtsbehörde nach § 72 Absatz 1 Satz 3 BauO NRW 2018 ausschließt. Ein **Aufbewahren** der Bauvorlagen **durch die Gemeinde** ist in den Fällen der Sätze 2 und 3 **nicht erforderlich**, weil sich bei Weiterleitung an die Bauaufsichtsbehörde ein Baugenehmigungsverfahren anschließt, nach dessen Abschluss die Gemeinde eine Ausfertigung der Baugenehmigung einschließlich der mit dem Genehmigungsvermerk versehenen Bauvorlagen erhält (s. § 74 Absatz 6 BauO NRW 2018).

Der Antrag nach § 15 Abs. 1 Satz 2 BauGB ist von der Gemeinde zu stellen, richtet sich an die untere Bauaufsichtsbehörde und hat zum Ziel, dass das Vorhaben vorläufig untersagt wird. Dieser Antrag setzt voraus, dass durch das Ausführen des Vorhabens die Durchführung der Planung unmöglich gemacht oder wesentlich erschwert wird.

Es kommt nicht nur selten, sondern regelmäßig vor, dass der Bauherr die **Voraussetzungen** für die Freistellung **falsch eingeschätzt** hat, 41
– weil das Vorhaben kein reines Wohngebäude ist,
– der Bebauungsplan noch keine Rechtskraft erlangt hat,
– der Bebauungsplan nicht qualifiziert im Sinne des § 30 Abs. 1 BauGB ist,
– überhaupt kein Bebauungsplan vorliegt oder
– die Erschließungseinrichtungen nicht oder nur teilweise vorhanden sind,
um nur einige Beispiele aus der täglichen Praxis zu nennen. **Erst wenn die Voraussetzungen** des Absatzes 1 **erfüllt** sind, kann die Gemeinde prüfen, ob sie die Durchführung des Genehmigungsverfahrens anordnen will und gegebenenfalls die entsprechende Erklärung nach Nr. 3 abgeben.

Diese **Erklärung** muss **eindeutig** zum Ausdruck bringen, dass für das Vorhaben die Durchführung des Baugenehmigungsverfahrens angeordnet wird (BayVGH, Beschl. v. 13.01.2000 – 26 CS 99.2149, BauR 2000, 705 = BRS 63 Nr. 127 = NVwZ-RR 2001, 649). Die Einbindung der Gemeinde in das Genehmigungsfreistellungsverfahren war geboten, um dessen Konformität mit dem Bundesrecht zu sichern, indem der Gemeinde die Möglichkeit gegeben wird, ihre Interessen in den Ablauf gestaltend einzubringen (so Jäde, Nochmals: Das Genehmigungsfreistellungsverfahren, NWVBl. 1995, S. 206 ff.). Da der Bauherr nach ungenutztem Ablauf der Monatsfrist mit dem Vorhaben beginnen darf (Abs. 2 Satz 1 Nr. 5 i.V.m. Abs. 3 Satz 4), ist die Gemeinde gehalten, durch **organisatorische Maßnahmen** sicherzustellen, dass die **Monatsfrist** dazu genutzt werden kann festzustellen, ob im gemeindlichen Interesse ein Baugenehmigungsverfahren durchgeführt werden soll. 42

Ob innerhalb einer **Gemeinde**, die **zugleich Bauaufsichtsbehörde** ist, die Bearbeitung nach § 63 genehmigungsfreier Bauvorhaben der Organisationseinheit, welche die Aufgaben der Bauaufsicht wahrnimmt, zugewiesen wird, kann im Rahmen der Organisationshoheit der Gemeinde von ihr frei entschieden werden, was sich allerdings in der Praxis als durchaus zweckmäßig erwiesen hat, um gerade durch die in vielen Fällen gebotene Berichtigung von Anträgen zu einer Beschleunigung der Verfahrensabläufe beitragen zu können. Andere Dienststellen der privilegierten Gemeinde 43 verfügen nämlich nicht über ausreichende Kenntnisse des Verfahrensrechts, um den Bauherrn unterstützend beraten zu können, was auch angesichts der höchst komplizierten Regelungen der BauO NRW 2018 nicht verwundern kann. Insoweit sind die Bauherren, die in nicht privilegierten Gemeinden bauen wollen, schlechter gestellt, da sie im weiteren Verlauf des Baugeschehens stets mit zwei unterschiedlichen Behörden Kontakt halten müssen, nämlich der Gemeinde und dem Kreis als untere Bauaufsichtsbehörde.

44 Hinsichtlich der **Rechtsnatur der gemeindlichen Erklärung** besteht bereits seit dem Gesetzgebungsverfahren zur BauO NW 1995 Streit über die Frage, ob es sich um einen **Verwaltungsakt** handelt oder nicht. Die Erklärung über die Durchführung eines gebührenpflichtigen Baugenehmigungsverfahrens erfüllt die Voraussetzungen des Begriffs des Verwaltungsakts, da sie **konstitutiv** ist und **Außenwirkung** gegenüber dem Bauherrn sowie den Angrenzern entfaltet (so Boeddinghaus/Hahn/Schulte/Radeisen, zu § 67 Rn. 42). Rechtsbehelfe dagegen unterliegen jedoch den Einschränkungen des § 44a VwGO, so dass die Erklärung der Gemeinde eine **nicht isoliert anfechtbare Verwaltungshandlung** darstellt (so auch Jeromin, zu § 67 Rn. 58). Die Erklärung bedarf auch **keiner Begründung**. Die Bauaufsichtsbehörde hat nicht die Möglichkeit, den Vorgang an die Gemeinde mit der Begründung zurückzuverweisen, das Bauvorhaben eigne sich sehr wohl für ein Freistellungsverfahren nach § 63. Die **Entscheidung der Gemeinde** ist für die Bauaufsichtsbehörde **bindend**.

45 Satz 2 gibt dem Bauherrn das **Wahlrecht**, die Durchführung des einfachen Genehmigungsverfahrens verlangen zu können (s. Rdn. 6). Das normale Genehmigungsverfahren kann in den Fällen nicht erforderlich werden, da Sonderbauten von der Genehmigungsfreistellung ausgenommen sind (vgl. Rdn. 20 u. 21). Mit dem Wahlrecht wird im Hinblick auf größere oder problematische Wohnbauvorhaben einem Bedürfnis vieler Bauherren entsprochen und die Diskussion darüber beendet, ob der Gesetzgeber im Hinblick auf den Bestandsschutz ein Verwaltungsverfahren bereithalten muss (vgl. Held, Das subjektive Recht auf Baugenehmigung, UPR 1999, S. 210 ff.). Den Antrag kann nur der **Bauherr** stellen, und zwar auch noch nach dem erfolgreichen Abschluss des Freistellungsverfahrens. Der Antrag ist für die Bauaufsichtsbehörde **bindend**. Die Formulierung des Satzes 2 könnte den Eindruck erwecken, dass der Bauaufsichtsbehörde ein Ermessen zustünde, ob sie dem Antrag entsprechen will oder nicht, was nicht der Fall ist. Die Vorschrift zwingt die Bauaufsichtsbehörde zur Durchführung des einfachen Genehmigungsverfahrens, wenn der Bauherr einen entsprechenden Antrag stellt. Die Bauaufsichtsbehörde darf die Bearbeitung des Bauantrags nicht ablehnen, weil sie die Auffassung vertritt, die Freistellungsvoraussetzungen seien erfüllt und deshalb sei auch in der Freistellung zu bauen. Wohl aber darf die Behörde wegen unvollständiger oder mangelhafter Bauvorlagen gemäß § 71 Absatz 1 Satz 2 BauO NRW 2018 eine Nachforderung verlangen; nach fruchtlos verlaufener Frist gilt der Antrag nach § 71 Absatz 1 Satz 3 BauO NRW 2018 als zurückgezogen. In diesem Fall besteht für den Bauherrn kein Baurecht, vielmehr muss das bauaufsichtliche Verfahren nach § 63 BauO NRW 2018 erneut (mit oder ohne Antrag auf Durchführung eines Genehmigungsverfahrens) durchlaufen werden.

4 Zu Absatz 3 – Beteiligung der Gemeinde und Baubeginn

Nach **Satz 1** sind die **erforderlichen Unterlagen bei der Gemeinde** einzureichen. Dabei handelt es sich regelmäßig um die Bauvorlagen, die zur Beurteilung des Vorhabens erforderlich sind (vgl. Rdn. 11). Die in der Vorgängervorschrift noch enthaltene Pflicht zur Vorlage einer **Erklärung des Entwurfsverfassers**, dass das **Vorhaben den Anforderungen an den Brandschutz entspricht, wurde aufgegeben**. Die Forderung war in doppelter Hinsicht als ausgesprochen **unsystematisch** zu bezeichnen. Einerseits sind der Gemeinde im Freistellungsverfahren keinerlei Sachverständigenbescheinigungen oder bautechnische Nachweise vorzulegen. Andererseits hat der Entwurfsverfasser nicht nur den Brandschutz, sondern auch die anderen – ebenso bedeutsamen – allgemeinen Anforderungen des Beordnungsrechts, wie z.B. die Standsicherheit, den Schall- und Wärmeschutz sowie die Verkehrssicherheit, zu beachten, ohne dass ihm eine entsprechende Erklärung abverlangt wurde. Daher ist Aufgabe dieser Forderung nur als vernünftig anzusehen, zumal die Abgabe der Erklärung keinen Sicherheitsgewinn erbracht hat. Vielmehr wurde in der Praxis die bereits im Vordruck für die Anzeige des Vorhabens enthaltene Erklärung oftmals unbedacht und ohne besondere Beachtung unterschrieben oder aber der Entwurfsverfasser ist versehentlich davon ausgegangen, die Anforderungen an den Brandschutz seien eingehalten.

46

Eine Ausfertigung der eingereichten Unterlagen hat die Gemeinde nach **Satz 2** unverzüglich der unteren Bauaufsichtsbehörde zuzuleiten. Nur die Bauaufsichtsbehörde kann entscheiden, ob das Vorhaben den Vorgaben des § 63 so entspricht, dass es in der Freistellung ausgeführt werden darf.

47

Satz 3 stellt klar, dass weder die Gemeinde noch die untere Bauaufsichtsbehörde eine Verpflichtung zur Prüfung der eingereichten Unterlagen hat. Eine solche Pflicht würde auch eine Verantwortlichkeit zur Folge haben, die gerade nicht gewollt ist. Verantwortlich für die Einhaltung der öffentlich-rechtlichen Vorschriften ist der Bauherr (vgl. Anmerkungen zu § 53 Rdn. 1–2). Dennoch wird insbesondere die Bauaufsichtsbehörde die Unterlagen sichten um auf die Einhaltung der Voraussetzungen des § 63 zu achten.

48

Nach **Satz 4** darf mit dem Vorhaben **ein Monat nach Vorlage der erforderlichen Unterlagen bei der Gemeinde** begonnen werden. Der rechtmäßige **Baubeginn** setzt jedoch voraus, dass die Gemeinde nicht vor Ablauf der Monatsfrist die Erklärung nach Absatz 2 Satz 1 Nr. 5 abgegeben hat (s. Rdn. 39). Die **Monatsfrist ist nicht verlängerbar**. Die Erklärung muss innerhalb der Frist zugegangen sein; es genügt nicht, dass sie innerhalb der Monatsfrist von der Gemeinde abgesendet worden ist (vgl. BVerwG, Urt. v. 19.09.1969 – IV C 16.68, BRS 22 Nr. 97 zur entsprechenden Regelung des § 19 Abs. 4 BBauG 1960).

49

Für die **Berechnung der Monatsfrist** gilt § 31 VwVfG. NRW., dessen Abs. 1 bestimmt, dass die §§ 187 bis 193 BGB entsprechend anzuwenden sind. Nach § 187 Abs. 1 BGB beginnt damit die Monatsfrist des § 63 Abs. 2 Satz 1 Nr. 5 BauO NRW am Tag nach Einreichung der Bauvorlagen und endet nach § 188 BGB mit dem Ablauf desjenigen Tages – des nächsten Monats –, welcher durch seine Zahl dem Tage entspricht, an dem die Bauvorlagen eingereicht wurden. Wurden die Bauvorlagen z.B. am Dienstag,

50

dem 03.03. eingereicht, so endet die Monatsfrist am 03.04. Endet die Frist an einem »Sonntag, einem am Erklärungsort, staatlich anerkannten allgemeinen Feiertag oder an einem Sonnabend, so tritt gemäß § 193 BGB an die Stelle eines solchen Tages der nächste Werktag«. Wurden die Bauvorlagen z.b. am 05.03. eingereicht, wäre erst am 07.04. das Fristende gewesen, wenn der 05.04. ein Sonnabend (Samstag) war.

51 Den Zeitpunkt des Eingangs der Bauvorlagen bei der Gemeinde hat im Zweifel der Bauherr darzulegen und zu beweisen. Es empfiehlt sich daher, entweder die Bauvorlagen gegen Empfangsbekenntnis bei der Gemeinde einzureichen oder eine Zustellungsart, wie z.b. Einschreiben mit Rückschein, zu wählen, bei der das Datum des Eingangs bei der Gemeinde nachvollziehbar festgehalten wird. Umgekehrt muss die Gemeinde ein Interesse daran haben, den Zugang der Erklärung nach Absatz 1 Satz 1 Nr. 3 beim Bauherrn gegebenenfalls nachweisen zu können. Wenn ein Bauherr die Monatsfrist nicht abwartet oder es überhaupt unterlässt, Bauvorlagen bei der Gemeinde einzureichen und vorzeitig mit dem Bau beginnt, kann die Bauaufsichtsbehörde nur ordnungsbehördlich eingreifen, nachdem in der BauO NRW 2018 für diesen Fall keine Möglichkeit zur Verhängung eines Bußgeldes mehr verankert ist.

52 Während Satz 4 den Fall der schlichten Nichtäußerung der Gemeinde regelt, bestimmt **Satz 5**, dass, wenn die **Gemeinde vor Ablauf der Frist schriftlich mitgeteilt hat**, ein Genehmigungsverfahren solle nicht durchgeführt werden, mit der Ausführung des Bauvorhabens nach Zugang der Mitteilung **sofort begonnen** werden darf. Es darf jedoch erwartet werden, dass die Gemeinde im Interesse der Beschleunigung des Bauens von dieser Möglichkeit stets Gebrauch macht – eines Antrages des Bauherrn bedarf es dafür nicht –, wenn das Vorhaben offensichtlich **gemeindliche Interessen nicht berührt**. Für diese gemeindliche Mitteilung gemäß Satz 5 ist nach Tarifstelle 2.4.9.1 des Allgemeinen Gebührentarifs der AVwGebO NW eine **Gebühr** von 50 Euro nur dann zu entrichten, wenn diese Amtshandlung auf Antrag des Bauherrn erfolgte (s. Rdn. 12).

53 Ein **Rechtsanspruch** auf eine solche Erklärung **besteht** jedoch **nicht**. Dies gilt auch dann, wenn von der Gemeinde bereits die mündliche Auskunft erteilt wurde, dass hinsichtlich des Bauvorhabens keine Einwände erhoben würden. Sofern trotz einer mündlichen Zusage zur Realisierung der Anlage in der Freistellung im weiteren Verlauf ein Genehmigungsverfahren durchgeführt werden soll, ergeben sich möglicherweise jedoch Amtshaftungsansprüche, wenn der Bauherr bereits im Vertrauen auf eine solche mündliche Erklärung Vorbereitungen zur Realisierung des Vorhabens getroffen hat, die ihn infolge der Verzögerung durch das vereinfachte Genehmigungsverfahren finanziell schwer belasten; auch eine mündliche Auskunft muss nämlich dem **Grundsatz von Treu und Glauben** gerecht werden (s. Anmerkungen zu § 74 Rdn. 128). Die Gemeinde hat die Bauaufsichtsbehörde von der Mitteilung, ein Genehmigungsverfahren nicht durchführen und eine Untersagung nach § 15 BauGB nicht beantragen zu wollen, zu unterrichten.

54 Das **Recht zum Baubeginn** ist **nach Satz 6 auf 3 Jahre begrenzt**. Diese Vorschrift bestimmt, dass die Sätze 1 bis 3 entsprechend gelten, wenn die Bauausführung mehr als drei Jahre, nachdem die Bauausführung nach den Sätzen 4 und 5 zulässig geworden

ist, begonnen werden soll. Das bedeutet, dass nach Ablauf von 37 Monaten ab Eingang der erforderlichen Unterlagen nach Satz 1 oder nach Ablauf von 36 Monaten ab Zugang der Mitteilung der Gemeinde nach Satz 5 das Verfahren nochmals durchgeführt werden muss, sofern noch kein Baubeginn erfolgt ist. Dabei gilt jeweils der frühere Zeitpunkt.

Die BauO NRW enthält keine Regelung, wo die **Bauvorlagen verbleiben**, wenn die Gemeinde durch Verstreichenlassen der Frist oder durch ausdrückliche Mitteilung kein Genehmigungsverfahren verlangt. Die Gemeinde sollte im Hinblick auf ihre Planungshoheit die Bauvorlagen aufbewahren, um eventuell später nachvollziehen zu können, welche Bauvorhaben in ihrem Gebiet nach § 63 genehmigungsfrei errichtet wurden. Keinesfalls hat der Bauherr einen Rechtsanspruch darauf, die Bauvorlagen mit einem Prüf- oder Gesehenvermerk zurück zu erhalten. 55

5 Zu Absatz 4 – Bautechnische Nachweise/Unterrichtung der Angrenzer

Sätze 1 und 2 regeln, ob und **welche bautechnischen Nachweise bei Baubeginn** vorliegen müssen. Anders als im vereinfachten Genehmigungsverfahren müssen die bautechnischen Nachweise weder der Bauaufsichtsbehörde noch der Gemeinde eingereicht werden. Dies wäre auch mit der Philosophie des Verfahrens nach § 63 nicht vereinbar, da die Beteiligung der Gemeinde nur erfolgt, damit diese ihre kommunalen Rechte und Interessen geltend machen kann. Die von den staatlich anerkannten Sachverständigen geprüften bzw. nur aufgestellten bautechnischen Nachweise müssen **vor Baubeginn vorliegen**, und zwar **nur dem Bauherrn selbst**. 56

Hiernach müssen nach Satz 1 vorliegen: 57
– bei **Wohngebäuden mit mehr als zwei Wohnungen**
  – ein von einem staatlich anerkannten Sachverständigen für die Prüfung der Standsicherheit geprüfter Nachweis über die Standsicherheit und
  – ein von einem staatlich anerkannten Sachverständigen für Schall- und Wärmeschutz aufgestellter oder geprüfter Nachweis über den Schall- und Wärmeschutz,
– bei **Wohngebäuden der Gebäudeklasse 3**
  – ein von einem staatlich anerkannten Sachverständigen für die Prüfung der Standsicherheit geprüfter Nachweis über die Standsicherheit,
  – ein von einem staatlich anerkannten Sachverständigen für Schall- und Wärmeschutz aufgestellter oder geprüfter Nachweis über den Schall- und Wärmeschutz sowie
  – zusätzlich nach **Satz 2** ein von einem staatlich anerkannten Sachverständigen für die Prüfung des Brandschutzes geprüfter Nachweis, dass das Vorhaben den Brandschutzanforderungen entspricht.

Die für die beiden genannten Typen von Wohngebäuden verlangten Nachweise sind nach Satz 1 **nicht erforderlich für deren Nebengebäude und Nebenanlagen**. Aus Satz 1 folgt mittelbar, dass für **Wohngebäude geringer Höhe mit nicht mehr als zwei Wohnungen keine zusätzlichen Unterlagen und Nachweise** verlangt werden.

58 Der **Standsicherheitsnachweis** muss von einem staatlich anerkannten Sachverständigen hinsichtlich seiner Vollständigkeit und Richtigkeit geprüft worden sein. Wegen des im Gesetz verankerten **Vier-Augen-Prinzips** ist eine Prüfung des Standsicherheitsnachweises durch einen staatlich anerkannten Sachverständigen in jedem Falle notwendig, also auch dann, wenn der Aufsteller des Standsicherheitsnachweises selbst staatlich anerkannter Sachverständiger ist. Die vom staatlich anerkannten Sachverständigen verlangte Unabhängigkeit bzw. das Vier-Augen-Prinzip schließt aus, dass die Prüfung des Standsicherheitsnachweises durch einen staatlich anerkannten Sachverständigen durchgeführt wird, dessen Angestellter den Standsicherheitsnachweis aufgestellt hat (s. Anmerkungen zu § 68 Rdn. 10–11).

59 Die Prüfung der Standsicherheit umfasst gemäß § 12 Abs. 1 Satz 1 SV-VO auch den **statisch-konstruktiven Brandschutz** und somit das Brandverhalten der Baustoffe und die Feuerwiderstandsdauer der Bauteile (so genannte »heiße Bemessung«). Zur Bescheinigung des Sachverständigen gehören der **Prüfbericht** und **eine Ausfertigung des geprüften Standsicherheitsnachweises**. In Nordrhein-Westfalen oder einem anderen Bundesland anerkannte Prüfingenieure für Baustatik können nur dann Nachweise im Sinne des Abs. 4 prüfen, wenn sie auf Antrag von der Ingenieurkammer-Bau NRW als Sachverständige für die Prüfung der Standsicherheit anerkannt worden sind (s. § 22 Abs. 4 und 5 BauPrüfVO in Verbindung mit § 9 Abs. 2 SV-VO). Wenn dies auch nur ein formaler Akt ist, so ist dieser nach der Rechtslage doch unentbehrlich.

60 Die Nachweise über den **Schallschutz und den Wärmeschutz** unterliegen nicht dem Vier-Augen-Prinzip. Verlangt wird jedoch vom Gesetz, dass diese Nachweise von einem staatlich anerkannten Sachverständigen für Schall- und Wärmeschutz verantwortet werden. Entweder muss der Aufsteller diese Qualifikation besitzen oder, wenn dies nicht der Fall ist, müssen die Nachweise von einem staatlich anerkannten Sachverständigen für Schall- und Wärmeschutz geprüft sein (s. Anmerkungen zu § 68 Rdn. 8–9). Obwohl in der Fachsprache häufig nur kurz vom »Schall- und Wärmeschutznachweis« die Rede ist, handelt es sich hierbei um **zwei getrennte Nachweise**, nämlich
– dem auf dem Bauordnungsrecht (§ 14 Absatz 2 BauO NRW 2018 in Verbindung mit § 8 Abs. 4 BauPrüfVO) basierenden **Nachweis zum Schallschutz** und
– dem auf dem Energieeinsparungsrecht des Bundes basierenden **Nachweis zum Wärmeschutz**.

61 Die Bezugnahme in Satz 1 auf den **Wärmeschutz** wäre an und für sich **entbehrlich** gewesen, da insoweit die **EnEV-UVO** zum Vollzug der bundesrechtlichen EnEV eine **abschließende Regelung** trifft. Die SV-VO differenziert jedoch nicht entsprechend und kennt nur einheitlich den staatlich anerkannten Sachverständigen für Schall- und Wärmeschutz (s. § 1 SV-VO). Rechtstechnisch vorteilhafter wäre eine Unberührtheitsklausel wegen des dadurch bewirkten Hinweises auf das nicht nach Gebäudetypen differenzierende und stets zu beachtende Energieeinsparungsrecht.

62 Der **Nachweis** nach **Satz 2**, dass das Vorhaben den Anforderungen an den **Brandschutz** entspricht, muss von einem staatlich anerkannten Sachverständigen für die Prüfung des Brandschutzes geprüft sein. Auch für den Brandschutz gilt also das **Vier-Augen-Prinzip** (s. Anmerkungen zu § 68 Rdn. 12). Gegenstand der eigenständigen

Beurteilung des Brandschutzsachverständigen ist der **bauliche Brandschutz**, nicht jedoch der statisch-konstruktive Brandschutz. Die Bescheinigung kann nur ausgestellt werden, wenn sich der Sachverständige zuvor in Zusammenarbeit mit den örtlichen Brandschutzdienststellen davon überzeugt hat, dass die Belange des **abwehrenden Brandschutzes** hinreichend beachtet wurden. Insoweit hat er die Erkenntnisse und Stellungnahmen der örtlichen Brandschutzdienststelle zu berücksichtigen und gemäß § 16 Abs. 2 SV-VO den zur Wahrung des abwehrenden Brandschutzes erhobenen Forderungen (s. § 25 BHKG) zu entsprechen. Zur Bescheinigung des staatlich anerkannten Sachverständigen für die Prüfung des Brandschutzes gehören der **Prüfbericht** und eine **Ausfertigung der brandschutztechnisch geprüften Bauvorlagen**.

Satz 3 regelt die **Angrenzerbeteiligung**. Hiernach hat der **Bauherr vor Baubeginn den Angrenzern mitzuteilen**, dass ein genehmigungsfreies Bauvorhaben durchgeführt werden soll, zu dem die Gemeinde keine Erklärung nach Absatz 2 Nr. 5 abgegeben hat. Damit fordert das Gesetz im Freistellungsverfahren nach § 63 **generell** die Angrenzerbeteiligung, die ansonsten gemäß § 72 Absatz 1 BauO NRW 2018 nur verlangt wird vor Abweichungs- /Befreiungsentscheidungen, bei denen zu erwarten ist, dass öffentlich-rechtlich geschützte nachbarliche Belange berührt werden. Diese Bestimmung ist entscheidend im Interesse des Bauherrn selbst formuliert worden. Für ihn ist es wichtig, dass die Angrenzer Art und Umfang des Bauvorhabens rechtzeitig erfahren, ihnen insbesondere auch klargemacht wird, dass kein Schwarzbau errichtet wird, damit sie nicht wegen vermeintlich rechtserheblicher Beeinträchtigung ihrer Rechte Einwendungen – was große wirtschaftliche Nachteile zur Folge haben könnte – erst während der Bauausführung geltend machen. Eine rechtzeitige und umfassende Information verringert aber nicht nur die Wahrscheinlichkeit von Nachbarstreitigkeiten, ihr kann auch im Hinblick auf eine etwaige Verwirkung von Nachbarrechten wesentliche Bedeutung zukommen. 63

Satz 3 verlangt nur die Beteiligung der **Angrenzer** und verweist bezüglich der Definition des Angrenzers auf § 72 Absatz 1 BauO NRW 2018. Danach sind unter Angrenzern die Eigentümer der (unmittelbar) angrenzenden Grundstücke zu verstehen. Auch Nachbarn, nicht nur Angrenzer, können Nachbarrechte geltend machen. Deswegen liegt es ebenfalls im Interesse des Bauherrn, nicht nur die Angrenzer, sondern gegebenenfalls in gleicher Weise **Nachbarn** zu beteiligen, das sind Eigentümer und Erbbauberechtigte von Grundstücken, mit denen das Baugrundstück keine gemeinsamen Grenzen hat, die ihre Grundstücke etwa auf der anderen Straßenseite haben, oder deren Grundstücke nur durch ein schmales, im öffentlichen Eigentum stehendes Grundstück, z.B. einen Bachlauf oder einen Fußweg, vom Baugrundstück getrennt sind. 64

Da die Regelung im Wesentlichen dem Schutz des Bauherrn dient, hat der Gesetzgeber einen Verstoß gegen diese gesetzliche Mitteilungspflicht nicht mit einem **Bußgeld** belegt. Auch kommen **ordnungsbehördliche Maßnahmen**, etwa um eine Unterrichtung, die der Bauherr nicht vorgenommen hat, zu erzwingen, **nicht in Betracht**. 65

Als **Form der Beteiligung** ist nur die **Mitteilung** vorgeschrieben, dass ein nach § 63 genehmigungsfreies Vorhaben durchgeführt werden soll, ohne Näheres darüber auszusagen, welcher Art und wie umfänglich diese Mitteilung sein muss. Demnach genügte 66 schon ein Anruf oder eine schlichte Postkarte mit dem entsprechenden Hinweis. In diesem Zusammenhang ist darauf hinzuweisen, dass eine ausführlichere Regelung im Hinblick auf das gegebene Eigeninteresse des Bauherrn entbehrlich war. Eine Verwirkung von nachbarlichen Abwehrrechten kann naturgemäß nur insoweit infrage kommen, als eine Information erfolgt und diese auch nachvollziehbar dokumentiert worden ist. Je detaillierter vorab informiert wurde, desto geringer ist die Gefahr von nachträglichen Nachbareinwendungen. Ist eine Information der Angrenzer nicht erfolgt, sind den möglichen Einwendungen jedoch auch Grenzen gesetzt. Wendet sich ein Nachbar ausschließlich gegen die Masse eines Gebäudes, so ist dies nur bis zur Rohbaufertigstellung einschl. Bedachung möglich (Nieders. OVG, Beschl. v. 22.10.2008 – 1 ME 134/08, ZfBR 2/2009 S. 169 ff.).

67 Vom Bauherrn, der seine gesetzliche Mitteilungspflicht gegenüber den Angrenzern erfüllen will, kann hinsichtlich der Ermittlung, wer Eigentümer oder Erbbauberechtigter angrenzender Grundstücke ist, nichts Unzumutbares verlangt werden. Zumutbar ist die **Einsichtnahme in das Grundbuch**. Gemäß § 12 Abs. 1 GBO ist die Einsichtnahme in das Grundbuch jedem gestattet, der ein berechtigtes Interesse darlegt. Das ist im Freistellungsverfahren gegeben.

68 Da die BauO NRW 2018 generell die Entlastung der Bauaufsichtsbehörden anstrebt, sind diese nicht verpflichtet, für den Bauherrn Namen und Anschriften der Angrenzer zu ermitteln. Darüber hinaus liegt dies nicht innerhalb des Aufgabenbereiches der Bauaufsichtsbehörden und stellt eine Weitergabe von personenbezogenen Daten dar, die nach den Datenschutzbestimmungen nur sehr eingeschränkt möglich ist.

6 Zu Absatz 5 – Garagen, überdachte Stellplätze und Fahrradabstellplätze

69 **Absatz 1 Satz 1 Nr. 3** erfasst neben den Hauptgebäuden bereits **Nebengebäude** und **Nebenanlagen** (s. Rdn. 17–19). Mit dem Begriff der Nebenanlage knüpft § 63 direkt an das **Bauplanungsrecht** an. Zu den Nebenanlagen nach § 14 BauNVO rechnen **nicht** Garagen und Stellplätze, da diese in § 12 BauNVO geregelt sind. Da Absatz 5 Garagen und überdachte Stellplätze bis 1 000 m² Nutzfläche **gesondert** nennt, umfasst der in Absatz 1 Satz 1 Nr. 3 verwendete Begriff des Nebengebäudes keine Garagen und auch keine überdachten Stellplätze. Da auch Fahrradabstellplätze nunmehr unter die speziellere Norm des Absatzes 5 fällt, können sie ebenfalls nicht mehr der allgemeineren Bezeichnung der Nebenanlagen in Absatz 1 Satz 1 Nr. 3 fallen. Die Bedeutung des **Satz 1** liegt in der **Erweiterung der Freistellung** um **Garagen und überdachte Stellplätze bis 1000 m² Nutzfläche**, die einem **Wohngebäude** im Sinne des Absatzes 1 Nr. 1 **dienen**.

70 Die **Nutzflächengrenze von 1 000 m²** steht im Zusammenhang mit den Regelungen der **SBauVO**, die Garagen entsprechend ihrer **Gefahrenlage** nach der Größe typisiert.

Kleingaragen weisen nach § 118 Abs. 1 Nr. 1 SBauVO bis 100 m² Nutzfläche auf.

Mittelgaragen haben nach § 118 Abs. 1 Nr. 2 SBauVO über 100 m² bis 1 000 m² Nutzfläche.

Großgaragen über 1 000 m² Nutzfläche unterliegen nach § 50 Absatz 2 Nr. 18 BauO NRW 2018 als »**große**« Sonderbauten dem »**normalen**« Genehmigungsverfahren. **Überdachte Stellplätze** sind begrifflich den **Garagen** zuzuordnen, da nach § 118 Abs. 3 Satz 2 SBauVO Stellplätze mit Schutzdächern **offene** Garagen sind (s. Anmerkungen zu § 2 Rdn. 316). Insoweit hätte es genügt, in Absatz 5 nur Garagen aufzuführen.

Neu eingeführt ist die Freistellung für Fahrradabstellplätze mit einer Größe bis zu 1000 m² Nutzfläche; ebenfalls unter der Voraussetzung, dass sie einem Wohngebäude nach Absatz 1 Satz 1 Nr. 1 dienen. Dabei ist es unerheblich, ob diese Abstellplätze überdacht sind oder nicht. 71

Weder Absatz 1 noch Absatz 5 erwähnen **Stellplätze ohne Überdachung**, die bis zu insgesamt 100 m² nach § 62 Absatz 1 Satz 1 Nr. 14 Bst. c) BauO NRW 2018 freigestellt sind (s. Anmerkungen zu § 62 Rdn. 195–200). Obwohl diese Regelung bereits in der Vorgängervorschrift in gleicher Form enthalten war und in die BauO NRW 2018 übernommen wurde, kann es sich nur um ein Versehen handeln, da kein Grund ersichtlich ist, warum z.B. eine 200 m² große Stellplatzfläche ohne Überdachung vom Freistellungsverfahren nicht erfasst sein soll, wohl aber eine gleich große Garage. Solange dieses Versehen aber nicht korrigiert worden ist, muss entsprechend der gesetzlichen Vorgabe gehandelt werden, zumal auch in der Gesetzesbegründung dazu keine weiteren Hinweise enthalten sind. 72

Die Freistellung gilt nach **Satz 1** nur dann, wenn die Garage, der überdachte Stellplatz oder der Fahrradabstellplatz **einem nach Absatz 1 Satz 1 Nr. 1 genehmigungsfreien Wohngebäude dient**. Die genannten Anlagen müssen einem Wohngebäude funktional und räumlich zu- und untergeordnet sein. Ist die **Voraussetzung des Dienens** nicht gegeben, so unterliegt das Vorhaben ebenso dem Genehmigungserfordernis, wie auch in dem Fall, dass das Wohngebäude, dem die Garage zugeordnet ist, nicht nach Absatz 1 genehmigungsfrei ist. Satz 1 ordnet die entsprechende Anwendung der Absätze 1 bis 3 an. Die dort geregelten Voraussetzungen für die Freistellung der Wohngebäude müssen demnach auch für die Garagen und überdachten Stellplätze erfüllt sein. Absatz 5 entfaltet im Übrigen seine verfahrensrechtliche **Bedeutung für Mittelgaragen**, da sich die Bestimmungen der Sätze 2 bis 4 nur auf diesen Garagentyp beziehen. 73

Satz 2 schreibt für **Mittelgaragen** vor, dass dem Bauherrn **bei Baubeginn** vorliegen müssen: 74
– ein von einem staatlich anerkannten Sachverständigen für die Prüfung der Standsicherheit geprüfter **Nachweis der Standsicherheit** sowie
– die **Bescheinigung** eines staatlich anerkannten Sachverständigen für die Prüfung des Brandschutzes, dass das Vorhaben den **Anforderungen an den Brandschutz** entspricht.

Satz 3 bestimmt durch den Verweis auf die zusätzliche Geltung des Absatzes 4 Satz 3, die Anlagen hinsichtlich der **Benachrichtigung der Angrenzer** und des **Aufbewahrens** 75 von Unterlagen denselben Anforderungen zu unterwerfen wie den in Absatz 1 genannten Anlagen.

76 Satz 4 bestimmt durch den Verweis auf § 68 Absatz 1 Satz 3 BauO NRW 2018, für **geschlossene** Mittelgaragen **mit natürlicher Lüftung** die **Unbedenklichkeitsbescheinigung** eines staatlich anerkannten Sachverständigen zu verlangen (s. Anmerkungen zu § 68 Rdn. 14).

7 Zu Absatz 6 – Gründe für die gemeindliche Erklärung

77 Als Gründe für eine Verweisung in das bauaufsichtliche Verfahren ist zunächst der beabsichtigte Erlass einer **Veränderungssperre** nach § 14 BauGB oder die Absicht, die **Zurückstellung des Baugesuchs** gemäß § 15 BauGB zu beantragen (vgl. Anmerkungen zu Rdn. 39) zu nennen. Damit werden jedoch die typischerweise in Betracht kommenden Fälle lediglich herausgehoben. Mit der Regelung der gemeindlichen Beteiligung in § 63 sollte der Gemeinde die Möglichkeit zur **Sicherung eigener Rechte im weitesten Sinne** gegeben werden, insbesondere der Sicherung und Wahrung ihrer städtebaulichen Zielvorstellungen. Dies macht die weitere Formulierung deutlich: »... **weil sie eine Überprüfung der sonstigen Voraussetzungen des Absatzes 2 oder des Bauvorhabens aus anderen Gründen** für erforderlich hält«. Die BauO NRW 2018 gesteht somit der Gemeinde das Recht zu, bei **Zweifeln jedweder Art** an der Rechtmäßigkeit oder Durchführbarkeit des Bauvorhabens die Durchführung eines Baugenehmigungsverfahrens verlangen zu können – das können selbstverständlich auch **bauordnungsrechtliche Gründe** sein. Der Gemeinde ist ein weiter Ermessensspielraum eingeräumt, der nur durch das **Willkürverbot** begrenzt wird (ebenso Erbguth/Stollmann, Das bauordnungsrechtliche Genehmigungsfreistellungsverfahren, BayVBl. 1996, S. 65 ff.).

78 Die Gemeinde kann beispielsweise die Durchführung des Baugenehmigungsverfahrens verlangen, weil sie erkennt, dass abweichend von den Maßgaben des § 8 Absatz 3 BauO NRW 2018 die **Geländeoberfläche verändert** werden soll. Im Freistellungsverfahren steht es auch nicht im Belieben des Bauherrn, eine von der natürlichen Geländeoberfläche abweichende Geländeoberfläche der Ermittlung der Abstandserfordernisse des Vorhabens zugrunde zu legen (OVG NRW, Beschl. v. 10.03.1997 – 7 B 192/97, BRS 59 Nr. 201). Sofern der Bebauungsplan keine Festsetzungen über die Änderung der Geländeoberfläche enthält, bedarf deren Änderung einer Baugenehmigung (OVG NRW, Beschl. v. 02.10.1998 – 11 B 845/98, BauR 1999, 379 = BRS 60 Nr. 207 = NVwZ-RR 1999, 427). Die Entscheidung der Gemeinde, das Vorhaben in das Baugenehmigungsverfahren zu verweisen, wäre hiernach regelmäßig nur dann ermessensfehlerhaft, wenn sie allein aus Gründen erfolgte, die nicht in einem sachlichen Zusammenhang mit dem Bauvorhaben stehen und nicht im weitesten Sinne baurechtlichen Charakter haben, wie z.B. aus Gründen, die in der Person des Bauherrn oder des Entwurfsverfassers liegen.

79 Die **Ausführung** eines nach § 63 freigestellten Bauvorhabens kann von der Erteilung **anderer behördlicher Genehmigungen und Erlaubnisse** abhängig sein. So ist

beispielsweise für die in § 51 a LWG geforderte ortsnahe Beseitigung des Niederschlagswassers eine **wasserrechtliche Erlaubnis** einzuholen.

Der Bauherr oder sein Rechtsnachfolger kann **keine Amtshaftungsansprüche** gegen die Gemeinde mit der Begründung geltend machen, die Gemeinde hätte das geplante Vorhaben in das Genehmigungsverfahren verweisen müssen, weil sie die Rechtswidrigkeit des Vorhabens erkannt hätte oder zumindest hätte erkennen müssen. Die Beteiligung der Gemeinde ist ausschließlich im kommunalen Interesse vorgesehen worden. Die Gemeinde hat keine ihr gegenüber dem Bauherrn oder einem sonstigen Dritten obliegende Amtspflicht. Die Frage eines amtspflichtwidrigen Unterlassens vorbeugender Maßnahmen gegenüber einem erkennbar rechtswidrigen Vorhaben stellt sich insbesondere für die in Nordrhein-Westfalen häufigen Fälle, in denen die **Gemeinde gleichzeitig untere Bauaufsichtsbehörde** ist und die Handhabung des Beteiligungsverfahrens der Organisationseinheit übertragen worden ist, die auch für die Durchführung des bauaufsichtlichen Verfahrens zuständig ist. 80

Auch bei dieser Sachlage ändert sich nichts am Ergebnis, dass im Freistellungsverfahren **keine Prüfpflicht der Gemeinde** besteht. Wenn die Organisationseinheit Bauaufsicht Gefahren für die öffentliche Sicherheit und Ordnung bzw. die Rechtswidrigkeit des Bauvorhabens erkennt, kann sie – insofern als Gemeinde handelnd – die Erklärung abgeben, dass ein Baugenehmigungsverfahren durchgeführt werden soll. 81

Im Übrigen ist es der für die Aufgaben der Bauaufsicht zuständigen Organisationseinheit der Gemeinde unbenommen, **auch ohne Verweisung** ins Baugenehmigungsverfahren **ordnungsbehördlich einzuschreiten**. Sie kann aufgrund der Ermächtigung des § 58 Absatz 1 BauO NRW 2018 die Ausführung eines **baurechtswidrigen** Vorhabens durch Ordnungsverfügung untersagen. 82

Satz 2 stellt heraus, dass der Bauherr keinen Rechtsanspruch darauf hat, dass die Gemeinde keinen Gebrauch von ihrer Möglichkeit macht, die Erklärung abzugeben. Damit wird verdeutlicht, dass es der Gemeinde trotz der fehlenden Prüfpflicht (vgl. Anmerkungen zu Rdn. 48) unbenommen ist, eine Prüfung der Zulässigkeit des Vorhabens in der Genehmigungsfreistellung durchzuführen und bei negativem Ergebnis das Genehmigungsverfahren anzuordnen. 83

Nach Satz 3 hat sie mit der Abgabe der Erklärung, dass ein Genehmigungsverfahren durchgeführt werden muss, die eingereichten Bauvorlagen dem Bauherrn zurückzugeben. Dieses Verfahren ist folgerichtig, da es in der Regel so sein wird, dass die für das Freistellungsverfahren eingereichten Unterlagen ohnehin für die Durchführung des einfachen Genehmigungsverfahrens nicht ausreichen. Darüber hinaus hat die Gemeinde bereits deshalb kein anhängiges Genehmigungsverfahren, weil der dazu erforderliche Antrag nicht vorliegt. Bestimmt der Bauherr jedoch bereits bei Einreichen der Bauvorlagen, dass im Falle der Erklärung seine Vorlage als Bauantrag zu werten und zu behandeln ist, leitet die Gemeinde diese zusammen mit der Erklärung nach Absatz 2 Nr. 5 an die untere Bauaufsichtsbehörde weiter. In diesem Fall wird die Vorlage in einen Bauantrag umgedeutet und kann dann entsprechend weiterbearbeitet werden. 84

8 Zu Absatz 7 – Folgen der Nichtigkeit des Bebauungsplans

85 Das Freistellungsverfahren bedingt die **Rechtsverbindlichkeit des Bebauungsplans** (s. Rdn. 28–31). Absatz 7 berücksichtigt, dass die durch § 63 freigestellten baulichen Anlagen über **keinen Bestandsschutz aufgrund einer Baugenehmigung** verfügen, sondern **bestandsgeschützt nur** dann sind, **wenn und solange sie den Festsetzungen des Bebauungsplans nicht widersprechen.** Da die Nichtigkeit eines Bebauungsplans mit Rückwirkung für die Vergangenheit (ex tunc) festgestellt wird und damit die materielle Legalität für das Vorhaben nachträglich entfällt, dient die Regelung – soweit dies überhaupt bauplanungsrechtlich möglich ist – der Sicherung des Fortbestands der baulichen Anlage. Der Bauherr, der mit der Errichtung eines plankonformen Bauvorhabens im Freistellungsverfahren beginnt, handelt insoweit auf **eigenes Risiko**, als das Vorhaben erst »nach« seiner Durchführung einen vergleichbaren Status formeller Legalität hat wie ein durch eine Baugenehmigung abgesichertes Vorhaben (OVG NRW, Beschl. v. 01.09.2000 – 7 a B 1225/00.NE, BauR 2001, 1399 = BRS 63 Nr. 59).

86 Satz 1 bewirkt lediglich, dass nach Feststellung der Nichtigkeit des Bebauungsplans durch das Normenkontrollgericht für eine im Verfahren nach § 63 **fertig gestellte** bauliche Anlage **nachträglich kein Genehmigungserfordernis** mehr eintritt. Es handelt sich damit um einen **besonderen gesetzlichen Freistellungstatbestand**, der ausschließlich an die Nichtigkeitsfeststellung anknüpft und damit nachträglich die Genehmigungsfreiheit **fingiert**. Wird der Bebauungsplan dagegen im Verfahren nach dem BauGB aufgehoben bzw. nachteilig geändert, greift Satz 1 nicht ein (s. Rdn. 94).

87 Satz 2 stellt klar, dass nicht auch die Bauvorhaben geschützt werden sollen, die bereits den Festsetzungen des für nichtig erklärten Bebauungsplans nicht entsprochen haben. Die Vorschrift **begrenzt die Befugnis** der Bauaufsichtsbehörde **zum ordnungsbehördlichen Einschreiten in Bezug auf den Erlass einer Beseitigungsanordnung**. Auch diese Bestimmung setzt tatbestandlich – wie Satz 1 – die Feststellung der Nichtigkeit des Bebauungsplans voraus.

88 Das Einschreiten wird insoweit ausgeschlossen, als nunmehr aufgrund des Fortfalls des Bebauungsplans andere bauplanungsrechtliche Vorschriften entgegenstehen. Das sind vor allem die Vorschriften der §§ 34 und 35 BauGB, da das Wiederaufleben eines älteren Bebauungsplans auf sehr seltene Ausnahmefälle beschränkt sein wird. Ob das Land zu einer solchen Regelung im Hinblick auf das Bauplanungsrecht befugt war, begegnet starken Bedenken. Es ist nämlich fraglich, ob und gegebenenfalls in welchen Grenzen die Bauaufsichtsbehörde ein Entschließungsermessen besitzt, wenn es sich um die Wahrung der nach Bundesrecht zu beurteilenden bauplanungsrechtlichen Zulässigkeit handelt (BVerwG, Beschl. v. 17.04.1998 – 4 B 144.97, BRS 60 Nr. 169). Dies gilt insbesondere für Fälle, die nach § 35 BauGB zu beurteilen sind, weil die aufgrund des nichtigen Bebauungsplans im Werden begriffene Bebauung noch nicht den Status eines im Zusammenhang bebauten Ortsteils im Sinne des § 34 BauGB erreicht hat.

Eine Ausnahme von der Begrenzung der Befugnis ist gegeben, wenn **Rechte Dritter** 89
so stark beeinträchtigt sind, dass ein **Einschreiten erforderlich** wird. Allein aus formeller Illegalität kann der Nachbar kein Abwehrrecht herleiten, da ein Verstoß gegen materielles nachbarschützendes Baurecht hinzutreten muss (OVG NRW, Beschl. v. 10.03.1997 – 7 B 192/97, BRS 59 Nr. 201). Für den Nachbarn kann sich aus der an Art. 14 Abs. 1 GG auszurichtenden Auslegung der landesrechtlichen Ermächtigungsgrundlage (§ 58 Abs. 1 BauO NRW 2018) gegen die Bauaufsichtsbehörde ein Anspruch ergeben, dass sie eine Beseitigungsanordnung erlässt, wobei die ermessensreduzierende Wirkung des Art. 14 Abs. 1 GG und des Anspruchs auf Folgenbeseitigung nicht weiter geht, als eine beeinträchtigende Rechtsposition gegeben ist (BVerwG, Beschl. v. 09.02.2000 – 4 B 11.00, BRS 63 Nr. 210).

Es liegt im Interesse des Bauherrn, mit der Ausführung eines genehmigungsfreien 90
Bauvorhabens unverzüglich zu beginnen, da er das **Risiko einer Änderung der planungsrechtlichen Vorstellungen der Gemeinde trägt.** Entspricht sein Bauvorhaben nämlich nicht mehr den Festsetzungen des Bebauungsplans, so ist es nicht nur materiell, sondern wegen der bei Nichtübereinstimmung eintretenden Genehmigungsbedürftigkeit auch **formell rechtswidrig.** Darüber hinaus besteht immer die Gefahr, dass der Nachbar den Bebauungsplan in der **Normenkontrolle** angreift.

Soll ein Vorhaben im Freistellungsverfahren errichtet werden, hat der betroffene 91
Grundstücksnachbar grundsätzlich die Möglichkeit, im Wege der **einstweiligen Anordnung** nach § 47 Abs. 6 VwGO die vorläufige Außervollzugsetzung des Bebauungsplans zu beantragen. Er kann zumindest dann nicht auf den Individualrechtsschutz nach § 123 VwGO verwiesen werden, wenn der angegriffene Bebauungsplan nur einen engen räumlichen Bereich erfasst (BayVGH, Beschl. v. 28.07.1999 – 1 NE 99.813, BRS 62 Nr. 58). Zur Verpflichtung der Bauaufsichtsbehörde auf Einschreiten bedarf es jedoch zusätzlich eines Antrags des Nachbarn nach § 123 VwGO, da im Verfahren nach § 47 Abs. 6 VwGO für eine Anordnung zur Stilllegung von bereits begonnenen Vorhaben kein Raum ist (OVG NRW, Beschl. v. 01.09.2000 – 7 a B 1225/00. NE, BauR 2001, 1399 = BRS 63 Nr. 59 = UPR 2001, 394).

Als **problematisch** erweisen sich damit für den Bauherrn die Fälle, in denen **während der Bauausführung** der Bebauungsplan zum Nachteil des Bauherrn durch die 92
Gemeinde geändert oder aufgehoben oder aber die Nichtigkeit des Bebauungsplans durch das Normenkontrollgericht festgestellt wird. In diesen Fällen hat die untere Bauaufsichtsbehörde zu prüfen, ob es ermessensgerecht ist, das Vorhaben stillzulegen und gegebenenfalls dessen Beseitigung anzuordnen.

Ist das **Bauvorhaben bereits weitgehend errichtet** und wäre eine Beseitigungsanordnung unverhältnismäßig, muss nicht nur eine Baueinstellung unterbleiben, sondern 93
auch ausnahmsweise die Fertigstellung des Vorhabens von der Bauaufsichtsbehörde geduldet werden. Bei weniger fortgeschrittener Bauausführung kann etwas Anderes gelten, insbesondere, wenn die Bauarbeiten gerade erst begonnen wurden. Angesichts des für den Bauherrn sprechenden Vertrauensschutzes ist bei der Ermessensabwägung zu berücksichtigen, ob abweichende planerische Vorstellungen der Gemeinde den Abriss unabdingbar erfordern.

§ 63   Genehmigungsfreistellung

94   Wird der **Bebauungsplan** während der Bauphase zum Nachteil des Bauherrn **geändert**, so ist bei der Ermessensentscheidung über eine Beseitigungsverfügung zu berücksichtigen, dass diese vermutlich nur im gemeindlichen Interesse erginge, nämlich um die geänderten Planungsziele nicht zu beeinträchtigen. Wenn die Gemeinde im Rahmen ihrer Beteiligung durch Abgabe der Erklärung den Eintritt dieser Situation hätte verhindern können, dann werden bauaufsichtliche Maßnahmen jedenfalls nicht getroffen werden können, wenn die drohende Gefährdung der kommunalen Planungsziele die einzige Gefahr für die öffentliche Sicherheit darstellt und der Bauherr unmittelbar oder zumindest alsbald nach Ablauf der Monatsfrist das Bauvorhaben begonnen hat.

95   Die Gemeinde sollte, wenn sie den Erlass einer **Veränderungssperre beabsichtigt**, weil sie für das in Betracht kommende Gebiet eine Überplanung vornehmen will, von der Möglichkeit der **Anordnung des Genehmigungsverfahrens** Gebrauch machen.

96   Ist die **Monatsfrist** nach Absatz 2 Satz 1 Nr. 5 **bereits verstrichen**, sollte sie die **Bauherren** von der Veränderungssperre in geeigneter Weise **unterrichten**, um sie darauf aufmerksam zu machen, dass ihr Vorhaben nicht mehr den geltenden bauplanungsrechtlichen Anforderungen entsprechen wird.

9 Zu Absatz 8 – Pflichten im Rahmen der Bauausführung

97   In Absatz 8 werden Verweise auf die Geltung anderer Vorschriften aus der BauO NRW 2018 bestimmt. Nach Satz 1 bleiben die §§ 67 und 68 BauO NRW 2018 unberührt. Das bedeutet, dass wegen der Geltung des § 67 BauO NRW 2018 auch im Freistellungsverfahren die Vorschriften über die Bauvorlageberechtigung beachtet werden müssen. Dies gilt sowohl für den Grundsatz, dass die Bauvorlagen für die Errichtung oder Änderung von Gebäuden von einem bauvorlageberechtigten Entwurfsverfasser unterzeichnet sein müssen, als auch für die Ausnahmen davon und die Festlegung, wer bauvorlageberechtigt ist. In § 68 BauO NRW 2018 ist bestimmt, wann welche bautechnischen Nachweise vorliegen und eingereicht werden müssen.

98   In Satz 2 werden folgende Vorschriften für entsprechend anwendungspflichtig benannt:
   – § 70 Absatz 2 Satz 1 BauO NRW 2018: Mit der Vorlage sind alle notwendigen Bauvorlagen einzureichen
   – § 70 Absatz 3 Satz 1 BauO NRW 2018: Unterschriften des Bauherrn und des Entwurfsverfassers
   – § 70 Absatz 3 Satz 2 BauO NRW 2018: Unterschriften der Fachplaner
   – § 74 Absatz 5 Satz 1 BauO NRW 2018: Aufbewahrungspflicht der (Genehmigung nebst) Bauvorlagen für den jeweiligen Eigentümer
   – § 74 Absatz 5 Satz 2 BauO NRW 2018: Weitergabe der aufbewahrungspflichtigen Unterlagen an den Rechtsnachfolger
   – § 74 Absatz 8 BauO NRW 2018: Absteckung der Grundrissfläche und der Höhenlage, Vorliegen der Bauvorlagen an der Baustelle
   – § 74 Absatz 9 BauO NRW 2018: Baubeginnsanzeige mindestens eine Woche vor Baubeginn.

Die **Pflichten des Bauherrn** gleichen denen im Baugenehmigungsverfahren. Trotz der Angleichung an die entsprechenden Vorschriften des § 74 BauO NRW 2018 finden Bauüberwachung und Bauzustandsbesichtigungen bei Vorhaben nach § 63 BauO NRW 2018 **nicht** statt, da die §§ 83 und 84 BauO NRW 2018 nur auf genehmigungsbedürftige Vorhaben Anwendung finden und § 63 auf diese Vorschriften auch nicht verweist.

99

Mitteilungspflichten gegenüber anderen Verwaltungsdienststellen sind gegenüber der Vorgängerregelung des § 67 Abs. 5 BauO NRW 2000 deutlich reduziert worden. Sie können der unteren Bauaufsichtsbehörde im Zusammenhang mit genehmigungsfreien Bauvorhaben ohnehin nur in dem Umfang auferlegt werden, wie ihr überhaupt Erkenntnisse vorliegen. Damit ist klar, dass allenfalls die Mitteilungen über den **Beginn** und die **Beendigung** der Bauarbeiten an andere Behörden weitergegeben werden können.

100

Nach dem ersten Spiegelstrich hat der Bauherr mit der Anzeige alle zur Beurteilung des Vorhabens erforderlichen Unterlagen einzureichen. Dies sind nach § 13 BauPrüfVO der Lageplan und die Bauzeichnungen. Im Falle der gewünschten Überführung der Anzeige in das Genehmigungsverfahren sind zusätzlich auch die Baubeschreibung und die Berechnungen nebst den Angaben zur Kostenermittlung mit einzureichen. Diese Vorschrift ist erforderlich, damit die Gemeinde die Möglichkeit hat, das Vorhaben auf ihre Übereinstimmung mit den Voraussetzungen des § 63 zu überprüfen. Unbeschadet der Vorgabe, dass seitens der Behörde keine Prüfpflicht besteht, muss ihr dennoch zugestanden werden, dies zu tun.

101

Der Verweis nach dem zweiten Spiegelstrich verpflichtet den Bauherrn und den Entwurfsverfasser, die einzureichenden Unterlagen zu unterschreiben; die Anzeige ist von beiden zu unterschreiben und die Bauvorlagen nur vom Entwurfsverfasser. Nach dem dritten Spiegelstrich gilt dies auch für die beauftragten Fachplaner, die somit ihre eigenen Unterlagen ebenfalls zu unterschreiben haben.

102

Mit dem Verweis aus dem vierten Spiegelstrich wird der Bauherr aufgefordert, die eingereichten Unterlagen und evtl. von der Behörde ergangene Bescheide aufzubewahren und diese an die etwaigen Rechtsnachfolger weiterzugeben (fünfter Spiegelstrich). Dies hat den **Zweck**, dem Bauherrn im Bedarfsfall den Nachweis ordnungsgemäßer Planung und Bauausführung seines Gebäudes zu ermöglichen. Dies gilt insbesondere dann, wenn die Bauaufsichtsbehörde aufgrund ihr bekannt gewordener Tatsachen erwägt, ob ordnungsbehördlich die Nutzung untersagt oder die Stilllegung angeordnet werden muss. Auch könnten die Gerichte ansonsten auf keine zuverlässigen Beurteilungsunterlagen zurückgreifen (so Boeddinghaus/Hahn/Schulte/Radeisen, zu § 67 Rn. 67).

103

Die Vorschrift hat auch **Appellfunktion**. Ein verantwortungsbewusster Bauherr und sein späterer Rechtsnachfolger werden ohnehin im eigenen Interesse die genannten Unterlagen sorgfältig aufbewahren.

Mit dem **sechsten Spiegelstrich** wird der Bauherr zunächst verpflichtet, die **Absteckung der Grundrissfläche und der Höhenlage** der baulichen Anlage **vor Baubeginn**

104

vorzunehmen. Da eine Bauüberwachung nicht stattfindet, läuft die **bauaufsichtliche Kontrollfunktion** der Bestimmung zunächst ins Leere. Die Bauaufsichtsbehörde hat mit dieser Auflage jedoch die Möglichkeit zu überprüfen, ob ordnungsgemäß gebaut wird, wenn sich z.b. ein Angrenzer an die Bauaufsichtsbehörde mit der Behauptung wendet, es werde abweichend von den bei der Gemeinde eingereichten Bauvorlagen gebaut. Daneben müssen Kopien der Bauvorlagen auf der Baustelle, entweder in Papierform oder elektronisch, vorgehalten werden.

105 Die Vorgabe nach dem achten Spiegelstrich verpflichtet den Bauherrn, der Bauaufsichtsbehörde mindestens eine Woche vor Beginn der Bauarbeiten den **Baubeginn anzuzeigen**, um zu gewährleisten, dass diese auch vom Ausführungsbeginn genehmigungsfreier Wohnbauvorhaben rechtzeitig Kenntnis erhält. Des Weiteren ist auch die Wiederaufnahme der Bauarbeiten nach einer mindestens drei Monate andauernden Unterbrechung der Bauaufsichtsbehörde anzuzeigen.

Daneben wird die **Bauaufsichtsbehörde verpflichtet**, nach Erhalt der Baubeginnsanzeige diese **Information** an die untere Immissionsschutzbehörde und die untere Naturschutzbehörde weiterzuleiten, sofern diese Behörden im Verfahren involviert waren.

Dritter Abschnitt Genehmigungsverfahren

§ 64 Einfaches Baugenehmigungsverfahren

(1) Bei der Errichtung und Änderung von Anlagen, die keine großen Sonderbauten sind, prüft die Bauaufsichtsbehörde nur die Vereinbarkeit des Vorhabens mit
1. den Vorschriften der §§ 29 bis 38 des Baugesetzbuchs,
2. beantragten Abweichungen im Sinne des § 69,
3. den §§ 4, 6, 8 Absatz 2, §§ 9, 10, 47 Absatz 4, 48 und 49, bei Sonderbauten auch mit den Brandschutzvorschriften,
4. den örtlichen Bauvorschriften nach § 89 und
5. anderen öffentlich-rechtlichen Vorschriften, deren Einhaltung nicht in einem anderen Genehmigungs-, Erlaubnis- oder sonstigen Zulassungsverfahren geprüft wird.

Die Anforderungen des baulichen Arbeitsschutzes werden nicht geprüft. Das einfache Genehmigungsverfahren wird auch durchgeführt, wenn durch eine Nutzungsänderung eine Anlage entsteht, die kein großer Sonderbau ist.

(2) Die Bauaufsichtsbehörde hat über den Bauantrag innerhalb einer Frist von sechs Wochen nach Eingang des vollständigen Antrags bei ihr zu entscheiden, wenn
1. das Vorhaben im Geltungsbereich eines Bebauungsplans im Sinne des § 30 Absatz 1 oder 2 des Baugesetzbuchs liegt oder
2. für das Bauvorhaben ein Vorbescheid nach § 77 erteilt worden ist, in dem über die Zulässigkeit des Vorhabens auf dem Grundstück, die Bebaubarkeit des

Grundstücks, die Zugänge auf dem Grundstück sowie über die Abstandsflächen entschieden wurde.

Die Bauaufsichtsbehörde kann die Frist aus wichtigen Gründen bis zu sechs Wochen verlängern. Als wichtige Gründe gelten insbesondere die notwendige Beteiligung anderer Behörden oder die notwendige Entscheidung über eine Befreiung nach § 31 Absatz 2 des Baugesetzbuchs oder eine Abweichung nach § 69 dieses Gesetzes.

Handlungsempfehlung des Ministeriums für Heimat, Kommunales, Bau und Gleichstellung des Landes Nordrhein-Westfalen auf der Grundlage der Dienstbesprechungen mit den Bauaufsichtsbehörden im Oktober/November 2018:

Die nach der Neuregelung zu prüfenden Vorschriften entsprechen im Wesentlichen denen, die gemäß § 68 Absatz 1 Satz 4 BauO NRW 2000 zu prüfen waren, allerdings ist jetzt beispielsweise auch die Vereinbarkeit des Vorhabens mit den Anforderungen an die Barrierefreiheit zu prüfen.

Sofern im einfachen Baugenehmigungsverfahren nach § 64 BauO NRW 2018 festgestellt werden sollte, dass gegen nicht zu prüfende öffentlich-rechtliche Vorschriften verstoßen wird, so ist – wie bisher auch – eine Ablehnung des Bauantrages möglich (OVG Rh-Pf, 22.10.2008, 8 A 10942/08: das Sachbescheidungsinteresse für ein Vorhaben, dessen Verwirklichung durch eine Baueinstellungsverfügung verhindert oder dessen Beseitigung verlangt werden müsste, fehlt; OVG NRW, 28.01.2009, 10 A 1075/08 zu offensichtlichen Rechtsverstößen: späteres repressives Einschreiten ist zu vermeiden). Gemäß § 74 Absatz 1 BauO NRW 2018 ist die Baugenehmigung (nur dann) zu erteilen, wenn dem Vorhaben keine öffentlich-rechtlichen Vorschriften entgegenstehen.

Wenn es sich bei dem Vorhaben um eine bauliche Anlage handelt, die sowohl aus Teilen besteht, die dem einfachen Verfahren nach § 64 BauO NRW 2018 als auch dem (Voll-) Verfahren nach § 65 BauO NRW 2018 unterliegt, können beide Verfahren zur Anwendung kommen (vgl. OVG NRW, 28.06.2011, 9 A 1225/08; s.a. Protokoll der Dienstbesprechung aus dem Jahr 2013). Dies bedeutet beispielsweise im Fall der Errichtung eines Wohngebäudes der Gebäudeklasse 3 auf einer Tiefgarage > 1.000 m², dass unterschiedliche Verfahren zur Anwendung kommen können. Die Prüfung der Anforderungen des Brandschutzes durch die Bauaufsichtsbehörde würde sich in diesem Fall lediglich auf den im Verfahren gem. § 65 zu genehmigenden Teil des Gebäudes (Tiefgarage > 1.000 m²) beziehen.

Übersicht		Rdn.
0	Änderungen gegenüber der BauO NW 1984, der BauO NW 1995 und der BauO NRW 2000	01
1	Allgemeines	1
2	Zu Absatz 1 – Umfang des vereinfachten Genehmigungsverfahrens	13
2.1	Zu Nr. 1 – bauplanungsrechtliche Zulässigkeitsvorschriften des BauGB	28
2.2	zu Nr. 2 – beantragte Abweichungen nach § 69 BauO NRW 2018	31
2.3	zu Nr. 3 – weitere bauordnungsrechtliche Vorschriften	33
2.4	Zu Nr. 4 – örtliche Bauvorschriften	37
2.5	Zu Nr. 5 – sonstige öffentlich-rechtliche Vorschriften	39
3	Zu Absatz 2 – Bearbeitungsfristen	41

§ 64 Einfaches Baugenehmigungsverfahren

0 Änderungen gegenüber der BauO NW 1984, der BauO NW 1995 und der BauO NRW 2000

01 Das vereinfachte Genehmigungsverfahren wurde erstmals mit § 64 BauO NW 1984 eingeführt und ersetzte das frühere Bauanzeigeverfahren. Die BauO NW 1995 hat an der neuen Verfahrensvorschrift festgehalten, mit § 68 BauO NW 1995 das vereinfachte Genehmigungsverfahren jedoch weiterentwickelt. Der Anwendungsbereich des vereinfachten Genehmigungsverfahrens wurde durch **Ergänzung** des **Vorhabenkatalogs** in **Abs. 1** wesentlich ausgedehnt:
- Schwerpunkt dieser Ausdehnung war in **Nr. 1** die Einbeziehung von **Wohngebäuden mittlerer Höhe** sowie von zugehörigen Nebengebäuden und Nebenanlagen.
- In **Nr. 2** (freistehende landwirtschaftliche Betriebsgebäude) erfolgte durch den Einschub »auch mit Wohnteil« eine Erweiterung, zugleich durch die Ausnahme von Anlagen für Jauche und Flüssigmist jedoch auch eine Einschränkung.
- **Nr. 3** erfasste eingeschossige Gebäude, auch mit Aufenthaltsräumen, soweit sie nicht unter die Nummern 1 und 2 fielen oder es sich um Gebäude besonderer Art oder Nutzung gemäß § 54 Abs. 3 Nr. 7–9 BauO NW 1995 handelte.
- In **Nr. 4** (Gewächshäuser mit bis zu 4,0 m Firsthöhe) entfiel die Einschränkung »ohne Verkaufsstätten«.
- In **Nr. 5** (Garagen und überdachte Stellplätze) wurde die Beschränkung auf »oberirdische« aufgegeben und die Nutzflächenbeschränkung von 100 m^2 auf 1 000 m^2 angehoben; für Garagen mit einer Nutzfläche über 100 m^2 galt die Einbeziehung nur, wenn sie im Zusammenhang mit Wohngebäuden nach Nr. 1 errichtet wurden.
- **Nr. 6** (überdachte und nicht überdachte Fahrradabstellplätze von mehr als 100 m^2) wurde neu aufgenommen.
- **Nr. 7** (Behelfsbauten und untergeordnete Gebäude) entsprach der alten Nr. 6.
- In **Nr. 8** (Wasserbecken bis zu 100 m^3), die der alten Nr. 7 entsprach, wurden Überdachungen einbezogen.
- **Nr. 9** (Verkaufs- und Ausstellungsstände) und **Nr. 10** (Ausstellungsplätze, Abstellplätze und Lagerplätze) entsprachen den bisherigen Nummern 8 und 9.
- In **Nr. 11** wurde der letzte Halbsatz gestrichen, wonach Einfriedungen, die an öffentlichen Verkehrsflächen liegen, vom vereinfachten Genehmigungsverfahren ausgenommen waren.
- **Nr. 12** (Aufschüttungen und Abgrabungen) und **Nr. 13** (Werbeanlagen und Warenautomaten) wurden neu angefügt.

02 **Abs. 2** des § 68 BauO NW 1995 entsprach im Wesentlichen dem alten Abs. 2 des § 64 BauO NW 1964 und beschrieb den **Umfang der baurechtlichen Prüfung** im vereinfachten Genehmigungsverfahren. Während § 64 Abs. 2 BauO NW 1984 **positiv** die **zu prüfenden Vorschriften** aufzählte, grenzte § 68 Abs. 2 Nr. 1 BauO NW 1995 **negativ** die **nicht zu prüfenden Vorschriften** ab. **Verzichtet** wurde auf die Prüfung der Zulässigkeit von Wohnungen in Kellergeschossen (§ 44 Abs. 5 BauO NW 1984). **Erweitert** wurde dagegen der Prüfumfang um
- das Vorhandensein von Kinderspielflächen gemäß § 9 Abs. 2 BauO NW 1995,
- die Gestaltung nach § 12 BauO NW 1995,

– die Anforderungen an Werbeanlagen und Warenautomaten nach § 13 BauO NW 1995,
– die Eignung des Baugrundstücks nach § 16 Abs. 1 Satz 2 BauO NW 1995 sowie
– die Prüfung des Brandschutzes für die in das vereinfachte Genehmigungsverfahren einbezogenen Wohngebäude mittlerer Höhe durch Verweisung auf die Grundsatzbestimmung des § 17 BauO NW 1995.

Nr. 2 verzichtete auf die Prüfung der Nachweise über die Standsicherheit sowie den Schallschutz und Wärmeschutz im Hinblick auf die neu eingefügten Regelungen in Abs. 5 (s. Rdn. 04).

Die **Absätze 3 und 4** des § 68 BauO NW 1995 wurden **neu eingefügt:** 03
– **Abs. 3** stellte klar, dass für **Abweichungen** von im vereinfachten Genehmigungsverfahren nicht zu prüfenden Vorschriften ein **gesonderter Antrag** erforderlich wird.
– **Abs. 4** forderte im vereinfachten Genehmigungsverfahren eine Erklärung des Entwurfsverfassers über die Beachtung der Brandschutzanforderungen.

Abs. 5 des § 68 BauO NW 1995 ersetzte Abs. 3 des § 64 BauO NW 1984. 04
– Satz 1 stellte sicher, dass im vereinfachten Genehmigungsverfahren für die Wohngebäude mittlerer Höhe und Wohngebäude geringer Höhe mit mehr als zwei Wohnungen die **Schallschutz- und Wärmeschutznachweise**, die gemäß Abs. 2 Nr. 2 keiner Prüfung bedürfen (s. Rdn. 02), von staatlich anerkannten Sachverständigen oder sachverständigen Stellen **aufgestellt oder geprüft** sein müssen; weiter war festgelegt, dass **Standsicherheitsnachweise** für diese Wohngebäude von staatlich anerkannten Sachverständigen oder sachverständigen Stellen **geprüft** sein müssen.
– Nach **Satz 2** waren die **Nachweise nicht** für die baulichen Anlagen nach Abs. 1 Nr. 4 und 6–13 sowie für Nebengebäude und Nebenanlagen nach Nr. 1 **erforderlich**.
– **Satz 3** verlangte für **geschlossene Garagen** über 100 m² bis 1 000 m² Nutzfläche mit **natürlicher Lüftung** entsprechend § 15 Abs. 3 GarVO **Unbedenklichkeitsbescheinigungen** durch staatlich anerkannte Sachverständige oder sachverständige Stellen.

Die **Absätze 6 und 7** des § 68 BauO NW 1995 übernahmen Absätze 4 und 5 des § 64 05 BauO NW 1984, allerdings mit Folgeänderungen aus dem geänderten Abs. 2 bzw. dem neu geschaffenen Rechtsinstitut der Abweichung (§ 73 BauO NW 1995).

Abs. 8 des § 68 BauO NW 1995 übernahm Abs. 6 des § 64 BauO NW 1984. Nach 06 Satz 2 wurde ein **neuer Satz 3** eingefügt, so dass sich der alte Satz 3 zum neuen Satz 4 verschob. Der neue Satz 3 verlangte, mit der Fertigstellungsanzeige bei Wohngebäuden mittlerer Höhe und Wohngebäuden geringer Höhe mit mehr als zwei Wohnungen **Bescheinigungen über stichprobenhafte Kontrollen** von staatlich anerkannten Sachverständigen oder sachverständigen Stellen einzureichen.

Die **BauO NRW 2000** hat § 68 BauO NW 1995 mit **Änderungen** übernommen 07 sowie **Struktur und Gliederung** überarbeitet. Schwerpunkt der Rechtsänderung ist die **Aufwertung** des vereinfachten Genehmigungsverfahrens **zum Regelverfahren**. Der **neue Abs. 1**, fasst die bisherigen Abs. 1 und 2 des § 68 BauO NW 1995 zusammen:

§ 64 Einfaches Baugenehmigungsverfahren

- Satz 1 ordnet die **Anwendung des vereinfachten Genehmigungsverfahrens als Grundregel** an. Aus diesem Grund **entfiel** der Vorhabenkatalog des § 68 Abs. 1 Nr. 1 bis 13 BauO NW 1995.
- Satz 2 regelt, dass das vereinfachte Genehmigungsverfahren auch anzuwenden ist, wenn dies der **Bauherr ausdrücklich beantragt**, weil er nicht in der Freistellung nach § 67 BauO NRW bauen möchte.
- Satz 3 grenzt negativ ab, für welche »**großen**« Sonderbauten das vereinfachte Genehmigungsverfahren **nicht** gilt. Nur noch diese Vorhaben unterliegen dem »normalen« Genehmigungsverfahren mit seiner Vollprüfung.
- Satz 4 entspricht Abs. 2 des § 68 BauO NW 1995. Während das Vorgängerrecht **negativ** die **nicht zu prüfenden Vorschriften** abgrenzte, zählt § 68 Abs. 1 **Satz 4** BauO NRW 2000 wieder **positiv** die **zu prüfenden Vorschriften** auf, wie dies bereits bei § 64 Abs. 2 BauO NW 1984 der Fall war (s. Rdn. 02). In der Aufzählung der zu prüfenden bauordnungsrechtlichen Bestimmungen entfiel § 16 Abs. 1 Satz 2 BauO NW 1995, um das Verfahren weiter zu beschleunigen (so LT-Drucks. 12/3738 S. 89). Dieser Beschleunigungseffekt kann angesichts der Regelungen des BBodSchG und des LBodSchG nicht eintreten, da das Bodenschutzrecht als »andere öffentlich-rechtliche Vorschriften« nach § 68 Abs. 1 Satz 4 Nr. 3 BauO NRW 2000 zu prüfen sind (s. Anmerkungen zu § 16 Rdn. 34–55 und Nr. 68.14 VV BauO NRW).
- Satz 5 sieht das vereinfachte Genehmigungsverfahrens für **Nutzungsänderungen** vor, soweit diese nicht zur Entstehung »großer« Sonderbauten führen.

08 Die **Absätze 2 bis 5** betreffen die bautechnischen Nachweise.
- **Abs. 2** übernimmt im Wesentlichen Sätze 1 und 2 aus Abs. 5 des § 68 BauO NW 1995 als neue Sätze 1 und 3. An die Stelle der präventiven **Prüfung des Brandschutzes** durch die Bauaufsichtsbehörde tritt für **Wohngebäude mittlerer Höhe** die **Bescheinigung** des staatlich anerkannten Sachverständigen. Aufgenommen wurde mit dem neu eingefügten Satz 2 eine **Verpflichtung des Bauherrn zur Benennung** der mit stichprobenhaften Kontrollen der Bauausführung beauftragten staatlich anerkannten Sachverständigen. Geregelt wurde ferner, dass für **Sonderbauten keine Sachverständigenbescheinigungen zum Brandschutz** vorzulegen sind, da für diese nach wie vor einer präventiven **Prüfung** des Brandschutzes erfolgt.
- **Abs. 3** regelt ergänzend zu Abs. 2, für welche technisch einfacheren Bauvorhaben zwar bautechnische Nachweise **einzureichen**, jedoch **nicht** von staatlich anerkannten Sachverständigen zu prüfen sind. Die Aufzählung der Bauvorhaben orientiert sich an § 68 Abs. 1 Nr. 1 bis 3 BauO NW 1995.
- **Abs. 4** regelt, **für welche Vorhaben keine bautechnischen Nachweise** erforderlich sind. Die Aufzählung orientiert sich an § 68 Abs. 1 Nr. 4–13 BauO NW 1995.
- **Abs. 5** ermöglicht es dem Bauherrn, die **baubehördliche Prüfung** der bautechnischen Nachweise und des Brandschutzes zu **beantragen**.

09 Die **Absätze 6–9** entsprechen weitgehend dem Vorgängerrecht.
- **Abs. 6** übernimmt unverändert Abs. 4 des § 68 BauO NW 1995.
- **Abs. 7** entspricht inhaltlich Abs. 3 des § 68 BauO NW 1995.

– **Abs. 8** fasst inhaltlich die Absätze 6 und 7 des § 68 BauO NW 1995 zusammen.
– **Abs. 9** entspricht in verkürzter Form Abs. 8 des § 68 BauO NW 1995. Auf die **überflüssigen Doppelregelungen** der alten Sätze 3 und 4 wurde **verzichtet**.

Die **BauO NRW 2018** modifiziert die Regelungen zum **einfachen** (früher: vereinfachten) **Genehmigungsverfahren** insoweit, als die Vorschriften über die **betroffenen Vorhaben**, den **Prüfumfang** und die **Prüffristen** in den neuen § 64 überführt und die Vorschriften über die **einzureichenden Nachweise** in den § 68 (Bautechnische Nachweise) integriert wurden, Zudem wurde der Wortlaut der Vorschrift erheblich eingekürzt, indem nunmehr die **Aufzählung der nicht betroffenen Anlagen** als Positivliste in den neuen § 50 (Sonderbauten) integriert wurde.

010

1 Allgemeines

Das einfache Genehmigungsverfahren dient der **Erleichterung formellen Rechts** und zugleich dem **Abbau staatlicher Bauaufsicht** unter gleichzeitiger bewusster **Verstärkung der Verantwortlichkeit der am Bau Beteiligten** (so ausdrücklich der BGH im Urt. v. 27.09.2000 – VII ZR 391/99, BauR 2002, 114).

1

Die Verfahrenserleichterung entbindet die am Bau Beteiligten nicht von der Pflicht zur **Beachtung des nicht geprüften materiellen Baurechts** (vgl. Anmerkungen zu § 60 Rdn. 14–20). Eine Beschleunigung des Baugenehmigungsverfahrens ist allerdings nur insoweit gegeben, als die vormals erforderliche umfassende Prüfung aller bauordnungsrechtlichen Vorschriften und der bautechnischen Nachweise nicht mehr durchgeführt werden muss, um eine Baugenehmigung erteilen zu können. Im Übrigen zeigen die Erfahrungen der Praxis, dass die »einfachen« Verfahren infolge der Verkürzung der bauordnungsrechtlichen Prüfung keineswegs rascher ablaufen, so dass von einer Beschleunigung nicht die Rede sein kann. Schuld daran ist vor allem das **ausgeuferte Baunebenrecht** (hierzu s. Anmerkungen zu § 70 Rdn. 36–38), dessen Prüfung der Gesetzgeber nicht einschränken konnte oder wollte.

Das einfache Genehmigungsverfahren ist die notwendige Konsequenz daraus, dass Nordrhein-Westfalen seit der **BauO NW 1984 nur noch genehmigungsbedürftige und genehmigungsfreie Vorhaben** kennt. Anzeigebedürftige Vorhaben (vgl. § 80 Abs. 2 BauO NW 1970) sind seitdem nicht mehr vorgesehen; die **Bauanzeigenverordnung** vom 20.09.1978 (GV. NRW. S. 534) war durch § 83 Abs. 2 Nr. 4 BauO NW 1984 **aufgehoben** worden. Das Institut der Bauanzeige nach der Bauanzeigenverordnung hatte sich nach Auffassung des Gesetzgebers nicht bewährt, da die präventive Prüfung von Bauvorlagen aufgrund einer Anzeige keine entlastende Wirkung entfaltete und im Ergebnis nur der am Ende des Verfahrens stehende Gestattungsakt entfiel. Die – völlige oder bedingte- Freistellung der bislang anzeigepflichtigen Vorhaben erschien vor allem unter bauplanungsrechtlichen Aspekten und auch wegen der erforderlichen Sicherung einer ordnungsgemäßen Erschließung bei Erlass der BauO NW 1984 als nicht vertretbar, so dass rechtssystematisch nur die Baugenehmigungsbedürftigkeit der bislang anzeigepflichtigen Vorhaben in Betracht kam. Bei der Festlegung der Vorhaben war bedacht worden, ob die mit dem einfachen Genehmigungsverfahren verfolgten Ziele nicht erlaubten, neben den vormals anzeigepflichtigen weitere bauordnungsrechtlich

2

weniger relevante Vorhaben konsequenterweise einzubeziehen. Diese Überlegungen führten zur Aufnahme der Tatbestände des § 64 Abs. 1 Nrn. 4 bis 10 BauO NW 1984 im Rahmen der Gesetzesberatungen (s. Bericht zur 2. Lesung, LT-Drucks. 9/3341, S. 99).

3   Mit der **BauO NW 1995** wurde das einfache Genehmigungsverfahren auf **Wohngebäude mittlerer Höhe** ausgedehnt. Gleichzeitig entfiel die Beschränkung auf maximal zwei Wohnungen. Weitere Erleichterungen ergaben sich durch Ausweitung des Vorhabenkatalogs (s. Rdn. 01) und durch weitere Reduzierung der präventiven Prüfung bauordnungsrechtlicher Vorschriften und bautechnischer Nachweise (s. Rdn. 02 und 04). Damit bezweckte der Gesetzgeber eine **weitere Vereinfachung** und **Beschleunigung** des Baugenehmigungsverfahrens (so die Begründung in LT-Drucks. 11/7153, S. 184).

4   Der entscheidende **Durchbruch zur Aufwertung des einfachen Genehmigungsverfahrens** gelang aber erst mit der **BauO NRW 2000**. Aus dem Zusammenhang der Änderungen der **Sätze 1** und **3** in Abs. 1 des § 68 (s. Rdn. 07) ergibt sich, dass das einfache Genehmigungsverfahren als »**Regelverfahren**« anzusehen ist (s. Anmerkungen zu § 63 Rdn. 10), da es mit **Ausnahme** der »**großen**« **Sonderbauten** nunmehr alle Vorhaben erfasst. Für das »normale« Genehmigungsverfahren verbleiben nur noch die gefahrenträchtigsten Bauvorhaben, bei denen auf eine umfassende präventive Prüfung durch die Bauaufsichtsbehörde nicht verzichtet werden kann. Das **einfache Verfahren ist dadurch gekennzeichnet,** dass sich
- die **bauaufsichtliche Prüfung** auf die in **Absatz 1 Satz 1** BauO NRW 2018 genannten Vorschriften **beschränkt** und
- bei Erfüllung der Voraussetzungen nach **Absatz 2** eine **Entscheidungsfrist** von **sechs** Wochen nach Eingang des **vollständigen** Bauantrags bei der Bauaufsichtsbehörde besteht.

5   Entfällt die Prüfung des Bauvorhabens auf die Vereinbarkeit mit bestimmten Anforderungen des öffentlichen Baurechts (s. Rdn. 13 ff.), ist insoweit auch eine **Anfechtung der Baugenehmigung durch den Nachbarn** ausgeschlossen (Nds. OVG, Beschl. v. 17.12.1996 – 1 M 5481/96, BRS 58 Nr. 183; Sächs. OVG, Beschl. v. 25.02.1998 – 1 S 38/98, BRS 60 Nr. 106 und BayVGH, Beschl. v. 27.10.1999 – 2 CS 99.2387, BRS 62 Nr. 166). Auf Bauordnungsrecht beruhende Nachbarrechte können durch eine Baugenehmigung nicht verletzt werden, wenn über sie nicht in der Genehmigung entschieden worden ist, so dass dann nur eine Rechtsverletzung durch das Vorhaben selbst in Betracht kommt; der Nachbar kann Rechtsschutz mit einem **Antrag auf Verpflichtung zum bauaufsichtlichen Einschreiten** gegen das Vorhaben selbst begehren (BVerwG, Beschl. v. 16.01.1997 – 4 B 244.96, BRS 59 Nr. 185).

6   Die Inanspruchnahme **vorläufigen Rechtsschutzes** richtet sich nach **§ 123 VwGO**. Für den Nachbarn gestaltet sich die Durchsetzung eines Abwehranspruchs komplizierter (vgl. Uechtritz, Nachbarrechtsschutz bei der Errichtung von Wohngebäuden im Freistellungs-, Anzeige- und vereinfachten Genehmigungsverfahren, NVwZ 1996, S. 640 ff.; Winkler, Das vereinfachte Genehmigungsverfahren nach Art. 80 BayBO

[Art. 73 BayBO 1998], BayVBl. 1997, S. 744 ff.; Preschel, Abbau der präventiven bauaufsichtlichen Prüfung und Rechtsschutz, DÖV 1998, S. 45 ff.).

Das einfache Genehmigungsverfahren bezieht sich auf die **Errichtung** und **Änderung** von Vorhaben, die keine große Sonderbauten sind, sofern sie nicht nach dem Grundsatz in § 60 von der Genehmigungspflicht ausgenommen sind. Nach Absatz 1 **Satz 3** wird auch die Nutzungsänderung erfasst, soweit dadurch kein »großer« Sonderbau entsteht. Die Rechtfertigung hierfür liegt in der starken Aufwertung des einfachen Genehmigungsverfahrens zum Regelverfahren, das nunmehr für eine Vielzahl unterschiedlicher Bauvorhaben gilt, darunter auch »kleine« Sonderbauten. Die **Beseitigung von Anlagen** ist mittlerweile genehmigungsfrei und bedarf höchstens noch eines besonderen Anzeigeverfahrens (s. Anmerkungen zu § 62 Rdn. 167–184).

7

Im Rahmen seines Geltungsbereiches schreibt § 64 das **einfache Genehmigungsverfahren zwingend** vor. Das einfache Genehmigungsverfahren findet auch Anwendung, wenn der **Bauherr** gemäß § 63 Absatz 2 Satz 2 BauO NRW 2018 die **Durchführung des Baugenehmigungsverfahrens beantragt**, weil er nicht in der Freistellung bauen möchte, sondern eine Baugenehmigung anstrebt (s. Anmerkungen zu § 63 Rdn. 45). Es steht nicht im Belieben des Antragstellers oder der Bauaufsichtsbehörde – auch nicht, wenn dies der Antragsteller wünscht –, das normale Baugenehmigungsverfahren durchzuführen.

8

Die §§ 1 bis 9 BauPrüfVO regeln **Anforderungen an Bauvorlagen**. Die im einfachen Genehmigungsverfahren erforderlichen Bauvorlagen beschreibt § **10 BauPrüfVO**. Daneben ist im Hinblick auf den reduzierten Prüfumfang die grundsätzliche Bestimmung des § **1 Abs. 2 Satz 1 BauPrüfVO** von Bedeutung, wonach sich der **Inhalt der Bauvorlagen** im Einzelfall auf das **für die materielle Beurteilung Erforderliche** beschränkt (s. Anmerkungen zu § 70 Rdn. 60–76). Obwohl im einfachen Genehmigungsverfahren eine Prüfung der Zulässigkeit nach den vom gesetzlichen Prüfungsumfang ausgeschlossenen bauordnungsrechtlichen Vorschriften entfällt, sind die **inhaltlichen Anforderungen** an den **Lageplan** und die **Bauzeichnungen** die gleichen wie im normalen Genehmigungsverfahren. In den Bauzeichnungen müssen die in § 4 BauPrüfVO geforderten Angaben enthalten sein; insbesondere ist die innere Raumaufteilung des Gebäudes einschließlich der vorgesehenen Wände, Treppen und Öffnungen darzustellen.

9

Diese Anforderung der BauPrüfVO war im Hinblick auf den **Gesichtspunkt des Funktionszusammenhangs** geboten, weil auch die **genehmigungsfreien** Bauteile nach § 62 BauO NRW 2018 **als Bestandteil eines genehmigungsbedürftigen** Vorhabens am **Genehmigungserfordernis** teilnehmen. Denn ein insgesamt genehmigungsbedürftiges Vorhaben lässt sich nicht in genehmigungsbedürftige und genehmigungsfreie Teile aufspalten (OVG NRW, Urt. v. 12.08.1968 – VII A 738/67, BRS 20 Nr. 149 und Beschl. v. 22.08.2003 – 7 B 1537/03, BauR 2004 = BRS 66 Nr. 173). Dies gilt **bis zur Fertigstellung** des genehmigten Vorhabens, so dass die – isoliert zu betrachtende – Genehmigungsfreiheit einzelner Baumaßnahmen erst **danach** einsetzt (s. Anmerkungen zu § 62 Rdn. 12). Soll von den genehmigten Bauvorlagen abgewichen werden, z.B. durch andere Grundrissaufteilung oder andere Fassadengliederung, bedarf es einer

10

Nachtragsbaugenehmigung (»Tekturgenehmigung«), da die Ursprungsgenehmigung lediglich die Ausführung der genehmigten Bauvorlagen abdeckt.

11 Eine andere Frage ist, ob die die Bauausführung überwachende Bauaufsichtsbehörde gegen **Abweichungen von den genehmigten Bauvorlagen** einschreiten soll. Sofern die geänderte Ausführung eines Bauteils nach Fertigstellung der baulichen Anlage als **isolierte Maßnahme** nach § 62 BauO NRW 2018 genehmigungsfrei wäre und **kein Verstoß** gegen öffentlich-rechtliche Vorschriften erkennbar ist, kann die Bauaufsichtsbehörde es dabei bewenden lassen, die Änderung in den **Akten zu vermerken**. Wird dagegen ein Verstoß gegen materielle Anforderungen festgestellt, ist zu prüfen, ob ein **repressives Einschreiten** erforderlich wird (s. Anmerkungen zu § 58 Rdn. 22 ff. und 44 ff.).

12 Das **Gebührenrecht** trägt dem eingeschränkten Prüfumfang Rechnung. Die **Tarifstellen** 2.4.1.1–2.4.1.4 des **Allgemeinen Gebührentarifs** zur **AVerwGebO NRW** differenzieren zwischen »normalen« Gebäuden bzw. baulichen Anlagen sowie »kleinen« und »großen« Sonderbauten, indem jeweils 6, 10 oder 13 Tausendstel der Rohbausumme anzusetzen sind. Diese Grundsätze hinsichtlich der Gebührenbemessung sind auch bei der Bauüberwachung und den Bauzustandsbesichtigungen zu beachten.

2 Zu Absatz 1 – Umfang des vereinfachten Genehmigungsverfahrens

13 Die **Grundregel** des **Satz 1** ergänzt den grundsätzlichen Genehmigungsvorbehalt des § 60 Absatz 1 BauO NRW 2018. Soweit aufgrund des § 60 Absatz 1 BauO NRW 2018 überhaupt ein Baugenehmigungsverfahren durchzuführen ist, weil kein Fliegender Bau nach § 78 BauO NRW 2018 und kein Bauvorhaben eines öffentlichen Bauherrn nach § 79 BauO NRW 2018 vorliegt, ist das einfache Genehmigungsverfahren die **Regel**. Dass dieses im Falle eines nach den §§ 62 und 63 BauO NRW 2018 freigestellten Vorhabens nicht erforderlich ist, ergibt sich aus § 60 Absatz 1 BauO NRW 2018. Lediglich bei der Errichtung oder der Änderung von großen Sonderbauten nach § 50 Absatz 2 BauO NRW 2018 ist das einfache Genehmigungsverfahren nicht anzuwenden. Bei der Änderung ist auf den neuen Baukörper und dessen Nutzung abzustellen. Es darf demnach nach durchgeführter Änderung kein großer Sonderbau entstehen.

14 Während Satz 1 ausschließlich auf die Errichtung und Änderung von Anlagen abstellt, gilt nach Satz 3 das einfache Genehmigungsverfahren auch für Nutzungsänderungen. Durch die Aufwertung zum Regelverfahren erfasst das einfache Genehmigungsverfahren zusätzlich »kleine« Sonderbauten (s. Rdn. 6). Gerade in gemischt genutzten **Wohn-** und **Geschäftshäusern** und in **Gewerbebauten** kommen Nutzungsänderungen relativ häufig vor. Nutzungsänderungen sind oft mit **baulichen Änderungen** verbunden, so dass die Einbeziehung in das einfache Genehmigungsverfahren nahelag. Einwände wegen des reduzierten Prüfumfangs im einfachen Genehmigungsverfahren sind unbegründet, da sonstige öffentlich-rechtliche Anforderungen, vor allem die Belange des Immissions- und Arbeitsschutzes, mitgeprüft werden (s. Rdn. 33).

15 Satz 3 enthält die **Einschränkung**, dass durch die Nutzungsänderung **kein** »großer« Sonderbau **entstehen** darf. Das wäre beispielsweise gegeben, wenn eine Verkaufsstätte

mit bis zu 2000 m² in einen Versammlungsraum für mehr als 200 Personen umgewandelt werden soll. Über Nutzungsänderungen bestehender »großer« Sonderbauten enthält die Vorschrift keine Aussage. Soweit durch die Nutzungsänderung die Einordnung als »großer« Sonderbau erhalten bleibt, greift das normale Genehmigungsverfahren, z.b. bei der Umwandlung einer Grundschule in eine Tageseinrichtung für mehr als 10 Kinder. Bleibt die bauliche Anlage ein »großer« Sonderbau, weil eine andere Nutzungseinheit als die zu ändernde dem Katalog des § 50 Absatz 2 BauO NRW 2018 unterfällt, muss die Nutzungsänderung ebenfalls im normalen Genehmigungsverfahren durchgeführt werden. Soll dagegen die Nutzung eines »großen« Sonderbaus so geändert werden, dass ein »kleiner« Sonderbau entsteht, ist das einfache Genehmigungsverfahren durchzuführen. Ein Beispiel hierfür bildet die Umnutzung einer Gaststätte mit mehr als 200 Gastplätzen in eine Verkaufsstätte mit weniger als 2000 m².

Das einfache Genehmigungsverfahren wird darüber hinaus auch angewendet, wenn der Bauherr dies für ein dem Grunde nach nach § 63 BauO NRW 2018 freigestelltes entsprechend der ihm in § 63 Absatz 2 Satz 2 BauO NRW 2018 eingeräumten Möglichkeit beantragt. Es braucht dann nicht erst abgewartet werden, ob die Gemeinde von ihrem Recht nach § 63 Absatz 2 Satz 1 Nr. 5 BauO NRW 2018 Gebrauch macht und die Durchführung des Genehmigungsverfahrens verlangt. Der Bauherr kann anstelle der Einreichung von Bauvorlagen bei der Gemeinde in der Genehmigungsfreistellung sofort einen Bauantrag bei der Bauaufsichtsbehörde einreichen, der dann **konkludent** die Erklärung nach § 63 Absatz 2 Satz 2 BauO NRW 2018 beinhaltet. Durch die Wahl des Baugenehmigungsverfahrens anstelle der Freistellung kann **nicht** das **anzuwendende Verfahren** bestimmt werden. Dieses ergibt sich aus den **Vorgaben des Satz 1 i. V. m. § 65 BauO NRW 2018**. 16

Da die der Freistellung nach § 63 BauO NRW 2018 unterfallenden Vorhaben **keine** »großen« Sonderbauten nach § 50 Absatz 2 BauO NRW 2018 sind, weil es sich nur um Wohngebäude der Gebäudeklassen 1 bis 3 und um sonstige Gebäude der Gebäudeklassen 1 und 2 einschließlich ihrer Nebengebäude und Nebenanlagen handelt, kommt für die an sich freigestellten Anlagen nur das einfache Genehmigungsverfahren in Frage 17

Eines der entscheidenden Merkmale des einfachen Genehmigungsverfahrens ist die **eingeschränkte Prüfung des Bauordnungsrechts**. Die Regelung des Satzes 1 stellt eine **Ausnahme vom Grundsatz** des § 74 Absatz 1 Satz 1 BauO NRW 2018 dar, wonach die Baugenehmigung die **Übereinstimmung** des Vorhabens mit »allen« öffentlich-rechtlichen Vorschriften bestätigt (s. Anmerkungen zu § 74 Rdn. 131). Satz 1 bewirkt, dass die **materiellen Anforderungen des Bauordnungsrechts** – ausgenommen einige Vorschriften mit mehr oder weniger starkem städtebaulichem Bezug – **ungeprüft** bleiben. Somit handelt es sich bei der **Prüfeinschränkung** um eine **Teilfreistellung von der Genehmigungspflicht**. Durch die Vorgabe des § 60 Absatz 2 BauO NRW 2018 sind die übrigen, im einfachen Verfahren nicht geprüften öffentlich-rechtlichen Vorschriften durch den Bauherrn dennoch uneingeschränkt einzuhalten (s. Anmerkungen zu § 60 Rdn. 14–20). 18

19 Anders als in der Genehmigungsfreistellung nach § 63 BauO NRW 2018 kann sich der Bauherr der gesetzlichen Beschränkung der bauaufsichtlichen Prüftätigkeit nicht dadurch entziehen, dass er dennoch eine umfassende Prüfung verlangt. Zu den **nicht zu prüfenden Vorschriften** kann auch **kein Vorbescheid** – als vorweggenommener Teil der Baugenehmigung (s. Anmerkungen zu § 7 Rdn. 31) – erteilt werden, weil zu diesen Fragen auch keine Baugenehmigung möglich ist (s. Anmerkungen zu § 77 Rdn. 10 ff.). Bei **Zweifeln über die Zulässigkeit** einer Baumaßnahme im Hinblick auf einzelne Vorschriften, die von der präventiven Prüfung ausgeschlossen sind, kann eine **Bauberatung** in Anspruch genommen werden.

20 Von der **Feststellungswirkung einer Baugenehmigung im einfachen Genehmigungsverfahren** nach § 64 BauO NRW 2018 werden nur die Sachverhalte der nach Satz 1 zu prüfenden Vorschriften erfasst. Bezüglich der übrigen materiellen Anforderungen enthält die Baugenehmigung keine Feststellung, dass das Vorhaben insoweit dem öffentlichen Recht entspricht und entfaltet insoweit auch keine baufreigebende Wirkung. Da die Feststellung der Übereinstimmung mit dem öffentlichen Recht Voraussetzung für den verfügenden Teil der Baugenehmigung ist, müssen beide Teile **übereinstimmen**, so dass der Bau nur insoweit freigegeben wird, als gleichzeitig seine öffentlich-rechtliche Zulässigkeit bejaht wird (BVerwG, Urt. v. 09.12.1983 – 4 C 44.80, BRS 40 Nr. 176), der **verfügende Teil** der Baugenehmigung ist insoweit **eingeschränkt** (OVG Rh-Pf, Beschl. v. 18.11.1991 – 8 B 11955/91, BauR 1992, 219 = BRS 52 Nr. 148).

21 Bei der Prüfung von Bauvorlagen im einfachen Genehmigungsverfahren kommt es regelmäßig vor, dass **Rechtsverstöße bezüglich nicht zu prüfender Vorschriften** entdeckt werden. Das Bemerken derartiger Verstöße gegen materielles Recht liegt darin begründet, dass die mit der Rechtsmaterie vertrauten Bediensteten der Bauaufsichtsbehörden aufgrund **langjähriger Prüftätigkeit** eine gewisse **Routine** entwickeln. Man wird von diesen Bediensteten nicht erwarten können und dürfen, dass sie beim Prüfen der Bauvorlagen, die sich inhaltlich von denen im normalen Genehmigungsverfahren kaum unterscheiden, beim Betrachten der Bauzeichnungen das »bauordnungsrechtliche Auge« gleichsam zukneifen. Wer im normalen Genehmigungsverfahren die Bauzeichnungen umfassend prüft, wird im einfachen Genehmigungsverfahren den routinierten Blick nicht abstellen können. Offensichtlich hat der Gesetzgeber bei der Einführung des einfachen Genehmigungsverfahrens die in der Person der Prüfer – die keine Maschinen, sondern Menschen sind – liegende »Gefahr« des unbewussten Prüfens nicht erkannt, denn sonst hätte er der Vorschrift eine Bestimmung beigefügt, wie in derartigen Fällen zu verfahren ist.

22 Die **Behandlung von Rechtsverstößen außerhalb des gesetzlichen Prüfprogramms** im einfachen Genehmigungsverfahren kann nicht in der Weise erledigt werden, dass die Bauaufsichtsbehörde unter Berufung auf den Gesetzeswortlaut (»… prüft die Bauaufsichtsbehörde nur …«) diesen Verstoß bewusst übersieht. Denn dadurch würde sie gegen ihre **allgemeine Überwachungspflicht** nach § 58 Absatz 2 Satz 1 BauO NRW 2018 verstoßen. Es ist vielmehr so, dass die Bauaufsichtsbehörde sogar **zum Einschreiten verpflichtet** ist, wenn der Rechtsverstoß zur **Gefährdung von Leben oder Gesundheit** der

Bewohner, Besucher oder Benutzer der baulichen Anlage führen kann (Sächs. OVG, Beschl. v. 25.02.1998 – 1 S 38/98, BRS 60 Nr. 106). Eine derartige Gefährdung ist anzunehmen, wenn die Bauzeichnungen zu schmale oder zu steile Treppen, fehlende zweite Rettungswege oder ungeeignete Räume zum dauernden Aufenthalt von Menschen darstellen, um nur einige der auffälligsten Mängel anzusprechen.

In derartigen Fällen ist der Bauherr zweckmäßigerweise zur **Abänderung der Pläne** 23 aufzufordern. Kommt er dem Verlangen der Bauaufsichtsbehörde nicht nach, kann diese den Bauantrag wegen **fehlenden Sachbescheidungsinteresses** ablehnen, da auf eine Baugenehmigung, deren Ausführung anschließend mit einer **vorbeugenden Bauuntersagungsverfügung** verhindert werden müsste, kein Rechtsanspruch besteht (OVG Rh-Pf, Beschl. v. 18.11.1991 – 8 B 11955/91, BauR 1992, 219 = BRS 52 Nr. 148, OVG Rh-Pf, Urt. v. 22.10.2008 – 8 A 10942/08, BRS 73 Nr. 147, ZfBR 2/2009 S 167 ff. und OVG Bln-Bbg Beschl. v. 21.06.2013 – OVG 10 N 72.11, JurionRS 2013, 45292).

Geringfügige Rechtsverstöße werden gewöhnlich im »normalen« Baugenehmigungs- 24 verfahren durch Beifügung einer einfachen **Auflage** behoben, weil diese noch kein modifizierender Eingriff in die Entwurfskonzeption bewirkt (s. Anmerkungen zu § 74 Rdn. 231 ff.). Diese Möglichkeit ist im einfachen Genehmigungsverfahren hinsichtlich der nicht zu prüfenden Vorschriften ausgeschlossen. Im vereinfachten Genehmigungsverfahren kann jedoch – und sollte auch – der fehlerhaften Bauausführung durch Beifügung eines **Hinweises** (s. Anmerkungen zu § 74 Rdn. 242–243) entgegengewirkt werden. Befolgt der Bauherr diesen Hinweis nicht, kann die Bauaufsichtsbehörde aufgrund der Ermächtigung aus § 58 Absatz 2 Satz 2 BauO NRW 2018 **repressive Maßnahmen** einleiten, um eine ordnungsgemäße Bauausführung letztlich zu erzwingen.

Verstöße, die mit Hilfe einer Baulast geheilt werden können, sind oftmals ebenfalls 25 problembehaftet. Wenn der Bauherr und ggfls. auch ein als Baulastgeber betroffener Nachbar kooperieren, ist das Hindernis auszuräumen; andernfalls führt dieser Verstoß dazu, dass das Vorhaben nicht baurechtskonform errichtet werden kann. Die fehlende Baulast kann, sofern der Baulasttatbestand nicht im Prüfumfang des einfachen Genehmigungsverfahrens liegt, wiederum nicht als Ablehnungsgrund des Bauantrages herhalten, da der Tatbestand eben nicht zu prüfen war. Als Beispiel sei an dieser Stelle die fehlende Freifläche nach § 30 Absatz 2 Nr. 1 BauO NRW 2018 genannt. Die Ablehnung ergeht daher wegen fehlenden Sachbescheidungsinteresses (s. Rdn. 21).

Systematisch anders als früher (s. Rdn. 02) bezeichnet § 64 Abs. 1 Satz 1 BauO NRW 26 **positiv** die zu prüfenden Rechtsbereiche. Die positive Aufzählung der zu prüfenden Vorschriften ist für den Rechtsanwender besser lesbar und verständlicher.

Das **bauaufsichtliche Prüfprogramm** des einfachen Genehmigungsverfahrens gliedert 27 sich nach Satz 1 **Nr. 1 bis 5** BauO NRW 2018 in folgende **Prüfbereiche**:
– **Nr. 1** – bauplanungsrechtliche Zulässigkeitsvorschriften des BauGB,
– **Nr. 2** – beantragte Abweichungen nach § 69 BauO NRW 2018,
– **Nr. 3** – weitere bauordnungsrechtliche Vorschriften,

§ 64 Einfaches Baugenehmigungsverfahren

- Nr. 4 – örtliche Bauvorschriften und
- Nr. 5 – sonstige öffentlich-rechtliche Vorschriften.

Die Anforderungen des baulichen Arbeitsschutzes sind nach Satz 2 ausdrücklich aus dem Prüfprogramm im einfachen Genehmigungsverfahren ausgenommen.

2.1 Zu Nr. 1 – bauplanungsrechtliche Zulässigkeitsvorschriften des BauGB

28 Nr. 1 ordnet die **Prüfung der Zulässigkeit des Vorhabens** nach den **Vorschriften der §§ 29 bis 38 BauGB** an. Die Prüfung des – bundesrechtlichen – Bauplanungsrechts ist unverzichtbar, da das Bundesbaurecht mit Rücksicht auf das Landesbauordnungsrecht kein eigenständiges Gestattungsverfahren bereithält (vgl. Anmerkungen zu § 62 Rdn. 4). Die **Aufzählung** ist eigentlich **unvollständig**, da auch die Vorschriften über die Veränderungssperre (§ 14 **BauGB**) und über die Zurückstellung von Baugesuchen (§ 15 **BauGB**) zu erwähnen sind, die aber auch aus sich heraus wirken.

29 Die **Vorschriften der BauNVO** sind ebenfalls nicht gesondert erwähnt, nehmen aber über §§ 30 bis 33 BauGB an der Prüfung teil, weil sie durch die Festsetzungen der Bebauungspläne in diese inkorporiert werden. Im Rahmen der Prüfung der Zulässigkeit von Vorhaben im unbeplanten Innenbereich ergibt sich die Anwendung der Vorschriften der BauNVO über die Art der baulichen Nutzung (§§ 2–15 BauNVO) unmittelbar aufgrund der Anordnung des § 34 Abs. 2 BauGB. Im Übrigen können die Vorschriften der BauNVO zur **Ausfüllung** der in § 34 Abs. 1 und in § 35 Abs. 3 **BauGB** enthaltenen **unbestimmten Rechtsbegriffe** herangezogen werden.

30 Soweit das Zulässigkeitsrecht für Vorhaben **Verweisungen auf einzelne bauordnungsrechtliche Bestimmungen** enthält, sind diese in die Prüfung nach Nr. 1 einbezogen. Das ist der Fall bei den Verweisungen in § 18 BauNVO 1962, 1968 und 1977 sowie in § 20 Abs. 1 BauNVO 1990 auf die **Vollgeschossregelung**. Darüber hinaus sind **bauordnungsrechtliche Begriffsbestimmungen** heranzuziehen zur **Ausfüllung gleichlautender bauplanungsrechtlicher Begriffe**, soweit die Rechtsprechung anerkannt hat, dass die entsprechenden Begriffe im Sinne des Landesbauordnungsrechts auszulegen sind, so bei den Begriffen **Aufenthaltsraum** (s. Anmerkungen zu § 2 Rdn. 289 ff.), **Geländeoberfläche** (s. Anmerkungen zu § 2 Rdn. 209 ff.), **Stellplatz** und **Garage** (s. Anmerkungen zu § 2 Rdn. 307 ff.).

2.2 zu Nr. 2 – beantragte Abweichungen nach § 69 BauO NRW 2018

31 Nach Nr. 2 sind beantragte Abweichungen im einfachen Genehmigungsverfahren zu prüfen und demnach auch zu bescheiden. Unter den Begriff der Abweichung fallen alle Tatbestände, die sich von den Anforderungen der BauO NRW und/oder von den Anforderungen anderer Vorschriften, welche aufgrund der Vorgaben in der BauO NRW erlassen wurden, unterscheiden. Im Sinne der Nr. 2 sind alle Vorschriften relevant, unabhängig davon, ob sie grundsätzlich im einfachen Genehmigungsverfahren zu prüfen sind oder nicht. Sobald eine Abweichung beantragt wird, ist der entsprechende Tatbestand von der Bauaufsichtsbehörde zu prüfen; der bauordnungsrechtliche Prüfumfang der Nr. 3 wird somit erweitert.

Kann der beantragten Abweichung stattgegeben werden, erfolgt nach erfolgter positiver Gesamtprüfung des beantragten Vorhabens eine separate Bescheidung des Antrags auf Abweichung. Wird die Abweichung negativ beurteilt oder die übrige Prüfung mündet in einem ablehnenden Ergebnis, so sind beide Anträge ebenfalls getrennt, negativ zu bescheiden.

2.3 zu Nr. 3 – weitere bauordnungsrechtliche Vorschriften

Nr. 3 bestimmt, dass nur wenige Bestimmungen des Bauordnungsrechts zu prüfen sind. Der **Katalog** dieser Bestimmungen hat **schwerpunktmäßig städtebaulichen Bezug**. Im Einzelnen handelt es sich um folgende bauordnungsrechtliche Vorschriften:

- **§ 4 BauO NRW 2018** – die **bauordnungsrechtlichen Erschließungsvorschriften** stehen als eigenständige Anforderungen neben den bauplanungsrechtlichen Erschließungsanforderungen, die bereits nach Nr. 1 Inhalt der Prüfung der §§ 29–38 BauGB sind.
- **§ 6 BauO NRW 2018** – die **Abstandflächenvorschriften** ergänzen einerseits die bauplanungsrechtlichen Vorschriften über die Bauweise (§ 22 BauNVO, § 34 Abs. 1 BauGB) hinsichtlich der Tiefe und der Lage der seitlichen Abstandflächen und regeln andererseits Abstände zur vorderen und rückwärtigen Grundstücksgrenze, die bei offener oder geschlossener Bauweise nicht bauplanungsrechtlich normiert sind, weil die Vorschriften über die offene oder geschlossene Bauweise nur die Erforderlichkeit eines seitlichen Grenzabstandes regeln.
- **§ 8 Absatz 2 BauO NRW 2018** – die **Bereitstellung von Kleinkinderspielflächen** dient, wenn sie in einer Gemeinschaftsanlage oder auf einem geeigneten öffentlichen Spielplatz erfolgt, auch dem Vollzug des Bebauungsplanes.
- **§ 9 BauO NRW 2018** – das Verunstaltungsabwehrrecht weist, obwohl es dem Bauordnungsrecht zugeordnet ist, auch städtebauliche Bedeutung auf, insbesondere wenn es darum geht, **negative Auswirkungen auf** das **Straßen-**, **Orts-** oder **Landschaftsbild** abzuwehren.
- **§ 10 BauO NRW 2018** – das Recht der Außenwerbung weist eine sehr **enge Verbindung zum Baunutzungsrecht** auf und kann nicht losgelöst von diesem betrachtet werden, zumal es hierbei in besonderem Maße um den Schutz des Außenbereichs und der Wohngebiete geht.
- **§ 48 BauO NRW 2018** – die **Bemessung des Stellplatzbedarfs** und die **Herstellungspflicht von Stellplätzen oder Garagen sowie Fahrradabstellplätzen** ist nicht im Bauplanungsrecht geregelt; die Vorschriften der §§ 12 und 21 a BauNVO betreffen lediglich die bauplanungsrechtliche Zulässigkeit der Anordnung der Stellplätze und Garagen.
- **§ 49 BauO NRW 2018** – die Prüfung der Anforderungen an die **Barrierefreiheit** wurde aufgrund **Artikel 6** des **Gesetzes zur Gleichstellung von Menschen mit Behinderung und zur Änderung anderer Gesetze** vom 16.12.2003 (GV. NRW. S. 766) eingefügt. Diese Bestimmung weist keinen städtebaulichen Bezug auf. Die Prüfung dieser Anforderungen stimmt mit dem Grundgedanken des einfachen Genehmigungsverfahrens nicht überein (s. Rdn. 16).

34 Neben dem städtebaulichen Bezug weisen die vorgenannten Vorschriften **eigenständige bauordnungsrechtliche Bedeutung** auf, die es dem Gesetzgeber geboten erschienen ließ, an einer Prüfung im einfachen Genehmigungsverfahren festzuhalten. Das wird z.B. bei den Schutzzielen des § 8 Absatz 2 BauO NRW 2018 (s. Anmerkungen zu § 8 Rdn. 36 ff.) und des § 9 Absatz 1 BauO NRW 2018 (s. Anmerkungen zu § 9 Rdn. 28 ff.) deutlich. Vergleicht man jedoch die Vorhaben, die von den §§ 63 und 64 BauO NRW 2018 erfasst werden, so fällt auf, dass der Gesetzgeber diese **bauordnungsrechtlichen Belange** in Bezug auf Wohngebäude der Gebäudeklassen 1 bis 3 **ungleich bewertet**. Denn es ist **kein sachlicher Grund** dafür zu erkennen, dass ein im Bebauungsplan gelegenes Wohngebäude der Gebäudeklassen 1 bis 3, das dessen Festsetzungen nicht widerspricht und damit dem Anwendungsbereich des § 63 BauO NRW 2018 unterfällt, von der Prüfung dieser bauordnungsrechtlichen Vorschriften freigestellt ist, während das gleiche Vorhaben bei Abweichung von einer Bebauungsplanfestsetzung und damit verbundenem Befreiungserfordernis oder Lage außerhalb eines Bebauungsplans im Innen- oder Außenbereich aufgrund der Zuordnung zum einfachen Genehmigungsverfahren nach § 64 BauO NRW 2018 auf Einhaltung der vorgenannten Vorschriften zu prüfen ist. Die bauplanungsrechtlichen Zulässigkeitsvoraussetzungen haben keine Bedeutung für die bauordnungsrechtlichen Schutzgüter. Es ist daher geboten, die Prüfung oder Nichtprüfung bauordnungsrechtlicher Bestimmungen allein **am Gefahrenpotenzial** auszurichten.

35 Das Gefahrenpotenzial war bereits in der Vorgängervorschrift Grund für den Gesetzgeber, im Hinblick auf die **Prüfung der Brandschutzvorschriften** eine **Prüfpflicht für Sonderbauten** einzuführen. Die **Prüfpflicht** erstreckt sich nach Nr. 3 **auf Sonderbauten**. Erfasst werden von dieser Bestimmung nur »kleine« Sonderbauten, weil die dem Katalog der »großen« Sonderbauten nach § 50 Absatz 2 BauO NRW 2018 zugeordneten Vorhaben ohnehin umfassend geprüft werden. Diese Rechtsänderung ist **im Grundsatz sachgerecht**, da infolge der Aufwertung des einfachen Genehmigungsverfahrens zum »Regelverfahren« eine große Zahl »kleiner« Sonderbauten nicht mehr dem normalen Genehmigungsverfahren unterliegt, andererseits aber bei diesen Vorhaben gerade die Einhaltung des baulichen Brandschutzes für die Gefahrenabwehr eine herausragende Bedeutung besitzt.

36 Die alleinige **Bezugnahme auf § 17 BauO NRW 2000** hat in der Vergangenheit **Rechtsunsicherheiten** bezüglich der **Reichweite des Prüfauftrags** verursacht. Bei dieser Vorschrift handelte es sich nämlich lediglich um die **Grundnorm des baulichen Brandschutzes**, auf der alle näheren Brandschutzvorschriften der BauO NRW selbst, die Sonderbauverordnung, die bauaufsichtlich eingeführten Technischen Baubestimmungen und die als Verwaltungsvorschrift bekannt gemachten Richtlinien basieren (s. Anmerkungen zu § 14 Rdn. 1 ff.). Die **Vorschrift konnte aus sich heraus** ohne Einbeziehung der die allgemeinen Anforderungen konkretisierenden Bestimmungen **nicht sinnvoll ausgelegt und angewandt werden**. Nr. 68.14 VV BauO NRW 2000 verdeutlichte deshalb, dass bei Sonderbauten durch die Bezugnahme auf § 17 BauO NRW 2000 die Übereinstimmung mit **sämtlichen** Brandschutzvorschriften des Bauordnungsrechts zu prüfen ist. In der BauO NRW 2018 wird diese Unsicherheit

dadurch entfernt, als in Nr. 3 nicht mehr der Hinweis auf die Prüfung des neuen § 14 BauO NRW 2018, sondern vielmehr als Prüfumfang für Sonderbauten die Vereinbarkeit mit den »Brandschutzvorschriften« festgeschrieben ist. Damit ist klargestellt, dass der Brandschutz vollumfänglich im einfachen Genehmigungsverfahren zu prüfen ist.

2.4 Zu Nr. 4 – örtliche Bauvorschriften

Nr. 4 bezieht nicht Satzungen der Gemeinden schlechthin, sondern nur **örtliche Bauvorschriften nach § 89 BauO NRW 2018** in die Prüfung ein. Örtliche Bauvorschriften können sowohl als **selbständige Satzung** erlassen als auch in einen **Bebauungsplan** aufgenommen werden (s. Anmerkungen zu § 89 Rdn. 70 bis 71). Auch als Bestandteil eines Bebauungsplans bleiben sie **Bauordnungsrecht**. Bei Abweichungen ist nicht § 31 BauGB, sondern § 69 BauO NRW 2018 einschlägig (s. Anmerkungen zu § 69 Rdn. 11). Hat die Gemeinde im einfachen Genehmigungsverfahren zu dem Bauantrag positiv Stellung genommen, obwohl das Vorhaben gegen einzelne Bestimmungen einer örtlichen Bauvorschrift verstößt, und wurde daraufhin die Baugenehmigung erteilt und von dieser Gebrauch gemacht, so hat die Gemeinde ihr Abwehrrecht verwirkt (OVG Rh-Pf, Urt. v. 05.08.1993 – 1 A 11772/92, BRS 55 Nr. 130).

37

Erfasst werden von Nr. 4 nur solche örtlichen Bauvorschriften bzw. nur solche Bestimmungen in örtlichen Bauvorschriften, die überhaupt einen **Bezug zur präventiven Zulässigkeitsprüfung** aufweisen. Das ist nicht bei allen örtlichen Bauvorschriften der Fall. So kann z.B. eine Satzung über die Lage, Größe, Beschaffenheit, Ausstattung und Unterhaltung von Kinderspielflächen nach § 89 Absatz 1 Nr. 3 BauO NRW 2018 Bestimmungen zur Ausstattung und Unterhaltung enthalten, die einer präventiven Prüfung nicht zugänglich sind (s. Anmerkungen zu § 89 Rdn. 46 und 47).

38

2.5 Zu Nr. 5 – sonstige öffentlich-rechtliche Vorschriften

Nr. 5 erfasst andere öffentlich-rechtliche Vorschriften mit der Einschränkung, dass deren Einhaltung nicht in einem anderen Genehmigungs-, Erlaubnis- oder sonstigen Zulassungsverfahren geprüft wird. Nr. 5 zielt auf das »Baunebenrecht«, soweit keine rechtlich selbständigen Entscheidungen mit Außenwirkung in Spezialgesetzen neben der Baugenehmigung vorgesehen sind, ab. Hierzu gehören die Anbaubeschränkungen des Straßenrechts ebenso wie die Eingriffsregelungen des Landschaftsrechts, die denkmalschutzrechtlichen und die Vorgaben des Immissionsschutzrechts, um die wichtigsten Bereiche zu nennen.

39

Die Formulierung der Nr. 5 verhindert nicht, dass im vereinfachten Genehmigungsverfahren nicht die gleichen Probleme wie im normalen Genehmigungsverfahren auftreten, die aus dem Nebeneinander von § 74 Absatz 1 **Satz 1** und Absatz 3 **Satz 2** BauO NRW 2018 herrühren und die in Literatur und Rechtsprechung unter dem Begriff »**Schlusspunkttheorie**« erörtert werden (s. Anmerkungen zu § 74 Rdn. 8). Infolge der **Einschränkung** der Nr. 5 bleiben im vereinfachten Genehmigungsverfahren zwar solche Rechtsfragen ungeprüft, die einer **selbständigen Gestattung** nach anderen öffentlich-rechtlichen Vorschriften zugänglich sind. Aufgrund der **baufreigebenden Wirkung** der Baugenehmigung – auch wenn sie im vereinfachten

40

Genehmigungsverfahren erteilt wird – darf aber das **Vorliegen** dieser selbständigen Gestattungen **bei Baubeginn** nicht unberücksichtigt bleiben, so dass sich eine entsprechende Nebenbestimmung in Form einer aufschiebenden Bedingung im Bauschein empfiehlt.

3 Zu Absatz 2 – Bearbeitungsfristen

41 Satz 1 bestimmt eine **Bearbeitungsfrist von sechs Wochen**, innerhalb derer die Bauaufsichtsbehörde über den Bauantrag zu entscheiden hat, wenn entweder
- das Vorhaben im Bereich eines **qualifizierten** oder **vorhabenbezogenen Bebauungsplans** liegt (1. **Alternative**) oder
- für das Bauvorhaben ein **Vorbescheid** (§ 77 BauO NRW 2018) erteilt worden ist, mit dem über die Zulässigkeit des Vorhabens auf dem Grundstück, die Zugänge auf dem Grundstück sowie über die Abstandflächen entschieden wurde (2. **Alternative**).

Diese Bearbeitungsfrist von sechs Wochen dürfte bei dem eingeschränkten Prüfungsumfang im Regelfall ausreichen, die Baugenehmigung erteilen zu können.

Im Falle der 1. Alternative kann unmittelbar nach Eingang des **vollständigen** Bauantrags die bauplanungsrechtliche Genehmigungsfähigkeit des Vorhabens festgestellt und das reduzierte bauordnungsrechtliche Prüfprogramm abgewickelt werden.

Im Falle der 2. Alternative wird die Berechtigung der Frist noch klarer, da das Prüfprogramm bereits im vorausgegangenen Vorbescheidsverfahren absolviert wurde.

Schwierigkeiten bezüglich der Fristeinhaltung können hinsichtlich des zu prüfenden **sonstigen öffentlichen Rechts** auftreten, wenn – vor allem zu Bauanträgen für »kleine« Sonderbauten – andere Behörden zu beteiligen sind. **Verzögerungen** in der Bearbeitung treten regelmäßig auch auf, wenn über eine **Befreiung** nach § 31 Abs. 2 BauGB oder eine **Abweichung** nach § 69 BauO NRW 2018 entschieden werden muss, dabei **nachbarliche Belange** berührt werden und eine Beteiligung des Angrenzers nach § 72 BauO NRW 2018 erforderlich wird. Diese Umstände berücksichtigt **Satz 2** mit der **Möglichkeit der Fristverlängerung**.

42 Die **Bearbeitungsfrist beginnt** mit dem vollständigen **Eingang des Bauantrags** bei der Bauaufsichtsbehörde. Dies ist in Satz 1 nunmehr ausdrücklich normiert. Voraussetzung für das Anlaufen der Bearbeitungsfrist ist eine **wirksame Antragstellung**. Ferner müssen dem Antrag **vollständige Bauvorlagen** beigefügt sein. Die Bauaufsichtsbehörde hat bei Unvollständigkeit des Antrags gemäß § 71 Absatz 1 Satz 2 BauO NRW 2018 die **Vervollständigung der Bauvorlagen** zu verlangen (s. Anmerkungen zu § 71 Rdn. 62 ff.). In diesem Falle sollte dem Bauherrn gleichzeitig **mitgeteilt** werden, dass die **Bearbeitungsfrist** infolge der Unvollständigkeit des Bauantrags **noch nicht angelaufen** ist.

43 Nach **Satz 2** kann die **Bearbeitungsfrist bis zu sechs Wochen verlängert** werden, so dass sich eine **maximale Verfahrensdauer von 12 Wochen** ergeben kann. Eine solche Verlängerung darf nur »**aus wichtigen Gründen**« ausgesprochen werden.

Satz 3 nennt als Beispiele für wichtige Gründe die Notwendigkeit der **Beteiligung** **44** **anderer Behörden** oder die notwendige Entscheidung über eine **Befreiung** nach § 31 Abs. 2 BauGB oder eine **Abweichung** nach § 69 BauO NRW 2018. Aus dem Wort »**insbesondere**« ergibt sich, dass die **Aufzählung nicht abschließend** ist, so dass neben der Beteiligung anderer Behörden auch die Beteiligung anderer **Dienststellen** des Trägers der Bauaufsichtsbehörde in Frage kommt. Das ist auch sinnvoll, da es verfahrensmäßig keinen Unterschied macht, ob die Mittlere kreisangehörige Stadt als untere Bauaufsichtsbehörde den Kreis als untere Wasserbehörde oder ob das Bauaufsichtsamt einer kreisfreien Stadt das ebenfalls dieser angehörende Umweltamt als untere Wasserbehörde beteiligt. Jedenfalls macht die beispielhafte Aufzählung in Satz 3 deutlich, dass als wichtiger Grund nur solche Verzögerungen anerkannt werden können, die einer zusätzlichen Aufgabenerledigung oder einer nicht zu beeinflussenden Wartezeit geschuldet sind; eine **unzureichende Personalausstattung** ist demzufolge **kein wichtiger Grund**.

Die **Verlängerung der Bearbeitungsfrist** ist dem Antragsteller **schriftlich** mitzuteilen **45** und stellt eine **Verfahrenshandlung im Sinne des** § **44a VwGO** dar, die nicht selbständig mit Rechtsbehelfen anfechtbar ist (vgl. Boeddinghaus/Hahn/Schulte/Radeisen, zu § 68 Rn. 83 und Jeromin, zu § 66 Rn. 70).

In manchen Fällen wird sich ergeben, dass auch die **verlängerte Bearbeitungsfrist** **46** **nicht ausreichend** ist, um die abschließende Entscheidung treffen zu können, weil z.B. ein **Altlastenverdacht** durch **Bodengutachten** ausgeräumt werden muss, ein **Erschließungsvertrag** oder ein **Ablösevertrag** erforderlich wird oder eine **Verpflichtungserklärung** für eine Baulast noch der **Unterschrift des Angrenzers** bedarf, um nur einige häufig vorkommende Verzögerungsursachen aufzuzeigen. Kann die Zulässigkeit des Vorhabens nach **Ablauf der maximalen Verfahrensdauer** von 12 Wochen noch nicht festgestellt werden, weil einzelne materielle Anforderungen des zu prüfenden Baurechts nicht erfüllt sind, so bestehen nur zwei rechtmäßige Handlungsmöglichkeiten. Die Bauaufsichtsbehörde kann entweder

– den Antragsteller ersuchen, auf die Einhaltung der Bearbeitungsfrist im eigenen Interesse zu **verzichten, um eine Ablehnung des Bauantrags** wegen der nach wie vor entgegenstehenden öffentlich-rechtlichen Vorschriften **zu vermeiden,** oder
– die **Erteilung der Baugenehmigung** wegen entgegenstehender öffentlich-rechtlicher Vorschriften (§ 74 Absatz 1 Satz 1 BauO NRW 2018) **versagen.**

Es liegt auf der Hand, dass die zuerst genannte Möglichkeit eher im Interesse des Antragstellers liegen dürfte. Willigt dieser aber nicht in den Verzicht auf Einhaltung der Bearbeitungsfrist ein, verbleibt nur die **Versagung** als abschließende Verfahrenshandlung. Ergänzend ist darauf hinzuweisen, dass der Antragsteller **im Falle nicht ausräumbarer Verstöße gegen öffentlich-rechtliche Vorschriften** aufgrund der gesetzlichen Vorgaben auch einen **Rechtsanspruch auf fristgerechte Versagung** der Erteilung der Baugenehmigung hat. Die Formulierung des **Satz 1** geht nämlich nicht von der fristgerechten Genehmigung, sondern von der fristgerechten »**Entscheidung**« aus, die bei nicht ausräumbaren Verstößen gegen materielles Baurecht selbstverständlich negativ sein kann und vor dem Hintergrund des § 74 Absatz 1 BauO NRW 2018 auch sein muss.

47 Satz 3 darf von der Bauaufsichtsbehörde nicht als Selbstverständlichkeit »automatisch« genutzt werden, weil dadurch der **vom Gesetzgeber gewollte Beschleunigungseffekt** zunichtegemacht würde. Es darf erwartet werden, dass die Bauaufsichtsbehörde mit den üblicherweise zu beteiligenden Behörden und Dienststellen eng zusammenarbeitet, so dass die **Verlängerungsmöglichkeit** auch bei Beteiligungsfällen **auf Ausnahmefälle beschränkt** bleibt. Die Aufsichtsbehörden haben im Rahmen von Geschäftsprüfungen darauf zu achten, dass die unteren Bauaufsichtsbehörden diese Rechtslage nicht zum Nachteil der Bauherren ausnutzen.

48 Die **Nichteinhaltung der Frist** durch die Bauaufsichtsbehörde hat in Nordrhein-Westfalen – anders als in mehreren anderen Bundesländern – **keine Genehmigungsfiktion** (sog. »fiktive Baugenehmigung«; s.a. Saurer, Die Fiktionstatbestände im vereinfachten Baugenehmigungsverfahren, DVBl 2006, S. 605 ff.) zur Folge, so dass die Baugenehmigung nicht als erteilt gilt.

49 Da **keine gesetzliche Fiktion** einer Baugenehmigung vorgesehen ist, darf mit dem Bau nach Fristablauf nicht einfach begonnen werden. Vielmehr ist die **Erteilung der Baugenehmigung** auf jeden Fall **abzuwarten**. Die Nichteinhaltung der – gegebenenfalls verlängerten – Frist muss jedoch trotz der fehlenden Genehmigungsfiktion nicht ohne rechtliche Folgen bleiben.

50 Der Bauherr kann nämlich nach Ablauf der Frist **Untätigkeitsklage** nach § 75 VwGO gegen die Bauaufsichtsbehörde erheben, obwohl damit aufgrund der langen Verfahrensdauern bei den Verwaltungsgerichten **keine Zeitvorteile** verbunden sein dürften. Die Nichteinhaltung der gesetzlichen Bearbeitungsfrist wird aber regelmäßig als **Verstoß** gegen die der Bauaufsichtsbehörde im Genehmigungsverfahren obliegenden **Amtspflichten** zu bewerten sein, der **haftungsrechtlichen Folgen** auslösen kann (zu Amtshaftungsansprüchen s. Anmerkungen zu § 74 Rdn. 112 ff.).

§ 65 Baugenehmigungsverfahren

Bei großen Sonderbauten nach § 50 Absatz 2 prüft die Bauaufsichtsbehörde die Übereinstimmung
1. mit den Vorschriften über die Zulässigkeit der baulichen Anlagen nach den §§ 29 bis 38 des Baugesetzbuchs,
2. mit den Anforderungen nach den Vorschriften dieses Gesetzes und aufgrund dieses Gesetzes erlassener Vorschriften und
3. mit anderen öffentlich-rechtlichen Vorschriften, deren Einhaltung nicht in einem anderen Genehmigungs-, Erlaubnis- oder sonstigen Zulassungsverfahren geprüft wird.

Die Anforderungen des baulichen Arbeitsschutzes werden nicht geprüft.

Handlungsempfehlung des Ministeriums für Heimat, Kommunales, Bau und Gleichstellung des Landes Nordrhein-Westfalen auf der Grundlage der Dienstbesprechungen mit den Bauaufsichtsbehörden im Oktober/November 2018:

Baugenehmigungsverfahren § 65

Nach § 50 Absatz 2 Nummer 10 BauO NRW 2018 sind auch sonstige Einrichtungen zur Unterbringung und Pflege von Personen große Sonderbauten, gleichzeitig wird § 47 Absatz 5 BauO NRW 2018 für entsprechend anwendbar erklärt. Dies bedeutet, dass nur solche Einrichtungen zur Unterbringung und Pflege von Personen, deren Selbstrettungsfähigkeit eingeschränkt ist, große Sonderbauten sind, wenn die jeweiligen Nutzungseinheiten
1. *einzeln für mehr als sechs Personen oder*
2. *für Personen mit Intensivpflegebedarf bestimmt sind oder*
3. *einen gemeinsamen Rettungsweg haben und für insgesamt mehr als zwölf Personen bestimmt sind.*

Sie unterliegen dann dem Verfahren nach § 65 BauO NRW 2018.

Übersicht
		Rdn.
0	Änderungen gegenüber der BauO NRW 2000	01
1	Allgemeines	1
2	Prüfumfang	3

0 Änderungen gegenüber der BauO NRW 2000

Die Vorschrift wird mit der BauO NRW 2018 neu eingeführt und legt den Prüfumfang des »normalen« Genehmigungsverfahrens fest. 01

1 Allgemeines

Die neu eingeführte Vorschrift über das »normale« Baugenehmigungsverfahren entspricht der Gliederung der MBO bezogen auf die verschiedenen Möglichkeiten, über ein Bauvorhaben zu entscheiden. Mit dem § 65 wird erstmals eine Vorschrift kreiert, die angibt, welches das Prüfprogramm der Bauaufsichtsbehörde im »normalen« Genehmigungsverfahren ist. Bisher war dies lediglich als Umkehrschluss gegenüber den Freistellungstatbeständen (§§ 62 und 63 BauO NRW 2018) sowie dem eingeschränkten Prüfprogramm des einfachen Genehmigungsverfahren (§ 64 BauO NRW 2018) mittelbar erkennbar. 1

In der Sache selbst ergeben sich gegenüber dem Vorgängerrecht keine Änderungen im Prüfumfang, da schon immer wegen fehlender Einschränkungen im Gesetz sämtliche Anforderungen des Bauplanungsrechts, des Bauordnungsrechts und des Baunebenrechts im »normalen« Baugenehmigungsverfahren zu prüfen waren. Dies wird nunmehr durch den § 65 explizit festgeschrieben. 2

2 Prüfumfang

Zunächst bestimmt der Satz 1 die Anlagen, die unter das Prüfprogramm des § 65 fallen. Dies sind alle Sonderbauten nach § 50 Absatz 2 BauO NRW 2018. Damit sind alle großen Sonderbauten erfasst, die in der Aufzählung des § 50 Absatz 2 BauO NRW 2018 genannt sind. Die Auflistung ist abschließend, so dass keine weiteren Vorhaben der Prüfung im »normalen« Baugenehmigungsverfahren unterfallen. 3

Alle anderen genehmigungspflichtigen Vorhaben, also auch die »kleinen« Sonderbauten, werden im einfachen Genehmigungsverfahren geprüft.

4 Die im »normalen« Baugenehmigungsverfahren zu prüfenden Vorschriften sind in Satz 1 in drei Nummern aufgelistet. Danach prüft die Bauaufsichtsbehörde die Übereinstimmung des Vorhabens mit
1. den Vorschriften über die Zulässigkeit der baulichen Anlagen nach den §§ 29 bis 38 BauGB
2. den Anforderungen nach den Vorschriften dieses Gesetzes und aufgrund dieses Gesetzes erlassener Vorschriften und
3. anderen öffentlich-rechtlichen Vorschriften, deren Einhaltung nicht in einem anderen Genehmigungs-, Erlaubnis- oder sonstigen Zulassungsverfahren geprüft wird.

Nr. 1 entspricht dem Prüfprogramm des § 64 BauO NRW 2018 und bestimmt somit die gleichen planungsrechtlichen Zulässigkeitsvoraussetzungen, die auch für das einfache Baugenehmigungsverfahren gelten (vgl. Anmerkungen zu § 64 Rdn. 28–30).

5 Nr. 2 erfasst die vollständige Prüfung des Bauordnungsrechts, sowohl aus der BauO NRW 2018 selbst als auch aus den Vorschriften, die aufgrund der Vorgaben und Ermächtigungen der BauO NRW 2018 erlassen worden sind. Dazu gehören
– die Rechtsverordnungen, die aus der Ermächtigung des § 87 BauO NRW 2018 resultieren,
– die Technischen Baubestimmungen, die auf der Grundlage des § 88 BauO NRW 2018 erlassen werden
– die örtlichen Bauvorschriften, die aufgrund des § 89 BauO NRW 2018 durch Satzung erlassen wurden.

6 Nr. 3 entspricht wiederum der gleichlautenden Vorschrift des § 64 Absatz 1 Satz 1 Nr. 5 BauO NRW 2018 und legt somit die Beachtung des »Baunebenrechts« fest (vgl. Anmerkungen zu § 64 Rdn. 39 und 40).

7 Satz 2 bestimmt, wie auch bereits § 64 Absatz 1 Satz 2 BauO NRW 2018, dass die Anforderungen des baulichen Arbeitsschutzes nicht zum Prüfumfang der Bauaufsichtsbehörde gehört.

§ 66 Typengenehmigung, referenzielle Baugenehmigung

(1) Für bauliche Anlagen, die in derselben Ausführung an mehreren Stellen errichtet werden sollen, kann die oberste Bauaufsichtsbehörde eine allgemeine Genehmigung (Typengenehmigung) erteilen, wenn die baulichen Anlagen den bauaufsichtlichen Vorschriften entsprechen, ihre Brauchbarkeit für den jeweiligen Verwendungszweck nachgewiesen ist und kein öffentliches Interesse dagegenspricht. Eine Typengenehmigung kann auch erteilt werden für bauliche Anlagen, die in unterschiedlicher Ausführung, aber nach einem bestimmten System und aus bestimmten Bauteilen an mehreren Stellen errichtet werden sollen; in der Typengenehmigung ist die

zulässige Veränderbarkeit festzulegen. § 68 Absatz 4 Satz 2 gilt entsprechend. Eine Typengenehmigung entbindet nicht von der Verpflichtung, eine Baugenehmigung (§ 74) oder eine Zustimmung nach § 79 einzuholen. Für Fliegende Bauten wird eine Typengenehmigung nicht erteilt.

(2) Die Typengenehmigung bedarf der Schriftform. Sie darf nur unter dem Vorbehalt des Widerrufs und nur für eine bestimmte Frist erteilt werden, die fünf Jahre nicht überschreiten soll. Sie kann auf schriftlichen Antrag jeweils bis zu fünf Jahren verlängert werden. § 75 Absatz 2 Satz 2 Halbsatz 1 gilt entsprechend. Eine Ausfertigung der mit dem Genehmigungsvermerk zu versehenden Bauvorlagen ist der Antragstellerin oder dem Antragsteller mit der Typengenehmigung zuzustellen.

(3) §§ 69, § 70 und 71 Absatz 1 Sätze 2 und 3 und Absatz 4 gelten für die Typengenehmigung entsprechend.

(4) Die in der Typengenehmigung entschiedenen Sachverhalte sind von der jeweiligen Bauaufsichtsbehörde nicht mehr zu prüfen. Soweit es aufgrund örtlicher Verhältnisse im Einzelfall erforderlich ist, kann die Bauaufsichtsbehörde weitere Auflagen machen oder genehmigte Typen ausschließen.

(5) Bauvorhaben im Geltungsbereich desselben Bebauungsplans im Sinne von § 30 Absatz 1 oder § 30 Absatz 2 des Baugesetzbuchs gelten als genehmigt (referentielle Baugenehmigung), wenn
1. im Rahmen eines seriellen Bauvorhabens für ein Gebäude (Referenzgebäude) das einfache Genehmigungsverfahren gemäß § 64 durchgeführt wurde,
2. der Bauaufsichtsbehörde die weiteren, anhand des Referenzgebäudes zu errichtenden Gebäude (Bezugsgebäude) angezeigt wurden und
3. für das Referenzgebäude und die Bezugsgebäude gemäß § 68 bautechnische Nachweise sowie gemäß § 70 die Bauvorlagen spätestens mit Anzeige des Baubeginns bei der Bauaufsichtsbehörde zusammen mit den in Bezug genommenen bautechnischen Nachweisen die dafür erforderlichen Bescheinigungen einer oder eines staatlich anerkannten Sachverständigen vorgelegt werden.

(6) Die referentielle Baugenehmigung gilt für das Referenzgebäude und die Bezugsgebäude, soweit diese die Voraussetzungen nach Absatz 5 erfüllen.

(7) § 64 und §§ 67 bis 75 gelten entsprechend.

Handlungsempfehlung des Ministeriums für Heimat, Kommunales, Bau und Gleichstellung des Landes Nordrhein-Westfalen auf der Grundlage der Dienstbesprechungen mit den Bauaufsichtsbehörden im Oktober/November 2018:

zu den Absätzen 5 – 7

Absätze 5 bis 7 regeln die sog. referenzielle Baugenehmigung. Diese stellt ein neues Instrument dar, um bei seriellen Bauvorhaben, die einem einfachen Genehmigungsverfahren gemäß § 64 grundsätzlich zugänglich sind, eine Vereinfachung für den Bauherrn zu erreichen. Es muss – wenn alle Voraussetzungen vorliegen – nur für das sog. Referenzgebäude eine Baugenehmigung im einfachen Verfahren erteilt werden, für die anderen Gebäude, die sog. Bezugsgebäude, wird der Eintritt der Genehmigung fingiert.

§ 66 Typengenehmigung, referenzielle Baugenehmigung

Im Unterschied zum Freistellungsverfahren ist die referenzielle Baugenehmigung bspw. nicht auf bestimmte Gebäudeklassen beschränkt. Die Gemeinde hat auch nicht die Möglichkeit, die Durchführung eines Genehmigungsverfahrens für alle Gebäude zu verlangen.

Die Tatbestandsvoraussetzungen eines referenziellen Bauvorhabens sind:
- *Die zu errichtenden Gebäude müssen innerhalb desselben Bebauungsplans liegen.*
- *Es muss ein Gebäude (das Referenzgebäude) im einfachen Verfahren genehmigt werden (§ 66 Absatz 5 Nummer 1). Es handelt sich um ein serielles Bauvorhaben, bereits das Referenzgebäude wird im Rahmen dieses Vorhabens genehmigt.*

Um ein serielles Bauvorhaben im Sinne der Vorschrift handelt es sich dann, wenn es neben dem Referenzgebäude mindestens zwei Bezugsgebäude gibt (»weiteren« Bezugsgebäude, § 66 Absatz 5 Nummer 2). Außerdem muss eine große Ähnlichkeit zwischen dem Referenzgebäude und den Bezugsgebäuden vorliegen, denn die Bezugsgebäude werden »anhand« des Referenzgebäudes errichtet. Die Bezugsgebäude müssen demgemäß derselben Gebäudeklasse angehören und über dieselbe Statik sowie dieselbe Kubatur verfügen. Die Bezugsgebäude sind anzuzeigen, § 66 Absatz 5 Nummer 2.

Die Bauvorlagen und die bautechnischen Nachweise sowie die erforderlichen Bescheinigungen von Sachverständigen sind für die Bezugsgebäude spätestens mit der Anzeige des Baubeginns einzureichen, § 66 Absatz 5 Nummer 3.

Werden alle Tatbestandsvoraussetzungen erfüllt, tritt als Rechtsfolge die Genehmigungsfiktion (»gelten als genehmigt«, § 66 Absatz 5 Satz 1) zum Zeitpunkt der Vorlage der Bauvorlagen für mindestens zwei Bezugsgebäude mit den entsprechenden bautechnischen Nachweisen sowie den erforderlichen Bescheinigungen ein. Werden weitere Bezugsgebäude zu einem späteren Zeitpunkt angezeigt und die entsprechenden Unterlagen vorgelegt, tritt für solche Gebäude die Genehmigungsfiktion zu einem späteren Zeitpunkt ein.

Da die untere Bauaufsichtsbehörde lediglich die Bauvorlagen für das zu genehmigende Referenzgebäude prüft, aber weder die Anzeige der Bezugsgebäude noch die zugehörigen Bauvorlagen (und zwar weder auf Vollständigkeit noch materiell) zu prüfen hat, liegt es allein im Verantwortungsbereich des Bauherrn, dass die o.a. Tatbestandsvoraussetzungen erfüllt werden. Liegen die Tatbestandsvoraussetzungen nicht vor, handelt es sich bei den Bezugsgebäuden um nicht genehmigte Anlagen. Gleiches gilt, wenn das errichtete Bezugsgebäude ein Aliud gegenüber der sich aus den Bauvorlagen ergebenden Planung darstellt. Repressives Einschreiten ist dann geboten.

Auch die Bezugsgebäude müssen alle öffentlich-rechtliche Anforderungen einhalten (vgl. § 66 Absatz 7 i. V. m. § 74 Absatz 1 BauO NRW 2018). Erfüllt die Planung (und Ausführung) des Bezugsgebäudes diese Anforderung nicht und verstößt beispielsweise gegen Bauplanungs-oder Abstandsflächenrecht ist die Genehmigungsfiktion zwar eingetreten, dann ist allerdings die Rücknahme der Baugenehmigung und repressives Einschreiten zu prüfen.

Da für das Referenzgebäude ein Baugenehmigungsverfahren durchzuführen ist, ist eine Bauüberwachung und beispielsweise auch eine Bauzustandsbesichtigung des Referenzgebäudes möglich, §§ 83 Absatz 1 und 2, 84 BauO NRW 2018.

Für die Bezugsgebäude gilt dies nicht, weil für diese die Bauvorlagen nicht geprüft werden (s.a. zu § 83).

Übersicht

		Rdn.
0	Änderungen gegenüber der BauO NRW 2000	01
1	**Allgemeines**	1
2	**Typengenehmigung**	7
2.1	Absatz 1 – Voraussetzungen	7
2.2	Absatz 2 – Form der Typengenehmigung	15
2.3	Absatz 3 – Geltung anderer Vorschriften	19
2.4	Absatz 4 – Weitere Prüfung im Baugenehmigungsverfahren	22
3	**Referenzielle Baugenehmigung**	24
3.1	Absatz 5 – Voraussetzungen für die referenzielle Baugenehmigung	25
3.2	Absatz 6 – Geltung der referenziellen Baugenehmigung	31
3.3	Absatz 7 – Geltung weiterer Vorschriften	32

0 Änderungen gegenüber der BauO NRW 2000

Die Absätze 1 bis 4 entsprechen inhaltlich der Vorschrift des § 78 BauO NRW 2000. Die Absätze 5 bis 7 über die referenzielle Baugenehmigung sind neu in das Regelwerk eingefügt worden. 01

1 Allgemeines

§ 66 gliedert sich grundsätzlich in zwei Teile. Einmal wird in den Absätzen 1 bis 4 die Typengenehmigung normiert, die bisher in § 78 BauO NRW 2000 geregelt war. In den Absätzen 5 bis 7 sind nunmehr die neu eingeführten Vorschriften über die referenzielle Baugenehmigung verortet. 1

Die Typengenehmigung wird grundsätzlich von der obersten Bauaufsichtsbehörde erteilt und kommt dann zum Tragen, wenn die gleichen oder vergleichbaren baulichen Anlagen an verschiedenen Orten und zu unterschiedlichen Zeitpunkten errichtet werden sollen. Beispiel dafür sind Fertighäuser, Fertiggaragen oder Gartengerätehäuser. Auch größere Anlagen sind mitunter mittlerweile soweit vorgefertigt, dass dafür eine Typengenehmigung erteilt werden kann. Die einer Typengenehmigung zugänglichen Anlagen müssen nicht zwingend baugleich sein. § 66 greift z.B. auch für Fertighäuser, die als sog. Systembau in verschiedenen Ausführungen, aber nach einem einheitlichen System gefertigt werden. 2

Die Typengenehmigung soll das im Einzelfall vor dem konkreten Aufbau ggf. notwendige Baugenehmigungsverfahren nicht ersetzen, sondern vereinfachen, indem die Anforderungen, die nicht mit dem jeweiligen Aufstellungsort zusammenhängen, bereits vorab geprüft werden und damit im Baugenehmigungsverfahren nicht erneut Prüfgegenstand sein müssen. 3

Mit dieser Vorschrift wird die gesamte bauaufsichtliche Prüfung eines Vorhabens in zwei Teile gegliedert. Zunächst kommt mit § 66 die Typengenehmigung zur Anwendung 4

§ 66   Typengenehmigung, referenzielle Baugenehmigung

mit der genannten Prüfung der grundstücksunabhängigen Anforderungen, anschließend werden im Baugenehmigungsverfahren nach §§ 64 oder 65 BauO NRW 2018, soweit ein solches überhaupt durchgeführt werden muss, die Anforderungen geprüft, die mit dem Baugrundstück in Zusammenhang stehen.

5   Vielfach ist für solche Anlagen jedoch keine separate Baugenehmigung mehr erforderlich, so dass in diesen Fällen der angestrebte Effekt der Verwaltungsvereinfachung bzw. der Entlastung der unteren Bauaufsichtsbehörden nicht greift. Als typische Beispiele dafür sind zu nennen:
– Gartenhäuser, soweit sie nach § 62 Absatz 1 Nr. 1 Bst. a) oder h) BauO NRW 2018 nicht genehmigungsbedürftig sind
– Kleingaragen, soweit sie nach § 62 Absatz 1 Nr. 1 Bst. b) BauO NRW 2018 nicht genehmigungsbedürftig sind

Jedoch ist der Effekt auch für Vorhaben im einfachen Genehmigungsverfahren doch sehr eingeschränkt, da der Prüfumfang nach § 64 BauO NRW 2018 im Wesentlichen nur noch solche Anforderungen umfasst, die nicht von der Typengenehmigung abgedeckt sind. Aus diesem Grund hat die Typengenehmigung für die untere Bauaufsichtsbehörde kaum noch eine positive Auswirkung.

6   Die referenzielle Baugenehmigung nach den Absätzen 5 bis 7 findet weder in der MBO noch in Bauordnungen anderer Bundesländer ein Vorbild. Ziel dieser Vorschrift ist ebenfalls eine Entlastung der Bauaufsichtsbehörden. Die damit verbundene Beschleunigung des Verfahrens ist für den Bauherrn – in der Regel sind dies Bauträger – nicht zu vernachlässigen. Inwieweit diese Vorschrift tatsächlich zur wirksamen Arbeitserleichterung beitragen kann, bleibt abzuwarten. Es ist jedoch bereits jetzt festzuhalten, dass ein Bauvorhaben, das im Geltungsbereich eines Bebauungsplanes errichtet werden soll, unter den Voraussetzungen des § 63 BauO NRW 2018 von der Durchführung eines Baugenehmigungsverfahrens ausgenommen ist. Für solche Vorhaben ist also der § 66 nicht anwendbar.

2 Typengenehmigung

2.1 Absatz 1 – Voraussetzungen

7   Für die Typengenehmigung kommen zwei Arten von baulichen Anlagen in Betracht (vgl. Anmerkungen zu Rdn. 2). Das sind:
– Bauliche Anlagen in derselben Ausführung (Satz 1)
– Bauliche Anlagen in unterschiedlicher Ausführung, aber nach einem bestimmten System und aus bestimmten Bauteilen (Satz 2).

Für diese Anlagen kommt die Typengenehmigung infrage, wenn
– sie den bauaufsichtlichen Vorschriften entsprechen,
– ihre Brauchbarkeit für den jeweiligen Verwendungszweck nachgewiesen ist und
– kein öffentliches Interesse dagegen spricht.

8   Bauliche Anlagen in derselben Ausführung nach Satz 1 sind Anlagen, die vollständig identisch sind und nicht voneinander abweichen. Das ist dann der Fall, wenn

Material, Bauart und alle Maße identisch sind. In Siedlungsgebieten sieht man häufig solche aneinandergereihten Fertiggaragen, die vor Ort nur noch aufgestellt worden sind. Systembauten nach Satz 2 sind Anlagen, die sich zwar in der Ausführung unterscheiden können, die aber Systematisch gleich und aus gleichen Bauteilen zusammengesetzt werden. Dies ist bei unterschiedlichen Variationen von Fertighäusern der Fall. Diese Anlagen zeichnen sich häufig durch ein Rastermaß aus, das unterschiedliche Gebäudegrößen und Raumzuschnitte zulässt. Auch für solche Anlagen ist eine Typengenehmigung zulässig, allerdings ist darin die zulässige Veränderbarkeit der Anlage festzulegen und zu beschreiben.

Die baulichen Anlagen müssen den bauaufsichtlichen Vorschriften entsprechen. Diese Norm erstreckt sich lediglich auf den Teilbereich der bauaufsichtlichen Normen, die sich mit der Anlage selber befassen (vgl. Anmerkungen zu Rdn. 3). Grundstücksbezogene Anforderungen können naturgemäß nicht Gegenstand der Prüfung im Rahmen der Typengenehmigung sein, da in dem Stadium die jeweiligen Standorte der Anlage noch gar nicht bekannt sind. Das gilt sowohl für die bauplanungsrechtliche Prüfung der Zulässigkeit der Anlage als auch für die bauordnungsrechtlichen Bestimmungen, die sich mit dem Baugrundstück befassen, wie beispielsweise den Fragen zur Erschließung oder der Abstandsflächenproblematik. 9

Die Brauchbarkeit für den jeweiligen Verwendungszweck ist dann nachgewiesen, wenn die Anlage den einschlägigen öffentlich-rechtlichen Vorschriften, die (unabhängig vom jeweiligen Standort) für Anlagen mit der vorgesehenen Verwendung bestehen, entspricht. Dies ist bereits eine Grundvoraussetzung des § 3 BauO NRW 2018 und daher als selbstverständlich anzusehen. 10

Im Gegensatz zu der Vorgängerregelung des § 78 BauO NRW 2000, wonach ein öffentliches Interesse an der Erteilung der Typengenehmigung vorhanden sein musste, reicht es nunmehr aus, dass kein öffentliches Interesse gegen die Erteilung der Typengenehmigung spricht. Entgegen des früheren Rechts kann daher nun auch das Vorliegen eines ausschließlich privaten Interesses ausreichen. Ein Entgegenstehen des öffentlichen Interesses kann in der Regel nur angenommen werden, wenn die Anlage nicht alle zu prüfenden öffentlich-rechtlichen Vorschriften einhält. 11

Satz 3 normiert durch den Verweis auf die entsprechende Geltung des § 68 Absatz 4 Satz 2 BauO NRW 2018, dass Typengenehmigungen anderer Länder auch in Nordrhein-Westfalen gelten. Da diese Vorschrift uneingeschränkt anzuwenden ist, gilt die Typengenehmigung anderer Länder auch dann, wenn die Vorschriften des genehmigenden Bundeslandes von den Anforderungen in Nordrhein-Westfalen abweichen. Die unterschiedlichen Vorschriften sind dann nicht erneut zu prüfen. 12

Satz 4 stellt heraus, dass trotz vorhandener Typengenehmigung ggf. noch ein Baugenehmigungsverfahren durchlaufen werden muss. Die Typengenehmigung entfaltet somit – ähnlich wie der Vorbescheid – keine baufreigebende Wirkung. Da in dem der Typengenehmigung zugrundeliegenden Verwaltungsverfahren nicht die Übereinstimmung der Anlage mit dem gesamten öffentlichen Baurecht geprüft wird, kann damit die Baugenehmigung nicht enthalten sein. Weiterhin entbindet die Typengenehmigung 13

§ 66 Typengenehmigung, referenzielle Baugenehmigung

auch nicht von der Verpflichtung der Anzeige nach § 63 BauO NRW 2018, da auch dafür grundstücksbezogene Sachverhalte dargestellt werden müssen. Dies ist zwar nicht explizit in der Vorschrift genannt, ergibt sich aber aus dem Prüfumfang des § 66.

14 Obwohl oder gerade weil eine Typengenehmigung auch für fliegende Bauten möglich wäre, mit der Vorschrift des § 78 BauO NRW 2018 aber eine eigenständige Regelung vorhanden ist, gebietet sich der Ausschluss von der Anwendung des § 66 für diese Art baulicher Anlagen.

2.2 Absatz 2 – Form der Typengenehmigung

15 Wie auch andere bauaufsichtliche Genehmigungen und Bescheinigungen bedarf die Typengenehmigung der Schriftform. Wegen der immer weiter fortschreitenden Technik und der damit auch für die Bauwirtschaft verbundenen Möglichkeiten war es sachgerecht, die Typengenehmigung zeitlich zu befristen. Sowohl die erstmalige Genehmigung als auch die möglichen Verlängerungen der Gültigkeit dürfen nur für maximal fünf Jahre ausgestellt werden und stehen unter dem Vorbehalt des Widerrufs.

16 Sowohl die Befristung als auch die Möglichkeit des Widerrufs sind Ermessensentscheidungen, die die oberste Bauaufsichtsbehörde zu treffen hat. Bei der Befristung liegt das Ermessen in der Dauer der Geltungsdauer der Genehmigung, nicht jedoch in der Frage, ob überhaupt eine Befristung ausgesprochen wird. Der Widerrufsvorbehalt ist dagegen nicht zwingend, sondern kann (muss aber nicht) ausgesprochen werden.

17 Satz 4 verweist auf § 75 Absatz 2 Satz 2 Halbsatz 1 BauO NRW 2018, was bedeutet, dass die Verlängerung der Geltungsdauer der Typengenehmigung auch rückwirkend erteilt werden kann. Im Gegensatz zu der entsprechenden Regelung in § 75 Absatz 2 Satz 2 BauO NRW, nach der durch den 2. Halbsatz die rückwirkende Verlängerung unter dem Vorbehalt steht, dass der entsprechende Antrag vor Fristablauf gestellt worden ist, kann hier die Verlängerung selbst dann noch ausgesprochen werden, wenn die Antragstellung verspätet erfolgt. Dies folgt aus der Tatsache, dass die entsprechende Anwendung des 2. Halbsatzes gerade nicht normiert wurde.

18 Die Zustellung einer Ausfertigung der Typengenehmigung an den Antragsteller stelle an sich eine Selbstverständlichkeit dar, ist aber wegen der Bedeutung für den Bauherrn gegenüber der für die Baugenehmigung zuständigen unteren Bauaufsichtsbehörde nochmals explizit normiert.

2.3 Absatz 3 – Geltung anderer Vorschriften

19 Mit Absatz 3 wird die entsprechende Geltung weiterer Vorschriften der BauO NRW 2018 festgelegt. Dabei handelt es sich um Verfahrensvorschriften, die jedoch wegen der »entsprechenden« Geltung in abgewandelter Form gelten. Im Einzelnen sind folgende Vorschriften zu beachten:
– § 69 BauO NRW 2018: Zulassung von Abweichungen.
– § 70 BauO NRW 2018: Die Antragstellung bedarf der Schriftform und muss bei der obersten Bauaufsichtsbehörde mit den erforderlichen Bauvorlagen eingereicht werden.

– § 71 Absatz 1 Satz 2 BauO NRW 2018: Nachforderung von unvollständigen oder mit erheblichen Mängeln behafteten Bauvorlagen
– § 71 Absatz 1 Satz 3 BauO NRW 2018: Rücknahmefiktion bei nicht vollständig nachgelieferten Bauvorlagen
– § 71 Absatz 4 BauO NRW 2018: Beachtung der eingeführten technischen Regeln

Die Zulassung von Abweichungen nach § 69 BauO NRW 2018 ist beschränkt auf solche Anforderungen, die sich ausschließlich auf die Anlage beziehen und keine grundstücksbezogenen Aspekte regeln. Auch nachbarliche Auswirkungen können durch die Abweichung nicht verändert werden, da es bei der Beurteilung solcher Anforderungen wesentlich auf den Standort der baulichen Anlage ankommt, die der Abweichungsentscheidung zugrunde liegt. 20

Die durch die entsprechende Anwendbarkeit des § 70 BauO NRW 2018 vorgeschriebenen Bauvorlagen sind in § 19 BauPrüfVO festgelegt. Danach sind dem Antrag in dreifacher Ausfertigung beizufügen: 21
– die Bauzeichnungen nach § 4 BauPrüfVO,
– die Baubeschreibung nach § 5 Absatz 1 BauPrüfVO,
– der Standsicherheitsnachweis nach § 8 BauPrüfVO,
– der Nachweis über die Einhaltung des Schallschutzes nach § 8 BauPrüfVO und
– die Angaben und Berechnungen zur Kostenermittlung nach § 6 BauPrüfVO.

2.4 Absatz 4 – Weitere Prüfung im Baugenehmigungsverfahren

Nach Absatz 4 braucht der Prüfungsinhalt aus der Typengenehmigung im Baugenehmigungsverfahren nicht erneut geprüft zu werden. Da sich das Prüfprogramm für die Typengenehmigung und im einfachen Baugenehmigungsverfahren nach § 64 BauO NRW 2018 nicht oder nicht wesentlich überschneiden, hat eine erteilte Genehmigung nach § 66 nur geringe bis gar keine positiven Auswirkungen auf das Aufgabenvolumen der unteren Bauaufsichtsbehörden. Dies wäre höchstens im normalen Baugenehmigungsverfahren nach § 65 BauO NRW 2018 der Fall. Hier gibt es allerdings nur recht wenige Anlagen, die eine Typengenehmigung erhalten haben oder erhalten können. Daher wirkt sich die Vorschrift nicht messbar bei den unteren Bauaufsichtsbehörden aus. 22

Trotz der Regelung, dass die in Verfahren nach § 66 bereits geprüften Sachverhalte nicht erneut prüfen zu müssen, stellt dies kein Verbot dar. Im Gegensatz zu der Vorgängerregelung, in der die von der Typengenehmigung erfassten Sachverhalte von der unteren Bauaufsichtsbehörde im Baugenehmigungsverfahren **nicht** mehr **geprüft zu werden brauchte**, **sind** diese nun **nicht mehr zu prüfen**. Aufgrund der Ermächtigung in Satz 2, im Einzelfall weitere Auflagen zu machen oder einzelne Typen auszuschließen, kann die Vorschrift in Satz 1 nicht als Verbot wirken. Die unteren Bauaufsichtsbehörden können somit im Einzelfall trotz vorliegender Typengenehmigung, z. B. wegen einer beantragten Abweichung, die bereits nach § 66 geprüften und genehmigten Sachverhalte nochmals einer Prüfung unterziehen, weil die anlagenspezifischen Gesichtspunkte der Typengenehmigung und die grundstücksbezogenen 23

Anforderungen des Baugenehmigungsverfahrens nicht durchgängig getrennt betrachtet werden können, sondern vielfach ineinandergreifen.

3 Referenzielle Baugenehmigung

24 Das Instrument der referenziellen Baugenehmigung ist nicht nur neu in das Bauordnungsrecht in Nordrhein-Westfalen eingefügt worden, es findet sich vielmehr im gesamten Bundesgebiet und auch in der MBO kein Vorbild für dieses Rechtsinstitut. Nach dem Willen des Gesetzgebers soll die referenzielle Baugenehmigung folgende Wirkungen entfalten (vgl. LT-Drucks. 17/2166, S. 179):
– Bedürfnisse des Bauträgers nach einer gebühren- und zeitsparenden Genehmigungspraxis
– Entlastung der unteren Bauaufsichtsbehörden.

Inwieweit die Vorstellungen tatsächlich eintreffen, bleibt zunächst abzuwarten. Hinsichtlich der Gebührenrelevanz kann jedoch bereits zu Beginn festgehalten werden, dass tatsächlich ein Einsparpotential vorhanden ist, da die Bauaufsichtsbehörde nur noch für ein Gebäude eine Genehmigungs-, Bauüberwachungs- und Abnahmegebühr erheben kann; für die weiteren Gebäude fallen keine Gebühren an. Ob dagegen ein nennenswerter Zeitvorteil mit der Referenziellen Baugenehmigung verbunden sein wird, kann zumindest infrage gestellt werden, da das erste Gebäude der »Serie« geprüft und beschieden werden muss und lediglich die weiteren Gebäude von der Genehmigungspflicht freigestellt sind. In der Praxis werden aber regelmäßig die Genehmigungen für eine aus mehreren Anträgen bestehende Neubaumaßnahme gleichzeitig erteilt. Die Zeitersparnis tritt daher nur durch den Wegfall der weiteren Gebäude ein. Gleiches gilt für die beabsichtigte Entlastung der Bauaufsichtsbehörden, welche aber im Nachhinein wieder relativiert werden kann, wenn durch abweichende oder mangelhafte Bauausführung repressives Einschreiten erforderlich wird.

3.1 Absatz 5 – Voraussetzungen für die referenzielle Baugenehmigung

25 Zunächst müssen die Bauvorhaben im Geltungsbereich eines qualifizierten Bebauungsplanes nach § 30 Absatz 1 BauGB oder eines vorhabenbezogenen Bebauungsplanes nach § 30 Absatz 2 BauGB liegen. Dabei ist gefordert, dass sämtliche Vorhaben im Geltungsbereich desselben Bebauungsplanes liegen müssen. Es ist nicht geregelt, dass für die Standorte aller Vorhaben auch die gleichen Festsetzungen gelten müssen. So greift die Vorschrift über die referenzielle Baugenehmigung auch dann, wenn beispielsweise das zu prüfende Bauvorhaben in einem Baugebiet mit zulässiger zweigeschossiger Bauweise liegt und die weiteren Vorhaben in einem Baugebiet mit eineinhalbgeschossiger Bauweise, aber innerhalb des Geltungsbereiches des gleichen Bebauungsplanes verortet sein sollen. Da die weiteren Gebäude von der Bauaufsichtsbehörde nicht geprüft werden, liegt die Verantwortung für die Einhaltung der öffentlich-rechtlichen Vorschriften und somit der Festsetzungen des Bebauungsplanes bei dem Bauherrn.

26 Daneben gelten die Bauvorhaben als genehmigt, wenn im Rahmen eines seriellen Bauvorhabens

1. für **ein** Gebäude (**Referenzgebäude**) das einfache Baugenehmigungsverfahren nach § 64 BauO NRW 2018 durchgeführt wurde,
2. die **weiteren**, anhand des Referenzgebäudes zu errichtenden Gebäude (**Bezugsgebäude**) der Bauaufsichtsbehörde angezeigt wurden und
3. für **alle** Gebäude spätestens mit Anzeige des Baubeginns
   a. die Bauvorlagen nach § 70 BauO NRW 2018,
   b. die bautechnischen Nachweise nach § 68 BauO NRW 2018 und
   c. die erforderlichen Bescheinigungen eines staatlich anerkannten Sachverständigen

eingereicht wurden.

Dabei ist es unschädlich, wenn die Anzeigen für die Bezugsgebäude zu einem späteren Zeitpunkt eingereicht werden, als der Bauantrag für das Referenzgebäude. Die Genehmigungsfiktion tritt dann erst zu diesem späteren Zeitpunkt ein (vgl. dazu einschränkend Rdn. 35)

Ein serielles Bauvorhaben liegt vor, wenn für **mindestens drei Gebäude** (vgl. o. a. Handlungsanweisungen) die tragenden Elemente der Gebäude eine identische Konstruktion aufweisen und sie über eine gleiche Kubatur verfügen. Abweichungen in der inneren Gestaltung oder der Raumaufteilung sind solange unschädlich, wie die tragenden Teile nicht abweichend geplant werden. Gleichfalls kann die äußere Gestaltung sowohl hinsichtlich der Anordnung der Öffnungen als auch bezogen auf die Fassadengestaltung voneinander abweichen.

Durch die Forderung nach Durchführung des einfachen Baugenehmigungsverfahrens für das Referenzgebäude wird klargestellt, dass sich die Vorschrift des Absatzes 5 zunächst auf die Bauvorhaben bezieht, die nicht bereits nach § 63 BauO NRW 2018 freigestellt oder nach § 65 BauO NRW 2018 als große Sonderbauten dem »normalen« Baugenehmigungsverfahren unterliegen. Somit werden viele Wohnbauvorhaben innerhalb des Geltungsbereiches von Bebauungsplänen nicht von der referenziellen Baugenehmigung erfasst, weil sie ohnehin nach § 63 BauO NRW 2018 von der Genehmigungspflicht ausgenommen sind. Das einfache Baugenehmigungsverfahren als Voraussetzung für die referenzielle Baugenehmigung wird für Gebäude der Gebäudeklassen 4 und 5 durchgeführt, sofern es sich dabei nicht um große Sonderbauten im Sinne von § 50 Absatz 2 BauO NRW 2018 handelt. Das können Wohngebäude, Gebäude besonderer Art und Nutzung oder gemischt genutzte Gebäude mit einer Höhe über 7 Metern sein.

Daneben wird ein Genehmigungsverfahren auch durchgeführt, wenn das Vorhaben einer Abweichung oder einer Befreiung bedarf sowie wenn die Bauaufsichtsbehörde erklärt, ein Genehmigungsverfahren durchführen zu wollen. Wenn in diesen Fällen das einfache Genehmigungsverfahren zutrifft, greift § 66 ebenfalls.

Weiterhin sind alle weiteren Gebäude (Bezugsgebäude) der Bauaufsichtsbehörde anzuzeigen. Diese Anzeige beinhaltet die Vorlage der Bauvorlagen, der bautechnischen Nachweise und der Bescheinigungen der staatlich anerkannten Sachverständigen. Damit unterscheidet sich die Qualität der einzureichenden Unterlagen nicht von denen, die auch im einfachen Baugenehmigungsverfahren erforderlich sind.

3.2 Absatz 6 – Geltung der referenziellen Baugenehmigung

31 Nach Absatz 6 gilt die referenzielle Baugenehmigung sowohl für das Referenzgebäude, für das das einfache Baugenehmigungsverfahren durchgeführt wurde, als auch für die weiteren Bezugsgebäude nach Absatz 5 Nr. 2. Damit wird nochmals verdeutlicht, dass die Bezugsgebäude keiner separaten Baugenehmigung bedürfen. Da bereits aus Absatz 5 klar hervorgeht, unter welchen Voraussetzungen das Referenzgebäude und die Bezugsgebäude genehmigt sind oder als genehmigt gelten, hätte es der Klarstellung des Absatzes 6 nicht mehr bedurft.

3.3 Absatz 7 – Geltung weiterer Vorschriften

32 Absatz 7 bestimmt, dass folgende Vorschriften entsprechend gelten:
  - § 64 BauO NRW 2018: einfaches Baugenehmigungsverfahren
  - § 67 BauO NRW 2018: Bauvorlageberechtigung
  - § 68 BauO NRW 2018: Bautechnische Nachweise
  - § 69 BauO NRW 2018: Abweichungen
  - § 70 BauO NRW 2018: Bauantrag, Bauvorlagen
  - § 71 BauO NRW 2018: Behandlung des Bauantrages
  - § 72 BauO NRW 2018: Beteiligung der Angrenzer und der Öffentlichkeit
  - § 73 BauO NRW 2018: Ersetzen des gemeindlichen Einvernehmens
  - § 74 BauO NRW 2018: Baugenehmigung, Baubeginn
  - § 75 BauO NRW 2018: Geltungsdauer der Baugenehmigung

33 In der Vorschrift wird nicht dargelegt, in welchen Fällen die genannten Vorschriften entsprechende Anwendung finden, aufgrund der Anordnung im Gesetz und der Verweise in Absatz 3 (für die Typengenehmigung) wird jedoch deutlich, dass die Vorschriften im Rahmen der Bestimmungen über die referenzielle Baugenehmigung und nicht für die Typengenehmigung nach den Absätzen 1 bis 4 gelten sollen.

34 Im Einzelnen gelten die Vorschriften des § 64 BauO NRW 2018 für die Durchführung des einfachen Baugenehmigungsverfahrens bei dem Referenzgebäude. Die die Vorschriften über die Bauvorlageberechtigung nach § 67 BauO NRW 2018 und die bautechnischen Nachweise nach § 68 BauO NRW 2018 gelten für Referenz- und Bezugsgebäude. Abweichungen nach § 69 BauO NRW 2018 werden, wie auch die Vorschriften über den Bauantrag (§ 70 BauO NRW 2018) wiederum nur für das Referenzgebäude wirksam, wohingegen die Bestimmungen in § 70 BauO NRW 2018 über die Bauvorlagen wieder alle Bauvorhaben nach § 66 betreffen. Die Vorschriften der §§ 71 bis 74 BauO NRW 2018 gelten erneut nur für das Referenzgebäude.

35 Die Vorschrift des § 75 BauO NRW 2018 gilt in erster Linie auch für das Referenzgebäude; fraglich ist jedoch die Geltung für die Bezugsgebäude, wenn deren Ausführung innerhalb von drei Jahren nach Erteilung der Baugenehmigung für das Referenzgebäude nicht begonnen wurde. Nach dem Wortlaut des Gesetzes muss eine Baugenehmigung innerhalb der gesetzten Fristen ausgenutzt werden. Inwiefern davon auch Bezugsgebäude betroffen sein können, bedarf einer Auslegung. Der Sinn des § 75 BauO NRW 2018 liegt darin, auf Änderungen innerhalb des öffentlichen

Baurechts reagieren zu können und nicht auf Dauer an die einmal getroffene Entscheidung gebunden zu sein. Wenn die referenzielle Baugenehmigung auf Dauer ihre Wirkung zu Gunsten der Bezugsgebäude entfalten würde, wäre diesem Grundsatz in diesen Fällen nicht Rechnung getragen. Aus diesem Grund müssen auch die Bezugsgebäude die Fristen des § 75 BauO NRW 2018 einhalten um in den Genuss der Genehmigungsfiktion zu gelangen. Dafür spricht auch der Wortlaut der »entsprechenden« Geltung der Vorschrift.

§ 67 Bauvorlageberechtigung

(1) Bauvorlagen für die Errichtung und Änderung von Gebäuden müssen von einer Entwurfsverfasserin oder einem Entwurfsverfasser unterschrieben sein, der bauvorlageberechtigt ist (§ 70 Absatz 3 Satz 1). § 54 Absatz 1 bleibt unberührt.

(2) Absatz 1 gilt nicht für Bauvorlagen für
1. Garagen und überdachte Stellplätze bis zu 100 m² Nutzfläche sowie überdachte Fahrradabstellplätze,
2. Behelfsbauten und untergeordnete Gebäude nach § 51,
3. eingeschossige Wintergärten mit einer Grundfläche von bis zu 25 m²
4. eingeschossige Gebäude mit einer Grundfläche von bis zu 250 m², in denen sich keine Aufenthaltsräume, Ställe, Aborte oder Feuerstätten befinden,
5. Dachgauben, wenn ihre Breite insgesamt höchstens ein Drittel der Breite der darunterliegenden Außenwand beträgt,
6. Terrassenüberdachungen,
7. Balkone und Altane, die bis zu 1,60 m vor die Außenwand vortreten und
8. Aufzugschächte, die an den Außenwänden von Wohngebäuden der Gebäudeklassen 1 und 2 errichtet werden.

(3) Bauvorlageberechtigt ist, wer
1. die Berufsbezeichnung »Architektin« oder »Architekt« führen darf,
2. als Mitglied einer Ingenieurkammer in die von der Ingenieurkammer-Bau Nordrhein-Westfalen geführte Liste der Bauvorlageberechtigten eingetragen ist; Eintragungen anderer Länder gelten auch im Land Nordrhein-Westfalen, soweit diese an die Mitgliedschaft in einer Ingenieurkammer geknüpft sind,
3. aufgrund des Baukammerngesetzes vom 16. Dezember 2003 (GV. NRW. S. 786), das zuletzt durch Gesetz vom 9. Dezember 2014 (GV. NRW. S. 876) geändert worden ist, die Berufsbezeichnung »Innenarchitektin« oder »Innenarchitekt« führen darf, durch eine ergänzende Hochschulprüfung ihre oder seine Befähigung nachgewiesen hat, Gebäude gestaltend zu planen, und mindestens zwei Jahre in der Planung und Überwachung der Ausführung von Gebäuden praktisch tätig war,
4. aufgrund des Baukammerngesetzes die Berufsbezeichnung »Innenarchitektin« oder »Innenarchitekt« führen darf, für die mit der Berufsaufgabe der Innenarchitektinnen und Innenarchitekten verbundene bauliche Änderung von Gebäuden,

5. aufgrund des Ingenieurgesetzes vom 5. Mai 1970 (GV. NRW. S. 312), das zuletzt durch Artikel 2 des Gesetzes vom 28. Mai 2013 (GV. NRW. S. 272) geändert worden ist, als Angehörige oder Angehöriger der Fachrichtung Architektur (Studiengang Innenarchitektur) die Berufsbezeichnung »Ingenieurin« oder »Ingenieur« führen darf, während eines Zeitraums von zwei Jahren vor dem 1. Januar 1990 wiederholt Bauvorlagen für die Errichtung oder Änderung von Gebäuden als Entwurfsverfasserin oder Entwurfsverfasser durch Unterschrift anerkannt hat und Mitglied der Architektenkammer Nordrhein-Westfalen oder der Ingenieurkammer-Bau Nordrhein-Westfalen ist oder
6. die Befähigung zum bautechnischen Verwaltungsdienst der Laufbahngruppe 2 besitzt, für ihre oder seine dienstliche Tätigkeit.

(4) In die Liste der Bauvorlageberechtigten ist auf Antrag von der Ingenieurkammer-Bau Nordrhein-Westfalen einzutragen, wer
1. einen berufsqualifizierenden Hochschulabschluss eines Studiums der Fachrichtung Bauingenieurwesen nachweist,
2. danach mindestens zwei Jahre in der Planung und Überwachung der Ausführung von Gebäuden praktisch tätig war und
3. über ausreichende Kenntnisse der deutschen Sprache verfügt, die bei Bedarf in geeigneter Weise nachzuweisen sind.

Dem Antrag sind die zur Beurteilung erforderlichen Unterlagen beizufügen. Die Ingenieurkammer-Bau Nordrhein-Westfalen stellt eine Empfangsbestätigung nach § 71 b Absatz 3 und 4 des Verwaltungsverfahrensgesetzes für das Land Nordrhein-Westfalen aus. Hat die Anerkennungsbehörde nicht innerhalb einer Frist von drei Monaten entschieden, gilt die Anerkennung als erteilt. Es gilt § 42a des Verwaltungsverfahrensgesetzes für das Land Nordrhein-Westfalen mit der Maßgabe, dass die Fristverlängerung zwei Monate nicht übersteigen darf.

(5) Sie haben das erstmalige Tätigwerden als Bauvorlageberechtigte vorher der Ingenieurkammer-Bau Nordrhein-Westfalen anzuzeigen und dabei
1. eine Bescheinigung darüber, dass sie in einem Mitgliedstaat der Europäischen Union oder einem nach dem Recht der Europäischen Gemeinschaften gleichgestellten Staat rechtmäßig als Bauvorlageberechtigte niedergelassen sind und ihnen die Ausübung dieser Tätigkeiten zum Zeitpunkt der Vorlage der Bescheinigung nicht, auch nicht vorübergehend, untersagt ist und
2. einen Nachweis darüber, dass sie im Staat ihrer Niederlassung für die Tätigkeit als Bauvorlageberechtigte mindestens die Voraussetzungen des Absatzes 4 Satz 1 Nummer 1 und 2 erfüllen mussten, vorzulegen.

Sie sind in einem Verzeichnis zu führen. Die Ingenieurkammer-Bau Nordrhein-Westfalen hat auf Antrag zu bestätigen, dass die Anzeige nach Satz 2 erfolgt ist. Sie kann das Tätigwerden als bauvorlageberechtigte Person untersagen und die Eintragung in dem Verzeichnis nach Satz 3 löschen, wenn die Voraussetzungen des Satzes 1 nicht erfüllt sind.

(6) Personen, die in einem anderen Mitgliedstaat der Europäischen Union oder einem nach dem Recht der Europäischen Gemeinschaften gleichgestellten Staat als Bauvorlageberechtigte niedergelassen sind, ohne im Sinne des Absatzes 5 Satz 1 Nummer 2 vergleichbar zu sein, sind bauvorlageberechtigt, wenn ihnen die Ingenieurkammer-Bau Nordrhein-Westfalen bescheinigt hat, dass sie die Anforderungen des Absatzes 4 Satz 1 erfüllen. Sie sind in einem Verzeichnis zu führen. Die Bescheinigung wird auf Antrag erteilt. Absatz 4 Satz 2 bis 5 ist entsprechend anzuwenden.

(7) Anzeigen und Bescheinigungen nach den Absätzen 5 und 6 sind nicht erforderlich, wenn bereits in einem anderen Land eine Anzeige erfolgt ist oder eine Bescheinigung erteilt wurde. Eine weitere Eintragung in die von der Ingenieurkammer-Bau Nordrhein-Westfalen geführten Verzeichnisse erfolgt nicht. Verfahren nach den Absätzen 4 bis 6 können über eine einheitliche Stelle nach den Vorschriften des Verwaltungsverfahrensgesetzes für das Land Nordrhein-Westfalen abgewickelt werden.

(8) Juristische Personen des öffentlichen Rechts und Unternehmen dürfen Bauvorlagen als Entwurfsverfasser unterschreiben, wenn sie diese unter der Leitung einer bauvorlageberechtigten Person, die der juristischen Person oder dem Unternehmen angehören muss, aufstellen. Die bauvorlageberechtigte Person hat die Bauvorlagen durch Unterschrift anzuerkennen.

	Übersicht	Rdn.
0	Änderungen gegenüber der BauO NW 1984, der BauO NW 1995 und der BauO NRW 2000	01
1	Allgemeines	1
2	Zu Absatz 1 – Erforderlichkeit der Bauvorlageberechtigung	10
3	Zu Absatz 2 – Ausnahmen vom Erfordernis der Bauvorlageberechtigung	18
4	Zu Absatz 3 – Bauvorlageberechtigung	21
4.1	Uneingeschränkt bauvorlageberechtigte Architekten (Nr. 1)	21
4.2	Uneingeschränkt bauvorlageberechtigte Bauingenieure (Nr. 2)	23
4.3	Uneingeschränkt bauvorlageberechtigte Innenarchitekten (Nr. 3)	29
4.4	Eingeschränkt bauvorlageberechtigte Innenarchitekten (Nr. 4)	31
4.5	Besitzstand für Innenarchitekten (Nr. 5)	33
4.6	Befähigung zum bautechnischen Verwaltungsdienst (Nr. 6)	35
4.7	Prüfung und Nachweis der Bauvorlageberechtigung	37
5	Zu Absatz 4 – Voraussetzungen für die Bauvorlageberechtigung von Ingenieuren	39
6	Zu Absatz 5 – Personen aus dem Ausland mit gleichen Qualifikationsanforderungen	41
7	Zu Absatz 6 – Personen aus dem Ausland mit geringeren Qualifikationsanforderungen	43
8	Zu Absatz 7 – ergänzende Regelungen zu den Personen nach Absätzen 5 und 6	44
9	Zu Absatz 8 – Juristische Personen öffentlichen Rechts und Unternehmen	45

§ 67 Bauvorlageberechtigung

0 Änderungen gegenüber der BauO NW 1984, der BauO NW 1995 und der BauO NRW 2000

01 § 70 BauO NW 1995 hat § 65 BauO NW 1984 mit redaktionellen Anpassungen bezüglich **gleichstellungsgerechter Formulierungen** und Verweisungen auf die geänderte Paragraphenfolge im Wesentlichen übernommen.

02 In Abs. 2 Nr. 1 wurden in Anpassung an den Katalog der dem vereinfachten Genehmigungsverfahren unterliegenden Vorhaben nach § 68 Abs. 1 Nr. 5 und 6 BauO NW 1995 überdachte **Stellplätze** und überdachte **Fahrradabstellplätze** aufgenommen. Dieser Rechtsänderung kommt allerdings nur klarstellende Funktion zu, da überdachte Stellplätze (Carports) ohnehin nach § 118 Abs. 3 Satz 2 SBauVO offene Garagen sind (s. Anmerkungen zu § 2 Rdn. 88 und 240) und überdachte Fahrradabstellplätze als untergeordnete Gebäude bereits der Nr. 2 unterfallen.

03 Abs. 3 erfuhr nach lebhaften Auseinandersetzungen schon im Vorfeld, aber auch noch während der Gesetzesberatungen insbesondere um die **uneingeschränkte Bauvorlageberechtigung der Bauingenieure** wesentliche Änderungen. Die Begründung (LT-Drucks. 11/7153 S. 189–191) führt zu den Argumenten aus:

»Zu Abs. 3

<u>Nr. 1</u> *inhaltlich unverändert.*

<u>Nr. 2</u> *ersetzt die bisherige Nr. 4 des § 65 Abs. 3 BauO NW 1984, wonach Ingenieure der Fachrichtung Bauingenieurwesen nur eingeschränkt, nämlich für Gebäude des Ingenieurbaus, bauvorlageberechtigt sind. Durch die neue Regelung in Nr. 2 sollen die Bauingenieure wie Architekten (Nr. 1) die uneingeschränkte Bauvorlageberechtigung, nämlich die für alle Gebäudearten, erhalten (1), wenn sie Mitglied einer Ingenieurkammer sind (2) und mindestens 2 Jahre in der Planung und Überwachung der Ausführung von Gebäuden praktisch tätig waren (3).*

1) Das Bundesverfassungsgericht (s. vor allem E 28, 364, 375 f.) hat gesetzliche Anforderungen an die Bauvorlageberechtigung als zulässige Regelungen der Berufsausübung angesehen, die gerechtfertigt sind, wenn für sie vernünftige Erwägungen des Gemeinwohls sprechen. Es bedürfe hinreichend ausgebildeter Fachleute für das Erstellen von Bauvorlagen, um Gefahren für die öffentliche Sicherheit und Ordnung auszuschließen. Dies sei vor allem deshalb erforderlich, weil die Bauaufsichtsbehörden, deren Personal nicht beliebig vermehrt werden könne, darauf angewiesen seien, dass Bauvorlagen von hinreichend qualifizierten Fachleuten sorgfältig erarbeitet werden. Bauvorlageberechtigte Personen müssen deshalb die für die Erstellung von Bauvorlagen erforderlichen Kenntnisse des öffentlichen Baurechts, der Bautechnik und der Baugestaltung einschließlich der städtebaulichen Einbindung von Gebäuden haben.

2) Die Ausübung der Bauvorlageberechtigung der Bauingenieure ist grundsätzlich abhängig von der Mitgliedschaft in einer Ingenieurkammer. Damit gelten für Bauingenieure dieselben Voraussetzungen wie für Architekten, die in der Regel diese Berufsbezeichnung nur führen dürfen, wenn sie Mitglied in einer Architektenkammer sind.

Das Bundesverfassungsgericht hat es in der zitierten Entscheidung für zulässig erachtet, die Bauvorlageberechtigung von einer Eintragung in die Architektenliste und damit gleichzeitig von der Mitgliedschaft in einer Architektenkammer abhängig zu machen. Hieran knüpft die vorgesehene Verpflichtung der Bauingenieure zur Mitgliedschaft in einer Ingenieurkammer an.

Die Kammermitglieder haben die festgelegten Berufspflichten zu beachten, die unter anderem neben der Pflicht, bei ihrer Tätigkeit fremde Rechtsgüter nicht zu verletzen, auch die Verpflichtung enthalten, sich beruflich fortzubilden und sich über die für die Berufsausübung geltenden Bestimmungen zu unterrichten. Die Einhaltung dieser Berufspflichten, die in nicht geringem Umfange im Interesse der öffentlichen Sicherheit aufgestellt wurden, wird durch die Ingenieurkammer überwacht. Vergleichbare Regelungen bestehen auch in den anderen Ländern, die bereits über entsprechende Kammern verfügen. Die Einhaltung der Berufspflichten könnte in vergleichbarer Weise durch die Bauaufsichtsbehörden nicht überwacht werden. Die Verpflichtung zur Mitgliedschaft in einer Ingenieurkammer trägt daher zu einem effektiven Schutz der öffentlichen Sicherheit im Bauwesen bei. Darüber hinaus gleicht sie die Situation der bauvorlageberechtigten Bauingenieure der der Architekten an. Der neu eingefügte Abs. 3 Satz 2 berücksichtigt, dass es außerhalb der Bundesrepublik Deutschland häufig keine Ingenieurkammer gibt, die Anforderungen der Nummer 2 und der Nummer 4 daher von Ingenieuren, die im Ausland ihre Hauptwohnung, ihre Niederlassung und ihre überwiegende berufliche Beschäftigung haben, nicht erfüllt werden können. Dasselbe gilt auch für Ingenieure, die in einem der Länder der Bundesrepublik wohnen und tätig sind, in denen es eine Ingenieurkammer derzeit noch nicht gibt.

3) Letztlich ist die Ausübung der uneingeschränkten Bauvorlageberechtigung der Bauingenieure an die Voraussetzung geknüpft, dass diese Ingenieure zuvor 2 Jahre lang in der Planung und Überwachung der Ausführung von Gebäuden praktisch tätig gewesen sein müssen. Die im Gesetzentwurf enthaltene Regelung stellt zudem sicher, dass die Bauingenieure nicht unmittelbar nach Studienabschluss bauvorlageberechtigt sind, wenn sie weder aufgrund der Berufsausbildung noch aufgrund ihrer praktischen Tätigkeit insbesondere zur Planung von Gebäuden befähigt sind. Die Beschreibung der Berufspraxis ist erforderlich, um zu gewährleisten, dass erforderliche Kenntnisse, die nicht Bestandteile der Ausbildung waren, nachträglich vermittelt wurden.

Das Ingenieurdiplom der Fachrichtung Bauingenieurwesen wird erworben nach einem im wesentlichen einheitlichen Grundstudium, der ganz unterschiedliche Vertieferrichtungen, z.B. konstruktiver Ingenieurbau, Baubetrieb, Verkehrsbau und Siedlungswasserwirtschaft, folgen.

Die praktische Tätigkeit in der Planung und Überwachung der Ausführung von Gebäuden muss sich mindestens auf folgende Grundleistungen des Leistungsbildes Objektplanung für Gebäude nach § 15 HOAI erstreckt haben: Grundlagenermittlung, Vorplanung, (Projekt- und Planungsvorbereitung), Entwurfsplanung (System- und Interpretationsplanung), Genehmigungsplanung, Ausführungsplanung und Objektüberwachung (Bauüberwachung).

<u>*Nr. 3*</u> *entspricht einer Regelung des bisherigen § 65 Abs. 3 Nr. 2 BauO NW 1984. Innenarchitektinnen und Innenarchitekten sind zwar zunächst nur für die mit ihrer Berufsaufgabe verbundene bauliche Änderung von Gebäuden bauvorlageberechtigt.*

§ 67   Bauvorlageberechtigung

Die bisher in Abs. 3 Nr. 2 geregelte Möglichkeit, über das Ablegen einer ergänzenden Hochschulprüfung die uneingeschränkte Bauvorlageberechtigung zu erreichen, bleibt jedoch für sie erhalten.
Nr. 4 entspricht inhaltlich dem bisherigen § 65 Abs. 3 Nr. 3 BauO NW 1984.
Nr. 5
Die Bestimmung stellt sicher, dass die bereits im bisherigen § 65 Abs. 3 Nr. 5 BauO NW 1984 enthaltene Besitzstandsregelung für Ingenieure der Fachrichtung Architektur (Studiengang Innenarchitektur) weiter gilt. Dies ist im Hinblick auf Art. 14 GG erforderlich. Die bisherige Besitzstandsregelung für die Ausübung der uneingeschränkten Bauvorlageberechtigung der Ingenieure der Fachrichtung Bauingenieurwesen ist entfallen, weil sie bei zumutbarer Mitgliedschaft in einer Ingenieurkammer bereits nach Nr. 2 uneingeschränkt bauvorlageberechtigt sind.
Nr. 6 entspricht dem bisherigen § 65 Abs. 3 Nr. 6 BauO NW 1984.«

04   Abs. 4 erfuhr eine Klarstellung, die sich aufgrund der Praxis mit dem bisherigen § 65 Abs. 4 BauO NW 1984 als notwendig erwies: Die bauvorlageberechtigte Person, die von der juristischen Person des öffentlichen Rechts oder dem Unternehmen eingeschaltet wird, muss dem Unternehmen angehören; sie darf nicht selbständig oder bei einem anderen Arbeitgeber tätig sein.

05   Die **Absätze 5** und **6** des § 65 BauO NW 1984 sind mit der BauO NW 1995 **entfallen**, da die Notwendigkeit einer **Berufshaftpflichtversicherung** nicht mehr im Rahmen des Bauordnungsrechts geregelt ist. Abgesehen davon, dass eine nur auf die Bauvorlageberechtigung bezogene Berufshaftpflichtversicherung nicht praxisgerecht ist, weil das gesamte Tätigkeitsspektrum eines Architekten bzw. Bauingenieurs bis hin zur Bauleitung von der üblichen Haftpflichtversicherung sowieso erfasst ist, hatte sich die bisherige Regelung auch – so die Begründung (LT-Drucks. 11/7153 S. 191–192) – nicht bewährt:

> *»Zwar sah das Gesetz vor, dass das Bestehen des Versicherungsschutzes von der Architektenkammer überwacht wurde, gleichwohl musste in jedem Baugenehmigungsverfahren ein Versicherungsnachweis vorgelegt und zumindest, wenn diesbezügliche Zweifel bestanden, von der Bauaufsichtsbehörde geprüft werden. Dennoch traten immer wieder Fälle auf, in denen trotz vorgelegten Versicherungsnachweises der Versicherungsschutz nicht mehr bestand. Außerdem wurde die Vorschrift ohnehin einer großen Anzahl von Fällen nicht gerecht, da baugewerblich tätige Unternehmer, die gleichzeitig Bauvorlagen durch Unterschrift anerkennen, aus versicherungsrechtlichen Gründen nicht versicherungsfähig sind.*
>
> *Das Baukammerngesetz enthält in seinen §§ 15 und 35 für die Mitglieder der Architektenkammer und der Ingenieurkammer-Bau sowie für auswärtige Architekten, Stadtplaner und Beratende Ingenieure die Berufspflicht, sich (bei eigenverantwortlicher und unabhängiger Tätigkeit) ausreichend gegen Haftpflichtansprüche zu versichern. Auf diese Weise wird die Versicherungspflicht für die ganz überwiegende Zahl der Bauvorlageberechtigten beibehalten. Das Bestehen des Versicherungsschutzes wird im Baugenehmigungsverfahren nicht geprüft; ein Verstoß gegen die Versicherungspflicht würde jedoch von den Berufsgerichten geahndet werden können.*

§ 67 Bauvorlageberechtigung

NW 1970 aufgenommen. Davor bestanden in Nordrhein-Westfalen, wie in den meisten anderen Bundesländern, keine Vorschriften über die Bauvorlageberechtigung. Die Länder haben die Regelungen zur Bauvorlageberechtigung weitgehend dem **Vorbild des § 64 MBO 1984** nachgebildet, wenn auch **zwischen den Landesbauordnungen** einige nicht unwesentliche **Unterschiede** festzustellen sind, so eine gerade unter dem Gesichtspunkt der Gefahrenabwehr nicht unbedenkliche – weil nicht auf kleine Vorhaben beschränkte – Privilegierung von Meistern des Maurer-, Beton-, Stahlbetonbauer- und Zimmerer-Handwerks oder von staatlich geprüften Technikern der Fachrichtung Bautechnik.

2 Trotz der gegebenen Unterschiede ist vom Grundsatz her festzustellen, dass Personen mit einem Architekten- oder Bauingenieurdiplom, die nach den Rechtsvorschriften eines Bundeslandes oder anderen Mitgliedstaaten der Europäischen Union bauvorlageberechtigt sind, in allen Bundesländern tätig werden können. Die **gegenseitige Anerkennung der Bauvorlageberechtigung** ist **für Architekten und Bauingenieure von größter Bedeutung**, da es traditionell zu deren Aufgaben gehört, Bauvorlagen zur Einholung der Baugenehmigung zu erstellen und das Baugenehmigungsverfahren als Sachwalter des Bauherrn zu begleiten.

3 Die Regelungen der 16 Bauordnungen wären allerdings insgesamt entbehrlich gewesen, wenn der Bund von der ihm zustehenden Gesetzgebungskompetenz nach Artikel 74 Nr. 11 GG (Recht der Wirtschaft) Gebrauch gemacht und das Architekten- und Ingenieurrecht **als Berufsrecht** insgesamt bundeseinheitlich geregelt hätte, wie er dies für die ganz überwiegende Zahl der Berufe getan hat. Nur weil der Bund dies unterlassen hat, ist überhaupt eine Gesetzgebungskompetenz des Landes gegeben (so BVerfG, Beschl. v. 27.05.1970 – 2 BvR 117/65, BRS 23 Nr. 137). Das **Planvorlagemonopol** ist nicht als Berufszugangsbeschränkung, sondern als Berufsausübungsbeschränkung anzusehen, die hinreichend begründet sein muss (BVerfG, Beschl. v. 28.11.1984 – 1 BvL 13/81, BVerfGE 68, 272 = DÖV 1985, 530 = NJW 1985, 964).

4 Das **Bauordnungsrecht** regelt keine Berufe, sondern stellt nur **Anforderungen an Bauvorlagen und Entwurfsverfasser**. Der Begriff Entwurfsverfasser (s. Anmerkungen zu § 54 Rdn. 1 und 2) ist als neutraler Begriff bewusst gewählt worden, da es einen Beruf des Entwurfsverfassers nicht gibt. Daher kann grundsätzlich jede Person, die über die in § 54 Absatz 1 Satz 1 BauO NRW 2018 geforderte **Sachkunde** und **Erfahrung** verfügt, einen Entwurf ausarbeiten (s. Anmerkungen zu § 54 Rdn. 9–12). Diese
– **materielle** Qualifikationsanforderung des § 54 Absatz 1 Satz 1 BauO NRW 2018 wird ergänzt durch die
– **formelle** Qualifikationsanforderung des § 67 BauO NRW 2018.

5 Die Beweggründe für die Einführung einer zusätzlichen Qualifikationsanforderung gehen auf eine Entscheidung des Bundesverfassungsgerichts zurück, mit der die bis dahin vorherrschenden verfassungsrechtlichen Bedenken ausgeräumt wurden (Beschl. v. 27.05.1970 – 2 BvR 117/65 – (BVerfGE 28, 364 = BauR 1970, 155 = NJW 1970, 1591).

6 Im Zuge der Beratungen zur BauO NW 1984 und zur BauO NW 1995 wurden die **Zielvorstellungen** der bisherigen Vorschriften über die Bauvorlageberechtigung bewusst **erweitert**. Unter dem Aspekt einer verfassungsrechtlichen Absicherung waren

damals die in der Amtlichen Begründung unter a) bis d) genannten Punkte, insbesondere auch aus Gründen einer wirksamen Gefahrenabwehr, herausgehoben worden. Als gesetzgeberisches Ziel tritt auch deutlich der Gedanke in den Vordergrund, Aufgaben staatlicher Bauaufsicht zugunsten einer **verstärkten Verantwortlichkeit der am Bau Beteiligten** abzubauen (s. Bericht zur 2. Lesung der BauO NW 1984, LT-Drucks. 9/3341, S. 86 und 100) und die **Bauaufsichtsbehörden** so weit wie möglich **zu entlasten** (vgl. die Begründung zur BauO NW 1995, LT-Drucks. 11/7153, S. 137 ff.).

Neben § 70 BauO NW 1995 = 2000 entfalten die durch § **83a Abs. 3 BauO NW 1970** und § 65 Abs. 3 BauO NW 1984 geschaffenen Regelungen insoweit **auch künftig Bedeutung**, als nach diesen Vorschriften des Vorgängerrechts als bauvorlageberechtigte Entwurfsverfasser anerkannte Personen ihre Bauvorlageberechtigung weiter behalten. Die von einer Person **nach dem Vorgängerrecht erworbene Bauvorlageberechtigung** ist also mit dem Inkrafttreten der BauO NRW 2018 **nicht erloschen**. 7

Ebenso zu beachten bleibt weiterhin die in **Artikel II Abs. 3 des Zweiten Gesetzes zur Änderung der Landesbauordnung vom 15.07.1976** getroffenen **Besitzstandsregelung** für diejenigen Personen, die »als Meister des Maurer-, Beton- oder Stahlbetonbauerhandwerks oder des Zimmererhandwerks während der vergangenen fünf Jahre vor Inkrafttreten dieses Gesetzes regelmäßig Bauvorlagen für freistehende Einfamilienhäuser einschließlich einer Einliegerwohnung als Entwurfsverfasser durch Unterschrift anerkannt« haben, für diese Gebäude. Hierbei handelt es sich nur um eine eingeschränkte Bauvorlageberechtigung, die während der vergangenen fünf Jahre vor Inkrafttreten des Änderungsgesetzes am 01.01.1977, also in der Zeit vom 01.01.1972 bis 31.12.1976, bestanden haben muss. Der Begriff »**regelmäßig**« ist erfüllt, wenn das Fertigen von Bauvorlagen für Gebäude und ihre Anerkennung durch Unterschrift zu den wesentlichen beruflichen Tätigkeiten des Entwurfsverfassers gezählt haben und nicht nur gelegentlich ausgeübt wurden. Das **Handwerkerprivileg** hat inzwischen **durch Zeitablauf** seine **ursprüngliche Bedeutung verloren**, da es nur noch wenige Personen gibt, die eine Bauvorlageberechtigung auf diese Regelung stützen können. Die Übergangsregelung berücksichtigt den Beschluss des BVerfG vom 28.11.1984 (a.a.O. Rn. 3), das zu § 91 Abs. 4 HBO i.d.F. d. B. vom 16.12.1977 festgestellt hat, dass die Regelung zwar mit Art. 12 Abs. 1 GG vereinbar sei, soweit darin die Bauvorlageberechtigung für die in jener Vorschrift genannten einfacheren Bauvorhaben mindestens vom Ablegen einer Handwerkerprüfung oder von einer gleichgestellten Qualifikation abhängig gemacht werde; dieses Grundrecht werde jedoch dadurch verletzt, dass der Gesetzgeber es unterlassen habe, eine Übergangsregelung zugunsten derjenigen zu treffen, die das Anfertigen derartiger Bauvorlagen bereits vor Inkrafttreten der Vorschrift geschäftsmäßig betrieben hätten. 8

Die mit § 67 BauO NRW 2018 geschaffene Regelung über die Bauvorlageberechtigung will – unter Beachtung des verfassungsrechtlich gebotenen Besitzstands – erreichen, dass nur Personen mit ausreichender Vorbildung und Erfahrung im bauaufsichtlichen Verfahren tätig werden. Hierdurch stellt der Gesetzgeber bereits im Vorfeld des bauaufsichtlichen Verfahrens sicher, dass die wesentlichen Vorschriften des öffentlichen Baurechts, die der **Abwehr von Gefahren** für die öffentliche Sicherheit und insbesondere auch der **Abwehr von Verunstaltungen** dienen, genügend Beachtung finden. Diese 9

§ 67 Bauvorlageberechtigung

Gesichtspunkte rechtfertigen es, dass nicht bauvorlageberechtigte Entwurfsverfasser von der Planvorlage ausgeschlossen sind (VGH B-W, Urt. v. 19.03.1980 – III S 42/80, BRS 36 Nr. 162). Darüber hinaus soll erreicht werden, dass nicht unzureichende oder mangelhafte Bauvorlagen den zügigen **Ablauf des bauaufsichtlichen Verfahrens** belasten.

2 Zu Absatz 1 – Erforderlichkeit der Bauvorlageberechtigung

10 **Absatz 1** stellt den **Grundsatz** auf, dass die Bauvorlagen für die **Errichtung** und **Änderung** von **Gebäuden** von einem bauvorlageberechtigten Entwurfsverfasser durch Unterschrift **anerkannt** sein müssen. Aus **Absatz 2** ergeben sich **Einschränkungen** dieses **Grundsatzes** für bestimmte wenig gefahrenträchtige Gebäude, bei denen der Gesetzgeber eine über die materielle Qualifikationsanforderung hinausgehende zusätzliche formelle Qualifikationsanforderung nicht für geboten erachtete.

11 Das Erfordernis der **Bauvorlageberechtigung** besteht **nur für Gebäude** und nicht schlechthin für bauliche Anlagen. Handelt es sich um **bauliche Anlagen**, die keine Gebäude sind, braucht der Entwurfsverfasser nicht bauvorlageberechtigt zu sein. Schließlich muss es sich um einen Fall der **Errichtung** oder **Änderung** eines Gebäudes handeln. Wird lediglich die Genehmigung einer **Nutzungsänderung** beantragt, greift § 67 nicht ein. Ebenso wird von demjenigen, der Bauvorlagen für den **Abbruch** von Gebäuden einreicht, **keine Bauvorlageberechtigung** verlangt.

12 Die Bauvorlageberechtigung des Entwurfsverfassers ist nur erforderlich, wenn das zu errichtende oder zu ändernde Gebäude nach § 60 BauO NRW 2018 **genehmigungsbedürftig** ist, da § 53 Absatz 1 Satz 1 BauO NRW 2018 vom Bauherrn die Bestellung eines Entwurfsverfassers nur für genehmigungsbedürftige Bauvorhaben verlangt (s. Anmerkungen zu § 53 Rdn. 15). Die nach § 62 BauO NRW 2018 freigestellten Gebäude bedürfen keines Entwurfsverfassers und daher auch keines Bauvorlageberechtigten. Dagegen gilt für den Bauherrn wiederum für Gebäude, die der **Freistellung nach § 63 BauO NRW 2018** unterliegen, die Pflicht zur Beauftragung eines Entwurfsverfassers (vgl. LT-Drucks. 17/2166 S. 179 Nr. 67).

13 Soweit es sich um **Gebäude** handelt, wird die Bauvorlageberechtigung auch gefordert für die Einreichung von Anträgen auf Erteilung eines **Vorbescheides** (s. § 77 Absatz 2 Satz 1 BauO NRW 2018; wegen der Ausnahme bei Anträgen auf Erteilung eines planungsrechtlichen Vorbescheids, auch als Bebauungsgenehmigung bezeichnet, s. § 77 Absatz 3 Satz 3 BauO NRW 2018). Nicht eindeutig geregelt ist die Rechtslage hinsichtlich der Anträge auf Erteilung der **Typengenehmigung** (§ 66 BauO NRW 2018) und der **Ausführungsgenehmigung für Fliegende Bauten** (§ 78 BauO NRW 2018). Sowohl § 78 Absatz 3 als auch § 78 Absatz 10 BauO NRW 2018 enthalten – anders als die Vorbescheidsregelung – keine Verweisungen auf § 67 BauO NRW 2018. Hätte der Gesetzgeber auch in diesen Fällen eine Bauvorlageberechtigung erreichen wollen, hätte es schon wegen der verfassungsrechtlich gebotenen Eindeutigkeit einer Verweisung auf § 67 BauO NRW 2018 bedurft. Zu bedenken ist darüber hinaus, dass auch die Typengenehmigung noch nicht die Errichtung erlaubt, weil zusätzlich zur Typengenehmigung – z.B. für ein Fertighaus – noch das Verfahren nach den §§ 63

oder 64 BauO NRW 2018 durchgeführt werden muss und diese Bauvorlagen dann von einem bauvorlageberechtigten Entwurfsverfasser durch Unterschrift anzuerkennen sind. Hinsichtlich der referenziellen Baugenehmigung bestimmt § 66 Absatz 7 BauO NRW 2018 die entsprechende Geltung des § 67 BauO NRW 2018. Damit ist auch für die Bezugsgebäude, die nicht genehmigt werden müssen, die Beauftragung eines bauvorlageberechtigten Entwurfsverfassers obligatorisch.

Der **Fachplaner**, den der Bauherr auf Anforderung des Entwurfsverfassers gemäß § 54 Absatz 2 BauO NRW 2018 hinzuziehen muss, braucht selbst **nicht bauvorlageberechtigt** zu sein. Dies folgt bereits aus den in § 54 BauO NRW 2018 enthaltenen **unterschiedlichen Begriffen** des **Entwurfsverfassers** und des **Fachplaners**. Der Gesetzgeber hat die formelle Qualifikationsanforderung jedoch nur für den Entwurfsverfasser verlangt. Da der **Entwurfsverfasser** gemäß § 54 Absatz 2 Satz 3 BauO NRW 2018 trotz Einschaltung von Fachplanern **für das ordnungsgemäße Ineinandergreifen** aller Fachentwürfe **verantwortlich** bleibt (s. Anmerkungen zu § 54 Rdn. 31), würde es keinen Sinn ergeben, zusätzlich vom Fachplaner die Bauvorlageberechtigung zu verlangen. Dies gilt auch für den Fachplaner für das Brandschutzkonzept (§ 54 Absatz 3 BauO NRW 2018). 14

Die Formulierung in Satz 1 »**unterschrieben sein**« mit dem Hinweis auf § 70 Absatz 3 Satz 1 BauO NRW 2018 stellt klar, dass der Entwurfsverfasser die Bauvorlagen nicht unbedingt selbst fertigen muss, wenn dies auch in der Regel der Fall sein wird (s. Anmerkungen zu § 70 Rdn. 82 ff.). Es genügt, dass der Entwurfsverfasser die Verantwortung für ihre Richtigkeit im Hinblick auf das öffentliche Baurecht durch seine Unterschrift übernimmt (so BayObLG – Landesberufsgericht für Architekten, Beschl. v. 08.08.1979 – LBG-Arch-3/78, DÖV 1979, 915) 15

Die Regelung der Anerkennung durch Unterschrift trägt einem **praktischen Bedürfnis** Rechnung. In Architektur- und Ingenieurbüros sind auch Mitarbeiter beschäftigt, die selbst nicht über die Bauvorlageberechtigung verfügen, den Entwurf aber im Auftrag des Büroinhabers bearbeiten. Ferner kommt es vor, dass Entwürfe von nicht bauvorlageberechtigten Personen ausgearbeitet werden, die aber durchaus qualitativ geeignet sind, um als Bauvorlagen eingereicht werden zu können. In allen diesen Fällen hat der Bauvorlageberechtigte die ihm zur Anerkennung unterbreiteten Bauvorlagen auf Übereinstimmung mit dem materiellen und formellen öffentlichen Baurecht zu überprüfen und gegebenenfalls noch erforderliche Korrekturen und Ergänzungen zu veranlassen. Erst wenn der Bauvorlageberechtigte zu dem Ergebnis gelangt, dass die materiellen Anforderungen erfüllt und die formellen Vorschriften – insbesondere die der BauPrüfVO – beachtet sind, kann und darf er die Unterschrift leisten, übernimmt damit aber zugleich die volle **Verantwortung** (s. Anmerkungen zu § 54 Rdn. 13–21). 16

Satz 2 enthält mit der sich auf § 54 Absatz 1 BauO NRW 2018 beziehenden **Unberührtheitsklausel** eine **Klarstellung** darauf, dass auch bei formeller Qualifikation die materielle Qualifikation des Entwurfsverfassers gegeben sein muss (s. vorausgehende Rdn. 4). Unabhängig von der zu fordernden Bauvorlageberechtigung des Entwurfsverfassers muss dieser nämlich nach **Sachkunde und Erfahrung** zur Vorbereitung des jeweiligen Bauvorhabens geeignet sein (s. Anmerkungen zu § 54 Rdn. 9–12). 17

Wenzel 1375

§ 67 Bauvorlageberechtigung

3 Zu Absatz 2 – Ausnahmen vom Erfordernis der Bauvorlageberechtigung

18 Absatz 2 enthält **Ausnahmen** von der Grundforderung des Absatz 1. Die Aufzählung ist **abschließend**. Der Verzicht auf die Bauvorlageberechtigung des Entwurfsverfassers für
1. **Garagen und überdachte Stellplätze** bis zu 100 m² Nutzfläche sowie **überdachte Fahrradstellplätze**,
2. **Behelfsbauten** und **untergeordnete Gebäude** (§ 51 BauO NRW 2018),
3. eingeschossige Wintergärten mit einer Grundfläche von bis zu 25 m²,
4. eingeschossige Gebäude mit einer Grundfläche von bis zu 250 m², in denen sich keine Aufenthaltsräume, Ställe, Aborte oder Feuerstätten befinden,
5. Dachgauben, wenn ihre Breite insgesamt höchstens ein Drittel der Breite der darunter liegenden Außenwand beträgt,
6. Terrassenüberdachungen,
7. Balkone und Altane, die bis zu 1,6 m vor die Außenwand vortreten,
8. Aufzugschächte, die an den Außenwänden von Wohngebäuden geringer Höhe errichtet werden

ist sachlich vertretbar, da für diese in der Regel kleinen und einfachen Gebäude eine solche vom Sinn und Zweck der Vorschrift her nicht geboten ist.

19 Für Garagen und überdachte Stellplätze (Letztere sind offene Garagen s. Rdn. 02) gilt die **Begrenzung auf 100 m Nutzfläche**. Die Regelung erfasst nur die **Kleingaragen** im Sinne des § 122 Abs. 1 SBauVO. Hinsichtlich der überdachten Fahrradabstellplätze handelt es sich um solche mit mehr als 100 m² (Gesamtfläche), da überdachte Fahrradabstellplätze bis zu 100 m² (Gesamtfläche) bereits gemäß § 62 Abs. 1 Nr. 15 Bst. a) BauO NRW 2018 freigestellt sind. Die in Nr. 2 genannten Behelfsbauten und untergeordneten Gebäude (zu den Begriffen s. Anmerkungen zu § 51 Rdn. 6 und 8) sind begrifflich nicht so klar und eindeutig wie die in Nr. 1 aufgeführten Gebäude, weshalb im Einzelfall durchaus Abgrenzungsprobleme entstehen können. Diese Gebäude können auch Gefährdungspotential aufweisen, weshalb eine flächenmäßige Begrenzung sinnvoll gewesen wäre, um tatsächlich nur einfache und unproblematische Gebäude vom Planvorlagemonopol auszunehmen (vgl. auch Boeddinghaus/Hahn/Schulte/Radeisen, zu § 70 Rn. 12).

20 Die in Absatz 2 genannten Vorhaben unterliegen dem **vereinfachten Genehmigungsverfahren** nach § 64 BauO NRW 2018. Sie werden nur beschränkt präventiv geprüft, und zwar – wegen Absatz 2 –, ohne dass der Entwurfsverfasser bauvorlageberechtigt sein muss. Die Erleichterung bedeutet jedoch nicht von vornherein, dass der Bauherr auch die Bestellung eines nicht bauvorlageberechtigten Entwurfsverfassers unterlassen darf. Dies ist nur unter den engen tatbestandlichen Voraussetzungen des § 53 Absatz 1 Satz 1 Halbsatz 2 BauO NRW 2018 zulässig und bedarf einer **Ermessensentscheidung der Bauaufsichtsbehörde** (s. Anmerkungen zu § 53 Rdn. 18–21). Aus dieser Vorschrift kann sich im Einzelfall eine Erweiterung des Katalogs des Absatz 2 ergeben, da die Bauaufsichtsbehörde letztlich entscheiden muss, ob die Voraussetzungen in der Person des Bauherrn gegeben sind.

4 Zu Absatz 3 – Bauvorlageberechtigung

4.1 Uneingeschränkt bauvorlageberechtigte Architekten (Nr. 1)

Wenn Nr. 1 bestimmt, dass die Person, die aufgrund des BauKaG NRW die Berufsbezeichnung »Architekt« zu führen berechtigt ist, die – uneingeschränkte – Bauvorlageberechtigung besitzt, **knüpft diese Regelung**, wie auch die früheren Fassungen der Bauvorlageberechtigung, **an das geltende Berufsrecht an** (wegen der Vorteile, die diese Anknüpfung an die gesetzlichen Berufsregelungen aufweist, s. die Gesetzesbegründung, Rdn. 03). Der Begriff »**Architekt**« ist wegen der Anknüpfung des Absatz 3 an die gesetzlichen Berufsregelungen **im Sinne des § 2 Abs. 1 BauKaG NRW** zu verstehen und hat **keine eigenständige bauordnungsrechtliche Bedeutung**. Die Berufsaufgabe der Architekten ist gemäß § 1 Abs. 1 BauKaG NRW die gestaltende, technische, wirtschaftliche, ökologische und soziale Planung von Bauwerken. 21

Die **Berechtigung zur Führung der Berufsbezeichnung** »Architekt« – und damit die Bauvorlageberechtigung – ergibt sich aus: 22
- § 4 Abs. 1 Satz 1 Buchstabe a BauKaG NRW für die Person, die aufgrund eines Studiums mit einer mindestens vierjährigen Regelstudienzeit für die Berufsaufgaben nach § 1 Abs. 1 BauKaG NRW an einer deutschen Hochschule mit Erfolg abgeschlossen und danach in ihrer Fachrichtung eine praktische Tätigkeit gemäß § 4 Abs. 6 BauKaG NRW ausgeübt hat,
- § 4 Abs. 1 Satz 1 Buchstabe b BauKaG NRW für Lehrer der Fachrichtung Architektur an einer deutschen Hochschule,
- § 4 Abs. 1 Satz 1 Buchstabe c BauKaG NRW für die Person, die die Befähigung zum höheren oder gehobenen bautechnischen Verwaltungsdienst der Fachrichtung Hochbau des Landes Nordrhein-Westfalen besitzt,
- § 67 ArchG NW (**alt**), für die Person, die zur Wahrung ihres Besitzstandes (zweijährige Berufstätigkeit unter der Bezeichnung »Architekt«) auf bis zum 30.09.1978 zu stellenden Antrag in die Architektenliste eingetragen worden ist,

und zwar jeweils unter der Voraussetzung, dass sie ihre **Hauptwohnung**, ihre **Niederlassung** oder ihren **Beschäftigungsort** im Land Nordrhein-Westfalen hat.

Die **Berechtigung** zur Führung der Berufsbezeichnung **Architekt** folgt weiter aus den Regelungen des § 4 Abs. 2 bis 7 BauKaG NRW. Danach dürfen auch Personen, die in anderen Ländern in die Architektenliste eingetragen sind (Abs. 2), die einen gleichwertigen ausländischen Studienabschluss nachweisen können (Abs. 3), die aufgrund besonderer Gründe die Voraussetzungen an die Ausbildung **nicht** erfüllen, aber eine gleichgestellte Ausbildung absolviert haben oder wegen besonderer Leistungen auf dem Gebiet der Architektur die Berufsbezeichnung Architekt führen dürfen (Abs. 4) oder die keine der Voraussetzungen des Abs. 1 Satz 1 Buchstaben a bis c oder der Abs. 3–5 erfüllen, wenn sie nachweisen, dass sie sich durch die Qualität ihrer Leistungen auf dem Gebiet der Architektur besonders ausgezeichnet haben. Über die Eintragung in die Architektenliste entscheidet der Eintragungsausschuss auf der Grundlage eines Gutachtens des Sachverständigenausschusses, dessen Mitglieder von der Architektenkammer auf die Dauer von fünf Jahren bestellt werden. Staatsangehörige

§ 67   Bauvorlageberechtigung

eines anderen Mitgliedstaates oder eines Vertragsstaates führen den Nachweis durch ein Prüfungszeugnis ihres Heimat- oder Herkunftsstaates (Abs. 7).

4.2 Uneingeschränkt bauvorlageberechtigte Bauingenieure (Nr. 2)

23   Nr. 2 regelt die Bauvorlageberechtigung von Bauingenieuren. Anders als bei den Architekten ist das Berufsrecht der Ingenieure auf zwei Gesetze, nämlich das **BauKaG NRW** und das Gesetz zum Schutze der Berufsbezeichnung Ingenieur/Ingenieurin – **Ingenieurgesetz** – **IngG** vom 05.05.1970 (GV. NRW. S. 312), z.g.d. G vom 28.05.2013 (GV. NRW. S. 272) aufgeteilt, was nicht gerade zur Übersichtlichkeit beiträgt, zumal die Berufsaufgabe der Ingenieure, anders als die der Architekten, nicht einheitlich gesetzlich bestimmt ist. § 27 BauKaG NRW definiert lediglich die Berufsaufgaben der »Beratenden Ingenieure« und nicht die der »Ingenieure« schlechthin. Trotz dieser unbefriedigenden Rechtslage, die auch im Interesse der Ingenieure einer Reform bedarf hat der Gesetzgeber die Bauingenieure den Architekten gleichgestellt.

Die **Verfassungsmäßigkeit** der **Gleichbehandlung** von **Bauingenieuren** und **Architekten** im Hinblick auf die uneingeschränkte Bauvorlageberechtigung wurde von der Rechtsprechung bejaht (vgl. BayVerfGH, Urt. v. 26.01.1978 – Vf-9-VII 75, BayVerfGHE 31, 1).

Bei der Bauvorlageberechtigung von Ingenieuren wird darauf abgestellt, dass er Mitglied der Ingenieurkammer ist und als solcher in die von der Ingenieurkammer-Bau NRW geführte Liste der Bauvorlageberechtigten eingetragen ist, wobei Eintragungen anderer Länder auch in NRW gelten, soweit eine Mitgliedschaft vorausgesetzt wird. Die Erweiterung der Bauvorlageberechtigung bei Eintragung in anderen Ländern ist aufgrund der Umsetzung der EU-Dienstleistungsrichtlinie erforderlich. Diese bestimmt, dass Berechtigungen zur Erbringung von Dienstleistungen grundsätzlich im gesamten Mitgliedsstaat Gültigkeit haben müssen. Eingeschränkt wird die Pflicht zur Eintragung in die Liste der Bauvorlageberechtigten durch Absatz 5 und 6 (s. unten Rdn. 41–43.).

24   **Angehöriger der Fachrichtung Bauingenieurwesen** ist wer das Ingenieur-Diplom der Fachrichtung Bauingenieurwesen erworben hat. Das Studium des Bauingenieurwesens beginnt mit einem im Wesentlichen einheitlichen Grundstudium, dem ganz unterschiedliche Vertiefferrichtungen, z.B. »konstruktiver Ingenieurbau«, »Baubetrieb«, »Verkehrsbau« und »Siedlungswasserwirtschaft«, folgen. Der Gesetzgeber ist der im Gesetzgebungsverfahren von der Architektenkammer gegebenen Anregung nicht gefolgt, die Bauvorlageberechtigung nur denjenigen Absolventen der Fachrichtung Bauingenieurwesen zuzuerkennen, die in der Vertiefferrichtung »Konstruktiver Ingenieurbau« ausgebildet worden sind.

Die **Unterschiede** zwischen den einzelnen **Vertiefferrichtungen** sind im Hinblick auf die gegenüber einem Architekturstudium deutlich geringeren Lerninhalte »Städtebau« und »Gestalten« so **gering**, dass diese Regelung nur einen marginalen Qualifikationsvorteil versprochen hätte. Demgegenüber hätten in der Landesbauordnung dann Besitzstandsregelungen für die Bauingenieure vorgesehen werden müssen, die bisher für die so genannten »Ingenieurbauten« bauvorlageberechtigt waren oder die ergänzende

Hochschulprüfung abgelegt und nicht die Vertieferrichtung »Konstruktiver Ingenieurbau« absolviert haben.

Die **Mitgliedschaft in einer Ingenieurkammer** erschien dem Gesetzgeber zumutbar 25
und war aus seiner Sicht auch gewollt, um die Aufsicht über die ordnungsgemäße
Berufsausübung durch die Ingenieurkammern, in Nordrhein-Westfalen durch die Ingenieurkammer-Bau, zu gewährleisten.

Die **Pflichtmitgliedschaft** in der **Ingenieurkammer-Bau Nordrhein-Westfalen** richtet 26
sich nach § 38 Abs. 1 BauKaG NRW. Nach § 38 Abs. 2 BauKaG NRW kann als
freiwilliges Mitglied der Ingenieurkammer-Bau beitreten, wer in der Liste der beratenden Ingenieure eingetragen ist (Ziffer 1) oder als Ingenieur im Bauwesen tätig ist,
ohne in der Liste der Beratenden Ingenieure eingetragen zu sein, die Hauptwohnung,
die Niederlassung oder den Beschäftigungsort in Nordrhein-Westfalen hat (Ziffer 2).

Die **Berechtigung** zur Führung dieser Berufsbezeichnung ergibt sich aus:
– § 1 IngG für die Person, die eine der in Nr. 1 angegebenen Ausbildungsgänge
  mit Erfolg abgeschlossen hat, oder der nach Nr. 2 das Recht verliehen wurde, die
  Bezeichnung »Ingenieur (grad.)« zu führen;
– § 2 IngG für die Person, die aufgrund einer Ausbildung im Ausland die Genehmigung zur Führung der Berufsbezeichnung »Ingenieur« erhalten hat;
– § 3 IngG für die Person, die einen geschützten Besitzstand geltend machen kann
  und die die für die Geltendmachung vorgeschriebene Anzeige an die zuständige
  Behörde (Bezirksregierung) spätestens innerhalb der Jahresfrist nach Inkrafttreten des IngG erstattet hat (zu dieser Besitzstandsregelung s. OVG NRW, Urt. v.
  11.12.1980 – 10 A 2542/79, OVGE 35, 169);
– § 7 IngG für die Person, die nach dem Recht eines anderen Bundeslandes die
  Berufsbezeichnung »Ingenieur« führen darf.

Bei allen zuvor genannten Gruppen muss es sich im Zusammenhang mit der Bauvor- 27
lageberechtigung gemäß Nr. 2 um Ingenieure der **Fachrichtung Bauingenieurwesen**
handeln. Das Tatbestandsmerkmal »**Fachrichtung**« ist weit auszulegen, so dass auch
Ingenieure im Sinne des § 3 IngG, die einen Studienabschluss nicht haben aber einen
geschützten Besitzstand geltend machen können, entsprechend ihrer Berufspraxis bei
Inkrafttreten des IngG einer Fachrichtung angehören und bauvorlageberechtigt sein
können (OVG NRW, Urt. v. 11.12.1980, a.a.O. Rn. 25).

Ergänzend zu den Regelungen in Nr. 2 wird in Absatz 4 eine **mindestens zweijährige** 28
praktische Tätigkeit in der Planung und Überwachung der Ausführung von Gebäuden gefordert.

4.3 Uneingeschränkt bauvorlageberechtigte Innenarchitekten (Nr. 3)

Innenarchitekten sind nach Nr. 4 zunächst nur für die mit ihrer Berufsaufgabe ver- 29
bundene bauliche Änderung von Gebäuden eingeschränkt bauvorlageberechtigt
(s. Rdn. 31–32). Der Gesetzgeber hat jedoch die mit § 65 Abs. 3 Nr. 2 BauO NW 1984
geschaffene Möglichkeit, durch eine **ergänzende Hochschulprüfung** die **uneingeschränkte Bauvorlageberechtigung** zu erhalten, für Innenarchitekten beibehalten. In

der akademischen Prüfung, die im Einzelnen durch autonome Satzungen der (Fach-) Hochschulen geregelt wird, muss der Bewerber seine Fähigkeit nachweisen, Gebäude gestaltend zu planen. Der Gesetzgeber hat zweckmäßigerweise – wie schon in der BauO NW 1984 – darauf verzichtet, bestimmte Studiengänge und Studienzeiten vorzuschreiben. Es wird nur darauf abgestellt, dass die Hochschulprüfung bestanden ist.

30 Weitere Voraussetzung ist der Nachweis einer **mindestens zweijährigen Tätigkeit in der Planung und Überwachung der Ausführung von Gebäuden.**

4.4 Eingeschränkt bauvorlageberechtigte Innenarchitekten (Nr. 4)

31 Nach Nr. 4 sind **Innenarchitekten ohne ergänzende Hochschulprüfung,** wenn sie sich nicht nach Nr. 5 auf Besitzstandswahrung berufen können, im Gegensatz zu dem unter Nr. 3 genannten Personenkreis, **eingeschränkt** bauvorlageberechtigt. Der Gesetzgeber ist dem Begehren der Innenarchitekten, ebenfalls die uneingeschränkte Bauvorlageberechtigung zu erhalten, nicht gefolgt. Die Begründung war im Wesentlichen, dass die **Berufsaufgabe des Innenarchitekten** die gestaltende, technische und wirtschaftliche, ökologische und soziale **Planung von Innenräumen** ist (§ 1 Abs. 2 BauKaG NRW). Ausbildungsinhalt der Innenarchitekten ist also nicht die Errichtung und Änderung von Gebäuden. Trotz gegebener Studieninhalte in den Bereichen »Gestaltung« und »städtebauliche Einbindung« lassen sie sich insoweit – und Gleiches gilt für die Ausbildung in der konstruktiven Planung von Gebäuden – nicht mit den Ausbildungsinhalten der Architekten vergleichen. Auch der Vergleich der Ausbildungsgänge der Innenarchitekten und Bauingenieure rechtfertigt für Erstere nicht die volle Bauvorlageberechtigung.

32 Die Entscheidung des Gesetzgebers dürfte weiterhin durch die Tatsache begründet gewesen sein, dass die Innenarchitekten nach § 65 Abs. 2 Nr. 3 MBO wie auch nach den Bauordnungen der anderen Länder, soweit sie überhaupt entsprechende Regelungen für Innenarchitekten beinhalten, ebenfalls nur eingeschränkt bauvorlageberechtigt sind. Die mit der Berufsaufgabe der Innenarchitekten verbundenen Tätigkeiten unterliegen normalerweise nicht den Voraussetzungen des Absatz 1 (Errichtung und Änderung von Gebäuden). Es bedarf in der Regel keiner Bauvorlagen eines bauvorlageberechtigten Entwurfsverfassers, zumal viele dieser Vorgänge nach § 62 BauO NRW 2018 freigestellt sind. Gleichwohl können auch bei der Innenraumplanung im Sinne des § 1 Abs. 2 BauKaG NRW genehmigungsbedürftige Baumaßnahmen anfallen. Die Vorschrift ermöglicht es in diesen Fällen dem Innenarchitekten, die erforderlichen Bauvorlagen durch Unterschrift anzuerkennen.

4.5 Besitzstand für Innenarchitekten (Nr. 5)

33 Innenarchitekten mit einem Studienabschluss in der Fachrichtung »Architektur« (Studienrichtung Innenarchitektur) sind – bereits seit der Regelung des § 83a Abs. 3 Satz 1 Nr. 1 Buchstabe b BauO NW 1970 – gemäß der in Nr. 5 enthaltenen **Besitzstandsregelung uneingeschränkt bauvorlageberechtigt,** ohne eine ergänzende Hochschulprüfung nachweisen zu müssen. Neben dem genannten Studienabschluss müssen folgende Voraussetzungen zusätzlich erfüllt sein:

– die Berechtigung zur Führung der Berufsbezeichnung »Ingenieur«, was regelmäßig nach dem betreffenden Studienabschluss der Fall sein wird,
– der Betreffende muss während eines Zeitraums von zwei Jahren vor dem 01.01.1990 wiederholt Bauvorlagen für die Errichtung oder Änderung von Gebäuden als Entwurfsverfasser durch Unterschrift anerkannt haben,
– die Mitgliedschaft in der Architektenkammer oder der Ingenieurkammer-Bau.

Nr. 5 übernimmt für die genannte Gruppe der Innenarchitekten die Fassung, die seinerzeit erst im Laufe der Gesetzesberatungen der 2. Novelle der BauO NW 1984 gefunden wurde. Sie regelt die Besitzstandswahrung derjenigen Innenarchitekten, die während eines Zeitraums von zwei Jahren vor dem 01.01.1990 wiederholt Bauvorlagen im Sinne des § 65 Abs. 1 BauO NW 1984 – jetzt § 67 Absatz 1 BauO NRW 2018 – durch Unterschrift anerkannt haben. 34

4.6 Befähigung zum bautechnischen Verwaltungsdienst (Nr. 6)

Nr. 6 erkennt die Bauvorlageberechtigung auch denjenigen Personen zu, die die **Befähigung** zum **bautechnischen Verwaltungsdienst der Laufbahngruppe 2** besitzen, jedoch **beschränkt auf ihre dienstliche Tätigkeit.** Bei der dienstlichen Tätigkeit handelt es sich um die Entwurfsaufgaben des Dienstherrn, die dem bauvorlageberechtigten Bediensteten zur eigenen Erledigung oder zur Überwachung der ordnungsgemäßen Erledigung durch beauftragte Dritte übertragen worden sind. Es ist statthaft, dass der bauvorlageberechtigte Bedienstete den von einem beauftragten, nicht bauvorlageberechtigten Dritten erstellten Entwurf prüft, gegebenenfalls zur Ausräumung von Mängeln durch diesen abändern lässt, und abschließend durch seine Unterschrift gemäß Absatz 1 Satz 1 **anerkennt** (s. Rdn. 15). Will dieser Personenkreis im Rahmen einer privaten Berufstätigkeit, welche die Bauvorlageberechtigung erfordert, Bauvorlagen für Gebäude einreichen, muss er wiederum die Voraussetzungen der Nr. 1 bis 5 erfüllen. 35

Es ist **nicht erforderlich**, dass die betreffende Person von der Anstellungskörperschaft in das **Beamtenverhältnis** übernommen wurde. Auch angestellte Personen sind nach Erlangung der Befähigung für ihre dienstliche Tätigkeit bauvorlageberechtigt. Aufgrund des eindeutigen Wortlauts, der keinen Zweifel zulässt, verschafft nur die **Befähigung zum bautechnischen Verwaltungsdienst** der Laufbahngruppe 2 die Bauvorlageberechtigung für die dienstliche Tätigkeit. Personen, welche die Befähigung durch Ausbildung und Prüfung nicht erlangt haben, sondern lediglich aufgrund beamtenrechtlicher Vorschriften als Beamte in den gehobenen oder höheren bautechnischen Verwaltungsdienst **übernommen** wurden, sind nach Nr. 6 **nicht bauvorlageberechtigt.** 36

4.7 Prüfung und Nachweis der Bauvorlageberechtigung

Die **Bauaufsichtsbehörde** hat bei der Prüfung der Bauvorlagen für die Errichtung oder Änderung von Gebäuden darauf zu achten, dass auch die Bauvorlageberechtigung nachgewiesen ist, also die Bauvorlagen gemäß Absatz 1 Satz 1 von einem bauvorlageberechtigten Entwurfsverfasser durch Unterschrift anerkannt sind. Dabei kann sie davon ausgehen, dass die vom Entwurfsverfasser angegebene Berufsbezeichnung zu Recht geführt wird. Bestehen jedoch Zweifel an der Bauvorlageberechtigung, so hat die 37

Bauaufsichtsbehörde entsprechende Nachweise zu verlangen. Dies ist dem Bauherrn schriftlich unter Fristsetzung für die Einreichung des Nachweises mitzuteilen. Hält dieser die Frist nicht ein oder ergibt die Prüfung der Nachweise, dass der Entwurfsverfasser die im Einzelfall erforderliche Bauvorlageberechtigung nicht besitzt, so gilt der Antrag wegen erheblicher Mängel gem. § 71 Absatz 1 Satz 3 BauO NRW 2018 als zurückgenommen.

38 Zur **Entlastung der Bauaufsichtsbehörden** werden die **Bescheinigungen** über das Bestehen der Bauvorlageberechtigung nach Absatz 3 Nr. 1 bis 5 BauO NRW 2018 **von den Baukammern** ausgestellt. Die **Bauaufsichtsbehörden** sind nur noch im Falle **der Besitzstandsregelung der Handwerksmeister** für die Bescheinigung zuständig (s. Rdn. 06).

5 Zu Absatz 4 – Voraussetzungen für die Bauvorlageberechtigung von Ingenieuren

39 Nach **Absatz 4** wird für die Eintragung in die Liste der Ingenieurkammer-Bau NRW ein berufsqualifizierender Hochschulabschluss eines Studiums der Fachrichtung Bauingenieurwesen vorausgesetzt (**Nr. 1**). Dadurch ist sichergestellt, dass unabhängig von den unterschiedlichen Fassungen der Ingenieurgesetze in den Ländern einheitliche Qualifikationsanforderungen gelten, die auch für die Umsetzung der Dienstleistungsrichtlinie erforderlich sind. Darüber hinaus wird nach **Nr. 2** eine mindestens zweijährige praktische Tätigkeit in der Planung und Überwachung der Ausführung von Gebäuden verlangt. Dabei ist es unerheblich, ob diese Tätigkeit in abhängiger oder selbständiger Stellung ausgeübt wurde. Der BayVerfGH weist nämlich in seinem Urt. v. 26.01.1978 (a.a.O. Rn. 22) zur Bauvorlageberechtigung der Bauingenieure auf das Nivellierungsverbot hin. Der Gleichheitssatz sei auch nicht unter dem Aspekt des Nivellierungsverbots verletzt, da wiederum entsprechende fachkompetenzielle Rechtfertigungen gegeben seien. Andererseits müsse aber wenigstens ein Bezug der praktischen Tätigkeit auf die Errichtung baulicher Anlagen gefordert werden; der Nachweis dieser praktischen Tätigkeit sei rechtsatzmäßig festzulegen. Neu eingeführt wurde das Erfordernis, in ausreichendem Maß über die deutsche Sprache zu verfügen (**Nr. 3**).

40 Sätze 2 bis 5 regeln das Verfahren der Eintragung. Dabei werden die Anforderungen der EU-Dienstleistungsrichtlinie und – zur Genehmigungsfiktion – die Vorschriften des § 42a VwVfG NRW zugrunde gelegt.

6 Zu Absatz 5 – Personen aus dem Ausland mit gleichen Qualifikationsanforderungen

41 Absatz 5 regelt die Voraussetzungen für die Erlangung der Bauvorlageberechtigung für Personen aus einem anderen Mitgliedstaat der Europäischen Union oder einem nach dem Recht der Europäischen Gemeinschaft gleichgestellten Staat. Dieser Personenkreis ist auch ohne Eintragung in die Liste nach Absatz 3 Nummer 2 und ohne Kammermitgliedschaft bauvorlageberechtigt, wenn sie
– in diesem anderen Staat als Bauvorlageberechtigte niedergelassen sind,
– eine vergleichbare Berechtigung besitzen und
– dafür Anforderungen erfüllen, die denen in Absatz 4 Satz 1 Nr. 1 und 2 entsprechen.

Vor Aufnahme ihrer Tätigkeit als Bauvorlageberechtigte haben diese Personen die Aufnahme der Tätigkeit der Ingenieurkammer-Bau NRW unter Vorlage verschiedener Nachweise anzuzeigen.

Die einzureichenden Unterlagen sollen es der Ingenieurkammer ermöglichen, die Voraussetzungen der Bauvorlageberechtigung zu überprüfen. Bei einem positiven Ergebnis der Prüfung wird der Bauvorlageberechtigte in ein Verzeichnis eingetragen (Absatz 5, Satz 2 Ziffer 2, 2. Halbsatz), das von der Liste der Bauvorlageberechtigten getrennt zu führen ist. Das Ergebnis der Prüfung muss dem Anzeigenden nicht mitgeteilt werden und dieser hat nach Einreichen der Anzeige keine weitere Wartezeit in Kauf zu nehmen; er kann vielmehr unmittelbar im Anschluss Bauvorlagen einreichen. Wegen der Rechtssicherheit hat die Ingenieurkammer auf Antrag eine Bestätigung zu erstellen, dass die Anzeige nach Satz 2 erfolgt ist. Wird dagegen festgestellt, dass die Voraussetzungen für die Bauvorlageberechtigung nicht erfüllt sind, kann die weitere Tätigkeit als Bauvorlageberechtigter untersagt werden. In diesem Fall ist die Eintragung in dem Verzeichnis zu löschen. 42

7 Zu Absatz 6 – Personen aus dem Ausland mit geringeren Qualifikationsanforderungen

Absatz 6 regelt die Bauvorlageberechtigung von Personen aus anderen Mitgliedstaaten der Europäischen Union und gleichgestellten Staaten (s. Rdn. 41), die nur eine geringere Qualifikation in ihrem Staat nachweisen mussten. Hier wird die Bauvorlageberechtigung anerkannt, wenn diese Personen tatsächlich, obwohl in ihrem Heimatland nicht vorgeschrieben, die Voraussetzungen nach Absatz 4 Satz 1 erfüllen. Voraussetzung für die Zulassung ist in diesem Fall jedoch eine entsprechende Bescheinigung der Ingenieurkammer-Bau NRW, die auf Antrag erteilt wird. Im Übrigen gilt das gleiche Verfahren wie für die Bauvorlageberechtigten nach Absatz 5 (vgl. Rdn. 41–42). 43

8 Zu Absatz 7 – ergänzende Regelungen zu den Personen nach Absätzen 5 und 6

Personen nach Absatz 5 oder 6 brauchen in Nordrhein-Westfalen keine Anzeige oder keine Bescheinigung, wenn sie bereits in einem anderen Land eine Anzeige eingereicht oder eine Bescheinigung erhalten haben. Dies entspricht der EU-Dienstleistungsrichtlinie, die besagt, dass Genehmigungen im gesamten Staatgebiet Gültigkeit haben müssen. Mehrfache Anzeigen oder mehrfache Genehmigungen dürfen nicht verlangt werden. 44

9 Zu Absatz 8 – Juristische Personen öffentlichen Rechts und Unternehmen

Absatz 8 privilegiert juristische Personen des öffentlichen Rechts (Bund, Länder, Gemeinden, Gemeindeverbände, Anstalten, Stiftungen, Kirchen, Kammern) und Unternehmen (zu unterscheiden vom Unternehmer im Sinne des § 55 BauO NRW 2018) mit eigener Bauabteilung, der mindestens eine bauvorlageberechtigte Person angehört. Nach Absatz 8 müssen juristische Personen des öffentlichen Rechts und Unternehmen, die sich mit der Erstellung von **Bauvorlagen** für ihre eigenen Zwecke oder für Dritte befassen, diese **unter Leitung einer bauvorlageberechtigten natürlichen Person** erarbeiten lassen, um als juristische Personen bzw. Unternehmen selbst bauvorlageberechtigt 45

§ 68 Bautechnische Nachweise

zu sein. Der Bauvorlageberechtigte, unter dessen Leitung die Bauvorlagen aufgestellt sind, muss die Bauvorlagen durch seine Unterschrift anerkennen.

46 Wenn juristische Personen des öffentlichen Rechts oder Unternehmen als Entwurfsverfasser auftreten, bedarf es **neben der Unterschrift** eines **zeichnungsberechtigten Vertreters** der juristischen Person oder des Unternehmens unter dem Bauantrag und den Bauvorlagen nach Absatz 4 Satz 2 **zusätzlich auf den Bauvorlagen** der **Unterschrift des Bauvorlageberechtigten**, unter dessen Leitung die Bauvorlagen aufgestellt worden sind. Mit dieser Unterschrift erkennt die bauvorlageberechtigte Person die Bauvorlagen an und übernimmt die **Verantwortung** für die Richtigkeit der Bauvorlagen (s. Anmerkungen zu § 54 Rdn. 13–21).

§ 68 Bautechnische Nachweise

(1) Spätestens mit der Anzeige des Baubeginns sind bei der Bauaufsichtsbehörde zusammen mit den in Bezug genommenen bautechnischen Nachweisen einzureichen
1. Bescheinigungen einer oder eines staatlich anerkannten Sachverständigen nach § 87 Absatz 2 Satz 1 Nummer 4, dass Nachweise über den Schallschutz und den Wärmeschutz aufgestellt oder geprüft wurden,
2. Bescheinigungen eines oder einer staatlich anerkannten Sachverständigen nach § 87 Absatz 2 Satz 1 Nummer 4 über die Prüfung des Standsicherheitsnachweises und
3. die Bescheinigung einer oder eines staatlich anerkannten Sachverständigen nach § 87 Absatz 2 Satz 1 Nummer 4, dass das Vorhaben den Anforderungen an den Brandschutz entspricht; dies gilt nicht für Wohngebäude der Gebäudeklassen 1 bis 3 und Sonderbauten.

Gleichzeitig sind der Bauaufsichtsbehörde schriftliche Erklärungen staatlich anerkannter Sachverständiger vorzulegen, wonach sie zur stichprobenhaften Kontrolle der Bauausführung beauftragt wurden. Soll bei der Errichtung geschlossener Garagen mit einer Nutzfläche über 100 m^2 bis 1 000 m^2 eine natürliche Lüftung vorgesehen werden, so muss zuvor von einer oder einem staatlich anerkannten Sachverständigen die Unbedenklichkeit bescheinigt worden sein. Die Bescheinigung ist aufgrund durchgeführter Messungen innerhalb eines Monats nach Inbetriebnahme der Garage von der oder dem Sachverständigen zu bestätigen. Auf Antrag der Bauherrin oder des Bauherrn kann die Bauaufsichtsbehörde die bautechnischen Nachweise prüfen. Dies gilt auch für die Anforderungen an den baulichen Brandschutz, soweit hierüber Sachverständigenbescheinigungen vorzulegen sind.

(2) Die bautechnischen Nachweise müssen für
1. Wohngebäude der Gebäudeklassen 1 und 2 einschließlich ihrer Nebengebäude und Nebenanlagen,
2. freistehende landwirtschaftliche Betriebsgebäude, auch mit Wohnteil, bis zu zwei Geschossen über der Geländeoberfläche, ausgenommen solche mit Anlagen für Jauche und Flüssigmist und

3. eingeschossige Gebäude mit einer Grundfläche bis 200 m² nicht von staatlich anerkannten Sachverständigen nach § 87 Absatz 2 Satz 1 Nummer 4 aufgestellt oder geprüft werden. In diesem Fall bescheinigt die qualifizierte Tragwerksplanerin oder der qualifizierte Tragwerksplaner nach § 54 Absatz 4 die Übereinstimmung des Standsicherheitsnachweises mit der Bauausführung anhand von persönlichen Stichproben haften Kontrollen der Baustelle.

(3) Absatz 1 gilt nicht für nicht genehmigungsbedürftige Bauvorhaben, einschließlich der Beseitigung von Anlagen, soweit nicht in diesem Gesetz oder in der Rechtsverordnung aufgrund § 87 Absatz 3 anderes bestimmt ist.

(4) Einer Prüfung bautechnischer Nachweise, die von einem Prüfamt für Baustatik allgemein geprüft sind (Typenprüfung), bedarf es nicht. Typenprüfungen anderer Länder gelten auch im Land Nordrhein-Westfalen.

Übersicht		Rdn.
0	Änderungen gegenüber der BauO NRW 2000	01
1	Allgemeines	1
2	Zu Absatz 1 – Bautechnische Nachweise im Regelfall	3
3	Zu Absatz 2 – Ausnahmen von der Prüfpflicht	18
4	Zu Absatz 3 – Ausnahmen von der Vorlagepflicht	23
5	Zu Absatz 4 – Typenprüfung	25

0 Änderungen gegenüber der BauO NRW 2000

Die Vorschrift wird als eigenständige Vorschrift neu in das Regelwerk der BauO NRW 2018 aufgenommen. Im Wesentlichen waren die Regelungen bisher in § 68 Abs. 2 bis 6 BauO NRW 2000 verortet. 01

1 Allgemeines

Die bisherige Verortung der Vorschriften über die Vorlage von bautechnischen Nachweisen im § 68 BauO NRW 2000 sagte aus, dass die dort genannten Nachweise im damaligen »vereinfachten« Genehmigungsverfahren vorzulegen waren. Die Vorlage der gleichen Unterlagen im »normalen« Genehmigungsverfahren ergab sich nicht aus der Bauordnung. 1

Die Herausnahme der Vorschriften aus dem § 68 BauO NRW 2000 und Generierung einer eigenständigen Vorschrift über bautechnische Nachweise ist insofern sachgerecht, als nunmehr klargestellt ist, dass die bautechnischen Nachweise nicht nur im einfachen Baugenehmigungsverfahren nach § 64 BauO NRW 2018 vorzulegen sind, sondern auch im »normalen« Baugenehmigungsverfahren nach § 65 BauO NRW 2018. 2

2 Zu Absatz 1 – Bautechnische Nachweise im Regelfall

Unter den Begriff der **bautechnischen Nachweise** sind die **Berechnungen, Pläne und Ausführungen** zur Standsicherheit, zum Brandschutz, zum Wärmeschutz und zum 3

§ 68 Bautechnische Nachweise

Schallschutz zu verstehen. Im **einfachen Genehmigungsverfahren** sind nach § 10 Bau-PrüfVO nur die dort aufgeführten Bauvorlagen **ohne die bautechnischen Nachweise** dem Bauantrag beizufügen. Wie sich aus dem Vergleich von § 10 und § 11 BauPrüfVO ergibt, sind die **bautechnischen Nachweise** und das **Brandschutzkonzept** dagegen im »normalen« Genehmigungsverfahren zusammen mit den im einfachen Genehmigungsverfahren geforderten Bauvorlagen einzureichen. Diese **unterschiedliche Behandlung** resultiert aus dem **unterschiedlichen Prüfumfang**: Während im »normalen« Genehmigungsverfahren alle Bauvorschriften umfassend geprüft werden, entfällt im einfachen Genehmigungsverfahren die Prüfung großer Teile des Bauordnungsrechts, darunter auch der Vorschriften über die Standsicherheit (§ 12 BauO NRW 2018) und den Schall- und Wärmeschutz (§ 15 BauO NRW 2018). Daher werden die entsprechenden bautechnischen Nachweise für die Erteilung der Baugenehmigung nicht benötigt.

4 Der Gesetzgeber konnte und wollte jedoch nicht vollständig auf eine **Kontrolle der Einhaltung der Standsicherheits- und Brandschutzvorschriften** verzichten. Die Gründe hierfür liegen in dem nicht von der Hand zu weisenden **Gefährdungspotenzial** von Gebäuden. Aufgrund der Vielzahl unterschiedlicher Vorhaben im einfachen Genehmigungsverfahren war eine **Differenzierung** nach dem Gefährdungspotenzial geboten, die über die Bestimmungen der **Absätze 2 und 3** erfolgt. Hinsichtlich des erforderlichen **Wärmeschutzes** der Gebäude ließen die **bundesrechtlichen Energieeinsparungsvorschriften** (s. Anmerkungen zu § 15 Rdn. 3 ff.) eine Freistellung der Kontrolle nicht zu. Insoweit überlagern sich die Vorgaben des Absatz 1 und 2 mit denen der Verordnung zur Umsetzung der Energieeinsparungsverordnung – **EnEV-UVO**.

5 Um die gewünschte **Entstaatlichung und Entlastung der Bauaufsicht** zu erreichen, hat der Gesetzgeber die Kontrolle der bautechnischen Nachweise und die Prüfung des Brandschutzes **staatlich anerkannten Sachverständigen** übertragen. Diese treten an die Stelle der Bauaufsicht und sollen durch ihre prüfende und kontrollierende Tätigkeit gewährleisten, dass trotz des Verzichts auf eine präventive bauaufsichtliche Prüfung und trotz der insoweit eingeschränkten Bauüberwachung durch die Bauaufsichtsbehörden eine **ordnungsgemäße Bauausführung sichergestellt** ist und damit letztlich **Gefahren** für Leben oder Gesundheit der Bewohner, Benutzer oder Besucher der baulichen Anlagen **ausgeschlossen** sind. Die Regelung dient wegen der vorgeschriebenen Kontrolle der Bauausführung durch die staatlich anerkannten Sachverständigen auch dem **Verbraucherschutz**.

6 **Liegt der Anzeige des Baubeginns** entgegen dieser Bestimmung eine **Bescheinigung** eines staatlich anerkannten Sachverständigen **nicht bei**, ist die Bauaufsichtsbehörde allein schon auf Grund dieses Rechtsverstoßes berechtigt, die erforderlichen Maßnahmen, wie z.B. **Stilllegung** oder **Nutzungsuntersagung**, zu treffen. Einer **weiteren Prüfung**, ob das Vorhaben den materiellen Vorschriften tatsächlich genügt, **bedarf es nicht** (OVG NRW, Beschl. v. 06.07.2006 – 10 B 695/06, BauR 2007, 91 = BRS 70 Nr. 186 zu einer fehlenden Bescheinigung nach Nr. 3 über die Brandschutzanforderungen). Werden die in Absatz 1 genannten Nachweise oder Bescheinigungen nicht spätestens mit den Anzeigen des Baubeginns eingereicht, so kann die

Bauaufsichtsbehörde – unabhängig von der Berechtigung zum Einschreiten – dies gemäß § 86 Abs. 1 Nr. 12 BauO NRW mit einem **Bußgeld** ahnden.

Satz 1 verlangt, **spätestens mit der Anzeige des Baubeginns** bei der Bauaufsichtsbehörde bestimmte **Nachweise** und **Bescheinigungen** einzureichen. Die **Verpflichtung** richtet sich an den **Bauherrn** und betrifft **neben** den entsprechenden **Nachweisen** auch

– nach **Nr.** 1 Bescheinigungen einer oder eines **staatlich anerkannten Sachverständigen** nach § 87 Absatz 2 Satz 1 Nummer 4 BauO NRW 2018, dass Nachweise über den **Schallschutz** und den **Wärmeschutz** aufgestellt oder geprüft wurden,
– nach **Nr.** 2 Bescheinigungen einer oder eines **staatlich anerkannten Sachverständigen** nach § 87 Absatz 2 Satz 1 Nummer 4 BauO NRW 2018 über die Prüfung des **Standsicherheitsnachweises** und
– nach **Nr.** 3 die **Bescheinigung** einer oder eines staatlich anerkannten Sachverständigen nach § 87 Absatz 2 Satz 1 Nummer 4 BauO NRW 2018, dass das Vorhaben den **Anforderungen an den Brandschutz** entspricht; **ausgenommen** sind von der Verpflichtung nach Nr. 3 jedoch **Wohngebäude der Gebäudeklassen 1 bis 3** und **Sonderbauten**.

7

Nach **Nr. 1** muss der **Schall- und Wärmeschutznachweis** entweder von einem staatlich anerkannten Sachverständigen für den Schall- und Wärmeschutz **aufgestellt oder**, wenn der Aufsteller die geforderte Qualifikation nicht besitzt, von einem staatlich anerkannten Sachverständigen für Schall- und Wärmeschutz **geprüft** sein. Diese Differenzierung war geboten, weil Entwurfsverfasser, die selbst über keine staatliche Anerkennung als Sachverständiger verfügen, durchaus in der Lage sein können, ordnungsgemäße Schall- und Wärmeschutznachweise zu erstellen. Nr. 1 verlangt in einem solchen Fall jedoch die Prüfung durch einen staatlich anerkannten Sachverständigen für Schall- und Wärmeschutz. Vorzulegen ist die entsprechende Bescheinigung des staatlich anerkannten Sachverständigen, dass die Aufstellung oder die Prüfung durch ihn erfolgt ist.

8

Für die **Einhaltung der Anforderungen** an einen ausreichenden Wärmeschutz, der nicht nach bauaufsichtlichen Vorschriften, sondern nach der **EnEV** zu beurteilen ist, gilt die **EnEV-UVO**. Die Bauaufsichtsbehörde ist nicht verpflichtet, die nach § 2 Abs. 1–3 EnEV-UVO vorzulegenden Nachweise, Bescheinigungen und Bestätigungen zu überprüfen.

9

Nach **Nr. 2** muss der **Standsicherheitsnachweis** stets von einem hierfür staatlich anerkannten Sachverständigen **geprüft** sein. Es genügt nicht, wenn ein staatlich anerkannter Sachverständiger für die Prüfung der Standsicherheit den Nachweis aufgestellt hat. Vielmehr muss auch dann nach dem **Vier-Augen-Prinzip** die **Prüfung** durch einen **anderen** staatlich anerkannten Sachverständigen erfolgen.

10

Ergänzend zu Nr. 2 muss die Vorschrift des **§ 1 Abs. 2 Satz 3 BauPrüfVO** gesehen werden, wonach die Bauaufsichtsbehörde auf die **Vorlage** des Nachweises der Standsicherheit und dessen **Prüfung verzichten** kann, soweit dies zur Beurteilung (der Standsicherheit) nicht erforderlich ist. Mit dieser Regelung will der Verordnungsgeber berücksichtigen, dass es **geringfügige** Baumaßnahmen gibt, deren Standsicherheit bereits aufgrund der

11

Darstellungen in den Bauvorlagen angenommen werden kann. Als Orientierung für einen Verzicht auf Prüfung des Standsicherheitsnachweises eignen sich die in Absatz 2, für einen Verzicht auf Vorlage des Standsicherheitsnachweises die in Absatz 3 aufgeführten Vorhaben. Der Verzicht bedarf einer ausdrücklichen Erklärung der Bauaufsichtsbehörde und kann zusammen mit der Baugenehmigung oder gesondert ausgesprochen werden. Es ist dem Bauherrn unbenommen, einen solchen Verzicht zu beantragen. Als Beispiel seien hergebrachte Konstruktionen, wie z.b. kleine Dachgauben genannt. Zu denken ist ebenso an Hauseingangsüberdachungen oder kleine Anbauten.

12 Nach **Nr. 3** ist eine **Bescheinigung** eines staatlich anerkannten Sachverständigen für die Prüfung des Brandschutzes erforderlich, dass das Vorhaben den **Anforderungen an den Brandschutz** entspricht. Diese Bescheinigung erstreckt sich auf die Brandschutzvorschriften, jedoch nicht auf den statisch-konstruktiven Brandschutz, der gemäß § 12 Abs. 1 Satz 1 SV-VO zum Aufgabenbereich des staatlich anerkannten Sachverständigen für die Prüfung der Standsicherheit gehört. Gemäß § 16 Abs. 1 Satz 2 SV-VO gehört zur Bescheinigung der **Prüfbericht** zum Umfang und Ergebnis der Prüfung sowie eine **Ausfertigung der brandschutztechnisch geprüften Bauvorlagen**. Im Prüfbericht sind die Forderungen der Brandschutzdienststelle kenntlich zu machen. Hieraus wird deutlich, dass es sich bei dieser Bescheinigung um einen Ersatz der präventiven Prüfung handelt. Nr. 3 enthält **zwei Ausnahmen** von der **Bescheinigungspflicht**

– für **Wohngebäude der Gebäudeklasse 1 bis 3**, weil der Gesetzgeber unterstellt, dass derartige Gebäude von den bauvorlageberechtigten Entwurfsverfassern auch in brandschutztechnischer Hinsicht ordnungsgemäß geplant werden können,

– für **Sonderbauten**, weil der Gesetzgeber durch Absatz 1 Satz 4 angeordnet hat, dass die Bauaufsichtsbehörde den Brandschutz prüft (s. Anmerkungen zu § 64 Rdn. 35 und 36).

13 **Satz 2** schreibt die **schriftliche Bestätigung der staatlich anerkannten Sachverständigen** vor, dass sie **mit den stichprobenhaften Kontrollen der Bauausführung beauftragt** wurden. Diese Bestimmung verschärft die mit der BauO NRW 2000 eingeführte Regelung, dass der staatlich anerkannte Sachverständige benannt werden musste. Seinerzeit wurde als Begründung angeführt, dass den staatlich anerkannten Sachverständigen in vielen Fällen ihre Benennung gar nicht bekannt war oder sie erst gar nicht mit diesen Kontrollen vom Bauherrn beauftragt wurden. Um dieses Verhalten möglichst auszuschließen, entschloss sich der Gesetzgeber der Bestätigung einer Beauftragung durch den staatlich anerkannten Sachverständigen (vgl. LT-Drucks. 17/2166 S. 182 Nr. 68).

14 **Satz 3** betrifft **geschlossene Mittelgaragen mit natürlicher Lüftung**. Nach § 136 Abs. 1 SBauVO müssen geschlossene Mittelgaragen grundsätzlich über eine maschinelle Abluft- und unter bestimmten Voraussetzungen auch eine maschinelle Zuluftanlage verfügen. Abweichend von diesem Grundsatz lässt § 136 Abs. 3 SBauVO eine **natürliche** Lüftung genügen, wenn **im Einzelfall** aufgrund eines **Gutachtens einer anerkannten sachverständigen Person** zu erwarten ist, dass der Mittelwert des Volumengehalts an Kohlenmonoxyd in der Luft, gemessen über jeweils eine halbe Stunde und in einer

Höhe von 1,50 m über Fußboden (CO-Halbstundenmittelwert), auch während der regelmäßigen Verkehrsspitzen im Mittel nicht mehr als 100 ppm (= 100 cm^3/m^3) betragen wird, und wenn dies auf der Grundlage von Messungen, die nach Inbetriebnahme der Garage über einen Zeitraum von mindestens einem Monat durchzuführen sind, von einer anerkannten sachverständigen Person bestätigt wird. Nach Satz 3 muss dagegen die **Bescheinigung der Unbedenklichkeit** von einem **staatlich anerkannten Sachverständigen** ausgestellt sein. Hierzu rechnen insbesondere die nach § 4 PrüfVO und nach früherem Recht anerkannten Sachverständigen.

Satz 4 bestimmt weiter, dass die Unbedenklichkeitsbescheinigung innerhalb eines Monats ab Inbetriebnahme aufgrund von Messungen durch den Sachverständigen zu bestätigen ist.

15

Satz 5 ist einerseits **Folge der starken Ausweitung des einfachen Genehmigungsverfahrens** und der relativ begrenzten Anzahl staatlich anerkannter Sachverständiger, vor allem solcher zur Prüfung des Brandschutzes. Andererseits verfügen größere Bauaufsichtsbehörden immer noch über einen beachtlichen Stamm von Mitarbeitern, die bis zur Novelle 1995 überwiegend mit der Prüfung bautechnischer Nachweise betraut waren. Dies gilt vor allem für die Städte mit ehemaligen Prüfämtern für Baustatik. Mitunter bereitete es Bauherren Schwierigkeiten, geeignete staatlich anerkannte Sachverständige für ihr Bauvorhaben gewinnen zu können. Um möglichen Engpässen und Verfahrensverzögerungen entgegenzuwirken, wird dem Bauherrn daher das Recht eingeräumt, die Prüfung der bautechnischen Nachweise oder des Brandschutzes durch die Bauaufsichtsbehörde beantragen zu können. Die Bedeutung dieser Vorschrift wird im Laufe der Zeit abnehmen, da einerseits die Bauaufsichtsbehörden immer mehr Personal abbauen müssen und somit das erforderliche Know how stetig abnimmt und andererseits seit dem Inkrafttreten der SV-VO genügend staatlich anerkannte Sachverständige von den Baukammern bestellt wurden.

16

Die Vorschrift räumt dem Bauherrn lediglich ein **Recht** auf die **Antragstellung** ein. Ob die Bauaufsichtsbehörde dem Antrag entsprechen kann, hängt entscheidend von ihrer eigenen **personellen Besetzung** ab. In den meisten Bauaufsichtsbehörden wurde seit dem Inkrafttreten der BauO NW 1995 vor allem das bislang mit der Prüfung von Standsicherheitsnachweisen betraute Personal abgebaut oder aber mit anderen Aufgaben betraut. Dem Antragsteller konnte daher **kein Rechtsanspruch auf die Prüfung** durch die Bauaufsichtsbehörde eingeräumt werden. Er hat aber einen Anspruch auf fehlerfreie Ausübung des Ermessens. Bei ihrer Entscheidung wird die Bauaufsichtsbehörde nicht nur die eigene personelle Ausstattung, sondern auch zu berücksichtigen haben, ob für die jeweilige Prüfaufgabe geeignete staatlich anerkannte Sachverständige vorhanden sind. Entspricht die Bauaufsichtsbehörde dem Antrag, muss sie nicht nur die Prüfung durchführen, vielmehr obliegt ihr **zugleich die Bauüberwachung**, da Prüfung und Bauüberwachung eine **Einheit** bilden. Beantragt der Bauherr nach Satz 5 die Prüfung bautechnischer Nachweise bzw. die Prüfung des baulichen Brandschutzes, erhöhen sich die Gebühren gemäß **Tarifstelle 2.4.1.5** der AVerwGebO NRW.

17

3 Zu Absatz 2 – Ausnahmen von der Prüfpflicht

18 **Abweichend** vom generellen **Prüfungsgrundsatz** des Absatz 1 enthält Absatz 2 für bestimmte Vorhaben einen **Verzicht auf Prüfung** durch staatlich anerkannte Sachverständige. **Nicht verzichtet** wird dagegen auf **Vorlage der bautechnischen Nachweise** bei der Bauaufsichtsbehörde. **Dem Bauherrn ist es unbenommen**, zu seiner eigenen Sicherheit gleichwohl **einen Sachverständigen mit der Prüfung zu beauftragen**. Das Bauordnungsrecht verzichtet darauf, an den Aufsteller der bautechnischen Nachweise besondere qualitative Anforderungen zu stellen. Der Fachplaner muss jedoch nach § 54 Absatz 2 Satz 1 BauO NRW 2018 zur Erfüllung der Aufgabe **geeignet sein** (s. Anmerkungen zu § 54 Rdn. 27–28). Die Eignung muss von der Bauaufsichtsbehörde nicht geprüft werden. Sie hat jedoch aufgrund ihres **allgemeinen Überwachungsauftrags** aus **§ 58 Absatz 2 BauO NRW 2018** das Recht zur Kontrolle vorgelegter Nachweise und müsste z.B. die Nachbesserung eines Standsicherheitsnachweises verlangen, wenn offenkundig ist, dass der vorgelegte in keiner Hinsicht ausreicht.

19 Bereits nach **Absatz 1 Satz 1 Nr. 3** ist für »Wohngebäude der Gebäudeklassen 1 bis 3« eine Bescheinigung eines staatlich anerkannten Sachverständigen über die Einhaltung der Brandschutzanforderungen **nicht erforderlich** (s. Rdn. 12). Insoweit bezieht sich die Ausnahmeregelung des **Absatz 2 Nr. 1** bezogen auf die Wohngebäude der Gebäudeklassen 1 und 2 nur noch auf die **bautechnischen Nachweise** der **Standsicherheit** und des **Schallschutzes**.

20 Nr. 1 erfasst **Wohngebäude der Gebäudeklassen 1 und 2 einschließlich ihrer Nebengebäude und Nebenanlagen**. Der Begriff »**Wohngebäude**« ist in der BauO NRW nicht definiert. Von einem Wohngebäude kann nicht schon dann gesprochen werden, wenn mehr als die Hälfte zu Wohnzwecken genutzt wird. Es muss sich vielmehr um reine Wohngebäude oder Gebäude mit Wohnungen handeln, auch wenn in den Wohnungen gemäß § 13 BauNVO einzelne Räume für freiberufliche Tätigkeit und solche von Gewerbetreibenden, die ihren Beruf in ähnlicher Art ausüben, vorgesehen sind. Gemischt genutzte Gebäude außerhalb des Anwendungsbereichs des § 13 BauNVO fallen nicht unter den Begriff des Wohngebäudes (VG Koblenz, Urt. v. 11.05.2000 – 1 K 471/00, BauR 2000, 1467 = BRS 63 Nr. 219). Das Wohngebäude muss der »**Gebäudeklasse 1 oder 2**« unterfallen (s. Anmerkungen zu § 2 Rdn. 185 ff.) und darf somit nur **bis zu zwei Wohnungen** aufweisen. Der Begriff »**Wohnung**« ist in der BauO NRW 2018 ebenfalls nicht definiert (s. Anmerkungen zu § 47 Rdn. 2).

21 Nr. 2 erfasst **freistehende landwirtschaftliche Betriebsgebäude, auch mit Wohnteil, bis zu zwei Geschossen über der Geländeoberfläche, ausgenommen solche mit Anlagen für Jauche und Flüssigmist**. Das Betriebsgebäude ist freistehend, wenn es nicht an ein anderes Gebäude angebaut ist, ohne dass es dabei auf die Größe des Abstands zwischen den Gebäuden oder zur Grundstücksgrenze ankommt. Die Formulierung landwirtschaftliche Betriebsgebäude knüpft an die Regelungen in §§ 35 und 201 BauGB und die Rechtsprechung hierzu an (s. Anmerkungen zu § 62 Rdn. 24–25). Forstwirtschaftliche Betriebsgebäude sind von Nr. 2 nicht erfasst. Das Gebäude darf nicht mehr als zwei Geschosse über der Geländeoberfläche

Den Bauherrinnen und Bauherren ist es im Übrigen zuzumuten, sich im eigenen Interesse zu vergewissern, dass die von ihnen beauftragten Personen für den Schadensfall ausreichend haftpflichtversichert sind.«

Nach den Vorschriften des BauKaG NRW sind Architekten und Bauingenieure im Falle freiberuflicher Tätigkeit verpflichtet, sich ausreichend gegen Haftpflichtansprüche zu versichern.

Die **BauO NRW 2000** hat § 70 BauO NW 1995 unverändert übernommen, jedoch Abs. 3 **Satz 3 angefügt**, wonach die Ingenieurkammer-Bau Nordrhein-Westfalen die Bauvorlageberechtigung nach Abs. 3 Satz 1 Nr. 2 prüft und bescheinigt. Hierdurch wird für die Bauingenieure der Nachweis der Bauvorlageberechtigung erleichtert und vereinheitlicht; ebenso werden die Bauaufsichtsbehörden vom Ausstellen der deklaratorischen Bescheinigung entlastet (s. LT-Drucks. 12/3738 S. 91 zu Art. I Nr. 45 – § 70). 06

Mit der Umsetzung der EU-Dienstleistungsrichtlinie durch Artikel 2 des DL-RL-Gesetzes vom 17.12.2009 (GV. NRW. S. 863) erfuhr der § 70 erneut eine umfassende Änderung. Zunächst wurde bei dieser Gelegenheit der Katalog der Bauvorhaben, die nicht der Mitwirkung eines bauvorlageberechtigten Entwurfsverfassers bedürfen, erweitert. Der Abs. 2 wurde um die Ziffern 3 bis 8 ergänzt, womit eingeschossige Wintergärten mit einer Grundfläche von bis zu 25 m² (Nr. 3), eingeschossige Gebäude mit einer Grundfläche bis zu 250 m², in denen sich keine Aufenthaltsräume, Ställe, Aborte oder Feuerstätten befinden (Nr. 4), Dachgauben, wenn ihre Breite insgesamt höchstens ein Drittel der Breite der darunter liegenden Außenwand beträgt (Nr. 5), Terrassenüberdachungen (Nr. 6), Balkone und Altane, die bis zu 1,5 m vor die Außenwand vortreten (Nr. 7) und Aufzugsschächte, die an den Außenwänden von Wohngebäuden geringer Höhe errichtet werden (Nr. 8) von der genannten Verpflichtung ausgenommen wurden. 07

In Abs. 3 wurde die Nr. 2 neu gefasst. Dadurch wird die Bauvorlageberechtigung an die Eintragung in die Liste der Bauvorlageberechtigten bei der Ingenieurkammer-Bau NRW geknüpft. Gleich gestellt sind Eintragungen anderer Länder, soweit diese an die Mitgliedschaft in einer Ingenieurkammer gebunden sind. Als direkte Folge dieser Änderung entfielen die Sätze 2 und 3. 08

Der bisherige Abs. 4 wird inhaltlich unverändert zum Abs. 8; neu hinzukommen die neuen Abs. 4–7, in denen die Voraussetzungen für die Erlangung der Bauvorlageberechtigung für Personen aus dem Inland und anderen Staaten der Europäischen Union geregelt werden. 09

Die **BauO NRW 2018** übernimmt die Vorschrift unter Berücksichtigung des neuen beamtenrechtlichen Laufbahnrechts unverändert, lediglich in Absatz 4 kommt die Forderung nach ausreichenden Sprachkenntnissen hinzu. 010

1 Allgemeines

Die Vorschrift über die Bauvorlageberechtigung wurde erst durch das »Zweite Gesetz zur Änderung der Landesbauordnung« vom 15.07.1976 (GV. NRW. S. 264) in die BauO 1

aufweisen (zum Begriff »Geschoss über der Geländeoberfläche« s. Anmerkungen zu § 2 Rdn. 236 ff.). Da nicht von einem Vollgeschoss im Sinne des § 2 Absatz 6 BauO NRW 2018 die Rede ist, kann durchaus auch ein Geschoss auf die Zahl der über der Geländeoberfläche liegenden Geschosse angerechnet werden, das kein Vollgeschoss ist. Von dem vereinfachten Genehmigungsverfahren sind landwirtschaftliche Betriebsgebäude mit Anlagen für Jauche und Flüssigmist ausgenommen. Dies war erforderlich, weil diese vielfach unter Ställen angeordneten Anlagen wegen der Gefahren für das Grundwasser wasserdicht sein müssen und auf die Prüfung dieser Dichtheit nicht verzichtet werden.

Nr. 3 erfasst **eingeschossige Gebäude mit einer Grundfläche bis 200 m².** Die Gebäude 22 dürfen auch **Aufenthaltsräume** haben. Die Grundfläche bemisst sich nach den **Außenmaßen des Gebäudes**, da insoweit auf § 19 BauNVO abgestellt werden kann. Bei dem »einen« Geschoss muss es sich nicht um ein Vollgeschoss im Sinne des § 2 Absatz 6 BauO NRW 2018 handeln, so dass ein auf dem erdgeschossigen Baukörper aufgesetztes begehbares Satteldach bereits als weiteres Geschoss rechnet und das Gebäude zu einem »zweigeschossigen« macht. Der Kreis der eingeschossigen Gebäude bis 200 m² Grundfläche umfasst sowohl Sonderbauten als auch Wohngebäude, soweit diese nicht bereits unter Nr. 1 fallen.

Allen drei Ausnahmetatbeständen ist gemein, dass nach Satz 2 anstelle des Nachweises und der Bescheinigung nach Absatz 1 Satz 1 Nr. 2 der qualifizierte Tragwerksplaner nach § 54 Absatz 4 BauO NRW 2018 die Übereinstimmung des Standsicherheitsnachweises mit der Bauausführung bescheinigen muss. Diese Bescheinigung erfolgt auf der Grundlage persönlicher stichprobenhafter Kontrollen der Baustelle. Mit dieser Regelung soll sichergestellt werden, dass die Bauausführung auch tatsächlich dem aufgestellten Standsicherheitsnachweis entspricht, was in der Praxis des Öfteren nicht der Fall war. Der Tragwerksplaner wird somit weitergehend in die Pflicht genommen und der Bauherr muss den Tragwerksplaner weitergehend beauftragen als bisher.

4 Zu Absatz 3 – Ausnahmen von der Vorlagepflicht

Abweichend vom **Grundsatz** des Absatzes 1 (s. Rdn. 3ff.) enthält Absatz 3 für be- 23 stimmte Vorhaben nicht nur einen **Verzicht auf die Prüfung** durch staatlich anerkannte Sachverständige, sondern weitergehend auch auf einen **Verzicht auf die Vorlage** der bautechnischen Nachweise bei der Bauaufsichtsbehörde.

Im Gegensatz zu der Vorgängerregelung des § 68 Abs. 4 BauO NRW 2000, in welcher 24 einzelne Vorhaben explizit genannt wurden, gilt der Verzicht auf die Vorlage der bautechnischen Nachweise nunmehr generell für alle Bauvorhaben, die keiner Baugenehmigung bedürfen. Somit sind die Vorhaben nach §§ 62 und 63 BauO NRW 2018 von der Verpflichtung zur Vorlage der bautechnischen Nachweise freigestellt, soweit in den genannten Vorschriften sowie in einer Rechtsverordnung nach § 87 Absatz 3 Nr. 2 BauO NRW 2018 keine anderen Bestimmungen darüber enthalten sind.

Der Verzicht bedeutet nicht in jedem Fall, dass die entsprechenden Bescheinigungen und Nachweise nicht erstellt werden müssen, sie müssen nur nicht der Bauaufsichtsbehörde vorgelegt werden. Nach § 62 Absatz 1 Satz 2 BauO NRW 2018 hat sich der Bauherr die Übereinstimmung bestimmter genehmigungsfreier Anlagen mit dem öffentlichen Baurecht von dem Unternehmer oder einem Sachverständigen bescheinigen zu lassen (vgl. Anmerkungen zu § 62 Rdn. 62 und 66).

§ 63 Absatz 4 BauO NRW 2018 bestimmt, dass bei den dort genannten Vorhaben geprüfte Standsicherheitsnachweise bzw. aufgestellte oder geprüfte Nachweise über den Schallschutz und den Wärmeschutz vorgelegt werden müssen (vgl. Anmerkungen zu § 63 Rdn. 57–62).

5 Zu Absatz 4 – Typenprüfung

25 Die **Typenprüfung nach Absatz 4** ist von der **Typengenehmigung nach § 66 BauO NRW 2018** zu unterscheiden. Die Typenprüfung, die erstmals mit § 67 Abs. 3 BauO NW 1984 gesetzlich geregelt wurde, entspricht dem, was früher unter dem Stichwort »Typenberechnung« in den Durchführungsbestimmungen zur PrüfingVO geregelt war (s. den RdErl. vom 18.06.1963, MBl. NRW. S. 1237). **Typenprüfungen** sind durch ein **Prüfamt für Baustatik allgemein geprüfte Nachweise** der Standsicherheit, des Brandverhaltens der Baustoffe und der Feuerwiderstandsdauer der tragenden Bauteile und des Schallschutzes für bauliche Anlagen und Bauteile, die in gleicher Ausführung an mehreren Stellen errichtet oder verwendet werden. Die Prüfämter für Baustatik werden gemäß § 21 BauPrüfVO von der obersten Bauaufsichtsbehörde bestimmt.

26 Satz 1 bewirkt eine **Erleichterung für die technischen Prüfungen**, da für typengeprüfte bauliche Anlagen und Bauteile eine nochmalige Prüfung der bautechnischen Nachweise im Einzelfall entbehrlich ist. Beispiele der Praxis für Typenprüfungen sind Fertigbauten, wie z.B. vorgefertigte Raumzellen für unterschiedlichste Zwecke. **Satz 2** legt fest, dass **Typenprüfungen anderer Bundesländer** – gemeint sind die zuständigen Behörden anderer Länder – auch im Lande NRW gelten.

27 Die **Typenprüfung ersetzt keine Baugenehmigung**, sondern lediglich die Prüfung der bautechnischen Nachweise, soweit diese von der **Typenprüfung** abgedeckt sind. Da Typenprüfungen gemäß § 29 Abs. 2 BauPrüfVO unter dem Vorbehalt des Widerrufs auf höchstens fünf Jahre Geltungsdauer **befristet** sind, muss von der unteren Bauaufsichtsbehörde im Baugenehmigungsverfahren überprüft werden, ob der jeweils vorgelegte Bescheid noch Gültigkeit besitzt, oder ob dieser zwischenzeitlich widerrufen wurde. Die Gültigkeitskontrolle entfällt allerdings in den Fällen des § 63 BauO NRW 2018, ebenso für die durch Absätze 2 und 3 von der präventiven Prüfung bautechnischer Nachweise ausgeschlossenen baulichen Anlagen.

§ 69 Abweichungen

(1) Die Bauaufsichtsbehörde kann Abweichungen von Anforderungen dieses Gesetzes und aufgrund dieses Gesetzes erlassener Vorschriften zulassen, wenn sie unter Berücksichtigung des Zwecks der jeweiligen Anforderung und unter Würdigung der öffentlich-rechtlich geschützten nachbarlichen Belange mit den öffentlichen Belangen, insbesondere den Anforderungen des § 3 Absatz 1 und 3 vereinbar ist. Unter den Voraussetzungen des Satzes 1 sind Abweichungen zuzulassen, wenn sie der Verwirklichung von Vorhaben zur Einsparung von Wasser oder Energie oder der Schaffung oder Erneuerung von Wohnraum dienen. Soll von einer technischen Anforderung abgewichen werden, ist der Genehmigungsbehörde nachzuweisen, dass dem Zweck dieser Anforderung auf andere Weise entsprochen wird.

(2) Die Zulassung von Abweichungen nach Absatz 1, von Ausnahmen und Befreiungen von den Festsetzungen eines Bebauungsplans oder einer sonstigen städtebaulichen Satzung oder von Regelungen der Baunutzungsverordnung ist gesondert schriftlich zu beantragen. Der Antrag ist zu begründen. Für Anlagen, die keiner Genehmigung bedürfen, sowie für Abweichungen von Vorschriften, die im Genehmigungsverfahren nicht geprüft werden, gilt Satz 1 entsprechend.

(3) Über Abweichungen nach Absatz 1 Satz 1 von örtlichen Bauvorschriften sowie über Ausnahmen und Befreiungen nach Absatz 2 Satz 1 entscheidet bei nicht genehmigungsbedürftigen Bauvorhaben die Gemeinde nach Maßgabe der Absätze 1 und 2. Im Übrigen lässt die Bauaufsichtsbehörde Abweichungen von örtlichen Bauvorschriften im Einvernehmen mit der Gemeinde zu. § 36 Absatz 2 Satz 2 Baugesetzbuch gilt entsprechend. Die Gemeinde bzw. die Bauaufsichtsbehörde hat über den Abweichungsantrag innerhalb einer Frist von sechs Wochen nach Eingang des vollständigen Antrags bei ihr zu entscheiden. Sie kann die Frist aus wichtigen Gründen bis zu sechs Wochen verlängern.

Übersicht		Rdn.
0	Änderungen gegenüber der BauO NRW 2000	01
1	Allgemeines	1
2	Zu Abs. 1 – Voraussetzungen für die Zulassung einer Abweichung	22
2.1	Zu Satz 1 – materielle Voraussetzungen	22
2.1.1	Berücksichtigung des Zwecks der jeweiligen Anforderungen	27
2.1.2	Würdigung nachbarlicher Interessen	29
2.1.3	Vereinbarkeit mit den öffentlichen Belangen	33
2.1.4	Ermessensausübung	36
2.2	Zu Satz 2 – Erleichterung für privilegierte Vorhaben	43
2.3	Zu Satz 3 – Abweichungen von technischen Anforderungen	46
2.4	Abweichungen von § 6	50
3	Zu Abs. 2 Satz 1 – Bauplanungsrechtliche Ausnahmen und Befreiungen	59
4	Zu Abs. 2 Satz 3 – Verfahren bei selbstständigen Abweichungen	64
5	Verfahrensvoraussetzungen und formelle Aspekte	73
5.1	Antrag und Begründung	73
5.2	Weitere formelle Aspekte	78

§ 69 Abweichungen

6	Zu Abs. 3 Sachliche Zuständigkeit und Entscheidungsfrist.	85
6.1	Sachliche Zuständigkeit	85
6.2	Entscheidungsfrist	90

0 Änderungen gegenüber der BauO NRW 2000

01 Die Vorschrift des § 69 BauO NRW 2018 hat den Regelungsinhalt des § 73 BauO NRW 2000 dem Grunde nach übernommen, wurde jedoch um wesentliche Punkte ergänzt. Die Regelung vereint nun bauordnungsrechtliche Abweichungen (Abs. 1) und bauplanungsrechtliche Ausnahmen und Befreiungen (Abs. 2), die vormals in § 74a BauO NRW 2000 geregelt waren. Daneben werden Regelungen hinsichtlich der sachlichen Zuständigkeiten (vormals § 86 Abs. 5 BauO NRW 2000) nun eindeutig in § 69 BauO NRW normiert (Abs. 3). Die Vorschrift des § 69 BauO NRW 2018 gliedert sich nun wie folgt:

02 § 69 **Abs. 1** BauO NRW 2000 entspricht im Wesentlichen § 73 Abs. 1 BauO NRW 2000 und regelt das **bauordnungsrechtliche** Abweichungsverfahren:
– Satz 1 wurde redaktionell an die MBO angepasst und dabei um einen für die **Ermessensausübung** einzustellenden Gesichtspunkt, § 3 Abs. 1 und 3 BauO NRW als absolute Grenze für die Zulassung von Abweichungen, ergänzt.
– Satz 2, der der bisherigen Regelung in Satz 3 BauO 2000 entspricht, wurde um die Privilegierung zur **Schaffung oder Erneuerung von Wohnraum** ergänzt.
– Satz 3 entspricht der bisher geltenden Rechtslage in Satz 4 BauO NRW 2000.

03 In § 69 **Abs. 2** BauO 2018 ist nun neben Verfahrensvorschriften das **bauplanungsrechtliche** Abweichungsverfahren geregelt:
– Satz 1 übernimmt mit wenigen Änderungen den Regelungsinhalt von § 74a Satz 1 BauO NRW 2000. Die Regelung umfasst neben **Ausnahmen und Befreiungen** von den **Festsetzungen** eines **Bebauungsplans** oder sonstiger städtebaulicher **Satzung** nun auch sämtliche Ausnahmen und Befreiungen nach der **BauNVO**. Die **Zulassung**, auch von Abweichungen nach Abs. 1, ist **schriftlich zu beantragen** und nach **Satz 2** schriftlich zu **begründen**.
– Satz 3 entspricht dem Regelungsinhalt von § 73 Abs. 2 BauO NRW 2000 und stellt klar, dass auch für **Anlagen**, die **keiner Genehmigung bedürfen**, dennoch das **Abweichungsverfahren** nach Satz 1 **einzuhalten** ist.

04 § 69 **Abs. 3** BauO NRW 2018 trifft eine von § 57 Abs. 1 Satz 2 BauO NRW abweichende Regelung über die **Sachliche Zuständigkeit**:
– Satz 1 bestimmt, dass bei **nicht genehmigungsbedürftigen** Bauvorhaben die **Gemeinde** über Abweichungen nach Abs. 1 Satz 1 **entscheidet**.
– Nach **Satz 2** benötigt die **Bauaufsichtsbehörde** bei genehmigungspflichtigen Vorhaben für die Zulassung von Abweichungen das **Einvernehmen der Gemeinde**.
– Satz 3 bestimmt, dass § **36 Abs. 2 Satz 2 BauGB** (**Zustimmungsfiktion** der Gemeinde) auch für das Abweichungsverfahren entsprechend Anwendung findet.
– Satz 4 und Satz 5 bestimmen **Fristen**, innerhalb derer die Gemeinde bzw. Bauaufsichtsbehörde über den **Abweichungsantrag** zu **entscheiden** hat.

1 Allgemeines

Die **bauordnungsrechtlichen Vorschriften** sind **allgemeingültig** gehalten und »*können daher bei der Vielgestaltigkeit des Baugeschehens unmöglich jeder in der Praxis möglichen Fallgestaltung vorausschauend und zutreffend gerecht werden*« (so Allgeier/Rickenberg, zu § 63 Rn. 1). Angesichts der Tatsache, dass bei der Realisierung von Vorhaben stets die örtlichen Verhältnisse und Besonderheiten von besonderer Bedeutung sind, kann das **strikte Festhalten** an einer Rechtsvorschrift im **Einzelfall unzweckmäßig** oder sogar **unsinnig** sein. Vergleichbares gilt für das Bauplanungsrecht, das Straßenrecht, das Naturschutzrecht und andere Rechtsgebiete, soweit diese die Zulässigkeit von Vorhaben regeln. Es bedarf daher eines Instruments zur **Korrektur unerwünschter Ergebnisse der Rechtsanwendung**, damit nicht die *Wohltat des Gesetzes zur Plage des Unsinns* wird (so treffend Ernst/Zinkahn/Bielenberg/Krautzberger, zu § 31 Rn. 10). 1

Bereits § 5 PrEBO formulierte: 2

»*Alle Bestimmungen dieser Bauordnung sind zwingend, soweit sie nicht eine Ausnahme zulassen. Von den zwingenden Vorschriften kann die Baugenehmigungsbehörde Befreiungen erteilen, wenn die Durchführung der Vorschriften im Einzelfall zu einer offenbar nicht beabsichtigten Härte führen würde und die Abweichung mit den öffentlichen Belangen vereinbar ist, oder wenn Gründe des Wohls der Allgemeinheit eine Abweichung erfordern.*« 3

Die **Unterscheidung** nach **Ausnahme** und **Befreiung** (**Dispens**) übernahmen das BBauG 1960 (§ 31) und die MBO 1960 (§ 91). Im Bauplanungsrecht besteht die Unterscheidung bis heute mit § 31 BauGB 2004 fort. Dagegen griff § 67 MBO 2002 die von mehreren Bundesländern eingeführte Abweichungsregelung auf. Ab 1995 folgten gleich mehrere Länder dem bayerischen Vorbild und führten in ihren Bauordnungen eine dem Art. 77 BayBO 1994 nachgebildete Vorschrift über **Abweichungen** ein, die nicht mehr zwischen Ausnahmen und Befreiungen differenziert (hierzu s. Stollmann, Das Recht der Abweichungen nach den neuen Landesbauordnungen, ZfBR 1997, S. 16 ff.). **Kompetenzrechtlich** war diese Rechtsänderung **möglich**, da sie das Bauplanungsrecht des Bundes nicht berührt. 4

Abweichungsentscheidungen sind – wie zuvor bereits Ausnahmen und Befreiungen – **rechtsgestaltende Verwaltungsakte** (vgl. Wilke/Dageförde/Knuth/Meyer, zu § 61 Rn. 2 und OVG Bln, Urt. v. 11.03.1966 – II B 18.65, BRS 17 Nr. 149). Erst die Gewährung der Abweichung bewirkt mit **konstitutiver Wirkung** die **materielle Legalität** des Vorhabens (Hess. VGH, Urt. v. 09.06.1983 – III OE 73/82; BRS 40 Nr. 184). An die Stelle der mehr oder weniger strikt formulierten gesetzlichen Anforderung tritt eine durch die Abweichung modifizierte Bestimmung. Die maßgebende materielle Anforderung wird durch einen Verwaltungsakt in Form der Abweichung für den entschiedenen **Einzelfall** im genau festgelegten Rahmen insoweit verdrängt, als sie nicht mehr in der »strengen« gesetzlichen Fassung vom Bauherrn befolgt zu werden braucht. 5

Diese Wirkung der Abweichung erzeugt nicht selten bei den am Bau Beteiligten den Eindruck, eine ihnen eigentlich nicht zustehende »Begünstigung« erhalten zu 6

§ 69 Abweichungen

haben. Tatsächlich wird der Bauherr nicht ungerechtfertigt »begünstigt«, sondern eine **unsachgemäße Rechtsfolge vermieden**. Denn erst das Rechtsinstitut der Abweichung rechtfertigt detaillierte materielle Anforderungen des Baurechts (vgl. Rdn. 8). Eine Abweichung trägt dazu bei, die durch die materielle Vorschrift nur allgemein erfassbare Situation, den so genannten **Regelfall**, unter **Berücksichtigung** des **grundrechtlichen Eigentumsschutzes** und des aus Art. 20 Abs. 3 GG ableitbaren **Verhältnismäßigkeitsgebots** im konkreten **Einzelfall** einer **angemessenen** und **sachgerechten Lösung** zuzuführen (vgl. Schlichter/Stich/Driehaus/Paetow, zu § 31 Rn. 2 und Jeromin, zu § 69 Rn. 3).

7 Der **Wegfall der Unterscheidung zwischen Ausnahme und Befreiung** ist durch die Rückbesinnung auf die grundlegenden Überlegungen, warum es überhaupt notwendig und zweckmäßig war, Abweichungen von Vorschriften gesetzlich zuzulassen, erleichtert worden (vgl. schon Sendler, Zulässigkeit von Bauvorhaben, BBauBl. 1968, S. 63 ff.). Der Unterscheidung der beiden Begriffe lag die – irrige – Vorstellung zugrunde, es handele sich einerseits um nicht zwingende und andererseits um zwingende Vorschriften. Auch die Vorschriften, die das ausnahmsweise Abweichen vom Regelfall ausdrücklich zulassen, was aus der Ausgestaltung der Vorschrift als Sollvorschrift oder durch die ausdrückliche Verwendung etwa der Formulierung »Ausnahmen können gestattet werden« ablesbar wird, sind nicht etwa disponibles Recht. Im Übrigen waren auch Abweichungen in Form der Befreiung von »zwingenden Vorschriften« möglich, was deutlich macht, dass auch hier das Recht selbst bei angeblich zwingendem Charakter nachgiebig war.

8 Die Bauordnung enthält überwiegend **Vorschriften unter dem Aspekt der Gefahrenabwehr** (vgl. § 1 Rdn. 10 ff.). Bei einem solchen Regelungsziel ist es unvermeidbar, dass Gebote und Verbote zur Vermeidung **abstrakter Gefahren** (zu den Begriffen der konkreten und der abstrakten Gefahr vgl. § 3 Rdn. 45–49) **generell formuliert** sind. Da Vorschriften unmöglich jede Fallgestaltung vorausschauend regeln können, ist es **verfassungsrechtlich geboten**, Abweichungsmöglichkeiten vorzusehen, wenn die strikte Einhaltung der Vorschriften zu Härten oder auch nur zu unzweckmäßigen Lösungen führt, die im Einzelfall durch ein übergeordnetes Gemeinschaftsinteresse nicht mehr gedeckt sind (grundlegend BVerwG, Urt. v. 16.05.1991 – 4 C 17.90, BRS 52 Nr. 157 zum rheinland-pfälzischen Abstandsflächenrecht). Der Grund hierfür liegt in der sich aus **Art. 14 GG** ergebenden **Baufreiheit**, die nur im übergeordneten Gemeinschaftsinteresse eingeschränkt werden darf. Nicht zuletzt über Abweichungsregelungen vermag der Gesetzgeber eine **angemessene Verwertung des Privateigentums** sicherzustellen, die dessen Natur und sozialer Bedeutung entspricht (hierzu vgl. BVerfG, Beschl. v. 07.07.1971 – 1 BvR 765/66, BVerfGE 31, 229).

9 Für das Bauordnungsrecht kommt es vorrangig darauf an, dass die definierten **Schutzgüter nicht** oder nicht über einen bestimmten Grad hinaus **gefährdet** oder gar **verletzt** werden. Auf welche Weise diese Ziele erreichbar sind, gibt das Bauordnungsrecht nur in Form allgemeiner oder näher beschriebener Anforderungen vor. Den Anforderungen liegt gedanklich ein Regelfall zugrunde. Vor allem bei den **detaillierten bauwerksbezogenen** Anforderungen des Bauordnungsrechts ist es grundsätzlich denkbar,

dass das Schutzziel auch anders als durch die vom Gesetzgeber ausgewählte Lösung erfüllt werden kann. Daher – und aufgrund der nicht selten von den gesetzlichen Vorgaben abweichenden früheren Befreiungspraxis – erschien ein Festhalten an der Unterscheidung zwischen Ausnahmen und Befreiungen nicht geboten. Ohnehin wurde bei dieser Prüfung häufig vernachlässigt, ob Gründe des Wohls der Allgemeinheit eine Abweichung erforderten oder die Durchführung der Vorschrift im Einzelfall zu einer offenbar nicht beabsichtigten Härte führte. Die Zahl der Fälle, in denen die erste Prämisse (Wohl der Allgemeinheit) zur Anwendung kam, war ohnehin selten. Die mit § 68 Abs. 3 Buchstabe b BauO NW 1984 geschaffene Möglichkeit, wonach »eine nicht beabsichtigte Härte auch dann vorliegt, wenn auf andere Weise dem Zweck einer technischen Anforderung in diesem Gesetz oder auf Grund dieses Gesetzes nachweislich entsprochen wird«, eröffnete bereits einen Lösungsweg, der im Regelfall das Vorliegen einer nicht beabsichtigten Härte überflüssig machte. Letztlich kam es nur darauf an, dass dem Zweck der Regelung durch die beabsichtigte Ausführungsart entsprochen wurde.

Die **Neuregelung** des § 73 BauO NW 1995 stellte damit nur die logische Konsequenz dar und **beseitigte** die **Rechtsunsicherheiten** in der Befreiungspraxis (vgl. die Begründung, LT-Drucks. 11/7153, S. 195 ff. und Böckenförde/Hindermann, Novellierung der Bauordnung NRW, 1996, S. 103 ff. Rn. 359–366). Gegen die Neufassung der Abweichungsregel erhobene Bedenken bestätigten sich nicht, da die »konturlose Vorschrift« weniger Anwendungsprobleme in der Praxis bereitet als das noch nach Ausnahmen und Befreiungen differenzierende Vorgängerrecht. 10

§ 69 BauO NRW erfasst nur **Abweichungen** von **Anforderungen der BauO NRW** und von **aufgrund der BauO NRW erlassenen Vorschriften**. Hierzu zählen: 11
– aufgrund des § 87 BauO NRW erlassene **Rechtsverordnungen** und
– aufgrund des § 89 BauO NRW als **Satzung** erlassene **örtliche Bauvorschriften**.

Aufgrund der Ermächtigung des § 9 Abs. 4 BauGB i.V.m. der des § 89 Abs. 2 BauO NRW können **örtliche Bauvorschriften** auch als **Festsetzungen** in einen **Bebauungsplan aufgenommen** werden. Abweichungen von derartigen – gestalterischen – Festsetzungen unterliegen nicht der Befreiung nach § 31 Abs. 2 BauGB, sondern der Abweichung nach § 69 BauO NRW (OVG NRW, Urt. v. 25.08.1999 – 7 A 4459/96, BRS 62 Nr. 155 = NVwZ-RR 2000, 412 = ZfBR 2000, 56). 12

Abweichungen im Sinne des § 69 Abs. 1 BauO NRW kommen **nur von materiellen Anforderungen** des Bauordnungsrechts in Betracht, **nicht** jedoch 13
– **vom Anwendungsbereich** (§§ 1 und 10 Abs. 6),
– **von den Begriffsbestimmungen** (§ 2) und
– **von den bauordnungsrechtlichen Verfahrensvorschriften**.

Zu beachten ist, dass die BauO NRW, aber auch die Rechtsverordnungen und Satzungen aufgrund der BauO NRW, **weitere Regelungen über Abweichungen** enthalten können, die dann als **spezielle** Bestimmungen den allgemeinen Bestimmungen des § 69 BauO NRW **vorgehen**. 14

§ 69   Abweichungen

15 Dieser Vorbehalt bezieht sich sowohl auf **generelle Regelungen über Abweichungen** im Verhältnis zu § 69 BauO NRW an anderer Stelle im Gesetz als auch auf **spezielle Abweichungstatbestände** in den materiellen Vorschriften.

16 **Generelle Regelungen** über Abweichungen im Verhältnis zu § 69 BauO NRW finden sich
    – in § 88 Abs. 1 Satz 3 über **Abweichungen von Regeln der Technik**, wenn eine andere Lösung in gleicher Weise die allgemeinen Anforderungen des § 3 Abs. 1 Satz 1 erfüllt (vgl. § 3 Rdn. 88–91),
    – in § 17 Abs. 2 über **Abweichungen von technischen Baubestimmungen**, die dann einer allgemeinen Bauartgenehmigung durch das Deutsche Institut für Bautechnik oder einer vorhabenbezogenen Baugenehmigung durch die oberste Bauaufsichtsbehörde bedürfen (vgl. § 17 Rdn. 10–14),
    – in § 50 Abs. 1 Satz 2 über **Abweichungen von den materiellen Anforderungen**, soweit es deren Einhaltung **in Bezug auf Sonderbauten** nicht bedarf; diese spezielle Form der Abweichung bezeichnet das Gesetz als **Erleichterung** (vgl. § 54 Rdn. 13–16).

17 Die »**besonderen Abweichungsarten**« gehen den Vorschriften des § 69 BauO NRW **vor** und **verdrängen diese Bestimmung**. Das hat zur Folge, dass z.B. für die Gewährung einer Erleichterung allein § 50 BauO NRW maßgebend ist und es nicht noch zusätzlich einer Abweichung nach § 69 BauO NRW bedarf.

18 **Spezielle Abweichungstatbestände** im Sinne der früheren Ausnahmeregelung finden sich nur vereinzelt in der BauO NRW, da bereits im Zuge der Novelle 1995 zahlreiche Abweichungstatbestände in Zulässigkeitstatbestände umgewandelt wurden, um den Entwurfsverfassern klare Vorgaben zu machen und auch um zu vermeiden, dass die Freistellung nach § 62 BauO NRW infolge eventuell erforderlicher Abweichungsverfahren nicht optimal genutzt werden kann. Abweichungstatbestände finden sich daneben beispielsweise noch in § 6 Abs. 3 Nr. 3, Abs. 10, Abs. 11 Satz 2 und Abs. 12 Satz 1 und 2, § 34 Abs. 1 Satz 2, § 35 Abs. 4 und § 51 Abs. 3 BauO NRW.

19 Das **Verhältnis der speziellen Abweichungstatbestände zur allgemeinen Abweichungsregel des § 69 BauO NRW** ist indessen **unklar**, weil nicht immer deutlich wird, ob neben den speziellen Abweichungsvoraussetzungen zusätzlich die Voraussetzungen des § 69 Abs. 1 Satz 1 BauO NRW erfüllt sein müssen. Auch darf nicht unter Berufung auf die Gleichmäßigkeit des Gesetzesvollzuges für die Zulässigkeit der Abweichung in jedem Einzelfall das Vorliegen einer **Atypik** gefordert werden. Bestimmt nämlich eine bauordnungsrechtliche Regelung selbst, wann und unter welchen Voraussetzungen von ihr abgewichen werden darf, was der **Ausnahme** nach früherem Recht entspricht, kann eine Abweichung auch dann in Betracht kommen, wenn keine atypische Situation gegeben ist (OVG NRW, Urt. v. 03.05.2007 – 7 A 2364/06, BauR 2007, 1560). So erweisen sich speziellere Abweichungstatbestände in der BauO NRW als abschließende Regelung, weil das eingeengte Schutzziel der Vorschriften die in § 69 BauO NRW aufgeführten allgemeinen Abweichungsvoraussetzungen nicht tangiert. Gleiches gilt bei sog. **Soll-Vorschriften**. Auch bei diesen setzt die Erteilung einer Abweichung keine Atypik voraus (vgl. Boeddinghaus/Hahn/Schulte, zu § 73 Rn. 8).

Bei **detaillierten** materiellen Anforderungen mit darin eingeschlossenen **ergänzenden** 20
Abweichungstatbeständen, wie dem **Abstandsflächenrecht** (§ 6 BauO NRW) oder
dem **Stellplatzrecht** (§ 48 BauO NRW), können sich Unsicherheiten in Bezug auf
die **Anwendbarkeit** von Abweichungen nach § 69 Abs. 1 **Satz 1** BauO NRW ergeben.
Diese Regelungskomplexe treffen insoweit **abschließende Festlegungen** innerhalb des
Bauordnungsrechts, als sie bereits vom Regelfall abweichende Sonderfälle in den einzelnen Abweichungstatbeständen berücksichtigen. Für **Abweichungen** nach § 69 Abs. 1
Satz 1 BauO NRW **im Sinne der früheren Befreiung** bleibt dann nur noch Raum,
wenn eine **atypische Grundstücks- oder Bausituation** vorliegt, die deutlich erkennbar
vom Regelfall abweicht und auch nicht mehr von einem der Abweichungstatbestände
des Regelungskomplexes abgedeckt wird (vgl. OVG NRW, Beschl. v. 12.02.1997 –
7 B 2608/96, BRS 59 Nr. 162 und Beschl. v. 24.09.2014 – 2 B 570/14, juris). Liegt
eine derartige **Atypik** dagegen **nicht vor**, ist eine **Abweichung nicht möglich**, da die zu
berücksichtigenden Belange und Interessen regelmäßig bereits durch die bauordnungsrechtlichen Vorschriften in einen gerechten Ausgleich gebracht worden sind und die
**Gleichmäßigkeit des Gesetzesvollzugs kein beliebiges Abweichen von Vorschriften
gestattet** (OVG NRW, Urt. v. 24.05.2017 – 10 A 1797/15, juris; OVG Rh-Pf, Urt. v.
03.11.1999 – 8 A 10951/99, BauR 2000, 551 = BRS 62 Nr. 143 = NVwZ-RR 2000,
580; Sächs. OVG, Urt. v. 28.08.2005 – 1 B 889/04, BRS 69 Nr. 127). Gleiches gilt für
sog. **zwingende Vorschriften**, deren Wortlaut (»... sind herzustellen«, »ist unzulässig«,
»müssen mindestens ... betragen«) bereits die eingeschränkte Abweichungsmöglichkeit nahelegt. Auch hier setzt die Zulassung der Abweichung eine atypische Grundstückssituation voraus; es ist insoweit eine besondere Situation erforderlich, die sich
vom gesetzlichen Regelfall derart unterscheidet, dass die Nichtberücksichtigung oder
Unterschreitung des normativ festgelegten Standards gerechtfertigt ist (OVG NRW,
Beschl. v. 24.09.2014 – 2 B 570/14 juris zu § 31 Abs. 1 BauO NRW).

Im Zuge von »Deregulierungen« erfolgte – ohne Rücksicht auf das **Bauplanungs-** 21
recht – eine starke Ausweitung der Freistellungskataloge unter Einbeziehung städtebaulich relevanter Vorhaben, bis schließlich das **BVerwG** in mehreren grundlegenden
Entscheidungen **Einhalt gebot** (vgl. § 62 Rdn. 18). Hierauf reagierte der Bund mit
der **Neufassung des Vorhabenbegriffs** in § 29 BauGB (§ 2 Rdn. 13 ff.). Für **Abweichungen** von **bauplanungsrechtlichen** Vorschriften im Falle freigestellter Vorhaben
fehlte in der BauO NRW lange eine Verfahrensausgestaltung. Die **Bereitstellung eines
Verfahrens** zur Entscheidung über bauplanungsrechtliche Ausnahmen und Befreiung
ist **geboten**, da das Bauplanungsrecht in § 31 und § 34 Abs. 2 Halbsatz 2 BauGB
hierfür zwar ein materiell-rechtliches Entscheidungsprogramm, aber **kein Trägerverfahren** bereithält. Dieses hat nun in § 69 Abs. 2 Satz 1 Einzug gefunden (vormals
§ 74a BauO NRW 2000).

2 Zu Abs. 1 – Voraussetzungen für die Zulassung einer Abweichung

2.1 Zu Satz 1 – materielle Voraussetzungen

Satz 1 regelt die **materiellen Voraussetzungen**, unter denen die Bauaufsichts- 22
behörde eine Abweichung von bauaufsichtlichen Anforderungen der **BauO NRW**

§ 69 Abweichungen

oder von **Rechtsverordnungen** und **Satzungen** aufgrund der BauO NRW zulassen kann. Der Begriff »**bauaufsichtliche Anforderungen**« ist allein für sich betrachtet unscharf, da es gerade Aufgabe der Bauaufsichtsbehörde ist, das Bauplanungsrecht (vgl. § 64 Rdn. 28–30) und andere öffentlich-rechtliche Anforderungen mit Bezug zum Bauen (vgl. § 64 Rdn. 39–40) in die Prüfung einzubeziehen. Die gewollte Beschränkung stellt aber der Zusatz »**dieses** Gesetzes und der aufgrund dieses Gesetzes erlassenen Vorschriften« klar. Demnach geht es lediglich um **bauordnungsrechtliche** Anforderungen. Zu den aufgrund der BauO NRW erlassenen Vorschriften gehören **örtliche Bauvorschriften nach § 89** BauO NRW. Abweichungen von örtlichen Bauvorschriften, auch wenn sie als Festsetzungen Bestandteil des Bebauungsplans geworden sind, ergehen nach **Abs. 3 Satz 2** nur im **Einvernehmen mit der Gemeinde** (vgl. Rdn. 85–89).

23 **Andere öffentlich-rechtliche** Vorschriften enthalten **eigene** Abweichungsvorschriften. In der Regel ist dabei eine **selbständige** Abweichungsentscheidung vorgesehen. Derartige Abweichungsentscheidungen regeln z.B.
– **§ 3a Abs. 3** ArbStättV für Ausnahmen von arbeitsstättenrechtlichen Anforderungen,
– **§ 9 Abs. 8** FStrG für **Ausnahmen** von den fernstraßenrechtlichen Anbauverboten,
– **§ 75** LNatSchG NRW i.V.m. **§ 67** BNatSchG für **Befreiungen** von den Geboten und Verboten des Landschaftsgesetzes und der aufgrund dieses Gesetzes erlassenen Verordnungen und Landschaftspläne.

24 Die Zulassung einer Abweichung steht unter dem **Vorbehalt**, dass sie unter
– **Berücksichtigung des Zwecks der jeweiligen Anforderungen** und
– **Würdigung der nachbarlichen Interessen**
– mit den **öffentlichen Belangen**, insbesondere den Anforderungen des § 3 Abs. 1 und 3 vereinbar sein muss.

25 Im Bauordnungsrecht dient der Begriff Abweichung lediglich als **Oberbegriff**. In welchem Maße eine Vorschrift einer Abweichung überhaupt zugänglich ist, hängt einerseits von dieser selbst, andererseits von den Umständen des konkreten Einzelfalls ab. Dabei ist der Formulierung der jeweiligen Anforderung als (zwingender) Muss- oder Sollvorschrift eine gesetzgeberische Wertung der mit der Norm verfolgten Interessen zu entnehmen. Noch deutlicher wird der Unterschied, wenn der Gesetzgeber in einer Vorschrift ausdrücklich Abweichungen unter bestimmten Bedingungen erlaubt. Es liegt auf der Hand, dass Abweichungen von »nicht zwingenden« Anforderungen leichter gewährt werden können als solche von »zwingenden« rechtlichen Vorgaben. Bei einer Abweichung von Vorgaben des zwingenden Rechts sind die **Tatbestandsvoraussetzungen** des § 69 Abs. 1 Satz 1 BauO NRW **restriktiv zu handhaben** (OVG NRW. Beschl. v. 24.09.2014 – 2 B 570/14, juris). Im Sinne der früheren Terminologie sind **Ausnahmen** »leichter erlangbare Abweichungen«, während **Befreiungen** als »**Abweichungen von zwingenden Anforderungen**« charakterisiert werden können. Die Rechtsprechung zum früheren Bauordnungsrecht ist also keineswegs überholt und für die Beurteilung im Einzelfall weiterhin heranzuziehen.

26 Eine **absolute Schranke für Abweichungen** ist erreicht, wenn durch die vorgesehene Bauausführung **Gefahren für Leben und Gesundheit** oder die natürlichen

Lebensgrundlagen entstehen. Insofern sind Abweichungen von der Generalklausel des § 3 Abs. 1 Satz 1 BauO NRW und von den allgemeinen Anforderungen der §§ 9–16 BauO NRW nicht oder allenfalls in Randbereichen denkbar. Sie sind auch erschwert, wenn nicht sogar unzulässig, wenn das Gesetz selbst bereits Abweichungsregelungen im Interesse der Einzelfallgerechtigkeit enthält.

2.1.1 Berücksichtigung des Zwecks der jeweiligen Anforderungen

Die »**jeweiligen Anforderungen**« sind derjenige (Sicherheits-)Standard, den die betreffende Vorschrift gewährleisten will. Die Ermittlung des Zwecks der jeweiligen Anforderung setzt voraus, dass das von der Vorschrift geschützte Rechtsgut ermittelt worden ist; das von der Vorschrift erfasste Rechtsgut hat bei der Entscheidung im Vordergrund zu stehen (Schulte, S. 156 ff.). Die Zulassung ist, soweit es diese Prämisse anbetrifft, dann unproblematisch, wenn die abweichende Ausführung dieses Ziel ebenso gut oder gar besser erreicht, als die auf dem eigentlich durch das Gesetz vorgeschriebenen Weg. 27

Im Übrigen ist aber nur die »**Berücksichtigung**« der jeweiligen Anforderung von Satz 1 verlangt. Berücksichtigen **bedeutet weniger als Beachten**. Es besteht keine strenge normative Bindung. Daher ist es auch zulässig, hinter dem der jeweiligen Norm immanenten (Sicherheits-)Standard zurückzubleiben, wenn dessen Einhaltung aufgrund der besonderen Umstände des konkreten Einzelfalls auch im Hinblick auf die Vereinbarkeit mit den öffentlichen Belangen und den nachbarlichen Interessen nicht geboten ist. Ein solches Zurückbleiben hinter der gesetzlich vorgesehenen Anforderung ist – im Sinne ihrer Berücksichtigung – beispielsweise dann möglich, wenn die Abwägung zwischen dem Interesse des Bauherrn an der abweichenden Ausführung und den öffentlichen Belangen ergibt, dass die Anforderung zugunsten des Bauherrn gemindert oder gar ganz zurückgestellt werden kann. 28

2.1.2 Würdigung nachbarlicher Interessen

Soweit die beabsichtigte Abweichung nachbarliche Interessen **berührt**, sind diese in die Abwägung einzustellen und zu würdigen. In der Praxis wird es mitunter schwierig sein zu erkennen, ob eine Vorschrift nachbarliche Interessen berühren kann. Zwar ist nicht jede Norm des öffentlichen Baurechts potentiell drittschützend, die **Würdigung** nachbarlicher Interessen ist aber auch dann geboten, wenn die betreffende Bestimmung selbst nicht ausdrücklich dem Nachbarschutz dienen soll, was seinen Grund darin findet, dass durch die an die Stelle der gesetzlichen eine konkrete andere Regelung tritt und damit ein **anderer Interessenausgleich** erfolgt (vgl. BVerwG, Urt. v. 19.09.1986 – 4 C 8.84, BRS 46 Nr. 173 zur bauplanungsrechtlichen Befreiung). Die **nachbarlichen Interessen** beeinflussen also die **materielle Zulässigkeit** der Abweichung, so dass die »Würdigung« nicht als reiner Verfahrensvorgang verstanden werden darf (OVG NRW, Urt. v. 25.06.2003 – 7 A 4232/01, juris). 29

Bei der Würdigung nachbarlicher Interessen kommt es auf die **konkreten Umstände des Einzelfalls** an. Anzuwenden sind insoweit dieselben Maßstäbe wie im 30 bauplanungsrechtlichen Gebot der Rücksichtnahme: je empfindlicher und schutzwürdiger die Stellung des Nachbarn ist, umso mehr Rücksichtnahme ist vom Bauherrn zu verlangen, je verständlicher und unabweisbarer die Interessen des Bauherrn sind, umso weniger Rücksicht braucht er zu nehmen (VG Düsseldorf, Urt. v. 27.03.2014 – 9 K 1095/11, juris). Welche **bauordnungsrechtlichen** Vorschriften drittschützende Wirkung entfalten, ist nicht immer einfach zu beantworten, da sich hierzu eine umfangreiche **Kasuistik** entwickelt hat (vgl. im Anhang zu § 72 Rdn. 173–216). Die Klärung ist im Bauordnungsrecht nicht ganz so schwierig wie im Bauplanungsrecht, da sich **bauwerksbezogene** Anforderungen von der Natur der Sache her in Bezug auf nachbarschützende Aspekte oft einfacher beurteilen lassen als bodenrechtliche Bestimmungen oder Festsetzungen. So kann eine Abweichung vom Gebot der barrierefreien Erreichbarkeit bestimmter Wohnungen nach § 49 Abs. 1 BauO NRW weder direkt noch indirekt nachbarschützende Aspekte berühren, weil sich diese Vorschrift in keiner Weise auf das nachbarliche Verhältnis bezieht, sondern nur der Deckung des Wohnungsbedarfs von Personen dient, für die Treppen unüberwindbare Hindernisse darstellen. Abweichungen von bauordnungsrechtlichen Vorschriften, die **nicht** dem Nachbarschutz dienen sollen, berühren in der Regel auch **keine** nachbarlichen Interessen.

31 Einer Abweichung von **nachbarschützenden** Vorschriften stehen nachbarliche Interessen dann nicht entgegen, wenn der Nachbar durch diese **nicht spürbar nachteilig berührt** wird und **auch in Zukunft nicht** berührt werden könnte. Die Berücksichtigung berechtigter Belange des Nachbarn lässt sich im Bescheid auch durch eine Nebenbestimmung absichern (so Jeromin, zu § 69 Rn. 26). Eine Abweichung von nachbarschützenden Vorschriften kommt grundsätzlich nur in Betracht, wenn der betroffene **Nachbar nicht schutzbedürftig** ist oder die **Gründe**, die für die Abweichung streiten, **objektiv derart gewichtig** sind, dass die **Interessen des Nachbarn** ausnahmsweise **zurücktreten** müssen (OVG Rh-Pf, Urt. v. 03.11.1999 – 8 A 10951/99, BauR 2000, 551 = BRS 62 Nr. 143 = NVwZ-RR 2000, 580 und Urt. v. 15.02.2017 – 8 A 10688/16, juris).

32 Vor der Zulassung von Abweichungen sollen die Bauaufsichtsbehörden die **Eigentümer angrenzender Grundstücke (Angrenzer)** gemäß § 72 Abs. 1 Satz 1 BauO NRW **benachrichtigen,** wenn zu erwarten ist, dass öffentlich-rechtlich geschützte nachbarliche Belange berührt werden. Damit ist klargestellt, dass die Berücksichtigung nachbarlicher Belange zum Entscheidungsvorgang gehört und dass, »wenn **zu erwarten** ist, dass öffentlich-rechtlich geschützte nachbarliche Belange **berührt werden**« bei Abweichungen stets – also auch für Tatbestände, die früher als Ausnahmen bezeichnet wurden – eine verfahrensmäßige Beteiligung des Angrenzers erforderlich ist. Stimmt der Nachbar einer Abweichung ausdrücklich zu, so kann die Zulassung einer Abweichung zwar wegen Unvereinbarkeit mit den öffentlichen Belangen, jedoch nicht wegen Verletzung nachbarlicher Interessen abgelehnt werden. Gleichwohl ist die **Zustimmung des Nachbarn kein Ersatz für eine eventuell fehlende Abweichungsvoraussetzung.**

2.1.3 Vereinbarkeit mit den öffentlichen Belangen

Die **Vereinbarkeit mit den öffentlichen Belangen** unterliegt als unbestimmter Rechtsbegriff der uneingeschränkten verwaltungsgerichtlichen Kontrolle. Bei der Zulassung der Abweichung ist zunächst der **Zweck der Vorschrift** zu prüfen, um Klarheit darüber zu erhalten, welche öffentlichen Belange in erster Linie berührt sind. Zur Beantwortung der Frage, welche öffentlichen Belange eine Norm schützt und welchen Zweck eine gesetzliche Anforderung verfolgt, ist das von der Norm geschützte Rechtsgut zu ermitteln und bei der Entscheidung in den Vordergrund zu stellen. Es ist dann zu prüfen, ob der insoweit ermittelte Zweck überhaupt eine Abweichung zulässt (OVG NRW, Urt. v. 28.01.2009 – 10 A 1075/08, NWVBl. 2009, 262 zu der in der Regel fehlenden Möglichkeit einer Abweichung von den Maßen in § 37 Abs. 5 BauO NRW im Hinblick auf die mit der Vorschrift verfolgten hochrangigen öffentlichen Interessen an der Einhaltung der Mindestmaße; OVG NRW, Beschl. v. 26.02.2015 – 10 A 1432/12, juris im Hinblick auf dem vorbeugenden baulichen Brandschutz dienenden Gebäudeabschlusswänden). Da der **Kreis der öffentlichen Belange** aber **nicht begrenzt** ist (vgl. Jeromin, zu § 69 Rn. 14), kommen auch **andere** Belange in Betracht, **insbesondere** natürlich die mit der **materiellen Grundnorm** verfolgten Ziele (vgl. § 3 Rdn. 5). Als absolute Grenze verweist die Norm auf § 3 Abs. 1 und 3 BauO NRW. Durch eine Abweichung darf kein Zustand herbeigeführt werden, der die dort formulierten Mindestanforderungen der öffentlichen Sicherheit und Ordnung, insbesondere Leben und Gesundheit sowie die natürlichen Lebensgrundlagen gefährdet. Ferner fallen hierunter öffentliche Belange, die **nicht allein** im Bauordnungsrecht, sondern auch im **sonstigen** öffentlichen Recht von Bedeutung sind (OVG NRW, Beschl. v. 26.02.2015 – 10 A 1432/12, juris; vgl. Boeddinghaus/Hahn/Schulte, zu § 73 Rn. 27). Zu den öffentlichen Belangen, welche einer Abweichung entgegenstehen können, gehört auch **die Gleichmäßigkeit des Gesetzesvollzugs**. Die Behörde kann aber nicht allein damit die Verletzung öffentlicher Belange begründen, sie habe als Bauaufsichtsbehörde ein berechtigtes Interesse daran, die bestehenden baurechtlichen Vorschriften beachtet zu sehen. Eine solche Rechtsansicht würde zu einer grundsätzlichen Verneinung der Zulassung von Abweichungen führen (vgl. aber Rdn. 20).

33

Wie nach dem früheren Recht ist es auch nach § 69 Abs. 1 Satz 1 BauO NRW denkbar, dass die Berücksichtigung öffentlicher Belange im Einzelfall – im Sinne der früheren Formulierung – unter Bezug auf das **Wohl der Allgemeinheit** die Zulassung einer Abweichung erfordert. Das wäre etwa der Fall, wenn es zur Erfüllung oder **Wahrnehmung öffentlicher Interessen** oder Aufgaben **vernünftigerweise geboten** ist, mit Hilfe einer Abweichung das Vorhaben zu verwirklichen (vgl. BVerwG, Urt. v. 09.06.1978 – 4 C 54.75, BVerwGE 56, 71 = BRS 33 Nr. 150 = NJW 1979, 939 und Urt. v. 18.11.2010 – 4 C 10/09, BVerwGE 138, 166; die Urteile sind zwar zur Befreiung von bauplanungsrechtlichen Vorschriften ergangen, haben aber auch für das Bauordnungsrecht Gültigkeit).

34

Steht eine **Änderung** einer **materiellen Vorschrift**, von der abgewichen werden soll, unmittelbar bevor, wird eine Abweichung in Betracht kommen können (vgl. zur

35

früheren Rechtslage OVG NRW, Urt. v. 10.09.1957 – VII A 475/57, BRS 7 V A 4 S. 135 = DVBl 1958, 66 = MDR 1958, 368 = NJW 1958, 354). Dieser Aspekt kann Bedeutung haben, wenn im Landtag eine Änderung der Landesbauordnung zur Beratung eingebracht ist oder wenn die ARGEBAU eine neue Muster-Rechtsverordnung zur Umsetzung in Landesrecht verabschiedet hat und die oberste Bauaufsichtsbehörde bekannt gegeben hat, dieses Muster in Landesrecht umsetzen zu wollen.

2.1.4 Ermessensausübung

36 Sind die tatbestandlichen Voraussetzungen für die Erteilung einer Abweichung erfüllt, bedarf es zusätzlich einer **Ermessensausübung** durch die Bauaufsichtsbehörde. **Auf die Gewährung einer Abweichung** besteht nach herrschender Meinung (vgl. Ossenbühl, Tendenzen und Gefahren der neueren Ermessenslehre, DÖV 1968, S. 618 ff.) auch dann **kein Rechtsanspruch**, wenn die tatbestandlichen Voraussetzungen erfüllt sind. Die Verwendung des Wortes »**kann**« verdeutlicht, dass die Gewährung einer Abweichung **im Ermessen der Behörde** steht (BVerwG, Beschl. v. 13.11.1968 – IV B 58.68, BRS 20 Nr. 24 = DVBl 1969, 361; s.a. Große-Suchsdorf, zu § 66 Rn. 31). So ist die Versagung einer Abweichung auch dann nicht fehlerhaft, wenn die Tatbestandsvoraussetzungen – einer bereits nachgiebig formulierten Vorschrift – vorliegen und öffentliche Belange nicht entgegenstehen. Die herrschende Meinung geht davon aus, dass die Regelvorschrift wegen der vom Gesetzgeber verfolgten Schutzzwecke, gemessen an Art. 14 GG, eine zulässige Einschränkung der Eigentümerbefugnisse darstellt; Abweichungen von diesen Vorschriften gehören dann nicht mehr zum Eigentumsinhalt und können deswegen in das Ermessen der Bauaufsichtsbehörde gestellt werden (so BVerwG, Beschl. v. 13.11.1968 – IV B 58.68, BRS 20 Nr. 24; hiergegen wenden sich jedoch Friauf, Das Verbot mit Erlaubnisvorbehalt, JuS 1962, S. 424 ff.; Rupp, Das Urteil des Bundesverfassungsgerichts zum Sammlungsgesetz – eine Wende in der Grundrechtsinterpretation des Art. 2 Abs. 1 GG, NJW 1966, S. 2037 ff. und Erichsen, Baudispens und Übermaßverbot, DVBl 1967, S. 269 ff.).

37 In der Praxis werden die unterschiedlichen Meinungen kaum zu verschiedenen Ergebnissen führen können. Auch die herrschende Meinung geht davon aus, dass zumindest ein **Anspruch auf ermessensfehlerfreie Entscheidung** besteht (Hess. VGH, Urt. v. 09.06.1983 – III OE 73/82, BRS 40 Nr. 184; OVG M-V, Urt. v. 04.12.2013 – 3 L 143/10, BRS 82 Nr. 138), dass das Ermessen kein absolut freies, sondern ein **pflichtgemäßes** bedeutet. Die Entscheidung muss von sachlichen Beweggründen getragen sein, die aber bei Berücksichtigung der Baufreiheit einerseits und der Sozialpflichtigkeit des Eigentums andererseits Bindungen unterworfen ist (so BVerwG, Urt. v. 16.05.1991 – 4 C 17.90, BRS 52 Nr. 157). Auch § 40 VwVfG. NRW. bestimmt:

38 »*Ist die Behörde ermächtigt, nach ihrem Ermessen zu handeln, hat sie ihr Ermessen entsprechend dem Zweck der Ermächtigung auszuüben und die gesetzlichen Grenzen des Ermessens einzuhalten.*«

39 Bei der Ausübung des Ermessens darf die Bauaufsichtsbehörde keine Gesichtspunkte anführen, welche durch eine gesetzliche Regelung schon zu einem speziellen Belang

des öffentlichen Baurechts geworden sind. Soweit dies nicht der Fall ist, darf die Bauaufsichtsbehörde auch außerhalb des öffentlichen Baurechts, namentlich auf dem Gebiet des Polizeirechts liegende Umstände anführen (Nds. OVG, Beschl. v. 11.01.2000 – 1 L 4588/99, BRS 63 Nr. 167 zur Würdigung des Belangs der Verkehrssicherheit):

»Es wäre nicht zu erklären, dass die Bauaufsichtsbehörde ein und denselben Gesichtspunkt – hier also die Verkehrsgefährdung – bei seiner unmittelbaren Anwendung ohne Einschätzungsprärogative als striktes Recht zu handhaben hatte, im Rahmen der Ermessensausübung dagegen ohne diese strikte Gesetzesbindung anführen könnte. Ein Widerspruch zu den vorstehenden Ausführungen, die Bauaufsichtsbehörde dürfe auch Elemente des allgemeinen Polizeirechts bei der Ermessensausübung einfließen lassen, besteht nicht, wenn und soweit diese Gesichtspunkte nach den speziellen baurechtlichen Regelungen nicht erfasst sind.« 40

Durch **längere, gleichbleibende Ermessensausübung** bei der Bewilligung von Abweichungen wird die Behörde nur gebunden, wenn sich die Einzelfälle, für die Abweichungen zugelassen wurden, in den besonderen, für die Entscheidung wesentlichen Umständen gleichen (OVG NRW, Urt. v. 07.05.1954 – VII A 1094/52, BRS 4 V B 6 S. 304). 41

Sofern die **gesetzlichen Voraussetzungen** für eine Abweichung **vorliegen**, lässt sich kaum bestimmen, welcher »**Ermessensrest**« verbleiben soll (so Jäde/Dirnberger/ Weiß, zu § 31 Rn. 29 unter Bezug auf Erwe, Ausnahmen und Befreiungen im öffentlichen Baurecht, 1986, S. 122 ff.). § 69 Abs. 1 Satz 1 BauO NRW benennt insoweit nur die Gesichtspunkte, die bei der Ermessensausübung herangezogen werden. Im Einzelfall kann die Versagung einer Abweichung ermessensfehlerhaft sein, weil dieses Ermessen **auf Null reduziert** ist und daher ein **Rechtsanspruch auf Gewährung** der Abweichung besteht (OVG NRW, Urt. v. 19.10.1967 – VII A 1400/66, BRS 18 Nr. 72; OVG M-V, Beschl. v. 23.10.2014 – 3 M 133/14, NVwZ-RR 2015, 202). 42

2.2 Zu Satz 2 – Erleichterung für privilegierte Vorhaben

Nach Satz 3 sind **Vorhaben zur Einsparung** von **Wasser** oder **Energie oder der Schaffung oder Erneuerung** von **Wohnraum dienen** im Wege der Abweichung zuzulassen, wenn die Voraussetzungen des Satzes 1 vorliegen. Da auch die **Voraussetzungen des Satzes 1** erfüllt sein müssen, ist die **Würdigung nachbarlicher Belange** unverzichtbar. Bei Erfüllung dieser Voraussetzungen steht der Bauaufsichtsbehörde kein Ermessen zu (so die Begründung zur BauO NRW 2000, LT-Drucks. 12/3738 S. 91, zu Art. I Nr. 49 – § 73; vgl. auch VGH Mannheim, Urteil vom 14.01.2010 – 8 S 1977/09, NVwZ-RR 2010, S. 383). 43

Typische Anwendungsfälle hinsichtlich der Einsparung von Wasser und Energie sind vor allem Abweichungen von gemeindlichen Gestaltungssatzungen nach § 89 BauO NRW. Zu denken ist beispielsweise an die Anbringung von Sonnenkollektoren auf Dachflächen abweichend von gestalterischen Vorgaben über das Material 44 und die Farbe der Dachdeckung. Bei Abweichungen von Gestaltungssatzungen muss jedoch gemäß § 69 Abs. 3 Satz 2 BauO NRW das **Einvernehmen** mit der Gemeinde vorliegen.

45 Die mit abstandsrechtlichen Verstößen verbundenen **nachträglichen Maßnahmen zum Zwecke der Energieeinsparung und Solaranlagen an bestehenden Gebäuden** fallen grundsätzlich nicht unter § 69 Abs. 1 Satz 2 BauO NRW, da der Gesetzgeber mit **§ 6 Abs. 7** BauO NRW eine spezielle Regelung getroffen hat. Nach § 6 Abs. 7 **Satz 1** BauO NRW sind Maßnahmen zum Zwecke der Energieeinsparung und Solaranlagen an bestehenden Gebäuden **allgemein zulässig,** wenn sie eine Stärke von nicht mehr als 0,25 m aufweisen und der verbleibende Abstand zur Nachbargrenze mindestens 2,50 m beträgt, so dass es keiner Abweichung bedarf (vgl. § 6 Rdn. 488–499). Bei einer Überschreitung der Stärke von mehr als 0,25 m oder einer Unterschreitung der Mindesttiefe des Abstands von 2,50 m zur Nachbargrenze, stellt § 6 Abs. 7 **Satz 2** BauO NRW klar, dass die Erteilung einer Abweichung nach § 69 Abs. 1 Satz 1 BauO NRW im Einzelfall daneben weiterhin möglich bleibt.

2.3 Zu Satz 3 – Abweichungen von technischen Anforderungen

46 Nach Satz 3 ist der Genehmigungsbehörde bei der Abweichung von einer **technischen** Anforderung **nachzuweisen,** dass deren **Zweck auf andere Weise entsprochen** wird. Der Begriff »technische Anforderung« ist nicht mit dem Begriff »Technische Baubestimmung« gleichzusetzen (so auch Schlotterbeck/von Arnim/Hager, zu § 56 Rn. 6). Unter einer »**technischen Anforderung**« ist eine **Vorschrift** der Landesbauordnung oder einer aufgrund der BauO NRW erlassenen Rechtsverordnung oder Satzung gemeint, die einen konkretisierenden, technischen Inhalt hat, der sich gerade nicht nur in allgemeinen Anforderungen erschöpft (so VGH B-W, Beschl. v. 02.11.1998 – 5 S 1760/98, BRS 60 Nr. 137). Die Vorschrift des § 69 Abs. 1 **Satz 3** BauO NRW **darf nicht mit § 88 Abs. 1** Satz 3 BauO NRW **verwechselt werden,** der Abweichungen von allgemein anerkannten Regeln der Technik ermöglicht (vgl. Rdn. 16 und § 88 Rdn. 16–24). Abweichungen von Technischen Baubestimmungen sind nicht nach § 69 Abs. 1 Satz 3 BauO NRW, sondern nur nach § 88 Abs. 1 Satz 3 BauO NRW möglich (VG Freiburg, Urt. v. 20.03.2001 – 7 K 521/00, BauR 2001, 1724).

47 Satz 3 betrifft in erster Linie **brandschutztechnische** Anforderungen, da die Landesbauordnung als Vorschrift zum vorbeugenden baulichen Brandschutz überwiegend diese erfasst. Zu bedenken ist hierbei, dass die brandschutztechnischen Anforderungen an Wohngebäude oder Gebäude vergleichbaren Gefahrenpotenzials viele **Sonderfälle,** die eigentlich einer Abweichung bedurft hätten, **als Zulässigkeitstatbestände** regeln. Für **Sonderbauten** besteht ohnehin mit **§ 50 Abs. 1 Satz 2** BauO NRW das Rechtsinstitut der **Erleichterung** (vgl. Rdn. 16), so dass nur sehr wenige Einzelfälle im Bereich des Wohnungsbaus verbleiben dürften, bei denen überhaupt noch von einer technischen Anforderung nach § 69 Abs. 1 BauO NRW abgewichen werden kann und damit der Nachweis nach Satz 3 zu erbringen ist, dass deren Zweck auf andere Weise entsprochen wird (zu einer Abweichung von § 31 BauO NRW 2000 infolge Verwendung brennbarer

Baustoffe in einer Gebäudeabschlusswand s. OVG NRW, Beschl. v. 01.12.1998 – 10 B 2304/98, BRS 60 Nr. 156).

Wie nach der früheren Regelung des § 68 Abs. 3 Buchstabe b BauO NW 1984 zur Befreiung ist der **Nachweis nur bei Zweifeln erforderlich.** Ist offenkundig, dass die gewählte technische Lösung dem Zweck der technischen Anforderung entspricht, bedarf es keines weiteren Nachweises. Die Regelung war geboten, um die Bauaufsichtsbehörde von Ermittlungen zu entlasten, da ihr nach dem **Untersuchungsgrundsatz** des § 24 VwVfG. NRW. ansonsten die Pflicht obliegen würde, den Sachverhalt von Amts wegen vollständig aufzuklären. Satz 4 verdrängt insoweit diesen Untersuchungsgrundsatz, als dem Bauherrn die Nachweispflicht übertragen wird, dieser selbst also untersuchen und der Bauaufsichtsbehörde nachweisen muss, **ob** und **wie** dem Zweck der technischen Anforderung entsprochen werden kann. Hierzu kann der Bauherr ein **Sachverständigengutachten** vorlegen. Die Vorschrift bezweckt darüber hinaus eine **beschleunigte Verfahrensabwicklung,** die es der Bauaufsichtsbehörde nicht abverlangt, nach in den Bauvorlagen **versteckten** Abweichungen suchen zu müssen, ohne dass hierfür konkrete Anhaltspunkte vorliegen. 48

Kommt der Bauherr seiner Nachweispflicht nicht nach, verbleibt es bei der Anwendung der technischen Anforderung, so dass gegebenenfalls der Antrag und Erteilung der Abweichung wegen nicht nachgewiesener Abweichungsvoraussetzungen zu versagen ist, sofern solche nicht offensichtlich vorliegen (vgl. Rdn. 48). Wird der **Nachweis erbracht** und fällt die **Prüfung des Nachweises** durch die Bauaufsichtsbehörde **positiv** aus, besteht – wie nach Satz 2 – ein **Rechtsanspruch** auf Erteilung der Abweichung. Dies entspricht gerade dem Zweck der Vorschrift, die nicht nur die Bauaufsichtsbehörde entlasten soll, sondern auch deshalb die Nachweispflicht des Bauherrn begründet, um **Zweifel an der Zulässigkeit** der Abweichung **von vornherein auszuschließen.** 49

2.4 Abweichungen von § 6

In § 69 BauO NRW 2018 wurde die mit dem »Zweiten Gesetz zur Änderung der Landesbauordnung« vom 12.12.2006 (GV. NRW. S. 615) zwischenzeitlich in Satz 2 von § 73 Abs. 1 BauO NRW 2000 eingefügte besondere Abweichungsregelung im Hinblick auf **Abweichungen von § 6 BauO NRW** nicht übernommen. Abweichungen von Abstandsflächen nach § 6 BauO NRW richtet sich nun wieder ausschließlich nach den **allgemeinen Regelungen des § 69 BauO NRW.** 50

Abweichungen nach § 69 Abs. 1 Satz 1 BauO NRW sind möglich, wenn eine **atypische Grundstücks- oder Bausituation** vorliegt, die vom Regelfall, von dem die Abstandsflächenvorschriften ausgehen, derart abweicht, dass bei Anwendung des § 6 die Ziele der Vorschrift verfehlt würden (vgl. OVG NRW, Beschl. v. 12.02.1997 – 7 B 2608/96, BRS 59 Nr. 162; zu einer in der geschlossenen Bauweise im rückwärtigen Grundstücksbereich hinter den Gebäuden schräg abknickenden Grundstücksgrenze, wodurch die Abstandsfläche der Gebäuderückwand dreieckförmig auf dem Nachbargrundstück lag; BayVGH, Urt. v. 22.11.2006 – 25 B 05.1714, BauR 2007, 1554 = BRS 70 Nr. 121 zum Wiederaufbau eines abgebrannten Gebäudes auf den Grundmauern am 51

§ 69 Abweichungen

alten Standort mit unzureichendem Grenzabstand; vgl. Boeddinghaus, Abweichungen von den bauordnungsrechtlichen Abstandsvorschriften, BauR 1999, S. 593 ff.).

52 Um eine Abweichung erteilen zu können, muss eine **atypische Grundstücks- oder Bausituation** vorliegen (OVG NRW, Beschl. v. 02.03.2007 – 10 B 275/07). In der zitierten, wie auch in zahlreichen anderen Entscheidungen, geht die Rechtsprechung bei den Vorschriften des § 6 BauO NRW von einem **in sich abgeschlossenen Regelungsbereich** aus. Dies trifft allerdings nur für den vom Gesetzgeber zugrunde gelegten »**Regelfall**« zu, da das Abstandsflächenrecht in Bezug auf »**ungewöhnliche**« Gebäudeformen und Grundstückszuschnitte, gerade **keine in sich geschlossene Materie** darstellen kann (vgl. § 6 Rdn. 50–53), wodurch sich eine Abweichung erst rechtfertigen lässt. Bei der Würdigung nachbarlicher Interessen kann bei Bestehen nachbarlicher Abwehrrechte ein der gesetzlichen Regelung zuwiderlaufendes Ergebnis daher nur rechtens sein, wenn die Grundstücks- und Bausituation von dem den gesetzlichen Regelungen zugrunde liegenden Normalfall **in deutlichem Maße abweicht**. Die Möglichkeit einer Abweichung scheidet aus, wenn die Unterschreitung der notwendigen Abstandsflächen nicht durch atypische Verhältnisse bedingt ist. Die Interessen des Bauherrn sind nämlich bereits in der gesetzlichen Regelung ausreichend berücksichtigt und können kein zweites Mal zur Überwindung der in § 69 Abs. 1 Satz 1 BauO NRW ausdrücklich zu würdigenden nachbarlichen Interessen bemüht werden (OVG NRW im Beschl. v. 28.08.1995 – 7 B 2117/95, BRS 57 Nr. 141 und Urt. v. 22.08.2005 – 10 A 3611/03, BauR 2006, 342).

53 § 69 Abs. 1 Satz 1 BauO NRW ermöglicht nach dem Ergebnis der Rechtsprechung (s. OVG NRW, Beschl. v. 12.02.1997 – 7 B 2608/96, BRS 59 Nr. 162) eine Abweichung, wenn ein vom **Regelfall** – dem **rechteckigen** Grundstück – abweichender **atypischer Grundstückszuschnitt** vorliegt (vgl. § 6 Rdn. 356–357 und Abb. 6.21). Ist bei **vorhandener älterer Bausubstanz** aus Gründen des Brandschutzes **nachträglich ein zweiter Rettungsweg** (z.B. durch eine Notleiter mit Rückenschutz oder eine Spindeltreppe) anzulegen, der bautechnisch nicht ohne Verstoß gegen das Abstandsflächenrecht realisierbar ist, kommt nach Auffassung des OVG NRW eine grundstücksbezogene Atypik in diesem Sinne in Betracht (OVG NRW, Beschl. v. 01.10.2008 – 7 B 1069/08, BauR 2009, 631 und Urt. v. 25.08.2010 – 7 A 749/09, NVwZ-RR 2011, 47). Passender wäre hier jedoch der Begriff einer »**bauhistorischen Atypik**«, weil diese Gebäude zu einem Zeitpunkt errichtet wurden, zu dem es die gesetzliche Forderung eines zweiten Rettungsweges nicht gab. Diese Möglichkeit besteht dementsprechend **nicht für Neubauten** (vgl. hierzu OVG NRW, Urt. v. 17.01.2008 – 7 A 2761/06, juris).

54 Bei geringfügigen **Unterschreitungen** im **Zentimeterbereich** aufgrund von **Bautoleranzen** handelt es sich nicht um einen Abweichungsfall, sondern um eine Frage der **Rechtswirkungen** der **allgemein anerkannten Regeln der Technik** oder des **ordnungsbehördlichen Einschreitens** der Bauaufsichtsbehörde nach § 58 Abs. 2 BauO NRW. Der Gesetzgeber hat mit § 3 Abs. 2 Satz 1 BauO NRW die Beachtung der allgemein anerkannten Regeln der Technik, die der Wahrung der in § 3 Abs. 1 Satz 1 BauO NRW beschriebenen Belange dienen, als Rechtssatz vorgegeben. Ihm war bewusst,

dass bei der **Bauausführung** die **technischen Regelwerke** unverzichtbar sind (vgl. § 3 Rdn. 77–81). **Maßtoleranzen** haben nicht nur wirtschaftliche Auswirkungen haben, sondern können auch **sicherheitsrelevant** sein.

Für das **Vermessungswesen** ergeben sich die Anforderungen an die **Genauigkeit** der 55 **Messwerte** aus dem **Erhebungserlass** vom 15.09.2017, der in Anlage 5 für **lokale Standardabweichungen** der Lage der **Grenzpunkte** – **GP** und der **Gebäudepunkte** – **GebP** als **Sollwert 3 cm** und als **Maximalwert 6 cm** festlegt.

Im Bauwesen ist **DIN 18202** (Fassung April 2013) – **Toleranzen im Hochbau** – **Bau-** 56 **werke** – als allgemein anerkannte Regel der Technik zu beachten. Diese Norm legt die zulässigen Grenzwerte für Maßabweichungen fest und bildet die Grundlage für ein **verbindliches Prüfschema** (vgl. Schöwer, Maßtoleranzen im Hochbau neu geregelt, DAB 2006, S. 51 f.). Nach **Nr. 6.**1 sind die **Prüfungen** so früh wie möglich durchzuführen, spätestens jedoch bei der Übernahme der Bauteile oder des Bauwerks durch den Folgeauftragnehmer oder unmittelbar nach Fertigstellung des Bauwerks. Für einen üblichen Bauablauf ergibt sich daraus, dass bereits der Rohbau auf Einhaltung der vorgesehenen Maße zu prüfen ist. Werden dabei Maßtoleranzen festgestellt, bleibt immer noch Gelegenheit zur Änderung der Außenhaut des Bauwerks, um den einzuhaltenden Abstand einhalten zu können. Die Norm erlaubt nur geringe »Grenzabweichungen«, das ist die Differenz zwischen Höchstmaß und Nennmaß oder Mindestmaß und Nennmaß (nicht zu verwechseln mit Maßen in Bezug auf eine Grundstücksgrenze). **Tabelle 1** der Norm beinhaltet im Grundriss, z.B. für Längen, Breiten, Achs- und Rastermaße, von über 6 m bis zu 15 m lediglich ein Grenzabweichungsmaß von **± 20 mm** und von über 15 m bis zu 30 m ein Grenzabweichungsmaß von **± 24 mm**.

Vermessungstechnische und bauausführungsbedingte **Maßtoleranzen** bewegen sich im 57 **unteren einstelligen Zentimeterbereich** und sind mit dem Auge nicht wahrnehmbar.

Bei der Errichtung eines Gebäudes, dessen **Abstandsfläche** den zur Verfügung stehen- 58 den Raum **bis auf den letzten Zentimeter** ausnutzt, ist eine entsprechende **Sorgfalt** sowohl bei der Absteckung nach § 74 Abs. 8 BauO NRW (vgl. § 74 Rdn. 263–270) als auch bei der Bauausführung **zu verlangen**, denn die Abstandsflächenregelung beinhaltet bereits eine vom Nachbarn zu erduldende Beeinträchtigung (vgl. § 6 Rdn. 61). Daher löst eine Unterschreitung der vorgeschriebenen Maße für die notwendigen Abstandsflächen regelmäßig einen **Abwehranspruch** des Nachbarn aus, selbst wenn diese Unterschreitung **nur im Zentimeterbereich** liegt. Denn das Rechtsinstitut der **Abweichung** ist **kein Instrument zur Legalisierung gewöhnlicher Rechtsverletzungen** (OVG NRW, Beschl. v. 05.03.2007 – 10 B 274/07, BauR 2007, 1031 und Urt. v. 06.06.2014 – 2 A 2757/12, juris).

3 Zu Abs. 2 Satz 1 – Bauplanungsrechtliche Ausnahmen und Befreiungen

Das **Zulässigkeitsrecht für Vorhaben** im Sinne des § 29 Abs. 1 BauGB regelt Aus- 59 nahmen und Befreiungen von Festsetzungen des Bebauungsplans in § 31 BauGB und deren entsprechende Anwendung im unbeplanten Innenbereich in § 34 Abs. 2 **BauGB**. Die Zulässigkeit dieser städtebaulichen Abweichungen ist aufgrund der

§ 69 Abweichungen

ausdrücklichen Anordnung des § 36 Abs. 1 Satz 1 BauGB im **Baugenehmigungsverfahren zu prüfen**. Ist **kein Baugenehmigungsverfahren** erforderlich, besteht mit § **69 Abs. 2 Satz 1 BauO NRW** eine eigenständige Verfahrensvorschrift. Die **Bereitstellung eines Verfahrens** zur Entscheidung über bauplanungsrechtliche Ausnahmen und Befreiung ist **geboten**, da das Bauplanungsrecht in § 31 und § 34 Abs. 2 Halbsatz 2 BauGB hierfür zwar ein materiell-rechtliches Entscheidungsprogramm, aber **kein Trägerverfahren** bereithält. Dieses hat nun in § 69 Abs. 2 Satz 1 Einzug gefunden.

60   Die Regelung des § **69 Abs. 2 Satz 1 BauO NRW** betrifft in erster Linie Vorhaben mit **städtebaulicher Relevanz**, die nach den § 62 BauO NRW **genehmigungsfrei** sind. Für nach § 63 BauO NRW **freigestellte** Vorhaben ist das Verfahren nach § 69 BauO NRW dagegen **nicht anwendbar**, da dieses nach § 63 Abs. 2 Satz 1 Nr. 4 BauO NRW für freigestellte Vorhaben nach § 63 BauO NRW ausscheidet.

61   Für **genehmigungsbedürftige** Vorhaben hat § 69 Abs. 2 Satz 1 BauO NRW nur insoweit Bedeutung, dass nach dem Wortlaut von § 69 Abs. 1 BauO NRW auch bei genehmigungsbedürftigen Vorhaben ein **gesonderter Antrag** für Ausnahmen und Befreiungen zu stellen ist. Im Übrigen wird das Bauplanungsrecht im Baugenehmigungsverfahren ohnehin uneingeschränkt geprüft. Daher ist im Baugenehmigungsverfahren auch über die Gewährung von Ausnahmen oder Befreiungen zu entscheiden (vgl. § 64 Rdn. 28–30). Das Gleiche gilt für das **Zustimmungsverfahren** nach § 79 BauO NRW, da die Zustimmung die Baugenehmigung ersetzt (vgl. § 79 Rdn. 15–16). Ebenso wird in einem **Zulassungsverfahren mit Konzentrationswirkung** nach sonstigem öffentlichem Recht über die bauplanungsrechtliche Zulässigkeit entschieden, da eine derartige Gestattung gemäß § 61 BauO NRW sowohl die Baugenehmigung als auch die Zustimmung nach § 79 BauO NRW einschließt (vgl. § 61 Rdn. 3–19).

62   Erfasst werden von § 69 Abs. 2 Satz 1 BauO NRW nur **Ausnahmen** und **Befreiungen** von den
– Festsetzungen eines Bebauungsplans,
– Festsetzungen einer städtebaulichen Satzung nach § 34 Abs. 4 Satz 1 Nr. 2 und 3 BauGB,
– Regelungen der Baunutzungsverordnung.

63   Die Abweichungsregelung erfasst sämtliche Ausnahmen und Befreiungen von den Regelungen der BauNVO, insbesondere auch die unmittelbar auf der BauNVO beruhenden Abweichungen wie beispielsweise Fälle des § **23 Abs. 2 Satz 2** und des **Abs. 3 Satz 2** (vgl. LT-Drucks. 17/2166 S. 184). Auch die **häufig auftretenden** des **Abs. 5 BauNVO**, wonach Nebenanlagen im Sinne des § 14 BauNVO und nach Landesrecht in den Abstandsflächen privilegierte bauliche Anlagen auf den **nicht überbaubaren** Grundstücksflächen zugelassen werden können, sind erfasst. Hierbei handelt es sich um keine Ausnahmeregelung, sondern um eine **Abweichungsermächtigung eigener Art** (vgl. § 6 Rdn. 237–241), für die nunmehr ein landesrechtliches Trägerverfahren im Falle freigestellter Vorhaben zur Verfügung steht.

4 Zu Abs. 2 Satz 3 – Verfahren bei selbstständigen Abweichungen

§ 69 Abs. 2 Satz 3 BauO NRW stellt klar, dass die Vorschriften über die Zulassung von **bauordnungsrechtlichen Abweichungen** auf **baugenehmigungsfreie Anlagen** sowie für **Abweichungen** von Vorschriften, **die im Genehmigungsverfahren nicht geprüft werden**, anzuwenden sind. Die Regelung findet demnach für **jede isolierte Entscheidung** über die **Zulässigkeit** einer **Abweichung, Ausnahme oder Befreiung** Anwendung, unabhängig ob es sich um eine genehmigungsfreie Anlage handelt oder nicht. Insoweit ist das isolierte Abweichungsverfahren nach § 69 Abs. 2 Satz 1 BauO NRW auch für an sich genehmigungsbedürftige Anlagen anwendbar, wenn es um Abweichungen, Befreiungen und Ausnahmen von Anforderungen geht, die im jeweiligen Baugenehmigungsverfahren nicht geprüft werden (vgl. LT-Drucks. 17/2166, S 184). 64

Genehmigungsfreie Vorhaben dürfen nach § 60 Abs. 2 nur in Übereinstimmung mit den materiell-rechtlichen Vorschriften errichtet werden (vgl. § 60 Rdn. 14–20). Soll bei einem **genehmigungsfreien Vorhaben** von **bauordnungsrechtlichen** Vorschriften abgewichen werden, gilt **Abs.** 2 Satz 1 entsprechend, die Zulassung einer Abweichung muss also **schriftlich** beantragt werden (vgl. Rdn. 03). 65

Eines ausdrücklichen Antrags auf Zulassung einer isolierten Abweichung bedarf es auch dann, wenn bei genehmigungsfreien Vorhaben eine **Ausnahme oder Befreiung nach bauplanungsrechtlichen Vorschriften** in Betracht kommt, da Bebauungspläne als materielles Recht gemäß § 52 BauO NRW stets zu beachten sind. 66

Für **freigestellte Vorhaben** nach § 63 BauO NRW findet das **selbstständige Abweichungsverfahren** gemäß § 69 Abs. 2 Satz 3 BauO NRW **keine Anwendung** (mehr). § 63 Abs. 2 Satz 1 Nr. 4 BauO NRW stellt klar, dass eine Genehmigungsfreistellung nach § 63 BauO NRW ausscheidet, sobald das Bauvorhaben einer Abweichung nach § 69 BauO NRW bedarf (vgl. § 63 Rdn. 38). 67

Im **einfachen Genehmigungsverfahren nach** § 64 BauO NRW werden nur einzelne bauordnungsrechtliche Vorschriften präventiv geprüft (vgl. § 64 Rdn. 33). Abweichungen von diesen Vorschriften sind in die Prüfung einbezogen (vgl. Rdn. 78). Wird in einem einfachen Genehmigungsverfahren dagegen eine **bauordnungsrechtliche** Abweichung von Vorschriften erforderlich, die nach § 64 Abs. 1 Satz 1 Nr. 3 BauO NRW **nicht zu prüfen** sind, entscheidet die Genehmigungsbehörde über diese Abweichung nach **§ 64 Abs. 1 Satz 1 Nr. 2** BauO NRW auf **besonderen Antrag** (vgl. § 64 Rdn. 31–32). 68

Bei der Entscheidung über den Antrag auf Zulassung einer »**isolierten**« Abweichung handelt es sich um ein – **eigenständiges**, besonders ausgestaltetes – **bauaufsichtliches Verfahren**. Diesem Verfahren kommen der Baugenehmigung vergleichbare Wirkungen insoweit zu, als das Vorhaben durch die Abweichung legalisiert und damit zugelassen wird, so dass **Rechtsbehelfe eines Dritten** gegen diesen Bescheid keine aufschiebende Wirkung zukommt (VGH B-W, Beschl. v. 09.05.2006 – 3 S 906/06, BauR 2006, 1862 und OVG Bln-Bbg, Beschl. v. 27.01.2012 – 2 S 50.10 zu **§ 212a** 69

§ 69 Abweichungen

Abs. 1 BauGB). Das OVG NRW bewertet dies anders: Danach hat die Anfechtungsklage gegen eine selbständige Abweichungsentscheidung aufschiebende Wirkung. Nach Auffassung des OVG handelt es sich hierbei nicht um eine bauaufsichtliche Zulassung im Sinne von § 212a Abs. 1 BauGB (OVG NRW, Beschl. v. 29.05.2008 – 100 B 616/08, BauR 2008, 1588).

70 Die **Förmlichkeit** ist bei der isolierten Abweichung auf das Erfordernis des **schriftlichen Antrags** reduziert. Weitere konkrete Anforderungen sind auch in der BauPrüfVO **nicht** enthalten. Es ist auf den konkreten Einzelfall abzustellen. Die Bauaufsichtsbehörde wird aufgrund des allgemeinen Untersuchungsgrundsatzes in sinngemäßer Anwendung des § 1 Abs. 2 BauPrüfVO das an Unterlagen fordern können und müssen, was ihr eine sachgerechte Entscheidung ermöglicht. Da nach § 69 Abs. 2 Satz 3 für die isolierte Abweichung nur auf die entsprechende Anwendung von Abs. 2 Satz 1 verwiesen wird, besteht für den Antrag **kein Begründungszwang**; es wird sich jedoch die Beifügung einer Begründung empfehlen. Nach üblichen Auslegungsgrundsätzen ist auch **Abs. 1 Satz 3 zu beachten**. Es ist demnach bei Abweichungen von technischen Anforderungen nachzuweisen, dass dem Zweck dieser Anforderung auf andere Weise entsprochen wird (vgl. Rdn. 46–49).

71 Der **Prüfungsumfang** ist **auf die Reichweite der Abweichung reduziert**. Dabei ist es unerheblich, ob das Vorhaben, für das eine Abweichung beantragt wird, im Übrigen materielles Recht einhält, so wie es sich entweder aus § 52 BauO NRW auch für genehmigungsfreie Vorhaben als gefordert ergibt oder aus der Überlegung abzuleiten ist, dass die isolierte Zulassung einer Abweichung einen Unterfall der Genehmigungspflicht darstelle. Wie auch immer die Notwendigkeit, das materielle Recht auf jeden Fall einhalten zu müssen, begründet wird, jedenfalls steht fest, dass bei bzw. wegen der Genehmigungsfreiheit des Vorhabens insgesamt die Verantwortung für und das Risiko der materiellen Rechtmäßigkeit derartiger Vorhaben vom Bauherrn allein getragen werden muss. Davon macht § 69 BauO NRW eine Ausnahme nur, soweit die Abweichung reicht, nicht jedoch darüber hinaus. Ergibt sich anlässlich des Antrags auf isolierte Abweichung ein Verstoß gegen von diesem beschränkten Prüfungsprogramm nicht erfasste Rechtsvorschriften, steht es im pflichtgemäßen Ermessen der Bauaufsichtsbehörde, ob und welche Maßnahmen sie ergreifen will. Darin eingeschlossen ist die Untersagung der Ausführung des Vorhabens.

72 **Zu beachten** ist ebenfalls ein sich aus § 72 BauO NRW ergebendes Erfordernis zur **Beteiligung der Angrenzer**. Liegen dem Abweichungsantrag nicht bereits die schriftlichen Erklärungen der von der Abweichung berührten Angrenzer bei, hat die Genehmigungsbehörde diese vor Zulassung einer Abweichung von Vorschriften, die – zumindest auch – nachbarschützende Wirkung haben, zu **benachrichtigen**. Hat der Angrenzer der Abweichung nicht zugestimmt, so ist die **Entscheidung** über die Abweichung dem Angrenzer **zuzustellen**. Bei Versagung des Antrages auf Erteilung einer Abweichung kann davon abgesehen werden.

5 Verfahrensvoraussetzungen und formelle Aspekte

5.1 Antrag und Begründung

Nach § 69 Abs. 2 Satz 1 BauO NRW ist die Zulassung einer **Abweichung** nach Abs. 1 sowie von **Ausnahmen** und **Befreiungen** von den Festsetzungen eines Bebauungsplanes oder einer sonstigen städtebaulichen Satzung oder von den Regelungen der Baunutzungsverordnung **gesondert schriftlich** zu **beantragen**. Nach § 69 Abs. 2 Satz 2 BauO NRW ist der Antrag zu **begründen**. 73

Die **Begründungspflicht** nach § 69 Abs. 2 Satz 2 BauO NRW gilt, dies zeigt der Umkehrschluss aus § 69 Abs. 2 Satz 3 BauO NRW, **für alle der Baugenehmigungspflicht unterliegenden Vorhaben** (vgl. Hornmann, § 73 Rn. 44). Neben Vorhaben im einfachen Baugenehmigungsverfahren nach § 64 BauO NRW und »herkömmlichen« Baugenehmigungsverfahren nach § 65 BauO NRW gilt die **Begründungspflicht** nach § 79 Abs. 3 Satz 2 BauO NRW auch für dem **Zustimmungsverfahren unterliegende Vorhaben** (vgl. § 79 Rdn. 15). 74

Mit dem **Schriftform- und Begründungserfordernis** für Abweichungen, Ausnahmen und Befreiungen nach Abs. 2 Satz 1 und 2 wird von der **bisherigen Praxis**, in dem Bauantrag auch zugleich den Zulassungsantrag zu sehen (vgl. BVerwG Beschl. v. 28.05.1990 – 4 B 56/90, NVwZ-RR 1990, 529), **abgewichen** (vgl. Hornmann, § 73 Rn. 45). Nunmehr ist es auch im Baugenehmigungsverfahren notwendig, einen **gesonderten schriftlichen Antrag** zu stellen und diesen **hinreichend bestimmt** zu **begründen**. 75

Unterbleibt der Antrag, ist der Bauantrag **unvollständig** (vgl. § 70 Rdn. 29). Sollte eine Zulassung der Abweichung, Ausnahme oder Befreiung trotz fehlendem Antrag gleichwohl erteilt werden, wäre diese nach § 45 Abs. 1 Nr. 1, Abs. 2 VwVfG. NRW. **formell rechtswidrig**. Eine nachträgliche Heilung kann in Betracht kommen (vgl. BVerwG BRS 24 Nr. 168). 76

Nach dem Gesetzeswortlaut setzen auch **bauplanungsrechtliche Abweichungen** die Stellung eines **Antrags** voraus, obwohl die Übereinstimmung mit den bauplanungsrechtlichen Anforderungen und eine ggf. erforderliche Abweichung sowohl im vereinfachten Baugenehmigungsverfahren nach § 64 Abs. 1 Satz 1 Nr. 1 BauO NRW als auch im Baugenehmigungsverfahren nach § 65 Satz 1 Nr. 1 BauO NRW unabhängig von einem Antrag geprüft werden. 77

5.2 Weitere formelle Aspekte

Eine von der Bauaufsichtsbehörde zugelassene **Abweichung** bezieht sich – wie die Baugenehmigung selbst – nur **auf ein bestimmtes Bauvorhaben**. Im Baugenehmigungs-, Zustimmungs- oder Vorbescheidsverfahren für ein Vorhaben wird die Entscheidung über die Abweichung nicht etwa nur in Form eines »Hinweises« im Tenor des Bescheids ausgesprochen, sondern es ergeht vielmehr die Baugenehmigung, die Zustimmung oder der Vorbescheid **in Gestalt der Abweichung**. Die Zulassung der Abweichung ist **wesentlicher Bestandteil des Verwaltungsakts** und kann daher 78

§ 69 Abweichungen

auch nur zusammen mit der Baugenehmigung, der Zustimmung oder dem Vorbescheid angefochten werden, sofern nicht eine »isolierte« Antragstellung zulässig ist (vgl. Rdn. 64). Dies gilt auch dann, wenn eine Abweichung im Nachhinein zur Legalisierung eines baurechtswidrigen Zustandes zugelassen wird (BVerwG, Urt. v. 17.02.1971 – IV C 2.68, BRS 24 Nr. 168; s.a. OVG NRW, Beschl. v. 01.12.1998 – 10 B 2304/98, BRS 60 Nr. 156 = DVBl 1999, 788 und OVG Bremen, Beschl. v. 24.07.2013 – 1 B 118/13, juris).

79 Von einer Baugenehmigung oder Zustimmung, die unter Gestattung von Abweichungen erteilt ist, kann ohne neue Abweichungsentscheidung der Bauaufsichtsbehörde nicht abgewichen werden. Wird ein mit einer Abweichung genehmigtes Bauwerk verändert ausgeführt, wird über eine wiederum erforderliche Abweichung, sei sie die gleiche wie zuvor oder eine andere, im Zusammenhang mit der Änderungsgenehmigung entschieden. Nur **wenn** eine **Abweichung** »**isoliert**« nach § **69 Abs. 2 Satz 3 BauO NRW beantragt wird**, ist die Versagung oder – aus der Sicht des Nachbarn – die Zulassung der **Abweichung** ein **selbständiger** und damit auch selbständig anfechtbarer **Verwaltungsakt**.

80 Einziger **Gegenstand** einer **Voranfrage** kann die Frage sein, **ob** eine **Abweichung zugelassen wird**. In diesem Fall hat der **Vorbescheid** den Charakter eines »**isolierten« Abweichungsbescheids**.

81 Ob eine **Baugenehmigung**, **Zustimmung** oder ein **Vorbescheid** auch **ohne** die **beantragte Abweichung** erteilt werden kann, hängt davon ab, ob das konkret beantragte Bauvorhaben auch ohne die vorgesehene Abweichung aufgrund der dann maßgeblichen gesetzlichen Voraussetzungen sinnvoll durchgeführt werden kann. Stellt sich heraus, dass bei Ablehnung der Abweichung gewissermaßen ein »**aliud**« genehmigt würde, so müsste der Antragsteller dahingehend belehrt werden, dass mit der Ablehnung der Abweichung auch der Antrag insgesamt abgelehnt werden müsste. Ihm steht es dann frei, entweder entsprechend dem gesetzlichen »Normalfall« umzuplanen oder gegen die negative Entscheidung der Genehmigungsbehörde Rechtsmittel einzulegen. Wird eine Abweichung durch eine Grüneintragung in den Bauvorlagen abgelehnt, so ist darin die Ablehnung des Hauptantrags bei gleichzeitiger Genehmigung einer (nicht beantragten) Alternative zu sehen, die allerdings vom Bauherrn durch Ausführung der behördlich geänderten Vorlagen akzeptiert werden kann, wenn er keine Rechtsmittel ergreifen will.

82 **Übersieht** die **Bauaufsichtsbehörde** die **Erforderlichkeit einer notwendigen Abweichung**, so leidet die Baugenehmigung an einem rechtlichen Mangel, sie ist aber nicht in jedem Falle nichtig (§§ 44 Abs. 1, 45 VwVfG. NRW.). Die Rechtswidrigkeit eines aufgrund einer rechtswidrigen Baugenehmigung durchgeführten Bauvorhabens kann nachträglich nicht durch eine ebenso rechtswidrige Abweichung beseitigt werden, wie auch die rechtswidrige Baugenehmigung nicht durch eine rechtswidrige Abweichung geheilt werden kann. In solchen Fällen muss entschieden werden, ob der rechtswidrige Verwaltungsakt mit allen sich daraus ergebenden Konsequenzen nach

§ 48 VwVfG. NRW. zurückgenommen oder eingeschränkt werden muss und ob dies nach § 48 Abs. 4 VwVfG. NRW. noch möglich ist. Ferner kann die Bauaufsichtsbehörde fordern, dass das Vorhaben in Einklang mit den bestehenden Baurechtsvorschriften zu bringen ist. Von dieser Forderung könnte und müsste dann Abstand genommen werden, wenn die Bauaufsichtsbehörde von sich aus eine Abweichung rechtmäßig zulassen kann.

Weil auf die Zulassung einer **Abweichung** kein Rechtsanspruch besteht, **kann sie mit Nebenbestimmungen versehen werden**, erst recht, wenn sie die Zulassung aus öffentlicher Sicht erst vertretbar erscheinen lassen (§ 36 VwVfG. NRW.; s.a. BVerwG, Urt. v. 29.03.1968 – IV C 27.67, BRS 20 Nr. 139). Diese Nebenbestimmungen dürfen den Bauherrn allerdings nicht mehr belasten, als wenn die Zulassung einer Abweichung abgelehnt würde (so OVG NRW, Urt. v. 12.09.1960 – VII A 157/59, DÖV 1961, 629). 83

Wegen eines in der Regel fehlenden Anspruches auf Zulassung einer Abweichung kann diese davon abhängig gemacht werden, dass der Bauherr bestimmte Verpflichtungen übernimmt oder Leistungen erbringt, die dann wiederum aus der Sicht der Behörde eine Abweichung erst ermöglicht. Solche »**Baudispensverträge**« dürfen nicht mit den nach § 48 BauO NRW möglichen Ablöseverträgen verwechselt werden (vgl. § 48 Rdn. 49 und 112). Für die Zulässigkeit und Wirksamkeit von Baudispensverträgen sind die gesetzlichen **Beschränkungen** der §§ 54 ff. VwVfG. NRW. zu beachten: 84
– die gesetzlichen **Voraussetzungen** für eine Abweichung müssen **erfüllt** sein,
– der **Vertrag darf nicht baurechtlich Unzulässiges beinhalten**,
– die **Gegenleistung** muss im inneren **Zusammenhang** mit der gesetzlichen Verpflichtung stehen, von der abgewichen werden soll, und muss **angemessen** sein.

6 Zu Abs. 3 Sachliche Zuständigkeit und Entscheidungsfrist

6.1 Sachliche Zuständigkeit

Nach § 69 Abs. 1 Satz 1 Halbsatz 1, Abs. 3 Satz 2 BauO NRW ist **grundsätzlich die Bauaufsichtsbehörde** für die Erteilung einer Abweichung, Ausnahme oder Befreiung **zuständig**. 85

§ 69 Abs. 3 Satz 1 BauO NRW trifft von dem Grundsatz, dass für den Vollzug der BauO NRW die Bauaufsichtsbehörde zuständig ist (vgl. § 57 Rdn. 1 ff.) ist, eine **abweichende Regelung** hinsichtlich der sachlichen **Zuständigkeit**. Die Entscheidung bei **nicht genehmigungsbedürftigen Vorhaben** über Abweichungen nach **Abs. 1 Satz 1 von örtlichen Bauvorschriften** (vgl. Rdn. 22–42) sowie über Ausnahmen und Befreiungen nach **Abs. 2 Satz 1** (vgl. Rdn. 59–63) wurde den **Gemeinden** übertragen. Dem wird zugrunde gelegt, dass Entscheidungen nach Abs. 3 Satz 1 nur geringe bauaufsichtliche Relevanz bzw. minimales planungsrechtliches Gewicht zukommt (vgl. LT-Drucks. 17/2166, S. 185). 86

87 Der Gemeinde obliegen daher Entscheidungen über die Zulassung von Abweichungen von Vorschriften, die die gemeindlichen Ortsgestaltungs- und Planungshoheit schützen, und von der Gemeinde selbst erlassen wurden. Sind bei verfahrensfreien Bauvorhaben **gleichzeitig Abweichungen** von **materiell-rechtlichen** Anforderungen der **Bauordnung** erforderlich, so ist für die Erteilung dieser Abweichungen die **Bauaufsichtsbehörde zuständig**; die Aufteilung der Zuständigkeit führt damit zu einem Verwaltungsaufwand, der bei verfahrensfreien Vorhaben kaum zu vertreten ist (vgl. Simon/Busse, Art. 63 Rn. 56; Hornmann § 73 Rn. 66).

88 Für **genehmigungsbedürftigen Vorhaben** sieht § 69 Abs. 3 Satz 2 BauO NRW vor, dass die Baugenehmigungsbehörde **Abweichungen von örtlichen Bauvorschriften** nur im **Einvernehmen** mit der **Gemeinde** zulassen darf. Äußert sich die Gemeinde **zwei Monate** nach Einreichung des Bauantrags nicht, so gilt das **Einvernehmen** zur Abweichung nach **§ 69 Abs. 3 Satz 2 BauO NRW**, der auf **§ 36 Abs. 2 Satz 2 BauGB** verweist, als **erteilt**.

89 **Verweigert** die Gemeinde die **Zustimmung**, muss die Bauaufsichtsbehörde die beantragte Abweichung **ablehnen** (zum Einvernehmen der Gemeinde vgl. § 73 Rdn. 2–4). Eine Gemeinde wird in ihrem Selbstverwaltungsrecht verletzt, wenn die Bauaufsichtsbehörde eine Abweichung zulässt, obwohl das Vorhaben einer gemeindlichen Bauvorschrift widerspricht und die Gemeinde das Einvernehmen zu einer Abweichung rechtmäßig versagt hat (BayVGH, Urt. v. 16.12.1996 – 14 B 93.2981, BRS 59, Nr. 132 = NVwZ 1998, 205). Erfolgt die **Verweigerung** des Einvernehmens durch die Gemeinde **zu Unrecht**, so kann es die Bauaufsichtsbehörde nach § 73 BauO NRW ersetzen (vgl. § 73 Rdn. 21–24; zum Rechtsschutz der Gemeinde § 73 Rdn. 13–16).

6.2 Entscheidungsfrist

90 Nach § 69 Abs. 3 Satz 4 BauO NRW hat die Bauaufsichtsbehörde bzw. die Gemeinde über die Erteilung oder Versagung des Antrags innerhalb von 6 Wochen zu entscheiden. Ist der Antrag unvollständig, beginnt die Entscheidungsfrist nicht zu laufen (vgl. LT-Drucks. 17/2166 S. 184). Die Gemeinde bzw. Bauaufsichtsbehörde hat die Bauherrschaft jedoch entsprechend § 71 Abs. 1 Satz 2 BauO NRW zur Behebung des Mangels aufzufordern. Bleibt die Behörde untätig, tritt keine Genehmigungsfiktion ein.

91 Nach Abs. 3 Satz 5 haben Bauaufsichtsbehörde bzw. Gemeinde die Möglichkeit, dies Frist aus wichtigem Grund einmalig um bis zu 6 Wochen zu verlängern.

§ 70 Bauantrag, Bauvorlagen

(1) Der Bauantrag ist schriftlich bei der unteren Bauaufsichtsbehörde einzureichen. Eine in diesem Gesetz angeordnete Schriftform kann nach Maßgabe des § 3a des Verwaltungsverfahrensgesetzes für das Land Nordrhein-Westfalen vom 12. November 1999 (GV. NRW. S. 602), das zuletzt durch Artikel 2 des Gesetzes vom 15. November 2016 (GV. NRW. S. 934) geändert worden ist, ersetzt werden.

(2) Mit dem Bauantrag sind alle für die Beurteilung des Bauvorhabens und die Bearbeitung des Bauantrags erforderlichen Unterlagen (Bauvorlagen) einzureichen. § 63 Absatz 4 sowie § 68 Absatz 1 Satz 1 Nummer 3 ist zu beachten. Mit den Bauvorlagen für große Sonderbauten (§ 50 Absatz 2) ist ein Brandschutzkonzept einzureichen. Es kann gestattet werden, dass einzelne Bauvorlagen nachgereicht werden.

(3) Die Bauherrin oder der Bauherr und die Entwurfsverfasserin oder der Entwurfsverfasser haben den Bauantrag, die Entwurfsverfasserin oder der Entwurfsverfasser die Bauvorlagen zu unterschreiben. Die von den Fachplanerinnen oder Fachplanern nach § 54 Absatz 2 bearbeiteten Unterlagen müssen auch von diesen unterschrieben sein. Für Bauvorhaben auf fremden Grundstücken kann die Zustimmung der Grundstückseigentümerin oder des Grundstückseigentümers zu dem Bauvorhaben gefordert werden.

Handlungsempfehlung des Ministeriums für Heimat, Kommunales, Bau und Gleichstellung des Landes Nordrhein-Westfalen auf der Grundlage der Dienstbesprechungen mit den Bauaufsichtsbehörden im Oktober/November 2018:

zu Absatz 2

Mit dem Bauantrag sind gemäß § 70 Absatz 2 Satz 1 BauO NRW 2018 die Bauvorlagen, das sind alle für die Beurteilung des Bauvorhabens und die Bearbeitung des Bauantrages erforderlichen Unterlagen, einzureichen. Die Bauvorlagen müssen vollständig sein: Vollständigkeit umfasst dabei nicht nur die formale Vollständigkeit (alle erforderlichen Bauvorlagen in ausreichender Anzahl), sondern auch, dass die Bauvorlagen inhaltlich mängelfrei sein müssen.

Der Bauaufsichtsbehörde ist es nicht gestattet, die Entgegennahme von A-trägen, die nicht vollständig sind, abzulehnen.

Es kann gemäß § 70 Absatz 2 Satz 4 BauO NRW 2018 gestattet werden, dass einzelnen Bauvorlagen nachgereicht werden.

Erst durch die Bauvorlagen wird eine ausreichende Prüfung des Bauvorhabens ermöglicht und der Gegenstand des Baugenehmigungsverfahrens konkretisiert (vgl. OVG NRW, Beschl. v. 12. Januar 2001 – 10 B 1827/00, NVwZ-RR 2001, 430).

Die mit dem Bauantrag regelmäßig vorzulegenden Bauvorlagen ergeben sich aus der BauPrüfVO.

§ 70   Bauantrag, Bauvorlagen

Ergänzende Vorschriften

BauPrüfVO
mit zugeordneter *VV BauPrüfVO*
– Auszug –

§ 1
Allgemeines

(1) Bauvorlagen gemäß § 70 Absatz 2 Satz 1 der Landesbauordnung 2018 vom 21. Juli 2018 in der jeweils geltenden Fassung (im Folgenden BauO NRW 2018 genannt) sind insbesondere
1. die Auszüge aus dem Liegenschaftskataster (§ 2),
2. der Lageplan (§ 3),
3. die Bauzeichnungen (§ 4),
4. die Baubeschreibung und bei gewerblichen oder landwirtschaftlichen Betrieben die Betriebsbeschreibung (§ 5),
5. die Berechnungen und Angaben zur Kostenermittlung (§ 6),
6. die Nachweise der Standsicherheit und des Schallschutzes (§ 8),
7. das Brandschutzkonzept (§ 9),
8. das Barrierefrei-Konzept (§ 9a).

(2) Der Inhalt der Bauvorlagen beschränkt sich auf das zur Beurteilung der jeweiligen Anträge und Vorhaben Erforderliche. Die Bauaufsichtsbehörde kann in zu begründenden Einzelfällen weitere Unterlagen fordern, wenn sie dies zur Beurteilung für erforderlich hält. Die Bauaufsichtsbehörde kann auf Bauvorlagen und einzelne Angaben in den Bauvorlagen sowie auf die Nachweise der Standsicherheit und des Schallschutzes einschließlich deren Prüfung und Bescheinigung durch staatlich anerkannte Sachverständige verzichten, soweit sie zur Beurteilung nicht erforderlich sind. Auf die Vorlage des Brandschutzkonzeptes bei Bauvorhaben großer Sonderbauten gemäß § 50 Absatz 2 BauO NRW 2018 (§ 11) darf nicht verzichtet werden. Die Bauvorlagen müssen aus dauerhaftem Papier lichtbeständig hergestellt sein. § 3a des Verwaltungsverfahrensgesetzes für das Land Nordrhein-Westfalen vom 12. November 1999 in der jeweils geltenden Fassung bleibt unberührt.

(3) Für Anträge, die Vorlage an die Gemeinde in der Genehmigungsfreistellung und einzelne Bauvorlagen sind die von der obersten Bauaufsichtsbehörde in der Sammlung des Ministerialblattes unter Gliederungsnummer 23210 bekannt gemachten Vordrucke zu verwenden.

1.3   Zu Absatz 3

1.31   Für den Bauantrag, den Antrag auf Vorbescheid, die Vorlage in der Genehmigungsfreistellung an die Gemeinde, den Antrag auf Abbruchgenehmigung, den Antrag auf Genehmigung einer Grundstücksteilung sowie für die Baubeschreibung (§ 5 Abs. 1) und die Betriebsbeschreibungen (§ 5 Abs. 2 und 3) sind nur die als Anlage bekannt gemachten Vordrucke (Anlagen I/1 bis I/10) zu verwenden. Inhalt und graphische Anordnung sind verbindlich.

Die drucktechnische Ausführung (Farbgestaltung, Durchschreibeblätter etc.) bleibt den Behörden oder Verlagen überlassen. Die Vordrucke sind unabhängig von der drucktechnischen Ausführung von allen Gemeinden und Bauaufsichtsbehörden entgegenzunehmen.

1.32 *Die in Nummer 1.31 genannten Vordrucke sind von den unteren Bauaufsichtsbehörden und den Gemeinden bereitzuhalten (§ 22 Abs. 2 GO) und den Antragstellerinnen oder Antragstellern und Entwurfsverfasserinnen oder Entwurfsverfassern zusammen mit folgenden Unterlagen auszuhändigen:*
 – *Erhebungsbogen nach dem Hochbaustatistikgesetz,*
 – *Baustellenschild nach Nummer 14 VV BauO NRW,*
 – *Merkblatt zur gesetzlichen Gebäudeeinmessungspflicht (Anlage I/11).*

§ 2
Auszüge aus dem Liegenschaftskataster

(1) Auszüge aus dem Liegenschaftskataster sind die Standardausgaben in Form der Flurkarte oder der Amtlichen Basiskarte.

(2) Im Auszug aus der Flurkarte müssen das Baugrundstück und die benachbarten Grundstücke im Umkreis von 50 m um das Baugrundstück sowie der Standort des Bauvorhabens dargestellt sein. Der Auszug darf nicht älter als sechs Monate und muss amtlich beglaubigt sein. Ein Auszug nach Satz 1 ist nicht erforderlich, wenn ein amtlicher Lageplan nach § 3 Absatz 3, § 17 Satz 1 Nummer 1 oder § 18 vorgelegt wird.

(3) Im Auszug aus der Amtlichen Basiskarte müssen das Baugrundstück und seine Umgebung im Umkreis von 500 m sowie der Standort des Bauvorhabens dargestellt sein. Dabei ist ein Maßstab von mindestens 1:5 000 zu verwenden. Der Auszug darf nicht älter als sechs Monate sein.

§ 3
Lageplan

(1) Der Lageplan ist auf der Grundlage eines Auszugs aus dem Liegenschaftskataster (§ 2) zu erstellen. Dabei ist ein Maßstab von mindestens 1:500 zu verwenden. Ein größerer Maßstab ist zu wählen, wenn es für die Beurteilung des Vorhabens notwendig ist. Der Lageplan muss, soweit erforderlich, enthalten
1. seinen Maßstab und die Lage des Baugrundstücks zur Nordrichtung,
2. die Bezeichnung des Baugrundstücks und der benachbarten Grundstücke nach Straße, Hausnummer, Grundbuch und Liegenschaftskataster sowie die Angabe der Eigentümerin oder des Eigentümers des Baugrundstücks,
3. die rechtmäßigen Grenzen des Baugrundstücks und deren Längen sowie seinen Flächeninhalt,
4. die Höhenlage der Eckpunkte des Baugrundstücks und die Höhenlage des engeren Baufeldes bezogen auf das aktuelle amtliche Höhenbezugssystem,
5. die Breite und die Höhenlage angrenzender öffentlicher Verkehrsflächen bezogen auf das aktuelle amtliche Höhenbezugssystem,
6. die vorhandenen baulichen Anlagen auf dem Baugrundstück und auf den angrenzenden Grundstücken sowie die genehmigten oder nach § 63 Absatz 2 und

5 BauO NRW 2018 zulässigen, aber noch nicht ausgeführten baulichen Anlagen auf dem Baugrundstück, bei Gebäuden auch mit Angabe ihrer Geschosszahl, Wand- und Firsthöhen und deren Abstandflächen mit Berechnung,
7. Denkmäler im Sinne des Denkmalschutzgesetzes vom 11. März 1980 (GV. NRW. S. 226, ber. S. 716) in der jeweils geltenden Fassung auf dem Baugrundstück und dessen engerer Umgebung sowie geschützte Baumbestände auf dem Baugrundstück,
8. Flächen auf dem Baugrundstück, die von Baulasten betroffen sind, sowie Flächen auf den angrenzenden Grundstücken, die von Baulasten zugunsten des Baugrundstücks betroffen sind,
9. Flächen auf dem Baugrundstück, die mit grundbuchlich gesicherten Dienstbarkeiten zu Gunsten der Träger von Hochspannungsleitungen und unterirdischen Leitungen für die Versorgung mit Elektrizität, Gas, Wärme und Wasser belegt sind,
10. Hydranten und andere Wasserentnahmestellen für Feuerlöschzwecke,
11. die Bezeichnung des Bebauungsplanes oder anderer Satzungen nach dem Baugesetzbuch in der Fassung der Bekanntmachung vom 3. November 2017 (BGBl. I S. 3634) in der jeweils geltenden Fassung mit den Festsetzungen über Art und Maß der baulichen Nutzung, die Bauweise, die Darstellung der Baulinien und Baugrenzen und der Flächen auf dem Baugrundstück, für die der Bebauungsplan oder eine andere Satzung besondere Festsetzungen trifft, sowie die Bezeichnung der örtlichen Bauvorschriften,
12. die geplanten baulichen Anlagen unter Angabe der Außenmaße, der Dachform, der Wand- und Firsthöhen, der Höhenlage der Eckpunkte der baulichen Anlage bezogen auf das aktuelle amtliche Höhenbezugssystem an der Geländeoberfläche, der Höhenlage des Erdgeschossfußbodens bezogen auf das aktuelle amtliche Höhenbezugssystem, der Grenzabstände, der Tiefe und Breite der Abstandflächen, der Abstände zu anderen baulichen Anlagen,
13. die Abstände der geplanten baulichen Anlage zu öffentlichen Verkehrsflächen, zu Grünflächen, zu Wasserflächen und zu Wäldern,
14. die Aufteilung der nicht überbauten Flächen auf dem Baugrundstück unter Angabe der Lage, Anzahl und Größe der Stellplätze für Kraftfahrzeuge, der Fahrradabstellplätze, der Zu- und Abfahrten, der Bewegungsflächen für die Feuerwehr, der Kinderspielplätze und der Flächen, die gärtnerisch angelegt werden beziehungsweise mit Bäumen bepflanzt werden sollen sowie
15. die Lage der Entwässerungsgrundleitungen bis zum öffentlichen Kanal oder die Lage der Abwasserbehandlungsanlage mit der Abwassereinleitung.

(2) Bei Vorhaben im Geltungsbereich eines Bebauungsplans oder anderer Satzungen nach dem Baugesetzbuch ist der Lageplan für bauliche Anlagen nach Absatz 1 Nummer 6 und geplante bauliche Anlagen auf dem Baugrundstück durch eine Berechnung ihrer Grundfläche, Geschossfläche, Zahl der Vollgeschosse und ihrer Baumasse zu ergänzen, mit der nachgewiesen wird, dass die festgesetzte Grundflächenzahl, Geschossflächenzahl, Zahl der Vollgeschosse oder Baumassenzahl eingehalten wird.

(3) Der Lageplan (Absatz 1) und die Berechnungen nach Absatz 2 müssen von einem Katasteramt angefertigt oder von einer Öffentlich bestellten Vermessungsingenieurin

oder einem Öffentlich bestellten Vermessungsingenieur angefertigt und mit öffentlichem Glauben beurkundet werden (amtlicher Lageplan), wenn es beantragt wird oder
1. es sich bei den Außengrenzen des Baugrundstücks nicht um festgestellte Grenzen im Sinne des Vermessungs- und Katastergesetzes vom 1. März 2005 in der jeweils geltenden Fassung handelt,
2. die Grenzen des Baugrundstücks und die vorhandenen baulichen Anlagen auf dem Baugrundstück und den angrenzenden Grundstücken so vermessen sind, dass für die Grenzpunkte Koordinaten in einem einheitlichen System nicht ermittelt werden können, oder
3. auf dem Baugrundstück oder von angrenzenden Grundstücken her Grenzüberbauungen vorliegen,
4. eine Baulast im Sinne von § 18 auf dem Baugrundstück oder eine das Baugrundstück betreffende Baulast auf den angrenzenden Grundstücken ruht.

Wenn besondere Grundstücksverhältnisse, insbesondere in Folge des unübersichtlichen Verlaufs der Grenzen des Baugrundstücks durch Grenzvorsprünge oder Grenzknicke, gegeben sind und die Voraussetzungen für die Anfertigung eines amtlichen Lageplanes nach Satz 1 nicht vorliegen, können der Lageplan nach Absatz 1 und die Berechnungen nach Absatz 2 auch von einer Vermessungsingenieurin oder einem Vermessungsingenieur, die oder der Mitglied einer Ingenieurkammer ist, angefertigt werden; die Mitgliedschaft in einer Ingenieurkammer ist auf Verlangen der Bauaufsichtsbehörde nachzuweisen. In allen anderen Fällen können diese Bauvorlagen auch von den Entwurfsverfassenden angefertigt werden.

(4) Personen, die in einem anderen Mitgliedstaat der Europäischen Union oder einem nach dem Recht der Europäischen Gemeinschaften gleichgestellten Staat als Vermessungsingenieurin oder Vermessungsingenieur niedergelassen sind und dort Lagepläne anfertigen dürfen, sind ohne Mitgliedschaft in einer Ingenieurkammer berechtigt, den Lageplan nach Absatz 3 Satz 2 anzufertigen.

(5) Für die Darstellungen im Lageplan sind die Zeichen und/oder Farben der Anlage zu dieser Verordnung und im Übrigen die Planzeichen der Verordnung über die Ausarbeitung der Bauleitpläne und die Darstellung des Planinhalts (Planzeichenverordnung 1990 – PlanzV 90) vom 18. Dezember 1990 (BGBl. I 1991 S. 58) in der jeweils geltenden Fassung zu verwenden. Die sonstigen Darstellungen sind, soweit erforderlich, durch Beschriftung zu kennzeichnen. Der Inhalt des Lageplanes ist auf besonderen Blättern darzustellen, wenn der Lageplan sonst unübersichtlich würde.

3.1   Zu Absatz 1

3.11   Zu den darzustellenden geplanten baulichen Anlagen (Nr. 12) zählen auch Löschwasser-Rückhalteanlagen (siehe auch Richtlinie zur Bemessung von Löschwasser-Rückhalteanlagen beim Lagern wassergefährdender Stoffe (LöRüRL), RdErl. d. Ministeriums für Bauen und Wohnen v. 14.10.1992 (MBl. NRW. S. 1719/SMBl. NRW. 23236).

Es muss sichergestellt sein, dass erforderliche Mindestabstände eingehalten und im Lageplan entsprechend dargestellt werden können. Deshalb sind Vergrößerungen der Liegenschaftskarte/Flurkarte als Grundlage des Lageplanes nur geeignet, wenn die geometrische

§ 70 Bauantrag, Bauvorlagen

Genauigkeit der Darstellungen in der Liegenschaftskarte/Flurkarte hierfür ausreicht. Falls erforderlich, ist der Lageplan auf der Grundlage des Zahlennachweises des Liegenschaftskatasters und aufgrund ergänzender Vermessung anzufertigen. Die in der amtlichen Liegenschaftskarte/Flurkarte enthaltenen Punkte des Lage- und Höhenfestpunktfeldes sind mit ihren Schutzflächen (§ 8 Abs. 6 des Vermessungs- und Katastergesetzes) im Lageplan lagerichtig darzustellen.

Bei der Anforderung der erforderlichen Liegenschaftskarte/Flurkarte bzw. weiterer Unterlagen ist die Katasterbehörde darauf hinzuweisen, dass diese für die Erstellung eines Lageplanes dienen sollen.

Bei der Abgabe der Liegenschaftskarte/Flurkarte teilt die Katasterbehörde auf Antrag auch mit, ob die in Absatz 3 Nr. 1 und 2 genannten Tatbestände vorliegen.

3.2 **Zu Absatz 2**

Sofern die Berechnungen nach Absatz 2 Bestandteil eines Lageplanes nach Absatz 3 Satz 1 oder 3 sind, kann die Prüfung der Richtigkeit dieser Berechnung durch die Bauaufsichtsbehörde entfallen

3.3 **Zu Absatz 3**

Ein Lageplan nach Satz 1 ist auch in den in § 17 Satz 1 Nr. 1 und § 18 genannten Fällen vorgeschrieben. In den Fällen des Satzes 2 kann der Lageplan auch von einer nicht Öffentlich bestellten Vermessungsingenieurin oder einem nicht Öffentlich bestellten Vermessungsingenieur angefertigt werden, jedoch muss die Vermessungsingenieurin oder der Vermessungsingenieur Mitglied einer Ingenieurkammer, z. B. der Ingenieurkammer-Bau NRW, sein. Im Zweifelsfall kann über die Mitgliedschaft in einer Ingenieurkammer ein Nachweis verlangt werden. In allen anderen Fällen kann der Lageplan auch von Entwurfsverfasserinnen oder Entwurfsverfassern angefertigt werden.

§ 4
Bauzeichnungen

(1) Für die Bauzeichnungen (Grundrisse, Schnitte, Ansichten) ist der Maßstab 1:100 zu verwenden. In den Bauzeichnungen sind anzugeben:
1. der Maßstab,
2. die Maße, auch die Maße der Öffnungen, in den Grundrissen und Schnitten,
3. das Brandverhalten der Baustoffe und die Feuerwiderstandsfähigkeit der Bauteile, soweit aus Gründen des Brandschutzes an diese Forderungen gestellt werden,
4. bei Änderung baulicher Anlagen die zu beseitigenden und die neuen Bauteile.

(2) In den Grundrissen, die für alle Geschosse anzufertigen sind, müssen insbesondere angegeben und eingezeichnet werden
1. die vorgesehene Nutzung der Räume,
2. die Treppen und Rampen mit ihrem Steigungsverhältnis,
3. Art und Anordnung sowie lichte Durchgangsmaße der Türen in und an Rettungswegen,
4. die Lage und Außenmaße der Abgasanlagen,
5. Räume für die Aufstellung von Feuerstätten und für die Brennstofflagerung,

6. ortsfeste Behälter für schädliche oder brennbare Flüssigkeiten oder für verflüssigte oder nicht verflüssigte Gase, soweit sie baugenehmigungsbedürftig sind,
7. Aufzugsschächte und die nutzbare Grundfläche der Fahrkörbe von Personenaufzügen,
8. Lüftungsleitungen und Installationsschächte, soweit sie baugenehmigungsbedürftig sind,
9. Feuermelde- und Feuerlöscheinrichtungen, sofern diese besonders vorgeschrieben sind, mit Angabe ihrer Art,
10. der Aufstellungsort von Maschinen und Apparaten.

(3) Aus den Schnitten muss insbesondere ersichtlich sein
1. die Höhenlage des Erdgeschossfußbodens bezogen auf das aktuelle amtliche Höhenbezugssystem,
2. der Anschnitt der vorhandenen und der geplanten Höhenlage der Geländeoberfläche bezogen auf das aktuelle amtliche Höhenbezugssystem sowie Aufschüttungen und Abgrabungen,
3. die Höhe der Fußbodenoberkante des höchstgelegenen Geschosses, in dem ein Aufenthaltsraum möglich ist, über der Geländeoberfläche im Mittel mit rechnerischem Nachweis (§ 2 Absatz 3 BauO NRW 2018),
4. die lichten Raumhöhen,
5. die Höhen der Firste über der Geländeoberfläche, die Dachneigungen sowie das Maß H je Außenwand in dem zur Bestimmung der Abstandflächen erforderlichen Umfang (§ 6 Absatz 4 BauO NRW 2018).

(4) In den Ansichten müssen die geplanten baulichen Anlagen, bei Gebäuden auch das vorhandene und künftige Gelände mit Angabe seiner Höhenlage bezogen auf das aktuelle amtliche Höhenbezugssystem dargestellt werden. Soweit erforderlich, müssen geplante Gebäude zusammen mit den Gebäuden in der näheren Umgebung in einer Ansicht im Maßstab 1:200 dargestellt werden; anstelle dieser Ansicht ist auch ein farbiges Foto oder eine farbige Fotomontage zulässig.

(5) Für die Darstellung in den Bauzeichnungen sind die Zeichen und/oder Farben der Anlage zu dieser Verordnung zu verwenden; dies gilt nicht, wenn in den Bauzeichnungen nur vorgesehene Bauteile dargestellt werden. Einzelne Bauzeichnungen oder Teile hiervon können durch besondere Zeichnungen, Zeichen und Farben erläutert werden.

(6) In den Bauzeichnungen für Wohngebäude der Gebäudeklassen 1 bis 3 mit nicht mehr als zwei Wohnungen sind die Angaben und Einzeichnungen nach Absatz 1 Nummer 3, Absatz 2 Nummer 3, 5 und 8 sowie Absatz 3 Nummer 4 nicht erforderlich.

§ 5
Baubeschreibung und Betriebsbeschreibung

(1) Soweit die für die Prüfung des Antrags notwendigen Angaben nicht bereits im Lageplan und in den Bauzeichnungen enthalten sind, sind diese in einer Baubeschreibung darzulegen. In der Baubeschreibung sind das Vorhaben insbesondere

§ 70 Bauantrag, Bauvorlagen

hinsichtlich der Bauprodukte und Bauarten, die verwendet und angewandt werden sollen, seine äußere Gestaltung (Baustoffe, Farben) und seine Nutzung zu erläutern. Sie muss, soweit es das Bauvorhaben erfordert, die Angaben enthalten, die in dem nach § 1 Absatz 3 bekannt gemachten Vordruck beschrieben sind.

(2) Für gewerbliche Anlagen, die einer immissionsschutzrechtlichen Genehmigung oder einer Erlaubnis nach den aufgrund des Produktsicherheitsgesetzes vom 8. November 2011 in der jeweils geltenden Fassung erlassenen Rechtsverordnungen nicht bedürfen, muss eine Betriebsbeschreibung Angaben enthalten über
1. die Art der gewerblichen Tätigkeit unter Angabe der Art und der Zahl der Maschinen oder Apparate, der Art der zu verwendenden Rohstoffe und der herzustellenden Erzeugnisse, der Art ihrer Lagerung, insbesondere soweit sie feuer-, explosions- oder gesundheitsgefährlich sind,
2. die Art, die Menge und der Verbleib der Abfälle und des besonders zu behandelnden Abwassers,
3. die Zahl der Beschäftigten.

(3) Für landwirtschaftliche Betriebe muss eine Betriebsbeschreibung insbesondere Angaben enthalten über
1. die Größe der Betriebsflächen, deren Nutzungsarten und Eigentumsverhältnisse,
2. Art und Umfang der Viehhaltung,
3. Art, Lagerung und Verbleib der tierischen Abgänge,
4. Art, Menge und Lagerung der Stoffe, die feuer-, explosions- oder gesundheitsgefährlich sind,
5. Art, Menge und Verbleib der Abfälle und des besonders zu behandelnden Abwassers,
6. Anzahl der Arbeitskräfte, ihre fachliche Eignung sowie Art und Umfang ihrer Tätigkeiten,
7. die Kosten und den Nutzen.

§ 6
Berechnungen und Angaben zur Kostenermittlung

Berechnungen und Angaben zur Kostenermittlung sind
1. bei Gebäuden eine nachprüfbare Berechnung des Brutto-Rauminhalts nach DIN 277-1:2016-01 oder für Gebäude, für die landesdurchschnittliche Rohbauwertsätze je m³ Brutto-Rauminhalt nicht festgelegt sind, die Berechnung der veranschlagten (geschätzten) Rohbaukosten,
2. bei den übrigen baulichen Anlagen sowie anderen Anlagen und Einrichtungen im Sinne von § 1 Absatz 1 Satz 2 BauO NRW 2018 Angaben über die veranschlagten (geschätzten) Herstellungskosten.

6	*Berechnungen und Angaben zur Kostenermittlung (§ 6)*
6.1	*Hinsichtlich des Umfanges der anzugebenden veranschlagten (geschätzten) Rohbaukosten oder Herstellungskosten gelten die Tarifstellen 2.1.2 und 2.1.3 des Allgemeinen Gebührentarifs der Allgemeinen Verwaltungsgebührenordnung.*

§ 7
Übereinstimmungserklärung

Werden Bauvorlagen zu unterschiedlichen Zeitpunkten eingereicht oder während des Genehmigungsverfahrens geändert, haben die Entwurfsverfassenden jeweils zu erklären, dass die Bauvorlagen bezüglich ihres Planungs- und Bearbeitungsstandes übereinstimmen.

7 *Übereinstimmungserklärung (§ 7)*

7.1 *Nach § 58 Abs. 2 Satz 3 BauO NRW bleibt die Entwurfsverfasserin oder der Entwurfsverfasser für das ordnungsgemäße Ineinandergreifen aller Fachentwürfe verantwortlich. Die Entwurfsverfasserin oder der Entwurfsverfasser hat die Bauvorlagen zu unterschreiben (§ 69 Abs. 2 BauONRW). Wenn Bauvorlagen zu unterschiedlichen Zeitpunkten eingereicht oder während des Genehmigungsverfahrens geändert werden, bestätigt die Entwurfsverfasserin oder der Entwurfsverfasser jeweils durch Erklärung, dass alle Bauvorlagen bezüglich ihres Planungs- und Bearbeitungsstandes übereinstimmen. Die Erklärung ist auch dann erforderlich, wenn die Bauvorlagen bereits von staatlich anerkannten Sachverständigen geprüft sind.*

§ 8
Nachweise der Standsicherheit und des Schallschutzes

(1) Der Nachweis der Standsicherheit besteht aus einer Darstellung des gesamten statischen Systems einschließlich der Gründung, den erforderlichen Berechnungen, Konstruktionszeichnungen, Bewehrungs- und Schalungsplänen. Die statischen Berechnungen müssen die Standsicherheit der baulichen Anlagen und ihrer Teile nachweisen. Die Beschaffenheit des Baugrundes und seine Tragfähigkeit sind anzugeben. Der Standsicherheitsnachweis umfasst auch den Nachweis der Feuerwiderstandsfähigkeit der tragenden Bauteile.

(2) Von der Vorlage eines Nachweises der Standsicherheit kann im Einvernehmen mit der Bauaufsichtsbehörde abgesehen werden, wenn bauliche Anlagen oder ihre Teile nach Bauart, statischem System, baulicher Durchbildung und Abmessungen sowie hinsichtlich ihrer Beanspruchung einer bewährten Ausführung entsprechen.

(3) Einzelnachweise gemäß Absatz 1, die nach ihrem Inhalt erst vorgelegt werden können, wenn die Ausführungsplanung erstellt ist, dürfen nach Erteilung der Baugenehmigung, jedoch rechtzeitig vor der Bauausführung zur Prüfung eingereicht werden.

(4) Als Nachweis des Schallschutzes sind, soweit erforderlich, Einzelnachweise durch Zeichnung, Beschreibung, Berechnung, Prüfzeugnisse oder Gutachten vorzulegen.

8 *Nachweise der Standsicherheit und des Schallschutzes (§ 8)*

8.1 *Die Nachweise des Wärmeschutzes sind nach Maßgabe der Verordnung zur Umsetzung der Energieeinsparverordnung (EnEV-UVO) aufzustellen oder zu prüfen sowie, soweit vorgeschrieben, der Bauaufsichtsbehörde vorzulegen.*

§ 70 Bauantrag, Bauvorlagen

8.3 Zu Absatz 3

Einzelnachweise, die nach ihrem Inhalt erst vorgelegt werden können, wenn die Ausführungsplanung erstellt ist, dürfen nach Erteilung der Baugenehmigung, jedoch rechtzeitig vor der Bauausführung zur Prüfung eingereicht werden. Die Baugenehmigung ist dann unter der Bedingung zu erteilen, dass diese Einzelnachweise vor Beginn der Bauausführung des jeweiligen Bauteils oder Bauabschnittes durch die Bauaufsichtsbehörde, eine Prüfingenieurin oder einen Prüfingenieur, ein Prüfamt oder eine staatlich anerkannte Sachverständige oder einen staatlich anerkannten Sachverständigen geprüft sein müssen. Die Entwurfsverfasserin oder der Entwurfsverfasser trägt dann die Verantwortung, dass die nachgereichten Einzelnachweise mit dem genehmigten Entwurf und den öffentlich-rechtlichen Vorschriften übereinstimmen.

§ 9
Brandschutzkonzept

(1) Das Brandschutzkonzept ist eine zielorientierte Gesamtbewertung des baulichen und abwehrenden Brandschutzes bei Sonderbauten durch den in § 54 Absatz 3 BauO NRW 2018 bestimmten Personenkreis.

(2) Das Brandschutzkonzept muss insbesondere folgende Angaben enthalten:
1. Zu- und Durchfahrten sowie Aufstell- und Bewegungsflächen für die Feuerwehr,
2. den Nachweis der erforderlichen Löschwassermenge, den Nachweis der Löschwasserversorgung und die Angabe über die Hydrantenstandorte,
3. Bemessung, Lage und Anordnung der Löschwasser-Rückhalteanlagen,
4. das System der äußeren und der inneren Abschottungen in Brandabschnitte beziehungsweise Brandbekämpfungsabschnitte sowie der Rauchabschnitte mit Angaben zur Feuerwiderstandsfähigkeit der Bauteile und Anforderungen an das Brandverhalten der Baustoffe,
5. Lage, Anordnung, Bemessung (gegebenenfalls durch rechnerischen Nachweis) und Kennzeichnung der Rettungswege auf dem Baugrundstück und in Gebäuden mit Angaben zur Sicherheitsbeleuchtung, zu automatischen Schiebetüren und zu elektrischen Verriegelungen von Türen,
6. die höchstzulässige Zahl der Nutzer der baulichen Anlage, deren Mobilität und Grundzüge der Evakuierung,
7. Lage und Anordnung haustechnischer Anlagen, insbesondere der Leitungsanlagen, gegebenenfalls mit Angaben zum Brandverhalten im Bereich von Rettungswegen sowie von Aufzügen,
8. Lage und Anordnung der Lüftungsanlagen mit Angaben zur brandschutztechnischen Ausbildung,
9. Lage, Anordnung und Bemessung der Rauch- und Wärmeabzugsanlagen mit Eintragung der Querschnitte beziehungsweise Luftwechselraten sowie der Überdruckanlagen zur Rauchfreihaltung von Rettungswegen,
10. die Alarmierungseinrichtungen und Alarmierungsanlagen,
11. Lage, Anordnung und gegebenenfalls Bemessung von Anlagen, Einrichtungen und Geräten zur Brandbekämpfung (wie Feuerlöschanlagen, Steigleitungen,

Wandhydranten, Schlauchanschlussleitungen, Feuerlöschgeräte) mit Angaben zu Schutzbereichen und zur Bevorratung von Sonderlöschmitteln,
12. Sicherheitsstromversorgung mit Angaben zur Bemessung und zur Lage und brandschutztechnischen Ausbildung des Aufstellraums, der Ersatzstromversorgungsanlagen (Batterien, Stromerzeugungsaggregate) und zum Funktionserhalt der elektrischen Leitungsanlagen,
13. Lage und Anordnung von Brandmeldeanlagen mit Unterzentralen und Feuerwehrtableaus, Auslösestellen,
14. Grundzüge der funktionalen steuerungstechnischen Zusammenhänge,
15. Feuerwehrpläne,
16. betriebliche Maßnahmen zur Brandverhütung und Brandbekämpfung sowie zur Rettung von Personen (wie Werkfeuerwehr, Betriebsfeuerwehr, Hausfeuerwehr, Brandschutzordnung, Maßnahmen zur Räumung, Räumungssignale),
17. Angaben darüber, welchen materiellen Anforderungen der BauO NRW 2018 oder in Vorschriften auf Grund der BauO NRW 2018 nicht entsprochen wird und welche ausgleichenden Maßnahmen stattdessen vorgesehen werden,
18. Anwendung von Verfahren und Methoden des Brandschutzingenieurwesens.

Die Angaben sind in einem schriftlichen Erläuterungsbericht zu formulieren und durch zeichnerische Darstellung der baulichen Anforderungen unter Angabe der technischen Anforderungen zu ergänzen.

9 *Brandschutzkonzept (§ 9)*

9.1   *Zu Absatz 1*

9.11   *Das Brandschutzkonzept muss die Angaben enthalten, die für eine zielorientierte Gesamtbewertung*
        – des vorbeugenden baulichen und anlagentechnischen Brandschutzes,
        – des betrieblichen Brandschutzes und
        – des abwehrenden Brandschutzes
erforderlich sind.

Es muss auf den Einzelfall und auf die Nutzung der baulichen Anlage abgestimmt sein. Die angewandten Nachweisverfahren und die zugrunde gelegten Parameter, insbesondere Brandszenarien, sind detailliert darzulegen. Bei beabsichtigten Abweichungen von bauordnungsrechtlichen Vorschriften ist eine Risikobetrachtung durchzuführen. Sofern abweichend von § 9 Abs. 2 Nr. 17 ausgleichende Maßnahmen nicht für erforderlich gehalten werden, ist dieses zu begründen und gegebenenfalls nachzuweisen.

9.2   *Zu Absatz 2*

9.21   *Aus dem – nicht abschließenden – Katalog von Inhalten des Brandschutzkonzeptes muss das Brandschutzkonzept für ein konkretes Bauvorhaben nur die Angaben enthalten, die für seine Beurteilung erforderlich sind. Sofern hierzu weitere Angaben erforderlich sind, können diese verlangt werden. Auf § 1 Abs. 2 wird verwiesen.*

§ 10
Bauvorlagen zum Bauantrag im einfachen Baugenehmigungsverfahren und bei referenzieller Baugenehmigung

(1) Dem Bauantrag für die Errichtung oder Änderung baulicher Anlagen, die dem einfachen Baugenehmigungsverfahren unterliegen (§ 64 BauO NRW 2018), sind folgende Bauvorlagen in dreifacher Ausfertigung beizufügen:
1. bei Vorhaben nach den §§ 34 und 35 des Baugesetzbuches ein Auszug aus dem Liegenschaftskataster (§ 2 Absatz 1),
2. der Lageplan (§ 3),
3. die Bauzeichnungen (§ 4),
4. die Baubeschreibung und bei gewerblichen oder landwirtschaftlichen Betrieben die Betriebsbeschreibung (§ 5),

Die Berechnungen oder Angaben zur Kostenermittlung (§ 6) sind in zweifacher Ausfertigung beizufügen. Die Bauaufsichtsbehörde kann die Einreichung weiterer Ausfertigungen verlangen.

(2) Dem Bauantrag für die Änderung baulicher Anlagen brauchen die in Absatz 1 Satz 1 Nummer 1 und 2 genannten Bauvorlagen nicht beigefügt zu werden, wenn Länge und Höhe der den Nachbargrenzen zugekehrten Wände unverändert bleiben. Jedoch ist auf einem Übersichtsplan die zu ändernde bauliche Anlage kenntlich zu machen, wenn sich auf dem Baugrundstück mehrere bauliche Anlagen befinden und aus den sonstigen beizufügenden Bauvorlagen nicht ersichtlich ist, welche dieser baulichen Anlagen geändert werden sollen. Absatz 1 Satz 2 gilt entsprechend.

(3) Dem Bauantrag auf Erteilung einer Baugenehmigung für eine Nutzungsänderung sind die in Absatz 1 Satz 1 Nummer 1 und 2 genannten Bauvorlagen beizufügen; hinsichtlich des Lageplanes ist § 3 Absatz 3 Satz 1 und 2 nicht anzuwenden. Art und Umfang der Nutzungsänderung sind anzugeben und erforderlichenfalls in Bauzeichnungen (§ 4) sowie in Bau- und Betriebsbeschreibungen kenntlich zu machen (§ 5). Sofern mit der Nutzungsänderung genehmigungsbedürftige bauliche Änderungen verbunden sind, sind dem Bauantrag auch die in Absatz 1 Nummer 3 und 4 genannten Bauvorlagen beizufügen. Absatz 1 Satz 2 gilt entsprechend.

(4) Für die Errichtung der Bezugsgebäude gemäß § 66 Absatz 5 Nummer 2 BauO NRW 2018 sind spätestens mit der Anzeige des Baubeginns folgende Bauvorlagen in einfacher Ausfertigung vorzulegen:
1. der Lageplan (§ 3),
2. die Bauzeichnungen (§ 4) und
3. die bautechnischen Nachweise (§ 68 BauO NRW 2018).

Die Bauaufsichtsbehörde kann die Einreichung weiterer Ausfertigungen verlangen.

10	*Bauvorlagen zum Bauantrag im vereinfachten Genehmigungsverfahren (§ 10)*
10.1	*Zu Abs. 1*
10.11	*Zu der Erklärung der Entwurfsverfasserin oder des Entwurfsverfassers nach § 68 Abs. 6 BauO NRW gehört auch die Bestätigung, dass die in den Bauvorlagen gemachten erforderlichen Angaben zum Brandschutz vollständig und richtig sind.*

§ 11 (Fn 5)
Bauvorlagen zum Bauantrag im Baugenehmigungsverfahren

Dem Bauantrag für die Errichtung, Änderung und Nutzungsänderung von Bauvorhaben nach § 65 BauO NRW 2018 sind neben den Bauvorlagen nach § 10 das Brandschutzkonzept nach § 9 und das Barrierefrei-Konzept nach § 9a in dreifacher Ausfertigung beizufügen.

11	*Bauvorlagen zum Bauantrag für Bauvorhaben nach § 68 Abs. 1 Satz 3 BauO NRW (§ 11)*
11.1	*Zu Absatz 1*
	Es besteht die Möglichkeit, Konstruktionszeichnungen, Bewehrungs- und Schalungspläne als Bestandteil des Standsicherheitsnachweises nach Erteilung der Baugenehmigung, jedoch rechtzeitig vor der Bauausführung zur Prüfung einzureichen.
11.12	*Ergeben sich im Rahmen der bauaufsichtlichen Prüfungen Änderungen des Brandschutzkonzeptes, sind diese Änderungen vom Bauherrn in das Brandschutzkonzept zu übernehmen. Das endgültige, geänderte Brandschutzkonzept ist vor Erteilung der Baugenehmigung der Bauaufsichtsbehörde vorzulegen.*
	Änderungen und Ergänzungen des Brandschutzkonzeptes nach Erteilung der Baugenehmigung bedürfen einer zusätzlichen Baugenehmigung.
11.2	*Zu Absatz 2*
11.21	*In den Fällen des Absatzes 2 soll die Erteilung der Baugenehmigung von der Zahlung eines angemessenen Vorschusses oder von einer angemessenen Sicherheitsleistung bis zur Höhe der voraussichtlichen Baugenehmigungsgebühr abhängig gemacht werden (vgl. § 16 GebG NRW). Der Bauantrag ist abzulehnen, falls die in der Vorschrift genannten Nachweise und Bescheinigungen innerhalb von drei Monaten nach Antragseingang nicht vorgelegt worden sind.*

§ 12
Zusätzliche Angaben und Bauvorlagen für besondere Vorhaben

(1) Für Versammlungsstätten im Sinne der Sonderbauverordnung vom 2. Dezember 2016 in der jeweils geltenden Fassung sind die Anordnung der Sitz- und Stehplätze, einschließlich der Plätze für Benutzerinnen und Benutzer von Rollstühlen, der Bühnen, Szenen- oder Spielflächen sowie der Verlauf und die erforderliche Breite

der Rettungswege in einem Bestuhlungs- und Rettungswegeplan im Maßstab von mindestens 1:200 darzustellen. Sind verschiedene Anordnungen vorgesehen, so ist für jede ein besonderer Plan vorzulegen. Ist eine von § 1 Absatz 2 Satz 1 der Sonderbauverordnung abweichende höhere Anzahl von Besucherinnen und Besuchern je m² Grundfläche des Versammlungsraumes vorgesehen, sind die schnelle und sichere Erreichbarkeit der Ausgänge ins Freie und die Möglichkeit zur Durchführung wirksamer Lösch- und Rettungsmaßnahmen gesondert darzustellen.

(2) Für Beherbergungsstätten im Sinne der Sonderbauverordnung müssen die Bauvorlagen zusätzliche Angaben enthalten über die Anzahl der Gastbetten und ihre Zuordnung zu Beherbergungsräumen nach § 56 der Sonderbauverordnung. Für Beherbergungsstätten, für die ein Brandschutzkonzept nicht gefordert ist, müssen die Bauvorlagen Angaben enthalten über
1. die Sicherheitsbeleuchtung,
2. die Sicherheitsstromversorgung,
3. die Alarmierungseinrichtungen,
4. die Brandmeldeanlage und
5. die Rettungswege auf dem Grundstück.

(3) Für Verkaufsstätten im Sinne der Sonderbauverordnung müssen die Bauvorlagen ergänzt werden um
1. eine Berechnung der Flächen der Verkaufsräume und der Brandabschnitte und
2. eine Berechnung der erforderlichen Breiten der Ausgänge aus den Geschossen ins Freie oder in notwendige Treppenräume.

(4) Für Mittel- und Großgaragen im Sinne der Sonderbauverordnung müssen die Bauvorlagen Angaben enthalten über die Zahl, Abmessung und Kennzeichnung der Einstellplätze und Fahrgassen. In den Bauvorlagen für geschlossene Großgaragen mit nicht nur geringem Zu- und Abgangsverkehr sind Art und Lage der CO-Warnanlagen darzustellen.

(5) Für Betriebsräume gemäß § 143 der Sonderbauverordnung müssen die Bauvorlagen Angaben über die Lage des Betriebsraums und die Art der elektrischen Anlage enthalten.

(6) Für Krankenhäuser müssen die Bauvorlagen
1. Angaben über die Zahl der Betten und
2. eine Darstellung der Räume für Untersuchung und Behandlung mit ionisierenden Strahlen
enthalten.

§ 13
Bauvorlagen für Vorhaben in der Genehmigungsfreistellung

(1) Bei Vorhaben nach § 63 Absatz 2 und 5 BauO NRW 2018 sind der Gemeinde einzureichen:
1. der Lageplan (§ 3) und
2. die Bauzeichnungen (§ 4).

§ 10 Absatz 2 und 3 gilt entsprechend. Bei Gebäuden der Gebäudeklassen 1 und 2 ist eine Erklärung der Entwurfsverfassenden beizufügen, dass das Vorhaben den Anforderungen an den Brandschutz entspricht.

(2) Die Bauvorlagen nach Absatz 1 sind in einfacher Ausfertigung einzureichen. Hat die Bauherrschaft gemäß § 63 Absatz 6 Satz 4 BauO NRW 2018 ausdrücklich bestimmt, dass die Bauvorlagen im Falle der Erklärung der Gemeinde nach § 63 Absatz 2 Satz 1 Nummer 5 BauO NRW 2018 als Bauantrag zu behandeln sind, gilt § 10 Absatz 1 entsprechend. In diesem Fall sind auch die Baubeschreibungen (§ 5 Absatz 1) und die Berechnungen und Angaben zur Kostenermittlung (§ 6) in der nach § 10 Absatz 1 Satz 2 erforderlichen Anzahl von Ausfertigungen einzureichen.

13   Bauvorlagen für Vorhaben nach § 67 BauO NRW (§ 13)

13.1   Zu Absatz 1

*13.11   Nach § 67 Abs. 1 Satz 3 BauO NRW kann die Bauherrin oder der Bauherr für Vorhaben nach § 67 Abs. 1 und 7 BauO NRW an Stelle der Behandlung in der Genehmigungsfreistellung die Durchführung eines (vereinfachten) Baugenehmigungsverfahrens beantragen. Dieser Antrag wird unter Verwendung des **Vordrucks I/2** bei gleichzeitiger Einreichung des Bauantrags gestellt. Dem Antrag ist zu entsprechen. Ein Hinweis der Bauaufsichtsbehörde auf die Möglichkeit, die Freistellungsregelung in Anspruch zu nehmen, ist nicht erforderlich.*

13.12   Für die Erklärung der Entwurfsverfasserin oder des Entwurfsverfassers nach § 67 Abs. 2 Satz 1 BauO NRW gilt Nummer 10.11 entsprechend.

§ 14
Bauvorlagen für Werbeanlagen

(1) Dem Bauantrag für die Errichtung, Aufstellung, Anbringung und Änderung von Werbeanlagen sind beizufügen:
1. der Auszug aus dem Liegenschaftskataster (§ 2 Absatz 1) mit Einzeichnung des Standorts der geplanten Werbeanlage und, soweit erforderlich, der Lageplan (§ 3), der nicht als Lageplan nach § 3 Absatz 3 angefertigt zu sein braucht,
2. die Zeichnung und die Beschreibung der Werbeanlage (Absatz 2),
3. ein farbiges Foto oder eine farbige Fotomontage (Absatz 3) und
4. Angaben über die veranschlagten Herstellungskosten.

(2) Die Zeichnung, für die ein Maßstab nicht kleiner als 1:50 zu verwenden ist, muss die Darstellung der geplanten Werbeanlage, ihre Maße, auch bezogen auf den Anbringungsort, sowie die Farben mit Angabe der Nummer und Hilfsbezeichnung aus dem RAL-Farbregister enthalten. In der Beschreibung sind die Art und die Werkstoffe der geplanten Werbeanlage anzugeben.

(3) Auf einem farbigen Foto oder einer farbigen Fotomontage sind wiederzugeben:
1. die Darstellung der geplanten Werbeanlage in Verbindung mit der baulichen Anlage, vor der oder in deren Nähe sie aufgestellt oder errichtet oder an der sie angebracht werden soll,

2. die Darstellung der vorhandenen Werbeanlagen auf dem Grundstück und den angrenzenden Grundstücken,
3. die Darstellung und Bezeichnung der Werbeanlagen, die beseitigt werden sollen.

(4) § 10 Absatz 1 gilt sinngemäß.

14   Bauvorlagen für Werbeanlagen (§ 14)

14.1   Zu Abs. 1

14.11   Dem Bauantrag ist ein Lageplan beizufügen, wenn Gegenstand des Antrags die Errichtung, Aufstellung oder Änderung einer freistehenden Werbeanlage ist.

§ 15 (Fn 5)
Bauvorlagen für die Anzeige der Beseitigung von Anlagen

Der Anzeige der Beseitigung von Anlagen (§ 62 Absatz 3 Satz 2 BauO NRW 2018) sind beizufügen:
1. die Benennung des Grundstücks, auch nach Straße und Hausnummer, auf dem die Beseitigungsmaßnahme durchgeführt werden soll,
2. ein Auszug aus der Flurkarte (§ 2 Absatz 2) mit der Darstellung der Lage des Beseitigungsvorhabens und
3. in den Fällen des § 62 Absatz 3 Satz 3 BauO NRW 2018 die Bestätigung einer qualifizierten Tragwerksplanerin oder eines qualifizierten Tragwerkplaners gemäß § 54 Absatz 4 BauO NRW 2018 über die Standsicherheit des Gebäudes oder der Gebäude, an die das zu beseitigende Gebäude

§ 10 Absatz 1 Satz 3 gilt sinngemäß.

15   Bauvorlagen für den Abbruch baulicher Anlagen (§ 15)

15.1   Die Angaben über den Verbleib des Abbruchmaterials sind der zuständigen Abfallwirtschaftsbehörde rechtzeitig (vor Erteilung der Baugenehmigung) mitzuteilen, damit diese evtl. erforderliche Maßnahmen nach dem Kreislaufwirtschafts- und Abfallgesetz und dem Landesabfallgesetz gegenüber der Antragstellerin oder dem Antragsteller ergreift.

§ 16
Bauvorlagen beim Vorbescheid

Dem Antrag auf Erteilung eines Vorbescheides sind die Bauvorlagen beizufügen, die zur Beurteilung der durch den Vorbescheid zu entscheidenden Fragen des Bauvorhabens erforderlich sind. § 10 Absatz 1 Satz 2 gilt sinngemäß.

§ 17
Bauvorlagen für die Genehmigung von Grundstücksteilungen

Dem Antrag auf Genehmigung einer Grundstücksteilung (§ 7 BauO NRW 2018) sind in zweifacher Ausfertigung beizufügen:
1. ein amtlicher Lageplan nach § 3 Absatz 3 mit den Angaben und Darstellungen
   a) nach § 3 Absatz 1 Nummer 1, 2 und 8 sowie die rechtmäßigen Grenzen, bezogen auf das zu teilende Grundstück,

b) der vorhandenen baulichen Anlagen auf dem zu teilenden Grundstück,
c) der Grenzabstände, der Abstandflächen und der Abstände zu den nach Buchstabe b darzustellenden baulichen Anlagen auf dem zu teilenden Grundstück und
d) der farblich unterlegten neuen Grenzen (Teilungslinie) sowie
2. die Bauzeichnungen (§ 4) der in Nummer 1 Buchstabe b genannten baulichen Anlagen, soweit sie zur Beurteilung des Antrags erforderlich sind.

§ 10 Absatz 1 Satz 3 gilt sinngemäß.

17   Bauvorlagen für die Genehmigung von Grundstücksteilungen (§ 17)

17.1   Sofern ein Antrag auf Genehmigung der Teilung mehrerer Grundstücke oder auf Ausstellung von Negativzeugnissen für mehrere Grundstücke unter Verwendung nur eines Antragsvordruckes (Anlage I/5 zur VV BauPrüfVO) gestellt wird, können die notwendigen Angaben in den Rubriken des Vordruckes für die weiteren Grundstücke auf einem Beiblatt gemacht werden. Ein Antrag mit einem solche ergänzende Angaben enthaltenden Beiblatt kann nicht gemäß § 8 Abs. 4 in Verbindung mit § 72 Abs. 1 Satz 2 BauO NRW mit der Begründung zurückgewiesen werden, für jedes zu teilende Grundstück sei ein eigener Antragsvordruck einzureichen.

§ 18
Eintragung von Baulasten

Für die Eintragung von Baulasten nach § 4 Absatz 1 oder 2 und § 6 Absatz 2 BauO NRW 2018 sowie anderen Baulasten, die sich flächenmäßig auf Grundstücke oder auf Teile von Grundstücken beziehen, ist, sofern in der Verpflichtungserklärung (§ 85 Absatz 1 BauO NRW 2018) auf einen Lageplan Bezug genommen wird, dieser als amtlicher Lageplan nach § 3 Absatz 3 in zweifacher Ausfertigung beizufügen. Er muss mindestens enthalten
1. die Angaben nach § 3 Absatz 1 Nummer 1 bis 3, 6, 8 und 12 und
2. die Grundstücksflächen, die von der einzutragenden Baulast betroffen sind, entsprechend Nummer 1.12 der Anlage zu dieser Verordnung.

Anlage zur BauPrüfVO
(zu §3 Abs. 4, § 4 Abs. 4 und § 18)

Zeichen und Farben für Bauvorlagen

1	Lageplan			
1.1	vorhandene öffentliche Verkehrsflächen			
	grobes Punktraster, eng	▨	goldocker	▨
1.2	Geplante öffentliche Verkehrsflächen			
	grobes Punktraster, weit	⋮⋮⋮	Bandierung goldocker	▭
1.3	Vorhandene Wohn-, Büro- und Geschäftsgebäude usw.			
	Schrägschraffur	▨	grau	▨
1.4	Vorhandene Wirtschafts- und Werksgebäude, unbewohnte Nebengebäude, Garagen usw.			
	Parallelschraffur	‖‖‖	grau	▨
1.5	Geplante bauliche Anlagen			
	Kreuzschraffur	▨	rot	▨
1.6	Zu beseitigende bauliche Anlagen			
	ausgekreuzte Umrisslinie	▭	gelb	▨
1.7	Geschützter Baum			
	Artbezeichnung Stammumfang Kronendurchmesser (maßstäblich)	Eiche ● u=0,6 d=8,0	Bandierung grün	Eiche ● u=0,6 d=8,0

Bauantrag, Bauvorlagen § 70

1. 8	Begleitzeichen für Grundstücksgrenzen		
	dicke gerissene Linie	▬ ▬ ▬ ▬ ▬	
1. 9	Begrenzung für Abstandflächen		
	gerissene Linie	– – – – –	
1. 10	Abstandflächen	hellviolett	
1. 11	Flächen, die von bestehenden Baulasten betroffen sind		
	feines Punkraster, eng		
1. 12	Flächen, die von geplanten Baulasten betroffen sind	grüne Umgrenzung und Schraffur	
1. 13	Geplante Grundstücksgrenzen	rote Linie	
1. 14	Entwässerungsgrundleitungen		
	a) Schmutzwasserleitungen durchgezogene Linie		
	b) Regenwasserleitungen unterbrochene Linie		
	c) Mischwasserleitungen strichpunktierte Linie		

2. Bauzeichnungen bei baulichen Änderungen

2. 1	Vorhandene Bauteile durchgezogene Begrenzungslinien mit feinem Punktraster	grau	
2. 2	vorgesehene Bauteile durchgezogene Begrenzungslinien	rot	
2. 3	Zu beseitigende Bauteile ausgekreuzte Begrenzungslinien	gelb	

§ 70 Bauantrag, Bauvorlagen

Übersicht

		Rdn.
0	Änderungen gegenüber der BauO NW 1984, der BauO NW 1995 und der BauO NRW 2000	01
1	Allgemeines	1
1.1	Verfahrensvorschriften	1
1.2	Bestimmung des Antragsinhalts	4
1.3	Bauantrag als Genehmigungsvoraussetzung	9
1.4	Nachtrag (Tektur), nachträglicher Bauantrag, Baugebot.	12
1.5	Wiederholung und Wiederaufgreifen des Verfahrens	15
1.6	Gebühren	17
2	Zu Absatz 1 – Bauantrag	21
2.1	Rechtsentwicklung, Aufbau der BauPrüfVO	21
2.2	Bauvorlagen für unterschiedliche Antragsarten	26
2.3	Festlegung des Antragsgegenstandes	30
2.4	Mitenthaltene und nicht mitenthaltene Entscheidungsbegehren	36
2.5	Schriftform des Antrages, Vordrucke zum Verfahren	39
3	Zu Absatz 2 –Bauvorlagen	45
3.1	Bestimmung der erforderlichen Bauvorlagen	49
3.2	Brandschutzkonzept als Bauvorlage	58
3.3	Anforderungen an Bauvorlagen	60
	3.3.1 Ausreichende Anzahl	62
	3.3.2 Papierqualität und Format	67
	3.3.3 Schwarzweiße und farbige Darstellung	69
	3.3.4 Zeichen, Darstellungen, Maßstab	73
3.4	Nachreichen einzelner Bauvorlagen	77
4	Zu Absatz 3 – Unterschriften, Zustimmung des Eigentümers	82

0 Änderungen gegenüber der BauO NW 1984, der BauO NW 1995 und der BauO NRW 2000

01 § 69 **BauO NW 1995** hat § 63 BauO NW 1984 im Wesentlichen übernommen, jedoch von verfahrensleitenden Regelungen befreit, die in § 72 BauO NW 1995 eingefügt wurden. Die Änderungen des § 69 BauO NW 1995 gegenüber dem Vorgängerrecht wurden flankiert von einer **Neufassung der BauPrüfVO und der VV BauPrüfVO**.

02 Die Überschrift des § 69 BauO NW 1995 wurde auf das Wort »Bauantrag« reduziert, obwohl die Vorschrift nach wie vor die **Legaldefinition der Bauvorlagen** und **Anforderungen an Bauantrag und Bauvorlagen** enthält. Die Reduzierung der Überschrift um den Zusatz »und Bauvorlagen« trug nicht gerade zur Übersichtlichkeit bei, da dem mit der Landesbauordnung nicht vertrauten Rechtsanwender beim Lesen des Inhaltsverzeichnisses verborgen bleibt, dass das Gesetz an dieser Stelle auch etwas über Bauvorlagen aussagt. Die Vorschrift ist wie folgt aufgebaut:

– **Abs. 1** fasste die bisherigen Absätze 1 und 2 des § 63 BauO NW 1984 zusammen. Die Verpflichtung zur Einreichung des Bauantrages **bei der Gemeinde** wurde in eine zur Einreichung **bei der Bauaufsichtsbehörde** umgewandelt und die Beteiligung der Gemeinde im bauaufsichtlichen Verfahren in § 72 Abs. 1 Satz 3 geregelt.

– **Abs. 2** übernahm mit redaktioneller Anpassung Abs. 3 des § 63 BauO NW 1984.

– Abs. 3 übernahm die Regelungen des Abs. 4 des § 63 BauO NW 1984. Um die Verantwortlichkeit des Bauherrn herauszustellen, wurde jedoch die Bestellung eines Vertreters der Bauherrschaft bei Personenmehrheit **zwingend** vorgeschrieben, wohingegen das Vorgängerrecht lediglich eine »Kann-Bestimmung« enthielt, die die Bauaufsichtsbehörde ermächtigte, ein solches Verlangen auszusprechen.

Die **BauO NRW 2000** hat § 69 BauO NW 1995 übernommen, in Abs. 1 jedoch einen neuen Satz 2 eingefügt, wodurch sich der alte Satz 2 zum neuen Satz 3 verschob. Der neue **Satz 2** normiert die Pflicht, für »große« Sonderbauten im Sinne des § 68 Abs. 1 Satz 3 BauO NRW 2000 mit den Bauvorlagen ein Brandschutzkonzept vorzulegen, um der Bauaufsichtsbehörde die Prüfung zu erleichtern, ob für das Vorhaben besondere Anforderungen gestellt werden müssen oder Erleichterungen zugelassen werden können (so LT-Drucks. 12/3738 S. 90 zu Art. I Nr. 45 – § 69; s.a. Einleitung Rdn. 100–101 sowie Anmerkungen zu § 54 Rdn. 7–8 und zu § 58 Rdn. 33–40). 03

Parallel zur BauO NRW 2000 wurden die **BauPrüfVO umfassend geändert** sowie die VV BauPrüfVO neu gefasst. Zu berücksichtigen waren unter anderem: 04
- die **geänderten Verfahrensvorschriften** in der Genehmigungsfreistellung (§ 67),
- das **geänderte Prüfprogramm im vereinfachten Genehmigungsverfahren** (§ 68),
- die **Einführung des Brandschutzkonzepts als Bauvorlage** (§ 69),
- der **Anpassungsbedarf der Vorgaben** für die **Darstellung** an die fortschreitende Automatisierung des Liegenschaftskatasters und moderne Arbeitsmittel,

Die Vorschriften über **Bauvorlagen** für **Sonderbauten** wurden aus den entsprechenden Sonderbauverordnungen ausgegliedert und in § 12 **BauPrüfVO** zusammengefasst.

Die BauO NRW 2018 erweitert die Überschrift um den Begriff »Bauvorlagen« und übernimmt im Übrigen die bisherige Vorschrift des § 69 BauO NRW 2000 unter Berücksichtigung der Möglichkeit, von der Schriftform abzuweichen. Daneben wurden Verweise eingefügt auf die Vorschriften der §§ 63 Absatz 4 und 68 Absatz 1 Satz 1 Nummer 3 BauO NRW 2018. Der bisherige Absatz 3 wurde in den § 53 BauO NRW 2018 integriert. 05

1 Allgemeines

1.1 Verfahrensvorschriften

Die BauO NRW 2018 enthält nur wenige Bestimmungen über den Bauantrag, die Bauvorlagen und die verfahrensmäßige Behandlung dieser Unterlagen. Im Wesentlichen ergeben sich diese Vorgaben aus **§ 70 und § 71 BauO NRW 2018, die als Einheit** gelesen werden müssen. Daneben sind die **Vorschriften des VwVfG. NRW.** mit **allgemeinen Bestimmungen zum Verwaltungsverfahren** zu beachten, soweit nicht spezielle Bestimmungen der BauO NRW 2018 oder von Rechtsverordnungen aufgrund der BauO NRW 2018 vorgehen. Zu Letzteren rechnen die BauPrüfVO, die SVVO und PrüfVO. Die Vorschriften über Bauvorlagen sind **nicht nachbarschützend** (s. jedoch Rdn. 30, 33 und 88). Die **Legaldefinition der Bauvorlagen**, wie sie § 70 Absatz 2 Satz 1 BauO NRW 2018 enthält, hat sowohl Bedeutung für den Bauantrag als auch insbesondere für die Vorschriften der BauPrüfVO. 1

2 Die Regelungen des § 70 haben nicht nur Bedeutung für das eigentliche Baugenehmigungsverfahren. **Andere Bestimmungen**, nämlich
– § 7 Absatz 4 BauO NRW 2018 über die Teilung von Grundstücken,
– § 77 Absatz 1 Satz 4 BauO NRW 2018 über den Vorbescheid,
– § 66 Absatz 3 BauO NRW 2018 über die Typengenehmigung,
– § 78 Absatz 10 BauO NRW 2018 über die Ausführungsgenehmigung für Fliegende Bauten,
– § 79 Absatz 3 Satz 2 BauO NRW 2018 über das Zustimmungsverfahren,

erklären § 70 ganz oder teilweise für anwendbar. Im Zusammenhang mit § 70 stehen ferner die §§ 52, 53, 54 und 67 BauO NRW 2018 über die Funktion des Bauherrn im bauaufsichtlichen Verfahren, die Stellung des Entwurfsverfassers und der Fachplaner sowie die Bauvorlageberechtigung einzelner Berufsgruppen für bestimmte Vorhaben. **Bedeutung** erlangt § 70 in Verbindung mit der BauPrüfVO **in Verfahren mit Konzentrationswirkung** nach sonstigem öffentlichem Recht, z.B. nach dem BImSchG. Die **BauPrüfVO** erlangt indirekt Bedeutung **für die Erteilung von Abgeschlossenheitsbescheinigungen** nach dem WEG.

3 **Die Prüfung des Bauplanungsrechts** ist **in das Baugenehmigungsverfahren einbezogen**, da der Bund darauf verzichtet hat, als **Annexregelung** zum BauGB ein eigenständiges bauplanungsrechtliches Zulassungsverfahren für Vorhaben im Sinne des § 29 Abs. 1 BauGB zu regeln. Mit der Neufassung der §§ 29 und 36 BauGB durch das BauROG wurde die Geltung des materiellen Bauplanungsrechts vom Verfahrensrecht der Landesbauordnungen abgekoppelt. Die §§ 30 bis 37 BauGB gelten daher ab dem 01.01.1998 unabhängig von einem nach Landesrecht geregelten (oder nicht geregelten) Verfahren für alle Vorhaben, die die Errichtung, Änderung oder Nutzungsänderung von baulichen Anlagen zum Gegenstand haben (s. BT-Drucks. 13/6392, S. 55). **Einbezogen** in das Baugenehmigungsverfahren ist entsprechend dem nach § 74 Absatz 1 BauO NRW 2018 gegebenen materiell-rechtlichen Prüfprogramm die Berücksichtigung
– des Immissionsschutzes (§ 22 BImSchG),
– des Arbeitsschutzes (§§ 21–23 ArbSchG),
– der naturschutzrechtlichen Eingriffsregelung (§ 14 BNatschG, §§ 4–6 LG),
– des Denkmalschutzes (§ 9 Abs. 3 DSchG),

um einige wichtige Bereiche anzusprechen. Insoweit kommt der Baugenehmigung eine **Feststellungs- und Bindungswirkung** zu. **Nicht einbezogen** in die Prüfung sind dagegen solche öffentlich-rechtlichen Vorschriften, für die Spezialgesetze rechtlich selbständige Entscheidungen mit Außenwirkung vorsehen (BVerwG, Urt. v. 19.04.1985 – 4 C 25.84, BauR 1985, 544 = BRS 44 Nr. 80).

1.2 Bestimmung des Antragsinhalts

4 Es ist grundsätzlich **Sache des Bauherrn**, den **Umfang eines Vorhabens** im Sinne des § 29 Abs. 1 BauGB **mit dem Bauantrag festzulegen** (BVerwG, Urt. v. 04.07.1980 – 4 C 99.77, BauR 1980, 543 = BRS 36 Nr. 158). Innerhalb der Grenzen, die einer Zusammenfassung oder Trennung von Vorhaben objektiv gesetzt sind, legt der Antragsteller durch den Bauantrag fest, ob bei einer technisch teilbaren Anlage die einzelnen

Teile zur Genehmigung gestellt sind und daher jeder Teil für sich ein »Vorhaben« ist, oder ob die gesamte Anlage als ein einziges »Vorhaben« Gegenstand der Beurteilung zu sein hat (BVerwG, Beschl. v. 21.08.1991 – 4 B 20.91, BRS 52 Nr. 2 = DVBl 1992, 40 = ZfBR 1992, 41 zu sechs Gebäuden in einem Segelzentrum auf einem 40.000 qm großen Grundstück und Urt. v. 20.08.1992 – 4 C 57.89, BRS 54 Nr. 50 = DVBl 1993, 109 = ZfBR 1993, 35 = UPR 1993, 23 zu zwei selbständigen Spielhallen).

Der **Dispositionsfreiheit des Bauherrn** sind allerdings gewisse **Grenzen** gesetzt. Werden mehrere selbständige bauliche Anlagen in einem Bauantrag zusammengefasst, die weder technisch-konstruktiv noch funktional in einem Zusammenhang stehen, der Veranlassung böte, sie als einheitliches Vorhaben zu behandeln, und fehlt auch eine ausdrückliche dahingehende Erklärung des Bauherrn, so ist die Bauaufsichtsbehörde nicht gehindert, diese Anlagen unterschiedlich zu behandeln (OVG Saar, Urt. v. 29.10.1991 – 2 R 2/89, BRS 52 Nr. 143). 5

Es besteht **keine absolute Bindung der Bauaufsichtsbehörde an die Angaben im Bauantrag**. Ergibt sich aus den dem Bauantrag beizufügenden Bauvorlagen objektiv ein anderer als der angegebene Antragsinhalt, so ist darauf abzustellen (BVerwG, Urt. v. 29.04.1992 – 4 C 43.89, BVerwGE 90, 140 = BauR 1992, 586 = BRS 54 Nr. 53 = ZfBR 1992, 283 zu einem tatsächlich beabsichtigten Appartementwohnhaus, welches nach den Antragsangaben als Pensionsbetrieb bezeichnet war). 6

Da der Antragsteller selbst bestimmt, was Gegenstand des Baugenehmigungsverfahrens sein soll, obliegt es ihm, einen genehmigungsfähigen Antrag zu entwickeln und zur Genehmigung zu stellen, sowie hierzu klar und eindeutig alle für die Genehmigung notwendigen Angaben zu machen, von denen die Bauaufsichtsbehörde auszugehen hat. 7

Der Bauantrag muss so klar sein, dass auf ihn ein verständlicher, inhaltlich genau abgegrenzter, eindeutig bestimmter Verwaltungsakt ergehen kann, der Umfang und Bindung der Baugenehmigung regelt (OVG NRW, Urt. v. 22.07.1987 – 11 A 958/85, BRS 47 Nr. 139 und Urt. v. 11.12.1992 – 11 A 1823/90, BRS 55 Nr. 141).

Eine im Baugenehmigungsverfahren **nicht offenbarte Absicht** eines Antragstellers ist **für die Inhaltsbestimmung der Baugenehmigung unbeachtlich**. Hat der Antragsteller es unterlassen, seine Bauvorlagen so klar und eindeutig abzufassen, dass über das Gewollte kein Zweifel aufkommen kann, und ist daraufhin dennoch ein Verwaltungsakt ergangen, muss geprüft werden, ob dieser noch als hinreichend bestimmt im Sinne des § 37 Abs. 1 VwVfG. NRW. anzusehen ist. **Maßgeblich für die Auslegung des Antrages**, wie des darauf ergangenen Verwaltungsaktes, ist nicht das, was der Antragsteller gewollt oder gedacht hat, sondern der »**objektivierte Sinngehalt**«, das heißt, wie der Adressat unter Berücksichtigung des Antrages bzw. des darauf ergehenden Bescheides und aller sonstigen ihm bekannten oder erkennbaren Umstände nach Treu und Glauben bei objektiver Auslegung die Erklärung oder das Verhalten verstehen durfte (OVG NRW, Urt. v. 26.09.1991 – 11 A 1604/89, BRS 52 Nr. 144 und Urt. v. 13.09.1994 – 11 A 3309/92, BRS 56 Nr. 137). 8

1.3 Bauantrag als Genehmigungsvoraussetzung

9   Nach § 70 Absatz 1 in Verbindung mit § 74 Absatz 1 BauO NRW 2018 ist der **Bauantrag Voraussetzung der Genehmigung**. Da das bauaufsichtliche Verfahren die **Mitwirkung des Antragstellers** voraussetzt, kann **ohne Bauantrag keine rechtswirksame Baugenehmigung** erteilt werden. Dies bedeutet, dass die Baugenehmigung von dem Bauantrag gedeckt sein muss. Eine über den Antragsinhalt hinausgehende Baugenehmigung kann unwirksam sein, wenn der Bauherr für das durch die Baugenehmigung veränderte Vorhaben nicht den Bauantrag gemäß § 45 Abs. 1 Nr. 1 VwVfG. NRW. nachholt (hierzu vgl. Kopp/Ramsauer, zu § 45 Rn. 15–17; s.a. Stelkens, Der Antrag – Voraussetzung eines Verwaltungsverfahrens und eines Verwaltungsaktes?, NuR 1985, S. 213 ff.). Die **Bauaufsichtsbehörde** ist **verpflichtet, über einen vorgelegten Bauantrag zu entscheiden**, da ein Verwaltungsverfahren gemäß § 22 VwVfG. NRW. zwingend durchzuführen ist, wenn das Gesetz ein Tätigwerden auf Antrag verlangt.

10 Die **Vorlage eines Bauantrages** steht im Belieben des Bauherrn und **kann** von der Bauaufsichtsbehörde **nicht erzwungen werden**, da die Ausübung des Rechts zum Bauen als Ausfluss der grundsätzlich geschützten Eigentumsgarantie angesehen wird (zum Vorgehen bei einem Schwarzbau s. Rdn. 13). Vielmehr ist es umgekehrt so, dass der Antragsteller einen Rechtsanspruch auf Erteilung der Baugenehmigung hat, wenn dem Vorhaben zum Zeitpunkt der Entscheidung öffentlich-rechtliche Vorschriften nicht entgegenstehen (BVerwG, Urt. v. 15.03.1967 – IV C 205.65, BRS 18 Nr. 49). Zur Vorlage eines Bauantrags kann der Bauherr nur aus Anlass eines **Baugebots** gezwungen werden (s. Rdn. 14). Legt ein Bauherr nicht vollständige oder nicht prüffähige Bauvorlagen dem Bauantrag bei oder fehlen diese gänzlich, so kann die Bauaufsichtsbehörde die fehlenden Bauvorlagen bzw. deren Nachbesserung nicht durch Ordnungsverfügung anfordern (OVG NRW, Urt. v. 4.09.1970 – X A 870/66, BRS 23 Nr. 136); die verfahrensmäßige Behandlung eines solchen Antrages regelt vielmehr § 71 Abs. 1 Satz 2 und 3 BauO NRW 2018 (Vervollständigungsverlangen bzw. Rücknahmefiktion).

11 Die **Rücknahme eines Bauantrages** durch den Antragsteller hat gemäß § 22 VwVfG. NRW. die **Einstellung des Verfahrens** zur Folge. Für die Rücknahme bedarf es keiner besonderen Gründe, da diese – wie die Antragstellung selbst – im Belieben des Bauherrn steht. Die Rücknahme ist bis zur Unanfechtbarkeit der Entscheidung über den Bauantrag noch möglich (BVerwG, Urt. v. 03.04.1987 – 4 C 30.85, BRS 47 Nr. 91 = NJW 1988, 2754 zur Rücknahme eines Antrages auf Bodenverkehrsgenehmigung). Durch den ausdrücklichen schriftlichen **Verzicht auf die Ausnutzung einer bereits erteilten Baugenehmigung** wird diese durch »Erledigung auf andere Weise« gemäß § 43 Abs. 2 VwVfG. NRW. unwirksam.

1.4 Nachtrag (Tektur), nachträglicher Bauantrag, Baugebot

12 In der Praxis ergibt sich bei sehr vielen Bauvorhaben das Erfordernis, kurz vor oder während der Bauausführung **Änderungen der genehmigten Bauausführung** vorzunehmen. Häufig handelt es sich um **Detailänderungen**, welche das ursprünglich genehmigte Vorhaben in seinen Grundzügen nur unwesentlich berühren (VGH B-W,

Urt. v. 19.10.1995 – 3 S 2295/94, BRS 57 Nr. 191). Der **Nachtragsantrag (Tekturantrag)** führt dann zur Nachtragsgenehmigung (Tekturgenehmigung), die das Schicksal der Hauptgenehmigung teilt (s. Anmerkungen zu § 74 Rdn. 51; zum Regelungsgehalt der Tekturgenehmigung s. BayVGH, Beschl. v. 13.02.2007 – 15 CS 06.3367, BauR 2007, 1562). Kein Nachtrag liegt vor, wenn das ursprünglich genehmigte Vorhaben **wesentlich geändert** wird, denn in diesem Fall handelt es sich um ein »**aliud**«. Für das neue Vorhaben wird ein neuer Bauantrag erforderlich. Dieser führt – bei positiver Prüfung – zu einer **neuen Baugenehmigung**, deren Geltungsdauer nicht an die der Hauptbaugenehmigung gekoppelt ist (VGH B-W, Urt. v. 19.10.1995, a.a.O.), sondern eine neue Geltungsdauer auslöst.

Ein **Bauantrag zur nachträglichen Legalisierung** eines ohne Baugenehmigung bereits realisierten Vorhabens (Schwarzbau) **kann weder nach der BauO NRW noch nach allgemeinem Verwaltungsverfahrensrecht verlangt werden** (OVG NRW, Beschl. v. 27.08.2002 – 10 B 1233/02, BauR 2003, 677 = BRS 65 Nr. 174). Die Bauaufsichtsbehörde ist jedoch befugt, die **Beibringung von Bauvorlagen** zu verlangen, wenn ansonsten nicht beurteilt werden kann, ob das bereits ausgeführte Vorhaben mit dem öffentlichen Recht übereinstimmt (OVG NRW, Urt. v. 4.09.1970 – X A 870/66, BRS 23 Nr. 136; VGH B-W, Urt. v. 13.02.1980 – III 1998/79, BRS 36 Nr. 174; Hess. VGH, Beschl. v. 12.01.1982 – IV TH 92/81, BauR 1983, 241 = BRS 39 Nr. 233; OVG NRW, Beschl. v. 27.08.2002 – 10 B 1233/02, a.a.O.). Eine auf den Antrag des ordnungspflichtigen Bauherrn nach der Errichtung eines Schwarzbaus erteilte Baugenehmigung entfaltet lediglich **feststellende Wirkung** im Hinblick auf die Übereinstimmung des realisierten Vorhabens mit dem öffentlichen Baurecht (OVG NRW, Urt. v. 29.08.1989 – 10 A 1011/87, EildStNW 1991, 28). 13

Nur in den gesetzlich besonders geregelten Fällen darf ein **Baugebot**, das den Grundstückseigentümer zu einer Baumaßnahme verpflichtet, **durch die Gemeinde** ausgesprochen werden. Ein Baugebot kann aus städtebaulichen Gründen gemäß § 176 BauGB notwendig sein; hiermit nicht gleichzusetzen, aber rechtlich verwandt ist die Möglichkeit eines Verlangens nach § 27 DSchG zur Wiederherstellung eines Baudenkmals. Durch ein (städtebauliches) Baugebot kann dem Eigentümer eines Grundstücks aufgegeben werden, innerhalb einer bestimmten Frist einen erforderlichen Bauantrag bei der zuständigen Bauaufsichtsbehörde zu stellen (BVerwG, Urt. v. 15.02.1990 – 4 C 41.87, BRS 50 Nr. 204 unter Aufhebung OVG NRW, Urt. v. 12.05.1987 – 7 A 1979/86, BRS 47 Nr. 188). 14

1.5 Wiederholung und Wiederaufgreifen des Verfahrens

Die **Wiederholung** eines früheren, von der Bauaufsichtsbehörde **abgelehnten Bauantrages** ist grundsätzlich zulässig (BVerwG, Beschl. v. 28.10.1974 – IV B 131.74, BRS 28 Nr. 105). Einem die Baugenehmigung **ablehnenden Bescheid erwächst keine materielle Rechtsbeständigkeit**, da er sich nur darauf beschränkt, den Antrag abzulehnen. Deshalb kann ein Bauantrag auf Zulassung eines Bauvorhabens aufgrund gleicher oder neuer Unterlagen und bei gleicher oder veränderter Sachlage jederzeit wiederholt werden (OVG Rh-Pf, Urt. v. 9.11.1972 – 1 A 92/71, BRS 25 Nr. 148; s.a. Ortloff, 15

§ 70 Bauantrag, Bauvorlagen

Inhalt und Bindungswirkungen der Baugenehmigung, NJW 1987, S. 1665 ff.). Ist dagegen ein **abschlägiger Bescheid** Gegenstand eines verwaltungsgerichtlichen Klageverfahrens gewesen, so erfasst die **Rechtskraft der Klageabweisung** auch die Frage der **materiellen Rechtswidrigkeit**. Der Kläger ist bei gleichbleibender Rechts- und Sachlage dann gehindert, in einem erneuten Bauantragsverfahren mit Erfolg geltend zu machen, dass sein Vorhaben – entgegen der vorausgegangenen rechtskräftigen Entscheidung – doch materiell baurechtsmäßig sei (BVerwG, Urt. v. 06.06.1975 – IV C 15.73, BRS 29 Nr. 168).

16 Die Aufhebung oder Abänderung eines unanfechtbaren Verwaltungsaktes durch **Wiederaufgreifen des Verfahrens** ist in § 51 VwVfG. NRW. geregelt. Diese Vorschrift lehnt sich an §§ 580 und 581 ZPO an. Das Wiederaufgreifen des Verfahrens ist von einem **Antrag des Betroffenen** abhängig. Für das bauaufsichtliche Verfahren von Bedeutung ist vor allem § 51 Abs. 1 Nr. 1 VwVfG. NRW., wonach eine Wiederaufnahme statthaft ist, wenn sich die dem Verwaltungsakt zugrundeliegende Sach- oder Rechtslage nachträglich zugunsten des Betroffenen geändert hat. Eine solche Konstellation kann z.b. auftreten, wenn der die Ablehnung des Bauantrages stützende Bebauungsplan im Normenkontrollverfahren nach § 47 VwGO für nichtig erklärt wird. Liegen die gesetzlichen Voraussetzungen für das Wiederaufgreifen vor, hat der Antragsteller Anspruch auf einen **Zweitbescheid** (vgl. Jeromin, zu § 63 Rn. 19). Die praktische Bedeutung des Wiederaufnahmeverfahrens ist gering, da der Bauherr bei geänderter Sach- und Rechtslage ohnehin nicht gehindert ist, einen neuen Bauantrag einzureichen.

1.6 Gebühren

17 Mit dem **Bauantrag** begehrt der Bauherr die Vornahme einer **Amtshandlung** im Sinne des § 1 Abs. 1 Nr. 1 GebG NRW, als deren **Folge Verwaltungsgebühren** erhoben werden und gegebenenfalls **Auslagenerstattung** verlangt wird (hierzu s. Rabe/Pauli/Wenzel, S. 398 ff. Rn. 330–339). Bei der Bestimmung des Gebührenschuldners nach § 13 Abs. 1 GebG NRW sind das **Veranlasserprinzip** und das **Begünstigungsprinzip** zu beachten (vgl. Günther, Gebührenfragen in der Baugenehmigungspraxis, BauR 1994, S. 726 ff.). Die Gebühren für die Amtshandlung werden nach Maßgabe der AVerwGebO NRW und dem einen Teil der Verordnung bildenden **Allgemeinen Gebührentarif** festgesetzt. Die baurechtlichen Amtshandlungen sind in der **Tarifstelle 2** des Allgemeinen Gebührentarifs zusammengefasst. Die Tarifstelle 7.5 regelt daneben die Erhebung von Gebühren durch die Brandschutzdienststelle für Stellungnahmen gegenüber dem staatlich anerkannten Sachverständigen für die Prüfung des Brandschutzes nach § 16 Abs. 2 SV-VO. Die in **§ 8 GebG NRW** aufgeführten Rechtspersonen sind in engen Grenzen von **Verwaltungsgebühren befreit**.

18 Die Bauaufsichtsbehörden dürfen gemäß § 7 Abs. 1 Nr. 1 GebG NRW **keine Verwaltungsgebühren** im bauaufsichtlichen Verfahren **für mündliche und einfache schriftliche Auskünfte** erheben, soweit die AVerwGebO NRW nichts anderes bestimmt. Solche Bestimmungen enthalten die Tarifstellen 2.5.6.3 und 2.5.6.4 bezüglich **schriftlicher Auskünfte über Baulasten**. Die Tarifstelle 30.4 hat die Erteilung von schriftlichen Auskünften, die über § 7 Abs. 1 Nr. 1 GebG NRW hinausgehen,

und entsprechende mündliche Auskünfte sowie die Erteilung von Auskünften, die wirtschaftlichen Zwecken dienen, zum Gegenstand. Sie kommt nur außerhalb eines anhängigen Genehmigungsverfahrens zur Anwendung, da die »**Bauberatung**« ansonsten **mit der Baugenehmigungsgebühr bereits abgegolten** ist (so die oberste Bauaufsichtsbehörde in einem nicht veröffentlichten RdErl. vom 05.12.2000 – II A 2–66.2).

Hinsichtlich der **Gebührenbemessung** nach den Rahmensätzen des Allgemeinen Gebührentarifs wird das Gebührenrecht maßgeblich durch das **Kostendeckungs- und Äquivalenzprinzip** bestimmt (vgl. Hörstel, Kostendeckungs- und Äquivalenzprinzip als Schranken öffentlich-rechtlicher Gebühren- und Beitragssätze, BauR 1997, S. 14 ff.). Die Bemessung der Gebühren nach **landesdurchschnittlichen Rohbaukosten** stellt eine landesweite, gleichmäßige Gebührenerhebung bei gleichartigen Bauobjekten sicher und ist mit dem Äquivalenzprinzip sowie dem Verhältnismäßigkeitsgrundsatz vereinbar (OVG NRW, Urt. v. 05.08.1996 – 9 A 1749/94, n.v., bestätigt durch BVerwG, Beschl. v. 13.11.1996 – 8 B 212.96, n.v.; zur Ermessensbestätigung aus Billigkeitsgründen bei von den landesdurchschnittlichen Rohbaukosten **in besonderem Maße** abweichenden tatsächlichen Kosten vgl. OVG Bbg, Urt. v. 15.11.1995 – 6 L 36/95, NVwZ-RR 1997, 61 und Hess. VGH, Urt. v. 23.01.1996 – 5 UE 590/95, NVwZ-RR 1997, 438). Es kommt bei einer erheblichen Überschreitung der aufgrund landesdurchschnittlicher Rohbauwertsätze ermittelten Rohbausumme (s. Tarifstelle 2.1.2) gegenüber den tatsächlichen Baukosten nur darauf an, ob die aufgrund dieser Rohbausumme errechnete Genehmigungsgebühr (Tarifstelle 2.4.1) mit dem in § 3 Abs. 1 GebG NRW niedergelegten Äquivalenzprinzip vereinbar ist; dies ist jedenfalls dann gegeben, wenn die so errechnete Genehmigungsgebühr ca. 2 bis 2,5 vom Hundert des Gesamtinvestitionsvolumens des Bauvorhabens nicht überschreitet (OVG NRW, Urt. v. 05.08.1996, a.a.O.; s.a. Thür. OVG, Beschl. v. 18.04.2000 – 11 B 20/00, LKV 2000, 451).

19

Die nach Tarifstelle 2.8.1.1 zu erhebende **dreifache Gebühr** für die Prüfung von Bauvorlagen einschließlich der erforderlichen örtlichen Überprüfung **für ohne Baugenehmigung ausgeführte bauliche Anlagen** (»Schwarzbauten«) **verstößt nicht gegen höherrangiges Recht** (BVerwG, Beschl. v. 21.09.2001 – 9 B 51.01, ZfBR 2002, 267 und OVG NRW, Urt. v. 19.04.2001 – 9 A 411/99, EildStNW 2001, 398).

Die Bauaufsichtsbehörde kann **nach Ermessen** zur Gewährleistung der effektiven Aufgabenerfüllung einen **Prüfingenieur** mit der Prüfung der bautechnischen Nachweise **beauftragen** und die diesem zu erstattenden Gebühren und Auslagen dem Bauherrn in Rechnung stellen (vgl. OVG NRW, Urt. v. 15.07.1986 – 12 A 1593/84, BRS 46 Nr. 167 und Urt. v. 4.03.1996 – 9 A 672/94, NVwZ-RR 1997, 735). Dabei ist die zweijährige Verjährungsfrist in entsprechender Anwendung des § 196 Abs. 1 BGB zu beachten (OVG NRW, Urt. v. 30.08.2001 – 9 A 4451/98, BauR 2002, 76). Die **Beauftragung** von Prüfingenieuren kann nach § 27 BauPrüfVO **nur durch die Bauaufsichtsbehörde** erfolgen (OVG NRW, Urt. v. 23.04.1999 – 21 A 883/98, BauR 2000, 1320).

20

Die **Honorierung der staatlich anerkannten Sachverständigen** unmittelbar durch den Bauherrn ist in der SV-VO geregelt. Die **Kosten für Sachverständigengutachten** nach

§ 58 Absatz 4 BauO NRW 2018, die von der Bauaufsichtsbehörde in besonderen Fällen verlangt werden, hat der Bauherr zu tragen, selbst dann, wenn die Vorlage eines solchen Gutachtens nach anfänglicher Ablehnung des Bauantrages erst im Widerspruchsverfahren gefordert wurde (OVG Lüneburg, Urt. v. 11.02.1985 – 6 A 127/83, BRS 44 Nr. 148 zu einem Sachverständigengutachten, durch das die planungsrechtliche Zulässigkeit der Ansiedlung einer Tischlereiwerkstatt im Widerspruchsverfahren geklärt wurde).

2 Zu Absatz 1 – Bauantrag

2.1 Rechtsentwicklung, Aufbau der BauPrüfVO

21 Die Verpflichtung zur **Vorlage von Bauzeichnungen** bei der Baubehörde hat in Deutschland eine **lange Tradition**. Die Anforderungen an die Baupläne wuchsen mit dem Erlass des Preußischen Fluchtliniengesetzes von 1875, da die Straßen- und Baufluchtlinien im Baugesuch zu berücksichtigen waren. Die in den »Vorschriften über die Aufstellung von Fluchtlinien- und Bebauungsplänen« vom 28.05.1876 (MBl. S. 131) enthaltenen Anforderungen an die Verwendung **geometrisch genauer Unterlagen** und an die Planinhalte bzw. Plandarstellungen bestimmten jahrzehntelang die Abfassung der Fluchtlinien- und Bebauungspläne, aber auch die Darstellungen in den Bauzeichnungen für die Baugesuche. Die aus jener Zeit überlieferten Bauakten belegen, dass erstaunlich viel Wert auf die Ausarbeitung der Lagepläne und Bauzeichnungen gelegt wurde und selbst Anträge für relativ unbedeutende Vorhaben eine **saubere Ausarbeitung** und eine **genaue Darstellung** des Bauvorhabens aufwiesen, also Ziele, die auch dem heute geltenden Recht immanent sind. Daneben eignete sich das Lichtpauspapier – überwiegend verwendete man mit Leinengewebe verstärktes Material – ausgesprochen gut für die Archivierung.

22 Die in die **Muster-BauVorlVO 1963** bzw. deren **Fortschreibung 1974** aufgenommenen Bestimmungen, die die Regelungen des § 2 PrEBO aufnahmen und fortentwickelten, sind von allen Bundesländern in entsprechendes Landesrecht umgesetzt worden, wobei es zum Teil zu Abweichungen vom Muster kam (zur Muster-BauVorlVO 1963 s.a. Erläuterung der Musterentwürfe von Rechtsverordnungen zur Musterbauordnung, Schriftenreihe des Bundesministers für Wohnungswesen, Städtebau und Raumordnung, Band 21, S. 31–37). Beispielsweise hat Baden-Württemberg an der farbigen Darstellungstechnik festgehalten, weil es die Schwarzweiß-Mikroverfilmung von Bauakten nicht als zukunftsorientierte Lösung ansah (vgl. Rdn. 63 und 64). Andere Bundesländer, so z.B. Sachsen und Sachsen-Anhalt, folgten später diesem Beispiel. Auch hinsichtlich der Planinhalte und zu verwendenden Zeichen weichen die einzelnen Bauvorlagenverordnungen teilweise vom Muster ab, so dass sich für länderübergreifend tätige Entwurfsverfasser das Erfordernis ergibt, die zur Anwendung kommenden Regelungen über die Ausarbeitung der Bauvorlagen genau zu beachten. Es steht auch nicht zu erwarten, dass die Länder die Musterbauvorlagenverordnung – Fassung Februar 2007, die auf das Verfahrensrecht der MBO 2002 abgestimmt wurde, ohne Abweichung in ihr Landesrecht übernehmen können. Dies ist schon deshalb ausgeschlossen, weil die jeweiligen Landesbauordnungen in ihren Verfahren

unterschiedliche Regelungsinhalte vorsehen, auf die aber die Vorschriften über die Bauvorlagen abgestimmt sein müssen.

Insgesamt weisen die **Rechtsverordnungen der 16 Bundesländer** trotz unterschiedlicher Regelungen im Detail weitgehende **Übereinstimmung** auf, so dass die Umstellung von dem einen zum anderen Rechtsbereich dem Entwurfsverfasser keine unüberwindbaren Schwierigkeiten bereiten dürfte. Unterschiede in der Ausgestaltung der bauordnungsrechtlichen Verfahrensvorschriften müssen im Übrigen in einem föderativ gegliederten Staat auch bei der Anwendung von Bundesrecht hingenommen werden (zur Bedeutung der bauordnungsrechtlichen Vorgaben über Bauvorlagen bei der Darstellung von Vorhaben in vorhabenbezogenen Bebauungsplänen s. Heintz, Vorhaben- und Erschließungspläne als private Planungsinitiative, 1995, S. 41–61).

Die **Vorschriften über Bauvorlagen** sind in NRW seit 1984 in der BauPrüfVO enthalten. Die BauPrüfVO 1984 hatte die BauVorlVO 1975 und weitere Zuständigkeitsverordnungen abgelöst. 23

Im **1. Teil der BauPrüfVO 1995** wurden im Zuge der Änderungsverordnung vom 20.02.2000 (GV. NRW. S. 226) die alten §§ 1 bis 14 durch die **neuen §§ 1 bis 20** ersetzt, wodurch sich die alten §§ 15–25 des 2. bis 4. Teils zu den neuen §§ 21–31 verschoben. Die **Aufstockung des Paragraphenbestandes** im 1. Teil erfolgte dabei im Wesentlichen, um die **Übersichtlichkeit** für den Rechtsanwender zu **verbessern**.

Der **2. Teil der BauPrüfVO** regelt die **bautechnische Prüfung von Bauvorhaben**, das heißt die Prüfung der bautechnischen Nachweise durch **Prüfämter** und **Prüfingenieure**.

Der **3. Teil der BauPrüfVO** regelt aufgrund der Ermächtigung des § 79 Abs. 4 BauO NRW die **Zuständigkeiten für die Ausführungsgenehmigung Fliegender Bauten**.

Der **4. Teil der BauPrüfVO** enthält die üblichen **Schlussvorschriften** zum Inkrafttreten und Außerkrafttreten.

Der **2. Teil der BauPrüfVO** hat **Übergangscharakter**, da die dort getroffenen Regelungen auf lange Sicht nicht mehr benötigt werden. Die Prüfung der bautechnischen Nachweise nach § 8 BauPrüfVO soll nach dem neuen Konzept der BauO NRW künftig von den staatlich anerkannten Sachverständigen vorgenommen werden, deren Anerkennung und Aufgaben in der SV-VO geregelt sind. Diese Sachverständigen werden nicht von der Bauaufsichtsbehörde, sondern direkt vom Bauherrn privatrechtlich beauftragt. Um aber zu gewährleisten, dass die in Nordrhein-Westfalen staatlich anerkannten Sachverständigen für die Prüfung der Standsicherheit auch in den anderen Bundesländern als Prüfingenieur tätig werden können, war die Beibehaltung des 2. Teils der BauPrüfVO, ergänzt um Regelungen bezüglich der staatlich anerkannten Sachverständigen, unumgänglich. 24

Die **Anforderungen** an die **Bauvorlagen** wurden mit der BauPrüfVO 2000 und der hierzu ergangenen VV BauPrüfVO 2000 **neu geregelt** (s. Rdn. 04). Die Vorschriften wurden nach den unterschiedlichen bauaufsichtlichen Verfahren übersichtlich gegliedert und berücksichtigen (das allerdings bereits schon seit der BauPrüfVO 1995) auch 25

Verfahren zu **Grundstücksteilungen** und **Baulasten**. Hierfür zeigte sich in der bauaufsichtlichen Praxis ein dringendes Bedürfnis, insbesondere weil viele Rückfragen und Nachforderungen von Unterlagen bei den Antragstellern nur vermieden werden können, wenn Umfang, Inhalt und Anzahl der Bauvorlagen auch in diesen besonderen Verfahren vorhersehbar festgelegt sind. Neu aufgenommen wurde mit der BauPrüfVO 2000 eine **Vorschrift über Brandschutzkonzepte** (§ 9).

2.2 Bauvorlagen für unterschiedliche Antragsarten

26 Die **unterschiedlichen Antragsarten** nach der BauO NRW 2018 erfordern **unterschiedliche Regelungen über Bauvorlagen**. Es dürfte sofort einleuchten, dass für einen Bauantrag im einfachen Genehmigungsverfahren weniger Angaben benötigt werden, als für einen im »normalen« Genehmigungsverfahren. Auch bedarf die Antragsausgestaltung für eine im einfachen Genehmigungsverfahren zu prüfende Werbeanlage anderer Bauvorlagen als für ein im gleichen – einfachen – Genehmigungsverfahren zu prüfendes Wohnhaus. Wiederum andere Anforderungen sind an Voranfragen, Teilungs- oder Baulastenanträge zu richten. Mit ihren differenzierten Regelungen will die BauPrüfVO diesen Erfordernissen Rechnung tragen, um so die einzelnen Verfahren vorzustrukturieren und den am Bau Beteiligten einen Leitfaden an die Hand geben, nach dem sie sich im Normalfall richten können.

27 Die **bauaufsichtlichen Verfahren** sind bewusst **einfach ausgestaltet** worden. Eine **förmliche Umweltverträglichkeitsprüfung** ist aufgrund europarechtlicher Vorgaben nur für **wenige umweltrelevante** Vorhaben **vorgesehen**. Über die wichtigsten fachrechtlichen Belange wird im Baugenehmigungsverfahren entschieden (vgl. Rdn. 3). Die nach § 70 in Verbindung mit den Vorschriften der BauPrüfVO geforderten Unterlagen – **Bauantrag** und **Bauvorlagen** – reichen im Regelfalle aus, um das Baurecht im engeren Sinne, das heißt das Bauplanungs- und das Bauordnungsrecht, prüfen zu können. Darüber hinaus können im Einzelfall **weitere Bauvorlagen** erforderlich werden, um baurechtlich relevante Bestimmungen im sonstigen öffentlichen Recht – dem »**Baunebenrecht**« – zu berücksichtigen.

28 Der **1. Abschnitt des 1. Teils** der BauPrüfVO (§§ 1–6) betrifft die grundsätzlichen Anforderungen an die Bauvorlagen. In diesem Abschnitt kommt § 1 **BauPrüfVO** besondere Bedeutung zu, da er die **Grundausstattung** eines Bauantrags mit Bauvorlagen sowie in Ergänzung des § 70 weitere **allgemeine Vorgaben** hinsichtlich Anzahl und Qualität der Bauvorlagen normiert. Die §§ 2 bis 6 **BauPrüfVO** erfassen im Einzelnen die Anforderungen an die Bauvorlagen.

Der **2. Abschnitt des 1. Teils** (§§ 7–9a BauPrüfVO) regelt Anforderungen an die bautechnischen Nachweise, darunter auch das Brandschutzkonzept, wobei § 7 insofern eine Ergänzung zu § 1 BauPrüfVO darstellt, als er eine Übereinstimmungserklärung des Entwurfsverfassers für zu unterschiedlichen Zeitpunkten eingereichte Bauvorlagen verlangt.

Der **3. Abschnitt des 1. Teils** (§§ 10–20 BauPrüfVO) gibt für die unterschiedlichen Verfahren und für besondere Vorhaben an, welche Bauvorlagen im Einzelnen erforderlich sind.

Die angestrebte Verfahrensstraffung erforderte es, für den Regelfall **genaue Vorgaben** 29
über Anzahl, Umfang und Inhalt der Bauvorlagen zu treffen. Es darf für Bauherren, Entwurfsverfasser und Fachplaner kein Zweifel über die mit dem Bauantrag vorzulegenden Unterlagen im Regelfall bestehen. Dies gilt insbesondere auch im Hinblick auf § 71 Absatz 1 Satz 2 und 3 BauO NRW 2018, wonach der Bauantrag als zurückgezogen gilt, wenn die Bauvorlagen trotz Nachforderungsschreiben mit Fristsetzung unvollständig sind oder erhebliche Mängel aufweisen, nach fruchtlosem Ablauf der Frist. Aus dem gleichen Grunde ermöglicht es § 1 Abs. 2 Satz 2 BauPrüfVO der Bauaufsichtsbehörde nur **in zu begründenden Einzelfällen**, weitere Unterlagen zu fordern. Vor dem Hintergrund der nach § 67 BauO NRW 2018 für die meisten Bauvorhaben bestehenden **Bauvorlageberechtigung** für Entwurfsverfasser muss es diesen abverlangt werden, sich in die Rechtsmaterie so einzuarbeiten, dass der unvollständige Bauantrag künftig eine Ausnahmeerscheinung darstellt.

2.3 Festlegung des Antragsgegenstandes

Der **Antragsteller bestimmt**, was genau **Gegenstand** der baurechtlichen Prüfung im 30
Baugenehmigungsverfahren oder in einem vorgeschalteten Vorbescheidsverfahren sein soll (s. Rdn. 4–8). Diese **Dispositionsfreiheit** des Bauherrn **korrespondiert** mit einer **Pflicht zur Festlegung des Antragsgegenstandes** im Antrag und in den zugehörigen Bauvorlagen. Die mit dem **Zugehörigkeitsvermerk** der Bauaufsichtsbehörde versehenen **Bauvorlagen** sind **Bestandteil der Baugenehmigung** und **für die Ermittlung des Regelungsgehalts verbindlich** (OVG Bln, Beschl. v. 26.01.1995 – 2 S 35.94, BRS 57 Nr. 193).

Aus dem **Antragsvordruck** (s. die Anlagen I/1 bis I/6 der VV BauPrüfVO) und den zugehörigen **Bauvorlagen** muss sich das beantragte Vorhaben zweifelsfrei ergeben. Kann wegen Mängeln der Bauvorlagen der Gegenstand bzw. der Umfang der Baugenehmigung nicht völlig eindeutig festgestellt und aus diesem Grunde eine **Verletzung von Nachbarrechten** nicht ausgeschlossen werden, so muss der Bauherr dies gegen sich gelten lassen (BayVGH, Beschl. v. 28.10.1976 – Nr. 104 I 76, BayVBl. 1977, 565 und OVG NRW, Urt. v. 13.05.1994 – 10 A 1025/94, BRS 56 Nr. 139).

Der **Inhalt der Baugenehmigung** bestimmt sich bezüglich der grundlegenden Einzelheiten der Bauausführung **nach den genehmigten Bauzeichnungen** und nicht auch nach den bautechnischen Nachweisen. Hat die Bauaufsichtsbehörde bautechnische Nachweise nachträglich genehmigt, die in entscheidenden Punkten eine andere Bauausführung vorsehen als die zur Baugenehmigung gehörenden genehmigten Bauzeichnungen, fehlt es insoweit an der – notwendigen – Nachtragsbaugenehmigung für die abweichende Bauausführung nach Maßgabe der bautechnischen Nachweise (OVG NRW, Urt. v. 10.03.1977 – XI A 484/75, BRS 32 Nr. 130).

Der **Inhalt der Bauvorlagen** ist auch maßgebend für den **Genehmigungsgegenstand**. Beantragt ein Bauherr eine Baugenehmigung für den Bau und Betrieb einer Diskothek, ohne die nach § 12 Abs. 2 BauPrüfVO erforderlichen besonderen Bauvorlagen – insbesondere hinsichtlich der erhöhten Brandschutzanforderungen der VStättVO – einzureichen, ist Gegenstand des erteilten Bauscheines lediglich eine Diskothek für bis zu

200 Besucher (OVG NRW, Beschl. v. 12.01.2001 – 10 B 1827/00, BauR 2001, 755). Die Bauvorlagen bilden mit dem Bauantrag die Grundlage für das Baugenehmigungsverfahren und auch für das bei einer Versagung der Baugenehmigung sich gegebenenfalls anschließende Rechtsmittelverfahren.

31 Die **Pflicht zur Konkretisierung** des Antragsgegenstandes umfasst neben der zeichnerischen Darstellung in den Bauvorlagen auch die Angaben zur Nutzung und zum Nutzungsumfang in der Baubeschreibung und der Betriebsbeschreibung. Da **Baugenehmigungen nur für konkret funktionsbezogene Nutzungen** erteilt werden, ist ein Baugesuch **unvollständig**, das lediglich den Standort und die Abmessungen des beantragten Baukörpers festlegt, die **künftige Nutzung** aber **offenlässt** und gegebenenfalls einem weiteren Genehmigungsverfahren vorbehält (OVG NRW, Urt. v. 16.03.1984 – 11 A 302/84, BRS 42 Nr. 163). Die Pflicht zur Konkretisierung der Nutzung ist schon im Hinblick auf die notwendige Überprüfung nach dem Bauplanungsrecht gegeben und kann bei speziellen Nutzungstypen, wie z.b. Handelseinrichtungen, über allgemeine Angaben hinausgehen und genaue Angaben zum Anteil der Verkaufsfläche erfordern (OVG NRW, Urt. v. 22.07.1987 – 11 A 958/85, BRS 47 Nr. 139). Der VGH B-W vertritt im Urt. v. 27.10.2000 (– 8 S 445/00, BauR 2001, 616) dagegen scheinbar die Auffassung, dass mit einer Baugenehmigung nicht zwangsläufig sowohl über die Zulässigkeit der Errichtung eines Gebäudes als auch über dessen Nutzung entschieden werden muss. Die zugrundeliegende Baugenehmigung des Wiederaufbaus einer abgebrannten Werk- und Lagerhalle beinhaltete als Nutzungsangabe jedoch: »Lagerraum (bis jetzt noch ohne Nutzungsfestlegung)«, insoweit war also keineswegs eine »nutzungslose« Hülle, sondern eine Lagernutzung genehmigt worden. Es spricht also nichts dagegen, zunächst eine allgemeine Nutzung, wie z.b. Lagernutzung oder Praxisräume, zum Inhalt des Bauantrages zu machen und später, wenn der Nutzer feststeht, eine weitere spezielle Nutzungsgenehmigung einzuholen, sofern hierfür wegen spezieller Anforderungen aus öffentlich-rechtlichen Vorschriften überhaupt noch ein Erfordernis besteht. Dies wird insbesondere bedeutsam bei der Errichtung von Einkaufszentren mit einer Vielzahl von (kleinen) Geschäften. Der Bauherr kennt in der Regel bei Antragstellung die späteren Betreiber der Ladenlokale noch gar nicht und kann daher detaillierte Angaben auch noch nicht machen.

32 Die **Nutzungsangaben** haben nicht nur **Bedeutung** für die bauplanungsrechtliche Zulässigkeit des Vorhabens, sondern **auch für die Zulässigkeit nach sonstigen öffentlich-rechtlichen Vorschriften**, die im Baugenehmigungsverfahren mitzuprüfen sind (vgl. Rdn. 3). So wird mit der Baugenehmigung einer Gaststätte festgestellt, dass sich die von dieser Nutzung typischerweise ausgehenden Emissionen im Rahmen der Vorschriften zum Immissionsschutz des Gaststättenrechts halten (BVerwG, Urt. v. 04.10.1988 – 1 C 72.86, BRS 48 Nr. 140). Ist die Zulässigkeit der konkreten Nutzung neben der Baugenehmigung noch von einer weiteren Genehmigung abhängig, können Einzelheiten der Nutzungsausübung in dem weiteren Verfahren geregelt werden (BVerwG, Beschl. v. 20.10.1988 – 4 B 195.88, BRS 48 Nr. 141 zur Nutzung des Freisitzes eines Sporthallenrestaurants). Durch Nebenbestimmung zur Baugenehmigung dürfen nur dann zeitliche Einschränkungen der Öffnungszeiten verfügt werden,

wenn das Vorhaben überhaupt erst dadurch genehmigungsfähig wird (OVG Bremen, Beschl. v. 31.08.1987 – 1 B 66/87, BRS 47 Nr. 206).

Es muss darauf geachtet werden, dass die **Bauvorlagen frei von widersprüchlichen Darstellungen** sind. Ein schwerwiegender Widerspruch kann dazu führen, dass die Baugenehmigung aus tatsächlichen Gründen von niemand ausgeführt werden kann – dies hat die Nichtigkeit des Verwaltungsaktes gemäß § 44 Abs. 2 Nr. 4 VwVfG. NRW. zur Folge (vgl. hierzu OVG Lüneburg, Beschl. v. 09.10.1973 – VI B 79/73, BRS 27 Nr. 147, in dem entschiedenen Fall war eine Baugenehmigung für nichtig angesehen worden, weil der Lageplan einen anderen Baukörper darstellte als die Bauzeichnungen). Werden Bauzeichnungen mit unterschiedlichen Darstellungen einzelner Bauteile – hier: Dachgaube – genehmigt, so ist die Baugenehmigung als in sich widersprüchlich rechtswidrig und auf die Klage eines betroffenen Nachbarn hin aufzuheben, wenn auch nur eine der zugelassenen Bauausführungen gegen seinem Schutz dienende Vorschriften verstößt (OVG Saar, Urt. v. 03.05.1994 – 2 R 13/92, BRS 56 Nr. 104). 33

Enthalten die Bauvorlagen zwar keine Widersprüche, aber **falsche Angaben**, so kann dies ebenfalls zur Aufhebung der Baugenehmigung führen. Die Auffassung des OVG NRW (Urt. v. 23.02.1988 – 7 A 1261/86, BRS 48 Nr. 132), wonach eine Baugenehmigung, die auf ein Baugesuch zurückgeht, in dem die Größe des Baugrundstücks falsch angegeben ist, mit einem besonders schwerwiegenden Fehler im Sinne des § 44 Abs. 1 VwVfG. NRW. behaftet sei, wurde vom BVerwG nicht geteilt (Urt. v. 26.09.1991 – 4 C 36.88, BRS 52 Nr. 150). Gleichwohl hat das BVerwG in der Entscheidung deutlich gemacht, dass eine solche Genehmigung im Einzelfall rechtswidrig sein kann und bei Erfüllung der Voraussetzungen nach § 48 Abs. 1 und 2 VwVfG. NRW. zurückgenommen werden darf, wenn das Vorhaben bei zutreffender Berücksichtigung der tatsächlichen Verhältnisse nicht genehmigungsfähig wäre (zu den Anforderungen an den Bestimmtheitsgrundsatz bei unrichtiger Bezeichnung des Vorhabens in den Bauvorlagen vgl. OVG NRW, Urt. v. 11.12.1992 – 11 A 1823/90, BRS 55 Nr. 141). 34

Es gehört zu den **Amtspflichten der Bauaufsichtsbehörde**, auf eine eindeutige und **widerspruchsfreie Antragstellung** zu achten. Unbeschadet der Rücknahmefiktion nach § 71 Absatz 1 Satz 3 BauO NRW 2018 ergibt sich aus § 25 VwVfG. NRW. eine **Pflicht** der Bauaufsichtsbehörde **zur Beratung** von Bauherr und Entwurfsverfasser – vorausgesetzt, die vorgelegten Antragsunterlagen sind vollständig und prüffähig –, wenn die Bauaufsichtsbehörde Widersprüche in den Antragsunterlagen feststellt. Die Bauaufsichtsbehörde soll nämlich nach dieser Vorschrift die **Berichtigung von Anträgen** anregen, wenn diese unrichtig gestellt worden sind. Hierzu zählt auch die Herbeiführung ausreichend konkreter Nutzungsangaben. Die entsprechenden Berichtigungen des Antrages setzen eine eindeutige schriftliche Willenserklärung des Antragstellers voraus; auf Festsetzungen eines Bebauungsplanes oder Angaben im Grundbuch oder Liegenschaftskataster kann selbst hilfsweise nicht zurückgegriffen werden (Hess. VGH, Beschl. v. 20.09.1985 – 4 UE 2781/84, BRS 44 Nr. 146). 35

2.4 Mitenthaltene und nicht mitenthaltene Entscheidungsbegehren

36 Im Gegensatz zum Vorgängerrecht der BauO NRW 2000 sind nunmehr gem. § 69 Absatz 2 Satz 1 BauO NRW 2018 Entscheidungen über Ausnahmen und Befreiungen sowie über Abweichungen stets nur auf Antrag zulässig. Dies stellt insofern eine Neuerung dar, als bisher die Bauaufsichtsbehörde eine im Bebauungsplan vorgesehene **Ausnahme nach § 31 Abs. 1 BauGB** – auch wenn diese in der BauNVO geregelt und als solche durch Festsetzung eines Baugebietes in den Bebauungsplan inkorporiert sind – ebenso von Amts wegen zu prüfen hatte, wie die Erteilung einer **Befreiung nach § 31 Abs. 2 BauGB**. Nach der Vorschrift des § 73 Absatz 2 BauO NRW 2000 war für die Erteilung einer Abweichung nur für Vorhaben, die keiner Baugenehmigung bedürfen, ein Antrag obligatorisch. Somit ist nunmehr vorausgesetzt, dass der Antragsteller neben dem Antrag auf Baugenehmigung einen ausdrücklichen gesonderten Antrag auf Zulassung einer Abweichung, Ausnahme oder Befreiung stellen muss. Bereits früher hatte das BVerwG entschieden, dass das Wesen der Befreiung zwar einen **besonderen Antrag** voraussetzt, dieser aber bei sinngemäßer Auslegung **als mit dem Bauantrag verbunden anzusehen** ist (Urt. v. 07.02.1964 – 1 C 104.61 – Buchholz 406.11, zu § 31 Nr. 1). Mit der Neuformulierung des § 69 BauO NRW 2018, wonach die Abweichungen, Ausnahmen und Befreiungen »**gesondert**« schriftlich zu beantragen sind, wird verdeutlicht, dass das Antragserfordernis auch für die genannten Begehren gelten, wenn diese im Zuge eines Baugenehmigungsverfahrens zum Tragen kommen sollen. Hiervon zu trennen ist die Frage der **Begründung** für eine Abweichung, Ausnahme oder Befreiung. Da sowohl die Erteilung **im Ermessen der Behörde** steht, soweit nicht eine »Ermessensreduzierung auf Null« im Einzelfall eintritt, ist es **dringend anzuraten, dem Antrag eine Begründung** beizufügen. Es ist zulässig, über die Ausnahme oder Befreiung in einem **gesonderten Verfahren** neben dem Bauantragsverfahren zu entscheiden oder die **Befreiung nachzuholen** (BVerwG, Urt. v. 17.02.1971 – IV C 2.68, BRS 24 Nr. 168).

37 Der Bauantrag beinhaltet das Ansinnen an die Bauaufsichtsbehörde, über **nach sonstigen öffentlich-rechtlichen Vorschriften berührte Belange** zu entscheiden, soweit hierfür dem Baugenehmigungsverfahren eine »Bündelungsfunktion« zukommt (vgl. Rdn. 3). Es bedarf in diesem Falle keiner besonderen Anträge, wohl aber **besonderer Bauvorlagen**, um eine ausreichende Beurteilung nach den in die Antragsprüfung einbezogenen Vorschriften, z.B. nach dem **Straßenrecht**, dem **Landschaftsrecht** oder dem **Denkmalrecht** zu ermöglichen. Ob die jeweilige Entscheidung auch gesondert beantragt werden kann, richtet sich nach dem jeweiligen Fachgesetz. So ist nach § 9 Abs. 3 Satz 2 DSchG die denkmalrechtliche Entscheidung auch auf gesonderten Antrag hin neben dem Bauantrag zulässig; anders jedoch § 6 Abs. 1 LG, wonach im Baugenehmigungsverfahren über Eingriffe in Natur und Landschaft zu entscheiden ist.

Die **Rechtslage** ist wegen der Vielzahl der öffentlich-rechtlichen Vorschriften nur **schwer zu überblicken** und kann nur als **anwenderfeindlich** bezeichnet werden. Die nicht ausreichende Verzahnung von Bau- und Baunebenrecht war Gegenstand besonderer Untersuchungen (vgl. die Vorlage 12/1097 des Ministeriums für Bauen und Wohnen des Landes NRW vom 29.11.1996 an den Landtag).

Sind neben der Baugenehmigung **gesonderte Genehmigungen, Bewilligungen oder** 38
Erlaubnisse nach öffentlich-rechtlichen Vorschriften erforderlich, wie z.b. die wasserrechtliche Erlaubnis im Falle der Einleitung von vorgeklärtem Abwasser in ein Gewässer, so sind diese **nicht zugleich mit beantragt**. Es bedarf hierzu vielmehr besonderer Anträge nach den einschlägigen Vorschriften. Die Bauaufsichtsbehörde ist aber nach § 71 Absatz 1 Nr. 2 BauO NRW 2018 verpflichtet, binnen zwei Wochen nach Antragseingang ein solches Erfordernis festzustellen.

2.5 Schriftform des Antrages, Vordrucke zum Verfahren

Gemäß § 10 VwVfG. NRW. ist das Verwaltungsverfahren an bestimmte Formen nicht 39
gebunden, soweit keine besonderen Rechtsvorschriften für die Form des Verfahrens bestehen. Einen **Vorbehalt zugunsten besonderer Formschriften** spricht Absatz 1 Satz 1 aus, indem der **Bauantrag schriftlich** einzureichen ist. Da der Bauherr den Umfang seines Vorhabens festzulegen und für die nötige Klarheit im Verfahren zu sorgen hat (s. Rdn. 4–8), konnte die BauO NRW 2018 auf die schriftliche Fixierung des Antrages grundsätzlich nicht verzichten.

Die **Schriftform** ist nicht nur für die Antragstellung selbst, sondern auch für die **Ände-** 40
rung des Antrages sowie für dessen **Rücknahme** erforderlich. Die Schriftform soll die Identität des Antragstellers und die Authentizität des Bauantrags sicherstellen. Was unter dem **Begriff Schriftform** zu verstehen ist, ergibt sich aus § 126 Abs. 1 BGB; danach muss der Antrag in einem **Schriftstück als verkörperte Urkunde** festgehalten und **vom Antragsteller eigenhändig unterzeichnet** werden (BayVGH, Urt. v. 29.06.1990 – 2 B 88.2629, BRS 50 Nr. 157). Eine Unterschrift setzt ein aus Buchstaben einer üblichen Schrift bestehendes Gebilde voraus, das nicht lesbar zu sein braucht. Erforderlich, aber auch genügend, ist das Vorliegen eines die Identität des Unterschreibenden ausreichend kennzeichnenden individuellen Schriftzuges, der einmalig ist, entsprechende charakteristische Merkmale aufweist, sich als Wiedergabe eines Namens darstellt und die Absicht einer vollen Unterschriftsleistung erkennen lässt. Handzeichen, die allenfalls einen Buchstaben verdeutlichen, sowie Unterzeichnungen mit einer Buchstabenfolge, die erkennbar als bewusste und gewollte Namensabkürzung erscheint, stellen demgegenüber keine formgültige Unterschrift dar (BGH, Urt. v. 22.10.1993 – V ZR 112/92, NJW 1994, 55).

Die Abwicklung des Baugenehmigungsverfahrens auf **elektronischem Wege** in allen 41
Einzelphasen – also auch in der Phase der Antragstellung – ermöglichen die rechtlichen Rahmenbedingungen bereits länger. Begleitend hierzu war jedoch bisher noch eine Anpassung der bauordnungsrechtlichen Vorschriften erforderlich. Dies ist nunmehr mit Absatz 1 Satz 2 erfolgt, indem eine elektronische Antragstellung nach Maßgabe des § 3a VwVfG. NRW. ausdrücklich für zulässig erklärt wird.

Nach § 3a Abs. 1 VwVfG. NRW. ist die Übermittlung elektronischer Dokumente zulässig, soweit der Empfänger hierfür einen Zugang eröffnet hat. Bei Behörden erfolgt die Eröffnung des Zugangs durch Bekanntmachung über die Homepage, wobei die technischen und organisatorischen Rahmenbedingungen anzugeben sind. Grundsätzlich kann nach der **Generalklausel** des § 3a Abs. 2 VwVfG. NRW. eine durch

Rechtsvorschrift angeordnete Schriftform, soweit nicht durch Rechtsvorschrift etwas anderes bestimmt ist, durch die elektronische Form **mit qualifizierter elektronischer Signatur** ersetzt werden.

Da in § 1 Absatz 2 Satz 6 BauPrüfVO mittlerweile auch verankert ist, dass die Vorschrift des § 3a VwVfG. NRW. unberührt bleibt, hat dies zur **Folge**, dass auch die weitergehenden speziellen Vorgaben der BauPrüfVO hinsichtlich der **Bauvorlagen** eine **elektronische Einreichung** zulassen.

42 Über Absatz 1 Satz 1 hinaus verlangt § 1 Abs. 3 BauPrüfVO aufgrund der Ermächtigung des § 87 Absatz 3 Nr. 2 BauO NRW 2018 (»die erforderlichen Anträge«) die **Verwendung amtlich bekannt gemachter Vordrucke**. Für die verschiedenen Antragsarten wurden diese in den **Anlagen I/1 bis I/6** zu Nr. 1.3.1 VV BauPrüfVO amtlich bekannt gemacht (zur rechtlichen Bedeutung dieser Bekanntmachung s. Rdn. 47). Die Antragsvordrucke sind wie folgt den bauaufsichtlichen Verfahren zugeordnet:

Anlage I/1 **Bauantrag** und **Antrag auf Vorbescheid** für Vorhaben, die der Prüfung im »**normalen**« Genehmigungsverfahren unterliegen (»große« Sonderbauten),

Anlage I/2 **Bauantrag**, **Antrag auf Vorbescheid** und **Referenzgebäude** für Vorhaben, die der Prüfung im **vereinfachten** Genehmigungsverfahren unterliegen,

Anlage I/2.1 **Anzeige des Bezugsgebäudes** für Vorhaben, für die bereits eine referenzielle Baugenehmigung beantragt wurde,

Anlage I/3 **Vorlage bei der Gemeinde** für Vorhaben, die den Vorschriften über die **Genehmigungsfreistellung** nach § 63 BauO NRW 2018 unterliegen,

Anlage I/4 **Bauantrag** und **Antrag auf Vorbescheid** für **Werbeanlagen**, die ausnahmslos im **einfachen** Genehmigungsverfahren geprüft werden,

Anlage I/5 **Antrag auf Genehmigung der Teilung** eines bebauten Grundstücks und **Antrag auf Ausstellung eines Negativzeugnisses**,

Anlage I/6 **Anzeige der Beseitigung von Anlagen**.

43 Ergänzend ist § 23 VwVfG. NRW. zu beachten. Nach § 23 Abs. 1 VwVfG. NRW. ist die **Amtssprache deutsch** (zur deutschen Sprache im gerichtlichen Verfahren s. § 184 GVG). Das bedeutet, dass sowohl der Antrag als auch die Bauvorlagen in **Schriftdeutsch** abgefasst sein müssen; selbstverständlich sind auch die Akten der Bauaufsichtsbehörde in deutscher Sprache zu führen, der Erlass von Verwaltungsakten hat zwingend in Deutsch zu erfolgen. Dagegen kann aus § 23 VwVfG. NRW. in Verbindung mit Absatz 1 Satz 1 nicht geschlossen werden, es müsse sich um eine maschinenschriftliche Ausführung handeln, vielmehr genügt auch eine handschriftliche Abfassung bzw. Ausfüllung der Antragsvordrucke. Im Übrigen kann auch ein **Bescheid handschriftlich** – selbstverständlich gut lesbar – ergehen, wenn wieder einmal die Datenverarbeitungsanlage der Behörde ausfällt und z.B. die Aushändigung einer Teilbaugenehmigung zur Fortführung wichtiger Arbeiten unumgänglich ist.

44 Geht der **Antrag im fremdsprachiger Ausführung** ein, so ist nach § 23 Abs. 2 VwVfG. NRW. unverzüglich eine **Übersetzung** zu verlangen. Grundsätzlich ist die

Bauaufsichtsbehörde zur Entgegennahme verpflichtet. **Fristen** werden jedoch nach § 23 Abs. 3 VwVfG. NRW. erst **nach Vorlage der Übersetzung** in Lauf gesetzt (zum Eingangszeitpunkt des Bauantrages in einem solchen Fall s. § 23 Abs. 4 VwVfG. NRW).

3 Zu Absatz 2 – Bauvorlagen

Nach Absatz 2 sind neben dem Bauantrag auch alle für die Beurteilung des Bauvorhabens und die Bearbeitung des Bauantrags erforderlichen Unterlagen (Bauvorlagen) einzureichen. Dabei handelt es sich im Wesentlichen um 45
- **zeichnerische Darstellungen** (Lageplan, Auszug aus der Liegenschaftskarte/Flurkarte und der Deutschen Grundkarte, Grundriss-, Ansichts- und Schnittzeichnungen),
- **Berechnungen** (zum Maß der baulichen Nutzung in Ergänzung des Lageplanes und zum umbauten Raum als Grundlage für die Gebührenbemessung),
- **amtlich bekannt gemachte Vordrucke** (Bau- und Betriebsbeschreibung).

Die amtlich bekannt gemachten **Antragsvordrucke** nach der Anlage zur VV BauPrüfVO sind nicht in allen Fällen auch zugleich Bauvorlage. Die Vordrucke nach **Anlage I/1, I/2** und **I/2.1** für den Bauantrag einschließlich der Anzeige für das Bezugsgebäude, nach **Anlage I/3** für die Vorlage in der Genehmigungsfreistellung, nach **Anlage I/5** für die Anträge nach § 7 BauO NRW und nach **Anlage I/6** für die Anzeige der Beseitigung von Anlagen sind **keine Bauvorlage**, sondern lediglich **Muster für die Antrags-/Anzeigeform**.

Bei dem **Vordruck** nach Anlage I/4 für Werbeanlagen und Warenautomaten handelt es sich um eine **Kombination** aus **Antrag und Baubeschreibung**. Dieser ist daher **zugleich** auch **Bauvorlage** (s. Anmerkungen zu § 10 Rdn. 93).

Die amtlich bekannt gemachten Vordrucke für die Bau- und Betriebsbeschreibung sind dagegen reine **Bauvorlagen** im Sinne Absatz 2 Satz 1. Hierbei handelt es sich um:

Anlage I/7   Baubeschreibung,
Anlage I/8   Betriebsbeschreibung für gewerbliche Anlagen und
Anlage I/9   Betriebsbeschreibung für land- und forstwirtschaftliche Vorhaben.

Ein mit dem vollständig ausgefüllten Antragsvordruck und den Bauvorlagen in vorgeschriebener Qualität ausgestatteter Bauantrag genügt in den meisten Fällen zur bauaufsichtlichen Prüfung. Die zur Beurteilung erforderlichen Angaben wurden in die Antrags-, Bau- und Betriebsbeschreibungsvordrucke eingearbeitet. Ein **sorgfältiges Ausfüllen dieser Vordrucke** erspart Rückfragen und **erleichtert die zügige Abwicklung des Verfahrens**. Die amtlich bekannt gemachten Vordrucke tragen nicht unwesentlich dazu bei, dass eine Baugenehmigung dem **Bestimmtheitsgrundsatz** des § 37 Abs. 1 VwVfG. NRW. genügt (VGH B-W, Urt. v. 09.02.1993 – 5 S 1650/92, BRS 55 Nr. 193; vgl. auch Rdn. 30–35). 46

Form und Inhalt des Bauantrages werden wesentlich durch die **Vorgaben der BauPrüfVO** und der hierzu ergangenen **VV BauPrüfVO** bestimmt. Die **BauPrüfVO bindet** als Rechtsvorschrift auf der Grundlage der Ermächtigung in § 87 Absatz 3 47

§ 70   Bauantrag, Bauvorlagen

BauO NRW 2018 die **Antragsteller** und die **Bauaufsichtsbehörden**. Die VV BauPrüfVO richtet sich aber zu einem Teil auch an die Verfahrensbeteiligten, da einzelne Bestimmungen die Vorgaben des § 1 Abs. 3 BauPrüfVO umsetzen, insofern entfaltet Nr. 1.31 VV BauPrüfVO in Verbindung mit den **Anlagen I/1 bis I/9 verbindliche Wirkung für den Antragsteller** (zur rechtlichen Außenwirkung von Verwaltungsvorschriften in besonderen Fällen s. BVerwG, Urt. v. 25.11.2004 – 5 CN 1/03, DVBl 2005, 766 = NVwZ 2005, 602). Danach ist die Verwendung der amtlich bekannt gemachten **Vordrucke** für
– die unterschiedlichen **Anträge** bzw. **Anzeigen** und die **Vorlage in der Genehmigungsfreistellung**,
– die **Baubeschreibung** und
– die **Betriebsbeschreibung**
verbindlich vorgeschrieben.

48   Der Antragsteller muss die **Vordrucke** verwenden, weil sie **auf die spezifischen Besonderheiten der BauO NRW** abgestimmt sind. Vordrucke anderer Bundesländer sind auf die jeweiligen Besonderheiten des dortigen Bauordnungsrechts abgestimmt, vermögen also nicht auf die formellen Verfahren und materiellen Besonderheiten nach BauO NRW 2018 einzugehen, so dass deren Verwendung **ausgeschlossen** ist, weil es hierdurch zu fehlerhaften Entscheidungen kommen kann. Auch ist zu berücksichtigen, dass die Prüfung im bauaufsichtlichen Verfahren, ähnlich wie in anderen öffentlich-rechtlichen Verfahren, eine Standardisierung voraussetzt, um ein routinemäßiges Abarbeiten durch die Bauaufsichtsbehörde zu ermöglichen. Der Zwang zur Verwendung amtlich bekannt gemachter Vordrucke dient damit der zügigen Abwicklung des Baugenehmigungsverfahrens, einer wesentlichen Zielsetzung der BauO NRW 2018. Die **Vordrucke erleichtern** daneben aber auch die **Beachtung des materiellen Baurechts**, da sie die erforderlichen Angaben abfragen und so Bauherren, Entwurfsverfasser und Fachplaner leiten.

3.1 Bestimmung der erforderlichen Bauvorlagen

49   Neben dem eigentlichen Bauantrag in Form des amtlich bekannt gemachten Vordrucks sind generell Bauvorlagen erforderlich, um den Antragsgegenstand festzulegen. Indirekt stellt Absatz 2 Satz 1 den Grundsatz auf:

> »*Kein Bauantrag ohne den Antragsgegenstand hinreichend genau konkretisierende Bauvorlagen.*«

Aus Satz 1 folgt, dass der Bauantrag mit allen Unterlagen zu versehen ist, die
– **für seine Bearbeitung** und
– **für die Beurteilung des Bauvorhabens**
erforderlich sind. Dieser **weit gefassten Begriffsbestimmung** der Bauvorlagen lässt sich also ein Erfordernis von Bauvorlagen in doppelter Hinsicht entnehmen. Das Erfordernis von Bauvorlagen ergibt sich indirekt aus dem Zusammenhang der Sätze 1 und 4 des Abs. 2. Durch die Neufassung des § 71 Absatz 1 BauO NRW 2018, wonach eine Zurückweisung von Bauanträgen nicht mehr vorgesehen ist, ergibt sich für den Fall der Beantragung eines Bauvorhabens nur mit Antragsvordruck, jedoch

ohne Beifügung von Bauvorlagen, eine Erschwernis für die Bauaufsichtsbehörde. Bisher konnte der Antrag mit oder ohne vorherige Aufforderung zur Vervollständigung zurückgewiesen werden (§ 72 Abs. 1 Satz 2 BauO NRW 2000). Dies ist nunmehr nicht mehr möglich. Die Bauaufsichtsbehörde muss dem Antragsteller unter vollständiger Benennung der fehlenden Unterlagen die Möglichkeit der Vervollständigung einräumen. Erst nach erfolglosem Verstreichen der festgesetzten Frist gilt der Antrag als zurückgenommen.

Für die Bearbeitung des Bauantrages erforderlich sind die für eine zügige Verfahrensabwicklung und die Erteilung der Baugenehmigung benötigten Unterlagen. Dies sind die nach den verschiedenen Antragsarten aufgefächerten **allgemeinen Bauvorlagen nach der BauPrüfVO**. Daneben sind die in **§ 12 BauPrüfVO** aufgeführten **besonderen Bauvorlagen zu erbringen** (s. Rdn. 04), wie z.b.»**Bestuhlungs- und Rettungswegpläne**« nach § 12 Abs. 2 BauPrüfVO. Weiter sind nach **sonstigen** öffentlich-rechtlichen Vorschriften, die gemäß § 74 Abs. 1 Satz 1 BauO NRW zum materiell-rechtlichen Prüfprogramm im Baugenehmigungsverfahren rechnen, **spezielle Bauvorlagen** zu nennen, wie z.b. »Arbeitsablaufpläne« oder »Maschinenaufstellpläne«. Die Regelungen der BauPrüfVO über allgemeine Bauvorlagen sind **nicht abschließend**, so dass selbst für ein Vorhaben, welches nicht der Sonderbauverordnung unterliegt, weitere Rechtsvorschriften beachtet werden müssen. 50

Bereits mit der BauPrüfVO 1995 wurde die bislang im Gebührenrecht – versteckt – enthaltene Pflicht zur Vorlage einer **nachprüfbaren Berechnung des Brutto-Rauminhalts** nach **DIN 277 Teil 1** (Ausgabe 1987) bzw. der Angabe der veranschlagten (geschätzten) Rohbau- oder Herstellungskosten in § 1 Abs. 6 BauPrüfVO 1995 übernommen. Die entsprechende Vorschrift enthält jetzt § 6 BauPrüfVO 2000. 51

Zu den für die Bearbeitung erforderlichen Unterlagen rechnen auch die **Erhebungsbögen für die Hochbaustatistik** nach dem 52
– Hochbaustatistikgesetz – HBauStatG vom 05.05.1998 (BGBl. I S. 869), z.g.d. G vom 26.07.2016 (BGBl. I S. 1839).

Danach sind für den Zeitpunkt der Genehmigung bestimmte Daten zu erfassen (s. Rabe/Pauli/Wenzel, S. 402 f. Rn. 340–342). Das Landesbetrieb Information und Technik Nordrhein-Westfalen (IT NRW) hat **Erhebungsbögen** veröffentlicht, die mit dem Bauantrag einzureichen sind.

Schließlich ist auf das **Energieeinsparungsrecht** hinzuweisen (s. Anmerkungen zu § 15 Rdn. 3 ff.). Nach § 2 Abs. 1 **EnEV-UVO** hat der Bauherr für ein in den Geltungsbereich der **EnEV** fallendes Gebäude einen staatlich anerkannten Sachverständigen für Schall- und Wärmeschutz zu beauftragen, der die **Nachweise** des Jahres-Primärenergie-bedarfs und die Einhaltung des sommerlichen Wärmeschutzes nach § 3 EnEV sowie des Transmissionswärmeverlustes nach § 3 oder § 4 EnEV aufstellt oder prüft, wenn er nicht beabsichtigt, eine Prüfung dieser Nachweise durch die untere Bauaufsichtsbehörde zu beantragen. Die Nachweise sind nach § 2 Abs. 1 Satz 9 EnEV-UVO für genehmigungsbedürftige Gebäude spätestens bei Baubeginn – also nicht notwendigerweise bei Bauantragstellung – der unteren Bauaufsichtsbehörde vorzulegen. 53

Gemäß § 2 Abs. 4 EnEV-UVO hat der Bauherr die Nachweise für genehmigungsfreie Gebäude aufzubewahren und auf Verlangen der unteren Bauaufsichtsbehörde vorzulegen. Über **Ausnahmen und Befreiungen nach §§ 16 und 17 EnEV** entscheidet gemäß § 1 Abs. 1 EnEV-UVO die untere Bauaufsichtsbehörde. Sie kann gemäß § 4 Abs. 1 EnEV-UVO verlangen, dass das Vorliegen der **Ausnahmevoraussetzungen** nach § 16 EnEV durch **Sachverständigengutachten** nachgewiesen wird.

54 Für die **Beurteilung des Vorhabens erforderlich** sind die in der BauPrüfVO aufgeführten Bauvorlagen, und zwar mit den **inhaltlichen Anforderungen** nach den Vorgaben der §§ 1–20 BauPrüfVO. Auch dieser Katalog ist nicht **abschließend**, weitere inhaltliche Anforderungen können sich aus sonstigem öffentlichen Recht ergeben (s. Rdn. 50), ferner aus einzelnen Bestimmungen der Bauordnung selbst oder der Sonderbauverordnung, wenn über eine **Abweichung** entschieden werden muss und die hierfür erforderlichen kompensatorischen Maßnahmen zur **Gewährleistung der bauordnungsrechtlichen Schutzziele** darzustellen sind, welche die jeweilige Vorschrift bezweckt. Hinsichtlich der Abweichungen von Bestimmungen, die dem vorbeugenden Brandschutz dienen, steht mit dem Brandschutzkonzept gemäß § 9 BauPrüfVO eine besonders geregelte Bauvorlage zur Verfügung (s. Rdn. 58–59).

55 Eine wichtige **Ergänzung** zu Absatz 2 Satz 1 stellt in diesem Zusammenhang § 1 Abs. 2 Satz 1 BauPrüfVO dar; danach gilt:

»Der Inhalt der Bauvorlagen beschränkt sich auf das zur Beurteilung der jeweiligen Anträge und Vorhaben Erforderliche.«

Die Bestimmung bezieht sich auf den **erforderlichen Inhalt der Bauvorlagen**. Die Vorschrift des § 1 Abs. 2 Satz 1 BauPrüfVO 1984, wonach sich Umfang, Inhalt und Zahl der Bauvorlagen im Einzelfall nach dem jeweiligen Bauvorhaben richteten, ist bereits in die BauPrüfVO 1995 nicht wieder aufgenommen worden; Umfang und Zahl der Bauvorlagen ergeben sich nämlich aus § 1 Abs. 1 in Verbindung mit §§ 2–20 BauPrüfVO. Die Einschränkung des § 1 Abs. 2 Satz 1 BauPrüfVO darf nicht einseitig verstanden werden. Hierbei handelt es sich nämlich keineswegs nur

– um ein **an die Bauaufsichtsbehörde gerichtetes Verbot zum Unterlassen unnötiger Vervollständigungen**, sondern auch
– um ein **an den Entwurfsverfasser gerichtetes Gebot zur Unterlassung überflüssiger Darstellungen.**

Letzteres trägt dazu bei, widersprüchliche Antragsinhalte zu vermeiden (s. Rdn. 33), und sorgt damit für die nötige **Klarheit des Antrages**. Über § 1 Abs. 2 Satz 1 BauPrüfVO hinaus enthalten die Vorschriften über die Ausgestaltung der Bauvorlagen **weitere Einschränkungen** unter dem Gesichtspunkt der **Erforderlichkeit**; vgl. z.B. § 3 Abs. 1 Satz 3, § 4 Abs. 4 Satz 2, § 5 Abs. 1 Satz 3 BauPrüfVO. Damit sollen nicht nur dem Antragsteller unnötige Kosten erspart, sondern vielmehr auch Beschleunigungseffekte im Verfahren erreicht werden. Bauvorlagen, die auf die wirklich benötigten Angaben reduziert sind, diese aber auch vollständig enthalten, ermöglichen den im Verfahren zu beteiligenden Behörden und Dienststellen eine zügige Entscheidung.

Nicht verkannt werden darf, dass gerade die **sorgfältige Ausarbeitung übersichtlicher und vollständiger Bauvorlagen** einen erheblichen Arbeitsaufwand verursacht. Ob über die durch die BauPrüfVO festgelegte inhaltliche Ausgestaltung hinaus **weitere Unterlagen** erforderlich sind, richtet sich nach dem öffentlichen Recht, nicht aber nach der Auffassung der am Bau Beteiligten oder der Bauaufsichtsbehörde. Bei der Überprüfung der Frage, **ob** ein **Bauantrag vollständig** ist, hat die Bauaufsichtsbehörde **kein Ermessen** und **keinen Beurteilungsspielraum** (OVG M-V, Beschl. v. 28.11.1994 – 3b M 119/94, BRS 56 Nr. 138). § 1 Abs. 2 Satz 2 BauPrüfVO, wonach die Bauaufsichtsbehörde in zu begründenden Einzelfällen weitere Unterlagen verlangen kann, wenn sie dies zur Beurteilung des Bauvorhabens für erforderlich hält, greift ein, soweit sich ein solches Verlangen als notwendig erweist, weil ein bestimmter Aspekt des öffentlichen Rechts ohne diese weiteren Unterlagen nicht geprüft und beurteilt werden kann. Die Vorschrift ist nicht dazu bestimmt, lediglich der Bauaufsichtsbehörde die Arbeit zu erleichtern, wenn ansonsten die vorliegenden Bauvorlagen eine – möglicherweise auch zeitaufwendige – Prüfung und Beurteilung ermöglichen. 56

Die durch § 1 Abs. 2 Satz 3 BauPrüfVO der Bauaufsichtsbehörde eingeräumte Möglichkeit zum **Verzicht auf Bauvorlagen** steht unter dem **Vorbehalt der Nichterforderlichkeit**. Bedeutung erlangt diese Ermächtigung, wenn der Antragsteller vor Einreichung des Antrags eine Beratung in Anspruch nimmt, um den Antragsumfang mit der Behörde abzusprechen. So kann die Bauaufsichtsbehörde z.B. auf die Unterlagen nach § 2 BauPrüfVO (Liegenschaftskarte/Flurkarte, Deutsche Grundkarte 1 : 5000) verzichten, weil sie die Zulässigkeit des Vorhabens nach § 34 BauGB zweifelsfrei anhand des Lageplans beurteilen kann und andere Behörden oder Dienststellen nicht beteiligt werden müssen. Der Verzicht kann auch im Baugenehmigungsverfahren selbst ausgesprochen werden, z.B. im Zuge der Vorprüfung nach § 71 Absatz 1 Satz 1 Nr. 1 BauO NRW 2018. Eines besonderen Bescheides bedarf es nicht, wohl aber ist die **Entscheidung in den Akten zu vermerken**, um später eine Nachvollziehbarkeit sicherzustellen. Ein völliger Verzicht auf Bauvorlagen ist nur schwer vorstellbar, da der Antragsgegenstand genau festgelegt werden muss und eine Beschreibung dies kaum leisten kann (s. Rdn. 30–35). 57

Durch den Verweis auf § 53 Absatz 4 BauO NRW 2018 wird verdeutlicht, dass auch die dort geforderten Unterlagen zum Standsicherheitsnachweis und zum Schall-, Wärme- und Brandschutz einzureichen sind. Diese Unterlagen gehören jedoch nicht zu den klassischen Bauvorlagen, die mit Einreichen des Antrags vorzulegen sind; vielmehr müssen sie vor Baubeginn vorliegen. Der Verweis ist daher als unglücklich zu bezeichnen, da vermutet werden könnte, die Verortung in § 70 würde eine Vorlage bereits mit Antragseingang bedeuten. Gleiches gilt für den Verweis auf § 68 Absatz 1 Nummer 3 BauO NRW 2018. Auch diese Unterlagen ist erst mit der Anzeige des Baubeginns »fällig«.

3.2 Brandschutzkonzept als Bauvorlage

Die Regelungen über das Brandschutzkonzept basieren auf **Empfehlungen der unabhängigen Sachverständigenkommission** zur Prüfung von Konsequenzen aus dem 58

§ 70 Bauantrag, Bauvorlagen

Flughafenbrand Düsseldorf. Nach den Erkenntnissen der Kommission ist es bei Sonderbauten wichtig, die der Baugenehmigung zugrundeliegende Brandschutzplanung nicht nur versteckt in den einzelnen Bauvorlagen, sondern zusammenfassend in einem Brandschutzkonzept als Bauvorlage zu dokumentieren. Das Brandschutzkonzept ist für die **Überwachung der ordnungsgemäßen Bauausführung** maßgebend und begleitet das Bauwerk während seiner gesamten Lebensdauer. Es muss **bei Änderungen fortgeschrieben** werden und dient als **Grundlage für** die in regelmäßigen Abständen von der Bauaufsichtsbehörde durchzuführenden **wiederkehrenden Prüfungen**.

59 Für »**große**« Sonderbauten ist nach **Satz 3** mit den üblichen Bauvorlagen das **Brandschutzkonzept** einzureichen, das selbst wiederum eine **Bauvorlage** ist (vgl. § 1 Abs. 1 BauPrüfVO). Der erforderliche Inhalt des Brandschutzkonzepts ergibt sich aus § 9 BauPrüfVO. Das Brandschutzkonzept ist eine **zielorientierte Gesamtbewertung** des **baulichen** und **abwehrenden Brandschutzes** (s. Anmerkungen zu § 54 Rdn. 8–9). Nach § 1 Abs. 2 Satz 4 BauPrüfVO darf auf die Vorlage des Brandschutzkonzepts bei »**großen**« Sonderbauten nicht verzichtet werden. Sein **Inhalt richtet sich nach dem konkreten Vorhaben**, so dass **im Einzelfall** auch einmal **nur wenige Angaben** aus dem Katalog des § 9 BauPrüfVO **ausreichend** sein können. Sofern die Bauaufsichtsbehörde von der Ermächtigung des § 50 Abs. 1 Nr. 19 BauO NRW 2018 Gebrauch macht, ist auch für »**kleine**« Sonderbauten ein Brandschutzkonzept vorzulegen. Das Brandschutzkonzept soll nach § 54 Absatz 3 BauO NRW 2018 von einem **staatlich anerkannten Sachverständigen für die Prüfung des Brandschutzes** aufgestellt werden.

3.3 Anforderungen an Bauvorlagen

60 Die Anforderungen der BauPrüfVO an die Ausgestaltung der Bauvorlagen sind sowohl auf die **Bearbeitung des Bauantrags** als auch auf die **Beurteilung des Bauvorhabens** ausgerichtet. Es lässt sich demnach zwischen **formellen**, das heißt verfahrensbedingten und **inhaltlichen Anforderungen** differenzieren. Dass die inhaltlichen Anforderungen ihre Berechtigung haben, bedarf angesichts der Rechtsprechung zum Antragsinhalt und Antragsgegenstand keiner weiteren Vertiefung. Aber auch die formellen Anforderungen haben für die zügige Abwicklung des Verfahrens große Bedeutung, was hin und wieder bei Bauherren oder Entwurfsverfassern auf Unverständnis stößt und als unnötiger Formalismus abgetan wird.

61 Darüber hinaus weisen die **Bauvorlagen außerordentliche Bedeutung für den Inhalt der Baugenehmigung** auf, da sich der Genehmigungsgegenstand in der Regel verbal nicht hinreichend genau beschreiben lässt. Hierfür sind vor allem der Lageplan, die Bauzeichnungen sowie die Bau- und Betriebsbeschreibung maßgebend. Soll der Grundstückseigentümer zu einem späteren Zeitpunkt die Legalität der baulichen Anlage beweisen, z.B. aus Anlass der Veräußerung seines Grundbesitzes gegenüber einem Käufer, so reicht der schriftliche Teil der Baugenehmigung – der »Bauschein« – hierfür allein nicht aus. Regelmäßig wird dann Einsicht in die zugehörigen Bauvorlagen erbeten. »Bauschein« und zugehörige Bauvorlagen bilden zusammen die **öffentlich-rechtliche Urkunde** über die erteilte Baugenehmigung (s. Anmerkungen z § 74 Rdn. 272). Wer nach Jahrzehnten in die bei der Bauaufsichtsbehörde geführte Bauakte Einsicht

nehmen will, weil er es selbst an der nötigen Sorgfalt bei der Aufbewahrung seiner Bauvorlagen hat fehlen lassen, wird spätestens dann deren rechtliche Bedeutung erkennen.

3.3.1 Ausreichende Anzahl

Der Bauantrag ist mit den Bauvorlagen in **ausreichender Anzahl** einzureichen. Die Zahl der **vorzulegenden Antragsausfertigungen** wird durch die §§ 10–20 BauPrüfVO für die unterschiedlichen Verfahren konkretisiert. Im normalen bzw. einfachen Baugenehmigungsverfahren sind mindestens **drei** Ausfertigungen erforderlich. Bei dieser Festlegung ist der Verordnungsgeber von einer einfachen Verfahrensausgestaltung ohne weitere Beteiligungserfordernisse ausgegangen. 62

Nach § 10 Abs. 1 Satz 3 BauPrüfVO kann die Bauaufsichtsbehörde die **Einreichung weiterer Ausfertigungen** verlangen, wenn für die Prüfung des Bauantrages die Beteiligung anderer Behörden oder Dienststellen erforderlich ist. Dieses Verlangen ist unmittelbar nach Vorprüfung des Antrages gemäß § 71 Absatz 1 BauO NRW 2018 auszusprechen, da zu diesem Zeitpunkt bereits die Beteiligungserfordernisse festliegen. Es ist aber auch möglich, zu einem späteren Zeitpunkt weitere Ausfertigungen zu verlangen; so kann sich z.B. ein Beteiligungserfordernis erst nach Vervollständigung eines Antrages herausstellen, weil die Bauaufsichtsbehörde aufgrund der unvollständigen Unterlagen die Vorprüfung nicht in umfassender Weise vornehmen konnte. 63

Bauherr und **Entwurfsverfasser** sollten bei der Abfassung des Bauantrags bereits selbst **prüfen**, ob neben dem engeren Baurecht sonstige **öffentlich-rechtliche Belange** berührt sind. Sie können zu diesem Zwecke die Beratungshilfe der Bauaufsichtsbehörde in Anspruch nehmen und durch Beifügung weiterer Ausfertigungen wesentlich zum zügigen Ablauf des Verfahrens beitragen. 64

Für die nach § 71 Absatz 3 BauO NRW 2018 vorgesehene **gleichzeitige (sternförmige) Beteiligung** sind regelmäßig vier bis fünf Ausfertigungen geboten, da die Bauaufsichtsbehörde wegen der weiteren Arbeit am Bauantrag eine Ausfertigung zurückhalten muss und nicht für das Beteiligungsverfahren freigeben kann. Die Anzahl der Antragsausfertigungen lässt sich nach der Regel »**Beteiligungserfordernisse + 1**« ermitteln. Sind z.B. drei Dienststellen gleichzeitig zu beteiligen – was keine Seltenheit darstellt –, so benötigt die Bauaufsichtsbehörde vier Ausfertigungen. Gut beratene Antragsteller sparen bei größeren Vorhaben ohnehin nicht an Papierkosten, reichen vorsorglich immer fünf Ausfertigungen ein und erbitten mit der Baugenehmigung neben der Erstausfertigung eine Zweitausfertigung für diverse Zwecke. 65

Verweigert der Antragsteller die Vorlage einer ausreichenden Anzahl an Ausfertigungen, so wirkt sich dies naturgemäß auf die Laufzeit des Antrags bis zur Bescheiderteilung aus. Sind der Behörde Fristen für die Bearbeitung auferlegt (z.B. § 64 Absatz 2 BauO NRW 2018), so ist rechtzeitig vor Ablauf das weitere Vorgehen zu prüfen. 66

3.3.2 Papierqualität und Format

Die Forderung, dass Bauvorlagen **aus dauerhaftem Papier** bestehen müssen, ist mit der BauPrüfVO 2000 entfallen, da dies eine **Selbstverständlichkeit** darstellt. 67

Die Forderung stand mit der Aufbewahrung der Akten in den Archiven der Bauaufsichtsbehörden, aber auch mit dem eigentlichen Baugenehmigungsverfahren im Zusammenhang, das mit sich daran anschließenden Rechtsmittelverfahren Jahre in Anspruch nehmen kann. Dabei »wandert« die Akte durch viele Hände, so dass das Papier relativ reißfest und gegen Abnutzung widerstandsfähig sein muss. Recyclingpapier mit hoher Weiße für Xerographie, Laser- und Tintenstrahldrucker und einem Gewicht von 80 g/m² genügt der Anforderung nach Dauerhaftigkeit. Für **Lichtpausen**, die das Format DIN A4 überschreiten, empfiehlt sich die Wahl einer sehr guten Papierqualität mit mindestens 100 g/m², da die Bauzeichnungen normalerweise gefaltet werden (s. hierzu DIN 824). Dünne Lichtpausen neigen aber sehr leicht zum Einreißen der Faltzonen.

68 Die Forderung nach Einhaltung des **DIN A4-Formats** entfiel bereits mit der BauPrüfVO 1984, da dieses Format in Wirtschaft und Verwaltung **allgemein üblich** ist. Es kommt nur selten vor, dass Entwurfsverfasser großformatige Zeichnungen nicht auf dieses Format falten. Bei Nichteinhaltung des DIN A4-Formats muss die Behörde das Falten der Pläne selbst übernehmen, da eine ausdrückliche Rechtsvorschrift hierzu fehlt. Ob ein entsprechendes Verlangen direkt aus Absatz 1 Satz 1 hergeleitet werden kann, ist zweifelhaft, da dieser Rechtssatz nur verlangt, dass die für die Bearbeitung erforderlichen Unterlagen eingereicht werden. Eine Bearbeitung ist aber auch bei größeren als DIN A4-Formaten möglich, wenn auch unter erschwerten Bedingungen.

3.3.3 Schwarzweiße und farbige Darstellung

69 Nach § 1 Abs. 4 BauPrüfVO 1995 mussten die Bauvorlagen für eine Schwarzweiß-Mikroverfilmung geeignet sein. Mit diesen Vorgaben wollte der Verordnungsgeber die Mikroverfilmung von Bauakten mit daran anschließender Vernichtung der Originale erleichtern, um Archivraum und Personal einsparen zu können. Von dieser Möglichkeit haben aber in NRW nur wenige Bauaufsichtsbehörden Gebrauch gemacht. Daher entschloss sich der Verordnungsgeber, die Vorschrift aufzugeben und die **farbige Darstellung** in Bauvorlagen zu erlauben. § 1 Abs. 4 BauPrüfVO 2000 enthielt eine bis zum 31.12.2004 befristete **Übergangsregelung** für die Bauaufsichtsbehörden, die bislang schon die Schwarzweiß-Mikroverfilmung praktizierten. Die Bestimmung ist mit Ablauf des 31.12.2004 gegenstandslos geworden und inzwischen aus der Vorschrift des § 1 BauPrüfVO entfernt.

70 Es kann davon ausgegangen werden, dass das Gebot zur Eignung von Bauvorlagen hinsichtlich der Schwarzweiß-Mikroverfilmung die **Schwarzweiß-Darstellungstechnik gefördert** und damit **Farbdarstellungen zurückgedrängt** hat. Ein Zwang zur Schwarzweiß-Darstellungstechnik hat indessen nie vollständig bestanden. Zum einen hielt die BauPrüfVO 1995 diese Zielsetzung selbst nicht in reiner Form durch, da sie mit den Planzeichen Nr. 1.9, 2.1 und 2.2 der Anlage hell- bzw. dunkelgraue oder einfach graue Darstellungen verlangt und damit Farben zulässt; Grau bereitet mit seinen Abstufungen bei ungünstiger Tönung die gleichen Probleme bei der Mikroverfilmung wie andere Farben. Zum anderen ließ § 4 Abs. 5 BauPrüfVO 1995 die Verwendung von farbigen Darstellungen zu, wenn in den Bauzeichnungen nur vorgesehen

Bauteile dargestellt werden; einzelne Bauzeichnungen oder Teile hiervon dürfen durch besondere Zeichnungen, Zeichen oder Farben erläutert werden.

Zeichnungen zur Darstellung von Werbeanlagen mussten gemäß § 7 Abs. 2 BauPrüf- 71
VO 1995 farbig sein, für den **Lageplan zur Eintragung von Baulasten** verlangte § 12 BauPrüfVO 1995 die **grüne Schraffur** der Fläche, die von der **Baulasteintragung** betroffen ist. All dies bereitet bei der Schwarzweiß-Mikroverfilmung Probleme oder verursacht Verwaltungsaufwand, da die Farbdarstellungen mit Kennzeichnungen versehen werden mussten, so z.b. bei Baulasten – »diese Eintragung ist im Originallageplan grün« – oder bei Zeichnungen für Werbeanlagen durch Kennzeichnung mit der Nummer und Hilfsbezeichnung aus dem RAL-Farbregister gemäß § 7 Abs. 2 Satz 1 BauPrüfVO 1995.

Die **Anlage zur BauPrüfVO 2000** enthält neben den Zeichen für die Schwarzweiß- 72
Darstellung auch **Farben** für die **Darstellungen im Lageplan** und den **Bauzeichnungen**. Die Zeichen und Farben dürfen kombiniert werden, wie sich aus den identischen Formulierungen des § 3 Abs. 5 und des § 4 Abs. 5 BauPrüfVO ergibt (… sind die Zeichen und/oder Farben der Anlage zu dieser Verordnung zu verwenden …). Die Farben der Anlage wurden auf die **Planzeichenverordnung** 1990 – **PlanzV 90** vom 18.12.1990 (BGBl. I 1991, S. 58) abgestimmt, die in § 3 Abs. 5 BauPrüfVO ausdrücklich auf diese bundesrechtliche Vorschrift verweist.

3.3.4 Zeichen, Darstellungen, Maßstab

Die **Zeichen der Anlage** zur BauPrüfVO erfassen nur einen Bruchteil möglicher **Dar-** 73
stellungen im Lageplan und den **Bauzeichnungen**. Die Zeichen für Bauvorlagen sind erst mit der Fortschreibung durch die Muster-BauVorlVO 1974 eingeführt worden und haben sich seitdem in allen Bundesländern bewährt, da sie insbesondere für die wichtigen Darstellungen im Lageplan Klarheit geschaffen haben.

Für die **Darstellungen im Lageplan** sind neben den Zeichen der Anlage zur BauPrüfVO die »Vorschriften für das automatisierte Zeichnen der Liegenschaftskarte in Nordrhein-Westfalen – **Zeichenvorschrift** – **ZV-Aut**« (RdErl. vom 19.03.2004, SMBl. NRW. 71342) von Bedeutung. Müssen im **Lageplan** die **Festsetzungen** eines **Bebauungsplanes** oder einer **städtebaulichen Satzung** dargestellt werden, sind nach § 3 Abs. 5 BauPrüfVO die Vorgaben der **BauNVO** und der **PlanzV 90** zu verwenden. Für die Übernahme von **Darstellungen** und **Festsetzungen** der **Landschaftspläne** im Lageplan sind die Zeichen der **Anlage 1 zu § 9** der Verordnung zur Durchführung des Landschaftsgesetzes – der **DVO-LG** vom 22.10.1986 (GV. NRW. S. 683), z.g.d. G vom 15.11.2016 (GV. NRW. S. 934) maßgebend.

Mit der Neufassung der Anlage zur BauPrüfVO wurden auch die **Zeichen für vor-** 74
handene und geplante bauliche Anlagen neu gefasst. Obwohl die Neufassung kaum auffällt, stellt sie für die Praxis eine einschneidende Änderung dar. Die Zeichen der **Nr. 1.3** bis **1.5** der Anlage zur BauPrüfVO berücksichtigen bereits den Entwurf der Vorschriften für das automatisierte Zeichnen der Liegenschaftskarte in Nordrhein-Westfalen – Zeichenvorschrift-Aut NRW – ZV-Aut, herausgegeben vom Innenminister des Landes Nordrhein-Westfalen – III C 2–7118, 1994.

Für **Gebäudedarstellungen** werden **im Katasterkartenwerk** Schraffuren zur Unterscheidung von Haupt- und Nebengebäuden verwendet:

Wohn-, Büro- und Geschäftsgebäude usw.

Schrägschraffur

Wirtschafts- und Werksgebäude, unbewohnte Nebengebäude, Garagen usw.

Parallelschraffur

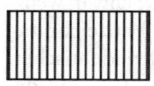

Die Schrägschraffur für Wohn-, Büro- und Geschäftsgebäude ist identisch mit dem früher für geplante bauliche Anlagen zu verwendenden Zeichen nach Nr. 1.4 der Anlage zur BauPrüfVO 1995. Es war daher erforderlich, die Zeichen für vorhandene und geplante bauliche Anlagen auf die ZV-Aut abzustimmen, um zu ermöglichen, die **Liegenschaftskarte/Flurkarte** ohne aufwendige Korrekturen als Grundlage für den Lageplan verwenden zu können. Das Problem bestand früher schon in Bayern, da dort das Kartenwerk seit Jahrzehnten entsprechende Schraffuren enthält. Daher hat der nordrhein-westfälische Verordnungsgeber die bayerische Lösung übernommen und in Umkehrung der früheren Regelung für **geplante** bauliche Anlagen bei Anwendung der Schwarzweiß-Darstellung die **Kreuzschraffur** nach Nr. 1.5 der **Anlage zur BauPrüfVO** vorgeschrieben.

Die Neuregelung hat den Vorteil, dass der Entwurfsverfasser bzw. Fachplaner die Liegenschaftskarte/Flurkarte verwenden kann, ohne die darin enthaltenen Schraffuren ändern zu müssen. Er muss lediglich den Umriss der geplanten baulichen Anlage eintragen und mit der Kreuzschraffur versehen. Damit erleichtert die neugefasste BauPrüfVO die Erarbeitung der Bauvorlagen vor allem für die vielen kleineren Bauvorhaben, wie z.B. Anbauten oder Garagen.

75 **Lagepläne** sind gemäß § 3 Abs. 1 Satz 1 BauPrüfVO im **Maßstab nicht kleiner als 1 : 500 aufzustellen.** Unter den Voraussetzungen des § 3 Abs. 3 BauPrüfVO muss der Lageplan besonderen Anforderungen entsprechen und wird dann als **amtlicher Lageplan** bezeichnet. Es ist verfassungsrechtlich unbedenklich, wenn der Verordnungsgeber die Anfertigung amtlicher Lagepläne ausschließlich Öffentlich bestellten Vermessungsingenieuren und behördlichen Vermessungsstellen vorbehält (BbgVerfG, Beschl. v. 30.06.1999 – VfGBbg 50/98, LKV 2000, 71 zur Bauvorlagen-Verordnung Bbg vom 19.12.1997, GVBl. II 1998, 18). Die Öffentlich bestellten Vermessungsingenieure, die neben den in § 3 Abs. 3 BauPrüfVO genannten Behörden zur Anfertigung und Beurkundung mit öffentlichem Glauben befugt sind, müssen bei der Verwendung eines schon bestehenden Planes zur Herstellung eines (neuen)

Lageplanes sämtliche Darstellungen auf Aktualität überprüfen. Werden die alten Darstellungen, z.b. die über die NN-Höhen, ungeprüft übernommen und kommt es infolge einer tatsächlich anderen Geländehöhe durch diesen Fehler zu einem Schaden, so haftet hierfür der Öffentlich bestellte Vermessungsingenieur, da das Publikum seinen Angaben, deren Richtigkeit er bescheinigt hat, vertrauen darf (KG Berlin, Urt. v. 30.04.1996 – 21 U 8014/95, Forum 1996, 435).

Für die **Bauzeichnungen** haben die **Zeichen der Anlage** zur BauPrüfVO nur untergeordnete Bedeutung; hier geht es nur um die **Unterscheidung zwischen vorhandenen, vorgesehenen und zu beseitigenden Bauteilen**. Bei der Darstellung des **vorhandenen Baubestandes** kommt es auf die tatsächlich vorhandene Substanz an, nicht auch darauf, ob diese auch baurechtlich genehmigt worden ist (OVG NRW, Beschl. v. 02.07.2002 – 7 B 1058/02, BRS 65 Nr. 162). Im Übrigen gehört die Darstellungstechnik für Bauzeichnungen zum Ausbildungsinhalt der bauvorlagenberechtigten Entwurfsverfasser. Die Materie wird an den Technischen Hochschulen und Fachhochschulen den Architekten und Ingenieuren vermittelt. Auch Bauhandwerker erhalten eine entsprechende Ausbildung, da sie ja die Bauzeichnungen »lesen« müssen. Die **Darstellungen sind genormt**, da nur so **Missverständnisse bei der Bauausführung vermieden** werden, die **gefährliche Bauzustände zur Folge** haben können. Es handelt sich daher um **allgemein anerkannte Regeln der Technik** im Sinne des § 3 Absatz 2 Satz 1 BauO NRW 2018, die auch ohne bauaufsichtliche Einführung zu beachten sind. Hier sind hervorzuheben:
– DIN 1356 Planzeichen und
– DIN 4172 Maßordnung im Hochbau.

Weitere Planzeichen und Sinnbilder enthalten u.a. die Normen DIN 1986 hinsichtlich der Entwässerungs- und Trinkwasseranlagen.

Für die **Bauzeichnungen** schreibt § 4 Abs. 1 BauPrüfVO den **Maßstab 1 : 100** vor. Eine Sonderregelung besteht nur für die Zeichnungen zur Darstellung von Werbeanlagen. Nach § 14 Abs. 2 BauPrüfVO ist ein **Maßstab nicht kleiner als 1 : 50** zu verwenden (s. Anmerkungen zu § 11 Rdn. 94).

Für die **Darstellungen in den bautechnischen Nachweisen**, insbesondere in den **Konstruktionszeichnungen**, sind die die Standsicherheit von Bauwerken betreffenden bauaufsichtlich eingeführten technischen Baubestimmungen maßgebend. Abweichungen hiervon können fatale Folgen haben. Aus diesem Grunde konnte auf eine bauaufsichtliche Einführung nicht verzichtet werden.

3.4 Nachreichen einzelner Bauvorlagen

Nach **Satz 4** kann die Bauaufsichtsbehörde das **Nachreichen einzelner Bauvorlagen** gestatten. Dieses Nachreichen ist zu unterscheiden vom **Verlangen weiterer Unterlagen** und vom **Verzicht auf Bauvorlagen** (s. Rdn. 58–59). Die Möglichkeit des Nachreichens hängt von der **Entscheidung der Bauaufsichtsbehörde** ab und steht nicht im Belieben des Antragstellers. Die Bauaufsichtsbehörde kann das Nachreichen nur gestatten, wenn die vorgelegten Antragsunterlagen ausreichen, um das Prüfverfahren ohne Zeitverzögerung einleiten zu können; ihre Entscheidung ist an der **Zielsetzung des § 71 BauO NRW 2018** auszurichten.

78 Nachgereicht werden können zum einen nur **einzelne Bauvorlagen**, die die Bauaufsichtsbehörde nach der Vorprüfungs- und Beteiligungsphase erst für die **Phase der Haupt- und Schlussprüfung** des Bauantrages benötigt. Dabei handelt es sich um Bauvorlagen, die die allgemeinen Bauvorlagen ergänzen, um einzelnen Aspekten des zu prüfenden öffentlichen Rechts Rechnung zu tragen, wie z.b. eine zeichnerische Darstellung der Nichtvollgeschossigkeit des Dachraumes.

79 Ein Begehren zur **Nachreichung wesentlicher Bauvorlagen** für die Vorprüfungsphase, z.b. des Lageplanes ist **nicht statthaft**. Dies wird aber leider häufig mit der Bemerkung erbeten, dass der Lageplan noch beim Öffentlich bestellten Vermessungsingenieur in der Bearbeitung sei und sich deshalb die Bauaufsichtsbehörde vorerst mit einem Auszug aus der Liegenschaftskarte/Flurkarte (vgl. § 2 BauPrüfVO) begnügen möge. Andererseits kann unter dem Gesichtspunkt der **Verhältnismäßigkeit** ein **Nachreichen aufwendiger Bauvorlagen**, wie z.b. des Standsicherheitsnachweises oder anderer bautechnischer Nachweise, gestattet werden, wenn die grundsätzliche Zulässigkeit des Vorhabens noch von weiteren Prüfschritten abhängt.

80 Bezüglich der **Konstruktionszeichnungen**, **Bewehrungs- und Schalungspläne als Bestandteil des Standsicherheitsnachweises** besteht eine Lösungsmöglichkeit, die nur bedingt das Nachreichen im Sinne des Satz 4 betrifft, vielmehr im Zusammenhang mit der Auslegung des **§ 74 Absatz 1 Satz 1 BauO NRW 2018** gesehen werden muss. Steht die Zulässigkeit eines Vorhabens nach allen zu prüfenden Aspekten des öffentlichen Rechts fest, also auch unter dem Gesichtspunkt der Standsicherheit, kann die Bauaufsichtsbehörde durch **Nebenbestimmung im Bauschein** sichern, dass **komplizierte Details der Ausführung**, die einer Überwachung bedürfen, durch **besondere Zeichnungen** nachgewiesen werden. Die Zulässigkeit derartiger Nebenbestimmungen ist **nicht beschränkt auf Standsicherheitsfragen**. Die Bauaufsichtsbehörde kann sich z.B. zur Überprüfung der Einhaltung detaillierter Bebauungsplanvorgaben nach § 9 Abs. 1 Nr. 25 BauGB **Bepflanzungspläne** vorlegen lassen. Sie kann **Detailzeichnungen** der Bauausführung verlangen, um sicherzustellen, dass einzelne **Vorgaben einer örtlichen Bauvorschrift** nicht missachtet werden. Schließt die Baugenehmigung die denkmalrechtlichen Aspekte gemäß § 9 DSchG ein, so kann sich die Bauaufsichtsbehörde durch Detailzeichnungen nachweisen lassen, dass die Ausführung auch in den Einzelheiten den **denkmalrechtlichen Anforderungen** genügt.

81 Kann der Bauherr notwendige Bauvorlagen dem Bauantrag nicht beifügen und ist die Gestattung des Nachreichens nach Satz 4 unzulässig, so handelt es sich um einen unvollständigen Bauantrag. Die Bauaufsichtsbehörde hat einen solchen Bauantrag nach § 71 Absatz 1 BauO NRW 2018 zu behandeln.

4 Zu Absatz 3 – Unterschriften, Zustimmung des Eigentümers

82 Auf die nach **Satz 1** erforderlichen **Unterschriften des Bauherrn und des Entwurfsverfassers** auf dem Bauantrag sowie des Entwurfsverfassers auf allen Bauvorlagen kann

nicht verzichtet werden (zu den Anforderungen an die Unterschrift im Rechtsverkehr s. Rdn. 41). Gleiches gilt gemäß **Satz 2** für die Unterschriften der **Fachplaner** nach § 54 Absatz 2 BauO NRW 2018 auf von diesen bearbeiteten Unterlagen; die **Unterschrift der Fachplaner** ist **zusätzlich** zu der des Entwurfsverfassers erforderlich.

Bereits mit der BauO NW 1984 entfiel die Forderung, dass der Bauherr außer dem Bauantrag auch die Bauvorlagen unterschreiben muss (so noch § 83 Abs. 4 BauO NW 1970). Hiermit wäre dem Bauherrn weiterhin etwas abverlangt worden, was er mangels Fachkenntnissen meist nicht beurteilen kann. Die **Forderung der Unterschriften** dient der **Schaffung klarer Rechtsverhältnisse** und ist im Hinblick auf die **Verantwortlichkeiten** nach den §§ 52 ff. BauO NRW 2018 notwendig. 83

Die **Nachholung fehlender Unterschriften** ist deshalb stets zu verlangen. Entsprechend der Zielsetzung des § 71 Absatz 1 BauO NRW 2018 ist die Nachholung der Unterschriften **unmittelbar nach Antragseingang** geltend zu machen. 84

Die Forderung nach § 83 BauO NW 1970, die Unterschrift mit **Tagesangabe** zu versehen, entfiel ebenfalls bereits mit der BauO NW 1984. Da die Bauvorlagen mit den Eintragungen des Prüfungsergebnisses durch die Bauaufsichtsbehörde (in grün) Bestandteil der Baugenehmigung werden, häufiger aber noch sog. Nachtragsunterlagen einer besonderen Genehmigung bedürfen, ist die **Klarstellung der Zusammengehörigkeit** der einzelnen Unterlagen durch die Tagesangabe aber weiterhin wichtig. 85

Die Bauaufsichtsbehörde ist, von Sonderfällen abgesehen (vgl. PrOVG, Urt. v. 24.03.1902 – IV. C. 149/00, PrOVGE 41, 372), nicht verpflichtet zu prüfen, **ob der Antragsteller privatrechtlich berechtigt ist**, den Bau herzustellen, insbesondere ob ihm das Grundstück, auf dem der Bau errichtet werden soll, gehört oder für einen Umbau die Genehmigung des Hauseigentümers vorliegt. Die Baugenehmigung wird gemäß § 74 Absatz 4 BauO NRW 2018 **unbeschadet privater Rechte Dritter** erteilt. Die Bauaufsichtsbehörde hat das Vorhaben als solches dahingehend zu prüfen, ob Hinderungsgründe im öffentlichen Recht gegen seine Durchführung bestehen. 86

Das Verlangen nach **Satz 3** zur **Einforderung der Zustimmung des Grundstückseigentümers** steht im **pflichtgemäßen Ermessen** der Bauaufsichtsbehörde (OVG Schl-H, Urt. v. 27.06.1995 – 1 L 89/94, BRS 57 Nr. 199 und OVG NRW, Beschl. v. 03.12.2008 – 10 A 2741/07, BRS 73 Nr. 148). Die Vorschrift ist **nicht nachbarschützend** (BayVGH, Urt. v. 12.05.1986 – Nr. 14 B 85 A. 588, BRS 46 Nr. 156). Der Grundstückseigentümer hat gegenüber der Bauaufsichtsbehörde keinen Anspruch darauf, dass diese seine Zustimmung auch tatsächlich verlangt (Hamb. OVG, Urt. v. 15.10.1981 – Bf II 73/80, BRS 38 Nr. 176), insoweit verletzt die Bauaufsichtsbehörde auch keine ihr dem Eigentümer gegenüber obliegende Amtspflicht (BGH, Urt. v. 11.11.1982 – III ZR 68/81, BRS 39 Nr. 159). Von der Ermächtigung wird die Bauaufsichtsbehörde nur dann Gebrauch machen, wenn **begründete Zweifel** bestehen, dass der Antragsteller überhaupt ein berechtigtes Interesse an der ordnungsgemäßen Erledigung seines Bauantrages haben kann, oder wenn sie Grund hat anzunehmen, dass ohne Kenntnis und gegen den Willen des Grundstückseigentümers gebaut werden soll (VGH B-W, Urt. v. 23.11.1990 – 8 S 2244/90, BRS 50 Nr. 161 87 zur Antragstellung durch einen Miteigentümer, obwohl der andere Miteigentümer nicht mit dem Vorhaben einverstanden war). Ein **Sachbescheidungsinteresse fehlt**, wenn die **Baugenehmigung wegen rechtlicher oder tatsächlicher Hindernisse nicht ausnutzbar** ist (OVG NRW, Urt. v. 25.09.1996 – 11 A 3535/94, BRS 58 Nr. 132).

88 Es ist der Bauaufsichtsbehörde nicht verwehrt, Vorsorge dafür zu treffen, dass der Grundstückseigentümer in seinem Besitz nicht durch eine widerrechtliche, durch eine öffentlichrechtliche Genehmigung ermöglichte Maßnahme gestört wird. Eine **Genehmigung kann versagt werden**, wenn sie **wegen bestehender privatrechtlicher Hindernisse** nutzlos, also nicht ausnutzbar wäre (BVerwG, Urt. v. 23.03.1973 – IV C 49.71, BRS 27 Nr. 130). Sie muss jedoch erteilt werden, wenn der Bauherr, der nicht Grundstückseigentümer ist, sein **Sachbescheidungsinteresse nachweist** und öffentlich-rechtliche Vorschriften nicht entgegenstehen (OVG NRW, Urt. v. 10.03.1982 – 11 A 783/81, BRS 39 Nr. 158 zum Antrag auf Anbringung einer Leuchtreklame des Teileigentümers eines Sportartikelgeschäfts im Erdgeschoss eines Wohn- und Geschäftshauses).

§ 71 Behandlung des Bauantrags

(1) Die Bauaufsichtsbehörde hat innerhalb von zwei Wochen nach Eingang des Bauantrags zu prüfen,
1. ob der Bauantrag und die Bauvorlagen den Anforderungen des § 70 und den Vorschriften einer aufgrund des § 87 Absatz 3 erlassenen Rechtsverordnung entsprechen,
2. ob die Erteilung der Baugenehmigung von der Zustimmung, dem Einvernehmen, Benehmen oder von der Erteilung einer weiteren Genehmigung oder Erlaubnis einer anderen Behörde (berührte Stelle) abhängig ist,
3. welche anderen Behörden oder Dienststellen zu beteiligen sind und
4. welche Sachverständigen heranzuziehen sind.

Ist der Bauantrag unvollständig oder weist er sonstige erhebliche Mängel auf, fordert die Bauaufsichtsbehörde unter Nennung der Gründe die Bauherrschaft zur Behebung der Mängel innerhalb einer angemessenen Frist auf. Werden die Mängel innerhalb der Frist nicht behoben, gilt der Antrag als zurückgenommen. Unmittelbar nach Abschluss der Prüfung nach Satz 1 hat die Bauaufsichtsbehörde den Bauantrag und die dazugehörenden Bauvorlagen mit Ausnahme der bautechnischen Nachweise der Gemeinde zuzuleiten.

(2) Die Bauaufsichtsbehörde setzt unter den Voraussetzungen des Absatzes 1 Nummer 2 und 3 eine angemessene Frist; sie darf höchstens zwei Monate betragen. Bedarf die Erteilung der Baugenehmigung nach landesrechtlichen Vorschriften der Zustimmung, des Einvernehmens oder des Benehmens einer anderen Körperschaft, Behörde oder Dienststelle, so gelten diese als erteilt, wenn sie nicht innerhalb von zwei Monaten nach Eingang des Ersuchens unter Angabe der Gründe verweigert wird. Äußern sich die berührten Stellen nicht fristgemäß, kann die Bauaufsichtsbehörde

davon ausgehen, dass Bedenken nicht bestehen. Bearbeitungs- und Ausschlussfristen in anderen Rechtsvorschriften bleiben unberührt.

(3) Entscheidungen und Stellungnahmen nach Absatz 2 sollen gleichzeitig eingeholt werden. Eine gemeinsame Besprechung der nach Absatz 2 zu beteiligenden Stellen (Antragskonferenz) soll einberufen werden, wenn dies der beschleunigten Abwicklung des Baugenehmigungsverfahrens dienlich ist. Förmlicher Erklärungen der Zustimmung, des Einvernehmens oder Benehmens nach Absatz 2 Satz 1 bedarf es nicht, wenn die dort genannten Behörden oder Dienststellen derselben Körperschaft wie die Bauaufsichtsbehörde angehören.

(4) Die Beachtung der technischen Regeln ist, soweit sie nach § 3 Absatz 2 eingeführt sind, zu prüfen.

Handlungsempfehlung des Ministeriums für Heimat, Kommunales, Bau und Gleichstellung des Landes Nordrhein-Westfalen auf der Grundlage der Dienstbesprechungen mit den Bauaufsichtsbehörden im Oktober/November 2018:

Mit § 71 BauO NRW 2018 erfolgt eine Anpassung an die Musterbauordnung. Die Dauer der Baugenehmigungsverfahren soll beschleunigt und die Bauherrschaft motiviert werden, die Bauvorlagen zügig vollständig einzureichen (siehe dazu auch § 70 Absatz 2 BauO NRW 2018).

Im Gegensatz zur BauO NRW 2000 ist keine Zurückweisung von unvollständigen Bauanträgen mehr möglich.

zu Absatz 1 Satz 1

Gemäß Satz 1 hat die Bauaufsichtsbehörde -wie schon nach derzeitiger Rechtslage -eine Vorprüfung hinsichtlich der Vollständigkeit des Bauantrages innerhalb einer vorgegebenen Frist (neu: zwei Wochen) durchzuführen.

Es handelt sich –wie bisher -um eine formelle Prüfung. Eine umfassende Prüfung, ob das Vorhaben mit dem materiellen Recht übereinstimmt, kann in der Kürze der Zeit nicht erfolgen.

Exkurs: Verstöße gegen materielles Recht

Bei Verstößen gegen das materielle Recht (materieller Mangel) ist der Bauantrag, weil er gegen öffentlich-rechtliche Vorschriften verstößt und damit nicht genehmigungsfähig ist, abzulehnen, wenn er nicht durch Nebenbestimmungen in einen genehmigungsfähigen Zustand gebracht werden kann. Eine Option der Bauaufsichtsbehörde besteht darin, die Bauherrschaft auf den Verstoß gegen materielles Recht hinzuweisen und ihm die Möglichkeit einzuräumen, den Verstoß durch Umplanung zu beheben (vgl. hierzu Simon/Busse/Shirvani Rn. 194; JDBW Jäde Rn. 49; BeckOK BauordnungsR Bayern/Weinmann BayBO Art. 65 Rn. 51–60).

Die Vorprüfung umfasst insbesondere folgende Punkte:
- *Vollständigkeit und Richtigkeit der Bauvorlagen einschließlich der Fachbeilagen (siehe BauPrüfVO)*
- *Prüfung, ob Unterlagen, anhand derer die planungsrechtliche Zulässigkeit des Vorhabens (§§ 29 ff. BauGB) beurteilt werden kann, vorhanden sind,*
- *Überprüfung der Bauvorlageberechtigung (§ 67 BauO NRW 2018),*
- *Prüfung nach Satz 1 Nummern 2 bis 4.*

Nach der Rechtsprechung des OVG NRW (Beschl. v. 24.06.2015, 2 A 326/15) sind Bauvorlagen unvollständig, wenn nicht sämtliche zur bauaufsichtlichen Prüfung erforderlichen Unterlagen eingereicht werden. Danach ist jedenfalls dann, wenn die in der BauPrüfVO aufgeführten Bauvorlagen fehlen, wie z. B. Lageplan, Bauzeichnungen, Baubeschreibung, von unvollständigen Bauvorlagen im Sinne der Vorschrift auszugehen ist. Formell mangelhaft sind Bauvorlagen nach der v. g. Rechtsprechung des OVG NRW, wenn sie nicht den einschlägigen Anforderungen der BauPrüfVO entsprechen oder nicht die Unterschrift des bauvorlageberechtigten Entwurfsverfassers aufweisen. Materiell mangelhaft sind sie, wenn sie widersprüchlich und unklar sind und deshalb eine Prüfung des Vorhabens nicht hinreichend möglich ist. Solange der Bauantrag unvollständig ist oder sonstige erhebliche Mängel aufweist, ist er nicht prüffähig. Daher kann die materielle Prüfung erst dann beginnen, wenn die nachgeforderten Unterlagen vorliegen und der Bauantrag vollständig ist.

Vom Antragsteller kann nicht, auch nicht aus § 70 BauO NRW 2018, gefordert werden, dass er alle erforderlichen Unterlagen zeitgleich einreicht; die Frist zur Vorprüfung beginnt allerdings ab Eingang des Bauantrags.

Ein nicht gestellter Antrag auf Abweichung, Befreiung oder Ausnahme führt nicht dazu, dass der Bauantrag unvollständig ist. Ist ein Antrag auf Abweichung dem Bauantrag nicht beigefügt, hindert dies nicht dessen Prüffähigkeit, sondern lediglich die Genehmigungsfähigkeit. Eine Nachforderung im Sinne des § 71 Absatz 1 BauO NRW 2018 ist daher nicht zulässig. Allerdings sollte die Bauaufsichtsbehörde die Bauherrschaft auffordern, einen Antrag auf Abweichung zu stellen, wenn sie erkennt, dass so die Genehmigungsfähigkeit des Bauantrages erreicht werden kann. (s. auch zu § 69 BauO NRW 2018).

Eine Eingangsbestätigung sieht § 71 Absatz 1 BauO NRW 2018 nicht zwingend vor, schließt sie aber auch nicht aus.

zu Absatz 1 Satz 2 und 3

Ist der Bauantrag unvollständig oder weist er sonst erhebliche Mängel auf, fordert die Bauaufsichtsbehörde unter Nennung der Gründe die Bauherrschaft zur Behebung der Mängel innerhalb einer angemessenen Frist auf (§ 71 Absatz 1 Satz 2 BauO NRW 2018). Die neu eingefügte Vorschrift trägt dem Grundgedanken der verstärkten Eigenverantwortung der Bauherrschaft Rechnung, denn die Bauaufsichtsbehörde soll sich nicht mit der Prüfung mangelhafter Bauanträge beschäftigen müssen und soll daher mit der Neuregelung von Arbeit entlastet werden. Bei der Nachforderung von Unterlagen nach § 71 Absatz 1 Satz 2 BauO NRW 2018 handelt es sich um einen Verwaltungsakt, da an das Verstreichen der mit der Nachbesserungsaufforderung verbundenen Frist unmittelbar eine nachteilige

Rechtsfolge knüpft. Denn die Rücknahme tritt allein durch Fristablauf durch die gesetzlich angeordnete Fiktion ein.

Unvollständigkeit (§ 71 Absatz 1 Satz 2 Alternative 1 BauO NRW 2018):

Ein Bauantrag ist grundsätzlich vollständig, wenn er einschließlich der Bauvor-lagen den formellen Anforderungen des § 70 Absatz 2 BauO NRW 2018 i. V. m. der BauPrüfVO entspricht. Er ist dann unvollständig, wenn er selbst die an ihn zu stellenden formellen und inhaltlichen Vorgaben nicht beachtet oder die mit ihm einzureichenden Bauvorlagen hinsichtlich Umfang und Anzahl nicht die Vorgaben der BauPrüfVO einhalten. Unvollständigkeit liegt auch vor, wenn der Bauantrag und die Bauvorlagen nicht von den zur Unterschrift Verpflichteten (§ 70 Absatz 3 BauO NRW 2018) unterschrieben sind.

Sonstige erhebliche Mängel (§ 71 Absatz 1 Satz 2 Alternative 2 BauO NRW 2018):

Der Bauantrag weist sonstige erhebliche Mängel auf, wenn der vorgelegte Bauantrag/die Bauvorlagen inhaltliche Mängel aufweisen. Solche inhaltlichen Mängel liegen beispielsweise vor (vgl. BeckOK BauordnungsR Bayern/Weinmann BayBO Art. 65 Rn. 51–60), wenn das beantragte Vorhaben nicht hinreichend genau oder nicht so bezeichnet wurde, dass seine Vereinbarkeit mit den maßgeblichen Vorschriften geprüft werden kann oder die Bauvorlageberechtigung des Entwurfsverfassenden fehlt. Erheblich sind die Mängel, wenn sie die Prüf- und Entscheidungsfähigkeit des Antrages beeinflussen (JDBW/Jäde Rn. 47*).*

Es sind alle erheblichen Mängel konkret zu benennen, nur so wird der Bauherr in die Lage versetzt, die Berechtigung der Forderung zu prüfen und die Mängel zu beheben. Auf den Eintritt der Rücknahmefiktion kraft Gesetzes sollte bereits in der Aufforderung zur Mängelbeseitigung bzw. Vervollständigung hingewiesen werden.

Eine vorherige Anhörung ist in § 71 BauO NRW 2018 nicht vorgesehen. Vielmehr wird dem Antragsteller mit der Nachbesserungsaufforderung bereits die Möglichkeit gegeben, die benannten Mängel innerhalb einer angemessenen Frist zu beheben und damit den Eintritt der negativen Rechtsfolge zu verhindern. Es ist davon auszugehen, dass hier gemäß § 28 Absatz 2 VwVfG NRW von einer Anhörung vor Erlass des Verwaltungsaktes abgesehen werden kann.

Die Aufforderung zur Mängelbehebung sollte (schon aus Beweisgründen) schriftlich erfolgen. Sie kann mit einer Rechtsmittelbelehrung versehen und zugestellt werden.

Die dem Antragsteller zu setzende angemessene Frist ist nach den Umständen des Einzelfalles zu bestimmen. Hierbei ist zum einen zu berücksichtigen, dass der Gesetzgeber davon ausgeht, dass der Bauherrschaft alle erforderlichen Unterlagen bereits zu dem Zeitpunkt vorliegen, zu dem er einen Bauantrag stellt, damit sein Baugenehmigungsverfahren zügig abgeschlossen werden kann. Zum anderen ist zu berücksichtigen, welche Mängel vorliegen bzw. welche Unterlagen fehlen und ob die Frist auskömmlich zur Behebung der Mängel bzw. zur Vervollständigung des Bauantrags ist.

Der Tag des Fristablaufs sollte zur Vermeidung von Missverständnissen konkret benannt werden.

§ 71 Behandlung des Bauantrags

Werden die Mängel innerhalb der vorgesehenen Frist nicht behoben, gilt der Bauantrag als zurückgenommen. Die Beweislast für den Fristablauf obliegt der Bauaufsichtsbehörde.

Eine rückwirkende Fristverlängerung ist wegen der mit Ablauf der Frist gesetzlich fingierten Rücknahme des Antrags nicht mehr möglich. Eine Verlängerung der von der Bauaufsichtsbehörde gesetzten Frist vor Fristablauf ist allerdings nicht ausgeschlossen, vgl. § 31 Absatz 7 Satz 1 VwVfG NRW.

Sollten sich aus den fristgemäß nachgereichten Unterlagen weitere erhebliche Mängel ergeben, wäre auch eine weitere Aufforderung zur Behebung der Mängel zulässig.

Aufgrund der umfassenden Vorprüfungspflicht der Bauaufsichtsbehörde und dem Interesse des Bauherrn, sein Baugesuch einer Entscheidung zuzuführen, dürfte dieser Fall allerdings nur dann eintreten, wenn sich bei einem Nachbesserungsversuch anstelle der alten neue Mängel zeigen. Die Annahme eines fruchtlosen Fristablaufs dürfte in einem solchen Fall bedenklich sein, da sich die Nachbesserungsaufforderung aus rechtsstaatlichen Bestimmtheitsgründen immer nur auf einen konkreten Mangel beziehen kann, nicht aber allgemein auf die Mangelfreiheit der Bauvorlagen.

Ein feststellender Verwaltungsakt bzw. ein gesonderter Hinweis, dass die Rücknahmefiktion eingetreten ist bzw. eine Mitteilung über die förmliche Einstellung des Baugenehmigungsverfahrens, ist nicht erforderlich, kann aber zweckmäßig sein.

Ist schon im Rahmen der Vorprüfung absehbar, dass das Vorhaben nicht genehmigungsfähig ist, dürfte eine Nachforderung von Unterlagen unverhältnismäßig sein. In diesem Fall käme eine direkte Ablehnung des Bauantrages nach vorheriger Anhörung in Betracht.

Für die Aufforderung zur Mängelbeseitigung bzw. Vervollständigung der Unterlagen wurde ein neuer Gebührentatbestand geschaffen, da anderenfalls im Falle des Eintritts der Rücknahmefiktion für den Verwaltungsaufwand keine Gebühren gefordert werden könnten (Rechtsfolge, die sich unmittelbar aus dem Gesetz ergibt; keine behördliche Amtshandlung).

Die Gebühr wird für den Aufwand erhoben, den die untere Bauaufsichtsbehörde durch die Vorprüfung sowie die Aufforderung zur Mängelbeseitigung bzw. Vervollständigung hatte.

Da der Prüfaufwand je nach Bauvorhaben unterschiedlich sein kann, wurde ein Gebührenrahmen vorgesehen, durch den dem tatsächlichen Aufwand Rechnung getragen werden kann.

Wird nur der Gebührenbescheid beklagt, so ist die Sachentscheidung nicht Gegenstand des Klageverfahrens. Um die Sachentscheidung zu überprüfen, müsste gegen die Aufforderung zur Mängelbeseitigung/Vervollständigung der Unterlagen Klage erhoben werden. Eine Anfechtung der gesetzlich fingierten Rücknahme ist nicht möglich.

zu Absatz 1 Satz 4

Nach dem Wortlaut des Satzes 4, sind der Gemeinde nach der Vorprüfung bereits die – auch unvollständigen – Bauantragsunterlagen zuzuleiten. Es bestehen keine Bedenken, der Gemeinde eine Durchschrift des Nachforderungsschreibens zukommen zu lassen.

Aus Satz 4 ergibt sich nicht, dass auch die Beteiligung der Fachdienststellen zu diesem Zeitpunkt schon zu erfolgen hat. Vielmehr dürfte es grds. sinnvoll sein, diese erst zu beteiligen, wenn prüffähige Unterlagen vorliegen.

zu Absatz 2

Die Bauaufsichtsbehörde setzt den zu beteiligenden Stellen nach Satz 1 unter den Voraussetzungen des Absatzes 1 Nummern 2 und 3 eine angemessene Frist; sie darf höchstens zwei Monate betragen. Sofern es eines Mitwirkungsaktes einer anderen Behörde nach Satz 2 bedarf, gilt dieser als erteilt, wenn er nicht innerhalb von zwei Monaten unter Angabe von Gründen verweigert wird.

Bei nicht fristgemäßer Äußerung kann die Bauaufsichtsbehörde davon ausgehen, dass Bedenken nicht bestehen.

Stellt sich im Laufe der materiellen Prüfung, z. B. aufgrund der Beteiligung der Fachbehörden, heraus, dass weitere Unterlagen für die Beurteilung der Zulässigkeit des Vorhabens erforderlich sind, so sind diese nachzufordern. Es kann sich beispielsweise erst im Rahmen der Beteiligung der unteren Naturschutzbehörde ergeben, ob Ausgleichs-oder Ersatzmaßnahmen oder Aussagen zum Artenschutz erforderlich sind. Auch die Beibringung z.B. eines Lärmschutzgutachtens kann möglicherweise nicht vorab, sondern erst nach Beteiligung der unteren Immissionsschutzbehörde erkennbar sein.

Werden die im Rahmen der materiellen Prüfung nachgeforderten Unterlagen nicht innerhalb einer angemessenen Frist vorgelegt, ist § 71 Absatz 1 Satz 2 BauO NRW 2018, der sich lediglich auf die Vorprüfung bezieht, nicht anwendbar.

Nach Satz 3 kann die Bauaufsichtsbehörde davon ausgehen, dass Bedenken nicht bestehen, wenn sich die berührten Stellen nicht innerhalb der ihnen gesetzten Frist äußern. Beispielsweise abhängig davon, wann nachgeforderte die Unterlagen zur Prüfung vorliegen, wird die Bauaufsichtsbehörde ggfs. nicht davon ausgehen, dass Bedenken nicht bestehen.

Übersicht		Rdn.
0	Änderungen gegenüber der BauO NW 1984, der BauO NW 1995 und der BauO NRW 2000	01
1	Allgemeines	1
1.1	Verfahrensbeschleunigungen und Prüfeinschränkungen	1
1.2	Verhältnis zu sonstigen Verfahrensvorschriften	16
1.3	Städtebauliche Verfahrensregeln	22
1.3.1	Verzicht auf ein städtebauliches Vorhaben-Genehmigungsverfahren	22
1.3.2	Funktion des § 29 BauGB	26
1.3.3	Bezug zum Fachplanungsrecht	30
1.3.4	Einvernehmen der Gemeinde	35
1.3.5	Ersetzung des Einvernehmens	38
1.3.6	Beteiligung der Gemeinde bei der Freistellung	41
1.3.7	Bundesrechtliche Fristen für das Einvernehmen	43
1.3.8	Zurückstellung und vorläufige Untersagung	45
2	Zu Absatz 1 – Vorprüfung des Bauantrages	52
2.1	Gründe für die Einführung einer Vorgabe für die Vorprüfung	52

2.2	Vorprüfung innerhalb der Frist	55
2.3	Vervollständigung und Rücknahmefiktion	62
2.4	Beteiligung der Gemeinde	78
3	Zu Absatz 2 – Beteiligungsregeln	80
4	Zu Absatz 3 – Sternverfahren und Antragskonferenz	95
5	Zu Absatz 4 – Prüfung technischer Regeln	99

0 Änderungen gegenüber der BauO NW 1984, der BauO NW 1995 und der BauO NRW 2000

01 Die **BauO NW 1995** hat § 67 BauO NW 1984 übernommen und **wesentlich erweitert**, um das **Baugenehmigungsverfahren** zu straffen (s. Anmerkungen zu § 69 Rdn. 01–02). Die Regelungen des § 72 **BauO NW 1995** wiesen folgende Struktur auf:

– **Abs.** 1 wurde **neu aufgenommen** und verpflichtet zur **Vorprüfung unmittelbar nach Antragseingang**, um unvollständige oder mit erheblichen Mängeln belastete Bauträge aus dem Geschäftsgang durch **Zurückweisung** zu entfernen sowie eine **Festlegung des Verfahrensganges** zu erreichen. Abs. 2 des § 67 BauO NW 1984 wurde als Satz 2 unter Umgestaltung in eine »**Soll**-Vorschrift« übernommen.

– **Abs.** 2 übernahm Abs. 1 des § 67 BauO NW 1984 und wurde um Satz 3 erweitert, der auf **Bearbeitungs- und Ausschlussfristen** anderer Rechtsvorschriften hinweist.

– **Abs.** 3 wurde **neu aufgenommen**. Satz 1 verpflichtet die Bauaufsichtsbehörde zu einer gleichzeitigen Beteiligung anderer Dienststellen, dem sog. »**Sternverfahren**«. Satz 2 dient der Klarstellung, dass es innerhalb derselben Körperschaft keiner förmlichen Mitwirkung anderer Dienststellen bedarf.

– **Abs.** 4 stimmt mit Abs. 4 des § 67 BauO NW 1984 überein und ermöglicht die Darstellung geplanter baulicher Anlage auf dem Baugrundstück in geeigneter Weise.

– **Abs.** 5 wurde **neu eingefügt** und sollte nach der Begründung zur **Entlastung der Bauaufsichtsbehörden** beitragen (s. LT-Drucks. 11/7153 S. 194), was angesichts der systematischen Einordnung und der mit § 3 Abs. 3 Satz 3 BauO NW 1995 identischen Formulierung leider als **missglückt** bezeichnet werden muss.

– **Abs.** 6 übernahm die Regelung des Abs. 3 des § 67 BauO NW 1984.

– Der **Abs.** 7 wurde **neu angefügt** und sieht vor, dass **Sachverständige oder sachverständige Stellen mit staatlicher Anerkennung** für den Bereich, in dem sie tätig werden, **Bescheinigungen** ausstellen können, welche die widerlegbare Vermutung begründen, dass die öffentlich-rechtlichen Anforderungen erfüllt sind. Damit wurde eine **erweiterte Möglichkeit** geschaffen, auf den Sachverstand von Personen zurückzugreifen, die nicht selbst der Bauaufsichtsbehörde angehören. Da fachlich qualifizierte Personen bzw. Stellen bereits heute die Einhaltung bauaufsichtlicher Anforderungen fachlich zumindest ebenso gut beurteilen können wie die Bauaufsichtsbehörden, bedeutet eine behördliche Prüfung der von diesen Personen aufgestellten bzw. geprüften Nachweise und Bescheinigungen nur ein zusätzliches

Verfahren mit entsprechendem Zeit- und Kostenaufwand, obwohl dies aus Gründen der öffentlichen Sicherheit nicht erforderlich wäre (so LT-Drucks. 11/7153 S. 195).

Die **BauO NRW 2000** hielt an der Struktur des § 72 BauO NW 1995 im Grundsatz 02
fest, bewirkte jedoch folgende wichtige Änderungen:
- **Abs. 3** wurde um einen **neuen Satz 2** ergänzt, wodurch sich der alte Satz 2 zum neuen Satz 3 verschob. Der neu eingefügte Satz 2 als »Soll-Vorschrift« sieht vor, dass die Bauaufsichtsbehörde **Antragskonferenzen** einberuft, um die Verfahren zu beschleunigen (vgl. die Begründung in LT-Drucks. 12/3738 S. 91 zu Art. I Nr. 48 – § 72). Vergleichbare Bestimmungen enthalten § 71d VwVfG und § 71e VwVfG. NRW., so dass die Vorschrift eine **überflüssige Doppelregelung** darstellt (vgl. Ziekow, Die Wirkung von Beschleunigungsgeboten im Verfahrensrecht, DVBl 1998, S. 1101 ff.).
- **Abs. 4** (alt) wurde **gestrichen**, da der Vorschrift nur geringe praktische Bedeutung zukam und durch Computersimulationen oder Fotomontagen vergleichbar gute, jedoch weniger kostenträchtige Darstellungsmethoden zur Verfügung stehen. Die **alten Abs. 5–7** rückten infolge der Streichung zu den **neuen Abs. 4–6** auf.
- **Abs. 6** (neu) = Abs. 7 (alt) wurde um die **Sätze 5 und 6** ergänzt. Satz 5 verpflichtet Bauherren die Sachverständigen zu benennen, die mit der stichprobenhaften Kontrolle der Bauausführung beauftragt sind, um eine **Regelungslücke** zu schließen (s. LT-Drucks. 12/4394 S. 76 f. Nr. 43). Satz 6 bestimmt, dass die Sätze 1 bis 5 im Hinblick auf den **Brandschutz** nicht für Sonderbauten gelten. Für Sonderbauten werden nämlich regelmäßig Erleichterungen oder besondere Anforderungen im Sinne des § 54 BauO NRW erforderlich. Da staatlich anerkannte Sachverständige derartige Verwaltungsakte nicht erlassen können, sondern nur die Übereinstimmung mit dem geltenden Recht bestätigen, ist ihre Einschaltung insoweit überflüssig (so die Begründung in LT-Drucks. 12/3738 S. 91 zu Art. I Nr. 48 – § 72). Die staatlich anerkannten Sachverständigen sind jedoch eingebunden, da sie für Sonderbauten Brandschutzkonzepte erstellen (s. Anmerkungen zu § 54 Rdn. 7–9 und zu § 58 Rdn. 02 und 36).

Die **Sachverständigenverordnung SV-VO** vom 14.06.1995 (GV. NRW. S. 592) wur- 03
de parallel zur BauO NRW 2000 ebenfalls **novelliert** und als SV-VO vom 29.04.2000 (GV. NRW. S. 422) zum 01.06.2000 in Kraft gesetzt.

Die **BauO NRW 2018** übernimmt grundsätzlich die Absätze 1 bis 4 aus dem § 72 04
BauO NRW 2000. **Verlängert wird** die allgemeine **Wochenfrist** für die Eingangsprüfung **auf** nunmehr **zwei Wochen** und die Möglichkeit der Zurückweisung wird zu Gunsten einer »**Rücknahmefiktion**« bei fehlender Vervollständigung der Bauvorlagen trotz Aufforderung aufgegeben. Absatz 2 sieht vor, dass die Bauaufsichtsbehörde den zu **beteiligenden Stellen** eine **Frist** zur Abgabe ihrer Stellungnahme oder Zustimmung etc. setzt und führt eine »**Zustimmungsfiktion**« für den Fall der Nichtäußerung ein.

§ 71 Behandlung des Bauantrags

1 Allgemeines

1.1 Verfahrensbeschleunigungen und Prüfeinschränkungen

1 Im **Baugenehmigungsverfahren** ist eine ausgesprochen **komplexe Materie** zu bewältigen, da die **Interessen des Antragstellers** mit den unterschiedlichen **öffentlichen Belangen** und mit den **öffentlich-rechtlich geschützten nachbarlichen Belangen** zu koordinieren sind, bevor ein Verwaltungsakt ergehen kann. Diese **Koordinierungszielsetzung** bereitete in der Praxis immer schon erhebliche **Vollzugsprobleme**, wie die umfangreiche Rechtsprechung des PrOVG zum Baupolizeirecht belegt. Die oft gepriesene **Nachkriegsphase** war nur deshalb im Wiederaufbau der deutschen Städte so erfolgreich, weil die **großzügige Handhabung** oder sogar Missachtung öffentlichen Baurechts nach dem Motto »Not kennt kein Gebot« für ein rasches Baugenehmigungsverfahren sorgte. Die Akten aus jener Zeit belegen, dass der »Dispens« die Regel und der »normale« Bauschein die Ausnahme bildete. Wer sich die Mühe macht, den Bestand baurechtlicher Vorschriften im Gründungsjahr der Bundesrepublik Deutschland zu sichten, wird feststellen, dass im Ansatz schon all das vorhanden war, was heute für ein **lang andauerndes** und die Geduld jedes Antragstellers strapazierendes Baugenehmigungsverfahren sorgt. Der Unterschied liegt nur darin, dass durch **Verfeinerungen des materiellen Rechts** und **permanente Abspaltung von Rechtsbereichen** in Verbindung mit der **Schaffung neuer Zuständigkeiten** ein kaum noch überschaubares System öffentlichen Rechts geschaffen wurde.

2 Diese **Entwicklung**, die **verstärkt ab 1970** begann (vgl. Feldhaus, Entwicklung des Immissionsschutzrechts, NVwZ 1995, S. 963 ff.), ist nicht etwa beendet, sondern setzt sich mit dem wachsenden **Einfluss der Europäischen Union** auf die nationale Gesetzgebung der Mitgliedsstaaten fort und wirkt ebenfalls auf die kommunale Bauleitplanung ein. Die Kompetenzordnung des GG sorgt dafür, dass nicht selten zur Umsetzung einer europäischen Richtlinie eine Bundesvorschrift und weitere 16 Landesvorschriften erforderlich werden, die zwar grundsätzlich aufeinander abgestimmt sind, jedoch im Detail voneinander abweichen, so dass von Land zu Land unterschiedliche Regelungen gelten (vgl. Hoppe, Der Einfluss des europäischen Binnenmarktes auf die kommunale Bauleitplanung und das Bauordnungsrecht, NVwZ 1990, 816 und Rengeling, Europäische Normgebung und ihre Umsetzung in nationales Recht, DVBl 1995, S. 945 ff.).

3 Der **rasche technische Fortschritt** und die **unbeschränkte Verfügbarkeit von Bauprodukten** sorgt im Übrigen für zusätzliche Regulierungsbedürfnisse, da nahezu alles, was technisch möglich ist, auch tatsächlich ohne Rücksicht auf kulturelle, landschaftliche oder städtebauliche Besonderheiten zur Ausführung gelangt: das mit norddeutschen Vormauerziegeln verkleidete Gebäude in der Pfalz, das Reetdach in Thüringen, die Verschieferung in Bremen, das Hochhaus auf verfestigtem, morastigem Baugrund und das Terrassenhaus im abgesprengten Felshang – die »technische« und »wirtschaftliche« Baufreiheit ist längst Wirklichkeit geworden. Infolge dieser nahezu unbeschränkten Möglichkeiten zur Errichtung baulicher Anlagen kann nur durch Erlass verbindlicher Vorschriften die Bautätigkeit in geordnete Bahnen gelenkt werden.

Dazu gesellen sich **egoistische Verhaltensmuster** der Grundeigentümer und Bauwil- 4
ligen. Keine Vorschrift soll ihren individuellen Bauwunsch behindern, das im Kampf
gegen die Baubehörde eingeschaltete Ratsmitglied, der Landtags- oder sogar Bundestagsabgeordnete endlich zur Baugenehmigung verhelfen. Kein Mittel wird ausgelassen,
um die Bauaufsichtsbehörde zu einer positiven Bescheidung zu veranlassen. Kaum eingezogen, wandelt sich schlagartig die innere Einstellung. Warum erhält der Nachbar
ebenfalls eine Befreiung, liegen dort nicht die Verhältnisse völlig anders? Eine große
Zahl von Beschwerden, Eingaben, Petitionen, Widersprüchen und Klagen sorgt deshalb auch bei schwacher Baukonjunktur für eine gute »Auslastung« der Bauaufsichtsbehörden, Bezirksregierungen und Gerichte. Erschwert wird die Handhabung außerdem
durch die **fehlende Harmonisierung des privaten und öffentlichen Baunachbarrechts**.

Bund und Länder reagieren auf diese vielschichtigen Probleme nicht etwa mit der 5
Änderung der **Kompetenzordnung**, die gerade für das Bauwesen dringend geboten
wäre, um ein in sich schlüssiges und gestrafftes Normgefüge mit eindeutigen Vorgaben
schaffen zu können, sondern verteidigen zäh ihre vorgegebenen Zuständigkeiten.
Stattdessen setzt sich – vor allem auf Bundesebene – die Erweiterung und Verdichtung
des unkoordinierten materiellen Rechts fort. Dabei kann noch nicht einmal bestritten werden, dass neue Regeln nötig sind, denn jede für sich ist durchaus begründet
und verständlich, alle zusammen betrachtet bilden jedoch ein **Rechtssystem voller
innerer Widersprüche**. Dies wird im Umweltrecht besonders deutlich, gelang es doch
dem Bund bislang nicht, die verstreut im Immissionsschutz-, Naturschutz-, Wald-
und Wasserrecht angeordneten materiellen Regelungen und die verfahrensrechtlichen
Spezialgesetze zur Umsetzung der materiellen Vorschriften (UVPG, UIG, UAG) in
einem auf das Baugesetzbuch abgestimmten Umweltgesetzbuch zusammenzufassen
(vgl. Kloepfer, Zur Kodifikation des Umweltrechts in einem Umweltgesetzbuch,
DÖV 1995, S. 745 ff. und Sendler, Stand der Überlegungen zum Umweltgesetzbuch,
NVwZ 1996, S. 1145 ff.).

Notgedrungen haben sich die vollziehende und die rechtsprechende Gewalt mit dieser 6
nicht aufeinander abgestimmten Vorschriftenflut, vor allem im Bereich des »**Baunebenrechts**«, abzufinden. Dabei kann ein **erstaunliches Phänomen** beobachtet werden. Die
Rechtsprechung versucht nämlich, durch **richterliche Rechtsfortbildung** die fehlende
innere Koordination des öffentlichen Rechts aufzufangen. So entstanden schwer verständliche und schwierig zu handhabende Regelungen als Auffangposition, wie z.B.
das im Rahmen der »**Schutznormtheorie**« entwickelte »**Gebot gegenseitiger Rücksichtnahme**« im Baurecht. Darüber hinaus wird versucht, aus rechtlichen Zusammenhängen voneinander abgegrenzte **Sachentscheidungskompetenzen** der verschiedenen
Behörden im Bau- und Umweltrecht abzuleiten (vgl. Gaentzsch, Konkurrenz paralleler
Anlagengenehmigungen, NJW 1986, S. 2787 ff. und Ortloff, Zum Grundsatz der
Trennung der Sachentscheidungskompetenzen ohne wechselseitige Überschneidungen, NJW 1987, S. 1665 ff.). Gerade dieses Verhalten der vollziehenden und rechtsprechenden Gewalt, das ja den Bauwilligen oder auch den Nachbarn an der Verfolgung
seiner jeweiligen Interessen hindert, veranlasst sodann Gesetz- und Verordnungsgeber
zu erneuten Änderungen von Rechtsvorschriften. Diese Spirale dreht sich immer
schneller, so dass die **Novellierungsintervalle kürzer** werden. Als Ergebnis bleibt leider

§ 71 Behandlung des Bauantrags

festzustellen, dass die eigentlich dem Bürger dienende Rechtsordnung von diesem nicht mehr verstanden wird und sich ein allgemeines Unbehagen breitgemacht hat.

7 Mit der Steigerung der materiellen Regelungsdichte seit Mitte der siebziger Jahre einher geht das **gesetzgeberische Streben** zur »Vereinfachung« und »Beschleunigung« baurechtlicher Verfahren. Es hat sich zu einer beachtlichen »**Spielwiese« der Politik** entwickelt, so dass es mittlerweile unumgänglich geworden zu sein scheint, jede Steigerung der materiellen Regelungsdichte mit einer verfahrensrechtlichen Sonderlösung im Sinne einer »Verfahrensvereinfachung« auszustatten, da ja jede weitere Kontrolle des Verhaltens der Bürger durch die Verwaltung vermieden werden muss (s. hierzu den entlarvenden Aufsatz von Broß, Aus der Steinzeit des Baurechts – oder: Vom Niedergang einer klassischen Verwaltungsrechtsmaterie, ZfBR 1991, S. 43 ff.). Mit dieser Problematik hat sich die von der Bundesregierung 1994 eingesetzte Unabhängige Expertenkommission befasst und Lösungsansätze vorgeschlagen (vgl. Schlichter, Investitionsförderung durch flexible Genehmigungsverfahren, DVBl 1995, S. 173 ff. und Büllesbach, Möglichkeiten der Beschleunigung von parallelen Genehmigungsverfahren, der die Vor- und Nachteile von Vollbildungs-, Separations- und Fachbindungsmodell erörtert). Teilweise wurden die Vorschläge umgesetzt (vgl. Stüer, Die Beschleunigungsnovellen 1996, DVBl 1997, S. 326 ff., s.a. Bonk, Strukturelle Änderungen des Verwaltungsverfahrens durch das Genehmigungsverfahrensbeschleunigungsgesetz, NVwZ 1997, S. 320 ff.).

8 In besonderem Maße hiervon betroffen ist das **Immissionsschutzrecht**, das erheblich umstrukturiert wurde (vgl. Schäfer, Die Beschleunigungsnovellen zum Immissionsschutzrecht, NVwZ 1997, S. 526 ff.). Ob hierdurch tatsächlich Vorteile erzielt werden können, ist umstritten (vgl. Hansmann, Beschleunigung und Vereinfachung immissionsschutzrechtlicher Genehmigungsverfahren?, NVwZ 1997, S. 105 ff.). Die Schwelle der nach BImSchG genehmigungsbedürftigen Vorgänge ist durch die mehrfache Neufassung der 4. BImSchV nach oben geschoben, so dass zahlreiche Vorhaben keines Zulassungsverfahrens nach diesem Gesetz mehr bedürfen. Dadurch tritt aber für den Antragsteller nur eine geringe Verfahrenserleichterung ein, denn diese Vorhaben sind nunmehr baugenehmigungsbedürftig (vgl. Jäde, Aktuelle »Nahtstellenprobleme« des Bauordnungsrechts, ZfBR 1997, S. 171 ff.). Verfahrensrechtlich liegt ein Vorteil in der fortgefallenen Öffentlichkeitsbeteiligung, der jedoch durch die Unsicherheiten bei der Abgrenzung des Kreises von in ihren Rechten möglicherweise durch das Vorhaben betroffenen Nachbarn kompensiert wird. Insoweit dient das **Bauordnungsrecht als »Auffangbecken«** für Anlagenzulassungsverfahren, die von fachgesetzlichen Verfahrensordnungen freigegeben werden (vgl. Jäde, Aktuelle »Nahtstellenprobleme« des Bauordnungsrechts, ZfBR 1997, S. 171 ff.).

9 Die **Vollzugsprobleme** mit der ohnehin kompliziert ausgestalteten Schnittstelle zwischen Immissionsschutzrecht und Bauordnungsrecht werden **durch landesrechtliche Regelungen vergrößert**. Die **Zuständigkeiten** sind aufgrund des Gesetzes zur Kommunalisierung von Aufgaben des Umweltrechts zwischen den Bezirksregierungen sowie den Kreisen und kreisfreien Städten **aufgeteilt** worden. Die in Artikel 15 dieses Gesetzes enthaltene **ZustVU ersetzt die ZustVOtU**. Die nach der ZustVU zuständige Behörde

ist aufgrund des so genannten **Zaunprinzips** anlagenbezogen für alle Umweltbelange zuständig (s. LT-Drucks. 14/4973 S. 199). Aus § 1 ZustVU ergibt sich, dass **grundsätzlich die Kreise und kreisfreien Städte als untere Umweltschutzbehörden** zuständig sind, soweit die ZustVU nichts anderes bestimmt. Aus **§ 2 Abs. 1** ZustVU in Verbindung mit dem **Anhang 1 zweiter Spiegelstrich** ergibt sich durch Bezugnahme auf bestimmte Nummern des Anhangs zur 4. BImSchV eine vom Grundsatz abweichende Zuständigkeit der **Bezirksregierung als obere Umweltschutzbehörde**. Danach ist die Bezirksregierung für die besonders umweltrelevanten Anlagen weiterhin zuständig. Die von Anhang 1 zweiter Spiegelstrich nicht erfassten immissionsschutzrechtlich genehmigungsbedürftigen Anlagen des Anhangs zur 4. BImSchV fallen in die Zuständigkeit der Kreise und kreisfreien Städte. Diese sind darüber hinaus auch für alle Anlagen zuständig, die zwar keiner immissionsschutzrechtlichen Genehmigung bedürfen, jedoch den Anforderungen des **§ 22 BImSchG** entsprechen müssen.

Die **unmittelbare Geltung des städtebaulichen Vorhabenbegriffs** sowie der Vorschriften der **§§ 34 und 35 BauGB** für alle Vorhaben von städtebaulicher Relevanz hat zur Folge, dass die Bauaufsichtsbehörden, denen grundsätzlich der Vollzug der städtebaulichen Zulässigkeitsvorschriften obliegt – trotz der Freistellung nach Bauordnungsrecht, insbesondere nach § 62 BauO NRW 2018 –, die Einhaltung der materiellen Vorgaben zu überwachen und gegebenenfalls durch repressive Maßnahmen durchzusetzen haben. Aufgrund der ab 01.01.1997 gegebenen konstitutiven Bedeutung der Streichung des Anknüpfungsvorbehalts in § 29 BauGB für die Fälle der §§ 34, 35 BauGB (vgl. Wagner, Das neue Bauplanungsrecht – zu seiner Verknüpfung mit dem Bauordnungs-, Fach- und Umweltplanungsrecht, UPR 1997, S. 387 ff.) verringert sich der vom Gesetzgeber der BauO NRW beabsichtigte Entlastungseffekt der Bauaufsichtsbehörden beträchtlich, da ein doch relativ großer Teil der bauordnungsrechtlich freigestellten Vorhaben städtebauliche Relevanz aufweist.

Die sich anbahnende Entwicklung konnte bei Erlass der BauO NW 1995 noch nicht vollständig überblickt werden. Wohl aber war absehbar, dass eine **Steigerung der Beteiligungserfordernisse** bei zunehmender Regelungsdichte im Bereich des Fachplanungs- und Umweltplanungsrechts drohte. Aus Untersuchungen und Geschäftsprüfungen der oberen Bauaufsichtsbehörden war ebenfalls die **unzureichende Qualität der von den Antragstellern eingereichten Bauvorlagen** und die zum Teil **inkonsequente Handhabung der Zurückweisung** unvollständiger oder mangelhafter Anträge durch die Bauaufsichtsbehörden bekannt. Der Gesetzgeber sah hier neben der Freistellung ein Bedürfnis zur Regulierung der Vorprüfungsphase des Baugenehmigungsverfahrens.

Aufgrund der **Subsidiaritätsklausel** des § 1 Abs. 1 VwVfG. NRW. treten die allgemeinen verfahrensrechtlichen Vorschriften insoweit zurück, als die BauO NRW 2018, bzw. die auf deren Grundlage erlassenen Rechtsverordnungen, inhaltsgleiche oder entgegenstehende Bestimmungen zum Baugenehmigungsverfahren enthalten (s. die Vorbemerkungen zu den §§ 64–79). Trotz der Subsidiaritätsklausel des § 1 Abs. 1 VwVfG. NRW. sind zahlreiche Vorgaben des VwVfG. NRW. zum **Verhältnis Antragsteller** und **Bauaufsichtsbehörde** einschlägig, da die BauO NRW 2018 weitgehend an dem Grundsatz ausgerichtet ist, bereits in anderen Rechtsvorschriften zum Verfahren enthaltene Regelungen nicht zu wiederholen und auch nicht hierauf zu verweisen.

Dies ist in rechtstechnischer Hinsicht nicht zu beanstanden und dient der Rechtsklarheit, belastet aber auch die am Bau Beteiligten und in einem gewissen Maße die technischen Sachbearbeiter der Bauaufsichtsbehörden, da die mitgeltenden allgemeinen Vorschriften des VwVfG. NRW. im »Hinterkopf« präsent sein müssen.

13 Was Juristen kaum Schwierigkeiten bereitet, überfordert mitunter das technische Personal der Bauaufsichtsbehörden und regelmäßig die bauvorlageberechtigten Entwurfsverfasser. Nur eine sehr geringe Zahl von Architekten, Stadtplanern und Ingenieuren besitzt die Befähigung zum gehobenen oder höheren bautechnischen Verwaltungsdienst oder konnte in den Genuss einer vergleichbaren Ausbildung gelangen. Hieran den Entwurfsverfassern die Schuld zuzuweisen und auf deren Fortbildungspflichten zu verweisen, geht an der Tatsache vorbei, dass die Bauminister nicht genügend Druck auf die Kultusminister ausgeübt haben und auch weiterhin nicht ausüben, um einen **Ausbildungsinhalt »Bauordnungsrecht«** an den Fachhochschulen und Technischen Hochschulen einzurichten. In einer weitgehend verrechtlichten Gesellschaft, die selbst einfachste Lebensvorgänge in ein Verwaltungsverfahren einbettet, obliegt dem Staat die **Verpflichtung zur Regelung der Ausbildung der Entwurfsverfasser** auch **in bauordnungsrechtlicher** bzw. **verwaltungsverfahrensrechtlicher Hinsicht**, zumal die BauO NRW 2018 die Bauvorlageberechtigung regelt und den am Bau Beteiligten erhebliche Pflichten auferlegt (s.a. Anmerkungen zu § 54).

14 Die gesetzgeberischen **Maßnahmen zur Verfahrensbeschleunigung auf dem Gebiet des Bauordnungsrechts** können nur vor dem Hintergrund der vorstehend beschriebenen Entwicklungen und Defizite betrachtet werden. Die Suche nach geeigneten Lösungen ist dabei nicht allein schon durch die ARGEBAU und die MBO vorgegeben, vielmehr herrscht unter den **Ländern** auch eine gewisse **Konkurrenzsituation**, so dass die von diesen eingeschlagenen Wege voneinander abweichen (vgl. Ortloff, Die Entwicklung des Bauordnungsrechts, NVwZ 1996, S. 647 ff. und NVwZ 1997, S. 333 ff.). Daher ist es nicht ausgeschlossen, dass der von einem einzelnen Bundesland erfolgreich eingeschlagene Weg später Eingang in die MBO findet. So hat sich z.B. das erstmals in Nordrhein-Westfalen geschaffene **vereinfachte (einfache)** Baugenehmigungsverfahren anstelle der Bauanzeige neben dem normalen Baugenehmigungsverfahren durchsetzen können. Inwieweit dies für die nunmehr neu eingeführte **Rücknahmefiktion** in Absatz 1 ebenfalls eintreten wird, bleibt abzuwarten.

15 Aus den **negativen Erfahrungen** mit dem früheren **Bauanzeigeverfahren** sollten **keine Zulässigkeitsfiktionen** – auch nicht im einfachen Genehmigungsverfahren – in die BauO NRW 2018 eingeführt werden. Daher verblieben als **Möglichkeiten zur Beschleunigung** der Bearbeitung der Bauanträge **Vorgaben für die Behandlung in der Eingangsprüfung (Vorprüfung)** und **Vorgaben über das Beteiligungsverfahren**. Zusätzlich bot sich noch die Entlastung der Bauaufsichtsbehörden von einzelnen Prüfaufgaben an. Diese Möglichkeiten schöpft das Gesetz mit § 71 aus:
– **Absatz 1** regelt die Durchführung der **Vorprüfung,**
– die **Absätze 2 und 3** regeln das **Beteiligungsverfahren,**

Die Vorschriften des § 71 stehen im **Zusammenhang mit § 70 BauO NRW 2018** (s. Anmerkungen zu § 70 Rdn. 1–3). Auch besteht eine **enge Verbindung zu § 74 BauO NRW 2018**, da die Durchführung des Baugenehmigungsverfahrens vom **materiell-rechtlichen Prüfprogramm** und der damit in Verbindung stehenden **Sachentscheidungskompetenz** der Bauaufsichtsbehörde abhängt (s. Anmerkungen zu § 74 Rdn. 131 ff.). Insoweit regelt § 71 nur – wichtige – **Einzelaspekte** des Verfahrens. Eine bis ins Detail gehende Strukturierung des Baugenehmigungsverfahrens sieht die BauO NRW 2018 nicht vor. Daher sind ergänzend die **allgemeinen Verfahrensgrundsätze des VwVfG. NRW.** anzuwenden. Der Gesetzgeber setzt voraus, dass die Bauaufsichtsbehörde das Verfahren nach den ihr zur Verfügung stehenden Möglichkeiten ständig verbessert und **moderne Arbeitstechniken** anwendet.

1.2 Verhältnis zu sonstigen Verfahrensvorschriften

Auch in der gegenüber § 67 BauO NW 1984 erweiterten Fassung regelt § 71 die Durchführung des Baugenehmigungsverfahrens im Verhältnis zu anderen Bau- und Fachgesetzen **nicht abschließend**. Dies wäre rechtstechnisch kaum machbar, da mit dem Inkrafttreten eines neuen Fachgesetzes auch stets eine Anpassung des § 71 erfolgen müsste; es wäre aber auch rechtlich im Verhältnis von Bundes- zu Landesrecht außerordentlich problematisch. Ob eine Beteiligung anderer Behörden erforderlich wird, muss nach § 57 und § 74 Absatz 1 BauO NRW 2018 in Verbindung mit der einschlägigen Spezialvorschrift beurteilt werden. Damit ist das **materiell-rechtliche Prüfprogramm** der Bauaufsichtsbehörde und ihre **Sachentscheidungskompetenz** angesprochen (s. Rdn. 15). Die Sachentscheidungskompetenz ist durch Rechtsvorschrift (Gesetz oder Verordnung) den Behörden oftmals **in vollem Umfang zugewiesen**; sie kann auch durch Rechtsvorschrift **eingeschränkt** sein. Mit zunehmender Regelungsdichte werden die Fälle uneingeschränkter Sachentscheidungskompetenz der Bauaufsichtsbehörden immer seltener, so dass für die überwiegende Zahl der Bauanträge **Beteiligungserfordernisse** bestehen. 16

Die unterschiedlichen Beteiligungserfordernisse im Baugenehmigungsverfahren richten sich an der **Sachentscheidungskompetenz** der **Bauaufsichtsbehörde** aus. Diese besteht zunächst aufgrund der BauO NRW 2018. **Baugenehmigungen** werden nur von den **unteren** Bauaufsichtsbehörden erteilt (§ 57 Absatz 1 in Verbindung mit § 58 Absatz 2, § 60 Absatz 1 BauO NRW 2018). Nach § 57 BauO NRW 2018 ist die **untere** Bauaufsichtsbehörde allein für den **Vollzug des Bauordnungsrechts** im Baugenehmigungsverfahren zuständig, soweit nichts anderes bestimmt ist. Abweichend von diesem Grundsatz bestimmt die BauO NRW 2018, dass die **Satzungen** nach § 89 BauO NRW 2018 von der **Gemeinde** erlassen werden. 17

Die **Sachentscheidungskompetenz** der unteren Bauaufsichtsbehörden wird durch die BauO NRW 2018 aber auch **eingeschränkt**, da diese im Baugenehmigungsverfahren über Abweichungen von örtlichen Bauvorschriften gemäß § 69 Absatz 3 BauO NRW 2018 nur im **Einvernehmen mit der Gemeinde** entscheiden darf. Andererseits ist die **Sachentscheidungskompetenz** durch die BauO NRW 2018 **erweitert** worden. So erklärt § 23 Absatz 2 BauO NRW 2018 die unteren Bauaufsichtsbehörden 18

§ 71   Behandlung des Bauantrags

für die Zustimmung im Einzelfall für zuständig, wenn Bauprodukte, für die ansonsten eine Zustimmung nach § 23 Absatz 1 BauO NRW 2018 durch die oberste Bauaufsichtsbehörde erforderlich wäre, in Baudenkmälern verwendet werden sollen. Die Beachtung dieser Gesichtspunkte ist wichtig, um keinen rechtlichen Fehleinschätzungen zu erliegen.

19   Nach dem Prinzip der vollen, eingeschränkten oder erweiterten Sachentscheidungskompetenz kann nun das öffentliche Recht untersucht werden, das aufgrund des materiell-rechtlichen Prüfprogramms nach § 74 Absatz 1 BauO NRW 2018 vor Erteilung einer Baugenehmigung abzuprüfen ist. Verschiedene Rechtsvorschriften weisen den Bauaufsichtsbehörden Sachentscheidungskompetenzen zu und erweitern damit deren Zuständigkeit für die Sachentscheidung über die BauO NRW 2018 hinaus. Diese Zuweisung ist jedoch **zumeist eingeschränkt**. Dies lässt sich am Beispiel des **Bauplanungsrechts** verdeutlichen. Gemäß § 36 Abs. 1 BauGB wird über die städtebauliche Zulässigkeit von Vorhaben nach den §§ 31, 33 bis 35 BauGB im bauaufsichtlichen Verfahren von der Baugenehmigungsbehörde im Einvernehmen mit der Gemeinde entschieden. Das BauGB enthält auch an anderen Stellen **eingeschränkte** Zuweisungen der **Sachentscheidungskompetenz**; so entscheidet die Baugenehmigungsbehörde im Baugenehmigungsverfahren
– auf **Antrag der Gemeinde** gemäß § 15 Abs. 1 BauGB,
– im **Einvernehmen mit der Gemeinde** gemäß § 14 Abs. 2, § 22 Abs. 5, § 36 Abs. 1 und § 173 BauGB.

Wegen der Bedeutung für das Baugenehmigungsverfahren wird nachfolgend auf die **städtebaulichen** Verfahrensregeln ausführlicher eingegangen (s. Rdn. 22 bis 51).

20   Neben dem Städtebaurecht enthalten **weitere Rechtsvorschriften** Aufgabenzuweisungen an die Bauaufsichtsbehörde, verbunden mit **Einschränkungen der Entscheidungsbefugnis**. Es ist unmöglich, diese Vorschriften im Einzelnen aufzulisten, so dass hier nur zur Verdeutlichung einige relativ häufig zur Anwendung gelangende **Beispiele** genannt werden können:
– nach § **9 Abs. 2 FStrG** und § **25 Abs. 1 StrWG NRW** bedürfen **Baugenehmigungen** in Anbaubeschränkungszonen klassifizierter Straßen für bauliche Anlagen im straßenrechtlichen Sinne der **Zustimmung der Straßenbaubehörde** (s. Anmerkungen zu § 2 Rdn. 22 ff.),
– nach § **9 Abs. 3** in Verbindung mit § **21 Abs. 4 DSchG** dürfen Baugenehmigungen für bauliche Anlagen im denkmalrechtlichen Sinne (s. Anmerkungen zu § 2 Rdn. 26 ff.), die eine denkmalrechtliche Erlaubnis einschließen, nur im **Benehmen mit dem Landschaftsverband** ergehen,
– nach den §§ **4 bis 6 LG** dürfen Baugenehmigungen für bauliche Anlagen im naturschutzrechtlichen Sinne (s. Anmerkungen zu § 2 Rdn. 30 ff.), die einen Eingriff in Natur und Landschaft darstellen, nur im **Benehmen mit der Landschaftsbehörde** erteilt werden.

21   Bei **uneingeschränkter Sachentscheidungskompetenz** braucht die Bauaufsichtsbehörde keine andere Behörde zu beteiligen und hat **eigenständig** den zugewiesenen Rechtsbereich **zu prüfen**. So sind z.B. gemäß § **22 BImSchG** auch im Falle der nicht

nach BImSchG genehmigungsbedürftigen Anlagen die Regelungen des Immissionsschutzrechts zu beachten (s. Anmerkungen zu § 2 Rdn. 6). Auch für den Vollzug des **Arbeitsschutzes** (hierzu s. die **ZustVO ArbtG**) besteht für bestimmte Arten von Arbeitsstätten eine uneingeschränkte Sachentscheidungskompetenz. In diesen Fällen darf die Bauaufsichtsbehörde die entsprechenden **Fachbehörden ausnahmsweise** zu schwierig zu beurteilenden Fragen beteiligen, um **fehlendes Fachwissen** zu **kompensieren**. Es gehört aber grundsätzlich zu den Aufgaben der Bauaufsichtsbehörden, sich die erforderliche Sachkenntnis auf den Gebieten anzueignen, die in ihre Zuständigkeit fallen. Den **Trägern der Bauaufsichtsbehörden obliegt** daher eine **Pflicht**, für die **nötige Sachausstattung** (Vorschriften- und Entscheidungssammlungen, Fachliteratur, Kommentierungen) und für **Fortbildungsmaßnahmen** der Bediensteten zu sorgen.

1.3 Städtebauliche Verfahrensregeln

1.3.1 Verzicht auf ein städtebauliches Vorhaben-Genehmigungsverfahren

Die **Abspaltung des Städtebaurechts** als besondere bundesrechtlich geregelte Materie **aus dem Baupolizeirecht** bewog den Gesetzgeber bereits bei Erlass des BBauG im Jahre 1960 zu besonderen Überlegungen. Der Vollzug aller öffentlich-rechtlichen Vorschriften, die bei der Errichtung, der Änderung, der Nutzungsänderung oder dem Abbruch von baulichen Anlagen zu beachten sind, oblag seit jeher den Bauaufsichtsbehörden. Diese überprüften schon vor Erlass des BBauG die Einhaltung der Festsetzungen städtebaulicher Pläne, so z.b. der Fluchtlinienpläne nach dem Fluchtliniengesetz. Der Bundesgesetzgeber hat die **Prüfung der städtebaulichen Zulässigkeitsvorschriften** in die Hand der Genehmigungsbehörden gelegt und bewusst auf ein eigenständiges planungsrechtliches Verfahren verzichtet, wozu er kompetenzrechtlich in der Lage gewesen wäre. Es sollte durch Verzicht auf eine verfahrensrechtliche Annexregelung ein **zweigeteiltes Genehmigungsverfahren** unter allen Umständen **vermieden** werden, um so die **Einheitlichkeit des Baugenehmigungsverfahrens** zu wahren (so die Begründung des Entwurfs eines Bundesbaugesetzes, BT-Drucks. 3/336, S. 69). Das städtebauliche Zulässigkeitsrecht überlässt die Prüfung planungsrechtlicher Vorgaben dem bauaufsichtlichen bzw. dem an seine Stelle tretenden öffentlich-rechtlichen Genehmigungsverfahren. Hierbei ist die **Gemeinde nach § 36 BauGB** beteiligt, um bei Abweichungen vom Bebauungsplan, aber auch im unbeplanten Innen- oder Außenbereich ihr **Einvernehmen** zu erteilen oder zu versagen. 22

Diese **starke rechtliche Stellung der Gemeinde** resultiert aus der ihr durch das Städtebaurecht übertragenen **Planungshoheit** und der damit verbundenen Verantwortung für die bauliche und sonstige Nutzung des Gemeindegebiets (vgl. Groß, Das gemeindliche Einvernehmen nach § 36 BauGB als Instrument zur Durchsetzung der Planungshoheit, BauR 1999, S. 560 ff.). Durch das BauROG wurde § 36 BauGB ergänzt, um der Freistellungspolitik der Länder Rechnung zu tragen und die rechtliche Stellung der Gemeinde zu verbessern (s. hierzu Jäde, Bauordnungsrecht und Bundesbaurecht – Lösungen und Probleme des BauGB 1998, ZfBR 1998, S. 129 ff.). Gegen die **Missachtung** ihrer gesetzlich geregelten **Mitwirkungsrechte** kann sich die Gemeinde durch Anfechtung der entsprechenden Genehmigung zur Wehr setzen 23

§ 71   Behandlung des Bauantrags

(BVerwG, Urt. v. 19.11.1965 – IV C 184.65, BRS 16 Nr. 91 = DÖV 1966, 243 = DVBl 1966, 177 = NJW 1966, 513) und einen Anspruch auf bauaufsichtliches Einschreiten geltend machen (Hess VGH, Beschl. v. 10.11.2004 – 9 ZU 1400/03, BRS 67 Nr. 201 = NVwZ-RR 2005, 275). Gibt das Verwaltungsgericht einer Anfechtungsklage des Bauherrn gegen eine Beseitigungsanordnung der Bauaufsichtsbehörde mit der Begründung statt, das Vorhaben verstoße nicht gegen das Bauplanungsrecht, so kann die beigeladene Gemeinde unter Hinweis auf ihre Planungshoheit gegen dieses Urteil Rechtsmittel einlegen (BVerwG, Urt. v. 14.04.2000 – 4 C 5.99, BauR 2000, 1312 = BRS 63 Nr. 115 = UPR 2001, 27).

24   Der Verzicht auf ein eigenständiges bauplanungsrechtliches Genehmigungsverfahren bedingt die Mitwirkung der Gemeinde in dem Verfahren, das die planungsrechtliche Prüfung einschließt. Nur so kann erreicht werden, dass die Gemeinde überhaupt die Möglichkeit erhält, ihrer **Planungshoheit** nachzukommen, um durch **Aufstellung eines Bebauungsplanes** und den damit im Zusammenhang stehenden Gebrauch der **Sicherungsinstrumente** nach §§ 14 und 15 BauGB städtebaulich unerwünschte Vorhaben zu unterbinden. Die Gemeinde kann ein **Vorhaben** zum **Anlass** für die **Aufstellung** oder **Änderung** eines Bebauungsplanes nehmen, um nach Bekanntmachung des Aufstellungsbeschlusses die **Zurückstellung** des Genehmigungsantrags gemäß § 15 Abs. 1 BauGB herbeizuführen. Auf diese Weise erhält sie den notwendigen zeitlichen Spielraum, um eine **Veränderungssperre** gemäß §§ 14 ff. BauGB zu beschließen, die dann die eigentliche Versagungsgrundlage darstellt. Allerdings fallen auch freigestellte erhebliche oder wesentlich wertsteigernde Veränderungen von Grundstücken und baulichen Anlagen nach § 14 Abs. 1 Nr. 2 BauGB unter eine rechtsverbindliche Veränderungssperre, so dass es im Kern darum geht, der Gemeinde im Rahmen der präventiven Kontrolle zusätzliche Entscheidungsspielräume über § 15 Abs. 1 BauGB zu eröffnen.

25   **Zweck der Einvernehmensregelung** des § 36 BauGB ist die **Sicherung der Planungshoheit** der Gemeinde. Aus diesem Grunde ist sie zu beteiligen bei einer
– **Ausnahme** oder **Befreiung** von Bebauungsplanfestsetzungen nach § 31 BauGB,
– **Genehmigung** aufgrund **künftiger** Bebauungsplan**festsetzungen** nach § 33 BauGB,
– **Genehmigung** im **Innenbereich** nach § 34 BauGB,
– **Genehmigung** im **Außenbereich** nach § 35 BauGB.

Diese **Fallgruppen** sind **unterschiedlich** zu **betrachten**.

In den Fällen des § 31 BauGB soll die Gemeinde zu einer Ausnahme oder Befreiung Stellung nehmen können, weil von dem von ihr erlassenen Plan abgewichen werden soll.

Im Falle des § 33 BauGB wird die Gemeinde beteiligt, weil der Bebauungsplan noch keine Rechtskraft erlangt hat und durch jede Genehmigung im Vorgriff auf den Plan nicht mehr umkehrbare Fakten geschaffen werden. Die Gemeinde muss so Gelegenheit erhalten, rechtzeitig Entwicklungen entgegenzuwirken, die nicht ihren planerischen Zielsetzungen entsprechen.

In den Fällen der §§ **34 und 35 BauGB**, darin eingeschlossen sind auch die Fälle nach § 30 Abs. 3 BauGB, erfolgt die Beteiligung, weil die Gemeinde noch nicht bzw. noch nicht abschließend, wie beim qualifizierten Bebauungsplan, von ihrer Planungshoheit Gebrauch gemacht hat.

Neben diesem Einvernehmenszweck bildet die **Mitwirkung der Gemeinde bei der Ausübung des Ermessens** nach § 31, § 33 Abs. 2 BauGB und bei der **Ausfüllung unbestimmter Rechtsbegriffe** aus Anlass der Zulässigkeitsprüfung, z.b. nach § 34 Abs. 1 BauGB einen wesentlichen Aspekt unter dem Gesichtspunkt der Planungshoheit. Hierauf zielt die Vorgabe des § 36 Abs. 2 Satz 1 BauGB, wonach das Einvernehmen **nur** aus den sich aus den §§ 31, 33–35 BauGB ergebenden – **städtebaulichen** – Gründen versagt werden darf, sonstige Gesichtspunkte, z.b. solche bauordnungsrechtlicher Art, müssen außer Ansatz bleiben. Die Gemeinde muss – wie die Genehmigungsbehörde – die gleichen rechtlichen Maßstäbe anwenden und hat insbesondere die bereits vorliegenden Ergebnisse der **höchstrichterlichen Rechtsprechung** zu berücksichtigen (BGH, Urt. v. 08.10.1992 – III ZR 220/90, DVBl 1993, 105). Es bleibt der Gemeinde aber unbenommen, in ihrer Stellungnahme die Genehmigungsbehörde auf Verstöße gegen sonstige öffentlich-rechtliche Vorschriften hinzuweisen.

1.3.2 Funktion des § 29 BauGB

Den **Schlüssel** zur **Anwendung des städtebaulichen Zulässigkeitsrechts** bildet § 29 BauGB, der die Maßnahmen aufführt, die einer bauplanungsrechtlichen Prüfung unterworfen sind. Hierzu definiert § 29 BauGB den **Begriff des Vorhabens** und verwendet hierbei einen eigenständigen bauplanungsrechtlichen **Begriff der baulichen Anlage** (s. Anmerkungen zu § 2 Rdn. 13 ff.). Vorhaben, die nicht die bauplanungsrechtliche Begriffsbestimmung der baulichen Anlage erfüllen, unterliegen auch keiner städtebaulichen Überprüfung. Für Vorhaben des Bundes und der Länder gelten gemäß § 37 BauGB materiell-rechtliche und verfahrensrechtliche Besonderheiten. Bauliche Maßnahmen aufgrund von anderen Gesetzen bleiben gemäß § 38 BauGB von den Vorschriften der §§ 29 bis 37 BauGB unberührt. Hierbei handelt es sich um Planfeststellungs- und Plangenehmigungsverfahren nach Bundes- oder Landesrecht. 26

Die Vorschrift des § 29 Abs. 1 BauGB unterwirft alle **städtebaulich relevanten Vorhaben der bauplanungsrechtlichen Kontrolle**, gleichgültig ob für sie ein bauordnungsrechtliches oder ein sonstiges öffentlich-rechtliches Verfahren angeordnet ist, z.b. ein landschaftsrechtliches Zulassungsverfahren für ein bauordnungsrechtlich freigestelltes Vorhaben. Es kommt allein darauf an, ob die Begriffsbestimmung des städtebaulich relevanten Vorhabens erfüllt ist. Mit dieser Änderung reagierte der Bund auf die »Freistellungspolitik« der Länder, um die materielle Beachtungspflicht der bauplanungsrechtlichen Vorgaben sicherzustellen. 27

Nach § 29 Abs. 2 BauGB bleiben die **bauordnungsrechtlichen** und **sonstigen öffentlich-rechtlichen Vorschriften** unberührt. Hiermit sind alle Rechtsbereiche gemeint, »die in einer dem Bauordnungsrecht vergleichbaren Weise dem Bauplanungsrecht gegenüberstehen« (BVerwG, Urt. v. 24.02.1978 – 4 C 12.76, BauR 1978, 378 = BRS 33 Nr. 57 = DVBl 1978, 610 = NJW 1979, 327). Die Regelungen über Anlagen der Außenwerbung und Warenautomaten der Landesbauordnungen können hierfür als Beispiel dienen, da sie nicht als Bodenrecht, sondern als **Gestaltungsrecht** verstanden 28 werden (BVerwG, Beschl. v. 29.12.1964 – I C 97.63, BBauBl. 1965, 363 = BRS 15 Nr. 78 = DÖV 1965, 343 = DVBl 1965, 203 = NJW 1965, 879). Diese nicht-bodenrechtlichen Vorschriften sind zusätzlich beachtlich und vermögen deshalb eine Nutzung einzuschränken oder auszuschließen. **Für ergänzendes Bodenrecht** des Landes besteht in Bezug auf **abschließende** bundesrechtliche Regelungen im BauGB **kein Raum.**

29 Ist durch die §§ 30 ff. BauGB die bebauungsrechtliche Zulässigkeit eines Vorhabens geregelt, so vermögen **Vorschriften in Landesgesetzen** nur noch die **Einzelheiten der Ausführung** zu beeinflussen, nicht aber das Vorhaben gänzlich zu verhindern. Ein **landesrechtliches Bebauungsverbot** setzt sich **gegenüber dem bundesrechtlich begründeten Bebauungsanspruch** nur durch, wenn es in dieser Wirkung als Enteignungsrecht im Sinne von Artikel 74 Nr. 14 GG verstanden werden kann und eine **Enteignungsentschädigung** zusagt. Dem **Bundesgesetzgeber** ist natürlich nicht verwehrt **in anderen Gesetzen weitere Regelungen bodenrechtlicher Art** zu treffen und damit das Zulässigkeitsrecht für Vorhaben zu verändern. So wurde z.B. mit Artikel 1 des Gesetzes zur Verbesserung des vorbeugenden Hochwasserschutzes vom 03.05.2005 (BGBl. I S. 1224) § 31b in das **WHG** eingefügt, um unter anderem auch das Verhältnis des vorsorgenden Hochwasserschutzes zu den Vorschriften über die Zulässigkeit von Vorhaben zu regeln. Einschränkungen der Baufreiheit enthält z.B. auch § 9 **FStrG** mit dem **Anbauverbot an Bundesfernstraßen**, das bis zur Novellierung des § 9 FStrG im Jahre 1990 von der Rechtsprechung **kritisch betrachtet** wurde, da die mit dem Anbauverbot im Innenbereich verbundene Entschädigungsproblematik nicht ausreichend gelöst war.

1.3.3 Bezug zum Fachplanungsrecht

30 § 38 BauGB privilegiert **Fachplanungen überörtlicher Art** gegenüber der Bauleitplanung und den Zulässigkeitsvorschriften der §§ 29–37 BauGB. Daher ist § 36 BauGB auf immissionsschutzrechtliche Genehmigungen für öffentlich zugängliche Abfallbeseitigungsanlagen nicht anwendbar (VGH B-W, Beschl. v. 25.11.1996 – 10 S 2185/96, UPR 1997, 119 zu einer immissionsschutzrechtlichen Änderungsgenehmigung für eine planfestgestellte Müllverbrennungsanlage, die ohne das Einvernehmen der Gemeinde nach § 36 BauGB erteilt wurde). Bereits nach § 7 BauGB können sich öffentliche Planungsträger durch Widerspruch von der **Anpassungspflicht an den Flächennutzungsplan** lösen, wenn die Fachplanungsbelange die städtebaulichen Belange, die sich aus dem Flächennutzungsplan ergeben, überwiegen. Derartige Situationen entstehen, wenn dem Fachplanungsträger durch Gesetz Aufgaben auferlegt werden, die bei Aufstellung des Flächennutzungsplanes nicht absehbar waren. Eine **überörtliche Planung** im Sinne des § 38 BauGB ist regelmäßig dann gegeben, wenn das planfestzustellende Vorhaben das Gebiet von zumindest **zwei** Gemeinden tatsächlich berührt (BVerwG, Urt. v. 04.05.1988 – 4 C 22.87, DÖV 1988, 835 = DVBl 1988, 960 = NJW 1989, 242 = UPR 1988, 392 = ZfBR 1988, 231). Sie liegt auch dann ohne Rücksicht auf die räumliche Ausdehnung des Planvorhabens vor, wenn dem überörtlichen Träger der Planungshoheit nach Maßgabe des jeweils anwendbaren Planungsrechts Planungen von überörtlicher Bedeutung mit

Verbindlichkeit auch für die Ortsplanung obliegen (BVerwG, Urt. v. 03.04.1981 – 4 C 11.79, BRS 38 Nr. 1 = DÖV 1981, 676 = DVBl 1981, 930).

Die **Fachplanungsgesetze** sehen verfahrensrechtlich das Rechtsinstitut der »**Plan-** 31 **feststellung**« oder der »**Plangenehmigung**« vor. Das **Planfeststellungs-** bzw. **Plangenehmigungsverfahren** ist in §§ 72 ff. VwVfG. NRW. geregelt, soweit nicht die Fachplanungsgesetze selbst Bestimmungen enthalten, die als Spezialvorschrift vorgehen. Nach § 75 Abs. 1 VwVfG. NRW. wird durch die **Planfeststellung** bzw. **Plangenehmigung** die Zulässigkeit des Vorhabens einschließlich der notwendigen Folgemaßnahmen an anderen Anlagen im Hinblick auf alle von ihm berührten öffentlichen Belange **abschließend** festgestellt. Daneben sind im Regelfall keine anderen behördlichen Entscheidungen, wie z.b. Baugenehmigungen, erforderlich, wenn das Fachplanungsgesetz dies anordnet.

Im Bereich planfestgestellter Anlagen sind bis zur Entwidmung nur Vorhaben zu- 32 lässig, die dem Planfeststellungsinhalt, wie er sich aus den Planfeststellungsunterlagen ergibt, entsprechen. Der **Vorbehalt des § 38 BauGB** beschränkt die Gemeinde im **Gebrauch ihrer Planungshoheit** in Bezug auf die vorhandenen Anlagen der Fachplanung. Erst nach »Entwidmung« der planfestgestellten Anlage, z.b. einer Bahnlinie, durch eindeutige und bekannt gemachte Erklärung, die für jedermann klare Verhältnisse schafft, kehrt das entsprechende Gelände in die Planungshoheit der Gemeinde zurück (BVerwG, Urt. v. 16.12.1988 – 4 C 48.86, DÖV 1989, 637 = DVBl 1989, 458 = NVwZ 1989, 655 = UPR 1989, 264 = ZfBR 1989, 123).

Als **Folge des Verzichts auf ein eigenständiges städtebauliches Verfahren** zur Steue- 33 rung der Zulässigkeit von Vorhaben und die Einbeziehung der planungsrechtlichen Prüfung in das bauordnungsrechtliche oder an seiner Stelle durchzuführende sonstige öffentlich-rechtliche Genehmigungsverfahren sieht das BauGB eine **Beteiligung der Gemeinde** vor. Die **Gemeinde** nimmt nach § 2 Abs. 1 BauGB die Aufgabe der **Bauleitplanung in eigener Verantwortung** wahr. Bereits in dem 1960 in Kraft getretenen BBauG hatte sich der Bund zur Ausführung des Auftrags aus Artikel 28 Abs. 2 GG entschlossen, die Planungshoheit endgültig auf die Gemeinden zu übertragen (vgl. Begründung zum Entwurf eines Bundesbaugesetzes, BT-Drucks. 3/336 S. 62). Die **Planungshoheit** gehört, soweit nicht überörtliche Interessen greifen, zum **Kernbereich der Selbstverwaltungsgarantie**. Der Bundesgesetzgeber hat mit § 1 Abs. 3 und § 2 Abs. 1 Satz 1 BauGB von seiner Kompetenz zur Regelung der Trägerschaft der Bauleitplanung, wie sie sich aus Art. 74 Nr. 18 und Art. 84 Abs. 1 GG ergibt, umfassend Gebrauch gemacht und die **Gemeinde abschließend für zuständig erklärt**. Den Ländern ist es damit verwehrt, außerhalb der Ermächtigung des § 203 BauGB andere Trägerschaften für die Bauleitplanung festzulegen (BVerfG, Beschl. v. 09.12.1987 – 2 BvL 16/84, BVerfGE 77, 288 = DÖV 1988, 465 = DVBl 1988, 482 = NVwZ 1988, 619 = UPR 1988, 223 = ZfBR 1988, 136 – sog. »Püttlingen-Beschluss« zur Übertragung der Zuständigkeit für die vorbereitende Bauleitplanung auf den Stadtverband Saarbrücken).

Die Planungshoheit der Gemeinde genießt, ihrem Verfassungsrang entsprechend, 34 große Bedeutung bei sämtlichen hoheitlichen Planungsmaßnahmen. Wichtige

Fachplanungsgesetze schreiben deshalb direkt die **Beteiligung der Gemeinde** vor oder verlagern sogar bestimmte Verfahrensschritte, wie die öffentliche Auslegung des Planentwurfs, in die Zuständigkeit der Gemeinde. So ist nach § 17 Abs. 3a FStrG die Gemeinde zu beteiligen und nach Abs. 3b der Plan durch die Gemeinde auszulegen. Nach § 14 Abs. 1 des PBefG ist vor Erteilung einer Genehmigung zur Beförderung von Personen mit Straßenbahnen, Obussen oder Kraftfahrzeugen im Linienverkehr die Stellungnahme der Gemeinde einzuholen. Auch zahlreiche andere bundesrechtliche Vorschriften, wie z.B. § 10 FlurbG und § 17 WaStrG oder § 7 Abs. 4 AtomG, um nur einige aufzuzählen, fordern die Beteiligung der Gemeinde. Selbst wenn Rechtsvorschriften eine Anhörung der Gemeinde nicht ausdrücklich vorsehen, ist eine Einschränkung der Planungshoheit nur aufgrund vorausgegangener Anhörung wirksam (BVerwG, Urt. v. 14.02.1969 – IV C 82.66, BRS 22 Nr. 29 = DVBl 1969, 362 und Urt. v. 08.09.1972 – IV C 17.71, BRS 25 Nr. 14 = DVBl 1973, 35). Das jeweils anzuwendende **Fachplanungsrecht** schreibt hinsichtlich der abzuwägenden Belange auch die **Prüfung städtebaulicher Gesichtspunkte** vor, insofern besteht kein Rechtssatz, der generell überörtliche Planungen den örtlichen Planungen der Gemeinde vorzieht. Planfeststellungen nach dem Fachplanungsrecht des Bundes und der Länder müssen hinreichend konkretisierte Planungen der Gemeinde berücksichtigen und dürfen sie nicht nachhaltig stören (BVerwG, Beschl. v. 26.02.1990 – 4 B 31.90, BRS 50 Nr. 184 = DÖV 1991, 33 = NVwZ 1990, 657 = UPR 1990, 231 = ZfBR 1990, 308). Trotz des scheinbar gelösten Beteiligungserfordernisses der Gemeinde bereitet das Verhältnis der §§ 36 und 38 BauGB zueinander in der praktischen Anwendung immer wieder Probleme (vgl. Dippel, Alte und neue Anwendungsprobleme der §§ 36, 38 BauGB, NVwZ 1999, S. 921 ff.).

1.3.4 Einvernehmen der Gemeinde

35 Der Planungshoheit der Gemeinde trägt das Zulässigkeitsrecht des BauGB mit § 36 Rechnung. Danach ist die Gemeinde bei der Zulassung von Vorhaben durch die Genehmigungsbehörde, das ist entweder die Bauaufsichtsbehörde oder die Behörde, die für das Genehmigungsverfahren nach sonstigem öffentlichen Recht zuständig ist, zu beteiligen. Die Vorschrift zielte ursprünglich nur auf das **Baugenehmigungsverfahren** und wurde später auf **andere Genehmigungsverfahren** ausgedehnt, in denen über die **bauplanungsrechtliche** Zulässigkeit von Vorhaben entschieden wird, wie z.B. das immissionsschutzrechtliche Genehmigungsverfahren oder das wasserrechtliche Genehmigungsverfahren zur Auskiesung einer Fläche, woraus sich im Einzelfall schwierig zu beurteilende Rechtsfragen hinsichtlich des Einvernehmens ergeben (vgl. Jäde, Gemeindliches Einvernehmen in parallelen Anlagenzulassungsverfahren, UPR 2001, S. 10 ff.). **Genehmigungen** oder **Vorbescheide** darf die das Vorhaben zulassende Behörde **nur im Einvernehmen mit der Gemeinde** erteilen. Das Einvernehmen der Gemeinde im Baugenehmigungsverfahren ist selbst dann erforderlich, wenn für das Vorhaben bereits ein Vorbescheid erteilt wurde (OVG Bbg, Beschl. v. 04.11.1996 – 3 B 134/96, BauR 1997, 90 = BRS 58 Nr. 143). Sind in dem mit gemeindlichem Einvernehmen erteilten Vorbescheid einzelne von der Gemeinde zu prüfende bauplanungsrechtliche Fragen offengeblieben, bedarf die Baugenehmigung erneut des

gemeindlichen Einvernehmens (VGH B-W, Beschl. v. 11.05.1998 – 5 S 465/98, NVwZ 1999, 442). Eine Beteiligung entfällt nur, wenn ein Bebauungsplan vorliegt und das Vorhaben dessen Festsetzungen entspricht, da in diesem Falle der planerische Wille der Gemeinde bereits fixiert ist (VGH B-W, Urt. v. 17.11.1998 – 5 S 2147/98, BauR 1999, 381 = BRS 60 Nr. 157). Weicht ein Vorhaben von den Festsetzungen ab, bedarf es aber des Einvernehmens der Gemeinde, um dieser eine eigene ermessensbezogene Entscheidung zu eröffnen (BVerwG, Beschl. v. 05.03.1999 – 4 B 62.98, BauR 1999, 1281 = BRS 62 Nr. 178).

Die **Versagung** eines Antrags kann **trotz vorliegender Einvernehmenserklärung** der Gemeinde durch die Genehmigungsbehörde erfolgen, wenn diese das Vorhaben aus planungsrechtlichen Gründen für unzulässig hält. Die Ablehnung des Antrages ist nämlich nicht wie die Genehmigung an das Einvernehmen gebunden (BVerwG, Beschl. v. 16.12.1969 – IV B 121.69, BRS 22 Nr. 156 = DÖV 1970, 349).

Bei **Identität von Gemeinde und Genehmigungsbehörde** ist § 36 BauGB nicht anwendbar, da es in diesem Falle Aufgabe der Körperschaft selbst ist, ihre verschiedenen Dienststellen zu koordinieren und eine einheitliche Verwaltungsmeinung zwischen den für die Bauaufsicht und die Bauleitplanung zuständigen Dienststellen herbeizuführen (BVerwG, Beschl. v. 11.11.1968 – IV B 5.68, BRS 20 Nr. 75 = DÖV 1969, 146 und Urt. v. 19.08.2004 – 4 C 16.03, BauR 2005, 361 = BRS 67 Nr. 177 = DVBl 2005, 192 = UPR 2005, 71 unter ausdrücklicher Aufgabe der bisherigen Rechtsprechung, zuletzt im Beschl. v. 30.07.2002 – 4 B 40.02, Buchholz 406.11 § 36 BauGB Nr. 55). Die **Zuständigkeit innerhalb der Gemeinde** für die Erteilung des Einvernehmens richtet sich nach dem **Kommunalverfassungsrecht und den Zuständigkeitsregelungen** der Kommune. Auch bei eventuell einzuschaltenden politischen Vertretungen der Gemeinde erfolgt die abschließende Stellungnahme an die Genehmigungsbehörde durch die Verwaltung, da diese die Beschlüsse der politischen Vertretung auszuführen hat.

36

Die **Erteilung oder Verweigerung des Einvernehmens ist kein anfechtbarer Verwaltungsakt**, sondern ein **Verwaltungsinternum** (BVerwG, Urt. v. 19.11.1965, a.a.O. Rn. 22 und BGH, Urt. v. 17.09.1970 – III ZR 4/69, BauR 1970, 232 = BRS 23 Nr. 144 = DÖV 1970, 784). Verweigert die Gemeinde das Einvernehmen, so ist die **Genehmigungsbehörde** – soweit das Einvernehmen nicht ersetzt wird – hieran **gebunden**, auch wenn die Gründe erkennbar nicht-städtebaulicher Natur sind (BVerwG, Urt. v. 07.02.1986 – 4 C 43.83, BauR 1986, 425 = BRS 46 Nr. 142 = NVwZ 1986, 556). Das verweigerte gemeindliche Einvernehmen darf sowohl im Falle eines Verpflichtungsurteils als auch im Falle eines Bescheidungsurteils dann ersetzt werden, wenn das Gericht zu dem Ergebnis gelangt, dass das Vorhaben mit den §§ 31 und 33 bis 35 BauGB vereinbar ist (BVerwG, Urt. v. 07.02.1986 – 4 C 43.83, BRS 46 Nr. 142 und Beschl. v. 17.06.2003 – 4 B 14.03, BauR 2003, 1704 = BRS 66 Nr. 157 = ZfBR 2003, 695).

37

Die Versagung des Einvernehmens ist eine **empfangsbedürftige Willenserklärung der Gemeinde**, die erst wirksam wird, wenn sie der Bauaufsichtsbehörde zugeht; im

§ 71 Behandlung des Bauantrags

Zweifel hat die Gemeinde den Zugang zu beweisen (BayVGH, Beschl. v. 27.10.2000 – 1 ZS/CS 00.2727, BauR 2001, 926 = BRS 63 Nr. 119 = UPR 2001, 38).

Die **Gemeinde** kann ihr ausdrücklich **erteiltes** oder als erteilt geltendes Einvernehmen **nicht widerrufen** (BVerwG, Urt. v. 12.12.1996 – 4 C 24/95, BRS 58 Nr. 142 = DÖV 1997, 550 = DVBl 1997, 827 = ZfBR 1997, 216 = UPR 1997, 252; die gegenteilige Auffassung des BGH im Urt. v. 11.06.1981 – III ZR 34/80, BauR 1981, 566 = BRS 38 Nr. 169 = DVBl 1981, 825 = NJW 1982, 36 und im Beschl. v. 25.10.1990 – III ZR 249/89, BRS 53 Nr. 40 beruht auf älteren Fassungen des § 36 BBauG = BauGB, die keine »Beschleunigungsvorschriften« enthielten, so der BayVGH im Beschl. v. 26.03.1999 – 26 ZS 99.507, BRS 62 Nr. 119 = NVwZ-RR 2000, 84).

Hat die **Gemeinde** das **Einvernehmen nicht fristgerecht** (§ 36 Abs. 2 Satz 2 BauGB) **versagt**, steht ihr **kein Klagerecht** gegen die Baugenehmigung zu (Nds. OVG, Urt. v. 18.03.1999 – 1 L 6696/96, BauR 1999, 1150 = BRS 62 Nr. 112 = ZfBR 1999, 285).

1.3.5 Ersetzung des Einvernehmens

38 Die **nach Landesrecht zuständige Behörde kann** nach § 36 Abs. 2 Satz 3 BauGB ein **rechtswidrig versagtes Einvernehmen der Gemeinde ersetzen** (hierzu s. Horn, Das gemeindliche Einvernehmen unter städtebaulicher Aufsicht, NVwZ 2002, S. 406 ff.). Die Verwendung des Wortes »kann« in § 36 Abs. 2 Satz 3 BauGB ist nicht im Sinne der Einräumung eines (Ersetzungs-) Ermessens für die nach Landesrecht zuständige Behörde zu verstehen, sondern in dem Sinne, dass dieser Behörde – entgegen der bisherigen Rechtslage – auf bundesbaurechtlicher Grundlage die Befugnis eingeräumt wird, ein rechtswidrig verweigertes Einvernehmen zu ersetzen (OVG Rh-Pf, Beschl. v. 23.09.1998 – 1 B 11493/98, BRS 60 Nr. 91 = NVwZ-RR 2000, 85).

39 Welche Behörde **zuständig** ist, ergibt sich aus dem Landesrecht. Mit § 69a MBO 1993, der § 71 MBO 2002 entspricht, wurde ein stark verkürztes Beanstandungsverfahren vorgesehen, um die zügigere Abwicklung des Baugenehmigungsverfahrens sicherzustellen. Nach § 71 MBO 2002 finden die Vorschriften der Gemeindeordnung keine Anwendung; vielmehr gilt die **Genehmigung zugleich als Ersatzvornahme**. Diese Regelung wurde jedoch nicht in die BauO NRW 2018 übernommen, so dass die zeitaufwändigen Vorschriften der GO NRW Anwendung fanden. Erachtete die Bauaufsichtsbehörde die Gründe der Gemeinde zur Verweigerung des Einvernehmens für nicht stichhaltig, muss sie die **Kommunalaufsichtsbehörde** einschalten, um die Entscheidung beanstanden zu lassen (OVG NRW, Urt. v. 24.06.1970 – III A 28/68, BRS 23 Nr. 143).

40 Ein **rechtswidrig verweigertes Einvernehmen** stellt eine **Amtspflichtverletzung** gegenüber dem Antragsteller dar und kann Ansprüche gegen die Gemeinde auslösen (BGH, Urt. v. 14.06.1984 – III ZR 68/83, BauR 1984, 498 = BRS 42 Nr. 173 und Urt. v. 15.11.1984 – III ZR 70/83, BRS 44 Nr. 149), insofern wird eine Gemeinde bei Rechtsbedenken der Genehmigungsbehörde ihre Entscheidung sorgfältig prüfen müssen. Dies gilt besonders, wenn die Genehmigungsbehörde die Gemeinde ersucht, ihre negative Stellungnahme nochmals zu überdenken (s. Anmerkungen zu § 74 Rdn. 113 ff.). Die unberechtigte Weigerung einer beigeladenen Gemeinde, ihr

Einvernehmen gemäß § 36 Abs. 1 BauGB zu einer Baugenehmigung zu erteilen, ist schuldhaft, wenn die Gemeinde die gebotene und zumutbare Sorgfalt außer Acht lässt. Ein Verschulden (z.b. Fahrlässigkeit) kann darin bestehen, dass die Gemeinde eine offensichtlich fehlerhafte Entscheidung trifft, ohne sich vorher sachkundig zu machen, und Hinweise Dritter auf die Rechtslage nachhaltig ignoriert (VG Potsdam, Urt. v. 30.03.2000 – 5 K 1279/97, NVwZ-RR 2000, 763 – das VG verurteilte die beigeladene Gemeinde gemäß § 155 Abs. 5 VwGO, die Kosten des gesamten Verfahrens zu tragen, weil diese durch das Verschulden der beigeladenen Gemeinde entstanden und § 155 Abs. 5 VwGO als lex specialis allen sonstigen Kostenregelungen – auch der Vorschrift des § 154 Abs. 3 VwGO – vorgeht). Zu Amtshaftungsansprüchen kann es ebenso im Falle des **verweigerten** – jedoch **nicht erforderlichen** – Einvernehmens kommen, wenn sich später herausstellt, dass das Vorhaben den Festsetzungen des Bebauungsplans entspricht, ohne dass es einer Ausnahme bedurft hätte (BGH, Urt. v. 21.11.2002 – III ZR 278/01, BauR 2003, 364 = BRS 65 Nr. 76 = ZfBR 2003, 266).

1.3.6 Beteiligung der Gemeinde bei der Freistellung

Soweit das Landesbauordnungsrecht ein **Baugenehmigungsverfahren** oder ein **vergleichbares bauaufsichtliches Verfahren** vorsieht, erfolgt nach § 36 BauGB in diesem Verfahren durch die zu beteiligende Gemeinde eine Prüfung der Auswirkungen des Vorhabens auf die gemeindlichen Planungsabsichten. Findet aber **kein** bauaufsichtliches Verfahren statt, weil der Landesgesetzgeber das Vorhaben **freigestellt** hat, so ergibt sich im Hinblick auf die Planungshoheit der Gemeinde eine Regelungslücke. Diese Regelungslücke, die durch die Freistellungspolitik der Länder in Bezug auf Wohnbauvorhaben entstanden ist, soll § 36 Abs. 1 **Satz 3** BauGB schließen. Danach stellen die Länder sicher, dass die Gemeinde rechtzeitig vor Ausführung des Vorhabens über Maßnahmen zur Sicherung der Bauleitplanung nach den §§ 14 und 15 BauGB entscheiden kann. Allerdings zielt § 36 Abs. 1 Satz 3 BauGB nur auf Vorhaben im Geltungsbereich eines Bebauungsplans im Sinne des § 30 Abs. 1 BauGB. Mit § 63 BauO NRW 2018 ist für freigestellte Wohnbauvorhaben sichergestellt, dass die Gemeinde Kenntnis erhält, um von ihren Sicherungsmöglichkeiten (§§ 14, 15 BauGB) Gebrauch machen zu können.

41

Unklar bleibt, ob die Länder durch § 36 Abs. 1 Satz 3 BauGB auch gezwungen sind, für die **nach § 62 BauO NRW 2018 freigestellten Vorhaben** – die ja ebenfalls im Geltungsbereich eines qualifizierten Bebauungsplans liegen können – ein Verfahren vorzusehen, dass eine Beteiligung der Gemeinde ermöglicht. Seit der MBO 1960 hat die permanente Fortentwicklung der Freistellungskataloge einen doch beträchtlichen Anteil baulicher Vorgänge von der präventiven Prüfung ausgenommen. Dass sich darunter auch einige Vorhaben befinden, die durchaus städtebauliche Relevanz entfalten, kann wohl ernsthaft niemand bestreiten.

42

1.3.7 Bundesrechtliche Fristen für das Einvernehmen

Nach **§ 36 Abs. 2 Satz 2 BauGB** gilt für die Erteilung des Einvernehmens der Gemeinde bzw. für die Zustimmung der höheren Verwaltungsbehörde eine **Frist von**

43

2 Monaten. Äußert sich die Gemeinde bzw. die höhere Verwaltungsbehörde gegenüber der Genehmigungsbehörde nicht innerhalb dieser Frist, gilt das Einvernehmen bzw. die Zustimmung als erteilt. Die **Frist** beginnt mit Eingang des Ersuchens der Bauaufsichtsbehörde bei der Gemeinde bzw. der höheren Verwaltungsbehörde zu laufen. Für die Berechnung der Frist sind gemäß § 31 VwVfG. NRW. die zivilrechtlichen Vorschriften der §§ 187 bis 193 BGB maßgebend. Die **Frist** ist **nicht verlängerbar**, selbst dann nicht, wenn sich der Antragsteller hiermit einverstanden erklärt. Eine Verlängerung steht nicht zur Disposition der Verfahrensbeteiligten, da hierdurch das Genehmigungsverfahren mit einer zeitlichen Unsicherheit belastet würde, die der Gesetzgeber gerade mit Einführung der Fristenregelung vermeiden wollte (BVerwG, Urt. v. 12.12.1996 – 4 C 24/95, BRS 58 Nr. 142 = DÖV 1997, 550 = DVBl 1997, 827 = ZfBR 1997, 216 = UPR 1997, 252).

44 Die Bearbeitung nach Eingang des Antrages bei der Bauaufsichtsbehörde hängt davon ab, ob die Unterlagen erst noch vervollständigt werden müssen, bevor die Gemeinde zur Herbeiführung des Einvernehmens nach § 36 BauGB eingeschaltet werden kann. **Zeitlichen Druck** entfaltet die Fiktionsregelung des § 36 Abs. 2 Satz 2 BauGB somit nur auf die **Prüfungsphase bei der Gemeinde**. Diese wird gezwungen, ihre gegebenenfalls negative Entscheidung der Genehmigungsbehörde vor Ablauf der Frist bekannt zu geben. Hält die Gemeinde die Bauvorlagen in Bezug auf das von ihr zu prüfende Bauplanungsrecht für unzureichend, muss sie den Bauherrn oder die Bauaufsichtsbehörde um Vervollständigung ersuchen; kommt sie dieser **Mitwirkungslast** nicht nach, gilt ihr Einvernehmen nach Ablauf der Frist als erteilt (BVerwG, Urt. v. 16.09.2004 – 4 C 7.03, BauR 2005, 509 = BRS 67 Nr. 113 = ZfBR 2005, 183 = UPR 2005, 69; Bay VGH, Urt. v. 02.07.2004 – M 1 K 01.4106, NVwZ-RR 2005, 787 = UPR 2005, 234). Die Genehmigungsbehörde hat nach Ablauf der Frist von **fingiertem** Einvernehmen auszugehen.

1.3.8 Zurückstellung und vorläufige Untersagung

45 Bei einem **bestehenden Baurechtsanspruch** kann die Erteilung der bauaufsichtlichen Zulassungsentscheidung von Vorhaben im Sinne des § 29 Abs. 1 BauGB rechtmäßig nur durch den Einsatz der dafür im BauGB vorgesehenen Instrumente (**§§ 14 und 15 BauGB – Veränderungssperre** und **Zurückstellung**) aufgehalten werden (grundlegend hierzu BVerwG, Urt. v. 16.10.1987 – 4 C 35.85, BauR 1988, 188 = BRS 47 Nr. 90 = UPR 1988, 103 = ZfBR 1988, 93). Für den Fall, dass noch keine Veränderungssperre besteht, die Voraussetzungen zum Erlass einer solchen aber vorliegen, erlaubt § 15 BauGB die **Verzögerung** einer Baugenehmigung, einer die Baugenehmigung ersetzenden Zustimmung nach § 79 BauO NRW 2018 oder einer die Baugenehmigung einschließenden Gestattung nach sonstigem öffentlichem Recht. Die Vorschrift ist ferner auf Vorbescheide anwendbar, die sich auf die Erteilung einer Bebauungsgenehmigung richten (BVerwG, Urt. v. 11.11.1970 – IV C 79.68, BRS 23 Nr. 88 = DVBl 1971, 468). Für die **Anwendung** der Zurückstellung müssen gegeben sein:

– die Voraussetzungen für den Erlass einer Veränderungssperre,
– die Befürchtung, dass die **Durchführung der Planung** durch das Vorhaben **unmöglich** gemacht oder **wesentlich erschwert** wird.

Für den Erlass einer Veränderungssperre sind wiederum erforderlich:
– ein **wirksam gefasster und öffentlich bekannt gemachter Beschluss zur Aufstellung eines Bebauungsplans,**
– **konkretisierte Planungsziele,** aus denen sich der **Sicherungszweck** ableiten lässt.

Liegen die Voraussetzungen für den Erlass einer Veränderungssperre vor und ist zusätzlich zumindest eine Erschwerung der Durchführung der Planung bei Zulassung des Vorhabens zu befürchten, kann die Gemeinde die Bauaufsichtsbehörde nach § 15 Abs. 1 Satz 1 BauGB um die **Zurückstellung** der Entscheidung über den Bauantrag ersuchen und in der Jahresfrist die Rechtslage entweder durch **Inkraftsetzung eines Bebauungsplanes** oder einer **Veränderungssperre** verändern, um ihre von dem beantragten Bauvorhaben abweichende Planungskonzeption durchzusetzen. Bei Identität von Gemeinde und Bauaufsichtsbehörde entscheidet innerhalb der Gemeinde grundsätzlich die für die Aufgaben der Bauaufsicht zuständige Organisationseinheit selbst. Innerhalb der Gemeinde können natürlich besondere Regelungen über die Beteiligung der für die Bauleitplanung zuständigen Organisationseinheit an der Zurückstellungsentscheidung bestehen.

Für Vorhaben, die **keiner Baugenehmigung** bedürfen, besteht mit **§ 15 Abs. 1 Sätze 2 und 3** BauGB eine alternative Regelung. Nach **Satz 2** kann die Gemeinde bei der Bauaufsichtsbehörde die **vorläufige Untersagung** des Vorhabens beantragen. Diese steht nach **Satz 3** der **Zurückstellung** gleich. Die vorläufige Untersagung wird von der Bauaufsichtsbehörde **innerhalb einer durch Landesrecht festgesetzten Frist** ausgesprochen. Die Bedeutung dieser Fristregelung hat zu erheblicher Verunsicherung bei den Gemeinden und den Bauaufsichtsbehörden beigetragen, da unklar ist, ob bei Fehlen einer entsprechenden landesrechtlichen Fristbestimmung eine vorläufige Untersagung überhaupt anwendbar ist. Man kann die Auffassung vertreten, dass sich Satz 2 auf alle freigestellten Vorhaben mit städtebaulicher Relevanz bezieht und der Landesgesetzgeber deshalb auch für die entsprechenden von § 62 BauO NRW 2018 erfassten Vorhaben eine Frist zu bestimmen hat. Von diesen freigestellten Vorhaben erhält indessen weder die Gemeinde, noch die Bauaufsichtsbehörde Kenntnis, so dass eine landesrechtliche Fristregelung keine Wirkung entfalten kann. Wahrscheinlicher ist es daher, dass der Bundesgesetzgeber an die Vorschriften über die Genehmigungsfreistellung von Wohnbauvorhaben anknüpfen wollte, da bei diesen die Gemeinde Bauvorlagen erhält, um innerhalb einer Monatsfrist prüfen zu können, ob sie die Durchführung eines Baugenehmigungsverfahrens verlangen will (s.a. Uechtritz/Schladebach, Die vorläufige Untersagung nach § 15 Abs. 1 Satz 2 BauGB: Probleme bei der Harmonisierung von Planungsrecht und »deregulierten« Verfahren, BauR 2001, S. 37 ff.).

Nach § 15 **Abs. 2** BauGB ist die **Zurückstellung** eines genehmigungsbedürftigen Vorhabens oder die **vorläufige Untersagung** eines freigestellten Vorhabens **nicht möglich** im förmlich festgelegten **Sanierungsgebiet** oder im **städtebaulichen Entwicklungsbereich**, sofern eine Genehmigungspflicht nach § 144 Abs. 1 BauGB – als sanierungsrechtliche Veränderungssperre bezeichnet – durch die entsprechende Satzung begründet wurde. In diesen Gebieten werden Zurückstellungsbescheide **mit der förmlichen Festsetzung** kraft Gesetzes **unwirksam**. Der Grund dieser Regelung liegt in der **Wirkung** der sanierungsrechtlichen Verfügungsbeschränkung, die als Inhaltsbestimmung des Eigentumsrechts auch bei sehr langer Dauer keine Enteignung im Sinne des Art. 14 Abs. 3 Satz 1 GG darstellt (s. BVerwG, Beschl. v. 07.06.1996 – 4 B 91.96, BRS 58 Nr. 244). Begründet die Sanierungssatzung dagegen keine Genehmigungspflicht nach § 144 Abs. 1 BauGB kann wiederum vom Rechtsinstitut der Zurückstellung Gebrauch gemacht werden. Voraussetzung ist natürlich das Vorliegen eines bekannt gemachten Aufstellungsbeschlusses.

48 Eine weitere Zurückstellungsmöglichkeit in Bezug auf einen in Aufstellung, Änderung oder Ergänzung befindlichen **Flächennutzungsplan** enthält **§ 15 Absatz 3 BauGB**. Dieser ist **nur auf Vorhaben nach § 35 Abs. 1 Nr. 2 bis 6 BauGB anwendbar**. Da zum Flächennutzungsplan keine Veränderungssperre möglich ist, erfordert Abs. 3 entweder einen sehr zügigen Planungsablauf oder die Anwendung der verbindlichen Bauleitplanung. Die Zurückstellung kann nämlich nur für **längstens ein Jahr** erfolgen, danach muss der Flächennutzungsplan wirksam sein, um die Genehmigung des Vorhabens wegen entgegenstehender Darstellungen versagen zu können. Im Regelfall kann in einem derart knappen Zeitrahmen das Flächennutzungsplanverfahren jedoch nicht zum Abschluss gebracht werden. Will die Gemeinde dennoch ihre Planungsziele durchsetzen, kann sie nur die Aufstellung eines Bebauungsplanes und zugleich eine Veränderungssperre beschließen. Die Vorschrift wurde insbesondere genutzt, um **Windkraftanlagen** zu verhindern, deren geplante Standorte planerischen Vorstellungen zuwiderlaufen (vgl. hierzu OVG Rh-Pf, Beschl. v. 18.02.2005 – 7 B 10012/05, BauR 2005, 1897 = BRS 69 Nr. 123 mit Anmerkungen von Lemmel, Zurückstellung eines Baugesuchs nach § 15 Abs. 3 BauGB, BauR 2005, S. 1878 ff.; OVG NRW, Beschl. v. 17.03.2006 – 8 B 1920/05, BauR 2006, 1124 = BRS 70 Nr. 152; OVG Rh-Pf, Beschl. v. 22.11.2006 – 8 B 11378/06, BauR 2007, 520 = BRS 70 Nr. 115).

49 Die **Zurückstellungsmöglichkeit** nach § 15 Abs. 1 Satz 1 BauGB besteht wegen der Bezugnahme auf § 14 BauGB für alle von dieser Vorschrift erfassten Vorgänge; § 14 Abs. 1 Satz 1 Nr. 1 BauGB führt Vorhaben nach § 29 Abs. 1 BauGB auf. Eine einschränkende Auslegung ist wegen der Zielsetzung nicht angebracht (BVerwG, Urt. v. 16.10.1987, a.a.O. Rn. 47). Die Vorschrift findet gemäß § 172 Abs. 2 BauGB auch **entsprechende Anwendung** auf ortsüblich bekannt gemachte Beschlüsse über die Aufstellung einer **Erhaltungssatzung**. Eine wesentliche **Voraussetzung** für die Zurückstellung nach § 15 Abs. 1 Satz 1 BauGB ist weiterhin, dass hinreichend konkrete gemeindliche Vorstellungen über den Inhalt des künftigen Bebauungsplans vorliegen und darüber hinaus auch ein Bedürfnis zur Sicherung dieser Planung besteht (OVG Saar, Beschl. v. 02.02.2004 – 1 W 1/04, BauR 2005, 827 = BRS 67 Nr. 126).

50 Ohne Vorliegen eines Aufstellungsbeschlusses ist weder der Erlass einer generell wirkenden Veränderungssperre, noch die einzelfallbezogene Zurückstellung eines Baugesuchs zulässig (BGH, Urt. v. 10.02.1972 – III ZR 188.69, BGHZ 58, 124 = NJW 1972, 727 und BVerwG, Beschl. v. 15.04.1988 – 4 N 4.87, BVerwGE 79, 200 =

BRS 48 Nr. 21 = DVBl 1988, 958). Welches Gemeindeorgan den Aufstellungsbeschluss zu fassen hat, ergibt sich nicht aus dem BauGB, sondern richtet sich nach der GO NRW in Verbindung mit dem Satzungsrecht der jeweiligen Gemeinde. Der **Aufstellungsbeschluss** muss gemäß § 2 Abs. 1 Satz 2 BauGB ordnungsgemäß **bekannt gemacht** worden sein (OVG Rh-Pf, Urt. v. 09.10.1980 – 10 C 3/80, BRS 36 Nr. 108).

Die **Zurückstellung** ist **keine Ablehnung** des Antrages, sondern nur ein **Aufschub** der Entscheidung und **als Verwaltungsakt anfechtbar** (BVerwG, Urt. v. 10.12.1971 – IV C 33-35.69, DÖV 1972, 496). Eine **Anfechtungsklage** hat **aufschiebende Wirkung**, die bei **Anordnung der sofortigen Vollziehung** gemäß § 80 Abs. 2 Nr. 4 VwGO entfällt. Legt der Bauherr gegen die **Zurückstellung** seines Baugesuchs einen **Rechtsbehelf** ein, hat die Bauaufsichtsbehörde mit Rücksicht auf dessen aufschiebende Wirkung die Amtspflicht, die Bearbeitung des Bauantrages fortzusetzen, solange keine sofortige Vollziehung der Zurückstellung nach § 80 Abs. 2 Nr. 4 VwGO angeordnet wird (BGH, Beschl. v. 26.07.2001 – III ZR 206/00, BauR 2001, 1887 = BRS 64 Nr. 156 = ZfBR 2001, 557). Für eine isolierte Anfechtungsklage gegen einen Zurückstellungsbescheid besteht ein Rechtsschutzbedürfnis (OVG NRW, Urt. v. 11.10.2006 – 8 A 764/06, BauR 2007, 684 = BRS 70 Nr. 116; s.a. Rieger, Rechtsschutz gegen die Zurückstellung von Baugesuchen, BauR 2003, S. 1512 ff.). Gegen die Anordnung der sofortigen Vollziehung kann der Antragsteller **vorläufigen Rechtsschutz** nach § 80 Abs. 5 Satz 1 VwGO beantragen (OVG Lüneburg, Beschl. v. 07.02.1989 – 1 B 145 und 161/88, BRS 49 Nr. 156; Nds. OVG, Beschl. v. 28.11.2006 – 1 ME 147/06, BauR 2007, 522 = BRS 70 Nr. 117). Nach Inkrafttreten einer Veränderungssperre innerhalb der Zurückstellungsfrist ist unverzüglich zu entscheiden. Scheidet eine Ausnahme von der Veränderungssperre aus, muss der Bauantrag abgelehnt werden. Kommt bis zum Ablauf der Zurückstellungsfrist keine Veränderungssperre zustande, ist der Bauantrag zu genehmigen.

2 Zu Absatz 1 – Vorprüfung des Bauantrages

2.1 Gründe für die Einführung einer Vorgabe für die Vorprüfung

Mit Absatz 1 folgt der nordrhein-westfälische Gesetzgeber einer allgemeinen Tendenz zur **Beschleunigung von Genehmigungsverfahren** (vgl. Rdn. 7). Aus zahlreichen Geschäftsprüfungen unterer Bauaufsichtsbehörden war bekannt, dass mangelhafte Bauvorlagen und mangelnde organisatorische Vorsorge für die Beteiligungsphase mitverantwortlich für eine verzögerte Bearbeitung und Genehmigung der Bauanträge sind. Festgestellt wurden bei den verschiedenen Bauaufsichtsbehörden immer die gleichen Verzögerungsursachen, die zusammenfassend wie folgt dargestellt werden können:

– die Antragsteller reichten zum überwiegenden Teil unvollständige oder unbrauchbare Bauvorlagen ein, die weder eine Beteiligung noch eine baurechtliche Prüfung ermöglichten und eine Vervollständigung der Unterlagen erforderten,
– von der Möglichkeit der Zurückweisung nach § 67 Abs. 2 BauO NW 1984 machten nur wenige Bauaufsichtsbehörden Gebrauch, teils um den Bestand an

§ 71 Behandlung des Bauantrags

anfechtbaren Verwaltungsakten gering zu halten, teils aber auch, weil sie durch Hauptverwaltungsbeamte über Dienstanweisungen hieran gehindert wurden,
- als Folge dieser mangelhaften Antragsunterlagen beschäftigten sich die Dienstkräfte der Bauaufsichtsbehörden mit Vervollständigungsaufgaben und blockierten dadurch sogar die Prüfung vollständiger Bauanträge zum Nachteil der korrekt einreichenden Antragsteller,
- in manchen Bauaufsichtsbehörden fehlten die erforderlichen Informationen über das geltende örtliche Baurecht der Gemeinde, so dass bei Eingang des Antrages die planungsrechtliche Qualität erst beim Planungsamt abgefragt werden musste,
- mangelnde Information konnte auch zu anderen wichtigen Sachverhalten festgestellt werden, wie z.B. fehlende Kenntnis über den Ausbaustand der Kanalisation,
- als Folge fehlender Kenntnisse über entscheidungserhebliche Tatsachen uferte das Beteiligungsverfahren aus, da behördenintern Abfragen erfolgen mussten, bevor die eigentliche Vorprüfung aufgenommen werden konnte,
- in mehreren Bauaufsichtsbehörden war es sogar noch üblich, den Bauantrag im behördeninternen »Umlaufverfahren« auf den teils monatelangen Dienstweg zu schicken.

53 Diesen Mängeln galt es im Interesse einer **Verfahrensbeschleunigung durch Gesetzesvorgaben** entgegenzuwirken. Im Gesetzgebungsverfahren vereinzelt geäußerte Bedenken im Hinblick auf einen Eingriff in die Organisationshoheit der Kommunen sind unbegründet. Bei den **Aufgaben der Bauaufsicht** handelt es sich um **Pflichtaufgaben zur Erfüllung nach Weisung.** Die Weisung kann im Einzelfall durch Anordnung der Aufsichtsbehörde oder generell durch allgemeine Verwaltungsvorschrift erfolgen, sie ist erst recht durch ein Gesetz möglich, zumal der gleiche Gesetzgeber die Kompetenz zum Erlass der Gemeindeordnung, der Kreisordnung und der Bauordnung besitzt. Die gesetzgeberischen Maßnahmen nach Absatz 1 BauO NRW 2018 lassen darüber hinaus den Trägern der Bauaufsichtsverwaltung genügend Spielraum zur Realisierung von Strukturüberlegungen im Zuge einer Verwaltungsreform. Sie verhindern weder die Neuordnung von Verfahrensabläufen noch die Neuordnung der Organisationseinheiten innerhalb der Verwaltung.

54 In diesem Zusammenhang gilt es auch Bedenken verschiedener Gemeinden wegen vermeintlicher Beschneidung ihrer Planungshoheit zu entkräften. Bundesrecht bestimmt nicht, ob der Bauantrag zuerst bei der Gemeinde oder bei der Bauaufsichtsbehörde einzureichen ist. § 36 Abs. 2 Satz 2 zweiter Halbsatz BauGB regelt nur für den Fall einer nach Landesrecht eventuell vorgeschriebenen Einreichung des Antrages, dass die Frist für die Erteilung des Einvernehmens damit zu laufen beginnt (zur Frist s. Rdn. 43 und 44). Die bereits mit der BauO NW 1995 bewirkte Änderung der Vorschrift, wonach der **Bauantrag nicht mehr bei der Gemeinde**, sondern direkt bei der Bauaufsichtsbehörde einzureichen ist (vgl. § 70 Absatz 1 BauO NRW 2018), dient erheblich der **Beschleunigung des Verfahrens**, da unvollständige Antragsunterlagen nicht erst nach Wochen erkannt werden, wenn die Gemeinde den Antrag an den Kreis weitergeleitet hat. Umgekehrt kann die Gemeinde sicher sein, nur mit **vollständigen** Antragsunterlagen beteiligt zu werden. Die Einreichungspflicht bei der

Bauaufsichtsbehörde ist im Übrigen nicht neu, sondern war jahrzehntelang so nach dem früheren Baupolizeirecht vorgeschrieben.

2.2 Vorprüfung innerhalb der Frist

Absatz 1 nimmt wegen der **Anforderungen an die Vollständigkeit** des Antrages 55 und wegen der – trotz Verlängerung um eine Woche gegenüber dem Vorgängerrecht – **knapp bemessenen Vorprüffrist** von zwei Wochen sowohl die Antragsteller und Entwurfsverfasser als auch die Bauaufsichtsbehörden in die Pflicht. Die Träger der Bauaufsichtsbehörden sind dafür verantwortlich, dass die mit der Prüfung der Baugesuche beauftragten Dienststellen mit **modernen technischen Arbeitsmitteln** ausgestattet werden, um den Gesetzesauftrag auch tatsächlich ausführen zu können. Mit überholten Arbeitstechniken wird sich das Ziel einer zügigen Abwicklung der bauaufsichtlichen Verfahren nicht erreichen lassen. Es ist Aufgabe der oberen Bauaufsichtsbehörden, dies im Rahmen von **Geschäftsprüfungen** zu **überwachen** und notfalls – auch unter Hinweis auf die nicht erbrachte Gegenleistung für die vereinnahmten Gebühren – aufsichtsbehördlich durchzugreifen, wie es auch Aufgabe der Baukammern sein wird, die **Fortbildung ihrer Mitglieder** wesentlich zu intensivieren.

Um überhaupt innerhalb der zweiwöchigen Frist entscheiden zu können, ob 56
- die Baugenehmigung von der Zustimmung, dem Einvernehmen, dem Benehmen oder von der Erteilung einer weiteren Genehmigung oder Erlaubnis einer anderen Behörde abhängt,
- andere und wenn ja, welche Behörden oder Dienststellen zu beteiligen sind oder
- Sachverständige oder sachverständige Stellen herangezogen werden sollen,

bedarf es einer **materiellen Vorprüfung** der Antragsunterlagen. Eine auf die formalen Aspekte beschränkte Vollständigkeitsprüfung der Bauvorlagen wird dem Ziel der Vorschrift nicht gerecht. Es ist auch ohne eine Vorprüfung des materiellen Rechts nicht möglich, die zuvor genannten Prüffeststellungen treffen zu können.

Die **Vorprüfung des materiellen Rechts** setzt voraus, dass die Bauaufsichtsbehörde 57 über die das Grundstück betreffende bauplanungsrechtliche Situation und über eventuell gegebene öffentlich-rechtliche Baubeschränkungen ausreichend informiert ist und es keiner weiteren Rückfragen bedarf. Die Bauaufsichtsbehörde muss anhand der ihr vorliegenden **Übersichtskarten** und **Planwerke** im Zuge der Vorprüfung folgende Feststellungen treffen können:
- Einordnung des Vorhabens nach §§ 30–35 BauGB,
- Grundaussage zum Erschließungszustand,
- Vorliegen einer Satzung nach § 22, § 34 Abs. 4, § 35 Abs. 6 und § 172 BauGB,
- Vorliegen einer Veränderungssperre nach § 14 BauGB,
- Lage des Grundstücks im Umlegungsgebiet nach §§ 50 ff. BauGB,
- Lage des Grundstücks im Sanierungsgebiet nach §§ 142 ff. BauGB,
- Lage des Grundstücks im städtebaulichen Entwicklungsbereich nach § 165 BauGB,
- Darstellungen des Flächennutzungsplans,
- Festsetzungen bzw. Darstellungen des Landschaftsplans,

§ 71 Behandlung des Bauantrags

- Bestehen einer denkmalrechtlichen Erlaubnispflicht (Denkmalverzeichnis),
- Vorliegen einer Gestaltungssatzung nach § 89 BauO NRW,
- Bestehen von Baulasten (Baulastenverzeichnis),
- Verdacht auf Altlasten (Altlastenkataster),
- sonstige öffentlich-rechtliche Baubeschränkungen, z.B. Anbaubeschränkungen nach Straßenrecht, Bauschutzbereich nach Luftverkehrsrecht, Wasserschutzgebiet usw.

Die **Prüffeststellungen** sind **aktenkundig** zu machen und werden zweckmäßigerweise in einem speziellen Bearbeitungsbogen für die Vorprüfung festgehalten.

58 Da es sich um eine Vorprüfung handelt, kann die Bauaufsichtsbehörde auch noch zu einem späteren Zeitpunkt andere Behörden oder Dienststellen beteiligen oder Sachverständige hinzuziehen. Dies wird sich sogar mitunter erst im Rahmen der intensiveren Hauptprüfung ergeben. **Ziel der Vorprüfung** ist es nur, **offenkundige Erfordernisse** zur Beteiligung von Behörden oder Dienststellen bzw. zur Heranziehung von Sachverständigen **herauszufiltern**. Durch die Vorprüfung wird der Bauaufsichtsbehörde keineswegs eine genaue Prüfung des Bauantrags nach Eingang der Stellungnahmen der beteiligten Behörden und Dienststellen bzw. aufgrund von Sachverständigengutachten erspart. Hierfür gilt nach wie vor und ohne jede Einschränkung der **Untersuchungsgrundsatz des § 24 VwVfG. NRW.**, wonach die Behörde den **Sachverhalt** von Amts wegen **ermittelt** und **alle** für den Einzelfall **bedeutsamen**, auch für die Beteiligten günstigen **Umstände berücksichtigt**. Eine oberflächliche Sachverhaltsermittlung ist unter keinem Gesichtspunkt zu rechtfertigen, auch nicht mit dem gelegentlich benutzten Argument der nicht ausreichenden Personalausstattung.

59 Die Zielsetzung zum **Abschluss der Vorprüfung innerhalb von zwei Wochen** dient einerseits dazu, die Benachteiligung der Antragsteller auszuschließen, die vollständige und mängelfreie Bauvorlagen einreichen. Andererseits wird das Baugenehmigungsverfahren durch die Bekanntgabe seines weiteren Ablaufs für den Antragsteller überschaubarer. Zur Berechnung der Frist ist § 31 VwVfG. NRW. maßgebend; diese Vorschrift nimmt wiederum auf §§ 187 bis 193 BGB Bezug.

60 Ein **Verstoß** gegen die Fristvorgabe ist bauordnungsrechtlich **nicht sanktioniert** und bleibt daher zunächst ohne Folge. Die Bauaufsichtsbehörde darf deshalb auch nach Ablauf der zweiwöchigen Frist noch eine Vervollständigung der Unterlagen betreiben. Der Antragsteller kann einer zögerlichen Bearbeitung auch nicht sofort mit der Untätigkeitsklage begegnen (zu den Voraussetzungen hierfür s. Anmerkungen zu § 74 Rdn. 66 ff.). Er kann aber für hierdurch erlittene Schäden gegebenenfalls Amtshaftungsansprüche geltend machen, wenn durch Versäumnisse in der Vorprüfungsphase die zulässige Gesamtbearbeitungsdauer überschritten wird (s. Anmerkungen zu § 74 Rdn. 116). Die Frist hat für sich allein jedoch nicht den Schutzzweck, den Bauherrn vor Vermögensdispositionen zu schützen, da sich der Schutzzweck in dem Ziel erschöpft, die öffentlich-rechtlichen Voraussetzungen für den Baubeginn durch eine zeitlich parallele Bündelung sämtlicher Genehmigungsverfahren so schnell wie möglich zu schaffen (so OLG Düsseldorf, Urt. v. 07.03.2007 – 18 U 148/06, BauR 2007).

Wie die Bauaufsichtsbehörde nach Ablauf der Frist weiter zu verfahren hat, regelt die BauO NRW 2018 nicht; dies ergibt sich aus den Vorschriften des VwVfG. NRW. über die **Verfahrensgrundsätze**, der VV BauO NRW, der VV BauPrüfVO und den innerdienstlichen Vorgaben des Trägers der Bauaufsichtsbehörde. Es muss vor allem auf einen **rechtsstaatlichen Ablauf** und eine **vollständige Information der Verfahrensbeteiligten** geachtet werden, damit diese die Möglichkeit erhalten, aktiv am Zustandekommen der Baugenehmigung mitzuwirken. Deshalb hat die Bauaufsichtsbehörde unmittelbar nach **Ablauf der Frist** den **Antragsteller** über das Ergebnis der Vorprüfung zu **informieren**. Diese Information unterbleibt natürlich dann, wenn sofort eine Baugenehmigung oder ein Versagungsbescheid ergeht. Es ist zweckmäßig, die zu erteilende Eingangsbestätigung der Bauaufsichtsbehörde mit dem Vorprüfungsergebnis zu verbinden, da getrennte Mitteilungen die Portokosten der Behörde erhöhen. Dies setzt aber eine straffe Behördenorganisation voraus, die es zulässt, auch tatsächlich möglichst bereits am Ende der zweiten Woche die Mitteilung zur Post zu geben. 61

2.3 Vervollständigung und Rücknahmefiktion

Die eingereichten Bauvorlagen sind in vielen Fällen unvollständig und nicht selten sogar unbrauchbar. Wenn in § 87 Absatz 3 Satz 1 Nr. 1 BauO NRW 2018 eine Ermächtigung für die oberste Bauaufsichtsbehörde gegeben ist, durch Rechtsverordnung Vorschriften über Umfang, Inhalt und Zahl der Bauvorlagen zu erlassen, so ist es nur folgerichtig, dass die Bauaufsichtsbehörde einen Antrag **keiner weitergehenden Prüfung** unterziehen muss, wenn die Bauvorlagen erhebliche Mängel aufweisen und insbesondere den in §§ 1–20 BauPrüfVO enthaltenen Vorschriften in Punkten, die nicht nur nebensächliche Bedeutung haben, nicht entsprechen. 62

Wenn die eingereichten Bauvorlagen unvollständig sind oder erhebliche Mängel aufweisen, ist der Bauherr nach Absatz 1 Satz 2 durch die Bauaufsichtsbehörde unter Fristsetzung aufzufordern, diese Mängel zu beheben. Erfolgt dies nicht innerhalb der festgesetzten Frist, gilt der Antrag als zurückgenommen. Diese konsequente Regelung wurde erforderlich, weil auch nach der letzten Änderung der Zurückweisungsvorschrift in § 72 Absatz 1 Satz 2 BauO NRW 2000, in der die »**Kann**-Bestimmung« in eine »**Soll**-Vorschrift« umgewandelt worden war, die Bauaufsichtsbehörden recht zögerlich mit diesem Instrument umgingen. Das seinerzeitige Anliegen, die Bauaufsichtsbehörden zu einer **konsequenteren Vorgehensweise** zu zwingen und damit Druck auf Antragsteller und Entwurfsverfasser auszuüben, sich (endlich) an Rechtsvorschriften zu halten, ging somit weitgehend ins Leere. Die neue Regelung trägt dem Rechnung, indem eine Rücknahmefiktion eingeführt wird, wenn der vorhergehenden Aufforderung zur Vervollständigung der Bauvorlagen und/oder zur Beseitigung sonstiger erheblicher Mängel nicht oder nicht vollständig Folge geleistet worden ist. 63

Die Bauaufsichtsbehörde hat nach **Satz 2** in jedem Fall der Unvollständigkeit oder dem Aufweisen sonstiger erheblicher Mängel den Bauherrn aufzufordern, die Bauvorlagen entsprechend nachzubessern. Die frühere Möglichkeit der sofortigen Zurückweisung ist entfallen. In diesem Mängelschreiben müssen die unvollständigen Bauvorlagen benannt und die sonstigen erheblichen Mängel aufgelistet sein, damit 64

§ 71 Behandlung des Bauantrags

der Bauherr weiß, was von ihm gefordert wird. Daneben müssen die Gründe für das Vervollständigungsverlangen angegeben sein. Im Falle der Unvollständigkeit der Bauvorlagen wird die Begründung in der Regel darin liegen, dass ohne die Vorlage der Bauvorlagen eine abschließende Prüfung des Antrages nicht möglich ist. Weisen eingereichte Bauvorlagen erhebliche Mängel auf, so liegt die Begründung u. a. darin, dass ohne Mängelbeseitigung die Bauvorlage nicht schlüssig ist oder ebenfalls eine abschließende Prüfung der Zulässigkeit des Bauvorhabens nicht ermöglicht.

65 Die in der Nachforderung von Bauvorlagen geforderte Setzung einer angemessenen Frist ist aufgrund der nachfolgenden möglichen Rücknahmefiktion obligatorisch. Angemessen ist die Frist dann, wenn sie dem Bauherrn bzw. dem beauftragten Entwurfsverfasser oder dem Fachplaner ausreichend Gelegenheit gibt, die geforderten Bauvorlagen herzustellen und einzureichen. Muss der Bauherr zur Mängelbeseitigung auf andere am Bau Beteiligte zurückgreifen, so ist die Bemessung der angemessenen Frist nicht immer einfach. Stellt sich im weiteren Verlauf heraus, dass die Frist nicht eingehalten werden kann, weil z. B. der Vermesser so ausgelastet ist, dass er den geforderten Lageplan nicht innerhalb der gesetzten Frist herstellen kann, so ist eine Fristverlängerung möglich, solange die Frist noch nicht abgelaufen ist. Wegen der automatisch eintretenden Fiktion kann eine rückwirkende Fristverlängerung nicht eigeräumt werden, da in diesem Fall eine gesetzlich bereits eingetretene Rechtsfolge zurückgenommen würde. Das entsprechende Verfahren ist – ebenfalls wegen der drohenden Rücknahmefiktion – stets schriftlich abzuwickeln und in der Akte zu dokumentieren. Dazu gehört jedenfalls ein Ersuchen zur Verlängerung der Frist und ein darauf reagierendes Antwortschreiben der Bauaufsichtsbehörde, mit dem der Fristverlängerung zugestimmt oder diese abgelehnt wird. Wird eine Fristverlängerung gewährt, so ist das Ende der neuen Frist in dem Schreiben anzugeben.

66 Die Länge der Frist ist anhand der nachzufordernden Unterlagen einzelfallbezogen zu ermitteln. Handelt es sich bei dem Mangel um das Nachholen einer obligatorischen Unterschrift, kann eine Frist von einer bis zwei Wochen angemessen sein, werden annähernd vollständig neue Bauvorlagen erforderlich, müssen dafür etwa zwei Monate eingeräumt werden. In jedem Fall ist in der Nachforderung ein Datum als Fristende anzugeben. Die Aussage »innerhalb von einem Monat nach Erhalt dieses Schreibens« ist nicht hinreichend bestimmt und damit nicht ausreichend.

67 Die Form der Zustellung der Nachforderung ist nicht geregelt. Wegen der Bedeutung des Schreibens sind die Bauaufsichtsbehörden jedoch gut beraten, sicherzustellen, dass das Schreiben auch tatsächlich bei dem Empfänger ankommt. Ob dafür ein Einschreiben, ein Einschreiben mit Rückschein oder eine Postzustellungsurkunde gewählt wird, oder durch Streuung des Schreibens an den Bauherrn selbst und den ggf. bevollmächtigten Entwurfsverfasser die Wahrscheinlichkeit des Empfangens erhöht wird, bleibt in das Ermessen der Bauaufsichtsbehörde gestellt.

68 Bei der Nachforderung handelt es sich um einen feststellenden Verwaltungsakt, da alle Merkmale erfüllt sind. Ein Verwaltungsakt ist nach § 35 VwVfG. NRW. jede **Verfügung, Entscheidung oder andere hoheitliche Maßnahme**, die eine **Behörde** zur **Regelung** eines **Einzelfalls** auf dem **Gebiet** des **öffentlichen Rechts** trifft und die auf

unmittelbare Rechtswirkung nach außen gerichtet ist. Mit dem Nachforderungsschreiben wird seitens der Bauaufsichtsbehörde festgestellt, dass der eingereichte Antrag unvollständig oder mit erheblichen Mängeln behaftet ist. Sinnvollerweise sollte dieses Schreiben daher mit einem Rechtsbehelf ausgestattet werden.

Gelegentlich von Bauaufsichtsbehörden und Entwurfsverfassern geäußerter Unmut bereits gegen die »harte« Linie des Vorgängerrechts – die sich vermutlich nun noch verstärken wird – ist unbegründet. Dass unvollständige oder erheblich mangelhafte Bauvorlagen die Bauaufsichtsbehörden nachhaltig mit überflüssigen Tätigkeiten belasten, musste auch im Rahmen des Prognos-Gutachtens (Grenzen, Möglichkeiten und Auswirkungen innovativer Regelungen auf das Bauordnungsverfahren in Nordrhein-Westfalen, Köln 1994) festgestellt werden. Es handelt sich bei dem Gebot, **vollständige und prüffähige Antragsunterlagen** zu erstellen, nicht um eine unnötige Formalie, sondern um eine im gesamten Umwelt- und Technikrecht erforderliche **Grundvoraussetzung für rechtsstaatliches Handeln** der Behörden, auch und gerade unter nachbarschützenden Aspekten. Der Antragsteller hat dafür zu sorgen, dass sein Antrag inhaltlich vollständig, eindeutig, klar und technisch genau ist (OVG NRW, Urt. v. 16.03.1984 – 11 A 302/84, BRS 42 Nr. 163). 69

Im Gegensatz zum Vorgängerrecht bezieht sich **Absatz 1 Satz 2** nicht nur auf die **Bauvorlagen, sondern auf den Antrag**. Die Behebung von Mängeln am **Antragsformular** selbst ist bereits in § 25 VwVfG. NRW. geregelt. Danach soll die Behörde die Abgabe von Erklärungen, die Stellung von Anträgen und die Berichtigung von Erklärungen oder Anträgen anregen, wenn diese offensichtlich nur versehentlich oder aus Unkenntnis unterblieben oder unrichtig abgegeben oder gestellt worden sind. Diese Betreuungspflicht der Bauaufsichtsbehörde wiegt umso schwerer, weil sie als zentrale Dienststelle, die mit dem Vollzug einer besonders komplizierten Rechtsmaterie betraut ist, meist sofort bei Antragseingang erkennt, ob und wie durch kleinere Nachbesserungen Mängel am Antrag selbst zu beheben sind. Diese Pflicht besteht in besonderem Maße gegenüber hilfsbedürftigen Personen (zu den möglichen Mängeln am Antrag s. Anmerkungen zu § 70 Rdn. 40 ff.). Obwohl im Bauordnungsrecht keine anderen Maßstäbe angelegt werden können, war das Einbeziehen des Antrags in den Regelungsgehalt des Absatzes 1 sachgerecht, weil damit klargestellt ist, dass auch erheblich Mängel am Antrag selbst zur Fiktion der Rücknahme führen können. 70

Satz 2 nennt **zwei unterschiedliche Tatbestände**; danach muss der **Antrag** 71
– **unvollständig** sein oder
– **erhebliche Mängel** aufweisen,
um überhaupt eine **Nachforderung** aussprechen zu können. Diese Begriffe sind nicht ohne weiteres aus sich selbst heraus verständlich, sondern können nur unter Beachtung der Zielsetzung von § 71 Abs. 1 Satz 1 BauO NRW und unter Berücksichtigung der BauPrüfVO ausgelegt werden. Beide Begriffe müssen sauber voneinander abgegrenzt werden, um eine Vermengung der Inhalte auszuschließen, da sonst die Berechenbarkeit des Verhaltens der Bauaufsichtsbehörde nicht mehr gegeben ist.

§ 71 Behandlung des Bauantrags

72 Der Begriff »**unvollständig**« zielt auf **formelle Mängel**. Ein Bauantrag ist unvollständig, wenn auch nur eine der durch die BauPrüfVO bezeichneten Bauvorlagen dem Antrag nicht beigefügt ist, z.b. der Lageplan (§ 3 BauPrüfVO) oder die Baubeschreibung (§ 5 BauPrüfVO). Dem Antrag beigefügte Bauvorlagen, die nur sehr wenige der ansonsten gebotenen Darstellungen oder Eintragungen enthalten, können so zu werten sein, als seien sie nicht beigefügt, z.b. ein beigelegtes Formular Betriebsbeschreibung, das nur mit dem Namen des Antragstellers beschriftet ist. In diesem Fall liegt ein unvollständiger Antrag vor.

73 Der Begriff »**erhebliche Mängel**« zielt auf **inhaltliche Mängel formeller oder materieller Art**. Ein formeller inhaltlicher Mangel liegt vor, wenn die eingereichten Bauvorlagen nicht die Vorgaben der BauPrüfVO entsprechend, also auch nur eine der inhaltlich erforderlichen Eintragungen in den jeweiligen Bauvorlagen fehlt, z.b. die Breite der angrenzenden öffentlichen Verkehrsfläche im Lageplan (§ 3 Abs. 1 Nr. 5 BauPrüfVO) oder die nutzbare Grundfläche der Fahrkörbe von Personenaufzügen in den Bauzeichnungen (§ 4 Abs. 2 Nr. 7 BauPrüfVO). Zu den formellen Mängeln rechnet auch die **fehlende Unterschrift eines bauvorlageberechtigten Entwurfsverfassers** (VGH B-W, Urt. v. 23.11.1990 – 8 S 2244/90, BauR 1991, 440 = BRS 50 Nr. 161). Erhebliche materielle inhaltliche Mängel liegen vor, wenn die Bauvorlagen in sich widersprüchlich sind oder sich gegenseitig ausschließen, z. B. wenn das Vorhaben hinsichtlich seiner Lage oder Höhe nicht eindeutig fixiert werden kann (vgl. dazu grundsätzlich OVG NRW, Beschl. v. 24.06.2014 – 2 A 326/15, JurionRS 2015, 22160 und o. a. Handlungsanweisungen).

74 Führen die formellen oder inhaltlichen Mängel dazu, dass die Prüfung des Antrags nicht vollständig durchgeführt werden kann, ist von einem erheblichen Mangel auszugehen, der die Behörde zur Aufforderung der Nachbesserung mit Fristsetzung zwingt. Wird dem nicht innerhalb der gesetzten Frist nachgekommen, tritt automatisch die Rücknahmefiktion des Satzes 3 ein, ohne dass es einer weiteren Tätigkeit seitens der Bauaufsichtsbehörde bedarf. Ist die Fiktion eingetreten, hat sie allerdings dem Bauherrn die über das Aktenexemplar hinausgehenden Antragssätze zurückzugeben. Der Bauherr hat nunmehr zur Realisierung seines Vorhabens nur noch die Möglichkeit der erneuten Antragstellung.

75 Werden Mängel erst im Laufe der weiteren Bearbeitung des Antrags, z. B. während der Hauptprüfung oder im Zuge des Beteiligungsverfahrens erkannt, kann die Aufforderung zur Vervollständigung (erneut) zum Tragen kommen. Auch der Eintritt der Rücknahmefiktion droht erneut bei mangelhafter oder fehlender Vervollständigung. Dies gilt auch für den Fall, dass sich bei der Prüfung der aufgrund der Nachforderung nachträglich eingereichten Unterlagen neue Mängel ergeben, die vorher nicht abzusehen waren.

76 **Geringfügige Unklarheiten** in den Bauvorlagen müssen aber nicht stets zu einem Vervollständigungsverlangen führen; die Bauaufsichtsbehörde darf die Unklarheit, eventuell auch eine Widersprüchlichkeit, durch Nebenbestimmungen (»Grüneintragungen«) ausräumen, soweit sie nicht modifizierend in den Antrag eingreift (s. Anmerkungen zu § 74 Rdn. 236). Die Bauaufsichtsbehörden können Bauanträge

nur insoweit rechtmäßig korrigieren, wie sie im Widerspruch zu baurechtlichen Bestimmungen stehen (OVG NRW, Urt. v. 12.09.1960 – VII A 157/59, DVBl 1962, 231).

Die **Vorprüfung des Bauantrages** mit schriftlicher Aufforderung zur Vervollständigung ist eine **Amtshandlung im Sinne des Gebührenrechts**. Die Gebührenbemessung richtet sich nach Tarifstelle 2.5.2.1 des Allgemeinen Gebührentarifs zur AVwGebO NRW. Zu entrichten sind bis zu 25 % der Gebühr, die für die Entscheidung über den Antrag (bei Vollständigkeit) zu erheben wäre, mindestens jedoch 50,00 €. Fehlt den Antragsunterlagen u.a. auch die Grundlage für die Bemessung der Gebühren (z.B. die Herstellungskosten oder die Angabe zum umbauten Raum), so sind die Gebühren, die für die Entscheidung über den Antrag zu erheben gewesen wären, notfalls nach pflichtgemäßem Ermessen zu schätzen. 77

2.4 Beteiligung der Gemeinde

Die **Beteiligung der Gemeinde** erfolgt mit den vorgeprüften Antragsunterlagen, die den Eingangsstempel der Bauaufsichtsbehörde tragen. Damit erhält die Gemeinde vielfach unvollständige oder mangelhafte Bauvorlagen, die ihr auch nicht für eine sachgerechte Beurteilung ausreichen. Zudem werden durch dieses Verfahren auch Anträge weitergeleitet, die später durch die Rücknahmefiktion als zurückgezogen gelten. Die Beteiligung der Gemeinde erfolgt **primär wegen ihrer Planungshoheit** (hierzu s. Rdn. 22–42), die aber sinnvollerweise auch erst dann ausgeübt werden kann, wenn vollständige und prüffähige Bauanträge vorliegen. 78

Die Gemeinde ist über das Städtebaurecht hinaus **für weite Bereiche zuständig**, die Einfluss auf die Zulässigkeit von Vorhaben entfalten. Hier sind die bauordnungsrechtlichen Zuständigkeiten ebenso zu nennen (s. Rdn. 17 f.) wie die Funktion der Gemeinde als **untere Denkmalbehörde**. Schließlich ist die Gemeinde in ihrem Hoheitsgebiet **Träger der Straßenbaulast** für die **Gemeindestraßen** und für die **Koordinierung der Ver- und Entsorgung** der Baugebiete zuständig. 79

3 Zu Absatz 2 – Beteiligungsregeln

Absatz 2 regelt nur **Teilaspekte des Beteiligungsverfahrens**, und zwar mit spezifischen Rechtsfolgen, die nur eintreten, wenn die tatbestandlichen Voraussetzungen im Einzelnen erfüllt sind. Der Kreis der zu beachtenden Vorbehalte und Beteiligungserfordernisse geht wesentlich über die in Absatz 2 angesprochenen Regelungen hinaus. Aus den verschiedenen Rechtsvorschriften ergeben sich für das Baugenehmigungsverfahren folgende Auswirkungen: 80
1. die Erteilung der Baugenehmigung kann von einer **vorgeschalteten Gestattung** abhängig sein, z.B. einer wasserrechtlichen Erlaubnis,
2. im Verfahren können Teilentscheidungen einer anderen Behörde zugeordnet sein, z.B. die Zustimmung der Straßenbaubehörde, man spricht daher auch von einer **mehrstufigen Entscheidung**,
3. im Verfahren kann die Stellungnahme einer anderen Behörde gefragt sein, weil die Fachkenntnis der Bauaufsichtsbehörde nicht ausreicht, hierbei handelt es sich um **verfahrensinterne Anhörung**.

Wenzel

Absatz 2 erfasst nur die **Fallgruppen 2** und **3**.

81 In Absatz 2 ist mit dem neuen Satz 1 eine weitere Frist eingeführt worden. In den Fällen, in denen die Erteilung der Baugenehmigung von der Mitwirkung anderer Stellen abhängig ist oder andere Behörden oder Dienststellen beteiligt werden müssen, setzt die Bauaufsichtsbehörde für die Stellungnahme, die Zustimmung, das Einvernehmen, das Benehmen oder die weitere Genehmigung eine angemessene Frist, die höchstens zwei Monate betragen darf. Unter Berücksichtigung der Regelung in Satz 2 sollte die Behörde in den Fällen des Absatz 1 Satz 1 Nummer 2 die Frist auch tatsächlich auf zwei Monate ausdehnen, da erst nach Ablauf dieses Zeitraumes die Rechtsfolge des Satz 2 eintritt. Sind »nur« Stellungnahmen von anderen Behörden oder Dienststellen erforderlich, kann die Frist auch kürzer sein, sofern sie dennoch als angemessen angesehen werden kann.

82 Die Bauaufsichtsbehörde kann auch von sich aus die Baugenehmigung aus baurechtlichen Gründen ablehnen, ohne die Behörde zu beteiligen, die für eine positive Entscheidung mitwirken müsste; dies gilt auch dann, wenn die Beteiligungspflicht auf Bundesrecht beruht (BVerwG, Beschl. v. 16.12.1969 – IV B 121.69, BRS 22 Nr. 156 = DÖV 1970, 349). Der Bauaufsichtsbehörde kommt nämlich eine »**Vorprüfungskompetenz**« zu (s. Anmerkungen zu § 74 Rdn. 144, 145).

83 Die **Fallgruppe 1** wird im Gesetz direkt nicht angesprochen. Der Gesetzgeber unterstellt, dass die Bauaufsichtsbehörde die **Baugenehmigung erst nach dem Vorliegen aller erforderlichen vorgeschalteten Gestattungen** erteilt; die Baugenehmigung bildet hinsichtlich des nach normalem und vereinfachtem Genehmigungsverfahren unterschiedlichen Prüfungsumfangs den »**Schlusspunkt**«(s. Anmerkungen zu § 74 Rdn. 131 ff.). Vorsorglich hat er mit § 74 Absatz 3 Satz 2 BauO NRW 2018 für den Fall der Nichtbeachtung in gewisser Weise eine Auffangposition geschaffen, die dann eingreift und klarstellend den Bauherrn darauf hinweist, dass der Baubeginn erst nach Einholung der noch offenstehenden Gestattung erfolgen kann. Soweit Rechtsvorschriften selbständige Genehmigungen, Bewilligungen oder Erlaubnisse anderer Behörden zur Voraussetzung für die Erteilung der Baugenehmigung machen, ist die Bauaufsichtsbehörde nicht gehalten, eine im jeweiligen Einzelfall erforderlich werdende weitere Zulassungsentscheidung nach öffentlich-rechtlichen Vorschriften für den Bauherrn bei der anderen Behörde zu beantragen. Sie hat lediglich bei ihr eingehende Anträge, wie z.B. einen Antrag auf Erteilung der wasserrechtlichen Genehmigung, unverzüglich an die zuständige Behörde weiterzuleiten und den Antragsteller hierauf hinzuweisen. Dabei sollte die Bauaufsichtsbehörde klar zum Ausdruck bringen, dass die Bearbeitung des Bauantrags bis zur Entscheidung der anderen Behörde(n) ruht.

84 **Selbständige Genehmigungen, Bewilligungen** oder **Erlaubnisse** (einschließlich der Erteilung von Ausnahmen und Befreiungen) anderer Behörden sind z.B. durch folgende Vorschriften gefordert:
   – der Straßenbaubehörde gemäß §§ 8, 8a, § 9 Abs. 8 und § 9a FStrG
   – der Straßenbaubehörde gemäß §§ 18, 56 StrWG NRW
   – der Wasserbehörde gemäß §§ 2, 3 WHG in Verbindung mit dem LWG
   – der Wasserbehörde gemäß § 99 LWG

- der Landschaftsbehörde gemäß §§ 57, 62, 64, 69 LG
- der Forstbehörde gemäß § 43 LFoG
- der Denkmalbehörde gemäß § 9 Abs. 3 Satz 2 DSchG

Die **Fallgruppe 2** wird mit **Satz 2** und **Satz 4** angesprochen. Der Landesgesetzgeber kann Anordnungen über den Rang von Rechtsvorschriften untereinander nicht umfassend regeln, da ihm nur die Kompetenz für das Landesrecht zusteht. Satz 2 trifft eine Regelung über **fingierte Entscheidungen nach Landesrecht als Teil des mehrstufigen Baugenehmigungsverfahrens.** Unabhängig vom Landesrecht kennt auch das Bundesrecht aus Gründen der Verfahrensbeschleunigung Regelungen über Bearbeitungsfristen. Satz 4 stellt klar, dass **bundesrechtliche Fiktionsregelungen unberührt** bleiben (vgl. vorausgehende Rdn. 43 und 44). Zahlreiche Gesetze und Verordnungen binden die Baugenehmigung an die **Zustimmung** oder das **Einvernehmen** anderer bzw. das **Benehmen** mit anderen Körperschaften, Behörden oder Dienststellen. Die Bauaufsichtsbehörde hat die Abstimmung mit den in Frage kommenden anderen Körperschaften, Behörden oder Dienststellen von sich aus durchzuführen und die etwa erforderlichen Zustimmungen und Einvernehmenserklärungen einzuholen.

85

Die **Mitwirkung** anderer Körperschaften, Behörden oder Dienststellen ergibt sich beispielsweise aus folgenden Vorschriften:

86

Zustimmung
- der obersten Bauaufsichtsbehörde gemäß § 23 Absatz 1 BauO NRW 2018,
- der zuständigen Straßenbaubehörde gemäß § 9 Abs. 2 FStrG,
- der Straßenbaubehörde gemäß § 25 Abs. 1 StrWG NRW,
- der zuständigen Luftfahrtbehörde gemäß § 12 Abs. 2 und 3, §§ 14, 15, 17 LuftVG,

Einvernehmen
- der Gemeinde gemäß § 14 Abs. 2, § 22 Abs. 5, § 36, § 173 Abs. 1 BauGB,

Benehmen
- mit der Landschaftsbehörde gemäß § 18 BNatschG i.V.m. § 6 Abs. 1 LG,
- mit dem Landschaftsverband gemäß § 21 Abs. 4 DSchG.

Die **Fallgruppe 3** wird von **Satz 3** erfasst. Hierbei handelt es sich um die **Sachverhaltsermittlung**, die gemäß § 24 VwVfG. NRW. von Amts wegen betrieben wird. Die Bauaufsichtsbehörde muss das gesamte öffentliche Recht prüfen und bedient sich des Fachwissens anderer öffentlicher Stellen. Sie ersucht die Fachbehörden oder Fachdienststellen um Abgabe einer Stellungnahme und wertet diese nach Eingang für die Schlussprüfung aus. Diese Fallgruppe kann hier in aller Kürze abgehandelt werden, da die gesetzlich verordnete Wirkung, wonach die nicht fristgerecht eingegangenen Stellungnahmen unberücksichtigt bleiben können, ohne größere praktische Bedeutung ist. Die Bauaufsichtsbehörde braucht die Stellungnahme, weil ihr selbst die Fachkenntnis fehlt, sonst hätte sie erst gar nicht die andere Stelle befragt. Sie muss aber nach § 74 Absatz 1 Satz 1 BauO NRW 2018 das öffentliche Recht beachten. Logische Folge ist, dass die Bauaufsichtsbehörde sich nun dazu aufrafft,

87

das fehlende Wissen zu »erlernen«. Bis sie das geschafft hat, liegt die ausstehende Stellungnahme längst vor.

88 Die **Bauaufsichtsbehörde** hat in den **Fallgruppen 1** und **2**, ob es sich also um die Weiterleitung von bei ihr eingehenden Anträgen auf die Erteilung selbständiger Genehmigungen, Bewilligungen oder Erlaubnisse oder um Mitwirkungsakte an der Baugenehmigung handelt, den **Antragsteller** zu **unterrichten**, dass auch eine andere Behörde noch tätig werden muss. Diese Unterrichtung hat einen doppelten Zweck. Zum einen soll der Antragsteller Kenntnis von der notwendigen Mitwirkung einer anderen Behörde erhalten; er kann sich dann auch auf eine evtl. längere Zeit einrichten, bis er die Baugenehmigung erhält. Zum anderen wird er darauf hingewiesen, dass und ggf. wo er einen gesonderten Antrag stellen kann oder muss, um eine selbständige Genehmigung oder Erlaubnis zu erhalten; ein Bauantrag ersetzt nicht den nach den anderen Vorschriften evtl. notwendigen Antrag. Von der Unterrichtung kann abgesehen werden, wenn es offensichtlich ist, dass die Gestattung nach anderen öffentlich-rechtlichen Vorschriften nicht erteilt werden kann. Dies darf dann die Bauaufsichtsbehörde berücksichtigen und die Baugenehmigung versagen (OVG NRW, Urt. v. 20.05.1986 – 11 A 2364/83, DÖV 1986, 575).

89 Satz 2 fingiert die **Zustimmung**, das **Einvernehmen** oder das **Benehmen** einer anderen Körperschaft, Behörde oder Dienststelle, **wenn nicht innerhalb von zwei Monaten** nach Eingang des Ersuchens der Bauaufsichtsbehörde die Zustimmung oder das Einvernehmen **verweigert** wird.

90 **Voraussetzungen** für den Eintritt der Fiktion nach Satz 2 sind ein **Ersuchen** der Bauaufsichtsbehörde und das ungenutzte **Verstreichen** der Zweimonatsfrist der Behörde. Nur eine Versagung unter Angabe der Gründe kann im Übrigen die Wirkung gemäß Satz 2 ausschließen. Es genügt weder die schlichte, unbegründete Mitteilung, die Zustimmung oder das Einvernehmen werde nicht erteilt, noch kann die Wirkung durch die Bitte der ersuchten Behörde, die Frist zu verlängern, ausgeschlossen werden. Auch eine verspätete begründete Ablehnung wird die fingierte positive Entscheidung nicht rückgängig machen können; die Ablehnung muss innerhalb der Frist bei der Bauaufsichtsbehörde eingegangen sein.

91 Die **Fiktionswirkung** des Satzes 2 **betrifft** nur die Zustimmung, das Einvernehmen oder das Benehmen, das in der jeweiligen Rechtsvorschrift für den **speziellen Fall** vorgesehen ist; nur hieran ist die Bauaufsichtsbehörde gebunden. Ob hiernach die Baugenehmigung erteilt werden kann bzw. muss, hängt davon ab, ob auch die übrigen öffentlich-rechtlichen Vorschriften nicht (mehr) entgegenstehen (§ 74 Absatz 1 Satz 1 BauO NRW 2018).

92 Die **Folge einer unterlassenen, aber gesetzlich** im Sinne des Absatz 1 Satz 1 **vorgeschriebenen Beteiligung** einer anderen Stelle richtet sich nach § 44 Abs. 3 Nr. 4 in Verbindung mit § 45 Abs. 1 Nr. 5 VwVfG. NRW. Das heißt, die Baugenehmigung ist nicht nichtig. Die Baugenehmigung ist demnach zwar anfechtbar, aber gültig, wenn sie nicht wirksam angefochten wird (s.a. § 46 VwVfG. NRW.). Handelt es sich

allerdings nur um eine Anhörungspflicht oder die Notwendigkeit, das Benehmen herzustellen, ist eine ohne solche Beteiligung erteilte Baugenehmigung nicht rechtsfehlerhaft, da keine Bindung an die Äußerung der mitwirkenden Behörde besteht.

Wird eine gesetzlich erforderliche **Zustimmung versagt**, muss die Bauaufsichtsbehörde die Baugenehmigung ablehnen, auch wenn sonstige Vorschriften des Baurechts der Erteilung der Baugenehmigung nicht entgegenstehen. Die **Bauaufsichtsbehörde** ist an die Entscheidung der mitwirkenden Behörde **gebunden**. Die Bauaufsichtsbehörde hat auch den versagenden Bescheid, der auf der Ablehnung einer mitwirkungsberechtigten anderen Behörde beruht, vollständig als ihren eigenen Bescheid, nicht nur unter Berufung auf die Entscheidung der mitwirkungsberechtigten Behörde, zu erlassen, selbst dann, wenn sie selbst bereit gewesen wäre, eine für den Antragsteller günstige Entscheidung zu treffen. Der Grundsatz der Einheitlichkeit des Verwaltungshandelns muss gewahrt bleiben. Es würde diesem Grundsatz und damit der Ordnungsmäßigkeit der Verwaltung widersprechen, behördeninterne Meinungsverschiedenheiten nach außen in einem Verwaltungsakt in Erscheinung treten zu lassen. Die Formulierung eines Bescheides, bei der die eine Behörde als die dem Antragsteller wohlwollende, die andere jedoch als die uneinsichtige, bürokratische hingestellt wird, ist dem Ansehen der Verwaltung insgesamt abträglich und verursacht Ärger und vermeidbare Störungen des Verwaltungsbetriebes. Ein solches Verhalten ist auch nicht mit dem Grundsatz der Gesetzmäßigkeit der Verwaltung vereinbar und verkennt außerdem den Charakter der ordnungsbehördlichen Aufgaben als Pflichtaufgaben zur Erfüllung nach Weisung. Ist die Bauaufsichtsbehörde durch die Entscheidung einer mitwirkungsberechtigten Behörde gehindert, einen Antrag in ihrem eigenen Sinne zu bescheiden, steht es ihr frei, vor Erlass des Verwaltungsaktes die andere Behörde, gestützt auf weitere Argumente, zur Überprüfung ihrer Beurteilung aufzufordern. Bleibt es trotzdem bei der ablehnenden Haltung der anderen Behörde, ist die Bauaufsichtsbehörde im Falle der gesetzlichen Entscheidungsbindung verpflichtet, die Versagung ausschließlich auf die angegebenen sachlichen Hinderungsgründe zu stützen und diese im Verwaltungsstreitverfahren zu vertreten. Eine Hinzuziehung der anderen Behörde ist zur Vertiefung ihrer Argumentation und zur Erlangung weiterer rechtserheblicher Tatsachen möglich und dringend anzuraten.

Von der Frage der Bindung der Bauaufsichtsbehörde an die Ablehnung der Zustimmung oder des Einvernehmens durch die mitwirkungsberechtigte Behörde ist die Frage der selbständigen Anfechtbarkeit der Versagung zu unterscheiden; eine solche Möglichkeit besteht nicht. Der Bauherr kann nur die Bauaufsichtsbehörde nach § 42 VwGO in allen Fällen der Versagung der Zustimmung oder des Einvernehmens verklagen, dagegen nicht die mitwirkende Behörde. Ausnahmsweise wird ein Klagerecht gegen die mitwirkende Behörde eingeräumt, wenn diese dem Bauherrn die ablehnende Stellungnahme ausdrücklich mitteilt oder sogar förmlich bekannt macht. Dann kann der Bauherr hiergegen zur Wahrung seines Rechtsschutzes nach Art. 19 Abs. 4 GG eine Anfechtungsklage gegen die mitwirkende Behörde erheben (vgl. Schneider, Die Bedeutung der Mitwirkung anderer Behörden im Baugenehmigungsverfahren, DÖV 1965, S. 513 ff.; Heinze, Zusammenwirken der Behörden beim Erlass von Verwaltungsakten, DÖV 1967, S. 33 ff.).

4 Zu Absatz 3 – Sternverfahren und Antragskonferenz

95 Satz 1 übernimmt eine Regelung, die im immissionsschutzrechtlichen Verfahren schon seit langer Zeit mit Erfolg praktiziert wird. Die gleichzeitige Beteiligung ist seit langem schon in der 9. BImSchV geregelt und wird allgemein als »**Sternverfahren**« tituliert (s. § 71d VwVfG. NRW.). Die gleichzeitige Versendung des Bauantrages an die beteiligten Behörden und Dienststellen setzt jedoch grundsätzlich ein **positives Vorprüfergebnis** voraus, da es nicht sinnvoll ist, andere Verwaltungsstellen mit Arbeit zu belasten, wenn ohnehin feststeht, dass der Bauantrag abgelehnt werden muss. Um dem gesetzgeberischen Anliegen zu entsprechen, bedarf es regelmäßig mehr als drei Ausfertigungen des Antrags, da ansonsten kein Sternverfahren durchgeführt werden kann (zu dem Erfordernis einer **erhöhten Zahl von Ausfertigungen** zur erfolgreichen Durchführung des Sternverfahrens gegenüber dem Mindestwert der BauPrüfVO s. Anmerkungen zu § 70 Rdn. 62–66). Die Bauaufsichtsbehörde hat dem Antragsteller unverzüglich nach Ablauf der Zweiwochenfrist mitzuteilen, dass sie weitere Ausfertigungen zur gleichzeitigen Beteiligung benötigt.

96 Auch ohne die Regelung des Satzes 1 wäre die Bauaufsichtsbehörde zu einer gleichzeitigen Beteiligung verpflichtet. Sind nämlich zu einem Baugesuch mehrere Träger öffentlicher Belange zu hören, hat dies **zur Verfahrensbeschleunigung grundsätzlich gleichzeitig** und nicht nacheinander zu geschehen, da eine **andere Handhabung** als **Amtspflichtverletzung** zu werten ist (BayObLG, Urt. v. 18.01.1991 – RReg. Z 330/90, NVwZ-RR 1992, 534).

97 Der **Verfahrensbeschleunigung** dient auch Satz 2. Mitunter ergeben sich zu einzelnen Aspekten des Antrags zwischen den zu beteiligenden Behörden und Dienststellen und der Bauaufsichtsbehörde Meinungsverschiedenheiten. Es ist für den zügigen Verfahrensfortgang wichtig, diese Fragen durch gemeinsame Erörterung einer Lösung zuzuführen. Diese Vorschrift geht weiter als das Erfordernis des § 71e VwVfG. NRW., wonach die Behörde auf Verlangen des Antragstellers eine Besprechung mit allen beteiligten Stellen und dem Antragsteller einberufen soll.

98 Satz 3 enthält eine **Klarstellung**. Es bedarf keiner förmlichen Mitwirkungen, wenn die Behörde mehrere Funktionen gleichzeitig wahrnimmt, wie dies bei kreisfreien Städten der Fall ist; dies war so bereits zum Einvernehmen entschieden worden (vgl. Rdn. 36).

5 Zu Absatz 4 – Prüfung technischer Regeln

99 Nach § 3 Absatz 2 Satz 3 BauO NRW 2018 **gelten** auch die von der obersten Bauaufsichtsbehörde durch öffentliche Bekanntmachung als Technische Baubestimmungen **eingeführten technischen Regeln als allgemein anerkannte Regeln der Technik**. Als solche sind die eingeführten **technischen Regeln** unmittelbar aufgrund der Anordnung des § 3 Absatz 2 Satz 1 BauO NRW 2018 **zu beachten**. Da nur solche Regeln eingeführt werden, die der Wahrung der Belange nach § 3 Absatz 2 Satz 1 BauO NRW 2018 dienen, besteht **kein Zweifel an deren Sicherheitsrelevanz**. Die eingeführten **technischen Regeln** sind gemäß **Absatz 4** auch **zu prüfen**.

§ 72 Beteiligung der Angrenzer und der Öffentlichkeit

(1) Die Bauaufsichtsbehörde soll die Eigentümer angrenzender Grundstücke (Angrenzer) vor Erteilung von Abweichungen und Befreiungen benachrichtigen, wenn zu erwarten ist, dass öffentlich-rechtlich geschützte nachbarliche Belange berührt werden. Einwendungen sind innerhalb von zwei Wochen nach Zugang der Benachrichtigung bei der Bauaufsichtsbehörde schriftlich oder zur Niederschrift vorzubringen. Die Vorschriften des Verwaltungsverfahrensgesetzes für das Land Nordrhein-Westfalen sind insoweit nicht anzuwenden.

(2) Die Benachrichtigung entfällt, wenn die zu benachrichtigenden Angrenzer die Lagepläne und Bauzeichnungen unterschrieben oder dem Bauvorhaben auf andere Weise zugestimmt haben. Haben die Angrenzer dem Bauvorhaben nicht zugestimmt, ist ihnen die Baugenehmigung zuzustellen.

(3) Bei baulichen Anlagen, die aufgrund ihrer Beschaffenheit oder ihres Betriebs geeignet sind, die Allgemeinheit oder die Nachbarschaft zu gefährden, zu benachteiligen oder zu belästigen, kann die Bauaufsichtsbehörde auf Antrag des Bauherrn das Bauvorhaben in ihrem amtlichen Veröffentlichungsblatt und außerdem entweder im Internet oder in örtlichen Tageszeitungen, die im Bereich des Standorts der Anlage verbreitet sind, öffentlich bekannt machen. Bei der Errichtung, Änderung oder Nutzungsänderung
1. eines oder mehrerer Gebäude, wenn dadurch dem Wohnen dienende Nutzungseinheiten mit einer Größe von insgesamt mehr als 5 000 m² Brutto-Grundfläche geschaffen werden,
2. baulicher Anlagen, die öffentlich zugänglich sind, wenn dadurch die gleichzeitige Nutzung durch mehr als 100 zusätzliche Besucher ermöglicht wird, und
3. baulicher Anlagen, die nach Durchführung des Bauvorhabens Sonderbauten nach § 47 Absatz 5 und § 50 Absatz 2 Nummer 8, 10, 11, 13 oder 14 sind,

ist das Bauvorhaben nach Satz 1 bekannt zu machen, wenn es innerhalb des angemessenen Sicherheitsabstands eines Betriebsbereichs im Sinne des § 3 Absatz 5 a und 5 c Bundes-Immissionsschutzgesetz liegt. Ist der angemessene Sicherheitsabstand nicht bekannt, ist maßgeblich, ob sich das Vorhaben innerhalb des Achtungsabstands des Betriebsbereichs befindet. Satz 2 gilt nicht, wenn die Bauaufsichtsbehörde zu dem Ergebnis kommt, dass dem Gebot, den angemessenen Sicherheitsabstand zu wahren, bereits in einem Bebauungsplan Rechnung getragen ist. Verfährt die Bauaufsichtsbehörde nach Satz 1 oder 2, finden die Absätze 1 und 2 keine Anwendung.

(4) In der Bekanntmachung nach Absatz 3 Satz 1 und 2 ist über Folgendes zu informieren:
1. über den Gegenstand des Vorhabens,
2. über die für die Genehmigung zuständige Behörde, bei der der Antrag nebst Unterlagen zur Einsicht ausgelegt wird sowie wo und wann Einsicht genommen werden kann,
3. darüber, dass Personen, deren Belange berührt sind, und Vereinigungen, welche die Anforderungen von § 3 Absatz 1 oder § 2 Absatz 2 des Umwelt-Rechtsbehelfsgesetzes in der Fassung der Bekanntmachung vom 23. August 2017

(BGBl. I S. 3290) erfüllen (betroffene Öffentlichkeit), Einwendungen bei einer in der Bekanntmachung bezeichneten Stelle bis zu zwei Wochen nach Ablauf der Auslegungsfrist erheben können, dabei ist darauf hinzuweisen, dass mit Ablauf der Frist alle öffentlich-rechtlichen Einwendungen ausgeschlossen sind und der Ausschluss von umweltbezogenen Einwendungen nur für das Genehmigungsverfahren gilt,
4. dass die Zustellung der Entscheidung über die Einwendungen durch öffentliche Bekanntmachung ersetzt werden kann.

Bei der Bekanntmachung nach Absatz 3 Satz 2 ist zusätzlich über Folgendes zu informieren:
1. gegebenenfalls die Feststellung einer Pflicht zur Durchführung einer Umweltverträglichkeitsprüfung für das Vorhaben nach § 5 des Gesetzes über die Umweltverträglichkeitsprüfung sowie erforderlichenfalls die Durchführung einer grenzüberschreitenden Beteiligung nach den §§ 54 und 56 des Gesetzes über die Umweltverträglichkeitsprüfung,
2. die Art möglicher Entscheidungen oder, soweit vorhanden, den Entscheidungsentwurf,
3. gegebenenfalls weitere Einzelheiten des Verfahrens zur Unterrichtung der Öffentlichkeit und Anhörung der betroffenen Öffentlichkeit.

(5) Nach der Bekanntmachung sind der Antrag und die Bauvorlagen sowie die entscheidungserheblichen Berichte und Empfehlungen, die der Bauaufsichtsbehörde im Zeitpunkt der Bekanntmachung vorliegen, einen Monat zur Einsicht auszulegen. Bauvorlagen, die Geschäfts- oder Betriebsgeheimnisse enthalten, sind nicht auszulegen, für sie gilt § 10 Absatz 2 Bundes-Immissionsschutzgesetz entsprechend. Bis zwei Wochen nach Ablauf der Auslegungsfrist kann die Öffentlichkeit gegenüber der zuständigen Behörde schriftlich Einwendungen erheben, mit Ablauf dieser Frist sind alle öffentlich-rechtlichen Einwendungen ausgeschlossen. Satz 3 gilt für umweltbezogene Einwendungen nur für das Genehmigungsverfahren.

(6) Bei mehr als 20 Angrenzern, denen die Baugenehmigung nach Absatz 2 Satz 2 zuzustellen ist, kann die Zustellung durch öffentliche Bekanntmachung ersetzt werden. Wurde eine Öffentlichkeitsbeteiligung nach den Absätzen 3 und 4 durchgeführt, ist der Genehmigungsbescheid öffentlich bekannt zu machen. Die öffentliche Bekanntmachung wird dadurch bewirkt, dass der verfügende Teil des Bescheids und die Rechtsbehelfsbelehrung in entsprechender Anwendung des Absatzes 3 Satz 1 bekannt gemacht werden, auf Auflagen ist hinzuweisen. Eine Ausfertigung des gesamten Genehmigungsbescheids ist vom Tage nach der Bekanntmachung an zwei Wochen zur Einsicht auszulegen. Ist eine Öffentlichkeitsbeteiligung nach Absatz 3 Satz 2 erfolgt, sind in die Begründung die wesentlichen tatsächlichen und rechtlichen Gründe, die die Behörde zu ihrer Entscheidung bewogen haben, die Behandlung der Einwendungen sowie Angaben über das Verfahren zur Beteiligung der Öffentlichkeit aufzunehmen. § 74 Absatz 2 bleibt unberührt. In der öffentlichen Bekanntmachung ist anzugeben, wo und wann der Bescheid eingesehen und nach Satz 8 angefordert werden können. Mit dem Ende der Auslegungsfrist gilt

der Bescheid auch Dritten gegenüber, die keine Einwendungen erhoben haben, als zugestellt; darauf ist in der Bekanntmachung hinzuweisen. Nach der öffentlichen Bekanntmachung können der Bescheid und seine Begründung bis zum Ablauf der Widerspruchsfrist von den Personen, die Einwendungen erhoben haben, schriftlich angefordert werden.

(7) Bei der Errichtung, Änderung oder Nutzungsänderung einer im Eigentum der öffentlichen Hand stehenden Anlage nach § 49 Absatz 2 ist von Seiten der zuständigen Bauaufsichtsbehörde der oder dem zuständigen Behindertenbeauftragten oder der örtlichen Interessenvertretung der Menschen mit Behinderungen Gelegenheit zur Stellungnahme zu Aspekten der Barrierefreiheit zu geben.

Übersicht		Rdn.
0	Änderungen gegenüber der BauO NRW 2000	01
1	Allgemeines	1
1.1	Einführung	1
1.2	Öffentlichkeitsbeteiligung und »Seveso-Richtlinie«	16
2	Zu Abs. 1 bis 2 – Beteiligung der Angrenzer	21
2.1	Bedeutung der Vorschrift	21
2.2	Begriff des Angrenzers	29
2.3	Voraussetzungen der Angrenzerbeteiligung	43
2.4	Art und Weise der Beteiligung des Angrenzers	49
2.5	Rechtsfolgen des ungenutzten Fristablaufs bzw. der Zustimmung	60
2.6	Zustellung der Baugenehmigung an nicht zustimmende Angrenzer	63
3	Zu Abs. 3 bis 6 – Beteiligung der Öffentlichkeit	69
3.1	Überblick über die Regelung	69
3.2	Anwendungsbereich der fakultativen Öffentlichkeitsbeteiligung	72
	3.2.1 Voraussetzungen	73
	3.2.2 Ermessensspielraum	76
	3.2.3 Art der Bekanntmachung	79
3.3	Anwendungsbereich der obligatorischen Öffentlichkeitsbeteiligung	80
	3.3.1 Überblick über die Regelung	80
	3.3.2 Erfasste Schutzobjekte	81
	3.3.2.1 Unionsrechtlicher Hintergrund und Regelungskonzept	81
	3.3.2.2 Wohngebäude	83
	3.3.2.3 Öffentlich zugängliche Anlagen	89
	3.3.2.4 Schwellenwertunabhängige Schutzobjekte	92
	3.3.3 Abstandsermittlung	95
	3.3.4 Vorrang des Bebauungsplanverfahrens	98
3.4	Auslegungsbekanntmachung	100
3.5	Durchführung der öffentlichen Auslegung	108
3.6	Präklusionsregelung	110
3.7	Entscheidungsbekanntgabe	113
3.8	Begründung der Entscheidung	119
4	Zu Abs. 7 – Beteiligung zu Aspekten der Barrierefreiheit	122

§ 72 Beteiligung der Angrenzer und der Öffentlichkeit

0 Änderungen gegenüber der BauO NRW 2000

01 Die Vorschrift des § 72 **BauO NRW 2018** regelt die Beteiligung von Angrenzern und der Öffentlichkeit. Die Vorschrift hat den materiellen Regelungsgehalt des § 74 BauO NRW 2000 im Wesentlichen übernommen (Absätze 1 und 2), wurde aber in Umsetzung der Seveso-III-Richtlinie (Richtlinie 2012/18/EU) umfassend ergänzt und insgesamt in ihrem Aufbau völlig **neu strukturiert**, um die einzelnen Schritte der Angrenzerbeteiligung klarer herauszustellen:
- **Abs. 1** regelt die **Erforderlichkeit der Angrenzerbeteiligung**. Der neue **Abs. 1 Satz 1** entspricht im Wesentlichen dem bisherigen § 74 Abs. 2 Satz 1 BauO NRW 2000, enthält aber nunmehr eine **partielle Definition** des bauordnungsrechtlichen **Nachbarbegriffs**. In Satz 2 wurde die **Frist** zur Vorbringung von **Einwendungen** von vier Wochen auf **zwei Wochen** im Vergleich zu § 74 Abs. 2 Satz 2 BauO NRW 2000 verkürzt. Nach **Satz 3** kommen die **Vorschriften des VwVfG. NRW. nicht zur Anwendung**, sodass die bisherige Regelung des § 74 Abs. 1 BauO NRW ersatzlos entfallen ist.
- **Abs. 2** bestimmt, dass die **Angrenzerbeteiligung bei Zustimmung entfällt** und regelt, **wann** die **Baugenehmigung** dem Angrenzer **zuzustellen** ist. § 72 Abs. 2 Satz 1 BauO NRW entspricht der bisherigen Regelung in § 74 Abs. 4 BauO NRW 2000. Eine generelle **Pflicht** zur **Zustellung** der Baugenehmigung an **nicht zustimmende Angrenzer** in **Satz 2** ersetzt die bisherige Regelung in § 74 Abs. 5 BauO NRW 2000, wonach die Baugenehmigung nur Zuzustellen war, wenn Einwendungen nicht entsprochen wurde.
- In **Abs. 3** wird bestimmt, wann über die Beteiligung der Angrenzer hinaus eine **Öffentlichkeitsbeteiligung** möglich oder erforderlich ist. **Abs. 3 Satz 1** regelt, dass bei bestimmten baulichen Anlagen statt einer Einzelbeteiligung der Angrenzer eine **öffentliche Bekanntmachung** möglich ist. Nach **Abs. 3 Satz 2** ist die öffentliche Bekanntmachung für Schutzobjekte **zwingend** durchzuführen.
- **Abs. 4** regelt die **Inhalte** der Bekanntmachung zur Öffentlichkeitsbeteiligung. In **Satz 1** werden die bei allen **Öffentlichkeitsbeteiligungen** zu beachtenden **Anforderungen** bestimmt. **Satz 2** regelt darüber hinausgehende **Zusatzanforderungen**, die bei der Bekanntmachung von Bauanträgen für sog. **Schutzobjekte** im Sinne des Abs. 3 Satz 2 zu beachten sind.
- **Abs. 5** regelt die **Durchführung der Öffentlichkeitsbeteiligung**. Satz 1 und 2 bestimmen den Umfang der zur **Einsicht auszulegenden Unterlagen**. Satz 3 regelt die **Frist** zur Äußerung von **Einwendungen** und die **Präklusion** verspäteten Vorbringens.
- in **Abs. 6** ist die **Bekanntgabe der Entscheidung** durch öffentliche Bekanntmachung geregelt:
Abs. 6 Satz 1 eröffnet den Bauordnungsbehörden die **Möglichkeit** der **öffentlichen Bekanntmachung in Massenverfahren** mit mehr als 20 Angrenzern.

---

1 (Absätze 1 und 2)

Abs. 6 Satz 2 bestimmt für die Durchführung einer Öffentlichkeitsbeteiligung nach den Abs. 3 und 4 die **Pflicht zur öffentlichen Bekanntmachung** der Baugenehmigung.
In **Abs. 6 Satz 3** ist geregelt, wie die **öffentlichen Bekanntmachung bewirkt** wird.
Abs. 6 Satz 4 bestimmt die **Auslegungsfrist** der Genehmigung und ihre **Einsichtnahme**.
Abs. 6 Satz 5 bestimmt besondere **Mindestanforderungen** an die **Begründung** einer Genehmigung von **Schutzobjekten**.
Abs. 6 Satz 6 stellt klar, dass insbesondere bei der Genehmigung von Nichtschutzobjekten § 74 Abs. 2 zu beachten ist, wonach die Baugenehmigung bei **Abweichungen** und **Befreiung** von **nachbarschützenden Vorschriften zu begründen** ist.
In **Abs. 6 Satz 7** wird die Pflicht der Angabe bestimmt, wo und wann der Bescheid eingesehen und darüber hinaus angefordert werden kann.
Abs. 6 Satz 8 bestimmt die **Zustellungsfiktion** und bestimmt damit, wann die **Klagefrist** nach § 74 Abs. 1 Satz 2 VwGO beginnt.
Nach **Abs. 6 Satz 9** können die Personen den **Bescheid** bis zum Ablauf der Klagefrist **anfordern**, die vorher **Einwendungen** erhoben haben.
– **Abs. 7** bestimmt die **Erforderlichkeit der Beteiligung** einer oder eines zuständigen **Behindertenbeauftragten** oder der **örtlichen Interessenvertretung** der Menschen mit Behinderung im Zusammenhang mit der **Errichtung, Änderung** oder **Nutzungsänderung** einer im **Eigentum** der **öffentlichen Hand** stehenden baulichen Anlage.

1 Allgemeines

1.1 Einführung

Älteste uns bekannte Bauvorschriften thematisierten bereits den **Konflikt zwischen Nachbareigentümern**, um zum Rechtsfrieden beizutragen. So schrieb das **Stadtrecht Bremens von 1303** die Rücksichtnahme auf die Nachbarschaft bei der Neubebauung vor (vgl. Eckardt, Das bremische Stadtrecht von 1303/08, 1931, S. 44). Damals bildete das »Baurecht« noch eine einheitliche Rechtsmaterie, die nicht zwischen öffentlichem und privatem Recht differenzierte; die Trennung der Materie setzte erst mit der Baurechtskodifikation im 19. Jahrhundert ein. 1

Das **Zivilrecht** regelt den Nachbarschutz im **BGB** und den **Nachbarrechtsgesetzen** der Bundesländer. Ansprüche sind vor den **Zivilgerichten** geltend zu machen. Im zivilrechtlichen Streitverfahren besteht ein **zweipoliges Verhältnis von Nachbar als Kläger und Nachbar als Beklagtem**. 2

Der belastete Nachbar kann **Beseitigungs- und Unterlassungsansprüche** (§ 1004 i.V.m. §§ 903–924 ff. BGB) oder gegebenenfalls **Schadensersatzansprüche** (§ 823 Abs. 1 oder Abs. 2 BGB) geltend machen (s. Schlichter/Stich, Vorbemerkung zu den §§ 29–38 Rn. 3). Erfasst werden auch Beeinträchtigungen durch Gase, Dämpfe, Erschütterungen, Geräusche und Lärm (vgl. Hagen, Privatrechtlicher Immissionsschutz, ZfBR 1995, S. 61 ff.). Anspruchsgrundlagen in Bezug auf Grenzabstände von Gebäuden, Fenster- und Lichtrechte, Anordnung von Nachbarwänden und Grenzwänden, 3

§ 72 Beteiligung der Angrenzer und der Öffentlichkeit

Hammerschlags- und Leiterrecht, Höherführung von Schornsteinen und Lüftungsleitungen, Vermeidung des Übertritts von Niederschlags- und Abwasser, Bodenerhöhungen und Aufschichtungen, Einfriedungen und Grenzabstände für Pflanzen gewährt das **Nachbarrechtsgesetz (NachbarG NRW)**.

4 Sind die **Beeinträchtigungen zumutbar**, trifft den Nachbarn aus § **1004 Abs. 2 BGB** eine **Duldungspflicht**. Nach der »**Repräsentationstheorie**« schützen die §§ 906 und 1004 BGB nur den im Grundbuch vermerkten **Eigentümer** des Grundstücks. Die Zivilgerichte haben auch **eigentumsgleiche Rechte** als schutzwürdig anerkannt, die sich als »**quasinegatorische Ansprüche**« auf alle durch § 823 BGB geschützten absoluten Rechte und Rechtsgüter erstrecken.

5 Während das Zivilrecht den Nachbarschutz direkt regelt, sucht man im öffentlichen Recht vergeblich nach entsprechenden Vorschriften. Eine **normative Ausgestaltung des öffentlichen Nachbarrechts fehlt** bis heute. Die ursprünglich im Entwurf des BBauG vorgesehenen materiell-rechtlichen Regelungen des achten Teils mit den §§ 165–174 entfielen leider im Gesetzgebungsverfahren (s. BT-Drucks. 3/336). Später geäußerte Forderungen nach Kodifizierung blieben erfolglos (vgl. Bartlsperger, Das Dilemma des baulichen Nachbarrechts, VerwArch 1969, S. 2835 ff.; Schwerdtfeger, Grundrechtlicher Drittschutz im Baurecht, NVwZ 1982, S. 5 ff.).

6 Es blieb daher der **Rechtsprechung** überlassen, ein **System des Drittschutzes im öffentlichen Recht** in jahrzehntelanger Rechtsprechung zu entwickeln, um die fehlende gesetzliche Regelung aufzufangen. Nach der insoweit gefestigten Rechtsprechung können sich **materielle Abwehrrechte der Angrenzer** und **Nachbarn** ergeben aus
- **Rechtsvorschriften des einfachen Rechts** (vgl. Rdn. 133 ff.),
- dem von der Rechtsprechung entwickelten **Rücksichtnahmegebot** (vgl. Rdn. 145 ff.)
- oder unmittelbar aus **Grundrechten der Verfassung** (vgl. Rdn. 163 ff.).

7 Diese **materiellen Abwehrrechte** des Nachbarn sind bei der Realisierung eines Vorhabens – sei es **genehmigungsbedürftig** oder **genehmigungsfrei** – zu beachten.

8 Der **Bauherr** ist für die Einhaltung des öffentlichen Rechts **uneingeschränkt verantwortlich** (vgl. § 52 Rdn. 1–7). Auch im Falle **freigestellter** Vorhaben kann der Nachbar ein Einschreiten der Bauaufsichtsbehörde verlangen, wenn gegen nachbarschützende Vorschriften des öffentlichen Rechts verstoßen wird.

9 Im **Baugenehmigungsverfahren** prüft die Bauaufsichtsbehörde die Einhaltung der nachbarschützenden Aspekte des öffentlichen Rechts, soweit dieses zum materiell-rechtlichen Prüfprogramm rechnet. Verstößt die Baugenehmigung gegen öffentlich-rechtlich geschützte **Nachbarrechte**, kann der Nachbar die Baugenehmigung mit Erfolg anfechten. Liegen Verstöße gegen Vorschriften vor, die nicht geprüft wurden, kann der Nachbar wie bei verfahrensfreien Vorhaben ein Einschreiten der Bauaufsichtsbehörde verlangen.

10 Anders als im Zivilrecht besteht im **öffentlichen Recht** aufgrund der Vorschriften der VwGO ein **dreipoliges** Verhältnis von **Bauaufsichtsbehörde, Bauherr** und **Nachbar**,

wenn die Baugenehmigung – als Verwaltungsakt – belastende Wirkungen gegenüber Dritten (Nachbarn) erzeugt. Man spricht dann von Verwaltungsakten mit »**Drittwirkung**« oder mit »**Doppelwirkung**«, weil die Baugenehmigung auf der Rechtsfolgenseite sowohl den **Bauherrn begünstigen**, als auch den **Nachbarn belasten** kann (s. hierzu Seibel, Verwaltungsakte mit Drittwirkung, BauR 2006, S. 1845 ff.).

Gegen die ihn in seinen öffentlich-rechtlich geschützten Rechten verletzende **Baugenehmigung** erhebt der Nachbar Anfechtungsklage. Der Bauherr wird in dem verwaltungsgerichtlichen Verfahren beigeladen. Obsiegt der Nachbar, kann der Bauherr bei Erfüllung der Voraussetzungen nach der VwGO Berufung bzw. Revision gegen das Urteil einlegen; in diesem Fall ist umgekehrt der Nachbar notwendig beizuladen (VGH B-W, Beschl. v. 19.09.2000 – 5 S 1843/00, BRS 63 Nr. 211). 11

Auf die Verpflichtung zum Einschreiten gegen ein **freigestelltes** Vorhaben, die ihn in seinen öffentlich-rechtlich geschützten Rechten verletzt, verklagt der Nachbar die Bauaufsichtsbehörde. Im Verfahren wird der Bauherr beigeladen, da ihn die gerichtliche Entscheidung ebenso bindet wie den Nachbarn und die Bauaufsichtsbehörde (vgl. § 74 Rdn. 103–110). 12

Im Baugenehmigungsverfahren besteht für die Bauaufsichtsbehörde die Pflicht zur Beachtung der Vorgaben des VwVfG. NRW. und der VwGO. Aus **§ 28 VwVfG. NRW.** ergibt sich eine Pflicht, vor Erlass der Baugenehmigung dem beteiligten **Nachbarn**, in dessen öffentlich-rechtlich geschützte Rechte eingegriffen werden soll, **Gelegenheit zur Anhörung** zu geben. Der Nachbar ist im Baugenehmigungsverfahren gemäß § 13 Abs. 2 VwVfG. NRW. **Beteiligter** und hat unter den Voraussetzungen des § 29 VwVfG. NRW. auch das **Recht auf Akteneinsicht**. 13

Die Vorschrift des **§ 72 Abs. 1 und 2 BauO NRW** stellt im Verhältnis zu § 28 VwVfG. NRW. lediglich eine **Spezialregel** zur Beteiligung der **Angrenzer** dar, das sind die **unmittelbar** an das zu bebauende Grundstück **angrenzenden Nachbarn**. Dadurch werden jedoch die **allgemeinen Verfahrensregeln für die Beteiligung sonstiger Nachbarn**, deren Grundstücke weiter entfernt liegen, **nicht verdrängt**. Dieser Umstand erlangt besondere Bedeutung bei der Anwendung des Bauplanungsrechts, da dieses das **Austauschverhältnis der Grundstücksnutzungen in einem Baugebiet** regelt oder sogar in Sonderfällen gebietsübergreifenden Nachbarschutz vermittelt (vgl. Rdn. 227). Vor allem der letztgenannte Gesichtspunkt berührt auch das Immissionsschutzrecht (vgl. Rdn. 242–256). Daraus ergibt sich die **eingeschränkte Bedeutung** des § 72 BauO NRW für das öffentliche Nachbarrecht, da die Bauaufsichtsbehörden die Vorschrift keineswegs als umfassende Beteiligungsvorschrift der Nachbarn verstehen dürfen (vgl. Rdn. 21–28). 14

Im Rahmen dieser Kommentierung kann das öffentliche Nachbarrecht nicht umfassend behandelt werden, ohne den möglichen Umfang des Werks zu sprengen. Der **Anhang** behandelt jedoch im **Überblick** das öffentliche Nachbarrecht (vgl. Rdn. 125 ff.) und geht dabei auch auf den nachbarschützenden Gehalt der wichtigsten baurechtlichen Vorschriften ein. Im Übrigen ist aus der Fülle der Literatur zu diesem Thema auf folgende Werke zu verweisen: 15

- Battis/Krautzberger/Löhr, Vorbemerkungen zu den §§ 29 bis 38 Rn. 14–83,
- Finkelnburg/Ortloff, Band II, S. 215–268 und S. 277–295,
- Hahn/Schulte, Rn. 1–455,
- Hoppe/Bönker/Grotefels, S. 510–530,
- Jäde/Dirnberger/Weiß zu § 29 Rn. 41–99,
- Schlichter/Stich/Driehaus/Paetow, Vorbemerkungen zu den §§ 29–38 Rn. 1–74.

1.2 Öffentlichkeitsbeteiligung und »Seveso-Richtlinie«

16 Nach Art. 13 Abs. 2 Buchstaben a) und b) Seveso-III-Richtlinie (Richtlinie 2012/18/EU des Europäischen Parlaments und des Rates vom 04.07.2012 zur Beherrschung der Gefahren schwerer Unfälle mit gefährlichen Stoffen, zur Änderung und anschließenden Aufhebung der Richtlinie 96/82/EG des Rates) müssen die Mitgliedstaaten langfristig dem Erfordernis Rechnung tragen, dass zwischen Störfallbetrieben und den dort genannten Nutzungen (sog. Schutzobjekten) ein angemessener Abstand gewahrt bleibt (sog. Abstandsgebot). Die Relevanz dieses Gebots für die Zulassung eines Einzelvorhabens, das nach der Seveso-III-Richtlinie als schutzbedürftig zu bewerten, im Umfeld eines Störfallbetriebs war lange unklar (Hendler, DVBl 2012, S. 532 ff., m.w.N.). Der deutsche Gesetzgeber hatte sich darauf beschränkt, die Regelung in § 50 Satz 1 Alt. 2 BImSchG als Abwägungsdirektive für raumbedeutsame Planungen und Maßnahmen umzusetzen.

17 Seit der Entscheidung des EuGH in der Rechtssache Mücksch (EuGH, Urt. v. 15.11.2011 – C 53/10, juris) ist jedoch geklärt, dass das Abstandsgebot auch bei behördlichen Entscheidungen ohne Abwägungs- oder Ermessensspielraum zu beachten ist, soweit damit ein Einzelvorhaben zugelassen wird, das in Anwendungsbereich des Abstandsgebots fällt. Nach der Rechtsprechung des Bundesverwaltungsgerichts kann ein solches Einzelvorhaben daher gegen das bauplanungsrechtliche Gebot der Rücksichtnahme verstoßen, wenn es den unionsrechtlich geforderten Mindeststand zu einem Störfallbetrieb unterschreitet (BVerwG, Urt. v. 20.12.2012 – 4 C 11/11, juris). Das Abstandsgebot hat dadurch auch für die Praxis der Bauaufsichtsbehörden unmittelbare Bedeutung erlangt, weil die Zulassung von Schutzobjekten im Sinne der Seveso-III-Richtlinie im Regelfall im Baugenehmigungsverfahren erfolgt (vgl. Oerder/Schwertner/Wörheide, BauR 2018, S. 436 ff.).

18 Mit der Seveso-III-Richtlinie wurden diese materiell-rechtlichen Vorgaben u.a. um die Pflicht zur Durchführung einer Öffentlichkeitsbeteiligung ergänzt (Art. 15 Seveso-III-Richtlinie). Diese Verpflichtung bezieht sich zum einen auf Störfallbetriebe. Deren Zulassung oder Änderung vollzieht sich üblicherweise nach dem BImSchG. Zum anderen ist die Durchführung einer Öffentlichkeitsbeteiligung aber auch dann unionsrechtlich geboten, wenn ein störfallrechtliches Schutzobjekt realisiert wird und dadurch das Risiko eines schweren Unfalls vergrößert oder die Folgen eines solchen Unfalls verschlimmert werden können.

19 Der Bundesgesetzgeber ist den sich hieraus ergebenden zwischenzeitlich nachgekommen (dazu Wasielewski, NVwZ 2018, S. 937 ff.; Uechtritz, DVBl 2017, S. 659 ff.). Die Änderungen im Bundesrecht beziehen sich aufgrund der eingeschränkten

Gesetzgebungskompetenz vorrangig auf das Immissionsschutzrecht. Hervorzuheben ist darüber hinaus insbesondere die Anpassung des Bauplanungsrechts an die Seveso-III-Richtlinie im Zuge der BauGB-Novelle 2017 (dazu Uechtritz, BauR 2018, S. 1631 ff., Oerder/Schwertner/Wörheide, BauR 2018, S. 436 ff.).

Hinsichtlich der unionsrechtlich geforderten Öffentlichkeitsbeteiligung bei der Zulassung von Schutzobjekten im Umfeld eines Störfallbetriebs betrifft die Umsetzungspflicht vorrangig das Baugenehmigungsverfahren und damit die Landesgesetzgeber. Diese müssen daher sicherstellen, dass – zumindest soweit unionsrechtlich gefordert – im Baugenehmigungsverfahren eine Pflicht zur Durchführung einer Öffentlichkeitsbeteiligung besteht und dass deren Ablauf den unionsrechtlichen Vorgaben genügt. Ersteres erfolgt über den Ausschluss der Genehmigungsfreistellung in § 63 Abs. 1 Satz 2 und 3 BauO NRW (vgl. Rdn. 20–25) sowie über die weitgehend inhaltsgleichen Regelungen in § 72 Abs. 3 Satz 2 bis 4 BauO NRW. Das »Wie« der Öffentlichkeitsbeteiligung ist dagegen in § 72 Abs. 4 bis 6 BauO NRW im Einzelnen geregelt. Bei der Auslegung und Anwendung dieser Vorschriften ist daher der unionsrechtliche Hintergrund der Regelungen stets zu berücksichtigen (vgl. zur Neuregelung Wörheide, NWVBl. 2019, S. 221 ff.). 20

2 Zu Abs. 1 bis 2 – Beteiligung der Angrenzer

2.1 Bedeutung der Vorschrift

Abs. 1 und 2 beinhalten eine Regelung hinsichtlich der **Beteiligung der Angrenzer** im bauaufsichtlichen Verfahren. Abs. 1 **Satz 3** bestimmt, dass die Vorschriften des VwVfG. NRW.»insoweit nicht anzuwenden« sind. Die BauO NRW macht damit von der durch § 1 Abs. 1 VwVfG. NRW. eingeräumten Möglichkeit Gebrauch, abweichende Verfahrensbestimmungen zu treffen. Schon der gesetzessystematische Standort des § 72 BauO NRW im dritten Abschnitt des fünften Teils der BauO NRW »Verwaltungsverfahren« verdeutlicht, dass es sich um eine **Verfahrensbestimmung** handelt. Aber auch der Wortlaut des Abs. 1 stellt deutlicher als noch § 87 BauO NW 1970 heraus, dass diese Vorschrift **nur** die **verfahrensmäßigen Rechte der Angrenzer** regelt. Die **materiellen** Rechte der Angrenzer, Einwendungen gegen ein Vorhaben auf dem angrenzenden Baugrundstück zu erheben, bleiben **unberührt**. 21

Die **Beteiligung** der Angrenzer ist **nicht umfassend**, sondern nur, wie sich aus den Abs. 1–2 ergibt, in stark eingeschränktem Umfang **vorgeschrieben**. Die Vorschrift, die den verfahrensrechtlichen Schutz desjenigen bezweckt, dessen materielle Rechte durch die positive Entscheidung über einen Abweichungsantrag gestaltet werden, hat **nachbarschützenden Charakter** (OVG NRW, Beschl. v. 07.06.2017 – 9 A 732/15, juris). Eine Baugenehmigung, die ohne die erforderliche Beteiligung des Nachbarn ergangen ist, kann deshalb rechtswidrig sein. Es entscheidet sich dann allerdings nach den §§ 45 und 46 VwVfG. NRW., ob dieser Fehler beachtlich ist oder nicht (vgl. Finkelnburg/Ortloff, Band II S. 260). Aufgrund der erleichterten Heilungsmöglichkeiten gemäß § 45 Abs. 2 VwVfG. NRW. ist eine **praktische Bedeutung kaum gegeben** (vgl. im Einzelnen Hahn/Schulte, Rn. 403–407). 22

23 Der Wortlaut des Abs. 1, insbesondere des Satzes 3, lässt Zweifel über die rechtliche Bedeutung dieser Vorschrift aufkommen, wie das Wort »insoweit« rechtlich zu verstehen ist. Die Regelung schließt die Vorschriften des VwVfG. NRW. nicht gänzlich aus, sondern enthält hierzu nur eine Ergänzung bzw. Modifikation (vgl. Stelkens, Neue allgemeine Verfahrensregeln durch die Landesbauordnung NW, BauR 1986, 390 ff. sowie Boeddinghaus/Hahn/Schulte zu § 74 Rn. 8–12).

24 Die Klärung der Frage wird dadurch erschwert, dass die Landesbauordnung seit 1984 anstelle des Begriffs »**Nachbar**« den Begriff »**Angrenzer**« verwendet.

25 Dieser **Begriffswechsel** zwingt dazu, hinsichtlich der Beteiligung **zwischen dem Angrenzer und dem Nachbarn zu unterscheiden**. Die Einschränkungen der Beteiligung nach § 72 Abs. 1 und 2 BauO NRW betreffen deshalb nur die **von Amts wegen** durchzuführenden Beteiligungsfälle der Angrenzer, nicht hingegen die Beteiligung sonstiger Nachbarn und sonstiger Dritter. Dies führt zu dem vom Gesetzgeber sicher so nicht gewollten Ergebnis, dass die **Angrenzer schlechter gestellt** werden **als nicht unmittelbar angrenzende Nachbarn** (vgl. Boeddinghaus/Hahn/Schulte zu § 74 Rn. 4).

26 Die Bauaufsichtsbehörde hat entsprechend dem im Verwaltungsverfahren zu beachtenden Untersuchungsgrundsatz nach § 24 VwVfG. NRW. im Rahmen pflichtgemäßen Ermessens von sich aus eine weitergehende **Beteiligung von** »**Nicht-Angrenzern**« vorzunehmen, **wenn deren öffentlich-rechtlich geschützte Belange berührt** werden. Das bietet sich in der Praxis immer dann an, wenn Nachbarn von nicht angrenzenden Grundstücken durch die Auswirkungen der zu errichtenden Anlagen in rechtlich erheblicher Weise beeinträchtigt sein können.

27 Der **Kreis** der **zu beteiligenden** Nachbarn hängt von der **Reichweite** der rechtlich relevanten **Auswirkungen** des Vorhabens ab und kann deshalb über die unmittelbar angrenzenden Grundstücke hinausgehen (OVG Lüneburg, Urt. v. 24.10.1974 – I A 107/73, DVBl 1975, 915; OVG Rh-Pf, Beschl. v. 29.10.1981 – 1 B 59/81, BRS 39 Nr. 185; BayVGH, Beschl. v. 04.04.2011 – 14 CS 11.263, juris). Angesichts der **Fülle** der nachbarschützenden öffentlich-rechtlichen Vorschriften und der **Unübersichtlichkeit** der Rechtslage kann man es keiner Bauaufsichtsbehörde verdenken, die Beteiligungsvorschriften des § 72BauO NRW und des § 28 VwVfG. NRW. intensiv zu nutzen, auch wenn damit **Verfahrensverzögerungen** verbunden sein sollten.

28 Der **Bauherr** kann nur **Interesse an einer rechtsbeständigen Baugenehmigung** haben, die von Dritten nicht mit Erfolg angegriffen werden kann. Mit einer aufgrund oberflächlicher Prüfung rechtsfehlerhaften Baugenehmigung ist ihm im Falle des gerichtlich verfügten Baustopps ein Bärendienst erwiesen.

2.2 Begriff des Angrenzers

29 Die **Landesbauordnungen** weisen **unterschiedliche Regelungen zur Beteiligung der Nachbarn** auf; siehe z.B. Art. 66 BayBO, § 55 LBO B-W, § 68 NBauO (zur Typologie der bauordnungsrechtlichen Beteiligungsformen vgl. Ortloff, Nachbarschutz durch Nachbarbeteiligung am Baugenehmigungsverfahren, NJW 1983, S. 961 ff.). Der Gesetzgeber hatte sich schon mit § 69 BauO NW 1984 in

Übereinstimmung mit der bis dahin in Nordrhein-Westfalen geltenden Rechtslage (das OVG NRW, Urt. v. 29.09.1981 – 11 A 2133/80, BRS 38 Nr. 133 hatte unentschieden gelassen, ob § 87 BauO NW 1970, der eine ähnliche Beteiligungsregelung wie § 69 BauO NW 1984 enthielt, die Anwendung des § 28 VwVfG. NRW. ausschloss) dazu entschieden, **nur die unmittelbaren Nachbarn**, eben die **Angrenzer**, zu beteiligen. Die Eigentümer angrenzender Grundstücke werden beteiligt, da die Baumaßnahme möglicherweise Auswirkungen auf deren Grundbesitz oder Erbbaurecht haben kann.

Angrenzer sind nach dem Wortlaut des **Satzes 1** die **Eigentümer der** an das Baugrundstück **angrenzenden Grundstücke**. Abs. 1 Satz 1 enthält insoweit eine **partielle Legaldefinition** des bauordnungsrechtlichen Nachbarbegriffs (s. LT-Drucks. 17/2166, S. 187). 30

Angrenzende Grundstücke sind diejenigen, die **unmittelbar an seitliche** oder **rückwärtige Grenzen** des Baugrundstücks angrenzen. Auf die Länge der gemeinsamen Grenze kommt es nicht an; auch das nur in einem **Punkt** angrenzende Grundstück gehört hierzu (so genannte »**Punktnachbarn**«; vgl. BayVGH, Urt. v. 09.11.1976 – Nr. 149 I 73, n.v. und Beschl. v. 17.03.2003 – 2 CS 03.98, juris). 31

Eigentümer des Grundstücks ist derjenige, der **im Grundbuch** als Eigentümer **eingetragen ist**. Der Grund für die Beteiligung nur der Eigentümer liegt in der »dinglichen Wirkung«, also der Grundstücksbezogenheit des öffentlichen Baurechts (BVerwG, Urt. v. 16.09.1993 – 4 C 28.91, BauR 1994, 223 = BRS 55 Nr. 167; BayVGH, Beschl. v. 21.10.2013 – 15 ZB 12.2274, juris). Eigentümer können sowohl natürliche als auch juristische Personen sein. 32

Sind **mehrere Personen** im Grundbuch als Eigentümer vermerkt, müssen zwar »in aller Regel« alle eingetragenen Personen beteiligt werden; hiervon könne im Interesse eines zügigen Verwaltungsablaufs ausnahmsweise insoweit abgesehen werden, als etwa bei Erbengemeinschaften einzelne (Mit-)Eigentümer nur unter Schwierigkeiten oder mit erheblichen Verzögerungen zu ermitteln oder zu erreichen seien. Zu beachten ist, dass **jeder einzelne** Miteigentümer – unabhängig vom Verhalten der anderen Miteigentümer – Einwendungen erheben kann (OVG Saar, Urt. v. 06.11.1970 – II R 30/70, BRS 23 Nr. 161; Thür. OVG, Beschl. v. 17.01.1996 – 1 EO 519/95, juris). 33

Im Rechtsverhältnis **zwischen Miteigentümern** besteht **kein öffentlich-rechtlicher Nachbarschutz**. Wendet sich ein Miteigentümer gegen die einem anderen Miteigentümer oder dinglich Wohnberechtigten erteilte Baugenehmigung, ist dies mangels Klagebefugnis unzulässig. (BVerwG, Urt. v. 12.03.1998 – 4 C 3/97, BauR 1998, 997; BayVGH, Beschl. v. 17.08.2017 – 9 CE 17.1362, juris). 34

Eine **Besonderheit** gilt im **Beitrittsgebiet**: dort sind aufgrund des Art. 233 § 2a EGBGB **Gebäudeeigentümer** den Grundstückseigentümern **gleichgestellt** (Sächs. OVG, Beschl. v. 11.08.1994 – 1 S 261/94, BRS 56 Nr. 153). 35

36 Den **Eigentümern angrenzender Grundstücke** sind bezüglich der grundstücksbezogenen Nutzungsmöglichkeiten folgende weitere dinglich Berechtigte mit eigentümerähnlicher Stellung (OVG NRW, Urt. v. 23.04.1964 – VII A 1274/63, BRS 15 Nr. 100; BayVGH, Urt. v. 06.08.1974 – Nr. 49 I 73, BRS 28 Nr. 131 und Urt. v. 24.02.1978 – Nr. 302 II 75, BRS 33 Nr. 161; OVG Lüneburg, Urt. v. 17.01.1980 – 1 A 71/79, BRS 36 Nr. 187; OVG M-V, Beschl. v. 15.04.2004 – 3 M 68/04, juris) **gleichgestellt:**
– **Erbbauberechtigte** (BVerwG, Beschl. v. 11.01.1988, 4 C 49.87, Buchholz 406.19 Nachbarschutz Nr. 75; BVerwG, Beschl. v. 11.07.1989, 4 B 33/89, NVwZ 1989, 1060),
– **Nießbraucher** (BVerwG, Urt. v. 11.05.1989 – 4 C 1.88, BRS 49 Nr. 184 und Urt. v. 14.05.1992 – 4 C 9.89, NVwZ 1993, 477; OVG Bln, Beschl. v. 01.11.1988 – 2 S 8.88, BRS 48 Nr. 157; OVG NRW, Urt. v. 15.10.1993 – 7 A 2994/91, BRS 55 Nr. 159 und Urt. v. 19.07.2010 – 7 A 44/09, BauR 2010, 2061); mit dem Tode des Nießbrauchers erlöschen dessen Nießbrauchsrechte und ein darauf gestützter nachbarlicher Abwehranspruch (OVG NRW, Beschl. v. 08.07.2003 – 22 A 1969/01, BauR 2003, 1709),
– **Käufer eines Grundstücks**, auf den Besitz, Nutzungen und Lasten übergegangen sind und zu dessen Gunsten auch eine Auflassungsvormerkung in das Grundbuch eingetragen ist (BVerwG, Urt. v. 29.10.1982 – 4 C 51.79, BRS 39 Nr. 176 = DVBl 1983, 344 = NJW 1983, 1626 und Beschl. v. 25.09.2013 – 4 BN 15/13, BauR 2014, 90),
– **Inhaber eines Sondereigentums** gegenüber dem Bauherrn auf dem angrenzenden Grundstück (OVG Bln, Urt. v. 03.10.1975 – II B 38.74, BRS 29 Nr. 143; OVG NRW, Urt. v. 12.12.1991 – 7 A 172/89, BRS 54 Nr. 180 und Urt. v. 24.06.2008 – 9 A 2792/06, BRS 73 Nr 181; BayVGH, Beschl. v. 02.10.2003 – 1 CS 03.1785, NVwZ-RR 2004, 248; a.A. BayVGH, Beschl. v. 12.09.2005 – 1 ZB 05.42, BauR 2006, 501 = BRS 69 Nr. 181 und Beschl. v. 24.11.2016 – 1 CS 16.2011, juris; VGH B-W, Urt. v. 13.07.2017 – 5 S 2602/15, BauR 2018, 77; OVG Bln-Bbg, Beschl. v. 15.10..2012 – OVG 2 N 111.10, juris; OVG NRW, Urt. v. 20.11.2013 – 7 A 2341/11, BauR 2014, 252), nicht aber gegenüber Beeinträchtigungen auf dem »eigenen« Grundstück, also im Innenverhältnis der einzelnen Sondereigentümer (VGH B-W, Beschl. v. 20.12.1984 – 5 S 2249/84, BRS 42 Nr. 194 = DVBl 1985, 402; OVG NRW, Urt. v. 17.10.1985 – 7 A 704/84, BRS 44 Nr. 173; BVerwG, Beschl. v. 28.02.1990 – 4 B 32.90, BRS 50 Nr. 178),
– **Jagdausübungsberechtigte** (OVG Lüneburg, Urt. v. 26.02.1988 – 1 A 56/86, BRS 48 Nr. 156; Hamb. OVG, Zwischenurteil vom 20.04.2017 – 5 Bf 51/16, juris) und **Jagdgenossenschaften** (BVerwG, Urt. v. 18.03.1983 – 4 C 74.80, DVBl 1983, 898 und Beschl. v. 24.05.2011 – 9 B 97/10, juris); das BVerwG führt in seinem Urteil hierzu aus:

37 »*Das Jagdausübungsrecht der Jagdgenossenschaften ist gleichsam ein Stück abgespaltenes Eigentum der einzelnen Genossen, das erst in der Hand der Genossenschaft als Trägerin zu einem Recht erstarkt (BGH, Urt. v. 14.06.1982 – III ZR 175/80, DVBl 1982, 1090). Die Jagdgenossenschaft befindet sich, wenn in ihr Jagdausübungsrecht durch*

eine Straßenplanfeststellung eingegriffen wird, in der gleichen grundrechtstypischen Gefährdungslage wie der Inhaber eines Eigenjagdbezirks. Daraus folgt, dass die Jagdgenossenschaft eine Rechtsposition innehat, die sie berechtigt, im Falle einer Beeinträchtigung des Jagdausübungsrechts den Planfeststellungsbeschluß im Klagewege anzugreifen.«

Die **Rechtsstellung** der wie Eigentümer verfahrensmäßig zu beteiligenden dinglich Berechtigten muss sich aus dem **Grundbuch** ergeben (vgl. Boeddinghaus/Hahn/Schulte zu § 74 Rn. 6). 38

Wird der Bauaufsichtsbehörde von einem zunächst Benachrichtigten mitgeteilt, dass inzwischen eine **Rechtsnachfolge** stattgefunden hat, muss die Bauaufsichtsbehörde, sofern noch keine Zustimmung zu dem Vorhaben vorliegt, auch den **Rechtsnachfolger benachrichtigen**. 39

Der **Käufer** eines Grundstücks kann sich nicht mehr gegen eine Verletzung nachbarschützender Vorschriften zur Wehr setzen, die der Verkäufer durch Beantragung einer Baugenehmigung für das ihm ebenfalls gehörende Nachbargrundstück veranlasst hat, weil er **mit dem Kauf** zwangsläufig den **Nachteil in Kauf** nimmt (Hess. VGH, Beschl. v. 01.09.1981 – IV C TG 60/81, BRS 38 Nr. 178). 40

Keine dem Eigentümer ähnliche Stellung, was die grundstücksbezogenen Nutzungsmöglichkeiten und damit den Anspruch auf Berücksichtigung oder Schutz durch den bauenden Nachbarn angeht, und folglich auch **kein Recht auf Beteiligung** haben: 41
– **Grundpfandberechtigte**, ebenso Jeromin zu § 68 Rn. 8 und Große-Suchsdorf zu § 68 Rn. 13,
– **Inhaber von Grunddienstbarkeiten**, die nur eine eingeschränkte Nutzungsmöglichkeit einräumen (BVerwG, Urt. v. 16.09.1993 – 4 C 9.91, NJW 1994, 1233 = ZfBR 1994, 101 zum Wohnrecht, auch wenn dieses im Grundbuch eingetragen ist; ebenso Nds. OVG, Beschl. v. 20.04.1999 – 1 L 1347/99, BRS 62 Nr. 179 und OVG Saar, Beschl. v. 18.03.2003 – 1 W 7/03, BauR 2004, 821 = BRS 66 Nr. 188),
– **Vorkaufsberechtigte**, weil der Eigentumserwerb von Bedingungen abhängig und ungewiss ist (VGH B-W, Beschl. v. 12.08.1994 – 8 S 1198/94, BRS 56 Nr. 154),
– **obligatorisch Berechtigte** wie Pächter und Mieter (OVG NRW, Beschl. v. 11.04.1997 – 7 A 879/97, BRS 59 Nr. 194; BVerwG, Beschl. v. 20.04.1998 – 4 B 22. 98, BauR 1998, 994 = BRS 60 Nr. 174 für das Baurecht; Nds. OVG, Beschl. v. 10.10..2016 – 1 LA 142/15, juris; Sächs. OVG, Beschl. v. 22.12.2016 – 1 B 283/16, juris; BayVGH, Beschl. v. 05.07.2017 – 9 C 17.1023, BauR 2017, 91; s.a. Jäde, Der Mieter als Nachbar, UPR 1993, S. 330 ff.; Mampel, Der Mieter ist nicht Nachbar, UPR 1994, S. 8 ff.; Thews, Der Eigentümer-Mieter im baurechtlichen Nachbarstreit, NVwZ 1995, S. 224 ff.; Seibel, Obligatorisch Berechtigte im öffentlichen Baunachbarrecht, BauR 2003, S. 1674 ff.); Mietern und Pächtern kann jedoch ein materielles Abwehrrecht hinsichtlich Immissionen zustehen (vgl. BVerwG, Urt. v. 28.04.1978 – 4 C 53. 76, BRS 33 Nr. 66 = DVBl 1979, 622 und Beschl. v. 26.07.1990 – 4 B 235.89, BRS 50 Nr. 179 und Nds. OVG, Urt. v. 20.05.2009 – 7 KS 59/07, juris),

- **Jagdpächter** als obligatorisch Berechtigte (BVerwG, Urt. v. 04.03.1983 – 4 C 74.80, DVBl 1983, 898; Nds. OVG, Urt. v. 14.04.1993 – 1 L 33/91, BRS 55 Nr. 157; OVG NRW, Beschl. v. 08.07.2013 – 2 A 2046/12, BauR 2014, 91) sind wie sonstige Pächter zu behandeln, da ihnen die Jagdpacht wegen deren Nachrangigkeit gegenüber den Rechten der Jagdgenossenschaft keine eigentümerähnliche Rechtsposition vermittelt.

42 Hinsichtlich der **obligatorisch Berechtigten** vertritt die Rechtsprechung die Auffassung, dass dieser Personenkreis seine Rechtspositionen gegenüber dem Eigentümer durchsetzen und von diesem verlangen kann, seine Abwehrrechte geltend zu machen (BVerwG, Urt. v. 11.05.1989 – 4 C 1.88, DVBl 1989, 1056 = NVwZ 1989, 1163; Urt. v. 11.07.1989 – 4 B 33.89, BRS 49 Nr. 185; Beschl. v. 20.04.1998 – 4 B 22.98, BauR 1998, 994 = BRS 60 Nr. 174; BayVGH, Beschl. v. 05.07.2017 – 9 C 17.1023, juris). Umgekehrt kann der Eigentümer eines Grundstücks nicht geltend machen, durch eine seinem Mieter erteilte Baugenehmigung in subjektiv-öffentlichen Rechten verletzt zu sein, da er durch entsprechende Vertragsgestaltung privatautonom darüber entscheiden kann, welche Rechtsmacht er zur Durchsetzung seiner Interessen behalten will, und aufgrund seiner Eigentümerposition gegenüber dem obligatorisch Berechtigten zusätzlich gesichert ist (BayVGH, Beschl. v. 06.06.2005 – 25 ZB 04.924, BRS 69 Nr. 180 = NVwZ-RR 2006, 303 = UPR 2005, 393; OVG LSA, Beschl. v. 02.07.2015 – 2 O 22/15, BauR 2015, 1650).

2.3 Voraussetzungen der Angrenzerbeteiligung

43 Die **Beteiligung** der Angrenzer ist **nicht generell und umfassend**, sondern nur, wie sich aus den Abs. 1–2 ergibt, in stark **eingeschränktem Umfang** vorgeschrieben. Die Beteiligung geschieht in der Weise, dass die Angrenzer vor der Erteilung der Abweichung benachrichtigt werden. Die BauO NRW sieht die Beteiligung der Angrenzer am Baugenehmigungsverfahren **nur vor Erteilung von Abweichungen und Befreiungen** und unter der weiteren Voraussetzung, »wenn zu erwarten ist, dass öffentlich-rechtlich geschützte nachbarliche Belange berührt werden« vor. Eine generelle Beteiligung angrenzender Nachbarn im Baugenehmigungsverfahren gibt es nach der BauO NRW nicht. Die Beschränkung der Beteiligung auf diese Abweichungs- und Befreiungsfälle hat ihren Sinn darin, dass nur durch die im Ermessen der Bauaufsichtsbehörde stehende Zulassung von Abweichungen und Befreiungen Rechte des Bauherrn begründet werden; insoweit hat die Baugenehmigung nicht nur feststellenden, sondern auch rechtsgestaltenden Charakter.

44 Seit jeher ist die Frage, was »**öffentlich-rechtlich geschützte nachbarliche Belange**« sind, generell und vor allem im Einzelfall umstritten (vgl. Breuer, Baurechtlicher Nachbarschutz, DVBl 1983, S. 431 ff.; Steinberg, Grundfragen des öffentlichen Nachbarrechts, NJW 1984, S. 457 ff.). Die verfahrensrechtliche Bestimmung des § 72 Abs. 1 Satz 1 BauO NRW stellt die Verknüpfung mit dem materiellen öffentlichen Nachbarrecht her. Die Grundzüge dieses Nachbarrechts sind im Anhang dargestellt (vgl. Rdn. 125 ff.).

Das Gesetz geht von der Beteiligungspflicht aus, »**wenn zu erwarten ist**«, dass öffent- 45
lich-rechtlich geschützte Belange des Angrenzers berührt werden. Ob diese Voraussetzung erfüllt ist, muss jedoch nicht mit letzter Sicherheit feststehen. Es entspricht dem Sinn des Gesetzes, bereits im Zweifelsfall eine Beteiligung durchzuführen, denn häufig wird gerade erst nach Äußerung des Angrenzers sein »Berührtsein« voll zu beurteilen sein. Aus diesem Grunde ist es förderlich, die Beteiligung der Angrenzer durch die Bauaufsichtsbehörde immer dann durchzuführen, wenn es zwar nicht gewiss, aber zumindest möglich ist, dass öffentlich-rechtlich geschützte nachbarliche Belange berührt sein können. Nicht erforderlich ist dagegen die Benachrichtigung des Angrenzers, wenn von einer Vorschrift abgewichen werden soll, die ersichtlich keinen nachbarschützenden Charakter aufweist.

Da § 72 BauO NRW als **Verfahrensvorschrift** generell gilt, greift die Anwendung von 46
Abs. 1 unabhängig davon, ob es sich um eine Abweichung von **Bundes- oder Landesrecht** handelt (ebenso Boeddinghaus/Hahn/Schulte zu § 74 Rn. 15). Hinsichtlich einer Befreiung von Festsetzungen des Bebauungsplans ist neben § 72 BauO NRW das VwVfG. NRW. zu beachten, da von einer Befreiung auch relativ weit entfernte Nachbarn betroffen sein können. (

Wird materielles Baurecht von anderen als den Bauaufsichtsbehörden in Verwaltungs- 47
verfahren angewendet, welche die Baugenehmigung oder Zustimmung gemäß § 61 Abs. 1 BauO NRW einschließen, gilt § 72 Abs. 1–2 BauO NRW nicht. Ob und inwieweit z.b. ein Dritter, Nachbar oder Angrenzer, an den spezialgesetzlichen Verfahren zu beteiligen ist, richtet sich nach dem maßgeblichen **Fachrecht** (vgl. Stelkens, Neue allgemeine Verfahrensregeln durch die Landesbauordnung NW, BauR 1986, S. 390 ff.).

Führt die Bauaufsichtsbehörde eine Öffentlichkeitsbeteiligung nach § 72 Abs. 3 Satz 1 48
oder 2 BauO NRW durch, finden die Verfahrensvorschriften zur Angrenzerbeteiligung nach § 72 Abs. 1 und 2 BauO NRW keine Anwendung (vgl. Rdn. 79 ff.).

2.4 Art und Weise der Beteiligung des Angrenzers

Nach Abs. 1 Satz 1 sollen die **Angrenzer vor Erteilung von Abweichungen oder** 49
Befreiungen benachrichtigt werden. Nicht erst die Gewissheit, sondern schon die Möglichkeit, dass durch die Abweichung oder Befreiung öffentlich-rechtlich geschützte Belange berührt sein können, erfordert die Benachrichtigung der Angrenzer. Diese kann nur unterbleiben, wenn zweifelsfrei feststeht, dass Belange nicht berührt werden. Eine Benachrichtigung kann entfallen, wenn bei einer Mehrheit von Eigentümern einzelne (Mit-)Eigentümer nicht, nur schwer oder nicht zeitgerecht erreichbar sind.

Nach Abs. 1 Satz 1 **setzt** eine **Benachrichtigung** des Angrenzers **voraus**, dass die 50
Bauaufsichtsbehörde, vorbehaltlich eventueller Einwendungen des Angrenzers, **zur positiven (Vor-) Entscheidung** über den Abweichungs- oder Befreiungsantrag entschlossen ist. Liegen die Voraussetzungen für eine positive Entscheidung nicht vor,

kann die Bauaufsichtsbehörde den Antrag selbstverständlich ablehnen, ohne den Angrenzer zuvor anzuhören.

51   Was den **Inhalt der Benachrichtigung** angeht, so sollte die Bauaufsichtsbehörde dem Angrenzer den Umfang der beabsichtigten Abweichung oder Befreiung, deren rechtliche und tatsächliche Voraussetzungen sowie die Ermessungserwägungen darlegen, die letztlich für eine Abweichung oder Befreiung sprechen. Im Regelfall werden dem Angrenzer die Bauvorlagen übersandt oder zumindest zugänglich zu machen sein, die ihm eine rechtliche und tatsächliche Wertung der Abweichung oder Befreiung und insbesondere deren Auswirkungen auf ihn und sein Grundstück ermöglichen. Dem Angrenzer ist auch mitzuteilen, dass er eventuelle Einwendungen gegen die beabsichtigte Abweichung gemäß Abs. 1 Satz 2 innerhalb von zwei Wochen nach Zugang der Benachrichtigung bei der Bauaufsichtsbehörde schriftlich oder zur Niederschrift vorzubringen hat.

52   Die BauO NRW enthält keine näheren Bestimmungen darüber, wie die Benachrichtigung formal durchzuführen ist. Da Abs. 1 Satz 2 jedoch vom Zugang der Benachrichtigung spricht und an den Ablauf der Frist für den Angrenzer, der keine Einwendungen erhoben hat, Folgen geknüpft sind, wird **im Regelfall** schon aus Beweisgründen eine **schriftliche** Benachrichtigung ergehen müssen. Um eine Fristenkontrolle durchführen zu können, ist den Bauaufsichtsbehörden anzuraten, die Benachrichtigung zumindest mit eingeschriebenem Brief vorzunehmen.

53   Die Bauaufsichtsbehörde braucht den Angrenzer nach Abs. 2 nicht zu benachrichtigen, wenn der Angrenzer (**1. Alternative**) die **Lagepläne und Bauvorlagen unterschrieben** hat. Der Schutz nachbarlicher Belange hängt nicht davon ab, ob deren Beteiligung von der Behörde durch eine Benachrichtigung ausgelöst oder bereits durch den Bauherrn bewirkt wird, der einen Betroffenen zur Abgabe einer dem Vorhaben zustimmenden Erklärung veranlasst (OVG NRW, Beschl. v. 07.06.2017 – 9 A 732/15, juris). Die Bauaufsichtsbehörde hat jedoch die Pflicht zu prüfen, ob die Unterschriften diejenigen der tatsächlich betroffenen Angrenzer, und zwar aller betroffenen Angrenzer, sind (Vollzähligkeit insbesondere auch bei Miteigentümern, vgl. Rdn. 33). Die Beibringung der Angrenzerunterschriften entbindet die Bauaufsichtsbehörde nicht von der Pflicht nachzuprüfen, ob die Voraussetzungen für die beantragte Abweichung gemäß § 72 Abs. 1 BauO NRW überhaupt vorliegen. Liegen die Voraussetzungen nicht vor, kann die Abweichung trotz der Zustimmung der Angrenzer nicht erteilt werden (OVG Bremen, Beschl. v. 15.06.1976 – I B 16/76, BRS 30 Nr. 142).

54   Die Benachrichtigungspflicht entfällt, wenn der Angrenzer (**2. Alternative**) der Abweichung **gegenüber der Bauaufsichtsbehörde zugestimmt** hat (vgl. BayVGH, Urt. v. 14.04.1972 – Nr. 192 I 70, BRS 25 Nr. 166 und Urt. v. 21.12.1971 – Nr. 188 I 71, BRS 25 Nr. 167). Die Zustimmung muss gegenüber der Bauordnungsbehörde nicht schriftlich erklärt werden, sie kann auch **mündlich** ausgesprochen werden Im Falle der mündlichen Erklärung gegenüber der Bauaufsichtsbehörde sollte aus Gründen der Beweissicherung mindestens ein **schriftlicher Vermerk zur Akte** genommen werden; besser ist jedoch eine **vom Nachbarn gegengezeichnete Niederschrift** über seine

vorgebrachte mündliche Erklärung zum Vorhaben. Erfolgt die Erklärung des Nachbarn gegenüber dem Bauherrn, muss diese schriftlich erfolgen und ihr Inhalt eindeutig sein (a.A. noch OVG NRW, Urt. v. 23.01.1995 – 7 A 3705/92, n.v.).

Eine Zustimmung wird nur in den seltensten Fällen als sich global auf alle in Betracht kommenden Abweichungen oder Befreiungen beziehend formuliert sein. Im Regelfall ist daher darauf zu achten, dass die Zustimmung zweifelsfrei erkennen lässt, auf welche Abweichung sie sich bezieht; der Inhalt der Zustimmung muss eindeutig sein. Bestehen insoweit Zweifel, hat die Bauaufsichtsbehörde diese durch Rückfrage beim Angrenzer aufzuklären. Die **rechtliche Wirkung** der Nachbarzustimmung bleibt **auf das Verfahren beschränkt**, in dem sie erklärt wird, das heißt, sie kann sich nur auf einen im anhängigen Verfahren erteilten Bescheid beziehen, nicht aber auf die Bebaubarkeit des Grundstücks schlechthin (OVG Rh-Pf, Beschl. v. 22.05.1981 – 1 B 26/81, BRS 38 Nr. 180; OVG NRW, Beschl. v. 16.04.2012 – 7 A 1984/10, juris). Die Reichweite der Zustimmung ist allein nach dem konkreten – gegebenenfalls durch Auslegung zur ermittelnden – Inhalt der Angrenzererklärung festzustellen, wobei einer Unterschrift unter die das Bauvorhaben verdeutlichenden Baupläne regelmäßig ein umfassenden Verzicht auf nachbarliche Einwendungen gegen das in diesen Plänen konkretisierte Vorhaben zu entnehmen ist; etwaige Einschränkungen muss der Angrenzer in diesem Fall gegenüber der Bauaufsichtsbehörde hinreichend deutlich zum Ausdruck bringen (OVG NRW, Beschl. v. 09.05.2017 – 10 B 353/17, juris). Hat der Angrenzer zu einem abweichungsbedürftigen Vorhaben gegenüber der Bauaufsichtsbehörde Stellung genommen, muss er nach Einreichung des Abweichungsgesuchs nicht erneut angehört werden (OVG NRW, Urt. v. 17.10.1977 – X A 873/76, BRS 32 Nr. 148; zur Frage, inwieweit spätere Abweichungen des Vorhabens zum Erlöschen der zuvor für eine bestimmte Bauausführung erklärten nachbarlichen Zustimmung führen, s. OVG NRW, Beschl. v. 30.08.2000 – 10 B 1145/00, BauR 2001, 89 = BRS 63 Nr. 204 und Beschl. v. 09.05.2017 – 10 B 353/17, juris).

Häufig kommt es im Beteiligungsverfahren zu längeren Verhandlungen zwischen dem Nachbarn und dem Bauherrn, um gegenseitige Interessen abzuklären und hierüber im Wege einer Vereinbarung Einvernehmen zu erzielen. Das Ergebnis sind dann **wechselseitige Erklärungen** oder **Verträge** zur Bebauung auf den beiden benachbarten Grundstücken, beispielsweise zur gemeinsamen Grenzbebauung nach § 6 Abs. 1 Satz 3 BauO NRW (hierzu s. von und zu Franckenstein, Die richtige Nachbarschaftsvereinbarung, BauR 2002, S. 1041 ff. und Schröer/Dziallas, Öffentlich-rechtliche Nachbarvereinbarungen in der Praxis, NVwZ 2004, S. 134 ff.). Eine Einigung kann auch im verwaltungsgerichtlichen Streitverfahren durch **Vergleichsvertrag** erfolgen.

Derartige auf eine bestimmte Nutzung oder Baumaßnahme bezogene Vereinbarungen und Verträge weisen – wie die Baugenehmigung selbst – vorhabenbezogenen Charakter auf und **binden auch den Rechtsnachfolger** (VGH B-W, Urt. v. 26.01.2005 – 5 S 1662/03, BRS 69 Nr. 185 = NVwZ-RR 2006, 81), jedoch **nicht die Bauaufsichtsbehörde**, die nach wie vor zur Prüfung der Genehmigungsvoraussetzungen befugt bleibt (Hess. VGH, Beschl. v. 27.02.2006 – 3 UZ 2504/05, NVwZ-RR 2006, 772) und auch ein von einer Vergleichsabsprache abweichendes, aber mit

§ 72 Beteiligung der Angrenzer und der Öffentlichkeit

den baurechtlichen Vorschriften zu vereinbarendes Bauvorhaben zu genehmigen hat (OVG Bln, Urt. v. 28.01.2003 – 2 B 18.99, BauR 2004, 823 = BRS 66 Nr. 178).

58 Die **Zustimmung** wird **mit Eingang bei der Bauaufsichtsbehörde wirksam.** Der Nachbar kann die Zustimmung nur so lange noch frei widerrufen, bis der Bauantrag bei der Bauaufsichtsbehörde eingegangen ist (OVG NRW, Beschl. v. 20.01.2000 – 7 B 2103/99, BRS 63 Nr. 186 und Urt. v. 04.09.2008 – 7 A 2981/07, juris; ebenso BayVGH, Beschl. v. 03.11.2005 – 2 BV 04.1756 u.a., DÖV 2006, 303 und Nds. OVG, Beschl. v. 28.08.2013 – 1 LA 235/11, BauR 2014, 98; das OVG NRW hatte die Frage nach dem Zeitpunkt der Unwiderruflichkeit in seinem früheren Beschl. v. 15.06.1984 – 7 B 1233/84, BauR 1984, 622 = BRS 42 Nr. 195 offen gelassen). Im seinem Beschl. v. 20.01.2000 führt das OVG NRW aus:

59 *»Die vorherige Zustimmung ist im Verständnis des Bürgerlichen Rechts die Erklärung des Einverständnisses mit einem von anderen Personen beabsichtigten Rechtsgeschäft. Sie ist dort bis zur Vornahme des Rechtsgeschäfts (frei) widerruflich, soweit sich nicht aus dem ihrer Erteilung zugrundeliegenden Rechtsverhältnis ein anderes ergibt (vgl. § 183 BGB). Die in dieser Regelung zum Ausdruck kommende Wertung kann auf die Zustimmung zum Bauvorhaben eines Dritten insoweit übertragen werden, als die Zustimmungserklärung bei der Bauaufsichtsbehörde noch nicht eingegangen ist. Während die Zustimmung dann als nur noch nach den entsprechend angewandten Vorschriften der §§ 119 ff. BGB anfechtbar angesehen wird (vgl. OVG NRW, Urteil v. 23.01.1995 – 7 A 3705/92 –, m.w.N.), fehlt es zuvor an einer vergleichbaren Interessenlage, die es rechtfertigen könnte, den Nachbarn an seiner Zustimmung festzuhalten. Die Zustimmungserklärung hat ihren Sinn gerade darin, dass der Nachbar auf die Geltendmachung (vielleicht auch nur als möglich angesehener) Abwehrrechte gegenüber einem Bauvorhaben von vornherein verzichtet.«*

2.5 Rechtsfolgen des ungenutzten Fristablaufs bzw. der Zustimmung

60 Hat der Angrenzer den Abweichungen gemäß Abs. 2 zugestimmt, so ist damit ein **Verzicht auf die subjektiv-öffentlichen Nachbarrechte** verbunden (BVerwG, Beschl. v. 02.12.1974 – IV B 145.74, BRS 28 Nr. 125; VGH B-W, Urt. v. 01.04.1982 – 5 S 278/82, BRS 39 Nr. 181; Nds. OVG, Beschl. v. 28.08.2013 – 1 LA 235/11, BauR 2014, 98). Unterlässt es der **Angrenzer**, trotz Unterrichtung durch die Bauaufsichtsbehörde **Einwendungen** gemäß Abs. 1 Satz 2 **fristgerecht vorzubringen**, so verzichtet er nur **auf seine Verfahrensrechte**. Die Abweichung kann zugelassen werden, ohne gegen diese Verfahrensrechte des Angrenzers zu verstoßen (so Boeddinghaus/Hahn/Schulte zu § 74 Rn. 30). Der nordrhein-westfälische Gesetzgeber hat eine »**materielle Präklusion**«, wie sie § 55 Abs. 2 Satz 2 LBO B-W enthält, leider **nicht vorgesehen** (hierzu s. VGH B-W, Beschl. v. 20.10.2004 – 8 S 2273/04, NVwZ-RR 2005, 160 und Schlotterbeck/von Arnim/Hager zu § 55 Rn. 30–31). Der Nachbar büßt infolge des insoweit fehlenden Regelungsgehalts der Vorschrift seine materiellen Rechte im Widerspruchs- und Klageverfahren **nicht** ein (vgl. Jeromin zu § 68 Rn. 62 und Boeddinghaus/Hahn/Schulte zu § 74 Rn. 31).

Eine **Unterschrift** des Nachbarn unter die das Vorhaben verdeutlichenden Baupläne **61**
stellt regelmäßig die schlüssige Erklärung eines **umfassenden Verzichts auf nachbarliche Einwendungen** gegenüber dem in diesen Plänen konkretisierten Vorhaben dar
(OVG NRW, Beschl. v. 30.08.2000 – 10 B 1145/00, BauR 2001, 89 = BRS 63 Nr. 204
und Urt. v. 06.06.2014 – 2 A 2757/12, juris). An eine gemäß Abs. 2 wirksame **Einwilligung** des Angrenzers zur Erteilung einer Abweichung ist auch dessen **Rechtsnachfolger gebunden** (OVG NRW vom 15.06.1984 – 7 B 1233/84, BauR 1984, 622 =
BRS 42 Nr. 195 und Urt. v. 20.11.2013 – 7 A 2341/11, juris; VGH B-W, Urt. v.
16.08.1978 – III ZR 470/78, BRS 33 Nr. 176; Hess. VGH, Beschl. v. 07.12.1994 –
4 TH 3032/94, BRS 56 Nr. 180). Nicht selten werden derartige Zustimmungen zu
Bauvorhaben gegen **Zahlung eines der Wertminderung entsprechenden Geldbetrags**
vereinbart. Eine vergleichsweise getroffene Vereinbarung, durch die sich der Eigentümer eines Grundstücks verpflichtet, der Bebauung eines angrenzenden Grundstücks
nicht weiter entgegenzutreten, ist nicht deshalb sittenwidrig, weil die hierfür vom
Bauwilligen zu erbringende Zahlung weit über die Minderung des Wertes des beeinträchtigten Grundstücks hinausgeht (BGH, Urt. v. 02.07.1999 – V ZR 135/98,
BRS 62 Nr. 195).

Nach überwiegender Auffassung entsteht durch die Zustimmung des Nachbarn zu **62**
dem geplanten Vorhaben eine **Bindungswirkung** (vgl. Rdn. 57), von der er sich
nur noch unter engen Voraussetzungen lösen kann (s. hierzu Jäde, Die Bindungswirkung der Nachbarzustimmung – eine unendliche Geschichte?, UPR 2005,
S. 161 ff.). So entfällt die **Bindung** an eine Zustimmung, wenn die Unterschriftsleistung oder die Zustimmungserklärung gemäß den analog anwendbaren Vorschriften
der §§ 119 ff. BGB wegen arglistiger Täuschung, Irrtums oder Drohung wirksam
angefochten ist (VGH B-W, Beschl. v. 24.04.1980 – 8 S 103/80, juris; OVG LSA,
Beschl. v. 04.02.2002 – 2 M 328/01, juris; OVG NRW, Beschl. v. 13.12.2007 –
7 B 1599/07, juris). Die Bindung ist nicht mehr gegeben, wenn nach Abgabe
der Erklärung **Änderungen an der Planung** vorgenommen werden (OVG Rh-Pf,
Beschl. v. 22.05.1981 – 1 B 26/81, BRS 38 Nr. 180), auch wenn diese Änderungen nachbarliche Belange nicht berühren (OVG NRW, Beschl. v. 22.06.1990 –
7 B 740/90, BRS 50 Nr. 180 und Beschl. v. 02.08.2007 – 7 A 880/07, juris; a.A.
OVG NRW, Beschl. v. 21.02.1992 – 11 B 327 und 328/92, n.v., darauf abstellend,
dass die Änderung den Nachbarn beschweren muss). Schließlich verliert die Zustimmung ihre Bindungswirkung, wenn die Baugenehmigung unanfechtbar versagt wurde oder wenn von der Baugenehmigung kein Gebrauch gemacht wurde
(BayVGH, Urt. v. 09.11.1976 – Nr. 173 I 73, BRS 30 Nr. 143 und Beschl. v.
23.09.2009 – 9 CS 09.2205, juris).

2.6 Zustellung der Baugenehmigung an nicht zustimmende Angrenzer

Abs. 2 Satz 2 verlangt die **Zustellung der Baugenehmigung an Angrenzer**, wenn diese **63**
dem **Bauvorhaben nicht zugestimmt** haben. Traf die Bauordnungsbehörden die Zustellungspflicht bisher nur hinsichtlich der Entscheidung über nicht entsprochener
Einwendungen eines Angrenzers (vgl. § 74 Abs. 5 S. 1 BauO NRW 2000), ist die
Baugenehmigung nunmehr stets zuzustellen, wenn ein Angrenzer dem Bauvorhaben

nicht zugestimmt hat. Die **Zustellung** hat den Zweck, **Rechtsklarheit und Rechtssicherheit** hinsichtlich der **Wirksamkeit der Baugenehmigung** zu schaffen. Sie setzt bei gesetzmäßiger Durchführung und Beifügung einer ordnungsgemäßen Rechtsbehelfsbelehrung die **Einmonatsfrist nach § 58 VwGO** für mögliche **Rechtsbehelfe des Nachbarn** gegen die Baugenehmigung in Lauf, nach deren erfolglosem Ablauf die Baugenehmigung (einschließlich ihrer Nebenbestimmungen) unanfechtbar und bestandskräftig ist.

64 Damit soll auch die **Rechtssicherheit der Bauherren** gefördert werden, da eine Verletzung nachbarlicher Rechte auch auf andere Weise als durch Abweichungen und Befreiungen, die die Verpflichtung zur Nachbarbeteiligung auslösen, in Betracht kommt.

65 Die Zustellung erfolgt nach dem Landeszustellungsgesetz – LZG NRW, das dem Verwaltungszustellungsgesetz – VwZG (des Bundes) entspricht. Die Zustellung kann durch die Post mit Zustellungsurkunde (s. § 3 LZG NRW) oder mittels eingeschriebenem Brief (§ 4 LZG NRW) geschehen oder durch die Behörde selbst vorgenommen werden, und zwar im Regelfall gegen Empfangsbekenntnis (§ 5 LZG NRW; zur Zustellung im Ausland und zur öffentlichen Zustellung s. §§ 9 und 10 LZG NRW). Übersendet die Bauaufsichtsbehörde die Baugenehmigung nur formlos, ist der darin liegende Fehler nicht nach § 8 LZG NRW heilbar, wenn auf eine förmliche Zustellung willentlich verzichtet wurde (Hamb. OVG, Beschl. v. 08.01.1997 – Bs II 183/96, BRS 59 Nr. 198). Ist die Baugenehmigung **mehr als 20 Angrenzern** zuzustellen, kann die Zustellung nach **Abs. 6 Satz 1** durch **öffentliche Bekanntmachung** ersetzt werden (vgl. Rdn. 113–118).

66 Auf die **Zustellung** der Baugenehmigung kann nach **Abs. 2 Satz 1** verzichtet werden, wenn der Angrenzer **vorbehaltlos** dem Vorhaben **zugestimmt** hat (vgl. Rdn. 53–59).

67 Über **Abs.** 2 Satz 2 hinaus empfiehlt sich die **Zustellung** der Baugenehmigung aus Gründen der **Rechtssicherheit** auch an Nachbarn, wenn die **Angrenzereigenschaft** von Grundstücken (vgl. Rdn. 29–42) **nicht** mit Sicherheit **ausgeschlossen** werden kann und die **Möglichkeit** besteht, dass ein **Rechtsbehelf** erhoben wird. Das gilt auch für Personen, die **nicht beteiligte Angrenzer** sind, aber dennoch **Einwendungen** erhoben haben.

68 Die **Ablehnung von Einwendungen** des Angrenzers sind im Baugenehmigungsbescheid nach § 74 Abs. 2 Satz 2 ausdrücklich zu begründen (vgl.§ 74 Rdn. 68). Wird ohne die Zustimmung des Nachbarn von nachbarschützenden Vorschriften mit der Baugenehmigung abgewichen, müssen auf die Einwendungen des Angrenzers eingegangen und diese umfassend gewürdigt werden. Die Begründung darf nicht nur formelhaft sein, sondern muss vor allem die Ermessenserwägungen erkennen lassen. Einer **gesonderten Zurückweisung** der Einwendungen des Angrenzers, denen nicht entsprochen wird, bedarf es dagegen weder in einem eigenen, noch im Baugenehmigungsbescheid. Der Baugenehmigungsbescheid ist mit einer Rechtsmittelbelehrung zu versehen, um die **Klagefrist** für den Angrenzer in Gang zu setzen. Diese muss so abgefasst sein, dass der Angrenzer eine der Entscheidung beigefügte Rechtsbehelfsbelehrung auch an sich gerichtet ansieht; dem Anschreiben, mit dem der an den Angrenzer

adressierte Baugenehmigungsbescheid »zur Kenntnisnahme und zum Verbleib« übersandt worden ist, lässt sich in dieser Hinsicht nichts entnehmen (OVG NRW, Beschl. v. 19.01.2000 – 21 B 2148/99, BRS 63 Nr. 206).

3 Zu Abs. 3 bis 6 – Beteiligung der Öffentlichkeit

3.1 Überblick über die Regelung

Abs. 3 bis 6 sind neu eingeführt worden und dienen vorrangig der Umsetzung von Art. 15 Seveso-III-Richtlinie. Der Anwendungsbereich ist jedoch nicht auf den störfallrechtlichen Regelungszusammenhang beschränkt (LT-Drucks. 17/2166 S. 188). Denn der Gesetzgeber hat sich dafür entschieden, neben der Öffentlichkeitsbeteiligung bei der Zulassung von Schutzobjekten im Umfeld eines Störfallbetriebs (Abs. 3 Satz 2) eine weitere Form der Öffentlichkeitsbeteiligung vorzusehen, die auf Antrag des Bauherrn für ein emittierendes Vorhaben durchgeführt werden kann (Abs. 3 Satz 1). Im Folgenden wird daher begrifflich zwischen der **fakultativen und der obligatorischen Öffentlichkeitsbeteiligung** differenziert. 69

Die einzelnen **Verfahrensschritte der Öffentlichkeitsbeteiligung** sind in Abs. 4 bis 6 geregelt. Das Beteiligungsverfahren wird danach einen Publizitätsakt in Form der Auslegungsbekanntmachung eröffnet (Abs. 4). Hieran schließt sich – jeweils zeitlich befristet – die Auslegungs- und Einwendungsphase an (Abs. 5). Abschließend sind Vorschriften über die Bekanntgabe und Begründung der behördlichen Entscheidung zu beachten (Abs. 6). 70

Die Differenzierung zwischen obligatorischer und fakultativer Öffentlichkeitsbeteiligung wirkt sich teilweise auch bei den einzelnen Verfahrensschritten aus. Hintergrund hierfür ist, dass das Unionsrecht nur für die obligatorische Öffentlichkeitsbeteiligung gilt. Für die fakultative Öffentlichkeitsbeteiligung konnte der Gesetzgeber daher abweichende Anforderungen aufstellen, was auch teilweise erfolgt ist. Diese Differenzierungen werden bei der Kommentierung des jeweiligen Verfahrensschritts aufgegriffen. 71

3.2 Anwendungsbereich der fakultativen Öffentlichkeitsbeteiligung

Nach Abs. 3 Satz 1 besteht die Möglichkeit der öffentlichen Bekanntgabe bei bestimmten Vorhaben. Die Bauaufsichtsbehörde **kann** bei Anlagen, die aufgrund ihrer Beschaffenheit oder ihres Betriebs geeignet sind, die Allgemeinheit oder die Nachbarschaft zu gefährden, zu benachteiligen oder zu belästigen, sog. **störende Betriebe,** das Bauvorhaben öffentlich bekannt machen. Die öffentliche Bekanntmachung soll dann eine etwaig erforderliche Einzelbeteiligung der Nachbarn ersetzen. Die Vorschrift gilt bei für störende Betriebe und insbesondere dann, wenn der Kreis der betroffenen Nachbarn zu groß oder nicht hinreichend abgrenzbar ist (vgl. LT-Drucks. 17/2166 S. 188). 72

3.2.1 Voraussetzungen

73 Die öffentliche Bekanntmachung ist für solche Betriebe möglich, die als solche geeignet sind die Allgemeinheit oder die Nachbarschaft zu gefährden, zu benachteiligen oder zu belästigen, die aber nicht unter die sog. »Störfallbetriebe« fallen. Es sind also Betriebe erfasst, die nicht schon als Folge der Seveso-III-Richtlinie Eingang in Abs. 3 Satz 2 und 3 gefunden haben, bei denen aber dennoch ein Störpotenzial vorliegt. Insoweit nimmt Abs. 3 Satz 1 gerade keinen Bezug auf Betriebsbereiche im Sinne des § 3 Abs. 5a BImSchG.

74 **Störende Betriebe** können alle **Anlagen** sein, die ein Gefährdungspotential aufweisen, aber keine Störfallbetriebe sind. Die Störung geht – anders als in den Fällen des Satzes 2 und 3 – unmittelbar von dem Bauvorhaben aus, ohne in einem bestimmten Bereich zu liegen. Umfasst sind alle Anlagen von denen potentielle Immissionen ausgehen, die nicht schon nach dem immissionsschutzrechtlichen Genehmigungsverfahren zugelassen werden.

75 Nach dem eindeutigen Wortlaut der Vorschrift ist der **Antrag** des Bauherrn **zwingende** Voraussetzung der öffentlichen Bekanntmachung. Macht die Bauaufsichtsbehörde ohne Antrag des Bauherrn das Bauvorhaben dennoch öffentlich bekannt, ohne die betroffenen Nachbarn einzeln zu beteiligen, liegt ein Verfahrensmangel vor, der sich auf eine spätere Baugenehmigung auswirken kann. Dann muss der Bauherr darauf hinwirken, dass eine ordnungsgemäße Beteiligung durchgeführt wird, entweder indem er – nachträglich – einen Antrag stellt oder die Behörde die Betroffenen einzeln beteiligt.

3.2.2 Ermessensspielraum

76 Die Vorschrift gibt der Bauaufsichtsbehörde die **Möglichkeit** der öffentlichen Bekanntmachung. Allerdings ist sie dabei nicht an den Antrag des Bauherrn gebunden. Vielmehr steht ihr ein Ermessen zu, dass sie auszuüben hat.

77 Bei der Ermessensausübung hat die Behörde die Umstände des Einzelfalles zu beachten. Dabei ist insbesondere der Kreis der potentiell Betroffenen in den Blick zu nehmen. Je größer dieser ist, desto eher ist von der öffentlichen Bekanntmachung Gebrauch zu machen. Insbesondere wenn eine Betroffenheit der Allgemeinheit im Raume steht oder der Kreis der Betroffenen nur schwer eingrenzbar ist, ist eine Einzelbekanntmachung untunlich. Die Möglichkeit dient aber auch gleichzeitig zur Vereinfachung des Beteiligungsverfahrens für die Behörde, indem sie die Betroffenen nicht einzeln ermitteln muss und beteiligen muss.

78 Im Einzelfall kann das Ermessen auch eingeschränkt sein. Dies kommt vor allem dann in Betracht, wenn die Allgemeinheit betroffen ist. Dann kann die Behörde Einzelpersonen nicht bestimmen. Allerdings dürfte dann auch ein Antrag entbehrlich sein, da die öffentliche Bekanntmachung nach Sinn und Zweck die einzige Möglichkeit ist, alle Betroffenen zu erreichen.

3.2.3 Art der Bekanntmachung

Die Bekanntmachung soll im öffentlichen Veröffentlichungsblatt der Bauaufsichts- 79
behörde und in örtlichen Tageszeitungen erfolgen. In Anpassung an das immissionsschutzrechtliche Genehmigungsverfahren nach §§ 10 Abs. 3, 23 Abs. 2 BImSchG besteht nunmehr alternativ zur Veröffentlichung des Bauvorhabens in örtlichen Tageszeitungen auch die Möglichkeit der Veröffentlichung im Internet. Dies dient der Vereinfachung der Verwaltung.

3.3 Anwendungsbereich der obligatorischen Öffentlichkeitsbeteiligung

3.3.1 Überblick über die Regelung

Abs. 3 Satz 2 bis 4 regeln den Anwendungsbereich der obligatorischen Öffentlichkeits- 80
beteiligung. Positive Tatbestandsvoraussetzung ist zum einen, dass es sich bei dem zur Genehmigung gestellten Vorhaben um eine der Nr. 1 bis 3 abschließend genannten Nutzungen handelt. Darüber hinaus muss das Vorhaben innerhalb des angemessenen Sicherheitsabstandes bzw., soweit dieser nicht bekannt ist, innerhalb des Achtungsabstandes eines umliegenden Störfallbetriebs liegen (Satz 2 und 3). Es besteht somit sowohl eine sachlich-gegenständliche als auch eine räumliche Begrenzung. Auf eine Öffentlichkeitsbeteiligung kann verzichtet werden, wenn dem Abstandsgebot auf der Ebene eines vorgelagerten Bebauungsplanverfahrens Rechnung getragen worden ist (Satz 4). Die Entscheidung darüber, ob dieser Ausschlussgrund greift, hat der Gesetzgeber vorrangig der Bauaufsichtsbehörde übertragen.

3.3.2 Erfasste Schutzobjekte

3.3.2.1 Unionsrechtlicher Hintergrund und Regelungskonzept

Die Seveso-III-Richtlinie benennt als Schutzobjekte Wohngebiete, öffentlich genutzte 81
Gebäude und Gebiete, Erholungsgebiete, unter dem Gesichtspunkt des Naturschutzes besonders wertvolle bzw. empfindliche Gebiete und – soweit möglich – Hauptverkehrswege. Gerade mit Blick auf die Zulassung von Einzelvorhaben sind die Begriffe somit wenig bestimmt. Der Bundesgesetzgeber hat sich trotzdem darauf beschränkt, die Definition der Richtlinie in § 3 Abs. 5d BImSchG nahezu wortgleich zu übernehmen (zur Kritik Wasielewski, NVwZ 2018, S. 937 ff.; Uechtritz, DVBl 2017, S. 659).

Erklärtes **Ziel des Landesgesetzgebers** war es daher, den Kreis der Schutzobjekte durch 82
Abs. 3 Satz 2 Nr. 1 bis 3 rechtssicher und vollzugstauglich auszugestalten (vgl. LT-Drucks. 17/2166 S. 170). Wie auch die korrespondierenden Regelungen in anderen Bundesländern, basieren die Bestimmungen auf der Annahme, dass ein für das Abstandsgebot relevanter Vorgang grundsätzlich dann vorliegt, wenn das Vorhaben dazu führt, dass sich mehr als 100 zusätzliche Person im Gefahrenbereich des Störfallbetriebs aufhalten (LT-Drucks. 17/2166 S. 170 f.). Hieraus ergeben sich die schwellenwertabhängigen Regelungen in Nr. 1 und 2. Im Gegensatz dazu knüpft Nr. 3 vorrangig an die besondere Schutzbedürftigkeit des Nutzerkreises an. Diese Regelung gilt daher unabhängig von einem Schwellenwert.

3.3.2.2 Wohngebäude

83 Abs. 3 Satz 2 Nr. 1 regelt, unter welchen Voraussetzungen **Wohngebäude** als Schutzobjekte im Sinne der störfallrechtlichen Beteiligungsvorschriften einzustufen sind. Dies ist dann der Fall, wenn bei der Errichtung, Änderung oder Nutzungsänderung eines oder mehrerer Gebäude dem Wohnen dienenden Nutzungseinheit mit einer Größe von mehr als 5000 m² Brutto-Grundfläche geschaffen werden.

84 Dem **Schwellenwert** liegt die Annahme zugrunde, dass die durchschnittliche Wohnfläche bei etwa 50 m² pro Person liegt und dementsprechend bei einer Überschreitung dieses Schwellenwertes Wohnraum für mehr als 100 Personen geschaffen wird (LT-Drucks. 17/2166 S. 171). Die Festlegung eines Schwellenwertes verdient Zustimmung. Denn der Richtlinientext differenziert begrifflich klar zwischen Gebäuden und Gebieten und legt in Bezug auf Wohnnutzungen nur Wohngebiete als störfallrechtliche Schutzobjekte fest. Ein einzelnes Wohnvorhaben stellt daher grundsätzlich kein Schutzobjekt im Sinne der Seveso-III-Richtlinie dar (VG Düsseldorf, Urt. v. 09.08.2018 – 9 K 5323/16, juris; Oerder/Schwertner/Wörheide, BauR 2018, S. 436 ff.; Uechtritz, BauR 2014, S. 1098 ff.; a.A. wohl OVG NRW, Urt. v. 15.12.2011 – 2 A 2645/08, juris). Dies schließt allerdings nicht aus, dass auch ein Einzelvorhaben zu einer Zunahme von Störfallrisiken führt, wie sie üblicherweise bei der Ausweisung eines Wohngebiets zu erwarten ist. Für diese Konstellationen muss eine Öffentlichkeitsbeteiligung im Baugenehmigungsverfahren durchgeführt werden. Es erscheint sachgerecht, insoweit einen flächenbezogenen Ansatz zu verfolgen (vgl. Wörheide, NWVBl. 2019, S. 221 ff.).

85 Der **Begriff der Nutzungseinheit** wird gesetzlich nicht näher definiert. Entsprechend der Begriffsbildung in anderen Bundesländern wird man hierunter eine Summe von Räumen verstehen können, die aufgrund der organisatorischen und räumlichen Struktur als Einheit zu betrachten sind (Dirnberger, in: Simon/Busse, BayBO, Art. 2 Rn. 293). Es kommt somit vor allem darauf an, dass eine gewisse Einheitlichkeit der Nutzung bzw. des Nutzerkreises besteht, was jedoch Nutzungsmischungen in Form von Haupt- und untergeordneten Nebennutzungen nicht ausschließt.

86 Die so gefasste Nutzungseinheit **dient dem Wohnen**, wenn der alleinige oder übergeordnete Nutzungszweck darin besteht, eine auf Dauer angelegte Häuslichkeit zu ermöglichen, die durch Eigengestaltung der Haushaltsführung und die Freiwilligkeit des Aufenthalts gekennzeichnet ist (vgl. BVerwG, Beschl. v. 25.03.1996 – 4 B 302/95).

87 Der Schwellenwert ist überschritten, wenn die **addierte Brutto-Grundfläche der dem Wohnen dienenden Nutzungseinheiten mehr als 5.000 m²** beträgt. Aus dem Wortlaut folgt, dass allein maßgeblich ist, ob das zur Genehmigung gestellte Vorhaben den Schwellenwert überschreitet. Ob sich das Vorhaben aus einem oder mehreren Gebäuden zusammensetzt, ist unerheblich. Die Flächen von Nutzungseinheiten in unterschiedlichen Gebäuden sind daher zu addieren, wenn es sich um ein einheitliches Vorhaben handelt. Nutzungseinheiten, die nicht im vorgenannten Sinne dem Wohnen dienen, bleiben bei der Berechnung jedoch außer Betracht, auch wenn sie Bestandteil des Vorhabens sind (LT-Drucks. 17/2166, S. 171). Innerhalb der zu

berücksichtigenden Nutzungseinheiten erfolgt nach dem Willen des Gesetzgebers keine weitere Differenzierung (LT-Drucks. 17/2166, S. 171). Es kommt daher auf die Gesamtfläche der Nutzungseinheit an, auch wenn einzelne Räume nicht für Wohnzwecke genutzt werden. Die Berechnung der Brutto-Grundfläche dürfte sich – wie auch bei § 2 Abs. 3 Satz 3 BauO NRW – nach der DIN 277 richten (vgl. § 2 Rdn. 208).

Nach dem Willen des Gesetzgebers sollen bei Abs. 3 Satz 2 Nr. 1 **keine kumulativen Betrachtungen** vorgenommen werden (vgl. LT-Drucks. 17/2166, S. 171). Für die Frage, ob der maßgebliche Schwellenwert überschritten ist, kommt es demnach nicht darauf an, ob auf dem Vorhabengrundstück oder im Umfeld des zur Genehmigung gestellten Vorhabens in der Vergangenheit bereits vergleichbare Nutzungen genehmigt worden sind, solche parallel hierzu genehmigt werden sollen oder solche nach dem geltenden Planungsrecht genehmigt werden könnten. Der Gesetzgeber verweist darauf, dass entsprechenden Kumulationseffekten mit den Mitteln der Bauleitplanung begegnet werden kann (LT-Drucks. 17/2166, S. 171). Dies ist im Ausgangspunkt zutreffend. Gleichwohl stellt sich die Frage, ob das Unionsrecht verlangt, dass der Landesgesetzgeber die mit einer solchen Regelung verbundenen Missbrauchsmöglichkeiten durch eigene Regeln ausschließt (dazu Wörheide, NWVBl. 2019, S. 221 ff., m.w.N.).

3.3.2.3 Öffentlich zugängliche Anlagen

Nach Abs. 3 Satz 2 Nr. 2 ist bei der Errichtung, Änderung oder Nutzungsänderung von baulichen Anlagen, die der Öffentlichkeit zugänglich sind, eine Öffentlichkeitsbeteiligung durchzuführen, wenn der maßgebliche Abstand unterschritten wird und durch das Vorhaben die gleichzeitige Nutzung durch mehr als 100 zusätzliche Besucher ermöglicht wird. Die Einbeziehung von **öffentlich zugänglichen Anlagen** ist geboten, da in der Seveso-III-Richtlinie explizit auch öffentlich genutzte Gebäude als Schutzobjekte benannt werden. Dass das Unionsrecht in diesem Fall auch die Einbeziehung von Einzelvorhaben gebietet, ist daher grundsätzlich unzweifelhaft (vgl. Oerder/Schwertner/Wörheide, BauR 2018, S. 436 ff.).

Gemäß § 49 Abs. 2 Satz 2 BauO NRW ist eine bauliche Anlage öffentlich zugänglich, wenn und soweit sie nach ihrem Zweck im Zeitraum ihrer Nutzung von im Vorhinein nicht bestimmbaren Personen aufgesucht werden kann. Diese Begriffsbestimmung ist nach der Gesetzesbegründung auch für die Regelungen über die Öffentlichkeitsbeteiligung maßgeblich (LT-Drucks. 17/2166, S. 171). Es kommt somit nicht darauf an, ob die Anlage einem öffentlichen Zweck im Sinne einer hoheitlichen Tätigkeit oder Daseinsvorsorge dient. Dies entspricht dem Begriffsverständnis, das schon bislang zu den materiell-rechtlichen Vorgaben des störfallrechtlichen Abstandsgebots vertreten worden ist. In der Rechtsprechung sind auf dieser Grundlage Gartencenter, Fitness-Center, Baumärkte oder Einkaufsmärkte als öffentlich genutzt bewertet worden (BVerwG, Urt. v. 20.12.2012 – 4 C 11/11, juris; VGH B-W, Beschl. v. 29.04.2015 – 3 S 2101/14, juris; Hess. VGH, Urt. v. 26.03.2015 – 4 C 1566/12.N, juris).

Vorhaben, die in diesem Sinne öffentlich zugänglich sind, stellen nur dann Schutzobjekte dar, wenn durch die Errichtung, Änderung oder Nutzungsänderung die gleichzeitige Nutzung durch **mehr als 100 Besucher** ermöglicht wird. Es kommt somit lediglich auf die Zahl der externen Nutzer und nicht auf die Zahl der im Gebäude anwesenden Person an. Darüber hinaus ist nach dem Wortlaut allein maßgeblich, ob die Nutzung durch mehr als 100 Besucher gerade durch das zur Genehmigung gestellte Vorhaben ermöglicht wird. Insbesondere bei Erweiterungen ist daher stets nur die jeweilige Änderung und nicht die Gesamtkapazität der Anlage in den Blick zu nehmen. Auch insoweit besteht daher das Problem, das der Schwellenwert durch eine entsprechend kleinschrittige Vorgehensweise leicht umgangen werden kann. Dies ist mit Blick auf die unionsrechtlichen Vorgaben, die ohnehin die Einbeziehung öffentlich genutzter Gebäude verlangen, ohne dass es auf eine bestimmte Nutzungsintensität ankommt, problematisch (vgl. Wörheide, NWVBl. 2019, S. 221 ff.; Wasielewski, NVwZ 2018, S. 937 ff.; Uechtritz, DVBl 2017, S. 659 ff.).

3.3.2.4 Schwellenwertunabhängige Schutzobjekte

92 Mit Abs. 3 Satz 2 Nr. 3 hat der Landesgesetzgeber verschiedene **Sonderbauten** als Schutzobjekte eingestuft. Maßgeblich ist, ob nach der Durchführung des Bauvorhabens einer der in der Regelung genannten Sonderbauten entsteht. Auf die Überschreitung eines Schwellenwertes kommt es nicht.

93 Mit der Regelung wird einerseits dem Umstand Rechnung getragen, dass nach den unionsrechtlichen Vorgaben auch **Erholungsgebiete** zum Kreis der schutzbedürftigen Nutzungen zu zählen sind. Hieraus erklärt sich, dass der Landesgesetzgeber Camping- und Wochenendplätze (§ 50 Abs. 2 Nr. 13 BauO NRW) sowie Freizeit- und Vergnügungsparks (§ 50 Abs. 2 Nr. 14 BauO NRW) einbezogen hat.

94 Andererseits werden durch die Regelung Vorhaben einbezogen, bei denen aufgrund eines allenfalls eingeschränkten Publikumsverkehrs zumindest zweifelhaft ist, ob diese als öffentliche zugängliche Anlagen im Sinne von Abs. 3 Satz 2 Nr. 2 zu bewerten sind, bei denen aber die **Schutzbedürftigkeit des Nutzerkreises** für eine Einordnung als Schutzobjekt streitet. Hierzu zählen u.a. Einrichtungen für betreutes Wohnen nach Maßgabe von § 47 Abs. 5 BauO NRW, Krankenhäuser (§ 50 Abs. 2 Nr. 8 BauO NRW), Tageseinrichtungen für Kinder und Pflege im Sinne von § 50 Abs. 2 Nr. 10 BauO NRW sowie Schulen, Hochschulen und ähnliche Einrichtungen (§ 50 Abs. 2 Nr. 11 BauO NRW). Wegen der einzelnen Begrifflichkeiten wird auf die entsprechende Kommentierung verwiesen (vgl. § 47 Rdn. 25–28, § 50 Rdn. 56 und 58–65). Als Begründung für die Einbeziehung dieser Vorhaben in den Kreis der Schutzobjekte wird in der Gesetzesbegründung angeführt, dass Art. 13 Abs. 2 Buchstabe a) Seveso-III-Richtlinie nicht abschließend beschreibe, welche Nutzungen als schutzbedürftig einzustufen sind (LT-Drucks. 17/2166, S. 189; kritisch dazu Wörheide, NWVBl. 2019, S. 221 ff.).

3.3.3 Abstandsermittlung

95 Auch wenn ein Vorhaben die Voraussetzungen von Abs. 3 Satz 2 Nr. 1 bis 3 erfüllt, besteht die Pflicht zur Durchführung einer Öffentlichkeitsbeteiligung nur, wenn durch die Realisierung das Risiko eines schweren Unfalls vergrößert oder die Folgen eines

solchen Unfalls verschlimmert werden können. Dies setzt voraus, dass das Vorhaben **innerhalb des geforderten Mindestabstands** liegt, der durch einen Betriebsbereich im Sinne von § 3 Abs. 5a BImSchG ausgelöst wird. Maßgeblich ist nach Abs. 3 Satz 2 vorrangig der angemessene Sicherheitsabstand im Sinne von § 3 Abs. 5c BImSchG. Sofern dieser nicht bekannt ist, hat die Bauaufsichtsbehörde nach Abs. 3 Satz 4 auf den Achtungsabstand abzustellen.

Der Begriff des **angemessenen Sicherheitsabstands** ist in § 3 Abs. 5c BImSchG bundesrechtlich definiert. Der Erkenntnisgewinn, der sich aus der Legaldefinition in ziehen lässt, ist allerdings überschaubar (vgl. Uechtritz, DVBl 2017, S. 659 ff.). Abhilfe soll hier zukünftig eine Technische Anleitung »Abstand« schaffen, deren Veröffentlichung allerdings aussteht. Derzeit wird in der Praxis daher üblicherweise auf den sog. **KAS-18-Leitfaden** der Kommission für Anlagensicherheit beim Bundesministerium für Umwelt, Naturschutz und Reaktorsicherheit zurückgegriffen (Hess. VGH, Urt. v. 26.03.2015 – 4 C 1566/12.N; Uechtritz/Farsbotter, BauR 2015, 1919 ff.). Die Ermittlung des angemessenen Sicherabstands im Sinne dieses Regelwerks setzt voraus, dass Detailkenntnisse über den Betriebsbereich vorliegen, der den Abstand auslöst. Die hierfür erforderlichen Informationen sind – trotz entsprechender Auskunftspflichten des Störfallbetriebs – praktisch nicht immer einfach zu erlangen (vgl. Oerder/Schwertner/Wörheide, BauR 2018, S. 436 ff.). Zudem erfordert die Abstandsermittlung in aller Regel die Erstellung eines Störfallgutachtens durch einen Fachgutachter.

96

Vor diesem Hintergrund stellt § 72 Abs. 3 Satz 3 BauO NRW für den Fall, dass der angemessene Sicherheitsabstand nicht bekannt ist, subsidiär auf den sog. **Achtungsabstand** ab. Hiermit wollte der Gesetzgeber an Begrifflichkeiten des KAS-18-Leitfadens anknüpfen (vgl. LT-Drucks. 17/2166, S. 172). Dieser enthält – neben den Empfehlungen für die Ermittlung des angemessenen Sicherheitsabstands – auch stoffbezogene Abstandsempfehlungen, die auf typisierenden Festlegungen beruhen. Sie setzen damit keine Detailkenntnisse über den jeweiligen Störfallbetrieb voraus, sind aber in aller Regel wesentlich weiter bemessen als der vorgenannte angemessene Sicherheitsabstand. Für Bauherrn kann es daher sinnvoll sein, ein Fachgutachten zur Ermittlung des angemessenen Sicherheitsabstandes zu beauftragen. So lässt sich ggf. vermeiden, dass es für Frage, ob eine Öffentlichkeitsbeteiligung durchzuführen ist, auf den – aus Sicht des Bauherrn im Regelfall ungünstigeren – Achtungsabstand ankommt.

97

3.3.4 Vorrang des Bebauungsplanverfahrens

Abs. 3 Satz 4 entlastet das Baugenehmigungsverfahren von der Durchführung einer Öffentlichkeitsbeteiligung, wenn die Bauaufsichtsbehörde zu dem Ergebnis gelangt, dass dem **Abstandsgebot bereits in einem Bebauungsplan Rechnung getragen worden ist**. Nach der Gesetzesbegründung kann dies nicht nur in dem Bebauungsplan erfolgen, der die Realisierung des Schutzobjekts ermöglicht, sondern auch in dem Bebauungsplan, der für den Störfallbetrieb maßgeblich ist (LT-Drucks. 17/2166, S. 189). Die Regelung ist nur anwendbar, wenn die Störfallrisiken, die mit der Realisierung des Schutzobjekts verbunden sind, bei der Abwägungsentscheidung hinreichend ermittelt und in die Abwägung eingestellt worden sind. Zudem müssen tatsächlichen

98

Annahmen, die der Abwägungsentscheidung zugrunde gelegen haben, auch im Zeitpunkt der Genehmigungserteilung weiterhin aktuell sein (LT-Drucks. 17/2166, S. 189). Fraglich ist, ob Abs. 3 Satz 4 BauO NRW auch dann anwendbar ist, wenn im Zuge der Genehmigungserteilung von den Festsetzungen des Bebauungsplans befreit werden soll. Dies dürfte jedenfalls dann zu verneinen sein, wenn die Befreiung Festsetzungen betrifft, die der Plangeber zur Begrenzung des Störfallrisikos in den Bebauungsplan aufgenommen hat (Wörheide, NWVBl. 2019, S. 221 ff.). Denn in diesem Fall fehlt es an der in Abs. 3 Satz 4 vorausgesetzten Kohärenz zwischen den Festsetzungen des Bebauungsplans und der Baugenehmigung.

99 Die **Entscheidung** darüber, ob die Voraussetzungen von Abs. 3 Satz 4 erfüllt sind, hat der Gesetzgeber der Bauaufsichtsbehörde übertragen, um den Umständen des jeweiligen Einzelfalls besser Rechnung tragen zu können (LT-Drucks. 17/2166, S. 189). Es sind keine Anhaltspunkte dafür ersichtlich, dass der Behörde damit zugleich ein gerichtlich nur eingeschränkt überprüfbarer Beurteilungsspielraum eingeräumt werden sollte (Wörheide, NWVBl. 2019, S. 221 ff.). Zweifelhaft ist auch, ob der Entscheidung die Qualität eines Verwaltungsakts zukommt. Ausweislich der Gesetzesbegründung ist zu verneinen (LT-Drucks. 17/2166, S. 189). Eine isolierte Anfechtung der Entscheidung dürfte aber jedenfalls an § 44a VwGO scheitern. Dies kann für den Bauherren durchaus problematisch sein, weil die unrichtige Bejahung der Voraussetzungen von § 72 Abs. 3 Satz 4 BauO NRW zwangsläufig zu einem Verfahrensfehler führt, der bereits für sich betrachtet die Aufhebung der Baugenehmigung rechtfertigen kann.

3.4 Auslegungsbekanntmachung

100 Abs. 4 BauO NRW regelt den **Inhalt der Auslegungsbekanntmachung** und damit den ersten Verfahrensschritt der Öffentlichkeitsbeteiligung. Welche Angaben in der Bekanntmachung zu machen sind, hängt davon ab, ob die Öffentlichkeitsbeteiligung fakultativ oder obligatorisch ist.

101 **Abs. 4 Satz 1** regelt die bei **allen Öffentlichkeitsbeteiligungen zu beachtenden Anforderungen** an die Bekanntmachung. Erforderlich sind Angaben zum Gegenstand des Vorhabens (Nr. 1) sowie zur Genehmigungsbehörde und den Modalitäten der Auslegung (Nr. 2). Wesentlich ist zudem der Hinweis auf das Einwendungsrecht der Öffentlichkeit sowie die Möglichkeit der Präklusion (Nr. 3).

102 Der **Kreis der Einwendungsberechtigten** wird im Gesetz jedoch widersprüchlich angegeben (dazu (Wörheide, NWVBl. 2019, S. 221 ff.). Abs. 4 Satz 1 Nr. 3 geht davon aus, dass Personen, deren Belange von dem Vorhaben berührt sind, sowie Vereinigungen, denen nach dem Umwelt-Rechtsbehelfsgesetz ein Verbandsklagerecht zusteht. Dieser Personenkreis wird – wie auch in der eingefügten Legaldefinition – üblicherweise unter dem Begriff »betroffene Öffentlichkeit« zusammengefasst (§ 2 Abs. 9 UVPG).

103 Nach der das Einwendungsrecht ausgestaltenden Regelung in Abs. 5 Satz 3 steht das Einwendungsrecht dagegen (einschränkungslos) der Öffentlichkeit zu. Hiervon ist nach gängigem Begriffsverständnis jedermann erfasst (§ 2 Abs. 8 UVPG). Es liegt

daher die Schlussfolgerung nahe, dass der Kreis der Einwendungsberechtigten in Abs. 5 Satz 3 weitergefasst worden ist als in Abs. 4 Satz 1 Nr. 3. Die Gesetzesbegründung löst diesen Widerspruch nicht auf. Eine Auslegungsbekanntmachung, die – in Anknüpfung an Abs. 4 Satz 1 Nr. 3 – lediglich auf ein Einwendungsrecht der betroffenen Öffentlichkeit hinweist, ist damit dem Risiko ausgesetzt, fehlerhaft zu sein. Bis zu einer Klärung dieser Frage ist daher zu empfehlen, die in Abs. 4 Satz 1 Nr. 3 vorgesehenen Einschränkungen des Kreises der Einwendungsberechtigten nicht die Auslegungsbekanntmachung aufzunehmen.

Problematisch ist zudem der ebenfalls in Nr. 3 vorgesehene Hinweis auf die **Präklusionsvorschrift** in Abs. 5 Satz 3. Denn jedenfalls soweit diese Regelung eine (eingeschränkte) materielle Präklusion im Anwendungsbereich der Seveso-III-Richtlinie vorsieht, bestehen erhebliche Zweifel an der Vereinbarkeit der Regelung mit den Vorgaben des Unionsrechts (vgl. Rdn. 16–20). Auch die Aufnahme eines Hinweises auf Präklusion in der Bekanntmachung birgt daher ein erhebliches Fehlerrisiko. 104

Nach Nr. 4 soll in der Auslegungsbekanntmachung darauf hingewiesen werden, dass die **Zustellung der Entscheidung** über die Einwendungen durch öffentliche Bekanntmachung ersetzt werden kann. Der Regelungsgehalt dieser Vorschrift ist unklar (vgl. Wörheide, NWVBl. 2019, S. 221 ff.). Denn Abs. 6 Satz 2 sieht vor, dass der Genehmigungsbescheid nach Durchführung einer Öffentlichkeitsbeteiligung stets öffentlich bekannt zu machen ist (vgl. Rdn. 114). Anders als bei der Angrenzerbeteiligung existiert somit keine Regelung, wonach eine Bekanntgabe durch Individualzustellung durch eine öffentliche Bekanntmachung ersetzt werden kann. Der in Nr. 4 vorgesehene Hinweis geht daher ins Leere. Es ist allerdings zweifelhaft, ob durch die Aufnahme dieses Hinweises die Beteiligungsrechte der Öffentlichkeit verkürzt werden können. Der Hinweis dürfte daher überflüssig, im Ergebnis jedoch unschädlich sein. 105

Abs. 4 Satz 2 regelt **Zusatzanforderungen**, die für die Auslegungsbekanntmachung bei Schutzobjekten gelten. Die Vorschrift ist damit **nur bei der obligatorischen Öffentlichkeitsbeteiligung** zu beachten. Die Begrifflichkeiten sind weitgehend wortgleich aus Art. 15 Abs. 2 Seveso-III-Richtlinie übernommen. Relevant ist danach insbesondere, dass in der Bekanntmachung auch über die Art der möglichen Entscheidung oder, soweit vorhanden, den Entscheidungsentwurf zu informieren ist (Nr. 2). 106

Hinsichtlich der **Art und Weise der Bekanntmachung enthält** Abs. 4 keine Regelung, sondern verweist auf Abs. 3 Satz 1 und 2. Die dort genannten Grundätze gelten daher auch hier (vgl. Rdn. 72 ff.). 107

3.5 Durchführung der öffentlichen Auslegung

Nach Abs. 5 Satz 1 sind **Gegenstand der Auslegung** sowohl der Bauantrag und die Bauvorlagen des zur Genehmigung gestellten Vorhabens als auch entscheidungserhebliche Berichte und Empfehlungen. Eine sachliche Beschränkung enthält die Regelung nicht. Es müssen daher grundsätzlich alle Unterlagen ausgelegt werden, die für die Genehmigungsentscheidung relevant sind. Hierzu können beispielsweise auch Stellungnahmen von Behörden oder eingeholte Gutachten zählen (vgl. Wörheide, NWVBl. 2019, 108

S. 221 ff.). Für den Fall, dass sich in den Bauvorlagen Betriebs- und Geschäftsgeheimnisse befinden, verweist Abs. 5 Satz 2 auf § 10 Abs. 2 BImSchG. Der Bauherr kann danach die betreffenden Bauvorlagen als geheimhaltungsbedürftig kennzeichnen und separat einreichen (vgl. Jarass, BImSchG, § 10 Rn. 39). Diese werden dann – sofern sie objektiv geheimhaltungsbedürftig sind – nicht ausgelegt. An ihre Stelle tritt eine vom Bauherrn vorzulegende Inhaltsbeschreibung, die möglichst so zu fassen ist, dass es Dritten gleichwohl möglich ist, zu beurteilen, ob und in welchem Umfang sie von den Auswirkungen der Anlage betroffen werden können (§ 10 Abs. 2 Satz 2 BImSchG). Die Auslegung muss nach Abs. 5 Satz 1 **für einen Zeitraum von einem Monat** erfolgen.

109 Gemäß Abs. 5 Satz 3 kann die Öffentlichkeit während der Auslegungsphase sowie bis zu zwei Wochen nach Ablauf der Auslegungsfrist von ihrem **Einwendungsrecht** Gebrauch machen. Anders als es die Regelung in Abs. 4 Satz 1 Nr. 3 nahelegt, ist der Kreis der einwendungsberechtigten Personen nach dem Wortlaut von Abs. 5 Satz 3 nicht beschränkt (vgl. Rdn. 103). Dies spricht dafür, dass alle natürlichen und juristischen Personen sowie deren Vereinigungen einwendungsbefugt sind (Wörheide, NWVBl. 2019, S. 221 ff.). Einwendungen müssen in schriftlicher Form erhoben werden und zumindest in groben Zügen erkennen lassen, warum das Vorhaben für unzulässig gehalten wird (vgl. OVG NRW, Urt. v. 09.12.2009 – 8 D 10/08.AK, juris).

3.6 Präklusionsregelung

110 Mit Abs. 5 Satz 3 und 4 hat der Gesetzgeber das Bauordnungsrecht zugleich um **Regelungen zur Präklusion von Einwendungen** ergänzt (siehe zu der vergleichbaren Diskussion im Immissionsschutzrecht: Jarass, BImSchG, § 10 Rn. 92 ff.). Danach sind mit Ablauf der Einwendungsfrist grundsätzlich alle öffentlich-rechtlichen Einwendungen gegen das zur Genehmigung gestellte Vorhaben ausgeschlossen (Satz 3). Für umweltbezogene Einwendungen gilt der Ausschluss jedoch nur für das Genehmigungsverfahren (Satz 4). Während somit für umweltbezogene Einwendungen eine auf das behördliche Verfahren beschränkte Präklusion erfolgt (sog. formelle Präklusion), werden für sonstige Einwendungen auch die Rechtsschutzmöglichkeiten beschränkt (sog. materielle Präklusion).

111 Gegen das Modell einer formellen Präklusion bestehen auch mit Blick auf die **Vorgaben der Seveso-III-Richtlinie** keine Bedenken. Beispiele hierfür finden sich auch in anderen Gesetzen (z.B. § 10 Abs. 5 Satz 5 BImSchG. Anders ist dies bei der materiellen Präklusion zu bewerten (dazu Wörheide, NWVBl. 2019, S. 221 ff.). Denn aufgrund von Art. 23 Buchstabe b) Seveso-III-Richtlinie sind die Mitgliedstaaten verpflichtet, der betroffenen Öffentlichkeit im Zusammenhang mit dem Abstandsgebot in gleicher Weise Zugang zu gerichtlichen Überprüfungsverfahren zu gewähren wie dies im Bereich des UVP-Rechts der Fall ist.

112 Für das UVP-Recht ist geklärt, dass eine Einschränkung der Klagerechte der betroffenen Öffentlichkeit mit dem Unionsrecht nicht zu vereinbaren ist (EuGH, Urt. v. 15.10.2015 – C-137/14, juris). Dies gilt unabhängig davon, ob die betreffende

Einwendung einen Umweltbezug aufweist oder nicht (BVerwG, Urt. v. 30.03.2017 – 7 C 17/15, juris). Es ist daher davon auszugehen, dass die Einführung einer (partiellen) materiellen Präklusion – jedenfalls im Anwendungsbereich der obligatorischen Öffentlichkeitsbeteiligung – **nicht mit der Seveso-III-Richtlinie zu vereinbaren** ist. Die Regelung ist daher aufgrund des Vorrangs des Unionsrechts in dem entsprechenden Umfang nicht anwendbar (so auch Wörheide, NWVBl. 2019, S. 221 ff.) Dieser Umstand ist auch mit Blick auf den Inhalt der Auslegungsbekanntmachung nach Abs. 4 zu beachten (vgl. Rdn. 100 ff.).

3.7 Entscheidungsbekanntgabe

Abs. 6 regelt vorrangig **Fragen der Bekanntgabe** der behördlichen Entscheidung und damit den Abschluss des Beteiligungsverfahrens. Sachlich hiervon zu unterscheiden sind die Regelungen in Abs. 6 Satz 5 und 6. Diese geben vor, welche Anforderungen an die Begründung des Bescheids zu stellen sind, wenn eine obligatorische Öffentlichkeitsbeteiligung durchgeführt worden ist (vgl. dazu Rdn. 119–121). 113

Sowohl bei einer fakultativen als auch bei einer obligatorischen Öffentlichkeitsbeteiligung schreibt Abs. 6 Satz 2 die Bekanntgabe des Genehmigungsbescheids im Wege einer **öffentlichen Bekanntmachung** zwingend vor. Wird der Bauantrag abgelehnt, ist dagegen nach dem Wortlaut auch eine formlose Bekanntgabe nach Maßgabe von § 41 VwVfG. NRW. statthaft. Art. 15 Abs. 5 Buchstabe a) Seveso-III-Richtlinie verlangt jedoch, dass die behördliche Entscheidung – unabhängig von ihrem Inhalt – öffentlich bekanntzugeben ist. Jedenfalls für den Fall der obligatorischen Öffentlichkeitsbeteiligung dürfte Abs. 6 Satz 2 daher mit Blick auf das vorrangige Unionsrecht dahingehend auszulegen sein, dass auch der Ablehnungsbescheid nach Maßgabe der nachfolgenden Regelungen öffentlich bekannt zu machen ist (Wörheide, NWVBl. 2019, S. 221 ff.). 114

Die öffentliche Bekanntmachung nach Maßgabe von Abs. 6 vollzieht sich in **drei Schritten**: Zunächst ist der verfügende Teil des Bescheids öffentlich bekannt zu machen. Im Anschluss daran ist der gesamte Genehmigungsbescheid vom Tage nach der Bekanntmachung für die Dauer von zwei Wochen zur Einsicht auszulegen. Schließlich können Personen, die Einwendungen erhoben, bis zum Ablauf der Rechtsbehelfsfrist den Bescheid und seine Begründung schriftlich anfordern (sog. Anforderungsrecht). 115

Hinsichtlich des **Inhalts der Bekanntmachung** trifft Abs. 6 in unterschiedlichem Zusammenhang Vorgaben. Satz 3 verlangt, dass in der Bekanntmachung der verfügende Teil des Bescheids abgedruckt wird. Ob dies stets eine wörtliche Wiedergabe des Tenors verlangt, lässt sich dem Wortlaut nicht entnehmen (ablehnend zu § 74 Abs. 5 VwVfG: BVerwG, Urt. v. 27.05.1983 – 4 C 40/81, 4 C 44/81, 4 C 45/81, juris). Solange eine wörtliche Wiedergabe unproblematisch möglich ist, empfiehlt es sich gleichwohl, auf Abweichungen zu verzichten, um das Risiko einer fehlerhaften Bekanntgabe zu minimieren. Auf Auflagen zu dem Bescheid ist nach Satz 3 Halbs. 2 gesondert hinzuweisen. Zwingend ist nach Satz 7 zudem der Hinweis in der Bekanntmachung, auf den Ort und Zeitraum der Auslegung und das Anforderungsrecht von Einwendern nach Satz 9 (bei dem Verweis auf Satz 8 im Gesetzestext handelt es sich offenbar um ein Redaktionsversehen). Schließlich ist in der Bekanntmachung auf die 116

Zustellungsfiktion gemäß Satz 8 Halbs. 1 hinzuweisen. Bezüglich der **Art und Weise der Bekanntmachung** erklärt Satz 3 die Regelung in Abs. 3 Satz 1 für entsprechend anwendbar (vgl. Rdn. 72).

117 Nach Satz 4 ist der gesamte Bescheid ab dem Tag nach der Bekanntmachung für einen Zeitraum von zwei Wochen **auszulegen**. Der Wortlaut verlangt somit, dass auch sämtliche Bauvorlagen, die Bestandteil der Genehmigung geworden sind, zur Einsichtnahme bereitzulegen sind. Mit Ablauf der Auslegungsfrist gilt der Bescheid nach Satz 8 Halbs. 1 gegenüber jedermann als zugestellt. Sofern die Bekanntmachung nicht an gravierenden Fehlern leidet (vgl. zu möglichen Fehlerfolgen Wörheide, NWVBl. 2019, S. 221 ff.), beginnt somit mit dem Ende der Auslegungsfrist – auch für Personen, die keinen Einwendungen gegen das Vorhaben erhoben haben – die einmonatige Klagefrist.

118 Satz 9 gibt Personen, die Einwendungen gegen das Vorhaben erhoben haben, das Recht, den Bescheid und seine Begründung schriftlich **anzufordern**. Hiermit wollte der Gesetzgeber diesen Personen die Möglichkeit geben, eine Ausfertigung der behördlichen Entscheidung einschließlich ihrer Begründung zu erlangen und so eine vergleichbare Sachlage zu schaffen wie bei § 72 Abs. 2 Satz 2 BauO NRW (LT-Drucks. 17/2166, S. 192). Nach dem Wortlaut der Regelung besteht das Anforderungsrecht bis zum Ablauf der Widerspruchsfrist. Gemeint ist hiermit offensichtlich die Klagefrist des § 74 Abs. 1 Satz 2 VwGO, da das Widerspruchsverfahren in Fällen der Drittanfechtung nach § 110 JustG NRW regelmäßig nicht statthaft ist.

3.8 Begründung der Entscheidung

119 Abs. 6 Satz 5 stellt gesonderte **Anforderungen an die Entscheidungsbegründung** im Sinne von § 39 VwVfG. NRW. Die Regelung ist nach dem ausdrücklichen Wortlaut auf Fälle der obligatorischen Öffentlichkeitsbeteiligung beschränkt. In den Fällen der fakultativen Öffentlichkeitsbeteiligung bleibt es somit bei der Regelung in § 74 Abs. 2 Satz 2 BauO NRW.

120 Satz 5 verlangt, dass in der Begründung die wesentlichen tatsächlichen und rechtlichen Gründe angeführt werden, die die Behörde zu ihrer Entscheidung bewogen haben. Zudem muss die Begründung Angaben über die Behandlung der Einwendungen sowie den Ablauf des Beteiligungsverfahrens enthalten. Die Begründungsanforderungen gehen somit deutlich über die Regelung des § 74 Abs. 2 Satz 2 BauO NRW hinaus, der gemäß Satz 6 parallel anwendbar bleibt. Hiermit ist klargestellt, dass der durch Satz 5 vorgegebene Begründungsinhalt nicht automatisch eine Begründung der Abweichungen oder Befreiungen von nachbarschützenden Bestimmungen nach Maßgabe von § 74 Abs. 2 Satz 2 BauO NRW entbehrlich macht. Die Begründung muss vielmehr beiden Vorschriften Rechnung tragen.

121 Abs. 6 Satz 5 dient der Umsetzung von Art. 15 Abs. 5 Buchstabe b) Seveso-III-Richtlinie. Wie auch die unionsrechtlichen Regelungen über die Entscheidungsbekanntgabe, differenziert diese Vorschrift nicht nach dem Inhalt der Entscheidung. Mit wird daher

davon ausgehen müssen, dass Begründungserfordernis nach Satz 6 auch besteht, wenn die Bauaufsichtsbehörde die Erteilung der beantragten Baugenehmigung ablehnt.

4 Zu Abs. 7 – Beteiligung zu Aspekten der Barrierefreiheit

Abs. 7 regelt die **Beteiligung** zu Aspekten der **Barrierefreiheit** bei **Anlagen**, die in der **öffentlichen Hand** stehen. Bei der Errichtung, Änderung oder Nutzungsänderung hat die Bauaufsichtsbehörde dem zuständigen **Behindertenbeauftragten** oder der örtlichen **Interessensvertretung der Menschen mit Behinderungen** Gelegenheit zur Stellungnahme zu Aspekten der Barrierefreiheit einzuräumen. Ob eine Anlage im Eigentum der öffentlichen Hand steht richtet sich im Falle einer privaten Gesellschaft nach den Gesellschaftsanteilen. 122

Die Beteiligungspflicht durch die Bauaufsichtsbehörde ist auf **öffentlich zugängliche Anlagen** nach § 49 Abs. 2 BauO NRW beschränkt. **Öffentlich zugänglich** ist eine Anlage, wenn und soweit sie nach ihrem Zweck im Zeitraum ihrer Nutzung von im Vorherein nicht bestimmbaren Personen aufgesucht werden kann (vgl. § 49 Rdn. 34). 123

Soweit Anlagen **überwiegend** oder **ausschließlich** von Menschen mit Behinderungen genutzt wird, handelt es sich um **Sonderbauten**, an die die besonderen Voraussetzungen nach § 50 Abs. 1 Satz 2 Nr. 16 BauO NRW gestellt werden (vgl. § 50 Rdn. 74). Für **Arbeitsstätten** regelt zudem das Arbeitsstättenrecht des Bundes weitergehende Anforderungen. 124

Anhang
Öffentliches Nachbarrecht

Übersicht	Rdn.
1. Systematik des Drittschutzes im öffentlichen Baurecht	125
1.1 Allgemeines	125
1.2 Schutznormtheorie	134
1.3 Rücksichtnahmegebot	145
1.4 Grundgesetz als Anspruchsgrundlage	163
2 Nachbarschützende Vorschriften	173
2.1 Bauordnungsrecht	173
2.2 Bauplanungsrecht	217
2.3 Immissionsschutzrecht	242
3 Rechtsschutzverfahren des Nachbarn	258
3.1 Rechtsschutz gegen rechtswidriges Bauen	258
3.2 Materielle Voraussetzungen	264
3.3 Verlust von Nachbarabwehrrechten	272
3.4 Verfahrensrechtliche Aspekte	287
4 Schadensersatz und Entschädigung	300

1. Systematik des Drittschutzes im öffentlichen Baurecht

1.1 Allgemeines

125 Ein Bauherr bedarf für Baumaßnahmen im Regelfall der **Baugenehmigung**. Diese trifft zum einen die Feststellung, dass das Vorhaben mit dem öffentlichen Recht – soweit es im Genehmigungsverfahren überhaupt zu prüfen war – in Übereinstimmung steht (zur Feststellungswirkung vgl. § 74 Rdn. 4, 131 ff. und 247). Sie beinhaltet zum anderen die Erklärung der Baufreigabe (Gestaltungswirkung vgl. § 74 Rdn. 2 und 260 ff.). Solange die Baugenehmigung nicht zurückgenommen oder aufgehoben ist, entfaltet sie zugunsten des Bauherrn und gegebenenfalls zulasten von Dritten weiterhin ihre baufreigebende Wirkung. Die der **Baugenehmigung** entsprechende Bauausführung **kann im Einzelfall den Nachbarn** in seinen Interessen **beeinträchtigen**, auch wenn anzunehmen ist, dass die öffentlich-rechtlichen Vorschriften einen angemessenen Ausgleich sowohl der Interessen der Allgemeinheit als auch privater Dritter (= Angrenzer bzw. Nachbarn) generell bewirken wollen.

126 Eine **Beeinträchtigung Dritter** kann insbesondere dann gegeben sein, wenn die Baugenehmigung unter Verstoß gegen zu prüfende öffentlich-rechtliche Vorschriften und damit rechtswidrig erteilt worden ist. Schließlich kann ein Dritter durch ein Bauvorhaben beeinträchtigt sein,
– das ohne Beachtung der Genehmigungspflicht ausgeführt wurde,
– dessen Ausführung abweichend von der Baugenehmigung erfolgte,
– das zwar freigestellt ist, aber gegen materielles Baurecht verstößt.

Das **öffentliche Nachbarrecht klärt** folgende **Fragen:** 127
– Unter welchen materiellen Voraussetzungen können sich Dritte gegen eine rechtswidrige Baugenehmigung oder rechtswidriges Bauen wehren?
– Welche verfahrensmäßigen Schritte seitens Dritter sind möglich und notwendig, um Schutz gegen das rechtswidrig genehmigte Vorhaben zu erwirken?
– Wie sind diese Fragen für die Fälle zu beantworten, in denen das Vorhaben ohne Baugenehmigung oder abweichend von einer Baugenehmigung errichtet worden ist?

Neben dem **öffentlich-rechtlichen Nachbarschutz**, der gegenüber der Bauaufsichtsbehörde geltend zu machen ist, besteht der **zivilrechtliche Nachbarschutz** von Dritten gegen den Bauherrn. Das **Verhältnis** von öffentlichem und zivilrechtlichem Nachbarschutz war lange Zeit geprägt von dem Meinungsstreit über den **öffentlich-rechtlichen oder den zivilrechtlichen Vorrang** bzw. die »**Gleichrangigkeitsthese**« (vgl. Dolderer, Das Verhältnis des öffentlichen zum privaten Nachbarrecht, DVBl 1998, S. 19 ff.). **Öffentliches und zivilrechtliches Nachbarrecht** sind in doppelter Weise **miteinander verknüpft**. Einerseits hat der Zivilrichter die **Bindungswirkung** einer Baugenehmigung zu beachten (vgl. § 74 Rdn. 51–56) und muss, solange die Baugenehmigung Bestand hat, von der durch sie festgestellten Zulässigkeit des Vorhabens ausgehen (so das überwiegende Schrifttum vgl. z.B. Battis/Krautzberger/Löhr, Vorbemerkungen zu den §§ 29 bis 38 Rn. 25; Schlichter/Stich/Driehaus/Paetow Vorbemerkung zu den §§ 29–38 Rn. 4 und das BVerwG im Urt. v. 26.03.1976 – IV C 7.74, BVerwGE 50, 282), während der BGH dies nur für die rechtskräftig bestätigte Baugenehmigung gelten lässt (BGH, Urt. v. 15.01.1971 – V ZR 110/68, DVBl 1971, 744; vgl. Beaucamp, Überprüfung bestandskräftiger Verwaltungsakte durch die Zivilgerichte, DVBl 2004, S. 352 ff.). Andererseits ist für die »**Ortsüblichkeit**« im Sinne des § 906 BGB, also für die Frage, was vom Dritten mit Erfolg abgewehrt werden kann oder was er zu dulden hat, auch das öffentliche Recht bedeutsam (vgl. Gaentzsch, Ausbau des Individualschutzes gegen Umweltbelastungen als Aufgabe der bürgerlichen und des öffentlichen Rechts, NVwZ 1986, S. 601 ff.). 128

Seit der **Neufassung des § 906 Abs. 1 BGB** (vgl. Kregel, Änderung von § 906 I BGB im Rahmen des Sachenrechtsänderungsgesetzes, NJW 1994, S. 2599 ff.) zeigt sich eine **Tendenz der Zivilgerichte zur Anerkennung der in öffentlich-rechtlichen Vorschriften normierten Grenz- und Richtwerte** (hierzu s. BGH, Urt. v. 06.07.2001 – V ZR 246/00, BauR 2001, 1859 = BRS 64 Nr. 178 = DVBl 2001, 1837; Johlen, Weitere Annäherung von privatem und öffentlich-rechtlichem Immissionsschutz, BauR 2001, S. 1848 ff.; Bitzer, Die Bedeutung der Grenz- und Richtwerte im privaten Immissionsschutzrecht, BauR 2002, S. 1019 ff.; Stühler, Harmoniert das öffentliche mit dem privaten Immissionsschutzrecht?, BauR 2004, S. 614 ff.; Seibel, Die Harmonisierung von öffentlichem und privatem Nachbarrecht, BauR 2005, S. 1409 ff.). Entscheidend für die **Wesentlichkeit der Beeinträchtigung** ist im Zivilrecht die Würdigung aller Umstände, ausgerichtet am **Empfinden eines »verständigen Durchschnittsmenschen«**, insbesondere unter Berücksichtigung der nach § 906 Abs. 1 Satz 2 und 3 BGB **maßgeblichen Grenz- und Richtwerte** (BGH, Urt. v. 21.10.2005 – V ZR 169/04, BRS 69 Nr. 179 = UPR 2006, 109). 129

§ 72 Anhang: Öffentliches Nachbarrecht

130 Für das Verhältnis von öffentlich-rechtlichem und zivilrechtlichem Nachbarschutz ist das vom BVerfG in seiner »**Nassauskiesungsentscheidung**« (Beschl. v. 15.07.1981 – 1 BvL 77/78, BVerfGE 58, 300 = DVBl 1982, 340 = NJW 1982, 745) entwickelte Prinzip des »**Primärrechtsschutzes**« maßgebend. Das bedeutet, dass derjenige, der durch Hoheitsakte beeinträchtigt wird, zunächst hiergegen Rechtsschutz nachsuchen muss. Er darf den Verwaltungsakt nicht bestandskräftig werden lassen, um dann zivilrechtlich auf Abwehr oder Schadensersatz zu klagen. Schlichter/Stich/Driehaus/Paetow (Vorbemerkung zu den §§ 29–38 Rn. 6) weisen darauf hin, dass dies nicht nur für den Bauherrn gilt, dessen Baugenehmigung angeblich zu Unrecht abgelehnt wurde, sondern auch für den Dritten, der sich gegen Beeinträchtigungen aufgrund einer Baugenehmigung, Abweichung oder eines Vorbescheides wehren will.

131 Eine auf das Eigentum an einem Grundstück gestützte **Klagebefugnis fehlt**, wenn die Eigentümerstellung **rechtsmissbräuchlich begründet** worden ist. Dies ist anzunehmen, wenn das Eigentum nicht erworben wurde, um die mit ihm verbundene Gebrauchsmöglichkeit zu nutzen, sondern als Mittel dafür dient, die formalen Voraussetzungen für eine Prozessführung zu schaffen, die nach der Rechtsprechung dem Eigentümer vorbehalten ist. Derartige Umstände können sich daraus ergeben, dass dem Kläger aufgrund der vertraglichen Gestaltung lediglich eine Rechtsstellung übertragen wurde, die auf eine formale Hülle ohne substanziellen Inhalt hinausläuft. Ferner ist von Bedeutung, ob sich an der tatsächlichen Nutzung des Grundstücks etwas geändert hat und ob für die Eigentumsübertragung ein wirtschaftlicher Gegenwert geflossen ist. Ein weiteres Anzeichen kann sich aus den zeitlichen Abläufen ergeben (BVerwG, Urt. v. 27.10.2000 – 4 A 10/99, BauR 2001, 742 = BRS 63 Nr. 201 = NVwZ 2001, 427 zur Klage eines Naturschutzverbands, der lediglich ein Grundstück erworben hatte, um gegen den Planfeststellungsbeschluss für den Neubau einer Bundesfernstraße klagen zu können).

132 Wenn von öffentlich-rechtlichem Nachbarschutz die Rede ist, wird üblicherweise nur an den Rechtsschutz gedacht, den ein Dritter nachträglich vor Gerichten gegen eine rechtswidrige Baugenehmigung oder rechtswidrige Anlagen sucht. Darüber wird häufig vergessen, dass die **Behörden** aufgrund des Rechtsstaatsprinzips **verpflichtet** sind, **bei ihren Maßnahmen**, also im Vorhinein, auch den **Nachbarschutz im Auge zu behalten**. Der behördliche Nachbarrechtsschutz geht in den Fällen weiter, in denen Klagemöglichkeiten des Nachbarn mangels subjektiv-rechtlicher Wirkungen verletzter Normen nicht bestehen, weil nur Normen verletzt sind, die allein öffentlich-rechtliche Interessen schützen. **Aufgabe der Bauaufsichtsbehörden** ist es daher, **rechtmäßige Entscheidungen** zu treffen und nicht etwa objektiv-rechtswidrig Baugenehmigungen mit der nicht ausgesprochenen Begründung zu erteilen, es würden keine Nachbarrechte verletzt (VGH B-W, Beschl. v. 15.07.1985 – 3 S 1652/85, BRS 44 Nr. 189 und Urt. v. 15.09.1986 – 3 S 2547/85, BRS 46 Nr. 174). Dagegen ist es **keine Aufgabe des Nachbarn**, die Einhaltung des öffentlichen Baurechts allgemein zu »**überwachen**« und jegliche Realisierung rechtswidriger Bauvorhaben in seiner Nachbarschaft zu verhindern (OVG Saar, Beschl. v. 20.12.2005 – 2 W 33/05, BRS 69 Nr. 165).

Die **Rechtsprechung zum Baunachbarrecht** ist **kaum überschaubar** und **nicht widerspruchsfrei** (s. Breuer, Das baurechtliche Gebot der Rücksichtnahme – ein Irrgarten des Richterrechts, DVBl 1982, S. 1065 ff. Fußnote 37–42 und die Nachweise bei Schulte, Die dogmatischen Grundlagen des Rücksichtnahmegebots im Baurecht, PR 1984, S. 212 ff.). Sie hat sich jedoch **auf der Linie des BVerwG auch bei den Instanzgerichten gefestigt** (vgl. OVG Bln, Urt. v. 18.05.1984 – 2 B 151.83, BRS 42 Nr. 160). Die Rechtsprechung der Oberverwaltungsgerichte und Verwaltungsgerichtshöfe der Länder, die prinzipiell der Rechtsprechung des Bundesverwaltungsgerichts folgt, führt in Detailpunkten gleichwohl bisweilen zu **unterschiedlichen Entscheidungen**. Dieses Ergebnis löste immer wieder Versuche aus, die Frage nach dem nachbarschützenden Charakter einer Norm **objektiver** zu beantworten (vgl. hierzu Mampel, Modell eines neuen bauleitplanerischen Drittschutzes, BauR 1998, S. 697 ff. und ders., Modell eines neuen Drittschutzes im unbeplanten Innenbereich, BauR 1999, S. 854 ff.). Die neuere Rechtsprechung des BVerwG scheint indessen weg vom Individualrechtsschutz hin zur objektiven Rechtsbeanstandung zu führen (vgl. Jäde, Terrorismus ist überall – oder: Die Auflösung des baurechtlichen Drittschutzes, ZfBR 2007, S. 751 ff.).

133

1.2 Schutznormtheorie

Nach allgemeiner Auffassung besteht im Baurecht auch eine **Pflicht des Staates zum Schutz der Rechtssphäre des Nachbarn**, die mit der vom BVerfG erkannten nachbarrechtlichen Dimension der Grundrechte gemäß Art. 14 Abs. 1 GG – Eigentum – und Art. 2 Abs. 2 GG – Leben und Gesundheit – begründet wird (s. Steinberg, Grundfragen des öffentlichen Nachbarrechts, NJW 1984, S. 457 ff., unter Hinweis auf die beiden Atomrechtsentscheidungen: Kalkar, BVerfG, Beschl. v. 08.08.1978 – 2 BvL 8/77, BVerfGE 49, 89 = NJW 1979, 359; Mülheim/Kärlich, Beschl. v. 20.12.1979 – 1 BvR 385/77, BVerfGE 53, 30 = NJW 1980, 759, sowie den Düsseldorfer Flughafenbeschluss vom 14.01.1981 – 1 BvR 612/72, BVerfGE 56, 54 = NJW 1981, 1655). Nach herrschender Meinung und nach der Rechtsprechung ergeben sich hieraus **subjektiv-öffentliche Rechte**, die der Nachbar prozessual durchsetzen kann.

134

Die »**Schutznormtheorie**« verlangt, dass die **zugrunde liegende gesetzliche Vorschrift** dazu bestimmt ist, (auch) **den Individualinteressen der Betroffenen** zu dienen (BVerwG, Urt. v. 15.07.1987 – 4 C 56.83, BRS 47 Nr. 181; s.a. Schlichter/Stich/Driehaus/Paetow, Vorbemerkung zu den §§ 29–38 Rn. 8 und Große-Suchsdorf zu § 68 Rn. 28). Für die Klärung der Frage, wann eine baurechtliche Vorschrift ausschließlich objektiv-rechtlichen Charakter hat oder ob sie (auch) dem Schutz individueller Interessen dient, also Rücksichtnahme auf Interessen Dritter gebietet, führt das BVerwG im Urt. v. 19.09.1986 (– 4 C 8.84, BRS 46 Nr. 173 = DVBl 1987, 476 = NVwZ 1987, 409) aus:

135

»Das kann sich unmittelbar aus dem Wortlaut der Norm ergeben, etwa dann, wenn sie Abwehrrechte Betroffener ausdrücklich begründet. In der Regel allerdings wird insoweit – da der Normgeber nur in Ausnahmefällen derartige Abwehrrechte ausdrücklich statuiert hat – eine Auslegung der Norm nach Sinn und Zweck in Betracht kommen; gelegentlich mag sich auch aus der Entstehungsgeschichte der Wille des historischen Gesetzgebers ermitteln lassen, die Interessen Dritter zu schützen.«

136

137 Das OVG NRW (Urt. v. 10.09.1982 – 10 A 2296/79, BauR 1983, 235 = BRS 39 Nr. 174) hatte die Auffassung vertreten, **jede** Norm des materiellen Baurechts habe **potentiell** nachbarschützende Wirkung. Grenzen seien dem nachbarlichen Abwehrrecht aber dadurch gezogen, dass ein solches nur dann bestehe, wenn der Nachbar durch die Abweichung von einer solchen Norm mit der Folge einer Minderung des Wertes des Grundbesitzes in seinem Eigentum spürbar (nennenswert) betroffen sei. Für eine abstrakte Ermittlung der Nachbarschutzwirkung einer gesetzlichen Vorschrift sei die Frage nach der Individualisierbarkeit untauglich, weil sich das nur situationsgebunden, also nur einzelfallbezogen, beantworten lasse. Dem ist das **BVerwG** (Beschl. v. 16.08.1983 – 4 B 94.83, BauR 1983, 560 = BRS 40 Nr. 190 = NVwZ 1984, 38) mit der Begründung **entgegengetreten**, es gebe zahlreiche Normen des öffentlichen Rechts, die ausschließlich der Durchsetzung von Interessen der Allgemeinheit und nicht dem Schutz individueller Interessen dienten. Es müsse daher stets der nachbarschützende Charakter der Norm ermittelt werden, um eine Rechtsverletzung der Nachbarn feststellen zu können.

138 Die frühere Rechtsprechung, die neben dem nachbarschützenden Charakter einer Norm zusätzlich die **Abgrenzbarkeit des geschützten Personenkreises** verlangte (s. z.B. BVerwG, Urt. v. 28.04.1967 – IV C 10.65, BVerwGE 27, 29 = BRS 18 Nr. 86 und Urt. v. 20.10.1972 – IV C 107.67, BVerwGE 41, 5) wurde **aufgegeben**. Das BVerwG führt im Urt. v. 19.09.1986 (– 4 C 8.84, BRS 46 Nr. 173 = DVBl 1987, 476) aus:

139 »*Es kommt weder darauf an, ob die Norm einen geschützten Personenkreis räumlich, etwa durch Bezeichnung eines Gebietes, abgrenzt, noch darauf, ob sie in ihrer vollen Reichweite auch dem Schutz individueller Interessen zu dienen bestimmt ist. … Worauf es ankommt, ist, dass sich aus individualisierenden Tatbestandsmerkmalen der Norm ein Personenkreis entnehmen lässt, der sich von der Allgemeinheit unterscheidet.*«

140 Die Rechtsprechung zum nachbarschützenden Charakter von Vorschriften orientiert sich pragmatisch am Ziel eines abgewogenen Interessenausgleichs und differenziert einzelfallbezogen in Bezug auf die konkrete Betroffenheit (vgl. Sendler, Der Nachbarschutz im Städtebaurecht Teil 1 – Nachbarschutz im Planbereich, BauR 1970, S. 4 ff., und Der Nachbarschutz im Städtebaurecht Teil 2 – Nachbarschutz im nicht beplanten Innenbereich, im Außenbereich und im Genehmigungsverfahren zum Bodenverkehr, BauR 1970, S. 74 ff. sowie Schlichter/Stich/Driehaus/Paetow, Vorbemerkung zu den §§ 29–38 Rn. 14).

141 Aufmerksamkeit verdienen hinsichtlich der **Versuche**, die **Schutznormtheorie** und die mit ihr verbundenen Unsicherheiten und Wertungswidersprüche **zu überwinden**, die Formulierungen von Breuer (Baurechtlicher Nachbarschutz, DVBl 1983, 431 ff.):

142 »*Subjektive öffentliche Nachbarrechte sind bei der Anwendung solcher Vorschriften des öffentlichen Bauplanungs- und Bauordnungsrechts oder ergänzender Vorschriften des Boden- und Umweltschutzrechts anzuerkennen, die den nachbarlichen Interessenkonflikt durch Postulate der Zuordnung, Verträglichkeit und Abstimmung benachbarter Nutzungen regeln und zu einem Ausgleich bringen. Es kommt somit auf den*

objektiven Regelungsgegenstand der anwendbaren Vorschriften an. Darin liegt – verglichen mit dem finalen und subjektiven, weithin spekulativen Ansatz der Schutznormtheorie – eine Erweiterung des öffentlich-rechtlichen Nachbarschutzes. Entgegen der bisherigen Kritik an der Schutznormtheorie bleibt es nach dem hier entwickelten Ansatz jedoch dabei, dass die konkrete Reichweite der subjektiven öffentlichen Nachbarrechte der gesetzlichen Ausprägung und Aktualisierung bedarf. Sie muss somit aus dem grundrechtskonkretisierenden Gesetzesrecht heraus entwickelt werden. Die subjektiven öffentlichen Nachbarrechte äußern sich in einem negatorischen, grundrechtlich fundierten Unterlassungs- und Störungsbeseitigungsanspruch, wenn die Bauaufsichtsbehörde gegen eine Vorschrift verstößt, die den nachbarlichen Interessenausgleich gebietet. Aus dem negatorischen Charakter dieses Anspruchs folgt indessen eine wichtige Begrenzung des öffentlich-rechtlichen Nachbarschutzes: Neben der Verletzung einer nachbarrelevanten Rechtsnorm, die den nachbarlichen Konflikt in der bezeichneten Weise regelt, setzt der negatorische Anspruch eine konkrete Beeinträchtigung des Nachbarn voraus. Der bloße Verstoß gegen eine nachbarrelevante Rechtsnorm reicht nicht aus.«

Der **Schlüsselbegriff** der **Schutzwürdigkeit nachbarlicher Belange** durchzieht das Baunachbarrecht. Sie ist in Relation zur jeweiligen Störung zu bringen und gegen deren Notwendigkeit oder Berechtigung anhand der gesetzlichen Zielvorgabe abzuwägen (so Sarnighausen, Zur Schutzwürdigkeit im Baunachbarrecht, NVwZ 1996, S. 110 ff.). 143

Die Rechtsprechung des **BVerwG** ist **an den Besonderheiten des Bauplanungsrechts ausgerichtet** und nicht ohne weiteres auf das Bauordnungsrecht übertragbar. Das BVerwG hat dem BImSchG nachbarschützenden Charakter zuerkannt (Urt. v. 24.10.1967 – I C 64.65, DVBl 1968, 35 = NJW 1967, 2325 noch zur Genehmigung nach §§ 16 ff. GewO), ohne dass es im Einzelnen darauf ankommt, dass die einzelnen Normen den geschützten Personenkreis näher umschreiben, weil der Kreis der benachbarten Grundstücke vom Einwirkungsbereich der Anlage im Einzelfall abhängig sei. Im **Bauordnungsrecht** ist der nachbarschützende Charakter einer Norm anzunehmen, wenn sie im öffentlichen Interesse Maßnahmen verbietet, die den **Rechtsbereich des Nachbarn typischerweise schädigen oder gefährden** (so Große-Suchsdorf zu § 68 Rn. 39). Bauordnungsrechtliche Bestimmungen, die ausdrücklich verlangen, dass eine Anlage keine Gefahren, erheblichen Nachteile oder Belästigungen hervorruft oder dass sie die Ruhe und Erholung in der Umgebung durch Lärm oder Gerüche nicht erheblich stört, sind nachbarschützend (so Jacob, Zur tatsächlichen Beeinträchtigung des Nachbarn im Baurecht oder: minima non curat praetor?, BauR 1984, S. 1 ff., der von **bauordnungsrechtlichen Vorschriften mit Immissionsschutzcharakter** spricht). Hierzu gehört z.B. § 15 Abs. 2 und 3 BauO NRW (Schallschutz und Erschütterungsschutz). 144

1.3 Rücksichtnahmegebot

Dritte können Rechtsschutz gegen Vorhaben auch dann erhalten, wenn ein Verstoß gegen das **von der Rechtsprechung entwickelte Gebot der Rücksichtnahme** vorliegt 145

§ 72 Anhang: Öffentliches Nachbarrecht

(s. grundsätzlich Weyreuther, Das bebauungsrechtliche Gebot der Rücksichtnahme und seine Bedeutung für den Nachbarschutz, BauR 1975, S. 1 ff.; **Leitentscheidung des BVerwG**, Urt. v. 25.02.1977 – IV C 22.75, BRS 32 Nr. 155, s. ferner Redeker, Das baurechtliche Gebot der Rücksichtnahme, DVBl 1984, S. 875 ff. und Schlichter/Stich/Driehaus/Paetow, Vorbemerkung zu den §§ 29–38 Rn. 27–50; Alexy, Das Gebot der Rücksichtnahme im baurechtlichen Nachbarschutz, DÖV 1984, S. 953 ff.; Peine, Das Gebot der Rücksichtnahme im baurechtlichen Nachbarschutz, DÖV 1984, S. 963 ff.). Das als **Richterrecht** entwickelte **bauplanungsrechtliche** Gebot der Rücksichtnahme hat die Fachöffentlichkeit anfänglich und auch später noch erheblich verunsichert (vgl. Breuer, Das baurechtliche Gebot der Rücksichtnahme – ein Irrgarten des Richterrechts, DVBl 1982, S. 1065 ff. und Hauth, Das Gebot der Rücksichtnahme – vom Irrgarten in die Sackgasse, BauR 1993, S. 673 ff.). Erst die spätere Rechtsprechung stellte klar, dass die Prüfung, ob ein Vorhaben die gebotene Rücksicht auf seine unmittelbare Umgebung nimmt, sich aus den **einfachrechtlichen bauplanungsrechtlichen** Vorgaben des BauGB bzw. der BauNVO ableitet, um beim **Vorliegen atypischer Sachverhalte** krasse städtebauliche Fehlentwicklungen in Bezug auf das nachbarschaftliche Verhältnis ausschließen zu können (zur neueren Entwicklung der Rechtsprechung s. Mampel, Drittschutz durch das bauplanungsrechtliche Gebot der Rücksichtnahme, DVBl 2000, S. 1830 ff.). Das Rücksichtnahmegebot hat indessen »nie gänzlich klare und präzise Konturen gewonnen« (so Jäde/Dirnberger/Weiß zu § 29 Rn. 75); es wurde **für die Fälle** nutzbar gemacht, **in denen** bis dahin der **nachbarschützende Charakter einer Norm nicht anerkannt** war, also **subjektiv-öffentliche Nachbarrechte** nicht bejaht werden konnten (vgl. Battis/Krautzberger/Löhr, Vorbemerkungen zu den §§ 29 bis 38 Rn. 49 und BVerwG, Urt. v. 13.03.1981 – 4 C 1.78, BRS 38 Nr. 186).

146   Das Gebot der Rücksichtnahme wurde ursprünglich vom BVerwG zu **Außenbereichsvorhaben nach § 35 BauGB** entwickelt. Dabei ging es um **immissionsschutzrechtliche** Probleme (vgl. BVerwG, Urt. v. 25.02.1977 – IV C 22.75, BRS 32 Nr. 155). Welche **Anforderungen** das **Gebot der Rücksichtnahme** objektiv-rechtlich begründet, hängt wesentlich von den jeweiligen Umständen des Einzelfalls ab. Nach der Rechtsprechung des BVerwG (Urt. v. 13.03.1981 – 4 C 1.78, BRS 38 Nr. 186 und Urt. v. 05.08.1983 – 4 C 53.81, BRS 40 Nr. 198)

147   *»kann umso mehr an Rücksichtnahme verlangt werden, je empfindlicher und schutzwürdiger die Stellung derer ist, denen die Rücksichtnahme im gegebenen Zusammenhang zugute kommt; umgekehrt braucht derjenige, der das Vorhaben verwirklichen will, umso weniger Rücksicht zu nehmen, je verständlicher und unabweisbarer die von ihm mit seinem Vorhaben verfolgten Interessen sind.«*

148   Die auf dieser Grundlage **vorzunehmende Interessenabwägung** ist an dem **Kriterium der Unzumutbarkeit** in dem Sinne auszurichten, dass dem Betroffenen die nachteilige Einwirkung des umstrittenen Vorhabens billigerweise nicht mehr zugemutet werden soll. So kann eine Wohnbebauung, die an eine emittierende Anlage heranrückt, gegen das Rücksichtnahmegebot verstoßen, wenn sie sich dadurch unzumutbaren

Immissionen aussetzt (OVG NRW, Beschl. v. 04.09.2001 – 10 B 332/01, BRS 64 Nr. 180; BayVGH, Beschl. v. 28.08.2001 – 26 ZS 01.1413, BRS 64 Nr. 185). Bei der **Bemessung** dessen, was dem durch ein Vorhaben Belästigten **zuzumuten** ist, kann auf die immissionsschutzrechtlichen Bestimmungen, z.b. im Falle von Lärmbeeinträchtigungen auf die TA-Lärm, zurückgegriffen werden. Eine Baugenehmigung verstößt gegen das subjektiv-rechtliche Gebot der Rücksichtnahme, wenn von vornherein absehbar ist, dass im Bauschein festgesetzte notwendige Immissionsgrenzwerte nicht eingehalten werden können (OVG M-V, Beschl. v. 16.07.1999 – 3 M 79/99, BRS 63 Nr. 195 zu einer Diskothek neben einer Kurklinik). In einem vorbelasteten Gebiet trifft den Bauwilligen eine **Obliegenheit**, durch die **Anordnung** des Gebäudes auf dem Grundstück, durch die **Grundrissgestaltung** oder **andere ihm mögliche und zumutbare Maßnahmen** der »architektonischen Selbsthilfe« seinerseits die gebotene Rücksicht zu nehmen (BVerwG, Urt. v. 23.09.1999 – 4 C 6.98, BauR 2000, 234 = BRS 62 Nr. 86 = DÖV 2000, 463; OVG Schl-H, Beschl. v. 22.03.2002 – 1 M 5/02, NVwZ-RR 2004, 19; OVG Bln-Bbg, Beschl. v. 13.05.2013 – OVG 10 S 38.12, juris; BayVGH, Beschl. v. 03.06.2013 – 2 CS 13.619, juris; s. hierzu auch Steffen, Gebot der Rücksichtnahme und Obliegenheit zur »architektonischen Selbsthilfe«, BauR 2002, S. 1343 ff.). 149

Das **Gebot der Rücksichtnahme** wurde auf **Vorhaben im Innenbereich** ausgedehnt und geht im **Begriff des Einfügens** auf (BVerwG, Beschl. v. 13.02.1981 – 4 B 14.81, BRS 38 Nr. 185; Urt. v. 13.03.1981 – 4 C 1.78, BauR 1981, 354 = BRS 38 Nr. 186 und Urt. v. 23.05.1986 – 4 C 34.85, BauR 1986, 542 = BRS 46 Nr. 176 = NVwZ 1987, 128). Anders als im Außenbereich geht es hier nicht nur um den Immissionsschutz, sondern vielmehr auch um **Konflikte zwischen nicht harmonisch aufeinander abgestimmten Baustrukturen**, so dass die vorhandene Bebauung von einem Vorhaben erdrückt zu werden scheint – man spricht daher auch von einer »**erdrückenden Wirkung**« rücksichtsloser Vorhaben. Dies ist der Fall, wenn ein Gebäude wegen seiner **Ausmaße** (Breite und/oder Höhe), wegen seiner **Baumasse** oder seiner **massiven Gestaltung** ein benachbartes Grundstück **unangemessen benachteiligt**, indem es ihm förmlich »**die Luft nimmt**« (OVG NRW, Beschl. v. 30.05.2000 – 7 B 749/00, n.v. und Beschl. v. 14.06.2016 – 7 A 1251/15, juris). Erfasst werden jedoch auch andere Konfliktsituationen, wie mögliche **Gefahren einer diplomatischen Vertretung durch terroristische Anschläge** (BVerwG, Urt. v. 25.01.2007 – 4 C 1/06, IBR 2007, 399 zu § 15 Abs. 1 S. 2 BauNVO) oder **Blendwirkungen** eines das Sonnenlicht reflektierenden Ziegeldachs (VGH B-W, Urt. v. 19.07.2007 – 3 S 1654/06, BauR 2007, 1865). 150

Im **beplanten Bereich** findet es seine normative Ausprägung in den Vorschriften des § 31 Abs. 2 BauGB und des § 15 BauNVO (BVerwG, Urt. v. 05.08.1983 – 4 C 96.79, BRS 40 Nr. 4 und Urt. v. 05.08.1983 – 4 C 53.81, BRS 40 Nr. 198). Im **Geltungsbereich** eines – qualifizierten, vorhabenbezogenen oder einfachen – **Bebauungsplans** (s. § 30 Abs. 1–3 BauGB) kann ein Vorhaben, das nach den Festsetzungen über die **Art der baulichen Nutzung** in Verbindung mit §§ 2–14 BauNVO (sämtliche Fassungen) zulässig ist, im Einzelfall über § 15 BauNVO (sämtliche Fassungen), der sich 151

als **Ausprägung des baurechtlichen Rücksichtnahmegebots** darstellt (BVerwG, Urt. v. 05.08.1983 – 4 C 53.81, BRS 40 Nr. 198), ausnahmsweise unzulässig sein,
– wenn das **Vorhaben nach Anzahl, Lage, Umfang** oder **Zweckbestimmung** in Widerspruch zu der Eigenart des Baugebiets tritt,
– wenn das **Vorhaben Belästigungen oder Störungen hervorruft**, die im Baugebiet **unzumutbar** sind oder
– wenn das **Vorhaben selbst** solchen **Belästigungen oder Störungen ausgesetzt** würde.

152 Nach dem Wortlaut des § 15 BauNVO, der unter anderem auf die Zulässigkeitskriterien **Anzahl, Lage, Umfang** von Vorhaben abstellt, könnte geschlossen werden, die Vorschrift biete auch eine Handhabe, um z.b. eine bestimmte Gebäudeanordnung oder Gebäudegröße innerhalb einer großzügig dimensionierten überbaubaren Grundstücksfläche im Einzelfall unterbinden zu können. Jedenfalls hatte die Rechtsprechung eine derartige Auslegung bislang gestützt (vgl. z.b. BVerwG, Beschl. v. 22.11.1984 – 4 B 244.84, BRS 42 Nr. 206 und Beschl. v. 29.07.1991 – 4 B 40.91, BRS 52 Nr. 56). Inzwischen hat sich jedoch die Auffassung durchgesetzt, dass § 15 BauNVO aufgrund seiner **Stellung im ersten Abschnitt** der BauNVO nur die Vorschriften über die **Art** der baulichen Nutzung erfasst (BVerwG, Urt. v. 16.03.1995 – 4 C 3.94, BauR 1995, 508 = BRS 57 Nr. 175 = ZfBR 1995, 212). Infolgedessen wirken sich die **Kriterien Anzahl, Lage** und **Umfang** nur in Bezug auf die Art der baulichen Nutzung aus. Im Einzelfall kann z.b. der »**Umfang**« eines Vorhabens der Eigenart des Baugebiets widersprechen, weil **Quantität** auch infolge der städtebaulichen Auswirkungen in **Qualität** umschlagen kann (vgl. Fickert/Fieseler zu § 15 Rn. 8.1).

153 Diese Betrachtung ist **nicht grundstücksbezogen**, sondern **stets baugebietsweit** vorzunehmen, da es darum geht, die »**gewachsene**« Eigenart des Baugebiets, wie diese aufgrund der festgesetzten Art der baulichen Nutzung entstanden ist, durch »**Nachsteuerung**« – bzw. »**Feinsteuerung**« – vor nachteiligen Veränderungen zu schützen (nur Nachsteuerung, nicht jedoch Korrektur der Festsetzung, so Fickert/Fieseler, § 15 Rn. 1.13). Ein in einem Baugebiet zulässiger Gewerbebetrieb kann wegen seines Umfangs, nämlich der »aus dem Rahmen fallenden Betriebsgröße« oder wegen des »regen Zu- und Abgangsverkehrs«, im Einzelfall unzulässig sein (BVerwG, Urt. v. 04.05.1988 – 4 C 34.86, BauR 1988, 440 = BRS 48 Nr. 37 = NJW 1988, 3168).

154 Die Nachsteuerung über § 15 BauNVO greift nur ein, **soweit der Bebauungsplan noch keine abschließende planerische Entscheidung zur Zulässigkeit des speziellen Vorhabens enthält** (BVerwG, Beschl. v. 06.03.1989 – 4 NB 8.89, BauR 1989, 306 = BRS 49 Nr. 44 zur Unzulässigkeit der Nachsteuerung bei der Ausweisung eines Parkhauses, dessen Details bereits bei der Planaufstellung genau bekannt waren). Daraus wird deutlich, dass der **Spielraum zur Anwendung des § 15 BauNVO umso geringer ist, je konkreter die Festsetzung zur Art der baulichen Nutzung** getroffen wurde. Gründe, die bereits Gegenstand der planerischen Abwägung waren, können nicht mehr in die Prüfung nach § 15 BauNVO eingestellt werden (OVG NRW, Beschl. v. 09.07.1993 – 10 B 531/93, BRS 55 Nr. 180).

Nur eine bauaufsichtlich **genehmigte und tatsächlich ausgeübte Nutzung** kann eine **155**
Rücksichtnahmepflicht des Nachbarn auslösen (VGH B-W, Urt. v. 20.05.2003 –
5 S 2751/01, BauR 2003, 1539 = BRS 66 Nr. 179 zu einem nahezu zwei Jahre lang
nicht mehr bewohnten Gebäude). Hinsichtlich dieses Zeitraums ist jedoch Vorsicht
geboten, da nach anderer Auffassung auch noch nach vier Jahren des Leerstandes
nicht von einem Erlöschen des Nutzungsrechts ausgegangen werden kann (OVG Bln,
Beschl. v. 07.06.2004 – 2 S 27.04, BRS 67 Nr. 191).

Das **Rücksichtnahmegebot** ist **kein eigenständiges Rechtsinstitut** (vgl. Schlichter/ **156**
Stich/Driehaus/Paetow, Vorbemerkung zu den § 29–38 Rn. 31), sondern eine zwar
nicht generelle, wohl aber ausnahmsweise einzelfallbezogene Ausformung des nachbarschützenden Charakters einer Norm des **einfachen** Rechts (BVerwG im Beschl. v.
20.09.1984 – 4 B 181.84, BRS 42 Nr. 184). Das BVerwG versteht das subjektiv-rechtliche **Rücksichtnahmegebot als eine Einschränkung des Nachbarschutzes**, indem
es der Norm, in der das Gebot objektiv-rechtlich verankert ist, keine generell drittschützende Wirkung zubilligt, sondern auf die »unzumutbare« Beeinträchtigung des
Dritten nach den konkreten Umständen des Einzelfalles abstellt. Finkelnburg/Ortloff,
Band II, S. 228, sprechen deswegen begrifflich klar von »**partiell nachbarschützenden
Normen**« im Gegensatz zu »generell nachbarschützenden Normen«.

Die geforderte »**Unzumutbarkeit**« richtet sich **nach den Kriterien der Norm** und ist **157**
nicht mit der Unzumutbarkeit im Sinne des Anspruchs aus Art. 14 Abs. 1 oder Art. 2
Abs. 1 GG zu verwechseln (so Finkelnburg/Ortloff, Band II, S. 229).

Anders als bei der Verletzung einer generell nachbarschützenden Norm setzt Nach- **158**
barschutz aus dem Gebot der Rücksichtnahme voraus, dass eine – unzumutbare –
Beeinträchtigung des Nachbarn zusätzlich festgestellt wird. Die allein objektive
Rechtswidrigkeit eines Vorhabens reicht im Zusammenhang mit der Verletzung des
Gebots der Rücksichtnahme nicht aus, Nachbarrechtsschutz zu erlangen (BVerwG,
Urt. v. 28.10.1993 – 4 C 5.93, BauR 1994, 354 = BRS 55 Nr. 168).

Das Rücksichtnahmegebot ist »**keine allgemeine Härteklausel**«, die »über« den spe- **159**
ziellen Vorschriften des Städtebaurechts oder gar denen des gesamten öffentlichen
Baurechts steht, sondern ist lediglich »**Bestandteil einzelner bauplanungsrechtlicher
Zulässigkeitskriterien**« (BVerwG, Urt. v. 11.01.1999 – 4 B 128.98, BRS 62 Nr. 102),
um – anders als bei dem generell nachbarschützenden § 6 BauO NRW – eine nach
den konkreten Umständen des Einzelfalls aus der Anwendung des Bauplanungsrechts
sich **ausnahmsweise** ergebende »**unzumutbare**« Beeinträchtigung des Nachbarn abzuwehren (BVerwG, Beschl. v. 20.09.1984 – 4 B 181.84, BRS 42 Nr. 184).

Die **bauplanungsrechtlichen Vorschriften** werden dabei **durch bauordnungsrechtli-** **160**
che nicht verdrängt, so dass auch bei Einhaltung verwandter bauordnungsrechtlicher
Vorschriften das Rücksichtnahmegebot aus bauplanungsrechtlichen Vorschriften ver-
letzt sein kann (BVerwG, Urt. v. 11.01.1999 – 4 B 128.98, BRS 62 Nr. 102 zum
Verhältnis von § 34 BauGB zu bauordnungsrechtlichen Abstandsvorschriften und
Urt. v. 07.12.2000 – 4 C 3.00, BRS 63 Nr. 160 zum Verhältnis von § 15 BauNVO
zu den bauordnungsrechtlichen Vorschriften des § 51 Abs. 7 BauO NRW über die
Anordnung der Stellplätze auf dem Grundstück).

161 Nach bisheriger Rechtsprechung war zumindest aus tatsächlichen Gründen das **Rücksichtnahmegebot im Regelfall nicht verletzt, wenn** die **Abstandsflächenvorschriften eingehalten** sind (BVerwG, Urt. v. 11.01.1999 – 4 B 128.98, BauR 1999, 615 = BRS 62 Nr. 102). Die Annahme einer »**erdrückenden Wirkung**« blieb auf **Ausnahmefälle** beschränkt (Nds. OVG, Beschl. v. 15.01.2007 – 1 ME 80/07, ZfBR 2007, 284). Diese Systematik ist vom OVG NRW im Hinblick auf die Neuregelung des Abstandsflächenrechts modifiziert worden. Danach ist nach der neuen Rechtslage (BauO NRW 2006) die Einhaltung der Abstandsflächen nicht alleiniges Kriterium für die Beachtung des Rücksichtnahmegebots. Die o.g. Indizwirkung ist nach Auffassung des OVG NRW nicht gegeben, wo es zu einer nachhaltigen Verkürzung der Abstandsflächen durch die Neuregelung gekommen ist (OVG NRW, Beschl. v. 09.02.2009 – 10 B 1713/08, BauR 2009, 775 und Beschl. v. 03.07.2013 – 7 B 477/13, juris; a.A. OVG Bln, Beschl. v. 30.10.2009 – 10 S 26.09, BauR 2010, 441). In einem solchen Fall ist nach Auffassung des OVG NRW eine eigenständige Prüfung des Gebots der Rücksichtnahme angezeigt. Im Übrigen kann die Einhaltung der Abstandsflächen für die Wahrung des Gebots der Rücksichtnahme aussagekräftig sein (OVG NRW, Beschl. v. 09.02.2009 – 10 B 1713/08, BauR 2009, 775).

162 Das bauplanungsrechtliche Gebot der Rücksichtnahme erfährt ohnehin **keine Konkretisierung** und **keine Einschränkung durch das Abstandsflächenrecht** der Landesbauordnungen, soweit nachbarliche Belange in Rede stehen, die von diesem nicht erfasst werden, wie etwa die in § 34 Abs. 1 Satz 2 BauGB geforderten **gesunden Wohn- und Arbeitsverhältnisse** (VGH B-W, Beschl. v. 12.10.2004 – 8 S 1661/04, BRS 67 Nr. 179 = NVwZ-RR 2005, 89).

1.4 Grundgesetz als Anspruchsgrundlage

163 Die grundgesetzlichen Anspruchsgrundlagen stellen im Wesentlichen **Art. 14 Abs. 1 – Eigentumsschutz, Art. 2 Abs. 2 GG – Schutz auf Leben und körperliche Unversehrtheit, Art. 4 – Schutz der Totenruhe** und **Art. 5 Abs. 3 GG– Kunstfreiheit** dar (hierzu s. Jäde/Dirnberger/Weiß zu § 29 Rn. 92–99). Diese Grundrechtsartikel sind in Rechtsprechung und Literatur für nachbarliche Abwehransprüche herangezogen worden, um in Fällen einer nach einfachem Recht lediglich objektiv-rechtlichen, also nicht subjektiv-rechtlichen Beeinträchtigung durch eine rechtswidrige Baugenehmigung oder ein ohne Baugenehmigung rechtswidrig errichtetes Bauvorhaben, dem Nachbarn zumindest dann Rechte einzuräumen, wenn er durch die Baugenehmigung oder die Baumaßnahme besonders hart betroffen worden ist. Dabei kommt es nicht darauf an, ob eine Norm des Bauplanungsrechts oder des Bauordnungsrechts verletzt worden ist.

164 Neben den Abwehrrechten aus nachbarschützenden, einfachrechtlichen Vorschriften und dem Gebot der Rücksichtnahme, das im Einzelfall aus einfachgesetzlichen Normen seine Begründung und Konkretisierung erfährt, wird nach der Rechtsprechung vor allem noch ein unmittelbar verfassungsrechtlich, aus **Art. 14 GG** abgeleiteter **Abwehranspruch des Nachbarn** gegen Vorhaben, die seine **Grundstückssituation nachhaltig verändern und den Nachbarn schwer und unerträglich treffen**, anerkannt (grundlegend BVerwG, Urt. v. 13.06.1969 – IV C 234.65, BRS 22 Nr. 181; Urt. v.

26.03.1976 – IV C 7.74, BRS 30 Nr. 140 = DVBl 1977, 285 = DÖV 1976, 563; OVG NRW, Urt. v. 13.02.1970 – X A 1328/68, OVGE 25, 218; Battis/Krautzberger/Löhr, Vorbemerkungen zu den §§ 29–38 Rn. 60; umfangreiche Rechtsprechungshinweise s. im Übrigen bei Schlichter/Stich/Driehaus/Paetow, Vorbemerkungen zu den §§ 29–38 Rn. 20).

Unerträglich ist ein Nachteil dann **nicht**, wenn sich die Beeinträchtigung oder doch ihre Schwere aus **Besonderheiten** (auch) des betroffenen (Nachbar-)Grundstücks ergibt und es **für den Eigentümer** (Nachbar) **zumutbar** ist, für **Abhilfe auf dem eigenen Grundstück** zu sorgen (BVerwG, Urt. v. 14.12.1973 – IV C 71.71, BRS 27 Nr. 157). Ist die Eigentumsverletzung in dem Sinne **unmittelbar**, dass sie in die Substanz des von den §§ 903 und 905 BGB umschriebenen Eigentums eingreift, kommt es nicht auf die Voraussetzung des »schweren und unerträglichen« Eingriffs an (BVerwG, Beschl. v. 22.09.1992 – 7 B 11/92, juris). 165

Die **kritischen Stimmen** betonen die Entbehrlichkeit eines Abwehrrechts unmittelbar aus Art. 14 Abs. 1 GG im Hinblick auf die Rechtsprechung zum Rücksichtnahmegebot (so Finkelnburg/Ortloff, Band II S. 232; Große-Suchsdorf zu § 68 Rn. 35). Der Abwehranspruch bei Verletzung des Gebots der Rücksichtnahme greife bereits im Vorfeld eines eventuellen Anspruchs aus Art. 14 Abs. 1 GG ein. Die für jenen maßgebliche Schwelle der Zumutbarkeit liege deutlich unter der enteignungsrechtlichen Zumutbarkeitsschwelle, die für den Nachbarschutz aus Art. 14 Abs. 1 vorausgesetzt werde. Das BVerwG hat im Urt. v. 26.09.1991 (– 4 C 5.87, BRS 52 Nr. 5 = DVBl 1992, 564) offenbar in Reaktion auf die kritischen Stimmen in Abkehr von seiner früheren Rechtsprechung offen gelassen (vgl. auch BVerfG, Beschl. v. 30.11.1988 – 1 BvR 1301/84, NJW 1989, 1271 zum Schutz der Anlieger vor Verkehrslärm), 166

»ob Abwehransprüche Dritter im öffentlichen Baurecht überhaupt unmittelbar auf Art. 14 Abs. 1 GG gestützt werden können«. 167

Soweit drittschützende einfachrechtliche Regelungen vorhanden sind (z.B. §§ 31, 34, 35 BauGB; § 15 BauNVO), besteht **kein weitergehender** unmittelbar auf Art. 14 Abs. 1 GG beruhender Anspruch (BVerwG, Urt. v. 26.09.1991 – 4 C 5.87, BRS 52 Nr. 182; BayVGH, Beschl. v. 01.03.2016 – 15 CS 16.244, juris). 168

Auch aus **Art. 2 Abs. 2 GG** können sich für den Nachbarn Abwehrrechte gegen ein Vorhaben ergeben, da die **körperliche Unversehrtheit** (Gesundheit) zumindest den **gleichen Schutz** verdient **wie das Eigentum** (vgl. Schlichter/Stich, Vorbemerkung zu den §§ 29–38 Rn. 24); ein allgemeines Umweltgrundrecht lässt sich daraus allerdings nicht ableiten (BVerwG, Urt. v. 29.07.1977 – IV C 51.75, BRS 32 Nr. 17 = DVBl 1977, 897 = NJW 1978, 554). Diese Anspruchsgrundlage können nicht nur Grundeigentümer geltend machen, sondern auch **Mieter**, **Pächter** und **obligatorisch Berechtigte** (s. Schlichter, Baurechtlicher Nachbarschutz, NVwZ 1983, S. 641 ff.; Battis/Krautzberger/Löhr, Vorbemerkungen zu den §§ 29–38 Rn. 61; Finkelnburg/Ortloff, Band II S. 252 f.; OVG NRW, Urt. v. 19.09.1983 – 13 A 1888/82, NVwZ 1984, 385 = UPR 1984, 131; Sächs. OVG, Beschl. v. 19.08.2009 – 1 B 247/09, juris). 169

170 **Bloße Störungen** des **körperlichen** oder **seelischen Wohlbefindens** ohne gesundheitliche Relevanz **fallen** jedoch **nicht unter** den durch Art. 2 Abs. 2 GG gewährleisteten **Schutz der Gesundheit** (VGH B-W, Beschl. v. 09.02.1995 – 3 S 3407/94, BRS 57 Nr. 229; BayVGH, Beschl. v. 23.06.2017 – 15 ZB 16.920, juris).

171 Aus **Art. 4 GG** und dem daraus ableitbaren **Schutz der Totenruhe** wurde ein Abwehranspruch zugunsten eines Friedhofs anerkannt (VG Magdeburg, Beschl. v. 09.01.1996 – 4 B 88/95, LKV 1996, 341 zum Verlust der Zweckbestimmung eines früheren jüdischen Friedhofs: »*Der Schutz der Totenruhe umfasst nur diejenigen Teile eines Friedhofs, die tatsächlich als Begräbnisplatz genutzt werden*«).

172 Unter Heranziehung des **Art. 5 Abs. 3 GG** hat das VG Berlin (Beschl. v. 26.05.1995 – 19 A 831.95, NJW 1995, 2650 = NVwZ 1995, 1243) den Künstlern Christo und Jeanne-Claude, die vom 17.06. bis 06.07.1995 den Reichstag verhüllten, Nachbarschutz gegen eine vom Künstler Azizi zeitgleich beantragte Kunstveranstaltung in der unmittelbaren Nachbarschaft gewährt (vgl. hierzu Sendler, Der verhüllte Reichstag und die Smendsche Integrationslehre, NJW 1995, S. 2602 ff. sowie Uechtritz, Nachbarschutz durch Kunstfreiheit?, NJW 1995, S. 2606 ff.). Die Entscheidung ist allerdings kritisch vor dem Hintergrund zu betrachten, dass bereits aus dem Umgebungsschutz für Baudenkmäler und dem bauordnungsrechtlichen Verunstaltungsverbot einfachrechtliche Vorschriften zur Verfügung standen (so Jäde/Dirnberger/Weiß zu § 29 Rn. 98 unter Bezug auf VGH B-W, Urt. v. 06.05.1997 – 5 S 2394/96, NVwZ-RR 1998, 715 = VBlBW 1998, 20, wonach die Frage der Beeinträchtigung des Erscheinungsbilds eines Kulturdenkmals keine Frage des bauplanungsrechtlichen Rücksichtnahmegebots ist; der Eigentümer eines geschützten Kulturdenkmals ist jedoch dann berechtigt, die denkmalrechtliche Genehmigung eines benachbarten Vorhabens anzufechten, wenn das Vorhaben die Denkmalwürdigkeit seines Anwesens erheblich beeinträchtigt (BVerwG, Urt. v. 21.04.2009 – 4 C 3/08, BauR 2009, 1281 und Beschl. v. 12.01.2016 – 4 BN 11/15, ZfBR 2016, 263)). Die Freiheit der Kunst hindert jedenfalls nicht grundsätzlich, die Aufstellung von Monumentalfiguren im Außenbereich wegen eines Widerspruchs zu Darstellungen des Flächennutzungsplans abzulehnen (BVerwG, Beschl. v. 13.04.1995 – 4 B 70.95, BRS 57 Nr. 109).

2 Nachbarschützende Vorschriften

2.1 Bauordnungsrecht

173 **§ 1 BauO NRW** – Anwendungsbereich und **§ 2 BauO NRW** – Begriffe

Diese Vorschriften vermitteln **keinen Nachbarschutz** (vgl. Boeddinghaus/Hahn/Schulte zu § 74 Rn. 197).

174 **§ 3 BauO NRW** – Allgemeine Anforderungen

Nach der obergerichtlichen Rechtsprechung einiger Bundesländer dient die Vorschrift **grundsätzlich nicht dem Nachbarschutz**, sondern dem Allgemeininteresse (BayVGH, Urt. v. 27.07.1976 – Nr. 354 I 73, BRS 30 Nr. 125). Über § 3 Abs. 1 BauO NRW lässt sich danach auch nicht mit Erfolg einwenden, dass bei der Baugenehmigung für ein türkisches Konsulat die Gefahr terroristischer Anschläge bestehe (VGH B-W, Beschl. v. 22.06.2004 – 5 S 1263/04, BauR 2005, 1129 = BRS 67 Nr. 181 und Urt. v. 17.02.2006 – 5 S 1848/05, BauR 2006, 1865).

Soweit die **bauordnungsrechtliche Generalklausel** des § 3 Abs. 1 BauO NRW überhaupt unmittelbar gilt, also nicht durch speziellere Vorschriften der BauO NRW oder aufgrund der BauO NRW erlassener Vorschriften verdrängt wird, kommt ihr nach der obergerichtlichen Rechtsprechung in Nordrhein-Westfalen **nachbarschützender Charakter** zu (§ 3 Rdn. 66). Obwohl die **praktische Bedeutung gering** ist, sind doch Fälle gegeben, in denen in Ermangelung spezieller Vorschriften auf die materielle Grundnorm zurückgegriffen werden muss, um Gefahren abzuwehren (vgl. z.B. OVG NRW, Beschl. v. 11.02.1982 – 11 B 874/81, BauR 1982, 353 = BRS 39 Nr. 48 zur Störung durch ein Glockenspiel). Einen nachbarschützenden Charakter der Vorschrift erachtet auch das OVG Bln im Beschl. v. 29.10.1991 (– 2 S 23.91, BRS 52 Nr. 233) für gegeben, wenn etwa Grund zu der Besorgnis bestanden hätte, das durch die Abbauarbeiten zur Beseitigung eines Lenin-Denkmals die Sicherheit des Nachbarn gefährdet werden könnte). 175

§ 4 BauO NRW – Bebauung der Grundstücke mit Gebäuden 176

Abs. 1 ist **nicht nachbarschützend** (OVG NRW, Urt. v. 09.04.1969 – VII A 1037/67, BRS 22 Nr. 189 und Urt. v. 30.10.2009 – 7 A 2548/08, BauR 2010, 446; VGH B-W, Urt. v. 28.05.1975 – VIII 312/74, BRS 29 Nr. 95 zur Zuwegung; BayVGH, Urt. v. 14.11.1969 – Nr. 165 I 69, BayVBl. 1970, 258 zur Trinkwasserversorgung). **Ausnahmsweise** ist eine **nachbarschützende Wirkung** anzunehmen, wenn ein Vorhaben unter Missachtung der Erschließungsanforderungen realisiert wird und der Nachbar ein Notwegerecht gemäß § 917 BGB dulden müsste (so Jeromin zu § 68 Rn. 23 unter Bezug auf BVerwG, Urt. v. 26.03.1976 – IV C 7.74, BRS 30 Nr. 140 sowie OVG Rh-Pf, Beschl. v. 09.02.1994 – 1 B 11634/94, n.v., Beschl. v. 29.03.1996 – 1 B 10261/96, n.v., und Urt. v. 23.09.1998 – 8 A 12474/98, n.v.) oder die Verlegung einer Abwasserleitung hinzunehmen hätte (BayVGH, Urt. v. 17.11.1999 – 26 B 96.1268, BRS 62 Nr. 188).

Abs. 2 dient – wie alle Baulastregelungen – öffentlichen Interessen; eine **nachbarschützende Wirkung** wird allerdings, beschränkt auf **Sonderfälle**, nicht völlig ausgeschlossen werden können (vgl. Boeddinghaus/Hahn/Schulte zu § 74 Rn. 208), wobei es nur darum gehen kann, die durch eine Vereinigung mittels Baulast für die Nachbarn entstehenden negativen Auswirkungen abzuwehren – das sind also im Einzelfall nur »nachbarschützende Nebeneffekte« der Vereinigungsbaulast (vgl. § 4 Rdn. 96–101). Als Beispiel kann die Vereinigung zweier Grundstücke mit Garagen und Gerätehäusern an der Grundstücksgrenze genannt werden, wodurch die zulässige Länge der Grenzbebauungen das in § 6 Abs. 11 BauO NRW genannte Maß von 15 m übersteigen kann (vgl. Beispiel bei § 7 Rdn. 31). 177

178 § 5 BauO NRW – Zugänge und Zufahrten auf dem Grundstück

Die Vorschriften haben **keine nachbarschützende Wirkung** (OVG NRW, Urt. v. 09.04.1969 – VII A 1037/67, BRS 22 Nr. 189 und Beschl. v. 12.01.2015 – 2 B 1386/14, BauR 2015, 1975).

179 § 6 BauO NRW – Abstandsflächen

Die Vorschriften über die **Tiefe** und **Lage** der Abstandsflächen und deren **Berechnung** nach der Wandhöhe unter Berücksichtigung der Giebel- und Dachflächen sowie über vor die Außenwand **vortretende Bauteile** (Abs. 2–7) sind **nachbarschützend** (grundlegend OVG NRW, Urt. v. 14.01.1994 – 7 A 2002/92, BRS 56 Nr. 196). Die Abstandsregeln gelten nicht nur für Gebäude, sondern nach **Abs. 10** auch für **bauliche Anlagen**, von denen **Wirkungen wie von Gebäuden** ausgehen. Daher ist **bei Erfüllung der Tatbestandsmerkmale** auch eine **nachbarschützende Wirkung** gegeben (OVG NRW, Beschl. v. 22.01.2001 – 7 E 547/99, BRS 64 Nr. 126 zu ca. 3 m hohen Terrassenanschüttungen im Grenzbereich zum Nachbarn). Nur einige wenige Bestimmungen dienen allein öffentlichen Belangen (vgl. § 6 Rdn. 60–81).

180 Das Abstandsflächenrecht räumt mit den Abs. 1 und 16 dem **Bauplanungsrecht** den **Vorrang** ein, so dass das bauplanungsrechtliche **Rücksichtnahmegebot** bei seiner Anwendung zu beachten ist (vgl. § 6 Rdn. 82–96).

181 § 7 BauO NRW – Teilung von Grundstücken

Die Vorschrift betrifft nur die Teilung **bebauter** Grundstücke. Durch die Teilung dürfen keine Verhältnisse entstehen, die den bauordnungsrechtlichen – auch den **nachbarschützenden** – Vorschriften zuwiderlaufen (vgl. § 7 Rdn. 23). Damit kann § 7 BauO NRW auch nachbarschützende Funktion zukommen (Nds. OVG, Urt. v. 07.03.2005 – 1 LB 174/04, BRS 69 Nr. 172). Teilungen in Altbaugebieten sind unter Gewährung einer Abweichung möglich, wenn nachbarliche Belange nicht nachteilig berührt werden (vgl. § 7 Rdn. 29–31).

182 § 8 BauO NRW – Nicht überbaute Flächen, Spielflächen, Geländeoberfläche

Abs. 1 enthält Versiegelungsverbote sowie Begrünungs- und Bepflanzungsgebote, die allein aus stadtökologischen Gründen erlassen worden und daher **nicht nachbarschützend** sind (vgl. § 8 Rdn. 8–35).

183 Abs. 2 normiert die Pflicht des Bauherrn zur Schaffung von Kinderspielflächen und ist **nicht nachbarschützend**. Die von Kleinkinderspielflächen ausgehenden Beeinträchtigungen sind von den Nachbarn hinzunehmen (vgl. § 8 Rdn. 52).

184 Abs. 3 ist hinsichtlich der Auswirkungen bei Veränderung der Geländeoberfläche **nachbarschützend** (OVG Saar, Beschl. v. 17.09.1979 – II W 1.2047/79, BauR 1980, 158 = BRS 35 Nr. 99; OVG Lüneburg, Urt. v. 25.03.1980 – 1 A 29/79, BRS 36 Nr. 123; OVG NRW, Urt. v. 27.11.1989 – 11 A 195/88, BauR 1990, 341 = BRS 50 Nr. 185 und Urt. v. 29.09.1995 – 11 B 1258/95, BauR 1996, 230). Die Festlegung der Geländeoberfläche ist eine wertende Entscheidung, bei der auch die Belange des Nachbarn zu berücksichtigen sind und die im pflichtgemäßen Ermessen der

Bauaufsichtsbehörde steht; eine Festlegung abweichend von der natürlichen Geländeoberfläche ist nur zulässig, wenn hierfür ein sachlicher Grund gegeben ist (Hess. VGH, Beschl. v. 17.09.2004 – 4 TG 2610/04, BRS 67 Nr. 193 = NVwZ-RR 2005, 228).

§ 9 BauO NRW – Gestaltung (= Verbot der Verunstaltung) 185

Abs. 1 dient der Verunstaltungsabwehr im allgemeinen Interesse und ist daher nach der herrschenden Meinung **nicht nachbarschützend** (OVG NRW, Urt. v. 18.02.1965 – VII A 655/63, BRS 16 Nr. 74; VGH B-W, Urt. v. 04.02.1969 – II 347/68, BRS 22 Nr. 167; OVG Saar, Beschl. v. 26.06.1985 – 2 W 1331/85, BRS 44 Nr. 162; OVG Lüneburg, Urt. v. 05.09.1985 – 6 A 104/83, BRS 44 Nr. 162). Die Bestimmungen dienen grundsätzlich nicht dem Individualrechtsschutz, sondern dem öffentlichen Interesse an der Wahrung bestimmter gestalterischer Mindestanforderungen (OVG Bln, Beschl. v. 29.10.1991 – 2 S 23.91, BRS 52 Nr. 233).

Abs. 2 verfolgt eine ähnliche Zielsetzung, nimmt jedoch die Wirkung der baulichen 186
Anlage auf ihre Umgebung in den Blick. Im Falle einer besonders groben Rücksichtslosigkeit kann möglicherweise Nachbarschutz gegeben sein (vgl. § 9 Rdn. 18 und Große zu § 10 Rn. 22; vgl. auch Boeddinghaus/Hahn/Schulte zu § 74 Rn. 316, die unter Bezug auf OVG NRW, Urt. v. 14.01.1994 – 7 A 2238/92, n.v., nachbarschützende Wirkung ausnahmsweise annehmen, wenn die Verunstaltung auf die Umgebung so gravierend ist, dass sie einem Eingriff in das Grundeigentum des Nachbarn gleichkommt).

§ 10 BauO NRW – Anlagen der Außenwerbung und Warenautomaten 187

Die Vorschrift dient wie § 9 BauO NRW der Verunstaltungsabwehr im allgemeinen Interesse und ist daher mit einer Ausnahme **nicht nachbarschützend**. Die Regelungen des Abs. 4 zur eingeschränkten Zulässigkeit von Werbeanlagen in Wohn- und Dorfgebieten sind **nachbarschützend**. Sie ergänzen die BauNVO in Bezug auf Werbeanlagen, die **keine** städtebauliche Relevanz aufweisen, wie z.B. Bemalungen auf Giebelflächen (vgl. § 10 Rdn. 8).

§ 11 BauO NRW – Baustellen 188

Die Vorschrift ist unter Gesichtspunkten des Immissionsschutzes **nachbarschützend**, da **vermeidbare Belästigungen** zu unterlassen sind, wird jedoch durch das Immissionsschutzrecht weitgehend verdrängt (vgl. § 11 Rdn. 12–26).

§ 12 BauO NRW – Standsicherheit 189

Die Vorschrift ist auch **nachbarschützend** (vgl. § 12 Rdn. 23, 24 und 33 sowie BayVGH, Urt. v. 21.08.1973 – Nr. 140 I 72, BRS 27 Nr. 169; OVG Lüneburg, Urt. v. 23.09.1986 – 6 A 182/84, BRS 46 Nr. 184; OVG NRW, Beschl. v. 24.01.2000 – 7 B 2180/99, BRS 63 Nr. 149; OVG LSA, Urt. v. 18.02.2015 – 2 L 22/13, BauR 2015, 1129).

§ 13 BauO NRW – Schutz gegen schädliche Einflüsse 190

Die Vorschrift ist insoweit **nachbarschützend**, als durch eine ungeeignete Anordnung der Anlage schädliche Auswirkungen auf benachbarte Anlagen entstehen können

(BayVGH, Urt. v. 11.05.1987 – Nr. 14 B 84 A.1412, BRS 47 Nr. 182 und Nds. OVG, Beschl. v. 12.07.1994 – 6 M 3522/94, BRS 56 Nr. 178).

191 **§ 14 BauO NRW** – Brandschutz

Die Bestimmungen des § 14 und die diese allgemeine Anforderung ausfüllenden speziellen Vorschriften sind insoweit **nachbarschützend**, als sie ein Übergreifen von Feuer auf angrenzende Grundstücke verhindern sollen sollen (vgl. § 14 Rdn. 16–20 und OVG NRW, Urt. v. 25.04.1973 – VII A 345/72, BRS 27 Nr. 103 und Beschl. v. 08.05.2009 – 7 B 91/09, BauR 2009, 1431).

192 **§ 15 BauO NRW** – Wärme-, Schall-, Erschütterungsschutz

Abs. 1 dient allein dem öffentlichen Interesse an einem den Energieverbrauch senkenden **Wärmeschutz** der Gebäude und ist daher **nicht nachbarschützend**.

193 **Abs. 2** betrifft den Schutz vor **Schall** und **Geräuschen**. Die Vorschrift ist insofern **nachbarschützend**, als Vorkehrungen gegen die Ausbreitung von Geräuschen verlangt werden, die von ortsfesten Anlagen oder Einrichtungen ausgehen. Die Anlagen sind so zu dämmen, dass weder Gefahren, noch **unzumutbare Belästigungen** entstehen dürfen (OVG Rh-Pf, Urt. v. 20.03.1980 – 1 A 51/78, DÖV 1981, 189 und Beschl. v. 24.09.1985 – 1 B 42/85, BRS 44 Nr. 184).

194 **Abs. 3** erfasst **Erschütterungen** und **Schwingungen**, die von ortsfesten Anlagen oder Einrichtungen ausgehen. Die Anlagen sind so zu dämmen, dass weder Gefahren, noch **unzumutbare Belästigungen** entstehen dürfen. Daher ist die Vorschrift im gleichen Umfang wie Abs. 2 **nachbarschützend**.

195 **§ 16 BauO NRW** – Verkehrssicherheit

Die **nicht nachbarschützende** Vorschrift dient allein dem öffentlichen Interesse (VGH B-W, Urt. v. 18.02.1981 – 3 S 2325/80, BRS 38 Nr. 127 und OVG Saar, Urt. v. 28.01.1992 – 2 R 6/89, BRS 54 Nr. 195; Hess. VGH, Urt. v. 24.08.2012 – 3 A 565/12, juris).

196 **§§ 17–25 BauO NRW** – Bauprodukte und Bauarten

Diese Vorschriften dienen der Gewährleistung des freien Handels mit Bauprodukten. Die Bestimmungen sind insgesamt **nicht nachbarschützend** (s.a. BVerwG, Urt. v. 18.06.1997 – 4 C 8.95, BauR 1998, 107 = BRS 59 Nr. 141 = NVwZ 1998, 614 = UPR 1998, 146 und BayVGH, Beschl. v. 09.11.1998 – 1 CS 98.2821, NVwZ 1999, 446).

197 **§§ 26–32 BauO NRW** – Wände, Decken und Stützen

Diese Vorschriften sind **nachbarschützend**, soweit sie das **Übergreifen von Feuer auf Nachbargrundstücke** verhindern sollen. Dies gilt bezüglich der Bestimmungen über **Gebäudeabschlusswände** bzw. Brandwände (OVG NRW, Beschl. v. 15.07.1958 – VII B 612/58, BRS 8 V A 4 S. 109 und Urt. v. 25.04.1973 – VII A 345/72, BRS 27 Nr. 103; OVG Rh-Pf, Urt. v. 28.03.1974 – 1 A 116/73, BRS 28 Nr. 142; OVG Bln-Bbg, Beschl. v. 06.12.2013 – OVG 10 N 24.11, juris und Urt. v. 24.03.2015 – 2 L 184/10, juris), der Anforderungen an die **Bedachung** (OVG Lüneburg, Urt. v. 12.11.1974 – I A 124/74, BRS 29 Nr. 82 und Hess. VGH, Urt. v. 22.02.1980 – IV OE 58/78, BRS 36 Nr. 153) und der **Abstände von Dachflächenfenstern** zur Nachbargrenze (OVG Bln, Urt. v. 29.05.1987 – 2 B 27.85, BRS 47 Nr. 147; OVG Bln-Bbg, Urt. v. 06.12.2011 – OVG 10 B 6.11, BRS 79 Nr. 205).

§§ 34–39 BauO NRW – Treppen, Rettungswege, Aufzüge und Öffnungen   198

Diese **nicht nachbarschützenden** Vorschriften dienen der Rettung der Nutzer eines Gebäudes im Brandfall (ebenso Boeddinghaus/Hahn/Schulte zu § 74 Rn. 333).

§ 41 BauO NRW – Lüftungsanlagen   199

Die Vorschrift dient in erster Linie dem Brandschutz, **Abs.** 3 insoweit auch dem **Nachbarschutz**, als die **Weiterleitung von Gerüchen, Staub und Schall in fremde Räume** unterbunden werden soll (so auch Jeromin zu § 40 Rn. 28 und 29).

§ 42 BauO NRW – Feuerungsanlagen, sonstige Anlagen zur Wärmeerzeugung,   200
Brennstoffversorgung

Die Vorschriften sind insoweit **nachbarschützend**, als sie dem **Immissionsschutz** dienen (Hess. VGH, Beschl. v. 12.07.1966 – B IV 32/66, BRS 17 Nr. 131, OVG Rh-Pf, Urt. v. 25.10.1979 – 1 A 124/78, BRS 36 Nr. 202 und BayVGH, Urt. v. 19.11.1979 – Nr. 6 XIV 78, BRS 35 Nr. 181 zur Höhe der Schornsteinmündung; OVG Bremen, Beschl. v. 26.10.1982 – 1 BA 35/80, BRS 39 Nr. 205 und VGH B-W, Urt. v. 19.10.1982 – 8 S 1051/82, BRS 39 Nr. 121 zu Belästigungen durch offene Kamine).

§ 43 BauO NRW – Sanitäre Anlagen, Wasserzähler Die Vorschriften dienen dem all-   201
gemeinen Interesse an einer ausreichenden Versorgung mit Trink- und Löschwasser. Der **Nachbarschutz** greift nur ein, soweit **unzumutbare Belästigungen** vermieden werden sollen (vgl. § 43 Rdn. 6).

§ 44 BauO NRW – Aufbewahrung fester Abfallstoffe   202

Durch das auf den 31.12.2003 ausgerichtete Gebot zur Stilllegung bestehender Abfallschächte ist die im Übrigen **nicht nachbarschützende** Vorschrift mit Ausnahme des Errichtungsverbots neuer Abfallschächte gegenstandslos geworden.

§§ 46 und 47 BauO NRW – Aufenthaltsräume und Wohnungen   203

Diese Vorschriften begründen ausschließlich Anforderungen an die Aufenthaltsräume und Wohnungen und entfalten **keine nachbarschützende Wirkung** (OVG NRW, Beschl. v. 31.01.1991 – 7 B 241/91, BRS 52 Nr. 179).

§ 48 BauO NRW – Stellplätze und Garagen, Abstellplätze für Fahrräder   204

Die Vorschriften des § 50 BauO NRW dienen dem öffentlichen Interesse an der Erfüllung der Stellplatzpflicht und sind insoweit **nicht nachbarschützend**. Bei Nutzungen mit einem sehr hohen Stellplatzbedarf kann das Fehlen von Stellplätzen gegenüber einer angrenzenden Wohnbebauung **ausnahmsweise rücksichtslos** sein. (OVG Bremen, Urteil vom 13.10.1995 – 1 BA 10/94, BRS 58 Nr. 168 zu einem Einzelhandelsbetrieb ohne ausreichende Stellplätze, wodurch sich im angrenzenden Wohnbebauung ein erheblicher motorisierter Kundenverkehr ergab; OVG NRW, Beschluss vom 15.11.2005 – 7 B 1823/05, BRS 69 Nr. 168 = DÖV 2006, 305 = ZfBR 2006, 178 zu einem Fußballstadion für 15.000 Zuschauer ohne ausreichende Stellplätze und einem dadurch ausgelösten starken Parksuchverkehr im angrenzenden Wohngebiet).

205 **§ 51 BauO NRW** – Behelfsbauten und untergeordnete Gebäude

Die Vorschrift regelt brandschutztechnische Erleichterungen für **einfache Gebäude** und besondere Anforderungen, wenn diese aus brennbaren Baustoffen hergestellt werden und ist **nicht nachbarschützend** (ebenso Boeddinghaus/Hahn/Schulte zu § 74 Rn. 349).

206 **§ 50 BauO NRW** – Sonderbauten

Die Vorschrift ermöglicht besondere Anforderungen oder Erleichterungen für **Sonderbauten**. Abs. 1 belegt, dass sich diese Anforderungen oder Erleichterungen auch auf Vorschriften erstrecken können, die nachbarschützende Wirkung haben. Insoweit ist die Vorschrift auch **nachbarschützend** (vgl. § 50 Rdn. 13–16).

207 **§ 49 Abs. 2 BauO NRW** – Barrierefreiheit öffentlich zugänglicher baulicher Anlagen

Die Vorschrift hat **keinen nachbarschützenden Charakter**, da sie ersichtlich nur der Barrierefreiheit öffentlich zugänglicher Anlagen dient.

208 **§§ 52–56 BauO NRW** – Die am Bau Beteiligten

Diese Vorschriften begründen Rechte und Pflichten der am Bau Beteiligten und tangieren somit **keine nachbarschützenden Aspekte**.

209 **§§ 57 und 58 BauO NRW** – Bauaufsichtsbehörden

Diese Vorschriften haben **keinen nachbarschützenden Charakter**. Allerdings gewährt § 61 Abs. 1 Satz 2 BauO NRW dem **Nachbarn** einen **Anspruch auf Einschreiten** gegen ein Vorhaben, wenn das **Ermessen** der Bauaufsichtsbehörde **auf null geschrumpft** ist (OVG NRW, Urt. v. 23.04.1982 – 10 A 645/80, BRS 39 Nr. 178 und Urt. v. 05.09.2017 – 7 A 1069/14, juris). Jeder von einem Verwaltungsakt Betroffene – also auch der Nachbar – kann die Unzuständigkeit der erlassenden Behörde rügen, so dass die Zuständigkeitsregelungen im Einzelfall bei der Wahrnehmung nachbarlicher Abwehrrechte von Bedeutung sind (s. hierzu BayVGH, Beschl. v. 13.08.1996 – 20 CS 96.2369, BRS 58 Nr. 184).

210 **§§ 60–63 BauO NRW** – Genehmigungsbedürftige und genehmigungsfreie Vorhaben

Diese Vorschriften regeln verfahrensrechtliche Erfordernisse und sind daher **nicht nachbarschützend** (OVG Lüneburg, Urt. v. 14.03.1967 – VI A 110/66, BRS 18 Nr. 122; Nds. OVG, Urt. v. 09.10.2007 – 1 LB 5/07, NVwZ-RR 2008, 374).

211 **§§ 64–79 BauO NRW** – Verwaltungsverfahren

Diese Vorschriften sind mit Ausnahme einzelner Aspekte **nicht nachbarschützend** (vgl. BayVGH, Urt. v. 12.05.1986 – Nr. 14 B 85 A.588, BRS 46 Nr. 156; Hamb. OVG,

Urt. v. 15.10.1981 – Bf II 73/80, BRS 38 Nr. 176; OVG NRW, Urt. v. 17.11.1986 – 7 A 2169/85, BRS 47 Nr. 149 und Beschl. v. 06.05.2011 – 7 B 165/11, juris), auch nicht die Vorschriften über **Bauvorlagen** (VGH B-W, Beschl. v. 12.02.2007 – 5 S 2826/06, BauR 2007, 1399; OVG Bln, Urt. v. 17.10.2003 – 2 B 8.01, BauR 2004, 987 = BRS 66 Nr. 189; Nds. OVG, Beschl. v. 09.08.2011 – 1 ME 107/11, BauR 2012, 83).

Eine Baugenehmigung ist jedoch im Regelfall aufzuheben, wenn Bauschein und genehmigte Bauvorlagen hinsichtlich nachbarrechtsrelevanter Umstände **unbestimmt** sind und infolgedessen bei der Ausführung des Bauvorhabens eine **Verletzung von Nachbarrechten nicht auszuschließen** ist (OVG NRW, Beschl. v. 07.09.2010 – 10 B 846/10, juris; Hess. VGH, Beschl. v. 30.01.2012 – 4 B 2379/11, juris). Die Vorschrift des § 80 BauO NRW über **Fliegende Bauten** ist **nicht nachbarschützend**; fühlt sich ein Angrenzer durch den zeitlich begrenzten Aufstellungsort eines Fliegenden Baus gestört, kann er Nachbarschutz nicht durch Anfechtung der Gebrauchsabnahme, sondern nur über einen Anspruch auf Einschreiten durch die Bauaufsichtsbehörde erlangen (Nds. OVG, Urt. v. 10.05.1996 – 1 L 1455/95, BRS 58 Nr. 182). 212

Die **Abweichungs- und Beteiligungsvorschriften** der §§ 69, 72–76 BauO NRW bezwecken auch einen **verfahrensmäßigen Schutz** derjenigen, in deren materielle Rechte die Bauaufsichtsbehörde durch eine Befreiung oder Abweichung rechtsgestaltend eingreift. Unter den Voraussetzungen der §§ 45 und 46 VwVfG. NRW. sind Verfahrensfehler in dieser Hinsicht jedoch heilbar oder unbeachtlich (vgl. hierzu Finkelnburg/Ortloff, Band II S. 232 f. und Hahn/Schulte, Rn. 403–407). Für den Nachbarn liegt das **Problem** darin, dass er **trotz** einer **Verfahrensverletzung** einen durchsetzbaren **Rechtsschutz erst** dadurch erlangt, dass er gleichzeitig geltend machen kann, in eigenen **materiellen Rechten** verletzt worden zu sein (BVerwG, Urt. v. 29.05.1981 – 4 C 97.77, BVerwGE 62, 243 und Beschl. v. 03.08.1982 – 4 B 145.82, BRS 39 Nr. 193). Insoweit weist der Nachbarschutz aus Beteiligungsvorschriften keine praktische Bedeutung auf (vgl. Hoppe/Bönker/Grotefels, S. 521 Rn. 71). 213

Es besteht kein Anspruch des Nachbarn, dass eine **regelmäßige Bauüberwachung** (§ 82 BauO NRW) oder eine **Bauzustandsbesichtigung** nach abschließender Fertigstellung (§ 83 BauO NRW) stattfindet. Auch aus der Regelung des § 16 Abs. 2 VermKatG NRW, die die Verpflichtung des Grundstückseigentümers begründet, ein auf seinem Grundstück errichtetes Gebäude durch die Katasterbehörde oder einen öffentlich bestellten Vermessungsingenieur einmessen zu lassen, ergibt sich kein Anspruch des Nachbarn darauf, dass die **Einmessung** tatsächlich durchgeführt wird (OVG NRW, Beschl. v. 21.07.2008 – 10 A 1730/07, n.v.). 214

§§ 86 und 87 – BauO NRW – Bußgeldvorschriften, Rechtsvorschriften 215

Diese Vorschriften weisen regelmäßig **keinen nachbarschützenden Charakter** auf. **Einzelne Anforderungen** in örtlichen Bauvorschriften nach § 88 BauO NRW können allerdings aufgrund ihrer Zielrichtung auch dem **Nachbarschutz** dienen (Bay VGH, Urt. v. 11.08.1988 – Nr. 2 B 87.02300, BRS 48 Nr. 171 zu Einfriedungen und OVG NRW, Urt. v. 03.05.2007 – 7 A 2364/06, BauR 2007, 1560 = NVwZ-RR 2007, 744). **Gestaltungsvorschriften** haben regelmäßig keinen nachbarschützenden Charakter. Dies gilt auch dann, wenn zur Festsetzung einer eingeschossigen Bauweise zusätzlich eine Flachdachfestsetzung hinzutritt (OVG NRW, Urt. v. 03.05.2007 – 7 A 2364/06, BauR 2007, 1560).

216 **§ 90 BauO NRW** – Übergangsvorschriften

Diese Vorschriften sind **nicht nachbarschützend** (ebenso Boeddinghaus/Hahn/Schulte zu § 74 Rn. 370). Im Rahmen einer Nachbarklage müssen vielmehr inzwischen ergangene **Rechtsänderungen zugunsten des Bauherrn** berücksichtigt werden (BVerwG, Beschl. v. 22.04.1996 – 4 B 54.96, BRS 58 Nr. 157).

2.2 Bauplanungsrecht

217 Inwieweit **Festsetzungen von Bebauungsplänen** nachbarschützend sind, ist nicht generell, sondern nur **dem jeweiligen Bebauungsplan** – seinen Festsetzungen oder seiner Begründung – **zu entnehmen** (vgl. BVerwG, Beschl. v. 12.09.1969 – IV B 113.69, BRS 22 Nr. 185: »*ein allgemeiner, auf Plangewährleistung gerichteter Anspruch wird durch Bundesrecht nicht eingeräumt*«). Es hängt davon ab, ob die einzelnen Festsetzungen ausschließlich der städtebaulichen Ordnung dienen oder ob sie auch Nachbarschutz bezwecken sollen (BVerwG, Urt. v. 09.06.1978 – 4 C 54.75, BauR 1978, 387 = BRS 33 Nr. 150 zum Befreiungsrecht). Auch die **Vorweggenehmigung nach § 33 BauGB** vermittelt regelmäßig Nachbarschutz nur in dem Umfang, in dem die antizipiert angewandten künftigen Festsetzungen des Bebauungsplans dem Drittschutz dienen (OVG NRW, Beschl. v. 15.02.1991 – 11 B 2659/90, BRS 52 Nr. 196).

218 Für bestimmte **Fallgruppen** hat sich allerdings in Rechtsprechung und Lehre eine **typisierende Betrachtungsweise** durchgesetzt (vgl. Knaup/Stange, Rn. 18 und 19). Soweit nachfolgend zu einzelnen Festsetzungen Stellung genommen wird, erfolgt dies unter Berücksichtigung dieser typisierenden Betrachtungsweise, ohne dies stets zu wiederholen. Bei der Ermittlung, ob eine Festsetzung nachbarschützenden Charakter hat, wird die Formulierung von Breuer (vgl. Rdn. 144) hilfreich sein können, wonach eine nachbarschützende Funktion der Norm immer dann anzunehmen sei, wenn sie den nachbarlichen Interessenkonflikt durch Postulate der Zuordnung, Verträglichkeit und Abstimmung benachbarter Nutzungen regelt und zu einem Ausgleich bringt.

219 Alle **Festsetzungen** in einem Bebauungsplan sind hiernach **nachbarschützend**, die ein **bestimmtes Austauschverhältnis der Grundstücksnutzungen gewährleisten** (so Battis/Krautzberger/Löhr, Vorbemerkungen zu den §§ 29–38 Rn. 36; Sendler, Der Nachbarschutz im Städtebaurecht Teil 1 – Nachbarschutz im Planbereich, BauR 1970, S. 4 ff.). So kann z.B. die gemäß § 9 Abs. 1 Nr. 6 BauGB festsetzbare höchstzulässige Zahl der Wohnungen – je nach Zielrichtung – nachbarschützend sein (OVG NRW, Urt. v. 18.04.1991 – 11 A 696/87, BRS 52 Nr. 180; BVerwG, Beschl. v. 09.03.1993 – 4 B 38.93, BRS 55 Nr. 170; Nds. OVG, Beschl. v. 02.11.1994 – 1 M 6032/94, BRS 56 Nr. 43 und Beschl. v. 02.02.2001 – 1 MA 1381/01, BauR 2002, 274 = BRS 64 Nr. 177; OVG Saar, Beschl. v. 13.03.2006 – 2 W 37/05, BauR 2006, 2015; VGH B-W, Urt. v. 19.07.2007 – 3 S 1654/06, BauR 2007, 1865 zur Blendwirkung eines Daches). Das Problem des **geschützten Personenkreises** und der klagebefugten Nachbarn hat im Bauplanungsrecht nicht die durch § 72 BauO NRW eingeengte

Bedeutung, weil nicht nur Angrenzer, sondern auch **weiter entfernt Nachbarn** betroffen sein können (vgl. Rdn. 13).

Die **Art der baulichen Nutzung** (§§ 1–15 BauNVO) ist nach herrschender Meinung **220** nachbarschützend (BVerwG, Urt. v. 16.09.1993 – 4 C 28.91, BauR 1994, 223 = BRS 55 Nr. 110 und Beschl. v. 27.08.2013 – 4 B 39/13, BauR 2013, 2011; Battis/Krautzberger/Löhr, Vorbemerkungen zu den §§ 29– 38 Rn. 38). Der Nachbar hat auf die **Bewahrung der Gebietsart** einen Schutzanspruch, der über das Rücksichtnahmegebot hinausgeht (BVerwG, Urt. v. 16.09.1993 – 4 C 28.91, BauR 1994, 223 = BRS 55 Nr. 110). Dies gilt auch für nach § 173 Abs. 3 Satz 1 BBauG 1960 als Bebauungspläne **übergeleitete verbindliche städtebauliche Pläne**, auch wenn ihnen oder der zu ihnen ermächtigenden gesetzlichen Regelung seinerzeit kein nachbarschützender Gehalt zuerkannt wurde (BVerwG, Urt. v. 23.08.1996 – 4 C 13.94, BRS 58 Nr. 159).

Auf die Zumutbarkeit der von einem im Baugebiet gelegenen unzulässigen Vorhaben **221** ausgehenden Belästigungen **kommt es** – anders als bei Abwehransprüchen von Betroffenen außerhalb des Gebiets – für den Schutz des Gebiets gegen »schleichende Umwandlung« **nicht an** (BVerwG, Beschl. v. 02.02.2000 – 4 B 87.99, BRS 63 Nr. 190 zum Abwehranspruch des Eigentümers eines Grundstücks in einem durch Bebauungsplan festgesetzten Gewerbegebiet gegen die Genehmigung einer nur im Industriegebiet zulässigen Bauschuttrecyclinganlage). Weitere Beispiele aus der Rechtsprechung:
- Glockenspiele, die ihrer Bauart nach über die Grenzen von Baugebieten hinweg schallen, sind im allgemeinen Wohngebiet unzulässig, da sie weder eine zulässige Hauptanlage noch eine zulässige Nebenanlage darstellen, wobei es mit Blick auf den Gebietserhaltungsanspruch unerheblich ist, ob von der Anlage unzumutbare Belästigungen oder Störungen ausgehen (VG Minden, Urt. v. 04.05.2006 – 9 K 108/06, BauR 2006, 1868 = BRS 70 Nr. 166).
- Die im öffentlichen Interesse liegende Nutzung eines Schulhofs außerhalb der Schulzeiten als Spielplatz ist von der Festsetzung Fläche für den Gemeinbedarf – Schule – gedeckt und ändert auch unmittelbar nicht den Charakter des Schulgrundstücks, so dass der Nachbar nicht die Unterbindung jeder außerschulischen Nutzung des Schulhofs, sondern allein die Durchführung geeigneter Lärmminderungsmaßnahmen verlangen kann (OVG NRW, Beschl. v. 08.07.2004 – 21 A 2435/02, BauR 2004, 1740 = BRS 67 Nr. 186).
- Ein Schwimmbad, das drei Viertel eines Reihenhausgartens überdeckt, ist keine in einem Wohngebiet nach § 14 Abs. 1 BauNVO zulässige untergeordnete Nebenanlage und verletzt den Gebietsgewährleistungsanspruch (OVG NRW, Beschl. v. 06.06.2007 – 7 B 695/07, juris).

Die einen **Gebietstyp modifizierenden Festsetzungen** gemäß § 1 Abs. 4 ff. BauNVO **222** haben kraft Ortsrechts nur nachbarschützende Wirkung, wenn sie nach dem **Willen der Gemeinde** auch den Nachbarinteressen dienen sollen (BayVGH, Beschl. v. 17.10.2002 – 15 CS 02.2068, BauR 2003 = BRS 65 Nr. 179; OVG NRW, Urt. v. 22.05.2014 – 8 A 1220/12, juris).

Zum **Maß der baulichen Nutzung** (§§ 16–21a BauNVO) ist eine einheitliche Aussage **223** nicht möglich; die Meinungen sind unterschiedlich (vgl. Schlichter/Stich/Driehaus/

§ 72 Anhang: Öffentliches Nachbarrecht

Paetow, Vorbemerkung zu den §§ 29–38 Rn. 56 f.). Maßfestsetzungen, insbesondere über die GRZ, GFZ und BMZ, wird überwiegend keine nachbarschützende Funktion zuerkannt (so Knaup/Stange, S. 382, Rn. 18; Nds. OVG, Beschl. v. 09.09.2004 – 1 ME 194/04, BRS 67 Nr. 188 = NVwZ-RR 2005, 17). Die Zahl der Vollgeschosse kann ausnahmsweise nachbarschützend sein (BVerwG, Urt. v. 02.03.1973 – IV C 35.70, BauR 1973, 238 = BRS 27 Nr. 178; OVG NRW, Urt. v. 04.03.1970 – VII A 401/68, BRS 23 Nr. 168 und Urt. v. 11.10.1977 – VII A 373/75, BRS 32 Nr. 156; letztgenanntes Urteil bestätigt durch BVerwG, Urt. v. 13.03.1981 – 4 C 1.78, BRS 38 Nr. 186). Ob eine Festsetzung zum Maß der baulichen Nutzung drittschützend ist, hängt vom **Willen der Gemeinde** ab und muss der **Begründung** oder den **Planaufstellungsunterlagen** zu entnehmen sein (BVerwG, Beschl. v. 19.10.1995 – 4 B 215.95, BRS 57 Nr. 219; BayVGH, Beschl. v. 05.09.2016 – 15 CS 16.1536, juris).

224   Hinsichtlich der **Bauweise** (§ 22 BauNVO) wird der Festsetzung der **geschlossenen** Bauweise regelmäßig keine nachbarschützende Funktion zuerkannt (OVG NRW, Urt. v. 26.01.1979 – XI A 2251/77, BRS 35 Nr. 177). Nachbarschützend ist hingegen die Festsetzung der **offenen Bauweise** (VGH B-W, Beschl. v. 04.10.2007 – 8 S 1447/07, BRS 71 Nr. 71), jedoch nur für den unmittelbar angrenzenden Nachbarn (Nds. OVG, Beschl. v. 31.08.2006 – 1 MB 25/06, NVwZ-RR 2007, 157). Nachdem durch die Neufassung des § 6 BauO NRW klargestellt ist, dass hinsichtlich einzuhaltender Abstände das Bauplanungsrecht Vorrang genießt, hat der Nachbar einen Anspruch auf Einhaltung eines Grenzabstandes, wenn die offene Bauweise festgesetzt ist (vgl. Rdn. 179). Auch können Festsetzungen nach § 22 Abs. 2 Satz 3 BauNVO über **bestimmte Hausformen** Nachbarschutz vermitteln (BVerwG, Urt. v. 24.02.2000 – 4 C 12.98, BRS 63 Nr. 185 unter Aufhebung OVG NRW, Beschl. v. 06.03.1996 – 11 B 3046/95, BauR 1996, 684 = BRS 58 Nr. 170 zum Erfordernis der baulichen Einheit von Doppelhäusern, das nur erfüllt ist, wenn die beiden Gebäude in wechselseitig verträglicher und abgestimmter Weise aneinander gebaut werden; OVG Saar, Beschl. v. 09.02.2005 – 1 W 1/05, BRS 69 Nr. 166; BayVGH, Beschl. v. 08.12.2017 – 9 CS 17.1987, juris). Entgegen der bisherigen Rechtsprechung muss zumindest in den Fällen, in denen aufgrund der Festsetzungen eines Bebauungsplanes ein Doppelhaus auch ohne Zustimmung des angrenzenden Nachbarn errichtete werden kann, Ausgangspunkt für die Frage, ob ein »Doppelhaus« in diesem Sinne entsteht, nicht das Gebäude des »Erstbauenden« sein, sondern die Bebauungsmöglichkeiten des Grundstücks, die sich aus den Festsetzungen zu den überbaubaren Grundstücksflächen und zum Maß der baulichen Nutzung ergeben. Anderenfalls würde der »Erstbauende« mit einem »Unterschreiten« der Bebauungsmöglichkeit das Baurecht des angrenzenden Grundstückseigentümers beschränken, was wiederum rücksichtslos sein dürfte. Die vorgenannten Ausführungen gelten genauso bei der Errichtung einer Hausgruppe im Sinne von § 22 Abs. 2 S. 1 BauNVO, da auch diese Bestandteil der offenen Bauweise ist (BVerwG, Beschl. v. 14.09.2015 – 4 B 16/15, juris).

225   Die Festsetzungen der **überbaubaren Grundstücksflächen** (Baulinien, Baugrenzen, Bebauungstiefen nach § 23 BauNVO) wurden in der älteren Rechtsprechung regelmäßig als nicht nachbarschützend angesehen (OVG NRW, Urt. v. 16.11.1973 – X A 306/71, BauR 1974, 114 = BRS 27 Nr. 177; VGH B-W, Urt. v. 07.02.1979 – III 1261/78,

BRS 35 Nr. 178). In besonderen Einzelfällen wurde dennoch ein nachbarschützender Charakter anerkannt (OVG NRW, Urt. v. 14.11.1974 – XI A 319/74, BRS 28 Nr. 129 zu einer hinteren Baugrenze, die der Freihaltung einer durchgehenden Grünfläche zwischen Häuserreihen dienen sollte; s. aber OVG NRW, Beschl. v. 21.07.1994 – 10 B 10/94, BRS 56 Nr. 156, wonach einer hinteren Baugrenze regelmäßig keine nachbarschützende Wirkung zukommt – das Gegenteil nimmt das OVG Saar im Urt. v. 24.09.1996 – 2 R 5/96, BRS 58 Nr. 172 an). Jedenfalls wird eine mehr generalisierende Festsetzung, die auf die Besonderheiten der Grundstücksstruktur nicht eingeht, von allgemeinen städtebaulich-gestalterischen Überlegungen getragen sein.

Werden dagegen die **Standorte** der Baukörper **genauer fixiert**, so können auch nachbarschützende Aspekte eine Rolle spielen. Ob Baugrenzen auch nachbarschützende Wirkung haben, kann daher weder generell bejaht oder verneint noch im Sinne eines in der einen oder anderen Weise ausgerichteten Regel-Ausnahme-Verhältnisses beantwortet werden, sondern bedarf in jedem Einzelfall der Auslegung (OVG Bremen, Beschl. v. 19.07.2011 – 1 B 128/11, juris; OVG Rh-Pf, Beschl. v. 01.08.2016 – 8 A 10264/16, juris; s.a. Knaup/Stange zu § 23 Rdn. 48). Die Betrachtung muss auch im Zusammenhang mit § 15 Abs. 1 BauNVO vorgenommen werden; mit einer im rückwärtigen Gartenbereich außerhalb der überbaubaren Grundstücksfläche einer Reihenhauszeile errichteten Hütte, deren Grundfläche 19,25 m² und deren Höhe 2,3 m beträgt, wird eine Unruhe in die Gartenzone hineingetragen, die die gebotene Rücksichtnahme auf das hier wegen der beengten räumlichen Gegebenheiten besonders sensible Nachbarrechtsverhältnis vermissen lässt (VGH B-W, Urt. v. 20.05.2003 – 5 S 2750/01, BauR 2003, 1716 = BRS 66 Nr. 199). 226

Eine schwierige Frage ist die nach dem **baugebietsüberschreitenden Nachbarschutz**, z.B. zwischen Wohnbebauung und Gewerbegebieten. Einen solchen wird man nicht von vornherein ausschließen können (vgl. Schlichter/Stich/Driehaus/Paetow, Vorbemerkung zu den §§ 29–38 Rn. 53 ff.). Die Gemeinde kann mit einer Baugebietsfestsetzung den Zweck verfolgen, auch »Gebietsnachbarn« einen Anspruch auf Gebietserhaltung zu geben (BayVGH, Urt. v. 14.07.2006 – 1 BV 03.2179, 1 BV 03.2180, 1 BV 03.2181, 1 B 04.1232, BauR 2007, 505 = BRS 70 Nr. 165 zum Gebietsbewahrungsanspruch eines Chemiewerks bei heranreichender Wohnbebauung im Abstandsbereich nach der Störfall-Verordnung – 12. BImSchV). Beim Zusammentreffen von Bereichen mit unterschiedlicher Qualität und unterschiedlicher Schutzwürdigkeit kann die Grundstücksnutzung mit einer spezifischen gegenseitigen Pflicht zur Rücksichtnahme belastet sein; das führt nicht nur zur Pflichtigkeit dessen, der Belästigungen verbreitet, sondern auch im Sinne der Bildung einer Art von »Mittelwert« zu einer Duldungspflicht derjenigen, die sich in der Nähe eines Betriebes oder zwar in einem Wohngebiet, jedoch an dessen Grenze zu einem Gewerbegebiet ansiedeln (vgl. BVerwG, Urt. v. 12.12.1975 – IV C 71.73, BRS 29 Nr. 135 = DVBl 1976, 214; Hess. VGH, Urt. v. 01.04.2014 – 9 A 2030/12, juris). Der Anspruch auf Bewahrung der Gebietsart greift aber bereits ein, wenn ein störendes Vorhaben auch nur teilweise in dem zu schützenden Baugebiet liegt (Nds. OVG, Beschl. v. 19.07.2004 – 1 ME 116/04, NVwZ-RR 2005, 231 zu einem Discount-Markt, der nur teilweise mit 109 m² von 692 m² im allgemeinen Wohngebiet liegt, aber des Einzugsbereichs 227 und der örtlichen Gegebenheiten nicht mehr der Gebietsversorgung im Sinne des § 4 Abs. 2 Nr. 2 BauNVO dient).

228 Nachbarn können verlangen, dass **Ausnahmen** gemäß **§ 31 Abs. 1 BauGB** von nachbarschützenden Festsetzungen des Bebauungsplans rechtsfehlerfrei erteilt werden (VGH B-W, Beschl. v. 18.01.1995 – 3 S 3153/94, BRS 57 Nr. 215).

229 Die **Befreiungsvorschrift** des **§ 31 Abs. 2 BauGB** hat mit dem Gebot zur **Würdigung nachbarlicher Interessen** als Ausdruck des Rücksichtnahmegebots drittschützende Wirkung, und zwar auch dann, wenn die betreffende Festsetzung selbst nicht dem Schutz des Nachbarn zu dienen bestimmt ist (so unter Änderung der bisherigen Rechtsprechung BVerwG, Urt. v. 19.09.1986 – 4 C 8.84, BRS 46 Nr. 173 und Urt. v. 08.07.1998 – 4 C 8.84, BRS 60 Nr. 183; OVG Bln-Bbg, Urt. v. 30.06.2017 – OVG 10 B 10.15, BauR 2017, 2136). Bei der Würdigung der Interessen des Bauherrn an der Befreiung und der Interessen des Nachbarn an der Einhaltung einer nachbarschützenden Vorschrift des Bebauungsplans müssen die Belange des Nachbarn in besonderer Weise beachtet werden (Nds. OVG, Beschl. v. 20.06.2000 – 1 M 2011/00, BRS 63 Nr. 188).

230 **§ 15 Abs. 1 BauNVO** gibt Dritten die Möglichkeit, gegen Vorhaben, die nach den Festsetzungen des Bebauungsplans eigentlich zulässig sind, im Einzelfall gleichwohl Nachbarschutz zu erlangen, wenn jene von unzumutbaren Belästigungen oder Störungen betroffen werden. Das BVerwG führt im Urt. v. 05.08.1983 (– 4 C 96.79, BRS 40 Nr. 4) hierzu aus:

231 *»§ 15 BauNVO stellt sich für den Fall der Anwendung von Bebauungsplänen als eine besondere Ausprägung des Rücksichtnahmegebotes dar ... Die Schutzwürdigkeit des Betroffenen, die Intensität der Beeinträchtigung, die Interessen des Bauherrn und das, was beiden Seiten billigerweise zumutbar oder unzumutbar ist, sind dann gegeneinander abzuwägen. Ein solcher Drittschutz des Rücksichtnahmegebotes wird nur selten eintreten, wo die Baugenehmigung im Einklang mit den Festsetzungen des B-Plans erteilt wird. Er wird aber dort eher zum Zuge kommen, wo die Baugenehmigung von den Planfestsetzungen im Wege der Ausnahmeerteilung oder sogar unter Verstoß gegen sie abweicht.«*

232 Verstößt eine Baugenehmigung gegen eine nicht nachbarschützende Festsetzung des Bebauungsplans, kann Nachbarrechtsschutz in analoger Anwendung des § 15 Abs. 1 BauNVO gewährt werden (BVerwG, Urt. v. 06.10.1989 – 4 C 14.87, BRS 49 Nr. 188):

233 *»Denn wenn schon gegenüber Baugenehmigungen, die in Übereinstimmung mit den Festsetzungen eines Bebauungsplans erteilt sind, eine Verletzung des in § 15 Abs. 1 BauNVO konkretisierten Rücksichtnahmegebotes geltend gemacht werden kann, so muss dies im Ergebnis erst recht im Hinblick auf Baugenehmigungen gelten, die diesen Festsetzungen widersprechen.«*

234 Im Rahmen von § 34 Abs. 1 BauGB vermittelt die offene Bauweise Nachbarschutz im Sinne der Doppelhausrechtsprechung (die auch für Hausgruppen gilt). Ist bereits ein Doppelhaus (oder eine Hausgruppe) entstanden, darf diese durch nachträgliche

Umbaumaßnahmen nicht beseitigt werden. Das **Einfügungsgebot** des § 34 Abs. 1 BauGB (zum Begriff des Einfügens s. BVerwG, Urt. v. 26.05.1978 – 4 C 9.76, BRS 33 Nr. 37) setzt auch die Rücksichtnahme auf die Belange des Nachbarn voraus (BVerwG, Urt. v. 13.08.1981 – 4 C 1.78, BauR 1981, 354 = BRS 38 Nr. 186). Daher vermittelt § 34 Abs. 1 BauGB als Ausprägung des Rücksichtnahmegebots (vgl. Rdn. 145–162) auch Drittschutz. So ist z.b. ein Vorhaben, mit dem der Dachfirst eines Mittelreihenhauses zur Vergrößerung des Dachgeschosses um 1,6 m angehoben werden soll, mit seiner unmittelbaren Umgebung, der bisher insoweit einheitlichen Reihenhauszeile, nicht verträglich und fügt sich deshalb nicht ein; das dem Einfügungserfordernis innewohnende Rücksichtnahmegebot vermittelt Nachbarschutz auch dann, wenn die Auswirkungen der Veränderung zwar nicht die Wohnqualität beeinträchtigen, aber Vorgaben für mögliche Veränderungen der übrigen Häuser der Zeile zur Folge haben (Hamb. OVG, Beschl. v. 29.05.2001 – 2 Bs 98/01, BRS 64 Nr. 184 = NVwZ 2002, 494). Zu beachten bleibt jedoch, dass der baurechtliche Nachbarschutz im nicht überplanten Innenbereich nicht denselben Grundsätzen folgen muss wie im Geltungsbereich eines Bebauungsplans (BVerwG, Beschl. v. 19.10.1995 – 4 B 215.95, BRS 57 Nr. 219). Das Gebot der Rücksichtnahme gilt auch für Vorhaben im unbeplanten Innenbereich gegenüber vorhandenen privilegierten Vorhaben im Außenbereich (BVerwG, Urt. v. 10.12.1982 – 4 C 28.81, BRS 39 Nr. 57).

§ 34 Abs. 2 BauGB stellt hinsichtlich der **Art** der baulichen Nutzung auf das Einfügen ab, so dass insofern Drittschutz nur nach Maßgabe des § 15 BauNVO vermittelt wird; im Übrigen ergibt sich Drittschutz wegen der Voraussetzung des Einfügens wie nach § 34 Abs. 1 BauGB (Schlichter/Stich/Driehaus/Paetow, Vorbemerkung zu den §§ 29–38 Rn. 32). **Der Gebietserhaltungsanspruch** gilt selbst im Randbereich zweier verschiedener aneinandergrenzender unbeplanter Baugebiete, ohne dass dies zu einer »Aufweichung« der Art der baulichen Nutzung im Grenzbereich führt (OVG Bln, Beschl. v. 05.12.2003 – 2 S 30.03, BauR 2004, 801 = BRS 66 Nr. 170). 235

§ 34 Abs. 3 BauGB will verhindern, dass von Vorhaben nach den Abs. 1 oder 2 schädliche Auswirkungen auf zentrale Versorgungsbereiche in der Gemeinde oder in anderen Gemeinden ausgehen (hierzu s. OVG NRW, Urt. v. 11.12.2006 – 7 A 964/05, BRS 70 Nr. 90 = NVwZ 2007, 727). Die Vorschrift **dient nicht dem Konkurrenzschutz** (OVG NRW, Beschl. v. 09.03.2007 – 10 B 2675/06, NVwZ 2007, 735; BVerwG, Urt. v. 17.12.2009 – 4 C 1/08, BVerwGE 136, 18). Geschützt ist jedoch die **Nachbargemeinde**, wenn eine Einzelhandelsansiedlung schädliche Auswirkungen auf einen ihrer zentralen Versorgungsbereiche erwarten lässt. Ob derartige Auswirkungen vorliegen, orientiert sich nicht vornehmlich an den von der Rechtsprechung entwickelten Kriterien zu den Auswirkungen von Einzelhandelsbetrieben innerhalb der Standortgemeinde. Da das Verständnis des Wortes »schädlich« auch eine »Unzumutbarkeit« beinhaltet, ist vielmehr eine Bewertung im Sinne des interkommunalen Abstimmungsgebotes (§ 2 Abs. 2 BauGB) erforderlich. So muss die Nachbargemeinde es hinnehmen, wenn ein Einzelhandelsvorhaben überwiegend die Kaufkraft der Standortgemeinde abschöpft. Dies gilt selbst dann, wenn es zu einem erheblichen Kaufkraftabfluss aus ihrem zentralen Versorgungsbereich kommt. 236

237 § 35 Abs. 1 BauGB – **privilegierte Vorhaben** – ist nicht generell nachbarschützend. Allerdings kann sich ein Grundstückseigentümer, der sein im Außenbereich gelegenes Grundstück privilegiert nutzt, gegen ein – privilegiertes oder nicht privilegiertes – Vorhaben, das die weitere Ausnutzung seiner Privilegierung und insbesondere seines privilegierten Bestandes faktisch in Frage stellt oder gewichtig beeinträchtigt, mit der Behauptung wenden, das Vorhaben beeinträchtige gemäß § 35 **Abs. 3** BauGB **öffentliche Belange** (BVerwG, Urt. v. 21.10.1968 – IV C 13.68, BRS 20 Nr. 158; Urt. v. 13.03.1981 – 4 C 1.78, BRS 38 Nr. 186; OVG NRW, Urt. v. 18.08.1972 – XI A 493/70, BRS 25 Nr. 200; Hess. VGH, Beschl. v. 02.09.1980 – IV TG 52/80, BRS 36 Nr. 83).

238 Zu den öffentlichen Belangen zählen nicht nur **schädliche Umwelteinwirkungen**, sondern auch **sonstige nachteilige Wirkungen** (BVerwG, Urt. v. 21.01.1983 – 4 C 1.04, BRS 40 Nr. 199 und Urt. v. 18.11.2004 – 4 C 1.04, BRS 67 Nr. 107 zur Beeinträchtigung des Flugbetriebs eines Segelfluggeländes durch eine Windanlage), auch wenn diese lediglich ein bewohntes Nachbargrundstück »optisch bedrängen« (BVerwG, Urt. v. 23.05.1986 – 4 C 34.85, BRS 46 Nr. 176 und Beschl. v. 11.12.2006 – 4 B 72.06, BauR 2007, 674 = BRS 70 Nr. 176 = ZfBR 2007, 275; OVG NRW, Urt. v. 09.08.2006 – 8 A 3726/05, BRS 70 Nr. 175 = DVBl 2006, 1532). Ein Außenbereichsvorhaben muss nicht nur auf bewohnte Außenbereichsgrundstücke selbst, sondern auch auf eine benachbarte Wohnbebauung im unbeplanten Innenbereich oder im Bebauungsplanbereich Rücksicht nehmen (BVerwG, Urt. v. 21.01.1983 – 4 C 59.79, BRS 40 Nr. 199; BayVGH, Beschl. v. 12.09.2017 – 1 ZB 15.126, juris). Eine schikanierende Lagerung von Heuballen unmittelbar neben einem mit Wohnhäusern überplanten Bereich verstößt gegen das § 35 Abs. 3 BauGB innewohnende Gebot der Rücksichtnahme (Nds. OVG, Beschl. v. 08.05.2006 – 1 ME 7/06, BauR 2006, 1442). Der Nachbar hat jedoch keinen drittschützenden Anspruch auf die Bewahrung des Außenbereichs (BVerwG, Beschl. v. 03.04.1995 – 4 B 47.95, BRS 57 Nr. 224; BayVGH, Beschl. v. 01.06.2016 – 15 CS 16.789, juris).

239 Die **Nachbargemeinde** kann sich zum Schutze ihrer Planungshoheit auf § 35 BauGB berufen, wenn sie die **überörtlichen Auswirkungen** eines Außenbereichsvorhabens treffen (VGH B-W, Beschl. v. 18.06.1976 – III 680/76, BRS 30 Nr. 145; BayVGH, Urt. v. 18.12.1997 – 1 B 95.2014, BRS 59 Nr. 77).

240 § 35 Abs. 2 BauGB – **sonstige Vorhaben** – galt nach älterer Rechtsprechung noch als nicht nachbarschützend (BVerwG, Urt. v. 06.12.1967 – IV C 94.66, BRS 18 Nr. 57 und BayVGH, Urt. v. 27.07.1976 – Nr. 354 I 73, BRS 30 Nr. 125). Inzwischen wird § 35 Abs. 2 BauGB als Ausdruck des Rücksichtnahmegebots angesehen, das nach den dazu entwickelten Grundsätzen Drittschutz vermittelt (BVerwG, Urt. v. 25.02.1977 – IV C 45.74, BRS 32 Nr. 1 und Urt. v. 21.01.1983 – 4 C 59.79, BRS 40 Nr. 199).

241 § 36 BauGB ist nicht nachbarschützend, da sich auf das fehlende Einvernehmen ein Dritter nicht berufen kann (BVerwG, Urt. v. 06.12.1967 – IV C 94.66, BRS 18 Nr. 57; OVG Bln-Bbg, Beschl. v. 24.06.2014 – OVG 10 S 29.13, juris). Wird jedoch

eine Gemeinde im Baugenehmigungsverfahren nicht gemäß § 36 Abs. 1 BauGB beteiligt, hat sie bereits deshalb einen Anspruch auf Aufhebung der Baugenehmigung (OVG NRW, Urt. v. 28.11.2007 – 8 A 2325/06, NWVBl. 2008, 228).

2.3 Immissionsschutzrecht

Im **Privatrecht** ergibt sich ein Schutz gegen Beeinträchtigungen aus dem **Eigentumsrecht**. Nach §§ 862 und 1004 BGB besteht ein **Unterlassungsanspruch** gegen Störungen durch Lärm, sofern nicht § 906 BGB eingreift. Der Eigentümer eines Grundstücks kann gemäß **§ 906 Abs. 1 BGB** die Zuführung von einem anderen Grundstück ausgehenden Geräuschen insoweit nicht verbieten, als die Einwirkung die Benutzung seines Grundstücks nur **unwesentlich** beeinträchtigt. Eine unwesentliche Beeinträchtigung liegt vor, wenn die in Rechtsvorschriften festgelegten Grenz- oder Richtwerte von den nach diesen ermittelten und bewerteten Einwirkungen nicht überschritten werden; Gleiches gilt für Werte in allgemeinen Verwaltungsvorschriften, die nach § 48 BImSchG erlassen worden sind und den Stand der Technik wiedergeben. Eine zusätzliche Duldungspflicht resultiert aus **§ 906 Abs. 2 BGB** in Bezug auf **wesentliche Geräusche**, die **ortsüblich und durch wirtschaftlich zumutbare Maßnahmen nicht vermeidbar** sind, wobei ein **Ausgleichsanspruch** in Geld eingeräumt wird. Infolge der Anknüpfung in § 906 Abs. 1 BGB an die Grenz- oder Richtwerte in Rechtsvorschriften besteht eine **Verbindung zum öffentlichen Recht**. Das BImSchG dient unter anderem dem Zweck, den Menschen vor schädlichen Umwelteinwirkungen zu schützen (vgl. § 15 Rdn. 26). 242

Da das **Immissionsschutzrecht** gerade die Nachbarn einer Anlage vor unzumutbaren Einwirkungen schützen soll, ist es **nachbarschützend** (BVerwG, Urt. v. 24.10.1967 – I C 64.65, BRS 18 Nr. 137 zu §§ 16 ff. GewO, die durch das BImSchG abgelöst wurden und Urt. v. 21.06.1974 – IV C 14.74, BRS 28 Nr. 138 = DVBl 1974, 777). 243

§ 5 Abs. 1 Satz 1 Nr. 1 BImSchG ist als spezielle gesetzliche Ausprägung des **Gebots der Rücksichtnahme** nachbarschützend (BVerwG, Urt. v. 30.09.1983 – 4 C 18.80, BRS 40 Nr. 205 und Urt. v. 30.09.1983 – 4 C 74.78, BRS 40 Nr. 206; VGH B-W, Urt. v. 14.05.2012 – 10 S 2693/09, BauR 2012, 1637). Eine Anlage, deren Immissionen sich in den Grenzen des der Nachbarschaft gemäß § 5 Abs. 1 BImSchG Zumutbaren halten, ist auch in bauplanungsrechtlicher Hinsicht nicht rücksichtslos, da es kein bauplanungsrechtliches Rücksichtnahmegebot gibt, das etwa dem Verursacher von Umwelteinwirkungen mehr an Rücksichtnahme zugunsten von Nachbarn gebieten würde, als es das BImSchG gebietet (OVG NRW, Beschl. v. 26.02.2003 – 7 B 2434/02, BauR 2003, 1361 = BRS 66 Nr. 176; BVerwG, Beschl. v. 16.01.2017 – 7 B 1/16, juris). 244

§ 22 BImSchG dient auch dem Nachbarschutz (BVerwG, Urt. v. 30.04.1992 – 7 C 25.91, BRS 54 Nr. 188 zum Zeitschlagen einer Kirchturmuhr während der Nachtzeit). Die drittschützende Wirkung erschöpft sich darin, die Nachbarschaft nach der Definition des § 3 Abs. 1 BImSchG vor schädlichen Umwelteinwirkungen zu bewahren, die nach dem Stand der Technik vermeidbar sind, was indessen nicht 245 bedeutet, dass jede Beeinträchtigung, die sich nach dem Stand der Technik vermeiden lässt, als schädlich zu qualifizieren ist und vom Betroffenen abgewehrt werden kann (BVerwG, Beschl. v. 25.08.1999 – 4 B 55.99, BRS 62 Nr. 186 zu einem Schornstein eines offenen Kamins).

246 Der durch § 50 BImSchG postulierte **planerische Trennungsgrundsatz** ist nicht nachbarschützend (BVerwG, Urt. v. 30.09.1983 – 4 C 74.78, BRS 40 Nr. 206), kann aber indirekt für einen Gewerbebetrieb von Bedeutung sein, der sich im Wege der **Normenkontrolle** gegen einen Bebauungsplan zur Wehr setzt, der heranrückende Wohnbebauung ohne ausreichenden aktiven oder passiven Lärmschutz ermöglicht (s. hierzu Nds. OVG, Urt. v. 25.06.2001 – 1 K 1850/00, BauR 2001, 1862 = BRS 64 Nr. 15).

247 Besondere Rechtsunsicherheiten verursachen in diesem Zusammenhang die Vorgaben der **12. BImSchV – Störfall-Verordnung**, da die unter ihren Geltungsbereich fallenden Betriebsbereiche grundsätzlich zur Einhaltung von Sicherheitsabständen verpflichtet sind (hierzu s. BayVGH, Urt. v. 14.07.2006 – 1 BV 03.2179, 1 BV 03.2180, 1 BV 03.2181, 1 B 04.1232, BauR 2007, 505 = BRS 70 Nr. 165; s.a. Rdn. 227).

248 Die für gewerbliche Betriebe geltende **TA-Lärm** findet auch auf die nicht nach BImSchG genehmigungsbedürftige Betriebe Anwendung (BVerwG, Urt. v. 24.09.1992 – 7 C 6.92, BRS 54 Nr. 187 zum Nachtbetrieb einer Tankstelle). Auch für die Ermittlung der Lärmimmissionen, die durch den gewerblich bedingten Zu- und Abgangsverkehr bedingt sind, ist nicht die Verkehrslärmschutzverordnung – 16. BImSchV, sondern die TA-Lärm heranzuziehen (OVG Bln, Beschl. v. 17.03.1999 – 2 S 6.98, BRS 62 Nr. 182 zu einem Multiplex-Kino mit 1800 Plätzen; s.a. OVG NRW, Beschl. v. 28.08.1998 – 10 B 1353/98, BRS 60 Nr. 202). Ob Beeinträchtigungen durch Geräusche die **Zumutbarkeitsschwelle** überschreiten, wird durch die Richtwerte für Schallpegel nach der **TA-Lärm** nicht abschließend bestimmt (BVerwG, Beschl. v. 20.01.1989 – 4 B 116.88, BRS 49 Nr. 201 zur Nachbarklage gegen einen Getränkemarkt). Die Zumutbarkeit von Lärmimmissionen durch nächtliche Ernteeinsätze in der Landwirtschaft für die Nachbarschaft ist anhand einer entsprechenden Anwendung der wesentlichen Grundsätze der TA-Lärm zu beurteilen, auch wenn diese nach Nr. 1 Abs. 2 Buchstabe c für landwirtschaftliche Anlagen nicht gilt (VGH B-W, Urt. v. 08.11.2000 – 10 S 2317/99, BRS 63 Nr. 193 = NVwZ 2001, 1184).

249 Dagegen stellen die Immissionsrichtwerte der **Sportanlagenlärmschutzverordnung – 18. BImSchV** eine **normative Festlegung der Zumutbarkeitsschwelle** im Sinne des § 3 Abs. 1 BImSchG dar (BVerwG, Beschl. v. 08.11.1994 – 7 B 73.94, BauR 1995, 377 = BRS 56 Nr. 194). Diese Werte sind auch hoheitlich durchzusetzen, wenn die Anlage einer anderen als immissionsschutzrechtlichen, z.B. einer baurechtlichen Genehmigung bedarf und genehmigt wird oder, falls sie keiner Genehmigung bedarf, wenn nach Maßgabe der §§ 24 und 25 BImSchG über aufsichtsbehördliche Maßnahmen zu entscheiden ist (BVerwG, Urt. v. 12.08.1999 – 4 CN 4.98, BauR 2000, 229 = BRS 62 Nr. 1 = DVBl 2000, 187 = DÖV 2000, 244 = NVwZ 2000, 550 = ZfBR 2000, 125).

Die Immissionsrichtwerte der 18. BImSchV sind auf Geräuschimmissionen, die von 250
der bestimmungsgemäßen Nutzung von **Ballspielplätzen und ähnlichen Anlagen für
Kinder** ausgehen, nicht unmittelbar anwendbar (BVerwG, Beschl. v. 11.02.2003 –
7 B 88.02, BauR 2004, 471 = BRS 66 Nr. 171). Auch ein großzügig bemessener und
mit einer überdurchschnittlichen Spielgeräteausstattung versehener **Spielplatz** ist mit
dem Ruhebedürfnis der Bewohner eines unmittelbar angrenzenden Wohngebiets vereinbar (Nds. OVG, Beschl. v. 29.06.2006 – 9 LA 113/04, NVwZ 2006, 1199).

Für **Freizeitanlagen**, wie Freilichtbühnen, Freizeitparks, Vergnügungsparks, Aben- 251
teuer-Spielplätze, Anlagen für Modellfahrzeuge und Modellflugzeuge, Wasserflächen
für Schiffsmodelle, Sommerrodelbahnen oder Außengastronomie, die vom Anwendungsbereich der 18. BImSchV nicht erfasst werden, ist der RdErl. vom 23.10.2006
(MBl. NRW. S. 566) – Messung, Beurteilung und Verminderung von Geräuschimmissionen bei Freizeitanlagen – (auch als »**Freizeitlärm-Richtlinie**« bezeichnet) zu
beachten, der auch Immissionsrichtwerte für die Baugebiete enthält. Zur Beurteilung
von Geräuschimmissionen ist die Freizeitlärm-Richtlinie ein geeignetes technisches
Regelwerk, das als **Orientierungshilfe** herangezogen werden kann (Hess. VGH, Urt. v.
25.02.2005 – 2 UE 2890/04, BRS 69 Nr. 170; Sächs. OVG, Beschl. v. 25.11.2013 –
1 B 433/13, BauR 2014, 816). Lärmimmissionen eines **Rockkonzertes**, die diese
Richtwerte überschreiten, können unwesentlich im Sinne des § 906 Abs. 1 Satz 1
BGB sein, wenn es sich um eine kommunal bedeutsame Veranstaltung handelt, die
an nur einem Tag des Jahres stattfindet, höchstens bis Mitternacht andauert und weitgehend die einzige in der Umgebung bleibt (BGH, Urt. v. 26.09.2003 – V ZR 41/03,
BauR 2004, 300 = BRS 66 Nr. 175). **Volksfeste** sollten regelmäßig um Mitternacht
enden (BayVGH, Beschl. v. 22.11.2005 – 22 ZB 05.2679, BRS 69 Nr. 169).

Die in der **TA-Luft** enthaltenen Mindestabstände zur Wohnbebauung konkretisieren 252
zwar die Vorsorgepflicht nach § 5 Abs. 1 Nr. 2 BImSchG, stellen aber keine normativen Regelungen dar (zur Bildung eines Mittelwerts bei Geruchsbelästigungen
s. BVerwG, Beschl. v. 28.09.1993 – 4 B 151.93, BRS 55 Nr. 165).

Die **Verordnung über kleine und mittlere Feuerungsanlagen** – 1. BImSchV i.d.F. 253
d. B. vom 14.03.1997 (BGBl. I S. 490) stellt keine abschließende Regelung zum
Schutz des Nachbarn dar, weil nach § 21 dieser Verordnung die Befugnis der Behörde
unberührt bleibt, weitergehende Anordnungen nach §§ 24 und 25 BImSchG zu
treffen (BVerwG, Beschl. v. 28.07.1999 – 4 B 38.99, BRS 62 Nr. 189).

Zur Ermittlung und Bewertung von **Gerüchen** bestehen keine normativen Vor- 254
gaben, so dass nur eine auf den Einzelfall ausgerichtete Beurteilung übrig bleibt
(Hess. VGH, Urt. v. 08.02.2000 – 4 UE 3421/94, BRS 63 Nr. 197). Unzumutbare
Geruchsbelästigungen sind bei einem Abstand von 300 m zwischen einem Wohn-
haus im Außenbereich und Mastställen für 6500 Putenmasthähne ausgeschlossen
(OVG Lüneburg, Urt. v. 14.07.1989 – 6 A 152/87, BRS 49 Nr. 210). Der Geruchs-
abstand zwischen Rinderhaltung und Wohnnutzung kann nach dem Entwurf der
VDI-Richtlinie 3473 »Emissionsminderung Tierhaltung – Rinder« bestimmt werden
(Hess. VGH, Beschl. v. 16.03.1995 – 3 TG 50/95, BRS 57 Nr. 216). Eine durch
Tierhaltung bedingte Geruchswahrnehmungshäufigkeit von mehr als 50 % der

Jahresstunden vermag eine Unzumutbarkeit für landwirtschaftsbezogenes Wohnen im Außenbereich nicht ohne weiteres zu begründen; bei einem Nebeneinander landwirtschaftlicher Betriebe im Außenbereich ist die im Rahmen des Rücksichtnahmegebotes zu beachtende Zumutbarkeitsschwelle erst überschritten, wenn sich die Immissionen, insbesondere soweit sie auf die zu den landwirtschaftlichen Anwesen gehörenden Wohngebäude einwirken, der Grenze des Erträglichen nähern (OVG NRW, Beschl. v. 16.03.2009 – 10 A 259/08, juris). Gerüche, die von einer ausschließlich mit Festmist und Gülle aus Rinderhaltung sowie nachwachsenden Rohstoffen betriebenen, im Außenbereich liegenden **Biogasanlage** ausgehen, stellen dorfgebietstypische Emissionen dar (VGH B-W, Beschl. v. 03.05.2006 – 3 S 771/06, BauR 2006, 1870 = BRS 70 Nr. 171). Soweit von einem als Pferdekoppel eingezäunten Grundstück mit einer privilegierten Halle zum Abstellen von Maschinen und zum Unterstellen von Pferden Gerüche ausgehen, sind diese gemäß § 906 BGB von einem Wohnnachbarn im Außenbereich zu dulden, da sich die Bewirtschaftung des Grundstücks einschließlich der Halle in die ländliche Umgebung einfügt (LG Deggendorf, Urt. v. 19.02.2002 – 1 O 620/01, BauR 2003, 1879).

255 **Grenzwerte für elektromagnetische Felder**, wie sie durch Hochspannungsfreileitungen und Mobilfunksender erzeugt werden, sind durch die **Verordnung über elektromagnetische Felder – 26. BImSchV** vom 16.12.1996 (BGBl. I S. 1966) **normativ festgelegt** (vgl. § 13 Rdn. 32). Die Einhaltung der **Grenzwerte** wird mit der **Standortbescheinigung der Bundesnetzagentur** nachgewiesen (zu den Grenzwerten s. BVerfG, Beschl. v. 28.02.2002 – 1 BvR 1676/01, DVBl 2002, 614 = NJW 2002, 1638; zur Schutzpflicht staatlicher Organe gegen Gesundheitsgefährdung durch elektromagnetische Felder s. BVerfG, Beschl. v. 17.02.1997 – 1 BvR 1658/96, UPR 1997, 186 und Beschl. v. 24.01.2007 – 1 BvR 382/05, NVwZ 2007, 805). Die Anforderungen sollen die Allgemeinheit und die **Nachbarschaft** vor schädlichen Umwelteinwirkungen durch elektromagnetische Felder schützen. Bei einer durch die Standortbescheinigung nachgewiesenen Einhaltung der Grenzwerte ist ein nachbarlicher Abwehranspruch ausgeschlossen (Hess. VGH, Beschl. v. 29.07.1999 – 4 TG 2118/99, BRS 62 Nr. 83; BayVGH, Urt. v. 13.11.2000 – 1 K 96.1078, BRS 63 Nr. 192; Nds. OVG, Beschl. v. 19.01.2001 – 1 O 2761/00, BauR 2001, 1250 = BRS 64 Nr. 136; Hess. VGH, Beschl. v. 19.02.2010 – 4 B 2266/09, BRS 76 Nr. 180).

256 Greift ein Nachbar mit der Verfassungsbeschwerde die eine Baugenehmigung für eine Funkbasisstation bestätigende Entscheidung der Verwaltungsgerichte unter Hinweis auf die **Gefährdung seiner Gesundheit durch Mobilfunkstrahlen** an, so gehört es zu den Anforderungen der Begründung, dass er sich mit der in Einklang mit dem BVerfG stehenden Argumentation der Gerichte auseinandersetzt, nach der dem Gesetz- und Verordnungsgeber ein weiter Einschätzungs-, Wertungs- und Gestaltungsspielraum zustehe, dass auch im Lichte des Art. 2 Abs. 2 GG **keine Pflicht des Staates zur Vorsorge gegen rein hypothetische Gefährdungen** bestehe und dass hinsichtlich der zahlreichen neuen Forschungsarbeiten zu den Gefährdungen durch Mobilfunkanlagen noch keine abschließenden Ergebnisse vorlägen (BVerfG, Beschl. v. 08.12.2004 – 1 BvR 1238/04, BRS 67 Nr. 184 = NVwZ-RR 2005, 227).

Bei **Einhaltung der Grenzwerte der 26. BImSchV** muss der Beeinträchtigte zur Erschütterung der Indizwirkung darlegen und gegebenenfalls beweisen, dass ein wissenschaftlich begründeter Zweifel an der Richtigkeit der festgelegten Grenzwerte und ein fundierter Verdacht einer Gesundheitsgefährdung besteht (BGH, Urt. v. 13.02.2004 – V ZR 217/03, BauR 2005, 74 = BRS 67 Nr. 183). 257

3 Rechtsschutzverfahren des Nachbarn

3.1 Rechtsschutz gegen rechtswidriges Bauen

Wie allgemein im Ordnungsrecht, so ist auch im Bauordnungsrecht **grundsätzlich kein Anspruch auf Einschreiten** gegen die Behörde gegeben; vielmehr gilt das **Opportunitätsprinzip**, das heißt, die Entscheidung, ob (und wie) die Behörde – hier die Bauaufsichtsbehörde – tätig wird, steht in ihrem pflichtgemäßen Ermessen (grundlegend BVerwG, Urt. v. 18.08.1960 – I C 42/59, BVerwGE 11, 95 = BRS 12 B 4 S. 174 = NJW 1961, 793; OVG NRW, Urt. v. 23.04.1982 – 10 A 645/80, BRS 39 Nr. 178; OVG Lüneburg, Urt. v. 27.03.1981 – 1 A 213/80, BauR 1982, 147 = BRS 38 Nr. 181). Dem **Nachbarn** wird (nur) ein **Anspruch auf fehlerfreie Ermessensausübung** eingeräumt. Daran ändert auch eine vorausgegangene, wegen eines nachbarlichen Abwehrrechts **erfolgreiche Nachbarklage** nichts, die zur **formellen Illegalität des Vorhabens** führt (BVerwG, Urt. v. 19.06.1991 – 4 C 52.89, BRS 52 Nr. 217). Die Möglichkeit des Nachbarn, seine Rechte unmittelbar gegenüber dem »Störer« **zivilrechtlich** (§§ 1004, 906, 823 Abs. 2 BGB) geltend zu machen, kann nach den Umständen des Einzelfalls ein beachtlicher **Ermessensgesichtspunkt** sein (BVerwG, Urt. v. 25.02.1969 – 1 C 7.68, DVBl 1969, 586; Beschl. v. 10.12.1997 – 4 B 93.88, BRS 59 Nr. 188). 258

Indessen kann im Einzelfall der **Ermessensspielraum** derart **eingeengt** sein, dass ein Einschreiten, und dies sogar in bestimmter Weise, allein ermessensgerecht ist. Die Pflicht der Behörde zum Einschreiten verdichtet sich in diesen Fällen dann faktisch zu einem Anspruch des Nachbarn auf Einschreiten (»... im praktischen Ergebnis einem strikten Rechtsanspruch auf ein bestimmtes Verwaltungshandeln gleichkommt«, so BVerwG, Urt. v. 18.08.1960 – I C 42/59, BVerwGE 11, 95 und Beschl. v. 13.07.1994 – 4 B 129.94, BauR 1994, 740 = BRS 56 Nr. 203). Nach dem Urteil des OVG NRW vom 15.12.1972 (– XI A 764/71, BRS 25 Nr. 194) steht der Befugnis der Bauaufsichtsbehörde, einer Störung der öffentlichen Sicherheit oder Ordnung nach ihrem Ermessen zu begegnen, der Anspruch des Betroffenen auf ermessensfehlerfreie Ermessensausübung gegenüber; dabei könne das Ermessen auf Null reduziert sein. Voraussetzung für eine solche **Ermessensreduzierung auf null** ist, dass zu der Rechtsverletzung des Nachbarn eine konkrete, erheblich ins Gewicht fallende **Beeinträchtigung** kommt (OVG NRW, Urt. v. 17.05.1983 – 7 A 330/81, BauR 1984, 160 = BRS 40 Nr. 191 = NJW 1984, 883; Nds. OVG, Urt. v. 16.02.2012 – 1 LB 19/10, BauR 2012, 933; OVG Schl-H, Beschl. v. 06.01.2015 – 1 LA 60/14, juris; s.a. Mampel, Die tatsächliche Beeinträchtigung des Nachbarn im Baurecht – eine unendliche Geschichte, BauR 1993, S. 44 ff.). Verstößt das Verhalten des Betreibers nicht gegen nachbarschützende Vorschriften, ist die Behörde dem Nachbarn gegenüber nicht zum Einschreiten 259 verpflichtet. Bei der Ermessensausübung kann neben anderen Umständen (z.B. Sinn und Zweck der verletzten Vorschrift, Grundsatz der Gleichbehandlung, Grundsatz der Verhältnismäßigkeit) das Ausmaß oder die Schwere der Störung oder Gefährdung eine maßgebende Bedeutung haben. In diesem Zusammenhang sind selbstverständlich die Belange des Nachbarn von besonderer Bedeutung. Diese können jedoch zurücktreten, wenn das Ansinnen des Nachbarn bereits zivilrechtlich abgewiesen wurde; die Bauaufsichtsbehörde ist jedenfalls dann aus Bundesrecht nicht zum Einschreiten verpflichtet (BVerwG, Urt. v. 04.06.1996 – 4 C 15.95, BRS 58 Nr. 206 = ZfBR 1997, 48 – in dem Fall war der Antrag auf Einschreiten gegen eine baurechtswidrige Nutzung eines Grundstücks und damit verbundener Inanspruchnahme des Grundstücks des klagenden Nachbarn als Zufahrt abgelehnt worden, weil die Zivilgerichte zuvor ein Notwegerecht anerkannt hatten).

260 Nach Auffassung des OVG NRW vom 17.05.1983 (– 7 A 330/81, BauR 1984, 160 = BRS 40 Nr. 191 = NJW 1984, 883; im Ergebnis übereinstimmend mit dem Urt. v. 23.04.1982 – 10 A 645/80, BRS 39 Nr. 178) kann, wenn der beschwerte Nachbar von der Bauaufsichtsbehörde verlangt, dass sie gegen ein formell und materiell rechtswidriges, öffentliche Nachbarrechte verletzendes Bauwerk vorgehe, bezüglich der von der Bauaufsichtsbehörde anzustellenden Ermessenserwägungen nicht danach unterschieden werden, ob es sich um einen den Nachbarn beeinträchtigenden Schwarzbau oder um einen Bau handelt, der aufgrund einer auf Rechtsmittel des Nachbarn aufgehobenen Baugenehmigung errichtet wurde. Für die letztgenannte Fallgruppe wird ein »**Folgenbeseitigungsanspruch**« aus rechtssystematischen Gründen ebenso abgelehnt wie eine »**Folgenbeseitigungslast**« (OVG NRW, Urt. v. 15.12.1972 – XI A 764/71, BRS 25 Nr. 194 sowie Urt. v. 17.05.1983 – 7 A 330/81, BauR 1984, 160 und Urt. v. 23.04.1982 – 10 A 645/80, BRS 39 Nr. 178; OVG Lüneburg, Urt. v. 27.03.1981 – 1 A 213/80, BRS 38 Nr. 181; Nds. OVG, Beschl. v. 10.02.2003 – 1 LA 52/02, juris). Der Umfang des der Bauaufsichtsbehörde zustehenden Ermessens richtet sich vielmehr sowohl im Falle des Schwarzbaus wie in dem Fall der vorausgegangenen, nunmehr zufolge eines Nachbarwiderspruchs aufgehobenen Baugenehmigung ausschließlich nach dem Zweck der Ermächtigungsnorm (s.a. OVG Bln, Urt. v. 14.05.1982 – 2 B 57.79, BRS 39 Nr. 207: Verbietet eine drittschützende Vorschrift des Baurechts unzumutbare Belästigungen, so ist die Behörde zum Einschreiten gegen formell und materiell illegale Anlagen verpflichtet, wenn sie keine sachlichen Gründe für ihre Untätigkeit hat; zur Frage, ob und inwieweit einzelne Begründungselemente eines Kassationsurteils in materielle Rechtskraft erwachsen, s. BVerwG, Beschl. v. 09.02.2000 – 4 B 11.00, BRS 63 Nr. 210 = ZfBR 2000, 490). Zu beachten ist bei der Entscheidung über das Einschreiten auch, dass das **materielle Bauplanungsrecht nicht zur Disposition des Landesgesetzgebers** steht (BVerwG, Urt. v. 19.12.1985 – 7 C 65.82, BVerwGE 72, 300 und Beschl. v. 17.12.2003 – 4 B 96/03, juris). Daraus kann sich ergeben, dass der Bauaufsichtsbehörde nur ein eingeschränktes Entscheidungsermessen zusteht, wenn es um die Wahrung der nach Bundesrecht zu beurteilenden bauplanungsrechtlichen Zustände geht (BVerwG, Beschl. v. 17.04.1998 – 4 B 144.97, BauR 1999, 735 = BRS 60 Nr. 169).

261 Die **bauaufsichtliche Maßnahme darf nicht zweck-, sitten- oder treuwidrig** sein, was insbesondere dann der Fall sein kann, wenn ein Einschreiten begehrt wird, um dem

anderen Schaden zuzufügen (§ 226 BGB) oder sogar in einer gegen die guten Sitten verstoßenden Weise vorsätzlich Schaden zuzufügen (§ 826 BGB), denn auch im öffentlichen Nachbarrecht gilt der **Grundsatz von Treu und Glauben** (§ 242 BGB), so dass sich der Nachbar bestimmte eigene Verhaltensweisen entgegenhalten lassen muss (so Finkelnburg/Ortloff, Band II S. 280 f.). Für den Nachbarn besteht nach § 20 Abs. 1 VwVfG. NRW. ein **Mitwirkungsverbot** (OVG NRW, Beschl. v. 13.04.2004 – 10 B 2429/03, BRS 67 Nr. 192 – ein Nachbar wendet sich gegen Lärmbelästigungen einer Windkraftanlage, obwohl er selbst an der Erhebung der im Verwaltungsverfahren zu Grunde gelegten Daten mitgewirkt hatte). Das im Grundsatz von Treu und Glauben verankerte **Rechtsinstitut der unzulässigen Rechtsausübung** gilt auch im öffentlichen Recht und ist von Amts wegen zu berücksichtigen (OVG NRW, Beschl. v. 22.06.1990 – 7 B 740/90, BRS 50 Nr. 180 – ein ehemaliger Prokurist des Bauherrn erwirbt einen Miteigentumsanteil am Nachbargrundstück und macht Nachbarrechte gegen das von ihm selbst geplante Vorhaben geltend sowie OVG NRW, Beschl. v. 12.05.2003 – 10 B 145/03, BRS 66 Nr. 191 = ZfBR 2003, 588 – ein Nachbar verkauft für rund 1,5 Millionen € seine Abwehrrechte gegen ein rund 160 m hohes Verwaltungsgebäude und versucht anschließend, die Beleuchtungsanlage mit Wechselfarben zu verhindern).

Eine Pflicht der Bauaufsichtsbehörde zum Einschreiten ist wegen des **Einwands des Rechtsmissbrauchs** ausgeschlossen, wenn der Nachbar Drittschutz zugunsten eines baurechtswidrigen Zustandes auf dem eigenen Grundstück anstrebt (BVerwG, Urt. v. 14.12.1973 – IV C 71.71, BRS 27 Nr. 157; OVG NRW, Urt. v. 03.10.1963 – VII A 175/63, BRS 14 B 5 S. 235 und Beschl. v. 13.03.2009 – 10 A 1118/08, juris und Beschl. v. 12.02.2010 – 7 B 1840/09, juris und; VGH B-W, Urt. v. 08.03.1976 – III 1030/75, BRS 30 Nr. 106; OVG Saar, Urt. v. 24.01.1983 – 1 A 151/81, BRS 40 Nr. 208; OVG Lüneburg, Beschl. v. 26.05.1983 – 6 B 47/83, BRS 40 Nr. 113; OVG NRW, Beschl. v. 17.10.2000 – 10 B 1053/00, BRS 63 Nr. 198 zu Grenzabständen und Beschl. v. 07.08.1997 – 7 A 150/96, BRS 59 Nr. 193 zu Abständen aus Brandschutzgründen; BayVGH, Beschl. v. 05.07.2011 – 14 CS 11.814, juris; OVG Bln-Bbg, Beschl. v. 08.09.2015 – OVG 2 S 28.15, juris). Der Nachbar kann insoweit nur noch Abwehrrechte geltend machen, als der durch seine eigene Anlage ausgelöste Rechtsverstoß **geringer** als der durch das neu hinzutretende Vorhaben ist. Für die **Vergleichbarkeit** der Nachbarn in diesem Sinne **wechselseitig beeinträchtigenden Rechtsverstöße** ist auch die **Qualität der Beeinträchtigung** von wesentlicher Bedeutung (Nds. OVG, Beschl. v. 30.03.1999 – 1 M 897/99, BRS 62 Nr. 190 und OVG NRW, Urt. v. 24.04.2001 – 10 A 1402/98, BauR 2002, 295 = BRS 64 Nr. 188 und Urt. v. 28.01.2016 – 10 A 447/14, juris; OVG Rh-Pf, Urt. v. 29.09.2004 – 8 A 10664/04, BauR 2005, 77 = BRS 67 Nr. 189). Eine **Ausnahme von der Pflicht zum Einschreiten** wird für den Fall angenommen, dass die durch das rechtswidrige Bauwerk bewirkte Beeinträchtigung des noch unbebauten Nachbargrundstücks in der Verschlechterung seiner Nutzungsmöglichkeiten liegt, jedoch noch nicht abzusehen ist, ob der Nachbar künftig eine Bebauung verwirklichen kann, bei der sich dies tatsächlich auswirkt (OVG NRW, Urt. v. 17.05.1983 – 7 A 330/81, BRS 40 Nr. 191 und Urt. v. 25.10.2010 – 7 A 290/09, juris; a.A. BayVGH, Urt. v. 12.11.1987 – Nr. 2 B 86.01596,

BRS 48 Nr. 175). Die **Höhe der Kosten** zur Beseitigung der Nachbarbeeinträchtigung ist dagegen regelmäßig **kein sachgerechter Gesichtspunkt**, um ein Einschreiten zugunsten des Nachbarn abzulehnen (OVG NRW, Urt. v. 17.05.1983 – 7 A 330/81, BauR 1984, 160 = BRS 40 Nr. 191 = NJW 1984, 883).

263 Ein Anspruch auf Einschreiten kann auch gegen nachbarrechtsverletzende Vorhaben **öffentlicher Bauherren** gegeben sein, die sich die privilegierte Gemeinde selbst gemäß § 74 BauO NRW genehmigt oder für die sich der Staat selbst eine **Zustimmung** gemäß § 79 BauO NRW erteilt hat. Hierunter fallen vor allem öffentliche Einrichtungen, wie Kinderspielplätze, Kindergärten, Heime, Krankenhäuser, Schulen, Hochschulen, Sportanlagen oder Kasernen, die zwangsläufig mit Beeinträchtigungen verbunden sind. Die Bereitschaft, derartige Anlagen als Nachbar zu akzeptieren, lässt spürbar nach und ist symptomatisch für die allgemein schwindende Bereitschaft, im Interesse des Gemeinwohls auch nur geringfügige Lasten hinzunehmen (so Dolderer, Abwehr- und Ausgleichsansprüche im öffentlich-rechtlichen Nachbarschaftsverhältnis, UPR 1999, S. 9 ff.). Die Behörde muss mit der unter rechtsstaatlichen Gesichtspunkten gebotenen **Unabhängigkeit** und **Neutralität in Bezug auf nachbarliche Belange** entscheiden, da auch die Baugenehmigung, die die Gemeinde sich selbst erteilt, ein anfechtbarer Verwaltungsakt ist (OVG NRW, Beschl. v. 29.07.1991 – 10 B 1128/91, BRS 52 Nr. 208 = NVwZ 1992, 187; zum umstrittenen Rechtscharakter der Zustimmung und zu den Besonderheiten des Rechtsschutzes vgl. § 79 Rdn. 2–5). Der Nachbar kann bei einer Verletzung nachbarschützender Vorschriften durch öffentliche Vorhaben unmittelbar mit der **Leistungsklage** die Verurteilung des öffentlichen Vorhabenträgers zur **Beseitigung des Rechtsverstoßes** begehren (OVG NRW, Urt. v. 14.01.1994 – 7 A 2002/92, BRS 56 Nr. 196).

3.2 Materielle Voraussetzungen

264 Der **Abwehranspruch des Nachbarn** ist als **Korrelat zum Anspruch des Bauherrn auf Genehmigung** zu sehen (so Steinberg, Grundfragen des öffentlichen Nachbarrechts, NJW 1984, S. 457 ff.; vgl. Rdn. 125). Eine **Baugenehmigung** ist **rechtswidrig** und auf Klage des Nachbarn hin aufzuheben, wenn die mit dem Zugehörigkeitsvermerk versehenen Bauvorlagen hinsichtlich **nachbarrelevanter Merkmale** des Vorhabens unbestimmt sind und diese **Unbestimmtheit** durch den Inhalt des Bauscheins selbst **nicht behebbar** ist (OVG NRW, Urt. v. 13.05.1994 – 10 A 1025/90, BRS 56 Nr. 139 zu fehlenden Angaben der Höhenlage und Urt. v. 12.09.2006 – 10 A 2980/05, BauR 2007, 350). Da der Baugenehmigung nach der Rechtsprechung nicht in jedem Fall umfassende Feststellungswirkung zukommt (vgl. § 74 Rdn. 4, 131 ff. und 247), kann auch der Abwehranspruch des Nachbarn nicht weiter als die Feststellungswirkung der Baugenehmigung reichen (vgl. OVG NRW, Beschl. v. 15.02.2000 – 10 B 208/00, BRS 63 Nr. 177: Soll für eine gemeindliche Pumpstation ein Teil einer vorhandenen Straßenverkehrsfläche in Anspruch genommen werden und führt dies wegen der Verengung des Straßenraums zu Zufahrtserschwernissen für ein auf der anderen Seite der Straße gelegenes Grundstück, so kann dies vom Nachbarn nicht im Streit um die Baugenehmigung, sondern allenfalls straßen- oder eigentumsrechtlich abgewehrt werden). Wird der Inhalt der im einfachen Baugenehmigungsverfahren erteilten

Baugenehmigung durch Landesrecht bestimmt, können auf Bauordnungsrecht beruhende Nachbarrechte durch die Baugenehmigung nicht verletzt sein, wenn über sie in der Genehmigung nicht entschieden worden ist. Macht der Nachbar geltend, durch nachbarschützende bauordnungsrechtliche Vorschriften in seinen Rechten verletzt zu sein, kommt nur eine Verletzung durch das Vorhaben selbst, nicht jedoch eine Verletzung durch die bauordnungsrechtliche Fragen ausklammernde Baugenehmigung in Betracht (BVerwG, Beschl. v. 16.01.1997 – 4 B 244/96, BRS 59 Nr. 185 = NVwZ 1998, 58; OVG NRW, Beschl. v. 12.01.2015 – 2 B 1386/14, BauR 2015, 1975; s.a. Uechtritz, Nachbarrechtsschutz bei der Errichtung von Wohngebäuden im Freistellungs-, Anzeige- und vereinfachten Verfahren, NVwZ 1996, S. 640 ff.). Anders kann sich die Situation jedoch darstellen, wenn die Ausnutzung der so erteilten Baugenehmigung offensichtlich gegen nicht prüfpflichtige nachbarschützende Vorschriften verstoßen würde und diese Baurechtsverletzung sofort durch Stilllegungsverfügung, Nutzungsverbot oder Beseitigungsverbot repressiv unterbunden werden müsste; in diesem Fall wäre der Bauantrag schon mangels Sachbescheidungsinteresse abzulehnen gewesen und der betroffenen Nachbar kann sich ausnahmsweise mit einer Anfechtungsklage zur Wehr setzen (OVG NRW, Urt. v. 09.06.2011 – 7 A 1494/09, juris und Beschl. v. 12.01.2015 – 2 B 1386/14, BauR 2015, 1975).

Materiell ist eine Nachbarklage begründet, wenn 265
a) der **Nachbar in seinen subjektiv-öffentlichen Rechten verletzt wird** (s. Art. 19 266 Abs. 4 GG, § 42 Abs. 2 i.V.m. § 113 VwGO) und
b) dieser **Rechtsverstoß nicht durch eine rechtmäßige Befreiung oder Abweichung** 267 **ausgeräumt** werden **kann**.

Seinen **Abwehranspruch** muss der Nachbar mit der Klage rechtzeitig **durchsetzen**, da 268 er ansonsten den rechtswidrigen Bau erdulden muss (zu Drittanfechtungsklagen vgl. § 72 Rdn. 94–111).

Streitig war lange Zeit die Frage, ob neben der Rechtswidrigkeit und des Nachbar- 269 schutzcharakters der verletzten Norm für den Erfolg der Nachbarklage zusätzlich generell eine **tatsächliche Beeinträchtigung** gegeben sein muss, wenn diese **kein Tatbestandsmerkmal der verletzten Norm** ist (Hess. VGH, Urt. v. 26.01.1960 – OS IV 34/57, BRS 12 B 6 S. 191; OVG NRW, Urt. v. 10.09.1982 – 10 A 2296/79, BauR 1983, 235 = BRS 39 Nr. 174, aufgehoben durch BVerwG, Beschl. v. 16.08.1983 – 4 B 94.83, BauR 1983, 560 = BRS 40 Nr. 190; a.A. OVG Rh-Pf, Urt. v. 07.12.1978 – 1 A 103/78, BauR 1979, 410 = BRS 35 Nr. 200).

Im Bereich des **Bundesrechts** gibt es **keinen** allgemeinen Satz, wonach durch eine 270 unter Verstoß gegen – generell – nachbarschützende Vorschriften erteilte Baugenehmigung in seinen Rechten nur verletzt sei, wer durch den Rechtsverstoß tatsächlich spürbar beeinträchtigt wird; unter welchen Voraussetzungen die Erteilung einer Baugenehmigung Rechte eines Dritten verletzt mit der Folge, dass dieser einen Abwehranspruch hat, regelt – allein – das **materielle Baurecht** (BVerwG, Beschl. v. 10.09.1984 – 4 B 147.84, BRS 42 Nr. 182 = DVBl 1985, 121). Auch für den Bereich des **Landesrechts in Nordrhein-Westfalen** besteht **kein** allgemeiner, von der jeweils zur Anwendung kommenden materiellen Rechtsnorm unabhängiger Rechtsgrundsatz, dass ein nachbarliches Abwehrrecht eine tatsächlich spürbare Beeinträchtigung des Nachbarn voraussetzt; die spürbare Beeinträchtigung des Nachbarn ist nur dann Voraussetzung für den Erfolg der Nachbarklage, wenn sich dies aus der anzuwendenden materiell-rechtlichen Norm ergibt. Das wiederum ist im Bereich des Landesrechts bei solchen baurechtlichen Normen der Fall, deren Schutzzweck unmittelbar auf die Verhinderung von tatsächlichen Auswirkungen auf das Nachbargrundstück gerichtet ist, etwa bei solchen Schutzvorschriften, die aus sich heraus verlangen, dass eine Anlage keine Gefahren, erheblichen Nachteile oder Belästigungen hervorruft oder die Ruhe und Erholung durch Lärm oder Gerüche nicht unerheblich stört. Hier kann die Nachbarklage nur bei Vorliegen der jeweils zumindest mittelbar zum Tatbestandsmerkmal erhobenen tatsächlichen Beeinträchtigung Erfolg haben (OVG NRW, Urt. v. 04.06.1985 – 7 A 480/84, BRS 44 Nr. 161).

271 Streitig war auch, welche **Maßstäbe** gegebenenfalls **für die tatsächliche Betroffenheit** (»Unzumutbarkeit« bzw. »nennenswerte, insbesondere den Wert des Grundstücks mindernde Betroffenheit«) in Betracht zu ziehen sind. Eine wesentliche Klärung zu den vorstehenden Fragen brachte das Urteil des BVerwG vom 19.09.1986 (– 4 C 8.84, BRS 46 Nr. 173): hiernach kommt es auf qualifizierende Umstände der Betroffenheit dann nicht an, wenn die Vorschrift, gegen die verstoßen ist oder von der rechtswidrig befreit wurde, aus sich heraus als drittschützend anzusehen ist. Macht der Nachbar dagegen einen Verstoß gegen das Rücksichtnahmegebot geltend, muss er darlegen, dass er unzumutbar beeinträchtigt wird. Diese Unzumutbarkeit liegt allerdings vor dem »schweren und unerträglichen Eingriff« im Sinne eines Nachbaranspruchs unmittelbar aus Art. 14 GG.

3.3 Verlust von Nachbarabwehrrechten

272 Hat der **Angrenzer** nach einer gemäß § 72 Abs. 2 BauO NRW erfolgten Benachrichtigung seine **Einwendungen nicht innerhalb zwei Wochen** nach Zugang der Benachrichtigung bei der Bauaufsichtsbehörde **vorgebracht**, so ist darin ein **Verzicht auf** seine **Nachbarrechte** zu sehen (so OVG NRW, Beschl. v. 15.06.1984 – 7 B 1233/84, BRS 42 Nr. 195; BayVGH, Urt. v. 31.10.1979 – Nr. 38 und 39 XV 74, BauR 1980, 55 = BRS 35 Nr. 199; OVG Saar, Urt. v. 24.07.1981 – 2 R 76/80, BRS 38 Nr. 179). Das OVG Rh-Pf (Beschl. v. 22.05.1981 – 1 B 26/81, BRS 38 Nr. 180) und das OVG Saar (Beschl. v. 14.03.1983 – 2 R 14/82, BRS 40 Nr. 209) sprechen von einem Verzicht auf das Geltendmachen des nachbarlichen Abwehrrechts, während der VGH B-W (Urt. v. 01.04.1982 – 5 S 278/82, BRS 39 Nr. 181) in den entsprechenden Handlungen einen Verzicht sowohl auf materielle Abwehrrechte als auch auf das prozessuale Geltendmachen solcher Rechte sieht. Das Gleiche gilt, wenn der Angrenzer durch Unterzeichnung der Lagepläne und Bauzeichnungen ausdrücklich oder konkludent dem Vorhaben oder der Zulassung von Abweichungen **zugestimmt** hat (OVG NRW, Beschl. v. 30.08.2000 – 10 B 1145/00, BauR 2001, 89 und Urt. v. 06.06.2014 – 2 A 2757/12, juris). Einer nachbarlichen Erklärung mit einem Bauvorhaben einverstanden zu sein, kommt jedoch nur insoweit Bindungswirkung zu, als sie sich auf ein **konkretes Vorhaben** bezieht und die Baugenehmigung für dieselben Bauvorlagen erteilt worden ist, denen der Nachbar zugestimmt hat.

Dies kann zweifelhaft sein, soweit der Angrenzerzustimmung ein unvermaßter Lageplan beigefügt war, in dem die Abstandsflächen nicht eingezeichnet sind (vgl. hierzu OVG NRW, Beschl. v. 09.07.2009 – 10 A 1817/07, n.V.). Die **Wirkungen einer Abstandsflächenbaulast** kommen einem **Verzicht auf Nachbareinwendungen** gegen ein Vorhaben gleich (Nds. OVG, Urt. v. 27.09.2001 – 1 LB 1137/01, BauR 2002, 770 = BRS 64 Nr. 130). Ein **(konkludenter) Verzicht** auf nachbarliche Abwehrrechte gegen ein (nachbarrechtswidriges) Bauvorhaben liegt u.a. vor, wenn der Nachbar unter Berufung auf den Gleichbehandlungsgrundsatz die Erteilung einer dem (rechtswidrigen) Vorhaben vergleichbaren Baugenehmigungen beantragt und erst nach Erhalt seiner Baugenehmigung gegen das Nachbarvorhaben Rechtsmittel einlegt (OVG NRW, Urt. v. 04.09.2008 – 7 A 2981/07, juris).

Mitunter wird es vorkommen, dass einem – vor allem einem nicht unmittelbar angrenzenden – Nachbarn eine Baugenehmigung nicht bekannt gegeben worden ist. Es fragt sich dann, ob dieser zeitlich unbeschränkt oder nur binnen eines Jahres nach Erteilung der Baugenehmigung seine Abwehrrechte verfahrensrechtlich geltend machen kann. Es ist davon auszugehen, dass für den Nachbarn, dem die Baugenehmigung, durch die er sich beschwert fühlt, nicht amtlich bekannt gegeben worden ist, weder in unmittelbarer noch analoger Anwendung des § 58 Abs. 2 VwGO eine Frist zur Einlegung von Rechtsbehelfen besteht (BVerwG, Urt. v. 25.01.1974 – IV C 2.72, BRS 28 Nr. 133; OVG LSA, Beschl. v. 21.04.2015 – 2 M 12/15, BauR 2015, 1470). Hat der Nachbar aber sichere Kenntnis von der Baugenehmigung erlangt oder hätte sie erlangen müssen (z.B. durch Baubeginn oder Aufstellen Bauschild unter Hinweis auf erteilte Baugenehmigung), so kann ihm nach **Treu und Glauben** die Berufung darauf versagt sein, dass die Genehmigung ihm nicht amtlich mitgeteilt wurde (**Verwirkung**). Dann läuft die Frist nach § 58 Abs. 2 VwGO (**ein Jahr**) so, als sei ihm die Baugenehmigung mit dem Zeitpunkt amtlich bekannt gegeben worden, in dem er von ihr sichere Kenntnis erlangt hat oder hätte erlangen müssen (BVerwG, Beschl. v. 18.01.1988 – 4 B 257.87, BRS 48 Nr. 180; s.a. BVerwG, Urt. v. 10.08.2000 – 4 A 11.99, BRS 63 Nr. 202 zur Verwirkung der Klagebefugnis aufgrund unredlicher, Treu und Glauben zuwiderlaufender Verzögerung der Klageerhebung). Die Erkennbarkeit muss dabei nicht vom betroffenen Nachbargrundstück aus gegeben sein. Bei mangelnder Einsehbarkeit des angrenzenden Baugrundstücks vom Nachbargrundstück aus kann in besonderen städtebaulichen Situationen auch ein nur vom Straßenraum aus sichtbarer Turmdrehkran als Hinweis auf eine umfangreiche Bautätigkeit auf dem Nachbargrundstück genügen, um die Mitwirkungs- und Erkundigungspflicht des Nachbarn auszulösen. Diese ist in solchen Fällen nicht nur auf den eigenen Straßenzug beschränkt (OVG Bln-Bbg, Beschl. v. 29.04.2010 – OVG 10 S 5.10, juris).

Öffentlich-rechtliche Abwehrrechte eines Nachbarn **bei ungenehmigten Vorhaben** können nicht **allein** durch Zeitablauf verwirkt werden (BVerwG, Beschl. v. 16.04.2002 – 4 B 8.02, BauR 2003, 1031 = BRS 65 Nr. 195). Jede **Verwirkung** setzt – erstens – das **Verstreichen eines längeren Zeitraums** seit der Möglichkeit der Geltendmachung eines Rechts und – zweitens – **besondere Umstände** voraus, die die verspätete Geltendmachung als **Verstoß gegen Treu und Glauben** erscheinen lassen (BVerwG, Urt. v. 16.05.1991 – 4 C 4.89, BRS 52 Nr. 218).

275 Die **Voraussetzungen** für eine materiell-rechtliche Verwirkung für den Fall einer öffentlich-rechtlichen Nachbarklage und der hiermit verbundenen Berücksichtigung der Interessen des Bauherrn bzw. der **Pflicht des Nachbarn zum alsbaldigen Handeln** stellen sich wie folgt dar (OVG NRW, Urt. v. 04.03.1970 – VII A 401/68, BRS 23 Nr. 168):

276 a) Eine ausreichende, aber begrenzte Zeit muss vergangen sein, während der der Nachbar untätig gewesen ist. Die maßgebliche Zeitspanne, innerhalb derer ein Abwehrrecht geltend zu machen ist, richtet sich nach dem Sachverhalt des Einzelfalles und besteht wegen des nachbarlichen Gemeinschaftsverhältnisses nur in einer begrenzten Entscheidungsfrist, die mit der Erkenntnis der Beeinträchtigung durch die Baumaßnahme zu laufen beginnt.

277 b) Für den Bauherrn muss der Schluss gerechtfertigt sein, dass der Nachbar sein Abwehrrecht nicht geltend machen wird.

278 c) Die Geltendmachung des Abwehrrechts muss nach den Umständen des Einzelfalls wider Treu und Glauben verstoßen, also illoyal sein (OVG NRW, Urt. v. 24.04.1970 – X A 1259/68, BRS 23 Nr. 169: Ein solcher Fall liegt z.B. vor, wenn der Nachbar bewusst so lange wartet, bis das genehmigte Bauwerk weitgehend fertiggestellt ist, um dem Bauherrn einen möglichst hohen Schaden zuzufügen; s.a. OVG NRW, Urt. v. 15.09.1980 – 11 A 2306/78, BRS 36 Nr. 188 und Urt. v. 08.03.2012 – 10 A 214/10, BauR 2012,1234).

279 Bei der Frage, ob davon ausgegangen werden kann, dass der Nachbar sein Abwehrrecht nicht mehr geltend machen wird, kommt es stets auf die besonderen **Umstände des Einzelfalls** an. Werden beispielsweise Abstandsflächenverstöße, die darauf beruhen, dass im Zuge der Bauausführung eine amtliche Vermessung unterblieben ist, erst relativ spät nach Errichtung eines Gebäudes festgestellt, so hindert das den Nachbarn nicht an der Geltendmachung seiner Rechte, sondern fällt in den **Risikobereich des Bauherrn** (OVG NRW, Beschl. v. 10.06.2005 – 10 A 3664/03, BauR 2005, 1766 = BRS 69 Nr. 178 = NVwZ-RR 2006, 236). Dagegen kann der Nachbar sein Abwehrrecht nicht mit der verschattenden Wirkung eines genehmigten, jedoch bereits weitgehend errichteten Gebäudes begründen, da insoweit ein Rechtsschutzbedürfnis fehlt (VGH B-W, Beschl. v. 12.01.2005 – 8 S 2720/04, BauR 2005, 1762 = BRS 69 Nr. 183). Grundsätzlich werden sich die insoweit besonderen Umstände in der Regel aus einem aktiven Tun des Nachbarn ergeben, insbesondere durch Erklärungen, die der Bauherr als Einverständnis werten kann; sie können sich jedoch auch aus einem »Nichtstun« des Nachbarn ergeben, wenn dieser aufgrund des nachbarlichen Gemeinschaftsverhältnisses zu einem positiven Tun verpflichtet wäre, beispielsweise um den Bauherren vor einem wirtschaftlichen Schaden zu bewahren (OVG NRW, Urt. v. 08.03.2012 – 10 A 214/10, BauR 2012,1234).

280 Unabhängig vom Vorliegen der Voraussetzungen einer Verwirkung **lebt im Falle einer Nachtragsbaugenehmigung das Klagerecht des Klägers jedoch wieder auf**. Das ist darauf zurückzuführen, dass die Nachtragsbaugenehmigung die ursprüngliche Baugenehmigung lediglich modifiziert, ohne das Vorhaben in seinem Wesen zu ändern, sie also kein »aliud« darstellt; sie kann nur zusammen mit der ursprünglichen Baugenehmigung angegriffen werden, der sie eine abschließende Gestalt verleiht (OVG NRW,

Beschl. v. 13.12.2012 – 2 B 1250/12, BauR 2013, 1111). Könnte sich der Betroffene gegen die Nachtragsbaugenehmigung jedoch nicht zur Wehr setzen, so wäre diesbezüglich sein Rechtsschutz unzumutbar verkürzt, so dass aus Gründen der Rechtsweggarantie gemäß Art. 19 Abs. 4 GG ein Klagerecht trotz vorheriger Verwirkung vorliegt (VG Gelsenkirchen, Urt. v. 29.04.2016 – 9 K 1541/14, juris).

Unter den zuvor genannten Voraussetzungen tritt eine **Verwirkung** gegebenenfalls auch **schon vor und unabhängig von der Erteilung einer Baugenehmigung** ein (BVerwG, Beschl. v. 18.03.1988 – 4 B 50.88, BauR 1988, 332 = BRS 48 Nr. 179; Nds. OVG, Beschl. v. 05.07.2011 – 1 LA 207/08, BauR 2012, 239). Entscheidend ist die **Kenntnis des Vorhabens und seiner Auswirkungen** bzw. deren **Erkennbarkeit** (so OVG NRW, Urt. v. 15.09.1980 – 7a NE 20/77, BRS 36 Nr. 188). Im Übrigen setzt die Verwirkung voraus, dass der Betroffene die **Rechtsverletzung erkannt** hat oder **hätte erkennen müssen** (BVerwG, Beschl. v. 18.01.1988 – 4 B 257.87, BRS 48 Nr. 180). 281

Allein das **Zeigen der Baupläne** stellt keinen besonderen Grund dar, der das spätere Geltendmachen eines nachbarlichen Abwehranspruchs als Verstoß gegen Treu und Glauben erscheinen lässt (BVerwG, Beschl. v. 07.08.1996 – 4 B 147.96, BRS 58 Nr. 186). Nachbarn verwirken ihre Rechte auch nicht, wenn der **Architekt** des Bauherrn in Verhandlungen die Nachbarn **unzutreffend über die Rechtslage unterrichtet** und von einer die Rechte der Nachbarn verkürzenden Rechtslage ausgeht (Nds. OVG, Urt. v. 17.05.1995 – 1 L 4212/93, BRS 57 Nr. 235). 282

Materiell-rechtliche Abwehrrechte können **bereits** dann **verwirkt** sein, wenn ein **Rechtsmittel noch zulässig** eingelegt werden könnte, weil – wegen des nachbarlichen Gemeinschaftsverhältnisses – die **Zeitspanne mit der Erkenntnis der Beeinträchtigung** durch die Baumaßnahme **bereits zu laufen beginnt** (so OVG NRW, Urt. v. 04.03.1970 – VII A 401/68, BRS 23 Nr. 168). Stellt sich die Geltendmachung des nachbarlichen Abwehrrechts als **Rechtsmissbrauch**, also als eine **unzulässige Rechtsausübung** mit der Folge ihrer Unwirksamkeit dar und muss der Nachbar deshalb die dem Bauherrn erteilte Baugenehmigung hinnehmen, so entbehrt es für die Klage des Nachbarn auf Aufhebung des zu dieser Baugenehmigung nachträglich erteilten Dispenses der Klagebefugnis (OVG NRW, Urt. v. 24.04.1970 – X A 1264/69, BRS 23 Nr. 170). 283

Materielle **Abwehrrechte** des Nachbarn können auch gegenüber **ungenehmigten** Bauvorhaben verwirken (BVerwG, Beschl. v. 18.03.1988 – 4 B 50.88, BauR 1988, 332 = BRS 48 Nr. 179 und Beschl. v. 13.08.1996 – 4 B 135.96, BauR 1997, 281 = BRS 58 Nr. 185; OVG LSA, Beschl. v. 04.06.2012 – 2 L 56/11, NVwZ-RR 2012, 752). Diese Abwehrrechte leben bei nachträglicher Legalisierung nicht wieder auf; wird jedoch ein Vorhaben so kurzfristig fertiggestellt, dass durch die Untätigkeit des Abwehrberechtigten kein nennenswerter zusätzlicher Schaden des Bauherrn entsteht, erfüllt eine nachfolgende mehrmonatige Nichtgeltendmachung nachbarlicher Abwehransprüche den Verwirkungsbegriff nicht (OVG NRW, Urt. v. 02.03.1999 – 10 A 2343/97, BauR 2000, 381 = BRS 62 Nr. 194). Das Rechtsschutzinteresse des Nachbarn an einer Stilllegungsverfügung kann auch noch bei weitgehender Vollendung des Bauvorhabens gegeben sein (OVG NRW, Beschl. v. 11.09.2000 – 10 B 939/00, BRS 63 Nr. 205 284 zu einem Anbau mit einem unzulässigen Grenzabstand von lediglich 2,6 m, das abweichend von der gegebenen Nachbarzustimmung errichtet wurde).

285 Die Geltendmachung einer Nachbarrechtsverletzung verstößt auch **gegen Treu und Glauben**, wenn der Nachbar seinerseits einen vergleichbaren Rechtsverstoß begeht (VGH B-W, Urt. v. 18.11.2002 – 3 S 882/02, BauR 2003, 1203 = BRS 65 Nr. 193; OVG NRW, Urt. v. 26.06.2014 – 7 A 2057/12, BauR 2014, 1924). Dabei ist es unbeachtlich, ob der Nachbarrechtsverstoß des klagenden Nachbarn auf einer formell abgesicherten Position (bestandskräftige Baugenehmigung) beruht (OVG NRW, Beschl. v. 12.02.2010 – 7 B 1840/09, juris) oder eine Angrenzerzustimmung des nunmehr beklagten Bauherrn vorliegt (OVG NRW, Beschl. v. 07.05.2010 – 7 B 330/10, n.v.).

286 Eine Rechtsverletzung des Nachbarn scheidet dagegen aus, wenn der **Bauherr verbindlich erklärt**, von der Baugenehmigung nur in einer den Nachbarn in seinen Rechten nicht verletzenden Weise Gebrauch zu machen (OVG NRW, Urt. v. 17.02.2009 – 10 A 568/07, juris).

3.4 Verfahrensrechtliche Aspekte

287 Die **Frist zur Erhebung der Klage** beträgt, wenn die **Entscheidung** nach § 74 Abs. 4 Satz 1 BauO NRW dem Angrenzer mit ordnungsgemäßer Rechtsbehelfsbelehrung **zugestellt** worden ist, **zwei Wochen**. Ist eine Rechtsbehelfsbelehrung unterblieben oder war sie unrichtig, kann die Klage noch bis zum Ablauf eines Jahres nach Zustellung eingelegt werden (§ 58 Abs. 2 VwGO).

288 Wird dem Angrenzer bzw. Nachbarn die Baugenehmigung **nicht amtlich bekannt gegeben**, dann läuft die regelmäßig anzunehmende Jahresfrist erst von dem Zeitpunkt an, an dem der Angrenzer von der Erteilung der Baugenehmigung Kenntnis erlangt hat oder hätte erhalten können. Nach **Treu und Glauben** kann er sich nämlich nicht darauf berufen, dass ihm die Baugenehmigung nicht zugestellt worden sei (BVerwG, Beschl. v. 28.08.1987 – 4 N 3.86, BRS 47 Nr. 185).

289 Die **Jahresfrist**, innerhalb welcher der Nachbar nach Kenntniserlangung von der Erteilung einer ihm nicht amtlich bekannt gegebenen Baugenehmigung seine Abwehrrechte gegen das Bauvorhaben geltend machen muss, **verlängert sich nicht dadurch, dass** die dem Bauherrn erteilte **Baugenehmigung** von der Bauaufsichtsbehörde um ein Jahr **verlängert wird** (OVG NRW, Beschl. v. 26.09.1979 – XI B 1528/78, BauR 1980, 56 = BRS 35 Nr. 202 und Urt. v. 04.12.2015 – 7 A 823/14, BRS 83 Nr. 136).

290 Gegen eine **bevorstehende Baugenehmigung** steht dem Nachbarn die **vorbeugende Unterlassungsklage** zu (grundlegend BVerwG, Urt. v. 16.04.1971 – IV C 66.67, BRS 24 Nr. 166).

291 Will sich der Nachbar **gegen ungenehmigte Anlagen oder Nutzungen** mit dem Ziel wehren, die Bauaufsichtsbehörde möge dagegen einschreiten, so muss er eine **Verpflichtungsklage** erheben (grundlegend BVerwG vom 18.08.1960 – 1 C 42.59, BVerwGE 11, 95; OVG Bln, Urt. v. 14.05.1982 – 2 B 57.79, BRS 39 Nr. 207 – Einschreiten gegen eine Taubenhaltung).

Verstößt ein Vorhaben gegen drittschützende **Vorschriften**, die im **einfachen Baugeneh-** 292
migungsverfahren nicht geprüft werden, muss der Nachbar eine **Verpflichtungsklage
zum bauaufsichtlichen Einschreiten** erheben (OVG Rh-Pf, Beschl. v. 18.11.1991 – 8
B 11955/91, BRS 52 Nr. 148; OVG NRW, Urt. v. 09.06.2011 – 7 A 1494/09, juris),
weil **insoweit** eine **Anfechtung** der Baugenehmigung **ausgeschlossen** ist (Nds. OVG,
Beschl. v. 17.12.1996 – 1 M 5481/96, BRS 58 Nr. 183).

Der **maßgebliche Zeitpunkt** für die Beurteilung der Rechtmäßigkeit oder der Rechts- 293
widrigkeit einer Baugenehmigung bei einer **Anfechtungsklage** ist der **letzte behördliche Entscheidungsstand**, das war bis zur Abschaffung des Widerspruchsverfahrens
gegebenenfalls der die Baugenehmigung abändernde Bescheid der Widerspruchsbehörde (BVerwG, Beschl. v. 11.01.1991 – 7 B 102/90, NVwZ-RR 1991, 236).

Eine Nachbarklage bleibt aber erfolglos, wenn sich die **Rechtslage** bis zur **letzten** 294
mündlichen Verhandlung zugunsten des Bauherrn geändert hat (BVerwG, Beschl. v.
23.04.1998 – 4 B 40/98, BauR 1998, 995; OVG NRW, Beschl. v. 08.11.2010 –
4 B 43/10, BauR 2011, 499). Dies gilt aus Gründen des Bestandsschutzes auch für
den umgekehrten Fall, dass ein zunächst rechtmäßiges Vorhaben durch Änderung der
Rechtslage zulasten des Bauherrn geändert wird (BVerwG, Urt. v. 19.09.1969 – IV C
18.67, BRS 22 Nr. 184; OVG NRW, Beschl. v. 08.11.2010 – 4 B 43/10, BauR 2011,
499; OVG Bln-Bbg, Urt. v. 04.04.2017 – OVG 2 B 4.16, juris; vgl. auch Schenke,
Die Bedeutung einer nach Abschluss des Verwaltungsverfahrens eintretenden Veränderung der Rechts- oder Sachlage für die Anfechtung eines Verwaltungsakts, NVwZ
1986, S. 522 ff.).

Die **Verpflichtungsklage** kommt als richtige Klageart in Betracht, wenn der **Nach-** 295
bar ein Einschreiten der Bauaufsichtsbehörde gegen ein Vorhaben **erzwingen will**,
weil der Bauherr ein genehmigungsbedürftiges, jedoch nicht genehmigtes Vorhaben
oder ein freigestelltes Vorhaben, unter Verstoß gegen nachbarschützende Vorschriften ausführt (vgl. Finkelnburg/Ortloff, Band II S. 286, auch zu anderen Fallgestaltungen, und Battis/Krautzberger/Löhr zu § 31 Rn. 80). Diese Klageart gewinnt
infolge der **Freistellungspolitik der Länder** an Bedeutung, denn der Nachbar kann
bei Verletzung nachbarschützender Vorschriften durch freigestellte Wohnbauvorhaben einen Anspruch auf Einschreiten geltend machen (vgl. hierzu Borges, Der
Nachbarrechtsschutz im Freistellungsverfahren, DÖV 1997, S. 900 ff.; Mampel,
Baurechtlicher Drittschutz nach der Deregulierung, UPR 1997, S. 267 ff. und ders.,
Zum Anspruch Dritter auf bauaufsichtliches Einschreiten, DVBl 1999, S. 1403 ff.;
Martini, Baurechtsvereinfachung und Nachbarschutz, DVBl 2001, S. 1488 ff.).
Gleiches gilt hinsichtlich solcher Vorhaben, deren Genehmigung im einfachen
Baugenehmigungsverfahren erteilt wurde und durch die solche nachbarschützende Vorschriften verletzt werden, die nicht Bestandteil des Prüfprogramms waren;
hinsichtlich dieser Vorschriften fehlt zum einen eine Baufreigabe, zum anderen die
Feststellung, dass das Vorhaben ihren Anforderungen genügt, so dass der Nachbar durch die Baugenehmigung selbst nicht in seinen Rechten verletzt ist, jedoch
einen Anspruch auf behördliches Einschreiten haben kann (OVG NRW, Urt. v.
09.06.2011 – 7 A 1494/09, juris).

296 Der Frage, ob ein **Verpflichtungsurteil** die Bauaufsichtsbehörde zwingt, nicht nur eine dem Urteil entsprechende Maßnahme zu erlassen, sondern gegebenenfalls auch **Vollstreckungsmaßnahmen zur Durchsetzung ihrer Anordnung** zu ergreifen, ist umstritten. Während das OVG NRW (Beschl. v. 20.02.1992 – 10 E 1357/91, NVwZ-RR 1992, 518) entschieden hat, die Verpflichtung aus dem Urteil beziehe sich auch auf die Vollstreckung der Eingriffsverfügung, vertritt das OVG Saar (Beschl. v. 22.03.1985 – 2 W 419/85, BRS 44 Nr. 199) die Auffassung, dass die Bauaufsichtsbehörde nicht ohne weiteres verpflichtet sei, die betreffende Anordnung auch mit einer Zwangsmittelandrohung zu versehen oder Vollstreckungsmaßnahmen zu ergreifen.

297 Das **Rechtsschutzinteresse** für den Antrag auf vorläufigen Rechtsschutz nach §§ 80a, 80 Abs. 5 VwGO **entfällt nicht bei Fertigstellung des Vorhabens**, wenn die geltend gemachte Beeinträchtigung nicht (nur) in der Durchführung der Baumaßnahme, sondern (auch) in der Nutzung liegt und diese Nutzung fortdauert (OVG NRW, Beschl. v. 13.07.1995 – 11 B 1543/95, BauR 1996, 240 = BRS 57 Nr. 135).

298 Will der Nachbar gegen ein
– **nicht genehmigtes**, aber **genehmigungsbedürftiges** Vorhaben (Schwarzbau), oder
– **genehmigungsfreies**, aber **materiell baunachbarrechtswidriges** Vorhaben
vorgehen, so ist entsprechend der in Betracht kommenden Verpflichtungsklage **vorläufiger Rechtsschutz nach § 123 VwGO** zu suchen (VGH B-W, Beschl. v. 26.10.1994 – 8 S 2763/94, BauR 1995, 219; Hamb. OVG, Beschl. v. 21.11.1995 – Bs II 307/95, BauR 1996, 229 = BRS 57 Nr. 134). Das Gleiche gilt, wenn gegen drittschützende **Vorschriften** verstoßen wird, **die im einfachen Baugenehmigungsverfahren nicht zu prüfen** sind (OVG Rh-Pf, Beschl. v. 18.11.1991 – 8 B 11955/91, BRS 52 Nr. 148).

299 Aufgrund der Deregulierungen im Bauordnungsrecht treten im Falle freigestellter oder vereinfachend geprüfter Vorhaben Konstellationen auf, die möglicherweise auch über den **privaten Nachbarrechtsschutz** gelöst werden können (hierzu vgl. Seidel, Bauordnungsrechtliche Verfahrensprivatisierung und Rechtsschutz des Nachbarn, NVwZ 2004, S. 139 ff.). Doch wird der zivilrechtliche Nachbarschutz den Verwaltungsrechtsschutz nicht ersetzen können, da im Zuge der Deregulierung die materiellen Anforderungen an die Bauausführung und die bauaufsichtlichen Eingriffsbefugnisse erhalten geblieben sind (vgl. hierzu Bock, Die Verfahrensbeschleunigung im Baurecht und der Nachbarschutz, DVBl 2006, S. 12 ff.).

4 Schadensersatz und Entschädigung

300 Der Nachbar kann wegen einer dem Bauherrn rechtswidrig erteilten Baugenehmigung infolge **Wertminderung** seines Grundstücks einen **Schadensersatzanspruch wegen Amtspflichtverletzung** gemäß § 839 BGB i.V.m. Art. 34 GG gegen die Bauaufsichtsbehörde geltend machen (vgl. § 74 Rdn. 113–124).

301 Voraussetzung hierfür ist zunächst ein **schuldhaftes Handeln eines Bediensteten** der Bauaufsichtsbehörde (BGH, Urt. v. 12.10.1978 – III ZR 162/76, BauR 1979, 44 = BRS 34 Nr. 16 = DVBl 1979, 112 = NJW 1979, 34). Weiter erforderlich ist, dass die

Rechtswidrigkeit der Baugenehmigung auf der Verletzung von baurechtlichen Vorschriften mit **nachbarschützendem Charakter** beruht (BGH, Urt. v. 23.01.1986 – III ZR 134/84, BauR 1986, 428).

Dem Nachbarn kann nach erfolgreicher Nachbarklage oder bei materiell-rechtswidrigem Bauen ohne Baugenehmigung wegen Verletzung nachbarschützender Rechte auch ein **Schadensersatzanspruch nach § 823 Abs. 2 BGB unmittelbar gegen den Bauherrn** zustehen. Dieser Anspruch steht aber unter dem Vorbehalt des Verhältnismäßigkeitsgrundsatzes, wobei das Verschulden des Bauherrn eine besondere Bedeutung gewinnt (BGH, Urt. v. 24.04.1970 – V ZR 97/67, DVBl 1971, 267). 302

Neben dem Schadensersatzanspruch für schuldhaftes Handeln gibt § **39 Abs. 1 Buchstabe b OBG** einen **Ersatzanspruch**, wenn jemand durch rechtswidrige Maßnahmen, gleichgültig, ob die Ordnungsbehörde – hier die Bauaufsichtsbehörde – ein Verschulden trifft oder nicht, einen Schaden erlitten hat (vgl. § 74 Rdn. 112, 127). Hierbei ist der Begriff »**Maßnahme**« bewusst **weit gefasst** worden (BGH, Beschl. v. 29.06.1989 – III ZR 274/88, BRS 53 Nr. 48). Auch für einen Anspruch aus § 39 Abs. 1 Buchstabe b OBG gilt die Voraussetzung, dass die Rechtswidrigkeit der Baugenehmigung auf der Verletzung **nachbarschützender** Bauvorschriften beruhen muss (BGH, Urt. v. 27.01.1983 – III ZR 131/81, BRS 40 Nr. 197 = DVBl 1983, 628 = NJW 1983, 1795 – die Entscheidung erging noch zur entsprechenden früheren Vorschrift in § 41 Abs. 1 Buchstabe b OBG): 303

Für einen **Entschädigungsanspruch nach OBG** gilt eine relativ **kurze Verjährungsfrist**. Ist die **dreijährige** Frist für Ansprüche nach § 39 Abs. 1 OBG abgelaufen, kann der geschädigte Nachbar keine Ansprüche mehr wegen (allgemeinen) enteignungsgleichen Eingriffs, die einer 30-jährigen Verjährung unterliegen, geltend machen (BGH, Urt. v. 02.10.1978 – III ZR 9/77, DVBl 1979, 114). Es besteht kein Wahlrecht des betroffenen Nachbarn, den Eingriff abzuwehren oder ihn zu dulden und Entschädigung zu verlangen (BGH, Urt. v. 26.01.1984 – III ZR 216/82, DVBl 1984, 391). 304

Unterlässt es der Betroffene schuldhaft, den Eingriff mit den zulässigen Rechtsmitteln abzuwehren, kann er in entsprechender Anwendung des § 254 BGB regelmäßig **eine Entschädigung für solche Nachteile nicht verlangen, die durch den Gebrauch der Rechtsmittel hätten vermieden werden können**. Damit ist ein Entschädigungsanspruch nach erfolgreichem Rechtsstreit auf den bis zur Vollziehung des Urteils entstandenen Schaden beschränkt. 305

§ 73 Ersetzen des gemeindlichen Einvernehmens

(1) Hat eine Gemeinde ihr nach § 36 Absatz 1 Satz 1 und 2 des Baugesetzbuchs erforderliches Einvernehmen rechtswidrig versagt, so hat die zuständige Bauaufsichtsbehörde das fehlende Einvernehmen nach Maßgabe der Absätze 2 bis 4 zu ersetzen. Wird in einem anderen Genehmigungsverfahren über die Zulässigkeit des Vorhabens entschieden, tritt die für dieses Verfahren zuständige Behörde an die Stelle der Bauaufsichtsbehörde.

§ 73 Ersetzen des gemeindlichen Einvernehmens

(2) § 122 der Gemeindeordnung für das Land Nordrhein-Westfalen in der Fassung der Bekanntmachung vom 14. Juli 1994 (GV. NRW. S. 666), die zuletzt durch Artikel 15 des Gesetzes vom 23. Januar 2018 (GV. NRW. S. 90) geändert worden ist, findet keine Anwendung.

(3) Die Genehmigung gilt zugleich als Ersatzvornahme im Sinne des § 123 der Gemeindeordnung für das Land Nordrhein-Westfalen. Sie ist zu begründen. Eine Anfechtungsklage hat auch insoweit keine aufschiebende Wirkung, als die Genehmigung als Ersatzvornahme gilt. Die Baugenehmigung kann, soweit sie als Ersatzvornahme gilt, nicht gesondert nach § 126 der Gemeindeordnung für das Land Nordrhein-Westfalen angefochten werden.

(4) Die Gemeinde ist vor Erlass der Genehmigung anzuhören. Dabei ist ihr Gelegenheit zu geben, binnen angemessener Frist erneut über das gemeindliche Einvernehmen zu entscheiden.

Übersicht

		Rdn.
0	Änderungen gegenüber der BauO NRW 2000	01
1	Allgemeines	1
1.1	Funktion der Norm	1
1.2	Begriff des Einvernehmens	2
1.3	Hintergrund des gemeindlichen Einvernehmens/Verpflichtung zur Beteiligung	3
1.4	Zuständigkeitsfragen	5
1.5	Bedeutung und zu den Folgen der Verweigerung des Einvernehmens	7
1.6	Beschränkte Prüfungskompetenz der Gemeinde	8
1.7	Fristen	11
1.8	Rechtsschutz und zur Haftung	13
1.9	Bindungswirkung des erteilten Einvernehmens	17
2	Zu Abs. 1 – Ersetzung des gemeindlichen Einvernehmens	21
3	Zu Abs. 2	25

0 Änderungen gegenüber der BauO NRW 2000

01 Die Vorschrift ersetzt den ehemaligen § 80 Abs. 2 BauO NRW 2000 und orientiert sich an der MBO (§ 81). Insoweit wurde dieses Instrument aus den Regelungen zur Zustimmung für Vorhaben öffentlicher Bauherrn herausgelöst und als eigenständige (landesrechtliche) Ermächtigungsgrundlage ausgekleidet. Diese Norm hatte schon im Bürokratieabbaugesetz I vom 13.03.2007 (§ 2 Nr. 4 Bürokratieabbaugesetz I, gültig bis zum 31.12.2010, verlängert bis zum 31.12.2012) eine Vorläufervorschrift.

1 Allgemeines

1.1 Funktion der Norm

1 Das Ersetzen des gemeindlichen Einvernehmens durch die Untere Bauaufsichtsbehörde löst das frühere kommunalaufsichtliche Verfahren ab und soll – eingebettet in das Genehmigungsverfahren – den **Interessenkonflikt** resultierend aus dem rechtswidrigen Gebrauch des gemeindlichen Einvernehmens zugunsten

der beantragten investiven Baugenehmigung im Einzelfall lösen. Es ist also eine spezielle Ermächtigungsgrundlage zur raschen Durchsetzung des Genehmigungsanspruchs der Bauherrschaft zu Lasten der beteiligten Gemeinde schon auf dieser Verwaltungsebene. Mit der rechtlichen Zusammenfassung der Ersetzung des gemeindlichen Einvernehmens und der erteilten Baugenehmigung bleibt aber der Rechtsschutz der Gemeinde unberührt. Allerdings bedarf es eines Eilverfahrens, um aus gemeindlicher Sicht die Ausnutzung der so erteilten Baugenehmigung vor einer Entscheidung in der Hauptsache zu verhindern. Laut dem OVG Bln-Bbg (E. v. 24.06.2014 – OVG 10 S 29.13) hat aber die Regelung in § 36 BauGB über das Einvernehmen der Gemeinde keine drittschützende Funktion. Dies dürfte auch für § 73 BauO NRW gelten.

1.2 Begriff des Einvernehmens

Das planungsrechtliche Erfordernis des gemeindlichen Einvernehmens ist Ausdruck der grundgesetzlich geschützten Selbstverwaltungsgarantie der Gemeinde (Art. 28 Abs. 2 GG) und ein besonders ausgeformtes Mitwirkungsrecht der Gemeinde an Genehmigungsverfahren. **Einvernehmen bedeutet Zustimmung** (BVerwG, Urt. v. 19.11.1965 – IV C 133.65, BRS 16, Nr. 90; BVerwG, Urt. v. 07.02.1986 – 4 C 43.83, BRS 46, Nr. 142). Das gemeindliche Einvernehmen ist nur eine Vorstufe für die abschließende Entscheidung in Form der Baugenehmigung bzw. der Ablehnung der Bauvoranfrage bzw. des Bauantrages. Dem Einvernehmen fehlt demnach die unmittelbare Außenwirkung, es handelt sich deshalb um ein **Internum** und nicht um einen Verwaltungsakt (BVerwG, Urt. v. 07.02.1986 – 4 C 43.83, BRS 46, Nr. 142). Sind die Gemeinde und die Bauaufsichtsbehörde identisch, darf letztere einen Bauantrag nicht mit dem Hinweis auf das fehlende gemeindliche Einvernehmen ablehnen (BVerwG, E. v. 19.08.2004 – 4 C 16.03, BRS 67, Nr. 177, tlw. strittig, anders: VGH B-W, Urt. v. 22.09.2003 – 5 S 2550/02, BRS 66, Nr. 98). Der VGH Bayern, Urt. v. 13.03.2002 – 2 B 00.3129 (BRS 65, Nr. 169), billigt aber bei einer solchen Konstellation der Gemeinde (die auch Bauaufsichtsbehörde ist) dennoch ein Widerspruchsrecht zu, wenn die obere die untere Bauaufsichtsbehörde zur Erteilung eines abgelehnten Vorbescheides anweist. Der materiell-rechtliche Gehalt der kommunalen Planungshoheit bleibt nämlich von dem Umstand unberührt, dass sie im Einzelfall auch Bauaufsichtsbehörde ist.

1.3 Hintergrund des gemeindlichen Einvernehmens/Verpflichtung zur Beteiligung

Zur Wahrung der kommunalen Planungshoheit bedarf es für bestimmte Vorhaben des gemeindlichen Einvernehmens, z. B. bei Ausnahmen und Befreiungen nach § 31 BauGB, bei Vorweggenehmigungen (§ 33 BauGB), bei Vorhaben im Innenbereich i.S.d. § 34 BauGB und im Außenbereich i.S.d. § 35 BauGB (zur Bedeutung des Einvernehmens vgl. z.B. VGH Hessen, Beschl. v. 11.04.1990 – 4 TG 3218/89, BRS 50, Nr. 164). Bereits aus der grundgesetzlich garantierten **kommunalen Selbstverwaltung** folgt, dass die Gemeinden an allen Planungen zu beteiligen sind, die ortsrelevant werden können (vgl. hierzu: Groß, Das gemeindliche Einvernehmen nach § 36 BauGB als Instrument der Durchsetzung der Planungshoheit, BauR 1999, 560 ff.).

Dies gilt auch für Fachplanungen (vgl. schon: BVerwG, Urt. v. 14.02.1969 – IV C 82.66, BRS 22, Nr. 29) bzw. für Vorhaben öffentlicher Bauherrn (VG Gelsenkirchen, E. v. 15.07.2014 – 6 K 2945/13). Das Städtebaurecht kennt auch an anderer Stelle Einvernehmensfälle: vgl. z. B. § 173 Abs. 1 S. 2 BauGB.

4   § 36 BauGB regelt die **Mitwirkungsrechte der Gemeinde** am Baugenehmigungsverfahren. In der Folge regelt § 71 Abs. 1 S. 4 BauO NRW das Beteiligungsverfahren. Nach Abschluss der Vorprüfung hat die Bauaufsichtsbehörde **den Bauantrag und die dazu gehörenden Bauvorlagen** (nicht die bautechnischen Nachweise) **der Gemeinde zuzuleiten**. Von der Erteilung der Baugenehmigung erhält die Gemeinde stets einen Abdruck und eine Ausfertigung der mit dem Genehmigungsvermerk versehenen Bauvorlagen (nicht der bautechnischen Nachweise). Bei der Vorlage von Bauvorlagen im Rahmen der **Genehmigungsfreistellung** (§ 63 BauO NRW) kommt der Gemeinde sogar eine Schlüsselstellung zu. Sie kann hierbei die Durchführung eines Baugenehmigungsverfahrens verlangen.

1.4 Zuständigkeitsfragen

5   Die einzelne Gemeinde bleibt hierbei selbst dann zur Abgabe der Erklärung des Einvernehmens zuständig, wenn sie einem Planungsverband angehört. **Ist die Gemeinde zugleich Genehmigungsbehörde, ist § 36 BauGB nicht anwendbar** (BVerwG, Beschl. v. 22.12.1989 – 4 B 211/89, BRS 22, Nr. 156; anders: VGH B-W, Urt. v. 22.09.2003 – 5 S 2550/02 (BRS 66, Nr. 98); vgl. aber BVerwG, E. v. 19.08.2004 – 4 C 16.03, BRS Informationsdienst 1/2005, S. 13). Laut dem VGH Bayern, Beschl. v. 21.10.2010 – 15 ZB 10.461 (BRS 76, Nr. 150 = BauR 2011, 480) bleibt aber die materiell-rechtliche Position der Gemeinde von der besagten Identität unberührt.

6   Das Einvernehmen der Gemeinde dürfte grundsätzlich ein *Geschäft der laufenden Verwaltung* sein. Demnach bedarf es nur im Ausnahmefall eines Beschlusses durch den Gemeinderat.

1.5 Bedeutung und zu den Folgen der Verweigerung des Einvernehmens

7   Die Modalitäten des gemeindlichen Einvernehmens richten sich nicht nach Landes-, sondern nach Bundesrecht (§ 36 BauGB). Letztlich soll durch die Regelung des § 36 Abs. 1 BauGB eine sachnahe und fachkundige Behörde am Baugenehmigungsverfahren beteiligt werden. Einvernehmen bedeutet Zustimmung. Verweigert die Gemeinde rechtmäßig (!) das Einvernehmen, darf ein einvernehmensbedürftiges Vorhaben von der Bauaufsichtsbehörde nicht genehmigt werden. Wird gegen diese planungsrechtliche Schutzfunktion des § 36 BauGB verstoßen, rechtfertigt dies allein die Aufhebung einer – ohne das gemeindliche Einvernehmen – erteilten Baugenehmigung. Dies gilt auch für den Vorbescheid (OVG Niedersachsen, Urt. v. 23.06.2009 – 12 LC 136/07, BRS 74, Nr. 179). Die materielle Rechtslage muss dann nicht geprüft werden (BVerwG, Beschl. v. 11.08.2008 – 4 B 25.08, BRS 73, Nr. 156 = BauR 2008, 1844). Allerdings muss das Einvernehmen uneingeschränkt erteilt werden, andernfalls fehlt es an einer erforderlichen Einvernehmenserklärung und die beantragte Baugenehmigung

darf dann nicht erteilt werden (OVG Sachsen, Beschl. v. 08.05.2008 – 1 B 290/09, BRS 74, Nr. 177).

1.6 Beschränkte Prüfungskompetenz der Gemeinde

Der Gemeinde kommt im Rahmen des gemeindlichen Einvernehmens nur eine beschränkte Prüfungskompetenz zu. Der Prüfungsrahmen hat sich dabei auf Sach- und Rechtsfragen zu beschränken, an denen die Gemeinde im Baugenehmigungsverfahren beteiligt ist. Dies sind vor allem Fragen des Bauplanungsrechtes, der Erschließung, der Einfügung des Vorhabens in das Straßen-, Orts- oder Landschaftsbild und der Einhaltung örtlicher Bauvorschriften. 8

Vollständigkeit, Qualität und Bauvorlageberechtigung sind in diesem Zusammenhang **nicht zu prüfen** (anders OVG NRW, Beschl. v. 21.12.2010 – 8 B 1426/10, BRS 76, Nr. 149 = BauR 2011, 1296). Diese Aufgabe kommt der Bauaufsichtsbehörde im Rahmen der Vollständigkeitsprüfung nach § 71 Abs. 1 BauO NRW zu. Bei der Erteilung des gemeindlichen Einvernehmens geht es in den Fällen der §§ 31, 34 und 35 BauGB um die Anwendung zwingenden Rechts. Die Gemeinde hat also zu entscheiden, ob das entsprechende Vorhaben nach diesen Vorschriften zulässig ist (vgl. aktuell: OVG Niedersachsen, E. v. 07.10.2004 – 1 ME 169/04). Der VGH Hessen (Beschl. v. 07.05.2009 – 3 A 1523/08.Z, BRS 74, Nr. 175) vertritt aber die Auffassung, dass das Einvernehmen nur versagt werden darf, wenn dem Schutz der Gemeinde dienende Planungsrechte betroffen (und verletzt) sind. 9

Aus der Tatsache, dass die Gemeinde bei ihrer Mitwirkung im Baugenehmigungsverfahren nach § 36 Abs. 1 S. 1 BauGB in Ausübung ihrer Planungshoheit handelt, folgt nicht, dass ihr in diesem Zusammenhang eine bestimmte sachgerechte Entscheidungsfreiheit zusteht (BVerwG, Beschl. v. 16.12.1969 – 4 B 121/69. DÖV 1970, 349). Ein Ermessensspielraum kommt somit der Gemeinde nicht zu (zu den Sorgfaltspflichten einer Gemeinde bei der Entscheidung über die Erteilung des Einvernehmens vgl. BGH, Urt. v. 14.06.1984 – III ZR 68/83, BRS 42, Nr. 173 = BauR 1984, S. 498; zum Verschuldensmaßstab bei Ablehnung eines Bauantrages aufgrund schuldhafter Versagung des Einvernehmens der Gemeinde vgl. BGH, E. 18.10.1992 – III ZR 220/90, BGHZ 119, 365). 10

1.7 Fristen

Das gemeindliche Einvernehmen gilt als erteilt, wenn es nicht **binnen zwei Monaten** nach Eingang des Ersuchens der Genehmigungsbehörde verweigert wird (§ 36 Abs. 2 BauGB, BVerwG, Urt. v. 16.09.2004 – 4 C 7/03, BRS 67, Nr. 178). Dem Ersuchen gegenüber der Gemeinde steht die Einreichung des Antrags bei der Gemeinde gleich, wenn sie nach Landesrecht vorgeschrieben ist (nicht in NRW). 11

Die Frist des § 36 Abs. 2 BauGB ist hierbei **nicht verlängerbar** (BVerwG, Urt. v. 12.12.1996 – 4 C 24/95, DÖV 1997, S. 550 = BRS 58, Nr. 142). Die Frist wird aber nur bei Vollständigkeit des Antrages ausgelöst (VGH B-W, Beschl. v. 24.10.1996 – 5 S 1959/96, BRS 58, Nr. 154; sowie: BVerwG, Urt. v. 12.12.1996 – 4 C 24/95, BRS 58, 12

Nr. 142 = NVwZ 1997, 900-901; VGH B-W, Urt. v. 17.11.1998 – 5 S 2147/98, = BRS 60, Nr. 157 = BauR 1999, S. 381, OVG Sachsen, Beschl. v. 06.11.2002, SächsVBl. 2003, 64, VG Frankfurt, Beschl. v. 14.02.2007 – 7 L 41/07). Bei Unvollständigkeit muss die Gemeinde – nicht in NRW – den Bauherrn vor Ablauf der zweimonatigen Frist auf den Mangel aufmerksam gemacht haben (VGH Bayern, E. v. 02.07.2004 – 1 B 02.1006, BRS 67, Nr. 174 und BVerwG, Urt. v. 16.09.2004 – 4 C 7.03, BRS 67, Nr. 178). Allerdings greift die Einvernehmensfiktion nicht, wenn der Bürgermeister einer Gemeinde sowohl für die Entscheidung über die Baugenehmigung als auch für das Einvernehmen zuständig ist (VGH B-W, Urt. v. 15.03.1995 – 5 S 2000/94, BRS 57, Nr. 90).

1.8 Rechtsschutz und zur Haftung

13 Erst die auf Grund des verweigerten gemeindlichen Einvernehmens erfolgte **Ablehnung der Baugenehmigung** ist ein solcher **Verwaltungsakt**, den der Bauherr mit Rechtsbehelf angreifen kann. Der Bauherr hat zur Überwindung des fehlenden Einvernehmens demnach nur die Möglichkeit der Klage auf Erteilung der Baugenehmigung. Allerdings ist anerkannt, dass eine rechtswidrige Versagung des Einvernehmens unmittelbare Amtshaftungsansprüche des Bauherrn gegen die Gemeinde begründen kann (BGH, Urt. v. 26.04.1979 – II ZR 100/77, BRS 35, Nr. 149 = NJW 1980, 387, zur Aufteilung der Haftung bei Erteilung einer fehlerhaften Baugenehmigung zwischen Gemeinde und Bauaufsichtsbehörde vgl. BGH, Urt. v. 01.07.1993 – III ZR 36/92, BRS 55, Nr. 156). Anders wird dies gesehen, wenn – wie in NRW – die Möglichkeit der Ersetzung durch die Genehmigungsbehörde gegeben ist (BGH, Urt. v. 25.10.2012 – III ZR 29/12).

14 Wird eine Baugenehmigung z. B. im unbeplanten Innenbereich (§ 34 BauGB) ohne das Einvernehmen der Gemeinde erteilt, **kann die Gemeinde die Aufhebung der Baugenehmigung und die Einstellung der Bauarbeiten an dem genehmigten Vorhaben allein wegen des fehlenden Einvernehmens verlangen** (VGH Hessen, E. v. 18.01.1986 – 4 TG 506/84, BR 42 Nr. 174; VG Cottbus, E. v. 01.06.1999 – 3 L 163/99; OVG Niedersachsen, Beschl. v. 15.01.2003 – 1 ME 325/02 = BRS 66, Nr. 100). Auf die materielle Genehmigungsfähigkeit des Vorhabens kommt es in diesem Zusammenhang nicht an (BVerwG 05.03.1999 – 4 B 62.98, BRS 62, Nr. 178). Dies gilt natürlich auch für den Außenbereich i.S.d. § 35 BauGB (VGH B-W, Beschl. v. 23.05.1995 – 8 S 3600/94, BRS 57, Nr. 200). Verkennt die Bauaufsichtsbehörde die Genehmigungsbedürftigkeit eines Vorhabens, kann dies die Planungshoheit der Gemeinde verletzen (BVerwG, Urt. v. 12.12.1991 – 4 C 31.89, BRS 52, Nr. 229). Das Beteiligungsrecht der Gemeinde ist auch dann verletzt wenn eine Behörde (hier: Eisenbahn-Bundesamt) ihre Zuständigkeit verkennt und eine Plangenehmigung für ein bahnfremdes Vorhaben erteilt, die eine Rechtswirkung wie eine Baugenehmigung entfaltet (VGH B-W, Beschl. v. 10.12.2001 – 5 S 2274/01, BRS 64, Nr. 176 = BauR 2002, 1217). Auch bei einem Vorhaben eines öffentlichen Bauherrn hat die Gemeinde – wird es ohne das gemeindliche Einvernehmen ausgeführt – einen Unterlassungsanspruch (VG Gelsenkirchen, Urt. v. 15.07.2014 – 6 K 2945/13). Die Planungshoheit einer Gemeinde wird ferner

durch einen Vorbescheid verletzt, dessen Bauvorlagen durch Unbestimmtheit nicht erkennen lassen, ob das Vorhaben planungsrechtlich zulässig ist (VGH Bayern, Urt. v. 10.12.2007 – 1 BV 04.843, BRS 71, Nr. 160 = BauR 2008, 654).

Das **Anfechtungsrecht der Gemeinde** gegen eine ohne ihr Einvernehmen erteilte Baugenehmigung entspringt der kommunalen Planungshoheit (BVerwG, Urt. v. 14.02.1969 – 4 C 215/65). Die Rechte der Gemeinde werden auch verletzt, wenn die Widerspruchsbehörde die Bauaufsichtsbehörde zur Erteilung der Baugenehmigung für ein Vorhaben im Außenbereich angewiesen hat, zu dem die Gemeinde ihr Einvernehmen versagt hat (BVerwG, Urt. v. 10.08.1988 – 4 C 20.84, BRS 48, Nr. 144). Versagt aber eine Gemeinde nicht fristgerecht ihr Einvernehmen für ein Vorhaben, kann sie nicht mehr gegen die Baugenehmigung klagen (OVG Niedersachsen, Urt. v. 18.03.1999 – 1 L 6696/96, BRS 62, Nr. 112 = BauR 1999, 1150). 15

Die Gemeinde kann also ihr subjektives Recht auf Beteiligung mit einer Anfechtungsklage gegen die ohne ihr Einvernehmen erteilte Baugenehmigung durchsetzen. 16

1.9 Bindungswirkung des erteilten Einvernehmens

Erklärt hingegen **die Gemeinde** nach § 36 Abs. 1 S. 1 BauGB **ihr Einvernehmen,** ergibt sich für die Baugenehmigungsbehörde kein Hindernis, **die beantragte Baugenehmigung dennoch zu versagen** (BVerwG, Beschl. v. 16.12.1969 – IV B 121.69, BRS 29, Nr. 45). Diese Rechtsauffassung vertreten auch andere Obergerichte. Nach der Entscheidung des OVG NRW, Urt. v. 10.04.1981 – 10 A 1887/80 (BRS 38 Nr. 156), ist eine Gemeinde in eigenen Rechten nicht verletzt, wenn nach Erteilung ihres Einvernehmens einem Bauinteressenten die beantragte Bebauungsgenehmigung versagt wird. 17

Ist ein Bauvorhaben aus Rechtsgründen nicht zulässig, muss die Baugenehmigungsbehörde sogar den Bauantrag auch bei positiver Beurteilung durch die Gemeinde ablehnen (BVerwG, Beschl. v. 10.10.1991 – 4 B 167/91). 18

Das bereits erteilte Einvernehmen bindet die Gemeinde. Die Gemeinde ist auch an ihr früheres, im Rahmen einer Bauvoranfrage erteiltes Einvernehmen gebunden und darf daher dem Bauvorhaben nicht mehr mit der Begründung widersprechen, dass sich der Bau in die Bebauung der Umgebung und in das Landschaftsbild nicht einfüge (BGH, Beschl. v. 25.10.1990 – III ZR 249/89, BRS 53, Nr. 40). Das gemeindliche Einvernehmen kann allerdings bis zur Entscheidung über das Baugesuch geändert bzw. widerrufen werden (VGH Hessen, Urt. v. 05.10.1971 – III ZR 74/79, BRS 36, Nr. 160). Die Gemeinde hat nach der gesetzlichen Fiktion des gemeindlichen Einvernehmens gem. § 36 Abs. 2 BauGB die Möglichkeit, der Baugenehmigungsbehörde gegenüber ihre Bedenken vorzubringen. Erweisen sich die Gründe, die die Gemeinde gegen die Zulässigkeit des Vorhabens vorbringt, als stichhaltig, kann sie mit einer Ablehnung des Bauantrages rechnen. Wurde bereits **die Teilbaugenehmigung** erteilt, ist die Gemeinde aber an das von ihr im Baugenehmigungsverfahren erteilte Einvernehmen gebunden (BGH, Urt. v. 13.11.1980 – III ZR 74/79, BRS 36, Nr. 160). 19

In einem laufenden Baugenehmigungsverfahren darf der Bauherr sein **Vorhaben verändern,** dies gilt auch für Standortverschiebungen. Nur bei einer erheblichen 20

Verschiebung müssen bisherige **Verfahrensschritte wiederholt werden**, z.B. die Beteiligung der Gemeinde zur Erteilung des Einvernehmens (OVG NRW, E. v. 18.08.2009 – 8 A 613/08, BRS 74, Nr. 159).

2 Zu Abs. 1 – Ersetzung des gemeindlichen Einvernehmens

21 Die Vorschrift beinhaltet die **Ermächtigungsgrundlage** für die **Ersetzung des rechtswidrig verweigerten gemeindlichen Einvernehmens**. Bereits aus Bundesrecht (§ 36 BauGB) ergibt sich, dass die nach Landesrecht zuständige Behörde ein **rechtswidrig versagtes Einvernehmen der Gemeinde ersetzen** kann (vgl. zur Bedeutung des Verfahrensrechts hierbei: BVerwG, Beschl. v. 10.01.2006 – 4 B 48.05, BRS Informationsdienst 2/2006, S. 18 ff. = BRS 70, Nr. 151 = BauR 2006, 815). Hierbei handelt es sich um eine Ermessensentscheidung (hierzu einschränkend: OVG Rh-Pf, Beschl. v. 23.09.1998 – 1 B 11493/98). Die Ermessensausübung muss auch deutlich werden (OVG Niedersachsen, E. v. 23.06.2009 – 12 LC 136/07, BRS 74, Nr. 179; der VGH Hessen, Urt. v. 01.04.2014 – 9 A 2030/12, sieht zur Ersetzung eine Rechtspflicht). Die Möglichkeit, das rechtswidrig verweigerte gemeindliche Einvernehmen durch die Kommunalaufsicht zu ersetzen, war auch vorher schon durch die Rechtsprechung anerkannt (vgl. BVerwG, Beschl. v. 15.11.1991 – 4 B 191/91, UPR 1992, 234). Die Regelung des § 36 Abs. 2 S. 3 BauGB ist eine bundesrechtliche Ermächtigungsgrundlage. Streitig ist, wie sich hierzu die in den verschiedenen Landesbauordnungen angelegten Vorschriften über die Ersetzung des gemeindlichen Einvernehmens verhalten. Es ist davon auszugehen, dass letztere als spezielle Vorschriften vorgehen.

22 Demnach ist nur § 73 BauO NRW in den Blick zu nehmen. Nach dieser Vorschrift **muss das rechtswidrig verweigerte Einvernehmen ersetzt werden**. Es muss aber auf alle Fälle **rechtswidrig verweigert worden sein**. Zum Maßstab hierfür wird auf die vorstehenden Ausführungen verwiesen. Die landesrechtliche Möglichkeit der Ersetzung ist **nicht als Ermessensnorm** ausgestaltet, sondern **zwingend (!)**.

23 Ermächtigt wird die **zuständige Bauaufsichtsbehörde** in ihrer Eigenschaft als Genehmigungsbehörde. Ist die Prüfung der Zulässigkeit des jeweiligen Vorhabens Gegenstand eines anderen Genehmigungsverfahrens, **ist die entsprechende Behörde auch zur Ersetzung eines rechtswidrig verweigerten gemeindlichen Einvernehmens zuständig** (siehe hierzu: OVG NRW, Beschl. v. 02.06.2009 – 8 B 572/09, BRS 74, Nr. 160 = BauR 2009, 1565 ff.). Sie kann sich dann auf die Ermächtigungsnorm in der BauO NRW berufen (zur Ersetzung des gemeindlichen Einvernehmens im immissionsschutzrechtlichen Verfahren vgl. OVG Saarland, Beschl. v. 25.07.2014 – 2 B 288/14).

24 Eine **Ermächtigung zur Ersetzung ist auch erforderlich, weil die Verweigerung** des Einvernehmens durch die Gemeinde die Bauaufsichtsbehörde grundsätzlich auch dann bindet, wenn es rechtswidrig verweigert wurde. Die Bauaufsichtsbehörde durfte nämlich die beantragte Baugenehmigung dann nicht ohne weiteres erteilen, auch wenn sie nach Prüfung des Bauantrages zu dem Ergebnis kam, das Einvernehmen sei rechtswidrig versagt worden (BVerwG, E. v. 07.02.1986,

BRS 46, Nr. 142). Diese Frage konnte dann nur in einem nachfolgenden verwaltungsgerichtlichen Verfahren oder in einem separaten kommunalaufsichtlichen Verfahren geklärt werden. Auf diese unbefriedigende Situation antwortet die in Rede stehende Vorschrift.

3 Zu Abs. 2

Abs. 2 der Vorschrift setzt die Anwendung des § 122 GO NRW und damit das konkurrierende kommunalrechtliche Verfahren des Beanstandungs- und Aufhebungsrechts der Aufsichtsbehörde bezogen auf rechtswidrige Anordnungen des Bürgermeisters bzw. rechtswidrige Beschlüsse des Rates außer Kraft. Der **Fortfall des Beanstandungsrechts** soll den Verfahrensablauf straffen, da die Korrektur einer rechtswidrigen Verweigerung des erforderlichen gemeindlichen Einvernehmens in das Genehmigungsverfahren implantiert wird. Gleichzeitig wird das kommunalrechtliche Instrument der **Ersatzvornahme** gem. § 123 GO NRW direkt angewandt und mit der dennoch erteilten Genehmigung verbunden. Die Rechte der Gemeinde bleiben trotzdem ausreichend gewahrt, da diese stets beteiligt = angehört werden muss und ihr darüber hinaus gegen die Entscheidung der Genehmigungsbehörde die üblichen Rechtsschutzmöglichkeiten bleiben. 25

4 Zu Abs. 3

Die Vorschrift erklärt die gleichzeitig mit der Erteilung der Genehmigung erfolgte Ersetzung des gemeindlichen Einvernehmens durch die Genehmigungsbehörde als **Ersatzvornahme** gem. § 123 GO NRW. Damit erhält diese Entscheidung einen doppelten rechtlichen Charakter, d.h., sie hat auch gegenüber der entsprechenden Gemeinde einen **belastenden Charakter in Form eines Verwaltungsakts**. Die Ersetzung sollte auch ausdrücklich im Rahmen der Genehmigung erfolgen, nicht nur faktisch. Sie muss auch begründet werden. 26

Die **Rechtsschutzmöglichkeiten der Gemeinde** gegen ohne das erforderliche Einvernehmen erteilte Genehmigungen wurden bereits weiter oben erwähnt. Die Gemeinde kann auch die Baugenehmigung, welche in dem Verfahren gem. § 74 i.V.m. § 73 BauO NRW erteilt worden ist, mit einer **Anfechtungsklage** angreifen, **nicht aber separat** nur die damit verbundene Ersatzvornahme (vgl. hierzu: Alexander Beutling/Felix Pauli, Klagerecht der Gemeinde bei Ersetzung ihres Einvernehmens nach § 36 BauGB, BauR 2010, 418 ff.). § 126 GO NRW wird als nicht anwendbar erklärt. 27

Hierbei gilt, dass eine (Anfechtungs-)Klage der Gemeinde gegen die Entscheidung durch die das verweigerte Einvernehmen ersetzt wurde, nur dann Erfolg hat, wenn die Gemeinde hierdurch in ihren Rechten verletzt worden ist (OVG M-V, E. v. 19.10.2006 – 3 M 63/06, BRS 70, Nr. 3153). Im verwaltungsgerichtlichen Verfahren werden aber in diesem Zusammenhang nur solche Fragestellungen geprüft, die die Tatbestände des ersetzten Einvernehmens i.S.d. § 36 BauGB betreffen. Laut dem VG Aachen, Urt. v. 02.04. 2013 – 6 K 2241/11 sind z.B. bei Ersetzung des gemeindlichen Einvernehmens bei einer gemeindlichen Klage die Voraussetzungen des § 35 BauGB in vollem Umfang zu überprüfen (zum umfassenden Prüfansatz bei Vorhaben 28 im Außenbereich vgl. OVG Thüringen, Beschl. v. 29.01.2009 – 1 EO 346/08, BRS 74, Nr. 174).

29 Mit Blick auf die Ersatzvornahme ordnet die Vorschrift ergänzend den **Wegfall der aufschiebenden Wirkung** an. Hinsichtlich der erteilten Baugenehmigung ist zu beachten, dass eine Gemeinde – obwohl im Baugenehmigungsverfahren eingebunden – Dritte i.S.d. **§ 212a BauGB ist und daher ihre Klage gegen eine Baugenehmigung keine aufschiebende Wirkung** hat. Damit ist die Gemeinde in der Situation einer klassischen Drittklage und muss sich der Möglichkeiten des einstweiligen Rechtsschutzes gem. den §§ 80, 80a VwGO bedienen, will sie einen Suspensiveffekt ihrer Klage erreichen (zum vorläufigen Rechtsschutz einer Gemeinde gegen eine Baugenehmigung vgl. OVG Saarland, Beschl. v. 25.03.2011 – 2 B 100/11, BRS 78, Nr. 164 und OVG Bln-Bbg, Beschl. v. 10.04.2018 – OVG 10 S 40.17. Hier Verlust des Rechtsschutzinteresses, weil das Vorhaben bereits im Rohbau fertiggestellt war). Der Bauherr kann bis zu einer gegenläufigen Entscheidung der Verwaltungsgerichtsbarkeit die Baugenehmigung ausschöpfen und mit der Realisierung des Vorhabens beginnen. Bei einem **Vorbescheid liegen die Voraussetzungen des § 212 a BauGB hingegen nicht vor,** da dieser keine Zulassung eines Vorhabens beinhaltet. In diesem Fall hätte die Anfechtungsklage der Gemeinde aufschiebende Wirkung, nicht hingegen bezüglich der o. g. Ersatzvornahme.

5 Zu Abs. 4

30 Der letzte Absatz der Vorschrift schreibt verbindlich eine **vorherige Anhörung der Gemeinde** vor, um dieser die Möglichkeit einer Korrektur ihrer (verweigerten) Einvernehmensentscheidung zu ermöglichen. Der BGH, Urt. v. 25.10.2012 – III ZR 29/12 (BRS 79, Nr. 150 = BauR 2013, 454), sieht keine drittschützenden Amtspflichten der Gemeinde verletzt, wenn ein rechtswidrig verweigertes Einvernehmen von der Bauaufsicht grundsätzlich ersetzt werden kann, da in diesem Fall die Genehmigungsbehörde abschließend entscheidet. Die Anhörung wird sinnvollerweise schriftlich unter Darlegung der Rechtsgründe – verbunden mit einer angemessen Frist – erfolgen. Die Stellungnahme der Gemeinde ist zu prüfen. Bleibt es demnach bei der bisherigen Bewertung des verweigerten Einvernehmens, ist die Baugenehmigung unter gleichzeitiger Ersetzung desselben mit einer ordnungsgemäßen Rechtsmittelbelehrung zu versehen und der Gemeinde zuzustellen. Die Entscheidung ist zu begründen.

§ 74 Baugenehmigung, Baubeginn

(1) **Die Baugenehmigung ist zu erteilen, wenn dem Vorhaben keine öffentlich-rechtlichen Vorschriften entgegenstehen.**

(2) **Die Baugenehmigung bedarf der Schriftform. Sie ist nur insoweit zu begründen, als Abweichungen oder Befreiungen von nachbarschützenden Vorschriften zugelassen werden und der Nachbar nicht nach § 72 Absatz 2 zugestimmt hat. Eine Ausfertigung der mit einem Genehmigungsvermerk versehenen Bauvorlagen ist der Antragstellerin oder dem Antragsteller mit der Baugenehmigung zuzustellen.**

(3) Die Baugenehmigung kann unter Auflagen, Bedingungen und dem Vorbehalt der nachträglichen Aufnahme, Änderung oder Ergänzung einer Auflage sowie befristet erteilt werden. Sie lässt aufgrund anderer Vorschriften bestehende Verpflichtungen zum Einholen von Genehmigungen, Bewilligungen, Erlaubnissen und Zustimmungen oder zum Erstatten von Anzeigen unberührt.

(4) Die Baugenehmigung wird unbeschadet der Rechte Dritter erteilt.

(5) Die Bauherrin oder der Bauherr und die späteren Eigentümerinnen und Eigentümer haben die Baugenehmigung einschließlich der Bauvorlagen sowie bautechnische Nachweise und Bescheinigungen von Sachverständigen aufzubewahren. Diese Unterlagen sind an etwaige Rechtsnachfolger weiterzugeben. Die Bauaufsichtsbehörde hat die Bauvorlagen einer baulichen Anlage so lange aufzubewahren, wie diese besteht. Bei Archivierung in elektronischer Form muss gewährleistet sein, dass die Unterlagen nicht nachträglich verändert werden können.

(6) Die Gemeinde ist, wenn sie nicht Bauaufsichtsbehörde ist, von der Erteilung, Verlängerung, Ablehnung, Rücknahme und dem Widerruf einer Baugenehmigung, Teilbaugenehmigung, eines Vorbescheids, einer Zustimmung, einer Abweichung, einer Ausnahme oder einer Befreiung zu unterrichten. Eine Ausfertigung des Bescheids ist beizufügen.

(7) Vor Zugang der Baugenehmigung darf mit der Bauausführung nicht begonnen werden.

(8) Vor Baubeginn muss die Grundrissfläche und die Höhenlage der genehmigten baulichen Anlage abgesteckt sein. Eine Kopie der Baugenehmigungen und Bauvorlagen muss an der Baustelle von Baubeginn an vorliegen; diese können auch durch eine elektronische Form ersetzt werden. § 70 Absatz 1 Satz 2 gilt entsprechend.

(9) Die Bauherrin oder der Bauherr hat den Ausführungsbeginn genehmigungsbedürftiger Vorhaben nach § 60 Absatz 1 und die Wiederaufnahme der Bauarbeiten nach einer Unterbrechung von mehr als drei Monaten mindestens eine Woche vorher der Bauaufsichtsbehörde schriftlich mitzuteilen (Baubeginnsanzeige). Die Bauaufsichtsbehörde unterrichtet die untere Immissionsschutzbehörde sowie die untere Naturschutzbehörde, soweit sie im Baugenehmigungsverfahren beteiligt wurden.

Übersicht		Rdn.
0	Änderungen gegenüber der BauO NRW 2000	01
1	Rechtsnatur der Baugenehmigung	1
1.1	Feststellender und verfügender Teil	1
1.2	Anspruchsgrundlage, Gegenleistungen	14
1.3	Antragsgebundenheit	23
1.4	Begünstigende und belastende Wirkung	32
1.5	Bestandskraft	38
1.6	Rücknahme und Widerruf	39
1.7	Bindungswirkungen	51
1.8	Dingliche Wirkung	57

1.9	Archivierung von Bauakten		62
2	**Rechtsschutz- und Haftungsaspekte**		66
2.1	Rechtsschutz ohne Widerspruchsverfahren		66
	2.1.1	Rechtsschutz des Bauherrn	74
	2.1.2	Rechtsschutz des Nachbarn	103
2.2	Haftung der Bauaufsichtsbehörde		112
	2.2.1	Schadenersatzanspruch nach § 839 BGB	113
	2.2.2	Entschädigungsanspruch nach § 39 Abs. 1 Buchstabe b OBG	125
	2.2.3	Richtigkeit von Auskünften	128
3	**Zu Abs. 1 – Die Baugenehmigung – Materiell-rechtliches Prüfprogramm**		131
3.1	Vereinbarkeit mit öffentlichem Recht		131
3.2	Vorausgegangene Entscheidungen		162
3.3	Auswirkungen des Bestandsschutzes		166
3.4	Passiver Bestandsschutz		171
3.5	Aktiver Bestandsschutz		187
3.6	Änderung der Rechtsprechung zum Bestandsschutz		195
4	**Zu Abs. 2 – Formale Anforderungen**		202
4.1	Satz 2 – Form der Baugenehmigung		202
	4.1.1	Schriftformerfordernis	202
	4.1.2	Der »Bauschein«	205
	4.1.3	Zugehörige Bauvorlagen und sonstige Bestandteile	214
4.2	Satz 2 – Begründung		219
4.3	Satz 3 – Zustellung der Baugenehmigung		226
5	**Zu Abs. 3 – Nebenbestimmungen und ausgeschlossene Prüfungsgegenstände**		229
5.1	Satz 1 – Nebenbestimmungen		229
	5.1.1	Nebenbestimmungen	229
	5.1.2	Hinweise	242
5.2	Satz 2 – Vorbehalte nach sonstigem öffentlichem Recht		244
6	**Zu Abs. 4 – Private Rechte Dritter**		250
7	**Zu Abs. 5 – Aufbewahrungspflicht**		254
8	**Zu Abs. 6 – Benachrichtigung der Gemeinde**		256
9	**Zu Abs. 7 – Baufreigebende Wirkung der Baugenehmigung**		260
10	**Zu Abs. 8 – Absteckungs- und Vorhaltepflichten des Bauherrn**		263
10.1	Festlegung der Grundrissfläche und der Höhenlage		263
10.2	Vorhalten von Unterlagen an der Baustelle		271
11	**Zu Abs. 9 – Mitteilungs- und Unterrichtungspflichten**		275
11.1	Baubeginnsanzeige		275
11.2	Unterrichtung der an der Überwachung beteiligten Behörden		280

0 Änderungen gegenüber der BauO NRW 2000

01 Die Vorschrift des § 74 **BauO NRW 2018** entspricht § 75 BauO NRW 2000, wobei die Vorschrift in mehreren Punkten geändert, ergänzt und neu gegliedert wurde. **Abs. 1** entspricht der bisherigen Regelung aus § 75 Abs. 1 S. 1 BauO NRW 2000. Der neue **Abs. 2** fasst die für die Baugenehmigung zu beachtenden **formalen Anforderungen** zusammen. Neu kodifiziert wurde in **Satz 2** eine eingeschränkte Begründungspflicht für die Baugenehmigungsbehörde. Die vormals in § 75 Abs. 2 BauO NRW 2000 geregelten Rechtsnachfolgeregelungen wurden gestrichen (diese gehen in § 58 Abs. 3

BauO NRW 2018 auf). Abs. 3 wurde redaktionell an die MBO angepasst wobei die bisherige Regelung des § 75 Abs. 3 Satz 1 BauO NRW 2000 hinsichtlich etwaiger **Rechte Dritte** nun in Abs. 4 geregelt ist. Neu geschaffen wurde die Regelung des Abs. 5 wonach den Bauherrn eine **Aufbewahrungspflicht** für die Baugenehmigung einschließlich der Bauvorlagen sowie sonstigen bautechnischen Nachweise trifft. Nach Abs. 8 Satz 2 darf die **Dokumentation** an der Baustelle auch in **elektronischer Form** bereitgehalten werden. Abs. 9 enthält eine Legaldefinition der **Baubeginnsanzeige**, für die nunmehr alleinig der Bauherr zuständig ist. Das staatliche Amt für **Arbeitsschutz** ist nunmehr von Unterrichtungspflicht der Bauaufsichtsbehörde ausgenommen.

1 Rechtsnatur der Baugenehmigung

1.1 Feststellender und verfügender Teil

Die **Baugenehmigung** ist nach der Rechtsprechung und herrschenden Lehre die **Erklärung der zuständigen Behörde** (Bauaufsichtsbehörde), **dass dem beabsichtigten (Bau-)Vorhaben öffentlich-rechtliche Vorschriften im Zeitpunkt der Entscheidung nicht entgegenstehen** (so im Anschluss an die ständige Rechtsprechung des PrOVG das BVerwG, Urt. v. 15.03.1967 – IV C 205.65, BRS 18 Nr. 49 und Urt. v. 10.11.1978 – 4 C 24.78, BRS 33 Nr. 64; s.a. Allgeier/Rickenberg, zu § 64 S. 612 ff. Anm. 64.1 und Große-Suchsdorf, zu § 70 Rn. 2). Soweit ein Vorhaben nicht genehmigungsfrei errichtet, geändert, genutzt oder abgebrochen werden darf, ist diese **Erklärung** die Voraussetzung für die Ausübung des sich aus dem Eigentum ergebenden **Rechts zum Bauen** und übereinstimmend nach allen Landesbauordnungen erforderlich. Die **Vornahme dieser Handlungen ohne Einholung der Genehmigung** nach § 74 BauO NRW ist gemäß § 86 Abs. 1 Nr. 13 BauO NRW eine bußgeldbewehrte **Ordnungswidrigkeit**. 1

Die **Baugenehmigung** beseitigt das gesetzliche Verbot des § 74 Abs. 7 BauO NRW, nicht vor ihrem Zugang mit der Bauausführung beginnen zu dürfen (BGH, Urt. v. 25.01.1973 – III ZR 256/68, BauR 1973, 104 = DÖV 1973, 350 = DVBl 1973, 918 = NJW 1973, 616). Dies wird als »**Baufreigabe**« bezeichnet und macht den »**verfügenden**« Teil der Baugenehmigung aus. Überlegungen zur **Abkoppelung der baufreigebenden Wirkung** der Baugenehmigung durch Einführung eines »**Baufreigabescheins**« nach baden-württembergischem Vorbild hat der nordrhein-westfälische Gesetzgeber nicht aufgegriffen. 2

Die **Erklärung** der Übereinstimmung des Vorhabens mit dem zu prüfenden öffentlichen Recht ist nicht nur Voraussetzung für die Baufreigabe, sondern **sichert** bei genehmigungskonformer Ausführung und Beibehaltung der genehmigten Nutzung auch **den späteren Bestand des Bauwerks** gegen nachfolgende Rechtsänderungen. Die in der Erklärung enthaltene **Feststellung** der Vereinbarkeit des Vorhabens mit dem öffentlichen Recht entfaltet nämlich »**materielle Schutzfunktion**« (BVerwG, Urt. v. 08.06.1979 – 4 C 23.77, BVerwGE 58, 124 = BRS 35 Nr. 82 = DVBl 1979, 626; vgl. auch Friauf, »Latente Störung« – Rechtswirkungen der Bauerlaubnis und vorbeugende Nachbarklage, DVBl 1971, S. 713 ff.). Die Rechtsprechung unterscheidet daher zwischen **feststellendem** und **verfügendem** Teil der Baugenehmigung (BVerwG, 3

Urt. v. 23.05.1975 – IV C 28.72, BVerwGE 48, 242 = BRS 29 Nr. 116 und Urt. v. 03.02.1984 – 4 C 39.82, BVerwGE 69, 1 = BRS 42 Nr. 170).

4 Die **feststellende Wirkung** der Baugenehmigung bezieht sich nur auf das von der Bauaufsichtsbehörde **zu prüfende öffentliche Recht**. Die Rechtslage hat sich gegenüber der BauO NW 1962 durch mehrfache Erweiterung der **Freistellungen** (vgl. §§ 62–63 BauO NRW) und der Einführung von **Prüfeinschränkungen** (vgl. § 64 Abs. 1 Satz 1 und § 71 Abs. 4 BauO NRW) entscheidend geändert (vgl. § 71 Rdn. 1 ff.). Im Falle der Freistellung von einem bauaufsichtlichen Verfahren entfällt die präventive Prüfung und damit das Erfordernis einer Baufreigabe vollständig; die Genehmigungsfreiheit entbindet jedoch nicht von der Verpflichtung zur Einhaltung der Anforderungen des öffentlichen Baurechts. Im Falle der Prüfeinschränkung entfällt die präventive Prüfung teilweise, so dass die feststellende und baufreigebende Wirkung der Baugenehmigung bereits nach Bescheidung des teilgeprüften öffentlichen Rechts eintritt.

5 Im **einfachen Genehmigungsverfahren** erfasst die Feststellung der Übereinstimmung mit dem öffentlichen Recht **nicht** die durch § 64 Abs. 1 Satz 1 BauO NRW **von der präventiven Prüfung ausgeschlossenen Vorschriften des Bauordnungsrechts.**. Für die Einhaltung der öffentlich-rechtlichen Vorschriften sind bis zur abschließenden Fertigstellung gemäß § 52 BauO NRW der Bauherr und die übrigen am Bau Beteiligten verantwortlich (BayVGH, Urt. v. 10.01.1979 – Nr. 12 XV 76, BRS 35 Nr. 211). Dabei spielt es keine Rolle, ob die öffentlich-rechtlichen Vorschriften präventiv geprüft wurden oder ob diese wegen des gesetzlichen Prüfverzichts von der feststellenden Wirkung der Baugenehmigung nicht erfasst werden. Die Verantwortlichkeit des Bauherrn besteht unabhängig davon, ob er auch Eigentümer des Grundstücks ist (BVerwG, Urt. v. 23.03.1973 – IV C 49.71, BVerwGE 42, 115 = BRS 27 Nr. 130 = NJW 1973, 1518 und Hess. VGH, Beschl. v. 03.02.1984 – 4 TG 76/83, BRS 42 Nr. 166, zur Verantwortlichkeit der Bauherrengemeinschaft s. VGH B-W, Urt. v. 13.12.1989 – 3 S 2489/89, BRS 50 Nr. 158 = NVwZ-RR 1991, 60).

6 Im **normalen Genehmigungsverfahren** bestehen ebenfalls **gesetzliche Prüfeinschränkungen. Nicht präventiv zu prüfen** sind gemäß § 71 Abs. 4 BauO NRW die **nicht nach § 3 Abs. 2 Satz 3 BauO NRW eingeführten technischen Regeln.**

7 Auf die Freistellungen der Länder reagierte der Bundesgesetzgeber mit der **Änderung des § 29 BauGB** durch das **BauROG**, um die Beachtung des Bauplanungsrechts im bauaufsichtlichen Verfahren sicherzustellen (vgl. § 70 Rdn. 3). Die bauplanungsrechtlichen Vorgaben gelten seitdem unabhängig davon, ob das Landesrecht Vorhaben vollständig oder teilweise von einer präventiven Prüfung freistellt. Neben den im einfachen und normalen Baugenehmigungsverfahren zu prüfenden bauordnungsrechtlichen Vorschriften beinhaltet die Baugenehmigung nach § 74 Abs. 1 Satz 1 BauO NRW die **Feststellung der Übereinstimmung des Vorhabens mit den bauplanungsrechtlichen Zulässigkeitsvorschriften der §§ 29–37 BauGB**, vorausgesetzt, das Vorhaben weist eine **städtebauliche Relevanz** auf (vgl. § 2 Rdn. 13–20).

8 Die **feststellende Wirkung** der Baugenehmigung erfasst das »**Baunebenrecht**«, soweit dieses nach § 74 Abs. 1 Satz 1 BauO NRW im **Baugenehmigungsverfahren mit zu**

prüfen ist und keine rechtlich selbständigen Entscheidungen mit Außenwirkung in Spezialgesetzen neben der Baugenehmigung vorgesehen sind (zum materiell-rechtlichen Prüfprogramm im Hinblick auf die wichtigsten das Bauen beeinflussenden baunebenrechtlichen Vorschriften vgl. § 70 Rdn. 3). Für nicht in das Baugenehmigungsverfahren eingeschlossenes Baunebenrecht entfällt nach § 74 Abs. 3 Satz 2 BauO NRW die feststellende Wirkung der Baugenehmigung. Dennoch darf nach klassischem Verständnis des § 74 Abs. 1 BauO NRW die Baugenehmigung nicht erteilt werden, sofern Entscheidungen nach sonstigen öffentlich-rechtlichen Vorschriften offen stehen (vgl. BVerwG, Beschl. v. 25.10.1995 – 4 B 216.95, BauR 1996, 225 = BRS 57 Nr. 186 = DÖV 1996, 172 = DVBl 1996, 57 und OVG NRW, Urt. v. 20.03.1992 – 11 A 610/90, BauR 1992, 610 = BRS 54 Nr. 135 zur »**Schlusspunkttheorie**«). Das »**klassische**« Verständnis der »Schlusspunkttheorie« erfordert, dass **vor** Erteilung der Baugenehmigung öffentlich-rechtliche Genehmigungen, Erlaubnisse oder Zustimmungen nach sonstigem öffentlichem Recht **unanfechtbar** vorliegen müssen (vgl. Boeddinghaus/Hahn/Schulte, zu § 75 Rn. 113; Finkelnburg/Ortloff, Band II S. 107 ff. und Jäde, Diskussionsschwerpunkte einer neuen Musterbauordnung, ZfBR 2002, S. 21 ff.). Im Sinne der Schlusspunkttheorie will auch der Gesetzgeber § 74 Abs. 1 BauO NRW verstanden wissen (vgl. LT-Drucks. 17/2166, S. 192); dabei hat es der Gesetzgeber jedoch versäumt, den Wortlaut von § 74 Abs. 1 BauO NRW eindeutig zu kodifizieren.

Von dem klassischen Verständnis war der 7. **Senat** des OVG NRW abgerückt (Urt. v. 14.09.2001 – 7 A 620/00, BauR 2002, 452 = BRS 64 Nr. 163). Dabei weist die Entscheidung auf den **Zusammenhang** der Vorschriften des § 74 Abs. 1 **Satz 1** und Abs. 3 **Satz 2** BauO NRW hin und leitet daraus ab, dass die Baugenehmigung neben den bauplanungs- und bauordnungsrechtlichen Vorschriften nur die **zu prüfenden baunebenrechtlichen** Vorschriften erfasst, **soweit** das jeweilige **Fachrecht keine eigenständige Entscheidung** der dafür zuständigen Fachbehörde **vorsieht**. Für das Baugenehmigungsverfahren ergeben sich aus dieser Rechtsprechung **Handhabungsprobleme** (vgl. Rdn. 131 ff. und 247). Diese Probleme, wie auch wohl die im Schrifttum geäußerte Kritik (vgl. z.B. Mampel, Baugenehmigung – Schluss mit der Schlusspunkttheorie?, BauR 2002, S. 719 ff. und Jeromin, zu § 70 Rn. 46–47) bewogen dagegen den **10. Senat** des OVG NRW zur **Bestätigung der Schlusspunkttheorie**, ausdrücklich entgegen der Entscheidung des 7. Senats (Urt. v. 11.09.2003 – 10 A 4694/01, BauR 2003, 1870 = BRS 66 Nr. 159 = DÖV 2004, 302 = UPR 2004, 454; zuletzt bestätigt durch OVG Münster, Beschl. v. 27.06.2018 – 10 B 676/18, juris). Die Leitsätze des Urteils lauten:

9

»1. Nach nordrhein-westfälischem Landesrecht ist die Baugenehmigung der Schlußpunkt der für genehmigungsbedürftige Bauvorhaben durchzuführenden öffentlich-rechtlichen Zulässigkeitsprüfung und stellt die öffentlich-rechtliche Zulässigkeit eines Vorhabens umfassend fest.

10

2. Die Erteilung einer Baugenehmigung ohne Vorliegen der für ihre Erteilung vorausgesetzten weiteren öffentlich-rechtlichen Genehmigungen (z.B. nach dem Landschafts-, Straßen-, Sanierungs- und Wasserrecht) ist rechtswidrig. Ein Einschreiten gegen das rechtswidrig genehmigte Vorhaben setzt die vorherige Aufhebung der Baugenehmigung voraus.«

11 Ob der 7. Senat des OVG NRW weiter an seinem gegensätzlichen Verständnis festhält, ist inzwischen offen (OVG NRW, Beschl. v. 29.07.2014 – 7 B 227/14, juris; für eine Aufgabe der gegensätzlichen Rechtsprechung siehe Hahn/Schulte, LBO 2016, § 77 Rn. 43).

12 Für die Auffassung des 10. Senats spricht, dass sie der Intention des Gesetzgebers gerecht wird, dem Bürger nach Erhalt der Baugenehmigung auch tatsächlich den Baubeginn zu ermöglichen und ihm nicht – anstelle der Bauaufsichtsbehörde – eine weitere Prüfung des öffentlichen Rechts aufzuerlegen (in gleichem Sinne auch OVG Rh-Pf, Beschl. v. 25.07.2007 – 8 A 10587/07, BauR 2007, 1857 und Urt. v. 24.05.2017 – 8 A 11822/16, BauR 2017, 1668 zur Schlusspunkttheorie). Ansonsten ergäbe auch § 71 Abs. 1 Satz 1 Nr. 2 BauO NRW keinen Sinn, der im **Zusammenhang mit** § 74 Abs. 1 Satz 1 BauO NRW betrachtet werden muss (vgl. Boeddinghaus/Hahn/Schulte, zu § 75 Rn. 121 f.). Danach hat die **Bauaufsichtsbehörde** innerhalb von zwei Wochen nach Eingang des Bauantrages **zu prüfen**, ob die Erteilung der Baugenehmigung von der Zustimmung, dem Einvernehmen, Benehmen oder von der Erteilung einer weiteren Genehmigung oder Erlaubnis einer anderen Behörde abhängig ist. Der Gesetzgeber sieht diese öffentlich-rechtlichen Gestattungen als **Voraussetzung** für die Baugenehmigung an (s. die Begründung zur BauO NW 1995, LT-Drucks. 11/7153 S. 193).

13 *»Die Nr. 2 bis 4 halten die Bauaufsichtsbehörden dazu an, schon bei Antragseingang zu prüfen und festzulegen, welche förmlichen Entscheidungen anderer Behörden als Voraussetzung für die Erteilung der Baugenehmigung einzuholen, welche Behörden oder Dienststellen z. B. aufgrund aufsichtsbehördlicher Weisung (vgl. Nr. 50 VV BauO NW 1984) zu beteiligen und welche Sachverständigen aufgrund § 62 Abs. 2 heranzuziehen sind. Damit wird das Baugenehmigungsverfahren, dessen Dauer maßgeblich von der Einschaltung anderer Behörden, Dienststellen oder Sachverständiger geprägt wird, für den Bauherrn überschaubarer. Zudem ist die Vorprüfung nach Nr. 2 bis 4 dazu geeignet auszuschließen, daß erst während des Baugenehmigungsverfahrens die Notwendigkeit einer solchen Beteiligung erkannt wird, was zu einer erheblichen Verzögerung des Verfahrens führen könnte.«*

1.2 Anspruchsgrundlage, Gegenleistungen

14 Mit dem **Inhalt des Eigentums** ist der **Grundsatz der** »**Baufreiheit**« eng verbunden. Das Recht, bauliche Anlagen in Übereinstimmung mit der Rechtsordnung zu errichten, gehört zum Inhalt des Eigentums. Mit dem Grundeigentum ist seine **Sozialgebundenheit** verbunden, die eine **Beschränkung der** »**Baufreiheit**« zur Folge haben kann. Die bauliche Verwertung des Grundeigentums hat sich in dem **Rahmen** zu halten, den eine sinnvolle, dem Wohl der Allgemeinheit dienende Ordnung setzt. Diesen Rahmen bilden die **das Bauen regelnden Rechtsvorschriften** als Bestimmungen über **Inhalt** und **Schranken des Eigentums** im Sinne von Art. 14 Abs. 1 Satz 2 GG (BVerwG, Urt. v. 28.06.1955 – I C 146/53, BVerwGE 2, 172 = BBauBl 1955,

583 = BRS 4 VB 2, S. 222). Die »**Baufreiheit**« hat demnach ihre **Grenze** dort, wo sie mit dem Wohl der Allgemeinheit kollidiert. Infolge der erheblich gestiegenen **Regelungsdichte des öffentlichen Baurechts** und der hierdurch gegebenen **zahllosen Ausnahme- bzw. Abweichungsvorbehalte** in Rechtsvorschriften, ergibt sich mittlerweile für die überwiegende Anzahl der Vorhaben zumindest in Teilbereichen das Erfordernis einer **konstitutiven Rechtsbegründung** durch die Baugenehmigung, so dass deren deklaratorische Bedeutung zunehmend bezweifelt wird (vgl. Schulte, Das Dogma Baufreiheit, DVBl 1979 S. 133 ff.; Wahl, Genehmigung und Planungsentscheidung, DVBl 1982, S. 51 ff.; Gubelt, Fälle zum Bau- und Raumordnungsrecht, 4. Aufl., S. 127 f.).

Die dem **Wohl der Allgemeinheit dienenden Vorschriften**, zu denen unter anderem 15 auch die die öffentliche Sicherheit und Ordnung gewährleistenden Bestimmungen gehören, sind die verfassungsrechtlich zulässigen **Schranken des Eigentums und der »Baufreiheit«** (vgl. § 1 Rdn. 5–9). Es kann daher auch nur von einer »**Baufreiheit im Rahmen der einfachen Rechtsvorschriften**« gesprochen werden (vgl. Boeddinghaus/Hahn/Schulte, zu § 75 Rn. 6). Eine **Baugenehmigung unter unmittelbarem Rückgriff auf Art. 14 Abs. 1 Satz 1 GG** aus Gründen des Bestandsschutzes **entgegen einfachrechtlichen Bestimmungen**, die von der Rechtsprechung früher für möglich erachtet wurde (vgl. Rdn. 187 und 194), ist aufgrund neuerer Entscheidungen des BVerwG nunmehr **ausgeschlossen** (vgl. Jäde/Dirnberger/Weiß, zu § 29 Rn. 1; vgl. z.B. BVerwG, Urt. v. 12.03.1998 – 4 C 10/97, BauR 1998, 760 = BRS 60 Nr. 98 = NJW 1998, 3136 = NVwZ 1998, 842 = UPR 1998, 228 = ZfBR 1998, 427). Der für das Bauen durch das öffentliche Recht, insbesondere das Baurecht, gesetzte Rahmen muss eingehalten und – im Falle der Genehmigungsbedürftigkeit eines Vorhabens – präventiv geprüft und überwacht werden (zu dem Zusammenspiel von Baugenehmigung, Bauüberwachung und Bauzustandsbesichtigungen vgl. § 83 Rdn. 1–4). Das Baugenehmigungsverfahren dient dazu, die Einhaltung des vorgegebenen rechtlichen Rahmens sicherzustellen. Dem Recht zum Bauen ist im Interesse der öffentlichen Belange eine **vorläufige Sperre** durch ein **präventives Verbot mit Erlaubnisvorbehalt** gesetzt, die **mit der Genehmigung aufgehoben** wird (s. Hoppe/Bönker/Grotefels, S. 450 Rn. 13 und Finkelnburg/Ortloff, Band. II, S. 125).

Die **Baugenehmigung** verschafft **bei Übereinstimmung** des Vorhabens **mit den öf-** 16 **fentlich-rechtlichen Vorschriften** materiell kein neues Recht und hat in diesem Falle **keine konstitutive, sondern deklaratorische Wirkung**, da sie das Recht zum Bauen voraussetzt. In einer (am Gesamtantragsvolumen gemessenen) kleineren Zahl von Fällen ist denn auch die Bauaufsichtsbehörde noch in der Lage, die Übereinstimmung des Vorhabens mit dem öffentlichen Recht zu bestätigen oder festgestellte Rechtsverstöße durch Beifügung von Nebenbestimmungen zu beseitigen. Die Baugenehmigung wird deshalb auch als **gebundene Erlaubnis** bezeichnet und **muss** wegen der grundsätzlich bestehenden »Baufreiheit« erteilt werden, **wenn das geplante Vorhaben dem öffentlichen Recht entspricht** oder wegen des **Verhältnismäßigkeitsgrundsatzes** durch **Nebenbestimmungen** in Übereinstimmung zu diesem gebracht werden kann (BayVGH, Urt. v. 14.09.1977 – Nr. 11 XV 73, BRS 32 Nr. 42).

17 Etwas anderes gilt nur, wenn die Baugenehmigung **Ausnahmen** oder **Befreiungen nach § 31 BauGB, Abweichungen** nach § 69 BauO NRW bzw. vergleichbare Entscheidungen über **Abweichungen vom Baunebenrecht** voraussetzt, um die notwendige Übereinstimmung mit dem öffentlichen Recht herzustellen. Auf die Erteilung von Ausnahmen, Befreiungen oder Abweichungen besteht nämlich **kein Rechtsanspruch**. Diese **Entscheidungen** liegen vielmehr auch bei Erfüllung der gesetzlichen Voraussetzungen (vgl. z.B. § 31 BauGB, § 69 BauO NRW, § 75 Abs. 1 LNatSchG NRW in Verbindung mit § 67 BNatSchG) **im pflichtgemäßen Ermessen** der Bauaufsichtsbehörde bzw. der beteiligten Fachbehörde. Das schließt nicht aus, dass im – seltenen – Einzelfall das Ermessen so eingeschränkt sein kann, dass eine andere als die positive Entscheidung nicht rechtmäßig wäre (**Ermessensreduzierung auf Null**). Auf jeden Fall hat der Antragsteller **Anspruch auf eine ermessensfehlerfreie Entscheidung**. Ausnahmen, Befreiungen und Abweichungen stellen »**repressive Verbote mit Befreiungsvorbehalt**« dar, da die Abweichung vom geltenden Recht grundsätzlich verboten ist; es wird lediglich ausnahmsweise und mit **konstitutiver Wirkung** genehmigt (so Battis, Öffentliches Baurecht und Raumordnungsrecht, 3. Aufl., S. 251). Es ist nur noch eine Frage der Zeit, bis bei weiter ansteigender Regelungsdichte der Grundsatz der Baufreiheit sich in sein Gegenteil verkehrt haben wird und nahezu jede Baugenehmigung einer staatlichen Baurechtsverleihung gleichkommt (vgl. Leisner, Baufreiheit oder staatliche Baurechtsverleihung?, DVBl 1992, S. 1065 ff.).

18 Aus der Rechtsnatur der Baugenehmigung als gebundener Erlaubnis folgt, dass ihre **Erteilung nicht von Gegenleistungen abhängig** gemacht werden darf. Jedenfalls gilt dies dort, wo der Antragsteller uneingeschränkten Rechtsanspruch auf die Baugenehmigung hat. »Wo es nämlich an jedem Entscheidungsspielraum fehlt und dementsprechend nur die unverzügliche und uneingeschränkte Genehmigungserteilung der Rechtslage entspricht, sind notwendig alle Versuche, die Genehmigungserteilung dennoch von irgendetwas abhängig zu machen, rechtswidrig und die auf dieser Grundlage zustande kommenden Verträge nichtig« (so ausdrücklich das BVerwG, Beschl. v. 30.10.1973 – IV B 127.73, BRS 27 Nr. 142; zur Unzulässigkeit so genannter »Folgekostenverträge« bei uneingeschränktem Baurechtsanspruch s.a. BVerwG, Urt. v. 06.07.1973 – IV C 22.72, BauR 1973, 285 = BRS 27 Nr. 26, Beschl. v. 25.11.1980 – 4 B 140.80, BRS 36 Nr. 161 und BGH, Beschl. v. 13.06.1991 – III ZR 143/90, BRS 53 Nr. 70). Das gilt auch für das erforderliche Einvernehmen der Gemeinde gemäß § 36 BauGB als Voraussetzung für die Erteilung der Baugenehmigung (OVG Rh-Pf, Urt. v. 28.11.1991 – 1 A 10312/89, BRS 52 Nr. 160).

19 Mit dem BauROG wurden die Regelungen der §§ 6 und 7 BauGB-MaßnahmenG in die §§ 11 und 12 BauGB unter der Überschrift »Zusammenarbeit mit Privaten« als **Dauerrecht** übernommen (zur Rechtsentwicklung s. Schlichter/Stich/Driehaus/ Paetow, zu § 11 Rn. 41–57 und Battis/Krautzberger/Löhr, zu § 12 Rn. 1). Im Gegensatz zur herkömmlichen »Angebotsplanung« ermöglichen der »**Städtebauliche Vertrag**« und der »**Vorhaben- und Erschließungsplan**« mit dem »**Durchführungsvertrag**« auf den Einzelfall zugeschnittene planerische Lösungen, um zum Vorteil beider Vertragspartner (Vorhabenträger und Gemeinde) Bauland auszuweisen (vgl.

BT-Drucks. 13/6392 S. 38). Hierbei handelt es sich um **städtebauliche Sonderregelungen**, die als Ersatz für eine Angebotsplanung zur Anwendung gelangen und überhaupt erst eine bauplanungsrechtliche Zulässigkeitsgrundlage für Vorhaben herbeiführen. Daher ist es auch möglich und zulässig, vertragliche Regelungen über die Kostenübernahme durch den Vorhabenträger im Städtebaulichen Vertrag bzw. im Durchführungsvertrag zu vereinbaren.

Die **Kontrolle** der Einhaltung der **vertraglichen Bestimmungen obliegt** – was vielfach noch übersehen oder sogar vereinzelt bewusst nicht zur Kenntnis genommen wird – nicht der Bauaufsichtsbehörde, sondern **der Gemeinde**. Insbesondere die **Regelungen des Durchführungsvertrages nehmen an der bauaufsichtlichen Prüfung vor Erteilung der Baugenehmigung nicht teil**, da § 30 Abs. 2 BauGB, wie zuvor bereits § 7 Abs. 4 BauGB-MaßnahmenG, allein darauf abstellt, dass das Vorhaben dem vorhabenbezogenen Bebauungsplan bzw. der Satzung nicht widerspricht und die Erschließung gesichert ist. Als Zulässigkeitskriterium erwähnt § 30 Abs. 2 BauGB den Durchführungsvertrag bewusst nicht (zum Verhältnis von Bebauungsplan und Durchführungsvertrag s. Battis/Krautzberger/Löhr, zu § 12 Rn. 17). Die Gemeinde sollte sich daher gegebenenfalls **im Durchführungsvertrag Sicherungen** einräumen lassen (vgl. Ernst/Zinkahn/Bielenberg/Krautzberger, zu § 12 Rn. 100). Die gesetzlich festgelegte **Folge der Nichteinhaltung** des Durchführungsvertrags ist gemäß § 12 Abs. 6 BauGB die **Aufhebung** des vorhabenbezogenen Bebauungsplans (vgl. Schlichter/Stich/Driehaus/Paetow, zu § 12 Rn. 34–42). Bereits **verwirklichte Bauvorhaben** bleiben von der Aufhebung der Satzung unberührt, da die **erteilte Baugenehmigung Bestandsschutz** vermittelt (s. Jäde/Dirnberger/Weiss, zu § 12 Rn. 80). 20

Grundsätzlich hängt die Erteilung der Baugenehmigung nicht von der **Zahlung der Erschließungsbeiträge** nach dem BauGB ab. Es besteht aber die Möglichkeit, unter den in § 133 Abs. 3 BauGB aufgeführten Voraussetzungen aus Anlass einer Baugenehmigung **Vorausleistungen auf den Erschließungsbeitrag** verlangen zu können (hierzu s. Battis/Krautzberger/Löhr, BauGB, zu § 133 Rn. 27–48). Die Gemeinde kann ihr erforderliches Einvernehmen gemäß § 36 BauGB (vgl. Rdn. 18) aber davon abhängig machen, dass die nach den Festsetzungen des Bebauungsplanes vorgesehenen Verkehrsflächen unter Anrechnung auf den Erschließungsbeitrag abgetreten werden (BVerwG, Urt. v. 16.12.1993 – 4 C 27.92, BRS 56 Nr. 241 = NVwZ 1994, 485). 21

Die Baugenehmigung darf nicht von der Zahlung der **Baugenehmigungsgebühren** abhängig gemacht werden (ebenso Boeddinghaus/Hahn/Schulte, zu § 75 Rn. 32), denn die **Gebührenerhebung** ist lediglich **Folge** der in der Erteilung der Baugenehmigung liegenden **Amtshandlung** (zur Gebührenerhebung und -bemessung vgl. § 70 Rdn. 17–20). Hiervon unberührt bleibt die Befugnis der Bauaufsichtsbehörde – unter den Voraussetzungen des § 16 GebG NRW –, die Vornahme der Amtshandlung an die Zahlung eines angemessenen **Vorschusses** oder an eine angemessene **Sicherheitsleistung** bis zur voraussichtlichen Höhe der Kosten zu binden. 22

1.3 Antragsgebundenheit

23 Die **Baugenehmigung setzt** gemäß § 70 Abs. 1 Satz 1 BauO NRW einen **Antrag voraus**, insofern ist sie ein **mitwirkungsbedürftiger Verwaltungsakt**. Ohne die erforderliche Mitwirkung des Antragstellers kann keine Baugenehmigung erteilt werden (vgl. § 70 Rdn. 9–11). Die **Baugenehmigung muss vom Antrag gedeckt sein**, so dass z.b. die Bauaufsichtsbehörde nicht eigenmächtig die beantragte Nutzung abändern oder das zur Genehmigung gestellte Volumen verändern kann (so auch Große-Suchsdorf, zu § 70 Rn. 18). Noch vom Antrag gedeckt ist die Erteilung der Genehmigung unter Nebenbestimmungen, wonach bestimmte Bauteile nur in reduzierten Abmessungen ausgeführt werden dürfen (als »**minus**« gegenüber dem Antrag), weil diese in der beantragten Form gegen öffentlich-rechtliche Vorschriften verstoßen, z.B. die Balkone in der seitlichen Abstandsfläche anstelle der beantragten 1,7 m nur mit der zulässigen Ausladungstiefe von 1,6 m vor der Außenwand. Die Reduzierung darf nicht zu einem »Teilvorhaben« führen, das – ohne die ausgenommenen Bauteile – nicht sinnvoll existenzfähig ist (OVG Saar, Beschl. v. 22.10.1996 – 2 W 30/96, BauR 1997, 283 = BRS 58 Nr. 146; Hamb. OVG, Urt. v. 11.03.2008 – 4 Bf 106/05, juris).

24 Die **Baugenehmigung** wird stets **für ein konkretes, funktionsbezogenes Vorhaben** erteilt. Die **Bausubstanz** und die **Nutzung** lassen sich nicht gedanklich voneinander trennen, da sie eine **Einheit** bilden. Gegenstand der baurechtlichen Prüfung ist die bauliche Anlage in ihrer durch die Nutzung bestimmten Funktion. Ein **wesentliches Abweichen** von der Baugenehmigung bei der Ausführung führt zu einem »**aliud**« (etwas anderes oder Fremdes), das so nicht genehmigt ist (Hess. VGH, Beschl. v. 10.07.2003 – 4 TG 1296/03, BauR 2003, 1875 = BRS 66 Nr. 162; OVG NRW, Beschl. v. 04.05.2004 – 10 A 1476/04, BauR 2004, 1771 = BRS 67 Nr. 169 zu einem um 0,84 m verschobenen Baukörper). Ein anderes Vorhaben entsteht ebenso, wenn die Bauaufsichtsbehörde den Antragsgegenstand durch Nebenbestimmungen zur Baugenehmigung abändert und so modifiziert, dass der Bauherr eine Baugenehmigung für ein Vorhaben erhält, das er gar nicht beantragt hat. Wann eine derartige **Verfremdung des Antragsgegenstands** vorliegt, kann nicht allgemein beantwortet werden, sondern hängt von den Umständen des Einzelfalles ab. Wird z.B. ein Einfamilienhaus mit Satteldach und Dachgauben beantragt, ändert die Nebenbestimmung zur Baugenehmigung, anstelle der Dachgauben liegende Dachflächenfenster auszuführen, den Antragsgegenstand stark ab und verfremdet diesen. Derart »**modifizierende Auflagen**« verfremden das beantragte Vorhaben, so dass von einem »aliud« auszugehen ist, und machen die Baugenehmigung rechtswidrig (ebenso Boeddinghaus/Hahn/Schulte, zu § 75 Rn. 51 f.), sofern ihnen der Bauherr nicht ausdrücklich zustimmt und damit an der Abänderung des Antragsgegenstandes mitwirkt (vgl. § 70 Rdn. 4 und 9).

25 Wie die Bauaufsichtsbehörde im Falle geringfügiger Verstöße vorzugehen hat, die durch Modifizierungen des Antragsgegenstandes auf einfache Weise zu beheben sind, beantwortet sich **nach dem Grundsatz des geringst möglichen Eingriffs**. Dieser liegt nicht etwa in der eigenmächtigen Vornahme einer modifizierenden Nebenbestimmung, sondern darin, dass die Bauaufsichtsbehörde dem Bauherrn **Gelegenheit zur Korrektur des Antrages** einräumt (OVG Lüneburg, Urt. v. 28.06.1988 – 1 A 151/85,

BRS 48 Nr. 89 zu einem Vorhaben mit »weicher« Bedachung, das den Mindestabstand von 12 m aus Brandschutzgründen geringfügig um 0.5 m unterschreitet). Hierzu führt das Gericht aus:

»Das bauordnungsrechtliche Hindernis erlaubte und erlaubt es dem Beklagten nicht, einen Ablehnungsbescheid zu erlassen. Vielmehr entspricht es dem Gebot des geringstmöglichen Eingriffs, dass die Klägerin Gelegenheit erhält, den Standort ihres Bauvorhabens so auf dem Baugrundstück anzuordnen, dass das Dach des Gebäudes den erforderlichen Abstand von 12 m einhält. Zwar ist die Baugenehmigungsbehörde grundsätzlich nicht verpflichtet im einzelnen nach genehmigungsfähigen Alternativen zu suchen. Wenn sie aber ohne Schwierigkeiten erkennen kann, dass ein Bauantrag bei geringfügigen, für den Bauherrn unwesentlichen Veränderungen genehmigungsfähig wird, muss sie dem Antragsteller Gelegenheit zu einer derartigen Korrektur seines Antrages geben Ein solcher Fall ist hier gegeben. Wie sich aus dem mit dem Bauantrag eingereichten Lageplan unschwer ersehen lässt, lassen sich die erforderlichen Abstände bei einer Verschiebung des Standortes des Gebäudes um nicht mehr als 50 cm einhalten.« 26

Die **Mitwirkung des Antragstellers bei der Ausräumung des Rechtsverstoßes** ist deshalb von so großer Bedeutung, weil die Bauaufsichtsbehörde unmöglich von sich aus wissen kann, welche Lösung des Problems der Antragsteller anstrebt. In dem zuvor geschilderten Falle hätte der Bauherr durch eine »harte« Bedachung den Rechtsverstoß unter Beibehaltung der Gebäudeanordnung ebenfalls beseitigen können. Die **Auswahl einer aus mehreren denkbaren Lösungsmöglichkeiten** gehört wiederum nicht zu den Aufgaben der Bauaufsichtsbehörde; sie ist **Ausfluss der »Baufreiheit«** und steht allein **im Belieben des Antragstellers**. Die Pflicht der Bauaufsichtsbehörde zur Beachtung des Grundsatzes des geringstmöglichen Eingriffs und zur Anhörung des Antragstellers endet aber dort, wo ein neuer Bauantrag erforderlich wird, um den oder die Rechtsverstöße auszuräumen, weil die Modifizierung des Antragsgegenstandes nicht nur geringfügig, sondern wesentlich ist (OVG Bln-Bbg, Beschl. v. 25.04.2017 – OVG 10 N 64.13, juris). Lassen sich die Hindernisse schlechthin nicht ausräumen, muss die Baugenehmigung versagt werden (BVerwG, Urt. v. 24.10.1980 – 4 C 3.78, BRS 36 Nr. 169; VGH B-W, Urt. v. 06.02.2015 – 8 S 450/13, VBlBW 2015, 339). 27

Stellt sich im Baugenehmigungsverfahren heraus, dass nur ein Teil eines größeren Komplexes mit dem öffentlichen Baurecht übereinstimmt, so kann der baurechtskonforme **Teil des Antragsgegenstands** nur positiv beschieden werden, wenn er unabhängig von dem Gesamtvorhaben einer **eigenständigen baurechtlichen Beurteilung zugänglich** ist. Das »Teilvorhaben« muss auch tatsächlich ohne die übrigen Teile ausgeführt werden können (zu den Rechtsfolgen einer Baugenehmigung, die unzulässigerweise nur einen unselbständigen Teil eines sonst nicht genehmigten Gebäudes betrifft s. BayVGH, Beschl. v. 18.02.1998 – 20 ZB 98.121, BauR 1998, 769 = BRS 60 Nr. 143). Da der Antragsteller den Antragsgegenstand bestimmt, muss er der Teilung des Antragsgegenstandes zustimmen, denn es ist – innerhalb der Grenzen, die einer Zusammenfassung oder Trennung objektiv gesetzt sind – seine Sache, festzulegen, was das Vorhaben und damit der zu beurteilende Verfahrensgegenstand sein 28 soll (BVerwG, Urt. v. 04.07.1980 – 4 C 99.77, BRS 36 Nr. 158 = DÖV 1980, 921 = NJW 1981, 776; OVG NRW, Urt. v. 06.02.2015 – 2 A 1394/13, BauR 2015, 1963). Die Teilbarkeit ist nicht gegeben, wenn durch die Aufteilung nicht ein »minus«, sondern ein »aliud«, also ein rechtlich anders zu qualifizierendes Vorhaben entsteht (OVG NRW, Beschl. v. 16.05.2011 – 2 B 385/11, juris).

29 Eine ohne Beachtung des Mitwirkungsgrundsatzes erteilte Baugenehmigung ist **rechtswidrig**. Die **Verletzung von Verfahrens- und Formfehlern** ist jedoch in den Grenzen des § 45 VwVfG. NRW. **heilbar**. Insbesondere kann der Antragsteller nach § 45 Abs. 1 Nr. 1 VwVfG. NRW. den erforderlichen **Antrag nachholen**. Stellt sich das Fehlen des zur erteilten Baugenehmigung »passenden« Antrags erst in einem laufenden verwaltungsgerichtlichen Verfahren heraus, z.B. weil der Anwalt des klagenden Nachbarn dies bei der Sichtung der Akten bemerkt, kann der Antrag auch dann noch nachgeholt werden, da § 45 Abs. 2 VwVfG. NRW. nur die Heilungshandlungen des Abs. 1 Nr. 2–5 bis zur Erhebung der verwaltungsgerichtlichen Klage zeitlich begrenzt.

30 **Bei Unklarheiten des Antragsgegenstandes** sollte die Bauaufsichtsbehörde auf eine eindeutige **Präzisierung hinwirken**. Insofern hat sie ihrer Beratungspflicht nach § 25 VwVfG. NRW. nachzukommen (ebenso Boeddinghaus/Hahn/Schulte, zu § 75 Rn. 41). Der **Antrag muss so klar sein**, dass auf ihn ein verständlicher, inhaltlich genau abgegrenzter, eindeutig bestimmter Verwaltungsakt ergehen kann, der Umfang und Bindung der Baugenehmigung regelt (vgl. OVG NRW, Urt. v. 13.09.1994 – 11 A 3309/92, BRS 56 Nr. 137 unter Bezug auf die Urteile vom 22.07.1987 – 11 A 958/85, BRS 47 Nr. 139 und vom 26.09.1991 – 11 A 1604/89, BRS 52 Nr. 144). Bei Unklarheiten ist für die **Auslegung der Baugenehmigung** auf die mit dem Zugehörigkeitsvermerk versehenen **Bauvorlagen** und die **Angaben im Antragsvordruck** abzustellen. Mündliche Absprachen zwischen Behörde und Entwurfsverfasser sind regelmäßig ohne Bedeutung (OVG NRW, Urt. v. 10.12.1996 – 10 A 4248/92, BRS 58 Nr. 216 = NVwZ-RR 1998, 159 und Beschl. v. 12.01.2001 – 10 B 1827/00, BauR 2001, 755 = NVwZ-RR 2001, 430; Hess. VGH, Beschl. v. 07.02.2008 – 3 UZ 473/07, BauR 2009, 636).

31 Missachtet die Bauaufsichtsbehörde das **Erfordernis der Antragsklarheit** und ergeht auf den **unklaren Bauantrag** hin eine in der Folge **unklare Baugenehmigung**, so finden für die **Auslegung des Inhalts der Baugenehmigung** die Vorschriften der **§§ 133 und 242 BGB** Anwendung (VGH B-W, Urt. v. 11.12.1984 – 3 S 2507/84, BRS 44 Nr. 106; OVG NRW, Urt. v. 13.09.1994 – 11 A 3309/92, BRS 56 Nr. 137). Danach ist der **erklärte Wille** maßgebend, wie ihn der Empfänger der Baugenehmigung bei objektiver Würdigung verstehen konnte. **Unklarheiten** der Baugenehmigung gehen hierbei gegebenenfalls **zu Lasten der Verwaltung** (BVerwG, Urt. v. 18.06.1980 – 6 C 55.79, BVerwGE 60, 223). Bei der Auslegung sind auch **vor der Genehmigungserteilung liegende Umstände** zu berücksichtigen, die in der Genehmigung ihren Niederschlag gefunden haben (VGH B-W, Urt. v. 18.09.1991 – 3 S 1644/91, BRS 52 Nr. 139). Geben Bauherr und Baubehörde in bewusster Abweichung von ihren wahren Absichten und Vorstellungen in den Bauvorlagen und in der Baugenehmigung

eine andersartige Nutzung an, so ist diese Bezeichnung, nicht aber das tatsächlich Gewollte maßgebend (OVG NRW, Urt. v. 16.03.1984 – 11 A 302/84, BRS 42 Nr. 163; in dem Fall war Lagerhalle statt Produktionshalle angegeben worden). Ein zur Rechtswidrigkeit der Baugenehmigung führender **Etikettenschwindel** liegt zudem vor, wenn ein Bauvorhaben mit seinem Nutzungszweck unzulässig ist und deshalb durch den Bauherrn eine zulässige Nutzung nur vorgeschoben wird (OVG NRW, Beschl. v. 20.09.2007 – 10 A 4372/05, BauR 2008, 81).

1.4 Begünstigende und belastende Wirkung

Die **Baugenehmigung** ist ein **Verwaltungsakt** im Sinne des § 35 Satz 1 VwVfG. NRW., der aus einem **feststellenden** und einem **verfügenden Teil** besteht (so Finkelnburg/Ortloff, S. 129 f.). Der **feststellende Teil** bestimmt, was Inhalt des jeweiligen Eigentums ist. Dieser **verbindlichen Feststellung der Rechtslage** kommt **Regelungscharakter** zu (Maurer/Waldhoff, S. 236 f. Rn. 47). Der **verfügende Teil** beseitigt das gesetzliche Bauverbot des § 74 Abs. 7 BauO NRW und zielt ebenfalls auf **unmittelbare Rechtswirkung nach außen**. Auch eine Baugenehmigung, die eine Gemeinde in ihrer Funktion als untere Bauaufsichtsbehörde sich selbst erteilt, ist ein Verwaltungsakt (OVG NRW, Beschl. v. 29.07.1991 – 10 B 1128/91, BRS 52 Nr. 208 = NVwZ 1992, 187). 32

Die **Baugenehmigung** ist ein **begünstigender Verwaltungsakt**, da sie das **Recht zum Bauen** inhaltlich bestätigt und das **gesetzliche Bauverbot beseitigt** (s. die Legaldefinition des § 48 Abs. 1 Satz 2 VwVfG. NRW. und Kopp/Ramsauer, zu § 48 Rn. 64–71). Die begünstigende Wirkung liegt für den Bauherrn scheinbar am greifbarsten in der **Aufhebung des gesetzlichen Bauverbots** und dem damit ermöglichten Baubeginn. Dies ist aber eigentlich nur eine **Sekundärwirkung**, da das Gesetz bereits im Umkehrschluss aus § 74 Abs. 7 BauO NRW diese Folge vorsieht. Nach nordrhein-westfälischem Recht ist die Bauaufsichtsbehörde regelmäßig gehindert, den Baubeginn wirksam zu unterbinden, wenn sie zuvor mit der Baugenehmigung die Übereinstimmung mit dem zu prüfenden öffentlichen Recht bestätigt hat (vgl. Rdn. 8). Etwas anderes gilt nur, wenn ein Rechtsverstoß gegen § 74 Abs. 3 Satz 2 BauO NRW festgestellt wird, also noch zusätzlich erforderliche Genehmigungen nach sonstigem öffentlichem Recht, das von der Prüfungspflicht ausgeschlossen ist, bei Baubeginn nicht vorliegen (vgl. Rdn. 247). Die begünstigende Wirkung der Baugenehmigung ist vor allem im **Schutz vor nachfolgenden Rechtsänderungen** zu sehen, auch wenn der Bauherr diese Rechtswirkung vielleicht nicht sofort erkennt. Die Begünstigung wird aber nachhaltig den Gemeinden bei Planungsmaßnahmen deutlich. Selbst die nicht ausgenutzte, aber immer noch wirksame Baugenehmigung kann bis zum Ablauf ihrer Geltungsdauer jederzeit realisiert werden und behindert damit die Umstellung einer Planungskonzeption in dem fraglichen Bereich. **Mit der Erteilung des Einvernehmens geht faktisch** zugunsten des Antragstellers auch stets ein Stück **Planungsfreiheit** der Gemeinde **verloren**. 33

Die **begünstigende Wirkung** der Baugenehmigung liegt **auch** grundsätzlich dann vor, **wenn Nebenbestimmungen** den Antrag inhaltlich nur **geringfügig beschneiden,** 34 um einen vorliegenden Rechtsverstoß auszuräumen (vgl. Stelkens/Bonk/Sachs, Verwaltungsverfahrensgesetz, 4. Aufl. 1993, zu § 48 Rn. 83). Eine nicht nur geringfügig **hinter dem Antrag zurückbleibende Baugenehmigung** wirkt dagegen nicht nur begünstigend hinsichtlich des genehmigten Umfangs, sondern zugleich **belastend** hinsichtlich der hinter dem Bauantrag zurückbleibenden Teile des geplanten Bauvorhabens (vgl. Boeddinghaus/Hahn/Schulte, zu § 75 Rn. 73). Auch einzelne **Nebenbestimmungen** können für sich **belastende Wirkung** entfalten, insbesondere wenn sie dem Bauherrn erhebliche Pflichten zu einem bestimmten Tun, Dulden oder Unterlassen auferlegen, z.B. die »**einfache**« **Auflage**, zur Kompensation einer Abweichung von brandschutzrechtlichen Bestimmungen, die in den Bauvorlagen dargestellten Rauchabzugsanlagen durch einen staatlich anerkannten Sachverständigen in regelmäßigen Zeitabständen wiederkehrend prüfen zu lassen und dessen Bescheinigung über das Ergebnis der Prüfung der Bauaufsichtsbehörde vorzulegen.

35 Eine den Antragsteller begünstigende Baugenehmigung kann **für den Nachbarn belastend** sein, wenn sie dessen **schutzwürdige öffentlich-rechtliche Interessen** verletzt. Die Baugenehmigung wird deswegen als ein **Verwaltungsakt mit Doppelwirkung** bezeichnet. Der baurechtliche Nachbarschutz bereitet in der Praxis außerordentliche Probleme, weil der Gesetzgeber eine umfassende Kodifizierung unterlassen hat und auch eine Harmonisierung von öffentlichem und privatem Nachbarrecht fehlt. Stattdessen kommt es hin und wieder zu gesetzlichen Einzelregelungen, um auf die nachhaltige Verunsicherung von Bauaufsichtsbehörden und Investoren beruhigend einzuwirken.

36 Gegen die **belastende Wirkung** kann sich der Antragsteller **rechtlich** zur Wehr setzen. Soweit es sich um eine Klage gegen belastende Nebenbestimmungen handelt, die einer **selbständigen Anfechtung** zugänglich sind, hemmt dies nicht die Ausnutzbarkeit der Baugenehmigung. **Bedingungen** und »**modifizierende**« **Auflagen** sind dagegen für sich **nicht selbständig anfechtbar**, da sie die Genehmigung nicht mit einem der Rechtsordnung entsprechenden Inhalt weiter bestehen lassen, so dass im Falle der Einlegung von Rechtsmitteln die gesamte Baugenehmigung bis zur Entscheidung nicht ausgenutzt werden darf (BVerwG, Urt. v. 29.03.1968 – IV C 27.67, BRS 20 Nr. 139 und Urt. v. 17.02.1984 – 4 C 70.80, BRS 42 Nr. 176).

37 Auch der **Nachbar** kann sich gegen die dem Antragsteller erteilte Baugenehmigung **öffentlich-rechtlich** zur Wehr setzen (vgl. Rdn. 95–111). Daneben kann er den Schutz der Zivilgerichte in Anspruch nehmen, um eine vermeintliche Beeinträchtigung seines Eigentums abzuwehren. Handhaben hierfür bieten § 823 Abs. 2 BGB und § 1004 BGB in Verbindung mit §§ 903–924 BGB. Der Nachbar kann **Auflagen** einer Baugenehmigung, **die seinem Schutz dienen**, auch **zivilrechtlich** durchsetzen (BGH, Urt. v. 26.02.1993 – V ZR 74/92, NJW 1993, 1580 und Urt. v. 27.09.1996 – V ZR 335/95, NJW 1997, 55). Das zivilrechtliche Verhältnis der Nachbarn untereinander wird ferner durch das **NachbG NRW** vor allem in Bezug auf grenzständige Bauweise (Nachbar- und Grenzwand), Hammerschlags- und Leiterrecht, Schornstein- und Abwasserführung, Bodenerhöhungen, Einfriedungen und Pflanzabstände relativ umfassend geregelt. Da die **Baugenehmigung** gemäß § 74 Abs. 4 BauO NRW **private**

Rechte Dritter unberührt lässt, kann sich im Einzelfall ergeben, dass diese eben wegen entgegenstehender privater Rechte Dritter nicht ausgenutzt werden kann (vgl. Rdn. 250–253).

1.5 Bestandskraft

Die Baugenehmigung wird **mit der Bekanntgabe** an den Antragsteller **formell wirksam** (§ 43 Abs. 1 VwVfG. NRW.; vgl. Kopp/Ramsauer, zu § 43 Rn. 34–39). Soweit sie an keinem **Nichtigkeitsgrund** leidet (§ 44 VwVfG. NRW.) und deshalb von Anfang an unwirksam ist (§ 43 Abs. 3 VwVfG. NRW.), bleibt sie wirksam, solange und soweit sie nicht **zurückgenommen, widerrufen, anderweitig aufgehoben** oder **durch Zeitablauf** oder **auf andere Weise erledigt** ist (§ 43 Abs. 2 VwVfG. NRW.). Wird die Baugenehmigung – als den Antragsteller begünstigender Verwaltungsakt – von einem Dritten (Nachbarn) angefochten, so gelten gemäß § 50 VwVfG. NRW. während des verwaltungsgerichtlichen Verfahrens für Rücknahme und Widerruf **erleichterte Voraussetzungen**, soweit dadurch der Klage abgeholfen wird. Eine – rechtswidrige – Baugenehmigung darf während des Verfahrens über einen Nachbarwiderspruch unter den erleichterten Voraussetzungen des § 50 VwVfG. NRW. nur dann zurückgenommen werden, wenn der Widerspruch des Nachbarn nicht unzulässig und auch nicht offensichtlich unbegründet ist (VGH B-W, Urt. v. 06.05.1996 – 8 S 270/96, BRS 58 Nr. 148 = NVwZ-RR 1997, 401). 38

1.6 Rücknahme und Widerruf

Für die **Rücknahme** einer **rechtswidrigen** und den **Widerruf** einer **rechtmäßigen Baugenehmigung** sind die §§ 48 und 49 VwVfG. NRW. einschlägig. Als **anderweitige Aufhebung** ist das **Urteil** im Verwaltungsstreitverfahren zu nennen. Durch **Zeitablauf** erledigt sich die Baugenehmigung nach Maßgabe des § 75 BauO NRW über deren **Geltungsdauer** oder durch eine Nebenbestimmung nach § 36 Abs. 2 Nr. 1 VwVfG. NRW, nach der die Wirksamkeit zu einem bestimmten Zeitpunkt endet (**Befristung**). Auf **andere Weise** erledigt sich die Baugenehmigung z.B. durch **Rücknahme des Bauantrages**, was bis zur Unanfechtbarkeit noch möglich ist (BVerwG, Urt. v. 03.04.1987 – 4 C 30.85, BRS 47 Nr. 91), oder durch **Verzichtserklärung** über die nicht mehr beabsichtigte Ausnutzung. Mit dem Verzicht erlischt die Baugenehmigung, ohne dass es einer Rücknahmeverfügung der Bauaufsichtsbehörde bedarf (BVerwG, Urt. v. 15.12.1989 – 4 C 36.86, BRS 50 Nr. 193 = NVwZ 1990, 484). Eine Baugenehmigung kann sich auch durch den **Erlass einer Änderungsgenehmigung** erledigen, wenn und soweit die Änderungsgenehmigung die Ursprungsgenehmigung nach dem erkennbaren objektiven Willen der Behörde ersetzen soll oder alle Beteiligten die frühere Genehmigung übereinstimmend als obsolet ansehen und davon ausgehen, dass die Sach- und Rechtslage auf dem Boden einer neuen genehmigungsrechtlichen »Geschäftsgrundlage« zu beurteilen ist (OVG NRW, Beschl. v. 13.12.2012 – 2 B 1250/12, NVwZ-RR 2013, 500). Die Bauaufsichtsbehörde kann die **Rückgabe der Genehmigungsurkunde** zur Kennzeichnung ihrer Ungültigkeit verlangen, muss aber die so **als ungültig** 39

§ 74 Baugenehmigung, Baubeginn

gekennzeichnete Urkunde dem Antragsteller auf dessen Bitte hin wieder aushändigen (§ 52 VwVfG. NRW.).

40 Die **formelle Wirksamkeit** der Baugenehmigung darf nicht mit der **Unanfechtbarkeit (Bestandskraft)** verwechselt werden (vgl. Finkelnburg/Ortloff, Band II, S. 139 f., insbesondere Fußnote 66). Die Baugenehmigung wird erst nach Ablauf der Klagefrist (§ 74 VwGO) unanfechtbar, wenn weder der Antragsteller noch eventuell belastete Nachbarn Klage erhoben haben. Die Unanfechtbarkeit tritt sofort ein, wenn der Antragsteller bzw. ein eventuell belasteter Nachbar gegenüber der Bauaufsichtsbehörde erklärt, vom Klagerecht keinen Gebrauch machen zu wollen (**Rechtsmittelverzicht**). Wird die Baugenehmigung durch Klage angefochten, tritt die Unanfechtbarkeit mit Rechtskraft des (letztinstanzlichen) Urteils ein.

41 Die **bestandskräftige Baugenehmigung** verschafft dem Bauherrn aufgrund ihrer feststellenden Legalisierungswirkung **Schutz vor nachfolgenden Rechtsänderungen**, welche die Rechtslage nachteilig verändern. Dieser Schutz besteht zunächst **während der gesetzlich geregelten Geltungsdauer** der Baugenehmigung, also nach § 75 BauO NRW für volle **drei Jahre nach Zustellung** (vgl. § 75 Rdn. 1 ff.). In diesem Zeitraum in Kraft tretende Bebauungspläne oder Veränderungssperren vermögen die Wirksamkeit der Baugenehmigung nicht aufzuheben (BVerwG, Urt. v. 03.02.1984 – 4 C 39.82, BVerwGE 69, 1 = BRS 42 Nr. 170; BGH, Urt. v. 20.12.1985 – V ZR 263/83, BRS 44 Nr. 94 = NJW 1986, 1605; OLG Hamburg, Urt. v. 25.02.2005 – 1 U 54/01, juris). Die Schutzfunktion gegen nachfolgende Rechtsänderungen geht jedoch verloren, wenn die aufgrund der erteilten Baugenehmigung aufgenommenen Bauarbeiten länger als ein Jahr unterbrochen werden (§ 75 Abs. 1 BauO NRW).

42 In dieser **Schutzfunktion** liegt ein **Vorteil der Baugenehmigung** gegenüber dem Bauen in der Freistellung nach § 63 BauO NRW. Diese Vorschrift kennt keine befristete Legalisierungswirkung, so dass der Bauherr in der Bauvorbereitungsphase zu seinem Nachteil eintretende Rechtsänderungen hinnehmen muss. Die zeitlich begrenzte Schutzfunktion ist als Inhaltsbestimmung des Eigentums mit Art. 14 Abs. 1 Satz 2 GG vereinbar; ein **Rückgriff auf Bestandsschutzgesichtspunkte scheidet nach Ablauf der Geltungsdauer aus**, so dass die eventuell erneut beantragte Genehmigung nach der inzwischen möglicherweise veränderten neuen Rechtslage zu beurteilen ist (BVerwG, Beschl. v. 22.02.1965 – IV B 22.65, BRS 16 Nr. 128 und Beschl. v. 22.02.1991 – 4 CB 6.91, BRS 52 Nr. 152 = NVwZ 1991, 984; zum Verhältnis der Geltungsdauer zum Bestandsschutz s. Jäde, Föderalismusprobleme des bauplanungsrechtlichen Bestandsschutzes, UPR 1998, S. 206 ff.).

43 Bei **Realisierung** des genehmigten Vorhabens in Übereinstimmung mit der Baugenehmigung wird nur deren **verfügender Teil verbraucht** (OVG NRW, Urt. v. 21.12.2010 – 2 A 1419/09, BauR 2011, 1635). **Der feststellende Teil** der Baugenehmigung **bleibt**, solange die Baugenehmigung formell fortbesteht, **bis zum Untergang des Bauwerks erhalten** und sichert dieses gegen ein behördliches Beseitigungsverlangen (OVG Lüneburg, Urt. v. 08.12.1978 – I A 24/78, BRS 35 Nr. 168). Voraussetzung hierfür ist die Übereinstimmung des realisierten Bauwerks mit der Baugenehmigung (OVG NRW, Beschl. v. 06.12.2004 – 7 A 169/04, juris; OVG NRW,

Urt. v. 13.02.1987 – 10 A 29/87, BRS 47 Nr. 193) und der durch diese bestätigte Nutzung (BVerwG, Urt. v. 15.11.1974 – IV C 32.71, BRS 28 Nr. 34; OVG Münster, Urt. v. 18.02.2016 – 10 A 985/14, BauR 2016, BauR 2016 S. 1123 = NWVBl 2016 S. 329). In Bezug auf den Schutz der **ursprünglich genehmigten Nutzung** kann sich jedoch im Falle weiterer genehmigter Nutzungsänderungen die Frage ergeben, ob die Rückkehr zu der ursprünglich genehmigten Nutzung aufgrund der Ursprungsgenehmigung noch möglich ist (hierzu s. Kment, Begrenzung der Legalisierungswirkung einer Baugenehmigung durch das Prinzip der Interessenabwägung im öffentlichen Baurecht, BauR 2000, S. 1675 ff.). Die Schutzfunktion gegen Durchgriff auf die später eventuell geänderte Rechtslage entfaltet nicht nur die rechtmäßige, sondern auch die **nicht zurückgenommene, rechtswidrige** Baugenehmigung (vgl. Hoppe/Bönker/Grotefels, S. 536 Rn. 59 und Finkelnburg/Ortloff, Band. II, S. 138 f.).

Eine **Beseitigungsanordnung** oder eine **Stilllegungsverfügung** darf nur ergehen, 44 wenn der **Widerruf** oder **die Rücknahme** der Baugenehmigung **unanfechtbar oder sofort vollziehbar** ist (OVG Saar, Beschl. v. 19.12.1984 – 2 W 1304/84, BRS 42 Nr. 215 = NVwZ 1985, 430). Die gegen den Eigentümer ausgesprochene Widerrufs- bzw. Rücknahmeverfügung und die ihm gegenüber erlassene Beseitigungsverfügung wirken grundsätzlich – und insbesondere im Fall der Gesamtrechtsnachfolge – gegen den **Rechtsnachfolger** (BVerwG, Urt. v. 22.01.1971 – IV C 62.66, BRS 24 Nr. 193 = NJW 1971, 1624; OVG Schl-H, Beschl. v. 20.09.2017 – 1 MB 12/17, juris).

Die zum Zeitpunkt ihrer Erteilung in Übereinstimmung mit der geltenden Rechts- 45 lage **rechtmäßige Baugenehmigung** kann nicht mehr zurückgenommen, sondern nur noch in den engen Grenzen des § 49 Abs. 2 VwVfG. NRW. **widerrufen** werden (hierzu s. Kopp/Ramsauer, zu § 49 Rn. 25–61). Nach Maßgabe des § 49 Abs. 6 Satz 1 VwVfG. NRW. hat die Behörde **auf Antrag** den **Vermögensnachteil zu entschädigen,** den der Betroffene dadurch erleidet, dass er auf den Bestand des Verwaltungsaktes vertraut hat, soweit sein Vertrauen schutzwürdig ist. Es gelten die **Einschränkungen** des § 48 Abs. 3 Satz 3–5 VwVfG. NRW., darunter vor allem die Maßgabe, dass der **Anspruch nur innerhalb eines Jahres** geltend gemacht werden kann (§ 49 Abs. 6 Satz 2 VwVfG. NRW.). Da der Widerruf in enteignungsgleicher Weise in die durch die Baugenehmigung eingeräumte Rechtsposition eingreift, hat der Gesetzgeber für **Streitigkeiten** den **ordentlichen Rechtsweg** vorgegeben (§ 49 Abs. 6 Satz 3 VwVfG. NRW.).

Die zum Zeitpunkt ihrer Erteilung entgegen der geltenden Rechtslage **rechtswidri-** 46 **ge Baugenehmigung** kann grundsätzlich ohne Einschränkung **zurückgenommen** werden; Gesichtspunkte des Vertrauensschutzes sind bei der Ermessensentscheidung nach § 48 Abs. 1 Satz 1 VwVfG. NRW. zu berücksichtigen (OVG Bln, Beschl. v. 08.06.2000 – 2 SN 15.00, BauR 2001, 618 = BRS 63 Nr. 183; zur Teilrücknahme s. OVG Bln, Beschl. v. 16.01.1998 – 2 S 15/97, NVwZ-RR 1999, 10). Die Rücknahme ist ermessenswidrig, wenn keine neuen tatsächlichen oder rechtlichen Erkenntnisse vorliegen (BVerwG, Urt. v. 28.02.2002 – 7 C 17.01, DVBl 2002, 1045). Für Rücknahmen, die nicht den tatbestandlichen Voraussetzungen des § 48 Abs. 2 VwVfG. NRW. unterfallen, ist **auf Antrag** nach Maßgabe des § 48 Abs. 3 VwVfG. NRW. der **Vermögensnachteil auszugleichen,** den der Betroffene dadurch erleidet, dass er auf den Bestand des Verwaltungsaktes vertraut hat, soweit sein Vertrauen unter Abwägung mit dem öffentlichen Interesse schutzwürdig ist. Der Ausgleichsanspruch ist **keine Enteignungsentschädigung**, sondern ein **öffentlich-rechtlicher Anspruch eigener Art** (vgl. Große-Suchsdorf zu § 70 Rn. 142).

47 Baugenehmigungen können aus den unterschiedlichsten Gründen **rechtswidrig** sein, etwa weil die Bauaufsichtsbehörde eine falsche planungsrechtliche Beurteilungsgrundlage angenommen hat oder nachbarschützende Abstandsflächenvorschriften nicht beachtet wurden. Aufgrund einer Änderung der Sachlage kann die Auflage zu einer Baugenehmigung rechtswidrig geworden sein (zu einem solchen Fall s. VGH B-W, Urt. v. 24.09.2001 – 8 S 641/01, BauR 2002, 933). Erkennt die Bauaufsichtsbehörde derartige Rechtsverstöße, kann sie, sofern kein Widerspruch eingelegt wurde, nur durch Rücknahme der rechtswidrigen Baugenehmigung gemäß § 48 VwVfG. NRW. deren formelle Wirksamkeit beseitigen. Eine Rücknahme kommt sowohl für noch nicht ausgenutzte als auch für bereits ausgenutzte Baugenehmigungen in Betracht. Eine Baugenehmigung ist in der Regel nicht teilbar, insofern sind einer **Teilrücknahme enge Grenzen** gesetzt. Eine unter Missachtung der Unteilbarkeit der Baugenehmigung ausgesprochene Teilrücknahme ist nichtig (OVG Saar, Beschl. v. 22.10.1996 – 2 W 30/96, BauR 1997, 283 = BRS 58 Nr. 146). Die **Rechtswidrigkeit** kann auch Folge einer dienstlichen Anordnung sein, die maßgeblich darauf beruht, dass der Vorgesetzte sich zuvor hat bestechen lassen; eine **solche Anordnung** ist in entsprechender Anwendung von § 43 Abs. 3 und § 44 Abs. 2 Nr. 6 VwVfG. NRW. **sittenwidrig, nichtig** und **unwirksam**. Der Beamte darf die Ausführung einer solchen Anordnung verweigern, wenn die ihm angesonnene Amtshandlung offensichtlich rechtswidrig ist (VG Berlin, Beschl. v. 10.02.1988 – VG Disz. 76/85, NVwZ 1988, 757).

48 Zu beachten ist die **Frist** des § 48 Abs. 4 Satz 1 VwVfG. NRW., welche die Rücknahme **nur innerhalb eines Jahres** seit dem Zeitpunkt erlaubt, zu dem die Bauaufsichtsbehörde von den für die Entscheidung maßgebenden Tatsachen Kenntnis erhalten und die Rechtswidrigkeit erkannt hat. Die Vorschrift betrifft nicht nur die Fälle, in denen die Rücknehmbarkeit darauf beruht, dass der Behörde bei Erlass des Verwaltungsaktes nicht alle entscheidungserheblichen Tatsachen bekannt waren. Sie regelt vielmehr auch die Fälle, in denen eine Behörde **nachträglich** erkennt, dass sie den bei dem Erlass eines begünstigenden Verwaltungsaktes vollständig bekannten Sachverhalt rechtlich unrichtig gewürdigt und deswegen rechtswidrig entschieden hat (BVerwG, Beschl. v. 09.12.1984 – Gr. S. 1.84 und 2.84, BRS 42 Nr. 214 = DVBl 1985, 522 = NJW 1985, 819; OVG Bln-Bbg, Beschl. v. 17.07.2015 – OVG 2 S 74.14, juris; vgl. auch OVG NRW, Beschl. v. 01.04.1999 – 10 A 3381/97, BauR 2000, 249 = BRS 62 Nr. 171). Die **Frist** ist jedoch **unbeachtlich**, wenn die Baugenehmigung durch arglistige **Täuschung, Drohung** oder **Bestechung** erwirkt wurde (§ 48 Abs. 4 Satz 2 VwVfG. NRW.; vgl. Kopp/Ramsauer, zu § 48 Rn. 111–114).

49 Die Jahresfrist des § 48 Abs. 4 Satz 1 VwVfG. NRW. wird nicht schon dadurch in Lauf gesetzt, dass die Tatsachen, auf denen die Rechtswidrigkeit beruht, bereits bei Erlass des begünstigenden Verwaltungsaktes vorlagen und der Behörde bekannt waren.

In Lauf gesetzt wird die Frist erst, wenn die Bauaufsichtsbehörde die Rechtswidrigkeit der Entscheidung erkennt und sämtliche für die Rücknahmeentscheidung erheblichen **Tatsachen vollständig, uneingeschränkt und zweifelsfrei ermittelt sind.** Hierzu gehören auch alle Tatsachen, die im Falle des § 48 Abs. 2 VwVfG. NRW. ein Vertrauen des Begünstigten in den Bestand des Verwaltungsaktes entweder nicht rechtfertigen oder ein bestehendes Vertrauen als nicht schutzwürdig erscheinen lassen, sowie die **für die Ermessensausübung wesentlichen Umstände.** Die Frist beginnt demgemäß erst zu laufen, wenn die Behörde **ohne weitere Sachaufklärung** in der Lage ist, unter sachgerechter **Ausübung ihres Ermessens** über die Rücknahme des Verwaltungsaktes zu entscheiden. Für die Kenntnisnahme genügt es nicht, dass etwa die Tatsachen aktenkundig sind, welche die Rücknahme rechtfertigen. Die Behörde nimmt vielmehr die für den Fristlauf notwendige Kenntnis erst in dem Zeitpunkt, in dem der nach der innerbehördlichen Geschäftsverteilung zur Rücknahme des Verwaltungsaktes **berufene Amtswalter die rechtfertigenden Tatsachen feststellt** (BVerwG, Urt. v. 24.01.2001 – 8 C 8.00, DVBl 2001, 1221 und Urt. v. 24.05.2012 – 5 C 18/11, BVerwGE 143, 171).

Widerruf und **Rücknahme** stehen nach dem Gesetzeswortlaut regelmäßig im **Ermessen** der Bauaufsichtsbehörde (vgl. BVerwG, Urt. v. 22.01.1971 – IV C 62.66, BRS 24 Nr. 193). Es ist dabei zu differenzieren, ob der Bauherr die Baugenehmigung bereits ausgenutzt hat, ob die Phase der unmittelbaren Bauvorbereitung läuft oder ob der Bauherr noch keinerlei Anstalten zur Ausnutzung des durch die Baugenehmigung eingeräumten Baurechts getroffen hat. Weiter sind die Gesichtspunkte der Gesetzmäßigkeit und des Vertrauensschutzes gegeneinander abzuwägen. Bereits verwirklichte Vorhaben verschaffen ein verstärktes Vertrauensinteresse in den Fortbestand der Genehmigung (vgl. OVG Lüneburg, Urt. v. 10.06.1971 – I A 104/69, BRS 24 Nr. 153 und BayVGH, Urt. v. 16.10.1978 – Nr. 55 XIV 74, BRS 33 Nr. 153). Die durch die Rechtswidrigkeit einer Baugenehmigung beeinträchtigten Belange können unterschiedliches Gewicht haben (BVerwG, Urt. v. 28.02.1975 – IV C 77.74, BRS 29 Nr. 71 = DVBl 1975, 512 = NJW 1975, 1240). Das Ermessen der Bauaufsichtsbehörde, eine rechtswidrige Baugenehmigung zurückzunehmen, ist in den Fällen auf Null reduziert, in denen die Baugenehmigung auf der Verletzung zwingender nachbarschützender Vorschriften beruht (BVerwG, Urt. v. 08.11.2001 – 4 C 18.00, BauR 2002, 747) und der Nachbar deswegen ein nicht bereits verwirktes Abwehrrecht hat (OVG NRW, Urt. v. 13.07.1982 – 11 A 2432/81, BRS 39 Nr. 157). 50

1.7 Bindungswirkungen

Aufgrund ihrer feststellenden Wirkung (vgl. Rdn. 1–13) bestätigt die **Baugenehmigung** bezüglich der erfassten Prüfungsgegenstände die **öffentlich-rechtliche Unbedenklichkeit des Vorhabens** (vgl. Schlotterbeck/von Arnim/Hager, zu § 58 Rn. 5). Die aus dieser Erklärung resultierende **Bindungswirkung** besteht in vielfacher Hinsicht und erfasst – auch wenn dies die davon betroffenen Behörden nicht immer wahrhaben wollen – alle mit der Realisierung des Vorhabens direkt und indirekt im Zusammenhang stehenden öffentlich-rechtlichen Vorgänge sowie nachfolgende Verwaltungsverfahren (hierzu s. Ortloff, Inhalt und Bindungswirkungen der Baugenehmigung, NJW 51

1987, S. 1665 ff.). So kommt der Baugenehmigung Bedeutung im **Beitragsrecht** zu, da sie bei bebauten Grundstücken für die Bestimmung der zulässigen Nutzung maßgebend ist (OVG NRW, Urt. v. 24.10.1995 – 15 A 3695/91, NVwZ-RR 1997, 62).

52 Die Baugenehmigung bindet zunächst die **Bauaufsichtsbehörde**, so dass ordnungsbehördliche Eingriffe in den genehmigten Bestand ausscheiden (vgl. Rdn. 43–44). Auch bindet die ursprünglich erteilte Baugenehmigung (»**Ursprungsgenehmigung**«) die Behörde bei der Prüfung geringfügig abweichender **Nachtragspläne** (**Tekturpläne**), die das ursprüngliche Vorhaben nur in Details ändern, soweit kein »aliud« entsteht (vgl. Rdn. 24 und Kerkmann/Sattler, Tektur-, Nachtrags- und Änderungsgenehmigungen im Baurecht, BauR 2005, S. 47 ff.). Eine Nachtragsgenehmigung muss sich daher nicht auf alle bebauungsrechtlichen Voraussetzungen der Zulässigkeit des Gesamtvorhabens erstrecken (BVerwG, Beschl. v. 04.02.2000 – 4 B 106.99, BauR 2000, 1041 = BRS 63 Nr. 172 = UPR 2000, 350; zur Geltungsdauer vgl. § 75 Rdn. 12). Eine **Nachtragsbaugenehmigung** ergänzt oder ändert die Ausgangsbaugenehmigung lediglich, ohne das Vorhaben in seinem Wesen zu verändern. Eine **echte Änderungsgenehmigung** hingegen, die ein wesensverschiedenes Vorhaben als »aliud« zum Gegenstand hat, betrifft ein neues Vorhaben, dass sich in Bezug auf baurechtlich relevante Kriterien von dem ursprünglich genehmigten Vorhaben unterscheidet. Nachtragsbaugenehmigung und Ausgangsgenehmigung bilden danach in aller Regel nur dann eine genehmigungsrechtliche Einheit, wenn die an sich selbständige Änderung lediglich abgrenzbare Teile des bereits genehmigten Vorhabens betrifft und die Ausgangsgenehmigung im Übrigen die Legalisierungsgrundlage des Vorhabens bleibt (OVG NRW, Beschl. v. 13.12.2012 – 2 B 1250, NVwZ-RR 2013, 500).

53 Die Bindungswirkung der Baugenehmigung erfasst sodann
– die **im Baugenehmigungsverfahren beteiligten Behörden**, deren Stellungnahmen in die Baugenehmigung eingeflossen sind, in Bezug auf Sachverhalte, die am Prüfprogramm teilnehmen (vgl. § 70 Rdn. 3); eine eigene Prüfungskompetenz steht anderen Behörden insoweit nicht zu, als die Baugenehmigung die materielle Legalität des Vorhabens feststellt (so Finkelnburg/Ortloff, Band II S. 140 f.),
– **die mit der Ausführung befassten Personen**, also den **Bauherrn** und die **an der Bauausführung Beteiligten**, für die sich aus dem Grundsatz des § 52 BauO NRW ohnehin besondere Pflichten ergeben (vgl. § 52 Rdn. 1),
– den **Grundstückseigentümer**, die **Bewohner** und **Benutzer** während der **Nutzungsphase** insoweit, als sie nach allgemeinen Ordnungsgrundsätzen als Zustands- oder Handlungsstörer bei Zuwiderhandlungen gegen **Festlegungen der Baugenehmigung** in Anspruch genommen werden können,
– den **Nachbarn** unter der Voraussetzung, dass dieser dem Vorhaben **zugestimmt** oder **erfolglos Rechtsmittel** eingelegt hat oder dass eine **Verwirkung** seiner Einspruchsrechte eingetreten ist; der Nachbar muss dann das Bauwerk bzw. die Nutzung respektieren und bei eigenen Baumaßnahmen die gebotene Rücksicht nehmen.

54 Die Baugenehmigung entfaltet im Hinblick auf **Entscheidungen** nach den aufgrund § 74 **Abs. 3 Satz 2** BauO NRW vom materiell-rechtlichen Prüfprogramm

ausgeschlossenen Rechtsvorschriften dagegen keine Bindungswirkung. Grundsätzlich hat die Bauaufsichtsbehörde das gesamte öffentliche Recht zu beachten (vgl. Rdn. 8–13). Übersieht sie eine Anforderung, fängt § 74 Abs. 3 Satz 2 BauO NRW das Versäumnis insoweit auf, als der Bauherr verpflichtet bleibt, die erforderliche Gestattung einzuholen (vgl. Rdn. 247–249). Daher kann z.b. die Straßenbaubehörde nach § 22 Satz 1 StrWG NRW die Beseitigung einer ohne erforderliche Sondernutzungserlaubnis angebrachten Werbetafel trotz vorliegender Baugenehmigung anordnen (OVG NRW, Beschl. v. 23.08.2001 – 11 A 1084/96, BauR 2002, 457; OVG NRW, Beschl. v. 19.04.2016 – 11 B 144/16, juris bzgl. einer »Pergola-Markisen-Konstruktion«). Eine fachrechtliche Beseitigungsverfügung scheidet wegen des **Vertrauensschutzes** aus, wenn die Fachbehörde im Baugenehmigungsverfahren **beteiligt** wurde und zu dem Vorhaben **positiv Stellung genommen** hat (BayVGH, Beschl. v. 14.07.2005 – 20 CS 05.1732, BayVBl. 2006, 220 mit Anmerkungen von Jäde).

Genehmigungen und **andere behördliche Entscheidungen**, die an die Baugenehmigung **anknüpfen**, sind ebenfalls in die Bindungswirkung einbezogen. Dies betrifft auch die **personengebundenen Betriebserlaubnisse** (vgl. Rdn. 246). So ist bezüglich der Prüfung zur Erteilung der Gaststättenerlaubnis durch die bestandskräftige Baugenehmigung für eine Trinkhalle nicht nur deren Vereinbarkeit mit den Immissionsanforderungen des § 15 Abs. 1 Satz 2 BauNVO bindend festgestellt, sondern auch, dass sich die von der Nutzung der Trinkhalle typischerweise ausgehenden Emissionen im Rahmen der Vorschriften zum Immissionsschutz des Gaststättengesetzes halten (BVerwG, Urt. v. 04.10.1988 – 1 C 72.86, BRS 48 Nr. 140 = DÖV 1989, 353 = DVBl 1989, 372 = NVwZ 1989, 258). Einzelheiten der Nutzungsausübung, wie z.b. die Öffnungszeiten, können in dem weiteren Erlaubnisverfahren geregelt werden (BVerwG, Beschl. v. 20.10.1988 – 4 B 195.88, BRS 48 Nr. 141 und Beschl. v. 14.06.2011 – 4 B 3/11, BauR 2011, 1642; VGH B-W, Urt. v. 17.12.1999 – 5 S 50/97, BRS 62 Nr. 149 = NVwZ 2000, 1068). Ist das Vorhaben dagegen überhaupt erst bauplanungsrechtlich zulässig, wenn auch spezielle Details geregelt sind, hat die Baugenehmigung insoweit auch diese zu regeln (OVG Bremen, Beschl. v. 31.08.1987 – 1 B 66/87, BRS 47 Nr. 206 zur Einschränkung der Öffnungszeit einer Spielothek). Die Baugenehmigung darf im Hinblick auf Immissionen, die der Nachbar hinzunehmen hat, nicht durch Nebenbestimmungen zur Öffnungszeit in der Weise »**passend**« gemacht werden, dass unzumutbare Störungen nunmehr zumutbar sind, obwohl dies bei einem typischen Betriebsablauf gerade nicht erwartet werden kann und auch schwer kontrollierbar ist; derart »**maßgeschneiderte**« **Baugenehmigungen** sind **rechtswidrig** (OVG NRW, Beschl. v. 10.08.2007 – 10 B 401/07, DAB 2007, 16).

Die **Bindungswirkung** der Baugenehmigung besteht unabhängig von der materiellen Rechtmäßigkeit während des Fortbestandes **auch der schlicht rechtswidrigen** – jedoch nicht nichtigen – **Baugenehmigung** (hierzu s. Finkelnburg/Ortloff, Band II S. 139 f. und Schlotterbeck/von Arnim/Hager, zu § 58 Rn. 5 unter Bezug auf BVerwG, Urt. v. 25.10.1967 – IV C 129.65, BRS 18 Nr. 114 = NJW 1968, 905). Solange die Baugenehmigung nicht von der Bauaufsichtsbehörde zurückgenommen oder widerrufen wird (vgl. Rdn. 38–50) entfaltet sie **Legalisierungswirkung** im Hinblick auf die geprüften Rechtsfragen **trotz** einer eventuell gegebenen **materiellen Rechtswidrigkeit** des Vorhabens (vgl. Boeddinghaus/Hahn/Schulte, zu § 75 Rn. 62). Die **materielle Rechtswidrigkeit** kann z.b. eintreten, wenn ein der **Baugenehmigung** zugrunde liegender Bebauungsplan in der Normenkontrolle nach § 47 VwGO für **nichtig** erklärt wird, so dass dann eine andere Rechtslage zur Beurteilung der Zulässigkeit des Vorhabens besteht (zu dieser Problematik s. Jäde/Dirnberger/Weiß, zu § 30 Rn. 100). Eine von Anfang an **nichtige Baugenehmigung** entfaltet **keine Bindungswirkung**, auch wenn sie formal noch fortbesteht. Eine Rücknahmeverfügung scheidet aus, da ein nichtiger Verwaltungsakt nie bestanden hat und folgerichtig auch nicht zurückgenommen werden kann. Nach § 44 Abs. 5 VwVfG. NRW. kann die Bauaufsichtsbehörde die **Nichtigkeit** jederzeit von **Amts** wegen oder auf Antrag **feststellen**.

1.8 Dingliche Wirkung

57 Die Baugenehmigung ist **nicht personenbezogen**, sondern auf ein bestimmtes Vorhaben ausgerichtet; sie hat **dingliche Wirkung**. Bei ihr handelt es sich um einen »**sachbezogenen**« Verwaltungsakt (vgl. Fluck, Die Sachgenehmigung, DVBl 1999, S. 496 ff.), während z.b. die Gaststättenerlaubnis personenbezogen ist. Nach § **58 Abs. 3 BauO NRW** kommt es nicht darauf an, wer von der Genehmigung Gebrauch macht, da sie ihre **Rechtswirkung** auch für einen **Rechtsnachfolger** innerhalb ihrer Geltungsdauer nach § 75 BauO NRW entfaltet (vgl. § 58 Rdn. 94; OVG NRW, Beschl. v. 01.08.2003 – 7 B 968/03, BauR 2003, 1877 = BRS 66 Nr. 111; s.a. Boeddinghaus/Hahn/Schulte, zu § 75 Rn. 243 ff.).

58 Die **Übertragung des Eigentums am Baugrundstück** hat gleichzeitig den **Übergang der Rechte und Pflichten aus der** dem bisherigen Eigentümer erteilten **Baugenehmigung** zur Folge, ohne dass es einer besonderen Übertragungshandlung bedarf. Etwas anderes gilt, wenn sich der bisherige Eigentümer und Bauherr die Inhaberschaft an der Baugenehmigung durch eine besondere Vereinbarung vorbehält (VGH B-W, Urt. v. 30.03.1995 – 3 S 1106/94, BauR 1995, 671 = BRS 57 Nr. 190 = NVwZ-RR 1995, 562 zu den Besonderheiten des WEG). Schwierig zu beurteilende Fragen im Hinblick auf die aus der Baugenehmigung resultierenden Rechte und Pflichten ergeben sich ferner, wenn größere Gebäudekomplexe von einem Bauträger oder Generalunternehmer errichtet werden und die Einholung spezieller Nutzungsgenehmigungen für Ladenlokale, Praxen oder Büros den künftigen Nutzern vorbehalten bleibt oder wenn bestehende bauliche Anlagen im »Betreibermodell« umgenutzt werden sollen (vgl. hierzu Malmendier, Die Baugenehmigung im Mehrpersonenverhältnis, BauR 2001, S. 565 ff.). Zunehmend ergeben sich im bauaufsichtlichen Vollzug auch Probleme infolge der gesetzlichen Umwandlung staatlicher Einrichtungen in privatrechtliche Unternehmen. So hat die gesetzlich bedingte Umwandlung einer öffentlich-rechtlichen Bauträgerschaft (Deutsche Bundespost TELEKOM in Deutsche Telekom AG) zur Folge, dass die dem öffentlichen Bauherrn erteilte Zustimmung nach § 79 BauO NRW nur noch als Teilbaugenehmigung nach § 76 BauO NRW fort gilt (s. Hess. VGH, Beschl. v. 17.08.1995 – 3 TH 798/94, BRS 57 Nr. 192 = NVwZ 1996, 924). Im Falle der Insolvenz eines Unternehmens ist zu beachten, dass eine ihm erteilte Baugenehmigung zur Insolvenzmasse gehört, so dass die Dispositionsbefugnis

hinsichtlich der Baugenehmigung auf den Insolvenzverwalter – der vollständig in die vermögensrechtlichen Positionen des insolventen Unternehmens eintritt – übergeht und dieser wirksam auf die Genehmigung verzichten kann (VG Köln, Urt. v. 17.05.2011 – 2 K 6979/10, juris).

Der **verfügende Teil** der Baugenehmigung ist mit der Vollendung des Baus und einer Bauzustandsbesichtigung nach abschließender Fertigstellung des Baus, für den sie erteilt ist, **verbraucht** (vgl. Rdn. 43). Die Baugenehmigung ist nicht erloschen, kann aber zur nochmaligen Bauausführung der gleichen baulichen Anlage, etwa nach Abriss, Verfall oder nach Vernichtung durch Brand oder sonstige Ereignisse, nicht mehr verwendet werden, da ihr rechtlicher Fortbestand von dem tatsächlichen Fortbestand der genehmigten baulichen Anlage abhängt. Mit dem Untergang des Bauwerks verliert die Baugenehmigung ihre rechtliche Wirkung in vollem Umfang (OVG Bln, Urt. v. 07.06.1968 – II B 32.67, BRS 20 Nr. 193 = DVBl 1969, 755; OVG NRW, Urt. v. 20.03.1992 – 11 A 610/90, BauR 1992, 610). Die Baugenehmigung kann nach Vollendung des Baus auch nicht mehr abgeändert werden. Allerdings sind nachträglich – gestützt auf § 58 Abs. 6 BauO NRW – Anforderungen zur Gefahrenabwehr zulässig. Verbrauch der Baugenehmigung heißt nicht, dass eine Nachbarklage nicht mehr möglich sei, denn unbestritten entfaltet eine Baugenehmigung, auch wenn sie rechtswidrig erteilt ist, bis zu einer Aufhebung durch Rücknahme oder Widerruf seitens der Behörde oder durch verwaltungsgerichtliche Entscheidung eine materielle Schutzfunktion (vgl. Rdn. 3), auf die sich auch ein Rechtsnachfolger berufen kann. 59

Sofern mit der Baugenehmigung **Nebenbestimmungen mit Dauerwirkung** verbunden sind, z.B. aus Anlass von Abweichungen, Ausnahmen oder Befreiungen, behalten diese ihre Geltung, so dass auch der **Rechtsnachfolger des Bauherrn hiervon betroffen** wird. Enthält eine Baugenehmigung Beschränkungen, so hat der Rechtsnachfolger des Bauherrn diese zu beachten (Hess. VGH, Beschl. v. 05.07.1982 – IV TH 14/82, BRS 39 Nr. 221 zu einer Auflage, bis zur Rohbaufertigstellung des neuen Gebäudes eine bestimmte Garage abzubrechen). 60

Die **Sachbezogenheit der Baugenehmigung** verliert allerdings etwas **an Kontur bei den privilegierten Nutzungen**. Bei diesen steht die Bauerlaubnis in einem engen Zusammenhang mit der Person des Nutzers, z.B. dem privilegierten Landwirt, der ein landwirtschaftliches Vorhaben im Außenbereich errichten will, oder dem Betriebsinhaber, der seine Wohnung auf seinem Betriebsgrundstück im Gewerbegebiet errichtet. Die Baugenehmigung für eine Jagdhütte im Außenbereich kann (zumindest nach Bauplanungsrecht) auf die Person des Jagdpächters, der nicht im Jagdbezirk wohnt, so beschränkt werden, dass das Nutzungsrecht nicht auf einen Dritten übergeht, der die für die Beschränkung maßgeblichen Voraussetzungen nicht erfüllt (BVerwG, Beschl. v. 23.11.1995 – 4 B 209.95, BRS 57 Nr. 189). 61

1.9 Archivierung von Bauakten

Die **Akten der Bauaufsichtsbehörde** über das Bauantragsverfahren und Baugenehmigung einschließlich zugehöriger Bauvorlagen, zur Bauüberwachung, zu den Bauzustandsbesichtigungen sowie zu wiederkehrenden Prüfungen und Brandschauen sind 62 insgesamt **aufzubewahren** (vgl. zur gesetzlichen Aufbewahrungspflicht von Bauunterlagen für Bauherren/innen Rdn. 254 f.). Dies folgt daraus, dass mit der Realisierung des genehmigten Bauvorhabens nur der verfügende Teil der Baugenehmigung verbraucht wird, während der **feststellende** Teil der Baugenehmigung, solange die Baugenehmigung formell fortbesteht, **bis zum Untergang des Bauwerks erhalten bleibt** und dieses gegen ein behördliches Beseitigungsverlangen sichert (vgl. Rdn. 43). Die Pflicht zur Aufbewahrung sämtlicher Akten resultiert aus der jederzeit – auch nachträglich – **zu sichernden Kontrollmöglichkeit des gesetzmäßigen Verwaltungshandelns**. Das BVerwG führt im Beschl. v. 16.03.1988 (– 1 B 153/87, NVwZ 1988, 621) zur Aufbewahrungspflicht der Akten der Meldebehörde aus:

63 *»Die den Behörden nach dem Grundgesetz obliegende Vollziehung der Gesetze ist nicht ohne eine Dokumentation der einzelnen Verwaltungsvorgänge denkbar, die das bisherige sachbezogene Geschehen sowie mögliche Erkenntnisquellen für das künftig in Frage kommende behördliche Handeln enthält; dies macht die Führung von Akten erforderlich, ohne daß dies eines ausdrücklichen Ausspruchs im Gesetz bedürfte (BVerfG, Beschl. v. 06.06.1983 – 2 BvR 244, 310/83, NJW 1983, 2135)...*

Die Pflicht zur Aktenführung soll den Geschehensablauf wahrheitsgetreu und vollständig dokumentieren und dient damit in zweifacher Weise der Sicherung gesetzmäßigen Verwaltungshandelns. Die Dokumentation soll den Geschehensablauf so, wie er sich ereignet hat, in jeder Hinsicht nachprüfbar festhalten. Sie soll hierbei nicht lediglich den Interessen der Beteiligten oder der entscheidenden Behörde dienen, sondern auch die Grundlage für die kontinuierliche Wahrnehmung der Rechts- und Fachaufsicht und für die parlamentarische Kontrolle des Verwaltungshandelns bilden. Damit wirkt die Pflicht zur wahrheitsgetreuen und vollständigen Aktenführung zugleich auch präventiv insofern auf das Verwaltungshandeln ein, als sie die Motivation zu allseits rechtmäßigem Verwaltungshandeln stärkt und rechtswidriges Verwaltungshandeln erschwert. Diese Sicherung gesetzmäßigen Verwaltungshandelns durch wahrheitsgetreue und vollständige Aktenführung dient auch dem Schutz derjenigen Beteiligten, deren persönliche Daten in den Akten festgehalten sind und über die die Akten gegebenenfalls Nachteiliges oder Belastendes enthalten; auch sie werden durch die wahrheitsgetreue und vollständige Dokumentation des Geschehensablaufs in der dargelegten Weise vor nicht rechtmäßigem Verwaltungshandeln geschützt.

Die Pflicht zur Führung wahrheitsgetreuer und vollständiger Akten kann ihre präventive und ihre nachträgliche Sicherungsfunktion nur entfalten, wenn die Akten so lange aufbewahrt werden, daß sie ihre Nachweisfunktion im Bedarfsfall tatsächlich erfüllen können. Es kann deshalb keine Rede davon sein, daß sie zur Vermeidung von Verletzungen des Rechts auf informationelle Selbstbestimmung schon dann vernichtet werden müßten, wenn kein Beteiligter mehr aktuelle Ansprüche gegen die Behörde erheben und diese die Akten nicht mehr zur Grundlage von aktuellen Maßnahmen gegen einen Beteiligten oder zugunsten eines Beteiligten machen könnte...

Eine Vernichtung von Akten kann deshalb nur für einen Zeitpunkt in Betracht gezogen werden, in dem mit Sicherheit feststeht, daß die Akten ihre die Gesetzmäßigkeit der Verwaltung sichernde Dokumentationsfunktion nicht mehr erfüllen ...«

Die Aufbewahrungspflicht führt bei den Bauaufsichtsbehörden zu sehr großen Akten- 64
beständen, darunter auch Pläne mit farbigem Inhalt. Die **Mikroverfilmung** dieser
Pläne kann im Einzelfall erhebliche Probleme bereiteten, so dass eine anschließende
Vernichtung des Originals unmöglich ist. Bei einer Speicherung der Unterlagen in
digitaler Form ist auf jeden Fall gewährleistet, dass die Kopien mit dem Original über-
einstimmen und auch **farbige Anmerkungen** oder **Prüfeintragungen dokumentieren.**
Vor der **Vernichtung** von Originalunterlagen muss sichergestellt sein, dass eine **exakte
Kopie der Originalakte** reproduziert werden kann. Auf die Anfrage einer unteren Bau-
aufsichtsbehörde zur Mikroverfilmung erteilte der Präsident des Verwaltungsgerichts
Köln mit Schreiben vom 25.03.1997, Az.: – 1452 –, folgende Auskunft:

»Gegen die Mikroverfilmung von Verwaltungsvorgängen nach Verfahrensabschluß 65
bestehen dann keine Bedenken, wenn sichergestellt ist, dass
– die Verfilmung vollständig (einschließlich der Blattrückseiten) erfolgt,
– bei Anforderung der Vorgänge durch das Gericht die Akte vollständig rückkopiert
  und in Papierform vorgelegt wird,
– beglaubigt wird, daß die Rückkopien vollständig mit der Mikroverfilmung überein-
  stimmen.«

2 Rechtsschutz- und Haftungsaspekte

2.1 Rechtsschutz ohne Widerspruchsverfahren

Nach § 68 Abs. 1 Satz 1 VwGO bedarf es **vor Erhebung einer Anfechtungsklage** der 66
Durchführung eines Vorverfahrens (Widerspruchsverfahrens), um die Rechtmäßigkeit und die Zweckmäßigkeit des Verwaltungsakts nachzuprüfen. Nach **§ 68 Abs. 2**
VwGO gilt dies entsprechend für die **Verpflichtungsklage**. Das **Vorverfahren** beginnt
mit der Erhebung des Widerspruchs (§ 69 VwGO) und **endet** entweder mit einem **Abhilfebescheid** oder einem **Widerspruchsbescheid** nach (§§ 72, 73 VwGO). Zuständig
für den Erlass von Widerspruchsbescheiden in baurechtlichen Angelegenheiten waren
die **oberen Bauaufsichtsbehörden**. Erst nach Abschluss des Vorverfahrens steht der
Weg zu den Verwaltungsgerichten offen (zum Vorverfahren s. Kopp/Schenke, Vorbemerkung vor § 68 Rn. S. 832 ff.).

Nach § 68 Abs. 1 Satz 2 VwGO entfällt das Vorverfahren unter anderem, wenn ein 67
Gesetz dies bestimmt. Der Ausschluss des Vorverfahrens kann durch Landesgesetz nur
für solche Rechtsgebiete erfolgen, die nach der Kompetenzordnung des GG in die
Gesetzgebungszuständigkeit des Landes fallen. Von dieser Ermächtigung hat das Land
mit dem am 15.04.2007 in Kraft getretenen **Bürokratieabbaugesetzes I** Gebrauch
gemacht. Zu diesem Zweck wurde mit § 110 Abs. 1 JustG NRW bestimmt, dass das
Vorverfahren in bestimmten Fällen nicht gilt. Nach § 110 Abs. 3 Satz 2 Nr. 7 JustG
NRW entfällt das Vorverfahren

»bei Entscheidungen der Bauaufsichtsbehörden und der Baugenehmigungsbehörden.« 68
Die Begründung des Gesetzentwurfs führt hierzu aus (LT-Drucks. 14/2242 S. 15): 69

70 »*Auch das Widerspruchsverfahren ist im Interesse eines möglichst effizienten Rechtsschutzes an Effizienzgesichtspunkten zu messen. Angesichts der hohen fachlichen Kompetenz der Ausgangsbehörden führt das Widerspruchsverfahren zu einer nur schwer zu rechtfertigenden Verfahrensverzögerung. Ein wesentlicher Nachteil des Widerspruchsverfahrens ist die zum Teil recht lange Verfahrensdauer, durch die Rechts- und Planungssicherheit und, soweit der Widerspruch eines Dritten beispielsweise aufschiebende Wirkung hat, auch die tatsächliche Verwirklichung eines Vorhabens verzögert werden können. Andererseits ist die Erfolgsquote im Widerspruchsverfahren in bestimmten Bereichen gering bis minimal. Die Rechtsschutzfunktion des Widerspruchs und die Funktion der Selbstkontrolle der Verwaltung werden dadurch stark relativiert beziehungsweise ganz in Frage gestellt.*«

71 Für die Bauaufsichtsbehörde entsteht die rechtliche Folge, dass eine Heilung von Verfahrens- und Formfehlern im Widerspruchsverfahren nicht mehr möglich ist. Die Aufklärung des Sachverhalts sollte sorgfältig erfolgen, um alle Tatsachen, die für die Entscheidung von Bedeutung sind, lückenlos zu erfassen. Die **Anhörung Beteiligter** nach § 28 VwVfG. NRW. gewinnt dabei an Bedeutung. In schwierigen Fällen ist zu empfehlen, den Entwurf des Bescheids vorab zur Stellungnahme zuzuleiten.

72 Infolge des Wegfalls des Vorverfahrens ist es dem Bauherrn nicht mehr möglich, gegen **Nebenbestimmungen** der Baugenehmigung Widerspruch einzulegen, vielmehr muss er innerhalb der Rechtsbehelfsfrist die **Klage** beim Verwaltungsgericht einreichen. Es ist dem Bauherrn natürlich unbenommen, nach Erhalt der Baugenehmigung Kontakt mit der Bauaufsichtsbehörde aufzunehmen, um diese zur **Aufhebung** oder **Abänderung** einer Nebenbestimmung zu bewegen. Falls der Bauherr bei der Bauaufsichtsbehörde nicht die Änderung des Bescheids erreichen kann, muss er innerhalb der in der Rechtsbehelfsbelehrung genannten Frist von einem Monat die Klage beim Verwaltungsgericht erheben. Ist nämlich die **Frist verstrichen**, so erlangt der Bescheid **Bestandskraft**. Will sich der **Nachbar** gegen einen **den Bauherrn begünstigenden** Verwaltungsakt wenden, muss auch er rechtzeitig **Klage** erheben.

73 Bei größeren Bauvorhaben ist es regelmäßig erforderlich der Baugenehmigung **umfangreiche Nebenbestimmungen** beizufügen. Dieses Erfordernis resultiert zumeist aus den Ergebnissen des Beteiligungsverfahrens. Nicht immer werden dabei die Interessen des Bauherrn und die Erfordernisse des Bauablaufs ausreichend berücksichtigt. Das Widerspruchsverfahren bot die Möglichkeit rascher Abhilfe. Legte der Bauherr gegen eine Nebenbestimmung Widerspruch ein, konnte die mit dieser Nebenbestimmung verfolgte Zielsetzung mit dem Bauherrn erörtert und in aller Regel einvernehmlich eine Ersatzlösung gefunden werden. Das Ergebnis wurde im Abhilfebescheid fixiert. Um den Bauherrn nunmehr nicht sofort in die Klage »treiben« zu müssen, empfiehlt sich die **Beifügung eines Hinweises** im Anschluss an die Rechtsbehelfsbelehrung, wonach bei Unstimmigkeiten oder Unrichtigkeiten eine sofortige Kontaktaufnahme mit dem Sachbearbeiter empfohlen wird, um die Änderung des Bescheids zu erwirken.

2.1.1 Rechtsschutz des Bauherrn

Der Antragsteller darf erwarten, dass die Bauaufsichtsbehörde seinen Bauantrag in angemessener Zeit, insbesondere unter Beachtung der **Frist** des § 64 Abs. 2 BauO NRW im **vereinfachten** Genehmigungsverfahren bearbeitet (s. Kopp/Schenke, zu § 75 Rn. 8–12). Kommt eine abschließende Entscheidung der Bauaufsichtsbehörde nicht zustande, oder verzögert sie sich erheblich, so ist nach § 75 VwGO die **Untätigkeitsklage** zulässig. Die Untätigkeitsklage kann **bei Erfüllung der Voraussetzungen** des § 64 Abs. 2 Satz 1 BauO NRW im vereinfachten Genehmigungsverfahren bereits unmittelbar nach Ablauf der **6-Wochen-Frist** erhoben werden, sofern der Antrag **vollständig** ist und die Bauaufsichtsbehörde die Frist nicht entsprechend § 64 Abs. 2 Satz 2 und 3 BauO NRW aus wichtigen Gründen verlängert hat, was sie insbesondere wegen der notwendigen Beteiligung einer anderen Behörde bis zu weiteren 6 Wochen darf (vgl. § 64 Rdn. 41–50). **Spätestens nach 12 Wochen** besteht jedoch auch im vereinfachten Genehmigungsverfahren **Bescheidungsanspruch**. Im vereinfachten Genehmigungsverfahren ohne Erfüllung der Voraussetzungen nach § 64 Abs. 2 BauO NRW und im **normalen** Genehmigungsverfahren kann der Antragsteller gemäß § 75 Satz 2 VwGO die **Untätigkeitsklage nicht vor Ablauf von drei Monaten** nach Einreichung des vollständigen Bauantrages erheben (zur Zulässigkeit der Untätigkeitsklage s. BVerwG, Urt. v. 22.05.1987 – 4 C 30/86, NVwZ 1987, 969).

74

Die **Bedeutung** der Untätigkeitsklage ist **gering**, da die Bearbeitungsfristen der erstinstanzlich zuständigen Verwaltungsgerichte infolge deren hoher Belastung relativ lang sind, so dass bis zum Spruch das Klagebegehren meist längst durch die inzwischen erfolgte Bescheidung des Antrages erledigt ist. Der Antragsteller hat auch **keine Möglichkeit**, durch Erlass einer **einstweiligen Anordnung** nach § 123 VwGO die Behörde zur Bescheidung zu zwingen (OVG Bln, Beschl. v. 14.03.1989 – 2 S 35.88, BRS 49 Nr. 162 und vom Beschluss 11.03.1991 – 2 S 1.91, BRS 52 Nr. 167). **Für eine »vorläufige« Baugenehmigung** ist nach der Rechtslage **in Nordrhein-Westfalen kein Raum**; sie kann auch nicht durch Erlass einer einstweiligen Anordnung der Bauaufsichtsbehörde aufgegeben werden (OVG NRW, Beschl. v. 27.11.2003 – 10 B 2177/03, BauR 2004, 313 = BRS 66 Nr. 163). Daher bieten die vorgesehenen Bearbeitungsfristen auch keinen wirklichen Schutz vor nicht mehr vertretbaren Verzögerungen der Entscheidung. Ihnen kommt aber Bedeutung bei der Geltendmachung von **Amtshaftungsansprüchen** zu (vgl. Rdn. 118 und Kopp/Schenke, zu § 75 Rn. 3).

75

Für den Bauherrn ergeben sich zwei unterschiedliche Fallgestaltungen:
– versagt die Bauaufsichtsbehörde die Erteilung der Baugenehmigung, ist sein Klageziel die **Aufhebung des Versagungsbescheids** und die **Verpflichtung der Bauaufsichtsbehörde zur Erteilung der beantragten Baugenehmigung**;
– erteilt die Bauaufsichtsbehörde die Baugenehmigung unter Beifügung einer vom Bauherrn nicht gewünschten Nebenbestimmung, richtet sich sein Klageziel auf die Aufhebung dieser Nebenbestimmung.

76

Die **Versagung der Baugenehmigung** durch schriftlichen Ablehnungsbescheid kann ebenso wie die **Beifügung von Nebenbestimmungen** zur Baugenehmigung mit der **Verpflichtungsklage** (Begehren einer Verurteilung zum Erlass eines abgelehnten oder

77

unterlassenen Verwaltungsakts, s. § 42 Abs. 1 VwGO) bzw. der **Anfechtungsklage** (Begehren einer Aufhebung des Verwaltungsaktes) angefochten werden.

78 Mitunter treten **Antragsteller** auf, die **nicht zugleich Grundstückseigentümer** sind. In diesem Fall ist nur der Antragsteller, nicht jedoch der Grundstückseigentümer klagebefugt. Denn durch die Ablehnung des Bauantrags (Vorbescheids) und durch die Abweisung einer auf die Erteilung des Bauantrags (des Vorbescheids) gerichteten Klage des Antragstellers werden die Rechte des **beigeladenen Grundstückseigentümers** grundsätzlich nicht verletzt (BVerwG, Beschl. v. 05.03.1998 – 4 B 153.97, BauR 1998, 536 = BRS 60 Nr. 186 = UPR 1998, 309 zur Ablehnung einer Voranfrage für einen Lebensmittelmarkt auf einem Grundstück der Deutsche Bahn AG).Insbesondere entfaltet der Ablehnungsbescheid ihm gegenüber keine Bindungswirkung. Selbst ein Bauantragsteller, der an einem Verwaltungsrechtsstreit, den der Nachbar mit einem anderen Bauantragsteller geführt hat, nicht selbst beteiligt war und auch nicht Rechtsnachfolger eines Beteiligten ist, muss sich nicht entgegenhalten lassen, dass in dem Vorprozess eine Baugenehmigung oder ein Bauvorbescheid für ein sachlich identisches Vorhaben rechtskräftig aufgehoben worden ist (BVerwG, Urt. v. 28.01.2010 – 4 C 6/08, juris).

79 Einfache (isolierte) **Auflagen als abtrennbarer Bestandteil** der Baugenehmigung sind mit der Anfechtungsklage **isoliert anfechtbar** (BVerwG, Urt. v. 17.02.1984 – 4 C 70.80, BRS 42 Nr. 176). **Bedingungen** können dagegen nur im Zusammenhang mit der Baugenehmigung angefochten werden. Die Verpflichtungsklage zielt in diesem Fall auf die uneingeschränkte Baugenehmigung und richten sich zwangsläufig gegen die gesamte Baugenehmigung, die zwar infolge der Bekanntgabe an den Antragsteller wirksam ist, deren **Rechtsfolge** jedoch **bis zum Eintritt der Bedingung in der Schwebe** bleibt (BVerwG, Urt. v. 29.03.1968 – IV C 27.67, BRS 20 Nr. 139 = NJW 1968, 1842). Die »**modifizierende**« **Auflage** teilt ebenso das **Schicksal der Baugenehmigung**, da sie infolge der Änderung des Antragsgegenstandes ein qualitativ verändertes Vorhaben bewirkt (BVerwG, Urt. v. 08.02.1974 – IV C 73.72, BRS 28 Nr. 111 = DÖV 1974, 380).

80 Für die **Frist der Klage** gilt § 74 Abs. 1 Satz 2 VwGO:

81 »*Ist nach § 68 ein Widerspruchsverfahren nicht erforderlich, so muß die Klage innerhalb eines Monats nach* Bekanntgabe *des Verwaltungsakts erhoben werden.*«

82 Ein aufgrund massiver behördlicher Einflussnahme, z.B. durch die **Drohung**, ansonsten eine Baugenehmigung nicht zu erteilen, **vor** Zugang der Baugenehmigung ausgesprochener **Rechtsmittelverzicht** des Bauherrn ist im Hinblick auf Art. 19 Abs. 4 GG **unwirksam** (BVerwG, Urt. v. 27.07.1964 – I C 91.61, BRS 15 Nr. 96 = DÖV 1964, 703).

83 Der **Klage** des Bauherrn gegen eine **Nebenbestimmung** der Baugenehmigung kommt nach § 80 Abs. 1 VwGO grundsätzlich **aufschiebende Wirkung** zu. Die aufschiebende Wirkung (**Suspensiveffekt**) der Anfechtung einer **Bedingung** oder **modifizierenden Auflage** hindert den Bauherrn an der Ausnutzung der Baugenehmigung bis zur rechtskräftigen Entscheidung (vgl. Rdn. 76). Der Versuch, die Bauaufsichtsbehörde

mit dem Antrag auf **Erlass einer einstweiligen Anordnung** nach § 123 Abs. 1 Satz 2 VwGO zu einer uneingeschränkten Baugenehmigung zu zwingen, ist wegen der darin liegenden Vorwegnahme der Entscheidung in der Hauptsache **aussichtslos**.

Dagegen kann der Antragsteller gegen eine **isoliert anfechtbare** Nebenbestimmung getrost Klage erheben, ohne Gefahr zu laufen, an der Ausnutzung der Baugenehmigung gehindert zu sein. Es muss allerdings darauf hingewiesen werden, dass die **Unterscheidung**, ob es sich bei der Nebenbestimmung um eine isoliert anfechtbare oder um eine mit der Baugenehmigung inhaltlich in einem untrennbaren Zusammenhang stehende handelt, **im Einzelfall schwierig** sein kann. So hat die Rechtsprechung die Auflage, die mit Öffnungen geplante grenznahe Außenwand in der Qualität einer Brandwand öffnungslos auszuführen, bereits als modifizierende Auflage und daher als nicht isoliert anfechtbar angesehen (VGH B-W, Urt. v. 4.02.1975 – III 1115/73, BRS 29 Nr. 121). 84

Die **Entscheidung** des Verwaltungsgerichts richtet sich nach § 113 VwGO. Hält das Gericht die Klage gegen einen **Versagungsbescheid** für begründet, wird es diesen aufheben. Sind die zu beachtenden öffentlich-rechtlichen Vorschriften abschließend geklärt, gibt es zugleich der Verpflichtungsklage statt und verurteilt die Bauaufsichtsbehörde zur Erteilung der Baugenehmigung. Vielfach sind jedoch bei der Ablehnung eines Bauantrages, anders als bei der Versagung eines Vorbescheids, umfangreiche **bautechnische Fragen**, wie z.B. die Standsicherheit oder der Brandschutz, noch nicht abschließend beurteilungsfähig. Die Bauaufsichtsbehörde darf nämlich nicht den Bauherrn zur Erstellung von kostenträchtigen Bauvorlagen und Nachweisen veranlassen, wenn sie das Vorhaben z.B. bereits aus bauplanungsrechtlichen Gründen für unzulässig erachtet. Das Verwaltungsgericht kann dann nicht nach § 113 **Abs. 5 Satz 1** VwGO verfahren und die Bauaufsichtsbehörde sofort zur Erteilung der Baugenehmigung verpflichten, denn dies ist nur bei **Spruchreife** im Sinne dieser Vorschrift möglich. Vielmehr verpflichtet das Verwaltungsgericht die Bauaufsichtsbehörde gemäß § 113 **Abs. 5 Satz 2** VwGO unter **Beachtung seiner Rechtsauffassung** zur Erteilung der Baugenehmigung. 85

Eine begründete Anfechtungsklage führt gemäß § 113 **Abs. 1 Satz 1** VwGO zur Aufhebung der Nebenbestimmung. Die Auffassung, im Falle einer **nicht isoliert anfechtbaren** Nebenbestimmung sei die Verpflichtungsklage auf Erteilung der Baugenehmigung ohne die nicht abtrennbare Nebenbestimmung die richtige Klageart, ist überholt. Gegen **belastende** Nebenbestimmungen eines Verwaltungsakts ist die **Anfechtungsklage** gegeben. Ob diese zur isolierten **Aufhebung** der Nebenbestimmung führen kann, ist eine **Frage der Begründetheit** und **nicht der Zulässigkeit des Anfechtungsbegehrens**, sofern nicht eine isolierte Aufhebbarkeit offenkundig von vornherein ausscheidet (BVerwG, Urt. v. 22.11.2000 – 11 C 2.00, BVerwGE 112, 221 und Urt. v. 17.10.2012 – 4 C 5/11, BVerwGE 144, 341). 86

Die Entscheidung des Verwaltungsgerichts kann von der jeweils unterlegenen Partei angefochten werden. Bedingung hierfür ist, dass das Verwaltungsgericht die **Berufung gemäß § 124 Abs. 1** VwGO zugelassen hat. Mit dem 6. VwGOÄndG wurde ein **Vertretungszwang vor dem OVG** eingeführt. Daher müssen sich vor dem OVG die 87

§ 74 Baugenehmigung, Baubeginn

mit den Aufgaben der Bauaufsicht betrauten Dienststellen der Kommunen und Landkreise von einem Beamten mit der Befähigung zum Richteramt vertreten lassen.

88   Die **Zulassungsgründe** nennt § 124 **Abs.** 2 VwGO:
89   1. ernstliche Zweifel an der Richtigkeit des Urteils,
90   2. besondere tatsächliche oder rechtliche Schwierigkeiten der Rechtssache,
91   3. grundsätzliche Bedeutung der Rechtssache,
92   4. Divergenz (Auseinanderstreben der Rechtsprechung),
93   5. Verfahrensrüge.

94   Das VG muss die **Berufung** im Urteil von Amts wegen zulassen, wenn die gesetzlichen Voraussetzungen erfüllt sind (§ 124a Abs. 1 Satz 1 VwGO); an diese Vorentscheidung ist das OVG gebunden (§ 124a Abs. 1 Satz 2 VwGO). Sofern die Berufung im Urteil nicht zugelassen wird, beträgt die **Frist** für den Antrag auf Zulassung der Berufung gemäß § 124a Abs. 4 Satz 1 VwGO **einen Monat**, was sich in Verbindung mit dem **Darlegungserfordernis** (§ 124a Abs. 4 Satz 4 VwGO) günstig auf die Verhinderung unsinniger Begehren auswirkt. Die **Anforderungen** an die Darlegung dürfen im Interesse effektiven Rechtsschutzes **nicht überspannt** werden (BVerfG, Beschl. v. 08.03.2001 – 1 BvR 1653/99, NVwZ 2001, 552).

95   Der **Antrag auf Zulassung der Berufung** ist beim VG einzureichen (§ 124a Abs. 4 Satz 2 VwGO). Innerhalb von zwei Monaten nach Zustellung des vollständigen Urteils sind die Gründe darzulegen, aus denen die Berufung zuzulassen ist; auch diese Begründung ist beim VG einzureichen (§ 124a Abs. 4 Satz 4 und 5 VwGO). Lässt das OVG die Berufung wegen nachträglicher Divergenz zu, so ist dem Formerfordernis der Berufungsbegründung (§ 124a Abs. 3 VwGO) in der Regel genügt, wenn der Berufungsführer ohne weitere inhaltliche Ausführungen auf den Zulassungsbeschluss Bezug nimmt (BVerwG, Urt. v. 23.04.2001 – 1 C 33.00, DVBl 2001, 1529).

96   Bei **Ablehnung des Antrags** durch das OVG erlangt sodann das **Urteil des VG Rechtskraft** (§ 124a Abs. 5 Satz 4 VwGO).

97   Mit der **Zulassung der Berufung** schließt sich ein Berufungsverfahren an, in dem die **gesamte Ausgangsentscheidung überprüft** werden kann, also nicht nur die vorgetragenen Berufungsgründe Diese Rechtsänderung trägt der Stärkung der unteren Instanzen Rechnung. Damit erlangen erstinstanzliche Entscheidungen im Interesse des Rechtsfriedens den ihnen zustehenden Stellenwert und verkommen nicht länger als verfahrenstaktisches Element der streitenden Parteien.

98   Gegen das Berufungsurteil des OVG ist eine **Revision** an das BVerwG zulässig (§ 132 Abs. 1 VwGO), wenn das OVG diese nach § 132 Abs. 2 VwGO zugelassen hat oder wenn das BVerwG gemäß § 133 VwGO einer Beschwerde gegen die Nichtzulassung der Revision entspricht. Die Zulassungsgründe nennt § 132 Abs. 2 VwGO:
99   1. grundsätzliche Bedeutung der Rechtssache,
100 2. Divergenz (Auseinanderstreben der Rechtsprechung),
101 3. Verfahrensrüge.

Für das Verfahren vor dem BVerwG besteht nach § 67 Abs. 4 Satz 1 VwGO ebenfalls **Vertretungszwang**. Diesem Gebot wird nicht genügt, wenn die vom Kläger persönlich verfasste Beschwerdebegründungsschrift die Unterschrift eines Rechtsanwalts trägt, ohne von diesem erarbeitet worden zu sein (BVerwG, Beschl. v. 16.12.1996 – 4 B 218/96, NJW 1997, 1865). 102

2.1.2 Rechtsschutz des Nachbarn

Der Nachbar streitet im öffentlich-rechtlichen Verfahren nicht wie im zivilrechtlichen Verfahren direkt mit dem Antragsteller bzw. dem Bauherrn, sondern mit der Bauaufsichtsbehörde um die Rechtmäßigkeit der Baugenehmigung. Der **Bauherr** ist in diesem Verfahren »lediglich« **Beigeladener**. Zu unterscheiden ist, ob der Nachbar gegen eine formell illegale bauliche Anlage oder gegen eine Baugenehmigung vorgehen will. Die rechtlichen Möglichkeiten nach §§ **80 und 80a VwGO** beziehen sich nur auf **genehmigte** Bauvorhaben. Will der Nachbar gegen **formell illegale Bauvorhaben** vorgehen, muss er zunächst die Bauaufsichtsbehörde ersuchen, nach § 58 Abs. 2 BauO NRW die **Stilllegung** anzuordnen (vgl. Anhang zu § 72 Rdn. 258–263). Entspricht die Bauaufsichtsbehörde dem Verlangen nach Stilllegung der Bauarbeiten nicht, kann der Nachbar beim VG nach § **123 VwGO** den **Erlass einer einstweiligen Anordnung** beantragen, um so die Bauaufsichtsbehörde zu zwingen, ihrer Rechtspflicht zum Einschreiten nachzukommen. 103

Der Nachbar muss im Verfahren belegen, dass aufgrund eines Verstoßes gegen eine **nachbarschützende** Vorschrift des öffentlichen Rechts seine **Schutzbedürftigkeit** und **Schutzwürdigkeit** gegeben ist, dass also die **materiellen Voraussetzungen** vorliegen (vgl. § 72 Rdn. 264–271). **Voraussetzung** des nachbarlichen Abwehrrechts ist weiterhin, dass diese nicht in **Verlust** geraten sind (vgl. § 72 Rdn. 272–286) und der Nachbar **fristgerecht** gegen die dem Bauherrn erteilte Baugenehmigung **vorgeht** (vgl. § 72 Rdn. 287–294). 104

Die **Klage** hat nach § 80 Abs. 1 VwGO grundsätzlich aufschiebende Wirkung; diese **entfällt** nach § 80 Abs. 2 Nr. 3 VwGO in durch **Bundesgesetz** vorgeschriebenen Fällen. Nach § 212a Abs. 1 BauGB hat die **Anfechtungsklage eines Dritten** gegen die bauaufsichtliche Zulassung eines Vorhabens **keine aufschiebende Wirkung**. Dies gilt auch für Rechtsbehelfe von Gemeinden (OVG Saar, Beschl. v. 02.09.2010 – 2 B 215/10, BauR 2011, 983). Die Vorschrift erfasst **bauaufsichtliche Zulassungsentscheidungen** für Vorhaben im Sinne des § 29 Abs. 1 BauGB. Es kommt nicht darauf an, wie das jeweilige Landesrecht die Zulassungsentscheidung bezeichnet, entscheidend ist nur, dass die Entscheidung die **bauplanungsrechtliche Zulässigkeit** des Vorhabens einschließt, so dass neben der Baugenehmigung auch die **Teilbaugenehmigung**, die **Zustimmung** und der **Vorbescheid** erfasst werden (OVG Schl-H, Beschl. v. 30.10.1997 – 1 M 52/97, BauR 1998, 1223 = BRS 59 Nr. 197 zu einem bauplanungsrechtlichen Befreiungsbescheid, Nds. OVG, Beschl. v. 30.03.1999 – 1 M 897/99, BRS 62 Nr. 190 zu einem Vorbescheid; ebenso OVG NRW, Beschl. v. 01.12.1998 – 10 B 2304/98, BRS 60 Nr. 156 = DVBl 1999, 788 zu Vorbescheid, Teilbaugenehmigung und Zustimmung, jedoch offen gelassen für einen isolierten 105 bauordnungsrechtlichen Abweichungsbescheid). Mit der **Vorschrift** hat der Gesetzgeber **keine materielle Bewertung** der Interessen des Bauherrn und des die Baugenehmigung anfechtenden Nachbarn in dem Sinne vorgenommen, dass dem Interesse des Bauherrn an der sofortigen Vollziehung der Baugenehmigung regelmäßig ein höheres Gewicht zukommt (OVG NRW, Beschl. v. 13.07.1998 – 7 B 956/98, BauR 1998, 1212 = BRS 60 Nr. 193).

106 Der **Nachbar** kann gegen die ihn belastende Baugenehmigung bei der Bauaufsichtsbehörde die **Aussetzung der Vollziehung** und einstweilige Maßnahmen zur Sicherung seiner Rechte beantragen (§ 80a Abs. 1 Nr. 2 und § 80 Abs. 4 VwGO) oder direkt die Hilfe des VG in Anspruch nehmen (§ 80a Abs. 3 und § 80 Abs. 5 VwGO), um zu vermeiden, dass durch die Fortführung der Bauarbeiten Fakten geschaffen werden. **Voraussetzung** hierfür ist das **Vorliegen einer Anfechtungsklage** gegen die dem Bauherrn erteilte Baugenehmigung. Die Baugenehmigung muss also dem Bauherrn bereits zugestellt worden sein und darf nicht erst noch bevorstehen, um die Aussetzung der Vollziehung beantragen zu können. Ein vor der Erteilung der Baugenehmigung bereits eingelegter Rechtsbehelf ist als ins Leere gehend unzulässig und wird auch nicht etwa von selbst zulässig, wenn in der Folgezeit tatsächlich eine angreifbare Entscheidung ergeht (OVG NRW, Beschl. v. 05.05.1995 – 10 B 894/95, BRS 57 Nr. 241 = DVBl 1996, 115 noch zum Widerspruch).

107 Erhebt der Nachbar Anfechtungsklage gegen eine gemäß § 212a Abs. 1 BauGB sofort vollziehbare Baugenehmigung, kann die Bauaufsichtsbehörde auch ohne Antrag der Dritten nach § 80a Abs. 1 Nr. 2 VwGO **von Amts wegen** die **Vollziehung** der Baugenehmigung **im überwiegenden Drittinteresse** gemäß § 80 Abs. 4 Satz 1 VwGO **aussetzen** (OVG NRW, Beschl. v. 30.07.1999 – 10 B 961/99, BauR 2000, 80 = BRS 62 Nr. 191). Eine Aussetzung wird die Bauaufsichtsbehörde bzw. das VG nicht allein aufgrund der Anfechtungsklage anordnen. Vielmehr müssen **ernstliche Zweifel an der Rechtmäßigkeit** der Baugenehmigung bestehen. Solche wird man annehmen dürfen, wenn eine summarische Prüfung ergibt, dass der Erfolg des Rechtsmittels im Hauptverfahren mindestens ebenso wahrscheinlich ist wie der Misserfolg (vgl. Mampel, Teilweise Aussetzung der Vollziehung einer Baugenehmigung?, BauR 2000, S. 1817 ff.).

108 Der **Bauherr** kann **im Falle der Stattgabe des Antrags** versuchen, eine **Einigung mit dem Nachbarn außerhalb des Verfahrens** zu erreichen. Nicht selten werden in der Praxis Vereinbarungen getroffen, wonach der Nachbar gegen **Zahlung eines Entgelts** seinen Widerspruch gegen die Baugenehmigung zurückzieht. Derartige Vereinbarungen sind selbst dann **nicht sittenwidrig,** wenn die vom Bauwilligen zu erbringende Zahlung weit über die Minderung des Wertes des beeinträchtigten Grundstücks hinausgeht (BGH, Urt. v. 02.07.1999 – V ZR 135/98, BauR 2000, 252 = BRS 62 Nr. 195).

109 Der Bauherr hat aber auch die Möglichkeit, zur Wiederherstellung der vollen Wirksamkeit der Baugenehmigung die **Anordnung der sofortigen Vollziehung** nach § 80a Abs. 3 VwGO in Verbindung mit § 80 Abs. 2 Satz 1 Nr. 4 VwGO zu beantragen. Dabei wird die Rechtmäßigkeit der Baugenehmigung aufgrund der Klagebegründung geprüft und sodann eine Interessenabwägung zwischen denen des Bauherrn am Vollzug

und denen des Klägers an der Vermeidung der Schaffung von Fakten vorgenommen. Ergibt sich, dass die Realisierung der Baugenehmigung wegen deren Rechtmäßigkeit und der Unbegründetheit der Klage **im öffentlichen Interesse** oder **im überwiegenden Interesse des Bauherrn** liegt, wird die sofortige Vollziehung angeordnet.

Maßstab der Entscheidung über einen Antrag des Bauherrn auf Anordnung der sofortigen Vollziehung der Baugenehmigung ist eine **Abwägung der widerstreitenden Interessen**. Dabei ist in erster Linie auf die **überschaubaren Erfolgsaussichten** des vom Nachbarn eingelegten, mit der Rechtsfolge des § 80 Abs. 1 Satz 2 VwGO ausgestatteten Rechtsbehelfs abzustellen, nicht jedoch darauf, ob sich die Baugenehmigung aufgrund summarischer Prüfung als objektiv rechtmäßig oder rechtswidrig erweist (OVG NRW, Beschl. v. 15.04.1994 – 10 B 1443/93, BauR 1995, 80 = BRS 56 Nr. 144). 110

Gegen den Beschluss des Verwaltungsgerichts kann gemäß § 146 VwGO **Beschwerde** beim OVG eingelegt werden. In diesem Verfahren sind entscheidungserhebliche Tatsachen durch das Beschwerdegericht auch dann zu berücksichtigen, wenn sie vom Beschwerdeführer erst nach Erlass der verwaltungsgerichtlichen Entscheidung selbst geschaffen worden sind (OVG NRW, Beschl. v. 21.12.2006 – 7 B 2193/06, BauR 2007, 861 = BRS 70 Nr. 181 und Beschl. v. 09.06.2017 – 8 B 1264/16, NWVBl 2017, 473). Der **Beschluss** des OVG ist **nicht anfechtbar** (s. Kopp/Schenke, zu § 150 Rn. 5), so dass die Entscheidung im Verfahren zur Hauptsache abzuwarten ist, sofern das Gericht die durch Beschluss angeordnete Maßnahme nicht später aufgrund neuer Erkenntnisse wieder ändert oder aufhebt. 111

2.2 Haftung der Bauaufsichtsbehörde

Mit der Feststellung der Unbedenklichkeit des Bauvorhabens unter öffentlich-rechtlichen Gesichtspunkten dient die **Baugenehmigung** auch dem Zweck, für den Bauherrn eine **Vertrauensgrundlage** zu schaffen (hierzu vgl. Lansnicker/Schwirtzek, Die Amtshaftung der Bauordnungs- und Bauplanungsbehörden in der Rechtsprechung des BGH, NVwZ 1996, S. 745 ff.). Vertrauen darf der Ratsuchende ebenso in die Richtigkeit von schriftlichen oder mündlichen **Auskünften** der Bauaufsichtsbehörde. Der aus schuldhaft rechtswidrigen Amtshandlungen resultierende **Schadenersatzanspruch** nach § 839 BGB in Verbindung mit Art. 34 GG stellt eine bedeutsame **Garantie der Rechtsstaatlichkeit** im Bereich des polizei- und ordnungsbehördlichen Handelns dar (so Götz, Allgemeines Polizei- und Ordnungsrecht, 12. Aufl. 1995, S. 162 Rn. 441). Daneben kommt noch ein **Entschädigungsanspruch** nach § 39 Abs. 1 Buchstabe b OBG in Betracht, wenn jemand durch eine Maßnahme der Bauaufsichtsbehörde einen Schaden erleidet. Beide Ansprüche bestehen nebeneinander. 112

2.2.1 Schadenersatzanspruch nach § 839 BGB

Aufgrund der erteilten **Baugenehmigung** muss der Bauherr das geplante Vorhaben genehmigungskonform ausführen können, ohne Gefahr zu laufen, dadurch zu öffentlich-rechtlichen Vorschriften in Widerstreit zu geraten. Hieraus ergibt sich für den zuständigen Bediensteten im Rahmen des Genehmigungsverfahrens eine dem Bauherrn 113 gegenüber obliegende **Amtspflicht**, eine den baurechtlichen Bestimmungen widersprechende Baugenehmigung, die den Bauherrn in Gefahr bringt, einen vorschriftswidrigen Bau auszuführen und gegebenenfalls wieder beseitigen zu müssen, **nicht zu erteilen** (BGH, Urt. v. 25.01.1973 – III ZR 256/68, BGHZ 60, 112 = BauR 1973, 104 = DVBl 1973, 918 = NJW 1973, 616; Urt. v. 16.01.1997 – III ZR 117/95 = UPR 1997, 187; Urt. v. 21.06.2001 – III ZR 313/99, BauR 2001, 1566 = DVBl 2001, 1435 = ZfBR 2001, 552; Urt. v. 09.10.2003 – III ZR 414/02, BauR 2004, 346; s.a. Schlick, Die neuere Rechtsprechung des Bundesgerichtshofs zur Amtshaftung im Zusammenhang mit dem Baurecht, DVBl 2007, S. 457 ff.).

114 Das gilt ebenso in Bezug auf den **Vorbescheid** (BGH, Urt. v. 30.06.1988 – III ZR 232/86, BGHZ 105, 52 = BauR 1988, 712 = BRS 48 Nr. 136 = NJW 1988, 2884 und Urt. v. 02.02.2017 – III ZR 41/16, NVwZ-RR 2017, 579; vgl. auch Stüer, Amtshaftung bei rechtswidrigem Vorbescheid, BauR 2000, S. 1431 ff.). Denn der Vorbescheid bildet als vorweggenommener Teil der Baugenehmigung eine **Vertrauensgrundlage für Aufwendungen** im Vorfeld der Baugenehmigung (BGH, Urt. v. 23.09.1993 – III ZR 139/92, BauR 1994, 349 = BRS 55 Nr. 151 = NJW 1994, 130 und Urt. v. 10.03.1994 – III ZR 9/93, BRS 56 Nr. 148 = DVBl 1994, 695). Eine derartige Vertrauensgrundlage besteht dagegen nicht, wenn der Vorbescheid durch **arglistige Täuschung** erwirkt wurde (vgl. BGH, Urt. v. 16.01.2003 – III ZR 269/01, BauR 2003, 672 = BRS 66 Nr. 165; OLG Dresden, Urt. v. 05.03.2014 – 1 U 635/13, juris).

115 Die einem **Dritten, der nicht Grundstückseigentümer** ist, versagte Baugenehmigung greift nicht in dessen Grundeigentum ein (BGH, Beschl. v. 30.10.1986 – III ZR 10/86, NVwZ 1987, 356). Auch das mittelbare Interesse des Grundstückseigentümers an der Erteilung einer Baugenehmigung an einen Dritten reicht nicht aus, um eine Amtspflichtverletzung aus der rechtswidrigen Versagung geltend machen zu können (BGH, Urt. v. 06.06.1991 – III ZR 221/90, DVBl 1991, 1140).

116 Grundsätzlich kann bei einer amtspflichtwidrig verzögerten Erteilung der Baugenehmigung nicht davon ausgegangen werden, dass bei rechtzeitiger Erteilung der **Baugenehmigung** diese **durch eine mögliche Anfechtung durch den Nachbarn nicht ausnutzbar** gewesen wäre (zur Kausalität zwischen rechtswidriger Versagung einer Baugenehmigung und entstandenem Schaden, wenn bei rechtmäßiger Erteilung der Baugenehmigung mit Nachbarwidersprüchen zu rechnen gewesen wäre, s. BGH, Beschl. v. 21.12.2000 – III ZR 119/00, BauR 2001, 932 = BRS 63 Nr. 181 = UPR 2001, 224). Muss der Bauherr aber damit rechnen, dass die **Klage des Nachbarn** gegen die ihm erteilte Baugenehmigung zu deren Aufhebung führen kann, so hat er den durch **voreiligen Baubeginn** oder das **Weiterbauen** entstandenen Schaden nach den Grundsätzen des § 254 BGB möglicherweise teilweise oder insgesamt selbst zu tragen (BGH, Urt. v. 25.10.1984 – III ZR 80/83, NJW 1985, 1692; zur Abgrenzung von objektiver Reichweite des Vertrauensschutzes und mitwirkendem Verschulden des Bauherrn s. BGH, Urt. v. 11.10.2001 – III ZR 63/00, BauR 2002, 292 = DÖV 2002, 203 = UPR 2002, 103). Daher hat die Bauaufsichtsbehörde auch die Amtspflicht, den Bauherrn unverzüglich zu unterrichten, wenn der Nachbar gegen die

Baugenehmigung vorgeht (BGH, Urt. v. 09.10.2003 – III ZR 414/02, BauR 2004, 346 = BRS 66 Nr. 166). Kauft der Bauwillige dem Grundstücksnachbarn das Klagerecht ab, um so dennoch eine ihm erteilte rechtswidrige Baugenehmigung auszunutzen (vgl. Rdn. 105), so kann vom Träger der Bauaufsichtsbehörde nicht verlangt werden, diese Kosten erstattet zu bekommen, da kein nachweisbarer Vermögensschaden entstanden ist und, selbst wenn dies der Fall wäre, dieser nicht vom Schutzzweck der Vorschriften über Amtshaftungsansprüche erfasst ist (OLG Jena, Urt. v. 24.11.1998 – 3 U 294/98, NVwZ-RR 1999, 712).

Die Amtspflicht im Baugenehmigungsverfahren besteht in der Abwehr von Gefahren für die öffentliche Sicherheit und Ordnung. Hierbei sind die im Zusammenhang mit der **Altlastenproblematik** von der Rechtsprechung entwickelten **Haftungsgrundsätze** zu beachten (BGH, Urt. v. 13.07.1993 – III ZR 22/92, BRS 55 Nr. 152 = UPR 1993, 377 und Beschl. v. 25.09.1997 – III ZR 273/96, BauR 1998, 90 = BRS 59 Nr. 57). Bei Nichtberücksichtigung von Sicherheitsaspekten des Gesundheitsschutzes ist die Amtshaftung auf die mit der Unbewohnbarkeit oder Unbenutzbarkeit zusammenhängenden Vermögensschäden begrenzt (BGH, Urt. v. 21.12.1989 – III ZR 118/88, BGHZ 109, 380). Hinsichtlich bautechnischer Fragen ist die Amtshaftung insofern noch stärker eingeschränkt, als **kein Schutz des Bauherrn vor möglicherweise unnötigen Aufwendungen** besteht. So wird mit der Verpflichtung der Bauaufsichtsbehörde, die statische Berechnung für ein Bauvorhaben ordnungsgemäß zu prüfen, der Bauherr nicht als Dritter vor nutzlosen finanziellen Aufwendungen geschützt (BGH, Urt. v. 27.05.1963 – III ZR 48/62, BGHZ 39, 358; zu Amtspflichtverletzungen aus mangelnder Koordinierung von Bauvorlagen und statischen Berechnungen vgl. Rdn. 207). In den Schutzbereich der Amtspflicht fallen jedoch – bei vom Bauherrn nicht beherrschbaren **Berggefahren** – auch solche Schäden, die auf mangelnde Standsicherheit des Gebäudes infolge von Baugrundrisiken beruhen, wenn für die Bauaufsichtsbehörde **bei Anlegung eines objektiven Sorgfaltsmaßstabes Gefahren** für die Standsicherheit des Bauwerks **erkennbar** waren (BGH, Urt. v. 29.07.1999 – III ZR 234/97, BRS 62 Nr. 14 = ZfBR 2000, 49). 117

Ein Amtshaftungsanspruch kann auch gegeben sein, wenn die Bauaufsichtsbehörde einen Bauantrag rechtswidrig ablehnt, obwohl für den zugrunde liegenden Vorgang das **Bauordnungsrecht nicht einschlägig** ist (vgl. BGH, Urt. v. 07.12.2000 – III ZR 84/00, BauR 2001, 1072 zur Versagung einer Verfüllungsgenehmigung für eine ausgebeutete Steingrube in der irrigen Annahme, das Abfallrecht sei einschlägig). Amtshaftungsansprüche können sich auch daraus ergeben, dass die Bauaufsichtsbehörde **nicht sorgfältig genug prüft** und – möglicherweise gedrängt durch den Bauherrn – zu rasch entscheidet und bei einer Teilbaugenehmigung wichtige öffentlich-rechtliche Vorschriften übersieht (zu einer solchen Fallgestaltung s. BGH, Urt. v. 05.07.2001 – III ZR 11/00, BauR 2001, 1570 = DVBl 2001, 1439 = ZfBR 2001, 554). 118

Die Bauaufsichtsbehörde ist verpflichtet, die **Baugenehmigung** oder den **Vorbescheid in angemessener Zeit** zu erteilen (BGH, Urt. v. 08.05.1980 – III ZR 27/78, BRS 36 Nr. 178 = DVBl 1981, 93 = NJW 1980, 2578; s.a. Rohlfing, Amtshaftung bei rechtswidriger Versagung/Verzögerung von Genehmigungen, BauR 2006, S. 947 ff.). Wird die 119

Entscheidung bewusst verzögert, um der Gemeinde die Möglichkeit zur Änderung der Rechtslage zu verschaffen, so dass danach der Antrag abgelehnt werden muss, haftet die Bauaufsichtsbehörde ebenfalls (BGH, Beschl. v. 23.01.1992 – III ZR 191/90, BRS 53 Nr. 66; Urt. v. 10.03.1994 – III ZR 9/93, BRS 56 Nr. 148 = DVBl 1994, 695 und Urt. v. 12.07.2001 – III ZR 282/00, BauR 2001, 1884; zur Frage, wie lange die Bauaufsichtsbehörde die Entscheidung über eine Bauvoranfrage »verzögern« darf, um der Gemeinde die Möglichkeit von das Vorhaben verhindernden Umplanungen zu geben, s. OLG Schleswig, Urt. v. 15.05.1997 – 11 U 121/94, NVwZ-RR 1998, 6). Die Bauaufsichtsbehörde muss den Bauantrag im Falle der Zurückstellung nach § 15 BauGB weiterbearbeiten, wenn hiergegen ein Rechtsbehelf eingelegt wurde und dadurch die Wirksamkeit des Zurückstellungsbescheids gehemmt ist (vgl. § 71 Rdn. 51). Ihr obliegt ferner die Amtspflicht, die Wirksamkeit einer Veränderungssperre zu prüfen, um gegebenenfalls rechtswidrige Verzögerungen auszuschließen (BGH, Urt. v. 30.11.2006 – III ZR 352/04, BauR 2007, 864 = BRS 70 Nr. 158).

120 Für eine **schuldhafte Verletzung** der Amtspflicht durch Bedienstete der Bauaufsichtsbehörde ist die **Anstellungskörperschaft** gemäß § 839 BGB in Verbindung mit Art. 34 GG **schadensersatzpflichtig**. Dies gilt nicht nur im Hinblick auf eine unzulässig lang verschleppte Bearbeitung des Bauantrags, sondern auch für den Fall, dass die Prüfung nicht sorgfältig genug erfolgte und daher für den Bestand der daraufhin erteilten Baugenehmigung wichtige, insbesondere nachbarschützende Aspekte verkannt wurden (vgl. hierzu Johlen/Beutling, Schadensersatzanspruch des Bauherrn bei einer rechtswidrig erteilten und später aufgehobenen Baugenehmigung, BauR 2002, S. 263 ff. und Gallois, Sachlicher Schutzbereich der Amtspflicht und Verschulden des Bauherren bei einer rechtswidrig erteilten und später aufgehobenen Baugenehmigung, BauR 2002, S. 884 ff.). Die Amtspflichtverletzung kann nicht nur die untere Bauaufsichtsbehörde begehen, sondern auch die Aufsichtsbehörde, indem diese z.B. eine rechtswidrige Weisung erteilt (zu den **Folgen rechtswidriger Weisungen** zur Erteilung eines rechtswidrigen Vorbescheids s. BGH, Urt. v. 18.10.1990 – III ZR 260/88, BauR 1991, 69 = BRS 53 Nr. 69). Ein Amtshaftungsanspruch kann nach der neueren Rechtsprechung des BGH nunmehr auch gegen die im Baugenehmigungsverfahren **mitwirkende andere Behörde** gerichtet sein; aus diesem Grund ist den im Baugenehmigungsverfahren zu beteiligenden Behörden dringend anzuraten, ihre Stellungnahme zum Bauantrag nicht leichtfertig, sondern äußerst sorgfältig abzugeben. Die haftungsrechtliche Ordnung geht nämlich davon aus, dass die Aufklärung eines relevanten Sachverhalts tatsächlich **arbeitsteilig** erfolgt und die **Stellungnahme einer Fachbehörde** unter diesen Umständen die **Bedeutung eines Sachverständigengutachtens** gewinnt und dieses ersetzt. Indem die eingeschaltete Fachbehörde auf der Grundlage arbeitsteiligen Zusammenwirkens ihr überlegenes Fachwissen in die zu treffende Entscheidung einbringt, gewinnt ihre Mitwirkung im Verhältnis zum Bürger eine über die innerbehördliche Beteiligung hinausgehende Qualität. Sie ist dann ebenso wie die nach außen tätig werdende Bauaufsichtsbehörde gehalten, bei der Ausübung des Amtsgeschäfts auch die Interessen des betroffenen Bürgers zu wahren. Wird beim **Zusammenwirken mehrerer Behörden** ein Dritter geschädigt, so ist die Drittgerichtetheit für jede der in Betracht kommenden

Amtspflichten eigenständig zu bestimmen; dabei tritt die Haftung unabhängig davon ein, ob die nach außen tätig werdende Bauaufsichtsbehörde ihrerseits haftet (BGH, Urt. v. 01.02.2001 – III ZR 193/99, UPR 2001, 225 unter Aufgabe seiner bisherigen Rechtsauslegung im Urt. v. 05.07.1990 – III ZR 190/88, UPR 1990, 436 zum sog. »Gewerbeaufsichtsamts-Fall«).

Die Anstellungskörperschaft kann ihrerseits gemäß § 48 BeamtStG nur bei grober Fahrlässigkeit oder Vorsatz **Rückgriff auf** den jeweils **verantwortlichen Bediensteten** nehmen. Wirken **mehrere Bedienstete gleichzeitig** an der Amtspflichtverletzung mit, so **haften** diese dem Dienstherrn **als Gesamtschuldner**, wenn jeder den Schaden durch eine vorsätzliche oder grob fahrlässige Dienstpflichtverletzung adäquat verursacht haben kann, einer von ihnen den Schaden verursacht haben muss, aber nicht feststellbar ist, welcher von ihnen den Schaden tatsächlich verursacht hat (BGH, Urt. v. 11.03.1999 – 2 C 15.98, DÖV 1999, 645). Dabei spielt es auch eine Rolle, ob die einzelnen Bediensteten überhaupt ordnungsgemäß ausgestattet sind, um die Rechtslage zutreffend einschätzen zu können. Dazu ist es unbedingt erforderlich, dass jedem einzelnen Bediensteten die anzuwendenden Rechtsvorschriften am Arbeitsplatz zur Verfügung stehen und dass diese sich bei der Rechtsanwendung über die Auslegung der Rechtsvorschriften durch die Rechtsprechung anhand von Fachzeitschriften oder Kommentierungen informieren können. Mangelt es hieran, kann wegen eines **Verstoßes der Anstellungskörperschaft gegen ihre Fürsorgepflicht** im Schadensfalle kein Rückgriff genommen werden. 121

Den **Bediensteten** der Anstellungskörperschaft **obliegt** andererseits eine **Pflicht**, nicht »blindlings« zu handeln (BGH, Urt. v. 21.11.1985 – III ZR 94/84, BRS 45 Nr. 45) und das zur Verfügung gestellte Informationsmaterial bei der Rechtsanwendung auch tatsächlich zu benutzen und nicht unbeachtet zu lassen, denn **jeder staatliche Amtsträger muss** die zur **Führung seines Amtes notwendigen Rechts- und Verwaltungskenntnisse** besitzen oder sich verschaffen (BGH, Beschl. v. 28.09.1995 – III ZR 202/94, NVwZ-RR 1996, 65). Das trifft im Übrigen auch auf die **Mitglieder kommunaler Beschlussorgane** zu, die **mangels eigener fundierter Kenntnisse** in schwierig zu beurteilenden Baurechtsfragen dem **Rat der fachlich zuständigen Behörde folgen** müssen (BGH, Urt. v. 08.10.1992 – III ZR 220/90, DVBl 1993, 105 zum Verschuldensmaßstab bei der Ablehnung eines Bauantrages für den unbeplanten Innenbereich). 122

Ein **Verschulden** des Beamten **scheidet** regelmäßig **aus, wenn ein Kollegialgericht** das Verwaltungshandeln für rechtmäßig erachtet. Diese **Regel gilt ausnahmsweise nicht**, wenn es sich bei dem beanstandeten Verhalten um eine grundsätzliche Maßnahme einer zentralen Dienststelle bei Anwendung eines ihr besonders anvertrauten Spezialgesetzes handelt, wenn das Gericht die Rechtslage trotz eindeutiger und klarer Vorschriften verkannt oder eine eindeutige Bestimmung handgreiflich falsch ausgelegt hat, oder wenn besondere Umstände dafür sprechen, dass der verantwortliche **Beamte kraft seiner Stellung oder seiner besonderen Einsichten es** »besser« **als das Kollegialgericht hätte wissen müssen**, z.B. weil das Gericht von einem falschen Sachverhalt ausgegangen ist (BVerwG, Urt. v. 30.06.2004 – 4 C 1/03, BVerwGE 121, 123

169 und Urt. v. 21.12.2010 – 7 C 23/09, NVwZ 2011, 618sowie VGH B-W, Urt. v. 23.08.1996 – 8 S 269/96, NVwZ-RR 1997, 395 zum Verschulden des Beamten bei der Zurückstellung einer Bauvoranfrage).

124 Die **Entscheidung** über Schadenersatzansprüche aus Amtspflichtverletzungen und damit auch die rechtsverbindliche Feststellung der anspruchsbegründenden Tatbestandsmerkmale ist den **Zivilgerichten** vorbehalten (Art. 34 S. 3 GG). Es fehlt an dem erforderlichen Feststellungsinteresse für eine darauf gerichtete Feststellungsklage bzw. Fortsetzungsfeststellungsklage, wenn eine behauptete Verzögerung der Erteilung der Baugenehmigung im Rahmen des beabsichtigten Amtshaftungsprozesses geklärt werden kann (OVG NRW, Urt. v. 03.07.1996 – 11 A 2725/93, BRS 58 Nr. 145 = NVwZ-RR 1997, 400). **Verwaltungsgerichtliche Eilentscheidungen**, die im Aussetzungsverfahren nach § 80 Abs. 5 VwGO getroffen werden und vom Verwaltungsgericht nach § 80 Abs. 7 VwGO jederzeit geändert oder aufgehoben werden können, entfalten im Amtshaftungsprozess **keine Bindungswirkung**; dies gilt selbst dann, wenn das amtspflichtwidrige Verhalten nur in der Anordnung der sofortigen Vollziehung durch die Bauaufsichtsbehörde nach § 80 Abs. 2 Satz 1 Nr. 4 VwGO gesehen werden kann (BGH, Urt. v. 16.11.2000 – III ZR 265/99, BRS 63 Nr. 182).

2.2.2 Entschädigungsanspruch nach § 39 Abs. 1 Buchstabe b OBG

125 Nach **§ 39 Abs. 1 Buchstabe b OBG** ist ein Schaden, den jemand durch **rechtswidrige Maßnahmen** der Bauaufsichtsbehörden erleidet, zu ersetzen. Dabei ist es gleichgültig, ob die Bauaufsichtsbehörde ein Verschulden trifft oder nicht. Der **Entschädigungsanspruch nach § 39 Abs. 1 Buchstabe b OBG** besteht **neben** dem **Anspruch aus § 839 BGB** (OLG Düsseldorf, Urt. v. 07.01.1987 – 18 U 122/86, BRS 53 Nr. 178 = NJW 1987, 1336). Nach § 43 OBG entscheiden hierüber im Streitfall die ordentlichen Gerichte. Der verschuldensunabhängige Anspruch verjährt gemäß § 41 OBG nach drei Jahren von dem Zeitpunkt an, in welchem der Geschädigte von dem Schaden und von der zur Entschädigung verpflichteten Körperschaft Kenntnis erlangt. Nach Ablauf der **dreijährigen Verjährungsfrist** für Entschädigungsansprüche wegen rechtswidriger ordnungsbehördlicher Maßnahmen nach § 41 OBG kann der Geschädigte keine Ansprüche mehr wegen (allgemeinen) enteignungsgleichen Eingriffs, die einer dreißigjährigen Verjährung unterliegen, geltend machen (BGH, Urt. v. 02.10.1978 – III ZR 9/77, BauR 1979, 40 = BRS 34 Nr. 19 und Urt. v. 17.12.1981 – III ZR 88/80, BauR 1982, 235 = BRS 45 Nr. 12).

126 Ein maßgebliches Kriterium für den Schutzzweck der Baugenehmigung besteht in dem **Vertrauen**, das die bauaufsichtliche Entscheidung begründen soll (vgl. Rdn. 112–113). Das **wirtschaftliche Risiko**, dass das genehmigte und errichtete Bauvorhaben sich später im Hinblick auf **einzelne Schutzgüter** des Bauordnungsrechts, wie z.B. Standsicherheit, Brandschutz oder Wasserversorgung, als unzureichend erweist und **nachgebessert** werden muss, **hat der Bauherr** dagegen selbst **zu tragen** (BGH, Beschl. v. 09.07.1991 – III ZR 87/81, UPR 1992, 439 und BGH, Urt. v. 01.12.1994 – III ZR 33/94, BauR 1995, 381 = BRS 56 Nr. 145). Das

Baugenehmigungsverfahren ist nicht dazu bestimmt, dem **Bauherrn die Verantwortung für die einwandfreie Durchführung und Durchführbarkeit seines Bauvorhabens** abzunehmen (BGH, Beschl. v. 30.07.1997 – III ZR 166/96, BauR 1998, 117 = BRS 59 Nr. 161 = NVwZ-RR 1997, 675 zu einer im Wege der Ersatzvornahme vollstreckten bauaufsichtlichen Forderung, nachträglich eine Feuerwehrzufahrt anzulegen).

Mündliche Erklärungen im Rahmen einer Bauvoranfrage, es werde ein Vorbescheid 127 erteilt, begründen kein schutzwürdiges Vertrauen dahin, dass der Vorbescheid auch tatsächlich erlassen wird. In derartigen Erklärungen, wie in der Übergabe eines Bescheidentwurfs, liegt **keine Maßnahme im Sinne des § 39 Abs. 1 Buchstabe b OBG** (BGH, Urt. v. 16.01.1992 – III ZR 18/90, BauR 1992, 349 = BRS 53 Nr. 33). Unter den **Begriff Maßnahme** fallen **zu Unrecht erteilte und fehlerhafte Baugenehmigungen** (BGH, Beschl. v. 29.06.1989 – III ZR 274/88, BRS 53 Nr. 48 und OLG Düsseldorf, Urt. v. 26.03.1992 – 18 U 166/91, BRS 53 Nr. 49).

2.2.3 Richtigkeit von Auskünften

Bei **Auskünften** an Grundstückseigentümer, Bauherrn, Entwurfsverfasser oder andere 128 am Bau Beteiligte ist stets der Grundsatz von **Treu und Glauben** zu beachten. Dabei ist es unerheblich, ob die begehrte Auskunft schriftlich oder nur mündlich erteilt wird, denn in beiden Fällen haben diese **richtig** zu sein. Die Bediensteten der Bauaufsichtsbehörde müssen sich deshalb auch der Tragweite **mündlicher Erklärungen** und Zusagen bewusst sein und ihre Äußerungen so bedenken, dass der Bürger **Vertrauen** zu ihnen haben kann (vgl. BGH, Urt. v. 05.04.1965 – III ZR 11/64, NJW 1965, 1226 und Urt. v. 03.05.2001 – III ZR 191/00, BauR 2001, 1404 = NVwZ 2002, 373 zur **Amtspflichtverletzung bei schuldhaft falschen Auskünften**; zur Frage der Verjährung s. BGH, Urt. v. 12.10.2000 – III ZR 121/99, BauR 2001, 376 = BRS 63 Nr. 180).

Andererseits kann ein Bauherr nicht erwarten, aus **unter Vorbehalt** erteilten Aus- 129 künften bereits Ansprüche herleiten zu können. Eine amtliche Auskunft, in der ein Bauvorhaben fälschlicherweise grundsätzlich für zulässig erklärt, zugleich aber ausdrücklich auf die Erfordernisse einer Baugenehmigung und einer Beteiligung der Nachbarn hingewiesen wird, begründet für den Bauherrn noch kein schutzwürdiges Vertrauen dahin, mit den Bauarbeiten vor Erhalt der Baugenehmigung beginnen zu dürfen; dies gilt bei einem insgesamt genehmigungspflichtigen Vorhaben auch für solche Einzelmaßnahmen, die – isoliert betrachtet – keiner Genehmigung bedurft hätten (BGH, Urt. v. 24.10.2002 – III ZR 259/01, BauR 2003, 856 = BRS 65 Nr. 176 = ZfBR 2003, 161; s.a. von und zu Franckenstein, Die Haftung für baurechtliche Auskünfte, BauR 2003, S. 807 ff.).

Eine **erhöhte Sorgfaltspflicht** besteht, wenn der Bedienstete erkennt, dass die **Rechts-** 130 **auskunft** für den Rat suchenden Bürger **von erheblicher Bedeutung** und **wirtschaftlicher Tragweite** ist. Bei Auskünften zum Baugenehmigungsverfahren wird dies aufgrund der Höhe der hierbei in Rede stehenden Investitionen fast immer der Fall sein. Grundsätzlich besteht zwar nach **§ 25 VwVfG NRW** nur eine verfahrensbezogene **Hinweispflicht** der Verwaltungsbehörde auf eine zweckentsprechende

§ 74 Baugenehmigung, Baubeginn

Antragstellung oder Ergänzung des Vorbringens im Verwaltungsverfahren. Bei einer **schwierigen** Rechtslage kann der **Bedienstete verpflichtet** sein, auf die **Grenzen der Auskunftserteilung** hinzuweisen, wie sie durch das Rechtsdienstleistungsgesetz vom 12.12.2007 (BGBl. I S. 2840) gezogen sind, das das frühere Rechtsberatungsgesetz abgelöst hat. Kann der Bedienstete nach seiner eigenen Einschätzung keine zuverlässige rechtliche Beurteilung abgeben, muss er dies klar zum Ausdruck bringen und entweder an einen sachkundigen Beamten oder einen Rechtsanwalt verweisen (OLG Zweibrücken, Urt. v. 24.06.1999 – 6 U 24/98, NVwZ-RR 2001, 79 zu einer schuldhaft falschen Auskunftserteilung über die Zahlungspflicht des Anlieferers von Aushubmaterial einer Baustelle nach der Abfallgebührensatzung durch einen Nichtjuristen, welche die Hinweispflicht des § 25 VwVfG. NRW. überstieg und bereits als Rechtsberatung anzusehen war).

3 Zu Abs. 1 – Die Baugenehmigung – Materiell-rechtliches Prüfprogramm

3.1 Vereinbarkeit mit öffentlichem Recht

131 Die **Baugenehmigung** darf **nur bei Übereinstimmung des Bauvorhabens mit den öffentlich-rechtlichen Vorschriften** erteilt werden (§ 74 Abs. 1 BauO NRW), soweit diese im **Baugenehmigungsverfahren geprüft werden** (§ 74 Abs. 3 Satz 2 BauO NRW). Diese gesetzliche Vorgabe ist in einem **umfassenden Sinne** zu verstehen, da der nordrhein-westfälische Gesetzgeber (aus gutem Grund) davon abgesehen hat, die baufreigebende Wirkung der Baugenehmigung durch Einführung eines »Baufreigabescheins« nach baden-württembergischem bzw. sächsischem Recht zu beeinträchtigen. Eine Baugenehmigung darf daher in Nordrhein-Westfalen nur erteilt werden, wenn **zuvor** die Übereinstimmung des Vorhabens unter **allen zu prüfenden** öffentlich-rechtlichen Gesichtspunkten gegebenenfalls unter **Beteiligung der Fachbehörden** und nach **Vorliegen** einer eventuell erforderlichen **vorgreiflichen** fachgesetzlichen Zustimmung, dem Einvernehmen, Benehmen oder von der Erteilung einer weiteren Genehmigung oder Erlaubnis festgestellt werden kann (§ 71 Abs. 1 Satz 1 Nr. 2 BauO NRW). In diesem durch § 74 Abs. 3 Satz 2 BauO NRW eingeschränkten Sinne bildet die **Baugenehmigung** immer noch als umfassende und abschließende Entscheidung den (modifizierten) **Schlusspunkt der Prüfungsphase** (Finkelnburg/Ortloff, Band II, S. 108 f. unter Bezug auf die »**Schlusspunkttheorie**«). Die Rechtsprechung des OVG NRW kann noch nicht als gefestigt zugunsten der Schlusspunkttheorie angesehen werden, da es an einer eindeutig übereinstimmenden Rechtsprechung der Bausenate in dieser Frage bislang fehlt (vgl. Rdn. 8–13). Die hier vertretene Auffassung zur Auslegung der materiellen Prüfungspflicht wegen des bedeutsamen Zusammenhangs von § 74 **Abs. 1** und **Abs. 3 Satz 2** BauO NRW mit § 71 **Abs. 1 Satz 1 Nr. 2** BauO NRW hat bisher nur der 10. Senat des OVG ausdrücklich gebilligt und wird auch vom Gesetzgeber (vgl. LT-Drucks. 17/2166, S. 192) und in der Literatur herausgestellt (vgl. Boeddinghaus/Hahn/Schulte, zu § 75 Rn. 113 ff.). Die Schlusspunkttheorie gilt auch für die gleichlautende Vorschrift der LBauO Rh-Pf (vgl. Jeromin, zu § 70 Rn. 46).

Die Rechtslage in Bezug auf den materiellen Prüfungsumfang ist indessen nicht in 132 allen Bundesländern deckungsgleich (s. die umfassende Darstellung bei Finkelnburg/Ortloff, Band. II, S. 107 ff.), so dass gerade zu diesem Punkt die Entscheidungen der Oberverwaltungsgerichte voneinander abweichen. In die Mehrzahl der Landesgesetze hat das sog. Separationsmodell Einzug gefunden, wonach Genehmigungsvoraussetzung nur die Prüfung solcher Vorschriften ist, die im Baugenehmigungsverfahren durch die Bauaufsichtsbehörde zu prüfen sind (vgl. für die HessBauO: Hormann, zu § 74 Rn. 56). Das BVerwG hat klargestellt, dass nur das jeweilige **Landesrecht bestimmt, was Gegenstand der Prüfung im bauordnungsrechtlichen Baugenehmigungsverfahren ist** (BVerwG, Beschl. v. 25.10.1995 – 4 B 216.95, BauR 1996, 225 = BRS 57 Nr. 186 = NVwZ-RR 1995, 66 zu der Frage, ob nach § 70 SächsBO in der Fassung vom 18.03.1999 angeht, die Baugenehmigung unter der aufschiebenden Bedingung zu erteilen, die ausstehende sanierungsrechtliche Genehmigung gemäß §§ 144, 145 BauGB beizubringen, und ob dies mit Bundesrecht vereinbar ist). Mit dieser Entscheidung hat das BVerwG einen zuvor gefassten Beschluss zu der gleichen Frage korrigiert (BVerwG, Beschl. v. 15.07.1994 – 4 B 109.94, BRS 56 Nr. 59). Bei flüchtigem Lesen der Entscheidung vom 25.10.1995 könnte sich der Eindruck ergeben, dass das Vorliegen der sanierungsrechtlichen Genehmigung keine Voraussetzung für die Erteilung der Baugenehmigung bildet. Dies trifft aber keineswegs zu, da das BVerwG hierzu ausführt:

»Die Beschwerde hält es für eine Frage von grundsätzlicher Bedeutung, ob es mit Bun- 133 *desrecht vereinbar sei, die sanierungsrechtliche Genehmigung als eine aufschiebende Bedingung zur Baugenehmigung zu fassen. Die so gestellte Frage rechtfertigt ebenfalls keine Zulassung der Revision.*

Wenn die zu erteilende Baugenehmigung sich als aufschiebend bedingt versteht, wird damit nicht gleichzeitig eine sanierungsrechtliche Genehmigung erteilt. Die gestellte Rechtsfrage der Beschwerde ist daher sinngemäß anders aufzufassen. Auch dann fehlt es indes an der Klärungsbedürftigkeit. Die Frage ist nämlich ohne weiteres dahin zu beantworten, dass Bundesrecht nur fordert, dass ein Bauvorhaben in einem förmlich festgelegten Sanierungsgebiet nicht ohne vorherige sanierungsrechtliche Genehmigung begonnen werden darf. Zu welchem Zeitpunkt diese Genehmigung vorliegen muss, entscheidet das Bundesrecht in § 144, 145 BauGB nicht. Es überlässt mithin dem Landesrecht, dafür zu sorgen, dass das Genehmigungserfordernis im Verwaltungsvollzug auch beachtet wird. Aus § 36 VwVfG, für den Revisibilität besteht (vgl. § 137 Abs. 1 Nr. 2 VwGO), lässt sich anderes nicht entnehmen.

Damit erübrigt sich auch für die zweite Frage, welche die Beschwerde wegen grundsätzlicher Bedeutung stellt, ein Revisionsverfahren durchzuführen. Das sanierungsrechtliche Genehmigungserfordernis besitzt eine der Veränderungssperre ähnliche Sicherungsfunktion. Hiervon gehen Berufungsgericht und Beschwerde zutreffend aus. Diese materiell-rechtliche Funktion steht nicht zur Disposition des Landesgesetzgebers. Er darf das Regelungsinstrument der §§ 144, 145 BauGB durch die ihm obliegende Ausgestaltung des Genehmigungsverfahrens in seiner Effektivität nicht in Zweifel ziehen. Es ist nicht erkennbar, dass die vom Berufungsgericht befürwortete Bedingungslösung die *Effektivität in einem Maße in Zweifel zieht, dass von der Bewahrung der gesetzlichen Ziele nicht mehr gesprochen werden kann. Ob die vom Berufungsgericht auf der Grundlage des sächsischen Bauordnungsrechts beurteilte Effektivität tatsächlich besteht, hat das Beschwerdegericht nicht zu beurteilen.*«

134 Die Auffassung, dass **dem Landesrecht in verfahrensrechtlicher Hinsicht Vorrang** zukommt, hat das BVerwG auch hinsichtlich des Verhältnisses von Zweckentfremdungsgenehmigung und Baugenehmigung bestätigt (Beschl. v. 06.11.1996 – 4 B 213.96, BauR 1997, 282 = BRS 58 Nr. 135). Die Rechtslage in Nordrhein-Westfalen hat sich zwar durch das Auslaufen der Zweckentfremdungsverordnung geändert, gleichwohl hat der Beschluss wegen seiner **allgemeinen Aussagen** zum Verhältnis von Bundes- und Landesrecht weiterhin Bedeutung. Danach kann das Landesrecht bestimmen, dass die Erteilung einer Baugenehmigung bei zweckentfremdungsrechtlicher Genehmigungsbedürftigkeit von der vorherigen wohnungswirtschaftlichen Ausnahmegenehmigung abhängig ist. Aus dieser Rechtsprechung des BVerwG ergibt sich für die von der Bauaufsichtsbehörde zu treffenden Entscheidung über die Baugenehmigung Folgendes:
– Die Beachtung des Bundesrechts kann dadurch erfolgen, dass die Bauaufsichtsbehörde gezwungen ist, eine vorgreifliche Genehmigung oder Erlaubnis abzuwarten, bevor die Baugenehmigung erteilt wird (»klassische« Schlusspunkttheorie).
– Die Beachtung des Bundesrechts kann auch dadurch erfolgen, dass die baufreigebende Wirkung der Baugenehmigung an die Bedingung geknüpft wird, mit den Bauarbeiten erst beginnen zu dürfen, wenn die entsprechende andere Genehmigung oder Erlaubnis nach Bundesrecht vorliegt (»modifizierte« Schlusspunkttheorie).
– Aus bundesrechtlicher Sicht ist es unzulässig, die Baugenehmigung ohne Absicherung der anderen bundesrechtlichen Genehmigungs- oder Erlaubnisvorbehalte auszusprechen (Verzicht auf die Schlusspunkttheorie), weil dann die materiell-rechtliche Funktion des anderen Genehmigungs- oder Erlaubnisvorbehalts unterlaufen würde.

135 Für die **bauaufsichtliche Praxis** bleibt aufgrund der divergierenden Rechtsprechung der Bausenate des OVG NRW fraglich, ob die Bauaufsichtsbehörde die andere Genehmigung oder Erlaubnis abwarten muss, oder ob sie eine entsprechende **Bedingung** in die Baugenehmigung aufnehmen kann, nach der mit Bauarbeiten erst begonnen werden darf, wenn die andere Genehmigung oder Erlaubnis vorliegt.

136 Nach § 74 BauO NRW ist dagegen eine »**Bedingungslösung**« im Hinblick auf die von der Bauaufsichtsbehörde selbst **zu prüfenden Sachverhalte nicht möglich**, da das Rechtsinstitut eines besonderen, an die Erfüllung von Auflagen und Bedingungen geknüpften »Baufreigabebescheins« in Nordrhein-Westfalen nicht eingeführt wurde. Nach baden-württembergischem ist der Baufreigabeschein zu erteilen, wenn die in der Baugenehmigung für den Baubeginn enthaltenen Auflagen und Bedingungen erfüllt sind, so § 59 Abs. 1 Satz 2 LBO B-W (hierzu vgl. Schlotterbeck/von Arnim/Hager, zu § 59 Rn. 2–5). Allerdings hält auch diese gesetzliche Lösung an dem Grundsatz fest, dass **vor** Beginn der Bauarbeiten alle nach öffentlichem Baurecht erforderlichen Genehmigungen, Bewilligungen, Erlaubnisse usw. vorliegen müssen (Sächs. OVG, Urt. v. 08.06.1995 – 1 S 154/95, BRS 57 Nr. 187; so auch OVG M-V, Beschl. v.

01.02.2001 – 1 M 77/00, BauR 2001, 1409). Die andere Auffassung (BayVGH, Beschl. v. 18.03.1993 – Gr. S. 1/1992 1 B 90.3063, BRS 55 Nr. 146 = DVBl 1993, 665), nach der dieser Grundsatz nicht generell gelte, wenn die Vereinbarkeit des Vorhabens mit bestimmten öffentlich-rechtlichen Vorschriften in einem **gesonderten Verfahren** zu prüfen sei, das durch eine rechtlich selbständige Entscheidung mit Außenwirkung abgeschlossen werde, basiert auf anderen landesrechtlichen Vorgaben der BayBO, wie der Große Senat des BayVGH in der Entscheidung selbst hervorhebt.

Aus § 74 Abs. 3 Satz 2 BauO NRW lässt sich die Entbehrlichkeit der vorgreiflichen Prüfung nicht herleiten. Diese Vorschrift zielt nämlich auf solche Verpflichtungen zum Einholen von Genehmigungen, Bewilligungen, Erlaubnissen und Zustimmungen oder zum Erstatten von Anzeigen, die **keine Voraussetzung für die Baugenehmigung** darstellen, sondern **zusätzlich erforderlich** werden, um das Bauvorhaben ausführen und bestimmungsgemäß nutzen zu können (vgl. Rdn. 244–249). Ansonsten würde die Bestimmung des § 71 Abs. 1 Satz 1 Nr. 2 BauO NRW ins Leere laufen. Der nordrhein-westfälische Gesetzgeber bringt nämlich mit § 71 Abs. 1 Satz 1 Nr. 2 BauO NRW klar und unmissverständlich zum Ausdruck, dass es neben den Mitwirkungserfordernissen anderer Behörden auch noch Genehmigungen und Erlaubnisse gibt, **von denen die Baugenehmigung abhängig ist** (**vorgreifliche** Genehmigungen und Erlaubnisse). 137

Daraus folgt: 138
– die **feststellende Wirkung der Baugenehmigung** setzt voraus, dass die **Prüfung des materiellen Rechts** unter Beachtung der **Mitwirkungserfordernisse** anderer Behörden (Einvernehmen, Benehmen, Zustimmung) positiv **abgeschlossen ist**,
– die **baufreigebende Wirkung der Baugenehmigung** ist an die **Bedingung** zu knüpfen, dass alle erforderlichen **vorgreiflichen Genehmigungen** oder **Erlaubnisse im Sinne des § 71 Abs. 1 Satz 1 Nr. 2 BauO NRW nach den Fachgesetzen vorliegen**.

Für die bauaufsichtliche Vollzugspraxis ergibt sich aber gerade aus den **nebeneinander stehenden** Bestimmungen des § 71 Abs. 1 Satz 1 Nr. 2 und des § 74 Abs. 3 Satz 2 BauO NRW die **besondere Schwierigkeit**, aus der **Vielzahl der öffentlich-rechtlichen Vorschriften** diejenigen **herauszufinden**, die **vorgreifliche** oder **nachrangige** Genehmigungen oder Erlaubnisse enthalten. Fehlt es an einer vorgreiflichen Genehmigung, so stehen dem Bauvorhaben die öffentlich-rechtlichen Vorschriften, die das entsprechende Genehmigungserfordernis begründen, entgegen (OVG NRW, Beschl. v. 27.06.2018 – 10 B 676/18, juris). 139

Von der zuvor erörterten Frage ist das **Problem der sich nach unterschiedlichen Rechtsgrundlagen überlagernden bzw. überschneidenden Genehmigungen** zu unterscheiden. Es bietet sich für die Lösung der Konkurrenzprobleme das sog. »Separationsmodell« an (hierzu vgl. Gaentzsch, Konkurrenz paralleler Anlagengenehmigungen, NJW 1986, S. 2787 ff. und BVerwG, Urt. v. 04.07.1986 – 4 C 31.84, DVBl 1986, 1273 = DÖV 1987, 293 = NJW 1987, 1713 = NVwZ 1987, 789 zur Befugnis von Bergbehörde und Bauaufsichtsbehörde im bergrechtlichen Betriebsplanverfahren). Hiernach werden Regelungsinhalte der Genehmigungen nach der **Sachnähe** und **Kompetenz** der beteiligten Behörden abgegrenzt. Die zuerst entscheidende Behörde 140 hat die von der Fachbehörde zu entscheidenden Fragen grundsätzlich auszuklammern. **Für die Baugenehmigungsbehörde** heißt dies, die **Feststellung der Vereinbarkeit** mit dem öffentlichen Recht ist **auf die von ihr in eigener Kompetenz zu prüfenden Fragen begrenzt.**

141 Die Lösung der beschriebenen Konkurrenzprobleme lässt sich am **Beispiel von Baugenehmigung und gaststättenrechtlicher Erlaubnis** darstellen. Im Baugenehmigungsverfahren prüft die Bauaufsichtsbehörde die baurechtliche Zulässigkeit der Gaststätte und dabei auch die Frage, ob von einer bestimmungsgemäßen Nutzung des Vorhabens für die Nachbarschaft im Hinblick auf den Gebietscharakter und unter Berücksichtigung von § 22 BImSchG unzumutbare Belästigungen ausgehen oder nicht. Im gaststättenrechtlichen Verfahren prüft die Erlaubnisbehörde nach § 4 Abs. 1 Nr. 3 GastG, ob der Betrieb der Gaststätte im Hinblick auf ihre örtliche Lage schädliche Umwelteinwirkungen im Sinne des BImSchG befürchten lässt – also den **gleichen Sachverhalt** wie bereits zuvor die Bauaufsichtsbehörde. Es besteht unverkennbar die **Gefahr unterschiedlicher Beurteilungen** durch die jeweils auf ihrem Rechtsgebiet entscheidungsbefugten Behörden. Daher muss eine der beiden Entscheidungen Bindungswirkung für die andere entfalten. Das kann sinnvollerweise nur die Entscheidung sein, die von der Behörde mit der größeren Sachnähe und Kompetenz getroffen wurde.

142 *»Zur Vermeidung divergierender Entscheidungen ist es deshalb geboten, der Bauerlaubnis im Rahmen des § 4 Abs. 1 Nr. 3 GastG jedenfalls insoweit Bindungswirkung zuzumessen, als durch sie baurechtsspezifische Fragen – und dazu gehört die Zumutbarkeit der typischen Auswirkungen des geplanten Vorhabens auf die Nachbarschaft – geklärt worden sind,«*

143 so das OVG NRW im Urt. v. 03.06.1986 (– 4 A 2516/84, GewArch 1986, 384; vgl. auch Ortloff, Inhalt und Bindungswirkungen der Baugenehmigung, NJW 1987, S. 1665 ff. sowie Große-Suchsdorf, § 70 Rn. 2–28).

144 Das **materiell-rechtliche Prüfprogramm** nach § 74 Abs. 1 BauO NRW ist **deckungsgleich** mit der **Sachentscheidungskompetenz der Bauaufsichtsbehörde.** Die Sachentscheidungskompetenz ergibt sich aus § 58 Abs. 2 Satz 1 Halbsatz 1 BauO NRW scheinbar recht klar, da die Vorschrift eine umfassende Zuständigkeit der Bauaufsichtsbehörden begründet und sich in der Formulierung eng an die bauaufsichtliche Generalklausel anlehnt. Diese umfassende Zuständigkeit wird aber gleich wieder durch § 58 Abs. 2 Satz 1 Halbsatz 2 BauO NRW eingeschränkt, wonach die **Zuständigkeit der Bauaufsichtsbehörden nur insoweit besteht, soweit nicht andere Behörden zuständig sind.**. Daraus folgt:
– Soweit in Fachgesetzen **keine** besonderen Genehmigungsvorbehalte anderer Behörden geregelt sind, obliegt der **Bauaufsichtsbehörde** die **Pflicht zur Prüfung.**
– Soweit das Fachrecht einen Genehmigungsvorbehalt zugunsten der Fachbehörde regelt, hat die Bauaufsichtsbehörde im Übrigen eine »**Vorprüfungskompetenz**«.

145 Aufgrund der **Vorprüfungskompetenz** darf die Bauaufsichtsbehörde prüfen, ob der Realisierung des Vorhabens **offensichtliche Hinderungsgründe** aus dem gesamten öffentlichen Recht entgegenstehen, selbst wenn hierfür im Fachgesetz ein

Erlaubnisvorbehalt zugunsten einer anderen Behörde begründet ist. Daher darf die Bauaufsichtsbehörde die Erteilung der Baugenehmigung bereits dann ablehnen, wenn sie erkennt, dass die Erlaubnis nach dem Fachrecht wegen fehlender gesetzlicher Voraussetzungen nicht erteilt werden kann (OVG NRW, Urt. v. 20.05.1986 – 11 A 2364/83, DÖV 1986, 575 und Urt. v. 20.03.1992 – 11 A 610/90, BauR 1992, 610 = BRS 54 Nr. 135).

Zusätzlich sind § 57 Abs. 1 Sätze 2 und 3 NRW zu beachten, die die **sachliche Zuständigkeit** regeln. Danach sind die Bauaufsichtsbehörden für den Vollzug der BauO NRW und anderer öffentlich rechtlicher Vorschriften grundsätzlich zuständig, wobei die gesetzlich geregelten Zuständigkeiten und Befugnisse anderer Behörden unberührt bleiben. Um die sachliche Zuständigkeit und damit die Sachentscheidungskompetenz festzustellen, ist es erforderlich, sämtliche öffentlich-rechtlichen Vorschriften mit Bezug zum Bauen nach **Zuständigkeitsregelungen** zu durchsuchen; eine Arbeit von wahrhaft gigantischen Ausmaßen, wenn man den Umfang des öffentlichen Rechts bedenkt. Es verwundert daher nicht, dass selbst Bauaufsichtsbeamte mit langer Berufserfahrung hin und wieder erstaunt feststellen, wofür sie alles zuständig sind, zumal es bislang noch niemandem gelungen ist, eine auch nur annähernd vollständige Auflistung baulicher Anforderungen in Fachgesetzen zu erstellen. Die für das Bauen wichtigsten Fachgesetze treffen jedoch klare Zuordnungen der Prüfungskompetenz zugunsten der Bauaufsichtsbehörde und drängen dieser die Prüfung auf, weshalb abkürzend von »**aufgedrängtem Recht**« gesprochen wird. Als **Beispiele** für aufgedrängtes Recht sind zu nennen:

– das **Landschaftsrecht** (§§ 30–34 LNatSchG NRW) hinsichtlich des Vollzugs der naturschutzrechtlichen **Eingriffsregelung**,
– das **Immissionsschutzrecht** (§ 22 BImSchG), soweit aufgrund der 4. BImSchV kein gesondertes immissionsschutzrechtliches Verfahren durchgeführt wird,
– das **Arbeitsstättenrecht**, soweit auf Antrag des Arbeitgebers gemäß § 3 Abs. 3 ArbStättV nicht gesondert über Ausnahmen zu entscheiden ist (s. den RdErl. vom 02.06.1998, MBl. NRW. S. 1026 – Baugenehmigung von Arbeitsstätten; hier: Gaststätten, Verkaufsstätten, Büros).

Diese »aufgedrängten« Rechtsvorschriften sind materiell-rechtlich in gleicher Weise wie das Bauplanungs- und Bauordnungsrecht von der Bauaufsichtsbehörde zu prüfen, wobei die im Baugenehmigungsverfahren zu beteiligenden **Fachbehörden** ihr **Spezialwissen einbringen**.

Das Problem der zutreffenden **Feststellung der Sachentscheidungskompetenz** der Bauaufsichtsbehörde wird dadurch **erschwert**, dass
– in ein und demselben Fachgesetz unterschiedliche Entscheidungszuständigkeiten, oder
– noch komplizierter, **von der Wahl des Antragstellers abhängige Zuständigkeitsregelungen**

begründet sein können. So obliegt z.B. der **Vollzug der naturschutzrechtlichen Eingriffsregelung** gemäß §§ 30–34 LNatSchG NRW als **originäre Aufgabe** den Bauaufsichtsbehörden im Baugenehmigungsverfahren, während für die Gewährung einer

§ 74 Baugenehmigung, Baubeginn

Befreiung nach § 75 Abs. 1 LNatSchG NRW in Verbindung mit § 67 BNatSchG die untere Naturschutzbehörde zuständig ist (OVG NRW, Urt. v. 14.09.2001 – 7 A 620/00, BauR 2002, 452 = BRS 64 Nr. 163). Nach § 9 Abs. 3 DSchG kann der Antragsteller **wählen**, ob er die Erteilung der **denkmalrechtlichen Erlaubnis** bei der Gemeinde **gesondert** (isoliert) beantragt, oder ob er die **Belange** des Denkmalschutzes und der Denkmalpflege im Baugenehmigungsverfahren **mitgeprüft** sehen will (OVG NRW, Urt. v. 18.05.1984 – 11 A 1776/83, BRS 42 Nr. 137).

150 Was im Einzelnen zu den im Rahmen des § 74 Abs. 1 Satz 1 BauO NRW direkt zu prüfenden Vorschriften rechnet, lässt sich nur annähernd in diesem Zusammenhang aufzählen, da sich das öffentliche **Baurecht in einem permanenten Fortentwicklungsprozess** befindet. Bei der Einschätzung des Problems wird häufig übersehen, dass der umfassende Prüfungsanspruch des nordrhein-westfälischen Bauordnungsrechts dazu führt, dass der Prüfungsaufwand zwischen dem normalen und dem vereinfachten Genehmigungsverfahren marginal ist, da die Vorschriften, die den eigentlichen **Prüf- und Zeitaufwand** erfordern, im **Bereich des Baunebenrechts** liegen. Im einfachen Genehmigungsverfahren werden nämlich die wenig arbeitsintensive bauordnungsrechtliche Prüfvorgänge ausgeklammert. Die Unterschiede zwischen beiden Verfahren hat der Gesetzgeber durch Beschränkungen der Prüfpflicht nach § 71 Abs. 4 BauO NRW verwischt, so dass sich die Praktiker fragen, warum nicht einfaches und normales Genehmigungsverfahren einheitlich ausgestaltet werden.

151 Der **Einstieg in das materiell-rechtliche Prüfprogramm** setzt voraus, dass die Bauaufsichtsbehörde zuvor ihre **sachliche**, **örtliche** und **instanzielle Zuständigkeit** am konkreten Fall überprüft hat. Dies ist deshalb von Bedeutung, weil sich durch Rechtsänderungen die Zuständigkeit unerwartet rasch ändern kann. So hat z.B. der Bund bereits mehrfach durch Änderung der 4. BImSchV die Grenze zwischen Verfahren nach dem BImSchG und Baugenehmigungsverfahren verschoben. Durch Privatisierungsmaßnahmen fallen zudem immer mehr Vorhaben vormals öffentlicher Bauherren aus dem Zustimmungsverfahren nach § 79 BauO NRW heraus und gelangen damit in die Zuständigkeit der unteren Bauaufsichtsbehörden.

152 Nach Klärung der Zuständigkeit ist zu prüfen, ob der Antragsteller überhaupt ein **Sachbescheidungsinteresse** hat. Ein solches fehlt, wenn die **Baugenehmigung nicht ausnutzbar** ist (BVerwG, Urt. v. 23.03.1973 – IV C 49.71, BRS 27 Nr. 130; BayVGH, Urt. v. 28.11.2013 – 2 B 13.1587, BayVBl 2014, 700). Insbesondere fehlt das Sachbescheidungsinteresse, wenn eine **vorgreifliche Genehmigung** oder **Erlaubnis** nach Fachrecht **versagt** wurde und der Bescheid **unanfechtbar** ist (ebenso Jeromin, zu § 70 Rn. 41). Neben den öffentlich-rechtlichen Vorschriften können in besonderen Fällen zivilrechtliche Vorschriften einem Sachbescheidungsinteresse entgegenstehen. **Typischer Anwendungsfall** ist das **spekulative Baugesuch für ein gemeindeeigenes Grundstück**, ohne dass die Gemeinde überhaupt zur Veräußerung an den Antragsteller bereit wäre, weil sie nämlich das ihr gehörende Grundstück für öffentliche Zwecke benötigt (vgl. § 70 Rdn. 82–88). In einem solchen Fall kann die Bauaufsichtsbehörde den Antrag **ohne Prüfung der materiellen Rechtslage** wegen mangelnden Sachbescheidungsinteresses **ablehnen**. Diese Möglichkeit hat sie auch, wenn erkennbar andere **zivilrechtliche Hindernisse** der Ausnutzbarkeit einer

Bebauung entgegenstehen (BVerwG, Urt. v. 26.03.1976 – IV C 7.72, BRS 30 Nr. 140 und BayVGH, Urt. v. 27.01.2017 – 15 B 16.1834, juris). Das Sachbescheidungsinteresse fehlt auch, wenn der Ausnutzung der erstrebten Genehmigung **tatsächliche Hindernisse** entgegenstehen (OVG NRW, Urt. v. 25.09.1996 – 11 A 3535/94, BRS 58 Nr. 132; in dem entschiedenen Fall hatte der Kläger exakt dort, wo er nach den Bauvorlagen einen privilegierten Pferdestall im Außenbereich errichten wollte, bereits ohne Genehmigung ein Wohngebäude mit Pferdeboxen errichtet).

Wichtigster Baustein der materiell-rechtlichen Prüfung ist sodann die **Klärung der bauplanungsrechtlichen Zulässigkeit** des Vorhabens. Denn die Frage, ob ein Grundstück grundsätzlich bebaut werden darf, richtet sich nach dem Städtebaurecht, auch wenn das die Protagonisten des Umweltschutzes häufig nicht wahrhaben wollen. Von dieser Grundsatzentscheidung hängen wiederum zahlreiche Folgeentscheidungen nach den fachgesetzlichen Vorschriften ab, so z.B. die Anwendung oder Nichtanwendung der Eingriffsregelung nach dem Naturschutzrecht. Aber auch das Bauordnungsrecht knüpft in zahlreichen Einzelbestimmungen an das Bauplanungsrecht an. Der **Vollzug** der Regeln über die Zulässigkeit von Vorhaben **obliegt** nicht den Gemeinden, sondern **den Bauaufsichtsbehörden**; die Gemeinden wirken lediglich über das gemeindliche Einvernehmen mit (§ 36 BauGB). Die **Bauaufsichtsbehörde muss** daher gerade wegen der bundesrechtlichen Aufgabenzuweisung die planungsrechtliche Zulässigkeit des Vorhabens **eigenverantwortlich prüfen** und darf nicht der Gemeinde blindlings vertrauen. Probleme in dieser Hinsicht bereiten vor allem **Bebauungspläne**, von denen bekannt ist, dass sie **rechtserhebliche Mängel** aufweisen, die Gemeinde aber dennoch keine Anstalten macht, den Rechtsschein des rechtswidrigen Plans durch Aufhebung zu beseitigen. Ist in einem dem konkreten Baugenehmigungsverfahren vorausgegangenen Verwaltungsstreitverfahren bereits von einem Verwaltungsgericht die Nichtigkeit des Bebauungsplans festgestellt worden (**Inzidentverwerfung**), kann der Bauaufsichtsbehörde insoweit eine **behördliche Normverwerfungskompetenz** zustehen (BVerwG, Urt. v. 31.01.2001 – 6 CN 2.00, DVBl 2001, 931; OVG Rh-Pf, Beschl. v. 14.05.2013 – 8 A 10043/13, NVwZ-RR 2013, 747).

153

In **enger Verbindung mit dem Bauplanungsrecht** steht die Prüfung der Zulässigkeit des Vorhabens im Hinblick auf **fachgesetzliche Einschränkungen**. Diese ergeben sich insbesondere aus Vorschriften
- des Denkmalschutz- und Denkmalpflegerechts,
- des Naturschutz- und Landschaftsrechts,
- des Wasserrechts,
- des Abfallrechts (Altlasten),
- des Straßen-, Wasserstraßen- und Luftverkehrsrechts, und
- des Immissionsschutzrechts.

154

Die Bauaufsichtsbehörde hat ebenfalls eigenverantwortlich zu prüfen, ob diese Gesichtspunkte **berührt** werden, und gegebenenfalls die **Beteiligung** der entsprechenden Behörden zu **veranlassen**.

155

Besondere Bedeutung erlangen das **Straßenrecht** und das **Wasserrecht** für die **gesicherte Erschließung** des Vorhabens (vgl. § 4 Rdn. 4–16). Eine Baugenehmigung, welche

156

§ 74 Baugenehmigung, Baubeginn

die Sicherung der abwassermäßigen Erschließung ausdrücklich nicht trifft und einer gesonderten Entscheidung vorbehält, ist nichtig (Hess. VGH, Urt. v. 31.05.1985 – IV OE 55/82, BRS 44 Nr. 63)

157 Neben diesen mehr oder weniger häufig anzuwendenden Vorschriften sind noch zahlreiche **Spezialregelungen** im Baugenehmigungsverfahren zu beachten, von denen hier nur einige **beispielhaft** genannt werden können:
– nach § 51 BauGB dürfen im **Umlegungsgebiet** bauliche Anlagen nur mit **Genehmigung der Umlegungsstelle** errichtet oder geändert werden,
– nach § 109 BauGB bedürfen auf **zu enteignenden Grundstücken** ab der Bekanntmachung über die Einleitung des Enteignungsverfahrens die Errichtung und Änderung baulicher Anlagen der **Genehmigung der Enteignungsbehörde**,
– nach §§ 144, 145 und 169 in Verbindung mit § 14 Abs. 1 BauGB dürfen im **förmlich festgelegten Sanierungsgebiet** sowie **im städtebaulichen Entwicklungsbereich** nur mit **Genehmigung der Gemeinde** Vorhaben im Sinne des § 29 BauGB durchgeführt oder bauliche Anlagen beseitigt werden,
– nach § 34 FlurbG bedarf im **Flurbereinigungsgebiet** die Errichtung, die Änderung und die Beseitigung baulicher Anlagen der **Zustimmung der Flurbereinigungsbehörde**; diese »Zustimmung« ist kein interner Mitwirkungsakt, sondern ein selbständiger Verwaltungsakt (BVerwG, Urt. v. 25.04.1989 – 5 C 24.86, NVwZ 1989, 236),
– nach § 3 Schutzbereichsgesetz bedarf im **militärischen Schutzbereich** die Errichtung, Änderung oder Beseitigung baulicher Anlagen der **Genehmigung der Schutzbereichsbehörde**.

158 Übersieht die Bauaufsichtsbehörde ein **spezialgesetzliches Genehmigungs- oder Zustimmungserfordernis** und erteilt sie die Baugenehmigung ohne entsprechenden Vorbehalt, so ist diese lediglich **rechtswidrig**, jedoch nicht nichtig (vgl. Rdn. 247–249). Die rechtswidrige Baugenehmigung kann, sofern die Fachbehörde nicht nachträglich zustimmt oder genehmigt, nach den Regeln des § 48 VwVfG. NRW. zurückgenommen werden (vgl. Rdn. 38–50).

159 Die **bauordnungsrechtliche Prüfung** muss, **soweit keine Prüfeinschränkungen nach § 64 Abs. 1 BauO NRW** gesetzlich geregelt sind, **vorbehaltlos** erfolgen. Die Bauaufsichtsbehörde hat also das **gesamte Bauordnungsrecht** zu prüfen. Hat die Bauaufsichtsbehörde Zweifel an der Richtigkeit der bescheinigten Übereinstimmung mit dem geprüften Rechtsbereich, kann sie selbstverständlich eigenverantwortlich in die Prüfung einsteigen (vgl. § 71 Rdn. 58). Leider ist es bislang schon mehrfach – auch im Bereich des Brandschutzes – vorgekommen, dass sich **Bescheinigungen** von staatlich anerkannten Sachverständigen als **fehlerhaft** erwiesen haben.

160 Zu prüfen sind auch sämtliche **nach § 3 Abs. 2 Satz 3 BauO NRW eingeführten technischen Regeln**, wie dies § 71 Abs. 4 BauO NRW anordnet (vgl. § 71 Rdn. 99). Die technischen Regeln wurden mit RdErl. vom 07.12.2018 (MBl. NRW. S. 775) bauaufsichtlich eingeführt und in der **Liste der Technischen Baubestimmungen** übersichtlich zusammengefasst.

Entsprechend dem Grundsatz, dass die Baugenehmigung die Übereinstimmung des 161
Vorhabens mit dem gesamten zu prüfenden öffentlichen Recht voraussetzt, darf die
Bauaufsichtsbehörde **keine zu prüfenden bauordnungsrechtlichen Fragen ausklammern**. In die Prüfung **einbezogen ist der abwehrende Brandschutz**, weil vorbeugender
und abwehrender Brandschutz eine **untrennbare Einheit** bilden.

3.2 Vorausgegangene Entscheidungen

Der **Vorbescheid** zur **bodenrechtlichen Bebauungsfähigkeit** eines Grundstücks ist 162
seinem Wesen nach ein Ausschnitt aus dem feststellenden Teil der Baugenehmigung
und wird als **Bebauungsgenehmigung** bezeichnet (BVerwG, Urt. v. 23.05.1975 – IV
C 28.72, BRS 29 Nr. 116 und Urt. v. 03.04.1987 – 4 C 41.84, BRS 47 Nr. 63;
vgl. § 77 Rdn. 21–23). Eine solche **Bebauungsgenehmigung** ist ein Vorbescheid besonderer Art und hinsichtlich seiner Rechtsqualität nicht bloße Zusage, sondern bereits **teilweise Genehmigung** (BVerwG, Urt. v. 09.12.1983 – 4 C 44/80, BVerwGE
68, 241), die sich gegenüber Rechtsänderungen durchsetzt, z.B. dem Inkrafttreten
einer Veränderungssperre oder eines Bebauungsplans (BVerwG, Urt. v. 03.02.1984 –
4 C 39.82, BRS 42 Nr. 170). Sonstige Vorbescheide – z.B. zu bauordnungsrechtlichen
Fragen – nehmen die Baugenehmigung ebenfalls teilweise vorweg (vgl. Ortloff, Zur
Bindungswirkung des baurechtlichen Vorbescheids bei nachfolgender Änderung der
Sach- und Rechtslage, NVwZ 1983, S. 705 ff. und Schneider, Die Bindungswirkung
des Bauvorbescheids und der Vertrauensschutz des Bauherrn, BauR 1988, S. 13 ff.).

Der Vorbescheid erzeugt **Bindungswirkung für das nachfolgende Baugenehmigungs-** 163
verfahren. Durch die aufschiebende Wirkung eines Nachbarwiderspruchs wird weder
die Wirksamkeit des Vorbescheides gehemmt, noch die Bauaufsichtsbehörde gehindert, die Baugenehmigung zu erteilen (OVG NRW, Beschl. v. 09.12.1996 – 11a B
1710/96 NE, BRS 58 Nr. 52 = UPR 1997, 379). Diese **Bindungswirkung** besteht **nur
für** einen mit dem Vorbescheid im Wesentlichen **deckungsgleichen Bauantrag**. Die
Bauaufsichtsbehörde ist an die im Vorbescheid getroffenen Feststellungen gebunden.
Um sich von der Bindungswirkung eines rechtswidrigen Vorbescheids zu lösen, bedarf
es einer Rücknahme nach § 48 VwVfG. NRW. (vgl. Rdn. 39–50).

Die **bauordnungsrechtliche Teilungsgenehmigung** nach § 7 BauO NRW entfaltet 164
keine Bindungswirkung für das nachfolgende Baugenehmigungsverfahren (vgl. § 7
Rdn. 57). Vielmehr besteht umgekehrt auch nach Erteilung der Baugenehmigung
für noch unbebaute Grundstücke ein Genehmigungserfordernis für Teilungsvorgänge
nach § 7 Abs. 1 Satz 1 BauO NRW.

Ein Anspruch auf Baugenehmigung kann sich schließlich noch aus einer **schriftlichen** 165
Zusicherung nach § 38 VwVfG. NRW. ergeben. Im Gegensatz zum Vorbescheid
ist die Zusicherung **kein vorweggenommener Teil der Baugenehmigung**, sondern
lediglich eine **Zusage, die Baugenehmigung zu erteilen** (zum Unterschied zwischen
Vorbescheid und Zusicherung s. OVG NRW, Urt. v. 12.05.1987 – 7 A 240/86, BauR
1988, 68 = BRS 47 Nr. 137; vgl. auch Stelkens, Probleme der Zusicherung, NVwZ
1987, S. 471 ff.). Im Gegensatz zum Vorbescheid können sich nach Erteilung der
Zusicherung eintretende **Änderungen der Sach- oder Rechtslage** auswirken und

die Bauaufsichtsbehörde von der Bindung an die Zusicherung befreien (§ 38 Abs. 3 VwVfG. NRW.). Dies ist der Grund für die praktische Bedeutungslosigkeit dieses Rechtsinstituts im Baurecht.

3.3 Auswirkungen des Bestandsschutzes

166 Als unmittelbar geltendes Recht wies Art. 14 GG in der Rechtsprechung lange Zeit große Bedeutung für baurechtliche Sachverhalte auf. Das BVerwG zog diese Verfassungsbestimmung heran, um Bauwerke vor Folgen nachträglich eingetretener Rechtsänderungen zu bewahren und damit deren Bestand zu sichern. Hierfür verwendet die Rechtsprechung den gesetzlich nicht definierten, **gewohnheitsrechtlich üblichen Begriff »Bestandsschutz«**. Bereits ein Urt. v. 28.06.1956 des BVerwG zu § 4 WSG (– 1 C 93.54, BRS 6 IV 2 S. 78) enthält die Aussage, dass es der verfassungsmäßigen Eigentumsgarantie widerspricht, wenn bei der Prüfung der Frage, ob ein Bau materiell illegal ist, die Rechtslage im Zeitpunkt der Errichtung des Baues außer Betracht gelassen wird. Der Bestandsschutz spielte zunächst nur eine Rolle bei der Auslegung der Außenbereichsvorschriften, da § 35 BBauG 1960 keine besonderen Regelungen über die Behandlung bestehender baulicher Anlagen enthielt (zum Bestandsschutz s. Schlichter/Stich/Driehaus/Paetow, zu § 30 Rn. 11–11d).

167 In der Rechtspraxis wird zwischen
- **passivem** und
- **aktivem**

168 Bestandsschutz unterschieden; ohne die Sonderformen des aktiven Bestandsschutzes spricht man auch von einfachem Bestandsschutz. Während der passive Bestandsschutz nur auf die Erhaltung eines in rechtmäßiger Eigentumsausübung geschaffenen Bestandes an Grundstücks- bzw. Gebäudenutzungen zielt, beschreibt der aktive Bestandsschutz die Befugnis zur funktionsgerechten Nutzung eines bestandsgeschützten Gebäudes bzw. einer bestandsgeschützten Grundstücksnutzung in Verbindung mit Erweiterungen. Der **aktive** Bestandsschutz kennt noch als **Sonderformen**
- das **Überwirken** sowie
- die **eigentumskräftig verfestigte Anspruchsposition.**

169 Der Rechtsprechung zu diesen Sonderformen des aktiven Bestandsschutzes hat der Gesetzgeber durch **Ergänzung einfachrechtlicher Vorschriften** Rechnung getragen, so z.B. im Befreiungsrecht und in der Baunutzungsverordnung. **Bestandsschutz der Sonderformen** wird daher heute nicht mehr unmittelbar aus Art. 14 Abs. 1 GG hergeleitet, sondern den **einfachgesetzlichen Bestimmungen** entnommen. Insofern hat sich die in der Literatur an der Bestandsschutzrechtsprechung geäußerte Kritik durchsetzen können, die darauf hinweist, dass es nach Art. 14 Abs. 1 Satz 2 GG **Sache des Gesetzgebers sei, Inhalt und Schranken des Eigentums zu bestimmen** (vgl. Rdn. 187). Deshalb könne es neben den einfachrechtlichen Vorgaben des Gesetzgebers zum aktiven Bestandsschutz keinen direkt aus der Verfassung abgeleiteten Anspruch geben, der baurechtlich nicht zulässige Erneuerungen oder Erweiterungen ermögliche (vgl. Uechtritz, Grenzen des baurechtlichen Bestandsschutzes bei Nutzungsunterbrechungen, DVBl 1997, S. 347 ff.; Sieckmann, Eigentumsgarantie und baurechtlicher

Bestandsschutz, NVwZ 1997, S. 853 ff.; Boecker, Zur Reduktion des Bestandsschutzes in der baurechtlichen Rechtsprechung des Bundesverwaltungsgerichts, BauR 1998, S. 441 ff.; Gehrke/Brehsan, Genießt der baurechtliche Bestandsschutz noch Bestandsschutz?, NVwZ 1999, S. 932 ff. und Mampel, Verkehrte Eigentumsordnung – Das Unwesen des verfassungsunmittelbaren Bestandsschutzes, ZfBR 2002, S. 327 ff.).

Während das **Bauordnungsrecht** den **passiven Bestandsschutz** mit § 59 BauO NRW ausdrücklich geregelt hat, bleibt die Rechtslage im **Bauplanungsrecht unübersichtlich**, wenn auch nicht verkannt werden darf, dass der Bundesgesetzgeber das Problem des aktiven Bestandsschutzes gesehen und geregelt hat (vgl. § 31 Abs. 2, § 34 Abs. 2 durch Bezugnahme auf § 31 Abs. 2 und § 35 Abs. 4 BauGB). Es fehlt jedoch im Zulässigkeitsrecht für Vorhaben nach wie vor eine Bestimmung zum passiven Bestandsschutz und eine Zusammenfassung der verstreut angeordneten Einzelregelungen zum aktiven Bestandsschutz. Was das Planungsrecht unter passivem Bestandsschutz versteht, lässt sich aber indirekt den Vorschriften über Veränderungsverbote in §§ 14, 51 und 144 BauGB bzw. über die Entschädigung in §§ 39–44 BauGB entnehmen. Eine abschließende Regelung wäre auch deshalb geboten, weil nur der Gesetzgeber zwischen den in Art. 14 Abs. 1 und 2 GG vorgegebenen Leitlinien, also zwischen der Privatnützigkeit des Eigentums und seiner Sozialpflichtigkeit abwägen kann, um Möglichkeiten und Grenzen des Bestandsschutzes eindeutig aufzuzeigen. 170

3.4 Passiver Bestandsschutz

Eine bestehende Anlage kann, auch wenn sie nach gegenwärtig herrschendem Recht materiell rechtswidrig ist, nicht beseitigt werden, wenn sie **Bestandsschutz** genießt. Dieses Ergebnis wurde lange Zeit direkt aus Art. 14 Abs. 1 GG hergeleitet (BVerwG, Urt. v. 28. 6. 1956 – BVerwG I C 93/54 =BVerwGE 3, 351 = NJW 1957, 557; BVerwG, Urt. v. 17.01.1986 – 4 C 80/82 = BVerwGE 72, 362 = BauR 86, 302 = DVBl 86, 677 = NJW 1986, 2126). Nach der Rechtsprechung des BVerfG, des BVerwG, aber auch der des BGH, fand der Bestandsschutz seine Rechtfertigung allein in der verfassungsrechtlich gebotenen »**Sicherung des durch die Eigentumsausübung Geschaffenen**«. Im Laufe der Zeit hat sich dieses Verständnis insoweit weiterentwickelt, als dem Bestandsschutz heute eine eigenständige, bundesrechtlich begründete Bedeutung zukommt (BVerwG, Urt. v. 07.11.1997 – 4 C 7/97 = BauR 1998, 533 = DVBl 1998, 587), sodass es einem direkten Rückgriff auf Art. 14 Abs. 1 GG nicht mehr bedarf(BVerwG Urt. v. 12.03.1998 – 4 C 10/97 = BVerwGE 106, 228 = BauR 1998, 760 NVwZ 1998, 842 = DÖV 1998, 600). 171

Der Bestandsschutz verhindert, dass eine **rechtmäßig errichtete bauliche Anlage rechtswidrig wird**, auch wenn das öffentliche Recht sich später ändert und die bestehende Anlage nunmehr dem geänderten Recht widerspricht (BVerwG, Urt. v. 21.01.1972 – IV C 212.65, BauR 1972, 152 = BRS 25 Nr. 155 = DÖV 1972, 494 = DVBl 1972, 219; BGH, Urt. v. 20.09.1984 – III ZR 58/83, BauR 1985, 287 = BRS 42 Nr. 164 = UPR 1985, 123). Das rechtmäßig bestehende Gebäude bzw. die rechtmäßig ausgeübte Grundstücksnutzung wird hinsichtlich der bisherigen Funktion, Nutzung und baulichen Beschaffenheit vor einem nachträglichen Beseitigungsverlangen geschützt. 172

Wurde eine bauliche Anlage einmal genehmigt, genießt sie Bestandsschutz, selbst wenn die Genehmigung unter Verstoß gegen die materielle Rechtlage erteilt wurde, da auch eine rechtswidrige Baugenehmigung bestandskräftig wird (sog. Formeller Bestandsschutz, OVG NRW, Urt. v. 02.12.1987 – 11 A 408/86, NVwZ 1988, 942 = NJW 1989, 186). Der Bestandsschutz lässt regelmäßig ein bauordnungsrechtliches Anpassungsverlangen nur unter besonderen Voraussetzungen des § 59 Abs. 1 BauO NRW zu.

173 Mitunter werden genehmigungsbedürftige Vorhaben bereits vor Zugang der beantragten Baugenehmigung abweichend vom Inhalt der erteilten Baugenehmigung oder sogar völlig ohne Baugenehmigung (**Schwarzbauten**) ausgeführt. Sofern das ausgeführte Vorhaben nicht offensichtlich materiell rechtswidrig ist, hat die Bauaufsichtsbehörde den Sachverhalt von Amts wegen zu ermitteln und die notwendigen Verfahren einzuleiten (vgl. Mampel, Formelle und materielle Illegalität, BauR 1996, S. 13 ff.). In diesem Zusammenhang wird sie den Bauherrn auffordern, **nachträglich prüffähige Bauvorlagen** einzureichen, um die Übereinstimmung des Vorhabens mit dem öffentlichen Recht beurteilen zu können. Sie kann diese Prüfung wegen der **Komplexität** des öffentlichen Rechts in aller Regel nur anhand von **Bauvorlagen** vornehmen; ein derartiges Verlangen ist zulässig (BVerwG, Urt. v. 21.01.1972 – IV C 212.65, BauR 1972, 152 = BRS 25 Nr. 155 = DÖV 1972, 494 = DVBl 1972, 219; BGH, Urt. v. 20.09.1984 – III ZR 58/83, BauR 1985, 287 = BRS 42 Nr. 164 = UPR 1985, 123). Bei der Beurteilung der Rechtmäßigkeit des Vorhabens ist dann aber nicht allein auf den Inhalt der eingereichten Bauvorlagen abzustellen, sondern ergänzend auf die tatsächlich schon bestehenden Verhältnisse wie Gebäudeabmessungen, Grenzabstände etc., da es gerade auf die Übereinstimmung der Unterlagen mit der bereits realisierten baulichen Anlage ankommt (OVG NRW, Urt. v. 18.10.2011 – 10 A 26/09, BauR 2012, 923) Die Behörde ist verpflichtet, anhand der Unterlagen die frühere Baurechtslage zu erforschen. Dabei sind möglicherweise auch alte Bebauungspläne von Bedeutung. Der Verlust eines Plandokuments ist kein Grund, abstrakt die Möglichkeit von Mängeln im Rechtsetzungsverfahren dieses Planes zu unterstellen. Die Missachtung organisatorischer Vorsorge gegen den Verlust von Planunterlagen auf behördlicher Seite kann zugunsten des Bauwerbers zu berücksichtigen sein (BVerwG, Beschl. v. 01.04.1997 – 4 B 206/96, BRS 59 Nr. 34 = NVwZ 1997, 891).

174 Die weitere bauaufsichtliche Behandlung des Vorgangs hängt auch von der Reaktion des Ordnungspflichtigen ab. Legt dieser einen **Bauantrag** vor – was er nicht muss – und entspricht das Vorhaben dem geltenden öffentlichen Recht, muss die **Baugenehmigung nachträglich** erteilt werden. Werden **nur Bauvorlagen**, aber kein Bauantrag eingereicht, kann von Amts wegen **keine Baugenehmigung** erteilt werden, da dies einen Antrag voraussetzt; der Erlass dieses Verwaltungsaktes bedingt nämlich die Mitwirkung des Bauherrn (mitwirkungsbedürftiger Verwaltungsakt; vgl. § 70 Rdn. 9–11). Die Prüfung der Bauvorlagen endet in diesem Fall mit der Feststellung, dass dem bereits ausgeführten Vorhaben keine öffentlich-rechtlichen Vorschriften entgegenstehen.

Schwieriger gestaltet sich das Verfahren, wenn zwar ein nachträglicher Bauantrag oder 175
nur Bauvorlagen eingereicht wurden, das Vorhaben aber nachträglich nicht wegen
entgegenstehender (aktueller) öffentlich-rechtlicher Vorschriften genehmigt werden
kann. Sofern der Schwarzbau schon lange Zeit bestanden hat, erfordert die Prüfung
mitunter erheblichen Aufwand, da der Gesichtspunkt des baurechtlichen Bestandsschutzes Anwendung findet. Die Bauaufsichtsbehörde hat zur **Aufklärung des Sachverhalts** von Amts wegen gründlich und sorgfältig zu ermitteln. Sie kann dies dem
Ordnungspflichtigen nicht einfach »aufdrücken«, sondern muss das zur Verfügung
stehende Archivmaterial auswerten und evtl. andere Dienststellen um Auskunft ersuchen. Erweist sich jedoch nach gründlicher Nachforschung als **unaufklärbar**, wann
das Gebäude errichtet oder die Nutzung aufgenommen wurde und ob dementsprechend Bestandsschutz besteht, so geht dies zu **Lasten des Ordnungspflichtigen**
(BVerwG, Urt. v. 23.02.1979 – 4 C 86.76, BauR 1979, 228 = BRS 35 Nr. 206 =
NJW 1980, 252 und Beschl. v. 17.07.2003 – 4 B 55.03, BauR 2004, 657 = BRS 66
Nr. 167; OVG NRW, Beschl. v. 05.08.2008 – 7 A 2828/07, juris). Beweispflichtig
für das Vorliegen einer Baugenehmigung ist der Bürger, wenn er sich gegenüber einer
Beseitigungsanordnung darauf beruft, das Bauwerk sei genehmigt und deshalb formell
baurechtmäßig (OVG NRW, Beschl. v. 18.01.2001 – 10 B 1898/00, BauR 2001,
758 = EildStNW 2001, 269 = ZfBR 2001, 354; BayVGH, Beschl. v. 20.01.2014 – 2
ZB 11.2878, juris).

Ergeben die Nachforschungen der Behörde, dass eine bauliche Nutzung im Laufe 176
ihrer Existenz während eines längeren Zeitraums materiell-rechtlich legal war, ist umstritten, unter welchen Voraussetzungen die bauliche Anlage Bestandsschutz genießt.

Nach wohl noch **überwiegender Ansicht** (vgl. umfassend Lindner, Der passive Be- 177
standsschutz im öffentlichen Baurecht, DÖV 2014, S. 313; Gehrke/Brehsan, Genießt
der baurechtliche Bestandsschutz noch Bestandsschutz?, NVwZ 1999, S. 932; Dreier,
Grundrechtsdurchgriff contra Gesetzesbindung?, Die Verwaltung 36, S. 105) setzt
der Bestandsschutz voraus, dass die bauliche Anlage **rechtmäßig**, mitunter auch **nachträglich**, errichtet werden konnte (BVerwG, Urt. v. 13-06-1980 – 4 C 98/77, NJW
1981, 473). Danach genießen alle baulichen Anlagen Bestandsschutz, die zu irgendeinem Zeitpunkt materiell rechtmäßig waren, sie also zu irgendeinem Zeitpunkt
genehmigungsfähig waren (BVerfG, Beschl. v. 24.07.2000 – 1 BvR 151/99, NVwZ
2001, 424). Dies ist dann der Fall, wenn die bauliche Anlage seit ihrem Bestehen in
einem **namhaften Zeitraum** dem **materiellen Recht entsprochen** hat. Ein namhafter
Zeitraum wird angenommen, wenn der Zeitraum, in dem die Anlage dem materiellen
Recht entsprochen hat ausgereicht hätte, um mit einer angemessenen Frist zur Bearbeitung einen dem vorhandenen Bestand entsprechendes Bauantragsverfahren zu
durchlaufen. In Anlehnung an § 75 Satz 2 VwGO wird im Ergebnis von einem Zeitraum von **drei Monaten** ausgegangen.

Nach anderer, im Ergebnis **vorzugswürdiger Meinung** (so auch Simon/Bus- 178
se, Art. 76 Rn. 117; Aichele/Herr, Die Aufgabe des übergesetzlichen Bestandsschutzes und die Folgen, NVwZ 2003, 415; Bay VGH, Urt. v. 17.10.2006 – 1 B
05.1429) umfasst der Bestandsschutz für bauliche Anlagen gegenüber Änderungen

der Baurechtsordnung nur den **genehmigten bzw. genehmigungsfähigen Bestand** (BVerwG Urt. v. 12.03.1998 – 4 C 10/97 = BVerwGE 106, 228 = BauR 1998, 760 NVwZ 1998, 842 = DÖV 1998, 600). Dieser Ansicht zugrunde liegt die geänderte Eigentumsdogmatik, also die Aufgabe des verfassungsunmittelbaren Bestandsschutzes (vgl. Rdn. 169). Inhalt und Schranken des Bestandsschutzes bestimmen sich nach Maßgabe des einfachen Rechts. Die in der BauO NRW niedergeschriebenen Grundsätze sind zu beachten. Art. 14 Abs. 1 GG fungiert ausschließlich als verfassungsrechtlicher Prüfungsmaßstab, an dem das einfache Recht zu messen ist. Die BauO NRW sieht in § 74 Abs. 7 vor, dass mit der Bauausführung erst mit Zugang der Baugenehmigung begonnen werden darf. Die Baugenehmigung ist nach § 74 Abs. 1 BauO NRW zu erteilen, wenn das Vorhaben dem materiellen Recht entspricht. Die Eigentumsgarantie des Art. 14 Abs. 1 GG setzt voraus, dass ein Vorhaben materiell rechtmäßig ist bzw. war (BVerwG, Beschl. v. 18.07.1997 – 4 B 116/97, BauR 1997, 991 = DÖV 1998, 78 = NVwZ-RR 1998, 357). Eine bauliche Anlage genießt nur dann Bestandsschutz, wenn sie zum **Zeitpunkt ihrer Errichtung dem materiellen Recht entsprochen** hat. Es reicht nicht aus, dass die Anlage nur zwischenzeitlich in einem namhaften Zeitraum dem materiellen Recht entsprochen hat. Wer eine bauliche Anlage außerhalb der Rechtsordnung errichtet kann keinen Schutz erwarten, selbst wenn die bauliche Anlage zwischenzeitlich über einen namhaften Zeitraum dem materiellen Recht entsprochen hat. Ansonsten würde derjenige, der es rechtswidrig unterlässt, eine erforderliche Baugenehmigung zu beantragen, durch die Umgehung in den Genuss des Bestandsschutzes kommen.

179   Das Verlangen des Bauherrn nach einer nachträglichen Legalisierung dürfte jedoch mitunter in jedem Fall zu Problemen in der praktischen Handhabung führen. Der normale »**Bauschein**« kann nämlich deshalb **keine Verwendung** finden, weil das Gebäude zum Bescheidungszeitpunkt gegen zwischenzeitlich in Kraft getretene öffentlich-rechtliche Vorschriften verstößt. Es bleibt der Ausweg, dem Bauherrn die **schriftliche Feststellung** der Behörde zu übermitteln, **dass die Anlage zum Zeitpunkt der Errichtung nicht gegen öffentlich-rechtliche Vorschriften verstoßen hat und deshalb Bestandsschutz genießt**. Ein Bauherr soll allerdings keinen Anspruch auf einen feststellenden Verwaltungsakt des Inhalts haben, dass ein ohne die erforderliche Baugenehmigung ausgeführtes Bauvorhaben Bestandsschutz genießt (so BayVGH, Urt. v. 06.12.2001 – 1 B 00.2488, UPR 2002, 152). Zweckmäßigerweise wird man den Bauherrn gleichzeitig darüber informieren, dass dieser Bestandsschutz verloren geht, wenn Funktion und Nutzung aufgegeben oder wesentlich geändert werden (BVerwG, Urt. v. 23.01.1981 – 4 C 83.77, BauR 1981, 246 = BRS 38 Nr. 89 = DÖV 1981, 457 = NJW 1981, 1224 zur Nutzungsänderung eines gewerblich genutzten Grundstücks im Außenbereich von Gemüse- und Spirituosenhandel in Betrieb zum Ausschlachten von Kraftfahrzeugen).

180   Der Eigentümer einer seit langer Zeit schon bestehenden, jedoch formell und materiell rechtswidrigen baulichen Anlage kann **keinen Bestandsschutz** aus der Tatsache herleiten, dass der Bauaufsichtsbehörde der **ordnungswidrige Zustand erst später bekannt** wurde. Weder die stillschweigende **Duldung** eines illegalen Zustandes kann

Bestandsschutz verschaffen, noch die bloße **Untätigkeit** der Behörde eine Baugenehmigung ersetzen (zur Duldung im Rahmen des ordnungsbehördlichen Einschreitens vgl. § 82 Rdn. 14–16). So hat die Rechtsprechung die Beseitigungsanordnung einer seit 30 Jahren geduldeten, jedoch formell und materiell illegalen Schweinemästerei bestätigt, weil zwischenzeitlich Wohnbebauung bis auf 120 m an den Betrieb herangewachsen war und die Immissionsbelästigungen die legale Wohnnutzung störten (BVerwG, Beschl. v. 19.08.1974 – IV B 2.74, BRS 28 Nr. 31).

Die **praktische Bedeutung** des passiven Bestandsschutzes liegt darin begründet, dass der Eigentümer einer baulichen Anlage einer bauaufsichtlichen Beseitigungsverfügung entgegentreten kann, weil die Anlage seinerzeit rechtmäßig errichtet wurde. Der **Abbruch** bestandsgeschützter baulicher Anlagen kann deshalb rechtmäßig **nur unter Gewährung einer angemessenen Entschädigung** im Umlegungs-, Enteignungs- oder Sanierungsverfahren bzw. durch Abbruchgebot nach § 179 BauGB verlangt werden. In folgenden **Fällen** ist passiver Bestandsschutz gegeben: 181
– die Anlage wurde zum Zeitpunkt ihrer Errichtung rechtmäßig genehmigt, stimmt jedoch mit dem geltenden öffentlichen Recht nicht mehr überein;
– die Anlage wurde ohne Genehmigung seinerzeit errichtet, stimmte aber zu diesem Zeitpunkt mit dem früher geltenden öffentlichen Recht überein, nunmehr widerspricht sie jedoch dem jetzt geltenden öffentlichen Recht;
– die Anlage wurde zum Zeitpunkt ihrer Errichtung rechtswidrig genehmigt, da sie dem seinerzeit gültigen öffentlichen Recht zuwiderlief (rechtswidrige Baugenehmigung), sie widerspricht auch dem geltenden öffentlichen Recht – eine Rücknahme nach § 48 VwVfG. NRW. scheidet jedoch aus.

Die **geschützte Eigentümerposition** ist an enge inhaltliche Voraussetzungen gebunden. Geschützt wird **nur die funktionsgerechte Nutzung** des Bauwerks, nicht die nie fertig gestellte Konstruktion. Die ursprüngliche Nutzung darf nicht aufgegeben und durch eine andere Nutzung ersetzt werden, die nach dem öffentlichen Recht einer Genehmigung bedarf. Wird z.B. eine im Außenbereich gelegene **privilegierte** Jagdhütte für Freizeitzwecke **umgenutzt**, so liegt hierin nicht nur eine Nutzungs-, sondern zugleich eine Funktionsänderung, die zu einer **Entprivilegierung** und zum **Verlust des Bestandsschutzes** führt (BVerwG, Beschl. v. 21.06.1994 – 4 B 108.94, BauR 1994, 737 = BRS 56 Nr. 76; OVG NRW, Urt. v. 16.03.2012 – 2 A 760/10, juris). Aus dem Bestandsschutz, den eine bauliche Anlage wegen einer bestimmten Funktion genießt, lässt sich nichts zugunsten einer Änderung dieser Funktion herleiten (BVerwG, Urt. v. 15.11.1974 – IV C 32.71, BauR 1975, 44 = BRS 28 Nr. 34 = DÖV 1975, 685 = DVBl 1975, 498). 182

Innerhalb der öffentlich-rechtlich »**unschädlichen**« Variationsbreite einer gegebenen Nutzung besteht **nur geringer Spielraum** für vom passiven Bestandsschutz gedeckte Veränderungen. Vorgänge mit bodenrechtlicher Relevanz sind in dieser Hinsicht schädlich für den Bestandsschutz. **Vom Bestandsschutz nicht gedeckt** sind folgende **Fälle**: 183

- die Anlage ist in ihrer vorgesehenen Funktion nicht fertiggestellt worden, z.B. wurden nur die Fundamente errichtet (BVerwG, Urt. v. 22.01.1971 – IV C 62.66, BauR 1971, 188 = BRS 24 Nr. 193 = DÖV 1971, 641 = NJW 1971, 1624),
- die Anlage dient nicht mehr ihrer ursprünglich zugedachten Funktion, z.b. wurde eine völlig andere Nutzung aufgenommen (BVerwG, Urt. v. 25.03.1988 – 4 C 21.85, BRS 48 Nr. 138 und Beschl. v. 21.11.2000 – 4 B 36/00, BauR 2001, 610; OVG Bln-Bbg, Beschl. v. 18.07.2017 – OVG 2 N 28.17, juris),
- die Anlage erfährt eine qualitativ oder quantitativ wesentliche Veränderung ihrer Nutzungsintensität, z.b. wurde die Anzahl der Nutzungseinheiten oder der Produktionsumfang stark erhöht (BVerwG, Urt. v. 11.02.1977 – IV C 8.75, BauR 1977, 253 = BRS 32 Nr. 140 = NJW 1977, 1932; OVG Schl-H, Beschl. v. 04.04.2011 – 1 LA 96/10, juris),
- die Anlage soll beseitigt und neu errichtet werden (BVerwG, Urt. v. 19.10.1966 – IV C 16.66, BBauBl 1968, 70 = BRS 17 Nr. 49 = DÖV 1967, 277; OVG M-V, Urt. v. 23.05.2012 – 1 L 94/08, NuR 2012, 853),
- die Anlage soll neu errichtet werden, da bei Reparaturarbeiten die Notwendigkeit der Neuerrichtung offenkundig wird (BVerwG, Urt. v. 13.03.1981 – 4 C 2.78, BauR 1981, 360 = BRS 38 Nr. 98 = DÖV 1981, 675 = NJW 1981, 2143),
- die Anlage muss einer öffentlichen Maßnahme weichen, z.B. Deichbau, und am verschobenen Standort neu errichtet werden (BVerwG, Urt. v. 09.10.1981 – 4 C 66.80, BBauBl 1982, 214 = BauR 1982, 153 = BRS 38 Nr. 100 = DÖV 1982, 505 = NVwZ 1982, 374 = UPR 1982, 123).

184 Auch wird die Eigentumsposition durch **dauerhafte faktische Beendigung der Nutzung mit nachfolgendem Leerstand über einen längeren Zeitraum** aufgegeben, da danach wieder das öffentliche Interesse an der Durchsetzung des veränderten öffentlichen Rechts überwiegt. Hierzu hat die Rechtsprechung zunächst zum Tatbestand des § 35 Abs. 4 Satz 1 Nr. 3 BauGB (alsbaldige Neuerrichtung eines zulässigerweise errichteten, durch Brand, Naturereignisse oder andere außergewöhnliche Ereignisse zerstörten, gleichartigen Gebäudes an gleicher Stelle) entwickelte »**Zeitmodell**« herangezogen, um die Fortdauer des Bestandsschutzes prüfen zu können (vgl. BVerwG, Urt. v. 18.05.1995 – 4 C 20.94, BRS 57 Nr. 67 und Beschl. v. 05.06.2007 – 4 B 20.07, BauR 2007, 1697 = ZfBR 2007, 696):
- Im **ersten Jahr** ist nach der Verkehrsauffassung stets mit einer **Wiederaufnahme der alten Nutzung** zu rechnen.
- Im **zweiten Jahr** besteht noch eine »**Regelvermutung**«, die im Einzelfall jedoch **von der Bauaufsichtsbehörde entkräftet** werden kann, wenn Umstände vorliegen, aus denen nach der Verkehrsauffassung geschlossen werden kann, dass mit der Wiederaufnahme der Nutzung nicht mehr zu rechnen ist.
- Im **dritten Jahr kehrt sich die Vermutung um**. Es ist davon auszugehen, dass die Grundstückssituation nach so langer Zeit für eine Wiedernutzung nicht mehr offen ist. Der **Bauherr hat besondere Gründe darzulegen**, dass der Leerstand des Gebäudes noch keinen als endgültig erscheinenden Zustand herbeigeführt hat.

Dieses Zeitmodell kann allenfalls eine Orientierungshilfe sein. So führt die bloße 185
Nichtnutzung eines über viele Jahre hinweg leerstehenden Wohngebäudes als solche nicht schon regelmäßig zum Erlöschen des durch die erteilte Baugenehmigung vermittelten Bestandsschutzes, wenn nicht zugleich auch der Verfall des Gebäudes nach außen hin deutlich in Erscheinung tritt (OVG NRW, Urt. v. 14.03.1997 – 7 A 5179/95, BRS 59 Nr. 149; OVG Bln-Bbg, Beschl. v. 14.02.2006 – OVG 10 S 4.05, juris). Entscheidend muss vielmehr sein, ob in der Nutzungsaufgabe bzw. den damit einhergehenden Umständen (z.b. Verfall des Gebäudes, anderweitige Nutzung – soweit durch diese nicht ohnehin der Bestandsschutz entfällt) ein Verzicht auf die Ausübung der genehmigten bestimmungsgemäßen Nutzung gesehen werden kann, wobei ein entsprechender dauerhafter und endgültiger Verzichtswille unmissverständlich und unzweifelhaft zum Ausdruck kommen muss (VGH B-W, Urt. v. 04.03.2009 – 3 S 1467/07, BauR 2009, 1881; Hess. VGH, Beschl. v. 12.04.2016 – 4 A 1438/15.Z, BauR 2016, 1294; kritisch zur Anwendung des »Zeitmodells« auch Nds. OVG, Beschl. v. 20.07.2009 – 1 LA 103/07, BauR 2009, 1887).

Demgegenüber werden **vom einfachen Bestandsschutz Unterhaltungs- und In-** 186
standsetzungsmaßnahmen gedeckt, sofern bestehende Funktion und Nutzung des Bestandes erhalten bleiben (BVerwG, Urt. v. 18.10.1974 – IV C 75.71, BauR 1975, 114 = BRS 28 Nr. 114 = DVBl 1975, 501). Da der Katalog der genehmigungsfreien Vorhaben sehr umfangreich ist (vgl. § 62 BauO NRW), kann praktisch eine bestandsgeschützte Anlage ohne das Erfordernis zur Einholung von Baugenehmigungen auf Dauer erhalten und den jeweiligen Bedürfnissen der Nutzer angepasst werden. Selbst die Änderung tragender oder aussteifender Bauteile sowie die Änderung der äußeren Gestaltung sind unter bestimmten Voraussetzungen freigestellt.

3.5 Aktiver Bestandsschutz

In erster Linie ist der Bestandsschutz ein Schutz der Bestandsnutzung, so wie sie ur- 187
sprünglich rechtmäßig war. Die Rechtsprechung hatte darüber hinaus einen **aktiven Bestandsschutz** aus Art. 14 Abs. 1 GG hergeleitet, **um erforderliche Anpassungen zur funktionsgerechten Erhaltung zu ermöglichen.** Hierbei handelt es sich um **genehmigungsbedürftige bauliche Maßnahmen**, die der Aufrechterhaltung der ausgeübten Eigentumsposition dienen und auf **begrenzte Erweiterungen** bzw. **Modernisierungen** zielen. Die **Rechtsprechung des BVerwG**, die sich unmittelbar auf Art. 14 Abs. 1 GG stützt, hat einen **Wandel** vollzogen (vgl. Rdn. 197). Heute erkennt die Rechtsprechung einen aktiven Bestandsschutz nicht mehr an (BVerwG, Beschl. v. 12.3.1998, BauR 1998, 760 = DÖV 1998, 600 = NVwZ 1998, 842 unter ausdrücklicher Aufgabe von BVerwG Urt. v. 17.1.1986, BVerwGE 72, 362= BRS 46 Nr. 148 = DÖV 1986, 697 = DVBl 1986, 677 = NJW 1986, 2126 = ZfBR 1986, 143). Die teilweise überholten Entscheidungen zu kennen, ist aber wichtig, um die einfachrechtlichen Vorgaben des Gesetzgebers in der täglichen Rechtsanwendung **richtig verstehen** und **auslegen** zu können.

Das BVerwG hatte den aktiven Bestandsschutz zunächst nur zögernd angesprochen 188
und die Entscheidung offen gelassen. Erst kurz vor Erlass des BauGB 1986 gelang dann

der Durchbruch mit dem Urt. v. 17.01.1986 (– 4 C 80.82, BauR 1986, 302 = BRS 46 Nr. 148 = DÖV 1986, 697 = DVBl 1986, 677 = NJW 1986, 2126 = ZfBR 1986, 143). So wurde einem durch Bebauungsplan mit einer Grünfläche überplanten Gebäude aus dem Jahre 1926 im Außenbereich und Landschaftsschutzgebiet der baurechtliche Bestandsschutz zuerkannt und deshalb für begrenzte Erweiterungsmaßnahmen, die zur zeitgemäß funktionsgerechten Nutzung erforderlich sind, ein Baurechtsanspruch bestätigt. Es mussten im vorliegenden Fall die Erneuerung des Dachstuhls, die Herstellung von Verblendmauerwerk, die Erweiterung des Obergeschosses um zwei Wohnräume, der Einbau einer Stahlbetontreppe, die Erneuerung der Fenster und Türen sowie die Errichtung eines Nebengebäudes für drei Garagen und zwei Geräteräume zugelassen werden. Diese Rechtsprechung bot dann Veranlassung zu gesetzlichen Neuregelungen der Innen- und Außenbereichsvorschriften des BauGB 1986.

189 Die **Erweiterung** eines geschützten Bestandes kann für den Eigentümer dann eine **Existenzfrage** sein, wenn die vorhandene Substanz anders nicht mehr zeitgemäß nutzbar ist. Es leuchtet ohne weiteres ein, dass z.b. die heutigen Wohnbedürfnisse die Vermietbarkeit von Wohnungen ohne Bad und WC nahezu unmöglich machen. Fehlt einem alten Wohngebäude die Bad- bzw. WC-Ausstattung, wird man dem Eigentümer schwerlich verwehren können, durch Baumaßnahmen diese Einrichtungen zusätzlich zu schaffen. Im gewerblichen Bereich kann der Ersatz alter Anlagen, verbunden mit Rationalisierungsmaßnahmen, für die Fortführung des Betriebes von entscheidender Bedeutung sein.

190 Der **aktive Bestandsschutz** findet seine **Grenzen** in solchen **qualitativen und quantitativen Änderungen**, wie sie das BVerwG in der »**Tunnelofenentscheidung**« festgestellt hat (BVerwG, Urt. v. 12.12.1975 – IV C 71.73, BauR 1976, 100 = BRS 29 Nr. 135 = DÖV 1976, 387 = DVBl 1976, 214). In diesem Fall war der Ersatz eines Ringofens durch einen Tunnelofen in einer bestehenden Produktionshalle einer Ziegelei deshalb nicht mehr vom Bestandsschutz gedeckt, weil die damit verbundene Steigerung der Kapazität von 11 auf 20 Millionen Ziegel jährlich – also fast eine Verdoppelung – eine erhebliche Betriebserweiterung darstellt.

191 Im Gegensatz zum einfachen aktiven Bestandsschutz, der die Modernisierung und geringfügige Erweiterung eines Gebäudes gestattet, zielt der **überwirkende Bestandsschutz** auf das Hinzufügen weiterer Anlagen, die in einem engen Funktionszusammenhang mit den vorhandenen Anlagen stehen. Der Bestandsschutz wirkt von der bestehenden auf die neue Anlage über, um den Bestand vor wirtschaftlicher Entwertung zu schützen. **Gewerblichen Anlagen** hat das BVerwG dann einen überwirkenden Bestandsschutz zuerkannt, wenn die Fortführung des Betriebes davon abhängt, ihn jedoch für den Fall der erheblichen Produktionsausweitung abgelehnt (BVerwG, Urt. v. 11.02.1977 – IV C 8.75, BauR 1977, 253 = BRS 32 Nr. 140 = NJW 1977, 1932). So ist die Nutzungsänderung eines gewerblich genutzten Hofplatzes mit Lagerhalle von Kraftwagenspedition (Nahverkehr mit 2 Lkw) nebst Kohlenhandlung in Schwertransport und Kranbetrieb (Abstellen und Reparieren von 7 mobilen Telekränen) wegen der Vergrößerung der vorhandenen Nutzungsintensität nicht mehr vom Bestandsschutz gedeckt.

Ein Bestandsschutz kann in diesen Fällen nur überwirken, wenn zwischen dem vorhandenen Bestand und den seinem Schutz dienenden Maßnahmen ein **untrennbarer Funktionszusammenhang** besteht, infolge dieses Funktionszusammenhangs der Schutz des gegebenen Bestandes ohne die Zubilligung der Änderungs- oder gar Erweiterungsmaßnahmen schlechterdings gegenstandslos würde. Ein derartiger Funktionszusammenhang kann beim Austausch von Anlagen nur dann begründet werden, wenn mit ihm keine oder allenfalls untergeordnete Erweiterungen verbunden sind (BVerwG, Urt. v. 25.11.1970 – IV C 119.68, BauR 1971, 38 = BRS 23 Nr. 149). 192

Sofern diese Gesichtspunkte eingehalten werden, kann aber eine für die Betriebserhaltung notwendige untergeordnete Erweiterung mit dem überwirkenden Bestandsschutz begründet werden. Dies auch, wenn die von dem Betrieb ausgehenden Belästigungen im Rahmen dessen bleiben, was sich die Eigentümer der den Betrieb umgebenden Grundstücke (z.B. einer Wohnbebauung) aus eigentumsrechtlichen Gründen zumuten lassen müssen. Der Bestandsschutz, den ein Grundstück genießt, ist Bestandteil der »**Situation**«, in die dieses Grundstück und seine Umgebung hineingestellt sind; sie erweist sich nach der einen Seite als **Situations-Berechtigung**, nach der anderen hingegen als **Situations-Belastung** (BVerwG, Urt. v. 13.06.1969 – IV C 234.65, BRS 22 Nr. 181 = DÖV 1969, 753 = DVBl 1970, 57 = NJW 1969, 1787). Soweit die Situations-Belastung reicht, sind etwaige Belästigungen eigentumsrechtlich gerechtfertigt. Sie liegen aus diesem Grund innerhalb des Zumutbaren und sind deshalb nach § 5 Abs. 1 S. 1 Nr. 1 BImSchG nicht »erheblich«. 193

Aus Art. 14 Abs. 1 GG hat das Bundesverwaltungsgericht auch den **Schutz einer nicht ausgenutzten Grundstücksqualität** abgeleitet (BVerwG, Urt. v. 27.01.1967 – IV C 33.65, BRS 18 Nr. 44 = DÖV 1967, 714 = NJW 1967, 1099). Sofern für ein Grundstück einmal ein Anspruch auf Zulassung der Bebauung bestanden hat und sich nach der Situationsgebundenheit und der Verkehrsauffassung die Bebauung geradezu »aufdrängt«, ist das Eigentum gegen eine entschädigungslose Entziehung ebenfalls geschützt (BVerwG, Urt. v. 13.04.1983 – 4 C 21.79, BauR 1984, 54 = BRS 40 Nr. 242 = DVBl 1983, 895 = UPR 1983, 335). Dieser Gesichtspunkt sollte überwiegend zum Tragen kommen, wenn ein Gebäude durch Brand oder eine Katastrophe zerstört wird. Ergibt sich dann, dass das geltende Recht dem Wiederaufbau entgegensteht, drängt sich aber dieser Wiederaufbau aufgrund der örtlichen Situation und der Verkehrsauffassung geradezu auf, soll ein Anspruch auf Erteilung der Baugenehmigung aus Art. 14 Abs. 1 GG bestehen. Die Bejahung einer **eigentumskräftig verfestigten Anspruchsposition**, welche die entgegenstehenden öffentlich-rechtlichen Vorschriften wegen des Eigentumsrechts aus Art. 14 Abs. 1 GG verdrängt, setzt verschiedene Aspekte voraus: 194
– die Zerstörung des Bauwerks muss vorzeitig erfolgen, eine freiwillige Beseitigung somit nach der Verkehrsauffassung unvernünftig erscheinen, weil noch ein erheblicher Restwert und damit eine Restlebensdauer gegeben ist;
– die Beschaffenheit der Umgebung muss so sein, dass die sich aus öffentlichem Recht ergebende Unzulässigkeit nicht vorgezeichnet ist und der Wiederaufbau nach der Verkehrsauffassung sich deshalb aufdrängt.

3.6 Änderung der Rechtsprechung zum Bestandsschutz

195 In der Literatur wurde an dieser Rechtsprechung des BVerwG Kritik geäußert, da **die Rechtsprechung des BVerfG** die **Sozialgebundenheit des Eigentums** herausstellt. Mit einer Entscheidung aus dem Jahre 1984 trug das Bundesverwaltungsgericht diesen geäußerten Bedenken Rechnung (BVerwG, Urt. v. 17.02.1984 – 4 C 56.79, BBauBl 1984, 438 = BauR 1984, 493 = BRS 42 Nr. 80 = DÖV 1985, 37 = NVwZ 1984, 434 = UPR 1984, 303 = ZfBR 1984, 151). In diesem Fall hatte es die vormals gegebene Genehmigungsfähigkeit eines Außenbereichsvorhabens gegenüber späteren Darstellungen eines Flächennutzungsplanes als nicht eigentumsrechtlich geschützt angesehen. In einer weiteren Entscheidung verneinte das BVerwG schon wenige Jahre nach Nutzungsaufgabe eine eigentumsrechtlich geschützte Position (BVerwG, Beschl. v. 24.05.1988 – 4 C B 12.88, BBauBl. 1989, 535 = BauR 1988, 574 = BRS 48 Nr. 137).

196 Der **überwirkende Bestandsschutz** betrifft vorrangig gewerblich genutzte bauliche Anlagen, um letztlich Fehlinvestitionen als Folge ökonomischer Entwertung der Substanz zu verhindern. Da das **Zulässigkeitsrecht für Vorhaben nach §§ 29–37 BauGB** den Gesichtspunkt des aktiven Bestandsschutzes **einfachrechtlich** regelt, sind heute keine Fälle mehr denkbar, die zu einem Rückgriff auf Art. 14 Abs. 1 GG nötigen. Die mit Inkrafttreten des BauROG am 01.01.1998 bewirkten Änderungen der Vorschriften über die sonstigen »begünstigten« Vorhaben nach § 35 Abs. 4 BauGB gewährleisten den Erhalt bestehender baulicher Anlagen im Außenbereich und deren zeitgemäße Anpassung. Die erweiterten Befreiungsvoraussetzungen des § 31 Abs. 2 BauGB und des § 34 Abs. 2 BauGB, wie auch die heute gegebene Interpretation des »Einfügens« im Sinne des § 34 Abs. 1 BauGB ermöglichen einen wirksamen aktiven Bestandsschutz. Auch kann nach § 1 Abs. 10 BauNVO 1990 im Bebauungsplan, wenn bei der Festsetzung eines Baugebiets nach den §§ 2–9 BauNVO in überwiegend bebauten Gebieten bestimmte vorhandene bauliche und sonstige Anlagen unzulässig wären, festgesetzt werden, dass Erweiterungen, Änderungen, Nutzungsänderungen und Erneuerungen dieser Anlagen allgemein zulässig sind oder ausnahmsweise zugelassen werden können. Der »**erweiterte Bestandsschutz**« **durch Beplanung** dient auch der erleichterten Bewältigung vorhandener Gemengelagen (vgl. Jäde/Dirnberger/Weiß, zu § 1 BauNVO Rn. 65–73).

197 Die **Rechtsprechung des BVerwG**, die sich unmittelbar auf Art. 14 Abs. 1 GG stützt, hat einen **Wandel** vollzogen (BVerwG, Urt. v. 10.08.1990 – 4 C 3.90, BauR 1991, 51 = BRS 50 Nr. 2 = DVBl 1990, 1182 = UPR 1991, 68 = ZfBR 1990, 290; BVerwG, Beschl. v. 12.3.1998, BauR 1998, 760 = DÖV 1998, 600 = NVwZ 1998, 842 unter ausdrücklicher Aufgabe von BVerwG Urt. v. 17.1.1986, BVerwGE 72, 362 = BRS 46 Nr. 148 = DÖV 1986, 697 = DVBl 1986, 677 = NJW 1986, 2126 = ZfBR 1986, 143). Es muss davor gewarnt werden, aus dem Fehlen einer einfachrechtlichen, tatbestandlichen Voraussetzung des Zulässigkeitsrechts für Vorhaben, sofern solche Fälle angesichts der Regelungsdichte der §§ 29 ff. BauGB überhaupt noch denkbar sind, künftig noch einen aktiven Bestandsschutzanspruch unmittelbar aus Art. 14 Abs. 1 GG herzuleiten. Das BVerwG führt im Beschl. v. 11.12.1996 (– 4 B 231/96, BRS 58 Nr. 93 = UPR 1997, 521) aus:

»Ob eine im Außenbereich aufgegebene Bebauung weiterhin genutzt werden kann, entscheidet § 35 Abs. 4 BauGB; daneben kommt ein Bestandsschutz nicht in Betracht«. 198

Auch zu Vorhaben im Innenbereich verneint das BVerwG im Urt. v. 27.08.1998 (– 199 4 C 5.98, BauR 1999, 152 = BRS 60 Nr. 83 = NVwZ 1999, 523 = UPR 1999, 68) einen baurechtlichen Anspruch aus Bestandsschutzaspekten:

»Erfüllt die bauliche Erweiterung und teilweise Änderung der Nutzung einer Anlage 200 *innerhalb eines im Zusammenhang bebauten Ortsteils den Vorhabenbegriff des § 29 BauGB, so darf die erforderliche Baugenehmigung nur erteilt werden, wenn alle tatbestandlichen Voraussetzungen des § 34 Abs. 1 oder Abs. 2 BauGB erfüllt sind; für eine – erleichterte – Zulässigkeit des Vorhabens unter dem Gesichtspunkt des Bestandsschutzes ist kein Raum.«*

Das gilt ebenso für das Bauordnungsrecht. Eine Baugenehmigung aus »Bestands- 201 schutzgründen« kommt nicht in Betracht, wenn bauordnungsrechtliche Regelungen im Sinne des Art. 14 Abs. 1 Satz 2 GG vorhanden sind (BVerwG, Urt. v. 07.11.1997 – 4 C 7.97, BauR 1998, 533 = BRS 59 Nr. 109 = DVBl 1998, 587 = NVwZ 1998, 735 = ZfBR 1998, 158 und OVG Bln, Beschl. v. 31.01.1997 – 2 S 25.96, UPR 1997, 380).

4 Zu Abs. 2 – Formale Anforderungen

4.1 Satz 2 – Form der Baugenehmigung

4.1.1 Schriftformerfordernis

Verwaltungsakte können nach § 37 Abs. 2 Satz 1 VwVfG. NRW. schriftlich, münd- 202 lich oder in anderer Weise ergehen. Aus **Gründen der Rechtssicherheit** bestimmt § 74 Abs. 2 Satz 1 BauO NRW, dass die **Baugenehmigung** der **Schriftform** bedarf. Mündliche Äußerungen sind unverbindlich. Die Schriftlichkeit der Bauerlaubnis bezweckt die unentbehrliche und einwandfreie Sicherstellung und Festlegung ihres genauen Inhalts und etwa hinzugefügter Nebenbestimmungen im Interesse der Rechtssicherheit zur Vermeidung von Meinungsverschiedenheiten, die sich sonst fast zwangsläufig aus mündlichen Erklärungen ergeben würden. So vermag auch bei mündlichen Zusagen des zuständigen Beamten der Grundsatz von Treu und Glauben die Beachtung der Schriftform nicht zu ersetzen und die Bauaufsichtsbehörde nicht zu zwingen, einer mündlich ausgesprochenen Bauerlaubnis die schriftliche folgen zu lassen (vgl. Scheerbarth, S. 88; s.a. OVG NRW, Beschl. v. 09.10.1953 – II B 990/53, OVGE 8, 34).

Die **Schriftform** der Baugenehmigung ist grundsätzlich **Wirksamkeitsvoraussetzung** 203 und dient daneben auch dazu, die verantwortlichen Bediensteten der Bauaufsichtsbehörde vor unbedachten Folgen einer »mündlichen« Baugenehmigung zu schützen (so Schlotterbeck/von Arnim/Hager, zu § 58, Rn. 64). Wegen des Formerfordernisses kann eine Baugenehmigung auch nicht wirksam allein durch eine Erklärung zu Protokoll des Gerichts erteilt oder geändert werden (BayVGH, Urt. v. 30.08.1984 – 2 B 83 A 1265, BRS 42 Nr. 165 und Urt. v. 05.07.2017 – 2 B 17.824, juris). Keine Baugenehmigung ist in der stillschweigenden Duldung einer Bauausführung und in

§ 74 Baugenehmigung, Baubeginn

der ohne Beanstandungen durchgeführten Bauzustandsbesichtigung nach endgültiger Fertigstellung eines von der genehmigten Bauvorlage abweichenden Baues zu sehen (so schon zur vergleichbaren früheren Rechtslage PrOVG, Urt. v. 14.10.1926 – IV. A. 71/25, PrOVGE 81, 417).

204 Das Schriftformerfordernis schließt nicht aus, dass künftig die Baugenehmigung auch elektronisch erteilt werden kann (vgl. LT-Drucks. 17/2166, S.192f.). Unter den Voraussetzungen von § 3a VwVfG. NRW. (»Elektronische Kommunikation«) kann das im Gesetz genannte Schriftformerfordernis durch die elektronische Form ersetzt werden (vgl. hierzu auch die Anmerkungen zum elektronischen Bauantrag in § 70).

4.1.2 Der »Bauschein«

205 Die Schriftform der Baugenehmigung ist der »**Bauschein**«. Der Bauschein ist in erster Linie für den Inhalt der Baugenehmigung maßgebend. Die mit Zugehörigkeitsvermerk der Bauaufsichtsbehörde versehenen Bauvorlagen sind Bestandteil der Baugenehmigung und für die Ermittlung des Regelungsgehalts verbindlich (OVG Bln, Beschl. v. 26.01.1995 – 2 S 35.94, BRS 57 Nr. 193). Bei einem **Widerspruch zwischen Bauschein und Bauvorlagen** ist die im **Bauschein** getroffene Regelung **maßgebend** (OVG NRW, Urt. v. 06.10.1982 – 11 A 1018/80, BRS 39 Nr. 152). Die Bauvorlagen haben keine selbständige Bedeutung, sind vielmehr **erläuternde** und **konkretisierende Bestandteile** der mit dem Bauschein erteilten Baugenehmigung (OVG NRW, Bescheid vom 25.03.1958 – VII A 182/57, OVGE 13, 247; Urt. v. 10.12.1996 – 10 A 4248/92, NVwZ-RR 1998, 159; Beschl. v. 28.10.2011 – 2 B 1037/11, BRS 78 Nr. 51 und Beschl. v. 26.09.2016 – 2 B 660/16, juris). Wurden **Bauvorlagen** zwar eingereicht, aber **nicht mit dem Zugehörigkeitsvermerk** versehen, so sind sie **nicht Bestandteil der Baugenehmigung** geworden und können schon daher an ihrer Regelungswirkung nicht teilnehmen (OVG NRW, Beschl. v. 20.05.2014 – 2 A 1690/13, juris und Urt. v. 18.01.1999 – 7 A 5288/97, n.v., zu Bau- und Betriebsbeschreibungen, die sich in den Verwaltungsvorgängen befanden, jedoch nicht zum Bestandteil der Baugenehmigung erklärt wurden). Dies gilt erst recht für Umstände, für die zwar zwischen der Bauaufsichtsbehörde und dem Bauherrn bei der Erteilung der Baugenehmigung Einigkeit bestand, die jedoch nicht schriftlich fixiert wurden (Hess. VGH, Beschl. v. 07.02.2008 – 3 UZ 473/07, BauR 2009, 636).

206 Bei einem **Widerspruch zwischen den genehmigten Bauzeichnungen und den bautechnischen Nachweisen** sind die **Bauzeichnungen maßgebend.** »Der Inhalt der Baugenehmigung bestimmt sich jedenfalls bezüglich der grundlegenden Einzelheiten der Bauausführung (hier: Sockelhöhe über Gelände und Geschosshöhen) nach den genehmigten Bauzeichnungen und nicht auch nach den genehmigten bautechnischen Nachweisen. Hat die Bauaufsichtsbehörde – versehentlich – bautechnische Nachweise nachträglich genehmigt, die in entscheidenden Punkten (Geschoss- und Sockelhöhen) eine andere Bauausführung vorsehen als die zur Baugenehmigung gehörenden genehmigten Bauzeichnungen, dann fehlt es

insoweit an der – notwendigen – Nachtragsbaugenehmigung für die abweichende Bauausführung nach Maßgabe der bautechnischen Nachweise« (OVG NRW, Urt. v. 10.03.1977 – XI A 484/75, BRS 32 Nr. 130).

Die **Koordinierung** von **Bauschein** und **Bauvorlagen**, das heißt von **Lageplan, Bauzeichnungen, Baubeschreibung, Berechnungen** und **bautechnischen Nachweisen**, gehört zu den wesentlichen Aufgaben der Bauaufsichtsbehörde. Die Baugenehmigung muss nämlich in sich widerspruchsfrei und bestimmt sein, da sonst die Gefahr der Nichtigkeit droht (OVG NRW, Beschl. v. 20.11.1987 – 7 B 2871/87, BauR 1988, 709). Sind dennoch Widersprüche infolge mangelnder Koordination der Unterlagen festzustellen, müssen diese noch durch Auslegung behoben werden können (OVG NRW, Urt. v. 11.12.1992 – 11 A 1823/90, BRS 55 Nr. 141). Die mangelhafte Koordinierung von Bauzeichnungen und statischen Berechnungen bzw. Konstruktionszeichnungen kann schwere Folgen nach sich ziehen; für derartige Amtspflichtverletzungen haftet unter Umständen die Bauaufsichtsbehörde bzw. der verantwortliche Bedienstete. Als Fachmann muss der prüfende Statiker die möglichen schweren Folgen unvollständiger statischer Berechnungen und Bauzeichnungen im Baugewerbe voraussehen (BGH, Urt. v. 24.09.1958 – V ZR 59/57, NJW 1958, 1969). 207

Nicht jeder Mangel bzw. Widerspruch der Baugenehmigung **muss** zwangsläufig **zur Nichtigkeit** führen. Die Nichtigkeitsgründe zählt § 44 VwVfG. NRW. abschließend auf. Eine **zu kleinliche Auslegung**, wie sie das OVG NRW im Urt. v. 23.02.1988 (– 7 A 1261/86, BRS 48 Nr. 132) aufgrund einer fehlerhaften Angabe zur Grundstücksgröße in den Bauvorlagen vorgenommen hat, **würde die Bauaufsichtsbehörde überfordern**, da diese unmöglich sämtliche Angaben im Detail überprüfen kann. Das BVerwG ist denn auch der Auffassung des OVG NRW nicht gefolgt und hat dessen Urteil mit beachtenswerten Gründen aufgehoben (Urt. v. 26.09.1991 – 4 C 36.88, BRS 52 Nr. 150). Das darf nun aber nicht als Ermunterung zu »schlampiger« Prüftätigkeit gewertet werden. 208

Die **Baugenehmigung muss hinreichend bestimmt sein** und **klare Regelungen** enthalten (OVG NRW, Urt. v. 09.05.1989 – 10 A 2580/86, BRS 49 Nr. 167 zu einem unbestimmten Vorbescheid, der die Anforderungen des Gesetzes, nämlich dass sich das Vorhaben in die vorhandene Bebauung einfügen muss, als Nebenbestimmung formuliert). Die Baugenehmigung ist **unbestimmt**, wenn sich weder dem Bauschein selbst noch den mit Zugehörigkeitsvermerk versehenen Bauvorlagen Inhalt, Reichweite und Umfang des genehmigten Vorhabens entnehmen lässt (OVG NRW, Beschl. v. 30.05.2005 – 10 A 2017/03, BauR 2005, 1459 = BRS 69 Nr. 163 und Urt. v. 25.01.2013 – 10 A 2269/10, BauR 2013, 1239). Der Bauherr muss die Bandbreite der für ihn legalen Nutzungen und Drittbetroffene das Maß der für sie aus der Baugenehmigung erwachsenen Betroffenheit zweifelsfrei feststellen können (OVG NRW, Beschl. v. 07.09.2010 – 10 B 846/10, juris). Nicht hinnehmbar sind auch unpräzise Angaben zur Höhenlage der Geländeoberfläche bzw. der Höhenlage der baulichen Anlage in Bezug zur Geländeoberfläche, so dass eine Ermittlung der Abstandsflächen zwangsläufig scheitern muss (OVG NRW, Urt. v. 209

13.05.1994 – 10 A 1025/90, BauR 1994, 750 = BRS 56 Nr. 139 und Beschl. v. 29.09.1995 – 11 B 1258/95, BauR 1996, 230 = BRS 57 Nr. 162). Die Unbestimmtheit einer Baugenehmigung ist auch anzunehmen, wenn das einbezogene Lärmgutachten auf Annahmen zum Betriebsablauf beruht, die mit den Angaben in der genehmigten Betriebsbeschreibung nicht kongruent sind (OVG NRW, Beschl. v. 30.05.2017 – 2 B 145/17, BauR 2017, 1657).

210 Für die **Ausgestaltung der Baugenehmigung** (des **Bauscheins**) bestehen neben der Anordnung der Schriftform durch § 74 Abs. 2 Satz 1 BauO NRW nur wenige Vorgaben. Nach § 37 Abs. 3 VwVfG. NRW. muss ein schriftlicher Verwaltungsakt die erlassende Behörde erkennen lassen und die Unterschrift oder Namenswiedergabe des Behördenleiters, seines Vertreters oder seines Beauftragten enthalten. Zur Rechtsgültigkeit der Baugenehmigung genügt die Wiedergabe der Unterschrift des Bediensteten, auf dessen Anordnung oder Entschließung sie beruht, in Maschinenschrift oder durch Faksimilestempel; ein **Beglaubigungsvermerk** ist **nicht erforderlich** (VGH B-W, Beschl. v. 20.03.1997 – 4 S 2774/96, DÖV 1997, 602). Notwendig ist nur, dass der Adressat Gewissheit über den Urheber der Baugenehmigung innerhalb der Bauaufsichtsbehörde erlangt. Bei mit Datenverarbeitungsanlagen gefertigten Baugenehmigungen können dagegen sowohl die Unterschrift als auch die Namenswiedergabe entfallen (§ 37 Abs. 5 VwVfG. NRW.). Zur Rechtsgültigkeit ist die Datumsangabe des Tages der Ausfertigung bzw. Postabgangs, jedoch nicht die Anbringung des Dienstsiegels erforderlich.

211 Wegen der **Bedeutung des Bauscheins** als öffentlich-rechtlicher **Urkunde über die erteilte Baugenehmigung** (vgl. Rdn. 175) und im Hinblick auf das Bestimmtheitsgebot sind folgende Angaben geboten:
– Bezeichnung der erlassenden Behörde,
– Aktenzeichen, unter dem der Antrag bearbeitet wurde,
– Datum der Ausfertigung, wenn davon abweichend, auch das Postabgangsdatum,
– Bezeichnung des Baugrundstücks nach Gemeinde, Straße, Hausnummer und Katasterangaben,
– Bezeichnung des Antragsgegenstandes unter Verwendung gesetzlicher Begriffe der BauO NRW,
– Genehmigungsformel unter Aufführung der Rechtsgrundlage,
– Bezeichnung sämtlicher Bauvorlagen als Bestandteil der Baugenehmigung,
– Bezeichnung sonstiger Unterlagen (z.B. Sachverständigengutachten) zur Baugenehmigung,
– Belehrung über die Rechtswirkung der Prüfeintragungen (Grüneintragungen) in den Bauvorlagen,
– Begründung, soweit gesetzlich vorgeschrieben,
– Nebenbestimmungen nur, soweit diese überhaupt erforderlich sind, unter Bezeichnung ihrer Art,
– Hinweis auf die Geltungsdauer der Baugenehmigung,
– Hinweis auf die mit der Bauausführung verbundenen Pflichten des Bauherrn,
– Rechtsbehelfsbelehrung, soweit nicht entbehrlich (vgl. Rdn. 222),

– Unterschrift oder Namenswiedergabe, soweit nicht mit Datenverarbeitungsanlage erstellt.

Es bedarf keiner besonderen Vertiefung, dass wegen der Bedeutung des Bauscheins 212
und der regelmäßig sehr langen Aufbewahrungszeit dokumententaugliche Papierqualität für den Bescheid erforderlich ist. Soweit die Bescheide mit Unterschrift versehen werden, ist schwarze Tinte oder schwarzer Farbstift zu verwenden, da andere Farben nach den Erfahrungen der Archive mit der Zeit verblassen.

Nur die dem Bauherrn zugestellte Bescheidausfertigung (Bauherrenexemplar) be- 213
weist als öffentlich-rechtliche Urkunde **das Bestehen der Baugenehmigung**. Bei der bei der Bauaufsichtsbehörde verbleibenden Ausfertigung (**Behördenexemplar**) handelt es sich nicht um eine Urkunde, sondern lediglich um eine **Durchschrift**. Es ist sorgfältig darauf zu achten, dass Bauherren- und Behördenexemplar übereinstimmen, da anderenfalls die Behörde selbst hinsichtlich des tatsächlichen Inhalts der Baugenehmigung in die Irre geführt wird. Auch wird in einem eventuell anstehenden (meist durch den Nachbarn ausgelösten) Verwaltungsstreitverfahren die Beiziehung der Verwaltungsvorgänge durch das Verwaltungsgericht angeordnet. Dabei nimmt das Gericht regelmäßig an, dass die im Verwaltungsvorgang befindliche Durchschrift mit dem Bauherrenexemplar im Detail übereinstimmt, ohne sich die Urkunde vom Bauherrn vorlegen zu lassen.

4.1.3 Zugehörige Bauvorlagen und sonstige Bestandteile

Der Bauschein und die zugehörigen Unterlagen lassen erst zusammen den Umfang 214
des genehmigten Vorhabens erkennen. Die **Zeichnungen, Beschreibungen** und **Berechnungen** haben eine ebensolche **Bedeutung wie der Bauschein** selbst. Sie werden von den Verwaltungsgerichten im Zweifel herangezogen, um Mängel der Baugenehmigung überwinden zu können (vgl. Nds. OVG, Urt. v. 29.08.1995 – 1 L 3462/94, BauR 1996, 79 = BRS 57 Nr. 72 zur Konkretisierung einer genehmigten »Nutzungsänderung«, deren genauer Inhalt sich erst aus der Betriebsbeschreibung ergab). Verhandeln Bauaufsichtsbehörde und Bauherr im Zuge des Baugenehmigungsverfahrens über erforderliche Planänderungen oder Planergänzungen und erklärt sich der Bauherr bzw. sein beauftragter Entwurfsverfasser mit einer solchen Änderung oder Ergänzung ausdrücklich schriftlich einverstanden, so ist dieses Schriftstück ebenfalls Bauvorlage und mit dem Zugehörigkeitsvermerk zur Baugenehmigung zu versehen. Die so gegenüber der Bauaufsichtsbehörde abgegebene Erklärung ist damit **Inhalt der Baugenehmigung** und von einer Nebenbestimmung abzugrenzen; sie kann deshalb nicht angefochten werden (OVG NRW, Beschl. v. 27.01.2000 – 10 B 100/00, BauR 2000, 1470 = BRS 63 Nr. 178 = NVwZ 2000, 1319 zu einem zum Bestandteil der Baugenehmigung gemachten Schreiben des Entwurfsverfassers, mit dem dieser bestätigt, dass in das Bauvorhaben eine Rauchabzugsanlage nach DIN 18232 eingebaut wird).

Die zum Bauschein gehörenden Bauvorlagen sind gemäß § 74 Abs. 2 Satz 3 BauO 215
NRW mit einem Genehmigungsvermerk zu versehen. Der Begriff »Bauvorlagen« darf hierbei nicht zu eng verstanden werden. Die gesetzliche Formulierung entstammt

noch der MBO 1960, die wiederum die Formulierung des § 3 PrEBO übernommen hat (vgl. Baltz/Fischer, S. 277 f.), als tatsächlich den Baugenehmigungen nur eine kurze Beschreibung, ein Lageplan und die Bauzeichnungen beigefügt waren. Damals konnte niemand ahnen, wie sich das öffentliche Baurecht weiterentwickeln würde. Nach heute geltendem Bauordnungsrecht sind häufig neben diesen Bauvorlagen im engeren Sinne weitere Unterlagen erforderlich, wie z.b. Sachverständigenbescheinigungen oder Sachverständigengutachten, Verpflichtungserklärungen, öffentlich-rechtliche Verträge usw., um einen Baurechtsanspruch mit der Baugenehmigung bestätigen zu können. Alle diese Unterlagen sind notwendigerweise Bestandteil der Baugenehmigung, obwohl sie im Wortsinne nicht »genehmigt« werden. Dies gibt Anlass zu einer Interpretation des Wortes »Genehmigungsvermerk«. Auch diese Bezeichnung ist nur aus der Baurechtsgeschichte heraus zu verstehen, als tatsächlich der Genehmigungsstempel der Baupolizeibehörde auf den Bauzeichnungen zusammen mit einem handgeschriebenen halbseitigen Formular die Baugenehmigung bildete. Die Bezeichnung »**Genehmigungsvermerk**« will nicht mehr ausdrücken, als dass die **Zugehörigkeit der mit Prüfeintragungen versehenen Unterlagen zum Bauschein** gesichert sein muss.

216 Die **Form des** »**Genehmigungsvermerks**« ist nicht (mehr) vorgeschrieben, war jedoch früher in Anlehnung an die Kennzeichnungspraxis nach der PrEBO (vgl. Baltz/Fischer, S. 278 Rn. 139) durch Nr. 1.4.3 des aufgehobenen RdErl. vom 21.06.1977 (MBl. NRW S. 710) geregelt. Dieser Erlass verlangte eine ziemlich arbeitsaufwendige Form des Genehmigungsvermerks, die bei genauer Betrachtung unnötige, weil rechtlich nicht erforderliche Angaben enthielt. Es reicht nämlich aus, wenn der Vermerk die **Verbindung** von bezeichneter Unterlage und Bauschein **zweifelsfrei kennzeichnet**. Bedenkt man weiterhin, dass der Vermerk auf meist zahlreichen Unterlagen in doppelter Ausfertigung anzubringen ist, so liegt es bereits aus Gründen der Arbeitserleichterung nahe, den Aufwand so gering wie möglich zu halten. Eine **zweifelsfreie Kennzeichnung** der Zugehörigkeit ist über die bei allen Bauaufsichtsbehörden übliche **Geschäftszeichenvergabe** für jeden neu eingehenden Antrag auf einfache Weise möglich. Es empfiehlt sich folgende Fassung:

217 Gehört zum Bescheid vom … Geschäftszeichen Genehmigungsbehörde

218 Weitere Angaben sind nicht geboten, da sich diese aus dem Bauschein unmittelbar ergeben. Bei Nachtragsgesuchen, die möglicherweise unter dem gleichen Aktenzeichen bearbeitet werden, sollte – um Verwechslungen mit dem »Hauptbauschein« auszuschließen – ein zusätzliches Kennzeichnungsmerkmal angebracht werden, z.B. »1. Nachtrag«. Diesem Problem kann aber dadurch begegnet werden, dass für das Nachtragsgesuch ein neues Aktenzeichen vergeben wird, so dass eine Verwechslungsgefahr von vornherein ausscheidet.

4.2 Satz 2 – Begründung

219 Wenn Abs. § **75 Abs. 2 Satz 2 erster Halbsatz** BauO NRW bestimmt, dass die **Baugenehmigung** grundsätzlich **keiner Begründung bedarf**, wird damit ausdrücklich eine

Ausnahme von § 39 Abs. 1 VwVfG. NRW. festgelegt; dies ist nach § 1 Abs. 1 VwVfG. NRW. zulässig. Diese Ausnahme wäre schon nach § 39 Abs. 2 Nr. 1 VwVfG. NRW. nicht erforderlich, wenn die Behörde einem Antrag entspricht. Baugenehmigungen werden jedoch in sehr großer Zahl abweichend vom Bauantrag und mit belastenden Nebenbestimmungen erteilt, so dass insoweit eine Begründungspflicht einträte. Zur Vermeidung des damit verbundenen erheblichen Arbeits- und Zeitaufwandes sieht die BauO NRW im Interesse eines beschleunigten Genehmigungsverfahrens den Wegfall der Begründungspflicht für Baugenehmigungen vor.

Eine **Begründungspflicht** besteht nach **Abs. 2 Satz 2 zweiter Halbsatz** nur insoweit, als **Rechte Dritter** betroffen sind, nämlich dann, wenn Abweichungen oder Befreiungen von nachbarschützenden Vorschriften zugelassen werden, und der Nachbar nicht nach § 72 Abs. 2 BauO NRW zugestimmt hat. Die Begründungspflicht besteht jedoch nur dann, wenn die Vorschrift, von der Ausnahmen oder Befreiungen gewährt werden sollen, für den Nachbar nachbarschützend ist, der eine Abweichung oder Befreiung nicht zugestimmt hat. Das ergibt sich zum einen aus dem Sinn und Zweck der Vorschrift, zum anderen aber auch aus der Formulierung »der Nachbar«; es heißt nicht »ein Nachbar« (so auch Sauter, § 58 Rn. 99). Wird beispielsweise eine Befreiung von der erforderlichen Abstandsfläche erteilt, beurteilt sich die Frage der Begründungspflicht allein danach, ob der Nachbar, an dessen Grundstücksgrenze die Abstandsfläche nicht eingehalten wird, der Befreiung vorab nach § 72 Abs. 2 BauO NRW zugestimmt hat. Die Baugenehmigung ist dann mit Blick auf diesen Nachbarn zu begründen (vgl. Simon/Busse, § 68 Rn. 474). 220

Versäumt es die Behörde, die vorgeschriebene **Begründung** abzugeben, ist die **Baugenehmigung fehlerhaft.** Allerdings liegt kein besonders schwerwiegender und offenkundiger Fehler im Sinne des § 44 Abs. 1 VwVfG. NRW. vor, so dass die Baugenehmigung nicht nichtig ist (vgl. Sauter, § 58 Rn. 101). Die Aufhebung der Baugenehmigung kann der Nachbar wegen dieses Formfehlers nach § 46 VwVfG. NRW. jedoch nicht beanspruchen, wenn offensichtlich ist, dass die fehlende Begründung die Entscheidung in der Sache nicht beeinflusst hat. Zudem kann die Behörde nach § 45 Abs. 1 Nr. 2 VwVfG. NRW. die erforderliche Begründung mit heilender Wirkung auch noch nachträglich abgeben, und zwar bis zum Abschluss des verwaltungsgerichtlichen Verfahrens (§ 45 Abs. 2 VwVfG. NRW). 221

Eine **antragsgemäß** erteilte **Baugenehmigung** (ohne Abänderungen, Einschränkungen, Auflagen, Bedingungen, Widerrufsvorbehalte oder Befristung) ist keine Ordnungsverfügung und braucht nicht begründet zu werden. Auch eine Rechtsbehelfsbelehrung ist entbehrlich. 222

Die (teilweise) **Versagung der Baugenehmigung** muss ebenfalls begründet werden. § 74 Abs. 2 S. 2 BauO NRW gilt für die Versagung der Baugenehmigung nicht. Der Versagungsbescheid ist mit einer schriftlichen Begründung zu versehen. Nach § 39 Abs. 1 S. 2 VwVfG. NRW. sind in der Begründung die wesentlichen tatsächlichen und rechtlichen Gründe mitzuteilen, die die Bauaufsichtsbehörde zu ihrer ablehnenden Entscheidung bewogen haben Der **Versagung gleich** stehen solche 223

Nebenbestimmungen, die modifizierend in den Antrag eingreifen, falls sich der Antragsteller nicht zuvor ausdrücklich mit der Vorgehensweise einverstanden erklärt hat. Es sind nämlich die Besonderheiten des Baugenehmigungsverfahrens hierbei zu berücksichtigen. Sowohl Bauherren als auch deren Entwurfsverfasser verlangen häufig geradezu die Ausräumung von Rechtsverstößen durch Grüneintragungen von der Bauaufsichtsbehörde, um zu vermeiden, dass durch die eigentlich fällige Überarbeitung der Bauzeichnungen eine Zeitverzögerung eintritt, wie der VGH B-W im Urt. v. 27.10.2000 (– 8 S 1445/00, BRS 63 Nr. 184) ausführt:

224 *»Grüneinträge sind ein gesetzlich nicht geregeltes, aber in der Praxis übliches Instrument der Baurechtsbehörde, um aus Gründen der Arbeitsökonomie und der Beschleunigung des Verfahrens ohne Rückgabe der Pläne eine Baugenehmigung erteilen zu können«.*

225 In einem solchen Fall greift die Bauaufsichtsbehörde nicht in Rechte eines Betroffenen ein, sondern erfüllt gerade umgekehrt dessen Wünsche, so dass dann ebenfalls eine Begründung entbehrlich ist.

4.3 Satz 3 – Zustellung der Baugenehmigung

226 Die **Baugenehmigung ist** mit den Bauvorlagen – sie bilden mit dem Bauschein eine Einheit – **dem Antragsteller** nach Maßgabe des **LZG NRW**, das dem VwZG (des Bundes) entspricht, **zuzustellen** (vgl. § 72 Rdn. 65). Zugestellt wird das Bauherrenexemplar als Urschrift an den Antragsteller oder an den bei Personenmehrheit nach § 57 Abs. 3 BauO NRW auf Verlangen der Bauaufsichtsbehörde zu bestellenden Vertreter (vgl. § 57 Rdn. 36). Diese Vorschrift verdrängt in Verbindung mit § 74 Abs. 2 Satz 3 BauO NRW die Bestimmung des § 41 Abs. 1 VwVfG. NRW. (a.A. Boeddinghaus/Hahn/Schulte, zu § 75 Rn. 237). Es ist jedoch zuzugestehen, dass der Gesetzgeber diese Zielsetzung nicht zweifelsfrei zum Ausdruck gebracht hat. Aus diesem Grunde ist eine Klarstellung des Gewollten in § 74 Abs. 2 Satz 3 BauO NRW anzuraten. Gemäß § 7 Abs. 1 Satz 3 LZG NRW genügt es für die Zustellung, wenn diese an den Vertreter für alle Beteiligten erfolgt (zu Einzelheiten vgl. Engelhardt/App, VwVG – VwZG, zu § 7 VwZG Rn. 9). Ab dem Tage des Zugangs beim Antragsteller beginnt die Frist zur Erhebung einer Klage zu laufen. Die Vermutung des § 41 Abs. 2 VwVfG. NRW., dass ein durch die Post übermittelter schriftlicher Verwaltungsakt mit dem dritten Tag nach der Aufgabe zur Post als bekannt gegeben gilt, greift auch dann, wenn der dritte Tag auf einen Samstag, Sonntag oder Feiertag fällt; bei Rechtsanwälten kann erwartet werden, dass sie ihr Postfach auch an Samstagen leeren, sofern eine Abholmöglichkeit besteht (OVG NRW, Beschl. v. 07.03.2001 – 19 A 4216/99, NVwZ 2001, 1171).

227 Die Baugenehmigung darf **nicht an einen Antragsteller erteilt werden**, **der** vor der Aushändigung seine **Stellung als Bauherr**, der eine bauliche Anlage vorbereitet oder ausführt oder vorbereiten oder ausführen lässt, erkennbar **aufgegeben hat** (Hess. VGH, Beschl. v. 03.02.1984 – 4 TG 76/83, BRS 42 Nr. 166). Der bauwillige Antragsteller muss aber nicht stets Grundstückseigentümer sein (vgl. § 70 Rdn. 32–35). Es reicht aus, wenn der Antragsteller aufgrund vertraglicher

Regelungen mit dem Grundstückseigentümer zur Ausführung der Baugenehmigung berechtigt ist. Allerdings unterliegt die privatrechtliche Befugnis des Bauantragstellers, ein Bauvorhaben auf einem Grundstück durchzuführen, das nicht in seinem Eigentum steht, nicht dem Prüfungsumfang der Bauaufsichtsbehörde, denn ihre Prüfungsbefugnis ist grundsätzlich darauf beschränkt, zu überprüfen, ob das Bauvorhaben mit öffentlich-rechtlichen Vorschriften übereinstimmt (OVG Schl-H, Urt. v. 27.06.1995 – 1 L 89/94, BRS 57 Nr. 199). Die Bauaufsichtsbehörde wird deshalb im Regelfall die Berechtigung des Antragstellers zur Ausführung des Vorhabens unterstellen können.

Die **Zustellung ist Wirksamkeitsvoraussetzung**. Eine zwar **vorbereitete**, aber noch bei der Bauaufsichtsbehörde befindliche **Baugenehmigung** ist **nicht wirksam** (OVG NRW, Beschl. v. 27.10.1995 – 10 B 2720/95, BRS 57 Nr. 256). Die Benachrichtigung durch eine Postkarte, dass die Baugenehmigung bei der Bauaufsichtsbehörde zur Abholung bereitliegt, ersetzt keine formgültige Zustellung (BayVGH, Beschl. v. 14.02.2001 – 26 B 97.462, BauR 2002, 67 = BRS 64 Nr. 167). Die Behörde hat das Risiko des Verlustes des Schriftstücks zu tragen, das sich aus der von ihr gewählten Bekanntgabeform ergibt (OVG Schl-H, Beschl. v. 28.03.2001 – 1 M 24/00, NVwZ 2002, 358; Sächs. OVG, Beschl. v. 12.08.2014 – 3 B 498/13, juris). 228

5 Zu Abs. 3 – Nebenbestimmungen und ausgeschlossene Prüfungsgegenstände

5.1 Satz 1 – Nebenbestimmungen

5.1.1 Nebenbestimmungen

§ 74 Abs. 3 Satz 1 BauO NRW normiert, was ohnehin aus der Rechtsnatur der Baugenehmigung als einer gebundenen Erlaubnis (vgl. Rdn. 16) folgt, dass mit einer Baugenehmigung **Nebenbestimmungen nur unter den Voraussetzungen des § 36 Abs. 1 VwVfG. NRW.** verbunden werden dürfen. Nach § 36 Abs. 1 VwVfG. NRW. dürfen Nebenbestimmungen dann hinzugefügt werden, wenn sie durch Rechtsvorschrift ausdrücklich zugelassen worden sind (**1. Alternative**) oder wenn sie sicherstellen sollen, dass die gesetzlichen Voraussetzungen des Verwaltungsakts erfüllt werden (**2. Alternative**). Die zulässigen Nebenbestimmungen nennt abschließend im Einzelnen § 36 Abs. 2 VwVfG. NRW.; von praktischer Bedeutung sind vor allem Auflagen. Trotz scheinbar klarer Regelungen sind die dogmatischen Fragen sehr umstritten (vgl. hierzu Störmer, Rechtsschutz gegen Inhalts- und Nebenbestimmungen, DVBl 1996, S. 81 ff.; Schmehl, Die Abgrenzung zwischen echter Auflage und Inhaltsbestimmung der Genehmigung, UPR 1998, S. 334 ff. und Sieckmann, Die Anfechtbarkeit von Nebenbestimmungen zu begünstigenden Verwaltungsakten, DÖV 1998, S. 525 ff.). 229

Beispiele für die **1. Alternative** sind § 21 Abs. 4 BauO NRW (Widerrufsvorbehalt und Befristung der allgemeinen bauaufsichtlichen Zulassung) und § 78 Abs. 5 Satz 1 BauO NRW (Befristung der Ausführungsgenehmigung für Fliegende Bauten). Ein weiteres Beispiel bildet § 29 Abs. 2 BauPrüfVO (Widerrufsvorbehalt und Befristung 230 der Typenprüfung). In den genannten **Beispielen verlangt das Gesetz** bzw. **die Rechtsverordnung ausdrücklich die Beifügung** der entsprechenden Nebenbestimmung.

231 Die 2. **Alternative** ist gegeben, wenn die Bauaufsichtsbehörde berechtigt wäre, die Baugenehmigung zu versagen, und die Beifügung der Nebenbestimmung erst die Erteilung der Baugenehmigung ermöglicht. In diesen Fällen wird erst durch die entsprechende **Nebenbestimmung** die **Einhaltung des öffentlichen Rechts sichergestellt**. Nach der Rechtsprechung ist die Bauaufsichtsbehörde zumindest bei geringen Verstößen gegen öffentliches Baurecht verpflichtet, die Baugenehmigung unter entsprechenden Nebenbestimmungen zu erteilen, anstatt sie zu versagen (OVG NRW, Urt. v. 02.02.1983 – 11 A 2515/80, BRS 40 Nr. 148 = NJW 1983, 2834). Ausdrücklich führt der BayVGH im Urt. v. 14.09.1977 (– Nr. 11 XV 73, BRS 32 Nr. 42) aus:

232 *»Es widerspricht dem Grundsatz der Verhältnismäßigkeit, die Baugenehmigung zu versagen, wenn durch Anordnung von Auflagen die von dem Vorhaben ausgehenden vermeidbaren Emissionen verhindert und die unvermeidbaren auf ein zumutbares Mindestmaß beschränkt werden können.«*

233 Die **rechtswidrige Beifügung** einer Auflage kann aber zu einem **Schadensersatzanspruch** führen (hier Brandschutzauflage: BGH, Urt. v. 21.11.1985 – III ZR 94/84, BRS 45 Nr. 45). In diesem Fall hatte die beklagte Bauaufsichtsbehörde die Anlegung eines Löschteiches verlangt, obwohl die Löschwasserversorgung über das öffentliche Trinkwassernetz ausreichend sichergestellt war. Zu der Sorgfaltspflicht des Bediensteten führt der BGH aus:

234 *»Grundsätzlich sind die Bediensteten der Bauaufsichtsbehörde dem Bauwilligen gegenüber verpflichtet, sein Baugesuch im Einklang mit dem geltenden Recht gewissenhaft, förderlich und sachdienlich zu behandeln und zu bescheiden und dabei jede vermeidbare Schädigung des Antragstellers zu unterlassen (BGHZ 39, 358, 364; Senatsurteile vom 11.07.1963 – III ZR 13/67, WM 1970, 1252, 1254 f.). Dieser Amtspflicht können die jeweiligen Sachbearbeiter nur genügen, wenn sie sich hinreichende Kenntnisse über die tatsächlichen Gegebenheiten verschaffen, von denen die rechtliche Beurteilung des Vorhabens abhängt. Amtspflichtwidrig handelt, wer sozusagen blindlings zu Lasten des Gesuchstellers Auflagen verfügt, deren Entbehrlichkeit er bei möglicher, zumutbarer und erkennbar gebotener Sachaufklärung im Verlauf des Genehmigungsverfahrens hätte feststellen können.«*

235 Besteht auf die Baugenehmigung kein Anspruch, weil sie z.B. nur unter Gewährung einer Abweichung bzw. Ausnahme oder Befreiung erteilt werden kann, steht die Hinzufügung von **Nebenbestimmungen im pflichtgemäßen Ermessen** der Bauaufsichtsbehörde (§ 36 Abs. 2 VwVfG. NRW.). Es muss aber auch dann zumindest ein sachlicher innerer Zusammenhang zwischen den Nebenbestimmungen und der Baugenehmigung bestehen (s. Große-Suchsdorf, zu § 70 Rn. 88).

236 Nach § 36 Abs. 3 VwVfG. NRW. darf eine Nebenbestimmung **nicht dem Zweck des Verwaltungsaktes zuwiderlaufen**. Wird der Baugenehmigung für ein Gebäude mit Satteldach der als »Auflage« bezeichnete Zusatz beigefügt, das Bauwerk sei mit einem

Flachdach zu versehen, so wird damit der Bauantrag für ein Gebäude mit Satteldach abgelehnt und die (nicht beantragte) Baugenehmigung für ein Haus mit Flachdach erteilt (VGH B-W, Urt. v. 23.01.1974 – III 925/71, BRS 28 Nr. 113). Die rechtliche Einordnung derartiger Nebenbestimmungen ist jedoch äußerst schwierig. So hat das OVG NRW mit Urt. v. 13.01.1972 (– X A 188/71, BRS. 25 Nr. 152) Auflagen zur Lärmbegrenzung aufgehoben, deren Erfüllung verhindert hätte, das genehmigte Transportbetonwerk unter den baulichen sowie technischen Gegebenheiten seiner Zweckbestimmung gemäß zu nutzen. Diese Entscheidung hob das BVerwG mit Urt. v. 08.02.1974 (– IV C 73.72, BRS 28 Nr. 111) wiederum mit der Begründung auf, dass eine »modifizierende« Auflage, die eine qualitative Änderung des Antragsgegenstandes bewirkt, nicht isoliert angefochten und daher auch nicht isoliert aufgehoben werden kann.

Auf die **Bezeichnung der Nebenbestimmung im Bauschein** kommt es nicht an, es muss vielmehr das jeweils **Gewollte** ermittelt werden (vgl. Weyreuther, Über Baubedingungen, DVBl 1969, 232 ff.; vgl. auch Große-Suchsdorf, zu § 70 Rn. 81, die darauf hinweisen, dass in Bauscheinen selten richtig differenziert wird). In der Praxis werden häufig die Begriffe Auflage und Bedingung verwechselt. Die Unterscheidung ist für den Bauherrn jedoch wegen der aufschiebenden Wirkung eines eventuell einzulegenden Widerspruchs von erheblicher Bedeutung. 237

Eine besondere Bedeutung kommt im Baurecht der **Auflage** zu, das heißt einer Bestimmung, durch die dem Begünstigten ein Tun, Dulden oder Unterlassen aufgegeben wird (s. § 36 Abs. 2 Nr. 4 VwVfG. NRW.), ohne dass die Wirksamkeit der Baugenehmigung von der Erfüllung abhängt (VGH B-W, Urt. v. 23.01.1974 – III 925/71, BRS 28 Nr. 113). Die notwendigen Anforderungen (echte Auflagen) müssen durchsetzbar sein, so dass die grundsätzlich begehrte und genehmigte Zweckbestimmung des Vorhabens nicht in Frage gestellt wird (vgl. BVerwG, Urt. v. 08.02.1974 – IV C 73.72, BRS 28 Nr. 111). Bestandskräftige Auflagen können gemäß § 55 VwVG NRW selbständig durchgesetzt werden (s. BVerwG, Urt. v. 12.03.1982 – 8 C 23.80, DVBl 1982, 637; OVG Lüneburg, Urt. v. 20.02.1984 – 6 A 110/83, BRS 42 Nr. 177). Ob es sich um eine selbständig anfechtbare einfache Auflage oder eine nur mit der Baugenehmigung zusammen anfechtbare modifizierende Auflage handelt, richtet sich nach dem »**Empfängerhorizont**« (Sächs. OVG, Urt. v. 16.03.2006 – 1 B 735/05, BRS 70 Nr. 154 = UPR 2006, 452). 238

Von der Auflage ist die **Bedingung** zu unterscheiden, von deren Eintritt die Wirksamkeit eines Verwaltungsaktes abhängig gemacht werden kann (vgl. § 36 Abs. 2 Nr. 2 VwVfG. NRW.). Durch die Bedingung wird der Eintritt (oder der Wegfall) der in der Baugenehmigung zu sehenden Begünstigung davon abhängig gemacht, dass ein bestimmtes Ereignis eintritt (zur Frage, wann bei Erteilung einer Baugenehmigung Genehmigungsvoraussetzungen durch Hinzufügen einer aufschiebenden Bedingung ausgeklammert werden können, s. BayVGH, Beschl. v. 15.09.1998 – 20 ZB 98.2402, BauR 1998, 1221 = BRS 60 Nr. 144). Die Baugenehmigung wird zwar mit der Bekanntgabe an den Bauherrn wirksam, die **Rechtsfolge bleibt** aber **bis zum Eintritt des Ereignisses in der Schwebe** (BVerwG, Urt. v. 29.03.1968 – IV C 27.67, BRS 20 Nr. 139). Die Bedingung 239 kann sowohl **aufschiebend** sein (Wirkung der Baufreigabe erst mit Eintritt des Ereignisses) als auch **auflösend** (Fortfall der Baugenehmigung bei Eintritt des Ereignisses). Die **aufschiebende Bedingung** kann in Betracht kommen, wenn die baurechtliche Prüfung positiv abgeschlossen ist und eine vorgreifliche Genehmigung oder Erlaubnis nach sonstigem öffentlichem Recht noch aussteht (vgl. Rdn. 131 ff.), die zuständige Fachbehörde aber der Bauaufsichtsbehörde mitgeteilt hat, sie werde diese antragsgemäß erteilen. Eine **Besonderheit der auflösenden Bedingung** liegt darin, dass die Beseitigung des errichteten Bauwerks nach Eintritt des Ereignisses gefordert werden kann, obwohl die bauliche Anlage während der Dauer der Wirksamkeit der Baugenehmigung materiell legal war (BVerwG, Urt. v. 10.12.1982 – 4 C 52.78, BRS 39 Nr. 80 zu einer Abbruchanordnung für eine Jagdhütte nach Fortfall der Privilegierung).

240 Schließlich kann der Fall gegeben sein, dass statt der beantragten eine andere Genehmigung erteilt wird. Häufig wird in diesem Fall von einer **modifizierenden Auflage** gesprochen (vgl. Rdn. 236). Das BVerwG (Urteil v. 17.02.1984 – 4 C 70.80, BauR 1984, 388 = BRS 42 Nr. 176) gibt der gegen die Bezeichnung »modifizierende« Auflage gerichteten Kritik Recht und weist darauf hin, dass durch eine modifizierte Genehmigung im Verhältnis zum Genehmigungsantrag der eigentliche Genehmigungsgegenstand verändert, also eine andere als die beantragte Genehmigung erteilt wird. In einem solchen Fall entfaltet deshalb ein Rechtsbehelf des Antragstellers aufschiebende Wirkung im Hinblick auf die gesamte Baugenehmigung, da diese ohne Erfüllung der Auflage nicht mit einem Inhalt weiterbestehen kann, der der Rechtsordnung nicht entspricht.

241 Die **Befristung** nach § 36 Abs. 2 Nr. 1 VwVfG. NRW. oder der **Vorbehalt des Widerrufs** nach § 36 Abs. 2 Nr. 3 VwVfG. NRW. ist mit der Rechtsnatur der Baugenehmigung als einer gebundenen Entscheidung, welche die materielle Rechtmäßigkeit des Vorhabens im Zeitpunkt der Entscheidung feststellt und die Bauausführung und die besondere Nutzung freigibt, nur vereinbar, wenn dies gesetzliche Vorschriften besonders vorsehen oder zulassen (Hess. VGH, Beschl. v. 07.12.1984 – 3 TG 2896/84, NVwZ 1985, 429). Die Befristung ist angemessen, wenn die begrenzte Dauer des Bestandes der baulichen Anlage bei der Erteilung der Baugenehmigung absehbar ist (OVG Rh-Pf, Urt. v. 03.06.1965 – 1 A 66/64, BRS 16 Nr. 76). Der Widerruf ist sachgerecht, wenn der Bauherr im Zeitpunkt des Widerrufs keinen Anspruch auf die Erteilung der Baugenehmigung hatte (Hess. VGH, Urt. v. 26.04.1989 – 11 UE 219/84, NVwZ 1989, 165). Der Vorbehalt des Widerrufs bzw. die Befristung sind beispielsweise für die Ausführungsgenehmigung Fliegender Bauten gesetzlich vorgesehen (vgl. Rdn. 230). Ausgeschlossen ist die Befristung auch nicht zur Sicherung planungsrechtlicher Voraussetzungen (z. B. befristete Baugenehmigung für ein Spätaussiedlerheim unter Gewährung einer Befreiung auf einer im Bebauungsplan als nicht überbaubar festgesetzten Fläche; zu weiteren Fallgestaltungen s. BVerwG, Beschl. v. 23.11.1995 – 4 B 209.95, BRS 57 Nr. 189 zur Bindung der Nutzung einer Jagdhütte an den Jagdpächter).

5.1.2 Hinweise

Vorsorgliche Hinweise auf die Beachtung bestehender gesetzlicher Vorschriften, deren Außerachtlassung befürchtet wird, sind keine Auflagen, da sie nicht zusätzlich zur Baugenehmigung ein Tun, Dulden oder Unterlassen fordern; es handelt sich hierbei also nicht um Nebenbestimmungen im Sinne des § 36 VwVfG. NRW. Dennoch haben sie bei richtigem Einsatz eine außerordentlich fördernde Wirkung auf den ordnungsgemäßen Bauablauf. Es kann nämlich in der Regel nicht erwartet werden, dass der Bauherr »die Bauordnung unter dem Arm tragend« seine Baustelle inspiziert, um zu sehen, ob er hier oder dort noch einer Rechtspflicht genügen muss. Auch trägt die verstreute Anordnung der unterschiedlichen Pflichten in der Bauordnung nicht gerade zur Übersichtlichkeit bei. 242

Wegen der naheliegenden Irrtümer bei den Bauherren und den anderen am Bau Beteiligten, die in der Baugenehmigung nicht erwähnten Vorschriften oder eingeführten technischen Baubestimmungen seien nicht zu beachten oder zumindest weniger wichtig, sollte auf die fast schon Unsitte zu nennende Gewohnheit – erleichtert durch die Verwendung von Textverarbeitungssystemen –, umfangreiche Hinweise in die Baugenehmigung aufzunehmen, verzichtet werden. 243

5.2 Satz 2 – Vorbehalte nach sonstigem öffentlichem Recht

Die **Baugenehmigung ersetzt** nach § 74 Abs. 3 Satz 2 BauO NRW **keine anderen öffentlich-rechtlichen Erlaubnisse, Bewilligungen, Genehmigungen oder Zustimmungen** und **macht sie auch nicht überflüssig.** Diese Klarstellung ist notwendig, damit aus der Begriffsbestimmung der Baugenehmigung nicht der Schluss gezogen werden kann, die Baugenehmigung umfasse auch alle öffentlich-rechtlichen Entscheidungen außerhalb des Bauordnungsrechts. Damit soll jedoch keineswegs die sog. »Schlusspunkttheorie« im Sinne des nordrhein-westfälischen Bauordnungsrechts mit einem je nach Fallgestaltung durchaus unterschiedlichen materiell-rechtlichen Prüfprogramm zur Disposition gestellt werden (vgl. Rdn. 8 und 131 ff.). 244

Abs. 3 Satz 2 bezieht sich nur auf **rechtlich selbständige** Genehmigungen, Bewilligungen, Erlaubnisse, Zustimmungen oder Anzeigen, nicht aber auf Mitwirkungsrechte anderer Behörden. Die Vorschrift zielt vorrangig auf »**Folgegenehmigungen**« (**nachrangige** Genehmigungen oder Erlaubnisse, vgl. Rdn. 136), die nicht Voraussetzung für die Erteilung der Baugenehmigung sind, sondern gewöhnlich auf die Baugenehmigung folgend erteilt werden. Hierunter fallen z.B. die im Zuge der Bauausführung erforderlich werdenden öffentlich-rechtlichen Erlaubnisse, Bewilligungen, Gestattungen, wie die zur zeitlich befristeten Einbeziehung eines Teils der Straßenfläche in die Baustelle, die Erlaubnis zum Aufbruch des Straßenkörpers, um die Ver- und Entsorgungsleitungen anschließen zu können oder die Festsetzung der Gemeinde über die anzubringende Hausnummer. Ferner rechnet hierzu auch die Anordnung verkehrslenkender Maßnahmen durch die Straßenverkehrsbehörde, die eventuell aufgrund der konkreten Auswirkungen eines Bauvorhabens auf den Straßenverkehr erforderlich werden (vgl. hierzu OVG NRW, Beschl. v. 15.02.2000 – 10 B 208/00, 245

BauR 2000, 1042 = BRS 63 Nr. 177 = NVwZ-RR 2001, 299 zu einer Pumpstation auf einer Straßenfläche).

246 Weiter sind die Genehmigungen, Erlaubnisse usw. zu nennen, welche für die endgültige ordnungsgemäße Nutzungsausübung des fertig gestellten Bauwerks neben der Baugenehmigung noch erforderlich sind, wie z.b. die **personenbezogenen Betriebserlaubnisse**
- nach § 2 **GastG** (Erlaubnis zum Betrieb einer Gaststätte),
- nach § 33 i **GewO** (Erlaubnis zum Betrieb einer Spielhalle),
- nach § 1 Abs. 2 **ApothekenG** (Erlaubnis zum Betrieb einer Apotheke),
- nach § 3 **RöV** (Genehmigung zum Betrieb einer Röntgenanlage),

um nur einige wichtige Rechtsbereiche anzusprechen (vgl. BVerwG, Beschl. v. 20.10.1988 – 4 B 195.88, BRS 48 Nr. 141 zur Gaststättenerlaubnis und OVG NRW, Urt. v. 13.09.1994 – 11 A 3309/92, BRS 56 Nr. 137 und Beschl. v. 20.01.2015 – 2 B 1447/14, juris zur Spielhallenerlaubnis).

247 Die Vorschrift stellt **keine Einschränkung des umfassenden Prüfungsauftrages** im Hinblick auf das **materiell-rechtliche Prüfprogramm** nach § 74 Abs. 1 Satz 1 BauO NRW dar (OVG NRW, Urt. v. 20.03.1992 – 11 A 610/90, BauR 1992, 610 = BRS 54 Nr. 135; vgl. Rdn. 8). In gewisser Weise ist Satz 2 jedoch eine »Angstklausel«, da bei der Unübersehbarkeit des »Baunebenrechts« schnell einmal von der Bauaufsichtsbehörde die Notwendigkeit einer Genehmigung, Bewilligung oder Erlaubnis nach anderen Rechtsvorschriften als Voraussetzung der Baugenehmigung unbeachtet bleiben kann (zum Umfang der Prüfung vgl. Rdn. 131–161). Übersieht die Bauaufsichtsbehörde die für das Vorhaben erforderliche Genehmigung anderer Behörden, führt dies für sich allein noch nicht zur Rechtswidrigkeit der Baugenehmigung, weil die anderweitige Genehmigung weiterhin erforderlich bleibt, obwohl die Baugenehmigung erteilt worden ist (OVG NRW, Beschl. v. 23.08.2001 – 11 A 1084/96, BauR 2002, 457 zur Befugnis der Straßenbaubehörde, trotz vorliegender Baugenehmigung die Beseitigung einer ohne die erforderliche Sondernutzungserlaubnis angebrachten Werbetafel anordnen zu können). Diese Entscheidungen befassen sich mit dem **Verhältnis der Baugenehmigung zu anderen öffentlich-rechtlichen Gestattungen**, besagen aber nicht, dass die Bauaufsichtsbehörde die anderen Genehmigungen oder Erlaubnisse unberücksichtigt lassen kann. Dazu führt das OVG NRW im Beschl. v. 23.08.2001 (– 11 A 1084/96, BauR 2002, 457) aus:

248 *»Prüfungsmaßstab bei Erteilung der Baugenehmigung ist das gesamte öffentliche Recht, soweit die Bauaufsichtsbehörde im Baugenehmigungsverfahren über das Vorhaben entscheiden muß. Dieser Prüfungsmaßstab steht der Bauaufsichtsbehörde allerdings nur insoweit zu, als sie überhaupt für die Entscheidung zuständig ist, soweit also im Baugenehmigungsverfahren über das Vorhaben entschieden werden darf und muß. Zwar mag die Baugenehmigungsbehörde auf Grund einer sog. Vorprüfungskompetenz eine Baugenehmigung versagen können, wenn sie erkennt, daß eine anderweitige Genehmigung oder Erlaubnis schlechthin nicht erteilt werden kann (vgl. etwa Schulte in: Boeddinghaus/Hahn/Schulte, BauO NRW, Kommentar, Loseblatt-Ausgabe [Stand: 01.01.2001], § 75 BauO NRW Rdnr. 75 m.w.N. aus der Rechtsprechung).*

Ebenfalls wird die Baugenehmigungsbehörde eine Baugenehmigung wegen des Erfordernisses, daß dem Vorhaben öffentlich-rechtliche Vorschriften nicht entgegenstehen, und infolge der durch Erteilung des Bauscheines bewirkten Baufreigabe eine Baugenehmigung (noch) nicht erteilen dürfen, wenn eine weitere Gestattung o. ä. nach dem jeweils einschlägigen Recht erforderlich ist, aber noch fehlt (zur sog. Schlußpunkttheorie Schulte a.a.O., § 75 BauO NRW Rdnr. 76 ff. [mit umfangreichen Nachweisen zum Meinungsstand]).«

Die Bauaufsichtsbehörde sollte sich immer der Tatsache bewusst sein, dass die **Baugenehmigung im Hinblick auf die erfassten Prüfgegenstände den Schlusspunkt bildet** (vgl. Rdn. 8). Fehlt bei Abschluss der Prüfung eine noch erforderliche **vorgreifliche** Gestattung nach sonstigem öffentlichen Recht, steht aber durch eine im Beteiligungsverfahren abgegebene **schriftliche Erklärung** der dafür zuständigen Fachbehörde unzweifelhaft fest, dass diese Gestattung in Kürze erteilt wird, kann – in diesem Sonderfall – die Baugenehmigung bereits erteilt und durch eine **Bedingung im Bauschein** die **verfrühte Baufreigabe** insoweit **ausgeschlossen** werden (vgl. Rdn. 131). 249

6 Zu Abs. 4 – Private Rechte Dritter

Die etwaige **Verletzung privater Rechte Dritter** durch eine Baugenehmigung kann nur vor den ordentlichen Gerichten geltend gemacht werden (BayVGH, Urt. v. 08.09.1998 – 27 B 96.1407, BauR 1999, 617 = BRS 60 Nr. 93 zu einem **Überbau** im Sinne des § 912 BGB; OVG NRW, Beschl. v. 27.08.2010 – 7 B 489/10, juris). Bei **streitigem Grenzverlauf** ist die Behörde nicht gehalten, die Eigentums- bzw. Grundstücksverhältnisse zu klären (OVG Saar, Beschl. v. 04.04.1973 – II W 22/73, BRS 27 Nr. 132). Die Bestimmungen des **NachbG NRW** sind als Teil der Privatrechtsordnung **kein öffentliches Recht**. Die landesrechtliche Regelung, dass Baugenehmigungen unbeschadet der Rechte Dritter erteilt werden, ist verfassungsrechtlich unbedenklich (BVerwG, Beschl. v. 16.12.1996 – 4 B 218/96, NJW 1997, 1865). Es fehlt einer Klage auf Feststellung der Nichtigkeit einer Baugenehmigung das Feststellungsinteresse, das mit der Verfolgung zivilrechtlicher Nachbarrechte dargelegt wird; denn die Feststellung der Nichtigkeit der Baugenehmigung ist für den Bestand und die Durchsetzung dieser Rechte ohne Bedeutung (OVG NRW, Urt. v. 25.10.1983 – 7 A 1803/83, BRS 40 Nr. 203). 250

Darüber, **ob** eine Rechtsfrage **öffentlich-rechtlicher oder privatrechtlicher Natur** ist, können mitunter erhebliche Meinungsunterschiede bestehen. Fehlt eine ausdrückliche Rechtszuweisung, richtet sich die Beurteilung nach der Natur des Rechtsverhältnisses, aus dem der im Rechtsstreit geltend gemachte Anspruch hergeleitet wird (BVerwG, Urt. v. 06.11.1996 – 3 C 72.84, BVerwGE 75, 109 und Beschl. v. 12.04.2013 – 9 B 37/12, NJW 2013, 2298). Öffentlich-rechtlich sind Streitigkeiten, wenn sie sich als Folge eines Sachverhalts darstellen, der nach öffentlichem Recht zu beurteilen ist (OVG NRW, Beschl. v. 30.06.2000 – 21 E 472/00, EildStNW 2001, 81 zum Streit um die Vergabe eines gemeindeeigenen Grundstücks aufgrund eines vorausgegangenen Auswahlverfahrens nach Vergabekriterien, die im öffentlichen Interesse unter 251 anderem die Förderung eines bestimmten Personenkreises durch die Gewährung eines nach der Kinderzahl gestaffelten Nachlasses auf den Kaufpreis vorsahen).

252 **Private Rechte Dritter** können dazu führen, dass eine **Baugenehmigung nicht ausnutzbar** ist. Von dem Schutzzweck der bei der Erteilung der Baugenehmigung wahrzunehmenden Amtspflichten der Bauaufsichtsbehörde werden von vornherein solche Nachteile nicht erfasst, die sich daraus ergeben, dass das Bauvorhaben private Rechte der Nachbarn beeinträchtigt und deshalb nicht verwirklicht werden kann (BGH, Urt. v. 06.07.2000 – III ZR 340/98, BRS 63 Nr. 179). Es ist nicht Aufgabe der Bauaufsichtsbehörde, im öffentlich-rechtlichen Baugenehmigungsverfahren über private Rechtsverhältnisse Dritter zu entscheiden (BayVGH, Beschl. v. 06.12.2000 – 25 ZS/CS 00.279, BRS 63 Nr. 163 und Beschl. v. 08.12.2011 – 15 ZB 11.1882, juris). Die Bauaufsichtsbehörde darf eine Baugenehmigung deshalb **nur dann wegen fehlenden Sachbescheidungsinteresses ablehnen, wenn** die der Verwirklichung des Vorhabens **entgegenstehenden privaten Rechte Dritter offensichtlich** sind (VGH B-W, Urt. v. 17.11.1994 – 8 S 1470/94, NVwZ-RR 1995, 563; BayVGH, Urt. v. 27.01.2017 – 15 B 16.1834, juris).

253 Die Baugenehmigungsbehörde darf den **Bauantrag ohne Prüfung der öffentlichrechtlichen Zulässigkeit** des Vorhabens **mangels Sachbescheidungsinteresses ablehnen,** wenn rechtskräftig entschieden ist, dass aus zivilrechtlichen Gründen das Grundstück nicht bebaut werden kann (BVerwG, Urt. v. 17.12.1964 – I C 130.63, BRS 15 Nr. 92 = NJW 1965, 551). Eine Baugenehmigung darf versagt werden, wenn sie wegen bestehender privatrechtlicher Hindernisse nutzlos wäre (BVerwG, Urt. v. 23.03.1973 – IV C 49.71, BRS 27 Nr. 130; Hess. VGH, Urt. v. 04.12.2008 – 4 A 882/08, BauR 2009, 697).

7 Zu Abs. 5 – Aufbewahrungspflicht

254 Die in § 74 Abs. 5 **BauO NRW** normierten **Aufbewahrungspflichten** für Bauakten dienen dazu, die **Rechtmäßigkeit** baulicher Anlagen einschließlich durchgeführter Änderungen zweifelsfrei **belegen** zu können (vgl. LT-Drucks. 17/2166, S. 193).

255 Der **Bauherr** hat nach **Satz 1** dazu die für die Genehmigungsentscheidung maßgeblichen Unterlagen aufzubewahren. Dabei umfasst die Pflicht zur Aufbewahrung neben der **Baugenehmigung** weitere für die Genehmigungsentscheidung maßgebliche Unterlagen wie **Bauvorlagen, bautechnische Nachweis** sowie **Bescheinigungen** von **Sachverständigen.** Da die **Beweislast** für die Rechtmäßigkeit der baulichen Anlage den jeweiligen **Eigentümer** trifft, sind die Unterlagen an etwaige Rechtsnachfolger weiterzugeben. Daneben ist hinsichtlich der **Weitergabepflichten** des Eigentümers an den Rechtsnachfolger auch § 58 Abs. 3 BauO NRW zu beachten (vgl. § 58 Rdn. 94). Solange die bauliche Anlage besteht, trifft nach **Satz 3** auch die **Bauaufsichtsbehörde** die **Verpflichtung** zur Aufbewahrung der Bauvorlagen. Die **Archivierung** kann die Behörde auch in elektronischer Form vornehmen, solange eine nachträgliche Änderung der archivierten Unterlagen technisch ausgeschlossen ist.

8 Zu Abs. 6 – Benachrichtigung der Gemeinde

Die Unterrichtung der Gemeinde ist in erster Linie mit Rücksicht auf ihre **Planungshoheit** erforderlich. Sie wird, wenn sie nicht selbst Bauaufsichtsbehörde ist, nach Maßgabe des § 36 BauGB im Baugenehmigungsverfahren beteiligt. Diese Beteiligung ist bei Identität von Gemeinde und Bauaufsichtsbehörde, infolge des Zusammenfallens beider Funktionen (Planung und Bauaufsicht) in einer Körperschaft, nicht vorgeschrieben. Nur ein kleiner Teil der Gemeinden hat weniger als 25000 Einwohner und übernimmt daher keine bauaufsichtlichen Funktionen (s. § 57 Abs. 1 Nr. 3 Buchstabe a BauO NRW). Diese Gemeinden haben natürlich ein Interesse zu erfahren, wie der Kreis als untere Bauaufsichtsbehörde über den Bauantrag entschieden hat. Dieses Interesse haben im Übrigen auch die kreisfreien Städte und die kreisangehörigen Städte und Gemeinden, wenn die Bezirksregierung im Zustimmungsverfahren (§ 79 BauO NRW) entscheidet.

256

Satz 1 enthält deshalb eine umfassende **Unterrichtungspflicht über alle planungsrelevanten bauaufsichtlichen Entscheidungen** der Bauaufsichtsbehörden aus Anlass der Erteilung, Verlängerung, Ablehnung, Rücknahme und des Widerrufs von Baugenehmigungen, Teilbaugenehmigungen, Vorbescheiden, Zustimmungen oder Abweichungen. Wegen der primär aus planungsrechtlichen Gründen gegebenen Unterrichtungspflicht ist der Begriff »**Abweichung**« in einem umfassenden Sinne zu verstehen. Er darf keineswegs nur im Sinne des § 69 BauO NRW verstanden werden, denn das hätte die fatale Folge, dass die Gemeinden gerade nicht über die bauplanungsrechtlich besonders interessierenden Ausnahmen und Befreiungen nach § 31 BauGB informiert würden, über die auch gesondert entschieden wird (z.B. für freigestellte Vorhaben nach § 62 BauO NRW).

257

Die Baugenehmigung, die Teilbaugenehmigung, der Vorbescheid, die Zustimmung und auch die Abweichungsentscheidung (im umfassenden Sinne) verschaffen dem Bauherrn Schutz vor nachfolgenden Rechtsänderungen. Dies kann die Gemeinde bei der Bauleitplanung nur berücksichtigen, wenn sie den Inhalt des Bescheides genau kennt, der sich (im Fall der Baugenehmigung) erst aus den Bauvorlagen erschließt. Daher bestimmt **Satz 2**, dass zur Unterrichtung eine **Ausfertigung des Bescheides beizufügen** ist, also die Baugenehmigung, die Teilbaugenehmigung, der Vorbescheid, die Zustimmung oder die Abweichung (Ausnahme und Befreiung) zusammen **mit den zugehörigen Bauvorlagen**.

258

Die **Mitteilungspflicht bezüglich Abweichungen** (Ausnahmen und Befreiungen) hat nur praktische Auswirkungen, wenn ein **gesonderter Bescheid** ergeht. Ansonsten werden diese Entscheidungen in die Baugenehmigung, die Teilbaugenehmigung, den Vorbescheid oder die Zustimmung einbezogen, was weder das BauGB noch die BauO NRW ausschließen.

259

9 Zu Abs. 7 – Baufreigebende Wirkung der Baugenehmigung

Die dem Bauherrn **zugegangene Baugenehmigung beseitigt das gesetzliche Bauverbot**, wie es § 74 Abs. 7 BauO NRW formuliert (vgl. Rdn. 2). Die Vorschrift enthält im Umkehrschluss jedoch **keine unbeschränkte** »**Baufreigabe**« da sie weitere

260

bauordnungsrechtliche Regelungen und sonstige öffentlich-rechtliche Vorschriften unberührt lässt. Insofern kann der Regelungsgehalt missverstanden werden (vgl. Rdn. 247–249). Zudem ist die »Baufreigabe« mit der gesetzlichen Verpflichtung zur **Erstattung der Anzeige über den Ausführungsbeginn** »mindestens eine Woche vorher« verbunden (§ 74 Abs. 9 BauO NRW; vgl. Rdn. 275).

261 Die baufreigebende Wirkung der Baugenehmigung setzt gemäß § 74 Abs. 7 BauO NRW erst nach deren **Zugang** ein. Hierunter ist, wie sich direkt aus § 74 Abs. 2 Satz 3 BauO NRW ergibt, die Zustellung der Baugenehmigung einschließlich einer Ausfertigung der mit einem Genehmigungsvermerk versehenen Bauvorlagen beim Antragsteller zu verstehen. Für die Zustellung genügt der einfache Brief oder die persönliche Entgegennahme durch den Antragsteller, sofern dieser die Baugenehmigung bei der Bauaufsichtsbehörde abholt. Dagegen liegt noch kein Zugang im Sinne des § 74 Abs. 7 BauO NRW vor, wenn die Baugenehmigung zwar ausgefertigt, aber noch nicht abgesandt wurde. Eine **Baugenehmigung** kann als Verwaltungsakt nämlich **erst durch die Bekanntgabe wirksam** werden (§§ 41, 43 VwVfG. NRW.; OVG NRW, Beschl. v. 27.10.1995 – 10 B 2720/95, BRS 57 Nr. 256 = NWVBl 1996, 222).

262 Auch nach Zugang der Baugenehmigung und Erstattung der Anzeige über den Ausführungsbeginn kann der Bauherr nicht einfach mit dem Bau beginnen, da § 74 Abs. 7 BauO NRW nur **baufreigebende Wirkung hinsichtlich des präventiven Prüfumfangs** entfaltet.

10 Zu Abs. 8 – Absteckungs- und Vorhaltepflichten des Bauherrn

10.1 Festlegung der Grundrissfläche und der Höhenlage

263 Abs. 8 Satz 1 enthält eine Regelung, die **für die ordnungsgemäße Ausführung** eines Vorhabens **von größter Bedeutung** ist und die erheblich dazu beiträgt, dass die am Bau Beteiligten und die Bauaufsichtsbehörden jederzeit die **Einhaltung wesentlicher Bestimmungspunkte** für die Grundrissfläche und die Höhenlage überprüfen können. Die **Absteckungspflicht** besteht bereits vor **Baubeginn**, also nicht erst nach Durchführung des Erdaushubs. Denn es ist bereits für die Erdaushubarbeiten erforderlich, dass die genaue Lage des zu errichtenden Baukörpers vermessungstechnisch festliegt. Gewöhnlich erfolgt die Absteckung zusammen mit den Arbeiten zur Einrichtung der Baustelle unmittelbar vor dem Erdaushub (angesichts des hohen Kostendrucks oft am gleichen Tag, so dass eine Differenzierung zwischen »Baubeginn« und »Ausführungsbeginn« (vgl. die unterschiedlichen Formulierungen in Abs. 7 bzw. 9 und Abs. 8) theoretischer Natur ist.

264 Bei den in den Verdichtungsgebieten gegebenen hohen Grundstückspreisen und den hierdurch bedingten kleinen Grundstücken bzw. verdichteten Bauformen mit minimalen Grenzabständen sind die Einhaltung der genehmigten Anordnung des Baukörpers in Beziehung zu den Grundstücksgrenzen und die Einhaltung der genehmigten höhenmäßigen Anordnung des Baukörpers in Beziehung zur Geländeoberfläche von größter Bedeutung für die ordnungsgemäße Bauausführung, auch und gerade unter **nachbarrechtlichen Gesichtspunkten**. Sind erst Bauarbeiten fehlerhaft durchgeführt,

führen die nicht selten aufgrund nachbarlicher Beschwerden erforderlich werdenden »Rückbaumaßnahmen« zu einer erheblichen wirtschaftlichen Belastung des Bauherrn. Dabei spielt dann der von ordnungswidrig handelnden Bauherren immer wieder gern bemühte »Verhältnismäßigkeitsgrundsatz« keine Rolle mehr, denn ein **eigenmächtiger Eingriff in öffentlich-rechtlich geschützte nachbarliche Belange ist unter keinem Gesichtspunkt zu rechtfertigen.**

Eine **eigenmächtige Abweichung** von der genehmigten Grundrissfläche und Höhenlage ist in der Regel auch **unter städtebaulichen Gesichtspunkten nicht hinnehmbar.** Sinn und Zweck des Baugenehmigungsverfahrens ist es, wegen der Einbeziehung der planungsrechtlichen Zulässigkeitsvorschriften für Vorhaben der §§ 29–37 BauGB in die bauaufsichtliche Überprüfung, auch die Bauwünsche des Bauherrn mit den städtebaulichen Zielvorgaben zu koordinieren. Das städtebaulich angestrebte Straßen-, Orts- oder Landschaftsbild kann durch falsch angeordnete Baukörper erheblich beeinträchtigt werden. Angesichts des aufwendigen Verfahrens zur Aufstellung der Bebauungspläne bzw. städtebaulichen Satzungen verwundert es nicht, dass eigenmächtige Abweichungen von den Bauaufsichtsbehörden ordnungsbehördlich verfolgt werden (müssen). Wegen des gewichtigen **Gesetzmäßigkeitsprinzips** verstößt es regelmäßig nicht gegen den Grundsatz der Verhältnismäßigkeit, wenn die Bauaufsichtsbehörde die Beseitigung des ungesetzlichen Zustandes verlangt (BVerwG, Beschl. v. 30.08.1996 – 4 B 117.96, BauR 1996, 828 = BRS 58 Nr. 90). Für die ordnungsgemäße Bauausführung ist der Bauherr grundsätzlich ohne Rücksicht auf seine wirtschaftliche Leistungsfähigkeit verantwortlich (BVerwG, Beschl. v. 11.04.1989 – 4 B 65.89, BRS 49 Nr. 143).

265

Wird eine bauliche Anlage nicht genau an der genehmigten Stelle des Grundstücks errichtet, gilt sie als nicht genehmigt (formell-illegal). Jede Verschiebung des Baues an eine andere Stelle des Grundstücks macht den Bau zu einem anderen, nicht genehmigten und folglich einer besonderen Genehmigung bedürfenden (Baltz/Fischer, S. 143). Dies gilt natürlich auch für eine von der Baugenehmigung abweichende Höhenlage der baulichen Anlage (ebenso Boeddinghaus/Hahn/Schulte, zu § 75 Rn. 47). Bereits die **formelle Illegalität** stellt einen Verstoß gegen die öffentliche Ordnung dar und berechtigt die Bauaufsichtsbehörde, die **Einstellung der Bauarbeiten** anzuordnen (BayVGH, Beschl. v. 10.04.2017 – 15 ZB 16.672, juris; OVG NRW, Urt. v. 13.02.1987 – 10 A 29/87, BRS 47 Nr. 193 = NVwZ 1988, 369 und Urt. v. 20.08.1992 – 7 A 2702/91, BRS 54 Nr. 203 zu Abweichungen von der Baugenehmigung trotz vorliegendem Schlussabnahmeschein, der die Baugenehmigung nicht abändern und demzufolge eventuellen Abweichungen keine Legalität verschaffen kann).

266

Die **Festlegung der Höhenlage** in der Baugenehmigung ist **besonders wichtig**, da dieser in ihrem Bezug zur Geländeoberfläche nach der Rechtslage entscheidende Bedeutung zukommt (zur Festlegung der Geländeoberfläche vgl. § 2 Rdn. 223–227 und zu § 8 Rdn. 76–88). Die gesetzliche Regelung des § 74 Abs. 8 Satz 1 BauO NRW verlangt lediglich die Absteckung der **Höhenlage der genehmigten baulichen Anlagen**, nicht jedoch die Absteckung der Höhenlage einer eventuell genehmigten, zu verändernden Geländeoberfläche. Hält die Bauaufsichtsbehörde hierfür ebenfalls eine

267

§ 74 Baugenehmigung, Baubeginn

Kontrolle für erforderlich, so muss sie von der Ermächtigung des § 84 Abs. 2 Satz 2 BauO NRW Gebrauch machen und die Anzeige des Beginns der Arbeiten zur Veränderung der Geländeoberfläche verlangen.

268 Ohne dass dies im Gesetz so klar zum Ausdruck kommt, erfasst die gesetzliche Absteckungspflicht nur bauliche Vorgänge der Errichtung von Gebäuden oder vergleichbarer baulicher Anlagen mit einem gewissen Schwierigkeitsgrad, nicht jedoch einfachste Vorgänge, bei denen die Absteckung keinen Sinn macht, wie z.b. bei der Montage einer über 2 m hohen und daher genehmigungsbedürftigen Zaunanlage. **Sinn der Absteckung** bei Baubeginn ist es nämlich, die **Bestimmungspunkte für die endgültige lage- und höhenmäßige Ausrichtung** des Bauwerks außerhalb des engeren Baufeldes, dessen natürliche Oberfläche infolge Erdaushub und anderer Bautätigkeiten zerstört wird, durch Markierungen so zu sichern, dass nicht nur die Bauaufsichtsbehörden, sondern vor allem auch die ausführenden Personen in jedem Stadium der Bauausführung Kontrollmessungen durchführen können.

269 Der Begriff **Höhenlage** im Sinne des § 74 Abs. 8 Satz 1 BauO NRW stellt auf die im Bauwesen übliche Methode ab, sämtliche Ebenen eines Bauwerks an der Höhenlage des **Erdgeschossfußbodens** (der Nullebene) auszurichten. Deshalb ist auch im **Lageplan** gemäß § 3 Abs. 1 Satz 2 Nr. 12 BauPrüfVO und in den **Schnittzeichnungen** gemäß § 4 Abs. 3 Nr. 1 BauPrüfVO die **Höhenlage des Erdgeschossfußbodens über NN** anzugeben. Die so in den Bauvorlagen als Bestandteil der Baugenehmigung festgelegte Höhenlage des Erdgeschossfußbodens ist am Schnurgerüst dauerhaft zu markieren. Die Einhaltung der Grundrissfläche und der Höhenlage muss gemäß § 83 Abs. 3 BauO NRW der Bauaufsichtsbehörde nachgewiesen werden.

270 Beabsichtigt die Bauaufsichtsbehörde bei besonderen Grundstücksverhältnissen, einen **amtlichen Nachweis** über die Einhaltung der Grundrissflächen und Höhenlagen der baulichen Anlagen gemäß § 83 Abs. 3 Satz 2 BauO NRW zu verlangen, sollte dies dem Bauherrn frühzeitig mitgeteilt werden, damit dieser sich bei der Auftragserteilung an Unternehmer bzw. Fachunternehmer hierauf einstellen kann. Die Bauaufsichtsbehörde sollte den Bauherrn schon **bei Erteilung der Baugenehmigung** hierauf hinweisen und ihm nahe legen, bei Absteckung der Grundrissfläche und der Höhenlage der baulichen Anlage einen öffentlich bestellten Vermessungsingenieur oder eine Behörde, die befugt ist, Vermessungen zur Errichtung und Fortführung des Liegenschaftskatasters auszuführen, einzuschalten.

10.2 Vorhalten von Unterlagen an der Baustelle

271 Die Vorschrift des § 74 Abs. 8 **Satz 2** BauO NRW begründet eine **Pflicht zur Vorhaltung** der **Baugenehmigung** und der **Bauvorlagen an der Baustelle von Baubeginn an**. Zu den **Bauvorlagen** gehören im Einzelnen die im Ersten Teil der BauPrüfVO genannten Unterlagen. Die Möglichkeit zur Einsichtnahme in diese Unterlagen soll unter anderem eine ordnungsgemäße Bauüberwachung ermöglichen (§ 83 Abs. 5 BauO NRW: »Den mit der Überwachung beauftragten Personen ist Einblick zu gewähren«). Daneben ist es aber auch für die bauausführenden Personen wichtig zu wissen, ob sie die Ausführung in Übereinstimmung mit der Baugenehmigung vornehmen. Allein

anhand der Ausführungszeichnungen lässt sich die Übereinstimmung mit der Genehmigungslage nicht feststellen.

Wie sich aus der Regelung ergibt, ist es nicht notwendig, die **Originale** an der Baustelle bereitzuhalten. Es genügt, **Fotokopien** an der Baustelle vorzuhalten, um die Originale vor Beschädigungen, Verschmutzungen oder Verlust zu schützen. Die Fotokopien müssen natürlich mit den Originalen übereinstimmen und dürfen keine Veränderungen (Verfälschungen) aufweisen; einer Beglaubigung bedarf es jedoch nicht. Der Bauherr kann sich zu diesem Zwecke auch eine weitere Ausfertigung erteilen oder aber Ablichtungen des Originals fertigen lassen. Nur die dem Antragsteller zugestellte Baugenehmigung – das ist der »**Bauschein**« zusammen mit den genehmigten Bauvorlagen – beweist **als öffentlich-rechtliche Urkunde** über die erteilte Baugenehmigung später die Rechtmäßigkeit der vorgenommenen Baumaßnahme. Sie sollte nicht auf der Baustelle »herumliegen«. 272

Die vorgesehene Dokumentation von Baugenehmigung und Bauvorlagen an der Baustelle kann nach **Abs. 2 Satz 2 Halbsatz 2** auch in **elektronischer Form** bereitgehalten werden, wenn die Baugenehmigung von der Bauaufsichtsbehörde in elektronischer Form erteilt wurde (vgl. Rdn. 204). Für die Dokumentation in elektronischer Form gelten gemäß **Abs. 2 Satz 3** die allgemeinen **Anforderungen**, die das VwVfG. NRW. an die **elektronische Kommunikation** stellt (vgl. § 70 Rdn. 41). Insoweit scheidet insbesondere aus, Baugenehmigung und Bauvorlagen lediglich als digitalen Scan der Originalunterlagen bereitzuhalten. 273

»**An**« der Baustelle bedeutet, dass die Unterlagen **während des Baustellenbetriebs** für die am Bau Beteiligten und die Bauaufsichtsbehörde **zur Einsichtnahme bereit** sind. Es reicht aus, die Unterlagen im Baustellenbüro oder in einer Baustellenunterkunft bereitzuhalten. Da Verstöße gegen diese Vorhaltepflicht in der Vergangenheit nicht die Ausnahme, sondern eher die Regel bildeten, hat der Gesetzgeber mit **§ 86 Abs. 1 Nr. 14 BauO NRW** einen **Bußgeldtatbestand** geschaffen. 274

11 Zu Abs. 9 – Mitteilungs- und Unterrichtungspflichten

11.1 Baubeginnsanzeige

Die **Anzeige des Ausführungsbeginns** (Baubeginnsanzeige) obliegt nach § 74 Abs. 9 Satz 1 BauO NRW allein **dem Bauherrn** (zu den Anzeige- und Nachweispflichten s. § 53 Abs. 1 Satz 2 BauO NRW) und ist indirekt mit einer Wartepflicht von einer Woche verbunden. Gleiches gilt für die **Wiederaufnahme** von **Bauarbeiten**, wenn diese vorher mehr als **drei Monate unterbrochen** wurden. Die Anzeige muss mindestens eine Woche vor Ausführungsbeginn oder Wiederaufnahme der Bauarbeiten erfolgen. Wer die Anzeige erstattet, aber vor Ablauf der Woche mit den Bauarbeiten beginnt, begeht nach § 88 Abs. 1 Nr. 15 BauO NRW eine **Ordnungswidrigkeit**, die mit **Bußgeld** geahndet werden kann, weil die Anzeige **nicht rechtzeitig** erfolgte. Das vollständige Unterlassen der Anzeige stellt ebenfalls eine bußgeldbewehrte Ordnungswidrigkeit dar. 275

Der **Ausführungsbeginn** hat vorrangig **Bedeutung** für die **Geltungsdauer** der Baugenehmigung. Ob der Bauherr von der Baugenehmigung Gebrauch macht, oder diese 276 verfallen lässt, obliegt allein seiner Entscheidung. So wie niemand gezwungen werden kann, einen Bauantrag einzureichen, so kann auch niemand gezwungen werden, eine erteilte Baugenehmigung auszunutzen, die Besonderheiten des städtebaulichen Baugebots einmal unberücksichtigt lassend. Diese Auffassung von »Baufreiheit« liegt in der Privatnützigkeit des Eigentums begründet (hierzu vgl. BVerfG, Beschl. v. 23.04.1974 – 1 BvR 6/74 und 2270/73, BVerfGE 37, 132 = NJW 1974, 1499).

277 Die **Baubeginnsanzeige** ist für die Bauaufsichtsbehörde wegen der daraufhin einsetzenden **Bauüberwachung** nach § 83 BauO NRW von Bedeutung. Ohne die Anzeigepflicht wäre die Bauaufsichtsbehörde gezwungen, die Grundstücke, für die eine Baugenehmigung erteilt worden ist, ständig im Rahmen der allgemeinen Überwachung nach § 58 BauO NRW zu kontrollieren, um keinesfalls den einsetzenden »Ausführungsbeginn« oder die Wiederaufnahme zu verpassen, da erst ab diesem Zeitpunkt die Phase der Bauüberwachung im Sinne des § 83 BauO NRW beginnt (zu den unterschiedlichen Überwachungsfunktionen vgl. § 83 Rdn. 1–4). Abgesehen davon, dass für eine derart verdichtete Kontrolle kein Bedürfnis besteht, würde ein erheblicher, nicht finanzierbarer Personalbedarf für Überwachungspersonal ausgelöst.

278 Die **Anzeige über den Ausführungsbeginn** darf nicht mit dem **tatsächlichen Beginn ernsthafter Bauarbeiten** gleichgesetzt werden (so Buntenbroich/Voß, zu § 75 Rn. 42). Ob bzw. wann mit der Bauausführung begonnen worden ist, mag zuweilen umstritten sein. Es kommt dabei auf eine **ernsthafte Absicht** des Bauherrn **zur Umsetzung der erteilten Baugenehmigung** an. Diese ist bei Bauvorhaben mit Unterkellerung jedenfalls dann gegeben, wenn nach der Humusabtragung mit dem Ausheben der Baugrube begonnen wurde (so BayVGH, Urt. v. 15.01.1979 – Nr. 67 XIV 75, BRS 35 Nr. 165). Diese Auslegung wird nicht immer zutreffen, da es entscheidend auf die jeweiligen Umstände des Einzelfalles ankommt. Für das Aufstellen einer Fertiggarage z.B. genügt deshalb als Baubeginn auch schon das Abschieben des Mutterbodens.

279 Der tatsächliche Ausführungsbeginn bzw. Wiederaufnahme von Bauarbeiten hat Bedeutung für den Zeitpunkt, zu dem die Anzeige der Bauaufsichtsbehörde zugegangen sein muss; diesen legt das Gesetz mit **mindestens einer Woche** fest. Die Gründe hierfür sind die gleichen wie die für die Anzeige nach § 84 Abs. 2 Satz 1 BauO NRW. Anders als dort schreibt § 74 Abs. 9 Satz 1 BauO NRW für die Anzeige die **Schriftform** vor. Wegen der erheblichen Bedeutung des Ausführungsbeginns bzw. der Wiederaufnahme von Bauarbeiten für die Ausnutzung bzw. für den Verbrauch der Baugenehmigung (hierzu vgl. OVG NRW, Urt. v. 20.03.1992 – 11 A 610/90, BRS 54 Nr. 135) konnte hierauf nicht verzichtet werden. Die schriftliche Anzeige erleichtert auch die Information anderer Behörden durch die Bauaufsichtsbehörde, denn diese kann zur Unterrichtung über den Baubeginn Kopien der Anzeige an die entsprechenden Stellen weiterleiten.

11.2 Unterrichtung der an der Überwachung beteiligten Behörden

280 Die Bauaufsichtsbehörde trifft nach Abs. 9 Satz 2 die **Pflicht**, die **untere Immissionsschutzbehörde** sowie die **untere Naturschutzbehörde** über den Ausführungsbeginn oder die Wiederaufnahme von Bauarbeiten zu **unterrichten**, soweit diese im Baugenehmigungsverfahren beteiligt wurden. Die **Aufgaben** werden von der **Bezirksregierung**

bzw. den **Kreisen** und **kreisfreien Städten** wahrgenommen (vgl. § 71 Rdn. 9). Die Unterrichtung hat den Sinn, der für den Immissions- bzw. Naturschutz zuständigen Behörde von dem Bauvorhaben und dessen Inangriffnahme Kenntnis und damit Gelegenheit zu geben, die Bauarbeiten unter Naturschutzaspekten und den Gesichtspunkten des Immissionsschutzes (unter anderem Baumaschinenlärm) zu überwachen.

Soweit von der Ausführung des Bauvorhabens **andere öffentliche Belange** berührt sind (z.B. Denkmalschutz, Landschaftsschutz oder Wasserrecht), ist es zweckmäßig, wenn die Bauaufsichtsbehörde auch die dafür zuständigen Behörden oder Dienststellen informiert. Insofern kann die Regelung des § 74 Abs. 9 BauO NRW nur als lückenhaft bezeichnet werden. Es liegt nämlich im Interesse einer sachgerechten Überwachung, dass die beteiligten Behörden Gelegenheit erhalten, ihr Fachwissen einzubringen und die Bauaufsichtsbehörde fachlich zu unterstützen bzw. ihren spezialgesetzlichen Kontrollpflichten zu genügen. 281

Im Baugenehmigungsverfahren nicht beteiligte Behörden haben nach den **datenschutzrechtlichen Bestimmungen** regelmäßig keinen Anspruch auf Information über personenbezogene Daten, die mit dem Antragsvordruck erhoben werden. Dies gilt auch im Hinblick auf die Übermittlung von Daten (z.B. in Listenform) über Baugenehmigungen und Baubeginnsanzeigen zum Zwecke der **Bekämpfung der Schwarzarbeit**. Nur ausnahmsweise kann im **Einzelfall** bei **Vorliegen der Voraussetzungen** nach § 9 Abs. 1 Nr. 1, 2 DSG NRW eine Weiterverarbeitung in Betracht kommen, wenn dies zur 282

– Abwehr **erheblicher** Nachteile für das Gemeinwohl
– oder einer sonst **unmittelbar drohenden** Gefahr für die öffentliche Sicherheit
– oder zur Abwehr einer **schwerwiegenden** Beeinträchtigung der Rechte einer anderen Person

erforderlich ist.

§ 75 Geltungsdauer der Baugenehmigung

(1) Die Baugenehmigung und die Teilbaugenehmigung erlöschen, wenn innerhalb von drei Jahren nach ihrer Erteilung mit der Ausführung des Bauvorhabens nicht begonnen oder die Bauausführung länger als ein Jahr unterbrochen worden ist.

(2) Die Frist nach Absatz 1 kann auf schriftlichen Antrag jeweils bis zu einem Jahr verlängert werden. Sie kann auch rückwirkend verlängert werden, wenn der Antrag vor Fristablauf bei der Bauaufsichtsbehörde eingegangen ist.

Übersicht		Rdn.
0	Änderungen gegenüber der BauO NRW 2000	01
1	Allgemeines	1
2	Zu Abs. 1 – Geltungsdauer der Baugenehmigung	9
3	Zu Abs. 2 – Verlängerung der Geltungsdauer	18

§ 75 Geltungsdauer der Baugenehmigung

0 Änderungen gegenüber der BauO NRW 2000

01 Die Bestimmung des § 75 BauO NRW stimmt inhaltlich und im wesentlichen Wortlaut mit § 77 BauO NRW 2000 überein. In **Abs. 1** wurde durch den Zusatz »länger als« die maßgebliche Dauer präzisiert, ab welcher die Unterbrechung der Bauausführung zum Erlöschen der Genehmigung führt. In **Abs. 2** erfolgte die Klarstellung, dass die Fristverlängerung auch rückwirkend möglich ist, »wenn der Antrag vor Fristablauf bei der Bauaufsichtsbehörde eingegangen ist«. Durch die Änderungen wurde die Übereinstimmung der Vorschrift mit der MBO hergestellt.

1 Allgemeines

1 Da sich baurechtliche Verhältnisse unter Umständen relativ kurzfristig ändern, z.B. nach dem Inkrafttreten eines Bebauungsplans oder einer Gestaltungssatzung, konnte der Gesetzgeber der **Baugenehmigung** als der Erklärung, dass dem Bauvorhaben zum Zeitpunkt der Genehmigung keine Hinderungsgründe im öffentlichen Recht entgegenstehen (vgl. § 74 Rdn. 1), **keinen zeitlich unbegrenzten rechtlichen Bestand** beimessen. Gegen diese zeitliche Begrenzung der Geltungsdauer bestehen keine verfassungsrechtlichen Bedenken. Eine Bauordnung, die einräumt, dass eine Baugenehmigung außer Wirkung gesetzt werden kann, falls sie innerhalb einer bestimmten Frist nicht ausgenutzt wird, steht mit Sinn und Zweck einer Baugenehmigung und damit mit der Grundauffassung des Baurechts im Einklang und verstößt nicht gegen Art. 14 GG (BVerwG vom 22.02.1965 – IV B 22.65, BRS 16 Nr. 128 = NJW 1965, 1195; s.a. BVerwG, Beschl. v. 22.02.1991 – 4 CB6.91, BauR 1991, 319 = BRS 52 Nr. 152 zu einem Gebäudetorso). Die Möglichkeit zur **Verlängerung** der Geltungsdauer wurde aus Gründen der **Verwaltungsvereinfachung** schon mit der BauO NW 1984 eröffnet; sie gewährt dem Bauherrn eine erhöhte Flexibilität bei der Bestimmung des Baubeginns.

2 Es besteht grundsätzlich **keine Verpflichtung**, von einer **Baugenehmigung** tatsächlich **Gebrauch zu machen**. Die Baugenehmigung gewährt vielmehr das **Recht zum Bauen** und beinhaltet **kein Baugebot** (vgl. § 70 Rdn. 14).

3 Die Baugenehmigung kann ihre **Wirksamkeit aus anderen** – als den in § 75 BauO NRW genannten – **Gründen verlieren**. Der Bauherr kann freiwillig **auf die Baugenehmigung verzichten**, da er auch durch Nichtausnutzung das Erlöschen zu bewirken vermag (BVerwG, Beschl. v. 11.01.2006 – 4 B 81.05, BRS 70 Nr. 159). Der **Verzicht** ist unmissverständlich auszusprechen und **nicht widerrufbar** (VGH B-W, Urt. v. 10.11.1993 – 3 S 1120/92, NVwZ 1995, 280; Hess. VGH, Beschl. v. 12.04.2016 – 4 A 1438/15.Z, BauR 2016, 1294). Aufgrund ihrer Unwiderrufbarkeit führt eine Verzichtserklärung nach Zugang beim Erklärungsempfänger in analoger Anwendung des § 75 Abs. 1 BauO NRW i.V.m. § 43 Abs. 2 VwVfG. NRW. zur sofortigen Erledigung der Baugenehmigung in sonstiger Weise und damit zu deren Unwirksamkeit, auch mit Wirkung für etwaige Rechtsnachfolger (OVG NRW, Beschl. v. 29.03.2012 – 10 B342/12, juris). Ein Verzicht ist jedoch nicht schon darin zu sehen, dass für dasselbe Baugrundstück ein neuer Bauantrag gestellt wird, weil z.B. über

§ 75 Geltungsdauer der Baugenehmigung

die Genehmigungsfähigkeit des ersten Bauantrags noch gestritten wird (vgl. Große-Suchsdorf zu § 71 Rn. 22).

Von der Frage der Geltungsdauer der Baugenehmigung zu trennen ist die Frage, wann der **Bestandsschutz** eines bereits ausgeführten Vorhabens **untergeht**. Dieser bleibt je nur so lange erhalten, wie auch die funktionsgerechte Nutzung und das konstruktive Gefüge des Bauwerks fortbestehen (vgl. § 74 Rdn. 171 und 181–186). Eine **nicht ausgenutzte** Baugenehmigung **vermittelt keinen Bestandsschutz**, da nur bei genehmigungskonformer Realisierung die Schutzfunktion des feststellenden Teils der Baugenehmigung Wirkung entfaltet (vgl. § 74 Rdn. 42–43); die frühere Rechtsprechung zum Schutz einer nicht ausgenutzten Grundstücksqualität aufgrund einer erteilten Baugenehmigung ist vom BVerwG aufgegeben worden (vgl. § 74 Rdn. 194–195). Die **Wiederaufnahme der Nutzung** nach mehrjähriger **Unterbrechung** erfordert eine neue Baugenehmigung (Thür. OVG, Beschl. v. 29.11.1999 – 1 EO 658/99, BRS 62 Nr. 203 = DVBl 2000, 826; VGH B-W, Urt. v. 20.05.2003 – 5 S 2751/01, BauR 2003, 1539 = BRS 66 Nr. 179). 4

Die BauO NRW trifft keine Aussage zur **Geltungsdauer** eines Bescheids, mit dem über eine **Ausnahme** oder **Befreiung** nach § 31 BauGB oder eines Abweichungsbescheids nach § 69 BauO NRW entschieden wird. Auch für die Teilungsgenehmigung nach § 7 BauO NRW enthält die BauO NRW keine Begrenzung der Geltungsdauer (vgl. § 7 Rdn. 56). Diese fehlende Regelung der Geltungsdauer ist seit jeher ein Systemfehler, der auch durch die MBO 2002 nicht behoben wurde. Aus dem Fehlen einer Vorschrift zur Begrenzung der Geltungsdauer ergeben sich für die bauaufsichtliche Vollzugspraxis immer wieder Probleme, da die hieraus resultierenden **Rechtsfolgen** für **freigestellt** oder **genehmigungsbedürftige** Vorhaben **unterschiedlich** sind. 5

Für **freigestellte** Vorhaben sehen § 69 Abs. 2 und 3 BauO NRW Verfahren für bauordnungsrechtliche Abweichungen und bauplanungsrechtliche Ausnahmen oder Befreiungen vor, die als »isolierte« Abweichungen bezeichnet werden, weil sie nicht im Zusammenhang mit einer Baugenehmigung stehen. Die Vorschrift des § 69 Abs. 2 und 3 BauO NRW **verweist nicht auf § 75 BauO NRW**. »Isolierte« Abweichungen **gelten** somit **unbefristet**. Der Bauherr eines freigestellten Vorhabens muss indessen nach § 52 BauO NRW bei der Ausführung des freigestellten Vorhabens das **öffentliche Recht beachten**. Nutzt der Bauherr eine ihm erteilte »isolierte« Abweichung nicht sofort aus, läuft er Gefahr, dass sich die Rechtslage später zu seinen Ungunsten wieder ändert. Das kann z.B. gegeben sein, wenn eine Bebauungsplanänderung in Kraft tritt und die Festsetzung ändert, von der ihm das Recht zur Abweichung eingeräumt wurde. Der Abweichungsbescheid verliert infolge **geänderter Rechtslage** seine Geltung. 6

Das **Bauplanungsrecht** wird im **Baugenehmigungsverfahren uneingeschränkt geprüft**, so dass mit der Baugenehmigung zugleich über die Ausnahme oder Befreiung nach § 31 BauGB entschieden wird. Auch im einfachen Baugenehmigungsverfahren ist das Bauplanungsrecht uneingeschränkt in die Prüfung einbezogen (vgl. § 64 Rdn. 28–30). Unerheblich ist, ob die Bauaufsichtsbehörde die Zulassung der Ausnahme oder Befreiung in der Baugenehmigung selbst oder in einen gesonderten, zum Bestandteil der Baugenehmigung erklärten Bescheid ausspricht. Da die Entscheidung 7

§ 75 Geltungsdauer der Baugenehmigung

über die Erteilung der Ausnahme oder Befreiung im Baugenehmigungsverfahren ergeht, teilt sie das **Schicksal der Baugenehmigung**, auch was deren Geltungsdauer anbetrifft. Mit dem **Erlöschen** der **Baugenehmigung verliert** auch die Entscheidung über die Erteilung der **Ausnahme** oder **Befreiung** ihre Geltung.

8   Im **einfachen** Baugenehmigungsverfahren ist das Bauordnungsrecht nach § 64 Abs. 1 Satz 1 BauO NRW nur **eingeschränkt zu prüfen** (vgl. § 64 Rdn. 31–36). Für Abweichungen von nicht zu prüfenden Vorschriften schreibt § 69 **Abs.** 2 Satz 3 BauO NRW daher die **Beantragung** einer **gesonderten Abweichungsentscheidung** vor (vgl. § 69 Rdn. 73–77). Die Abweichung ist nicht in die Baugenehmigung einbezogen, sondern wird als »**isolierte**« Abweichung erteilt. Sie wird **gleichzeitig** mit der Baugenehmigung erteilt und erlangt nur **zusammen** mit dieser **Wirksamkeit** (ebenso Jeromin zu § 74 Rn. 13). Geht die **Baugenehmigung** nach § 58 Abs. 3 BauO NRW auf den **Rechtsnachfolger** über, gilt auch die zugehörige »isolierte« Abweichung für diesen weiter. Wird jedoch **nach Erlöschen** der Baugenehmigung für das gleiche Grundstück ein **neuer Bauantrag** gestellt, handelt es sich um ein **neues Vorhaben**, gleichgültig, ob das frühere Bauvorhaben unverändert Gegenstand des Bauantrages ist oder nicht, so dass die **Entscheidung** einschließlich notwendiger Abweichungen von Grund auf **neu zu treffen** ist.

2 Zu Abs. 1 – Geltungsdauer der Baugenehmigung

9   § 75 **Abs. 1, 1. Alt.** BauO NRW begrenzt die Geltungsdauer der Baugenehmigung und der Teilbaugenehmigung auf **drei Jahre** mit der Maßgabe, dass innerhalb dieser Geltungsdauer **mit der Ausführung des Bauvorhabens begonnen** sein muss. Ändert sich in der Laufzeit der Baugenehmigung die gesetzliche Fristregelung, hat dies keinen Einfluss auf ihre Geltungsdauer, da sich diese grundsätzlich nach dem Recht bestimmt, dass im Zeitpunkt der Erteilung gilt (OVG NRW, Beschl. v. 28.08.2002 – 10 B 1641/02, BauR 2003, 679 = BRS 65 Nr. 163). Wird vor Ablauf der Geltungsdauer **tatsächlich** mit Bauarbeiten begonnen, behalten die Baugenehmigung und die Teilbaugenehmigung ihre Gültigkeit bis zur Baufertigstellung und damit bis zum Verbrauch der Genehmigung, ohne dass es dabei auf die Dauer der Bauausführung ankommt. Allerdings dürfen die Bauarbeiten **auch nicht länger als ein Jahr unterbrochen** werden (OVG NRW, Urt. v. 10.03.2016 – 7 A 1720/14, BauR 2016, 983). Kürzere Unterbrechungen sind **zulässig**.

10 Die Frist gemäß Abs. 1 **beginnt** nach § 43 Abs. 1 Satz 1 i.V.m. § 31 Abs. 2 VwVfG. NRW. **mit dem Tag, der auf die Bekanntgabe folgt.** Dies ergibt sich nach den analog anzuwendenden Vorschriften der §§ 187 und 188 Abs. 2 BGB. Die Zustellung der Baugenehmigung schreibt § 74 Abs. 2 Satz 3 BauO NRW vor(vgl. § 74 Rdn. 226–228). Das **Ende der Frist** bemisst sich nach § 188 Abs. 2 BGB, das heißt, die Baugenehmigung erlischt regelmäßig mit dem Ablauf des Tages, der durch seine Zahl und Monatsbezeichnung dem Tag der Bekanntgabe entspricht. Fällt das Fristende hiernach jedoch auf einen Samstag, Sonntag oder Feiertag, so endet die Frist gemäß § 31 Abs. 3 VwVfG. NRW. erst mit dem Ablauf des nächstfolgenden Werktags. Ist allerdings die Baugenehmigung mit einer **aufschiebenden Bedingung** versehen oder

darf von ihr erst nach Ablauf einer bestimmten Frist Gebrauch gemacht werden, so beginnt die Frist erst mit dem Eintritt der Bedingung bzw. dem Ablauf der Frist (vgl. Boeddinghaus/Hahn/Schulte zu § 77 Rn. 8).

Von einem **Erlöschen der Baugenehmigung** ist auch auszugehen, wenn ein Bauherr 11 bei der Bauausführung von den genehmigten Bauvorlagen so erheblich abweicht, dass das errichtete Bauwerk im Verhältnis zum genehmigten als ein »aliud« anzusehen ist (vgl. § 74 Rdn. 24). Dem Gebäude fehlt dann eine Genehmigung, während die Genehmigung für das ursprünglich genehmigte, aber tatsächlich nicht durchgeführte Bauvorhaben nach Fristablauf erloschen ist (OVG NRW, Urt. v. 21.12.2010 – 2 A 1419/09, BauR 2011, 1635; Hess. VGH, Beschl. v. 10.07.2003 – 4 TG 1296/03, BauR 2003, 1875 = BRS 66 Nr. 162). Aus der Legalisierungswirkung der erloschenen Baugenehmigung lassen sich keine Elemente herauslösen und auf ein neues Vorhaben übertragen (OVG NRW, Beschl. v. 06.12.2004 – 7 A 169/04, juris; VG Arnsberg, Urt. v. 08.07.2005 – 12 K 2926/04, BauR 2005, 1907).

Mit einer »**Nachtragsbaugenehmigung**« oder »**Tekturgenehmigung**« können Änderungen eines bereits genehmigten, aber noch nicht oder nicht vollständig ausgeführten Vorhabens, die das Gesamtvorhaben in seinen Grundzügen nur **unwesentlich berühren**, genehmigt werden (OVG Bln-Bbg, Urt. v. 31.05.2012 – OVG 10 B 9.11, BRS 79 Nr. 224; vgl. auch § 74 Rdn. 24 und 56). Die Geltungsdauer einer Nachtragsgenehmigung ist **beschränkt auf die Geltungsdauer der Ursprungsgenehmigung**, da beide in einer **wechselseitigen Beziehung** stehen (BayVGH, Urt. v. 22.03.1984 – Nr. 2 B 82 A.301, BRS 42 Nr. 167). Unter den gesetzlichen Voraussetzungen, die für die Verlängerung der Geltungsdauer der Baugenehmigung gelten, ist auch die Verlängerung der Nachtragsgenehmigung möglich. 12

Mit der Ausführung des Vorhabens ist wirksam **begonnen**, wenn bereits die Baugrube 13 ausgehoben wurde (BayVGH, Urt. v. 15.01.1979 – Nr. 67 XIV 75, BRS 35 Nr. 165; OVG Lüneburg, Beschl. v. 07.07.1981 – 1 B 64/81, BRS 38 Nr. 157), jedoch nicht, wenn die Baumaßnahmen so zögerlich und stückwerkhaft durchgeführt werden, dass allein schon dieser Umstand zum Verfall der Baugrube führt und objektive Anhaltspunkte dafür bestehen, dass subjektiv Arbeiten zur Sicherung der Baugrube nur in der Hoffnung auf Realisierung eines anderen Bauprojekts erfolgen (OVG Bln-Bbg, Beschl. v. 21.10.2005 – 2 S 104.05, BauR 2006, 367 = BRS 69 Nr. 155; OVG NRW, Beschl. v. 02.02.2012 – 2 B 1525/11, BauR 2012, 927). Selbst wenn man den Baubeginn nicht auf eine bestimmte bauliche Tätigkeit fixieren kann, so muss die bauliche Tätigkeit doch in einem unmittelbaren, **objektiven** und nicht lediglich aus der Sicht des Bauherrn bestehenden **Zusammenhang mit dem** genehmigten **Bauvorhaben** stehen; es müssen Bauarbeiten stattfinden, die in Ausübung der erteilten Baugenehmigung erfolgen (so OVG NRW, Urt. v. 06.03.1979 – VII A 240/77, BRS 35 Nr. 166 und Urt. v. 16.10.2008 – 7 A 696/07, juris). **Kein Baubeginn** ist das **Abstecken der Grundrissfläche** der genehmigten Anlage; dies ergibt der Wortlaut von § 74 Abs. 8 Satz 1 BauO NRW (»**Vor Baubeginn** muss«). Auch das **Aufstellen eines Bauschildes** und das **Einrichten einer Baustelle**, etwa durch Errichten einer Baubude und Lagerung von Baumaterialien, ist noch nicht als Baubeginn zu werten (OVG Saar, Urt. v.

§ 75 Geltungsdauer der Baugenehmigung

03.12.1982 – 2 R 182/81, BRS 39 Nr. 220). Die **Anzeige des Baubeginns** an sich stellt ebenfalls keinen Beginn der Bauausführung dar, ebenso wenig **vorbereitende Räumungsarbeiten** wie die Demontage von Elektronikeinbauten, Abhangdecken und Wandbelägen, die Erstellung eines Baustromanschlusses sowie Demontagearbeiten im Sanitärbereich (OVG NRW, Urt. v. 10.03.2016 – 7 A 1720/14, BauR 2016, 983). Auch die **Durchführung nicht genehmigungspflichtiger Bauarbeiten** ist in diesem Zusammenhang nicht als ausreichend zu erachten (OVG NRW, Beschl. v. 02.02.2012 – 2 B 1525/11, BauR 2012, 927).

14 Neben dem Ablauf der Dreijahresfrist nach Erteilung der Baugenehmigung sieht § 75 Abs. 1, 2. Alt. BauO NRW ein Erlöschen der Baugenehmigung auch dann vor, wenn die **Bauausführung länger als ein Jahr unterbrochen** worden ist. Für die unterschiedlichen gesetzlichen Fristen
– Dauer der Baugenehmigung generell drei Jahre,
– Erlöschen nach Unterbrechung der Bauarbeiten bereits nach einem Jahr, sprechen vor allem **technische Gründe**.

15 Eine Baugenehmigung erlischt nicht, wenn der Bauherr **durch hoheitlichen Eingriff oder durch höhere Gewalt an der Ausnutzung der Baugenehmigung gehindert** ist (OVG NRW, Beschl. v. 02.02.2012 – 2 B 1525/11, BauR 2012, 927; Urt. v. 17.07.2013 – 7 A 1896/12, BauR 2013, 1849 und Urt. v. 16.10.2008 – 7 A 696/07, juris). Der Ablauf der Geltungsfrist kann nur durch solche **Ereignisse und Umstände** gehemmt werden, die **außerhalb der Risikosphäre des Bauherrn** liegen (Sächs. OVG, Urt. v. 06.07.2005 – 2 B 263/05, BauR 2006, 707; OVG NRW, Beschl. v. 02.02.2012 – 2 B 1525/11, BauR 2012, 927; VGH B-W, Urt. v. 29.10.2013 – 3 S 2643/11, juris). Hiernach verliert eine Baugenehmigung nicht ihre Gültigkeit, wenn sie **widerrufen** ist und der Bauherr aus diesem Grunde die Bauarbeiten nicht aufgenommen oder unterbrochen, aber den Widerruf angefochten hat, so dass er nicht wirksam werden konnte. Ebenso verhält es sich, wenn die **Geltung** – obwohl die Geltungsfrist der Genehmigung noch nicht abgelaufen ist – **von der Baubehörde bestritten** wird und daher bei Baubeginn mit entsprechenden bauaufsichtlichen Maßnahmen zu rechnen ist (OVG NRW, Urt. v. 17.07.2013 – 7 A 1896/12, BauR 2013, 1849). Wegen des objektbezogenen, nicht personenbezogenen Charakters der Baugenehmigung haben weder ausschließlich in der Person des Bauherrn liegende Beeinträchtigungen – wie z.B. geistige Krankheiten – noch dessen eigenes Verhalten Auswirkungen auf den Lauf der Frist; ebenso ist daher ein Wechsel der Bauherren ohne Einfluss auf die Geltungsdauer (vgl. Boeddinghaus/Hahn/Schulte zu § 77 Rn. 20 ff.).

16 Dem Widerruf einer Baugenehmigung ist die Mitteilung der Bauaufsichtsbehörde an den Bauherrn gleichzusetzen, dass ein **Nachbar** die **Baugenehmigung angefochten** hat (VGH B-W, Beschl. v. 02.08.1980 – 3 S 1398/80, BRS 36 Nr.172), erst recht die Anordnung der Einstellung genehmigter Bauarbeiten im Hinblick auf einen durch Nachbarn anhängig gemachten Rechtsstreit über die Rechtmäßigkeit der Baugenehmigung (OVG NRW, Urt. v. 22.05.1980 – 10 A 1046/77, n.v.). In den vorgenannten Fällen wird der **Ablauf der Frist gehemmt**. Die Frist wird durch die Anfechtungsklage des Nachbarn auch dann unterbrochen, wenn die Baugenehmigung sofort vollziehbar

ist (OVG NRW, Urt. v. 17.07.2013 – 7 A 1896/12, BauR 2013, 1849; VGH B-W, Beschl. v. 08.04.2014 – 5 S 2179/13, BauR 2014, 1270; OVG LSA, Beschl. v. 01.06.2017 – 2 M 49/17, juris). Die Zeit, während der der Ablauf der Frist gehemmt ist, wird hiernach nicht auf die Frist angerechnet, die Frist wird um die Dauer der Hemmung verlängert (so Hamb. OVG, Beschl. v. 29.10.2014 – 2 Bs 179/14, NVwZ-RR 2015, 361; OVG LSA, Beschl. v. 01.06.2017 – 2 M 49/17, juris; vgl. auch Fischer, Geltungsdauer der Baugenehmigung, BauR 2014, 2024; a.A. VGH B-W, Beschl. v. 02.08.1980 – 3 S 1398/80, BRS 36 Nr. 172, der in diesen Fällen eine »Unterbrechung« annimmt, mit der Folge, dass nach ihrem Ende die dreijährige Geltungsdauer der Baugenehmigung neu in Lauf gesetzt wird).

Bezieht sich der Nachbarrechtsstreit auf einen **abtrennbaren Teil** der Baugenehmigung oder ficht der Bauherr eine mit der Baugenehmigung verbundene **selbständige Auflage** isoliert an, so läuft die Frist weiter, da es dem Bauherrn unbenommen ist, den unumstrittenen Teil der Baugenehmigung auszunutzen (so Große-Suchsdorf zu § 71 Rn. 9). Ist der hoheitliche Eingriff und damit die Unterbrechung der Bauarbeiten auf **Umstände** zurückzuführen, die der **Bauherr zu vertreten** hat und die dieser ändern kann, ist das Erlöschen der Baugenehmigung jedoch nicht ausgeschlossen (vgl. OVG Lüneburg, Urt. v. 18.04.1985 – 1 A 114/82, BRS 44 Nr. 151). 17

3 Zu Abs. 2 – Verlängerung der Geltungsdauer

Ist der Bauherr – aus welchem Grunde auch immer – nicht in der Lage, sein Bauvorhaben innerhalb der Dreijahresfrist nach Erteilung der Baugenehmigung zu beginnen, und will er die Genehmigung dennoch rechtswirksam erhalten, so kann er mit **schriftlichem Antrag** um die **Verlängerung** der Geltungsdauer nachsuchen. Eine solche Verlängerung ist **höchstens bis zu einem Jahr möglich**, sie kann jedoch **wiederholt** beantragt werden. Die Anzahl der Wiederholungsanträge ist gesetzlich nicht begrenzt. Für jede weitere Verlängerung gilt dann, was für die erstmalige Verlängerung gilt. Die **Prüfung** des Verlängerungsantrages hat **nach dem öffentlichen Recht zum Zeitpunkt der Entscheidung** zu erfolgen (Nds. OVG, Urt. v. 22.06.2010 – 12 LB 213/07, BauR 2010, 2093; OVG NRW, Beschl. v. 13.06.2016 – 7 A 1029/15, juris). 18

Auf die Verlängerung hat der Bauherr trotz des Wortlauts des Satzes 1 (»Die Frist kann verlängert werden«) einen **Rechtsanspruch, wenn das Vorhaben** im Entscheidungszeitpunkt **dem öffentlichen Recht weiterhin entspricht** (vgl. auch Boeddinghaus/Hahn/Schulte, zu § 77 Rn. 30 ; Nds. OVG, Beschl. v. 06.01.1995 – 1 L 457/93, NVwZ-RR 1995, 246). Steht das Vorhaben nicht (mehr) in Übereinstimmung mit den öffentlichen Vorschriften, so muss die Bauaufsichtsbehörde den Verlängerungsantrag ablehnen (OVG NRW, Urt. v. 02.12.1987 – 11 A 1942/76, BRS 47 Nr. 140). Die Bauaufsichtsbehörde ist jedoch nicht gehindert, die **Sach- und Rechtslage** bei der Prüfung des Verlängerungsantrags **anders zu beurteilen** als bei der ersten Entscheidung (vgl. Große-Suchsdorf zu § 71 Rn. 18 unter Bezug auf BVerwG, Urt. v. 10.05.1968 – IV C 186.65, BRS 20 Nr. 86.). 19

Für die Verlängerung der Geltungsdauer gelten die **gleichen verfahrensrechtlichen und materiellen Anforderungen wie** für die Neuerteilung der Baugenehmigung 20

(BayVGH, Urt. v. 09.04.1975 – Nr. 181 II 71, BRS 29 Nr. 125; OVG NRW, Urt. v. 28.04.1986 – 7 A 287/84, n.v.). Allerdings ist das Verfahren dadurch erleichtert, dass der Bauherr nicht erneut einen Bauantrag mit allen sonst erforderlichen Bauvorlagen einreichen muss; es genügt der schriftliche Antrag auf Verlängerung. Die **Gemeinde** ist auch dann, wenn es eines Einvernehmens gemäß § 36 BauGB nicht bedarf, **erneut zu beteiligen**, wie sich aus § 71 Abs. 1 Satz 4 BauO NRW ergibt. Eine Beteiligung anderer Behörden und die Benachrichtigung des Nachbarn wird nur dann erforderlich, wenn eine Änderung der Sach- und Rechtslage eingetreten ist oder sich nachbarrelevante Gesichtspunkte geändert haben könnten (vgl. OVG NRW, Beschl. v. 26.09.1979 – XI B 1528/78, BRS 35 Nr. 202). Haben sich die Straßenausbauabsichten geändert, kann die Straßenbaubehörde der Verlängerung widersprechen, selbst wenn sie zuvor dem Hauptantrag zugestimmt hat (OVG NRW, Urt. v. 26.09.1991 – 11 A 1604/89, BRS 52 Nr. 144).

21 Soweit eine Baugenehmigung durch Ablauf der Rechtsmittelfrist (Monats- ggf. Jahresfrist, vgl. § 72 Rdn. 273) bestandskräftig geworden ist, lebt die Anfechtbarkeit für den Nachbarn nicht wieder durch die Verlängerung auf (vgl. OVG NRW, Urt. v. 04.12.2015 – 7 A 825/14, juris). Dies gilt selbst dann, wenn sich die Rechtslage zum Zeitpunkt der Verlängerungsentscheidung zugunsten des Nachbarn geändert hat und gleichwohl (rechtswidrig) die Verlängerung erteilt wird. Fristauslösend ist allein die Bekanntgabe der Baugenehmigung oder zumindest die sichere Kenntnisnahmemöglichkeit von der Erteilung der Baugenehmigung. Diese Umstände bleiben auch bei der Verlängerung unverändert bestehen.

22 Die **Rückwirkung einer Verlängerung nach Satz 2** bedeutet, dass die Entscheidung über den Verlängerungsantrag auch noch nach dem zeitlichen Endpunkt des Ablaufs der Baugenehmigung getroffen werden kann, solange der Antrag vor Fristablauf bei der Bauaufsichtsbehörde eingegangen ist. Die weitere Geltungsdauer der Baugenehmigung beginnt wegen der vorgeschriebenen Rückwirkung immer mit dem zeitlichen Endpunkt der Gültigkeit der Baugenehmigung, deren Geltungsdauer weiter verlängert werden soll. Endete z.B. die Gültigkeit der Baugenehmigung am 31.07.2018, so wird eine Verlängerung für die Zeit vom 01.08.2018 bis höchstens zum 31.07.2019 ausgesprochen, auch wenn die Entscheidung erst nach dem 01.08.2018 getroffen wird. Der **Verlängerungsantrag hemmt den Ablauf der Frist nicht**, da insoweit nicht der Schutzgedanke greift, wonach der Bauherr im Hinblick auf den Fristlauf von solchen Hindernissen bei der Realisierung des Vorhabens freigestellt werden soll, auf die er keinen Einfluss hat; dabei handelt es sich beispielsweise um behördliche Eingriffe, höhere Gewalt oder Nachbarrechtsbehelfe, jedoch gerade nicht um die eigenverantwortliche Stellung eines Verlängerungsantrags (OVG NRW, Beschl. v. 02.02.2012 – 2 B 1525/11, BauR 2012, 927; vgl. auch Boeddinghaus/Hahn/Schulte, zu § 77 Rn. 22). Satz 2 gilt auch für den Fall, dass die Geltungsdauer der Baugenehmigung bereits verlängert ist, der Antrag auf erneute Verlängerung muss dann vor Ablauf der verlängerten Baugenehmigung gestellt werden.

§ 76 Teilbaugenehmigung

(1) Ist ein Bauantrag eingereicht, so kann der Beginn der Bauarbeiten für die Baugrube und für einzelne Bauteile oder Bauabschnitte auf schriftlichen Antrag schon vor Erteilung der Baugenehmigung schriftlich gestattet werden (Teilbaugenehmigung). § 74 gilt entsprechend.

(2) In der Baugenehmigung können für die bereits begonnenen Teile des Bauvorhabens zusätzliche Anforderungen gestellt werden, wenn sich bei der weiteren Prüfung der Bauvorlagen ergibt, dass die zusätzlichen Anforderungen wegen der öffentlichen Sicherheit oder Ordnung erforderlich sind.

Übersicht	Rdn.
0 Änderungen gegenüber der BauO NRW 2000	01
1 Allgemeines	1
2 Zu Abs. 1 – Teilbaugenehmigung	11
3 Zu Abs. 2 – Zusätzliche Anforderungen	20

0 Änderungen gegenüber der BauO NRW 2000

Die **BauO NRW 2018** hat § 76 BauO NW 2000 unverändert übernommen. 01

1 Allgemeines

Die Teilbaugenehmigung hat den **Zweck**, dem Bauherrn bei einem besonders dringenden Baubedürfnis den **Beginn der Bauarbeiten** schon **vor** Erteilung **der endgültigen Baugenehmigung** zu ermöglichen. Die Vorschrift beseitigt – wie die endgültige Baugenehmigung – das **gesetzliche Verbot** des § 74 Abs. 7 BauO NRW, vor Zugang der Baugenehmigung nicht mit der **Bauausführung** beginnen zu dürfen (vgl. § 74 Rdn. 260–262). Allerdings erstreckt sich die **baufreigebende Wirkung der Teilbaugenehmigung** nicht auf das gesamte Vorhaben, sondern – wie der Name dieses Rechtsinstituts bereits deutlich macht – nur auf den von der Teilbaugenehmigung erfassten **Teil des Gesamtvorhabens**. Da bei umfangreichen oder schwierigen Bauvorhaben die Bearbeitung des Bauantrags oft längere Zeit in Anspruch nimmt, erweist sich die Teilbaugenehmigung in der Praxis als **wesentliche Erleichterung des Baugeschehens**. Nicht ausgeschlossen ist ein **abschnittsweises** Bauen mit gleich mehreren zeitlich aufeinander folgenden Teilbaugenehmigungen entsprechend dem Baufortschritt. 1

Die Teilbaugenehmigung ist an verschiedene **Voraussetzungen** geknüpft. Zunächst muss **bereits** der **Bauantrag für das Vorhaben als Ganzes** bei der Bauaufsichtsbehörde zur Genehmigung **eingereicht** sein. Dies ergibt sich unmissverständlich aus der Formulierung des Abs. 1 Satz 1. Im Gegensatz zum Vorbescheid, der lediglich Klarheit über die mit der Voranfrage beantragte Klärung bestimmter Zulässigkeitsaspekte des Bauvorhabens schafft, hat die Teilbaugenehmigung wie die Baugenehmigung baufreigebende Wirkung (vgl. Hoppe/Bönker/Grotefels, S. 472. Rn. 72). Wenn § 76 Abs. 1 Satz 1 BauO NRW einleitend formuliert »Ist ein Bauantrag eingereicht«, so zielt dies auf den **vollständigen** Bauantrag **mit allen erforderlichen** Bauvorlagen, um die 2

§ 76   Teilbaugenehmigung

materiell-rechtliche Prüfung der grundsätzlichen Zulässigkeit des Vorhabens entsprechend § 74 Abs. 1 Satz 1 BauO NRW durchführen zu können.

3   Als **notwendige Voraussetzung der Teilbaugenehmigung** hat die Bauaufsichtsbehörde zu ermitteln, ob die **baurechtliche Zulässigkeit des Vorhabens als Ganzes** positiv beurteilt werden kann. Dazu gehört stets die Feststellung der
– **bauplanungsrechtlichen Zulässigkeit** des Vorhabens,
und in **Abhängigkeit** vom vorgesehenen **Prüfprogramm**, das sich wiederum aus dem in § 64 Abs. 1 BauO NRW festgelegten Verfahren ergibt(vgl. § 64 Rdn. 13–27 und zu § 74 Rdn. 131–161), die Feststellung der **Übereinstimmung mit** den
– **bauordnungsrechtlichen Vorschriften** und den
– **sonstigen öffentlich-rechtlichen Vorschriften**.

4   Demnach muss nach dem bauaufsichtlichen Prüfprogramm die **grundsätzliche Zulässigkeit des Gesamtbauvorhabens** feststehen (so auch Große-Suchsdorf, zu § 70 Rn. 113). Das gilt auch für die **Art der Nutzung**.

5   Schon aus **bauplanungsrechtlicher** Sicht wird mit der Teilbaugenehmigung auch über die **Art der baulichen Nutzung** des Vorhabens entschieden. Eine Teilbaugenehmigung kommt daher nicht in Betracht, wenn die Bauvorlagen nur einen Baukörper darstellen, jedoch dessen beabsichtigte Nutzung nicht offenbaren (OVG NRW, Urt. v. 16.03.1984 – 11 A 302/84, BRS 42 Nr. 163; Nds. OVG, Beschl. v. 26.01.2012 – 1 ME 226/11, BauR 2012, 783). Die gegenteilige Auffassung des VGH B-W im Beschl. v. 13.04.2015 (– 3 S 328/15,NVwZ-RR 2015, 646) verkennt, dass ohne jede Nutzungsangabe weder eine Prüfung des Bauplanungsrechts, noch die Prüfung wichtiger bauordnungsrechtlicher Schutzziele, wie Standsicherheit und Brandschutz, möglich ist, da gerade die materiellen bauordnungsrechtlichen Anforderungen zumindest an allgemeine Nutzungsangaben, wie z.B. Wohngebäude oder gewerblich genutztes Gebäude, anknüpfen. Im Übrigen ging es in dem entschiedenen Fall um den Wiederaufbau eines durch Brand zerstörten Lagergebäudes, ohne dass der Bauherr bereits die Nachfolgenutzung konkret angeben konnte; dabei hat das Gericht übersehen, dass die Bauaufsichtsbehörde keine nutzungslose Hülle, sondern ein Lagergebäude – und damit auch eine Nutzung – genehmigt hatte.

6   In der bauaufsichtlichen Praxis ist es üblich, dass sich der Bauherr z.B. für ein Geschäftshaus lediglich Ladenlokale für den Einzelhandel oder für Praxen genehmigen lässt, wenn die konkreten Nutzer bei Beginn der Baumaßnahme noch nicht feststehen. Es wird dann nach Verkauf oder Vermietung des Ladenlokals gegebenenfalls eine weitere (**Nutzungs-)Genehmigung** erforderlich, sofern für die **konkretisierte** Nutzungsabsicht **spezielle** öffentlich-rechtliche Anforderungen **zusätzlich zu beachten** sind, die von der bereits vorliegenden Baugenehmigung, die ja nur eine allgemeine Nutzungsart abdeckt, nicht mit umfasst sind. Das ist z.B. bei einer **Apotheke** der Fall, die zwar dem Einzelhandel mit Arzneimitteln dient und damit grundsätzlich der durch die Baugenehmigung erfassten Einzelhandelsnutzung entspricht, jedoch den **speziellen baulichen** Anforderungen des § 4 der **Apothekenbetriebsordnung** i.d.F.d.B. vom 26.09.1995 (BGBl. I S. 1195), z.g.d.G. vom 02.07.2018 (BGBl. I S. 1080) an die **Beschaffenheit, Größe** und **Einrichtung** der **Apothekenbetriebsräume** genügen muss.

1684   *Johlen*

Mit der **Teilbaugenehmigung** wird nach herrschender Auffassung über die **grundsätz-** 7
liche Vereinbarkeit des gesamten Vorhabens mit dem öffentlichen Baurecht **entschieden** (BGH, Urt. v. 10.02.1983 – III ZR 105/81, BauR 1983, 451 = BRS 40 Nr. 178 = NVwZ 1983, 500; BayObLG, Urt. v. 29.10.1979 – RReg. 2 Z 84/78, BRS 35 Nr. 151; s. auch Finkelnburg/Ortloff, Bd. II S. 152 f.). In der Regel kann die endgültige Baugenehmigung nur versagt werden, wenn ein Grund vorliegt, der zur Rücknahme oder zum Widerruf der Teilbaugenehmigung berechtigt (so BGH, Urt. v. 10.02.1983 – III ZR 105/81, BauR 1983, 451; OVG NRW, Urt. v. 24.08.1979 – XI A 611/79, BRS 35 Nr. 150; s. auch Hess. VGH, Urt. v. 26.04.1990 – 4 UE 1256/86, BRS 50 Nr. 167). Es dürfen insgesamt für die Erteilung der Teilbaugenehmigung **keine grundsätzlichen öffentlich-rechtlichen Hindernisse** erkennbar sein, die der Erteilung einer abschließenden Baugenehmigung entgegenstehen würden (OVG Bln, Beschl. v. 20.12.1991 – 2 S 21.91, BRS 52 Nr. 166 und Beschl. v. 30.04.1992 – 2 S 7.92, BRS 54 Nr. 55). Die Teilbaugenehmigung wäre nämlich sinnwidrig, wenn feststünde, dass das Gesamtvorhaben anschließend nicht genehmigt werden könnte (OVG NRW, Urt. v. 24.08.1979 – XI A 611/79, BRS 35 Nr. 150; OLG Köln, Urt. v. 25.07.2013 – 7 U 177/12, juris).

Die Feststellung der grundsätzlichen Zulässigkeit des Gesamtvorhabens kann sich 8
naturgemäß noch nicht auf sämtliche **Einzelheiten der geplanten Bauausführung** beziehen (so Boeddinghaus/Hahn/Schulte, zu § 76 Rn. 14). Es ist eine **differenzierte Betrachtungsweise** geboten, die vom **Umfang** der beantragten Teilbaugenehmigung abhängt (vgl. Hess. VGH, Beschl. v. 07.12.1990 – 1 B 1250/90, BRS 50 Nr. 168). Das mit der Teilbaugenehmigung verbundene »**positive Gesamturteil**« wird daher bei der Gestattung der Rohbauarbeiten umfassender sein als bei der Zulassung lediglich des Baugrubenaushubs (OVG NRW, Beschl. v. 03.04.1996 – 11 B 523/96, BRS 58 Nr. 150 = NVwZ-RR 1997, 401). Der Auffassung des OVG Rh-Pf im Beschl. v. 07.12.1990 (– 1 B 12509/90, BRS 50 Nr. 168), eine Teilbaugenehmigung, die sich nur auf **unterirdische** Bauteile beziehe, entfalte in der Regel **keine Bindungswirkung** in Bezug auf die **für das Gesamtbauvorhaben geltenden Abstandsflächen**, trifft nur dann zu, wenn die Fundamente und das Kellermauerwerk so zu den Grundstücksgrenzen liegen, dass **Unterschreitungen** gesetzlicher **Mindest**abstände durch das **aufgehende** Mauerwerk **ausgeschlossen** sind. Denn der Realisierung eines Kellers im ersten Bauabschnitt folgt die Ausführung der oberirdischen – abstandsrelevanten – Außenwände des Gesamtvorhabens. Die Höhe der Außenwände kann der Bauherr dann zwar immer noch so begrenzen, dass die Abstandsflächen auf dem eigenen Grundstück liegen, eine Unterschreitung der Mindestabstände würde die Realisierung der – oberirdischen – Außenwände in Fortführung des Kellermauerwerk – wie geplant und in den Bauvorlagen dargestellt – aber unmöglich machen oder aus statischen Gründen bautechnisch sehr erschweren. Bei Erteilung der Teilbaugenehmigung muss aber bereits feststehen, dass dem **geplanten** Gesamtvorhaben **keine grundsätzlichen** Hindernisse entgegenstehen (vgl. Rdn. 7 und 14), und dazu rechnen auch die gesetzlichen Mindestabstände. Grundsätzlich können **Rodungs- oder Abbrucharbeiten** zur Vorbereitung der Durchführung eines neuen Vorhabens ebenfalls mittels Teilbaugenehmigung genehmigt werden; ob eine Abbruchgenehmigung

jedoch gleichzeitig bereits als Teilbaugenehmigung hinsichtlich des neuen Vorhabens angesehen werden kann, ist eine Frage des Einzelfalls, deren Beantwortung sich nach dem objektiven Erklärungsgehalt der Genehmigung bemisst, ob also die Entscheidung über die Zulässigkeit des Gesamtvorhabens noch der zu erteilenden Baugenehmigung vorbehalten bleiben soll (VG Gelsenkirchen, Urt. v. 02.02.2012 – 5 K 3830/08, juris). Die Frage nach der Einhaltung des bauplanungsrechtlichen **Rücksichtnahmegebots** kann ebenfalls grundsätzlich Gegenstand des vorläufig positiven Gesamturteils sein, jedoch kann es dabei nur um die Frage gehen, ob das Vorhaben die Maßgaben des Rücksichtnahmegebots grundsätzlich einhalten kann; zum einen wird das Bauvorhaben in der Regel noch nicht in allen Einzelheiten feststehen, zum anderen kann es in der abschließenden Baugenehmigung durch Nebenbestimmungen konkretisiert und beschränkt werden, so dass der Prüfungsmaßstab bezüglich dieser Frage entsprechend großzügig anzulegen ist (VG Gelsenkirchen, Urt. v. 02.12.2014 – 6 K 1062/13, juris).

9   Die Teilbaugenehmigung entfaltet mit ihrer grundsätzlichen Feststellung der Zulässigkeit des Gesamtvorhabens eine dem Vorbescheid vergleichbare **Bindungswirkung**; sie setzt sich gegen zwischenzeitliche Änderungen der Sach- und Rechtslage durch. Dies folgt, wie bei einer endgültigen Baugenehmigung aus dem Grundsatz des Bestandsschutzes. Auch eine **rechtswidrige** Teilbaugenehmigung entfaltet Bindungswirkung, die nur durch deren Rücknahme aufzuheben ist (Große-Suchsdorf, zu § 70 Rn. 120; s.a. BGH, Urt. v. 10.02.1983 – III ZR 105/81, BauR 1983, 451). Diese Bindungswirkung vermittelt einen **Anspruch auf die endgültige Baugenehmigung** und schützt somit den Bauherrn davor, dass sich die bereits getätigten Investitionen später als nutzlos erweisen. Die **Teilbaugenehmigung wird durch die endgültige Baugenehmigung nicht gegenstandslos**, sondern durch diese **lediglich ergänzt**.

10 Die Bindungswirkung und Funktion der Teilbaugenehmigung hat Auswirkungen im Hinblick auf den **Nachbarschutz**. Da die Teilbaugenehmigung bereits die grundsätzliche Zulässigkeit des Gesamtvorhabens beinhaltet, muss der Nachbar seine Bedenken auch unmittelbar gegen diese vorbringen. Lässt er die Teilbaugenehmigung bestandskräftig werden und greift lediglich die endgültige Baugenehmigung an, ist er mit seinen Einwänden insoweit ausgeschlossen (Hess. VGH, Beschl. v. 11.12.1995 – 4 TG 1337/95, BRS 58 Nr. 192 = NVwZ-RR 1997, 107; s.a. Schlotterbeck/von Arnim/Hager, zu § 61 Rn. 13). Die Bindungswirkung des feststellenden Teils einer Teilbaugenehmigung ist nicht erst nach deren Unanfechtbarkeit, sondern bereits ab ihrer sofortigen Vollziehbarkeit im nachfolgenden Baugenehmigungsverfahren zu beachten, auch soweit die Bindung sich auf einen durch die Teilbaugenehmigung belasteten Dritten erstreckt (OVG Bbg, Beschl. v. 19.02.1997 – 3 B 137/96, BRS 59 Nr. 156 = NVwZ-RR 1998, 484).

2 Zu Abs. 1 – Teilbaugenehmigung

11 Für den **Antrag** auf Erteilung einer Teilbaugenehmigung verlangt Abs. 1 **Satz 1** nur die **Schriftform**. Die Vorschrift verweist nicht auf die §§ 64 ff. BauO NRW. Auch die BauPrüfVO enthält keine Vorgaben über den Antrag auf Erteilung der

Teilbaugenehmigung. Das war auch nicht erforderlich, da bereits der **vollständige Bauantrag** der Bauaufsichtsbehörde **vorliegen muss** (vgl. Rdn. 2). Es reicht daher aus, wenn der Bauherr die Erteilung der Teilbaugenehmigung **formlos schriftlich** beantragt und in diesem Schreiben den **gewünschten Genehmigungsumfang** mit Worten **beschreibt**, wie z.b.»Aushub der Baugrube und Herstellung der Fundamente«. Bei größeren Vorhaben hat es sich als zweckmäßig erwiesen, dem Antragsschreiben Pläne beizufügen, und in diesen die entsprechenden Bauteile deutlich, z.b. mit farblichen Hervorhebungen, zu kennzeichnen. Selbstverständlich kann der Antrag auf Erteilung der Teilbaugenehmigung zusammen mit dem Bauantrag eingereicht werden.

Das **Verfahren zur Erlangung einer Teilbaugenehmigung** ist nicht gesondert geregelt. Abs. 1 **Satz 2** verweist auf § 74 BauO NRW und damit auf die Vorschriften für die Baugenehmigung. Da auch § 74 Abs. 1 Satz 1 BauO NRW zu beachten ist, müssen alle Vorschriften geprüft werden, die nach den Vorgaben des § 64 BauO NRW entweder für das »**einfache**« Genehmigungsverfahren oder im Falle von »großen« Sonderbauten für das »**normale**« Genehmigungsverfahren einschlägig sind (vgl. Rdn. 3). 12

Die Teilbaugenehmigung kann sich auf die »Baugrube« oder auf weitere »einzelne Bauteile oder Bauabschnitte« beziehen. Der Bauherr hat die zur Erteilung der Teilbaugenehmigung dazu jeweils erforderlichen Nachweise zu erbringen, also **zumindest die für die Beurteilung des Baugenehmigungsantrags bezüglich seiner grundsätzlichen Genehmigungsfähigkeit notwendigen Bauvorlagen**. Es kann dagegen nicht verlangt werden, dass bereits sämtliche für die Baugenehmigung erforderlichen Bauvorlagen eingereicht sein müssen, denn das würde den Anwendungsbereich der Teilbaugenehmigung praktisch sehr stark einschränken. 13

Der erforderliche **Grad an Übereinstimmung** mit dem öffentlichen Recht hängt vom **Antragsgegenstand der Teilbaugenehmigung** ab. Ergibt sich, dass dem Vorhaben hinsichtlich seiner **Nutzungsart**, seines **Umfangs** und seiner **Anordnung** auf dem Grundstück keine öffentlich-rechtlichen Vorschriften entgegenstehen, bestehen gegen die Ausführung des Baugrubenaushubs in der Regel keine Bedenken. Sollen dagegen die Fundamente, das Kellermauerwerk und die Kellerdecke vor Abschluss des Genehmigungsverfahrens ausgeführt werden, muss auch schon der Standsicherheitsnachweis erbracht und geprüft sein, da sich die auftretenden Belastungen des Gesamtbaus bis in diese Bauteile auswirken. 14

Im Gegensatz zur Baugenehmigung (s. § 74 Abs. 1 Satz 1 BauO NRW: »Die Baugenehmigung ist zu erteilen«), steht die **Erteilung der Teilbaugenehmigung im Ermessen der Bauaufsichtsbehörde** (§ 76 Abs. 1 Satz 1 BauO NRW: »so **kann** der Beginn der Bauarbeiten **gestattet werden** [Teilbaugenehmigung]«; so auch Große-Suchsdorf, zu § 70 Rn. 116). Die Ermessensausübung ist allerdings durch § 58 Abs. 2 Satz 2 BauO NRW nicht frei, sondern eingeschränkt auf das »**pflichtgemäße Ermessen**« (ebenso Allgeier/von Lutzau, zu § 67 S. 670 f. Anm. 67.1). Die Bauaufsichtsbehörde soll lediglich nicht gezwungen sein, ohne dass auf Seiten des Bauherrn anerkennenswerte Gründe bestehen, wie z.B. Eilbedürftigkeit oder Hindernisse, die eine alsbaldige Baugenehmigung nicht erwarten lassen, die mit einer Teilbaugenehmigung verbundene 15

§ 76 Teilbaugenehmigung

zusätzliche Arbeit zu erbringen (ebenso Jeromin, zu § 73 Rn. 6 und Wilke/Dageförde/Knuth/Meyer, zu § 63 Rn. 5).

16 Erfordert die endgültige Baugenehmigung bauplanungsrechtliche **Befreiungen oder Ausnahmen** nach § 31 BauGB bzw. **Abweichungen** nach § 69 BauO NRW, so kann die Bauaufsichtsbehörde die Teilbaugenehmigung erst aussprechen, wenn sie **positiv** über die entsprechende Befreiung, Ausnahme oder Abweichung **entschieden** hat. Bei der Prüfung der bauplanungsrechtlichen Konformität muss die Bauaufsichtsbehörde in Übereinstimmung mit der eventuell zu beteiligenden Gemeinde handeln, da sie ansonsten die durch das BauGB geschützten **Mitwirkungsrechte** verletzen würde. Insoweit unterscheidet sich die Teilbaugenehmigung nicht von der endgültigen Baugenehmigung (vgl. § 71 Rdn. 35–37).

17 Auch die **nach sonstigen öffentlich-rechtlichen Vorschriften** erforderliche **Zustimmung** anderer **Behörden** oder **Dienststellen** ist notwendig, weil die Teilbaugenehmigung die Bauaufsichtsbehörde für das weitere Baugenehmigungsverfahren bindet. Die mitwirkungsberechtigten anderen Behörden oder Dienststellen dürfen in ihrem eigenen Entscheidungsbereich nicht durch eigenmächtige Entscheidungen der Bauaufsichtsbehörde, in diesem Falle durch deren Teilbaugenehmigung und die daraufhin geschaffenen Tatsachen, beschränkt werden (vgl. § 71 Rdn. 20). Im Falle von neben der Baugenehmigung erforderlichen **selbständigen Genehmigungen, Bewilligungen** oder **Erlaubnissen** nach sonstigem öffentlichem Recht (vgl. § 71 Rdn. 84) muss zumindest aufgrund einer bindenden **schriftlichen** Äußerung der dafür **zuständigen Behörde** feststehen, dass diese Gestattung erteilt werden wird.

18 Vor Aushändigung oder Zustellung der Teilbaugenehmigung, die gemäß Abs. 1 Satz 1 **schriftlich** ergehen muss, darf mit Bauarbeiten nicht begonnen werden. Eine nur mündliche Inaussichtstellung der Teilbaugenehmigung oder der Baugenehmigung gibt dem Bauherrn noch nicht das Recht, mit den Bauarbeiten zu beginnen. Die Teilbaugenehmigung besitzt nach **§ 75 Abs.** 1 BauO NRW – wie die Baugenehmigung – eine **Gültigkeitsdauer von drei Jahren**. Sie erlischt wie die Baugenehmigung, wenn die fristgerecht begonnenen **Bauarbeiten ein Jahr unterbrochen** worden sind.

19 **Mit der Ausführung der** durch die Teilbaugenehmigung gestatteten **Bauarbeiten** für die Baugrube und gegebenenfalls für einzelne Bauteile oder Bauabschnitte ist die **Teilbaugenehmigung verbraucht** (vgl. § 74 Rdn. 59). Eine Weiterführung der Arbeiten über den genehmigten Teil hinaus ist unzulässig, da die Teilbaugenehmigung nur zur Ausführung der genehmigten Teile des Vorhabens berechtigt. Allerdings darf ein weiterer schriftlicher Antrag gestellt werden, der wie der vorausgegangene Antrag zu behandeln ist und zu einer weiteren Teilbaugenehmigung führen kann. Bei weiteren Teilbaugenehmigungen ist die grundsätzliche Zulässigkeit des Vorhabens nicht mehr erneut zu prüfen (vgl. Rdn. 1 und 3).

3 Zu Abs. 2 – Zusätzliche Anforderungen

20 Für die Teilbaugenehmigung muss eine **nachträgliche Modifikationsmöglichkeit** gegeben sein, da sie **vor** der abschließenden Prüfung des Gesamtbauvorhabens erteilt

wird. Aus der abschließenden Prüfung können sich Anforderungen ergeben, die sich auch auf die vorab genehmigten und bereits begonnenen Teile des Vorhabens auswirken. Die Anforderungen dürfen nur auf **Gesichtspunkte** gestützt werden, **die nicht bereits bei Erteilung der Teilbaugenehmigung erkennbar** waren (so Wilke/Dageförde/Knuth/Meyer, zu § 63 Rn. 9).

Eine **Abänderung ausgeführter Bauteile** kann nur gefordert werden, soweit dies aus Gründen der öffentlichen Sicherheit oder Ordnung erforderlich ist. Die zusätzlichen Anforderungen müssen **unmittelbar der Gefahrenabwehr** dienen, das heißt, dass ohne die Durchführung der notwendigen zusätzlichen Anforderungen die bauliche Anlage mit einer latenten, unter Umständen jederzeit konkret werden könnenden Gefahr behaftet wäre. Der Bauherr kann insoweit nicht darauf vertrauen, dass er die vorab genehmigten Bauteile unverändert belassen kann (so Jeromin, zu § 73 Rn. 13). 21

§ 77 Vorbescheid

(1) **Vor Einreichung des Bauantrags ist auf Antrag der Bauherrin oder des Bauherrn zu einzelnen Fragen des Bauvorhabens ein Vorbescheid zu erteilen. Der Vorbescheid gilt drei Jahre. Die Frist kann auf schriftlichen Antrag jeweils bis zu einem Jahr verlängert werden. §§ 58 Absatz 3, 69 bis 72, 74 Absatz 1 und 2 sowie 75 Absatz 2 gelten entsprechend.**

(2) **Betreffen die Fragen nach Absatz 1 die Errichtung oder Änderung eines Gebäudes, müssen die dem Antrag auf Vorbescheid beizufügenden Bauvorlagen von einer Entwurfsverfasserin oder einem Entwurfsverfasser, die oder der bauvorlageberechtigt ist, unterschrieben sein. § 67 gilt entsprechend. Dies gilt nicht für einen Antrag auf Vorbescheid, mit dem nur über die Vereinbarkeit mit den planungsrechtlichen Vorschriften über die Art der baulichen Nutzung, die Bauweise und die überbaubare Grundstücksfläche entschieden werden soll.**

Übersicht	Rdn.
0 Änderungen gegenüber der BauO NRW 2000	01
1 Allgemeines	1
2 Zu Abs. 1 – Voraussetzungen, Wirkungen, Geltungsdauer, Verfahren	10
2.1 Voraussetzungen des Vorbescheids	10
2.2 Wirkungen des Vorbescheids	19
2.3 Abgrenzung zu anderen Rechtsinstituten	39
2.4 Geltungsdauer	45
2.5 Vorbescheidsverfahren	49
3 Zu Abs. 2 – Erfordernis der Bauvorlageberechtigung	71

0 Änderungen gegenüber der BauO NRW 2000

Die Regelung des § 77 **BauO NRW** enthält gegenüber der bisherigen Vorschrift des § 71 BauO NRW 2000 über den Vorbescheid einige Änderungen. 01

§ 77 Vorbescheid

02 **Abs. 1 Satz 1** räumt dem Antragsteller nunmehr ausdrücklich einen **Anspruch auf Erteilung eines Vorbescheids** zu, indem er regelt, dass vor Einreichung des Bauantrags »auf Antrag der Bauherrin oder des Bauherrn zu einzelnen Fragen des Bauvorhabens ein Vorbescheid zu erteilen ist«. Dies ersetzt den bisherigen Wortlaut, wonach zu den entsprechenden Fragen lediglich »ein Bescheid (Vorbescheid) beantragt werden kann«. Weiterhin wurde – in Anpassung an die MBO – in **Abs. 1 Satz 2** die Geltungsdauer des Vorbescheids auf nunmehr **drei Jahre** statt bisher zwei Jahre verlängert. **Abs. 1 Satz 3** wurde mit der BauO NRW 2018 neu eingefügt und besagt, dass diese Frist auf schriftlichen Antrag jeweils bis zu einem Jahr verlängert werden kann. Abs. 1 Satz 4 entspricht dem bisherigen § 71 Abs. 2 BauO NRW 2000, wobei die dortigen Verweise an die BauO NRW 2018 angepasst wurden.

03 **Abs. 2** entspricht § 71 Abs. 3 BauO NRW 2000.

1 Allgemeines

1 Das **Rechtsinstitut des Vorbescheids** – in anderen Bauordnungen, z.B. in § 76 HBO und § 57 LBO B-W, auch als »**Bauvorbescheid**« bezeichnet – war im frühen preußischen Baupolizeirecht noch nicht enthalten, wurde später jedoch in § 2 Abs. 7 PrEBO geregelt und von der Rechtsprechung anerkannt (PrOVG, Urt. v. 23.03.1939 – IV. C. 139/37, PROVGE 104, 206). Das Rechtsinstitut wurde mit § 89 MBO 1960 in das neugeschaffene Bauordnungsrecht mit folgender Begründung übernommen (Allgemeine Einführung in die Musterbauordnung, Band 17 der Schriftenreihe des Bundesministers für Wohnungsbau, 1960, S. 39 f. Anm. 13.41):

2 *»Durch einen Vorbescheid kann dem Bauantragsteller verbindliche Auskunft zu einzelnen Fragen des Bauvorhabens (z.B. Bebaubarkeit des Grundstücks) gegeben werden, ohne daß eine Prüfung in allen Einzelheiten erforderlich ist. Der Vorbescheid bietet in bestimmten Fällen eine Erleichterung bei Finanzierungsverhandlungen und bei der weiteren Bearbeitung der Bauvorlagen.«*

3 Die Vorschrift über den Vorbescheid findet sich heute in allen 16 Landesbauordnungen, allerdings in einer teilweise von der MBO abweichenden Ausgestaltung. Das nordrhein-westfälische Recht hat zwar das Muster der Vorschrift (§ 65 MBO 1997 = § 75 MBO 2002) beibehalten, jedoch noch Abs. 2 über die Bauvorlageberechtigung hinzugefügt. Für den Antrag auf Erteilung eines Vorbescheids hat sich allgemein die Bezeichnung »**Voranfrage**« durchgesetzt.

4 Das Rechtsinstitut des Vorbescheids trägt einem **praktischen Bedürfnis** Rechnung. Aufgrund der kaum noch zu überblickenden Regelungen des öffentlichen Baurechts besteht vielfach Unsicherheit darüber, ob eine vom Bauherrn beabsichtigte Baumaßnahme auch tatsächlich genehmigungsfähig ist. In diesen Fällen kann sich der Bauherr durch eine **Voranfrage** Rechtssicherheit verschaffen, da der auf die Voranfrage hin erteilte **Vorbescheid** die **Bauaufsichtsbehörde bindet**. Der Bauherr spart hierdurch Aufwand und Kosten, denn er braucht nicht erst einen Bauantrag mit sämtlichen Unterlagen, z.B. den kostenträchtigen bautechnischen Nachweisen, erstellen zu lassen,

um zu erfahren, ob eine Genehmigung erteilt werden kann. Der Vorbescheid bildet eine »**besondere gesetzlich vorgesehene Form der baurechtlichen Genehmigung**« (so Jeromin zu § 72 Rn. 3), mit dem allerdings noch **keine Baufreigabe** verbunden ist.

Aufgrund der **Abspaltung des Umwelt- und Technikrechts** aus dem Baupolizeirecht und der damit verbundenen **Ausbildung eigenständiger Genehmigungsverfahren** wurde das Rechtsinstitut des Vorbescheids auch in diese Rechtsbereiche übertragen (vgl. z.B. **§ 9 Abs. 1 BImSchG, § 7a Abs. 1 AtomG**). Diese spezialgesetzlichen Vorschriften regeln das Verfahren unmittelbar und verweisen nicht etwa auf die Verfahrensbestimmungen der Landesbauordnung. Daher findet **§ 77 BauO NRW auf Voranfragen nach anderen Rechtsvorschriften keine Anwendung**. 5

Da das »bodenrechtliche« Zulässigkeitsrecht für Vorhaben (§§ 29–38 BauGB) keine eigenständige verfahrensrechtliche Regelung enthält, kann ein Vorbescheid auch über die **bauplanungsrechtliche Zulässigkeit der Bebauung** eines Grundstücks mit einem Vorhaben ergehen, dessen Ausführung im Einzelnen der Prüfung in einem nachfolgenden Genehmigungsverfahren vorbehalten bleibt (BVerwG, Urt. v. 03.04.1987 – 4 C 41.84, BRS 47 Nr. 63; OVG Rh-Pf, Urt. v. 07.11.2017 – 8 A 10859/17, BauR 2018, 218). Ein Vorbescheid kann auch nur zur **bauplanungsrechtlichen Zulässigkeit der Art der baulichen Nutzung** ergehen (BayVGH, Urt. v. 22.05.2006 – 1 B 04.3531, BRS 70 Nr. 68 = NVwZ-RR 2007, 653). Der Bescheid, der auf eine Voranfrage hin ergeht, die sich auf das **Bauplanungsrecht** bezieht, ist nach der Rechtsprechung des BVerwG (Urt. v. 10.05.1968 – IV C 8.67, BRS 20 Nr. 142 = NJW 1969, 73 = DÖV 1969, 143) ein **vorweggenommener Teil der** landesrechtlich geregelten **Baugenehmigung** und wird als »**Bebauungsgenehmigung**« bezeichnet. 6

Gegen die **Versagung** des Vorbescheids kann der Antragsteller **Rechtsbehelfe** einlegen (vgl. § 77 Rdn. 66–93). Vorläufiger Rechtsschutz durch einen Antrag auf Erlass einer einstweiligen Anordnung gemäß **§ 123 VwGO** scheidet aus (OVG Bln, Beschl. v. 11.03.1991 – 2 S 1.91, BRS 52 Nr. 167), weil darin eine unzulässige Vorwegnahme der Hauptsache liegt und ein »**vorläufiger**« Vorbescheid gesetzlich **nicht vorgesehen** ist (so Boeddinghaus/Hahn/Schulte zu § 71 Rn. 71; a.A Weber, Bauvorbescheid und vorläufiger Rechtsschutz, DVBl 2010, S. 958 ff., der auf die Rechtsschutzgarantie des Art. 19 Abs. 4 GG abstellt, wenn schwere und nicht anders abwendbare Nachteile drohen, z.B. im Rahmen der Finanzierung eines Bauvorhabens). Da der Vorbescheid nur das Baurecht feststellt, nicht jedoch zugleich den Bau freigibt, fehlt es dem Vorbescheid auch an der besonderen Eilbedürftigkeit, die mittels § 212a BauGB gesichert werden soll (BayVGH, Beschl. v. 01.04.1999 – 2 CS 98.2646, BRS 62 Nr. 192). 7

Wenn die **Genehmigungsfähigkeit** eines Vorhabens **nicht eindeutig** feststeht, darf der **Entwurfsverfasser** nicht einfach den Entwurf und die Bauvorlagen fertigen, sondern **muss** vielmehr zuvor den **Bauherrn über die kostensparende Möglichkeit einer Bauvoranfrage belehren** (OLG Köln, Urt. v. 21.10.1992 – 11 U 84/92, BauR 1993, 358). Der Entwurfsverfasser schuldet dem Bauherrn nämlich eine **Planung**, die zu einer **dauerhaften** und **nicht mehr rücknehmbaren Baugenehmigung** führt (OLG Düsseldorf, Urt. v. 31.05.1996 – 22 U 176/95, BauR 1997, 159 und Teilurteil vom 30.08.2016 – I-21 U 174/15, juris; zur Verantwortlichkeit des Entwurfsverfassers 8 vgl. § 54 Rdn. 13–21). Die Beauftragung des Entwurfsverfassers durch den Bauherrn mit der Stellung einer Bauvoranfrage umfasst regelmäßig die Beauftragung mit den Grundleistungen der Leistungsphasen 1 und 2 des § 34 Abs. 3 HOAI (OLG Düsseldorf, Urt. v. 11.12.2001 – 21 U 30/01, BauR 2002, 658).

9 Für die Erteilung eines Vorbescheides erheben die Bauaufsichtsbehörden Gebühren nach **Tarifstelle 2.4.6** des **Allgemeinen Gebührentarifs** zur AVwGebO NRW. Die Gebühr beträgt mindestens 50 Euro und kann bis zur vollen Höhe der Baugenehmigungsgebühr ansteigen. Die **volle** Baugenehmigungsgebühr ist nur für einen Bauvorbescheid zu entrichten, der die **Prüfung sämtlicher Bauvorlagen** mit **Ausnahme der bautechnischen Nachweise** umfasst. Entsprechen die mit dem Bauantrag eingereichten Bauvorlagen im Wesentlichen einem vorausgegangenen Vorbescheid, so wird die Gebühr für den Vorbescheid gemäß Tarifstelle 2.3.4 **zur Hälfte** auf die Baugenehmigungsgebühr **angerechnet**. Handelt es sich um einen Vorbescheid, dem bereits alle Bauvorlagen mit Ausnahme der bautechnischen Nachweise zugrunde liegen, so ist für die Erteilung der Baugenehmigung eine Gebühr von 1/10 der Gebühr für den Vorbescheid, mindestens 50 Euro und höchstens 500 Euro zu erheben. Für eine Anwendung des KAG NRW und der AO als weiterer Grundlage der Gebührenerhebung ist neben dem GebG NRW und der dazu ergangenen AVwGebO NRW kein Raum (VG Köln, Urt. v. 27.02.2018 – 2 K 1421/16, juris).

2 Zu Abs. 1 – Voraussetzungen, Wirkungen, Geltungsdauer, Verfahren

2.1 Voraussetzungen des Vorbescheids

10 Unter welchen Voraussetzungen ein Vorbescheid überhaupt ergehen kann, lässt sich angesichts der komplizierten Rechtslage und der unübersehbaren Rechtsprechung nur negativ eingrenzen. Ein **Vorbescheid scheidet aus für Vorhaben**, die **dem Anwendungsbereich des Bauordnungsrechts entzogen** sind (vgl. § 1 Rdn. 47 ff.), ferner für Vorhaben, die **fachrechtliche Spezialvorschriften** bestehen (vgl. Rdn. 4). So ist z.B. ein Eisenbahngelände als öffentliche Verkehrsfläche sowohl vom Anwendungsbereich der BauO NRW als auch von der Anwendung der §§ 29–38 BauGB ausgeschlossen; ein Vorbescheid kann deshalb nicht unter dem Vorbehalt der Entwidmung des Bahngeländes erteilt werden (BVerwG, Beschl. v. 27.04.1998 – 4 B 33.98, BRS 60 Nr. 155 = UPR 1998, 356 = ZfBR 1998, 258). Ein Vorbescheid zu einzelnen bauplanungsrechtlichen Fragen kann aber auch dann erteilt werden, wenn noch offen ist, ob diese Fragen in einer Baugenehmigung zur Durchführung der Abgrabung oder in einer wasserrechtlichen Erlaubnis zu entscheiden wären (BayVGH, Urt. v. 19.04.2004 – 15 B 99.2605, BauR 2005, 63 = BRS 67 Nr. 176).

11 Ein **Vorbescheid kann nicht erteilt werden**, wenn sich die Voranfrage auf ein **baugenehmigungsfreies Vorhaben** bezieht (OVG Saar, Urt. v. 08.06.1993 – 2 R 15/92, BRS 55 Nr. 142), jedenfalls gilt dies für die nach den **§ 62 BauO NRW** freigestellten Vorhaben. Dies ergibt sich aus den Eingangsworten des § 77 Abs. 1 Satz 1 BauO NRW »Vor Einreichung des Bauantrages«. Für **genehmigungsfreie** Vorhaben kann zur Klärung einer baurechtlichen Frage nur eine Zusicherung beantragt werden (vgl. Rdn. 39–40)

oder – im Rahmen einer **Bauberatung** – eine **Rechtsauskunft** (vgl. Rdn. 41) eingeholt werden.

In Bezug auf **genehmigungsfreie Wohngebäude der Gebäudeklasse 1 bis 3** und sonstige Gebäude der Gebäudeklassen 1 bis 2 sowie jeweils **deren Nebengebäude und Nebenanlagen** nach § 63 BauO NRW besteht eine Besonderheit: nach § 63 Abs. 2 Satz 2 BauO NRW kann der Bauherr **beantragen** das **Baugenehmigungsverfahren durchzuführen** (vgl. § 63 Rdn. 45). Daher ist er auch befugt, für solche Vorhaben die Erteilung eines Vorbescheids beantragen zu können und hierfür einen Vorbescheid zu erhalten. Es liegt allein am **Willen des Antragstellers** zu **bestimmen**, ob das Baugenehmigungsverfahren durchgeführt werden soll oder aber die speziellen Verfahrensvorschriften der Genehmigungsfreistellung bzw. des Anzeigeverfahrens zur Anwendung gelangen. 12

Gegenstand eines Vorbescheids können **Fragen** sein, die sich aus **öffentlich-rechtlichen Vorschriften** in Bezug auf ein bestimmtes Bauvorhaben ergeben, da eine Baugenehmigung gemäß § 74 Abs. 1 BauO NRW nur erteilt werden darf, wenn öffentlich-rechtliche Vorschriften nicht entgegenstehen (vgl. Schmaltz, Überlegungen zum Gegenstand des Bauvorbescheids, BauR 2007, S. 975 ff.; vgl. auch Rdn. 49). Gegenstand muss ein »**Bauvorhaben**« sein, weshalb ein Vorbescheid zu der Frage, ob sich die Zulässigkeit von Vorhaben auf einem bestimmten Grundstück nach § 34 BauGB beurteilt, grundsätzlich nicht erteilt werden kann (BayVGH, Urt. v. 14.02.2008 – 15 B 06.3463, BauR 2008, 975 und Urt. v. 05.07.2017 – 2 B 17.824, juris). Ein Vorbescheid kann nicht nur zu einigen wenigen (»einzelnen«) Fragen des Vorhabens, sondern vielmehr auch darüber hinaus ergehen, wenn **sämtliche Unterlagen mit Ausnahme der bautechnischen Nachweise** vorliegen. Diese Möglichkeit wird gerne gewählt, wenn die Erstellung der bautechnischen Nachweise besonders kostenträchtig ist (vgl. Voß/Buntenbroich, Rn. 893). Es treten dann aber leicht **Abgrenzungsprobleme zur Baugenehmigung** im **einfachen** Baugenehmigungsverfahren auf, da einerseits der präventive Prüfumfang gemäß § 64 Abs. 1 Satz 1 BauO NRW stark eingeschränkt ist und andererseits gerade in diesem Verfahren die bautechnischen Nachweise gemäß § 68 Abs. 1 BauO NRW erst bei Anzeige des Baubeginns vorliegen müssen. Legt der Bauherr für ein Vorhaben, das dem einfachen Baugenehmigungsverfahren unterfällt, sämtliche hierfür erforderlichen Bauvorlagen vor und beantragt dennoch die Erteilung eines Vorbescheids, kommt der Bauaufsichtsbehörde eine besondere **Beratungspflicht** in verfahrensmäßiger Hinsicht zu. Nach § 25 VwVfG. NRW. soll die Behörde unter anderem nämlich die **Berichtigung von Anträgen** anregen, wenn diese offensichtlich nur versehentlich oder aus Unkenntnis unrichtig abgegeben worden sind. 13

Welche Fragen überhaupt einer **Klärung durch Vorbescheid** zugänglich sind, beantwortet sich aus dem **materiell-rechtlichen Prüfprogramm** im Baugenehmigungsverfahren und der **Sachentscheidungskompetenz** der Bauaufsichtsbehörde (vgl. § 74 Rdn. 144 ff.). Die Baugenehmigung – und damit auch der Vorbescheid – kann sich nur auf solche öffentlich-rechtlichen Vorschriften erstrecken, die von der Bauaufsichtsbehörde zu prüfen sind und zu denen vom Bauherrn nicht nach anderen Rechtsvorschriften als denen der Bauordnung Genehmigungen, Bewilligungen oder 14

§ 77   Vorbescheid

Zustimmungen einzuholen oder Anzeigen zu erstatten sind (OVG NRW, Urt. v. 16.11.2001 – 7 A 3625/00, BauR 2002, 932 = BRS 64 Nr. 164). Hierzu rechnen
- die bauplanungsrechtlichen Vorschriften über die Zulässigkeit von Vorhaben,
- die bauordnungsrechtlichen Vorschriften, soweit sie überhaupt im normalen bzw. einfachen Baugenehmigungsverfahren zu prüfen sind, und
- die zu prüfenden sonstigen öffentlich-rechtlichen Vorschriften.

15   Soweit auf das Vorhaben das **einfache Baugenehmigungsverfahren** Anwendung findet, ist die Zulässigkeit der **bauordnungsrechtlichen Fragen** – stark – **eingeschränkt**, da der Antragsteller anderenfalls die **Zielsetzung dieses Verfahrens unterlaufen** kann. Diese Zielsetzung besteht gerade darin, dass der Bauherr selbst die Verantwortung für die Einhaltung der nicht geprüften bauordnungsrechtlichen Vorschriften zu übernehmen hat. Sie würde unterlaufen, wenn der Bauherr über eine Voranfrage nicht zu prüfende Vorschriften im einfachen Baugenehmigungsverfahren zur Prüfung stellen könnte (so Jeromin zu § 72 Rn. 6). Gegenstand einer nicht weiter eingeschränkten Bauvoranfrage zur planungsrechtlichen **Zulässigkeit der Änderung einer Anlage** ist grundsätzlich die gesamte Anlage in ihrer veränderten Gestalt, so dass das vom Bauherrn angestrebte Ergebnis der Baumaßnahme im Ganzen den bauplanungsrechtlichen Vorschriften entsprechen muss (OVG NRW, Urt. v. 15.03.2018 – 10 A 3042/15, BauR 2018, 1249).

16   Die Beurteilung der Frage, welche Vorschriften des sonstigen öffentlichen Rechts im Baugenehmigungsverfahren zu prüfen sind, bereitet in der Praxis Schwierigkeiten, da hier die **Rechtsprechung** zur »**Schlusspunkttheorie**« zu beachten ist (vgl. § 74 Rdn. 8–13 und 131–135 und OVG NRW, Urt. v. 16.11.2001 – 7 A 3625/00, BauR 2002, 932, wonach eine Voranfrage auch allein zu einer fachrechtlichen Frage in Betracht kommt, die der behördeninternen Zustimmung der Fachbehörde bedarf, wie im Falle des § 9 Abs. 2 und Abs. 3 FStrG). Hält das Fachrecht ein spezielles Genehmigungsverfahren bereit, so entfällt nach § 74 Abs. 3 Satz 2 BauO NRW die Prüfung im Baugenehmigungsverfahren, was jedoch nicht bedeutet, dass die Baugenehmigung mit Blick auf die durch § 74 Abs. 7 BauO NRW bewirkte Baufreigabe sofort erteilt werden kann; vielmehr wird die Bauaufsichtsbehörde beim Ausstehen der fachgesetzlichen Genehmigung die Baugenehmigung mit einer Bedingung versehen, um zu verhindern, dass bereits vor der Erteilung der fachgesetzlichen Genehmigung mit Bauarbeiten begonnen wird (vgl. § 74 Rdn. 247–249 und Rdn. 62–65).

17   Da der **Vorbescheid** ein **vorweggenommener Teil der Baugenehmigung** ist, besteht auf ihn ein **Rechtsanspruch**, wenn sich aus der Prüfung ergibt, dass keine öffentlich-rechtlichen Vorschriften entgegenstehen. Dies wurde mit der Neufassung – »ist (…) zu (…) erteilen« – des § 77 BauO NRW gegenüber der Vorgängerregelung – »kann (…) ein Bescheid (Vorbescheid) beantragt werden« – nunmehr explizit klargestellt, auch wenn dies bisher ohnehin bauaufsichtlicher Praxis entsprach (vgl. LT-Drucks. 17/2166, S. 194). Die Bauaufsichtsbehörde ist deshalb auch nicht berechtigt, die Entscheidung über die angemessene Bearbeitungszeit hinaus zu verzögern, wenn das Vorhaben nach der gültigen Rechtslage zulässig ist, aber ein Beschluss über die Aufstellung eines Bebauungsplans mit anders gearteten Zielen noch nicht wirksam bekannt gemacht wurde (BGH, Urt. v. 12.07.2001 – III ZR 282/00, BauR 2001,

1884 = BRS 64 Nr. 157 = DVBl 2001, 1619 = ZfBR 2001, 555). Setzt die positive Bescheidung nach dem materiellen Baurecht eine Ermessensentscheidung voraus, ist jedoch insoweit eine Ermessensentscheidung zu treffen, so dass erst im Anschluss daran ein Vorbescheid im Sinne des Antragstellers zu erteilen ist (Boeddinghaus/Hahn/Schulte zu § 71 Rn. 16).

Umstritten war früher, ob eine **Voranfrage zur Klärung der bauplanungsrechtlichen Zulässigkeit** (»**Bebauungsgenehmigung**«) ablehnend beschieden werden kann oder muss, wenn zwar die zur Entscheidung gestellten Punkte aufgrund der Sach- und Rechtslage positiv beantwortet werden könnten, aber abzusehen ist, dass **der Verwirklichung** des Vorhabens **bauordnungsrechtliche** oder **sonstige öffentlich-rechtliche Vorschriften entgegenstehen**, wie z.B. straßen- oder landschaftsrechtliche Bestimmungen. Das BVerwG hat klargestellt (Urt. v. 23.05.1975 – IV C 28.72, BVerwGE 48, 242 = BRS 29 Nr. 116 und Urt. v. 24.10.1980 – 4 C 3.78, BRS 36 Nr. 169 = DVBl 1981, 401), dass eine solche Ablehnung unter Berufung auf landesrechtliche Hindernisse nur dann ergehen kann, wenn sich diese Hindernisse »schlechthin nicht ausräumen lassen« (vgl. auch Rdn. 62–63). Ein solcher Fall ist z.B. für die wegen eines Verstoßes gegen § 3 LBO B-W unzulässige Errichtung eines Dirnenwohnheims (vgl. VGH B-W, Urt. v. 6.10.1982 – 3 S 626/82, BRS 39 Nr. 216) angenommen worden. 18

2.2 Wirkungen des Vorbescheids

Der Vorbescheid ist wie die Baugenehmigung im **Landesbauordnungsrecht** geregelt. Das **Landesrecht bestimmt** demzufolge die **rechtlichen Wirkungen**, die einem Vorbescheid zukommen, so wie es auch die rechtlichen Wirkungen der Baugenehmigung im Einzelnen festlegt (vgl. BVerwG, Beschl. v. 25.10.1995 – 4 B 216.95, BRS 57 Nr. 186; Beschl. v. 05.03.1999 – 4 B 62.98, BauR 1999, 1281 = BRS 62 Nr. 178 und Beschl. v. 27.09.2000 – 4 B 61.00, BRS 63 Nr. 175 zur »**Schlusspunkttheorie**«). Die MBO 1997 = 2002 und – mit einer Ausnahme – die Landesbauordnungen haben den Vorbescheid nicht als bloße Zusage, sondern als **Verwaltungsakt mit feststellender Wirkung** konzipiert. 19

Aus dem reinen Wortlaut des der MBO nachgebildeten § 77 BauO NRW lässt sich die rechtliche Wirkung des Vorbescheids – und damit sein **Rechtscharakter** – nicht direkt ablesen. Die Vorschrift enthält keine Aussage darüber, dass auf den Vorbescheid hin die Baugenehmigung erteilt werden muss; auch in § 74 BauO NRW findet sich kein entsprechender Gesetzesbefehl. Es verwundert daher nicht, dass sich die Rechtsprechung anfänglich schwer tat, das Verhältnis von Vorbescheid und Baugenehmigung richtig einzuordnen (vgl. hierzu Finkelnburg/Ortloff, Band II S. 147 f.). Erst das BVerwG hat im Urt. v. 23.05.1975 (– IV C 28.72, BVerwGE 48, 242 = BRS 29 Nr. 116) den Vorbescheid als **vorweggenommenen Teil der Baugenehmigung** charakterisiert. 20

Der sich auf das Bauplanungsrecht beziehende Vorbescheid, die »**Bebauungsgenehmigung**«, stellt fest, dass dem Bauvorhaben hinsichtlich der entschiedenen Fragen zum Bauplanungsrecht öffentlich-rechtliche Hindernisse nicht entgegenstehen, ohne 21 zugleich wie die Baugenehmigung oder die Teilbaugenehmigung den Bau zur Ausführung bereits freizugeben. Über die zur Entscheidung gestellten Fragen wird jedoch jeweils abschließend und bindend befunden mit der Rechtsfolge,»dass bei der abschließenden, den Bau freigebenden Genehmigung die **Genehmigungsfähigkeit der vorweg entschiedenen Punkte nicht neu zu prüfen** ist. Dies gilt auch für den Fall, dass zwischenzeitlich Rechtsänderungen eingetreten sind; eine Veränderungssperre erfasst deswegen ebenso wie ein Bebauungsplan eine zuvor erteilte Bebauungsgenehmigung nicht.« Die entscheidende Begründung hierfür lautet (BVerwG, Urt. v. 03.02.1984 – 4 C 39.82, BRS 42 Nr. 170):

22 *»In § 14 Abs. 3 BBauG ist angeordnet, dass Vorhaben, die vor dem Inkrafttreten der Veränderungssperre baurechtlich genehmigt worden sind, ... von der Veränderungssperre nicht berührt werden. Damit bestätigt der Bundesgesetzgeber, dass er die der Baugenehmigung nach Landesrecht zukommende Bindungswirkung nicht durchbrechen will, wenn eine Veränderungssperre das der Genehmigungserteilung zugrunde gelegte Bebauungsrecht ändert und eine weitere Rechtsänderung durch den in Aussicht stehenden Bebauungsplan anbahnt. Dieser auf dem Bebauungsrecht liegende Akzent der Vorschrift rechtfertigt die Folgerung, dass der Begriff baurechtlich genehmigt auch die Bebauungsgenehmigung erfasst. Dagegen spricht nicht, dass die Bebauungsgenehmigung dem Bauherrn noch nicht die Rechtsposition verschafft, die ihm die abschließende Baugenehmigung mit der Freigabe des Bauens gibt; denn die bebauungsrechtliche Situation des Bauherrn, der gegenüber die Veränderungssperre gerade von Bedeutung sein könnte, ist durch die Bebauungsgenehmigung nicht weniger gesichert als durch eine volle Baugenehmigung. Wenn der Landesgesetzgeber die Möglichkeit eröffnet, die Entscheidung über die bebauungsrechtliche Zulässigkeit von Vorhaben als Bebauungsgenehmigung in dem dargestellten Sinne zu regeln, ihr aber gleichwohl keine Durchsetzungsfähigkeit gegenüber einer Veränderungssperre verleihen wollte, hätte es nahe gelegen, für die Bebauungsgenehmigung eine dem § 21 Abs. 2 BBauG entsprechende Regelung zu treffen. Nichts anderes gilt, wenn sich die Rechtslage durch Inkrafttreten eines Bebauungsplans ändert.«*

23 Dieses **Verständnis des bauplanungsrechtlichen Vorbescheids** – der »Bebauungsgenehmigung« –, wird von der **Rechtsprechung** der Oberverwaltungsgerichte **geteilt** (OVG NRW, Urt. v. 24.08.1979 – XI A 611/79, BRS 35 Nr. 150; Urt. v. 01.10.1981 – 7 A 2283/79, BauR 1982, 50 = BRS 38 Nr. 110; BayVGH, Urt. v. 26.09.1972 – Nr. 148 II 71, BRS 25 Nr. 150; Hess. VGH, Urt. v. 13.02.1976 – IV OE 99/74, BRS 30 Nr. 44; OVG Lüneburg, Urt. v. 04.09.1980 – 6 A 39/79, BRS 36 Nr. 170; OVG Rh-Pf, Urt. v. 29.05.1980 – 1 A 23/79, BRS 36 Nr. 171; OVG Bln, Urt. v. 16.07.1990 – 2 B 48.87, BRS 50 Nr. 162; OVG LSA, Urt. v. 19.01.2012 – 2 L 124/09, juris), und zwar **auch hinsichtlich der Vorbescheide, die sich nur mit bauordnungsrechtlichen Fragen befassen** (Hess. VGH – Urt. v. 13.02.1976 – IV OE 99/74, BRS 30 Nr. 44; OVG Rh-Pf, Urt. v. 29.05.1980 – 1 A 23/79, BRS 36 Nr. 171; VGH B-W, Urt. v. 12.09.1996 – 8 S 1634/96, BRS 58 Nr. 153; vgl. auch Goerlich, Zur Reichweite des Vorbescheids, NVwZ 1985, S. 90 ff. und Ortloff, Die Bindungswirkung des baurechtlichen Vorbescheids bei nachfolgender Änderung der Sach- oder Rechtslage, NVwZ 1983, S. 705 ff. mit weiteren Nachweisen).

Der Antragsteller kann für ein Grundstück **mehrere** Voranfragen stellen und auch während der noch nicht abgeschlossenen Bearbeitung einer Voranfrage für das **gleiche Vorhaben bereits einen Bauantrag** beantragen. Wird über den **Bauantrag zuerst entschieden, fehlt** für die **Voranfrage** das **Sachbescheidungsinteresse,** weil die Vollgenehmigung bereits den Teilaspekt der Voranfrage enthält. Aus dem gleichen Grund – und auch mit Blick auf den in § 17 Abs. 1 Satz 2 GVG zum Ausdruck kommenden Rechtsgedanken der Unzulässigkeit weiterer Verfahren in derselben Sache – wird eine Klage auf Erteilung eines Vorbescheids mit der Rechtshängigkeit der auf Erteilung einer Baugenehmigung für dasselbe Vorhaben gerichteten Klage unzulässig (VGH B-W, Urt. v. 12.09.1996 – 8 S 1634/96, BRS 58 Nr. 153 = UPR 1997, 155). 24

Da der Vorbescheid einen **Ausschnitt aus dem feststellenden Teil der Baugenehmigung** darstellt, erzeugt er auch **Bindungswirkungen wie die Baugenehmigung** (vgl. § 74 Rdn. 51–56). Wegen dieser Wirkung ist ein Vorbescheid zu verschiedenen Fragen, von denen einige positiv, andere dagegen negativ beantwortet werden, problematisch. Ein entsprechender Antrag auf Erteilung der Baugenehmigung wäre abzulehnen, wenn das Vorhaben auch nur in einem Punkt den öffentlich-rechtlichen Vorschriften widerspricht und dieser Verstoß nicht durch Nebenbestimmung ausgeräumt werden kann (OVG NRW, Beschl. v. 30.11.2015 – 2 A 1080/15, juris, wonach es keine rechtliche Grundlage für eine Beschränkung des Bescheides auf das zulässige Maß als Minus gibt, wenn eine Beantragung inhaltlich zu weit gehen sollte; vgl. auch Rdn. 56; a.A. Boeddinghaus/Hahn/Schulte zu § 71 Rn. 13, die auch »gemischte« Bescheide für zulässig ansehen und dabei auf den Hess. VGH, Urt. v. 05.05.1978 – IV OE 10/77, BRS 33 Nr. 135 verweisen; in dem entschiedenen Fall hatte aber der Kläger selbst in der mündlichen Verhandlung seinen Antrag so weit zurückgenommen, dass eine insgesamt positive Entscheidung ergehen konnte). Zu bedenken ist, dass **nur der positive** Vorbescheid **Bindungswirkungen** entfaltet, nicht dagegen die Ablehnung des Antrags. Diese Bindungswirkungen bestehen nicht nur gegenüber der Bauaufsichtsbehörde, sondern auch gegenüber der im Verfahren beteiligten **Gemeinde.** So kann der Vorbescheid in Verbindung mit der Ablehnung eines Erschließungsangebots des Vorhabenträgers zu einer Verdichtung der gemeindlichen Erschließungslast führen, wenn sich der Bebauungsplan als rechtswirksam erweist (BVerwG, Beschl. v. 22.03.1999 – 4 B 10.99, BauR 2000, 247 = BRS 62 Nr. 173). 25

Der **Umfang der Bindungswirkung** ergibt sich aus der Bauvoranfrage einschließlich der beigefügten Bauvorlagen im Zusammenhang mit dem **Tenor** des Vorbescheids. Es kommt also darauf an, welcher genaue Antragsgegenstand der Entscheidung der Bauaufsichtsbehörde zugrunde liegt. Dieser **Antragsgegenstand** ist im Tenor unter Bezug auf die zum Bestandteil des Vorbescheids erklärten Bauvorlagen anzugeben und damit **vorweg genehmigt.** Der Vorbescheid stellt fest, dass in Bezug auf die genaue Fragestellung das **Baurecht besteht,** er stellt die Erteilung der Baugenehmigung keineswegs lediglich »in Aussicht« (vgl. Jeromin zu § 72 Rn. 4). Von dieser oder einer ähnlichen Formulierung im Vorbescheid ist dringend abzuraten, da im Streitfall die Gefahr besteht, dass ein Gericht annehmen könnte, es sei überhaupt kein Vorbescheid zustande gekommen (vgl. Boeddinghaus/Hahn/Schulte zu § 71 Rn. 15 unter Bezug auf Hess. VGH, Urt. v. 25.05.1977 – IV OE 60/75, BRS 32 26

Nr. 135). Die in einem Vorbescheid verwendete Formulierung, dass von einer nicht eingehaltenen Festsetzung des Bebauungsplans »eine Befreiung in Aussicht gestellt wird«, verkennt die Rechtsnatur des Vorbescheids als vorweggenommener Teil der Baugenehmigung (VGH B-W, Urt. v. 27.10.2000 – 8 S 1445/00, BauR 2001, 759 = BRS 63 Nr. 184).

27 Der Vorbescheid ist **nur hinsichtlich der durch ihn entschiedenen Fragen** für den nachfolgenden Bauantrag **verbindlich**. Daraus folgt, dass seine **Bindungswirkung nicht greift**, wenn der nachfolgende **Bauantrag wesentlich** von den entschiedenen Punkten **abweicht** (BVerwG, Urt. v. 04.03.1983 – 4 C 69/79, BauR 1984, 343 = BRS 40 Nr. 71; Hess. VGH, Urt. v. 13.02.1976 – IV OE 99/74, BRS 30 Nr. 44: unterschiedliche Geschosszahlen – 17 statt 12, andere Geschossflächenzahl – 3,3 statt 2,5 – und vergrößertes Volumen – 137 215 m³ statt 119 006 m³; BayVGH, Urt. v. 04.11.1996 – 1 B 94.2923, BRS 58 Nr. 151: unterschiedliche Grenzbebauungslänge – 28,50 m statt 28,00 m, zu dieser restriktiven Rechtsprechung vgl. jedoch die Kritik bei Jeromin zu § 72 Rn. 28).

28 Bei einem »Zurückbleiben« des zur Genehmigung gestellten Bauvorhabens hinter dem Inhalt des Bauvorbescheides (z.B. geringere Gebäudehöhe, drei statt vier Vollgeschosse) ist eine Bindungswirkung jedoch gegeben, wenn eine andere rechtliche Bewertung als im Bauvorbescheidsverfahren (bezogen auf die Fragestellung des Bauvorbescheides) offensichtlich ausscheidet.

29 Unter den gleichen Voraussetzungen besteht auch Bindungswirkung, wenn der Bauvorbescheid z.B. zwei selbstständige Bauvorhaben zum Inhalt, jedoch anschließend nur für ein Bauvorhaben eine Baugenehmigung beantragt wird.

30 Aus dieser rechtlichen Wirkung des Vorbescheids ist auch **gebührenrechtlich** die Konsequenz gezogen worden. Entsprechen die mit dem Bauantrag eingereichten Bauvorlagen im Wesentlichen dem Inhalt eines Vorbescheids – sonst entfällt ja auch dessen Bindungswirkung –, so wird die Gebühr für den Vorbescheid mindestens zur Hälfte, gegebenenfalls abzüglich einer Mindestgebühr, voll auf die Baugenehmigungsgebühr angerechnet (vgl. Rdn. 9).

31 Als vorweggenommener Teil der Baugenehmigung ist der Vorbescheid als **Verwaltungsakt mit Doppelwirkung** zu qualifizieren (vgl. § 74 Rdn. 95–111). Die **Bindungswirkung** tritt auch **gegenüber dem Nachbarn** ein, der nach § 72 BauO NRW zu einer Abweichung von – auch – nachbarschützenden Vorschriften gehört worden ist oder in anderer Weise von der Erteilung eines Vorbescheids Kenntnis erlangt hat und nicht fristgerecht Rechtsbehelfe einlegt (BVerwG, Urt. v. 19.09.1969 – IV C 18.67, BRS 22 Nr.184; OVG Rh-Pf, Beschl. v. 26.07.2017 – 8 B 11235/17, BauR 2017, 1981). Der Nachbar kann mit einem Rechtsbehelf nicht zuwarten, bis die den Vorbescheid »redaktionell« übernehmende Baugenehmigung erteilt ist, weil die Bindungswirkung sonst auch ihm gegenüber eintreten würde. Die Situation wird für ihn schwieriger, wenn die Bauaufsichtsbehörde die sofortige Vollziehung des Vorbescheids anordnet (auf den § 10 Abs. 2 Satz 1 BauGB-MaßnahmenG bzw. mittlerweile § 212a BauGB keine Anwendung findet, so VGH B-W, Beschl. v. 24.10.1996 – 5 S 1959/96, BauR 1997,

285 = BRS 58 Nr. 154 und BayVGH, Beschl. v. 01.04.1999 – 2 CS 98.2646, BRS 62 Nr. 192; Hamb. OVG, Urt. v. 06.05.2015 – 2 Bf 2/12, juris), da einstweiliger Rechtsschutz nicht in Anspruch genommen werden kann, weil der Vorbescheid noch nicht den Beginn der Bauarbeiten ermöglicht (vgl. Rdn. 6; vgl. OVG Rh-Pf, Beschl. v. 19.09.1996 – 1 B 12692/96, NVwZ 1998, 651 und die Kritik von Redeker, Bauvorbescheid und aufschiebende Wirkung von Rechtsmitteln, NVwZ 1998, S. 589 ff.). Die durch den Vorbescheid rechtsbeständig entschiedenen Fragen sind im Anfechtungsprozess des Nachbarn gegen die Baugenehmigung nicht mehr zu prüfen (BVerwG, Urt. v. 09.12.1983 – 4 C 44.80, BRS 40 Nr. 176 = NJW 1984, 1474). Die getrennte Anfechtung des Vorbescheids durch den Nachbarn ist nur dann nicht notwendig, wenn der Nachbar eine vor Eintritt der Bestandskraft des Vorbescheids erteilte Baugenehmigung mit einer Anfechtungsklage angreift; denn in diesem Prozess des Nachbarn ist auch die im Vorbescheid bejahte bebauungsrechtliche Zulässigkeit des Vorhabens Gegenstand der gerichtlichen Kontrolle (BVerwG, Urt. v. 09.12.1983 – 4 C 44.80, BRS 40 Nr. 176, dort war eine Klage gegen die Baugenehmigung, jedoch auch Widerspruch gegen den Bauvorbescheid erhoben worden, weshalb dieser (noch) nicht bestandskräftig geworden war; vgl. Große-Suchsdorf zu § 73 Rn. 23). Da bis zu einer Entscheidung über die Klage gegen die Baugenehmigung der Bauvorbescheid jedoch noch bestandskräftig werden kann, sollte auch gegen den Bauvorbescheid ein Rechtsmittel eingelegt werden, wenn die Nachbarrechtsverletzung von der Bindungswirkung des Bauvorbescheides gedeckt ist.

Die **Bindungswirkung** des Vorbescheids besteht **auch, wenn** der **Vorbescheid wegen nachbarlicher Einwendungen noch nicht unanfechtbar** ist (OVG Lüneburg, Urt. v. 31.03.1989 – 1 A 5/88; BRS 49 Nr. 108; BayVGH, Urt. v. 15.03.2010 – 1 BV 08.3157, BayVBl 2011, 439). Durch die aufschiebende Wirkung eines Nachbarwiderspruchs gegen den Vorbescheid wird weder die Wirksamkeit der Entscheidung gehemmt noch die Bauaufsichtsbehörde gehindert, die Baugenehmigung zu erteilen (OVG NRW, Beschl. v. 09.12.1996 – 11a B 1710/96. NE, BRS 58 Nr. 52 = NVwZ 1997, 1006 = UPR 1997, 379; vgl. auch § 74 Rdn. 162 und 163). Einem gerichtlichen Vergleich, durch den sich die Bauaufsichtsbehörde zur Erteilung eines Vorbescheids verpflichtet hat, kommt keine stärkere Bindungswirkung als einem Vorbescheid zu (OVG Schl-H, Urt. v. 04.09.1996 – 1 L 191/95, BRS 58 Nr. 152). 32

Die nach herrschender Meinung und Rechtsprechung bestehende Bindungswirkung hat zur Konsequenz, dass ein wirksamer Vorbescheid **nur unter den Voraussetzungen der §§ 48 und 49 VwVfG. NRW.** – und möglicherweise gegen Entschädigung – **zurückgenommen oder widerrufen** werden kann (vgl. Schneider, Die Bindungswirkung des Bauvorbescheids und der Vertrauensschutz des Bauherrn, BauR 1988, S. 13 ff.; im Einzelnen vgl. § 74 Rdn. 38–50). Eine Besonderheit besteht hinsichtlich der **Vollstreckung** eines rechtskräftig zuerkannten Anspruchs auf Erteilung eines Vorbescheids: dieser Anspruch ist **nicht gegenüber Rechtsänderungen gesichert** (Nds. OVG, Beschl. v. 14.10.1999 – 1 O 5699/98, BRS 62 Nr. 174 = NVwZ-RR 2000, 573 zu einer Vollstreckungsabwehrklage nach Änderung des Flächennutzungsplans). 33

34 Mit der Erteilung einer **Baugenehmigung** ist ein **zuvor erteilter Vorbescheid nicht etwa gegenstandslos** geworden (Schenke, Rechtsprobleme gestufter Verwaltungsverfahren am Beispiel von Bauvorbescheid und Baugenehmigung, DÖV 1990, S. 489 ff. nimmt unter Verweis auf BVerwG, Urt. v. 17.03.1989 – 4 C 14.85, BRS 49 Nr. 168 = NVwZ 1989, 863 das Gegenteil an). Unter Klarstellung des zitierten Urteils hat das BVerwG mit Urt. v. 09.02.1995 (– 4 C 23.94, BauR 1995, 523 = BRS 57 Nr. 206) ausdrücklich festgestellt:

35 *»Aus Bundesrecht folgt nicht, dass mit der Erteilung der Baugenehmigung ein zuvor (nach Landesbauordnungsrecht) erteilter Bauvorbescheid gegenstandslos wird.«*

36 Die Bindungswirkung geht jedoch verloren, wenn der nachfolgende Bauantrag aus **anderen** als den vorbeschiedenen Gründen abgelehnt wird (BayVGH, Urt. v. 30.04.1993 – 1 B 91.2198, BRS 55 Nr. 154). Bestätigt der Vorbescheid z.B. nur die bauplanungsrechtliche Zulässigkeit des Vorhabens, kann der nachfolgende Bauantrag wegen eines Verstoßes gegen die Anforderungen an den baulichen Brandschutz abschlägig beschieden werden.

37 **Die Bindungswirkung entfällt nach Ablauf der** Geltungsdauer des Vorbescheids, die gemäß § 77 Abs. 1 Satz 2 BauO NRW **drei Jahre** beträgt. Etwas anderes gilt, wenn vor Ablauf einer gegebenenfalls gemäß § 77 Abs. 1 Satz 3 i.V.m. § 75 Abs. 2 BauO NRW verlängerten Geltungsdauer (vgl. Rdn. 68) ein Antrag auf Baugenehmigung gestellt ist. Es ergibt sich aus dem Sinn des Vorbescheids, dass über den Bauantrag nicht auch innerhalb der Geltungsdauer des Vorbescheids schon entschieden sein muss (so eindeutig OVG NRW, Urt. v. 16.01.1973 – VII A 889/70, BRS 27 Nr. 140). In Ausnahmefällen wird die Frist auch durch die Stellung einer erneuten Bauvoranfrage gewahrt, wenn mit dem Vorbescheid die Fragen des Antragstellers zu dem zuvor erteilten Vorbescheid weiter vertieft bzw. konkretisiert werden (a.A. Boeddinghaus/Hahn/Schulte zu § 71 Rn. 57 und 63). Dies hat das OVG NRW (Urt. v. 16.01.1973 – VII A 889/70, BRS 27 Nr. 140) für einen erneuten Antrag auf Bebauungsgenehmigung entschieden, nachdem mit der zunächst erteilten Bebauungsgenehmigung unterschiedliche und nicht deutlich umrissene Ausführungsmöglichkeiten eines Bauvorhabens zugelassen waren, und dazu ausgeführt:

38 *»Der Vorbescheid bindet die Behörde bei der nachträglichen Erteilung der Baugenehmigung in dem Umfang, in dem er Regelungen enthält. Gemäß § 84 Abs. 1 Satz 2 BauO NW (Anmerkung: entspricht inhaltlich weitgehend § 77 BauO NRW) ist der Vorbescheid ein Jahr gültig, falls er nicht verlängert wird. Mit Ablauf seiner Gültigkeit fällt danach auch die Bindungswirkung weg. Etwas anderes gilt jedoch, wenn während der Gültigkeit des Vorbescheids ein Bauantrag gestellt wird. Hinsichtlich dieses Bauantrages ist die Behörde auch dann bis zur rechts- bzw. bestandskräftigen Bescheidung des Antrags an den Vorbescheid gebunden, wenn die Jahresfrist des § 84 Abs. 1 Satz 2 BauO NW zum Zeitpunkt ihrer Entscheidung bereits abgelaufen ist. Die Bindungswirkung des Vorbescheids wie auch die faktische Verlängerung dieser Bindungswirkung durch einen rechtzeitig gestellten Bauantrag sind zwar im Gesetz nicht ausdrücklich erwähnt, ergeben sich aber zwingend aus der Rechtsnatur des Vorbescheids.«*

2.3 Abgrenzung zu anderen Rechtsinstituten

Mit der zuvor beschriebenen Inhaltsbestimmung eines Vorbescheids (vgl. Rdn. 19–23), die als herrschende Meinung bezeichnet werden kann, wird zugleich der **Unterschied zur Zusicherung** deutlich, die gemäß § 38 Abs. 1 Satz 1 VwVfG. NRW. lediglich eine »Zusage, einen **bestimmten Verwaltungsakt** später **zu erlassen** oder **zu unterlassen**« darstellt (zum Unterschied von Vorbescheid und Zusicherung vgl. OVG NRW, Urt. v. 12.05.1987 – 7 A 240/86, BauR 1988, 68 = BRS 47 Nr. 137; OVG Bln, Beschl. v. 27.03.1986 – 2 S 145.85, BRS 46 Nr. 139 und Urt. v. 16.07.1990 – 2 B 48.87, BRS 50 Nr. 162). Während der **Vorbescheid** rechtsdogmatisch als eine **besonders qualifizierte Form der Zusicherung** angesehen wird (so Hahn/Schulte, S. 880 Rn. 141), stellt eine **Zusicherung** wiederum **mehr als eine einfache Zusage** dar. Die Zusicherung bezieht sich nämlich auf einen später zu erlassenden oder zu unterlassenden bestimmten Verwaltungsakt, woraus im Umkehrschluss folgt, dass sich die »einfache« Zusage nicht auf einen Verwaltungsakt oder nur auf einen unbestimmten künftigen Verwaltungsakt beziehen kann und daher **nicht** § 38 VwVfG. NRW. unterfällt (so Guckelberger, Behördliche Zusicherungen und Zusagen, DÖV 2004, S. 357 ff.). 39

Von einer **Zusicherung** ist **in baurechtlichen Verfahren** in der Regel **abzusehen** (so auch Boeddinghaus/Hahn/Schulte zu § 71 Rn. 28), da die BauO NRW das Rechtsinstitut des Vorbescheids enthält, um dem praktischen Bedürfnis nach einer »Vorerlaubnis« bzw. Vorabklärung einer Genehmigung durch die zuständigen Behörden gerecht zu werden. Eine Zusicherung entfaltet nämlich **keine Bindungswirkung wie ein Vorbescheid** und ist auch nicht geeignet, die Bindungswirkung eines baurechtlichen Vorbescheids zu verlängern (VG Köln, Urt. v. 30.08.1983 – 2 K 568/83, NVwZ 1984, 675). Die **Bindungswirkung** der Zusicherung **entfällt**, wenn sich später die **Sach- und Rechtslage** in rechtserheblicher Weise **ändert** (hierzu vgl. Baumeister, Die Zusicherung – ein Muster ohne Bindungswert, DÖV 1997, S. 229 ff.). Das OVG NRW hat im Urt. v. 12.05.1987 (– 7 A 240/86, BauR 1988, 68) die Frage offen gelassen, ob man für eine Zusicherung zu Fragen der Baugenehmigung neben der Bauvoranfrage überhaupt Raum sehen könne und nicht vielmehr die Bauvoranfrage wegen der in der BauO NRW geregelten Besonderheiten zum Verfahren ihrer Erteilung und zu ihrer zeitlich beschränkten Geltungsdauer im Baugenehmigungsverfahren als die Zusicherung verdrängendes spezialgesetzliches Institut betrachten müsse. 40

Auch der Unterschied zur **Rechtsauskunft** ist wesentlich. Fragt der Antragsteller nur nach den rechtlichen Möglichkeiten der Bebauung, ohne eine Bauabsicht zur Überprüfung zu stellen, so handelt es sich nicht um eine Bauvoranfrage, sondern um eine Bitte um Rechtsauskunft (OVG NRW, Urt. v. 20.06.1985 – 7 A 308/81, NVwZ 1986, 580). Durch eine solche Rechtsauskunft – eventuell im Rahmen einer umfassenderen **Bauberatung** – wird in keiner Weise, auch nicht zum Teil, eine Baugenehmigung vorweggenommen. Aus einer rechtsfehlerhaften Auskunft können sich allenfalls Schadensersatzansprüche ergeben (vgl. BGH, Urt. v. 23.02.1978 – III ZR 97/76, BRS 33 Nr. 138 = NJW 1978, 1522). Dies gilt auch für Auskünfte einer bauaufsichtlich nicht privilegierten Gemeinde zur Baulandqualität von Grundstücken (BGH Urt. v. 11.04.2002 – III ZR 97/01, BRS 65 Nr. 177 = DVBl 2002, 41

1114). Der Bedienstete setzt sich einer Amtspflichtverletzung aus, wenn er den anfragenden Bürger nicht umfassend und wahrheitsgemäß aufklärt und die Absichten der Behörde verheimlicht (BGH, Urt. v. 05.04.1965 – III ZR 11/64, NJW 1965, 1226, in dem entschiedenen Fall hatte der Beamte erklärt, gegen die Eröffnung einer Spielhalle bestünden keine rechtlichen Bedenken, obwohl er bereits fest entschlossen war, ein Verbot der Spielhalle zu erwirken). Die im Rahmen eines förmlichen Verfahrens zur Erteilung eines Bauvorbescheids abgegebene Erklärung eines Sachbearbeiters, der zuständige Beamte des Bauamtes werde den beantragten Vorbescheid erlassen, begründet kein schutzwürdiges Vertrauen dahin, dass der Vorbescheid entsprechend erlassen werde; dies gilt auch dann, wenn dem Antragsteller der nicht unterzeichnete Entwurf des Vorbescheids von dem Sachbearbeiter bereits ausgehändigt worden ist (BGH, Urt. v. 16.01.1992 – III ZR 18/90, BauR 1992, 349).

42 Die **Teilbaugenehmigung** erlaubt bereits, die Ausführung der in ihr bezeichneten Abschnitte und Teile eines Bauvorhabens auszuführen. Hierbei handelt es sich um eine echte Genehmigung mit einem **vorläufigem positivem Gesamturteil** über das Vorhaben (so Kopp/Ramsauer zu § 38 Rn. 14) und mit **baufreigebender Wirkung** in Bezug auf bestimmte Teile dieses Vorhabens. Der **Vorbescheid** erlaubt jedoch noch keinen Baubeginn, da er nämlich **keine Baufreigabe** bewirkt (vgl. Boeddinghaus/Hahn/Schulte zu § 71 Rn. 29). Im Übrigen kann ein Antrag auf Erteilung einer Teilbaugenehmigung **nur nach einem Bauantrag** (vgl. § 76 BauO NRW: »Ist ein Bauantrag eingereicht ...«), der Antrag auf Erteilung eines Vorbescheids **nur vor einem Bauantrag** gestellt werden (vgl. § 76 Rdn. 2).

43 Die **Teilungsgenehmigung** hatte als Instrument zur Sicherung der Bauleitplanung zwar auch wie der Vorbescheid eine Bindungswirkung, jedoch nur im Rahmen des § 21 BauGB 1986. Das heißt, soweit nach Prüfung der Versagungstatbestände des § 20 Abs. 1 BauGB 1986 eine Teilungsgenehmigung erteilt war, durfte ein Antrag auf Baugenehmigung, der innerhalb von drei Jahren nach Erteilung der Teilungsgenehmigung gestellt wurde, nicht aus Gründen abgelehnt werden, die nach § 20 Abs. 1 BauGB 1986 rechtserheblich waren. Die Baugenehmigung musste insgesamt noch erteilt werden, nur durfte sich hierbei die Bauaufsichtsbehörde wegen der Bindungswirkung des § 21 BauGB 1986 nicht mehr auf bestimmte bauplanungsrechtliche Versagungsgründe stützen. Im Unterschied zu dieser – eingeschränkten – Bindungswirkung der Teilungsgenehmigung nach §§ 19 ff. BauGB 1986 ist der Vorbescheid demgegenüber ein vorweggenommener Teil der Baugenehmigung, über den nicht noch einmal zu entscheiden ist (vgl. Rdn. 19). Das BauROG hat § 21 BauGB mit Wirkung zum 01.01.1998 ersatzlos aufgehoben.

44 Ein **Vorbescheid** ist auch **hinsichtlich einer Teilungsabsicht** zulässig, wenn diese **in Verbindung mit einem Vorhaben** steht. Derartige Voranfragen sind relativ häufig, insbesondere wenn geklärt werden soll, ob ein Vorhaben auf einer noch abzuteilenden Grundstücksfläche zulässig ist. Die Voranfrage kann sich selbstverständlich auch auf die Aufteilung eines größeren Grundstücksareals zur Errichtung von z.B. Doppelhäusern oder Hausgruppen beziehen. Das BVerwG weist im Urt. v. 30.06.1964 (– I C 79.63, BRS 15 Nr. 56) allerdings darauf hin, dass von der Bauaufsichtsbehörde

zunächst klarzustellen ist, ob der Bauherr wirklich nur einen Vorbescheid oder eine Teilungsgenehmigung beantragen will; die Bauaufsichtsbehörde muss im Übrigen unmissverständlich verdeutlichen, ob dementsprechend ihre Entscheidung einen Vorbescheid oder eine Teilungsgenehmigung darstellt.

2.4 Geltungsdauer

Die **Geltungsdauer** des Vorbescheids beträgt nach §77 Abs. 1 **Satz 2** BauO NRW **drei Jahre**. Die **Frist beginnt** mit dem Tag zu laufen, der auf die **Bekanntgabe** an den Antragsteller folgt (vgl. hierzu § 74 Rdn. 226–228, wegen der Berechnung der Frist vgl. § 75 Rdn. 10). Die Geltungsdauer ist **gehemmt**, wenn der Bauherr durch einen **hoheitlichen Eingriff**, z.B. durch eine Rücknahme unter Anordnung der sofortigen Vollziehung, daran gehindert wird, innerhalb der zweijährigen Frist von seinem Baurecht Gebrauch zu machen, im anschließenden verwaltungsgerichtlichen Verfahren sich aber die Rechtswidrigkeit dieses Eingriffs herausstellt (OVG NRW, Urt. v. 03.12.1975 – 10 A 1483/74, BRS 29 Nr. 122 und Beschl. v. 17.03.2006 – 8 B 1920/05, BauR 2006, 1124 = BRS 70 Nr. 152 = NVwZ-RR 2006, 597). Wird der Vorbescheid durch einen **Nachbarn** angefochten, ist der **Ablauf der Frist bis zur Unanfechtbarkeit** ebenfalls gehemmt, da es dem Bauherrn nicht zuzumuten ist, während eines laufenden Rechtsbehelfsverfahrens einen kostenträchtigen Bauantrag zu stellen (so Jeromin zu § 72 Rn. 29; vgl. Sächs. OVG, Beschl. v. 02.10.1997 – 1 S 639/96, BRS 59 Nr. 196). Gleichwohl hat die Anfechtung durch den Nachbarn keinen Einfluss auf die Bindungswirkung des Vorbescheids (vgl. Rdn. 32). 45

Über einen **innerhalb der Frist eingehenden Bauantrag**, der dem Inhalt des Vorbescheids entspricht, hat die **Bauaufsichtsbehörde** hinsichtlich der durch den Vorbescheid bereits vorweg entschiedenen Fragen des Vorhabens nicht erneut zu entscheiden und ist an die mit dem Vorbescheid vorgenommene **Beurteilung gebunden**. Der Bauantrag braucht nicht während der Geltungsdauer des Vorbescheids – also noch innerhalb der Frist – beschieden zu werden, um die Wirkung des Vorbescheids zu erhalten (OVG NRW, Urt. v. 16.01.1973 – VII A 889/70, BRS 27 Nr. 140; Urt. v. 01.10.1981 – 7 A 2283/79, BauR 1982, 50 = BRS 38 Nr. 110; Urt. v. 14.01.1992 – 10 A 111/88, BRS 54 Nr. 164; vgl. auch Rdn. 37). Wird nämlich vor Ablauf der Geltungsdauer ein Genehmigungsantrag gestellt, besteht die **Bindungswirkung** des Vorbescheids **aufgrund der rechtzeitigen Antragstellung** über den Ablauf der Frist hinaus fort (OVG NRW, Beschl. v. 17.03.2006 – 8 B 1920/05, BauR 2006, 1124; vgl. auch Hauth, Zur Bindungswirkung des Vorbescheides, BauR 2012, S. 888). 46

Die **Geltungsdauer** des Vorbescheids kann wie die der Baugenehmigung nach § 77 Abs. 1 Satz 3 BauO NRW **verlängert** werden. Auch eine **rückwirkende Verlängerung ist möglich**, wie sich aus der Verweisung in § 77 Abs. 1 Satz 4 BauO NRW auf § 75 Abs. 2 BauO NRW ergibt (vgl. Rdn. 68). Erforderlich hierfür ist ein **schriftlicher Antrag**. Diese Verlängerung kann der Bauherr **wiederholt** – also **immer wieder** – beantragen, ohne dass der Gesetzgeber eine Beschränkung für das Wiederholen des Verlängerungsantrags verfügt hat. Der Bauherr darf somit eine Verlängerung des einmal erteilten Vorbescheids unendlich oft wiederholen. 47

48 Die **rückwirkende Verlängerung** einer Voranfrage, deren Geltungsdauer bereits abgelaufen ist, ist dann möglich, wenn der Antrag vor Ablauf der Geltungsdauer bei der Bauaufsichtsbehörde eingegangen ist. Es ist allerdings darauf zu achten, dass die jeweilige **rückwirkende** Verlängerung **lückenlos** an die vorangegangene anschließt, die Verlängerung um ein Jahr also rückwirkend ab Ende der bisherigen Geltungsdauer gilt. Versäumt der Antragsteller die Frist für die rückwirkende Verlängerung, kommt nur ein Antrag auf **Neubescheidung** in Betracht.

2.5 Vorbescheidsverfahren

49 Das Verfahren für die Erteilung eines Vorbescheids wird im Wesentlichen durch die **Verweisung** in § 77 Abs. 1 Satz 4 BauO NRW **auf die Vorschriften für die Erteilung einer Baugenehmigung** geregelt. Diese Vorschriften sind daher entsprechend anzuwenden. Ohne dass dies (wie in § 73 Abs. 1 Satz 1 NBauO) ausdrücklich formuliert ist, gilt auch für § 77 BauO NRW, dass Inhalt einer Bauvoranfrage **nur solche Fragen** sein können, die einer **selbständigen Beurteilung zugänglich sind**. Die zur Entscheidung gestellte Frage in Bezug auf ein Bauvorhaben muss so gefasst werden, dass sie von der Baugenehmigungsbehörde als vorweggenommener Teil der Baugenehmigung auch tatsächlich mit Bindungswirkung entschieden werden kann. Zwar ist es – innerhalb der Grenzen, die einer Zusammenfassung oder Trennung objektiv gesetzt sind – Sache des jeweiligen Antragstellers, durch seinen Genehmigungsantrag festzulegen, was das Vorhaben und damit der zu beurteilende Verfahrensgegenstand sein soll (BVerwG, Urt. v. 04.07.1980 – 4 C 99.77, BRS 36 Nr. 158). Das entbindet den Antragsteller jedoch nicht davon, alle für die Prüfung erforderlichen Angaben klar und eindeutig zu machen, z.B. für ein gewerbliches Vorhaben eine genehmigungsfähige Art der Betriebsführung zu entwickeln (BVerwG, Beschl. v. 03.01.1973 – IV B 171.72, BRS 27 Nr. 123).

50 Nichts anderes gilt auch für den Vorbescheid; auch hier muss der Antrag so klar sein, dass auf ihn, würde ihm stattgegeben, ein verständlicher, inhaltlich genau abgegrenzter, **eindeutig bestimmter** Verwaltungsakt ergehen kann, der in dem durch ihn entschiedenen Umfang die spätere Baugenehmigung bindet (OVG NRW, Beschl. v. 30.11.2015 – 2 A 1080/15, juris; ein Vorbescheid mit der Aussage, ein Vorhaben sei »grundsätzlich zulässig«, wird diesem Erfordernis nicht gerecht, VG Aachen, Urt. v. 19.05.2015 – 3 K 2672/12, juris). Die Bauvorlagen und die in ihnen enthaltenen Angaben müssen vollständig und richtig sein, da deren Unrichtigkeit und Unvollständigkeit zu Fehlentscheidungen führen oder eine Entscheidung überhaupt unmöglich machen kann (OVG NRW, Urt. v. 22.07.1987 – 11 A 958/85, BRS 47 Nr. 139 zum Erfordernis der Angaben zum Anteil der Verkaufsfläche, zur Betriebsbeschreibung und zum Maschinenaufstellplan im Rahmen eines Antrags auf Erteilung einer Bebauungsgenehmigung für einen großflächigen Bau- und Heimwerkermarkt). Leidet die Voranfrage an **Mängeln in Bezug auf das Bestimmtheitsgebot**, haben sich aber dennoch im Verwaltungsverfahren die Bauaufsichtsbehörde und auch die Gemeinde sachlich auf sie eingelassen, ohne die fehlende Beurteilungsfähigkeit geltend zu machen, und hat der Antragsteller später die Bauvorlagen im Verwaltungsstreitverfahren so ergänzt, dass am Umfang der Bebauungsabsichten kein vernünftiger Zweifel mehr bestehen kann, scheidet eine Bescheidungsunfähigkeit wegen mangelnder

Bestimmtheit aus (Nds. OVG, Urt. v. 10.09.2003 – 1 LB 269/02, BauR 2004, 482 = BRS 66 Nr. 155).

Insbesondere muss die Bauaufsichtsbehörde aufgrund des Antrags und der Bauvorlagen das **Gesamtvorhaben beurteilen können**, auch wenn nur eine Detailfrage Gegenstand des Antrags ist; die Erteilung des Vorbescheids muss abgelehnt werden, wenn der zur Entscheidung beantragte Teil des Vorhabens nicht ohne Kenntnis des Gesamtvorhabens abschließend beurteilt werden kann (BayVGH, Urt. v. 26.09.1972 – Nr. 148 II 71, BRS 25 Nr. 150 zu unzureichenden Angaben, um die Zulässigkeit eines Gaststättenbetriebs hinreichend sicher beurteilen zu können; ebenso OVG NRW, Urt. v. 20.02.2004 – 10 A 558/02, BRS 67 Nr. 175 = NVwZ-RR 2004, 558 zu den Mindestanforderungen an Bauanfragen und zugehörige Bauvorlagen zur Klärung der bebauungsrechtlichen Zulässigkeit und Urt. v. 31.10.2012 – 10 A 912/11, juris). Ein gleichwohl ergehender Vorbescheid kann wegen Rechtswidrigkeit widerrufen werden; der Inhaber kann sich auch nicht auf den Vertrauensschutz berufen, wenn er im Antrag in wesentlicher Beziehung unvollständige Angaben gemacht hat (Hess. VGH, Beschl. v. 01.08.1985 – 3 TH 1267/85, BRS 44 Nr. 156). Abgesehen davon begegnet es jedoch prinzipiell keinen Bedenken, wenn im Rahmen der Bauvoranfrage nur nach der grundsätzlichen **planungsrechtlichen Zulässigkeit eines Vorhabens seiner Art nach** gefragt wird, auch wenn das Vorhaben selbst nur in groben Umrissen bestimmt und seine Ausführung im Einzelnen noch einer späteren Prüfung vorbehalten bleibt (OVG NRW, Urt. v. 27.01.2016 – 7 A 1899/14, BauR 2016, 643). Davon abzugrenzen ist jedoch eine begehrte rechtsverbindliche Abklärung der Bandbreite verschiedener rechtlich möglicher Nutzungsoptionen für ein Grundstück: einem solchen Zulassungsvorbringen fehlt es bereits am zwingend erforderlichen konkreten Vorhabenbezug (OVG NRW, Beschl. v. 30.11.2015 – 2 A 1080/15, juris).

Aus den vorstehend genannten Gründen sind der **Dispositionsbefugnis des Antragstellers** bei der Formulierung seiner Fragen insoweit **Grenzen gesetzt**, als er wichtige Einzelaspekte nicht einfach ausklammern kann (OVG NRW, Urt. v. 16.05.1995 – 11 A 4066/93, BRS 57 Nr. 195 zur Unzulässigkeit des Ausklammerns bauplanungsrechtlicher Aspekte bei einer Voranfrage zum Stellplatznachweis für ein Vorhaben); hierzu führt das Gericht aus:

»*Mit dem zur Entscheidung des Gerichts gestellten Streitgegenstand begehrt der Kläger nicht den Erlaß eines bescheidungsfähigen Vorbescheides, sondern in Wahrheit die Beantwortung abstrakter Rechtsfragen, die der Kläger durch das gegenüber dem Gericht ausgesprochene Verbot, planungsrechtliche Fragen in die Beurteilung einzubeziehen, auf so nicht beurteilungsfähige Teilrechtsfragen beschränkt hat, die für die spätere Durchführung des Vorhabens, insbesondere für eine nachfolgende Baugenehmigung ohne Aussagewert sind. (...) Ein Vorbescheid, der die Frage, die gestellt wird, letztlich offen lässt und dem zu dem Vorhaben, soweit es zur Prüfung gestellt ist, für das Baugenehmigungsverfahren keine abschließende Bindungswirkung zukommt, ist der Bauordnung NW fremd (vgl. OVG NRW, Urt. v. 28.05.1993 – 7 A 1112/90 –).*«

54 Das Gebot der nachbarlichen Rücksichtnahme (z.B. wegen einem etwaigen Lärmkonflikt) kann jedoch auch bei einem bauplanungsrechtlichen Vorbescheid ausgeklammert werden. Eine andere Bewertung widerspräche dem Sinn und Zweck eines Bauvorbescheids, der dem Bauherren gerade ermöglichen soll, durch die Klärung problematischer Fragen im Vorhinein unnötige Kosten vermeiden zu können, die etwa durch die Erstellung weiterer Bauvorlagen im weiteren Genehmigungsverfahren entstehen würden (OVG NRW, Urt. v. 31.10.2012 – 10 A 912/11, juris). Auch dass die Differenzierung zwischen abstrakter und konkreter Zulässigkeit vom Gesetzgeber (Regelungen in §§ 2–14 BauNVO auf der einen bzw. in § 15 BauNVO auf der anderen Seite) vorgenommen wurde, spricht für die Möglichkeit einer entsprechenden Ausklammerung. Angesichts des Umstands, dass der Antragsteller die Bauvoranfrage so lange auf einzelne Zulässigkeitsfragen hinunterbrechen darf, wie die Frage noch hinreichend bestimmt und einer verbindlichen rechtlichen Beurteilung zugänglich bleibt, ist die Ausklammerung immissionsschutzrechtlicher Belange daher nicht zu beanstanden (OVG NRW, Urt. v. 14.10.2013 – 2 A 204/12, BauR 2014, 676).

55 Weiterhin muss ein **Sachbescheidungsinteresse** gegeben sein (vgl. § 74 Rdn. 152). Ein solches ist selbst dann noch gegeben, und eine Voranfrage demnach **möglich**, wenn das **Bauvorhaben bereits** errichtet ist (so OVG Lüneburg, Urt. v. 08.06.1977 – VI A 225/75, BRS 32 Nr. 138; vgl. Große-Suchsdorf zu § 73 Rn. 17). Der gegenteiligen Auffassung des OVG Saar (Urt. v. 05.10.1979 – II R2 u. 3/79, BRS 35 Nr. 171) kann nicht gefolgt werden, da auch bei einer nachträglichen Genehmigung eines Schwarzbaus ein berechtigtes Interesse des Bauherrn angenommen werden kann, durch Voranfrage die Genehmigungsfähigkeit verbindlich klären lassen zu können, ehe er umfangreiche Bauvorlagen für das Baugenehmigungsverfahren fertigen lässt (a.A. Boeddinghaus/Hahn/Schulte zu § 71 Rn. 11). An einem Sachbescheidungsinteresse fehlt es hingegen, wenn z.B. eine Bebauungsgenehmigung beantragt wird, dem Vorhaben aber andere – insbesondere bauordnungsrechtliche – Gründe entgegenstehen, die sich schlechthin nicht ausräumen lassen (BVerwG, Urt. v. 24.10.1980 – 4 C 3.78, BRS 36 Nr. 169 und Urt. v. 19.04.1985 – 4 C 25.84, BauR 1985, 544 = BRS 44 Nr. 80; OVG NRW, Urt. v. 27.01.2016 – 7 A 1899/14, BauR 2016, 643) oder wenn anstelle des in der Voranfrage dargestellten Vorhabens bereits ein anderes errichtet worden ist (OVG NRW, Urt. v. 25.09.1996 – 11 A 3535/94, BRS 58 Nr. 132).

56 Der Vorbescheid ist gemäß **§ 70 Abs. 1 Satz 1 BauO NRW schriftlich zu beantragen**; der Antrag ist bei der Bauaufsichtsbehörde einzureichen. Der **Antrag muss klar und bestimmt** sein, so dass ein entsprechender Vorbescheid inhaltlich klar abgegrenzt eindeutig erkennen lässt, wie weit seine Bindungswirkung geht. Ein Vorbescheid kann deshalb nur ergehen, wenn so klar formulierte – oder zumindest mittels einer Auslegung des Antrages (OVG NRW, Urt. v. 20.02.2004 – 10 A 558/02, BRS 67 Nr. 175) eindeutig zu ermittelnde – Fragen zur Prüfung gestellt worden sind, dass später bei der Vorlage der Baugenehmigungsunterlagen festgestellt werden kann, ob zu einem bestimmten Aspekt dieses Vorhabens eine positiv die Zulässigkeit feststellende Entscheidung bereits ergangen ist oder nicht (vgl. OVG Rh-Pf, Teilurteil vom 17.11.1999 – 8 A 10537/99, BauR 2000, 545 =

BRS 62 Nr. 165). Diese Beurteilung setzt voraus, dass überprüft werden kann, ob es sich bei dem Vorhaben, für das die Baugenehmigung beantragt wird, und dem, auf das sich der Vorbescheid bezieht, um dasselbe Vorhaben handelt. Auch hieraus ergibt sich – unabhängig vom Wortlaut des § 77 Abs. 1 BauO NRW –, dass einer Bauvoranfrage eine bestimmte, inhaltlich artikulierte Bauabsicht zugrunde liegen muss (zur Bestimmung des Antragsgegenstands vgl. § 70 Rdn. 4–8). Es ist Aufgabe des Bauantragstellers, hinreichend genau festzulegen, was das zur Vorbescheidung gestellte Vorhaben sein soll (OVG NRW, Urt. v. 27.01.2016 – 7 A 1899/14, BauR 2016, 643). Der Vorbescheid stellt sich somit als **mitwirkungsbedürftiger Verwaltungsakt** dar, dessen Inhalt durch den Antrag vorgegeben wird. Deshalb ist ein nicht bescheidungsfähiger – weil inhaltlich zu weit gehender – Antrag auch nicht durch den Vorbescheid als Minus auf das zulässige Maß zu beschränken, sondern vielmehr schlicht zurückzuweisen, da die **Festlegung des Verfahrensgegenstands** gerade nicht Aufgabe der Baugenehmigungsbehörde ist (OVG NRW, Beschl. v. 30.11.2015 – 2 A 1080/15, juris und Urt. v. 31.10.2012 – 10 A 912/11, juris). Ein Antrag auf Erteilung eines Bauvorbescheids bezieht sich grundsätzlich nur auf das von der Bauaufsichtsbehörde zu prüfende Baurecht und nicht daneben auch noch auf die Erteilung eventuell zusätzlich zur späteren Baugenehmigung erforderlicher selbständiger Genehmigungen oder Erlaubnisse (vgl. Rdn. 62–65). Er enthält insbesondere nicht zugleich einen an die Gemeinde gerichteten Antrag auf Erteilung einer sanierungsrechtlichen Genehmigung, selbst wenn Bauaufsichtsbehörde und Gemeinde identisch sind, weil mit dem sanierungsrechtlichen Verfahren besondere Fristen- und Fiktionsregeln verbunden sind und es deshalb erforderlich ist, dass die angerufene Behörde dies erkennt (BVerwG, Beschl. v. 08.03.2001 – 4 B 76.00, BauR 2001, 1723 = BRS 64 Nr. 166).

Der Voranfrage sind nach **§ 16 Satz 1 BauPrüfVO** die **Bauvorlagen** beizufügen (vgl. 57 § 70 Abs. 2 Satz 1 BauO NRW), die zur **Beurteilung** der durch den Vorbescheid zu **entscheidenden Fragen** des Bauvorhabens **erforderlich** sind. Die Übereinstimmung eines Baukörpers mit dem Bauplanungsrecht kann ohne einen Lageplan des Baugrundstücks mit Eintragung des Standorts des Gebäudes nicht beurteilt werden (zur vergleichbaren brandenburgischen Rechtslage vgl. OVG Bbg, Beschl. v. 23.04.1999 – 3 A 191/97, BauR 2000, 549 = BRS 62 Nr. 172 = NVwZ-RR 2000, 271). Nur so ist prüfbar, ob die geplante bauliche Anlage den bauplanungsrechtlichen Vorgaben entspricht, z.B. Baugrenzen nicht überschreitet. Der Vorbescheid muss auch abgelehnt werden, wenn der zur Entscheidung beantragte Teil des Vorhabens nicht ohne Kenntnis des Gesamtvorhabens abschließend beurteilt werden kann (so BayVGH, Urt. v. 26.09.1972 – Nr. 148 II 71, BRS 25 Nr. 150: im Antragsvordruck mit Lageplan war der Wiederaufbau einer durch Brand teilweise zerstörten Gaststätte beantragt worden, ohne dass weitere Bauvorlagen beigefügt waren). Die Vorlage einer Projektzeichnung ist nicht geeignet, den erforderlichen Lageplan zu ersetzen (OVG NRW, Beschl. v. 13.04.2011 – 7 A 892/10, juris). Die Vorlage eines Lageplans ist allerdings nicht erforderlich, wenn die zu entscheidende Frage lediglich auf die bauplanungsrechtliche Zulässigkeit des Vorhabens seiner Art nach beschränkt ist (OVG NRW, Urt. v. 14.12.2016 – 10 A 655/14, juris).

§ 77 Vorbescheid

58 Bei **Zweifelsfragen über das Erfordernis** einer bestimmten Bauvorlage ist immer auf die **Bindungswirkung** des Vorbescheids abzustellen. Kann die Bauaufsichtsbehörde diese Bindungswirkung nur akzeptieren, wenn sie bestimmte Details geprüft hat, darf sie auch zuvor die entsprechenden Bauvorlagen verlangen (§ 16 i.V.m. § 1 Abs. 2 Satz 2 BauPrüfVO; vgl. Rdn. 49). Hat eine Bauvoranfrage auch die Erschließung des Vorhabens zum Gegenstand, kann zur Beurteilung der Zulässigkeit des Vorhabens daher im Einzelfall auch die Vorlage eines Verkehrsgutachtens erforderlich sein (OVG NRW, Urt. v. 01.02.2010 – 7 A 1635/07, BauR 2010, 1188). Allerdings ist darauf hinzuweisen, dass die **Anforderungen** an die Bauvorlagen **nicht überzogen** werden dürfen, wenn es nur darum geht, die bauplanungsrechtliche Zulässigkeit eines Vorhabens festzustellen (zur Kritik an einer in dieser Hinsicht exzessiven Rechtsprechung vgl. Groth/Graupeter, Steine statt Brot – Die Rechtsprechung der Brandenburgischen Verwaltungsgerichte zur Bescheidungsfähigkeit von Bauvorbescheidsanträgen, BauR 2000, S. 1691 ff.).

59 Der Antrag auf Erteilung eines Vorbescheids ist nach § 70 **Abs. 3 Satz 1 und 2** BauO NRW vom Bauherrn und vom Entwurfsverfasser, die Bauvorlagen sind nur vom Entwurfsverfasser und den gegebenenfalls hinzugezogenen Fachplanern zu unterschreiben (vgl. § 70 Rdn. 82). Inwieweit Bauvoranfragen für die Errichtung von Gebäuden von einem nach § 67 BauO NRW bauvorlageberechtigten Entwurfsverfasser mit unterzeichnet werden müssen, ist in § 77 Abs. 2 BauO NRW geregelt (vgl. Rdn. 71–72). Nach § 70 **Abs. 3 Satz 3** BauO NRW kann auch die Zustimmung des Grundstückseigentümers verlangt werden (vgl. § 70 Rdn. 86–88 sowie OVG Bln, Beschl. v. 29.06.1999 – 2 N 35/98, NVwZ-RR 2000, 61). Treten mehrere Personen als Antragsteller auf, ist gemäß § 53 Abs. 3 Satz 1 BauO NRW ein Vertreter zu bestellen (vgl. § 53 Rdn. 36–38).

60 Die Verweisung auf § 71 **BauO NRW** dient der Gleichstellung mit den Vorschriften über die Behandlung des Bauantrags. Die Bauaufsichtsbehörde
   - hat gemäß **Abs. 1 Satz 1** den Vorbescheidsantrag **binnen einer Woche** nach Eingang der **Vorprüfung** zu unterziehen (vgl. § 71 Rdn. 52–77),
   - nach **Nr. 1**, ob die Voranfrage den Anforderungen des § 70 BauO NRW und des § 16 BauPrüfVO entspricht,
   - nach **Nr. 2**, ob die Erteilung des Vorbescheids von der Zustimmung, dem Einvernehmen, Benehmen oder der Erteilung einer weiteren Genehmigung oder Erlaubnis einer anderen Behörde (berührte Stelle) abhängig ist,
   - nach **Nr. 3**, welche anderen Behörden oder Dienststellen zu beteiligen sind, und
   - nach **Nr. 4**, welche Sachverständigen heranzuziehen sind;
   - fordert die Bauherrschaft gemäß **Abs. 1 Satz 2** zur Behebung von Mängeln innerhalb einer angemessen Frist auf, wenn der Bauantrag unvollständig ist oder erhebliche Mängel aufweist; bei Nichterfüllung gilt der Antrag gemäß **Abs. 1 Satz 3** als zurückgewiesen (vgl. § 71 Rdn. 62–77);
   - hat gemäß **Abs. 1 Satz 4** die Voranfrage der Gemeinde zuzuleiten (vgl. § 71 Rdn. 78–79).

Kann eine Voranfrage nicht ohne **Beteiligung einer anderen Behörde** entschieden werden, so ist diese von der Bauaufsichtsbehörde gemäß § 71 **Abs. 1 Satz 1 Nr. 2 und 3** BauO NRW zu beteiligen. Die Verweisung auf § 71 **Abs.** 2 BauO NRW hat wie im Baugenehmigungsverfahren zur Folge, dass nach Verstreichen der Beteiligungsfrist die Fiktions- und Unbeachtlichkeitsklauseln gelten (vgl. § 71 Rdn. 80–94). Durch die Verweisung auf § 71 **Abs.** 3 BauO NRW wird auch für die Behandlung der Voranfrage das »**Sternverfahren**« gefordert, so dass Entscheidungen und Stellungnahmen zu beteiligender Behörden und Stellen gleichzeitig anzufordern sind (vgl. § 71 Rdn. 95–98). 61

Die Verweisung auf § 71 Abs. 1 Satz 1 **Nr.** 2 BauO NRW in Bezug auf das **Erfordernis der Erteilung einer weiteren Genehmigung oder Erlaubnis einer anderen Behörde** muss im Zusammenhang mit § 74 Abs. 3 Satz 2 BauO NRW gesehen werden (vgl. § 71 Rdn. 83 sowie § 74 Rdn. 247–249). Diese Verweisung hat eigentlich nur für die baufreigebende Wirkung der Baugenehmigung Bedeutung. Im Vorbescheidsverfahren besteht (noch) keine Veranlassung darauf zu achten, dass sämtliche »vorgreiflichen« Genehmigungen nach öffentlichem Recht vorliegen, da diese Aufgabe erst im Baugenehmigungsverfahren ansteht. Es ist ja gerade **Sinn des Vorbescheids**, lediglich die aus dem materiell-rechtlichen Prüfprogramm »ausgeschnittenen« Fragen einer verbindlichen Klärung zuzuführen, um die weitere Bearbeitung des Bauantrags zu ermöglichen (vgl. Rdn. 4). Daher bestimmt der Antragsteller mit seiner Voranfrage auch den Prüfumfang. Will er z.B. nur die bauplanungsrechtliche Zulässigkeit eines im Landschaftsschutzgebiet gelegenen Vorhabens geklärt wissen, ist die Bauaufsichtsbehörde nach positivem Abschluss der bauplanungsrechtlichen Prüfung zur Erteilung des Vorbescheids verpflichtet, auch wenn die landschaftsrechtliche Befreiungsentscheidung nicht vorliegt, da das nordrhein-westfälische Landesrecht zwischen der Erteilung des Vorbescheids einerseits und der Zulassung der landschaftsrechtlichen Befreiung andererseits trennt (OVG NRW, Urt. v. 24.07.2000 – 10 A 5693/98, juris, unter Bezug auf Hahn, Landschaftsrecht und Baufreiheit, DVBl 1992, S. 1408 ff.). Hierzu führt das Gericht weiter aus: 62

»Wegen dieser verfahrensrechtlichen Trennung ist bei der Entscheidung über eine Bauvoranfrage nicht im Einzelnen zu prüfen, ob die Voraussetzungen für eine Ausnahme oder eine Befreiung von dem Bauverbot der Landschaftsschutzverordnung vorliegen. Der Klägerin würde allerdings ein Sachbescheidungsinteresse für ihre Bauvoranfrage mit der Folge der Unzulässigkeit der Klage fehlen, wenn offensichtlich wäre, dass für das Vorhaben eine erforderliche landschaftsschutzrechtliche Ausnahme oder Befreiung schlechthin nicht erteilt werden kann (vgl. OVG NRW, Urt. v. 16.11.1989 – 7 A 503/88 – und Beschl. v. 03.09.1999 – 10 A 3691/97 –; Hahn, a.a.O.). Dass eine Ausnahme oder Befreiung schlechthin nicht erteilt werden kann, ist hier nicht in diesem Sinne offensichtlich, sondern bedarf vielmehr näherer Prüfung in dem dafür vorgesehenen Verfahren. Insoweit ist eine Prüfung der konkreten Umstände des Einzelfalls durch die zur Entscheidung berufenen Fachbehörden vorzunehmen, wobei insbesondere von Bedeutung ist, welchen Schutzzweck die Landschaftsschutzverordnung mit der Unterschutzstellung des klägerischen Grundstücks verfolgt und inwieweit das Vorhaben der Klägerin auf diese Schutzgründe einwirkt. Von Bedeutung ist auch die besondere Schutzbedürftigkeit des unmittelbar an das klägerische 63

§ 77 Vorbescheid

Grundstück angrenzenden Naturschutzgebietes, das möglicherweise ebenfalls durch das Vorhaben beeinträchtigt wird.«

64 Das OVG NRW hatte bereits mit Urt. v. 12.09.1988 (– 10 A 882/85, n.v. zur Waldumwandlungsgenehmigung nach § 39 LFoG) unter Berufung auf das BVerwG (Urt. v. 19.04.1985 – 4 C 25.84, BRS 44 Nr. 80 und Urt. v. 10.05.1985 – 4 C 9.84, BRS 44 Nr. 81 jeweils zur Wirkung von Landschaftsschutzverordnungen) entschieden, dass sich der Entscheidungsgehalt einer Bebauungsgenehmigung auf das Planungsrecht beschränkt, wenn neben dem Baurecht noch eine verfahrensmäßig getrennte (selbständige) Genehmigung erforderlich ist.

65 Der Antragsteller kann die Voranfrage ausdrücklich auch auf die **Frage** erstrecken, **ob eine für die Ausnutzbarkeit der Baugenehmigung zwingend erforderliche selbständige Genehmigung** und **Erlaubnis** nach sonstigen öffentlich-rechtlichen Vorschriften **erteilt wird**, obwohl diese Fragen nicht Teil des materiell-rechtlichen Prüfprogramms sind. Dies hängt mit der baufreigebenden Wirkung der Baugenehmigung nach § 74 Abs. 7 BauO NRW zusammen; die Bauaufsichtsbehörde ist insoweit befugt, die Baugenehmigung mit einer Bedingung zu versehen, um einen verfrühten Baubeginn auszuschließen (vgl. § 74 Rdn. 247–249; vgl. auch Sächs. OVG, Urt. v. 08.06.1995 – 1 S 154/95, BRS 57 Nr. 187). Macht der Antragsteller von dieser Möglichkeit Gebrauch, zieht er gleichsam das sonstige öffentliche Recht in die bauaufsichtliche Prüfung mit ein, ohne dass die Bauaufsichtsbehörde selbst prüfend tätig wird. Vielmehr ist die nach dem Fachrecht zuständige Behörde nach Maßgabe des § 71 Abs. 1 Satz 1 Nr. 2 BauO NRW im Verfahren zu beteiligen und deren Entscheidung abzuwarten. Dies gilt aber nur, wenn die **fachgesetzliche Frage in einem direkten Zusammenhang mit dem beabsichtigten Vorhaben** steht (OVG NRW, Urt. v. 20.06.1985 – 7 A 308/81, NVwZ 1986, 580 und Urt. v. 22.07.1987 – 11 A 958/85, BRS 47 Nr. 139). So kann z.B. durch Vorbescheid verbindlich geklärt werden, ob zur Verwirklichung des Bauvorhabens eine landschaftsschutzrechtliche Ausnahmegenehmigung erforderlich ist (OVG NRW, Urt. v. 21.11.1980 – 10 A 848/77, NuR 1981, 140). Auch straßenrechtliche Anbaubeschränkungen können mit einer Voranfrage zur verbindlichen Prüfung durch die Fachbehörde gestellt werden (OVG Lüneburg, Urt. v. 04.09.1980 – 6 A 39/79, BRS 36 Nr. 170).

66 Erfordert die Entscheidung über eine Voranfrage **Abweichungen** von materiellen Vorschriften, so ist über diese unter den Voraussetzungen des § 69 BauO NRW, gegebenenfalls nach **Beteiligung des Nachbarn** gemäß § 72 BauO NRW, im Rahmen des Vorbescheids zu entscheiden. Auf die Erteilung der Abweichung hat der Antragsteller jedoch keinen Anspruch, da diese grundsätzlich im **Ermessen** der Bauaufsichtsbehörde steht (BVerwG, Urt. v. 14.07.1972 – IV C 69.70, BVerwGE 40, 268 = BauR 1972, 358 = BRS 25 Nr. 163 = DÖV 1972, 824).

67 Die Verweisung auf **§ 74 Abs. 1 und 2 BauO NRW** bedeutet im Einzelnen:
 – Auf die Erteilung eines Vorbescheids besteht ein **Rechtsanspruch**, wenn öffentlich-rechtliche Vorschriften nicht entgegenstehen (Abs. 1; vgl. § 74 Rdn. 14–22).

– Einem Vorbescheid können **Nebenbestimmungen**, insbesondere Bedingungen und Auflagen, hinzugefügt werden (OVG NRW, Urt. v. 24.08.1979 – XI A 611/79, BRS 35 Nr. 150; vgl. § 74 Rdn. 229–241).
– Der Vorbescheid bedarf der **Schriftform** (Abs. 2 Satz 1; vgl. § 74 Rdn. 202–225).
– Der Vorbescheid ist insoweit zu **begründen**, als Abweichungen oder Befreiungen von nachbarschützenden Vorschriften zugelassen werden und der Nachbar nicht nach § 72 Abs. 2 BauO NRW zugestimmt hat (Abs. 2 Satz 2, vgl. § 74 Rdn. 219–225).
– Der Vorbescheid ist dem Antragsteller **zuzustellen**, und zwar mit den mit einem Genehmigungsvermerk versehenen Bauvorlagen (Abs. 2 Satz 3; vgl. § 74 Rdn. 226–228).

Darüber hinaus gilt der Vorbescheid wegen der Verweisung auf § 58 Abs. 3 BauO NRW auch für und gegen den **Rechtsnachfolger** (vgl. § 58 Rdn. 94).

Aufgrund der Verweisung auf § **75 Abs. 2** BauO NRW kann die **Geltungsdauer eines Vorbescheids verlängert** werden (vgl. § 75 Rdn. 18–22). Auf die Verlängerung der Geltungsdauer besteht ein **Rechtsanspruch**, wenn sich die **Sach- und Rechtslage nicht geändert** hat (Nds. OVG, Urt. v. 06.01.1995 – 1 L 457/93, BauR 1995, 674 = BRS 57 Nr. 194). Die Verlängerung der Geltungsdauer eines Vorbescheids bedeutet in der Sache nämlich nichts anderes als deren Neuerteilung unter erleichterten Verfahrensbedingungen. Der Bauherr hat demnach nur dann einen Rechtsanspruch auf Verlängerung der Geltungsdauer des Vorbescheids, wenn das Vorhaben im Zeitpunkt der Verlängerung dem geltenden Baurecht entspricht (OVG NRW, Urt. v. 02.12.1987 – 11 A 1942/76, BRS 47 Nr. 140; Nds. OVG, Urt. v. 22.06.2010 – 12 LB 213/07, BauR 2010, 2093).

Die Bauaufsichtsbehörde ist nicht gehindert, die **Verlängerung** der Geltungsdauer eines Vorbescheids **abzulehnen**, wenn sie bei der Prüfung des Verlängerungsantrags erkennt, dass der ursprünglich erteilte **Vorbescheid rechtswidrig** war (BGH, Urt. v. 30.06.1988 – III ZR 232/86, BRS 48 Nr. 136). Die Rechtsprechung verlangt sogar, dass die Bauaufsichtsbehörde in diesen Fällen den Vorbescheidsantrag **ablehnen muss** (BGH, Urt. v. 09.12.1982 – III ZR 56/81, BRS 45 Nr. 36; OVG NRW, Urt. v. 02.12.1987 – 11 A 1942/76, BRS 47 Nr. 140). Ist **keine Änderung der Sach- und Rechtslage** eingetreten, wird die Verlängerung ermessensfehlerfrei nur bei gewichtigen gegenläufigen öffentlichen Interessen zu versagen sein (OVG NRW, Urt. v. 22.05.1987 – 10 A 632/85, n.v.; vgl. auch Boeddinghaus/Hahn/Schulte zu § 71 Rn. 65). Dies kann beispielsweise eintreten, wenn die Bauaufsichtsbehörde ihre Rechtsauffassung zu einem bestimmten Zulässigkeitsaspekt aufgrund neuer Erkenntnisse grundsätzlich ändert.

Will die Bauaufsichtsbehörde einen Vorbescheid wegen laufender **städtebaulicher Planungen** nicht erteilen, dem im Zeitpunkt der fälligen Entscheidung öffentlich-rechtliche Vorschriften nicht entgegenstehen, so bleibt ihr zur Verhinderung der Bindungswirkung eines positiven Vorbescheids nur die Möglichkeit, die Entscheidung bei Vorliegen eines Aufstellungsbeschlusses für einen Bebauungsplan in Anwendung des § **15 BauGB zurückzustellen** (BVerwG, Urt. v. 11.11.1970 – IV C 79.68, BRS 23 Nr. 88 = DVBl 1971, 468 = DÖV 1971, 425). Eine Zurückstellung nach § 15 BauGB und die Ablehnung eines Antrags auf Erteilung eines Vorbescheids als eine das Verwaltungsverfahren abschließende Sachentscheidung stehen dabei sowohl hinsichtlich der Tatbestandsvoraussetzungen als auch der Rechtsfolge in einem aliud-Verhältnis (OVG NRW, Beschl. v. 14.06.2010 – 10 B 270/10, juris).

3 Zu Abs. 2 – Erfordernis der Bauvorlageberechtigung

71 § 77 Abs. 2 BauO NRW beantwortet die Frage, ob für den Antrag auf Erteilung eines Vorbescheids, durch den Fragen in Bezug auf die **Errichtung** oder **Änderung** eines **Gebäudes** entschieden werden sollen, die Bauvorlageberechtigung des Entwurfsverfassers erforderlich ist (vgl. § 67 Rdn. 10–20). Satz 1 verlangt bei Vorbescheiden, die die Errichtung oder Änderung von Gebäuden betreffen, die **Bauvorlageberechtigung** (vgl. § 67 Rdn. 21 ff.). Der Gesetzgeber geht davon aus, dass sich die Bauaufsichtsbehörde im Interesse einer wirksamen Gefahrenabwehr auch hinsichtlich der Bauvorlagen für einen Vorbescheid darauf verlassen können muss, dass diese von hinreichend qualifizierten Fachleuten aufgestellt worden sind.

72 Satz 3 macht von diesem Grundsatz die **Ausnahme** für einen **Vorbescheid**, mit dem nur über die Vereinbarkeit des Vorhabens mit den planungsrechtlichen Vorschriften über die Art der baulichen Nutzung, die Bauweise und die überbaubare Grundstücksfläche entschieden wird. Soweit auch das Maß der baulichen Nutzung in die Bauvoranfrage einbezogen wird, ist die Einschaltung eines bauvorlageberechtigten Entwurfsverfassers erforderlich.

§ 78 Genehmigung Fliegender Bauten

(1) Fliegende Bauten sind bauliche Anlagen, die geeignet und bestimmt sind, an verschiedenen Orten wiederholt aufgestellt und zerlegt zu werden. Baustelleneinrichtungen und Baugerüste sind keine Fliegenden Bauten.

(2) Fliegende Bauten bedürfen, bevor sie erstmals aufgestellt und in Gebrauch genommen werden, einer Ausführungsgenehmigung. Dies gilt nicht für
1. Fliegende Bauten mit einer Höhe bis zu 5 m, die nicht dazu bestimmt sind, von Besuchern betreten zu werden,
2. Fliegende Bauten mit einer Höhe bis zu 5 m, die für Kinder betrieben werden und eine Geschwindigkeit von höchstens 1 m/s haben,
3. Bühnen, die Fliegende Bauten sind, einschließlich Überdachungen und sonstigen Aufbauten mit einer Höhe bis zu 5 m, einer Grundfläche bis zu 100 m² und einer Fußbodenhöhe bis zu 1,50 m,
4. erdgeschossige Zelte und betretbare Verkaufsstände, die Fliegende Bauten sind, jeweils mit einer Grundfläche bis zu 75 m² und
5. aufblasbare Spielgeräte mit einer Höhe des betretbaren Bereichs von bis zu 5 m oder mit überdachten Bereichen, bei denen die Entfernung zum Ausgang nicht mehr als 3 m, sofern ein Absinken der Überdachung konstruktiv verhindert wird, nicht mehr als 10 m beträgt.

(3) Die Ausführungsgenehmigung wird von der unteren Bauaufsichtsbehörde erteilt, in deren Bereich die Antragstellerin oder der Antragsteller ihre oder seine Hauptwohnung oder ihre oder seine gewerbliche Niederlassung hat. Hat die Antragstellerin oder der Antragsteller ihre oder seine Hauptwohnung oder ihre oder seine gewerbliche Niederlassung außerhalb der Bundesrepublik Deutschland, so ist die Bauaufsichtsbehörde zuständig, in deren Bereich der Fliegende Bau erstmals aufgestellt und in Gebrauch genommen werden soll.

(4) Die oberste Bauaufsichtsbehörde kann bestimmen, dass Ausführungsgenehmigungen für Fliegende Bauten nur durch bestimmte Bauaufsichtsbehörden erstellt werden dürfen.

(5) Die Ausführungsgenehmigung wird für eine bestimmte Frist erteilt, die höchstens fünf Jahre betragen soll, sie kann auf schriftlichen Antrag von der für die Erteilung der Ausführungsgenehmigung zuständigen Behörde jeweils bis zu fünf Jahren verlängert werden. § 75 Absatz 2 Satz 2 gilt entsprechend. Die Genehmigungen werden in ein Prüfbuch eingetragen, dem eine Ausfertigung der mit einem Genehmigungsvermerk zu versehenden Bauvorlagen beizufügen ist. Ausführungsgenehmigungen anderer Länder gelten auch im Land Nordrhein-Westfalen.

(6) Die Inhaberin oder der Inhaber der Ausführungsgenehmigung hat den Wechsel ihres oder seines Wohnsitzes oder ihrer oder seiner gewerblichen Niederlassung oder die Übertragung eines Fliegenden Baus an Dritte der Bauaufsichtsbehörde anzuzeigen, die die Ausführungsgenehmigung erteilt hat. Die Behörde hat die Änderungen in das Prüfbuch einzutragen und sie, wenn mit den Änderungen ein Wechsel der Zuständigkeit verbunden ist, der nunmehr zuständigen Behörde mitzuteilen.

(7) Fliegende Bauten, die nach Absatz 2 Satz 1 einer Ausführungsgenehmigung bedürfen, dürfen unbeschadet anderer Vorschriften nur in Gebrauch genommen werden, wenn ihre Aufstellung der Bauaufsichtsbehörde des Aufstellungsortes unter Vorlage des Prüfbuches angezeigt ist. Die Bauaufsichtsbehörde kann die Inbetriebnahme dieser Fliegenden Bauten von einer Gebrauchsabnahme abhängig machen, technisch schwierige Fliegende Bauten sowie Zelte und Tribünen, die in wechselnden Größen aufgestellt werden können, sind immer einer Gebrauchsabnahme zu unterziehen. Das Ergebnis der Abnahme ist in das Prüfbuch einzutragen. In der Ausführungsgenehmigung kann bestimmt werden, dass Anzeigen nach Satz 1 nicht erforderlich sind, wenn eine Gefährdung im Sinne des § 3 Absatz 1 Satz 1 nicht zu erwarten ist.

(8) Die für die Erteilung der Gebrauchsabnahme zuständige Bauaufsichtsbehörde kann Auflagen machen oder die Aufstellung oder den Gebrauch Fliegender Bauten untersagen, soweit dies nach den örtlichen Verhältnissen oder zur Abwehr von Gefahren erforderlich ist, insbesondere, weil die Betriebssicherheit oder Standsicherheit nicht oder nicht mehr gewährleistet ist oder weil von der Ausführungsgenehmigung abgewichen wird. Wird die Aufstellung oder der Gebrauch untersagt, ist dies in das Prüfbuch einzutragen. Die ausstellende Behörde ist zu benachrichtigen, das Prüfbuch ist einzuziehen und der ausstellenden Behörde zuzuleiten, wenn die Herstellung ordnungsgemäßer Zustände innerhalb angemessener Frist nicht zu erwarten ist.

§ 78 Genehmigung Fliegender Bauten

(9) Bei Fliegenden Bauten, die von Besucherinnen und Besuchern betreten und längere Zeit an einem Aufstellungsort betrieben werden, kann die für die Gebrauchsabnahme zuständige Bauaufsichtsbehörde aus Gründen der Sicherheit Nachabnahmen durchführen. Das Ergebnis der Nachabnahme ist in das Prüfbuch einzutragen.

(10) §§ 70, 71 Absatz 1 Satz 2, 83 Absätze 1 und 5 gelten entsprechend.

Übersicht		Rdn.
0	Änderungen gegenüber der BauO NRW 2000	01
1	Allgemeines	1
1.1	Funktion der Norm	1
1.2	Materielle Anforderungen	2
1.3	Rechtsschutz Dritter	4
1.4	Ahndung von Verstößen	5
2	Zu Abs. 1 – Definition des Fliegenden Baus	6
3	Zu Abs. 2 – Erfordernis der Ausführungsgenehmigung und Ausnahmen	9
4	Zu Abs. 3 – Zuständigkeitsfragen	12
5	Zu Abs. 4 – Sonderregelungen zur Zuständigkeit	16
6	Zu Abs. 5 – Befristung und Möglichkeit der Verlängerung der Ausführungsgenehmigung und das Prüfbuch	17
7	Zu Abs. 6 – Meldepflichten des Inhabers einer Ausführungsgenehmigung	18
8	Zu Abs. 7 – Genehmigung der Ingebrauchnahme von Fliegenden Bauten	19
9	Zu Abs. 8 – Zulässigkeit von Auflagen und Untersagung der Gebrauchsabnahme	20
10	Zu Abs. 9 – Zulässigkeit von Nachabnahmen	23
11	Zu Abs. 10 – Verweise auf andere Vorschriften	24

0 Änderungen gegenüber der BauO NRW 2000

01 Die Vorschrift entspricht bis auf einige redaktionelle Änderungen der bisherigen Fassung des § 79 BauO NRW 2000. Abs. 2 der aktuellen Vorschrift nennt jetzt allerdings die Fliegenden Bauten, welche ohne Ausführungsgenehmigung aufgestellt und betrieben werden dürfen.

1 Allgemeines

1.1 Funktion der Norm

1 Fliegende Bauten sind Sonderbauten i. S. d. § 50 Abs. 1 BauO NRW. Bedürfen sie einer sogenannten Ausführungsgenehmigung, handelt es sich sogar um große Sonderbauten (§ 50 Abs. 2 Nr. 15 BauO NRW). Fliegende Bauten werden ihrer Zweckbestimmung gemäß häufig auf- und wiederabgebaut und unterscheiden sich so von den typischen – für einen längeren Zeitraum – errichteten baulichen Anlagen. Die in Rede stehende Vorschrift gibt – resultierend aus dieser Besonderheit – für Fliegende Bauten ein eigenständiges Genehmigungsverfahren vor, welches eine vom Standort unabhängige Prüfung umfasst. Die sogenannte **Ausführungsgenehmigung** muss immer vor dem ersten Aufstellen vorliegen. Das eigentliche Aufstellen des Fliegenden Baus ist der örtlich zuständigen Bauaufsichtsbehörde jeweils anzuzeigen. Diese begleitet dann den Vorgang in Form einer besonderen Überwachung (Gebrauchsgenehmigung), insbesondere aus

dem Blickwinkel der Gefahrenabwehr. Es handelt sich somit um ein gestuftes Verfahren, die Ausführungsgenehmigung ist nur eine **Grundgenehmigung** (Kerkmann).

1.2 Materielle Anforderungen

Die Befreiung der Fliegenden Bauten vom Erfordernis einer Baugenehmigung entbindet nicht von der Verpflichtung zur Einhaltung der Vorschriften des öffentlichen Baurechts (§ 60 Abs. 2 BauO NRW). Insoweit sind zunächst einmal die materiellen Vorgaben – insbesondere **Standsicherheit** (§ 12 BauO NRW) und **Brandschutz** (§ 14 BauO NRW) – der Landesbauordnung einzuhalten. Ferner sind die **öffentlich eingeführten technischen Regeln zu beachten** (§ 3 Abs. 2 und § 71 Abs. 4 BauO NRW). Laut dem VG Hannover, Urt. v. 15.10.2014 – 4 A 10871/14, finden aber neu eingeführte technische Regelwerke keine Anwendung auf vor deren Inkrafttreten hergestellte Fliegende Bauten (hier: Fahrgeschäft). Ein RdErl. des zuständigen Fachministeriums beinhaltet ergänzend Verwaltungsvorschriften über Ausführungsgenehmigungen für Fliegende Bauten und deren Gebrauchsabnahmen sowie Richtlinien über den Bau und Betrieb Fliegender Bauten (RdErl. d. Ministeriums für Bauen und Verkehr – VI A 3 – 125 – v. 20.02.2008, MBl. NRW, S. 114, zuletzt geändert durch RdErl. v. 28.11.2018, MBl. NRW, S. 666). Hier finden sich allgemeine und besondere **Bauvorschriften**, z.B. für Tribünen, Fahrgeschäfte, Zelte und vergleichbare Räume für mehr als 200 Besucher sowie allgemeine und besondere **Betriebsvorschriften**.

Auch sonstige Normen des öffentlichen Baurechts können relevant sein. Ein Fliegender Bau kann an Vorgaben aus dem Baunebenrecht scheitern, z.B. am landesrechtlich geregelten Denkmalschutz. In einem entsprechenden Fall hat das VG Gelsenkirchen, Urt. v. 06.11.2014 – 5 K 1275/13, die Beseitigung einer Zelthalle wegen Verstoßes gegen Denkmalschutzvorschriften usw. bestätigt und in diesem Zusammenhang auf Folgendes hingewiesen: *»Nach § 79 Abs. 7 Satz 1 BauO NRW dürfen Fliegende Bauten unter anderem nur unbeschadet anderer Vorschriften in Gebrauch genommen werden, wenn ihre Aufstellung zuvor der Bauaufsichtsbehörde angezeigt worden ist. Das bedeutet, dass die Aufstellung Fliegender Bauten verhindert werden und die Beseitigung bereits aufgestellter Fliegender Bauten verlangt werden kann, wenn andere öffentlich-rechtliche Vorschriften der Errichtung entgegenstehen. Darunter fallen neben bauplanungs- und bauordnungsrechtlichen Regelungen auch solche des Denkmalschutzgesetzes – DSchG –.«*

1.3 Rechtsschutz Dritter

Die in § 78 Abs. 2 BauO NRW vorgeschriebene Ausführungsgenehmigung ersetzt die klassische Baugenehmigung. Da der Aufstellungsort eines Fliegenden Baus wechselt, ist eine Betroffenheit der jeweiligen Nachbarn nicht von vornherein auszuschließen. **Aus diesem Grund kann sich ein Nachbar auch gegen die Ausführungsgenehmigung/Gebrauchsabnahme für einen Fliegenden Bau z.B. wegen Beeinträchtigung durch Lärm, wehren.** Grundsätzlich muss er sich aber frühzeitig gegen die Widmung des Platzes für die entsprechende Veranstaltung (Send, Volksfest, Weihnachtsmarkt, usw.) wenden. Das OVG Niedersachsen,

Urt. v. 10.05.1996 – 1 L 1455/95 (BauR 1996, 696 = ZfBR 1997, 54) ist allerdings der Ansicht, dass ein Nachbar eines Fliegenden Baus die Gebrauchsabnahme nicht anfechten kann, sondern bei der zuständigen Behörde einen Antrag auf bauaufsichtliches Einschreiten stellen muss. **Die Erlaubnis der Ingebrauchnahme dient nämlich nur öffentlichen Interessen** und beinhaltet lediglich die Erklärung der Behörde, dass Mängel nicht festgestellt wurden.

1.4 Ahndung von Verstößen

5 Gem. § 86 Abs. 1 Nr. 16 BauO NRW handelt ordnungswidrig, wer vorsätzlich oder fahrlässig fliegende Bauten **ohne Ausführungsgenehmigung** nach § 78 Abs. 2 BauO NRW **erstmals aufstellt oder in Gebrauch nimmt oder ohne Gebrauchsabnahme** nach § 78 Abs. 7 S. 2 oder 3 BauO NRW **in Gebrauch nimmt**. Als Betroffener kommen im diesem Zusammenhang diejenigen Personen in Frage, die die Fliegenden Bauten aufstellen oder in Gebrauch nehmen. Andere Personen können nach § 14 OWiG an der Ordnungswidrigkeit beteiligt sein.

2 Zu Abs. 1 – Definition des Fliegenden Baus

6 Fliegende Bauten werden in § 78 Abs. 1 BauO NRW definiert. Demnach handelt es sich um bauliche Anlagen, die **geeignet und bestimmt sind, an verschiedenen Orten wiederholt aufgestellt und zerlegt** zu werden. Ein Fliegender Bau setzt somit in der Regel voraus, dass die Absicht des Bauherrn darauf gerichtet ist, die bauliche Anlage in einer unbeschränkten Anzahl von Fällen innerhalb eines überschaubaren Zeitraums auf- und wieder abzubauen (VGH B-W, Urt. v. 29.01.1982 – 8 S 1291/81, BRS 39, Nr. 146, hier für eine Fertigbauhalle im planungsrechtlichen Außenbereich verneint). Hierbei geht es also auch um die konkreten Absichten des Bauherrn. Der Abbau der baulichen Anlage darf dabei zeitlich nicht ungewiss sein. Der Ab- und Wiederaufbau muss deshalb von vornherein vorgesehen sein. Laut Ziffer 1.2 des o. g. RdErl. ist im Einzelfall konkret zu prüfen, ob es sich um die Errichtung einer genehmigungs- oder anzeigebedürftigen Anlage handelt, wenn der Fliegende Bau **länger als drei Monate an einem Ort** aufgestellt wird.

7 Die Voraussetzungen für einen Fliegenden Bau sind dessen **Zerlegbarkeit** und fehlende **feste Beziehung zum Standort**. Beispiele für Fliegende Bauten sind ein **Bierzelt** auf einem Schützenfest, ein **Zirkuszelt**, eine **Bude** auf einem Weihnachtsmarkt, ein **Fahrgeschäft** für die Kirmes bzw. für den Send (**Karussell**), eine **Tribüne** im Zusammenhang mit einem Rockkonzert usw. Der o. g. RdErl. nennt und definiert neben Fahr- auch **Schau-, Belustigungsgeschäfte und Traglufbauten** und beinhaltet auch besondere Anforderungen an **Achter-, Geisterbahnen, Autofahrgeschäfte, Motorrollerbahnen, Schaukeln, Riesenräder, Schießgeschäfte** usw.. Ein **Verkaufsstand**, der geeignet und dazu bestimmt ist, **täglich morgens auf demselben Platz auf- und abends abgebaut zu werden**, ist darum **kein Fliegender Bau** (VGH B-W, E. v. 10.04.1973 – III 2/72; vgl. auch: VGH Hessen, Beschl. v. 27.01.1984 – 4 TH 277/84, BRS 42, Nr. 151). In einem solchen Fall liegt eine ortsfeste bauliche Anlage i. S. d. § 2 Abs. 1 BauO NRW vor (OVG Rh-Pf, Urt. v. 30.04.1964 – I A 102/63; OVG Bln, Urt. v. 01.10.1976 – II B 106.75, BRS 30, Nr. 181; OVG Saarland, Urt. v. 15.11.1985 – 2 R 135/84, BRS 44,

Nr. 137 = BauR 1986, 309; OVG Niedersachsen, Urt. v. 04.09.1986 – 6 A 49/86, BRS 46, Nr. 57 BauR 1987, 184). Dies ist bereits der Fall, wenn der Verkaufswagen regelmäßig einmal in der Woche an einem bestimmten Standort aufgestellt wird (OVG Saarland, Beschl. v. 12.10.1988 – 2 W 472/88, BRS 48, Nr. 128 = BauR 1989, 312; OVG Saarland, Urt. v. 22.09.1992 – 2 R 8/92, BRS 54, Nr. 141 = BauR 1993, 453; VG Schleswig, Urt. v. 25.01.2011 – 8 A 14/09). Es bedarf dann einer im einfachen Verfahren zu erteilenden Baugenehmigung (§ 64 BauO NRW i. V. m. § 74 Abs. 1 BauO NRW). Wird ein **Zelt zur Erweiterung einer Gaststätte** benutzt, **handelt es sich ebenfalls nicht um einen Fliegenden Bau**, da es dauernd in fester Beziehung zur Gaststätte aufgestellt wird (VG Köln, Beschl. v. 27.03.2014 – 23 L 485/14). Aus diesem Grund hat auch das OVG Bln-Bbg (Beschl. v. 02.11.2011 – OVG 10 S 28.11) eine Abbruchverfügung für die ungenehmigte und nicht genehmigungsfähige Erweiterung einer Gaststätte durch eine Leichtbauhalle und Partyzelte bestätigt. Dabei wies das Obergericht daraufhin, dass das für einen Fliegenden Bau wesentliche Merkmal des Fehlens einer festen Beziehung der Anlage zu einem Grundstück zu verneinen ist, wenn eine Anlage dauernd oder langfristig auf demselben Platz aufgestellt wird, selbst wenn sie – wie hier – von der Konstruktion einem Fliegenden Bau ähnlich ist (zu einer vergleichbaren Argumentation im Zusammenhang mit einem Nutzungsverbot einer ortsfest genutzten Doppelstockzelthalle vgl. VG Karlsruhe, Beschl. v. 24.07.2015 – 3 K 3496/15.). Auch ein **Mobilheim** (VG Mainz, Beschl. v. 05.12.2005 – 3 L 830/05. MZ) oder **Musterhaus** ist **kein Fliegender Bau** i.S.d. § 78 Abs. 1 BauO NRW.

Die Vorschrift selbst nimmt **Baustelleneinrichtungen** und **Baugerüste** aus dem Anwendungsbereich ausdrücklich aus. Diese sind aber nach § 62 Abs. 1 Nr. 13 a) und b) BauO NRW genehmigungsfrei. Diese Erleichterung ist gerechtfertigt, da Baustellen sowieso so einzurichten sind, dass bauliche Anlagen ordnungsgemäß errichtet, geändert oder beseitigt werden und Gefahren (oder vermeidbare Belästigungen) nicht entstehen können (§ 11 BauO NRW). Im Übrigen findet hier eine sich überschneidende Überwachung durch die Bauaufsichtsbehörde und die Bauberufsgenossenschaften statt. 8

3 Zu Abs. 2 – Erfordernis der Ausführungsgenehmigung und Ausnahmen

Fliegende Bauten bedürfen – obwohl Sonderbauten – keines klassischen Baugenehmigungsverfahrens, sondern nur einer **Ausführungsgenehmigung**. Diese erfüllt die Funktion der Baugenehmigung. Auch eine Typengenehmigung (§ 66 BauO NRW) kommt für Fliegende Bauten i. S. d. § 78 Abs. 1 BauO NRW nicht in Betracht. 9

Abs. 2 der Vorschrift befreit eine Reihe von untergeordneten Fliegenden Bauten vom Erfordernis einer Ausführungsgenehmigung, da sie mit einem geringen Gefährdungspotential einhergehen. Sie benötigen auch keine Baugenehmigung, da § 78 BauO NRW als die spezielle Vorschrift gilt und auch die Vorschrift über die Genehmigungsfreiheit von Bauvorhaben (§ 62 BauO NRW) verdrängt. Die präventive Prüfung im Rahmen einer Ausführungsgenehmigung entfällt aber nur, wenn die gesetzlich vorgegebenen Parameter (siehe dort) genau eingehalten werden. 10

Eine erforderliche Ausführungsgenehmigung muss vor der erstmaligen Aufstellung bzw. Errichtung beantragt werden. Der Fliegende Bau darf aber vorab bereits gefertigt 11 werden (Ziffer 2.1 des o.g. RdErl.). Vor Erteilung der Ausführungsgenehmigung ist der Fliegende Bau zur Probe aufzustellen. Hierauf kann im Einzelfall verzichtet werden, wenn dies zur Beurteilung der Stand- oder Betriebssicherheit des Fliegenden Baus nicht erforderlich ist (Ziffer 2.3 des o. g. RdErl.). Die jeweilige Aufstellung des Fliegenden Baus ist der Bauaufsichtsbehörde unter Vorlage des Prüfbuchs **anzuzeigen**. Hierbei handelt es sich um eine Bringschuld des Betreibers. Erfolgt eine vorherige Anzeige nicht, besteht formelle Illegalität.

4 Zu Abs. 3 – Zuständigkeitsfragen

12 Die Ausführungsgenehmigung wird grundsätzlich von der Bauaufsichtsbehörde erteilt, in deren **Zuständigkeitsbereich** der Aufsteller seine Niederlassung hat bzw. der fliegende Bau erstmals errichtet bzw. **aufgestellt** wird.

13 Bei der vorgenannten Behörde ist die Ausführungsgenehmigung **schriftlich zu beantragen**. Dem Antrag sind die weiter unten genannten **Bauvorlagen** beizufügen. Hinsichtlich der **Unterschriften** gelten die Vorgaben wie für jeden Bauantrag, d.h. es bedarf mindestens der Unterschriften des Bauherrn und des Entwurfsverfassers. Die Ausführungsgenehmigung wird regelmäßig nur befristet erteilt, **zumeist 5 Jahre**. Liegen die Voraussetzungen der bauordnungsrechtlichen Sondervorschrift für Fliegende Bauten nicht vor – z.B. bei der dauerhaften Errichtung eines Zeltes zu Lagerzwecken –, bedarf es einer regulären Baugenehmigung.

14 Welche **Bauvorlagen im Zusammenhang mit einem Fliegenden Bau** vorzulegen sind, regelt in NRW § 20 BauPrüfVO, NW. Es sind erforderlich:
– Bauzeichnungen (auch Maßstab 1: 50 zulässig) in zweifacher Ausfertigung,
– bei Zelten mit mehr als 400 Besucherplätzen Angaben zu den Rettungswegen,
– Baubeschreibung mit Angaben über Aufbau, Abbau, Betrieb, Wartung,
– Nachweis der Standsicherheit mit Konstruktionszeichnungen im Maßstab 1: 10 oder 1: 50 der tragenden Einzelteile und deren Verbindungen und
– Schaltpläne für elektrische Anlagenteile.

15 § 29 Abs. 3 BauPrüfVO regelt, wer den **Nachweis der Standsicherheit** Fliegender Bauten, die einer Ausführungsgenehmigung bedürfen, prüfen darf.

5 Zu Abs. 4 – Sonderregelungen zur Zuständigkeit

16 Die oberste Bauaufsichtsbehörde kann abweichend von Abs. 3 der Vorschrift bestimmen, dass Ausführungsgenehmigungen für Fliegende Bauten nur durch bestimmte Bauaufsichtsbehörden erstellt werden dürfe. Laut dem Verzeichnis der Bauministerkonferenz der Genehmigungsstellen für Fliegende Bauten in der Bundesrepublik Deutschland sind dies in NRW die **Städte Essen, Köln, Dortmund, Bielefeld und Soest**.

6 Zu Abs. 5 – Befristung und Möglichkeit der Verlängerung der Ausführungsgenehmigung und das Prüfbuch

17 Die Ausführungsgenehmigung wird durch die Eintragung in das **Prüfbuch** erteilt. Sie ist ein Verwaltungsakt und befristet, allerdings verlängerbar. Die **Verlängerung** wird

auch in das Prüfbuch eingetragen. Der Betreiber des Fliegenden Baus muss demnach ein **Prüfbuch** führen. Eine Ausfertigung der für die Verlängerungsprüfung und die Gebrauchsabnahme erforderlichen und mit Prüfvermerk versehenen Original-Bauvorlagen ist dem Prüfbuch beizufügen. **Es ist dauerhaft zu binden und mit fortlaufenden Seitenzahlen zu versehen** (Ziffer 2.4 des o. g. RdErl.). Das OVG Niedersachsen 04.12.2015 – 1 LC 178/14 (BRS 83, Nr. 110) weist darauf hin, **dass eine Ausführungsgenehmigung für einen Fliegenden Bau keinen Bestandsschutz vermittelt.** Vielmehr ist Prüfungsmaßstab jeder Verlängerung das zum Zeitpunkt der Entscheidung aktuelle öffentliche Baurecht. Hierbei ist zu beachten, dass Fliegende Bauten durch den ständigen Auf- und Abbau einer besonderen Beanspruchung (Verschleiß) unterliegen. Aus diesem Grunde bedarf es **bei** älteren Fahrgeschäften mit hohen dynamischen Beanspruchungen einer **Sonderprüfung durch Sachverständige** (Ziffer 3 des o. g. RdErl.). Diese Prüfung ist erstmals 12 Jahre nach Inbetriebnahme erforderlich. In das Prüfbuch werden auch **Änderungen eingetragen**. Entfällt die besondere Zweckbestimmung eines Fliegenden Baus nachträglich, bedarf es einer Baugenehmigung.

7 Zu Abs. 6 – Meldepflichten des Inhabers einer Ausführungsgenehmigung

Der Inhaberin bzw. dem Inhaber einer Ausführungsgenehmigung kommen bestimmte Meldepflichten zu. Sie bzw. er hat den Wechsel ihres oder seines Wohnsitzes oder ihrer oder seiner gewerblichen Niederlassung oder die Übertragung eines Fliegenden Baus an Dritte der Bauaufsichtsbehörde anzuzeigen, die die Ausführungsgenehmigung erteilt hat. 18

8 Zu Abs. 7 – Genehmigung der Ingebrauchnahme von Fliegenden Bauten

Die Bauaufsichtsbehörde entscheidet, ob die Inbetriebnahme von einer vorherigen **Gebrauchsabnahme** abhängig gemacht wird. Hierfür können z.B. Gründe der **Standsicherheit** oder **Betriebssicherheit** sprechen. Bei technisch schwierigen Fliegenden Bauten ist die Gebrauchsabnahme die Regel. Bei längerer Standdauer von Fliegenden Bauten mit Besucherverkehr sind **Nachabnahmen** durch die zuständige Bauaufsichtsbehörde vor Ort zulässig (§ 78 Abs. 8 BauO NRW). Mängel werden von der Bauaufsichtsbehörde nachgehalten. Die Mängel müssen vor **Ingebrauchnahme** abgestellt werden. Im Konfliktfall ist die Bauaufsichtsbehörde befugt, die Aufstellung bzw. **den Betrieb des Fliegenden Baus zu untersagen.** 19

9 Zu Abs. 8 – Zulässigkeit von Auflagen und Untersagung der Gebrauchsabnahme

Bereits § 50 Abs. 1 BauO NRW erlaubt bei baulichen Anlagen und Räumen besonderer Art und Nutzung = Sonderbauten im Einzelfall das Stellen besonderer Anforderungen (oder Zulassen von Erleichterungen) durch die Genehmigungsbehörde. Hierzu können auch in Form einer Nebenbestimmung besondere Anforderungen an die Zahl der Nutzer und/oder die Anordnung oder Anzahl der Steh- und Sitzplätze bei Sonderbauten gehören (§ 50 Abs. 1 Nr. 15 BauO NRW). Eine solche Forderung kommt immer dann in Betracht, wenn nicht eine speziellere Sonderbauvorschrift einschlägig ist und kann neben Gast-, Versammlungs- und Vergnügungsstätten auch sonstige Fliegende Bauten betreffen. 20

21 Laut § 78 Abs. 8 BauO NRW ist die für die Erteilung der Gebrauchsabnahme zuständige Bauaufsichtsbehörde befugt, im Zusammenhang mit der Erlaubnis der Ingebrauchnahme **Auflagen** – z.b. zum Betriebsablauf (z.b. das Vorhalten einer Brandsicherheitswache in Fest-, Versammlungs- und Zirkuszelten oder das Verbot des Schunkelns und rhythmischen Trampelns auf Podien) – zu machen oder aber – insbesondere aus Gründen der Betriebs- oder Standsicherheit – die **Aufstellung oder den Gebrauch Fliegender Bauten zu untersagen**. Hierbei handelt es sich um eine eigenständige Ermächtigungsgrundlage, ein Rückgriff auf die allgemeine bauaufsichtliche Befugnisklausel (§ 58 Abs. 2 BauO NRW) oder die speziellen Ermächtigungsgrundlagen (§§ 81–82 BauO NRW) bedarf es deshalb nicht, maximal für das bauaufsichtliche **Beseitigungsverlangen** eines bereits errichteten Fliegenden Baus (§ 82 S. 2 BauO NRW). Letzteres kann z.b. bei einem Verstoß gegen das bauordnungsrechtliche **Abstandsflächenrecht** (§ 6 BauO NRW) in Frage gekommen.

22 **Festgestellte Mängel werden in das o. g. Prüfbuch eingetragen, ebenso eine etwaige Untersagung der Ingebrauchnahme**. Werden festgestellte Mängel nicht behoben oder sind nicht behebbar, ist das originale **Prüfbuch einzuziehen** und der für die Erteilung der Ausführungsgenehmigung zuständigen Bauaufsichtsbehörde zuzuleiten. Eine solche Einziehung muss zum Gegenstand einer separaten Ordnungsverfügung (**Einziehungsverfügung**) gemacht werden. Diese ist mit einer **Rechtsbehelfsbelehrung** zu versehen (§ 20 Abs. 2 OBG NRW). In solchen Fällen stehen sich das wirtschaftliche Interesse des Betreibers und das öffentliche Interesse an der Vermeidung von Unfällen i. S. einer Gefahrenabwehr (§ 3 Abs. 1 und § 58 Abs. 1 BauO NRW) gegenüber. Letzteres hat Vorrang. Verantwortlich sind regelmäßig der Betreiber oder ein von ihm beauftragter, hinreichend sachkundiger Vertreter (Ziffer 6.1.1 des o. g. RdErl.). Der Betreiber hat im Übrigen Unfälle, die durch den Betrieb entstanden sind, unverzüglich der zuständigen Bauaufsichtsbehörde mitzuteilen (Ziffer 6.1.3 des o. g. RdErl.).

10 Zu Abs. 9 – Zulässigkeit von Nachabnahmen

23 Die Vorschrift **ermächtigt zu Nachabnahmen bei Fliegenden Bauten, die von Besucherinnen und Besuchern betreten und längere Zeit an einem Aufstellungsort betrieben werden**. Im Grunde sind es wiederholte Gebrauchsabnahmen, die im pflichtgemäßen Ermessen der entsprechenden Bauaufsichtsbehörde stehen. Ab einer bestimmten Verweildauer des Fliegenden Baus kann sich aber auch die ursprüngliche fehlende Beziehung zum Grundstück verfestigen und diese wesentliche Eigenschaft des Fliegenden Baus in Ortsfestigkeit umschlagen (s.w.o.). Auch die Ergebnisse der Nachabnahmen sind in das Prüfbuch einzutragen.

11 Zu Abs. 10 – Verweise auf andere Vorschriften

24 Die **§§ 70, 71 Abs. 1 S. 2 und 83 Absätze 1 und 5 werden für entsprechend anwendbar erklärt**. § 70 BauO NRW beinhaltet Vorgaben zum Bauantrag und zu den Bauvorlagen. Hieraus ist insbesondere das Erfordernis der **Schriftform** für den Antrag auf Erteilung einer Ausführungsgenehmigung abzuleiten. Für einen Verlängerungsantrag wird dies bereits in § 78 Abs. 5 BauO NRW gefordert. Vorgeschrieben sind

auch die Unterschriften des Bauherrn = Betreibers und des Entwurfsverfassers bzw. Herstellers. Bei einem unvollständigen Antrag auf Erteilung einer Ausführungsgenehmigung gilt die fiktive Rücknahme des Antrages nach fruchtlosem Verlauf einer behördlichen Nachforderung. Ferner gelten entsprechend die Vorschriften zur Bauüberwachung (§ 81 Abs. 1 und 5 BauO NRW). Der Betreiber hat demnach im Rahmen der Bauüberwachung den mit der Überwachung beauftragten Personen Einblick in die Genehmigungen, Zulassungen, Prüfzeugnisse usw. zu gewährleisten. Er ist insoweit zur Kooperation verpflichtet.

§ 79 Bauaufsichtliche Zustimmung

(1) Genehmigungsbedürftige Bauvorhaben bedürfen keiner Genehmigung, Genehmigungsfreistellung, Bauüberwachung und Bauzustandsbesichtigung, wenn
1. die Leitung der Entwurfsarbeiten und die Bauüberwachung einer Baudienststelle des Bundes, eines Landes oder eines Landschaftsverbandes übertragen ist und
2. die Baudienststelle mindestens mit einer Person, die aufgrund eines Hochschulabschlusses der Fachrichtungen Architektur oder Bauingenieurwesen die Berufsbezeichnung »Ingenieurin« oder »Ingenieur« führen darf und die insbesondere die erforderlichen Kenntnisse des öffentlichen Baurechts, der Bautechnik und der Baugestaltung hat, und mit sonstigen geeigneten Fachkräften ausreichend besetzt ist.

Solche Anlagen bedürfen der Zustimmung der oberen Bauaufsichtsbehörde. Die Zustimmung entfällt, wenn die Gemeinde nicht widerspricht und, soweit ihre öffentlich-rechtlich geschützten Belange von Abweichungen, Ausnahmen und Befreiungen berührt sein können, die Angrenzer dem Bauvorhaben zustimmen.

Keiner Genehmigung, Genehmigungsfreistellung oder Zustimmung bedürfen unter den Voraussetzungen des Satzes 1 Baumaßnahmen in oder an bestehenden Gebäuden, soweit sie nicht zu einer Erweiterung des Bauvolumens oder zu einer nicht verfahrensfreien Nutzungsänderung führen, sowie die Beseitigung baulicher Anlagen.

Satz 3 gilt nicht für bauliche Anlagen, für die nach § 72 Absatz 3 eine Öffentlichkeitsbeteiligung durchzuführen ist.

(2) Der Antrag auf Zustimmung ist bei der oberen Bauaufsichtsbehörde einzureichen.

(3) Die obere Bauaufsichtsbehörde prüft die Übereinstimmung in Anwendung des einfachen Baugenehmigungsverfahrens nach § 64 Absatz 1 Satz 1 Nummer 1 bis 3 und 5. § 64 Absatz 1 Satz 2 und Absatz 2, §§ 69 bis 71, §§ 74 bis 77 gelten entsprechend. Sie führt bei den in Absatz 1 Satz 5 genannten Anlagen die Öffentlichkeitsbeteiligung nach § 72 Absatz 3 bis 6 durch. Die obere Bauaufsichtsbehörde entscheidet über Ausnahmen, Befreiungen und Abweichungen von den nach Satz 1 zu prüfenden sowie von anderen Vorschriften, soweit sie nachbarschützend sind und die Nachbarn nicht zugestimmt haben. Im Übrigen bedarf die Zulässigkeit

§ 79 Bauaufsichtliche Zustimmung

von Ausnahmen, Befreiungen und Abweichungen keiner bauaufsichtlichen Entscheidung.

(4) Der öffentliche Bauherr trägt die Verantwortung, dass Entwurf und Ausführung der Anlagen den öffentlich-rechtlichen Vorschriften entsprechen. Die Gemeinde ist vor Erteilung der Zustimmung zu hören. § 36 Absatz 2 Satz 2 Halbsatz 1 BauGB gilt entsprechend.

(5) Anlagen, die der Landesverteidigung, dienstlichen Zwecken der Bundespolizei oder dem zivilen Bevölkerungsschutz dienen, sind abweichend von den Absätzen 1 bis 4 der oberen Bauaufsichtsbehörde vor Baubeginn in geeigneter Weise zur Kenntnis zu bringen. Im Übrigen wirken die Bauaufsichtsbehörden nicht mit. § 78 Absatz 2 bis 10 findet auf Fliegende Bauten, die der Landesverteidigung, dienstlichen Zwecken der Bundespolizei oder dem zivilen Bevölkerungsschutz dienen, keine Anwendung.

Handlungsempfehlung des Ministeriums für Heimat, Kommunales, Bau und Gleichstellung des Landes NRW aus Januar 2019

zu Absatz 1

Das Verfahren der bauaufsichtlichen Zustimmung tritt unter den Voraussetzungen des Absatzes 1 und des Absatzes 4 Satz 1 an die Stelle (nur) des Baugenehmigungsverfahrens. (Ggfs. andere einzuholende Genehmigungen, Erlaubnisse oder Zustimmungen bleiben unberührt.)

Der öffentliche Bauherr hat – durch Erfüllung der Voraussetzungen – insoweit das Recht, das Verfahren zu wählen. Entscheidet er sich für das Zustimmungsverfahren, hat der öffentliche Bauherr bzw. die von ihm beauftragte Baudienststelle, die die Voraussetzungen des § 79 Absatz 1 Satz 1 Nummern 1 und 2 BauO NRW 2018 erfüllen muss, zunächst festzustellen, ob ein Antrag auf Zustimmung gem. § 79 Absatz 2 BauO NRW 2018 bei der Bezirksregierung als insoweit zuständiger oberer Bauaufsichtsbehörde erforderlich ist.

Ein Bauvorhaben bedarf grds. einer Zustimmung, wenn es sich um eine genehmigungsbedürftige
- *Neuerrichtung*
- *Änderung einer bestehenden Anlage mit Erweiterung des Bauvolumens oder*
- *Nutzungsänderung*
- *handelt und es keinen Vorrang eines anderen Gestattungsverfahrens (§ 61 BauO NRW 2018) gibt. Allerdings entfällt auch bei solchen Vorhaben das Zustimmungserfordernis, wenn*
- *die Gemeinde dem Vorhaben nicht widerspricht,*
- *die Angrenzer dem Bauvorhaben zustimmen, soweit ihre öffentlich-rechtlich geschützten Belange von Abweichungen, Ausnahmen und Befreiungen berührt sein können und*
- *für das Vorhaben keine Öffentlichkeitsbeteiligung nach § 72 Absatz 3 BauO NRW 2018 durchgeführt werden muss.*

Es liegt in der Verantwortung des öffentlichen Bauherrn bzw. der von ihm beauftragten Baudienststelle festzustellen, dass die Voraussetzungen für das Entfallen des Zustimmungserfordernisses vorliegen.

Die Baudienststelle hat also die Gemeinde zu beteiligen und ihr Bauvorlagen, die auch für ein einfaches Verfahren nach § 64 BauO NRW 2018 erforderlich wären, vorzulegen, damit die Gemeinde die Möglichkeit hat, das Vorhaben zu beurteilen. Die Baudienststelle setzt der Gemeinde zweckmäßigerweise eine Frist von zwei Monaten (entsprechend § 36 Absatz 2 Satz 2 BauGB). Die Gemeinde ist hinsichtlich des Widerspruchs nicht auf die städtebaulichen Gründe der §§ 31, 33 bis 35 BauGB beschränkt.

Die Baudienststelle beteiligt auch die Angrenzer, d.h. die Eigentümer der direkt angrenzenden Grundstücke (§ 72 Absatz 1 Satz 1 BauO), soweit deren öffentlich-rechtlich geschützten Belange von Abweichungen, Ausnahmen und Befreiungen berührt sein können.

Die Beteiligung der Gemeinde und der Angrenzer gemäß § 79 Absatz 1 Satz 3 BauO NRW 2018 hat die Baudienststelle nicht nur durchzuführen, wenn es sich um eine Neuerrichtung handelt, sondern auch, wenn es sich um die Änderung einer bestehenden baulichen Anlage handelt, die mit einer Vergrößerung der Kubatur verbunden ist, oder wenn es sich um eine Nutzungsänderung handelt, die nicht unter § 62 Absatz 2 BauO NRW 2018 fällt und deshalb genehmigungspflichtig ist. Dies folgt aus § 79 Ab-satz 1 Satz 4 BauO NRW 2018. Nur bei den dort genannten Vorhaben geht der Gesetzgeber davon aus, dass ein Zustimmungserfordernis nicht besteht.

Auch wenn die Gemeinde nicht widerspricht und die weiteren Voraussetzungen für das Entfallen des Zustimmungserfordernisses vorliegen, muss die Baudienststelle die Entscheidung der höheren Verwaltungsbehörde gem. § 37 BauGB einholen, wenn es wegen der besonderen öffentlichen Zweckbestimmung eines Vorhabens erforderlich ist, von den Vorschriften des BauGB abzuweichen.

Die Baudienststelle prüft auch in eigener Verantwortung, ob eine Öffentlichkeitsbeteiligung nach § 72 Absatz 3 ff. BauO NRW 2018 für das geplante Vorhaben durchzuführen ist. Kommt sie zu dem Ergebnis, dass § 72 Absatz 3 ff. BauO NRW 2018 einschlägig sind, besteht das Zustimmungserfordernis und für das Vorhaben ist ein An-trag gem. § 79 Absatz 2 BauO NRW 2018 bei der Bezirksregierung einzureichen.

Die Baudienststelle unterrichtet die zuständige Bezirksregierung über das Bauvorhaben (Angabe des Grundstücks, ggfs. Lageplan, Kurzbeschreibung des Vorhabens) und darüber, dass sie die Beteiligung der Gemeinde und der Angrenzer gemäß § 79 Absatz 1 Satz 3 BauO NRW 2018 einleitet. Anschließend informiert sie über das Ergebnis der Beteiligung, wenn sie das Zustimmungserfordernis nicht für gegeben hält. Anderenfalls stellt sie den gemäß § 79 Absatz 2 BauO NRW 2018 erforderlichen Antrag.

zu Absatz 2

Dem Antrag auf Zustimmung sind die Bauvorlagen beizufügen, die für ein einfaches Verfahren gemäß § 64 BauO NRW 2018 vorzulegen wären einschließlich der Anträge auf Abweichungen, Ausnahmen und Befreiungen.

§ 79 Bauaufsichtliche Zustimmung

Da die Bezirksregierung auch festzustellen hat, ob die Voraussetzungen für das bei ihr beantragte Verfahren vorliegen, muss in den einzureichenden Unterlagen auch dargelegt werden, dass das Zustimmungserfordernis nicht entfallen ist.

zu Absatz 3 und 4

Das Prüfprogramm der zuständigen Bezirksregierung ergibt sich aus § 79 Absatz 3 Sätze 1 bis 4 BauO NRW 2018. Sie prüft die Übereinstimmung des Vorhabens mit den in § 64 Absatz 1 Nummern 1 bis 3 und Nummer 5 BauO NRW 2018 genannten Vorschriften einschließlich der beantragten Abweichungen, Ausnahmen und Befreiungen. Sie hat auch über alle sich wegen der Vereinbarkeit mit den in § 64 Absatz 1 Nummern 1 bis 3 und Nummer 5 BauO NRW 2018 genannten Vorschriften erforderlichen Abweichungen, Ausnahmen und Befreiungen zu entscheiden. Darüber hinaus hat sie noch über Abweichungen, Ausnahmen und Befreiungen von anderen Vorschriften zu entscheiden, soweit sie nachbarschützend sind und die Nachbarn nicht zugestimmt haben. Wegen des umfassenden, sich aus § 64 Absatz 1 Nummern 1 bis 3 und Nummer 5 BauO NRW 2018 ergebenden Prüf- und Entscheidungsprogramms der zuständigen Bezirksregierung drängt sich für diese Alternative allerdings kein Anwendungsfall auf.

Die zuständige Bezirksregierung führt auch das Verfahren zur Herstellung des Einvernehmens mit der Gemeinde durch (§ 36 BauGB), ersetzt ggfs. ein rechtswidrig nicht erteiltes Einvernehmen (§ 73 BauO NRW 2018) und führt ein evtl. erforderliches Öffentlichkeitsbeteiligungsverfahren nach § 72 Absatz 3 ff. BauO NRW 2018 durch. Als höhere Verwaltungsbehörde ist die Bezirksregierung auch für die Entscheidung gemäß § 37 BauGB zuständig

zu Absatz 5

Bei Vorhaben des § 79 Absatz 5 BauO NRW 2018 wird es sich häufig gleichzeitig um Vorhaben handeln, für der Anwendungsbereich des § 37 Absatz 2 BauGB eröffnet ist. Die Bezirksregierung ist sowohl die für das Kenntnisgabeverfahren zuständige obere Bauaufsichtsbehörde als auch die für die Entscheidung nach § 37 Absatz 2 BauGB zuständige höhere Verwaltungsbehörde.

Da die materiell-rechtlichen Vorschriften der §§ 30 bis 37 BauGB auf solche bauliche Anlagen uneingeschränkt Anwendung finden, muss anhand der im Kenntnisgabeverfahren vorgelegten Bauunterlagen die bauplanungsrechtliche Zulässigkeit geprüft werden. Somit ist § 37 Absatz 2 i.V.m. Absatz 1 BauGB in seinem materiell-rechtlichen Inhalt einschlägig, dessen Voraussetzungen zu prüfen sind. Es sind daher Bauunterlagen vorzulegen, die der Bezirksregierung als höherer Verwaltungsbehörde i.S.d. BauGB und der von ihr zu beteiligenden Gemeinde eine Übersicht über das Vorhaben verschaffen und die erforderliche bauplanungsrechtliche Beurteilung ermöglichen.

Übersicht   Rdn.
0   Änderungen gegenüber der BauO NRW 2000   01
1   Allgemeines.   1
1.1 Funktion der Norm.   1

1.2	Rechtsnatur der Zustimmung	2
1.3	Zur Außenwirkung der Zustimmung und zum Rechtsschutz Dritter	5
2	Zu Abs. 1 – Anwendungsvoraussetzungen	6
3	Zu Abs. 2 – Antragsstellung	14
4	Zu Abs. 3 – Verfahrensfragen und Prüftiefe	15
5	Zu Abs. 4 – Verantwortlichkeit des Bauherrn und Beteiligung der Gemeinde	16
6	Zu Abs. 5 – Sonderregelungen für Vorhaben der Landesverteidigung usw.	18

0 Änderungen gegenüber der BauO NRW 2000

Die Begründung zur Novelle der BauO NRW spricht von einer neuen Konzeption unter gleichzeitiger Anpassung an die MBO (§ 77). Der bisherige Rechtszustand wurde aber im Wesentlichen beibehalten. 01

1 Allgemeines

1.1 Funktion der Norm

Die (bauordnungsrechtliche) **Zustimmung** wird für genehmigungsbedürftige Vorhaben öffentlicher Bauherrn **in einem besonderen Verfahren von der oberen Bauaufsichtsbehörde** ausgesprochen. Die näheren Modalitäten regelt § 79 BauO NRW. Die Zustimmung ersetzt die Baugenehmigung. Diese wird in einem erleichterten Verfahren für privilegierte Vorhaben öffentlicher Bauherren erteilt. Es handelt sich aber auch um ein Verwaltungshandeln mit Außenwirkung. 1

1.2 Rechtsnatur der Zustimmung

Die **Zustimmung tritt an die Stelle der Baugenehmigung** und hat – wenn die obere Bauaufsichtsbehörde und der öffentliche Bauherr demselben Rechtsträger angehören – keine Verwaltungsaktqualität. Dies soll anders sein, soweit mit der Zustimmung eine Befreiung oder eine Abweichung von einer drittschützenden Vorschrift verbunden ist oder aber die Zustimmung auch dem Nachbarn zugestellt worden ist. Aus diesem Blickwinkel handelt es sich bei der Zustimmung dann nicht um einen behördeninternen Mitwirkungsakt, sondern um einen **Verwaltungsakt** (OVG Hamburg, Beschl. v. 25.06.1981 – Bs II 10 und 11/81, BRS 38, Nr. 194; OVG Hamburg, Beschl. v. 15.12.1981 – Bs II 32/81, BRS 38, Nr. 174; sowie VGH Hessen, E. v. 11.03.1993 – 3 TH 768/92, BRS 55, Nr. 185). Der VGH Hessen, Beschl. v. 30.12.1994 – 4 TH 2064/94 (BRS 56, Nr. 175), bewertet eine **Zustimmung als VA mit Doppelwirkung**. 2

Die Zustimmung beinhaltet eine **feststellende Aussage** über Konformität des entsprechenden Vorhabens mit den zu prüfenden Vorschriften des öffentlichen Baurechts und stellt auch eine **Baufreigabe** dar. **Das Vorhaben unterfällt nicht der bauaufsichtlichen Überwachung** (§ 79 Abs. 1 BauO NRW). Allerdings stellt § 60 Abs. 2 BauO NRW klar, dass die **bauaufsichtlichen Eingriffsbefugnisse** unberührt bleiben. Die Verantwortlichkeit für die Übereinstimmung von Entwurf und Bauausführung mit dem öffentlichen Recht trägt der öffentliche Bauherr (Abs. 4). Die Zustimmung 3 vermittelt für das ausgeführte Vorhaben auch **Bestandsschutz**, hier gilt nichts anderes als bei der Baugenehmigung.

4 **Ferner kommt der Zustimmung eine Bindungswirkung zu.** So erlischt die Zustimmung für einen Fernmeldeturm der Deutschen Bundespost nicht, nur weil sich nun der Rechtscharakter von Verwaltungstätigkeit in privatwirtschaftliche Dienstleistungen geändert hat (OVG Niedersachsen, Urt. v. 26.03.1998 – 1 L 1796/97, BRS 60, Nr. 149; ähnlich: VGH Hessen, Beschl. v. 17.08.1995 – 3 TH 798/94, BRS 57, Nr. 192). Aber eine Zustimmung vermittelt **keinen Bestandsschutz über die Aufgabe der öffentlichen Nutzung hinaus** (BVerwG, Beschl. v. 21.11.2000 – 4 B 36/00, BRS 63, Nr. 121 = BauR 2001, 610 ff., hier: militärische Nutzung).

1.3 Zur Außenwirkung der Zustimmung und zum Rechtsschutz Dritter

5 Soweit die Zustimmung Dritten (= Nachbarn) gegenüber als Verwaltungsakt zu qualifizieren ist, gelten hier die üblichen Modalitäten für den Rechtsschutz. Teilweise wird die Außenwirkung einer Zustimmung für den Fall verneint, wenn der Bauherr und die Zustimmungsbehörde identisch sind. Mangels Verwaltungsakt soll in diesen Fällen eine Drittklage nicht statthaft sein, vielmehr müsste der in seinen Rechten betroffene Nachbar mit einer Unterlassungsklage direkt gegen den Vorhabenträger vorgehen (OVG NRW, Beschl. v. 30.06.1976 – X B 666/76, BRS 30, Nr. 121; OVG NRW 21.04.1983 – 11 A 424/82, BRS 40, Nr. 186; VGH Hessen, Beschl. v. 02.05.1980 – IV TG 24/80, BRS 36, Nr. 183).

2 Zu Abs. 1 – Anwendungsvoraussetzungen

6 Die Norm regelt die grundsätzlichen **Anwendungsvoraussetzungen** für die Zustimmung als Alternative zur Baugenehmigung. Auch wenn nicht ausdrücklich geregelt, hat der (öffentliche) Bauherr ein **Wahlrecht**, d. h., dieser kann auch einen klassischen Bauantrag einreichen.

7 In Abs. 1 S. 1, 1. Halbsatz wird zunächst geregelt, welche Bauvorhaben diesem besonderen Verfahren unterliegen. Es muss sich um **genehmigungsbedürftige Bauvorhaben** handeln. Welche Anlagen genehmigungsbedürftig sind, folgt aus § 60 Abs. 1 und im Umkehrschluss aus § 62 BauO NRW. In diesen Fällen wird das Erfordernis der Baugenehmigung (§ 74 BauO NRW), der Genehmigungsfreistellung (§ 63 BauO NRW), der Bauüberwachung (§ 83 BauO NRW) und der Bauzustandsbesichtigung (§ 84 BauO NRW) suspendiert.

8 In Abs. 2 S. 2, 2. Halbsatz wendet sich die Vorschrift dem **Vorhabenträger** zu. **Nur Bauvorhaben bestimmter – öffentlicher – Bauherrn sind privilegiert.**

9 Die im Zustimmungsverfahren geltenden Erleichterungen rechtfertigen sich mit Blick auf die Wahrung der Belange des öffentlichen Baurechts insbesondere durch die einschränkende Voraussetzung, dass der Bauherr die Leitung der Entwurfsarbeiten und die Bauüberwachung einer **Baudienststelle** des **Bundes**, eines **Landes** (also nicht nur NRW) oder eines **Landschaftsverbandes** (Landschaftsverband Rheinland – LVR – mit

Sitz in Köln und Landschaftsverband Westfalen-Lippe – LWL – mit Sitz in Münster) übertragen hat (§ 79 Abs. 1 Nr. 1 BauO NRW) und diese Baudienststelle über entsprechend **qualifiziertes Personal** verfügt (§79 Abs. 1 Nr. 2 BauO NRW).

Die **Baugenehmigung hat als umfassende Unbedenklichkeitsbescheinigung** das Ziel, Konflikte zwischen Bauherrn und Nachbarn zu vermeiden. **Die besondere Rolle der Bauaufsichtsbehörde als Mittler ist nicht erforderlich, wenn es um Vorhaben öffentlicher Bauherren geht.** Die öffentliche Verwaltung unterliegt nämlich generell der **Gesetzesbindung**, d. h., dass auch sonstige Bundes- und Landesbehörden die Bestimmungen des öffentlichen Baurechts beachten müssen. Angesichts des Umstandes, dass Bahn und Post zwischenzeitlich privatisiert worden sind, kommt allerdings dem Zustimmungsverfahren nicht mehr die bisherige Bedeutung zu. Für ein solches Verfahren spricht auch der Umstand, **dass die Bauaufsicht Anforderungen des öffentlichen Baurechts gegenüber öffentlichen Bauherrn nicht direkt durchsetzen kann** (OVG NRW, Urt. v. 21.04.1983 – 11 A 424/82, BRS 40, Nr. 186). 10

Der Bauherr muss ein öffentlicher sein. Dies ergibt sich nicht mehr aus der Überschrift der Vorschrift, allerdings spricht Abs. 4 den öffentlichen Bauherrn direkt an. Abs. 1 verlangt lediglich die Übertragung auf eine Baudienststelle des Bundes, eines Landes oder eines Landschaftsverbandes. Maßgeblich ist dabei nicht, wer den Bauantrag stellt. Ist die Rechtsform des Bauherrn jedoch privatrechtlich, kommt das Zustimmungsverfahren nicht zur Anwendung, auch wenn sich der Bauherr vor allem aus öffentlichen Mitteln finanziert bzw. sich das Kapital überwiegend in öffentlicher Hand befindet. Geht ein Vorhaben eines öffentlichen auf einen privaten Bauherrn über, kann das Zustimmungsverfahren nicht fortgeführt werden. Wurde das Vorhaben aber betriebsbereit fertiggestellt, gewährt die (erteilte) Zustimmung dem privaten Rechtsnachfolger des öffentlichen Bauherrn Bestandsschutz (VGH Hessen, Beschl. v. 24.11.1995 – 3 TH 798/94, BRS 57, Nr. 192, vgl. hierzu auch: OVG Niedersachsen, Urt. v. 13.07.1994 – 1 L 250/91, BRS 56, Nr. 177). 11

Die nicht gut überschaubare Norm bringt im Satz 3 eine **Befreiung vom Erfordernis eines Zustimmungsverfahrens**. Demnach ist eine Zustimmung entbehrlich, wenn 1. **die Gemeinde nicht widerspricht** und, 2. **die Angrenzer** (vgl. zum Begriff: § 72 Abs. 1 BauO NRW) dem Bauvorhaben zustimmen. Letztere aber nur, soweit ihre öffentlich-rechtlich geschützten Belange von Abweichungen, Ausnahmen oder Befreiungen berührt sein können. Diese Tatbestände bedürfen **vorab** der Abklärung. Aus diesem Grunde hat die Baudienststelle (des öffentlichen Bauherrn) die Gemeinde unter Vorlage der Bauvorlagen zu beteiligen. Laut der Handlungsempfehlung des Fachministeriums zu § 79 Abs. 1 BauO NRW setzt diese »*der Gemeinde zweckmäßigerweise eine Frist von zwei Monaten (entsprechend § 36 Absatz 2 Satz 2 BauGB). Die Gemeinde ist hinsichtlich des Widerspruchs nicht auf die städtebaulichen Gründe der §§ 31, 33 bis 35 BauGB beschränkt«.* Ferner sind etwaige **Angrenzer** i. S. d. § 72 Abs. 1 BauO NRW zu beteiligen, falls deren öffentlich-rechtlich geschützten Rechte durch erforderliche Ausnahmen und Befreiungen (§ 31 BauGB) bzw. Abweichungen (§69 BauO NRW) berührt sein könnten. 12

Abs. 1 endet mit einer weiteren **Verfahrenserleichterung**. Demnach bedürfen – unter den Voraussetzungen des Satzes 1 – keiner Genehmigung, Genehmigungsfreistellung 13

§ 79 Bauaufsichtliche Zustimmung

oder Zustimmung **Baumaßnahmen in oder an bestehenden Gebäuden, soweit sie nicht zu einer Erweiterung des Bauvolumens oder zu einer nicht verfahrensfreien Nutzungsänderung** führen, sowie die **Beseitigung baulicher Anlagen.**

Als **Rückausnahme** ist aber zu beachten, dass Satz 3 nicht für bauliche Anlagen gilt, für die nach § 72 Absatz 3 eine **Öffentlichkeitsbeteiligung** durchzuführen ist. Diese neue Vorgabe im § 72 ist zu beachten. Damit ist laut der Begründung zur Novelle der BauO NRW gewährleistet, »dass sowohl eine bauplanungsrechtliche Prüfung als auch die nach Art. 15 der Seveso-III-Richtlinie erforderliche Öffentlichkeitsbeteiligung durchgeführt wird«.

3 Zu Abs. 2 – Antragsstellung

14 In formeller Beziehung gilt für ein Zustimmungsverfahren nichts anderes als für einen regulären Bauantrag. Auch die Zustimmung bedarf der Mitwirkung des Bauherrn und ist bei der oberen Bauaufsichtsbehörde (vorher) zu beantragen. Dem entsprechenden Antrag sind die wie für ein einfaches Baugenehmigungsverfahren notwendigen Bauvorlagen beizufügen. Ausnahmen und Befreiungen (§ 31 BauGB) und Abweichungen (§ 69 BauO NRW) sind gesondert zu beantragen. Aus den Unterlagen muss auch hervorgehen, dass das Erfordernis einer Zustimmung nicht entfallen ist. Weitere Vorgaben zum Verfahren finden sich durch Verweise im Abs. 3.

4 Zu Abs. 3 – Verfahrensfragen und Prüftiefe

15 »Abs. 3 präzisiert das Prüfprogramm im Zustimmungsverfahren« (Begründung zur Novelle der BauO NRW). Der Abs. beinhaltet aber auch verfahrensrechtliche Vorgaben. Die §§ 69 (**Abweichungen**), 70 (**Bauantrag**), 71 (**Behandlung des Bauantrags**), 74 (**Baugenehmigung**), 75 (**Geltungsdauer der Baugenehmigung**), 76 (**Teilbaugenehmigung**) und 77 BauO NRW (**Vorbescheid**, vgl. hierzu: OVG Hamburg, Beschl. v. 25.06.1981 – Bs II 10 und 11/81, BRS 38, Nr. 194) gelten im Zustimmungsverfahren entsprechend. Im Zustimmungsverfahren findet allerdings – wie im einfachen Verfahren – nur eine eingeschränkte Prüfung statt. Insoweit verweist die Vorschrift auf § 64 BauO NRW. Über **Ausnahmen und Befreiungen** (§ 31 BauGB) und **Abweichungen** (§ 69 BauO NRW) wird nur insoweit entschieden, als sie den Drittschutz berühren und die betroffenen Nachbarn nicht zugestimmt haben. Diese Entscheidungen können dann in einem etwaigen verwaltungsgerichtlichen Verfahren überprüft werden. **Darüber hinaus erforderliche Ausnahmen, Befreiungen und Abweichungen bedürfen keiner bauaufsichtlichen Entscheidung.**

5 Zu Abs. 4 – Verantwortlichkeit des Bauherrn und Beteiligung der Gemeinde

16 Bei der Zustimmung handelt es sich um eine abschließende (baurechtliche) Entscheidung über ein Vorhaben. Das Zustimmungsverfahren tritt an die Stelle des Baugenehmigungsverfahrens. Der öffentliche Bauherr trägt laut Abs. 4 die Verantwortung dafür, dass sein Vorhaben den öffentlich-rechtlichen Bestimmungen entspricht. Die besondere Eigenverantwortlichkeit des öffentlichen Bauherrn ist auch

damit zu begründen, dass bauaufsichtliche Maßnahmen gegen juristische Personen des öffentlichen Rechts rechtlich nicht durchsetzbar wären (zur Verantwortlichkeit der höheren Verwaltungsbehörde bei einer Anlage des Bundes oder des Landes und zur gerichtlichen Überprüfbarkeit einer Abweichung vgl. BVerwG, Urt. v. 14.02.1991 – 4 C 20.88, BRS 52, Nr. 151). Bauüberwachung und Bauzustandsbesichtigung durch die Bauaufsichtsbehörde entfallen ebenso (Abs. 1).

Die Bezirksregierung ist im Zuge des Zustimmungsverfahren zuständig für die Herstellung des gemeindlichen Einvernehmens (siehe hierzu auch die Handlungsempfehlung des Fachministeriums zu § 79 Abs. 3 und 4 BauO NRW). Als weitere Verfahrensbestimmung gibt nämlich Abs. 4 vor, dass **im Zustimmungsverfahren die Gemeinde zu beteiligen ist**, damit deren Rechte gewahrt werden. Sie hat demnach ein Widerspruchsrecht. Die gesetzliche Fiktion in § 36 Abs. 2 S. 2 BauGB gilt entsprechend. Damit gilt für das gemeindliche Einvernehmen und für die Anhörung der Gemeinde eine gleichlautende Frist. Hat diese vorher zugestimmt, wird überhaupt kein Zustimmungsverfahren durchgeführt (Abs. 1), falls nicht noch betroffene Nachbarn involviert sind. Ist das gemeindliche Einvernehmen aber erforderlich und wird rechtswidrig verweigert, kann es nach Maßgabe des § 73 BauO NRW ersetzt werden. Eine eigene Vorschrift ist an dieser Stelle entfallen. Wird das rechtswidrig versagte gemeindliche Einvernehmen ersetzt, ist gegen die Zustimmung unmittelbar der Rechtsweg vor den Verwaltungsgerichten eröffnet. Das OVG Bln hat in einem Beschl. v. 11.02.2004 – 6 A 1/04, 6 A 2/04 die Einleitung eines **Normenkontrollverfahrens gegen eine bauaufsichtliche Zustimmung abgelehnt**. Das Selbstverwaltungsrecht einer Gemeinde wird aber durch das Vorhaben eines öffentlichen Bauherrn verletzt, wenn dieses ohne die erforderliche Zustimmung bzw. Genehmigung errichtet wird (VG Gelsenkirchen, Urt. v. 15.07.2014 – 6 K 2945/13).

6 Zu Abs. 5 – Sonderregelungen für Vorhaben der Landesverteidigung usw.

Vorhaben, die unmittelbar der Landesverteidigung (z.B. Kasernen und militärische Stützpunkte), dienstlichen Zwecken der Bundespolizei (z.B. Kasernen) oder dem zivilen Bevölkerungszweck (z.B. Schutzräume) dienen, müssen **der oberen Bauaufsichtsbehörde (nur) zur Kenntnis** gebracht werden. Diese Vorschrift korrespondiert mit § 37 Abs. 2 BauGB. Diese lautet wie folgt: »*Handelt es sich dabei um Vorhaben, die der Landesverteidigung, dienstlichen Zwecken der Bundespolizei oder dem zivilen Bevölkerungsschutz dienen, ist nur die Zustimmung der höheren Verwaltungsbehörde erforderlich. Vor Erteilung der Zustimmung hat diese die Gemeinde zu hören. Versagt die höhere Verwaltungsbehörde ihre Zustimmung oder widerspricht die Gemeinde dem beabsichtigten Bauvorhaben, entscheidet das zuständige Bundesministerium im Einvernehmen mit den beteiligten Bundesministerien und im Benehmen mit der zuständigen Obersten Landesbehörde*«. § 37 BauGB ist eine verfahrensrechtliche Sonderregelung und als bundesrechtliche Vorschrift neben § 79 BauO NRW zu beachten. Für Vorhaben, die unmittelbar der Landesverteidigung dienen, ist nach § 37 Abs. 1 BauGB die Zustimmung der höheren Verwaltungsbehörde nach vorheriger Anhörung der Gemeinde erforderlich.

Vor §§ 80–82

Vierter Abschnitt Bauaufsichtliche Maßnahmen

Vor §§ 80–82

1 Die Landesbauordnung folgt an dieser Stelle nunmehr grundsätzlich den Regelungen der MBO 2002, zuletzt geändert durch Beschluss der Bauministerkonferenz vom 13.05.2016, die die Möglichkeiten der Bauaufsicht zur Untersagung von Arbeiten, von Nutzungen und der Verwendung bestimmter Bauprodukte, zur Einstellung von Arbeiten und Beseitigung von Anlagen in den §§ 78 bis 80 zusammenfasst.

2 In der Vorgängervorschrift waren die Regelungen in § 61 BauO NRW 2000 verankert oder sie werden nun neu in das Regelwerk der BauO NRW aufgenommen.

3 Die frühere **Konzeption** des nordrhein-westfälischen Bauordnungsrechts, bereits **im OBG enthaltene Ermächtigungen** zum ordnungsbehördlichen Einschreiten **im Bauordnungsrecht nicht zu wiederholen, wird damit vollständig aufgegeben**, nachdem diese bereits im Zuge der Fortentwicklung der BauO NRW 2000 teilweise eingefügt worden sind. Insoweit hat die BauO NRW 2018 die Spezialermächtigungen für die **Standardmaßnahmen der repressiven Kontrolle** nach dem Vorbild der MBO 2002 nunmehr **übernommen**.

4 Der vierte Abschnitt ergänzt nunmehr durch eigenständige Vorschriften die Regelungen über Aufgaben und Befugnisse der Bauaufsichtsbehörden in § 58 BauO NRW 2018.

§ 80 Verbot unrechtmäßig gekennzeichneter Bauprodukte

Sind Bauprodukte entgegen § 24 mit dem Ü-Zeichen gekennzeichnet, so kann die Bauaufsichtsbehörde die Verwendung dieser Bauprodukte untersagen und deren Kennzeichnung entwerten oder beseitigen lassen.

Übersicht   Rdn.
0 Änderungen gegenüber der BauO NRW 2000 01
1 Allgemeines. 1
2 Regelungsinhalt. 3

0 Änderungen gegenüber der BauO NRW 2000

01 Die Regelung wurde mit der BauO NRW 2000 neu in das Regelwerk aufgenommen. Damit bietet sich für die Bauaufsichtsbehörde die ausdrückliche Ermächtigung, die unberechtigte Kennzeichnung von Bauprodukten mit dem Ü-Zeichen durch ordnungsbehördliche Maßnahmen zu unterbinden.

02 § 80 entspricht vollständig der Regelung des § 61 Abs. 4 BauO NRW 2000.

1 Allgemeines

Die Vorschrift des § 80 entspricht § 78 MBO 2002. Sie bildet ergänzend zu § 58 BauO NRW 2018 die Ermächtigung zum ordnungsbehördlichen Einschreiten der Bauaufsichtsbehörden (vgl. dazu Anmerkungen zu § 61, Rdn. 1–7). Im Gegensatz zu § 58 BauO NRW wird in § 80 sowohl der Anwendungsfall als auch die mögliche Reaktion der Bauaufsichtsbehörde beschrieben.

Im Regelungssystem (§§ 20 ff. BauO NRW) kommt der ordnungsgemäßen Kennzeichnung der Bauprodukte besondere Bedeutung zu. Bei dieser komplizierten Regelung ist es entscheidend, sich auf die durch die ordnungsgemäße Kennzeichnung ausgedrückte Verwendbarkeit eines Bauprodukts verlassen zu können.

2 Regelungsinhalt

§ 80 regelt die **Befugnisse der Bauaufsichtsbehörden bei** einer dem § 24 BauO NRW 2018 widersprechenden und somit **rechtswidrigen Kennzeichnung** von Bauprodukten mit dem Ü-Zeichen. Das ist zum einen der Fall, wenn die **Voraussetzungen für das Anbringen des Ü-Zeichens nicht gegeben** sind, weil z.B.
– das Bauprodukt nicht mit den technischen Spezifikationen übereinstimmt,
– die Herstellererklärung nach § 24 Absatz 2 BauO NRW 2018 rechtswidrig ausgestellt ist oder
– die Angabe des Verwendungszwecks oder sonstige erforderliche zusätzliche Angaben bei dem Ü-Zeichen fehlen.

Während nach § 24 BauO NRW 2018 der Hersteller für die Kennzeichnung der Bauprodukte verantwortlich ist, gehört der ordnungsgemäße Gebrauch des Ü-Zeichens zu den Nachweispflichten des Unternehmers nach § 55 Abs. 1 Satz 2 BauO NRW 2018 (s. die Anmerkungen zu § 55 Rdn. 26).

Sind die Bauprodukte entgegen dem § 24 BauO NRW 2018 mit dem Ü-Zeichen gekennzeichnet, hat die Bauaufsichtsbehörde nicht nur die Befugnis deren **Verwendung zu untersagen**, sie kann auch beispielsweise, um die Verwendung der Bauprodukte auf anderen Baustellen zu verhindern, die **Kennzeichnung entwerten oder beseitigen lassen**. Für Letzteres werden regelmäßig die Voraussetzungen des Sofortvollzuges an Ort und Stelle nach § 55 Abs. 2 VwVG NRW vorliegen. Die Bauaufsichtsbehörde kann die unrechtmäßige Kennzeichnung als Ordnungswidrigkeit im Sinne von § 86 Abs. 1 Nr. 4 BauO NRW 2018 **mit einem Bußgeld ahnden**; die Verwendung von Bauprodukten ohne das erforderliche Ü-Zeichen ist eine Ordnungswidrigkeit nach § 86 Abs. 1 Nr. 5 BauO NRW 2018 (s. die Anmerkungen zu § 86 Rdn. 36–37).

§ 81 Einstellung von Arbeiten

(1) Werden Anlagen im Widerspruch zu öffentlich-rechtlichen Vorschriften errichtet, geändert oder beseitigt, kann die Bauaufsichtsbehörde die Einstellung der Arbeiten anordnen.

§ 81 Einstellung von Arbeiten

Dies gilt auch dann, wenn
1. die Ausführung eines Vorhabens entgegen den Vorschriften des § 74 Absatz 7 und 9 begonnen wurde, oder
2. bei der Ausführung
   a) eines genehmigungsbedürftigen Bauvorhabens von den genehmigten Bauvorlagen,
   b) eines genehmigungsfreigestellten Bauvorhabens von den eingereichten Unterlagen abgewichen wird, oder
3. Bauprodukte verwendet werden, die entgegen der Verordnung (EU) Nr. 305/2011 keine CE-Kennzeichnung oder entgegen § 24 kein Ü-Zeichen tragen, oder
4. Bauprodukte verwendet werden, die unberechtigt mit der CE-Kennzeichnung oder dem Ü-Zeichen (§ 24 Absatz 4) gekennzeichnet sind.

(2) Werden unzulässige Arbeiten trotz einer schriftlich oder mündlich verfügten Einstellung fortgesetzt, kann die Bauaufsichtsbehörde die Baustelle versiegeln oder die an der Baustelle vorhandenen Bauprodukte, Geräte, Maschinen und Bauhilfsmittel in amtlichen Gewahrsam bringen.

Handlungsempfehlung des Ministeriums für Heimat, Kommunales, Bau und Gleichstellung des Landes Nordrhein-Westfalen auf der Grundlage der Dienstbesprechungen mit den Bauaufsichtsbehörden im Oktober/November 2018:

zu Absatz 1

§ 81 BauO NRW 2018 ergänzt die Befugnisse nach § 82 BauO NRW 2018 (Beseitigung von Anlagen, Nutzungsuntersagung) durch die Möglichkeit, eine Einstellungsverfügung zu erlassen. Diese Regelung ermöglicht es Bauaufsichtsbehörden zu reagieren, bevor eine Anlage endgültig errichtet oder geändert worden ist. Damit kann sichergestellt werden, dass sowohl das formelle Verfahrensrecht (notwendige Genehmigung oder Anzeige) als auch das materielle Baurecht nicht verletzt werden. Zusätzlich bietet § 81 die Möglichkeit, die rechtswidrige Beseitigung von Anlagen zu stoppen (BeckOK BauordnungsR Bayern/Manssen BayBO Art. 75).

Es reicht eine konkrete Gefahr im sicherheitsrechtlichen Sinne. Bestehen Anhaltspunkte, dass entsprechende Arbeiten unmittelbar bevorstehen, kann eine Einstellungsverfügung ergehen (VG München, BeckRS 2017, 106385). Die Gefahrenschwelle wird dabei von der Rechtsprechung bewusst niedrig angesetzt (BeckOK BauordnungsR Bayern/Manssen BayBO Art. 75 Rn. 5).

zu Absatz 2

§ 81 Absatz 2 BauO NRW 2018 sieht Vollstreckungsmöglichkeiten vor: Zunächst kann die Baustelle versiegelt werden (durch Anbringen eines entsprechenden amtlichen Siegels). Der Bruch des Siegels stellt eine Straftat nach § 136 Absatz 2 StGB dar. Die Versiegelung stellt sicher, dass das versiegelte Gebäude/die versiegelten Räume nicht mehr betreten werden können.

Des Weiteren regelt § 81 Absatz 2 BauO NRW 2018 die Möglichkeit einer Ingewahrsamnahme von Baugeräten durch die untere Bauaufsichtsbehörde.
Eine solche Möglichkeit bestand auch bisher schon über § 61 BauO NRW 2000 (vgl. auch § 24 OBG i. V. m. § 68 Absatz 1 Nr. 2 VwVG und §§ 43, 44 PolG).
Sofern die Bauaufsichtsbehörde von der Möglichkeit Gebrauch machen will, darf sie nicht nur das Eigentum des Bauherrn, sondern auch das Eigentum des Bauunternehmens in Gewahrsam nehmen.

Übersicht		Rdn.
0	Änderungen gegenüber der BauO NRW 2000	01
1	Allgemeines	1
2	Zu Absatz 1 – Anordnung der Einstellung	3
3	Zu Absatz 2 – Folgen der Nichteinhaltung	16

0 Änderungen gegenüber der BauO NRW 2000

Die Regelung des § 81 Absatz 1 Satz 2 Nr. 4 wurde mit der BauO NRW 2000 als § 61 Abs. 5 neu in das Regelwerk aufgenommen. 01

Die übrigen Tatbestände des § 81 sind neu. 02

1 Allgemeines

Die Vorschrift entspricht vollständig dem § 79 MBO und ist im Wesentlichen neu eingeführt worden und ergänzt – wie auch die Vorschrift des § 80 BauO NRW 2018 – die allgemeine Ermächtigung der Bauaufsichtsbehörde zum Einschreiten, die in § 58 BauO NRW 2018 verortet ist. 1

§ 81 dient im Wesentlichen der Durchsetzung des formellen Baurechts, da bereits das Fehlen einer erforderlichen Baugenehmigung zur Einstellungsverfügung ausreicht. Die Baueinstellung kann aber auch dem Ziel dienen, das **materielle Baurecht** durchzusetzen, wenn bei der Verwirklichung eines genehmigten oder freigestellten Vorhabens gegen (materielle) baurechtliche Vorschriften verstoßen wird. 2

2 Zu Absatz 1 – Anordnung der Einstellung

Satz 1 regelt grundsätzlich, dass die Bauaufsichtsbehörde bei einer Abweichung von öffentlich-rechtlichen Vorschriften die Einstellung der Arbeiten anordnen kann. Dies gilt unabhängig davon, ob 3
– ein materieller Verstoß gegen öffentlich-rechtliche Vorschriften vorliegt oder vermutet wird und
– es sich bei den vorgenommenen Arbeiten um die Errichtung, die Änderung oder die Beseitigung von Anlagen handelt.

Da in Satz 1 von Arbeiten und nicht von Bauarbeiten die Rede ist, wird deutlich, dass die Einstellung auch in den Fällen verfügt werden kann, in denen es aufgrund

§ 81 Einstellung von Arbeiten

der Beschaffenheit einer Anlage nicht um Bauarbeiten geht, die Arbeiten also an Anlagen vorgenommen werden, die keine baulichen Anlagen darstellen (vgl. LT-Druck. 17/2166 S. 196 zu § 81 unter Bezugnahme auf VGH B-W, Beschl. v. 10.05.1994 – 5 S 983/94, VBlBW 1994, 495).

4 Satz 2 zählt Fallgestaltungen auf, die eine Einstellungsverfügung rechtfertigen. Die Formulierung »dies gilt **auch** dann, wenn« verdeutlicht, dass es sich bei dieser Aufzählung nicht um eine abschließende Nennung der Einstellungsvoraussetzungen handelt, es vielmehr darum geht, einzelne Fälle zu verdeutlichen.

5 Nr. 1 ermächtigt zur Einstellungsverfügung, wenn die Ausführung eines Vorhabens entgegen den Vorschriften des § 74 Absatz 7 und 9 begonnen wurde. Dort ist geregelt, dass
– vor Zugang der Baugenehmigung nicht mit der Bauausführung begonnen werden darf (Absatz 7) und
– der Ausführungsbeginn genehmigungsbedürftiger Vorhaben mindestens eine Woche vorher schriftlich anzuzeigen ist (Absatz 9, erste Alternative)
– die Wiederaufnahme der Bauarbeiten nach einer Unterbrechung von mindestens drei Monaten der Bauaufsichtsbehörde mindestens eine Woche vorher schriftlich anzuzeigen ist (Absatz 9, zweite Alternative).

Während die Einhaltung der ersten beiden Aufzählungen für die Bauaufsichtsbehörde noch relativ einfach nachzuvollziehen ist, kann ein Nachweis der Dauer einer Unterbrechung mitunter einige Schwierigkeiten aufwerfen. Im Regelfall kann der entsprechende Nachweis nur durch eine engmaschige Bauüberwachung erfolgen, bei denen die Untätigkeit über den geforderten Zeitraum hinweg dokumentiert wird.

6 Nr. 2 ermächtigt zur Einstellung der Bauarbeiten, wenn
a) bei der Ausführung eines genehmigungsbedürftigen Bauvorhabens von den genehmigten Bauvorlagen abgewichen wird oder
b) bei der Ausführung eines genehmigungsfreigestellten Bauvorhabens von den eingereichten Unterlagen abgewichen wird.

Während Bst. a) deutlich einen Verstoß gegen öffentliche Bauvorschriften darstellt, konnte es bisher Probleme bereiten, eine weitere Ausführung von Arbeiten an nach § 63 BauO NRW 2018 freigestellten Bauvorhaben zu untersagen, wenn von den eingereichten Unterlagen abgewichen wurde. Da aber nur anhand der eingereichten Unterlagen die Voraussetzungen für eine Freistellung geprüft werden kann, sind Abweichungen davon mitunter geeignet, die Freistellung aufzuheben und eine Genehmigungspflicht zu begründen. Daher ist die Klarstellung in Bst b) durchaus sinnvoll.

7 Nr. 3 ermächtigt zur Einstellung der Bauarbeiten, wenn Bauprodukte verwendet werden, die keine CE-Kennzeichnung oder kein Ü-Zeichen tragen, obwohl dies erforderlich wäre. Die Einstellung der Arbeiten ist in diesen Fällen gerechtfertigt, weil nur so verhindert werden kann, dass diese Bauprodukte ggf. so verbaut werden, dass

sie nicht mehr ohne großen Aufwand entfernt werden können. Die Vorschrift dient somit auch zur Kostensenkung für den Bauherrn.

Nr. 4 ermächtigt zur Einstellung der Bauarbeiten, wenn Bauprodukte verwendet werden, die unberechtigt mit den in Nr. 3 genannten Kennzeichen versehen sind. Hier gelten die Ausführungen zu Nr. 3 entsprechend (vgl. Anmerkungen zu Rdn. 7). 8

Die Stilllegungsverfügung tritt mit ihrer Bekanntgabe in Kraft (§§ 41, 43 VwVfG. NRW.) und wirkt als **Dauerverwaltungsakt**. Sie beinhaltet das andauernde Verbot, die Bauarbeiten wieder aufzunehmen (OVG NRW, Urt. v. 19.12.1995 – 11 A 2734/93, UPR 1996, 458) und besteht so lange fort, bis sie förmlich aufgehoben wird. Deshalb muss die Bauaufsichtsbehörde die verfügte Baueinstellung im Auge behalten und gegebenenfalls sofort wieder aufheben, wenn sich später ergibt, dass die Gründe für die Stilllegung aufgrund geänderter Sach- oder Rechtslage nicht mehr fortbestehen (Thür. OVG, Beschl. v. 29.11.1999 – 1 EO 658/99, BRS 62 Nr. 203). In der Praxis wird mitunter übersehen, eine förmliche Aufhebung vorzunehmen, wenn durch nachträgliche Erteilung der Baugenehmigung die formelle Illegalität beseitigt wird. Es kann davon ausgegangen werden, dass die Baugenehmigung die Aufhebung der Stilllegungsverfügung beinhaltet (BayVGH, Urt. v. 25.01.1988 – 14 B 86.02382, BRS 48 Nr. 197 zum vergleichbaren Fall der Baugenehmigung nach vorausgegangener vorläufiger Nutzungsuntersagung). Die Bauarbeiten oder Abbrucharbeiten können dann, ohne dass die Stilllegungsverfügung ausdrücklich zurückgezogen wurde, fortgeführt werden. Kommen die am Bau Beteiligten einem schriftlich oder mündlich erlassenen Verwaltungsakt mit dem Ziel der Einstellung der Bauarbeiten nicht nach, kann die Bauaufsichtsbehörde **Zwangsmaßnahmen** der Verwaltungsvollstreckung anwenden. Die Bauaufsichtsbehörde ist nicht gehindert ein Zwangsgeld zu verhängen, wirksamer ist aber die **Versiegelung** (so auch Jeromin, zu § 80 Rn. 35). 9

Die **Einstellung von Bauarbeiten** ist nicht nur in Fällen der formellen Illegalität, sondern unter anderem in folgenden weiteren Fällen rechtlich zulässig: 10
– Der Bauherr kommt der Verpflichtung nach § 53 Abs. 1 Satz 1 BauO NRW 2018 zur Beauftragung geeigneter Entwurfsverfasser, Unternehmer oder Bauleiter nicht nach (s. Anmerkungen zu § 53 Rdn. 16–21).
– Neue Baustoffe, Bauteile sowie Einrichtungen werden verwendet oder neue Bauarten werden angewendet, ohne dass der Nachweis der Verwendbarkeit erbracht ist (vgl. §§ 20 ff. BauO NRW; s. Rdn. 121–122).
– Es werden entgegen § 84 Abs. 6 BauO NRW 2018 die Bauarbeiten fortgesetzt (s. Anmerkungen zu § 84 Rdn. 40–44).
– Bei der Bauausführung wird gegen baurechtliche Vorschriften verstoßen. Hierzu zählt gemäß § 3 Abs. 2 BauO NRW 2018 auch eine wesentliche Abweichung von den allgemein anerkannten Regeln der Technik (s. Anmerkungen zu § 3 Rdn. 73 ff.).

Baueinstellungsverfügungen sind in aller Regel für **sofort vollziehbar** zu erklären, ohne dass in der Begründung der Vollziehbarkeit auf den konkreten Einzelfall eingegangen werden muss; der **durch Tatsachen belegte »Anfangsverdacht« eines formellen oder materiellen Rechtsverstoßes reicht** aus (VGH B-W, Beschl. v. 10.02.2005 – 8 11

S 2834/04, BauR 2005, 1461 = BRS 69 Nr. 186 = DÖV 2005, 923). Auch das OVG des Saarlandes stellt fest, dass **bei einer Baueinstellung, die sinnvollerweise nur auf eine kurzfristige, von Suspensiveffekten nicht gehinderte Unterbindung der Bauarbeiten zielen kann, an die Begründung des Sofortvollzugs inhaltlich geringe Anforderungen zu stellen sind** (Beschl. v. 29.03.2007 – 2 B 7/07, BRS 71, Nr. 185).

12 Die Bauaufsichtsbehörde **kann** aufgrund eines **berechtigt** erscheinenden Rechtsbehelfs des **Nachbarn** gegen die bauaufsichtliche Gestattung, die **aufschiebende Wirkung** in Anwendung des § 80a Abs. 1 Nr. 2 in Verbindung mit § 80 Abs. 4 VwGO **anordnen** und die Stilllegung der Bauarbeiten verfügen. Sie **muss** dies tun, wenn das **Verwaltungsgericht** die aufschiebende Wirkung gemäß § 80 a Abs. 3 in Verbindung mit § 80 Abs. 5 VwGO anordnet. Infolge der Wiederherstellung der aufschiebenden Wirkung verfügt der Bauherr zwar weiterhin über eine Baugenehmigung, kann diese jedoch wegen der ausdrücklichen Bestimmung des § 80 Abs. 1 Satz 2 VwGO, wonach § 80 Abs. 1 Satz 1 VwGO auch Verwaltungsakte mit Doppelwirkung (§ 80a VwGO) erfasst, nicht ausnutzen, bis über den Rechtsbehelf des Nachbarn entschieden ist (s. § 80b VwGO). Nimmt die Bauaufsichtsbehörde die Baugenehmigung unter Anordnung der sofortigen Vollziehung zurück, kommt auch eine gleichzeitige Baueinstellungsanordnung in Betracht (OVG Bln, Beschl. v. 18.02.1999 – 2 SN 1.99, BRS 62 Nr. 202). Das Rechtsschutzinteresse des Nachbarn an einer Stilllegungsanordnung kann auch noch bei weitgehender Vollendung des Bauvorhabens gegeben sein, z.B. bei der Nichteinhaltung der erforderlichen Abstandflächen, wenn dies erst relativ spät im Rahmen einer Vermessung festgestellt wird (OVG NRW, Beschl. v. 11.09.2000 – 10 B 939/00, BauR 2001, 380 = BRS 63 Nr. 205).

13 Die Befugnis zur Einstellung von Bauarbeiten besteht **regelmäßig schon bei formeller Illegalität** (ständige Rechtsprechung des OVG NRW, vgl. z.B. Beschl. v. 13.04.1965 – VII B 236/65, BRS 16 Nr. 132; Urt. v. 06.02.1970 – VII B 935/69, BRS 23 Nr. 205). Die Bauaufsichtsbehörde ist befugt die Einstellung der Bauarbeiten zu verfügen, wenn eine öffentlich-rechtliche Gestattung aussteht (s. OVG Bln, Beschl. v. 23.12.1994 – 2 S 29/94, BRS 57 Nr. 257 und Thür. OVG, Beschl. v. 22.10.1998 – 1 EO 1056/98, BauR 1999, 164 = BRS 60 Nr. 168, jeweils zu ausstehenden sanierungsrechtlichen Genehmigungen). Dies gilt selbst dann, wenn die Bauaufsichtsbehörde die Erteilung der öffentlich-rechtlichen Gestattung nicht abwarten muss (ebenso Jäde, Bauaufsichtliche Maßnahmen, 2. Aufl. 2001, Rn. 269 unter Bezug auf BayVGH, Beschl. v. 22.11.1999 – 15 ZB 99.2187, n.v., zu einer naturschutzrechtlichen Befreiung; ebenso Hess. VGH, Beschl. v. 20.12.1999 – 4 TG 4637/98, BauR 2000, 555 = BRS 62 Nr. 204 = DÖV 2000, 339 = NVwZ-RR 2000, 494), um die Baugenehmigung erteilen zu können (s. Anmerkungen zu § 74 Rdn. 131 ff.), die aber dennoch im Hinblick auf die baufreigebende Wirkung der Baugenehmigung nicht unberücksichtigt bleiben kann, so dass der Beginn der Bauarbeiten durch eine Bedingung im Bauschein bis zu deren Erteilung aufzuschieben ist (s. Anmerkungen zu § 74 Rdn. 132). Allein schon die Missachtung des bauordnungsrechtlichen Genehmigungsvorbehalts stellt eine Störung der öffentlichen Ordnung dar (OVG Saar, Urt. v. 03.12.1982 – 2 R 182/81, BRS 39 Nr. 220 und OVG Bln, Beschl. v. 19.11.1996 – 2 S 23.96, BRS 58 Nr. 200 = BRS 59 Nr. 219). Die Baueinstellung soll der Bauaufsichtsbehörde die Möglichkeit

geben, die Genehmigungsfähigkeit des Vorhabens zu prüfen (BayVGH, Beschl. v. 24.10.1977 – Nr. 213 II 76, BRS 32 Nr. 190). Die formelle Illegalität kann nicht zur Stilllegung der Bauarbeiten führen, wenn diese **offensichtlich genehmigungsfähig** sind und eine alsbaldige Baugenehmigung zu erwarten ist (OVG NRW, Beschl. v. 29.03.1974 – VII B 791/73, BauR 1974, 266 = BRS 28 Nr. 172).

Sind bei einem einheitlichen Bauvorhaben **nur einzelne Teile formell illegal**, weil diese z.B. abweichend von der Baugenehmigung errichtet wurden, so ist gleichwohl die gesamte Baumaßnahme formell rechtswidrig (OVG NRW, Urt. v. 13.02.1987 – 10 A 29/87, BRS 47 Nr. 193). Eine Stilllegungsverfügung kann auf eine Gesamtbaumaßnahme bezogen werden, ohne nach – für sich betrachtet – genehmigungspflichtigen und genehmigungsfreien Baumaßnahmen unterscheiden zu müssen (OVG NRW, Beschl. v. 16.01.1997 – 10 B 3125/96, BRS 59 Nr. 218; s. auch anmerkungen zu § 62 Rdn. 12). Die Bauaufsichtsbehörde könnte damit die Bauarbeiten insgesamt einstellen. Im Rahmen der Ausübung des pflichtgemäßen Ermessens wird unter Berücksichtigung des Grundsatzes der Verhältnismäßigkeit jedoch zu entscheiden sein, ob nur für bestimmte Teile der Anlage die Bauarbeiten eingestellt werden, sofern dies technisch möglich ist. 14

In **besonderen Fällen** kann der Erlass einer Verfügung schon **vor** Beginn der Bauarbeiten zulässig sein. Es handelt sich dann um eine **vorbeugende Stilllegungsverfügung**, nämlich um eine Untersagung vom Bauherrn erst noch beabsichtigter Maßnahmen, von denen die Bauaufsichtsbehörde jedoch Kenntnis erlangt hat. Der Erlass einer **Untersagungsverfügung** kommt insbesondere in Betracht, wenn zu befürchten ist, dass innerhalb kurzer Zeit später nicht mehr oder nur noch sehr schwer rückgängig zu machende Baumaßnahmen erfolgen werden (VGH B-W, Urt. v. 01.02.1993 – 8 S 1594/92, BRS 55 Nr. 194 und Hess. VGH, Beschl. v. 25.05.2001 – 4 TG 764/01, BauR 2002, 611 = BRS 64 Nr. 194 = NVwZ-RR 2002, 489). Das Tätigwerden der Bauaufsichtsbehörde setzt dabei das Vorliegen **konkreter Anhaltspunkte** voraus, die z.B. darin bestehen können, dass der Bauherr an und für sich genehmigungsbedürftige Vorgänge lediglich angezeigt bzw. mitgeteilt hat (Thür. OVG, Beschl. v. 29.11.1999, a.a.O. Rdn. 56) oder dass mit noch genehmigungsfreien Bauarbeiten in Vorbereitung des genehmigungsbedürftigen Vorhabens begonnen wird (BayVGH, Urt. v. 02.09.1982 – Nr. 2 B 81 A.984, BRS 39 Nr. 228). Eine Untersagungsverfügung kommt schließlich in Betracht, wenn eine Wartefrist im Falle freigestellter Vorhaben nach § 67 BauO NRW verstrichen ist und somit keine formelle Illegalität vorliegt, danach aber erst die materielle Unzulässigkeit des Vorhabens festgestellt wird (Sächs. OVG, Beschl. v. 17.11.1998 – 1 S 669/98, BRS 60 Nr. 167). 15

3 Zu Absatz 2 – Folgen der Nichteinhaltung

Aus Absatz 2 ergibt sich, dass die Baueinstellung sowohl in schriftlicher als auch in mündlicher Form (als Verwaltungsakt) erlassen und notfalls mit Mitteln der Verwaltungsvollstreckung durchgesetzt werden kann. Neben den Zwangsmitteln der Festsetzung von Zwangsgeld oder Versiegelung der Baustelle kommt nach Absatz 2 ebenfalls 16

§ 82 Beseitigung von Anlagen, Nutzungsuntersagung

in Betracht, an der Baustelle vorhandene Bauprodukte, Geräte, Maschinen und Bauhilfsmittel in Gewahrsam zu nehmen.

17 Ein solche Maßnahme kann zum Tragen kommen, wenn andere Möglichkeiten nicht zielführend sind, weil beispielsweise eine Versiegelung wegen der Großflächigkeit der Baustelle oder der Art der Arbeiten bzw. des Vorhabens nicht möglich ist. Bauprodukte können darüber hinaus in Gewahrsam genommen werden, wenn trotz Einstellungsverfügung weiter Bauprodukte verwendet werden, die nach Absatz 1 Nr. 3 oder 4 nicht verwendet werden dürfen. Dies kann den Abtransport und weitere Verwendung an anderer Stelle verhindern. Voraussetzung ist jedoch die Möglichkeit, die in Gewahrsam genommenen Dinge sachgerecht zu transportieren und zu lagern, damit sie dem Eigentümer nach Klärung der strittigen Sachverhalte unbeschädigt wieder zurückgegeben werden können.

§ 82 Beseitigung von Anlagen, Nutzungsuntersagung

Werden Anlagen im Widerspruch zu öffentlich-rechtlichen Vorschriften errichtet oder geändert, kann die Bauaufsichtsbehörde die teilweise oder vollständige Beseitigung der Anlagen anordnen, wenn nicht auf andere Weise rechtmäßige Zustände hergestellt werden können. Werden Anlagen im Widerspruch zu öffentlich-rechtlichen Vorschriften genutzt, kann diese Nutzung untersagt werden.

Übersicht		Rdn.
0	Änderungen gegenüber der BauO NRW 2000	01
1	Allgemeines	1
2	Satz 1 – Beseitigung von Anlagen	3
3	Satz 2 – Nutzungsuntersagung	17

0 Änderungen gegenüber der BauO NRW 2000

01 Die Vorschrift wurde mit der BauO NRW 2018 neu in das Regelwerk des Bauordnungsrechts aufgenommen.

1 Allgemeines

1 Die Vorschrift entspricht vollständig dem § 80 MBO und ist mit der BauO NRW 2018 neu in das Regelwerk aufgenommen worden. Sie ergänzt – ebenso wie bereits die Vorschriften der §§ 80 und 81 BauO NRW 2018 – die allgemeine Ermächtigung für die Bauaufsichtsbehörde zum Einschreiten, die in § 58 BauO NRW 2018 verortet ist.

2 Da sowohl die Beseitigung von Anlagen als auch die Nutzungsuntersagung sehr belastend für den Bauherrn sein können, ist hier genau abzuwägen, ob nicht andere Mittel infrage kommen, um einen baurechtskonformen Zustand herzustellen.

2 Satz 1 – Beseitigung von Anlagen

3 Die Beseitigung einer Anlage darf nur angeordnet werden, wenn

– die Anlage im Widerspruch zu öffentlich-rechtlichen Vorschriften errichtet oder geändert wird und
– rechtmäßige Zustände nicht auf andere Weise hergestellt werden können.

Ein Widerspruch zu öffentlich-rechtlichen Vorschriften liegt nicht nur vor, wenn die Anlage gegen Vorschriften der BauO NRW 2018 verstößt, vielmehr sind auch Verstöße gegen andere öffentlich-rechtlichen Rechtsgebieten denkbar. Beispielhaft seinen hier das Denkmalrecht oder das Wasserrecht genannt.

Wegen der gebotenen Verhältnismäßigkeit kommt eine Beseitigungsanordnung nur in Betracht, wenn andere – weniger belastende – Maßnahmen zur Wiederherstellung des baurechtskonformen Zustandes ausscheiden.

Sind die Voraussetzungen gegeben, so kann die Bauaufsichtsbehörde entweder die teilweise oder die vollständige Beseitigung der Anlage anordnen.

Die Anordnung der vollständigen oder teilweisen Beseitigung erfolgt zur **Durchsetzung des materiellen Baurechts**. Ihr gleich steht die **endgültige** Nutzungsuntersagung (Beseitigung einer materiell rechtswidrigen Nutzung; s. Rdn. 17). 4

Von der Anordnung der Beseitigung nach Satz 1 ist das **Rückbau- und Entsiegelungsgebot nach § 179 BauGB** scharf zu unterscheiden. Dieses Gebot ist anders als die Beseitigungsordnung eine **städtebauliche Maßnahme**, für die nicht die Bauaufsichtsbehörde, sondern die Gemeinde zuständig ist. Das städtebauliche Rückbaugebot ist zulässig, wenn eine bauliche Anlage im **Widerspruch zu den Bebauungsplanfestsetzungen** steht, aber auch wenn sie **Missstände und Mängel** im Sinne des § 177 Abs. 2 und 3 Satz 1 BauGB aufweist, die durch eine Modernisierung oder Instandsetzung nicht behoben werden können. 5

Die auf Bauordnungsrecht gestützte **Beseitigungsanordnung** kann aus ähnlichen Gründen in Betracht kommen, nämlich wenn ein legal errichtetes Gebäude aufgrund **Verwahrlosung** und **mangelnder Instandhaltung** einzustürzen droht und damit eine **Gefahr für das Nachbarhaus oder Passanten** darstellt (Hess. VGH, Beschl. v. 22.03.2000 – 4 TG 4287/99, BRS 63 Nr. 213). Soweit keine Gefahr für Leben oder Gesundheit besteht, kann die **Beseitigung von verwahrlosten Gebäuderesten** wegen Verstoßes gegen die öffentliche Ordnung verfügt werden, wobei jedoch im Hinblick auf die Eigentumsgarantie des Art. 14 GG geprüft werden muss, ob sich aufgrund objektiver Umstände die ernsthafte Absicht des Eigentümers des im Verfall begriffenen Bauwerks feststellen lässt, innerhalb eines angemessenen Zeitraums die noch vorhandene Bausubstanz im Rahmen eines Umbaus oder Wiederaufbaus zu nutzen (OVG Rh-Pf, Urt. v. 22.04.1999 – 1 A 11193/98, BRS 62 Nr. 207 = NVwZ-RR 1999, 718). 6

Die Beseitigungsanordnung hat eine endgültige, nicht mehr rückgängig zu machende Maßnahme zum Inhalt. Anders als bei der Stilllegung von Bauarbeiten und der vorläufigen Nutzungsuntersagung ist die Beseitigungsanordnung daher grundsätzlich **nur zulässig, wenn** die bauliche Anlage **formell – und – materiell illegal** ist (ständige, übereinstimmende Rechtsprechung; vgl. PrOVG, Urt. v. 29.09.1927 – IV B 29/36, 7

§ 82 Beseitigung von Anlagen, Nutzungsuntersagung

BRS 1 DIIA2 S. 214; BVerwG, Urt. v. 14.11.1957 – I C 168.65, BRS 7 VA1 b S. 77; OVG NRW, Urt. v. 26.01.1954 – VII A 606/53, BRS 4 VA1 b S. 104 und Urt. v. 13.02.1987 – 10 A 29/87, BRS 47 Nr. 193; s.a. *Rasch*, Die zwangsweise Durchsetzung von baurechtlichen Beseitigungsanordnungen, BauR 1988, S. 266 ff.; a.A. *Mampel*, Formelle und materielle Illegalität? – Zu den Voraussetzungen von Abbruchverfügungen, BauR 1996, S. 13 ff.). Die Beseitigungsanordnung, die allein auf die materielle Illegalität gestützt wird, obwohl eine – wenn auch fehlerhafte – Baugenehmigung vorliegt, ist rechtswidrig (so auch *Jeromin*, zu § 81 Rn. 28). Daher muss zunächst die Baugenehmigung nach den Regeln der §§ 48 und 49 VwVfG. NRW. zurückgenommen oder widerrufen werden, soweit dies überhaupt noch rechtlich möglich ist.

8 Trotz eines Widerspruchs zu materiellen Bauvorschriften kann – in seltenen Ausnahmefällen – dennoch materielle Legalität gegeben sein, weil ein **Anspruch** auf Zulassung einer **Abweichungsentscheidung** besteht. Aus diesem Grunde muss eine Beseitigungsanordnung, die sich auf die materielle Illegalität stützt, auch der Frage nachgehen, ob **bei Ausübung pflichtgemäßen Ermessens** nicht – noch nachträglich – eine Abweichungsentscheidung möglich ist, durch die die Voraussetzung geschaffen wird, die illegale Anlage zu legalisieren.

9 Bei **genehmigungsfreien** Vorhaben kann nur auf die **materielle Illegalität** abgestellt werden. Liegt eine »isolierte« **Abweichungsentscheidung** vor, **verschafft** diese dem freigestellten Vorhaben **formelle Legalität bezüglich des Abweichungstatbestands**. Öffentlich-rechtliche Genehmigungsverfahren nach anderen Vorschriften des »**Baunebenrechts**« bleiben unberührt, da für deren Vollzug nicht die Bauaufsichtsbehörde, sondern die jeweilige Fachbehörde zuständig ist. Verstößt die freigestellte Anlage gegen materielle bauplanungs- oder bauordnungsrechtliche Vorschriften, kann die Bauaufsichtsbehörde die Beseitigung anordnen, auch wenn für die Errichtung eine andere öffentlich-rechtliche Gestattung erforderlich ist (Hess. VGH, Beschl. v. 28.10.1997 – 4 UE 3676/95, BRS 59 Nr. 206 zur Beseitigungsanordnung einer im Außenbereich bauplanungsrechtlich unzulässigen Einfriedungsmauer, deren Errichtung nach Landschaftsrecht genehmigungsbedürftig ist). Neben der baurechtlichen Beseitigungsanordnung kann aber auch zusätzlich eine solche nach Fachrecht von der dafür zuständigen Behörde erlassen werden (VGH B-W, Urt. v. 24.11.1997 – 5 S 3409/95, BRS 59 Nr. 207).

10 Eine Beseitigungsanordnung **allein bei formeller Illegalität**, kann nur dann in Betracht kommen, wenn die Beseitigung ohne Eingriff in die Substanz möglich und somit eine **Wiederherstellung** des vor der Beseitigung bestehenden Zustands **unschwer wieder möglich** ist. In jedem Fall muss die Beseitigung der baulichen Anlage **ohne erheblichen Substanzverlust** und andere – absolut und im Wert zur baulichen Anlage gesehen – hohe Kosten für Entfernung und Lagerung möglich sein (OVG NRW, Beschl. v. 07.10.2005 – 10 B 1394/05, BauR 2006, 369 = BRS 69 NR. 188). Als Beispiele aus der Rechtsprechung sind zu nennen die Beseitigung eines ohne Genehmigung aufgestellten Wohnwagens (OVG Lüneburg, Urt. v. 29.03.1984 – 1 A 164/82, BRS 42 Nr. 213; Hess. VGH, Beschl. v. 29.05.1985 – 3 TH 815/85, BRS 44 Nr. 206) oder einer ungenehmigten Werbeanlage (OVG NRW, Beschl. v. 29.10.1979 – XI B

1447/79, BRS 35 Nr. 143). In Bezug auf **Werbeanlagen** ist dabei ein **tragender Gesichtspunkt** auch, **dass dem Schwarzbauer keine wirtschaftlichen Vorteile gegenüber dem rechtstreuen Bürger erwachsen** (so ausdrücklich OVG NRW, Beschl. v. 17.05.2000 – 7 B 723/00, BRS 63 Nr. 214). Eine Beseitigungsanordnung, die sich auf eine leicht auf- und abbaubare bauliche Anlage bezieht, enthält **zugleich** das **Verbot der Wiedererrichtung** am im Wesentlichen selben Standort (VGH B-W, Beschl. v. 28.03.2007 – 8 S 159/07, DÖV 2007, 571 zu einer transportablen Weidehütte).

Nach dem Sprachgebrauch liegt eine Beseitigung zwar auch vor, wenn eine Anlage nur zerstört, das Bauwerk also »niedergelegt« wird. Eine Beseitigungsverfügung enthält aber auch die Anordnung zur **Beseitigung des Bauschutts** (so VGH B-W, Urt. v. 06.07.1988 – 3 S 2764/87, BRS 48 Nr. 188; BVerwG, Beschl. v. 10.11.1993 – 4 B 185.93, BRS 55 Nr. 197); die gegenteilige Auffassung des OVG NRW im Urt. v. 13.02.1987 (– 10 A 29/87, BRS 47 Nr. 193 = NWVBl. 1987, 19) wurde aufgegeben (OVG NRW, Beschl. v. 31.10.1994 – 10 A 4084/92, BauR 1995, 372 = BRS 56 Nr. 198): 11

»Die nordrhein-westfälischen Bauaufsichtsbehörden sind nach § 58 BauO NW auch dann befugt, Maßnahmen zur Beseitigung bauplanungs- oder bauordnungswidriger Zustände zu ergreifen, wenn diese Zustände durch Lagerung von Abfall im Sinne des § 1 Abs. 1 AbfG herbeigeführt worden sind. Die Zuständigkeit der Abfallwirtschaftsbehörden zur Überwachung der abfallwirtschaftlichen Entsorgung des Abfalls bleibt hiervon unberührt …

Maßgeblich für die Zuständigkeit entweder der Bauaufsichts- oder der Abfallwirtschaftsbehörde ist die Zielrichtung, die mit dem behördlichen Handeln verfolgt wird: Geht es darum, dem Baurecht auf dem in Anspruch genommenen Grundstück Geltung zu verschaffen, ist die Bauaufsicht zuständig; geht es um die abfallwirtschaftliche Entsorgung, ist die Zuständigkeit der Abfallwirtschaftsbehörde begründet.«

Die Anordnung der Beseitigung einer baulichen Anlage bedarf, insbesondere, wenn ihre Durchsetzung nicht mehr rückgängig zu machen ist, einer besonders sorgfältigen Ausübung des **pflichtgemäßen Ermessens** und der Beachtung des **Grundsatzes der Verhältnismäßigkeit**. Die sofortige Vollziehung der Beseitigung einer baulichen Anlage ist grundsätzlich nicht gerechtfertigt, sofern die Möglichkeit besteht, dass dem öffentlichen Interesse vorläufig durch eine zwangsgeldbewehrte Nutzungsuntersagung hinreichend Rechnung getragen wird (VGH B-W, Beschl. v. 13.06.1996 – 5 S 1211/96, BRS 58 Nr. 207 = NVwZ 1997, 601 zu Bauarbeiten für einen Whirlpool in einem Bordell). Unverhältnismäßig und damit rechtswidrig kann eine Beseitigungsverfügung sein, wenn sie wegen Verletzung des vorgeschriebenen Abstandes um wenige Zentimeter erlassen wird (OVG Lüneburg, Urt. v. 28.02.1983 – 6 A 69/82, BRS 40 Nr. 226). Dagegen steht der Grundsatz der Verhältnismäßigkeit einer Anordnung, die Oberkante der Fertigsohle einer errichteten Garage, auf die genehmigte Höhe zurückzubauen, nicht entgegen, wenn die genehmigte Höhe um 0,6 m überschritten wird (Nds. OVG, Urt. v. 08.07.1999 – 1 L 1620/97, BRS 62 Nr. 208 = NVwZ-RR 2000, 142). Auch ist zu prüfen, ob nicht nur eine teilweise Beseitigung verfügt werden kann, weil die bauliche Anlage ansonsten materiell rechtmäßig wäre. Eine 12

Beseitigungsanordnung setzt auch voraus, dass die Rechtmäßigkeit der Anlage nicht durch Nebenbestimmungen herbeigeführt werden kann.

13 Bei Erlass der Beseitigungsverfügung sollte die **Frage des Vollzugs** bereits vorgeprüft sein, da z.b. Teilbeseitigungen baulicher Anlagen besondere Probleme in dieser Hinsicht aufwerfen (vgl. Rasch, Die zwangsweise Durchsetzung von baurechtlichen Beseitigungsanordnungen, BauR 1988, S. 256 ff.). Beseitigungsanordnungen gelten als vorhabenbezogene Verfügungen auch gegenüber einem **Rechtsnachfolger** (BVerwG, Urt. v. 22.01.1971 – IV C 62/66, NJW 1971, 1624; VGH B-W, Urt. v. 14.05.1976 – III 741/75, NJW 1977, 861; OVG NRW, Urt. v. 19.09.1991 – 11 A 1178/89, OVGE 42, 210). Etwas anderes gilt nur, wenn der Eigentumswechsel noch während eines anhängigen Verfahrens erfolgt, die Beseitigungsverfügung kann dann gegenüber dem ursprünglichen Eigentümer nicht aufrechterhalten bleiben (OVG NRW, Urt. v. 23.04.1996 – 10 A 3565/92, BauR 1996, 700 = BRS 58 Nr. 217 = NVwZ-RR 1997, 12).

14 Mitunter stellt sich die Frage, ob die Bauaufsichtsbehörde, die über Jahre hinweg nicht gegen ein formell und materiell illegales Bauwerk eingeschritten ist, nicht für den Ordnungspflichtigen eine der materiellen Legalität vergleichbare Rechtsposition durch **Duldung** schafft, die den Vollzug der Beseitigungsverfügung nicht mehr zulässt. **Bauaufsichtliche Eingriffsbefugnisse unterliegen**, anders als die subjektiven Abwehrrechte eines Nachbarn gegen ein Bauvorhaben, **nicht der Verwirkung** (OVG Saar, Beschl. v. 25.01.2005 – 1 Q 51/04, BauR 2006, 826 = BRS 69 Nr. 194). Nur die **vorbehaltlose, schriftliche Zusicherung**, nicht einzuschreiten, schafft eine derartige **Bindung** bezüglich des künftigen Verhaltens der Bauaufsichtsbehörde. Eine derart weitreichende Duldung muss unter allen denkbaren Aspekten äußerst sorgfältig abgewogen werden, da sie im Einzelfall dem Eigentümer eine starke Position aus Art. 14 Abs. 1 Satz 1 GG verschaffen kann (vgl. BVerfG, Beschl. v. 02.09.2004 – 1 BvR 1860/02, BRS 69 Nr. 190 = NVwZ 2005, 203 und BVerwG, Beschl. v. 24.07.2006 – 4 B 53.06, BauR 2006, 1881 = BRS 70 Nr. 191).

15 Der in der Praxis einzelner Baugenehmigungsbehörden übliche **Begriff der Belassung** ist nach seinem Regelungsgehalt auf die Duldung eines illegalen Vorhabens beschränkt, erweckt jedoch den falschen Eindruck, dem Bauherrn werde etwas rechtmäßig Erworbenes zur weiteren Verfügung und Nutzung überlassen, und **sollte aus Gründen der Rechtsklarheit nicht verwendet werden** (OVG NRW, Beschl. v. 22.11.2006 – 10 A 3012/05, BauR 2007, 1034 = BRS 70 Nr. 193). Ebenso auszulegen ist der Begriff des Belassens in Tarifstelle 2.8.1.1 der AVerwGebO NRW, der gleichfalls die Duldung eines ungenehmigten Zustandes meint.

16 Die Duldung eines auf langanhaltenden Bestand angelegten Bauwerks kann **Wirkungen wie eine rechtswidrige Genehmigung** erzeugen, vor allem, wenn sich in der näheren Umgebung weitere vergleichbar rechtswidrig geduldete bauliche Anlagen befinden. Dann kann sie unter dem **Gesichtspunkt des Gleichheitssatzes** unzulässig sein (OVG NRW, Urt. v. 22.03.1983 – 7 A 2029/81, BRS 40 Nr. 239; vgl. auch Wegmann, Zur Ermessensausübung bei Abbruchverfügungen, insbesondere zur Berücksichtigung des Gleichheitssatzes, NVwZ 1984, S. 777 ff.).

3 Satz 2 – Nutzungsuntersagung

Die Befugnis zur **endgültigen** Nutzungsuntersagung kann als ein **Unterfall der Beseitigungsanordnung** angesehen werden. Nutzungsuntersagungen sind häufig die Folge von unter Missachtung des baurechtlichen Genehmigungsvorbehalts durchgeführten Nutzungsänderungen (hierzu s. Stockburger, Nutzungsänderung und Nutzungsverbot im Baurecht, ZfBR 1999, S. 9 ff.). Über die Frage, ob überhaupt eine Nutzungsänderung vorliegt, lässt sich trefflich streiten, da es um Feinheiten der Betrachtung geht und für die Bauaufsichtsbehörde nicht selten Beweisprobleme auftreten, wie bei der Wohnungsprostitution (vgl. Stühler, Prostitution und Baurecht, NVwZ 2000, S. 990 ff.). 17

Sollen bestimmte Nutzungen aus formellen oder materiellen Gründen untersagt werden, bedarf es sorgfältiger **konkreter Feststellungen** dazu, **welche Nutzungen** möglicherweise **genehmigt** sind und welche Nutzungen **tatsächlich ausgeübt** werden, da sich anderenfalls nicht sicher beurteilen lässt, ob die Nutzungen, die untersagt werden sollen, außerhalb der **Variationsbreite** des möglicherweise Erlaubten liegen (OVG NRW, Beschl. v. 29.11.2004 – 10 B 2076/04, BauR 2005, 851 = BRS 67 Nr. 206). 18

Die Nutzungsuntersagung ist die geeignete Maßnahme, wenn sich die **Nutzung** einer baulichen Anlage als **materiell illegal** erweist, jedoch die bauliche Anlage selbst durchaus weiter bestehen bleiben kann, z.B. weil sie einer zulässigen anderen Nutzung zugeführt werden könnte oder von der materiell illegalen Nutzung nur einzelne Nutzungseinheiten oder Räume eines Gebäudes betroffen sind, da dann eine Nutzungsuntersagung als milderes Mittel verfügt werden kann (vgl. OVG NRW vom 23.09.1976 – X A 1350/75, BRS 30 Nr. 172). Die endgültige Nutzungsuntersagung setzt in jedem Fall die **materielle Illegalität** voraus. Dies gilt gerade auch für **genehmigungsfreie** Vorhaben. 19

Die Nutzungsuntersagung ist darüber hinaus anwendbar, um bei **formeller Illegalität** die Einhaltung der Verfahrensvorschriften zu sichern und kann somit auch als **Unterfall der Baueinstellung** fungieren, wenn die Bauarbeiten bereits abgeschlossen sind und somit eine Baueinstellung ausscheidet. Sie ist die geeignete bauaufsichtliche Maßnahme, wenn eine ungenehmigte, aber genehmigungsbedürftige Nutzungsänderung durchgeführt wurde, die bis zum Abschluss der Prüfung **vorläufig** untersagt werden soll, insbesondere wenn die Beurteilung der materiellen Zulässigkeit weitere Ermittlungen voraussetzt, z.B. weil Nachteile für die städtebauliche Ordnung oder für die Nachbarschaft nicht ausgeschlossen werden können (VGH B-W, Urt. v. 22.09.1989 – 5 S 3086/88, BRS 49 Nr. 228). 20

Eine vorläufige Nutzungsuntersagung ist regelmäßig für **sofort vollziehbar** zu erklären, um zu **verhindern**, dass sich der **rechtsuntreue Bürger** Nutzungsvorteile gegenüber dem rechtstreuen Bürger verschafft (VGH B-W, Beschl. v. 01.02.2007 – 8 S 2606/06, DÖV 2007, 569). Allerdings darf eine wegen Verstoßes gegen das Genehmigungserfordernis formell rechtswidrige **Wohnnutzung**, die für die **Bewohner** den **alleinigen Mittelpunkt ihrer privaten Existenz** bildet, aus Gründen der **Verhältnismäßigkeit** 21 nicht untersagt werden, wenn sie **offensichtlich genehmigungsfähig** ist (BayVGH, Urt. v. 05.12.2005 – 1 B 03.2608, BauR 2006, 1882 = BRS 70 Nr. 189).

22 Für die **vorläufige** Nutzungsuntersagung reicht regelmäßig die **formelle Illegalität** der Nutzung aus (OVG NRW, Beschl. v. 27.02.1987 – 11 B 2903/86, BRS 47 Nr. 202; BayVGH, Beschl. v. 06.02.1980 – 14.Cs-1776/79, BRS 36 Nr. 213 und Beschl. v. 29.09.1981 – Nr. 69 II 78, BRS 38 Nr. 208; Hess. VGH, Beschl. v. 14.01.1972 – IV TH 53/71, BRS 25 Nr. 207 und Beschl. v. 26.07.1994 – 4 TH 1779/93, BRS 56 Nr. 212; OVG Lüneburg, Beschl. v. 08.07.1985 – 6 B 70/85, BRS 44 Nr. 202; OVG Rh-Pf, Urt. v. 22.05.1996 – 8 A 11880/95, BauR 1997, 103 = BRS 58 Nr. 202 unter Aufgabe der früheren Rechtsprechung; OVG Saar, Urt. v. 09.03.1984 – 2 R 175/82, BRS 42 Nr. 227 = NVwZ 1985, 122; Sächs. OVG, Urt. v. 28.03.1996 – 1 S 139/95, BRS 58 Nr. 203). Nicht eindeutig ist die Verpflichtung des **Einzelrechtsnachfolgers** zur Beachtung einer dem früheren Eigentümer gegenüber ausgesprochenen Nutzungsuntersagung (vgl. Hamb. OVG, Urt. v. 14.12.1995 – Bf II 16/94, BauR 1997, 104 = BRS 58 Nr. 218 = NVwZ-RR 1997, 11, das Gericht erachtet es für erforderlich die Nutzungsuntersagung gegenüber dem Einzelrechtsnachfolger erneut auszusprechen, weil die Verfügung weniger den Zustand einer Sache als vielmehr das Verhalten des pflichtigen Eigentümers anbetrifft und es auch keine besonderen Vollzugsprobleme bereitet, die sofortige Vollziehung anzuordnen).

23 **Ergänzend** zur vorläufigen Nutzungsuntersagung kann die an den Grundstückseigentümer gerichtete **Untersagung des Abschlusses von Mietverträgen** das gebotene Mittel sein, da bereits bei Abschluss des Mietvertrages wegen der Überlassungspflicht der Mietsache aus §§ 535 Satz 1 und 536 BGB die Gefahr besteht, dass eine zuvor bauaufsichtlich untersagte Nutzung der baulichen Anlage fortgeführt wird (OVG NRW, Beschl. v. 24.10.1997 – 7 B 2565/97, BRS 59 Nr. 220).

24 Wie bei der Baueinstellung kommt eine vorläufige Nutzungsuntersagung bei allein formeller Illegalität dann nicht in Betracht, wenn die formell rechtswidrige Nutzung **offensichtlich genehmigungsfähig** und eine alsbaldige Baugenehmigung des vorliegenden Bauantrags zu erwarten ist (OVG NRW, Beschl. v. 02.10.1987 – 11 B 1594/87, BRS 47 Nr. 197 und Beschl. v. 23.09.1988 – 11 B 1739/88, BRS 48 Nr. 134). Auch ohne vorliegenden Bauantrag scheidet bei **sich aufdrängender materieller Zulässigkeit** der formell illegalen Nutzung eine vorläufige Nutzungsuntersagung aus (BVerwG, Urt. v. 24.10.1980 – 4 C 81.77, BRS 36 Nr. 99).

25 Die Aufnahme der Nutzung ist formell illegal, wenn eine bauliche Anlage entgegen § 84 Abs. 8 Satz 1 BauO NRW 2018 **vorzeitig** benutzt wird. Wurden jedoch die Bauarbeiten ordnungsgemäß abgeschlossen, so liegt ersichtlich kein Grund für eine vorläufige Nutzungsuntersagung vor, weil die bauliche Anlage **offensichtlich materiell rechtmäßig** und damit auch der **genehmigten** Nutzung zugänglich ist (s. Anmerkungen zu § 84 Rdn. 56–59). Auch kann die vorzeitige Benutzung von der Bauaufsichtsbehörde auf Antrag gemäß § 84 Abs. 8 Satz 3 BauO NRW 2018 gestattet werden, wenn keine Bedenken wegen der öffentlichen Sicherheit oder Ordnung bestehen.

26 Hat die Bauaufsichtsbehörde durch ihr **eigenes Verhalten** Anlass dazu gegeben, dass der Betroffene im **Vertrauen auf die Zulässigkeit einer Nutzungsänderung**

Aufwendungen gemacht hat, bedarf die vorläufige Nutzungsuntersagung einer besonderen Ermessensausübung (OVG Lüneburg, Urt. v. 27.02.1981 – 1 A 64/79, BRS 38 Nr. 205 zur Genehmigung einer Feuerungsanlage für die Nutzung des Nebengebäudes einer Kläranlage zur Herbeiführung der Bewohnbarkeit mit nachfolgender Nutzungsuntersagung zu Wohnzwecken). Ein öffentliches Interesse an der **Vollziehung des Nutzungsverbots** ist zu verneinen, wenn die Bauaufsichtsbehörde über längere Zeit trotz bestehender Vollstreckungsmöglichkeiten das angeordnete Nutzungsverbot nicht durchsetzt (OVG NRW, Beschl. v. 25.06.1987 – 7 B 1183/87, BRS 47 Nr. 198).

Fünfter Abschnitt Bauüberwachung

§ 83 Bauüberwachung

(1) Die Bauaufsichtsbehörde kann die Einhaltung der öffentlich-rechtlichen Vorschriften und Anforderungen und die ordnungsgemäße Erfüllung der Pflichten der am Bau Beteiligten überprüfen (Bauüberwachung).

(2) Die Bauüberwachung ist beschränkt auf den Umfang der im Baugenehmigungsverfahren zu prüfenden Bauvorlagen und kann stichprobenhaft durchgeführt werden. Bei Vorhaben, die im einfachen Genehmigungsverfahren (§ 64) genehmigt werden, kann die Bauaufsichtsbehörde auf die Bauüberwachung verzichten.

(3) Der Bauaufsichtsbehörde ist die Einhaltung der Grundrissflächen und Höhenlagen der Anlagen nachzuweisen. Wenn es die besonderen Grundstücksverhältnisse erfordern, kann sie die Vorlage eines amtlichen Nachweises verlangen.

(4) Die Bauaufsichtsbehörde und die von ihr Beauftragten können Proben von Bauprodukten und, soweit erforderlich, auch aus fertigen Bauteilen entnehmen und prüfen lassen.

(5) Im Rahmen der Bauüberwachung ist den mit der Überwachung beauftragten Personen jederzeit Einblick in die Genehmigungen, Zulassungen, Prüfzeugnisse, Übereinstimmungszertifikate, Zeugnisse und Aufzeichnungen über die Prüfungen von Bauprodukten, in die CE-Kennzeichnungen und Leistungserklärungen nach der Verordnung (EU) Nr. 305/2011, in die Bautagebücher und andere vorgeschriebene Aufzeichnungen zu gewähren.

(6) Die Bauaufsichtsbehörde soll, soweit sie oder er im Rahmen der Bauüberwachung Erkenntnisse über systematische Rechtsverstöße gegen die Verordnung (EU) 305/2011 erlangen, diese der für die Marktüberwachung zuständigen Stelle mitteilen.

Übersicht	Rdn.
0 Änderungen gegenüber der BauO NW 1984 und der BauO NW 1995	01
1 Allgemeines	1
2 Zu Absatz 1 – Grundsatz	16

§ 83   Bauüberwachung

2.1	Genehmigungskonforme Bauausführung.	22
2.2	Einhaltung der Vorschriften über Bauprodukte und Bauarten	26
2.3	Pflichten der am Bau Beteiligten	28
3	Zu Absatz 2 – Umfang der Bauüberwachung	30
3.1	Zu Satz 1 – Beschränkung auf Stichproben	32
3.2	Zu Satz 2 – Verzicht auf Bauüberwachung.	36
4	Zu Absatz 3 – Nachweis der Grundrissfläche und der Höhenlage.	38
5	Zu Absatz 4 – Probenentnahmen	42
6	Zu Absatz 5 – Recht auf Einsichtnahme der beauftragten Personen	43
7	Zu Absatz 6 – Erkennen von systematischen Rechtsverstößen	48

0   Änderungen gegenüber der BauO NW 1984 und der BauO NW 1995

01   Die Vorschrift des § 81 **BauO NW 1995** entsprach bis auf redaktionelle Anpassungen an die Vorschriften über Bauprodukte und Bauarten § 76 BauO NW 1984. Abs. 2 Nr. 2 wurden um die **CE-Kennzeichnung** nach den Vorschriften des BauPG erweitert.

02   Die **BauO NRW 2000** hat § 81 BauO NW 1995 wesentlich umgestaltet:
– Abs. 1 Satz 1 begründet eine **grundsätzliche Pflicht zur Überwachung** der ordnungsgemäßen Bauausführung und unter Übernahme des alten Abs. 2 Nr. 3 auch der Einhaltung der Pflichten der am Bau Beteiligten. Satz 2 entspricht dem alten Satz 2. Der **neue Satz 3** regelt, dass die Bauüberwachung in Bezug auf die von den staatlich anerkannten Sachverständigen wahrgenommenen Prüfbereiche entfällt. Der **neue Satz 4** steht im Zusammenhang mit Satz 1 und erlaubt zur Entlastung der Bauaufsichtsbehörden den vollständigen Verzicht auf die Bauüberwachung im vereinfachten Genehmigungsverfahren (s. LT-Drucks. 12/3738 S. 92 zu Art. I Nr. 55 – § 81).
– Der **alte Abs. 2 entfiel** in Bezug auf die bauproduktenrechtlichen Überwachungspflichten (Nr. 1 und 2), weil sich diese Anordnungen allein an die Bauaufsichtsbehörde richteten und in Nr. 81.13 VV BauO NRW übernommen werden konnten.
– Der **Satz 1 des alten Abs. 3 entfiel** als überflüssige Doppelregelung zu § 82 Abs. 1 Satz 2 1995 = § 82 Abs. 2 Satz 2 BauO NRW 2000.
– Der **neue Abs. 2** und begründet mit dem **neuen Satz 1** eine grundsätzliche Pflicht, der Bauaufsichtsbehörde die Einhaltung der Grundrissfläche und Höhenlage nachzuweisen. Satz 2 übernimmt Satz 2 des alten Abs. 3.
– Der **neue Abs. 3** entspricht Satz 3 des alten Abs. 3.
– Abs. 4 blieb als einziger **unverändert**.

03   In der **BauO NRW 2018** wird die Vorgängerregelung im Wesentlichen beibehalten. In Absatz 1 wird die Bauüberwachung in das Ermessen der Bauaufsichtsbehörde gestellt. Absatz 2 stellt klar, dass der Umfang der Bauüberwachung auf den Genehmigungsinhalt beschränkt ist. Absatz 6 wird neu in das Regelwerk der BauO NRW 2018 aufgenommen und regelt, dass systematische Rechtsverstöße der für die Marktüberwachung zuständigen Stelle angezeigt werden sollen.

1 Allgemeines

Seit jeher besteht die Aufgabe der Bauaufsicht nicht nur in der präventiven Prüfung von Baugesuchen, sondern auch in der **begleitenden Kontrolle der Bauausführung;** § 4 PrEBO »Baupolizeiliche Abnahmen« sah vor, dass der Bauherr den Baubeginn der Ortspolizeibehörde anzuzeigen hatte, damit die Bauausführung überwacht und mit den Abnahmen (Rohbau- bzw. Gebrauchsabnahme) abgeschlossen werden konnte. Diese **Kontrollfunktion** wurde mit den §§ 102–104 MBO 1960 in die **Bauüberwachung** und die **Bauabnahmen** klarer aufgeteilt und schließlich in die §§ 77 und 78 MBO 1981 übernommen. Dabei entschloss sich die ARGEBAU, nicht mehr von »Bauabnahmen«, sondern von **Bauzustandsbesichtigungen** zu sprechen, um Verwechslungen mit der zivilrechtlichen Abnahme nach der VOB auszuschließen. Der Begriff Überwachung besitzt ebenfalls für das private Baurecht Bedeutung. Nach § 4 Nr. 1 Abs. 2 VOB Teil B gilt: »Der Auftraggeber ist berechtigt, die vertragsgemäße Ausführung der Leistung zu **überwachen**« (zu dieser zivilrechtlichen Überwachungsfunktion s. Locher, Rn. 203). 1

Den Begriff **Überwachung** verwendet die BauO NRW 2018 gleich mehrfach in: 2
– **§ 18 Absatz 4** und **§§ 24 und 25** zur Umschreibung spezieller Kontrollpflichten aus Anlass der Verwendung von Bauprodukten (**Eigen- und Fremdüberwachung**),
– § 58 zur Umschreibung allgemeiner Kontrollbefugnisse der Bauaufsichtsbehörden aus Anlass der Errichtung, Änderung, Nutzung, Nutzungsänderung und Instandhaltung von Anlagen (**allgemeine Überwachung**),
– § 79 zur Umschreibung der **Kontrollpflichten des öffentlichen Bauherrn**, die diesem im Zustimmungsverfahren in Anlehnung an die formelle Bauüberwachung nach § 83 obliegen,
– § 83 zur Umschreibung der **Kontrollpflichten der Bauaufsichtsbehörde** aus Anlass der Ausführung genehmigungsbedürftiger Anlagen (**Bauüberwachung**).

Gefahren für die öffentliche Sicherheit und Ordnung können sowohl von genehmigungsbedürftigen als auch von genehmigungsfreien Vorhaben ausgehen. Aus diesem Grunde hat der Gesetzgeber die Bauaufsichtsbehörden mit § 58 BauO NRW 2018 generell zur Überwachung der Einhaltung baurechtlich relevanter Vorschriften ermächtigt. Die **Überwachung im weiteren Sinne nach § 58 BauO NRW 2018** führt die Bauaufsichtsbehörde nach den Regeln der BauO NRW 2018, des OBG, des VwVG NW und des OWiG durch, um insbesondere ordnungsbehördlich einzuschreiten. Hiervon zu unterscheiden ist die **Bauüberwachung im engeren Sinne nach § 83** als ein an die Baugenehmigung anschließender Überprüfungsvorgang. Die Bauüberwachung nach § 83 stellt eine **Konkretisierung der allgemeinen Überwachung** nach § 58 BauO NRW 2018 in Bezug auf genehmigungsbedürftige bauliche Vorgänge durch besondere Befugnisse der Bauaufsichtsbehörden **für die Phase der Bauausführung** dar (vgl. Jeromin, zu § 78 Rn. 3). Sie dauert so lange an, bis das Bauvorhaben in Übereinstimmung mit den genehmigten Bauvorlagen eventuell unter Berücksichtigung erforderlich werdender Nachträge und unter Beachtung der Nebenbestimmungen zur Baugenehmigung restlos fertiggestellt ist. Danach setzt wiederum die Phase der allgemeinen Überwachung nach § 58 BauO NRW 2018 ein. Sowohl die allgemeine Überwachung nach § 58 BauO NRW 2018 als auch die Bauüberwachung 3

§ 83 Bauüberwachung

nach § 83 erfolgen **im öffentlichen Interesse**, um Gefahren für die Allgemeinheit, die Bewohner und Benutzer und die mit den Bauarbeiten betrauten Personen abzuwehren (vgl. § 3 Absatz 1 und § 58 Absatz 2 Satz 1 BauO NRW 2018). Sie dienen nicht dazu, den Bauherrn vor unnötigen finanziellen Aufwendungen zu schützen (BGH, Urt. v. 27.05.1963 – III ZR 48/62, BGHZ 39, 358 = NJW 1963, 1821) oder dem Bauherrn das wirtschaftliche Risiko abzunehmen (BGH, Beschl. v. 30.07.1997 – III ZR 166/96, NVwZ-RR 1997, 675). Stellt die Bauaufsichtsbehörde bei einer Baukontrolle einen **gefährlichen Bauzustand** fest, z.b. ein nicht unterfangenes Nachbarfundament, besteht nach § 58 Absatz 2 Satz 2 BauO NRW 2018 eine **Pflicht zum Einschreiten**. Der **Personenschutz** als höchstes Schutzgut des Bauordnungsrechts **genießt absoluten Vorrang** vor allen sonstigen Gesichtspunkten.

4 Die **Baugenehmigung** (§ 74 BauO NRW 2018), die **Bauüberwachung** (§ 83 BauO NRW 2018) und die **Bauzustandsbesichtigungen** (§ 84 BauO NRW 2018) sowie die sich evtl. während der späteren Nutzungsphase hieran anschließenden **wiederkehrenden Prüfungen** (§ 50 Absatz 2 Nr. 23 BauO NRW 2018) und indirekt auch die **Brandverhütungsschauen** (§ 26 BHKG) sind Teile eines **Gesamtsicherheitssystems** für das Bauen. Insoweit verfolgen die vom gleichen Gesetzgeber erlassene BauO NRW und das BHKG trotz unterschiedlicher Gesetzeszwecke **gemeinsame Ziele** in Bezug auf die Sicherheit von baulichen Anlagen; dies drückt sich auch in dem engen Zusammenwirken der Bauaufsichtsbehörden bzw. der staatlich anerkannten Sachverständigen für die Prüfung des Brandschutzes mit den Brandschutzdienststellen bei der Beurteilung der Baugesuche aus. Um das erreichte **Sicherheitsniveau** nicht zu senken – dies wünscht sicherlich niemand –, war bereits bei der Neufassung der BauO NW 1984 davon ausgegangen worden, dass Abzüge im Überwachungsbereich zu Aufschlägen bei der Bemessung der baulichen Konstruktion und diese wiederum zu erhöhten Baukosten führen. Auch die weitere Überlegung, dass die Baugenehmigung in ihrer Wirksamkeit weitgehend eingeschränkt wäre, wenn ihre Beachtung bei der Errichtung der baulichen Anlage nicht kontrolliert würde (vgl. die Begründung zur BauO NW 1984, LT-Drucks. 9/2721 S. 73 Nr. 5).

5 Die **Durchführung der Bauüberwachung** erfordert eine Besetzung **jeder** Bauaufsichtsbehörde mit für diese Aufgabe **geeigneten Fachkräften**. Die **Beurteilung** der **ordnungsgemäßen Bauausführung** setzt nämlich gerade im Interesse der Sicherheit **besondere technische Fachkenntnisse** voraus. Es ist daher **unverantwortlich**, nicht ausreichend vorgebildete Personen mit Bauüberwachungsaufgaben zu betrauen, nur um Personalkosten einzusparen, insbesondere wenn es sich bei den zu überwachenden Objekten um **Sonderbauten** handelt, für die »**wiederkehrende Prüfungen**« und »**Brandschauen**« vorgesehen sind (s. Anmerkungen zu § 50 Rdn. 19 ff.). Bedauerlicherweise wird die unzureichende Wahrnehmung originärer bauaufsichtlicher Sicherheitsaufgaben im Rahmen der Überwachung infolge verstärkten Personaleinsatzes zur Verkürzung der Dauer des eigentlichen Baugenehmigungsverfahrens immer erst nach Brandkatastrophen in der Öffentlichkeit diskutiert (vgl. hierzu den Bericht der Unabhängigen Sachverständigenkommission zur Prüfung der Konsequenzen aus dem Brand auf dem Rhein-Ruhr-Flughafen Düsseldorf – Teil 1 – vom 14.04.1997, Kapitel 4 S. 24 und 25).

Die Bauüberwachung nach § 83 kommt **nur für genehmigungsbedürftige Vorhaben** 6
in Betracht. Dies ergibt sich aus dem Überwachungsumfang in Absatz 2 Satz 1, so dass
für freigestellte Vorhaben – auch solche nach § 63 BauO NRW 2018 – schon rein begrifflich eine Bauüberwachung im engeren Sinne ausscheidet. **Freigestellte Vorhaben**
unterliegen jedoch der **allgemeinen Überwachung nach § 58 BauO NRW 2018** (s.
vorausgehende Rdn. 3). Auch **Fliegende Bauten** unterliegen einer Bauüberwachung,
da § 78 Absatz 10 BauO NRW 2018 die entsprechende Anwendung des § 83 Absatz 1
und 5 BauO NRW 2018 anordnet. Für Vorhaben öffentlicher Bauherren im **Zustimmungsverfahren** findet gemäß § 79 Absatz 1 Satz 1 BauO NRW 2018 **keine formelle
Bauüberwachung** durch die Zustimmungsbehörde statt, jedoch hat der öffentliche
Bauherr selbst – anstelle der Zustimmungsbehörde – die Bauarbeiten zu überwachen.

Vorhaben, deren **Baugenehmigung** gemäß § 61 Absatz 1 BauO NRW 2018 von einer 7
Genehmigung, einer Erlaubnis oder einer Gestattung anderer Behörden oder Dienststellen **eingeschlossen** wird, bedürfen dennoch einer **Bauüberwachung** durch die
Bauaufsichtsbehörde. Diese Rechtslage kann im praktischen Vollzug zu Koordinationsproblemen führen (vgl. Gaentzsch, Konkurrenz paralleler Anlagengenehmigungen,
NJW 1986, S. 2787 ff. und Fluck, Die Konzentrationswirkung der immissionsschutzrechtlichen Genehmigung und ihre Grenzen, NVwZ 1992, S. 114 ff.). Das
Erlöschen der immissionsschutzrechtlichen Genehmigung infolge der **Aufhebung des
Genehmigungserfordernisses** durch Änderung der 4. BImSchV hat nicht gleichzeitig
auch das Erlöschen der eingeschlossenen Baugenehmigung zur Folge. Die erteilte
Genehmigung bleibt insoweit **partiell** einschließlich hierauf zu beziehender Nebenbestimmungen **bestehen** (OVG NRW, Urt. v. 15.03.1993 – 21 A 1691/89, BRS 55
Nr. 153 = NVwZ 1994, 184).

Eine **Nutzungsänderung ohne bauliche Änderungen** und damit ohne genehmigungs- 8
bedürftige »Bauarbeiten« ist **kein baulicher Vorgang** im Sinne des § 81 BauO NRW
2018 und **bedarf keiner Bauüberwachung**, so dass die Bauaufsichtsbehörde deren
Realisierung nur nach § 58 BauO NRW 2018 allgemein »überwachen« kann (s.
Rdn. 6). Die allgemeine Überwachung nach § 58 BauO NRW 2018 kann im Einzelfall aus Gründen der Gefahrenabwehr durchaus die Kontrollintensität einer Bauüberwachung nach § 83 aufweisen, so dass der Verordnungsgeber hierfür einen besonderen
Gebührentatbestand geschaffen hat (s. Rdn. 10).

Die **Bauüberwachung** baulicher Vorgänge nach § 83 stellt eine **Amtshandlung im** 9
Sinne des Gebührenrechts dar. Um zu erreichen, dass die Bauaufsichtsbehörden
ihr Augenmerk verstärkt der Phase der Bauausführung zuwenden, hat der Verordnungsgeber die Gebührenerhebung an die **tatsächliche Durchführung** der Bauüberwachung und deren **Intensität** gekoppelt. Dies dient daneben auch der Erhöhung
der **Transparenz** und der **Gerechtigkeit** bei der Gebührenbemessung (hierzu s.
Dietlein, Rechtsprobleme der Bauüberwachungsgebühr, BauR 1998, S. 1178 ff.).
Die leistungsorientierte Gebührenbemessung bezweckt zusätzlich als **Anreiz**, dass
der jeweilige **Träger** der Bauaufsichtsbehörde **ausreichend qualifiziertes Personal** für die
im Gesamtsicherheitssystem (s. Rdn. 4) wichtige Bauüberwachung bereitstellt. Aus
§ 57 Abs. 2 BauO NRW 2018 ergibt sich allerdings ohnehin die Rechtspflicht zur

§ 83 Bauüberwachung

Besetzung der Bauaufsichtsbehörde mit ausreichend qualifiziertem technischen Personal (s. Anmerkungen zu § 57 Rdn. 24ff.). Wird die Bauüberwachung nicht nach § 57 Abs. 2 BauO NRW 2018 qualifizierten Personen sondern anderem Personal übertragen, um ein »Haushaltsloch« zu schließen, so liegt darin – über den reinen Rechtsbruch hinaus – auch eine Amtspflichtverletzung, wenn es hierdurch zu Schäden kommt. Es versteht sich von selbst, dass für die Bauüberwachung **nur Gebühren** erhoben werden können, wenn diese **Amtshandlung** von einer dafür **qualifizierten technischen Person durchgeführt** wird, da ansonsten das Äquivalenzprinzip verletzt wird. Um überhaupt Gebühren erheben zu können, müssen die Grundanforderungen an die Bauüberwachung eingehalten sein.

10 Für die Überwachung einer **Nutzungsänderung ohne bauliche Änderungen**, die keine Bauüberwachung nach § 83 darstellt (s. Rdn. 8), gilt **Tarifstelle 2.4.10.8**. Danach ist für die Überprüfung, ob bei einer **genehmigungsbedürftigen** Nutzungsänderung im Sinne der Tarifstelle 2.4.3 Buchstabe a) die mit der Genehmigung verbundenen **Nebenbestimmungen** eingehalten wurden, eine **Überwachungsgebühr nach Zeitaufwand** zu erheben, und zwar je angefangene Viertelstunde **ein Viertel der vollen** Gebühr nach Tarifstelle 2.1.4. Bei der Berechnung der Gebühr ist die Zeit anzusetzen, die unter regelmäßigen Verhältnissen von einer entsprechend ausgebildeten Fachkraft benötigt wird. Für jede angefangene Arbeitsstunde wird ein Betrag von **1,35 %** des **Monatsgrundgehalts** eines Landesbeamten in der **Endstufe** der Besoldungsgruppe **A 15** berechnet. Der Betrag wird jährlich im Ministerialblatt bekannt gegeben.

11 Für die Gebührenbemessung im Rahmen der Bauüberwachung nach § 83 BauO NRW enthält der **Allgemeine Gebührentarif zur AVerwGebO NRW** die **Tarifstellen 2.4.10.1** und **2.4.10.2**. Die Bauüberwachungsgebühr steht in **Abhängigkeit** von der Gebühr für die Erteilung der Baugenehmigung (»**Grundgebühr**«). Die Gebühren werden für die – stichprobenhafte – Bauüberwachung erhoben, ob entsprechend den genehmigten Bauvorlagen unter Beachtung der Nebenbestimmungen der Baugenehmigung gebaut wird. Zu beachten ist, dass die Bauüberwachungsgebühr auch **dann zu erheben** ist, wenn das **Vorhaben anderen Rechtsvorschriften unterfällt** und nach § 61 Absatz 1 BauO NRW 2018 in diese Genehmigung die **Baugenehmigung eingeschlossen** ist.

12 Tarifstelle **2.4.10.1** mit den **Buchstaben a)** und **b)** gilt für Vorhaben nach § 64 Absatz 1 Satz 1 BauO NRW 2018, die im **vereinfachten Genehmigungsverfahren** geprüft werden. Danach kann **maximal 50 % der Grundgebühr** für **alle Termine** der durchgeführten Bauüberwachungen erhoben werden. Dies gilt auch dann, wenn zusätzlich zu Buchstabe a) Gebühren nach Buchstabe b) anfallen.

Buchstabe a) behandelt die **in allen Fällen** zu erhebende Bauüberwachungsgebühr und ermöglicht **für jeden Termin** der Bauüberwachung die Erhebung einer Gebühr von **bis zu 7 % der Grundgebühr**. Demnach kommt rein rechnerisch die Höchstgebühr erst bei mindestens 8 durchgeführten Bauüberwachungen in Betracht (7 × 7 % = 49 %, so dass ein Rest von 1 % für die 8. Überwachung verbleibt), wobei zu berücksichtigen ist, dass der Bauaufsichtsbehörde hier ein Beurteilungsspielraum

1750   Wenzel

zusteht, wonach die Gebühr für eine Bauüberwachung auch niedriger als 7 % der »Grundgebühr« sein kann. Bei der Bemessung der Gebühr ist der **entstandene Verwaltungsaufwand** zur Durchführung der Bauüberwachung zu berücksichtigen. Der wirtschaftliche Vorteil für den Bauherrn ist zu vernachlässigen, da dieser bereits in die Grundgebühr eingeflossen ist. Für den Normalfall sollte daher eine Gebühr unterhalb der Höchstgebühr angesetzt werden, damit noch Spielraum für besonders aufwändige Fälle bleibt.

Buchstabe b) kommt zur Anwendung, wenn die Bauaufsichtsbehörde **auf Antrag** des Bauherrn nach **§ 68 Absatz 1 Satz 5 BauO NRW 2018** die Anforderungen an den baulichen **Brandschutz im Genehmigungsverfahren geprüft** hat, und ermöglicht **zusätzlich** zu der für Buchstabe a) Bauüberwachungsgebühren bis zu **20 %** der für die **Prüfung des baulichen Brandschutzes** nach den Tarifstellen 2.4.1.5 Buchstabe c) oder 2.4.2.5 Buchstabe c) erhobenen Grundgebühr.

Tarifstelle 2.4.10.2 gilt für Vorhaben nach § 65 BauO NRW 2018, die dem »normalen« Genehmigungsverfahren als **große** Sonderbauten unterfallen. Danach kann für jeden Termin der Bauüberwachung eine Gebühr von bis zu **17 % der Grundgebühr** erhoben werden. Als **Höchstgrenze** für alle Termine der Bauüberwachung zusammen gilt **eine volle** »Grundgebühr«, so dass für das Erreichen der höchst möglichen Gebühr mindestens sechs Termine erforderlich werden. 13

Nach **Tarifstelle 2.4.10.7** werden **neben** den Gebühren nach Tarifstelle 2.4.10.1 bis 2.4.10.3 für die Prüfung bei Bauüberwachungen von baulichen Anlagen, 14
– ob entsprechend den genehmigten bautechnischen Nachweisen (§ 8 BauPrüfVO) gebaut wurde und
– ob die Nachweise der Verwendbarkeit der Bauprodukte vorliegen sowie die für ihre Verwendung oder Anwendung getroffenen Nebenbestimmungen eingehalten werden,

Gebühren nach dem **Zeitaufwand** erhoben (s. Rdn. 10). **Voraussetzung** ist jedoch, dass die Bauaufsichtsbehörde gemäß **§ 84 Absatz 2 Satz 3 BauO NRW 2018** verlangt hat, ihr oder einem Beauftragten Beginn und Ende bestimmter Bauarbeiten anzuzeigen.

Neben den Bauüberwachungsgebühren werden nach Tarifstelle 2.2.1 und 2.2.2 als **Auslagen** zusätzlich erhoben: 15
– Kosten für die Inanspruchnahme **von nach § 58 Absatz 5 BauO NRW 2018** herangezogenen Sachverständigen oder sachverständigen Stellen bzw.
– Vergütungen für die Inanspruchnahme **eines Prüfamtes oder eines Prüfingenieurs.**

Zu den **Nebenkosten** der Prüfämter und Prüfingenieure gehören insbesondere die Reisekosten. **Kosten** für **Dienstreisen** oder **Dienstgänge** der **Bediensteten** der Bauaufsichtsbehörde aus Anlass der Bauüberwachung sind dagegen nach Tarifstelle 2.2.3 bereits durch die Bauüberwachungsgebühren **abgegolten**.

Ermäßigungen der Bauüberwachungsgebühren um 50 % bis 80 % sind anzusetzen, wenn hinzugezogene Sachverständige oder sachverständige Stellen die Bauüberwachung 16 überwiegend selbst ausüben, da die Gebühren nach Tarifstelle 2.4.10 von der Bauaufsichtsbehörde nur im Rahmen der von ihr wahrgenommenen Tätigkeiten erhoben werden können (Tarifstelle 2.3.2). »Überwiegend von diesen ausgeübt« bezieht sich dabei auf den Aufgabenbereich des Sachverständigen bzw. der sachverständigen Stelle.

17 Die Gebühren können mit jeweils **gesonderten Bescheiden** festgesetzt werden. Aus Gründen der Verwaltungsvereinfachung ist es aber auch zulässig, die Gebühren für die einzelnen Amtshandlungen in **einem** Bescheid **zusammenzufassen** (Tarifstelle 2.4.10). Es ist zweckmäßig die Bauüberwachungsgebühren zusammen mit denen über die Bauzustandsbesichtigungen zu erheben, wodurch sich in der Regel nur zwei Gebührenbescheide ergeben. Die **Ansätze** müssen **nachprüfbar** sein; auf die Gebührentarife ist deshalb Bezug zu nehmen. **Vermerke** über die **einzelnen Termine**, den **Prüfumfang** und die **Prüffeststellungen** sind in die **Bauakten** aufzunehmen, da sonst im Streitfalle die Rechtmäßigkeit der Gebührenfestsetzung nicht festgestellt werden kann.

2 Zu Absatz 1 – Grundsatz

18 Während § 77 Abs. 1 Satz 1 MBO 1997 (= § 81 Abs. 1 MBO 2002) die Bauüberwachung nicht zwingend vorsieht (kann … überprüfen), bildete § 81 BauO NW 1995 – entsprechend dem Vorgängerrecht – die **Bauüberwachung als Rechtspflicht** aus (**hat … zu überwachen**). Die BauO NRW 2018 entschärft die Vorschrift des § 83 wieder, indem daraus wieder eine »Kann-Vorschrift« gemacht wird. Diese Kann-Vorschrift wird mit Absatz 2 Satz 2, wonach die Bauaufsichtsbehörde bei Vorhaben nach § 64 BauO NRW 2018 auf die Bauüberwachung verzichten kann (vgl. Anmerkungen zu Rdn. 36–37), wieder relativiert. Andere Bauordnungen halten wegen der Bedeutung der Bauüberwachung für die spätere Sicherheit der Bewohner und Benutzer von Gebäuden an einer verschärften Fassung der Vorschrift fest. Schließlich vertrauen die Bewohner und Benutzer darauf, dass Bauwerke nach bauaufsichtlicher Prüfung und Überwachung gefahrlos genutzt werden können. Dies gilt besonders für öffentlichen Zwecken dienende Gebäude, wie z.B. Krankenhäuser, Schulen, Theater, Sporthallen oder vergleichbare Einrichtungen. Aber auch im Wirtschaftsleben besteht die Erwartung, dass Industrie- und Gewerbebauten, Banken, Kaufhäuser, Läden, Gaststätten oder Hotels für die Nutzer keine Gefahren aufweisen. Aus diesem Grund sollte die Bauaufsichtsbehörde trotz der vielfältigen sonstigen Aufgaben besonderes Augenmerk auf die Überwachung genehmigter Bauvorhaben legen.

19 Nach **Absatz 1** in Verbindung mit Absatz 2 Satz 2 ist die **Bauüberwachung** großer Sonderbauten im **normalen** Genehmigungsverfahren (§ 65 BauO NRW 2018) **grundsätzlich geboten**.

20 Absatz 1 nennt als **Gegenstände der Bauüberwachung**
 – die **Einhaltung der öffentlich-rechtlichen Vorschriften** und **Anforderungen** sowie
 – die **ordnungsgemäße Erfüllung der Pflichten der am Bau Beteiligten**.

Das materiell-rechtliche Prüfprogramm ist im **normalen** und **einfachen** Genehmigungsverfahren unterschiedlich. Da die Bauüberwachung an das Genehmigungsverfahren anschließt, weist auch die Bauüberwachung im normalen und einfachen

Genehmigungsverfahren **unterschiedliche Überwachungsgegenstände** auf; sie erfasst bei Vorhaben im normalen Genehmigungsverfahren weit mehr Überwachungsgegenstände als bei Vorhaben im einfachen Genehmigungsverfahren.

Welche **öffentlich-rechtlichen Vorschriften** einzuhalten sind, ergibt sich aus der **Baugenehmigung** und deren **Nebenbestimmungen**. Die Einhaltung öffentlich-rechtlicher Vorschriften ist nur insoweit Gegenstand der Bauüberwachung, als entsprechende Vorschriften nach § 74 Absatz 1 BauO NRW 2018 überhaupt zu prüfen waren. Damit ist die »**Schlusspunkttheorie**« angesprochen; was nicht Gegenstand der feststellenden Wirkung der Baugenehmigung ist, kann auch nicht Gegenstand der Bauüberwachung durch die Bauaufsichtsbehörde sein, da hierfür **andere Behörden in eigener Verantwortung zuständig** sind. Diese Behörden sind gegebenenfalls von der Bauaufsichtsbehörde über den Baubeginn zu unterrichten, damit sie ihrer eigenen Überwachungspflicht aufgrund der fachgesetzlichen Vorschriften nachkommen können. Hinzu kommen die **Anforderungen des öffentlichen Baurechts**, die sich generell einer präventiven Prüfung entziehen, weil sie an die Bauausführung direkt anknüpfen, das sind in erster Linie die Anforderungen des **Bauproduktenrechts**. 21

2.1 Genehmigungskonforme Bauausführung

Die Prüfung der **Übereinstimmung der Ausführung mit der Baugenehmigung** ist deswegen sehr wichtig, weil gerade bei abweichender Bauausführung eine präventive Kontrolle nicht stattfinden konnte und von daher die Wahrscheinlichkeit größer ist, dass nicht hinzunehmende Mängel auftreten. Die mit Zugehörigkeitsvermerk der Bauaufsichtsbehörde versehen **Bauvorlagen** sind Bestandteil der Baugenehmigung und **für die Ermittlung des Regelungsgehalts verbindlich** (OVG Bln, Beschl. v. 26.01.1995 – 2 S 35/94, BRS 57 Nr. 193 = NVwZ 1995, 1009). Die Hauptaufgabe der Bauaufsichtsbehörde, rechtmäßige Baugenehmigungen zu erteilen (so VGH B-W, Urt. v. 15.09.1986 – 3 S 2547/85, BauR 1987, 67 = BRS 46 Nr. 174), **korrespondiert** mit der **Pflicht zu überwachen**, ob den genehmigten Bauvorlagen entsprechend gebaut wird. Die Überwachung sollte bereits früh mit der **Überprüfung der Einhaltung der Grundrissflächen und der festgelegten Höhenlage** einsetzen, da Fehler in dieser Ausführungsphase später kaum noch korrigiert werden können. 22

Die Kontrolle der Übereinstimmung der Ausführung mit den genehmigten Bauvorlagen ist sowohl für das Bauordnungsrecht, als auch für das **Bauplanungsrecht** von großer Bedeutung. Bereits durch geringfügige Volumenvergrößerungen können z.B. die Festsetzungen des Bebauungsplanes zur zulässigen Zahl der Vollgeschosse oder zu den überbaubaren Grundstücksflächen nachteilig berührt sein. Für Vorhaben im Außenbereich sieht § 35 BauGB besonders enge Zulässigkeitsgrenzen vor. Wird in deutlicher Abweichung von genehmigten Bauvorlagen gebaut, ist das Bauwerk auch dann insgesamt illegal, wenn einzelne Bauteile auf der Grundlage der Baugenehmigung errichtet werden dürfen (OVG NRW, Urt. v. 13.02.1987 – 10 A 29/87, BRS 47 Nr. 193, zur Instandsetzung und geringfügigen Erweiterung eines Altbaus im Außenbereich). 23

§ 83 Bauüberwachung

24 Die Abweichung von den genehmigten Bauvorlagen stellt eine genehmigungsbedürftige, aber ungenehmigte Baumaßnahme dar, die allein im Hinblick auf deren **formelle Illegalität** untersagt werden kann; die Grundsätze, die ausnahmsweise für formell illegale, materiell aber offensichtlich genehmigungsfähige Nutzungen oder Nutzungsänderungen gelten, greifen nicht ein. Anders als bei Nutzungsänderungen (ohne genehmigungsbedürftige bauliche Vorgänge) müssen bauüberwachungsbedürftige Vorhaben bautechnischen Anforderungen genügen, deren Einhaltung nur aufgrund entsprechender Nachweise und Berechnungen insbesondere im Hinblick auf die Standsicherheit geprüft werden kann. Erst wenn die Überprüfung unter Mitwirkung von Fachleuten ergeben hat, dass die Baumaßnahme **bautechnisch einwandfrei** ist, kann die Baugenehmigung erteilt werden. Es liegt auf der Hand, dass diese bautechnische Unbedenklichkeit nur in dem dafür vorgesehenen Verfahren unter Mitwirkung von Experten, insbesondere von Statikern, nicht aber durch eine überschlägige Bewertung von bautechnischen Laien, z.B. von Spruchkörpern der Verwaltungsgerichte, festgestellt werden kann (so ausdrücklich das OVG NRW, Beschl. v. 02.10.1987 – 11 B 1594/87, BRS 47 Nr. 197).

25 Diese zum normalen Genehmigungsverfahren ergangene Rechtsprechung ist auch auf das **einfache Genehmigungsverfahren** übertragbar. Bei diesem besteht in Abweichung vom normalen Genehmigungsverfahren die Besonderheit, dass die **bautechnischen Nachweise** gemäß § 68 Absatz 1 BauO NRW 2018 erst **mit der Anzeige des Baubeginns** vorliegen müssen. Ausgenommen von dieser Vorlagepflicht sind nach § 68 Absatz 3 BauO NRW 2018 aufgrund der leicht beherrschbaren bautechnischen Risiken lediglich nicht genehmigungsbedürftige Vorhaben.

2.2 Einhaltung der Vorschriften über Bauprodukte und Bauarten

26 Satz 1 steht in **Verbindung mit** dem Grundsatz des **§ 58 Absatz 2 BauO NRW 2018**. Die Verwendung nicht ordnungsgemäß gekennzeichneter Bauprodukte ist zu untersagen bzw. die Bauarbeiten sind einzustellen (wegen der Übereinstimmungsnachweise und Kennzeichnungspflichten wird auf die §§ 18 ff. BauO NRW 2018 und § 7 PÜZÜVO verwiesen). Für die Bereithaltung der Nachweise an der Baustelle ist nach § 53 Absatz 1 Satz 2 BauO NRW 2018 der Bauherr und nach § 55 Absatz 1 Satz 2 BauO NRW 2018 der Unternehmer verantwortlich. Die Bauaufsichtsbehörde kann ihr Verlangen demnach **wahlweise** an den **Bauherrn** oder den **Unternehmer** richten, was sich auch aus § 52 BauO NRW 2018 ergibt, wonach zunächst der Bauherr und neben ihm die anderen am Bau Beteiligten im Rahmen ihres jeweiligen Wirkungskreises für die Einhaltung der öffentlich-rechtlichen Vorschriften verantwortlich (ordnungspflichtig) sind.

27 Für **Baudenkmäler** besteht mit § 23 Absatz 2 BauO NRW 2018 eine **Sonderregelung** (vgl. hierzu Anmerkungen zu § 23 Rdn. 7 f. und die dortigen weiteren Verweise).

2.3 Pflichten der am Bau Beteiligten

28 Es liegt auf der Generallinie der Landesbauordnung, die **Verantwortlichkeit der am Bau Beteiligten** stärker als bisher zu betonen, so dass wiederum den Bauaufsichtsbehörden

die Kontrolle der ordnungsmäßigen Erledigung der Pflichten der am Bau Beteiligten obliegt. Durch eine sinnvolle, zielgerechte Prüfung, ob die nach § 52–56 BauO NRW 2018 Verantwortlichen ihren Pflichten auch effektiv nachkommen, kann die Wirkung der Bauüberwachung insgesamt wesentlich erhöht werden.

Vornehmlich geht es um die **Pflichten** des **Bauherrn**, des **Unternehmers** und der **Fachunternehmer** und des **Bauleiters** bzw. der **Fachbauleiter**. Aber auch der Entwurfsverfasser hat für die Phase der Bauausführung noch Pflichten zu erfüllen; er hat nämlich die **für die Ausführung des Entwurfs notwendigen Einzelzeichnungen, Einzelberechnungen und Anweisungen** zu liefern (s. Anmerkungen zu § 54 Rdn. 22 und 23). Der Entwurfsverfasser kann demnach ebenfalls von Bauüberwachungsmaßnahmen betroffen sein (a. A. Boeddinghaus/Hahn/Schulte/Radeisen, zu § 81 Rn. 10).   29

3 Zu Absatz 2 – Umfang der Bauüberwachung

Die **Intensität der Bauüberwachung** genehmigungsbedürftiger Vorhaben hängt von der Art des Vorhabens ab. Es kann nur das überwacht werden, was auch Bestandteil der bauaufsichtlichen Prüfung gewesen ist. Dadurch wird der Umfang der Überwachung im einfachen Baugenehmigungsverfahren naturgemäß geringer ausfallen, als dies bei Vorhaben der Fall ist, die dem normalen Baugenehmigungsverfahren unterfallen. Hierbei ist zu differenzieren zwischen dem grundsätzlichen Erfordernis der Bauüberwachung (**ob überhaupt** erforderlich nach **Satz 2**) und der Intensität einer grundsätzlich für erforderlich angesehenen Bauüberwachungsmaßnahme (**inwieweit** erforderlich nach **Satz 1**). Dies kann nicht schematisch, sondern nur anhand der konkreten **Umstände des Einzelfalles** beurteilt werden. Das Gesetz erlaubt es nicht, personalwirtschaftliche, fiskalische oder organisatorische Gesichtspunkte zur Beurteilung der Erforderlichkeit von Bauüberwachungsmaßnahmen heranzuziehen. Ergibt sich aus den konkreten Umständen des Einzelfalls, dass eine Bauüberwachung aus Sicherheitsaspekten erforderlich ist, **muss** die Bauaufsichtsbehörde diese durchführen.   30

Stellt die Bauaufsichtsbehörde das Erfordernis von Bauüberwachungen fest, so gilt der Grundsatz, dass, je früher ein beachtenswerter Verstoß festgestellt wird, desto einfacher und für den Bauherrn kostengünstiger kann dieser im weiteren Verlauf behoben werden. Dies bedeutet, dass die Behörde nicht aus falsch verstandener Rücksicht auf den Bauherrn die Bauüberwachungen zu spät beginnt oder in zu großen Zeitabständen durchführt oder einzelne an sich überwachungswürdige Ausführungsschritte gar nicht kontrolliert. Letztlich liegt eine ordnungsgemäße Bauüberwachung durch die Bauaufsichtsbehörde auch im Interesse des Bauherrn, da er dadurch sicher sein kann, dass die Bauausführung unter Einhaltung aller sicherheitsrelevanten Aspekte erfolgt ist.   31

3.1 Zu Satz 1 – Beschränkung auf Stichproben

Die Regelung nach Satz 1 drückt eine Selbstverständlichkeit aus. Eine **lückenlose Bauüberwachung** ist den Bauaufsichtsbehörden ohnehin aus personellen Gründen **nicht möglich**, sie ist aber vom Gesetzgeber auch nicht gewollt, da er in erster Linie die   32

§ 83   Bauüberwachung

am Bau Beteiligten zur Einhaltung der öffentlich-rechtlichen Vorschriften verpflichtet (vgl. § 52 BauO NRW 2018). Um Missverständnisse auszuschließen, wäre es daher besser gewesen die Vorschrift anders zu formulieren, etwa: »Die Überwachung soll sich auf Stichproben beschränken.« Bei einer solchen Fassung wäre die Bauaufsichtsbehörde im Regelfall zur Durchführung von Stichproben verpflichtet, könnte aber beim Vorliegen atypischer Sachverhalte die Kontrollen intensivieren.

33 Der Bauaufsichtsbehörde steht bei der Klärung der Frage, ob sie nach **Satz 1** die Bauüberwachung auf Stichproben beschränken soll, **ein Ermessensspielraum** zu. Hierbei geht es nicht um formale, sondern um **bautechnische Gesichtspunkte**, die nur von entsprechend vorgebildetem Personal richtig eingeschätzt werden können. Schließlich soll das **fertige Bauwerk sicher benutzbar** sein. Auch relativ kleine Bauvorhaben können bei unsachgemäßer Ausführung erhebliche Gefahren in sich bergen; z.B. kann der erste Rettungsweg im Brandfalle leicht verraucht werden, wenn auch nur eine der Anforderungen des § 35 BauO NRW 2018 fehlerhaft umgesetzt wird. Die Bedeutung der Bauüberwachung ergibt sich darüber hinaus für den Bauvorgang selbst; in der täglichen Praxis zeigen sich nämlich immer wieder Verstöße gegen einfachste Sicherheitsvorschriften, die ohne ordnungsbehördliches Eingreifen nicht beseitigt würden.

34 **Inwieweit** bei genehmigten baulichen Anlagen im Einzelfall die **Bauüberwachung** durchgeführt wird, richtet sich **vornehmlich nach der technischen Schwierigkeit** des Bauvorhabens unter Berücksichtigung möglicher Folgen, die sich aus der Nichtbeachtung von **Bauvorschriften** – auch solchen des »**Baunebenrechts**« – einschließlich der **allgemein anerkannten Regeln der Technik** für die bauliche Anlage und ihre Bewohner bzw. Benutzer ergeben können. Dabei sind auch die nach § 71 Absatz 4 BauO NRW 2018 im Baugenehmigungsverfahren zu prüfenden, nach § 3 Absatz 2 BauO NRW 2018 **eingeführten technischen Regeln** zu beachten. Die **Berechtigung von Bauüberwachungsmaßnahmen** im Einzelfall wird von den am Bau Beteiligten umso eher eingesehen werden, je mehr sich die Bauaufsichtsbehörde auf Gefahrenpunkte der konkreten baulichen Anlage konzentriert. Für die Beurteilung, inwieweit die Bauüberwachung erforderlich ist, kommen in Betracht:
– **Lage** der Baustelle und **Gefährdung** Dritter,
– **Beschaffenheit** des Baugrundes,
– **Schutzmaßnahmen** für Bäume und sonstige Bepflanzungen,
– **Bauart** und **Bauverfahren**,
– **Besondere Gefahrenpunkte** einzelner Gebäudeteile oder Bauteile,
– **Besondere Nebenstimmungen** zur Baugenehmigung,
– **Zuverlässigkeit** und **Sachkunde** der mit der Ausführung beauftragten Unternehmer.

35 Die Stichprobenregelung erlaubt der Bauaufsichtsbehörde die **Ausrichtung** der **Kontrollen auf bestimmte Gesichtspunkte**, z.B. bei Baubeginn auf die Absicherung der Baustelle und die Anordnung der Baugrube und des Schnurgerüstes, im Zuge der Rohbauerstellung auf die lage- und höhenmäßige Ausrichtung des Baukörpers und die Erfüllung der Anforderungen an die Feuerwiderstandsdauer bzw. Nichtbrennbarkeit der jeweiligen Bauteile, im Zuge der Ausbauarbeiten auf die Ausführung besonders

sicherheitsrelevanter Bauteile, wie z.b. von Umwehrungen, Treppenläufen und -geländern, Fensteröffnungen als 2. Rettungsweg, Nichtbrennbarkeit oder Schwerentflammbarkeit von Bekleidungen und Fußbodenbelägen in Rettungswegen, Anforderungen an Öffnungen in Treppenräumen, Fluren und Trennwänden.

3.2 Zu Satz 2 – Verzicht auf Bauüberwachung

Die Bauaufsichtsbehörde kann nach **Satz 2** im **einfachen** Genehmigungsverfahren auf die Bauüberwachung **verzichten**. Hierdurch ist noch kein genereller Verzicht durch den Gesetzgeber ausgesprochen. Vielmehr muss die Bauaufsichtsbehörde in jedem Einzelfall prüfen, **ob** ein **Verzicht vertretbar** ist. Da im vereinfachten Genehmigungsverfahren auch »**kleine**« Sonderbauten zu prüfen sind, wird zumindest in diesen Fällen auf die Bauüberwachung nicht verzichtet werden können. 36

Ob eine **Bauüberwachung** erforderlich ist, richtet sich in erster Linie nach der **Dauer und Intensität des Bauvorgangs**. Bei der Montage eines Werbeschildes oder einer Einfriedung ist keine Bauüberwachung erforderlich. Das Überwachungserfordernis bezieht sich vorrangig auf Gebäude, die gewöhnlich einen längeren Zeitraum zu ihrer Errichtung benötigen. Aber auch hier ist eine differenzierende Betrachtung geboten. Erfolgt z.B. das Aufstellen eines Fertigbaus für eine Kiosknutzung auf bereits vorhandenem befestigtem Gelände in kürzester Zeit, kann von einem Bauvorgang nicht gesprochen werden; demzufolge ist auch keine Überwachung eines solchen möglich. Bedarf das Aufstellen dieses Fertigbaus dagegen wegen des stark hängigen Geländes komplizierter Gründungen und Stützmauern, besteht infolge der technischen Schwierigkeit ein Überwachungserfordernis. Als **Faustformel** gilt: Bauvorgänge, die in kurzer Zeit abgeschlossen sind, erfordern keine Bauüberwachung, wenn die Einhaltung des öffentlichen Rechts mit der abschließenden Bauzustandsbesichtigung festgestellt werden kann und keine Gefährdung der Bauarbeiter oder Dritter durch den Bauvorgang zu befürchten ist. 37

4 Zu Absatz 3 – Nachweis der Grundrissfläche und der Höhenlage

Die **Rechtspflicht** nach **Satz 1** wurde mit der BauO NRW 2000 neu eingeführt. Danach ist der Bauaufsichtsbehörde die Einhaltung der Grundrissflächen und der Höhenlage der baulichen Anlage stets nachzuweisen; die Verpflichtung ist also ohne Ausnahme **zwingend**. Die **Nachweispflicht** ist nur im Zusammenhang mit § 74 Absatz 8 Satz 1 BauO NRW 2018 verständlich. Nach dieser Vorschrift muss die Grundrissfläche und die Höhenlage der genehmigten baulichen Anlage abgesteckt sein (s. Anmerkungen zu § 74 Rdn. 263 ff.). Über den **Zeitpunkt** der Vorlage enthält das Gesetz keine Angabe. Aus dem Regelungszusammenhang der §§ 83 und 84 BauO NRW 2018 ergibt sich aber, dass der Nachweis **spätestens mit der Anzeige der Fertigstellung des Rohbaus** vorzulegen ist. 38

Die nach **Satz 2** der Bauaufsichtsbehörde eingeräumte Befugnis zum Verlangen eines »**amtlichen Vermessungsnachweises**« ist vom Vorliegen besonderer Grundstücksverhältnisse abhängig und darf nicht mit der Gebäudeeinmessungspflicht nach § 14 Abs. 2 VermKatG NRW verwechselt werden. Die Bauaufsichtsbehörde ist nicht 39 verpflichtet, sondern lediglich unter **engen Voraussetzungen** ermächtigt, eine amtliche Einmessungsbescheinigung zu verlangen. Die Forderung ist von der Bauaufsichtsbehörde an den Bauherrn zu richten und muss im Zusammenhang mit § 74 Absatz 8 Satz 1 BauO NRW 2018 gesehen werden; es ist daher geboten, eine entsprechende Nebenbestimmung in die Baugenehmigung aufzunehmen. Die Ermächtigung dient nicht dazu, der Gemeinde zu vermessungstechnischen Unterlagen zu verhelfen, die sie in einem anderen Zusammenhang braucht.

40 Der **amtliche Vermessungsnachweis** kann **nur in Sonderfällen** verlangt werden, nämlich wenn es die besonderen Grundstücksverhältnisse **erfordern**, z.B. bei Grundstücken in Hanglage, bei sehr ungewöhnlichen oder beengten Grundstücksverhältnissen, oder wenn der Grenzabstand gerade noch eingehalten wird und nach dem Vorbringen des Angrenzers im Genehmigungsverfahren eine Unterschreitung des berechneten Abstandes auf jeden Fall vermieden werden muss. Nach Ausstellung einer keine Mängel aufführenden Bescheinigung über die Bauzustandsbesichtigung nach abschließender Fertigstellung des Bauwerks kann der amtliche Vermessungsnachweis nicht mehr gefordert werden, da diese Bescheinigung bestätigt, dass das Bauvorhaben entsprechend der Baugenehmigung und den genehmigten Bauvorlagen ausgeführt ist.

41 Ein **amtlicher Nachweis** über die Einhaltung der Grundrissflächen und Höhenlagen kann **nur durch Öffentlich bestellte Vermessungsingenieure oder Behörden** ausgeführt werden, die befugt sind, Vermessungen zur Einrichtung und Fortführung des Liegenschaftskatasters auszuführen. Über Namen und Anschriften der in Nordrhein-Westfalen tätigen Öffentlich bestellten Vermessungsingenieure erteilt Auskunft der »Bund der Öffentlich bestellten Vermessungsingenieure Landesgruppe Nordrhein-Westfalen«, Neuenhöfer Allee 49–51, 50935 Köln (www.bdvi-nrw.de).

5 Zu Absatz 4 – Probenentnahmen

42 Im Rahmen der Bauüberwachung können nach Absatz 4 die Bauaufsichtsbehörden und die von ihr Beauftragten Proben von Bauprodukten und ggf. aus fertigen Bauteilen entnehmen und prüfen lassen. Die **Art der Probenentnahmen** und die **Prüfstellen** sind nicht vorgeschrieben. Bei der Entnahme von Proben braucht der Baustofflieferant nicht anwesend zu sein. Auch kann die Bauaufsichtsbehörde gegen den Willen des Bauherrn Proben entnehmen und prüfen lassen, ob eine Gefahr tatsächlich besteht, die nach den Gegebenheiten zunächst angenommen werden kann (s. Anmerkungen zu § 3 Rdn. 43).

6 Zu Absatz 5 – Recht auf Einsichtnahme der beauftragten Personen

43 Die in Absatz 5 aufgezählten »**Einblickrechte**« stehen im Zusammenhang mit den »**Betretungsrechten**« nach § 58 Absatz 7 BauO NRW 2018, im Übrigen mit den **Befugnissen der Sonderordnungsbehörden** nach dem OBG. In diesen Rechten und Befugnissen der Bauaufsichtsbehörden drückt sich die Ordnungsgewalt in besonderem Maße aus. Die **mit Überwachungsaufgaben betrauten Bediensteten** der Bauaufsichtsbehörde **müssen** einen behördlichen Ausweis (**Dienstausweis**) bei sich führen und ihn bei Ausübung ihrer Kontrollen und bei der Anwendung unmittelbaren

Zwanges **auf Verlangen vorweisen** (§ 13 Satz 2 OBG und § 68 Abs. 2 VwVG NRW). Es sollte jedoch eine **Selbstverständlichkeit** sein, den Dienstausweis **unaufgefordert vorzuzeigen**.

Während der Bauausführung sind die Bediensteten nach § 58 Absatz 7 BauO NRW 2018 in Ausübung ihres Amtes berechtigt zur **Betretung des Baugrundstücks** (Baustelle), **der** in Ausführung befindlichen **baulichen Anlagen** und der **Wohnungen**, soweit letztere von Bauarbeiten betroffen sind. Ist die Baustelle nach Ende der täglichen Arbeitszeit abgesperrt, muss der Bauherr auf Verlangen die Baustelle öffnen und Zutritt gewähren. Das Betreten einer Baustelle nach dem Ende der Arbeitszeit kann in der Regel nur dann gefordert werden, wenn die begründete Vermutung besteht, dass eine akute Gefahr vorliegt, deren objektives Vorhandensein unverzüglich festgestellt werden muss, um die erforderlichen Maßnahmen zu bestimmen. Die Dienstkräfte können an der Ausübung ihrer Aufgaben durch den Bauherrn oder seine Beauftragten grundsätzlich nicht gehindert werden; notfalls können sie polizeilichen Schutz in Anspruch nehmen. 44

Was für den Zutritt zur Baustelle gilt, hat gleichermaßen für den **Zutritt zu Betriebsstätten** Bedeutung, in denen Bauteile für einen genehmigungsbedürftigen Bau vorgefertigt werden, die einer Überwachung während der Herstellung bedürfen. Die Anmeldung bei dem Leiter der Betriebsstätte ist jedoch angebracht, sofern keine Überraschungskontrollen erforderlich sind. 45

Der **Einblick** ist den Bediensteten in alle in Absatz 5 aufgeführten Unterlagen zu gewähren, was unter Berücksichtigung von Sinn und Zweck der Vorschrift auf eine **Aushändigung der Unterlagen zu Prüfzwecken** hinausläuft (vgl. Boeddinghaus/Hahn/Schulte/Radeisen, zu § 81 Rn. 13). Zu den Unterlagen rechnet auch die Baugenehmigung mit den zugehörigen Bauvorlagen, die nach § 74 Absatz 8 Satz 2 BauO NRW 2018 ab Baubeginn an der Baustelle vorliegen muss. Dies soll es unter anderem den Bauaufsichtsbehörden erleichtern, ihre Überwachungsfunktion wahrzunehmen, da die Bediensteten in der Regel an einem bestimmten Tag mehrere Baustellen kontrollieren und ansonsten gezwungen wären, »Aktenberge« zu transportieren. Ein **Verstoß gegen die Vorhaltepflicht** an der Baustelle ab Baubeginn stellt gemäß § 86 Abs. 1 Nr. 14 BauO NRW 2018 eine **bußgeldbewehrte Ordnungswidrigkeit** dar. 46

Die Führung von **Bautagebüchern** ist in der BauO NRW nicht vorgesehen. Diese zählen nur dann zu den nach Absatz 5 vorgeschriebenen »Aufzeichnungen«, wenn die Baugenehmigung aus besonderen Gründen eine entsprechende **Nebenbestimmung** zur Führung eines Bautagebuchs enthält. Dies kann z.B. der Fall sein, wenn auf ein Bauvorhaben gleichzeitig mehrere Sonderbauverordnungen anzuwenden sind, oder wenn in besonders großem Umfang Abweichungen zugelassen wurden und die Kompensationsmaßnahmen aufgrund ihrer technischen Schwierigkeit und Bedeutung für die spätere Sicherheit des Bauwerks eine eingehende Kontrolle erfordern. 47

7 Zu Absatz 6 – Erkennen von systematischen Rechtsverstößen

48 **Absatz 6** wurde neu in das Regelwerk der Bauordnung NRW eingeführt. Er bestimmt, dass die Bauaufsichtsbehörde, wenn sie im Rahmen der Bauüberwachung erkennt, dass **systematisch** gegen die **Verordnung der Europäischen Union Nr. 305/2011** verstoßen wurde, dies der für die Marktüberwachung zuständigen Stelle mitteilen soll.

49 Die Verordnung (EU) Nr. 305/2011 des Europäischen Parlaments und des Rates zur Festlegung harmonisierter Bedingungen für die Vermarktung von Bauprodukten und zur Aufhebung der Richtlinie 89/106/EWG des Rates legt Bedingungen für das Inverkehrbringen von Bauprodukten oder ihre Bereitstellung auf dem Markt durch die Aufstellung von harmonisierten Regeln über die Angabe der Leistung von Bauprodukten in Bezug auf ihre wesentlichen Merkmale sowie über die Verwendung der CE-Kennzeichnung für diese Produkte fest (Artikel 1).

50 Ein **systematischer Verstoß** gegen die Verordnung liegt vor, wenn **planmäßig und konsequent**, also nicht nur geringfügig, **gegen die Bestimmungen der Verordnung** (EU) Nr. 305/2011 **verstoßen wird**. In diesen Fällen soll die Bauaufsichtsbehörde dies der für die Marktüberwachung zuständigen Stelle mitteilen. Die in diesem Sinne zuständige Stelle ist in dem Gesetz zur Durchführung der Marktüberwachung harmonisierter Bauprodukte in Nordrhein-Westfalen (MÜBaupG NRW) vom 25.03.2015 (GV. NRW. S. 310) geregelt. Nach § 1 dieser Vorschrift sind Marktüberwachungsbehörden
1. das für das Bauen zuständige Ministerium als oberste Marktüberwachungsbehörde,
2. die Bezirksregierung Düsseldorf als untere Marktüberwachungsbehörde und
3. das Deutsche Institut für Bautechnik als gemeinsame Marktüberwachungsbehörde.

Zuständige Stelle im Sinne des Absatzes 6 ist die untere Marktüberwachungsbehörde (§ 3 Absatz 1 MÜBaupG NRW, da in den nachfolgenden Absätzen nicht abweichendes bestimmt ist.

51 Über die Form der Mitteilung ist keine Anordnung getroffen worden, dennoch hat sie schriftlich zu erfolgen, da das nachfolgend bei der Marktüberwachungsbehörde ggf. einsetzende Verfahren einen schriftlichen und damit dokumentierten Anlass benötigt.

§ 84 Bauzustandsbesichtigung, Aufnahme der Nutzung

(1) Die Bauzustandsbesichtigung zur Fertigstellung des Rohbaus und der abschließenden Fertigstellung genehmigter Anlagen (§ 60) wird von der Bauaufsichtsbehörde durchgeführt. § 83 Absatz 2 gilt entsprechend.

(2) Die Fertigstellung des Rohbaus und die abschließende Fertigstellung genehmigter Anlagen sind der Bauaufsichtsbehörde von der Bauleiterin oder dem Bauleiter jeweils eine Woche vorher anzuzeigen, um der Bauaufsichtsbehörde eine Besichtigung des Bauzustandes zu ermöglichen. Ist eine Bauleiterin oder ein Bauleiter der Bauaufsichtsbehörde nicht benannt worden, trifft die Pflicht die Bauherrin oder den Bauherrn. Die Bauaufsichtsbehörde kann verlangen, dass ihr oder von ihr Beauftragten Beginn und Beendigung bestimmter Bauarbeiten von der Bauherrin oder dem Bauherrn oder der Bauleiterin oder dem Bauleiter angezeigt werden.

(3) Der Rohbau ist fertiggestellt, wenn die tragenden Teile, Schornsteine, Brandwände und die Dachkonstruktion vollendet sind. Zur Besichtigung des Rohbaus sind die Bauteile, die für die Standsicherheit und, soweit möglich, die Bauteile, die für den Brand- und Schallschutz wesentlich sind, derart offen zu halten, dass Maße und Ausführungsart geprüft werden können. Die abschließende Fertigstellung umfasst die Fertigstellung auch der Wasserversorgungsanlagen und Abwasseranlagen.

(4) Mit der Anzeige der abschließenden Fertigstellung von Bauvorhaben, für die der Bauaufsichtsbehörde Bescheinigungen von staatlich anerkannten Sachverständigen gemäß § 68 vorliegen, sind von den Sachverständigen Bescheinigungen einzureichen, wonach sie sich durch stichprobenhafte Kontrollen während der Bauausführung davon überzeugt haben, dass die Anlagen entsprechend den erstellten Nachweisen errichtet oder geändert worden sind. Bauzustandsbesichtigungen finden insoweit nicht statt.

(5) Die Bauherrin oder der Bauherr hat für die Besichtigung und die damit verbundenen möglichen Prüfungen die erforderlichen Arbeitskräfte und Geräte bereitzustellen. Über das Ergebnis der Besichtigung ist auf Verlangen der Bauherrin oder des Bauherrn eine Bescheinigung auszustellen.

(6) Mit der Fortsetzung der Bauarbeiten darf erst einen Tag nach dem in der Anzeige nach Absatz 2 genannten Zeitpunkt der Fertigstellung des Rohbaus begonnen werden, soweit die Bauaufsichtsbehörde nicht einem früheren Beginn zugestimmt hat.

(7) Die Bauaufsichtsbehörde kann verlangen, dass bei Bauausführungen die Arbeiten erst fortgesetzt oder die Anlagen erst benutzt werden, wenn sie von ihr oder einer oder einem beauftragten Sachverständigen geprüft worden sind.

(8) Anlagen im Sinne des Absatzes 1 dürfen erst benutzt werden, wenn sie ordnungsgemäß fertig gestellt und sicher benutzbar sind, frühestens jedoch eine Woche nach dem in der Anzeige nach Absatz 2 genannten Zeitpunkt der Fertigstellung. Eine Anlage darf erst benutzt werden, wenn darüber hinaus Zufahrtswege, Wasser- sowie Löschwasserversorgungs- und Abwasserentsorgungs- sowie Gemeinschaftsanlagen in dem erforderlichen Umfang sicher benutzbar sind, nicht jedoch vor dem in Satz 1 bezeichneten Zeitpunkt. Die Bauaufsichtsbehörde soll auf Antrag gestatten, dass die Anlage ganz oder teilweise schon früher benutzt wird, wenn wegen der öffentlichen Sicherheit oder Ordnung Bedenken nicht bestehen.

	Übersicht	Rdn.
0	Änderungen gegenüber der BauO NW 1984, der BauO NW 1995 und der BauO NRW 2000	01
1	Allgemeines	1
2	Zu Absatz 1 – Bauzustandsbesichtigungen	21
3	Zu Absatz 2 – Anzeigepflicht und Anzeigeverlangen	25
4	Zu Absatz 3 – Rohbaufertigstellung und abschließende Fertigstellung	31
5	Zu Absatz 4 – Kontrollen staatlich anerkannter Sachverständiger	42
6	Zu Absatz 5 – Mitwirkung des Bauherrn, Feststellung des Ergebnisses	44
7	Zu Absatz 6 – Fortsetzung der Bauarbeiten nach Rohbaufertigstellung	47

§ 84   Bauzustandsbesichtigung, Aufnahme der Nutzung

8   Zu Absatz 7 – Besondere Maßgaben, Prüfung durch Sachverständige 52
9   Zu Absatz 8 – Benutzbarkeit der baulichen Anlagen. 56

0   Änderungen gegenüber der BauO NW 1984, der BauO NW 1995 und der BauO NRW 2000

01 Die Vorschrift des § 82 **BauO NW 1995** übernahm bis auf redaktionelle Anpassungen und wenige Änderungen § 77 BauO NW 1984. In Abs. 2 wurde die **Offenhaltepflicht der wesentlichen Bauteile für die Abwasserführung** zur Bauzustandsbesichtigung des Rohbaus im Hinblick auf die mit der BauO NW 1995 neu eingeführten Vorschriften über die Dichtheitsprüfung **gestrichen**. Die noch in § 77 Abs. 4 BauO NW 1984 enthaltene Verpflichtung zur Beibringung einer **Bescheinigung des Bezirksschornsteinfegermeisters** wurde wegen des Sachzusammenhangs nach § 43 Abs. 7 BauO NW 1995 übernommen (s. Anmerkungen zu § 43 Rdn. 57–60). Die alten Abs. 4–6 verschoben sich zu den neuen Abs. 5–7.

02 Die **BauO NRW 2000** hat § 82 BauO NW 1995 übernommen, jedoch **um zwei Absätze erweitert**. Vorangestellt wurde ein **neuer Abs. 1**, der weitgehend dem neuen Abs. 1 des § 81 BauO NRW entspricht (s. Anmerkungen zu § 81 Rdn. 02), wodurch sich die alten Absätze 1 und 2 zu den neuen Absätzen 2 und 3 verschoben. Nach dem neuen Abs. 3 wurde ein **neuer Abs. 4** eingefügt, der die Kontrolltätigkeit der staatlich anerkannten Sachverständigen regelt, wodurch sich die alten Absätze 3–6 zu den neuen Absätzen 5–8 verschoben. Satz 1 des alten Abs. 3 wurde gestrichen, weil die entsprechenden Regelungen im neuen Abs. 1 enthalten sind.

03 In den **neuen Abs. 2**, der die Verpflichtung begründet, die Fertigstellung des Rohbaus, die abschließende Fertigstellung und den Abschluss bestimmter Bauarbeiten anzuzeigen, wurde neben dem Bauherrn zusätzlich der **Bauleiter** aufgenommen.

04 Die in § 82 Abs. 2 Satz 2 BauO NW 1995 enthaltene Befugnis der Bauaufsichtsbehörde, die Anzeige des Beginns und der Beendigung bestimmter Bauarbeiten verlangen zu können, bereitete bislang zu der ähnlich formulierten Ermächtigung des § 81 Abs. 3 Satz 1 BauO NW 1995 **Abgrenzungsschwierigkeiten**. Durch die Streichung der Parallelvorschrift des § 81 Abs. 3 Satz 1 BauO NW 1995 wurden diese Abgrenzungsprobleme beseitigt (s. Anmerkungen zu § 81 Rdn. 02).

05 Die **BauO NRW 2018** übernimmt die Vorschrift nahezu unverändert. Lediglich in Absatz 8 wird normiert, dass bei Beginn der Benutzung neben der Anlage auch die erforderlichen Nebenanlagen benutzbar sein müssen

1 Allgemeines

1   Der **Begriff Bauzustandsbesichtigung** wurde mit der BauO NW 1984 anstelle des in § 96 BauO NW 1970 verwendeten Begriffs Abnahme gewählt, da in der Vergangenheit der **Begriff Abnahme** gelegentlich **als** eine Art **Qualitätsgarantie** der Bauaufsichtsbehörde für die vom Unternehmer durchgeführten Bauarbeiten **missverstanden** wurde (so die Begründung zu § 77 BauO NW 1984, LT-Drucks. 9/2721). Dem

Begriff **Abnahme** kommt Bedeutung im **Bauvertragsrecht** zu, da der Auftraggeber mit der Abnahme die vertragsgemäße Erbringung der beauftragten Bauleistung bestätigt (hierzu s. Locher, Rn. 81–98). Eine Änderung der Rechtswirkungen in öffentlich-rechtlicher Hinsicht war mit dem Wechsel der Begriffe allerdings nicht beabsichtigt.

Trotz dieser Begriffsänderung besitzt die **Bauzustandsbesichtigung**, insbesondere die zur abschließenden Fertigstellung, sowohl öffentlich-rechtlich als auch zivilrechtlich **große praktische Bedeutung für die am Bau Beteiligten und die Kreditwirtschaft.** Während die Bauüberwachung als routinemäßig ablaufende Kontrolltätigkeit kaum Aufmerksamkeit erregt, weil es zur Durchführung normalerweise keiner Anzeigen des Bauherrn bedarf, die Bauaufsichtsbehörden mit den vom Bauherrn zur Realisierung seines Bauvorhabens beauftragten Personen mehr oder weniger eng zusammenarbeiten und festgestellte Mängel meist freiwillig beseitigt werden, so dass die ordnungsbehördliche Funktion nur selten zum Tragen kommt, stellen die **Bauzustandsbesichtigungen besondere Eckpunkte des Bauablaufs** dar. Sie sind für jedes Bauvorhaben hervorgehobene, zusammenfassende **Schlusskontrollen der Rohbau- bzw. Ausbauphase**, bei Großbauvorhaben darüber hinaus **Schlusskontrollen von bestimmten vorher definierten Teilfertigstellungen.** 2

Die Bauzustandsbesichtigungen zur Fertigstellung des Rohbaus wie auch die Teil-Bauzustandsbesichtigungen aufgrund eines besonderen Verlangens der Bauaufsichtsbehörde oder zur vorzeitigen Benutzung baulicher Anlagen dienen wie auch die Bauüberwachung nach § 83 BauO NRW 2018 in besonderem Maße der **Gefahrenabwehr**, da Einzelheiten der Bauausführung später am fertigen Bauwerk oft nicht mehr kontrollierbar sind. Hierbei nehmen die Bauaufsichtsbehörden ihre Aufgaben im öffentlichen Interesse wahr. Der Bauherr wird ebenso wie andere Nutzer der baulichen Anlage als Teil der Allgemeinheit geschützt, soweit es sich um durch § 3 BauO NRW 2018 geschützte Rechtsgüter, also insbesondere Leben und Gesundheit handelt. **Amtshaftungsansprüche** können sich demnach ergeben, wenn Bauzustandsbesichtigungen pflichtwidrig und schuldhaft durchgeführt wurden und jemand als Folge dieser Fehler Verletzungen oder Schädigungen erleidet (BGH, Urt. v. 27.05.1963 – III ZR 48/62, BGHZ 39, 358 = NJW 1963, 1821). Zweierlei ist allerdings zu bedenken: Die Bauzustandsbesichtigungen haben nicht den Zweck, den Bauherrn vor Vermögensnachteilen zu bewahren, da dies ausschließlich in seinen Verantwortlichkeits- und Risikobereich fällt (BGH, Beschl. v. 30.07.1997 – III ZR 166/96, NVwZ-RR 1997, 675). Im Übrigen werden Ansprüche gemäß § 839 Abs. 1 Satz 2 BGB häufig daran scheitern, dass wegen der Verantwortlichkeit der am Bau Beteiligten eine anderweitige Ersatzmöglichkeit besteht. 3

Die **Schlusskontrollfunktion** der abschließenden Bauzustandsbesichtigung wirkt sowohl für die Bauaufsichtsbehörde als auch für den Bauherrn erleichternd. Die Bauaufsichtsbehörde kann »endlich« den Vorgang abschließen, die vorgeschriebenen Fertigstellungsmitteilungen an andere Behörden und Dienststellen versenden und die Akte archivieren, der Bauherr kann die Nutzung seiner ordnungsgemäß fertig gestellten baulichen Anlage aufnehmen. Der Bauherr erlangt mit den aufgrund dieser Kontrollen zu erteilenden **Bescheinigungen** erst Gewissheit, dass die 4

Bauaufsichtsbehörde die ausgeführte Anlage bzw. Einrichtung hinsichtlich der überprüften öffentlich-rechtlichen Tatbestände für ordnungsgemäß erachtet. Auch wenn diese **Überprüfung nicht umfassend** sein kann und auch nicht dazu dient, Abweichungen von den genehmigten Bauvorlagen »auf dem kleinen Dienstweg abzusegnen« (OVG NRW, Urt. v. 20.08.1992 – 7A 2702/91, BRS 54 Nr. 203, wonach die Erteilung eines »Schlussabnahmescheins« die Baugenehmigung nicht abändert und auch nicht unbeanstandet gebliebenen Abweichungen von der Baugenehmigung Legalität verleiht), so darf sich der Bauherr dennoch darauf verlassen, dass die Bauaufsichtsbehörde keine von ihr zu prüfenden, **für die Sicherheit** seines Bauvorhabens **bedeutsamen Tatbestände** übersehen hat. Denn auch bei Bauvorhaben, die im einfachen Genehmigungsverfahren nur eingeschränkt überprüft werden, »springen« in der Regel den mit der Bauüberwachung beauftragten Bediensteten der Bauaufsichtsbehörden grob fehlerhaft ausgeführte Umwehrungen, mangelnde Rettungswegsituationen, unzulässige Öffnungen in Brandwänden und ähnliche Dinge mehr sozusagen automatisch »ins Auge«. Dies ist auch einer der Gründe, weshalb die **Kreditwirtschaft** bei beliehenen Objekten – auch im einfachen Genehmigungsverfahren die Vorlage entsprechender Bescheinigungen vom Bauherrn verlangt. Verzichtet die Bauaufsichtsbehörde auf die Durchführung der Bauzustandsbesichtigung nach abschließender Fertigstellung, haben jedoch weder der Bauherr noch die Bank eine Möglichkeit, darauf zu bestehen (vgl. Rdn. 22).

5   Die Vorschrift differenziert zwischen der **Besichtigung des Bauzustandes nach Fertigstellung des Rohbaus** und der **Besichtigung des Bauzustandes nach abschließender Fertigstellung** und regelt die **Pflicht des Bauherrn**, jeweils **eine Woche**
– **vor Fertigstellung des Rohbaus** und erneut
– **vor abschließender Fertigstellung**
der baulichen Anlage der Bauaufsichtsbehörde hiervon **durch** eine **Anzeige Kenntnis zu geben**, um sie in die Lage zu versetzen, den Bauzustand zu besichtigen. Diese »Bauzustandsbesichtigung« hat den Zweck, die Feststellung zu ermöglichen, ob die Anlage entsprechend der Baugenehmigung und in Übereinstimmung mit dem öffentlichen Recht ordnungsgemäß errichtet worden ist (zur **Bauzustandsbesichtigung** als Teil des **Gesamtsicherheitssystems** s. Anmerkungen zu § 83 Rdn. 4).

6   Neben diesen »Haupttatbeständen« ermächtigt § 84 Absatz 2 Satz 3 BauO NRW 2018 die Bauaufsichtsbehörde, die **Anzeige des Beginns und der Beendigung bestimmter Bauarbeiten** verlangen zu können. Weiterhin kann die Bauaufsichtsbehörde nach Absatz 7 verlangen, dass erst nach **bestimmten Prüfungen Arbeiten fortgesetzt** oder **Anlagen benutzt** werden. Die Bauaufsichtsbehörde soll nach § 82 Absatz 8 Satz 2 BauO NRW 2018 die **vorzeitige Benutzung** von Anlagen oder Einrichtungen trotz einer ausstehenden Bauzustandsbesichtigung zur abschließenden Fertigstellung gestatten, wenn keine Bedenken wegen der öffentlichen Sicherheit oder Ordnung bestehen.

7   Aus der Zweckbestimmung der Vorschrift ergibt sich, worauf auch der Wortlaut (genehmigter Anlagen) und der Klammerzusatz (§ 60) hinweisen, dass die Notwendigkeit von **Bauzustandsbesichtigungen auf genehmigungsbedürftige Vorgänge beschränkt**

Bauzustandsbesichtigung, Aufnahme der Nutzung § 84

ist. Für **genehmigungsfreie Anlagen** kann die Bauaufsichtsbehörde keine Anzeige des Bauherrn verlangen; dies gilt auch für die Anzeige von Beginn und Ende bestimmter Bauarbeiten; vom Baugenehmigungsverfahren freigestellte Vorhaben unterliegen jedoch der **allgemeinen Überwachung** nach § 58 BauO NRW 2018 (s. Anmerkungen zu § 83 Rdn. 2, 3 und 6). Für Vorhaben in der Freistellung nach § 63 BauO NRW 2018 und in gewissem Maße auch für Vorhaben, die dem vereinfachten Genehmigungsverfahren gemäß § 64 BauO NRW 2018 unterliegen, hat der Gesetzgeber als Ersatz für die besonders sicherheitsrelevanten Elemente (Standsicherheit und Brandschutz) der Kontrollen nach §§ 83 und 84 BauO NRW 2018 eine Überwachung durch staatlich anerkannte Sachverständige vorgeschrieben.

Bauzustandsbesichtigungen kommen **nur zu baulichen Vorgängen** in Betracht, die auch einer Bauüberwachung im Sinne des § 83 BauO NRW 2018 zugänglich sind. **Nutzungsänderungen** (ohne genehmigungsbedürftige »Bauarbeiten«) scheiden damit aus, so dass reine Nutzungsänderungen lediglich nach § 58 BauO NRW 2018 »überwacht« werden können (s. Anmerkungen zu § 83 Rdn. 8 und 10). Wegen der Bezugnahme auf die Fertigstellung des Rohbaus bzw. auf die abschließende Fertigstellung zielt die Bauzustandsbesichtigung auf **Errichtungs- und Änderungsvorgänge**, nicht aber auf den **vollständigen Abbruch**. **Teilabbrüche** sind jedoch regelmäßig **mit genehmigungsbedürftigen Änderungen am Restbauwerk verbunden**, so dass in einem solchen Falle Bauzustandsbesichtigungen durchzuführen sind. 8

Für Vorhaben, die einer **Genehmigung nach anderen Rechtsvorschriften** bedürfen, welche die Baugenehmigung gemäß § 61 Absatz 1 BauO NRW 2018 **einschließt**, sind sowohl Kontrollen im Rahmen der Bauüberwachung als auch der **Bauzustandsbesichtigungen** durch die Bauaufsichtsbehörde durchzuführen (s. Anmerkungen zu § 83 Rdn. 7). Der **Umfang** ist dabei jedoch **auf die Prüfung der bauplanungs- und bauordnungsrechtlichen Vorschriften beschränkt**. 9

Auf Fliegende Bauten ist § 84 nicht anwendbar, da die für diese geltenden Kontrollmaßgaben abschließend in § 78 BauO NRW 2018 geregelt sind. § 78 Absatz 10 BauO NRW 2018 ordnet nur die entsprechende Anwendung des § 83 BauO NRW 2018 zur Bauüberwachung an; § 78 Absatz 7 BauO NRW 2018 sieht eine **Gebrauchsabnahme anstelle von Bauzustandsbesichtigungen** vor (s. Anmerkungen zu § 78 Rdn. 19). 10

Für Vorhaben, die dem **Zustimmungsverfahren** nach § 79 BauO NRW 2018 unterliegen, sind **keine Bauzustandsbesichtigungen** möglich. Dies ergibt sich aus § 79 Absatz 1 Satz 1 BauO NRW 2018 (bedürfen keiner ... Bauzustandsbesichtigung). 11

Die Vornahme einer **Bauzustandsbesichtigung** ist, wie die Bauüberwachung, eine **Amtshandlung** im Sinne des Gebührenrechts (s. Anmerkungen zu § 83 Rdn. 9–17). Die Gebühr richtet sich nach dem **Allgemeinen Gebührentarif** zur AVerwGebO NRW, Tarifstellen 2.4.10.3 bis 2.4.10.8. Die Gebühr für die Durchführung einer Bauzustandsbesichtigung steht in **Abhängigkeit** von der Gebühr für die Erteilung der Baugenehmigung, der »**Grundgebühr**«. Die unterschiedlichen Tarifstellen sehen für jede Amtshandlung die Erhebung einer **Mindestgebühr** von 50 € vor. Die **Höchstbeträge** hängen vom **Schwierigkeitsgrad** des jeweiligen Vorhabens ab. 12

§ 84 Bauzustandsbesichtigung, Aufnahme der Nutzung

13   Die Gebühren können durch **gesonderten Bescheid** festgesetzt werden. Sie können **unmittelbar nach** jeder Amtshandlung **festgesetzt** werden, was bei Bauzustandsbesichtigungen auch sinnvoll ist. Zwischen der Fertigstellung des Rohbaus und der abschließenden Fertigstellung liegen nämlich regelmäßig viele Monate. Die Gebühr für die Bauzustandsbesichtigung kann mit den Gebühren für die bis dahin angefallenen Bauüberwachungen in einem Gebührenbescheid **zusammengefasst** werden (zur Zweckmäßigkeit von getrennten oder zusammenfassenden Gebührenbescheiden s. Anmerkungen zu § 83 Rdn. 17). In diesem Gebührenbescheid sind die **einzelnen Gebührentatbestände** natürlich aus Gründen der Nachvollziehbarkeit **getrennt** aufzuführen.

14   **Tarifstelle 2.4.10.3** gliedert sich in die **Buchstaben a), b)** und **c)** und gilt für alle Bauzustandsbesichtigungen von Vorhaben, die im einfachen und normalen Genehmigungsverfahren geprüft werden, ferner für Vorhaben, die nach anderen Rechtsvorschriften genehmigt werden, wenn diese Genehmigung die Baugenehmigung einschließt.

Buchstabe a) gilt für Vorhaben nach § 64 BauO NRW 2018, die im **einfachen** Genehmigungsverfahren geprüft werden, und ermöglicht eine Gebühr **für jede** Bauzustandsbesichtigung von **bis zu 15 % der Grundgebühr**.

Buchstabe b) kommt zur Anwendung, wenn die Bauaufsichtsbehörde **auf Antrag** des Bauherrn nach § 68 Absatz 1 BauO NRW 2018 die Anforderungen an den baulichen **Brandschutz im Genehmigungsverfahren geprüft** hat, und ermöglicht **zusätzlich** zu der Gebühr nach Buchstabe a) eine Gebühr je **Bauzustandsbesichtigung** von bis zu **50 %** der für die **Prüfung des baulichen Brandschutzes** nach den Tarifstellen 2.4.1.5 Buchstabe c) oder 2.4.2.5 Buchstabe c) erhobenen Grundgebühr.

Buchstabe c) gilt für Vorhaben nach § 65 BauO NRW 2018, die im **normalen** Genehmigungsverfahren geprüft werden, und ermöglicht eine Gebühr **für jede** Bauzustandsbesichtigung von **bis zu 20 % der Grundgebühr**.

15   Die Gebühr kann bei den **Buchstaben a) bis c)** jeweils bis zum **Höchstbetragssatz** erhoben werden. Aus den Worten »bis zu« wird der den Bauaufsichtsbehörden eingeräumte **Beurteilungsspielraum** deutlich. Anders als bei der Gebühr für die Bauüberwachung ist bei der Bemessung der Gebühr für die Bauzustandsbesichtigung außer auf den entstandenen Verwaltungsaufwand auch auf den **wirtschaftlichen Vorteil** für den Bauherrn abzustellen. Der **Verwaltungsaufwand** entsteht grundsätzlich nur für **höchstens zwei Bauzustandsbesichtigungen**. Für eventuell erforderliche Nachkontrollen steht eine eigene Tarifstelle zur Verfügung (s. Rdn. 18). Der **Verwaltungsaufwand** richtet sich in erster Linie nach der **Schwierigkeit** der zu besichtigenden baulichen Anlage. Für einen Sonderbau mit hohem Gefahrenpotenzial kann die Bauzustandsbesichtigung wesentlich mehr Zeit erfordern, als für ein gleich großes Wohngebäude. Der **wirtschaftliche Vorteil** richtet sich vorrangig nach **Art und Umfang des Vorhabens**. Es ist wirtschaftlich ein Unterschied, ob ein Einfamilienhaus, ein Mehrfamilienhaus oder ein Wohn- und Geschäftshaus zur Ausführung gelangt, da bei vergleichbar großem Grundstück hierbei unterschiedlich hohe Mieteinnahmen oder Verkaufserlöse zu erzielen sind.

Bauzustandsbesichtigung, Aufnahme der Nutzung § 84

Die Gebühr für die Bauzustandsbesichtigung erfährt **Abschläge**, wenn die Bauaufsichtsbehörde nur in geringem Umfang tätig wird, weil die Einhaltung bestimmter Vorschriften **nicht von der Bauaufsichtsbehörde** selbst, sondern von **Sachverständigen** oder **sachverständigen Stellen** geprüft wird. Die Gebühren stehen der Bauaufsichtsbehörde nämlich nur im Rahmen der von ihr wahrgenommenen – also tatsächlich ausgeübten – Tätigkeit zu. Auf die in diesem Falle nach **Tarifstelle 2.3.2** zu gewährende **Gebührenermäßigung** (s. Anmerkungen zu § 83 Rdn. 16) hat der **Bauherr** einen **Rechtsanspruch**. 16

Für die **Gestattung der vorzeitigen Benutzung** bzw. Prüfung von **Teilausführungen** bestehen besondere Vorschriften zur Gebührenbemessung. In beiden Fällen können Gebühren je Amtshandlung von **bis zu 10 % der Grundgebühr** erhoben werden: 17
– **Tarifstelle 2.4.10.4** erfasst die Erhebung von Gebühren im Falle der Gestattung einer **vorzeitigen Benutzung** der baulichen Anlage nach § **84 Absatz 8 Satz 3** BauO NRW 2018 (hierzu s. Rdn. 63).
– **Tarifstelle 2.4.10.5** gilt für die **Prüfung einer Teilausführung**, früher als »Zwischenabnahme« bezeichnet, wenn die Bauaufsichtsbehörde die Anzeige des Beginns oder der Beendigung bestimmter Bauarbeiten gemäß § 84 Absatz 2 BauO NRW 2018 verlangt hat (s. Rdn. 21–24). Die Gebühr kann nicht für die Entgegennahme der Anzeige, sondern nur für eine Prüfung der Teilausführung auf der Baustelle erhoben werden.

Tarifstelle 2.4.10.6 regelt die Gebührenerhebung für die Überprüfung der **Beseitigung von Mängeln**, die bei der Bauzustandsbesichtigung festgestellt wurden. Der Verordnungsgeber geht davon aus, dass die Bauzustandsbesichtigung vom Bauherrn und seinen Erfüllungsgehilfen gut vorbereitet ist, da dieser es nämlich selbst in der Hand hat, die erforderlichen Anzeigen erst dann zu erstatten, wenn auch tatsächlich der zu besichtigende Bauzustand abgeschlossen ist. Ist dieser noch nicht abgeschlossen, muss der Bauherr auch keine Anzeige erstatten. Reicht er die Anzeige dennoch ein, nimmt er eine fruchtlos verlaufende Bauzustandsbesichtigung billigend in Kauf. Die Bauaufsichtsbehörde kann nur die Mängel auflisten und deren Behebung abwarten. Zur Nachkontrolle muss sie **erneut** die **Baustelle aufsuchen**. Die Höhe der hierfür zu erhebenden Gebühr bemisst sich nach dem entstandenen **Zeitaufwand**. Für jede angefangene Viertelstunde fällt **ein Viertel der vollen Gebühr** nach Tarifstelle 2.1.4 an (s. Anmerkungen zu § 83 Rdn. 10). 18

Tarifstelle 2.4.10.7 gilt für die **Kontrolle**, ob entsprechend den genehmigten **bautechnischen Nachweisen** im Sinne von § 8 BauPrüfVO gebaut wurde, ob die Nachweise der Verwendbarkeit der Bauprodukte vorliegen und darüber hinaus die für ihre Verwendung oder Anwendung getroffenen Nebenbestimmungen eingehalten wurden. Diese Gebühren werden ebenfalls nach dem **Zeitaufwand** berechnet (s. Anmerkungen zu § 83 Rdn. 10). 19

Neben den Gebühren für die Bauzustandsbesichtigungen und die Prüfung von Teilausführungen erhebt die Bauaufsichtsbehörde die ihr entstandenen Auslagen, sofern diese vom Bauherrn nicht unmittelbar beglichen wurden. Nach den Tarifstellen 2.2.1 und 2.2.2 ist die **Erstattung** 20

Wenzel 1767

– der **Kosten von Sachverständigen oder sachverständigen Stellen** und
– der **Vergütungen eines Prüfamtes oder Prüfingenieurs für Baustatik**
zu verlangen. (s. Anmerkungen zu § 83 Rdn. 15).

2 Zu Absatz 1 – Bauzustandsbesichtigungen

21 Rechtstechnisch werden die **Bauzustandsbesichtigungen von der Bauüberwachung getrennt** behandelt, wie schon die Hervorhebung in einem jeweils eigenen Paragraphen deutlich macht. Dies ändert aber nichts daran, dass **im praktischen Vollzug** Bauüberwachung und Bauzustandsbesichtigungen **einheitlich** gesehen werden. Allein schon vom Bauablauf her gehen diese bauaufsichtlichen Aufgaben ineinander über, so dass sie als **Ganzes** zu betrachten sind. Moderne Baumethoden erfordern nicht mehr ein Austrocknen des Rohbaus vor Beginn der Ausbauphase, vielmehr sind heute selbst bei kleineren Vorhaben die unterschiedlichen Bauphasen nicht mehr klar voneinander abzugrenzen. Der Zeitfaktor bestimmt maßgebend den gesamten Bauablauf; bei Großbauvorhaben mit engen Terminen kann der Bau keinen einzigen Tag stillstehen. Der Bezug des Bauwerks läuft bereits an, während in Teilbereichen noch die Handwerker arbeiten, so dass für Wartefristen kein Raum ist. Während die Bauaufsichtsbehörden sich längst hierauf eingestellt haben, trägt die rechtliche Ausformulierung in getrennten Vorschriften, die zudem – so wie gesetzlich fixiert – im praktischen Vollzug nicht angewendet werden (können), den wirtschaftlichen Zwängen nur unzureichend Rechnung.

22 **Absatz 1** legt fest, dass auf die Bauzustandsbesichtigungen im normalen Genehmigungsverfahren nicht verzichtet werden darf und damit die Überwachungstätigkeit der Bauaufsichtsbehörden auf die im Sinne der öffentlichen Sicherheit wichtigen Bauvorhaben zu konzentrieren ist. Ebenso wie die Bauüberwachung sind **Bauzustandsbesichtigungen nach Satz 1 grundsätzlich geboten**. Dies folgt aus der Formulierung: »Die Bauzustandsbesichtigung **wird** ... durchgeführt«. Jedenfalls gilt dieser Grundsatz für alle Vorhaben, die dem **normalen** Genehmigungsverfahren unterliegen. **Satz 2** erlaubt es durch den Verweis auf § 83 Absatz 2 BauO NRW 2018 jedoch, auf die Bauzustandsbesichtigungen bei Vorhaben im **einfachen** Genehmigungsverfahren **ganz zu verzichten** (s. Anmerkungen zu § 83 Rdn. 18, 36 und 37). Da dem einfachen Genehmigungsverfahren auch »kleine« Sonderbauten unterfallen, konnte kein genereller Verzicht auf die Bauzustandsbesichtigungen gesetzlich vorgesehen werden. Insoweit ist der Bauaufsichtsbehörde ein Ermessen eingeräumt, ob sie von dieser Ermächtigung Gebrauch macht. Bei der Beurteilung der Erforderlichkeit nach **Satz 2** ist allein auf die konkreten **Umstände des Einzelfalls** abzustellen. So ist z.B. beim Aufstellen einer Fertiggarage ein Rohbauzustand nicht gegeben und daher eine Bauzustandsbesichtigung zur Fertigstellung des Rohbaus nicht möglich; bei der Errichtung (genehmigungsbedürftiger) Einfriedungsmauern kann z.B. auf sie verzichtet werden, weil es sich um bautechnisch einfache Errichtungsvorgänge handelt.

23 Der **Umfang** der Bauzustandsbesichtigung kann nach **Satz 2** – ebenfalls durch den Verweis auf § 83 Absatz 2 BauO NRW 2018 – auf **Stichproben** beschränkt werden. Die Vorschrift stellt den **Umfang** der Bauzustandsbesichtigung in das (**pflichtgemäße**)

Ermessen der Bauaufsichtsbehörde (s.a. Anmerkungen zu § 83 Rdn. 30–35). Die Bauaufsichtsbehörde kann z.b. bei einem Lagergebäude geringer Höhe die Bauzustandsbesichtigung zur abschließenden Fertigstellung auf die Übereinstimmung mit den genehmigten Bauvorlagen und den ordnungsgemäßen Ausbauzustand der Zufahrt und der Anlagen zur Niederschlagswasserbeseitigung beschränken, weil keine Nutzung als Aufenthaltsraum vorliegt und das vorgesehene Lagergut (Marmorplatten) keine Brandlast darstellt. Eine vom Volumen her vergleichbare Lagerhalle mit Dauerarbeitsplätzen und brennbarem Lagergut (Schreib- und Kopierpapier) wird dagegen wegen der arbeitsstätten- und brandschutzrechtlichen Vorgaben einen hohen Kontrollaufwand erfordern.

Sowohl im Rahmen der Bauüberwachung als auch im Rahmen der Bauzustandsbesichtigungen werden die Bauaufsichtsbehörden **nicht** in den Sachbereichen tätig, die von **staatlich anerkannten Sachverständigen** wahrgenommen werden. Diese prüfen eigenverantwortlich anstelle der Bauaufsichtsbehörde, ob die öffentlich-rechtlichen Vorschriften insoweit eingehalten wurden und stellen über das Ergebnis der stichprobenhaften Kontrollen **Bescheinigungen** aus, die mit der Anzeige der abschließenden Fertigstellung der Bauaufsichtsbehörde gemäß Absatz 4 Satz 1 einzureichen sind. 24

3 Zu Absatz 2 – Anzeigepflicht und Anzeigeverlangen

Satz 1 begründet eine **Rechtspflicht des Bauleiters gegenüber der Bauaufsichtsbehörde zur Erstattung der vorgeschriebenen Anzeigen** zur Fertigstellung des Rohbaus bzw. zur abschließenden Fertigstellung. Um der Bauaufsichtsbehörde eine zeitliche Dispositionsmöglichkeit über den Einsatz der Dienstkräfte zu verschaffen (um ... zu ermöglichen), schreibt Satz 1 vor, dass jeweils **eine Woche vor Fertigstellung** die Anzeige zu erfolgen hat (sind ... anzuzeigen). Es reicht nicht aus, die Anzeige eine Woche vor Fertigstellung auf den Postweg zu geben, vielmehr muss diese eine Woche vor Fertigstellung der Bauaufsichtsbehörde zugegangen sein, da es sich bei der Bestimmung um eine **Mindestfrist** handelt, was so allerdings aus dem Wortlaut nicht deutlich wird. Diese Auslegung ergibt sich jedoch aus Sinn und Zweck der Vorschrift, nämlich es der Bauaufsichtsbehörde zu ermöglichen, auch tatsächlich die Bauzustandsbesichtigung durchführen zu können. Zur Koordination der verschiedenen Termine der zur Kontrolle jeweils anstehenden Baumaßnahmen benötigt die Bauaufsichtsbehörde die ohnehin knapp bemessene Wochenfrist. 25

Eine **Form** für die Anzeige nach Satz 1 ist nicht bestimmt. Der Bauherr kann die Anzeige mündlich, schriftlich, per Telefax, E-Mail oder telefonisch erstatten. Zu Beweiszwecken empfiehlt sich allerdings, die Fertigstellung schriftlich anzuzeigen oder sich den fristgerechten Eingang der (z.B. telefonisch) erstatteten Anzeige von der Bauaufsichtsbehörde bestätigen zu lassen. 26

Hinsichtlich der **Fristberechnung** ist § 31 VwVfG. NRW. maßgebend. Die Frist hat Bedeutung für die Fortsetzung der Bauarbeiten nach Fertigstellung des Rohbaus (Absatz 6), für die Fortführung der Arbeiten oder die Nutzungsaufnahme nach Teilfertigstellungen (Absatz 7) bzw. für die Aufnahme der Nutzung nach abschließender Fertigstellung (Absatz 8). Bei der Angabe des **Bereitschaftszeitpunktes** für die 27

§ 84 Bauzustandsbesichtigung, Aufnahme der Nutzung

Bauzustandsbesichtigung in der Anzeige nach Satz 1 muss sich der Bauherr bewusst sein, dass gemäß Tarifstelle 2.4.10.6 des Allgemeinen Gebührentarifs zur AVerwGebO NRW für jede **Wiederholung** einer **Bauzustandsbesichtigung**, bei der Mängel festgestellt wurden, **besondere Gebühren** erhoben werden (s. Rdn. 18). Zur Bauzustandsbesichtigung sind die Baugenehmigung mit den zugehörigen genehmigten Bauvorlagen, Zulassungen, Prüfzeugnissen, Übereinstimmungserklärungen, Übereinstimmungszertifikaten, Überwachungsnachweisen, Zeugnissen und Aufzeichnungen über die Prüfungen von Bauprodukten, Bautagebücher und vorgeschriebene Aufzeichnungen bereitzuhalten (s. Anmerkungen zu § 83 Rdn. 43 ff.). Fehlen diese, kann der Termin eventuell nicht ordnungsgemäß durchgeführt werden.

Satz 2 verpflichtet den Bauherrn zur Abgabe der Anzeigen nach Satz 1, sofern ein Bauleiter nicht benannt worden ist. Die Reihenfolge der Verantwortlichkeiten ist neu in die Vorschrift über die Bauzustandsbesichtigung eingefügt worden. Im Vorgängerrecht waren der Bauherr oder der Bauleiter zur Abgabe verpflichtet, was mitunter dazu geführt hat, dass sich der Eine auf den Anderen verlassen hatte und der Bauherr dann nur aufgrund seiner grundsätzlichen Verantwortlichkeit nach § 56 BauO NRW 2000 zur Rechenschaft gezogen wurde. Die Einführung einer »Rangfolge« der Verantwortlichkeiten kann daher nur zur Klarstellung und Rechtssicherheit beitragen.

28 **Satz 3** ermächtigt die Bauaufsichtsbehörde, die **Anzeige** des **Beginns** und der **Beendigung von Teilfertigstellungen** zu verlangen. Hierbei geht es um die nach früherem Recht so bezeichneten »Zwischenabnahmen«, die erforderlich sein können, weil beim Weiterbau eine Beurteilung der Ordnungsgemäßheit nicht mehr möglich ist, z.B. im Falle der Verdeckung sicherheitsrelevanter Bauteile durch andere. Von Bedeutung ist diese Ermächtigung vor allem für die Ausbauphase von »Sonderbauten«. So kann die Bauaufsichtsbehörde z.B. die Anzeige der Fertigstellung der Installationen verlangen, bevor diese durch untergehängte Decken oder Doppelböden verdeckt werden, um die Einhaltung der Vorschriften über Abschottungen kontrollieren zu können. Die Verpflichtung des Bauherrn zur Anzeigeerstattung von Teilfertigstellungen kann mit dem Verlangen nach Absatz 7 verbunden werden (s. Rdn. 52–55).

29 Eine **Frist** wie in Satz 1 – »eine Woche vorher« – ist für die **nach Satz 3** geforderte Anzeige **nicht vorgeschrieben**. Es ist aber sowohl für die Bauaufsichtsbehörde als auch für den Bauherrn oder die anderen am Bau Beteiligten sicher von Interesse, sich rechtzeitig auf eine geforderte Besichtigung einstellen zu können. Daher empfiehlt es sich, **mit dem Verlangen eine Zeitspanne zu bestimmen**, die zwischen Anzeige und Beginn bzw. Ende der bestimmten Arbeiten liegen muss.

30 Die **Unterlassung der Anzeige** nach Absatz 2 Satz 1 und Satz 3 ist nach § 86 Absatz 1 Nr. 17 BauO NRW 2018 eine **Ordnungswidrigkeit**, die mit einer Geldbuße geahndet werden kann. Zu beachten ist, dass sowohl die Fortsetzung der Bauarbeiten entgegen Absatz 6 und 7 (s. Rdn. 47 ff.) als auch die vorzeitige Benutzung baulicher Anlagen entgegen Absatz 8 Satz 1 (s. Rdn. 63) bußgeldbewehrte Ordnungswidrigkeiten darstellen (s. § 86 Absatz 1 Nr. 18 und 19 BauO NRW 2018).

4 Zu Absatz 3 – Rohbaufertigstellung und abschließende Fertigstellung

Über den Inhalt der **Begriffe** »Fertigstellung des Rohbaus« und »abschließende Fertigstellung« können **unterschiedliche Auffassungen** bestehen. Um zu vermeiden, dass es hinsichtlich der zu erstattenden Anzeigen zu Meinungsverschiedenheiten kommt, enthält **Absatz 3** wichtige **Begriffsklärungen.** Diese gesetzlichen Regelungen sind am Schutzziel des Bauordnungsrechts ausgerichtet und stimmen deshalb nicht (vollständig) mit dem überein, was von den am Bau Beteiligten gewöhnlich unter Rohbaufertigstellung bzw. Bezugsfertigstellung verstanden werden mag. Bei größeren Bauvorhaben kommt es regelmäßig zu Bauzuständen, die einer zusätzlichen Überprüfung bedürfen, so dass die Bauaufsichtsbehörde von der Möglichkeit des Absatz 7 Gebrauch machen kann. Neben den gesetzlichen **Begriffsklärungen** in **Satz 1** (**Fertigstellung des Rohbaus**) und **Satz 3** (**abschließende Fertigstellung**) verpflichtet **Satz 2** den Bauherrn dazu, bestimmte Bauteile für die Besichtigung des Rohbaus offen zu halten (**Offenhaltepflicht**). 31

Die **Bauzustandsbesichtigung des Rohbaus** stellt eine bauaufsichtliche Überprüfung des in seinem **konstruktiven Gefüge** fertig gestellten Baus dar. Dabei liegt unter Berücksichtigung der Ziele des Satzes 2 der Schwerpunkt der Kontrolle auf den für die Standsicherheit sowie den Brand- und Schallschutz wesentlichen Bauteilen. Da eine Beurteilung der Standsicherheits-, Brandschutz- und Schallschutzaspekte durch »unwichtige« Bauteile erschwert oder sogar unmöglich gemacht werden kann, definiert **Satz 1** einen »**frühen**« **Rohbauzustand ohne nichttragende Wände** oder **Ausmauerungen**. Das Gesetz fingiert den abgeschlossenen Rohbauzustand im öffentlich-rechtlichen Sinne bereits mit Fertigstellung der **tragenden Teile**, **Schornsteine**, **Brandwände** und der **Dachkonstruktion**. Dabei orientierte sich der Gesetzgeber an hergebrachten Baumethoden, so dass von dieser traditionellen Vorstellung stark abweichende Bauwerke einer besonderen Betrachtung bedürfen, um eine (noch) sinnvolle Anwendung der Verfahrensvorschriften über die Bauzustandsbesichtigung zu ermöglichen. Für derart ungewöhnliche bauliche Anlagen ermächtigt § 50 Absatz 1 Nr. 20 BauO NRW 2018 die Bauaufsichtsbehörden dazu, besondere Anforderungen stellen zu können. Soweit **Fertighäuser** oder **Fertiggaragen** lediglich aufgestellt (montiert) werden, ist **kein Rohbauzustand** gegeben, so dass nur eine Bauzustandsbesichtigung zur abschließenden Fertigstellung vorgenommen werden kann. 32

Tragende Bauteile sind alle solchen, die dazu bestimmt sind, vertikale oder horizontale Lasteinwirkungen der unterschiedlichsten Art (Eigen- und Nutzlasten, Schnee- und Windlasten) sicher abzutragen; deshalb rechnen **aussteifende Bauteile** mit hierzu. Ohne ausreichende Aussteifung sind bauliche Anlagen nämlich nicht standsicher. Die in der Aufzählung des § 96 Abs. 2 Satz 1 BauO NW 1970 noch enthaltenen Treppen entfielen, da es sich hierbei ebenfalls um tragende Bauteile handelt. 33

Schornsteine sind in der BauO NRW nicht (mehr) definiert; § 48 BauO NW 1970 enthielt noch Anforderungen an »Rauchschornsteine«. Es ist nach § 7 Abs. 2 FeuVO NW begrifflich zu unterscheiden zwischen Schornsteinen, das sind rußbrandbeständige Schächte zur Ableitung der Abgase von Feuerstätten für feste Brennstoffe über Dach ins Freie, und Abgasleitungen, das sind Leitungen oder Schächte zur Ableitung der Abgase von Feuerstätten für flüssige oder gasförmige Brennstoffe. Die 34

Einbeziehung der Schornsteine in die Bauzustandsbesichtigung zur Fertigstellung des Rohbaus erfolgt, um die sichere Rauchgasableitung prüfen zu können. Diese **Prüfung obliegt** nach § 42 Abs. 7 BauO NRW 2018 nicht der Bauaufsichtsbehörde, sondern dem **Bezirksschornsteinfegermeister** (s. Anmerkungen zu § 42 Rdn. 32 ff.).

35 **Brandwände** übernehmen in der Regel aufgrund ihrer Dimensionierung eine tragende Funktion. Sie können aber auch – in seltenen Fällen – in die tragende Konstruktion eingefügt sein, ohne selbst zur Standsicherheit beizutragen. Der Begriff Brandwand steht für eine **Qualitätsbeschreibung** bestimmter Wände.

36 **Dachkonstruktionen** sind regelmäßig tragende Bauteile zur Aufnahme der Bedachung; so besteht z.b. beim klassischen Satteldach die Dachkonstruktion aus dem »Dachstuhl« mit den die Dachhaut tragenden Pfetten und Sparren. Die Dachhaut wird aus Unterspannbahn, Dachlatten und Dachziegeln gebildet. Flachdächer können so ausgeführt werden, dass die oberste Betondecke die Dachhaut einschließlich der Wärmedämmung trägt; üblich sind aber auch zum Teil aufwendige Konstruktionen aus Holz oder Stahl. Bei Seilnetztragwerken (z.B. Dach des Olympiastadions München) oder textilen Bauten (z.B. Großzelten) bilden Dachkonstruktion und Dachhaut eine untrennbare Einheit.

37 Der Bauherr hat gemäß **Satz 2** den Bau so weit zugänglich zu machen und die zu prüfenden Bauteile so weit offen zu halten, dass Maße und Ausführungsart der Bauteile nach den bautechnischen Vorschriften (Standsicherheit, Brand- und Schallschutz) kontrolliert werden können. Die **Offenhaltepflicht** der für die **Standsicherheit** bedeutsamen **Bauteile** besteht **uneingeschränkt**. Soweit **Bauteile** allein dem **Brand- und Schallschutz** dienen, sind diese nur »**soweit möglich**« offen zu halten. Für den Rohbauzustand ist diese Differenzierung im Gesetz akademischer Natur und daher wenig praxisgerecht. Soweit Bauteile standsicher sein müssen, ist der statisch-konstruktive Brandschutz berührt, bei Trennwänden (§ 29 BauO NRW 2018) und Brandwänden (§ 30 BauO NRW 2018) sowie Decken (§ 31 BauO NRW 2018) darüber hinaus regelmäßig auch der Schallschutz. Es empfiehlt sich daher, den »frühen« Rohbauzustand (vgl. Rdn. 25) insgesamt offenzuhalten, was bis auf wenige Ausnahmefälle keine Schwierigkeiten bereiten dürfte. Bei erforderlichen Abweichungen vom Offenhaltegrundsatz, z.B. beim Einbau einzelner Fertigteile mit bereits aufgebrachter Oberflächenstruktur für den Endzustand, ist eine frühzeitige Abstimmung mit der Bauaufsichtsbehörde empfehlenswert.

38 Eine direkte Umschreibung der **abschließenden Fertigstellung** fehlt. Was unter »abschließender Fertigstellung« zu verstehen ist, ergibt sich nach dem Sprachsinn und unter verständiger Würdigung der Verhältnisse der Baupraxis. Aus der Erwähnung der Wasserversorgungs- und Abwasseranlagen folgt, dass der Gesetzgeber sämtliche zur ordnungsgemäßen Nutzung erforderlichen Anlagen bzw. Einrichtungen fertiggestellt wissen will. Es muss daher neben dem eigentlichen Bauwerk auch das »Zubehör«, also die notwendigen Zugänge, Zufahrten, Stellplätze, Kinderspielflächen, Abfallbehälterstandplätze, Einfriedungen (soweit diese nach den öffentlich-rechtlichen Vorschriften gefordert sind) entsprechend den Bauvorlagen und den Nebenbestimmungen der Baugenehmigung fertiggestellt sein.

Fehlt nur noch die Ausführung von Arbeiten, die bauaufsichtlich, also für die öffentliche Sicherheit und Ordnung ohne Belang sind, so steht dies einer erfolgreichen abschließenden Bauzustandsbesichtigung nicht entgegen. Hierunter können allerdings nur solche **Arbeiten** fallen, **die nicht Gegenstand der präventiven Prüfung im bauaufsichtlichen Verfahren sind.** Angesichts der in den letzten Jahren erheblich gestiegenen Regelungsdichte des öffentlichen Baurechts, insbesondere des »Baunebenrechts«, werden die vernachlässigbaren Fertigstellungsaspekte immer seltener. So ist die **äußere Gestaltung** der baulichen Anlage vielfach durch **gestalterische Vorgaben** der Gemeinde geregelt, sie kann auch unter **denkmalrechtlichen** oder **naturschutzrechtlichen** Gesichtspunkten bedeutsam sein. Die **Begrünung und Bepflanzung** der nichtüberbauten Grundstücksflächen ist durch **§ 8 BauO NRW 2018** eine ernst zu nehmende bauordnungsrechtliche Zielvorgabe und dient der Erhaltung der natürlichen Lebensgrundlagen; darüber hinaus sind Begrünungen oder Bepflanzungen in Bebauungsplänen als **naturschutzrechtliche Ausgleichsmaßnahmen** festgeschrieben bzw. (im Außenbereich) Gegenstand von **Festsetzungen der Landschaftspläne.** Aus vorgenannten Gründen kann auf die Fertigstellung der Begrünung und Bepflanzung (vgl. auch Rdn. 63) überhaupt nicht und auf die Fertigstellung der äußeren Gestaltung nur in (seltenen) Ausnahmefällen verzichtet werden. 39

Satz 3 stellt klar, dass auch **Wasserversorgungs- und Abwasseranlagen** fertiggestellt sein müssen, ehe die Bauaufsichtsbehörde Feststellungen über die abschließende Fertigstellung des Gebäudes (um etwas Anderes wird es sich in diesem Zusammenhang wohl selten handeln) treffen kann. Da Wasserversorgungs- und Abwasseranlagen gemäß § 62 BauO NRW 2018 (bedingt) freigestellt sind, kann Satz 3 nur bedeuten, dass der Bauherr vor Nutzungsaufnahme der baulichen Anlage über die entsprechenden Bescheinigungen nach § 62 Satz 2 BauO NRW 2018 verfügen muss, welche die Erfüllung der materiellen Anforderungen des § 4 Absatz 1 BauO NRW 2018 belegen. 40

Dem **Sinn dieser Vorschriften** – § 4 Absatz 1 BauO NRW 2018 in Verbindung mit Absatz 3 Satz 3 –, insbesondere im Hinblick auf die Freigabe der Nutzung nach abschließender Bauzustandsbesichtigung oder nach ungenutztem Fristablauf (s. Absatz 8 Satz 1), kann nur dann Rechnung getragen werden, wenn zum Zeitpunkt der abschließenden Bauzustandsbesichtigung die genannten Anlagen nicht nur **tatsächlich fertiggestellt** sind, sondern deren Nutzung gemäß § 62 BauO NRW 2018 auch **rechtlich zulässig** ist. In rechtlicher Hinsicht begründet § 62 Absatz 2 BauO NRW 2018 eine Pflicht des Bauherrn zur Beschaffung einer Bescheinigung des Unternehmers oder Sachverständigen, wonach die (ausgeführten) Wasserversorgungs- bzw. Abwasseranlagen den öffentlich-rechtlichen Vorschriften entsprechen. 41

5 Zu Absatz 4 – Kontrollen staatlich anerkannter Sachverständiger

Absatz 4 trägt dem Umstand Rechnung, dass bezüglich der von staatlich anerkannten Sachverständigen geprüften öffentlich-rechtlichen Vorschriften gemäß § 68 BauO NRW 2018 die gesetzliche Vermutung besteht, dass die bauaufsichtlichen Anforderungen insoweit erfüllt sind. 42

43 Absatz 4 **Satz 1** bestimmt, dass zur abschließenden Bauzustandsbesichtigung **Bescheinigungen** der staatlich anerkannten Sachverständigen vorzulegen sind. Aus der jeweiligen Bescheinigung muss hervorgehen, dass der staatlich anerkannte Sachverständige **stichprobenhafte Kontrollen der Bauausführung** durchgeführt hat. Ferner hat der staatlich anerkannte Sachverständige die **Übereinstimmung der Bauausführung mit den erstellten Nachweisen** zu bestätigen. Nach Satz 2 entfällt insoweit die Bauzustandsbesichtigung.

6 Zu Absatz 5 – Mitwirkung des Bauherrn, Feststellung des Ergebnisses

44 Die Bauzustandsbesichtigung erfolgt nicht nur im öffentlichen Interesse, sondern auch im Interesse des Bauherrn. Daher verlangt **Satz 1** eine **aktive Mitwirkung des Bauherrn** bei der Durchführung der Bauzustandsbesichtigung. Er hat die Bauaufsichtsbehörde in jeder Hinsicht zu unterstützen und muss die für die durchzuführenden Prüfungen erforderlichen Arbeitskräfte und Geräte bereithalten. Dies liegt auch deshalb in seinem eigenen Interesse, da die **Bescheinigungen** über die ordnungsgemäße Fertigstellung des Rohbaus oder über die abschließende Fertigstellung erst erteilt werden können, wenn die Ordnungsgemäßheit des Bauzustandes festgestellt worden ist. Bevor diese aber nicht festgestellt ist (oder aber die Frist nach Anzeige der Fertigstellung ungenutzt verstrichen ist), darf der Bauherr nicht weiterbauen bzw. die Nutzung der baulichen Anlage aufnehmen.

45 Nach **Satz 2** wird **über das Ergebnis** der Bauzustandsbesichtigungen eine **Bescheinigung** nur **auf Verlangen** des Bauherrn ausgestellt. Diese Bestimmung gibt dem Bauherrn nicht das Recht, eine Bauzustandsbesichtigung zu verlangen, wenn diese nicht erforderlich ist. Die Bauaufsichtsbehörde kann nicht verpflichtet werden, den Umfang der Bauzustandsbesichtigung auf bestimmte Gesichtspunkte auszudehnen, die der Bauherr gerne bescheinigt hätte.

Die **mängelfreie** Bescheinigung darf nur ausgestellt werden, wenn tatsächlich **keine Mängel** festgestellt wurden. Eine so genannte »**bedingte**« Bescheinigung zu erteilen, z.B. mit dem Zusatz: »Die Bauzustandsbesichtigung gilt als erfolgreich durchgeführt, wenn die Stellplätze noch bis zum ... hergerichtet werden«, ist **nicht möglich**. Für diese Vorgehensweise bietet das Gesetz keine Handhabe, da es nur die Beschreibung des Ergebnisses der vorgenommenen Bauzustandsbesichtigung in der Bescheinigung erlaubt (zum Vorgehen bei festgestellten Mängeln s. Rdn. 50).

46 Die **Bescheinigung** ist **kein Verwaltungsakt**, da sie keine Verfügung, Entscheidung oder andere hoheitliche Maßnahme zur Regelung eines Einzelfalles beinhaltet (vgl. Boeddinghaus/Hahn/Schulte/Radeisen, zu § 82 Rn. 10 unter Bezug auf OVG NRW, Urt. v. 19.12.1988 – 10 A 1951/85, n.v.). Sie ersetzt keine Baugenehmigung, wenn die Ausführung von der Baugenehmigung abweicht (s. Rdn. 4). Wurde eine Abweichung von der Baugenehmigung übersehen und eine mängelfreie Bescheinigung ausgestellt, kann später dennoch ordnungsbehördlich eingeschritten werden (OVG Rh-Pf, Urt. v. 17.12.1970 – 1 A 5/70, BRS 23 Nr. 147; VGH B-W, Urt. v. 15.12.1982 – 3 S 1592/82, BRS 40 Nr. 228; OVG NRW, Urt. v. 20.08.1992 – 7 A 2702/91, BRS 54 Nr. 203). Die Bescheinigung ist keine Garantieerklärung, dass die besichtigte Anlage

dem öffentlichen Recht entspricht (OVG Lüneburg, Urt. v. 20.02.1984 – 6 A 110/83, BRS 42 Nr. 177 und OVG NRW, Urt. v. 20.08.1992, a.a.O.).

7 Zu Absatz 6 – Fortsetzung der Bauarbeiten nach Rohbaufertigstellung

Hat der Bauherr pflichtgemäß die Fertigstellung des Rohbaus eine Woche zuvor gemäß Absatz 2 Satz 1 angezeigt, kann er **einen Tag nach Ablauf dieser Woche** (genauer: einen Tag nach dem in der Anzeige nach Absatz 2 genannten Zeitpunkt der Fertigstellung des Rohbaus) die **Bauarbeiten fortsetzen**. Eine (»Abnahme-«)Bescheinigung ist nicht erforderlich, so dass der **Fristablauf genügt**. Der Gesetzeswortlaut lässt es zu, die Anzeige bereits früher als eine Woche vorher zu erstatten. 47

Der Bauaufsichtsbehörde steht es frei, einem **Verlangen des Bauherrn** zuzustimmen, schon **zu einem früheren Zeitpunkt weiterbauen** zu dürfen. Sie kann auch schon vorab in der Baugenehmigung erklären, dass eine Bauzustandsbesichtigung zur Fertigstellung des Rohbaus nicht erforderlich ist oder deren Umfang einschränken; dies kann sie selbst noch nach Eingang einer Anzeige nach Absatz 2 erklären. Soweit die Bauaufsichtsbehörde bereits in der Baugenehmigung die Bauzustandsbesichtigung zur Fertigstellung des Rohbaus für nicht erforderlich erklärt, entfällt die Pflicht zu einer Anzeige der Fertigstellung des Rohbaus. Erfolgt die Feststellung der Nichterforderlichkeit erst nach Eingang der Anzeige, dürfen die Bauarbeiten sofort weitergeführt werden. 48

Bei **größeren Bauvorhaben** kommt eine **abschnittsweise Bauausführung** in Betracht. Teile des Gesamtvorhabens sind möglicherweise bereits benutzbar, während sich andere noch im Anfangsstadium der Ausführung befinden. Bauzustandsbesichtigungen des Rohbaus von Gebäudeteilen oder einzelnen Bauteilen sind deshalb zulässig, ohne dass dies wie nach § 96 Abs. 1 Satz 2 BauO NW 1970 ausdrücklich bestimmt werden muss. Dies ergibt sich aus Absatz 2 Satz 3, denn das Verlangen, der Bauaufsichtsbehörde Beginn und Ende bestimmter Bauarbeiten anzuzeigen, hat nur dann Sinn, wenn nach Ende dieser Bauarbeiten eine Teil-Bauzustandsbesichtigung erfolgt; im Übrigen folgt dies mittelbar auch aus Absatz 8 Satz 3, wonach die Bauaufsichtsbehörde auf Antrag unter bestimmten Voraussetzungen gestatten soll, dass die Anlage oder Einrichtung ganz oder teilweise schon früher benutzt wird. 49

Werden **keine Mängel** festgestellt, ist damit – auch wenn keine Bescheinigung verlangt und ausgestellt wird – die **Bauzustandsbesichtigung zur Fertigstellung des Rohbaus beendet**. Kann **bei Feststellung von Mängeln** die Bauzustandsbesichtigung nach Fertigstellung des Rohbaus nicht abgeschlossen werden, **dauert die Nachweispflicht des Bauherrn fort**, bis die Mängelfreiheit eintritt. Über die aufgedeckten Mängel erhält der Bauherr eine Mitteilung, die gleichzeitig mit der Aufforderung zur Beseitigung der Mängel bis zu einem bestimmten Zeitpunkt zu verbinden ist. Hierbei handelt es sich um eine Ordnungsverfügung, also um einen anfechtbaren Verwaltungsakt. Eine Nachkontrolle durch die Bauaufsichtsbehörde ist erforderlich, soweit nicht staatlich anerkannte Sachverständige, Prüfämter oder Prüfingenieure für Baustatik damit beauftragt sind. 50

§ 84   Bauzustandsbesichtigung, Aufnahme der Nutzung

51   Eine gegenüber den genehmigten Bauvorlagen **eigenmächtig geänderte Bauausführung** ist **formell-illegal**. Die Bauaufsichtsbehörde hat dann zu prüfen, ob diese mit dem materiellen Baurecht in Einklang steht. Zu diesem Zwecke kann sie die Einreichung von Bauvorlagen verlangen, sofern die Unzulässigkeit der ohne Genehmigung durchgeführten Maßnahmen nicht offensichtlich ist. Nur wenn die Änderung dem materiellen Baurecht widerspricht und eine Ausnahme oder Befreiung (§ 31 BauGB) bzw. Abweichung (§ 69 BauO NRW 2018) nicht in Betracht kommt, kann die Beseitigung oder Änderung und verlangt werden.

Bei **Genehmigungsfähigkeit** der ohne Genehmigung vorgenommenen Änderungen ist der Bauherr stets zur **Vorlage entsprechender Nachtragsunterlagen** aufzufordern, da der Bauherr insoweit Rechtsanspruch auf die Erteilung der Baugenehmigung hat.

Die ohne Änderungsgenehmigung durchgeführte Baumaßnahme ist eine **Ordnungswidrigkeit** nach § 86 Absatz 1 Nr. 13 BauO NRW 2018, die mit **Bußgeld** geahndet werden kann, da der Bauherr bezüglich der formell-illegalen Teile entgegen § 74 Absatz 7 BauO NRW 2018 vor Zugang der Baugenehmigung mit Bauarbeiten begonnen hat.

8   Zu Absatz 7 – Besondere Maßgaben, Prüfung durch Sachverständige

52   Im Hinblick auf die Regelungen in Absatz 6 (Fortsetzung der Arbeiten nach Rohbaufertigstellung; s. vorausgehende Rdn. 47–51) und in Absatz 8 (Benutzbarkeit der baulichen Anlagen, s. nachfolgend Rdn. 56–63) kann Absatz 7 nur in der Weise verstanden werden, dass die Bauaufsichtsbehörde das Recht hat, für **jeden** Bauzustand vorher – zweckmäßigerweise schon in der Baugenehmigung – zu bestimmen, dass die Fortführung der Bauarbeiten oder die Benutzung des fertig gestellten Bauwerks **erst in Betracht kommt, wenn zuvor eine Prüfung** durch die Bauaufsichtsbehörde selbst oder durch einen von ihr beauftragten Sachverständigen **tatsächlich stattgefunden hat**. Wird ein solches Verlangen geäußert, gelten die Regelungen in den Absätzen 6 und 8 nicht, denen zufolge die Bauarbeiten fortgesetzt werden dürfen bzw. das Bauwerk genutzt werden darf, wenn nach ordnungsgemäßer Anzeige gemäß Absatz 2 Satz 1 oder Satz 3 (ein Verlangen nach Absatz 2 Satz 3 wird in der Regel wohl stets mit dem Verlangen nach Absatz 7 kombiniert sein) die jeweils maßgebliche Frist abgelaufen ist, ohne dass die Bauaufsichtsbehörde eine Bauzustandsbesichtigung durchgeführt hat. Der Bauherr muss also in diesem Falle warten, bis die angekündigte Prüfung erledigt ist.

53   Die Bauaufsichtsbehörde ist nach § 58 Absatz 5 BauO NRW 2018 berechtigt, **Sachverständige auf Kosten des Bauherrn heranzuziehen** (s. Tarifstelle 2.2.1 des Allgemeinen Gebührentarifs zur AVerwGebO NRW). Ebenso trägt der Bauherr die Kosten besonderer Prüfungen und die damit im Zusammenhang stehenden Maßnahmen. Zu denken ist z.B. an etwa notwendige Probebelastungen von Bauteilen zur Prüfung ihrer Tragfähigkeit, wenn Zweifel an der ordnungsgemäßen, dem geprüften Standsicherheitsnachweis entsprechenden Ausführung bestehen. Die **Heranziehung von Sachverständigen** zu den Bauzustandsbesichtigungen ist, soweit möglich, bereits **in der Baugenehmigung** zu regeln, damit sich der Bauherr hierauf einstellen kann.

Anwendungsfälle für ein Verlangen nach Absatz 7 sind die so genannten »Sockelabnahmen«, die z.B. angebracht sein können, wenn die genaue Einhaltung der festgelegten Höhenlage des Bauwerks (vgl. § 74 Absatz 8 BauO NRW 2018) von besonderer Wichtigkeit ist, oder wenn wegen der Standsicherheit eine Kontrolle der Fundamentierungsarbeiten vor Weiterführung der übrigen Bauarbeiten notwendig erscheint. Zusätzliche Bauzustandsbesichtigungen sind in der Regel bei größeren Stahlbaukonstruktionen (z.b. Stahlskelettbauten), bei schwierigen Stahlbetonbauten, bei Anwendung von Spannbeton, beim Einbau unterirdischer Lagerbehälter für flüssige Brennstoffe und unter Umständen auch für die Lage der Grundleitungen der Entwässerungsanlagen erforderlich.

54

Vorgeschrieben ist die **Prüfung technischer Anlagen und Einrichtungen** für die in § 1 Abs. 1 PrüfVO aufgeführten baulichen Anlagen **durch staatlich anerkannte Sachverständige** vor der ersten Inbetriebnahme, nach wesentlichen Änderungen und wiederkehrend innerhalb bestimmter Zeiträume. Die erste Inbetriebnahme fällt regelmäßig mit der Bauzustandsbesichtigung zur abschließenden Fertigstellung zusammen. Die staatlich anerkannten Sachverständigen haben nach § 8 Abs. 1 Nr. 4 bis 6 PrüfVO festgestellte Mängel dem Auftraggeber mitzuteilen, einen Bericht über das Ergebnis der Prüfung anzufertigen und dem Auftraggeber auszuhändigen und die Bauaufsichtsbehörde zu unterrichten, wenn festgestellte Mängel nicht fristgerecht beseitigt werden. Die Berichte über die Prüfungen vor der ersten Inbetriebnahme und nach wesentlichen Änderungen vor der Wiederinbetriebnahme sind nach § 2 Abs. 2 Nr. 5 PrüfVO der Bauaufsichtsbehörde zu übersenden.

55

9 Zu Absatz 8 – Benutzbarkeit der baulichen Anlagen

Eine Voraussetzung für die Zulässigkeit der Benutzung des Bauwerks ist dessen ordnungsgemäße Herstellung und sichere Benutzbarkeit, und zwar unabhängig davon, ob eine besondere Maßgabe oder Prüfung durch Sachverständige im Rahmen einer Bauzustandsbesichtigung angeordnet (s. Absatz 7), eine Besichtigung durchgeführt oder die Frist des Satz 1 abgelaufen ist.

56

Ob ein **Bauvorhaben** im Sinne von Absatz 8 **ordnungsgemäß** fertiggestellt ist, hängt vom **Inhalt der Baugenehmigung** ab, deren Feststellungswirkung im vereinfachten Genehmigungsverfahren nach § 64 BauO NRW beschränkt ist (OVG NRW, Beschl. v. 03.05.2001 – 10 B 311/01, BauR 2001, 1575).

Eine **zweite Voraussetzung** für die Zulässigkeit der Benutzung einer Anlage ist gem. Satz 2 die **sichere Benutzbarkeit von Zufahrtswegen, Wasser- und Löschwasserversorgungsanlagen, Abwasserbeseitigungsanlagen und Gemeinschaftsanlagen** im erforderlichen Umfang. Dadurch erst wird die sichere Benutzbarkeit der Anlage gewährleistet. Ohne die Benutzbarkeit der Zuwegung oder ohne eine funktionierende Wasserversorgung kann ein Gebäude nicht sicher benutzt werden. Diese Voraussetzung ist neu in den Absatz 8 aufgenommen worden, galt jedoch aufgrund der allgemeinen Bestimmung in Satz 1 »dürfen erst benutzt werden, wenn …und sicher benutzbar sind«. Insofern handelt es sich bei Satz 2 nur um eine Klarstellung, was zur Herstellung der sicheren Benutzbarkeit erfüllt sein muss.

57

§ 84 Bauzustandsbesichtigung, Aufnahme der Nutzung

58 Die **abschließende Bauzustandsbesichtigung** dient unter anderem auch der Prüfung und Feststellung, **ob** für den vollendeten Bau die **Ingebrauchnahme zulässig** ist. Durch die eventuelle Erteilung einer entsprechenden Bescheinigung gemäß Absatz 8 Satz 3 erkennt die Bauaufsichtsbehörde an, dass die bauliche Anlage der Genehmigung entsprechend ausgeführt wurde, jedenfalls Beanstandungen in dieser Beziehung nicht erhoben werden. Die Ausstellung dieser Bescheinigung kann daher nicht erfolgen, wenn sich bei der abschließenden Bauzustandsbesichtigung des Bauwerks Abweichungen von den genehmigten Bauvorlagen oder sogar Mängel, die in Beziehung zum öffentlichen Baurecht stehen, herausstellen (s. Rdn. 38–41 und 50–51).

59 Eine **Ausnahme** hiervon kann **aus Gründen der Verhältnismäßigkeit** dann gelten, wenn es sich nur um unwesentliche Abweichungen handelt. Dies beurteilt sich nach Sinn und Zweck des bauaufsichtlichen Verfahrens. Wird bei der abschließenden Bauzustandsbesichtigung eine geringfügige Abweichung festgestellt, deren **baurechtliche Unbedenklichkeit offensichtlich** ist und derentwegen die Durchführung eines Nachtragsgenehmigungsverfahrens nicht in Betracht zu ziehen ist, wird es gerechtfertigt sein, diese Abweichung als unwesentlich anzusehen. Die **Bescheinigung** kann unter **Angabe der unwesentlichen Abweichung** von der Baugenehmigung ausgestellt werden

60 Die Erteilung der mängelfreien **Bescheinigung ersetzt nicht die Baugenehmigung, ändert sie nicht ab** und verleiht nicht etwaigen unbeanstandet (unentdeckt) gebliebenen Abweichungen die Legitimation der Rechtmäßigkeit (VGH B-W, Urt. v. 15.12.1982 – 3 S 1592/82, BRS 40 Nr. 228). Trotz dieses – bescheinigten – Ergebnisses einer Bauzustandsbesichtigung können von der Bauaufsichtsbehörde in Wahrnehmung der ihr gesetzlich obliegenden Pflichten weiterhin Maßnahmen gefordert werden, um übersehene oder aus sonstigen Gründen nicht beanstandete Verstöße gegen das materielle Recht zu beseitigen (OVG NRW, Urt. v. 20.08.1992 – 7 A 2702/91, BRS 54 Nr. 203). Die Bauaufsichtsbehörde wird nach Fertigstellung des Bauwerks aufgrund ihres allgemeinen Überwachungsauftrags aus § 58 Absatz 2 BauO NRW 2018 tätig.

61 Die **Bauzustandsbesichtigung zur abschließenden Fertigstellung dient** auch **gemeindlichen Interessen**, da durch sie die Wertfortschreibung und Festsetzung des Einheitswertes sichergestellt ist. Die Bauaufsichtsbehörde hat nach den Grundsteuerrichtlinien die abschließende Bauzustandsbesichtigung ohne Verzögerung dem Finanzamt mitzuteilen, damit Ausfälle an Grundsteuern vermieden werden. Mit der abschließenden Bauzustandsbesichtigung bzw. der Ausstellung der mängelfreien Bescheinigung hierüber ist das Baugenehmigungsverfahren regelmäßig beendet (vgl. OVG NRW, Beschl. v. 27.10.1959 – VII A 1784/56, BRS 9 VB5 S. 189 = BBauBl. 1960, 268).

62 Die **Aufnahme der Nutzung** ist frühestens erst eine Woche nach Ablauf des in der **Anzeige nach Absatz 2 genannten Zeitpunkts** zulässig. Das Gesetz räumt diesen relativ langen Zeitraum ein, um der Bauaufsichtsbehörde ausreichend Zeit zu geben, diese wichtige Bauzustandsbesichtigung nach abschließender Fertigstellung auch durchzuführen. Die Vorschrift, bauliche Anlagen erst nach Verstreichen der Frist

nutzen zu dürfen, gehört dem formellen Baurecht an. Ein Verstoß berechtigt für sich allein noch nicht zu dem Verlangen auf Räumung bzw. zur Untersagung der weiteren Nutzung, vielmehr muss daneben das bestehende materielle Recht verletzt sein (so schon PrOVG, Urt. v. 15.10.1907 – VIII. C. 55/06, PrOVGE 51, 391; und Urt. v. 02.03.1915 – IX. A. 176/13, PrOVGE 69, 391). Liegen materielle Rechtsverstöße vor, kann unter Beachtung des Verhältnismäßigkeitsgrundsatzes die Weiternutzung unterbunden werden. Die vorzeitige Ingebrauchnahme entgegen Absatz 8 Satz 1 kann als Ordnungswidrigkeit (s. § 86 Absatz 1 Nr. 19 BauO NRW 2018) mit einer Geldbuße geahndet werden.

Satz 3 verpflichtet die Bauaufsichtsbehörde, einem Antrag des Bauherrn, die bauliche Anlage schon ganz oder zumindest teilweise **früher benutzen** zu können, zu entsprechen, wenn keine Bedenken wegen der öffentlichen Sicherheit oder Ordnung bestehen. Bei Vorliegen dieser Voraussetzungen ist dem Antrag stattzugeben, sofern nicht außergewöhnliche Gesichtspunkte eingreifen. Viele größere Vorhaben könnten ohne diese Vorschrift nicht wirtschaftlich abgewickelt werden (s.a. Rdn. 3). Angesichts der zunehmenden Bedeutung ökologischer Aspekte kommt sie auch immer dann zur Anwendung, wenn Baumaßnahmen außerhalb der Pflanzperiode bezugsfertig werden, Begrünungsmaßnahmen aber noch ausstehen. 63

Sechster Abschnitt Baulasten

§ 85 Baulasten, Baulastenverzeichnis

(1) Durch Erklärung gegenüber der Bauaufsichtsbehörde kann die Grundstückseigentümerin oder der Grundstückseigentümer öffentlich-rechtliche Verpflichtungen zu einem ihr oder sein Grundstück betreffenden Tun, Dulden oder Unterlassen übernehmen, die sich nicht schon aus öffentlich-rechtlichen Vorschriften ergeben (Baulast). Besteht an dem Grundstück ein Erbbaurecht, so ist auch die Erklärung der oder des Erbbauberechtigten erforderlich. Baulasten werden unbeschadet der Rechte Dritter mit der Eintragung in das Baulastenverzeichnis wirksam und wirken auch gegenüber Rechtsnachfolgern.

(2) Die Erklärung nach Absatz 1 bedarf der Schriftform. Die Unterschrift muss öffentlich, von einer Gemeinde oder von einer gemäß § 2 Absatz 1 und 2 des Vermessungs- und Katastergesetzes vom 1. März 2005 (GV. NRW. S. 174), das zuletzt durch Artikel 2 des Gesetzes vom 1. April 2014 (GV. NRW. S. 256) geändert worden ist, zuständigen Stelle beglaubigt oder vor der Bauaufsichtsbehörde geleistet oder vor ihr anerkannt werden.

(3) Die Baulast geht durch schriftlichen Verzicht der Bauaufsichtsbehörde unter. Der Verzicht ist zu erklären, wenn ein öffentliches Interesse an der Baulast nicht mehr besteht. Vor dem Verzicht sollen der Verpflichtete und die durch die Baulast Begünstigten angehört werden. Der Verzicht wird mit der Löschung der Baulast im Baulastenverzeichnis wirksam.

§ 85 Baulasten, Baulastenverzeichnis

(4) Das Baulastenverzeichnis wird von der Bauaufsichtsbehörde geführt. In das Baulastenverzeichnis können auch eingetragen werden
1. andere baurechtliehe Verpflichtungen des Grundstückseigentümers zu einem sein Grundstück betreffendes Tun, Dulden oder Unterlassen, sowie
2. Auflagen, Bedingungen, Befristungen und Widerrufsvorbehalte.

(5) Wer ein berechtigtes Interesse darlegt, kann in das Baulastenverzeichnis Einsicht nehmen oder sich Abschriften erteilen lassen. Bei Öffentlich bestellten Vermessungsingenieurinnen und -ingenieuren ist ein berechtigtes Interesse grundsätzlich anzunehmen.

Übersicht   Rdn.
0   Änderungen gegenüber der BauO NW 1984, der BauO NW 1995 und der
     BauO NRW 2000   01
1   Allgemeines   1
1.1 Entstehungsgeschichte   1
1.2 Verhältnis von Dienstbarkeiten und Baulasten   6
1.3 Baulastregelungen im Überblick   15
2   Zu Absatz 1 – Zulässiger Inhalt, Entstehung und Wirkung der Baulast ..   20
2.1 Zulässiger Inhalt   20
     2.1.1 Öffentlich-rechtlicher Charakter der übernommenen Verpflichtung .. 23
     2.1.2 Grundstücksbezogenheit   25
     2.1.3 Baurechtsrelevanz   27
     2.1.4 Subsidiarität der Baulast   31
     2.1.5 Bauordnungsrechtliche Anwendungsfälle   33
     2.1.6 Sonstige öffentlich-rechtliche Anwendungsfälle   35
2.2 Entstehung der Baulast   39
2.3 Wirkung der Baulast   50
3   Zu Absatz 2 – Verpflichtungserklärung   57
4   Zu Absatz 3 – Verzicht auf die Baulast   63
5   Zu Absatz 4 – Baulastenverzeichnis   73
6   Zu Absatz 5 – Recht auf Einsicht in das Baulastenverzeichnis   77
7   Zu § 18 BauPrüfVO – Darstellung im Lageplan   80

0 Änderungen gegenüber der BauO NW 1984, der BauO NW 1995 und der BauO NRW 2000

01 Die Vorschrift des § 83 **BauO NW 1995** entsprach § 78 BauO NW 1984. Es wurden nur wenige Änderungen und Ergänzungen vorgenommen:
    – In **Abs.** 1 wurde ein **neuer Satz 2** eingefügt, nach dem im Falle des Bestehens eines Erbbaurechts neben der Baulasterklärung des Eigentümers auch die entsprechende Erklärung des Erbbauberechtigten erforderlich ist, um der Rechtsprechung des OVG NRW (Urt. v. 22.09.1987 – 7 A 33/82, BauR 1988, 702 = BRS 48 Nr. 148) Rechnung zu tragen.
    – In **Abs.** 2 wurde ein Redaktionsversehen beseitigt: § 78 BauO NW 1984 formulierte »**von** ihr anerkannt«, obwohl »**vor** ihr anerkannt« gemeint war (so die Begründung in LT-Drucks. 11/7153 S. 200).

– In **Abs. 3 Satz 1** erfolgte durch die Einfügung des Wortes »**nur**« eine Klarstellung, dass der Bestand der Baulast von außerhalb der Bauordnung liegenden rechtlichen Vorgängen nicht berührt werden soll.
– Die **Absätze 4 und 5** blieben unverändert.
– Die Anforderungen an die **Darstellung von Flächenbaulasten** im Lageplan wurden erstmals in der **BauPrüfVO 1995** geregelt.

Die **BauO NRW 2000** hat § 83 BauO NW 1995 unverändert übernommen. 02

Mit der **BauO NRW 2018** wird die Regelung des § 83 BauO NRW 2000 weitgehend 03 übernommen. Hinzugefügt wird die Möglichkeit einer **Amtlichen Beglaubigung** der Unterschrift durch eine **Gemeinde** oder einen **Öffentlich bestellten Vermessungsingenieur**. Weiterhin wird die Anhörung von Verpflichtetem und Begünstigtem vor einer Baulastlöschung in Absatz 3 festgeschrieben und das berechtigte Interesse an einer Baulastauskunft für die Öffentlich bestellten Vermessungsingenieure in Absatz 5 als gegeben vorausgesetzt.

1 Allgemeines

1.1 Entstehungsgeschichte

Das Bedürfnis nach Absicherung von Dispensen bezüglich der Vorschriften über 1 Grenzabstände hat schon früh bestanden und bot der Baupolizei ausreichend Anlass, das öffentliche Interesse an der Einhaltung des erforderlichen Abstandes zwischen den Gebäuden mit Hilfe der zivilrechtlichen Instrumente abzusichern (vgl. Bartels, Öffentlich-rechtliche dingliche Rechte und dingliche öffentliche Lasten, 1970, S. 19 f.). Die Absicherung öffentlich-rechtlich gebotener Abstände oder Zuwegungen über Dienstbarkeiten war jedoch umständlich und zwang die Baupolizei im Streitfall zur Beschreitung des Zivilrechtsweges. Hinzu trat ein Bedürfnis zur Absicherung öffentlich-rechtlicher Lasten in Bezug auf Anliegerbeiträge für die Herstellung der Erschließungseinrichtungen, so dass vor allem in Sachsen mehrere Gemeinden »**Oblasten- und Vorschussbücher**« einrichteten, um das Bestehen öffentlich-rechtlicher Verpflichtungen der Grundstückseigentümer festzuhalten. Die gesetzliche Regelung dieser kommunalen Praxis erfolgte erstmals in **Sachsen** mit den §§ 2–4 des Allgemeinen Baugesetzes für das Königreich Sachsen vom 01.07.1900 (GVBl. S. 381), wonach die Grundstückseigentümer in baupolizeilichen Angelegenheiten Verpflichtungen übernehmen konnten, die als öffentlich-rechtliche Lasten auf ihren Grundstücken ruhten und gegenüber dem Rechtsnachfolger wirkten.

Die Einsicht in das **Erfordernis öffentlich-rechtlicher Baulastregelungen** wuchs, als das Reichsgericht die von den Baupolizeibehörden bzw. Gemeinden praktizierte Sicherung öffentlich-rechtlicher Forderungen über Dienstbarkeiten nach bürgerlichem Recht mit der Begründung monierte, dass Vorschriften des Privatrechts nicht dazu bestimmt seien, den Vollzug öffentlichen Rechts zu erleichtern (Beschl. v. 11.10.1905 – V. B 256/05, RGZ 61, 338). In der Folge erließen **Bremen** mit § 2 des Gesetzes betreffend die öffentlichen Grundlasten vom 23.06.1907 (GBl. S. 122), **Baden** mit § 27 des Ortsstraßengesetzes vom 15.10.1908 (GVBl. S. 605) und **Württemberg** mit Art. 99 der Bauordnung vom 28.07.1910 (RegBl. S. 333) vergleichbare Regelungen.

Preußen beabsichtigte die **Einführung** und leitete mehrfach Gesetzesvorhaben ein:
- Entwurf eines preußischen Wohnungsgesetzes von 1913, PrVBl. 1916, S. 273 ff.,
- Regierungsentwurf eines Gesetzes betreffend die Baulastenbücher von 1917, Preußisches Abgeordnetenhaus, 22. Legislaturperiode, III. Session 1916/18, Drucks. Nr. 508 S. 3522 ff.,
- Regierungsentwurf eines Gesetzes über die Baulastenbücher von 1923, Preußischer Landtag, 1. Wahlperiode, 1. Tagung 1921/23, Drucks. Nr. 6404, S. 6968 ff.,
- Regierungsentwurf eines Städtebaugesetzes von 1926, Preußischer Landtag, 2. Wahlperiode, 1. Tagung 1925/26, Drucks. Nr. 4360, S. 5606 ff.,
- Regierungsentwurf eines Städtebaugesetzes von 1929, Preußischer Landtag, 3. Wahlperiode, 1. Tagung 1928/29, Drucks. Nr. 3015, S. 2573 ff.

Diese **preußischen Gesetzesvorhaben scheiterten** an grundsätzlichen Bedenken der Abgeordneten, obwohl die Zweckmäßigkeit der Einführung außer Frage stand (vgl. Baltz/Fischer, S. 166). Schließlich ließ der Druck auf die Länder zur Schaffung von Vorschriften über Baulasten nach, weil das Reichsgericht in einer weiteren Entscheidung seine ursprünglichen Bedenken gegen die Praxis der Nutzung der zivilrechtlichen Sicherungsinstrumente aufgab (Beschl. v. 14.10.1925 – V B 22/25, RGZ 111, 384).

2   Von 1934 bis 1942 erarbeitete das Reichsarbeitsministerium den »Entwurf eines Deutschen Baugesetzbuches«, der das gesamte Baurecht erfassen sollte und auch Regelungen über Baulasten enthielt, jedoch aufgrund der Kriegsereignisse nicht weiterverfolgt wurde. Dieser Entwurf fand größtenteils Verwendung bei dem 1950 vorgestellten »Entwurf des Baugesetzes für die Bundesrepublik Deutschland« (hierzu s. Wambsganz, Stand der Baugesetzgebung, BBauBl. 1952, S. 99 ff.). Auch der »**Kommissionsentwurf für ein Baugesetz von 1956**« sah in den §§ **236–239** die **bundesrechtliche Regelung der Baulast als Teil des Bodenrechts** vor. Dennoch unterblieb eine Regelung im BBauG 1960, da die bundesrechtliche Bedeutung seinerzeit nicht sehr hoch eingeschätzt wurde (hierzu vgl. Ernst/Zinkahn/Bielenberg/Krautzberger, Einleitung Rn. 47 ff.) und man die Baulastenregelung seinerzeit eher als dem »Einzelbauwerk« zugehörend einordnete (vgl. Dittus, Zum Erscheinen des Bundesbaugesetzes, DVBl 1960, S. 537 ff.).

Daher nahm die **Musterbauordnungskommission** die Baulastmaterie entsprechend dem Kommissionsentwurf von 1956 für ein Baugesetz in gestraffter Form in die §§ **107 und 108 MBO 1960** auf (vgl. Allgemeine Einführung in die Musterbauordnung, aufgestellt vom Begründungsausschuss der Musterbauordnungskommission, Band 17 der Schriftenreihe des Bundesministers für Wohnungsbau, S. 45 ff.). Bedauerlicherweise entfiel bei dieser Straffung ein Teil der beabsichtigten bundesrechtlichen Regelungen, wodurch sich bis heute manche Anwendungsprobleme dieses Rechtsinstituts ergeben. Die **Umsetzung der Mustervorschriften in Landesrecht** nahm erhebliche Zeit in Anspruch, da nicht sofort alle Landesbauordnungen dieses Rechtsinstitut übernommen haben (zur Entwicklung s. Peus, Das Rechtsinstitut der Baulast, 1969, S. 3 ff.; David,

Die Baulast als bauaufsichtliches Instrument, 1970, S. 18 ff.; Hagedorn, Die privatrechtlichen Auswirkungen der öffentlich-rechtlichen Baulast, 1985, S. 7 ff.; Döring, Die öffentlich-rechtliche Baulast und das nachbarliche Grundverhältnis, 1994, S. 4 ff. und Schwarz, Baulasten im öffentlichen Recht und im Privatrecht, 1995, Rn. 6–14 und 382–392).

Mit den §§ 99 und 100 BauO NW 1962 wurde das **Rechtsinstitut der Baulast** in Nordrhein-Westfalen als **erstem** Bundesland entsprechend der MBO 1960 gesetzlich eingeführt (hierzu s. Fechtrup, Baulasten und Baulastenverzeichnis, DVBl 1963, S. 613 ff.; Füsslein, Zur rechtlichen Bedeutung der Baulasten, DVBl 1965, S. 270 ff. und Krawietz, Die Baulast als Rechtsinstitut, DVBl 1973, S. 605 ff.). Nach und nach folgten die anderen Bundesländer mit dem Erlass ihrer Bauordnungen dem Vorbild der MBO 1960 (s. Einleitung Rdn. 71). Als einziges der alten Bundesländer übernahm dagegen **Bayern** das Rechtsinstitut nicht. Auch in den **neuen Bundesländern** wurden die Regelungen über die Baulast mit der BauO (DDR) 1990 eingeführt. **Brandenburg** hat diese Bestimmungen mit der BbgBO 1994 wieder abgeschafft im Jahr 2016 jedoch erneut eingeführt. In Bayern wird auf das zivilrechtliche Rechtsinstitut der **Dienstbarkeit** zurückgegriffen, um bauaufsichtliche Anforderungen abzusichern. In **Sachsen** wurden mit der SächsBO 1994 beide Rechtsinstitute **nebeneinander** zugelassen, so dass den Beteiligten dort ein Wahlrecht zusteht, ob eine Dienstbarkeit oder eine Baulast zur Anwendung kommen soll. 3

Bestehende Baulasten können im Einzelfall bei der **Aufstellung der Bauleitpläne** abwägungserheblich sein (BVerwG, Beschl. v. 24.08.1993 – 4 NB 12. 93, BRS 55 Nr. 119). Obwohl der Bund auf eine Regelung des Rechtsinstituts verzichtete, erwähnt das Städtebaurecht die Baulast in § 35 Abs. 5 Satz 2 und 3 BauGB zur **Sicherung der Einhaltung der bauplanungsrechtlichen Vorgaben nach § 35 Abs. 4 BauGB**. Der Bund hatte im Städtebaurecht mit § 51 Abs. 1, § 61 Abs. 1, § 68 Abs. 1 und § 80 Abs. 2 BauGB 1986 auch Vorschriften über die **Behandlung von Baulasten im Umlegungs- oder Grenzregelungsverfahren** erlassen, die allerdings unvollständig waren und Regelungslücken ließen (vgl. Stich, Baulasten in der Umlegung, Grenzregelung, Sanierung und städtebaulichen Entwicklung, Rechtsgutachten zur Vorbereitung der Städtebaurechtsnovelle 1997, veröffentlicht vom Bundesministerium für Raumordnung, Bauwesen und Städtebau, 1996, S. 1–4). Das am 01.01.1998 in Kraft getretene **BauROG** regelt in seinem Artikel 1 **Ergänzungen** von Einzelvorschriften des BauGB im Zusammenhang mit **Bodenordnungs-** sowie **Sanierungs- und Entwicklungsmaßnahmen**. Aufgrund dieser Vorschriften dürfen im Umlegungsgebiet, im Sanierungsgebiet und im städtebaulichen Entwicklungsbereich Baulasten nur mit entsprechender Genehmigung der zuständigen Stellen begründet, geändert oder aufgehoben werden. Darüber hinaus können die zuständigen Stellen **im Einvernehmen mit der Baugenehmigungsbehörde** im Umlegungsgebiet **Baulasten neu begründen**, **ändern** oder **aufheben**. Diese bundesrechtlichen Vorschriften verdrängen als Bodenrecht insoweit das Bauordnungsrecht. 4

Die Entstehungsgeschichte des Rechtsinstituts verdeutlicht, dass die Länder nur deshalb befugt waren, die Baulastmaterie in ihre Landesbauordnungen zu übernehmen, 5 weil der **Bund** insoweit seine **Gesetzgebungskompetenz nach Art. 74 Nr. 18 GG nicht genutzt** hat. Dass es sich bei der Materie nicht allein um »Baupolizeirecht im bisher gebräuchlichen Sinne«, sondern in der überwiegenden Anzahl der Anwendungsfälle »im wahrsten Sinne des Wortes« um **Bodenrecht** handelt, kann angesichts der **baurechtsbeschränkenden Wirkungen** nicht bestritten werden (vgl. Ziegler, Ein formulierter Vorschlag zur Aufnahme des Bauordnungsrechts in ein [Bundes-]Baugesetzbuch, DVBl 1984, S. 378 ff.).

Angesichts des Verzichts des Bundes zur Regelung des Rechtsinstituts kann an der Gesetzgebungszuständigkeit der Länder kein Zweifel bestehen. Mit der Baulast sollen die tatbestandlichen Voraussetzungen für die Erteilung einer Baugenehmigung, die sonst nicht vorliegen würden, geschaffen und auf Dauer gesichert werden. Dieser inhaltliche Zusammenhang mit einem konkreten Baugesuch weist die Baulast als Instrument des Bauordnungsrechts aus (Hamb. OVG, Urt. v. 28.02.1985 – Bf. II 29/83, NJW 1987, 915 = NVwZ 1987, 428). **Bedenken** zur Gesetzgebungskompetenz der Länder im Hinblick auf das Sachenrecht des BGB sind **unbegründet** (BVerwG, Beschl. v. 27.09.1990 – 4 B 34 und 35.90, BauR 1991, 62 = BRS 50 Nr. 109 = NJW 1991, 713 = UPR 1991, 72 = ZfBR 1991, 31 und Beschl. v. 29.10.1992 – 4 B 218.92, BRS 54 Nr. 157). Nicht zu übersehen ist, dass das Verhältnis zwischen öffentlich-rechtlicher Baulast und dem Zivilrecht gesetzlich nicht geregelt ist und viele Streitigkeiten aus diesem unbefriedigenden Rechtszustand resultieren (vgl. hierzu Masloh, Zivilrechtliche Aspekte der öffentlich-rechtlichen Baulasten, NJW 1995, S. 1993 ff.), weshalb die **Forderung nach einer bundesrechtlichen Regelung** erhoben wird (vgl. Schwarz, Die Entwicklung des Baulastenrechts seit 1994, BauR 1998, S. 446 ff., Döring, a.a.O. Rn. 2, S. 143 f. und Lorenz, Zu den privatrechtlichen Folgen der nachbarrelevanten Baulast, NJW 1996, S. 2612 ff.).

1.2 Verhältnis von Dienstbarkeiten und Baulasten

6   Das öffentlich-rechtliche Institut der **Baulast** weist Ähnlichkeiten mit dem zivilrechtlichen Institut der **Dienstbarkeit** auf. Das **Baulastenverzeichnis** ist dem **Grundbuch** angenähert. Diese **Ähnlichkeiten** sind **nicht zufällig**, sondern darauf zurückzuführen, dass die zivilrechtlichen Sicherungsinstrumente als erste vorhanden waren und daher das öffentliche Recht an diesem Vorbild ausgerichtet wurde. Eine **Dienstbarkeit** nach bürgerlichem Recht ist eine auf ein bestimmtes **Dulden** oder **Unterlassen** gerichtetes beschränktes dingliches Recht an einer Sache oder an einem Recht. Es handelt sich hierbei um vom Eigentumsvollrecht abgeleitete Teilrechte. Das **Sachenrecht des BGB** kennt drei Dienstbarkeitstypen:
- die **Grunddienstbarkeit** nach den §§ 1018 bis 1029 BGB, die darauf zielt, dem Eigentümer des begünstigten Grundstücks beschränkte dingliche Rechte an dem belasteten Grundstück einzuräumen,
- das **Nießbrauchsrecht** nach den §§ 1030 bis 1089 BGB, das ein Recht auf die Gesamtnutzung einer Sache einräumt, und
- die **beschränkte persönliche Dienstbarkeit** nach den §§ 1090 bis 1093 BGB, die darauf zielt, einer bestimmten natürlichen oder juristischen Person beschränkte dingliche Rechte an dem belasteten Grundstück einzuräumen.

Die Nießbrauchsrechte können sowohl an Grundstücken als auch an Rechten und Vermögen eingeräumt werden. Dagegen können sich **Grunddienstbarkeiten** und **beschränkte persönliche Dienstbarkeiten** nur auf **Grundstücke** beziehen.

Eine **Dienstbarkeit am Grundstück** wird in aller Regel **durch schuldrechtlichen Vertrag begründet**, den im Falle der Grunddienstbarkeit der Eigentümer des belasteten Grundstücks mit dem Eigentümer des begünstigten Grundstücks oder im Falle der beschränkten persönlichen Dienstbarkeit mit der begünstigten natürlichen oder juristischen Person abschließt. Zulässig sind auch so genannte »**Eigentümerdienstbarkeiten**«, sofern dafür ein eigenes schutzwürdiges wirtschaftliches oder ideelles Interesse des Berechtigten oder ein entsprechendes fremdes Interesse, das gefördert werden soll, bei der Bestellung aus Anlass einer beabsichtigten Veräußerung besteht (BGH, Urt. v. 11.03.1964 – V ZR 78/62, NJW 1964, 1226). Eine Grunddienstbarkeit mit Ausübungsbeschränkung auf einen **Teil** des Grundstücks ist selbst dann zulässig, wenn sie eine Art der Nutzung gestattet, die den Grundstückseigentümer von jeglicher Mitbenutzung ausschließt (BGH, Urt. v. 25.10.1991 – V ZR 196/90, NJW 1992, 1101; s. jedoch Rdn. 9). **Voraussetzung** für die **Eintragung im Grundbuch** ist nach § 873 Abs. 1 BGB der **übereinstimmende Wille der Beteiligten** und nach den grundbuchrechtlichen Bestimmungen der **Eintragungsbewilligung** des Eigentümers des belasteten Grundstücks in Form der **Beurkundung** oder **öffentlichen Beglaubigung** nach §§ 19 und 29 GBO.

7

Die Dienstbarkeiten werden in **Abteilung II** des Grundbuchblatts des **dienenden** (belasteten) Grundstücks eingetragen. **Grunddienstbarkeiten** gelten nach § 96 BGB als **rechtlicher Bestandteil des herrschenden** (begünstigten) **Grundstücks** und können gemäß § 9 Abs. 1 GBO als »**Aktivvermerk**« auch in das Bestandsverzeichnis des herrschenden (begünstigten) Grundstücks aufgenommen werden. Es genügt, wenn das **Recht im Wesenskern schlagwortartig umschrieben** ist (BGH, Beschl. v. 22.09.1961 – V ZB 16/61, NJW 1961, 2157), wie dies z.B. mittels der Bezeichnungen »Wegerecht« oder »Baubeschränkung« häufig geschieht. Erforderlich ist dabei die Bezeichnung des Berechtigten und gemäß § 874 BGB die Bezugnahme auf die Eintragungsbewilligung, die dadurch Eintragungsinhalt wird, um den genauen Inhalt des Rechts jederzeit anhand der Grundakten feststellen zu können. Bezieht sich die Dienstbarkeit nur auf einen **bestimmten Grundstücksteil**, wie dies z.B. häufig bei Geh-, Fahr- und Leitungsrechten der Fall ist, so ist die **Fläche entweder genau textlich zu beschreiben**, soweit dies überhaupt möglich ist, **oder zeichnerisch in einem Lageplan darzustellen**, auf den gemäß § 13 Abs. 1 Satz 1 Beurkundungsgesetz die Eintragungsbewilligung Bezug nehmen muss und der mit dieser zu verbinden ist (BGH, Beschl. v. 06.03.1981 – V ZB 2/81, NJW 1981, 1781). Die Bestimmung der genauen **Ausübungsstelle einer Dienstbarkeit**, die zur Anlegung einer unterirdischen **Leitung** auf dem Grundstück berechtigt, ist entbehrlich, wenn als weiterer Inhalt der Dienstbarkeit ein Bauverbot für eine **im Ausmaß festgelegte Schutzzone** der Leitung vereinbart ist (BGH, Beschl. v. 16.02.1984 – V ZB 8/83, NJW 1984, 2210). Es spielt dann keine Rolle, wo genau die Leitung innerhalb dieser Fläche liegt.

8

Für die hier zunächst besonders interessierende **Grunddienstbarkeit** ist die **Begriffsbestimmung** des § 1018 BGB von besonderer Bedeutung:

9

§ 85 Baulasten, Baulastenverzeichnis

»Ein Grundstück kann zugunsten des jeweiligen Eigentümers eines anderen Grundstücks in der Weise belastet werden, dass dieser das Grundstück in einzelnen Beziehungen benutzen darf oder dass auf dem Grundstück gewisse Handlungen nicht vorgenommen werden dürfen oder dass die Ausübung eines Rechts ausgeschlossen ist, das sich aus dem Eigentum an dem belasteten Grundstück dem anderen Grundstück gegenüber ergibt.«

Hieraus ergeben sich folgende zulässige Formen der Grunddienstbarkeit:
- **Nutzungsdienstbarkeit** in einzelnen Beziehungen, wie z.b. Wegerecht, Leitungsrecht oder Stellplatzrecht. Die Grunddienstbarkeit darf jedoch den Grundstückseigentümer nicht vollständig von der Nutzung des Gesamtgrundstücks ausschließen (BHG, Urt. v. 25.10.1991 – V ZR 196/90, NJW 1992, 1101).
- **Unterlassungsdienstbarkeit** bezüglich bestimmter Handlungen, wie z.b. Freihalten von der Bebauung oder Verzicht auf Ausübung gewerblicher Betätigung.
- **Duldungsdienstbarkeit** in Bezug auf Vorgänge auf dem herrschenden (begünstigten) Grundstück, die normalerweise nach §§ 903 ff. in Verbindung mit § 1004 BGB abgewehrt werden können, wie z.b. zu geringe Grenzabstände der Nachbarbebauung oder Lärm-, Staub-, Erschütterungs- und Geruchsbeeinträchtigungen.

Die Grunddienstbarkeit kann sich stets nur auf Nutzungsberechtigungen bzw. Duldungs- oder Unterlassungspflichten beziehen. **Aktives Handeln** (Tun) kann dagegen **nicht** Gegenstand einer Grunddienstbarkeit sein.

10 Mittels Grunddienstbarkeit können die Grundstückseigentümer gegenseitig auch solche Rechte absichern, wie sie gewöhnlich Gegenstand einer Baulast sind. So kann sich der Eigentümer des herrschenden (begünstigten) Grundstücks von dem Eigentümer des dienenden (belasteten) Grundstücks eine Zuwegungsfläche, eine Abstandfläche, eine Kleinkinderspielfläche oder eine Stellplatzfläche absichern lassen. Auch eine Baubeschränkung, z.b. hinsichtlich der Höhe der Bebauung, kann Inhalt einer Grunddienstbarkeit sein (BGH, Urt. v. 08.02.2002 – V ZR 252/00, NJW 2002, 1797), ebenso die Verpflichtung zur Einhaltung der Festsetzungen eines noch nicht bestandskräftigen Bebauungsplans (BGH, Urt. v. 07.02.1985 – III ZR 179/83, NJW 1985, 1892).

Die Problematik einer **Grunddienstbarkeit** liegt aus bauaufsichtlicher Sicht in ihrer **mangelnden Rechtsbeständigkeit**. Denn Grunddienstbarkeiten können – anders als Baulasten – durch die beteiligten Eigentümer jederzeit geändert oder aufgehoben werden. Es genügt, dass der Eigentümer des herrschenden Grundstücks nach § 875 Abs. 1 BGB das Recht aufgibt und die Löschung im Grundbuch bewilligt. Wegen dieser Unsicherheiten muss in den Ländern, die das Rechtsinstitut der Baulast nicht kennen oder neben der Baulast auch Dienstbarkeiten zulassen, eine zusätzliche Absicherung hinzutreten, weil auch dort das Bauordnungsrecht von einer dauerhaften Absicherung ausgeht, um zu vermeiden, dass baurechtswidrige Zustände eintreten. Die dauerhafte rechtliche Sicherung setzt voraus, dass durch dingliche Bindung ein dem Grundeigentum vergleichbar sicherer und vergleichbar offenkundiger Rechtszustand geschaffen und so auch eine den Bedürfnissen der Praxis genügende Rechtsklarheit hergestellt wird; sie ist deshalb, sofern sie mit Mitteln des Zivilrechts bewerkstelligt werden soll, im Regelfall erst bei Bestellung einer Grunddienstbarkeit zugunsten des jeweiligen Eigentümers des Baugrundstücks und einer **inhaltsgleichen beschränkten persönlichen**

Dienstbarkeit zugunsten des Trägers der Bauaufsichtsbehörde (Gemeinde oder Land) gewährleistet (so BayVGH, Beschl. v. 14.12.1993 – 20 B 93.2760, NVwZ 1995, 281). Dass die Bauaufsichtsbehörde nicht ausreichend gegen eine Aufhebung der Dienstbarkeit abgesichert sei, wird zwar von Befürwortern der Baulast gelegentlich verkürzend vorgetragen, entspricht aufgrund der gegebenen zivilrechtlichen Möglichkeiten aber nicht der Rechtslage (vgl. Meendermann/Lassek, Rechtsfortbildung der Baulast, NJW 1993, S. 424 ff.). Mit dem Instrument der **Baulast** ist lediglich ein **Zeitvorteil** für den Bauherrn verbunden, da das Verfahren zur Eintragung von Grunddienstbarkeit und beschränkt persönlicher Dienstbarkeit gegenüber der Baulasteintragung einen wesentlich größeren Zeitraum einnimmt.

Zur **Bestimmung** der **beschränkten persönlichen Dienstbarkeit** regelt § 1090 BGB: 11

»Das Grundstück kann in der Weise belastet werden, dass derjenige, zu dessen Gunsten die Belastung erfolgt, berechtigt ist, das Grundstück in einzelnen Beziehungen zu benutzen, oder dass ihm eine sonstige Befugnis zusteht, die den Inhalt einer Grunddienstbarkeit bilden kann.«

Hieraus ergeben sich die **möglichen Inhalte** einer beschränkten persönlichen Dienstbarkeit **weitgehend deckungsgleich** mit denen der **Grunddienstbarkeit**. Der Unterschied zur Grunddienstbarkeit ist darin zu sehen, dass das eingeräumte Recht nicht dem Eigentümer des herrschenden Grundstücks, sondern einer **bestimmten natürlichen** oder **juristischen Person** zusteht. Beschränkte persönliche Dienstbarkeiten sind vor allem üblich, um Wohnungs- und Mitbenutzungsrechte, Ausbeutungsrechte an Bodenschätzen und Wettbewerbsbeschränkungen abzusichern. Im öffentlichen Recht haben sie für Wohnungsbelegungsrechte und für baulastersetzende Sicherungen Bedeutung erlangt. So kann sich eine Gemeinde im Rahmen des Grundstückskaufvertrags eine beschränkte persönliche Dienstbarkeit einräumen lassen, dass auf dem Grundstück, welches in einem durch Bebauungsplan als Gewerbegebiet ausgewiesenen Ortsteil liegt, eine bestimmte Art des Gewerbes nicht ausgeübt werden darf (BGH, Urt. v. 24.06.1983 – V ZR 167/82, NJW 1984, 924). Zwar erlöschen beschränkte persönliche Dienstbarkeiten mit dem Tod der natürlichen oder dem Untergang der juristischen Person, die Gefahr des Untergangs besteht aber bei Gebietskörperschaften des öffentlichen Rechts nicht, da stets eine Rechtsnachfolge gewährleistet ist.

Die in Bayern erforderliche und in Sachsen mögliche Praxis, **zivilrechtliche Vereinbarungen** zwischen den beteiligten Grundstückseigentümern und zusätzlich zwischen dem belasteten Grundstückseigentümer und der Bauaufsichtsbehörde herbeizuführen, erfordert stets die **Beteiligung des Notars**. Dagegen können Baulasten vor der Bauaufsichtsbehörde abgeschlossen werden, was zu einer **Vereinfachung des baurechtlichen Verfahrens** und nicht zuletzt auch zu einer **Kostenentlastung des Bauherrn** führt. Der Kostenvorteil tritt jedoch nur ein, wenn die Baulast alleine ausreicht, und keine ergänzende Grunddienstbarkeit, z.B. zur Sicherstellung von Benutzungsrechten, bestellt werden muss. 12

Für die Bauaufsichtsbehörde bieten Baulasten gegenüber Grunddienstbarkeiten den entscheidenden Vorteil, dass der verpflichtete Grundstückseigentümer unmittelbar 13 aus der Baulast durch **Ordnungsverfügung** in Anspruch genommen werden kann (vgl. Wenzel, S. 35 f.). Dagegen können die Bauaufsichtsbehörden ihre Rechte aus einer beschränkten persönlichen Dienstbarkeit nur auf dem Zivilrechtsweg geltend machen. Was sich für die Bauaufsichtsbehörde als Nachteil erweist, kann für den Inhaber einer Grunddienstbarkeit jedoch einen Vorteil bedeuten, da er sein Recht unmittelbar durchsetzen kann (vgl. Wenzel, S. 38 Rn. 7). Bei dem Vergleich beider Rechtsinstitute kann auch nicht übersehen werden, dass die Baulast dem Eigentümer des begünstigten Grundstücks kein eigenes Recht verschafft, sondern ihn lediglich in der inhaltlichen Wirkung begünstigt. Die Baulast ersetzt grundsätzlich keine daneben erforderlichen zivilrechtlichen Regelungen (BGH, Urt. v. 08.07.1983 – V ZR 204/82, BGHZ 88, 97 = BRS 40 Nr. 180 = DÖV 1983, 982 = DVBl 1983, 1149 = NJW 1984, 124). Bezweckt eine Grunddienstbarkeit aber die Sicherstellung der Bebaubarkeit eines Grundstücks, so kann der Eigentümer dieses belasteten Grundstücks zur Bewilligung einer inhaltsgleichen Baulast verpflichtet sein (hierzu s. nachfolgende Rdn. 39; zum Verhältnis der Baulasten zu dinglichen Privatrechten vgl. Prahl, Zur Privatrechtsrelevanz der Baulast, ZfBR 1997, S. 12 ff.).

14 Für die Praxis als hinderlich erweist sich schließlich die **Trennung von Grundbuch und Baulastenverzeichnis**, so dass in beide Einblick zu nehmen ist, um sich über das Vorhandensein von Belastungen Gewissheit zu verschaffen (vgl. Sachse, Das Spannungsverhältnis zwischen Baulastenverzeichnis und Grundbuch, NJW 1979, S. 195 ff.). Die **Baulast** ist als öffentlich-rechtliche Baubeschränkung **kein Recht eines Dritten im Sinne des § 434 BGB** (BGH, Urt. v. 10.03.1978 – V ZR 69/76, BauR 1978, 397 = BRS 33 Nr. 157 = MDR 1978, 913 = NJW 1978, 1429), so dass der Käufer keine Gewährleistungsansprüche gegenüber dem Verkäufer geltend machen kann, wenn er erst später von dem Bestehen einer Baulast erfährt. Daher kommt der **Belehrungspflicht des Notars** besondere Bedeutung zu. Diese besteht unter dem Gesichtspunkt der Aufklärung der Beteiligten über die rechtliche Bedeutung ihrer Erklärungen und die unmittelbaren rechtlichen Voraussetzungen für den Eintritt des beabsichtigten Rechtserfolgs und erfasst regelmäßig **Belastungen des Grundstücks und deren Bedeutung** (BGH, Urt. v. 24.06.1993 – IX ZR 84/92, NJW 1993, 2741).

1.3 Baulastregelungen im Überblick

15 Die **aktuellen Bestimmungen des § 85**, die weitgehend § 78 BauO NW 1984 entsprechen, basieren auf der grundlegenden Überarbeitung der Mustervorschriften der MBO durch die ARGEBAU im Jahre 1981 (vgl. **§ 79 MBO 1981** = § 79 MBO 1997 = § 83 MBO 2002). Nach Absatz 1 **Satz 1** 2018 und den damit weitgehend übereinstimmenden Vorschriften der anderen Landesbauordnungen ist eine Baulast im Sinne des Bauordnungsrechts »eine sich nicht schon aus öffentlich-rechtlichen Vorschriften ergebende öffentlich-rechtliche **Verpflichtung des Grundstückseigentümers** zu einem **sein Grundstück betreffenden Tun, Dulden** oder **Unterlassen**, die dieser durch **freiwillige Erklärung** gegenüber der Bauaufsichtsbehörde übernimmt«. Die Zustimmung eines **Erbbauberechtigten** ist neben der des Eigentümers aufgrund des Absatz 1 **Satz 2** erforderlich (s. Wenzel, S. 26 ff.). Die Baulast wird gemäß Absatz 1

Satz 3 erst mit der Eintragung in das Baulastenverzeichnis rechtswirksam. Eine Baulast bedarf daher zu ihrem rechtswirksamen Zustandekommen
- der **Verpflichtungserklärung** (1. Schritt) und
- der **Eintragung der abgegebenen Verpflichtung in das Baulastenverzeichnis** (2. Schritt).

Nach dem das Bauordnungsrecht beherrschenden Grundsatz hat jeder Grundstückseigentümer selbst für den ordnungsgemäßen Zustand seines Grundstücks zu sorgen (z.B. Zuwegung, Stellplätze, Kinderspielfläche). Ist ihm dies wegen der ungünstigen Beschaffenheit oder Lage seines Grundstücks nicht möglich, müsste die Baugenehmigung versagt werden, weil die beantragte Bebauung dem öffentlichen Recht widerspräche. Um diese oft unerwünschte und im Einzelfall harte Rechtsfolge zu vermeiden, soll mit Hilfe der Baulast die Möglichkeit geschaffen werden, einen ordnungsgemäßen Zustand dadurch herzustellen, dass **ein anderer Grundstückseigentümer** diese **öffentlich-rechtlichen Verpflichtungen** ganz oder teilweise **auf sein Grundstück übernimmt**. 16

Die **Baulasterklärung** bedarf nach **Absatz 2** der **Schriftform**. Die Unterschrift muss öffentlich oder amtlich beglaubigt sein oder **vor** der Bauaufsichtsbehörde geleistet oder **vor** ihr anerkannt werden. Der Eintragung im Baulastenverzeichnis als Wirksamkeitsvoraussetzung entspricht es umgekehrt, dass die Baulast nach **Absatz 3** durch **schriftlichen Verzicht der Bauaufsichtsbehörde** untergehen kann, der **im Baulastenverzeichnis zu vermerken** ist. Das **Baulastenverzeichnis** wird nach **Absatz 4** von der **Bauaufsichtsbehörde** geführt, besitzt aber **keinen öffentlichen Glauben**. In das Baulastenverzeichnis können Auflagen, Bedingungen, Befristungen und Widerrufsvorbehalte ebenso eingetragen werden, wie auch andere baurechtliche Verpflichtungen des Grundstückseigentümers zu einem sein Grundstück betreffenden Tun, Dulden oder Unterlassen. Nach **Absatz 5** besteht bei Glaubhaftmachung eines berechtigten Interesses ein **Einsichtnahmerecht**. 17

Der Verpflichtungserklärung können **zeichnerische Darstellungen** beigefügt werden, um die Flächen oder Bauteile **geometrisch eindeutig** zu fixieren (hierzu s. Wenzel, Voraussetzungen für die Eintragung von Baulasten, BauR 2002, S. 569 ff.). Für **Lagepläne**, die **Flächenbaulasten** darstellen, enthält **§ 18 BauPrüfVO** besondere Vorgaben (s. Rdn. 80–90). Diese Lagepläne müssen bestimmte Angaben und Darstellungen enthalten und entweder von einem **Katasteramt** oder von einem **Öffentlich bestellten Vermessungsingenieur** angefertigt und mit öffentlichem Glauben beurkundet sein. 18

Die Begründung, Änderung und Löschung der Baulasten und die Führung des Baulastenverzeichnisses verursachen einen erheblichen **Verwaltungsaufwand**. Um diesen abzudecken, erheben die Bauaufsichtsbehörden **Gebühren** nach Tarifstelle 2.5.6 des **Allgemeinen Gebührentarifs** zur AVerwGebO NRW. Nach Tarifstelle 2.5.6.1 besteht für die Entscheidung über die Baulasteintragung ein Gebührenrahmen von 50 bis 250 Euro. Auch **schriftliche Auskünfte** aus dem Baulastenverzeichnis, wie z.B. Abschriften oder Auszüge, sind nach Tarifstelle 2.5.6.3 **gebührenpflichtig**. Nach Tarifstelle 2.5.6.3 ist für die Erteilung schriftlicher Auskünfte aus dem Baulastenverzeichnis eine Gebühr in Höhe von 50 bis 150 Euro pro Grundstück zu erheben. Für den Fall, dass auf dem angefragten Grundstück keine Baulast liegt, schlägt die entsprechende schriftliche Auskunft nach Tarifstelle 2.5.6.4 mit 10 Euro pro Grundstück, insgesamt 19 für alle Grundstücke nicht mehr als 100 Euro, zu Buche. **Mündliche Auskünfte** sind dagegen **gebührenfrei**.

2 Zu Absatz 1 – Zulässiger Inhalt, Entstehung und Wirkung der Baulast

2.1 Zulässiger Inhalt

20 Bereits der Gesetzeswortlaut lässt die **einzelnen Elemente** erkennen, die für den zulässigen Inhalt einer Baulast wesentlich sind:
- **Öffentlich-rechtlicher Charakter** der übernommenen Verpflichtung (Rdn. 23–24)
- **Grundstücksbezogenheit** (Rdn. 25–26)
- **Baurechtsrelevanz** (Rdn. 27–30) und
- **Subsidiarität** gegenüber bereits öffentlich-rechtlich geregelten Verpflichtungen (Rdn. 31–32).

21 **Gegenstand der Baulast** können insbesondere **bauordnungsrechtliche Verpflichtungen** sein. Die Baulast erübrigt Abweichungen nach § 69 BauO NRW 2018 und dient zur Veränderung der bauordnungsrechtlichen Genehmigungsvoraussetzungen. Im Unterschied hierzu darf eine Baulast im Bereich des **Bauplanungsrechts** nur zur **Sicherung der bauplanungsrechtlichen Voraussetzungen**, nicht jedoch zu deren Modifizierung eingesetzt werden (s. Anmerkungen zu § 4 Rdn. 86 ff.; BVerwG, Urt. v. 14.02.1991 – 4 C 51.87, BVerwGE 88, 24 = BBauBl. 1992, 197 = BauR 1991, 582 = BRS 52 Nr. 161 = DVBl 1991, 812 = NJW 1992, 2783; Nds. OVG, Urt. v. 31.03.1995 – 1 L 4063/93, BRS 57 Nr. 92). Schließlich kann die Baulast bezüglich **sonstiger öffentlich-rechtlicher Vorschriften** angewendet werden, die bauaufsichtlich relevant sind.

22 Dabei geht der **Anwendungsbereich der Baulast so weit wie der Aufgabenbereich der Bauaufsichtsbehörde**. Selbst wenn eine unmittelbare Zuständigkeit der Bauaufsichtsbehörde nicht gegeben ist, weil die Genehmigung eines Vorhabens nach einer anderen öffentlich-rechtlichen Vorschrift die Baugenehmigung einschließt, kommt die Baulast in Betracht (so Schwarz, Baulasten im öffentlichen Recht und im Privatrecht, 1995, Rn. 183 zum Immissionsschutzrecht). Die **Grenze für den Einsatz** ist dort zu ziehen, wo der **Anwendungsbereich der Bauordnung** selbst endet und keine **baurechtliche Bedeutsamkeit** mehr besteht (vgl. Boeddinghaus/Hahn/Schulte/Radeisen, zu § 83 Rn. 3–7).

2.1.1 Öffentlich-rechtlicher Charakter der übernommenen Verpflichtung

23 **Zweck der Baulast** ist es, **auf Dauer** und **mit Wirkung für Rechtsnachfolger** öffentlich-rechtliche Hindernisse einer Bebauung auszuräumen, damit die Erteilung einer Baugenehmigung möglich wird. Bei dieser Zweckbestimmung ist es folgerichtig, dass Baulasten **nicht zum Schutze privater Verpflichtungen** übernommen werden können, z.B. zur Freihaltung der Aussicht zugunsten des Nachbarn.

24 Das **Vorliegen eines öffentlichen Interesses** ist **keine Voraussetzung** für das Entstehen einer Baulast (so auch Boeddinghaus/Hahn/Schulte/Radeisen, zu § 83 Rn. 63 unter Bezug auf OVG NRW, Urt. v. 13.03.1990 – 11 A 1587/88, n.v.). Vielmehr ist das **Fehlen eines öffentlichen Interesses** gemäß § 85 Absatz 3 BauO NRW 2018

Voraussetzung für den von der Bauaufsichtsbehörde gegebenenfalls zu erklärenden Verzicht auf eine Baulast (ebenso Schwarz, Baulasten im öffentlichen Recht und im Privatrecht, 1995, Rn. 185–187, der sich mit der in der Literatur geäußerten Gegenmeinung auseinandersetzt).

2.1.2 Grundstücksbezogenheit

Die Verpflichtung des Grundstückseigentümers bezieht sich auf ein »**sein Grundstück betreffendes Tun, Dulden oder Unterlassen**«. Als Beispiele sind zu nennen: 25
- für ein »Tun« die Verpflichtung zum Bauen an der gemeinsamen Grundstücksgrenze,
- für ein »Dulden« die Nutzung eines Stellplatzes durch den Begünstigten und
- für ein »Unterlassen« das Freihalten einer Abstandfläche von Bebauung.

Da die Vorschrift dem Grundstücksrecht des BGB nachgebildet ist und mit den zivilrechtlichen Bestimmungen in enger Verbindung steht (s. Rdn. 6–14), zielt die Baulastregelung auf den **Grundstücksbegriff im bürgerlich-rechtlichen Sinne** (zu diesem Begriff s. Anmerkungen zu § 1 Rdn. 30 ff.). Der Begriff **Grundstück** ist dabei weit auszulegen, so dass nicht nur dieses selbst oder einzelne **Grundstücksteile**, sondern auch dessen **wesentliche Bestandteile** Gegenstand von Baulastregelungen sein können. Auch das Sondereigentum nach dem WEG (s. Wenzel, S. 17 Rn. 8) oder das Erbbaurecht sind baulastfähig.

Durch Baulast können nur solche öffentlich-rechtlichen Verpflichtungen abgesichert werden, die sich auf ein **konkretes Grundstück** beziehen. Während Grunddienstbarkeiten jedoch nur auf ein das Grundstück betreffendes Dulden oder Unterlassen gerichtet werden können, ermöglichen Baulasten auch ein das Grundstück betreffendes **Tun**. 26

2.1.3 Baurechtsrelevanz

Zweck der Baulast ist es, die Voraussetzungen dafür zu schaffen, dass ein Vorhaben zulässig werden kann, das ohne sie nicht zulässig wäre. Die Baulast muss daher eine **Beziehung zur Frage der Zulässigkeit eines Vorhabens** haben. Diese **Baurechtsrelevanz** ist **nicht vom Verfahren abhängig**, so dass es nicht darauf ankommt, ob das Vorhaben genehmigungsbedürftig oder freigestellt ist. Eine bauaufsichtliche Erheblichkeit besteht ferner, wenn bei baurechtswidrigen Zuständen durch eine Baulasterklärung nachträglich die Rechtmäßigkeit hergestellt werden kann, wobei es unerheblich ist, ob die Baurechtswidrigkeit wie bei Schwarzbauten von Anfang an gegeben war oder erst später durch Änderung der Rechts- bzw. Sachlage eingetreten ist. Es ist jedoch nicht möglich, im verwaltungsgerichtlichen Verfahren durch Baulast ein geändertes (verkleinertes) Vorhaben zur Disposition zu stellen, wenn für den Kläger nach vorausgegangenem Baustopp erkennbar wird, dass das streitige (größere) Vorhaben unzulässig ist, da die Zulässigkeit des geänderten Vorhabens erst in einem neuen Baugenehmigungsverfahren geprüft werden muss (vgl. OVG NRW, Beschl. v. 19.01.1987 – 11 B 2968/86, DVBl 1987, 699). Die Baulast kann auch im Vorfeld einer beabsichtigten Baumaßnahme zum Zuge kommen (VGH B-W, Urt. v. 01.10.2004 – 3 S 1743/03, BauR 2005, 1908 und Urt. v. 01.10.2004–3 S 1743/03, 27

BRS 69 Nr. 138). Es ist zulässig, eine Baulast auf einer Teilfläche eines Grundstücks zugunsten des nach einer beabsichtigten Teilung verbleibenden Restgrundstücks zu bestellen, um die bessere Verkäuflichkeit der abzuteilenden Fläche zu erreichen (OVG NW, Urt. v. 30.11.1989 – 7 A 772/88, BRS 49 Nr. 130). Man spricht hier von einer »**Eigentümerbaulast**«.

28 Die **bauaufsichtliche Erheblichkeit** ergibt sich nicht nur aus den Vorschriften des Baurechts im engeren Sinne. Da bei der Erteilung der Baugenehmigung bzw. im Rahmen der allgemeinen Überwachung des Baugeschehens nach § 58 BauO NRW 2018 die Einhaltung **auch sonstiger öffentlich-rechtlicher Vorschriften** geprüft werden muss, kommt die Baulast insoweit in Betracht. Es kann sich nämlich in dem anderen Rechtsbereich die Möglichkeit ergeben, durch eine Baulast die Zulässigkeit des Vorhabens herbeizuführen, um einen Versagungsbescheid oder eine Beseitigungsverfügung zu vermeiden. Die bauaufsichtliche Erheblichkeit ergibt sich daraus, dass die Bauaufsichtsbehörde gegebenenfalls Nebenbestimmungen, von denen die andere Behörde ihre Zustimmung, ihr Einvernehmen oder das Benehmen abhängig macht, in die Baugenehmigung aufnehmen muss. Eine Baulast ist daher immer dann zulässig, wenn die **Rechtsmaterie** zum **Aufgabenbereich der Bauaufsichtsbehörde** gehört. Das ist ebenfalls gegeben, wenn die Genehmigung nach sonstigem öffentlichem Recht gemäß § 61 BauO NRW 2018 die Baugenehmigung einschließt (hierzu s. Anmerkungen zu § 61 Rdn. 3–19), da die Bauaufsichtsbehörde die Übereinstimmung der Ausführung des Vorhabens mit den baurechtlichen Anforderungen zu überwachen hat (vgl. Jeromin, zu § 86 Rn. 22).

29 Aus der Funktion der Baulast, Hindernisse für die Zulässigkeit eines Vorhabens auszuräumen, ergibt sich aber zugleich auch eine **Beschränkung der Anwendbarkeit**: Die Baulast kann nicht für Zulassungsverfahren anderer Behörden zur Anwendung kommen, die in einem besonderen Verwaltungsverfahren als Verwaltungsakt ohne Beteiligung der Bauaufsichtsbehörde ergehen, da dann der **Aufgabenbereich der Bauaufsicht nicht berührt** wird. Dies sind insbesondere die vom Anwendungsbereich des Bauordnungsrechts ausgenommenen Rechtsbereiche nach § 1 Absatz 2 BauO NRW 2018. So können im Rahmen eines Planfeststellungs- oder Plangenehmigungsverfahrens zum Ausbau einer Straße keine Baulasten begründet werden. Eine Ausnahme von diesem Grundsatz gilt nur für die der **Rückausnahme** unterworfenen **Gebäude** der Anlagen des öffentlichen Verkehrs und der Anlagen, die der Bergaufsicht unterliegen (s. Anmerkungen zu § 1 Rdn. 137–139 und 149), da für diese das Bauordnungsrecht weiter Anwendung findet.

30 Die baurechtliche Bedeutung der Baulast bewirkt, dass nur (**bau**)**rechtlich zulässige Verpflichtungen** abgesichert werden können. So darf eine Baulast nicht bauplanungsrechtlichen Festsetzungen zuwiderlaufen (VGH B-W, Urt. v. 25.04.1974 – III 1343/72, BRS 28 Nr. 123 und Hamb. OVG, Urt. v. 04.04.1991 – Bf II 33/88, BRS 52 Nr. 88). Die Eintragungsfähigkeit ist nicht für jeden beliebigen Inhalt gegeben, wenn diesem keine oder äußerst geringe baurechtliche Relevanz zukommt. Die Verpflichtung muss **tatsächlich möglich** sein, das heißt, das belastete Grundstück muss die Baulast auch aufnehmen können. Beispielsweise muss bei Übernahme einer

Abstandfläche die entsprechende Grundstücksfläche tatsächlich frei von einer Bebauung sein. Stellt sich später heraus, dass die tatsächliche Möglichkeit eingeschränkt ist, kann eine Wirksamkeit der Baulast weiterhin gegeben sein, nämlich wenn der **Sicherungszweck** gleichwohl gegeben ist, z.b. bei einer Baulast für eine Zufahrt in einer bestimmten Breite, die trotz baulicher Einengungen das ordnungsgemäße Befahren mit Fahrzeugen ermöglicht.

2.1.4 Subsidiarität der Baulast

Die Subsidiarität der Baulast bedeutet, dass lediglich solche Verpflichtungen abgedeckt werden können, »**die sich nicht schon aus öffentlich-rechtlichen Vorschriften ergeben**«. Dabei geht es um solche gesetzlichen Verpflichtungen, die gerade denjenigen treffen, der die Baulast übernimmt; auf etwaige Verpflichtungen Dritter kommt es nicht an (VGH B-W, Urt. v. 14.05.1991 – 5 S 101/90, BRS 52 Nr. 162). So kann die nach § 5 Absatz 2 Satz 2 BauO NRW 2018 bestehende Pflicht, Zu- und Durchfahrten zur Rückseite eines Gebäudes auf dem **eigenen** Grundstück freizuhalten, nicht durch Baulast gesichert werden. Das Gleiche gilt hinsichtlich der nach § 3 Absatz 1 Satz 1 BauO NRW 2018 bestehenden Pflicht zur ordnungsgemäßen Instandhaltung.

31

Für die Subsidiaritätsthese sprechen neben dem Gesetzeswortlaut ein **zu befürchtender Missbrauch** des Rechtsinstituts der Baulast und seine **drohende Entwertung**. Die Begehrlichkeit der im Baugenehmigungsverfahren beteiligten Behörden und Dienststellen zur Baulastsicherung unterschiedlichster, das öffentliche Baurecht nur am Rande tangierender Tatbestände war von jeher gegeben. Insofern zielt die Vorschrift auch darauf, eine Anfüllung des Baulastenverzeichnisses mit Baulasten ohne eigenständigen Regelungsgehalt zu unterbinden.

32

2.1.5 Bauordnungsrechtliche Anwendungsfälle

Neben der in § 85 Absatz 1 Satz 1 BauO NRW 2018 enthaltenen **Generalermächtigung** nennt die BauO NRW in Einzelvorschriften besondere Anwendungsfälle, die wegen ihrer zahlenmäßigen Bedeutung im bauaufsichtlichen Vollzug nachfolgend als **Hauptanwendungsfälle** bezeichnet werden:
- **§ 4 Absatz 1 Satz 1 BauO NRW 2018 Zufahrtsbaulast** – öffentlich-rechtlich gesicherte Zufahrt zu einer befahrbaren öffentlichen Verkehrsfläche, wenn das Grundstück nicht in angemessener Breite an einer befahrbaren öffentlichen Verkehrsfläche liegt (s. Anmerkungen zu § 4 Rdn. 41 ff.; vgl. Wenzel, S. 57–58 und BGH, Urt. v. 06.07.2000 – III ZR 340/98, BRS 63 Nr. 179 zur Amtspflicht der Bauaufsichtsbehörde zur Beachtung des Baulasterfordernisses). Fehlt es für ein Vorhaben an der bauordnungsrechtlichen Erschließung, ist die Baugenehmigung zu versagen; sie kann nicht mit der Auflage erteilt werden, die Erschließung durch Eintragung einer Baulast auf einem fremden Grundstück zu sichern (Hess. VGH, Urt. v. 19.07.1988 – 4 UE 1943/86, BauR 1989, 314 = BRS 48 Nr. 95). Ein Anspruch auf Übernahme einer Baulast (hierzu s. Rdn. 39) ist noch nicht geeignet,

33

§ 85 Baulasten, Baulastenverzeichnis

die nach § 4 Absatz 1 Satz 1 BauO NRW 2018 erforderliche öffentlich-rechtliche Sicherung zu ersetzen (OVG NRW, Beschl. v. 10.08.1989 – 7 A 1312/89, n.v.).
- § 4 Absatz 2 BauO NRW 2018 **Vereinigungsbaulast** – Zulässigkeit der Errichtung eines Gebäudes auf mehreren Grundstücken (s. Anmerkungen zu § 4 Rdn. 60 ff.; vgl. auch Wenzel, S. 78). Nachbarliche Abwehransprüche im Hinblick auf § 15 BauNVO können durch eine Vereinigungsbaulast nicht ausgeschlossen werden (BVerwG, Urt. v. 07.12.2000 – 4 C 3/00, BauR 2001, 914 = BRS 63 Nr. 160).
- § 5 Absatz 1 Satz 5 BauO NRW 2018 **Flächenbaulast** – zur Sicherung der Zugänge und Zufahrten für die Feuerwehr auf Fremdgrundstücken.
- § 6 Absatz 1 Satz 2 Nummer 2 BauO NRW 2018 **Grenzbebauungsverpflichtung** – öffentlich-rechtliche Sicherung, dass auf dem Nachbargrundstück ebenfalls an der Grenze gebaut wird, wenn zwar nach planungsrechtlichen Vorschriften nicht an die Grenze gebaut werden muss, aber ohne Abstandfläche an der Grenze gebaut werden darf (vgl. Wenzel, S. 117 – 118). Auf die Einhaltung eines Abstands darf dann nicht verzichtet werden, wenn der Nachbar des Bauherrn ein Gebäude mit Grenzabstand errichtet und sich lediglich für den Fall der Erweiterung des Gebäudes bzw. der Errichtung eines Neubaus durch Baulast zur Grenzbebauung verpflichtet (OVG NRW, Urt. v. 28.10.1985 – 11 A 2586/82, BRS 44 Nr. 99). In diesem Fall kann neben der öffentlich-rechtlichen Sicherung auch eine privatrechtliche treten, da das Gesetz nur eine **Sicherung** fordert.
- § 6 Absatz 2 Satz 3 BauO NRW 2018 **Abstandflächenbaulast** – abweichend von § 6 Absatz 2 Satz 1 BauO NRW dürfen sich Abstandflächen ganz oder zum Teil auf das Nachbargrundstück erstrecken, wenn durch Baulast gesichert ist, dass sie nicht überbaut und auf die auf diesen Grundstücken erforderlichen Abstandflächen nicht angerechnet werden; diese Anforderung besteht auch bei nachträglichen Grenzänderungen und Grundstücksteilungen (vgl. Wenzel, Rn. 99–100). In der Abstandfläche zulässige Anlagen dürfen regelmäßig auch auf Flächen genehmigt werden, deren Überbauung durch Baulast grundsätzlich ausgeschlossen ist (OVG NRW, Urt. v. 29.09.1981 – 11 A 2133/80, BauR 1982, 255 = BRS 38 Nr. 133). Übernimmt der Grundstückseigentümer zugunsten des nachbarlichen Bauvorhabens eine Abstandflächenbaulast, so sind seine Abwehrrechte gegen solche Merkmale des Vorhabens ausgeschlossen, die sich aus den der Baulastübernahme zugrundeliegenden Plänen ergeben (OVG NRW, Beschl. v. 19.01.1990 – 7 B 89/90, n.v.).
- § 8 Absatz 2 Satz 1 BauO NRW **Kleinkinderspielflächenbaulast** – zur Sicherung der Erfüllung der Verpflichtung hinsichtlich der Bereitstellung von Spielflächen auf einem anderen als dem Baugrundstück (vgl. Wenzel, S. 167–168).
- § 12 Absatz 2 BauO NRW **Bauteilerhaltungsverpflichtung** – zur Sicherung, dass gemeinsame Bauteile mehrerer Anlagen beim Abbruch einer der Anlagen zur Gewährleistung der Standsicherheit der verbleibenden Anlagen bestehen bleiben (vgl. Wenzel, S. 124–125).
- § 30 Absatz 2 Satz 1 Nummer 1 BauO NRW 2018 **Flächenbaulast aus Brandschutzgründen** – zur Sicherung des erforderlichen Mindestabstands zu Gebäuden auf angrenzenden Grundstücken, wenn die Außenwände nicht den Anforderungen an Gebäudeabschlusswände entsprechen (vgl. Wenzel, S. 136).

Neben diesen ausdrücklich bezeichneten bauordnungsrechtlichen Hauptanwendungsfällen sind – **gestützt auf die Generalermächtigung** – in der bauaufsichtlichen Praxis darüber hinaus **weitere Anwendungsfälle** üblich: 34
- **§ 32 Absatz 2 BauO NRW Abstandbaulast** – zur Sicherung der Abstände für Gebäude mit weicher Bedachung.
- **§ 48 BauO NRW 2018 Stellplatzflächenbaulast** – zur Sicherung der Erfüllung der Stellplatzverpflichtung auf einem anderen als dem Baugrundstück (vgl. Wenzel, S. 151 zur Vorgängerregelung des § 51 BauO NRW 2000), die nach wie vor möglich ist, auch ohne ausdrückliche Ermächtigung in § 48 BauO NRW 2018.

Selbst die zur Erfüllung allgemeiner Anforderungen nötigen haustechnischen Anlagen können, wenn z.b. die Heizungsanlage eines Gebäudes das Nachbargebäude mitbeheizen soll, über Baulast gesichert werden (OVG Bln, Urt. v. 29.10.1993 – 2 B 35/92, MDR 1994, 481 = NJW 1994, 2971).

2.1.6 Sonstige öffentlich-rechtliche Anwendungsfälle

Die allgemein gehaltene Formulierung des § 85 Absatz 1 BauO NRW 2018 lässt 35 **keine Beschränkung auf Gegenstände des Bauordnungsrechts** erkennen. Daher können Baulasten auch **sonstige öffentlich-rechtliche Anforderungen** betreffen, soweit diese einen Bezug zum Bauen bzw. zu einem konkreten Vorhaben aufweisen. Baulasten können grundsätzlich auch **bauplanungsrechtliche Anforderungen** zum Gegenstand haben (OVG NRW, Urt. v. 27.11.1969 – X A 842/69, BRS 22 Nr. 144; BVerwG, Urt. v. 05.02.1971 – IV C 1.68, BRS 24 Nr. 57; OVG Lüneburg, Urt. v. 04.10.1984 – 6 A 131/82, BauR 1984, 285 = BRS 42 Nr. 178 = NJW 1985, 1796; Hamb. OVG, Urt. v. 28.02.1985 – Bf. II 29/83, NJW 1987, 915).

Im **Bauplanungsrecht** kommen Baulasten in allen Fällen in Betracht, in denen das 36 Gesetz oder die Rechtsprechung eine **rechtliche Sicherung der Nutzung als Voraussetzung der Baugenehmigung** verlangt oder empfiehlt (BVerwG, Urt. v. 14.02.1991 – 4 C 51.87, BRS 52 Nr. 161). Die Anwendung findet eine **Grenze**, wo die Baulast an die Stelle der bauplanungsrechtlichen Festsetzungen treten soll (VGH B-W, Urt. v. 25.04.1974 – III 1343/72, BRS 28 Nr. 123). Die Voraussetzung des § 13 BauNVO, wonach in einem reinen Wohngebiet höchstens die Hälfte der Wohnungen eines Wohngebäudes freiberuflich oder ähnlich genutzt werden darf, kann nicht dadurch geschaffen werden, dass sich der Bauherr unter Übernahme einer Baulast verpflichtet, zum Ausgleich in einem benachbarten Wohngebäude auf eine nach § 13 BauNVO zulässige Nutzung ganz zu verzichten (VGH B-W, Urt. v. 21.10.1987 – 3 S 2206/87, BRS 47 Nr. 275). Durch Übernahme einer Baulast, nach der die Nutzung eines reinen Bürogebäudes untrennbar mit der Nutzung eines auf dem gleichen Grundstück weiter vorhandenen Wohngebäudes verbunden werden soll, wird aus dem Bürogebäude kein Wohngebäude im Sinne des § 4 Abs. 2 Nr. 1 BauNVO (VGH B-W, Urt. v. 06.07.2005 – 3 S 141/05, BRS 69 Nr. 81). Auch die **Verpflichtung, ein Grundstück** ganz oder teilweise **nicht zu bebauen**, um eine höhere Nutzung auf dem benachbarten Grundstück zu ermöglichen, ist vom Bauplanungsrecht nicht gedeckt. Eine solche Baulast würde die **Grundstücksbezogenheit der Festsetzungen über die**

höchstzulässige Grund- und Geschossfläche bzw. **Baumasse** unterlaufen. Ebenso ist eine Baulast unwirksam, mit der sich der Eigentümer verpflichtet, nicht an Einzelhandelsunternehmen zu vermieten, die innenstadtschädliche Auswirkungen haben können (VGH B-W, Urt. v. 10.01.2007 – 3 S 1252/06, BRS 71 Nr. 136, BauR 1/2008 S. 84 ff.). Eine Baulast in Bezug auf das Maß der baulichen Nutzung auf weit voneinander getrennt liegenden Grundstücken, ist ebenfalls nicht zu akzeptieren, da die mit GRZ- und GFZ-Festsetzungen verfolgten städtebaulichen Ziele verfehlt werden, wenn der hierfür notwendige **örtliche Zusammenhang nicht gewahrt** ist (VGH B-W, Urt. v. 31.10.2002 – 8 S 1560/02, BauR 2003, 1554 = BRS 65 Nr. 141).

37 Als **Anwendungsfälle** in Bezug auf das **Bauplanungsrecht** sind zu nennen:
- **§§ 30 und 33 bis 35 BauGB Flächenbaulast** – zur Sicherung der Erschließung im Sinne des Bauplanungsrechts als Alternative zur Grunddienstbarkeit (BVerwG, Beschl. v. 27.09.1990 – 4 B 34 und 35.90, BauR 1991, 62 = BRS 50 Nr. 109 = NJW 1991, 713 = UPR 1991, 72 = ZfBR 1991, 31 und Urt. v. 31.10.1990 – 4 C 45.88, BRS 50 Nr. 86 und BGH, Urt. v. 21.05.1992 – III ZR 14/91, BRS 53 Nr. 44). Der Begriff der gesicherten Erschließung in den §§ 30 und 33 bis 35 BauGB ist ein **bundesrechtlicher Begriff**, der nicht durch Landesrecht konkretisiert wird; daher reicht aus bundesrechtlicher Sicht auch eine dingliche Sicherung der Zufahrt des Grundstücks zur öffentlichen Verkehrsfläche durch Grunddienstbarkeit (BVerwG, Urt. v. 03.05.1988 – 4 C 54.85, BauR 1988, 576 = BRS 48 Nr. 92 = NJW 1989, 1942 = NVwZ 1989, 353).
- **§ 32 BauGB** – Als Baulast eintragungsfähig ist die **Mehrwertverzichtserklärung** als einseitig empfangsbedürftige Willenserklärung öffentlich-rechtlicher Art (ebenso Boeddinghaus/Hahn/Schulte/Radeisen, zu § 83 Rn. 34; Schwarz, Baulasten im öffentlichen Recht und im Privatrecht, 1995, Rn. 109). Geschieht dies, braucht die Baugenehmigung selbst nicht mehr mit der einschränkenden Bedingung des Mehrwertverzichts verbunden zu werden; die Baulast bindet dann auch die Rechtsnachfolger.
- **§ 33 Abs. 1 Nr. 3 BauGB** – Als Baulast eintragungsfähig kann auch das schriftliche **Festsetzungsanerkenntnis** sein (vgl. OVG Schl-H, Urt. v. 19.06.1996 – 1 L 262/95, BRS 58 Nr. 42). Hierbei handelt es sich um eine einseitige empfangsbedürftige Unterwerfungserklärung des Antragstellers hinsichtlich künftiger Bebauungsplanfestsetzungen, um noch vor Rechtskraft des Bebauungsplanes die vorzeitige Genehmigung eines Vorhabens zu erlangen. Das Anerkenntnis bindet auch den Rechtsnachfolger. Da der Grundstückseigentümer nicht mit dem Bauantragsteller identisch sein muss, sollte in einem solchen Fall die Zustimmung des Grundstückseigentümers verlangt werden (so Bielenberg, Das Anerkenntnis nach § 33 Bundesbaugesetz, DVBl 1965, S. 265 ff.; vgl. auch die Ermächtigung des § 70 Absatz 3 Satz 3 BauO NRW 2018), um zu vermeiden, dass es zu einer Belastung des Grundstücks gegen seinen Willen kommt.
- **§ 35 Abs. 1 Nr. 1 BauGB** – Auch nach der Neufassung des BauGB durch das BauROG spielt die rechtliche **Sicherung der Zuordnung des Altenteilerhauses** (im Süddeutschen auch als Austragshaus bezeichnet) zum landwirtschaftlichen Betrieb eine wichtige Rolle, wenn dieses auf einem vom Betriebsgrundstück abzutrennenden

Buchgrundstück errichtet werden soll (vgl. BVerwG. Urt. v. 05.02.1971 – IV C 1.68, BauR 1972, 90 = BRS 24 Nr. 57; OVG Lüneburg, Urt. v. 11.02.1985 – 6 A 64/83, BRS 44 Nr. 77). Trotz des Wegfalls der bundesrechtlichen Teilungsgenehmigung kann die Bauaufsichtsbehörde im Rahmen der bauordnungsrechtlichen Prüfung eines Teilungsantrages nach § 7 BauO NRW 2018 verlangen, dass die materielle Rechtmäßigkeit einer solchen Teilung durch eine rechtliche Sicherung nachgewiesen wird, wenn Anhaltspunkte für einen Missbrauch vorliegen (zur früheren Rechtslage s. Stollmann, Die Sicherung der Privilegierung bei einem vom Betriebsgrundstück abzuteilenden Altenteilergrundstück, DÖV 1993, S. 706 ff.).
- § 35 Abs. 4 Satz 1 in Verbindung mit Abs. 5 Satz 2 und 3 BauGB Über eine durch **Baulast** bewirkte Nutzungsbindung soll die Genehmigungsbehörde darauf hinwirken, dass die sonstigen »begünstigten« Vorhaben im Sinne des § 35 Abs. 4 BauGB nach Durchführung nur in der vorgesehenen und genehmigten Art künftig genutzt werden. Hierdurch sollen die tatsächlichen Verhältnisse, unter denen das Vorhaben in bauplanungsrechtlicher Hinsicht genehmigungsfähig ist, auf dem Grundstück auf Dauer und unabhängig von einem etwaigen Eigentümerwechsel gesichert werden (Hamb. OVG, Urt. v. 28.02.1985 – Bf. II 29/83, NJW 1987, 915).
- § 8 Abs. 3 Nr. 1 und § 9 Abs. 3 Nr. 1 BauNVO (sämtliche Fassungen) Nach diesen Vorschriften müssen Wohnungen für Aufsichts- und Bereitschaftspersonen sowie für Betriebsinhaber und Betriebsleiter dem Gewerbebetrieb räumlich-funktional zugeordnet sein, um eine Ausnahme von dem generellen Verbot für Wohnungen im Gewerbe- oder Industriegebiet gewähren zu können (vgl. Fickert/Fieseler, zu § 8 Rdn. 14 ff.). Die **durch Baulast bewirkte Nutzungsbindung** soll vermeiden, dass der geschaffene Wohnraum von nicht privilegierten Personen genutzt wird. Ist eine Wohnung aufgrund einer solchen Baulast als Betriebsinhaberwohnung einem Gewerbebetrieb zugeordnet, so muss der Betriebsinhaber sich diese als vorhandene Wohnung zurechnen lassen, auch wenn er selbst keine rechtlichen Möglichkeiten zur Nutzung hat (Nds. OVG, Urt. v. 22.10.1992 – 1 L 176/91, BRS 54 Nr. 159).

Baulasten sind nicht auf Gegenstände des Bauordnungsrechts oder einzelne Gegenstände des Bauplanungsrechts beschränkt (OVG NRW, Urt. v. 27.11.1969 – X A 842/69, BRS 22 Nr. 144). Als **weitere Anwendungsfälle** für Baulasten sind zu nennen:
- **Baulast zur Verhinderung künftiger baurechtswidriger Nutzungen** (OVG Lüneburg, Urt. v. 12.12.1986 – 1 A 172/86, BRS 46 Nr. 164, zur Verpflichtung, kein Wohnungseigentum in einem Sondergebiet für den gewerblichen Fremdenverkehr zu begründen; im Beschl. v. 01.02.1991 – 1 M 153/90, BRS 52 Nr. 92, stellt das Nds. OVG jedoch heraus, dass dem Sicherungszweck des Genehmigungsvorbehalts nach § 22 BauGB durch die Bestellung einer Baulast nicht genügt werden kann). Ist die Nutzung eines Gebäudes durch Baulast in bestimmter Weise gebunden, so erweist sich eine hiervon abweichende Nutzungsänderung als unzulässig (OVG NRW, Urt. v. 07.04.1989 – 11 A 1718/87, n.v.).
- Nicht ausgeschlossen ist auch die Übernahme von Verpflichtungen im sonstigen Bereich des öffentlichen Baurechts. Hier ist vor allem an das **Wasser-**, **Landschafts-**,

Denkmal- und **Straßenrecht** zu denken, soweit es um die **Sicherung** der Einhaltung bestimmter **rechtlicher Voraussetzungen für die Zulassung von Vorhaben** geht.
– Eine – allerdings sehr eingeschränkte – Einsatzmöglichkeit der Baulast ergibt sich auch für das **Immissionsschutzrecht** (vgl. Boecker, Zur Lösung von Umweltkonflikten durch Grunddienstbarkeiten und Baulasten, BauR 1985, S. 149 ff.). Auf die Einhaltung öffentlicher Belange können private Betroffene aber **nicht** durch »Zustimmung« zu einem Bauvorhaben **wirksam verzichten** (BVerwG, Urt. v. 28.04.1978 – 4 C 53.76, BRS 33 Nr. 66). Ein durch Baulast gesicherter nachbarlicher Verzicht auf Abwehransprüche gegen Emissionen eines landwirtschaftlichen Betriebes stellt grundsätzlich kein taugliches Mittel zur Konfliktbewältigung dar (Hess. VGH, Beschl. v. 16.03.1995 – 3 TG 50/95, BRS 57 Nr. 216 = NVwZ-RR 1995, 633 und OVG M-V, Beschl. v. 09.02.1999 – 3 M 133/98, BRS 62 Nr. 106).

2.2 Entstehung der Baulast

39   Die **Baulasterklärung** des Eigentümers ist **stets freiwillig**. Der Regelung einer öffentlich-rechtlichen Verpflichtung durch Baulast wird meist eine Vereinbarung der Beteiligten vorausgehen. Die Bauaufsichtsbehörde kann von einem Grundstückseigentümer die Übernahme einer Baulast **nicht verlangen** oder **erzwingen**. Eine Ausnahme von dem Grundsatz der Freiwilligkeit besteht nur, wenn sich der Eigentümer des zu belastenden Grundstücks hierzu **vertraglich verpflichtet** hat (VGH B-W, Urt. v. 25.03.1981 – 3 S 2346/80, BRS 38 Nr. 160 und BGH, Urt. v. 18.03.1994 – V ZR 159/92, NJW 1994, 2757).

40   Eine **Grunddienstbarkeit kann** allerdings für den Berechtigten das **Recht begründen**, vom Grundstückseigentümer die Bewilligung einer **Baulast zu verlangen**, das er sich notfalls zivilrechtlich erstreiten kann (BGH, Urt. v. 03.02.1989 – V ZR 224/87, BRS 49 Nr. 129 = NJW 1989, 1607, Urt. v. 06.10.1989 – V ZR 127/88, MDR 1990, 424 = NVwZ 1990, 192 und Urt. v. 03.07.1992 – V ZR 218/91, NJW 1992, 2885; s.a. Griwotz, Zur »Doppelsicherung« baurechtlicher Genehmigungsvoraussetzungen, BauR 1990, S. 20 ff. und Serong, Anspruch auf Bewilligung einer Baulast?, BauR 2004, S. 433 ff.). Ein **Anspruch auf Zustimmung** zu einer Baulasteintragung aus einem im Grundbuch eingetragenen **Wegerecht** kann sich ergeben, wenn die Abwägung der beiderseitigen Interessen einen Vorrang zugunsten des Eigentümers des herrschenden Grundstücks ergibt (LG Bochum, Urt. v. 28.11.2001 – 10 S 89/01, BauR 2002, 610 = UPR 2002, 120). Auch eine **Benutzergemeinschaft** an einer Zufahrt, deren Fläche jeweils zur Hälfte im Alleineigentum der Nachbarn steht, kann einen Anspruch auf Abgabe einer Verpflichtungserklärung für eine Zuwegungsbaulast rechtfertigen (LG Wuppertal, Urt. v. 11.03.2003 – 1 O 356/02, BauR 2004, 485). Aus einem **Notwegerecht** lässt sich jedoch **kein Anspruch** auf Zustimmung zu einer Baulasteintragung herleiten (VGH B-W, Urt. v. 25.03.1981 – 3 S 2346/80, BRS 38 Nr. 160).

Die **Umlegungsstelle** (§ 46 Abs. 1 BauGB) kann im **Umlegungsverfahren** gemäß 41
§ 61 Abs. 1 Satz 3 BauGB **Baulasten im Einvernehmen mit der Baugenehmigungsbehörde aufheben, ändern** oder **neu begründen.** An die Stelle der – freiwilligen – Verpflichtungserklärung des Grundstückseigentümers tritt in diesem Falle der **hoheitliche Verwaltungsakt.** Gegen die Entscheidung der Umlegungsstelle steht gemäß § 217 BauGB der Rechtsweg zu den Kammern bzw. Senaten für Baulandsachen offen.

Die Baulast ist eine »gegenüber der Bauaufsichtsbehörde« empfangsbedürftige **Wil-** 42
lenserklärung des Eigentümers des Grundstücks, auf das sich die öffentlich-rechtliche Verpflichtung zu einem dieses Grundstück betreffenden Tun, Dulden oder Unterlassen bezieht (Absatz 1 Satz 1). Ein Anspruch auf Erteilung der Baugenehmigung besteht noch nicht, wenn mit den Bauvorlagen lediglich der Lageplan gemäß § 18 BauPrüfVO mit Eintragung der zu belastenden Fläche vorgelegt wurde, die Verpflichtungserklärung des Grundstückseigentümers aber noch aussteht (OVG NRW, Urt. v. 02.03.2001 – 7 A 2983/98, BauR 2001, 1388 = NVwZ 2001, 1423). Da es sich bei der Baulast um eine öffentlich-rechtliche Grundstücksbelastung handelt, die mit zivilrechtlichen Grundstücksverfügungen vergleichbar ist, ist bei der Begründung einer Baulast neben der formellen Eigentümerstellung des Baulastübernehmers auch dessen **Verfügungsberechtigung** hinsichtlich des Grundstücks von Bedeutung (so Masloh, a.a.O. Rn. 5). Bei **Miteigentum** am Grundstück müssen **alle Miteigentümer** die entsprechende Verpflichtungserklärung abgeben (OVG NRW, Urt. v. 09.05.1995 – 11 A 4010/92, BRS 57 Nr. 204 = NJW 1996, 275). Hierauf ist insbesondere bei Eigentümergemeinschaften nach dem WEG zu achten, deren einzelne Mitglieder über das Sondereigentum an Räumen eines Gebäudes verbunden mit dem Miteigentum am Grundstück verfügen, sofern Gemeinschaftseigentum belastet werden soll (vgl. OLG Hamm, Beschl. v. 13.11.1990 – 15 W 330/90, MDR 1991, 350). Wird dagegen nur **Sondereigentum** ohne das Miteigentum belastet, genügt die Willenserklärung des Sondereigentümers (BGH, Urt. v. 26.10.1990 – V ZR 105/89, MDR 1991, 421). Besteht an dem Grundstück ein Erbbaurecht, ist **neben der Erklärung des Eigentümers** auch die Erklärung des **Erbbauberechtigten** erforderlich (Absatz 1 Satz 2). Umgekehrt kann der Erbbauberechtigte eine Verpflichtungserklärung nicht gegen den Willen des Grundstückseigentümers abgeben (OVG Lüneburg, Urt. v. 26.05.1989 – 6 A 147/87, BRS 49 Nr. 177 = NJW 1990, 1499 = NVwZ 1990, 686). Eine vom **nicht befreiten Vorerben** (§ 2136 BGB) übernommene Verpflichtung bedarf aufgrund § 2113 BGB der **Zustimmung des Nacherben,** wenn sie dessen Recht vereitelt oder beeinträchtigt (VGH B-W, Urt. v. 27.02.1989 – 5 S 3256/88, NJW 1990, 268).

Voraussetzung für eine wirksame Baulasterklärung ist die **Geschäftsfähigkeit** des 43
Grundstückseigentümers (§§ 104, 105 BGB i.V.m. § 12 VwVfG. NRW.). Bei minderjährigen Grundstückseigentümern müssen die Personen tätig werden, denen das Sorgerecht zusteht; das sind nach § 1626 BGB im Regelfall die Eltern. Gemäß § 1643 Abs. 1 in Verbindung mit § 1821 Abs. 1 Nr. 1 BGB bedürfen die Eltern zu einer **Baulasterklärung für das Kind** der **Genehmigung des Vormundschaftsgerichts** (OVG NRW, Urt. v. 09.05.1995 – 11 A 4010/92, BRS 57 Nr. 204 = NJW 1996, 275), deren Aufgaben heute das Familiengericht bzw. in Betreuungssachen das Betreuungsgericht übernommen haben.

44 Ist der Eigentümer eine **juristische Person**, so muss die Verpflichtungserklärung von den jeweils **vertretungsberechtigten Personen** abgegeben werden. Welche Personen vertretungsberechtigt sind, kann sich unterschiedlich aus dem Gesetz, dem Gesellschaftsvertrag oder der Satzung ergeben. Die Bauaufsichtsbehörde hat sich daher die **Vertretungsberechtigung nachweisen** zu lassen, z.b. bei Handelsgesellschaften durch Vorlage eines Handelsregisterauszugs, und in den Akten zu vermerken.

45 Die **Zustimmung oder Beteiligung** der anderen am Grundstück **dinglich Berechtigten** (Grundpfandgläubiger, Nießbraucher, Grunddienstbarkeitsberechtigte) zu der Bestellung der Baulast ist **nicht verlangt**. Absatz 1 Satz 3 regelt, dass die Eintragung »**unbeschadet der Rechte Dritter**« erfolgt. Dinglich Berechtigte können wegen der Beeinträchtigung, die möglicherweise in der Baulast zu sehen ist, gegen den berechtigten Grundstückseigentümer zivilrechtlich vorgehen. Dieses Ergebnis ist nicht immer befriedigend. Es ist daher zweckmäßig, wenn die Bauaufsichtsbehörden die dinglich Berechtigten mit eigentümerähnlicher Stellung vor Eintragung einer Baulast beteiligen, auch um zu verhindern, dass Baulasten später gegenüber diesen nicht wirken (vgl. Sächs. OVG, Beschl. v. 09.09.1994 – 1 S 259/94, BRS 56 Nr. 115, und OVG NRW, Urt. v. 18.07.1995 – 11 A 11/94, BauR 1996, 242 = BRS 57 Nr. 205).

46 Die Bestellung einer Baulast ist entsprechend § 883 Abs. 2 Satz 1 BGB gegenüber demjenigen unwirksam, zu dessen Gunsten bereits eine **Auflassungsvormerkung** in das Grundbuch eingetragen wurde, da sie die Rechte am Grundstück einschränkt (VGH B-W, Urt. v. 13.07.1992 – 8 S 566/92, BRS 54 Nr. 162 und Sächs. OVG, Beschl. v. 09.09.1994 – 1 S 259/94, BRS 56 Nr. 115). Das gilt jedoch nur, wenn zum Zeitpunkt der Eintragung der Baulast die Auflassungsvormerkung im Grundbuch eingetragen war (Nds. OVG, Urt. v. 12.09.1997 – 1 L 5585/96, BRS 59 Nr. 192). Der Eigentümer eines in der **Zwangsversteigerung** beschlagnahmten Grundstücks kann eine Baulast nur mit Zustimmung des Gläubigers, der die Beschlagnahme erwirkt hat, begründen (Hess. VGH, Urt. v. 19.06.1981 – IV OE 70/80, BauR 1982, 257 = BRS 38 Nr. 135; s.a. nachfolgende Rdn. 62).

47 **Kenntnis darüber, wer Grundstückseigentümer** oder **Inhaber eines dinglichen Rechts ist** oder **ob eine Auflassungsvormerkung besteht,** vermittelt nur das **Grundbuch**. Aus verwaltungsökonomischen Gründen begnügen sich die Bauaufsichtsbehörden in der Vielzahl der Fälle mit der **Vorlage eines Grundbuchauszugs**, der nicht älter als drei Monate ist, oder einer **Notarbescheinigung** (zu den Aspekten des Eigentumsnachweises s. Wenzel, S. 39–41). In seltenen Zweifelsfällen kann es jedoch geboten sein, dass ein Bediensteter der Bauaufsichtsbehörde das Grundbuch einsieht, um sich Gewissheit über den aktuellen Eintragungsstand zu verschaffen.

48 Nach **Absatz 1 Satz 3** kann es nicht zweifelhaft sein, dass die geforderte **Eintragung** der Baulast in das Baulastenverzeichnis, anders als noch nach § 99 BauO NW 1970, **konstitutiv** ist (ebenso Boeddinghaus/Hahn/Schulte/Radeisen, zu § 83 Rn. 64 und Jeromin zu § 86 Rn. 35). Ohne Eintragung kann die Baulast nicht geltend gemacht werden. Hat ein Grundstückseigentümer sich verpflichtet, dem Nachbarn eine Stellplatzbaulast einzuräumen, kann der Nachbar eine Bebauung der als Stellplatz

vorgesehenen Fläche öffentlich-rechtlich nicht abwehren, wenn die Baulast nicht eingetragen worden ist (Nds. OVG, Beschl. v. 29.11.1995 – 1 M 7198/95, BRS 57 Nr. 240 = NVwZ 1996, 1237). Auch für den **Entstehungszeitpunkt** der Baulast ist auf den **Eintragungszeitpunkt** abzustellen. Verweigert die Bauaufsichtsbehörde die Eintragung, so ist auch dann, wenn dem Betroffenen ein Anspruch auf Eintragung zusteht, die öffentlich-rechtliche Sicherung erst dann gegeben, wenn dieser Anspruch durchgesetzt und die Eintragung erfolgt ist (OVG NRW, Urt. v. 14.05.1991 – 10 A 1891/88, n.v.). Die Eintragung ist keine bloße Formsache, sondern wegen der rechtsbegründenden Wirkung ein (beurkundender) **Verwaltungsakt** (OVG NRW, Urt. v. 29.09.1978 – XI A 112/78, BRS 33 Nr. 156, noch zu § 99 BauO NW 1970, wonach der Eintragung lediglich deklaratorische Bedeutung zukam; OVG Bremen, Urt. v. 21.10.1997 – 1 BA 23/97, BRS 60 Nr. 120 = NVwZ 1998, 1322). Grundlage jeder Eintragung im Baulastenverzeichnis ist die auf die Verpflichtungserklärung zu setzende oder mit dieser zu verbindende **Eintragungsverfügung**. Der Eintragungsverfügung hat die **Prüfung** vorauszugehen, **ob** die **Eintragung** der Baulast **zulässig** ist. Die Verpflichtungserklärung kann unwirksam sein, weil diese nicht vom Eigentümer oder einem Vertretungsberechtigten abgegeben wurde, inhaltlich nicht bestimmt ist (OVG NRW, Urt. v. 29.09.1978, a.a.O.) oder keinen baulastfähigen Inhalt hat (vgl. Lohre, a.a.O. Rn. 24). Die Eintragung kann auch wegen der Subsidiarität der Baulast unzulässig sein (s. Rdn. 31 und 32 sowie Hilgers, Nochmals: Fehler und Fehlerfolgen bei der Baulasteintragung – Zugleich ein Beitrag zur Rechtsnatur der Baulast, NJW 1988, S. 1366 ff.).

Immer wieder wird in der Praxis die Frage gestellt, ob die Bauaufsichtsbehörde bei Vorliegen der Eintragungsvoraussetzungen die Baulast entgegennehmen und eintragen muss oder ob sie die Eintragung dennoch ablehnen darf, weil das Vorhaben aus anderen Gründen baurechtlich als unzulässig erscheint. Der Gesetzeswortlaut des § 85 ist nicht eindeutig. Ein **Rechtsanspruch** des durch die Baulast Begünstigten wird angenommen werden können, wenn das Gesetz selbst die Bestellung einer Baulast als Alternative zu der Regelvoraussetzung nennt (z.B. § 4 Absatz 1 Satz 1 BauO NRW 2018 – Zuwegung). Darüber hinaus ist aber auch eine rechtmäßig angebotene Baulast, die die tatsächlichen Voraussetzungen der Baugenehmigung sichert, zu bestellen, da es sich bei der Eintragung um eine **gebundene Entscheidung** handelt (vgl. Kluth/Neuhäuser, Der Anspruch auf Baulasteintragung, NVwZ 1996, S. 738 ff.). Folgt man der gegenteiligen Auffassung, der Bauaufsichtsbehörde stünde grundsätzlich ein Ermessen zu (David, a.a.O. Rn. 2, S. 86), ergibt sich kein anderes Ergebnis. In der Praxis wird nämlich bei den bedeutsamen Fallgruppen überwiegend eine **Ermessensreduzierung auf null** anzunehmen sein (vgl. Wenzel, S. 31 f.). Die **Eintragung** darf jedoch **verweigert** werden, wenn die Baulast als öffentlich-rechtliche Sicherung funktionslos wäre, weil eine Bebauung des Grundstücks aus anderen Gründen, insbesondere solchen planungsrechtlicher Art, nicht in Betracht kommt (BVerwG, Beschl. v. 04.10.1994 – 4 B 175.94, BauR 1995, 224 = BRS 56 Nr. 114). Der Eigentümer des begünstigten Grundstücks hat in einem solchen Fall kein subjektiv-öffentliches Recht auf Eintragung der Baulast, da es auf eventuell vorhandene privatrechtliche Interessen nicht ankommt (OVG NRW, Urt. v. 28.01.1997 – 10 A 3465/95, BRS 59 Nr. 229).

2.3 Wirkung der Baulast

50 Durch die Eintragung einer Baulast werden für den hierdurch **begünstigten Bauherrn** im Verhältnis zur Bauaufsichtsbehörde die **tatsächlichen Voraussetzungen für die Genehmigungsfähigkeit eines sonst nicht genehmigungsfähigen Vorhabens geschaffen,** wenn das Gesetz die Baulast ausdrücklich zulässt. Einer zusätzlichen Abweichungsentscheidung bedarf es dann nicht. Eine übernommene Baulast kann weder durch einseitige Erklärung des Verpflichteten oder des Begünstigten noch durch nachträgliche Vereinbarung zwischen Verpflichtetem und Begünstigtem wieder aufgehoben werden, sondern nach Absatz 3 nur durch **Verzichtserklärung** der Bauaufsichtsbehörde. Sieht das Gesetz aber nicht ausdrücklich eine »öffentlich-rechtliche Sicherung« vor, so ist zu unterscheiden, ob die baurechtliche Verpflichtung auf dem Baugrundstück selbst zu erfüllen ist (z.B. Einhaltung des zulässigen Maßes der Nutzung nach §§ 19 ff. BauNVO) oder nicht (z.b. Sicherung der Erschließung nach §§ 30 und 33 bis 35 BauGB). Im ersteren Fall muss, weil eine Abweichung vom Gesetz vorliegt, das eine Erfüllung der Voraussetzung auf dem Grundstück fordert, **neben die Baulast eine Befreiung** treten. Die Baulast schafft zunächst die tatsächliche Voraussetzung für eine Befreiung; darüber hinaus müssen die Befreiungsvoraussetzungen erfüllt sein. Kann die Voraussetzung nach dem Gesetz auch durch die Baulast auf einem anderen Grundstück erfüllt werden, ist eine Befreiung nicht zusätzlich notwendig.

51 Im **Verhältnis Baulastverpflichteter zur Bauaufsichtsbehörde** wird durch die Verpflichtungserklärung des Grundstückseigentümers und eine entsprechende Eintragung im Baulastenverzeichnis die Baulast begründet, ohne dass es einer irgendwie gearteten Zustimmung oder dergleichen durch die Bauaufsichtsbehörde bedarf. Die öffentlich-rechtliche Verpflichtungserklärung setzt nicht das Bestehen entsprechender zivilrechtlicher Regelungen voraus (Hess. VGH, Beschl. v. 04.06.1992 – 4 TG 2815/91, BRS 54 Nr. 161) und ist auch **kein öffentlich-rechtlicher Vertrag** (OVG Schl-H, Urt. v. 19.06.1996 – 1 L 262/95, BRS 58 Nr. 42). Die Bauaufsichtsbehörde hat allerdings die Pflicht, die Zulässigkeit der Baulast zu prüfen (s. vorausgehende Rdn. 48). Wurde die Unzulässigkeit der Baulast nicht bemerkt, kann die Bauaufsichtsbehörde die Baugenehmigung dennoch ablehnen, wenn das Vorhaben gegen öffentlich-rechtliche Vorschriften verstößt, auf deren Schutz durch Baulast nicht wirksam verzichtet werden kann (vgl. VGH B-W, Urt. v. 25.07.1995 – 3 S 2123/93, BRS 57 Nr. 74 zum Verzicht auf Immissionsschutz; s.a. Rdn. 37).

52 Der die Baulast übernehmende **Eigentümer**, der sich über Bedeutung und Umfang seiner Baulasterklärung geirrt hat, **kann seine Erklärung nicht gemäß §§ 119 ff. BGB anfechten** (VGH B-W, Urt. v. 13.06.1984 – 3 S 696/84, NJW 1985, 1723 = NVwZ 1985, 592; s.a. OVG NRW vom 03.02.1986 – 11 A 742/84, n.v.). Das vorher genannte Urteil hat ausdrücklich die Frage einer Anfechtungsmöglichkeit gemäß § 123 BGB wegen Täuschung oder Drohung offengelassen (unklar OVG NRW, Beschl. v. 09.04.1987 – 7 A 2686/86, BauR 1987, 551 = BRS 47 Nr. 148: Eine Baulast, die durch arglistige Täuschung der durch die Baulast begünstigten Behörde zustande gekommen ist, kann angefochten werden). Dies muss aber auch verneint werden, wenn die Baulasterklärung zur Erteilung einer Baugenehmigung geführt hat und diese

vom Bauherrn gleichsam »ins Werk gesetzt« wurde (s. BGH, Urt. v. 10.03.1978 – V ZR 69/76, BRS 33 Nr. 157 = NJW 1978, 1429). **Die Grundsätze des Wegfalls der Geschäftsgrundlage sind auf Baulasterklärungen nicht anwendbar** (OVG Schl-H, Urt. v. 19.06.1996 – 1 L 262/95, BRS 58 Nr. 42, bestätigt durch BVerwG, Beschl. v. 30.01.1997 – 4 B 172.96, BRS 59 Nr. 81).

Die Baulast gibt der Bauaufsichtsbehörde das Recht, die übernommene **Verpflichtung** **53** gegebenenfalls durch eine auf § 58 BauO NRW 2018 gestützte Verfügung **durchzusetzen**. Dabei kann nicht nur gegen den Grundstückseigentümer, sondern auch gegen **Dritte als Störer** vorgegangen werden (VGH B-W, Urt. v. 19.06.1968 – III 402/67, BRS 20 Nr. 98). Eine gesetzliche Eingriffsermächtigung ohne Rekurs auf die bauordnungsrechtliche Generalermächtigung fehlt leider (vgl. hierzu Di Fabio, Freiwillige Baulastübernahme und hoheitliche Durchsetzung, BauR 1990, S. 25 ff.). Das auf § 58 BauO NRW 2018 gestützte Recht zur Durchsetzung hat die Bauaufsichtsbehörde unabhängig von den im Regelfall bestehenden privatrechtlichen Beziehungen zwischen Baulastverpflichtetem und begünstigtem Bauherrn. Denn nur bei dieser Unabhängigkeit besteht die vom Gesetz gewollte auf Dauer angelegte Sicherung der tatsächlichen Verhältnisse, die der Bauaufsichtsbehörde eine Baugenehmigung erst ermöglicht. In der Nichterfüllung der Baulastverpflichtung läge gewissermaßen der Fortfall einer gesetzlichen Genehmigungsvoraussetzung; die erwähnte Ordnungsverfügung der Bauaufsichtsbehörde zur Durchsetzung der Baulast beseitigt den vom Gesetz nicht gedeckten Zustand und bedarf zu ihrer Rechtfertigung nicht des Nachweises einer konkreten Gefahr (OVG Lüneburg, Beschl. v. 02.09.1983 – 1 A 72/82, BRS 40 Nr. 223 = NJW 1984, 380). Eine wegen **fehlenden öffentlichen Interesses** zu löschende Baulast darf nicht mehr durch eine Bauordnungsverfügung durchgesetzt werden (OVG NRW, Beschl. v. 10.10.1997 – 7 B 1974/97, BRS 59 Nr. 228).

Im **Verhältnis zwischen Baulastverpflichtetem und Baulastbegünstigtem** werden **54** durch eine Baulast keine unmittelbaren Rechtsbeziehungen begründet (Hess. VGH, Beschl. v. 04.06.1992 – 4 TG 2815/91, BRS 54 Nr. 161 = NVwZ-RR 1993, 236). Die **öffentlich-rechtliche Baulast**, die allein durch Erklärung des sich verpflichtenden Grundstückseigentümers gegenüber der Bauaufsichtsbehörde – ohne Mitwirkung des Begünstigten – entsteht, **schafft keine privaten Rechte** des einen gegen den anderen (BGH, Urt. v. 08.07.1983 – V ZR 204/82, BGHZ 88, 97 = BRS 40 Nr. 180 = DÖV 1983, 982 = DVBl 1983, 1149 = NJW 1984, 124:

> »*Die von einem Grundstückseigentümer zugunsten eines anderen Grundstücks übernommene Baulast, Kraftfahrzeugeinstellplätze anlegen und nutzen zu lassen, bewirkt nur eine öffentlich-rechtliche Verpflichtung, die weder dem Eigentümer des begünstigten Grundstücks einen Nutzungsanspruch gewährt, noch grundsätzlich dem Baulastverpflichteten auferlegt, die Nutzung zu dulden.*«)

Die durch Baulast gesicherte Verpflichtung gegenüber der Bauaufsichtsbehörde, eine **55** Zufahrtsstraße auszubauen und für den Anliegerverkehr zur Verfügung zu stellen, ist allein öffentlich-rechtlicher Natur und gewährt weder dem Eigentümer des begünstigten Grundstücks einen privatrechtlichen Nutzungsanspruch noch verpflichtet sie den Eigentümer des belasteten Grundstücks, privatrechtlich die Nutzung zu dulden; sie kann auch nicht Inhalt eines Notwegeanspruchs nach § 917 BGB sein (OLG Düsseldorf, Urt. v. 12.04.1989 – 9 U 252/88, MDR 1989, 819 = NVwZ-RR 1989, 607). Der Eigentümer eines Grundstücks, der öffentlich-rechtlich durch Baulast gebunden ist, kann gegen den Baulastbegünstigten, der das Grundstück zwar baulastgemäß, aber ohne zivilrechtlichen Rechtsgrund nutzt, einen Bereicherungsanspruch wegen unbefugter Inanspruchnahme seines Eigentums haben (BGH, Urt. v. 19.04.1985 – V ZR 152/83, DVBl 1985, 1131 = NJW 1985, 1952 und Urt. v. 07.10.1994 – V ZR 4/94, NJW 1995, 53). Im Übrigen hatte der BGH schon zuvor (Urt. v. 09.01.1981 – V ZR 58/79, BGHZ 79, 201 = DÖV 1981, 467 = DVBl 1981, 922) entschieden – und dies ist durch die zuerst zitierte spätere Entscheidung ausdrücklich nicht zurückgenommen worden –, dass falls »ein Grundstückseigentümer aufgrund einer Baulast zur Duldung einer Garage zugunsten des jeweiligen Eigentümers eines Nachbargrundstücks verpflichtet ist, jener rechtsmissbräuchlich handelt, wenn er klageweise vom Baulastbegünstigten Herausgabe und Räumung der Garage verlangt, solange die Baulast besteht und keine Anhaltspunkte dafür vorhanden sind, dass die Bauaufsichtsbehörde sie nicht durchsetzen oder auf sie verzichten werde«. Auf einen Verstoß gegen eine durch Baulast übernommene Verpflichtung kann sich der Nachbar berufen, wenn sich der Inhalt der Baulast auf eine **Regelung mit nachbarschützendem Charakter** bezieht (VGH B-W, Beschl. v. 09.12.1997 – 5 S 2568/97, BRS 59 Nr. 112 = NVwZ 1998, 535). Soweit eine Baulast **nachbarrelevante Aspekte** beinhaltet, entstehen privatrechtliche Wirkungen; ebenso hat die bauaufsichtliche Durchsetzung einer Baulast privatrechtliche Folgen (vgl. Döring, a.a.O. Rn. 2 und Lorenz, a.a.O. Rn. 5 und Ziegler, Die Baulast, insbesondere die Stellplatzbaulast, im öffentlichen Baurecht und im Zivilrecht, BauR 1988, S. 18 ff.).

56 Eine **Baulast vermittelt** dem **Eigentümer des durch die Baulast begünstigten Grundstücks** regelmäßig **keine subjektiv-öffentlichen Rechte**, die durch einen Verzicht der Behörde auf die Baulast verletzt werden könnten – kein Recht eines Dritten im Sinne des § 434 BGB (BGH, Urt. v. 10.03.1978 – V ZR 69/76, BRS 33 Nr. 157 = NJW 1978, 1429 und Urt. v. 08.07.1983 – V ZR 204/82, a.a.O. Rn. 52). Ob dies auch gilt, wenn durch Baulasten Grundstücke wechselseitig belastet und begünstigt werden, etwa bei Vereinigungsbaulasten nach § 4 Absatz 2 BauO NRW 2018, ist in der Entscheidung des OVG NRW, Urt. v. 17.11.1986 (– 7 A 2169/85, BauR 1987, 550 = BRS 47 Nr. 149 = NJW 1988, 278) offen gelassen worden, jedoch zu bejahen. Daher ist die Bestellung von Grunddienstbarkeiten neben der Baulast immer dann zu empfehlen, wenn ein zugleich zivilrechtlich durchsetzbarer Anspruch auf Nutzung zugunsten des Baulastbegünstigten geschaffen werden soll (so auch Wenzel, S. 35f., Rn 3; s.a. Grziwotz, Zur »Doppelsicherung« baurechtlicher Genehmigungsvoraussetzungen, BauR 1990, S. 20 ff.). Beeinträchtigt die Nichterfüllung der durch Baulast übernommenen Pflicht den Begünstigten in anderweitig bestehenden subjektiven Rechten (z.B. Recht auf Leben und Gesundheit), so steht ihm ein Anspruch gegen die Bauaufsichtsbehörde auf ermessensfehlerfreie Entscheidung über die Durchsetzung der Baulast und eventuell sogar ein unmittelbarer Anspruch auf Einschreiten zu (Hess. VGH, Beschl. v. 04.06.1992 – 4 TG 2815/91, BRS 54 Nr. 161).

3 Zu Absatz 2 – Verpflichtungserklärung

Für die **Baulasterklärung** des Eigentümers ist die **Schriftform** (vgl. § 126 BGB) vorgeschrieben. Dieses **Formerfordernis** der Baulasterklärung beinhaltet eine **Warnfunktion** und besteht wegen der weitreichenden Bedeutung der Baulast sowie aus Gründen der Rechtsklarheit und Rechtssicherheit; es **erstreckt sich auch auf den zivilrechtlich einzuordnenden Vorvertrag** (AG Aachen, Urt. v. 12.12.2000 – 84 C 560/00, BauR 2002, 75). Die Baulast muss **hinreichend bestimmt** beschrieben sein, da sie sonst von Anfang an ungültig ist (OVG NRW, Urt. v. 29.09.1978 – XI A 112/78, BRS 33 Nr. 156 und Urt. v. 23.11.1988 – 7 A 2361/86, n.v.). Das ist der Fall, wenn sie so klar und unzweideutig formuliert ist, dass sie mittels Ordnungsverfügung durchgesetzt werden kann (OVG Bln, Urt. v. 08.09.1995 – 2 B 4.94, BRS 57 Nr. 203). Zu den Bestimmtheitsanforderungen gehören die in § 18 BauPrüfVO normierten Anforderungen an die Eintragung von Baulasten, die sich flächenmäßig auswirken, wie z.b. Abstandflächenbaulasten. Eine Pflicht zum Handeln oder Dulden muss in der Baulasterklärung regelmäßig genauer umschrieben werden als eine Unterlassungspflicht (OVG NRW, Urt. v. 15.05.1992 – 11 A 890/91, BRS 54 Nr. 158).

57

Baulasten sind **vorhabenbezogen**, sofern sie im Zuge eines Genehmigungsverfahrens und unter Bezugnahme auf das zur Genehmigung anstehende Bauvorhaben eingegangen werden (OVG NRW, Urt. v. 21.11.2017 – 2 A 1393/16, Justiz-online), so dass eine solche Baulasterklärung zur Sicherung der Zufahrt zu einem bestimmten Vorhaben regelmäßig dahin auszulegen ist, dass nur der durch die typische Nutzung des Vorhabens entstehende Verkehr gesichert werden soll (OVG NRW, Urt. v. 21.11.2017 a. a. O.; zur hiervon abweichenden Rechtslage bei Duldung eines Notwegerechts nach § 917 Abs. 1 BGB aufgrund rechtswidriger Baugenehmigung s. VGH B-W, Beschl. v. 21.12.2001 – 8 S 2749/01, BauR 2002, 931 = BRS 64 Nr. 193; a.A. offensichtlich VGH B-W, Urt. v. 27.10.2000 – 8 S 1445/00, BRS 63 Nr. 184, wonach die Wirkung einer Baulast nicht auf ein bestimmtes Vorhaben beschränkt ist). Allerdings kann eine Baulast eine **Änderung des Vorhabens** abdecken, wenn und soweit diese Änderung mit dem Inhalt der übernommenen Verpflichtung vereinbar ist (OVG NRW, Beschl. v. 08.09.2004 – 7 B 1494/04, NVwZ-RR 2005, 459). Dies ist dann anzunehmen, wenn die Belastung durch die Änderung nicht wesentlich größer wird.

58

Die Baulasterklärung muss das **Vorhaben**, zu dessen Vorteil eine Baulast erklärt wird, **unmissverständlich** und **eindeutig** bezeichnen. Die Willenserklärung muss so formuliert sein, dass sich **Inhalt** und **Tragweite objektiv hinreichend ermitteln lassen**, ohne unterschiedlichen subjektiven Bewertungen zugänglich zu sein (Nds. OVG, Urt. v. 27.09.2001 – 1 LB 1137/01, BauR 2002, 770 = BRS 64 Nr. 130). Zumindest müssen entweder im Lageplan oder in dem Eintragungstext bzw. der Baulasterklärung Hinweise zu der in Bezug genommenen Bebauung enthalten sein (Umkehrschluss aus: OVG NRW Beschl. v. 19.08.2015, 7 B 618/15, JurionRS 2015, 24656) Eine Baulast, die zur Ausräumung eines Genehmigungshindernisses für ein konkretes Vorhaben in einem Genehmigungsverfahren übernommen wird, ist **unwirksam**, wenn die Verpflichtungserklärung mit einer **aufschiebenden Bedingung** versehen ist, da es dem

59

§ 85 Baulasten, Baulastenverzeichnis

Sicherungszweck der Baulast und dem **Grundsatz der Rechtssicherheit** widerspricht, wenn bei der Entscheidung über die Zulassung des Vorhabens dessen Genehmigungsfähigkeit mit Rücksicht auf diese Bedingung ungewiss bleibt (VGH B-W, Urt. v. 29.05.1979 – III 353/79, BRS 35 Nr. 164). Hingegen kann dann eine **Grundstücksbezogenheit** der Baulast angenommen werden, wenn sie aufgrund einer Grundstücksteilung übernommen wird, ohne dass in der Baulasterklärung exakt eine bestimmte Begünstigung für ein Vorhaben oder eine bestehende Bebauung definiert wird. Zusammenfassend ist daher festzuhalten, dass die Bestimmung der Tragweite einer Baulasterklärung stets einzelfallbezogen zu ermitteln ist.

60 Die **Leistung der Unterschrift** oder die Anerkennung einer bereits geleisteten Unterschrift **vor** der Bauaufsichtsbehörde (nicht von ihr) muss auf der Erklärung durch die Bauaufsichtsbehörde **aktenkundig** gemacht werden. Ebenfalls ist die Feststellung der **Identität** der unterschriftsberechtigten Person in den Akten festzuhalten. Dies erfolgt zweckmäßigerweise durch einen Vermerk über die erfolgte **Vorlage des amtlichen Lichtbildausweises** (Personalausweises) unter dessen **Nummer**. Es ist zu bedenken, dass mit der Baulasterklärung öffentliche Rechtsverhältnisse von großer Tragweite geregelt werden. Wird die Unterschrift des Grundstückseigentümers nicht vor der Bauaufsichtsbehörde geleistet oder wird die bereits geleistete Unterschrift nicht **vom Baulastgeber vor** der Bauaufsichtsbehörde als **seine** Unterschrift persönlich anerkannt, so muss sie öffentlich oder amtlich oder durch einen Öffentlich bestellten Vermessungsingenieur beglaubigt sein

61 Die **öffentliche Beglaubigung der Unterschrift** richtet sich nach **§ 129 BGB**. Die öffentliche Beglaubigung darf nicht mit der amtlichen Beglaubigung nach § 34 VwVfG. NRW. verwechselt werden (vgl. Hess. VGH, Urt. v. 05.02.1982 – IV OE 136/81, BauR 1983, 355 = BRS 39 Nr. 171 und OVG NRW, Urt. v. 13.03.1990 – 11 A 1587/88, n.v.). Nach § 129 Abs. 1 BGB muss die Erklärung schriftlich abgefasst und die Unterschrift des Erklärenden von einem **Notar** beglaubigt werden; wird die Erklärung von dem Aussteller mittels Handzeichen unterzeichnet, so ist die in § 126 Abs. 1 BGB vorgeschriebene Beglaubigung des Handzeichens erforderlich und ausreichend. Die öffentliche Beglaubigung wird gemäß § 129 Abs. 2 BGB durch die **notarielle Beurkundung** nach § 128 BGB der Erklärung ersetzt. Bei einem **gerichtlichen Vergleich** wird die notarielle Beurkundung gemäß § 127a BGB durch die Aufnahme der Erklärenden in ein **Protokoll** ersetzt, das **nach den Vorschriften der ZPO** errichtet wurde.

62 Die Möglichkeit einer Amtlichen Beglaubigung nach § 34 VwVfG. NRW., wonach die Erklärung durch die zuständigen Behörden beglaubigt werden kann, sofern die Unterschrift in Gegenwart des beglaubigenden Bediensteten geleistet wird, ist mit der Novellierung der BauO NRW 2018 neu eingeführt worden. Die amtliche Beglaubigung ist grundsätzlich bei jeder siegelführenden Behörde möglich. Zusätzlich können nunmehr auch in Nordrhein-Westfalen – wie bereits seit Längerem in anderen Bundesländern – die Vermessungs- und Katasterbehörden und die Öffentlich bestellten Vermessungsingenieure Beglaubigungen der Unterschriften unter der Baulasterklärung vornehmen.

4 Zu Absatz 3 – Verzicht auf die Baulast

Abs. 3 regelt den Verzicht auf das Fortbestehen einer Baulast. Dem Grunde nach sind dabei **zwei unterschiedliche Fallgestaltungen** über den Verzicht denkbar:
– Verzicht von Amts wegen,
– Verzicht auf Antrag des Grundstückseigentümers.

63

Die Eintragungspflicht des Verzichts hat den Zweck, die Rechtssicherheit zu verstärken und die baurechtlichen Verhältnisse der einzelnen Grundstücke klarzustellen. Durch die Formulierungen in Absatz 3 erfolgt das »Untergehen« einer Baulast durch den schriftlichen Verzicht (Satz 1) auf den Fortbestand sowie der Löschung der Baulast im Baulastenverzeichnis (Satz 3). In der Praxis handelt es sich regelmäßig um eine Eintragungsverfügung, mit der der Verzicht auf die Baulast erklärt wird und der körperlichen Eintragung dieses Verzichts unter gleichzeitiger Streichung der untergehenden Baulast. Erst mit Vornahme dieser Handlungen ist die Baulast untergegangen (gelöscht) und nicht mehr existent.

Die Löschung einer Baulast darf nicht mit der bloßen »**Berichtigung**« des Baulastenverzeichnisses aus Anlass der Fortschreibung des Liegenschaftskatasters oder aus Anlass der Änderung des Straßennamens bzw. der Hausnummer verwechselt werden. Bei der Berichtigung bleibt die **Baulast inhaltlich unverändert** bestehen, da sich nur die Grundstücks- bzw. Straßenbezeichnung geändert hat.

64

Von der Löschung und Berichtigung wiederum zu unterscheiden ist die **Änderung** einer Baulast. Dieser Vorgang ist in § 85 BauO NRW nicht ausdrücklich geregelt. Die **inhaltliche Änderung** einer Baulast darf erfolgen, wenn sich die materiellen rechtlichen Anforderungen geändert haben. So kann sich z.B. die Tiefe der erforderlichen Abstandfläche, die ein Grundstückseigentümer zugunsten des Nachbarn nach einer früheren Fassung der Landesbauordnung übernommen hat, durch Änderung der Abstandflächenvorschriften reduzieren. Die Änderung der Baulast kann dann rechtstechnisch als Unterfall des Verzichts, nämlich als **Teilverzicht** auf die Baulast angesehen werden.

65

Nur die Bauaufsichtsbehörde kann auf das Fortbestehen einer Baulast förmlich verzichten, selbst wenn diese fehlerhaft ist. **Erst die Eintragung des Verzichts** in das Baulastenverzeichnis, die ausdrücklich durch Satz 3 gefordert ist und somit **konstitutive Wirkung** entfaltet, **lässt die Baulast untergehen**. Hierbei handelt es sich um einen **Verwaltungsakt** (s. Rdn. 48). Hiervon ist selbst dann auszugehen, wenn der Löschung keine konstitutive Wirkung zukommt, weil die eingetragene Baulast unwirksam ist (OVG NRW, Urt. v. 09.05.1995 – 11 A 4010/92, BRS 57 Nr. 204 = NJW 1996, 275). Legt der Eigentümer des belasteten Grundstücks gegen die Eintragung einer Baulast nicht rechtzeitig einen Rechtsbehelf ein, hat er wegen der konstitutiven Wirkung der Eintragung nur unter den Voraussetzungen des Absatz oder im Falle der Nichtigkeit einen Anspruch auf Löschung (Nds. OVG, Urt. v. 08.07.2004 – 1 LB 48/04, BauR 2004, 1924 = BRS 67 Nr. 151 = NVwZ-RR 2005, 791).

66

Ist das **Baulastenverzeichnis unrichtig**, so hat derjenige, der durch die Eintragung in seinen Rechten verletzt wird, einen **Anspruch auf Löschung** (OVG NRW, Urt. v.

67

22.09.1987 – 7 A 33/82, BauR 1988, 702 = BRS 48 Nr. 148; s.a. Weisemann, Anspruch des Grundeigentümers auf Löschung von Baulasten, NJW 1997, 2857 ff.). An einer offenbar unwirksamen Verpflichtungserklärung darf die Bauaufsichtsbehörde nicht festhalten (VGH B-W, Urt. v. 01.06.1990 – 8 S 637/90, VBlBW 1991, 59 und Urt. v. 10.01.2007–3 S 1251/06, NVwZ-RR 2007, 662). Gegen eine unrichtige oder zu Unrecht eingetragene Baulast kann sich der Verpflichtete mit der Klage vor den Verwaltungsgerichten zur Wehr setzen (OVG NRW, Urt. v. 29.09.1978 – XI A 112/78, BRS 33 Nr. 156; zur richtigen Klageart s. OVG NRW, Urt. v. 09.05.1995, a.a.O. Rn. 58).

68 Der **Verzicht** nach **Satz 2** ist **von Amts wegen** zulässig (Nds. OVG, Urt. v. 02.07.1991 – 6 L 132/89, BRS 52 Nr. 164 zum vergleichbaren § 92 Abs. 3 Satz 1 NBauO). Ob die Bauaufsichtsbehörde auf eine Baulast nach Satz 2 verzichtet, steht in ihrem **Ermessen** (Hess. VGH, Beschl. v. 04.06.1992 – 4 TG 2815/91, BRS 54 Nr. 161). Hierbei ist nicht das frühere Recht, sondern das **aktuelle Recht** maßgebend (ebenso Boeddinghaus/Hahn/Schulte/Radeisen, zu § 83 Rn. 91). So kann die Bauaufsichtsbehörde das Inkrafttreten einer neuen Landesbauordnung mit erleichterten materiellen Anforderungen zum Anlass nehmen, das Erfordernis des Fortbestandes von Baulasten zu überprüfen, um so zu einer Bereinigung des Baulastenverzeichnisses zu kommen. Der Verzicht ist ebenso auszusprechen, wenn sich die **Rechtsauslegung durch die höchstrichterlichte Rechtsprechung geändert** hat. So ist eine Baulast zu löschen, deren Zweck nicht in der Sicherung, sondern der Änderung der bauplanungsrechtlichen Zulässigkeitsvoraussetzungen besteht (s. Rdn. 36 ff.).

69 Nach **Satz 2** muss der Verzicht sowohl **von Amts wegen** als auch auf **Antrag des Betroffenen** erklärt werden, wenn an dem Bestand der Baulast **kein öffentliches Interesse** mehr besteht. Ein solches besteht nicht mehr, wenn die Sicherung bestimmter öffentlich-rechtlicher Notwendigkeiten nicht länger erforderlich ist, z.B.
 – bei entsprechender Änderung des Baurechts (s. Hamb. OVG, Urt. v. 03.06.1982 – Bf II 8/81, BRS 39 Nr. 100 und VGH B-W, Beschl. v. 09.02.1994 – 8 S 2988/93, BauR 1994, 484 = BRS 56 Nr. 125) oder
 – bei Änderung der tatsächlichen Verhältnisse, die baulastauslösend waren (Hamb. OVG, Urt. v. 12.11.1992 – Bf II 29/91, BRS 54 Nr. 160 und OVG Lüneburg, Urt. v. 28.02.1983 – 6 A 39/82, BRS 40 Nr. 179).

Mit dem unbestimmten Rechtsbegriff des öffentlichen Interesses ist **kein Beurteilungsspielraum** verbunden, da entweder die eingetragene Baulast zur Sicherung der Rechtmäßigkeit des seinerzeit beantragten und durchgeführten Vorhabens noch erforderlich ist oder dies nicht mehr der Fall ist. Der Eigentümer des belasteten Grundstücks hat daher einen **Rechtsanspruch auf Verzicht**, wenn an der Baulast **kein öffentliches Interesse** mehr besteht (BGH, Urt. v. 07.10.1994 – V ZR 4/94, NJW 1995, 53).

70 Die **Verzichtserklärung** der Bauaufsichtsbehörde hängt grundsätzlich nur von **öffentlich-rechtlichen Gesichtspunkten** ab. Ein rein **privatrechtliches Interesse** ist **unerheblich**. Die Baulast muss so lange bestehen bleiben, wie ein öffentliches Interesse hieran besteht (OVG Lüneburg, Urt. v. 28.02.1983 – 6 A 39/82, BRS 40 Nr. 179). Hat die Behörde den Verzicht auf eine Baulast **rechtswidrig** erklärt, kann sie den Verwaltungsakt unter den Voraussetzungen des § 48 Abs. 3 VwVfG. NRW. **zurücknehmen** (vgl.

VGH B-W, Urt. v. 22.12.1982 – 3 S 1595/82, VBlBW 1983, 336). Der Verzicht kann nicht erklärt werden, wenn dadurch die Schaffung baurechtswidriger Verhältnisse ermöglicht würde (OVG NRW, Urt. v. 13.08.1990 – 7 A 941/88, n.v.). Dem von der Baulast begünstigten Grundstückseigentümer, dem erst die Baulast die Genehmigungsfähigkeit eines Bauvorhabens auf dem begünstigten Grundstück eröffnet hat, kommt ein **Abwehrrecht** gegenüber dem nachträglichen Verzicht der Bauaufsichtsbehörde auf die Baulast zu (Nds. OVG, Urt. v. 02.07.1991 – 6 L 132/89, BRS 52 Nr. 164).

Erhebliche Irritationen bereitete früher die Frage, ob eine Baulast in der **Zwangsversteigerung** untergeht, was von Teilen der Literatur bejaht wurde (vgl. Drischler, Baulasten und Zwangsversteigerung, NVwZ 1985, S. 726 ff.). Die Verwaltungsrechtsprechung ist dieser Auffassung nicht gefolgt. Durch die Zwangsversteigerung des Grundstücks geht eine Baulast **nicht** unter (s. BVerwG, Beschl. v. 27.09.1990 – 4 B 34 und 35.90, BRS 50 Nr. 109 sowie Beschl. v. 29.10.1992 – 4 B 218.92, BRS 54 Nr. 157; Hamb. OVG, Urt. v. 12.11.1992 – Bf II 29/91, BRS 54 Nr. 160). Es ergibt sich auch zweifelsfrei aus der mit der BauO NW 1995 geänderten Formulierung des Abs. 3, mit der das Wort »**nur**« eingefügt wurde (s. Rdn. 01). Dies war nach der BauO NW 1984 nicht zweifelsfrei, weil der Ersteher in der Zwangsversteigerung nicht Rechtsnachfolger des Grundstückseigentümers ist (vgl. die Begründung in LT-Drucks. 11/7153 S. 200 f.). Anderes gilt nur, wenn schon vor der Bewilligung der Baulast der Zwangsversteigerungsvermerk im Grundbuch eingetragen war (OVG NRW, Urt. v. 18.07.1995 – 11 A 11/94, BauR 1996, 242 = BRS 57 Nr. 205). Das Erlöschen der Grunddienstbarkeit als privatrechtlicher Titel zur Benutzung einer Zuwegung in der Zwangsversteigerung hindert die Bauaufsichtsbehörde nicht, die von der Zwangsversteigerung unberührte Zuwegungsbaulast durchzusetzen (Nds. OVG, Beschl. v. 08.12.1995 – 1 M 7201/95, BRS 57 Nr. 129 = NJW 1996, 1363). Die nunmehr wieder gestrichene Formulierung »nur« ändert an der grundsätzlichen Rechtslage. Auch ohne das Wort »nur« ist der Gesetzestext eindeutig, weil die Möglichkeiten (bzw. die Möglichkeit) für den Verzicht abschließend genannt sind (bzw. ist).

Verfahrensrechtlich normiert Absatz 3 das **Anhörungsrecht der Beteiligten** nach dem Vorbild des § 28 VwVfG. NRW., wonach sowohl der Begünstigte als auch der Verpflichtete vor einer Entscheidung angehört werden müssen. Im Zuge der gängigen Verwaltungspraxis erhalten
– der verpflichtete Grundstückseigentümer,
– der Eigentümer des begünstigten Grundstücks und
– die Gemeinde, sofern sie nicht selbst Bauaufsichtsbehörde ist und somit selbst das Baulastenverzeichnis führt,
eine **Mitteilung** über die Löschung der Baulast. Diese Mitteilung hat **keine Rechtsbedeutung**, sondern ist lediglich als Maßnahme einer ordnungsgemäßen Verwaltung zu betrachten, wozu auch eine ausreichende Unterrichtung der von der Verwaltungstätigkeit Betroffenen gehört.

5 Zu Absatz 4 – Baulastenverzeichnis

73 Die **Führung des Baulastenverzeichnisses** durch die Bauaufsichtsbehörde ist zwingend vorgeschrieben, ebenso die Eintragung jeder von der Bauaufsichtsbehörde angenommenen Baulast. Mit der **Führung** des Baulastenverzeichnisses sind sinnvollerweise nur **geeignete Bedienstete** zu beauftragen, die über die speziellen Rechts- und Verwaltungskenntnisse verfügen. Diese Bediensteten müssen neben dem Baurecht auch über das Grundstücksrecht informiert sein.

74 Die **Eintragung** der Baulasten im Baulastenverzeichnis ist **erforderlich, um** die bestehenden **öffentlich-rechtlichen Rechtsverhältnisse offen zu legen**. Es würde eine erhebliche Erschwernis für die Verwaltung und für die durch die Baulast Betroffenen bedeuten, wenn die bestehenden Baulasten nur in den einzelnen Bauakten nachgewiesen wären. Neben dem eigentlichen Baulastenverzeichnis sollte ein **Nachweis der Eintragungen** geführt werden. Der Eintragungsnachweis hat den Zweck, auf einen Blick erkennbar zu machen, ob für ein bestimmtes Grundstück (im Rechtssinne) ein Baulastenblatt besteht. Bei automatisierter Führung des Katasterbuchwerks bietet es sich an, dieses als Eintragungsnachweis zu benutzen.

75 Das **Baulastenverzeichnis** genießt **keinen öffentlichen Glauben** wie das Grundbuch (OVG M-V, Urt. v. 26.10.2005 – 3 L 156/01, BRS 69 Nr. 131). Es besteht nur eine faktische Vermutung für die Existenz der in ihm verzeichneten Baulasten. Weil die Eintragung einer Baulast nach früherem Recht keine Wirksamkeitsvoraussetzung der Baulast war, besteht keine Garantie für die Vollständigkeit der im Verzeichnis enthaltenen Baulasten, zumal § 85 BauO NRW 2018 nicht dazu zwingt, rechtmäßig bestehende Baulasten, die bislang nicht eingetragen sind, nachträglich einzutragen.

76 **Satz 2 Nummer 1** wurde neu in die Vorschrift eingeführt. Diese Regelung stimmt wörtlich mit dem grundsätzlich möglichen Inhalt einer Baulast aus Satz 1 überein (Verpflichtungen des Grundstückseigentümers zu einem sein Grundstück betreffenden Tun, Dulden oder Unterlassen). Insofern wäre der Regelungsinhalt identisch, wenn in Absatz 4 nicht von »anderen« baurechtlichen Verpflichtungen die Rede wäre. Unter **anderen** baurechtlichen Verpflichtungen sind solche zu verstehen, die nicht zwingend für die Erteilung einer Baugenehmigung erforderlich sind und/oder die sich auch bereits aus öffentlich-rechtlichen Vorschriften ergeben. Diese Eintragungen sowie auch die Aufnahme von Auflagen, Bedingungen, Befristungen und Widerrufsvorbehalten in das Verzeichnis gem. **Satz 2 Nummer 2** sind aus Gründen der Rechtssicherheit und Offenkundigkeit der baurechtlichen Verhältnisse angezeigt. Die Bauaufsichtsbehörden sollten im eigenen Interesse, aber auch im Interesse der Grundstückseigentümer und der Bürger, die ein Interesse an der Offenkundigkeit bestehender öffentlich-rechtlicher Rechtsverhältnisse haben, für die Vollständigkeit des Baulastenverzeichnisses sorgen und diese gewährleisten. Andererseits sollten die Bauaufsichtsbehörden solche Eintragungen nicht inflationär vollziehen, damit das Baulastenverzeichnis nicht unübersichtlich wird und somit schwer zu handhaben ist. Zur Minimierung des Arbeitsaufwandes sollten Eintragungen nach Absatz 4 Satz 2 erst erfolgen, wenn die Inhalte nicht oder nicht mehr angefochten werden können. Auflagen, Bedingungen, Befristungen oder Widerrufsvorbehalten aus der Baugenehmigung sind somit erst nach

Bestandskraft des Bescheides einzutragen. Die Regelungen des Satzes 2 beinhalten die Möglichkeit der **Ausweitung** des Baulastenverzeichnisses zu einem **allgemeinen Verzeichnis baurechtlich relevanter Beschränkungen**, allerdings mit den Nachteilen oder Mängeln, dass eine Garantie für die Vollständigkeit nicht gegeben ist und dieses Verzeichnis schnell unübersichtlich wird. Daher sollte die Bauaufsichtsbehörde sparsam mit der ihr eingeräumten Möglichkeit umgehen (vgl. Wenzel, S. 174, Rn 7a).

6 Zu Absatz 5 – Recht auf Einsicht in das Baulastenverzeichnis

Die Einsichtnahme in das Baulastenverzeichnis ist jedem zu empfehlen, der ein Grundstück erwerben will, weil etwa bestehende Baulasten auch ihm gegenüber als Rechtsnachfolger wirksam sind und bleiben (s. Abs. 1 Satz 2). Das Recht auf Einsicht hat aber nicht nur ein Kaufinteressent, sondern jeder, der ein berechtigtes Interesse darlegen kann; dass also das Bestehen oder Nichtbestehen einer Baulast für ihn **im Rechtsverkehr von Bedeutung** ist. Insbesondere gilt dies nach Satz 2 für die Öffentlich bestellten Vermessungsingenieure, die für die Erstellung von Amtlichen Lageplänen über bestehende Baulasten informiert sein müssen. 77

Bei Privatpersonen reicht es aus, wenn die Person **glaubhaft vorträgt**, das Grundstück erwerben, bebauen oder anderweitig nutzen zu wollen (so Jeromin, zu § 86 Rn. 50). Neben den Kaufinteressenten wird das Einsichtnahmerecht auch den Hypotheken- und Grundschuldgläubigern zuzugestehen sein (vgl. Wenzel, S. 193 f.). Insofern geht das Recht auf Einsichtnahme weit über das Akteneinsichtsrecht nach § 29 VwVfG. NRW. hinaus (so Boeddinghaus/Hahn/Schulte/Radeisen, zu § 83 Rn. 108). 78

Soweit die Einsichtnahme gestattet ist, können die Berechtigten auch **Abschriften** oder Auszüge verlangen, weil sie diese im Rechtsverkehr benötigen. Die **Einsichtnahme** selbst ist **gebührenfrei**. Dagegen sind **schriftliche Auskünfte** gebührenpflichtig (s. Rdn. 19). 79

7 Zu § 18 BauPrüfVO – Darstellung im Lageplan

Nach Absatz 2 bedarf eine **Baulasterklärung** der **Schriftform**. Soweit die zu belastende Fläche mit einem Flurstück identisch ist, kann durch Inbezugnahme der Flurstücksnummer in der Verpflichtungserklärung der räumliche Umfang ausreichend genau beschrieben werden. In einem solchen Falle, z.B. wenn ein Flurstück in seiner Gesamtheit als Zuwegungsfläche in Anspruch genommen wird, genügt also eine rein schriftlich abgefasste Verpflichtungserklärung. Bei einer Vereinigungsbaulast, mit der vollständige Flurstücke (nicht nur Teilflächen) zusammengefasst werden, ist ein Lageplan nicht erforderlich, weil die Verpflichtungserklärung allein durch Angabe der Flurstücksnummern vollständig und verständlich ist (Nds. OVG, Urt. v. 21.01.1999 – 1 L 5580/96, BauR 1999, 894 = BRS 62 Nr. 146 = NVwZ 1999, 1013). 80

Das Schriftformerfordernis ist ebenso auszulegen und zu handhaben wie das des **§ 126 BGB** und die dazu ergangene »**Auflockerungsrechtsprechung**« (vgl. BGH, Urt. v. 24.09.1997 – XII ZR 234/95, NJW 1998, 58); danach erfordert die notwendige Einheitlichkeit der Urkunde nicht, dass die Verpflichtungserklärung und ein eventuell zugehöriger Lageplan körperlich verbunden werden. Es reicht vielmehr aus, dass sich die Einheit der verschiedenen Bestandteile durch den inhaltlichen Zusammenhang des Textes oder durch vergleichbare Merkmale zweifelsfrei ergibt. Dabei muss die Verpflichtungserklärung als Haupturkunde auf den Lageplan oder sonstige Zeichnungen und Pläne als Ergänzungen in hinreichend deutlicher Weise Bezug nehmen. Damit werden die Anlagen in die Haupturkunde inkorporiert und die Unterschrift erfasst auch diesen Teil (Nds. OVG, Urt. v. 26.03.1999 – 1 L 215/97, BauR 2000, 373 = BRS 62 Nr. 145). Eine **zweifelsfreie Kennzeichnung** der Zugehörigkeit des Lageplans oder sonstiger Pläne ist über die bei allen Bauaufsichtsbehörden üblichen **Geschäftszeichen** möglich. Es hat sich bewährt, die Lagepläne oder sonstigen Pläne mit einem Stempelaufdruck zu versehen:

Gehört zur Verpflichtungserklärung vom ... Geschäftszeichen Bauaufsichtsbehörde

81 Unbeschadet des Ausreichens einer schriftlichen Verpflichtung sollte den Unterlagen ein **Auszug aus der Liegenschaftskarte/Flurkarte** im Sinne des § 2 Abs. 1 BauPrüfVO beigefügt werden, um bei **späteren Flurstücksumbenennungen** oder bei **Änderungen des Flurstücksbestandes aus Anlass einer Grundstückteilung** ohne Schwierigkeiten zurückverfolgen zu können, auf welchen Bereich sich die Baulast erstreckt.

82 Wird mit einer **Baulast** nur eine **Teilfläche eines Flurstücks** belastet, so kann auch hierfür eine rein schriftlich fixierte Verpflichtungserklärung ausreichend sein, nämlich immer dann, wenn es gelingt, die räumliche Ausdehnung der **belasteten Fläche** in Bezug zu den Flurstücksgrenzen **geometrisch eindeutig durch Beschreibung** zu **erfassen**. Dieses Verfahren ist jedoch äußerst umständlich und wird in der Praxis auch nur selten angewandt; häufig entzieht sich auch die geometrisch eindeutige Festlegung infolge stark verspringenden Verlaufs der Begrenzung der zu belastenden Fläche einer rein schriftlichen Fixierung. Es hat sich deshalb bereits kurz nach dem Inkrafttreten der BauO NW 1962 die Verwaltungspraxis ergeben, insbesondere bei der Sicherung von Zuwegungen oder von Abstandflächen, die Darstellung der Baulastfläche in einem **Lageplan** vorzunehmen. Bereits zum früheren Recht, das die verordnungsrechtlichen Anforderungen an den Lageplan zu einer Baulast noch nicht enthielt (diese wurden erstmals mit § 12 BauPrüfVO 1995 begründet), hatte die Rechtsprechung verlangt, dass der Lageplan die **örtlichen Verhältnisse richtig** und **genau**, jedenfalls **bestimmbar** wiedergeben muss (OVG NRW, Urt. v. 29.09.1978 – XI A 112/78, BRS 33 Nr. 156 und Urt. v. 15.05.1992 – 11 A 890/91, BRS 54 Nr. 158).

83 Die notwendigen Angaben in dem einer Baulast zugrundeliegenden Amtlichen Lageplan sind in § 18 BauPrüfVO festgelegt. Ein **Verstoß gegen** § 18 BauPrüfVO hat zur Folge, dass die **Baulast nicht eintragungsfähig** ist. Die Gefahr einer nicht widerspruchsfreien Darstellung wäre zu groß. Die Eintragung darf nicht von der Bauaufsichtsbehörde vorgenommen werden, wenn die Anforderungen des § 18 BauPrüfVO nicht vollinhaltlich erfüllt sind.

84 Nimmt die **Verpflichtungserklärung Bezug auf** einen **Lageplan**, so sind die Bestimmungen des § 18 BauPrüfVO zwingend. Sie sind auch einzuhalten, wenn ein Lageplan eigentlich nicht erforderlich wäre, weil die Verpflichtung hinreichend genau schriftlich formuliert werden kann. Hieran kann angesichts der eindeutigen Formulierung »ist

beizufügen, sofern in der Verpflichtungserklärung auf einen Lageplan Bezug genommen wird« kein Zweifel bestehen. Es liegt also an den Beteiligten und auch an der diese beratenden Bauaufsichtsbehörde, zur Kostenminderung der Baulasteintragung zunächst nach einer Möglichkeit zu suchen – selbstverständlich unter Beachtung der Anforderungen an die hinreichende Bestimmtheit der Baulast –, die Verpflichtungserklärung so zu formulieren, dass nicht auf einen Lageplan Bezug genommen werden muss.

Die **Anforderungen an die Eintragung von Baulasten** fasst § 18 Satz 2 BauPrüfVO wie folgt zusammen:
– der **Lageplan muss von einer der in** § 3 Abs. 3 BauPrüfVO **genannten Behörden** (Katasterämter der Kreise und kreisfreien Städte) **oder Personen** (Öffentlich bestellte Vermessungsingenieure) **hergestellt** sein – so genannter »**amtlicher Lageplan**«,
– der **Lageplan** muss einen **Mindestinhalt** aufweisen, und zwar die Angaben nach § 3 Abs. 1 Nr. 1 bis 3, 6, 8 und 12 BauPrüfVO,
– der **Lageplan** muss die **Baulastflächen**, auf die die Verpflichtungserklärung abstellt, in **grüner Schraffur** darstellen.

Zum **Mindestinhalt des Lageplans** gehören nach § 18 Satz 2 BauPrüfVO unter anderem Flächen auf dem Baugrundstück, die von Baulasten betroffen sind, sowie Flächen auf den angrenzenden Grundstücken, die von Baulasten zugunsten des Baugrundstücks betroffen sind. Es handelt sich hierbei um **bereits bestehende Baulasten**, die mit dem Zeichen nach Nr. 1.11 der Anlage zur BauPrüfVO zu kennzeichnen sind.

Die **Darstellung bestehender Baulasten** und **noch einzutragender Baulasten** darf nicht verwechselt werden. Aus diesem Grund regeln § 3 Abs. 1 Nr. 8 BauPrüfVO in Verbindung mit Nr. 1.11 der Anlage zur VV BauPrüfVO und § 18 Satz 2 Nr. 2 BauPrüfVO i.V.m. Nr. 1.12 der Anlage zur VV BauPrüfVO die **Darstellung unterschiedlich**. Im Lageplan zum Baugesuch sind sowohl bestehende als auch geplante Baulasten einzutragen, damit für die Bauaufsichtsbehörde die Zulässigkeit der Neueintragung erkennbar wird. So kann z.B. eine geplante Abstandflächenbaulast unzulässig sein, weil es entgegen § 6 Abs. 3 BauO NRW zu einer Überdeckung mit einer bereits bestehenden Abstandflächenbaulast kommt.

Für die **noch einzutragende Baulast** darf im Lageplan gemäß § 18 BauPrüfVO i.V.m. Nr. 1.12 der Anlage zur BauPrüfVO **nur grüne Umgrenzung und Schraffur** Anwendung finden. Die Kennzeichnung mit grüner Schraffur verdeutlicht den Rechtsstatus als noch einzutragende Baulast. Neben dieser vorgeschriebenen Kennzeichnung der noch zu belastenden Fläche ist deren **Vermaßung erforderlich**, um Größe und Platzierung (Standort) der von der Baulast betroffenen Fläche mit der gebotenen Eindeutigkeit ermitteln zu können (OVG NRW, Urt. v. 29.09.1978 – XI A 112/78, BRS 33 Nr. 156). Hingegen ist eine bereits bestehende Baulast durch ein feines Punktraster zu kennzeichnen.

§ 85 Baulasten, Baulastenverzeichnis

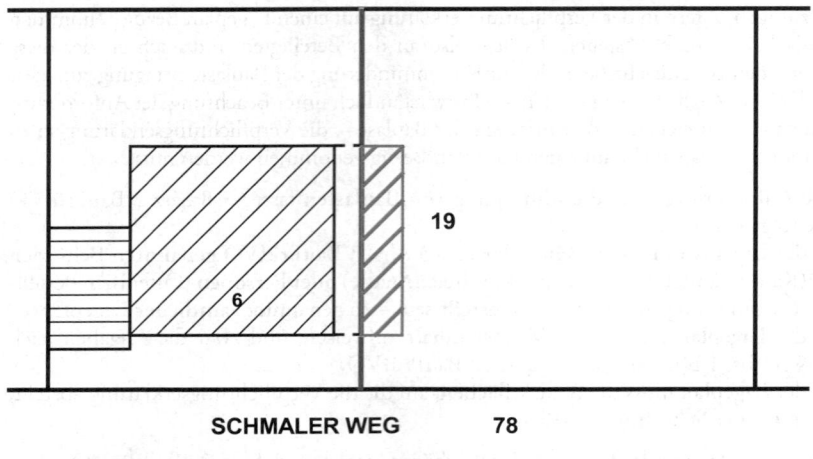

Abb. 85.1 Darstellung der aufgrund einer **geplanten** Grundstücksteilung (**rote** Linie nach Nr. 1.13 der Anlage zur BauPrüfVO) **geplanten** Abstandflächenbaulast (**grüne Umgrenzung und Schraffur** nach Nr. 1.12 der Anlage zur BauPrüfVO) des vorhandenen Wohngebäudes im **Lageplan gemäß § 18 BauPrüfVO** zum Teilungsantrag – die erforderliche Vermaßung wurde aus Vereinfachungsgründen nicht dargestellt

89 Mit der Eintragung im Baulastenverzeichnis entsteht erst die Baulast. Die **bestehende Baulast** ist in einem Lageplan für ein weiteres Vorhaben auf dem begünstigten Grundstück oder für ein solches auf dem belasteten Grundstück dann nicht mehr nach § 18 Satz 2 Nr. 2 BauPrüfVO, sondern **nach § 3 Abs. 1 Nr. 8 BauPrüfVO** in Verbindung mit **Nr. 1.11** der Anlage zur BauPrüfVO als **feines, enges Punktraster** zu kennzeichnen – diese Kennzeichnung verdeutlicht den Rechtsstatus als **bestehende** Baulast.

Vor §§ 86–91

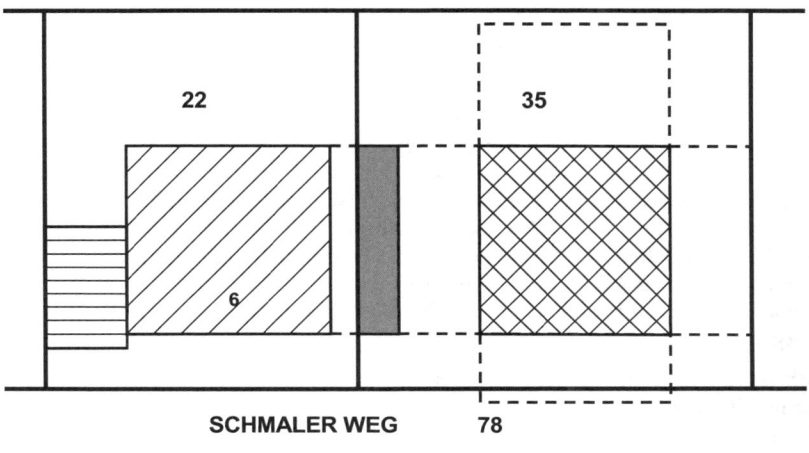

Abb. 85.2 Darstellung der in Abbildung 85.1 mit grüner Schraffur gekennzeichneten Baulastfläche nach der Eintragung der Baulast im Baulastenverzeichnis und nach Realisierung der Grundstücksteilung als **bestehende** Abstandflächenbaulast (**feines, enges Punktraster** nach Nr. 1.11 der Anlage zur BauPrüfVO) im **Lageplan gemäß § 3 BauPrüfVO** für ein weiteres Bauvorhaben (Kreuzschraffur des geplanten Gebäudes mit Darstellung der Abstandflächenumgrenzung) – die erforderliche Vermaßung wurde aus Vereinfachungsgründen nicht dargestellt.

Bezieht sich eine Baulast nur auf einzelne Bauteile, wie z.B. eine Gebäudetrennwand oder eine durchlaufende Decke, oder auf einzelne Stellplätze in einer Garage, so sind außer dem Lageplan ergänzende **Bauzeichnungen** erforderlich. Das Gleiche gilt, wenn der zweite Rettungsweg über einen Treppenraum oder notwendigen Flur im Gebäude auf dem Nachbargrundstück gesichert werden soll (vgl. Wenzel, S. 43 Rn. 19). 90

Sechster Teil Ordnungswidrigkeiten, Rechtsvorschriften, Übergangs- und Schlussvorschriften

Vor §§ 86–91

Im sechsten Teil der Landesbauordnung finden sich **für die Praxis außerordentlich** 1 **bedeutsame** Vorschriften. Ohne diese Vorschriften, die erstmals mit der BauO NW 1962 eingeführt wurden, wäre der bauaufsichtliche Vollzug sehr erschwert.

Die **Bußgeldvorschriften** des § 86 BauO NRW 2018 ergänzen das Ordnungswidrig- 2 keitengesetz des Bundes und bezeichnen bestimmte Verstöße gegen Verfahrensvorschriften als **Ordnungswidrigkeiten**, die der Gesetzgeber als **Verwaltungsunrecht** mit einer Geldbuße geahndet sehen möchte. Unberührt hiervon bleibt die Befugnis der

§ 86 Ordnungswidrigkeiten

Bauaufsichtsbehörde, bauaufsichtliche Maßnahmen einzuleiten, um die durch das ordnungswidrige Handeln eines am Bau Beteiligten herbeigeführten rechtswidrigen Bauzustände zu beseitigen. Mit der Zahlung der Geldbuße hat es demnach nicht immer sein Bewenden, mitunter folgen kostenträchtige Rückbaumaßnahmen.

3 Die Landesbauordnung enthält nur die wichtigsten materiellen und verfahrensrechtlichen Regelungen zum Bauen. Diese sind auf die am häufigsten vorkommenden, üblichen Bauwerke, nämlich Wohngebäude oder Gebäude mit vergleichbarem Gefahrenrisiko ausgerichtet. Es war daher schon immer erforderlich, neben der Bauordnung **spezielle Vorschriften** für **Sonderbauten** bereitzuhalten. Die Rechtsverordnungsermächtigungen des § 87 BauO NRW 2018 decken diese Erfordernisse ab und sind darüber hinaus darauf ausgerichtet, das **Bauproduktenrecht** und das **Verfahrensrecht** zu **ergänzen**.

4 § 88 BauO NRW 2018 bildet die Ermächtigungsgrundlage zum **Erlass von Technischen Baubestimmungen**. Die Gesamtheit der Technischen Baubestimmungen bilden die Technischen Regeln, die bisher in den Technischen Baubestimmungen enthalten waren sowie diejenigen, die früher in den Bauregellisten aufgelistet waren (vgl. LT-Drucks 17/2166 Seite 201, Nummer 88).

5 **Örtliche Bauvorschriften** werden nach § 89 BauO NRW 2018 von der **Gemeinde** erlassen. Die Bestimmung ist eine Folge der unterschiedlichen Gesetzgebungskompetenz von Bund und Ländern. Vor allem **gestalterische Festsetzungen** finden aufgrund der Ermächtigung Aufnahme in die Bebauungspläne und ergänzen die nur aufgrund des BauGB und der BauNVO möglichen bodenrechtlichen Festsetzungen. Örtliche Bauvorschriften können auch als selbständige Satzung erlassen werden. Die Festsetzungsbefugnis dient nicht nur der **Verunstaltungsabwehr**, sondern vielmehr der **positiven Gestaltungspflege**.

6 Die Übergangsvorschrift des § **90 BauO NRW 2018** regelt, in welchen Fallgestaltungen auch in der Zeit, in der die BauO NRW 2018 bereits Inkraftgetreten ist, noch **altes Recht angewandt** werden muss.

7 In der Vorschrift des § 91 BauO NRW sind Berichtspflichten normiert, die einmalig oder jährlich greifen.

§ 86 Ordnungswidrigkeiten

(1) Ordnungswidrig handelt, wer vorsätzlich oder fahrlässig
1. entgegen § 5 Absatz 2 Zu- und Durchfahrten sowie befahrbare Flächen nicht ständig freihält oder Fahrzeuge auf ihnen abstellt,
2. es entgegen § 11 Absatz 3 unterlässt, ein Baustellenschild aufzustellen,
3. Bauarten entgegen § 17 ohne Bauartgenehmigung oder ohne allgemeines bauaufsichtliches Prüfzeugnis anwendet,
4. Bauprodukte mit dem Ü-Zeichen kennzeichnet, ohne dass dafür die Voraussetzungen nach § 24 Absatz 2 vorliegen,
5. Bauprodukte entgegen § 24 Absatz 4 ohne das Ü-Zeichen verwendet,

6. entgegen § 53 Absatz 1 Satz 1 zur Ausführung eines genehmigungsbedürftigen Bauvorhabens eine Unternehmerin oder einen Unternehmer oder eine Bauleiterin oder einen Bauleiter oder eine Entwurfsverfasserin oder einen Entwurfsverfasser nicht beauftragt,
7. entgegen § 53 Absatz 2 Satz 2 die genehmigungsbedürftige Beseitigung von Anlagen in Selbst- oder Nachbarschaftshilfe ausführt,
8. entgegen § 53 Absatz 1 Satz 5 vor Beginn der Bauarbeiten die Namen der Bauleiterin oder des Bauleiters und der Fachbauleiterinnen oder Fachbauleiter oder während der Bauausführung einen Wechsel dieser Personen oder entgegen § 53 Absatz 1 Satz 6 einen Wechsel in der Person der Bauherrin oder des Bauherrn nicht oder nicht rechtzeitig mitteilt,
9. entgegen § 62 Absatz 1 Satz 2 eine Anlage benutzt, ohne eine Bescheinigung der Unternehmerin oder des Unternehmers oder Sachverständigen vorliegen zu haben,
10. entgegen den Voraussetzungen des § 62 Absatz 3 eine Anlage beseitigt,
11. entgegen § 66 Absatz 5 Nummer 2 die Bezugsgebäude nicht anzeigt oder entgegen § 66 Absatz 5 Nummer 3 die dort genannten Nachweise nicht einreicht,
12. entgegen § 68 Absatz 1, § 83 Absatz 3 oder § 84 Absatz 4 Satz 1 die dort genannten Nachweise oder Bescheinigungen nicht einreicht,
13. eine Anlage ohne Baugenehmigung nach § 74 oder Teilbaugenehmigung nach § 76 oder abweichend davon errichtet, ändert, nutzt, beseitigt oder ihre Nutzung ändert,
14. entgegen § 74 Absatz 8 Satz 2 eine Kopie der Baugenehmigungen und Bauvorlagen an der Baustelle nicht vorliegen hat,
15. entgegen § 74 Absatz 9 den Ausführungsbeginn genehmigungsbedürftiger Vorhaben nicht oder nicht rechtzeitig mitteilt,
16. Fliegende Bauten ohne Ausführungsgenehmigung nach § 78 Absatz 2 in Gebrauch nimmt oder ohne Gebrauchsabnahme nach § 78 Absatz 7 Satz 2 und 3 in Gebrauch nimmt,
17. die nach § 84 Absatz 2 vorgeschriebenen oder verlangten Anzeigen nicht oder nicht rechtzeitig erstattet,
18. entgegen § 84 Absatz 6 oder 7 mit der Fortsetzung der Bauarbeiten beginnt,
19. entgegen § 84 Absatz 8 Anlagen vorzeitig benutzt,
20. einer aufgrund dieses Gesetzes ergangenen Rechtsverordnung oder örtlichen Bauvorschrift zuwiderhandelt, sofern die Rechtsverordnung oder die örtliche Bauvorschrift für einen bestimmten Tatbestand auf diese Bußgeldvorschrift verweist oder
21. einer vollziehbaren schriftlichen Anordnung der Bauaufsichtsbehörde zuwiderhandelt, die aufgrund dieses Gesetzes oder aufgrund einer nach diesem Gesetz ergangenen Rechtsverordnung oder Satzung erlassen worden ist, sofern die Anordnung auf die Bußgeldvorschrift verweist.

(2) Ordnungswidrig handelt auch, wer wider besseres Wissen

§ 86 Ordnungswidrigkeiten

1. unrichtige Angaben macht oder unrichtige Pläne oder Unterlagen vorlegt, um einen nach diesem Gesetz vorgesehenen Verwaltungsakt zu erwirken oder zu verhindern,
2. als staatlich anerkannter Sachverständiger unbefugt Bescheinigungen über die Einhaltung bauordnungsrechtlicher Anforderungen ausstellt,
3. ohne staatlich anerkannter Sachverständiger zu sein, Bescheinigungen eines staatlich anerkannten Sachverständigen ausstellt oder bei Bauaufsichtsbehörden einreicht,
4. als qualifizierter Tragwerksplaner unbefugt Standsicherheitsnachweise oder Bescheinigungen stichprobenhafter Kontrollen der Baustelle ausstellt oder einreicht,
5. ohne qualifizierter Tragwerksplaner zu sein, Standsicherheitsnachweise oder Bescheinigungen eines qualifizierten Tragwerksplaners ausstellt oder einreicht oder
6. ohne bauvorlageberechtigter Entwurfsverfasser zu sein, Bauvorlagen, die nach § 67 Absatz 1 Satz 1 nur von bauvorlageberechtigten Entwurfsverfassern unterschrieben werden dürfen, durch Unterschrift anerkennt oder bei Bauaufsichten einreicht.

(3) Die Ordnungswidrigkeit kann mit einer Geldbuße bis zu einhunderttausend Euro, in den Fällen des Absatzes 1 Nummer 13 mit einer Geldbuße bis zu fünfhunderttausend Euro geahndet werden.

(4) Verwaltungsbehörde im Sinne des § 36 Absatz 1 Nummer 1 des Gesetzes über Ordnungswidrigkeiten in der Fassung der Bekanntmachung vom 19.02.1987 (BGBl. I S. 602), das zuletzt durch Artikel 5 des Gesetzes vom 27. August 2017 (BGBl. I S. 3295) geändert worden ist, ist in den Fällen des Absatzes 1 Nummer 1 hinsichtlich des Abstellens von Fahrzeugen die örtliche Ordnungsbehörde, in den Fällen des Absatzes 2 Nummer 2 und 4 die jeweils zuständige Baukammer, in den Fällen des Absatzes 2 Nummer 3, 5 und 6 die Ingenieurkammer-Bau Nordrhein-Westfalen, in den übrigen Fällen die untere Aufsichtsbehörde.

Handlungsempfehlung des Ministeriums für Heimat, Kommunales, Bau und Gleichstellung des Landes Nordrhein-Westfalen auf der Grundlage der Dienstbesprechungen mit den Bauaufsichtsbehörden im Oktober/November 2018:

zu Absatz 1

Nach § 86 Absatz 1 Nummer 21 BauO NRW 2018 handelt ordnungswidrig, wer vorsätzlich oder fahrlässig einer vollziehbaren schriftlichen Anordnung der Bauaufsichtsbehörde zuwiderhandelt, die aufgrund dieses Gesetzes oder aufgrund einer nach diesem Gesetz ergangenen Rechtsverordnung oder Satzung erlassen worden ist, sofern die Anordnung auf die Bußgeldvorschrift verweist.

Sofern die untere Bauaufsichtsbehörde eine schriftliche Ordnungsverfügung erlassen hat, die vollziehbar ist und in der auf § 86 Absatz 1 Nummer 21 BauO NRW 2018 verwiesen wird, kann bei Zuwiderhandlung gegen die Ordnungsverfügung auch ein Bußgeld verhängt werden.

Verstöße gegen § 63 BauO NRW 2018 können nicht als Ordnungswidrigkeit geahndet werden, da ein entsprechender Tatbestand in § 86 BauO NRW 2018 nicht vorgesehen ist.

Übersicht	Rdn.
0 Änderungen gegenüber der BauO NW 1984, der BauO NW 1995 und der BauO NRW 2000	01
1 Allgemeines	1
1.1 Zwangsgeld nach VwVG NW und Geldbuße nach OWiG	1
1.2 Grundstruktur des Ordnungswidrigkeitenrechts	6
1.3 Bußgeldverfahren und Bußgeldbescheid	9
2 Materielle Anforderungen des Ordnungswidrigkeitenrechts	25
3 Zu Absatz 1 – Einzelne Ordnungswidrigkeitentatbestände	32
4 Zu Absatz 2 – Unrichtige Angaben, Pläne und Unterlagen	56
5 Zu Absatz 3 – Höhe der Geldbuße	61
6 Zu Absatz 4 – Zuständigkeiten	63

0 Änderungen gegenüber der BauO NW 1984, der BauO NW 1995 und der BauO NRW 2000

§ 84 BauO NW 1995 entsprach im Wesentlichen § 79 BauO NW 1984; jedoch erfolgten außer der redaktionellen Umstellung auf die geänderte Paragraphenfolge und der Verwendung gleichstellungsgerechter Formulierungen folgende Änderungen: 01

In **Abs. 1** wurden die **Nrn. 1 und 2** neu aufgenommen, wodurch sich die alten Nummern verschoben. Der geänderte Abs. 1 enthielt folgende Ordnungswidrigkeiten:
- **Nr. 1** betrifft die Freihaltepflicht von Flächen für die Feuerwehr.
- **Nr. 2** betrifft die Pflicht zur Aufstellung des Baustellenschilds.
- **Nr. 3 bis 5** ersetzten die bisherigen Nr. 1 bis 3 und wurden auf das geänderte Bauproduktenrecht umgestellt.
- **Nr. 6 bis 8** entsprachen inhaltlich unverändert den bisher in den Nr. 4–6 geregelten bußgeldbewehrten Bauherrenpflichten.
- **Nr. 9** wurde neu eingefügt und bezweckte als Ersatz für den Fortfall der Benutzungsgenehmigung nach § 60 Abs. 2 BauO NW 1984, die Nichtvorlage der Unternehmbescheinigung ahnden zu können.
- **Nr. 10, 11 und 12** wurde neu eingefügt, um die Nichtbefolgung der sich aus §§ 67 und 68 BauO NW 1995 ergebenden Vorlage- und Nachweispflichten mit Bußgeld ahnden zu können.
- **Nr. 13** übernahm die bisherige Nr. 7 und wurde durch das Wort »nutzt« ergänzt, um auch die ungenehmigte Nutzungsänderung als bußgeldbewehrten Ordnungswidrigkeitentatbestand zu erfassen.
- **Nr. 14** entsprach inhaltlich unverändert der bisherigen Nr. 8.
- **Nr. 15** wurde neu eingefügt, um der nicht eingehaltenen Verpflichtung, Baugenehmigung und Bauvorlagen auf der Baustelle bereitzuhalten, Nachdruck zu verleihen.
- **Nr. 16 und 17** entsprachen inhaltlich unverändert den bisherigen Nrn. 9 und 10.

§ 86 Ordnungswidrigkeiten

- Nr. 18 wurde neu eingefügt, um ein Bußgeld verhängen zu können, wenn die für die Durchführung von Bauüberwachung und Bauzustandsbesichtigungen vorgesehenen Anzeigen nicht erstattet werden.
- **Nr. 19 und 20** entsprachen inhaltlich unverändert den bisherigen Nr. 12 und 13.
- **Nr. 21** übernahm die bisherige Nr. 14, wurde jedoch klarstellend so formuliert, dass Bußgeldtatbestände in allen aufgrund der Landesbauordnung erlassenen Rechtsverordnungen und örtlichen Bauvorschriften der Gemeinden festgelegt werden können.

Die **Absätze 2 bis 4** blieben inhaltlich unverändert.

In **Abs. 5** wurde die Zuständigkeitsregelung durch einen Halbsatz 2 ergänzt, um zu verhindern, dass die Bauaufsichtsbehörden mit der Verfolgung unberechtigt Parkender auf Bewegungs- und Aufstellflächen für die Feuerwehr beschäftigt werden; danach werden Verstöße gegen das Verbot von den örtlichen Ordnungsbehörden verfolgt.

Abs. 6 wurde ergänzt, um sicherzustellen, dass die aufgrund der BauO NW 1970 und 1984 erlassenen Bußgeldvorschriften nicht mit Inkrafttreten der BauO NW 1995 entfallen, sondern als Verweisungen auf § 84 Abs. 1 Nr. 21 BauO NW 1995 gelten.

02 Die **BauO NRW 2000** hat § 84 BauO NW 1995 mit folgenden Änderungen übernommen:

In **Abs. 1** wurden folgende Ordnungswidrigkeitentatbestände geändert:
- **Nr. 5** wurde an den geänderten § 24 BauO NRW angepasst.
- **Nr. 6** wurde um die Rechtspflicht zur Beauftragung des Bauleiters ergänzt.
- **Nr. 8** wurde um die Rechtspflichten nach § 67 Abs. 5 Satz 1 BauO NRW und um die Pflicht zur Benennung des Bauleiters ergänzt.
- **Nr. 9** wurde an die geänderte Fassung des § 66 BauO NRW angepasst.
- **Nr. 12** wurde an die geänderte Fassung der §§ 68, 81 und 82 BauO NRW angepasst.
- **Nr. 13** fasst die bisherigen Nr. 13 und 14 zusammen und berücksichtigt jetzt auch den Tatbestand der ungenehmigten Nutzungsänderung.
- **Nr. 14 bis 16** übernehmen unverändert die bisherigen Nr. 15 bis 17.
- **Nr. 17** entspricht der alten Nummer 18, wurde an die geänderte Fassung des § 82 BauO NRW angepasst und berücksichtigt die nicht rechtzeitige Erstattung der Anzeige.
- **Nr. 18 und 19** entsprechen den bisherigen Nr. 19 und 20 unter redaktioneller Anpassung an die geänderte Fassung des § 82 BauO NRW.
- **Nr. 20** übernimmt unverändert die bisherige Nr. 21.

Die **Absätze 2, 4 und 5** blieben unverändert.

In **Abs. 3** wurde der Euro berücksichtigt, darüber hinaus die Verhängung einer Geldbuße in den Fällen des Abs. 1 **Nr. 13** bis zu 250 000 Euro ermöglicht.

In **Abs. 6** wurden die Worte »Nr. 21« durch die Worte »Nr. 20« ersetzt.

In der **BauO NRW 2018** wurden die bisherigen Regelungen weitgehend übernommen. Einzelne Bestimmungen wurden an das neue Recht angepasst bzw. wegen des neuen Rechts gestrichen. Im Einzelnen gab es folgende Änderungen in Absatz 1:
– Nr. 3 geht auf die bisherige Nr. 5 zurück und berücksichtigt die Forderungen des § 17 hinsichtlich der Bauarten
– Nr. 4 und 5 entsprechen den bisherigen Nr. 3 und 4
– Nr. 10 berücksichtigt die Bestimmungen des § 62 zur Beseitigung von Anlagen
– Nr. 12 fasst die bisherigen Nr. 11 und 12 zusammen
– Nr. 21 berücksichtigt die Möglichkeit der Bauaufsichtsbehörde, Bußgelder in einer schriftlichen Anordnung festzulegen.

03

In **Absatz 2** werden zusätzlich unbefugte Tätigkeiten von den sonstigen am Bau Beteiligten als Ordnungswidrigkeit festgesetzt.

Absatz 3 verdoppelt den Höchstbetrag von bisher 50.000 € auf 100.000 € bzw. im Fass des Absatzes 1 Nr. 13 von bisher 250.000 € auf 500.000 €.

In **Absatz 4** wird die Zuständigkeit für die Verfolgung der Ordnungswidrigkeiten erweitert. Für die neu in Absatz 2 aufgenommenen Tatbestände wird die Zuständigkeit auf die jeweils zuständige Baukammer bzw. die Ingenieurkammer – Bau festgelegt.

1 Allgemeines

1.1 Zwangsgeld nach VwVG NW und Geldbuße nach OWiG

Nach § 52 BauO NRW 2018 sind die Bestimmungen des materiellen und formellen Baurechts vom Bauherrn und im Rahmen ihres Wirkungskreises von den am Bau Beteiligten einzuhalten. Die Erfahrung lehrt jedoch, dass diese Vorschriften nicht selten unbeachtet bleiben. Grundsätzlich ist es dann gemäß § 58 BauO NRW 2018 Aufgabe der Bauaufsichtsbehörde, für ordnungsgemäße Zustände zu sorgen. Den Bauaufsichtsbehörden stehen hierzu vielfältige Möglichkeiten zur Verfügung, um notfalls die Einhaltung der baurechtlichen Bestimmungen zu erzwingen. Die **Vollstreckung von Verwaltungsakten** richtet sich allgemein nach den Vorschriften des Verwaltungsvollstreckungsgesetzes für das Land Nordrhein-Westfalen (VwVG NW). Verwaltungsakte, die ein Tun, Dulden oder Unterlassen anordnen, können mit den im Zweiten Abschnitt des VwVG NW angegebenen **Zwangsmitteln** durchgesetzt werden. Hierzu rechnet gemäß § 60 VwVG NW auch das **Zwangsgeld**. Wie sich aus der Bezeichnung bereits ergibt, dient das Zwangsgeld der Erzwingung von Handlungen, Unterlassungen oder Duldungen. Zwangsgeld ist **allgemein als Zwangsmittel anwendbar**, da die Subsidiarität gegenüber der Ersatzvornahme aufgrund der früher geltenden Fassung des VwVG NW entfallen ist. Da es von den betroffenen ordnungspflichtigen Personen gegenüber der Ersatzvornahme oder dem unmittelbaren Zwang sogar als das »mildere« Mittel empfunden wird, stellen in der bauaufsichtlichen Praxis die meisten Ordnungsverfügungen verständlicherweise hierauf ab.

1

Daneben besteht aber schon seit langem die Möglichkeit zur **Sanktionierung von Rechtsverstößen**. Vor Verkündung des Grundgesetzes war die **Baupolizei** noch zum Erlass **polizeilicher Strafverfügungen** in Form von **Ordnungsstrafen** ermächtigt. Die

2

Baupolizeibehörden übten damit auch **strafrichterliche Funktionen** aus. Mit Verkündung des Grundgesetzes änderte sich dies, da fortan das **Rechtsprechungsmonopol des Art. 92 GG** galt; danach ist die **Anwendung von Strafrecht** den **Richtern** vorbehalten. Bestehende Strafverfügungsvorschriften zugunsten der Verwaltungsbehörden wurden in der Folge vom BVerfG für unvereinbar mit Art. 92 GG erklärt. Nach Art. 74 Nr. 1 GG steht dem **Bund** unter den Voraussetzungen des Art. 72 Abs. 2 GG die **Gesetzgebungskompetenz für das Strafrecht** zu. Parallel zur Entpolizeilichung der Verwaltungsbehörden auf Landesebene durch das Ordnungsbehördengesetz – OBG vom 16.10.1956 (GV. NRW. S. 216) gelang auf Bundesebene mit dem **Ordnungswidrigkeitengesetz – OWiG** vom 25.03.1952 (BGBl. I S. 177) die **Differenzierung zwischen kriminellem Unrecht und Verwaltungsunrecht**.

3   Die Strafrechtsreform von 1974 brachte dann die **strikte Trennung** zwischen **Straftat** und **Strafe** sowie zwischen **Ordnungswidrigkeit** und **Geldbuße**. Spätere Änderungen des OWiG hielten hieran fest und dienten lediglich der Entlastung der Gerichte durch Verbesserung des Bußgeldverfahrens und Straffung des gerichtlichen Verfahrens. Die Strafe unterscheidet sich von der Ordnungswidrigkeit allein durch die **rechtliche Wertung des Unrechtsgehalts** des Vergehens. Die **Höhe der Geldstrafe** bzw. der **Geldbuße** ist **kein Indiz**. Auch an den Nebenfolgen lässt sich der Unterschied nicht festmachen. Allein entscheidend ist die **angedrohte Folge** des zu missbilligenden Verhaltens:
– droht die Vorschrift eine **Strafe** an, handelt es sich um eine **Straftat**,
– droht die Vorschrift eine **Geldbuße** an, handelt es sich um eine **Ordnungswidrigkeit**.

4   Das **OWiG erfasst keine strafwürdigen Rechtsverletzungen**, so dass der **Täter** als **nicht vorbestraft** gilt, auch wenn die Höhe der Geldbuße im Einzelfall extrem hoch sein kann. Der Geldbuße fehlt der Ernst der Strafe, aus diesem Grund kann sie bei Zahlungsunfähigkeit des Täters auch nicht in Freiheitsstrafe umgewandelt werden. Sie darf auch nicht in das beim BGH geführte Bundeszentralregister eingetragen werden. Da der Kernbereich des Strafrechts nicht ausgehöhlt werden darf, kann das **Ordnungswidrigkeitenrecht nur Tatbestände mit geringem Unrechtsgehalt** erfassen. Mischtatbestände sind Rechtsverletzungen, die entsprechend gesetzlich definierter Umstände entweder als Straftat oder als Ordnungswidrigkeit eingestuft werden können.

5   Aufgrund der **unterschiedlichen Zielsetzungen** ist genau zu differenzieren zwischen dem Zwangsgeld nach dem VwVG NW und der Geldbuße nach dem OWiG:
– das **Zwangsgeld** dient der **Erzwingung eines ordnungsgemäßen Verhaltens des Ordnungspflichtigen in der Zukunft**, während
– das **Bußgeld** die **Ahndung eines in der Vergangenheit abgeschlossenen ordnungswidrigen Verhaltens des Täters** bezweckt.

Das **Bußgeld** darf **nie den Charakter eines Zwangsmittels** erhalten. Allerdings können Zwangsmittel und Geldbußen **nebeneinander** verhängt werden, um sowohl ordnungsgemäßes Verhalten zu erzwingen als auch ordnungswidriges Verhalten zu ahnden, ohne dass es hierdurch zu einer unzulässigen Doppelsanktionierung kommt. Der Unterschied zwischen Buße und Beugemittel sollte in einem solchen Fall für den Betroffenen deutlich gemacht werden, da die unterschiedlichen Funktionen der beiden Rechtsinstitute durch die für den Adressaten sich gleichenden Folgen – nämlich in beiden Fällen die Zahlung eines Geldbetrags – verwischt sind. Gerade nach dem gemäß § 47 Abs. 1 Satz 1 OWiG zu beachtenden **Opportunitätsprinzip** ist stets prüfen, ob im Falle der Anwendung des Zwangsgeldes nach § 60 VwVG NW überhaupt noch eine begangene Ordnungswidrigkeit mit Geldbuße geahndet werden soll. Die Bauaufsichtsbehörde kann nämlich anstelle der Verhängung von Bußgeld auch nur eine **Verwarnung** aussprechen, während im **Strafrecht** das **Legalitätsprinzip** gilt.

1.2 Grundstruktur des Ordnungswidrigkeitenrechts

Das OWiG enthält **Kern- und Rahmenvorschriften** und gilt nach seinem § 2 **für alle Ordnungswidrigkeiten nach Bundes- oder Landesrecht**. Es enthält in Bezug auf die Verfolgung und Ahndung von Ordnungswidrigkeiten **Kernvorschriften für das Verfahren**, daneben auch noch **einzelne Ordnungswidrigkeiten**. Dabei handelt es sich um Tatbestände, die früher im StGB als **Übertretungen** eingestuft wurden, wie z.B. die falsche Namensangabe (§ 111 OWiG), deren Verortung in anderen Rechtsvorschriften als unzweckmäßig erschien. Das OWiG enthält vier Teile:
1. Teil Allgemeine Vorschriften (§§ 1–34),
2. Teil Bußgeldverfahren (§§ 35–110e),
3. Teil Einzelne Ordnungswidrigkeiten (§§ 111–131),
4. Teil Schlussvorschriften (§§ 132–135).

6

Da das **OWiG** lediglich als materiell- und verfahrensrechtliche **Rahmenvorschrift** konzipiert ist, stellt es in seinem § 1 Abs. 1 allgemein auf den »**Tatbestand eines Gesetzes**« ab. Der Gesetzesbegriff ist hier nicht im formellen, sondern im materiellen Sinne gemeint, so dass auch Rechtsverordnungen, ordnungsbehördliche Verordnungen und Satzungen erfasst werden. Die **Ordnungswidrigkeitentatbestände** sind in **Rechtsvorschriften** des **Bundes** und der **Länder** aufgrund des **durch das OWiG gesetzten Rahmens** festgelegt. Fast jedes Gesetz enthält Bußgeldandrohungen, oft ohne die bußgeldauslösende Handlung genau zu beschreiben. Dabei wird auf eine Verordnung, Satzung oder eine das Gesetz ausführende Verwaltungsentscheidung abgestellt.

7

Diese Vorschriften enthalten die Bußgeldandrohung, ohne den Verbotsinhalt im Einzelnen zu beschreiben. Sie behalten die Ausfüllung des Bußgeldtatbestands einer Verordnung, einer Satzung oder auch lediglich einem Verwaltungsakt vor. Weil der Bußgeldtatbestand bis zur Ausfüllung noch »offen« ist, bezeichnet man dies als »**Blankett**« (französierende Bildung zum deutschen blank; in der Wirtschaft ist ein Blankett ein Schriftstück mit Blankounterschrift, das der Empfänger absprachegemäß ausfüllen soll). Blankettvorschriften sind im Hinblick auf die Vorgaben des Art. 103 Abs. 2 GG (**Gesetzlichkeitsprinzip**) problematisch. Dem trägt § 3 OWiG Rechnung, wonach eine Handlung als Ordnungswidrigkeit nur geahndet werden kann, wenn die Möglichkeit der Ahndung gesetzlich bestimmt war, bevor die Handlung begangen wurde. Nach Art. 103 Abs. 2 in Verbindung mit Art. 80 Abs. 1 Satz 2 GG muss durch Gesetz bestimmt werden, was mit Geldbuße zu ahnden ist, wenn das Blankett durch untergesetzliche Normen oder Verwaltungsakte ausgefüllt werden soll (BVerfG, Beschl. v. 25.07.1961 – 2 BvL 4/62, BVerfGE 14, 251). Die Blankettnorm muss **wirksam ausgefüllt** sein. Enthält das Gesetz eine »**Rückverweisungsklausel**«, ist diese

8

in der untergesetzlichen Vorschrift zu **zitieren**. Eine solche Rückverweisungsklausel enthält auch **§ 86 Absatz 1 Nr**. 20 BauO NRW 2018:

... »*sofern die Rechtsverordnung oder die örtliche Bauvorschrift für einen bestimmten Tatbestand auf diese Bußgeldvorschrift* verweist«.

Fehlt der Verordnung oder Satzung die **Verweisung** auf § 86 Absatz 1 Nr. 20 BauO NRW 2018, wie z.b. in § 25 SV-VO vom 29.04.2000 (GV. NRW. S. 422), ist die Blankettvorschrift nicht wirksam ausgefüllt. Selbst bei Erfüllung der tatbestandlichen Voraussetzungen ist dann die Verhängung eines Bußgelds unmöglich, da **keine wirksame** Bußgeldvorschrift besteht.

1.3 Bußgeldverfahren und Bußgeldbescheid

9   Die Durchführung des **Bußgeldverfahrens** richtet sich im Wesentlichen nach den Bestimmungen des OWiG, zu denen die (wenigen) baurechtlichen Bußgeldvorschriften lediglich ergänzend hinzutreten (allgemein zum Bußgeldverfahren im Bereich der Bauaufsicht s. Rabe/Pauli/Wenzel, S. 465 ff. Rn. 197–239, s. dort auch das Vereinfachte Ablaufschema S. 478). Dieses Verfahren ist der Strafprozessordnung nachgebildet. Es handelt sich um ein **eigenständiges, mehrstufig angelegtes Verfahren**, das wie das Strafverfahren dazu dient, die Feststellung treffen zu können, **ob** eine Person eine Ordnungswidrigkeit begangen hat und **welche** Rechtsfolge daraus verwirkt ist. Schließlich dient das Bußgeldverfahren auch der **Durchsetzung** der Geldbuße und der Nebenfolgen. Die **verfahrensrechtlichen Regelungen** des OWiG sind **nicht abschließend**, vielmehr verweist § 46 Abs. 1 OWiG auf die Vorschriften über das Strafverfahren, insbesondere die Strafprozessordnung – StPO, das Gerichtsverfassungsgesetz – GVG und das Jugendgerichtsgesetz – JGG. Die in Bezug genommenen Bestimmungen sind nachrangig, das heißt, sie finden nur Anwendung, soweit das OWiG selbst keine entsprechende Verfahrensregelung trifft. Nach § 46 Abs. 2 OWiG hat die **Verfolgungsbehörde** grundsätzlich die **Rechte und Pflichten, wie die Staatsanwaltschaft im Strafverfahren**.

10 Das **Bußgeldverfahren** gliedert sich in folgende **Schritte**:

Das **Vorverfahren** dient der **Sachaufklärung** und der **Entscheidung** darüber,
– ob die **Sache an die Staatsanwaltschaft** abzugeben ist, weil der **Verdacht einer Straftat** vorliegt (§ 41 Abs. 1 OWiG),
– ob das **Verfahren eingestellt** wird, weil **Verfolgungshindernisse** bestehen (§ 46 Abs. 1 und 2 OWiG i. V. m. § 170 Abs. 2 Satz 1 StPO),
– ob das **Verfahren eingestellt** wird, weil eine **Ahndung mit Geldbuße nicht erforderlich** ist (§ 47 Abs. 1 OWiG),
– ob eine **Verwarnung** als **ausreichend** angesehen wird (§ 56 Abs. 1 OWiG),
und findet sein Ende nach **Anhörung des Betroffenen** (§ 55 Abs. 1 OWiG) mit der Entscheidung über die Höhe der Geldbuße und dem **Erlass des Bußgeldbescheids durch die Verwaltungsbehörde** (§ 65 OWiG). Legt der Betroffene keinen Einspruch ein, wird der Bußgeldbescheid gemäß § 89 OWiG unanfechtbar und kann vollstreckt werden. Die Frist für den Einspruch beträgt gemäß § 67 OWiG nur zwei

Wochen. Der Einspruch kann auch telefonisch zur Niederschrift bei der Verwaltungsbehörde, die den Bußgeldbescheid erlassen hat, eingelegt werden (BGH, Beschl. v. 20.12.1979 – 1 StR 164/79, BGH 29, 173). Art. 19 Abs. 4 und Art. 103 Abs. 1 GG verbieten, § 43 StPO dahin auszulegen, dass die Frist für die Einlegung des Einspruchs gegen einen Bußgeldbescheid an ihrem letzten Tag vor 24 Uhr, etwa mit dem Ende der Dienstzeit der Behörde endet (BVerfG, Beschl. v. 11.02.1976 – 2 BvR 652/75, BVerfGE 41, 323; zur Rechtzeitigkeit des Einspruchs bei Einwurf in den Hausbriefkasten der Verwaltungsbehörde s. BVerfG, Beschl. v. 07.04.1976 – 2 BvR 847/75, BVerfGE 42, 128).

Das **Zwischenverfahren** schließt sich an, wenn der Betroffene gegen den Bußgeldbescheid gemäß § 67 Abs. 1 OWiG **Einspruch** bei der Verwaltungsbehörde einlegt. Die Verwaltungsbehörde prüft,
– ob der **Einspruch rechtzeitig** eingelegt wurde und verwirft diesen gegebenenfalls als unzulässig (§ 69 Abs. 1 Satz 1 OWiG),
– ob der **Einspruch begründet** ist und stellt gegebenenfalls nach Rücknahme des Bußgeldbescheids das Verfahren ein (§ 47 Abs. 1 OWiG).

Hält die Verwaltungsbehörde am Bußgeldbescheid trotz des Einspruchs fest, ist die **Bußgeldakte** an die **Staatsanwaltschaft** abzugeben (§ 69 Abs. 3 Satz 1 OWiG). Hält die Staatsanwaltschaft aufgrund einer Nachprüfung einen hinreichenden Tatverdacht für gegeben und eine Ahndung für erforderlich, endet das Zwischenverfahren mit der **Vorlage der Bußgeldakte beim Richter des Amtsgerichts** (§ 69 Abs. 4 Satz 2 OWiG).

Im **gerichtlichen Verfahren** prüft der Richter unabhängig von den Vorermittlungen und kann die Sache bei offensichtlich ungenügender Sachaufklärung an die Verwaltungsbehörde zurückgeben (§ 69 Abs. 5 Satz 1 OWiG). Ein unzulässiger Einspruch wird verworfen (§ 70 Abs. 1 OWiG). Das **Amtsgericht entscheidet** bei zulässigem Einspruch entweder **im schriftlichen Verfahren** durch **Beschluss**, sofern es eine Hauptverhandlung nicht für erforderlich hält und sowohl die Staatsanwaltschaft als auch der Betroffene zustimmen, oder **im mündlichen Verfahren** durch **Urteil** aufgrund der Hauptverhandlung
– über die **Festsetzung der Geldbuße** und die **Anordnung von Nebenfolgen** oder
– über den **Freispruch des Betroffenen** oder
– über die **Einstellung des Verfahrens** wegen eines **Verfahrenshindernisses**.

Das Gericht kann auch die **Einstellung des Verfahrens** gemäß § 47 Abs. 2 OWiG anordnen. Gegen den Beschluss oder das Urteil ist als einziges Rechtsmittel die **Rechtsbeschwerde** möglich, über die das **Oberlandesgericht** entscheidet (§ 79 OWiG).

Das **Vollstreckungsverfahren** nach §§ 89 ff. OWiG dient der Durchsetzung der Entscheidung, wenn der Betroffene dieser nicht nachkommt. Vollstreckbar sind nur rechtskräftige Bußgeldentscheidungen, wenn **kein Vollstreckungshindernis** besteht, wie z.B. die **Vollstreckungsverjährung** (§ 34 Abs. 1 OWiG). **Vollstreckungsbehörde** ist

§ 86   Ordnungswidrigkeiten

- für den **Bußgeldbescheid** die diesen erlassende **Verwaltungsbehörde** (§ 92 OWiG),
- für die **gerichtliche Bußgeldentscheidung** die **Staatsanwaltschaft** bzw. im Verfahren gegen Jugendliche und Heranwachsende der **Jugendrichter als Vollstreckungsleiter** (§ 91 OWiG).

11   Für die **Verfolgungsverjährung** ist § 31 OWiG maßgebend. Die **Verjährungsfrist** richtet sich gemäß § 31 Abs. 2 OWiG, sofern die jeweilige Bußgeldnorm keine abweichenden Bestimmungen trifft (was im Baurecht nicht gegeben ist), nach der **Höhe der gesetzlichen Bußgelddrohung**, nicht etwa nach dem tatsächlich festgesetzten Bußgeld. Die Verfolgung von Ordnungswidrigkeiten nach der BauO NRW verjährt in **drei Jahren (Verfolgungsverjährung)**, da der Bußgeldrahmen über 15 000 Euro liegt. Die **Frist läuft** gemäß § 31 Abs. 3 OWiG mit der **Beendigung der Handlung** bzw. mit dem **Eintritt des Erfolgs an**. Auf den Zeitpunkt des Bekanntwerdens der Ordnungswidrigkeit bei der Bauaufsichtsbehörde kommt es **nicht** an (zum Ruhen und zur Unterbrechung der Verjährung s. §§ 32 und 33 OWiG; § 33 Abs. 1 OWiG zählt insgesamt 15 Unterbrechungsmöglichkeiten auf). Die Verfolgungsverjährung wird bereits gemäß § 33 Abs. 1 Nr. 1 OWiG durch die erste Vernehmung des Betroffenen, die Bekanntgabe über die Einleitung des Ermittlungsverfahrens oder die Anordnung der Vernehmung bzw. Bekanntgabe unterbrochen. Nach jeder Unterbrechung beginnt die Verjährungsfrist für die Verfolgung erneut zu laufen, ohne dass der bereits verstrichene Zeitraum berücksichtigt wird, jedoch besteht nach § 31 Abs. 3 OWiG eine **äußerste Grenze von sechs Jahren**. Wird ein Bußgeldbescheid aus sachlichen Gründen aufgehoben, so unterbricht ein daraufhin erlassener neuer Bußgeldbescheid erneut die Frist für die Verfolgungsverjährung (OLG Frankfurt, Beschl. v. 23.01.1979 – 3 Ws[B]177/78, NJW 1979, 2161).

12   Die **sachliche Zuständigkeit** für die Verfolgung von Ordnungswidrigkeiten ergibt sich nach § 36 Abs. 1 Nr. 1 OWiG aus dem einschlägigen Gesetz oder einer Rechtsverordnung, sofern das (formelle) Gesetz hierzu ermächtigt. Fehlt eine sachliche Zuständigkeitsregelung in dem jeweiligen Gesetz, so ist zuständig
- die fachlich zuständige oberste Landesbehörde (§ 36 Abs. 1 Nr. 2 Buchstabe a OWiG)
- oder das fachlich zuständige Bundesministerium, soweit das Bundesgesetz von Bundesbehörden ausgeführt wird (§ 36 Abs. 1 Nr. 2 Buchstabe b OWiG).

Die Landesregierung ist durch § 36 Abs. 2 Satz 1 OWiG ermächtigt, die sachliche Zuständigkeit allgemein oder für einzelne Bereiche auf andere Behörden oder sonstige Stellen zu übertragen. Hiervon hat sie mehrfach Gebrauch gemacht. In **baurechtlichen Angelegenheiten** sind die **unteren Bauaufsichtsbehörden** sachlich **zuständig**:
- nach § 2 Abs. 2 DVO BauGB für Ordnungswidrigkeiten nach **§ 213 Abs. 1 BauGB**,
- nach Absatz 4 für Ordnungswidrigkeiten nach **Absatz 1** mit **Ausnahme von Nummer 1**, und nach **Absatz 2 Nummer 1**,
- nach § 1 der Verordnung über Zuständigkeiten nach dem Energieeinsparungsgesetz vom 24.11.1982 (GV. NRW. S. 755) in Verbindung mit § 1 Abs. 2 EnEV-UVO für **Ordnungswidrigkeiten nach § 18 EnEV und nach § 6 der EnEV-UVO**.

Die **örtliche Zuständigkeit** richtet sich nach § 37 Abs. 1 OWiG. Örtlich zuständig ist die **Verwaltungsbehörde**, in deren Bezirk
– die **Ordnungswidrigkeit begangen** wurde bzw. **entdeckt** worden ist (Nr. 1) oder
– der **Betroffene** bei Einleitung des Bußgeldverfahrens seinen **Wohnsitz** hat (Nr. 2).

Diese Bestimmungen stehen **gleichrangig** nebeneinander, ohne dass eine Vorzugszuständigkeit für den Begehungs- oder Entdeckungsort angenommen werden kann.

13

Nicht selten ergeben sich **mehrfache sachliche Zuständigkeiten**, da Rechtsverstöße gegen gleich mehrere Gesetze vorliegen, so z.B. bei der ungenehmigten Aufstellung einer Werbetafel im Außenbereich an der freien Strecke einer Bundesstraße (Ordnungswidrigkeiten nach § 86 Abs. 1 Nr. 13 BauO NRW 2018 und § 23 Abs. 1 Nr. 8 FStrG). Nach dem sich aus § 39 Abs. 1 Satz 1 OWiG ergebenden **Grundsatz des ersten Zugriffs** können dann sowohl die Bauaufsichtsbehörde als auch die Straßenbaubehörde Bußgeldverfahren einleiten. Dieser Grundsatz findet ebenfalls Anwendung, wenn eine Ordnungswidrigkeit in Bezug auf eine bauliche Anlage verfolgt werden soll, welche die Zuständigkeitsgrenze zweier benachbarter Bauaufsichtsbehörden überschreitet, wie z.B. ein Mühlengebäude über einem Bachlauf, dessen Mitte die Grenze bildet. Auch bei **mehrfacher örtlicher Zuständigkeit** ist § 39 Abs. 1 Satz 1 OWiG einschlägig, da § 3 VwVfG NRW im Bußgeldverfahren keine Anwendung findet.

14

Für die Verfolgung und Ahndung der unter Rdn. 12 aufgeführten Ordnungswidrigkeiten ist die untere Bauaufsichtsbehörde zuständig. Stellt sie dabei fest, dass die begangene Tat auch **strafrechtliche Vorschriften** berührt, wie dies z.B. bei der Fortführung illegaler Ausbauarbeiten an von der Bauaufsichtsbehörde versiegelten Räumen vorkommen kann. Es besteht dann der **Tatverdacht des Siegelbruchs** nach § 136 StGB.

15

Ist die **Tat gleichzeitig Straftat und Ordnungswidrigkeit**, so tritt die Ordnungswidrigkeit gemäß § 21 OWiG hinter den Straftatbestand zurück. In einem solchen Fall ergibt sich nach § 40 OWiG eine **Verfolgungszuständigkeit der Staatsanwaltschaft**. Die Verwaltungsbehörde hat die Sache gemäß § 41 Abs. 1 OWiG an die Staatsanwaltschaft abzugeben, die im Strafverfahren die Ordnungswidrigkeit in die Anklage einbezieht. Stellt die Staatsanwaltschaft das Strafverfahren ein, gibt sie die Sache zur weiteren Verfolgung der Ordnungswidrigkeit gemäß § 43 Abs. 1 OWiG wieder an die Verwaltungsbehörde zurück. Die Entscheidung der Staatsanwaltschaft bindet gemäß § 44 OWiG die Verwaltungsbehörde.

Im Vorverfahren hat die Bauaufsichtsbehörde den Sachverhalt vollständig entsprechend dem **Untersuchungsgrundsatz** des § 46 OWiG in Verbindung mit § 160 StPO aufzuklären. Es ist in baurechtlichen Angelegenheiten unumgänglich, den Tatort zu besichtigen (**Augenscheinsbeweis**) und – soweit vorhanden – Zeugen zu befragen (**Zeugenbeweis**; zum Behördenvertreter als Beweismittel s. OLG Hamm, Beschl. v. 19.09.1977 – 1 Ss OWi 1034/77, MDR 1978, 427). Im Bußgeldverfahren gilt die **Unschuldsvermutung**. Verbleiben trotz gründlicher Ermittlungen Zweifel, ist das Bußgeldverfahren einzustellen, da ein Bußgeldbescheid nur erlassen werden darf,

16

wenn der Täter als überführt anzusehen ist (vgl. Rosenkötter, Das Recht der Ordnungswidrigkeiten, 5. Aufl. 2000, Rn. 273).

17 **Unverzichtbarer Verfahrensbestandteil** ist nach § 55 Abs. 1 OWiG in Verbindung mit § 163a Abs. 1 StPO die **Anhörung des Betroffenen** (zur Verletzung des rechtlichen Gehörs s. OLG Köln, Beschl. v. 22.09.1995 – Ss 485/95 [B], NJW 1996, 535). Dies kann durch Übersendung eines Anhörungsschreibens erfolgen, aus dem sich der Vorwurf unter genauer Bezeichnung der Bußgeldvorschrift ergeben muss (**schriftliche Anhörung**). Der Beschuldigte muss sich – wie im Strafverfahren – nicht äußern, woraus keinesfalls eine positive oder negative Vermutung der Schuld abgeleitet werden darf. Der Betroffene ist nur verpflichtet, die **Angaben zur Person** zu machen; verweigert er auch dies, begeht er eine mit Geldbuße bedrohte Ordnungswidrigkeit nach § 111 OWiG. Das Unterlassen der Rücksendung des Anhörungsbogens stellt eine Verweigerung der Angaben zur Person dar (OLG Hamm, Beschl. v. 28.09.1987 – 4 Ss OWi 725/87, NJW 1988, 274). Die Bauaufsichtsbehörde hat die Ermittlungen getrennt von sonstigen Verwaltungsverfahren zu führen und darf keinerlei Druck auf den Betroffenen ausüben. Insbesondere darf sie den Betroffenen nicht durch Androhung einer nachteiligen Verwaltungshandlung zur Bußgeldzahlung bewegen, da dies den Tatbestand des § 240 Abs. 2 StGB erfüllt (OLG Düsseldorf, Beschl. v. 30.09.1983 – 3 Ws 237/83, n.v.).

18 Angesichts der teilweise nur schwer verständlichen Ordnungswidrigkeiten des Baurechts kommt dem **Opportunitätsgrundsatz** des § 47 Abs. 1 Satz 1 OWiG besondere Bedeutung zu. Danach **kann** die Bauaufsichtsbehörde ein Bußgeldverfahren einleiten, sie muss es aber nicht. Die Verfolgung von Ordnungswidrigkeiten steht im **Ermessen** der Bauaufsichtsbehörde, das von sachlichen Gesichtspunkten getragen sein muss. Stellt sich in der Anhörung glaubhaft heraus, dass der Betroffene überhaupt keine Absicht hatte, gegen die entsprechende Vorschrift zu verstoßen, dass ihn bereits der Tatvorwurf hart trifft, dass keine Wiederholungsgefahr besteht und dass der Betroffene den baurechtlichen Verstoß beseitigen möchte, kann unter **Zweckmäßigkeitsgesichtspunkten** von einem Bußgeld abgesehen werden, weil die baurechtliche Bestimmung erfüllt wird. Die Bauaufsichtsbehörde kann es daher nach § 56 OWiG auch bei einer **Verwarnung** belassen.

19 Nach Abschluss der Ermittlungen hat der mit der Bearbeitung der Bußgeldsache betraute Bedienstete gemäß § 61 OWiG den »**Abschlussvermerk**« in der Bußgeldakte anzubringen. Der Vermerk ist gemäß Nr. 109 Abs. 3 Satz 1 der **Richtlinien für das Strafverfahren und das Bußgeldverfahren – RiStBV**, RdErl. vom 25.11.1976 (JMBl. NRW. 1977, S. 2) mit Datum und Unterschrift der für die Entscheidung zuständigen Dienstkraft zu versehen. **Ab diesem Tage** hat ein eventuell nach § 60 OWiG bestellter Verteidiger gemäß § 46 Abs. 1 OWiG in Verbindung mit § 147 Abs. 2 StPO das **Recht auf uneingeschränkte Akteneinsicht**. Wer die Entscheidung über die Verhängung des Bußgeldes trifft, richtet sich nach den **innerdienstlichen Vorgaben**. Die **Höhe der Geldbuße** ist nach Maßgabe des § 17 OWiG zu bemessen; eventuell vorhandene **Bußgeldkataloge der Bauaufsichtsbehörde** sind, anders als die aufgrund des § 26a StVG

erlassene Bußgeldkatalog-Verordnung, **keine Rechtsnormen**, sondern lediglich **Richtlinie** für eine **gleichmäßige Ermessensausübung** innerhalb der Behörde.

Der **Inhalt des Bußgeldbescheids** muss den **Anforderungen** des § 66 OWiG genügen, während zur **Form** des Bescheids **keine Vorgaben** bestehen. Der Bußgeldbescheid muss folgende Mindestangaben enthalten: 20
– Angaben zur Person des Betroffenen, des eventuell bestellten Verteidigers und etwaiger Nebenbeteiligter,
– Bezeichnung der Tat nach Ort und Zeit, der gesetzlichen Merkmale der Ordnungswidrigkeit und der angewandten Bußgeldvorschrift,
– die Beweismittel,
– die Höhe der Geldbuße und der eventuell angeordneten Nebenfolgen,
– die Hinweise, Aufforderungen und Belehrungen nach § 66 Abs. 2 OWiG.

Eine **Begründung** ist **nicht vorgeschrieben**, wohl aber ein näheres Eingehen auf die Bezeichnung der Tat und die Beweismittel (OLG Hamm, Urt. v. 23.12.1969 – 2 Ws OWi 292/69, NJW 1970, 579 und AG Weilburg, Urt. v. 28.02.1990 – 3 OWi – 4 Js 51614/80, NJW 1991, 1071 zur Kennzeichnungspflicht und zur Bestimmtheit des Tatvorwurfs sowie OLG Celle, Beschl. v. 06.01.1970 – 2 Ss(B) 245/69, NJW 1970, 580 zum Erfordernis der genauen Bezeichnung der Beweismittel). Der Bußgeldbescheid ist mit einer **Rechtsbehelfsbelehrung** zu versehen (zu einem Vorbehalt im Rechtsbehelf s. OLG Hamm, Beschl. v. 05.04.1974 – 5 Ss OWi 235/74, MDR 1974, 777).

Der **Aufbau** des Bescheids ist an den Vorgaben des § 66 OWiG auszurichten, um mögliche **Fehler auszuschließen**. Die fehlende **Angabe der Bußgeldvorschrift** ist nur dann unerheblich, wenn der Mangel noch in der Hauptverhandlung in entsprechender Anwendung des § 265 StPO geheilt werden kann (OLG Koblenz, Beschl. v. 04.04.1975 – 1 Ws[a] 189/75 und Beschl. v. 22.04.1975 – 1 Ws[a] 237/75, NJW 1975, 2306). Ein **Verstoß gegen die inhaltlich zu § 44 VwVfG. NRW. entwickelten Grundsätze** macht den Bescheid rechtlich **unwirksam** (OLG Oldenburg, Beschl. v. 28.01.1992 – Ss 492/91, NVwZ 1992, 607). Auch ein durch Computer gefertigter Bußgeldbescheid muss den Anforderungen an eine klare und verständliche Sprache genügen, anderenfalls ist er unwirksam (AG Hersbruck, Urt. v. 10.07.1984 – OWi 474 Js 62272/84, NJW 1984, 2426). Das **Fehlen der Unterschrift** macht den Bescheid nur dann unwirksam, wenn es sich erkennbar um einen bloßen Entwurf der Behörde handelt (OLG Düsseldorf, Beschl. v. 22.09.1988 – 5 Ss[OWi] 280/88 u.a., NJW 1989, 600). Unerheblich ist, ob der Bedienstete, der den Bußgeldbescheid unterzeichnet, auch innerdienstlich zuständig war (OLG Saarbrücken, Beschl. v. 08.05.1973 – Ss[B] 47/73, NJW 1973, 2041; s.a. OLG Stuttgart, Beschl. v. 14.01.1976 – 3 Ss 744/75, NJW 1976, 1905). 21

Nach § 105 Abs. 1 OWiG muss der Bußgeldbescheid eine Entscheidung über die **Kosten des Verfahrens** enthalten (zur Erstattung von Rechtsanwaltskosten s. BVerfG, Beschl. v. 11.02.1994 – 2 BvR 1883/93, NJW 1994, 1855). Die Entscheidung über die Kostentragungspflicht lässt sich nicht nachholen, so dass die Kosten dann der Behörde zur Last fallen (OLG Frankfurt, Beschl. v. 08.01.1970 – 2 Ws 193/69, NJW 22

1970, 1432 zur nachträglichen Ergänzung der Kostenentscheidung eines Strafurteils und seiner Anfechtbarkeit). Zu erhebenden **Gebühren und Auslagen** ergeben sich aus § 107 OWiG. Hierzu rechnen auch die Postzustellungsgebühren.

23 Die **Bekanntmachung des Bußgeldbescheids** durch **Zustellung** richtet sich nach den §§ 50 und 51 OWiG und den Vorschriften des LZG NRW. Die Zustellungsarten regeln die §§ 3–10 LZG NRW. Nach § 2 Abs. 3 LZG NRW steht der Behörde die Auswahl der Zustellungsart frei.

24 Zu den **Aufbewahrungsfristen für Bußgeldakten** der Verwaltungsbehörden wird auf den RdErl. vom 05.07.1973 (MBl. NRW. S. 1237) verwiesen. Diese Aufbewahrungspflicht darf nicht mit der (zeitlich unbegrenzten) Archivierungspflicht der Bauakten verwechselt werden.

2 Materielle Anforderungen des Ordnungswidrigkeitenrechts

25 **Rechtswidrig** ist grundsätzlich **jede Verletzung einer ordnungsrechtlichen Vorschrift**. Nicht jede dieser Rechtsverletzungen sieht der Gesetzgeber aber auch als so gravierend an, dass sie als **Ordnungswidrigkeit** die Verhängung einer Geldbuße rechtfertigt. Maßgebend ist die **Begriffsbestimmung** des § 1 OWiG:

(1)

Eine Ordnungswidrigkeit ist eine rechtswidrige und vorwerfbare Handlung, die den Tatbestand eines Gesetzes verwirklicht, das die Ahndung mit einer Geldbuße zulässt.

(2)

Eine mit Geldbuße bedrohte Handlung ist eine rechtswidrige Handlung, die den Tatbestand eines Gesetzes im Sinne des Absatzes 1 verwirklicht, auch wenn sie nicht vorwerfbar begangen ist.

26 Absatz 1 enthält in Anlehnung an das Strafrecht unter Verwendung **abstrakter Tatbestandsmerkmale** die **Legaldefinition der Ordnungswidrigkeit**:
   – Es muss zunächst eine konkrete **Handlung** vorliegen, die vom menschlichen Willen beherrscht wird, weshalb unbewusst ablaufende Vorgänge nicht erfasst werden. Der Begriff Handlung entspricht dem Begriff der Tat im Strafrecht und zielt auf ein **Tun** oder **Unterlassen**.
   – Die Handlung muss insoweit **rechtswidrig** sein, als sie den **Tatbestand eines Gesetzes** verwirklicht, der mit Geldbuße bedroht ist. Der Begriff **Tatbestand** zielt auf ein in einer Rechtsnorm mittels abstrakter Merkmale umschriebenes Verhalten, das dem Bestimmtheitsgebot des § 3 OWiG genügt und deshalb aus Sicht des Bürgers vorhersehbar ist. Gerade diese rechtliche Anforderung ist im Baurecht infolge der im Interesse knapp gefasster Vorschriften gewählten Verweistechnik nicht unproblematisch, weshalb die genaue Betrachtung der Tatbestandsmerkmale erforderlich ist. Die Bauaufsichtsbehörde muss nämlich die Verkürzung der Formulierung dadurch wieder aufheben, dass sie den zu untersuchenden Verstoß wieder in die Bußgeldnorm hineinformuliert, um den vollen Gehalt der Tatbestandsmerkmale unter Berücksichtigung des Wortsinns mit den Ermittlungsergebnissen vergleichen zu

können. Es kommt im Hinblick auf § 3 OWiG und die verfassungsrechtlichen Schranken entscheidend auf die **Feinheiten der Formulierungen** des Gesetzes an.
– Schließlich muss die Handlung auch **vorwerfbar** sein. Dieser Begriff ist sachlich dem **Schuldbegriff** im Strafrecht verwandt. Vorwerfbarkeit erfordert immer folgende Elemente:
– Verantwortlichkeit für die Handlung (§ 12 OWiG),
– Vorsatz oder Fahrlässigkeit (§ 10 und 11 Abs. 1 Satz 1 OWiG),
– Möglichkeit des Unrechtsbewusstseins (§ 11 Abs. 2 OWiG),
– Fehlen von Entschuldigungsgründen (§§ 15 und 16 OWiG).

Handelt eine Person **nicht vorwerfbar**, liegt **keine Ordnungswidrigkeit** vor. Das ist z.B. der Fall bei Personen, die bei Begehung der Handlung noch nicht 14 Jahre alt und damit nach § 12 Abs. 1 Satz 1 OWiG nicht verantwortlich sind oder die einem **Verbotsirrtum** unterlagen (zum Verbotsirrtum s. OLG Düsseldorf, Beschl. v. 30.01.1995 – 5 Ss [OWi] 323/94 – [OWi] 8/95 I, NVwZ 1995, 727).

Absatz 2 enthält die **Legaldefinition der mit Geldbuße bedrohten Handlung**. Diese 27 Begriffsbestimmung wird benötigt, um nicht vorwerfbare Handlungen oder Fälle, in denen der Täter nicht unmittelbar Adressat der Norm ist, dennoch ahnden zu können. Ein Beispiel hierfür bildet die nach § 130 OWiG mit Geldbuße bedrohte Vernachlässigung der Aufsichtspflicht in Betrieben.

Täter einer Ordnungswidrigkeit kann nur eine **natürliche Person** sein. Es war daher 28 erforderlich, in Bezug auf **juristische Personen** und **Personenvereinigungen** eine Auffangregelung zu schaffen, um eine Rechtslücke zu vermeiden. Nach § 9 OWiG ist für das ordnungswidrige Handeln einer juristischen Person oder Personenvereinigung die verantwortlich handelnde natürliche Person als Täter heranzuziehen. Darüber hinaus kann gemäß § 30 OWiG auch die juristische Person mit einem Bußgeld als Nebenfolge belegt werden.

Anders als das Strafrecht kennt § 14 OWiG nur einen **einheitlichen Täterbegriff**. Eine Differenzierung nach Täter- oder Mittäterschaft, Beihilfe oder Anstiftung ist entbehrlich, was sehr zur Vereinfachung beiträgt. Auch diejenige Person, die nur einen Tatbeitrag liefert, handelt ordnungswidrig.

Die Vorschrift des § 86 regelt die **Ahndungsmöglichkeit von schuldhaft rechtswidri-** 29 **gen Verstößen gegen Vorschriften des Bauordnungsrechts** (Ordnungswidrigkeiten im Sinne des § 1 Abs. 1 OWiG), indem gemäß § 3 OWiG (keine Ahndung ohne Gesetz!) vor allem die Tatbestände normiert werden, die im Interesse einer wirksamen Durchführung des Bauordnungsrechts gegebenenfalls einer Ahndung durch eine Geldbuße unterliegen können. Zu unterscheiden ist deswegen zwischen Verletzung einer Ordnungspflicht schlechthin und einer ahndungsfähigen Ordnungswidrigkeit im Sinne des § 86.

Voraussetzung für die Ahndung einer Ordnungswidrigkeit im Sinne des § 86 durch 30 Geldbuße ist ein **Verschulden** – Vorsatz oder Fahrlässigkeit (§ 10 OWiG ist beachtet, da § 86 BauO NRW 2018 ausdrücklich auch die Fahrlässigkeit als Schuldform nennt) – bei der Begehung einer als Ordnungswidrigkeit normierten Handlung. Vorsatz oder Fahrlässigkeit als Voraussetzung zur Ahndung müssen nachgewiesen werden.

Auf **Verbotsirrtum** kann sich niemand berufen, der ein genehmigungsbedürftiges Vorhaben als Schwarzbau durchführt, denn die **Genehmigungspflicht** kann als **allgemein bekannt** vorausgesetzt werden. Der **Versuch** einer Ordnungswidrigkeit **kann** mangels der in § 13 Abs. 3 OWiG geforderten ausdrücklichen Regelung **nicht geahndet** werden.

Vorsatz ist bewusstes Zuwiderhandeln gegen eine Vorschrift, gleichgültig, ob es sich um ein Gebot oder Verbot handelt, setzt also die Kenntnis oder die Vorwerfbarkeit der Unkenntnis der Rechtsvorschrift, deren Verletzung als ahndungsfähige Ordnungswidrigkeit normiert ist, voraus. Vorsatz ist eindeutig, wenn von dem Ordnungspflichtigen durch eine an ihn persönlich gerichtete Ordnungsverfügung unter Angabe der in Frage kommenden Rechtsvorschrift ein bestimmtes Handeln, Dulden oder Unterlassen verlangt wird und der Pflichtige trotzdem die Zuwiderhandlung begeht.

Fahrlässigkeit liegt vor, wenn der Betroffene die Ordnungswidrigkeit seines Verhaltens kennen musste, das heißt, wenn er bei Anwendung der im Verkehr erforderlichen Sorgfalt, zu der er nach den Umständen und seinen persönlichen Verhältnissen verpflichtet und imstande ist, diese Kenntnis erlangen konnte.

31 Grundlage für die mit der BauO NW 1984 vorgenommene wesentliche Umgestaltung des § 101 BauO NW 1970 waren die von einer Arbeitsgruppe der Landesjustizverwaltungen unter Beteiligung des Bundesjustizministeriums erarbeiteten **Leitsätze zur Erforderlichkeit bußgeldrechtlicher Sanktionen, insbesondere im Verhältnis zu Maßnahmen des Verwaltungszwanges** vom Frühjahr 1983, die auch als **Auslegungshilfe** herangezogen werden können:

» 1. *Allgemeiner Grundsatz*

Die Mittel des Ordnungswidrigkeitenrechts sollten nur bei solchen Rechtspflichten als Sanktion eingesetzt werden, aus deren nicht rechtzeitiger oder nicht vollständiger Erfüllung sich erhebliche Nachteile für wichtige Gemeinschaftsinteressen ergäben.

Soweit Pflichtverstöße weniger wichtige Gemeinschaftsinteressen betreffen, ist eine Bußgeldbewehrung entbehrlich.

2. *Durchsetzung besonderer Leistungspflichten durch Bußgelddrohungen*

2.1 *Handlungspflichten*

Vorschriften zur Durchsetzung von Handlungspflichten bedürfen keiner Bußgeldbewehrung, wenn die Vorschriften vorwiegend dem Schutz oder Interesse des Normadressaten dienen oder wenn bei Nichtbeachtung der jeweiligen Handlungspflichten keine erheblichen Nachteile für wichtige Gemeinschaftsinteressen drohen.

2.2 *Auskunfts-, Melde- oder Mitteilungspflichten*

Vorschriften zur Durchsetzung von Auskunfts-, Melde- oder Mitteilungspflichten bedürfen nur dann einer Bußgeldbewehrung, wenn erst die Erfüllung dieser Pflichten ein Tätigwerden der zuständigen Behörde zur Wahrung wichtiger Gemeinschaftsinteressen möglich macht.

2.3 Duldungspflichten

Vorschriften zur Durchsetzung von Duldungspflichten bedürfen nur dann einer Bußgeldbewehrung, wenn die Nichterfüllung der Duldungspflicht andere verwaltungsrechtliche Maßnahmen verhindert, die nur unter erheblichen Nachteilen für wichtige Gemeinschaftsinteressen verschiebbar sind. In anderen Fällen reicht die Durchsetzung mit Mitteln des Verwaltungszwangs aus.

2.4 Zahlungspflichten

Vorschriften, die zur Zahlung einer Geldforderung verpflichten, bedürfen keiner Bußgeldbewehrung.

2.5 Sonstige Mitwirkungspflichten

Vorschriften zur Durchsetzung von sonstigen Mitwirkungspflichten, wie z.B. die Verwendung von Formblättern bei Meldungen, bedürfen nur dann einer Bußgeldbewehrung, wenn bereits die Nichtbeachtung der jeweiligen Mitwirkungspflicht erhebliche Nachteile für wichtige Gemeinschaftsinteressen befürchten lässt. Ist die Mitwirkung ohne erhebliche Nachteile nachholbar, so muss sie mit Mitteln des Verwaltungszwangs durchgesetzt werden.

3. Verweigerung oder Entzug einer Verwaltungsleistung

3.1 Verweigerung einer Verwaltungsleistung

Eine Bußgeldbewehrung ist entbehrlich, wenn das Verhalten des Betroffenen durch Verweigerung einer Verwaltungsleistung gesteuert werden kann.

3.2 Entzug einer Verwaltungsleistung

Eine Bußgeldbewehrung ist auch dann entbehrlich, wenn das Verhalten des Betroffenen durch Androhung des Entzugs oder Entzug einer Verwaltungsleistung, Konzession oder Vergünstigung gesteuert werden kann.

4. Durchsetzung vollziehbarer Verwaltungsakte durch Bußgelddrohungen

Vollziehbare Verwaltungsakte (Anordnungen und Auflagen), deren Zweck bereits durch ihren Vollzug erreicht werden kann, bedürfen keiner Bußgeldbewehrung.

5. Unvereinbarkeit einer Bußgelddrohung mit dem Wesen einer Pflicht

Eine Bußgeldbewehrung sollte dort entfallen, wo das Wesen einer Pflicht die freiwillige Bereitschaft zu ihrer Übernahme voraussetzt.

6. Bußgeldbewehrung fahrlässiger Zuwiderhandlungen

§ 86 Ordnungswidrigkeiten

Grundsätzlich sollen nur vorsätzliche Zuwiderhandlungen mit Geldbuße bedroht werden. Fahrlässige Zuwiderhandlungen sollen nur dann mit Geldbuße bedroht werden, wenn dies zur Durchsetzung einer Rechtspflicht erforderlich ist.

7. *Bußgeldbewehrung von Pflichten, die nur für bestimmte Personengruppen gelten Einer Bußgeldbewehrung bedarf es nicht, wenn das Gebot oder Verbot durch arbeitsrechtliche, disziplinarrechtliche oder berufsrechtliche Maßnahmen ausreichend abgesichert werden kann.*«

3 Zu Absatz 1 – Einzelne Ordnungswidrigkeitentatbestände

32 Die einzelnen Bußgeldtatbestände in Absatz 1 orientieren sich an den **allgemeinen Gefahren**, die bei der Realisierung von Bauvorhaben und der Durchführung von Bauarbeiten auftreten können, wenn die entsprechenden Vorschriften von den am Bau Beteiligten missachtet werden. Die Vorschriften bestimmen nicht im Einzelnen, **wer** von den am Bau Beteiligten jeweils **Täter** sein kann. Dies ist für jeden Tatbestand **getrennt zu ermitteln**, und zwar unter Zugrundelegung der durch die §§ 52 bis 56 BauO NRW 2018 festgelegten Verantwortungsbereiche der einzelnen am Bau Beteiligten. Die Bußgeldtatbestände tragen vor allem dem Umstand Rechnung, dass die Bauaufsichtsbehörden schon aufgrund ihrer personellen Ausstattung nicht vollständig und lückenlos sämtliche Baustellen überwachen können (vgl. Anmerkungen zu § 83, Rdn. 32).

33 **Zu Nr. 1:** Die Vorschrift trifft jede Person, die entgegen den Verboten des § 5 Absatz 2 BauO NRW 2018 Zu- und Durchfahrten sowie befahrbare Flächen **nicht ständig freihält** oder **Fahrzeuge dort abstellt**. Die Zuwiderhandlung ist mit Behinderungen für die Feuerwehr im Brandfall verbunden, wodurch die Rettung von Menschen verzögert werden kann. Während Einbauten in aller Regel vom Bauherrn, Pächter oder Mieter ausgehen, kommen für das Abstellen von Fahrzeugen auch die Benutzer und Besucher der Anlage in Betracht. Das nicht ständige Freihalten betrifft das zeitweise Abstellen oder Lagern von Gegenständen auf diesen Flächen. Als Täter kommen neben dem zuvor genannten Personenkreis auch sonstige Personen in Betracht, denen die Flächen lediglich zum Abstellen der Gegenstände überlassen wurden. Im Hinblick auf das **verbotswidrige Abstellen von Kraftfahrzeugen und Gegenständen** ist die **Kennzeichnung** der Zu- und Durchfahrten bzw. befahrbaren Flächen **Voraussetzung für die Verwirkung**, weil ansonsten für die betreffende Person **kein Abstellverbot** erkennbar ist. Dagegen kann bei **verbotswidrigen Einbauten** erwartet werden, dass die handelnde Person die in der **Baugenehmigung** enthaltenen Festlegungen und Darstellungen in den zugehörigen Bauvorlagen **beachtet**. Unverständlich ist angesichts der Gefahrenlage, dass der Gesetzgeber das Unterlassen der Kennzeichnung der Flächen nicht mit Bußgeld bedroht.

34 **Zu Nr. 2:** Das Gebot, ein **Baustellenschild** aufzustellen, trifft den Bauherrn. Dem Gebot ist nur entsprochen, wenn das Baustellenschild auch die von § 11 Absatz 3 BauO NRW 2018 **geforderten Mindestangaben** enthält und nicht versteckt, sondern vielmehr **von der Verkehrsfläche aus sichtbar** angebracht ist (s. Anmerkungen zu § 11 Rdn. 28 ff.).

Zu Nr. 3: Nach § 17 BauO NRW 2018 dürfen **Bauarten** nur unter den Voraussetzungen Absätze 2 oder 3 angewendet werden (s. Anmerkungen zu § 17 Rdn. 10–18). Hier können grundsätzlich alle am Bau Beteiligten Täter sein. Im Regelfall wird es sich um den Unternehmer handeln, dem § 55 Absatz 1 Satz 2 BauO NRW 2018 besondere Pflichten in dieser Hinsicht **auferlegt**. Der Bauherr kommt in Betracht, wenn die Anwendung mit seiner Billigung oder sogar auf sein Betreiben hin geschieht und ihn ein Verschulden trifft. 35

Zu Nr. 4: Bauprodukte dürfen nur bei Erfüllung der in § 24 Absatz 3 BauO NRW 2018 genannten Voraussetzungen mit dem **Ü-Zeichen gekennzeichnet** werden (s. Anmerkungen zu § 24 Rdn. 12 f.). Für die ordnungsgemäße Kennzeichnung trägt der Hersteller die Verantwortung. Hiervon zu unterscheiden ist ein Verstoß gegen die Kennzeichnungsberechtigung nach § 8 Abs. 6 BauPG mit dem CE-Zeichen, für die mit § 14 Abs. 1 Satz 2 BauPG eine eigene Bußgeldvorschrift zur Verfügung steht. 36

Zu Nr. 5: Nach § 24 Absatz 4 BauO NRW 2018 dürfen **Bauprodukte** nur bei Erfüllung bestimmter Voraussetzungen verwendet werden (s. Anmerkungen zu § 24 Rdn. 14). Die Verpflichtung haben alle am Bau Beteiligten. Täter ist jedoch im Regelfall der Unternehmer; der Bauherr kommt in Betracht, wenn die Verwendung mit seiner Billigung oder sogar auf sein Betreiben hin geschieht und ihn ein Verschulden trifft. 37

Zu Nr. 6: Nach § 53 Absatz 1 Satz 1 BauO NRW 2018 hat der Bauherr einen **Unternehmer**, einen **Bauleiter** und einen **Entwurfsverfasser** zu **beauftragen**. Die Pflicht zur Beauftragung besteht nicht bzw. nur eingeschränkt in den Fällen des § 53 Absatz 1 Satz 1 Halbsatz 2 und Absatz 2 BauO NRW 2018 (s. Anmerkungen zu § 53 Rdn. 15–24). Nur der Bauherr kann hier belangt werden. 38

Zu Nr. 7: Genehmigungsbedürftige Beseitigungsarbeiten dürfen gemäß § 53 Absatz 2 Satz 2 BauO NRW 2018 nicht in **Selbst- oder Nachbarschaftshilfe** ausgeführt werden (s. Anmerkungen zu § 53 Rdn. 32–35). Hier kommen neben dem Bauherrn noch diejenigen Personen in Betracht, die bei den Abbrucharbeiten mit tätig werden. Das Verschulden der helfenden Personen wird aber genau zu prüfen sein. Diese Bußgeldvorschrift geht jedoch ins Leere, weil es nach § 62 Absatz 3 BauO NRW 2018 keine genehmigungsbedürftigen Abbrucharbeiten mehr gibt. 39

Zu Nr. 8: Die Vorschrift betrifft die **Mitteilungspflichten** nach § 53 Absatz 1 Satz 5 und 6 BauO NRW 2018 bezüglich der **Namen des Bauleiters** bzw. **Fachbauleiters** einschließlich des **Wechsels** dieser Personen und den **Wechsel der Person des Bauherrn** selbst (s. Anmerkungen zu § 53 Rdn. 29–31). Normadressat ist in Bezug auf Bauleiter und Fachbauleiter der Bauherr, in Bezug auf den Wechsel der Person des Bauherrn der neue Bauherr. 40

Zu Nr. 9: Nach § 62 Absatz 1 Satz 2 BauO NRW 2018 hat sich der Bauherr von einem Unternehmer oder Sachverständigen im Falle der Errichtung oder Änderung der in Satz 1 aufgeführten **haustechnischen Anlagen** die Übereinstimmung mit dem öffentlichen Recht bescheinigen zu lassen. Als Täter kommt nur der Bauherr in Betracht, und zwar auch dann, wenn nicht er selbst die bauliche Anlage, sondern ein Dritter sie als Mieter oder Pächter nutzt. 41

§ 86 Ordnungswidrigkeiten

42 **Zu Nr. 10:** Nach § 62 Absatz 3 BauO NRW 2018 sind verschiedene Beseitigungsarbeiten vorher bei der Bauaufsichtsbehörde durch den Bauherrn anzeigepflichtig. Normadressat ist also stets der Bauherr.

Zu Nr. 11: Im Rahmen der referenziellen Baugenehmigung nach § 66 Absatz 5 BauO NRW 2018 sind gemäß Nummer 2 die Bezugsgebäude anzuzeigen und nach Nummer 3 bautechnische Nachweise vorzulegen. Die Verpflichtung trifft in erster Linie den Bauherrn, aber auch den Entwurfsverfasser (s. Anmerkungen zu § 66 Rdn. 30).

43 **Zu Nr. 12:** Im **Genehmigungsverfahren** müssen die in § 68 Absatz 1, § 83 Absatz 3 oder § 84 Absatz 4 Satz 1 BauO NRW 2018 genannten **Nachweise** und **Bescheinigungen** bei der Bauaufsichtsbehörde **eingereicht** werden. Normadressat ist der Bauherr.

44 **Zu Nr. 13:** Diese Vorschrift betrifft den **Haupttatbestand** der Bußgeldvorschrift, die Realisierung von Vorhaben **ohne Baugenehmigung** nach § 74 BauO NRW 2018 oder ohne **Teilbaugenehmigung** nach § 76 BauO NRW 2018. Die Ahndung sog. »Schwarzbautätigkeit« mittels Bußgeld ist verfassungsrechtlich unbedenklich (BVerfG, Beschl. v. 30.05.1972 – 2 BvL 41/71, DÖV 1972, 832 zu § 101 BauO NW 1970). Erfasst werden von Nr. 13 alle **bauaufsichtlich relevanten Vorgänge**, ausgenommen die Instandhaltung, im Hinblick auf **bauliche Anlagen** sowie **andere Anlagen und Einrichtungen** im Sinne des § 1 Abs. 1 Satz 2 BauO NRW 2018. Als bauaufsichtlich relevante Vorgänge sind zu nennen:
– die **Errichtung**,
– die **Änderung**,
– die **Beseitigung**,
– die **Nutzungsänderung** sowie
– die **Nutzung**, ohne dass diese von der Baugenehmigung abgedeckt ist, somit die **ungenehmigte Nutzung**.

Hierzu rechnet auch das Bauen über die vorliegende Teilbaugenehmigung hinaus und das Bauen in – nicht nur geringfügiger – Abweichung von der Baugenehmigung. Das Bauordnungsrecht wird nämlich von dem **Grundsatz** beherrscht, dass die **Aufspaltung eines genehmigungsbedürftigen Vorhabens in genehmigungspflichtige und genehmigungsfreie Teile unzulässig** ist. Will der Bauherr von einer Baugenehmigung in Teilen abweichen, die als selbständige Vorgänge nach Fertigstellung des Gebäudes wiederum gemäß § 62 BauO NRW 2018 genehmigungsfrei sind, wie z.B. die Änderung der äußeren Gestaltung, bedarf er in Nordrhein-Westfalen der Änderungsgenehmigung und handelt anderenfalls ordnungswidrig (OLG Düsseldorf, Beschl. v. 28.02.1992 – 5 Ss [OWi] 43/92 – [OWi] 30/92 I, n.v., zu einer abweichend von der Baugenehmigung ausgeführten Bemalung eines Hausgiebels als Reklame). Insoweit hat der nordrhein-westfälische Gesetzgeber (noch) keine dem bayerischen Recht entsprechende Sonderregelung getroffen (vgl. BayVGH, Beschl. v. 16.07.1997 – 3 Ob OWi 63/97, NVwZ-RR 1998, 622 zu Art. 69 Abs. 3 Satz 1 Nr. 1 BayBO).

45 Die Ahndung in Bezug auf die **ungenehmigte Nutzung** bzw. **Nutzungsänderung** wurde in Nordrhein-Westfalen erstmalig mit der BauO NW 1995 durch Aufnahme des Wortes »**nutzt**« ermöglicht und ist seit deren Inkrafttreten am 01.01.1996 verfolgbar

(vgl. OLG Düsseldorf, Beschl. v. 21.09.1999 – 2b Ss [OWi] 223/99 – [OWi] 84/99 I, BauR 2000, 429 = ZfBR 2000, 184; zur Beurteilung der bis dahin geltenden Rechtslage s. OLG Hamm, Beschl. v. 17.08.1978 – 1 Ss Owi 1667/77, BRS 33 Nr. 130). Die Ergänzung entsprach einem dringenden praktischen Bedürfnis, da die bislang bestehende alleinige Möglichkeit, eine ungenehmigte Nutzungsänderung unter Anordnung der sofortigen Vollziehung zu untersagen, sich als untaugliches Mittel erwiesen hatte, solchen Rechtsverstößen wirksam zu begegnen. Als **Täter** kommen neben dem Bauherrn auch der Eigentümer und der Nutzer in Betracht. Zu bedenken ist nämlich, dass ungenehmigte Nutzungen auch noch Jahrzehnte nach Fertigstellung der eigentlichen Bauarbeiten festgestellt werden und dass ungenehmigte Nutzungsänderungen nicht selten überhaupt keine genehmigungsbedürftigen Bauarbeiten erfordern (z.B. Einrichtung eines Einzelhandelsbetriebs in einem Lagergebäude oder Umwandlung einer Wohnung in eine Arztpraxis).

Die Ordnungswidrigkeiten nach Nr. 13 können begangen werden: 46
- vom **Bauherrn** (OLG Düsseldorf, Beschl. v. 30.01.1995 – 5 Ss [OWi] 323/94 – [OWi] 8/95 I, NVwZ 1995, 727,
- vom **Bauunternehmer** (OLG Düsseldorf, Beschl. v. 18.03.1983 – 2 Ss [OWi] 53–76/82, BRS 40 Nr. 236 und OLG Zweibrücken – Beschl. v. 23.12.1985 – 1 Ss 232/84, MDR 1986, 782),
- vom **Bauleiter** (dafür: OLG Düsseldorf, Beschl. v. 31.01.1992 – 5 Ss [OWi] 491/91 – [OWi] 5/92 I, weil ihm die Rechtspflicht obliegt, die Einhaltung der Bauausführung im Einklang mit dem öffentlichen Recht zu überwachen; dagegen: OLG Köln, Beschl. v. 17.11.1992 – Ss 466/92 [B], NJW 1993, 1216, weil das Tatbestandsmerkmal »Errichten« nach dem Wortsinn eng auszulegen ist und der Bauleiter die Baumaßnahme weder selbst unmittelbar ausführt noch einen Auftrag zur Bauausführung erteilt),
- vom **Entwurfsverfasser** (OLG Hamm, Beschl. v. 18.08.1976 – IV Ss OWi 976/76, BauR 1976, 424 = BRS 30 Nr. 188 zumindest als Beteiligter im Sinne des § 14 OWiG, wenn er durch seine Tätigkeit die rechtswidrige Handlung unterstützt).

Die angehörten Personen tragen zu ihrer Entschuldigung oft vor, ihnen sei die Genehmigungsbedürftigkeit nicht bekannt gewesen (s. Rathjen, Bauen ohne Baugenehmigung bei Irrtum über die Genehmigungspflicht, ZfBR 2000, S. 389 ff.). Die Rechtsprechung sieht dies **nicht als Verbotsirrtum** an, sondern als **Tatbestandsirrtum**, der Vorsatz ausschließt, aber eine Ahndung wegen fahrlässiger Tatbegehung in Betracht kommen lässt (OLG Düsseldorf, Beschl. v. 06.08.1999 – 2b Ss [OWi] 69/99 – [OWi] 41/99 I). Was das **Erfordernis einer Baugenehmigung** anbetrifft, so kann sich der Bauherr nicht darauf berufen, dass der Bauunternehmer ihm gegenüber die Notwendigkeit einer solchen in Abrede gestellt hat; der Bauherr muss bei der Bauaufsichtsbehörde selbst eine Erkundigung einholen (OLG Hamm, Beschl. v. 14.06.1963 – 4 Ws 220/63, n.v. und OLG Düsseldorf, Beschl. v. 30.01.1995, a.a.O., Rn. 47). Gleiches gilt für die fehlerhafte Unterrichtung des Bauherrn durch seinen Architekten oder einen Baustofflieferanten (BayObLG, Beschl. v. 29.06.1994 – 3 Ob OWi 56/94, BayVBl. 1994, 760). 47

48 Zu Nr. 14: Die Verpflichtung zur **Vorhaltung der Baugenehmigung und der Bauvorlagen an der Baustelle** gem. § 74 Absatz 8 Satz 2 BauO NRW 2018 dient der Information aller am Bau Beteiligten und der überwachenden Behörden über das genehmigte Vorhaben. Die Verpflichtung trifft den Bauherrn, da nur er im Besitz der Unterlagen ist. Es genügt, wenn Kopien der Originalurkunden vorliegen. Im Verfahren nach § 63 BauO NRW erstreckt sich die Verpflichtung nur auf die Bauvorlagen, da es keine Baugenehmigung gibt.

49 Zu Nr. 15: Erst die **rechtzeitige Anzeige des Ausführungsbeginns** nach § 74 Absatz 9 Satz 1 BauO NRW 2018 ermöglicht den überwachenden Behörden eine ordnungsgemäße Kontrolle der Einhaltung der öffentlich-rechtlichen Vorschriften im Zuge der Bauausführung. Nur aufgrund der Anzeige ist die Bauaufsichtsbehörde in der Lage, wiederum ihrer Rechtspflicht aus **Satz 2** zu genügen. Da der Bauherr hier allein Ordnungspflichtiger ist, kann auch nur er als Adressat der Vorschrift in Betracht kommen.

50 Zu Nr. 16: Diese Vorschrift erfasst zwei unterschiedliche Tatbestände: **Fliegende Bauten** erfordern vor der erstmaligen Aufstellung eine **Ausführungsgenehmigung** und am jeweiligen Aufstellungsort vor der Inbetriebnahme eine **Gebrauchsabnahme**. Täter kann nur der Betreiber eines Fliegenden Baus sein; im Regelfall ist dies der Inhaber der Ausführungsgenehmigung.

51 Zu Nr. 17: Die Vorschrift betrifft die **Anzeigepflicht** nach § 84 Absatz 2 **Satz 1** BauO NRW 2018 in Bezug auf die **Fertigstellung des Rohbaus** und die **abschließende Fertigstellung** (s. Anmerkungen zu § 84 Rdn. 25–27) sowie nach **Satz 3** in Bezug auf **Beginn und Beendigung bestimmter Bauarbeiten** (»Zwischenabnahmen«), für Letztere nur, wenn dies von der Bauaufsichtsbehörde **verlangt** wurde (s. Anmerkungen zu § 84 Rdn. 28–30). Die Anzeigepflicht trifft den Bauherrn und den Bauleiter.

52 Zu Nr. 18: Die Vorschrift betrifft die **Einhaltung der Wartefrist** nach der Erstattung der Anzeige über die **Fertigstellung des Rohbaus** (s. Anmerkungen zu § 84 Rdn. 47–51) und im Falle eines **besonderen Verlangens** der Behörde (s. Anmerkungen zu § 84 Rdn. 52–55). Täter können sowohl der Bauherr, der Unternehmer und der Bauleiter sein.

53 Zu Nr. 19: Die Vorschrift betrifft zwei unterschiedliche Tatbestände: die **Nutzungsaufnahme** im Falle der **nicht ordnungsgemäßen Fertigstellung** (s. Anmerkungen zu § 84 Rdn. 56–59) und die **Nichteinhaltung** der **Wartefrist** nach Erstattung der Anzeige über die **abschließende Fertigstellung** (s. Anmerkungen zu § 84 Rdn. 62–63). Als Täter kommen der Bauherr und der Nutzer in Betracht.

54 Zu Nr. 20: Hierbei handelt es sich um eine **Blankettvorschrift**, die erst noch der inhaltlichen Ausfüllung bedarf. Voraussetzung ist für eine Ahndung eines Verstoßes gegen Bestimmungen einer auf die BauO NRW gestützten Rechtsverordnung oder Satzung, dass die jeweilige Rechtsverordnung oder Satzung eine ausdrückliche **Rückverweisung** auf die Ermächtigung nach Absatz 1 **Nr. 20** enthält (s. Anmerkungen zu Rdn. 7 und 8).

Zu Nr. 21: Hier wird eine weitere **Blankettvorschrift** in das Regelwerk der Bußgeld- 55
vorschriften aufgenommen. Der Verstoß kann geahndet werden, wenn eine vorausgegangene schriftliche Anordnung der Bauaufsichtsbehörde
– auf die Bußgeldvorschrift des § 86 Absatz 1 Nr. 21 BauO NRW verwiesen hat und
– vollziehbar (also bestandskräftig) geworden ist.

4 Zu Absatz 2 – Unrichtige Angaben, Pläne und Unterlagen

Die Vorschrift der **Nr. 1**, die dem § 213 Abs. 1 Nr. 1 BauGB nahezu im Wortlaut 56
entspricht, betrifft keineswegs nur die Baugenehmigung, sondern **alle** nach der BauO
NRW 2018 **vorgesehenen Verwaltungsakte**. Die Tat kann nur vorsätzlich begangen
werden, wie sich aus der Formulierung »wider besseres Wissen« ergibt (so Jeromin,
zu § 89 Rn. 22). Wer lediglich fahrlässig unrichtige Angaben macht, weil er z.B.
als Entwurfsverfasser die Bauvorlagen nicht sorgfältig genug bearbeitet, kann nicht
nach dieser Bestimmung mit Bußgeld belangt werden. Bei der Prüfung der Frage, ob
ein Schriftstück falsche Angaben enthält, ist darauf abzustellen, wie jeder objektive,
im Empfängerhorizont befindliche Dritte den Inhalt verstehen würde (OLG Celle,
Beschl. v. 24.09.1997 – 22 Ss 204/97 [OWi], BRS 60 Nr. 160 zu einer im Freistellungsverfahren abgegebenen Erklärung des Entwurfsverfassers, wonach das geplante
Vorhaben das öffentliche Baurecht einhalte).

Die Vorschrift hat kaum praktische Bedeutung, da das Tatbestandsmerkmal »**wi-** 57
der besseres Wissen« in der Praxis selten nachzuweisen ist. Als Täter kommen der
Bauherr, der Entwurfsverfasser und der Fachplaner in Betracht. Das können aber
auch die Nachbarn sein, um z.B. die Bauaufsichtsbehörde zum Einschreiten zu
bewegen oder eine Baugenehmigung zu verhindern (so Jeromin, zu § 90 Rn. 21).
Neben der Einleitung des Ordnungswidrigkeitenverfahrens ist dann zu prüfen, ob
ein bereits erteilter Verwaltungsakt nach § 48 VwVfG. NRW. zurückgenommen
werden muss.

In **Nr. 2** ist festgehalten, dass ein unbefugtes Ausstellen von Bescheinigungen durch 58
staatlich anerkannte Sachverständige bußgeldbewehrt ist, **Nr. 3** normiert den Fall,
dass solche Bescheinigungen von Personen ausgestellt werden, die nicht staatlich anerkannte Sachverständige sind.

Nach **Nr. 4** handelt ordnungswidrig, wer als qualifizierter Tragwerksplaner (zur Be- 59
griffsbestimmung vgl. § 54, Rdn. 41–42) unbefugt Standsicherheitsnachweise oder
Bescheinigungen über stichprobenhafte Kontrollen ausstellt oder einreicht; **Nr. 5** bestimmt die Ordnungswidrigkeit des identischen Handelns ohne qualifizierter Tragwerksplaner zu sein.

Nr. 6 betrifft das Unterschreiben von Bauvorlagen oder deren Einreichung bei Bau- 60
aufsichtsbehörden durch nicht bauvorlageberechtigte Entwurfsverfasser, sofern die
Bauvorlagen nach § 67 Absatz 1 Satz 1 BauO NRW von bauvorlageberechtigten Entwurfsverfassern unterschrieben oder eingereicht werden müssen.

5 Zu Absatz 3 – Höhe der Geldbuße

61 Absatz 3 geht als spezielle Norm der allgemeinen Vorschrift des § 17 Abs. 1 OWiG vor. Der in Absatz 3 genannte Betrag von **100.000 Euro** ist mit einer Ausnahme der Höchstbetrag für Geldbußen nach den **Absätzen 1 und 2**. Im Falle des **Absatz 1 Nr. 13** (Schwarzbau) beträgt die Höchstgrenze sogar **500.000 Euro**. Die Festsetzung der Geldbuße der Höhe nach ist in das pflichtgemäße Ermessen der Bauaufsichtsbehörde gestellt. Eine Geldbuße muss aber den Umständen entsprechend immer so bemessen werden, dass sie auch als Buße noch fühlbar und wirksam bleibt, sie muss also angemessen sein. Wichtig sind § 17 Abs. 2–4 OWiG, die wie folgt lauten:

(2)

Droht das Gesetz für vorsätzliches und fahrlässiges Handeln Geldbuße an, ohne im Höchstmaß zu unterscheiden, so kann fahrlässiges Handeln im Höchstmaß nur mit der Hälfte des angedrohten Höchstbetrages der Geldbuße geahndet werden.

(3)

Grundlage für die Zumessung der Geldbuße sind die Bedeutung der Ordnungswidrigkeit und der Vorwurf, der den Täter trifft. Auch die wirtschaftlichen Verhältnisse des Täters kommen in Betracht; bei geringfügigen Ordnungswidrigkeiten bleiben sie jedoch in der Regel unberücksichtigt.

(4)

Die Geldbuße soll den wirtschaftlichen Vorteil, den der Täter aus der Ordnungswidrigkeit gezogen hat, übersteigen. Reicht das gesetzliche Höchstmaß hierzu nicht aus, so kann es überschritten werden.

62 Nach der Regelung des § 17 Abs. 2 OWiG kann im Falle einer **fahrlässigen Handlung** die Geldbuße lediglich bis zur Hälfte des Höchstbetrages bemessen werden. Das Bauordnungsrecht differenziert nämlich in den Bußgeldvorschriften nicht nach vorsätzlichen oder fahrlässigen Handlungen. Daher dürfen für fahrlässig begangene Ordnungswidrigkeiten nur bis zu **50.000 Euro** bzw. im Falle des Absatz 1 Nr. 13 bis zu **250.000 Euro** verhängt werden. Eine **Untergrenze** enthält Absatz 3 nicht, so dass § 17 Abs. 1 OWiG gilt, wonach mindestens 5 € anzusetzen sind. Dabei muss jedoch § 17 Abs. 4 **Satz 1** OWiG beachtet werden, wonach die Geldbuße den wirtschaftlichen Vorteil **übersteigen** soll. Die Soll-Vorschrift zielt auf den Regelfall, so dass die Bauaufsichtsbehörde in der Regel erheblich über der gesetzlichen Untergrenze zu bemessen hat. Die Anwendung der Vorschrift kann bei größeren Schwarzbauten dazu führen, dass die Höchstsätze des Absatz 3 nicht ausreichen und sodann von § 17 Abs. 4 **Satz 2** OWiG Gebrauch gemacht werden muss (zur Bemessung des Bußgelds nach dem wirtschaftlichen Vorteil s. OLG Karlsruhe, Beschl. v. 30.12.1974 – 3 Ss [B] 177/74, NJW 1975, 793). Satz 2 findet auch Anwendung auf nur fahrlässig begangene Ordnungswidrigkeiten (OLG Hamm, Beschl. v. 12.04.1979 – 6 Ss OWi 334/79, MDR 1979, 870).

6 Zu Absatz 4 – Zuständigkeiten

Die in **Absatz 4** festgelegte Zuständigkeit der **unteren Bauaufsichtsbehörde** (bei der Formulierung im Gesetzestext »untere Aufsichtsbehörde« handelt es sich um einen Schreibfehler) als Verwaltungsbehörde im Sinne des § 36 Abs. 1 Nr. 1 OWiG betrifft die Ordnungswidrigkeiten gemäß **Absatz 1 Nr. 1–20** und **Absatz 2 Nr. 1** BauO NRW 2018 (zu der eingeschränkten Zuständigkeit für Absatz 1 **Nr. 1** s. Rdn. 64). Welche Gebietskörperschaften die Funktion der unteren Bauaufsichtsbehörde wahrnehmen, ergibt sich aus § 57 Absatz 1 Nr. 3 BauO NRW 2018. 63

Absatz 1 Nr. 1 erfasst Verstöße gegen die Verbote des § 5 Absatz 2 BauO NRW (s. vorausgehende Rdn. 33). Die Zuständigkeit für die Verfolgung und Ahndung von Verstößen hinsichtlich des **Verbots des Abstellens von Fahrzeugen** auf den gekennzeichneten Flächen liegt bei den **örtlichen Ordnungsbehörden**, das sind nach § 3 OBG die **Gemeinden**. Hinsichtlich des **Verbots der Einengung durch Einbauten** und des **Abstellens von Gegenständen** (»nicht ständig freihält«) sind nicht die Gemeinden als örtliche Ordnungsbehörden, sondern die **unteren Bauaufsichtsbehörden** zuständig. 64

Die Verfolgung der Ordnungswidrigkeiten aus Absatz 2 Nr. 2 und 4 obliegt der jeweils zuständigen Baukammer. Das können, je nach Fallgestaltung, die Architektenkammer oder die Ingenieurkammer – Bau sein. Ordnungswidrigkeiten nach Absatz 2 Nr. 3, 5 und 6 werden durch die Ingenieurkammer – Bau verfolgt. 65

§ 87 Rechtsverordnungen

(1) Zur Verwirklichung der in §§ 3 Absatz 1 Satz 1, 17 Absatz 1 und § 18 Absatz 1 bezeichneten Anforderungen wird die oberste Bauaufsichtsbehörde ermächtigt, durch Rechtsverordnung Vorschriften zu erlassen über
1. die nähere Bestimmung allgemeiner Anforderungen in den §§ 4 bis 51,
2. den Nachweis der Befähigung der in § 17 Absatz 6 und § 18 Absatz 3 genannten Personen, dabei können Mindestanforderungen an die Ausbildung, die durch Prüfung nachzuweisende Befähigung und die Ausbildungsstätten einschließlich der Anerkennungsvoraussetzungen gestellt werden,
3. die Überwachung von Tätigkeiten bei Bauarten nach § 17 Absatz 7 und mit einzelnen Bauprodukten nach § 18 Absatz 4, dabei können für die Überwachungsstellen über die in § 25 festgelegten Mindestanforderungen hinaus weitere Anforderungen im Hinblick auf die besonderen Eigenschaften und die besondere Verwendung der Bauprodukte gestellt werden,
4. die nähere Bestimmung allgemeiner Anforderungen in §§ 39 bis 41, insbesondere über Lüftungs- und Leitungsanlagen sowie über deren Betrieb und über deren Aufstellräume,
5. die nähere Bestimmung allgemeiner Anforderungen in § 42, insbesondere über Feuerungsanlagen und Anlagen zur Verteilung von Wärme oder zur Warmwasserversorgung sowie über deren Betrieb, über Brennstoffleitungsanlagen, über

Aufstellräume für Feuerstätten, Verbrennungsmotoren und Verdichter sowie über die Lagerung von Brennstoffen,
6. besondere Anforderungen oder Erleichterungen, die sich aus der besonderen Art oder Nutzung der Anlagen und Räume für Errichtung, Änderung, Instandhaltung, Betrieb und Benutzung ergeben (§§ 49 Absatz 2 und 50), sowie über die Anwendung solcher Anforderungen auf bestehende bauliche Anlagen dieser Art,
7. wiederkehrende Prüfung von Anlagen, die zur Verhütung erheblicher Gefahren ständig ordnungsgemäß instandgehalten werden müssen, und die Erstreckung dieser Nachprüfungspflicht auf bestehende Anlagen,
8. die Vergütung der Sachverständigen, denen nach diesem Gesetz oder nach Vorschriften aufgrund dieses Gesetzes Aufgaben übertragen werden, die Vergütung ist nach den Grundsätzen des Gebührengesetzes für das Land Nordrhein-Westfalen in der Fassung der Bekanntmachung vom 23. August 1999 (GV. NRW. S. 524), das zuletzt durch Gesetz vom 8. Dezember 2015 (GV. NRW. S. 836) geändert worden ist, festzusetzen,
9. die Anwesenheit von Fachleuten beim Betrieb technisch schwieriger Anlagen, wie Bühnenbetriebe und technisch schwierige Fliegende Bauten,
10. den Nachweis der Befähigung der in Nummer 9 genannten Fachleute,
11. die Zahl der notwendigen Stellplätze nach § 48 Absatz 2 und
12. berufsqualifizierende Abschlüsse nach § 57 Absatz 2.

(2) Die oberste Bauaufsichtsbehörde wird ermächtigt, zur Vereinfachung oder Beschleunigung des Baugenehmigungsverfahrens oder zur Entlastung der Bauaufsichtsbehörden durch Rechtsverordnung Vorschriften zu erlassen über
1. weitere und weitergehende Ausnahmen von der Genehmigungspflicht,
2. den vollständigen oder teilweisen Wegfall der bautechnischen Prüfung bei bestimmten Arten von Bauvorhaben,
3. die Übertragung von Prüfaufgaben der Bauaufsichtsbehörde im Rahmen des bauaufsichtlichen Verfahrens einschließlich der Bauüberwachung und Bauzustandsbesichtigung auf Sachverständige oder sachverständige Stellen,
4. die staatliche Anerkennung von Sachverständigen, die von der Bauherrin oder dem Bauherrn mit der Erstellung von Nachweisen und Bescheinigungen beauftragt werden,
5. die Verpflichtung der Betreiberinnen oder Betreiber, mit der wiederkehrenden Prüfung bestimmter Anlagen nach Absatz 1 Nummer 7 Sachverständige oder Sachkundige zu beauftragen und
6. die Berichtspflicht der Bauaufsichtsbehörden gemäß § 91 Satz 2 und 3.

Sie kann dafür bestimmte Voraussetzungen festlegen, die die Verantwortlichen nach den §§ 53 bis 56 oder die Sachverständigen zu erfüllen haben. Sie muss dies in den Fällen des Satzes 1 Nummer 2 bis 5 tun. Dabei können insbesondere die Fachbereiche, in denen Sachverständige tätig werden, sowie Mindestanforderungen an die Fachkenntnisse sowie in zeitlicher und sachlicher Hinsicht an die Berufserfahrung festgelegt, eine laufende Fortbildung vorgeschrieben, durch Prüfungen nachzuweisende Befähigung bestimmt, der Nachweis der persönlichen Zuverlässigkeit und einer ausreichenden Haftpflichtversicherung gefordert und Altersgrenzen festgesetzt werden. Sie kann darüber hinaus auch eine besondere Anerkennung der Sachverständigen vorschreiben, das Verfahren und die Voraussetzungen für die Anerkennung, ihren Widerruf, ihre Rücknahme und ihr Erlöschen und die Vergütung der Sachverständigen sowie für Prüfungen, die Bestellung und Zusammensetzung der Prüfungsorgane und das Prüfungsverfahren regeln.

(3) Die oberste Bauaufsichtsbehörde wird ermächtigt, zum bauaufsichtlichen Verfahren durch Rechtsverordnung Vorschriften zu erlassen über
1. Umfang, Inhalt und Zahl der Bauvorlagen,
2. die erforderlichen Anträge, Anzeigen, Nachweise und Bescheinigungen und
3. das Verfahren im Einzelnen.

Sie kann dabei für verschiedene Arten von Bauvorhaben unterschiedliche Anforderungen und Verfahren festlegen.

(4) Die oberste Bauaufsichtsbehörde wird ermächtigt, durch Rechtsverordnung vorzuschreiben, dass die am Bau Beteiligten nach den §§ 53 bis 56 zum Nachweis der ordnungsgemäßen Bauausführung Bescheinigungen, Bestätigungen oder Nachweise dieser Personen, von Sachverständigen, Fachleuten oder Behörden über die Einhaltung bauaufsichtlicher Anforderungen vorzulegen haben.

(5) Die oberste Bauaufsichtsbehörde wird ermächtigt, durch Rechtsverordnung die Befugnisse für die Anerkennung von Prüf-, Zertifizierungs- und Überwachungsstellen (§ 25) auf andere Behörden zu übertragen. Die Befugnis nach Satz 1 kann auch auf eine Behörde eines anderen Landes übertragen werden, die der Aufsicht einer obersten Bauaufsichtsbehörde untersteht oder an deren Willensbildung die oberste Bauaufsichtsbehörde mitwirkt. Die Befugnis darf nur im Einvernehmen mit der obersten Bauaufsichtsbehörde ausgeübt werden.

(6) Die oberste Bauaufsichtsbehörde kann durch Rechtsverordnung
1. das Ü-Zeichen festlegen und zu diesem Zeichen zusätzliche Angaben verlangen und
2. das Anerkennungsverfahren nach § 25 Absatz 1, die Voraussetzungen für die Anerkennung ihren Widerruf und ihr Erlöschen regeln, insbesondere auch Altersgrenzen festlegen,
sowie eine ausreichende Haftpflichtversicherung fordern.

(7) Die oberste Bauaufsichtsbehörde kann durch Rechtsverordnung vorschreiben, dass für bestimmte Bauprodukte und Bauarten, auch soweit sie Anforderungen nach anderen Rechtsvorschriften unterliegen, hinsichtlich dieser Anforderungen § 17 Absatz 2 und §§ 20 bis 25 ganz oder teilweise anwendbar sind, wenn die anderen Rechtsvorschriften dies verlangen oder zulassen.

(8) Die oberste Bauaufsichtsbehörde wird ermächtigt, durch Rechtsverordnung zu bestimmen, dass die Anforderungen der aufgrund des § 34 des Produktsicherheitsgesetzes vom 8. November 2011 (BGBl. I S. 2178, 2179; 2012 I S. 131), das durch Artikel 435 der Verordnung vom 31. August 2015 (BGBl. I S. 1474) geändert

§ 87 Rechtsverordnungen

worden ist, erlassenen Rechtsverordnungen entsprechend für Anlagen gelten, die weder gewerblichen noch wirtschaftlichen Zwecken dienen und in deren Gefahrenbereich auch keine Arbeitnehmer beschäftigt werden. Sie kann auch die Verfahrensvorschriften dieser Verordnungen für anwendbar erklären oder selbst das Verfahren bestimmen sowie Zuständigkeiten und Gebühren regeln. Dabei kann sie auch vorschreiben, dass danach zu erteilende Erlaubnisse die Baugenehmigung nach § 74 oder Zustimmung nach § 79 einschließlich etwaiger Abweichungen nach § 69 einschließen sowie, dass § 35 des Produktsicherheitsgesetzes insoweit Anwendung findet.

(9) Die Rechtsverordnungen werden nach Anhörung des zuständigen Ausschusses des Landtags erlassen.

(10) Die oberste Bauaufsichtsbehörde erlässt die zur Durchführung dieses Gesetzes oder der Rechtsvorschriften aufgrund dieses Gesetzes erforderlichen Verwaltungsvorschriften.

Übersicht

		Rdn.
0	Änderungen gegenüber der BauO NW 1984, der BauO NW 1995 und der BauO NRW 2000	01
1	Allgemeines	1
2	Zu Absatz 1 – Verwirklichung allgemeiner Anforderungen	5
3	Zu Absatz 2 – Verfahrenserleichterung	17
4	Zu Absatz 3 und 4 – Bauvorlagen und Nachweise	23
5	Zu Absatz 5 – Übertragung von Zuständigkeiten	25
6	Zu Absatz 6 – Bauproduktenrechtliche Ergänzungen	28
7	Zu Absatz 7 – Anwendung der Vorschriften über Bauarten und Bauprodukte	29
8	Zu Absatz 8 – Anwendung des Produktsicherheitsrechts	30
9	Zu Absatz 9 – Mitwirkung des zuständigen Landtagsausschusses	31
10	Zu Absatz 10 – Verwaltungsvorschriften	32

0 Änderungen gegenüber der BauO NW 1984, der BauO NW 1995 und der BauO NRW 2000

01 Die BauO NRW 2000 hat § 85 BauO NW 1995, der bis auf Ergänzungen hinsichtlich bauproduktenrechtlicher Vorschriften und der Rechtsfigur des staatlich anerkannten Sachverständigen § 80 BauO NW 1984 entsprach, inhaltlich weitgehend unverändert mit redaktionellen Anpassungen übernommen.

Abs. 2 erfuhr geringe Änderungen:
- in Satz 1 wurde **die 1995 angefügte** Nr. 4 auf die staatliche Anerkennung von Sachverständigen begrenzt,
- in Satz 1 wurde **die 1995 angefügte** Nr. 5 ebenfalls begrenzt und betrifft die wiederkehrenden Prüfungen durch Sachverständige und Sachkundige,
- **Satz 3** wurde im Hinblick auf die Änderungen in Satz 1 angepasst und auf die staatlich anerkannten Sachverständigen begrenzt.

In **Abs. 4** wurde der Klammerhinweis um den neuen § 59a BauO NW ergänzt.

In **Abs. 7** entfiel die Bezugnahme auf § 13 Energiewirtschaftsgesetz.

Die **BauO NRW 2018** ermächtigt die oberste Bauaufsichtsbehörde nunmehr über die 02
bisherigen Regelungen hinaus zum Erlass von Rechtsverordnungen über
- die nähere Bestimmung allgemeiner Anforderungen für Sonderbauten (**Absatz 1 Nr. 1**),
- die nähere Bestimmung allgemeiner Anforderungen über Lüftungs- und Leitungsanlagen (**Absatz 1 Nr. 4**)
- die Zahl der notwendigen Stellplätze (**Absatz 1 Nr. 11**),
- berufsqualifizierende Abschlüsse (**Absatz 1 Nr. 12**),
- die Berichtspflicht der Bauaufsichtsbehörden (**Absatz 2 Nr. 6**),
- die Anwendbarkeit der **§§ 17 Absatz 2 und 20 bis 25 BauO NRW 2018** für Bauarten und Bauprodukte, die Anforderungen nach anderen Rechtsbereichen unterliegen, wenn diese anderen Vorschriften dies verlangen oder zulassen

Dagegen sind folgende **Ermächtigungen** zum Erlass von Rechtsverordnungen **entfallen**:
- zur Übertragung der Zuständigkeit auf andere Behörden für die Erteilung von Typengenehmigungen,
- zur Festsetzung der Vergütungen der anerkannten Prüf,- Zertifizierungs- und Überwachungsstellen.

1 Allgemeines

Die Landesbauordnung enthält vielfach unbestimmte Rechtsbegriffe, die einer Konkretisierung durch ergänzende Vorschriften bedürfen und ist von vornherein darauf angelegt, durch **Rechtsverordnungen, Verwaltungsvorschriften** und durch **bauaufsichtlich eingeführte Technische Baubestimmungen** ergänzt zu werden. Da die BauO NRW 2018 als Gesetz nur durch Gesetz geändert oder ergänzt werden kann, sind ihre Vorschriften so gefasst, dass sie auch **neuen technischen Entwicklungen** und **wissenschaftlichen Erkenntnissen** ohne Änderung des Gesetzes selbst gerecht werden kann. Soweit wie möglich wurden insbesondere Angaben von Maßen oder Zahlen sowie sonstige technische Einzelvorschriften vermieden, da diese bei der **rasch fortschreitenden Entwicklung der Bautechnik** häufig Veränderungen unterworfen sind.

Die Ermächtigungen zum Erlass von Rechtsverordnungen sind in § 87 **weitgehend** 2 konzentriert. Dennoch enthält die BauO NRW 2018 **weitere Rechtsverordnungsermächtigungen an anderer Stelle** in:
- § 17 Absatz 6 BauO NRW 2018: Festlegung von Anforderungen an Fachkräfte und Vorrichtungen für die Anwendung von Bauarten.
- § 18 Absatz 3 BauO NRW 2018: Verlangen nach besonderer Sachkunde oder nach dem Vorhandenseins besonderer Vorrichtungen bei der Herstellung von Bauprodukten, die dies erfordern;
- § 18 Absatz 4 BauO NRW 2018: Festlegung der Überwachungspflicht bestimmter Tätigkeiten;

Da die vorstehenden Ermächtigungen in direkter Verbindung mit denen nach Absatz 1 Satz 1 Nr. 2 und 3 stehen, trägt die getrennte Anordnung im Gesetz nicht gerade zur Übersichtlichkeit bei, was bereinigt werden sollte.

3 Die rechtssystematisch bedingte Aufteilung in **einzelne Ermächtigungstatbestände** hindert nicht, **in einer Rechtsverordnung** Vorschriften **zusammenzufassen**, die sich auf **mehrere** Ermächtigungsgrundlagen stützen. Ein Beispiel hierfür ist die BauPrüfVO, wie schon aus deren Präambel hervorgeht. Beim Erlass der Rechtsverordnung muss jedoch stets der **genaue Umfang der Ermächtigung** beachtet werden, da der Gesetzgeber aufgrund der verfassungsrechtlich verankerten Trennung der Gewalten seine Gesetzgebungsbefugnisse nur in eingeschränktem Umfang auf die Exekutive übertragen. Der **Inhalt der Ermächtigung** kann auch **Bedeutung** bei **Zweifeln über den Regelungsgehalt** einer Rechtsverordnung erlangen (BVerwG, Urt. v. 30.03.1993 – 1 C 16.91, GewArch 1993, 323 zur Auslegung der Verordnung über Spielgeräte und andere Spiele mit Gewinnmöglichkeit).

4 Die **Rechtsverordnungen** nach der BauO NRW 2018 sind **nicht mit ordnungsbehördlichen Verordnungen** nach §§ 25 ff. OBG zu **verwechseln**, die gemäß § 32 OBG nur befristet gelten und nach Ablauf dieser Frist automatisch außer Kraft treten. Soweit die Rechtsverordnungen aufgrund der BauO NRW nicht selbst eine Befristung enthalten, **gelten sie bis zu ihrer Aufhebung** weiter, auch wenn die inhaltlichen Anforderungen aufgrund geänderter gesetzlicher Bestimmungen nur noch schwer vollziehbar sind. Eine nach altem Recht erlassene Rechtsverordnung tritt jedoch außer Kraft, soweit sie mit **neuen gesetzlichen Bestimmungen** unvereinbar ist oder allein keine sinnvolle Regelung darstellt (BVerwG, Urt. v. 06.10.1989 – 4 C 11.86, NJW 1990, 849 zu § 144 BBauG und Urt. v. 31.01.1997 – 1 C 20.95, DÖV 1997, 739 zur Arbeitsstättenverordnung). Probleme hinsichtlich des **Fortfalls der Ermächtigungsgrundlage** sind dagegen nicht gegeben (hierzu s. Kotulla, Fortgeltung von Rechtsverordnungen nach Wegfall ihrer gesetzlichen Grundlage?, NVwZ 2000, S. 1263 ff.), da die verschiedenen Fassungen der Landesbauordnungen stets dem § 87 BauO NRW 2018 entsprechende Vorschriften zum Erlass von Rechtsverordnungen enthielten. Es muss vielmehr festgestellt werden, dass seit der BauO NW 1962 die **Anzahl der Ermächtigungstatbestände erheblich gesteigert** worden ist.

2 Zu Absatz 1 – Verwirklichung allgemeiner Anforderungen

5 Eine **einschränkende Voraussetzung** für alle Rechtsverordnungen, die **auf Absatz 1 gestützt** werden, ist durch die Eingangsformulierung dieser Vorschrift – »**Zur Verwirklichung der in §§ 3 Absatz 1 Satz 1, 17 Absatz 1 und § 18 Absatz 1 bezeichneten Anforderungen** …« – festgeschrieben worden. Das bedeutet, dass die Rechtsverordnungen nur zur Abwehr von Gefahren für die öffentliche Sicherheit und Ordnung, insbesondere zum Schutz für Leben und Gesundheit oder die natürlichen Lebensgrundlagen, oder zur Regelung von Anforderungen für Bauarten und Bauprodukte zulässig sind und sich die Einzelanforderungen in diesem Rahmen halten müssen.

6 Auf die **Nr. 1** stützt sich derzeit nur noch die FeuVO NRW (s. Rdn. 9).

Nr. 2 steht mit der Rechtsverordnungsermächtigung des § 17 Absatz 6 und des § 18 Absatz 3 BauO NRW 2018 in enger Verbindung.

Nr. 3 steht mit der Rechtsverordnungsermächtigung des § 18 Absatz 4 BauO NRW 2018 in enger Verbindung.

Nr. 4 betrifft Anforderungen an Aufzüge (§ 39), Leitungsanlagen, Installationsschächte und -kanäle (§ 40) und Lüftungsanlagen (§ 41).

Nr. 5 bildet die eigentliche Rechtsgrundlage für die
- Feuerungsverordnung – FeuVO NRW vom 10.12.2018 (GV. NRW. 2018 S. 675),

die daneben aber auch auf die Nr. 1 gestützt wurde. Darüber hinaus wurde auch die Ermächtigung nach Absatz 8 genutzt (s. Rdn. 30).

Nr. 6 bezieht sich ganz oder überwiegend auf bauliche Anlagen und Räume besonderer Art oder Nutzung – Sonderbauten (§ 50 BauO NRW) – und ermöglicht zu bestimmen, dass die besonderen Anforderungen auch auf bestehende Anlagen anzuwenden sind. Aufgrund der Ermächtigung wurden zunächst eine Vielzahl von Sonderbauverordnungen und schließlich, diese zusammenführend, die
- Verordnung über Bau und Betrieb von Sonderbauten (Sonderbauvorordnung – SBauVO) vom 02.12.2016 (GV. NRW. 2017 S. 2)

erlassen. Daneben wurde die SBauVO auch auf die Ermächtigungen der BauO NRW 2000 entsprechend der Nrn. 1, 7, 9, 10 sowie Abs. 2, 3, 4 und 8 gestützt.

Auch auf den entsprechenden Rechtsgrundlagen der BauO NRW 2000 basiert die
- Verordnung über Camping- und Wochenendplätze – Camping- und Wochenendplatzverordnung – CWVO vom 24.03.2011 (GV. NRW. S. 197).

Nr. 7 betrifft erstmalige und wiederkehrende Prüfungen von technischen Anlagen und Einrichtungen, die zur Verhütung erheblicher Gefahren ständig ordnungsgemäß instand gehalten werden müssen, und die Erstreckung dieser Nachprüfungspflicht auf bestehende Anlagen und Einrichtungen. Derartige Anlagen und Einrichtungen sind überwiegend in baulichen Anlagen nach der vorstehend aufgeführten Sonderbauverordnung anzutreffen. Nicht ausgeschlossen ist aber auch ein Einbau in einem Sonderbau, für den keine Rechtsverordnung besteht, wie z.B. in einem Verwaltungsgebäude. Die Ermächtigung wurde mit der
- Verordnung über die Prüfung technischer Anlagen und wiederkehrende Prüfungen von Sonderbauten – Prüfverordnung – (PrüfVO) vom 24.11.2009 (GV. NRW. S. 723)

genutzt. Mit dem Vorgänger dieser Verordnung (der TPrüfVO) wurden die erstmaligen und wiederkehrenden Prüfungspflichten für technische Anlagen und Einrichtungen aus den ehemaligen Sonderbauverordnungen ausgegliedert und zusammengefasst. Die Verordnung nutzt zugleich die Ermächtigungen nach Absatz 2 Nr. 4 und 5, um die staatliche Anerkennung der mit der Prüfung betrauten Sachverständigen und die Pflichten der Betreiber zu deren Beauftragung zu regeln (s.a. Rdn. 21).

Nr. 8 betrifft die Gebühren der Sachverständigen, denen Aufgaben nach der BauO NRW 2018 oder aufgrund von Rechtsverordnungen übertragen werden. Die

§ 87 Rechtsverordnungen

Ermächtigung verpflichtet die oberste Bauaufsichtsbehörde dazu, die Gebühren nach den **Grundsätzen des GebG NRW** zu regeln, ist aber weitgehend bedeutungslos geworden, weil die staatlich anerkannten Sachverständigen aufgrund der SV-VO (s. Rdn. 21) und der PrüfVO vom Bauherrn direkt beauftragt werden, also keine Aufgaben mehr von der Bauaufsichtsbehörde übertragen bekommen, wie dies noch bei den Prüfingenieuren für Baustatik der Fall ist.

14 Nr. 9 und 10 betreffen die **Anwesenheit von Fachleuten** beim Betrieb technisch schwieriger Anlagen und Einrichtungen und technisch schwieriger Fliegender Bauten sowie die **Befähigungsnachweise dieser Fachleute**. Nr. 9 wurde mit § 115 VStättVO 1969 genutzt. Auf Nr. 10 stützte sich die
– **Verordnung über technische Bühnen- und Studiofachkräfte – Verordnung über technische Fachkräfte – TFaVO** vom 09.12.1983 (GV. NRW. 1984 S. 14), g.d. VO vom 17.06.1999 (GV. NRW. S. 410).

Die Vorschriften der TFaVO sind in der VStättVO 2002 und somit in der SBauVO aufgegangen (s. Rdn. 10), so dass diese Verordnung **aufgehoben** werden konnte.

15 Nr. 11 betrifft die Zahl der notwendigen Stellplätze und ist zum Zeitpunkt der Drucklegung noch nicht umgesetzt worden.

16 Nr. 12 betrifft die Festlegung berufsqualifizierender Abschlüsse zur Befähigung für die Eignung als Fachkraft in einer Bauaufsichtsbehörde. Auch diese Ermächtigung wurde bisher nicht ausgenutzt.

3 Zu Absatz 2 – Verfahrenserleichterung

17 **Absatz 2** fasst **unterschiedliche Ermächtigungstatbestände** zusammen, die teilweise keine Gemeinsamkeiten aufweisen. Zumindest hätten Satz 1 Nrn. 3 und 4 zusammen mit den Sätzen 3 bis 5 besser in einem eigenen Absatz geregelt werden sollen. Diese Bestimmungen betreffen die staatliche Anerkennung von Sachverständigen und sachverständigen Stellen.

18 Satz 1 **Nr. 1** enthält eine Ermächtigung zur **weiteren** und **weitergehenden Freistellung von der Genehmigungsbedürftigkeit**. Dieser Tatbestand ist derzeit ungenutzt. Ob zukünftig ein »Bedarf« für weitere Freistellungen besteht, ist angesichts der weit gefassten Freistellungskataloge der §§ 62 und 63 BauO NRW 2018 eher unwahrscheinlich.

19 Satz 1 **Nr. 2** ermöglicht den **vollständigen** oder **teilweisen Wegfall bautechnischer Prüfungen** für bestimmte Arten von Bauvorhaben. Hierauf gestützt, besteht zurzeit keine Regelung, da der vollständige bzw. teilweise Wegfall der bautechnischen Prüfung in § 64 Absatz 1 Satz 1 in Verbindung § 68 Absatz 2 BauO NRW 2018 bereits geregelt ist.

20 Satz 1 **Nr. 3** ermöglicht die **Übertragung von Prüfaufgaben** der Bauaufsichtsbehörde auf Sachverständige oder sachverständige Stellen. Nr. 3 bildet die Ermächtigungsgrundlage für die Regelungen in §§ 27 ff. BauPrüfVO. Im Übrigen regelt § 68 Abs. 1 BauO NRW 2018 die Übertragung von Prüfaufgaben auf Sachverständige. Nr. 3 ist auch im Zusammenhang mit Nr. 4 zu sehen.

Satz 1 **Nr. 4 und 5** sowie die **Sätze 3 bis 5** betreffen Regelungen über die **staatlich** 21
anerkannten Sachverständigen, die vom Bauherrn mit der Erstellung von Nachweisen und Bescheinigungen beauftragt werden. Als hierzu bedeutsamste Vorschrift wurde neben der **PrüfVO** (s. Rdn. 12) die
– **Verordnung über staatlich anerkannte Sachverständige nach der Landesbauordnung – SV-VO** vom 29.04.2000 (GV. NRW. S. 422)
erlassen. Die staatliche Anerkennung von Prüfämtern und Prüfingenieuren ist daneben durch §§ 21 ff. **BauPrüfVO** geregelt. Eine Überleitungsregelung für die Prüfämter und Prüfingenieure, die auf der Grundlage früherer Bestimmungen von der obersten Bauaufsichtsbehörde anerkannt worden sind, enthält § 22 Abs. 6 BauPrüfVO.

Satz 1 **Nr. 6** ermöglicht die Festlegung des Umfangs der Prüfpflicht der Bauaufsichts- 22
behörden nach § 91 Satz 2 und 3 BauO NRW 2018.

4 Zu Absatz 3 und 4 – Bauvorlagen und Nachweise

Absatz 3 enthält die verfahrensrechtlich bedeutsamsten Ermächtigungen, welche die 23
§§ 70 und 71 BauO NRW 2018 ergänzen, und die im Wesentlichen die Anforderungen an die Bauvorlagen betreffen. Hiervon wurde mit der **Verordnung über bautechnische Prüfungen – BauPrüfVO** vom 06.12.1995 (GV. NRW. S. 1241), z.g.d. VO vom 10.12.2018 (GV. NRW. S. 670) Gebrauch gemacht (zum Aufbau der BauPrüfVO s. Anmerkungen zu § 70 Rdn. 21–25). Die Anforderungen an die Bauvorlagen berücksichtigen den **unterschiedlichen Prüfungsumfang** im normalen und einfachen Baugenehmigungsverfahren (§§ 64 und 65 BauO NRW 2018) sowie die Minimalanforderungen an die Darstellung des Vorhabens in der Freistellung nach § 63 BauO NRW 2018. Die BauPrüfVO berücksichtigt die **verschiedenen Arten** von baulichen Anlagen (z.B. Garagen, Versammlungsstätten, Verkaufsstätten oder Gaststätten) und die **unterschiedlichen Verfahren**, indem sie auf diese Erfordernisse abgestimmt jeweils spezielle Anforderungen an die Bauvorlagen festlegt.

Die in **Absatz 4** angesprochenen **zum Nachweis der ordnungsgemäßen Bauausfüh-** 24
rung vorzulegenden **Bescheinigungen, Bestätigungen** und **Nachweise** betreffen einerseits die ordnungsgemäße Aufstellung bautechnischer Nachweise (z.B. nach §§ 63 und 64 BauO NRW 2018: Standsicherheitsnachweis, Nachweis der Einhaltung der brandschutztechnischen Anforderungen, Schall- und Wärmeschutznachweis). Andererseits beziehen sie sich auf die Feststellung der ordnungsgemäßen Bauausführung und der Einhaltung bauaufsichtlicher Anforderungen. Beispiele hierfür finden sich in § 62 Absatz 1 Satz 2 BauO NRW 2018, in § 42 Absatz 7 BauO NRW 2018 und in § 84 Absatz 4 BauO NRW 2018, darüber hinaus aber auch vielfältig in der Sonderbauverordnung. Die BauPrüfVO ist auf diese Ermächtigungsnorm gestützt, da sie entsprechende Nachweispflichten regelt.

5 Zu Absatz 5 – Übertragung von Zuständigkeiten

Absatz 5 betrifft nur **die Übertragungsermächtigung** für Zuständigkeiten nach § 25 25
Absatz 1 BauO NRW 2018 für die Anerkennung von Prüf-, Zertifizierungs- und Überwachungsstellen.

Daneben findet sich in § 78 Absatz 4 BauO NRW 2018 eine Ermächtigung zur **Bestimmung** der zuständigen Bauaufsichtsbehörden für die Erteilung von Ausführungsgenehmigungen für Fliegende Bauten. Zwar fehlt eine ausdrückliche Bindung, wonach die Bestimmung der Zuständigkeit durch Rechtsverordnung erfolgen muss, gleichwohl wurde hiervon mit § 30 BauPrüfVO Gebrauch gemacht.

26 Bereits die §§ 17 ff. BauO NRW 2018 begründen die verschiedensten Zuständigkeiten für das Deutsche Institut für Bautechnik. Das Gesetz wiederholt damit nur, was durch Art. 2 des zwischen dem Bund und den sechzehn Bundesländern abgeschlossenen **Abkommens über das Deutsche Institut für Bautechnik – DIBt-Abkommen** (Bekanntmachung vom 26.10.1993 – GV. NRW. S. 886) bereits verbindlich festgelegt war. Eine dem § 26 BauPrüfVO 1984 entsprechende Vorschrift, die noch die Übertragung von Zuständigkeiten für die Erteilung allgemeiner bauaufsichtlicher Zulassungen für neue Baustoffe, Bauteile und Bauarten, die Erteilung von Prüfzeichen und die Anerkennung von Überwachungsgemeinschaften sowie die Zustimmung zu Überwachungsverträgen bestimmte, ist damit nicht mehr erforderlich. Für die **Anerkennung** von Prüf-, Zertifizierungs- und Überwachungsstellen ist gemäß § 1 der Verordnung zur Übertragung von Befugnissen auf das Deutsche Institut für Bautechnik (DIBt-Übertragungsverordnung – DIBt-ÜtVO) vom 04.11.2014 (GV. NRW. S. 716) das DIBt zuständig.

27 Für die Erteilung der **Typengenehmigung** ist gemäß § 66 Absatz 1 Satz 1 BauO NRW 2018 die oberste Bauaufsichtsbehörde zuständig (**vgl. Anmerkungen zu § 66 Rdn. 13**). Eine Übertragung der Zuständigkeit für die Erteilung von Typengenehmigungen erfolgte bislang nicht.

6 Zu Absatz 6 – Bauproduktenrechtliche Ergänzungen

28 **Absatz 6** enthält Ergänzungen zu den in §§ 17 ff. BauO NRW 2018 bereits enthaltenen Verordnungsermächtigungen (s. Rdn. 2). Diese betreffen im Wesentlichen das Übereinstimmungszeichen – Ü-Zeichen und das Verfahren und die Voraussetzungen für die Anerkennung als Prüf-, Überwachungs- oder Zertifizierungsstelle (s. Anmerkungen zu § 25 Rdn. 7). Hierauf gestützt erging die
– Verordnung über die Anerkennung als Prüf-, Überwachungs- oder Zertifizierungsstelle und über das Übereinstimmungszeichen – PÜZÜVO vom 06.12.1996 (GV. NRW. S. 505), die inzwischen aufgegangen ist in der **Verordnung über bauordnungsrechtliche Regelungen für Bauprodukte und Bauarten (Bauprodukte- und Bauartenverordnung – BauPAVO NRW)** vom 17.11.2009 (GV. NRW.S. 717)

7 Zu Absatz 7 – Anwendung der Vorschriften über Bauarten und Bauprodukte

29 In **Absatz** 7 sind Ermächtigungen enthalten, die dazu führen, dass die oberste Bauaufsichtsbehörde Rechtsverordnungen darüber erlassen kann, dass die Vorschriften der §§ 17 Absatz 2 und 20 bis 25 BauO NRW 2018 ganz oder teilweise anwendbar sind, auch wenn Bauprodukte und Bauarten Anforderungen nach anderen Vorschriften einhalten müssen. Voraussetzung dafür ist allerdings, dass die anderen Rechtsvorschriften die Anwendung der genannten Vorschriften verlangen oder zulassen.

8 Zu Absatz 8 – Anwendung des Produktsicherheitsrechts

Absatz 8 ermächtigt dazu, die Anwendung von Vorschriften, die als Rechtsverordnungen zu § 34 Produktsicherheitsgesetz, auch auf solche Anlagen ausdehnen zu können, die zwar nicht dem Bundesrecht unterfallen, auf die aber der **Regelungsinhalt unter den Gesichtspunkten des Bauordnungsrechts in gleicher Weise zutrifft**. § 14 FeuVO NRW nutzt die Ermächtigung, um für **Flüssiggasanlagen** und **Dampfkesselanlagen**, die weder gewerblichen, noch wirtschaftlichen Zwecken dienen und durch die keine Arbeitnehmer gefährdet werden können, die Beachtung der gerätesicherheitsrechtlichen Anforderungen anzuordnen, in diesem Falle die Betriebssicherheitsverordnung. 30

9 Zu Absatz 9 – Mitwirkung des zuständigen Landtagsausschusses

Diese Regelung in **Absatz 9** gebietet, **vor Erlass** von Rechtsverordnungen immer den zuständigen Landtagsausschuss **anzuhören**. In der Präambel ist auf die Einhaltung dieser Vorschrift hinzuweisen. Eine **Zustimmung** ist **nicht verlangt**; sie wäre verfassungsrechtlich auch problematisch. In der Praxis wird aber kaum eine Rechtsverordnung gegen den Willen der die Landesregierung tragenden Fraktionen erlassen werden. Die Anhörung ist **Wirksamkeitsvoraussetzung** für die Rechtsverordnung. 31

10 Zu Absatz 10 – Verwaltungsvorschriften

Absatz 10 enthält die Ermächtigungsgrundlage zum Erlass von Verwaltungsvorschriften für die oberste Bauaufsichtsbehörde. Diese Ermächtigung bezieht sich – seit der BauO NW 1984 – auch auf Verwaltungsvorschriften zu den Rechtsverordnungen. Gestützt auf § 80 Abs. 8 BauO NW 1984 erging erstmals die Verwaltungsvorschrift zur Landesbauordnung vom 29.11.1984 (MBl. NRW. S. 1954), die eine Vielzahl von zum Teil unveröffentlichten Einzelerlassen aus früheren Jahren zusammenfasste. Durch die Veröffentlichung im Ministerialblatt wurde die Verwaltungsvorschrift auch für die am Bau Beteiligten und interessierte Bürger zugänglich und überschaubar. Diesem Konzept folgend erging aufgrund von § 85 Abs. 9 BauO NW 1995 die Verwaltungsvorschrift zur Landesbauordnung vom 24.01.1997 (MBl. NRW. S. 190). Aufgrund des § 85 Abs. 9 BauO NRW 2000 löste die **Verwaltungsvorschrift zur Landesbauordnung – VV BauO NRW** vom 12.10.2000 (MBl. NRW. S. 1432) die Vorgängervorschrift ab. Die VV BauO NRW ist zwar infolge der Befristung mit Ablauf des 31.12.2005 ausgelaufen, ihre Regelungen wurden gleichwohl von den Bauaufsichtsbehörden und den am Bau Beteiligten weiterhin bis zum Inkrafttreten der BauO NRW 2018 beachtet. Für die aktuelle Bauordnung ist eine Verwaltungsvorschrift zwar geplant, aber bei Drucklegung noch nicht veröffentlicht. Gestützt auf § 87 Absatz 10 BauO NRW 2018 erging auch die 32

– **Verwaltungsvorschrift zur Verordnung über bautechnische Prüfungen – VV BauPrüfVO** vom 08.03.2000 (MBl. NRW. S. 478), z.g.d. RdErl. vom 05.12.2018 (MBl. NRW. S. 745).

Eigentlich bedürfen Verwaltungsvorschriften keiner besonderen spezialgesetzlichen Ermächtigung, da bereits **§ 9 Abs. 2 Buchstabe a OBG** die Aufsichtsbehörden zu 33

§ 87 Rechtsverordnungen

allgemeinen **Weisungen** ermächtigt, um die **gleichmäßige Durchführung der Aufgaben** zu sichern. Gerade auf diese Ermächtigung stützen sich auch die zur Landesbauordnung ergangenen Verwaltungsvorschriften. Von den Rechtsvorschriften (Gesetze, Verordnungen, Satzungen) unterscheiden sie sich dadurch, dass ihnen keine allgemein gültige Rechtswirkung zukommt. Sie sind dazu bestimmt, als Verhaltensvorschriften das Handeln der Verwaltung in geordnete Bahnen zu lenken, um einerseits **norminterpretierend** Hilfe bei der Rechtsauslegung zu bieten und andererseits als **Ermessensrichtlinie** zu dienen. Es handelt sich um »Vorschriften der Verwaltung für die Verwaltung« (so Weyreuther, Über die Rechtsnatur und die Rechtswirkung von Verwaltungsvorschriften, DVBl 1976, S. 853 ff.). Die Gerichte sind bei ihrer Kontrolltätigkeit gegenüber der Verwaltung grundsätzlich nicht an Verwaltungsvorschriften gebunden (vgl. OVG NRW, Beschl. v. 10.02.1999 – 7 B 974/98, BRS 62 Nr. 133 zur Beurteilung der abstandrechtlichen Wirkungen eines Stahlgittermastes entgegen einer auf Landesministerebene abgestimmten Anweisung für die Behandlung von Fernmeldetürmen). Sie sind jedoch befugt, sich einer Gesetzesauslegung, die in einer Verwaltungsvorschrift vertreten wird, aus eigener Überzeugung anzuschließen (BVerfG, Beschl. v. 31.05.1988 – 1 BvR 520/83, DVBl 1989, 94 = NJW 1989, 666). Als Richtlinie, die das Ermessen bindet, kann einer Verwaltungsvorschrift über den **Gleichheitssatz nach Art. 3 Abs. 1 GG** (zur Bedeutung vgl. BVerwG, Urt. v. 02.03.1972 – IV C 40.71, DVBl 1973, 636; OVG NRW, Urt. v. 25.07.1974 – VII A 753/73, BRS 28 Nr. 165 und Urt. v. 19.12.1990 – 10 A 2077/87, UPR 1991, 393; Hess. VGH, Urt. v. 04.07.1991 – 4 UE 721/87, BRS 52 Nr. 221; Nds. OVG, Urt. v. 29.10.1993 – 6 L 72/92, BauR 1994, 92 = BRS 55 Nr. 200 – sämtliche Entscheidungen zum Vorgehen gegen illegale Bauten) auch **Außenwirkung** zukommen. Der Gleichheitssatz verbietet es, ohne zureichenden Grund von der bisherigen rechtmäßigen Ermessenspraxis abzuweichen (vgl. BVerwG, Urt. v. 13.07.1973 – VII C 6.72, BVerwGE 44, 1 zur Wirkung der Verwaltungsanweisungen zu § 1 der Fernsprechordnung über die Bildung von Ortsnetzen).

34 Die Ermächtigung ist aber insoweit gerechtfertigt, als Verwaltungsvorschriften auch **normkonkretisierend** sein können (vgl. Faßbender, Neues zur Bindungswirkung normkonkretisierender Verwaltungsvorschriften, UPR 2002, S. 15 ff.). Zwar haben auch im Umwelt- und Technikrecht die Gerichte grundsätzlich materielles Recht anzuwenden; von diesem Grundsatz gibt es aber Ausnahmen. Normkonkretisierenden kann im Gegensatz zu norminterpretierenden Verwaltungsvorschriften für die Verwaltungsgerichte innerhalb der von der Norm gesetzten Grenzen verbindliche Wirkung zukommen; sie sind von den Verwaltungsgerichten allerdings daraufhin zu überprüfen, ob sie auf willkürfreien Ermittlungen beruhen (BVerwG, Urt. v. 19.12.1985 – 7 C 65.82, BVerwGE 72, 300 zu Verwaltungsvorschriften im atomrechtlichen Genehmigungsverfahren). So wird in ständiger Rechtsprechung eine normkonkretisierende Wirkung für die nach § 48 BImSchG erlassene TA Luft bejaht (vgl. BVerwG, Urt. v. 20.12.1999 – 7 C 15.98, DVBl 2000, 810), weil mit ihnen die Ausübung eines der Verwaltung eingeräumten Ermessensspielraums von der Einzelentscheidung im jeweiligen Verwaltungsverfahren in eine abstrakt generalisierende Regelung **vorverlagert** wird, um so die **Einheitlichkeit** des Verwaltungshandelns sicherzustellen (BVerwG,

Urt. v. 28.10.1998 – 8 C 16.96, DÖV 1999, S. 469). Eine derartige Wirkung kommt insbesondere den als **bauaufsichtliche Richtlinie** erlassenen **besonderen** Verwaltungsvorschriften zu, wie z.b. der
– Richtlinie über bauaufsichtliche Anforderungen an Schulen – Schulbaurichtlinie – SchulBauR vom 05.11.2010 (MBl. NRW. S. 830), g.d. RdErl. vom 20.11.2015 (MBl. NRW. S. 796).

§ 88 Technische Baubestimmungen

(1) Die Anforderungen nach § 3 Absatz 1 Satz 1 und Absatz 3 können durch Technische Baubestimmungen konkretisiert werden. Die Technischen Baubestimmungen sind zu beachten. Von den in den Technischen Baubestimmungen enthaltenen Planungs-, Bemessungs- und Ausführungsregelungen kann abgewichen werden, wenn mit einer anderen Lösung in gleichem Maße die Anforderungen erfüllt werden und in der Technischen Baubestimmung eine Abweichung nicht ausgeschlossen ist. §§ 17 Absatz 2, 20 Absatz 1 und 69 Absatz 1 bleiben unberührt.

(2) Die Konkretisierungen können durch Bezugnahme auf technische Regeln und deren Fundstellen oder auf andere Weise erfolgen, insbesondere in Bezug auf:
1. bestimmte bauliche Anlagen oder ihre Teile,
2. die Planung, Bemessung und Ausführung baulicher Anlagen und ihrer Teile,
3. die Leistung von Bauprodukten in bestimmten baulichen Anlagen oder ihren Teilen, insbesondere
   a) Planung, Bemessung und Ausführung baulicher Anlagen bei Einbau eines Bauprodukts,
   b) Merkmale von Bauprodukten, die sich für einen Verwendungszweck auf die Erfüllung der Anforderungen nach § 3 Absatz 1 Satz 1 auswirken,
   c) Verfahren für die Feststellung der Leistung eines Bauprodukts im Hinblick auf Merkmale, die sich für einen Verwendungszweck auf die Erfüllung der Anforderungen nach § 3 Absatz 1 Satz 1 auswirken,
   d) zulässige oder unzulässige besondere Verwendungszwecke,
   e) die Festlegung von Klassen und Stufen in Bezug auf bestimmte Verwendungszwecke,
   f) die für einen bestimmten Verwendungszweck anzugebende oder erforderliche und anzugebende Leistung in Bezug auf ein Merkmal, das sich für einen Verwendungszweck auf die Erfüllung der Anforderungen nach § 3 Absatz 1 Satz 1 auswirkt, soweit vorgesehen in Klassen und Stufen,
4. die Bauarten und die Bauprodukte, die nur eines allgemeinen bauaufsichtlichen Prüfzeugnisses nach § 17 Absatz 3 oder nach § 22 Absatz 1 bedürfen,
5. Voraussetzungen zur Abgabe der Übereinstimmungserklärung für ein Bauprodukt nach § 24 Absatz 2 und,
6. die Art, den Inhalt und die Form technischer Dokumentation.

(3) Die Technischen Baubestimmungen sollen nach den Grundanforderungen gemäß Anhang I der Verordnung (EU) Nr. 305/2011 gegliedert sein.

§ 88 Technische Baubestimmungen

(4) Die Technischen Baubestimmungen enthalten die in § 20 Absatz 3 genannte Liste.

(5) Das Deutsche Institut für Bautechnik veröffentlicht nach Anhörung der beteiligten Kreise im Einvernehmen mit den obersten Bauaufsichten der Länder eine Muster-Verwaltungsvorschrift Technische Baubestimmungen (MVVTB). Die Oberste Bauaufsichtsbehörde erlässt die Technischen Baubestimmungen nach Absatz 1 als Verwaltungsvorschrift für das Land Nordrhein-Westfalen. Bei der Bekanntgabe kann hinsichtlich ihres Inhalts auf die Fundstelle verwiesen werden.

Übersicht		Rdn.
00	Verwaltungsvorschrift Technische Baubestimmungen für das Land Nordrhein-Westfalen (VV TB NRW) Ausgabe Januar 2019	001
0	Änderungen gegenüber der BauO NRW 2000 und BauO NRW 2016	01
1	Allgemeines	1
2	Zu Abs. 1 Satz 1 – Konkretisierung der Anforderungen § 3 Abs. 1 Satz 1 durch Technische Baubestimmungen	7
3	Zu Abs. 1 Satz 2 – Beachtung der Technischen Baubestimmungen	9
4	Zu Abs. 1 Sätze 3 und 4 – Abweichungen von Technischen Baubestimmungen	16
5	Zu Abs. 2 Satz 1 – Konkretisierung durch Bezugnahme auf technische Regeln und deren Fundstellen	25
6	Zu Abs. 3 – Gliederung der Technischen Baubestimmungen	63
7	Zu Abs. 4 – Liste von Bauprodukten, die zur Erfüllung der Anforderungen nach § 3 Abs. 1 BauO NRW nicht von Bedeutung sind	66
8	Zu Abs. 5 Sätze 1 und 2 – Veröffentlichung MVV TB durch DIBt und Autorisierung durch Oberste Bauaufsichtsbehörde	69
9	Zu Abs. 5 Satz 3 – Verweis auf Fundstelle bei Bekanntmachung	74

00 Verwaltungsvorschrift Technische Baubestimmungen für das Land Nordrhein-Westfalen (VV TB NRW) Ausgabe Januar 2019

001 Mit Einführung der BauO NRW 2016 wurden die baurechtlichen Anforderungen in Bezug auf die Technischen Baubestimmungen aus dem § 3 Abs. 2 BauO NRW 2000 in den § 87 BauO NRW 2016 an veränderter Position im Gesetz verortet. § 87 BauO NRW 2016 war nicht vom Moratorium der BauO NRW 2016 betroffen und galt somit ab dem 28.06.2017 (dies gilt für alle Regelungen zum Bauproduktenrecht). Zu diesem Zeitpunkt galten in NRW noch die eingeführten Technischen Baubestimmungen, siehe Rdn. 6.

Erst ab der Veröffentlichung des neuen Musters der Verwaltungsvorschrift Technische Baubestimmung (M-VV TB) Ausgabe 2017/1 durch die ARGEBAU am 31.08.2017 konnte die Oberste Bauaufsichtsbehörde des Landes NRW eine landesspezifische Verwaltungsvorschrift Technische Baubestimmungen für das Land NRW (VV TB NRW) erarbeiten. Die im Folgenden erläuterte und in den Kontext zum § 88 BauO NRW 2018 NRW gesetzte nordrhein-westfälische Verwaltungsvorschrift Technische Baubestimmungen für das Land NRW Ausgabe Januar 2019 (im weiteren VV TB NRW 01/2019) wurde quasi zeitgleich mit Gültigkeitsbeginn der neuen BauO NRW 2018 zum 02.01.2019 in Kraft gesetzt. Zur Einführung und zum besseren Verständnis sind im Folgenden die Vorbemerkungen und die grundsätzliche Struktur der VV TB NRW 01/2019 wiedergegeben.

»Vorbemerkungen

1 Bauordnungsrechtliche Vorgaben

Die Bauordnung für das Land Nordrhein-Westfalen (Landesbauordnung 2018 – BauO NRW 2018) enthält in § 88 Abs. 1 BauO NRW 2018 die Ermächtigung, im Rahmen einer Verwaltungsvorschrift die allgemeinen Anforderungen an bauliche Anlagen, Bauprodukte und andere Anlagen und Einrichtungen durch Technische Baubestimmungen zu konkretisieren.

In § 88 Abs. 2 BauO NRW 2018 werden detaillierte Vorgaben gemacht, zu welchen bauaufsichtlichen Anforderungen Konkretisierungen vorgenommen werden können. Die Konkretisierungen können durch Bezugnahme auf technische Regeln und deren Fundstellen oder auf andere Weise erfolgen, insbesondere in Bezug auf:
- *die Planung, Bemessung und Ausführung baulicher Anlagen und ihrer Teile,*
- *Merkmale und Leistungen von Bauprodukten in bestimmten baulichen Anlagen oder ihren Teilen,*
- *Verfahren für die Feststellung der Leistung eines Bauproduktes, das nicht das CE-Zeichen nach Bauproduktenverordnung trägt,*
- *zulässige und unzulässige besondere Verwendungszwecke für Bauprodukte,*
- *Festlegungen von Klassen und Stufen, die Bauprodukte für bestimmte Verwendungszwecke aufweisen sollen,*
- *Voraussetzungen für die Abgabe der Übereinstimmungserklärung für nicht harmonisierte Produkte,*
- *Angaben zu nicht harmonisierten Bauprodukten sowie zu Bauarten, die eines allgemeinen bauaufsichtlichen Prüfzeugnisses bedürfen sowie*
- *Art, Inhalt und Form der technischen Dokumentation.*

Es gilt der Grundsatz, dass nur solche Inhalte in die Verwaltungsvorschrift Technische Baubestimmungen (VV TB NRW) als Technische Baubestimmungen aufgenommen werden, die zur Erfüllung der Anforderungen der BauO NRW 2018 an bauliche Anlagen, Bauprodukte und andere Anlagen und Einrichtungen unerlässlich sind. Die Bauaufsichtsbehörden können jedoch im Rahmen ihrer Entscheidungen zur Ausfüllung unbestimmter Rechtsbegriffe auch auf allgemein anerkannte Regeln der Technik zurückgreifen, die keine Technischen Baubestimmungen sind.

Die VV TB NRW basiert auf der gemäß der Richtlinie (EU) 2015/1535 des Europäischen Parlaments und des Rates vom 9. September 2015 über ein Informationsverfahren auf dem Gebiet der technischen Vorschriften und der Vorschriften für die Dienste der Informationsgesellschaft (ABl. L 241 vom 17.9.2015, S. 1) notifizierten und vom Deutsche Institut für Bautechnik (DIBt) nach Anhörung der beteiligten Kreise im Einvernehmen mit den obersten Bauaufsichtsbehörden bekannt gemachten Muster-Verwaltungsvorschrift Technischen Baubestimmungen (M-VV TB) Ausgabe 2017/1.«

2 Struktur und Gliederung der VV TB NRW 01/2019

»2.1 Die Technischen Baubestimmungen sind in vier Teile gegliedert:
A   Technische Baubestimmungen, die bei der Erfüllung der Grundanforderungen an Bauwerke zu beachten sind
Teil A gliedert sich nach den Grundanforderungen für Bauwerke gem. Anhang I der EU-BauPVO wie folgt:
A 1 – Mechanische Festigkeit und Standsicherheit,
A 2 – Brandschutz,
A 3 – Hygiene, Gesundheit und Umweltschutz,
A 4 – Sicherheit und Barrierefreiheit bei der Nutzung,
A 5 – Schallschutz und
A 6 – Wärmeschutz.
B   Technische Baubestimmungen für Bauteile und Sonderkonstruktionen, die zusätzlich zu den in Teil A aufgeführten Technischen Baubestimmungen zu beachten sind
C   Technische Baubestimmungen für Bauprodukte, die nicht die CE-Kennzeichnung tragen, und für Bauarten
D   Bauprodukte, die keines Verwendbarkeitsnachweises bedürfen

2.2 Wesentliche Inhalte der Kapitel in Teil A sind:

Kapitel A 1 – Mechanische Festigkeit und Standsicherheit – beinhaltet die Eurocodes zu den Grundlagen für die Tragwerksplanung, zu den Einwirkungen auf Bauwerke sowie zur Bemessung. Aus deren Anwendung ergibt sich, welche Merkmale und konkreten Leistungen die verwendeten Produkte am Bauwerk zur Erfüllung der bauwerksbezogenen Anforderungen ausweisen müssen.

Kapitel A 2 – Brandschutz – konkretisiert die in der BauO NRW 2018 oder in Vorschriften aufgrund der BauO NRW 2018 enthaltenen brandschutztechnischen Anforderungen an bauliche Anlagen oder Teile baulicher Anlagen insbesondere im Hinblick auf das Brandverhalten und den Feuerwiderstand.

In Kapitel A 3 – Hygiene, Gesundheit- und Umweltschutz – sind die Anforderungen an bauliche Anlagen in Form der technischen Regeln »Anforderungen an bauliche Anlagen bezüglich des Gesundheitsschutzes« (ABG) sowie »Anforderungen an bauliche Anlagen bezüglich der Auswirkungen auf Boden und Gewässer« (ABuG) konkretisiert.

Kapitel 4 – Sicherheit und Barrierefreiheit bei der Nutzung – konkretisiert die in der BauO NRW 2018 geregelten Anforderungen an die Nutzungssicherheit und Barrierefreiheit baulicher Anlagen im Ganzen und in ihren Teilen.

Kapitel 5 – Schallschutz – enthält technische Regeln zur Erfüllung der schallschutztechnischen Anforderungen an bauliche Anlagen und deren Teile.

In Kapitel 6 – Wärmeschutz – werden die Anforderungen an eine den klimatischen Verhältnissen entsprechende Nutzung einer baulichen Anlagen und ihrer Teile mittels technischer Regeln konkretisiert.

2.3 Teil B betrifft Sonderkonstruktionen und besondere Bauteile, die einerseits den Anforderungen von Teil A nicht eindeutig zugeordnet werden können und andererseits teilweise einen anderen Rechtshintergrund haben.

Teil B enthält dabei Technische Baubestimmungen für Bauteile und Sonderkonstruktionen, die zusätzlich zu den in Abschnitt A aufgeführten Technischen Baubestimmungen beachtet werden müssen. Die hier für bestimmte Sonderkonstruktionen und Bauteile aufgeführten technischen Regeln dienen der Konkretisierung mehrerer Grundanforderungen und sind materialübergreifend.

Kapitel B 2 beinhaltet technische Regeln für Sonderkonstruktionen und Bauteile im Hinblick auf deren Planung, Bemessung und Ausführung.

Kapitel B 3 bezieht sich auf technische Gebäudeausrüstungen und Teile von Anlagen zum Lagern, Abfüllen und Umschlagen von wassergefährdenden Stoffen, die anderen Harmonisierungsrechtsvorschriften (z.B. Maschinenrichtlinie, Niederspannungsrichtlinie, Druckgeräterichtlinie) unterliegen, aber hinsichtlich eines bestimmten Verwendungszwecks Grundanforderungen nach Artikel 3 Absatz 1 der EU-BauPVO an bauliche Anlagen und ihre Teile nicht erfüllen. Für diese Produkte ist zum Nachweis der fehlenden Wesentlichen Merkmale ein Verwendbarkeits-nachweis erforderlich, sofern nicht festgelegt wurde, dass eine Überein-stimmungserklärung zu den fehlenden Wesentlichen Merkmalen nach § 24 Abs. 2 BauO NRW 2018 aufgrund vorheriger Prüfung der Bauprodukte durch eine hierfür bauaufsichtlich anerkannte Prüfstelle ausreichend ist.

Kapitel B 4 beinhaltet Technische Anforderungen für Bauprodukte und Bauarten, die Anforderungen nach anderen Rechtsvorschriften unterliegen, für die nach § 87 Abs. 7 BauO NRW 2018 eine Rechtsverordnung erlassen wurde. Dabei handelt es sich um Technische Anforderungen an ortsfest verwendete Anlagen und Anlagenteile in Lager-, Abfüll- und Umschlaganlagen (LAU-Anlagen) zum Umgang mit wassergefährdenden Stoffen sowie an den Einbau, Betrieb und die Wartung von Anlagen mit Bauprodukten zur Abwasserbehandlung.

2.4 Teil C – Technische Baubestimmungen für Bauprodukte, die nicht die CE-Kennzeichnung tragen, und für Bauarten – bestimmt die Angaben zu nicht harmonisierten Bauprodukten sowie zu Bauarten, die nur eines allgemeinen bauaufsichtlichen Prüfzeugnisses bedürfen sowie die Anforderungen zur Abgabe der Übereinstimmungserklärung für ein Bauprodukt nach § 24 Abs. 2 BauO NRW 2018.

Teil C gilt daher nicht für Bauprodukte, für die eine harmonisierte Norm oder eine Europäische Technische Bewertung (ETA) im Geltungsbereich der EU-BauPVO vorliegt.

In Kapitel C 2 sind die technischen Regeln sowie die Anforderungen an die Übereinstimmungsbestätigung für nicht harmonisierte Bauprodukte bestimmt.

Kapitel C 3 führt Bauprodukte auf, die lediglich eines allgemeinen bauaufsichtlichen Prüfzeugnisses bedürfen. An dieser Stelle sind auch die jeweils anerkannten Prüfverfahren und die Art der erforderlichen Übereinstimmungsbestätigung aufgeführt.

In Kapitel C 4 sind die Bauarten ausgewiesen, die lediglich eines allgemeinen bauaufsichtlichen Prüfzeugnisses bedürfen. Auch hier sind die anerkannten Prüfverfahren jeweils aufgelistet.

Sofern von der maßgebenden technischen Regel abgewichen wird, ist für Bauprodukte eine allgemeine bauaufsichtliche Zulassung oder eine Zustimmung im Einzelfall und für Bauarten eine allgemeine oder vorhabenbezogene Bauartgenehmigung erforderlich.

Bei Bauprodukten und Bauarten, die (nur) eines allgemeinen bauaufsichtlichen Prüfzeugnisses bedürfen, wird das Vorliegen einer maßgebenden Prüfnorm zwingend vorausgesetzt. Dabei können auch weitere technische Bestimmungen, die für die Erteilung des abP erforderlich sind, angegeben werden. Dazu gehören z.B. ergänzende Angaben zu Prüfumfang, Prüfaufbau, Prüfhäufigkeit.

2.5 Teil D enthält die nach § 20 Absatz 3 BauO NRW 2018 vorgesehene Liste von Bauprodukten, welche keines Verwendbarkeitsnachweises bedürfen. Hierunter fallen Bauprodukte, für die es allgemein anerkannte Regeln der Technik gibt, jedoch auf Verwendbarkeitsnachweise verzichtet wird sowie Bauprodukte, für die es weder Technische Baubestimmungen noch allgemein anerkannte Regeln der Technik gibt und die bauordnungsrechtlich von untergeordneter Bedeutung sind. Die Liste hat klarstellenden Charakter und erhebt keinen Anspruch auf Vollständigkeit.

Im Kapitel D 3 wird ein Weg aufgezeigt, wie mit lückenhaften und unvollständigen harmonisierten Spezifikationen umgegangen werden kann.«

Darüber hinaus sind insgesamt 13 Anhänge Bestandteil der VV TB NRW 01/2019. Sie umfasst damit in Gänze 308 Seiten (den vollständigen Text können Sie über **http://download.wolterskluwer.de** abrufen, Freischaltcode WK6AFNREM).

Anhänge

Anhang 1 zu Lfd. Nr. A 1.2.3.7	Nachträgliche Bewehrungsanschlüsse mit eingemörtelten Bewehrungsstäben – Anforderung an Planung, Bemessung und Ausführung: 2016-06	173
Anhang 2 zu Lfd. Nr. A 1.2.3.8	Verankerungen in Beton mit einbetonierten oder nachträglich eingesetzten Befestigungsmitteln – Anforderung an Planung, Bemessung und Ausführung: 2016-06	183
Anhang 3 zu Lfd. Nr. A 1.2.6.3	Verankerungen in Mauerwerk mit nachträglich gesetzten Befestigungsmitteln – Anforderung an Planung, Bemessung und Ausführung: 2016-06	185
Anhang 4 zu Lfd. Nr. A 2.2.1.2	Bauaufsichtliche Anforderungen, Zuordnung der Klassen, Verwendung von Bauprodukten, Anwendung von Bauarten: 2016-06	186
Anhang 5 zu Lfd. Nr. A 2.2.1.5	WDVS mit EPS, Sockelbrandprüfverfahren: 2016-06	235
Anhang 6 zu Lfd. Nr. A 2.2.1.6	Hinterlüftete Außenwandbekleidungen: 2016-06	240
Anhang 7 zu	Anhang 7 ist nicht besetzt.	242
Anhang 8 zu Lfd. Nr. A 3.2.1	Anforderungen an bauliche Anlagen bezüglich des Gesundheitsschutzes (ABG) : 2017-05	243
Anhang 9 zu Lfd. Nr. A 3.2.2	Textile Bodenbeläge: 2017-05	256
Anhang 10 zu Lfd. Nr. A 3.2.3	Anforderungen an bauliche Anlagen bezüglich der Auswirkungen auf Boden und Gewässer (ABuG): 2017-07	264
Anhang 11 zu Lfd. Nr. B 2.2.1.5	WDVS mit ETA nach ETAG 004: 2017-02	287
Anhang 12 zu Lfd. Nr. B 2.2.1.6	Anwendungsregeln für nicht lasttragende verlorene Schalungsbausätze / -systeme und Schalungssteine für die Erstellung von Ortbeton-Wänden: 2016-06	293
Anhang 13 zu Lfd. Nr. C 2.8.1	Richtlinie über Rollladenkästen - RokR: 2016-07	303

Abb. 88.1 Übersicht der Anhänge der VV TB NRW 01/2019

Darüber hinaus finden sich in der VV TB NRW 01/2019 zusätzlich die Erdbeben- Wind- und Schneelastzonen:
1. In der VV TB NRW 01/2019 befindet sich der entsprechende Hinweis bzgl. der nordrhein-westfälischen Karte der Erdbebenzonen und geologischen Untergrundklassen in der Anlage A 1.2.9/1 (zu DIN 4149). Darüber hinaus ist auf der Internetseite des MHKBG NRW ein Verweis zur Internetseite des Geologischen Dienst Nordrhein-Westfalen.

2. Die Tabelle »*Zuordnung der Schneelastzonen* (sic: Windlastzonen) *nach Verwaltungsgrenzen des Landes Nordrhein-Westfallen*« findet sich als Anlage A 1.2.1/5 zu DIN EN 1991-1-4 in Verbindung mit DIN 1991-1-4/NA.
3. Die Tabelle »*Zuordnung der Schneelastzonen nach Verwaltungsgrenzen des Landes Nordrhein-Westfallen*« findet sich als Anlage A 1.2.1/4 zu DIN EN 1991-1-3 in Verbindung mit DIN 1991-1-3/NA.

003 Ausblick (Stand Mai 2019) für die MVV TB Fassung 2019/1:

Die am 31.08.2017 veröffentlichte MVV TB Ausgabe 2017/1 wird seitdem fortgeschrieben. Seit Dezember 2018 liegt ein Entwurf der MVV TB Ausgabe 2019/1 vor, der aus zwei Teilen besteht [1. Teil: Änderungsdokument; 2. Teil: Das sogenannten Kenntnisgabedokument (Änderungen der MVV TB für die Ausgabe 2019/1 im Ergebnis der Anhörungen 2016 und 2017)].

Gegenüber der Fassung MVV TB 2017/1 sind in den verschiedenen Teilen und Anhängen z.T. umfangreiche Änderungen zu erwarten. Im Änderungsdokument wurden die Bezüge auf Norm-Ausgaben aktualisiert und redaktionelle Anpassungen integriert. Die Anforderungen an bauliche Anlagen bzgl. des Gesundheitsschutzes wurden umfassend bearbeitet. Im Kenntnisgabedokument zur MVV TB 2019/1 ist ersichtlich, dass u.a. im Teil A erhebliche Änderungen, z.T. Straffungen zu erwarten sind. Darüber hinaus wurde der Anhang 4 (Technische Regel A 2.2.1.2) ebenfalls umfassend redaktionell und sprachlich überarbeitet. Des Weiteren wurden eine neue Technische Regel Technische Gebäudeausrüstung – TR TGA (Anhang 14) erarbeitet, in der zahlreiche Bestimmungen beinhaltet sind, die vorher im Teil A 2 (Brandschutz) sowie im Anhang 4 integriert waren. Diese Dokumente wurden auf der Internetseite der Bauministerkonferenz angekündigt, um den Betroffenen die Möglichkeit zu geben, sich auf die neue Rechtslage einzustellen (www.bauministerkonferenz.de -> Öffentlicher Bereich -> Anhörungen -> Archiv -> Anhörungen zur MVV TB -> MVV TB 2019).

Es ist davon auszugehen, dass die neue MVV TB 2019/1 – dann mit landesspezifischen Anpassungen als Verwaltungsvorschrift Technische Baubestimmungen in NRW – baurechtlich eingeführt werden wird. Mit hoher Wahrscheinlichkeit wird hiermit jedoch frühestens im Jahre 2020 zu rechnen sein.

Insgesamt ist den am Bau Beteiligten zu empfehlen, neben den (teilweise unklaren) Bestimmungen, die aktuell in der VV TB NRW 01/2019 festgelegt sind, auch die auf Bundesebene stattfindenden Entwicklungen zur neuen MVV TB Fassung 2019/1 mit zu verfolgen und zu beobachten. Dies kann u.a. bei Auslegungsfragen hilfreich sein.

Zu Anhörung, Beteiligung und Bekanntgabe der MVV TB sowie der VV TB NRW siehe auch Rdn. 69 ff.

0 Änderungen gegenüber der BauO NRW 2000 und BauO NRW 2016

01 In der BauO NRW 2016 sind die Regelungen bzgl. der Technischen Baubestimmungen gegenüber der letztgültigen Fassung BauO NRW 2000 zum einen an anderer Position im Gesetz behandelt und zum anderen erheblich konkretisiert worden.

Gänzlich neu gegenüber der BauO NRW 2000 ist der § 87 BauO NRW 2016. Diese Änderungen folgen den Anpassungen der MBO 2016 und stehen im Zusammenhang mit dem neu gefassten Recht bzgl. Bauprodukten und Bauarten. Sie sind somit eine Auswirkung des Urteils des EuGH vom 16.10.2014 (Rs. C-100/13). Weitere Informationen hierzu siehe auch § 18 Rdn. 1). Sie wurden erstmals implementiert in der BauO NRW 2016. § 87 BauO NRW 2016 bereits trat am 28.06.2017 in Kraft.

Die Regelungen zu den Technischen Baubestimmungen finden sich in der BauO NRW 2018 im § 88 und gelten seit dem 02.01.2019. § 88 BauO NRW 2018 stellt die baurechtliche Ermächtigungsgrundlage für den Erlass von Technischen Baubestimmungen im Bundesland Nordrhein-Westfalen dar.

In § 87 Abs. 1 BauO NRW 2016 wird – entsprechend der bisherigen Systematik – festgelegt, dass die Anforderungen nach § 3 Abs. 1 Satz 1 BauO NRW (d.h. die bauordnungsrechtlich festgelegten Schutzgüter) durch Technische Baubestimmungen konkretisiert werden.

Von den Technischen Baubestimmungen kann entsprechend der bisherigen baurechtlichen Systematik abgewichen werden, wenn mit einer anderen Lösung die Anforderungen nach § 3 Abs. 1 Satz 1 in gleichem Maße erfüllt werden. Neuerung mit Einführung der BauO NRW 2016 ist, dass dieses abweichende Verfahren nicht gilt, wenn eine Abweichung in der relevanten Technischen Baubestimmung explizit ausgeschlossen ist.

Entsprechend der Vorgaben der BauO NRW 2000 bleibt die prinzipielle Systematik bzgl. des Umgangs mit Abweichungen oder fehlenden Regelungen von Bauarten und Bauprodukten hiervon unberührt. In diesem Falle gelten § 17 Abs. 2 (bei Bauarten) sowie § 20 Abs. 1 (bei Bauprodukten).

In der Fassung der BauO NRW 2018 sind im § 88 die Anforderungen des Abs. 1 redaktionell fortgeschrieben und noch stärker an die MBO 2016 angelehnt. Zur eindeutigen Differenzierung ist gegenüber der BauO NRW 2016 in der aktuellen Fassung BauO NRW 2018 neu aufgenommen, dass die Regelungen bzgl. Abweichungen von materiellen Anforderungen dieses Gesetzes und aufgrund dieses Gesetzes erlassener Vorschriften ebenfalls unberührt bleiben (siehe § 69 Abs. 1 BauO NRW 2018).

In der Systematik unverändert gegenüber der BauO NRW 2000 bleibt die Verpflichtungen der am Bau Beteiligten die Technischen Baubestimmungen zu beachten. Diese Vorgabe wurde – gegenüber der Version BauO NRW 2016 – im Abs. 1 BauO NRW 2018 (wie in der Fassung der MBO 2016) nun integriert.

Neu gegenüber der BauO NRW 2016 wurde in der BauO NRW 2018 der Bezug auf § 3 Abs. 3 integriert, d.h. Beachtung der Schutzgüter auch bei Beseitigung von Anlagen und Änderung ihrer Nutzung.

Gänzlich neu gegenüber der BauO NRW 2000 – und erstmals mit Einführung der BauO NRW 2016 – ist Absatz 2. In diesem wird festgelegt inwieweit die Konkretisierungen erfolgen und definiert diesbezüglich – nicht abschließend – sechs weitläufige

§ 88 Technische Baubestimmungen

baurechtliche Themenkomplexe. Absatz 2 bestimmt insofern den grundsätzlichen Inhalt der Technischen Baubestimmungen.

In der BauO NRW 2018 ist der entsprechende Absatz im Prinzip unverändert und nur redaktionell gegenüber der Fassung BauO NRW 2016 angepasst.

04 Neu mit Einführung der BauO NRW 2016 ist die Vorgabe die Technischen Baubestimmungen nach den Grundanforderungen gemäß Anhang I der Verordnung (EU) Nr. 305/2011 (d.h. der BauPVO) zu gliedern.

Der Absatz 3 ist in der BauO NRW 2018 unverändert gegenüber der Fassung BauO NRW 2016.

05 Der prinzipiellen Systematik des § 20 Abs. 3 Satz 2 der BauO NRW 2000 folgend wird mit Einführung der BauO NRW 2016 der Verweis auf eine – nicht abschließende Liste – von Bauprodukten hergestellt, die keines baurechtlichen Verwendbarkeitsnachweises bedürfen und in den Technischen Baubestimmungen enthalten sind. Dies erfolgt im Absatz 4.

In der BauO NRW 2018 ist der entsprechende Absatz gegenüber der Fassung BauO NRW 2016 lediglich sprachlich gestrafft und damit der Version der MBO 2016 angeglichen.

In der BauO NRW 2018 ist der entsprechende Absatz nur redaktionell gegenüber der Fassung BauO NRW 2016 angepasst.

06 Ebenfalls in enger Anlehnung an die MBO 2016 wird gegenüber der Fassung BauO NRW 2016 in der BauO NRW 2018 der Abs. 5 neu an dieser Stelle des Gesetzes integriert. Er beschreibt die Zuständigkeit des DIBt für die Veröffentlichung einer Muster-Verwaltungsvorschrift Technische Baubestimmungen sowie die Aufgabe der Obersten Bauaufsicht eine Verwaltungsvorschrift für Technische Baubestimmungen zu erlassen.

1 Allgemeines

1 **Hinweis:** Bei der folgenden Kommentierung sind zum Teil die Begründungen des Gesetzgebers zur Einführung der BauO NRW 2016 berücksichtigt, da die Regelungen zum neuen Bauproduktenrecht sowie den Technischen Baubestimmungen bereits am 28.06.2017 in Kraft getreten sind.

Begründung RegE BauO NRW 2016 (Drucks. 16/12119 v. 31.05.2016):

»Die Regelungen des § 87 (Anmerkung: des jetzigen § 88 BauO NRW 2018) *sind mit Ausnahme des Absatzes 1 neu und wurden im Zusammenhang mit der Umsetzung des Urteils des EuGH in der Rechtssache C-100/13 aufgenommen. Kernanliegen ist die Konkretisierung der allgemeinen Anforderungen nach § 3 Abs. 1.*

Während im Absatz 1 Bestimmungen des früheren § 3 aufgenommen wurden, bestimmt Absatz 2 den Inhalt der Technischen Baubestimmungen. In diesen Technischen Baubestimmungen gehen sowohl die Technischen Regeln, die bislang in der Liste der

Technischen Baubestimmungen (Planung, Bemessung, Ausführung) enthalten waren als auch diejenigen, die bislang in den Bauregellisten (Bauprodukte) geführt wurden, auf.

Inhalt der Technischen Baubestimmungen wird u.a. auch sein, welche Merkmale von Bauprodukten sich für einen bestimmten Verwendungszweck auf die Erfüllung der allgemeinen Anforderungen § 3 Abs. 1 auswirken. Dies ist entscheidend für die sachgerechte Auswahl der am Markt befindlichen Bauprodukte in der Phase der Planung sowie bei der Errichtung, Änderung und Instandhaltung baulicher Anlagen sowie anderer Anlagen und Einrichtungen im Sinne von § 1 Abs. 1 Satz 2.

Die jetzt zu beachtenden Regelungen zu den Technischen Baubestimmungen wurden erstmals in der BauO NRW 2016 aufgenommen und lehnen sich an die MBO 2016 an. Das Moratorium der BauO NRW 2016 gilt insofern nicht für die Regelungen des § 87 BauO NRW 2016. Die betreffenden Änderungen sind direkte Folge des Urteils des EuGH in der Rechtssache C-100/13 aus Oktober 2014. Demnach sind besondere produktbezogene nationale Anforderungen an Bauprodukte oder Bausätze, die von europäischen harmonisierten Spezifikationen erfasst sind, d.h. wie z.b. einer harmonisierten Bauproduktnorm (siehe hierzu auch § 19 Rdn. 13 ff.), nicht zulässig. Eine diesbezügliche Marktbehinderung für Bauprodukte, die die CE-Kennzeichnung aufgrund der BauPVO tragen, soll somit mit der neuen baurechtlichen Systematik vorgebeugt werden. Gleichzeitig darf sich das in Deutschland baurechtlich definierte Sicherheitsniveau nicht verringern, z.B. für bauliche Anlagen, Bauprodukte und Bauarten. Diese beiden Parameter führten zu entsprechenden Anpassungen in der MBO 2016, die mit der Novelle der BauO NRW 2016 erstmals ins nordrhein-westfälische Landesbaurecht gespiegelt wurden. Mit der Einführung der BauO NRW 2018 folgen sie noch stringenter der MBO 2016.

Unter Berücksichtigung des Urteils des EuGH war es aus Sicht der Obersten Bauaufsichten erforderlich, die ehemals produktbezogenen Anforderungen an Bauprodukte und Bausätze – im Prinzip unabhängig davon, ob sie seinerzeit im Geltungsbereich der europäischen Bauproduktenrichtlinie aus dem Jahre 1989 (BauPR) oder seit 2013 nach der Bauproduktenverordnung (BauPVO) in Verkehr gebracht wurden – zu konkretisieren. Die für die Obersten Bauaufsichten aus heutiger Sicht verbleibenden entsprechenden nationalen Spezifizierungen für Bauprodukte erfolgen demnach nicht mehr jeweils bauproduktbezogen (und diesbezüglichen zusätzlichen nationalen Verwendbarkeitsnachweisen) sondern in Bezug auf die Anforderungen an das Bauwerk mittels entsprechender Verordnungen und Verwaltungsvorschriften. Die ARGEBAU hat daher die Muster-Verwaltungsvorschrift Technische Baubestimmungen Ausgabe 2017/1 vom 31.08.2018 auf der Internetseite der Bauministerkonferenz veröffentlicht. In Bezug auf die MVV TB 2017 gab es eine Druckfehlerberichtigung vom 17.12.2017. Für dieses Dokument siehe www.bauministerkonferenz.de -> Öffentlicher Bereich -> Mustervorschriften/Mustererlasse -> Bauaufsicht/Bautechnik.

Im MBl. NRW. Ausgabe 2018 Nr. 32 vom 28.12.2018 wurde die VV TB NRW Ausgabe Januar 2019 veröffentlicht. Gemäß Runderlass des MHKBG NRW vom 07.12.2018 wurde festgelegt, dass sie ab dem 02.01.2019 in Kraft und am 31.12.2023

§ 88 Technische Baubestimmungen

außer Kraft tritt. Gleichzeitig traten damit folgende Regelungen bzgl. der Technischen Baubestimmungen außer Kraft:
- Runderlass zu den ehemaligen Verwaltungsvorschriften Technische Baubestimmungen vom 13.06.2017 (MBl. NRW. S. 660) bzgl. der
- eingeführten Technischen Baubestimmungen vom 08.11.2016 (zuletzt geändert 04.02.2015),
- der Leitungsanlagenrichtlinie vom 20.08.2001 (MBl. NRW. S. 1253)
- und der Lüftungsanlagenrichtlinie vom 10.06.2003 (zuletzt geändert 28.02.2008 (MBl. NRW. S. 130).

Die VV TB NRW 2019 ist elektronisch beim MHKBG NRW abrufbar. Die aktuelle Version der VV TB NRW 01/2019 basiert auf der MVV TB 2017/1. Landesspezifische Anpassungen wurden z.b. hinsichtlich der Rechtsbezüge vorgenommen.

4 **Hinweis:** Am 13.07.2017 hat die Europäische Kommission das gegen Deutschland laufende Vertragsverletzungsverfahren in Bezug auf Bauprodukte in der Rechtssache C-100/13 eingestellt (s. dazu § 88 Rdn. 55 ff.).

5 Das Kernanliegen des § 88 BauO NRW 2018 – und der hierauf beruhenden VV TB NRW 01/2019 – ist es, die baurechtliche Bedeutung und den Umfang der Technischen Baubestimmungen zu konkretisieren. U.a. mit Hilfe der Technischen Baubestimmungen soll es den am Bau Beteiligten ermöglicht werden, z.B. die Bauwerksanforderungen und hierfür erforderlichen Leistungen von Bauprodukten, die die CE-Kennzeichnung aufgrund der Verordnung BauPVO tragen, rechtssicher abzuleiten.

6 Die VV TB NRW 01/2019 umfasst vier Kapitel, in denen die technischen Regeln als Technische Baubestimmungen sowie die Planungs- Bemessungs- und Ausführungsregeln enthalten sind. Zum Aufbau und Inhalt der VV TB NRW 01/2019 siehe hierzu auch Rdn. 002. Darüber hinaus existieren 13 Anhänge.

Die Regelungen, die in der VV TB NRW 01/2019 getroffen sind, sind jedoch nicht vollständig neu. Vielmehr sind in diesem Dokument nunmehr Informationen gebündelt enthalten, die vor der Einführung der BauO NRW 2018 bereits zum Teil in verschiedenen einzelnen Dokumenten integriert waren:
1. Landesspezifische Technische Regeln, die als Technische Baubestimmungen in NRW eingeführt waren und die sich an der Musterliste der Technischen Baubestimmungen des DIBt Stand März 2014 orientierten, (siehe Runderlass des Ministeriums für Bauen, Wohnen Stadtententwicklung und Verkehr – VI A 4 -408 vom 13.06.2017, in: MBl. Nr. 21/2017 (S. 621- 664) vom 30.06.2017),
Diese Technischen Baubestimmungen enthielten auch die Teile II und III:
   a. Technische Baubestimmungen Teil II, d.h. Anwendungsregeln für Bauprodukte und Bausätze nach harmonisierten Normen und Europäischen Bewertungsdokumenten für Europäische Bewertungen nach der Bauproduktenverordnung sowie nach europäischen Zulassungen nach der Bauproduktenrichtlinie – Ausgabe März 2014 (veröffentlicht in den Amtlichen Mitteilungen des DIBt Ausgabe 04 vom 13.11.2014),

b. Technische Baubestimmungen Teil III, d.h. Anwendungsregeln für Bauprodukte und Bausätze nach harmonisierten Normen und Europäischen Bewertungsdokumenten für Europäische Bewertungen nach der Bauproduktenverordnung und nach europäischen Zulassungen nach der Bauproduktenrichtlinie im Geltungsbereich von Verordnungen nach § 17 Abs. 4 (d.h. § 20 Abs. 4 BauO NRW) und § 21 Abs. MBO (d.h. § 24 Abs. 2 BauO NRW 2018) – Ausgabe März 2014
(veröffentlicht in den Amtlichen Mitteilungen des DIBt Ausgabe 04 vom 13.11.2014),
2. Bauregelliste A, Bauregelliste B und Liste C Ausgabe 2015/1 (veröffentlicht in den Mitteilungen des DIBt vom 06.10.2015)
   a. in Verbindung mit den Änderungen der Bauregelliste A und B – Änderungsmitteilungen zu den Bauregellisten A Teil 1, A Teil 2 und B Ausgabe 2016/1 bezogen auf die Bauregellisten 2015/2 (veröffentlicht in den Mitteilungen des DIBt vom 10.10.2016),
   b. in Verbindung mit Änderung der Bauregelliste A – Änderungsmitteilung zur Bauregelliste A Teil 1, Ausgabe 2016/2 bezogen auf die Bauregellisten 2015/2 (veröffentlicht in den Mitteilungen des DIBt vom 22.10.2016)

Die dort getroffenen Bestimmungen mussten auch früher durch die am Bau Beteiligten, den Bauaufsichtsbehörden usw. beachtet werden. Aus Sicht des Verfassers ist ein Vorteil der neuen VV TB NRW 01/2019, dass alle diese entsprechenden Regelungen nunmehr in einem Dokument integriert sind.

2 Zu Abs. 1 Satz 1 – Konkretisierung der Anforderungen § 3 Abs. 1 Satz 1 durch Technische Baubestimmungen

Begründung RegE BauO NRW 2016 (Drucks. 16/12119 v. 31.05.2016): 7

»Die Regelungen des § 87 (Anmerkung: des jetzigen § 88 BauO NRW 2018) sind mit Ausnahme des Absatzes 1 neu (…). Kernanliegen ist die Konkretisierung der allgemeinen Anforderungen nach § 3 Abs. 1. Während im Absatz 1 Bestimmungen des früheren § 3 aufgenommen wurden, bestimmt Absatz 2 den Inhalt der Technischen Baubestimmungen. In diesen Technischen Baubestimmungen gehen sowohl die Technischen Regeln, die bislang in der Liste der Technischen Baubestimmungen (Planung, Bemessung, Ausführung) enthalten waren als auch diejenigen, die bislang in den Bauregellisten (Bauprodukte) geführt wurden, auf. (…) Absatz 1 Satz 1 definiert zunächst den Gegenstand Technischer Baubestimmungen, nämlich die Konkretisierung der Anforderungen nach § 3.«

Technische Regeln, die als Technische Baubestimmungen zur Konkretisierung der 8
Schutzgüter gemäß § 3 Abs. 1 Satz 1 für die verschiedenen Phasen sowie Zustände von Anlagen (Anordnung, Errichtung, Änderung, Instandhaltung, Beseitigung, Nutzungsänderung) eingeführt sind, ziehen die gesetzliche Verpflichtung der Beachtung nach sich. Technische Baubestimmungen können sowohl
– allgemein anerkannte Regeln der Technik
– als auch durch die Oberste Bauaufsichtsbehörde definierte technische Regeln (die damit im Sinne des § 3 Abs. 1 zur aaRdT werden)

– als auch durch die Oberste Bauaufsicht modifizierte aaRdT sein.
Die Modifizierungen von aaRdT können u.a. erleichternde Regelungen beinhalten resp. besondere Anforderungen definieren. Dieses Instrument des Staates ermöglicht Sachverhalte zu definieren, die ggf. in Gegenwirkung zu Normen, eine Modifikation von Normen oder im Vergleich zu Normen anderweitige Vorgaben beinhalten. Beispielhaft sei hier die auf die Anlage A 4.2./1 zu DIN 18065:2015-03 (Gebäudetreppen), Anlage A 4.2./2 zu DIN 18040-1:2010-10 (Barrierefreies Bauen in öffentlich zugänglichen Gebäuden) oder Anlage A 4.2./3 zu DIN 18040-2:2010-09 (Barrierefreies Bauen in Wohnungen) verwiesen. Demnach sind z.B. Teile der technischen Regel entweder gänzlich ausgenommen oder für bestimmte Gebäudeklassen oder Nutzungsarten nicht anzuwenden. Die Oberste Bauaufsichtsbehörde übernimmt für diese landesspezifisch modifizierten technischen Regeln somit die Verantwortung für den Norminhalt. Dies verleiht den Normen daher auch eine entsprechend qualifizierte Anerkennung.

In der Rechtsprechung ist geklärt, dass der Gesetzgeber nicht nur auf eigene, sondern auch auf Bestimmungen anderer Normgeber verweisen darf. Das impliziert Verweise auf Begriffe und Regelungen des Europarechts ein. Die vielschichtige Verzahnung des Europa- mit dem nationalen Recht verbietet es, Verweise auf das Europarecht anders zu werten als jene auf nationales Recht. Ebenso wenig ist der Verweis auf von nichtstaatlichen Normungsgremien geschaffene Regelwerke ausgeschlossen (BVerwG, Urt. v. 27.06.2013 – 3 C 21.12, Rn. 39; zur Definition und rechtlichen Bedeutung der aaRdT und Technischen Baubestimmungen siehe auch § 3 Rdn. 73 ff. und 94 ff.).

3 Zu Abs. 1 Satz 2 – Beachtung der Technischen Baubestimmungen

9 Abs. 1 Satz 2 fordert die Beachtung der Technischen Baubestimmungen. Technische Regeln, die als Technische Baubestimmungen bauaufsichtlich eingeführt sind, begründen allerdings weder eine strikte Ermessensbindung der Bauaufsichtsbehörden noch als Verwaltungsvorschrift eine Bindung der Verwaltungsgerichte. Sie dienen jedoch der Konkretisierung der in der Landesbauordnung gemäß § 3 Abs. 1 Satz 1 in Verbindung mit Abs. 2 Satz 1 BauO NRW 2018 enthaltenen Generalklausel der aaRdT und bedingen über die interne Bindungswirkung hinaus eine entsprechende Selbstbindung im Außenverhältnis. Den Technischen Baubestimmungen kommt dabei die Bedeutung eines Referenzpunktes der behördlichen Entscheidung zu, z.B. in Bezug auf § 3 Abs. 2 Satz 2 sowie § 88 Abs. 2 Satz 2 BauO NRW 2018 (siehe OVG NRW, Urt. v. 11.04.2016 – Az. 2 A 2176/14, juris Rn. 34 ff.).

Neben der Definition und rechtlichen Bedeutung der aaRdT und Technischen Baubestimmungen ist für die am Bau Beteiligten, die Bauaufsichtsbehörden sowie die weiteren Beteiligten ihre praktische Anwendung im Arbeitsalltag von Bedeutung. Insofern sind die am Bau Beteiligten dafür verantwortlich, auch den entsprechenden »Soll-Ist«-Abgleich mit den maßgeblich gültigen Technischen Baubestimmungen durchzuführen. Da in den Technischen Baubestimmungen gemäß § 88 Abs. 1 Satz 3 BauO NRW 2018 sowohl Planungs-, Ausführungs- als auch Bemessungsregeln enthalten sind, richtet sich die Maßgabe folglich an einen weiten Personenkreis, z.B.

Bauherrschaft; Entwurfsverfasser; Fachplaner, Planer für die Ausführungsplanung; mit der Ausschreibung und Vergabe von Leistungen betraute Personen, ausführende Unternehmen; Bauleitende; Fachbauleitende; Untere und Obere Bauaufsichtsbehörde sowie die von ihr eingesetzten Personen (oder an ihrer Stelle agierenden Personen) resp. konsultierten Behörden, wie staatliche anerkannte Prüfsachverständige, ggf. Brandschutzdienststellen etc., Sachverständige oder Sachkundige für die Prüfung der Betriebssicherheit und Wirksamkeit von Technischen Anlagen und Einrichtungen, Betreiber von Anlagen.

Die Beachtung der Technischen Baubestimmungen ist darüber hinaus durch die Bauaufsichtsbehörden bei der Behandlung von Bauanträgen im jeweiligen Genehmigungsverfahren zu prüfen (§ 71 Abs. 4 BauO NRW 2018). Die baurechtliche Forderung zur Beachtung der Technischen Baubestimmungen gilt allumfassend, wie im folgenden erläutert.

In der Planungsphase, z.B. bei der Erstellung eines Bauantrags, sind die maßgeblichen Technischen Baubestimmungen durch die Bauherrschaft sowie die – durch sie bestellten – am Bau Beteiligten zu beachten. Dies ist bei der überwiegenden Zahl der baulichen Maßnahmen u.a. der Entwurfsverfasser gem. § 54 Abs.1 BauO NRW 2018. Unabhängig vom maßgeblichen Genehmigungsverfahren gem. §§ 60–66 BauO NRW 2018 obliegt ihm bei der Gestaltung des Bauantrags auch die Beachtung der Technischen Baubestimmungen. Entsprechend gilt dies für die anderen am Bau Beteiligten, wie z.B. den Fachplanern (§ 54 Abs. 2 BauO NRW 2018), den Erstellern von Brandschutzkonzepten (§ 54 Abs. 3 BauO NRW 2018) und den Erstellern von Standsicherheitsnachweisen (§ 54 Abs. 4 BauO NRW 2018).

Besondere Bedeutung hat in diesem Zusammenhang § 53 Abs. 2 Satz 3 BauO NRW 2018, d.h. die Verantwortung des Entwurfsverfassers für das Ineinandergreifen aller Fachplanungen, da die zahlreichen Technischen Baubestimmungen häufig gewerkeübergreifende Konkretisierungen aufweisen. Mit zunehmender Anzahl von verschiedenen Fachplanern in der Planung steigt der Aufwand der Koordination und die Bedeutung des Ineinandergreifens vieler Planungsbelange für den entsprechend verantwortlichen Entwurfsverfasser folglich an.

Die inhaltlichen baurechtlichen Konkretisierungen der Technischen Baubestimmungen haben erheblichen Einfluss auf den Entwurf – und somit auch auf die Kosten von Baumaßnahmen. Im Sinne der rechtskonformen Ausprägung von Anlagen, z.B. in den der Vor-, Entwurfs- und Genehmigungsplanung nachfolgenden Leistungs- und Lebensphasen des Gebäudes, ist daher durch die oben benannten am Bau Beteiligten eine Beachtung der Technischen Baubestimmungen geboten.

Die Bauherrschaft sollte daher ein hohes Interesse haben, dass die durch sie bestellten am Bau Beteiligten dieser Maßgabe gerecht werden. Eine mind. stichprobenartige Kontrolle der hier relevanten öffentlich-rechtlichen Maßgabe durch sie ist daher geboten, z.B. im Rahmen der Freigabe zum Abschluss einer Planungsphase – vor allem der Entwurfsplanung vor Beginn der Genehmigungsplanung. Dies kann bei entsprechender Sachkunde und Eignung durch die Bauherrschaft selber oder im Übrigen

§ 88 Technische Baubestimmungen

durch andere sachkundige und geeignete Personen mittels eines privatrechtlichen Vertrags erfolgen. Die Implementierung eines 4-Augen Prinzips ist aus privatrechtlichen Aspekten zur Verifizierung der jeweiligen Werkleistung der Planer sinnvoll – und fördert somit auch die Erfüllung der öffentlich-rechtlichen Forderungen.

11 Wie auch für die Planungsphasen gilt das Beachtungsgebot für alle weiteren Lebensphasen einer Anlage. Das heißt z.b. im Genehmigungsprozess von Anlagen für die zuständigen Bauaufsichtsbehörden gemäß § 57 Abs. 1 BauO NRW 2018 und die sie unterstützenden Behörden und Personen, z.b. Sachverständige und sachverständige Stellen (siehe § 57 Abs. 4 BauO NRW 2018). Die Pflicht zur Überwachung der Beachtung der Technischen Baubestimmungen ergibt sich für sie u.a. aus § 58 Abs. 2 BauO NRW 2018 sowie § 71 Abs. 4 BauO NRW 2018.

12 Die Beachtung der die baurechtlichen Anforderungen konkretisierenden Technischen Baubestimmungen hat für die Detaillierung der planerischen Vorgaben ab der Baugenehmigung, d.h. z.B. der Erstellung einer Ausführungsplanung, Vorbereitung der Ausschreibung und Mitwirkung bei der Vergabe gemäß HOAI, ebenfalls erhebliche Bedeutung. Dies insbesondere vor dem Hintergrund, dass mit fortschreitender Detaillierung von Planungsinhalten und Leistungen von Bauprodukten sowie Bauarten, die umfangreichen inhaltlichen Konkretisierungen der Technischen Baubestimmungen technisch direkten Einfluss auf die jeweilige Werkleistung der Planer usw. haben. »*Die Ausführungsplanung stellt das Bindeglied zwischen genehmigtem Entwurf und Bauausführung dar und bezweckt, dass der Unternehmer gefahrlos und mit der erforderlichen Genauigkeit bauen kann*« (s. § 54 Rdn. 22 ff.). Insofern betrifft die Beachtung der Technischen Baubestimmungen auch die damit betrauten Personen – gleichgültig ob Entwurfsverfasser, Fachplaner etc.

13 Ausführende Unternehmen gem. § 55 Abs. 1 BauO NRW 2018 sind ebenfalls zur Beachtung der Technischen Baubestimmungen verpflichtet. Dies gilt zudem, wenn diese – wie in der Baupraxis leider häufig fälschlicherweise ohne entsprechende Beauftragung von ihnen praktiziert – auch als Ausführungsplanende agieren.

Neben den unten erwähnten Planungs- und Bemessungsbestimmungen (s. Rdn. 25 ff.) enthalten die Konkretisierungen der Technischen Baubestimmungen auch zahlreiche Anwendungs- und Ausführungsbestimmungen für nationale Bauprodukte und Bauarten sowie für Bauprodukte, die die CE-Kennzeichnung aufgrund der BauPVO tragen (siehe Rdn. 44). Diese Anwendungs- und Ausführungsbestimmungen betreffen insofern die mit der Ausführung betrauten Personen und Unternehmen. Aufgrund der Implementierung der seinerzeitigen Regelungen der Bauregellisten in die MVV TB 2017/01 (und demnach konsequenterweise in die VV TB NRW 01/2019) finden sich diese Anwendungs- und Ausführungsbestimmungen an verschiedenen Positionen in der Vorschrift, z.B. für Bauprodukte mit Anforderungen an den Brandschutz u.a. im Anhang 4 (s. Rdn. 44). Diese Anwendungsbestimmungen für europäische Bauprodukte waren in der Regelungssystematik der BauO NRW 2000 u.a. in den Teilen II und III der eingeführten Technischen Baubestimmungen enthalten (s. hierzu Rdn. 6, dort Punkt 1 a und b).

Unternehmen müssen auch die erforderlichen Nachweise und Unterlagen für Bauprodukte, Bauarten usw. bereithalten. Informationen dazu finden sich in der VV TB NRW 01/2019 u.a. in den Teilen B, C und D sowie im Anhang 4.

In gleichem Maße haben Bauleitende, d.h. Bauleiter gem. § 56 Abs. 1 BauO NRW 2018 sowie die ggf. eingesetzten Fachbauleiter gem. § 56 Abs. 2 BauO NRW 2018, die Technischen Baubestimmungen zu beachten und die Umsetzung der öffentlich-rechtlichen Anforderungen anzuweisen. 14

Besondere Bedeutung hat in diesem Zusammenhang § 56 Abs. 2 Satz 4 BauO NRW 2018, d.h. die Tätigkeiten der eingesetzten Fachbauleiter sowie des verantwortlichen Bauleiters müssen aufeinander abgestimmt werden, da die zahlreichen Technischen Baubestimmungen häufig gewerkeübergreifende Konkretisierungen aufweisen. Mit zunehmender Anzahl von verschiedenen Fachbauleitern und dem Ineinandergreifen unterschiedlicher Teilgebiete nimmt der Aufwand der Abstimmungen für den entsprechenden verantwortlichen Bauleiter folglich zu.

Erstmals neu mit Einführung der BauO NRW 2018 ist die Verpflichtung für die Bauherrschaft aufgenommen gem. § 53 Abs. 1 Sätze 3 und 4, die erforderlichen Nachweise und Unterlagen der verwendeten Bauprodukte und angewendeten Bauarten bereitzuhalten. Ohne diese Nachweise und Unterlagen kann sie der gesetzlichen Darlegungslast schwer nachkommen. Die Forderung der Beachtung der Technischen Baubestimmungen gilt für die Bauherrschaft u.a. daher auch im Zusammenhang mit dem Einbau von Bauprodukten und Bauarten durch Unternehmen, d.h. für die Ausführung, und ebenso die Überwachung, da sie die von den Unternehmen vorzulegenden Unterlagen während des Betriebs von Anlagen bereithalten müssen. 15

Die Technischen Baubestimmungen enthalten hierzu bzgl. der Ausführung von Bauprodukten und Bauarten u.a. in den Teilen B, C, D sowie den Anhängen (z.B. Anhang 4) zahlreiche Konkretisierungen bzgl. der Dokumentation. Dies betrifft u.a. die Übereinstimmungserklärungen, nationale Anwendungs- und Ausführungsbestimmungen für Bauprodukte usw.

4 Zu Abs. 1 Sätze 3 und 4 – Abweichungen von Technischen Baubestimmungen

Die Regelungen in Satz 3 entsprechen mit redaktionellen Änderungen im Kern den Bestimmungen der BauO NRW 2016 sowie der BauO NRW 2000. Demnach kann von den Technischen Baubestimmungen abgewichen werden, wenn mit einer anderen Lösung die Anforderungen nach § 3 Abs. 1 Satz 1 und Abs. 3 in gleichem Maße erfüllt werden. Mit Einführung der BauO NRW 2016 – und getreu zur MBO 2016 – ist hingegen neu bestimmt, dass dieses abweichende Verfahren nicht gilt, wenn eine Abweichung in der relevanten Technischen Baubestimmung explizit ausgeschlossen ist (s. Rdn. 19). 16

Wie bereits in den Vorgaben der BauO NRW 2000 bleibt die prinzipielle Systematik bzgl. des Umgangs mit Abweichungen oder fehlenden Regelungen bei Bauarten und Bauprodukten gem. § 88 Abs. 1 Satz 4 hiervon unberührt. In diesen Fällen gelten für Bauarten die Bestimmungen § 17 Abs. 2 BauO NRW 2018 bzw. bei Bauprodukten

§ 20 Abs. 1 BauO NRW 2018 i.V. mit § 24 Abs. 1 BauO NRW 2018. (bzgl. Abweichungen bei Bauarten s. auch § 17 Rdn. 23 ff.; bzgl. Abweichungen bei »nationalen« Bauprodukten s. § 20 Rdn. 6–7 sowie § 24 Rdn. 4).

Infolge des Urteils des EuGH vom 16.10.2014 (Rs. C-100/13) und des Marktbehinderungsverbots gemäß Art. 8 Abs. 4 BauPVO für Bauprodukte und Bausätze, die die CE-Kennzeichnung aufgrund der BauPVO tragen, ist ein Hinweis zum Umgang bzgl. leistungsbezogener Abweichungen für diese Bauprodukte im Geltungsbereich des § 88 Abs. 1 Satz 4 BauO NRW 2018 ohnehin nicht erforderlich, da für diese Bauprodukte § 20 Abs. 1 nicht gilt. Nähere Informationen zum Umgang mit nicht leistungserklärungskonformer Planung, Ausführung oder Betrieb von Bauprodukten und Bausätzen im Geltungsbereich der BauPVO siehe § 19 Rdn. 25–26.

Unabhängig hiervon zu betrachten sind die ggf. in der VV TB NRW 01/2019 beschriebenen nationalen Anwendungs- und Ausführungsbestimmungen für definierte Bauprodukte und Bausätze, die die CE-Kennzeichnung aufgrund der BauPVO tragen (s. auch § 88 Rdn. 44). Zahlreiche dieser nationalen Anwendungs- und Ausführungsbestimmungen für Bauprodukte im Geltungsbereich der BauPVO befinden sich z.B. im Anhang 4 der VV TB NRW 01/2019. Grundsätzlich wird bzgl. Abweichungen vom Anhang 4 auf die Einleitung des Anhangs hingewiesen, d.h. eine Abweichung nach § 88 Abs. 1 Satz 3 BauO NRW 2018 ist ausgeschlossen (vgl. § 88 Rdn. 19).

Zur eindeutigen Differenzierung ist in der BauO NRW 2018 – neu gegenüber der BauO NRW 2016 – aufgenommen, dass die Regelungen bzgl. Abweichungen von Anforderungen dieses Gesetzes und aufgrund dieses Gesetzes erlassener Vorschriften ebenfalls unberührt bleiben, d.h. § 69 Abs. 1 BauO NRW 2018. Damit sind die diesbezüglichen Aspekte in der BauO NRW 2018 quasi deckungsgleich den Vorgaben der MBO 2016 (zum Umgang mit Abweichungen gem. § 69 s. Rdn. 46 ff.). Für Anlagen und Räume besonderer Art oder Nutzung (Sonderbauten) gelten die entsprechenden Regelungen und Verfahren gem. § 50 BauO NRW 2018 (s. Rdn. 20, § 50 Rdn. 13 ff.).

17 Die drei bekannten Möglichkeiten bzgl. des Umgangs mit nationalen baurechtlichen Abweichungen sind insofern auch in der BauO NRW 2018 verankert:
– Abweichungen von materiellen Anforderungen
– Abweichungen von Technischen Baubestimmungen
– Abweichungen von (nationalen) Bauprodukten und Bauarten

Für den jeweiligen bauordnungsrechtlichen Bereich (materielle Anforderungen, Technische Baubestimmungen, nationale Bauprodukte und Bauarten) bleiben die entsprechenden baurechtlichen Instrumentarien damit jeweils eine wichtige Option für die am Bau Beteiligten von Regelbestimmungen abzuweichen – und bezogen auf den entsprechenden Einzelfall – gleichwohl andere Lösungen rechtskonform in der Planung, Ausführung und während des Betriebs von Anlagen zu implementieren.

18 In diesem Zusammenhang ist es für die am Bau Beteiligten nicht nur wichtig, dass diese drei nationalen baurechtlichen Instrumente prinzipiell zur Verfügung stehen, sondern sie in der Praxis auch rechtskonform anzuwenden. Die technische Vorgehensweise bei

Abweichungen für die drei unterschiedlichen Fallkonstellationen ist dabei im Prinzip jeweils gleich:
1. »Soll-Ist«-Abgleich der jeweils maßgeblichen baurechtlichen Vorgabe,
2. Identifikation der betreffenden Abweichung,
3. Zuordnung des Abweichungstatbestands in eine der entsprechenden Systematiken (materielle Anforderung, Technische Baubestimmung, nationales Bauprodukt bzw. Bauart),
4. Analyse des Zwecks und des Ziels der jeweiligen baurechtlichen »Soll«-Vorgabe (s. hierzu OVG NRW, Urt. v. 11.04.2016 – Az. 2 A 2176/14, juris Rn. 37),
5. Entwicklung einer fallbezogenen Lösung bezogen auf den Zweck und das Ziel,
6. ggf. Verifikation der fallbezogenen Lösung durch diesbezügliche Sachverständige, Sachkundige, Hersteller, etc.,
7. baurechtlich formaler Abschluss des Abweichungsprozesses mittels der für die jeweilige Systemkonstellation erforderlichen Nachweisführung (z.B. Abweichungsantrag bei materiellen Abweichungen, Dokumentation bei Technischen Baubestimmungen, Antrag eines An- bzw. Verwendbarkeitsnachweises bei Bauarten bzw. nationalen Bauprodukten).

Die Systematik ist in § 88 Rdn. 24 anhand eines Beispiels erläutert.

Bei Abweichungen von den weitreichenden konkretisierenden Planungs-, Ausführungs- und Bemessungsregelungen, die in der VV TB NRW 01/2019 enthalten sind, ist zunächst zu prüfen, ob eine Abweichung gemäß § 88 Abs. 1 Satz 1 nicht explizit ausgeschlossen resp. gemäß welcher baurechtlichen Systematik bzgl. der Abweichung zu verfahren ist. In der VV TB NRW 01/2019 ist dies entweder jeweils explizit im Textfluss beschrieben oder durch eine Indizierung mittels Hochzahl an der betreffenden Position eindeutig zu identifizieren. Aus der jeweiligen Anmerkung in der Technischen Baubestimmung können sich weitere baurechtliche Konkretisierungen und Handlungsanweisungen ergeben, wie z.B.: 19
– Erfordernis der Abstimmung mit der zuständigen Brandschutzdienststelle,
– Abstimmungen mit der zuständigen Bauaufsichtsbehörde,
– Abweichungsverfahren gem. § 69 BauO NRW 2018,
– Genehmigungsverfahren gem. § 17 Absatz 2 oder § 20 Absatz 1 BauO NRW 2018.

Der oben beschriebenen Systematik folgend finden sich konsequenterweise in der VV TB NRW 01/2019 an verschiedenen Positionen Abweichungsausschlüsse gemäß § 88 Abs. 1 Satz 3, die nachstehend anhand von einigen Beispielen aus der VV TB NRW 01/2019 zitiert sind:
– *»(...) Über die Anwendbarkeit von Naturbrandmodellen ist daher im Rahmen einer Abweichung nach § 69 bzw. einer Erleichterung nach § 50 zu entscheiden. Dazu ist im Bauantrag oder in den Bauvorlagen anzugeben, weshalb es einer ETK-Brandbeanspruchung nicht bedarf und darzustellen, dass (und weshalb) das gewählte Brandmodell für das Vorhaben geeignet ist und wie die damit zwangsläufig verbundene eingeschränkte Nutzung der Anlage (z.B. aufgrund begrenzter Brandlasten) sichergestellt werden soll (§ 69 Abs. 1 BauO NRW 2018, § 9 BauPrüfVO). (...)«* (Hinweis vom Autor: ETK = Einheitszeittemperaturkure)
(siehe VV TB NRW 01/2019 Anlage A 1.2.1/3, dort Punkt 1),

§ 88 Technische Baubestimmungen

- »*Die Feuerwiderstandsfähigkeit des Tragwerks ist für die Durchführung wirksamer Löscharbeiten von wesentlicher Bedeutung. Vor der Entscheidung über die Abweichung/Erleichterung ist die zuständige Brandschutzdienststelle im Hinblick auf die Belange des abwehrenden Brandschutzes zu hören.«*
  (siehe VV TB NRW 01/2019 Anlage A 1.2.1/3, dort Punkt 4),
- »*Hinweis: Besondere Brandschutzanforderungen oder Erleichterungen können auch im Rahmen einer bauordnungsrechtlichen Abweichungsentscheidung gemäß § 69 BauO NRW 2018 oder in der Baugenehmigung für einen Sonderbau gemäß § 65 BauO NRW gestellt werden. Sofern die Schutzziele nach § 14 BauO NRW 2018 auf andere Art und Weise nicht mit der Technischen Regel A 2.2.1.2 erfüllt werden können, sind die dafür notwendigen technischen Angaben in den Bauvorlagen darzustellen.«*
  (siehe VV TB NRW 01/2019 A 2.1.20),
- Muster-Richtlinie über Flächen für die Feuerwehr: 2009-10[1]
  [1] *Für bauordnungsrechtliche Anforderungen in dieser Technischen Baubestimmung ist eine Abweichung nach § 88a Abs. 1 Satz 3 BauO NRW 2018 ausgeschlossen; eine Abweichung von bauordnungsrechtlichen Anforderungen kommt nur nach § 69 BauO NRW 2018 in Betracht. § 17 Abs. 2 und § 20 Abs. 1 BauO NRW 2018 bleiben unberührt.«* (...)
- Anhang 4:
  »*Für bauordnungsrechtliche Anforderungen in dieser Technischen Baubestimmung ist eine Abweichung nach § 88a Abs. 1 Satz 3 BauO NRW 2018 ausgeschlossen; eine Abweichung von bauordnungsrechtlichen Anforderungen kommt nur nach § 69 BauO NRW 2018 in Betracht. § 17 Abs. 2 und § 20 Abs. 1 BauO NRW 2018 bleiben unberührt.«* (...)
  (siehe VV TB NRW 01/2019 Anhang 4)

20 Für Garagen und Sonderbauten, die im Kapitel A 2.2.2 der VV TB NRW 01/2019 mit den laufenden Nummern A 2.2.2.1 bis A 2.2.2.9 aufgeführt sind, gilt § 88 Abs. 1 Satz 3 BauO NRW 2018 nicht für die dort formulierten Hinweise auf erlassene Rechtsverordnungen und Verwaltungsvorschriften. Demnach sind die dort aufgeführten Verordnungen und Rechtsverordnungen maßgeblich. Bei modifizierter Planung gegenüber den jeweiligen maßgeblichen Rechtsverordnungen und Verwaltungsvorschriften für diese baulichen Anlagen sind die bisher bekannten baurechtlichen Verfahren anzuwenden, d.h. § 50 BauO NRW 2018. Werden Erleichterungen von den entsprechenden Vorschriften gemäß § 50 Abs. 1 BauO NRW 2018 seitens der am Bau Beteiligten gewünscht, können diese gestattet werden, soweit es der Einhaltung von Vorschriften wegen der besonderen Art oder Nutzung baulicher Anlagen oder Räume oder wegen besonderer Anforderungen nicht bedarf (siehe auch § 50 Rdn. 13 ff.).

21 Die Prüfung, ob eine Abweichung gemäß § 88 Abs. 1 Satz 3 BauO NRW 2018 nicht ausgeschlossen ist, muss derjenige durchführen, der eine von den Technischen Baubestimmungen andere Lösung aktivieren möchte resp. begehrt. In der Planungsphase ist dies üblicherweise der Entwurfsverfasser bzw. einer der von der Bauherrschaft (oder vom Entwurfsverfasser) eingesetzten Fachplaner.

Die Verantwortlichkeit für die entsprechende Zuständigkeit sollte insofern eindeutig im Planungsteam geklärt und festgelegt sein – was wiederum für die Bauherrschaft wichtig ist in Bezug auf die von ihr bestellten Werkleistungen.

Besondere öffentlich-rechtliche Bedeutung hat dies zudem für den Entwurfsverfasser, weil er für das Ineinandergreifen der verschiedenen Fachplanungen verantwortlich ist und es bei Änderungen in einem Gewerk meist zu Implikationen bei anderen Fachdisziplinen kommt.

Eine pauschale und allgemeingültige Definition oder vorherige Kategorisierung bzgl. der Gleichwertigkeit von alternativen Lösungen gegenüber den Regelanforderungen von Technischen Baubestimmungen schließt sich aus und hängt ab vom individuellen Einzelfall und den jeweiligen Bedingungen, z.B. Art oder Nutzung der baulichen Anlage, Nutzern, Lage der relevanten Position in der baulichen Anlage, technische Infrastruktur der baulichen Anlage usw.

Baurechtlich bedarf es für die Aktivierung einer abweichenden Lösung zu einer Technischen Baubestimmung im Geltungsbereich des § 88 Abs. 1 Satz 3 BauO NRW 2018 keiner vorherigen positiven Zulassungsentscheidung durch die zuständige Bauaufsichtsbehörde. Nichtsdestotrotz ist es für die Bauherrschaft, den Entwurfsverfasser und Planer zielführend die in der Planung erkannten Abweichungen von Technischen Baubestimmungen und die jeweilige gleichwertige Lösung in den Bauvorlagen darzustellen. Die zuständigen Genehmigungsinstanzen können dann im Zuge des Baugenehmigungsverfahrens die Gleichwertigkeitsvermutung des Entwurfsverfassers (und seiner ggf. beteiligten Fachplaner) in Bezug auf § 3 Abs. Satz 1 und Abs. 3 im Sinne des 4-Augen Prinzips verifizieren bzw. falsifizieren. Dies insbesondere vor dem Hintergrund, dass *»für ihn (…) keine tatsächliche Vermutung der Zwecksprechung der alternativen Lösung (streitet)«* (Boeddinghaus/Hahn/Schulte/Radeisen/Schulte/van Schewick, zu § 87 Rn. 8). Der Abweichungsbegehrende hat in diesem Sinne in Bezug auf die Gleichwertigkeit der alternativen Lösung eine Prognose auf Basis der vorhandenen gesetzlichen Bestimmungen und Erkenntnisse zu tätigen. Den Technischen Baubestimmungen kommt damit – auch den Prüfenden – bei der Entscheidung in Bezug auf § 88 Abs. 1 Satz 2 BauO NRW 2018 die Bedeutung eines Referenzpunktes zu, da nur abgewichen werden kann, wenn nachgewiesen wird, dass mit einer anderen Lösung in gleichem Maße die Anforderungen nach § 3 Abs. 1 Satz 1 und Abs. 3 erfüllt werden. *»Auch wenn es sich nicht um eine Ermessensbetätigung im engeren Sinne handelt, ist hierüber im Wesentlichen nach den gleichen Grundsätzen zu befinden, zumal sie in den Regelungszusammenhang der Ermessen eröffnenden Bestimmungen der §§ 3, 17, 54 BauO NRW (a.F.) eingebettet ist. Der Rahmen für diese Entscheidung ist dabei jedoch von vorneherein insoweit enger als § 3 Abs. 1 Satz 3 BauO NRW (a.F.) eine Abweichung ausdrücklich nur bei gleicher Eignung zulässt.«* (OVG NRW, Urt. v. 11.04.2016 – Az. 2 A 2176/14, juris Rn. 36) Diese engeren Bewertungsmaßstäbe gelten somit für den jeweiligen Abweichungsbegehrenden. Sie gelten gleichermaßen für die zuständigen Bauaufsichtsbehörden, sofern ihnen diese Abweichungen bekannt gemacht wurden und sie die gleichwertigen Lösungen prüfen, z.B. im Genehmigungsverfahren wenn sie ggf. in den Bauvorlagen beschrieben sind oder im Rahmen einer Bauzustandsbesichtigung gemäß § 84 BauO NRW 2018 gegenständlich sind.

23 Regelmäßig werden Abweichungen von Technischen Baubestimmungen gemäß § 88 Abs. 1 Satz 3 BauO NRW 2018 nach der Erteilung einer Baugenehmigung durch am Bau Beteiligte aktiviert, z.b. im Zuge der Ausführung bzw. sind ggf. im Rahmen der Genehmigungsplanung nicht erkannt worden. Dies ist insbesondere deshalb möglich, weil die Bauvorlagen – abhängig von der Anlage – nicht alle Ausführungsdetails des Bauwerks und seiner Konstruktion darstellen müssen. In diesen Fällen hilft dem Abweichungsbegehrenden jeweils eine unabhängige Einschätzung seiner Gleichwertigkeitsvermutung, z.b. durch Sachverständige oder Sachkundige (s. § 88 Rdn. 18 Punkt 6). Die Implementierung eines konsequenten 4-Augen Prinzips ist insbesondere im Interesse des verantwortlichen Bauleiters – sowie schlussendlich der Bauherrschaft. Bewertet z.B. ein Sachverständiger oder Sachkundiger während der Inbetriebnahme einer bauordnungsrechtlich vorgeschriebenen Anlagen im Zuge der Prüfung der Betriebssicherheit und Wirksamkeit von sicherheitstechnischen Anlagen oder Einrichtungen eine andere Lösung als nicht gleichwertig, bedarf es ggf. nachträglich einer technischen Anpassung oder weiterer Nachweise bis formale Konformität zu den baurechtlichen Vorgaben hergestellt ist. Genauso verhält es sich, wenn im Zuge von Bauzustandsbesichtigungen zur Fertigstellung des Rohbaus und der abschließenden Fertigstellung durch die Bauaufsichtsbehörde gemäß § 84 BauO NRW 2018 (bzw. im Falle § 84 Abs. 4. BauO NRW 2018 von staatlich anerkannten Sachverständigen eingereichten Bescheinigungen) andere Lösungen als nicht gleichwertig eingestuft werden. Die Bauaufsichtsbehörde (bzw. von ihr herangezogene Sachverständige und sachverständige Stellen) hat im Zuge der Gefahrenabwehr zu klären, ob und inwieweit eine Aktivität im Sinne des § 58 BauO NRW 2018 erforderlich ist.

24 Sofern eine Abweichung zu Technischen Baubestimmungen vorliegt, die in den Geltungsbereich § 88 Abs. 1 Satz 3 BauO NRW 2018 fällt und dort nicht ausgeschlossen ist, bedarf es für die gewünschte alternative Lösung des Nachweises der Gleichwertigkeit bzgl. der Anforderungen gemäß § 3 Abs. 1 Satz 1 und Abs. 3 BauO NRW 2018. Hierbei ist zu beachten, dass zur Erfüllung der Schutzgüter nach § 3 BauO NRW 2018 vielfältige Schutzziele inkludiert sind, z.B. gem. §§ 12–16, 17–19 BauO NRW 2018. Es liegt in der Natur von Planung, Ausführung und Betrieb, dass es bei Änderungen der Regelvorgaben in einem Gewerk zu Implikationen bei anderen Fachdisziplinen kommen kann. Insofern ist bei Abweichungen von Technischen Baubestimmungen eine gewerkeübegreifende Betrachtungsweise angezeigt.

▶ **Beispiel:**

Wünscht ein Planer für Sanitäranlagen die Querung von brennbaren Rohrleitungsanlagen durch einen Raum, der ausschließlich für die Aufstellung eines elektrischen Verteilers für bauordnungsrechtlich vorgeschriebene sicherheitstechnische Anlagen mit Funktionserhalt im Brandfall vorgesehen ist, z.B. für eine Druckbelüftungsanlage des einzigen Sicherheitstreppenraums einer baulichen Anlage, bedarf die technische und baurechtliche Zulässigkeit einer Klärung. Da der Sanitärplaner die Abweichung aktivieren möchte, obliegt die Klärung, Koordination, Prüfung etc. diesem Fachplaner. Üblicherweise wird er hierbei die Unterstützung der Fachkollegen einfordern. Der Entwurfsverfasser ist bzgl. des Ineinandergreifens aller Fachplanungen verantwortlich.

1. Die »Soll-Ist«-Prüfung mit der maßgeblichen Technischen Baubestimmung, der Muster-Richtlinie über brandschutztechnische Anforderungen an Leitungsanlagen in der letztgültigen Fassung 2015-02, Redaktionsstand 05.04.2016, (siehe VV TB NRW 01/2019 Kapitel A 2.2 lfd. Nr. A 2.2.1.8), ergibt das Vorliegen einer Abweichung. Siehe MLAR 2015-02 dort 5.2.2 erster Spiegelstrich [»*5.2.2 Verteiler für elektrische Leitungsanlagen mit Funktionserhalt nach Abschnitt 3 müssen*
   a. in eigenen, für andere Zwecke nicht genutzten Räumen untergebracht werden, die gegenüber anderen Räumen durch Wände, Decken und Türen mit einer Feuerwiderstandsdauer entsprechend der Dauer des Funktionserhaltes und – mit Ausnahme der Türen – aus nichtbrennbaren Baustoffen abgetrennt sind, (…)«]
2. Bei Abweichungen von dieser Technischen Baubestimmungen kann gemäß § 88 Abs. 1 Satz 3 BauO NRW 2018 in Verbindung mit der VV TB NRW 01/2019 Kapitel A 2.2 lfd. Nr. A 2.2.1.8 verfahren werden und ist für die MLAR 2015-02 statthaft.
3. Der bauordnungsrechtliche Zweck der hier betreffenden Vorgabe der MLAR 2015-02 besteht in der ausschließlichen Aufstellung von entsprechenden Verteilern in diesen Räumen. Dies soll der Beeinflussung des elektrischen Verteilers durch andere Anlagen oder Einrichtungen sowie der Einschränkung des gesicherten Funktionserhalts im Brandfall vorbeugen. Insofern sind die durch die brennbare Rohrleitungsanlage mit flüssigen Medien dahingehend entstehenden potentiellen Risiken zu bewerten, z.B.
   – in Bezug auf brandschutztechnische und
   – elektrische und
   – weitere Ausfallrisiken.
4. Brandschutztechnisch lässt sich eine gleichwertige Lösung z.B. dadurch aktivieren und als gleichwertig begründen, als dass die Ein- und Austrittspunkte der brennbaren Rohrleitungsanlage für flüssige Medien durch die raumabschließenden Bauteile mit klassifizierten Abschottungssystemen in korrespondierender Feuerwiderstandsklasse geschlossen werden. Innerhalb des Raumes wird die brennbare Rohrleitungsanlage mit nichtbrennbaren Baustoffen umkoffert. Die brandschutztechnischen Risiken können – bezogen auf den Verteiler mit Funktionserhalt – mit diesen anderen Lösungen als brandschutztechnisch gleichwertig gelöst betrachtet werden.
Diese brandschutztechnischen Maßnahmen alleine gewährleisten jedoch nicht, dass die beschriebene alternative Lösung in Bezug auf die Schutzgüter gemäß § 3 Abs. 1 BauO NRW 2018 und die damit verbundenen Schutzziele gemäß §§ 11–19 BauO NRW 2018 bereits vollständig gleichwertig sind, da z.B. aus der mit Medien gefüllten – brandschutztechnisch zwar abgekofferten – Rohrleitungsanlage bei Leckage gleichwohl Flüssigkeit austreten kann, die ggf. zu einem Kurzschluss der elektrischen Leitungsanlage innerhalb des Verteilers führt. Der Verteiler – und damit die sicherheitstechnische Anlage – würde dann aufgrund dieses Schadens bei einem Brand nicht zur Verfügung stehen. Insofern sind auch bzgl. dieses Szenarios gleichwertige Lösungen zu entwickeln, wie z.B.

- ein gegen Leckage sicheres Rohr-in-Rohrsystem oder
- ausreichend dimensionierte Auffangvorrichtungen für die Flüssigkeit unterhalb der Rohrleitungsanlage und ggf. unterhalb des Verteilers
- oder eine höhere Schutzklasse der im Verteiler installierten elektrischen Leitungsanlagen.

In gleichem Maße sind durch das Planungsteam anderweitige Ausfallrisiken zu analysieren und gleichwertige Lösungen zu entwickeln.

Die Lösungsbestandteile der verschiedenen Fachbeteiligten sind zu koordinieren, final gewerkeübergreifend zusammenzuführen und zu dokumentieren.

Wichtig für die Bauherrschaft (und den Entwurfsverfasser) sind in dem Zusammenhang die technische Begründung und Dokumentation der Gleichwertigkeit der gegenüber der Technischen Baubestimmung anderen Lösung in Bezug auf die Anforderungen gem. § 3 Abs. 1 Satz 1 und Absatz 3 BauO NRW 2018.

5. Sofern der Sachverhalt im Rahmen der Genehmigungsplanung (bzw. vorherigen Planungsphase) vor der Baugenehmigung identifiziert wurde, erfolgt die Dokumentation – bestenfalls – in den Bauvorlagen und wird baurechtlich im Zuge des Genehmigungsverfahrens bauaufsichtlich geprüft. Insofern ist das 4-Augen Prinzip gewahrt.

Wird der Bedarf der oben beschriebenen Abweichung i.S.d. § 88 Abs. 1 Satz 3 nach Erteilung der Baugenehmigung identifiziert und es sich nicht um eine genehmigungspflichtige Abweichung zur Baugenehmigung handelt, ist die Verifizierung der Gleichwertigkeit der fallbezogenen Lösung z.B. durch diesbezügliche Sachverständige, Sachkundige, Hersteller, etc. möglich.

6. Wichtig in dem Zusammenhang ist die Dokumentation der Gleichwertigkeit der gegenüber der Technischen Baubestimmung anderen Lösung in Bezug auf die Anforderungen gem. § 3 Abs. 1 Satz 1 und Abs. 3 BauO NRW. Für den jeweiligen Abweichungsbegehrenden ist die ebenso dokumentierte positive Gleichwertigkeitsvermutung durch unabhängige Sachverständige, Sachkundige, Hersteller im Zweifel von Bedeutung.

Die beschriebenen Aktivitäten, Bewertungen etc. im Zusammenhang bei Abweichungen von Technischen Baubestimmungen gem. § 88 Abs. 1 Satz 3 BauO NRW 2018 hat derjenige verantwortlich zu initiieren, koordinieren und bescheinigen, der die Abweichung aktivieren möchte.

5 Zu Abs. 2 Satz 1 – Konkretisierung durch Bezugnahme auf technische Regeln und deren Fundstellen

25 Die Regelungen des § 88 Abs. 2 BauO NRW 2018 wurden erstmals mit der BauO NRW 2016 (seinerzeit als § 87) maßgebliches Baurecht in Nordrhein-Westfalen. § 87 Abs. 2 BauO NRW 2016 wurde wortgleich in Fassung BauO NRW 2018 als § 88 Abs. 2 transferiert. In der Begründung RegE BauO NRW 2016 wird zu Abs. 2 folgendes ausgeführt (Drucks. 16/12119 v. 31.05.2016):

»Aus verfassungsrechtlichen Gründen müssen in der Ermächtigungsgrundlage Inhalt, Zweck und Ausmaß der Verwaltungsvorschrift hinreichend bestimmt sein. Absatz 2 enthält deshalb detaillierte Vorgaben dazu, welche Arten von Regelungen in die

Verwaltungsvorschrift aufgenommen werden können. *Die Bezugnahme auf nichtstaatliche technische Regeln bleibt weiterhin zulässig und im Sinne der schlanken Gestaltung der Technischen Baubestimmungen auch erwünscht; es können aber auch Regelungen auf andere Weise unter Beachtung des Verhältnismäßigkeitsgrundsatzes vorgenommen werden, und zwar in Bezug auf die in den Nummern 1 bis 6 genannten Gegenstände. (…).«*

»Bei der Festlegung von Verfahren für die Feststellung der Leistung von Bauprodukten ist gegebenenfalls Artikel 8 Absatz 6 BauPVO zu beachten. Danach passen die Mitgliedstaaten die Verfahren, die sie in ihren Anforderungen an Bauwerke verwenden, sowie andere nationale Regeln in Bezug auf die wesentlichen Merkmale von Bauprodukten an die harmonisierten Normen an.

Im Übrigen gelten die Regelungen für alle Bauprodukte, gleichgültig ob harmonisiert oder nicht.«

Die folgende Tabelle gibt einen Überblick der Zuordnungen der Nummern 1 bis 6 zu den verschiedenen Teilen der VV TB NRW 01/2019 sowie die Verortung in den früheren BRL bzw. den eingeführten Technischen Baubestimmungen.

VV TB NRW 01/2019 Teil A (§ 88 Abs. 2 Nr. 1, 2, und 3)	VV TB NRW 01/2019 Teil B (§ 88 Abs. 2 Nr. 1, 2, und 3)	VV TB NRW 01/2019 Teil C (§ 88 Abs. 2 Nr. 4 und 5)	VV TB NRW 01/2019 Teil D (§ 88 Abs. 2 Nr. 6 und § 88 Abs. 4)	VV TB NRW 01/2019 Anhänge (§ 88 Abs. 2 Nr. 1, 2, und 3)
Teil A gliedert sich nach den Grundanforderungen für Bauwerke gem. Anhang I der EU-BauPVO: A 1 – Mechanische Festigkeit und Standsicherheit, A 2 – Brandschutz, A 3 – Hygiene, Gesundheit und Umweltschutz, A 4 – Sicherheit und Barrierefreiheit bei der Nutzung, A 5 – Schallschutz, A 6 – Wärmeschutz	Technische Baubestimmungen für Bauteile und Sonderkonstruktionen, die zusätzlich zu den in Teil A aufgeführten Technischen Baubestimmungen zu beachten sind. Teil B betrifft Sonderkonstruktionen und besondere Bauteile, die einerseits den Anforderungen von Teil A nicht eindeutig zugeordnet werden können und andererseits teilweise einen anderen Rechtshintergrund haben.	Technische Baubestimmungen für Bauprodukte, die nicht die CE-Kennzeichnung tragen, und für Bauarten.	Bauprodukte, die keines Verwendbarkeitsnachweises bedürfen.	13 in sich abgeschlossene Technische Baubestimmungen als Anhänge zu Regelungen der Teile A – C.

VV TB NRW 01/2019 Teil A (§ 88 Abs. 2 Nr. 1, 2, und 3)	VV TB NRW 01/2019 Teil B (§ 88 Abs. 2 Nr. 1, 2, und 3)	VV TB NRW 01/2019 Teil C (§ 88 Abs. 2 Nr. 4 und 5)	VV TB NRW 01/2019 Teil D (§ 88 Abs. 2 Nr. 6 und § 88 Abs. 4)	VV TB NRW 01/2019 Anhänge (§ 88 Abs. 2 Nr. 1, 2, und 3)
Bauregelliste Teil B, Liste der Technischen Baubestimmungen	*Bauregelliste Teil B, Liste der Technischen Baubestimmungen*	*Bauregelliste Teil A*	Liste C	*Liste der Technischen Baubestimmungen*

Abb. 88.2 Übersicht der Zuordnung § 88 Abs. 2 Nrn. 1–6 zur VV TB NRW 01/2019 sowie ehemaligen Regelungen vor Einführung der VV TB NRW 01/2019 (kursiv gedruckt)

27 In der VV TB NRW 01/2019 werden in Bezug auf § 88 Abs. 2 Nr. 1 BauO NRW 2018 die allgemeinen Bauwerksanforderungen, die sich aus den §§ 4 bis 51 BauO NRW 2018 ergeben, für bestimmte bauliche Anlagen und ihre Teile in Bezug auf die Grundanforderungen an Bauwerke für die am Bau Beteiligten spezifiziert.

Basierend auf § 88 Abs. 2 Nr. 1 BauO NRW 2018 sollen die Rechtsanwender in die Lage versetzt sein, das geeignete Bauprodukt auszuwählen. Die VV TB NRW 01/2019 bildet somit die kausale Klammer zwischen den bauordnungsrechtlich erforderlichen Leistungen sowie den nationalen und europäischen normativ-technischen Ausprägungen dieser Leistungen. Bei den Konkretisierungen handelt es sich um abstrakt-generelle Regelungen und nicht um solche, die auf ein konkretes Bauvorhaben bezogen sind. Diese sind erforderlich, damit ein Verwender erkennen kann, welche Leistung eine bestimmte Bauart bzw. Bauprodukt in einer konkreten An- bzw. Verwendungssituation erbringen muss. Die VV TB NRW 01/2019 zielt darauf ab, die Detaillierung der Grundanforderungen zu ermöglichen – im Unterschied zu § 87 Abs. 1 Nr. 1 BauO NRW 2018, der demnach allgemein die nähere Bestimmung der Anforderungen der §§ 4 bis 51 BauO NRW 2018 durch Rechtsverordnung erlaubt.

Der Begründung RegE BauO NRW 2016 (Drucks. 16/12119 v. 31.05.2016) und der vom Gesetzgeber gewählten Aufzählung folgend gilt dies für die Rechtsanwender »Bauherr/Planer/Unternehmer«. In Ergänzung zur Begründung RegE BauO NRW 2016 bilden die Informationen der VV TB NRW 01/2019 auch die Grundlage für diejenigen, die »rückblickend« mit der Verifizierung der baurechtlichen Vorgaben für Planung, Ausführung und Betrieb von baulichen Anlagen betraut sind, d.h. z.B. für die Bauaufsichtsbehörden, Prüfsachverständigen, Bauleiter etc. Die VV TB NRW 01/2019 stellt somit für alle am Bau Beteiligten u.a. den objektiven Rahmen für die Planung Bemessung und Ausführung und der darauf definierten Leistungen von Bauprodukten dar – unabhängig davon ob sie in den Geltungsbereich des nationalen oder des europäischen Bauproduktenrechts fallen.

28 Beispiel für die Implementierung der Rechtsvorgaben und die Systematik des § 88 Abs. 2 BauO NRW 2018 in die Planung und Bemessung von Bauteilen, z.B. für das Brandverhalten von Baustoffen:

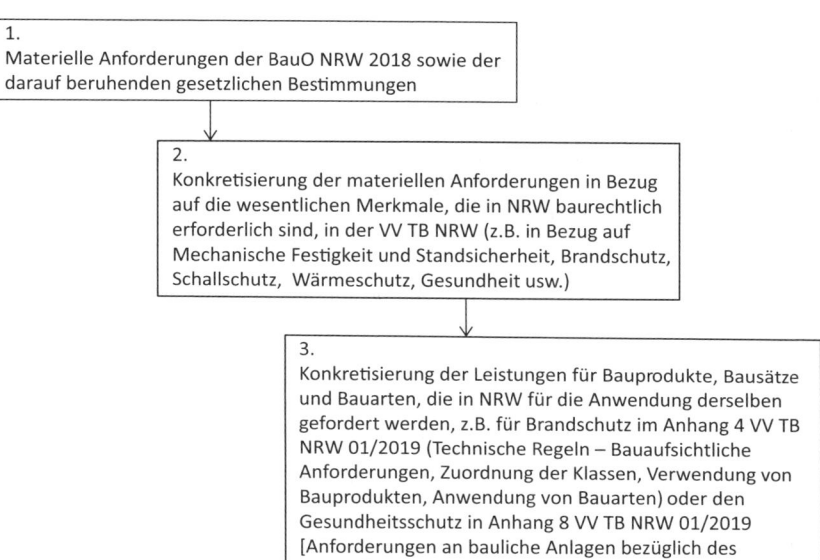

Abb. 88.3 Prinzipielle Vorgehensweise für die Ermittlung der Leistungseigenschaften von Bauprodukten mithilfe der VV TB NRW 01/2019

Zu 1.: Anforderungen aus Bauordnung aus den jeweiligen Einzelparagraphen

In § 26 Abs. 1 BauO NRW 2018 wird die Differenzierung von Baustoffen bzgl. ihres Brandverhaltens in
a. nichtbrennbare,
b. schwerentflammbare und
c. normalentflammbare definiert.

Diese baurechtlichen Begriffsdefinitionen in Bezug auf das Brandverhalten sind für die am Bau Beteiligten in Nordrhein Westfalen maßgeblich. Sie sind baugenehmigungsrechtlich hinreichend genau bestimmend und daher bzgl. der Angaben des Brandverhaltens z.B. in den Bauvorlagen und Übrigen baurechtlichen Anträgen, Genehmigungen etc. zu verwenden. Abhängig vom Einsatz in bestimmten Teilen von baulichen Anlagen und/oder der Art oder Nutzung der baulichen Anlage sind die Begriffsbestimmungen für das Brandverhalten mit zusätzlichen – ebenso ausreichend bestimmenden – baurechtlichen Eigenschaften ergänzt, wie z.B. *schwerentflammbar und nicht brennend abfallend oder abtropfend* (s. z.B. § 28 Abs. 3 BauO NRW 2018). Auf der Ebene der baurechtlichen Anträge, Genehmigungen ist die Verwendung der technischen Normensprache durch die am Bau Beteiligten zu vermeiden, z.B. A1, B1, B2 usw.

Zu 2.: Bauwerksbezogene Konkretisierungen u.a. im Teil A der VV TB NRW 01/2019

30 Gem. § 88 Abs. 2 Nr. 1 BauO NRW 2018 erfolgt die Konkretisierung dieser baurechtlichen Anforderungen an bauliche Anlagen oder Teile baulicher Anlagen in der VV TB NRW 01/2019 u.a. im Teil A 2: Brandschutz (zum allgemeinen Aufbau der VV TB NRW 01/2019 s. Rdn. 001 ff.). In diesem Kapitel A 2 finden sich Detaillierungen insbesondere bzgl. des Brandverhaltens und des Feuerwiderstands. Im Abschnitt A 2.1.2 – Anforderungen an das Brandverhalten von Teilen baulicher Anlagen – werden die bauordnungsrechtlichen Begriffe, die in der BauO NRW 2018 verwendet werden, zum einen erläutert und z.B. in Bezug auf die Eigenschaften konkretisiert (s. im folgenden Beispiel die Informationen zum *Glimmen* und *Schwelen*) zum anderen in Kombination mit dem Anhang 4 der VV TB NRW 01/2019 (= technische Regel A 2.2.1.2) gebracht. Im Anhang 4 sind diese abstrakten baurechtlichen Leistungseigenschaften dann in die »eindeutige technische Sprache der aaRdT übersetzt«. Die »Übersetzung« der abstrakten baurechtlichen Leistungseigenschaften erfolgt sowohl in die nationale als auch die europäische technische Nomenklatur (siehe Rdn. 32 und Abbildung 88.4). Der baurechtliche Begriff bildet daher die wichtige »Vokabel« zwischen den beiden »Sprachen der Technikwelt«. Siehe hierzu auch Abbildung 88.4 und 88.09.

»A 2.1.2.1 Allgemeines

Zur Erfüllung der Grundanforderungen werden in § 26 Abs. BauO NRW 2018 allgemeine Anforderungen an das Brandverhalten von Teilen baulicher Anlagen formuliert. § 26 Abs. 1 BauO NRW 2018 enthält dazu bestimmte Begriffsbestimmungen:
– nichtbrennbar
– schwerentflammbar
– normalentflammbar.

Bei baulichen Anlagen oder Teilen von baulichen Anlagen, bei denen die Anforderungen nichtbrennbar oder schwerentflammbar gestellt werden, ist sicherzustellen, dass es nicht durch unbemerktes fortschreitendes Glimmen und/oder Schwelen zu einer Brandausbreitung kommen kann.

Zur Erfüllung nachfolgender Anforderungen ist die Technische Regel A 2.2.1.2 (Anhang 4) zu beachten.

A 2.1.2.2 Nichtbrennbar

Bei der Verwendung in baulichen Anlagen muss bei Einwirkung eines Brandes, insbesondere eines fortentwickelten teilweise vollentwickelten Brandes, gewährleistet sein, dass die Teile baulicher Anlagen keinen Beitrag zum Brand leisten. Dabei dürfen je nach Verwendung keine oder eine begrenzt bleibende Entzündung, geringstmögliche Rauchentwicklung, kein fortschreitendes Glimmen und/oder Schwelen und kein Abtropfen (ausgenommen Aluminium) oder Abfallen auftreten; die Art der Bestandteile, Formstabilität sowie Schmelzpunkt/Schmelztemperatur sind zu berücksichtigen.

Hinweis:

Die Anforderungen können mit Baustoffen erfüllt werden, die dauerhaft bei Einwirkung eines Brandes nach DIN 4102-1:1998-05, Abschnitt 5.1 oder 5.2, die dort angegebenen Kriterien einhalten und nach Abschnitt 4.1 klassifiziert sind, ggf. mit der Angabe zum Schmelzpunkt von mindestens 1000°C nach DIN 4102-17:1990-12.«

Die oben zitierten Konkretisierungen der VV TB NRW 01/2019 verdeutlichen exemplarisch die Tragweite der neu implementierten Systematik ehemals (in den Bauregellisten) bauproduktbezogene definierte baurechtliche Anforderungen, die für die Erfüllung des Sicherheitsniveaus in Deutschland als notwendig erachtet werden, nunmehr in der normkonkretisierenden Verwaltungsvorschrift Technische Baubestimmungen zu spezifizieren, z.B. für die baurechtliche Begriffsbestimmung *nichtbrennbar*. Demnach sind diese Sicherheitsanforderungen als allgemeine baurechtliche Auflage und nicht länger direkt produktbezogen definiert (siehe z.B. ehemalige BRL Ausgabe 2013/1 Teil B 1 lfd. Nr. 1.5.1 in Verbindung mit »*Anlage 1/5.2 (2008/1) Das Glimmverhalten von Baustoffen, die nach DIN EN 13501-1 in die Klasse A1, A2, B oder C eingestuft werden, ist im Rahmen einer allgemein bauaufsichtlichen Zulassung nachzuweisen.*«). Bei der Planung, Auswahl und Einbau eines nichtbrennbaren Bauproduktes hat der Rechtsanwender (und gleichermaßen die entsprechenden Aufsichtsinstanzen) für die Konkretisierung »*kein fortschreitendes Glimmen und/oder Schwelen*«, deren Leistungen ggf. in der Leistungserklärung und CE-Kennzeichnung eines (europäisch) harmonisierten Bauproduktes nicht ausgewiesen sind, gleichwohl zu berücksichtigen. Den am Bau Beteiligten obliegt die Pflicht genau die Bauprodukte für den Einbau in nationale baulichen Anlagen auszuwählen, die zum einen ordnungsgemäß in Verkehr gebracht wurden und zum anderen auch für den Einbau in NRW verwendet werden dürfen. Der Gesetzgeber hat diesbezüglich eine Möglichkeit ausgewiesen, mit der Rechtsanwender diese Leistungseigenschaften von Hersteller von nichtbrennbaren Bauprodukten nachweisen lassen können (siehe z.B. obigen Hinweis bei Nr. A 2.1.2.2). Für die am Bau Beteiligten finden sich darüber hinaus für – aus Sicht von Deutschland lückenhaft – europäisch harmonisierte Normen in der Prioritätenliste des DIBt jeweils weitere Nachweismöglichkeiten der bauwerksbezogenen Anforderungen (s. auch Rdn. 59 ff.).

Herstellern von Bauprodukten steht es in Bezug auf den besseren Verkauf ihrer Bauprodukte frei, die Akzeptanz ihrer europäisch harmonisierten und gemäß BauPVO in Verkehr gebrachten und bereitgestellten Produkte in NRW dadurch zu verbessern, dass sie die – nunmehr bauwerksbezogenen – Anforderungen entsprechend der durch das Baurecht ausgewiesenen Möglichkeiten angeben. Hierzu hat der Gesetzgeber im Teil D 3 der VV TB NRW 01/2019 prinzipielle Lösungswege aufgezeigt, u.a. den Nachweis durch freiwillige Herstellererklärungen (weitere Informationen hierzu unter § 88 Rdn. 54 und 59 ff.).

§ 88   Technische Baubestimmungen

Zu 3.: Ermittlung der Leistungseigenschaften des Bauproduktes, u.a. mit Anhang 4 der VV TB NRW 01/2019

32 Die Verwendung der umgangssprachlich häufig verwendeten nationalen technischen Definitionen der Leistungseigenschaften in Bauvorlagen oder Genehmigungen sollte vermieden werden. Stattdessen sollten die baurechtlichen Begriffe in diesen Unterlagen verwendet werden, z.b. anstelle »B1« demnach »schwerentflammbare« Baustoffe, anstelle »F 30« demnach »feuerhemmendes« Bauteil. Andernfalls ergeben sich für die Bauherrschaft (Gebäudeeigentümer) Risiken im Hinblick von potentiellen formalen und technischen Widersprüchen zwischen der Genehmigung und der Ausführung und/oder Betrieb einer baulichen Anlage. Der Hintergrund hierfür ist die seit Jahren zunehmende Anzahl von europäisch harmonisierten Bauprodukten, deren Leistungseigenschaften und -klassen nicht mittels der nationalen Prüfkriterien normativ bestimmt werden sondern zwingend nach europäischen Normen ermittelt werden müssen, im Bereich des Brandschutzes z.B. durch die Normenreihe DIN EN 13501. Die (nationale) Qualität *»B1«* ist in dieser europäischen Normungssystematik unbekannt – nicht aber der bauordnungsrechtliche Begriff: *schwerentflammbar* (ggf. mit weiteren baurechtlich hinreichend bestimmenden Eigenschaften). Ein *»schwerentflammbarer«* Baustoff ist europäisch u.a. mit der Leistungsklasse C-s3, d2 definiert (gemäß DIN EN 13501-1:2010-01). In Deutschland muss ein schwerentflammbarer Baustoff, der die CE-Kennzeichnung aufgrund der BauPVO trägt, aber mindestens die in Abbildung 88.4 markierte Klassifizierung aufweisen um öffentlich-rechtlich verwendet werden zu dürfen. Die Klammer der bauordnungsrechtlichen Begriffe zu den beiden Normungssystemen, d.h. nationales und europäisches, findet sich in der VV TB NRW 01/2019, z.B. für brandschutztechnische Leistungseigenschaften der Baustoffklassen im Anhang 4 (d.h. Technische Regel A 2.2.1.2). Früher fand sich diese Klammer in der jeweiligen Fassung der BRL Teil A 1, siehe dort Anlagen 0.1 und 0.2.

Technische Baubestimmungen § 88

1.2 Bauaufsichtliche Anforderungen und Baustoffklassen nach DIN 4102-1:1998-05 und weitere Angaben

Tabelle 1.2.1: Bauaufsichtliche Anforderung und Zuordnung der Baustoffklassen nach DIN 4102-1:1998-05 für Baustoffe (einschließlich Bodenbeläge und lineare Rohrdämmstoffe) und weitere Angaben

Bauaufsichtliche Anforderung nach A 2.1.2	Mindestens geeignete Baustoffklassen nach DIN 4102-1:1998-05 und weitere Angaben
nichtbrennbar[1]	A 2
schwerentflammbar	B 1 und begrenzte Rauchentwicklung (l ≤ 400 % x Min. bei Prüfung nach DIN 4102-15:1990-05)
schwerentflammbar und nicht brennend abfallend oder abtropfend	B 1 und nicht brennend abfallend oder abtropfend sowie begrenzte Rauchentwicklung (l ≤ 400 % x Min. bei Prüfung nach DIN 4102-15:1990-05)
schwerentflammbar und geringe Rauchentwicklung	B1 und geringe Rauchentwicklung (l ≤ 100 % x Min. bei Prüfung nach DIN 4102-15:1990-05)
schwerentflammbar und nicht brennend abfallend oder abtropfend sowie geringe Rauchentwicklung	B1 und nicht brennend abfallend oder abtropfend sowie geringe Rauchentwicklung (l ≤ 100 % x Min. bei Prüfung nach DIN 4102-15:1990-05)
normalentflammbar nicht brennend abfallend oder abtropfend	B 2
normalentflammbar	B 2 (auch brennend abfallend oder abtropfend)
[1] ggf. zusätzlich Schmelzpunkt > 1000 °C	Angabe: Schmelzpunkt von mindestens 1000 °C nach DIN 4102-17:1990-12

Anhang 4 Bauaufsichtliche Anforderungen, Zuordnung der Klassen

Für schwerentflammbare und normalentflammbare Bauprodukte – ausgenommen Bodenbeläge – werden bei den Prüfungen nach DIN 4102-1:1998-05 Ergebnisse über das brennende Abtropfen oder das Abfallen brennender Probenteile festgestellt, bei den schwerentflammbaren Bauprodukten außerdem Werte über die Rauchentwicklung. Tritt brennendes Abtropfen/Abfallen auf bzw. wird bei schwerentflammbaren Bauprodukten – ausgenommen Bodenbeläge – der Grenzwert für die Rauchentwicklung überschritten, ist dies zusätzlich zur Baustoffklassifizierung mit dem Ü-Zeichen anzugeben.

§ 88 Technische Baubestimmungen

1.3 Bauaufsichtliche Anforderungen und Klassen nach DIN EN 13501-1:2010-01

Für die Verwendung in baulichen Anlagen ist für Bauprodukte, einschließlich deren Bestandteile, nach den europäisch harmonisierten Normen, nach den Europäischen Technischen Bewertungen bzw. Europäischen Technischen Zulassungen die Tabelle 1.3.1 zu beachten.

Tabelle 1.3.1: Bauaufsichtliche Anforderung und Zuordnung der Klassen nach DIN EN 13501-1:2010-01

Bauaufsichtliche Anforderungen, konkretisiert durch A 2.1.2	Mindestens geeignete Klassen nach DIN EN 13501-1:2010-01		
	Bauprodukte, ausgenommen lineare Rohrdämmstoffe und Bodenbeläge	lineare Rohrdämmstoffe	Bodenbeläge
nichtbrennbar[1]	A2 – s1,d0	$A2_L$ – s1,d0	$A2_{fl}$ – s1
schwerentflammbar und nicht brennend abfallend oder abtropfend, sowie geringe Rauchentwicklung	C – s1,d0	C_L – s1,d0	-
schwerentflammbar und nicht brennend abfallend oder abtropfend	C – s3,d0	C_L – s3,d0	-
schwerentflammbar und geringe Rauchentwicklung	C – s1,d2	C_L – s1,d2	C_{fl} – s1
schwerentflammbar	C – s3,d2	C_L – s3,d2	C_{fl} – s1
normalentflammbar und nicht brennend abfallend oder abtropfend	E	E_L	-
normalentflammbar	E – d2	E_L – d2	E_{fl}

[1] ggf. zusätzlich Schmelzpunkt > 1000 °C

Erläuterungen zu Tabelle 1.3.1:

Herleitung des Kurzzeichens	Kriterium	Anwendungsbereich
s (Smoke)	Rauchentwicklung	Anforderungen an die Rauchentwicklung ■ s1: geringe Rauchentwicklung ■ s2, s3: begrenzte Rauchentwicklung
d (Droplets)	brennendes Abtropfen/Abfallen	Anforderungen an das brennende Abtropfen/Abfallen ■ d0: kein brennendes Abtropfen/Abfallen ■ d1, d2: brennendes Abtropfen/Abfallen
....fl (Floorings)		Brandverhaltensklasse für Bodenbeläge
...L (Linear Pipe Thermal Insulation Products)		Brandverhaltensklasse für Produkte zur Wärmedämmung von linearen Rohren

Bauprodukte können aufgrund von EU-Rechtsvorschriften (Entscheidungen, Delegierte Rechtsakte) ohne weitere Prüfung hinsichtlich des Brandverhaltens klassifiziert werden.

Abb. 88.4 Beispiele für die Konkretisierung der bauordnungsrechtlichen Anforderungen und brandschutztechnische Zuordnung zu nationalen Baustoffklassen und europäischen Leistungsklassen gemäß § 88 Abs. 2 Nr. 3 a-f BauO NRW 2018 zur VV TB NRW 01/2019

33 Entsprechend des obigen Beispiels müssen die am Bau Beteiligten im Rahmen der Planung, Bemessung und Ausführung alle relevanten Leistungseigenschaften von Bauprodukten (und entsprechend Bauarten) summarisch ermitteln. Anhand der

zusammengeführten öffentlich-rechtlichen Mindestanforderungen ist dann – unter Berücksichtigung der privatrechtlichen Anforderungen – die Auswahl eines Bauprodukts (oder entsprechend einer nationalen Bauart) möglich.

In bestehenden Baugenehmigungen finden sich die Angaben zu den Leistungsanforderungen von Bauprodukten und auch von Bauarten regelmäßig mit den nationalen technischen Spezifikationen, z.b. im Bereich des Brandschutzes. In Bezug auf Instandhaltungstätigkeiten resp. nicht genehmigungspflichtigen Änderungen in baulichen Anlagen führen diese Bestimmungen für viele Bauprodukte, die die CE-Kennzeichnung aufgrund der BauPVO tragen müssen, zu formalen und auch technischen Abweichungen. Die entsprechenden Anforderungen sollten in diesen Fällen nachträglich zugunsten der baurechtlich definierten Leistungseigenschaften angepasst werden. Dies auch vor dem Hintergrund, dass die Leistungseigenschaften von national und europäisch klassifizierten Bauprodukten nicht 1:1 identisch sind. In Details und abhängig vom jeweiligen Bauprodukt unterscheiden sich die nationalen und europäischen Prüfnormen und damit die Leistungen, d.h. B1 ist technisch nicht gleich CL – s3, d2. 34

▶ **Beispiel:**

Ein Unternehmen soll im März 2019 in einer bestehenden baulichen Anlage im Rahmen von Instandhaltungsarbeiten die beschädigte brennbare Dämmung von Rohrleitungsanlagen austauschen. In der Baugenehmigung mit Gültigkeitsdatum 01.08.2011 ist gefordert, dass »*die Dämmstoffe von Rohrleitungsanlagen mindestens B1 sein müssen*«. Diese Forderung führt für das ausführende Unternehmen zu einem baurechtlichen Konflikt mit der Baugenehmigung.

Seit dem Ende der Koexistenzphase (siehe hierzu § 19 Rdn. 14) dürfen für definierte Wärmedämmstoffe ab dem 01.08.2012 in Europa von Herstellern ausschließlich in Verkehr gebracht werden, wenn sie eine Leistungserklärung vorweisen und eine CE-Kennzeichnung am Produkt angebracht haben, z.B. Wärmedämmstoffe entsprechend DIN EN 14304:2009 (Wärmedämmstoffe für die technische Gebäudeausrüstung und für betriebstechnische Anlagen in der Industrie – werksmäßig hergestellte Produkte aus flexiblem Elastomer (FEF) – Spezifikation). Weitere Informationen zu Begrifflichkeiten und Systematik gemäß BauPVO siehe § 19 BauO NRW 2018.

Die (nationale) Leistungsklasse B1 kann und darf von Bauproduktherstellern auf dem europäisch harmonisierten Bauprodukt nicht ausgewiesen werden. Ein mit der Instandhaltung beauftragtes ausführendes Unternehmen wird auf dem Markt daher keine entsprechend B1 klassifizierten Dämmstoffe mehr erhalten. Vielmehr sind auf den Wärmedämmstoffen die europäischen Leistungsklassen in der Leistungserklärung ausgewiesen, z.B. C_L-s3, d2 (siehe Anhang 4 VV TB NRW 01/2019, dort Tabelle 1.3.1). Baut das Unternehmen diese europäisch klassifizierten Bauprodukte ein, ohne vorher eine baurechtliche Genehmigung zu erwirken, verhält es sich nicht rechtskonform zur bestehenden Baugenehmigung. Zum einen sind die brandschutztechnischen Leistungseigenschaften des nationalen »B1«-Baustoffs technisch nicht zwingend 1:1 vergleichbar und identisch denen des europäischen »C_L-s3, d2«-Baustoffs und zum anderen ist in den Eingangsbemerkungen zu Anhang 4 der VV TB NRW 01/2019 darauf verwiesen, dass »*für bauordnungsrechtliche Anforderungen in dieser Technischen*

Baubestimmung (...) eine Abweichung nach § 88 Abs. 1 Satz 3 BauO NRW 2018 ausgeschlossen ist; eine Abweichung von bauordnungsrechtlichen Anforderungen kommt nur nach § 69 BauO NRW in Betracht. § 17 Abs. 2 und 20 Abs. 1 BauO NRW 2018 bleiben unberührt.« Demzufolge bedarf die von den Auflagen der Baugenehmigung abweichende Instandhaltung der Rohrleitungsanlage (die für sich genehmigungsfrei ist) einer entsprechenden baurechtlichen Legalisierung – deren positive Entscheidung mit hoher Wahrscheinlichkeit vorausgesetzt werden kann.

35 Begründung RegE BauO NRW 2016 (Drucks. 16/12119 v. 31.05.2016):

»zu Nr. 2

Nr. 2 bildet die Grundlage für Anforderungen an die Planung, Bemessung und Ausführung baulicher Anlagen und ihrer Teile. Die Regelung erfasst nicht die Anforderungen an die Planung, Bemessung und Ausführung, die im Zusammenhang mit der Verwendung konkreter Bauprodukte stehen. Für diese gibt es die speziellere Ermächtigungsgrundlage in Buchstabe (sic) a).« (Hinweis Autor: 3a).

36 In der VV TB NRW 01/2019 werden die allgemeinen Anforderungen, die für die Planung, Bemessung und Ausführung maßgeblich sein können, in Bezug auf § 88 Abs. 2 Nr. 2 BauO NRW 2018 mittels technischer Regeln konkretisiert. Demnach finden sich technische Regeln und Richtlinien von zahlreichen Normungsgebern wieder und sind den jeweiligen Sachgebieten der Teile A, B usw. sowie den Anhängen zugeordnet u.a.:
– der Arbeitsgemeinschaft der für Städtebau, Bau- und Wohnungswesen zuständigen Minister und Senatoren der 16 Länder der Bundesrepublik Deutschland (ARGEBAU),
– des Dachverband Lehm e.V.,
– des Deutschen Ausschuss für Stahlbeton e.V. (DAfStb),
– des Deutschen Institut für Bautechnik (DIBt),
– des Deutschen Institut für Normung e.V. (DIN),
– des Zentralverband Sanitär, Heizung, Klima.

Eine Vielzahl von technischen Regeln, die im Bereich des Bauwesens relevant sein können, sind in Bezug auf § 88 Abs. 2 BauO NRW 2018 durch den Gesetzgeber gleichwohl nicht in den Technischen Baubestimmungen berücksichtigt. Dies sind z.B. technische Regeln
– des VDE Verband der Elektrotechnik Elektronik Informationstechnik e.V. (VDE),
– der Deutschen Vereinigung des Gas- und Wasserfaches e.V. (DVGW),
– der Berufsgenossenschaften zur Unfallverhütung,
– des Verein Deutscher Ingenieure e.V.,
– der VdS Schadenverhütung GmbH,
– der Insurance Europe (bis zum 29.02.2012: Comité Européen des Assurances – CEA).

Technische Baubestimmungen können insofern technische Regeln sein aber allgemein anerkannte technische Regeln müssen nicht zwingend den rechtlichen Status einer Technischen Baubestimmung erhalten haben. Zur Definition, öffentlich-rechtlichen Bedeutung, strafrechtlich- und privatrechtlichen Relevanz von technischen Regeln siehe auch § 3 Rdn. 73 ff.

Wie bereits in der früher anzuwendenden Liste der Technischen Baubestimmungen 37
vom gemäß Runderlass vom 13.06.2017 sind auch in der VV TB NRW 01/2019
neben der eigentlichen technischen Regel (Spalte 3) weitere Maßgaben definiert (Spalte 4), die gemäß gem. § 88 Abs. 2 BauO NRW 2018 ebenfalls zu beachten sind (siehe Abbildung 88.5). Diese Maßnahmen können entweder u.a. erleichternde Regelungen beinhalten oder besondere Anforderungen resp. Konkretisierungen definieren. Dieses Instrument des Staates (»*Weitere Maßgaben*«, siehe letzte Spalte 4 Zeile 1) ermöglicht Sachverhalte zu definieren, die ggf. in Gegenwirkung zu Normen, eine Modifikation von Normen oder im Vergleich zu Normen anderweitige Vorgaben beinhalten. Die am Bau Beteiligten müssen diese Anlagen daher ebenfalls beachten. Insbesondere in diesen Anlagen definierte erleichternde Maßgaben zu Normen sind durch die am Bau Beteiligten nicht im Sinne des § 88 Abs. 1 Satz 3 zu würdigen. Diese Würdigung hat in jenen Fällen bereits durch die Oberste Bauaufsicht NRW stattgefunden.

A 3.2 Technische Anforderungen hinsichtlich Planung, Bemessung und Ausführung an bestimmte bauliche Anlagen und ihre Teile gem. § 88 Abs. 2 BauO NRW 2018

Die Anforderungen zur bauwerksseitigen Beschränkung gesundheitsschädlicher Emissionen in Aufenthaltsräumen gemäß lfd. Nr. A 3.2.1 und A 3.2.2 sowie zur Sicherstellung der Umweltverträglichkeit von Außenbauteilen gemäß lfd. Nr. A 3.2.3 sind in den Regelwerken beschrieben. Sie sind einzuhalten. Werden für die betroffenen Bereiche stattdessen konstruktive Maßnahmen (z.B. Deckschichten, Ummantelungen) vorgesehen, so ist deren Schutzwirkung nachzuweisen.

Lfd. Nr.	Anforderungen an Planung, Bemessung und Ausführung gem. § 88 Abs. 2 BauO NRW 2018	Technische Regeln/Ausgabe	Weitere Maßgaben gem. § 88 Abs. 2 BauO NRW 2018
1	2	3	4
A 3.2.1	Anforderungen an bauliche Anlagen bezüglich des Gesundheitsschutzes	ABG - Anforderungen an bauliche Anlagen bezüglich des Gesundheitsschutzes: 2017-05 (s. Anhang 8)	Anlage A 3.2/4
A 3.2.2	Textile Bodenbeläge	TR Textile Bodenbeläge: 2017-05 (s. Anhang 9)	
A 3.2.3	Anforderung an bauliche Anlagen bezüglich der Auswirkungen auf Boden und Gewässer	ABuG - Anforderung an bauliche Anlagen bezüglich der Auswirkungen auf Boden und Gewässer: 2017-07 (s. Anhang 10)	Anlage A 3.2/3
A 3.2.4	Bewertung und Sanierung PCB-belasteter Baustoffe und Bauteile in Gebäuden	Richtlinie für die Bewertung und Sanierung PCB-belasteter Baustoffe und Bauteile in Gebäuden, Ausgabe Juni 1996, Abschnitte 1, 2, 3, 4.1, 4.2, 5.1, 5.2, 5.4 (s. MBl NRW 1996, S. 1260)	Anlage A 3.2/1
A 3.2.5	Bewertung und Sanierung schwach gebundener Asbestprodukte in Gebäuden	Richtlinie für die Bewertung und Sanierung schwach gebundener Asbestprodukte in Gebäuden, Ausgabe Januar 1996 (s. DIBt-Mitteilungen 3/1996, S. 88)	Anlage A 3.2/2

Abb. 88.5 Beispiele für Konkretisierungen hinsichtlich Planung, Bemessung und Ausführung an (unbestimmte) an bauliche Anlagen oder ihre Teile Bauteile gemäß § 88 Abs. 2 Nr. 2 BauO NRW 2018 zur VV TB NRW 01/2019

§ 88 Technische Baubestimmungen

38 Gemäß der Ausführungen in Rdn. 37 sind auch im Teil B der VV TB NRW 01/2019 neben der eigentlichen technischen Regel (Spalte 3) weitere Bestimmungen/Festlegungen gemäß § 88 Abs. 2 BauO NRW 2018 definiert (Spalte 3), die in der Planung, Bemessung und Ausführung zu beachten sind.

B 2 Technische Regelungen für Sonderkonstruktionen und Bauteile gem. § 88 Abs. 2 BauO NRW 2018

Lfd. Nr.	Anforderungen an die Planung, Bemessung und Ausführung gem. § 88 Abs. 2 BauO NRW 2018	Bestimmungen/Festlegungen gem. § 88 Abs. 2 BauO NRW 2018
1	2	3
B 2.1	**Sonderkonstruktionen**	
B 2.1.1	Fliegende Bauten - Zelte	DIN EN 13782:2015-06 Anlage B 2.1/1
B 2.1.2	Fliegende Bauten und Anlagen für Veranstaltungsplätze und Vergnügungsparks	DIN EN 13814:2005-06 Anlage B 2.1/2
B 2.2	**Bauteile**	
B 2.2.1	**Bauteile für Wände, Dächer, Decken und Fassadenkonstruktionen**	
B 2.2.1.1	Außenwandbekleidungen, hinterlüftet	DIN 18516-1:2010-06 Anlage B 2.2.1/1 DIN 18516-3:2013-09 DIN 18516-5:2013-09 Anlage B 2.2.1/2 Zusätzlich gilt: A 2.2.1.6
B 2.2.1.2	Aus Bausätzen hergestellte tragende Außenwände	Anlage B 2.2.1/3
B 2.2.1.3	Vorhangfassaden	Anlage B 2.2.1/4
B 2.2.1.4	Wände und Decken aus selbsttragenden Sandwich-Elementen mit beidseitigen Metalldeckschichten	Anlage B 2.2.1/5
B 2.2.1.5	Außenseitige Wärmedämmverbundsysteme	WDVS mit ETA nach ETAG 004: 2017-02
B 2.2.1.6	Ortbeton-Wände aus Schalungssteinen	Anwendungsregeln für nicht lasttragende verlorene Schalungsbausätze/-systeme und Schalungssteine für die Erstellung von Ortbeton-Wänden: 2016-06
B 2.2.1.7	Bausätze für innere Trennwände zur Verwendung als nicht tragende Wände[3]	Anlage B 2.2.1/6
B 2.2.1.8	Bausätze für Gebäude aus Holz, Metall und Stahlbeton[3]	Anlage B 2.2.1/3
B 2.2.1.9	Vorgefertigte Raumzellen für Gebäude[1]	Anlage B 2.2.1/3

Abb. 88.6 Beispiele für Konkretisierungen der Technischen Regelungen hinsichtlich Planung, Bemessung und Ausführung an bauliche Anlagen (Sonderkonstruktionen) und Bauteile gem. § 88 Abs. 2 Nr. 2 BauO NRW 2018 zur VV TB NRW 01/2019

Begründung RegE BauO NRW 2016 (Drucks. 16/12119 v. 31.05.2016): 39

»*zu Nr. 3*

In Nr. 3 sind die Ermächtigungsgrundlagen für alle die Regelungen zusammengefasst, die unmittelbar oder mittelbar in Beziehung zu den Bauprodukten stehen.

– *zu Nr. 3a)*
Dies ist die Ermächtigungsgrundlage für Anforderungen an die Planung, Bemessung und Ausführung, die im Zusammenhang mit der Verwendung konkreter Bauprodukte stehen. Insbesondere können auf dieser Grundlage auch alternative konstruktive Maßnahmen beschrieben werden, bei deren Ausführung in der konkreten Verwendungssituation darauf verzichtet werden kann, dass ein Bauprodukt in Hinblick auf eine bestimmte Leistung den Anforderungen entspricht.

– *zu Nr. 3b)*
Aufgrund dieser Ermächtigungsgrundlage kann festgelegt werden, welche Merkmale, die sich für einen konkreten Verwendungszweck auf die Erfüllung der Anforderungen nach § 3 Absatz 1 Satz 1 beziehen, ein Bauprodukt aufweisen muss, um für einen bestimmten Verwendungszweck geeignet zu sein. Diese Merkmale müssen aus den Bauwerksanforderungen abgeleitet und diese Ableitung muss für den Rechtsanwender nachvollziehbar sein. Insbesondere können sich erforderliche Merkmale aus dem Vorliegen oder Nichtvorliegen von Einwirkungen auf bestimmte bauliche Anlagen oder ihre Teile ergeben; diese Einwirkungen können sich aus klimatischen, geologischen, geographischen, physikalischen, chemischen oder biologischen Rahmenbedingungen ergeben. Umgekehrt können sich bestimmte Merkmale aber auch im Hinblick auf den Einfluss ergeben, den das Bauwerk oder seine Teile auf seine Umgebung ausüben.

– *zu Nr. 3c)*
Aufgrund dieser Ermächtigungsgrundlage können Prüfverfahren für die Feststellung der Leistung eines Bauprodukts im Hinblick auf Merkmale, die sich für einen konkreten Verwendungszweck auf die Erfüllung der Anforderungen nach § 3 Absatz 1 Satz 1 beziehen, bestimmt werden. Die Festlegung von Prüfverfahren ist ausschlaggebend dafür, dass die aufgrund von Prüfverfahren erklärten Leistungen vergleichbar sind.

– *zu Nr. 3d)*
Aufgrund dieser Ermächtigungsgrundlage kann die Verwendung bestimmter Bauprodukte für bestimmte Verwendungszwecke erlaubt oder untersagt werden, weil sich aus der Betrachtung der Merkmale des Bauprodukts, die sich für einen konkreten Verwendungszweck auf die Erfüllung der Anforderungen nach § 3 Absatz 1 Satz 1 beziehen, und der Anforderungen an die bauliche Anlage oder den Teil der baulichen Anlage ergibt, dass das Bauprodukt für diesen Zweck grundsätzlich geeignet oder ungeeignet ist.

– *zu Nr. 3e)*
Nr. 3e) überführt die Regelung des ehemaligen § 20 Abs. 7 in das neue Regelungsmodell. Aufgrund dieser Vorschrift kann in den Fällen, in denen in Normen, insbesondere harmonisierten Normen, Stufen und Klassen festgelegt werden, bestimmt

§ 88   Technische Baubestimmungen

>   werden, welche Stufe oder Klasse für einen bestimmten Verwendungszweck vorliegen muss.
> – zu Nr. 3f)
>   Gemäß Buchstabe f) kann für ein konkretes Bauprodukt in Bezug auf einen konkreten Verwendungszweck vorgesehen werden, zu welchen Merkmalen, die sich für einen konkreten Verwendungszweck auf die Erfüllung der Anforderungen nach § 3 Absatz 1 Satz 1 beziehen, der Hersteller Angaben zur Leistung machen muss. Außerdem können Aussagen dazu getroffen werden, wie die Leistung beschaffen sein muss, damit ein Produkt für einen konkreten Verwendungszweck eingesetzt werden darf.«

40 Für einen umfangreichen Katalog von nationalen Bauprodukten und Bauarten sowie Bauprodukten, die die CE-Kennzeichnung aufgrund der BauPVO tragen, spiegeln sich die definierten Ermächtigungsregelungen des § 88 Abs. 2 Nr. 3 a-f BauO NRW 2018 in den verschiedenen Teilen sowie den Anhängen in der VV TB NRW 01/2019 wieder. Durch die am Bau Beteiligten bedarf es daher bei der Planung, der Auswahl, dem Einbau und dem Betrieb von Bauprodukten und Bauarten der detaillierten Analyse der VV TB NRW 01/2019 hinsichtlich der potentiellen Regelungen für das jeweilige maßgebliche Bauprodukt/Bauart. Angesichts der Vielzahl von auf dem Markt erhältlichen Bauprodukten und Bauarten, mit ihren jeweils höchst unterschiedlichen weitreichenden Anwendungsbereichen, müssen die am Bau Beteiligten daher für das jeweilige Bauprodukt resp. Bauart den individuellen Abgleich der bauordnungsrechtlichen Regelungen u.a. anhand der VV TB NRW 01/2019 durchführen. Hierbei befinden sich die Regelungen, die durch die in § 88 Abs. 2 Nr. 3 a-f BauO NRW 2018 vorhandenen Ermächtigungsgrundlagen autorisiert sind – abhängig vom jeweiligen Bauprodukt bzw. Bauart – an vollkommen unterschiedlichen Positionen in der VV TB NRW 01/2019.

41 Maßgaben für Bauprodukte der Technischen Gebäudeausrüstungen, die Regelungen nach anderen EU-Rechtsvorschriften für Produkte unterliegen, wie z.B. der »Druckgeräterichtlinie« oder der »Niederspannungs-Richtlinie« sind im Kapitel B.3.2.1 der VV TB NRW 01/2019 gelistet. In diesem Teil befindet sich ein facettenreiches Spektrum von Produkten, das jeweils als Bauprodukt der Technischen Gebäudeausrüstung in Anlagen, genutzt werden kann, wie z.B. Solaranlagen, Lüftungsgeräte (mit einem definierten Volumenstrom), Kleinkläranlagen oder Heizkessel. In Spalte 4 des Abschnitt B 3.2.1 sind der konkrete Verwendungszweck, die gemäß BauO NRW 2018 bestehende Grundanforderung (ggf. mit Konkretisierung), das fehlende wesentliche Merkmal und die Verfahren zum Nachweis des fehlenden wesentlichen Merkmals beschrieben, deren Bestimmungen aufgrund des § 88 Abs. 2 Nr. 3 a-f BauO NRW 2018 legalisiert sind, angegeben.

Technische Baubestimmungen § 88

Lfd. Nr.	Bauprodukt	Maßgebende Harmonisierungs-rechtsvorschriften	a: Konkreter Verwendungszweck b: Gemäß BauO NRW 2018 bestehende Grundanforderung, ggf. mit Konkretisierung c: Fehlendes Wesentliches Merkmal d: Verfahren zum Nachweis des fehlenden wesentlichen Merkmals
1	2	3	4
B 3.2	Bestimmungen nach § 88 Abs. 2 Nr. 3 BauO NRW 2018		
B 3.2.1	Technische Gebäudeausrüstungen, die Anforderungen nach anderen Rechtsvorschriften unterliegen		
B 3.2.1.1	Amalgamabscheider	2014/35/EU 2014/30/EU 93/42/EWG 2006/42/EG	a: Verwendung in der Gebäudeentwässerung b: Hygiene, Gesundheit, Umweltschutz c: Dichtheit, Verhinderung des Rückflusses, Geruchsdichtheit und ausreichender Abscheidegrad
B 3.2.1.2	Kleinkläranlagen mit motorischen Antrieben	2014/35/EU 2014/30/EU 2006/42/EG	a: Verwendung in der Gebäudeentwässerung b: Hygiene, Gesundheit, Umweltschutz c: Dichtheit, Verhinderung des Rückflusses, Geruchsdichtheit und biologische Klärwirkung
B 3.2.1.3	Anlagen zur Begrenzung von Schwermetallen in Abwässern, die bei der Herstellung keramischer Erzeugnisse anfallen und die mit motorischen Antrieben ausgestattet sind	2014/35/EU 2014/30/EU 2006/42/EG	a: Verwendung in der Gebäudeentwässerung b.1: Hygiene, Gesundheit, Umweltschutz b.2: Nutzungssicherheit c.1: Dichtheit, Begrenzungswirkung c.2: Funktionssicherheit der Mess-, Steuer- und Regelungseinrichtungen
B 3.2.1.4	Anlagen zur Begrenzung von abfiltrierbaren Stoffen, Arsen, Antimon, Barium, Blei und anderen Schwermetallen, die für einen Anfall von bei der	2014/35/EU 2014/30/EU 2006/42/EG	a: Verwendung in der Gebäudeentwässerung b.1: Hygiene, Gesundheit, Umweltschutz b.2: Nutzungssicherheit c.1: Dichtheit, Begrenzungswirkung

Abb. 88.7 Beispiele für Konkretisierungen bzgl. der Leistung von Bauprodukten der Technischen Gebäudeausrüstung, die Anforderungen nach anderen Rechtsvorschriften unterliegen, gemäß § 88 Abs. 2 Nr. 3 a-f BauO NRW 2018 zur VV TB NRW 01/2019

Des Weiteren befinden sich in Abschnitt B 3.2.2 (siehe Abb. 88.8) Regelungen für Bauprodukte von Anlagenteilen zum Lagern, Abfüllen und Umschlagen von wassergefährdenden Stoffen, die durch die in § 88 Abs. 2 Nr. 3 a-f vorhandenen Ermächtigungsgrundlagen autorisiert sind.

§ 88 Technische Baubestimmungen

Lfd. Nr.	Bauprodukt	Maßgebende Harmonisierungs-rechtsvorschriften	a: Konkreter Verwendungszweck b: Gemäß BauO NRW 2018 bestehende Grundanforderung, ggf. mit Konkretisierung c: Fehlendes Wesentliches Merkmal d: Verfahren zum Nachweis des fehlenden wesentlichen Merkmals
1	2	3	4
	Anforderungen an den Funktionserhalt im Brandfall	2006/42/EG	b: Brandschutz c: Funktionserhalt im Brandfall
B 3.2.2 Teile von Anlagen zum Lagern, Abfüllen und Umschlagen von wassergefährdenden Stoffen, die Anforderungen nach anderen Rechtsvorschriften unterliegen			
B 3.2.2.1	Überfüllsicherungen für Behälter	2014/35/EU 2014/30/EU 2014/34/EU	a: Lagern, Abfüllen und Umschlagen von wassergefährdenden Flüssigkeiten b: Hygiene, Gesundheit, Umweltschutz c: Funktionssicherheit, Erkennbarkeit der Alarmanzeige, Korrosionsbeständigkeit und Störungsanzeige
B 3.2.2.2	Leckanzeigegeräte für Behälter und Rohrleitungen[7]	2014/35/EU 2014/30/EU 2014/34/EU	a: Lagern, Abfüllen und Umschlagen von wassergefährdenden Flüssigkeiten b.1: Festigkeit und Standsicherheit b.2: Hygiene, Gesundheit, Umweltschutz c.1: Standsicherheit des Überwachungsraums c.2: Eignung des Leckanzeigemediums, Korrosionsbeständigkeit, Durchgängigkeit und Dichtigkeit des Überwachungsraums und Funktionssicherheit des Leckanzeigers
B 3.2.2.3	Leckageerkennungssysteme[7]	2014/35/EU 2014/30/EU	a: Lagern, Abfüllen und Umschlagen von wassergefährdenden Flüssigkeiten b: Hygiene, Gesundheit, Umweltschutz c: Funktionssicherheit, Erkennbarkeit der Alarmanzeige, Korrosionsbeständigkeit und Störungsanzeige

Abb. 88.8 Beispiele für Konkretisierungen bzgl. der Leistung von Bauprodukten als Teile von Anlagen zum Lagern, Abfüllen und Umschlagen von wassergefährdenden Stoffen, die Anforderungen nach anderen Rechtsvorschriften unterliegen, gemäß § 88 Abs. 2 Nr. 3 a-f BauO NRW 2018 zur VV TB NRW 01/2019

43 Neben den beschriebenen Konkretisierungen für definierte Produkte finden sich u.a. Regelungen für die Festlegung von Klassen und Stufen die durch die in § 88 Abs. 2 Nr. 3 a-f BauO NRW 2018 vorhandenen Ermächtigungsgrundlagen autorisiert sind, z.B. von brandschutztechnischen Bauprodukten. Diese sind u.a. im Anhang 4 VV TB NRW 01/2019 veröffentlicht, im Folgenden beispielhaft anhand von Kabel- und Rohrabschottungen verdeutlicht. Die Anforderungen stellen hierbei für nationale Bauarten und Bauprodukte sowie Bauprodukte, die die CE-Kennzeichnung aufgrund der BauPVO tragen, das nationale Mindestmaß dar.

6 Kabel- und Rohrabschottungen

6.1 Allgemeines

Zum Nachweis der Feuerwiderstandsfähigkeit von baulichen Anlagen, die Kabel- und Rohrabschottungen enthalten, zu deren Errichtung Bauarten mit Anwendbarkeitsnachweisen gemäß § 17 BauO NRW 2018 angewendet werden, kann die Zuordnung der Feuerwiderstandsklassen nach der Normenreihe DIN 4102 zu den Anforderungen nach A 2.1.14 dem Abschnitt 6.2 entnommen werden.

Zum Nachweis der Feuerwiderstandsfähigkeit von baulichen Anlagen, die Kabel- und Rohrabschottungen enthalten, zu deren Errichtung Bauprodukte oder Bausätze nach harmonisierten technischen Spezifikationen nach der Verordnung (EU) Nr. 305/2011 gemäß Amtsblatt der Europäischen Union C 209/03 vom 10. Juni 2016 und C 172/4 vom 13. Mai 2016 verwendet werden, kann die Zuordnung der Feuerwiderstandsklassen nach der Normenreihe DIN EN 13501 zu den Anforderungen nach A 2.1.14 dem Abschnitt 6.3 entnommen werden.

Für die Verwendung von Bauprodukten oder Bausätzen, für die harmonisierte technische Spezifikationen nach der Verordnung (EU) Nr. 305/2011 vorliegen, gelten die Anwendungsregeln des Abschnitts 6.3.

6.2 Kabel- und Rohrabschottungen klassifiziert nach DIN 4102-9:1990-05 bzw. DIN 4102-11:1985-12

Tabelle 6.2.1: Bauaufsichtliche Anforderung und Zuordnung der Feuerwiderstandsklassen nach DIN 4102-9 bzw. DIN 4102-11

Bauaufsichtliche Anforderung	Feuerwiderstandsklasse	
	Kabelabschottung (DIN 4102-9)	Rohrabschottung (DIN 4102-11)
feuerhemmend	S30	R30
hochfeuerhemmend	S60	R60
feuerbeständig	S90	R90
Feuerwiderstandsfähigkeit 120 Minuten	S120	R120

Der Nachweis des Feuerwiderstandes der Abschottung in der baulichen Anlage ist im Rahmen einer Bauartgenehmigung zu führen.

6.3 Kabel- und Rohrabschottungen nach harmonisierten technischen Spezifikationen

6.3.1 Bauaufsichtliche Anforderung und Klassifizierungen

Tabelle 6.3.1: Bauaufsichtliche Anforderung und Zuordnung der Klassifizierungen nach DIN EN 13501-2:2010-02

Bauaufsichtliche Anforderung	Feuerwiderstandsklasse		Brandverhalten, mindestens geeignete Klasse nach DIN EN 13501-1:2010-01
	Kabelabschottung	Rohrabschottung	
feuerhemmend	EI 30	EI 30-U/U^1 EI 30-C/U^2	E
hochfeuerhemmend	EI 60	EI 60-U/U^1 EI 60-C/U^2	E
feuerbeständig	EI 90	EI 90-U/U^1 EI 90-C/U^2	E
Feuerwiderstandsfähigkeit 120 Minuten	EI 120	EI 120-U/U^1 EI 120-C/U^2	E

[1] Für die Abschottung von brennbaren Rohren oder Rohren mit einem Schmelzpunkt < 1000 °C; für Trinkwasser-, Heiz- und Kälteleitungen mit Durchmessern ≤ 110 mm ist auch die Klasse EI ...-U/C zulässig.
[2] Für die Abschottung von Rohrleitungen aus nichtbrennbaren Rohren mit einem Schmelzpunkt ≥ 1000 °C, Ausführung der Rohrleitung ohne Anschlüsse an brennbare Rohren.

Hinsichtlich des Brandverhaltens der Komponenten des Bauproduktes, des Bausatzes gilt Abschnitt 1.3.

Abb. 88.9 Beispiele der Konkretisierung von nationalen Mindestanforderungen für nationale Bauarten und Bauprodukte sowie Bauprodukte, die die CE-Kennzeichnung aufgrund der BauPVO tragen, gemäß § 88 Abs. 2 Nr. 3 a-f BauO NRW 2018 zur VV TB NRW 01/2019

§ 88 Technische Baubestimmungen

44 Im Anhang 4 finden sich darüber hinaus Konkretisierungen für die nationale Anwendung und Ausführung von brandschutztechnischen Bauprodukten, die durch die in § 88 Abs. 2 Nr. 3 a-f vorhandenen Ermächtigungsgrundlagen autorisiert sind, z.B. CE-gekennzeichnete Bauprodukte oder Bausätze.

6.3.2 Anwendungs- und Ausführungsbestimmungen

Tabelle 6.3.2: Bauprodukte oder Bausätze nach harmonisierten technischen Spezifikationen nach der Verordnung (EU) Nr. 305/2011

6.3.2.1	Brandschutzprodukte oder Bausätze aus Brandschutzprodukten zum Abdichten und Verschließen von Fugen und Öffnungen und zum Aufhalten von Feuer im Brandfall – Abschottungen	Anwendungs- und Ausführungsbestimmungen 6.3.2.1/1
6.3.2.2	Im Brandfall aufschäumende Produkte für brandabdichtende und brandhemmende Verwendungen	Anwendungs- und Ausführungsbestimmungen 6.3.2.2/1

Anwendungs- und Ausführungsbestimmungen 6.3.2.1/1

Die Anwendung eines Bauproduktes oder Bausatzes mit ETA nach ETAG 026-1 und -2[4] für Abschottungen in feuerwiderstandsfähigen Bauteilen bedarf einer Bauartgenehmigung nach § 17 BauO NRW 2018.

Für die Anwendung eines Bauproduktes oder Bausatzes mit ETA nach ETAG 026-1 und -2[5] gilt: Jede Abschottung ist vom Verarbeiter mit einem Schild dauerhaft zu kennzeichnen, das folgende Angaben enthalten muss:

- Kabel-, Rohr- bzw. Kombiabschottung (wie zutreffend) „..." der Feuerwiderstandsklasse ...
- Name des Herstellers der Abschottung (Verarbeiter)
- Herstellungsjahr: ...

Das Schild ist jeweils neben der Abschottung am Bauteil zu befestigen.

Der Verarbeiter, der die Abschottung ausführt oder Änderungen an der Abschottung vornimmt (Nachbelegung), muss für jedes Bauvorhaben eine Übereinstimmungsbestätigung ausstellen, mit der er bescheinigt, dass die von ihm hergestellte Abschottung den Bestimmungen der Bauartgenehmigung entspricht (ein Muster für diese Bestätigung s. unter www.dibt.de). Diese

---

Anhang 4   Bauaufsichtliche Anforderungen, Zuordnung der Klassen

Bestätigung ist dem Bauherrn zur ggf. erforderlichen Weiterleitung an die zuständige Bauaufsichtsbehörde auszuhändigen.

Bei jeder Ausführung der Abschottung hat der Verarbeiter den Bauherrn schriftlich darauf hinzuweisen, dass die Brandschutzwirkung der Abschottung auf die Dauer nur sichergestellt ist, wenn die Abschottung stets in ordnungsgemäßem Zustand gehalten und nach evtl. vorgenommener Belegungsänderung der bestimmungsgemäße Zustand der Abschottung wieder hergestellt wird.

Kombiabschottungen dürfen nur von Unternehmen ausgeführt werden, die durch den Zulassungsinhaber geschult und unterrichtet wurden und die als Nachweis über ihre Fachkunde vom Zulassungsinhaber darüber eine Bestätigung vorlegen können.

---

[4] Gilt für Europäische Technische Bewertungen, die nach dem 1.7.2013 erteilt worden sind.
[5] Gilt für Europäische Technische Zulassungen, die vor dem 1.7.2013 erteilt worden sind.

Anwendungs- und Ausführungsbestimmungen 6.3.2.2/1

Die Anwendung eines Bauproduktes oder Bausatzes mit ETA nach EAD 13-350005-00-1104, Ausgabe Mai 2015, für Abschottungen in feuerwiderstandsfähigen Bauteilen bedarf einer Bauartgenehmigung nach § 17 BauO NRW 2018.
Ausgenommen davon sind Bauprodukte oder Bausätze:

- nach Verwendungszweck IU 1 (EAD, Abschnitt 1.2.1):
  für Einbausituationen, die den Anwendungen nach A 2.2.1.9 oder den Anwendungen gemäß dem jeweiligen Feuerwiderstandsnachweis nach Fußnote 1 des EAD entsprechen,
- nach Verwendungszwecken IU 2 bis IU 5 (EAD, Abschnitt 1.2.1):
  für Einbausituationen, die dem Bewertungslevel 1 oder 2 (EAD, Abschnitt 2.2.2.1) entsprechen.

Für deren Anwendung gilt:

Jede Abschottung ist vom Verarbeiter mit einem Schild dauerhaft zu kennzeichnen, das folgende Angaben enthalten muss:

- Kabel-, Rohr- bzw. Kombiabschottung (wie zutreffend) „..." der Feuerwiderstandsklasse ...
- Name des Herstellers der Abschottung (Verarbeiter)
- Herstellungsjahr: ...

Das Schild ist jeweils neben der Abschottung am Bauteil zu befestigen.

Der Verarbeiter, der die Abschottung ausführt oder Änderungen an der Abschottung vornimmt (Nachbelegung), muss für jedes Bauvorhaben eine Übereinstimmungsbestätigung ausstellen, mit der er bescheinigt, dass die von ihm hergestellte Abschottung den Bestimmungen der Bauartgenehmigung entspricht (ein Muster für diese Bestätigung s. unter www.dibt.de). Diese Bestätigung ist dem Bauherrn zur ggf. erforderlichen Weiterleitung an die zuständige Bauaufsichtsbehörde auszuhändigen.

Bei jeder Ausführung der Abschottung hat der Verarbeiter den Bauherrn schriftlich darauf hinzuweisen, dass die Brandschutzwirkung der Abschottung auf die Dauer nur sichergestellt ist, wenn die Abschottung stets in ordnungsgemäßem Zustand gehalten und nach evtl. vorgenommener Belegungsänderung der bestimmungsgemäße Zustand der Abschottung wieder hergestellt wird. Kombiabschottungen dürfen nur von Unternehmen ausgeführt werden, die geschult und unterrichtet wurden und die als Nachweis über ihre Fachkunde darüber eine Bestätigung vorlegen können.

Abb. 88.10 Beispiele der Konkretisierung von Anwendungs- und Ausführungsbestimmungen für Bauprodukte, die die CE-Kennzeichnung aufgrund der BauPVO tragen, gemäß § 88 Abs. 2 Nr. 3 a-f BauO NRW 2018 zur VV TB NRW 01/2019

Diese exemplarischen Beispiele verdeutlichen, dass sich Konkretisierungen für die Leistung von Bauprodukten gemäß § 88 Abs. 2 Nr. 3 a-f BauO NRW 2018 in unterschiedlichen Teilen der VV TB 01/2019 wiederfinden. Insofern ist eine pauschale Zuordnung der Konkretisierungen des § 88 Abs. 2 Nr. 3 a-f BauO NRW 2018 zu definierten Teilen der VV TB NRW 01/2019 diffizil. Vielmehr müssen die baurechtlichen Konkretisierungen anhand der VV TB NRW 01/2019 spezifisch für die Bauprodukte individuell durch die am Bau Beteiligten ermittelt werden. Wie auch schon in den Erläuterungen zu den anderen Aspekten der VV TB NRW 01/2019

herausgearbeitet, können alle am Bau Beteiligten von den Regelungen im Rahmen der Tätigkeiten in ihrem Wirkungskreis betroffen sein. Dies kann
- der Entwurfsverfasser und Fachplaner bei der prinzipiellen Auswahl und/oder Ausschreibung eines Bauproduktes sein,
- ein Unternehmen, welches ein Bauprodukt einbaut,
- der Bauleiter, der die Ausführung der Unternehmen überwachen soll,
- Prüfsachverständige, die die Umsetzung von baurechtlichen Nachweisen verifizieren sollen
- usw.

Mit Einführung der VV TB NRW 01/2019 ist es für die am Bau Beteiligten nunmehr vorteilhaft, dass die vielschichtigen Vorgaben gesammelt in einem baurechtlichen Dokument gebündelt ermittelt werden können – gegenüber der bisherigen Praxis die Regelungen anhand von mind. drei eigenständigen Rechtsnormen ermitteln zu müssen (d. h. Bauregelliste, Anwendungsregeln für europäische Bauprodukte und der landesspezifischen technischen Baubestimmungen, siehe auch § 88 Rdn. 6).

46 Gem. § 88 Abs. 2 Nr. 4 sind in der VV TB NRW 01/2019 die Bauprodukte, die anstelle einer abZ nur eines abP bedürfen, im Kapitel C 3 aufgeführt. Die Einstufung, ob ein Bauprodukt anstelle einer abZ nur eines abP bedarf, erfolgt aufgrund der produktbezogenen Einzelbewertung durch das DIBt – ggf. unter Beteiligung entsprechender Sachverständigengremien und Grundsatzausschüsse. Die entsprechenden Bauprodukte werden durch das DIBt benannt, in einer Liste vorbereitet und im Einvernehmen der Obersten Bauaufsichten, ihrer Gremien der ARGEBAU und eingeschalteten Fachinstitutionen (z.B. des DIBt) verabschiedet (s. auch § 88 Rdn. 69 ff.). Im Gültigkeitsbereich der BauPVO sind Bestimmungen zum Nachweis der Verwendbarkeit von Bauprodukten sowie Übereinstimmungserklärungen zu zusätzlichen nationalen Anforderungen nicht statthaft. § 88 Abs. 2 Nr. 4 (und 5) BauO NRW 2018 sind daher auf Bauprodukte, die die CE-Kennzeichnung aufgrund der BauPVO tragen, nicht anwendbar.

Im Kapitel C 3 sind die Regelungen der in NRW letztgültigen Ausgabe der Bauregelliste (BRL) fortgeführt: hier BRL A Teil 2. Im Kapitel C 3 der VV TB NRW 01/2019 sind in Spalte 2 die jeweiligen Bauprodukte und in Spalte 3 auch die jeweils allgemein anerkannten Prüfverfahren und die Art der erforderlichen Übereinstimmungsbestätigung aufgeführt (Spalte 4). Im Vergleich zur letztgültigen Ausgabe der bisherigen Bauregelliste wurde die Tabelle formal (Entfall Spalte Verwendbarkeitsnachweis) und inhaltlich gestrafft. Aktuell finden sich 30 Bauprodukte für die der Gesetzgeber anstelle einer abZ nur ein abP fordert (gegenüber ca. 52 der letztgültigen BRL A Teil 2). Diese Straffung ist auch vor dem Hintergrund der kontinuierlich fortschreitenden europäischen Bauproduktenharmonisierung zu sehen.

Wie in den bisherigen Regelungen der in NRW letztgültigen Ausgabe der BRL A Teil 2 finden sich in der VV TB NRW 01/2019 in Spalte 3 neben allgemein anerkannten Prüfverfahren für das jeweilige Bauprodukt weitere Maßgaben, die insbesondere durch die Hersteller zu beachten sind – auch weil sie die Übereinstimmungsbestätigung gemäß Spalte 4 zur Verfügung stellen müssen. Nähere Informationen zur Übereinstimmungsbestätigung siehe § 24 BauO NRW 2018 (Übereinstimmungsbestätigung, -erklärung, Zertifizierung). Diese weiteren Maßnahmen können entweder Erleichterungen, erhöhte Anforderungen und/oder Konkretisierungen sein, ggf. festgelegt in Anlagen zur jeweiligen laufenden Nummer (siehe z.B. lfd. Nr. C 3.1 Spalte 3). Diese Regelungen sind insofern u.a. für diejenigen wichtig, die die Prüfungen für die gelisteten Bauprodukte durchführen.

C 3 Bauprodukte, die nur eines allgemeinen bauaufsichtlichen Prüfzeugnisses nach § 22 Absatz 1 Satz 2 BauO NRW 2018 bedürfen

Aufgrund § 88 Abs. 2 Nr. 4 BauO NRW 2018 wird Folgendes bestimmt:

Lfd. Nr.	Bauprodukt	anerkanntes Prüfverfahren nach	Übereinstimmungsbestätigung
1	2	3	4
C 3.1	Vorgefertigte Lüftungsleitungen, an die Anforderungen an die Feuerwiderstandsdauer und/oder den Schallschutz gestellt werden	Je nach Bauprodukt gilt: für die Feuerwiderstandsdauer: DIN 4102-6:1977-09 und - sofern zutreffend - in Verbindung mit DIN V 4102-21:2002-08 oder DIN EN 1363-1:2012-10, DIN EN 1366-1:2014-12 und – sofern zutreffend – in Verbindung mit DIN V 4102-21:2002-08 und Anlage C 3.1 A 2.2.1.2 ist zusätzlich zu beachten für den Schallschutz: DIN EN ISO 10140-1:2014-09, DIN EN ISO 10140-2, -4:2010-12, DIN EN ISO 10140-5:2014-09, DIN EN ISO 717-1:2013-06	ÜH
C 3.2	Baustoffe, an die nur Anforderungen an das Brandverhalten gestellt werden und - die nichtbrennbar sein müssen, ohne brennbare Bestandteile, - die normalentflammbar sein müssen. Ausgenommen sind Baustoffe des Abschnitts D 2.2.	DIN 4102-1:1998-05 in Verbindung mit DIN 4102-16:2015-09 unter Beachtung von A 2.2.1.2, Tabelle 1.2.1	ÜH
C 3.3	Baustoffe, an die nur Anforderungen an das Brandverhalten gestellt werden und die normalentflammbar sein müssen. Ausgenommen sind Baustoffe des Abschnitts D 2.2.	DIN EN ISO 11925-2:2011-02 in Verbindung mit Anlage C 3.7 unter Beachtung von A 2.2.1.2, Tabelle 1.2.1	ÜH
C 3.4	Baustoffe, an die nur Anforderungen an das Brandverhalten gestellt werden und - die nichtbrennbar sein müssen, mit brennbaren Bestandteilen, - die schwerentflammbar sein müssen, ausgenommen Bodenbeläge	DIN 4102-1:1998-05 in Verbindung mit DIN 4102-16:2015-09 unter Beachtung von A 2.2.1.2, Tabelle 1.2.1	ÜZ

Abb. 88.11 Beispiele für Konkretisierungen bzgl. der Bauprodukte, die gemäß § 88 Abs. 2 Nr. 4 BauO NRW 2018 zur VV TB NRW 01/2019 nur eines abP bedürfen

47 Gemäß § 88 Abs. 2 Nr. 4 sind im Kapitel C 4 der VV TB NRW 01/2019 die Bauarten aufgeführt, die anstelle einer aBG nur eines abP bedürfen.

Die Einstufung, ob eine Bauart anstelle einer aBG nur eines abP bedarf, erfolgt aufgrund der bauartbezogenen Einzelbewertung durch das DIBt. Die entsprechenden Bauarten werden durch das DIBt benannt, in einer Liste vorbereitet und im Einvernehmen der Obersten Bauaufsichten, ihrer Gremien der ARGEBAU und eingeschalteten Fachinstitutionen (z.b. des DIBt) verabschiedet (siehe auch Rdn. 69 ff.).

Im Kapitel C 4 sind die Regelungen der in NRW letztgültigen Ausgabe der BRL A Teil 3 fortgeführt. In Spalte 2 sind die jeweiligen Bauarten (resp. Gruppen von Bauarten) spezifiziert und auch die jeweils allgemein anerkannten Prüfverfahren aufgeführt (Spalte 3). Im Vergleich zur letztgültigen Ausgabe der bisherigen Baugelliste wurde die Tabelle formal (Entfall Spalte Übereinstimmungsnachweis) und inhaltlich gestrafft. Aktuell finden sich 14 Bauarten/-gruppen für die der Gesetzgeber anstelle einer aBG nur ein abP fordert (gegenüber ca. 16 der letztgültigen BRL A Teil 3). Diese Straffung ist auch vor dem Hintergrund der kontinuierlich fortschreitenden europäischen Bauproduktenharmonisierung zu sehen.

Wie in den bisherigen Regelungen der BRL A Teil 3 finden sich in Spalte 3 neben allgemein anerkannten Prüfverfahren für die jeweilige Bauart weitere Maßgaben, die insbesondere durch die Prüfinstitutionen zu beachten sind. Diese weiteren Maßnahmen können entweder Erleichterungen, erhöhte Anforderungen und/oder Konkretisierungen sein, ggf. festgelegt in Anlagen zur jeweiligen laufenden Ziffer. Diese Regelungen sind insofern u.a. für diejenigen wichtig, die die Prüfungen für die gelisteten Bauarten durchführen.

Technische Baubestimmungen § 88

C 4 Bauarten, die nur eines allgemeinen bauaufsichtlichen Prüfzeugnisses nach § 17 Absatz 3 BauO NRW 2018 bedürfen

Aufgrund § 88 Abs. 2 Nr. 4 BauO NRW 2018 wird Folgendes bestimmt:

Lfd. Nr.	Bauart	anerkanntes Prüfverfahren nach
1	2	3
C 4.1	Bauarten zur Errichtung von Decken, Dächern, Unterdecken, Doppelböden, Hohlraumestrichen, Stützen, Trägern, Unterzügen, Treppen und tragenden Wänden, an die Anforderungen an die Feuerwiderstandsdauer und/oder den Schallschutz gestellt werden. Das gilt nicht für die Teile baulicher Anlagen, an die weitere Anforderungen gestellt werden, wenn die maßgebenden Bauarten von Technischen Baubestimmungen wesentlich abweichen oder wenn es für die maßgebenden Bauarten keine allgemein anerkannten Regeln der Technik gibt.	Je nach Bauart gilt: für die Feuerwiderstandsdauer: DIN 4102-2:1977-09 außer den Abschnitten 6.2.7, 6.2.9 und 6.2.10 (für Brandwände DIN 4102-3:1977-09), oder DIN EN 1363-1:2012-10, DIN EN 1363-2:1999-10, DIN EN 1364-2:1999-10, DIN EN 1365-1:2013-08, DIN EN 1365-2, -3:2000-02, DIN EN 1365-4:1999-10 in Verbindung mit Anlage C 3.1 des Abschnitts C 3 A 2.2.1.2 ist zusätzlich zu beachten für den Schallschutz: DIN EN ISO 10140-1:2014-09, DIN EN ISO 10140-2, -4:2010-12, DIN EN ISO 10140-3:2015-11, DIN EN ISO 10140-5:2014-09, DIN EN ISO 717-1, -2:2013-06 sowie DIN EN ISO 10848-1, -2, -3:2006-08
C 4.2	Bauarten zur Errichtung von nichttragenden inneren Trennwänden, einschließlich Einbauten (Sanitäreinrichtungen), deren Absturzsicherheit experimentell nachgewiesen werden soll und/oder an die Anforderungen an die Feuerwiderstandsdauer und/oder den Schallschutz gestellt werden mit Ausnahme von solchen aus Glas. Satz 2 aus lfd. Nr. C 4.1 gilt entsprechend.	Je nach Bauart gilt: für die Absturzsicherung: DIN 4103-1:2015-06 Die folgenden Eigenschaften sind jeweils zusammen mit den Anforderungen der DIN 4103-1:2015-06 zu erfüllen: für die Feuerwiderstandsdauer: DIN 4102-2:1977-09 außer den Abschnitten 6.2.7 und 6.2.9 oder DIN EN 1363-1:2012-10, DIN EN 1363-2:1999-10, DIN EN 1364-1:1999-10 in Verbindung mit Anlage C 3.1 des Abschnitts C 3 A 2.2.1.2 ist zusätzlich zu beachten für den Schallschutz: DIN EN ISO 10140-1:2014-09, DIN EN ISO 10140-2, -4:2010-12, DIN EN ISO 10140-5:2014-09, DIN EN ISO 717-1:2013-06 sowie DIN EN ISO 10848-1, -2, -3:2006-08

Abb. 88.12 Beispiele für Konkretisierungen bzgl. der Bauarten, die gemäß § 88 Abs. 2 Nr. 4 BauO NRW 2018 zur VV TB NRW 01/2019 nur eines abP bedürfen

Kaiser

§ 88 Technische Baubestimmungen

48 Gem. § 88 Abs. 2 Nr. 5 BauO NRW 2018 sind in der VV TB NRW 01/2019 für definierte Produkte und Bauprodukte zusätzliche Maßnahmen beschrieben, mit denen ein Hersteller jeweils die ordnungsgemäße Herstellung und Übereinstimmung seines Bauproduktes mit den festgelegten Regeln dokumentieren muss. In diesem Zusammenhang kann zur Gewährleistung und Dokumentation der öffentlich-rechtlichen ordnungsgemäßen Herstellung für definierte Einzelfälle vor der Abgabe einer Übereinstimmungserklärung (ÜH) durch den jeweiligen Hersteller entweder
a) eine Überprüfung durch eine bauaufsichtlich anerkannte Prüfstelle (ÜHP) gemäß § 24 Abs. 2 Nr. 2 BauO NRW 2018 (siehe Rdn. 49–52) oder
b) eine Übereinstimmungszertifizierung einer bauaufsichtlich anerkannten Zertifizierungsstelle (ÜZ) gemäß § 24 Abs. 2 Nr. 3 BauO NRW 2018 (siehe Rdn. 53)
gefordert sein.

Auf Grundlage des § 88 Abs. 2 Nr. 5 BauO NRW 2018 werden in der VV TB NRW 01/2019 insofern die von der Regel abweichenden zusätzlichen Verfahren und Maßnahmen beschrieben, die vor Abgabe der Übereinstimmungserklärung des Herstellers zu erbringen sind. Die Einstufung des jeweiligen Verfahrens (ÜHP oder ÜZ) vor Abgabe der Übereinstimmungserklärung steht daher nicht zur freien Wahl der Hersteller von Bauprodukten sondern ist mit den detaillierten Festlegungen der VV TB NRW 01/2019 obligatorisch. Die Übereinstimmungserklärung des Herstellers erfolgt mittels Kennzeichnung der Bauprodukte mit dem Übereinstimmungszeichen (Ü-Zeichen).

49 Im Falle a) hat die bauaufsichtlich anerkannte Prüfstelle das relevante Bauprodukt dahingehend zu überprüfen, inwieweit es den relevanten Technischen Baubestimmungen, der jeweiligen abZ oder dem abP entspricht.

Die Ermächtigung des Staates zusätzliche Qualitätskontrollen von Bauprodukten durch bauaufsichtlich anerkannte Prüfstellen festzulegen ergibt sich gemäß VV TB NRW 01/2019 demnach für folgende Fälle:
1) Die relevanten Produkte unterliegen anderen europäischen Harmonierungsregelungen. Diese Produkte sind in Kapitel B 3 gelistet, Näheres s. Rdn. 50.
2) Die relevanten Bauprodukte fallen nicht in den Geltungsbereich der BauPVO. Hiervon sind Bauprodukte umfasst, die in Kapitel C 2 aufgeführt sind, Näheres s. Rdn. 51.
3) Für die relevanten Bauprodukte ist nur ein allgemein bauaufsichtliches Prüfzeugnis erforderlich und es sind besondere Anforderungen festgelegt, die an die Abgabe einer Übereinstimmungserklärung des Herstellers im Hinblick auf das abP gestellt werden. Hiervon sind Bauprodukte umfasst, die in Kapitel C 3 aufgeführt sind, Näheres s. Rdn. 52.

50 Nähere Erläuterungen zu 1):

Im Kapitel B 3 der VV TB NRW 01/2019 sind zum einen technische Gebäudeausrüstungen und zum anderen Teile von Anlagen zum Lagern, Abfüllen und Umschlagen von wassergefährdenden Stoffen aufgeführt, die jeweils anderweitigen Vorschriften zur Harmonisierung von Produkten in der EU unterliegen. Das können z.B. Produkte sein, die in den Geltungsbereich der Maschinenrichtlinie, Niederspannungsrichtlinie, Druckgeräterichtlinie fallen und die zur Verwendung als Bauprodukt hinsichtlich ihres Verwendungszwecks bestimmte Grundanforderungen nach Art. 3 Abs. 1 der Bauproduktenverordnung nicht erfüllen.

Genau für diese – als Bauprodukte verwendeten – Produkte kann zum Nachweis der fehlenden Wesentlichen Merkmale unter den Voraussetzungen nach § 20 Abs. 1 BauO NRW 2018 ein national anerkannter Verwendbarkeitsnachweis erforderlich sein. Dies gilt ausdrücklich nicht, sofern gemäß § 88 Abs. 2 Nr. 5 in der VV TB NRW 01/2019 festgelegt ist, dass eine Übereinstimmungserklärung zu den fehlenden Wesentlichen Merkmalen nach § 24 Abs. 2 Nr. 2 BauO NRW 2018, aufgrund vorheriger Prüfung der Bauprodukte durch eine hierfür bauaufsichtlich anerkannte Prüfstelle ausreichend ist.

In Bezug auf die Übereinstimmungserklärung durch den Hersteller kann demnach in Spalte 4 das Verfahren zum Nachweis des fehlenden Merkmals definiert sein, siehe in der aktuellen VV TB NRW 01/2019 z.B. Teil B 3 laufende Nummer B 3.2.1.15 Spalte 4, Buchstabe d (in Kombination mit Teil C 2.14.1.7).

§ 88 Technische Baubestimmungen

Lfd. Nr.	Bauprodukt	Maßgebende Harmonisierungsrechtsvorschriften	a: Konkreter Verwendungszweck b: Gemäß BauO NRW 2018 bestehende Grundanforderung, ggf. mit Konkretisierung c: Fehlendes Wesentliches Merkmal d: Verfahren zum Nachweis des fehlenden wesentlichen Merkmals
1	2	3	4

B 3.2 Bestimmungen nach § 88 Abs. 2 Nr. 3 BauO NRW 2018

B 3.2.1 Technische Gebäudeausrüstungen, die Anforderungen nach anderen Rechtsvorschriften unterliegen

Lfd. Nr.	Bauprodukt	Maßgebende Harmonisierungsrechtsvorschriften	a: Konkreter Verwendungszweck b: Gemäß BauO NRW 2018 bestehende Grundanforderung, ggf. mit Konkretisierung c: Fehlendes Wesentliches Merkmal d: Verfahren zum Nachweis des fehlenden wesentlichen Merkmals
1	2	3	4
B 3.2.1.15	Öl- und gasbefeuerte Feuerstätten < 4 kW und > 400 kW	Je nach Ausführung 2014/35/EU 2014/30/EU 2009/142/EG 2014/68/EU 2006/42/EG	a: Beheizung von Räumen b: Energieeinsparung und Wärmeschutz c: Energetische Kennwerte d: Übereinstimmungserklärung nach C 2.14.1.7
B 3.2.1.16	Baugruppen für die Erzeugung von Warmwasser, die von Hand mit festen Brennstoffen beschickt werden	2014/68/EU	a: Beheizung von Räumen b.1: Brandschutz b.2: Hygiene, Gesundheit, Umweltschutz b.3: Sicherheit und Barrierefreiheit bei der Nutzung b.4: Energieeinsparung und Wärmeschutz c.1: Brandsicherheit der Feuerstätte c.2: Soweit erforderlich: Eignung für den Kontakt mit Trinkwasser, hygienische Verbrennung c.3: Nutzungssicherheit der Feuerstätte c.4: Energetische Kennwerte
B 3.2.1.17	Heizkessel mit motorischem Antrieb für feste Brennstoffe	2014/35/EU 2014/30/EU 2006/42/EG	a: Beheizung von Räumen b.1: Hygiene, Gesundheit, Umweltschutz b.2: Energieeinsparung und Wärmeschutz c: Energetische Kennwerte d: Übereinstimmungserklärung nach C 2.14.1.5

Abb. 88.13 Beispiele für Konkretisierungen der Voraussetzung zur Abgabe der Übereinstimmungserklärung von Produkten, die die CE Kennzeichnung aufgrund anderer maßgebender Harmonisierungsregeln tragen und die zur Verwendung als Bauprodukt eines Nachweisverfahrens des jeweils fehlenden wesentlichen Merkmals entsprechend Art. 3 Abs. 3 BauPVO bedürfen (gem. § 88 Abs. 2 Nr. 5 BauO NRW 2018 zur VV TB NRW 01/2019)

Zur Spezifizierung der bauaufsichtlichen Anforderungen gemäß B 3.2.1.15 Spalte 4 Punkt d und als Basis zur Kontrolle durch eine bauaufsichtlich anerkannte Prüfstelle sind in der VV TB NRW 01/2019 (im Einvernehmen mit den obersten

Bauaufsichtsbehörden der Länder) technische Regeln in Bezug genommen, die für gleichartige nationale Bauprodukte relevant sind. Für das gewählte Beispiel findet sich der nationale Bauproduktentyp und die maßgeblichen technischen Regeln sowie das Verfahren der Übereinstimmungserklärung wiederum in Teil C 2.14.1.7 (s. Abb. 88.14). Der Hersteller hat die Übereinstimmung mit diesen technischen Regeln zu bestätigen und zwar durch Abgabe einer Übereinstimmungserklärung, die vorher einer Prüfung durch eine bauaufsichtliche anerkannte Prüfstelle bedarf.

C 2.14 Feuerungsanlagen			
C 2.14.1 Feuerstätten und Feuerungseinrichtungen			
C 2.14.1.1	Ölheizeinsätze mit Verdampfungsbrennern	DIN 4731:1989-07 Zusätzlich gilt: Anlage C 2.14.1	ÜHP
C 2.14.1.2	Ölherde mit Verdampfungsbrennern	DIN 4732:1990-01 Zusätzlich gilt: Anlage C 2.14.1	ÜHP
Lfd. Nr.	Bauprodukt	Technische Regeln/Ausgabe	Übereinstimmungsbestätigung
1	2	3	4
C 2.14.1.3	Öl-Speicher-Wasserheizer mit Verdampfungsbrennern	DIN 4733:1990-01 Zusätzlich gilt: Anlage C 2.14.1	ÜHP
C 2.14.1.4	Speicher-Kohle-Wasserheizer	DIN 18889:1956-11 Zusätzlich gilt: Anlage C 2.14.1	ÜHP
C 2.14.1.5	Raumluftunabhängige Feuerstätten nach DIN 18897	Anlage C 2.6.4	-
C 2.14.1.6	Öl- und gasbefeuerte Feuerstätten[4] 4 bis max. 400 kW	DIN V 4701-10:2003-08 Zusätzlich gilt: Anlage C 2.14.2	ÜHP
C 2.14.1.7	Öl- und gasbefeuerte Feuerstätten[4] < 4 kW und > 400 kW	DIN V 4701-10:2003-08 Zusätzlich gilt: Anlage C 2.14.3	ÜHP
C 2.14.1.8	Heizkessel mit motorischem Antrieb für feste Brennstoffe[4]	DIN V 4701-10:2003-08	ÜHP
C 2.14.1.9	Heizkessel ohne motorischen Antrieb für feste Brennstoffe	DIN EN 303-5:2012-10 und für die energetischen Kennwerte DIN V 4701-10:2003-08[4]	ÜHP
C 2.14.2 Abgasanlagen			
C 2.14.2.1	Nebenluftvorrichtungen für Hausschornsteine ohne motorischen Antrieb	DIN 4795:1991-04	ÜHP
C 2.14.2.2	Elastomere Dichtungen für Abgasanlagen	DIN EN 14241-1:2013-11 Zusätzlich gilt: Anlage C 2.14.4, DIN 4102-1:1998-05, DIN EN ISO 11925-2:2011-02 in Verbindung mit Anlage C 3.7 unter Beachtung von A 2.2.1.2, Tabelle 1.2.1	ÜZ

Abb. 88.14 Beispiele für Konkretisierungen der Voraussetzung zur Abgabe der Übereinstimmungserklärung von nationalen Bauprodukten gemäß § 88 Abs. 2 Nr. 5 BauO NRW 2018 zur VV TB NRW 01/2019

Weitere Informationen s. § 24 Rdn. 6 ff.

51 Zu 2):

Vom Gesetzgeber in Bezug genommene konkretisierende technische Regeln für Bauprodukte, die nicht die CE-Kennzeichnung nach der BauPVO tragen, sind in der Tabelle des Kapitels C 2 Spalte 3 niedergelegt. Vor Abgabe der Übereinstimmungserklärung des Herstellers kann vorher eine Prüfung durch eine bauaufsichtlich anerkannte Prüfstelle (ÜHP) gefordert sein. Siehe Abbildung 88.14.

52 Zu 3):

Das jeweilige Verfahren zur Übereinstimmungsbestätigung des Herstellers von Bauprodukten, die nach allgemeinen Prüfverfahren bewertet werden können und daher nur einer abP bedürfen, sind in der Tabelle des Kapitels C 3 Spalte 4 gelistet. Siehe Abbildung 88.15.

Lfd. Nr.	Bauprodukt	anerkanntes Prüfverfahren nach	Übereinstimmungsbestätigung
1	2	3	4
C 3.7	Armaturen und Geräte der Wasserinstallation, an die hinsichtlich des Geräuschverhaltens Anforderungen gestellt werden	DIN EN ISO 3822-1:2009-07 DIN EN ISO 3822-2:1995-05 DIN EN ISO 3822-3:2010-04 DIN EN ISO 3822-4:1997-03	ÜHP

Abb. 88.15 Beispiele für Konkretisierungen der Voraussetzung, die vor Abgabe der Übereinstimmungserklärung des Hersteller von einem nationalen Bauprodukt einer Prüfung durch eine bauaufsichtlich anerkannte Prüfstelle bedürfen gemäß § 88 Abs. 2 Nr. 5 BauO NRW 2018 zur VV TB NRW 01/2019

53 Im Falle b) (s.o. Rdn. 48) ist gemäß § 88 Abs. 2 Nr. 5 BauO NRW 2018 und in der VV TB NRW 01/2019 definierte Bauprodukte die Übereinstimmungszertifizierung durch eine bauaufsichtlich anerkannte Zertifizierungsstelle erforderlich (ÜZ). D.h. dieses Verfahren geht über das Verfahren der Prüfung eines Bauproduktes durch eine bauaufsichtliche anerkannte Prüfstelle vor Abgabe der Übereinstimmungserklärung durch den Hersteller hinaus. Im Gegensatz zur eigenverantwortlichen Übereinstimmungserklärung (ÜH) oder der Übereinstimmungserklärung nach Prüfung durch eine anerkannte Prüfstelle ist dieses Verfahren für Hersteller u.a. mit der Fremdüberwachung ihrer Produktion und der Bauprodukte verbunden. Es zieht eine stärkere Kontrolle der durch den Staat anerkannten bauaufsichtlichen Zertifizierungsstellen nach sich und in Konsequenz höhere öffentlich-rechtliche Regulierung. Es bedeutet für die jeweiligen Hersteller einen höheren Aufwand. Die hiervon betroffenen Bauprodukte sind – im Gegensatz zur vorher beschriebenen Systematik gemäß Fall a) – in der VV TB NRW 01/2019 ausschließlich in den Teilen C 2 und C 3 ausgewiesen, siehe Abb. 88.16.

Für die öffentlich-rechtlich geforderte Art des jeweiligen Nachweises sind die Vorgaben der VV TB NRW 01/2019 maßgeblich. Dies gilt auch dann, wenn unter Umständen in der jeweiligen relevanten technischen Regel andere Vorgehensweisen beschrieben sein können. Ist in einer technischen Regel eine Fremdüberwachung des Bauproduktes für den Hersteller vorgesehen, ist sie daher öffentlich-rechtlich nicht zu beachten, wenn in der Spalte 4 kein Übereinstimmungszertifikat vorgeschrieben ist (siehe auch Teil C 1 Allgemeines der VV TB NRW 01/2019).

C 2   Voraussetzungen zur Abgabe der Übereinstimmungserklärung für Bauprodukte nach § 24 Abs. 2 BauO NRW 2018

Aufgrund § 88 Abs. 2 Nr. 5 BauO NRW 2018 wird Folgendes bestimmt:

Lfd. Nr.	Bauprodukt	Technische Regeln/Ausgabe	Überein-stimmungs-bestätigung
1	2	3	4
C 2.1 Bauprodukte für den Beton-, Stahlbeton- und Spannbetonbau			
C 2.1.1 Bindemittel			
C 2.1.1.1	Zement mit frühem Erstarren (FE-Zement) und schnell erstarrender Portland- und Portlandkompositzement (SE-Zement)	DIN 1164-11:2003-11 Zusätzlich gilt: Anlage C 2.1.1	ÜZ
C 2.1.1.2	Zement mit einem erhöhten Anteil an organischen Bestandteilen	DIN 1164-12:2005-06	ÜZ

Abb. 88.16 Beispiele für Konkretisierungen der Voraussetzung, die vor Abgabe der Übereinstimmungserklärung des Hersteller von einem nationalen Bauprodukt eines Übereinstimmungszertifikats durch eine bauaufsichtlich anerkannte Zertifizierungsstelle bedürfen gemäß § 88 Abs. 2 Nr. 5 BauO NRW 2018 zur VV TB NRW 01/2019

§ 24 Abs. 2 Satz 3 BauO NRW 2018 gestattet für Bauprodukte, die nicht in Serie hergestellt werden, dass sie nur einer Übereinstimmungserklärung nach § 24 Abs. 1 BauO NRW 2018 bedürfen, sofern nichts anderes bestimmt ist. Damit ist das reguläre Verfahren der Übereinstimmungserklärung des Herstellers gemeint, d.h. ÜH. Diese anderen Bestimmungen finden sich ebenfalls in Spalte 4 wieder.

§ 88 Technische Baubestimmungen

C 2.6	Türen und Tore		
C 2.6.1	Mineralfaserplatten als Einlagen für Feuerschutztüren	DIN 18089-1:1984-01	ÜZ
C 2.6.2	Fahrschacht-Dreh- und -Falttüren für Aufzüge in Fahrschächten mit Wänden der Feuerwiderstandsklasse F 90	DIN 18090:1997-01 Zusätzlich gilt: Anlage C 2.6.1	ÜZ, gilt auch für Nichtserien-fertigung
C 2.6.3	Horizontal- und Vertikal-Schiebetüren für Aufzüge in Fahrschächten mit feuerbeständigen Wänden	DIN 18091:1993-07 Zusätzlich gilt: Anlage C 2.6.1	ÜZ, gilt auch für Nichtserien-fertigung
C 2.6.4	Vertikal-Schiebetüren für Kleingüteraufzüge in Fahrschächten mit Wänden der Feuerwiderstandsklasse F 90	DIN 18092:1992-04 Zusätzlich gilt: Anlage C 2.6.1	ÜZ, gilt auch für Nichtserien-fertigung
C 2.6.5	Einsteckschlösser für Feuerschutz- und Rauchschutztüren	DIN 18250:2003-10	ÜZ
C 2.6.6	Türschließmittel mit kontrolliertem Schließablauf - Obentürschließer mit Kurbeltrieb und Spiralfeder	DIN 18263-1:2015-04 Zusätzlich gilt: Anlage C 2.6.2	ÜZ
C 2.6.7	Türschließmittel mit kontrolliertem Schließablauf - Drehflügelantriebe mit	DIN 18263-4:2015-04	ÜZ

Abb. 88.17 Beispiele für Konkretisierungen der Voraussetzung, die vor Abgabe der Übereinstimmungserklärung des Hersteller von einem nationalen Bauprodukt eines Übereinstimmungszertifikats durch eine bauaufsichtlich anerkannte Zertifizierungsstelle bedürfen (auch wenn sie nicht in Serie gefertigt werden) gemäß § 88 Abs. 2 Nr. 5 BauO NRW 2018 zur VV TB NRW 01/2019.

Weitere Informationen siehe § 24 BauO NRW 2018 Rdn. 7 ff.

54 Aufgrund von § 88 Abs. 2 Nr. 6 BauO NRW 2018 können vom Gesetzgeber für Bauprodukte Vorgaben zum Inhalt und zur Form von technischen Dokumentationen gemacht werden. Demnach kann z.b. vorgesehen sein, dass von einem Hersteller eines Bauproduktes Angaben in Bezug auf die verwendete Prüfmethode, die beteiligten Prüfinstitute, die Prüfhäufigkeit und die werkseigene Produktionskontrolle gemacht werden. Gemäß Begründung RegE BauO NRW 2016 (Drucks. 16/12119 v. 31.05.2016) ist auch denkbar, »*dass verpflichtende oder empfohlene Muster für die technische Dokumentation und insbesondere für die Erklärung von Produktleistungen geschaffen werden.*«

Diese Ermächtigung ist in Folge des EuGH Urteils vom 16.10.2014 in der Rechtssache C-100/13 zwischen der EU Kommission und BRD entstanden. Gemäß dieses Urteil des EuGH ist es unzulässig, »*dass die deutschen Behörden die Bauregellisten dazu verwenden, zusätzliche Zulassungen für den wirksamen Marktzugang und die Verwendung von Bauprodukten zu verlangen, statt die erforderlichen Bewertungsmethoden und -kriterien im Rahmen der europäischen harmonisierten Normen aufzunehmen.*« Aus der Sicht der Bundesländer war das seinerzeitige und bis zum 16.10.2014 praktizierte Verfahren erforderlich, weil z.B. bei verschiedenen europäisch harmonisierten Normen nicht sämtliche Leistungsbewertungen und -verfahren für – in Deutschland erforderliche – Leistungsangaben der jeweiligen Bauprodukte geregelt waren. Hersteller, die gemäß der jeweiligen harmonisierten Norm für ihre Produkte die entsprechende Konformität (mit Einführung der BauPVO ab dem 01.07.2013: Leistungen) erklärt hatten, waren gleichwohl aufgrund der seinerzeitigen nationalen Zusatzanforderungen der Bauregelliste baurechtlich gezwungen, weitere produktbezogene verpflichtende Angaben zu machen. Neben der – eigentlich schon aufgrund des europäischen Bauproduktenrechts ausreichenden – CE-Kennzeichnung für das harmonisierte Bauprodukt war in Deutschland die gesetzlich geforderte Übereinstimmungserklärung des Herstellers zu diesen technischen Regelungen mittels Ü-Zeichen an dem Produkt anzubringen. Faktisch eine Doppelkennzeichnung CE + Ü.

Auch nach dem Urteil besteht in Deutschland aus Sicht des Gesetzgebers das Erfordernis bisher vorhandenes Sicherheitsniveau nicht abzusenken, z.B. in Bezug auf den Gesundheits- oder Brandschutz. Für definierte Bauprodukte, die von europäisch harmonisierten Normen erfasst sind, besteht derzeit für den Gesetzgeber weiterhin der Konflikt, dass in der VV TB NRW 01/2019 entsprechende bauwerksbezogene Anforderungen formuliert sind, deren Leistungsbewertung jedoch nicht oder nur unvollständig in der relevanten europäischen Normen erfasst sind. Vor diesem Hintergrund und zur Lösung dieses Problems ist die Ermächtigungsgrundlage § 88 Abs. 2 Nr. 6 BauO NRW 2018 zu sehen. Die entsprechenden Regelungen zur technischen Dokumentation etc. finden in Kapitel D 3 VV TB NRW 01/2019.

Demnach ist es auf Basis der VV TB NRW 01/2019 für Hersteller von Bauprodukten nunmehr möglich, weitere Angaben zu europäisch harmonisierten Bauprodukten – in Form von freiwilligen Nachweisen – anzugeben. Andernfalls ergibt sich für den Verkauf und die Verwendung dieser Bauprodukte in NRW für die Hersteller konsequenterweise dann eine Herausforderung, wenn in der VV TB NRW 01/2019 – und damit in NRW erforderliche – bauwerksbezogene Anforderungen formuliert sind diese aber nicht in der hEn erfasst sind. Faktisch können diese Produkte zwar europarechtskonform in Verkehr gebracht, gehandelt und verkauft werden – in NRW dürfen sie aber bei Fehlen der definierten bauwerksbezogenen Anforderungen nicht eingebaut werden. Der Kauf dieser relevanten Bauprodukte ist damit für die am Bau Beteiligten uninteressant. Insofern hat der Gesetzgeber mit § 88 Abs. 2 Nr. 6 BauO NRW 2018 für Hersteller von diesen relevanten Bauprodukten (und die weiteren am Bau Beteiligten etc.) eine Möglichkeit geschaffen diesen Konflikt baurechtskonform zu lösen. Inwieweit diese Lösungen europarechtskonform sind unterliegt aktuell einem schwebenden Rechtsverfahren (siehe auch § 19 Rdn. 24). Für die Angaben im Rahmen von freiwilligen Herstellererklärungen haftet der jeweilige Hersteller des Bauprodukts.

Dieser gemäß VV TB NRW 01/2019 vorbestimmte prinzipielle Lösungsansatz ist bis zur abschließenden Klärung der europäisch normativen Defizite im Interesse der Nutzer von Gebäuden, da sicherheitsrelevante Forderungen für Bauwerke bestehen bleiben und die Hersteller in die Lage versetzt werden Bauprodukte bedarfsbezogen – mit entsprechenden freiwilligen Nachweisen – dem Markt als potentielle Bauproduktoption zur Verfügung zu stellen. Für die am Bau Beteiligten bieten sich somit baurechtlich definierte Nachweisverfahren, sodass die Verantwortung in Bezug auf die zulässige Verwendung geregelt ist. § 69 Abs. 1 BauO NRW 2018 bleibt hiervon unberührt.

Im Falle von freiwilligen Angaben zum jeweiligen CE-gekennzeichneten Produkt ist deren Korrektheit in einer technischen Dokumentation auszuführen. Diesbezüglich kann es z.b. notwendig sein, in der technischen Dokumentation Informationen zu den relevanten technischen Regeln anzugeben, nach denen die freiwilligen Angaben dimensioniert und geprüft werden – jeweils abhängig vom entsprechenden Produkt, der Einbausituation und des Verwendungszwecks. Darüber hinaus kann es erforderlich sein, Angaben zu machen, ob und welche zusätzlichen Institutionen eingeschaltet werden.

Im Falle von freiwilligen Produktangaben durch die Hersteller stellt sich für die am Bau Beteiligten die Herausforderung, deren Zuverlässigkeit z.B. in Bezug auf die verwendete Prüfmethode, die beteiligten Prüfinstitute, die Prüfhäufigkeit und die werkseigene Produktionskontrolle zu bewerten. Gemäß den Erläuterungen der VV TB NRW 01/2019 Teil D 3 kann es »*zum Beispiel (…) insbesondere sinnvoll sein, eine entsprechend Art. 30 BauPVO qualifizierte Stelle einzuschalten, sofern es keine anwendbare, anerkannte technische Regel gibt oder eine entsprechend Art. 43 BauPVO qualifizierte Stelle, sofern lediglich eine unabhängige Drittprüfung anhand einer anwendbaren technischen Regel durchgeführt werden soll.*« Bei Prüfstellen gemäß Art. 30 BauPVO handelt es sich um Technische Bewertungsstellen (engl. TAB), die von der EOTA autorisiert sind und Europäisch Technische Bewertung (ETB) ausstellen dürfen. Eine Liste der europäisch autorisierten TAB findet sich auf der Internetseite der EOTA: https://www.eota.eu/en-GB/content/how-to-find-a-tab/55/, (Zugriffsdatum 13.04.2019) In Deutschland sind von den am Bau Beteiligten auch entsprechende ETB anzuerkennen, die von TAB aus anderen europäischen Mitgliedstaaten erteilt wurden, z.B. dem OIB (Österreichisches Institut für Bautechnik). Die einzige TAB in Deutschland ist das DIBt (weitere Informationen zu TAB s. unter § 19 Rdn. 16).

Bei gem. Art. 43 BauPVO qualifizierten Stellen handelt es sich um Notifizierte Stellen (engl. NB), die für definierte Bauprodukte autorisiert sind, entsprechende Drittprüfungen durchzuführen. Die deutschen notifizierten Stellen für Bauprodukte werden ausschließlich durch das DIBt gegenüber der Europäischen Kommission und den anderen EU-Mitgliedstaaten notifiziert. Eine Aufstellung sämtlich in Europa notifizierter Stellen findet sich auf der Internetseite der EU-Kommission. Dort können die notifizierten Stellen u.a. anhand der relevanten Bauprodukte sowie nach Ländern recherchiert werden: http://ec.europa.eu/growth/tools-databases/nando/index.cfm, (Zugriffsdatum 13.04.2019). Weitere Informationen zu NB s. unter § 19 Rdn. 18. In Deutschland sind von den am Bau Beteiligten auch qualifizierte Drittprüfungsergebnisse anzuerkennen, die von notifizierten Stellen aus anderen europäischen Mitgliedstaaten ausgestellt wurden.

Neben den oben beschriebenen Möglichkeiten zum freiwilligen Nachweis können Hersteller auch eine gültige abZ oder ein abP heranziehen. Für die ausgewiesene Geltungsdauer von erteilten abZ und abP ist von dem Nachweis der bauwerksseitig gestellten Anforderungen weiterhin regelmäßig auszugehen, wenn fest steht, dass die in der abZ oder dem abP enthaltenen Nebenbestimmungen weiter erfüllt sind. Dies gilt auch, wenn die Ü-Kennzeichnung nicht am Produkt angebracht ist aber die sonstigen Voraussetzungen für eine Übereinstimmungserklärung des Herstellers gegeben sind und praktiziert werden, wie z.b. eine werkseigene Produktionskontrolle bei Bauprodukten. In diesen Fällen entscheidet eine zuständige Bauaufsichtsbehörde nach gebundenem Ermessen.

Ist die Geltungsdauer der abZ oder abP abgelaufen oder stehen diese Verwendbarkeitsnachweise für den Nachweis der freiwilligen Angaben nicht zur Verfügung, ist die Prüfung der Zuverlässigkeit der Herstellerangaben für die am Bau Beteiligten sehr komplex. In diesen Fällen ist u.a. entscheidend welche technischen Regeln der Hersteller für die Herstellung, Prüfung etc. in Bezug genommen hat und durch welche Stelle die Qualitätssicherung durchgeführt wurde, d.h. ein »Soll-Ist«-Abgleich – bestenfalls unabhängig und bauaufsichtlich anerkannt. In diesem Fall entscheidet eine zuständige Bauaufsichtsbehörde nach pflichtgemäßen Ermessen.

§ 88 Abs. 2 Nr. 6 BauO NRW 2018 hat bzgl. der Umsetzung der fortgeschriebenen baurechtlichen Systematik der MBO 2016 und der MVV TB 2017/01 und der Implementierung in den landesspezifischen Regelungen Bedeutung. Seit dem Urteil des EuGH vom 16.10.2014 war es – neben der Änderung der baurechtlichen Systematik – insofern u.a. wichtig 55

a) zum einen mind. für eine Übergangszeit eine rechtskonforme Möglichkeit zu schaffen, die fehlenden Leistungsangaben, die aus bundesrepublikanischer Sicht in mangelhaften resp. lückenhaften, harmonisierten Normen vorhanden sind, dem nationalen Markt anderweitig und europarechtskonform zur Verfügung zu stellen (siehe Rdn. 56–58) und
b) zum anderen alle in den harmonisierten Normen fehlenden Leistungen zu identifizieren, die in Deutschland von Herstellern erwartet werden, um ihre Produkte in Bauwerken auch anzuwenden (siehe Rdn. 59).

Zu a) Übergangszeit

Bezüglich der Übergangszeit für die entsprechenden Regelungen bedarf es einer differenzierten Betrachtung, der ab dem EuGH Urteil beginnenden zeitlich Periode. Dies ist u.a. für die am Bau Beteiligten von Bedeutung, wenn in einem Gebäude die Bewertung von diesen definierten Bauprodukten in Bezug auf den baurechtskonformen Einbau, die hierfür erforderlichen Unterlagen und Nachweise usw. erfolgen soll, z.B. im Zuge der Verifizierung des Bestandsschutzes. 56

Zeitraum 16.10.2014 – 16.10.2016:

Mit Urteil vom 16.10.2014 (Rechtssache C-100/13) hat der EuGH ein Feststellungsurteil gem. Art. 260 Abs. 1 AEUV erlassen. Die betreffenden nationalen Regelungen, die nach Auffassung des EuGH gegen Gemeinschaftsrecht verstießen, wurden durch das Urteil nicht selber aufgehoben, sondern es verpflichtete die Bundesländer dazu, von sich aus und nach seiner Entscheidung die Maßnahmen zu ergreifen, die sich aus dem Urteil ergeben. Der EuGH hatte keine Vollstreckungsmöglichkeiten zur Durchsetzung des Urteils. Er hätte aber Sanktionsverfahren gemäß Art. 260 Abs. 2 und 3

AEUV auslösen können. Zwischen der EU-Kommission, dem Bund und den Bundesländern bestand seinerzeit Konsens, dass für die Umsetzung des relevanten EuGH-Urteils ein Übergangszeitraum von 2 Jahren angemessen und erforderlich war, um die seinerzeitige Verwaltungspraxis – unter Berücksichtigung der Gleichbehandlung aller Marktteilnehmer – in einem geordneten Verfahren zu modifizieren. Dementsprechend endete die Umsetzungsfrist am 15.10.2016.

Im besagten Klageverfahren ging es – quasi stellvertretend – um drei Bauprodukte:
- Rohrleitungsdichtungen aus thermoplastischem Elastomer, die von der harmonisierten Norm EN 681-2:2000 erfasst waren (»Elastomer-Dichtungen – Werkstoff- Anforderungen für Rohrleitungs-Dichtungen für Anwendungen in der Wasserversorgung und Entwässerung – Teil 2: Thermoplastische Elastomere«). Die zusätzlichen – nationalen – produktbezogenen Leistungen bezogen sich auf die Dichtwirkung von Rohrleitungsdichtungen aus thermoplastischen Elastomeren.
- Wärmedämmstoffe, die unter die harmonisierte Norm EN 13162:2008 fielen (»Wärmedämmstoffe für Gebäude – Werkmäßig hergestellte Produkte aus Mineralwolle [MW] – Spezifikation«). Die zusätzlichen – nationalen – produktbezogenen Leistungen bezogen sich auf die Eigenschaft des Glimmens von Dämmstoffen aus Mineralwolle.
- Tore, Fenster und Außentüren, die von der harmonisierten Norm EN 13241-1 erfasst waren (»Tore – Produktnorm – Teil 1: Produkte ohne Feuer- und Rauchschutzeigenschaften«). Die zusätzlichen – nationalen – produktbezogenen Leistungen bezogen sich auf das Brandverhalten von Toren ohne Feuer- und Rauchschutzeigenschaften.

Die vom EuGH-Urteil unmittelbar betroffenen nicht europarechtskonformen Regelungen für die drei klagerelevanten Bauprodukte wurden demnach im ersten Schritt mit der BRL B Teil 1 Ausgabe 2014/2 vom 04.12.2014 außer Kraft gesetzt. Dies betraf die Anlagen 1/12.3 und 1/12.4 zur lfd. Nr. 1.12.10, Anlage 1/5.2 zur lfd. Nr. 1.5.1 und Anlage 1/6.1 zur lfd. Nr. 1.6.7. Unmittelbar mit diesem Zeitpunkt wurden in diesen Fällen hierfür keine allgemein bauaufsichtlichen Zulassungen mehr durch das DIBt erteilt. Durch diesen Verwaltungsakt war der direkte Klagegrund für die drei Bauprodukte, deren hEN in den Geltungsbereich der BauPR fielen, eliminiert.

Gleichwohl bestanden damals zahlreiche weitere produktbezogene nationale Zusatzanforderungen für andere Bauprodukte, die in den Geltungsbereich der im Jahre 2014 vollständig geltenden BauPVO fielen. In diesem Zusammenhang musste durch die zuständigen Gremien der ARGEBAU zum einen analysiert werden, wie sich die Feststellungen des Urteils auf diese Bauprodukte auswirken und zum anderen welche Schlüsse aus dem Urteil für das deutsche Bauproduktenrecht zu ziehen waren. Gemäß Stellungnahme des DIBt zur Rechtslage bei Neuanträgen auf Erteilung oder Verlängerung der Geltungsdauer von allgemeinen bauaufsichtlichen Zulassungen für Bauprodukte im Geltungsbereich harmonisierter Spezifikationen vom 13.04.2015 war es das *»Ziel (...) die uneingeschränkte Erfüllung der europarechtlichen Vorgaben bei gleichzeitiger Wahrung der Grundrechte der Bürger durch Erfüllung der in Anhang I der Bauproduktenverordnung aufgeführten Grundanforderungen an Bauwerke wie Bauwerkssicherheit,*

Gesundheit, Umweltschutz sowie anderer Schutzgüter von öffentlichem Interesse« zu gewährleisten (siehe https://www.dibt.de/fileadmin/dibt-website/Dokumente/Allgemein/EuGH-Urteil/EuGH-Urteil_Stellungnahme_DIBt_DE_April_2015.pdf, Zugriffsdatum 13.01.2019).

Im Ergebnis sollten für eine definierte Übergangszeit in den Bundesländern für die übrigen Produkte, die in den Geltungsbereich harmonisierter Spezifikationen nach der BauPVO fielen, die ab dem 04.12.2014 geltenden Regelungen der Bauregelliste und Technischen Baubestimmungen im Jahre 2014 und 2015 weiter vollzogen werden und an dem baurechtlichen Sicherheitsniveau keine Modifikationen vorgenommen werden. Für die betreffenden Bauprodukte konnten Hersteller jeweils weiterhin die national maßgeblichen abZ beantragen und bei Erteilung durch das DIBt damit nachweisen, dass somit die bauaufsichtlichen Anforderungen erfüllt waren. Alternativ bestand für die Hersteller die Option einen gültigen europäischen Nachweis in Form einer ETB gemäß Art. 19 Abs. 1 BauPVO zu erwirken (nähere Informationen s. § 19 Rdn. 15). Diese potentielle Nachweisvariante hatte für die Hersteller den Vorteil, auch in Zukunft, d.h. nach Ablauf einer relativ kurzen Übergangsphase bis zum 15.10.2016, als ETB gültig zu sein, denn nach den seinerzeitigen Überlegungen der zuständigen Gremien der Bauministerkonferenz sollten Zulassungsanträge in diesem Bereich für allgemeine bauaufsichtliche Zulassungen nur noch bis zum 31.01.2016 entgegengenommen werden. Die Geltungsdauer der jeweils betroffenen abZ sollte sich demnach an der seinerzeit längst laufenden Zulassung der betroffenen Sparte (Zulassungsgebiet) orientieren. Hintergrund hierfür waren zum einen die Gewährleistung der erforderlichen Wettbewerbsgleichheit für die Hersteller, die schon in Besitz einer gültigen abZ waren und zum anderen die Beschränkung der Geltungsdauer von abZ sowie die seitens der Bauministerkonferenz gesetzten Ziele (s.o.).

Des Weiteren wurde die gültige BRL 2014/2 innerhalb kurzer Zeit im Hinblick auf sofort verzichtbar gewordene Zusatzanforderungen gesichtet, überarbeitet und zum 31.07.2015 veröffentlicht. Nach sorgsamer Prüfung sollten entbehrliche Zusatzanforderungen damit ersatzlos entfallen. Das DIBt hatte hierzu seinerzeit einzelfallbezogene Informationen kommuniziert. In diesen Fällen wurden durch das DIBt auch keine Zulassungen mehr erteilt. Am 31.07.2015 wurden durch das DIBt die umfangreichen Änderungen der BRL B Teil 1 veröffentlicht und die BRL B Teil 1 – erneut in fortgeschriebener Fassung – veröffentlicht. Die zahlreichen Änderungen der BRL B Teil 1 – Ausgabe 2015/1 – traten am 14.08.2015 in Kraft. Zum Umfang der Änderungen siehe das Vorwort Änderung der BRL B Teil 1. Gleichzeitig traten die laufenden Nummern der BRL B Teil 1 – Ausgabe 2014/2 – außer Kraft, soweit sie von den aufgeführten Änderungen der Ausgabe 2015/1 betroffen waren. Die laufenden Nummern der BRL B Teil 1 – Ausgabe 2014/2, die durch die Änderungen nicht berührt waren, galten demnach bis auf Weiteres fort.

Nach der Veröffentlichung der BRL Ausgabe 2015/1 wurden in einem zweiten Schritt, die Bauregelliste B Teil 1 hinsichtlich sonstiger Zusatzanforderungen an harmonisierte Bauprodukte, die in anderen Regelwerken als bauwerksbezogene Eigenschaften aufgenommen werden sollten, gesichtet. Es war beabsichtigt diese bis zum 15.10.2016 – exakt zwei Jahre nach dem Urteil in der Rechtssache C-100/13 – vollständig

§ 88 Technische Baubestimmungen

aufzuheben. Gleichwohl sollten die aus nationaler Sicht weiterhin für das Sicherheitsniveau erforderlich gehaltenen Anforderungen spätestens an diesem Tag auf Bauwerksebene spezifiziert sein. Dementsprechend bereiteten die Gremien der Bauministerkonferenz in dieser Zeit die Novellierung der letztgültigen MBO Fassung 2012 und die Entwicklung eines Muster der normkonkretisierenden Verwaltungsvorschrift Technische Baubestimmungen vor. Ein Kernpunkt der Überarbeitung der fortgeschriebenen MBO sowie der Entwicklung der MVV TB war, dass für Bauprodukte mit CE-Kennzeichnung nach BauPVO bauaufsichtlich keine nationalen Verwendbarkeits- und Übereinstimmungsnachweise verlangt werden sollten und die vorher baurechtlich zwingende bauproduktbezogene Kennzeichnung mittels Ü-Zeichens an diesen nicht mehr zulässig sein durfte.

Am 15.10.2015 wurde der erste Entwurf der fortgeschriebenen MBO auf der Internetseite der Bauministerkonferenz zur Kommentierung veröffentlicht und konnte durch die im Bausektor vertretenen Interessengruppen, -verbände etc. kommentiert werden. Die Stellungnahmen wurden auf der Internetseite der Bauministerkonferenz veröffentlicht. Am 13.11.2015 fand für die Interessengruppen, -verbände ein Anhörungstermin zum Entwurf der MBO sowie die Vorstellung der Struktur der MVV TB statt. Die Stellungnahmen wurden durch die Obersten Bauaufsichten und Gremien beraten und die Musterbauordnung Fassung November 2002 zuletzt geändert durch Beschluss der Bauministerkonferenz vom 13.05.2016 auf der Internetseite der Bauministerkonferenz veröffentlicht.

Bereits zu diesem Zeitpunkt war abzusehen, dass die Aufhebung der BRL B Teil 1 mit ihren produktbezogenen Anforderungen und die Veröffentlichung einer normkonkretisierenden MVV TB, in der die bauwerksbezogenen Konkretisierungen enthalten sein sollten, zum 15.10.2016 nicht möglich war. Dies hätte – mit Kenntnisstand des DIBt vom 18.08.2016 – nach dem seinerzeitigen Stand des Verfahrens frühestens zum 26.10.2016 der Fall sein können. Aufgrund des gesetzlich vorgesehenen Notifizierungsverfahrens bei der Europäischen Kommission konnte sich das Inkrafttreten der Verwaltungsvorschrift Technische Baubestimmungen um mindestens drei Monate verschieben. Durch Einsprüche bzgl. des Entwurfs der MVV TB im notwendigen Notifizierungsverfahren aus anderen Mitgliedstaaten wurde die MVV TB Ausgabe 2017/01 tatsächlich erst mit der Amtlichen Mitteilung des DIBt vom 31.08.2017 veröffentlicht. Bis dahin blieb die BRL B Teil 1 in Kraft – mit Ausnahme der Pflicht, allgemeine bauaufsichtliche Zulassungen zum Nachweis von Produktleistungen vorzulegen und Übereinstimmungsnachweise zu erbringen. Mindestens für den Zeitraum vom 16.10.2016 bis zum 31.08.2017, dem ersten theoretischen Zeitpunkt für die Bundesländer eine jeweils landesspezifische Verwaltungsvorschrift Technische Baubestimmung zu erarbeiten, waren daher verwaltungstechnisch baurechtlich maßgebliche Übergangsvorschriften notwendig (s. § 88 Rdn. 57). Für harmonisierte Bauprodukte, die die CE-Kennzeichnung nach der BauPVO tragen, sollten ab dem 16.10.2016 für Produktleistungen allgemeine bauaufsichtliche Zulassungen oder sonstige nationale Verwendbarkeitsnachweise, Übereinstimmungsnachweise und zusätzliche Ü-Kennzeichnungen nicht mehr möglich sein. Für diese Bauprodukte sollten die Regelungen zur Ü-Kennzeichnung nicht mehr vollzogen werden.

Zeitraum 16.10.2016 – 02.01.2019

Mit Schreiben des Ministeriums für Bauen, Wohnen, Stadtentwicklung und Verkehr des Landes Nordrhein-Westfalen vom 21.10.2016 (Az.: VI A 4) wurden zur Gewährleistung des europäischen Rechts bis zum Inkrafttreten der notwendigen landesspezifischen Novellierung übergangweise Vollzugshinweise veröffentlicht. Das Schreiben setzte die Oberen Bauaufsichten in Kenntnis über den Erlass betreffend den bauaufsichtlichen Vollzug bei der Verwendung harmonisierter Bauprodukte nach der BauPVO. Nachrichtlich erhielten das Schreiben auch die Marktüberwachungsbehörde, die Architektenkammer Nordrhein-Westfalen, die Ingenieurkammer Nordrhein-Westfalen, der Landesverband der Prüfingenieure e.V. Nordrhein-Westfalen, die Bewertungs- und Verrechnungsstelle der in NRW staatlich anerkannten Sachverständigen. Demnach waren *»für Bauprodukte, die die CE-Kennzeichnung nach der Bauproduktenverordnung tragen, die Bestimmungen der §§ 21 bis 23 § 25 BauO NRW über die Verwendbarkeitsnachweise für Produktleistungen sowie das Ü-Zeichen betreffenden Kennzeichnungspflichten seit dem 16.10.2016 nicht mehr zu vollziehen. Im bauaufsichtlichen Vollzug ist insbesondere nicht zu beanstanden, dass Leistungen für Bauprodukte eines nach der BauPVO CE-gekennzeichneten Produkts ausschließlich durch eine rechtskonforme Leistungserklärung erklärt werden. Ein Bauprodukt, das die CE-Kennzeichnung trägt, darf verwendet werden, wenn die erklärten Leistungen den Anforderungen für diese Verwendung entsprechen.«*

Das obige Schreiben und der Runderlass zur Verwaltungsvorschrift Technische Baubestimmungen (VI A 4 – 408) vom 13.06.2017 wurde – mit gleichem Adressatenkreis – durch das MHKBG NRW am 03.08.2017 mit folgendem Nachweis für das »Glimmen und Schwelen« ergänzt. Demnach *»sind bei Produkten nach DIN EN 13162 – Werkmäßig hergestellte Dämmstoffe aus Mineralwolle – im Zusammenhang mit den bauwerksbezogenen Anforderungen »Glimmen und Schwelen« gemäß Anlage 3.1/5 in Nummer 1 der VV TB nicht anzuwenden; dies gilt insbesondere für die ersatzweise Verwendung von ehemaligen bauaufsichtlichen Zulassungen als Nachweisdokument. Im Zuge ggf. stattfindender bauaufsichtlicher Kontrollen genügt die Vorlage der Bewertung im Rahmen der europäischen Prüfnorm EN 16733:2016-05, um die Anforderungen gemäß Anlage 3.1/5 zu erfüllen.«*

Die vollständigen Schreiben sind online abrufbar über die Seite http://download.wolterskluwer.de mit dem Freischaltcode: WK6AFNREM.

Zeitraum ab dem 02.01.2019

Mit Inkrafttreten der BauO NRW 2018 und des § 88 Abs. 2 Nr. 6 BauO NRW 2018 sowie der VV TB 01/2019 am 02.01.2019 sind die oben benannten Vollzugshinweise damit auch in NRW durch die hierin beschriebenen Regelungen vollständig abgelöst. In diesem Zusammenhang ist u.a. § 90 Abs. 1 und 2 BauO NRW 2018 von Bedeutung.

Gleichwohl bestehen aus Sicht der Bundesländer in harmonisierten Normen weiterhin Lücken bzgl. des in Deutschland erforderlichen Sicherheitsniveaus, die es gilt rechtskonform zu schließen. Diese Normen sowie entsprechende Nachweisverfahren für freiwillige Angaben von Herstellern für diese lückenhaften harmonisierten Normen sind durch das DIBt in einer Liste ausgewiesen, die auf der Internetseite des DIBt veröffentlicht wird (siehe hierzu auch Rdn. 59 ff.).

59 **Zu b) Identifikation aller in den harmonisierten Normen fehlenden Leistungen, die in Deutschland von Herstellern erwartet werden, um ihre Produkte in Bauwerken auch anzuwenden**

Die in harmonisierten europäischen Spezifikationen festgelegten harmonisierten Verfahren und Kriterien für die Bewertung der Leistungen der jeweiligen Bauprodukte lassen z.T. den Bezug auf die wesentlichen Merkmale vermissen, obgleich die betroffenen wesentliche Merkmale z.B. im entsprechenden Anhang ZA einer harmonisierten Produktnorm benannt sind (s. hierzu auch § 19 Rdn. 14). Dies ist insofern von Bedeutung, sofern sie für die Grundanforderungen von Bauwerken in Deutschland und damit für die Sicherstellung des Schutzniveaus Relevanz haben und sie im eigentlichen Normungsauftrag, d.h. dem Mandat, erfasst sind. D.h. diese harmonisierten europäischen Spezifikationen decken z.T. nicht alle in Deutschland erforderlichen baurechtlichen Anforderungen ab, sodass Hersteller diese entsprechenden Leistungen in der Leistungserklärung nicht benennen können. Aus der Sicht der Bundesrepublik Deutschland stellt dies einen Verstoß gegen Art. 17 Abs. 3 und Art. 1 der BauPVO dar. Die von Deutschland hierfür bisher gewählte Verfahrensweise der bauproduktbezogenen Anforderungen in der BRL B Teil 1 sind durch das Urteil des EuGH in der Rechtssache C-100/13 am 16.10.2014 als nicht rechtskonform zur – seinerzeit geltenden Bauproduktenrichtlinie – eingestuft.

Die in europäisch harmonisierten Normen von der Bundesrepublik Deutschland identifizierten Lücken bedürfen nun der rechtlich legitimen Beseitigung. Hierzu weist die BauPVO in Art. 18 das entsprechende Verfahren aus (Formale Einwände gegen harmonisierte Normen).

Die Bundesrepublik Deutschland hatte am 21.08.2015 in einem ersten Schritt entsprechende Einwände bei den zuständigen Gremien erhoben und bereitete die Aufstellung hinsichtlich zahlreicher weiterer lückenhafter Normen vor. Diese Prioritätenliste mit ausgewählten verwendungsspezifischen Leistungsanforderungen zur Erfüllung der Bauwerksanforderungen wird vom DIBt veröffentlicht (z.Zt. Stand 25.02.2019, veröffentlicht am 05.04.2019). In der Liste sind für 84 harmonisierte Produktnormen, sowohl die

– Technischen Spezifikationen, auf deren Grundlage eine Leistungserklärung erstellt wird,
– das Produkt die CE-Kennzeichnung trägt, die betroffenen Produkte und betroffene Verwendungsbereiche,
– Leistungen, die nicht nach der technischen Spezifikation erklärt werden können aber für die Erfüllung der Bauwerksanforderungen möglicherweise erforderlich sind,
– die Bauwerksanforderungen und
– die Möglichkeiten zur Erklärung der in Spalte 4 genannten Leistungen aufgeführt.

Prioritätenliste - Ausgewählte verwendungsspezifische Leistungsanforderungen zur Erfüllung der Bauwerksanforderungen

Hinweisliste sortiert nach harmonisierten Bauproduktnormen der EU-BauPVO

Stand: 25.02.2019

Lfd. Nr.	Technische Spezifikation, auf deren Grundlage eine Leistungserklärung erstellt wird und das Produkt die CE-Kennzeichnung trägt	Betroffene Produkte und betroffene Verwendungsbereiche	Leistungen, die nicht nach der technischen Spezifikation erklärt werden können, aber für die Erfüllung der Bauwerksanforderungen möglicherweise erforderlich sind	Bauwerksanforderungen	Möglichkeiten zur Erklärung der in Spalte 4 genannten Leistung
1	2	3	4	5	6
1	EN 438-7:2005 in Deutschland umgesetzt durch DIN EN 438-7:2005-04	Dekorative Hochdruck-Schichtpressstoffplatten (HPL), Platten auf Basis härtbarer Harze (Schichtpressstoffe) Teil 7: Kompaktplatten und HPL-Mehrschicht-Verbundplatten für Wand- und Deckenbekleidungen für Innen- und Außenanwendung	Platten mit Trägermaterial auf Holzbasis für Verwendungsbereiche, in denen die Anforderung schwerentflammbar oder nichtbrennbar besteht	Glimmverhalten	BWR 2 (A 2.1.2)	ETA oder Prüfbericht nach EN 16733:2016 alternativ: ehemalige Dokumentationsunterlagen
			Verwendung in Aufenthaltsräumen und in zugehörigen Nebenräumen	Gefährliche Stoffe Angabe zur aktiven Verwendung von Kanzerogenen Stoffen EU-Kategorie Carc. 1A, 1B (H350, H350i) außer Formaldehyd[1] Mutagenen Stoffen EU-Kategorie Muta. 1A, 1B (H340) Stoffen EU-Kategorie Acute Tox. 1,2 und/oder 3; Repr. 1A und/oder 1B; STOT SE und/oder STOT RE 1 Holzschutzmitteln (Produktbezeichnung) Angabe der Emissionen (nach 3 und 28 Tagen) von Kanzerogene Stoffe (EU Kategorie Carc 1A, 1B) TVOC$_{28d}$ ΣSVOC ΣVOC ohne NIK R-Wert	BWR 3 (A 3.2.1)	ETA oder Bewertung der Leistung in einer technischen Dokumentation unter Einschaltung einer entsprechend Art. 30 BauPVO qualifizierten Stelle alternativ: ehemalige Dokumentationsunterlagen

[1] Die Kennzeichnung für Formaldehyd ist in der Norm geregelt, so dass für Formaldehyd keine separate Ausweisung als Kanzerogen erforderlich ist.

Seite 1 von 56

Lfd. Nr.	Technische Spezifikation, auf deren Grundlage eine Leistungserklärung erstellt wird und das Produkt die CE-Kennzeichnung trägt	Betroffene Produkte und betroffene Verwendungsbereiche	Leistungen, die nicht nach der technischen Spezifikation erklärt werden können, aber für die Erfüllung der Bauwerksanforderungen möglicherweise erforderlich sind	Bauwerksanforderungen	Möglichkeiten zur Erklärung der in Spalte 4 genannten Leistung
1	2	3	4	5	6
4	EN 520:2004 + A1:2009 in Deutschland umgesetzt durch DIN EN 520:2009-12	Gipsplatten – Begriffe, Anforderungen und Prüfverfahren	Tragende und aussteifende Bauteile	Festigkeitskennwerte, Steifigkeitskennwerte und Rohdichtekennwerte gemäß DIN EN 1995-1-1/NA	BWR 1 (A 1.2.5.1)	ETA oder Bewertung der Leistung auf Grundlage der DIN 18180:2007 in einer technischen Dokumentation unter Einschaltung einer entsprechend Art. 43 BauPVO qualifizierten Stelle alternativ: ehemalige Dokumentationsunterlagen
5	EN 771-1:2011 + A1:2015 in Deutschland umgesetzt durch DIN EN 771-1:2015-11	Festlegungen für Mauersteine – Teil 1: Mauerziegel	Tragende Außenwände ohne Putz oder sonstigen Witterungsschutz (Sichtmauerwerk)	Frostwiderstand	BWR 1 (A 1.2.6.1)	Technische Dokumentation über die Erfüllung des Abschnitts A.1.2.6.1 der MVV TB alternativ: ehemalige Dokumentationsunterlagen
6	EN 771-3:2011 + A1:2015 in Deutschland umgesetzt durch DIN EN 771-3:2015-11	Festlegungen für Mauersteine – Teil 3: Mauersteine aus Beton (mit dichten und porigen Zuschlägen)	Tragende Außenwände ohne Putz oder sonstigen Witterungsschutz (Sichtmauerwerk)	Frostwiderstand	BWR 1 (A 1.2.6.1)	Technische Dokumentation über die Erfüllung des Abschnitts A.1.2.6.1 der MVV TB alternativ: ehemalige Dokumentationsunterlagen

Abb. 88.18 Beispiele und Auszug der Prioritätenliste mit ausgewählten verwendungsspezifischen Leistungsanforderungen zur Erfüllung der Bauwerksanforderungen vom DIBt, hier Liste Stand 25.02.2019 (veröffentlicht am 05.04.2019)

Das gemäß Art. 18 BauPVO ausgewiesene Verfahren wird einiger Zeit bedürfen. Dies zeigt die Erfahrung der bisherigen formalen sechs Einwände aus August 2015. Von diesen wurden die ersten zwei Einwände am 25.01.2017 durch die Europäische Kommission zurückgewiesen [Beschlüsse (EU) 2017/145 der Kommission (Stichwort:

hEN 14904:2006 Sportböden) und 2017/133 (Stichwort: hEN 14342:2013 Holzfußböden und Parkett)].

Nach Prüfung der Beschlussgründe der Kommission hat die Bundesrepublik Deutschland am 19.04.2017 eine Klage (Rechtssache T-229/17) gegen die EU-Kommission und die beiden besagten Beschlüsse der Kommission beim EuGH eingereicht (ABL. EU C 195 vom 19.06.2017, S. 37–38). »*Aus Sicht der BRD ist bei Anwendung der Normen in der vorliegenden Form, die Bauwerkssicherheit sowie der Umwelt- und Gesundheitsschutz der Menschen gefährdet. Die Klage Deutschlands zielt darauf ab, dass die genannten Entscheidungen der Kommission durch ein Urteil des EuG aufgehoben werden und die Möglichkeit nationaler Ergänzungsregelungen rechtsverbindlich eröffnet wird. (…) In der andauernden Übergangsphase gelten die bisherigen Anforderungen an Bauprodukte fort, die in den bauordnungsrechtlichen Regelungen der Bundesländer festgelegt sind. Damit ist sicheres Bauen weiterhin möglich.*« Siehe https://www.bmu.de/pressemitteilung/bauprodukte-bundesregierung-reicht-klage-gegen-eu-kommission-ein/, Zugriffsdatum 15.01.2019.

60 Am 10.04.2019 hat das EuG in der Rechtssache RS. T-229/17 entschieden, die Klage in vollem Umfang als unbegründet abzuweisen. Es führt aus, dass Mitgliedstaaten keine einseitigen nationalen Maßnahmen treffen dürfen, die den ungehinderten Verkehr entsprechender Bauprodukte behindern – auch für den Fall sie halten vorhandene europäische harmonisierte Normen für unvollständig, »*Jede andere Auslegung würde im Hinblick auf Bauprodukte, die unter eine europäische harmonisierte Norm fallen, dazu führen, dass es einem Mitgliedstaat allein deshalb, weil er der Auffassung ist, die Sicherheit eines solchen Produkts sei nicht ausreichend gewährleistet, gestattet wäre, Maßnahmen anzuordnen, die den freien Verkehr dieser Produkte beschränkten, womit die volle Wirksamkeit der harmonisierten Norm in Frage gestellt würde (vgl. in diesem Sinne entsprechend Urteile vom 16. Oktober 2014, Kommission/Deutschland, C-100/13, nicht veröffentlicht, EU:C:2014:2293, Rn. 58 und 60, sowie vom 27. Oktober 2016, James Elliott Construction, C-613/14, EU:C:2016:821, Rn. 41 und 42).*« (EuG, Urt. v. 10.04.2019 – Rs. T 229/17 Rn. 98).

Die Gesetzgebungskompetenz der jeweiligen Mitgliedstaaten, Regelungen für Bauwerke zu treffen, um die Sicherheit von Menschen, Tieren und Güter nicht zu gefährden, unterliegt dabei den Grenzen des europäisch harmonisierten Rechts. Den Mitgliedstaaten ist kein Kompetenzvorbehalt eingeräumt, der es ihnen erlaubt, die Verfahren für die Überprüfung der harmonisierten Normen zu umgehen. »*Nach der Rechtsprechung des Gerichtshofs* (ist) *eine nationale Maßnahme in einem Bereich, der auf Unionsebene abschließend harmonisiert wurde, wie dies für die streitigen Produkte der Fall ist, anhand der Bestimmungen dieser Harmonisierungsmaßnahme und nicht der des Primärrechts zu beurteilen (vgl. entsprechend Urteil vom 16. Oktober 2014, Kommission/Deutschland, C-100/13, nicht veröffentlicht, EU:C:2014:2293, Rn. 62 und die dort angeführte Rechtsprechung).*« (EuG, Urt. v. 10.04.2019 – Rs. T 229/17 Rn. 101). Dies gilt auch, wenn die entsprechende Rechtsprechung sich auf die BauPR bezieht, die aktuellen Rechtsfragen hingegen auf die BauPVO. Das EuG sieht die Übertragbarkeit als gegeben an, da durch die BauPVO ebenso ein abschließendes Harmonisierungssystem geschaffen wurde, wie durch die BauPR.

Nach dem Urteil ist durch die Bundesrepublik Deutschland zu klären, wie diese europäische Rechtsprechung nunmehr in die neue Baurechtssystematik integriert wird. Stand 03.06.2019 liegt hierzu weder auf der Seite des BMU, der Bauministerkonferenz, des DIBt noch des MHKBG NRW eine offizielle Stellungnahme vor. Es bleibt abzuwarten wie der Konflikt zwischen den nationalen Interessen und den – offensichtlich – begrenzten Möglichkeiten im vorhandenen europäischen Rechtsrahmen der BauPVO gelöst wird.

In der Zwischenzeit sind zur Gewährleistung der nordrhein-westfälischen Bauwerksanforderungen die baurechtlichen Umsetzungsmöglichkeiten benannt, um mit den aus nationaler Sicht in harmonisierten Normen fehlenden Eigenschaften entsprechende Nachweise von Herstellern von Bauprodukte zu erhalten (§ 88 Abs. 2 Nr. 6 BauO NRW 2018). Solange der Gesetzgeber kein alternatives Verfahren vorgibt, ist aus Sicht des Autors durch die am Bau Beteiligten dementsprechend zu verfahren. Hierbei ist die Prioritätenliste mit ausgewählten verwendungsspezifischen Leistungsanforderungen zur Erfüllung der Bauwerksanforderungen des DIBt für die am Bau Beteiligten hilfreich, um z.B. die potentiellen technischen Regeln für die Dokumentation zu eruieren.

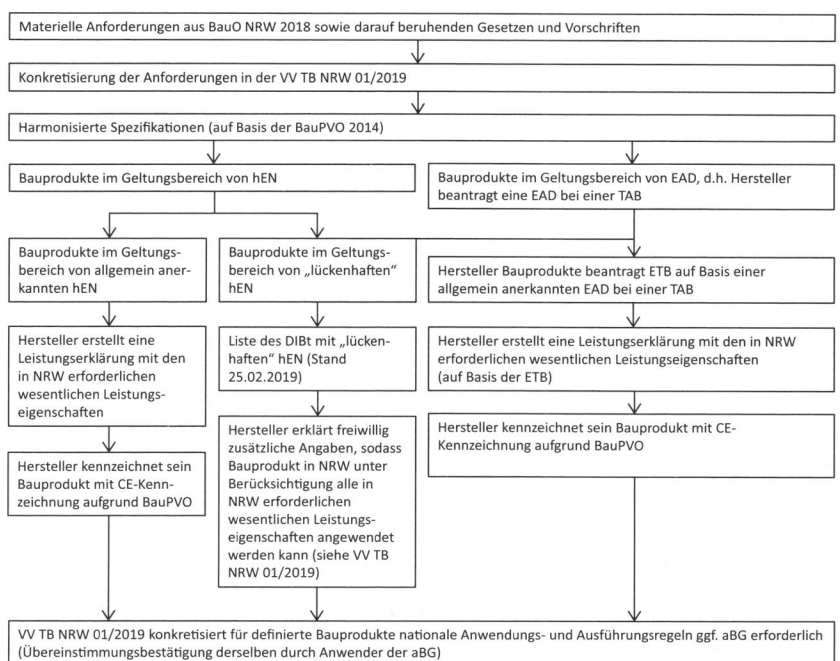

Abb. 88.19 Prinzipielle Möglichkeiten für Hersteller ihre Bauprodukte, auch bei ggf. vorhandenen Lücken in harmonisierten Normen, anderweitig in Verkehr zu bringen und für die am Bau Beteiligten entsprechende Leistungen freiwillig nachzuweisen

62 In Bezug auf die Verifizierung des Bestandsschutzes einer baulichen Anlagen, die im z.b. während des Zeitraums vom 16.10.2014 bis zum vollständigen in Krafttreten der BauO NRW und VV TB NRW 01/2019 am 02.01.2019 errichtet wurde, sind hinsichtlich der technisch ordnungsgemäßen Umsetzung die oben benannten Regelungen, Vollzugshinweise etc. für die Beurteilung maßgeblich und daher entsprechend zu berücksichtigen.

6 Zu Abs. 3 – Gliederung der Technischen Baubestimmungen

63 In § 3 Abs. 1 Satz 1 BauO NRW 2018 werden die allgemeinen Anforderungen an Anlagen definiert. Mit Einführung der BauO NRW 2016 ist neu, dass »*dabei (...) die Grundanforderungen an Bauwerke gemäß Anhang I der Verordnung (EU) Nr. 305/2011 zu berücksichtigen (sind).*« Durch die Integration dieser Klarstellung in einem der wichtigsten Paragrafen der BauO NRW ist die Kohärenz mit dem europäischen Bauproduktenrecht in Bezug auf die nationalen Schutzziele ausdrücklich formuliert. § 88 BauO NRW 2018 konkretisiert – bezugnehmend u.a. auf § 3 Abs. 1 Satz 1 – durch eine Vielzahl von Technischen Baubestimmungen diese Anforderungen. Gem. § 88 Abs. 3 BauO NRW 2018 soll der Aufbau der Technischen Baubestimmungen ebenfalls entsprechend der Grundanforderungen wie in Anhang I der BauPVO gegliedert werden (s. hierzu auch § 19 Rdn. 11).

Teil A der Technischen Baubestimmungen ist demnach nach Anhang I der BauPVO gegliedert, um eine thematische Zuordnung der Technischen Baubestimmungen (und der in Bezug genommen aaRdT) zu den jeweiligen Grundanforderungen klar zu verdeutlichen. Bei diesem Teil der VV TB NRW 01/2019 handelt es sich um ein zentrales Kapitel der Novellierung des Baurechts in Nordrhein Westfalen, da hier die ehemals als produktbezogenen Anforderungen jetzt auf Bauwerksebene definiert sind. Der gewählte Aufbau der nationalen Rechtsnormen ist insofern in sich konsistent. Von den in sieben Teilen benannten Grundanforderungen an Bauwerke gemäß Anhang I BauPVO sind sechs thematische Teile explizit in der VV TB 01/2019 aufgeführt, da sie für Anlagen gemäß § 1 BauO NRW 2018 maßgeblich sind:

A 1 – Mechanische Festigkeit und Standsicherheit,
A 2 – Brandschutz,
A 3 – Hygiene, Gesundheit und Umweltschutz,
A 4 – Sicherheit und Barrierefreiheit bei der Nutzung,
A 5 – Schallschutz und
A 6 – Wärmeschutz.

Die Grundanforderung Energieeinsparung, des sechsten Themenkomplexes, sowie die Grundanforderung »Nachhaltige Nutzung der natürlichen Ressourcen« (siebter Themenkomplex gemäß Anhang I der BauPVO) sind nicht explizit aufgeführt. Die Grundanforderung Nachhaltigkeit ist aus Sicht der Fachkommission Bauaufsicht kein Regelungsgebiet des öffentlichen Baurechts und ist daher nicht explizit als Bestandteil der VV TB NRW 01/2019 ausgewiesen.

64 Insbesondere der erste Teil des Kapitels A 2 der VV TB NRW 01/2019, in dem die Anforderungen an den Brandschutz konkretisiert sind, ist signifikant umfangreicher

als die übrigen fünf Teile dieses Abschnitts. Die jeweiligen allgemeinen und besonderen Anforderungen für bauliche Anlagen, die gemäß § 50 BauO NRW 2018 keine Sonderbauten sind (Standardgebäude) sind detailliert konkretisiert, z.B. in Bezug auf
– Brandverhalten von Teilen baulicher Anlagen,
– Feuerwiderstandsfähigkeit von Teilen baulicher Anlagen,
– Raumabschluss im Brandfall,
– Außenwände,
– Trennwände,
– Brandwände,
– Decken,
– Dächer,
– Treppen,
– Notwendige Treppenräume,
– Notwendige Flure und offene Gänge,
– Fahrschächte, Aufzüge,
– Leitungsanlagen, Installationsschächte und Kanäle,
– Lüftungsanlagen,
– Anforderungen an Feuerungsanlagen, sonstige Anlagen zur Wärmeversorgung, Brennstoffversorgung,
– Blitzschutzanlagen.

Darüber hinaus sind für definierte bauliche Anlagen (Bauliche Anlagen zur Lagerung von wassergefährdenden Stoffen und von Sekundärstoffen aus Kunststoff, Garagen) und insbesondere Sonderbauten gemäß § 50 BauO NRW 2018 zusätzlich technische Anforderungen konkretisiert, z.B. in Bezug auf
– Rauchabzugsgeräte und Rauchabzugsanlagen,
– Wärmeabzugsgeräte,
– Druckbelüftungsanlagen (Anlagen zur Rauchfreihaltung),
– Feuerlöschanlagen,
– Brandmeldeanlagen,
– Alarmierungseinrichtungen und Alarmierungsanlagen
– Feuerwehraufzüge,
– Sicherheitsbeleuchtungen,
– CO-Warnanlagen,
– Sicherheitsstromversorgungen,
– Objektfunkanlagen für die Feuerwehr,
– Druckerhöhungsanlagen für die Löschwasserversorgung,
– Brandfallsteuerungen von Aufzügen,
– Blitzschutzanlagen zum Schutz sicherheitstechnischer Einrichtungen und Anlagen im Innern von baulichen Anlagen.

Die auf 18 Seiten beschriebenen Sachverhalte gehen in Umfang und Tiefe z.T. (aus Sicht des Autors) deutlich über die gemäß der Vorbemerkungen der VV TB NRW 01/2019 zu Kapitel A 2 kommunizierten *wesentlichen* Inhalte hinaus.

Die Formulierung und Vorgabe des Abs. 3 ist nicht zwingend gestaltet und ermöglicht es dem Gesetzgeber, die Technischen Baubestimmungen, sofern geboten, auch anders

65

zu strukturieren. Z.B. kann es aus Gründen der Regelungsökonomie geboten sein, einen anderen Aufbau zu wählen. Dies ist in Teil B umgesetzt worden, wo für definierte Sonderkonstruktionen und Bauteile technische Regeln benannt sind, die sich zum einen auf mehrere Grundanforderungen beziehen und zum anderen materialübergreifend sind. Sie sind zusätzlich zu den in Teil A der VV TB NRW 01/2019 aufgeführten Technischen Baubestimmungen zu beachten.

7 Zu Abs. 4 – Liste von Bauprodukten, die zur Erfüllung der Anforderungen nach § 3 Abs. 1 BauO NRW nicht von Bedeutung sind

66 In § 20 Abs. 3 BauO NRW 2018 wird auf eine Liste verwiesen, die in den Technischen Baubestimmungen nach § 88 BauO NRW 2018 enthalten ist und eine nicht abschließende Auflistung von Bauprodukten enthält, die baurechtlich jeweils keines Verwendbarkeitsnachweises bedürfen. Diese Liste wird durch § 88 Abs. 4 BauO NRW legitimiert und befindet sich im Teil D der VV TB NRW 01/2019, wie in Rdn. 67 ff. beschrieben. Der Charakter der nicht abschließenden Aufzählung verdeutlicht, dass diese Liste den am Bau Beteiligten zur Klarstellung dienen soll. Im Zweifelsfall sollte bzgl. des statthaften baurechtlichen Verzichts auf einen Verwendbarkeitsnachweis i.S.v. § 20 Abs. 3 BauO NRW 2018 frühzeitig eine einvernehmliche Klärung mit der Obersten Bauaufsicht NRW herbeigeführt werden (s. § 23 Abs. 1 Satz 2 Rdn. 6).

67 Gemäß des zweiten Absatz der allgemeinen Vorbemerkungen des Teil D der VV TB NRW 01/2019 werden in diese Liste einerseits Bauprodukte aufgenommen, für die es aaRdT zwar gibt und gem. § 3 BauO NRW 2018 auch Anforderungen bestehen, aber dennoch auf Verwendbarkeitsnachweise verzichtet wird (gemäß der bisherigen Regelungen der BauO NRW 2000 waren dies »sonstige Bauprodukte«).

Insgesamt hätte es der Vorbemerkungen des zweiten Absatzes nicht bedurft, weil der Teil D 2.1 mit Beispielen für Produkte, für die es allgemein anerkannte Regeln der Technik gibt, in der Ausgabe der VV TB NRW 01/2019 nicht besetzt ist. Der Gesetzgeber in NRW verzichtet damit auf die Bekanntmachung dieser allgemein anerkannten Regeln der Technik, da diese Bauprodukte gemäß § 20 Abs. 2 BauO NRW 2018 und der dort beschriebenen neuen Baurechtssystematik ohnehin keines Verwendbarkeitsnachweises bedürfen. In diesem Punkt weicht die VV TB NRW 01/2019 inhaltlich von der MVV TB 2017/01 ab.

68 Gemäß der weiteren Vorbemerkungen der VV TB NRW 01/2019 im dritten Absatz werden **andererseits** Bauprodukte aufgenommen, für die es weder Technische Baubestimmungen noch aaRdT gibt und die für die Erfüllung der Anforderungen nach § 3 BauO NRW 2018 nicht von Bedeutung sind. Der Verzicht von bauaufsichtlichen Verwendbarkeitsnachweisen für diese Bauprodukte macht die untergeordnete Bedeutung kenntlich. Da für die entsprechenden Bauprodukte öffentlich-rechtlich kein baurechtlicher Verwendbarkeitsnachweis erforderlich ist, bedürfen sie konsequenterweise keiner öffentlich-rechtlichen Übereinstimmungsbestätigung gemäß § 24 BauO NRW 2018. Folglich dürfen diese Bauprodukte daher nicht mit einem Ü-Zeichen vom Hersteller gekennzeichnet werden. Gleichwohl muss die Verwendbarkeit dieser Bauprodukte i.S.d. § 18 BauO NRW 2018 materiell vorliegen.

Diese Bauprodukte sind im Teil D 2.2 gelistet und gilt ausschließlich nur für solche Bauprodukte und Verwendungen, für die bauordnungsrechtlich nur die Qualität normalentflammbar vorausgesetzt wird und an die darüber hinaus keine zusätzlichen Brandschutzanforderungen sowie keine Forderungen bzgl. des Schall- und Wärmeschutzes gestellt werden.

In diesem Abschnitt der VV TB NRW 01/2019 sind für folgende Bereiche entsprechende Bauprodukte und z.T. deren jeweilige definierte Verwendung gelistet:
1. Bauprodukte für den Rohbau,
2. Bauprodukte für den Ausbau,
3. Bauprodukte der Haustechnik,
4. Bauprodukte für Deponien,
5. Bauprodukte für die Instandsetzung,
6. Andere Bauprodukte.

Die Erleichterung des Gesetzgebers zum Verzicht auf einen baurechtlich erforderlichen Verwendbarkeitsnachweis gilt nur bei den definierten Voraussetzungen und bei bestimmten Verwendungen. Insofern bedarf es durch die am Bau Beteiligten einer Prüfung der Voraussetzungs- und Verwendungsbedingungen. Dies kann unter Umständen auch für Bauprodukte maßgeblich sein, die von am Bau Beteiligten – fälschlicherweise – als »sicherheitsrelevant« eingestuft werden. Z.B. benötigen »*Abschlüsse von Öffnungen zur Rauchableitung in notwendigen Treppenräumen, (…) sowie deren Vorrichtungen zum Öffnen, die nicht zur Rauchfreihaltung, sondern der Entrauchung nach Evakuierung dienen*« und gemäß lfd. Nummer D 2.2.3.9 VV TB NRW 01/2019 verwendet werden, baurechtlich keines Verwendbarkeitsnachweises. Die gemäß lfd. Nummer D 2.2.3.9 definierte Verwendung ist daher u.a. im Zusammenhang mit den Regelungen des § 35 Abs. 8 BauO NRW 2018 zu sehen.

8 Zu Abs. 5 Sätze 1 und 2 – Veröffentlichung MVV TB durch DIBt und Autorisierung durch Oberste Bauaufsichtsbehörde

Begründung RegE BauO NRW 2018 (Drucks. 17/2166 v. 13.03.2018): 69

»*§ 88 Absatz 5 wird neu – in Anlehnung an die MBO – in die Vorschrift über die Technischen Baubestimmungen aufgenommen. § 88 Absatz 5 Satz 1 weist der obersten Bauaufsichtsbehörde die Aufgabe zu, Technische Baubestimmungen bekannt zu machen. Dabei ist ausdrücklich vorgesehen, dass Technische Baubestimmungen als Verwaltungsvorschrift zu erlassen sind. Damit wird die Rechtsnatur der Technischen Baubestimmung klargestellt, wobei es sich bei der Verwaltungsvorschrift um eine normkonkretisierende Verwaltungsvorschrift handelt. Solchen Verwaltungsvorschriften im Bereich des Umwelt- und Technikrechts billigt das Bundesverwaltungsgericht Bindungswirkung im gerichtlichen Verfahren zu, soweit sie die »höherrangigen Gebote« und »im Gesetz getroffenen Wertungen« berücksichtigen, in einem sorgfältigen Verfahren unter Einbeziehung des technischen und wissenschaftlichen Sachverstands zustande gekommen und nicht durch die Erkenntnisfortschritte von Wissenschaft und Technik überholt sind (BVerwGE 107, 338,341). (…)*«

70 Die normkonkretisierende Verwaltungsvorschrift spezifiziert den Inhalt einer juristischen Norm, wie z.B. der BauO NRW 2018. Solche Verwaltungsvorschriften sind unter bestimmten Voraussetzungen durch die Judikative dann wie Normen auszulegen und dienen der Ausfüllung eines der Verwaltung eingeräumten Beurteilungsspielraums. Mit ihnen wird die Ausübung dieses Beurteilungsspielraums von der Einzelentscheidung im jeweiligen Verwaltungsakt in eine abstrakt generalisierende Regelung vorverlagert, um so die Einheitlichkeit des Verwaltungshandelns sicherzustellen (BVerwG, Urt. v. 28.10.1998 – 8 C 16.96 Jurion Rn. 14). Gegen die Bezugnahme auf Bestimmungen fremder Normengeber bestehen keine Bedenken (BVerwG, Urt. v. 27.06.2013 Az. 3 C 21.12).

Die Voraussetzungen für die Anwendung von normkonkretisierenden Verwaltungsvorschriften sind in Ermangelung einer authentischen Deutung des Vorschriftengebers durch Auslegung zu ermitteln. »*Dabei kommt der Entstehungsgeschichte im Zweifel mehr Gewicht zu, als dies regelmäßig bei Rechtsnormen der Fall ist*« (BVerwG, Urt. v. 20.12.1999 – Az. 7 C 15/98 Jurion Amtlicher Leitsatz).

71 Gemäß der Begründung zur MBO 2016 vom 20.04.2016 müssen »*was die Bekanntmachung anbelangt, (…) sich für die vom Deutschen Institut für Bautechnik bekanntgemachte Verwaltungsvorschrift hinreichende Verfahrensvorgaben aus dem Recht des Landes Berlin als Rechtsträger ergeben.*« Um den Anforderungen des Bundesverwaltungsgerichts an eine normkonkretisierende Verwaltungsvorschrift gerecht zu werden sind im § 88 Abs. 5 BauO NRW 2018 nunmehr die strengen verfahrensmäßigen Vorgaben u.a. in Bezug auf die Kompetenz des DIBt, der Anhörung der beteiligten Kreise beinhaltet. Daher sind dem DIBt als rechtsfähige Anstalt des öffentlichen Rechts mit Sitz in Berlin gemäß § 1 der letztgültigen Fassung des Gesetzes über das Deutsche Institut für Bautechnik 2006 (zuletzt geändert durch das 3. DIBt-Änderungsabkommen als Anlage zum Gesetz vom 02.02.2018) von den Bundesländern im Rahmen eines Staatsvertrags entsprechende Rechte, Aufgaben und Pflichten übertragen. Nach Zustimmung des Landtags NRW ist das 3. DIBt Änderungsabkommen am 07.03.2017 bekannt gemacht worden und am 01.04.2018 in Kraft getreten. Gemäß des DIBt-Abkommens Artikel 2 Abs. 1 Nr. 3 hat das DIBt demnach u.a. die Aufgabe Bekanntmachungen zur Einführung Technischer Baubestimmungen vorzubereiten. Ergänzend hierzu haben das Bundesministerium des Innern, für Bau und Heimat und die Regierungen der Bundesländer ein Verwaltungsabkommen zur Übertragung von weiteren Aufgaben auf das Deutsche Institut für Bautechnik (DIBt) geschlossen. Da der Erlass resp. die Bekanntmachung normkonkretisierenden Verwaltungsvorschriften durch das DIBt als schwierig bzw. nicht umsetzbar erachtet wird, besteht unter den Bundesländern Konsens, dass das DIBt nur ein Muster für eine Verwaltungsvorschrift über die Technischen Baubestimmungen (MVV TB) erstellen und veröffentlichen soll (TOP 18 der 309. Sitzung der Fachkommission Bauaufsicht) (siehe hierzu auch Begründung zum Entwurf des Verwaltungsabkommen). Gemäß Artikel 2 Nr. 2 des Entwurfs dieses Verwaltungsabkommens (Stand 18. April 2018) wird dem DIBt demnach als weitere Aufgabe übertragen jeweils ein Muster für die VV TB zu erarbeiten und es – nach Anhörung der beteiligten Kreise und Einvernehmen mit den Obersten Bauaufsichtsbehörden der Bundesländer – zu veröffentlichen (siehe https://www.landtag.

nrw.de/portal/WWW/dokumentenarchiv/Dokument/MMV17-1448.pdf, Zugriffsdatum 22.01.2019).

Hinweis: Vor dem 31.08.2017 wurden die Bauregellisten durch das DIBt wiederkehrend fortgeschrieben. Da die entsprechenden Regelungen für nationale Bauprodukte nunmehr Gegenstand der MVV TB sind, ist damit auch die wiederkehrende Aktualisierung der MVV TB verbunden. Konsequenterweise gilt dies dann auch für die Implementierung in eine – jeweils aktualisierte – VV TB NRW (siehe auch § 88 Rdn. 003).

Seitens des DIBt sind für die Erarbeitung der MVV TB ein definierter Verfahrensablauf und beteiligte Kreise für die notwendige Fortschreibung der MVV TB vorgesehen. Das DIBt unterstützt die Bundesländer bei diesen Aufgaben insofern juristisch, technisch und auch organisatorisch. Hierzu koordiniert das DIBt z.B. u.a. die diesbezüglichen Geschäfte und bindet die zuständigen Gremien und Ausschüsse ein.

Die Absprachen zwischen den bauaufsichtlichen Akteuren erfolgen insbesondere in den Gremien der Bauministerkonferenz. Hierzu erstellen die zuständigen Referate des DIBt Vorlagen und stimmen sie u.a. mit einer neu gebildeten Projektgruppe MVV TB ab. Abhängig von den thematischen Aspekten werden weitere Fachkommissionen der ARGEBAU und des DIBt hinzugezogen, z.B. die Fachkommission Bautechnik oder Bauaufsicht und deren jeweiligen Arbeitskreise wie der Arbeitskreis Technische Gebäudeausrüstung, Brandschutz, Fliegende Bauten, Marktüberwachung harmonisierter Bauprodukte oder der Grundsatzausschuss (GA 1) des DIBt (d.h. der Grundsatzausschuss für fachübergreifende Fragen der Brauchbarkeits- und Verwendbarkeitsnachweise, siehe hierzu § 2 Abs. 1 Nr. 1 DIBt-Abkommen). Die Arbeitsergebnisse werden nach schriftlichem Einvernehmen mit den Obersten Bauaufsichten der Bundesländer als Änderungsentwürfe der MVV TB gem. § 85a Abs. 5 MBO 2016 veröffentlicht. Diese Änderungsmitteilungen für die jeweilige MVV TB werden auf der Internetseite des DIBt veröffentlicht. Dies erfolgt, damit z.B. den am Bau Beteiligten oder als Hersteller Betroffenen die Möglichkeit gegeben wird, sich entweder frühzeitig auf die jeweils neue Rechtslage einzustellen oder zu geplanten Änderungen in der MVV TB Stellung zu nehmen. Damit ist sichergestellt, dass sich die am Bau Beteiligten, Wirtschaftsakteure usw. in einem frühen Verfahrensstadium im Rahmen der Anhörung für das gesamte Bundesgebiet einbringen können. Ihre Stellungnahmen und Einsprüche können innerhalb des vom DIBt definierten Zeitraums an das DIBt gesendet werden. Die Stellungnahmen, Einsprüche etc. werden durch die Projektgruppe MVV TB gesichtet, bewertet und – sofern als notwendig erachtet – im Entwurf für die Änderungen berücksichtigt. Sofern erforderlich, werden auch in diesem Schritt die verschiedenen Gremien einbezogen.

Die EU-Kommission muss gemäß Art. 5 Abs. 1 der Richtlinie (EU) 2015/1535 vom 09.09.2015 durch die Bundesrepublik über den jeweiligen Entwurf der MVV TB unterrichtet werden. Unter Berücksichtigung des Erwägungsgrunds (5) dieser Richtlinie, ist es zwingend erforderlich, dass die EU-Kommission bereits vor der Bekanntgabe technischer Vorschriften über deren Inhalt informiert ist. Insofern sind alle Mitgliedstaaten im Allgemeinen verpflichtet die EU-Kommission von Entwürfen auf dem

Gebiet der technischen Vorschriften Mitteilung zu machen. Die EU-Kommission ist gemäß Art. 5 Abs. 1 Richtlinie (EU) 2015/1535 hiernach verpflichtet die anderen Mitgliedstaaten über den Entwurf der MVV TB zu unterrichten. Die Bundesrepublik Deutschland darf den Entwurf der MVV TB nicht vor drei Monaten nach Eingang der entsprechenden Mitteilung gemäß Art. 5 Abs. 1 Richtlinie (EU) 2015/1535 bei der EU-Kommission annehmen. In diesem Zeitraum können sowohl die EU-Kommission als auch die Mitgliedsstaaten den jeweiligen Entwurf in Bezug auf die europarechtlichen Belange sichten, z.B. hinsichtlich Handelshemmnissen. Sowohl die EU-Kommission als auch die anderen Mitgliedsstaaten können Bemerkungen oder ausführliche Stellungnahmen auf diejenigen Aspekte der Maßnahme abgeben, die möglicherweise ein Handelshemmnis oder – in Bezug auf Vorschriften betreffend Dienste – ein Hindernis für den freien Dienstleistungsverkehr oder die Niederlassungsfreiheit von Betreibern darstellen, nicht aber auf den steuerlichen oder finanziellen Aspekt der Maßnahme beziehen. In diesem Falle muss die Bundesrepublik Deutschland zu diesen vorgetragenen Bemerkungen, ausführlichen Stellungnahmen usw. wiederum ihrerseits kommunizieren inwieweit es sich um eine europarechtliche legitime Maßnahme handelt bzw. entsprechende Änderungen erarbeiten. Gemäß Art. 5 Abs. 1 Unterabsatz 3 Richtlinie (EU) 2015/1535 übermittelt der Mitgliedstaat »*den Entwurf der technischen Vorschriften ein weiteres Mal an die Kommission in der im Unterabsatz 1 und 2 des vorliegenden Absatzes genannten Art und Weise, wenn sie an dem Entwurf einer technischen Vorschrift wesentliche Änderungen vornehmen, die den Anwendungsbereich ändern, den ursprünglichen Zeitpunkt für die Anwendung vorverlegen, Spezifikationen oder Vorschriften hinzufügen oder verschärfen.*« Dies wiederum resultiert in einer neuen dreimonatigen Stillhaltefrist von drei Monaten gemäß Art. 6 Abs. 1 Richtlinie (EU) 2015/1535.

Die Obersten Bauaufsichtsbehörden der Bundesländer müssen den europäisch notifizierten Entwurf der MVV TB sichten und im schriftlich gegenüber dem DIBt bestätigen. Hiernach erfolgt die Bekanntmachung des jeweils fortgeschriebenen, neuen Musters in den amtlichen Mitteilungen des DIBt. Unter Berücksichtigung der MVV TB und der oben beschriebenen europarechtlichen Vorgaben über das Informationsverfahren auf dem Gebiet der technischen Vorschriften können die zuständigen Stellen des Landes NRW eine landesbezogene VV TB erarbeiten und veröffentlichen. Soweit die Oberste Bauaufsichtsbehörde von der MVV TB nicht abweicht, muss im Bundesland kein weiteres Anhörungs- und Notifizierungsverfahren durchgeführt werden.

Basierend auf der MVV TB 2017/01 wird aktuell (Stand Mai 2019) die Fortschreibung der kommenden Version der MVV TB 2019/1 durch das DIBt vorbereitet (siehe § 88 Rdn. 003).

73 Von der Obersten Bauaufsichtsbehörde durch öffentliche Bekanntmachung eingeführte Technische Baubestimmungen gelten als aaRdT im Sinne des § 3 Abs. 2 Satz 3 BauO NRW 2018 (bzgl. aaRdT siehe auch § 3 Abs. 2 Rdn. 73 ff.).

Im Zuständigkeitsbereich der Obersten Bauaufsichtsbehörde NRW werden zur einheitlichen Rechtsanwendung der Oberen und Unteren Bauaufsichtsbehörden die Technischen Baubestimmungen als Verwaltungsvorschrift erlassen. Die Veröffentlichung der VV TB NRW 01/2019 ist eine hoheitliche Maßnahme, welche die gesetzlich geregelte Beachtungspflicht auslöst (siehe zu § 3 Rn. 65 Wilke/Dageförde/Knuth/Meyer Kommentar zur Bauordnung für Berlin, 6. Auflage Vieweg + Teubner Verlag).

Technische Regeln, die als Technische Baubestimmungen bauaufsichtlich eingeführt sind, begründen allerdings weder eine strikte Ermessensbindung der Bauaufsichtsbehörden noch als Verwaltungsvorschrift eine Bindung der Verwaltungsgerichte. Sie dienen jedoch der Konkretisierung der in der Landesbauordnung gemäß § 3 Abs. 1 Satz 1 in Verbindung mit Abs. 2 Satz 1 BauO NRW 2018 enthaltenen Generalklausel der aaRdT und bedingen über die interne Bindungswirkung hinaus eine entsprechende Selbstbindung im Außenverhältnis. Den Technischen Baubestimmungen kommt dabei die Bedeutung eines Referenzpunktes der behördlichen Entscheidung zu, z.B. in Bezug auf § 3 Abs. 2 Satz 2 sowie § 88 Abs. 1 Satz 2 BauO NRW 2018 (siehe OVG NRW, Urt. v. 11.04.2016 – 2 A 2176/14, juris Rn. 36 ff.).

9 Zu Abs. 5 Satz 3 – Verweis auf Fundstelle bei Bekanntmachung

Begründung zum Regierungsentwurf zur BauO NRW 2018 (siehe Drucks. 17/2166 vom 13.03.2018): 74

»§ 88 Absatz 5 Satz 2 ermächtigt die oberste Bauaufsichtsbehörde, bei der Bekanntmachung auf die Fundstelle zu verweisen. Dies ermöglicht, sowohl auf die Veröffentlichung des vom Deutschen Institut für Bautechnik bekannt gemachten Musters der Technischen Baubestimmungen zu verweisen als auch dazu, in der Verwaltungsvorschrift auf die detaillierte Wiedergabe der technischen Regeln selbst zu verzichten. Dies ermöglicht dem Land Nordrhein-Westfalen eine schlanke Umsetzung. Abweichungen vom Muster liegen im Ermessen des Landes.« Hinweis: Aus Sicht des Autors handelt es sich bei Bezug 2 auf ein redaktionelles Versehen und Satz 3 ist gemeint.

In der VV TB NRW 01/2019 wird zur Konkretisierung der bauordnungsrechtlichen Anforderungen an zahlreichen Positionen auf technische Regeln von verschiedenen Normungsorganisationen resp. Institutionen verwiesen ohne den vollständigen Inhalt der technischen Regel wiederzugeben. Diese benannten technischen Regeln sind insofern ebenfalls als Technische Baubestimmungen durch die am Bau Beteiligten inhaltlich zu beachten. Insofern sind in diesem Sinne beispielsweise nicht sämtliche Regeln des DIN, die auch als allgemein anerkannte Regeln der Technik gelten können, auch tatsächlich als Technische Baubestimmungen zu beachten. Darüber hinaus finden sich Angaben zu Fundstellen im Fließtext der VV TB NRW 01/2019. In diesem Zusammenhang ist u.a. auch das Verzeichnis der Bezugsquellennachweise der TB VV NRW 01/2019 von Bedeutung, das sich am Ende der Verwaltungsvorschrift befindet. 75

Gleichwohl gelten für aaRdT, die der Wahrung der Belange nach § 3 Abs. 1 Satz 1 dienen, in diesem Zusammenhang § 3 Abs. 2 Sätze 1 und 2 BauO NRW 2018.

Abweichungen der VV TB NRW zur jeweiligen maßgeblichen Fassung der MVV TB liegen gemäß Begründung im Ermessen des Landes. In diesem Zusammenhang muss sich die landesspezifische Fassung eng an die jeweilige MVV TB anlehnen bzw. nicht abweichen, da im Übrigen ein weiteres EU Anhörungs- und Notifizierungsverfahren 76 durchgeführt werden muss [siehe Richtlinie (EU) 1535/2015 (Informationsrichtlinie)]. Auf der Internetseite des MHKBG NRW findet sich ein Ergänzungsdokument, in dem die Unterschiede zwischen der Anlage der VV TB NRW 01/2019 und der MVV TB Ausgabe 2017/1 farblich hinterlegt sind, siehe https://www.mhkbg.nrw/sites/default/files/media/document/file/Verwaltungsvorschrift_Technische_Baubestimmungen_2019_01.pdf, Zugriffsdatum 13.04.2019.

§ 89 Örtliche Bauvorschriften

(1) Die Gemeinden können durch Satzung örtliche Bauvorschriften erlassen über
1. besondere Anforderungen an die äußere Gestaltung baulicher Anlagen sowie von Werbeanlagen und Warenautomaten zur Erhaltung und Gestaltung von Ortsbildern,
2. über das Verbot von Werbeanlagen und Warenautomaten aus ortsgestalterischen Gründen,
3. die Lage, Größe, Beschaffenheit, Ausstattung und Unterhaltung von Kinderspielplätzen (§ 8 Absatz 2),
4. Zahl, Größe und Beschaffenheit der Stellplätze sowie der Fahrradabstellplätze (§ 48 Absatz 3), die unter Berücksichtigung der Sicherheit und Leichtigkeit des Verkehrs, der Bedürfnisse des ruhenden Verkehrs und der Erschließung durch Einrichtungen des öffentlichen Personennahverkehrs für Anlagen erforderlich sind, bei denen ein Zu- und Abgangsverkehr mit Kraftfahrzeugen oder Fahrrädern zu erwarten ist (notwendige Stellplätze und Fahrradabstellplätze), einschließlich des Mehrbedarfs bei Änderungen und Nutzungsänderungen der Anlagen sowie die Ablösung der Herstellungspflicht und die Höhe der Ablösebeträge, die nach Art der Nutzung und Lage der Anlage unterschiedlich geregelt werden kann,
5. die Gestaltung der Plätze für bewegliche Abfallbehälter und der unbebauten Flächen der bebauten Grundstücke sowie über die Notwendigkeit, Art, Gestaltung und Höhe von Einfriedungen; dabei kann bestimmt werden, dass Vorgärten nicht als Arbeitsflächen oder Lagerflächen benutzt werden dürfen,
6. von § 6 abweichende Maße der Abstandsflächentiefe, soweit dies zur Gestaltung des Ortsbildes oder zur Verwirklichung der Festsetzungen einer städtebaulichen Satzung erforderlich ist und eine ausreichende Belichtung sowie der Brandschutz gewährleistet sind,
7. die Begrünung baulicher Anlagen.

(2) Örtliche Bauvorschriften können auch durch Bebauungsplan oder, soweit das Baugesetzbuch dies vorsieht, durch andere Satzungen nach den Vorschriften des Baugesetzbuchs erlassen werden. Werden die örtlichen Bauvorschriften durch Bebauungsplan oder durch eine sonstige städtebauliche Satzung nach dem Baugesetzbuch erlassen, so sind die Vorschriften des Ersten und des Dritten Abschnitts des Ersten Teils, des Ersten Abschnitts des Zweiten Teils, die §§ 13, 13a, 13b, 30, 31, 33, 36, 214 und 215 Baugesetzbuch entsprechend anzuwenden.

(3) Anforderungen nach den Absätzen 1 und 2 können innerhalb der örtlichen Bauvorschrift auch in Form zeichnerischer Darstellungen gestellt werden. Ihre Bekanntgabe kann dadurch ersetzt werden, dass dieser Teil der örtlichen Bauvorschrift bei der Gemeinde zur Einsicht ausgelegt wird; hierauf ist in den örtlichen Bauvorschriften hinzuweisen.

Übersicht

		Rdn.
0	Änderungen gegenüber der BauO NW 1984, der BauO NW 1995 und der BauO NRW 2000	01
1	Allgemeines	1
1.1	»Positive« Gestaltungspflege als Selbstverwaltungsaufgabe	1
1.2	Planerische Gestaltungsziele und Grenzen der Satzungsbefugnis	6
1.3	Inhaltliche und räumliche Bestimmtheit der Satzung	14
1.4	Verfahrens- und Rechtsschutzaspekte	18
2	Zu Absatz 1 – Ermächtigungen zum Erlass örtlicher Bauvorschriften	25
2.1	Nr. 1 – Gestaltungssatzungen	28
2.2	Nr. 2 – Schutzsatzungen	37
2.3	Nr. 3 – Kleinkinderspielflächen	42
2.4	Nr. 4 – PKW-Stellplätze und Fahrradabstellplätze	49
2.5	Nr. 5 – Gestaltung, Begrünung, Bepflanzungen bestimmter Anlagen	57
2.6	Nr. 6 – Tiefe der Abstandflächen	65
2.7	Nr. 7 – Begrünung	69
3	Zu Absatz 2 – Örtliche Bauvorschriften in Bebauungsplänen	70
4	Zu Absatz 3 – Zulässigkeit zeichnerischer Darstellungen	73

0 Änderungen gegenüber der BauO NW 1984, der BauO NW 1995 und der BauO NRW 2000

Die Vorschrift des § 86 **BauO NW 1995** entsprach weitgehend § 81 BauO NW 1984: **01**

In **Abs. 1** erfolgten folgende Änderungen:
– **Nr. 1 bis 3** blieben unverändert.
– **Nr. 4** wurde um die Worte »Begrünung und Bepflanzung« ergänzt. Die Satzungsermächtigung bezüglich Einfriedungen, die bislang in Nr. 4 mitgeregelt war, wurde zur Verbesserung der Übersichtlichkeit in die **neue Nr. 5** aufgenommen.
– **Nr. 6** wurde redaktionell angepasst (»Abstellplätze« statt »Abstellmöglichkeiten«).
– **Nr. 7** übernahm unverändert die bisherige Nr. 5.

Absätze 2 und 3 blieben unverändert.

Abs. 4 wurde um Verweisungen auf Vorschriften des BauGB-MaßnahmenG ergänzt, um zu ermöglichen, dass gestalterische Festsetzungen auch in Vorhaben- und Erschließungspläne aufgenommen werden können.

Abs. 5 wurde neu gefasst, um das Rechtsinstitut der Abweichung nach § 73 BauO NW 1995 zu berücksichtigen. Darüber hinaus wurde das kommunale Selbstverwaltungsrecht dadurch gestärkt, dass anstelle der bisherigen Anhörung der Gemeinde eine Entscheidung der Bauaufsichtsbehörde mit ihrem Einvernehmen zu erfolgen hat.

§ 89 Örtliche Bauvorschriften

Folgerichtig wurden Verweisungen auf die entsprechenden bauplanungsrechtlichen Regelungen über die Fiktion des Einvernehmens aufgenommen.

02 Die **BauO NRW 2000** hat § 86 BauO NW 1995 mit folgenden Änderungen übernommen:

In **Abs. 1** entfiel **Nr. 6** im Hinblick auf die Neufassung des § 51 BauO NRW.

In **Abs. 2 Nr. 1** wurden **Warenautomaten** aufgenommen.

In den **Absätzen 4 und 5** entfielen die Verweisungen auf das durch das BauROG aufgehobene BauGB-MaßnahmenG. Darüber hinaus wurden in Abs. 4 die Sicherungsmöglichkeiten nach den §§ 14 bis 18 BauGB aufgenommen, um der Gemeinde auch die Anwendung der **Zurückstellung** und der **Veränderungssperre** auf in Bebauungsplänen vorgesehene örtliche Bauvorschriften zu ermöglichen, was bislang aufgrund der fehlenden Verweisung scheiterte.

03 In § 89 BauO NRW 2018 sind folgende Änderungen berücksichtigt worden:
– Absatz 1 Nr. 1 entspricht inhaltlich, jedoch wesentlich verkürzt, den Regelungen der bisherigen Nr. 1 und 2
– entspricht dem bisherigen Absatz 1 Nr. 2 Halbsatz 2
– Absatz 1 Nr. 4 ist neu eingeführt aufgrund der Neuregelung des Stellplatzrechts in § 48 BauO NRW 2018
– In Absatz 1 Nr. 5 ist der um einige Fallgestaltungen verminderte Regelungsgehalt der bisherigen Nr. 4 übernommen worden
– Absatz 1 Nr. 6 regelt die Satzungsermächtigung zur Festlegung von § 6 abweichender Tiefen der Abstandsflächen und hebt das Erfordernis der ausreichenden Belichtung und des Brandschutzes hervor
– Absatz 1 Nr. 7 enthält die Satzungsermächtigung über die Begrünung baulicher Anlagen
– Absatz 2 entspricht im Wesentlichen dem früheren Absatz 4
– Die bisherigen Absätze 2 und 5 sind entfallen.

1 Allgemeines

1.1 »Positive« Gestaltungspflege als Selbstverwaltungsaufgabe

1 Das **Baugestaltungsrecht** ist seit jeher Teil uralten Stadtrechts und fand erst nach der Französischen Revolution Eingang in die Landesgesetzgebung. Nachdem das PrOVG in seiner berühmt gewordenen »**Kreuzberg-Erkenntnis**« vom 14.06.1882 (PrOVGE 9, 353 = DVBl 1985, 219) die Befugnisse der Baupolizei auf die Gefahrenabwehr und damit auf die bloße »**Verunstaltungsabwehr**« beschränkt hatte, entschloss sich der preußische Staat zum Erlass der »**Verunstaltungsgesetze**«, um Verunstaltungen durch Reklame und unschöne Bauten besser unterbinden zu können. Erst die **Baugestaltungsverordnung** vom 10.11.1936 (RGBl. I S. 938) ermächtigte mit ihrem § 2 die Gemeinden zum Erlass von **Ortssatzungen**, um über die Verunstaltungsabwehr hinaus auch »**positive**« Gestaltungspflege betreiben zu können. Diese Vorschrift wurde dann von der Musterbauordnungskommission als § 112 MBO 1960 übernommen.

Der Regelungsgehalt wurde nahezu unverändert mit § 82 MBO 1997 (= § 86 MBO 2002) beibehalten, dem § 89 in weiten Teilen entspricht.

Der Gemeinde bietet sich aufgrund des § 89 die **Möglichkeit zur Schaffung von Ortsbaurecht**, damit unter **baugestalterischen Gesichtspunkten örtlichen Verhältnissen** Rechnung getragen werden kann. Der Erlass örtlicher Bauvorschriften als **Satzung** – nicht als Rechtsverordnung – fällt in den eigenen Wirkungskreis der Gemeinden (Art. 28 GG) und ist eine kommunale **Selbstverwaltungsaufgabe**. Die Ermächtigungen zum Erlass von Satzungen sind in § 89 **konzentriert**. 2

Die **Form der Satzung** für kommunales Ortsbaurecht war **keineswegs immer zwingend**. So wurden die auf dem Muster einer Bauordnung für Städte und stadtähnliche Landgemeinden (»**Einheitsbauordnung für Städte**«, veröffentlicht vom preußischen Staatskommissar für das Wohnungswesen vom 25.04.1919, MBl. S. 236) basierenden, über 300 Bauordnungen in Preußen als **Polizeiverordnung** erlassen. Nach der Entpolizeilichung der Verwaltungsbehörden auf Landesebene durch das OBG vom 16.10.1956 (GV. NRW. S. 216) ergingen baurechtliche Vorschriften noch bis zum Inkrafttreten des BBauG vom 23.06.1960 (BGBl. I S. 341) als **ordnungsbehördliche Verordnung**. Zuvor hatte das nordrhein-westfälische Aufbaugesetz vom 29.04.1950 (GV. NRW. S. 78), das neben dem Baupolizeirecht galt (vgl. Ernst/Friede, Kommentar zum **Aufbaugesetz** von Nordrhein-Westfalen, 4. Aufl. 1958, S. 14 und S. 66), **für Durchführungspläne** die **Satzungsform** vorgesehen. Die Form der Satzung für bodenrechtliche Bauvorschriften der Gemeinden übernahmen das BBauG und die MBO 1960, der die Landesbauordnungen gefolgt sind. Besonderheiten ergeben sich in den Ländern Berlin, Bremen und Hamburg aufgrund der Stadtstaatenklausel des § 246 BauGB und der entsprechenden Regelungen zu den örtlichen Bauvorschriften in deren Bauordnungen. 3

Mit § 58 Absatz 1 **Satz 2** BauO NRW 2018 bringt der Gesetzgeber zum Ausdruck, dass § **89 von den Aufgaben der Bauaufsichtsbehörden als solche der Gefahrenabwehr unberührt** bleibt. Insoweit unterscheidet sich das nordrhein-westfälische Bauordnungsrecht von dem anderer Länder, die an der Möglichkeit zur staatlichen Einflussnahme durch die obere Bauaufsichtsbehörde bei der Kontrolle der Aufgabenerfüllung durch die Gemeinden festhalten. Die nordrhein-westfälische Lösung ist zu begrüßen, weil der Bundesgesetzgeber den Gemeinden die bauplanungsrechtlichen Befugnisse übertragen hat und weil das Baugestaltungsrecht in einer **engen Verbindung zum Bauplanungsrecht** steht, was § 9 Abs. 4 BauGB verdeutlicht. Von der Natur der Sache her handelt es sich bei der **positiven Gestaltungspflege** um den **Teil einer ganzheitlichen Planungsmaterie**, die nur aufgrund der nach Art. 74 Nr. 18 GG gegebenen unterschiedlichen Gesetzgebungskompetenz von Bund und Ländern in die »**bodenrechtliche**« Bauleitplanung und die »**bauordnungsrechtliche**« **Gestaltungsplanung** zerfällt (s. Rdn. 8). 4

Aus der Einordnung der Schaffung von **Ortsbaurecht als Selbstverwaltungsangelegenheit** der Gemeinden ergeben sich mehrere Konsequenzen: 5
– An die Ermächtigungsvorschriften sind **nicht** die in Art. 80 GG oder Art. 70 Abs. 1 LVerf NRW geregelten Anforderungen zu stellen (vgl. BVerfG, Beschl. v.

21.12.1966 – 1 BvR 33/64, BVerfGE 21, 54; OVG NRW, Urt. v. 30.06.1978 – XI A 627/76, BRS 33 Nr. 115).
– Die **Verfahrensvorschriften** für den Satzungserlass ergeben sich – soweit nicht § 89 BauO NRW 2018 als Spezialregel vorgeht – aus § 7 GO NRW und aus der auf § 7 Abs. 5 GO NRW gestützten Bekanntmachungsverordnung – BekanntmVO. Die Satzungen müssen diese Ermächtigungsgrundlagen angeben (**Zitiergebot**; s. hierzu OVG Lüneburg, Urt. v. 27.06.1988 – 1 A 228/86, BRS 48 Nr. 113 und einschränkend OVG Rh-Pf, Urt. v. 01.10.2008; BRS 73 Nr. 139).
– Die **Gemeinde** ist zwar zum Erlass örtlicher Bauvorschriften **ermächtigt**, sie ist jedoch hierzu **nicht verpflichtet** und kann auch nicht im Wege der Sonderaufsicht hierzu veranlasst werden (vgl. Boeddinghaus/Hahn/Schulte/Radeisen, zu § 86 Rn. 2).
– Der **Inhalt** der örtlichen Bauvorschriften muss sich an den **Schutzzielen der BauO NRW 2018** orientieren, darf **keine bodenrechtlichen Aspekte** erfassen und ist **auf die Ermächtigungstatbestände beschränkt** (vgl. Boeddinghaus/Hahn/Schulte/Radeisen, zu § 86 Rn. 7–11).
– Die **Gemeinde** kann gegenüber einem Bauvorhaben, das mit einer Satzungsbestimmung nicht vereinbar ist, **Abwehrrechte** geltend machen, die sie allerdings verwirkt, wenn sie im Baugenehmigungsverfahren zu dem Bauvorhaben positiv Stellung nimmt und von der Baugenehmigung Gebrauch gemacht wird (OVG Rh-Pf, Urt. v. 05.08.1993 – 1 A 11772/92, BRS 55 Nr. 130).

Die **Bindung an bauordnungsrechtliche Schutzziele** steht nicht im Widerspruch zur Selbstverwaltungsgarantie. Der Landesgesetzgeber hätte, gestützt auf seine **Gesetzgebungskompetenz**, außer den Vorschriften über die Verunstaltungsabwehr (§§ 9 und 10 BauO NRW 2018) auch **Vorschriften über die positive Gestaltungspflege** erlassen können. Er hat dies nur im Hinblick auf die **Schwierigkeit der landesweiten Handhabung** unterlassen und wegen der engen Verbindung zum Bauplanungsrecht den Gemeinden überantwortet.

1.2 Planerische Gestaltungsziele und Grenzen der Satzungsbefugnis

6 Die in § 89 enthaltenen Satzungsermächtigungen sind **unterschiedlicher Natur**. Sie können genutzt werden, um allgemein formulierte materielle Anforderungen der BauO NRW 2018 zu **konkretisieren**, wie dies bei Vorschriften über Kinderspielflächen nach Absatz 1 Nr. 3 der Fall ist. Die Satzung gilt dann **allgemein im Gebiet der Gemeinde** und **wirkt wie eine Rechtsverordnung** zur Konkretisierung materieller Anforderungen. Anders liegt es, wenn die Satzung für einen **Teil des Gemeindegebietes** erlassen wird. Hier ist zu differenzieren, ob lediglich bestimmte **Einzelziele**, oder ob **umfassende baugestalterische Planungsziele** verfolgt werden sollen. Als Beispiel für die Verfolgung von Einzelzielen ist die Wahrung der bauhistorischen Bedeutung durch Regelung geringerer Tiefen der Abstandsflächen nach Absatz 1 Nr. 6 zu nennen, als Beispiel für die Verfolgung umfassender baugestalterischer Planungsziele kann die Regelung baugestalterischer Vorgaben für ein Neubaugebiet nach Absatz 1 Nr. 1 dienen. Dadurch wird deutlich, dass der **Umfang der Schutzziele** örtlicher Bauvorschriften sehr unterschiedlich sein kann. Im einfachsten Fall wird die Satzung lediglich von

dem Bestreben getragen, für erforderlich erachtete normative Ergänzungen des allgemeinen Bauordnungsrechts zu bewirken, während in anspruchsvolleren Situationen planerische Ziele für ein Baugebiet in Ergänzung des Bauplanungsrechts umgesetzt werden sollen. Trotz dieser Unterschiede haben die örtlichen Bauvorschriften eines gemeinsam: die **Beschränkung der Verfügungsgewalt des Grundeigentümers** im Interesse der positiven Gestaltungspflege und damit im Interesse des Allgemeinwohls.

Inhalt und Schranken des Eigentums werden nach Art. 14 Abs. 1 Satz 2 GG durch die Gesetze bestimmt. Gesetz in diesem Sinne ist jede Rechtsnorm (BVerfG, Beschl. v. 10.07.1958 – 1 BvR 1/58, BVerfGE 8, 71). Auch die **als Satzung** (= Ortsgesetz) **erlassenen örtlichen Bauvorschriften entfalten inhaltsbestimmende Wirkung für das Eigentumsrecht**. Das Bauordnungsrecht darf im Rahmen der Bestimmung von Inhalt und Schranken des Grundeigentums im Sinne von Art. 14 Abs. 1 Satz 2 GG durch Aufnahme von auf Landesrecht beruhenden gestalterischen Festsetzungen in einen Bebauungsplan auch zur Wahrung ästhetischer Belange nutzbar gemacht werden; einer solchen positiven Gestaltungspflege ist auch eine gewisse **planerische Gestaltungsfreiheit** immanent (OVG NRW, Urt. v. 09.02.2000 – 7 A 2386/98, BRS 63 Nr. 166 = ZfBR 2001, 55 zu gestalterischen Festsetzungen über rote Dacheindeckungen). 7

Nun lässt sich trefflich über die Frage streiten, ob Materialanforderungen und vergleichbar »geringfügige« Maßgaben zum Bauen überhaupt nennenswert in das Grundeigentum eingreifen (s. die Nachweise bei Boeddinghaus/Hahn/Schulte/Radeisen, zu § 86 Rn. 6). Dass eine **grundeigentumsbeschränkende Wirkung** aber auch baugestalterischen Bestimmungen zukommen kann, ergibt sich bereits daraus, dass die Gemeinde **im Rahmen der gesetzlichen Ermächtigung** unter **baugestalterischen** Gesichtspunkten **Nutzungsmöglichkeiten** des Grundstücks **ausschließen** und damit die Verfügungsgewalt des Grundstückseigentümers zum Teil gravierend beschränken kann. Wegen dieser einschränkenden Wirkung müssen auch baugestalterische Anforderungen **aus Gründen des Wohls der Allgemeinheit sachlich geboten** sein (BayVGH, Urt. v. 25.06.1990 – 15 N 88.629, BRS 50 Nr. 133 zur Unzulässigkeit einer Gestaltungssatzung, die im gesamten Gemeindegebiet nur rechteckige Gebäudegrundrisse erlaubte). Dabei darf es sich nicht um **unzulässige »bodenrechtliche Regelungen im Gewande von Baugestaltungsvorschriften«** handeln (vgl. BVerwG, Beschl. v. 10.07.1997 – 4 NB 15.97, BauR 1997, 999 = BRS 59 Nr. 19 = DÖV 1998, 77 = NVwZ-RR 1998, 486 = UPR 1998, 63 = ZfBR 1997, 327 zur Zulässigkeit einer gestalterischen Regelung, wonach Kellergaragen wegen der unerwünschten optischen Freilegung von Teilen der Kelleraußenwand und der erforderlichen Rampen im Vorgarten ausgeschlossen wurden). Will die Gemeinde Regelungen mit **bodenrechtlichem Inhalt** erlassen, hat sie sich der hierfür zur Verfügung stehenden **planerischen Instrumente des BauGB** zu bedienen (s. BVerwG, Beschl. v. 31.05.2005 – 4 B 14.05, BauR 2005, 1768 = BRS 69 Nr. 148 = ZfBR 2005, 559 und BayVGH, Urt. v. 20.12.2004 – 25 B 98.1862, BauR 69 Nr. 142 = NVwZ-RR 2005, 785 = ZfBR 2005, 560). Die Abgrenzung kann im Einzelfall durchaus Probleme bereiten und ist für die Auslegung der Ermächtigungsgrundlage von Bedeutung (vgl. Jäde, Wie verfassungswidrig ist das Bauordnungsrecht?, ZfBR 2006, S. 9 ff.). 8

9 Da Landesrecht dem Satzungsrecht vorgeht (**Grundsatz des Vorrangs des Gesetzes**), ist **für** besondere **Anforderungen in den örtlichen Bauvorschriften kein Raum**, wenn schon die **Anforderungen der BauO NRW 2018**, z.B. die des § 10 an Werbeanlagen, zur Regelung der örtlichen Verhältnisse **ausreichen**; die Satzung darf sich nicht auf den bereits gesetzlich geregelten Verunstaltungsschutz beschränken, sondern muss die positive Gestaltungspflege zum Ziel haben (OVG Schl-H, Urt. v. 21.12.1994 – 1 L 64/94, BRS 57 Nr. 172; vgl. auch Schmidt-Tophoff, Ortsrechtliche Vorschriften für die Außenwerbung im Geltungsbereich der neuen Landesbauordnungen von Rheinland-Pfalz, Nordrhein-Westfalen und Bayern, DÖV 1964, S. 482 ff.). So verbietet bereits § 9 Absatz 1 BauO NRW 2018 ein verunstaltendes Verhältnis der Baumassen und Bauteile zueinander, z.B. zu voluminöse Dachgauben als »Kastenaufbau« (s. Anmerkungen zu § 11 Rdn. 33 ff.). Für gestalterische Vorschriften ist daher nur noch insoweit Raum, als diese über die Verunstaltungsabwehr hinausgehen und im Sinne positiver Gestaltungspflege mehr leisten als die ohnehin bestehenden Vorschriften zur Verunstaltungsabwehr. Bei der Konzeption von Gestaltungsvorschriften ist daher die **Kenntnis des Rechts der Verunstaltungsabwehr** unverzichtbar, vor allem aber der hierzu ergangenen Rechtsprechung. Wer nicht weiß, was Verunstaltung im Rechtssinne bedeutet, kann auch keine rechtlich fundierte Gestaltungspflege betreiben. Schließlich dürfen positive Gestaltungsvorschriften nichts verlangen, was rechtlich unzulässig ist. Die gestalterischen Vorgaben können insoweit das Bauplanungsrecht, das Bauordnungsrecht und das »Baunebenrecht« nur noch **ergänzen**. Bestehen z.B. zwingende Bebauungsplanfestsetzungen der überbaubaren Flächen sowie der Trauf- und Firsthöhen, so ergibt sich aus diesen Festsetzungen bereits rechnerisch eine ganz bestimmte Dachneigung. Gestalterische Vorgaben über die Dachneigung müssen diesen durch das Bauplanungsrecht gesetzten Rahmen beachten. Setzt der Bebauungsplan nur einen Rahmen für die Bebauung fest (Baugrenzen, Bauhöhen), so können durch gestalterische Bestimmungen zusätzliche Beschränkungen verfügt werden, da dann kein Widerspruch zu den Bebauungsplanfestsetzungen eintritt (vgl. Nds. OVG, Urt. v. 27.08.1991 – 1 L 254/89, BRS 52 Nr. 121 zu einer Gestaltungssatzung über die Einzelheiten der Ausbildung von Flachdächern im Bereich eines Bebauungsplans, der eingeschossige Bebauung mit Flachdach festsetzt, und OVG NRW, Urt. v. 25.04.1991 – 11 A 1708/88, BRS 52 Nr. 122 zu einer Gestaltungssatzung, die den nach dem Bebauungsplan zulässigen Rahmen für die Dachneigung aus gestalterischen Gründen einengt).

10 Die **Satzungsbestimmungen** dürfen sowohl hinsichtlich der materiellen Anforderungen als auch der Verfahrensvorschriften **nicht im Widerspruch zur BauO NRW** und zu **Rechtsverordnungen** aufgrund der BauO NRW stehen. So steht eine Satzung, die dem Ziel dient, Werbeanlagen entgegen § 10 BauO NRW 2018 im gesamten Gemeindegebiet zu untersagen, im Widerspruch zu höherrangigem Recht (OVG Rh-Pf, Urt. v. 22.09.1988 – 1 A 82/86, BRS 48 Nr. 111).

11 Die Anforderungen von **Gestaltungssatzungen** nach Absatz 1 **Nr. 1**, dem Hauptanwendungsfall für örtliche Bauvorschriften zur positiven Gestaltungspflege, müssen darüber hinaus von einer »**baugestalterischen Absicht**« getragen sein. Eine solche erfordert ein **nachvollziehbares planerisches Konzept** für die Ausgestaltung eines bestimmten Bereichs, z.B. einer Straße, eines Platzes, eines Altstadtbereichs oder eines Neubaugebiets. **Schlagwortartige Zielsetzungen reichen nicht aus** (OVG Lüneburg, Urt. v. 29.04.1986 – 6 A 147/84, BRS 46 Nr. 120 zu einem weitgehenden Verbot der Werbung an Ausfallstraßen mit der Begründung, diese seien die »Visitenkarten der Stadt«). Nur weil Gestaltungssatzungen an die **Besonderheiten** eines Gebiets anknüpfen, ist eine positive Gestaltungspflege gerechtfertigt (OVG Lüneburg, Urt. v. 09.01.1987 – 6 A 148/84, BRS 47 Nr. 122). Eine Gestaltungssatzung ist nur wirksam, wenn mit ihr eine **gebietsspezifische gestalterische Absicht** verfolgt wird, die dem Geltungsbereich der Satzung ein besonderes Gepräge gibt; demgegenüber kann ein Gestaltungsziel, welches gleichermaßen für alle Ortsteile verfolgt werden könnte, den Erlass einer Gestaltungssatzung nicht rechtfertigen (OVG Rh-Pf, Urt. v. 22.09.1988 – 1 A 82/86, BRS 47 Nr. 111).

Der Gemeinde ist mit dem **Merkmal »zur Durchführung baugestalterischer Absichten«** in Absatz 1 Nr. 1 eine planerische Gestaltungsfreiheit zum Ausgleich der widerstreitenden Interessen im Wege einer planerischen Abwägung eingeräumt (offen gelassen im Urteil des OVG NRW vom 30.06.1983 – 11 A 329/82, BRS 40 Nr. 152); jedenfalls tritt das Abwägungsgebot als bundesrechtliche Ergänzung – aus dem Rechtsstaatsprinzip folgend – neben diese Bestimmung. Die BauO NRW 2018 enthält keine näheren materiellen Vorschriften über diese **Abwägung** außer der genannten allgemeinen Zielvorgabe. Die **Ermächtigung** findet ihre **Grenze** insbesondere an dem mit Verfassungsrang ausgestalteten **Übermaßverbot** sowie am Wesen des durch **Art. 14 GG** geschützten Eigentums (OVG NRW, Urt. v. 06.02.1992 – 11 A 2232/89, BRS 54 Nr. 112). Sie setzt voraus, dass die baugestalterischen Absichten der Gemeinde auf **sachgerechten Erwägungen** beruhen und eine **angemessene Abwägung der Belange des Einzelnen und der Allgemeinheit** erkennen lassen (s.a. BayVGH, Urt. v. 12.09.1988 – Nr. 1 N 84 A.94, A.555 und A.1657, BRS 48 Nr. 110 und OVG NRW, Urt. v. 06.02.1992, a.a.O.). 12

Wegen des Eingriffs in das Eigentumsrecht muss das **Verhältnismäßigkeitsprinzip** gewahrt bleiben. Die mit der Satzung bewirkten Erschwernisse, Mehrkosten und Einschränkungen müssen in einem abgewogenen Verhältnis zu den erstrebten Gestaltungszielen stehen (OVG NRW, Urt. v. 30.06.1978 – XI A 627/76, BRS 33 Nr. 115). Dieser Grundsatz spielt eine Rolle, wenn den Grundeigentümern die Verwendung kostenträchtigen Materials abverlangt wird (BayVGH, Urt. v. 12.09.1988, a.a.O. Rn. 12: es ist unzulässig, in einem Neubaugebiet die Verwendung von Tonziegeln vorzuschreiben; Hess. VGH, Beschl. v. 02.04.1992 – 3 N 2241/89, BRS 54 Nr. 116 und Nds. OVG, Urt. v. 12.05.1993 – 1 K 67/91, BRS 55 Nr. 129: es ist nicht zu beanstanden, in einer historischen Altstadt die Verwendung von Tonziegeln vorzuschreiben). 13

1.3 Inhaltliche und räumliche Bestimmtheit der Satzung

Aus dem **Rechtsstaatsprinzip** und dem **Grundsatz der Gesetzmäßigkeit der Verwaltung** folgt, dass die Satzung hinsichtlich ihres Inhalts, vor allem wegen der Einzelbefugnisse der Gemeinden und der für den Bürger im Einzelnen bestehenden Pflichten, **hinreichend bestimmt sein muss** (BVerfG vom 03.02.1959 – 2 BvL 10/56, BVerfGE 14

9, 137; BVerwG, Urt. v. 20.05.1955 – V C 14.55, BVerwGE 2, 114; OVG NRW, Urt. v. 21.04.1983 – 11 A 765/81, BRS 40 Nr. 153; Nds. OVG, Urt. v. 25.06.2001 – 1 L 4874/99, BauR 2002, 302 BRS 64 Nr. 144 = UPR 2001, 452). Der Satzungsgeber muss daher die den Inhalt des Eigentums ausmachenden **Einzelbefugnisse und -pflichten der Grundstückseigentümer** inhaltlich bestimmen (BVerfG, Beschl. v. 12.01.1967 – 1 BvR 169/63, BVerfGE 21, 73).

15 Das **inhaltliche Bestimmtheitsgebot** lässt die **Verwendung unbestimmter Rechtsbegriffe** als Tatbestandsvoraussetzung zu, wenn sie so gefasst sind, dass sie als Voraussetzungen für die angeordnete Rechtsfolge von den Betroffenen hinreichend erkannt und von den Gerichten angewendet werden können (BVerfG, Beschl. v. 12.11.1958 – 2 BvL 4, 26, 40/56, 1, 7/57, BVerfGE 8, 274). Es ist jedoch verletzt, wenn der Sinngehalt des Begriffs unter Zuhilfenahme der anerkannten Auslegungsregeln nicht eindeutig zu ermitteln ist (VGH B-W, Urt. v. 29.04.1981 – 5 S 1909/80, BRS 38 Nr. 147 zum Begriff »Großflächenwerbung«) oder die inhaltliche Konkretisierung der Anforderungen im Einzelfall der Gemeinde oder anderen öffentlichen Stellen überlassen bleibt (OVG NRW, Urt. v. 21.04.1983, a.a.O. Rn. 14: die schutzbedürftigen Anlagen sollten durch nachfolgende Bekanntmachung benannt werden) oder wenn die Anforderungen nicht zweifelsfrei der Satzung entnehmbar sind (OVG NRW, Urt. v. 06.02.1992 – 11 A 2232/89, BRS 54 Nr. 112 zur Einschränkung der Werbung, ohne dass der Vorschrift entnommen werden konnte, ob sie nur für die Eigen- oder auch für die Fremdwerbung galt).

16 Örtliche Bauvorschriften können nach der Ermächtigung entweder für das **ganze Gemeindegebiet** erlassen werden (Absatz 1 Nr. 3, 4, 5 und 7) oder dürfen sich nur beziehen auf Teile des Gemeindegebietes (Absatz 1 Nr. 1, 2 und 6). Soweit nur Satzungen für Teilbereiche der Gemeinde erlassen werden dürfen, ist im Hinblick auf das **räumliche Bestimmtheitsgebot** eine genaue Beschreibung des Geltungsbereichs unverzichtbar. Es sind daher die gleichen Anforderungen zu beachten, die auch an die genaue Festlegung des räumlichen Geltungsbereichs von Bebauungsplänen gestellt werden. Es kann nicht davon ausgegangen werden, dass sich die Rechtsprechung zum Landschaftsrecht einfach übertragen lässt (s. BVerwG, Beschl. v. 16.07.1997 – 4 B 110.97, BRS 59 Nr. 243 zu einer Baumschutzsatzung, die »innerhalb der im Zusammenhang bebauten Ortsteile und des Geltungsbereichs der Bebauungspläne« gilt). Das **Landschaftsrecht** enthält insoweit nämlich **keine** den Ermächtigungstatbeständen des § 89 vergleichbaren **speziellen Anforderungen**, sondern verwendet selbst in der Ermächtigung des § 45 LG für Baumschutzsatzungen die vom BVerwG nicht beanstandete Formulierung. Im Gegensatz dazu darf der Geltungsbereich eines Bebauungsplans gerade nicht durch Verweisung auf veränderbare Größen bestimmt werden (BVerwG, Urt. v. 30.01.1976 – IV C 26.74, BRS 30 Nr. 17 und Beschl. v. 16.01.1981 – 4 B 251.80, BauR 1981, 350 = BRS 38 Nr. 4). Es ist grundsätzlich mit einer Gestaltungssatzung unvereinbar, in ihr den Bereich so zu umschreiben, dass er sich automatisch um neue Baugebiete erweitern kann – sog. dynamische Verweisungen (BayVGH, Beschl. v. 28.11.1969 – 93 I 69, BayVBl. 1970, 102 und OVG Lüneburg, Urt. v. 27.06.1988 – 1 A 228/86, BRS 48 Nr. 113 zu Verweisungen auf Darstellungen des Flächennutzungsplans).

Um **Mängel der räumlichen Bestimmtheit** von vornherein zu **vermeiden**, ist zu empfehlen, den **Geltungsbereich**
– entweder **textlich** unter Aufführung der einbezogenen Grundstücke durch **Katasterangaben** (Gemarkung, Flur, Flurstücke) oder
– zeichnerisch in einer **Karte auf der Grundlage des Liegenschaftskatasters** mit dem **Planzeichen Nr. 15.13** der Anlage zur **Planzeichenverordnung 1990 – PlanzV 90**, das auch für die Umgrenzung des räumlichen Geltungsbereichs des Bebauungsplans Anwendung findet,

eindeutig zu kennzeichnen (hierzu s. Sächs, OVG, Urt. v. 07.09.2005 – 1 B 300/03, BRS 69 Nr. 149, wonach eine eindeutige textliche Beschreibung des räumlichen Geltungsbereichs ebenso ausreicht). Werden die örtlichen Bauvorschriften in den Bebauungsplan einbezogen, so werden regelmäßig keine Zweifel am räumlichen Geltungsbereich auftreten, wenn die bauordnungsrechtlichen Festsetzungen im gesamten Bebauungsplangebiet gelten sollen. Sollen diese dagegen nur in räumlichen Teilbereichen des Bebauungsplans gelten, muss wiederum eine hinreichend genaue zeichnerische Abgrenzung vorgenommen werden. Dies kann dann – um Verwechslungen auszuschließen – nicht das Planzeichen Nr. 15.13 der PlanzV 90 sein, so dass ein eigenes Planzeichen in Anwendung des § 2 Abs. 2 Satz 2 PlanzV 90 zu entwickeln ist.

1.4 Verfahrens- und Rechtsschutzaspekte

Verfahrensregelungen über die **Aufstellung, Änderung, Ergänzung** oder **Aufhebung** örtlicher Bauvorschriften sind in § 89 **nur teilweise** vorhanden. Es ist verfahrensrechtlich danach zu unterscheiden, ob die örtlichen Bauvorschriften
– **als isolierte Satzung** nach der BauO NRW 2018 erlassen werden oder
– **Aufnahme in den Bebauungsplan** finden.

Für isolierte Satzungen gelten die Vorschriften der GO NRW und der BekanntmVO. Danach werden die isolierten Satzungen ohne vorlaufende Verfahrensschritte unmittelbar vom Rat beschlossen und anschließend bekannt gemacht. Da dem § 89 ein entsprechender Vorbehalt fehlt, bedarf die isolierte Satzung **keiner Genehmigung der oberen Bauaufsichtsbehörde**.

Für **isolierte Satzungen** nach Absatz 1 besteht **keine Begründungspflicht**. Ob und in welchem Umfang die Satzungsunterlagen Aufschluss über die Überlegungen der Gemeinde geben müssen, ist eine Frage des Einzelfalles (BVerwG, Beschl. v. 03.11.1992 – 4 NB 28.92, BRS 54 Nr. 111). Das OVG NRW (Urt. v. 30.06.1983 – 11 A 329/82, BRS 40 Nr. 152, in Fortführung des Urteils vom 30.06.1981 – 11 A 392/80, BRS 38 Nr. 138) führt hierzu aus:

> »Zu verlangen ist daher, dass die Satzung, und zwar mangels gesetzlicher Formbedürftigkeit der einzelnen Stufen des Satzungsgebungsverfahrens und der dabei gefassten Beschlüsse der zuständigen Gremien, grundsätzlich die Satzung selbst, die Gründe ihres Entstehens überhaupt, ihrer räumlichen Erstreckung und der Grundzüge ihrer inhaltlichen Festsetzungen zum Ausdruck bringt. Der Satzung müssen die sie legitimierenden

§ 89   Örtliche Bauvorschriften

baugestalterischen Absichten der Gemeinde zu entnehmen sein; in ihr muss sich niedergeschlagen haben, dass und welche planerischen Überlegungen den Rat bewogen haben. Der räumliche Geltungsbereich und die einzelnen Festsetzungen müssen in Dokumentation der planerischen Abwägung ein Mindestmaß an Plausibilität im Verhältnis zum Satzungszweck aufweisen.«

20 Daher empfiehlt sich auch für **isolierte** Satzungen, die **tragenden Gesichtspunkte** in einer Begründung zusammenzufassen, zumal die Bauverwaltungen der Gemeinden in aller Regel schon aufgrund innergemeindlicher Bestimmungen die Beschlussvorlagen für den Rat erläutern müssen. Es bereitet dann keinen nennenswerten Aufwand, die Vorlage gleich mit einer ordentlichen Begründung zur Satzung auszustatten, zumal die **Akzeptanz** zur Beschlussfassung bei den Ratsmitgliedern **erhöht** sein dürfte, wenn sie die vorgesehenen Satzungsbestimmungen in der Begründung nachvollziehen können.

21 Eine **weitgehende Verfahrensregelung** besteht mit **Absatz 2** nur für **in Bebauungspläne oder andere bauplanungsrechtliche Satzungen aufzunehmende örtliche Bauvorschriften**. Danach finden die für die Aufstellung, Änderung, Ergänzung und Aufhebung geltenden Vorschriften des BauGB Anwendung mit der Folge, dass sowohl die **vorgeschriebenen Verfahrensschritte** (Bürger- und Behördenbeteiligung), als auch das für bestimmte Bebauungspläne vorgeschriebene **bundesrechtliche Genehmigungserfordernis** beachtet werden müssen (hierzu s. Battis/Krautzberger/Löhr, zu § 10 Rn. 26–30). Auch gelten die **Wirksamkeitsvoraussetzungen** der §§ 214–216 BauGB. Da der Landesgesetzgeber entsprechend der bundesrechtlichen Ermächtigung des § 9 Abs. 4 BauGB die **§§ 1 bis 18 BauGB** für **anwendbar** erklärt hat, findet auch das **Abwägungsgebot** des § 1 Abs. 7 BauGB Anwendung (BVerwG, Beschl. v. 18.05.2005 – 4 B 23.05, BRS 69 Nr. 12 = ZfBR 2005, 562). Denn ob beim Erlass örtlicher Bauvorschriften das Abwägungsgebot zu beachten ist, richtet sich nach den landesrechtlichen Vorgaben (BVerwG, Urt. v. 16.03.1995 – 4 C 3.94, BauR 1995, 508 = BRS 57 Nr. 175 = DVBl 1995, 754). Wegen der uneingeschränkten Einbeziehung des § 9 BauGB durch § 89 Absatz 2 BauO NRW 2018 hat die **Begründung zum Bebauungsplan** auf die baugestalterischen Festsetzungen einzugehen.

22 **Trotz Aufnahme in den Bebauungsplan** bleiben die örtlichen Bauvorschriften **Baugestaltungsrecht** und werden **kein Bauplanungsrecht**. Dies bewirkt, dass über **Abweichungen von gestalterischen Festsetzungen** des Bebauungsplans nicht nach § 31 BauGB, sondern **nach § 69 BauO NRW 2018** entschieden wird (OVG NRW, Urt. v. 25.08.1999 – 7 A 4459/96, BauR 2000, 250 = BRS 62 Nr. 155 = NVwZ-RR 2000, 412 = ZfBR 2000, 56).

23 Örtliche Bauvorschriften sind aufgrund ihrer eigentumsbeschränkenden Wirkung (s. Rdn. 9 und 10) grundsätzlich geeignet, Grundrechte zu verletzen. Eine **Verfassungsbeschwerde** ist gemäß § 90 Abs. 2 Satz 1 des Gesetzes über das Bundesverfassungsgericht **erst nach Ausschöpfung des Rechtswegs** zulässig. Der Bürger muss also auch gegen Vorschriften einer örtlichen Bauvorschrift **zuerst Rechtsschutz vor den Verwaltungsgerichten** in Anspruch nehmen, z.B. indem er auf Erteilung der Baugenehmigung,

die ihm wegen Verstoßes gegen eine satzungsrechtliche Anforderung versagt wurde, oder gegen die Ablehnung einer isolierten Abweichung von Satzungsbestimmungen im Falle freigestellter Vorhaben klagt. Im Rahmen der **Überprüfung der Einzelentscheidung** überprüft das Verwaltungsgericht dann die zugrundeliegende Satzung und stellt gegebenenfalls fest, dass die Norm wegen Verstoßes gegen formelles oder materielles Bauordnungsrecht nicht anwendbar ist (**Inzidentverwerfung**). Bei **örtlichen Bauvorschriften als Bestandteil eines Bebauungsplans** kann die verwaltungsgerichtliche Überprüfung darüber hinaus im Wege der Normenkontrolle nach § 47 VwGO erfolgen (OVG NRW, Urt. v. 29.08.1983 – 10a NE 1/81, NVwZ 1984, 595 und BayVGH, Urt. v. 12.09.1988 – Nr. 1 N 84 A.94, A.555 und A.1657, BRS 48 Nr. 110; a.A. OVG Saar, Urt. v. 04.12.1981 – 2 N 12/80, BRS 38 Nr. 48 = NVwZ 1983, 42).

Die gestalterischen Vorgaben örtlicher Bauvorschriften werden im öffentlichen Interesse getroffen. Daher vermitteln sie in aller Regel **keine nachbarschützende Wirkung** (OVG NRW, Urt. v. 18.02.1965 – III A 655/63, BRS 16 Nr. 74 zu Anforderungen an Einfriedungen; Hess. VGH, Beschl. v. 04.01.1983 – III TG 57/82, BRS 40 Nr. 215 zu Anforderungen an Freiflächen). Im Einzelfall ist **ausnahmsweise** eine **nachbarschützende Wirkung** aus der **speziellen Zielsetzung** der gestalterischen Anforderung hergeleitet worden (BayVGH, Urt. v. 11.08.1988 – 2 B 87.02300, BRS 48 Nr. 171 zu Anforderungen an die Höhe von Einfriedungen). Nicht ausgeschlossen ist z.B., dass die Gemeinde **Vorschriften über die Dachform** auch mit nachbarschützender Funktion ausstatten will (so Boeddinghaus/Hahn/Schulte/Radeisen, zu § 86 Rn. 127 unter Bezug auf OVG NRW, Beschl. v. 16.07.1986 – 10 B 1200/86, n.v.; vgl. auch Bosch, Die Aufstockung von Flachdachgebäuden, Nachbarschutz, gestalterische Vorschriften und Bebauungsplan, ZfBR 1987, S. 182 ff.). 24

2 Zu Absatz 1 – Ermächtigungen zum Erlass örtlicher Bauvorschriften

Gestaltungssatzungen nach **Absatz 1** sind **nicht an die engeren Voraussetzungen der §§ 9 und 10 BauO NRW 2018 gebunden**, das heißt, sie haben nicht nur den Zweck, Verunstaltungen zu verhindern, sondern umfassen **zulässigerweise auch die positive Gestaltungspflege**, das Festlegen strengerer ästhetischer Maßstäbe (so OVG NRW, Urt. v. 30.06.1981 – 11 A 392/80, BRS 38 Nr. 138 = NJW 1982, 845 und OVG Lüneburg, Urt. v. 12.02.1982 – 1 A 231/80, BauR 1982, 368 = BRS 39 Nr. 132). Örtliche Bauvorschriften bilden eine wichtige **Ergänzung zur Bauleitplanung**, da diese als Bodenrecht nur die **städtebauliche Gestaltung** erfassen kann. Die Gestaltung der baulichen Anlagen selbst ist für das städtebauliche Erscheinungsbild eines Ortes von ebenso großer Bedeutung. Es verwundert daher nicht, dass die Gemeinden in dem wieder stärker aufkommenden Grundbedürfnis nach Harmonie von dem Instrumentarium rege Gebrauch machen, um **ästhetisch befriedigende Orts- und Straßenbilder** zu erzielen und so dem in der Nachkriegsphase mit ihrem Bauboom gepflegten »Betonbrutalismus« entgegenzuwirken (so Simon, Ortsbildgestaltung durch Satzung, Heft 29 der Reihe Kommunalforschung für die Praxis, 1992, S. 11). 25

26 Durch örtliche Bauvorschrift auf der Grundlage des Absatz 1 Nr. 1 und 2 kann insbesondere den **Auswüchsen der Werbewirtschaft** begegnet werden. Nr. 2 bietet die Rechtsgrundlage zum Schutz vorhandener Bebauung mit städtebaulicher oder geschichtlicher Bedeutung durch »**Schutzsatzungen**« (zu dieser Bezeichnung s. OVG NRW, Urt. v. 06.02.1992 – 11 A 2232/89, BRS 54 Nr. 112). Die Bestimmungen der §§ 9 und 10 BauO NRW 2018 sowie die auf § 89 Absatz 1 BauO NRW 2018 gestützten örtlichen Bauvorschriften bieten brauchbare Handhaben, die bei verständiger Anwendung und zähem Bemühen Erfolge zugunsten einer ästhetisch befriedigenden Stadtgestaltung und die Abwehr unsinniger, übertriebener Werbemaßnahmen ermöglichen.

27 Der Einsatz der Baugestaltungssatzung als spezielle Form der örtlichen Bauvorschrift nach Bauordnungsrecht und als Planungsinstrument im weitesten Sinne kann im Einzelfall **Abgrenzungsprobleme** zu anderen Satzungsinstrumenten nach Bundes- oder Landesrecht bereiten. Dies gilt insbesondere für die Ziele einer **baugestalterischen** »**Schutzsatzung**« nach Absatz 1 Nr. 2, die sich mit denen einer
– **Erhaltungssatzung** nach § 172 Abs. 1 Satz 1 Nr. 2 BauGB oder einer
– **Denkmalbereichssatzung** nach § 5 DSchG
durchaus überschneiden können, zumal auch diese speziellen Satzungsinhalte nach § 9 Abs. 4 BauGB in Verbindung mit § 172 Abs. 1 Satz 1 BauGB und § 6 Abs. 4 DSchG Aufnahme in einen Bebauungsplan finden können (zur Problematik der Überschneidung s. Stüer, Denkmalschutz vor Bauleitplanung?, BauR 1989, S. 251 ff.).

2.1 Nr. 1 – Gestaltungssatzungen

28 Nr. 1 enthält die Ermächtigungsgrundlage für Satzungsvorschriften über die **äußere Gestaltung** von
– **baulichen Anlagen** (§ 2 Absatz 1 BauO NRW 2018),
– **Werbeanlagen** (§ 10 Absatz 1 BauO NRW 2018 und
– **Warenautomaten** (§ 10 Absatz 5 BauO NRW 2018)
zur **Durchführung baugestalterischer Absichten** (s. Rdn. 11–13) in **bestimmten, genau abgegrenzten Teilen des Gemeindegebiets** (s. Rdn. 16 und 17). Diese örtlichen Bauvorschriften werden in der Kurzform als »**Gestaltungssatzungen**« bezeichnet. Bei den baulichen Anlagen kann es sich nur um die »echten« baulichen Anlagen, nicht dagegen um die fingierten nach § 2 Absatz 1 Satz 3 BauO NRW 2018 handeln, weil sonst die Ermächtigungen nach § 89 Absatz 1 Nr. 3, 4 und 5 keinen Sinn machen würden (so Boeddinghaus/Hahn/Schulte/Radeisen, zu § 86 Rn. 32). Die Ermächtigung erstreckt sich **nicht** auf andere Anlagen und Einrichtungen im Sinne des § 1 Absatz 1 Satz 2 BauO NRW 2018. Die Formulierung »**äußere Gestaltung** baulicher Anlagen« bedeutet, dass die Regelung sich auf Gegenstände beziehen muss, die **optisch in Erscheinung** treten.

29 Da die Ermächtigungsnorm Gestaltungssatzungen nur **zur Durchführung baugestalterischer Absichten** zulässt, können auf sie **keine bauplanungsrechtlichen Regelungen** gestützt werden. Überschneidungen der bauplanungsrechtlichen Festsetzungsmöglichkeiten aufgrund des § 9 BauGB mit der Ermächtigung zum Erlass

örtlicher Bauvorschriften nach §Absatz 1 Nr. 1 können durchaus gegeben sein. Die Regelung baurechtlich relevanter Vorgänge unter bauplanungsrechtlichen Gesichtspunkten durch den Bundesgesetzgeber schließt deren Regelung unter bauordnungsrechtlichen Gesichtspunkten durch den Landesgesetzgeber nicht aus (BVerwG, Urt. v. 28.04.1972 – IV C 11.69, BRS 25 Nr. 127 und Urt. v. 03.12.1992 – 4 C 27.91, BauR 1993, 315 = BRS 54 Nr. 126). Es darf sich nicht um »bauplanungsrechtliche Anforderungen im Gewande des Baugestaltungsrechts« handeln (BVerwG, Beschl. v. 10.07.1997 – 4 NB 15.97, BauR 1997, 999 = BRS 59 Nr. 19 = DÖV 1998, 77 = NVwZ-RR 1998, 486 = UPR 1998, 63 = ZfBR 1997, 327); hierzu führt das BVerwG aus:

»Dem Landesgesetzgeber ist die Regelung des Bauordnungsrechts vorbehalten. Hierzu zählt nicht mehr bloß die Abwehr von Gefahren, die der Allgemeinheit oder dem einzelnen von baulichen Anlagen drohen. Das Bauordnungsrecht darf, soweit dies im Rahmen einer Inhalts- und Schrankenbestimmung i.S. des Art. 14 Abs. 1 Satz 2 GG zulässig ist, auch zur Wahrung ästhetischer Belange nutzbar gemacht werden. Dies schließt neben der Abwehr von Verunstaltungen eine positive Gestaltungspflege ein. Den Gemeinden ist es auf landesrechtlicher Grundlage unbenommen, über die äußere Gestaltung einzelner baulicher Anlagen auf das örtliche Gesamterscheinungsbild Einfluß zu nehmen. Hierzu gehören Vorschriften, die dazu bestimmt sind, das Orts- oder Straßenbild je nach ihren gestalterischen Vorstellungen zu erhalten oder umzugestalten. Gegenstand örtlicher Bauvorschriften können dagegen nicht Regelungen sein, die der Gesetzgebungskompetenz der Länder entzogen sind, so im Bereich der konkurrierenden Gesetzgebung, soweit der Bund von seiner Kompetenz verfassungsgemäß Gebrauch gemacht hat (Art. 72 GG). Hierzu gehört das Bodenrecht i.S. des Art. 74 Abs. 1 Nr. 18 GG, das der Bundesgesetzgeber insbesondere im BauGB kodifiziert hat. Dieses Gesetz regelt die rechtlichen Beziehungen zum Grund und Boden und trifft Bestimmungen darüber, in welcher Weise der Eigentümer sein Grundstück nutzen darf. Nicht zuletzt über die Vorschriften, die die Art und das Maß der baulichen Nutzung, die Bauweise und die überbaubare Grundstücksfläche betreffen, leistet auch das Städtebaurecht einen Beitrag zur Gestaltung des Ortsbildes (vgl. § 1 Abs. 5 Satz 2, § 34 Abs. 1 Satz 2 und § 35 Abs. 3 BauGB). Das städtebauliche Instrumentarium reicht unter diesem Blickwinkel indes nur soweit, wie das BauGB entsprechende Gestaltungsmöglichkeiten eröffnet. Zur bodenrechtlichen Ortsbildgestaltung steht der Gemeinde der in § 9 Abs. 1 BauGB abschließend umschriebene Festsetzungskatalog zur Verfügung. Gestaltungsvorschriften, die hierüber hinausgehen, ohne den Grund und Boden unmittelbar zum Gegenstand rechtlicher Ordnung zu haben, stehen dem landesrechtlichen Bauordnungsrecht offen (vgl. BVerwG, Urteile vom 28.04.1972 – 4 C 11.69 –, BVerwGE 40, 94, und vom 16.12.1993 – 4 C 22.92 –, Buchholz 406.11 § 29 BauGB Nr. 52; vgl. auch BVerwG, Urt. v. 03.12.1992 – 4 C 27.91 –, BVerwGE 91, 234).«

Ortsrechtliche Gestaltungsvorschriften für bauliche Anlagen können sich lediglich auf die **äußere Erscheinung baulicher Anlagen** beziehen. Hierunter fallen unzweifelhaft Vorschriften über 30

- die **Fassadengestaltung** (OVG Lüneburg, Urt. v. 17.04.1985 – 1 A 119/83, BRS 44 Nr. 116),
- das **Material der Außenhaut** (OVG Lüneburg, Urt. v. 04.05.1979 – I A 66/78, BRS 35 Nr. 132),
- die **Farbgebung** (OVG NRW, Urt. v. 07.11.1995 – 11 A 293/94, BRS 57 Nr. 171 und Urt. v. 09.02.2000 – 7 A 2386/98, BRS 63 Nr. 166 = ZfBR 2001, 55),
- die **Dacheindeckung** (Nds. OVG, Urt. v. 12.05.1993 – 1 K 67/91, BRS 55 Nr. 129 und Urt. v. 25.06.2001 – 1 L 4874/99, BauR 2002, 302 BRS 64 Nr. 144 = UPR 2001, 452; VGH B-W, Normenkontrollbeschluss vom 04.05.1998 – 8 S 159/98, BRS 60 Nr. 128; Hess. VGH, Urt. v. 28.04.2005 – 9 UE 372/04, BRS 69 Nr. 150),
- die **Dachaufbauten** (BayVGH, Beschl. v. 09.03.1976 – Nr. 164 I 73, BRS 30 Nr. 109),

da diese Festlegungen einer bundesrechtlichen Fixierung mangels Gesetzgebungskompetenz entzogen sind. Dagegen können Vorschriften über **Länge**, **Breite** und **Höhe** der baulichen Anlagen, über ihre **Körperform** einschließlich der **Dachform**, **Dachneigung** und der **Firstrichtung** (Stellung) auch Gegenstand bauplanungsrechtlicher Festsetzungen sein. In Gestaltungsvorschriften dürfen daher hierzu erlassene Bestimmungen **nicht im Widerspruch zu Bebauungsplanfestsetzungen** stehen. Bei der **Festlegung von Dachformen** und **Dachneigungen** wird die Eigentumsbefugnis besonders eingeschränkt, so dass eine **sorgfältige Abwägung** unumgänglich ist (VGH B-W, Beschl. v. 30.07.1987 – 5 S 2906/86, BRS 47 Nr. 11 zur Abwägung in Bezug auf die Erhaltung der freien Aussicht; vgl. auch OVG NRW, Urt. v. 25.08.1999 – 7 A 4459/96, BauR 2000, 250 = BRS 62 Nr. 155 = NVwZ-RR 2000, 412 = ZfBR 2000, 56 zur Funktionslosigkeit einer Flachdachfestsetzung).

31 Die **genaue Abgrenzung des örtlichen Geltungsbereichs**, der nur »**zur Erhaltung und Gestaltung von Ortsbildern**« tendenziell kleine Teile, umfassen darf, ist die **wesentliche Beschränkung der Ermächtigung** und genau zu beachten (OVG NRW, Urt. v. 30.06.1983 – 11 A 329/82, BRS 40 Nr. 152). Generelle Vorschriften nach Nr. 1 für das ganze Gemeindegebiet sind unzulässig. Der Umfang des jeweiligen Teilgebiets richtet sich nach der sachlichen Berechtigung der örtlichen Bauvorschriften, die sich wiederum aus der Art der Bebauung ergibt, die gestalterisch geschützt oder gelenkt werden soll. Bebauungspläne im Sinne von § 30 BauGB haben in der Regel einen derart begrenzten Geltungsbereich, wie ihn die Ermächtigung der Nr. 1 fordert.

32 Da die auf Nr. 1 gestützten Satzungen die Gestaltung noch zu errichtender baulicher Anlagen beeinflussen wollen (vgl. die andersartige Zielrichtung der Nr. 2), **ermächtigt Nr. 1 nicht dazu, die Errichtung bestimmter Anlagen**, wie z.B. von **Antennen** und **Solarenergieanlagen** auf Dächern, **generell zu untersagen**. Der Untersagung von Antennen steht ohnehin das Grundrecht nach **Art. 5 Abs. 1 Satz 1 GG** auf **ungehinderten Zugang zu Informationen** entgegen (vgl. Boeddinghaus/Hahn/Schulte/Radeisen, zu § 86 Rn. 44). Außerdem hat der Gesetzgeber mit § 69 Absatz 1 Satz 2 BauO NRW 2018 eine

grundsätzlich positive Entscheidung zu Anlagen getroffen, die dem Sparen von Wasser und Energie dienen, die der Satzungsgeber bei seiner Abwägung ebenso zu berücksichtigen hat.

Nach Absatz 1 Nr. 1 darf die Gemeinde in Bezug auf **Werbeanlagen** und **Warenautomaten** weitergehend Vorschriften über deren **Art** und **Größe** erlassen, was aus dem Begriff der **äußeren Gestaltung** abzuleiten ist. Im Gegensatz zum Vorgängerrecht werden nunmehr Werbeanlagen und Warenautomaten in dieser Hinsicht gleich behandelt. 33

In Bezug auf **Werbeanlagen**, deren Zulässigkeit in den verschiedenen Baugebieten und im Außenbereich nicht bereits durch § 10 Absatz 3 und 4 BauO NRW 2018 ausdrücklich positiv geregelt ist, erstreckt sich die Ermächtigung über Anforderungen an die äußere Gestaltung auch auf den **Ausschluss bestimmter Arten von Werbeanlagen.** Streng genommen gibt es keine unterschiedlichen Arten von Werbeanlagen, wenn man von der Unterscheidung als selbständige bauliche Anlagen und Werbeanlagen, die keine selbständigen baulichen Anlagen sind, sowie von der Unterscheidung nach ihrem Inhalt (Ankündigungs-, Anpreisungs- und Hinweiswerbung) absieht. Gemeint sind hier bestimmte **Formen der Werbung**, z.B. Anlagen der Lichtreklame, insbesondere der sog. laufenden und der sich periodisch ein- und ausschaltenden Lichtreklame, vorstehende Anlagen oder Flachschilder, »Brandgiebel«-Reklame, freistehende oder an baulichen Anlagen angebrachte so genannte Ganztafeln. Bundesrechtlich bestehen keine grundsätzlichen Bedenken gegen eine örtliche Bauvorschrift, die an die äußere Gestaltung von Werbeanlagen in reinen und allgemeinen Wohngebieten strengere Anforderungen stellt als in anderen Gebieten und gewisse Anlagen der Außenwerbung dort überhaupt verbietet (BVerwG, Beschl. v. 23.01.1967 – IV B 244.65, BRS 18 Nr. 95). Ein generelles Verbot von Großflächenwerbetafeln in Mischgebieten ist dagegen unzulässig (BVerwG, Urt. v. 28.04.1972 – IV C 11.69, BRS 25 Nr. 127 und VGH B-W, Urt. v. 29.04.1981 – 5 S 1909/80, BRS 38 Nr. 147), ebenso ein generelles Verbot von großflächigen Werbeanlagen auf Bahngeländen (OVG NRW, Urt. v. 03.07.1997 – 11 A 1566/94, BRS 59 Nr. 134 = NVwZ-RR 1999, 12). 34

Die Bestimmungen über die **Größe** von Werbeanlagen können sich auf deren **Fläche** beziehen. Es ist aber ebenso zulässig, **Höchstmaße für Werbeanlagen**, die senkrecht zur Häuserwand angebracht werden, in Bezug auf deren Höhe und Ausladung festzusetzen (OVG NRW, Beschl. v. 21.01.1958 – VII A 802/55, BBauBl. 1959, 25 = BRS 8 V B 2 S. 124 = DÖV 1958, 825 zu § 2 der Verordnung über Baugestaltung vom 10.11.1936, RGBl. I S. 938). 35

Zulässig ist auch die Regelung des **Orts der Anbringung**. Es kann z.B. ein **Verbot von Werbeanlagen an Einfriedungen** ausgesprochen werden (OVG NRW, Urt. v. 28.01.1964 – VII A 536/63, BRS 15 Nr. 81 = DÖV 1964, 789). Ortsrechtliche Vorschriften, nach denen die Anbringung von Plakattafeln und Schaukästen in Vorgärten grundsätzlich verboten ist, verstoßen nicht gegen die Vorschriften des Grundgesetzes (BVerwG, Beschl. v. 06.10.1954 – I B 131, 53, BBauBl. 1955, 27 = BRS 4 V B 4 S. 256). 36

2.2 Nr. 2 – Schutzsatzungen

37 Die Vorschriften in Absatz 1 Nr. 2 beziehen sich auf den Schutz vorhandener Bebauung (»**Schutzsatzungen**«) auf bereits vorhandenen Straßen- und Platzräumen von **besonderer Bedeutung aus ortsgestalterischen Gründen**, während Absatz 1 Nr. 1 gerade die Sicherung bestimmter baugestalterischer Absichten, also die Normierung von Anforderungen an etwas noch Entstehendes, die Gestaltung in der Entwicklung begriffener Baugebiete, zum Ziele hat (s. OVG NRW vom 04.11.1985 – 11 A 1504/84, n.v.). Eine Ortssatzung zur Erhaltung und Pflege des Straßenbildes, die die zu schützenden baulichen Anlagen nur durch unbestimmte Rechtsbegriffe definiert und die Aufzählung der schutzwürdigen Objekte weiteren Bekanntmachungen überlässt, kann wegen Verstoßes gegen das Bestimmtheitsgebot nichtig sein (OVG NRW, Urt. v. 21.04.1983 – 11 A 765/81, BRS 40 Nr. 153).

38 Ob der angegebene Schutzzweck den Erlass der örtlichen Bauvorschrift nach Absatz 1 Nr. 2 rechtfertigt, lässt sich im allgemeinen nur auf Grund einer **Bestandsaufnahme** und einer damit verbundenen **Prüfung der Schutzwürdigkeit** der unter Schutz gestellten Bauten und Bereiche beurteilen (OVG NRW, Urt. v. 29.01.1999 – 11 A 4952/97, BauR 2000, 92 = BRS 62 Nr. 156 = NVwZ-RR 2000, 577). Nicht erforderlich ist, dass der räumliche Geltungsbereich der Satzung hinter dem letzten schützenswerten Einzelobjekt endet, wenn der angestrebte Schutz einem gesamten Ortsteil zugutekommt (OVG NRW, Urt. v. 30.06.1978 – XI A 627/76, BRS 33 Nr. 115). Die Schwierigkeiten, Rechtsvorschriften für die Verwirklichung baugestalterischer Absichten und zum Schutz vorhandener Bauten innerhalb des Ermächtigungsrahmens mit der rechtlich notwendigen Bestimmtheit zu formulieren, dürfen nicht verkannt werden. Eine gewisse Zurückhaltung beim Erlass örtlicher Bauvorschriften ist deshalb angebracht. Die Baufreiheit darf nicht unnötig weiter eingeschränkt werden, als sie es durch die baurechtlichen Gesetze ohnehin schon ist.

39 Ortsgestalterische Gründe können dann angenommen werden, wenn bauliche Anlagen eine **städtebauliche Bedeutung** haben, wenn ihnen also eine stadtbildprägende Wirkung zukommt oder sie sonst in irgendeiner Weise für die städtebauliche Ordnung prägend sind. Von **künstlerischer Bedeutung** kann bei baulichen Anlagen gesprochen werden, die das ästhetische Empfinden in besonderem Maße ansprechen oder mindestens den Eindruck vermitteln, dass sie etwas nicht Alltägliches darstellen oder ihnen Symbolgehalt zukommt. Als Bauten, Straßen, Plätze oder Ortsteile von **geschichtlicher Bedeutung** werden solche anzusehen sein, die als Einzelbauwerke oder im Zusammenwirken mehrerer Gebäude den **charakteristischen Ausdruck einer historischen Epoche** aufweisen. Bereiche sind zweifelsohne schützenswert, wenn sie dem **Denkmalrecht** unterfallen. Bei der Prüfung der Schutzwürdigkeit wird man nicht selten eine **Überschneidung mit städtebaulichen und denkmalrechtlichen Schutzsatzungen** feststellen (s. Rdn. 27).

40 **Denkmäler** und **Naturdenkmäler** können Anlass für den Erlass einer Schutzsatzung sein. Als Denkmäler kommen nur **optisch sichtbare Bauten** in Betracht, das sind **Baudenkmäler** im Sinne des § 2 Abs. 2 DSchG oder **Denkmalbereiche** im Sinne des § 2 Abs. 3 DSchG, dagegen **keine** Bodendenkmäler. **Naturdenkmäler** sind nach § 22

LG geschützte Einzelschöpfungen der Natur. Bei Denkmälern, Denkmalbereichen und Naturdenkmälern besteht ausreichender **fachgesetzlicher Umgebungsschutz**, so dass die Ermächtigung in der Praxis keine Rolle spielt und eigentlich ersatzlos entfallen kann.

Innerhalb der nach Nr. 2 zu schützenden Bereiche können **nach den örtlichen Gegebenheiten** insbesondere bestimmende Arten von **Werbeanlagen**, z.B. so genannte Schürzentransparente, senkrecht zur Gebäudefront angebrachte Werbeanlagen oder Leuchtreklamen, ausgeschlossen und damit **verboten** werden. Das Gleiche gilt für **Warenautomaten**. Die örtlichen Gegebenheiten haben entscheidenden Einfluss auf das Verbot. Das in einer Schutzsatzung enthaltene generelle Fremdwerbungsverbot ist nichtig, wenn es Gebiete eines historischen Stadtkerns betrifft, in denen keine erkennbare einheitliche historische Prägung mehr vorliegt und der historische Bebauungszusammenhang durch so genannte »Bausünden« unterbrochen ist (OVG NRW, Urt. v. 06.02.1992 – 11 A 2232/89, BRS 54 Nr. 112). 41

2.3 Nr. 3 – Kleinkinderspielflächen

Die Ermächtigung bezieht sich auf **Spielflächen im Sinne des § 8 Absatz 2 BauO NRW 2018**, was sich zweifelsfrei aus dem Klammerzusatz ergibt. Daher ist es nicht möglich, Anforderungen durch Satzung nach Nr. 3 an öffentliche Spielplätze zu stellen. Die Verpflichtung, bei der Errichtung von Gebäuden mit mehr als drei Wohnungen auf dem Grundstück ausreichende Spielflächen für **Kleinkinder** zu schaffen, ist in § 8 Absatz 2 BauO NRW 2018 normiert. Anforderungen an die **Lage**, **Größe**, **Beschaffenheit**, **Ausstattung** und **Unterhaltung** der zu schaffenden Spielflächen sind in der Landesbauordnung nicht näher bestimmt. Der Gesetzgeber hat es den Gemeinden überlassen, unter Berücksichtigung der örtlichen Gegebenheiten die erforderlich erscheinenden konkreten Vorschriften zu erlassen, und mit Absatz 1 Nr. 3 dazu die gesetzliche Ermächtigung gegeben. Einheitliche Vorschriften für das ganze Land Nordrhein-Westfalen hat der Gesetzgeber nicht für erforderlich gehalten. 42

Die **Lage** der Spielfläche auf dem Grundstück sollte so geregelt werden, dass keine Gefahren durch unmittelbar benachbarte Stellplätze für Kraftfahrzeuge, Müllbehälterstandorte und Abluftöffnungen mechanisch betriebener Lüftungsanlagen auftreten können. Gestützt auf die Ermächtigung können aus Gründen des Wohnfriedens und des Nachbarschutzes auch Abstände größerer Spielflächen für zahlreiche Kleinkinder zu Fenstern von Aufenthaltsräumen und zu Nachbargrenzen geregelt werden. Spielflächen sollten von den Wohnungen aus gut einsehbar, besonnt und windgeschützt liegen, was ein Verbot der Anordnung in verdunkelten und zugigen Ecken des Grundstücks rechtfertigt. Eine Satzungsanforderung an die Lage darf **nicht im Widerspruch zu Festsetzungen** des Bebauungsplans stehen. 43

Die **Größe** der Spielfläche ist gemäß § 8 Absatz 2 Satz 1 BauO NRW 2018 lediglich als »ausreichend groß« vorgeschrieben. Um eine ausreichende zum Spielen geeignete Fläche zu gewährleisten, kann bei der Bemessung auf die Schaffung eines Flächenanteils je Wohnung abgestellt und darüber hinaus auch eine Mindestfläche vorgeschrieben werden. Als Orientierung bietet sich der frühere § 3 des Niedersächsischen Gesetzes 44 über Spielplätze vom 06.02.1973 (GVBl. S. 29), zuletzt geändert durch Gesetz vom 11.12.2002 (GVBl. S. 796) an, wonach die nutzbare Fläche mindestens 30 m² und mindestens 3 vom Hundert der Wohnfläche der Wohnungen betragen muss. Obwohl das Gesetz seit Dezember 2008 aufgehoben ist, können die genannten Werte gleichwohl weiterhin als grober Anhaltspunkt dienen.

45 Die **Beschaffenheit** muss auf die Spielbedürfnisse von Kleinkindern abgestimmt sein, bei denen kein umsichtiges Verhalten erwartet werden kann. Gefahren für Kleinkinder können sich aus scharfen Steinkanten, splitternden Hölzern, Stacheldraht oder dornigen Bepflanzungen ergeben, die es insgesamt zu vermeiden gilt. Darüber hinaus ist eine Benutzbarkeit der Spielflächen nach Regenfällen möglichst zu gewährleisten. Sandspielflächen und andere Oberflächen müssen daher Regenwasser in den Untergrund aufnehmen und rasch abführen können.

46 Die **Ausstattung** der Spielflächen mit Spielmöglichkeiten ist kleinkindgerecht vorzusehen. Es ist gerechtfertigt, in der Satzung eine Mindestausstattung mit Spielmöglichkeiten zu verlangen. Zur Mindestausstattung der Spielfläche für Kleinkinder sollte eine Sandspielmöglichkeit gehören, da das Spielen mit Sand für die Entwicklung von Kleinkindern außerordentlich wichtig ist. Zur Ausstattung sollten selbstverständlich auch Sitzgelegenheiten für die Eltern oder andere Aufsichtspersonen gehören.

47 Die **Unterhaltung** der Spielflächen ist von erheblicher Bedeutung für Sicherheit und Gesundheit. Die Pflege der Ausstattung und der Oberfläche muss regelmäßig erfolgen, damit die gesamte Anlage bestimmungsgemäß und gefahrlos nutzbar bleibt. Selbst bei sorgfältiger Pflege ist nicht zu vermeiden, dass sowohl der Spielsand als auch der Sand als Fallschutz unter Spielgeräten im Laufe eines Jahres verschmutzt. Daher sollte ein jährlicher Austausch in der Satzung vorgeschrieben werden.

48 Die Arbeitsgemeinschaft der kommunalen Spitzenverbände Nordrhein-Westfalen hat bereits 1971 eine **Mustersatzung** erarbeitet, die von der obersten Bauaufsichtsbehörde mit RdErl. vom 26.11.1971 (– V A 2–2.000.10–2.295/71, MBl. NRW. 1972 S. 3) zur Anwendung empfohlen wurde. Das Muster stellt noch auf die Ermächtigung des § 103 Abs. 1 Nr. 3 BauO NW 1970 ab und bedarf entsprechender Anpassungen.

2.4 Nr. 4 – PKW-Stellplätze und Fahrradabstellplätze

49 Die neu eingeführte **Nr. 4** war bisher, soweit es um die Ablösung von PKW-Stellplätzen ging, in der Vorschrift des § 51 Abs. 5 BauO NRW 2000 enthalten; die nun weitergehenden Regelungen sind neu. Nach der Neukonzeption des **§ 48 BauO NRW 2018** haben nunmehr die Kommunen die Möglichkeit durch **Satzung** eine Vielzahl von **Regelungen** bezüglich der **Notwendigkeit von PKW-Stellplätzen** und **Fahrradabstellplätzen** zu treffen. Dazu gehören die **Zahl** der notwendigen Stellplätze und Fahrradabstellplätze, deren **Größe** und deren **Beschaffenheit**. Dabei sind die Sicherheit und Leichtigkeit des Verkehrs sowie die Bedürfnisse des ruhenden Verkehrs und die Anbindung an das Netz des ÖPNV zu berücksichtigen. Die Satzungsermächtigung

greift nur für Anlagen, bei denen ein **Zu- und Abgangsverkehr mit Kraftfahrzeugen oder Fahrrädern zu erwarten** ist. Daneben ist die Ermächtigung zur Bestimmung der Modalitäten für eine Stellplatzablösung – auch für Fahrradabstellplätze – in Nr. 4 enthalten.

Die **Zahl** der notwendigen Stellplätze sollte bei größeren Kommunen **getrennt** nach verschiedenen **Bereichen, Ortslagen oder Bebauungsstrukturen** erfolgen. Für Innenstadtbereiche mit guter Anbindung an den ÖPNV sind vermutlich weniger PKW-Stellplätze erforderlich, als die in ländlichen Gebieten der Fall ist. Demgegenüber sind in hügeligen Bereichen weniger Fahrradabstellplätze notwendig, als im Flachland. Weiterhin sind unterschiedliche Anforderungen an die Art der Nutzung der in Bezug genommenen Anlage zu berücksichtigen. So brauchen Studentenwohnungen und Schulen mehr Fahrradabstellplätze, ein Kaufhaus in der Regel mehr PKW-Stellplätze. Hier müssen die Kommunen den voraussichtlichen Bedarf je nach Nutzung der Anlage zu ermitteln und in der Satzung festzuschreiben. 50

Die Gemeinde kann die verschiedenen Möglichkeiten der alternativen Mobilitätsformen bei der Bemessung der Anzahl der Stellplätze berücksichtigen. Dies können Car-Sharing-Angebote ebenso sein, wie zu errichtende Ladestationen für E-Mobilität oder die Möglichkeiten verschiedener Ticket-Arten für den ÖPNV (Job-Ticket, Mieter-Ticket). 51

Zur Größe von PKW-Stellplätzen sind Mindestmaße in § 125 SBauVO vorgeschrieben. Für Fahrradabstellplätze kann z. B. auf die Broschüre »… und wo steht mein Fahrrad« der Arbeitsgemeinschaft Fahrradfreundliche Städte und Gemeinden in Nordrhein-Westfalen (AGFS) zurückgegriffen werden. 52

Hinsichtlich der Beschaffenheit von Stellplätzen und Abstellplätzen können z. B. Regelungen zur Wasseraufnahmefähigkeit des Bodens, Überdachung der (Ab-)Stellplätze oder der Sicherungsmechanismen für Fahrräder getroffen werden. 53

Die Einschränkung auf Anlagen, bei den ein Zu- oder Abgangsverkehr mit Kraftfahrzeugen oder Fahrrädern zu erwarten ist, ist an dieser Stelle entbehrlich, weil die Definition des Begriffs »notwendige Stellplätze bereits in § 48 Absatz 1 BauO NRW 2018 enthalten ist und die Stellplatzvorschrift auch nur dafür gilt. Bei Änderungen von Anlagen oder Nutzungsänderungen sind nur die Stellplätze und Abstellplätze zu berücksichtigen, die durch die Änderung oder Nutzungsänderung zusätzlich benötigt werden. 54

Die bisher in § 51 BauO NRW 2000 enthaltene Nachrangigkeit einer Stellplatzablösung gegenüber dem Errichten der notwendigen Stellpolätze ist mit der Novellierung der Bauordnung entfallen. Somit besteht nunmehr gleichrangig die Möglichkeit der Ablösung, sofern die Kommune von ihrer Satzungsermächtigung in diesem Sinne Gebrauch macht. Es kann jedoch in der Satzung auch die Nachrangigkeit der Ablösung festgeschrieben werden. Ebenso ist zu bestimmen, ob der Bauherr einen Anspruch auf die Ablösung hat oder die Entscheidung darüber – wie bisher – bei der Bauaufsichtsbehörde liegt. 55

56 Über die Höhe des Ablösebetrages ist in der BauO NRW 2018 keine Aussage enthalten, so dass dies in das Ermessen der Gemeinde gelegt wird. Aufgrund der Verhältnismäßigkeit und des Übermaßverbots ist der Ablösebetrag jedoch insofern gedeckelt, als die durchschnittlichen Herstellungskosten für PKW-Stellplätze bzw. für Fahrradabstellplätze nicht überschreiten darf. Die frühere Höchstgrenze von 80 % dieser Beträge ist jedoch entfallen. Zur Ermittlung der Ablösebeträge für PKW-Stellplätze ist also zunächst zu ermitteln, wie teuer die Herstellung eines Stellplatzes als offener Stellplatz, als Garage, in Parkhäusern und in Tiefgaragen ist. Diese Beträge sind sodann für jeden Bereich der Satzung zu gewichten und daraus ein Durchschnittswert zu ermitteln. Anschließend werden die Kosten des Grunderwerbs addiert. Die Summe daraus ergibt den maximalen Ablösebetrag für einen PKW-Stellplatz. Ob die Gemeinde diesen erhebt oder eine Reduzierung auf einen bestimmten Vomhundertsatz vornimmt, steht im Ermessen des Satzungsgebers.

2.5 Nr. 5 – Gestaltung, Begrünung, Bepflanzungen bestimmter Anlagen

57 Nr. 5 bildet eine Ermächtigungsgrundlage für Satzungen über die **Gestaltung** von Standplätzen für bewegliche Abfallbehälter und der unbebauten Flächen der bebauten Grundstücke. Die Ermächtigung bezieht sich nur auf die Standplätze für Abfallbehälter, nicht jedoch auf die Behälter selbst (OVG NRW, Beschl. v. 24.07.2000 – 7a D 179/98.NE, BauR 2001, 62 = BRS 63 Nr. 18).

58 Die Vorschrift des § 8 Absatz 1 BauO NRW 2018 bestimmt, dass die **unbebauten Flächen der bebauten Grundstücke** zu begrünen oder bepflanzen sind, soweit diese Flächen nicht für eine andere zulässige Verwendung benötigt werden. Daher können **keine Regelungen für unbebaute Grundstücke** getroffen werden (BayVGH, Beschl. v. 09.03.1976 – Nr. 164 I 73, BRS 30 Nr. 109). Durch Ortssatzungen kann aufgrund der Ermächtigung in Nr. 5 auch die **Ausführung der gärtnerischen Anlage näher bestimmt** werden, wobei es ratsam erscheint, eine weitgehende Differenzierung nach Gebieten vorzunehmen, wenngleich der Geltungsbereich von Satzungen auf der Grundlage der Nr. 4 das gesamte Gemeindegebiet erfassen kann.

59 Für Einfriedungen gibt Nr. 5 eine **sehr weitgehende** Ermächtigung zum Erlass örtlicher Bauvorschriften, die unter anderem auch deshalb an Bedeutung gewinnt, weil der Gesetzgeber § 10 BauO NW 1995 bereits mit der BauO NRW 2000 ersatzlos aufgehoben. Örtliche Bauvorschriften für Einfriedungen sind dringend anzuraten, da wegen des **Fehlens materieller Anforderungen** in der BauO NRW 2018 keine ausreichende Lenkungsmöglichkeit im bauaufsichtlichen Vollzug besteht. Ferner ergeben sich zwischen den Nachbarn oft Streitigkeiten über die Art und Höhe von Grundstückseinfriedungen. Die Ermächtigung der Nr. 5 erstreckt sich **nicht nur** auf die **vom öffentlichen Verkehrsraum aus sichtbaren**, sondern auf **alle Einfriedungen** schlechthin (VGH B-W, Beschl. v. 29.11.1979 – III 2380/77, BauR 2007, 356 = ZfBR 2007, 166 unter ausdrücklicher Aufgabe der bisherigen Rechtsprechung).

60 Durch Satzung kann sowohl die **Herstellung von Einfriedungen generell verlangt**, als auch umgekehrt ein **Verbot der Herstellung von Einfriedungen** ausgesprochen werden, was durch den Begriff »**Notwendigkeit**« verdeutlicht wird. Damit ist die

Möglichkeit gegeben, z.B. Vorgartenflächen von Einfriedungen ganz freizuhalten. Zur Erzielung einheitlicher Straßenbilder ist das Verbot von Vorgarteneinfriedungen vielfach notwendig. Das Ziel kann aber auch dadurch erreicht werden, dass in bestimmten Straßenzügen nur bestimmte Einfriedungen, z.B. in Form von 10 cm hohen Rasenkantensteinen, zugelassen werden, da auch **Art, Gestaltung und Höhe von Einfriedungen** geregelt werden können. Entsprechendes gilt sinngemäß für Einfriedungen auf seitlichen und rückwärtigen Grundstücksgrenzen. Es wurde als zulässig angesehen, ein **Zurücksetzen der Einfriedung** von der Begrenzungslinie der öffentlichen Verkehrsfläche zu regeln (VGH B-W, Beschl. v. 26.08.1982 – 5 S 858/82, BRS 39 Nr. 133). Allein mit dem bauordnungsrechtlichen Verunstaltungsschutz nach § 9 BauO NRW 2018 lässt sich die einheitliche Gestaltung von Einfriedungen nicht durchsetzen (OVG Bln, Urt. v. 03.07.1981 – 2 B 56.80, BRS 38 Nr. 71).

Unter **Art der Einfriedung** ist ihre Bauart oder ihre Beschaffenheit zu verstehen, z.B. Einfriedungsmauer, Spiegelzaun, Lattenzaun oder Maschendrahtzaun zwischen Pfosten. Auch Hecken sind Einfriedungen, wenngleich es sich nicht um bauliche Anlagen handelt (OVG Rh-Pf, Urt. v. 15.06.2004 – 8 A 10464/04, BauR 2004, 1600 = BRS 67 Nr. 164). 61

Stellt eine Satzung nach Nr. 5 Anforderungen an die Art der Einfriedung, indem sie nur **Hecken** zulässt, so werden diese Pflanzen zu **anderen Anlagen und Einrichtungen** im Sinne des § 1 Absatz 1 Satz 2 BauO NRW 2018. Die Anforderungen der Satzung an die Gestaltung von Einfriedungen können sich auf die Verwendung bestimmter Werkstoffe wie auf deren formale Zusammenfügung, z.B. die Oberflächenbehandlung und die Farbgebung erstrecken. 62

Zur Gestaltung gehört auch die Bestimmung der **Höhe** von Einfriedungen. Die abstandrechtlich unschädliche Höhe von 2 m kann nicht ausnutzbar sein, weil eine Satzung nach Nr. 5 nur eine geringere Höhe zulässt. Die besondere Erwähnung der Höhe als zulässiger Gegenstand der Regelung ist wohl nur der Deutlichkeit halber erfolgt. 63

In den auf Nr. 5 gestützten Satzungen kann auch bestimmt werden, dass **Vorgärten** nicht als Arbeitsfläche oder Lagerfläche benutzt werden dürfen. Da der zweite Halbsatz dieser Ermächtigung mit den Worten einleitet: »dabei kann bestimmt werden« scheidet eine Satzung mit dem alleinigen Inhalt eines derartigen Verbots aus. Vielmehr muss Hauptgegenstand der Satzung die Gestaltung, der genannten Flächen sein. Eine **positive Standortzuweisung** der genannten Flächen ist **der Bauleitplanung vorbehalten** (s. Rdn. 8), so dass nur ein **reines Verbot** unter **gestalterischen** Gesichtspunkten ausgesprochen werden darf. Dabei muss im Übrigen zweifelsfrei feststehen, dass dieses gestalterische Verbot nicht dem Bauplanungsrecht widerspricht. 64

2.6 Nr. 6 – Tiefe der Abstandflächen

Die Ermächtigung besagt, dass zur Gestaltung des Ortsbildes oder zur Verwirklichung von Festsetzungen einer städtebaulichen Satzung die sonst zwingenden landesrechtlichen Vorschriften über die Abstände und Abstandflächen durch ortsrechtliche 65

Vorschriften **verändert** werden können. Dabei dürfen die nach § 6 Absatz 5 BauO NRW 2018 einzuhaltenden Abstände auch **vergrößert** werden.

66 Bei der Gestaltung des Ortsbildes geht es primär um ältere dicht bebaute Gebiete, in denen die Mindestabstände aus § 6 BauO NRW 2018 nicht eingehalten werden können. Dabei kann auch die **bauhistorische Bedeutung eines Ortsteils** bedeutsam sein. Davon kann ausgegangen werden, wenn die überwiegende Baustruktur des gesamten Ortsteils bauhistorische Bedeutung aufweist. Das kann ein altes Gründerzeitviertel einer Großstadt, aber auch der Stadtkern einer Kleinstadt oder ein altes Dorf sein. Bauhistorische Bedeutung liegt vor, wenn der betreffende Ortsteil für die städtebauliche Entwicklungsgeschichte der Gemeinde bedeutsam ist. Erst recht ist von bauhistorischer Bedeutung im Falle eines Denkmalbereichs im Sinne des § 2 Abs. 3 DSchG auszugehen. Gleichsam kann eine **erhaltenswerte Eigenart** zur Ausnutzung der Ermächtigung nach Nr. 6 führen. Eine solche liegt vor, wenn die Gemeinde eine **Erhaltungssatzung** gemäß § 172 Abs. 1 Satz 1 Nr. 1 BauGB erlassen hat. Hiervon ist aber auch auszugehen, wenn ein Ortsteil durch bestimmte erhaltenswerte Baustrukturen, wie z.B. enge Traufgassen, geprägt ist.

67 Die Ermächtigung sollte immer dann genutzt werden, wenn die Gemeinde erkennt, dass mehrere Baumaßnahmen anstehen, wie z.B. im Rahmen einer geplanten Sanierung bauhistorisch wertvoller Altstadtbereiche, und die Durchführung der Sanierung oder Bebauung und die Schließung von Baulücken **wesentlich erleichtert** wird, weil sie Schwierigkeiten einzelfallbezogener Abweichungen nach § 6 Absatz 12 BauO NRW 2018 vermeidet (s. Anmerkungen zu § 6 Rdn. 568 ff.). Allerdings muss bei der Anwendung bedacht werden, dass die Vorschriften des § 6 BauO NRW 2018 unter dem **Gesichtspunkt von Mindestanforderungen** festgelegt sind und daher nicht willkürlich unterschritten werden dürfen. Die maßgeblichen Gesichtspunkte der **Belichtung und des Brandschutzes** müssen auch bei Anwendung der Ermächtigung nach Nr. 6 gewahrt bleiben.

68 Daneben sind auch Fallgestaltungen denkbar, bei denen eine größere Abstandsfläche als in § 6 Absatz 5 BauO NRW 2018 gefordert, gewünscht wird. Dies kann bei Neubaugebieten mit einem besonders großzügigen Grundstückszuschnitt der Fall sein um zu gewährleisten, dass ein größerer Sozialabstand gesichert wird. Dann kann z. B. in dem Bebauungsplan die Mindesttiefe der Abstandsfläche abweichend von der Grundnorm festgelegt werden.

2.7 Nr. 7 – Begrünung

69 Nr. 7 regelt die Möglichkeit, durch örtliche Bauvorschriften Regelungen über die Begrünung von baulichen Anlagen zu treffen. Dabei kann es sich um Dachbegrünungen handeln, wenn beispielsweise Flachdächer von Garagen oder auch von ein- oder mehrgeschossigen Hauptgebäuden bepflanzt werden sollen. Auch die Begrünung von Dächern von Tiefgaragen ohne aufstehende Gebäude ist denkbar. Ebenso kann aber auch die Begrünung von Wänden mit Rankpflanzen festgesetzt werden. Die

entsprechenden Festsetzungen können entweder als separate Satzung, aber auch im Rahmen der Aufstellung einer anderen städtebaulichen Satzung erfolgen.

3 Zu Absatz 2 – Örtliche Bauvorschriften in Bebauungsplänen

Absatz 2 **Satz 1**, enthält die durch § 9 Abs. 4 BauGB eröffnete Möglichkeit, zu bestimmen, dass örtliche Bauvorschriften nach Absatz 1 durch **Bebauungsplan oder andere Satzungen nach den Vorschriften des BauGB** erlassen werden können. Dabei kommen alle Formen des Bebauungsplans in Betracht: der **qualifizierte** (§ 30 Abs. 1 BauGB), der **vorhabenbezogene** (§ 30 Abs. 2 BauGB) und der **einfache Bebauungsplan** (§ 30 Abs. 3 BauGB). Die baugestalterische Festsetzung wird Bestandteil des Bebauungsplans. 70

Absatz 2 lässt der Gemeinde ein **Wahlrecht**, ob sie eine isolierte Satzung erlassen oder die örtlichen Bauvorschriften in den Bebauungsplan als Festsetzungen aufnehmen will. Wählt die Gemeinde die Form der Einbeziehung, so muss zumindest aus den Bebauungsplanaufstellungsakten ersichtlich sein, dass sich die Gemeindevertreter darüber klar waren, nicht nur einen Bebauungsplan, sondern zugleich eine Gestaltungssatzung zu beschließen (Hess. VGH, Urt. v. 19.07.1988 – 4 UE 2766/86, BauR 1989, 178 = BRS 48 Nr. 112). Eine »isolierte« örtliche Bauvorschrift ist zweckmäßig, wenn der Geltungsbereich des Bebauungsplans nicht mit dem der örtlichen Bauvorschrift übereinstimmt. 71

Absatz 2, **Satz 2** legt abschließend fest, welche verfahrensrechtlichen Bestimmungen des BauGB gelten, wenn örtliche Bauvorschriften als Festsetzungen in den Bebauungsplan aufgenommen werden. Die Verweisung besteht zum Teil aus Angaben zu den verschiedenen Abschnitten des BauGB, wenn diese vollständig gelten und zum Teil aus der Bezeichnung einzelner Vorschriften, wenn die übergeordnete Gliederung nicht vollständig Anwendung findet. Im Einzelnen sind folgende Vorschriften in Bezug genommen: §§ 1–4c, 8–10a, 13–18, 30, 31, 33, 36, 214 und 215 BauGB. 72

Davon sind hier hervorzuheben:
- § 1 Abs. 6 BauGB: **Abwägungsgebot**,
- § 2 Abs. 1 BauGB: **Aufstellungsbeschluss**,
- § 3 BauGB: **Beteiligung der Öffentlichkeit**,
- § 4 BauGB: **Beteiligung der Behörden**,
- § 9 Abs. 8 BauGB: **Begründungspflicht**,
- § 10 BauGB: **Satzungsbeschluss, Genehmigungspflicht, Bekanntmachung**,
- § 13 BauGB: **Änderung** und **Ergänzung im vereinfachten Verfahren**,
- §§ 14–18 BauGB: **Zurückstellung** und **Veränderungssperre**,
- §§ 214 und 215 BauGB: **Verletzungen der Verfahrens- und Formvorschriften**.

Die Anwendbarkeit der Regeln der §§ 214 und 215 BauGB besteht auch in Bezug auf **Abwägungsmängel** (vgl. OVG NRW, Urt. v. 09.02.2000 – 7 A 2386/98, BRS 63 Nr. 166 = ZfBR 2001, 55). Das Bundesbaurecht erlaubt in § 34 Abs. 4 Satz 3

BauGB auch, örtliche Bauvorschriften in eine **Entwicklungssatzung** oder eine **Ergänzungssatzung** nach § 34 Abs. 4 Satz 1 Nr. 2 und Nr. 3 BauGB aufzunehmen. In Absatz 2 fehlt eine Bezugnahme auf diese Satzungen, so dass wegen mangelnder landesrechtlicher Ermächtigung eine Aufnahme als Festsetzung ausscheiden dürfte. Es bietet sich für die Gemeinden der Ausweg an, in einer Entwicklungs- oder einer Ergänzungssatzung sauber nach bauplanungsrechtlichen und bauordnungsrechtlichen Vorschriften zu trennen und sodann den Satzungsbeschluss sowohl auf die bundesrechtliche als auch auf die landesrechtliche Ermächtigung zu stützen. Jedenfalls ist nicht ersichtlich, dass eine derartige **kombinierte Satzung** gegen Bundes- oder Landesrecht verstößt, weil ja auch die Gemeinde ermächtigt wäre, zwei räumlich identische Satzungen mit jeweils bundes- und landesrechtlichem Inhalt zeitgleich zu beschließen. Dieses Verfahren kann und sollte auch angewendet werden, wenn die Gemeinde örtliche Bauvorschriften parallel zu einer **Klarstellungssatzung** nach § 34 Abs. 4 Satz 1 Nr. 1 BauGB oder einer **Außenbereichssatzung** nach § 35 Abs. 6 BauGB erlassen möchte, da es insoweit an einer zumindest bundesrechtlichen Ermächtigung fehlt.

4 Zu Absatz 3 – Zulässigkeit zeichnerischer Darstellungen

73 Zeichnerische Darstellungen im Sinne des **Satzes 1** sind das geeignete Mittel, Gestaltungsanforderungen festzusetzen, die sich **mit Worten nicht** oder **nur schwer** eindeutig **inhaltlich bestimmen** lassen. In der Praxis werden gestalterische Anforderungen textlich formuliert und **durch zeichnerische Darstellungen erläutert**, um das Gewollte zu verdeutlichen. In den zeichnerischen Darstellungen kann nicht mehr festgesetzt werden, als die Ermächtigungen in Absatz 1 hergeben. Sie sind im Gegensatz zum Bebauungsplan nicht selber Satzung (»… innerhalb der örtlichen Bauvorschrift …«), sondern **nur Bestandteil einer textlich formulierten Satzung** (vgl. OVG Rh-Pf, Urt. v. 07.11.1996 – 1 A 13500/95, NVwZ-RR 1998, 95).

74 Werden Gestaltungsfestsetzungen in den Bebauungsplan aufgenommen, so finden sich hierfür in der **PlanzV 90 keine speziellen Planzeichen**. Die PlanzV 90 enthält nämlich nur Planzeichen in Bezug auf das Städtebaurecht, die sich aufgrund der Erfahrungen als notwendig erwiesen haben. Es ist also gegebenenfalls erforderlich für den zeichnerischen Teil der Satzung Planzeichen zu entwickeln und in der Legende zu erläutern.

75 Die zeichnerischen Darstellungen brauchen nicht in der Weise wie die Satzung selbst bekannt gemacht zu werden. Ihre Bekanntmachung kann gemäß **Satz 2** durch **Auslegung** bei der Gemeinde **zu jedermanns Einsicht** ersetzt werden (**Ersatzbekanntmachung**). Die Vorschrift ist § 10 BauGB nachgebildet. Selbstverständlich muss dann hierauf in der Satzung selbst hingewiesen werden, um den rechtsstaatlichen Regeln über die Bekanntmachung zu entsprechen.

§ 90 Übergangsvorschriften

(1) Die Verwendung des Ü-Zeichens auf Bauprodukten, die die CE-Kennzeichnung aufgrund der Verordnung (EU) Nr. 305/2011 tragen, ist mit dem Inkrafttreten dieses Gesetzes nicht mehr zulässig. Sind bereits in Verkehr gebrachte Bauprodukte, die die CE-Kennzeichnung aufgrund der Verordnung (EU) Nr. 305/2011 tragen, mit dem Ü-Zeichen gekennzeichnet, verliert das Ü-Zeichen mit dem Inkrafttreten dieses Gesetzes seine Gültigkeit.

(2) Bis zum Inkrafttreten dieses Gesetzes für Bauarten erteilte allgemeine bauaufsichtliche Zulassungen oder Zustimmungen im Einzelfall gelten als Bauartgenehmigung fort.

(3) Bestehende Anerkennungen als Prüf-, Überwachungs- und Zertifizierungsstellen bleiben in dem bis zum Inkrafttreten dieses Gesetzes geregelten Umfang wirksam. Vor dem Inkrafttreten dieses Gesetzes gestellte Anträge gelten als Anträge nach diesem Gesetz.

(4) Die bis zum 31. Dezember 2018 vollständigen und ohne erhebliche Mängel eingereichten Bauvorlagen werden nach der Landesbauordnung in der Fassung vom 1. März 2000 (GV. NRW. S. 256), die zuletzt durch Gesetz vom 15. Dezember 2016 (GV. NRW. S. 1162) geändert worden ist, beschieden. Ab dem 1. Januar 2019 vollständige und ohne erhebliche Mängel eingereichte Bauvorlagen werden nach diesem Gesetz beschieden. Dies gilt für Bauvorhaben nach § 63 entsprechend.

§ 90 Abs. 4 BauO NRW enthält eine **Ausnahme** von dem Grundsatz, dass Verwaltungsakte auf Grundlage des zum Zeitpunkt des Erlasses geltenden Rechts beurteilt werden. Aus diesem Grund gilt z.B. ein Bauvorbescheid trotz der Neuregelung in § 77 Abs. 1 Satz 2 BauO NRW lediglich zwei Jahre, soweit dieser vor dem 01.01.2019 erlassen wurde (vgl. hierzu auch OVG Münster, Beschl. v. 28.08.2002 – 10 B 1641/02, juris). Abs. 4 regelt, dass ein in 2018 vollständig und ohne erhebliche Mängel eingereichter Bauantrag auch nach dem 01.01.2019 nach dem »alten Recht« entschieden wird.

Die gesetzlich gegebenen Voraussetzungen »**vollständig und unerhebliche Mängel**« sind jedoch hoch. Nach Rechtsprechung des Oberverwaltungsgerichts Münster sind Bauvorlagen »unvollständig, wenn nicht sämtliche zur Bauaufsichtlichen Prüfung erforderlichen Unterlagen eingereicht werden«. »**Formell mangelhaft**« sind Bauvorlagen, die nicht den einschlägigen **Anforderungen** der **Bauprüfverordnung** entsprechen oder nicht die Unterschrift des (bauvorlageberechtigten) Entwurfverfassers aufweisen. »**Materiell mangelhaft**« sind sie, wenn sie **widersprüchlich** und **unklar** sind und deshalb eine Prüfung des Vorhabens nicht hinreichend ermöglichen. Dann sind sie regelmäßig auch erheblich mangelhaft (OVG Münster, Beschl. v. 24.06.2015 – 2 A 326/15, juris). Die Rechtsprechung hat insbesondere in den letzten Jahren die **Anforderungen** an einen »**vollständigen Antrag**« hoch angesetzt. Selbst das Fehlen derjenigen Angaben, die lediglich für die Berechnung der Baugenehmigungsgebühren erforderlich sind, führt zu einer Unvollständigkeit des Antrages (OVG Münster, Urt. v. 28.08.2014 – 7 A 711/13, juris; Urt. v. 06.03.2014 – 7 A 590/12, juris). Der Umstand, dass die Bauaufsichtsbehörde zuvor auch diesen Mangel im Hinblick auf die gesetzlich vorgesehene Vollständigkeitsprüfung nicht gerügt hat, spielt insoweit keine Rolle.

3   Die Regelung ist auch auf **Bauvorbescheide** und auf Anträge auf Zustimmung anzuwenden. Bei einer Genehmigungsfreistellung kommt es dabei darauf an, ob die Bauvorlagen bis zum 31.12.2018 vollständig bei der Gemeinde eingereicht wurden. Wird ein Nachtrag erst nach dem 01.01.2019 eingereicht, wird dieser nach neuem Recht beschieden. Die Ursprungsgenehmigung nach altem Recht bleibt jedoch bestehen. Handelt es sich hingegen um eine Änderungsgenehmigung, die als selbständige neue Baugenehmigung zu qualifizieren ist, gilt der Antrag vollumfänglich nach neuem Recht.

4   Da es eine Sonderregelung für die **Verlängerung der Geltungsdauer** einer Baugenehmigung oder eines Bauvorbescheides nicht gibt, gilt für die Prüfung, ob die Verlängerung erteilt werden kann, das neue Recht. Die Verlängerung wäre somit abzulehnen, soweit das Bauvorhaben gegen Vorschriften der neuen Landesbauordnung verstößt. Gegebenenfalls kommt hier die Erteilung einer Abweichung unter den in § 69 genannten Voraussetzungen in Betracht.

§ 91 Berichtspflicht

Die Landesregierung berichtet dem Landtag bis zum 31. Dezember 2023 über die Notwendigkeit und Zweckmäßigkeit der Regelungen dieses Gesetzes. Die Bauaufsichtsbehörden haben der obersten Bauaufsichtsbehörde über die durchschnittliche Länge von Baugenehmigungsverfahren jährlich zum 31. Dezember Bericht zu erstatten. Inhalt, Art, Form und Umfang der Berichtspflicht wird durch eine Rechtsverordnung durch die oberste Bauaufsichtsbehörde festgelegt. Die oberste Bauaufsichtsbehörde berichtet dem Landtag über die wesentlichen Inhalte der jeweiligen Berichte.

Stichwortverzeichnis

Die fett gedruckten Zahlen beziehen sich auf die Paragraphen der BauO NRW, die mager gedruckten Zahlen auf die jeweilige Randnummer der Kommentierung.

3. DIBt-Änderungsabkommen **88** 71

Abbruch 3 100 ff.
- Baudenkmal **3** 104
- Begriff Beseitigung von Anlagen **3** 102 ff.
- Beseitigung **3** 102
- Bestandsgeschützter baulicher Anlagen **74** 181
- Erhaltungssatzung **3** 103
- Gefahren für Leben und Gesundheit **3** 101
- Rückbau **3** 103
- Sanierungsrechtliche Genehmigung **3** 103

Abbrucharbeiten 55 8

Abbruchunternehmer
- Eignung **55** 30

Abdichtungen 13 19

Abfallbeseitigung 2 70; **4** 4

Abfallentsorgungsanlage 2 71; **44** 5, 8

Abfallschächte 44 1
- Verbot **44** 11 ff.

Abfallstoffe
- Aufbewahrung s. *Aufbewahrung fester Abfallstoffe*

Abgasanlagen 41 22 f.; **42** 19 ff.
- Begriff **42** 13
- Freistehende ~ mit einer Höhe von mehr als 10 m **62** 53

Abgeschlossenheitsbescheinigung 47 14 f.
- Änderung der Bauausführung **47** 63
- Antrag auf Erteilung der ~ **47** 60
- Aufteilungsplan und ~ **47** 51 ff.
- Gebühren **47** 65
- Verfahren **47** 60 ff.
- Zweck **47** 59

Abgeschlossenheitsgebot 47 40 ff.

Abgrabungen 2 64 ff.

Abgrabungsgesetz 1 143; **2** 69; **62** 129

Ablagerungen
- Einschließlich Lagerstätten **2** 19

Ablösung
- Stellplatzsatzung **48** 74 f.

Ablösungsbeträge
- Andere Maßnahmen eines kommunalen oder interkommunalen Verkehrskonzepts **48** 105
- Beispiele aus der Rechtsprechung zur Rückzahlung **48** 111
- Frist zur Mittelverwendung **48** 106 ff.
- Herstellung zusätzlicher Parkeinrichtungen **48** 101 f.
- Rückforderung des ~ **48** 109 ff.
- Sonstige Maßnahmen zur Entlastung der Straßen vom ruhenden Verkehr **48** 104
- Unterhaltung bestehender Parkeinrichtungen **48** 103 ff.
- Verwendung der ~ **48** 93 ff.

Abschlagen der Stuckverzierungen 9 50

Abschlussbetriebsplan 1 146

Abschlussbetriebsplanung
- Anlagen, Bergaufsicht **1** 141

Abstandsflächen Vor §§ 4-8 4
- §§ 6, 7 MBO 1981 **6** 23
- Abstandsflächenverordnung **6** 17
- Abstandsrechtlich begünstigte Gebäude **6** 500 ff.
- Abstandsrelevante Anlagen **6** 172 ff.
- Abstandsvorschriften im preußischen Rechtsbereich **6** 2 ff.
- Abweichende Bauweise **6** 277 ff.
- Abweichungen in überwiegend bebauten Gebieten **6** 567 ff.
- Abweichungen von den Bestimmungen über die offene Bauweise **6** 267
- Abweichungsbestimmung **6** 274
- Abweichungsermächtigung **6** 238
- Abweichungsermächtigungen **6** 230 ff.
- Anbauen an die Nachbargrenze **6** 202 ff.
- Anbauverbotszonen bzw. Anbaubeschränkungszonen **6** 58
- Änderungen gegenüber der BauO NRW 2000 **6** 1 ff.
- Anlage höher als 1 m **6** 194

1953

Stichwortverzeichnis

- Anlagen, die keine Gebäude sind 6 155, 165
- Anpassung an gewachsene Strukturen 6 572
- Anrechnung von Dachflächen, Dachaufbauten und Giebelflächen 6 403 ff.
- Antennenmast 6 179
- Aufschüttung 6 197
- Aufspaltung der Abstandsvorschriften in Bundes- und Landesbaurecht 6 10 ff.
- Aufstocken von Gebäuden 6 572
- Ausdehnung des Baukörpers zwischen zwei Nachbargrundstücken 6 255
- Ausrichtung der Baukörper zur Straße, zu Nachbargrenzen oder zur Himmelsrichtung 6 246
- Außenkante der Wandbekleidung 6 169
- Außenwände 6 164
- Außenwände aus Wandteilen unterschiedlicher Höhe 6 393 f.
- Außenwände von Gebäuden 6 155
- Austausch von Gebäudeteilen 6 581
- Ballfangzaun 6 180
- Bauen ohne oder mit geringem Grenzabstand *s. Grenzbebauung*
- Baufenster 6 223 f.
- Baugebietsbezeichnungen 6 458
- Baugrenzen 6 219 ff.
- Baulastflächen 6 153
- Bauliche Änderungen 6 160
- Baulinien 6 219 ff.
- Baunebenrecht 6 57
- BauO NRW 2000 6 24
- BauO NW 1995 6 24
- Bauplanungsrechtliche Regeln über Lage und Höhe baulicher Anlagen 6 212 ff.
- Bauweise 6 215
- Bauwichvorschriften 6 14
- Bebauungsplan 6 229
- Bebauungstiefe 6 219 ff.
- Befugnis der Gemeinde, Maß des Grenzabstands abweichend festzusetzen 6 277
- Beispiele 6 178 ff.
- Belüftungsmöglichkeit 6 20
- Bemessung der Wandhöhe – Maßtoleranzen, Bezugslinien 6 385 ff.
- Bemessungsgrundlage 6 169
- Benachteiligung ungewöhnlicher Gebäudeformen 6 51

- Besondere Dachformen 6 422 ff.
- Bestandsschutz 6 143
- Betretbare Anlagen 6 174
- Biergarten 6 195
- Brandschutz 6 21 ff.
- Breite 6 169
- Dachaufbauten 6 409 ff.
- Dächer mit einer Neigung von 45° 6 407 f.
- Dachgauben 6 409 ff.
- Darstellung in den Bauvorlagen 6 126 ff.
- Darstellungen im Lageplan 6 129, 149
- Denkmalschutz 6 276
- Direkte Beziehung der Hauptanlagen zu Nachbargrundstücken 6 250
- Dispositionsbefugnis 6 221
- Doppelhäuser 6 257, 261 ff.
- Eckgrundstücke 6 254
- Eintragung der Baulast in das Baulastenverzeichnis 6 344
- Einzelhäuser 6 257
- Entwicklung und Systematik 6 1
- Erfordernis von – 6 154 ff.
- Erhaltung alter Ortsbilder und historischer Bausubstanzen 6 567
- Erhebliche Beschränkung der Bebaubarkeit des belasteten Grundstücks 6 348
- Ermittlung der das Grundstück prägenden Bauweise 6 306
- Ermittlung der Tiefe 6 434 f.
- Ermittlung der Tiefe und Anordnung der – 6 382 ff.
- Ermittlung des Maßes H 6 406, 418
- Ersatzneubauten 6 575 ff.
- Farben der Anlage zur BauPrüfVO 6 151
- Festsetzung einer abweichenden Bauweise 6 273
- Festsetzung im Bebauungsplan 6 277
- Festsetzungen im Bebauungsplan 6 29
- Festsetzungen über Bauweise und Abstandsflächenvorschriften 6 248 ff.
- Freisitz, überdacht 6 182
- Freiwilligkeit der Baulast 6 349
- Funkmast 6 181
- Garagen 6 168
- Garagen im seitlichen Grenzabstand 6 266
- Gartenhofhäuser 6 280
- Gebäude 6 162
- Gebäude ohne Aufenthaltsräume 6 359

Stichwortverzeichnis

- Gebäude ohne seitlichen Grenzabstand 6 269
- Gebäudekomplex 6 273
- Gebogene Wandflächen 6 170
- Gebot der Rücksichtnahme 6 38, 44
- Geeignetheit, von Menschen betreten werden zu können 6 194
- Gegensatz zu den Regelbauweisen 6 279
- Gegenüberliegende Wände auf eigenem Grundstück 6 547 ff.
- Geländeoberfläche 6 163
- Geplante Gebäude 6 144
- Geringere Gebäudeabstände 6 47
- Gesamtes Gebäude in allen Geschossen 6 272
- Geschlossene Bauweise 6 269 ff.
- Gewährung einer Abweichung 6 356 ff.
- Gewandelte Schutzziele 6 441
- Gewerbe- und Industriegebiete 6 282, 454
- Giebelseite 6 418 ff.
- Grenzgarage 6 272
- Grenzgarage mit Überlänge oder Überhöhe 6 360 ff.
- Grenzgaragen 6 241 f., 359 ff.
- Grenzgaragen und Gebäude *s. dort*
- Grenzständige Gebäudeabschlusswand 6 308
- Grundstücksbezogene Atypik 6 53
- Grundstücksfläche, die überbaut werden soll 6 304
- Grundstücksgrenze 6 204 f.
- Grundzüge des Abstandsflächensystems 6 30 ff.
- Halboffene Bauweise 6 279
- Hauptanlagen 6 227, 265
- Hausformenbegriffe 6 257 ff.
- Hausgruppe 6 257, 264
- Hinterlandbebauung 6 306
- Historisch gewachsene Bebauung mit nur geringen Abständen 6 273
- Höhe baulicher Anlagen 6 287 ff.
- Höhenangaben 6 174
- Höhenlage 6 283 ff., 283 ff.
- Holzkonstruktion, gartenhausähnlich und begrünt 6 183
- Immissionskonflikte 6 40
- Immissionsschutz 6 57
- Inhalt des Lageplans 6 148
- Inhalts- und Schrankenbestimmung des Eigentums 6 46
- Innenbereich i.S.d. § 34 BauGB 6 301
- Innerhalb der überbaubaren Grundstücksflächen 6 271
- Kettenbauweise 6 281
- Kleintierhaltung 6 239
- Kosten- und flächensparendes Bauen 6 20
- Krüppelwalm 6 426
- Lage und Höhe der Baukörper nach den Planersatzvorschriften 6 300 ff.
- Lageplan 6 132 ff.
- Landschaftsrecht 6 57
- Längenmaß 6 255
- Legaldefinition 6 158
- Luftraum und unterirdischer Bereich 6 226
- Mansarddächer 6 423
- Maßfestsetzungen 6 217
- Mauer, 3,75 m hoch mit Kragdach 6 184
- Mauer, über 2 m hoch 6 184
- Mehrere Grundstücke 6 348
- Metallgitterzaun eines Geheges für drei Wölfe 6 185
- Mindestinhalt Lageplan 6 350 ff.
- Mittlere Wandhöhe bei geneigter Geländeoberfläche 6 395 f.
- Mobilfunkmast 6 181
- Nach Landesrecht privilegierte bauliche Anlagen 6 237, 241
- Nachbarschutz 6 60 ff., 278
- Nachbarschützende Grundforderung 6 158 ff., 158 ff.
- Natürliche Geländeoberfläche 6 163
- Nebenanlagen 6 173, 266
- Nebenanlagen i.S.d. § 14 BauNVO 1990 6 237 ff.
- Nebengebäude 6 168, 272
- Neuregelung der Abstandsflächensystematik und spätere Änderungen 6 18 ff.
- Nicht betretbare Anlagen 6 174
- Nicht überbaubare Grundstücksflächen 6 237 ff.
- Nichtberücksichtigung bestimmter Abgrabungen 6 397 ff.
- Nutzung des Gebäudes 6 41
- Nutzungsänderungen 6 42
- Nutzungsänderungen und bauliche Änderungen *s. dort*
- Oberfläche des Wandputzes 6 169

1955

Stichwortverzeichnis

- Oberirdische Anlagen 6 174
- Oberirdische Gebäude 6 160
- Offene Bauweise 6 252 ff.
- Öffentlich-Rechtliche Sicherung auf fremdem Grundstück 6 344 ff.
- Öffnungslose Gebäudeabschlusswände 6 269
- Ohne einheitlich wirkende Bebauung 6 270
- Parabolantenne 6 186
- Pergola, überdacht 6 187
- Privilegierung von Maßnahmen der Wärmedämmung und von Solaranlagen 6 488 ff.
- Pultdächer 6 424
- Qualifizierter Bebauungsplan 6 11
- Rankgerüst 6 188
- Rechnerische Nachweise 6 128
- Reduzierung der Tiefe 6 27
- Reduzierung des Grundmaßes der Abstandsflächentiefe 6 24
- Reduzierung des Vorschriftenumfangs zur Vereinfachung der Rechtsanwendung 6 25
- Rücksichtnahmegebot 6 38, 44
- Satzungsrechtliche Abstandsflächenregelung 6 48
- Schallschutzwand 6 189
- Scheddächer 6 425
- Schließen von Baulücken 6 572
- Schmale oder verwinkelte Grundstückszuschnitte 6 344
- Schräg stehende Außenwände 6 170
- Schutz vor übermäßiger Einsichtnahme 6 38
- Seitenwände von Vorbauten und Dachaufbauten 6 483 ff.
- Seitliche Grenzabstände 6 254
- Seitliche Grenzabstände bei Doppelhäusern und Hausgruppen 6 256
- Selbständige Aufschüttungen 6 199
- Selbständige bauliche Anlagen 6 172
- Senkrechte Außenwände 6 169
- Silobehälter 6 190
- Sonderbauten 6 54
- Sonderbauverordnungen 6 55
- Sonderfälle 6 32
- Sonstige Maßfestsetzungen 6 287 ff.
- Sonstige Vorschriften über Abstände 6 54 ff.
- Sozial- oder Wohlfahrtsabstand 6 19
- Sozialabstand 6 38
- Spezielle Abweichungstatbestände 6 50
- Spielhaus für Kinder 6 191
- Splittersiedlung 6 309
- Städtebauliche Aufrissplanung 6 213
- Städtebauliche Grundrissplanung 6 212
- Stellplätze und Garagen 6 242 ff.
- Stellung baulicher Anlagen 6 215, 246 f.
- Straßenrecht 6 57
- Straßenseitige Begrenzungen 6 235
- Systematik 6 49
- Systematik der Bemessungsregeln 6 375 ff.
- Tiefe 6 169; 89 65 ff.
- Tiefenmaße 6 436 ff.
- Tonnendach 6 427
- Tonnendächer 6 32
- Traufseite 6 406 ff.
- Trennung von Bauwich- und Abstandsflächenvorschriften 6 18
- Überbaubare Grundstücksflächen 6 215, 219 ff.
- überdachte Stellplätze 6 241 f.
- Überschreitung des Maßes von 2 m 6 175 ff.
- Umbauten im Innern 6 160
- Umgebungsbebauung 6 301 ff.
- Ungewöhnliche Baukörper 6 429 ff.
- Unselbständige Anschüttungen 6 199
- Unselbständige Teile von Gebäuden 6 172
- Unterbindung ungeordnet erscheinender Baustrukturen 6 246
- Untergeordnete bauliche Anlagen 6 155, 266
- Untergeordnete Bauteile und Vorbauten 6 462 ff.
- Untergeordnete Nebenanlage 6 239
- Unterirdische Gebäude 6 161 f.
- Veränderung der Geländeoberfläche 6 163
- Verdichtete Bauformen 6 18
- Vereinfachungen durch die MBO 2002 6 25 ff.
- Vergrößerte Gebäudeabstände 6 47
- Verhältnis zum Nachbarrechtsgesetz NRW 6 97 ff.
- Verlust des Bestandsschutzes durch längere Nutzungsunterbrechung 6 43
- Vermessungstechnische Darstellungen 6 147
- Verpflichtungserklärung nach § 85 Abs. 1 BauO NRW 6 350

Stichwortverzeichnis

- Versorgung mit Tageslicht der Innenräume **6** 19
- Vollgeschossbegriff **6** 295
- Vollgeschosse **6** 287 ff.
- Vor- bzw. Zurücktreten von Gebäudeteilen **6** 230 ff.
- Vorgaben des Bauplanungsrechts **6** 44
- Vorgaben für das Maß der Tiefe **6** 449 ff.
- Vorhandene Gebäude **6** 144
- Vorrang des Bauplanungsrechts **6** 157, 201 ff., 214
- Vorschriften **64** 33
- Wandhöhe und Dachanteil als Bemessungsgrundlage **6** 374 ff.
- Weitere Vorschriften über Abstände **6** 56
- Werbetafel **6** 192
- Windenergieanlagen **6** 167, 582 ff.
- Wirkungen wie von Gebäuden **6** 167, 178
- Wohnhygienische Gründe **6** 4
- Zeichenvorschrift **6** 147
- Zivilrechtliche Sicherung **6** 346
- Zugangsbrücke **6** 198
- Zulässigkeit von Nebenanlagen **6** 240
- Zulassung geringerer ~ **6** 567 ff.
- Zwerchgiebel **6** 413

Abstandsflächenbaulast **7** 25; **72** 272; **85** 33 f.
- Gleichzeitige Eintragung von Freihalte- und ~ **30** 30

Absteckungs- und Vorhaltepflichten
- Bauherr **74** 263 ff.

Abstellen
- Kraftfahrzeuge und Fahrräder **2** 310 ff., 315 ff.
- Verbotswidriges ~ von Kraftfahrzeugen und Gegenständen **86** 33

Abstellflächen
- Kinderwagen und Mobilitätshilfen **47** 23
- Wohnungen **47** 24

Abstellräume **6** 517

Abwägungsgebot
- Stellplätze, Garagen und Fahrradabstellplätze **48** 52

Abwasser
- Beseitigung von ~ **43** 8

Abwasseranlagen **1** 179; **62** 68 f.
- Bau und Betrieb von öffentlichen ~ **1** 181

Abwasserbehandlungsanlagen **1** 181 f.; **62** 68

Abwasserbeseitigung **1** 177 ff.; **4** 4
- Abwasseranlagen **1** 179
- Abwasserbehandlungsanlagen **1** 181 f.
- Abwasserleitungen **1** 180
- Abwasserverordnung **1** 177
- Bau und Betrieb von öffentlichen Abwasseranlagen **1** 181
- Begriff **1** 178
- Hausanschlussleitungen **1** 180
- Kanalisationsnetze **1** 179, 182
- Kläranlagen **1** 179
- Kommunalabwasserverordnung **1** 177
- Legaldefinition des § 54 Abs. 1 WHG **1** 178
- LWG **1** 177
- Niederschlagswasser **1** 178
- Private Abwasserleitungen **1** 180
- Schmutzwasser **1** 178
- Selbstüberwachungsverordnung kommunal **1** 177
- WHG **1** 177

Abwasserentsorgung
- Leitungen **1** 151

Abwasserleitungen **1** 180
- Private ~ **1** 180

Abwasserverordnung **1** 177

Abwehrrechte
- Materielle ~ **72** 6 f.

Abweichungen **7** 30; **26** 6; **60** 18
- Absolute Schranke **69** 26
- Abstandsflächenrecht **69** 20
- Abweichungen von § 6 **69** 50 ff.
- Abweichungen von technischen Anforderungen **69** 46 ff.
- Abweichungsvorschriften **69** 23
- Als Satzung erlassene örtliche Bauvorschriften **69** 11 f.
- Änderung einer materiellen Vorschrift **69** 35
- Änderungen gegenüber der BauO NRW 2000 **69** 1 ff.
- Anspruch auf ermessensfehlerfreie Entscheidung **69** 37
- Antrag und Begründung **69** 73 ff.
- Atypische Grundstücks- oder Bausituation **69** 51 ff.
- Bauantrag **70** 36
- Baudispensverträge **69** 84
- Baugenehmigung **74** 17

1957

Stichwortverzeichnis

- Bauordnungsrechtliche Anforderungen **69** 22
- Bauplanungsrechtliche Ausnahmen und Befreiungen **69** 59 ff.
- Beantragte – nach § **69 64** 31 f.
- Berücksichtigung des Zwecks der jeweiligen Anforderungen **69** 27 f.
- Besondere Abweichungsarten **69** 17
- Beteiligung der Angrenzer **69** 72; **72** 43
- Brandschutz **14** 39
- Brandschutztechnische Anforderungen **69** 47
- Einfaches Genehmigungsverfahren **69** 68
- Einzelfall **69** 5
- Entscheidungsfrist **69** 90 f.
- Erleichterung für privilegierte Vorhaben **69** 43 ff.
- Ermessensausübung **69** 36 ff.
- Freigestellte Vorhaben **69** 67
- Gefahrenabwehr **69** 8
- Genehmigungsbedürftige Vorhaben **69** 61
- Genehmigungsfreie Vorhaben **69** 65
- Generelle Regelungen **69** 16
- Korrektur unerwünschter Ergebnisse der Rechtsanwendung **69** 1
- Materielle Voraussetzungen **69** 22 ff.
- Mit Auflage **7** 31
- Nachweispflicht **69** 48 f.
- Nebenbestimmungen **69** 83
- Nicht wesentliche – **17** 23 ff.; **24** 4
- Nur von materiellen Anforderungen **69** 13
- Oberbegriff **69** 25
- Örtliche Bauvorschriften **69** 22
- Prüfungsumfang **69** 71
- Rechtsgestaltende Verwaltungsakte **69** 5
- Rechtsverordnungen **69** 11
- Sachliche Zuständigkeit **69** 85 ff.
- Schaffung oder Erneuerung von Wohnraum **69** 43
- Spezielle Abweichungstatbestände **69** 18
- Stellplatzrecht **69** 20
- Technische Vorgehensweise bei – **88** 18
- Teilbaugenehmigung **76** 16
- Unterschreitungen im Zentimeterbereich **69** 54 ff.
- Vereinbarkeit mit den öffentlichen Belangen **69** 33 ff.
- Verfahren bei selbstständigen – **69** 64 ff.
- Verfahrensvoraussetzungen und formelle Aspekte **69** 73 ff.
- Von nationalen Anwendungs- und Ausführungsregelungen **19** 26
- Voraussetzungen für die Zulassung von – **69** 22 ff.
- Vorhaben zur Einsparung von Wasser oder Energie **69** 43 f.
- Wegfall der Unterscheidung zwischen Ausnahme und Befreiung **69** 7
- Weitere formelle Aspekte **69** 78 ff.
- Würdigung nachbarlicher Interessen **69** 29 ff.
- Zulassung von »isolierten« – **69** 69

Abweichungsentscheidung 58 66
- Werbeanlagen **10** 86

Abweichungsermächtigung 6 238; **55** 21

Abweichungsermächtigungen
- Abstandsflächen **6** 230 ff.

Abweichungsmöglichkeit
- Rettungswege **33** 25

Additionsverfahren
- Bemessung nach dem – **2** 243

Adressat
- Ordnungsverfügungen **58** 38 ff.
- Rechtsnachfolger **58** 42

Akteneinsicht
- Beteiligung der Angrenzer **72** 13

Allgemein anerkannte Regeln der Technik 3 5; **15** 1
- Abweichung von technischen Regeln **3** 88 ff.
- Bauordnungsrechtlicher Begriff **3** 79 f.
- Beachtung der – **3** 73 ff.
- Begriff **3** 77
- Dreistufentheorie des BVerfG **3** 74
- DVGW-Vorschriften **3** 86
- Einhaltung der – **55** 18 ff.
- Entwurfsverfassende **54** 17
- Erfahrungssätze **3** 85
- Erschließung des Grundstücks **4** 37
- Harmonisierte Normungen auf europäischer Ebene **3** 86
- Keine Rechtsnormen **3** 81
- Prüfbericht **3** 93
- Rechtsbegriff **3** 77, 83
- Sachverständigengutachten im Rechtssinne **3** 85
- Stand der Technik **3** 74

Stichwortverzeichnis

- Stand von Wissenschaft und Technik 3 74
- Strafrecht 3 77
- Strafrechtlicher Begriff 3 79 f.
- Telekommunikation 1 184
- Umwehrungen 38 4
- UVV-Vorschriften 3 86
- VDE-Vorschriften 3 86
- VDI-Vorschriften 3 86
- Verfassungsmäßigkeit 3 82
- Vermutung 3 85
- VOB 3 87
- Wahrung bauordnungsrechtlich relevanter Belange 3 84
- Wesentliche Abweichungen 3 91 f.
- Zivilrechtliche Bedeutung 3 87

Allgemein bauaufsichtliche Zulassung 21 1 ff.
- Änderungen gegenüber der BauO NRW 2000 und 2016 21 1 ff.
- Antrag beim DIBt 21 6
- Erteilung durch das DIBt 21 2
- Gebühren des DIBt 21 3
- Geltungsdauer 21 14
- Gültigkeit von ~ 21 21
- Gültigkeitsdauer 21 10
- Nebenbestimmungen 21 10
- Öffentliche Bekanntmachung 21 19
- Rechte Dritter 21 18
- Verlängerung 21 10
- Vorgaben für die Prüfung von Bauprodukten im Antragsverfahren 21 9

Allgemein bauaufsichtliches Prüfzeugnis
- Änderungen gegenüber der BauO NRW 2000 und 2016 22 1 ff.
- Anstelle der abZ 22 2
- Anstelle einer allgemeinen Bauartgenehmigung 17 17
- Bau- und Prüfgrundsätze 22 2
- Bauprodukte 22 1 ff.
- Erteilung eines ~ entsprechend § 22 Abs. 2 17 18
- Erteilung von ~ durch bauaufsichtlich anerkannte Prüfstellen 22 4
- Kleine Zulassung 22 2
- Rücknahme 22 10
- Übergangsfristen 22 2
- Verlängerung von abP 22 2
- Widerruf 22 10
- Zuständige Anerkennungsbehörde 22 5

Allgemeine Anforderungen
- Allgemein anerkannte Regeln der Technik 3 5
- Andere Anlagen und Einrichtungen 3 14
- Änderungen gegenüber der BauO NRW 2000 3 1 f.
- Aufbau 3 3
- Auffangtatbestand 3 6
- Aufgaben der Bauaufsichtsbehörde 3 9
- Bauliche Anlagen 3 13
- Bauliche Vorgänge 3 12 ff.
- Bauordnungsrechtliche Generalklausel 3 6 ff.
- Begriff ändern s. *Änderung*
- Begriff anordnen s. *Anordnung*
- Begriff instand halten s. *Instandhaltung*
- Bloße Belästigungen unterhalb der Gesundheitsgefahr 3 11
- Eingriffsverwaltungsakte 3 7
- Einzelanordnungen 3 5
- Errichten, Begriff s. *Errichtung*
- Errichtung, Änderung, Nutzungsänderung 3 16
- Generalklausel 3 2 ff.
- Grundstücke 3 15
- Handlungspflichten 3 4
- Keine verfahrensrechtliche Ermächtigung für Eingriffsverwaltungsakte 3 8
- Rechtsverordnungen 3 5
- Risikofürsorge 3 10
- Satzungen 3 5
- Sonderbauten 3 5
- Technische Baubestimmungen 3 5
- Unbestimmte Rechtsbegriffe 3 6
- Unzumutbare Belästigungen 3 11
- Verbindlicher Rahmen 3 7
- Vermeidbare Belästigungen 3 11
- Vorsorgeprinzip 3 10

Altane 30 70
- An Grundstücksgrenze 30 28

Altbauten
- Wohnungseigentum 47 44

Altenwohnungen
- Rettungswege 33 40

Altlasten
- Belastung von Baugrundstücken durch ~ 13 36 ff.
- Bestehende Anlagen 59 5
- Haftung 13 42

1959

Stichwortverzeichnis

Altlastenkataster 13 39
Am Bau Beteiligte Vor §§ 52–56 1 ff.
– Vom Hersteller eines Bauproduktes erklärte Leistungen 19 25
Amtshaftungsansprüche
– Bauzustandsbesichtigung 84 3
Anbau oder Aufstockung 3 24
Anbau- und Erschließungsbeschränkungen 4 30
Anbaubeschränkungszonen 1 74 f.; 10 67
Anbauten
– Dächer 32 38 ff.
Anbauverbots- und Anbaubeschränkungszonen 1 65
Anbauverbotszonen bzw. Anbaubeschränkungszonen
– Abstandsflächen 6 58
Änderung
– Änderung der bestehenden, bestandsgeschützten Bausubstanz 3 27
– Bauplanungsrecht 3 30
– Begriff 3 27 ff.
– Erweiterung einer baulichen Anlage 3 29
– Funktion und Nutzung zu der vorhandenen Substanz in enger Verbindung 3 30
– Modernisierungsmaßnahmen 3 28
– Nicht nur unerhebliche Umgestaltung 3 27
– Teilweise Beseitigen von Bausubstanz 3 27
– Umgestaltungen der äußeren Erscheinungsform 3 27
– Umgestaltungen des konstruktiven Gefüges 3 27
Anerkannte Regeln der Technik s. *Allgemein anerkannte Regeln der Technik*
Anerkennung
– Prüf-, Zertifizierungs- und Überwachungsstellen 25 9 ff.
Anfangsverdacht 81 11
Anfechtung
– Baugenehmigung 74 36
– Baugenehmigung durch den Nachbarn 64 5
– Baulasten 85 52
Anfechtungsklage
– Baugenehmigung 74 77
– Beteiligung der Angrenzer 72 11
– Ersetzen des gemeindlichen Einvernehmens 73 16
– Öffentliches Nachbarrecht 72 293

Anfechtungsrecht
– Ersetzen des gemeindlichen Einvernehmens 73 15 f.
Angaben
– Unrichtige – 86 56 ff.
Anhang ZA
– Harmonisierte Normen 19 14
Anhörung
– Beteiligung der Angrenzer 72 13
– Gemeinde 73 30
– Ordnungsverfügungen 58 34
– Ordnungswidrigkeiten 86 17
Anlagen 3 68
– Baugenehmigung 3 71
– Dauerhafte zwecksprechende Benutzbarkeit 3 68
– Dauerhaftigkeit 3 69
– In Gärten und zur Freizeitgestaltung s. *dort*
– Legaldefinition 2 111 ff.
– Nutzbarkeit ohne Missstände 3 70
– Nutzungsänderung 3 72
– Standsicherheit 3 69
– Unbedeutende – 62 215
– Unterbegriffe 2 112
– Weitere Anforderungen zum Schutz der – 3 69
– Zur Nutzung erneuerbarer Energien s. *dort*
– Zur Ver- und Entsorgung s. *dort*
Anlagen der technischen Gebäudeausrüstung 62 52 ff.
Anlagen in Gärten und zur Freizeitgestaltung
– Bänke, Sitzgruppen, Pergolen 62 139 f.
– Bauliche Anlagen auf Camping-, Zelt- und Wochenendplätzen 62 138
– Einrichtungen für Reit- und Wanderwege 62 137
– Flutlichtanlagen 62 137
– Freischankflächen bis zu 40 m² 62 141
– Gartengestaltung 62 139
– Gebäude und Tribünen 62 137
– Höhe bis zu 10,0 m 62 134
– Kleinkinderspielflächen 62 140
– Öffentliche Sport- und Spielflächen 62 135
– Private Kleinkinderspielflächen 62 135
– Schwimmbecken 62 130 ff.
– Schwimmbecken im Außenbereich 62 132
– Sprungschanzen, Sprungtürme und Rutschbahnen 62 133

Stichwortverzeichnis

- Trimm- und Lehrpfade 62 137
- Wohnwagen, Zelte 62 138

Anlagen zur Nutzung erneuerbarer Energien
- Blockheizkraftwerke 62 61 f.
- Gebäudeunabhängige Solaranlagen 62 58
- Kleinwindanlagen 62 59 f.
- Solaranlagen 62 56 f.

Anlagen zur Ver- und Entsorgung
- Abwasseranlagen 62 68 f.
- Abwasserbehandlungsanlagen 62 68
- Anlagen zur Verteilung von Wärme bei Wasserheizungsanlagen 62 66
- Brunnen 62 63
- Dichtheitsprüfung durch Sachkundige 62 70
- Schalt-, Regler- oder Pumpstationen 62 64
- Telekommunikation 62 64
- Transformatoren 62 64
- Versorgung mit Elektrizität, Gas, Öl, Wärme und Wasser 62 64
- Versorgungsanlagen 62 65
- Wasserversorgungsanlagen 62 67

Anlagen, Bergaufsicht 1 140 ff.
- Abgrabungen 1 143
- Abgrabungsgesetz 1 143
- Abschlussbetriebsplan 1 146
- Abschlussbetriebsplanung 1 141
- Anlagen 1 140
- Aufsuchen von bergfreien Bodenschätzen 1 145
- Aufsuchen, Gewinnen und Aufbereiten von bergfreien und grundeigenen Bodenschätzen 1 141
- Bauordnungsrechtlicher Prüfumfang 1 147
- Bergaufsicht 1 140 f.
- Bergrechtliche Vorhabenzulassung 1 146
- Bergwerkseigentum 1 145
- Bergwerksfeld 1 145
- Betriebsabwicklung 1 144
- Betriebsplanverfahren 1 146
- Betriebsplanzulassung 1 147
- Bundesberggesetz 1 140
- Erlangung einer Bergbauberechtigung 1 144
- Gebäude 1 140, 147 ff.
- Grubengebäude 1 149
- Hauptbetriebspläne 1 146
- Planfeststellung 1 148
- Rahmenbetriebspläne 1 146
- Sonderbetriebspläne 1 146
- Umweltrelevante Bergbauvorhaben 1 148
- Umweltverträglichkeitsprüfung 1 148
- Unterscheidung von grundeigenen und bergfreien Bodenschätzen 1 142
- Untersuchung, Errichtung und Betrieb von Untergrundspeichern 1 141
- Vereinigung des Bergwerkseigentums mit einem Grundstück 1 145
- Verfahren 1 144
- Verhältnis zwischen Bergrecht und Abgrabungsrecht 1 143
- Wiedernutzbarmachung der Oberfläche 1 141

Anlagenbegriff
- Bauliche Anlagen 1 27
- Immissionsschutzrechtlicher ~ 2 10
- Leitungen für die öffentliche Ver- und Entsorgung 1 155
- Wasserrechtlicher ~ 2 11

Anlieger
- Werbeanlagen 10 49

Anliegergebrauch
- Werbeanlagen 10 58

Anordnung
- Ausrichtung zur Himmelsrichtung 3 20
- Baubeschränkungen 3 23
- Baunebenrechtliche Vorschriften 3 23
- Bauplanungsrecht 3 22
- Bauverbote 3 23
- Bebauungspläne 3 22
- Begriff 3 18
- Denkmalrechtliche Erlaubnispflicht 3 23
- Innere Organisation baulicher Anlagen 3 21
- Platzierung 3 20
- Sonderbauverordnungen 3 21
- Standort 3 20
- Verfehlte Ausrichtung 3 20
- Verhältnis der Gebäudeteile zueinander 3 21

Anscheinsgefahr 3 43
Anschlagsäulen 10 48
Anschluss- und Benutzungszwang 1 175
- Leitungen für die öffentliche Ver- und Entsorgung 1 152

Anschluss- und Versorgungspflicht 1 164
Anschlussbahnen und Anschlussgleise 1 52

1961

Stichwortverzeichnis

Anschüttung
- Unselbständige - 6 199
Antennenanlagen 62 75 ff.
Antennengittermast 9 52
Antennenmast 6 179
Antrag
- Merkblatt für den - auf Erteilung einer Zustimmung im Einzelfall 23 2
Antragsvordruck
- Grundstücksteilung 7 47 f.
- Werbeanlagen 10 93
Anwendungsbereich
- Abgrenzung zum Privatrecht 1 10
- Änderungen gegenüber der BauO NRW 2000 1 1 ff.
- Aufgabenbereich der Bauaufsicht 1 8, 10
- Ausnahmen vom - 1 47 f.
- Geltung der Materiellen Anforderungen 1 44
- Räumlicher - 1 24
- Zeitlicher - 1 25
Anwesenheitspflicht
- Bauleitende 56 7
Anzeige
- Rechtzeitige - des Ausführungsbeginns 86 49
Anzeige- und Mitteilungspflichten
- Bauherrschaft 53 1
Anzeigepflicht 86 51
- Bauherrschaft 53 25 ff.
- Bauzustandsbesichtigung 84 25 ff.
Anzeigeverfahren
- Beseitigung von Anlagen 62 223, 237
Arbeitsgerüste 2 106
Arbeitsschutz
- Baustelle 11 6
- Dächer 32 1, 45
- Umwehrungen 38 3
Arbeitsschutzbestimmungen
- Baustellenspezifische - 56 8
- Einhaltung der - 55 25
Arbeitsstättenverordnung
- Umwehrungen 38 3
Architekten
- Uneingeschränkt bauvorlageberechtigte - 67 21 f.
Architekten und Ingenieure
- Pflicht zum Abschluss einer Haftpflichtversicherung für - 52 22

Arztpraxis
- Wartezimmer 46 5
Asbest 13 22 ff.
Asylsuchende
- Container als Unterkunft für - 51 6
Atrien 31 19 f.
Aufbewahrung fester Abfallstoffe
- Abfallentsorgungsanlage 44 5, 8
- Abfallrecht 44 4
- Abfallrechtliche Genehmigung 44 9
- Abfallschächte 44 1
- Änderungen gegenüber der BauO NRW 2000 44 1
- Ausweisung von Flächen für die Abfallentsorgung im Planbereich 44 5
- Begriff Abfall 44 2 f.
- Deponien 44 5
- Flächennutzungsplan 44 5
- Funktion der Norm 44 1
- In Gebäuden 44 10
- Nutzungsverbot einschließlich Räumungsverlangen 44 9
- Verbot von Abfallschächten 44 11 ff.
- Wertstoffsammelbehälter im öffentlichen Bereich 44 6
- Zuständigkeit bei rechtswidriger Abfalllagerung 44 7 ff.
Aufbewahrungspflicht
- Baugenehmigung 74 62 ff., 254 ff.
Aufenthaltsräume 2 289 ff.
- Abgrenzung 2 299
- Andere rechtliche Bezüge 46 10
- Änderungen gegenüber der BauO NRW 2000 46 1
- Aufenthaltsräume 15 70 ff.
- Ausreichende Belüftung und Belichtung 46 17 ff.
- Begriff 46 2 ff.
- Begriff im Bauplanungsrecht 2 290 ff.
- Beispiele 2 305 f.
- Dachraum 46 12
- DIN 18017-3 46 17
- DIN 1946-6 46 17
- Eignung 2 295
- Eignungskriterien für - 46 8
- Erforderliche Raumhöhe 46 11 ff.
- Funktion der Norm 46 1
- Gesunde Wohn- und Arbeitsverhältnisse 46 1

Stichwortverzeichnis

- Glasbausteine 46 18
- Größe 2 300
- Grundfläche 46 8
- Grundlage der Bauvorlagen 2 298
- Heimmindestbauverordnung 46 8
- Im Dachgeschoss 46 14
- Imbissstand 46 6
- Keine ~ 46 7
- Kellergeschoss 46 12, 20
- Kriterien zur Beurteilung der Eignung 2 296
- Lage 2 301
- Legaldefinition 2 289
- Lichte Höhe 46 16
- Mindestwohnflächen 46 8
- Nicht nur vorübergehender Aufenthalt 46 4
- Objektive Eignung 2 303
- Objektive Geeignetheit 2 294
- Raum im nicht ausgebauten Dachgeschoss 2 302
- Rettungsfenster 46 17
- Rettungswege 33 7 f.
- Sauna 46 5
- Spitzboden 46 13
- Strenger Maßstab bei Feststellung 2 303
- Subjektive Bestimmung 2 294
- Verbot der Nordlage aller Wohn- und Schlafräume 46 21
- Verordnung über Arbeitsstätten 46 22
- Wartezimmer einer Arztpraxis 46 5
- Wechselbezug mit dem Bauplanungsrecht 46 9
- Wochenendhaus 46 6
- Wohnungsaufsichtsgesetz 46 8
- Wohnwagen 46 6
- Zulässige Räume ohne Fenster 46 22

Auflagen
- Abweichungen mit ~ 7 31
- Baugenehmigung 74 238
- Einfache (isolierte) ~ 74 79
- Einfache ~ 7 28
- Fliegende Bauten 78 20 ff.
- Modifizierende ~ 7 28; 74 24, 36, 236, 240
- Rechtswidrige Beifügung einer ~ 74 233
- Zum Bescheid und Hinweise für die Tätigkeit von PÜZ-Stellen 24 6, 12 f.

Auflassungsvormerkung 85 46

Aufrissplanung
- Städtebauliche ~ 6 213

Aufschüttungen 6 197
- Selbständige ~ 6 199
- Und Abgrabungen größeren Umfangs 2 19

Aufschüttungen und Abgrabungen 2 64 ff.; 62 125 ff.
- Abfallbeseitigung 2 70
- Abfallentsorgungsanlagen 2 71
- Abgrabungsgesetz 2 69; 62 129
- Ausschachtung 2 66
- Baugrube 2 66
- Bauordnungsrechtliche Beschränkungen 62 128
- Begriff Abgrabungen 2 66
- Begriff Aufschüttungen 2 65
- Bergaufsicht 2 68
- Dammschüttungen 2 72
- Geländeeinschnitte 2 72
- Größerer Umfang 2 67
- Höhe oder Tiefe 2,0 m 62 127
- Im Außenbereich 62 127
- Kreislaufwirtschafts- und Abfallgesetz 62 129
- KrWG 2 70
- Oberirdische Gewinnung von Bodenschätzen 2 69
- Selbständige ~ 62 126
- Wasserrechtliche Erlaubnis 62 129
- Zusammenhang mit Anlagen des öffentlichen Verkehrs 2 72

Aufsicht
- Straßenbahnen, Busse, Taxen 1 108

Aufstellplätze
- Definition 2 92

Aufstocken
- Von Gebäuden 6 572

Aufstockungsmaßnahme 9 49

Aufzüge 35 6
- Abgrenzung zu technischen und betrieblichen Anforderungen an Aufzugsanlagen 39 9 ff.
- Abmessungen 39 38 f.
- Abstand zur gegenüberliegenden Nachbargrenze 6 545
- Allgemeine Anforderungen 6 544
- Allgemeine Brandschutzanforderungen 6 546

1963

Stichwortverzeichnis

- Änderungen gegenüber der BauO NRW 2000 39 1 ff.
- Anforderungen an Fahrschachttüren 39 23
- Anlagentechnische Anforderungen 39 9 ff.
- Ausbreitung von Feuer und Rauch über Aufzugsschächte 39 2
- Außenliegende ~ 39 15
- Bauliche Anlagen 39 4
- Baustellenaufzüge 39 6
- Begriffsdefinition 39 5 ff.
- Betriebssicherheitsverordnung 39 6, 12 f.
- Brandentstehung im Fahrschacht 39 16
- Einbau in Gebäuden ab einer bestimmten Höhe 39 1
- Fahrkörbe 39 38
- Fahrschächte 39 15 ff.
- Fahrschachttüren 39 16, 19
- Fahrschachtwände 39 16, 19 ff.
- Fahrschachtwände aus brennbaren Baustoffen 39 21
- Fassadenbefahranlagen 39 6
- Feuerwiderstandsklasse 39 20
- Gebäude mit mehr als 5 oberirdischen Geschossen 39 35
- Gebäudeaufstockung 39 36 f.
- Instandhaltungsmaßnahmen 39 13
- Maschinen als ~ 39 6
- Materielle bauliche Anforderungen 39 9
- Nachträgliche Errichtung 6 540
- Nachträglicher Dachgeschossausbau 39 36 f.
- Notwendigkeit von ~ 39 32 ff.
- Öffnung zur Rauchableitung 39 31
- Ohne Fahrschächte 39 17 f.
- Personen-Umlaufaufzüge 39 8
- Privilegierung 6 540 ff.
- Produktsicherheitsgesetz 39 5, 11
- Prüfaufzeichnungen und -bescheinigungen 39 14
- Prüfung vor Inbetriebnahme 39 13
- Rauchableitung 39 16
- Rauchableitung in Fahrschächten 39 29 ff.
- Schutzzielformulierung 39 15 ff.
- Selbstrettung über ~ 39 3
- Sicherer Betrieb der Aufzugsanlage 39 9, 27
- Sonderbauten 62 53
- System der inneren Abschottung 39 15
- Tiefgaragen 6 505
- Triebwerksräume 39 28
- VDI 6017 39 3
- Verordnung für die Verwendung von Arbeitsmitteln 39 14
- Verpflichtender Einbau von ~ 49 31
- Voraussetzungen 6 541 ff.
- Wiederinbetriebnahme 39 13

Aufzugsturm 9 49
Augenscheinseinnahme 9 21
Aus- und Neubau
- Bundeswasserstraßen 1 118

Ausbauarbeiten 55 8
Ausbildung
- Mindestanforderungen an ~ 17 30

Ausführung
- Begriff 17 31

Auslagen 83 15
Auslegungsbekanntmachung
- Art und Weise der Bekanntmachung 72 107
- Durchführung der öffentlichen Auslegung 72 108 f.
- Inhalt 72 100
- Kreis der Einwendungsberechtigten 72 102
- Präklusionsvorschrift 72 104
- Zusatzanforderungen 72 106
- Zustellung der Entscheidung 72 105

Ausrichtung
- Verfehlte ~ 3 20

Ausschachtung 2 19, 66
Außengastronomie
- Auf Platz- und Gehwegflächen 1 60

Außenwand- und Dachdämmungen 4 102
Außenwandbekleidungen
- Hinterlüftete ~ 28 5, 17 f.; 30 52

Außenwände 6 164
- Änderungen gegenüber der BauO NRW 2000 28 1 ff.
- Ausführungsvarianten 28 6
- Auskragende Deckenplatten 28 8
- Außenseitige Teile von oder auf ~ 28 12
- Außenwandkonstruktionen im Bereich von Brandwänden 28 16
- Außenwandkonstruktionen mit geschossübergreifenden Hohl- oder Lufträumen 28 17

Stichwortverzeichnis

- Balkonbekleidungen 28 4, 14
- Baustoff Glas 28 7
- Baustoffe 28 3
- Bauteile 28 2
- Behinderung der Brandausbreitung 28 3
- Brüstungen 28 8
- Doppelfassaden 28 5, 17
- Fenster und Türen 28 3, 9
- Feuerüberschlag über Geschosse 28 8
- Feuerüberschlagsweg 28 1
- Flächige Paneele 28 11
- Fugendichtungen 28 10
- Glimmen 28 1
- Großflächige Verglasungen oder Glasfassaden 28 9
- Hinterlüftete Außenwandbekleidungen 28 5, 17 f.
- Linien- oder stabförmige Profilen 28 11
- Nichttragende - und nichttragende Teile tragender - 28 4 ff.
- Oberflächen von - 28 15
- Oberflächen von - sowie Außenwandbekleidungen 28 12 ff.
- Schutzzielformulierung 28 1 ff.
- Schwelen 28 1
- Schwerentflammbare Baustoffe 28 12
- Solaranlagen 28 4, 14
- Stabförmige Unterkonstruktionen 28 13
- Standsicherheit 28 2, 4
- Unterkonstruktionen aus normalentflammbaren Baustoffen 28 13
- Verbot von abfallenden oder abtropfenden Bauteilen 28 14
- Verbundgläser 28 9
- Vertikale Brandausbreitung 28 8
- VV TB NRW 28 5

Außenwandkonstruktionen 30 52
Außenwerbung 64 33
Außergewöhnliche Sorgfalt
- Bauarten 17 31 ff.
- Bauprodukt 18 17

Ausstellungs- oder Messegelände
- Werbeanlagen 10 157

Ausstellungsplätze 62 193
Austausch
- Wesentlicher Teile 3 25

Auswahlermessen 52 5
AVBFernwärmeV 1 174
AVBWasserV 1 158

Badewanne
- Bad mit - oder Dusche 43 11

Bahnstromversorgung
- Fernleitungen der - 1 171

Balkonbekleidungen 28 4, 14
Balkone 6 482; 30 70
- An Grundstücksgrenze 30 28
- Decken 31 7

Balkone und Altane-Konstruktionen 27 13
Balkonüberdachungen 62 42 ff.
Ballfangzaun 6 180
Bänke 62 139 f.
Barrierefreiheit 2 329 ff.
- Abstellflächen und -räume 47 23
- Änderungen gegenüber der BauO NRW 2000 49 1
- Anforderungen im öffentlichen Bereich 49 34 ff.
- Anforderungen im privaten Bereich 49 33
- Auffindbarkeit 2 331
- Barrierefreiheit 34 2
- Begriff 49 2
- Begriff der Behinderung 49 2
- Beherbergungsräume und die zugehörigen Sanitärräume 49 16
- Bestehende Anlagen 59 25
- Darstellung und Prüfung der Maßnahmen zur - 49 32
- Definition 2 329 f.
- DIN 18040-1 49 6 ff.
- DIN 18040-2 49 17
- Einfaches Baugenehmigungsverfahren 64 33
- Erreichbarkeit und Nutzbarkeit von Wohnungen 49 18
- Erreichbarkeit von Abstellflächen für Kinderwagen und Mobilitätshilfen 49 18
- Erreichbarkeit von Aufzügen 49 18
- Erreichbarkeit von Spielplätzen 49 18
- Funktion der Norm 49 1
- Gaststätten 49 36
- Gesetzlich geregelte Ausnahmen 49 37 f.
- Im privaten und öffentlichen Bereich 49 1
- Kein Drittschutz 49 1
- Kinderspielplätze 8 75
- Konflikt zwischen Denkmalschutz und - 49 28
- Materielle Anforderungen und deren Rechtsgrundlagen 49 3 ff.

1965

Stichwortverzeichnis

- Nachträglicher Einbau von Treppenliften 49 30
- Öffentlichkeitsbeteiligung 72 122 ff.
- Rampen 49 29
- Rollstuhlgerecht 49 2
- Sport- und Spielflächen 2 78
- Technische Regelwerke 49 4
- Türen 37 1
- Verpflichtender Einbau von Aufzügen 49 31
- Weitere Regelwerke 49 27
- Wohnungen in Gebäuden der Gebäudeklassen 3–5 49 33

Bau- und Prüfgrundsätze
- Bauprodukte 22 2

Bauabfälle
- Baustelle 11 11

Bauakten
- Archivierung 74 62 ff.

Bauantrag
- Abweichungen 70 36
- Amtspflichten der Bauaufsichtsbehörde 70 35
- Änderungen der genehmigten Bauausführung 70 12
- Änderungen gegenüber der BauO NW 1984, 1995 und 2000 70 1 ff.
- Aufbau der BauPrüfVO 70 21 ff.
- Auslegung 70 8
- Ausnahmen und Befreiungen 70 36
- Baugebot 70 14
- Bauvorlagen für unterschiedliche Antragsarten 70 26 ff.
- Bei der Bauaufsichtsbehörde 64 16
- Berichtigung von Anträgen 70 35
- Bestimmung des Antragsinhalts 70 4 ff.
- Bindung der Bauaufsichtsbehörde an Angaben im – 70 6
- Dispositionsfreiheit des Bauherrn 70 5
- Elektronische Antragstellung 70 41
- Festlegung des Antragsgegenstandes 70 30 ff.
- Gebühren 70 17 ff.
- Gebührenbemessung 70 19
- Genehmigungsvoraussetzung 70 9 ff.
- Gesonderte Genehmigungen, Bewilligungen oder Erlaubnisse 70 38
- Honorierung der Sachverständigen 70 20
- Klarheit des Antrages 70 7
- Landesdurchschnittliche Rohbaukosten 70 19
- Legaldefinition der Bauvorlagen 70 1
- Mitenthaltene und nicht mitenthaltene Entscheidungsbegehren 70 36 ff.
- Nachtrag (Tektur) 70 12 ff.
- Nachträglicher – 70 12 ff.
- Nutzungsangaben 70 32
- Objektivierter Sinngehalt 70 8
- Ohne – keine rechtswirksame Baugenehmigung 70 9
- Pflicht der Bauaufsichtsbehörde zur Beratung 70 35
- Pflicht zur Konkretisierung 70 31
- Rechtsentwicklung 70 21 ff.
- Rücknahme 70 11
- Schriftform 70 39 ff.
- Schwarzbauten 70 19
- Umfang eines Vorhabens 70 4
- Verfahren mit Konzentrationswirkung 70 2
- Verfahrensvorschriften 70 1 ff.
- Vordrucke zum Verfahren 70 42
- Vorlage 70 10
- Vorschriften des VwVfG NRW 70 1
- Widerspruchsfreie Antragstellung 70 35
- Wiederaufgreifen des Verfahrens 70 16
- Wiederholung 70 15
- Zweitbescheid 70 16

Bauantrag, Behandlung
- Änderungen gegenüber der BauO NW 1984, 1995 und 2000 71 1 ff.
- Beteiligung der Gemeinde 71 78 f.
- Immissionsschutzrecht 71 8
- Prüfung der städtebaulichen Zulässigkeitsvorschriften s. dort
- Prüfung technischer Regeln 71 99
- Sachentscheidungskompetenz der Bauaufsichtsbehörde 71 17 ff.
- Städtebauliche Verfahrensregeln 71 22 ff.
- Subsidiaritätsklausel 71 12
- Verfahrensbeschleunigungen und Prüfeinschränkungen 71 1 ff.
- Verhältnis zu sonstigen Verfahrensvorschriften 71 16 ff.
- Vorhaben von städtebaulicher Relevanz 71 10
- Vorprüfung des Bauantrages s. *Bauantrag, Vorprüfung*

Bauantrag, Beteiligung
- Ablehnung der Zustimmung oder des Einvernehmens 71 93 f.
- Beteiligungsregeln 71 80 ff.
- Fiktion der Zustimmung, des Einvernehmens oder des Benehmens 71 89 ff.
- Mitwirkung anderer Körperschaften, Behörden oder Dienststellen 71 86
- Selbständige Genehmigungen, Bewilligungen oder Erlaubnisse 71 84
- Sternverfahren und Antragskonferenz 71 95 ff.

Bauantrag, Vorprüfung
- Abschluss innerhalb von zwei Wochen 71 59
- Amtshandlung i.S.d. Gebührenrechts 71 77
- Begriff »erhebliche Mängel« 71 73
- Beschleunigung von Genehmigungsverfahren 71 52 ff.
- Form der Zustellung der Nachforderung 71 67
- Gründe für die Einführung einer Vorgabe für ~ 71 52 ff.
- Innerhalb der Frist 71 55 ff.
- Mängel am Antragsformular 71 70
- Materielles Recht 71 57
- Nachforderung von Bauvorlagen 71 63 ff.
- Prüffeststellungen 71 57
- Unvollständige oder mangelhafte Bauvorlagen 71 62
- Verstoß gegen Fristvorgabe 71 60
- Vervollständigung und Rücknahmefiktion 71 62 ff.
- Ziel 71 58

Bauarten 2 13, 349 ff.; 17 1 ff.; 86 35
- Abgrenzung Bauprodukt 17 1
- Allgemeines Prüfzeugnis 2 356
- Änderungen gegenüber der BauO NRW 2000 und 2016 17 1 ff.
- Angemessene Zeitdauer 17 8
- Anwendung von ~ 17 4 ff.
- Anwendungsnachweise für wesentlich abweichende ~ 17 10 ff.
- Anwendungszweck einer ~ 17 5
- Bauordnungsrecht 2 349
- Bauweise 2 352
- Bestätigung der Übereinstimmung einer ~ 17 21
- Definition 2 351
- Die außergewöhnlicher Sorgfalt bedürfen 17 31 ff.
- Ergänzende Gutachten 17 25
- Hersteller der ~ 17 1
- Hersteller der~ 17 21
- Herstellung von ~ die außergewöhnlicher Sachkunde und Erfahrung bedürfen 17 28 ff.
- Nicht geregelte ~ 2 353, 356
- Nicht wesentliche Abweichung 17 23 ff.
- Sachkunde und Erfahrung des Anwenders 17 23
- Systemanbieter der ~ 17 1
- Überwachung von ~ 17 31 ff.

Bauartgenehmigung
- Allgemeines bauaufsichtliches Prüfzeugnis anstelle einer allgemeinen ~ 17 17
- Antragsrelevante Aspekte für eine ~ 17 15 f.
- Ausnahmen für das Erfordernis von ~ 17 19 f.

Bauaufsicht
- Abbau staatlicher ~ 64 1
- Aufgabenbereich 1 8, 10

Bauaufsichtliche Maßnahmen Vor §§ 80-82 1 ff.

Bauaufsichtliche Zustimmung
- Änderungen gegenüber der BauO NRW 2000 79 1
- Antragsstellung 79 14
- Anwendungsvoraussetzungen 79 6
- Außenwirkung der Zustimmung 79 5
- Baufreigabe 79 3
- Befreiung vom Erfordernis eines Zustimmungsverfahrens 79 12
- Beteiligung der Gemeinde 79 17
- Bindungswirkung 79 4
- Funktion der Norm 79 1
- Genehmigungsbedürftige Bauvorhaben 79 7
- Öffentlichkeitsbeteiligung 79 13
- Rechtsnatur 79 2
- Sonderregelungen für Vorhaben der Landesverteidigung 79 18
- VA mit Doppelwirkung 79 2
- Verantwortlichkeit des Bauherrn 79 16
- Verfahrensfragen und Prüftiefe 79 15
- Vorhaben öffentlicher Bauherren 79 8 ff.
- Wahlrecht 79 6

1967

Stichwortverzeichnis

- Zum Rechtsschutz Dritter 79 5

Bauaufsichtsbehörden Vor §§ 57–59 1 ff.
- Amtspflichten 70 35
- Aufgaben 3 9; 11 10; 13 9
- Baugestaltung 1 17
- Besonderes Verlangen der ~ 55 29 ff.
- Entlastung 66 6
- Entlastung der unteren ~ 66 24
- Ersetzen des gemeindlichen Einvernehmens 73 23
- Fehler der ~ 54 16
- Genehmigungspflicht 60 17
- Haftung 74 112 ff.
- Pflicht zur Beratung 70 35
- Prüfprogramm 65 1
- Sachentscheidungskompetenz 74 144; 77 14
- Schulen, Hochschulen und ähnliche Einrichtungen 50 64
- Sonderbauten 50 20 f.
- Vollzug baurechtlicher Vorschriften in anderen Gesetzen 1 19
- Vollzug der städtebaulichen Planung 1 18
- Wohnungseigentum 47 51

Bauaufsichtsbehörden, Aufbau und Zuständigkeit
- Abgrenzung der Zuständigkeit zwischen ~ und Fachbehörden 57 11
- Allgemeine Kommunalaufsicht 57 10
- Änderungen gegenüber der BauO NW 1984, 1995 und 2000 57 1 ff.
- Anzahl der bei der unteren ~ zu beschäftigenden Bediensteten 57 27
- Aufsicht über die Tätigkeit der ~ 57 7
- Bauaufsichtsamt 57 15
- Bauberatung 57 26
- Bestimmung und Zuständigkeiten 57 3 ff.
- Dreistufiger Aufbau 57 1
- Erforderliche Vorrichtungen 57 33
- Fachaufsicht 57 7 f.
- Freiwillige Rückübertragung 57 6
- Geschäfte der laufenden Verwaltung 57 15
- Geschäftsprüfungen 57 9
- Instanzielle Zuständigkeit 57 11
- Kenntnisse des öffentlichen Baurechts 57 29 f.
- Kenntnisse über Bautechnik und Baugestaltung 57 28 f.
- Konzentration bei unteren ~ 57 14
- Obere ~ 57 4
- Oberste ~ 57 3, 18 f.
- Örtliche Zuständigkeit 57 11, 22 f.
- Personelle Besetzung 57 24
- Pflichtaufgaben zur Erfüllung nach Weisung 57 1, 9
- Rechtsaufsicht 57 10
- Sachliche Zuständigkeit 57 11
- Sachliche Zuständigkeit mehrerer Behörden 57 16
- Sonderaufsicht 57 7, 20 f.
- Sonderordnungsbehörden 57 12
- Untere ~ 57 5
- Unterrichtungsrecht 57 9
- Weisungsrechte 57 9
- Weitere berufsqualifizierende Abschlüsse 57 32
- Zuständigkeiten für die Sonderaufsicht 57 9
- Zuständigkeitsbereiche anderer Behörden 57 16
- Zuständigkeitsprobleme 57 17

Bauaufsichtsbehörden, Aufgaben und Befugnisse
- Amtsträger 58 17
- Änderungen gegenüber der BauO NW 1984, 1995 und 2000 58 1 ff.
- Anforderungen an Ordnungsverfügungen 58 32 ff.
- Anordnungen 58 22
- Aufgabenzuweisung und allgemeine Befugnisse 58 12 ff.
- Baugenehmigungsbehörden 58 15
- Baunebenrecht 58 15
- Befugnisse 58 22 ff.
- Belastende Verwaltungsakte 58 28
- Betretungsrecht s. *dort*
- Dienstausweis 58 31
- Durchsetzung von Ordnungsverfügungen 58 69 ff.
- Einhaltung der öffentlich-rechtlichen Vorschriften 58 15
- Einschreiten 58 29
- Erhaltung oder Veränderung der Geländeoberfläche s. *Geländeoberfläche, Erhaltung oder Veränderung*
- Erlass von örtlichen Bauvorschriften als Satzungen 58 11
- Ermessen s. *dort*

- Ersatzvornahme 58 79 ff.
- Formelle und materielle Illegalität *s. dort*
- Gefahr im Verzug 58 29
- Gefahrenabwehr 58 9
- Generalermächtigung 58 1 ff.
- Generalermächtigung und Spezialermächtigungen 58 22 ff.
- Generelle Aufgabenbeschreibung 58 12 ff.
- Gesetzliche Fiktion 58 9
- Grundsatz der Schriftform 58 29
- Heranziehung von Sachverständigen 58 107 ff.
- Konkrete Gefahr 58 23
- Konkurrierende Zuständigkeiten 58 18 ff.
- Maßnahme 58 27
- Mündliche Ordnungsverfügung 58 29
- Nachträgliche Anforderungen 58 118 ff.
- Ordnungsbehördliche Aufgaben 58 8 ff.
- Ordnungsgemäße Nutzung 58 14
- Ordnungsgemäßer Zustand baulicher Anlagen 58 13
- Ordnungsgemäßer Zustand der Grundstücke 58 13
- Ordnungsverfügungen *s. dort*
- Pflichtgemäßes Ermessen 58 27
- Realakt 58 27
- Rechtliche Qualifizierung der Aufgaben 58 1
- Rechts- und Verwaltungskenntnisse 58 17
- Rechtsvorschriften für die Eingriffsverwaltung 58 30
- Rückbaumaßnahmen 58 82
- Sachverständige, Heranziehung *s. Sachverständige*
- Sofortige Vollziehung nach § 80 Abs. 2 Nr. 4 VwGO 58 71 f.
- Sofortvollzug nach § 55 Abs. 2 VwVG NRW 58 74 f.
- Sonderordnungsbehörden 58 30
- Subsidiäre Geltung des OBG 58 10
- Überwachung baulicher Maßnahmen 58 12
- Überwachungspflicht 58 14
- Unmittelbarer Zwang *s. dort*
- Untere ~ als Sonderordnungsbehörde 58 16 f.
- Verstoß gegen formelles öffentliches Baurecht 58 23
- Verstoß gegen materielles Recht 58 23
- Verwaltungsakt 58 27 f.
- Verwaltungszwang 58 31, 69 f.
- Vollstreckung 58 30
- Vorgaben für das ordnungsbehördliche Handeln 58 27 ff.
- Vorgaben für die Anwendung von Verwaltungszwang 58 76 ff.
- Vorschriften 58 23
- Weitere Befugnisse 58 26
- Widerstand von Betroffenen 58 30
- Wohnungsbetretungsrecht 58 122 ff.
- Zusammenarbeit der unteren ~ mit den örtlichen Ordnungsbehörden 58 21
- Zuständigkeit der unteren ~ als Ordnungsbehörde 58 16
- Zuständigkeiten anderer Behörden 58 18
- Zwangsgeld *s. dort*
- Zwangsmittel 58 69 f.

Bauausführung
- Änderungen der genehmigten ~ 70 12
- Eigenmächtig geänderte ~ 84 51
- Pflichten im Rahmen der ~ 63 97 ff.

Baubeginn 63 46 ff.
- Bescheinigung bei Anzeige des ~ 68 6

Baubeginnsanzeige 74 275 ff.

Bauberatung 57 26; 64 19

Baubeschränkungen 3 23

Baubestandzeichnung
- Wohnungseigentum 47 55

Baudenkmal 3 104

Baudenkmalbegriff 2 27

Baudenkmäler 2 26; 9 58 ff.
- Vorhabenbezogene Bauartgenehmigung 17 15 f.
- Zustimmung im Einzelfall 23 7

Baudispensverträge 69 84

Baufenster 6 223 f.
- Grenzbebauung 6 313

Baufreiheit 74 14 f.

Baugenehmigung 3 71
- Absteckungs- und Vorhaltepflichten des Bauherrn 74 263 ff.
- Abweichungen nach § 69 74 17
- Abweichungen vom Baunebenrecht 74 17
- Änderungen gegenüber der BauO NRW 2000 74 1
- Anfechtung 74 36
- Anfechtung der ~ durch den Nachbarn 64 5
- Anfechtungsklage 74 77

1969

Stichwortverzeichnis

- Anspruchsgrundlage 74 14 ff.
- Antragsgebundenheit 74 23 ff.
- Archivierung von Bauakten 74 62 ff.
- Aufbewahrungspflicht 74 62 ff., 254 ff.
- Aufschiebende Wirkung einer Klage 74 83
- Ausgeschlossene Prüfungsgegenstände 74 229 ff.
- Ausnahmen oder Befreiungen 74 17
- Baubeginnsanzeige 74 275 ff.
- Baufreigabe 74 2
- Baufreigebende Wirkung 74 260 ff.
- Baufreiheit 74 14
- Baugenehmigungsgebühren 74 22
- Baunebenrecht 74 8
- Bauschein *s. dort*
- Bauüberwachung 74 277
- Bebauungsgenehmigung 74 162
- Bedingungen 74 36, 79
- Bedingungslösung 74 135 ff.
- Beeinträchtigung Dritter durch ~ 72 126
- Begriff Höhenlage 74 269
- Begründung 74 219 ff.
- Begründungspflicht 74 220
- Begünstigende und belastende Wirkung 74 32 ff.
- Beispiele für aufgedrängtes Recht 74 146
- Benachrichtigung der Gemeinde 74 256 ff.
- Berufung 74 87 ff.
- Bestandskraft 74 38
- Bestandsschutz *s. dort*
- Beweispflicht für das Vorliegen einer ~ 59 3
- Bindungswirkungen 74 51 ff.
- Dingliche Wirkung 74 57 ff.
- Durchführungsvertrag 74 19
- Einfache (isolierte) Auflagen 74 79
- Einfaches Genehmigungsverfahren 74 5
- Entschädigungsanspruch nach § 39 Abs. 1 Buchst. b OBG 74 125 ff.
- Entscheidung des Verwaltungsgerichts 74 85
- Erfordernis der Antragsklarheit 74 31
- Ermessen 74 17
- Fachgesetzliche Einschränkungen 74 154
- Festlegung der Grundrissfläche und der Höhenlage 74 263 ff.
- Feststellender und verfügender Teil 74 1 ff.
- Feststellungswirkung 64 20
- Form 74 202 ff.
- Freistellung 74 4
- Frist der Klage 74 80
- Gaststättenrechtliche Erlaubnis 74 141
- Gebundene Erlaubnis 74 16
- Gegenleistungen 74 18
- Gelegenheit zur Korrektur des Antrages 74 25
- Gerichtliche Aufhebung 58 65
- Grundsatz des geringst möglichen Eingriffs 74 25
- Haftung der Bauaufsichtsbehörde 74 112 ff.
- Hinweise 74 242 ff.
- Isoliert anfechtbare Nebenbestimmung 74 84 ff.
- Klärung der bauplanungsrechtlichen Zulässigkeit 74 153
- Konkretes, funktionsbezogenes Vorhaben 74 24
- Materielle Schutzfunktion 74 3
- Materiell-rechtliches Prüfprogramm 74 131 ff.
- Mitteilungs- und Unterrichtungspflichten 74 275 ff.
- Mitwirkung des Antragstellers bei der Ausräumung des Rechtsverstoßes 74 27
- Mitwirkungsbedürftiger Verwaltungsakt 74 23
- Modifizierende Auflagen 74 24, 36
- Nachbarschutz 74 37
- Nebenbestimmungen *s. dort*
- Personenbezogene Betriebserlaubnisse 74 246
- Private Rechte Dritter 74 250 ff.
- Realisierung von Vorhaben ohne 86 44 ff.
- Rechtsnatur 74 1 ff.
- Rechtsschutz des Bauherrn 74 74 ff.
- Rechtsschutz des Nachbarn 74 103 ff.
- Rechtsschutz ohne Widerspruchsverfahren 74 66 ff.
- Rechtswidrige ~ 59 4; 74 46 f.
- Referenzielle *s. Referenzielle Baugenehmigung*
- Revision 74 98 ff.
- Richtigkeit von Auskünften 74 128 ff.
- Rücknahme und Widerruf *s. dort*
- Sachbescheidungsinteresse 74 152
- Sachentscheidungskompetenz der Bauaufsichtsbehörde 74 144

- Sachliche Zuständigkeit 74 146
- Sachliche, örtliche und instanzielle Zuständigkeit 74 151
- Schadenersatzanspruch nach § 839 BGB *s. dort*
- Schlusspunkttheorie 74 8 ff.
- Schranken des Eigentums und der Baufreiheit 74 15
- Schriftformerfordernis 74 202 ff.
- Separationsmodell 74 140
- Spezialregelungen 74 157
- Städtebauliche Sonderregelungen 74 19
- Städtebaulicher Vertrag 74 19
- Tatsächlicher Ausführungsbeginn 74 278
- Teilungsgenehmigung 74 164
- Teilvorhaben 74 28
- Unklarheiten des Antragsgegenstandes 74 30
- Untätigkeitsklage 74 74
- Unterrichtung der an der Überwachung beteiligten Behörden 74 280 ff.
- Vereinbarkeit mit öffentlichem Recht 74 131 ff.
- Verfremdung des Antragsgegenstands 74 24
- Verhältnis von Bundes- und Landesrecht 74 132 ff.
- Verhältnis zu anderen öffentlich-rechtlichen Gestattungen 74 247
- Verlängerung der Geltungsdauer einer Baugenehmigung 90 4
- Verletzung von Verfahrens- und Formfehlern 74 29
- Verpflichtungsklage 74 77
- Versagung 74 223
- Verwaltungsakt mit Doppelwirkung 74 35
- Vollzug der naturschutzrechtlichen Eingriffsregelung 74 149
- Vorausgegangene Entscheidungen 74 162 ff.
- Vorausleistungen auf den Erschließungsbeitrag 74 21
- Vorbehalte nach sonstigem öffentlichem Recht 74 244 ff.
- Vorhaben- und Erschließungsplan 74 19
- Vorhalten von Unterlagen an der Baustelle 74 271 ff.
- Vorprüfungskompetenz 74 145
- Wesentliche Abweichung von der ~ 58 62
- Widerruf 58 65
- Zugang 74 261 f.
- Zugehörige Bauvorlagen und sonstige Bestandteile 74 214 ff.
- Zusicherung nach § 38 VwVfG. NRW 74 165
- Zustellung 74 226 ff.
- Zustellung der ~ an nicht zustimmende Angrenzer 72 63 ff.

Baugenehmigung, Geltungsdauer
- Ablauf der Dreijahresfrist 75 14
- Abweichungsbescheid 75 5
- Änderungen gegenüber der BauO NRW 2000 75 1
- Ausnahme oder Befreiung 75 5
- Beginn 75 10 ff.
- Bestandsschutz 75 4
- Erlöschen der Baugenehmigung 75 11
- Freigestellte Vorhaben 75 6
- Geltungsdauer 75 9 ff.
- Hemmung der Frist 75 16
- Mitteilung über Anfechtung durch Nachbarn 75 16 f.
- Nachtragsbaugenehmigung 75 12
- Rückwirkung einer Verlängerung 75 22
- Tekturgenehmigung 75 12
- Verlängerung 75 1, 18 ff.
- Verzicht auf Baugenehmigung 75 3

Baugenehmigungsverfahren 60 11
- Änderungen gegenüber der BauO NRW 2000 65 1
- Arbeitsschutz 65 7
- Baunebenrecht 65 6
- Beteiligung der Angrenzer 72 9
- Große Sonderbauten 65 3
- Hochhäuser 50 26
- Prüfprogramm der Bauaufsichtsbehörde 65 1
- Prüfumfang 65 3 ff.
- Sonderbauten 50 6
- Vereinfachung 66 3
- Vollständige Prüfung des Bauordnungsrechts 65 5
- Vorschriften über die Zulässigkeit der baulichen Anlagen 65 4
- Werbeanlagen 10 82

Baugerüste 11 4; 78 8

Baugestaltung
- Bauaufsichtsbehörden 1 17

Baugestaltungsverordnung 9 4 ff.

1971

Stichwortverzeichnis

Baugrube 2 66
Baugrundstück
- Bauordnungsrechtliche Definition 1 40
- Begriff 1 39
- Geeignetheit *s. Geeignetheit von Baugrundstücken*

Bauherr 52 13
Bauherrengemeinschaft 53 10, 37
- Grundpflichten 52 10

Bauherrenmodelle 53 10
Bauherrnwechsel 53 30 f.
Bauherrschaft
- Abschluss der Bauarbeiten 53 12
- Änderungen gegenüber der BauO NW 1984, 1995 und 2000 53 1 ff.
- Anzeige- und Mitteilungspflichten 53 1
- Aufstellung eines Baustellenschilds 53 26
- Auftreten als Bauherr 53 7
- Bauarbeiten in Selbst- oder Nachbarschaftshilfe 53 32 ff.
- Bauherrengemeinschaft 53 10, 37
- Bauherrenmodelle 53 10
- Bauherrnwechsel 53 30 f.
- Beauftragung der anderen am Bau Beteiligten 53 15 ff.
- Beauftragung geeigneter Beteiligter 53 1
- Begriff des Bauherrn 53 4 ff.
- Begriffsbestimmungen außerhalb des öffentlichen Baurechts 53 5
- Beschaffung von Bescheinigungen 53 26
- Beseitigung von Anlagen 53 1, 22
- Eigentümer des Grundstücks 53 8
- Erfüllungsgehilfen 53 2
- Ersetzungsbefugnis ungeeigneter Beteiligter 53 3
- Fachplaner 53 24
- Fachunternehmer 53 24
- Führung von Nachweisen 53 25
- Geeignetheit der ~ 53 18 f.
- Genehmigungsbedürftige Vorhaben 53 1, 22 f.
- Hauptverantwortung 53 2
- Mehrere Personen als ~ 53 9
- Mitteilungs-, Anzeige-, Nachweispflichten, sonstige Pflichten 53 25 ff.
- Mitteilungspflichten bzgl. Bauleiter, -wechsel 53 29 ff.
- Nachweise und Unterlagen zu verwendeten Bauprodukten und Bauarten 53 28
- Ordnungspflicht der Beauftragten 53 16
- Personenmehrheit 53 9, 36 ff.
- Pflichten 53 13 f.; 63 99 ff.
- SchwarzArbG 53 34
- Sonstige öffentlich-rechtliche Vorschriften 53 27
- Technisch einfache Anlagen 53 20 f.
- Umfang der Verantwortlichkeit 53 17
- Vertreter oder Bevollmächtigte 53 9
- Vertreterbestellung 53 36
- Wechsel des Bauherrn 53 11
- Werk- oder Dienstvertrag 53 16

Bauingenieure
- Uneingeschränkt bauvorlageberechtigte ~ 67 23 ff.

Baukräne 11 4
Baulärm 11 3, 15 ff.
- Rechtsschutz 11 26

Baulasten 7 24; 60 19
- § 18 BauPrüfVO – Darstellung im Lageplan 85 80 ff.
- Abstandbaulast 85 34
- Abstandflächenbaulast 85 33
- Änderung 85 65
- Änderungen gegenüber der BauO NW 1984, 1995, 2000 85 1 ff.
- Anfechtung 85 52
- Anhörungsrecht der Beteiligten 85 72
- Anspruch auf Löschung 85 67
- Anwendungsbereich 85 22
- Auflassungsvormerkung 85 46
- Bauaufsichtliche Erheblichkeit 85 28
- Baulasterklärung 85 39
- Baulastregelungen im Überblick 85 15 ff.
- Bauordnungsrechtliche Anwendungsfälle 85 33 f.
- Bauordnungsrechtliche Verpflichtungen 85 21
- Bauplanungsrecht 85 36 f.
- Baurechtsrelevanz 85 27 ff.
- Bauteilerhaltungsverpflichtung 85 33
- Bauzeichnungen 85 90
- Berichtigung 85 64
- Beschränkung der Anwendbarkeit 85 29
- Brandwände 30 21
- Dächer 32 13, 36
- Darstellung bestehender ~ 85 87
- Dritte als Störer 85 53
- Einfaches Baugenehmigungsverfahren 64 25

Stichwortverzeichnis

- Eintragung der ~ in das Baulastenverzeichnis **6** 344
- Eintragung des Verzichts **85** 66
- Eintragung in das Baulastenverzeichnis **4** 45; **85** 15
- Entstehung **85** 39 ff.
- Entstehungsgeschichte **85** 1 ff.
- Entstehungszeitpunkt **85** 48
- Ermessensreduzierung auf null **85** 49
- Erschließung des Grundstücks **4** 44 f.
- Flächenbaulast **85** 33
- Flächenbaulast aus Brandschutzgründen **85** 33
- Freiwilligkeit **6** 349; **85** 39
- Gebühren **85** 19
- Gegenstand **85** 21
- Geschäftsfähigkeit des Grundstückseigentümers **85** 43
- Grenzbebauungsverpflichtung **85** 33
- Grunddienstbarkeit **85** 40
- Grundstücksbezogenheit **85** 25 f.
- Hauptanwendungsfälle **7** 25
- Juristische Person **85** 44
- Kein Recht eines Dritten i.S.d. § 434 BGB **85** 14
- Keine subjektiv-öffentlichen Rechte **85** 56
- Kinderspielplätze **8** 47
- Kleinkinderspielflächenbaulast **85** 33
- Löschung **85** 64
- Mindestinhalt des Lageplans **85** 86
- Noch einzutragende ~ **85** 87 f.
- Notarbescheinigung **85** 47
- Öffentlich-rechtlicher Charakter der übernommenen Verpflichtung **85** 23 ff.
- Ordnungsverfügung **85** 13
- Regelung mit nachbarschützendem Charakter **85** 55
- Schriftform **85** 17, 57, 80
- Sonstige öffentlich-rechtliche Anwendungsfälle **85** 35 ff.
- Stellplatzflächenbaulast **85** 34
- Subsidiarität der ~ **85** 31 f.
- Teilfläche eines Flurstücks **85** 82
- Teilverzicht **85** 65
- Trennung von Grundbuch und Baulastenverzeichnis **85** 14
- Umlegungsstelle **85** 41
- Unrichtigkeit des Baulastenverzeichnisses **85** 67
- Unterschrift **85** 60 ff.
- Vereinigungsbaulast **85** 33
- Verhältnis von Dienstbarkeiten und ~ **85** 6 ff.
- Verhältnis zwischen Baulastverpflichtetem und Baulastbegünstigtem **85** 54
- Verpflichtungserklärung **85** 57 ff.
- Verweigerung der Eintragung **85** 49
- Verzicht **85** 63 ff.
- Vorhabenbezogenheit **85** 58
- Vorlage eines Grundbuchauszugs **85** 47
- Wegerecht **85** 40
- Wegfall der Geschäftsgrundlage **85** 52
- Werbeanlagen **10** 92
- Willenserklärung des Eigentümers **85** 42
- Wirkung der ~ **85** 50 ff.
- Zufahrtsbaulast **85** 33
- Zulässiger Inhalt **85** 20 ff.
- Zustimmung der anderen am Grundstück dinglich Berechtigten **85** 45
- Zwangsversteigerung **85** 71

Baulastenverzeichnis
- Andere baurechtliche Verpflichtungen **85** 76
- Ausweitung **85** 76
- Eintragung **85** 15, 74
- Führung **85** 73
- Kein öffentlicher Glauben **85** 75
- Recht auf Einsicht **85** 77 ff.
- Trennung von Grundbuch und ~ **85** 14
- Unrichtigkeit **85** 67

Baulastflächen 6 153

Baulastverzeichnis
- Eintragung **4** 45

Bauleitende 52 13
- Änderungen gegenüber der BauO NW 1984, 1995 und 2000 **56** 1 ff.
- Anwesenheitspflicht **56** 7
- Ausreichende Qualifikation **56** 3
- Baustellenspezifische Arbeitsschutzbestimmungen **56** 8
- Bautagebuch **56** 6
- Beauftragung durch Bauherrn **56** 1 f.
- Begriff und Funktion des Bauleiters **56** 5 ff.
- Beseitigung festgestellter Mängel **56** 10
- Durchführung der Baumaßnahme **56** 12
- Eignung des Bauleiters **56** 16 f.
- Entwurfsverfasser **56** 3
- Erkannte Unzuverlässigkeit des Unternehmens **56** 7

Stichwortverzeichnis

- Firmenbauführer 56 3
- Heranziehung von Fachbauleitern 56 18 ff.
- Inhalt der Bauleitung 56 2
- Koordinierung der Arbeiten 56 11
- Objektüberwachung 56 2
- Öffentlich-rechtliche Funktion 56 8
- Pflichten 56 3 f.
- Polier 56 3
- Sicherer bautechnischer Betrieb 56 13
- Überwachungsintervalle 56 7
- Überwachungspflicht 56 10 ff.
- Umfang der Überwachung 56 6
- Weisungsrecht 56 14 f.

Bauleitplanung
- Erschließung des Grundstücks 4 7, 37
- Geeignetheit von Baugrundstücken 13 39 ff.
- Schallschutz 15 62

Bauliche Anlagen 2 4 ff.; 3 13
- Abgrenzung zur Maschine 2 45
- Abgrenzungsproblematik 2 54
- Abgrenzungsschwierigkeiten 2 34
- Ablagerungen einschließlich Lagerstätten 2 19
- Anlage 2 6
- Anlage, Legaldefinition 2 111 ff.
- Anlagenbegriff 1 27; 2 6 ff.
- Aufschüttungen und Abgrabungen *s. dort*
- Ausschachtungen 2 19
- Baudenkmalbegriff 2 27
- Baudenkmäler 2 26
- Bauordnungsrecht 2 34 ff.
- Bauplanungsrecht 2 13 ff.
- Baurecht 2 4 ff.
- BauROG 2 13
- Baustoffe 2 40
- Baustoffe und Bauteile 2 39
- Bauteile 2 41 f.
- Bauverbot des § 61 Abs. 1 BNatschG 2 33
- Bebaute Grundstücke 2 20
- Bebauung, Begriff 2 20
- Befestigte Lagerplätze 2 16
- Begrenzte Beweglichkeit auf ortsfesten Bahnen 2 56
- Begriff 1 27; 2 35 ff.; 7 18 ff.; 71 26
- Begriff der baulichen Anlage in § 29 Abs. 1 BauGB 2 14 f.
- Begriff des Bauens 2 18
- Begriff Hochbau im Straßenrecht 2 25
- Begriff zentrale Bedeutung 2 5
- Beispiele aus der Rechtsprechung 2 44
- Campingplätze, Wochenendplätze und Zeltplätze *s. dort*
- Dauerhaftigkeit 2 18, 38
- Definition 2 34
- Denkmalrecht 2 26 ff.
- Einfriedungen 2 16
- Erdwälle zum Tragen von Lärmschutzwänden 2 16
- Errichtung, Änderung oder Nutzungsänderung 2 13
- Fiktive - 1 27
- Fliegende Bauten 2 45
- FStrG 2 23
- Funktion 2 15, 54
- Funktionale Selbständigkeit des Bauteiles 2 42
- Gebäudeteile 2 42
- Geringfügig bebaute Grundstücke 2 20
- Gerüste *s. dort*
- Gleichstellung mit - 2 63 ff.
- Grenze zwischen Baustoff und Bauteil 2 43
- Größerer Umfang 2 19
- Hausboote mit Slipanlage 2 16
- Herstellung aus Bauprodukten 2 36, 39
- Hilfseinrichtungen zur statischen Sicherung von Bauzuständen 2 109 f.
- Immissionsschutzrechtlicher Anlagenbegriff 2 10
- Industrieschornsteine 50 27
- Innere Organisation 3 21
- Keine - 1 42
- Lager-, Abstell- und Ausstellungsplätze *s. dort*
- Legaldefinition 2 5
- Maschinen *s. dort*
- Mehrheiten von - 2 26
- Mit mehr als 30 m Höhe 50 27 f.
- Mobilfunkmasten 50 28
- Naturschutz- und Landschaftsrecht 2 30 ff.
- Naturschutzrechtliche Eingriffsregelung 2 30 f.
- Ortsfester Verwendungszweck 2 57
- Ortsfestigkeit 2 37, 55
- Parabolantenne auf dem Dach 2 37
- Plakattafel 2 41
- Plakattafel an einer Wand 2 37

Stichwortverzeichnis

- Plakattafeln 2 16
- Positiv-Katalog des § 30 Abs. 1 LNatSchG NRW 2 32
- Schaukasten für Wechselwerbung 2 37
- Schwimmbecken 2 16
- Sichtschutzwand 2 41
- Sonstiges öffentliches Recht 2 21
- Sport- und Spielflächen *s. dort*
- Statisch-konstruktive Schwierigkeiten 50 27
- Stellplätze für Kraftfahrzeuge und Fahrradabstellplätze *s. dort*
- Straßenrecht 2 22 ff.
- Straßenrechtliches Anbauverbot 2 22
- StrWG NRW 2 23
- Tatbestandsmerkmale der ~ 2 35
- Traglufthallen als Schwimmbeckenüberdachung 2 16
- Tragluftschwimmhalle 2 38
- Treppenlift 2 37
- Überwiegend ortsfest benutzte Wohn- und Verkaufswagen 2 16
- Umgang oder Lagerung von Stoffen mit Explosions- oder erhöhter Brandgefahr 50 75 ff.
- Unbebaute Grundstücke 2 20
- Unterirdische ~ 2 125
- Unterschiede im Begriffsinhalt 2 5
- Unterschutzstellung eines Teils einer ~ 2 28
- Verankerung 2 52
- Verbindung mit dem Erdboden 2 37, 51 ff.
- Verkaufswagen 2 58
- Vollzug der Eingriffsregelung 2 32
- Wasserrechtlicher Anlagenbegriff 2 11
- Windenergie-Erlass 50 27
- Windkraftanlagen 50 27
- Wohnwagen 2 58 f.

Baulinien 6 219 ff.

Baulücken
- Schließen von ~ 6 572

Baumschutzsatzung 8 29; 9 56

BauNVO 3 114

BauO NRW
- Abstimmung auf das BBauG Vor §§ 4-8 1
- Bauordnungsrechtliche Generalklausel Vor §§ 1-3 2
- Bedeutung für andere Rechtsvorschriften Vor §§ 1-3 3
- Begriffsbestimmungen Vor §§ 1-3 2
- Gliederung Vor §§ 1-3 1
- Landesrechtliche Besonderheiten Vor §§ 4-8 4
- Räumlicher Anwendungsbereich 1 24
- Themenkomplexe Vor §§ 1-3 1
- Zeitlicher Anwendungsbereich 1 25
- Zentrale Vorschriften Vor §§ 1-3 2

BauO NRW 1995 1 3
BauO NRW 2000 1 4

Bauordnungsrecht
- Spezialgebiet des Rechts der technischen Gefahrenabwehr 1 11
- Zielsetzung 1 12

BauPAVO 2019 24 14
- Überwachungspflichtige Tätigkeiten 18 18

BauPG-PÜZ Anerkennungsverordnung
- Anpassung 19 5

Bauprodukte 2 332 ff.; 86 37
- Abgrenzung Bauart 17 1
- Allgemein bauaufsichtliche Zulassung *s. dort*
- Allgemein bauaufsichtliches Prüfzeugnis anstelle der abZ 22 2
- Änderungen gegenüber der BauO NRW 2000 und 2016 18 1 ff.
- Anforderungen nach anderen Rechtsvorschriften 20 7
- Angemessene Zeitdauer 18 14
- Bau- und Prüfgrundsätze 22 2
- Bauproduktengesetz –BauPG 2 342
- Bauproduktenrichtlinie 2 332
- Bausatz 2 335
- Baustoffe, Bauteile und Anlagen 2 346
- Bauteile 2 345
- Bauüberwachung 83 26 f.
- Begriff 2 332
- Brauchbarkeit 19 3
- Brauchbarkeitsvermutung 19 7
- Dauerhafter Einbau 2 346 f.
- Deutsches Institut für Bautechnik – DIBt 2 341
- Einhaltung der wasserrechtlichen Anforderungen 20 7
- EU-Bauproduktenverordnung 1 28
- Gemäß BauPVO 2014 19 9
- Herstellung 2 39, 346
- Herstellung von ~, die außergewöhnlicher Sachkunde und Erfahrung bedürfen 18 16
- In der Schweiz in Verkehr gebracht 18 15

1975

Stichwortverzeichnis

- In der Türkei in Verkehr gebracht 18 15
- In EWR Mitgliedstaaten in Verkehr gebracht 18 15
- Keine Übereinstimmungserklärung durch den Hersteller 24 1
- Konformitätsvermutung 19 7
- Landesrechtlicher Begriff 1 28
- Leistungsbeständigkeit 19 14
- Liste von ~ ohne Verwendbarkeitsnachweis 20 10
- Modifikationen 19 10
- Modifikationen von europäischen ~ 19 25
- Nachweis der Verwendbarkeit von ~ 23 1 ff.
- Nachweise und Unterlagen zu verwendeten ~ 55 26 ff.
- Neuartige resp. progressive ~ 20 4
- Nicht in Serie hergestellte ~ 24 9
- Ohne Verwendbarkeitsnachweise 20 9
- Ordnungswidrigkeit 18 13
- Schwerwiegende Mängel an dem relevanten ~ 24 13
- Teile eines Fliegenden Baus 2 347
- Teile eines Gerüstes 2 347
- Überwachung von ~, die außergewöhnlicher Sorgfalt bedürfen 18 17
- Unionsrechtlicher Begriff 1 28
- Verbot unrechtmäßig gekennzeichneter ~ s. dort
- Verwendung von ~ 18 2 ff.
- Verwendung von ~ aus definierten Vertragsstaaten 18 15
- Verwendung von~ 2 340
- Verwendungszweck 18 10
- Von untergeordneter Bedeutung 20 9
- Wesentliche Merkmale 19 12
- Zeitpunkt der Verwendung des ~ 21 14

Bauprodukte und Bauarten
- Nachweise und Unterlagen zu verwendeten ~ 53 28

Bauprodukte- und Bauartenverordnung 20 7
Bauproduktengesetz 2 342
- Anpassung 19 5

Bauproduktenrichtlinie 2 332; 19 2
BauPrüfVO 87 23
BauPVO 2011
- Entwicklung der ~ ab dem 01.07.2013 19 6
- Entwicklung der BauPR zur ~ 19 4 f.

Bausatz 2 335
- Definition 17 1
- Gemäß BauPVO 2014 19 10

Bauschein 74 179, 205 ff.
- Ausgestaltung 74 210
- Bedeutung 74 211
- Koordinierung von ~ und Bauvorlagen 74 207
- Urkunde über die erteilte Baugenehmigung 74 211
- Widerspruch zwischen ~ und Bauvorlagen 74 205
- Widerspruch zwischen Bauzeichnungen und bautechnischen Nachweisen 74 206

Bauschutt
- Beseitigung 82 11

Baustelle
- Änderungen gegenüber der BauO NRW 2000 11 1
- Anforderungen an den Betrieb 11 1
- Anforderungen an die Einrichtung 11 12 ff.
- Arbeitsschutz 11 6
- Aufgaben der Bauaufsichtsbehörde 11 10
- Ausreichende Absicherung 11 27
- Bauabfälle 11 11
- Baugerüste 11 4
- Baukräne 11 4
- Baulärm 11 3, 15 ff.
- Baustellenabsperrung 11 27
- Baustellenverordnung 11 5
- Bauzaun mit integrierten Werbetafeln 11 4
- Begriff 11 3
- Belästigungen 11 13 f.
- Bodendenkmäler 11 9
- Einrichtung und Sicherung der ~ 55 11
- Funktion der Norm 11 1 f.
- Gefahrenabwehr 11 1
- Genehmigung für Nachtarbeit 11 14
- Genehmigungsfreiheit 11 4
- Immissionsschutz 11 1, 6
- Konkurrierende bzw. ergänzende Normen 11 6 ff.
- Lärm 15 53
- Legaldefinition 11 3
- Lichtimmissionen 11 24 f.
- Materielle Anforderungen 11 5
- Mehrfachzuständigkeit 11 7
- Mutterboden 11 9

Stichwortverzeichnis

- Ordnungsgemäße Einrichtung der ~ 55 24
- Ordnungswidrigkeit 11 22
- Rechtsschutz bzgl. Baulärm 11 26
- Rohbau 11 27
- Schutz von Bäumen, Hecken usw. 11 33
- Schutzgesetz i.S.d. § 823 BGB 11 2
- Sicherer Betrieb der ~ 55 24
- Sicherheits- und Gesundheitsplan 11 2
- Sondernutzungserlaubnis 11 8
- Technische Regelwerke 11 8
- Verfahrensfragen 11 4
- Verkehrssicherungspflicht 11 5, 9
- Verpflichtung zum Aufhängen eines Baustellenschildes 11 28 ff.
- Vorhalten von Unterlagen an der ~ 74 271 ff.
- Vorhaltung der Baugenehmigung und der Bauvorlagen an der ~ 86 48

Baustellenabsperrung 11 27
Baustellenaufzüge 39 6
Baustelleneinrichtungen 78 8
Baustellenschild 55 24; 86 34
- Aufstellung eines ~ 53 26
- Verpflichtung zum Aufhängen 11 28 ff.

Baustellenverordnung 11 5
Baustoffe 2 40, 346
- Bauteile mit brennbaren ~ 30 52 ff.
- Brandverhalten *s. Brandverhalten von Baustoffen und Bauteilen*
- Lichtdurchlässige ~ 30 64 ff.
- Wechselseitige Beeinflussung untereinander unverträglicher ~ 13 31

Bautagebuch 56 6; 83 47
Bautechnische Nachweise
- Änderungen gegenüber der BauO NRW 2000 68 1
- Ausnahmen von der Prüfpflicht 68 18 ff.
- Ausnahmen von der Vorlagepflicht 68 23 f.
- Baugenehmigungsverfahren 68 2
- Bescheinigung bei Anzeige des Baubeginns 68 6
- Bescheinigung Brandschutzprüfung 68 12
- Eingeschossige Gebäude mit einer Grundfläche bis 200 m² 68 22
- Energieeinsparungsvorschriften 68 4
- Freistehende landwirtschaftliche Betriebsgebäude 68 21
- Geschlossene Mittelgaragen mit natürlicher Lüftung 68 14
- Kein Rechtsanspruch auf Prüfung 68 17
- Regelfall 68 3 ff.
- Schall- und Wärmeschutznachweis 68 8 f.
- Staatlich anerkannte Sachverständige 68 5
- Standsicherheits- und Brandschutzvorschriften 68 4
- Standsicherheitsnachweis 68 10
- Stichprobenhafte Kontrollen der Bauausführung 68 13
- Typenprüfung 68 25 ff.
- Verzicht auf Vorlage des Standsicherheitsnachweises 68 11
- Wohngebäude der Gebäudeklassen 1 bis 3 68 19
- Wohngebäude der Gebäudeklassen 1 und 2 68 20

Bauteile 2 41 f., 345 f.
- Abänderung ausgeführter ~ 76 21
- Brandverhalten *s. Brandverhalten von Baustoffen und Bauteilen*
- Gemeinsame ~ 2 130
- Genehmigungsfreie ~ 64 10
- Grenze zwischen Baustoff und ~ 2 43
- Hochfeuerhemmende ~ in Holzbauweise 26 8
- Mit brennbaren Baustoffen 30 52 ff.
- Tragende und nichttragende ~ 62 142 ff.

Bauteilerhaltungsverpflichtung 85 33
Bauüberwachung
- Abweichung von den genehmigten Bauvorlagen 83 24
- Amtlicher Vermessungsnachweis 83 39 f.
- Amtshandlung i.S.d. Gebührenrechts 83 9
- Änderungen gegenüber der BauO NW 1984 und 1995 83 1 ff.
- Aushändigung der Unterlagen zu Prüfzwecken 83 46
- Auslagen 83 15
- Bautagebücher 83 47
- Bauüberwachung im engeren Sinne 83 3
- Begleitende Kontrolle der Bauausführung 83 1
- Begriff 83 2
- Beschränkung auf Stichproben 83 32 ff.
- Betretung des Baugrundstücks 83 44
- Dienstausweis 83 43
- Durchführung 83 5
- Einfaches Genehmigungsverfahren 83 25

1977

Stichwortverzeichnis

- Einhaltung der Vorschriften über Bauprodukte und Bauarten **83** 26 f.
- Erkennen von systematischen Rechtsverstößen **83** 48 ff.
- Ermäßigungen der Bauüberwachungsgebühren **83** 16
- Fachkräfte **83** 5
- Fliegende Bauten **83** 6
- Freigestellte Vorhaben **83** 6
- Gebührenbemessung **83** 9 ff.
- Gegenstände **83** 20
- Genehmigungsbedürftige Vorhaben **83** 6
- Genehmigungskonforme Bauausführung **83** 22 ff.
- Gesamtsicherheitssystem **83** 4
- Gewässer erster Ordnung **1** 123
- Große Sonderbauten **83** 19
- Kann-Vorschrift **83** 18 ff.
- Nachweis der Grundrissfläche und der Höhenlage **83** 38 ff.
- Nutzungsänderung ohne bauliche Änderungen **83** 8, 10
- Pflichten der am Bau Beteiligten **83** 28 f.
- Probenentnahmen **83** 42
- Recht auf Einsichtnahme der beauftragten Personen **83** 43 ff.
- Schlusspunkttheorie **83** 21
- Überwachung im weiteren Sinne nach § 58 **83** 3
- Umfang **83** 30 f.
- Verordnung der EU 305/2011 **83** 48 ff.
- Verzicht auf ~ **83** 36 f.
- Zustimmungsverfahren **83** 6
- Zutritt zu Betriebsstätten **83** 45

Bauverbote 3 23
Bauvorbescheide 90 3
Bauvorlageberechtigung 54 7, 9

- Abwehr von Gefahren **67** 9
- Abwehr von Verunstaltungen **67** 9
- Änderungen gegenüber der BauO NW 1984, 1995, 2000 **67** 1 ff.
- Anforderungen an Bauvorlagen und Entwurfsverfasser **67** 4
- Anträge auf Erteilung eines Vorbescheides **67** 13
- Ausführungsgenehmigung für Fliegende Bauten **67** 13
- Ausnahmen vom Erfordernis **67** 18 ff.
- BauKaG NRW **67** 23

- Bauliche Anlagen **67** 11
- Befähigung zum bautechnischen Verwaltungsdienst **67** 35 f.
- Bescheinigungen **67** 38
- Besitzstand für Innenarchitekten **67** 33 f.
- Besitzstandsregelung **67** 8
- Eingeschränkt bauvorlageberechtigte Innenarchitekten **67** 31 f.
- Erforderlichkeit der ~ **67** 10 ff.
- Ergänzende Regelungen zu Personen nach Abs. 5 und 6 **67** 44
- Errichtung und Änderung von Gebäuden **67** 10 f.
- Fachplaner **67** 14
- Gegenseitige Anerkennung **67** 1
- Genehmigungsbedürftigkeit **67** 12
- Handwerkerprivileg **67** 8
- Ingenieurgesetz **67** 23
- Juristische Personen des öffentlichen Rechts **67** 45
- Kleingaragen **67** 19
- Nutzungsänderung **67** 11
- Personen aus dem Ausland mit geringeren Qualifikationsanforderungen **67** 43
- Personen aus dem Ausland mit gleichen Qualifikationsanforderungen **67** 41 f.
- Prüfung und Nachweis der ~ **67** 37 f.
- Typengenehmigung **67** 13
- Unberührtheitsklausel **67** 17
- Uneingeschränkt bauvorlageberechtigte Architekten **67** 21 f.
- Uneingeschränkt bauvorlageberechtigte Bauingenieure **67** 23 ff.
- Uneingeschränkt bauvorlageberechtigte Innenarchitekten **67** 29 f.
- Unternehmen **67** 45
- Unterschrift **67** 15 f.
- Voraussetzungen für die ~ von Ingenieuren **67** 39 f.
- Vorbescheid **77** 71 f.

Bauvorlagen
- Abstandsflächen **6** 126 ff.
- Abweichungen von den genehmigten ~ **64** 11
- Änderungen gegenüber der BauO NW 1984, 1995 und 2000 **70** 1 ff.
- Anforderungen **64** 9; **70** 60 ff.
- Antragsvordrucke **70** 45 ff.
- Ausreichende Anzahl **70** 62 ff.

Stichwortverzeichnis

- BauPrüfVO **70** 23
- Bedeutung für den Inhalt der Baugenehmigung **70** 61
- Begriffsbestimmung **70** 49
- Bestimmung der erforderlichen – **70** 49 ff.
- Brandschutzkonzept als – **70** 58 f.
- Darstellung zum Nachweis der gesicherten wegemäßigen Erschließung **4** 53 f.
- Darstellungen **70** 73 ff.
- Elektronische Einreichung **70** 41
- EnEV-UVO **70** 53
- Erforderlicher Inhalt **70** 55
- Erhebungsbögen für die Hochbaustatistik **70** 52
- Falsche Angaben **70** 34
- Fliegende Bauten **78** 14
- Formell mangelhafte – **90** 2
- Frei von widersprüchlichen Darstellungen **70** 33
- Für alle Gebäude **66** 26
- Für unterschiedliche Antragsarten **70** 26 ff., 26 ff.
- Geländeoberfläche **2** 227
- Genehmigungsfreistellung **63** 11
- Grundstücksteilung **7** 52
- Inhalt **64** 9; **70** 30
- Legaldefinition **70** 1
- Maßstab **70** 75 ff.
- Materiell mangelhafte – **90** 2
- Nachforderung von – **71** 63 ff.
- Nachholung fehlender Unterschriften **70** 84
- Nachreichen einzelner – **70** 77 ff.
- Papierqualität und Format **70** 67 f.
- Schwarzweiße und farbige Darstellung **70** 69 ff.
- Teilbaugenehmigung **76** 13
- Unterschriften **70** 82 ff.
- Unvollständige oder mangelhafte – **71** 62
- Veränderung der Geländeoberfläche **8** 86
- Verzicht auf – **70** 57
- Vorbescheid **77** 57
- Werbeanlagen **10** 84 ff.
- Zeichen **70** 73 ff.
- Zeichnungen zur Darstellung von Werbeanlagen **70** 71
- Zugehörige – **74** 214 ff.
- Zustimmung des Eigentümers **70** 87 f.

Bauweise 2 352; **6** 215
- Abweichende – **6** 277 ff.
- Abweichungen von den Bestimmungen über die offene – **6** 267
- Ermittlung der das Grundstück prägenden – **6** 306
- Festsetzung einer abweichenden – **6** 273
- Geschlossene – **6** 269 ff.
- Halboffene – **6** 279
- Offene – **6** 252 ff.
- Sonderformen der offenen – **2** 150

Bauwich 2 151; **6** 14

Bauzaun
- Mit integrierten Werbetafeln **11** 4

Bauzeichnungen
- Anforderungen **64** 9
- Baulasten **85** 90
- Grundstücksteilung **7** 54
- Lüftungsanlagen **41** 9
- Wohnungseigentum **47** 54 ff.

Bauzustandsbesichtigung 61 18
- Abschließende Fertigstellung **84** 38
- Abschnittsweise Bauausführung **84** 49
- Amtshaftungsansprüche **84** 3
- Amtshandlung i.S.d. Gebührenrechts **84** 12 ff.
- Änderungen gegenüber der BauO NW 1984, 1995, 2000 **84** 1 ff.
- Anzeigepflicht und Anzeigeverlangen **84** 25 ff.
- Aufnahme der Nutzung **84** 62 f.
- Beendigung von Teilfertigstellungen **84** 28
- Begriff **84** 1
- Begriffsklärungen **84** 31
- Benutzbarkeit der baulichen Anlagen **84** 56 ff.
- Bescheinigungen **84** 43 ff., 60
- Besondere Maßgaben **84** 52 ff.
- Brandwände **84** 35
- Dachkonstruktionen **84** 36
- Eigenmächtig geänderte Bauausführung **84** 51
- Einfaches Genehmigungsverfahren **84** 22
- Feststellung des Ergebnisses **84** 45 ff.
- Feststellung von Mängeln **84** 50
- Fliegende Bauten **84** 10
- Fortsetzung der Bauarbeiten nach Rohbauferstellung **84** 47 ff.
- Fristberechnung **84** 27
- Gefahrenabwehr **84** 3
- Gemeindliche Interessen **84** 61

1979

Stichwortverzeichnis

- Genehmigungsfreie Anlagen **84** 7
- Gewässer erster Ordnung **1** 123
- Große praktische Bedeutung **84** 2
- Kontrollen staatlich anerkannter Sachverständiger **84** 42 f.
- Mit Bauüberwachung als Einheit **84** 21
- Mitwirkung des Bauherrn **84** 44 ff.
- Normales Genehmigungsverfahren **84** 22
- Nutzungsänderungen **84** 8
- Offenhaltepflicht **84** 37
- Prüfung durch Sachverständige **84** 53 ff.
- Rohbau **84** 32
- Rohbaufertigstellung **84** 31 ff.
- Rohbaufertigstellung und abschließende Fertigstellung **84** 5
- Schlusskontrollfunktion **84** 4
- Schornsteine **84** 34
- Sockelabnahmen **84** 54
- Staatlich anerkannte Sachverständige **84** 24
- Teilabbrüche **84** 8
- Tragende Bauteile **84** 33
- Umfang **84** 9, 23
- Unterlassung der Anzeige **84** 30
- Wasserversorgungs- und Abwasseranlagen **84** 40
- Zustimmungsverfahren **84** 11

Beachtungspflicht
- Bauordnungsrechtliche ~ **55** 20

Bearbeitungsfrist
- Beginn **64** 42
- Grundstücksteilung **7** 34 ff.
- Nichteinhaltung der Frist **64** 48
- Untätigkeitsklage **64** 50
- Verlängerung **64** 43 ff.

Bebauung
- Begriff **2** 20

Bebauung der Grundstücke mit Gebäuden
- Änderungen gegenüber der BauO NRW 2000 **4** 1 ff.
- Anforderungen an das zu bebauende Grundstück **4** 1 ff.
- Erschließung des Grundstücks s. dort

Bebauungsplan 6 229
- Abstandsflächen **6** 29, 277
- Anordnung **3** 22
- Ausnahmen oder Befreiungen von Festsetzungen eines ~ **60** 20
- Erschließung des Grundstücks **4** 12, 26, 33
- Festsetzungen des ~ **30** 1

- Folgen der Nichtigkeit des ~ **63** 85 ff.
- Genehmigungsfreie Bauvorhaben **62** 17
- Qualifizierter ~ **63** 28 ff.
- Rücksichtnahmegebot **72** 151
- Sport- und Spielflächen **2** 85 ff.
- Stellplätze für Kraftfahrzeuge und Fahrradabstellplätze **2** 102
- Stellplätze, Garagen und Fahrradabstellplätze **48** 35
- Vorhabenbezogener ~ **63** 28, 31
- Werbeanlagen **62** 174

Bedingung
- Auflösende ~ **7** 27
- Aufschiebende ~ **7** 27
- Baugenehmigung **74** 36, 79, 239

Beförderung von Personen
- Entgeltliche oder geschäftsmäßige ~ **1** 102

Befristung
- Baugenehmigung **74** 241

Begegnungsverkehr 4 42

Begriffe Vor §§ 1-3 2
- Änderungen gegenüber der BauO NRW 2000 **2** 1
- Aufenthaltsräume s. dort
- Barrierefreiheit s. dort
- Bauarbeiten **2** 2
- Bauarten s. dort
- Baugrundstück **2** 2
- Bauliche Anlagen s. dort
- Bauprodukte s. dort
- Feuerstätten s. dort
- Gebäude s. dort
- Gebäudeklassen s. dort
- Geländeoberfläche s. dort
- Geltung **2** 1
- Geschosse s. dort
- Legaldefinition von Anlagen **2** 3
- Legaldefinitionen **2** 1 ff.
- Rechtsverordnungen, örtliche Bauvorschriften und Verwaltungsvorschriften **2** 1
- Stellplätze und Garagen s. dort
- Vollgeschosse s. dort

Begründungspflicht
- Baugenehmigung **74** 220

Begrünte Fläche
- Begriff **10** 131

Begrünung 89 69

Begrünung und Bepflanzung 8 17 ff.
- Art der Bepflanzung **8** 20

1980

Stichwortverzeichnis

- Auflagen zur Bepflanzung 8 27
- Baumschutzsatzungen 8 29
- Erhaltung der Bepflanzung 8 20
- Erhaltung von Bäumen 8 26
- Fällgenehmigung 8 30
- Lagerung von Gerümpel 8 19
- Landschaftspläne 8 28
- Mindestmaß an ausreichender ~ 48 1
- Naturschutzrechtliche Eingriffsregelung 8 27
- Sonstiges öffentliches Recht 8 22
- Zeitpunkt 8 18

Behälter
- Brennbare oder wassergefährdende Flüssigkeiten 62 96 ff.
- Fassungsvermögen 62 95
- Gärfutterbehälter 62 102
- Kompost- und ähnliche Anlagen 62 103
- Offene ~ für Jauche und Flüssigmist 62 101
- Ortsfeste ~ für Flüssiggas 62 93 ff.
- Ortsfeste ~ sonstiger Art mit einem Brutto-Rauminhalt bis zu 50 m³ 62 100
- Wasserbecken mit einem Beckeninhalt bis zu 100 m³ 62 104 f.

Behelfsbauten 62 31

Behelfsbauten und untergeordnete Gebäude
- Abgrenzung Fliegende Bauten 51 6
- Änderungen gegenüber der BauO NRW 2000 51 1
- Bootshäuser 51 8
- Brandabschnitte 51 7
- Brandwände 51 7
- Container als Unterkunft für Asylsuchende 51 6
- Eingeschossig 51 7
- Erleichterung für weitere eingeschossige Gebäude mit begrenzter Nutzungsintensität 51 8
- Erleichterungen 51 1
- Ersatzbauten während der Sanierung 51 6
- Fischerhütten 51 8
- Funktion der Norm 51 2
- Lauben 51 8
- Legaldefinition 51 6
- Mindestanforderungen 51 7
- Rechtsfolge 51 4
- Schutzhütten 51 8
- Unterkunftshütten 51 8
- Verfahrensfragen 51 3
- Wegfall materieller Anforderungen für ~ 51 5 ff.

Beherbergungs- bzw. Pensionsbetrieb 47 8
Beherbergungsbetrieb 50 53
Beherbergungsräume
- Barrierefreiheit 49 16

Beherbergungsstätten
- Notwendige Treppenräume 35 4

Behinderung
- Begriff 49 2

Beitrittsgebiet
- Beteiligung der Angrenzer 72 35

Bekanntgabe
- Ordnungsverfügungen 58 43

Bekanntmachung
- Öffentlichkeitsbeteiligung 72 79

Belästigungen 13 12
- Baustelle 11 13 f.
- Bloße ~ 3 39
- Bloße ~ unterhalb der Gesundheitsgefahr 3 11
- Unzumutbare ~ 3 11; 41 2
- Vermeidbare ~ 3 11

Beleuchtung 35 44
- Ausreichende ~ 16 4

Belüftung 35 45 ff.

Bemessungsgrundlage
- Abstandsflächen 6 169 ff.

Bemessungsregel
- Bauplanungsrecht 2 264 ff.

Benutzbarkeit
- Selbständige ~ 2 126 f.

Bepflanzungen
- Gestaltung, Begrünung, ~ bestimmter Anlagen 89 57 ff.

Beratung
- Ordnungsverfügungen 58 33

Bergaufsicht 2 68
- Anlagen, die der Bergaufsicht unterliegen *s. Anlagen, Bergaufsicht*

Bergbauberechtigung
- Erlangung einer ~ 1 144

Bergwerkseigentum 1 145
Bergwerksfeld 1 145

Berichtigung
- Baulasten 85 64

Berichtspflichten Vor §§ 86–91 7

Berufsgenossenschaftliche Unfallverhütungsvorschriften 50 14

1981

Stichwortverzeichnis

Berufung 74 87 ff.
Bescheinigung 84 43 ff.; 86 43
– Bauzustandsbesichtigung 84 60
Beseitigung von Anlagen 3 102; 62 223 ff.
– Änderungen gegenüber der BauO NRW 2000 82 1
– Anlagen 62 228
– Anzeigeverfahren 62 223, 237
– Bauaufsichtliches Verfahren 62 232 ff.
– Begriff der Belassung 82 15
– Beseitigung 82 3 ff.
– Beseitigung des Bauschutts 82 11
– Beseitigung von verwahrlosten Gebäuderesten 82 6
– Beseitigungsanordnung 82 6
– Bestätigung eines qualifizierten Tragwerkplaners 62 233
– Duldung 82 14 ff.
– Durchsetzung des materiellen Baurechts 82 4
– Ermächtigung für Bauaufsichtsbehörde zum Einschreiten 82 1
– Formelle Illegalität 82 10
– Formelle und materielle Illegalität 82 7
– Freistehende Gebäude der Gebäudeklassen 1 bis 3 62 229
– Gefahr für das Nachbarhaus oder Passanten 82 6
– Genehmigungsbedürftigkeit nach anderen Rechtsvorschriften 62 224
– Genehmigungsfreie Vorhaben 82 9
– Genehmigungsfreiheit 62 223
– Grundsatz der Verhältnismäßigkeit 82 12
– Pflichtgemäßes Ermessen 82 12
– Rechtsnachfolger 82 13
– Rückbau 62 225
– Rückbau- und Entsiegelungsgebot nach § 179 BauGB 82 5
– Sonstige Anlagen, die keine Gebäude sind 62 231
– Städtebaurecht 62 225
– Verwahrlosung und mangelnde Instandhaltung 82 6
– Verwirkung 82 14
– Vollzug 82 13
– Werbeanlagen 82 10
Beseitigungs- und Unterlassungsansprüche
– Beteiligung des Angrenzer 72 1 ff.
Beseitigungsanordnung 74 44

Beseitigungsarbeiten 86 42
– Genehmigungsbedürftige - 86 39
Beseitigungsverfügung 63 94
Bestandskraft
– Baugenehmigung 74 38 ff.
Bestandsschutz 6 551
– Abbruch bestandsgeschützter baulicher Anlagen 74 181
– Abstandsflächen 6 143
– Aktiver - 74 187 ff.
– Änderung der Rechtsprechung 74 195 ff.
– Auswirkungen 74 166 ff.
– Bauliche Anlagen 12 26 f.
– Bauschein 74 179
– Bestehende Anlagen 59 1
– Duldung eines illegalen Zustandes 74 180
– Faktische Beendigung der Nutzung 74 184
– Funktionsgerechte Nutzung des Bauwerks 74 182
– Gewerbliche Anlagen 74 191
– Leerstand über einen längeren Zeitraum 74 184
– Nachbarschutz 6 73 ff.
– Passiver - 58 68; 74 171 ff.
– Schutz einer nicht ausgenutzten Grundstücksqualität 74 194
– Schwarzbauten 74 173 ff.
– Tunnelofenentscheidung 74 190
– Überwirkender - 74 191, 196
– Untätigkeit der Behörde 74 180
– Unterhaltungs- und Instandsetzungsmaßnahmen 74 186
– Untrennbarer Funktionszusammenhang 74 192
– Verkaufsstätten 50 38
– Vom - nicht gedeckte Fälle 74 183
– Zeitmodell 74 184
Bestehende Anlagen
– Abstrakte und konkrete Gefahr 59 12
– Altlast 59 5
– Änderungen gegenüber der BauO NW 1984 und 1995 59 1
– Änderungen sonstiger öffentlich-rechtlicher Vorschriften 59 6
– Anforderungen an die Erforschung der Gefahrenlage 59 14 f.
– Angemessenheit 59 25
– Anpassung an geltendes Baurecht bei konkreter Gefahr 59 10 ff.

Stichwortverzeichnis

- Anpassung bei wesentlichen Änderungen 59 20
- Anpassungsverfahren 59 9
- Anpassungsverlangen 59 2
- Barrierefreiheit 59 25
- Bauplanungsrechtliche Rechtslage 59 7
- Bestandsgarantie gegenüber Rechtsänderungen 59 1
- Bestandsschutz 59 1
- Beweispflicht für das Vorliegen einer Baugenehmigung 59 3
- Brandschutzrechtliche Vorschriften 59 14
- Einzelfälle 59 11
- Ermessensentscheidung 59 11
- Geänderte tatsächliche Verhältnisse 59 5
- Gewandelte materiell-rechtliche Anforderungen 59 2
- Grundsatz der Verhältnismäßigkeit 59 17
- Indiz für wesentliche oder nicht wesentliche Änderung 59 22
- Instandsetzungsarbeiten 59 21
- Konkrete Gefahr 59 10 f.
- Konkrete Gefährdung 59 20
- Konstruktiver Zusammenhang 59 23
- Mängel am Grundstück 59 5
- Maßgebender Zeitpunkt für die Feststellung der formellen Illegalität 59 3
- Nachträglicher Dachgeschossausbau 59 23
- Pflichtgemäßes Ermessen 59 16, 20
- Rechtmäßig bestehende Anlagen 59 2
- Rechtslage bei der Errichtung oder Änderung der Anlage 59 3
- Rechtsvorschriften 59 2
- Rechtswidrige Baugenehmigung 59 4
- Schulbaurichtlinie 59 19
- Sicherheit für Leben oder Gesundheit 59 10
- Spezielle Anpassungsregeln 59 8
- Umfang und Grenzen des Anpassungsverlangens 59 18
- Verhältnismäßigkeit des Mehraufwands 59 24
- Vertrauensschutz 59 1
- Wahrscheinlichkeit eines Schadeneintritts 59 14
- Wesentliche Änderung 59 21

Bestimmtheitsgebot
- Ordnungsverfügungen 58 36 f.

Beteiligte
- Am Bau - **Vor §§ 52–56** 1 ff.

Beteiligung der Angrenzer 69 72
- Ablehnung von Einwendungen des Angrenzers 72 68
- Abweichung von Bundes- oder Landesrecht 72 46
- Änderungen gegenüber der BauO NRW 2000 72 1 ff.
- Anfechtungsklage 72 11
- Angrenzende Grundstücke 72 31
- Anhörung 72 13
- Art und Weise der ~ 72 49 ff.
- Baugenehmigungsverfahren 72 9
- Begriff des Angrenzers 72 29 ff.
- Beitrittsgebiet 72 35
- Benachrichtigung 72 49
- Beseitigungs- und Unterlassungsansprüche 72 1 ff.
- Beteiligung 72 22, 43
- Beteiligung von »Nicht-Angrenzern« 72 26
- Bindung des Rechtsnachfolgers 72 57
- Bindungswirkung 72 62
- Dreipoliges Verhältnis 72 10
- Duldungspflicht 72 4
- Eigentümer 72 32
- Erbbauberechtigte 72 36
- Erteilung von Abweichungen und Befreiungen 72 43
- Freigestelltes Vorhaben 72 12
- Grundpfandberechtigte 72 41
- Grundrechte der Verfassung 72 6
- Inhaber eines Sondereigentums 72 36
- Inhaber von Grunddienstbarkeiten 72 41
- Inhalt der Benachrichtigung 72 51
- Jagdausübungsberechtigte 72 36
- Jagdgenossenschaften 72 36
- Jagdpächter 72 41
- Käufer eines Grundstücks 72 36, 40
- Kreis der zu beteiligenden Nachbarn 72 27
- Materielle Abwehrrechte 72 6 f.
- Mehrere Personen im Grundbuch als Eigentümer 72 33
- Mindestabstand zu einem Störfallbetrieb 72 17
- Miteigentümer 72 34
- Nachbarschützender Charakter 72 22
- Nießbraucher 72 41
- Obligatorisch Berechtigte 72 41 f.
- Öffentlichkeitsbeteiligung 72 48

1983

Stichwortverzeichnis

- Öffentlichkeitsbeteiligung und Seveso-Richtlinie 72 16 ff.
- Öffentlich-rechtlich geschützte nachbarliche Belange 72 44
- Pflicht zur Öffentlichkeitsbeteiligung 72 18
- Punktnachbarn 72 31
- Recht auf Akteneinsicht 72 13
- Rechtsfolgen des ungenutzten Fristablaufs bzw. der Zustimmung 72 60 ff.
- Rechtsnachfolge 72 39
- Rücksichtnahmegebot 72 6
- Schadensersatzansprüche 72 3
- Schriftliche Benachrichtigung 72 52
- Spezialregel 72 14
- Unmittelbar angrenzende Nachbarn 72 14
- Unterrichtung 63 63
- Unterscheidung zwischen Angrenzer und Nachbarn 72 24 f.
- Unterschriften der tatsächlich betroffenen Angrenzer 72 53
- Verantwortlichkeit des Bauherrn 72 8
- Verfahrensbestimmung 72 21 ff.
- Vergleichsvertrag 72 56
- Verwaltungsakt mit Drittwirkung 72 10
- Verzicht auf nachbarliche Einwendungen 72 61
- Voraussetzungen 72 43 ff.
- Vorkaufsberechtigte 72 41
- Wechselseitige Erklärungen oder Verträge 72 56
- Zahlung eines der Wertminderung entsprechenden Geldbetrags 72 61
- Zustellung der Baugenehmigung an nicht zustimmende Angrenzer 72 63 ff.
- Zustimmung gegenüber der Bauaufsichtsbehörde 72 54 f.

Betretbarkeit
- durch Menschen 2 133 ff.

Betretungsrecht 58 122 ff.
- Ankündigung der Besichtigung 58 128
- Dringende Gefahr 58 131
- Durchsuchung 58 123
- Gemeine Gefahr 58 130
- Prüfung eines Bauantrags 58 124
- Rechtzeitige Mitteilung 58 126
- Sonderbauverordnung 58 127
- Unverletzlichkeit der Wohnung 58 129
- Während der Bauausführung 58 125
- Wiederkehrende Prüfungen 58 127

- Zwangsweise Durchsetzung 58 132

Betreutes Wohnen 50 60
- In einem Wohnstift 47 11

Betreuungseinrichtung
- Geistig eingeschränkte Personen 47 11

Betriebsanlagen
- Öffentliche Eisenbahnen 1 91
- Verfahrensvorschriften für den Bau von - 1 108

Betriebsbegriff
- Straßenbahnen, Busse, Taxen 1 105

Betriebsplanverfahren 1 146

Betriebsplanzulassung 1 147

Betriebssicherheit
- Lüftungsanlagen 41 10 ff.

Betriebssicherheitsverordnung 42 9
- Aufzüge 39 6, 12 f.
- Kräne und Krananlagen 1 189

Bevollmächtigung
- Grundstücksteilung 7 50

Beweispflicht
- Vorliegen einer Baugenehmigung 59 3

Bezirksschornsteinfegermeister 15 15; 42 32 ff.

Bezugsgebäude 66 26
- Anzeige 66 30

Bezugsquellennachweise
- VV TB NRW 01/2019 88 75

Bienenfreistände 62 217

Bienenwagen
- Bauliche Anlagen 2 57

Biergarten 6 195

BImSchG 15 36
- Feuerungsanlagen, sonstige Anlagen zur Wärmeerzeugung 42 8

Binnenwasserstraßen 1 111

Biogasanlage 72 254

Blitzschutzanlagen 62 92
- Änderungen gegenüber der BauO NRW 2000 45 1
- Bauart 45 6
- Begriff 45 2
- DIN EN 62305-1-4 45 11
- Funktion der Norm 45 1
- Gefahrenabwehr 45 1
- Lage einer baulichen Anlage 45 5
- Maßnahmen zur Verringerung der Schadenswahrscheinlichkeit 45 10
- Materielle Anforderungen 45 11

Stichwortverzeichnis

- Nachträgliche Montage 45 9
- Nutzung einer baulichen Anlage 45 7
- Risiko eines Blitzschadens 45 10
- Risiko-Management 45 10
- Schutzmaßnahmen zur Begrenzung der Höhe des Verlustes 45 10
- Sonderbauvorschriften 45 11
- Teil der technischen Gebäudeausrüstung 45 2
- Verfahrensfragen 45 3
- Voraussetzungen 45 4 ff.

Blockheizkraftwerke 1 175; 42 30 f.; 62 61 f.
Boardinghouse 47 8; 50 53
Boden- und Grundwasserverunreinigungen 52 2
Bodendenkmal
- Baustelle 11 9
- Werbeanlagen 10 81

Bodengutachten 13 38
Bodeninformationssystem 13 39
Bodenschätze
- Aufsuchen von bergfreien - 1 145
- Aufsuchen, Gewinnen und Aufbereiten von bergfreien und grundeigenen - 1 141
- Oberirdische Gewinnung von - 2 69
- Unterscheidung von grundeigenen und bergfreien - 1 142

Bolzplatz 2 88; 15 56
Bootsanhänger
- Abstellen von - 2 74

Bootshäuser 51 8
Brandabschottungssystem 29 30
Brandbekämpfung
- Erschließung des Grundstücks 4 55

Brandherd
- Auffindung 27 15

Brandlast 27 5
Brandschau
- Sonderbauten 50 21

Brandschutz 1 15; **Vor §§ 9-16** 2, 5
- Abgrenzungsfragen 14 7
- Abstandsflächen 6 21 ff.
- Abwehrender - 14 6
- Abweichen von aktuellen gesetzlichen Vorschriften 14 47
- Abweichung 14 39
- Abweichungsmöglichkeit für Einzelgehöfte 14 62

- Änderungen gegenüber der BauO NRW 2000 14 1 ff.
- Aufzüge 6 546
- Ausbreitung von Feuer und Rauch 14 13
- Baulicher - 4 56
- Bauwerksanforderungen 14 29
- BHKG NRW 14 7
- Brandausbreitung auf Nachbargrundstück 14 19
- Brandschutzkonzept 14 37
- Camping- und Wochenendplatzverordnung 14 60
- DVGW-Arbeitsblatt W 405 14 54 ff.
- Entstehung eines Brandes 14 12
- Fehlen eines aussagekräftigen Brandschutzkonzeptes 14 20
- Fenster 37 1
- Funkkommunikation 14 15
- Genehmigungsfreistellung 63 62
- Gesetzliche Ermächtigung 14 23
- Haftung des Brandschutzsachverständigen 14 4
- Industriebaurichtlinie 14 58
- Inhalt des Begriffes 14 5 ff.
- Konkrete Gefahr im Brandschutzrecht 14 42 ff.
- Löschwasser 14 15
- Löschwasserbedarf 14 55
- Löschwasserversorgung 14 49 ff.
- Lüftungsanlagen 41 13 ff.
- Materielle Anforderungen 14 24
- Mittel zur Zielerreichung 14 10
- Nachbarschutz 14 19
- Notwendige Treppenräume 35 1
- Nutzungsänderung 14 11
- Ordnungsgemäße Haustechnik 14 12
- Organisatorische Maßnahmen 14 12
- Passierbare Rettungswege 14 14
- Personenschutz 14 16
- Praktische Bedeutung für die Rechtsanwendung 14 21 ff.
- Praktische Relevanz 14 36
- Rechtsprechung 14 30 ff.
- Rettung von Mensch und Tier 14 14
- Sachgüterschutz 14 18
- Schadenseintritt in absehbarer Zeit 14 44
- Schutz der natürlichen Lebensgrundlagen 14 17
- Schutz fremden Eigentums 14 18

1985

Stichwortverzeichnis

- Schutzgüter 14 16 ff.
- Schutzzielbestimmung 14 21
- Schutzzielbestimmung für den bauordnungsrechtlichen ~ 14 4
- Schutzzielformulierungen der einzelnen materiellen Anforderungen 14 40
- Standardbrandschutzkonzept der MBO 2002 14 26
- Standardgebäude 14 26
- Standsicherheit 12 1
- Stellung der Regelung im System der BauO NRW 14 21 ff.
- Türen 37 1
- Umgehung der Abstände aus Gründen des ~ 4 96
- Umstände des Einzelfalls 14 48
- Verkaufsstätten 50 37, 39
- Vermeidung von Gefahren 14 42
- Verstoß gegen speziellere Vorschriften des vorbeugenden ~ 14 33
- Verwendung von Baustoffen 14 12
- Vorbeugender ~ 14 6
- VV TB NRW 14 28
- Wahrscheinlichkeit des Schadenseintrittes 14 45
- Wirksame Löscharbeiten 14 15
- Ziele 14 27
- Ziele des vorbeugenden ~ 14 8 ff.
- Zweck und Systematik 14 2 f.

Brandschutzbekleidung 26 32; 27 8

Brandschutzkonzept 14 37; 29 22
- Bauvorlagen 70 58 f.
- Fachplaner für ~ s. *Fachplaner für Brandschutzkonzepte*
- Heranziehung von Sachverständigen 58 117
- Hochhäuser 50 26
- Lüftungsanlagen 41 9
- Sonderbauten 50 4 f.

Brandschutzprüfung
- Bescheinigung 68 12

Brandschutzsachverständiger
- Haftung 14 46

Brandschutzverglasungen 36 32

Brandschutzvorschriften
- Einfaches Baugenehmigungsverfahren 64 34

Brandverhalten von Baustoffen und Bauteilen Vor §§ 26–32 1 ff.

- Abweichung 26 6
- Abweichung eigener Art 26 38
- Änderungen gegenüber der BauO NRW 2000 26 1 f.
- Anhang 4 VV TB NRW 26 19
- Bauordnungsrechtliche Begrifflichkeiten 26 2
- Baustoff »Holz« **Vor §§ 26–32** 2
- Bauteile 26 16
- Begriffe **Vor §§ 26–32** 5
- Beispiel einer nichttragenden Trennwand 26 21
- Brandschutzbekleidung 26 32
- Brandverhalten der wesentlichen Baustoffe 26 27
- Brandverhalten von Baustoffen 26 9 ff.
- Charakteristische Leistungseigenschaften 26 16
- Étanchéité 26 16
- Eurocodes 26 4
- Feuerbeständige Bauteile 26 32
- Feuerbeständige, hochfeuerhemmende und feuerhemmende Bauteile 26 17
- Feuerwiderstandsfähigkeit von Bauteilen 26 16 ff.
- Feuerwiderstandsklassen **Vor §§ 26–32** 3; 26 16
- Gebäudeklassen **Vor §§ 26–32** 3 f.
- Glimmen 26 14
- Hochfeuerhemmende Bauteile 26 32
- Hochfeuerhemmende Bauteile in Holzbauweise 26 8
- Isolation 26 16
- Klassifizierte Baustoffe und Bauteile 26 7
- Klassifizierungskriterien nach DIN 13501-2 26 5
- M-HFHHolzR 26 8, 28
- Mindestanforderungen an das Brandverhalten 26 22
- MVV TB **Vor §§ 26–32** 6 f.
- Nachweis 26 39
- Nicht brennbar oder schwerentflammbar 26 14
- Parallele Klassifizierung 26 12
- Raumabschluss 26 16
- Résistance 26 16
- Schwelen 26 14
- Tragende oder aussteifende sowie raumabschließende Bauteile 26 33 ff.

Stichwortverzeichnis

- Tragfähigkeit **26** 16
- Verwaltungsvorschrift Technische Baubestimmungen **Vor §§ 26–32** 6
- Verwaltungsvorschrift Technische Baubestimmungen NRW **26** 3
- Verwendung von Holzbauteilen **26** 37
- Verwendungsverbot für leichtentflammbare Baustoffe **26** 15
- Vorbild der MBO **26** 1 ff.
- Wärmedämmung unter Brandeinwirkung **26** 16
- Zuordnung der bauaufsichtlichen Anforderungen an Bauteile **26** 19

Brandwände
- 50 m³ Brutto-Rauminhalt **30** 7
- Alternative Ausführungsmöglichkeiten **30** 31
- Änderungen gegenüber der BauO NRW 2000 **30** 1 ff.
- Aneinandergereihte Gebäude **30** 6
- Aneinandergereihte giebelständige Gebäude **30** 55
- Aneinandergrenzende Gebäude auf verschiedenen Grundstücken **30** 69
- Anforderungen an Wände anstelle von ~ **30** 71 f.
- Auf demselben Grundstück **30** 10
- Ausnahmen für Öffnungen in inneren ~ **30** 57 ff.
- Außenwandkonstruktionen **30** 52
- Baulast **30** 21
- Baulastsicherung **30** 25
- Bauteile mit brennbaren Baustoffen **30** 52 ff.
- Bauzustandsbesichtigung **84** 35
- Begriff **30** 2
- Behelfsbauten und untergeordnete Gebäude **51** 7
- Brandabschnitte **30** 4, 11 ff.
- Brandabschnittsfläche **30** 12
- Brandbekämpfungsabschnitt **30** 42
- Brandschutzingenieurwesen **30** 19
- Brandschutzklassen **30** 18
- Brandschutztechnisch asymmetrischer Aufbau **30** 37
- Brandschutztechnische Flächenbaulast **30** 26 ff.
- Dienstbesprechungsprotokolle **30** 27 ff., 43
- DIN 18230 **30** 42
- Doppelfassaden **30** 52
- Durchführung von Leitungen **30** 56
- Durchgehende und versetzte ~ **30** 38 ff.
- Eigenschutz **30** 1
- Eingreifende Bauteile **30** 34
- Erfordernis von Gebäudeabschlusswänden **30** 5 ff.
- Erfordernis von inneren ~ **30** 11 ff.
- Erker **30** 68
- Erleichterungen für Sonderbauten **30** 14
- Festsetzungen des Bebauungsplans **30** 1
- Festverglasungen **30** 64
- Feuerüberschlagsweg **30** 40
- Feuerwiderstandsfähigkeit von ~ **30** 31 ff.
- Feuerwiderstandsfähigkeit von Wänden anstelle von ~ **30** 31 ff.
- Flächenbaulast **30** 26 ff.
- Form der Flächenbaulast **30** 28
- Führung der ~ **30** 44 ff.
- Gebäude auf unterschiedlichen Grundstücken **30** 8
- Gebäude in Systembauweise **30** 36 f.
- Gebäudeabschlusswände **30** 1 f., 8
- Gebäudeklassen 1 bis 3 **30** 47, 73
- Gebäudeklassen 1 bis 4 **30** 50
- Gebäudeklassen 4 und 5 **30** 44
- Gemeinsame ~ **30** 21 ff.
- Gemeinsame Gebäudeabschlusswand **30** 23
- Gemeinsames Bauteil **30** 21
- Glasbausteine **30** 25
- Gleichzeitige Eintragung von Freihalte- und Abstandsflächenbaulast **30** 30
- Grenznahe Bebauung **30** 9
- Hinterlüftete Außenwandbekleidungen **30** 52
- Holzbauteile der Dachkonstruktion **30** 54
- Industriebaurichtlinie **30** 12, 16 ff., 42
- Innere ~ **30** 1
- Innere Brandabschottung **30** 4
- Klassifiziertes Sonderbauteil **30** 33
- Kleine Gebäude ohne Aufenthaltsräume und ohne Feuerstätten **30** 7, 28
- Landwirtschaftlich oder vergleichbar genutzte Räume **30** 20
- Lichtdurchlässige Baustoffe **30** 64 ff.
- Lüftungsanlagen **30** 56
- Nachbargebäude **30** 69
- Nachbargrenze **30** 7
- Nachbarschutz **30** 1

1987

Stichwortverzeichnis

- Offene Bauweise als Einzelhaus 30 6
- Öffentlich-rechtliche Sicherung von Abständen 30 25 ff.
- Öffnungen 30 22, 57 ff.
- Öffnungsverbot 30 25
- Qualitätsanforderung 30 32
- Rechenverfahren nach der DIN 18230 30 18 f.
- Schutzzielformulierung 30 3 f.
- Sicherheitsschleuse 30 62
- Sonderbauten 30 63
- Sonderfälle 30 36 f., 43
- Spezialvorschrift für die Brandabschnittsbildung 30 20
- Standsicherheit 30 32 f.
- Terrassenüberdachungen, Balkone und Altane 30 70
- Trennwände oder Treppenraumwände 30 51
- Türöffnungen 30 61
- Über das Dach hinausgeführte ~ 30 46
- Über Eck 30 48 ff.
- Verglasungen 30 66, 73
- Vergrößerte Brandabschnitte 30 14
- Vorbautenprivileg 30 67 ff.
- Vorbeugung der Brandausbreitung auf andere Brandabschnitte 30 3
- Wände von Treppenräumen 30 2
- Wasservorhang 30 63
- Wirksame Sprühwasserlöschanlage 30 63
- Wohngebäude und landwirtschaftliches Betriebsgebäude 30 10
- Zulässigkeit von Öffnungen in Gebäudeabschlusswänden 30 58 f.

Brauchbarkeit
- Bauprodukt 19 3

Brauchbarkeitsvermutung
- Bauprodukt 19 7

Brauchwasser 1 159

Brennstoffzellen 42 30 f.

Brücken 62 120 ff.
- Werbung an ~ 10 141

Brunnenanlagen 62 213

Brüstung 28 8; 36 43; 38 2

Buchgrundstück 1 32, 36; 2 152 ff.
- Ausnahmen vom ~sbegriff 1 37
- Begriff 4 72
- Zerlegung eines ~ in mehrere Flurstücke 7 17

Bundesanstalt für Materialforschung und -prüfung (BAM)
- Produktinformationsstellen 18 15

Bundesautobahnen 1 64
- Nebenbetriebe an ~ 10 51

Bundesberggesetz 1 140

Bundesfernstraßen 1 65
- Anbauverbotszonen 10 68

Bundes-Immissionsschutzgesetz
- Genehmigung nach dem ~ 61 13

Bundesnetzagentur 1 166

Bundesschienenwegeausbaugesetz
- Bedarfsplan nach dem ~ 1 91

Bundesstraßen
- Mit den Ortsdurchfahrten 1 64

Bundeswasserstraßen 1 111 ff.
- Anforderungen der Sicherheit und Ordnung 1 120
- Bestandsänderungen 1 119
- Betrieb der bundeseigenen Schifffahrtsanlagen 1 116
- Bundeseigene Schifffahrtsanlagen 1 113
- Bundeswasserstraßengesetz 1 111
- Erweiterungen 1 114
- Genehmigungsvorbehalt für bauliche und sonstige Maßnahmen im Bereich von ~ 1 115
- Linienführung 1 118
- Planfeststellung 1 118
- Plangenehmigung 1 118
- Planungsverfahren für den Ausbau und Neubau 1 118
- Teil der ~ 1 114
- Unterhaltung 1 117
- Unterhaltung, Ausbau und Neubau 1 118
- Vorrang der wasserstraßenrechtlichen Planung vor der Ortsplanung 1 118
- Wasser- und Schifffahrtsverwaltung 1 116, 120
- Wasserstraßenrechtliche Generalklausel 1 120
- Widmung 1 119

Büro- und Verwaltungsgebäude
- Mit mehr als 3.000 qm Geschossfläche 50 40

Büro- und Verwaltungsnutzung 2 127; 29 25; 36 8

Bürohausfall 6 96

Stichwortverzeichnis

Busse s. auch *Straßenbahnen, Busse, Taxen*
- Sonderspuren für - 1 109

Bußgeldbescheid 86 9 ff.
- Aufbau 86 21
- Aufbewahrungsfristen für Bußgeldakten 86 24
- Bekanntmachung 86 23
- Inhalt 86 20
- Zustellung 86 23

Bußgeldtatbestände
- Sonderbauten 50 10 f.

Bußgeldverfahren 86 9 ff.
Bußgeldvorschriften Vor §§ 86-91 2

Camping- und Wochenendplätze 2 16; 50 67 ff.
- Camping- und WochenendplatzVO 50 67 ff.
- Genehmigungsbedürftigkeit 50 70
- Pflichten des Betreibers 50 71
- Sonderbaugebiet 50 70

Camping- und Wochenendplatzverordnung 2 90 ff.; 14 60; 50 67 ff.; 87 11

Campingplätze, Wochenendplätze und Zeltplätze 2 89 ff.
- Aufstellplätze, Definition 2 92
- Bauliche Anlagen auf - 62 138
- Camping- und Wochenendplatzverordnung 2 90 ff.
- Campingplätze 2 90
- Definition 2 89
- Langfristige Nutzung 2 94
- Ortsveränderlichkeit der aufgestellten Wohnwagen und Zelte 2 93
- Sondergebiete 2 96
- Standplätze, Definition 2 92
- Vorhaben nach § 29 Abs. 1 BauGB 2 95
- Wochenendplätze 2 90
- Wohnwagen, Definition 2 92

Carport 2 316; 6 515

CE-Bauprodukte
- Änderungen gegenüber der BauO NRW 2000 und 2016 19 1 f.
- Anforderungen für die Verwendung von - 19 1 ff.

CE-Kennzeichnung 19 2, 21 ff.
- Aufgrund der Niederspannungsrichtlinie 19 2

CE-Konformitätskennzeichnung 19 2

CO_2-Emissionen
- Reduzierung 15 6

Conformité Européen 19 1

Container
- Unterkunft für Asylsuchende 51 6

Dachaufbauten 6 409 ff.
- Seitenwände von - 6 483 ff.

Dacheinstellplätze 2 98; 62 198

Dächer
- Abstände 32 9 ff.
- Abstände bei weicher Bedachung 32 8 ff.
- An Verkehrsflächen 32 43 f.
- Anbauten 32 38 ff.
- Änderungen gegenüber der BauO NRW 2000 32 1 ff.
- Aneinander gebaute giebelständige Gebäude 32 31 f.
- Anforderungen an die Feuerwiderstandsfähigkeit 32 29 ff.
- Arbeitsschutz 32 1, 45
- Auffangvorschrift 32 37
- Ausnahme für Gebäude ohne Aufenthaltsräume und ohne Feuerstätten 32 3, 15
- Baulast 32 13, 36
- Bedachung 32 7
- Begriff »Anbau« 32 40
- Begriff »Verkehrsflächen« 32 43
- Begrünte - 32 18
- Brandeinwirkung von oben 32 4
- Brandschutz 32 1
- Dachaufbauten 32 5, 23 ff.
- Dachaufbauten und ähnliche Dachteile 32 20 ff.
- Dachflächenfenster, Oberlichter und Lichtkuppeln 32 15, 23
- Dachgärten 32 18
- Dachgauben 32 23
- Dachtragwerk 32 2
- Dachvorsprünge und Dachgesimse 32 21
- Doppelhaushälften 32 33
- Eigenschutz 32 6, 12, 23
- Eingangsüberdachungen 32 15
- Endhäuser von Hausgruppen 32 33
- Ersatzmaßnahmen 32 24
- Extensivbegrünung 32 18
- Flachdächer 32 20
- Flugfeuer 32 4
- Funkenflug 32 4

Stichwortverzeichnis

- Gebäude in traufständiger Bauweise **32** 20
- Geringerer Abstand zum Gebäudeabschluss **32** 36
- Grundforderung nach harter Bedachung **32** 4 ff.
- Holzschindeln **32** 8
- Intensivbegrünung **32** 18
- Kehrverpflichtung **32** 45 f.
- Keine Anbauten **32** 41
- Lichtdurchlässige Bedachungen **32** 15 ff.
- Nachbarschutz **32** 23
- Nichtgeltung und Abweichung von den Abs. 1 und 2 **32** 14 ff.
- Photovoltaikanlagen **32** 23, 27 f.
- Schneefanggitter **32** 43
- Schornsteinfegerarbeiten **32** 45 f.
- Schutz gegen Dachlawinen **32** 43
- Schutzzielformulierung **32** 4 ff.
- Schwerer Oberflächenschutz **32** 39
- Solarthermieanlagen **32** 23
- Strahlende Wärme **32** 4
- Stroh-, Reet- oder Rohrdächer **32** 8
- Überkopfverglaste Wintergärten **32** 42
- Verhinderung der (senkrechten) Brandausbreitung **32** 38
- Verhinderung der Brandübertragung **32** 6
- Verkehrssicherheit **32** 1
- Vordächer **32** 15
- Vordächer über Gebäudeeingängen **32** 43
- Vorrichtungen für Arbeiten vom Dach aus **32** 45 f.
- VV TB NRW **32** 7
- Wintergärten **32** 26
- Zwerchhäuser **32** 23

Dachfenster 37 10
Dachflächenfenster 32 15, 23; **35** 50
Dachgärten 32 18
Dachgauben 6 409 ff.; **9** 33 ff., 48; **32** 23
Dachgeschoss 2 230
- Aufenthaltsräume **46** 14
- Auskragendes ~ **2** 281
- Raum im nicht ausgebauten ~ **2** 302

Dachgeschossausbau
- Aufzüge **39** 36 f.
- Nachträglicher ~ **59** 23

Dachgesimse 32 21
Dachkonstruktionen
- Bauzustandsbesichtigung **84** 36

Dachlawinen
- Schutz gegen ~ **32** 43

Dachraum
- Aufenthaltsräume **46** 12
- Begriff **27** 11
- Decken **31** 5 f.
- Nicht ausgebauter ~ **29** 32
- Oberste Geschosse **27** 9

Dachterrasse
- Auf einer Garage **6** 523
- Rettungswege **33** 8

Dachüberstände 6 526
Dachvorsprünge 32 21
Dammschüttungen 2 72
Dämmung 15 76 ff.

Dampfkesselanlagen
- Prüfung von ~ **42** 9

Damplokomotive
- Auf einem Privatgrundstück **2** 56

Dauerhafter Einbau
- Bauprodukte **2** 346 f.

Dauerhaftigkeit 2 18
- Anlagen **3** 69
- Bauliche Anlagen **2** 38

Dauerwohnrecht
- Wohnungseigentum **47** 39

Decken
- Änderungen gegenüber der BauO NRW 2000 **31** 1 ff.
- Anforderungen **31** 1 ff.
- Anschluss an die Außenwand **31** 3, 13 f.
- Atrien **31** 19 f.
- Balkone **31** 7
- Dachraum **31** 5 f.
- Deckenöffnungen **31** 4
- Deckentypen **31** 4
- Durchführung von Leitungen **31** 24
- Freitreppen **31** 17
- Gebäudeklassen **31** 3
- Geschosse **2** 231 f.
- Hohlräume für Installationen **31** 26
- Horizontale Abschottung **31** 1
- Innere Brandausbreitung **31** 1
- Kellerbrände **31** 9
- Kellergeschoss **31** 2, 9
- Landwirtschaftlich genutzte Gebäude **31** 12
- Lüftungsleitungen **31** 25
- Mit höheren Anforderungen **31** 9 ff.

Stichwortverzeichnis

- Nutzungseinheiten über mehrere Geschosse 31 18
- Öffnungen 31 15
- Rettung von Mensch und Tier 31 2
- Schutzzielformulierung 31 1 ff.
- Sonderbauten 31 20
- Unvermeidbare Öffnungen 31 4
- Verhältnis von Deckenöffnungen und Rettungswegen 31 22
- VV TB NRW 31 8
- Wirksame Löscharbeiten 31 1

Deckenplatten
- Auskragende ~ 28 8

Declaration of Performance 19 20
Delegierte Rechtsakte 19 6
Denkmalbereichssatzung 9 56
Denkmaleigenschaft
- Nutzungsänderung 3 116

Denkmäler 9 15; 62 212; 89 40
Denkmalrecht 2 26 ff.; 10 80 ff.; 13 8
Denkmalschutz 6 276
- Konflikt zwischen ~und Barrierefreiheit 49 28

Deponien 44 5; 61 9
Deutsche Akkreditierungsstelle GmbH 19 18
Deutsche Bahn AG
- Verwertung ihrer Liegenschaften 61 43

Deutsches Institut für Bautechnik 2 341
- 3. DIBt-Änderungsabkommen 88 71
- Allgemein bauaufsichtliche Zulassung 21 2
- Antrag für abZ 21 6
- Bau- und Prüfgrundsätze 22 2
- Gebührenverzeichnis 21 3
- Gesetz über ~ 88 71
- Grundsatzausschuss (GA 1) des ~ 88 72
- Konsultation von Sachverständigenausschüssen 21 4
- Verwaltungsabkommen zur Übertragung von weiteren Aufgaben auf das ~ 88 71
- Zuständige Anerkennungsbehörde für abP 22 5

Diaprojektionsanlagen 10 142
DIBt-Abkommen 3 95
Dienstausweis
- Bauüberwachung 83 43

Dienstbarkeiten
- Abteilung II des Grundbuchblattes 85 8
- Begriffsbestimmung des § 1018 BGB 85 9
- Beschränkte persönliche ~ 85 6

- Bestimmung der beschränkten persönlichen ~ 85 11
- Duldungsdienstbarkeiten 85 9
- Eigentümerdienstbarkeiten 85 7
- Eintragung im Grundbuch 85 7
- Grunddienstbarkeit 85 6 ff.
- Nießbrauchsrecht 85 6
- Nutzungsdienstbarkeit 85 9
- Schuldrechtlicher Vertrag 85 7
- Unterlassungsdienstbarkeit 85 9
- Verhältnis von ~ und Baulasten 85 6 ff.

DIN 18200:2018-09 24 5
Diskothek 50 52
Dokumentation 88 15
Doppelfassaden 28 5, 17; 30 52
Doppelgaragen 6 513
Doppelhäuser 2 127 *s.a. Einzelhäuser, Doppelhäuser, Hausgruppen*
- Abstandsflächen 6 257, 261 ff.
- Grenzbebauung 6 313
- Grenznahe Bebauung 6 318
- Seitliche Grenzabstände bei ~ 6 256

Doppelhaushälften 32 33
Doppelkennzeichnung
- CE + Ü 19 3; 88 54
- Rechtssache C-100/13 19 3

Doppelparker 6 532
Doppelstockgaragen 6 513, 532
Doppelstörer 58 58
Dreistufentheorie
- Des BVerfG 3 74

Drempelhöhe 2 284 ff.
Drittschutz
- Standsicherheit 12 23 ff.

Duldung 82 14 ff.
- Durch bloßes Nichttätigwerden 58 50
- Eines illegalen Zustandes 74 180
- Ohne Vorbehalte 58 51
- Unbefristete ~ 58 51

Duldungsdienstbarkeit 85 9
Duldungspflicht 58 83
- Beteiligung der Angrenzer 72 4

Dusche
- Bad mit Badewanne oder ~ 43 11

Düsseldorfer Flughafen
- Untersuchung des Brandes im ~ 1 137

DVGW-Vorschriften 3 86
E-Bikes 48 41

1991

Stichwortverzeichnis

Eckgrundstücke 6 254
EG-Zeichen
– Ersetzung durch »CE-Kennzeichnung« 19 2
Eignung
– Aufenthaltsräume 2 295 f., 303
– Entwurfsverfassende 54 9 ff.
– Konsequenzen bei Nichteignung des Entwurfsverfassers 54 24 f.
Eignungsnachweis
– Unternehmen 55 29 f.
Ein- und Ausfahrten
– Beschränkungen für – 4 30
Einbau
– Rettungswege 33 12
Einfaches Baugenehmigungsverfahren
– Abänderung der Pläne 64 23
– Abbau staatlicher Bauaufsicht 64 1
– Abstandflächenvorschriften 64 33
– Abweichungen von den genehmigten Bauvorlagen 64 11
– Änderungen gegenüber der BauO NW 1984, 1995 und 2000 64 1 ff.
– Anfechtung der Baugenehmigung durch den Nachbarn 64 5
– Anforderungen an Bauvorlagen 64 9
– Anforderungen an Lageplan und Bauzeichnungen 64 9
– Antrag auf Durchführung des – 64 8
– Antrag auf Verpflichtung zum bauaufsichtlichen Einschreiten 64 5
– Außenwerbung 64 33
– Barrierefreiheit 64 33
– Bauantrag bei der Bauaufsichtsbehörde 64 16
– Bauaufsichtliches Prüfprogramm 64 27
– Bauberatung 64 19
– Baulast 64 25
– Baunebenrecht 64 1
– Bauplanungsrechtliche Zulässigkeitsvorschriften des BauGB 64 28 ff.
– Beantragte Abweichungen nach § 69 64 31 f.
– Bearbeitungsfrist s. dort
– Behandlung von Rechtsverstößen außerhalb des gesetzlichen Prüfprogramms 64 22
– Bereitstellung von Kleinkinderspielflächen 64 33
– Beschleunigung des Verfahrens 64 1

– Brandschutzvorschriften 64 34
– Eingeschränkte Prüfung des Bauordnungsrechts 64 18
– Errichtung und Änderung 64 7
– Erschließungsvorschriften 64 33
– Feststellungswirkung einer Baugenehmigung 64 20
– Gebührenrecht 64 12
– Genehmigungsfreie Bauteile 64 10
– Geringfügige Rechtsverstöße 64 24
– Gewerbebauten 64 14
– Herstellungspflicht von Stellplätzen oder Garagen sowie Fahrradabstellplätzen 64 33
– Inhalt der Bauvorlagen 64 9
– Kinderspielplätze 8 6
– Nachtragsbaugenehmigung 64 10
– Nutzungsänderungen 64 14
– Nutzungsänderungen bestehender »großer« Sonderbauten 64 15
– Örtliche Bauvorschriften 64 37 f.
– Rechtsverstöße bezüglich nicht zu prüfender Vorschriften 64 21
– Regelverfahren 64 4
– Sonstige öffentlich-rechtliche Vorschriften 64 39 f.
– Sport- und Spielflächen 2 83
– Tekturgenehmigung 64 10
– Überwachungspflicht 64 22
– Umfang 64 13 ff.
– Verpflichtung zum Einschreiten 64 22
– Verstärkung der Verantwortlichkeit der am Bau Beteiligten 64 1
– Verunstaltungsabwehrrecht 64 33
– Verweisungen auf einzelne bauordnungsrechtliche Bestimmungen 64 30
– Vorbescheid 77 15
– Vorläufiger Rechtsschutz 64 6
– Vorschriften der BauNVO 64 29
– Weitere bauordnungsrechtliche Vorschriften 64 33 ff.
– Wohn- und Geschäftshäuser 64 14
– Wohngebäude mittlerer Höhe 64 3
Einfaches Genehmigungsverfahren 60 12; 63 6
– Abweichungen 69 68
– Baugenehmigung 74 5
– Bauüberwachung 83 25
– Bauzustandsbesichtigung 84 22

Stichwortverzeichnis

Einfamilienhaus
- Genehmigungsfreistellung **63** 5

Einfriedungen 2 16; 9 51
- Geschlossene - **6** 539

Eingangsüberdachungen 32 15

Eingriffsmaßnahmen
- Bauaufsichtliche - 12 28 f.

Eingriffsverwaltungsakte 3 7 f.

Einliegerwohnungsprivileg 47 40

Einstellplatz 2 98

Einstellung von Arbeiten
- Änderungen gegenüber der BauO NRW 2000 81 1 f.
- Anfangsverdacht 81 11
- Anordnung der Einstellung 81 3 ff.
- Berechtigt erscheinender Rechtsbehelf des Nachbarn 81 12
- Ermächtigung der Bauaufsichtsbehörde zum Einschreiten 81 1
- Folgen der Nichteinhaltung 81 6 ff., 16
- Formelle Illegalität 81 13
- Illegalität einzelner Teile 81 14
- Stilllegungsverfügung 81 9
- Vorbeugende Stilllegungsverfügung 81 15
- Zulässigkeit 81 10

Einstweilige Anordnung
- Genehmigungsfreistellung 63 91

Einzelanordnungen 3 5

Einzelgehöfte
- Abweichungsmöglichkeit 14 62

Einzelhandelsbetriebe
- Pkw-Stellplatzanlagen 1 52

Einzelhäuser 2 154, 160
- Abstandsflächen 6 257

Einzelhäuser, Doppelhäuser, Hausgruppen 2 146 ff.
- Aneinanderbauen 2 149
- Auslegung der Hausformenbegriffe 2 155 f.
- Bauordnungsrechtlicher Gebäudebegriff 2 155 f.
- Bauwich 2 151
- Bodenrechtlicher Bezug des Hausformenbegriffs 2 157
- Buchgrundstück 2 152 ff.
- Definition 2 146
- Einheit 2 149
- Einzelhaus 2 154, 160
- Fehlende Vorgaben der BauNVO 2 149
- Hausgruppe 2 162

- Mindestabstand von den Grundstücksgrenzen 2 151 f.
- Offene und geschlossene Bauweise 2 150
- Prinzip der Vertikalteilung 2 146
- Seitlicher Grenzabstand 2 152
- Sonderformen der offenen Bauweise 2 150
- Vertikalteilungsprinzip 2 163

Eisenbahnen
- Öffentliche - s. dort

Eisenbahnrecht
- Eisenbahnneuordnungsgesetz 1 84
- Nicht eisenbahnrechtlich planfeststellungsfähige Werbeanlagen 10 36
- Sperrwirkung der eisenbahnrechtlichen Planfeststellung 10 40
- Werbeanlagen 10 32 ff.

Elektrizität, Gas, Wärme, Wasser
- Öffentliche Versorgung mit - 61 7

Elektrizitätsversorgung
- Leitungen für die öffentliche Versorgung 1 153

Elektrofahrzeuge
- Vorbereitung der Stromleitung für die Ladung von - 48 73, 89

Elektro-Speichergeräte
- Asbesthaltige Bauteile in - 13 30

Empore 2 234

Energieanlagen 1 165

Energieausweise 15 10

Energieeinsparungsgesetz 15 3, 6

Energieeinsparungsrecht 15 1

Energieeinsparverordnung 15 3, 8; 19 5; 42 12

Energieleitungen 62 87

Energieversorgungsnetz
- Aufnahme des Betriebs eines - 1 166

EnEV-UVO 15 14

Enteignungsgleicher Eingriff
- Grundstücksteilung 7 22

Entfall
- Erklärung des - einer Zustimmung im Einzelfall 23 6

Entschädigungsanspruch
- § 39 Abs. 1 Buchst. b OBG 74 125 ff.
- Grundstücksteilung 7 22

Entwidmung 1 51
- Öffentliche Eisenbahnen 1 92

Entwurfsverfassende
- Allgemein anerkannte Regeln der Technik 54 17

1993

Stichwortverzeichnis

- Änderungen gegenüber der BauO NW 1984, 1995 und 2000 54 1 ff.
- Bauvorlageberechtigung 54 7, 9
- Beanstandung von Unterlagen 54 25
- Beauftragung 54 7
- Begriff 54 2
- Brauchbarkeit des Entwurfs 54 18 f.
- Eigenverantwortlichkeit 54 14
- Eignung 54 9 ff.
- Entwurf 54 3 f.
- Erfahrung 54 10
- Fachentwurf 54 3
- Fachplaner 54 2
- Fachplaner für Brandschutzkonzepte s. dort
- Fehler der Bauaufsichtsbehörde 54 16
- Folge eines unbrauchbaren Entwurfs 54 20
- Folge eines unvollständigen Entwurfs 54 20
- Haftung 54 13
- Heranziehung von Fachplanern 54 12, 26 ff.
- Konsequenzen bei Nichteignung des Entwurfsverfassers 54 24 f.
- Koordinierungspflicht 54 31
- Öffentlich-rechtliche Verantwortlichkeit 54 6
- Ordnungsgemäßes Ineinandergreifen aller Fachentwürfe 54 31
- Pflicht zur Ausführungsplanung 54 22 f.
- Planung 54 15
- Qualifikationsanforderung 54 9
- Sachkunde 54 10
- Sonderbauverordnung 54 4
- Sorgfaltspflicht des Fachplaners 54 30
- Träger bestimmter Funktionen 54 1 ff.
- Verantwortlichkeit 54 13 ff.
- Verantwortlichkeit des Fachplaners 54 29
- Verantwortung für Hilfskräfte und beauftragte Dritte 54 21
- Verschiedene Personen 54 5
- Vollständigkeit des Entwurfs 54 18 f.

Entwurfsverfasser 52 13; 56 3
- Erklärung 63 46
- Vorbescheid 77 8

EnWG 1 163

Erbbauberechtigte
- Beteiligung der Angrenzer 72 36

Erdbeben- Wind- und Schneelastzonen
- VV TB NRW 01/2019 88 2

Erdboden
- Verbindung mit dem ~ durch eigene Schwere 2 51 ff.

Erdgas
- Leitungen für die öffentliche Versorgung 1 153

Erdgeschosse 2 230

Erdöl- und Gaspipelines 1 187

Erfahrung 54 10

Erfüllungsgehilfen
- Bauherrschaft 53 2

Ergänzende Gutachten 17 25
- Verwend- und Anwendbarkeitsnachweisen 22 7

Erhaltungsmaßnahmen
- Anordnung von provisorischen ~ 13 8

Erhaltungssatzung 3 103; 9 12, 55; 13 8

Erhaltungswert 9 57

Erholungsgebiete
- Öffentlichkeitsbeteiligung 72 93

Erker 6 475; 30 68

Erlaubnis
- Denkmalrechtliche ~ 10 80

Erlaubnispflicht
- Denkmalrechtliche ~ 3 23

Ermessen
- Abweichungen 69 36 ff.
- Anspruch des Betroffenen auf Einschreiten 58 54
- Auswahlermessen bei mehreren Störern 58 57 ff.
- Auswahlermessen bezüglich verschiedener Mittel 58 55 f.
- Baugenehmigung 74 17
- Beseitigung von Anlagen 82 12
- Bestehende Anlagen 59 11, 16, 20
- Bestellung eines Vertreters 58 57
- Doppelstörer 58 58
- Duldung durch bloßes Nichttätigwerden 58 50
- Duldung ohne Vorbehalte 58 51
- Entschließungsermessen 58 48 ff.
- Formell und materiell rechtswidrige Bauten 58 53
- Gefahren durch Tiere 58 60
- Grundregeln für die Ermessensausübung 58 44 ff.

Stichwortverzeichnis

- Grundsatz der Effektivität 58 58
- Grundsatz der Gleichbehandlung 58 46 f.
- Grundsatz der Verhältnismäßigkeit 58 45, 58
- Inanspruchnahme Grundstückseigentümer 58 60
- Nichterforderlichkeit der Maßnahme 58 56
- Öffentliches Nachbarrecht 72 259
- Öffentlichkeitsbeteiligung 72 76 ff.
- Opportunitätsprinzip 58 45
- Personenmehrheit als Bauherren 58 57
- Pflicht zum Tätigwerden 58 53
- Pflichtgemäßes – 58 27
- Rücknahme und Widerruf 74 50
- Stichtagsregelung 58 52
- Teilbaugenehmigung 76 15
- Unbefristete Duldung 58 51
- Verhaltensstörer vor Zustandsstörer 58 59
- Zustandsverantwortung 58 60

Errichtung
- Anbau oder Aufstockung 3 24
- Aufstellen, Anbringen, Anlegen, Einbringen, Einbau 3 24
- Austausch wesentlicher Teile 3 25
- Bauplanungsrecht 3 25
- Begriff 3 24
- Dauerhafte Verankerung eines Wohnboots 3 25
- Dauerhaftes Abstellen eines Wohnwagens 3 25
- Herstellen neuer baulicher Anlagen 3 24
- Neuerrichtung 3 25
- Straßenrecht 3 26
- Verbindung zum Boden 3 25
- Versetzen einer Fertiggarage 3 24
- Vollständige Erneuerung 3 24
- Wiederaufbau 3 24

Ersatzbauten
- Während der Sanierung 51 6

Ersatzgrundstück
- Stellplätze, Garagen und Fahrradabstellplätze 48 26 ff.

Ersatzneubauten
- Abstandsflächen 6 575 ff.

Ersatzstromversorgungsanlagen 2 49
Ersatzvornahme 58 79 ff.; 73 25 ff.
Ersatzzwangshaft 58 86
Erschließung 1 54; 4 2, 4 ff.

- Abfallbeseitigung 4 4
- Abwasserbeseitigung 4 4
- Aktuelle Erschließungspflicht 4 20
- Anbau- und Erschließungsbeschränkungen 4 30
- Anforderungen an den Ausbaustandard 4 5
- Anforderungen an eine ausreichende Löschwasserversorgung 4 57
- Angebot eines Dritten zum Abschluss eines Erschließungsvertrags 4 21
- Angemessene Breite für Zufahrt und Einsatz von Feuerlösch- und Rettungsgeräten 4 38 f.
- Anschluss von Baugrundstücken an die Verkehrsflächen 4 30
- Aufgabe der Gemeinde 4 6
- Aufstell- und Bewegungsfläche 4 31
- Baulast 4 44 f.
- Bauleitplanung 4 7, 37
- Baulicher Brandschutz 4 56
- Bauordnungsrechtlich gesicherte Zugänglichkeit 4 5
- Bauordnungsrechtliche Anforderungen an die Löschwasserversorgung 4 5
- Bauordnungsrechtliche Belange 4 33
- Bauplanungsrechtlich gesicherte Erschließung 4 5
- Befahrbare, öffentlich-rechtlich gesicherte Zufahrt 4 41
- Befahrbarkeit 4 31
- Befahrbarkeit der Zufahrt 4 42
- Befahrbarkeit von Wohnwegen 4 49
- Begegnungsverkehr 4 31, 42
- Begriff der gesicherten Erschließung 4 10
- Begriff des Wohnweges 4 49
- Benutzbarkeit der Erschließungsanlagen 4 17 ff.
- Berücksichtigung der allgemein anerkannten Regeln der Technik 4 37
- Beschränkungen für Ein- und Ausfahrten 4 30
- Brandbekämpfung 4 55
- Bundesrechtskonforme Auslegung 4 24
- Darstellung in Bauvorlagen 4 53 f.
- Dem öffentlichen Verkehr gewidmete Straße 4 26
- Eintragung einer Baulast im Baulastverzeichnis 4 45

1995

Stichwortverzeichnis

- Empfehlungen für die Anlage von Erschließungsanlagen 4 34, 37
- Erschließungsanlagen 4 7
- Erschließungsanlagen i.S.d. §§ 30–35 BauGB 4 11
- Erschließungsbegriff 4 12
- Erschließungspflicht 4 20 ff.
- Erschließungsträger 4 9
- Erschließungsvertrag 4 9
- Fehlen der Widmung 4 27
- Festsetzung in einem Bebauungsplan 4 26
- Festsetzungen des Bebauungsplanes 4 12
- Festsetzungen eines Bebauungsplanes 4 33
- Funktionsgerechte Erschließung 4 20
- Geh- und Fahrrecht 4 47
- Gesicherte - 63 34 ff.
- Gesundheitsschutz 4 23
- Großfahrzeuge des Rettungswesens 4 11
- Grunddienstbarkeit 4 43
- Grunddienstbarkeit zugunsten des Bauherrn 4 46
- Herrenlose Grundstücke 4 44
- Hinterlieger 4 22
- Interessentenwege 4 41
- Keine Befreiung vom Erfordernis der gesicherten - 4 16
- Lage abseits einer öffentlichen Verkehrsfläche 4 41 ff.
- Lage an einer öffentlichen Verkehrsfläche 4 25 ff.
- Lageplan 4 53 f.
- Landwirtschaftlicher Betrieb 4 15
- Löschwasserversorgung 4 2, 4
- Mindestbreite 4 40
- Mindestbreite der Rettungswege 4 32
- Nachweis der gesicherten wegemäßigen Erschließung 4 53 f.
- Nicht befahrbare Verkehrsanlage 4 52
- Nicht beplanter Innenbereich 4 21
- Notwegerecht 4 43, 48
- Öffentliche Straßen 4 28
- Öffentliche Verkehrsfläche 4 26
- Öffentlich-rechtliche Sicherung 4 43 f.
- Örtliche Verkehrsflächen 4 8
- Ortsübliche - 4 13
- Private Feldwege 4 41
- Private innere Erschließungsstraßen größerer Siedlungen 4 41
- Private Wohnwege 4 41
- Privilegierte Vorhaben 4 14
- Rechtsvermutung kraft unvordenklicher Verjährung« 4 27
- Richtlinie über Flächen für die Feuerwehr 4 31
- Richtlinien für die Anlage von Stadtstraßen 4 34
- Sicherheit als öffentlicher Belang 4 33
- Sicherung der Versorgung mit Löschwasser 4 55 ff.
- Sonderbauten 4 57
- Sonderbauverordnungen 4 32
- Sonstige öffentliche Verkehrsfläche 4 25
- Sonstige Vorhaben 4 14
- Städtebaurecht 4 5
- Straßenbreite 4 31
- Straßengruppen 4 28
- StrWG NRW 4 28
- Überfahrten über fremde Grundstücke 4 41
- Übergangszeit zwischen Bauphase und Widmungsakt 4 26
- Umstände des Einzelfalls 4 35
- Verkehrsmäßige Anbindung 4 2, 4
- Verkehrsmäßige Erschließung 4 22 ff.
- Versorgung mit Trinkwasser 4 4
- Verzicht auf Befahrbarkeit 4 49 ff.
- Vorhaben- und Erschließungsplan 4 33
- Vorschriften 64 33
- Wendemöglichkeiten am Ende von Stichstraßen 4 34, 37
- Werksstraßen 4 41
- Widmung i.S.d. Straßenrechts 4 27
- Wirtschaftswege oder Waldwege 4 15
- Wohnwege im Sinne des Bauordnungsrechts 4 50
- Zu- und Abfahrten vor Mittel- und Großgaragen 4 32
- Zulässigkeit eines Vorhabens 4 35
- Zuwegung 4 23

Erschließungsanlagen 4 7
- Benutzbarkeit 4 17 ff.
- Empfehlungen für die Anlage von - 4 34, 37
- I.S.d. §§ 30–35 BauGB 4 11

Erschließungsbegriff 4 12

Erschließungsbeitrag
- Vorausleistungen auf den - 74 21

Erschließungsbeschränkungen 4 30

Stichwortverzeichnis

Erschließungspflicht
- Aktuelle ~ 4 20 ff.

Erschließungsträger 4 9

Erschließungsvertrag 4 9
- Angebot eines Dritten zum Abschluss eines ~ 4 21

Erschütterungen 15 80

Ersetzen des gemeindlichen Einvernehmens
- Änderungen gegenüber der BauO NRW 2000 73 1
- Anfechtungsklage 73 16
- Anfechtungsrecht der Gemeinde 73 15 f.
- Anhörung der Gemeinde 73 30
- Bauaufsichtsbehörde 73 23
- Bedeutung 73 7
- Begriff des Einvernehmens 73 2
- Beschränkte Prüfungskompetenz der Gemeinde 73 8 ff.
- Bindungswirkung des erteilten Einvernehmens 73 17 ff.
- Ersatzvornahme 73 25 ff.
- Ersetzung 73 21 ff.
- Folgen der Verweigerung 73 7
- Fristen 73 11 f.
- Funktion der Norm 73 1
- Haftung 73 13 ff.
- Hintergrund des gemeindlichen Einvernehmens 73 3 f.
- Rechtsschutz 73 13 ff.
- Rechtsschutzmöglichkeiten der Gemeinde 73 27
- Verpflichtung zur Beteiligung 73 3 f.
- Zuständigkeitsfragen 73 5 f.
- Zustimmung 73 2

Ersetzungsbefugnis
- Ungeeigneter Beteiligter 53 3

Erweiterung
- Bauliche Anlage 3 29

EU-Bauproduktenverordnung 1 28

Eurocodes 26 4
- Standsicherheit 12 14 ff.

Europäisch Technische Zulassungen 19 3

Europäische Bauprodukte
- Keinen Anspruch auf die Gewährung einer ZiE 19 25
- Modifikationen 19 25

Europäische Technische Bewertung (ETB)
- Leistungsbeständigkeit 19 15

Europäisches Bewertungsdokument (EBD) 19 19

European Technical Approval 19 3

European Technical Approval Guideline 19 3

EWR Mitgliedstaaten
- Bauprodukt 18 15

Explosions- oder erhöhte Brandgefahr
- Trennwände 29 31

Extensivbegrünung
- Dächer 32 18

Extrapolation
- Von Prüfergebnissen 22 6

Fachaufsicht 57 7 f.

Fachplaner 53 24; 54 2
- Bauvorlageberechtigung 67 14
- Für Standsicherheitsnachweise 54 40 ff.
- Heranziehung von ~ 54 12, 26 ff.
- Sorgfaltspflicht 54 30
- Verantwortlichkeit 54 29

Fachplaner für Brandschutzkonzepte 54 32 ff.
- Brandschutzkonzept 54 35
- Große Sonderbauten 54 32
- Kleine Sonderbauten 54 33
- Öffentlich bestellte und vereidigte Sachverständige für vorbeugenden Brandschutz 54 36 f.
- Personen, die zur Aufstellung von Brandschutzkonzepten berechtigt sind 54 38 ff.
- Staatlich anerkannter Sachverständiger für die Prüfung des Brandschutzes 54 34

Fachunternehmer 53 24
- Beauftragung eines geeigneten ~ 55 12

Fahnenmasten 62 89

Fahrgastunterstände
- Öffentlicher Personenverkehr 62 34 ff.
- Omnibusverkehr 1 109
- Werbeanlagen 10 53, 172

Fahrkörbe 39 38

Fahrlässigkeit 86 30

Fahrradabstellplätze 2 311, 324; 89 49 ff.
- Beschaffenheit von ~ 48 38 ff.
- Bis zu insgesamt 100 m^2 62 203 ff.
- Genehmigungsfreistellung 63 18, 69 ff.
- Herstellungspflicht 64 33

Fahrräder 2 320

Fahrschächte 39 15 ff.

Fällgenehmigung 8 30

Fassadenbefahranlagen 39 6

1997

Stichwortverzeichnis

Feldwege
- Private - 4 41

Fenster 28 9
- An Treppen 37 11
- Andere rechtliche Bezüge 37 5
- Änderungen gegenüber der BauO NRW 2000 37 1
- Bautechnische Merkmale 37 3
- Begriff 37 2 f.
- Belange des Brandschutzes 37 1
- Dachfenster 37 10
- Funktion der Norm 37 1
- Gefahrenabwehr 37 1
- Gefahrlose Reinigung 37 13
- Kontaktfunktion 37 7
- Rettungsfenster 37 19
- Trenn- und Brandwände 37 8 f.
- Verfahrensfragen 37 4
- Verkehrssicherheit 37 1
- Zulässige Räume ohne - 46 22
- Zwingendes Ausstattungsmerkmal eines Aufenthaltsraumes 37 6 f.

Fensterbrüstungen 38 18
Ferienhaus 47 6, 11
Ferienwohnung 50 53
Fernmeldetürme 6 432
Fernstraßenausbaugesetz 1 68
Fernwärme
- Leitungen für die öffentliche Versorgung 1 153

Fernwärmeleitungen 1 174
- In öffentlichen Straßen 1 176
- Öffentliche - 1 175

Fertiggarage
- Typengenehmigung 66 2
- Versetzen einer - 3 24

Fertighäuser
- Typengenehmigung 66 2

Fertighausunternehmer 55 2
Festverglasungen 30 64
Feuchteschutz 13 19
Feuerlösch- und Rettungsfahrzeuge
- Zufahrten für - 5 13

Feuerlöschanlagen
- Selbsttätige - 29 41

Feuerstätten 2 326 ff.
- In oder an einem Gebäude 2 327
- Legaldefinition 2 326
- Ortsfestigkeit 2 327

- Verbrennung 2 328

Feuerungsanlagen
- Lüftungsanlagen 41 12

Feuerungsanlagen, sonstige Anlagen zur Wärmeerzeugung
- Abgasanlagen 42 19 ff.
- Abgasleitungen 42 21
- Abgrenzung zu technischen und betrieblichen Anforderungen an - 42 6 ff.
- Abstand von Feuerungsanlagen 42 15
- Andere Anlagen und Einrichtungen 42 3
- Änderungen gegenüber der BauO NRW 2000 42 1 ff.
- Anforderungen an Räume mit Feuerstätten 42 18
- Bauordnungsrechtliche Anforderungen 42 1 ff.
- Bauplanungsrecht 42 7
- Begriff Abgasanlagen 42 13
- Begriffsbestimmungen 42 5
- Behälter für brennbare Gase und Flüssigkeiten 42 26 ff.
- Betriebssicherheitsverordnung 42 9
- BImSchG 42 8
- Einbindung des bevollmächtigten Bezirksschornsteinfegermeister 42 32 ff.
- Energieeinsparverordnung 42 12
- Gasfeuerstätten in Räumen 42 38
- Genehmigungspflichtige Anlagen 42 8
- Grundanforderungen 42 13 ff.
- Leichte und sichere Reinigung von Abgasanlagen 42 25
- Mündungen von Abgasanlagen 42 22
- Ortsfeste Verbrennungsmotoren, Blockheizkraftwerke, Brennstoffzellen 42 30 f.
- Produktsicherheitsgesetz 42 11
- Prüfung von Flüssiggas- und Dampfkesselanlagen 42 9
- Schornsteine 42 21
- Sicherer Betrieb 42 2
- Wasserheizungsanlagen 42 16
- Zuständige Behörden 42 10

Feuerungsverordnung Vor §§ 39–45 3; 87 10

Feuerwehr
- Einsatztaktik der örtlichen - 33 58
- Freihaltungsgebot von Zu- und Durchfahrten für - 5 24
- Hinreichende Leistungsfähigkeit 33 55

Stichwortverzeichnis

- Muster-Richtlinie über Flächen für die ~ **5** 12
- Zu- und Durchgang für ~ **5** 9 f.
- Zugänge und Zufahrten **62** 121

Feuerwehrzufahrt 5 4, 6
- Doppelnutzung einer ~ **5** 23
- Vorgeschriebene Kennzeichnung **5** 21 ff.
- Zugänge und Zufahrten **62** 121

Feuerwiderstandsfähigkeit 29 30
- Dächer **32** 29 ff.
- Tragende Wände, Stützen **27** 8
- Von Bauteilen **26** 16 ff.

Feuerwiderstandsklassen Vor §§ 26–32 3; **26** 16
- Aufzüge **39** 20

Fiktionsattest 7 45

Filter
- Lüftungsanlagen **41** 20

Firmenbauführer 56 3

Fischerhütten 51 8

Flachdächer 9 48; **32** 20

Flächenbaulast 7 25; **30** 26 ff.; **85** 33
- Aus Brandschutzgründen **85** 33
- Form **30** 28

Flächenberechnung
- Nutzungseinheiten **2** 208

Flächennutzungsplan 9 54
- Anpassungspflicht an ~ **71** 30
- Aufbewahrung fester Abfallstoffe **44** 5

Flächen-Vergleichsverfahren 2 239

Fliegende Bauten 2 45; **12** 30; **52** 18; **86** 50
- Ausführungsgenehmigung **50** 73; **67** 13
- Bauüberwachung **83** 6
- Bauzustandsbesichtigung **84** 10
- Teile **2** 347
- Typengenehmigung **66** 14

Fliegende Bauten, Genehmigung
- Ahndung von Verstößen **78** 5
- Änderungen gegenüber der BauO NRW 2000 **78** 1
- Baustelleneinrichtungen und Baugerüste **78** 8
- Bauvorlagen **78** 14
- Befristung und Möglichkeit der Verlängerung der Ausführungsgenehmigung **78** 17
- Beispiele **78** 7
- Definition **78** 6 ff.
- Erfordernis der Ausführungsgenehmigung und Ausnahmen **78** 9
- Funktion der Norm **78** 1
- Genehmigung der Ingebrauchnahme von ~ **78** 19
- Materielle Anforderungen **78** 2 f.
- Meldepflichten des Inhabers einer Ausführungsgenehmigung **78** 18
- Prüfbuch **78** 17
- Rechtsschutz Dritter **78** 4
- Sonderregelungen zur Zuständigkeit **78** 16
- Untersagung der Gebrauchsabnahme **78** 20 ff.
- Verweise auf andere Vorschriften **78** 24
- Zulässigkeit von Auflagen **78** 20 ff.
- Zulässigkeit von Nachabnahmen **78** 23
- Zuständigkeitsfragen **78** 12

Fluchttunnel 36 27

Fluchtwege 33 3

Flugfeuer 32 4

Fluglärm 15 61
- Gesetz zum Schutz gegen ~ **1** 128

Flugmodellplätze 1 126

Flugplätze
- Öffentliche ~ s. dort
- Werbeanlagen **10** 155

Flure
- Notwendige ~ s. dort

Flurstück 1 32; **4** 68

Flüssiggas
- Ortsfeste Behälter für ~ **62** 93 ff.

Flüssiggas- und Dampfkesselanlagen
- Prüfung von ~ **42** 9

Flüssigkeiten
- Brennbare oder wassergefährdende ~ **62** 96 ff.

Flutlichtanlagen 62 137

Flutlichtmasten
- Auf Sportanlagen **62** 91

Folgenbeseitigungsanspruch 72 260

Folgenbeseitigungslast 72 260

Formaldehydemissionen
- Begrenzung **15** 5

Formelle und materielle Illegalität
- Abstrakte Gefährlichkeit als Eingriffsvoraussetzung **58** 61
- Abweichungsentscheidung **58** 66
- Bescheinigung über die Bauzustandsbesichtigung **58** 64
- Beseitigung von Anlagen **82** 7 ff.
- Formelle Illegalität **58** 62 ff.; **81** 13 f.; **82** 20

1999

Stichwortverzeichnis

- Gebäudetorso 58 64
- Genehmigungsfreie Bauvorhaben 58 66
- Gerichtliche Aufhebung der Baugenehmigung 58 65
- Maßgebender Zeitpunkt für die Feststellung der formellen Illegalität 59 3
- Materielle Illegalität 58 67 ff.; 82 19
- Passiver Bestandsschutz 58 68
- Schlussabnahmeschein 58 64
- Schwarzbau 58 62
- Sehr alte Anlagen 58 63
- Wesentliche Abweichung von der Baugenehmigung 58 62
- Widerruf einer Baugenehmigung 58 65
- Zeitpunkt der Errichtung oder Änderung 58 63

Formvorschriften
- Ordnungsverfügungen 58 35

Forstwirtschaft 62 26

Freihaltungsgebot
- Zu- und Durchfahrten für die Feuerwehr 5 24

Freischankflächen
- Bis zu 40 m² 62 141

Freisitz, überdacht 6 182

Freitreppen 31 17

Freiwillige Herstellererklärungen
- VV TB NRW 01/2019 88 31

Freiwilliger Nachweis 88 54, 61
- Für das »Glimmen und Schwelen« 88 57

Freizeit- und Vergnügungsparks 50 72

Freizeitanlagen 15 58 f.

Freizeitlärm-Richtlinie 72 251

Fremdüberwachung
- Durch bauaufsichtlich anerkannte Überwachungsstellen 24 13 ff.

Frequenzbewertungsfilter A 15 29

Friedhöfe 6 340

FStrG 2 23

Fugendichtungen 28 10

Füllanlagen
- Für Kraftfahrzeuge an Tankstellen 62 206

Funkanlagen 62 73

Funkenflug 32 4

Funkmast 6 181

Fußboden
- Geschosse 2 231

Galerie
- Als balkonartiger Einbau 2 234
- Rettungswege 33 12

Garagen 6 168, 242 ff.; 62 28
- Genehmigungsfreistellung 63 18, 69 ff.
- Herstellung von ~ 48 91
- Herstellungspflicht 64 33
- Mit mehr als 1.000 qm Nutzfläche 50 83 ff.
- Nutzfläche 2 318
- Oberirdische ~ 2 318
- Offene ~ 2 318

Garageneinstellplätze 2 98

Garagengeschosse 2 230, 309; 48 35

Garagentypen 2 315

Garagenunterkellerung 6 522

Gärfutterbehälter 62 102

Gartengerätehäuser
- Typengenehmigung 66 2

Gartenhäuser
- Typengenehmigung 66 5

Gartenhofhäuser 6 280

Gartenlauben
- Kleingartenanlagen 62 45 ff.

Gase und Flüssigkeiten
- Behälter für brennbare ~ 42 26 ff.

Gasfeuerstätten 41 4
- In Räumen 42 38

GasGVV 1 163

Gaststätten 50 9, 52
- Barrierefreiheit 49 36
- Gaststättengesetz 50 51

Gaststättenrechtliche Erlaubnis 74 141

Gasversorgungsleitungen 1 168

Gaubendächer
- Rettungswege 33 34

Gebäude 1 133 ff.; 2 114 ff.; 7 20; 62 21 ff.
- Abgrenzung des Gebäudebegriffs 2 123
- Aneinandergebaute ~ 2 118
- Anlagen, Bergaufsicht 1 140, 147 ff.
- Aufenthaltsraumqualität 2 126
- Ausgedehnte ~ 2 118
- Balkonverglasungen und Balkonüberdachungen 62 42 ff.
- Bauliche Anlagen 2 121
- Bauordnungsrecht 2 118 ff.
- Bauordnungsrechtliche Legaldefinition 2 117

2000

Stichwortverzeichnis

- Bauplanungsrecht 2 117, 136 ff.
- Bauplanungsrechtlicher Gebäudebegriff 2 136 f.
- Begriff 2 116
- Begriff Landwirtschaft 62 24
- Behelfsbauten 62 31
- Betretbarkeit durch Menschen 2 133
- Betrieb 62 24
- Bis zu 4,0 m Firsthöhe 62 30
- Brutto-Rauminhalt 62 27
- Büros 2 127
- Dienende Funktion 62 24
- Doppelhaus 2 127
- Eingeschossige ~ 2 118
- Einzelhäuser, Doppelhäuser, Hausgruppen s. dort
- Erdgeschossige ~ 2 118
- Fahrgastunterstände des öffentlichen Personenverkehrs 62 34 ff.
- Flächenberechnung der Nutzungseinheiten 2 208
- Forstwirtschaft 62 26
- Freistehende ~ 2 118
- Funktionale Selbständigkeit 2 138
- Garagen 62 28
- Gartenlauben in Kleingartenanlagen 62 45 ff.
- Gebäudebegriff 2 114 ff.
- Gebäudeklassen 2 118
- Gebäudeteile s. dort
- Geeignetheit, dem Schutz von Menschen, Tieren oder Sachen zu dienen 2 135
- Gemeinsame Bauteile 2 130
- Gewächshäuser 62 32 f.
- Haus 2 116
- Hauseingangsüberdachung 2 127
- Hausgruppe 2 127
- Höhenberechnung 2 199 ff.
- Immissionsabwehrklage 62 37
- Keine Abtrennbarkeit 2 129
- Landwirtschaftliche ~ 2 119
- Landwirtschaftliche Betriebsgebäude 2 119
- Markise 2 133
- Merkmal der selbständigen Benutzbarkeit 2 127
- Merkmale 2 124
- Mit mehr als 1.600 qm Grundfläche 50 29
- Nebenerwerbsbetrieb 62 25
- Nebengebäude s. dort
- Nutzung im Rahmen eines land- oder forstwirtschaftlichen Betriebs 62 24
- Nutzungseinheiten 2 127
- Oberbegriff 2 118
- Oberirdische ~ 2 118
- Ohne Aufenthaltsräume 62 23
- Planmäßige, eigenverantwortliche Bodenbewirtschaftung 62 24
- Prinzip der Vertikalteilung 2 114
- Schutzhütten für Wanderer 62 38 f.
- Selbständige Benutzbarkeit 2 126
- Straßenüberdachung 2 126
- Terrassenüberdachungen 62 40
- Überdeckung 2 125, 132 f.
- Unabhängigkeit von anderen baulichen Anlagen 2 128
- Unselbständige Gebäudeteile 2 127
- Unterbegriffe 2 118
- Untergeordnete ~ 62 31
- Unterirdische ~ 2 118
- Unterirdische bauliche Anlagen 2 125
- Verkehrlichen Zwecken dienende ~ 1 137 ff.
- Wesentliche Bestandteile von Grundstücken 2 114
- Wintergärten 62 42 ff.
- Wochenendhäuser auf genehmigten Wochenendplätzen 62 50
- Wohnbauförderungsrecht 2 117
- Wohngebäude s. dort
- Wohnungen 2 127

Gebäude auf mehreren Grundstücken 4 60 ff., 71
- Atypische Fälle 4 90
- Ausgestaltung der Baulast 4 78
- Ausnahme des Erfordernisses der öffentlich-rechtlichen Sicherung 4 102 ff.
- Außenwand- und Dachdämmungen 4 102
- Bauordnungsrechtliche Anwendungsbeschränkungen 4 91 ff.
- Bauplanungsrechtliche Auswirkungen 4 86 ff.
- Bauplanungsrechtlicher Grundstücksbegriff 4 85, 88
- Bezug zum Grundbuchrecht 4 67 ff.
- Buchgrundstücksbegriff 4 72
- Flurstück 4 68
- Grundbuchblatt 4 69

2001

Stichwortverzeichnis

- Grundstücksbegriff 4 60, 71
- Grundstücksteilung in Altbeständen 4 98
- Liegenschaftskataster 4 69
- Öffentlich rechtliche Sicherung 4 3
- Sicherung durch Vereinigungsbaulast 4 73 ff.
- Sinn und Zweck der Regelung 4 64 ff.
- Teilgrundstücke 4 81
- Teilgrundstückseigentümer 4 74 ff.
- Überbau 4 100
- Umgehung der Abstände aus Gründen des Brandschutzes 4 96
- Vereinigungsbaulast 4 3, 63 f., 66 f.
- Vereinigungsbaulast bei Grundstücksteilung 4 82 ff.
- Voraussetzungen 4 3, 62
- Zivilrechtliche Vereinigung 4 61
- Zulässigkeit 4 60 ff.
- Zustimmung aller Teilgrundstückseigentümer 4 76

Gebäudeabschlusswände
- Brandwände 30 1 f.
- Erfordernis von ~ 30 5 ff.
- Gemeinsame ~ 30 23
- Zulässigkeit von Öffnungen in ~ 30 58 f.

Gebäudeaufstockung
- Aufzüge 39 36 f.

Gebäudebegriff 47 32
- Bauordnungsrechtlicher ~ 2 155 f.
- Bauplanungsrechtlicher ~ 2 136 f.

Gebäudeeingänge
- Vordächer über ~ 32 43

Gebäudeklasse 1 2 185 ff.
- Freistehende Gebäude 2 185
- Freistehende land- und forstwirtschaftliche Gebäude 2 190
- Gebäude vergleichbarer Nutzung 2 192
- Höhe der Gebäude 2 187
- Wohngebäude 2 191
- Zwei Nutzungseinheiten 2 188

Gebäudeklasse 2 2 194
Gebäudeklasse 3 2 195
Gebäudeklasse 4 2 196
Gebäudeklasse 5 2 197 f.
Gebäudeklassen 2 118, 177 ff.; **Vor §§ 26-32** 3 f.; 27 1
- Abweichung vom Sicherheitsstandard des Brandschutzes 2 181
- Änderung durch BauO NRW 2018 2 177 ff.

- Gebäudeklassen 31 3
- Mehrere Gebäude 2 180
- Übersicht 2 183
- Verfahrensrechtliche Vorgaben 2 182

Gebäudeteile 2 42, 139 ff.
- Bauplanungsrechtlicher Begriff 2 139 ff.
- Bauteil 2 139
- Unselbständige ~ 2 127
- Vor- bzw. Zurücktreten von ~ 2 139 ff.
- Vorbauten 2 139
- Wesentliche und unwesentliche ~ 2 143 ff.

Gebot der Rücksichtnahme 72 145 ff.
- Abstandsflächen 6 38, 44
- Abstandsflächenvorschriften 72 161 f.
- Anzahl, Lage, Umfang von Vorhaben 72 152
- Außenbereichsvorhaben nach § 35 BauGB 72 146
- Bauplanungsrechtliches ~ 6 82 ff.
- Bebauungsplan 72 151
- Beteiligung der Angrenzer 72 6
- Einschränkung des Nachbarschutzes 72 156
- Grenzgaragen und Gebäude 6 531
- Interessenabwägung 72 148
- Schutz gegen schädliche Einflüsse 13 6
- Unzumutbarkeit 72 148, 157 f.
- Vorhaben im Innenbereich 72 150

Gebühren
- Bauantrag 70 17 ff.
- Baugenehmigung 74 22
- Baulasten 85 19
- Bauüberwachung 83 9 ff.
- Bauzustandsbesichtigung 84 12 ff.
- Einfaches Baugenehmigungsverfahren 64 12
- Genehmigungsfreistellung 63 12 f.
- Grundstücksteilung 7 58
- Sachverständige 87 13
- Vorbescheid 77 9

Gebührenverzeichnis
- DIBt 21 3

Geeignetheit von Baugrundstücken 13 33 ff.
- Altlastenkataster 13 39
- Bauleitplanung 13 39 ff.
- Begriff des Baugrundstücks 13 33 f.
- Belastung von Baugrundstücken durch Altlasten 13 36 ff.

Stichwortverzeichnis

- Belastung von Baugrundstücken durch Kampfmittel 13 43 ff.
- Bodengutachten 13 38
- Bodeninformationssystem 13 39
- Definition 13 37
- Grundforderung 13 35
- Haftung bzgl. Altlasten 13 42
- Kampfmittelverdacht 13 45
- Landesbodenschutzgesetz 13 36

Gefahr
- Abstrakte Gefahr 3 46
- Anscheinsgefahr 3 43
- Begriff 3 40
- Besonders hochwertige Schutzgüter 3 40
- Entferntere Möglichkeit eines Schadenseintritts 3 40
- Ex-ante-Betrachtung 3 45
- Fehlen eines zweiten Rettungsweges 3 45
- Gefahrenbegriff anderer Rechtsvorschriften 3 44
- Gefahrenverdacht 3 43
- Gefahrerforschungseingriffe 3 43
- Generell-abstrakte Betrachtung 3 46
- Hinreichende Wahrscheinlichkeit 3 45
- Konkrete - 3 45
- Objektive Verletzung 3 42
- Ordnungsbehördliche Verordnungen 3 46
- Putativ- oder Scheingefahr 3 43
- Rechtsverordnungen 3 46
- Schadensbegriff 3 41
- Standsicherheit einer baulichen Anlage 3 45
- Unterschied zwischen konkreter und abstrakter - 3 47
- Wahrscheinlichkeit des Schadenseintritts 3 48
- Zusammentreffen abstrakter und konkreter - 3 49

Gefahr im Verzug 58 29

Gefahrenabwehr 3 38 ff.; 11 1
- Abweichungen 69 8
- Allgemeines Ordnungsrecht 3 38
- Bauaufsichtsbehörden 58 9
- Bauordnungsrechtliche Schutzgüter 3 38
- Bauzustandsbesichtigung 84 3
- Begriff der Gefahr s. *Gefahr*
- Begriff der öffentlichen Ordnung s. *Öffentliche Ordnung*
- Begriff der öffentlichen Sicherheit s. *Öffentliche Sicherheit*

- Bloße Belästigungen 3 39
- Brandschutz 1 15
- Grundsatz der Opportunität 3 65
- Grundsatz der Subsidiarität 3 65
- Im engeren Sinne 1 15
- Keine Ermessensausübung 3 38
- Nachbarschutz 3 66
- Öffentliches Interesse und Nachbarschutz 3 63 ff.
- Schutz des Einzelnen 3 63
- Schutz gegen schädliche Einflüsse 1 15
- Standsicherheit 1 15
- Unternehmen 55 3
- Verkehrssicherheit 1 15
- Versammlungsstätten 50 43
- Wärme-, Schall- und Erschütterungsschutz 1 15

Gefahrenbegriff 13 10
- Anderer Rechtsvorschriften 3 44
- Sonderbauten 50 13

Gefahrenerforschungsmaßnahmen 13 10

Gefahrenverdacht 3 43; 12 24

Gefahrenvorbeugung 12 25

Gefahrerforschungseingriffe 3 43

Geflügelhaltung
- Ortsveränderliche und fahrbereit aufgestellte Anlagen zur - 62 187 ff.

Gegenstände
- Selbständige - 1 42

Gehege
- Metallgitterzaun eines - für drei Wölfe 6 185

Geländeoberfläche 2 209 ff.; 6 163
- Abweichung aus städtebaulichen Gründen 2 213
- Aufrissplanung 2 210
- Bauordnungsrechtliche Vorgaben 2 223 ff.
- Bauplanungsrechtliche Regelungen 2 210 ff.
- Bauvorlagen 2 227
- Festsetzungen über die künftige Höhenlage 2 214
- Festsetzungsmöglichkeiten 2 213
- Höhe baulicher Anlagen 2 219
- Höhenlage einer Fläche 2 222
- Legaldefinition 2 223 ff.
- Natürliche - 2 225; 6 163
- Übereinanderliegende Geschosse und Ebenen 2 215

2003

Stichwortverzeichnis

- Unzulässigkeit von Veränderungen 2 226
- Veränderung der ~ 6 163
- Vertikale Gliederung 2 215

Geländeoberfläche, Erhaltung oder Veränderung 58 95 ff.
- Materielle Voraussetzungen 58 103 ff.
- Verfahrensrechtliche Behandlung 58 97 ff.

Geländer 38 2

Geldbuße
- OWiG 86 1 ff.

Gelegenheitsverkehr 1 109

Geltungsdauer einer abZ
- Allgemein bauaufsichtliche Zulassung 21 14
- Zeitpunkt der Verwendung des Bauprodukt 21 14

Gemeinde
- Benachrichtigung 74 256 ff.
- Beteiligung 79 17
- Beteiligung der ~ 63 46 ff.
- Ersetzen des gemeindlichen Einvernehmens s. dort
- Schriftliche Mitteilung 63 52 f.

Gemeindestraßen 1 73

Gemeingebrauch 1 79
- Beeinträchtigung des ~ 10 57
- Werbeanlagen 10 54 ff.

Gemeinschaftsanlagen
- Kinderspielplätze 8 59

Gemeinschaftsgaragen 2 309; 48 35

Gemeinschaftsstellplätze 2 309; 48 35

Gemeinschaftsstellplätze oder -garagen 1 52

Genehmigung
- Abfallrechtliche ~ 44 9
- Sanierungsrechtliche ~ 3 103
- Wasser-, Gas-, Elektrizitäts- und Wärmeversorgung 1 166
- Wasserrechtliche ~ 1 182

Genehmigungsbedürftigkeit
- Camping- und Wochenendplätze 50 70

Genehmigungsfreie Bauvorhaben 62 56 ff., 63 ff.
- Änderungen gegenüber der BauO NW 1984, 1995 und 2000 62 1
- Anlagen der technischen Gebäudeausrüstung 62 52 ff.
- Anlagen in Gärten und zur Freizeitgestaltung s. dort

- Aufschüttungen und Abgrabungen s. dort
- Bauplanungsrechtlicher Begriff der baulichen Anlage 62 7
- BauROG 62 6 f.
- Behälter 62 93 ff.
- Beseitigungsmaßnahmen s. Beseitigung von Anlagen
- Beteiligung der Gemeinde 62 8
- Einheitliche Vorhaben 62 14
- Einordnung der Freistellungstatbestände 62 9
- Festsetzungen eines Bebauungsplanes 62 17
- Freigestellte Kleinstvorhaben 62 18 f.
- Freistellung von Nutzungsänderungen 62 218 ff.
- Funktionszusammenhang 62 12
- Gebäude s. dort
- Genehmigungsbedürftige Nutzungsvorgänge 62 13
- Genehmigungsfreie Teile 62 12
- Grundsatz der Spezialität 62 15
- Instandhaltungsarbeiten 62 240 f.
- Katalog der genehmigungsfreien Vorhaben 62 19 ff.
- Masten, Antennen und ähnliche Anlagen s. dort
- Mauern und Einfriedungen s. dort
- Nutzungsänderungen 62 20
- Plätze s. dort
- Private Verkehrsanlagen s. dort
- Rückausnahmen für Gebäude 62 10
- Sonstige Anlagen 62 203 ff.
- Tragende und nichttragende Bauteile 62 142 ff.
- Verfahrensfreistellungen 62 1 f.
- Verhältnis zu den übrigen Verfahrensvorschriften 62 9
- Verhältnis zwischen §§ 62 und 63 62 16
- Vermeidung einer doppelten Antragstellung 62 3 f.
- Vorübergehend aufgestellte oder benutzbare Anlagen s. dort
- Werbeanlagen s. dort
- Wyhl-Entscheidung 62 5

Genehmigungsfreiheit
- Baustelle 11 4

Genehmigungsfreistellung
- Änderungen gegenüber der BauO NW 1984, 1995 und 2000 63 1 ff.

Stichwortverzeichnis

- Änderungen und Nutzungsänderungen 63 26
- Anforderungen an die Bauvorlagen 63 11
- Angemessener Sicherheitsabstand 63 23 ff.
- Baubeginn 63 46 ff., 49
- Baugenehmigung 63 6
- Bauplanungsrechtliche Ausnahme oder Befreiung nach § 31 BauGB 63 33 f.
- Bautechnische Nachweise 63 56 ff.
- Begrenzung auf 3 Jahre 63 54
- Begriff Wohngebäude 63 14 f.
- Begründung 63 2
- Berechnung der Monatsfrist 63 50
- Beseitigungsverfügung 63 94
- Beteiligung der Gemeinde 63 46 ff.
- Brandschutz 63 62
- Einfaches Genehmigungsverfahren 63 6
- Einfamilienhausbau 63 5
- Einstweilige Anordnung 63 91
- Erforderlichkeit des Einschreitens 63 89
- Erklärung der Gemeinde 63 39
- Erklärung des Entwurfsverfassers 63 46
- Errichtung, Änderung und Nutzungsänderung 63 13
- Fahrradabstellplätze 63 69 ff.
- Folgen der Nichtigkeit des Bebauungsplans 63 85 ff.
- Freigestellte Anlagen 63 13 ff.
- Freistellungsverfahren 63 10
- Garagen 63 69 ff.
- Garagen, überdachte Stellplätze und Fahrradabstellplätze 63 18
- Gebäude der Gebäudeklassen 1 und 2 63 16
- Gebühr 63 12 f.
- Gesicherte Erschließung 63 34 ff.
- Gründe für die gemeindliche Erklärung 63 77 ff.
- Hoher Beratungsbedarf 63 3
- Keine Abweichung nach § 69 BauO 63 38
- Keine Amtshaftungsansprüche 63 80
- Mitteilungspflichten gegenüber anderen Verwaltungsdienststellen 63 100
- Mittelgaragen 63 74 ff.
- Nachbarschutz 63 7 ff.
- Nachweise über Schallschutz und den Wärmeschutz 63 60 f.
- Nebengebäude und Nebenanlagen 63 17
- Pflichten des Bauherrn 63 99 ff.
- Pflichten im Rahmen der Bauausführung 63 97 ff.
- Qualifizierter Bebauungsplan 63 28 ff.
- Rechte Dritter 63 89
- Rechtsnatur der gemeindlichen Erklärung 63 44
- Rechtssicherheit 63 6
- Rückgabe der Bauvorlagen an Bauherrn 63 40
- Schriftliche Mitteilung der Gemeinde 63 52 f.
- Sonderbauten 63 20 f.
- Spätere Realisierung 63 19
- Standsicherheitsnachweis 63 58 f.
- Stellplätze ohne Überdachung 63 72
- Überdachte Stellplätze 63 69 ff.
- Umsetzung der Seveso-III-Richtlinie 63 22
- Unterrichtung der Angrenzer 63 63
- Veränderungssperre 63 77
- Verpflichtung zur Prüfung der eingereichten Unterlagen 63 48
- Verschlankung der Bauaufsichtsverwaltung 63 4
- Vier Wochen Bearbeitungszeit 63 3
- Voraussetzung des Dienens 63 73
- Voraussetzungen 63 28 ff., 41
- Vorhabenbezogener Bebauungsplan 63 28, 31
- Wahlrecht des Bauherrn 63 45
- Zurückstellung des Baugesuchs 63 77

Genehmigungspflicht 1 104; 7 1 ff.; **Vor §§ 60–63** 1 ff.
- § 87 Abs. 2 S. 1 Nr. 1 60 6
- Abweichung 60 18
- Alle Anlagen 60 5
- Änderungen gegenüber der BauO NW 1984, 1995 und 2000 60 1 ff.
- Ausnahmen 60 6
- Ausnahmen oder Befreiungen von Festsetzungen eines Bebauungsplans 60 20
- Bauaufsichtsbehörden 60 17
- Baugenehmigung 60 1
- Baugenehmigungsverfahren 60 11
- Baulast 60 19
- Baunebenrecht 60 15
- Bauordnungsrechtliche Geringfügigkeit 60 7
- Beachtung der öffentlich-rechtlichen Vorschriften 60 14

2005

Stichwortverzeichnis

- Befreiung von der - 7 9
- Einfaches Genehmigungsverfahren 60 12
- Feuerungsanlagen, sonstige Anlagen zur Wärmeerzeugung 42 8
- Freigestellte Vorhaben 60 18 ff.
- Genehmigungsfreie Wohngebäude 60 9
- Genehmigungsfreiheit 60 4
- Genehmigungsvorbehalt 60 3, 5
- Große Sonderbauten 60 13
- Grundsatz der präventiven Prüfung 60 5 ff.
- Instandhaltung 60 2
- Lüftungsanlagen 41 9
- Regel-Ausnahme-Verhältnis 60 1
- Speziell ausgebildete Verfahren 60 10
- Technische Anlagen 60 8
- Verbot mit Erlaubnisvorbehalt 60 3
- Vorrang anderer Gestattungsverfahren *s. dort*

Genehmigungsvorbehalt
- Bauliche und sonstige Maßnahmen im Bereich von Bundeswasserstraßen 1 115

Generalermächtigung
- Bauaufsichtsbehörden 58 1 ff.

Generalklausel 3 2 ff.
- Bauordnungsrechtliche - **Vor §§ 1-3** 2; 3 6 ff.
- Personenbeförderungsrechtliche - 1 107
- Wasserstraßenrechtliche - 1 120

Generalunternehmer 55 1
Gentechnikgesetz 61 12
Gentechnische Anlagengenehmigung 61 5
Geräte- und Maschinenlärmschutzverordnung 15 53
Geräusche
- Begriff 15 27

Geruchs- und Staubübertragung
- Vermeidung der - 41 19 ff.

Geruchsbelästigungen 72 254
Gerüste 2 104 ff.; 62 178
- Andere Anlagen und Einrichtungen 2 107
- Arbeitsgerüste 2 106
- Legaldefinition 2 104
- Schutzgerüste 2 106

Geschäftsfähigkeit
- Grundstückseigentümer 85 43

Geschäftsprüfungen
- Bauaufsichtsbehörden 57 9

Geschlossene Verteilernetze 1 173
Geschosse 2 228 ff.
- Brandabschottungseinheiten 2 232
- Dachgeschosse 2 230
- Decke 2 231
- Erdgeschosse 2 230
- Fußboden 2 231
- Galerien und Emporen als balkonartiger Einbau 2 234
- Garagengeschosse 2 230
- Gemeinsamer Flur innerhalb eines - 33 17 ff.
- Geschossbegriff 2 228 ff.
- Geschossdecken 2 232
- Installationsgeschosse 2 230
- Kellergeschosse 2 230
- Mit mehr als vier Wohnungen 35 51
- Obergeschosse 2 230
- Oberirdische Geschosse *s. dort*
- Rettungswege 33 9 ff.
- Staffelgeschosse 2 230, 235
- Stark in sich versetzte Ebenen 2 233
- Summe der auf gleicher Ebene liegenden Räume 2 229
- Übereinanderliegende - 2 215
- Untergeschosse 2 230, 235, 275
- Versetzte - 2 229
- Vollgeschosse *s. dort*
- Wände 2 231

Geschossfläche
- Anrechnungsregeln zur Ermittlung der - 2 258

Geschossüberbrückung 62 55
Gesetz über das Deutsche Institut für Bautechnik 88 71
Gesetzgebungskompetenz
- Baurecht 1 1 f.

Gestaltung Vor §§ 9–16 1
- Abschlagen der Stuckverzierungen 9 50
- Abwehr nicht mehr hinnehmbarer Zustände 9 31
- Alle Anlagen i.S.d. BauO 9 16
- Änderungen gegenüber der BauO NRW 2000 9 1
- Antennengittermast 9 52
- Aufstockungsmaßnahme 9 49
- Aufzugsturm 9 49
- Augenscheinseinnahme 9 21
- Baudenkmäler 9 58 ff.

2006

Stichwortverzeichnis

- Baugestaltungsverordnung 9 4 ff.
- Baumschutzsatzung 9 56
- Bauwerksbezogenes Verunstaltungsverbot 9 28 ff.
- Beabsichtigte ~ 9 53 f.
- Beurteilung der ~ 9 20 ff.
- Dachgauben 9 33 ff., 48
- Denkmalbereichssatzung 9 56
- Denkmäler 9 15
- Einfriedungen 9 51
- Einfügung in die Umgebung 9 44 ff.
- Eingriffe in Natur und Landschaft 9 14
- Erhaltungssatzung 9 12, 55
- Erhaltungswert 9 57
- Flachdach 9 48
- Flächennutzungsplan 9 54
- Grundanforderung 9 8 f.
- Instandhaltung 9 8 ff.
- Landschaftsbild 9 45
- Landschaftsrecht 9 13
- Mangel an gestalterischem Können 9 39
- Moderne technische Mittel 9 40
- Nachbarschutz 9 18
- Ortsbild 9 45
- Rechtsentwicklung 9 1 ff.
- Rechtsprechung 9 47
- Rücksicht auf erhaltenswerte Eigenarten der Umgebung 9 55 ff.
- Satteldach 9 48
- Schutzausweisungen nach dem Landschaftsrecht 9 56
- Sprossenfenster 9 50
- Städtebauliche Gestaltungspflege 9 12
- Straßenbild 9 45
- Treppenhausanbau 9 49
- Umgebungsbezogenes Verunstaltungsverbot 9 41 ff.
- Verfall 9 38
- Verunstaltungsabwehr 9 19
- Verunstaltungsbegriff 9 29, 46
- Verunstaltungsverbote 9 10, 16 f.
- Verwahrlosung 9 38
- Windenergieanlage 9 52

Gestaltungssatzungen 89 28 ff.

Gesundheit
- Schutz 3 52, 54

Gewächshäuser 62 32 f.
- Grenzbebauung 6 331

Gewässer erster Ordnung 1 121

- Anforderungen des Wasserrechts und Ordnungsrechts 1 123
- Bauüberwachung 1 123
- Bauzustandsbesichtigungen 1 123
- Gewässeraufsicht 1 123
- Herstellung, Beseitigung oder wesentliche Umgestaltung 1 122
- Planfeststellung 1 122
- Plangenehmigung 1 122
- Widmung 1 122

Gewässeraufsicht
- Gewässer erster Ordnung 1 123

Gewässerteile 1 111
- Eigentum des Landes oder einer Gemeinde 1 113

Gewerbe- und Industriegebiete 6 454
- Abstandsflächen 6 282

Gewerbebauten 64 14

Gewerbebetriebe
- Werbeanlagen 10 59

Gewerbliche Anlagen
- Bestandsschutz 74 191

Glas
- Baustoff 28 7

Glasbausteine 30 25; 46 18

Glasfassaden 28 9

Glastüren
- Sicherheitsrelevante Anforderungen 37 14 f.

Gleichbehandlung
- Grundsatz der ~ 58 46 f.

Gleichstrom-Hochspannungsleitungen 1 170

Gleichwertigkeit
- Nachweis der ~ 88 24

Glimmen 26 14; 28 1

Golfplatz 2 82

Grabdenkmale 62 214

Grabsteine 62 214

Grenzabstand
- Garagen im seitlichen ~ 6 266
- Seitlicher ~ 2 152

Grenzbebauung 6 310 ff.
- Abbruchantrag für ein Gebäude 6 331
- Abstand von nur wenigen Zentimetern 6 321
- Abstandsflächen auf öffentlichen Flächen 6 335 ff.
- Abstimmung unter betroffenen Nachbarn 6 323
- Abweichende Bauweise 6 313, 315, 323

2007

Stichwortverzeichnis

- Außenbereich 6 319
- Bauen ohne Grenzabstand nicht ausgeschlossen 6 323
- Baufenster 6 313
- Baulinie auf einer Nachbargrenze 6 313
- Baulinie nahe zu Grundstücksgrenzen 6 315 f.
- Bebauungsplan ermöglicht Ausnahmen 6 314
- Besondere Fallgestaltungen 6 316
- Doppelhäuser 6 313, 318
- Geschlossene Bauweise 6 313
- Gesunde Wohn- und Arbeitsverhältnisse 6 321
- Gewächshaus 6 331
- Grenzgarage 6 330
- Grenznahe Bebauung 6 315
- Hausgruppen 6 313, 318
- Im unbeplanten Innenbereich 6 319
- Innerhalb eines im Zusammenhang bebauten Ortsteiles 6 320
- Klärung der Rechtslage nach dem Bauplanungsrecht 6 310
- Lage auf bestimmten öffentlichen Flächen 6 335 ff.
- Lage auf dem eigenen Grundstück 6 334
- Lage der Abstandsflächen 6 333 ff.
- Mögliche ~ 6 322 ff.
- Nachbargrenzen 6 323
- Offene Bauweise mit der Beschränkung auf Doppelhäuser oder Hausgruppen 6 323
- Offene Bauweise ohne Beschränkung der Hausformen 6 323
- Öffentliche Grünflächen 6 340
- Öffentliche Verkehrsflächen 6 337
- Private Freiflächen 6 336
- Rahmen einer wechselseitigen ~ 6 327
- Rückwärtige Nachbargrenze 6 324
- Schmutzwinkel 6 321
- Schriftliche Vereinbarung 6 325 ff.
- Seitliche ~ 6 311 ff.
- Sicherungsfunktion 6 330
- Terrassenüberdachung 6 330
- Umsetzung der Verpflichtung in angemessenem Zeitraum 6 328
- Verpflichtung 85 33
- Vorhandenes Gebäude ohne Grenzabstand 6 329

- Widmung 6 339
- Zivilrechtliche Einigung 6 325
Grenzgaragen 6 241 f., 272, 330, 359 ff.
- Mit Überlänge oder Überhöhe 6 360 ff.
Grenzgaragen und Gebäude 6 505 ff.
- Abstellräume 6 517
- Allgemeine Voraussetzungen 6 518 ff.
- Aufzüge zu Tiefgaragen 6 505
- Außenbereich 6 510
- Carport 6 515
- Dachterrasse auf einer Garage 6 523
- Dachüberstände 6 526
- Doppelgaragen, Doppelstockgaragen oder auch Reihengaragen 6 513
- Doppelparker und Doppelstockgaragen 6 532
- Funktionsfähigkeit 6 514
- Garagen 6 513
- Garagen mit einer mittleren Wandhöhe bis zu 3m 6 505
- Garagenunterkellerung 6 522
- Gebäude bis zu 30 m³ Brutto-Rauminhalt 6 505
- Gebäude ohne Aufenthaltsräume 6 516
- Gebot der Rücksichtnahme 6 531
- Höhen- und Längenbegrenzung 6 524 ff.
- Im beplanten Bereich 6 508
- Im unbeplanten Innenbereich 6 509
- Kreisförmige Grundstücksfläche 6 535
- Länge der Grundstücksgrenzen 6 534
- Mehrere Nachbargrenzen 6 528
- Nachbarschützende Wirkung 6 530
- Nebengebäude 6 516
- Offene Kleingaragen 6 515
- Planungs- und Ordnungsrechtliche Zulässigkeit 6 507 ff.
- Polygonale Grundstücke 6 535
- Schmutzwinkel 6 533
- Solaranlagen 6 538
- Sonstige bauliche Anlagen 6 537 ff.
- Sonstige bauordnungsrechtliche Anforderungen 6 511
- Stützmauern und geschlossene Einfriedungen 6 539
- Überdachte Stellplätze 6 515
- Überdachte Tiefgaragenzufahrten 6 505
- Vom Hauptgebäude unabhängiges Gebäude 6 518
- Zugang zum Hauptgebäude 6 520

Stichwortverzeichnis

- Zulässige Anlagen 6 512 ff.
- **Große Sonderbauten**
- Baugenehmigungsverfahren 65 3
- Bauüberwachung 83 19
- Fachplaner für Brandschutzkonzepte 54 32
- Genehmigungspflicht 60 13
- Nutzungsänderungen bestehender ~ 64 15
- Trennwände 29 22
- Wohnungen 47 28
- **Großgaragen** 2 318
- **Grubenbahnen**
- Bau und Betrieb von ~ 1 99
- **Grubengebäude**
- Anlagen, Bergaufsicht 1 149
- **Grundausstattung**
- Wohnungen 47 18 f.
- **Grundbuch**
- Änderung im Bestandsverzeichnis 7 12
- Durch Verwaltungsakt verfügte grundbuchliche Änderung 7 17
- Eintragungen 1 33
- Fortschreibung einer Grundstücksteilung im ~ 7 12 ff.
- Geringfügige Grenzänderung ohne grundbuchmäßige Auswirkungen 7 17
- Grundbuchblatt 1 34
- Trennung von ~ und Baulastenverzeichnis 85 14
- Vorlage eines aktuellen Auszugs 7 50
- **Grundbuchblatt** 1 34; 4 69
- **Grunddienstbarkeit** 4 43; 72 41; 85 6 ff.
- Zugunsten des Bauherrn 4 46
- **Grundlagendokumente** 19 3
- **Grundpfandberechtigte** 72 41
- **Grundpflichten**
- Änderungen gegenüber der BauO NW 1984, 1995 und 2000 52 1 ff.
- Auswahlermessen 52 5
- Bauherr 52 13
- Bauherr als Handlungs- oder Zustandsstörer 52 6
- Bauherrengemeinschaft 52 10
- Bauleiter 52 13
- Beendigung eines Verantwortungsbereichs 52 9
- Beginn mit Aufnahme der Tätigkeiten 52 8
- Boden- und Grundwasserverunreinigungen 52 2
- Entwurfsverfasser 52 12 f.
- Errichtung, Änderung, Nutzungsänderung 52 2
- Fliegende Bauten 52 18
- Freigestellte Anlagen 52 15 ff.
- Genehmigungsbedürftigkeit des Vorhabens 52 14
- Handlungsstörer 52 3 f.
- Instandhaltungsmangel 52 3
- Mehrheit von Personen als am Bau Beteiligte 52 11
- Natürliche oder juristische Person des privaten oder öffentlichen Rechts 52 10
- Öffentlich-rechtliche Pflichten 52 1 ff.
- Ordnungsrechtliche Verantwortungszuweisungen 52 13
- Pflicht zum Abschluss einer Haftpflichtversicherung für Architekten und Ingenieure 52 22
- Planungs- und Bauausführungsphase 52 8
- Qualifikationen 52 20
- Selbst- oder Nachbarschaftshilfe 52 15
- Sonderbauvorschriften 52 9
- Störerauswahl 52 3
- Strafrechtliche Verantwortlichkeit 52 23
- Unternehmer 52 13
- Verantwortungsbereich der am Bau Beteiligten 52 8 ff.
- Zivilrechtliche Haftung 52 21 ff.
- Zusammenfassung von Funktionen in einer Person 52 19 f.
- Zustandsstörer 52 3 f.
- **Grundrissplanung**
- Städtebauliche ~ 6 212
- **Grundstück** 1 29; 3 15
- Ausnahmen vom Buchgrundstücksbegriff 1 37
- Baugrundstück 1 39
- Bauordnungsrechtliche Anforderungen 1 29
- Bauplanungsrecht 1 36
- Bauplanungsrechtlicher Grundstücksbegriff 1 37
- Bebaute ~ 2 20
- Begriff 1 41
- Begriff der maßgebenden Grundstücksfläche 1 38
- Begriff im wirtschaftlichen Sinne 1 35
- Buchgrundstück 1 32, 36
- Geringfügig bebaute ~ 2 20

Stichwortverzeichnis

- Grundstücksbegriff im grundbuchrechtlichen Sinne 1 31
- Grundstücksgrenze 1 31
- Herrenlose - 4 44
- Im Sinne des bürgerlichen Rechts 1 32, 41
- Legaldefinition 1 30
- Polygonale - 6 535
- Unbebaute - 2 20

Grundstücksbegriff 4 60, 71
- Bauplanungsrechtlicher - 4 85, 88
- Bürgerlich-rechtlicher - 7 11

Grundstücksflächen
- Überbaubare - 6 215, 219 ff.

Grundstücksgrenze 1 31; 6 204 f.

Grundstücksteilung
- Abgrenzung zum Bauplanungsrecht 7 1 ff.
- Absicht zur Teilung 7 14
- Abstandflächenbaulast 7 25
- Abweichung 7 30
- Abweichungen mit Auflage 7 31
- Änderung des Grundstücksbestands 7 12
- Änderung im Bestandsverzeichnis 7 12
- Änderung im Liegenschaftskataster 7 12
- Änderungen gegenüber der BauO NW 1984, 1995, 2000 7 1
- Antragsbefugnis des Notars 7 49
- Antragsvordruck 7 47 f.
- Auflösende Bedingung 7 27
- Aufschiebende Bedingung 7 27
- Baulast 7 24
- Bauordnungswidrige Verhältnisse durch die Teilung 7 23
- Bauvorlagen 7 52
- Bauzeichnungen 7 54
- Bearbeitungsfrist 7 34 ff.
- Bebauung 7 18
- Befreiung von der Genehmigungspflicht 7 9
- Begriff der baulichen Anlage 7 18 ff.
- Begründung von Sondereigentum 7 17
- Berechtigung zur Antragstellung 7 16
- Bestandsverzeichnis des Grundbuchs 7 12
- Bestehende baurechtswidrige Bebauung 7 29
- Bevollmächtigung 7 50
- Bindungswirkung 7 57
- Buchungsfreies Grundstück 7 17
- Bürgerlich-rechtlicher Grundstücksbegriff 7 11
- Darstellung der Teilungslinie 7 53
- Durch die Teilung entstehende Verstöße 7 24
- Durch Verwaltungsakt verfügte grundbuchliche Änderung 7 17
- Einfache Auflagen 7 28
- Einordnung 7 1 ff.
- Eintragungen von mehreren Flurstücken unter einer laufenden Nummer 7 12
- Eintragungssperre in das Liegenschaftskataster 7 44 ff.
- Enteignungsgleicher Eingriff 7 22
- Entschädigungsanspruch 7 22
- Fiktionsattest 7 45
- Fingierte Teilungsgenehmigung 7 42
- Flächenbaulasten 7 25
- Fortschreibung einer - im Grundbuch 7 12 ff.
- Fristberechnung 7 40
- Fristverlängerung 7 37
- Gebäude 7 20
- Gebühren 7 58
- Geltungsdauer 7 56
- Genehmigungsbedürftige Teilungsvorgänge 7 6 ff.
- Genehmigungspflicht 7 1 ff.
- Geringfügige Grenzänderung ohne grundbuchmäßige Auswirkungen 7 17
- Gesetzlich geregelte Planfeststellungsverfahren 7 8
- Grundeigentümer 7 16
- Hauptanwendungsfälle für Baulasten 7 25
- In Altbeständen 4 98
- Keine Teilungen 7 17
- Kriterien für eine korrekte Antragstellung 7 51
- Kurze Fristsetzungen 7 24
- Materiell-rechtliche Prüfung 7 22 ff.
- Mehrausfertigungen 7 52
- Mehrfache Verlängerung der Bearbeitungsfrist 7 37
- Modifizierende Auflagen 7 28
- Nachbarschützende Bestimmungen 7 30
- Nachreichen von Unterlagen 7 55
- Nebenbestimmungen 7 27
- Negativattest 7 45
- Prinzip der Vertikalteilung 7 11
- Prüfung im Teilungsgenehmigungsverfahren 7 22 ff.

Stichwortverzeichnis

- Räumlicher Zusammenhang 7 13
- Rechtsfolgen aus Fristüberschreitung 7 43
- Rechtsverstöße in Bezug auf genehmigte, noch nicht realisierte Bebauung 7 32
- Rechtswidrige Versagung 7 22
- Ruhendstellung des Antrags 7 41
- Schwarzbau 7 21
- Teilungsantrag und Bauvorlagen 7 47 ff.
- Teilungskauf 7 16
- Teilungsspezifische Angaben und Darstellungen 7 53
- Unzulässigkeit von Befristungen und Widerrufsvorbehalten 7 27
- Vereinigung 7 13
- Verfahrensrechtliche Privilegierung 7 10
- Verfahrensvorschrift 7 2
- Vermessungsingenieure 7 50
- Versagungsgründe 7 22
- Vorbeugende Kontrolle 7 5
- Vorlage eines aktuellen Grundbuchauszugs 7 50
- Vorliegen einer Bebauung 7 6
- Zerlegung eines Buchgrundstücks in mehrere Flurstücke 7 17
- Zugang beim Antragsteller 7 42
- Zuschreibung 7 13
- Zuwegungsbaulast 7 25
- Zwischenbescheid 7 38 f.

Gültigkeit
- Allgemein bauaufsichtliche Zulassung 21 21

Gültigkeitsdauer
- Allgemein bauaufsichtliche Zulassung 21 10

Gutachten
- Ergänzende - 17 25; 22 7

Haftpflichtversicherung
- Pflicht zum Abschluss einer - für Architekten und Ingenieure 52 22

Haftung
- Bauaufsichtsbehörde 74 112 ff.
- Brandschutzsachverständiger 14 46
- Entwurfsverfassende 54 13
- Ersetzen des gemeindlichen Einvernehmens 73 13 ff.
- Standsicherheit 12 23 ff.
- Zivilrechtliche - 52 21 ff.

Haltestellen
- Werbeanlagen 10 52

Hammergrundstücke
- Zugänge und Zufahrten 5 10

Handlungspflichten 3 4
Handlungsstörer 52 3 f.
Handwerkerprivileg
- Bauvorlageberechtigung 67 8

Harmonisierte europäische Norm
- Anhang ZA 19 14

Harmonisierte Normen
- Für Bauprodukte 19 3
- Lücken 19 3

Harmonisierte Spezifikationen 19 3
Harmonisierte technische Spezifikationen 19 13
Hauptbetriebspläne 1 146
Hausanschlussleitungen
- Abwasserbeseitigung 1 180

Hausanschlussräume 27 15
Hausbock 13 15
Hausboote mit Slipanlage 2 16
Hauseingänge
- Überdachungen von - 6 477

Hauseingangsüberdachung 2 127; 62 217
Hausformenbegriffe 2 155 ff.; 6 257 ff.
Hausgruppen 2 127
- Abstandsflächen 6 257, 264
- Endhäuser von - 32 33
- Grenzbebauung 6 313
- Grenznahe Bebauung 6 318
- Seitliche Grenzabstände bei - 6 256

Hausgruppen s. a. *Einzelhäuser, Doppelhäuser, Hausgruppen*
Hausschwamm 13 14
Haustechnische Anlagen 86 41
Hebe- und Fördereinrichtungen
- Kräne und Krananlagen 1 189

Hecke
- Als Einfriedung 62 112

Heizungsanlagen
- Wohnungen 47 16

hEN-Liste 19 14
Hersteller
- Bauarten 17 1, 21

Herstellererklärungen
- Freiwillige - 88 31

Herstellung
- Bauprodukte 2 346

2011

Stichwortverzeichnis

Hilfseinrichtungen zur statischen Sicherung von Bauzuständen 2 109 f.
– Abgrenzung zu Gerüsten 2 109
Himmelsstrahler 10 74, 117
Hinterhöfe
– Kleinteilige – 33 16
Hinterlandbebauung 6 306
Hinterlieger 4 22
– Zugänge und Zufahrten 5 10
Hinweise
– Baugenehmigung 74 242 ff.
Hinweisschilder 10 171; 62 170
Hinweiswerbung 10 117
Hinweiszeichen
– An Verkehrsstraßen und Wegabzweigungen 10 153
Hochbau
– Begriff 2 25
Hochbauten
– Öffentliche Flugplätze 1 128 f.
Hochhäuser 50 23 ff.
– Baugenehmigungsverfahren 50 26
– Bestehende – 50 26
– Brandschutzkonzept 50 26
– Führung und Bemessung der Rettungswege 50 26
– Gefahrenpotential 50 25
– Legaldefinition 50 23 f.
– SBauVO 50 25
– Sicherheitstreppenraum 50 26
Hochhausfall 6 92
Hochschulen 50 61 ff.
Hochspannungsfreileitungen 1 167, 169
Hochwasserereignisse
– Risiken aufgrund von – 13 21
Hofeinfahrten 62 217
Höhenberechnung
– Gebäude 2 199 ff.
Höhenlage
– Begriff 74 269
Hohlräume 2 250
Holzbauteile
– Dachkonstruktion 30 54
Holzkonstruktion
– Gartenhausähnlich und begrünt 6 183
Holzschindeln
– Dächer 32 8
Holzschutzmittel
– Für Imprägnierung 13 16

Holzverkleidung
– Wände im Treppenraum 35 37
Hotelzimmer 47 8
Hügel- oder Nurdachhäuser 6 429
Hydranten
– Lageplan 4 59 f.

Illegalität
– Formelle und materielle – s. dort
Im Bestand 23 4
Imbissraum 50 51
Imbissstand 46 6
Immissionsabwehrklage 62 37
Immissionsrichtwerte 15 46 ff.
Immissionsschutz 11 1; 15 1
– Abstandsflächen 6 57
– Baustelle 11 6
– Immissionsschutzrechtliche Genehmigung 61 5
– Passiver – 15 2
– Schutz gegen schädliche Einflüsse 13 7
– Vorschriften 3 115
Industriebaurichtlinie 14 58; 30 12, 16 ff., 42
– Notwendige Treppenräume 35 4
Industrieschornsteine 50 27
Information
– Ordnungsverfügungen 58 33
Ingenieurkammer-Bau NRW
– Pflichtmitgliedschaft 67 26
Innenarchitekten
– Besitzstand für – 67 33 f.
– Eingeschränkt bauvorlageberechtigte – 67 31 f.
– Uneingeschränkt bauvorlageberechtigte – 67 29 f.
Innenräume
– Versorgung mit Tageslicht 6 19
Installationen
– Hohlräume für – 31 26
Installationsgeschosse 2 230
Instandhaltung 9 8 ff.
– Bauplanungsrecht 3 33
– Begriff 3 32
– Bewahrung des Sollzustandes 3 32
– Denkmalrechtliche Instandhaltungspflicht 3 37
– DIN 31051 3 32
– Erhaltung 3 32

Stichwortverzeichnis

- Genehmigungspflicht 60 2
- Mangelnde ~ 82 6
- Pflicht zur ~ 3 34
- Schutz vor Verfall 3 32
- Städtebauliche Instandhaltungspflicht 3 36
- Städtebauliches Instandsetzungsgebot 3 36
- Substanzerhaltende Vorgänge 3 33
- Verwahrloster Zustand 3 34

Instandhaltungsarbeiten 55 8; 62 240 f.
Instandhaltungsmangel 52 3
Instandhaltungsmaßnahmen
- Aufzüge 39 13

Instandhaltungspflicht
- Denkmalrechtliche ~ 3 37
- Städtebauliche ~ 3 36

Instandsetzungsarbeiten
- Bestehende Anlagen 59 21

Instandsetzungsgebot
- Städtebauliches ~ 3 36

Intensivbegrünung
- Dächer 32 18

Interessentenwege 4 41

Jagdausübungsberechtigte 72 36
Jagdgenossenschaften 72 36
Jagdpächter 72 41
Jägerstände 62 217
Jauche
- Offene Behälter für ~ und Flüssigmist 62 101

Jugendhilfe
- Einrichtung der ~ 47 10

Juristische Person
- Baulasten 85 44
- Des privaten oder öffentlichen Rechts 52 10

Justizvollzugsanstalten 50 66

Kaltentrauchung 35 49
Kampfmittel
- Belastung von Baugrundstücken durch ~ 13 43 ff.
- Verdacht auf ~ 13 45

Kanalisationsnetze 1 179, 182
Kehrverpflichtung 32 45 f.
Kellerbrände 27 15
- Decken 31 9

Kellergeschoss 2 230, 249, 274; 27 15
- Aufenthaltsräume 29 2; 46 12, 20
- Decken 31 9

- Notwendige Öffnungen 37 17 f.
- Notwendige Treppenräume 35 21
- Rettungswege 33 10
- Wände und Stützen im ~ 27 4

Kenntnisgabedokument
- MVV TB Ausgabe 2019/1 88 3

Kernbrennstoffe 61 11
Kettenbauweise 6 281
Kindergärten und -horte 50 59
Kinderspielplätze 8 36 ff.; 62 201
- Anordnung 8 49
- Ausstattung 8 53
- Barrierefreiheit 8 75
- Baulast 8 47
- Beschaffenheit 8 53
- Einfaches Baugenehmigungsverfahren 8 6
- Entstehung der Verpflichtung 8 39
- Ersatzlösungen 8 45, 55 ff.
- Gebäude mit mehr als drei Wohnungen 8 42
- Gemeinde 8 61
- Gemeinschaftsanlagen 8 59
- Größe 8 48
- Lage 8 49
- Lageplan 8 54
- Nachträgliche Bereitstellung 8 67 ff.
- Rechtsprechung 8 52
- Schutz von Kleinkindern 8 40
- Verzicht 8 62

Kindertageseinrichtungen
- Notwendige Flure und Gänge 36 13

Kinderwagen
- Abstellflächen für ~ 47 23

Kläranlagen 1 179
Kleine Sonderbauten
- Fachplaner für Brandschutzkonzepte 54 33
- Trennwände 29 23

Kleine Zulassung 22 2
Kleingaragen 2 318
- Bauvorlageberechtigung 67 19
- Offene ~ 2 317; 6 515; 62 197
- Typengenehmigung 66 5

Kleinkinderspielflächen 2 77; 62 140
- Ausstattung 89 46
- Baulast 85 33
- Bereitstellung 64 33
- Beschaffenheit 89 45
- Größe 89 44
- Lage 89 43
- Mustersatzung 89 48

Stichwortverzeichnis

- Private - **62** 135
- Spielflächen i.S.d. § 8 Abs. 2 **89** 42
- Unterhaltung **89** 47

Kleinkinderspielplätze 62 202
Kleinsiedlungsgebiete
- Stellplätze, Garagen und Fahrradabstellplätze **48** 21

Kleinstgaststätten
- Sanitäre Anlagen **43** 17

Kleintierhaltung 6 239
Kleinwindanlagen 62 59 f.
Klimaanlagen 41 10
Kniestock 29 32
Kochnische 47 18
Koexistenzperiode
- Ablauf der - **19** 14
- Beginn **19** 14

Kohlenmonoxydkonzentrationen 15 5
Kommunalabwasserverordnung 1 177
Kompostanlagen 62 103
Konformitätsvermutung
- Bauprodukt **19** 7

Kontaktkorrosion 13 31
Koordinierung
- Der Arbeiten **56** 11

Koordinierungspflicht
- Entwurfsverfassende **54** 31

Kopffreiheit 16 4
Kraftfahrzeuge 2 319
- Ausstellungs-, Verkaufs-, Werk- und Lagerräume für - **2** 325
- Begriff **2** 310

Kräne und Krananlagen 1 189 ff.
- Auf befestigten Lagerplätzen oder in Werkhallen **1** 192
- Begriff Maschine **1** 191
- BetrSichV **1** 189
- Hebe- und Fördereinrichtungen **1** 189
- Kranbahnträger **1** 193
- Maschinenverordnung **1** 190
- ProdSG **1** 189
- Produkte **1** 189
- Technische Arbeitsmittel **1** 189

Krankenhäuser 50 9, 56
Kreislaufwirtschafts- und Abfallgesetz 2 70; **62** 129
Krüppelwalm 6 426
Küche 47 18
Kugelförmige Gebäude 6 431

Kur- und Erholungsorte
- Wohnungseigentum **47** 47

Laden
- Begriff **50** 36

Ladenstraßen 50 35
Lageplan
- Abstandsflächen **6** 129, 132 ff., 148 f.
- Anforderungen **64** 9
- Darstellung zum Nachweis der gesicherten wegemäßigen Erschließung **4** 53 f.
- Freistehende Werbeanlagen **10** 89
- Hydranten und andere Wasserentnahmestellen für Feuerlöschzwecke **4** 59 f.
- Werbeanlagen **10** 91

Lager-, Abstell- und Ausstellungsplätze 2 73 ff.
- Abstellen von Wohnwagen oder Bootsanhängern **2** 74
- Lagerstätten **2** 75 f.

Lagerplätze 62 193
- Befestigte - **2** 16

Lagerräume 27 15
Lagerstätten 2 75 f.
Lagerware 19 14
Land- oder fortwirtschaftliche Betriebe 50 29
Landes- und Kreisstraßen 1 75
Landesbodenschutzgesetz 13 36
Landesstraßenausbaugesetz 1 77
Landesverteidigung
- Sonderregelungen für Vorhaben der - **79** 18

Landschaftsbild 9 45
- Werbeanlagen **10** 77

Landschaftspläne 8 28
Landschaftsrecht 9 13
- Abstandsflächen **6** 57
- Schutzausweisungen nach dem - **9** 56

Landwirtschaftliche Gebäude 2 119
- Decken **31** 12
- Freistehende - **2** 190

Landwirtschaftlicher Betrieb
- Erschließung **4** 15
- Nutzung im Rahmen eines - **62** 24

Lärmschutzwände
- Erdwälle zum Tragen von - **2** 16

Laserdrom 58 24
Lasertag-Spiele 50 54
Lauben 51 8

Stichwortverzeichnis

Leben
- Schutz 3 52 f.

Leerstand
- über einen längeren Zeitraum 74 184

Leistungsbeständigkeit
- Bauprodukt 19 14
- Bewertung und Überprüfung 19 17, 20
- Europäische Technische Bewertung (ETB) 19 15

Leistungserklärung (LE) 19 20
- Aufbewahrung 19 20

Leitlinien 19 3

Leitungen für die öffentliche Ver- und Entsorgung 1 150 ff.
- Abwasserentsorgung 1 151
- Anlagenbegriff 1 155
- Anschluss- und Benutzungszwang 1 152
- Bauplanungsrechtliche Einordnung 1 154
- Begriff Leitung 1 155
- Eingriff in Natur und Landschaft 1 154
- Elektrizitätsversorgung 1 153
- Enger Leitungsbegriff 1 156
- Erdgas 1 153
- Ferntransport 1 153
- Fernwärme 1 153
- Gruppen von Leitungen 1 151
- Keine unmittelbaren Leitungsbestandteile 1 156
- Leitungen über private Grundstücke 1 154
- Masten, Unterstützungen sowie unterirdischen Anlagen und Einrichtungen 1 157
- Oberirdische Versorgungsleitungen 1 156
- Öffentliche Ver- oder Entsorgung 1 152
- Rohre und Kabel 1 155
- Sämtliche Bestandteile der öffentlichen Ver- oder Entsorgungsanlage 1 155
- Telekommunikation 1 151
- Trinkwasser 1 153
- Überschneidungen 1 153
- Unterirdische oder oberirdische Leitungsführung 1 154
- Wasser, Gas, Elektrizität und Wärme 1 151

Leitungsanlagen
- Notwendige Treppenräume 35 37

Leitungsanlagen, Installationsschächte und -kanäle
- Abweichungen von der MLAR 40 18 ff.
- Änderungen gegenüber der BauO NRW 2000 40 1 ff.
- Brennbare und nichtbrennbare ~ 40 2
- Funktionserhalt von elektrischen ~ 40 9
- Grundlegende bauordnungsrechtliche Anforderungen 40 1 ff.
- In Rettungswegen 40 16 f.
- Leitungsdurchführung, Installationsschächte und Kanäle 40 10 ff.
- Mindestabstand zwischen Abschottungen 40 14
- Muster-Leitungsanlagenrichtlinie -MLAR 40 4 ff.
- Nachweis der Gleichwertigkeit einer alternativen Lösung 40 19 f.
- Nutzbarkeit der Rettungswege 40 2
- Rohrleitungsanlagen 40 3
- Sicherheitstechnische Einrichtungen und Anlagen 40 7
- Thermische Längenänderung 40 3
- Thermische Wärmeleitung 40 3
- Vorbeugung einer Brandausbreitung 40 11

Lichtimmissionen
- Baustelle 11 24 f.
- Runderlass »~, Messung, Beurteilung und Verminderung« 10 145

Lichtkuppeln 32 15, 23

Liegenschaftskataster 1 32; 4 69
- Änderung im ~ 7 12
- Eintragungssperre 7 44 ff.

Litfaßsäulen 10 48, 177

Löscharbeiten
- Ermöglichung wirksamer ~ 29 6 f.

Löschung
- Baulasten 85 64

Löschwasserversorgung 4 2, 4; 14 49 ff.
- Anforderungen an eine ausreichende ~ 4 57
- Bauordnungsrechtliche Anforderungen an ~ 4 5
- Löschwasserbedarf 14 55
- Sicherung 4 55 ff.

Luftfahrzeug
- Legaldefinition 1 125

Lüftungsanlagen 30 56; 62 54
- Änderungen gegenüber der BauO NRW 2000 41 1 ff.
- Bauzeichnungen 41 9
- Betriebssicherheit 41 10 ff.
- Brandschutz 41 13 ff.
- Brandschutzkonzept 41 9
- Brennbare und nichtbrennbare ~ 41 15

2015

Stichwortverzeichnis

- Erhaltung der baulichen Substanz 41 1
- Erleichterungen für bestimmte Gebäudeklassen und Nutzungen 41 24 ff.
- Feuerungsanlagen 41 12
- Filter 41 20
- Filtermedien 41 21
- Gasfeuerstätten 41 4
- Genehmigungspflicht 41 9
- Gesundheitsschutz 41 1
- In Abgasanlagen 41 22 f.
- Klimaanlagen 41 10
- Muster-Lüftungsanlagen-Richtlinie 41 6, 8, 17
- Nachweis der Feuerwiderstandsfähigkeit 41 16
- Pflicht zum Einbau 41 3 f.
- Raumlufttechnische Anlagen 41 10
- RLT-Anlagen und Warmluftheizungen 41 27 f.
- Schallschutz 41 2
- Schwingungen 41 2
- Sonderbauten 41 11
- Sonderbauverordnung 41 5
- Thermische Längenänderung 41 15
- Thermische Wärmeleitung 41 15
- Unzumutbare Belästigungen 41 2
- Vermeidung der Geruchs- und Staubübertragung 41 19 ff.
- Verwendbarkeitsnachweise 41 16
- VV TB NRW 41 7
- Warmluftheizungen 41 10

Lüftungsleitungen 29 40; 31 25

Luftverkehrsanlage
- Begriffsbestimmung der öffentlichen - 1 125

Luftverkehrsrecht
- Luftverkehrsgesetz 1 124
- Luftverkehrsrechtliches Genehmigungsverfahren 1 128
- Werbeanlagen 10 45 ff.

LWG 1 177

Magnetschwebebahnen 1 96 f.

Maisonettewohnung
- Rettungswege 33 11

Mängel
- Beseitigung festgestellter - 56 10
- Feststellung von - 84 50

Mansarddächer 6 423

Markisen 2 133; 62 217

Maschinen 2 46 ff.
- Abgrenzung 2 45
- Anlagen 2 49
- Bestandteil von Feuerungs-, Wärme- oder Brennstoffversorgungsanlagen 2 49
- Ersatzstromversorgungsanlagen 2 49
- Legaldefinition 2 47
- Maschinenbau 2 49
- Maschinenverordnung 2 47 f.
- ProdSG 2 46
- Windenergieanlagen 2 50

Maschinenbau 2 49

Maschinenfundamente 62 217

Maschinenverordnung 2 47 f.
- Kräne und Krananlagen 1 190

Maßbestimmungsfaktoren
- Vollgeschosse 2 259 ff.

Maßfestsetzungen
- Abstandsflächen 6 217

Maßregelvollzug
- Bauliche Anlagen für - 50 66

Masten, Antennen und ähnliche Anlagen 62 71 ff.
- Antennenanlagen 62 75 ff.
- Austausch von einzelnen Antennen an bestehenden Masten 62 83
- Blitzschutzanlagen 62 92
- Energieleitungen 62 87
- Fahnenmasten 62 89
- Flutlichtmasten auf Sportanlagen 62 91
- Funkanlagen 62 73
- Funkstationen der Eisenbahnen 62 72
- Masten aus Gründen des Brauchtums 62 90
- Masten und Unterstützungen 62 85
- Mobilfunkanlagen 62 80 ff.
- Ortsveränderliche Antennenträger 62 84
- Parabolantennenanlagen 62 71 ff.
- Sehr hohe Anlagen 62 79
- Seilbahnen 62 88
- Sonstige Antennen und Sendeanlagen 62 71

Mauern und Einfriedungen 62 106 ff.
- Einfriedungen 62 110
- Einfriedungen im Außenbereich 62 115

- Einfriedungen, die dem städtebaulichen Begriff der baulichen Anlage unterfallen 62 113
- Freistellungsgrenze 62 114
- Hecke als Einfriedung 62 112
- Mauern 62 109
- Offene Einfriedungen für landwirtschaftliche Hobbynutzungen 62 119
- Offene, sockellose Einfriedungen für Grundstücke 62 116 ff.
- Stützmauern 62 107

Mauerwerk
- Feuchtigkeitsansammlungen im ~ 15 5

Mega-Light-Wechselanlagen 10 142

Merkblatt
- Für den Antrag auf Erteilung einer Zustimmung im Einzelfall 23 2

Messestände 1 194 ff.
- Neu eingefügte Nr. 6 1 194
- Sicherheit 1 194

Mietverträge
- Untersagung des Abschlusses von ~ 82 23

Mindestwohnflächen 46 8

Miteigentümer
- Beteiligung der Angrenzer 72 34

Mitteilungs- und Unterrichtungspflichten 86 40
- Baugenehmigung 74 275 ff.
- Bauherrschaft 53 25 ff.
- Bzgl. Bauleiter, -wechsel 53 29 ff.
- Gegenüber anderen Verwaltungsdienststellen 63 100

Mittel- und Großgaragen
- Zu- und Abfahrten vor ~ 4 32

Mittelgaragen 2 318
- Genehmigungsfreistellung 63 74 ff.
- Geschlossene ~ mit natürlicher Lüftung 68 14

Mobilfunkanlagen 6 181, 432; 13 32; 50 28; 62 80 ff.; 72 255 f.

Mobilitätshilfen
- Abstellflächen für ~ 47 23

Modernisierungsmaßnahmen 3 28
- Stellplätze, Garagen und Fahrradabstellplätze 48 44

Modifikationen
- Bauprodukt 19 10
- Von europäischen Bauprodukten 19 25

Musikfestivals
- Auf Freiflächen 50 48

Muster-Lüftungsanlagenrichtlinie Vor §§ 39–45 3; 41 6, 8, 17

Muster-Leitungsanlagenrichtlinie Vor §§ 39–45 3; 40 4 ff.

Mustersatzung
- Kleinkinderspielflächen 89 48

Mutterboden
- Baustelle 11 9

MVV TB Ausgabe 2019/1
- Entwurf 88 3
- Kenntnisgabedokument 88 3

Nachbargemeinde 72 236, 239

Nachbargrenze
- Anbauen an die ~ 6 202 ff.

Nachbarn
- Anfechtung der Baugenehmigung durch den ~ 64 5
- Unterscheidung zwischen Angrenzer und ~ 72 24 f.

Nachbarrecht
- Öffentliches ~ s. dort

Nachbarschutz 3 63 ff.; 6 60 ff.; 9 18
- Abstandsflächen 6 158, 278
- Abstandflächenrecht 6 61 ff.
- Abstandsflächenregeln im Verhältnis zum Nachbarrechtsgesetz NRW 6 97 ff.
- Abweichungen 69 29 ff.
- Ältere Stadtquartiere 6 78
- Angemessener Interessenausgleich 6 89
- Baugenehmigung 74 37
- Bauplanungsrechtliches Gebot der Rücksichtnahme 6 82 ff.
- Bestandsschutz 6 73 ff.
- Brandschutz 14 19
- Brandwände 30 1
- Bürohausfall 6 96
- Dächer 32 23
- Erdrückende Wirkung 6 85
- Fehlentwicklungen 6 81
- Gebäude in älteren Bebauungsstrukturen 6 84
- Genehmigungsfreistellung 63 7 ff.
- Grenzgaragen und Gebäude 6 530
- Hochhausfall 6 92
- Nachbarschützende Bestimmungen 7 30

2017

Stichwortverzeichnis

- Optimum an Tageslichtversorgung 6 80
- Präsentierteller 6 95
- Private Wegeparzellen 6 79
- Qualität der Beeinträchtigung 6 72
- Reihenhausfall 6 94
- Schriftliche Zustimmung 6 66
- Silofall 6 93
- Standsicherheit 12 1
- Stellplätze, Garagen und Fahrradabstellplätze 48 16
- Stillschweigende Zustimmung 6 68
- Teilbaugenehmigung 76 10
- Veränderung der Geländeoberfläche 8 81
- Verstoß gegen Treu und Glauben 6 69
- Werbeanlagen 10 8 f.
- Zugänge und Zufahrten 5 8

Nachtarbeit
- Genehmigung für ~ 11 14

Nachtrag
- Bauantrag 70 12 ff.

Nachtragsbaugenehmigung 64 10; 75 12

Nachweis der Verwendbarkeit von Bauprodukten im Einzelfall 23 1 ff.
- Änderungen gegenüber der BauO NRW 2000 und 2016 23 1 ff.

Nachweise 86 43
- Bautechnische ~ 63 56 ff.
- Bautechnische ~ für alle Gebäude 66 26
- Brandverhalten von Baustoffen und Bauteilen 26 39
- Der Gleichwertigkeit 88 24
- Schallschutz und Wärmeschutz 63 60 f.
- Und Unterlagen 88 13

Nachweispflichten
- Abweichungen 69 48 f.
- Bauherrschaft 53 25 f.
- Stellplätze, Garagen und Fahrradabstellplätze 48 13
- Unternehmen 55 29 f.

NANDO Datenbank 19 18

Nassauskiesungsentscheidung 72 130

Nationale Anwendungs- und Ausführungsregelungen
- Abweichungen 19 26

Naturbrandmodelle 27 3

Naturdenkmäler 89 40

Natürliche Person 52 10

Naturschutz- und Landschaftsrecht 2 30 ff.
- Werbeanlagen 10 76 f.

NAV 1 163

NDAV 1 163

Nebenanlagen 1 133 ff.
- Begriff 1 135; 2 174 ff.
- Untergeordnete ~ 6 239
- Zulässigkeit 6 240

Nebenbestimmungen 69 83; 74 83, 229 ff.
- Allgemein bauaufsichtliche Zulassung 21 10
- Auflage 74 238
- Baugenehmigung 74 83
- Bedingung 74 239
- Befristung 74 241
- Bezeichnung 74 237
- Grundstücksteilung 7 27
- Isoliert anfechtbare ~ 74 84 ff.
- Modifizierende Auflage 74 236, 240
- Rechtswidrige Beifügung einer Auflage 74 233
- Veränderung der Geländeoberfläche 8 87
- Zweck des Verwaltungsakts 74 236

Nebenbetriebe 1 133 ff.
- Begriff 1 136

Nebenerwerbsbetrieb 62 25

Nebengebäude 2 119, 174 ff.; 6 168, 516
- Abstandsflächen 6 272
- Begriff 2 174 ff.
- Begriff Nebenanlage 2 174 ff.
- Genehmigungsfreistellung 63 17

Negativattest 7 45

Neues Konzept für die Produktregulierung und das Gesamtkonzept für die Konformitätsbewertung (engl. New Approach) 19 1

Nicht überbaute Flächen bebauter Grundstücke
- Änderungen gegenüber der BauO NRW 2000 8 1
- Begrünung und Bepflanzung *s. dort*
- Beschaffenheit 8 8 ff.
- Darstellungen im Lageplan 8 31
- Gebäude oder sonstige Hochbauten 8 11
- Grundstücksoberfläche 8 1 ff.
- Rechtspflichten des Bauherrn 8 2 ff.
- Verwendung in zeitlichem Zusammenhang mit dem Hauptbauvorhaben 8 12
- Vorrang abweichender Regelungen 8 35
- Wasseraufnahmefähigkeit *s. dort*
- Zulässige Verwendung 8 12 f.

Stichwortverzeichnis

Nicht wesentliche Abweichung
- Bauarten 17 23 ff.
- Gilt als Übereinstimmung 24 4

Niederschlagswasser 1 178

Niederspannungsrichtlinie
- CE-Kennzeichnung aufgrund – 19 2

Nießbraucher
- Beteiligung der Angrenzer 72 36

Nießbrauchsrecht 85 6

Nordlage
- Verbot der – aller Wohn- und Schlafräume 46 21
- Verbot reiner – 47 20

Notifizierte Stellen 19 18

Notleiter
- Mit Rückenschutz 33 27

Notwegerecht 4 43, 48

Notwendige Flure und Gänge
- Abmessungen 36 14 ff.
- Änderungen gegenüber der BauO NW 1984, 1995 und 2000 36 1 ff.
- Bekleidungen, Unterdecken, Dämmstoffe 36 48 ff.
- Brandschutzverglasungen 36 32
- Brüstung 36 43
- Büro- oder Verwaltungsnutzung 36 8
- Feuerhemmende Verglasungen 36 36
- Fluchttunnel 36 27
- Flurtrennwände im Gebäudeinnern 36 24 ff.
- Flurwände im Bereich offener Gänge 36 42 ff.
- Innerhalb von Wohnungen 36 6, 12
- Kindertageseinrichtungen 36 13
- Längenbegrenzung 36 20 ff.
- Legaldefinition 36 4 ff.
- Lichtdurchlässige Flächen in Wänden 36 38
- Nutzbare Breite 36 14
- Oberlicht 36 37
- Rauchabschnitte 36 18 ff.
- Rettungsweg 36 1 f.
- Schulen 36 53
- Sicherheitstreppenraum 36 20
- Stichflure 36 18 ff.
- Stolpergefahren 36 17
- Türen in Flurtrennwänden 36 34
- Überströmöffnungen 36 40
- VV TB NRW 36 25

- Wege innerhalb großer Räume 36 9
- Weniger als drei Stufen 36 17
- Zulässigkeit von Einrichtungsgegenständen 36 52 ff.
- Zulässigkeit von Stufen 36 14 ff.

Notwendige Treppenräume
- Abgestuftes System von Brandschutzanforderungen 35 26
- Abtrennungen innerhalb eines Treppenraumes 35 6
- Änderungen gegenüber der BauO NRW 2000 35 1
- Anforderungen an Öffnungen 35 38 ff.
- Anforderungen an Wände 35 26 ff.
- Anordnung 35 14 f.
- Aufzug 35 6
- Ausbildung – 35 5 ff.
- Ausgang ins Freie 35 22 ff.
- Ausnahmen 35 7 ff.
- Beherbergungsstätten 35 4
- Beleuchtung 35 44
- Belüftung 35 45 ff.
- Bezüge zu anderen Normen 35 4
- Brandschutz 35 1
- Dachflächenfenster 35 50
- Feuerhemmende, rauchdichte und selbstschließende Abschlüsse 35 39
- Funktion der Norm 35 1 ff.
- Gebäudeklasse 5 35 48
- Geschosse mit mehr als vier Wohnungen 35 51
- Grundforderung nach – 35 5 f.
- Herstellung 33 26
- Holzverkleidung der Wände im Treppenraum 35 37
- Industriebaurichtlinie 35 4
- Kaltentrauchung 35 49
- Kellergeschosse 35 21
- Leitungsanlagen 35 37
- Möglichkeit der Entrauchung 35 45
- Oberer Abschluss 35 32
- Öffenbare Fenster 35 49
- Öffnung zur Rauchableitung 35 48 ff.
- Rauchschutztüren 35 40
- Rettungswege 35 1
- Schulbaurichtlinie 35 4
- Schutz der Bewohner 35 3
- Sicherheitsbeleuchtung 35 44

Stichwortverzeichnis

- Sicherheitstreppenraum als Alternative 35 16 ff.
- Verengung von Rettungswegen 35 37
- Verkaufsstätten 35 4
- Versammlungsstätten 35 4
- Vorgaben für Bekleidungen, Fußbodenbeläge 35 33 ff.
- Wohnungen 35 40
- Zugang zum ~ 35 19 ff.

Nutzungsänderung 3 72, 105 ff.; 64 14
- § 1 Abs. 6 BauGB 3 113
- Abstandsflächen 6 42
- Anforderungen des Bauordnungsrechts 3 111
- Anforderungen des Bauplanungsrechts 3 111
- BauNVO 3 114
- Bauvorlageberechtigung 67 11
- Begriff 3 105 f.
- Beispiele 3 110
- Bestehender großer Sonderbauten 64 15
- Brandschutz 14 11
- Denkmaleigenschaft 3 116
- Formell-illegale ~ 3 108
- Freistellung von ~ 62 218 ff.
- Genehmigungspflichtige ~ 3 107
- Nutzungsaufgabe 3 116
- Ungenehmigte ~ 86 45
- Vorhaben i.S.d. § 29 Abs. 1 BauGB 3 112
- Vorschriften des Immissionsschutzes 3 115

Nutzungsänderungen und bauliche Änderungen 6 551 ff.
- Begriff »Änderung« 6 563
- Begriff »Nutzungsänderung« 6 564
- Bestandsschutz 6 551
- Bestehende Gebäude 6 559 f.
- Grenzständige Gebäude 6 561

Nutzungsaufgabe 3 116

Nutzungsaufnahme
- Bei nicht ordnungsgemäßer Fertigstellung 86 53

Nutzungsdienstbarkeit 85 9

Nutzungseinheiten 2 127
- Begriff 72 85
- Flächenberechnung 2 208

Nutzungsunterbrechung
- Verlust des Bestandsschutzes durch längere ~ 6 43

Nutzungsuntersagung
- Änderungen gegenüber der BauO NRW 2000 82 1
- Ermächtigung für Bauaufsichtsbehörde zum Einschreiten 82 1
- Formelle Illegalität 82 20
- Materielle Illegalität 82 19
- Offensichtliche Genehmigungsfähigkeit 82 24
- Öffentliches Interesse an der Vollziehung 82 26
- Unterfall der Beseitigungsanordnung 82 17
- Untersagung des Abschlusses von Mietverträgen 82 23
- Vertrauen auf die Zulässigkeit einer Nutzungsänderung 82 26
- Vorläufige ~ 82 21 f.

Oberirdische Geschosse 2 236 ff.
- Beispiel für die Bemessung in stark hängigem Gelände 2 245
- Bemessung nach dem Additionsverfahren 2 243
- Bemessung nach dem arithmetischen Mittel 2 237 f.
- Deckenoberkante 2 237
- Flächen-Vergleichsverfahren 2 239
- Oberirdisch 2 236
- Volumen-Vergleichsverfahren 2 240

Oberirdische Gewässer 6 341
- Bis zur Mitte der öffentlichen Flächen 6 342
- Öffentliche Wasserfläche 6 341

Oberlichter 32 15, 23; 36 37

Oberste Bauaufsichtsbehörde
- Vollzugshinweise 24 14

Offenhaltepflicht 84 37

Öffentliche Bekanntmachung
- Allgemein bauaufsichtliche Zulassung 21 19

Öffentliche Eisenbahnen 1 81 ff.
- AEG 1 85
- Bau und Änderung von Eisenbahnbetriebsanlagen 1 91
- Bau und Betrieb von Eisenbahnanlagen 1 85
- Bau und Betrieb von Grubenbahnen 1 99
- Bauliche Anforderungen an regelspurige Eisenbahnen 1 94

Stichwortverzeichnis

- Bedarfsplan nach dem Bundesschienenwegeausbaugesetz 1 91
- Begriff Eisenbahn 1 81
- Betriebsanlagen 1 91
- Eisenbahnbetriebsbezogenheit 1 91
- Eisenbahnen im Sinne des § 2 Abs. 1 AEG 1 86
- Eisenbahnneuordnungsgesetz 1 84
- Eisenbahnrechtliches Planungsverfahren 1 91
- Entwicklung 1 82
- Entwidmung 1 92
- Nicht-Bundeseisenbahnen 1 98
- Nichtöffentliche Eisenbahnen 1 90
- Pflicht, Betrieb sicher zu führen 1 94
- Reichweite der eisenbahnrechtlichen Planfeststellung 1 93
- Seilbahnen und Zahnradbahnen 1 100
- Stadtbahnen 1 81
- Stadtschnellbahnen 1 81
- Überörtliches Verkehrsmittel 1 84
- Unternehmensgenehmigung 1 91
- Verfahrensprivileg 1 95
- Widmung 1 92

Öffentliche Flugplätze 1 124 ff.
- Abgrenzung von Luftverkehrs- und Baurecht 1 129 f.
- Allgemeine Benutzbarkeit 1 127
- Baubeschränkungen 1 128
- Bauschutzbereich 1 128
- Begriff Flugplatz 1 126
- Begriffsbestimmung der öffentlichen Luftverkehrsanlage 1 125
- Flugmodellplätze 1 126
- Gesetz zum Schutz gegen Fluglärm 1 128
- Hochbauten 1 128 f.
- Landeplätze für einen begrenzten Benutzerkreis 1 127
- Lärmschutzbereiche für Verkehrsflughäfen 1 128
- Legaldefinition des Luftfahrzeugs 1 125
- Luftverkehrsgesetz 1 124
- Luftverkehrsrechtliches Genehmigungsverfahren 1 128
- Militärisch genutzte Flugplätze 1 127
- Militärische Flugplätze 1 128
- Planfeststellung 1 126, 128
- Plangenehmigung 1 126

Öffentliche Ordnung
- Anwendungsbereich 3 61
- Bedeutung 3 61
- Begriff 3 59 ff.
- Im polizeirechtlichen Sinne 3 60

Öffentliche Parkplätze 48 7

Öffentliche Sicherheit
- Allgemeine Anforderungen der §§ 9-16 BauO NRW 3 51
- Begriff 3 50
- Gesundheit 3 54
- Integrität der Rechtsordnung 3 51
- Keine generelle Umweltverträglichkeitsprüfung 3 58
- Leben und Gesundheit 3 52
- Natürliche Lebensgrundlagen 3 52, 56 ff.
- Schutz des Lebens 3 53
- Unversehrtheit von Leben, Gesundheit, Würde, Freiheit und Vermögen 3 51

Öffentliche Straßen, Wege und Plätze 1 61 ff.
- Anbaubeschränkungszonen 1 74 f.
- Anbauverbots- und Anbaubeschränkungszonen 1 65
- Anforderungen an die Sicherheit und Ordnung 1 70, 80
- Begriff der öffentlichen Straße 1 64
- Begriffsbestimmung der öffentlichen Straße 1 72
- Bundesautobahnen 1 64
- Bundesfernstraßen 1 65
- Bundesstraßen mit den Ortsdurchfahrten 1 64
- Fernstraßenausbaugesetz 1 68
- Gemeindestraßen 1 73
- Gemeingebrauch 1 79
- Klassifizierte Straßen 1 63
- Landes- und Kreisstraßen 1 75
- Landesstraßenausbaugesetz 1 77
- Linienbestimmung 1 69, 77
- Örtlicher Straßenverkehr 1 62
- Schutzwald 1 74
- Sondergebrauch 1 79
- Sondernutzung 1 79
- Straßenaufsicht 1 71
- Straßenbaulast 1 67, 76
- Straßenrecht 1 61 ff.
- Straßenrechtliche Generalklausel 1 70
- Träger der Straßenbaulast 1 70

2021

Stichwortverzeichnis

- Überörtlicher Straßenverkehr 1 63
- Verfahrensrechtliche Privilegierung 1 71
- Zweistufiges Planungsverfahren 1 77

Öffentliche Verkehrsanlagen 1 49
- Anschlussbahnen und Anschlussgleise 1 52
- Außengastronomie auf Platz- oder Gehwegflächen 1 60
- Bauplanungs- und Fachplanungsrecht im Verhältnis zur BauO NRW 1 53
- Bebauungsplanverfahren 1 54
- Beschränkung des Fachplanungsrechts 1 58 f.
- Dauernde Außerdienststellung 1 51
- Entwidmung 1 51
- Erschließung 1 54
- Freigabeerklärung 1 51
- Gemeinschaftsstellplätze oder -garagen 1 52
- Legalplanung 1 53
- Park + Ride-Anlage 1 50
- Parkplatz 1 50
- Pkw-Stellplatzanlagen zu Einzelhandelsbetrieben 1 52
- Planfeststellungsverfahren 1 55
- Plangenehmigung 1 55
- Private Parkplätze 1 52
- Private Tief- oder Hochgaragen 1 52
- Private Verkehrsanlagen 1 52
- Vorhaben, die keinen verkehrlichen Zwecken dienen 1 59
- Widmung 1 50
- Widmungsverfügung 1 50
- Zufahrten 1 52

Öffentliche Wasserstraßen 1 111 ff.
- Binnenwasserstraßen 1 111
- Bundeswasserstraßen *s. dort*
- Bundeswasserstraßengesetz 1 111
- Gewässerteil im Eigentum des Landes oder einer Gemeinde 1 113
- Gewässerteile 1 111
- Preußisches Wassergesetz 1 111
- Staatsvertrag betreffend den Übergang der Wasserstraßen von den Ländern auf das Reich 1 111
- Verzeichnis der Reichswasserstraßen 1 111

Öffentliches Nachbarrecht
- Abstandsflächenbaulast 72 272
- Abwehranspruch als Korrelat zum Anspruch des Bauherrn auf Genehmigung 72 264

- Anfechtungsklage 72 293
- Art der baulichen Nutzung 72 220
- Baugebietsüberschreitender Nachbarschutz 72 227
- Bauordnungsrecht 72 173 ff.
- Bauplanungsrecht 72 217 ff.
- Bauweise 72 224
- Beeinträchtigung Dritter durch Baugenehmigung 72 126
- Befreiungsvorschrift des § 31 Abs. 2 BauGB 72 229
- Biogasanlage 72 254
- Einfügungsgebot des § 34 Abs. 1 BauGB 72 234
- Einwand des Rechtsmissbrauchs 72 262
- Ermessensspielraum 72 259
- Ersatzanspruch nach § 39 Abs. 1 Buchst. b OBG 72 303 ff.
- Festsetzungen von Bebauungsplänen 72 217 ff.
- Folgenbeseitigungsanspruch 72 260
- Folgenbeseitigungslast 72 260
- Freizeitlärm-Richtlinie 72 251
- Frist zur Erhebung der Klage 72 287
- Gebietserhaltungsanspruch 72 235
- Geruchsbelästigungen 72 254
- Gleichrangigkeitsthese 72 128
- Grenzwerte für elektromagnetische Felder 72 255 f.
- Grundgesetz als Anspruchsgrundlage 72 163 ff.
- Grundsatz von Treu und Glauben 72 261
- Immissionsschutzrecht 72 242 ff.
- Jahresfrist 72 289
- Maß der baulichen Nutzung 72 223
- Materielle Voraussetzungen 72 264 ff.
- Mobilfunkstrahlen 72 255 f.
- Nachbargemeinde 72 236, 239
- Nachbarrechtsverletzende Vorhaben öffentlicher Bauherren 72 263
- Nachbarschutz als Aufgabe der Behörden 72 132
- Nassauskiesungsentscheidung 72 130
- Öffentliche Belange 72 237 f.
- Öffentlich-rechtlicher Nachbarschutz 72 127
- Planerischer Trennungsgrundsatz 72 246
- Privilegierte Vorhaben 72 237

Stichwortverzeichnis

- Rechtsmissbrauch 72 131
- Rechtsprechung 72 133
- Rechtsschutz gegen rechtswidriges Bauen 72 258 ff.
- Rechtsschutzinteresse 72 297
- Rechtsschutzverfahren des Nachbarn 72 258 ff.
- Rücksichtnahmegebot *s. dort*
- Schadensersatz und Entschädigung 72 300 ff.
- Schadensersatzanspruch nach § 823 Abs. 2 BGB unmittelbar gegen Bauherrn 72 302
- Schadensersatzanspruch wegen Amtspflichtverletzung 72 300 ff.
- Schutznormtheorie 72 134 ff.
- Sportanlagenlärmschutzverordnung 72 249
- Störfall-Verordnung 72 247
- Systematik des Drittschutzes 72 125 ff.
- TA-Lärm 72 248
- Tatsächliche Beeinträchtigung 72 269 ff.
- Überbaubare Grundstücksflächen 72 225
- Übersicht nachbarschützender Vorschriften 72 173 ff.
- Unerträglicher Nachteil 72 165
- Ungenehmigte Vorhaben 72 274
- Unterlassungsanspruch gegen Störungen 72 242
- Verfahrensrechtliche Aspekte 72 287 ff.
- Verlust von Nachbarabwehrrechten 72 272 ff.
- Verpflichtungsklage 72 291, 295 f.
- Verstoß gegen Treu und Glauben 72 274, 285
- Verwirkung 72 273, 275 ff.
- Verzicht auf Nachbarrechte 72 272
- Vorbeugende Unterlassungsklage 72 290
- Vorläufiger Rechtsschutz nach § 123 VwGO 72 298
- Wertminderung seines Grundstücks 72 300
- Wesentlichkeit der Beeinträchtigung 72 129
- Zivilrechtlicher Nachbarschutz 72 128
- Zumutbarkeit 72 221

Öffentlichkeitsbeteiligung 72 48
- Abstandsermittlung 72 95 ff.
- Achtungsabstand 72 97
- Änderungen gegenüber der BauO NRW 2000 72 1 ff.
- Antrag des Bauherrn 72 75
- Anwendungsbereich der fakultativen ~ 72
- Anwendungsbereich der obligatorischen ~ 72 80 ff.
- Art der Bekanntmachung 72 79
- Auslegungsbekanntmachung *s. dort*
- Bauaufsichtliche Zustimmung 79 13
- Bedeutung der Vorschrift 72 21 ff.
- Begriff der Nutzungseinheit 72 85
- Begründung der Entscheidung 72 119 ff.
- Beteiligung zu Aspekten der Barrierefreiheit 72 122 ff.
- Entscheidungsbekanntgabe 72 113 ff.
- Erfasste Schutzobjekte 72 81 f.
- Erholungsgebiete 72 93
- Ermessensspielraum 72 76 ff.
- Mindestabstand zu einem Störfallbetrieb 72 17
- Öffentlich zugängliche Anlagen 72 89 ff.
- Pflicht zur ~ 72 18
- Präklusionsregelung 72 110 ff.
- Schutzbedürftigkeit des Nutzerkreises 72 94
- Schwellenwert 72 84 ff.
- Schwellenwertunabhängige Schutzobjekte 72 92 ff.
- Seveso-Richtlinie 72 16 ff., 69 ff.
- Störende Betriebe 72 74
- Überblick über die Regelung 72 69 ff., 80 ff.
- Unionsrechtlicher Hintergrund und Regelungskonzept 72 81 f.
- Verfahrensschritte 72 70 f.
- Voraussetzungen 72 73 ff.
- Vorrang des Bebauungsplanverfahrens 72 98 ff.
- Wohngebäude 72 83 ff.

Omnibusbahnhöfe
- Werbeanlagen 10 52

ÖPNV-Infrastrukturpläne 1 104
Opportunitätsprinzip 58 45
- Ordnungswidrigkeiten 86 18

Ordnungsbehördliche Verordnungen 3 46
Ordnungspflicht
- Beauftragte 53 16

Ordnungsverfügungen 58 25 ff.
- Adressat 58 38 ff.
- Anforderungen an Ordnungsverfügungen 58 32 ff.

2023

Stichwortverzeichnis

- Anhörung 58 34
- Baulasten 85 13
- Bekanntgabe 58 43
- Beratung 58 33
- Bestimmtheitsgebot 58 36 f.
- Durchsetzung von - 58 69 ff.
- Formvorschriften 58 35
- Information 58 33
- Mündliche - 58 29
- Ordnungsverfügung 58 25 ff.
- Rechtsnachfolger des Adressaten 58 42
- Sachverhaltsermittlung 58 32 ff.
- Zustellung 58 43

Ordnungswidrigkeiten Vor §§ 86-91 2
- Abschlussvermerk 86 19
- Änderungen gegenüber der BauO NW 1984, 1995 und 2000 86 1 ff.
- Anhörung des Betroffenen 86 17
- Anzeigepflicht 86 51
- Bauarten 86 35
- Bauprodukt 18 13; 86 37
- Baustelle 11 22
- Baustellenschild 86 34
- Begriffsbestimmung des § 1 OWiG 86 25
- Beseitigungsarbeiten 86 42
- Blankettvorschriften 86 54 f
- Bußgeldbescheid 86 9 ff.
- Bußgeldverfahren 86 9 ff.
- Einhaltung der Wartefrist 86 52
- Einzelne Tatbestände 86 32 ff.
- Fahrlässigkeit 86 30
- Fliegende Bauten 86 50
- Geldbuße nach OWiG 86 1 ff.
- Genehmigungsbedürftige Beseitigungsarbeiten 86 39
- Gerichtliches Verfahren 86 10
- Grundstruktur des Ordnungswidrigkeitenrechts 86 6 ff.
- Haustechnische Anlagen 86 41
- Höhe der Geldbuße 86 19, 61 ff.
- Legaldefinition 86 26
- Materielle Anforderungen des Ordnungswidrigkeitenrechts 86 25 ff.
- Mehrfache sachliche Zuständigkeiten 86 14
- Mitteilungspflichten 86 40
- Nachweise und Bescheinigungen 86 43
- Nutzungsaufnahme bei nicht ordnungsgemäßer Fertigstellung 86 53
- Opportunitätsgrundsatz 86 18
- Örtliche Zuständigkeit 86 13
- Pflicht zur Beauftragung 86 38
- Realisierung von Vorhaben ohne Baugenehmigung 86 44 ff.
- Rechtzeitige Anzeige des Ausführungsbeginns 86 49
- Sachliche Zuständigkeit 86 12
- Sanktionierung von Rechtsverstößen 86 2
- Schwarzbautätigkeit 86 44 ff.
- Tat gleichzeitig Straftat und - 86 15
- Tatbestände mit geringem Unrechtsgehalt 86 4
- Täter 86 28
- Ungenehmigte Nutzung bzw. Nutzungsänderung 86 45
- Unrichtige Angaben, Pläne und Unterlagen 86 56 ff.
- Untersuchungsgrundsatz 86 16
- Ü-Zeichen 86 36
- Verbotsirrtum 86 30
- Verbotswidriges Abstellen von Kraftfahrzeugen und Gegenständen 86 33
- Verfolgungsverjährung 86 11
- Versammlungsstätten 50 47
- Verschulden 86 30
- Verstöße gegen Vorschriften des Bauordnungsrechts 86 29
- Vollstreckungsverfahren 86 10
- Vorhaltung der Baugenehmigung und der Bauvorlagen an der Baustelle 86 48
- Vorsatz 86 30
- Vorverfahren 86 10
- Wider besseres Wissen 86 57
- Zuständigkeiten 86 63 ff.
- Zwangsgeld nach VwVG NW 86 1 ff.
- Zwischenverfahren 86 10

Örtliche Bauvorschriften 1 7; Vor §§ 86–91 5
- Abgrenzung des örtlichen Geltungsbereichs 89 31
- Abweichungen 69 22
- Als Satzung erlassene - 69 11 f.
- Änderungen gegenüber der BauO NW 1984, 1995, 2000 89 1 ff.
- Anforderungen der BauO NRW 89 9
- Äußere Erscheinung baulicher Anlagen 89 30
- Baugestalterische Absicht 89 11 f.

Stichwortverzeichnis

- Baugestaltungsrecht 89 22
- Begrünung 89 69
- Bindung an bauordnungsrechtliche Schutzziele 89 5
- Denkmäler und Naturdenkmäler 89 40
- Durch Bebauungspläne 89 70 ff.
- Einfaches Baugenehmigungsverfahren 64 37 f.
- Ermächtigungen zum Erlass 89 25 ff.
- Gestaltung, Begrünung, Bepflanzungen bestimmter Anlagen 89 57 ff.
- Gestaltungssatzungen 89 28 ff.
- Inhalt und Schranken des Eigentums 89 7
- Inhaltliche und räumliche Bestimmtheit der Satzung 89 14 ff.
- Isolierte Satzungen 89 19
- Keine nachbarschützende Wirkung 89 24
- Kenntnis des Rechts der Verunstaltungsabwehr 89 9
- Kleinkinderspielflächen s. dort
- Mängel der räumlichen Bestimmtheit 89 17
- Ortsbaurecht als Selbstverwaltungsangelegenheit 89 5
- PKW-Stellplätze und Fahrradabstellplätze 89 49 ff.
- Planerische Gestaltungsziele und Grenzen der Satzungsbefugnis 89 6 ff.
- Positive Gestaltungspflege als Selbstverwaltungsaufgabe 89 1 ff.
- Rechtsschutz 89 23
- Schutzsatzungen 89 37 ff.
- Tiefe der Abstandflächen 89 65 ff.
- Verfahrens- und Rechtsschutzaspekte 89 18 ff.
- Verhältnismäßigkeitsprinzip 89 13
- Werbeanlagen und Warenautomaten 89 33 ff.
- Widerspruch zur BauO NRW 89 10
- Zulässigkeit zeichnerischer Darstellungen 89 73

Ortsbild 9 45

Ortsdurchfahrten
- Schilder vor ~ 10 154
- Werbeanlagen 10 66

Ortsfestigkeit
- Bauliche Anlagen 2 37, 55
- Feuerstätten 2 327

Paneele
- Flächige ~ 28 11

Panikbeschläge 33 5

Parabolantenne 2 37; 6 186; 62 71 ff.

Park + Ride-Anlage 1 50

Parkbänke
- Bauliche Anlagen 2 53

Parkhäuser 2 322; 48 7

Parkpaletten 2 322

Parkplätze 1 50; 2 321
- Private ~ 1 52

Pedelecs 48 41

Pergola 62 139 f., 198, 217
- Überdachte ~ 6 187

Personenbeförderungsgesetz 1 101

Personenbeförderungsrecht
- Werbeanlagen 10 41 f.

Personenmehrheit
- Bauherrschaft 53 9, 36 ff.

Personen-Umlaufaufzüge 39 8

Pflege oder Betreuung
- Nutzungseinheiten zum Zwecke der ~ 47 25 ff.
- Von Personen mit Pflegebedürftigkeit oder Behinderung 50 22

Pflege- und Betreuungsleistungen
- Einrichtungen mit ~ 29 27
- Einrichtungen mit Räumen für ~ 50 59 f.

Pflichtaufgaben zur Erfüllung nach Weisung 57 9

Photovoltaikanlagen 32 23, 27 f.

Pipeline-Gesetz 1 185

Pkw-Stellplatzanlagen
- Einzelhandelsbetriebe 1 52

Plakatieren
- Wildes ~ 10 7

Plakattafel 2 16, 41
- An einer Wand 2 37

Pläne
- Unrichtige ~ 86 56 ff.

Planfeststellung 1 126
- Anlagen, Bergaufsicht 1 148
- Bundeswasserstraßen 1 118
- Gewässer erster Ordnung 1 122
- Öffentliche Flugplätze 1 128
- Reichweite der eisenbahnrechtlichen ~ 1 93

Planfeststellungsverfahren 1 55; 61 39 ff.
- Telekommunikation 1 183

2025

Stichwortverzeichnis

Planungsverfahren 1 104
– Eisenbahnrechtliches – 1 91
– Zweistufiges – 1 77
Plattformaufzüge
– Vertikale – 49 14
Plätze
– Außenbereich 62 194
– Ausstellungsplätze, Abstellplätze und Lagerplätze 62 193
– Dacheinstellplätze 62 198
– Fiktive Anlagen 62 193
– Freistellungsgrenze von 100 m² 62 199
– Kinderspielplätze 62 201
– Kleinkinderspielplätze 62 202
– Nicht überdachte Stellplätze für Personenkraftwagen und Motorräder 62 195
– Offene Kleingaragen 62 197
– Pergola 62 198
– Unbefestigte Lager- und Abstellplätze 62 190 ff.
– Wohngebiete 62 194
Polier 56 3
Prismenwendeanlagen 10 75
Private Verkehrsanlagen 1 52
– Brücken bzw. Durchlässe 62 120 ff.
– Untertunnelungen 62 124
– Zugänge und Zufahrten für die Feuerwehr 62 121
Privates Baurecht 1 20
– Anwendungsbereich 1 23 ff.
– Private Rechtsbeziehungen 1 21
– Sachlicher, räumlicher und zeitlicher Anwendungsbereich 1 23 ff.
– Verknüpfung mit öffentlichem Baurecht 1 22
Privatrecht
– Abgrenzung 1 10
Produktinformationsstellen
– Nationale – 18 15
Produktionskontrolle
– Werkseigene – (WPK) 24 5
– Werkseigene – durch den Hersteller 19 17
Produktsicherheitsgesetz 2 46; 42 11
– Aufzüge 39 5, 11
– Erlaubnis nach dem – 61 10
– Kräne und Krananlagen 1 189
Profile
– Linien- oder stabförmige – 28 11
Prostitution 47 9

Prüf-, Überwachungs- und Zertifizierungsstellen
– Verzeichnis 22 4
Prüf-, Zertifizierungs- und Überwachungsstellen 25 1 ff.
– Änderungen gegenüber der BauO NRW 2000 25 1
– Anerkennung 25 7 ff.
– Rechtsnatur der Tätigkeit der Stellen und Pflichten 25 8
– Rechtsnatur und Umfang der Anerkennung 25 12
– Verfahren der Anerkennung 25 11
– Zuständigkeit für die Anerkennung 25 9
Prüfaufzeichnungen und -bescheinigungen
– Aufzüge 39 14
Prüfbericht 3 93
Prüfergebnisse
– Extrapolation 22 6
Prüfingenieure für Baustatik 12 8; 58 107
Prüfstellen 25 3 f.
– Bauaufsichtlich anerkannte Prüfstellen 22 4 ff.
– Richtlinien und Hinweise für – 22 5
Prüfung der städtebaulichen Zulässigkeitsvorschriften 71 22 ff.
– Amtspflichtverletzung 71 40
– Anpassungspflicht an den Flächennutzungsplan 71 30
– Aufstellung eines Bebauungsplanes 71 24
– Bauleitplanung 71 33
– Bauplanungsrechtliche Kontrolle 71 27
– Begriff der baulichen Anlage 71 26
– Begriff des Vorhabens 71 26
– Beteiligung der Gemeinde 71 33 f.
– Beteiligung der Gemeinde bei der Freistellung 71 41 f.
– Bezug zum Fachplanungsrecht 71 30 ff.
– Bundesrechtliche Fristen für das Einvernehmen 71 43 f.
– Einvernehmen der Gemeinde 71 35 ff.
– Einvernehmensregelung 71 25
– Ersetzung des Einvernehmens 71 38 ff.
– Fachplanungen überörtlicher Art 71 30
– Funktion des § 29 BauGB 71 26 ff.
– Mitwirkung der Gemeinde bei der Ausübung des Ermessens 71 25
– Planfeststellung 71 31
– Plangenehmigung 71 31

Stichwortverzeichnis

- Planungshoheit der Gemeinde 71 23 ff., 33 f.
- Überörtliche Planung 71 30
- Veränderungssperre 71 24, 45 f.
- Verzicht auf ein städtebauliches Vorhaben-Genehmigungsverfahren 71 22 ff.
- Vorläufige Untersagung 71 45 ff.
- Vorschriften in Landesgesetzen 71 29
- Zurückstellung 71 45 ff.

Prüfverordnung 87 12
Prüfzeugnis
- Allgemein bauaufsichtliches – s. dort
- Unterschied zur abP 22 9

Pultdächer 6 424
Putativ- oder Scheingefahr 3 43
PÜZ-Verzeichnis 22 4; 24 6

Rahmenbetriebspläne 1 146
Rampen 49 29
Rankgerüst 6 188
Rauchmelder 47 21 f.
Rauchschutztüren 35 40
Räume
- Begriff 2 171

Raumhöhe
- Erforderliche – 46 11 ff.

Realakt 58 27
Rechte Dritter
- Allgemein bauaufsichtliche Zulassung 21 18

Rechtsaufsicht
- Bauaufsichtsbehörden 57 10

Rechtsmissbrauch
- Einwand des – 72 262
- Öffentliches Nachbarrecht 72 131

Rechtsmittelverzicht 74 40
Rechtsnachfolger 72 39
- Beseitigung von Anlagen 82 13
- Bindung des – 72 57
- Geltung für und gegen – 58 94

Rechtssache C-100/13 19 3; 88 2, 4
Rechtsschutz
- Bzgl. Baulärm 11 26
- Des Bauherrn 74 74 ff.
- Des Nachbarn 74 103 ff.
- Ersetzen des gemeindlichen Einvernehmens 73 13 ff., 27
- Örtliche Bauvorschriften 89 23

Rechtsschutzinteresse
- Öffentliches Nachbarrecht 72 297

Rechtsverordnungen 3 5, 46
- Abkommen über das Deutsche Institut für Bautechnik 87 26
- Änderungen gegenüber der BauO NW 1984, 1995, 2000 87 1 f.
- Anwendung der Vorschriften über Bauarten und Bauprodukte 87 29
- Anwendung des Produktsicherheitsrechts 87 30
- Bauproduktenrechtliche Ergänzungen 87 28
- BauPrüfVO 87 23
- Bauvorlagen und Nachweise 87 23 f.
- Bescheinigungen, Bestätigungen und Nachweise 87 24
- Camping- und Wochenendplatzverordnung 87 11
- Feuerungsverordnung 87 10
- Gebühren der Sachverständigen 87 13
- Mitwirkung des zuständigen Landtagsausschusses 87 31
- Neue technische Entwicklungen 87 1 ff.
- Ordnungsbehördliche Verordnungen 87 4
- Prüfverordnung 87 12
- Rechtsverordnungsermächtigungen an anderer Stelle 87 2
- Sonderbauten 87 11
- Stellplätze, Garagen und Fahrradabstellplätze 48 50
- Übertragung von Zuständigkeiten 87 25 ff.
- Verfahrenserleichterung 87 17 ff.
- Verordnung über technische Fachkräfte 87 14
- Verwaltungsvorschriften 87 32 ff.
- Verwirklichung allgemeiner Anforderungen 87 5 ff.
- Wiederkehrende Prüfungen 87 12

Reetdächer 32 8
Referenzgebäude 66 26
- Durchführung des einfachen Baugenehmigungsverfahrens für das – 66 28

Referenzielle Baugenehmigung
- Änderungen gegenüber der BauO NRW 2000 66 1
- Anzeige der Bezugsgebäude 66 30
- Bautechnische Nachweise für alle Gebäude 66 26

2027

Stichwortverzeichnis

- Bauvorlagen für alle Gebäude 66 26
- Bedürfnisse des Bauträgers nach einer gebühren- und zeitsparenden Genehmigungspraxis 66 24
- Bescheinigungen eines staatlich anerkannten Sachverständigen für alle Gebäude 66 26
- Bezugsgebäude 66 26
- Durchführung des einfachen Baugenehmigungsverfahrens für das Referenzgebäude 66 28
- Entlastung der Bauaufsichtsbehörden 66 6
- Entlastung der unteren Bauaufsichtsbehörden 66 24
- Gebührenrelevanz 66 24
- Geltung der ~ 66 31
- Geltung weiterer Vorschriften 66 32 ff.
- Mindestens drei Gebäude 66 27
- Qualifizierter Bebauungsplan 66 25
- Referenzgebäude 66 26
- Voraussetzungen 66 25 ff.
- Vorhabenbezogener Bebauungsplan 66 25

Regale
- Mit einer Lagerhöhe von bis zu 7,50 m 62 208 ff.

Regallager
- Mit einer Oberkante Lagerguthöhe von mehr als 9 m 50 74

Reihengaragen 6 513
Reihenhausfall 6 94
Reit- und Wanderwege
- Einrichtungen für ~ 62 137

Reklameanhänger
- Abstellen von ~ 10 56

Rettungsfenster 37 19; 46 17
Rettungswegbaulast 33 14
Rettungswege
- Abweichungsmöglichkeit 33 25
- Altenwohnungen 33 40
- Änderungen gegenüber der BauO NRW 2000 33 1 ff.
- Anleiterbare Stellen 33 30 f.
- Aufenthaltsraum 33 7 f.
- Auftritt 33 33
- Ausführung der ~ 33 20 ff.
- Begriff 33 3
- Begriff »ins Freie« 33 13 ff.
- Bemessung der ~ 50 46
- Besonderheiten im Bestand 33 54 ff.

- Bis zur öffentlichen Verkehrsfläche 33 14 ff.
- Brüstungshöhe 33 49 ff.
- Dachterrasse 33 8
- Einbau 33 12
- Einbrandherdszenario 33 1
- Einsatz der dreiteiligen Schiebeleiter 33 53
- Einsatztaktik der örtlichen Feuerwehr 33 58
- Entbehrlichkeit eines zweiten Rettungsweges 33 41 ff.
- Erforderlichkeit von zwei ~ 33 2 ff.
- Ersatz für ausgediente Fahrzeuge 33 60
- Fehlen eines zweiten ~ 3 45
- Fluchtwege 33 3
- Führung und Bemessung der ~ 50 26
- Galerie 33 12
- Gaubendächer 33 34
- Gemeinsamer Flur innerhalb eines Geschosses 33 17 ff.
- Geschoss 33 9 ff.
- Großfahrzeuge des Rettungswesens 4 11
- Herstellung eines notwendigen Treppenraumes 33 26
- Hinreichende Leistungsfähigkeit der Feuerwehr 33 55
- Innere Abschottung des Gebäudes 33 6
- Kellergeschoss 33 10
- Kleinteilige Hinterhöfe 33 16
- Maisonettewohnung 33 11
- Mindestbreite 4 32
- Nachträgliche Veränderungen im öffentlichen Straßenraum 33 61
- Notleitern mit Rückenschutz 33 27
- Notwendige Treppe als erster Rettungsweg 33 21 f.
- Notwendige Treppenräume 35 1
- Nutzungseinheit 33 4 ff.
- Öffnungen in Fenstern 33 32
- Panikbeschläge 33 5
- Personenrettung 33 38
- Räume zu ebener Erde 33 45 ff.
- Rechtsprechung des OVG Münster 33 1
- Rettungswegbaulast 33 14
- Schlüsselgewalt 33 4
- Sicherheitstreppenraum 33 42 ff.
- Verengung von ~ 35 37
- Verfügbarkeit der öffentlichen Verkehrsfläche im Brandfall 33 36
- Verhältnis von Deckenöffnungen und ~ 31 22

Stichwortverzeichnis

- Wechselseitige Rettungswegführungen **33** 6
- Wegerecht **33** 14
- Weitere notwendige Treppe **33** 24 ff.
- Wendel- oder Spindeltreppen **33** 25
- Zuverlässig funktionierende zweite Rettungsmöglichkeit **33** 37
- Zweiter ~ **33** 23 ff.
- Zweiter ~ über das Rettungsgerät der Feuerwehr **33** 28 ff.
- Zweiter ~ und Ausstattung der Feuerwehr **33** 48 ff.

Revision **74** 98 ff.

Richtlinien und Hinweise
- Für Prüfstellen **22** 5

Risiko-Management
- Blitzschutzanlagen **45** 10

Rohbau **11** 27
- Arbeiten **55** 8

Rohbaufertigstellung **84** 31 ff.
- Fortsetzung der Bauarbeiten nach ~ **84** 47 ff.

Rohbauunternehmer **55** 11

Rohrdächer **32** 8

Rohrleitungen für den Ferntransport von Stoffen **1** 185 ff.
- Begriff Ferntransport **1** 186
- Erdöl- und Gaspipelines **1** 187
- Errichtung und Betrieb von Rohrfernleitungsanlagen **1** 188
- Pipeline-Gesetz **1** 185
- Produktenleitungen **1** 187
- Verordnung über Rohrfernleitungsanlagen **1** 185, 188
- Wassergefährdende Stoffe **1** 185

Rollläden **62** 21 7

Rolltreppen
- Zulässigkeit **34** 10

Rückbau **3** 103; **62** 225

Rückbau- und Entsiegelungsgebot
- § 179 BauGB **82** 5

Rückbaumaßnahmen **58** 82

Rücknahme
- Allgemein bauaufsichtliches Prüfzeugnis **22** 10
- Bauantrag **70** 11

Rücknahme und Widerruf **74** 39 ff.
- Beseitigungsanordnung **74** 44
- Bestandskraft **74** 40 f.
- Ermessen **74** 50
- Freistellung **74** 42
- Rechtsmittelverzicht **74** 40
- Rechtswidrige Baugenehmigung **74** 46 f.
- Rücknahme nur innerhalb eines Jahres **74** 48
- Stilllegungsverfügung **74** 44
- Widerruf **74** 45

Rücksichtnahmegebot **72** 145 ff.
- Abstandsflächen **6** 38, 44
- Abstandsflächenvorschriften **72** 161 f.
- Anzahl, Lage, Umfang von Vorhaben **72** 152
- Außenbereichsvorhaben nach § 35 BauGB **72** 146
- Bauplanungsrechtliches ~ **6** 82 ff.
- Bebauungsplan **72** 151
- Beteiligung der Angrenzer **72** 6
- Einschränkung des Nachbarschutzes **72** 156
- Grenzgaragen und Gebäude **6** 531
- Interessenabwägung **72** 148
- Schutz gegen schädliche Einflüsse **13** 6
- Unzumutbarkeit **72** 148, 157 f.
- Vorhaben im Innenbereich **72** 150

Rundbau **6** 430

Rutsch- oder Stolpergefahren **16** 4

Rutschbahnen **62** 133

Sachkunde **54** 10

Sachkunde und Erfahrung
- Anwender **17** 23
- Außergewöhnliche ~ **18** 16
- Herstellung von Bauarten, die außergewöhnlicher ~ bedürfen **17** 28

Sachverhaltsermittlung
- Ordnungsverfügungen **58** 32 ff.

Sachverständige
- Bautechnische Nachweise **68** 5
- Begriff Sachverständiger **58** 107
- Beweismittel für die Richtigkeit einer Annahme **58** 113
- Eignung und Auswahl **58** 109
- Ermächtigung zur Heranziehung **58** 112
- Fragen der Standsicherheit **58** 107
- Heranziehung von ~ **58** 107 ff.
- Honorierung **70** 20
- Kontrollen staatlich anerkannter ~ **84** 42 f.
- Kosten für die Tätigkeit **58** 115

2029

Stichwortverzeichnis

- Öffentlich bestellter und vereidigter – für vorbeugenden Brandschutz 54 36 f.
- Prüfingenieure für Baustatik 58 107
- Prüfung des Brandschutzkonzepts 58 117
- Prüfung durch – 84 53 ff.
- Sachverständige Stellen 58 108
- Sachverständigengutachten 58 114
- Schall- und Wärmeschutz 15 16
- Sonderfälle 58 116
- Spezielle Vorschriften 58 110
- Staatlich anerkannter – für die Prüfung des Brandschutzes 54 34
- Übertragung von Aufgaben auf Sachverständige 58 113
- Verfahrensaspekte 58 110

Sachverständigenausschüsse
- Erteilung von abZ 21 4

Sachverständigengutachten 58 114
- Im Rechtssinne 3 85

Sanierungsplan 61 5, 14

Sanitäre Anlagen
- Änderungen gegenüber der BauO NRW 2000 43 1
- Arbeitsschutzrechtliche Bestimmungen 43 19
- Bad mit Badewanne oder Dusche 43 11
- Begriff 43 2 f.
- Beseitigung von Abwasser 43 8
- Betriebssicherheit von Wasserversorgungsanlagen 43 9
- Funktion der Norm 43 1
- Gefahren und Belästigungen durch Wasserversorgungsanlagen 43 10
- Grundausstattung von Wohnungen 43 11 ff.
- Kleinstgaststätten 43 17
- Toilette 43 11 ff.
- Toiletten auf Campingplätzen 43 18
- Wasserversorgung 43 4 ff.

Sanitäre Einrichtungen
- Wohnungen 47 19

Sargdeckelkonstruktion 29 34

Satteldach 9 48

Satzung 3 5
- Inhaltliche und räumliche Bestimmtheit der – 89 14 ff.
- Isolierte – 89 19
- Werbeanlagen 62 160

Sauna 46 5

SBauVO 48 1; 50 25, 37

- Versammlungsstätten 50 42 ff.

Schadenbegriff 3 41; 13 10

Schadenersatzanspruch
- Beteiligung der Angrenzer 72 3
- Nach § 823 Abs. 2 BGB unmittelbar gegen Bauherrn 72 302

Schadenersatzanspruch nach § 839 BGB 72 300 ff.
- Altlastenproblematik 74 117
- Amtspflicht 74 113
- Gesamtschuldner 74 121
- Nachbarschützender Charakter der Vorschrift 72 301
- Öffentliches Nachbarrecht 72 300 ff.
- Rückgriff auf den jeweils verantwortlichen Bediensteten 74 121
- Schuldhafte Verletzung der Amtspflicht 74 120
- Schuldhaftes Handeln eines Bediensteten 72 301
- Verschulden des Beamten 74 123
- Verwaltungsgerichtliche Eilentscheidungen 74 124
- Verzögerte Erteilung der Baugenehmigung 74 116, 119
- Vorbescheid 74 114
- Zivilgerichte 74 124

Schadenseintritt
- Wahrscheinlichkeit des – 3 48

Schall
- Begriff 15 27

Schall- und Wärmeschutznachweis 68 8 f.

Schallschutz 15 26 f.
- Aufenthaltsräume 15 70 ff.
- Bauleitplanung 15 62
- Bebauungspläne für bestehende Baugebiete 15 64
- Begriff »Geräusche« 15 27
- Begriffe »Schall« 15 27
- BImSchG 15 36
- Bolzplätze 15 56
- Dämmung von Geräuschen 15 76 ff.
- DIN 4109 15 66 ff.
- Emissionsmessungen 15 33
- Flugplätze 15 61
- Freizeitanlagen 15 58 f.
- Frequenzbewertungsfilter A 15 29
- Geräte- und Maschinenlärmschutzverordnung 15 53

2030

Stichwortverzeichnis

- Geräuschquellen 15 31
- Immissionsrichtwerte 15 46 ff.
- Impulshaltigkeit 15 29
- Innenpegel von Wohnräumen 15 30
- Lärm auf Baustellen 15 53
- Lärmschutz außerhalb der BauO NRW 15 34 ff.
- Lüftungsanlagen 41 2
- Messung und Bewertung des Schalldrucks 15 28 ff.
- Mindestanforderungen 15 69
- Moderatoren 15 28
- Nachweis 15 74
- Optimierungsgebot 15 63
- Schalldruck 15 29
- Schalldruckpegel 15 29
- Schallleistungspegel 15 33
- Schallquelle 15 33
- Schallschutz und Dämmung von Geräuschen 15 26 f.
- Schmerzschwelle 15 30
- Schutzbedürftige Räume 15 70
- Sonderbauten 15 67
- Soziale Akzeptanz 15 28
- Sportanlagenlärmschutzverordnung 15 54
- Subjektive Empfindungen 15 28
- TA Lärm 15 37
- Tonhaltigkeit 15 29
- Trennungsgrundsatz des § 50 BImSchG 15 63
- Unübersichtliche Rechtslage 15 75
- Verfahren zum Nachweis 15 69
- Verfahren zur Ermittlung und Bewertung 15 46
- VerkehrslärmschutzV 15 60
- Verkehrswege-Schallschutzmaßnahmenverordnung 15 60

Schallschutzwand 6 189
Schalt-, Regler- oder Pumpstationen 62 64
Schank- und Speisegaststätten 50 51 ff.
- Beherbergungsbetriebe 50 53
- Beispiele 50 51
- Boardinghouse 50 53
- Diskothek 50 52
- Ferienwohnungen 50 53
- Gaststätte 50 52
- Gaststättengesetz 50 51
- Imbissraum 50 51
- Lasertag-Spiele 50 54

- Vergnügungsstätten 50 54 ff.
- Wettannahmestellen bzw. Wettbüros 50 54
- Wohnheim für Um- und Aussiedler 50 53

Schaukasten
- Für Wechselwerbung 2 37

Scheddächer 6 425
Schiebeleiter
- Einsatz der dreiteiligen ~ 33 53

Schießstände und Schießplätze 2 84
Schifffahrtsanlagen
- Betrieb der bundeseigenen ~ 1 116

Schimmelpilze 15 5
- Befall durch ~ 13 19

Schlussabnahmeschein 58 64
Schlüsselgewalt 33 4
Schlusspunkttheorie 74 8 ff.; 77 16; 83 21
Schmalseitenprivileg 6 17, 25
- Abschaffung 6 1

Schmutzwasser 1 178
Schmutzwinkel 6 321, 533
Schnee und Eis
- Herabfallen von ~ 16 4

Schneefanggitter 32 43
Schornsteine 42 21
- Bauzustandsbesichtigung 84 34

Schornsteinfegerarbeiten 32 45 f.
Schriftform 58 29
Schulbaurichtlinie 59 19
- Notwendige Treppenräume 35 4

Schulen 50 61 ff.
- Notwendige Flure und Gänge 36 53

Schulen, Hochschulen und ähnliche Einrichtungen
- Alle Schulgattungen 50 61
- Ältere Schulgebäude 50 64
- Bauaufsichtsbehörde 50 64
- Schulbaurichtlinie 50 61 f.
- Zeitlich begrenzte Übernachtungen 50 65

Schutz gegen schädliche Einflüsse 1 15
- Abdichtungen 13 19
- Abgrenzung zu anderen Vorschriften 13 5 ff.
- Änderungen gegenüber der BauO NRW 2000 13 1
- Anordnung von provisorischen Erhaltungsmaßnahmen 13 8
- Anwendungsbereich der Vorschrift 13 5 ff.
- Asbest 13 22 ff.

2031

Stichwortverzeichnis

- Asbesthaltige Bauteile in Elektro-Speichergeräten 13 30
- Aufgabe der Bauaufsichtsbehörde 13 9
- Befall durch Schimmelpilze 13 19
- Belästigung 13 12
- Denkmalrecht 13 8
- Erhaltungssatzungen 13 8
- Feuchteschutz 13 19
- Funktion der Norm 13 1 ff.
- Gefahrenbegriff 13 10
- Gefahrenerforschungsmaßnahmen 13 10
- Genehmigungsbedürftigkeit 13 3
- Hausbock 13 15
- Hausschwamm 13 14
- Holzschutzmittel für die Imprägnierung 13 16
- Immissionsschutzrecht 13 7
- Kontaktkorrosion 13 31
- Mobilfunkantennen 13 32
- Mögliche Gefahren bzw. unzumutbare Belästigungen 13 10 ff.
- Rechtsgrundlagen 13 8 f.
- Risiken aufgrund von Hochwasserereignissen 13 21
- Rücksichtnahmegebot 13 6
- Schadenbegriff 13 10
- Schädigungen durch pflanzliche und tierische Schädlinge 13 13 ff.
- Schutz der Anlage selbst bzw. deren Nutzer 13 6
- Schutz gegen chemische Einflüsse 13 22 ff.
- Schutz gegen physikalische und biologische Einflüsse 13 32
- Schutz gegen Wasser und Feuchtigkeit 13 19 ff.
- Termiten 13 15
- Vorbeugende und instandhaltende Maßnahmen 13 4
- Wechselseitige Beeinflussung untereinander unverträglicher Baustoffe 13 31
- Wohnungsaufsicht 13 9

Schutz vor Erschütterungen und Schwingungen 15 79 ff.
- Erschütterungen 15 80
- Schwingungen 15 81

Schutzgerüste 2 106
Schutzhütten 51 8
- Für Wanderer 62 38 f.

Schutznormtheorie 72 134 ff.

Schutzsatzungen 89 37 ff.
SchwarzArbG 53 34
Schwarzbau 7 21; 58 62
Schwarzbautätigkeit 86 44 ff.
Schwarzbauten 70 19; 74 173 ff.
Schweiz
- Bauprodukt 18 15

Schwelen 26 14; 28 1
Schwellenwert
- Öffentlichkeitsbeteiligung 72 84 ff.

Schwere
- Verbindung mit dem Erdboden durch eigene – 2 51 ff.

Schwimmbecken 2 16; 62 130 ff.
Schwingungen 15 81
- Lüftungsanlagen 41 2

Seilbahnen 1 100; 62 88
Selbst- oder Nachbarschaftshilfe 52 15; 53 32 ff.; 55 5, 13
Selbstverwaltungsangelegenheit
- Ortsbaurecht als – 89 5

Senioren-WG 47 26
Serie
- Nicht in – hergestellte Bauprodukte 24 9

Seveso-III-Richtlinie
- Umsetzung 63 22

Seveso-Richtlinie 72 16 ff., 69 ff.
Sicherheitsbeleuchtung 35 44
Sicherheitsschleuse 30 62
Sicherheitstreppenraum 33 42 ff.
- Hochhäuser 50 26

Sichtschutzwand 2 41
Silobehälter 6 190
Silofall 6 93
Sitzgruppen 62 139 f.
Skulpturen 62 213
Sockelabnahmen 84 54
Sofortige Vollziehung
- § 80 Abs. 2 Nr. 4 VwGO 58 71 ff.

Sofortvollzug
- § 55 Abs. 2 VwVG NRW 58 74 f.

Solaranlagen 6 538; 28 4, 14; 50 12; 62 56 f.
- An der Außenfassade 6 493
- Aufgeständerte Solar- und Photovoltaikanlagen 6 494
- Gebäudeunabhängige – 62 58

Solarthermieanlagen 32 23
Sonderaufsicht 57 7, 20 f.
- Zuständigkeiten 57 9

Stichwortverzeichnis

Sonderbaugebiet
- Camping- und Wochenendplätze **50** 70

Sonderbauten 3 5; **31** 20
- Abgrenzung eines Wohngebäudes zu einem ~ **50** 12
- Abschließende Aufzählung **50** 3
- Abschließender Katalog großer ~ **50** 22
- Abstandsflächen **6** 54
- Änderungen **50** 12
- Änderungen gegenüber der BauO NRW 2000 **50** 1
- Bauaufsichtsbehörden **50** 20 f.
- Baugenehmigungsverfahren **50** 6
- Bauliche Anlagen mit mehr als 30 m Höhe **50** 27 f.
- Bauliche Anlagen, deren Nutzung durch Umgang oder Lagerung von Stoffen mit Explosions- oder erhöhter Brandgefahr verbunden ist **50** 75 ff.
- Begriff **50** 1 f.
- Berufsgenossenschaftliche Unfallverhütungsvorschriften **50** 14
- Besonderes Gefahrenpotenzial **50** 1
- Brandschau **50** 21
- Brandschutzkonzept **50** 4 f.
- Brandwände **30** 14, 63
- Büro- und Verwaltungsgebäude mit mehr als 3.000 qm Geschossfläche **50** 40
- Bußgeldtatbestände **50** 10 f.
- Camping- und Wochenendplätze **50** 67 ff.
- Einzelentscheidungen **50** 16
- Einzelfallprüfung **50** 16
- Erleichterung **50** 15
- Ermächtigung zu besonderen Anforderungen und Erleichterungen **50** 13 ff.
- Erschließung des Grundstücks **4** 57
- Fliegende Bauten, soweit sie einer Ausführungsgenehmigung bedürfen **50** 73
- Freizeit- und Vergnügungsparks **50** 72
- Funktion der Norm **50** 1 f.
- Garagen mit mehr als 1.000 qm Nutzfläche **50** 83
- Gaststätten **50** 9
- Gebäude mit mehr als 1.600 qm Grundfläche **50** 29
- Gefahrenbegriff **50** 13
- Genehmigungsfreistellung **63** 20 f.
- Große ~ **50** 2
- Hochhäuser **50** 23 ff.
- Justizvollzugsanstalten und bauliche Anlagen für den Maßregelvollzug **50** 66
- Katalog großer ~ **50** 22
- Kleine ~ **50** 2
- Krankenhaus **50** 9, 12, 56
- Lüftungsanlagen **41** 11
- Materielle Anforderungen **50** 7 ff.
- Mehrforderungen **50** 13
- Pflege oder Betreuung von Personen mit Pflegebedürftigkeit oder Behinderung **50** 22
- Prüfverordnung **50** 19
- Rechtsverordnungen **87** 11
- Regallager mit einer Oberkante Lagerguthöhe von mehr als 9 m **50** 74
- Schallschutz **15** 67
- Schank- und Speisegaststätten **50** 51 ff.
- Schulen, Hochschulen und ähnliche Einrichtungen **50** 61 ff.
- Solarenergieanlage **50** 12
- Sonderbaueigenschaft **50** 12
- Sonderbauverordnungen **50** 14
- Sonderbauverordnungen und -richtlinien **50** 7 f.
- Spezielle Vorschriften **Vor §§ 86-91** 3
- Tageseinrichtungen **50** 58 ff.
- Treppen **34** 8
- Überprüfungen bestimmter ~ **50** 20 f.
- Verfahrensfragen **50** 3 ff., 17 f.
- Verkaufsstätten, deren Verkaufsräume und Ladenstraßen eine Grundfläche von insgesamt mehr als 2.000 qm haben **50** 30 ff.
- Versammlungsstätten **50** 47 ff.
- Wiederkehrende Prüfungen **50** 19 ff.
- Wohn- und Geschäftsgebäude **50** 12
- Wohnheime **50** 57
- Zusätzliche Anforderungen an Zu- und Abfahrten von ~ **5** 5

Sonderbauverordnungen 3 21; **4** 32; **41** 5; **50** 14; **54** 4
- Abstandsflächen **6** 55
- Betretungsrecht **58** 127

Sonderbauverordnungen und -richtlinien 50 7 f.

Sonderbauvorschriften 52 9

Sonderbetriebspläne 1 146

Sondereigentum 47 31, 34 ff.
- Begründung von ~ **7** 17
- Inhaber eines **72** 36

2033

Stichwortverzeichnis

Sondergebiete
- Campingplätze, Wochenendplätze und Zeltplätze 2 96

Sondergebrauch 1 79
- Werbeanlagen 10 54 ff.

Sondernutzung 1 79
- Werbeanlagen 10 54 ff., 60 f.

Sondernutzungserlaubnis
- Baustelle 11 8
- Verkehrssicherheit 16 10
- Werbeanlagen 10 54

Sondernutzungserlaubnispflicht
- Werbeanlagen 10 56

Sondernutzungsrechte 47 35

Sonderordnungsbehörden 57 12; 58 30

Sonderspuren
- Für Busse und Taxen 1 109

Sorgfalt
- Außergewöhnliche – 18 17

Sozialabstand 6 19, 38

Spielhaus
- Für Kinder 6 191

Spitzboden 2 279
- Aufenthaltsräume 46 13

Splittersiedlung 6 309

Sport- und Spielflächen 2 77 ff.
- Abgrenzung Spiel- und Sportfläche 2 88
- Anlagen für soziale bzw. sportliche Zwecke 2 86
- Barrierefreiheit 2 78
- Begriff 2 77
- Bolzplatz 2 88
- Echte bauliche Anlagen 2 80
- Einfaches Baugenehmigungsverfahren 2 83
- Festsetzungen im Bebauungsplan 2 85
- Golfplatz 2 82
- Hauptanlage 2 86
- Immissionsschutzrechtliche Anforderungen an Sportanlagen 2 79
- Inhaltliche Eindeutigkeit im Bebauungsplan 2 87
- Kleinkinderspielflächen 2 77
- Nebenanlage 2 86
- Öffentliche – 62 135
- Schießstände und Schießplätze 2 84
- Sportanlagenlärmschutzverordnung 2 79

Sportanlagen
- Werbeanlagen 10 155

Sportanlagenlärmschutzverordnung 2 79; 15 54; 72 249

Sprache
- Von europäisch erforderlichen Dokumenten 19 5

Sprengstoffgesetz 61 15

Sprossenfenster 9 50

Sprühwasserlöschanlage
- Wirksame – 30 63

Sprungschanzen 62 133

Sprungtürme 62 133

Stadtbahnen 1 81

Städtebaurecht
- Erschließung des Grundstücks 4 5

Stadtschnellbahnen 1 81

Stadtstraßen
- Richtlinien für die Anlage von – 4 34

Staffelgeschosse 2 230, 235

Standort 3 20

Standplätze
- Definition 2 92

Standsicherheit Vor §§ 9–16 2; 30 32 f.
- Änderungen gegenüber der BauO NRW 2000 12 1
- Anlagen 3 69
- Anordnung der sofortigen Vollziehung 12 29
- Außenwände 28 2, 4
- Bauaufsichtliche Eingriffsmaßnahmen 12 28 f.
- Bauliche Anlage 3 45
- Begriff 12 2
- Benachbarte Anlagen 12 32
- Bescheinigungen eines staatlich anerkanntem Sachverständigen 12 6
- Bestandsschutz baulicher Anlagen 12 26 f.
- Bezug zum Privatrecht 12 20 ff.
- Brandschutz 12 1
- Drittschutz 12 23 ff.
- Eurocodes 12 14 ff.
- Fliegende Bauten 12 30
- Funktion der Norm 12 1
- Gefahrenabwehr 1 15
- Gefahrenverdacht 12 24
- Gefahrenvorbeugung 12 25
- Genehmigungsfreiheit 12 3 f.
- Grundanforderung an die Bauausführung 12 1
- Grundforderung der – 12 30 ff.
- Haftungsfragen 12 23 ff.
- Heranziehung von Sachverständigen 58 107

Stichwortverzeichnis

- Nachbarschutz 12 1
- Nachweis 12 5 ff.
- Prüfingenieure für Baustatik 12 8
- Rolle des Entwurfsverfassers und des Tragwerkplaners 12 11
- Schutz der Bauarbeiter 12 1
- Stilllegung 12 29
- Technische Regelwerke 12 12 ff.
- Übertragung von Prüfaufgaben 12 8
- Verantwortlichkeit 12 33 f.
- Verfahrensfragen 12 3 f.
- Vollständige oder teilweise Beseitigung 12 29
- Vorlage eines Standsicherheitsnachweises 12 5 ff.
- Werkvertragsverhältnis 12 11
- Zulässigkeit der Verwendung gemeinsamer Bauteile für mehrere bauliche Anlagen 12 35

Standsicherheitsnachweis 63 58 f.; 68 10
- Fachplaner für Standsicherheit 54 40 ff.
- Verzicht auf Vorlage des ~ 68 11

Stellplatzablösungsvertrag 48 79 ff.

Stellplätze 6 242 ff.; 62 193
- Gefangene ~ 48 60
- Herstellungspflicht 64 33
- Nicht überdachte ~ für Personenkraftwagen und Motorräder 62 195
- Ohne Überdachung 63 72
- PKW 89 49 ff.
- Überdachte ~ 6 241 f., 515; 63 18, 69 ff.

Stellplätze für Kraftfahrzeuge und Fahrradabstellplätze 2 98 ff.
- Bauordnungsrechtliche Anforderungen 2 103
- Dacheinstellplätze 2 98
- Echte bauliche Anlagen 2 99
- Einstellplatz 2 98
- Festsetzungen eines Bebauungsplanes 2 102
- Garageneinstellplätze 2 98
- Nicht überdachte Stellplätze bis zu 100m² 2 100
- Überdachte Stellplätze 2 98

Stellplätze und Garagen 2 307 ff.;
  s. a. Stellplätze, Garagen und Fahrradabstellplätze
- Abstellen im Sinne des verkehrsüblichen Parkens 2 310
- Abstellen von Kraftfahrzeugen und Fahrrädern 2 310 ff., 315 ff.
- Außerhalb der öffentlichen Verkehrsflächen 2 312
- Ausstellungs-, Verkaufs-, Werk- und Lagerräume für Kraftfahrzeuge 2 325
- Bauordnungsrecht 2 308
- Bauplanungsrecht 2 308
- Begriff Kraftfahrzeuge 2 310
- Begriffsbildung des Landesrechts 2 309
- Carports 2 316
- Einstellplatz 2 312
- Fahrradabstellplätze 2 311, 324
- Fahrräder 2 320
- Garagengeschoss 2 309
- Garagentypen 2 315
- Gemeinschaftsgaragen 2 309
- Gemeinschaftsstellplätze 2 309
- Großgaragen 2 318
- Kleingaragen 2 318
- Kraftfahrzeuge 2 319
- Legaldefinition des notwendigen Stellplatzes 2 310
- Mittelgaragen 2 318
- Nutzfläche einer Garage 2 318
- Oberirdische Garagen 2 318
- Offene Garagen 2 318
- Offene Kleingaragen 2 317
- Parkhäuser 2 322
- Parkpaletten 2 322
- Parkplätze 2 321
- Stellplätze in Garagen 2 312
- Stellplatzpflicht 2 308

Stellplätze, Garagen und Fahrradabstellplätze
- Abwägungsgebot 48 52
- Allgemeine Wohngebiete 48 21
- Änderungen gegenüber der BauO NRW 2000 48 1 ff.
- Anreize zur Benutzung des Fahrrads 48 33
- Ausreichende Anzahl 48 23
- Ausreichende Größe und Beschaffenheit 48 23
- Auswirkungen auf die Umwelt 48 8
- Bauordnungsrechtliche Beschränkungen 48 25
- Bauplanungsrechtliche Verpflichtung 48 7
- Bauplanungsrechtliche Vorgaben 48 25
- Bebauungsplan 48 35
- Beschaffenheit von Fahrradabstellplätzen 48 38 ff.

2035

Stichwortverzeichnis

- Bundes- und landesrechtliche Vorschriften 48 2
- E-Bikes 48 41
- Ersatzgrundstück 48 26 ff.
- Erschwerung oder Verhinderung der Schaffung oder Erneuerung von Wohnraum 48 47 f.
- Festlegung der Zahl der notwendigen Stellplätze 48 49 ff.
- Freistellung vom Baugenehmigungsverfahren 48 12
- Garagengeschosse 48 35
- Gefangene – 48 23
- Gemeinschaftsgaragen 48 35
- Gemeinschaftsstellplätze 48 35
- Grundforderung im Hinblick auf die Errichtung von Anlagen 48 18 ff.
- Herstellungspflicht bei Änderungen oder Nutzungsänderungen von Anlagen 48 42 ff.
- Inhalts- und Schrankenbestimmung des Eigentums 48 7
- Kleinsiedlungsgebiete 48 21
- Lage der notwendigen – 48 24
- Legaldefinition der Begriffe »Stellplätze« und »Garagen 48 10 f.
- Mehrbedarf 48 43 ff.
- Mindestmaß an ausreichender Begrünung und Bepflanzung 48 1
- Modernisierungsmaßnahmen 48 44
- Nachbarschützende Wirkung 48 16
- Nachweispflichten 48 13
- Nähere Umgebung 48 26 ff.
- Notwendige Stellplätze 48 19
- Öffentliche Parkplätze 48 7
- Parkhäuser und Tiefgaragen 48 7
- Pedelecs 48 41
- Pflicht zur Schaffung von Stellplätzen 48 1 ff.
- Rechtsverordnung 48 50
- Reichsgaragenordnung 48 3 f.
- Reine Wohngebiete 48 21
- Richtzahlen 48 49
- Richtzahlen für den Stellplatzbedarf 48 2
- Rückwirkungen auf das Verkehrsverhalten 48 8
- Satzungsbefugnis der Gemeinden s. *Stellplatzsatzung*
- Satzungsmöglichkeiten 48 2

- SBauVO 48 1, 11
- Schaffung von Wohnraum 48 48
- Stellplatzpflicht 48 22
- Stellplatzpflicht bei der Errichtung und Änderung von Anlagen 48 18 ff.
- Struktur der Vorschrift 48 9
- Tiefgaragen 48 35
- Überschuss 48 43
- Unzulässigkeit der über den Gemeingebrauch hinausgehenden Nutzung öffentlicher Verkehrsflächen 48 7
- Wahlrecht des Bauherrn 48 34, 37
- Zu- oder Abfahrtsverkehr 48 31

Stellplatzflächenbaulast 85 34

Stellplatzpflicht 2 308
- Errichtung und Änderung von Anlagen 48 18 ff.

Stellplatzsatzung
- Ablösung 48 74 f.
- Aufstockung 48 68
- Begriff der besonderen Maßnahme 48 67
- Beschränkung auf bestimmte Fälle 48 64
- Bestimmte Konstruktionen von Stellplätzen 48 72
- Einschränkung oder Untersagung 48 69
- Elektrofahrzeuge 48 73, 89
- Erfordernisse des ruhenden Verkehrs 48 58
- Gefangene Stellplätze 48 60
- Gründe des Verkehrs 48 70
- Herstellung von Garagen 48 91
- Herstellungspflicht auf genau begrenzte Teile des Gemeindegebiets 48 64
- Herstellungspflicht bei der Errichtung von Anlagen 48 62
- Herstellungspflicht des Mehrbedarfs bei Änderungen oder Nutzungsänderungen 48 63
- Nachträglicher Ausbau 48 68
- Notwendiger Inhalt 48 83 ff.
- Regelungsmöglichkeiten innerhalb der – nach S. 1 48 61 ff.
- Satzungsbefugnis der Gemeinden 48 55 ff.
- Schaffung von Fahrradabstellplätzen anstatt notwendiger Kfz-Stellplätze 48 92
- Städtebauliche Gründe 48 71
- Standort des Stellplatzes 48 59
- Stellplatzablösungsvertrag 48 79 ff.
- Verwendung der Ablösungsbeträge s. *Ablösungsbeträge*

2036

Stichwortverzeichnis

– Verzicht 48 66
– Verzicht auf die Herstellung 48 76
– Vorbereitung der Stromleitung für die Ladung von Elektrofahrzeugen 48 73, 89
– Wegfall der Herstellungspflicht 48 66
– Weitere Inhalte der Stellplatzpflicht 48 88 ff.

Sternverfahren 71 95 ff.
Stichflure 36 18 ff.
Stichstraßen
– Wendemöglichkeiten am Ende von ~ 4 34, 37

Stilllegung 12 29
Stilllegungsverfügung 74 44; 81 9
– Vorbeugende ~ 81 15

Stockwerkseigentum 47 29
Stoffe mit Explosions- oder erhöhter Brandgefahr
– Nutzung, Umgang oder Lagerung von ~ 50 75 ff.

Störerauswahl 52 3
Störfallbetrieb
– Mindestabstand 72 17

Störfall-Verordnung 72 247
Strafvollzugseinrichtung 47 10
Straßenanlieger
– Werbeanlagen 10 59

Straßenaufsicht 1 71
Straßenbahnen, Busse, Taxen 1 101 ff.
– Aufsicht 1 108
– Ausbaumaßnahmen des öffentlichen Personennahverkehrs 1 104
– Bau von Betriebsanlagen der Straßenbahnen 1 104
– Bebauungspläne 1 106
– Begriff der öffentlichen Straßenbahnen 1 103
– Betriebsanlagen 1 105
– Betriebsbegriff 1 105
– Entgeltliche oder geschäftsmäßige Beförderung von Personen 1 102
– Fahrgastunterstände des Omnibusverkehrs 1 109
– Gelegenheitsverkehr 1 109
– Genehmigungspflicht 1 104
– Gesetz über die Beförderung von Personen zu Lande 1 101
– Haltestellen für Kraftfahrzeuge im Linienverkehr 1 109

– Nicht spurgebundene Kraftfahrzeuge im Linienverkehr 1 109
– Obusse 1 103
– Omnibusbahnhöfe 1 109
– Omnibusbetriebshöfe 1 110
– ÖPNV-Infrastrukturpläne 1 104
– Personenbeförderungsgesetz 1 101
– Personenbeförderungsrechtliche Generalklausel 1 107
– Planfeststellung 1 104
– Plangenehmigung 1 104
– Planungsverfahren 1 104
– Prüfung der Bauunterlagen durch die Technische Aufsichtsbehörde 1 108
– Sonderspuren für Busse und Taxen 1 109
– Straßenbahn-Bau- und Betriebsordnung 1 102
– Taxenstände 1 109
– Technische Aufsichtsbehörde 1 108
– Unternehmergenehmigung 1 104
– Verfahrensvorschriften für den Bau von Betriebsanlagen 1 108
– Zustimmungsbescheid 1 108

Straßenbaubehörde
– Genehmigung 10 71
– Zustimmung 10 67

Straßenbaulast 1 67, 76
– Träger der ~ 1 70

Straßenbild 9 45
Straßenrecht 1 61 ff.
– Abstandsflächen 6 57
– Bauliche Anlagen 2 22 ff.
– Errichtung 3 26
– Werbeanlagen 10 48 ff.

Straßenrechtliche Zulassung 61 8
Straßenüberdachung 2 126
Straßenverkehrsrecht
– Werbeanlagen 10 72 ff.

Straßenverkehrsrechtliche Ausnahmegenehmigung 61 8
Strohdächer 32 8
StromGVV 1 163
StrWG NRW 2 23; 4 28
Stützmauern 6 539; 62 107
Subunternehmer 55 2
Systemanbieter
– Bauarten 17 1

Systembauten 66 7 f.
Systembauweise
– Gebäude in ~ 30 36 f.

2037

Stichwortverzeichnis

TA Lärm 15 37; 72 248
Tageseinrichtungen 50 58 ff.
– Betreutes Wohnen 50 60
– Einrichtungen mit Räumen für Pflege- und Betreuungsleistungen 50 59 f.
– Kindergärten und -horte 50 59
Tageslicht
– Versorgung mit -der Innenräume 6 19
Taubenhäuser 62 217
Taxen *s. a. Straßenbahnen, Busse, Taxen*
– Sonderspuren für Busse und - 1 109
Taxenstände 1 109
Taxenstandplätze
– Werbeanlagen 10 52
Technische Anlagen
– Genehmigungspflicht 60 8
Technische Arbeitsmittel
– Kräne und Krananlagen 1 189
Technische Baubestimmungen 1 9; 3 5, 94 ff.; 15 1; Vor §§ 86–91 4; 88 1 ff.
– Abweichungen von - 88 16 ff.
– Änderungen gegenüber der BauO NRW 2000 und BauO NRW 2016 88 1
– Aufsichtsbehördliche Weisung 3 99
– Beachtung der - 88 9 ff.
– DIBt-Abkommen 3 95
– Dokumentation 88 15
– Einführung 3 96 f.
– Gliederung 88 63 ff.
– Keine Rechtssätze 3 98
– Konkretisierung der Anforderungen § 3 Abs. 1 Satz 1 durch - 88 7 f.
– Konkretisierung durch Bezugnahme auf technische Regeln und deren Fundstellen 88 25 f.
– Liste 3 94
– Liste von Bauprodukten, die zur Erfüllung der Anforderungen nach § 3 Abs. 1 BauO NRW nicht von Bedeutung sind 88 66 ff.
– Veröffentlichung MVV TB durch DIBt und Autorisierung durch Oberste Bauaufsichtsbehörde 88 69 ff.
– Verwaltungsvorschrift - für das Land Nordrhein-Westfalen (VV TB NRW) Ausgabe Januar 2019 88 1
– Verweis auf Fundstelle bei Bekanntmachung 88 74 ff.
Technische Bewertungsstellen 19 16
Technische Gebäudeausrüstung Vor §§ 39–45 1 ff.

Technische Regelwerke
– Barrierefreiheit 49 4
– Baustelle 11 8
– Standsicherheit 12 12 ff.
Technische Spezifikationen
– Harmonisierte - 19 13
Teilbaugenehmigung
– Abänderung ausgeführter Bauteile 76 21
– Abweichungen 76 16
– Änderungen gegenüber der BauO NRW 2000 76 1
– Antrag 76 11 ff.
– Antragsgegenstand 76 14
– Art der baulichen Nutzung 76 5
– Ausführung der genehmigten Teile 76 19
– Bauvorlagen 76 13
– Befreiungen oder Ausnahmen 76 16
– Beginn der Bauarbeiten vor Erteilung der endgültigen Baugenehmigung 76 1
– Bindungswirkung 76 9
– Ermessen der Bauaufsichtsbehörde 76 15
– Gültigkeitsdauer von drei Jahren 76 18
– Nachbarschutz 76 10
– Verfahren 76 12
– Voraussetzungen 76 2 ff.
– Vorbescheid 77 42
– Zulässigkeit des Gesamtbauvorhabens 76 4
– Zulässigkeit des Gesamtvorhabens 76 7 f.
– Zusätzliche Anforderungen 76 20 ff.
– Zustimmung anderer Behörden oder Dienststellen 76 17
Teile eines Gerüstes 2 347
Teileigentumsgrundbuch 47 38
Teilgrundstücke 4 81
Teilgrundstückseigentümer 4 74 ff.
– Zustimmung aller - 4 76
Teilung
– Grundstücke *s. Grundstücksteilung*
Teilungsantrag
– Bauvorlagen 7 47 ff.
Teilungsgenehmigung 74 164
– Fingierte - 7 42
– Vorbescheid 77 43
Teilungsgenehmigungsverfahren
– Prüfung im - 7 22 ff.
Teilungskauf 7 16
Teilverzicht
– Baulasten 85 65

Stichwortverzeichnis

Tekturgenehmigung 64 10; 75 12
Telekommunikation 1 183 ff.
– Anerkannte Regeln der Technik 1 184
– Anlagen 62 64
– Leitungen 1 151
– Planfeststellungsverfahren 1 183
– Telekommunikationsgesetz 1 183
– Telekommunikationskabelanlagen 1 183
– Telekommunikationslinien 1 183 ff.
– Zustimmung des Wegebaulastträgers 1 184
Telekommunikationsgesetz 1 183
Telekommunikationskabelanlagen 1 183
Telekommunikationslinien 1 183 ff.
Teppichstangen 62 217
Termiten 13 15
Terrassen 62 217
Terrassenüberdachungen 30 70; 62 40
– An Grundstücksgrenze 30 28
– Grenzbebauung 6 330
Tief- oder Hochgaragen
– Private ~ 1 52
Tiefgaragen 48 7, 35
– Aufzüge zu ~ 6 505
Tiefgaragenzufahrten
– Überdachte ~ 6 505
Tiere
– Gefahren durch ~ 58 60
Toilette 43 11 ff.
– Auf Campingplätzen 43 18
Toilettenwagen 62 180
Tonnendach 6 32, 427
Tragende und nichttragende Bauteile 62 142 ff.
Tragende Wände, Stützen
– Änderungen gegenüber der BauO NRW 2000 27 1
– Auffindung des Brandherdes 27 15
– Aufnahme und Weiterleitung von Kräften 27 1 f.
– Balkone und Altane-Konstruktionen 27 13
– Begriff Dachraum 27 11
– Bemessung für Einwirkung eines Naturbrandes 27 3 ff.
– Brandlast 27 5
– Brandschutzbekleidung 27 8
– Feuerwiderstandsfähigkeit 27 8
– Freistellung von Brandschutzanforderungen 27 3
– Ganzheitliche Betrachtung 27 4

– Gebäudeklassen 27 1
– Hausanschluss- und Lagerräume 27 15
– Hochfeuerhemmend 27 2
– Kellerbrände 27 15
– Kellergeschoss 27 15
– Lokale Brandereignisse 27 6
– Naturbrandmodelle 27 3
– Oberste Geschosse von Dachräumen 27 9
– Objektspezifisches Brandereignis 27 4
– Schutzzielformulierung 27 1, 7 ff.
– Standsicherheit 27 1
– Teile aus nichtbrennbaren Baustoffen 27 8
– Vereinfachte und erweiterte Bemessungsverfahren 27 6
– Verknüpfung des Nachweises mit dem Brandschutzkonzept 27 4
– Vollbrand 27 6
– VV TB NRW 27 2
– Wände und Stützen im Kellergeschoss 27 4
– Wintergärten 27 14
Tragluftschwimmhalle 2 38
Tragwerkplaner
– Bestätigung eines qualifizierten ~ 62 233
Transformatoren 62 64
Trauf- bzw. Firsthöhenfestsetzungen 2 288
Trennwände
– Abschluss von einzelnen Räumen mit Explosions- oder erhöhter Brandgefahr 29 1
– Abschluss von Nutzungseinheiten 29 10
– Abseiträume 29 32
– Abtrennung von Nutzungsbereichen 29 22
– Anders genutzte Räume 29 23
– Änderungen gegenüber der BauO NRW 2000 29 1
– Anforderung an ~ 29 30 ff.
– Anschluss an die Rohdecke 29 36
– Aufenthaltsräume im Kellergeschoss 29 2
– Aufmauerung des Drempels 29 32
– Aus einem Raum bestehende Nutzungseinheit 29 6
– Ausnahmeregelungen 29 6
– Ausreichende Aussteifung von ~ 29 37
– Beeinträchtigungen durch Lärm 29 1
– Begriff 29 2, 3
– Besondere Anforderung 29 22
– Brandabschottungssystem 29 30

2039

Stichwortverzeichnis

- Brandbekämpfungsabschnitt 29 17
- Brandschutzkonzept 29 22
- Brutto-Grundfläche 29 25
- Büro- und Verwaltungsnutzung 29 25
- Durch jeweilige Gebäudeklasse einzuhaltende Größen 29 21
- Durchführung von Leitungen 29 39
- Einrichtungen mit Pflege- und Betreuungsleistungen 29 27
- Einstufung in eine entsprechende Gebäudeklasse 29 3
- Energieentlastung 29 35
- Erfordernis von ~ 29 8 ff.
- Ermöglichung wirksamer Löscharbeiten 29 6 f.
- Explosions- oder erhöhte Brandgefahr 29 28, 31
- Feuerwiderstandsfähigkeit 29 30
- Flur(trenn)wand 29 24
- Führung von ~ 29 34 ff.
- Gebäudeklassen 1, 2 und 4 29 7
- Große Sonderbauten 29 22
- Keine getrennten Nutzungseinheiten 29 20
- Kleine Sonderbauten 29 23
- Kniestock 29 32
- Lüftungsleitungen 29 40
- Nicht ausgebaute Dachräume 29 32
- Nicht Wohnzwecken dienende Nutzungseinheit 29 18, 22
- Nutzungseinheit 29 16
- Nutzungseinheiten als brandschutztechnisch abgegrenzte Einheiten 29 1
- Nutzungseinheiten mit mehreren Räumen und selbsttätiger Brandmeldeanlage 29 26
- Öffnungen in ~ 29 38, 42
- Regelausnahmen für kleine Nutzungseinheiten 29 25
- Sargdeckelkonstruktion 29 34
- Schutzziel 29 1
- Schutzzielformulierung 29 4 ff.
- Selbsttätige Feuerlöschanlagen 29 41
- Trennwandzwang 29 20
- Türöffnungen in ~ 29 41
- Unvermeidbare Öffnungen 29 5, 38
- Verhinderung der Brandausbreitung 29 1 ff.
- Verschlüsse 29 38
- VV TB NRW 29 33

- Wesentlicher Bestandteil zur Ausbildung entsprechender Nutzungseinheiten 29 3
- Wohnungstrennwand 29 2
- Zulässige Größe von Nutzungseinheiten 29 25

Treppen
- Abstandsrechtlich privilegierte Hauseingangstreppe 34 6
- Änderungen gegenüber der BauO NRW 2000 34 1
- Ausbildung der tragenden Teile einer notwendigen ~ 34 13
- Ausbildung von ~ in einem Zuge 34 11 f.
- Barrierefreiheit 34 2
- Begriff 34 1
- Breite 34 14 ff.
- DIN 18065 34 3 ff.
- Einbau von Podesten 34 12
- Erforderlicher Handlauf 34 19 ff.
- Erleichterungen für ~ in Wohnungen 34 25
- Funktion der Norm 34 2
- Höhe von Treppengeländern 34 20
- Notwendige ~ 34 9
- Sonderbauten 34 8
- Technische Anforderungen 34 3 ff.
- Treppenlift 34 17 f.
- Verhältnis von ~ und Türen 34 24
- Verkehrssicherheit 34 2
- Verkehrssicherungspflicht 34 23
- Vorbeugender Brandschutz 34 2
- Wechselbezüge zu anderen Vorschriften 34 8
- Weitere materielle Anforderungen 34 6 f.
- Zulässigkeit von einschiebbaren ~ und Rolltreppen 34 10

Treppenhausanbau 9 49
Treppenlift 2 37; 34 17 f.
- Nachträglicher Einbau eines ~ 49 30

Treppenräume und Aufzüge 6 476
Treppenraumwände
- Trennwände oder ~ 30 51

Treu und Glauben 72 274, 285
- Öffentliches Nachbarrecht 72 261
- Verstoß gegen ~ 6 69

Triebwerksräume
- Triebwerksräume 39 28

Trimm- und Lehrpfade 62 137
Trinkwasser 1 159 f.
- Leitungen für die öffentliche Versorgung 1 153

Stichwortverzeichnis

- Trinkwasserverordnung 1 158
- Versorgung 4 4

Tunnelofenentscheidung 74 190

Türen
- Andere rechtliche Bezüge 37 5
- Änderungen gegenüber der BauO NRW 2000 37 1
- Barrierefreies Bauen 37 1
- Belange des Brandschutzes 37 1
- Funktion der Norm 37 1
- Gefahrenabwehr 37 1
- Notwendige Breite von Eingangstüren von Wohnungen 37 16
- Sicherheitsrelevante Anforderungen an Glastüren bzw. größeren Glasflächen 37 14 f.
- Sonstige Anforderungen 37 12
- Verfahrensfragen 37 4
- Verkehrssicherheit 37 1

Türkei
- Bauprodukt 18 15

Türöffnungen 30 61

Typengenehmigung
- Anderer Länder 66 12
- Änderungen gegenüber der BauO NRW 2000 66 1
- Bauaufsichtliche Vorschriften 66 9
- Baugenehmigungsverfahren 66 13
- Bauliche Anlagen in derselben Ausführung 66 7 f.
- Bauvorlageberechtigung 67 13
- Befristung 66 16
- Fertighäuser, Fertiggaragen oder Gartengerätehäuser 66 2
- Fliegende Bauten 66 14
- Form 66 15 ff.
- Gartenhäuser 66 5
- Geltung anderer Vorschriften 66 19 ff.
- Kleingaragen 66 5
- Oberste Bauaufsichtsbehörde 66 1 ff.
- Öffentliches Interesse 66 11
- Systembauten 66 7 f.
- Vereinfachung des Baugenehmigungsverfahrens 66 3
- Verlängerung der Geltungsdauer 66 17
- Voraussetzungen 66 7 f.
- Weitere Prüfung im Baugenehmigungsverfahren 66 22 f.
- Widerruf 66 16

- Zustellung einer Ausfertigung 66 18

Typenprüfung
- Bautechnische Nachweise 68 25 ff.

Überbau 4 100

Überdachungen
- Hauseingänge 6 477

Überdeckung 2 132 f.

Übereinstimmungsbestätigung 24 3 ff.
- Änderungen gegenüber der BauO NRW 2000 und 2016 24 1 ff.
- Nicht wesentliche Abweichung 24 4

Übereinstimmungserklärung
- Durch den Hersteller (ÜH) 24 5 ff.
- Durch Hersteller nach vorheriger Prüfung durch bauaufsichtlich anerkannte Prüfstelle (ÜHP) 24 6
- Durch Hersteller nach vorheriger Zertifizierung durch bauaufsichtlich anerkannte Zertifizierungsstelle (ÜZ) 24 7 ff.
- Für nicht in Serie hergestellte Bauprodukte (ÜH) 24 9 ff.
- Keine ~ 24 1

Übereinstimmungszeichen 24 14
- Anbringung des ~ 24 15
- Angaben 24 14
- Aus anderen Bundesländern und Staaten 24 16
- Zusätzliche Informationen für das ~ 24 14

Übereinstimmungszertifikat 24 7
- Muster für ein ~ 24 12
- Von bauaufsichtlich anerkannten Zertifizierungsstellen 24 12

Überfahrten
- über fremde Grundstücke 4 41

Übergangsfristen
- Für abP 22 2

Übergangsvorschriften Vor §§ 86-91 6
- Anforderungen an einen vollständigen Antrag 90 2
- Anträge auf Zustimmung 90 3
- Bauvorbescheide 90 3
- Formell mangelhafte Bauvorlagen 90 2
- Materiell mangelhafte Bauvorlagen 90 2
- Verlängerung der Geltungsdauer 90 4

Überwachungspflicht 56 10 ff.
- Bauaufsichtsbehörden 58 14
- Einfaches Baugenehmigungsverfahren 64 22

2041

Stichwortverzeichnis

Überwachungsstellen 25 6
ÜHP-Stellen 24 6
Umwehrungen
– Absicherung von Kellerlicht- und Betriebsschächten 38 17
– Absturzsicherung 38 2
– Allgemein anerkannte Regeln der Technik 38 4
– Änderungen gegenüber der BauO NRW 2000 38 1
– Arbeitsschutz 38 3
– Arbeitsstättenverordnung 38 3
– Bedeutung im Abstandsflächenrecht 38 5
– Begriff 38 2
– Brüstung 38 2
– Fensterbrüstungen 38 18
– Funktion der Norm 38 1
– Geländer 38 2
– Grundsätzliche Forderung nach – 38 7 ff.
– Höhe 38 3
– Höhengestaltung anderer notwendiger – 38 19
– Nachträgliches Anpassungsverlangen 38 6
– Technische Anforderungen 38 4
– Wechselbezüge zu anderen Vorschriften 38 3
Umweltverträglichkeitsprüfung 61 20 ff.
– Anlagen, Bergaufsicht 1 148
– Keine generelle – 3 58
Unberührtheitsklausel 67 17
Unbestimmte Rechtsbegriffe 1 9; 3 6
Unmittelbarer Zwang
– Anwendung 58 87
– Begriffsbestimmung 58 87
– Subsidiarität 58 87
– Versiegelung 58 88 ff.
– Vollzugsdienstkräfte 58 92 f.
– Waffengewalt 58 91
– Zulässigkeit 58 87
Untätigkeitsklage 64 50
– Baugenehmigung 74 74
Untergrundspeicher
– Untersuchung, Errichtung und Betrieb von – 1 141
Unterhaltung
– Bundeswasserstraßen 1 117
Unterhaltungs- und Instandsetzungsmaßnahmen 74 186
Unterkünfte für Obdachlose 47 11

Unterkunftshütten 51 8
Unterlagen
– Unrichtige – 86 56 ff.
Unterlassungsanspruch
– Gegen Störungen 72 242
Unterlassungsdienstbarkeit 85 9
Unterlassungsklage
– Vorbeugende – 72 290
Unterlassungspflichten 58 83
Unternehmen
– Abbrucharbeiten 55 8
– Abweichungsermächtigung 55 21
– Änderungen gegenüber der BauO NW 1984, 1995 und 2000 55 1 ff.
– Arbeiten auf der Baustelle 55 8
– Ausbauarbeiten 55 8
– Bauarbeiten in Selbst- oder Nachbarschaftshilfe 55 5
– Bauherr als Unternehmer 55 13
– Bauordnungsrechtliche Beachtungspflicht 55 20
– Baustellenschild 55 24
– Bauvorlageberechtigung 67 45
– Beauftragung eines geeigneten Fachunternehmers 55 12
– Begriff des Unternehmers 55 7 f.
– Besonderes Verlangen der Bauaufsichtsbehörde 55 29 ff.
– Eignung des Abbruchunternehmers 55 30
– Eignungsnachweis 55 29 f.
– Eingeführte technische Baubestimmungen 55 23
– Einhaltung der allgemein anerkannten Regeln der Technik 55 18 f.
– Einhaltung der Arbeitsschutzbestimmungen 55 25
– Einrichtung und Sicherung der Baustelle 55 11
– Erkannte Unzuverlässigkeit des – 56 7
– Fertighausunternehmer 55 2
– Freigestellte Vorhaben 55 4
– Gefahrenabwehr 55 3
– Generalunternehmer 55 1
– Instandhaltungs-/Instandsetzungsarbeiten 55 8
– Mitverantwortung für offensichtliche Rechtsverstöße 55 17
– Nachweise und Unterlagen zu verwendeten Bauprodukten 55 26 ff.

Stichwortverzeichnis

- Nachweispflichten 55 29 f.
- Ordnungsgemäße Einrichtung der Baustelle 55 24
- Pflichten 55 6
- Rohbauarbeiten 55 8
- Rohbauunternehmer 55 11
- Selbst- oder Nachbarschaftshilfe 55 13
- Sicherer Betrieb der Baustelle 55 24
- Subunternehmer 55 2
- Unternehmer 52 13
- Verantwortlichkeit 55 2, 14 ff.
- Vergabe nach Gewerken 55 1
- Verhältnis des Unternehmens zu den anderen am Bau Beteiligten 55 9 ff.
- Verhältnis zwischen Bauherrn und ~ 55 10
- Vorbereitung der Arbeitsausführung auf der Baustelle 55 11
- Zivilrechtlich motivierte Vorgaben in allgemein anerkannten Regeln der Technik 55 22

Unterrichtungsrecht
- Bauaufsichtsbehörden 57 9

Untersuchungsgrundsatz
- Ordnungswidrigkeiten 86 16

Untertunnelungen 62 124
Unvertretbare Handlungen 58 83
UVV-Vorschriften 3 86
Ü-Zeichen 24 14; 86 36
- Anbringung des ~ 24 15
- Aus anderen Bundesländern und Staaten 24 16
- Zusätzliche Informationen für das ~ 24 14

VDE-Vorschriften 3 86
VDI-Vorschriften 3 86
Veränderung der Geländeoberfläche 8 76 ff.
- Bauvorlagen 8 86
- Einfaches Baugenehmigungsverfahren 8 7
- Freigestellte Wohnbauvorhaben 8 88
- Nachbarschützende Wirkung 8 81
- Nebenbestimmung 8 87
- Prüfung der Zulässigkeit 8 7

Veränderungssperre 63 77; 71 24
Verankerung 2 52
Verantwortlichkeit
- Standsicherheit 12 33 f.

Verbindung
- Mit dem Erdboden durch eigene Schwere 2 51 ff.

Verbot des Übermaßes
- Werbeanlagen 10 11

Verbot unrechtmäßig gekennzeichneter Bauprodukte
- Änderungen gegenüber der BauO NRW 2000 80 1 f.
- Befugnisse der Bauaufsichtsbehörden 80 3
- Einschreiten der Bauaufsichtsbehörden 80 1 f.
- Gebrauch des Ü-Zeichens 80 3 f.

Verbotsirrtum 86 30
Verbrennung
- Feuerstätten 2 328

Verbrennungsmotoren
- Ortsfeste ~ 42 30 f.

Verbundgläser 28 9
Vereinigungsbaulast 4 3, 63 f., 66 f.; 85 33
- Bei Grundstücksteilung 4 82 ff.
- Sicherung durch ~ 4 73 ff.

Verfahrensprivileg 1 95
Verfall 9 38
Verglasungen 30 66, 73
Vergleichsvertrag
- Beteiligung der Angrenzer 72 56

Vergnügungsstätten 50 54 ff.
Verhaltensstörer
- Vor Zustandsstörer 58 59

Verhältnismäßigkeitsgrundsatz 58 45, 58
- Beseitigung von Anlagen 82 12
- Bestehende Anlagen 59 17
- Örtliche Bauvorschriften 89 13
- Werbeanlagen 10 11

Verkaufsstätten
- Begriff des Ladens 50 36
- Bestandsschutz 50 38
- Brandschutztechnische Anforderungen 50 37, 39
- Grundfläche von insgesamt mehr als 2.000 qm 50 30 ff., 30 ff.
- Ladenstraßen 50 35
- Notwendige Treppenräume 35 4
- SBauVO 50 37
- Wiederkehrende Prüfungen 50 38

Verkaufswagen
- Bauliche Anlagen 2 58 f.

Verkehrsbeeinträchtigungen
- Werbeanlagen 10 73 ff.

Verkehrsflächen
- Örtliche ~ 4 8

2043

Stichwortverzeichnis

Verkehrsgefährdung
– Werbeanlagen 10 138 ff.
VerkehrslärmschutzV 15 60
Verkehrsmäßige Anbindung 4 2, 4
Verkehrsrecht
– Werbeanlagen 10 30 f.
Verkehrssicherheit 1 15; Vor §§ 9–16 2, 5
– Allgemein zugängliche Verkehrsflächen 16 3
– Änderungen gegenüber der BauO NRW 2000 16 1
– Anlagen und Grundstücke 16 3 ff.
– Ausnahme, Genehmigung oder Zustimmung 16 10
– Ausreichende Beleuchtung 16 4
– Begehen und Befahren 16 1
– Beispiele aus der Rechtsprechung 16 15
– Dächer 32 1
– Einzelvorschriften 16 5
– Fenster 37 1
– Gefährdung des öffentlichen Verkehrs 16 8
– Gefahren für nur gelegentliche Benutzer 16 3
– Gefahrenabwehr 16 1 f.
– Herabfallen von Schnee und Eis 16 4
– Innerhalb oder auf baulichen Anlagen 16 1
– Nicht mehr genutzte Anlagen 16 7
– Ortssatzung über Sondernutzungen 16 11
– Rutsch- oder Stolpergefahren 16 4
– Schutz der Nutzer 16 1
– Schutzgegenstand 16 8
– Sicherheitsgrad 16 3
– Sondernutzungserlaubnis 16 10
– Türen 37 1
– Verkehrssicherheit 16 1, 5; 34 2
– Von Werbeanlagen ausgehende Wirkungen auf Verkehrsteilnehmer 16 16
– VV BauO NRW 2000 16 9
– Zum Begehen oder Befahren bestimmte Flächen 16 4
Verkehrssicherungspflicht
– Baustelle 11 5, 9
– Treppen 34 23
Verkehrswege
– Beschränkungen zum Schutz der – 10 62 ff.
Verkehrswege-Schallschutzmaßnahmenverordnung 15 60

Verlängerung
– Allgemein bauaufsichtliche Zulassung 21 10
– Allgemein bauaufsichtliches Prüfzeugnis 22 2
Vermessungsingenieure
– Grundstücksteilung 7 50
Vermessungsnachweis
– Amtlicher – 83 39 f.
Verordnung (EG) Nr. 764/2008 18 15
Verordnung (EU) Nr. 305/2011
– Grundanforderungen nach – 3 67
Verordnung für die Verwendung von Arbeitsmitteln 39 14
Verordnung über Arbeitsstätten 46 22
Verordnung über das Inverkehrbringen von Heizkesseln und Geräten
– Anpassung 19 5
Verordnung über technische Fachkräfte 87 14
Verpflichtungsklage
– Baugenehmigung 74 77
– Öffentliches Nachbarrecht 72 291, 295 f.
Versagung
– Vorbescheid 77 7
Versammlungsstätten 50 41 ff.
– Begriff 50 41
– Beispiele 50 41
– Bemessung der Rettungswege 50 46
– Bestehende – 50 47
– Gefahrenabwehr 50 43
– Im Freien mit Szenenflächen 50 48
– Musikfestivals auf Freiflächen 50 48
– Notwendige Treppenräume 35 4
– Ordnungswidrigkeiten 50 47
– Prüfungstiefe 50 50
– SBauVO 50 42 ff.
– Sicherheitskonzept 50 49
– Werbeanlagen 10 155
Verschulden 86 30
Versiegelung 58 88 ff.
Versiegelungsverbot 8 14
Versorgungsanlagen 62 65
– Elektrizität, Gas, Öl, Wärme und Wasser 62 64
Vertikale Plattformaufzüge 49 14
Vertreter oder Bevollmächtigte
– Bauherrschaft 53 9, 36
Verunstaltungen
– Abwehr 67 9
– Verdeckung begrünter Flächen 10 130 f.

Stichwortverzeichnis

Verunstaltungsabwehr 9 19; 64 33
– Kenntnis des Rechts der – 89 9
Verunstaltungsbegriff 9 29, 46
– Auslegung 10 125 f.
Verunstaltungsverbot 9 10, 16 f.
– Bauwerksbezogenes – 9 28 ff.
– Umgebungsbezogenes – 9 41 ff.
– Werbeanlagen 10 125 ff.
Verwahrlosung 3 34; 9 38; 82 6
Verwaltungsabkommen zur Übertragung von weiteren Aufgaben auf das Deutsche Institut für Bautechnik 88 71
Verwaltungsakt 58 27 f.
– Belastender – 58 28
– Mit Doppelwirkung 74 35; 77 31; 79 2
– Mit Drittwirkung 72 10
– Mitwirkungsbedürftiger – 74 23
Verwaltungsvorschrift 1 8
– Normkonkretisierende – 88 69
Verwaltungsvorschrift Technische Baubestimmungen NRW 26 3; Vor §§ 26–32 6
– Ausgabe Januar 2019 88 1
Verwaltungszwang 58 69 f.
– Vorgaben für die Anwendung von – 58 76 ff.
Verwendbarkeitsnachweis 20 1 ff.; 41 16
– Änderungen gegenüber der BauO NRW 2000 und 2016 20 1 ff.
– Ausnahmen für das Erfordernis von – 20 8 ff.
– Bauprodukte ohne – 20 9
– Bauprodukte von untergeordneter Bedeutung 20 9
– Erfordernis von – 20 3
– Liste von Bauprodukten ohne – 20 10
– Neuartige resp. progressive Bauprodukte 20 4
– Vorlage erst im Bestand relevant 23 4
– Wahlrecht in Bezug auf die Art des jeweiligen – 20 3
– Wesentliche Abweichung von einer Technischen Baubestimmung 20 5 f.
Verwirkung 72 273, 275 ff.
– Beseitigung von Anlagen 82 14
Verzicht
– Auf nachbarliche Einwendungen 72 61
– Auf Nachbarrechte 72 272
– Baulasten 85 63 ff.
– Bauüberwachung 83 36 f.

Videowalls 10 142
Vollbrand 27 6
Vollgeschosse 2 251 ff.; 6 287 ff.
– Anrechnungsregeln zur Ermittlung der Geschossfläche 2 258
– Auskragendes Dachgeschoss 2 281
– Auswirkungen auf alte Bebauungspläne 2 267 ff.
– Bauplanungsrecht 2 253
– Begriff 2 8, 251; 6 295
– Bemessung der Grundfläche 2 277 ff.
– Bemessungsregel im Bauplanungsrecht 2 264 ff.
– Definition 2 271 ff.
– Drempelhöhe 2 284 ff.
– Erforderlichkeit der landesrechtlichen Begriffsbestimmung 2 285 ff.
– Höhe des Geschosses 2 273 ff.
– Legaldefinition 2 252
– Maßbestimmungsfaktoren 2 259
– Maßbestimmungsfaktoren der BauNVO 2 261 ff.
– Spitzboden 2 279
– Trauf- bzw. Firsthöhenfestsetzungen 2 288
– Unterschiedliche Regelung der Begriffsbestimmung 2 255
Vollzug
– Beseitigung von Anlagen 82 13
Vollzugshinweise 88 57
– Oberste Bauaufsichtsbehörde 24 14
Volumen-Vergleichsverfahren 2 240
Vorbauten 2 139; 6 473 ff.
– Seitenwände von – 6 483 ff.
Vorbautenprivileg 30 67 ff.
Vorbescheid
– Abgrenzung zu anderen Rechtsinstituten 77 39 ff.
– Abgrenzungsprobleme zur Baugenehmigung 77 13
– Ablauf der Geltungsdauer 77 37
– Ablehnung eines Antrags 77 70
– Änderungen gegenüber der BauO NRW 2000 77 1 ff.
– Bauvorbescheid 77 1
– Bauvorhaben 77 13
– Bauvorlagen 77 57
– Bebauungsgenehmigung 77 6, 18, 21 ff.
– Besonders qualifizierte Form der Zusicherung 77 39

2045

Stichwortverzeichnis

- Beteiligung einer anderen Behörde 77 61 ff.
- Bindungswirkung 77 25 ff., 58
- Dispositionsbefugnis des Antragstellers 77 52
- Einfaches Baugenehmigungsverfahren 77 15
- Entwurfsverfasser 77 8
- Erfordernis der Bauvorlageberechtigung 77 71 f.
- Erteilung einer Baugenehmigung 77 34
- Festlegung des Verfahrensgegenstands 77 56
- Gebäude der Gebäudeklassen 1 bis 2 77 12
- Gebühren 77 9
- Geltungsdauer 77 45 ff.
- Genehmigungsfreie Vorhaben 77 11
- Genehmigungsfreie Wohngebäude der Gebäudeklasse 1 bis 3 77 12
- Materiell-rechtliches Prüfprogramm 77 14
- Mehrere Voranfragen 77 24
- Nachbarliche Einwendungen 77 32
- Rechtsanspruch 77 17
- Rechtsauskunft 77 41
- Sachbescheidungsinteresse 77 55
- Sachentscheidungskompetenz der Bauaufsichtsbehörde 77 14
- Schlusspunkttheorie 77 16
- Schriftform 77 56
- Teilbaugenehmigung 77 42
- Teilungsabsicht 77 44
- Teilungsgenehmigung 77 43
- Unterschied zur Zusicherung 77 39 ff.
- Verlängerung der Geltungsdauer 77 68
- Versagung 77 7
- Verwaltungsakt mit Doppelwirkung 77 31
- Verwaltungsakt mit feststellender Wirkung 77 19
- Verweisung auf § 74 Abs. 1 und 2 77 67
- Vollstreckung 77 33
- Voranfrage 77 3
- Voranfragen nach anderen Rechtsvorschriften 77 5
- Voraussetzungen 77 10 ff.
- Vorbescheidsverfahren 77 49 ff.
- Wirkungen 77 19 ff.
- Zulässigkeit der Änderung einer Anlage 77 15
- Zulässigkeitsrecht für Vorhaben 77 6

Vordächer 32 15
- Über Gebäudeeingängen 32 43

Vorhaben- und Erschließungsplan 74 19

Vorhabenbezogene Bauartgenehmigung
- Antragsteller für eine - 17 14
- Baudenkmäler 17 15 f.
- Vorbereitung eines Antrags 17 14

Vorkaufsberechtigte 72 41

Vorläufiger Rechtsschutz
- Einfaches Baugenehmigungsverfahren 64 6
- Öffentliches Nachbarrecht 72 298

Vorrang anderer Gestattungsverfahren
- Änderungen gegenüber der BauO NW 1984, 1995 und 2000 61 1 ff.
- Bauaufsichtsbehörde 61 18
- Baugenehmigung 61 17
- Bauüberwachung 61 18
- Bauzustandsbesichtigungen 61 18
- Deponien 61 9
- Erlaubnis nach dem Produktsicherheitsrecht 61 10
- Genehmigung nach dem Bundes-Immissionsschutzgesetz 61 13
- Gentechnikgesetz 61 12
- Gentechnische Anlagengenehmigung 61 5
- Immissionsschutzrechtliche Genehmigung 61 5
- Kernbrennstoffe 61 11
- Konflikte bei unterschiedlichen Anforderungen 61 3
- Konzentrationswirkung anderer Genehmigungen 61 3 ff.
- Landesrechtliche Vorschriften 61 16
- Öffentliche Versorgung mit Elektrizität, Gas, Wärme, Wasser 61 7
- Parallel ablaufende Anlagengenehmigungsverfahren 61 19
- Sanierungsplan 61 5, 14
- Sprengstoffgesetz 61 15
- Straßenrechtliche Zulassung oder straßenverkehrsrechtliche Ausnahmegenehmigung 61 8
- Umweltverträglichkeitsprüfung 61 20 ff.
- Verhältnis zu Planfeststellungsverfahren 61 39 ff.
- Wasserrechtliche Vorhaben 61 6
- Werbeanlagen 61 8
- Zuständigkeiten für spezialgesetzliche Genehmigungen 61 19

Stichwortverzeichnis

Vorsatz 86 30
Vortretende Bauteile 6 471 ff.
Vorübergehend aufgestellte oder benutzbare Anlagen 62 176 ff.
- Ausschluss Fliegender Bauten 62 184
- Bauliche Anlagen auf genehmigten Messe- und Ausstellungsgeländen 62 183
- Bauliche Anlagen, die zu Straßenfesten, Märkten und ähnlichen Veranstaltungen aufgestellt werden 62 185
- Baustelleneinrichtungen einschließlich Lagerhallen, Schutzhallen und Unterkünfte 62 176 f.
- Behelfsbauten, die der Landesverteidigung, dem Katastrophenschutz oder der Unfallhilfe dienen 62 181 f.
- Eng begrenzter Zeitraum 62 186
- Gerüste 62 178
- Ortsveränderliche und fahrbereit aufgestellte Anlagen zur Geflügelhaltung 62 187 ff.
- Toilettenwagen 62 180
- Wochen- und Weihnachtsmärkte 62 185

Vorverfahren
- Ordnungswidrigkeiten 86 10

VV TB NRW Vor §§ 39–45 4; 88 1
- Bezugsquellennachweise 88 75
- Dächer 32 7
- Decken 31 8
- Erdbeben-, Wind- und Schneelastzonen 88 2
- Freiwillige Herstellererklärungen 88 31
- Lüftungsanlagen 41 7
- Notwendige Flure und Gänge 36 25
- Struktur und Gliederung 88 2

Waffengewalt 58 91
Wahlkampf
- Wahlwerbung für die Dauer eines ~ 10 180

Wahlrecht
- Art des jeweiligen Verwendbarkeitsnachweises 20 3
- Des Bauherrn 63 45

Wände
- Geschosse 2 231

Warenautomaten Vor §§ 9–16 1; 10 173 ff.; 62 160 ff., 166; 89 33 ff.
- Nebenanlagen 10 174 f.
- Verkaufsstellen 10 174

Warenverkehrsfreiheit 19 1
Wärme-, Schall- Erschütterungsschutz
- Abwehrmaßnahmen gegen Einflüsse von außen 15 2
- Allgemein anerkannte Regeln der Technik 15 1
- Änderungen gegenüber der BauO NRW 2000 15 1
- Energieeinsparungsrecht 15 1
- Gefahrenabwehr 15 1 f.
- Gesunde Wohn- und Arbeitsverhältnisse 15 1
- Immissionsschutzrecht 15 1
- Passiver Immissionsschutz 15 2
- Ressourcenschutz 15 1
- Schallschutz *s. a. dort*
- Schutz der natürlichen Lebensgrundlagen 15 1
- Schutz vor Erschütterungen und Schwingungen *s. a. dort*
- Technische Baubestimmungen 15 1
- Wärmeschutz *s. a. dort*

Wärme-, Schall- und Erschütterungsschutz 1 15
- Wohnungen 47 16 f.

Wärmedämmung
- Brandschutztechnische Gesichtspunkte 6 498 f.
- Privilegierung von Maßnahmen der ~ 6 488 ff.
- Unter Brandeinwirkung 26 16

Wärmeschutz 15 3 ff.
- Begrenzung der Formaldehydemissionen 15 5
- Begrenzung des Jahres-Primärenergiebedarfs 15 9
- Bezirksschornsteinfegermeister 15 15
- DIN 18159 15 4
- DIN 4108 15 3
- Energieausweise 15 10
- Energieeinsparungsgesetz 15 3, 6
- Energieeinsparverordnung 15 3, 8
- EnEV-UVO 15 14
- Feuchtigkeitsansammlungen im Mauerwerk 15 7
- Gebäude mit öffentlicher Nutzung 15 11
- Heizungstechnische und raumlufttechnische Anlagen 15 24
- Klimabedingter Feuchteschutz 15 5

2047

Stichwortverzeichnis

- Kohlenmonoxydkonzentrationen 15 5
- Nachweise 15 18
- Reduzierung von CO2-Emissionen 15 6
- Sachverständige für Schall- und Wärmeschutz 15 16
- Schimmelpilzbildungen 15 5
- Vollzug 15 14
- Warmwasseranlagen 15 24

Warmwasseranlagen 15 24

Wartefrist
- Einhaltung der – 86 52

Wasser- und Schifffahrtsverwaltung 1 116, 120

Wasser-, Gas-, Elektrizitäts- und Wärmeversorgung 1 158 ff.
- Anschluss- und Benutzungszwang 1 175
- Anschluss- und Versorgungspflicht 1 164
- Aufnahme des Betriebs eines Energieversorgungsnetzes 1 166
- AVBFernwärmeV 1 174
- AVBWasserV 1 158
- Bau und Betrieb von Anlagen für die öffentliche Wasserversorgung 1 162
- Begriff Wasserversorgung 1 159
- Blockheizkraftwerk 1 175
- Brauchwasser 1 159
- Bundesnetzagentur 1 166
- Elektrizität und Gas 1 164
- Energieanlagen 1 165
- Energieleitungen für die nicht-öffentliche Versorgung 1 164
- EnWG 1 163
- Fernleitungen der Bahnstromversorgung 1 171
- Fernwärmeleitungen 1 174
- Fernwärmeleitungen in öffentlichen Straßen 1 176
- GasGVV 1 163
- Gasversorgungsleitungen 1 168
- Genehmigung 1 166
- Geschlossene Verteilernetze 1 173
- Gleichstrom-Hochspannungsleitungen 1 170
- Hochspannungsfreileitungen 1 167, 169
- Leitung im Außenbereich 1 172
- Leitungen 1 151
- LWG 1 158
- NAV 1 163
- NDAV 1 163

- Nichtgemeindliche Wasserbeschaffungsverbände 1 161
- Öffentliche Fernwärmeleitungen 1 175
- Öffentliche Trinkwasserversorgung 1 160
- Öffentliche Wasserleitungen 1 159
- Öffentliche Wasserversorgung 1 159
- StromGVV 1 163
- Trinkwasser 1 159
- Trinkwasserverordnung 1 158
- Übergabestation 1 175
- Verkehrswege 1 164
- WHG 1 158

Wasseraufnahmefähigkeit 8 14 ff.
- Versiegelungsverbot 8 14
- Widerspruch zu wasserrechtlichen Vorschriften 8 15

Wasserbecken
- Mit einem Beckeninhalt bis zu 100 m^3 62 104 f.

Wassergefährdende Stoffe 1 185

Wasserhaushaltsgesetz
- Anpassung 19 5

Wasserheizungsanlagen 42 16

Wasserrecht 18 8
- Bauprodukte 20 7

Wasserrechtliche Vorhaben 61 6

Wasserstraßenrecht
- Werbeanlagen 10 43 f.

Wasserversorgung 43 4 ff.
- Bau und Betrieb von Anlagen für die öffentliche – 1 162
- Begriff 1 159

Wasserversorgungs- und Abwasseranlagen 62 67
- Bauzustandsbesichtigung 84 40
- Betriebssicherheit von – 43 9
- Gefahren und Belästigungen durch – 43 10

Wasserzähler
- Ausstattung von Wohnungen mit – 43 20 ff.

Wegebaulastträger
- Zustimmung des – 1 184

Wegerecht 33 14; 85 40

Wegfall der Geschäftsgrundlage
- Baulasten 85 52

Weisungsrecht
- Bauaufsichtsbehörden 57 9
- Bauleitende 56 14 f.

Stichwortverzeichnis

Wendel- oder Spindeltreppen 33 25
Werbeanlagen Vor §§ 9–16 1; **61** 8; **62** 159 ff.; **89** 33 ff., 41
– Abstellen von Reklameanhängern 10 56
– Abweichungsentscheidung 10 86
– An der Stätte der Leistung 10 166; 62 171 ff.
– An Wänden angebrachte Werbetafeln 10 18
– An Wartehallen öffentlicher Verkehrsbetriebe 10 172
– Anbaubeschränkungszonen 10 67
– Anbauverbotszonen an Bundesfernstraßen 10 68
– Änderungen gegenüber der BauO NRW 2000 10 1
– Anforderung weiterer Unterlagen 10 86
– Anforderungen an ~ 10 120 ff.
– Anlagen der Außenwerbung 10 96 ff.
– Anlagen der Innenwerbung 10 103
– Anlagen für amtliche Mitteilungen 10 167 ff.
– Anlieger 10 49
– Anliegergebrauch 10 58
– Anschläge und Lichtwerbung 10 177
– Anschlagsäulen 10 48
– Antragsvordruck 10 93
– Art der baulichen Nutzung 10 26
– Auffälligkeit 10 142
– Auslegung des Verunstaltungsbegriffs 10 125 f.
– Ausnahmen vom Anwendungsbereich der BauO NRW 10 6, 176 ff.
– Ausnahmen vom Verbot 10 69
– Außenbereich 10 147 ff.
– Außenwerbung 10 62
– Ausstellungs- oder Messegelände 10 157
– Austausch der die Werbeinformation tragenden Bauteile 62 161
– Baugenehmigungsverfahren 10 82
– Baulast 10 92
– Bauliche Anlagen 10 13
– Bauplanungsrecht 10 12 ff.
– Bauvorlagen im Genehmigungsverfahren 10 84 ff.
– Bebauungsplan 62 174
– Beeinträchtigung der Sicherheit oder Leichtigkeit des Verkehrs 10 70
– Beeinträchtigung des Gemeingebrauches 10 57

– Begriff »begrünte Fläche« 10 131
– Beschränkungen zum Schutz der Verkehrswege 10 62 ff.
– Beseitigung 82 10
– Bestimmung der maßgeblichen Umgebung 10 165
– Bis zu einer Größe von 1 m^2 62 163
– Bodendenkmal 10 81
– Dekorationen und Auslagen in Fenstern und Schaukästen 10 179
– Denkmalrecht 10 80 ff.
– Denkmalrechtliche Erlaubnis 10 80
– Diaprojektionsanlagen 10 142
– Eigenständige Hauptnutzungen 10 23
– Einrichtung 10 104 ff.
– Eintragung der Bebauungsplanfestsetzungen 10 90
– Eintragung in die Denkmalliste 10 81
– Einzeichnung des Standortes auf Liegenschaftskarte/Flurkarte 10 88
– Eisenbahnrecht 10 32 ff.
– Engere Umgebung 10 83
– Erscheinungsbild 10 83
– Fahrgastunterstände 10 53, 172
– Farbige Lichtbilder 10 85, 95
– Flächengröße 10 29
– Flugplätze, Sportanlagen und Versammlungsstätten 10 155
– Fremdwerbung 10 166
– Gefährdung der Sicherheit des Verkehrs 10 138 ff.
– Gefahren für die öffentliche Sicherheit und Ordnung 10 182
– Gemeingebrauch 10 54 ff.
– Genehmigung der Straßenbaubehörde 10 71
– Genehmigungsfreie Bauvorhaben 62 10
– Generalisierendes Verbot 10 28
– Gestaltungsregelungen als Ortssatzung 10 10 f.
– Gestaltungsregelungen als Verunstaltungsverbot 10 1 ff.
– Gewerbebetriebe 10 59
– Gewerbliche Hauptnutzung 10 23
– Haltestellen 10 52
– Himmelsstrahler 10 74, 117
– Hinweisschilder 10 171; 62 170
– Hinweiswerbung 10 117
– Hinweiszeichen an Verkehrsstraßen und Wegabzweigungen 10 153

2049

Stichwortverzeichnis

- Im beplanten Bereich **10** 26 ff.
- In Wohngebieten **10** 158 ff.
- Lageplan für freistehende Werbeanlagen **10** 89
- Lagepläne für Werbeanlagen **10** 91
- Landschaftsbild **10** 77
- Legaldefinition **10** 96 ff.
- Litfaßsäulen **10** 48, 177
- Luftverkehrsrecht **10** 45 ff.
- Maß der baulichen Nutzung **10** 29
- Mega-Light-Wechselanlagen **10** 142
- Mischform zwischen Eigen- und Fremdwerbung **10** 152
- Nachbarschutz **10** 8 f.
- Naturschutz- und Landschaftsrecht **10** 76 ff.
- Naturschutzrechtliche Eingriffsregelung **10** 77
- Nebenanlagen **10** 23
- Nebenbetriebe an Bundesautobahnen **10** 51
- Nutzung des Straßenraumes durch Werbung **10** 48 ff.
- Omnibusbahnhöfe **10** 52
- Örtliche Gebundenheit **10** 112 ff.
- Ortsdurchfahrten **10** 66
- Personenbeförderungsrecht **10** 41 f.
- Prismenwendeanlagen **10** 75
- Runderlass »Lichtimmissionen, Messung, Beurteilung und Verminderung« **10** 145
- Satzung **62** 160
- Schädliche Umwelteinwirkungen **10** 143 ff.
- Schilder vor Ortsdurchfahrten **10** 154
- Sichtbarkeit **10** 118 f.
- Sondergebrauch **10** 54 ff.
- Sondernutzung **10** 54 ff., 60 f.
- Sondernutzungserlaubnis **10** 54
- Sondernutzungserlaubnispflicht **10** 56
- Sonstige Nutzung **10** 15
- Spezielle Verbote **10** 62 f.
- Spezielle Vorschriften über Anlagen der Außenwerbung **10** 50
- Städtebauliche Relevanz **10** 14, 20
- Störende Häufung **10** 135 ff.
- Straßenanlieger **10** 59
- Straßenrecht **10** 48 ff.
- Straßenrechtlich privilegierte - **10** 51 ff.
- Straßenverkehrsrecht **10** 72 ff.
- Taxenstandplätze **10** 52

- Überschneidung von Bauplanungs- und Bauordnungsrecht **10** 161
- Ungenehmigte Werbung **10** 7 ff.
- Unternehmen der Außenwerbung **10** 169
- Verbot des Übermaßes **10** 11
- Verfahren **10** 4 ff.
- Verhältnismäßigkeit **10** 11
- Verkehrsbeeinträchtigungen **10** 73 ff.
- Verkehrsgefährdung **10** 138 ff.
- Verkehrsrecht **10** 30 f.
- Verunstaltung architektonischer Gliederung **10** 132 ff.
- Verunstaltung durch Verdeckung begrünter Flächen **10** 130 f.
- Verunstaltungsverbot **10** 125 ff.
- Videowalls **10** 142
- Von - ausgehende Wirkungen auf Verkehrsteilnehmer **16** 16
- Vorübergehend für höchstens zwei Monate **62** 167
- Wahlwerbung für die Dauer eines Wahlkampfes **10** 180
- Wasserstraßenrecht **10** 43 f.
- Werbenutzungsverträge **10** 48, 170
- Werbetafeln **10** 48
- Werbevitrinen **10** 48
- Werbung an Brücken **10** 141
- Werbung an der Stätte der Leistung **10** 151
- Werbung an Fahrzeugen **10** 114
- Werbung in Verbindung mit Verkehrszeichen und Verkehrseinrichtungen **10** 75
- Wildes Plakatieren **10** 7
- Wirkung auf das Ortsbild **10** 22
- Würfeln, Prismen, Säulen oder Kugeln **62** 165
- Zeitschriftenverkaufsstellen **10** 178
- Zulässigkeitsbeschränkungen in geschützten Gebieten **10** 79
- Zustimmung der Straßenbaubehörde **10** 67
- Zustimmungsvorbehalte **10** 64
- Zweckbestimmung **10** 115 ff.

Werbenutzungsverträge 10 48, 170
Werbetafeln 6 192; **10** 48
Werbevitrinen 10 48
Werk- oder Dienstvertrag 53 16
Werkseigene Produktionskontrolle
- Durch den Hersteller **19** 17

Werksstraßen 4 41

Stichwortverzeichnis

Wertminderung
– Grundstück 72 300
Wertstoffsammelbehälter
– Im öffentlichen Bereich 44 6
Wesentliche Abweichung
– Unbestimmter Rechtsbegriff 20 6
Wettannahmestellen bzw. Wettbüros 50 54
WHG 1 177
Wider besseres Wissen 86 57
Widerruf
– Allgemein bauaufsichtliches Prüfzeugnis 22 10
– Baugenehmigung s. a. *Rücknahme und Widerruf*
– Typengenehmigung 66 16
Widerstand
– Von Betroffenen 58 30
Widmung 6 339
– Bundeswasserstraßen 1 119
– Fehlen der – 4 27
– Gewässer erster Ordnung 1 122
– I.S.d. Straßenrechts 4 27
– Öffentliche Eisenbahnen 1 92
– Öffentliche Verkehrsanlagen 1 50
Wiederaufbau 3 24
Wiederaufgreifen des Verfahrens
– Bauantrag 70 16
Wiederinbetriebnahme
– Aufzüge 39 13
Wiederkehrende Prüfungen
– Betretungsrecht 58 127
– Rechtsverordnungen 87 12
Wildes Plakatieren 10 7
Wildfütterungen 62 217
Windenergieanlagen 6 167, 433; 9 52; 50 27
– Abstandsflächen 6 582 ff.
– Bauliche Anlage 2 50
– Optisch bedrängende Wirkung 6 85
Windenergie-Erlass 50 27
Wintergärten 27 14; 32 26; 62 42 ff.
– Überkopfverglaste – 32 42
Wirtschaftswege 4 15
Wochen- und Weihnachtsmärkte 62 185
Wochenendhäuser 46 6; 47 6, 11
– Auf genehmigten Wochenendplätzen 62 50
Wochenendplätze s. *Campingplätze, Wochenendplätze und Zeltplätze*

Wohn- und Geschäftshäuser 64 14
Wohn- und Verkaufswagen
– Überwiegend ortsfest benutzte – 2 16
Wohnbauförderungsrecht 2 117
Wohnboot
– Bauliche Anlagen 2 61
– Dauerhafte Verankerung eines – 3 25
Wohnen
– Begriff 2 168
Wohnfloß
– Bauliche Anlagen 2 61
Wohngebäude 2 119, 164 ff., 191; 47 2
– Begriff 2 172 f.; 50 29; 63 14 f.
– Begriff Räume 2 171
– Begriff Wohnnutzung 2 169
– Begriff Wohnung 2 170
– Definition 2 166 f.
– Eingrenzung der Nutzungseinheiten 2 164
– Mittlerer Höhe 64 3
– Öffentlichkeitsbeteiligung 72 83 ff.
– Wohnen, Begriff 2 168
Wohngebiete
– Werbeanlagen 10 158 ff.
Wohngemeinschaft
– Ausländischer Arbeitnehmer 47 5
– Studentische – 47 5
Wohnheime 50 57
– Für Um- und Aussiedler 50 53
– Wohnräume in – 47 7
Wohnnutzung
– Begriff 2 169
Wohnungen 2 127; 35 40
– Abgeschlossenheit 47 13
– Abgeschlossenheitsbescheinigung 47 14 f.
– Abgrenzung zu anderen Nutzungen 47 6 ff.
– Abstellflächen 47 24
– Abstellflächen für Kinderwagen und Mobilitätshilfen 47 23
– Änderungen gegenüber der BauO NRW 2000 47 1
– Barrierefreie Abstellflächen und -räume 47 23 f.
– Barrierefreiheit 47 23
– Bauliche Abgeschlossenheit 47 13
– Bedeutung für das Bauordnungsrecht 47 11
– Begriff 2 170; 47 2 f.
– Begriff des Wohnens 47 4

2051

Stichwortverzeichnis

- Beherbergungs- bzw. Pensionsbetrieb 47 8
- Betreutes Wohnen in einem Wohnstift 47 11
- Betreuungseinrichtung für geistig eingeschränkte Personen 47 11
- Boardinghouse 47 8
- Einrichtung der Jugendhilfe 47 10
- Ferienhaus 47 6, 11
- Funktion der Norm 47 1
- Großer Sonderbau 47 28
- Grundausstattung 47 18 f.
- Heizungsanlagen 47 16
- Hotelzimmer 47 8
- Kochnische 47 18
- Küche 47 18
- Mindestgröße 47 12
- Nutzungseinheiten zum Zwecke der Pflege und Betreuung von Personen 47 25 ff.
- Planungsrechtlicher Begriff des Wohnens 47 4
- Prostitution 47 9
- Rauchmelderpflicht 47 21
- Sanitäre Einrichtungen 47 19
- Senioren-WG 47 26
- Strafvollzugseinrichtung 47 10
- Studentische Wohngemeinschaft 47 5
- Unterkünfte für Obdachlose 47 11
- Unverletzlichkeit 58 129
- Verbot reiner Nordlage 47 20
- Vorbeugender Brandschutz durch Rauchmelder 47 21 f.
- Wärme-, Schallschutz 47 16 f.
- Wochenendhaus 47 6, 11
- Wohnähnliche Nutzungen 47 5
- Wohngebäude *s. dort*
- Wohngemeinschaften ausländischer Arbeitnehmer 47 5
- Wohnräume in Wohnheimen 47 7
- Wohnungsaufsicht 47 17

Wohnungsaufsicht 13 9; 47 17
Wohnungsaufsichtsgesetz 46 8
Wohnungseigentum
- Abgeschlossenheitsgebot 47 40 ff.
- Altbauten 47 44
- Aufteilungsplan und Abgeschlossenheitsbescheinigung 47 51 ff.
- Bauaufsichtsbehörden 47 51
- Baubestandszeichnung 47 55
- Bauplanungsrechtliche Beschränkung 47 47 ff.
- Bauzeichnungen 47 54 ff.
- Dauerwohnrecht 47 39
- Einliegerwohnungsprivileg 47 40
- Entstehung und Voraussetzungen 47 29 ff.
- Gebäudebegriff 47 32
- Gesetz zur Änderung des Wohnungseigentumsgesetzes 47 45
- Kur- und Erholungsorte 47 47
- Nachbarschutz 47 67
- Raum i.S.d. WEG 47 32
- Raumeigentum 47 34
- Sondereigentum 47 31, 33 ff.
- Sondereigentum an dauerhaft markierten Stellplätzen in Garagengebäuden 47 35
- Sondereigentum an Räumen 47 33
- Sondernutzungsrechte 47 35
- Stockwerkseigentum 47 29
- Teilung des Eigentumsrechtes 47 33
- Teilungserklärung des Grundstückseigentümers 47 37
- Wohnungsgrundbuch, Teileigentumsgrundbuch 47 38
- Zweck der Abgeschlossenheitsbescheinigung 47 59

Wohnungsgrundbuch 47 38
Wohnwagen 46 6
- Abstellen von ~ 2 74
- Bauliche Anlagen 2 58 ff.
- Dauerhaftes Abstellen eines ~ 3 25
- Definition 2 92

Wohnwege
- Befahrbarkeit 4 49
- Begriff 4 49
- I.S.d. Bauordnungsrechts 4 50
- Private ~ 4 41

Wyhl-Entscheidung 62 5

Zahnradbahnen 1 100
Zapfsäulen 62 207
Zeltplätze *s. Campingplätze, Wochenendplätze und Zeltplätze*
Zertifizierung
- Bedingungen für die ~ 24 12

Zertifizierungsstelle 25 5
Zertifizierungsstelle (ÜZ) 24 7
Zertifizierungszertifikat
- Ausnahme eines ~ 24 8

ZiE *s. Zustimmung im Einzelfall*

Stichwortverzeichnis

Zu- und Abfahrten
- Vor Mittel- und Großgaragen 4 32

Zubehör 1 133 ff.
- Begriff 1 134
- Definition 1 133

Zufahrt s. *Zugänge und Zufahrten*

Zufahrtsbaulast 85 33

Zugang
- Baugenehmigung 74 261 f.

Zugänge und Zufahrten 5 1 ff.
- Änderungen gegenüber der BauO NRW 2000 5 1
- Anlage der Aufstell- und Bewegungsflächen 5 18 f.
- Aufstell- und Bewegungsflächen im öffentlichen Raum 5 26
- Ausbildung der Aufstell- und Bewegungsflächen 5 20
- Bedürfnisse für den Einsatz der Feuerwehr 5 4
- Befahrbare, öffentlich-rechtlich gesicherte Zufahrt 4 41
- Befahrbarkeit 4 42
- Begriffe 5 2
- Bemessung der Zu- und Durchfahrten 5 14
- Darstellung der Aufstell- und Bewegungsflächen in den Bauvorlagen 5 25
- Doppelnutzung einer Feuerwehrzufahrt 5 23
- Feuerwehrzufahrten 5 6
- Freihaltungsgebot von Zu- und Durchfahrten für die Feuerwehr 5 24
- Funktion der Norm 5 1
- Hammergrundstücke 5 10
- Hinterliegerbebauung 5 10
- Innere und äußere Erschließung 5 3 f.
- Materielle Anforderungen 5 12
- Muster-Richtlinie über Flächen für die Feuerwehr 5 12
- Nachbarschutz 5 8
- Planungsrechtliche Bezüge 5 7
- Rahmenbedingungen für Erreichbarkeit 5 1
- Rückwärtige Lage des Gebäudes 5 10
- Verfahrensfragen 5 6
- Verhältnis zum Straßenrecht 5 26
- Vorgeschriebene Kennzeichnung von Feuerwehrzufahrten 5 21 ff.
- Zu- und Durchfahrten 5 13 ff.
- Zu- und Durchgang für die Feuerwehr 5 9 f.
- Zufahrt 1 52
- Zufahrt, Begriff 5 2
- Zufahrten für Feuerlösch- und Rettungsfahrzeuge 5 13
- Zugang, Begriff 5 2
- Zulässige Kurven 5 15 f.
- Zusätzliche Anforderungen an Zu- und Abfahrten von Sonderbauten 5 5
- Zweck 5 11

Zugangsbrücke 6 198

Zusicherung
- § 38 VwVfG. NRW 74 165

Zuständigkeit
- Abweichungen 69 85 ff.
- Bauaufsichtsbehörden 11
- Baugenehmigung 74 146, 151
- Fliegende Bauten 78 16
- Konkurrierende - 58 18 ff.
- Ordnungswidrigkeiten 86 13 ff., 63 ff.
- Örtliche - 57 22 f.
- Sachliche - mehrerer Behörden 57 16
- Zuständigkeitsprobleme 57 17

Zustandsstörer 52 3 f.
- Bauherr als Handlungs- oder - 52 6

Zustellung
- Baugenehmigung 74 226 ff.
- Ordnungsverfügungen 58 43

Zustimmung
- Anträge auf - 90 3
- Schriftliche - 6 66
- Stillschweigende - 6 68
- Teilbaugenehmigung 76 17

Zustimmung im Einzelfall 23 2 ff.
- Baudenkmäler 23 7
- Erklärung des Entfalls einer - 23 6
- Merkblatt für den Antrag auf Erteilung einer - 23 2

Zustimmungsbescheid
- Straßenbahnen, Busse, Taxen 1 108

Zuwegung 4 23

Zuwegungsbaulast 7 25

Zwangsgeld
- Bemessung der Höhe 58 84
- Beugemittel 58 83 ff.
- Duldungspflichten 58 83
- Ersatzzwangshaft 58 86
- Festsetzungsbescheid 58 85

2053

Stichwortverzeichnis

- Frist zur Zahlung 58 85
- Unterlassungspflichten 58 83
- Unvertretbare Handlungen 58 83
- VwVG NW 86 1 ff.
- Zwangsgeldobergrenze 58 84

Zwangsmittel 58 69 f.

Zwangsversteigerung
- Baulasten 85 71

Zweitbescheid
- Bauantrag 70 16

Zwerchgiebel 6 413

Zwerchhäuser 6 487; 32 23

Zwischenverfahren
- Ordnungswidrigkeiten 86 10